石	45	虫	52	身	58	首	64
龙	46	肉	53	釆			
业	46	缶	53	谷			
氺→水	41	舌	53	豸			
目	46	竹(⺮)	53	龟			
田	46	臼	54	角			
罒	47	自	54	言(訁)	59	門	64
皿	47	血	54	辛	59	高	64
钅	47	舟	54	**8画**		髟	64
生	48	色	54			馬	64
矢	48	齐	54	青	59	**11画**	
禾	48	衣	54	長	60		
白	49	羊(⺷⺶)	54	其	60	黄	64
瓜	49	米	54	卓	60	麥	64
用	49	艸→艹	19	雨(⻗)	60	鹵	64
鸟	49	聿(⺻⺺)	55	非	60	鳥	64
疒	49	艮(丨)	55	齿	60	魚	65
立	50	羽	55	虎	60	麻	65
穴	50	糹	55	黾	60	鹿	65
衤	50	糸	56	隹	60	**12画以上**	
聿→⺻	55	行	56	阜	60		
艮→丨	55	舛	56	金(釒)	60	黑	65
疋(⺪)	51	**7画**		食	62	黍	65
皮	51			鱼	62	黽	65
癶	51	麦	56	隶	62	鼎	65
矛	51	县	56	門	62	鼓	65
母→毋	45	走	56	**9画**		鼠	65
6画		赤	56			鼻	66
		車	56	革	63	齊	66
耒	51	豆	56	頁	63	齒	66
老	51	酉	56	面	63	龍	66
耳	51	辰	57	韭	63	龜	66
臣	51	豕	57	骨	63	龠	66
西(覀)	51	卤	57	香	63		
而	51	里	57	鬼	63		
页	51	貝	57	食	63		
至	52	見	57	風	63		
虍	52	足(⻊)	57	音	63		

超級 クラウン中日辞典

SANSEIDO'S SUPER CROWN CHINESE-JAPANESE DICTIONARY

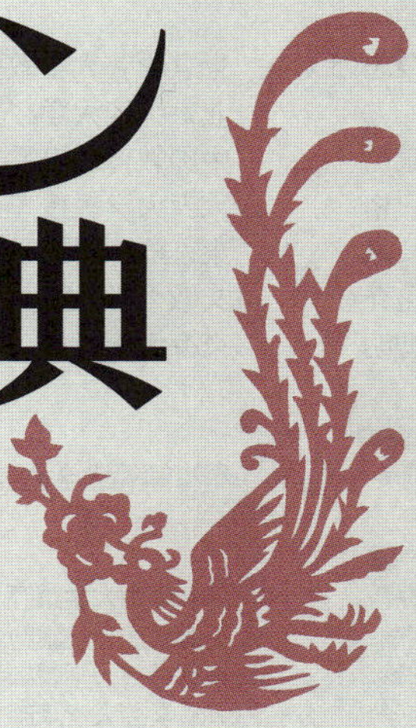

［編著］…
松岡榮志（主幹）
費錦昌・古川裕・
樋口靖・白井啓介・代田智明

三省堂

© Sanseido Co., Ltd. 2008
First Edition 2008
Printed in Japan

[編著]
松岡榮志(主幹)　東京学芸大学教授・一橋大学大学院連携教授
　　　　　　　　北京師範大学／上海師範大学客座教授
費　錦昌　　　　中国教育部語言文字応用研究所教授
古川　裕　　　　大阪大学教授
樋口　靖　　　　東京外国語大学教授
白井啓介　　　　文教大学教授
代田智明　　　　東京大学教授

[校閲協力]
徐　莉莉　　　　華東師範大学教授

[原稿執筆]
呂　志峰　　　　華東師範大学講師
韓　同蘭　　　　上海政法学院講師
馮　日珍　　　　東京学芸大学講師
関久美子　　　　東京学芸大学講師
坂田進一　　　　中国古典音楽研究家
古川典代　　　　神戸松蔭女子学院大学准教授
中西裕樹　　　　京都大学人文科学研究所助教
舘けさみ　　　　文教大学講師
魯　大鳴　　　　京劇俳優・明治大学講師

浅海雪絵　　伊藤経子　　呉　春玲　　鈴木三恵子
戸﨑まち子　本多方子　　三友陽子　　山谷悦子　　渡辺志津夫

[校正・編集協力]
上野倫代　　大髙ゆかり　木村　守　　木村美里　　是恒伸子
三枝秀子　　佐々木真理子　須賀久美子　田中麻子　　陳　淑美
古谷　秀　　村井真由美　山口千佳　　山口雪江　　林　文瑩
㈶鄧麗君文教基金会　　㈲樹花舎

[データ設計]　三省堂データ編集室

[挿画]　　内山洋見　　はやし まきこ
[地図]　　平凡社地図出版
[装丁]　　三省堂デザイン室
[装画]　　『中国の剪紙芸術』三省堂刊より「鳳凰(ほうおう)」山東省済南1913年収集

はじめに

　中国の現代生活がよくわかる辞典，これが本辞典のめざすところである．
　ここ数年，中国はまさに世界中の熱い視線を浴びている．2008年8月8日開幕の北京オリンピック大会，2010年の上海万国博覧会．こうした世界的なビッグイベントに向かって，中国の社会は日々発展を続けている．街には巨大なビル群が建ち並び，高速道路には自動車が車体を擦らんばかりにあふれている．大変な活気だ．そんな中で毎日暮らしていると，めまいを覚えるほどである．
　今年の3月から，20年ぶりに北京で生活することになった．ただ，北京には毎年7,8回は来ているので，内心そんなに変わってはいないだろうと思っていたのだが，実際に暮らしてみると毎日毎日急激に変化しているのが，手に取るように感じられる．そんな急激な現代生活の変化を反映するかのように，ことばも大きく変化している．新聞やテレビには，自動車や不動産のカラー広告．新聞には，デパートやスーパーの大売り出しの分厚いチラシ．携帯電話も，日々新商品が店頭に並んでいる．中国の友人の言語学者でさえも，毎朝新聞を読むと，必ず知らないことばや新しい表現に出くわす，と嘆息するほどだ．
　本辞典では，そうした現代中国の言語生活をできるだけ網羅的にとらえ，的確かつ簡潔に記述するよう工夫を凝らした．その第一として，中国で良く読まれている新聞の3年間（2000～2002）のすべての記事をもとに，詳細な語彙の資料データ（コーパス）を作った．その大量かつ詳細なデータを利用して，既刊の『クラウン中日辞典』を始め，『現代漢語詞典』，『漢英詞典』，『応用漢語詞典』など数種の辞典の見出し項目をすべてチェックし，必要な見出し項目を約20,000項目追加した．それは，実際にその3年間によく使用された語彙，いわば「生きている」語彙である．さらに，中国の費錦昌，徐莉莉両氏のリードのもと，中国の気鋭の言語学者がチームを作り，新語を広く収集し，その中から選りすぐって約2,000項目を新たに書き起こした．こうした結果，親字約11,500項目，熟語約80,000項目，総計91,500項目という「超級」の辞典となった．そこで，本辞典を『超級クラウン中日辞典』と名付けたのだが，それは単に分量の多寡を誇りにするのではなく，品質においても「超級」であることをめざしたからである．
　一般語彙のほか，『クラウン中日辞典』では，樋口靖氏の執筆にかかる基本親字の解説が好評を博したが，今回はさらに古川裕氏が加筆，充実を図った．また，『クラウン中日辞典』では後半に「日中小辞典」と銘打って日中語彙索引を付したが，今回は見出し語を全面的に改めたうえ，前回は紙幅の都合から割愛せざるを得なかった句例や意味分類による使い分けのブランチを大幅に増補し，約8,000語の辞典として充実をはかった．同じく，付録については，現代の中国社会を知るための基礎知識や読み物を多数取り上げた．さらに，現地の新しいようすを反映する挿絵や写真なども相当数追加することができた．
　本辞典は，その名の通り『クラウン中日辞典』を基礎とし，さらに大きく発展させたものである．基礎の部分は，松岡，樋口，白井，代田の4人による編著であり，共同でその責を負うものである．新たに追加された語彙については，松岡が選定に当たり，そのすべてを校閲した．また，付録の読み物などは，専門の方々にできるだけわかりやすく簡潔に

書いていただいた．今後は，読者諸氏からの要望に応じて，その充実をいっそう心がけたいと思っている．

　最後に，関久美子さんには執筆はもとより新原稿の校閲・整理など多大なご尽力をいただいた．ここに，それぞれの分担や責任を明らかにするとともに，企画段階から完成に至るまで温かい励ましをいただいた三省堂外国語辞書編集室の柳百合編集長，とりわけ編集担当者として実務に励まれた近山昌子さんをはじめ，本書の完成に力を尽くしてくださった多くの方々に深くお礼を申し上げる次第である．

　本辞典が，現代中国を知る上での確かな拠り所として，多くの方々に支持されることを心から願っている．

　　2007年12月　北京にて

　　　　　　　　　　　　　　　　　　　　　　　　　　　　　　　　　　　松岡　榮志

凡　例

Ⅰ．親字について
1. 親字は，簡体字を基本としてピンインのアルファベット順，声調順に配列した．
2. 繁体字や異体字がある場合は（　）内に示した．繁体字と異体字の間は / で区切り，異体字には1文字目の前に異を付した．特定の語釈にのみ当てはまる字には，該当する語釈番号を添えた．
3. 本辞典では，簡体字・繁体字・異体字を合わせて約11,500字収録した．
4. すべての親字に，ピンイン・部首・部首を除いた画数・総画・四角号碼を掲げた．四角号碼については，巻末付録「『四角号碼』の使い方」を参照．
5. また，すべての親字に，常用字・次常用字・通用字のいずれであるかを表示した．いずれにも該当しない字は外とした．常用字などについては，巻末付録「中国語概説」を参照．

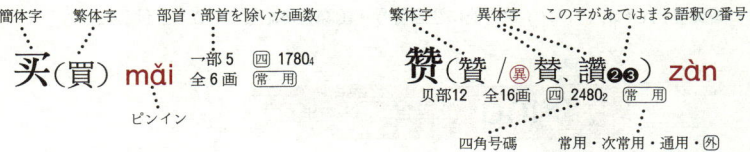

6. 同音同形であっても意味の系統が異なる親字は，それぞれ親字として立てたうえで右肩に数字を付けた．

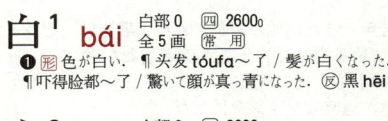

7. 異読は，語釈の最後に☞で示した．
8. 筆順の難しい字は，筆順を図解した．

Ⅱ．見出し語について
1. 見出し語は，同一の親字を先頭とするものを1つのグループとして，それぞれの親字の下に【　】でくくりピンイン順に配列した．
2. 一語に複数の表記があるものは，置き換え可能な字については［　］，省略可能な字につ

（6） 凡例

いては（ ）で示した．

> 【当家作[做]主】dāngjiā zuòzhǔ 〔旬〕一家のあるじとなる．（国家や職場で）中心人物となる．
>
> 【豆瓣(儿)酱】dòubàn(-r-)jiàng 〔名〕《料理》トウバンジャン．〔同〕豆板儿酱 dòubǎnrjiàng 〔参考〕大豆やそら豆などを材料としてつくった味噌．

3．本辞典では，見出し語と関連語を合わせ約80,000語を収録した．
4．「漢語水平詞彙等級大綱」中，最も基礎的な甲級単語約570語には ＊＊，乙級単語約1,400語には ＊ を付した（熟語のみで，親字には付していない）．

Ⅲ．発音について

1．発音はピンインで表示した．
2．音節見出しには，ピンインの他に注音符号・国際音声記号（IPA）を付した．

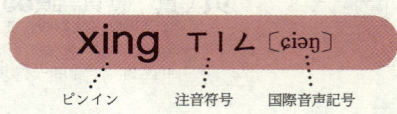

ピンイン　　注音符号　　国際音声記号

3．見出し語が離合詞の場合は，ピンインに ∥ で示した．
4．1つの見出し語で語釈によって発音が複数ある場合は，各語釈番号に続けて発音を示した．
5．一語のある部分が軽声，または他の声調でも良い場合は，ピンイン中に［ ］で示した．また，（ ）で示されている省略可能な漢字の発音は（ ）で示した．
6．"一"，"不"の声調は音節本来の声調で示した．
7．各語釈中の用例には，適宜ピンインを付した．

Ⅳ．語釈について

1．語義が複数あるものは❶❷…で分けた．一部の使用頻度の高い親字については，ⅠⅡ…，❶❷…，①②…などとし，大項目の中に中・小項目が入る構成とした．
2．親字・見出し語には可能な限り品詞，または成語・句などの別を示した．単独で使用しない親字には素の記号を付した．なお，姓または《国名》《書名》《人名》《地名》《複姓》の表示があるものについては名の表示を省略した．
3．複数の語釈がある場合，すべての語釈で品詞が同じ場合は最初の語釈の前に，また語釈により品詞が違う場合はそれぞれの語釈番号のあとに表示した．
4．語釈がなく→で他の親字や見出し語に送られている場合は，そちらを参照されたい．
5．"儿"，"子"，"的"，"地"を加えられる語は，(〜儿)，(〜子)，(〜的)，(〜地)でそれぞれ示した．
6．量詞は，〔量 〕内に示した．
7．用例の始まりは¶で示した．見出し語中の用例は，中国語と日本語訳を / で区切った．親字語釈中の日本語訳は（ ）で表示したが，その親字の見出し語として出てくる単語につい

凡例 （ 7 ）

ては，日本語訳は省略した．なお，一部の親字語釈中の用例は，中国語と日本語訳を / で区切ってある．
8．用例中の見出し相当語は，〜で代用した．
9．置き換え可能な漢字やピンインがある場合は ［ ］，また省略可能な漢字やピンインがある場合は （ ）で示した．
10．日本語中の中国語は " " で囲んだ．
11．同義語・類義語は ⓘ で，反義語・対義語は ⓧ で表示した．
12．重ね型がある場合は，重で表示した．
13．語釈中，参考情報などで他の箇所の語釈番号が登場する場合は，混同を避けるため原則として番号の白黒を反転させた．
14．原語は ♦ で示し，英語以外は フラ，ドヶ など原語名を表示した．
15．関連情報は ⇨ で示した．
16．同形異読の語が別に見出し語としてある場合，☞ で示した．
17．使用頻度の高い重要親字には，囲み記事で用法や豆知識などの文法的解説を加えた．

V．各種記号

1．品詞

名：名詞	代：代名詞	動：動詞	助動：助動詞
形：形容詞	副：副詞	数：数詞	量：量詞
方：方位詞	前：前置詞	接：接続詞	助：助詞
接頭：接頭辞	接尾：接尾辞	擬：擬態語・擬声語	
感：感嘆詞	素：語素（形態素）		

2．語の性格

文：文語・書面語	口：口語	方：方言
成：成語・成句	句：良く使われる言い回し	俗：俗語
諺：ことわざ	熟：熟語	慣：慣用句
婉：婉曲表現	敬：尊敬語	謙：謙譲語，あいさつことば
旧：旧時（主として清末から民国期）の語		外：外来語
褒：ほめる意味で用いることば		貶：けなす意味で用いることば

3．分野

（医学）	（印刷）	（映画）	（音楽）	（貝）	（会計）	（化学）	（機械）
（気象）	（金融）	（薬）	（軍事）	（経済）	（芸能）	（言語）	（建築）
（工業）	（鉱業）	（考古）	（交通）	（鉱物）	（国名）	（コンピュータ）	（魚）
（宗教）	（商標）	（植物）	（書名）	（人名）	（心理）	（数学）	（スポーツ）
（生物）	（生理）	（地学）	（畜産）	（地名）	（中医）	（通信）	（哲学）
（電気）	（天文）	（動物）	（鳥）	（農業）	（美術）	（服飾）	（複姓）
（武術）	（仏教）	（物理）	（文学）	（貿易）	（紡織）	（法律）	（民族）
（虫）	（冶金）	（料理）	（林業）	（歴史）			

4．参考情報

由来：その見出し語の由来	表現：表現上の参考情報
用法：用法上の参考情報	注意：発音などで注意すべき点
比較：類語などの比較	参考：その他の参考情報

部首索引

- 「部首一覧」は表紙裏に掲げた.
- 左の赤い数字は画数（部首の画数を差し引いて表示）を，右の数字は本文の掲載ページを示す.
- 繁体字・異体字は細字で示した.

一

0	一 yī	1308
1	二 èr	282
	七 qī	863
	丁 zhēng	1434
	dīng	248
2	才 cái	95
	亍 chù	158
	亏 kuī	639
	万 mò	780
	wàn	1142
	三 sān	953
	兀 wù	1181
	于 yú	1367
	丈 zhàng	1419
	与 yú	1367
	yǔ	1371
	yù	1373
	卫 wèi	1157
	下 xià	1197
3	不 bù	82
	丐 gài	338
	互 hù	455
	井 jǐng	574
	廿 niàn	808
	亓 Qí	865
	卅 sà	952
	屯 tún	1129
	zhūn	1490
	五 wǔ	1177
	专 zhuān	1481
4	丙 bǐng	73
	丕 pī	838
	平 píng	850
	丝 sī	1048
	未 wèi	1158
	丛 cóng	176
	东 dōng	253
	世 shì	1011
	册 cè	106
	且 dàn	208
	且 jū	587
	灭 miè	769
	且 qiě	893
	丘 qiū	909
	正 zhēng	1434
	zhèng	1437
5	丞 chéng	134
	吏 lì	678
	夷 yí	1322
	再 zài	1396
	亘 gèn	361
	死 sǐ	1050
6	甫 fǔ	327
	更 gēng	361
	gèng	363
	两 liǎng	688
	求 qiú	910
	束 shù	1033
	丽 lí	670
	lì	678
	严 yán	1284
	听 suǒ	1068
7	兩 liǎng	688
	表 biǎo	68
	奉 fèng	320
	亟 jí	504
	qì	876
	事 shì	1013
	些 xiē	1231
	枣 zǎo	1403
	面 miàn	765
8	甭 béng	51
	柬 jiǎn	527
	甚 shén	988
	shèn	990
	歪 wāi	1135
	奏 zòu	1508
	查 chá	111
9	歪 dàn	209
10	焉 yān	1283
11	棘 jí	506
	畫 huà	463
13	蒎 qiú	912
	爾 ěr	280
	暨 jì	515
21	囊 nāng	796
	náng	796

丨

3	中 zhōng	1459
	zhòng	1465
	丰 fēng	314
	书 shū	1027
4	凹 āo	10
	半 bàn	30
	甲 jiǎ	520
	且 jū	587
	qiě	893
	史 shǐ	1009
	申 shēn	984
	凸 tū	1120
	由 yóu	1355
	电 diàn	240
5	曲 qū	913
	qǔ	915
	曳 yè	1307
6	串 chuàn	163
	芈 mǐ	761
7	果 guǒ	407
	畅 chàng	122
8	禺 yú	1369
	临 lín	698

丿 (丶)

1	九 jiǔ	580
	乂 yì	1327
	乃 nǎi	792
2	川 chuān	160
	及 jí	502
	久 jiǔ	581
	乞 qǐ	869
	丸 wán	1139
	么 ma	737
	me	749
	yāo	1298
	千 qiān	877
	义 yì	1328
	乡 xiāng	1211
3	丹 dān	205
	乏 fá	287
	乌 wū	1168
	wù	1181
	爻 yáo	1299
	升 shēng	991
	反 fǎn	293
	壬 rén	935
	卅 sà	952
	为 wéi	1151
	wèi	1157
4	必 bì	56
	册 cè	106
	乎 hū	450
	失 shī	999
	乍 zhà	1409
	乐 lè	663
	yuè	1387
	丘 qiū	909
	卮 zhī	1444
5	丢 diū	253
	甪 lù	718
	冉 rǎn	718
	乓 pīng	850
	乔 qiáo	890
	凶 xīn	1243
	兆 zhào	1423
	年 nián	805
	向 xiàng	1218
	朱 zhū	1470
	凫 fú	323
	州 zhōu	1468
6	囱 cōng	174
	卵 luǎn	724
	卮 zhī	1444
	兔 tù	1124
	系 jì	512
	我 wǒ	1167
	系 xì	1193
7	卑 bēi	43
	秉 bǐng	73
	垂 chuí	165
	乖 guāi	387
	臾 yú	1368
	肴 yáo	1300
8	重 chóng	146
	zhòng	1466
	胤 yìn	1342
	禹 Yǔ	1373
9	乘 chéng	137
11	喬 qiáo	890
	粤 Yuè	1389
13	睾 gāo	351
	毓 yù	1378

丶 (㇀)

2	丸 wán	1139
	之 zhī	1442
	义 yì	1328
3	为 wéi	1151
	wèi	1157
	办 bàn	30
	卞 biàn	63
	丹 dān	205
4	必 bì	56
	永 yǒng	1350
	冰 bīng	71
	头 tóu	1116
5	乓 pāng	829
	州 zhōu	1468

农 nóng	814	乳 rǔ	945	孛 bèi	45	庫 shè	981	匚	
8 举 jǔ	589	虱 shī	1002	克 kè	622	压 yā	1277	2 巨 jù	591
		函 hán	417	芈 mǐ	761	yà	1281	区 ōu	820
乙		亟 jí	504	6 協 xié	1232	厌 yàn	1290	qū	912
(一 ㄱ 丁		qì	876	卖 mài	739	6 厕 cè	107	匹 pǐ	842
ㄴ ㄟ)		12 亂 luàn	725	直 zhí	1447	质 zhì	1455	3 叵 pǒ	856
0 乙 yǐ	1325			丧 sāng	958	厓 yá	1279	匜 yí	1321
1 刁 diāo	244	**二**		sàng	958	7 厍 shè	981	匝 zā	1394
了 le	664	0 二 èr	282	卒 cù	178	盾 dùn	272	4 匠 jiàng	538
liǎo	693	1 亍 chù	158	阜 fù	331	厚 hòu	449	匡 kuāng	637
乃 nǎi	792	干 gān	339	卓 zhuó	1492	厘 lí	670	5 匣 xiá	1196
九 jiǔ	580	gàn	344	卒 zú	1509	8 厝 cuò	183	医 yī	1320
乜 miē	769	亏 kuī	639	7 南 nā	789	原 yuán	1380	6 匦 guǐ	400
Niè	810	于 yú	1367	nán	794	9 厕 cè	107	8 匪 fěi	307
2 也 yě	1305	2 互 hù	455	8 索 suǒ	1068	厩 jiù	584	匿 nì	805
习 xí	1190	井 jǐng	574	真 zhēn	1430	厢 xiāng	1215	9 區 ōu	820
乡 xiāng	1211	开 kāi	605	皋 gāo	347	厣 yǎn	1288	qū	912
飞 fēi	303	亓 qí	865	隼 sǔn	1067	10 厫 áo	11	甌 guǐ	400
及 jí	502	无 wú	1171	9 啬 sè	961	厤 lì	676	匾 biǎn	63
孑 jié	552	五 wǔ	1177	率 lǜ	723	厨 chú	156	匱 kuì	641
孒 jué	596	元 yuán	1379	shuài	1037	厥 jué	599	11 匯 huì	480
乞 qǐ	869	云 yún	1389	章 zhāng	1417	厦 shà	964	12 匱 kuì	641
3 巴 bā	14	专 zhuān	1481	10 博 bó	79	厦 xià	1201	匳 lián	681
夬 guài	387	3 丕 pī	838	辜 gū	377	雁 yàn	1292	13 賾 zé	1406
jué	596	4 亙 gèn	361	韓 Hán	418	11 厪 shèn	990	奩 lián	681
尹 yǐn	1339	亘 gèn	361	準 zhǔn	1490	12 厂 chǎng	121	15 匵 dú	263
予 yú	1367	亚 yà	1281	12 榖 gǔ	381	厲 lì	677		
yǔ	1371	6 亞 yà	1281	jiǎ	521	厌 yàn	1290	**刂**	
丑 chǒu	150	些 xiē	1231	兢 jīng	572	厨 chú	156	2 刈 yì	1329
书 shū	1027			斡 wò	1168	斯 sī	1050	3 刊 kān	610
孔 kǒng	628	**十**		14 翰 hàn	421	愿 yuàn	1385	4 刚 gāng	345
艺 yì	1328	(十 忄)		22 矗 chù	159	13 鷹 yàn	1292	刎 wěn	1164
4 民 mín	769					靨 yè	1308	刑 xíng	1247
氹 dàng	214	0 十 shí	1003	**厂**		魘 yǎn	1290	创 chuāng	163
疋 pǐ	842	1 千 qiān	877	0 厂 ān	5	履 yàn	1292	chuàng	164
司 sī	1047	2 午 wǔ	1179	chǎng	121	14 歷 lì	676	划 huá	460
孕 yùn	1391	支 zhī	1443	2 厄 è	277	曆 lì	676	huà	462
5 乩 jī	497	3 古 gǔ	377	反 fǎn	293	魘 yàn	1292	huai	465
买 mǎi	738	卉 huì	480	历 lì	676	15 壓 yā	1277	列 liè	695
乭 dū	261	4 华 huā	457	厅 tīng	1105	yà	1281	刘 liú	706
丞 chéng	134	huá	460	仄 zè	1406	16 龎 páng	829	则 zé	1405
6 甬 Yǒng	1351	Huà	463	3 厉 lì	677	17 犀 shèn	1288	5 别 bié	69
乸 mǎo	747	协 xié	1232	厎 zhǐ	1444	21 魘 yè	1308	别 biè	70
7 承 chéng	135	垩 shì	1011	4 后 hòu	447	魘 yǎn	1290		

(10)　刂 冂 亻

部首索引

字	拼音	页		字	拼音	页		字	拼音	页		字	拼音	页		字	拼音	页
刨	bào	40		剡	shàn	969		卢	lú	717		仁	rén	935		伤	shāng	970
	páo	830			yǎn	1288		占	zhān	1412		仍	réng	937		似	shì	1013
刭	jǐng	574		剔	tī	1090			zhàn	1414		什	shén	987			sì	1054
判	pàn	828		剜	wān	1139		处	chǔ	157			shí	1003		佤	Wǎ	1135
删	shān	967		剕	fèi	309			chù	158		仉	Zhǎng	1418		伟	wěi	1154
刪	shān	967		剠	qíng	906		外	wài	1136		仅	jǐn	563		伪	wěi	1155
刦	jié	553	9	副	fù	333	4	贞	zhēn	1429			jìn	564		伍	wǔ	1179
6	刺	cī	169	10	剴	kǎi	610	5	卣	yǒu	1364	3	代	dài	202	仵	wǔ	1179
	cì	173		割	gē	354		卤	lú	718		付	fù	329		休	xiū	1254
刹	chà	112		剩	shèng	998	6	卦	guà	385		仡	gē	353		伢	yá	1279
	shā	963		創	chuāng	163		卓	zhuó	1492			yì	1329		仰	yǎng	1296
剁	duò	275			chuàng	164		卧	wò	1168		伋	jí	502		伊	yī	1319
剫	duò	275	11	剷	chǎn	116	8	桌	zhuō	1491		们	men	756		优	yōu	1353
刿	guì	401		剿	chāo	124	12	叡	ruì	949		仫	mù	786		伛	yǔ	1372
刽	guì	401			jiǎo	546						仟	qiān	879		仲	zhòng	1465
剂	jì	512		蒯	kuǎi	635		**冂（冂）**				仞	rèn	936		伙	huǒ	491
刻	kè	622		剽	piāo	845	2	冈	gāng	345		仨	sā	951		伫	zhù	1476
剀	kǎi	610		剹	lù	721		内	nèi	799		仕	shì	1012		佢	qú	915
刳	kū	631		剺	lóu	714		冄	rǎn	926		他	tā	1070	5	佔	zhàn	1414
刷	shuā	1035	12	劂	jué	599	3	冉	rǎn	926		仙	xiān	1201		伯	bǎi	25
	shuà	1036		劁	qiāo	890		册	cè	106		仪	yí	1321			bó	78
制	zhì	1454		劄	zhā	1408		甩	shuǎi	1037		仔	zǎi	1396		伴	bàn	32
到	dào	218			zhá	1409		用	yòng	1352			zī	1493		伺	cì	173
刮	guā	384		劃	huá	460	4	肉	ròu	942			zǐ	1496			sì	1054
7	剄	jǐng	574			huà	462		仗	zhàng	1419		低	dī	229
剐	guǎ	385			huai	465		同	tóng	1110	4	伧	cāng	103		但	dàn	208
荆	jīng	571	13	劌	guì	401			tòng	1115			chen	131		佃	diàn	243
剌	lá	646		劊	guì	401		网	wǎng	1145		伥	chāng	117			tián	1099
	là	647		劇	jù	592		向	xiàng	1218		传	chuán	160		佛	fó	321
剃	tì	1093		劐	huō	486		再	zài	1397			zhuàn	1484			fú	323
削	xiāo	1221		劍	jiàn	533	6	罔	gāng	345		伐	fá	287		伽	gā	336
	xuē	1267		劉	liú	706		罔	wǎng	1146		仿	fǎng	301			jiā	517
剉	cuò	184	14	劑	jì	512		周	zhōu	1468		份	fèn	313			qié	893
剑	jiàn	533		劓	yì	1334	11	裔	yì	1332		伏	fú	322		佝	gōu	372
剋	kè	622										伎	jì	511		估	gū	375
剅	lóu	714		**卜（⺊）**				**亻**				价	jià	521			gù	381
8	剛	gāng	345	0	卜	bo	81	1	亿	yì	1328			jiè	558		何	hé	431
剐	guǎ	385			bǔ	81	2	仇	chóu	149			jie	559		伶	líng	700
剥	bāo	36	1	上	shǎng	972		仃	dīng	249		件	jiàn	531		你	nǐ	804
	bō	77			shàng	973		仇	Qiú	910		伉	kàng	614		佞	nìng	812
剟	duō	274		下	xià	1197		化	huà	457		伦	lún	726		伾	pī	838
剞	jī	498	2	卞	biàn	63			huā	461		仳	pǐ	842		伸	shēn	984
剧	jù	592	3	卡	kǎ	604		仂	lè	663		任	rén	935		佟	Tóng	1112
剖	pōu	858			qiǎ	877		仆	pū	859			rèn	936		佗	tuó	1132

亻 （11）

位 wèi	1158	佯 yáng	1295	8 俻 bèi	45	倚 yǐ	1327	傲 ào	12
佚 yì	1330	依 yī	1320	們 men	756	債 zhài	1411	傍 bàng	34
佣 yōng	1349	佾 yì	1331	倀 chāng	117	值 zhí	1449	儐 bīn	71
yòng	1353	侑 yòu	1365	倣 fǎng	301	倬 zhuō	1491	儲 chǔ	158
攸 yōu	1354	偵 zhēn	1429	倫 lún	726	個 gě	357	傣 Dǎi	202
佑 yòu	1365	侏 zhū	1471	倆 liǎ	681	gè	358	傅 fù	333
住 zhù	1477	併 bìng	74	liǎng	690	俯 fǔ	328	傑 lì	681
作 zuō	1514	侉 kuǎ	634	脩 xiū	1255	倖 xìng	1251	儺 nuó	819
zuò	1516	佩 pèi	834	俺 ǎn	8	條 tiáo	1100	儻 tǎng	1083
佐 zuǒ	1516	侄 zhí	1449	倍 bèi	46	倸 cǎi	99	儵 tāo	1084
体 tī	1090	7 俠 xiá	1196	俾 bǐ	56	9 偪 bī	52	傚 xiào	1231
tǐ	1092	保 bǎo	37	俵 biào	69	偉 wěi	1154	傜 yáo	1301
佈 bù	93	便 biàn	64	倡 chāng	117	偽 wěi	1155	傑 jié	553
佇 zhù	1476	pián	844	chàng	122	側 cè	107	11 傳 chuán	160
6 佰 bǎi	25	俦 chóu	149	倘 cháng	120	zè	1406	zhuàn	1484
側 cè	107	促 cù	178	tǎng	1083	zhāi	1410	傷 shāng	970
zè	1406	俄 é	276	俶 chù	158	偘 kǎn	611	傴 yǔ	1372
zhāi	1410	俘 fú	325	tì	1094	偵 zhēn	1429	傭 yōng	1349
侪 chái	114	侯 hóu	446	倒 dǎo	217	偲 cāi	95	傾 qīng	901
侈 chǐ	142	hòu	450	dào	219	sī	1050	11 債 zhài	1411
侗 Dòng	257	俭 jiǎn	527	俸 fèng	320	償 cháng	121	僂 lóu	714
tóng	1113	俊 jùn	602	倌 guān	391	偾 fèn	314	lǚ	722
tǒng	1114	俚 lǐ	674	候 hòu	450	偈 jì	513	傯 zǒng	1505
佴 èr	283	俪 lì	680	健 jiàn	533	jié	555	催 cuī	180
Nài	792	例 lì	680	借 jiè	559	傀 kuǐ	641	僇 lù	720
供 gōng	369	俩 liǎ	681	倞 jìng	577	偻 lóu	714	傻 shǎ	964
gòng	371	liǎng	690	liàng	691	lǚ	722	像 xiàng	1220
佶 jí	504	俜 pīng	850	俱 jù	592	偶 ǒu	821	僅 jǐn	563
佳 jiā	517	俏 qiào	892	倦 juàn	595	偏 piān	843	jìn	564
佼 jiǎo	544	侵 qīn	895	倨 jù	592	停 tíng	1107	12 僕 pú	860
yáo	1300	俅 qiú	911	倔 jué	599	偎 wēi	1150	僊 xiān	1201
佽 jiāo	544	俗 sú	1060	juè	600	偕 xié	1233	偽 wěi	1155
侃 kǎn	611	侮 wǔ	1180	倥 kǒng	628	偃 yǎn	1290	僥 jiǎo	544
佥 kuài	636	信 xìn	1243	倪 ní	804	傯 zǒng	1505	yáo	1300
佬 lǎo	662	修 xiū	1255	俳 pái	824	做 zuò	1519	僑 qiáo	890
例 lì	679	俨 yǎn	1287	倩 qiàn	885	假 jiǎ	521	債 fèn	314
侣 lǚ	722	俑 yǒng	1351	倾 qīng	901	jià	522	僭 jiàn	535
侔 móu	783	俣 yǔ	1373	偌 ruò	949	偰 Xiè	1235	僬 jiāo	543
侬 nóng	815	俛 fǔ	328	倐 shū	1029	偺 zán	1399	僦 jiù	586
侨 qiáo	890	俟 qí	867	倏 shū	1029	偷 tōu	1116	儆 jǐng	575
使 shǐ	1009	sì	1055	倓 tán	1077	偺 zá	1395	僚 liáo	692
侍 shì	1014	係 xì	1193	倜 tì	1094	10 備 bèi	45	僧 sēng	961
佻 tiāo	1100	侷 jú	588	倭 Wō	1167	傖 cāng	103	僳 sù	1062
侠 xiá	1196	俍 tuō	1131	倻 yē	1304	chen	131	僮 tóng	1114

	Zhuàng		陆 lù	718	龚 Gōng	370	令 lìng	705	13 舖 pù	862
		1488	3 兰 lán	651	黄 huáng	471	仝 tóng	1110	14 舘 guǎn	392
僖 xī	1189	半 bàn	30	剪 jiǎn	528	从 cóng	176	15 龠 yuè	1389
僱 gù	383	只 zhī	1444	眷 juàn	596	4 氽 cuān	179	
13 億 yì	1328	zhǐ	1450	10 曾 céng	108	会 huì	481	勹
儀 yí	1321	4 并 Bīng	72	zēng	1407	kuài	635	1 勺 sháo	979
價 jià	521	bìng	74	奠 diàn	244	企 qǐ	870	2 勾 gōu	372
jie	559	共 gòng	370	巽 xùn	1275	全 quán	918	gòu	374
傲 jiāo	544	关 guān	388	舆 yú	1367	伞 sǎn	956	勿 wù	1181
儈 kuài	636	兴 xīng	1245	yú	1371	余 tǔn	1129	匀 yún	1390
儂 nóng	815	xìng	1250	yú	1373	众 zhòng	1465	3 匆 cōng	174
儉 jiǎn	527	5 兵 bīng	72	普 pǔ	861	合 gě	357	包 bāo	34
傻 shǎ	964	弟 dì	236	孳 zī	1494	hé	429	句 gōu	372
儋 Dān	208	兑 duì	271	尊 zūn	1514	5 含 hán	417	jù	591
僻 pì	843	谷 gǔ	378	11 慈 cí	171	佥 qiān	879	4 匈 xiōng	1253
儇 xuān	1264	yù	1374	12 舆 yú	1371	佘 Shé	981	旬 xún	1272
僵 jiāng	536	6 並 bìng	74	贪 yín	1339	余 yú	1367	5 甸 diàn	243
14 儕 chái	114	单 chán	114	13 興 xīng	1245	巫 wū	1170	7 匐 hōng	442
儔 chóu	149	dān	205	xìng	1250	6 籴 dí	231	匍 pú	860
儐 bīn	71	Shàn	969	蕢 jiǎn	530	仑 lún	726	8 匊 chú	156
儒 rú	944	典 diǎn	238	14 冀 jì	515	命 mìng	776	9 匐 fú	326
儘 jǐn	563	具 jù	591	举 jǔ	589	舍 shě	981	够 gòu	374
15 優 yōu	1353	其 qí	866	黉 hóng	446	shè	982	匏 páo	831
償 cháng	121	卷 juǎn	595	15 舆 yú	1371	臾 yú	1368	
儲 chǔ	158	juàn	595	16 曛 chǎn	117	7 俞 shù	1034	儿
儡 lěi	667	券 quàn	922	19 夔 kuí	641	yú	1369	0 儿 ér	279
儵 tiáo	1102	xuàn	1267	21 蠲 juān	595	俎 zǔ	1511	1 兀 wù	1181
16 儵 shū	1029	7 兹 cí	170		弇 yǎn	1288	2 元 yuán	1379
19 儧 zǎn	1400	zī	1494	人	8 仓 cāng	103	允 yǔn	1391
儷 lí	680	叛 pàn	828	(入 八)	衾 sāng	958	3 兄 xiōng	1253
儼 yǎn	1287	前 qián	881	0 人 rén	931	sàng	958	4 先 xiān	1202
儺 nuó	819	酋 qiú	911	入 rù	945	拿 ná	789	充 chōng	145
20 儻 tǎng	1083	总 zǒng	1504	1 个 gě	357	衾 qīn	896	光 guāng	395
22 儾 nàng	797	差 chā	109	gè	358	9 盒 hé	435	兇 xiōng	1252
	chà	112	2 仓 cāng	103	龛 kān	611	尧 Yáo	1299
八	chāi	113	从 cóng	174	10 伞 sǎn	956	兆 zhào	1423
(丷 八)	cī	170	介 jiè	557	禽 qín	897	5 兕 sì	1054
0 八 bā	13	首 shǒu	1023	今 jīn	560	舒 shū	1029	兑 duì	271
1 丫 yā	1277	养 yǎng	1297	仑 lún	726	畲 Shē	981	克 kè	622
2 分 fēn	309	8 兼 jiān	526	以 yǐ	1325	翕 xī	1188	兒 mào	749
fèn	313	粢 juàn	595	队 duì	268	11 會 huì	481	免 miǎn	764
公 gōng	365	益 yì	1332	厌 zè	1406	kuài	635	6 兒 ér	279
兮 xī	1184	真 zhēn	1430	3 令 líng	700	佥 qiān	879	兔 tù	1124
六 liù	710	9 兽 shòu	1026	líng	704	12 僰 Bó	80	兗 Yǎn	1287

8 党 dǎng 213		衷 zhōng 1464	4 冰 bīng 71	冤 yuān 1378
竟 jìng 577		高 gāo 347	冲 chōng 144	窐 guà 385
9 兜 dōu 258	1 亡 wáng 1144	9 亳 háo 423	chòng 148	冢 zhǒng 1465
12 兢 jīng 572	wú 1171	率 lǜ 723	次 cì 172	冣 zuì 1513
18 競 jìng 577	2 卞 biàn 63	shuài 1037	冱 hù 456	10 幂 mì 763
	亢 kàng 614	袤 mào 748	决 jué 596	13 幦 mì 763
匕	六 liù 710	商 shāng 971	5 冻 dòng 256	
0 匕 bǐ 53	lù 718	孰 shú 1031	况 kuàng 639	讠
3 北 běi 44	3 市 shì 1012	牵 qiān 879	冷 lěng 668	2 订 dìng 251
4 旨 zhǐ 1451	玄 xuán 1264	鸾 luán 724	冶 yě 1305	计 fù 329
此 cǐ 172	4 充 chōng 145	烹 pēng 836	6 净 jìng 576	讥 jī 494
死 sǐ 1050	亥 hài 415	产 chǎn 115	冽 liè 696	计 jì 509
6 些 xiē 1231	交 jiāo 539	10 就 jiù 584	冼 Xiǎn 1206	认 rèn 935
8 甞 cháng 122	亦 yì 1329	裒 póu 858	7 涂 tú 1122	3 讧 hòng 446
能 néng 801	产 chǎn 115	裵 xiè 1235	8 凍 dòng 256	记 jì 510
9 匙 chí 142	齐 qí 865	棄 qì 875	凋 diāo 245	讦 jié 553
shi 1019	5 亨 hēng 439	亳 qīng 907	凉 liáng 687	讫 qì 875
12 疑 yí 1324	亩 mǔ 784	裔 luán 724	liàng 691	让 ràng 927
	弃 qì 875	觓 qiú 912	凌 líng 702	讨 tǎo 1086
几(几)	6 卒 cù 178	11 禀 bǐng 74	凄 qī 864	训 xùn 1274
0 几 jī 494	zú 1509	亶 dǎn 208	凇 sōng 1056	讯 xùn 1274
jǐ 508	京 jīng 569	雍 yōng 1350	准 zhǔn 1490	议 yì 1329
1 凡 fán 291	享 xiǎng 1216	裏 lǐ 673	弱 ruò 949	讪 shàn 969
凢 fán 291	兖 Yǎn 1287	12 裹 guǒ 407	9 凑 còu 176	4 讹 é 276
2 凤 fèng 320	夜 yè 1307	豪 háo 423	减 jiǎn 528	访 fǎng 301
风 fēng 315	氓 máng 744	膏 gāo 351	飡 cān 101	讽 fěng 320
亢 kàng 614	méng 757	gào 353	10 馮 Féng 319	讳 huì 482
3 处 chǔ 157	变 biàn 63	毓 yù 1378	13 凜 lǐn 699	讲 jiǎng 536
chù 158	7 亱 yè 1307	13 褒 bāo 36	凛 lǐn 699	讵 jù 591
4 兔 fú 323	哀 āi 2	14 嚲 duǒ 275	14 凝 níng 811	诀 jué 597
凤 sù 1060	帝 dì 236	嬴 Yíng 1346	15 瀆 dú 263	论 Lún 726
5 壳 ké 619	亮 liàng 690	壅 yōng 1350		lùn 727
qiào 892	亭 tíng 1106	15 褻 xiè 1235	冖	讷 nè 799
禿 tū 1120	玅 miào 768	襃 bāo 36	2 冗 rǒng 941	讴 ōu 820
6 凯 kǎi 610	鸾 wān 1138	襄 xiāng 1216	3 写 xiě 1234	设 shè 981
凭 píng 854	彦 yàn 1291	嬴 yíng 1346	4 军 jūn 600	讼 sòng 1057
咒 zhòu 1469	奕 yì 1331	17 羸 léi 666	肎 kěn 624	许 xǔ 1260
7 兔 fú 323	弈 yì 1331	赢 luǒ 730	农 nóng 814	讶 yà 1281
亮 liàng 690	8 亳 Bó 79	18 襶 duǒ 275	5 罕 hǎn 419	5 诐 bì 58
9 凰 huáng 474	衰 cuī 179	20 饔 yōng 1350	7 军 jūn 600	词 cí 170
10 凱 kǎi 610	shuāi 1036		冠 guān 391	诋 dǐ 232
12 凴 píng 854	衮 gǔn 403	冫	guàn 393	诂 gǔ 378
凳 dèng 228	离 lí 670	1 习 xí 1190	冦 kòu 631	诃 hē 429
	旁 páng 829	3 冯 Féng 319	8 冥 míng 776	评 píng 853

讠

字	拼音	页码
讪	qū	913
诉	sù	1060
诒	yí	1322
译	yì	1331
诈	zhà	1409
诏	zhào	1424
诊	zhěn	1432
证	zhèng	1440
识	shí	1006
	zhì	1454
诌	zhōu	1468
诅	zǔ	1510
6 诧	chà	112
诚	chéng	135
诞	dàn	209
该	gāi	336
诟	gòu	374
诖	guà	385
诡	guǐ	400
话	huà	464
诙	huī	476
诨	hùn	486
诘	jí	504
	jié	553
诓	kuāng	638
诔	lěi	666
诠	quán	920
诜	shēn	986
诗	shī	1001
试	shì	1014
详	xiáng	1216
诩	xǔ	1261
询	xún	1273
诣	yì	1331
诤	zhèng	1441
诛	zhū	1471
7 诰	gào	353
诲	huì	482
诫	jiè	558
诳	kuáng	638
诮	qiào	892
说	shuō	1043
	shuō	1045
	yuè	1387
诵	sòng	1058
诬	wū	1170
误	wù	1182
诱	yòu	1366
语	yǔ	1373
	yù	1375
8 谄	chǎn	116
调	diào	246
	tiáo	1101
读	dòu	260
	dú	263
诽	fěi	307
课	kè	624
谅	liàng	691
诺	nuò	819
请	qǐng	906
谁	shéi	984
	shuí	1040
谂	shěn	990
谇	suì	1065
谈	tán	1077
诿	wěi	1156
谊	yì	1332
谀	yú	1369
诸	zhū	1471
谆	zhūn	1490
诼	zhuó	1492
诹	zōu	1506
9 谙	ān	8
谗	chán	114
谌	chén	130
谛	dì	237
谍	dié	248
谔	è	278
谎	huǎng	475
谏	jiàn	534
谜	mí	761
谋	móu	783
谝	piǎn	845
谓	wèi	1159
谐	xié	1233
谖	xuān	1263
谑	xuè	1271
谚	yàn	1292
谒	yè	1308
谕	yù	1377
10 谤	bàng	34
谠	dǎng	213
谧	mì	763
谟	mó	777
谦	qiān	880
谥	shì	1018
谡	sù	1062
谢	xiè	1236
谣	yáo	1300
11 谫	jiǎn	530
谨	jǐn	564
谩	mán	740
	màn	742
谬	miù	777
谪	zhé	1427
12 谲	jué	599
谰	lán	652
谱	pǔ	862
谯	qiáo	891
谭	tán	1078
谮	zèn	1407
13 谴	qiǎn	885
谳	yàn	1292
谵	zhān	1412
17 谶	chèn	131

卩（㔾）

字	拼音	页码
1 卫	wèi	1157
3 印	yìn	1342
卯	mǎo	747
节	jiē	549
	jié	552
叩	kòu	631
卮	zhī	1444
4 危	wēi	1149
5 即	jí	504
却	què	923
邵	shào	980
卵	luǎn	724
6 卺	jǐn	563
卷	juǎn	595
	juàn	595
卸	xù	1261
7 卻	què	923
卸	xiè	1235
8 卿	qīng	902

阝〔左侧〕

字	拼音	页码
2 队	duì	268
3 阡	qiān	879
阢	wù	1181
4 阨	è	277
阪	bǎn	29
防	fáng	299
阮	ruǎn	947
阳	yáng	1294
阴	yīn	1335
阵	zhèn	1433
阧	dǒu	259
阶	jiē	549
阬	kēng	625
阯	zhǐ	1451
阱	jǐng	574
5 附	fù	330
阿	ā	1
	ē	276
陂	bēi	42
	pí	840
	pō	855
陈	chén	130
阽	diàn	243
	yán	1285
际	jì	512
陆	liù	711
	lù	719
陇	lǒng	714
陀	tuó	1132
陉	xíng	1250
阻	zǔ	1510
阼	zuò	1519
6 陔	gāi	337
降	jiàng	538
	xiáng	1216
陋	lòu	715
陌	mò	781
陕	Shǎn	969
陎	xù	1261
7 卻	què	923
卸	xiè	1235
8 卿	qīng	902

阝〔左侧〕

字	拼音	页码
限	xiàn	1209
7 陈	zhèn	1433
陉	xíng	1250
陕	Shǎn	969
陛	bì	58
除	chú	156
陡	dǒu	259
陧	niè	810
险	xiǎn	1207
院	yuàn	1385
陨	yǔn	1391
陟	zhì	1456
陞	shēng	991
陗	qiào	892
8 陰	yīn	1335
陳	chén	130
陸	liù	711
	lù	719
陲	chuí	166
陵	líng	702
陴	pí	841
陪	péi	833
陶	táo	1085
	yáo	1300
陷	xiàn	1210
陬	zōu	1506
9 隊	duì	268
陽	yáng	1294
陰	yīn	1335
隍	huáng	474
隗	Kuí	640
	Wěi	1156
隆	lóng	713
隋	Suí	1064
随	suí	1064
隈	wēi	1150
隐	yǐn	1341
隅	yú	1370
階	jiē	549
隄	dī	230
陻	yīn	1338
陿	xiá	1196
10 隕	yǔn	1391
隘	ài	5

阝[右侧] 凵 刀 力

隔 gé	357	邨 yè	1307	10 鄔 Wū	1169	3 刍 chú	156	幼 yòu	1365
隙 xì	1195	6 邽 Guī	400	鄒 Zōu	1506	召 Shào	980	4 动 dòng	255
隖 wù	1181	邱 Hòu	449	鄆 Yún	1390	zhào	1423	劣 liè	695
骘 zhì	1458	邯 Huán	467	鄌 Táng	1082	4 负 fù	330	5 劲 jìn	567
11 際 jì	512	郇 Xún	1273	11 鄙 bǐ	56	危 wēi	1149	jìng	576
障 zhàng	1420	郏 Jiá	520	鄢 Yān	1283	争 zhēng	1434	励 lì	678
隴 yōng	1350	郊 jiāo	541	鄞 Yín	1339	色 sè	960	努 nǔ	816
12 鄰 lín	697	郐 Kuài	636	鄘 Yōng	1350	shǎi	965	劬 qú	915
隨 suí	1064	郎 láng	654	鄣 Zhāng	1417	5 奂 huàn	469	劭 shào	980
隧 suì	1066	làng	655	12 鄰 lín	697	免 miǎn	764	助 zhù	1476
13 險 xiǎn	1207	郄 Qiè	894	鄭 Zhèng	1441	刧 jié	553	劫 jié	553
14 隱 yǐn	1341	xì	1194	鄲 Dān	207	初 chū	155	劳 láo	656
隰 xí	1191	郓 Yùn	1392	鄱 pó	856	龟 guī	399	男 nán	793
16 隴 lǒng	714	郑 Zhèng	1441	鄯 shàn	970	jūn	601	6 劾 hé	433
		郏 Zhū	1471	鄧 Dèng	228	qiū	909	势 shì	1013
阝[右侧]		郁 yù	1374	13 鄶 Kuài	636	6 券 quàn	922	效 xiào	1231
2 邓 Dèng	228	郅 zhì	1454	鄴 yè	1307	xuàn	1267	驾 jià	522
3 邙 máng	743	7 郏 Jiá	520	14 鄹 Zōu	1506	兔 tù	1124	7 勅 chì	144
邗 Hán	416	郛 fú	325	鄺 Kuàng	638	刧 jié	553	勁 jìn	567
邝 kuàng	638	郜 Gào	353	17 酃 Líng	703	7 刱 chuàng	164	jìng	576
邛 qióng	908	郡 jùn	602	18 酆 Fēng	319	刵 nù	818	勃 bó	78
4 邦 bāng	32	郦 Lì	680	19 酈 Lì	680	急 jí	504	勉 miǎn	765
邫 bāng	32	部 wú	1176			8 剏 chuàng	164	勋 xūn	1272
那 Nā	789	郗 Xī	1186	凵		9 剪 jiǎn	528	勇 yǒng	1351
nà	790	鄂 Yíng	1346	2 凶 xiōng	1252	象 xiàng	1220	8 勑 chì	144
nèi	801	郧 Yún	1390	3 出 chū	151	10 棼 fén	312	哿 gě	357
邬 Wū	1169	郝 Hǎo	427	击 jī	494	11 詹 Zhān	1412	勐 měng	758
邨 cūn	181	郤 xì	1195	凹 āo	10	赖 lài	650	勍 qíng	905
邡 fāng	298	8 郵 yóu	1356	凸 tū	1120	13 劈 pī	839	9 動 dòng	255
祁 Qí	866	部 bù	94	4 氹 dàng	214	pǐ	842	勘 kān	611
邪 xié	1232	郴 Chēn	128	6 画 huà	463	豫 yù	1378	勖 xù	1262
yé	1304	郸 Dān	207	函 hán	417	14 劔 jiàn	533	勗 yì	1332
邢 Xíng	1247	都 dōu	258	7 幽 yōu	1354			10 勛 xūn	1272
5 邶 Bèi	45	dū	261	8 鬯 chàng	122	力		募 mù	787
邴 Bǐng	73	郭 guō	404	10 鑿 záo	1402	0 力 lì	675	11 勦 chāo	124
邸 dǐ	232	郫 Pí	841	15 豳 Bīn	71	2 办 bàn	30	jiǎo	546
邻 lín	697	郯 Tán	1077			劝 quàn	921	勣 jī	514
邳 Pī	838	郰 Zōu	1506	刀（⺈）		3 加 jiā	515	势 shì	1013
邱 qiū	909	9 鄆 Yùn	1392	0 刀 dāo	215	劢 mài	738	勤 qín	897
邵 Shào	980	鄂 è	278	1 刃 rèn	935	夯 bèn	50	勠 lù	721
邰 Tái	1073	鄄 Juàn	596	2 切 qiē	893	hāng	421	舅 jiù	586
邮 yóu	1356	郿 Méi	751	qiè	894	功 gōng	368	12 勱 mài	738
邹 Zōu	1506	鄢 Yǎn	1288	分 fēn	309	另 lìng	705	勖 yì	1332
邯 hán	417	乡 xiāng	1211		fèn	313	务 wù	1181	劈 jiàng	539

(16) 厶又廴丁マ了干土

厶

嘉 jiā	519
13 勰 xié	1234
14 勴 lì	678
勳 xūn	1272
17 勸 quàn	921

厶

1 么 ma	737
	me	749
	yāo	1298
幺 yāo	1298
2 允 yǔn	1391
云 yún	1389
公 gōng	365
3 弁 biàn	63
台 tāi	1071
	tái	1072
去 qù	916
4 牟 móu	783
	mù	786
5 县 xiàn	1208
矣 yǐ	1327
6 参 cān	100
	cēn	108
	shēn	986
叁 sān	956
7 垒 lěi	666
貟 tái	1073
8 畚 běn	50
能 néng	801
9 參 cān	100
	cēn	108
	shēn	986
欸 ē	279
	é	279
	ě	279
	è	279
	ǎi	3

又(ㄡ)

0 又 yòu	1364
1 叉 chā	108
	chá	110
	chǎ	112

2 邓 Dèng	228
双 shuāng	1038
友 yǒu	1360
劝 quàn	921
收 shōu	1019
反 fǎn	293
支 zhī	1443
3 对 duì	269
发 fā	284
	fà	289
圣 shèng	997
4 观 guān	390
	guàn	393
戏 hū	451
	xì	1193
欢 huān	466
5 鸡 jī	497
6 变 biàn	63
艰 jiān	525
叔 shū	1028
受 shòu	1024
7 叚 jiǎ	521
叟 sǒu	1059
叙 xù	1261
8 难 nán	795
	nàn	796
剟 duō	274
桑 sāng	958
9 曼 màn	742
10 㪞 shuāng	1038
11 叠 dié	248
叞 zhā	1408
12 聚 jù	593
14 叡 ruì	949
15 燮 xiè	1236
16 叢 cóng	176
雙 shuāng	1038
18 矍 jué	599

廴

3 巡 xún	1273
4 廷 tíng	1106
延 yán	1283
5 廻 huí	477

廹 pài	826
	pò	856
6 建 jiàn	532
廼 nǎi	792

丁

0 丁 dīng	248
	zhēng	1434
1 亍 chù	158
于 yú	1367
3 宁 níng	810
	nìng	811
5 町 dīng	249
	tīng	1108

マ

5 甬 Yǒng	1351
7 勇 yǒng	1351
8 函 hán	417
9 恿 yǒng	1351

了

0 了 le	664
	liǎo	693
1 孒 jué	596
6 乷 jī	504
	qì	876
7 承 chéng	135

干

0 干 gān	339
干 gàn	344
2 邗 Hán	416
刊 kān	610
6 预 hān	416

土(士)

0 士 shì	1010
土 tǔ	1123
1 壬 rén	935
2 去 qù	916
圣 shèng	997
3 场 cháng	119
	chǎng	121

地 de	224
	dì	233
圪 gē	353
圭 guī	399
圾 jī	495
吉 jí	502
圹 kuàng	638
圮 pǐ	842
寺 sì	1054
圩 wéi	1152
	xū	1258
圯 yí	1322
在 zài	1397
圬 wū	1169
圳 zhèn	1433
至 zhì	1453
4 坂 bǎn	29
毒 ǎi	3
坝 bà	19
坌 bèn	50
坊 fāng	298
	fáng	300
坟 fén	312
坏 huài	465
坚 jiān	524
均 jūn	601
坎 kǎn	611
壳 ké	619
	qiào	892
坑 kēng	625
块 kuài	635
坜 lì	678
圻 qí	866
坍 tān	1076
坛 tán	1077
坞 wù	1181
址 zhǐ	1451
志 zhì	1454
坠 zhuì	1489
坳 ào	11
坐 zuò	1518
声 shēng	995
5 坿 fù	330
坤 tān	1076

坳 ào	11
坻 chí	141
	dǐ	232
坼 chè	128
坫 diàn	243
坩 gān	341
坷 kē	617
	kě	621
坤 kūn	642
垃 lā	645
垅 lǒng	714
垆 lú	717
坭 ní	803
坯 pī	838
坪 píng	854
坡 pō	855
坦 tǎn	1078
坨 tuó	1132
幸 xìng	1251
坵 qiū	909
卦 guà	385
垄 lǒng	714
6 垛 duǒ	275
	duò	275
垜 duǒ	275
	duò	275
垞 chá	110
城 chéng	136
垯 da	201
垱 dàng	214
垫 diàn	243
垤 dié	248
垌 dòng	257
	tóng	1113
垩 è	277
垡 fá	288
垓 gāi	337
垢 gòu	374
垍 jì	512
垲 kǎi	610
垮 kuǎ	634
垒 lěi	666
埏 shān	968
	yán	1286

垧 shǎng	972	堑 qiàn	885	塘 táng	1082	壑 hè	436		káng	614
型 xíng	1250	埽 sào	960	填 tián	1099	15 壘 lěi	666	扣 kòu	631
垭 yā	1278	堍 tù	1124	塨 xiè	1236	16 壞 huài	465	扩 kuò	643
yà	1281	場 yì	1332	塬 yuán	1383	壚 lú	678	扪 mén	756
垟 yáng	1295	域 yù	1376	塗 tú	1122	壜 tán	1077	扦 qiān	879
垠 yín	1338	堉 yù	1376	塋 yíng	1345	壠 lǒng	714	扫 sǎo	959
垣 yuán	1380	埴 zhí	1449	塚 zhǒng	1465	壚 lú	717	sào	960
垦 kěn	624	埼 qí	868	塙 què	923	壟 lǒng	714	扬 yáng	1293
奎 kuí	640	執 zhí	1447	墉 chén	128	17 壤 rǎng	927	扞 hàn	420
荦 yíng	1345	悫 què	923	塲 cháng	119	19 懿 yì	1334	托 tuō	1130
7 埃 āi	3	堂 táng	1081	chǎng	121	21 壩 bà	19	执 zhí	1447
埔 bù	94	埜 yě	1305	墜 zhuì	1489	22 壪 wān	1139	4 把 bǎ	16
pǔ	861	9 報 bào	39	墊 diàn	243	**工**		bà	19
埕 chéng	137	場 cháng	119	墮 duò	275			报 bào	39
埂 gěng	362	chǎng	121	塹 qiàn	885	0 工 gōng	363	护 hù	456
埚 guō	404	堦 jiē	549	嘉 jiā	519	2 功 gōng	368	扳 bān	27
壶 hú	453	塊 kuài	635	境 jìng	578	巧 qiǎo	892	扮 bàn	32
垸 huán	468	壺 hú	453	墈 kàn	613	邛 qióng	908	抃 biàn	63
yuàn	1385	堡 bǎo	39	墁 màn	742	左 zuǒ	1515	抄 chāo	123
埒 liè	696	bǔ	82	墙 qiáng	888	3 巩 gǒng	370	扯 chě	127
埋 mái	737	pù	862	塾 shú	1031	式 shì	1012	抖 dǒu	259
mán	740	堤 dī	230	墅 shù	1035	4 贡 gòng	371	扼 è	277
埘 shí	1009	堞 dié	248	墟 xū	1260	攻 gōng	368	扶 fú	323
埙 xūn	1272	堠 hòu	450	墉 yōng	1350	汞 gǒng	370	抚 fǔ	327
袁 Yuán	1380	堭 huáng	471	壽 shòu	1024	巫 wū	1170	技 jì	511
8 埰 cài	99	墍 jì	514	墒 shāng	972	6 项 xiàng	1219	拒 jù	591
堅 jiān	524	堪 kān	611	塼 zhuān	1482	差 chā	109	抉 jué	597
埳 kǎn	611	堎 léng	668	12 墳 fén	312	chà	112	抗 kàng	614
堃 kūn	642	塔 tǎ	1071	墶 da	201	chāi	113	抠 kōu	629
堊 è	277	塆 wān	1139	墀 chí	142	cī	170	抡 lūn	726
垭 yā	1278	喜 xǐ	1192	墩 dūn	271	9 巯 qiú	912	lún	726
yà	1281	堰 yàn	1292	墦 fán	292	**扌**		拟 nǐ	804
堝 guō	404	壹 yī	1321	增 zēng	1407			扭 niǔ	813
埯 ǎn	8	堙 yīn	1338	墨 mò	782	1 扎 zā	1394	抛 pāo	830
埠 bù	94	堯 Yáo	1299	13 壇 tán	1077	zhā	1408	批 pī	838
埭 dài	204	堉 xù	1262	墡 dàng	214	zhá	1409	抔 póu	858
堵 dǔ	264	城 jiān	530	墙 qiáng	888	2 扒 bā	15	抢 qiāng	886
堆 duī	268	10 塢 wù	1181	壁 bì	59	pá	822	qiǎng	888
墮 duò	275	塏 kǎi	610	擎 jī	501	打 dá	186	扰 rǎo	928
堌 gù	383	塒 shí	1009	壅 yōng	1350	dǎ	187	折 shé	981
基 jī	499	塤 xūn	1272	墾 kěn	624	扑 pū	859	zhē	1425
埝 niàn	808	塥 gé	357	14 壙 kuàng	638	扔 rēng	937	zhé	1426
培 péi	833	塑 sù	1062	壚 xūn	1272	3 扠 chā	108	抒 shū	1028
堋 péng	836	塌 tā	1070	壕 háo	424	扛 gāng	345	投 tóu	1118

(18) 扌

字	拼音	页码	字	拼音	页码	字	拼音	页码	字	拼音	页码	字	拼音	页码
抟	tuán	1125		níng	811	挑	tiāo	1100	抄	sā	951	掊	póu	858
抑	yì	1330		nìng	812		tiǎo	1102		shā	964		pōu	858
找	zhǎo	1423	拍	pāi	823	挺	tǐng	1108		suō	1067	掐	qiā	876
抵	zhǐ	1451	拚	pàn	828	挝	wō	1167	8 画 采	cǎi	98	捐	qiān	883
扐	ǎo	11		pīn	848		zhuā	1481	捨	shě	981	授	shòu	1026
	ào	12	抨	pēng	836	抒	xián	1205	挂	guà	385	探	tàn	1079
	niù	814	披	pī	839	挟	xié	1233	捲	juǎn	595	掏	tāo	1084
抓	zhuā	1480	抷	qiá	877	拽	yè	1308	捫	mén	756	掭	tiàn	1100
5 画 抱	bào	40	拓	tà	1071		zhuāi	1481	掃	sǎo	959	推	tuī	1125
抴	yè	1307		tuò	1133		zhuài	1481		sào	960	掀	xiān	1203
抵	dǐ	232	抬	tái	1073	拶	zā	1394	掄	lūn	726	掩	yǎn	1288
拐	guǎi	387	掩	tuō	1130		zǎn	1400		lún	726	掖	yē	1304
拃	nǔ	816	拕	tuō	1130	指	zhǐ	1452	捵	chēn	128		yè	1308
抛	pāo	830	押	yā	1278	挣	zhēng	1436	捱	ái	3	揶	yé	1305
抝	ǎo	11	拥	yōng	1349		zhèng	1442	捭	bǎi	25	掷	zhì	1457
	ào	12	择	zé	1405	拯	zhěng	1436	掺	chān	114	捧	pèng	837
	niù	814		zhái	1411	挖	wā	1134	捶	chuí	166	9 画 揭	jiē	551
拔	bá	15	笮	zhǎ	1409	垫	diàn	243	措	cuò	183	揪	jiū	580
拌	bàn	32	招	zhāo	1420	7 画 捄	jiù	584	撢	dǎn	208	扬	yáng	1293
拨	bō	76	拄	zhǔ	1476	挾	xié	1233	掉	dáo	216	揀	jiǎn	527
拆	cā	95	拙	zhuō	1491	挨	āi	3	擅	Shàn	969	揽	lǎn	652
	chāi	113	拑	qián	883		ái	3	掂	diān	237	挥	huī	476
抻	chēn	128	6 画 挂	guà	385	捌	bā	15	掉	diào	247	捏	niē	809
抽	chōu	148	按	àn	8	捕	bǔ	82	掇	duō	274	揰	chuí	166
担	dān	205	持	chí	142	挫	cuò	183	捆	guǎi	387	揭	jié	555
	dǎn	208	挡	dǎng	212	捣	dǎo	216		guó	407	掾	yǎn	1288
	dàn	209		dàng	214	捍	hàn	420	掼	guàn	393	揞	ǎn	8
拂	fú	323	拱	gǒng	370	换	huàn	469	掎	jǐ	509	摒	bìng	76
拊	fǔ	327	括	guā	385	捡	jiǎn	527	接	jiē	550	插	chā	109
拣	jiǎn	527		kuò	643	捐	juān	594	捷	jié	555	搽	chá	111
拘	jū	587	挥	huī	476	捃	jùn	602	掬	jū	588	搀	chān	114
拉	lā	645	挤	jǐ	508	捆	kǔn	642	据	jū	588	揣	chuāi	159
	lá	646	挢	jiǎo	544	捞	lāo	655		jù	592		chuǎi	159
	là	646	拮	jié	553	捋	lǚ	722	掘	jué	599		chuài	159
拦	lán	651	拷	kǎo	616		luō	728	控	kòng	629	搓	cuō	183
拎	līn	697	挎	kuà	634	捏	niē	809	掠	liè	696	搭	dā	185
拢	lǒng	714	挠	náo	797	捎	shāo	978	掳	lǔ	718	提	dī	230
抹	mā	733	挪	nuó	818	损	sǔn	1066	掠	lüè	725		tí	1090
	mǒ	779	拼	pīn	848	捅	tǒng	1115	描	miáo	768	搁	gē	354
	mò	780	拾	shí	1008	挽	wǎn	1141	捺	nà	792		gé	356
抿	mǐn	771	试	shì	1015	捂	wǔ	1180	捻	niān	807	搅	jiǎo	546
拇	mǔ	784	拴	shuān	1038	挹	yì	1331	排	pái	824	揩	kāi	610
拈	niān	805	挞	tà	1071	振	zhèn	1433		pǎi	826	揆	kuí	641
拧	níng	811	搿	gé	356	捉	zhuō	1491	捧	pěng	837	搂	lōu	714

搂 lōu	715	摄 shè	983	拨 bō	76	擀 gǎn	344	摊 tān	1076
捦 qīn	898	摅 shū	1030	撟 jiǎo	544	撼 hàn	421	20 攩 dǎng	212
揉 róu	942	搠 shuò	1047	挠 náo	797	摂 huàn	470	攪 jiǎo	546
搔 sāo	959	摊 tān	1076	撻 tà	1071	擂 léi	666	攫 jué	599
搵 wèn	1166	搪 táng	1082	撏 xián	1205	lèi	668	攥 zuàn	1512
握 wò	1168	携 xié	1234	捞 lāo	655	擅 shàn	970	21 攬 lǎn	652
揳 xiē	1231	摇 yáo	1300	撢 dǎn	208	擞 sǒu	1059	22 攮 nǎng	797
揎 xuān	1264	搌 zhǎn	1413	Shàn	969	sòu	1059	艹(艸)
揠 yà	1281	搆 gòu	374	撣 dǎn	208	14 擴 kuò	643	
揖 yī	1321	摧 què	924	捻 niǎn	807	擬 nǐ	804	0 艸 cǎo	105
揄 yú	1370	榨 zhà	1410	撳 qìn	898	擰 níng	811	1 艺 yì	1328
援 yuán	1383	摁 huǎng	475	携 xié	1234	níng	811	2 节 jiē	549
掾 yuàn	1385	搧 shān	968	播 bō	77	nìng	812	jié	552
揍 zòu	1508	11 撦 chě	127	撤 chè	128	擡 tái	1073	艾 ài	4
揞 xǐng	1250	抠 kōu	629	撑 chēng	132	擠 jǐ	508	yì	1329
搜 sōu	1058	摺 zhé	1426	撐 chēng	132	擣 dǎo	216	芁 jiāo	539
揸 zhā	1408	搏 tuán	1125	撺 cuān	179	擲 zhì	1457	芀 nǎi	792
掏 hōng	441	摩 mā	733	撮 cuō	183	擱 gē	354	3 芏 dù	264
揹 bēi	43	搲 wō	1167	zuǒ	1516	gé	356	芨 jī	495
10 搤 è	277	zhuā	1481	撩 liāo	692	擯 bìn	71	芒 máng	743
搶 qiāng	886	掺 chān	114	liáo	693	擦 cā	95	芑 qǐ	869
qiǎng	888	摑 guāi	387	撸 lū	717	擤 xǐng	1250	芊 qiān	879
搨 tà	1071	guó	407	撵 niǎn	808	擢 zhuó	1493	芍 sháo	979
搩 zhǎ	1409	掼 guàn	393	撬 qiào	893	15 擾 rǎo	928	芄 wán	1139
搗 dǎo	216	摅 jù	592	撳 qín	898	擺 bǎi	25	芗 xiāng	1212
损 sǔn	1066	搂 lōu	714	撒 sā	951	擻 shū	1030	芎 xiōng	1253
捅 tǒng	1115	lǒu	715	sǎ	952	擼 lū	717	芋 yù	1374
捂 wǔ	1180	摽 biào	69	撕 sī	1050	撵 niǎn	808	芝 zhī	1445
掏 tāo	1084	摧 cuī	180	撷 xié	1234	揳 xié	1234	4 劳 láo	656
揿 qìn	898	撖 Hàn	421	撞 zhuàng	1488	擞 sǒu	1059	芭 bā	15
摆 bǎi	25	撂 liào	694	撙 zǔn	1514	sòu	1059	苄 biàn	63
搬 bān	28	摞 luò	732	撰 zhuàn	1485	16 攒 cuán	179	苍 cāng	103
搒 bàng	34	撇 piē	847	13 擔 dān	205	zǎn	1400	苌 cháng	119
péng	837	piě	848	dàn	209	擁 lǒng	714	苁 cōng	174
摈 bìn	71	撄 yīng	1344	擁 yōng	1349	擢 huò	487	苊 è	277
搏 bó	80	摘 zhāi	1410	择 zé	1405	17 攔 lán	651	芳 fāng	299
搐 chù	158	摺 zhé	1427	zhái	1411	攙 chān	114	萉 fèi	307
搋 chuāi	159	摭 zhí	1450	擋 dǎng	212	攖 yīng	1344	fú	323
摁 èn	279	摔 shuāi	1037	dàng	214	攘 rǎng	927	芬 fēn	312
搞 gǎo	351	搹 zhā	1408	撺 zhuài	1481	18 攝 shè	983	芙 fú	323
搛 jiān	526	12 撅 juē	596	撿 jiǎn	527	携 xié	1234	芥 gài	338
摸 mō	777	撧 juē	596	據 jù	592	攛 cuān	179	jiè	558
搦 nuò	819	撲 pū	859	撸 lū	718	操 cāo	104	花 huā	457
搡 sǎng	958	抚 fǔ	327			19 攢 cuán	179	芰 jì	511

苣 jù	591	茂 mào	747	荤 hūn	484	荅 dā	185	莜 yōu	1364
qǔ	915	茆 máo	747	xūn	1272	dá	186	莊 zhuāng	1485
茍 jì	678	苗 miáo	767	荠 jì	512	7 華 huā	457	莹 yíng	1345
芦 lú	717	苠 mín	771	qí	867	huá	460	荳 dòu	259
芼 mào	747	茉 mò	780	荚 jiá	520	Huà	463	8 菢 bào	40
芪 qí	866	苜 mù	787	茧 jiǎn	527	获 huò	492	菓 guǒ	407
茜 qiàn	885	茑 niǎo	809	荐 jiàn	532	莧 xiàn	1208	菖 cháng	119
芹 qín	896	苤 piě	848	茳 jiāng	535	莖 jīng	569	莱 lái	650
芩 qín	896	苹 píng	854	茭 jiāo	541	荚 jiá	520	蒿 wō	1167
芮 Ruì	948	苒 rǎn	926	荩 jìn	567	荇 xìng	1252	菝 bá	16
芟 shān	967	若 ruò	949	苣 jǔ	589	荸 bí	52	菠 bō	77
苇 wěi	1155	苫 shān	967	荔 lì	680	茝 chǎi	114	菜 cài	99
芜 wú	1176	shàn	969	荔 lì	680	莼 chún	168	曹 cáo	105
芴 wù	1181	苕 sháo	979	荬 mǎi	738	荻 dí	231	菖 chāng	117
苋 xiàn	1208	tiáo	1101	茫 máng	744	莪 é	276	萃 cuì	180
芯 xīn	1240	苔 tāi	1072	茗 míng	776	莩 fú	325	菪 dàn	209
xìn	1243	tái	1073	荨 qián	881	piāo	847	菪 dàng	214
芽 yá	1279	荸 xué	1268	xún	1274	莞 guǎn	392	菂 dì	236
芫 yán	1284	茚 yìn	1342	茜 qiàn	885	wǎn	1141	菲 fēi	306
yuán	1380	英 yīng	1343	xī	1186	荷 hé	434	fěi	307
苡 yǐ	1327	苑 yuàn	1384	荞 qiáo	891	hè	436	菜 fēn	312
芸 yún	1390	茁 zhuó	1491	荍 qiáo	891	菌 jūn	602	菔 fú	326
芷 zhǐ	1451	苽 gū	377	荃 quán	920	埳 kǎn	612	菇 gū	377
苎 zhù	1476	苘 qīng	906	荛 ráo	928	莱 lái	650	菰 gū	377
荏 rǎn	926	蔓 qióng	909	荏 rěn	935	莨 làng	655	菡 hàn	420
苏 sū	1059	莹 yíng	1345	茸 róng	939	莉 lì	680	菏 Hé	435
5 范 fàn	297	6 草 cǎo	105	茹 rú	944	莅 lì	680	萑 huán	468
苧 zhù	1476	荡 dàng	214	荪 sūn	1066	莲 lián	683	菅 jiān	526
苞 bāo	36	兹 cí	170	荑 tí	1090	莽 mǎng	745	堇 jǐn	564
苯 běn	50	zī	1494	yí	1322	莓 méi	751	菁 jīng	571
苆 chí	141	荦 luò	730	莛 tíng	1106	莫 mò	781	菊 jú	589
苻 fú	323	荜 bì	58	茼 tóng	1113	莆 Pú	860	菌 jūn	602
茀 fú	323	茬 chá	110	荇 xìng	1252	莎 shā	964	jùn	602
甘 gān	341	茶 chá	110	荀 Xún	1274	suō	1067	菱 líng	702
苟 gǒu	373	茈 cí	170	药 yào	1302	莳 shì	1018	萝 luó	729
茄 jiā	517	茨 cí	170	茵 yīn	1336	莘 shēn	986	萌 méng	757
qié	893	茈 zǐ	1496	茱 zhū	1471	xīn	1241	萘 nài	793
茎 jīng	569	荙 dá	186	荣 róng	939	荽 suī	1064	萍 píng	855
苴 jū	587	茯 fú	324	荥 Xíng	1250	荼 tú	1121	菩 pú	860
苛 kē	617	茛 gèn	361	yíng	1345	萵 wō	1167	萋 qī	864
苦 kǔ	632	荭 hóng	445	荫 yīn	1336	莶 xiān	1203	其 qí	868
苓 líng	701	荒 huāng	470	yìn	1342	莺 yīng	1344	萨 Sà	952
茏 lóng	713	茴 huí	479	荧 yíng	1345	莜 yóu	1358	菘 sōng	1056
茅 máo	747	荟 huì	482	苽 guā	385	莸 yóu	1358	菼 tǎn	1079

萄 táo	1085	落 là	647	蔾 lí	672	蓼 liǎo	694	蕰 wēn	1161
萜 tiē	1104	lào	663	蓂 mì	763	蔺 lìn	700	蕈 xùn	1275
菟 tú	1122	luò	730	míng	776	蔓 mán	740	蕴 yùn	1393
tù	1124	蒌 lóu	714	蓦 mò	781	màn	742	蕞 zuì	1513
菀 wǎn	1141	蓦 mù	787	墓 mù	787	wàn	1144	藜 lí	672
萎 wěi	1156	葩 pā	822	幕 mù	787	蕄 méng	758	蕅 ǒu	821
菥 xī	1187	蒎 pài	826	蓬 péng	836	摹 mó	777	13 薙 tì	1093
萧 xiāo	1222	葡 pú	860	蒲 pú	860	慕 mù	787	薈 huì	482
萦 yíng	1346	萁 qí	876	蓉 róng	940	暮 mù	787	薦 jiàn	532
萸 yú	1369	葜 qiā	877	蓐 rù	947	蔫 niān	805	薟 xiān	1203
著 zhù	1479	萩 qiū	910	蓍 shī	1002	蔷 qiáng	888	薩 Sà	952
zhuó	1492	葚 rèn	937	蒴 shuò	1047	蕖 qú	915	蕭 xiāo	1222
菹 zū	1509	shèn	990	蒜 suàn	1063	蔌 sù	1062	薊 jì	514
菑 bì	58	葶 tíng	1107	蓊 wěng	1166	蔚 wèi	1160	藇 yù	1377
菽 shū	1029	葵 tū	1121	蓄 xù	1262	Yù	1378	薔 qiáng	888
菴 ān	7	葳 wēi	1150	蓣 yù	1377	葹 xǐ	1193	薄 báo	36
萤 yíng	1345	葸 xǐ	1192	蓁 zhēn	1432	蓿 xu	1263	bó	80
营 yíng	1345	萱 xuān	1263	蒸 zhēng	1436	蔗 zhè	1428	bò	81
菸 yān	1282	葬 zàng	1401	蓑 suō	1067	蕞 qīng	906	薛 bì	59
9 萬 wàn	1142	葉 yè	1307	夢 mèng	759	蔴 má	733	蒿 hāo	423
葆 shēn	986	蒐 sōu	1058	席 xí	1190	12 蕩 dàng	214	薨 hōng	442
葦 wěi	1155	韮 jiǔ	581	蔭 yīn	1336	蕪 wú	1176	薁 hóng	446
葒 hóng	445	10 蔘 shēn	986	yìn	1342	蕓 yún	1390	hòng	446
葷 hūn	484	蒼 cāng	103	瑩 yíng	1346	蓬 dá	186	蕾 lěi	667
xūn	1272	蒨 qiàn	885	盖 gài	338	賈 mǎi	738	薯 shǔ	1033
葅 zū	1509	蓀 sūn	1066	Gě	357	蕁 qián	881	藪 sǒu	1059
葆 bǎo	39	蒙 mēng	757	11 蔔 bo	81	xún	1274	薇 wēi	1151
蒇 chǎn	116	méng	757	薌 xiāng	1212	蕎 qiáo	891	蕹 wèng	1166
葱 cōng	174	Měng	758	葱 cōng	174	蕘 ráo	928	薤 xiè	1236
蒂 dì	237	萜 chún	168	蔦 niǎo	809	蕕 yóu	1358	薪 xīn	1243
董 dǒng	255	蒞 lì	680	蓽 bì	58	蕆 chǎn	116	薛 Xuē	1268
萼 è	278	蓮 lián	683	蓴 chún	168	蕢 kuì	641	薏 yì	1334
葑 fēng	319	蒔 shì	1018	蔑 miè	769	蕃 fān	290	薑 jiāng	536
fèng	320	蒡 bàng	34	蓯 cōng	174	fán	292	14 藉 jiè	559
葛 gé	356	蓓 bèi	48	蒂 dì	237	蕙 huì	484	薺 jì	512
Gě	358	蓖 bì	58	蔣 Jiǎng	538	蕺 jí	508	qí	867
葚 gū	377	蒽 ēn	279	蔞 lóu	714	蕉 jiāo	543	蕭 jìn	567
葒 hóng	446	蒿 hāo	423	藹 ǎi	4	蕨 jué	599	藍 lán	652
胡 hú	453	蒺 jí	507	蔽 bì	59	薔 méng	758	藏 cáng	104
葭 jiā	519	蓟 jì	514	蔡 cài	100	蘄 qí	869	zàng	1401
蔣 Jiǎng	538	蒹 jiān	526	蔟 cù	178	蕤 ruí	948	藁 gǎo	352
蒈 kǎi	610	蒟 jǔ	590	蔸 dōu	258	蕊 ruǐ	948	藉 jí	508
葵 kuí	640	蓝 lán	652	蔻 kòu	631	蕋 ruǐ	948	jiè	559
蕢 kuì	641	蒗 làng	655	蔹 liǎn	685	蔬 shū	1030	藐 miǎo	768

(22)　寸廾大尢弋小口

蕳 rú	944	蘼 mí	761	**大(亣)**		奘 zàng	1401	**小**	
薹 tái	1074	蘸 zhàn	1416			zhuāng	1487	**(⺌⺍)**	
蘚 xiǎn	1208			0 大 dà	192	8 匏 páo	831		
薰 xūn	1272	**寸**			dài	202	奢 shē	980	0 小 xiǎo	1224
舊 jiù	582			1 夫 fū	321	爽 shuǎng	1039	1 少 shǎo	979
15 藝 yì	1328	0 寸 cùn	182		fú	322	9 奧 ào	12		shào	979
繭 jiǎn	527	2 对 duì	269	太 tài	1074	奠 diàn	244	2 尔 ěr	280
藥 yào	1302	3 导 dǎo	216	天 tiān	1094	11 奭 bì	59	尕 gǎ	336
蘊 yùn	1393	夺 duó	274	夭 yāo	1298	奪 duó	274	3 尘 chén	128
藷 shǔ	1033	寺 sì	1054	2 夯 bèn	50	奩 lián	681	当 dāng	210
藪 sǒu	1059	寻 xún	1272		hāng	421	奬 jiǎng	537		dàng	213
藩 fān	290	4 寿 shòu	1024	头 tóu	1116	12 樊 fán	292	光 guāng	395
藠 jiào	549	6 封 fēng	318	央 yāng	1292	奭 shì	1018	尖 jiān	523
藜 lí	672	将 jiāng	535	矢 shǐ	1009	13 奮 fèn	314	朩 shū	1029
藕 ǒu	821		jiàng	538	3 夺 duó	274			4 肖 Xiāo	1220
藤 téng	1090	耐 nài	793	夹 gā	336	**尢(兀)**			xiào	1230
16 蘑 mó	678	7 尅 kè	622		jiā	516	0 尢 yóu	1355	5 尚 shàng	978
蘆 lú	717	辱 rǔ	945		jiá	520	1 尤 yóu	1355	6 尝 cháng	120
蘢 lóng	713	射 shè	983	夸 kuā	634	元 yuán	1379	尜 gá	336
蘋 píng	854	8 尉 wèi	1159	夼 kuǎng	638	2 龙 lóng	711	省 shěng	996
蘐 qián	881		yù	1377	尖 jiān	523	3 尥 liào	694		xǐng	1250
蘖 niè	810	專 zhuān	1481	夷 yí	1322	尧 Yáo	1299	7 党 dǎng	213
蘐 xuān	1263	9 尊 zūn	1514	4 夾 gā	336	4 尬 gà	336	8 常 cháng	120
藹 ǎi	4	尋 xún	1272		jiā	516	6 尵 huī	480	雀 qiāo	890
蘭 lín	700	11 對 duì	269		jiá	520	9 就 jiù	584		qiāo	892
蘄 qí	869	12 導 dǎo	216	奁 lián	681	10 尶 gān	342		què	923
蘂 ruǐ	948	14 爵 jué	599	5 奔 bēn	48	尴 gān	342	堂 táng	1081
蘅 héng	441				bèn	50	14 尷 gān	342	赏 shǎng	972
藿 huò	493	**廾**		奋 fèn	314	21 尵 qiāo	893	棠 táng	1082
蘑 mó	779			奇 jī	498			掌 zhǎng	1418
蕖 qú	915	1 开 kāi	605		qí	866	**弋**		10 毵 xiān	1208
藻 zǎo	1403	升 shēng	991	奈 nài	792			毶 xiān	1208
蘇 sū	1059	2 弁 biàn	63	奄 yǎn	1287	0 弋 yì	1327	11 裳 cháng	121
17 蘭 lán	651	卉 huì	480	6 耷 dā	185	1 式 yī	1321		shang	978
蘗 niè	810	3 异 yì	1329	奖 jiǎng	537	戉 yuè	1387	12 輝 huī	476
蘡 mò	781	4 弃 qì	875	奎 kuí	640	2 弍 èr	283	14 燿 yào	1304
薁 liǎn	685	弄 lòng	714	契 qì	876	3 弎 sān	956	17 耀 yào	1304
蘚 xiǎn	1208		nòng	815		Xiè	1235	弒 shì	1012	
蘩 fán	293	5 奔 bēn	48	牵 qiān	879	4 忒 tè	1087	**口**	
蘘 ráng	927		bèn	50	奕 yì	1331		tuī	1125		
蘗 bò	81	6 异 yǎn	1288	奘 guǐ	401	5 甙 dài	203	0 口 kǒu	629
18 蘺 lí	672	弈 yì	1331	美 měi	752	武 wǔ	1179	2 叭 bā	15
19 蘿 luó	729	羿 Yì	1331	奏 zòu	1508	鸢 yuān	1378		
蘗 niè	810	9 葬 zàng	1401	7 套 tào	1086	6 貳 èr	283	卟 bǔ	81
		11 弊 bì	59						
		15 彝 yí	1325			9 弑 shì	1018		

口 (23)

字	拼音	页码	字	拼音	页码	字	拼音	页码	字	拼音	页码	字	拼音	页码
叱	chì	143	吸	xī	1185	呛	qiāng	886	呱	gū	375		hà	412
叼	diāo	245	吁	xū	1258		qiàng	889		guā	384	咳	hāi	412
叨	dāo	215		yù	1374	吣	qìn	898		guǎ	385		ké	619
	dáo	216	吆	yāo	1298	吮	shǔn	1043	呼	hū	451	哄	hōng	442
	tāo	1084	吆	yāo	1298	吞	tūn	1129	咎	jiù	583		hǒng	446
叮	dīng	249	吒	zhà	1410	吻	wěn	1164	咀	jǔ	589		hòng	446
号	háo	423	吡	ǹg	802	呜	wū	1170		zuǐ	1512	哗	huā	460
	hào	427	各	gē	357	吾	wú	1176	咔	kā	604		huá	461
叽	jī	495		gè	358	吴	Wú	1176		kǎ	604	咴	huī	476
叫	jiào	546	吉	jí	502	吳	Wú	1176	呤	líng	705	咭	jī	498
可	kě	619	吏	lì	678	呀	yā	1278	咙	lóng	713	哙	kuài	636
	kè	622	名	míng	772		ya	1281	鸣	míng	775	哐	kuāng	638
叩	kòu	631	舌	shé	981	呓	yì	1330	呶	náo	797	咧	liē	695
叻	lè	663	向	xiàng	1218	邑	yì	1330	呢	ne	799		liě	695
另	lìng	705	4 叫	jiào	546	吟	yín	1338		ní	803		lie	697
叹	tàn	1079	吧	bā	15	呦	yǐn	1340	咛	níng	811	咪	mī	759
叶	xié	1232		ba	20	员	yuán	1380	咆	páo	831	咩	miē	769
	yè	1307	吡	bǐ	55		yún	1390	坯	pēi	832	哔	miē	769
兄	xiōng	1253	呗	bài	26		Yùn	1392	呻	shēn	986	哞	mōu	783
右	yòu	1365		bei	48	吱	zhī	1445	咝	sī	1049	哪	nǎ	790
只	zhī	1444	呈	chéng	135		zī	1493	味	wèi	1159		na	792
	zhǐ	1450	吵	chāo	123	呀	yī	1321	呷	xiā	1195		né	799
句	gōu	372		chǎo	125	呃	ň	802	咏	yǒng	1351		něi	799
	jù	591	吹	chuī	165	听	tīng	1105	呦	yōu	1354	哝	nóng	815
古	gǔ	377	呆	dāi	201	谷	gǔ	378	咂	zā	1394	派	pài	826
加	jiā	515	呔	dāi	201		yù	1374	咋	zǎ	1395	品	pǐn	849
叵	pǒ	856	呔	dāi	201	何	hé	431		zé	1405	哂	shěn	990
召	Shào	980	吨	dūn	271	吝	lìn	700		zhā	1408	虽	suī	1064
	zhào	1423	呃	è	277	杏	xìng	1251	含	hán	417	哇	wā	1134
史	shǐ	1009		e	279	5 咒	zhòu	1469	亟	jí	504		wa	1135
台	tāi	1071	吠	fèi	307	咼	Guō	404		qì	876	响	xiǎng	1217
	tái	1072	吩	fēn	312	呵	ā	1	咊	hé	432	哓	xiāo	1221
占	zhān	1412	否	fǒu	321		á	2	6 咵	kuǎ	634	咻	xiū	1255
	zhàn	1414		pǐ	842		ǎ	2	哔	bì	58	哑	yā	1278
3 吊	diào	245	呋	fū	322		à	2	哆	duō	274		yǎ	1280
吃	chī	138	告	gào	352		a	2	哚	duǒ	275	咿	yī	1321
吓	hè	435	呙	Guō	404		hē	429	哚	duò	275	咦	yí	1322
	xià	1201	吭	háng	422	哎	āi	2	咯	gē	353	咽	yān	1281
吕	lǚ	721		kēng	625	咚	dōng	255		kǎ	604		yàn	1291
吗	má	733	吼	hǒu	447	咄	duō	274		lo	711		yè	1308
	mǎ	736	君	jūn	601	附	fù	331	哏	gén	361	咬	yǎo	1301
	ma	737	呖	lì	678	咖	gā	336	咣	guāng	397	哟	yō	1349
吐	tǔ	1124	呐	nà	791		kǎ	604	哈	hā	412		yo	1349
	tù	1124	呕	ǒu	820	咕	gū	375		hǎ	412	哕	yuě	1386

(24) 口

咂 zá	1395	ńg	802	啰 luó	729	喊 hǎn	419	嗁 tí	1092
zán	1399	wú	1177	luo	732	喝 hē	429	嗄 á	2
咤 zhà	1410	哨 shào	980	喵 miāo	767	hè	436	shà	964
咨 zī	1493	唆 suō	1067	啺 niè	810	喉 hóu	446	嗳 āi	3
咷 táo	1085	嗩 suǒ	1069	喏 nuò	819	喤 huáng	474	ǎi	4
咲 xiào	1230	唏 xī	1186	rě	928	喙 huì	483	ài	5
骂 mà	737	哮 xiào	1230	啪 pā	822	喈 jiē	552	嗌 ài	5
咸 xián	1205	唁 yàn	1291	啤 pí	841	嗟 jiē	552	嗷 áo	11
哉 zāi	1396	彧 yù	1375	哈 shá	964	啾 jiū	580	嗌 yì	1332
咫 zhǐ	1453	哳 zhā	1408	嗄 shà	964	喀 kā	604	嗔 chēn	128
呲 zī	1495	哲 zhé	1427	啕 táo	1085	喾 Kù	633	嗤 chī	140
7 唄 bài	26	唣 zào	1404	唾 tuò	1133	喹 kuí	641	嗲 diǎ	237
bei	48	唕 zào	1404	唯 wéi	1153	喟 kuì	641	嘟 dū	261
唚 qìn	898	唑 zuò	1519	啸 xiào	1231	喇 lǎ	646	嗝 gé	357
員 yuán	1380	啲 dí	231	喑 yō	1349	喱 lí	671	嗨 hāi	413
yún	1390	哿 gě	357	啧 zé	1406	喽 lóu	714	hēi	438
Yùn	1392	哭 kū	632	啁 zhāo	1422	lou	716	嗥 háo	423
哔 miē	769	8 啃 kěn	625	zhōu	1469	喃 nán	796	嗬 hē	429
啊 ā	1	嗇 sè	961	啭 zhuàn	1485	喷 pēn	835	嗯 ńg	802
á	2	唸 niàn	808	啄 zhuó	1492	pèn	835	ňg	802
ǎ	2	唫 yín	1338	售 shòu	1026	嗖 sōu	1058	ǹg	802
à	2	啞 yā	1278	兽 shòu	1026	啼 tí	1092	嗫 niè	810
a	2	yǎ	1280	啓 qǐ	870	喂 wèi	1159	辔 pèi	835
唉 āi	3	啵 bo	81	9 單 chán	114	喔 wō	1167	嗪 qín	898
ài	4	嘽 chǎn	116	dān	205	喧 xuān	1264	嗓 sǎng	958
哺 bǔ	82	tān	1076	Shàn	969	喑 yīn	1338	嗜 shì	1018
喫 chī	140	唱 chàng	122	嘅 kǎi	610	喁 yóng	1350	嗣 sì	1055
哦 é	276	啜 Chuài	159	喫 chī	138	喻 yù	1377	嗉 sù	1062
ó	820	chuò	169	唵 zǎ	1395	嗞 zī	1494	嗦 suò	1067
ò	820	啐 cuì	180	喪 sāng	958	啣 xián	1206	嗍 suō	1067
哥 gē	354	啖 dàn	209	sàng	958	善 shàn	969	嗵 tōng	1110
哽 gěng	362	啗 dàn	209	哟 yō	1349	喜 xǐ	1192	嗡 wēng	1166
唝 Gòng	372	啶 dìng	252	yo	1349	10 嗑 kè	624	嗅 xiù	1258
哼 hēng	439	啡 fēi	306	喳 zá	1395	嗎 má	733	11 嘗 cháng	120
hng	441	啈 fěng	320	zán	1399	mǎ	736	嘆 tàn	1079
唤 huàn	469	唿 hū	452	喆 zhé	1427	ma	737	嘔 ǒu	820
唧 jī	498	唬 hǔ	455	喳 chā	110	嗆 qiāng	886	嘑 hū	451
唠 láo	657	xià	1201	zhā	1408	qiàng	889	鸣 míng	775
lào	662	啦 lā	646	啻 chì	144	鸣 wū	1170	嗶 bì	58
哩 lī	670	la	647	喘 chuǎn	162	嘩 huā	460	嘜 mài	740
lǐ	674	啷 lāng	654	嗒 dā	185	huá	461	嗷 dàn	209
li	681	唳 lì	680	tà	1071	嗇 sè	961	嘖 zé	1406
唛 mài	740	啉 lín	699	喋 dié	248	唝 Gòng	372	嘍 lóu	714
唔 ń	789	啰 luō	728	zhá	1409	嗩 suǒ	1069	lou	716

叚 gǔ	381	噜 lū	717	15 嚙 niè	810	囫 hú	452	岚 lán	651
jiǎ	521	噢 ō	820	嚕 lū	717	囵 lún	726	岐 qí	866
嘣 bēng	51	嘭 pēng	836	嚣 xiāo	1224	围 wéi	1153	岍 Qiān	879
嘈 cáo	105	噗 pū	860	嚚 yín	1339	园 yuán	1380	岖 qū	913
嘚 dē	222	嘌 qín	898	16 嚦 lì	678	国 guó	404	岘 Xiàn	1208
嘀 dī	230	嘶 sī	1050	嚨 lóng	713	5 固 gù	381	岈 yá	1279
dí	231	嘻 xī	1189	嚥 yàn	1291	囯 guó	404	5 岸 àn	8
嘎 gā	336	噀 xùn	1276	嚯 huò	493	囹 líng	701	岱 Dài	203
gá	336	噎 yē	1304	嚴 yán	1284	图 tú	1121	岣 Gǒu	373
gǎ	336	嘱 zhǔ	1476	17 嚳 Kù	633	6 囿 yòu	1366	岵 hù	456
嘞 lei	668	噐 qì	876	嚶 yīng	1344	7 圂 hùn	486	岬 jiǎ	520
嘛 ma	737	13 噹 dāng	210	嚼 jiáo	544	圃 pǔ	861	岢 kě	621
嘧 mì	763	噸 dūn	271	jiào	549	圄 yǔ	1373	岿 kuī	640
嘌 piào	847	噲 kuài	636	jué	599	圆 yuán	1382	岭 lǐng	704
嘁 qī	865	噥 nóng	815	嚷 rāng	927	8 圇 lún	726	岇 mǎo	747
噓 shī	1003	噦 yuě	1386	rǎng	927	國 guó	404	岷 Mín	771
xū	1260	噱 xiào	1231	囂 tuó	1133	圈 juān	594	岭 tóng	1113
嗾 sǒu	1059	噯 āi	3	18 囈 yì	1330	juàn	596	岫 xiù	1257
嗽 sòu	1059	ǎi	4	囀 zhuàn	1485	quān	918	岩 yán	1285
嘡 tāng	1081	ài	5	嚙 niè	810	圊 qīng	902	峄 Yì	1331
嘤 yīng	1344	嚆 hāo	423	囂 xiāo	1224	圉 yǔ	1373	岳 yuè	1387
12 噁 ě	277	嚄 huò	486	19 囅 chǎn	117	9 圍 wéi	1153	6 炭 tàn	1079
噘 juē	596	ō	820	囉 luō	728	10 園 yuán	1380	峒 dòng	257
噍 jī	495	噤 jìn	569	luó	729	圆 yuán	1382	tóng	1113
噝 sī	1049	噱 jué	599	luo	732	11 圖 tú	1121	耑 duān	265
嘵 xiāo	1221	xué	1269	嚕 sū	1059	團 tuán	1125	峧 jiāo	541
嘮 láo	657	噼 pī	839	21 囓 niè	810	13 圜 huán	468	峤 jiào	547
lào	662	器 qì	876	囑 zhǔ	1476	yuán	1384	qiáo	891
嘽 chǎn	116	噻 sāi	952	22 囔 nāng	796			峦 luán	724
tān	1076	噬 shì	1018			山		峙 shì	1017
喷 pēn	835	噫 yī	1321	口				zhì	1456
pèn	835	噪 zào	1404	2 囚 qiú	910	0 山 shān	965	峡 xiá	1196
嗥 háo	423	嘴 zuǐ	1512	四 sì	1052	3 岌 jí	503	峋 xún	1274
噌 cēng	108	營 yíng	1345	3 回 huí	477	屺 qǐ	869	峣 yáo	1300
嘲 cháo	125	14 嚐 cháng	120	囝 jiǎn	527	岂 qǐ	869	幽 yōu	1354
zhāo	1422	嚇 hè	435	nān	793	岁 suì	1065	峥 zhēng	1436
嘬 chuài	159	xià	1201	囡 nān	793	屹 yì	1329	耑 zhuān	1481
zuō	1514	嚀 níng	811	因 yīn	1334	屿 yǔ	1372	7 豈 qǐ	869
噇 dēng	227	嚓 cā	95	团 tuán	1125	4 岅 bǎn	29	岛 dǎo	216
噶 gá	336	chā	110	囟 xìn	1243	岙 ào	11	岘 Xiàn	1208
嘿 hēi	438	嚎 háo	424	4 囲 huí	477	岑 cén	108	峽 xiá	1196
mò	782	嚅 rú	944	困 kùn	643	岔 chà	112	峨 é	276
噍 jiào	549	嚏 tì	1094	囤 dùn	272	岛 dǎo	216	峩 é	276
噙 liáo	693	嚮 xiàng	1218	tún	1129	岗 gāng	346	峰 fēng	318
						gǎng	347		

(26) 巾 彳 彡 犭

峯 fēng	318	磁 zī	1494	舐 zhǐ	1451	12 幡 fān	290	徙 xǐ	1192
峻 jùn	602	10 歲 suì	1065	5 帕 pà	823	幟 zhì	1454	衒 xián	1206
崍 lái	650	嵴 jí	507	帔 pèi	834	幢 chuáng	164	9 徧 biàn	65
崂 láo	657	嵊 Shèng	998	帖 tiē	1103	zhuàng	1488	復 fù	331
峭 qiào	892	嵩 sōng	1056	tiě	1104	幞 fú	327	徨 huáng	474
峪 yù	1375	11 嶇 qū	913	tiè	1105	13 幪 méng	758	街 jiē	552
8 崙 lún	726	嶄 zhǎn	1413	帑 tǎng	1083	14 幫 bāng	32	循 xún	1274
崗 gāng	346	嶁 lǒu	715	帜 zhì	1454	幬 chóu	149	御 yù	1377
gǎng	347	嶂 zhàng	1420	帙 zhì	1454	dào	219	10 徬 páng	829
崍 lái	650	12 嶴 ào	11	帛 bó	78			微 wēi	1150
崩 bēng	51	嶠 jiào	547	帘 lián	683	彳		衙 yá	1280
崇 chóng	147		qiáo	891	帚 zhǒu	1469			徭 yáo	1301
崔 cuī	180	嶢 yáo	1300	6 帥 shuài	1037	0 彳 chì	143	12 德 dé	223
崮 gù	383	嶗 láo	657	帮 bāng	32	3 行 háng	421	徹 chè	127
崞 Guō	404	嶔 qīn	896	带 dài	203	xíng	1247	徵 zhēng	1435
崛 jué	599	嶓 bō	78	帡 píng	854	4 彻 chè	127	zhǐ	1453
崆 kōng	627	嶝 dèng	228	帧 zhēn	1430	彷 fǎng	301	13 衡 héng	441
崎 qí	868	嶙 lín	699	帝 dì	236	páng	829	徼 jiǎo	546
崤 Xiáo	1224	13 嶼 yǔ	1372	役 yì	1330	jiào	549
崦 yān	1283	嶧 Yì	1331	7 帬 qún	924	5 佛 fú	323	14 徽 huī	477
崟 yín	1338	14 嶺 lǐng	704	師 shī	1001	彼 bǐ	55	20 黴 méi	752
崯 yín	1338	嶽 yuè	1387	幬 chóu	149	徂 cú	178	21 衢 qú	915
崭 zhǎn	1413	嶸 róng	940	dào	219	徑 jīng	576		
崧 sōng	1056	豳 Bīn	71	席 xí	1190	往 wǎng	1146	彡	
崖 yá	1279	嶷 yí	1325	8 帳 zhàng	1419	征 zhēng	1435	4 彤 tóng	1113
崿 è	1279	16 巔 diān	238	带 dài	203	6 後 hòu	447	形 xíng	1249
崑 kūn	642	17 巉 chán	115	幗 guó	407	待 dāi	201	5 參 cān	100
崐 kūn	642	巍 wēi	1151	帷 wéi	1154	dài	204	cēn	108
9 歲 suì	1065	18 歸 kuī	640	帻 zé	1406	很 hěn	438	shēn	986
嵐 lán	651	19 巖 yán	1285	常 cháng	120	徊 huái	465	6 須 xū	1258
嵒 yán	1285	巒 luán	724	9 帮 qiāo	890	律 lǜ	723	彥 yàn	1291
嵖 chá	112	巔 diān	238	幃 wéi	1153	徇 xùn	1275	7 彧 yù	1375
嵯 cuó	183			帮 bāng	32	衍 yǎn	1287	8 彫 diāo	245
嵝 lǒu	715	巾		幀 zhēn	1430	徉 yáng	1295	彩 cǎi	98
嵋 méi	751	0 巾 jīn	560	幅 fú	326	7 逕 jìng	576	彪 biāo	67
嵌 qiàn	885	1 币 bì	56	帽 mào	748	徕 lái	650	9 鬚 xū	1258
嵚 qīn	896	帀 zā	1394	幄 wò	1168	徒 tú	1122	11 彰 zhāng	1417
嵘 róng	940	2 布 bù	93	10 幌 huǎng	475	徐 xú	1260	12 影 yǐng	1346
嵗 wěi	1136	帅 shuài	1037	幕 mù	787	8 從 cóng	174	嘭 pēng	836
wēi	1150	3 帆 fān	289	11 幣 bì	56	徠 lái	650		
嵬 wéi	1154	师 shī	1001	幫 bāng	32	徜 cháng	121	犭	
崳 yú	1370	4 帏 wéi	1153	幗 guó	407	得 dé	222	2 犯 fàn	296
嵛 yú	1370	希 xī	1186	帻 zé	1406	de	225	犰 qiú	910
崽 zǎi	1396	帐 zhàng	1419	幔 màn	742	děi	226		
				幛 zhàng	1420	徘 pái	825		

3 犴 àn	8	猖 chāng	117	獰 níng	811	饣		馐 xiū	1257
犴 hān	416	猝 cù	178	獮 xiǎn	1206			馌 yè	1308
犷 guǎng	397	猄 jīng	571	獼 mí	760	2 饥 jī	495	11 馑 jǐn	564
犸 mǎ	736	猎 liè	696	獯 xūn	1272	3 饧 táng	1081	馒 mán	740
4 狈 bèi	45	猡 luó	729	15 獵 liè	696	xíng	1249	12 馓 sǎn	957
狄 dí	230	猫 māo	745	16 獺 tǎ	1071	4 饬 chì	144	馔 zhuàn	1485
狂 kuáng	638	māo	747	17 獾 huān	466	饭 fàn	296	22 馕 náng	797
狃 niǔ	813	猛 měng	758	19 玃 xiǎn	1207	饪 rèn	937	nǎng	797
犹 yóu	1356	猕 mí	760	玃 luó	729	饨 tún	1129		
狁 yǔn	1391	猊 ní	804			饩 xì	1193	丬(爿)	
5 狍 páo	831	猞 shē	980	夕		饮 yǐn	1340		
狒 fèi	308	猗 yī	1321	0 夕 xī	1184	yìn	1342	0 爿 pán	827
狗 gǒu	373	猪 zhū	1472	2 夘 mǎo	747	饫 yù	1374	3 壮 zhuàng	1487
狐 hú	452	9 猥 wèi	1160	外 wài	1136	5 饱 bǎo	36	壯 zhuàng	1487
狙 jū	587	猶 yóu	1356	3 舛 chuǎn	162	饳 duò	275	妆 zhuāng	1485
狞 níng	811	猹 chá	112	多 duō	273	饯 jiàn	532	妝 zhuāng	1485
狉 pī	839	猴 hóu	447	名 míng	772	饲 sì	1055	4 戕 qiāng	886
狎 xiá	1196	猢 hú	454	岁 suì	1065	饰 shì	1014	状 zhuàng	1487
狝 xiǎn	1206	猾 huá	461	罗 luó	728	饴 yí	1322	狀 zhuàng	1487
6 狥 xùn	1275	猸 méi	751	8 够 gòu	374	6 饼 bǐng	74	牀 chuáng	164
狭 xiá	1196	猱 náo	797	夠 gòu	374	饵 ěr	282	5 柯 kē	618
独 dú	262	猥 wěi	1156	梦 mèng	759	饸 hé	434	6 将 jiāng	535
狠 hěn	439	猩 xīng	1246	9 飧 sūn	1066	饺 jiǎo	544	jiàng	538
狡 jiǎo	544	猨 yuán	1383	11 夥 huǒ	491	饹 le	665	牂 zāng	1401
狯 kuài	636	10 獁 mǎ	736	舞 wǔ	1180	饶 ráo	928	7 將 jiāng	535
狨 róng	939	獅 shī	1002	夤 yín	1339	蚀 shí	1009	jiàng	538
狮 shī	1002	猻 sūn	1066			依 xī	1186	13 牆 qiáng	888
狩 shòu	1026	猿 yuán	1383	夂(夊)		饷 xiǎng	1217		
狲 sūn	1066	11 獄 yù	1375	2 处 chǔ	157	7 饽 bō	77	广	
狱 yù	1375	獍 jìng	579	chù	158	饿 è	278	0 广 ān	5
狰 zhēng	1436	獐 zhāng	1417	冬 dōng	254	馁 něi	799	guǎng	397
7 猂 hàn	420	12 獗 jué	599	务 wù	1181	馀 yú	1369	2 邝 Kuàng	638
狈 bèi	45	獠 liáo	693	3 各 gě	357	8 馆 guǎn	392	庀 pǐ	842
狭 xiá	1196	獢 zhū	1472	gè	358	馃 guǒ	407	3 庆 qìng	907
狴 bì	58	13 獲 huò	492	4 条 tiáo	1100	馄 hún	485	庄 zhuāng	1485
狷 juàn	595	獨 dú	262	5 备 bèi	45	馅 xiàn	1210	圹 kuàng	638
狼 láng	654	獪 kuài	636	咎 jiù	583	9 馇 chā	110	纩 kuàng	638
狸 lí	670	獧 juàn	595	6 复 fù	331	馋 chán	114	扩 kuò	643
猁 lì	680	獮 xiǎn	1207	昝 zǎn	1400	馉 gǔ	380	4 庇 bì	58
狻 suān	1062	獴 méng	758	7 夏 xià	1201	馈 kuì	641	床 chuáng	164
狝 xiǎn	1207	méng	759	9 惫 bèi	48	馊 sōu	1058	庋 guǐ	400
猎 yín	1338	獭 tǎ	1071	14 螽 zhōng	1464	10 馏 liú	709	库 kù	633
狳 yú	1369	獬 xiè	1236	18 赣 Gàn	345	liù	711	庐 lú	717
8 猜 cāi	95	14 獷 guǎng	397	夔 kuí	641	馍 mó	777	庑 wǔ	1179
								序 xù	1261

应 yīng	1343	廣 guǎng	397	6 阀 fá	288	3 汊 chà	112	沤 ōu	820
yìng	1347	廎 qīng	907	阁 gé	355	池 chí	141	òu	821
5 庞 páng	829	腐 fǔ	328	闺 guī	400	汗 hán	417	沛 pèi	834
底 de	225	廖 Liào	695	阂 hé	434	hàn	420	沏 qī	863
dǐ	232	廙 yì	1333	阄 kāi	610	汲 jí	503	汽 qì	875
店 diàn	243	12 廠 chǎng	121	闾 lǘ	721	江 jiāng	535	沁 qìn	898
废 fèi	308	廚 chú	156	闽 Mǐn	771	汔 qì	875	汭 ruì	948
府 fǔ	328	斯 sī	1050	闼 tà	1071	汝 rǔ	945	沙 shā	962
庚 gēng	362	慶 qìng	907	闻 wén	1164	汕 shàn	969	shà	964
庙 miào	769	廡 wǔ	1179	7 阄 jiū	580	汤 shāng	971	汰 tài	1075
庖 páo	831	廢 fèi	308	阃 kǔn	643	tāng	1080	沩 Wéi	1153
6 度 dù	265	廟 miào	769	阆 láng	654	汜 sì	1054	汶 Wèn	1166
duó	275	廣 gēng	362	làng	655	污 wū	1169	汪 wāng	1144
庭 tíng	1107	廛 chán	115	阅 yuè	1387	汚 wū	1169	沃 wò	1168
庠 xiáng	1216	13 廩 lǐn	700	8 闸 chǎn	116	汙 wū	1169	泅 xiōng	1253
庥 xiū	1256	廪 lǐn	700	阊 chāng	117	汐 xī	1186	沂 Yí	1322
庤 zhì	1456	廨 xiè	1236	阇 dū	261	汛 xùn	1275	沅 Yuán	1380
7 库 kù	633	14 膺 yīng	1344	阇 shé	981	汎 fàn	297	沄 yún	1390
唐 táng	1081	15 鹰 yīng	1344	阍 hūn	484	4 冲 chōng	144	沚 zhǐ	1451
席 xí	1190	16 龐 páng	829	阌 Wén	1164	汻 hù	456	5 况 kuàng	639
座 zuò	1519	廬 lú	717	阋 xì	1195	决 jué	596	泌 Bì	58
8 庵 ān	7	22 廳 tīng	1105	阉 yān	1283	沘 Bǐ	55	mì	762
庳 bì	58			阁 yān	1283	汴 Biàn	63	波 bō	76
康 kāng	614	门		阎 yán	1287	沉 chén	129	泊 bó	78
廊 láng	654			阈 yù	1377	沈 chén	129	pō	855
顷 qǐng	907	0 门 mén	754	9 阔 kuò	644	Shěn	989	法 fǎ	288
庶 shù	1034	1 闩 shuān	1037	阑 lán	652	沧 cāng	104	沸 fèi	308
庹 tuǒ	1133	2 闪 shǎn	968	阒 qù	917	沌 dùn	272	泔 gān	342
庸 yōng	1350	3 闭 bì	57	阋 què	924	汾 Fén	312	沽 gū	375
庾 yǔ	1373	闯 chuǎng	164	10 阖 hé	435	沣 Fēng	318	河 hé	433
9 厕 cè	107	问 wèn	1165	阙 quē	922	沨 fēng	318	泓 hóng	445
廄 jiù	584	扪 mén	756	què	924	泛 fàn	297	浅 jiān	525
廂 xiāng	1215	4 闳 hóng	445	阗 tà	1071	沟 gōu	372	qiǎn	884
賡 gēng	362	间 jiān	524	阗 tián	1099	汩 gǔ	378	泾 Jīng	569
廋 sōu	1058	jiàn	531	11 阚 hǎn	419	沆 hàng	422	泃 Jū	587
厲 yù	1377	闶 kāng	614	Kàn	613	沪 hù	456	沮 jǔ	589
10 廒 áo	11	kàng	615			沥 lì	679	jù	592
廈 shà	964	闷 mēn	754	氵		泐 lè	664	泪 lèi	667
xià	1201	mèn	756	2 汈 Diāo	245	沦 lún	726	泠 líng	701
廓 kuò	644	闵 mǐn	771	汉 hàn	419	汨 Mì	762	泷 lóng	713
廉 lián	684	闰 rùn	949	汇 huì	480	没 méi	749	Shuāng	
檐 yín	1342	闱 wéi	1153	汀 tīng	1105	mò	780		1039
11 廑 jǐn	563	闲 xián	1204	汁 zhī	1444	沔 Miǎn	765	泸 Lú	717
qín	897	5 闹 nào	798	氾 fàn	297	沐 mù	786	泺 Luò	730

氵 (29)

	pō	855	洹	Huán	468	泾	Jīng	569	浙	Zhè	1428	渗	shèn	990
泖	mǎo	747	洄	huí	480	浃	jiā	517	浞	zhuó	1492	淑	shū	1029
泯	mǐn	771	浑	hún	485	浜	bāng	33	8 淬	cuì	180	涮	shuàn	1038
沫	mò	781	活	huó	487	淳	bó	79	渎	dú	263	淞	Sōng	1056
泥	ní	803	济	jī	509	涔	cén	108	凉	liáng	687	淌	tǎng	1083
	nì	804		jì	513	涤	dí	231		liàng	691	淘	táo	1085
泞	nìng	812	洎	jì	513	浮	fú	325	凌	líng	702	添	tiān	1098
泮	pàn	828	浹	jiā	517	涡	Guō	404	凄	qī	864	淅	xī	1187
泡	pāo	830	浆	jiàng	538		wō	1167	沦	lún	726	淆	xiáo	1224
	pào	832	浇	jiāo	541	海	hǎi	413	浅	jiān	525	涯	yá	1279
泼	pō	855	洁	jié	553	浩	hào	428		qiān	884	淹	yān	1283
泣	qì	876	津	jīn	562	涣	huàn	469	泪	lèi	667	淊	yān	1283
泅	qiú	911	浕	Jìn	567	浣	huàn	470	淫	yín	1339	淳	yān	1283
泗	sì	1055	浍	kuài	636	涧	jiàn	533	涡	Guō	404	液	yè	1308
沭	Shù	1033	洌	liè	696	浸	jìn	567		wō	1167	淤	yū	1366
沱	tuó	1132	浏	liú	706	酒	jiǔ	582	涞	Lái	650	渔	yú	1369
泄	xiè	1234	洛	Luò	730	涓	juān	594	浙	Zhè	1428	渊	yuān	1379
泻	xiè	1235	洣	Mǐ	762	浚	jùn	602	淳	chún	168	渚	zhǔ	1476
泫	xuàn	1267	洺	Míng	776		Xùn	1275	淙	cóng	176	涿	Zhuō	1491
沿	yán	1286	浓	nóng	815	涞	Lái	650	淡	dàn	209	渍	zì	1503
泱	yāng	1292	派	pā	822	涟	lián	683	淀	diàn	244	淄	Zī	1494
泳	yǒng	1351		pài	826	浪	làng	655	淝	Féi	307	9 凑	còu	176
油	yóu	1357	洴	píng	854	流	liú	707	涪	Fú	326	减	jiǎn	528
泽	zé	1405	洽	qià	877	涝	lào	663	淦	Gàn	345	渺	miǎo	768
沼	zhǎo	1423	洳	rù	946	浼	měi	754	涫	guàn	393	湯	shāng	971
泜	Zhī	1446	洒	sǎ	951	涅	niè	810	涵	hán	418		tāng	1080
治	zhì	1456	浉	Shī	1002	浦	pǔ	861	淏	hào	428	渢	fēng	318
沾	zhān	1412	洮	táo	1085	润	rùn	949	涸	hé	435	溈	Wéi	1153
泝	sù	1062	浘	Wěi	1156	涩	sè	960	鸿	hóng	446	测	cè	107
注	zhù	1478	洗	xǐ	1191	涉	shè	983	淮	huái	465	浑	hún	485
6 净	jìng	576		Xiǎn	1207	涘	sì	1055	混	hún	485	湞	Zhēn	1430
洼	wā	1134	涎	xián	1205	涑	Sù	1061		hùn	486	湧	yǒng	1351
洶	xiōng	1253	洨	Xiáo	1224	涛	tāo	1084	渐	jiān	526	渊	yuān	1379
洩	xiè	1234	洫	xù	1261	涕	tì	1094		jiàn	534	渤	Bó	79
测	cè	107	洵	xún	1274	涠	wéi	1153	淋	lín	699	滁	Chú	156
浐	Chǎn	116	浔	xún	1274	浯	Wú	1177		lìn	700	渡	dù	265
泚	cǐ	172	洋	yáng	1295	浠	Xī	1187	渌	Lù	719	溉	gài	339
洞	dòng	257	洇	yīn	1337	消	xiāo	1221	渑	Miǎn	765	港	gǎng	347
洱	ěr	281	湞	Zhēn	1430	泹	yì	1332		Shéng	996	湖	hú	454
洑	fú	325	洲	zhōu	1469	涌	yǒng	1351	淖	nào	799	滑	huá	461
	fù	333	洙	Zhū	1471	浴	yù	1375	淠	Pì	842	湟	Huáng	474
洪	hóng	445	浊	zhuó	1492	溳	Yún	1390	淇	Qí	868	溃	huì	483
浒	hǔ	455	7 泣	lì	680	涨	zhǎng	1418	清	qīng	902		kuì	641
	xǔ	1261	涂	tú	1122		zhàng	1420	深	shēn	986	溅	jiān	526

字	拼音	页	字	拼音	页	字	拼音	页	字	拼音	页	字	拼音	页
渐	jiàn	534	溓	lián	683	滓	zǐ	1497	漾	yíng	1346	泽	zé	1405
湔	jiān	526	滇	Yún	1390	減	miè	769	漳	Zhāng	1417	澮	kuài	636
湫	jiǎo	546	湮	shī	1002	11 漢	hàn	419	潴	zhū	1472	濃	nóng	815
	qiū	910	滗	bì	59	滬	hù	456	12 潠	xùn	1276	濁	zhuó	1492
湝	jiē	552	滨	bīn	71	滷	lǔ	718	潙	Wéi	1153	澣	huàn	470
湨	Jú	589	滇	Diān	238	漚	ōu	820	澐	yún	1390	濇	sè	960
渴	kě	621	溢	Fú	328		òu	821	潑	pō	855	澱	diàn	244
溇	Lóu	715	滚	gǔn	403	滻	Chǎn	116	澆	jiāo	541	湎	Miǎn	765
湄	méi	751	滘	jiào	549	滸	hǔ	455	潔	jié	553		Shéng	996
渑	miǎn	765	滆	kè	624		xǔ	1261	潯	xún	1274	澦	yù	1378
湃	pài	826	滥	làn	653	漲	zhǎng	1418	澗	jiàn	533	瀕	bīn	71
湿	shī	1002	漓	lí	672		zhàng	1420	澇	lào	663	澶	chán	115
湜	shí	1009	漂	lí	681	漸	jiān	526	潤	rùn	949	澹	dàn	210
溲	sōu	1058	滤	lù	724		jiàn	534	溈	wéi	1153		tán	1078
湉	tián	1099	滦	Luán	724	漇	shèn	990	潰	huì	483	澴	huán	468
湍	tuān	1125	满	mǎn	741	漁	yú	1369		kuì	641	激	jī	501
湾	wān	1139	漭	mǎng	745	漬	zì	1503	潷	bì	59	瀨	lài	651
渭	Wèi	1160	溟	míng	776	漊	Lóu	715	澳	ào	12	澧	Lǐ	675
温	wēn	1160	漠	mò	781	滯	zhì	1458	潺	chán	115	濂	Lián	684
渥	wò	1168	溺	nì	805	滿	mǎn	741	潮	cháo	125	潞	Lù	721
湘	Xiāng	1215		niào	809	漕	cáo	105	澈	chè	128	澼	pì	843
渫	xiè	1236	滂	pāng	829	滴	dī	230	澄	chéng	138	澦	Suī	1064
溆	xù	1262	溥	pǔ	861	漑	gàn	344	潋	chéng	138	澥	xiè	1236
渲	xuàn	1267	溱	qín	898	滹	hū	452	澄	dèng	228	澡	zǎo	1403
湮	yān	1283		Zhēn	1432	漶	huàn	470	澜	lán	652	14 濶	kuò	644
	yīn	1338	溶	róng	940	潢	huáng	474	潦	lǎo	662	濘	nìng	812
游	yóu	1358	溽	rù	947	漤	lǎn	653		liáo	693	濟	jǐ	509
渝	yú	1370	澩	Shè	984	潋	liàn	686	潘	Pān	826		jì	513
溪	yuán	1383	溯	sù	1062	漏	lòu	716	澎	pēng	836	濜	Jìn	567
渣	zhā	1409	溻	tā	1070	漉	lù	720		péng	837	濬	jùn	602
溠	Zhà	1410	滩	tān	1076	漯	luò	732	潽	pū	860		Xùn	1275
湛	zhàn	1416	溏	táng	1082		Tà	1071	潜	qián	884	濇	sè	960
滞	zhì	1458	滔	tāo	1084	漫	màn	742	潛	qián	884	濤	tāo	1084
滋	zī	1495	溦	wēi	1151	漂	piāo	846	澌	Sǎ	952	鴻	hóng	446
湌	cān	101	滃	Wēng	1166		piāo	847	潸	shān	968	濕	shī	1002
10 溷	hùn	486		wěng	1166		piāo	847	潜	shān	968	濱	bīn	71
溜	liū	705	滫	xiǔ	1257	漆	qī	865	潲	shào	980	濫	làn	653
	liù	711	漠	xiù	1258	漱	shù	1035	澍	shù	1035	濰	Wéi	1154
溪	xī	1188	滟	yàn	1292	潍	Wéi	1154	斯	sī	1050	濞	bì	60
滙	huì	480	溢	yì	1333	潇	xiāo	1223	潭	tán	1078	濠	háo	424
滄	cāng	104	滢	yíng	1346	漩	xuán	1266	潼	tóng	1114	濮	Pú	861
溝	gōu	372	滪	yù	1378	演	yǎn	1290	潟	xì	1195	濡	rú	944
溮	Shī	1002	源	yuán	1383	漾	yàng	1298	潏	yù	1378	灌	zhuó	1493
滁	dí	231	漼	Zhì	1458	漪	yī	1321	13 濛	méng	757	15 瀆	dú	263

瀋 Shěn	989	24 灨 Gàn	345	怔 zhēng	1436	悽 qī	864	愠 yùn	1392	
濼 Luò	730	灔 yàn	1292	zhèng	1441	惊 jīng	571	惴 zhuì	1489	
pō	855			怍 zuò	1519	惬 qiè	895	10 愽 bó	79	
瀉 xiè	1235	忄		怳 huǎng	474	悵 chàng	122	慄 lì	680	
瀏 liú	706	1 忆 yì	1329	6 恉 zhǐ	1451	惨 cǎn	102	愴 chuàng	165	
濺 jiān	526	2 忉 dāo	215	恤 xù	1261	惝 chǎng	121	愾 kài	610	
jiàn	534	3 忏 chàn	117	恹 yān	1282	tǎng	1083	恺 kǎi	610	
濾 lǜ	724	忖 cǔn	182	怪 guài	387	惆 chóu	149	慊 qiàn	885	
瀅 yíng	1346	忙 máng	744	恻 cè	107	惮 dàn	210	qiè	895	
瀦 zhū	1472	4 怃 biàn	63	恫 dòng	257	悼 dào	220	慑 shè	984	
瀑 bào	42	怅 chàng	122	恨 hèn	439	惦 diàn	244	慎 shèn	991	
pù	862	忱 chén	129	恒 héng	440	惇 dūn	271	愫 sù	1062	
瀌 biāo	67	忡 chōng	146	恆 héng	440	悱 fěi	307	慥 zào	1404	
瀍 Chán	115	怆 chuàng	165	恍 huǎng	474	惯 guàn	394	11 慚 cán	102	
16 瀝 lì	679	怀 huái	464	恢 huī	476	惚 hū	452	慓 piāo	845	
瀧 lóng	713	忾 kài	610	恺 kǎi	610	惈 jī	514	慪 òu	821	
Shuāng		快 kuài	635	恪 kè	623	惧 jù	593	慟 tòng	1115	
	1039	忸 niǔ	813	恼 nǎo	797	情 qíng	905	慳 qiān	880	
瀘 Lú	717	怄 òu	821	恰 qià	877	惕 tì	1094	慘 cǎn	102	
瀟 xiāo	1223	忪 sōng	1055	恃 shì	1017	惋 wǎn	1142	慣 guàn	394	
瀛 yíng	1346	zhōng	1463	恬 tián	1099	惘 wǎng	1147	慴 shè	984	
瀕 bīn	71	忤 wǔ	1179	恸 tòng	1115	惟 wéi	1154	慷 kāng	614	
瀨 lài	651	忏 wǔ	1179	恂 xún	1274	惜 xī	1187	慢 màn	743	
瀚 hàn	421	忻 xīn	1240	恽 Yùn	1392	悻 xìng	1252	慵 yōng	1350	
瀣 xiè	1237	忧 yōu	1354	恡 lìn	700	9 慨 kǎi	610	12 憮 wǔ	1179	
瀛 yíng	1346	忮 zhì	1454	7 悖 bèi	46	愧 kuì	642	憐 lián	683	
17 瀲 liàn	686	忼 kāng	614	悞 wù	1182	慊 qiè	895	憫 mǐn	771	
瀾 lán	652	5 怖 bù	94	悍 hàn	420	惸 qióng	909	憚 dàn	210	
瀵 fèn	314	怊 chāo	123	悔 huǐ	480	惻 cè	107	憤 fèn	314	
灌 guàn	394	怵 chù	158	悝 kuī	640	恼 nǎo	797	憒 kuì	642	
瀹 yuè	1389	怛 dá	186	悃 kǔn	643	惲 Yùn	1392	懊 ào	12	
瀰 mí	759	怫 fèi	308	悢 liàng	691	憞 dūn	271	憧 chōng	146	
18 灃 Fēng	318	fú	324	悯 mǐn	771	愎 bì	58	懂 dǒng	255	
灄 lí	672	怪 guài	387	悭 qiān	880	惰 duò	275	憬 jǐng	575	
灄 Shè	984	怙 hù	456	悄 qiāo	890	愕 è	278	憔 qiáo	891	
灏 hào	429	怜 lián	683	qiāo	892	愤 fèn	314	憎 zēng	1407	
19 灑 sǎ	951	怩 ní	804	悛 quān	918	慌 huāng	471	13 懒 lǎn	653	
灘 tān	1076	怕 pà	823	悚 sǒng	1057	惶 huáng	474	懞 méng	757	
灎 yàn	1292	怦 pēng	836	悌 tì	1094	愦 kuì	642	憶 yì	1329	
21 灡 lán	653	怯 qiè	894	悟 wù	1183	愣 lèng	670	懌 yì	1331	
灝 hào	429	性 xìng	1251	悒 yì	1332	愀 qiǎo	892	憷 chù	159	
灞 Bà	20	怡 yí	1322	悦 yuè	1388	惺 xīng	1246	憾 hàn	421	
22 灣 wān	1139	怿 yì	1331	8 惭 cán	102	愔 yīn	1338	懈 xiè	1236	
23 灤 Luán	724	怏 yàng	1297	悴 cuì	181	愉 yú	1370	懵 měng	759	

14 懨 yān	1282	寁 xiàn	1210	寍 nìng	811	迓 yà	1281	逗 dòu	260
懦 nuò	819	宣 xuān	1263	實 shí	1007	迎 yíng	1344	逢 féng	319
15 懵 měng	759	宥 yòu	1366	寢 qǐn	898	远 yuǎn	1384	逛 guàng	398
16 懶 lǎn	653	7 宾 bīn	70	寡 guǎ	385	运 yùn	1391	逦 lǐ	674
懷 huái	464	寇 kòu	631	寥 liáo	693	这 zhè	1427	逑 qiú	911
17 懽 huān	466	宴 yàn	1291	蜜 mì	763	zhèi	1429	逡 qūn	924
懺 chàn	117	宸 chén	130	搴 qiān	881	5 迫 pǎi	826	逝 shì	1018
18 憃 chōng	146	害 hài	416	賽 sài	953	pò	856	速 sù	1061
懼 jù	593	家 jiā	517	寤 wù	1183	迨 dài	203	逖 tì	1094
懾 shè	984	jie	560	12 寫 xiě	1234	迪 dí	230	通 tōng	1108
宀		寬 kuān	636	審 shěn	989	迭 dié	248	tòng	1115
2 它 tā	1070	容 róng	940	寮 liáo	693	迩 ěr	281	透 tòu	1119
宄 guǐ	400	宵 xiāo	1222	13 憲 xiàn	1210	迦 jiā	517	途 tú	1122
宁 níng	810	宰 zǎi	1396	寰 huán	468	逈 jiǒng	579	逍 xiāo	1221
nìng	811	案 àn	9	褰 qiān	881	述 shù	1033	造 zào	1404
穴 rǒng	941	8 寀 cài	99	14 塞 qiān	530	迢 tiáo	1101	逐 zhú	1473
3 安 ān	5	寃 yuān	1378	審 jiǎn	530	迤 yí	1322	8 逩 bèn	50
守 shǒu	1022	寇 kòu	631	16 寶 bǎo	37	yǐ	1327	週 zhōu	1468
宇 yǔ	1372	寄 jì	514	寵 chǒng	147	迮 Zé	1405	過 guò	403
宅 zhái	1411	寂 jì	514	17 寳 bǎo	37	迯 táo	1084	guò	407
字 zì	1502	密 mì	762	騫 qiān	881	6 迴 huí	477	進 jìn	565
4 灾 zāi	1395	宿 sù	1061	辶		迹 jī	512	逷 tì	1094
宏 hóng	445	xiǔ	1257	2 边 biān	60	迺 nǎi	792	逮 dǎi	201
牢 láo	657	xiù	1258	辽 liáo	692	迸 bèng	51	dài	204
宋 Sòng	1057	寅 yín	1339	3 巡 xún	1273	适 kuò	644	逭 huàn	470
完 wán	1139	寂 zuì	1513	达 dá	186	shì	1017	逵 kuí	640
5 宝 bǎo	37	9 寓 yù	1377	过 guò	403	迷 mí	760	逯 Lù	719
宠 chǒng	147	甯 níng	810	guò	407	逆 nì	804	逻 luó	729
宕 dàng	214	nìng	811	迈 mài	738	逄 Páng	829	逶 wēi	1150
定 dìng	251	寔 shí	1007	迄 qì	875	送 sòng	1057	逸 yì	1332
官 guān	390	富 fù	333	迁 qiān	879	逃 táo	1084	9 逼 bī	52
宓 mì	762	寒 hán	418	迅 xùn	1275	退 tuì	1127	遍 biàn	65
审 shěn	989	寐 mèi	754	迂 yū	1366	选 xuǎn	1266	逾 yú	1370
实 shí	1007	10 寘 zhì	1458	迆 yǐ	1327	逊 xùn	1275	遊 yóu	1358
宛 wǎn	1141	寬 kuān	636	4 迟 chí	141	追 zhuī	1488	達 dá	186
宜 yí	1322	寞 mò	782	返 fǎn	295	逐 yí	1323	違 wéi	1152
宙 zhòu	1469	寋 qiān	881	还 hái	413	7 逕 jìng	576	運 yùn	1391
宗 zōng	1503	寢 qǐn	898	huán	466	連 lián	681	遄 chuán	162
6 宬 chéng	137	塞 sāi	952	进 jìn	565	這 zhè	1427	道 dào	220
宫 gōng	369	sài	952	近 jìn	566	zhèi	1429	遁 dùn	272
宦 huàn	469	sè	961	连 lián	681	逋 bū	81	遏 è	278
客 kè	623	11 察 chá	112	违 wéi	1152	逞 chěng	138	遑 huáng	474
室 shì	1017	寨 zhài	1411	迕 wǔ	1179	递 dì	236	逑 qiú	912
		寧 níng	810					遂 suí	1065

遂 suì	1065	**彐**(彑)		洴 píng	854	嚮 xiàng	1219	**子**(孑)	
遗 wèi	1159			屎 shī	1010	7 艳 yàn	1291		
yí	1323	2 归 guī	398	屋 wū	1170	**弓**		0 孑 jié	552
遐 xiá	1196	刍 chú	156	咫 zhǐ	1453			孓 jué	596
遇 yù	1377	3 寻 xún	1272	7 屓 xì	1194	0 弓 gōng	365	子 zǐ	1495
10 溯 sù	1062	当 dāng	210	屙 ē	276	1 弔 diào	245	1 孔 kǒng	628
远 yuǎn	1384	dàng	213	展 jī	499	引 yǐn	1339	2 孕 yùn	1391
逊 xùn	1275	4 灵 líng	700	屑 xiè	1235	2 弗 fú	322	3 存 cún	181
递 dì	236	5 帚 zhǒu	1469	展 zhǎn	1413	弘 hóng	442	孙 sūn	1066
遨 áo	11	录 lù	719	8 屣 tǐ	1093	3 弛 chí	141	4 孜 zī	1493
遘 gòu	375	7 彖 tuàn	1125	屠 tú	1122	4 张 zhāng	1416	孛 xué	1268
遛 liù	711	8 彗 huì	483	9 屧 càn	103	弟 dì	236	孛 bèi	45
遣 qiǎn	884	9 彘 zhì	1458	chán	115	5 弢 tāo	1084	孚 fú	323
遢 tā	1070	10 彙 huì	480	屡 lǚ	722	弧 hú	452	孝 xiào	1229
遥 yáo	1301	13 彞 yí	1325	属 shǔ	1032	弥 mí	759	5 孢 bāo	36
11 適 shì	1017	15 彝 yí	1325	zhǔ	1476	弩 nǔ	816	孤 gū	376
遯 dùn	272	18 蠡 lí	672	犀 xī	1188	弦 xián	1205	孟 mèng	759
遭 zāo	1401	lǐ	675	11 屦 lǚ	722	弭 mǐ	762	孥 nú	816
遮 zhē	1426			屧 xiè	1193	弯 wān	1138	学 xué	1268
12 遶 rào	928	**尸**		12 層 céng	108	7 弱 ruò	949	乳 rǔ	945
遼 liáo	692			屨 jù	594	8 張 zhāng	1416	享 xiāng	1216
邁 mài	738	0 尸 shī	999	履 lǚ	723	弹 dàn	210	6 孩 hái	413
遷 qiān	879	1 尺 chě	127	14 履 jù	594	tán	1077	孪 luán	724
遲 chí	141	chǐ	142	18 屬 shǔ	1032	强 jiàng	539	7 孫 sūn	1066
選 xuǎn	1266	2 尻 kāo	615	zhǔ	1476	qiáng	887	9 孳 zī	1494
遺 wèi	1159	尼 ní	803	屜 chàn	117	qiǎng	889	13 學 xué	1268
yí	1323	3 尽 jǐn	563	21 屓 xì	1194	艴 fú	326	孹 duǒ	275
遴 lín	699	jìn	565	**己**(已巳)		9 弼 bì	58	14 孺 rú	944
遥 xiān	1204	4 层 céng	108			強 jiàng	539	16 孼 niè	810
遵 zūn	1514	局 jú	588			qiáng	887	19 孿 luán	724
13 還 hái	413	尿 niào	809	0 己 jǐ	508	qiǎng	889		
huán	466	suī	1064	巳 sì	1052	粥 zhōu	1469	**中**	
避 bì	60	屁 pì	842	巳 sì	1052	11 鶩 biè	70		
遽 jù	594	尾 wěi	1155	已 yǐ	1325	12 彈 dàn	210	7 蚩 chī	140
邂 xiè	1236	yǐ	1327	2 巴 bā	14	tán	1077	**女**	
邀 yāo	1299	屃 xì	1194	3 包 bāo	34	13 彊 jiàng	539		
14 邇 ěr	281	5 届 jiè	558	导 dǎo	216	qiáng	887	0 女 nǚ	817
邈 miǎo	768	屆 jiè	558	异 yì	1329	qiǎng	889	2 奶 nǎi	792
邃 suì	1066	居 jū	587	岂 qǐ	869	14 彌 mí	759	奴 nú	816
15 邊 biān	60	屈 qū	913	色 sè	960	16 疆 jiāng	536	3 妃 fēi	305
邋 lā	646	屉 tì	1093	shǎi	965	19 彎 wān	1138	妇 fù	330
19 邏 lí	674	6 昼 zhòu	1470	4 改 gǎi	337	矕 yù	1378	好 hǎo	424
邏 luó	729	屍 shī	999	忌 jì	512			hào	427
		屏 bǐng	74	6 巷 hàng	423			奸 jiān	523

(34) 飞 马

妈 mā	733	姹 chà	113	妇 fù	330	媳 xí	1191	2 驭 yù	1374
如 rú	943	姽 guǐ	401	娬 wǔ	1179	嫌 xián	1206	冯 Féng	319
妁 shuò	1047	姞 Jí	506	娅 yà	1281	11 嫗 yù	1374	3 驰 chí	141
她 tā	1070	娇 jiāo	541	娲 wā	1134	嫦 cháng	121	驮 duò	275
妄 wàng	1147	姣 jiāo	542	婢 bì	58	嫡 dí	231	tuó	1132
妆 zhuāng	1485	姥 lǎo	662	婊 biǎo	69	嫠 lí	672	驯 xùn	1275
4 妣 bǐ	55	mǔ	784	婵 chán	114	缧 léi	666	4 驳 bó	78
妒 dù	264	娈 luán	724	娼 chāng	117	嫪 lào	663	驴 lǘ	721
妨 fáng	300	娜 nà	792	婳 huà	464	嫚 màn	743	驱 qū	913
妫 Guī	399	nuó	819	婚 hūn	484	嫩 nèn	801	5 驸 fù	331
妓 jì	512	姘 pīn	848	婕 jié	555	嫖 piáo	846	驾 jià	522
妗 jìn	567	娆 ráo	928	婧 jìng	577	嫱 qiáng	888	驹 jū	588
妙 miào	768	rǎo	928	婪 lán	651	嫣 yān	1283	驽 nú	816
妞 niū	812	姝 shū	1028	婆 pó	855	嫜 zhāng	1417	驷 sì	1055
妊 rèn	937	娃 wá	1134	娶 qǔ	916	12 嬀 Guī	399	驶 shǐ	1010
姒 sì	1055	娅 yà	1281	婶 shěn	990	嬔 wǔ	1179	驼 tái	1073
妩 wǔ	1179	姨 yí	1322	婉 wǎn	1142	嬌 jiāo	541	驼 tuó	1132
妍 yán	1285	姻 yīn	1337	婞 xìng	1252	嬈 ráo	928	驿 yì	1331
妖 yāo	1298	姚 Yáo	1300	婴 yīng	1344	rǎo	928	驻 zhù	1478
妤 yú	1368	姿 zī	1494	婁 lóu	714	嫻 xián	1205	驵 zǎng	1401
妪 yù	1374	姜 jiāng	536	9 媿 kuì	642	嫺 xián	1205	驺 zōu	1506
姊 zǐ	1496	娄 lóu	714	媮 tōu	1116	嬋 chán	114	6 骇 hài	415
妥 tuǒ	1133	耍 shuǎ	1036	姦 jiān	523	嫿 huà	464	骅 huá	461
5 妬 dù	264	威 wēi	1149	媯 Guī	399	嬉 xī	1189	骄 jiāo	542
姐 dá	186	要 yāo	1299	媼 yīn	1337	13 嬝 niǎo	809	骆 luò	730
姑 gū	375	yào	1302	媪 ǎo	11	嫒 ài	5	骂 mà	737
姐 jiě	556	7 娣 dì	236	媒 méi	751	嬙 qiáng	888	骈 pián	844
妹 mèi	754	娥 ē	276	媚 mèi	754	嬖 bì	60	骁 xiāo	1221
姆 m	733	娥 é	276	嫂 sǎo	960	嬗 shàn	970	7 骋 chěng	138
mǔ	784	姬 jī	499	婷 tíng	1108	14 嬭 nǎi	792	骏 jùn	602
妮 nī	802	娟 juān	594	婺 Wù	1183	嬰 yīng	1344	骊 lí	671
妻 qī	863	娌 lǐ	674	婿 xù	1262	嫔 pín	849	骎 qīn	896
qì	875	娩 miǎn	765	媛 yuán	1383	嬤 mó	779	骍 xīng	1246
始 shǐ	1010	姦 náo	797	yuàn	1385	15 嬸 shěn	990	验 yàn	1291
姗 shān	968	娘 niáng	808	10 媸 nǎo	809	16 孏 lǎn	653	8 骖 cān	101
姗 shān	968	娉 pīng	850	媽 mā	733	17 孃 niáng	808	骒 kè	624
姓 xìng	1252	娠 shēn	986	媛 ài	5	孀 shuāng	1039	骐 qí	868
妯 zhóu	1469	娑 suō	1067	媸 chī	141	19 孌 luán	724	骑 qí	868
驽 nú	816	娲 wā	1134	媾 gòu	375			骓 zhuī	1489
妾 qiè	894	娓 wěi	1156	嫉 jí	507	飞		9 骙 kuí	641
委 wěi	1149	嫻 xián	1205	嫁 jià	523			骗 piàn	845
wěi	1155	娱 yú	1369	媽 mó	777	0 飞 fēi	303	骚 sāo	959
6 姪 zhí	1449	砮 nǔ	816	媲 pì	842	马		骛 wù	1183
姙 rèn	937	8 婬 yín	1339	嫔 pín	849	0 马 mǎ	734	鹜 zhì	1458

10 鳌 áo	12	纹 wén	1164	绨 tí	1090	缂 kè	624	镯 zhuó	1493
骝 liú	709	wèn	1166	缇 tì	1094	缆 lǎn	653	缱 qiǎn	885
骟 shàn	970	纭 yún	1390	绤 xì	1195	缕 lǚ	722	16 缵 zuǎn	1512
11 骠 biāo	67	纴 zhù	1478	绡 xiāo	1222	缅 miǎn	765	幺	
piào	847	纵 zòng	1505	绣 xiù	1257	缈 miǎo	768		
骢 cōng	174	5 绊 bàn	32	8 绩 jī	514	缗 mín	771	0 乡 xiāng	1211
骡 luó	729	绌 chù	158	绱 shàng	978	缌 sī	1050	幺 yāo	1298
12 骣 chǎn	116	绂 fú	324	绷 bēng	51	缇 tí	1092	1 幻 huàn	468
14 骤 zhòu	1470	绋 fú	324	běng	51	缃 xiāng	1215	2 幼 yòu	1365
16 骥 jì	515	绀 gàn	345	bèng	52	缘 yuán	1383	6 兹 cí	170
17 骧 xiāng	1216	经 jīng	569	绰 chāo	123	缒 zhuì	1490	幽 yōu	1354
纟		练 liàn	685	chuò	169	10 缤 bīn	71	兹 zī	1494
		绍 shào	980	绸 chóu	149	缠 chán	115	12 畿 jī	501
2 纠 jiū	579	绅 shēn	986	绯 fēi	306	缝 féng	319	14 鬻 xiàng	1218
3 纥 gē	353	细 xì	1194	绲 gǔn	403	fèng	320	巛	
hé	431	线 xiàn	1209	绫 líng	702	缚 fù	334		
红 gōng	368	绁 xiè	1235	绺 liǔ	710	缟 gǎo	352	5 甾 zāi	1395
hóng	442	绎 yì	1331	绿 lù	719	缄 jiān	526	7 邕 Yōng	1350
级 jí	503	织 zhī	1446	lù	723	缙 jìn	568	8 巢 cháo	124
纪 Jǐ	508	终 zhōng	1463	绵 mián	763	缡 lí	672	10 辇 xiá	1196
jì	511	绉 zhòu	1469	绮 qǐ	873	缛 rù	947	夂	
纩 kuàng	638	组 zǔ	1510	绻 quǎn	921	缢 yì	1333		
纤 qiàn	885	6 绕 rào	928	绳 shéng	996	缜 zhěn	1432	3 场 cháng	119
xiān	1203	绒 róng	939	绶 shòu	1026	11 缧 léi	666	chǎng	121
纫 rèn	937	绑 bǎng	33	绦 tāo	1086	缦 màn	743	5 畅 chàng	122
纨 wán	1139	给 gěi	359	绾 wǎn	1142	缪 Miào	769	王(王)	
约 yāo	1298	jǐ	509	维 wéi	1154	miù	777		
yuē	1385	绗 háng	422	绪 xù	1262	móu	783	0 王 wáng	1145
纡 yū	1366	绘 huì	482	续 xù	1262	缥 piāo	846	wàng	1147
纣 zhòu	1469	绛 jiàng	539	综 zèng	1408	piǎo	847	1 玉 yù	1373
4 纸 zhǐ	1451	绞 jiǎo	544	zōng	1503	缫 sāo	959	主 zhǔ	1474
纯 chún	168	结 jiē	550	绽 zhàn	1416	缩 sù	1062	2 玎 dīng	249
纺 fǎng	301	jié	554	缀 zhuì	1489	suō	1067	玑 jī	495
纷 fēn	312	绝 jué	597	缁 zī	1494	缨 yīng	1344	全 quán	918
纲 gāng	346	绔 kù	633	9 编 biān	61	12 缭 liáo	693	3 玕 gān	341
纶 guān	390	络 lào	662	缏 biàn	65	缮 shàn	970	玖 jiǔ	581
lún	726	luò	730	骈 pián	845	缬 xié	1234	弄 lòng	714
纳 nà	791	统 tǒng	1114	缔 dì	237	缯 zēng	1408	nòng	815
纽 niǔ	813	绚 xuàn	1267	缎 duàn	268	zèng	1408	玛 mǎ	736
纰 pī	838	7 绦 tāo	1084	缑 gōu	373	13 缰 jiāng	536	玚 yáng	1295
纴 rèn	937	绠 gěng	362	缓 huǎn	468	缲 qiāo	890	玙 yú	1367
纱 shā	963	继 jì	513	缉 jī	500	sāo	959	呈 chéng	135
纾 shū	1028	绢 juàn	595	qī	865	缳 huán	468	4 玢 bīn	70
纬 wěi	1155	绥 suí	1064	缄 jiān	526	缴 jiǎo	546	fēn	312

无 韦 耂 木

字	拼音	页码		字	拼音	页码		字	拼音	页码		字	拼音	页码		字	拼音	页码
珑	cōng	174		莹	yíng	1345		瑞	ruì	948	16	珑	lóng	713		杂	zá	1394
环	huán	467	7	球	qiú	911		瑟	sè	961		瓌	guī	400		未	wèi	1158
玠	jiè	558		现	xiàn	1208		瑕	xiá	1196		瓒	zàn	1400	3	杇	wū	1169
玦	jué	597		琎	jìn	568		瑄	xuān	1264	17	璎	yīng	1344		杓	biāo	66
玫	méi	750		理	lǐ	674		瑜	yú	1370		瓘	guàn	394			sháo	979
玮	wěi	1155		琏	liǎn	685		瑀	yǔ	1373	19	瓒	zàn	1400		权	chā	109
玩	wán	1140		琉	liú	709		瑗	yuàn	1385		**无(无)**					chà	112
现	xiàn	1208		琅	láng	654	10	玛	mǎ	736						材	cái	96
玡	yá	1279		琐	suǒ	1069		琏	lián	685	0	无	wú	1171		村	cūn	181
玥	yuè	1387		望	wàng	1148		琐	suǒ	1069	5	既	jì	513		杜	dù	264
5	玻	bō	77		琇	xiù	1258		璈	áo	11	10	暨	jì	515		杆	gān	341
玳	dài	203	8	琱	diāo	245		璃	lí	672		**韦**					gǎn	342
玷	diàn	243		琺	fà	289		瑢	róng	940						杠	gàng	347
珐	fà	289		琊	láng	654		瑭	táng	1082	0	韦	wéi	1151		极	jí	503
珈	jiā	517		琫	běng	51		瑶	yáo	1301	3	韧	rèn	937		李	lǐ	673
珏	jué	597		斑	bān	28	11	莹	yíng	1345	5	韨	fú	324		来	lái	648
珂	kē	617		琛	chēn	128		璁	cōng	174	8	韩	Hán	418		杧	máng	744
玲	líng	701		琮	cóng	176		瑾	jìn	568	9	韪	wěi	1157		杞	qǐ	870
珑	lóng	713		琯	guǎn	392		璃	cōng	174		韫	yùn	1392		杉	shā	962
珉	mín	771		琥	hǔ	455		璀	cuī	180	10	韬	tāo	1084			shān	967
珀	pò	856		琚	jū	588		璜	huáng	474		**耂**					机	wù	1181
珊	shān	968		琨	kūn	642		瑾	jǐn	564						杏	xìng	1251
珊	shān	968		琳	lín	699		璆	qiú	912	2	考	kǎo	615		杨	yáng	1295
珍	zhēn	1430		琶	pá	822		璇	xuán	1266		老	lǎo	657		杖	zhàng	1419
珒	zhēn	1430		琪	qí	868		璎	yīng	1344	3	孝	xiào	1229		呆	dāi	201
皇	huáng	471		琦	qí	868		璋	zhāng	1418	4	者	zhě	1427	4	板	bǎn	29
6	珪	guī	399		琼	qióng	909	12	璣	jī	495		**木**					杯	bēi	42
珮	pèi	834		琴	qín	897		璺	è	278						東	dōng	253
珢	yá	1279		琬	wǎn	1142		璠	fán	292	0	木	mù	785		枒	yā	1277
班	bān	27		琰	yǎn	1290		璟	jǐng	575	1	本	běn	49		枚	xiān	1204
珵	chēng	131		瑛	yīng	1344		璘	lín	699		末	mò	780		來	lái	648
珰	dāng	212		琢	zhuó	1493		璞	pú	860		术	shù	1033		枨	chéng	135
珥	ěr	282			zuó	1515	13	瑀	yú	1367			zhú	1472		杻	chǒu	150
珙	gǒng	370		琶	pí	841		環	huán	467		札	zhá	1409			niǔ	814
珩	héng	440	9	瑒	yáng	1295		璫	dāng	212	2	朵	duǒ	275		杵	chǔ	157
珲	huī	476		瑋	wěi	1155		璨	càn	103		朶	duǒ	275		枞	cōng	174
	hún	485		瑇	dài	203		璐	lù	721		机	jī	495			Zōng	1503
珞	luò	730		琿	huī	476		璩	qú	915		朴	Piáo	846		枫	fēng	318
珽	tǐng	1108			hún	485		璪	zǎo	1403			pō	855		枋	fāng	299
玺	xǐ	1191		项	xū	1259	14	瓊	qióng	909			pǔ	856		构	gòu	374
顼	xū	1259		瑰	guī	400		璿	xuán	1266			pǔ	861		柜	guì	401
珣	xún	1274		瑚	hú	454		璧	bì	60		权	quán	918			jǔ	589
珧	yáo	1300		瑁	mào	749	15	璽	xǐ	1191		杀	shā	961		杭	háng	422
珠	zhū	1471		瑙	nǎo	798		瓈	lí			朽	xiǔ	1257		杰	jié	553

木 (37)

槛 jiàn	527	架 jià	522	栞 kān	610	tìng	1108	梲 zhuō	1491
枥 lì	679	柩 jiù	584	契 qì	876	桃 táo	1085	梓 zǐ	1496
林 lín	697	柯 kē	617	栢 bǎi	25	桐 tóng	1113	桢 bīn	71
枚 méi	750	枯 kū	631	案 àn	9	桅 wéi	1153	bīng	73
杪 miǎo	768	栏 lán	651	桉 ān	7	栩 xǔ	1261	棻 fēn	312
杷 pá	822	栎 lì	680	栟 bēn	49	栒 xún	1274	棽 lán	651
枇 pí	840	yuè	1387	bīng	73	样 yàng	1298	梦 mèng	759
枪 qiāng	886	柳 liǔ	710	梆 bāng	33	桎 zhì	1456	8 椗 dìng	253
枘 ruì	948	柃 líng	701	柴 chái	114	桢 zhēn	1431	椏 yā	1277
枢 shū	1028	栊 lóng	713	档 dàng	214	株 zhū	1471	棱 léng	668
松 sōng	1055	栌 lú	717	格 gē	354	桩 zhuāng	1486	líng	702
枉 wǎng	1146	柰 nài	793	gé	356	桌 zhuō	1491	椀 wǎn	1142
析 xī	1186	柠 níng	811	根 gēn	360	郴 Chēn	128	棎 xiān	1204
枭 xiāo	1220	枰 píng	854	栝 guā	385	栗 lì	680	棗 zǎo	1403
杳 yǎo	1301	柒 qī	863	桂 guì	402	臬 niè	810	棘 jí	503
枝 zhī	1445	染 rǎn	926	桧 guì	402	栽 zāi	1396	棖 chéng	135
枕 zhěn	1432	栅 shān	968	huì	483	7 桮 bēi	42	栋 dòng	257
杼 zhù	1478	zhà	1410	桄 guāng	397	桿 gǎn	342	栈 zhàn	1414
枏 nán	796	柵 shān	968	guàng	397	梘 jiǎn	527	棲 qī	863
采 cǎi	98	zhà	1410	核 hé	434	梟 xiāo	1220	棶 lái	650
cài	99	柿 shì	1015	hú	453	栀 zhī	1446	棃 lí	671
杲 gǎo	351	树 shù	1033	桁 héng	440	彬 bīn	71	椑 bēi	43
果 guǒ	407	柝 tuò	1133	桦 huà	464	梵 fàn	297	棒 bàng	34
5 柺 guǎi	387	柙 xiá	1196	桓 Huán	468	桴 fú	326	楮 chǔ	158
柶 sì	1055	相 xiāng	1212	桔 jié	555	梗 gěng	363	棰 chuí	166
柁 tái	1072	xiàng	1219	jú	589	梏 gù	383	椎 chuí	166
柏 bǎi	25	枵 xiāo	1221	桀 jié	555	检 jiǎn	527	zhuī	1489
bó	78	柚 yóu	1358	桨 jiǎng	538	桷 jué	599	棣 dì	237
bò	80	yòu	1365	校 jiào	547	梾 lái	650	椟 dú	263
柈 bàn	32	柞 Zhà	1410	xiào	1230	梨 lí	671	棼 fén	312
标 biāo	66	zuò	1519	柩 jiù	584	梁 liáng	687	棺 guān	392
柄 bǐng	74	栈 zhàn	1414	桊 juàn	595	梈 líng	702	棍 gùn	403
查 chá	111	柘 zhè	1428	栲 kǎo	616	梅 méi	751	椁 guǒ	407
zhā	1408	栀 zhī	1446	框 kuàng	639	渠 qú	915	楗 jiàn	534
柽 chēng	131	枳 zhǐ	1452	栳 lǎo	662	梢 shāo	978	椒 jiāo	543
柢 dǐ	233	栉 zhì	1456	栾 luán	724	梳 shū	1029	椐 jū	588
栋 dòng	257	柱 zhù	1479	栖 qī	863	桫 suō	1067	棵 kē	618
柁 duò	275	炮 fú	326	xī	1186	梭 suō	1067	椋 liáng	688
tuó	1132	柟 nán	796	棋 qī	864	xùn	1276	榔 láng	655
柑 gān	342	某 mǒu	784	桥 qiáo	891	梯 tī	1090	椤 luó	729
枸 gōu	372	亲 qīn	895	桡 ráo	928	桶 tǒng	1115	棉 mián	764
gǒu	373	qìng	908	栓 shuān	1038	梧 wú	1177	棚 péng	836
jú	589	柔 róu	941	桑 sāng	958	械 xiè	1235	棋 qí	868
枷 jiā	517	6 枿 fá	288	梃 tǐng	1108	梽 Zhì	1457	棨 qǐ	873

(38) 支 犬

椠	qiàn	885	楠	nán	796		yuè	1387	檠	qíng	906	橱	chú	157
棬	quān	918	楩	pín	850	樅	cōng	174	橄	qíng	906	樐	lǔ	718
森	sēn	961	楸	qiū	910		Zōng	1503	燊	shēn	987	橼	yuán	1383
椭	tuǒ	1133	楔	xiē	1231	樞	shū	1028	橦	tóng	1114	16 櫱	niè	810
椅	yī	1321	楦	xuàn	1267	標	biāo	66	橐	tuó	1132	櫪	lì	679
	yǐ	1327	楥	xuàn	1267	槳	jiāng	538	樨	xī	1189	櫳	lóng	713
椰	yē	1304	楹	yíng	1346	樣	yàng	1298	樾	yuè	1389	櫨	lú	717
植	zhí	1450	榆	yú	1370	椿	zhuāng	1486	橡	yuán	1383	櫫	tuó	1133
棹	zhào	1424	楚	chǔ	158	樑	liáng	687	樽	zūn	1514	櫬	chèn	131
棕	zōng	1504	10 槓	gàng	347	槧	qiàn	885	13 檥	yǐ	1327	櫸	jǔ	590
集	jí	506	構	gòu	374	橢	tuǒ	1133	檉	chēng	131	17 櫺	shuān	1037
棘	jí	506	槍	qiāng	886	櫨	zhā	1409	櫛	zhì	1456	權	quán	918
弑	shì	1018	樺	huà	464	樓	lóu	715	檔	dàng	214	欄	lán	651
棠	táng	1082	榤	jié	555	槽	cáo	105	檜	guì	402	欞	líng	702
9 楗	jiàn	526	榿	qī	864	樗	chū	155		huì	483	櫻	yīng	1344
楬	jiē	551	椋	zhuó	1491	橄	gǎn	344	檢	jiǎn	527	19 欑	cuán	179
榘	jǔ	589	槑	méi	751	横	héng	440	檟	jiǎ	521	欒	luán	724
楊	yáng	1295	槨	guǒ	407		hèng	441	檣	qiáng	888	欏	luó	729
楓	fēng	318	槟	bīn	71	槲	hú	454	檏	lǔ	718	21 欛	bà	19
楨	zhēn	1431		bīng	73	槿	jǐn	564	檗	bò	81	欖	lǎn	653
楳	méi	751	榜	bǎng	33	槭	qì	876	檑	léi	666	24 欞	líng	702
椶	zōng	1504	榧	fěi	307	檣	qiáng	888	檁	lǐn	700	25 欝	yù	1374
楂	chá	112	槔	gāo	351	樘	táng	1082	檁	lǐn	700			
	zhā	1409	槁	gǎo	352	橡	xiàng	1220	檬	méng	758	**支**		
槎	chá	112	槀	gǎo	352	樱	yīng	1344	檀	tán	1078			
榇	chèn	131	槚	jiǎ	521	樟	zhāng	1418	檄	xí	1191	0 支	zhī	1443
椎	chuí	166	槛	jiàn	535	槧	zhū	1472	檐	yán	1287	4 歧	qí	867
椽	chuán	162		kǎn	612	12 藂	cóng	176	14 檫	dèng	228	6 翅	chì	144
椿	chūn	168	榴	liú	709	機	jī	495	檯	tái	1072	9 鼔	gǔ	380
椴	duàn	268	模	mó	778	樸	pǔ	861	檵	guì	401			
楯	dùn	273		mú	784	樹	shù	1033	檸	níng	811	**犬**		
	shǔn	1044	榷	què	924	橋	qiáo	891	櫂	zhào	1424			
概	gài	339	榕	róng	940	橈	ráo	928	櫚	lǘ	721	0 犬	quǎn	921
槐	huái	465	槊	shuò	1047	樲	jí	507	檳	bīn	71	3 状	zhuàng	1487
榍	jí	507	榫	sǔn	1067	槔	gāo	351		bīng	73	4 戾	lì	679
楷	jiē	552	榻	tà	1071	樶	zuì	1513	檻	jiàn	535	6 哭	kū	632
	kǎi	610	榭	xiè	1236	橙	chéng	138		kǎn	612	臭	chòu	151
榉	jǔ	590	榍	xiè	1236	櫥	chú	157	檫	chá	112		xiù	1257
榈	lǘ	721	榨	zhà	1410	橘	jú	589	櫅	jī	515	9 献	xiàn	1211
榄	lǎn	653	榛	zhēn	1432	橛	jué	599	15 櫟	lì	680	猷	yóu	1359
楞	léng	668	楮	zuì	1472	檑	lǔ	718		yuè	1387	10 獃	dāi	201
楝	liàn	686	槥	zuì	1513	樨	qiāo	890	櫝	dú	263	獒	áo	11
楼	lóu	715	橐	tuó	1132	樵	qiáo	891	櫨	zhū	1472	11 獘	bì	58
楣	méi	751	11 樂	lè	663	橪	qín	898	櫫	zhū	1472	12 猋	biāo	67
												15 獸	shòu	1026
												16 獻	xiàn	1211

歹

0	歹 dǎi	201
2	列 liè	695
	死 sǐ	1050
	夙 sù	1060
3	歼 jiān	524
4	殀 yāo	1298
	殁 mò	780
5	残 cán	101
	殂 cú	178
	殆 dài	204
	殇 shāng	971
	殄 tiǎn	1099
	殃 yāng	1292
6	殊 shū	1028
	殉 xùn	1275
7	殓 liàn	686
	殍 piǎo	847
	殒 yǔn	1391
8	殘 cán	101
	殚 dān	208
	殛 jí	506
	殖 shi	1019
	zhí	1450
9	殨 huì	483
10	殞 yǔn	1391
	殡 bìn	71
11	殤 shāng	971
	殣 jìn	569
12	殫 dān	208
	殨 huì	483
	殪 yì	1334
13	殭 jiāng	536
	殮 liàn	686
	殪 bì	58
14	殯 bìn	71
17	殲 jiān	524

车

0	车 chē	126
	jū	587
1	轧 gá	336
	yà	1281

	zhá	1409
2	轨 guǐ	400
	军 jūn	600
3	轪 dài	203
	轫 rèn	937
	轩 xuān	1263
4	轭 è	277
	轰 hōng	441
	轮 lún	726
	软 ruǎn	947
	斩 zhǎn	1413
	转 zhuǎi	1481
	zhuǎn	1483
	zhuàn	1484
5	轱 gū	376
	轷 hū	452
	轲 kē	617
	轹 lì	680
	轳 lú	717
	轻 qīng	900
	轶 yì	1331
	轺 yáo	1300
	织 zhī	1452
	轸 zhěn	1432
	轴 zhóu	1469
	zhòu	1469
6	轿 jiào	548
	较 jiào	548
	辂 lù	719
	轻 quán	920
	轼 shì	1018
	轾 zhì	1457
	辀 zhōu	1469
	载 zǎi	1396
	zài	1399
7	辅 fǔ	328
	辆 liàng	691
	辄 zhé	1427
8	辍 chuò	169
	辊 gǔn	403
	辌 liáng	688
	辇 niǎn	807
	辋 wǎng	1147
	辎 zī	1494

辈 bèi	48
9 辏 còu	177
辐 fú	326
辑 jí	507
输 shū	1030
辒 wēn	1161
10 辖 xiá	1196
辕 yuán	1383
辗 zhǎn	1414
11 辘 lù	721
12 辚 lín	699
辙 zhé	1427

牙

0	牙 yá	1279
2	邪 xié	1232
	yé	1304
5	鸦 yā	1278
8	雅 yā	1279
	yǎ	1280

戈

0	戈 gē	353
1	戋 jiān	523
	戊 wù	1181
2	成 chéng	132
	划 huá	460
	huà	462
	huai	465
	戎 róng	939
	戍 shù	1033
	戌 xū	1258
	戏 hū	451
	xì	1193
3	戒 jiè	558
	我 wǒ	1167
	找 zhǎo	1423
4	戔 jiān	523
	或 huò	491
	戗 qiāng	886
	qiàng	889
	威 wēi	1149
	咸 xián	1205
	战 zhàn	1414

哉 zāi	1396
6 栽 zāi	1396
载 zǎi	1396
zài	1399
彧 yù	1375
盏 zhǎn	1413
7 戛 jiá	520
戚 qī	864
盛 chéng	137
shèng	998
8 幾 jī	494
jǐ	508
戟 jǐ	509
戛 jiá	520
裁 cái	97
戢 jí	506
9 載 zǎi	1396
zài	1399
戥 děng	228
戡 kān	611
10 戧 qiāng	886
qiàng	889
截 jié	555
戬 jiǎn	530
臧 zāng	1401
11 戯 hū	451
xì	1193
戮 lù	721
幾 jī	501
12 戰 zhàn	1414
13 戲 hū	451
xì	1193
戴 dài	204
馘 guó	407
14 戳 chuō	169

比

0	比 bǐ	53
1	毕 bì	57
3	昆 kūn	642
	毖 bì	58
	皆 jiē	550
	毗 pí	840
	毙 bì	58

| 8 琵 pí | 841 |

瓦

0	瓦 wǎ	1134
	wà	1135
4	瓯 ōu	820
	瓮 wèng	1166
5	瓴 líng	701
6	瓷 cí	170
	瓶 píng	855
7	瓻 chī	140
8	瓿 gāng	347
	瓿 bù	94
9	甄 zhēn	1432
10	瓾 lí	680
11	甌 ōu	820
	甎 zhuān	1482
12	甏 bèng	52
	甑 zèng	1408
13	甕 wèng	1166
	甓 pì	843
14	甖 yīng	1344

止

0	止 zhǐ	1450
1	正 zhēng	1434
	zhèng	1437
2	此 cǐ	172
3	步 bù	93
4	肯 kěn	624
	歧 qí	867
	齿 chǐ	142
	武 wǔ	1179
	些 xiē	1231
9	歲 suì	1065
14	歸 guī	398

支

5	敁 diān	237
	敍 xù	1261
9	敷 dù	264
11	敺 qū	913

(40) 小 日 贝

小

4	悉 tiǎn	1099
6	恭 gōng	370
10	慕 mù	787

日(曰)

0	日 rì	938
	曰 yuē	1385
1	旦 dàn	208
	旧 jiù	582
2	亘 gèn	361
	曳 yè	1307
	旨 zhǐ	1451
	旮 gā	336
	旯 lá	646
	旭 xù	1261
	早 zǎo	1402
3	更 gēng	361
	gèng	363
	旰 gàn	345
	旱 hàn	420
	旷 kuàng	638
	时 shí	1005
	旸 yáng	1295
4	昇 shēng	991
	沓 dá	186
	tà	1071
	昏 hūn	484
	杳 yǎo	1301
	旹 shí	1005
	昂 áng	10
	昌 chāng	117
	昉 fǎng	301
	杲 gǎo	351
	炅 Guì	401
	jiǒng	579
	昊 hào	428
	昆 kūn	642
	旻 mín	771
	明 míng	773
	昙 tán	1077
	旺 wàng	1148
	昔 xī	1186
	昕 xīn	1240
	易 yì	1331
	昀 yún	1390
	昃 zè	1406
5	昫 xù	1263
	香 xiāng	1214
	昶 chǎng	121
	春 chūn	166
	曷 hé	434
	昽 lóng	713
	昧 mèi	754
	昴 mǎo	747
	冒 mào	748
	Mò	781
	昵 nì	804
	是 shì	1015
	显 xiǎn	1206
	星 xīng	1245
	映 yìng	1348
	昱 yù	1375
	昝 Zǎn	1400
	昭 zhāo	1421
	昨 zuó	1515
6	書 shū	1027
	耆 qí	867
	時 shí	1005
	晁 Cháo	124
	晖 huī	476
	晃 huǎng	475
	huàng	475
	晋 jìn	567
	晉 jìn	567
	晒 shài	965
	晌 shǎng	972
	晟 shèng	998
	晓 xiǎo	1229
	晏 yàn	1291
	晔 yè	1308
	晕 yūn	1389
	yùn	1392
7	勖 xù	1262
	晝 zhòu	1470
	曹 cáo	105
	晡 bū	81
	晨 chén	130
	晗 hán	418
	晦 huì	483
	曼 màn	742
	冕 miǎn	765
	晚 wǎn	1141
	晤 wù	1183
	晞 xī	1187
	晢 zhé	1427
	晰 zhé	1427
8	曾 céng	108
	zēng	1407
	暑 guǐ	401
	晶 jīng	572
	景 jǐng	575
	量 liáng	688
	liàng	691
	晾 liàng	692
	普 pǔ	861
	晴 qíng	906
	暑 shǔ	1031
	替 tì	1094
	晰 xī	1187
	晳 xī	1187
	暂 zàn	1400
	智 zhì	1457
	最 zuì	1513
9	暗 àn	9
	暖 nuǎn	818
	暘 yáng	1295
	暉 huī	476
	暈 yūn	1389
	yùn	1392
	暅 gèng	363
	暌 kuí	641
	暇 xiá	1196
	暄 xuān	1264
10	暢 chàng	122
	暱 nì	804
	曄 yè	1308
	曖 ài	5
	暝 míng	776
	暠 hào	428
11	暴 xiàng	1218
	暫 zàn	1400
	暴 bào	41
	pù	862
12	曇 tán	1077
	曉 xiǎo	1229
	曈 tóng	1114
	暾 tūn	1129
13	曾 zēng	1408
	曖 ài	5
	曙 shǔ	1033
14	曠 kuàng	638
	曛 xūn	1272
	曜 yào	1304
15	疊 dié	248
	曝 bào	42
	pù	862
16	曨 lóng	713
	曦 xī	1189
17	囊 nāng	797
19	曬 shài	965

贝

0	贝 bèi	45
2	负 fù	330
	贞 zhēn	1429
	则 zé	1405
3	坝 bà	19
	贡 gòng	371
	屃 xì	1194
	员 yuán	1380
	yún	1390
	财 cái	97
4	败 bài	26
	贬 biǎn	62
	贩 fàn	297
	购 gòu	374
	贯 guàn	393
	货 huò	492
	贫 pín	848
	贪 tān	1076
	贤 xián	1205
	责 zé	1405
	账 zhàng	1419
	贮 zhù	1478
5	贲 bēn	49
	bì	58
	贷 dài	204
	费 fèi	308
	贵 guì	402
	贺 hè	435
	贱 jiàn	533
	贶 kuàng	639
	贸 mào	748
	贳 shì	1015
	贴 tiē	1103
	贻 yí	1322
6	贾 gǔ	380
	jiǎ	520
	赅 gāi	337
	贿 huì	483
	赆 jìn	567
	赁 lìn	700
	赂 lù	719
	资 zī	1494
	贼 zéi	1406
	赞 zhì	1456
	赃 zāng	1401
7	婴 yīng	1344
	赉 lài	650
	赇 qiú	912
	赊 shē	980
	赈 zhèn	1433
8	赑 bì	58
	赐 cì	173
	赕 dǎn	208
	赌 dǔ	264
	赋 fù	333
	赍 jī	500
	赔 péi	833
	赎 shú	1031
9	赖 lài	650
10	罂 yīng	1344
	赙 fù	334
	赚 zhuàn	1485
	zuàn	1512
	赘 zhuì	1490
11	赜 zé	1406
12	赟 yūn	1389

水(氺)

0	水 shuǐ	1040
1	永 yǒng	1350
2	氽 cuān	179
	凼 dàng	214
	氽 tǔn	1129
3	汞 gǒng	370
	尿 niào	809
	尿 suī	1064
4	沓 dá	186
	tà	1071
5	泵 bèng	51
	泉 quán	920
	泰 tài	1075
6	浆 jiāng	536
	jiàng	539
8	淼 miǎo	768
10	滎 Xíng	1250
	yíng	1345
	黎 lí	672
11	潁 Yǐng	1346
	漿 jiāng	536
	jiàng	539

见

0	见 jiàn	530
	xiàn	1208
2	观 guān	390
	guàn	393
4	觅 mì	762
	规 guī	399
5	觇 chān	114
	觉 jiào	547
	jué	597
	览 lǎn	652
6	觊 jì	513
7	觋 xí	1190
8	靓 jìng	577
	liàng	691
	觌 dí	231
9	觎 yú	1371
10	觏 gòu	375
11	觐 jìn	568
	觑 qù	917

牛(牜)

0	牛 niú	812
2	牟 móu	783
	mù	786
	牝 pìn	850
3	牠 tā	1070
	牡 mǔ	784
4	牦 máo	747
	牧 mù	787
	物 wù	1181
5	牴 dǐ	232
	牯 gǔ	380
	牮 jiàn	533
	牲 shēng	996
6	特 tè	1087
	牺 xī	1186
	牸 cū	177
	犁 lí	671
	牾 wǔ	1180
8	犇 bēn	48
	犂 lí	671
	犊 dú	263
	犄 jī	500
	犍 jiān	526
	qián	883
9	犋 jù	593
	犏 piān	844
10	犒 kào	616
11	犛 máo	747
12	犟 jiàng	539
15	犢 dú	263
16	犧 xī	1186
	犨 chōu	149

手(扌)

0	手 shǒu	1020
3	拜 bài	26
	拏 ná	789
6	挛 luán	724

	拿 ná	789
	挈 qiè	895
	拳 quán	920
	挚 zhì	1456
7	挲 sā	951
	shā	964
	suō	1067
8	掌 zhǎng	1418
	掰 bāi	20
	掣 chè	128
9	揪 jiū	580
11	摯 zhì	1456
12	撉 dūn	272
	擎 qíng	906
13	擊 jī	494
	擧 jǔ	589
	擘 bò	81
14	擥 lǎn	652
15	攀 pān	826
19	攣 luán	724

毛

0	毛 máo	745
2	尾 wěi	1155
	yǐ	1327
5	毡 zhān	1412
6	毪 róng	939
	耄 mào	748
	毬 mú	784
7	毬 qiú	911
	毫 háo	423
	毳 cuì	181
	毽 jiàn	534
	毵 sān	956
	毯 tǎn	1079
	毹 shū	1030
8	氅 máo	747
	氆 sān	956
12	氅 chǎng	122
	氇 lǔ	718
	氆 pǔ	862
13	氈 zhān	1412
	氊 zhān	1412
15	氌 lǔ	718

气

18	氍 qú	915

0	气 qì	873
1	氕 piē	847
2	氘 dāo	215
	氖 nǎi	792
3	氚 chuān	160
	氙 xiān	1203
4	氛 fēn	312
5	氡 dōng	255
	氟 fú	325
	氢 qīng	901
6	氣 qì	873
	氨 ān	7
	氦 hài	416
	氩 yà	1281
	氧 yǎng	1297
	氤 yīn	1337
7	氫 qīng	901
	氪 kè	624
8	氬 yà	1281
	氮 dàn	210
	氯 lǜ	724
	氰 qíng	906
9	氳 yūn	1389

攵

2	攷 kǎo	615
	收 shōu	1019
3	改 gǎi	337
	攻 gōng	368
	攸 yōu	1354
	孜 zī	1493
4	败 bài	26
	放 fàng	302
5	敂 kòu	631
	畋 tián	1099
	故 gù	382
	政 zhèng	1441
6	效 xiào	1231
	致 zhì	1456
	敖 áo	11
	敕 chì	144

	敋 bó	78
	敍 xù	1261
	救 jiù	584
	赦 shè	983
	敝 bì	58
	敢 gǎn	343
	教 jiāo	543
	jiào	548
	敛 liǎn	685
	敏 mǐn	771
	啟 qǐ	870
8	敞 chǎng	121
	敦 duì	271
	dūn	271
	敬 jìng	577
	散 sǎn	956
	sàn	957
9	敭 yáng	1293
	敱 dūn	271
	敫 Jiǎo	546
	数 shǔ	1032
	shù	1034
	shuò	1047
11	數 shǔ	1032
	shù	1034
	shuò	1047
	敷 fū	322
	敵 dí	231
12	暾 tūn	1129
	整 zhěng	1436
13	斂 liǎn	685
19	變 biàn	63

长

0	长 cháng	117
	zhǎng	1418

片

0	片 piān	843
	piàn	845
4	版 bǎn	29
8	牋 jiān	526
	牍 dú	263
	牌 pái	825

斤爪父月

9 牐 zhá 1409	父	肷 qiǎn 884	zàng 1401	脱 tuō 1131
牒 dié 248		朊 ruǎn 948	脋 xié 1233	脘 wǎn 1142
10 牓 bǎng 33	0 父 fǔ 327	肾 shèn 990	胁 xié 1233	唇 chún 168
11 牕 chuāng 163	fù 329	肽 tài 1075	胺 àn 9	8 腌 ā 1
牖 yǒu 1364	2 爷 yé 1304	胁 xié 1233	脆 cuì 180	yān 1283
15 牘 dú 263	4 爸 bà 19	肴 yáo 1300	胴 dòng 257	朝 cháo 125
	斧 fǔ 327	育 yù 1375	胳 gā 336	zhāo 1422
斤	6 爹 diē 247	胀 zhàng 1420	gē 354	肾 shèn 990
	釜 fǔ 328	肢 zhī 1446	gé 356	胀 zhàng 1420
0 斤 jīn 560	8 爺 yé 1304	肿 zhǒng 1464	胱 guāng 397	腖 dòng 257
1 斥 chì 143		肫 zhūn 1490	胲 hǎi 413	胜 shèng 997
4 斧 fǔ 327	月(月)	胖 pàng 830	脊 jǐ 509	腡 luó 729
所 suǒ 1068		5 脉 mài 740	胶 jiāo 542	腚 dìng 252
欣 xīn 1240	0 月 yuè 1386	mò 781	胯 kuà 634	腓 féi 307
6 颀 qí 868	1 肊 yì 1334	胃 wèi 1159	脍 kuài 636	腑 fǔ 328
7 断 duàn 267	2 肌 jī 497	胥 xū 1258	朗 lǎng 655	期 jī 500
斯 sī 1050	肋 lē 663	胞 bāo 36	胅 mǐ 762	朞 jī 500
9 頎 qí 868	lèi 667	背 bēi 43	脑 nǎo 797	期 qī 864
新 xīn 1241	有 yǒu 1360	bèi 45	脓 nóng 815	腱 jiàn 534
11 斲 zhuó 1492	yòu 1365	胆 dǎn 208	胼 pián 845	腈 jīng 572
14 斷 duàn 267	刖 yuè 1387	脒 dòng 257	脐 qí 868	腒 jū 588
	3 肠 cháng 119	胍 guā 385	脎 sà 952	腊 là 647
爪(爫)	肚 dǔ 263	胡 hú 452	朔 shuò 1047	xī 1188
	dù 264	胛 jiǎ 520	眺 tiǎo 1102	脾 pí 841
0 爪 zhǎo 1423	肝 gān 341	胫 jìng 577	胸 xiōng 1253	腔 qiāng 886
zhuǎ 1481	肛 gāng 346	胩 kǎ 605	匈 xiōng 1253	腆 tiǎn 1100
3 孚 fú 323	肓 huāng 470	胧 lóng 713	胭 yān 1282	腕 wàn 1144
妥 tuǒ 1133	肟 wò 1168	胪 lú 717	胰 yí 1323	腋 yè 1308
4 采 cǎi 98	肘 zhǒu 1469	胖 pán 827	脂 zhī 1447	腴 yú 1370
cài 99	肐 gē 354	pàng 830	朕 zhèn 1433	腙 zōng 1504
乳 rǔ 945	4 肮 āng 10	胚 pēi 832	7 朒 wěn 1164	9 腭 è 278
觅 mì 762	肬 yóu 1358	朐 qú 915	脛 jīng 577	肠 cháng 119
爬 pá 822	肩 jiān 525	胂 shèn 990	脖 bó 79	腫 zhǒng 1464
受 shòu 1024	肯 kěn 624	胜 shēng 996	脞 cuǒ 183	脑 nǎo 797
5 爰 yuán 1380	肪 fáng 300	shèng 997	脯 fǔ 328	脚 jiǎo 545
6 爱 ài 4	肥 féi 306	胎 tāi 1072	pú 860	jué 599
奚 xī 1187	肺 fèi 307	胗 zhēn 1430	脚 jiǎo 545	膡 chéng 138
舀 yǎo 1302	肤 fū 322	胝 zhī 1446	jué 599	腠 còu 177
7 覓 mì 762	服 fú 324	胄 zhòu 1469	脧 juān 594	腹 fù 334
8 舜 shùn 1045	fù 331	胙 zuò 1519	脸 liǎn 685	腼 miǎn 765
10 孵 fū 322	肱 gōng 369	6 脝 pāng 829	腡 luó 729	腻 nì 805
11 號 Guó 407	股 gǔ 378	脉 mài 740	脲 niào 809	腩 nǎn 796
13 爵 jué 599	胼 jīng 574	mò 781	脬 pāo 830	腧 shù 1034
繇 yáo 1301	肭 nà 791	脏 zāng 1401	豚 tún 1129	腮 sāi 952
yóu 1360	朋 péng 836			
zhòu 1470				

字	拼音	页码		字	拼音	页码		字	拼音	页码		字	拼音	页码		字	拼音	页码
腾	téng	1089		臀	tún	1129		欸	kuǎn	637	14	黳	yī	1320	3	灾	zāi	1395
腿	tuǐ	1127		臆	yì	1334	8	款	kuǎn	637		**文**				灵	líng	700
腽	wà	1135		赢	yíng	1346		欺	qī	865						灾	zāi	1395
腺	xiàn	1211		臃	yōng	1350	9	歆	xīn	1243	0	文	wén	1161		灿	càn	103
腥	xīng	1246	14	臍	qí	868		歃	shà	965	2	齐	qí	865		灸	jiǔ	581
媵	yìng	1349		臏	bìn	71		歇	xiē	1232		刘	liú	706		炀	yáng	1295
腰	yāo	1299		臑	nào	799	10	歌	gē	355	3	吝	lìn	700		灶	zào	1403
10 膀	bǎng	33	15	臘	là	647		歉	qiàn	885	6	虔	qián	883		灼	zhuó	1491
	bàng	34		臕	biāo	67	11	歎	tàn	1079		紊	wěn	1165	4	炅	guì	401
	pāng	829		羸	léi	666		歐	ōu	820		斋	zhāi	1410			jiǒng	579
	páng	830		臝	luǒ	730	12	歙	shè	984	8	斐	fěi	307		炒	chǎo	126
膆	sù	1062	16	朧	lóng	713			xī	1189		斌	bīn	71		炊	chuī	165
慊	qiàn	884		臚	lú	717	13	歔	yú	1368	12	斓	lán	652		炖	dùn	272
膑	bìn	71		臙	yān	1282	17	歡	huān	466	17	斕	lán	652		炔	Guì	402
膊	bó	80		騰	téng	1089		**风**									quē	922
膈	gé	357		臢	zā	1394						**方**				炬	jù	592
膋	lǔ	722	17	羸	luǒ	729	0	风	fēng	315	0	方	fāng	297		炕	kàng	615
膜	mó	778		臟	zàng	1401	5	飑	biāo	67	2	邡	fāng	298		炉	lú	717
11 肤	fū	322	19	羸	luó	729	8	飓	jù	593	4	房	fáng	300		炝	qiāng	889
胶	jiāo	542		臜	zā	1394		飔	sī	1050		放	fàng	302		炜	wěi	1156
膘	biāo	67		**氏**				飕	sōu	1059		於	wū	1170		炎	yán	1286
膛	táng	1082					10	飗	liú	710			Yū	1366		炙	zhì	1455
膝	Téng	1089	0	氏	shì	1010	11	飘	piāo	846			yú	1369	5	炝	qiū	909
膝	xī	1189			zhī	1444	12	飙	biāo	67	5	施	shī	1002		炭	tàn	1079
12 膳	shàn	970	1	氐	dī	229		**殳**			6	旅	lǚ	722		炟	zhào	1424
腻	nì	805			dǐ	232						旄	máo	747		炭	tàn	1079
膪	chuài	159	4	昏	hūn	484	0	殳	shū	1027		旆	pèi	835		荧	yíng	1345
膙	jiǎng	538		**欠**			4	殴	ōu	820		旃	zhān	1412		炳	bǐng	74
麟	lín	700					5	段	duàn	267		旂	qí	869		炮	bāo	36
膨	péng	837	0	欠	qiàn	885	6	殷	yān	1282	7	旌	jīng	571			páo	831
膰	téng	1090	2	欢	huān	466			yīn	1337		旎	nǐ	804			pào	832
赢	Yíng	1346	3	欤	yú	1368		殺	shā	961		旋	xuán	1265		炽	chì	144
13 膻	shān	968	4	炊	chuī	165	7	殼	ké	619			xuàn	1267		炟	dá	186
胆	dǎn	208		软	ruǎn	947			qiào	892		族	zú	1509		烀	hū	452
胆	kuài	636		欣	xīn	1240	8	毅	dū	261	9	旒	liú	709		炯	jiǒng	579
脓	nóng	815		欧	Ōu	820		殽	xiáo	1224		旗	qí	869		炼	liàn	686
脸	liǎn	685	6	欬	ké	619	9	毂	gǔ	381	10	旖	yī	1327		烂	làn	653
臂	bei	48		欲	hē	429		毁	huǐ	480	14	旛	fān	290		炻	shí	1009
	bì	60	7	欲	yù	1376		殿	diàn	244		**火**				烁	shuò	1047
膫	gǔ	381		欸	ǎi	3		毃	gòu	375						炱	tái	1073
膫	lián	684			ē	279	10	穀	gǔ	381	0	火	huǒ	488		烃	tīng	1106
朦	méng	758			é	279	11	毆	ōu	820	1	灭	miè	769		炫	xuàn	1267
臊	sāo	959			ě	279		毅	yì	1334	2	灯	dēng	226		炸	zhá	1409
	sào	960			è	279	13	殽	hú	454		灰	huī	475			zhà	1410

	炷 zhù	1479	煉 liàn	686	燧 suì	1066	烹 pēng	836	7 扈 hù	456
6	栽 zāi	1395	煠 zhá	1409	燠 yù	1378	焉 yān	1283	8 扉 fēi	306
	烦 fán	291	煩 fán	291	燏 yù	1378	8 爲 wéi	1151	雇 gù	383
	烘 hōng	442	烟 yān	1282			wèi	1157	戾 yàn	1290
	烩 huì	483	煸 biān	62	13 燷 āo	11	無 wú	1171		
	烬 jìn	567	煲 bāo	36	燬 huǐ	480	煮 zhǔ	1476	**衤**	
	烤 kǎo	616	煅 duàn	268	變 xiè	1236	焦 jiāo	543	1 礼 lǐ	672
	烙 lào	662	煳 hú	454	燦 càn	103	然 rán	926	2 祁 qí	866
	luò	730	煌 huáng	474	燴 huì	483	燭 zhú	1473	3 祃 mà	736
	烧 shāo	978	煤 méi	752	煠 zào	1404	9 煦 xù	1263	祀 sì	1054
	烫 tàng	1083	煺 tuì	1128	14 燽 qīng	906	照 zhào	1424	社 shè	982
	烜 xuǎn	1266	焜 tuì	1128	燻 xūn	1272	煎 jiān	526	4 祗 zhǐ	1450
	烨 yè	1308	煨 wēi	1151	燼 jìn	567	煞 shā	964	视 shì	1015
	烟 yān	1282	煊 xuān	1264	燿 yào	1304	shà	965	祈 qí	867
	烊 yáng	1296	煜 yù	1378	爗 yè	1308	10 熏 xūn	1272	袄 xiān	1203
	yàng	1298	10 犖 luò	730	燹 xiǎn	1208	xùn	1275	祎 yī	1321
	烛 zhú	1473	榮 róng	939	15 爍 shuò	1047	罴 pí	841	祉 zhǐ	1452
7	烴 tīng	1106	熒 yíng	1345	爆 bào	42	熬 āo	11	5 祠 cí	170
	烽 fēng	319	熗 qiàng	889	16 爐 lú	717	áo	11	袚 fú	325
	焓 hán	418	熚 yè	1308	17 爛 làn	653	熙 xī	1188	祜 hù	456
	焊 hàn	421	熘 liū	706	爝 jué	599	熊 xióng	1254	祢 Mí	760
	焕 huàn	470	熔 róng	941	26 爨 cuàn	179	11 熱 rè	929	祛 qū	914
	焌 jùn	602	煽 shān	968			熟 shóu	1020	神 shén	988
	qū	914	熥 tēng	1089	**斗**		shú	1031	祗 zhǐ	1446
	烺 lǎng	655	熄 xī	1189			12 熹 xī	1189	祝 zhù	1479
	焖 mèn	756	11 熜 tuì	1128	0 斗 dǒu	258	燕 Yān	1283	祖 zǔ	1511
	烷 wán	1141	熜 cōng	174	dòu	259	yàn	1292	祚 zuò	1519
	焐 wù	1183	熵 shāng	972	7 斛 hú	453	14 燾 dào	220	祕 bì	58
	烯 xī	1187	熠 yì	1334	斜 xié	1233	tāo	1084	mì	762
8	焠 cuì	180	熨 yù	1378	8 斝 jiǎ	521	15 燼 āo	11	6 祧 tiāo	1100
	勞 láo	656	yùn	1393	9 斟 zhēn	1432			祥 xiáng	1216
	煮 zhǔ	1476	12 燐 lín	699			**户**		祯 zhēn	1431
	焙 bèi	48	桑 shēn	987	**灬**				7 祷 dǎo	217
	焯 chāo	124	燈 dēng	226			0 户 hù	455	祸 huò	492
	zhuō	1491	燉 dùn	272	4 杰 jié	553	1 戹 è	277	祲 jìn	568
	焚 fén	312	熾 chì	144	5 為 wéi	1151	3 启 qǐ	870	8 禍 huò	492
	焜 kūn	642	燒 shāo	978	wèi	1157	4 房 fáng	300	禅 chán	115
	焰 yàn	1292	燙 tàng	1083	6 烏 wū	1168	戽 hù	456	shàn	970
	焱 yàn	1292	燜 mèn	756	wù	1181	肩 jiān	525	裸 guàn	394
9	煇 huī	476	燄 yàn	1292	羔 gāo	351	戾 lì	679	祾 líng	702
	煖 nuǎn	818	燔 fán	292	烈 liè	696	5 扁 biǎn	63	禄 lù	719
	煢 qióng	909	燎 liáo	693	热 rè	929	piān	843	祺 qí	868
	煬 yáng	1295	燎 liǎo	694	烝 zhēng	1436	扃 jiōng	579	禠 zhà	1410
	煒 wěi	1156	燃 rán	926	7 燾 dào	220	6 扇 shān	968	9 禕 yī	1321
					tāo	1084	shàn	969		

祯 zhēn	1431	恶 è	277	愈 yù	1377	**毋(母)**		砗 chē	127
福 fú	326	坞 wū	1171	惷 chǔn	169	0 母 mǔ	784	砘 dùn	272
禊 xì	1195	恶 wù	1183	10 慇 yīn	1337	毋 wú	1176	砜 fēng	318
10 禡 mà	736	恳 kěn	625	態 tài	1075	2 每 měi	752	春 huā	460
禚 Zhuó	1493	恧 nù	818	慤 què	923	3 毐 ǎi	3	xū	1258
11 禩 sì	1054	息 xī	1186	愬 sù	1060	4 毒 dú	261	砍 kǎn	612
禤 Xuān	1264	恙 yàng	1298	慂 yǒng	1351	9 毓 yù	1378	砒 pī	839
12 禪 chán	115	恩 ēn	279	慝 tè	1089	**示**		砌 qì	876
shàn	970	恚 huì	483	11 慙 cán	102	0 示 shì	1011	砂 shā	963
禧 xǐ	1193	恝 jiá	520	感 qī	864	2 佘 shé	981	砑 yà	1281
13 禮 lǐ	672	恐 kǒng	628	蕊 ruǐ	948	3 奈 nài	792	研 yán	1286
14 禰 Mí	760	恋 liàn	686	愯 sǒng	1056	4 柰 nài	793	砚 yàn	1291
襜 dǎo	217	恁 nèn	801	慤 què	923	5 祘 suàn	1063	砖 zhuān	1482
17 禳 ráng	927	恕 shù	1034	憋 biē	69	祟 suì	1065	5 砻 lóng	713
心		恣 zì	1503	憨 hān	416	6 票 piào	847	砲 pào	832
0 心 xīn	1237	耻 chǐ	143	慧 huì	483	祭 jì	514	砹 ài	4
3 忢 qìn	898	7 恧 cōng	174	慰 wèi	1160	8 禀 bǐng	74	础 chǔ	157
忌 jì	512	悉 xī	1187	憖 yìn	1343	禁 jīn	562	砥 dǐ	233
忒 tè	1087	患 huàn	470	憩 qì	876	jìn	568	砝 fǎ	289
tuī	1125	您 nín	810	忧 yōu	1354	12 禦 yù	1377	砼 kēng	625
芯 xīn	1240	悫 què	923	慾 yù	1376	**甘**		砺 lì	680
xīn	1243	悬 xuán	1264	12 憑 píng	854	0 甘 gān	341	砾 lì	680
志 zhì	1454	恿 yǒng	1351	憊 bèi	48	2 邯 Hán	417	砮 nǔ	816
忍 rěn	935	悠 yōu	1355	憖 yìn	1343	4 某 mǒu	784	砰 pēng	836
忐 tǎn	1078	8 悳 dé	223	憝 duì	271	**石**		破 pò	856
忑 tè	1087	恶 ě	277	憩 qì	876	0 石 dàn	208	砷 shēn	986
忘 wàng	1148	è	277	13 懇 kěn	625	shí	1004	砼 tóng	1113
4 念 niàn	808	wū	1171	勲 qín	897	2 矴 dìng	253	砣 tuó	1132
忿 fèn	314	wù	1183	應 yīng	1343	矶 jī	497	砸 zá	1395
忽 hū	451	悲 bēi	43	yìng	1347	3 岩 yán	1285	砟 zhǎ	1409
怂 sǒng	1056	惫 bèi	48	燨 huī	477	砀 Dàng	214	砧 zhēn	1431
态 tài	1075	惩 chéng	137	懑 mèn	756	矾 fán	291	硇 náo	797
忠 zhōng	1463	惠 huì	483	懋 mào	749	矸 gān	341	6 硌 hāng	421
5 忽 cōng	174	惑 huò	493	14 胭 yān	1282	矻 kū	631	砦 zhài	1411
思 sī	1049	惹 rě	928	憝 duì	271	矿 kuàng	639	硃 zhū	1470
总 zǒng	1504	9 爱 ài	4	懑 mèn	756	码 mǎ	736	硐 dòng	257
怠 dài	204	愆 qiè	895	15 懲 chéng	137	矽 xī	1186	硌 gè	359
怼 duì	271	意 yì	1332	16 懸 xuán	1264	4 斫 zhuó	1492	luò	730
急 jí	504	慈 cí	171	19 戀 liàn	686	泵 bèng	51	硅 guī	400
怒 nù	816	愁 chóu	149	21 戆 gàng	347	砭 biān	61	硭 máng	745
怨 yuàn	1384	感 gǎn	343	zhuàng	1488			硇 náo	797
怎 zěn	1406	愆 qiān	881	24 戆 gàng	347			硇 náo	797
6 恶 ě	277	想 xiǎng	1217	zhuàng	1488			硗 qiāo	890
		愚 yú	1370					硚 qiáo	891

硕 shuò	1047	碳 tàn	1080	**龙**		眠 mián	763	瞀 mào	749
硒 xī	1187	碹 xuàn	1267			眩 xuàn	1267	睿 ruì	949
硖 xiá	1196	磔 zhōu	1470	0 龙 lóng	711	眙 yí	1323	瞍 sōu	1059
硎 xíng	1250	10 碼 mǎ	736	3 垄 lǒng	714	眢 yuān	1378	10 瞋 chēn	128
7 硁 jiān	529	確 què	923	5 砻 lóng	713	6 眿 mò	781	瞌 kē	619
砚 yàn	1291	碽 què	923	6 聋 lóng	713	着 zhāo	1422	瞒 mán	740
硁 kēng	625	磅 bàng	34	龚 Gōng	370		zháo	1422	瞑 míng	776
硖 xiá	1196		páng	830	龛 kān	611	zhe	1428	瞎 xiā	1195
硫 liú	709	磙 gǔn	403	袭 xí	1190	zhuó	1492	11 瞘 kōu	629
确 què	923	磕 kē	618			眵 chī	140	瞒 mán	740
硪 wò	1168	磊 lěi	667	**业**		眷 juàn	596	瞠 chēng	132
硝 xiāo	1223	碾 niǎn	807			眶 kuàng	639	瞰 kàn	613
硬 yìng	1348	磐 pán	828	0 业 yè	1306	眯 mī	759	瞥 piē	848
硶 chěn	130	磉 sǎng	958	1 亚 yà	1281	mí	760	瞟 piǎo	847
8 碇 dìng	253	磔 zhé	1427	2 邺 yè	1307	眸 móu	783	12 瞭 liǎo	693
碕 qí	868	11 磚 zhuān	1482	7 凿 záo	1402	眭 suī	1064	liào	695
碗 wǎn	1142	硁 kēng	625	黹 zhǐ	1453	眺 tiào	1102	瞪 dèng	228
碍 ài	5	磣 chěn	130	8 業 yè	1306	眼 yǎn	1288	瞵 lín	699
碑 bēi	44	磟 liù	711	12 黻 fú	327	眦 zì	1503	瞧 qiáo	891
碚 bèi	48	磡 qì	876	14 黼 fǔ	329	眥 zì	1503	瞬 shùn	1045
碜 chěn	130	磺 huáng	474			睁 zhēng	1436	瞳 tóng	1114
碘 diǎn	240	磬 qìng	908	**目**		7 睏 kùn	643	瞩 zhǔ	1476
碉 diāo	245	磲 qú	915			睇 dì	237	13 矇 mēng	757
碓 duì	271	12 磷 lín	699	0 目 mù	786	睑 jiǎn	529	méng	757
碌 liù	711	磯 jī	497	2 盯 dīng	249	睐 lài	650	瞽 gǔ	38
lù	719	磽 qiāo	890	3 盲 máng	744	睃 suō	1067	矍 Gú	915
硼 péng	836	礄 qiáo	891	盱 xū	1258	8 睹 dǔ	264	瞼 jiǎn	529
碰 pèng	837	磴 dèng	228	4 冒 mào	748	睠 juàn	596	瞻 zhān	1412
碛 qì	876	磸 dūn	271	Mò	781	睐 lài	650	16 矓 lóng	713
碎 suì	1065	礁 jiāo	543	眈 dān	207	睬 cǎi	99	19 矙 kàn	613
9 碭 Dàng	214	13 礎 chǔ	157	盹 dǔn	272	督 dū	261	21 矚 zhǔ	1476
碸 fēng	318	礓 jiāng	536	看 kān	611	睫 jié	555		
碜 zhěn	1431	礌 léi	666	kàn	612	睛 jīng	572	**田**	
碩 shuò	1047	礞 méng	758	眍 kōu	629	瞄 miáo	768		
碧 bì	59	14 礦 kuàng	639	眊 mào	748	睦 mù	787	0 电 diàn	240
碥 biǎn	63	礪 lì	680	眉 méi	750	睨 nì	805	甲 jiǎ	520
碴 chá	112	礤 cǎ	95	眄 miàn	767	睥 pì	842	申 shēn	984
磁 cí	171	15 攀 fán	291	眇 miǎo	768	睡 shuì	1043	由 yóu	1355
磋 cuō	183	礫 lì	680	盼 pàn	828	睢 suī	1064	田 tián	1098
碲 dì	237	16 礴 pào	832	省 shěng	996	睚 yá	1280	2 町 dīng	249
碟 dié	248	礴 bó	80	xīng	1250	9 瞇 mī	759	tǐng	1108
碣 jié	555	礳 Mò	783	眨 zhǎ	1409	mí	760	男 nán	793
碱 jiǎn	530			眍 chǒu	150	瞅 chǒu	150	3 甿 méng	757
碛 qì	876			5 际 shì	1015	瞆 kuì	641	甽 zhèn	1433
				眚 shěng	997			备 bèi	45
				眬 lóng	713				

奋 fèn	314
甾 zāi	1395
畀 bì	58
4 畈 fàn	297
界 jiè	558
毗 pí	840
毘 pí	840
畎 quǎn	921
思 sī	1049
畋 tián	1099
畏 wèi	1159
胃 wèi	1159
5 畝 mǔ	784
畚 běn	50
畜 chù	158
xù	1262
留 liú	706
畔 pàn	829
畛 zhěn	1432
6 異 yì	1329
畢 bì	57
累 léi	665
lěi	666
lèi	667
略 lüè	725
畧 lüè	725
畦 qí	868
7 番 fān	289
pān	826
畴 chóu	149
畯 jùn	602
畲 Shē	981
8 當 dāng	210
dàng	213
畸 jī	500
畹 wǎn	1142
11 疃 shāng	972
12 疃 tuǎn	1125
14 疇 chóu	149
16 纍 léi	665
lěi	666
17 疊 dié	248

罒

3 罗 luó	728
4 罚 fá	287
罘 fú	325
5 罢 bà	20
ba	20
罡 gāng	347
罟 gǔ	380
7 罥 lí	681
8 置 zhì	1458
罪 zuì	1513
署 shǔ	1032
蜀 Shǔ	1032
罨 yǎn	1290
罩 zhào	1425
9 罰 fá	287
罱 lǎn	653
罴 pí	841
10 罵 mà	737
罸 fá	287
罷 bà	20
ba	20
11 罹 lí	672
12 羁 jī	502
羂 jì	515
罾 zēng	1408
14 羅 luó	728
羆 pí	841
19 羈 jī	502

皿

0 皿 mǐn	771
3 孟 mèng	759
盂 yú	1368
4 盃 bēi	42
盆 pén	835
盈 yíng	1345
盅 zhōng	1464
盉 hé	434
5 盌 wǎn	1142
盇 hé	435
盎 àng	10
盍 hé	434

监 jiān	525
jiàn	533
盐 yán	1287
益 yì	1332
盏 zhǎn	1413
6 盖 gài	338
Gě	357
蛊 gǔ	380
盘 pán	827
盛 chéng	137
shèng	998
盗 dào	220
盒 hé	435
盔 kuī	640
盟 méng	757
8 盞 zhǎn	1413
盡 jìn	565
監 jiān	525
jiàn	533
10 盤 pán	827
11 盦 ān	8
盥 guàn	394
12 盪 dàng	214
19 鹽 yán	1287

钅

1 钆 gá	336
钇 yǐ	1327
2 钊 zhāo	1420
针 zhēn	1429
钉 dīng	249
dìng	251
钌 liǎo	694
liào	694
钋 pō	855
3 钗 chāi	113
钏 chuàn	163
钓 diào	246
钒 fán	291
钔 mén	756
钕 nǚ	818
钎 qiān	879
钐 shān	967
shàn	969

钍 tǔ	1124
4 钟 zhōng	1464
钯 bǎ	19
pá	822
钡 bèi	46
钣 bǎn	30
钚 bù	94
钞 chāo	123
钝 dùn	272
钫 fāng	299
钙 gài	338
钢 gāng	346
gàng	347
钩 gōu	372
钬 huǒ	491
钧 jūn	602
钪 kàng	615
钠 nà	792
钮 niǔ	814
钤 qián	881
钦 qīn	895
钛 tài	1075
钭 tǒu	1119
钨 wū	1170
钘 xíng	1250
钥 yào	1304
yuè	1387
5 钳 qián	883
钺 yuè	1387
钲 zhēng	1436
zhèng	1442
钻 zuān	1511
zuàn	1512
铋 bì	58
钵 bō	77
铍 bó	79
铂 bó	79
钿 diàn	244
tián	1099
铎 duó	275
钴 gǔ	380
钾 jiǎ	520
铃 líng	701
铆 mǎo	747

钼 mù	787
铌 ní	804
铍 pí	841
钷 pǒ	856
铅 qiān	880
yán	1287
钱 qián	883
铈 shì	1018
铄 shuò	1047
铊 tā	1070
tuó	1132
铁 tiě	1104
钽 tǎn	1079
铉 xuàn	1267
铀 yóu	1358
钰 yù	1375
6 铲 chǎn	116
铡 zhá	1409
铮 zhēng	1436
铚 zhì	1457
铢 zhū	1472
铵 ǎn	8
铛 chēng	132
dāng	212
铳 chòng	148
锦 diào	247
铫 diào	247
yáo	1300
铒 ěr	282
铥 diū	253
铒 ěr	282
铬 gè	359
铪 hā	412
铧 huá	461
铗 jiá	520
铰 jiǎo	545
铠 kǎi	610
铐 kào	616
铝 lǚ	722
铑 lǎo	662
铭 míng	776
铙 náo	797
铨 quán	921
铷 rú	944
铯 sè	961

(48) 生 矢 禾

铩 shā	964	锗 zhě	1427	10 镇 zhèn	1434	镰 lián	684	季 jì	512
铴 tāng	1080	锧 zhì	1458	镔 bīn	71	镱 yì	1334	委 wēi	1149
铤 tǐng	1108	锥 zhuī	1489	镑 bàng	34	14 镲 chǎ	112	wěi	1155
铜 tóng	1113	镃 zī	1495	镈 bó	80	15 镳 biāo	67	4 秔 jīng	572
铣 xǐ	1191	铸 bēn	49	镉 gé	357	镴 là	647	秋 qiū	909
xiǎn	1207	锤 chuí	166	镐 gǎo	352	17 镵 chán	115	秕 bǐ	55
铱 yī	1321	错 cuò	184	Hào	429	镶 xiāng	1216	种 Chóng	146
铘 yé	1305	锝 dé	223	镓 jiā	519	20 镢 jué	599	zhǒng	1465
铟 yīn	1337	锭 dìng	253	镌 juān	595			zhòng	1466
银 yín	1338	锢 gù	383	镏 liú	710	**生**		科 kē	617
铕 yǒu	1364	锪 huō	486	liù	711	0 生 shēng	991	秒 miǎo	768
7 锉 cuò	184	键 jiàn	534	镆 mò	782	5 甡 shēng	997	香 xiāng	1214
铺 pū	859	锦 jǐn	564	锋 ná	790	7 甦 sū	1059	秭 zǐ	1496
pù	862	锯 jū	588	镊 niè	810	甥 shēng	996	5 秘 bì	58
锃 zèng	1408	jù	593	镍 niè	810			mì	762
铸 zhù	1479	锩 juǎn	595	铴 tǎng	1083	**矢**		称 chèn	131
锕 ā	1	锞 kè	624	镒 yì	1334	0 矢 shǐ	1009	chēng	131
锄 chú	156	锟 kūn	642	11 镞 zú	1510	2 矣 yǐ	1327	chèng	138
锇 é	276	锣 luó	729	镚 bèng	52	3 知 zhī	1445	乘 chéng	137
锋 fēng	319	锰 měng	759	镖 biāo	67	4 矩 jǔ	589	shèng	998
锆 gào	353	锚 máo	747	镝 dī	230	矧 shěn	990	秤 chèng	138
锅 guō	404	锘 nuò	819	dí	232	6 矫 jiáo	543	盉 hé	435
铜 jiǎn	529	锫 péi	834	镜 jìng	579	jiǎo	545	积 jī	498
jiàn	534	锜 qí	868	镠 liú	710	7 矬 cuó	183	秣 mò	781
锔 jū	588	锖 qiāng	887	镘 màn	743	短 duǎn	266	秦 Qín	897
jú	589	锬 tán	1078	镗 tāng	1081	8 矮 ǎi	4	秫 shú	1030
铿 kēng	625	锡 xī	1188	táng	1082	雉 zhì	1458	秧 yāng	1292
铜 kāi	610	9 锸 chā	110	镛 yōng	1350	12 矫 jiáo	543	秩 zhì	1457
锂 lǐ	675	镃 zī	1495	12 镩 cuān	179	jiǎo	545	租 zū	1509
铼 lái	650	锿 āi	3	镫 dèng	228			6 䅟 duǒ	275
链 liàn	686	镀 dù	265	镦 duì	271	**禾**		秽 huì	483
锒 láng	655	锻 duàn	268	dūn	271	0 禾 hé	429	秸 jiē	551
锪 láo	657	锷 è	278	镢 jué	599	2 利 lì	678	租 lǚ	722
锊 lüè	726	镄 fèi	309	镣 liào	695	私 sī	1048	秾 nóng	815
锓 qīn	898	镅 huán	468	镧 lán	652	秃 tū	1120	移 yí	1323
锐 ruì	948	锽 huáng	474	镥 lǔ	718	秀 xiù	1257	7 粳 jīng	572
锁 suǒ	1069	锴 kǎi	610	镤 pú	861	3 季 nián	805	秆 gǎn	342
锑 tī	1090	镂 lòu	715	镨 pǔ	862	籼 xiān	1203	程 chéng	137
铽 tè	1089	锴 méi	752	镪 qiāng	887	秆 gǎn	342	稃 fū	322
锘 wú	1177	镁 měi	754	qiǎng	889	和 hé	432	秸 jī	500
销 xiāo	1223	锲 qiè	895	镡 xín	1243	hè	435	粮 láng	655
锈 xiù	1258	锵 qiāng	887	13 镯 zhuó	1493	hú	452	稍 shāo	978
锌 xīn	1241	锹 qiāo	890	镤 huò	493	huó	487	shào	980
8 锨 xiān	1204	锶 sī	1050	镭 léi	666	huò	491	税 shuì	1043

白瓜用鸟疒 (49)

稀 xī	1187
8 稟 bǐng	74
稜 léng	668
稐 líng	702
稗 bài	27
稠 chóu	149
稞 kē	618
稔 rěn	935
稚 zhì	1458
9 稬 nuò	819
種 zhǒng	1465
zhòng	1466
稱 chèn	131
chēng	131
chèng	138
稭 jiē	551
稳 wěn	1165
10 稻 dào	222
稿 gǎo	352
稾 gǎo	352
稽 jī	501
qǐ	873
稷 jì	515
稼 jià	523
穀 gǔ	378
11 穅 kāng	614
穎 yǐng	1346
积 jī	498
穆 jì	515
穆 mù	788
穑 sè	961
12 穉 zhì	1458
穗 suì	1066
13 穫 huò	492
穢 huì	483
穠 nóng	815
穡 sè	961
14 穤 nuò	819
穨 tuí	1127
穩 wěn	1165
15 穭 lǚ	722
17 穰 ráng	927
龝 qiū	909

白

0 白 bái	20
1 百 bǎi	24
bó	77
2 皁 zào	1403
皂 zào	1403
3 帛 bó	78
的 de	224
dí	230
dì	236
4 皆 jiē	550
皈 guī	400
皇 huáng	471
泉 quán	920
5 皋 gāo	347
6 皑 ái	3
皎 jiǎo	545
7 皓 hào	428
皖 Wǎn	1142
9 魄 bó	80
pò	858
tuò	1133
10 皚 ái	3
皜 hào	428
12 皤 pó	856

瓜

0 瓜 guā	384
5 瓞 dié	248
6 瓠 hù	456
11 瓢 piáo	846
17 瓤 ráng	927

用

0 甩 shuǎi	1037
1 甪 lù	718
2 甫 fǔ	327
甬 Yǒng	1351
4 甭 béng	51
6 甯 yòng	1351

鸟

0 鸟 niǎo	809
2 鸡 jī	497
鸠 jiū	580
3 鳲 shī	1001
4 鸦 yā	1278
鸨 bǎo	39
鸥 ōu	820
鸩 zhèn	1433
5 鸱 chī	140
鸫 dōng	255
鸪 gū	377
鸰 líng	702
鸬 lú	718
鸲 qú	915
鸶 sī	1050
鸵 tuó	1132
鸮 xiāo	1221
鸭 yā	1278
鸯 yāng	1292
鸳 yuān	1378
6 鸸 ér	280
鸽 gē	354
鸻 héng	440
鸾 luán	724
鸺 xiū	1257
鸷 zhì	1457
7 鸹 yù	1377
鹁 bó	79
鹅 é	276
鹄 gǔ	380
hú	453
鹃 juān	595
鹂 lí	671
鹈 tí	1092
鹆 wú	1177
鹇 xián	1206
8 鹌 ān	8
鹎 bēi	44
鹑 chún	168
鹋 miáo	768
鹏 péng	837
鹐 qiān	881
鹊 què	924
鹉 wǔ	1180
9 鹚 cí	172
鹗 è	278
鹕 hú	454
鹛 méi	752
鹜 wù	1183
10 鹝 yì	1333
鹤 hè	436
鹡 jí	508
鹣 jiān	527
鹠 liú	710
鹟 wēng	1166
鹞 yào	1304
11 鹨 liù	711
鹦 yīng	1344
鹧 zhè	1428
12 鹪 jiāo	543
鹫 jiù	586
鹩 liáo	693
鹬 yù	1378
13 鹱 hù	457
鹮 huán	468
鹭 lù	721
鹲 méng	758
17 鹳 guàn	394

疒

2 疔 dīng	249
疖 jiē	550
疗 liáo	692
3 疙 gē	353
疚 jiù	583
疠 lì	679
疟 nüè	818
yào	1302
疝 shàn	969
疡 yáng	1295
4 疣 yóu	1358
疤 bā	15
疢 chèn	131
疮 chuāng	163
疯 fēng	318
疥 jiè	558
疬 lì	680
疫 yì	1331
疭 zòng	1506
5 疱 pào	832
症 zhēng	1436
zhèng	1442
病 bìng	75
疸 dǎn	208
疳 gān	342
疾 jí	506
痂 jiā	517
痉 jìng	577
疽 jū	588
痈 kē	618
疲 pí	841
疼 téng	1089
痃 xuán	1264
痈 yōng	1350
痄 zhà	1410
疹 zhěn	1432
疰 zhù	1479
痄 fèi	309
6 疵 cī	170
痕 hén	438
痊 quán	921
痍 yí	1323
痒 yǎng	1297
痔 zhì	1457
7 痉 jìng	577
痌 kē	618
痤 cuó	183
痘 dòu	260
痪 huàn	470
痢 lì	681
痨 láo	657
痞 pǐ	842
痧 shā	964
痛 tòng	1115
痦 wù	1183
痫 xián	1206
痣 zhì	1458
8 痳 lín	700
痹 bì	59
痺 bì	59
痴 chī	140
痤 cuì	181

立 穴 衤

字	拼音	页	字	拼音	页	字	拼音	页	字	拼音	页	字	拼音	页
瘅	dàn	210	瘾	yǐn	1341	亲	qīn	895	7 窗	chuāng	163	衽	rèn	937
痱	fèi	309	癭	yǐng	1347		qìng	908	窜	cuàn	179	5 被	bèi	46
痼	gù	384	瘵	zhài	1412	飒	sà	952	窖	jiào	549	袯	bó	79
瘆	shèn	990	瘴	zhàng	1420	5 竝	bìng	74	窘	jiǒng	579	袢	pàn	829
痰	tán	1078	12 癄	qiáo	891	竚	zhù	1476	窝	wō	1167	袍	páo	831
萎	wěi	1157	疗	liáo	692	竟	jìng	577	8 窥	kuī	640	祛	qū	914
痏	yǔ	1373	癘	lì	679	站	zhàn	1415	窩	wō	1167	袒	tǎn	1079
瘃	zhú	1473	痨	láo	657	6 翌	yì	1332	窦	dòu	260	袜	wà	1135
9 瘖	yīn	1338	癇	xián	1206	章	zhāng	1417	窠	kē	618	袖	xiù	1257
瘉	yù	1377	癉	dàn	210	竞	jìng	577	窟	kū	632	袗	zhěn	1432
瘧	nüè	818	癌	ái	3	翊	yì	1332	窣	sū	1060	6 袷	jiá	520
	yào	1302	癍	bān	29	7 竢	sì	1055	9 窪	wā	1134	袵	rèn	937
瘍	yáng	1295	13 癒	yù	1377	竣	jùn	602	窭	jù	594	裆	dāng	212
瘋	fēng	318	癜	jié	550	竦	sǒng	1057	窨	xūn	1272	袱	fú	326
瘥	chài	114	癜	diàn	244	童	tóng	1113		yìn	1342	袼	gē	354
	cuó	183	癞	là	647	8 竪	shù	1034	窬	yú	1371	裉	kèn	625
瘩	dá	187		lài	651	靖	jìng	578	10 窮	qióng	908	裈	kūn	642
瘊	hóu	447	癖	pǐ	842	9 端	duān	265	窯	yáo	1300	裤	kù	633
瘌	là	647	癔	yì	1334	竭	jié	556	窑	yáo	1300	7 裌	jiá	520
瘘	lòu	716	14 癢	yǎng	1297	16 贛	gàn	345	窳	yǔ	1373	裙	qún	924
瘦	shòu	1026	癡	chī	140				11 窻	chuāng	163	補	bǔ	81
瘙	sào	960	癟	biě	69	**穴**			窺	kuī	640	裎	chéng	138
瘟	wēn	1161		biě	70	0 穴	xué	1268	窶	jù	594	裥	jiǎn	529
瘗	yì	1333	癣	xuǎn	1266	1 穵	wā	1134	窿	lóng	714	裤	kù	633
10 瘡	chuāng	163	15 癥	zhēng	1436	2 究	jiū	580	窸	xī	1189	裢	lián	684
瘞	yì	1333	16 癘	lì	680	穷	qióng	908	13 竅	qiào	893	裣	liǎn	685
瘪	biě	69	癮	yǐn	1341	3 空	kōng	625	竄	cuàn	179	裕	yù	1377
	biě	70	癩	lài	647		kòng	628	15 竇	dòu	260	裡	lǐ	673
瘢	bān	28	癪	diān	238	帘	lián	683	16 竈	zào	1403	8 裸	luǒ	729
瘛	chì	144	17 癭	yǐng	1347	穹	qióng	909	18 竊	qiè	894	裉	kèn	625
瘠	jí	508	癬	xuǎn	1266	窎	xī	1186				裨	bì	59
瘤	liú	710	18 癰	yōng	1350	4 窄	jīng	574	**衤**				pí	841
瘼	mò	782	癯	qú	915	穿	chuān	160	2 补	bǔ	81	裱	biǎo	69
瘫	tān	1077	19 癱	tān	1077	窃	qiè	894	初	chū	155	褚	Chǔ	158
11 瘲	zòng	1506	癲	diān	238	突	tū	1120	3 衩	chà	112		zhǔ	1476
瘮	shèn	990				窀	zhūn	1490		chà	112	褋	duō	274
瘺	lòu	716	**立**			5 窍	qiào	893	衬	chèn	131	裾	guà	386
瘻	lòu	716	0 立	lì	677	窅	yǎo	1302	衫	shān	967	裾	jū	588
瘭	biāo	67	1 产	chǎn	115	窈	yǎo	1302	4 祇	zhǐ	1450	裼	tì	1094
瘳	chōu	149	3 妾	qiè	894	窄	zhǎi	1411	袄	ǎo	11		xī	1188
癀	huáng	474	4 竖	shù	1034	6 窗	chuāng	163	衼	huī	476	9 複	fù	331
瘾	lóng	713	彥	yàn	1291	窕	tiáo	1102	衿	jīn	562	褌	huī	476
瘰	luǒ	730	竑	hóng	445	窑	yáo	1300	袂	mèi	754	裈	kūn	642
瘸	qué	923				窒	zhì	1457	衲	nà	792	褙	bèi	48

疋皮癶矛耒老耳臣西而页 (51)

褊 biǎn	63
褓 bǎo	39
褡 dā	186
褐 hè	436
褛 lǚ	723
褪 tuì	1128
	tùn	1129
10 褵 lí	672
裤 kù	633
褳 lián	684
褫 chǐ	143
襤 lán	652
褥 rù	947
11 褸 lǚ	723
褶 zhě	1427
12 襁 qiǎng	889
襆 fú	327
襍 zá	1394
襖 ǎo	11
襏 bó	79
襆 fú	326
襉 jiǎn	529
襕 lán	652
13 襠 dāng	212
襝 liǎn	685
襟 jīn	562
14 襪 wà	1135
襤 lán	652
襦 rú	944
15 襬 bǎi	25
16 襯 chèn	131
17 襴 lán	652
18 襵 zhě	1427
19 襻 pàn	829

疋（⺪）

4 胥 xū	1258
5 疍 dàn	209
6 蛋 dàn	210
7 疏 shū	1029
疎 shū	1029
8 楚 chǔ	158

皮

0 皮 pí	839
5 皰 pào	832
皱 zhòu	1470
6 皲 jūn	602
颇 pō	855
7 皴 cūn	181
9 皸 jūn	602
頗 pō	855
10 皺 zhòu	1470

癶

4 癸 guǐ	401
7 發 fā	284
登 dēng	226

矛

0 矛 máo	746
4 矜 guān	391
jīn	562
qín	896
柔 róu	941
6 務 wù	1181
11 矡 qín	896
12 蟊 máo	747

耒

0 耒 lěi	666
3 耔 zǐ	1496
4 耙 bà	20
pá	822
耖 chào	126
耕 gēng	362
耗 hào	428
耘 yún	1390
5 耜 sì	1055
6 耠 huō	486
7 耡 chú	156
耢 lào	663
8 耤 jí	
耥 tāng	1081
tǎng	1083
9 耧 lóu	715
耦 ǒu	821

10 耨 nòu	816
耩 jiǎng	538
耪 pǎng	830
11 耬 lóu	715
12 耮 lào	663
15 耰 yōu	1355
16 耱 huái	465
耱 mò	783

老

0 老 lǎo	657
耄 mào	748
耆 qí	867
6 耋 dié	248

耳

0 耳 ěr	280
2 耵 dīng	249
取 qǔ	915
耶 yē	1304
yé	1305
3 耷 dā	185
耻 chǐ	143
耽 dān	207
耿 gěng	362
聂 Niè	810
耸 sǒng	1057
聃 dān	207
4 聋 lóng	713
聆 dān	207
聊 liáo	692
聆 líng	702
聍 níng	811
职 zhí	1449
6 聒 guō	404
联 lián	683
7 聖 shèng	997
聘 pìn	850
聝 guó	407
聚 jù	593
9 聩 kuì	642
10 聯 lián	683
聱 áo	

11 聲 shēng	995
聳 sǒng	1057
聰 cōng	174
12 聶 Niè	810
職 zhí	1449
聵 kuì	642
14 聹 níng	811
16 聾 lóng	713
聽 tīng	1105

臣

0 臣 chén	128
2 臥 wò	1168
卧 wò	1168
11 臨 lín	698

西（襾）

0 西 xī	1184
3 要 yāo	1299
yào	1302
賈 gǔ	380
Jiǎ	520
栗 lì	680
7 票 piào	847
覃 Qín	897
tán	1078
粟 sù	1062
10 瓢 piáo	846
12 覆 fù	334
13 霸 bà	20
覈 hé	434
19 覊 jī	502

而

0 而 ér	280
3 耐 nài	793
耍 shuǎ	1036
4 恧 nù	818
鸸 ér	280

页

0 页 yè	1307
2 顶 dǐng	249
顷 qǐng	906

3 顸 hān	416
项 xiàng	1219
须 xū	1258
顺 shùn	1044
4 顽 qí	868
颁 bān	28
顿 dú	263
dùn	272
顾 gù	383
颃 háng	422
颂 sòng	1058
顽 wán	1140
预 yù	1375
5 颇 pō	855
颈 gěng	363
jīng	574
领 lǐng	704
颅 lú	718
6 颖 Yǐng	1346
颌 gé	357
hé	435
颊 jiá	520
颉 jié	555
xié	1234
颏 kē	618
颋 tǐng	1108
7 颓 tuí	1127
颖 yǐng	1346
颔 hàn	421
频 pín	849
颐 yí	1324
8 颗 kē	618
9 额 é	277
颚 è	278
题 tí	1092
颜 yán	1287
颙 yóng	1350
颛 zhuān	1483
10 颠 diān	238
颟 mān	740
颞 niè	810
颡 sǎng	958
12 颢 hào	429
13 颤 chàn	117

	zhàn	1416	蚂 mā	733	蛤 há	412	蚱 zhà	1410	螳 yī	1327
14 颥 rú	944	má	736	蛔 huí	480	螂 láng	655	蟖 sī	1050
15 颦 pín	849	mà	736	蛱 jiá	520	蜢 měng	759	螯 áo	11
17 颧 quán	921	虻 méng	757	蛟 jiāo	543	蜱 pí	841	螭 chī	141
至		蚁 yǐ	1327	蛞 kuò	644	蜞 qí	869	蟆 má	734
0 至 zhì	1453	蚤 zǎo	1403	蛮 mán	740	蜻 qīng	905	螨 mǎn	742
2 到 dào	218	蚋 shé	981	蜂 móu	783	蜷 quán	921	蟒 mǎng	745
郅 zhì	1454	4 蚡 fén	313	蛲 náo	797	蜩 tiáo	1102	螟 míng	776
4 致 zhì	1456	蚩 chī	140	蛴 qí	868	蜿 wān	1139	螃 páng	830
8 臺 tái	1072	蚌 bàng	34	蛩 qióng	909	蜥 xī	1189	螗 táng	1082
10 臻 zhēn	1432	bèng	52	蛐 qū	914	蜴 yì	1333	螅 xī	1189
虍		蚕 cán	102	蛳 sī	1050	蝇 yíng	1346	螠 yì	1334
2 虎 hǔ	454	蚪 dǒu	259	蜓 tíng	1107	蜮 yù	1378	螈 yuán	1384
虏 lǔ	718	蚨 fú	325	蜒 yán	1287	蜘 zhī	1447	螌 dù	265
3 虐 nüè	818	蚣 gōng	370	蚌 yáng	1296	蜨 dié	248	11 螯 máo	747
4 虑 lù	723	蚝 háo	423	蛭 zhì	1457	9 蝨 shī	1002	蛰 zhé	1427
虔 qián	883	蚧 jiè	559	蛰 zhé	1427	蝟 wèi	1160	蝈 guō	404
5 處 chǔ	157	蚍 pí	841	蛛 zhū	1472	蝦 há	412	蝼 lóu	715
chù	158	蚋 ruì	948	7 蛸 ruì	948	xiā	1195	螨 mǎn	742
虚 chǔ	157	蚊 wén	1164	蚬 xiǎn	1207	虿 méng	757	螬 cáo	105
chù	158	蚬 xiǎn	1207	蛱 jiá	520	蝙 biān	62	蟥 huáng	474
彪 biāo	67	蚜 yá	1279	蜍 chú	156	蝽 chūn	168	螺 luó	729
虚 xū	1259	蚓 yǐn	1341	蛾 é	277	蝶 dié	248	螵 piāo	846
7 號 háo	423	蚺 rán	926	蜂 fēng	319	蝠 fú	327	螫 shì	1018
hào	427	蚘 huí	480	蚨 fú	326	蝮 fù	334	zhē	1426
虏 lǔ	718	蠹 dù	265	蜊 lí	672	蝴 hú	454	蟀 shuài	1037
虞 yú	1370	5 蛋 dàn	210	蜣 qiāng	887	蝗 huáng	474	螳 táng	1083
9 慮 lǜ	723	萤 yíng	1345	蛸 shāo	979	蝌 kē	619	蟋 xī	1189
10 盧 lú	717	蛏 chēng	132	xiāo	1223	蝰 kuí	641	蟑 zhāng	1418
11 虧 kuī	639	蛄 gū	377	蜕 tuì	1128	蝼 lóu	715	12 蟲 chóng	146
虫		蛊 gǔ	380	蜗 wō	1167	蝥 máo	747	蟣 jǐ	508
0 虫 chóng	146	蚶 hān	416	蜈 wú	1177	蝻 nǎn	796	蠆 chài	114
1 虬 qiú	911	蛎 lì	680	蛹 yǒng	1351	蝤 qiú	912	蟯 náo	797
2 虯 qiú	911	蛉 líng	702	蜎 yuān	1379	yóu	1359	蟬 chán	115
虮 jǐ	508	蚯 qiū	910	蜇 zhē	1425	蝾 róng	941	蟪 huì	484
3 蚤 chài	114	蛆 qū	914	zhé	1427	蝮 sōu	1059	蟛 péng	837
虼 gè	359	蚺 rán	926	蜋 láng	655	蝎 xiē	1232	蟠 pán	828
虾 há	412	蛇 shé	981	8 蜯 bàng	34	蝣 yóu	1359	蟮 shàn	970
xiā	1195	yí	1323	蜪 wō	1167	蜍 yú	1371	蟢 xǐ	1327
虹 hóng	445	蚰 yóu	1358	蝉 chán	115	蝾 rú	945	蟶 chēng	132
jiàng	538	蚴 yòu	1366	蛔 guō	404	10 螢 yíng	1345	蠅 yíng	1346
		蚱 zhà	1410	蜾 guǒ	407	螞 mā	733	蠍 xiē	1232
		蛀 zhù	1479	蜡 là	647	má	736	蟾 chán	115
		6 蛤 gé	356			mà	736	蠖 huò	493

肉 缶 舌 竹

字	拼音	页
蠊	lián	685
蠓	měng	759
蟹	xiè	1236
蠏	xiè	1236
蠋	zhú	1473
14 蠔	háo	423
蠣	lì	680
蠐	qí	868
蠑	róng	941
蠕	rú	945
15 蠟	là	647
蠢	chǔn	169
蠡	lí	672
	lí	675
16 蠭	fēng	319
蠹	dù	265
17 蠱	gǔ	380
18 蠶	cán	102
蠹	dù	265
蠷	qú	915
19 蠻	mán	740
20 蠼	qú	915

肉

0 肉	ròu	942
5 胬	nǔ	816
6 脔	luán	724
19 臠	luán	724

缶

0 缶	fǒu	321
3 缸	gāng	347
4 缺	quē	922
5 缽	bō	77
6 缾	píng	855
8 罂	yīng	1344
11 罐	guàn	394
罄	qìng	908
罅	xià	1201
12 罈	tán	1077
罇	zūn	1514
14 罌	yīng	1344
16 罎	tán	1077
罏	lú	717

17 罐	guàn	394

舌

0 舌	shé	981
1 乱	luàn	725
2 刮	guā	384
4 敌	dí	231
舐	shì	1018
5 鸹	guā	385
甜	tián	1099
7 辞	cí	171
8 舔	tiǎn	1100

竹(⺮)

0 竹	zhú	1472
2 竺	zhú	1473
3 竺	dǔ	263
竿	gān	342
笈	jí	504
竽	yú	1369
笆	chí	142
4 笑	xiào	1230
笆	bā	15
笔	bǐ	55
笏	hù	456
笄	jī	499
笕	jiǎn	527
笋	sǔn	1066
第	zǐ	1496
笊	zhào	1424
5 笺	jiān	526
笨	bèn	51
笾	biān	61
笞	chī	140
笪	dá	186
笛	dí	231
第	dì	236
符	fú	326
笱	gǒu	373
笳	jiā	519
笠	lì	680
笼	lóng	713
	lǒng	714
笸	pǒ	856

筇	qióng	909
笥	sì	1055
笙	shēng	996
笤	tiáo	1102
笮	zé	1406
	zuó	1515
6 筏	fá	288
筋	jīn	562
筆	bǐ	55
筍	sǔn	1066
筚	bì	58
策	cè	107
答	dā	185
	dá	186
筜	dāng	212
等	děng	227
筘	kòu	631
筐	kuāng	638
筌	quán	921
筛	shāi	965
筒	tǒng	1115
筅	xiǎn	1207
筵	yán	1287
筝	zhēng	1436
筑	zhù	1480
筂	chí	142
7 節	jiē	549
	jié	552
筧	jiǎn	527
筰	zuó	1515
筴	cè	107
筴	cè	107
筩	tǒng	1115
筹	chóu	150
筻	gàng	347
简	jiǎn	529
筠	jūn	602
	yún	1390
筷	kuài	636
筢	pá	822
签	qiān	880
筮	shì	1018
筲	shāo	979
筱	xiǎo	1229
筼	yún	1391

筦	guǎn	392
筑	zhù	1480
8 箇	gě	358
箋	jiān	526
箝	qián	883
算	suàn	1063
箒	zhǒu	1469
箠	chuí	166
箅	bì	59
箔	bó	80
箪	dān	208
箍	gū	377
管	guǎn	392
箕	jī	500
箜	kōng	627
箓	lù	720
箩	luó	729
箧	qiè	895
箐	qìng	908
箬	ruò	950
箨	tuò	1133
箫	xiāo	1223
箢	yuān	1379
箦	zé	1406
箸	zhù	1480
篪	chí	142
9 範	fàn	297
箳	yè	1307
篊	xiǎn	1207
篋	qiè	895
篌	hóu	447
篁	huáng	474
箭	jiàn	535
篑	kuì	642
篓	lǒu	715
篇	piān	844
箱	xiāng	1216
箴	zhēn	1432
篆	zhuàn	1485
10 簑	suō	1067
篤	dǔ	263
篼	kōu	631
篩	shāi	965
築	zhù	1480

篠	xiǎo	1229
篔	yún	1391
篛	ruò	950
篦	bì	59
篪	chí	142
篡	cuàn	179
篚	fěi	307
篙	gāo	351
篝	gōu	373
篱	lí	672
篥	lì	681
篮	lán	652
篷	péng	837
簉	zào	1404
11 簀	huì	483
篳	bì	58
簀	zé	1406
簍	lǒu	715
簇	cù	179
篼	dōu	258
簖	duàn	268
簋	guǐ	401
簧	huáng	474
簏	lù	721
篾	miè	769
簌	sù	1062
簃	yí	1325
篡	zuǎn	1512
12 簡	jiǎn	529
簞	dān	208
簣	kuì	642
簦	dēng	227
簟	diàn	244
簠	fǔ	329
簪	zān	1399
簷	yán	1287
簾	lián	683
簹	dāng	212
簽	qiān	880
簫	xiāo	1223
簸	bǒ	80
	bò	81
簿	bù	94
籁	lài	651

籀	zhòu	1470	14 衊	miè	769	4 艳	yàn	1291	养 yǎng 1297	5 粗 cū 177

（54）臼自血舟色齐衣羊米

部首索引

籀 zhòu 1470	14 衊 miè 769	4 艳 yàn 1291	养 yǎng 1297	5 粗 cū 177
14 籌 chóu 150	**舟**	5 艴 fú 326	羑 yǒu 1364	粝 lì 680
籃 lán 652	0 舟 zhōu 1468	13 艷 yàn 1291	4 羔 gāo 351	粒 lì 680
籍 jí 508	3 舣 yǐ 1327	18 艶 yàn 1291	羞 xiū 1256	粘 nián 807
篡 zuǎn 1512	舢 shān 968	**齐**	恙 yàng 1298	zhān 1412
15 藤 téng 1090	舡 chuán 162	0 齐 qí 865	5 羝 dī 230	粕 pò 858
籑 zuǎn 1512	4 般 bān 28	9 斋 jī 501	盖 gài 338	粜 tiào 1102
16 籠 lóng 713	bō 77	**衣**	Gě 357	6 粧 zhuāng 1485
lǒng 714	舨 bǎn 30		羚 líng 702	粟 sù 1062
籙 lù 720	舱 cāng 104	0 衣 yī 1319	羟 qiǎng 889	粪 fèn 314
籜 tuò 1133	舫 fǎng 301	yì 1329	着 zhāo 1422	粞 xī 1188
籟 lài 651	航 háng 422	4 袅 niǎo 809	zháo 1422	7 粳 jīng 572
17 籤 qiān 880	舰 jiàn 533	衾 qīn 896	zhe 1428	粲 càn 103
18 籩 biān 61	舨 chuán 162	5 袠 zhì 1454	zhuó 1492	粮 liáng 688
籬 lí 672	5 盘 pán 827	袭 xí 1190	6 羢 róng 939	梁 liáng 688
籪 duàn 268	舶 bó 79	袋 dài 204	善 shàn 969	粰 fū 322
19 籮 luó 729	船 chuán 162	袈 jiā 519	羡 xiàn 1211	8 粺 bài 27
26 籲 yù 1374	舵 duò 275	6 裂 liè 695	翔 xiáng 1216	粹 cuì 181
臼	舸 gě 357	liè 696	7 義 yì 1328	精 jīng 572
0 臼 jiù 583	舻 lú 718	装 zhuāng 1486	羥 qiǎng 889	粼 lín 699
2 臾 yú 1368	舷 xián 1206	7 裊 niǎo 809	群 qún 924	糁 sǎn 957
3 臿 chā 110	舴 zé 1406	裙 qún 924	羣 qún 924	shēn 987
4 舀 yǎo 1302	鸼 zhōu 1469	裝 zhuāng 1486	羧 suō 1067	棕 zòng 1506
5 舂 chōng 146	舳 zhú 1473	裘 qiú 912	8 養 yǎng 1297	9 糭 zòng 1506
6 舃 xì 1195	6 艇 tǐng 1108	裟 shā 964	9 羯 jié 556	糍 cí 172
7 舅 jiù 586	舾 xī 1188	裔 yì 1332	羰 tāng 1081	糇 hóu 447
自	7 艄 shāo 979	8 製 zhì 1454	10 羲 Xī 1189	糊 hū 452
0 自 zì 1497	8 艋 měng 759	裳 cháng 121	13 羶 shān 968	hú 454
4 臭 chòu 151	9 艘 sōu 1059	shang 978	羹 gēng 362	hù 457
xiù 1257	10 艙 cāng 104	裴 Péi 834	**米**	糅 róu 942
臬 niè 810	11 艚 cáo 105	13 襞 bì 60	0 米 mǐ 761	糈 xǔ 1261
息 xī 1186	12 艟 chōng 146	16 襲 xí 1190	2 籴 dí 231	糌 zān 1399
6 皋 gāo 347	13 艤 yǐ 1327	**羊**	3 籼 xiān 1203	10 糙 cāo 105
7 皋 zuì 1513	艢 qiáng 888	（⺷⺶）	类 lèi 667	糕 gāo 351
血	艣 lǔ 718		娄 lóu 714	糗 qiǔ 912
0 血 xiě 1234	艨 méng 758	0 羊 yáng 1294	籽 zǐ 1496	糖 táng 1082
xuè 1270	15 艪 lǔ 718	1 羌 Qiāng 886	粎 shēn 987	11 糠 kāng 614
4 衄 nǜ 818	艦 jiàn 533	3 差 chā 109	4 粇 kāng 614	糞 fèn 314
5 衅 xìn 1245	16 艫 lú 718	chà 112	粃 bǐ 55	糁 sǎn 957
衆 zhòng 1465	**色**	chāi 113	粑 bā 15	shēn 987
衇 mài 740	0 色 sè 960	cī 170	粉 fěn 313	糟 zāo 1402
	shǎi 965	姜 jiāng 536	料 liào 694	糨 jiàng 539
		美 měi 752	粆 mǐ 762	12 糧 liáng 688
				糨 jiàng 539

14 糯 nuò	819	翟 Zhái	1411	紙 zhǐ	1451	網 wǎng	1145	緙 kè	624
糰 tuán	1125	矗 zhù	1480	5 絃 xián	1205	綵 cǎi	98	緬 miǎn	765
糲 lì	680	9 翫 wán	1140	絆 bàn	32	綱 gāng	346	緲 miǎo	768
16 糴 dí	231	翬 huī	476	絀 chù	158	綸 guān	390	緡 mín	771
糱 niè	810	翦 jiǎn	530	紱 fú	324	lún	726	緦 sī	1050
19 糶 tiào	1102	翩 piān	844	紼 fú	324	綫 xiàn	1209	緹 tí	1092
聿(⺻聿)		10 翮 hé	435	紺 gàn	345	繃 bēng	51	緗 xiāng	1215
		翯 hè	436	紹 shào	980	běng	51	緣 yuán	1383
0 聿 yù	1374	翱 áo	11	紳 shēn	986	bèng	52	総 zǒng	1504
4 隸 lì	680	11 翳 yì	1334	細 xì	1194	綽 chāo	123	縋 zhuì	1490
肅 sù	1060	翼 yì	1334	紲 xiè	1235	chuò	169	緥 bǎo	39
7 肆 sì	1055	12 翹 qiáo	891	紵 zhù	1478	綢 chóu	149	10 縧 tāo	1084
肄 yì	1332	qiào	893	終 zhōng	1463	緋 fēi	306	縚 tāo	1084
8 肇 zhào	1425	翺 áo	11	組 zǔ	1510	緄 gǔn	403	縫 féng	319
肇 zhào	1425	翻 fān	290	6 絲 sī	1048	綾 líng	702	fèng	320
9 肅 sù	1060	13 翽 huì	483	絨 róng	939	綹 liǔ	710	縛 fù	334
艮(⺕)		**糸**		紉 rèn	937	綠 lù	719	縞 gǎo	352
				絏 xiè	1235	lù	723	縑 jiān	526
0 艮 gěn	361	2 糾 jiū	579	綁 bǎng	33	綿 mián	763	縉 jìn	568
gèn	361	3 紇 gē	353	給 gěi	359	綺 qǐ	873	縉 jìn	568
1 良 liáng	686	hé	431	jǐ	509	繾 quǎn	921	縭 lí	672
2 即 jí	504	紅 gōng	368	絎 háng	422	綬 shòu	1026	縟 rù	947
艱 jiān	525	hóng	442	絳 jiàng	539	綯 táo	1086	縊 yì	1333
3 墾 kěn	624	級 jí	503	絞 jiǎo	544	綰 wǎn	1142	縐 zhòu	1469
4 懇 kěn	625	紀 jǐ	508	結 jiē	550	維 wéi	1154	縝 zhěn	1432
5 既 jì	513	jì	511	jié	554	緒 xù	1262	緻 zhì	1456
11 艱 jiān	525	紉 rèn	937	絕 jué	597	綜 zèng	1408	11 縴 qiàn	885
羽		紈 wán	1139	絝 kù	633	zōng	1503	繃 bēng	51
		約 yāo	1298	絡 lào	662	綻 zhàn	1416	běng	51
0 羽 yǔ	1372	yuē	1385	luò	730	綴 zhuì	1489	bèng	52
3 羿 Yì	1331	紆 yū	1366	統 tǒng	1114	緇 zī	1494	績 jī	514
4 翃 chì	144	紂 zhòu	1469	絢 xuàn	1267	9 緯 wěi	1155	縷 lǚ	722
翁 wēng	1166	4 純 chún	168	7 綑 kǔn	642	練 liàn	685	纍 léi	666
5 習 xí	1190	紡 fǎng	301	緊 jiǎn	527	線 xiàn	1209	縵 màn	743
翎 líng	702	紛 fēn	312	經 jīng	569	編 biān	61	繆 Miào	769
翌 yì	1332	納 nà	791	綆 gěng	362	緶 biàn	65	miù	777
6 翬 huī	476	紐 niǔ	813	絹 juàn	595	pián	845	móu	783
翔 huì	483	紕 pī	838	綏 suí	1064	縞 dì	237	縹 piāo	846
翹 qiáo	891	紝 rèn	937	綈 tí	1090	緞 duàn	268	piǎo	847
qiào	893	紗 shā	963	tì	1094	緱 gōu	373	繅 sāo	959
翕 xī	1188	紓 shū	1028	綌 xì	1195	緩 huǎn	468	縮 sù	1062
8 翡 fěi	307	紋 wén	1164	綃 xiāo	1222	緝 jī	500	suō	1067
翠 cuì	181	wèn	1166	綉 xiù	1257	qī	865	總 zǒng	1504
翟 dí	232	紜 yún	1390	8 綃 shàng	978	緘 jiān	526	縱 zòng	1505

(56) 糸行舛麦聿走赤車豆酉

12 繖	sǎn	956		léi	666	**麦**			**車**			9 輭	ruǎn	947
繈	qiǎng	889		lèi	667							輳	còu	177
繞	rào	928	6 絮	xù	1262	0 麦	mài	738	0 車	chē	126	輻	fú	326
繚	liáo	693	紫	zǐ	1497	4 麸	fū	322		jū	587	輯	jí	507
繕	shàn	970	縶	zhí	1450	**聿**			1 軋	gá	336	輸	shū	1030
繐	suì	1066	8 綦	qí	869					yà	1281	輼	wēn	1161
織	zhī	1446	綮	qǐ	873	6 肆	sì	1055		zhá	1409	10 輾	zhǎn	1414
繒	zēng	1408		qìng	908	**走**			2 軌	guǐ	400	轂	gǔ	381
	zèng	1408	繇	fán	292				3 軑	dài	203	轄	xiá	1196
13 繮	jiāng	536	9 緜	mián	763	0 走	zǒu	1506	軔	rèn	937	轅	yuán	1383
繰	qiāo	890	緊	jǐn	563	2 赴	fù	331	軒	xuān	1263	11 轉	zhuǎi	1481
	sāo	959	10 縣	xiàn	1208	赳	jiū	580	4 斬	zhǎn	1413		zhuǎn	1483
繹	yì	1331	縈	yíng	1346	赵	Zhào	1424	軛	è	277		zhuàn	1484
繪	huì	482	11 縶	zhí	1450	3 赸	shàn	969	軟	ruǎn	947	轆	lù	721
繡	xiù	1257	繁	fán	292	赶	gǎn	342	5 軹	zhǐ	1452	12 轎	jiào	548
繩	shéng	996		pó	856	起	qǐ	871	軫	zhěn	1432	轔	lín	699
繯	huán	468	繄	yī	1321	5 趁	chèn	131	軸	zhóu	1469	轍	zhé	1427
繳	jiǎo	546	13 繫	jì	512	超	chāo	123		zhòu	1469	14 轟	hōng	441
	zhuó	1493		xì	1193	趄	jū	588	軲	gū	376	15 轡	pèi	835
繾	qiǎn	885	19 纛	dào	222		qiè	895	軤	Hū	452	16 轢	lì	680
14 纊	kuàng	638	**行**			趋	qū	914	軻	kē	617	16 轤	lú	717
繼	jì	513				越	yuè	1388	軼	yì	1331	**豆**		
繽	bīn	71	0 行	háng	421	6 趔	liè	697	軺	yáo	1300			
15 續	xù	1262		xíng	1247	7 趑	zī	1495	6 軽	zhì	1457	0 豆	dòu	259
纏	chán	115	3 衍	yǎn	1287		Zhào	1424	輈	zhōu	1469	2 剅	lóu	714
纈	xié	1234	5 術	shù	1033	趕	gǎn	342	較	jiào	548	3 豇	jiāng	536
17 纖	xiān	1203	衒	xián	1206	8 趣	qù	917	輅	lù	719	4 豉	chǐ	143
纓	yīng	1344	衔	xuàn	1267	趟	tāng	1081	輇	quán	920	5 登	dēng	226
18 纔	cái	95	6 衕	tòng	1115		tàng	1083	弒	shì	1018	短	duǎn	266
19 纘	zuǎn	1512	衖	lòng	714	10 趨	qū	914	7 輓	wǎn	1141	壹	yī	1321
21 纜	lǎn	653	街	jiē	552	16 趲	zǎn	1400	輒	zhé	1427	8 豎	shù	1034
糸			7 衙	yá	1280	19 趲	zǎn	1400	輓	chē	127	豌	wān	1139
			8 銜	xián	1206	**赤**			輕	qīng	900	11 豐	fēng	314
1 系	jì	512	9 衝	chōng	144				輔	fǔ	328	21 豔	yàn	1291
	xì	1193		chòng	148	0 赤	chì	143	8 輙	zhé	1427	**酉**		
4 紮	zā	1394	衛	wèi	1157	2 郝	Hǎo	427	輜	zī	1494			
	zhā	1408	10 衞	wèi	1157	4 赧	nǎn	796	輩	bèi	48	0 酉	yǒu	1364
索	suǒ	1068	衡	héng	441	赦	shè	983	輪	lún	726	2 酊	dǐng	249
紊	wěn	1165	18 衢	qú	915	6 赪	chēng	132	輛	liàng	691		dīng	250
紧	jǐn	563	**舛**			7 赫	hè	436	輟	chuò	169	3 酐	gān	342
素	sù	1060				8 赭	zhě	1427	輥	gǔn	403	配	pèi	834
5 紫	zā	1394	6 舞	lín	699	9 赬	chēng	132	輬	liáng	688	酏	yǐ	1327
	zhā	1408							輾	niǎn	807	酎	zhòu	1470
累	léi	665							輞	wǎng	1147	酌	zhuó	1492

辰 豕 卤 里 贝 见 足

4 酖 zhèn	1433	醒 xǐng	1250	**里**		資 zī	1494	贋 yàn	1292
酚 fēn	312	醑 xǔ	1261			貲 zī	1494	17 臧 zāng	1401
酞 tài	1075	10 醣 táng	1082	0 里 lǐ	673	賊 zéi	1406	贛 Gàn	345
酗 xù	1262	醢 hǎi	415	2 厘 lí	670	7 賑 zhèn	1433		
酝 yùn	1392	11 醫 yī	1320	4 野 yě	1305	賓 bīn	70	**見**	
5 酢 cù	178	醬 jiàng	539	5 童 tóng	1113	賕 qiú	912		
zuò	1520	醪 láo	657	11 釐 lí	670	賒 shē	980	0 見 jiàn	530
酦 fā	287	12 醱 fā	287	**貝**		8 賢 xián	1205	xiàn	1208
pō	855	pō	855			賤 jiàn	533	4 規 guī	399
酤 gū	377	醭 bú	81	0 貝 bèi	45	賚 lài	650	視 shì	1015
酣 hān	416	醮 jiào	549	2 負 fù	330	賜 cì	173	覓 mì	762
酥 sū	1059	醯 xī	1189	貞 zhēn	1429	賧 dǎn	208	5 覘 chān	114
酡 tuó	1132	13 醵 jù	594	則 zé	1405	賭 dǔ	264	6 覜 tiào	1102
6 酬 chóu	149	醴 lǐ	675	3 貢 gòng	371	賦 fù	333	7 覡 xí	1190
酧 chóu	149	14 醻 chóu	149	財 cái	97	賫 jī	500	8 覩 dǔ	264
醤 jiàng	539	醺 xūn	1272	4 敗 bài	26	賠 péi	833	9 覦 yú	1371
酪 lào	663	16 醼 yàn	1291	貶 biǎn	62	賣 mài	739	親 qīn	895
酩 mǐng	776	17 釀 niàng	808	販 fàn	297	質 zhì	1455	qìng	908
酮 tóng	1114	釂 mí	761	貫 guàn	393	賞 shǎng	972	10 覬 jì	513
酰 xiān	1204	19 釁 xìn	1245	貨 huò	492	賬 zhàng	1419	覯 gòu	375
酯 zhǐ	1453	釃 shāi	965	貧 pín	848	賫 zàn	1400	11 覲 jìn	568
7 酲 chéng	138	shī	1003	貪 tān	1076	9 賴 lài	650	覷 qù	917
酵 jiào	549	釅 yàn	1292	貺 kuàng	639	賫 jìn	567	覰 qù	917
酷 kù	634	**辰**		責 zé	1405	10 購 gòu	374	13 覺 jiào	547
酹 lèi	667			5 買 mǎi	738	賷 jī	500	jué	597
酶 méi	752	0 辰 chén	129	貯 zhù	1478	賻 fù	334	覻 qù	917
釀 niàng	808	3 唇 chún	168	貳 èr	283	賸 shèng	998	14 覽 lǎn	652
醋 shāi	965	辱 rǔ	945	賁 bēn	49	賽 sài	953	15 覿 dí	231
shī	1003	6 農 nóng	814	bì	58	賺 zhuàn	1485	17 觀 guān	390
酸 suān	1062	蜃 shèn	990	貸 dài	204	zuàn	1512	guàn	393
酴 tú	1123	8 蕽 nóng	814	費 fèi	308	贅 zhuì	1490	**足(⻊)**	
醁 yàn	1292	**豕**		貴 guì	402	11 賾 zé	1406		
8 醃 yān	1283			賀 hè	435	贄 zhì	1456	0 足 zú	1509
醇 chún	168	0 豕 shǐ	1009	貿 mào	748	12 贋 yàn	1292	2 趴 pā	822
醋 cù	178	6 豢 huàn	470	貰 shì	1015	贈 zèng	1408	3 趿 tāng	1081
醌 kūn	642	7 豨 xī	1189	貼 tiē	1103	贊 zàn	1400	豹 bào	41
醅 pēi	833	8 豬 zhū	1472	貽 yí	1322	赟 yūn	1389	趸 dǔn	272
醉 zuì	1513	10 豳 Bīn	71	6 賈 gǔ	380	13 贍 shàn	970	跶 tā	1070
9 醜 chǒu	150	11 豲 xiān	1208	Jiǎ	533	贏 yíng	1346	趵 yuè	1387
醖 yùn	1392	**卤**		賅 gāi	337	14 贓 zāng	1401	趺 fū	322
醐 hú	454			賄 huì	483	赣 Gàn	345	趼 jiǎn	528
醚 mí	761	0 卤 lǔ	718	賃 lìn	700	贐 jìn	567	距 jù	593
醛 quán	921			賂 lù	719	贔 bì	58	跄 qiāng	886
醍 tí	1092			賑 xù	1261	15 贖 shú	1031	qiàng	889
								跃 yuè	1388

	趾 zhǐ	1453	蹎 zhì	1458	11 蹟 jī	512	15 躓 zhì	1458		huò	493
5	跖 zhí	1450	踪 zōng	1504	蹀 shuāi	1037	躒 lì	680		**豸**	
	跋 bá	16	蹐 quán	921	蹠 zhí	1450		luò	732			
	跛 bǒ	80	蹚 tāng	1081	蹤 zōng	1504	躚 xiān	1204	0	豸 zhì	1454
	跌 diē	247	踐 jiàn	534	蹔 zàn	1400	躕 chú	157	3	豹 bào	41
	跗 fū	322	踣 bó	80	蹚 tāng	1081	躔 chán	115		豺 chái	114
	跏 jiā	519	踟 chí	142	蹡 qiāng	886	躐 liè	697	5	貂 diāo	245
	践 jiàn	534	踔 chuō	169		qiāng	889	16 躜 zuān	1512	6	貉 háo	423
	跞 lì	680	踩 cǎi	99	蹕 bì	59	17 躞 xiè	1237		hé	435
	luò	732	踮 diǎn	240	蹣 pán	828	18 躡 niè	810		貊 Mò	781
	跑 páo	831	踝 huái	465	蹦 bèng	52	躥 cuān	179		貅 xiū	1257
	pǎo	831	踺 jiàn	535	蹩 bié	70	19 躦 zuān	1512	7	貌 mào	749
	跚 shān	968	踞 jù	594	蹢 chú	157	躪 lìn	700	8	貓 māo	745
	跆 tái	1074	踏 tā	1071	蹙 cù	179	**身**			máo	747
	跎 tuó	1132		tà	1071	蹢 dí	232			10	貘 mò	783
	跕 diǎn	240	踢 tī	1090		zhí	1450	0 身 shēn	985		貔 pí	841
6	跡 jī	512	踠 fèi	309	蹜 sù	1062	3 躬 gōng	370	17	貛 huān	466
	跸 bì	59	9 踒 wǎi	1136	12 蹾 dūn	272	射 shè	983		**龟**	
	跐 cī	170	踰 yú	1370	蹲 dūn	272	4 躭 dān	207			
	cǐ	172		yú	1371	蹉 da	201	躯 qū	914	0	龟 guī	399
	跶 da	201	踴 yǒng	1352	蹺 qiāo	890	6 躳 gōng	370		jūn	601
	跺 duò	275	踳 chǎ	112	蹻 qiāo	890	躱 duǒ	275		qiū	909
	跥 duò	275	踹 chuài	159	蹭 cèng	108	躲 duǒ	275		**角**	
	跟 gēn	361	蹉 cuō	183	蹰 chú	157	8 躺 tǎng	1083			
	跪 guì	402	跽 dì	237	蹴 cù	179	9 騢 hā	412		角 jiǎo	544
	跻 jī	500	踱 dié	248	蹵 cù	179	11 軀 qū	914		jué	597
	跤 jiāo	543	踱 duó	275	蹿 cuān	179	12 軃 duǒ	275	2	觔 jīn	560
	跨 kuà	634	踽 jǔ	590	蹲 cún	182	**釆**			jīn	562
	跬 kuǐ	641	蹁 pián	845		dūn	272			4	斛 hú	453
	路 lù	720	蹂 róu	942	蹬 dēng	227	4 悉 xī	1187		觖 jué	599
	跷 qiāo	890	蹄 tí	1092		dèng	229	5 番 fān	289	5	觝 dǐ	232
	跳 tiào	1102	踵 zhǒng	1465	蹯 fán	293		pān	826		觚 gū	377
	跹 xiān	1204	10 蹌 qiāng	886	蹶 jué	599	释 shì	1018		觞 shāng	972
	跣 xiǎn	1207		qiāng	889		juě	599	釉 yòu	1366	6	觡 chù	159
	跴 cǎi	99	蹏 tí	1092	蹷 jué	599	13 釋 shì	1018		觥 gōng	370
7	踽 jú	588	踞 dǎo	218	蹽 liāo	692	**谷**			解 jiě	556
	踁 jìng	577	蹐 jí	508	蹼 pǔ	862				jiè	559
	踌 chóu	150	蹓 liū	706	13 躅 zhú	1474	0 谷 gǔ	378		xiè	1236
	踦 jī	515		liù	711	躁 zào	1404		yù	1374		觯 jiě	556
	踉 liáng	688	蹑 niè	810	14 躑 zhí	1450	2 郤 xì	1195		jiè	559
	liàng	692	蹒 pán	828	躍 yuè	1388	4 欲 yù	1376		觜 zī	1495
	踅 xué	1269	蹊 qī	865	躋 jī	500	5 鹆 yù	1377		zuǐ	1512
	踊 yǒng	1352		xī	1189	躊 chóu	150	10 豁 xī	1188	7	觫 sù	1062
8	踩 zhí	1450	蹋 tà	1071	躏 lìn	700	豁 huò	487	8	觲 zhì	1458

言 辛 青 (59)

9 霽 bì	59	詠 yǒng	1351	誣 wū	1170	諼 xuān	1263	議 yì	1329
11 觴 shāng	972	6 諍 zhèng	1441	誤 wù	1182	謔 xuè	1271	譯 yì	1331
12 觶 zhì	1458	誅 zhū	1471	誘 yòu	1366	諺 yàn	1292	譴 qiǎn	885
13 觸 chù	159	詹 zhān	1412	語 yǔ	1373	謁 yè	1308	護 hù	456
15 籲 bì	59	謄 téng	1089	yù	1375	諭 yù	1377	譭 huǐ	480
言(訁)		譽 yù	1378	8 諸 zhū	1471	諡 shì	1018	14 讁 zhé	1427
0 言 yán	1285	訾 zī	1495	諄 zhūn	1490	誼 xuān	1264	15 讀 dòu	260
2 訄 qiú	911	zǐ	1497	諑 zhuó	1492	10 謅 zhōu	1468	dú	263
訂 dìng	251	詫 chà	112	諏 zōu	1506	謄 téng	1089	讅 jiǎn	530
訃 fù	329	誠 chéng	135	謙 qiān	881	講 jiǎng	536	16 讐 chóu	149
計 jì	509	該 gāi	336	論 Lún	726	謗 bàng	34	chóu	150
3 訌 hòng	446	詬 gòu	374	lùn	727	謐 mì	763	17 讓 ràng	927
記 jì	510	詿 guà	385	誕 dàn	209	謨 mó	777	讒 chán	114
訐 jié	553	詭 guǐ	400	諂 chǎn	116	謙 qiān	880	讕 lán	652
訖 qì	875	話 huà	464	調 diào	246	諡 shì	1018	讖 chèn	131
討 tǎo	1086	詼 huī	476	tiáo	1101	謖 sù	1062	讙 huān	466
訓 xùn	1274	詰 jí	504	誹 fěi	307	謝 xiè	1236	18 讞 yì	1330
訊 xùn	1274	jié	553	課 kè	624	謠 yáo	1300	19 讚 zàn	1400
訕 shàn	969	誆 kuāng	638	諒 liàng	691	謹 huá	461	20 讜 dǎng	213
託 tuō	1130	誄 lěi	666	諾 nuò	819	11 謫 zhé	1427	讞 yàn	1292
4 訛 é	276	詮 quán	920	請 qǐng	906	謳 ōu	820	辛	
訪 fǎng	301	詵 shēn	986	誰 shéi	984	謇 jiǎn	530	0 辛 xīn	1240
詎 jù	591	詩 shī	1001	shuí	1040	謹 jǐn	564	5 辜 gū	377
訣 jué	597	試 shì	1014	諗 shěn	990	謾 mán	740	6 辟 bì	59
訥 nè	799	詳 xiáng	1216	誶 suì	1065	màn	742	pì	842
設 shè	981	詡 xǔ	1261	談 tán	1077	謬 miù	777	7 辣 là	647
訟 sòng	1057	詢 xún	1273	諉 wěi	1156	12 譖 zèn	1407	8 辭 cí	171
許 xǔ	1260	詣 yì	1331	誼 yì	1332	證 zhèng	1440	9 辦 bàn	30
訝 yà	1281	詸 mí	761	諛 yú	1369	zhèng	1442	辨 biàn	65
5 詐 zhà	1409	誇 kuā	634	9 諷 fēng	320	識 zhì	1454	辩 biàn	66
詔 zhào	1424	7 詧 chá	112	譚 huì	482	譔 zhuàn	1485	10 辮 biàn	66
診 zhěn	1432	誌 zhì	1454	諢 hùn	486	警 jǐng	575	12 辭 cí	171
註 zhù	1478	誓 shì	1018	諳 ān	8	譏 jī	494	辯 bàn	32
詛 zǔ	1510	誖 bèi	46	諶 chén	130	譌 é	276	13 辮 biàn	66
詖 bì	58	認 rèn	935	諦 dì	237	譎 jué	599	14 辯 biàn	66
詞 cí	170	誥 gào	353	諜 dié	248	譜 pǔ	862	青	
詆 dǐ	232	誨 huì	482	諤 è	278	譙 qiáo	891	0 青 qīng	898
詁 gǔ	378	誡 jiè	558	謊 huǎng	475	譚 tán	1078	靚 jìng	577
訶 hē	429	誑 kuáng	638	諫 jiàn	534	譟 cháo	125	liàng	691
評 píng	853	誚 qiào	892	謎 mí	761	識 shí	1006	6 靜 jìng	578
詘 qū	913	說 shuì	1043	謀 móu	783	13 譟 zào	1404	7 靚 jìng	577
訴 sù	1060	shuō	1045	諞 piǎn	845	譫 zhān	1412	liàng	691
詒 yí	1322	yuè	1387	謂 wèi	1159	譽 yù	1378		
		誦 sòng	1058	諧 xié	1233	譬 pì	843		

| 長其卓雨非齒虎黽隹阜金 |

長

8 靛 diàn 244

長
0 長 cháng 117
　　 zhǎng 1418

其
0 其 qí 866
1 甚 shén 988
　　 shèn 990
3 基 jī 499
4 萁 qí 868
　 期 jī 500
　　 qī 864
　 欺 qī 865
　 斯 sī 1050
5 碁 qí 868
6 蕃 qí 869

卓
3 乾 gān 339
　　 qián 883
4 戟 jǐ 509
　 朝 cháo 125
　　 zhāo 1422
　 韓 Hán 418
5 幹 gàn 344
6 榦 gàn 344
　 斡 wò 1168
8 翰 hàn 421
9 韓 Hán 418

雨(⻗)
0 雨 yǔ 1372
　　 yù 1374
3 雪 xuě 1270
　 雩 yú 1369
4 雲 yún 1389
　 雰 fēn 312
　 雱 lì 680
　 雯 wén 1164
5 電 diàn 240
　 雹 báo 36
　 雷 léi 665

零 líng 702
霧 wù 1183
6 霽 jī 514
　 霆 tíng 1108
　 需 xū 1260
7 霉 méi 752
　 霈 pèi 835
　 霄 xiāo 1223
　 震 zhèn 1433
8 霑 zhān 1412
　 霏 fēi 306
　 霍 huò 493
　 霖 lín 699
　 霓 ní 804
　 霎 shà 965
9 霜 shuāng 1039
　 霞 xiá 1196
10 霤 liù 711
　 霧 wù 1183
11 靄 ǎi 4
　 霪 yín 1339
12 霰 xiàn 1211
13 霸 bà 20
　 露 lòu 716
　　 lù 721
　 霹 pī 839
14 霽 jī 514
　 霾 mái 738
16 靈 líng 700
　 靂 lì 680
　 靄 ǎi 4

非
0 非 fēi 305
1 韭 jiǔ 581
2 剕 fèi 309
4 悲 bēi 43
　 輩 bèi 48
　 斐 fěi 307
　 蜚 fěi 306
　　 fēi 307
6 翡 fěi 307
　 裴 Péi 834
7 靠 kào 617

齒
0 齒 chǐ 142
2 齔 chèn 131
3 齕 hé 435
5 齙 bāo 36
　 齟 jǔ 590
　 齡 líng 703
　 齠 tiáo 1102
6 齦 kěn 625
　　 yín 1339
　 齜 zī 1495
7 齪 chuò 169
　 齬 yǔ 1373
9 齲 qǔ 916
　 齷 wò 1168

虎
0 虎 hǔ 454
3 彪 biāo 67
7 虢 Guó 407

黽
0 黽 mǐn 771
4 黿 yuán 1383
12 鼉 tuó 1133

隹
2 隻 zhī 1444
　 難 nán 795
　　 nàn 796
　 雋 juàn 595
　　 jùn 602
　 隼 sǔn 1067
3 售 shòu 1026
4 雅 yǎ 1280
　 雋 juàn 595
　　 jùn 602
　 集 jí 506
　 焦 jiāo 543
　 雄 xióng 1253
5 雛 chú 157
　 雎 jū 588
6 翟 dí 232

　 翟 zhái 1411
　 雌 cí 172
　 雒 Luò 732
8 雕 diāo 245
9 雖 suī 1064
10 讎 chóu 150
　 離 lí 670
　 雍 yōng 1350
　 雞 jī 497
　 雜 zá 1394
　 雛 chú 157
　 瞿 Qú 915
11 難 nán 795
　　 nàn 796
12 耀 yào 1304
15 讎 chóu 150

阜
0 阜 fù 331

金(釒)
0 金 jīn 560
1 釓 gá 336
　 釔 yǐ 1327
2 釗 zhāo 1420
　 針 zhēn 1429
　 釘 dīng 249
　　 dìng 251
　 釕 liǎo 694
　　 liào 694
　 釙 pō 855
3 釦 kòu 631
　 釬 hàn 421
　 釵 chāi 113
　 釧 chuàn 163
　 釣 diào 246
　 釩 fán 291
　 釹 nǚ 818
　 釺 qiān 879
　 釤 shān 967
　　 shàn 969
　 釷 tǔ 1124
　 釟 bǎ 19
4 鉅 jù 591

　 釟 pá 822
　 鈑 bǎn 30
　 鈈 bù 94
　 鈔 chāo 123
　 鈍 dùn 272
　 鈁 fāng 299
　 鈣 gài 338
　 鈎 gōu 372
　 鈥 huǒ 491
　 鈞 jūn 602
　 鈧 kàng 615
　 鈉 nà 792
　 鈕 niǔ 814
　 鈐 qián 881
　 欽 qīn 895
　 鈦 tài 1075
　 鈄 Tǒu 1119
　 鈃 xíng 1250
5 鉦 zhēng 1436
　　 zhèng 1442
　 鉴 jiàn 534
　 鉋 bào 40
　 鉗 qián 883
　 鉞 yuè 1387
　 鉤 gōu 372
　 鉍 bì 58
　 鉢 bō 77
　 鈸 bó 79
　 鉑 bó 79
　 鈿 diàn 244
　　 tián 1099
　 鈷 gǔ 380
　 鉀 jiǎ 520
　 鈴 líng 701
　 鉚 mǎo 747
　 鉬 mù 787
　 鈮 ní 804
　 鈹 pí 841
　 鉕 pǒ 856
　 鉛 qiān 880
　　 yán 1287
　 鈰 shì 1018
　 鉈 tā 1070
　　 tuó 1132

金　(61)

钽 tǎn	1079	鋪 pū	859	锔 jù	593	鎧 kǎi	610	镦 duì	271
铉 xuàn	1267	pù	862	锩 juǎn	595	鍛 shā	964	dūn	271
铀 yóu	1358	捍 hàn	421	锞 kè	624	鏈 liàn	686	镢 jué	599
钰 yù	1375	鋇 bèi	46	锟 kūn	642	鎖 suǒ	1069	镣 liào	695
钼 chú	156	鋏 jiá	520	锰 měng	759	镑 bàng	34	镤 pú	861
6 铮 zhēng	1436	銅 ā	1	锚 máo	747	鎛 bó	80	镨 pǔ	862
铚 zhì	1457	鋤 chú	156	锘 nuò	819	鎘 gé	357	镪 qiāng	887
铢 zhū	1472	鋨 é	276	锫 péi	834	鎬 gǎo	352	qiǎng	889
銮 luán	724	鋒 fēng	319	锜 qí	868	Hào	429	镫 xín	1243
鋈 qióng	909	鋯 gào	353	锖 qiāng	887	鎵 jiā	519	13 镯 zhuó	1493
鍱 tiě	1104	銅 jū	588	锬 tán	1078	镌 juān	595	鐾 bèi	48
铵 ān	8	jú	589	锡 xī	1188	镏 liú	710	鐸 duó	275
铳 chòng	148	銀 láng	655	9 铡 zhá	1409	liù	711	鐵 tiě	1104
铞 diào	247	鋝 lüè	726	鍼 zhēn	1429	镆 mò	782	鐺 chēng	132
銚 diào	247	銫 qīn	898	鍾 zhōng	1464	鎿 ná	790	dāng	212
yáo	1300	銳 ruì	948	鎡 zī	1495	镍 niè	810	镶 xiù	1258
銩 diū	253	銻 tī	1090	鍤 chā	110	鎰 yì	1334	鐫 juān	595
铒 ěr	282	鋱 tè	1089	鍊 liàn	686	鎌 lián	684	鑊 huò	493
铬 gè	359	鋙 wú	1177	錘 chuí	166	11 鏃 zú	1510	鐳 léi	666
铪 hā	412	銷 xiāo	1223	鍵 jiàn	534	鏨 zàn	1400	鐮 lián	684
铰 jiǎo	545	銹 xiù	1258	鎄 āi	3	鏟 chǎn	116	鎰 yì	1334
铐 kào	616	鋅 xīn	1241	鍍 dù	265	鏇 xuàn	1267	14 鑄 zhù	1479
铝 lǚ	722	8 鍺 zhě	1427	鍛 duàn	268	鏗 kēng	625	鑒 jiàn	534
铑 lǎo	662	錐 zhuī	1489	鍔 è	278	鏤 lòu	715	鑑 jiàn	534
铭 míng	776	錙 zī	1495	鍰 huán	468	鏘 qiāng	887	鑛 kuàng	639
铨 quán	921	鏨 zàn	1400	鍠 huáng	474	鏰 bèng	52	镔 bīn	71
铷 rú	944	錶 biǎo	68	鎝 kǎi	610	鏢 biāo	67	鑔 chǎ	112
铯 sè	961	鍁 xiān	1204	鍇 méi	752	鏑 dī	230	15 鑕 zhì	1458
铤 tǐng	1108	録 lù	719	鎂 měi	754	dí	232	鑠 bào	40
銅 tóng	1113	鍆 mén	756	鍥 qiè	895	鏡 jìng	579	鑠 shuò	1047
銑 xǐ	1191	鋼 gāng	346	鍬 qiāo	890	鏐 liú	710	鑥 lǔ	718
xiǎn	1207	gàng	347	鍪 qiāo	890	鏝 màn	743	鑣 biāo	67
銥 yī	1321	錢 qián	883	鍶 sī	1050	鐋 tāng	1081	鑞 là	647
鋣 yé	1305	鍋 guō	404	鍪 móu	783	táng	1082	16 鑫 xīn	1243
鋼 yīn	1337	錸 lái	650	10 鎣 yíng	1346	鏞 yōng	1350	鑪 lú	717
銀 yín	1338	錛 bēn	49	鎮 zhèn	1434	12 鐘 zhōng	1464	17 鑵 guàn	394
銪 yǒu	1364	錇 péi	834	鏊 ào	12	鐃 náo	797	鑰 yào	1304
7 鋰 lǐ	675	錘 chuí	166	鎏 liú	710	鐋 tāng	1080	yuè	1387
鋥 zèng	1408	錯 cuò	184	鎒 nòu	816	鐧 jiǎn	529	鑭 lán	652
鋜 zhuó	1493	錼 dé	223	鎗 qiāng	886	jiàn	534	鑱 chán	115
鋈 wù	1183	錠 dìng	253	鍲 xiá	1196	鐦 kāi	610	鑲 xiāng	1216
鋆 yún	1391	錮 gù	383	鎔 róng	941	鐒 láo	657	18 鑷 niè	810
銼 cuò	184	鍃 huō	486	鎢 wū	1170	鐨 fèi	309	鑹 cuān	179
鋏 gǒng	370	錦 jīn	564	鎿 huá	461	鐙 dèng	228	19 鑽 zuān	1511
		鋸 jū	588						

食

字	拼音	页码
4 飭	chì	144
飯	fàn	296
飪	rèn	937
飩	tún	1129
飲	yǐn	1340
	yìn	1342
飫	yù	1374
5 飽	bǎo	36
飿	duò	275
飼	sì	1055
飾	shì	1014
飴	yí	1322
6 飪	rèn	937
餅	bǐng	74
餌	ěr	282
餄	hé	434
餃	jiǎo	544
餎	le	665
蝕	shí	1009
餏	xī	1186
餉	xiǎng	1217
7 餑	bō	77
餓	è	278
餒	něi	799
餘	yú	1369
	yú	1367
8 館	guǎn	392
餞	jiàn	532
餜	guǒ	407
餛	hún	485
餡	xiàn	1210
餧	wèi	1159
餚	yáo	1300
9 餵	wèi	1159
餳	táng	1081
	xíng	1249
zuàn	1512
鑾 luán	724
鑼 luó	729
20 鑿 záo	1402
钂 tǎng	1083
鐝 jué	599
饁 chā	110
餶 gǔ	380
餽 kuì	641
餿 sōu	1058
餱 hóu	447
餬 hú	454
10 餼 xì	1193
餾 liú	709
liù	711
饃 mó	777
饈 xiū	1257
饁 yè	1308
餻 gāo	351
餹 táng	1082
11 饉 jǐn	564
饅 mán	740
12 饌 zhuàn	1485
饑 jī	495
饒 ráo	928
饋 kuì	641
饊 sǎn	957
16 饝 mó	777
17 饟 xiǎng	1217
饞 chán	114
22 饢 náng	797
nǎng	797

鱼

0 鱼 yú	1368
2 魛 dāo	215
3 魢 jǐ	509
4 魞 bā	15
魴 fáng	301
鲁 lǔ	718
鲀 tún	1129
鱿 yóu	1358
5 鲅 bà	20
鲍 bào	41
鲌 bó	80
鲋 fù	334
鲎 hòu	450
鲈 lú	718
鲇 nián	807
鲏 pí	841
鲆 píng	855
鲊 sū	1060
鲐 tái	1074
鲉 yóu	1359
鲊 zhǎ	1409
6 鲜 xiān	1204
xiǎn	1208
鲑 guī	400
鲚 jì	515
鲛 jiāo	543
鲙 kuài	636
鲔 wěi	1157
鲞 xiǎng	1218
鲟 xún	1274
7 鲠 gěng	363
鲧 gǔn	403
鲩 huàn	470
鲫 jì	515
鲣 jiān	527
鲪 jūn	602
鲡 lí	672
鲤 lǐ	675
鲢 lián	684
鲨 shā	964
鲥 shí	1009
鲦 tiáo	1102
鯒 yǒng	1352
8 鲳 chāng	117
鲷 diāo	245
鲱 fēi	306
鲴 gù	384
鲸 jīng	574
鲲 kūn	642
鲮 líng	703
鲵 ní	804
鲯 qí	869
鲭 qīng	905
鲺 shī	1003
鲹 shēn	987
鲻 zī	1495
鲰 zōu	1506
9 鳊 bī	52
鳊 biān	62
鲽 dié	248
鳄 è	278
鲼 fèn	314
鳆 fù	334
鳇 huáng	474
鳉 jiāng	536
鳅 qiū	910
鳈 quán	921
鳃 sāi	952
鳀 tí	1092
鳂 wēi	1151
鳁 wēn	1161
10 鳌 áo	11
鳏 guān	392
鳑 páng	830
鳍 qí	869
鳎 tǎ	1071
鳐 yáo	1301
11 鳖 biē	69
鳔 biào	69
鳓 lè	664
鳗 mán	740
鳘 mǐn	771
鳚 wèi	1160
鳕 xuě	1270
鳙 yōng	1350
12 鳜 guì	402
鳞 lín	699
鳝 shàn	970
鳟 zūn	1514
13 鳡 gǎn	344
鳢 lǐ	675
14 鳣 guǎn	393

隶

0 隶 lì	680
8 隸 lì	680
9 隷 lì	680

門

0 門 mén	754
1 閂 shuān	1037
2 閃 shǎn	968
3 閉 bì	57
問 wèn	1165
4 開 kāi	605
閎 hóng	445
間 jiān	524
jiàn	531
閇 jiān	524
jiàn	531
xián	1204
閌 kāng	614
kàng	615
悶 mēn	754
mèn	756
閔 mǐn	771
閏 rùn	949
閑 xián	1204
5 閘 zhá	1409
6 関 guān	388
閥 fá	288
閣 gé	355
閤 gé	355
hé	429
閨 guī	400
閡 hé	434
閭 lú	721
閩 Mǐn	771
閫 kǔn	643
閬 láng	654
làng	655
閱 yuè	1387
8 閶 chāng	117
閣 dū	261
shé	981
閽 hūn	484
閿 Wén	1164
閼 yān	1283
閹 yān	1283
閻 yán	1287
閾 yù	1377
9 闇 àn	9
闆 bǎn	29
闈 wéi	1153
闊 kuò	644
闌 lán	652
闑 qù	917

革 頁 面 韭 骨 香 鬼 食 風 音

	闋 què	924		shāo	979	頲 tǐng	1108	**骨**		8 魆 yù	1378
10 闖 chuǎng	164	8 鞝 shàng	978	頷 é	277			魉 liǎng	690
闓 kǎi	610	鞠 jū	588	7 頭 tóu	1116	0 骨 gū	376	魍 wǎng	1147
闔 hé	435	鞡 la	648	頽 tuí	1127	gǔ	379	魏 Wèi	1160
闕 quē	922	9 鍬 qiū	909	頸 gěng	363	4 骯 āng	10	10 魑 chī	141
què	924	鞭 biān	62	jǐng	574	骰 tóu	1119	**食**	
闥 tà	1071	鞨 hé	435	頰 jiá	520	5 骶 dǐ	233		
闐 tián	1099	鞬 jiān	527	頷 hàn	421	骷 gǔ	381	0 食 shí	1008
11 關 guān	388	鞫 jū	588	頻 pín	849	hú	454	sì	1055
闚 kuī	640	鞽 qiāo	910	頤 yí	1324	骺 kū	632	3 飧 sūn	1066
闞 hǎn	419	鞦 qiū	910	8 頇 cuì	181	6 骼 gé	357	飨 xiāng	1217
Kàn	613	鞣 róu	942	顆 kē	618	骸 hái	413	4 飱 sūn	1066
闝 piáo	846	10 鞾 xuē	1268	9 題 sāi	952	骺 hóu	447	6 餈 cí	172
12 闥 tà	1071	鞻 xié	1234	顓 zhuān	1483	7 骾 gěng	363	7 餐 cān	101
闡 chǎn	116	鞴 bèi	48	額 é	277	8 髀 bì	60	9 饕 tiè	1105
13 闢 pì	842	韝 gōu	373	顎 è	278	髁 kē	619	11 饗 xiāng	1217
革		12 韃 dá	187	題 tí	1092	9 髏 lóu	715	12 饍 shàn	970
		鞽 qiáo	891	顏 yán	1287	髂 qià	877	13 饕 tāo	1084
0 革 gé	355	13 韁 jiāng	536	顒 yóng	1350	10 髈 bǎng	33	饔 yōng	1350
jí	504	韂 chàn	117	10 願 yuàn	1385	髕 bìn	71	14 饜 yàn	1292
2 勒 lè	664	15 韉 qiān	877	顛 diān	238	髋 kuān	637	**風**	
lēi	665	16 韆 jiān	527	顙 sǎng	958	髏 lóu	715		
3 靭 rèn	937	**頁**		類 lèi	667	12 髒 zāng	1401	0 風 fēng	315
靸 sǎ	952			11 顖 xìn	1243	髓 suǐ	1065	颱 tái	1072
靰 wù	1183	0 頁 yè	1307	顢 mān	740	13 體 tǐ	1090	颭 zhǎn	1413
4 靶 bǎ	19	2 頂 dǐng	249	12 顧 gù	383	tī	1092	颯 sà	952
靳 jìn	568	頃 qīng	906	顥 hào	429	髖 kuān	637	颮 biāo	67
靴 xuē	1268	3 頇 hān	416	顬 qiáo	891	髑 dú	263	颭 zhǎn	1413
5 韜 táo	1086	順 shùn	1044	13 顫 chàn	117	14 髕 bìn	71	6 颳 guā	384
鞁 bèi	48	項 xiàng	1219	zhàn	1416	**香**		8 颶 jù	593
靽 bàn	32	4 頒 bān	28	14 顯 xiǎn	1206			9 颺 yáng	1293
靼 dá	187	頓 dú	263	顳 rú	944	9 馥 fù	335	颸 sī	1050
靺 Mò	782	dùn	272	15 顰 pín	849	11 馨 xīn	1243	颼 sōu	1059
鞅 yāng	1293	頏 háng	422	16 顱 lú	718	**鬼**		10 飀 liú	710
yàng	1298	頌 sòng	1058	17 顴 quán	921			11 飄 piāo	846
鞃 gǒng	1304	頑 wán	1140	18 顳 niè	810	0 鬼 guǐ	401	飃 piāo	846
6 鞏 gǒng	370	預 yù	1375	**面**		3 魅 mèi	754	12 飆 biāo	67
鞉 táo	1086	5 領 lǐng	704			魂 hún	485	飈 biāo	67
鞍 ān	8	頦 fū	328	0 面 miàn	765	魁 kuí	641	飊 biāo	67
鞌 ān	8	頜 gé	357	**韭**		5 魃 bá	16	飇 biāo	67
韃 dá	187	hé	435			魅 mèi	754	**音**	
鞒 qiáo	891	頡 jié	555	0 韭 jiǔ	581	魆 xū	1260		
鞋 xié	1234	xié	1234			7 魎 liǎng	690	0 音 yīn	1336
鞘 qiào	893	頦 kē	618			魈 xiāo	1224	2 章 zhāng	1417
								4 歆 xīn	1243

意 yì	1332	17 鬮 jiū	580	馴 xùn	1275	聰 cōng	174	5 鴟 chī	140		
韵 yùn	1392			4 駁 bó	78	騾 luó	729	鴣 gū	377		
5 韶 sháo	979	**高**		5 駐 zhù	1478	12 驚 jīng	571	鴒 líng	702		
10 韻 yùn	1392	0 高 gāo	347	駔 zǎng	1401	驕 jiāo	542	鴝 qú	915		
11 響 xiǎng	1217	4 膏 gāo	351	駙 fù	331	驍 xiāo	1221	鴕 tuó	1132		
12 籟 Gàn	345	gào	353	駕 jià	522	驏 chǎn	116	鴞 xiāo	1221		
		敲 qiāo	890	駒 jū	588	13 驛 yì	1331	鴨 yā	1278		
首		6 翯 hè	436	駑 nú	816	驗 yàn	1291	鴦 yāng	1292		
0 首 shǒu	1023			駟 sì	1055	14 驟 zhòu	1470	鴛 yuān	1378		
2 馗 kuí	640	**髟**		駛 shǐ	1010	16 驢 lǘ	721	6 鴰 guā	385		
8 馘 guó	407	2 髡 kūn	642	駘 tái	1073	驥 jì	515	鴿 gē	354		
		3 髠 kūn	642	駝 tuó	1132	17 驩 huān	466	鴴 héng	440		
飛		4 髣 fǎng	301	6 駮 bó	78	驤 xiāng	1216	鵂 xiū	1257		
0 飛 fēi	303	髦 máo	747	駭 hài	415	19 驪 lí	671	鴯 ér	280		
12 翻 fān	290	髯 rán	926	駱 luò	730			鵃 zhōu	1469		
		髹 xiū	1257	罵 mà	737	**黃**		7 鵓 bó	79		
韋		5 髴 fú	323	駢 pián	844	0 黃 huáng	471	鵝 é	276		
0 韋 wéi	1151	髮 fà	289	7 騁 chěng	138	5 黌 hóng	446	鵞 é	276		
3 韌 rèn	937	髥 rán	926	駿 jùn	602	黇 tiān	1098	鶻 gǔ	380		
5 韍 fú	324	髫 tiáo	1102	騃 qīn	896	13 黌 hóng	446	hú	453		
9 韙 wěi	1157	髻 jì	515	騂 xīng	1246			鵑 juān	595		
韞 yùn	1392	髹 xiū	1257	8 騅 zhuī	1489	**麥**		鵜 tí	1092		
10 韜 tāo	1084	髭 zī	1495	騌 zōng	1504	0 麥 mài	738	鵡 wú	1177		
14 韤 wà	1135	髯 tì	1093	騐 yàn	1291	4 麪 miàn	765	鵒 yù	1377		
		鬁 lì	681	騍 kè	624	6 麯 qū	913	8 鵰 diāo	245		
鬲		8 鬆 sōng	1055	騏 qí	868	7 麩 fū	322	鶇 dōng	255		
0 鬲 Gé	356	鬈 quán	921	騎 qí	868	8 麴 qū	913	鵪 ān	8		
	lì	680	鬃 zōng	1504	9 騭 zhì	1458	9 麵 miàn	765	鵯 bēi	44		
5 鬻 yì	1333	鬍 hú	452	騣 zōng	1504			鶉 chún	168		
6 鬴 hé	435	鬎 là	647	騞 cǎo	105	**鹵**		鶓 miáo	768		
融 róng	941	鬏 jiū	580	飄 fān	289	0 鹵 lǔ	718	鵬 péng	837		
7 鬴 fǔ	328	10 鬢 bìn	71	騤 kuí	641	9 鹹 xián	1205	鵮 qiān	881		
8 鬶 guī	400	12 鬚 xū	1258	騙 piàn	845	10 鹼 jiǎn	529	鵲 què	924		
11 鬹 guī	400	13 鬟 huán	468	騷 sāo	959	13 鹻 jiǎn	529	鵡 wǔ	1180		
12 鬻 yù	1378	鬈 bìn	71	鶩 wù	1183			鵶 yā	1278		
		鬣 liè	697	10 驁 ào	12	**鳥**		9 鶿 cí	172		
鬥		19 鬢 zuǎn	1512	驎 zōu	1506	0 鳥 niǎo	809	鷀 cí	172		
0 鬥 dòu	259			驊 huá	461	2 鳩 jiū	580	鶚 è	278		
4 鬧 dòu	259	**馬**		騮 liú	709	3 鳳 fèng	320	鶘 hú	454		
5 鬧 nào	798	0 馬 mǎ	734	騙 shàn	970	鳲 shī	1001	鶥 méi	752		
6 鬨 hòng	446	2 馭 yù	1374	11 驅 qū	913	鳶 yuān	1378	鶩 wù	1183		
8 鬩 xì	1195	3 馳 chí	141	駸 cān	101	4 鴇 bǎo	39	鶻 gǔ	381		
10 鬪 dòu	259	馱 duò	275	驃 biāo	67	鴉 yā	1278	hú	454		
15 鬭 dòu	259	tuó	1132	piào	847	鴆 zhèn	1433	10 鷄 jī	497		

魚 麻 鹿 黑 黍 黽 鼎 鼓 鼠 （65）

鶴 hè	436	鮎 nián	807	鰍 qiū	910	**麻**		黔 qián	884
鶺 jí	508	鲅 pí	841	鰬 quán	921			5 點 diǎn	238
鵜 jiān	527	鲆 píng	855	鰓 sāi	952	0 麻 mā	733	黜 chù	159
鶹 liú	710	穌 sū	1060	鯷 tí	1092	má	733	黛 dài	205
鶲 wēng	1166	鮐 tái	1074	鰃 wēi	1151	3 麼 me	749	黝 yǒu	1364
鷂 yào	1304	鮋 yóu	1359	鰛 wēn	1161	mó	778	6 黠 xiá	1196
鶯 yīng	1344	鮌 gǔn	403	10 鰱 lián	684	4 麾 huī	477	黟 Yī	1321
鷁 yì	1333	鲊 zhǎ	1409	鰣 shí	1009	摩 mā	733	7 黢 qū	915
11 鷗 ōu	820	6 鮮 xiān	1204	鰷 tiáo	1102	mó	778	8 黨 dǎng	213
鷚 liù	711	xiǎn	1208	鰲 áo	11	5 磨 mó	778	黩 dú	263
鷙 zhì	1457	鮭 guī	400	鰥 guān	392	mò	783	黧 lí	672
鷓 zhè	1428	鮫 jiāo	543	鰟 páng	830	6 糜 méi	752	黥 qíng	906
12 鷥 sī	1050	鮪 wěi	1157	鰭 qí	869	mí	761	9 黯 àn	10
鷳 xián	1206	鮝 xiǎng	1218	鰨 tǎ	1071	糜 mí	761	15 黷 dú	263
鷦 jiāo	543	7 鯁 gěng	363	鰩 yáo	1301	麈 mí	761	
鷲 jiù	586	鯗 xiǎng	1218	鰹 jiān	527	mí	762	**黍**	
鷯 liáo	693	鯀 gǔn	403	11 鯹 jiān	527	9 麿 mó	779		
鷰 yàn	1292	鯇 huàn	470	鰺 shēn	987	12 糜 méi	752	0 黍 shǔ	1032
鷸 yù	1378	鯽 jì	515	鱂 jiāng	536			5 黏 nián	807
13 鸌 hù	457	鯤 jūn	602	鱉 biē	69	**鹿**			
鸛 huán	468	鯉 lǐ	675	鰾 biào	69			**黽**	
鷺 lù	721	鯊 shā	964	鰳 lè	664	0 鹿 lù	719		
鷸 méng	758	鯒 yǒng	1352	鰻 mán	740	2 麂 cū	177	0 黽 mǐn	771
鷹 yīng	1344	鮷 tí	1092	鱉 mǐn	771	麂 jǐ	509	4 黿 yuán	1383
14 鸎 yīng	1344	8 鯧 chāng	117	鱍 wèi	1160	3 麃 páo	831	5 鼂 Cháo	124
16 鸕 lú	718	鯛 diāo	245	鱈 xuě	1270	麇 jūn	602	10 鼇 áo	11
17 鸚 yīng	1344	鯡 fēi	306	鱅 yōng	1350	qún	925	11 鼈 biē	69
鸛 guàn	394	鯝 gù	384	12 鱏 xún	1274	麈 zhǔ	1476	12 鼉 tuó	1133
19 鸞 luán	724	鯨 jīng	574	鱘 xún	1274	6 麋 mí	761		
鸝 lí	671	鯤 kūn	642	鱝 fèn	314	7 麐 lín	699	**鼎**	
		鯪 líng	703	鱖 guì	402	8 麗 lí	670		
魚		鯢 ní	804	鱗 lín	699	lì	678	0 鼎 dǐng	250
		鯕 qí	869	鱔 shàn	970	麕 qún	925	2 鼐 nài	793
0 魚 yú	1368	鯖 qīng	905	鱓 shàn	970	麓 lù	721	3 鼒 zī	1495
2 魛 dāo	215	鯴 shī	1003	鱒 zūn	1514	麀 áo	11		
3 魢 jǐ	509	鯔 zī	1495	13 鱟 hòu	450	麒 qí	869	**鼓**	
4 魞 bā	15	鯫 zōu	1506	鱠 kuài	636	10 麝 shè	984		
魴 fáng	301	9 鯶 huàn	470	鱤 gǎn	344	11 麞 zhāng	1417	0 鼓 gǔ	380
魯 lǔ	718	鰏 bī	52	鱧 lǐ	675	12 麟 lín	699	5 鼕 dōng	254
魨 tún	1129	鰏 biān	62	14 鱭 jì	515	22 麤 cū	177	鼙 gǔ	381
魷 yóu	1358	鰈 dié	248	鱰 guān	393			6 鼗 táo	1086
5 鮁 bà	20	鰐 è	278	16 鱸 lú	718	**黑**		8 鼙 pí	841
鮑 bào	41	鰒 fù	334	鱷 è	278				
鮊 bó	80	鰉 huáng	474	19 鱺 lí	672	0 黑 hēi	436	**鼠**	
鮒 fù	334					3 墨 mò	782		
						3 默 mò	782	0 鼠 shǔ	1032
								4 鼢 fén	313
								5 鼩 qú	915
								鼫 shí	1009

鼻

0	鼻 bí	53
2	劓 yì	1334
3	鼾 hān	416
4	齆 nù	818
5	齅 hōu	446
22	齉 nàng	797

齊

0	齊 qí	865
3	齋 zhāi	1410
7	齎 jī	500
9	齏 jī	501

齒

0	齒 chǐ	142
2	齔 chèn	131
5	齕 hōu	446
22	齉 nàng	797
3	齕 hé	435
5	齣 chū	151
	齘 kè	624
	齙 bāo	36
	齟 jǔ	590
	齡 líng	703
	齠 tiáo	1102
6	齦 kěn	625
	yín	1339
	齩 yǎo	1301
	齧 niè	810
	齜 zī	1495
7	齪 chuò	169
	齬 yǔ	1373
9	齶 è	278
	齲 qǔ	916
	齷 wò	1168
12	齼 yǎo	1301

龍

0	龍 lóng	711
6	龔 Gōng	370
	龕 kān	611

龜

0	龜 guī	399
	jūn	601
	qiū	909

龠

0	龠 yuè	1389
5	龢 hé	432

総画索引

- 部首からは検索の難しい漢字を収録した．
- 繁体字・異体字は（ ）で示した．

1画
乙	yǐ	1325

2画
匕	bǐ	53
卜	bo	81
	bǔ	81
刁	diāo	244
丁	dīng	248
	zhēng	1434
九	jiǔ	580
了	le	664
	liǎo	693
乜	miē	769
	niè	810
乃	nǎi	792
七	qī	863
乂	yì	1327

3画
才	cái	95
彳	chù	158
川	chuān	160
大	dà	192
	dài	202
飞	fēi	303
干	gān	339
	gàn	344
及	jí	502
己	jǐ	508
孑	jié	552
久	jiǔ	581
孓	jué	596
亏	kuī	639
么	ma	737
	me	749
	yāo	1298
万	mò	780
	wàn	1142
乞	qǐ	869
千	qiān	877
三	sān	953

上	shǎng	972
	shàng	973
巳	sì	1052
丸	wán	1139
亡	wáng	1144
	wú	1171
卫	wèi	1157
兀	wù	1181
习	xí	1190
下	xià	1197
乡	xiāng	1211
丫	yā	1277
幺	yāo	1298
也	yě	1305
已	yǐ	1325
义	yì	1328
(尢)	yóu	1355
于	yú	1367
与	yǔ	1367
	yǔ	1371
	yù	1373
丈	zhàng	1419
之	zhī	1442

4画
巴	bā	14
卞	biàn	63
不	bù	82
长	cháng	117
	zhǎng	1418
尺	chě	127
	chǐ	142
丑	chǒu	150
歹	dǎi	201
丹	dān	205
(弔)	diào	245
斗	dǒu	258
	dòu	259
乏	fá	287
反	fǎn	293
丰	fēng	314

夫	fū	321
	fú	322
丐	gài	338
夬	guài	387
	jué	596
互	hù	455
井	jǐng	574
巨	jù	591
开	kāi	605
内	nèi	799
廿	niàn	808
爿	pán	827
亓	qí	865
壬	rén	935
卅	sà	952
升	shēng	991
氏	shì	1010
	zhī	1444
书	shū	1027
天	tiān	1094
屯	tún	1129
	zhūn	1490
韦	wéi	1151
为	wéi	1151
	wèi	1157
乌	wū	1168
	wù	1181
无	wú	1171
五	wǔ	1177
午	wǔ	1179
勿	wù	1181
牙	yá	1279
夭	yāo	1298
爻	yáo	1299
以	yǐ	1325
尹	yǐn	1339
友	yǒu	1360
予	yú	1367
	yǔ	1371
元	yuán	1379

云	yún	1389
支	zhī	1443
中	zhōng	1459
	zhòng	1465
专	zhuān	1481

5画
凹	āo	10
半	bàn	30
包	bāo	34
北	běi	44
本	běn	49
必	bì	56
丙	bǐng	73
布	bù	93
册	cè	106
斥	chì	143
出	chū	151
匆	cōng	174
丛	cóng	176
氐	dī	229
	dǐ	232
电	diàn	240
东	dōng	253
尔	ěr	280
发	fā	284
	fà	289
弗	fú	322
甘	gān	341
归	guī	398
乎	hū	450
击	jī	494
甲	jiǎ	520
戋	jiān	523
旧	jiù	582
且	jū	587
	qiě	893
卡	kǎ	604
	qiǎ	877
可	kě	619
	kè	622

兰	lán	651
乐	lè	663
	yuè	1387
卢	lú	717
民	mín	769
末	mò	780
丕	pī	838
(疋)	pǐ	842
平	píng	850
丘	qiū	909
冉	rǎn	926
申	shēn	984
生	shēng	991
失	shī	999
史	shǐ	1009
世	shì	1011
术	shù	1033
	zhú	1472
甩	shuǎi	1037
帅	shuài	1037
司	sī	1047
丝	sī	1048
四	sì	1052
头	tóu	1116
凸	tū	1120
未	wèi	1158
戊	wù	1181
玄	xuán	1264
穴	xué	1268
央	yāng	1292
业	yè	1306
永	yǒng	1350
用	yòng	1352
由	yóu	1355
右	yòu	1365
乍	zhà	1409
正	zhēng	1434
	zhèng	1437
叵	zhǐ	1444
左	zuǒ	1515

6画

字	拼音	页码
百	bǎi	24
	bó	77
并	bīng	72
	bìng	74
产	chǎn	115
臣	chén	128
成	chéng	132
丞	chéng	134
舛	chuǎn	162
丢	diū	253
兜	dū	261
而	ér	280
缶	fǒu	321
凫	fú	323
夹	gā	336
	jiā	516
	jiá	520
艮	gěn	361
	gèn	361
亘	gèn	361
(互)	gèn	361
关	guān	388
后	hòu	447
乩	jī	497
尽	jǐn	563
	jìn	565
考	kǎo	615
老	lǎo	657
耒	lěi	666
吏	lì	678
甪	lù	718
买	mǎi	738
年	nián	805
农	nóng	814
乓	pāng	829
乒	pīng	850
乔	qiáo	890
曲	qū	913
	qǔ	915
戎	róng	939
肉	ròu	942
杀	shā	961
师	shī	1001
戍	shù	1033
死	sǐ	1050
网	wǎng	1145
危	wēi	1149
先	xiān	1202
向	xiàng	1218
囟	xìn	1243
兴	xīng	1245
	xìng	1250
戌	xū	1258
亚	yà	1281
尧	yáo	1299
曳	yè	1307
夷	yí	1322
聿	yù	1374
杂	zá	1394
再	zài	1396
在	zài	1397
兆	zhào	1423
至	zhì	1453
州	zhōu	1468
朱	zhū	1470

7画

字	拼音	页码
串	chuàn	163
囱	cōng	174
岛	dǎo	216
弟	dì	236
兑	duì	271
甫	fǔ	327
更	gēng	361
	gèng	363
龟	guī	399
	jūn	601
	qiū	909
奂	huàn	469
戒	jiè	558
局	jú	588
君	jūn	601
来	lái	648
丽	lí	670
	lì	678
两	liǎng	688
卤	lǔ	718
卵	luǎn	724

字	拼音	页码
芈	mǐ	761
免	miǎn	764
求	qiú	910
豕	shǐ	1009
束	shù	1033
我	wǒ	1167
巫	wū	1170
希	xī	1186
严	yán	1284
邑	yì	1330
甬	yǒng	1351
(卮)	zhī	1444
豸	zhì	1454
坐	zuò	1518

8画

字	拼音	页码
卑	bēi	43
表	biǎo	68
秉	bǐng	73
单	chán	114
	dān	205
	shàn	969
畅	chàng	122
承	chéng	135
垂	chuí	165
非	fēi	305
奉	fèng	320
阜	fù	331
乖	guāi	387
果	guǒ	407
或	huò	491
亟	jí	504
	qì	876
兖	jīn	563
卷	juǎn	595
	juàn	595
隶	lì	680
(兩)	liǎng	688
卖	mài	739
氓	máng	744
	méng	757
其	qí	866
戕	qiāng	886
乳	rǔ	945
丧	sāng	958

字	拼音	页码
	sàng	958
尚	shàng	978
虱	shī	1002
事	shì	1013
肃	sù	1060
兔	tù	1124
武	wǔ	1179
枭	xiāo	1220
些	xiē	1231
幸	xìng	1251
(亞)	yà	1281
肴	yáo	1300
臾	yú	1368
枣	zǎo	1403
者	zhě	1427
直	zhí	1447
质	zhì	1455
周	zhōu	1468

9画

字	拼音	页码
拜	bài	26
甭	béng	51
毖	bì	58
尝	cháng	120
重	chóng	146
	zhòng	1466
盾	dùn	272
贰	èr	283
复	fù	331
癸	guǐ	401
巷	hàng	423
	xiàng	1219
柬	jiǎn	527
将	jiāng	535
	jiàng	538
韭	jiǔ	581
举	jǔ	589
临	lín	698
面	miàn	765
叛	pàn	828
酋	qiú	911
酉	qiú	911
甚	shén	988
	shèn	990
首	shǒu	1023

字	拼音	页码
歪	wāi	1135
威	wēi	1149
咸	xián	1205
养	yǎng	1297
胤	yìn	1342
幽	yōu	1354
禹	yú	1369
禺	yǔ	1373
爰	yuán	1380
哉	zāi	1396
胝	zhī	1453
胄	zhòu	1470
奏	zòu	1508
俎	zǔ	1511

10画

字	拼音	页码
爱	ài	4
鬯	chàng	122
乘	chéng	137
	shèng	998
蚩	chī	140
高	gāo	347
哥	gē	354
鬲	gé	356
	lì	680
嗝	gě	357
(函)	hán	417
兼	jiān	526
离	lí	670
孬	nāo	797
能	néng	801
秦	qín	897
弱	ruò	949
(喪)	sāng	958
	sàng	958
(師)	shī	1001
泰	tài	1075
奚	xī	1187
玺	xǐ	1191
艳	yàn	1291
彧	yù	1375
袁	yuán	1380
栽	zāi	1396
载	zǎi	1396
	zài	1399

11画

匙	chí	142
匙	shi	1019
艴	fú	326
够	gòu	374
黄	huáng	471
菫	jǐn	564
馗	kuí	640
冕	miǎn	765
孥	nú	816
匏	páo	831
戚	qī	864
乾	qián	883
雀	qiāo	890
	qiáo	892
	què	923
啬	sè	961
商	shāng	971
兽	shòu	1026
孰	shú	1031
爽	shuǎng	1039
耜	sì	1055
望	wàng	1148
象	xiàng	1220
焉	yān	1283
(執)	zhí	1447

12画

(報)	bào	39
裁	cái	97
鼎	dǐng	250
番	fān	289
	pān	826
辉	huī	476

(幾)

(幾)	jī	494
	jǐ	508
棘	jí	506
戢	jí	506
就	jiù	584
㔻	kù	633
(喬)	qiáo	890
巯	qiú	912
甥	shēng	996
弑	shì	1018
释	shì	1018
舒	shū	1029
黍	shǔ	1032
舜	shùn	1045
犀	xī	1188
舄	xì	1195
粤	yuè	1389
耋	zhí	1453
鼋	zhì	1458

13画

叠	dié	248
鼓	gǔ	380
赖	lài	650
(亂)	luàn	725
(聖)	shèng	997
蜀	shǔ	1032
鼠	shǔ	1032
嗣	sì	1055
(肅)	sù	1060
尾	wěi	1157
(辖)	xiá	1196
(尠)	xiān	1208
(尠)	xiān	1208

14画

棘	bó	80
(暢)	chàng	122
孵	fū	322
睾	gāo	351
叚	gǔ	381
	jiǎ	521
赫	hè	436
暨	jì	515
嘉	jiā	519
截	jié	555
兢	jīng	572
聚	jù	593
蓺	lí	672
獜	lín	699
䏧	nài	793
(臺)	tái	1072
斡	wò	1168
舞	wǔ	1180
疑	yí	1324
毓	yù	1378
臧	zāng	1401

15画

樊	fán	292
虢	guó	407
畿	jī	501
靠	kào	617
奭	shì	1018
甪	xié	1234
豫	yù	1378
赜	zé	1406
辎	zī	1495

16画

敪	duō	275
噩	è	278
翰	hàn	421
冀	jì	515
黇	tiān	1098
赢	yíng	1346
臻	zhēn	1432
整	zhěng	1436

17画

(斃)	bì	58
豳	bīn	71
戴	dài	204
黻	fú	327
馘	guó	407
徽	huī	477
爵	jué	599
黏	nián	807
繇	yáo	1301
	yóu	1360
	zhòu	1470
赢	yíng	1346
螽	zhōng	1464

18画

蕆	chǎn	117
(鼕)	dōng	254
馥	fù	335
(歸)	guī	398
鹬	guī	400
(瞖)	yī	1320

19画

| 黼 | fǔ | 329 |
| 疆 | jiāng | 536 |

羸	léi	666
蠃	luǒ	730
鼗	táo	1086

20画

| 馨 | xīn | 1243 |
| 耀 | yào | 1304 |

21画

蠢	chǔn	169
赣	gàn	345
夔	kuí	641
鼙	pí	841
颦	pín	849

22画

囊	nāng	796
	náng	796
懿	yì	1334
鬻	yù	1378

23画

| 蠲 | juān | 595 |

24画

矗	chù	159
(贛)	hóng	446
(競)	qiào	893

25画

| 蠹 | dào | 222 |

26画

| (釁) | xìn | 1245 |

28画

| (豔) | yàn | 1291 |

30画

| 爨 | cuàn | 179 |

音訓索引

- ●本辞典に収録した親字のうち，比較的容易に日本語音が思い起こされるものを五十音順に配列した．
- ●カタカナは音読みを，ひらがなは訓読みを示す．同じ読みの中では画数順に配列した．
- ●繁体字・異体字は（ ）で示した．

あ

ア
- 亜（亞）
  - yà 1281
- 阿
  - ā 1
  - ē 276

アイ
- 哀 āi 2
- 挨 āi 3
- 皚 ái 3
- 愛（愛）
  - ài 4

あい
- 相 xiāng 1212
  - xiàng 1219
- 藍（藍）
  - lán 652

あいくち
- 匕 bǐ 53

あいだ
- 間（間）
  - jiān 524
  - jiàn 531

あう
- 合 gé 357
  - hé 429
- 会 huì 481
  - kuài 635
- 逢 féng 319
- 遇 yù 1377
- 遭 zāo 1401

あえぐ
- 喘 chuǎn 162

あえて
- 肯 kěn 624
- 敢 gǎn 343

あお
- 青 qīng 898

あおい
- 葵 kuí 640

あおぐ
- 仰 yǎng 1296

あおる
- 煽 shān 968

あか
- 朱 zhū 1470
- 赤 chì 143
- 垢 gòu 374

あかし
- 証 zhèng 1440

あかつき
- 暁（曉）
  - xiǎo 1229

あかね
- 茜 qiàn 885
- 茜 xī 1186

あがめる
- 崇 chóng 147

あかるい
- 明 míng 773

あき
- 秋 qiū 909

あきなう
- 商 shāng 971

あきらか
- 明 míng 773
- 昭 zhāo 1421
- 晃 huǎng 475
  - huàng 475
- 章 zhāng 1417
- 晶 jīng 572
- 彰 zhāng 1417

あきらめる
- 諦 dì 237

あきる
- 飽 bǎo 36
- 倦 juàn 595

あきれる
- 呆 dāi 201

アク
- 悪（惡）
  - ě 277
  - è 277
  - wū 1171
  - wù 1183
- 握 wò 1168

あく
- 开（開）
  - kāi 605
- 空 kōng 625
  - kòng 628

あくた
- 芥 gài 338
  - jiè 558

あけぼの
- 曙 shǔ 1033

あげる
- 扬（揚）
  - yáng 1293
- 挙（擧）
  - jǔ 589

あご
- 颚 è 278

あこがれる
- 憧 chōng 146

あさ
- 麻 mā 733
  - má 733
- 朝 cháo 125
  - zhāo 1422

あざ
- 字 zì 1502
- 痣 zhì 1458

あさい
- 浅 jiān 525
  - qiǎn 884

あざける
- 嘲 cháo 125

あさひ
- 旭 xù 1261

あざむく
- 欺 qī 865

あざやか
- 鲜 xiān 1204
  - xiǎn 1208

あさる
- 渔 yú 1369

あざわらう
- 嗤 chī 140

あし
- 芦（蘆）
  - lú 717
- 苇（葦）
  - wěi 1155
- 足 zú 1509
- 脚 jiǎo 545
  - jué 599

あじ
- 味 wèi 1159
- 鲹 shēn 987

あした
- 晨 chén 130

あずける
- 预 yù 1375

あずさ
- 梓 zǐ 1496

あずまや
- 亭 tíng 1106

あせ
- 汗 hán 417
  - hàn 420

あぜ
- 畔 pàn 829
- 畦 qí 868

あせる
- 焦 jiāo 543
- 褪 tuì 1128
  - tùn 1129

あそぶ
- 游（遊）
  - yóu 1358

あだ
- 仇 chóu 149
  - Qiú 910

あたい
- 价（價）
  - jià 521
  - jiè 558
  - jie 559
- 值 zhí 1449

あたえる
- 与 yú 1367
  - yǔ 1371
  - yù 1373

あたたかい
- 温 wēn 1160
- 暖 nuǎn 818

あたま
- 头（頭）
  - tóu 1116

あたらしい
- 新 xīn 1241

あたり
- 边（邊）
  - biān 60

あたる
- 当 dāng 210
  - dàng 213

アツ
- 轧 gá 336
  - yà 1281
  - zhá 1409
- 压 yā 1277

あつ～い (71)

	yà	1281	あびる		误 wù	1182	あるじ
斡 wò	1168	浴 yù	1375	あやまる		主 zhǔ	1474
あつ		あぶない		谢 xiè	1236	あれる	
渥 wò	1168	危 wēi	1149	あゆ		荒 huāng	470
あつい		あぶら		鲇 nián	807	あわ	
笃（篤）		油 yóu	1357	あゆむ		沫 mò	781
dǔ	263	脂 zhī	1447	步 bù	93	泡 pāo	830
厚 hòu	449	あぶる		あらい		pào	832
热（熱）		炙 zhì	1455	荒 huāng	470	粟 sù	1062
rè	929	焙 bèi	48	粗 cū	177	あわい	
暑 shǔ	1031	あふれる		あらう		淡 dàn	209
あつまる		溢 yì	1333	洗 xǐ	1191	あわせる	
集 jí	506	あま		xiǎn	1207	合 gě	357
聚 jù	593	天 tiān	1094	あらし		hé	429
あつもの		尼 ní	803	岚（嵐）		并（併・並）	
羹 gēng	362	あまい		lán	651	Bīng	72
あて		甘 gān	341	あらず		bìng	74
宛 wǎn	1141	あまねく		不 bù	82	あわてる	
あてる		遍 biàn	65	非 fēi	305	慌 huāng	471
充 chōng	145	あまる		あらそう		あわび	
あと		余 yú	1367	争 zhēng	1434	鲍 bào	41
后（後）		剩 shèng	998	あらた		あわれむ	
hòu	447	あみ		新 xīn	1241	哀 āi	2
迹（跡）		网（網）		あらためる		怜（憐）	
jī	512	wǎng	1145	改 gǎi	337	lián	683
痕 hén	438	あむ		あられ		悯 mǐn	771
あな		编 biān	61	霰 xiàn	1211	アン	
孔 kǒng	628	あめ		あらわす		安 ān	5
穴 xué	1268	饴 yí	1322	表 biǎo	68	按 àn	8
あなどる		雨 yǔ	1372	现 xiàn	1208	案 àn	9
侮 wǔ	1180		yù	1374	著 zhù	1479	晏 yàn	1291
あに		あや		zhuó	1492	庵 ān	7
兄 xiōng	1253	绫 líng	702	あり		馅 xiàn	1210
岂（豈）		あやうい		蚁（蟻）		暗 àn	9
qǐ	869	危 wēi	1149	yǐ	1327	あんず	
あね		あやしい		ある		杏 xìng	1251
姐 jiě	556	妖 yāo	1298	有 yǒu	1360		
姊 zǐ	1496	怪 guài	387	yòu	1365	い	
あばく		あやつる		在 zài	1397	イ	
暴 bào	41	操 cāo	104	あるいは		已 yǐ	1325
pù	862	あやまち		或 huò	491	为（爲・為）	
あばら		过（過）		あるく		wéi	1151
肋 lē	663	guō	403	步 bù	93	wèi	1157
lèi	667	guò	407			韦（韋）	

wéi	1151	
以 yǐ	1325	
汇（彙）		
huì	480	
伟（偉）		
wěi	1154	
伊 yī	1319	
衣 yī	1319	
yì	1329	
夷 yí	1322	
异（異）		
yì	1329	
违（違）		
wéi	1152	
围（圍）		
wéi	1153	
纬（緯）		
wěi	1155	
位 wèi	1158	
医 yī	1320	
矣 yǐ	1327	
委 wēi	1149	
wěi	1155	
依 yī	1320	
易 yì	1331	
威 wēi	1149	
胃 wèi	1159	
畏 wèi	1159	
萎 wěi	1156	
惟 wéi	1154	
唯 wéi	1153	
维 wéi	1154	
尉 wèi	1159	
yù	1377	
移 yí	1323	
渭 Wèi	1160	
遗 wèi	1159	
yí	1323	
椅 yǐ	1321	
yǐ	1327	
意 yì	1332	
慰 wèi	1160	
い		
井 jǐng	574	

いう〜イン				
亥 hài 415	いけ	いただく	いぬ	いやしくも
いう	池 chí 141	頂 dǐng 249	犬 quǎn 921	苟 gǒu 373
云 yún 1389	**いこう**	戴 dài 204	戌 xū 1258	**いよいよ**
言 yán 1285	憩 qì 876	**いたむ**	狗 gǒu 373	愈 yù 1377
谓 wèi 1159	**いさぎよい**	伤(傷)	**いね**	**いらだつ**
いえ	洁(潔)	shāng 970	稲 dào 222	苛 kē 617
家 jiā 517	jié 553	悼 dào 220	**いのしし**	**いる**
jie 560	**いささか**	痛 tòng 1115	猪 zhū 1472	入 rù 945
いえども	些 xiē 1231	**いためる**	**いのち**	炒 chǎo 126
虽(雖)	**いさむ**	炒 chǎo 126	命 mìng 776	居 jū 587
suī 1064	勇 yǒng 1351	**いたる**	**いのる**	要 yāo 1299
いおり	**いさめる**	至 zhì 1453	祈 qí 867	yào 1302
庵 ān 7	谏 jiàn 534	到 dào 218	**いばら**	射 shè 983
いかだ	**いし**	**イチ**	茨 cí 170	铸 zhù 1479
伐 fá 287	石 dàn 208	一 yī 1308	荆 jīng 571	煎 jiān 526
いかり	shí 1004	壹 yī 1321	棘 jí 506	**いれる**
碇 dìng 253	**いしずえ**	**いち**	**いびき**	入 rù 945
いかる	础(礎)	市 shì 1012	鼾 hān 416	容 róng 940
怒 nù 816	chǔ 157	**いちご**	**いぶかる**	**いろ**
イキ	**いしゆみ**	莓 méi 751	讶 yà 1281	色 sè 960
域 yù 1376	弩 nǔ 816	**いちじるしい**	**いま**	shǎi 965
いき	**いずくんぞ**	著 zhù 1479	今 jīn 560	**いろどる**
息 xī 1186	焉 yān 1283	zhuó 1492	**いましめる**	彩 cǎi 98
粋 cuì 181	**いずみ**	**イツ**	戒 jiè 558	**いわ**
いきおい	泉 quán 920	佚 yì 1330	警 jǐng 575	岩 yán 1285
势(勢)	**いずれ**	逸 yì 1332	**いまだ**	**いわう**
shì 1013	孰 shú 1031	**いつくしむ**	未 wèi 1158	祝 zhù 1479
いきどおる	**いそ**	慈 cí 171	**いまわしい**	**いわく**
愤 fèn 314	矶(磯)	**いつわる**	忌 jì 512	曰 yuē 1385
いきる	jī 497	伪(偽)	**いみな**	**イン**
活 huó 487	**いそがしい**	wěi 1155	讳(諱)	尹 yǐn 1339
イク	忙 máng 744	**いとなむ**	huì 482	引 yǐn 1339
育 yù 1375	**いそぐ**	营(營)	**いむ**	印 yìn 1342
郁 yù 1374	急 jí 504	yíng 1345	忌 jì 512	阴(陰)
いく	**いた**	**いどむ**	**いも**	yīn 1335
几(幾)	板 bǎn 29	挑 tiāo 1100	芋 yù 1374	因 yīn 1334
jī 494	**いたい**	tiǎo 1102	**いもうと**	饮 yǐn 1340
jǐ 508	痛 tòng 1115	**いな**	妹 mèi 754	yìn 1342
行 háng 421	**いだく**	否 fǒu 321	**いや**	咽 yān 1281
xíng 1247	抱 bào 40	pǐ 842	嫌 xián 1206	yàn 1291
往 wǎng 1146	**いたす**	**いなご**	**いやしい**	yè 1308
いくさ	致 zhì 1456	蝗 huáng 474	卑 bēi 43	荫(蔭)
战(戰)	**いたずら**	**いななく**	贱(賤)	yīn 1336
zhàn 1414	徒 tú 1122	嘶 sī 1050	jiàn 533	姻 yīn 1337

音 yīn	1336	うがつ		うずく		うながす		厘	673
胤 yìn	1342	穿 chuān	160	疼 téng	1089	促 cù	178	うらなう	
院 yuàn	1385	うく		うずら		うなぎ		占 zhān	1412
殷 yān	1282	浮 fú	325	鹑 chún	168	鳗 mán	740	zhàn	1414
yīn	1337	うぐいす		うそ		うなずく		うらむ	
淫 yín	1339	莺（鶯）		嘘 shī	1003	颔 hàn	421	恨 hèn	439
寅 yín	1339	yīng	1344	xū	1260	うね		怨 yuàn	1384
隐 yǐn	1341	うけたまわる		うた		亩（畝）		うらやましい	
韵（韻）		承 chéng	135	呗 bài	26	mǔ	784	羡 xiàn	1211
yùn	1392	うける		bei	48	うば		うり	
		受 shòu	1024	歌 gē	355	姥 lǎo	662	瓜 guā	384
う		享 xiǎng	1216	うたい		mǔ	784	うる	
ウ		请 qǐng	906	谣 yáo	1300	うばう		卖（賣）	
于 yú	1367	うごく		うたがう		夺（奪）		mài	739
乌（烏）		动（動）		疑 yí	1324	duó	274	得 dé	222
wū	1168	dòng	255	うたげ		うま		de	225
wù	1181	うごめく		宴 yàn	1291	马（馬）		děi	226
右 yòu	1365	蠢 chǔn	169	うち		mǎ	734	うるう	
宇 yǔ	1372	うさぎ		内 nèi	799	午 wǔ	1179	闰 rùn	949
羽 yǔ	1372	兔 tù	1124	うつ		うまい		うるおう	
於 wū	1170	うし		打 dá	186	旨 zhǐ	1451	润 rùn	949
Yū	1366	丑 chǒu	150	dǎ	187	うまや		うるし	
yú	1369	牛 niú	812	击（擊）		厩 jiù	584	漆 qī	865
雨 yǔ	1372	うじ		jī	494	うまる		うるち	
yù	1374	氏 shì	1010	讨 tǎo	1086	埋 mái	737	粳 jīng	572
禹 Yǔ	1373	zhī	1444	伐 fá	287	mán	740	うるわしい	
卯 mǎo	747	蛆 qū	914	うつくしい		うみ		丽（麗）	
う		うしお		美 měi	752	海 hǎi	413	lí	670
鹈 tí	1092	潮 cháo	125	うつす		脓（膿）		lì	678
うえ		うしなう		写 xiě	1234	nóng	815	うれい	
上 shàng	972	失 shī	999	迁（遷）		うむ		忧（憂）	
shàng	973	うしろ		qiān	879	生 shēng	991	yōu	1354
うえる		后（後）		映 yìng	1348	产 chǎn	115	愁 chóu	149
饥（饑）		hòu	447	移 yí	1323	うめ		うれしい	
jī	495	うす		うったえる		梅 méi	751	嬉 xī	1189
饿 è	278	臼 jiù	583	诉 sù	1060	うめく		うれる	
植 zhí	1450	うず		うつむく		呻 shēn	986	熟 shóu	1020
うお		涡（渦）		俯 fǔ	328	うやうやしい		shú	1031
鱼 yú	1368	Guō	404	うつわ		恭 gōng	370	うろこ	
うかがう		wō	1167	器 qì	876	うやまう		鳞 lín	699
伺 cì	173	うすい		うで		敬 jìng	577	**ウン**	
sì	1054	薄 báo	36	腕 wàn	1144	うら		云（雲）	
窥 kuī	640	bó	80	うとい		浦 pǔ	861	yún	1389
		bò	81	疏 shū	1029	里（裏）		运（運）	

yùn 1391	**エツ**	yán 1287	应(應)	**おか**	
え	悦 yuè 1388	宴 yàn 1291	yīng 1343	冈(岡)	
	阅 yuè 1387	冤 yuān 1378	yìng 1347	gāng 345	
エ	谒 yè 1308	袁 Yuán 1380	欧 ōu 820	丘 qiū 909	
绘 huì 482	粤 Yuè 1389	圆 yuán 1382	殴 ōu 820	**おかす**	
惠 huì 483	越 yuè 1388	婉 wǎn 1142	往 wǎng 1146	犯 fàn 296	
え	**えび**	焉 yān 1283	旺 wàng 1148	冒 mào 748	
江 jiāng 535	虾(蝦)	渊(淵)	押 yā 1278	Mò 781	
柄 bǐng 74	há 412	yuān 1379	皇 huáng 471	侵 qīn 895	
エイ	xiā 1195	焱 yàn 1292	翁 wēng 1166	**おがむ**	
卫(衛)	**えびす**	援 yuán 1383	奥 ào 12	拜 bài 26	
wèi 1157	戎 róng 939	媛 yuán 1383	**おう**	**おき**	
永 yǒng 1350	夷 yí 1322	yuàn 1385	负 fù 330	冲(沖)	
英 yīng 1343	**えらい**	缘 yuán 1383	追 zhuī 1488	chōng 144	
泳 yǒng 1351	伟(偉)	猿 yuán 1383	逐 zhú 1473	**おぎ**	
咏(詠)	wěi 1154	演 yǎn 1290	**おうぎ**	荻 dí 231	
yǒng 1351	**えらぶ**	燕 Yān 1283	扇 shān 968	**おきな**	
荣(榮)	选(選)	yàn 1292	shàn 969	翁 wēng 1166	
róng 939	xuǎn 1266	**えんじゅ**	**おうな**	**おぎなう**	
映 yìng 1348	撰 zhuàn 1485	槐 huái 465	妪(嫗)	补(補)	
营(營)	**えり**	**お**	yù 1374	bǔ 81	
yíng 1345	衿 jīn 562		媪 ǎo 11	**おきる**	
锐 ruì 948	襟 jīn 562	**オ**	**おえる**	起 qǐ 871	
瑛 yīng 1344	**える**	污(汙)	终 zhōng 1463	**オク**	
裔 yì 1332	获(獲)	wū 1169	**おおい**	亿(億)	
影 yǐng 1346	huò 492	於 wū 1170	多 duō 273	yì 1328	
えがく	得 dé 222	Yū 1366	**おおう**	忆(憶)	
描 miáo 768	de 225	yú 1369	掩 yǎn 1288	yì 1329	
エキ	děi 226	**お**	蔽 bì 59	屋 wū 1170	
役 yì 1330	**エン**	尾 wěi 1155	覆 fù 334	奥 ào 12	
驿(驛)	延 yán 1283	yǐ 1327	**おおかみ**	置 zhì 1458	
yì 1331	园(園)	绪 xù 1262	狼 láng 654	**おくりな**	
易 yì 1331	yuán 1380	**おい**	**おおきい**	谥(諡)	
疫 yì 1331	远(遠)	甥 shēng 996	大 dà 192	shì 1018	
益 yì 1332	yuǎn 1384	**おいる**	dài 202	**おくる**	
液 yè 1308	沿 yán 1286	老 lǎo 657	**おおとり**	送 sòng 1057	
えぐる	炎 yán 1286	**オウ**	凤(鳳)	赠 zèng 1408	
抉 jué 597	苑 yuàn 1384	王 wáng 1145	fèng 320	**おくれる**	
刳 kū 631	涎 xián 1205	wàng 1147	鸿 hóng 446	迟(遲)	
えさ	铅 qiān 880	凹 āo 10	凰 huáng 474	chí 141	
饵 ěr 282	yán 1287	央 yāng 1292	鹏 péng 837	**おけ**	
えだ	烟(煙)	呕(嘔)	**おおやけ**	桶 tǒng 1115	
枝 zhī 1445	yān 1282	ǒu 820	公 gōng 365		
	盐(鹽)	汪 wāng 1144			

おこす			押 yā	1278	おどす		帯 dài	203		kǎn	612
兴（興）			捺 nà	792	吓（嚇）		おぼえる		おりる		
	xīng	1245	推 tuī	1125		hè 435	忆（憶）		降 jiàng	538	
	xìng	1250	雄 xióng	1253		xià 1201		yì 1329		xiáng	1216
おごそか			おそい		胁（脅）		觉 jiào	547	おる		
严（嚴）			迟（遲）			xié 1233		jué 597	折 shé	981	
	yán	1284		chí 141	威 wēi	1149	おぼれる			zhē	1425
おこたる			晚 wǎn	1141	おとずれる		溺 nì	805		zhé	1426
怠 dài		204	おそう		访 fǎng	301		niào 809	织（織）		
惰 duò		275	袭 xí	1190	おとる		おぼろ			zhī	1446
おこなう			おそれ		劣 liè	695	胧（朧）		おれ		
行 háng		421	虞 yú	1370	おどる			lóng 713	俺 ǎn		8
	xíng	1247	おそれる		跃（躍）		おも		おろか		
おこる			怖 bù	94		yuè 1388	主 zhǔ	1474	愚 yú		1370
怒 nù		816	畏 wèi	1159	踊 yǒng	1352	おもい		おろし		
おごる			恐 kǒng	628	おとろえる		重 chóng	146	卸 xiè		1235
骄（驕）			惧 jù	593	衰 cuī	179		zhòng 1466	おわる		
	jiāo	542	おだやか			shuāi 1036	おもう		终 zhōng		1463
奢 shē		980	稳 wěn	1165	おどろく		思 sī	1049	オン		
傲 ào		12	おちいる		惊（驚）		想 xiǎng	1217	音 yīn		1336
おさえる			陷 xiàn	1210		jīng 571	おもて		恩 ēn		279
抑 yì		1330	おちる		おなじ		表 biǎo	68	温 wēn		1160
おさない			坠（墜）		同 tóng	1110	面 miàn	765	稳 wěn		1165
幼 yòu		1365		zhuì 1489		tòng 1115	おもむき		おん		
稚 zhì		1458	堕 duò	275	おに		趣 qù	917	御 yù		1377
おさめる			落 là	647	鬼 guǐ	401	おもむく		おんな		
收 shōu		1019		lào 663	おの		赴 fù	331	女 nǚ		817
纳 nà		791		luò 730	斧 fǔ	327	おもんばかる				
治 zhì		1456	オツ		おのおの		虑（慮）		**か**		
修 xiū		1255	乙 yǐ	1325	各 gè	357		lù 723			
おじ			おっと			gè 358	おや		カ		
伯 bǎi		25	夫 fū	321	おのれ		亲（親）		个（個）		
	bó	78		fú 322	已 jǐ	508		qīn 895		gě	357
叔 shū		1028	おと		おび			qìng 908		gè	358
おしい			音 yīn	1336	带 dài	203	およぐ		戈 gē		353
惜 xī		1187	おとうと		おびえる		泳 yǒng	1351	化 huā		457
おしえる			弟 dì	236	怯 qiè	894	およそ			huà	461
教 jiāo		543	おとこ		おびただしい		凡 fán	291	火 huǒ		488
	jiào	548	男 nán	793	夥 huǒ	491	および		加 jiā		515
おしむ			おとしいれる		おびやかす		及 jí	502	卡 kǎ		604
吝 lìn		700	陷 xiàn	1210	胁（脅）		おり			qiǎ	877
惜 xī		1187	おとしめる			xié 1233	滓 zǐ	1497	可 kě		619
おす			贬 biǎn	62	おびる		槛（檻）			kè	622
牡 mǔ		784			佩 pèi	834		jiàn 535	过（過）		
										guò	403

guò 407	**ガ**	**かい**	变（變）	**かぎ**
华（華）	我 wǒ 1167	贝（貝）	biàn 63	钩（鉤）
huā 457	芽 yá 1279	bèi 45	替 tì 1094	gōu 372
huá 460	画 huà 463	**ガイ**	蛙 wā 1134	钥（鑰）
Huà 463	贺 hè 435	外 wài 1136	**かお**	yào 1304
价（價）	饿 è 278	亥 hài 415	颜 yán 1287	yuè 1387
jià 521	雅 yā 1279	该 gāi 336	**かおり**	键 jiàn 534
jiè 558	yǎ 1280	劾 hé 433	芳 fāng 299	**かぎる**
jie 559	**カイ**	凯（凱）	香 xiāng 1214	限 xiàn 1209
何 hé 431	介 jiè 557	kǎi 610	**かおる**	**カク**
花 huā 457	开（開）	垓 gāi 337	薰 xūn 1272	各 gè 357
卦 guà 385	kāi 605	害 hài 416	馨 xīn 1243	gè 358
果 guǒ 407	灰 huī 475	崖 yá 1279	**かかえる**	吓（嚇）
河 hé 433	回 huí 477	涯 yá 1279	抱 bào 40	hè 435
货 huò 492	会 huì 481	街 jiē 552	**かかげる**	xià 1201
佳 jiā 517	kuài 635	慨 kǎi 610	揭 jiē 551	划（劃）
迦 jiā 517	阶（階）	概 gài 339	**かかと**	huá 460
架 jià 522	jiē 549	骸 hái 413	踵 zhǒng 1465	huà 462
科 kē 617	改 gǎi 337	**かいこ**	**かがみ**	huai 465
涡（渦）	怀（懷）	蚕 cán 102	鉴 jiàn 534	扩（擴）
Guō 404	huái 464	**かう**	镜 jìng 579	kuò 643
wō 1167	坏（壞）	买（買）	**かがむ**	角 jiǎo 544
荷 hé 434	huài 465	mǎi 738	屈 qū 913	jué 597
hè 436	戒 jiè 558	饲 sì 1055	**かがやく**	壳（殼）
家 jiā 517	快 kuài 635	**かえす**	辉 huī 476	ké 619
jie 560	块（塊）	返 fǎn 295	耀 yào 1304	qiào 892
课 kè 624	kuài 635	**かえって**	**かかる**	阁 gé 355
夏 xià 1201	乖 guāi 387	却 què 923	系（係・繫）	革 gé 355
祸（禍）	拐 guǎi 387	**かえで**	jì 512	jí 504
huò 492	怪 guài 387	枫（楓）	xì 1193	觉 jiào 547
假 jiǎ 521	徊 huái 465	fēng 318	悬（懸）	jué 597
jià 522	绘 huì 482	**かえりみる**	xuán 1264	格 gē 354
嫁 jià 523	皆 jiē 550	省 shěng 996	罹 lí 672	gé 356
暇 xiá 1196	界 jiè 558	xǐng 1250	**かかわる**	郭 guō 404
靴 xuē 1268	海 hǎi 413	顾（顧）	关（關）	核 hé 434
歌 gē 355	悔 huǐ 480	gù 383	guān 388	hú 453
寡 guǎ 385	谐 xié 1233	**かえる**	**かき**	获（獲・穫）
嘉 jiā 519	械 xiè 1235	代 dài 202	柿 shì 1015	huò 492
稼 jià 523	解 jiě 556	归（歸）	垣 yuán 1380	较（較）
霞 xiá 1196	jiè 559	guī 398	蛎（蠣）	jiào 548
か	xiè 1236	返 fǎn 295	lì 680	隔 gé 357
香 xiāng 1214	邂 xiè 1236	还（還）	墙 qiáng 888	确（確）
蚊 wén 1164		hái 413		què 923
		huán 466		

かく			かご			かぜ			かたわら			かて		
欠	qiàn	885	笼（籠）			风（風）			旁	páng	829	粮（糧）		
书（書）				lóng	713		fēng	315	傍	bàng	34		liáng	688
	shū	1027		lǒng	714	かせぐ			カツ			かど		
描	miáo	768	かこむ			稼	jià	523	刮	guā	384	门（門）		
缺	quē	922	围（圍）			かた			括	guā	385		mén	754
搔	sāo	959		wéi	1153	方	fāng	297		kuò	643	角	jiǎo	544
かぐ			かさ			片	piān	843	活	huó	487		jué	597
嗅	xiù	1258	伞（傘）				piàn	845	割	gē	354	かな		
ガク				sǎn	956	形	xíng	1249	葛	gé	356	乎	hū	450
乐（樂）			笠	lì	680	肩	jiān	525		Gě	358	哉	zāi	1396
	lè	663	かさなる			型	xíng	1250	喝	hē	429	かなう		
	yuè	1387	重	chóng	146	潟	xì	1195		hè	436	叶（葉）		
学	xué	1268		zhòng	1466	かたい			滑	huá	461		xié	1232
岳	yuè	1387	かざる			刚（剛）			猾	huá	461		yè	1307
萼	è	278	饰	shì	1014		gāng	345	渴	kě	621	适（適）		
额	é	277	かじ			坚（堅）			阔	kuò	644		kuò	644
かくす			舵	duò	275		jiān	524	褐	hè	436		shì	1017
匿	nì	805	かしこい			固	gù	381	辖	xiá	1196	かなえ		
隐	yǐn	1341	贤	xián	1205	硬	yìng	1348	かつ			鼎	dǐng	250
かげ			かしら			かたき			且	jū	587	かなしい		
阴（陰）			头（頭）			仇	chóu	149		qiě	893	哀	āi	2
	yīn	1335		tóu	1116		Qiú	910	克	kè	622	悲	bēi	43
荫（蔭）			かじる			敌（敵）			胜（勝）			かなでる		
	yīn	1336	啮	niè	810		dí	231		shēng	996	奏	zòu	1508
	yìn	1342	かしわ			かたくな				shèng	997	かなめ		
影	yǐng	1346	柏	bǎi	25	顽	wán	1140	ガツ			要	yāo	1299
がけ				bó	78	かたち			月	yuè	1386		yào	1302
崖	yá	1279		bò	80	形	xíng	1249	かつお			かならず		
かけい			かす			かたな			鲣（鰹）			必	bì	56
笕	jiǎn	527	贷	dài	204	刀	dāo	215		jiān	527	かに		
かける			粕	pò	858	かたまり			かつぐ			蟹	xiè	1236
欠	qiàn	885	滓	zǐ	1497	块（塊）			担	dān	205	かね		
驱	qū	913	糟	zāo	1402		kuài	635		dǎn	208	金	jīn	560
挂（掛）			かず			かたまる				dàn	209	钟（鐘・鍾）		
	guà	385	数	shǔ	1032	固	gù	381	かつて				zhōng	1464
架	jià	522		shù	1034	かたむく			尝（嘗）			かねる		
缺	quē	922		shuò	1047	倾	qīng	901		cháng	120	兼	jiān	526
悬（懸）			かすみ			かたよる			曾	céng	108	かのえ		
	xuán	1264	霞	xiá	1196	偏	piān	843		zēng	1407	庚	gēng	362
赌	dǔ	264	かすめる			かたる			かつら			かば		
翔	xiáng	1216	掠	lüè	725	语	yǔ	1373	桂	guì	402	桦（樺）		
かげる			かせ				yù	1375					huà	464
翳	yì	1334	枷	jiā	517	骗	piàn	845						

かばう		嚼 jiáo	544	**からす**		**かわや**		函 hán	417
庇 bì	58	jiào	549	乌（烏）		厕 cè	107	环（環）	
かび		jué	599	wū	1168	**かわら**		huán	467
霉 méi	752	**かめ**		wù	1181	瓦 wǎ	1134	卷 juǎn	595
かぶ		龟（龜）		鸦 yā	1278	wà	1135	juàn	595
芜（蕪）		guī	399	**からだ**		**かわる**		冠 guān	391
wú	1176	jūn	601	体 tǐ	1090	代 dài	202	guàn	393
株 zhū	1471	qiū	909	tǐ	1092	变（變）		宦 huàn	469
かぶと		瓮 wèng	1166	躯（軀）		biàn	63	看 kān	611
甲 jiǎ	520	**かも**		qū	914	换 huàn	469	kàn	612
胄 zhòu	1469	鸭 yā	1278	**からむ**		替 tì	1094	咸 xián	1205
兜 dōu	258	**かもす**		络 lào	662	**カン**		换 huàn	469
かぶら		酿（釀）		luò	730	干（乾・幹）		唤 huàn	469
镝 dī	230	niàng	808	**かり**		gān	339	监（監）	
dí	232	**かもめ**		狩 shòu	1026	gàn	344	jiān	525
かべ		鸥（鷗）		假 jiǎ	521	劝（勸）		jiàn	533
壁 bì	59	ōu	820	jià	522	quàn	921	舰（艦）	
かま		**かや**		雁 yàn	1292	甘 gān	341	jiàn	533
釜 fǔ	328	茅 máo	747	**かりる**		汉（漢）		宽 kuān	636
窑（窯）		菅 jiān	526	借 jiè	559	hàn	419	陷 xiàn	1210
yáo	1300	萱 xuān	1263	刈 yì	1329	刊 kān	610	敢 gǎn	343
蒲 pú	860	**かゆ**		**かる**		缶 fǒu	321	馆 guǎn	392
镰（鎌）		粥 zhōu	1469	驱 qū	913	关（關）		惯 guàn	394
lián	684	**かゆい**		狩 shòu	1026	guān	388	患 huàn	470
かまえる		痒 yǎng	1297	**かるい**		观（觀）		菅 jiān	526
构（構）		**かよう**		轻 qīng	900	guān	390	谏 jiàn	534
gòu	374	通 tōng	1108	**かれ**		guàn	393	勘 kān	611
かまち		tòng	1115	彼 bǐ	55	汗 hán	417	棺 guān	392
框 kuàng	639	**から**		**かれる**		hàn	420	寒 hán	418
かまど		壳（殼）		枯 kū	631	欢（歡）		韩（韓）	
灶（竈）		ké	619	涸 hé	435	huān	466	Hán	418
zào	1403	qiào	892	**かわ**		奸 jiān	523	缓 huǎn	468
かまびすしい		空 kōng	625	川 chuān	160	肝 gān	341	堪 kān	611
喧 xuān	1264	kòng	628	皮 pí	839	还（還）		款 kuǎn	637
かみ		唐 táng	1081	河 hé	433	hái	413	感 gǎn	343
发（髮）		**がら**		革 gé	355	huán	466	简 jiǎn	529
fà	289	柄 bǐng	74	jí	504	邯 Hán	417	鉴（鑑）	
纸 zhǐ	1451	**からい**		**かわく**		间（間）		jiàn	534
神 shén	988	辛 xīn	1240	干（乾）		jiān	524	管 guǎn	392
かみなり		**からし**		gān	339	jiàn	531	槛（檻）	
雷 léi	665	芥 gài	338	乾 qián	883	完 wán	1139	jiàn	535
かむ		jiè	558	渴 kě	621	闲 xián	1204	kǎn	612
咬 yǎo	1301			**かわす**		官 guān	390	憾 hàn	421
啮 niè	810			交 jiāo	539	贯 guàn	393	翰 hàn	421

灌 guàn	394	忌 jì	512	**ギ**		**きし**		**きね**	
ガン		岐 qí	867	义（義）		岸 àn	8	杵 chǔ	157
丸 wán	1139	杞 Qǐ	870	yì	1328	**きじ**		**きば**	
含 hán	417	汽 qì	875	仪（儀）		雉 zhì	1458	牙 yá	1279
岸 àn	8	弃（棄）		yí	1321	**きしむ**		**きび**	
玩 wán	1140	qì	875	议（議）		轧 gá	336	黍 shǔ	1032
岩 yán	1285	希 xī	1186	yì	1329	yà	1281	**きびしい**	
顽 wán	1140	规 guī	399	伎 jì	511	zhá	1409	严（嚴）	
眼 yǎn	1288	其 qí	866	伪（偽）		**きず**		yán	1284
雁 yàn	1292	奇 jī	498	wěi	1155	伤（傷）		酷 kù	634
愿（願）		qí	866	戏（戲）		shāng	970	**きびす**	
yuàn	1385	季 jì	512	hū	451	疵 cī	170	踵 zhǒng	1465
癌 ái	3	祈 qí	867	xì	1193	瑕 xiá	1196	**きみ**	
かんがえる		癸 guǐ	401	技 jì	511	**きずく**		君 jūn	601
考 kǎo	615	贵 guì	402	妓 jì	512	筑（築）		**きめる**	
かんざし		挥 huī	476	拟（擬）		zhù	1480	决（決）	
簪 zān	1399	既 jì	513	nǐ	804	**きずな**		jué	596
かんぬき		起 qǐ	871	宜 yí	1322	绊 bàn	32	**きも**	
闩 shuān	1037	基 jī	499	牺（犧）		**きそう**		肝 gān	341
かんばしい		悸 jì	514	xī	1186	竞（競）		胆 dǎn	208
芳 fāng	299	寄 jì	514	欺 qī	865	jìng	577	**キャク**	
かんむり		馗 kuí	640	疑 yí	1324	**きた**		却 què	923
冠 guān	391	埼 qí	868	羲 Xī	1189	北 běi	44	客 kè	623
guàn	393	骑 qí	868	魏 Wèi	1160	**きたえる**		脚 jiǎo	545
		绮 qǐ	873	**きえる**		锻 duàn	268	jué	599
き		辉 huī	476	消 xiāo	1221	**きたない**		**ギャク**	
		期 jī	500	**きく**		污（污）		逆 nì	804
キ		qī	864	菊 jú	589	wū	1169	虐 nüè	818
几（幾）		葵 kuí	640	利 lì	678	**キチ**		**キュウ**	
jī	494	棋 qí	868	听（聽）		吉 jí	502	九 jiǔ	580
jǐ	508	稀 xī	1187	tīng	1105	**キツ**		弓 gōng	365
己 jǐ	508	喜 xǐ	1192	闻 wén	1164	吃（喫）		及 jí	502
气（氣）		毁 huǐ	480	效（效）		chī	138	久 jiǔ	581
qì	873	旗 qí	869	xiào	1231	诘 jí	504	仇 chóu	149
归（歸）		毅 yì	1334	**きこり**		jié	553	Qiú	910
guī	398	器 qì	876	樵 qiáo	891	桔 jié	555	纠 jiū	579
饥 jī	495	熙 xī	1188	**ききさ**		jú	589	旧 jiù	582
记 jì	510	麒 qí	869	妃 fēi	305	橘 jú	589	丘 qiū	909
轨 guǐ	400	**き**		后 hòu	447	**きつね**		汲 jí	503
机（機）		木 mù	785	**きざし**		狐 hú	452	级 jí	503
jī	495	树（樹）		兆 zhào	1423	**きぬ**		臼 jiù	583
纪 Jǐ	508	shù	1033	**きざむ**		绢 juàn	595	吸 xī	1185
jì	511	黄 huáng	471	刻 kè	622	**きぬた**		休 xiū	1254
企 qǐ	870					砧 zhēn	1431	朽 xiǔ	1257
危 wēi	1149								

(80) ギュウ～くくる

究	jiū	580		qiáo	890		qiáng	887		zhe	1428			
灸	jiǔ	581	协（協）				qiāng	889		zhuó	1492		く	
穷（窮）				xié	1232	境	jìng	578	**きわ**			区	ōu	820
	qióng	908	兴（興）			镜	jìng	579	际（際）				qū	912
邱	qiū	909		xīng	1245	疆	jiāng	536		jì	512	句	gōu	372
求	qiú	910		xìng	1250	**ギョウ**			**きわめる**				jù	591
泣	qì	876	匈	xiōng	1253	业（業）			极（極）			驱	qū	913
给	gěi	359	亨	hēng	439		yè	1306		jí	503	狗	gǒu	373
	jǐ	509	狂	kuáng	638	行	háng	421	究	jiū	580	苦	kǔ	632
宫	gōng	369	况	kuàng	639		xíng	1247	穷（窮）			矩	jǔ	589
急	jí	504	羌	Qiāng	886	仰	yǎng	1296		qióng	908	躯（軀）		
救	jiù	584	杏	xìng	1251	尧（堯）			**キン**				qū	914
球	qiú	911	供	gōng	369		Yáo	1299	巾	jīn	560	瞿	Qú	915
ギュウ				gòng	371	饺	jiǎo	544	今	jīn	560	**グ**		
牛	niú	812	京	jīng	569	晓（曉）			斤	jīn	560	具	jù	591
キョ			经	jīng	569		xiǎo	1229	仅（僅）			俱	jù	592
巨	jù	591	侠	xiá	1196	凝	níng	811		jǐn	563	愚	yú	1370
去	qù	916	享	xiǎng	1216	**キョク**				jìn	564	虞	yú	1370
许	xǔ	1260	胁（脅・脇）			曲	qū	913	勻	yún	1390	**くい**		
拒	jù	591		xié	1233		qǔ	915	近	jìn	566	杭	háng	422
居	jū	587	姜	jiāng	536	极（極）			均	jūn	601	**くいる**		
举（擧）			骄（驕）				jí	503	金	jīn	560	悔	huǐ	480
	jǔ	589		jiāo	542	局	jú	588	欣	xīn	1240	**クウ**		
据	jū	588	峡	xiá	1196	**ギョク**			钦	qīn	895	空	kōng	625
距	jù	593	狭	xiá	1196	玉	yù	1373	紧（緊）				kòng	628
渠	qú	915	响（響）			**きらう**				jǐn	563	**くう**		
虚	xū	1259		xiǎng	1217	嫌	xián	1206	堇	jǐn	564	食	shí	1008
墟	xū	1260	挟	xié	1233	**きらめく**			菌	jūn	602		sì	1055
ギョ			恭	gōng	370	灿（燦）				jùn	602	**グウ**		
驭	yù	1374	竞（競）				càn	103	筋	jīn	562	偶	ǒu	821
鱼（魚）				jìng	577	煌	huáng	474	禽	qín	897	隅	yú	1370
	yú	1368	恐	kǒng	628	**きり**			琴	qín	897	寓	yù	1377
渔	yú	1369	桥（橋）			桐	tóng	1113	禁	jīn	562	遇	yù	1377
御	yù	1377		qiáo	891	雾（霧）				jìn	568	耦	ǒu	821
きよい			胸	xiōng	1253		wù	1183	谨	jǐn	564	藕	ǒu	821
清	qīng	902	教	jiāo	543	锥	zhuī	1489	锦	jǐn	564	**くき**		
キョウ				jiào	548	**きる**			勤	qín	897	茎	jīng	569
乡（郷）			矫（矯）			切	qiē	893	馑	jǐn	564	**くぎ**		
	xiāng	1211		jiáo	543		qiè	894	襟	jīn	562	钉	dīng	249
凶	xiōng	1252		jiǎo	545	伐	fá	287	**ギン**				dìng	251
叫	jiào	546	惊（驚）			斩	zhǎn	1413	吟	yín	1338	**くくる**		
兄	xiōng	1253		jīng	571	剪	jiǎn	528	银	yín	1338	括	guā	385
共	gòng	370	竟	jìng	577	着	zhāo	1422					kuò	643
乔（喬）			强	jiàng	539		zháo	1422						

くさ～ケイ

くさ
草 cǎo 105

くさい
臭 chòu 151
　　xiù 1257

くさび
楔 xiē 1231

くさり
锁 suǒ 1069

くさる
腐 fǔ 328

くさむら
丛（叢）
　　cóng 176

くし
串 chuàn 163
栉（櫛）
　　zhì 1456

くじける
挫 cuò 183

くじら
鲸 jīng 574

くす
楠 nán 796
樟 zhāng 1418

くず
屑 xiè 1235
葛 gé 356
　 Gě 358

くすり
药（藥）
　　yào 1302

くずれる
崩 bēng 51

くせ
癖 pǐ 842

くそ
屎 shǐ 1010
粪（糞）
　　fèn 314

くだ
管 guǎn 392

くだく
碎 suì 1065

くち
口 kǒu 629

くちすすぐ
嗽 sòu 1059

くちなし
栀（梔）
　　zhī 1446

くちばし
嘴 zuǐ 1512

くちびる
唇 chún 168

くちる
朽 xiǔ 1257

クツ
屈 qū 913
掘 jué 599
窟 kū 632

くつ
沓 dá 186
　 tà 1071
靴 xuē 1268
鞋 xié 1234

くつがえす
覆 fù 334

くつろぐ
宽 kuān 636

くつわ
辔 pèi 835

くに
邦 bāng 32
国 guó 404

くぬぎ
栎（櫟）
　　lì 680
　　yuè 1387

くばる
配 pèi 834

くび
首 shǒu 1023
颈（頸）
　　gěng 363
　　jīng 574

くぼ
洼（窪）
　　wā 1134

くぼむ
凹 āo 10

くま
隈 wēi 1150
熊 xióng 1254

くみ
组 zǔ 1510
汲 jí 503

くむ
酌 zhuó 1492

くも
云（雲）
　　yún 1389

くもる
昙（曇）
　　tán 1077

くやむ
悔 huǐ 480

くら
仓（倉）
　　cāng 103
鞍 ān 8
藏 cáng 104
　　zàng 1401

くらい
位 wèi 1158
暗 àn 9

くらう
食 shí 1008
　 sì 1055

くらす
暮 mù 787

くらべる
比 bǐ 53
较 jiào 548

くらむ
眩 xuàn 1267

くり
栗 lì 680

くりや
厨 chú 156

くる
来 lái 648
缲 qiāo 890
　 sāo 959

くるう
狂 kuáng 638

くるしい
苦 kǔ 632

くるぶし
踝 huái 465

くるま
车（車）
　　chē 126
　　jū 587

くるわ
郭 guō 404
廓 kuò 644

くれない
红 gōng 368
　 hóng 442

くれる
暮 mù 787

くろ
黑 hēi 436

くわ
桑 sāng 958
锹 qiāo 890

くわえる
加 jiā 515

くわしい
详 xiáng 1216
精 jīng 572

くわだてる
企 qǐ 870

クン
训 xùn 1274
君 jūn 601
勋 xūn 1272
薰 xūn 1272

グン
军 jūn 600
郡 jùn 602
群 qún 924

け

ケ
卦 guà 385
袈 jiā 519

け
毛 máo 745

ゲ
下 xià 1197
外 wài 1136

ケイ
计 jì 509
兄 xiōng 1253
圭 guī 399
庆（慶）
　　qìng 907
刑 xíng 1247
鸡（鷄・鶏）
　　jī 497
系（係・繋）
　　jì 512
　　xì 1193
启（啓）
　　qǐ 870
形 xíng 1249
京 jīng 569
茎 jīng 569
经 jīng 569
径 jìng 576
顷 qǐng 906
荆 jīng 571
契 qì 876
　 Xiè 1235
轻 qīng 900
型 xíng 1250
桂 guì 402
继 jì 513
倾 qīng 901
卿 qīng 902
萤（螢）
　　yíng 1345
惠 huì 483
稽 jī 500
揭 jiē 551

景 jǐng	575	jué	596	建 jiàn	532	阮 ruǎn	947	**こ**	
敬 jìng	577	訣 jué	597	券 quàn	922	严（嚴）		儿（兒）	
琼（瓊）		血 xiě	1234	xuàn	1267	yán	1284	ér	279
qióng	909	xuè	1270	贤（賢）		言 yán	1285	小 xiǎo	1224
溪 xī	1188	杰（傑）		xián	1205	沅 Yuán	1380	子 zǐ	1495
携 xié	1234	jié	553	俭（儉）		弦 xián	1205	粉 fěn	313
慧 huì	483	结 jiē	550	jiǎn	527	限 xiàn	1209	**ゴ**	
憩 qì	876	jié	554	茧（繭）		现 xiàn	1208	互 hù	455
警 jǐng	575	洁（潔）		jiǎn	527	彦 yàn	1291	五 wǔ	1177
ゲイ		jié	553	剑（劍）		原 yuán	1380	午 wǔ	1179
艺（藝）		缺 quē	922	jiàn	533	减（減）		后（後）	
yì	1328	颉 jié	555	牵（牽）		jiǎn	528	hòu	447
迎 yíng	1344	xié	1234	qiān	879	源 yuán	1383	护（護）	
羿 Yì	1331	羯 jié	556	险（險）				hù	456
倪 ní	804	**ゲツ**		xiǎn	1207	**こ**		吾 wú	1176
鲸 jīng	574	月 yuè	1386	显（顯）				吴 Wú	1176
けがす		**けむり**		xiǎn	1206	**コ**		误 wù	1182
污（汙）		烟（煙）		宪（憲）		个（個）		语 yǔ	1373
wū	1169	yān	1282	xiàn	1210	gě	357	yù	1375
けがれる		**けもの**		研 yán	1286	gè	358	悟 wù	1183
秽（穢）		兽（獸）		砚 yàn	1291	己 jǐ	508	娱 yú	1369
huì	483	shòu	1026	兼 jiān	526	户 hù	455	期 jī	500
ゲキ		**けやき**		健 jiàn	533	古 gǔ	377	qī	864
击（擊）		榉（櫸）		绢 juàn	595	乎 hū	450	棋（碁）	
jī	494	jǔ	590	虔 qián	883	夸（誇）		qí	868
剧（劇）		**ける**		拳 quán	920	kuā	634	御 yù	1377
jù	592	蹴 cù	179	验（驗）		库 kù	633	龉 yǔ	1373
隙 xì	1195	**けわしい**		yàn	1291	呼 hū	451	**こい**	
激 jī	501	险（險）		检（檢）		孤 gū	376	浓（濃）	
檄 xí	1191	xiǎn	1207	jiǎn	527	固 gù	381	nóng	815
けす		**ケン**		圈 juān	594	狐 hú	452	恋 liàn	686
消 xiāo	1221	见（見）		juàn	596	弧 hú	452	鲤 lǐ	675
けずる		jiàn	530	quān	918	故 gù	382	**コウ**	
削 xiāo	1221	xiàn	1208	乾 qián	883	胡 hú	452	广（廣）	
xuē	1267	犬 quǎn	921	悬（懸）		枯 kū	631	ān	5
けた		件 jiàn	531	xuán	1264	顾（顧）		guǎng	397
桁 héng	440	权（權）		谦 qiān	880	gù	383	工 gōng	363
けだし		quán	918	遣 qiǎn	884	雇 gù	383	口 kǒu	629
盖 gài	338	坚（堅）		嫌 xián	1206	湖 hú	454	冈（岡）	
Gě	357	jiān	524	献 xiàn	1211	鼓 gǔ	380	gāng	345
ケツ		县（縣）		**ゲン**		糊 hū	452	公 gōng	365
欠 qiàn	885	xiàn	1208	幻 huàn	468	hú	454	勾 gōu	372
穴 xué	1268	轩 xuān	1263	元 yuán	1379	hù	457	gòu	374
决（決）		肩 jiān	525	玄 xuán	1264	蝴 hú	454	孔 kǒng	628

功	gōng	368		xiáng	1216	硬	yìng	1348	肥 féi 306	こころみる
弘	hóng	442	郊	jiāo	541	酵	jiào	549	超 chāo 123	試 shì 1014
甲	jiǎ	520	拘	jū	587	稿	gǎo	352	越 yuè 1388	こころよい
叩	kòu	631	肯	kěn	624	篁	huáng	474	こおり	快 kuài 635
巧	qiǎo	892	矿	(礦)		衡	héng	441	冰（氷）	こし
光	guāng	395		kuàng	639	羹	gēng	362	bīng 71	腰 yāo 1299
行	háng	421	幸	xìng	1251	こう			こおる	輿 yú 1371
	xíng	1247	钢	(鋼)		乞	qǐ	869	冻（凍）	こす
好	hǎo	424		gāng	346	请	qīng	906	dòng 256	超 chāo 123
	hào	427		gàng	347	ゴウ			こがす	越 yuè 1388
红	gōng	368	巷	hàng	423	乡	xiāng	1211	焦 jiāo 543	滤（濾）
	hóng	442		xiàng	1219	号	háo	423	コク	lù 724
后	(後)		恒	héng	440		hào	427	告 gào 352	こずえ
	hòu	447	洪	hóng	445	业（業）			谷（穀）	梢 shāo 978
江	jiāng	535	侯	hóu	446		yè	1306	gǔ 378	こたえ
讲	(講)			hòu	450	刚（剛）			克 kè 622	答 dā 185
	jiǎng	536	厚	hòu	449		gāng	345	国 guó 404	dá 186
交	jiāo	539	荒	huāng	470	合	gě	357	刻 kè 622	こたえる
考	kǎo	615	皇	huáng	471		hé	429	哭 kū 632	应（應）
向	xiàng	1218	绞	jiǎo	544	轰（轟）			黑 hēi 436	yīng 1343
兴	(興)		香	xiāng	1214		hōng	441	酷 kù 634	yìng 1347
	xīng	1245	项	xiàng	1219	拷	kǎo	616	こぐ	コツ
	xìng	1250	高	gāo	347	毫	háo	423	漕 cáo 105	忽 hū 451
纲（綱）			耕	gēng	362	傲	ào	12	ゴク	骨 gū 376
	gāng	346	耿	gěng	362	豪	háo	423	极（極）	gǔ 379
肛	gāng	346	航	háng	422	濠	háo	424	jí 503	笏 hù 456
更	gēng	361	浩	hào	428	こうし			狱（獄）	鹘 gǔ 381
	gèng	363	候	hòu	450	犊（犢）			yù 1375	hú 454
攻	gōng	368	晃	huǎng	475		dú	263	こけ	こて
贡	gòng	371		huàng	475	こうぞ			苔 tāi 1072	镘 màn 743
沟（溝）			胶	jiāo	542	楮	chǔ	158	tái 1073	こと
	gōu	372	校	jiào	547	こうのとり			こげる	事 shì 1013
宏	hóng	445		xiào	1230	鹳	guàn	394	焦 jiāo 543	琴 qín 897
抗	kàng	614	效（効）			こうべ			ここ	筝 zhēng 1436
坑	kēng	625		xiào	1231	首	shǒu	1023	此 cǐ 172	ごと
孝	xiào	1229	鸿	hóng	446	こうむる			兹 cí 170	每 měi 752
昂	áng	10	黄	huáng	471	被	bèi	46	zī 1494	ことごとく
庚	gēng	362	康	kāng	614	蒙	mēng	757	こごえる	尽 jǐn 563
构（構）			控	kòng	629		méng	757	冻（凍）	jìn 565
	gòu	374	寇	kòu	631		Měng	758	dòng 256	悉 xī 1187
购（購）			港	gǎng	347	こえ			こころ	ごとし
	gòu	374	猴	hóu	447	声 shēng		995	心 xīn 1237	如 rú 943
杭	háng	422	慌	huāng	471	こえる			こころざし	
降	jiàng	538	腔	qiāng	886	沃 wò		1168	志 zhì 1454	

こう～ごとし （83）

索引

音訓索引

ことなる	**こる**	棍 gùn 403	妻 qī 863	**さか**
异（異）	凝 níng 811	滚 gǔn 403	qì 875	坂 bǎn 29
yì 1329	**これ**	魂 hún 485	细 xì 1194	**さかい**
ことに	之 zhī 1442	鲲 kūn 642	济（濟）	界 jiè 558
殊 shū 1028	此 cǐ 172		jǐ 509	境 jìng 578
ことぶき	是 shì 1015	**さ**	jì 513	**さかえる**
寿 shòu 1024	**ころ**	**サ**	哉 zāi 1396	荣 róng 939
ことわざ	顷 qǐng 906	叉 chā 108	柴 chái 114	**さがす**
谚 yàn 1292	**ころす**	chá 110	栽 zāi 1396	探 tàn 1079
ことわり	杀 shā 961	chǎ 112	宰 zǎi 1396	搜 sōu 1058
理 lǐ 674	**ころぶ**	左 zuǒ 1515	载 zāi 1396	**さかずき**
ことわる	转（轉）	沙 shā 962	zài 1399	杯 bēi 42
断 duàn 267	zhuǎi 1481	shà 964	斋（齋）	**さかな**
こな	zhuǎn 1483	纱 shā 963	zhāi 1410	肴 yáo 1300
粉 fěn 313	zhuàn 1484	诈 zhà 1409	债 zhài 1411	鱼（魚）
こねる	**ころも**	佐 zuǒ 1516	彩 cǎi 98	yú 1368
捏 niē 809	衣 yī 1319	钗 chāi 113	菜 cài 99	**さかのぼる**
このむ	yì 1329	差 chā 109	崔 cuī 180	溯 sù 1062
好 hǎo 424	**こわい**	chà 112	祭 jì 514	**さからう**
hào 427	怖 bù 94	chāi 113	裁 cái 97	逆 nì 804
こばむ	**こわす**	cī 170	犀 xī 1188	**さかん**
拒 jù 591	坏（壞）	查 chá 111	最 zuì 1513	旺 wàng 1148
こびる	huài 465	zhā 1408	催 cuī 180	盛 chéng 137
媚 mèi 754	**コン**	砂 shā 963	塞 sāi 952	shèng 998
こぶ	今 jīn 560	唆 suō 1067	sài 952	**さき**
瘤 liú 710	艮 gěn 361	琐 suǒ 1069	sè 961	先 xiān 1202
こぶし	gèn 361	锁 suǒ 1069	碎 suì 1065	崎 qí 868
拳 quán 920	近 jìn 566	**ザ**	**ザイ**	**さぎ**
こま	困 kùn 643	坐 zuò 1518	在 zài 1397	鹭 lù 721
驹 jū 588	绀 gàn 345	挫 cuò 183	材 cái 96	**さきがけ**
こまかい	昏 hūn 484	座 zuò 1519	财 cái 97	魁 kuí 641
细 xì 1194	坤 kūn 642	**サイ**	剂（劑）	**サク**
こまる	昆 kūn 642	才 cái 95	jì 512	作 zuō 1514
困 kùn 643	恨 hèn 439	岁（歲）	罪 zuì 1513	zuò 1516
こめ	垦（墾）	suì 1065	**さいわい**	削 xiāo 1221
米 mǐ 761	kěn 624	西 xī 1184	幸 xìng 1251	xuē 1267
こも	根 gēn 360	再 zài 1396	**さえぎる**	炸 zhá 1409
孤 gū 377	恳（懇）	际（際）	遮 zhē 1426	zhà 1410
こよみ	kěn 625	jì 512	**さえずる**	栅 shān 968
历（曆）	捆 kǔn 642	灾（災）	啭（囀）	zhà 1410
lì 676	痕 hén 438	zāi 1395	zhuàn 1485	昨 zuó 1515
こりる	婚 hūn 484	采（採）	**さお**	朔 shuò 1047
惩（懲）	混 hún 485	cǎi 98	竿 gān 342	索 suǒ 1068
chéng 137	hùn 486	cài 99	棹 zhào 1424	窄 zhǎi 1411

策 cè	107		chà	112	さとす		さる			
酢 cù	178		chāi	113	谕 yù	1377	去 qù	916		
zuò	1520		cī	170	喻 yù	1377	申 shēn	984	**シ**	
错 cuò	184	指 zhǐ	1452	さとる		猿 yuán	1383	尸（屍）	
榨 zhà	1410	插 chā	109	悟 wù	1183	さわ		shī	999
醋 cù	178	さずかる		さなぎ		泽（澤）		士 shì	1010
さく		授 shòu	1026	蛹 yǒng	1351	zé	1405	已 sì	1052
割 gē	354	さそう		さば		さわぐ		之 zhī	1442
裂 liě	695	诱 yòu	1366	鲭 qīng	905	骚 sāo	959	子 zǐ	1495
liè	696	さそり		さばく		さわやか		氏 shì	1010
さくら		蝎 xiē	1232	裁 cái	97	爽 shuǎng	1039	zhī	1444
樱 yīng	1344	さだ		さび		さわる		示 shì	1011
さぐる		贞 zhēn	1429	锈 xiù	1258	触 chù	159	支 zhī	1443
探 tàn	1079	さだめる		さびしい		障 zhàng	1420	止 zhǐ	1450
さけ		定 dìng	251	寂 jì	514	**サン**		史 shǐ	1009
酒 jiǔ	582	さち		淋 lín	699	三 sān	953	矢 shǐ	1009
鲑 guī	400	幸 xìng	1251	lìn	700	山 shān	965	仕 shì	1012
さげすむ		**サツ**		さま		产（產）		市 shì	1012
蔑 miè	769	扎 zā	1394	样（樣）		chǎn	115	丝（絲）	
さけぶ		zhā	1408	yàng	1298	伞（傘）		sī	1048
叫 jiào	546	zhá	1409	さまたげる		sǎn	956	司 sī	1047
さける		册（冊）		妨 fáng	300	灿（燦）		四 sì	1052
裂 liě	695	cè	106	さむい		càn	103	弛 chí	141
liè	696	札 zhá	1409	寒 hán	418	参 cān	100	师（師）	
避 bì	60	杀（殺）		さむらい		cēn	108	shī	1001
さげる		shā	961	侍 shì	1014	shēn	986	死 sǐ	1050
提 dī	230	刷 shuā	1035	さめ		珊 shān	968	旨 zhǐ	1451
tí	1090	shuà	1036	鲛 jiāo	543	栈 zhàn	1414	至 zhì	1453
ささえる		飒（颯）		さめる		蚕 cán	102	词 cí	170
支 zhī	1443	sà	952	冷 lěng	668	惨 cǎn	102	伺 cì	173
ささげる		拶 zā	1394	觉 jiào	547	散 sǎn	956	sì	1054
捧 pěng	837	zǎn	1400	jué	597	sàn	957	私 sī	1048
ささやく		萨（薩）		さや		酸 suān	1062	纸 zhǐ	1451
嗫（囁）		Sà	952	荚 jiá	520	算 suàn	1063	志 zhì	1454
niè	810	察 chá	112	鞘 qiào	893	赞（贊・讚）		齿（齒）	
さしがね		撮 cuō	183	shāo	979	zàn	1400	chǐ	142
矩 jǔ	589	zuǒ	1516	さら		纂 zuǎn	1512	刺 cī	169
さじ		擦 cā	95	皿 mǐn	771	**ザン**		cì	173
匙 chí	142	**ザツ**		更 gēng	361	斩 zhǎn	1413	诗 shī	1001
shi	1019	杂（雜）		gèng	363	残 cán	101	使 shǐ	1009
さす		zá	1394	さらす		惭 cán	102	始 shǐ	1010
刺 cī	169	**さと**		晒 shài	965	暂 zàn	1400	驶 shǐ	1010
cì	173	里 lǐ	673	曝 bào	42	**さんじゅう**		试 shì	1014
差 chā	109				pù	862	卅 sà	952	视 shì	1015

飼 sì 1055	辞 cí 171	軸 zhóu 1469	zhí 1447	しぼむ
枝 zhī 1445	磁 cí 171	zhóu 1469	质（質）	凋 diāo 245
肢 zhī 1446	**しあわせ**	**しげる**	zhì 1455	萎 wěi 1156
祉 zhǐ 1452	幸 xìng 1251	茂 mào 747	室 shì 1017	**しぼる**
施 shī 1002	**シイ**	繁 fán 292	疾 jí 506	绞 jiǎo 544
思 sī 1049	弑 shì 1018	pó 856	湿 shī 1002	榨 zhà 1410
姿 zī 1494	**しい**	**しこうして**	瑟 sè 961	**しま**
脂 zhī 1447	椎 chuí 166	而 ér 280	漆 qī 865	岛（島）
资 zī 1494	zhuī 1489	**じじ**	膝 xī 1189	dǎo 216
赐 cì 173	**しいたげる**	爷（爺）	**ジツ**	缟 gǎo 352
斯 sī 1050	虐 nüè 818	yé 1304	实（實）	**しまる**
紫 zǐ 1497	**しいる**	**しじみ**	shí 1007	闭 bì 57
嗣 sì 1055	强 jiàng 539	蚬 xiǎn 1207	**しとね**	绞 jiǎo 544
肆 sì 1055	qiáng 887	**しずか**	褥 rù 947	缔 dì 237
雌 cí 172	qiǎng 889	静 jìng 578	**しな**	**しみる**
ジ	**しお**	**しずく**	品 pǐn 849	染 rǎn 926
儿（兒）	汐 xī 1186	滴 dī 230	**しぬ**	渗 shèn 990
ér 279	盐（鹽）	**しずむ**	死 sǐ 1050	**しめす**
尔（爾）	yán 1287	沉 chén 129	**しの**	示 shì 1011
ěr 280	潮 cháo 125	沈 chén 129	筱（篠）	**しめる**
示 shì 1011	**しか**	Shěn 989	xiǎo 1229	占 zhān 1412
次 cì 172	鹿 lù 719	**しずめる**	**しのぐ**	zhàn 1414
地 de 224	**しかばね**	镇 zhèn 1434	凌 líng 702	闭 bì 57
dì 233	尸（屍）	**した**	**しのぶ**	绞 jiǎo 544
而 ér 280	shī 999	下 xià 1197	忍 rěn 935	紧（緊）
耳 ěr 280	**しかめる**	舌 shé 981	**しば**	jǐn 563
似 shì 1013	颦 pín 849	**したう**	芝 zhī 1445	缔 dì 237
sì 1054	**しかり**	慕 mù 787	柴 chái 114	湿 shī 1002
寺 sì 1054	然 rán 926	**したがう**	**しばしば**	**しも**
字 zì 1502	**しかる**	从（從）	屡（屢）	霜 shuāng 1039
自 zì 1497	叱 chì 143	cóng 174	lǚ 722	**しもべ**
时（時）	**シキ**	顺 shùn 1044	**しばらく**	仆（僕）
shí 1005	式 shì 1012	随 suí 1064	且 jū 587	pū 859
事 shì 1013	识（識）	**したしい**	qiě 893	pú 860
侍 shì 1014	shí 1006	亲（親）	暂 zàn 1400	**シャ**
治 zhì 1456	zhì 1454	qīn 895	**しばる**	叉 chā 108
持 chí 142	**ジキ**	qìng 908	缚 fù 334	chá 110
饵 ěr 282	直 zhí 1447	**したたる**	**しびれる**	chǎ 112
瓷 cí 170	**しきり**	滴 dī 230	痹 bì 59	车（車）
玺（璽）	频 pín 849	**シチ**	**しぶい**	chē 126
xǐ 1191	**しく**	七 qī 863	涩（澀）	jū 587
痔 zhì 1457	敷 fū 322	**シツ**	sè 960	写 xiě 1234
滋 zī 1495	**ジク**	失 shī 999	**しべ**	纱 shā 963
慈 cí 171	竺 zhú 1473	执（執）	蕊 ruǐ 948	社 shè 982

舍(捨)			zhá	1409	终 zhōng	1463	しゅうとめ		淳 chún	168
	shě	981	シュ		周(週)		姑 gū	375	循 xún	1274
	shè	982	手 shǒu	1020		zhōu	1468	シュク		醇 chún	168
泻(瀉)		主 zhǔ	1474	宗 zōng	1503	叔 shū	1028	遵 zūn	1514
	xiè	1235	守 shǒu	1022	秋 qiū	909	肃(肅)		ショ	
者 zhě	1427	朱 zhū	1470	酋 qiú	911		sù	1060	书(書)	
炙 zhì	1455	取 qǔ	915	拾 shí	1008	祝 zhù	1479		shū	1027
砂 shā	963	肿(腫)		修 xiū	1255	淑 shū	1029	处 chǔ	157
射 shè	983		zhǒng	1464	洲 zhōu	1469	宿 sù	1061		chù	158
娑 suō	1067	种(種)		臭 chòu	151		xiǔ	1257	初 chū	155
奢 shē	980		Chóng	146		xiù	1257		xiù	1258	所 suǒ	1068
赦 shè	983		zhǒng	1465	羞 xiū	1256	缩 sù	1062	胥 xū	1258
斜 xié	1233		zhòng	1466	袭(襲)			suō	1067	诸 zhū	1471
谢 xiè	1236	首 shǒu	1023		xí	1190	ジュク		庶 shù	1034
煮 zhǔ	1476	狩 shòu	1026	集 jí	506	孰 shú	1031	绪 xù	1262
遮 zhē	1426	酒 jiǔ	582	就 jiù	584	塾 shú	1031	暑 shǔ	1031
ジャ		殊 shū	1028	愁 chóu	149	熟 shóu	1020	署 shǔ	1032
邪 xié	1232	珠 zhū	1471	酬 chóu	149		shú	1031	蔗 zhè	1428
	yé	1304	株 zhū	1471	蹴 cù	179	シュツ		薯 shǔ	1033
蛇 shé	981	诹 zōu	1506	ジュウ		出 chū	151	曙 shǔ	1033
	yí	1323	趣 qù	917	十 shí	1003	ジュツ		ジョ	
麝 shè	984	ジュ		从(從)		术(術)		女 nǔ	817
シャク		寿 shòu	1024		cóng	174		shù	1033	如 rú	943
勺 sháo	979	受 shòu	1024	廿 niàn	808	述 shù	1033	汝 rǔ	945
尺 chě	127	咒(呪)		什 shén	987	シュン		序 xù	1261
	chǐ	142		zhòu	1469		shí	1003	旬 xún	1272	助 zhù	1476
芍 sháo	979	树(樹)		汁 zhī	1444	春 chūn	166	除 chú	156
借 jiè	559		shù	1033	充 chōng	145	俊 jùn	602	叙 xù	1261
酌 zhuó	1492	授 shòu	1026	戎 róng	939	浚 jùn	602	徐 xú	1260
释(釋)		绶 shòu	1026	住 zhù	1477		Xùn	1275	舒 shū	1029
	shì	1018	需 xū	1260	纵(縱)		骏 jùn	602	ショウ	
锡 xī	1188	儒 rú	944		zòng	1505	舜 Shùn	1045	小 xiǎo	1224
爵 jué	599	シュウ		重 chóng	146	瞬 shùn	1045	少 shǎo	979
しゃく		习(習)			zhòng	1466	ジュン			shào	979
笏 hù	456		xí	1190	柔 róu	941	旬 xún	1272	升(昇)	
ジャク		丑(醜)		拾 shí	1008	巡 xún	1273		shēng	991
若 ruò	949		chǒu	150	涩(澀)		纯 chún	168	召 Shào	980
弱 ruò	949	囚 qiú	910		sè	960	盾 dùn	272		zhào	1423
寂 jì	514	收 shōu	1019	铳 chòng	148	顺 shùn	1044	生 shēng	991
雀 qiāo	890	众(衆)		兽(獸)		荀 Xún	1274	正 zhēng	1434
	qiāo	892		zhòng	1465		shòu	1026	润 rùn	949		zhèng	1437
	què	923	州 zhōu	1468	しゅうと		殉 xùn	1275	冲(衝)	
しゃべる		舟 zhōu	1468	舅 jiù	586	谆 zhūn	1490		chōng	144
喋 dié	248	秀 xiù	1257			准 zhǔn	1490		chòng	148

匠	jiàng	538	祥	xiáng	1216	仗	zhàng	1419	食	shí	1008
伤(傷)			消	xiāo	1221	场(場)				sì	1055
	shāng	970	宵	xiāo	1222		cháng	119	蚀	shí	1009
讼	sòng	1057	逍	xiāo	1221		chǎng	121	拭	shì	1015
庄	zhuāng	1485	笑	xiào	1230	丞	chéng	134	轼	shì	1018
妆(粧)			症	zhēng	1436	条	tiáo	1100	烛(燭)		
	zhuāng	1485		zhèng	1442	杖	zhàng	1419		zhú	1473
抄	chāo	123	偿(償)			状	zhuàng	1487	职(職)		
床	chuáng	164		cháng	121	定	dìng	251		zhí	1449
肖	Xiāo	1220	唱	chàng	122	净(淨)			植	zhí	1450
	xiào	1230	捷	jié	555		jìng	576	殖	shi	1019
诏	zhào	1424	商	shāng	971	贴	tiē	1103		zhí	1450
证	zhèng	1440	笙	shēng	996	城	chéng	136	触	chù	159
昌	chāng	117	厢	xiāng	1215	饶(饒)			蜀	Shǔ	1032
承	chéng	135	萧(蕭)				ráo	928	嘱	zhǔ	1476
妾	qiè	894		xiāo	1222	乘	chéng	137	ジョク		
尚	shàng	978	章	zhāng	1417		shèng	998	辱	rǔ	945
绍	shào	980	焦	jiāo	543	涤(滌)			褥	rù	947
松	sōng	1055	晶	jīng	572		dí	231	しらべる		
详	xiáng	1216	赏	shǎng	972	娘	niáng	808	调	diào	246
招	zhāo	1420	湘	Xiāng	1215	聂(聶)				tiáo	1101
沼	zhǎo	1423	象	xiàng	1220		Niè	810	しらみ		
钞	chāo	123	硝	xiāo	1223	奘	zàng	1401	虱	shī	1002
将(將)			猩	xīng	1246		zhuǎng	1487	しり		
	jiāng	535	掌	zhǎng	1418	常	cháng	120	尻	kāo	615
	jiàng	538	酱(醬)			情	qíng	905	臀	tún	1129
奖(獎)				jiàng	539	绳(繩)			しりぞく		
	jiǎng	537	障	zhàng	1420		shéng	996	却	què	923
胜(勝)			照	zhào	1424	剩	shèng	998	退	tuì	1127
	shēng	996	裳	cháng	121	叠(疊)			しりぞける		
省	shěng	996		shang	978		dié	248	斥	chì	143
	xǐng	1250	墙(牆)			锭	dìng	253	しる		
相	xiāng	1212		qiáng	888	蒸	zhēng	1436	汁	zhī	1444
	xiàng	1219	箫(簫)			酿(釀)			识(識)		
昭	zhāo	1421		xiāo	1223		niàng	808		shí	1006
钟(鐘)			彰	zhāng	1417	襄	xiāng	1216		zhì	1454
	zhōng	1464	礁	jiāo	543	壤	rǎng	927	知	zhī	1445
称	chèn	131	ジョウ			骧	xiāng	1216	しるし		
	chēng	131	上	shǎng	972	ショク			印	yìn	1342
	chèng	138		shàng	973	色	sè	960	标(標)		
烧(燒)			丈	zhàng	1419		shǎi	965		biāo	66
	shāo	978	冗	rǒng	941	饰	shì	1014	しるす		
涉	shè	983	让(讓)			织(織)			记	jì	510
颂	sòng	1058		ràng	927		zhī	1446	箴	zhēn	1432

しろ
代	dài	202
白	bái	20
城	chéng	136

しわ
皱(皺)		
	zhòu	1470

シン
心	xīn	1237
申	shēn	984
臣	chén	128
辰	chén	129
进(進)		
	jìn	565
伸	shēn	984
身	shēn	985
沈(瀋)		
	chén	129
	Shěn	989
辛	xīn	1240
针	zhēn	1429
诊	zhěn	1432
绅	shēn	986
审(審)		
	shěn	989
津	jīn	562
亲(親)		
	qīn	895
	qìng	908
神	shén	988
信	xìn	1243
唇	chún	168
浸	jìn	567
晋	jìn	567
秦	Qín	897
娠	shēn	986
真	zhēn	1430
振	zhèn	1433
深	shēn	986
森	sēn	961
寝	qǐn	898
慎	shèn	991
新	xīn	1241
箴	zhēn	1432

震 zhèn	1433	推 tuī	1125	鋤 chú	156	すすぐ		すっぱい	
薪 xīn	1243	遂 suí	1065	隙 xì	1195	漱 shù	1035	酸 suān	1062
ジン		suì	1065	すぎ		すずしい		すな	
人 rén	931	睡 shuì	1043	杉 shā	962	涼（涼）		砂 shā	963
刃 rèn	935	錐 zhuī	1489	shān	967	liáng	687	すなわち	
仁 rén	935	粹 cuì	181	すぎる		liàng	691	乃 nǎi	792
壬 rén	935	翠 cuì	181	過（過）		すすむ		則 zé	1405
尘（塵）		醉 zuì	1513	guō	403	进（進）		即 jí	504
chén	128	穗 suì	1066	guò	407	jìn	565	輒 zhé	1427
尽 jǐn	563	ズイ		すく		晋 jìn	567	すね	
jìn	565	隋 Suí	1064	梳 shū	1029	すずめ		胫（脛）	
寻（尋）		随 suí	1064	漉 lù	720	雀 qiǎo	890	jìng	577
xún	1272	瑞 ruì	948	すくう		qiāo	892	すねる	
迅 xùn	1275	髓 suǐ	1065	救 jiù	584	què	923	拗 ǎo	11
阵 zhèn	1433	スウ		すくない		すすめる		ào	12
肾（腎）		刍（芻）		少 shǎo	979	劝（勸）		niù	814
shèn	990	chú	156	shào	979	quàn	921	すばる	
甚 shén	988	邹（鄒）		すぐれる		荐（薦）		昴 mǎo	747
shèn	990	Zōu	1506	优（優）		jiàn	532	すべ	
		枢 shū	1028	yōu	1353	すずり		术（術）	
す		崇 chóng	147	すけ		砚 yàn	1291	shù	1033
ス		趋（趨）		介 jiè	557	すする		すべからく	
须 xū	1258	qū	914	助 zhù	1476	啜 Chuài	159	须 xū	1258
素 sù	1060	雏（雛）		すける		chuò	169	すべて	
诹 zōu	1506	chú	157	透 tòu	1119	すそ		凡 fán	291
す		数 shǔ	1032	すごい		裾 jū	588	全 quán	918
州 zhōu	1468	shù	1034	凄 qī	864	すたる		总（總）	
洲 zhōu	1469	shuò	1047	すこし		废（廢）		zǒng	1504
巢 cháo	124	嵩 sōng	1056	少 shǎo	979	fèi	308	すべる	
酢 cù	178	すう		shào	979	すだれ		滑 huá	461
zuò	1520	吸 xī	1185	すこぶる		帘（簾）		すみ	
ズ		すえ		颇 pō	855	lián	683	角 jiǎo	544
图（圖）		末 mò	780	すこやか		すっぽん		jué	597
tú	1121	すえる		健 jiàn	533	鳖（鱉）		炭 tàn	1079
スイ		据 jū	588	すさまじい		biē	69	隈 wēi	1150
水 shuǐ	1040	jù	592	凄 qī	864	すでに		隅 yú	1370
帅（帥）		すが		すじ		已 yǐ	1325	墨 mò	782
shuài	1037	菅 jiān	526	筋 jīn	562	既 jì	513	すみか	
吹 chuī	165	すがた		すす		すてる		栖 qī	863
炊 chuī	165	姿 zī	1494	煤 méi	752	弃（棄）		すみやか	
垂 chuí	165	すき		すず		qì	875	速 sù	1061
衰 cuī	179	好 hǎo	424	铃 líng	701	舍（捨）		すむ	
shuāi	1036	hào	427	锡 xī	1188	shě	981	住 zhù	1477
彗 huì	483	犁 lí	671					济（濟）	

	积 jī	509	试 shì	1013	席 xí	1190	逼 bī	52	栓 shuān	1038
	迹 jì	513	性 xìng	1251	绩 jī	514	**せみ**		婵（嬋）	
	澄 chéng	138	姓 xìng	1252	寂 jì	514	蝉（蟬）		chán	114
	dèng	228	征 zhēng	1435	惜 xī	1187	chán	115	船 chuán	162
すもも			制 zhì	1454	藉 jí	508	**せめる**		铣 xǐ	1191
李 lǐ	673	牲 shēng	996	jiè	559	攻 gōng	368	xiǎn	1207
する		省 shěng	996	籍 jí	508	责 zé	1405	旋 xuán	1265
刷 shuā	1035	xǐng	1250	**せき**		**せり**		xuàn	1267
shuà	1036	星 xīng	1245	关（關）		芹 qín	896	践 jiàn	534
擦 cā	95	政 zhèng	1441	guān	388	**セン**		煎 jiān	526
するどい		栖（棲）		咳 hāi	412	川 chuān	160	腺 xiàn	1211
锐 ruì	948	qī	863	ké	619	千 qiān	877	煽 shān	968
すわる		请 qǐng	906	堰 yàn	1292	专（專）		鲜 xiān	1204
坐 zuò	1518	逝 shì	1018	**セツ**		zhuān	1481	xiǎn	1208
座 zuò	1519	盛 chéng	137	切 qiē	893	仙 xiān	1201	潜 qián	884
据 jū	588	shèng	998	qiè	894	占 zhān	1412	撰 zhuàn	1485
jù	592	清 qīng	902	节（節）		zhàn	1414	**ゼン**	
スン		晴 qíng	906	jiē	549	尖 jiān	523	全 quán	918
寸 cùn	182	精 jīng	572	jié	552	迁（遷）		前 qián	881
		静 jìng	578	设 shè	981	qiān	879	渐 jiān	526
せ		誓 shì	1018	折 shé	981	纤（纖）		jiàn	534
セ		整 zhěng	1436	zhē	1425	qiàn	885	禅 chán	115
世 shì	1011	**ゼイ**		zhé	1426	先 xiān	1202	shàn	970
施 shī	1002	说 shuì	1043	泄 xiè	1234	浅 jiān	525	然 rán	926
せ		shuō	1045	拙 zhuō	1491	qiān	884	善 shàn	969
背 bēi	43	yuè	1387	窃 qiè	894	陕（陝）		髯 rán	926
濑 lài	651	税 shuì	1043	说 shuì	1043	Shǎn	969	缮 shàn	970
ゼ		赘 zhuì	1490	shuō	1045	荐（薦）		膳 shàn	970
是 shì	1015	**セキ**		yuè	1387	jiàn	532		
セイ		夕 xī	1184	接 jiē	550	泉 quán	920	**そ**	
井 jǐng	574	斥 chì	143	雪 xuě	1270	染 rǎn	926	**ソ**	
生 shēng	991	石 dàn	208	摄（攝）		洗 xǐ	1191	苏（蘇）	
圣（聖）		shí	1004	shè	983	Xiǎn	1207	sū	1059
shèng	997	只（隻）		薛 Xuē	1268	宣 xuān	1263	诉 sù	1060
正 zhēng	1434	zhī	1444	**ゼツ**		选（選）		阻 zǔ	1510
zhèng	1437	赤 chì	143	舌 shé	981	xuǎn	1266	组 zǔ	1510
成 chéng	132	析 xī	1186	绝 jué	597	毡（氈）		祖 zǔ	1511
齐（齊）		昔 xī	1186	**ぜに**		zhān	1412	础（礎）	
qí	865	责 zé	1405	钱 qián	883	战（戰）		chǔ	157
西 xī	1184	迹（跡）		**せまい**		zhàn	1414	素 sù	1060
声 shēng	995	jì	512	狭 xiá	1196	钱 qián	883	租 zū	1509
诚 chéng	135	积（積）		**せまる**		扇 shān	968	粗 cū	177
青 qīng	898	jī	498	迫 pǎi	826	shàn	969	措 cuò	183
势（勢）		脊 jǐ	509	pò	856			疏 shū	1029

楚 chǔ	158	窓(窻)		足 zú	1509	‐ gòng	371	**た**		
塑 sù	1062	chuāng	163	側 cè	107	具 jù	591			
ソウ		騒 sāo	959	zè	1406	**その**		**タ**		
倉(倉)		捜 sōu	1058	zhāi	1410	園(園)		太 tài	1074	
cāng	103	葬 zàng	1401	測 cè	107	yuán	1380	他 tā	1070	
双 shuāng	1038	箏 zhēng	1436	惻 cè	107	其 qí	866	多 duō	273	
匆 cōng	174	装 zhuāng	1486	促 cù	178	苑 yuàn	1384	**た**		
丛(叢)		想 xiǎng	1217	速 sù	1061	**そば**		田 tián	1098	
cóng	176	僧 sēng	961	息 xī	1186	側 cè	107	**ダ**		
创(創)		漱 shù	1035	**ゾク**		zè	1406	打 dá	186	
chuāng	163	遭 zāo	1401	俗 sú	1060	zhāi	1410	dǎ	187	
chuàng	164	槽 cáo	105	贼 zéi	1406	**そびえる**		驮(馱)		
扫(掃)		聪(聰)		续(續)		耸(聳)		duò	275	
sǎo	959	cōng	174	xù	1262	sǒng	1057	tuó	1132	
sào	960	艘 sōu	1059	族 zú	1509	**そむく**		兑 duì	271	
早 zǎo	1402	操 cāo	104	属 shǔ	1032	背 bēi	43	陀 tuó	1132	
争 zhēng	1434	霜 shuāng	1039	zhǔ	1476	bèi	45	妥 tuǒ	1133	
庄(莊)		糟 zāo	1402	**そこ**		叛 pàn	828	驼 tuó	1132	
zhuāng	1485	燥 zào	1404	底 de	225	**そめる**		堕 duò	275	
壮 zhuàng	1487	藻 zǎo	1403	dǐ	232	染 rǎn	926	舵 duò	275	
苍(蒼)		**そう**		**そこなう**		**そら**		惰 duò	275	
cāng	103	沿 yán	1286	损 sǔn	1066	空 kōng	625	**タイ**		
层(層)		添 tiān	1098	**そしる**		kòng	628	队(隊)		
céng	108	**ゾウ**		诽 fěi	307	**そらんじる**		duì	268	
宋 Sòng	1057	脏(臟)		谤 bàng	34	谙 ān	8	太 tài	1074	
走 zǒu	1506	zāng	1401	**そそぐ**		**そり**		对(對)		
枪(槍)		zàng	1401	注 zhù	1478	橇 qiāo	890	duì	269	
qiāng	886	造 zào	1404	**そそのかす**		**そる**		台 tāi	1071	
丧(喪)		象 xiàng	1220	唆 suō	1067	反 fǎn	293	tái	1072	
sāng	958	像 xiàng	1220	**そだつ**		剃 tì	1093	体 tī	1090	
sàng	958	憎 zēng	1407	育 yù	1375	**それがし**		tǐ	1092	
宗 zōng	1503	增 zēng	1407	**ソツ**		某 mǒu	784	态(態)		
草 cǎo	105	赠 zèng	1408	卒 cù	178	**ソン**		tài	1075	
送 sòng	1057	藏 cáng	104	zú	1509	存 cún	181	待 dāi	201	
相 xiāng	1212	zàng	1401	率 lǜ	723	孙(孫)		dài	204	
xiàng	1219	**そうろう**		shuài	1037	sūn	1066	带 dài	203	
总(總)		候 hòu	450	**そで**		村 cūn	181	怠 dài	204	
zǒng	1504	**そえる**		袖 xiù	1257	逊(遜)		贷 dài	204	
奏 zòu	1508	添 tiān	1098	**そと**		xùn	1275	耐 nài	793	
曹 cáo	105	**ソク**		外 wài	1136	损 sǔn	1066	胎 tāi	1072	
巢 cháo	124	仄 zè	1406	**そなえる**		尊 zūn	1514	退 tuì	1127	
插 chā	109	则 zé	1405	备(備)				泰 tài	1075	
曾 céng	108	即 jí	504	bèi	45			逮 dǎi	201	
zēng	1407	束 shù	1033	供 gōng	369			dài	204	

袋 dài 204	たきぎ	茸 róng 939	战（戰）	断 duàn 267
堆 duī 268	薪 xīn 1243	たけし	zhàn 1414	裁 cái 97
替 tì 1094	タク	武 wǔ 1179	たたく	截 jié 555
滞 zhì 1458	托（託）	猛 měng 758	叩 kòu 631	ダツ
腿 tuǐ 1127	tuō 1130	毅 yì 1334	敲 qiāo 890	夺（奪）
戴 dài 204	宅 zhái 1411	たけのこ	ただし	duó 274
たい	拓 tà 1071	笋（筍）	但 dàn 208	脱 tuō 1131
鲷 diāo 245	tuò 1133	sǔn 1066	ただしい	たっとぶ
ダイ	泽（澤）	たこ	正 zhèng 1434	尚 shàng 978
大 dà 192	zé 1405	蛸 shāo 979	zhèng 1437	贵 guì 402
dài 202	择（擇）	xiāo 1223	ただす	尊 zūn 1514
代 dài 202	zé 1405	たしか	纠 jiū 579	たつみ
台 tāi 1071	zhái 1411	确 què 923	たたずむ	巽 xùn 1275
tái 1072	卓 zhuó 1492	たしなむ	佇（佇）	たて
弟 dì 236	桌 zhuō 1491	嗜 shì 1018	zhù 1476	纵（縱）
第 dì 236	啄 zhuó 1492	たす	ただちに	zòng 1505
题 tí 1092	琢 zhuó 1493	足 zú 1509	直 zhí 1447	盾 dùn 272
だいだい	zuó 1515	だす	たたみ	蓼 liǎo 694
橙 chéng 138	濯 zhuó 1493	出 chū 151	叠（疊）	たてまつる
たいら	たく	たすける	dié 248	奉 fèng 320
平 píng 850	炊 chuī 165	扶 fú 323	ただよう	たとえる
たえ	焚 fén 312	助 zhù 1476	漂 piāo 846	例 lì 679
妙 miào 768	ダク	たずさえる	piāo 847	喻 yù 1377
たえる	浊（濁）	携 xié 1234	piào 847	譬 pì 843
绝 jué 597	zhuó 1492	たずねる	たたり	たな
耐 nài 793	诺 nuò 819	讯 xùn 1274	祟 suì 1065	棚 péng 836
堪 kān 611	だく	访 fǎng 301	ただれる	たなごころ
たおす	抱 bào 40	寻（尋）	烂（爛）	掌 zhǎng 1418
倒 dǎo 217	たぐい	xún 1272	làn 653	たに
dào 219	类（類）	ただ	たちばな	谷 gǔ 378
たか	lèi 667	只 zhī 1444	橘 jú 589	たぬき
鹰 yīng 1344	たくましい	zhǐ 1450	たちまち	狸 lí 670
たかい	逞 chěng 138	惟 wéi 1154	忽 hū 451	たね
高 gāo 347	たくみ	唯 wéi 1153	乍 zhà 1409	种（種）
たがい	巧 qiǎo 892	たたえる	タツ	Chóng 146
互 hù 455	匠 jiàng 538	称 chèn 131	达（達）	zhǒng 1465
たがやす	たくわえる	chēng 131	dá 186	zhòng 1466
耕 gēng 362	贮（貯）	chèng 138	たつ	たのしい
たから	zhù 1478	赞（讚）	立 lì 677	乐（樂）
宝 bǎo 37	蓄 xù 1262	zàn 1400	龙（龍）	lè 663
たき	たけ	たたかう	lóng 711	yuè 1387
泷（瀧）	丈 zhàng 1419	斗（鬪）	辰 chén 129	愉 yú 1370
lóng 713	竹 zhú 1472	dòu 258	建 jiàn 532	
Shuāng 1039	岳 yuè 1387	dòu 259	绝 jué 597	

たのむ〜チョウ （ 93 ）

たのむ			たます			担 dān	205	ち			チャク		
恃 shì		1017	试 shì		1014	诞 dàn	209	血 xiě		1234	着 zhāo		1422
赖（賴）			ためる			胆 dǎn	208		xuè	1270		zháo	1422
	lài	650	贮（貯）			炭 tàn	1079	ちいさい				zhe	1428
たば				zhù	1478	淡 dàn	209	小 xiǎo		1224		zhuó	1492
束 shù		1033	矫（矯）			探 tàn	1079	ちかい			嫡 dí		231
たび				jiáo	543	短 duǎn	266	近 jìn		566	チュウ		
度 dù		265		jiǎo	545	毯 tǎn	1079	ちかう			中 zhōng		1459
	duó	275	たもつ			箪（簞）		誓 shì		1018		zhòng	1465
旅 lǚ		722	保 bǎo		37		dān	208	ちがう			虫 chóng		146
たべる			たもと			端 duān	265	违（違）			仲 zhòng		1465
食 shí		1008	袂 mèi		754	锻 duàn	268		wéi	1152	抽 chōu		148
	sì	1055	たよる			谭 tán	1078	ちから			忠 zhōng		1463
たま			赖（賴）			ダン		力 lì		675	宙 zhòu		1469
玉 yù		1373		lài	650	团（團）		ちぎり			注 zhù		1478
灵（靈）			たら				tuán	1125	契 qì		876	驻 zhù		1478
	líng	700	鳕 xuě		1270	男 nán	793		Xiè	1235	昼 zhòu		1470
珠 zhū		1471	たらい			坛（壇）		チク			胄 zhòu		1469
弹 dàn		210	盥 guàn		394		tán	1077	竹 zhú		1472	柱 zhù		1479
	tán	1077	たりる			段 duàn	267	畜 chù		158	衷 zhōng		1464
球 qiú		911	足 zú		1509	谈 tán	1077		xù	1262	酎 zhòu		1470
たまう			たる			弹 dàn	210	逐 zhú		1473	厨 chú		156
给 gěi		359	樽 zūn		1514		tán	1077	筑（築）			铸 zhù		1479
	jǐ	509	だれ			断 duàn	267		zhù	1480	チョ		
たまご			谁 shéi		984	暖 nuǎn	818	蓄 xù		1262	贮（貯）		
卵 luǎn		724		shuí	1040	檀 tán	1078	ちち				zhù	1478
たましい			たれる					父 fù		327	绪 xù		1262
魂 hún		485	垂 chuí		165	ち			fù	329	著 zhù		1479
だます			たわむれる					乳 rǔ		945		zhuó	1492
骗 piàn		845	戏（戲）			チ		ちぢむ			猪 zhū		1472
たまる				hū	451	池 chí	141	缩 sù		1062	チョウ		
溜 liū		705		xì	1193	地 de	224		suō	1067	丁 dīng		248
	liù	711	たわら				dì	233	チツ				zhēng	1434
だまる			俵 biào		69	迟（遲）		帙 zhì		1454	长（長）		
默 mò		782	タン				chí	141	秩 zhì		1457		cháng	117
たまわる			丹 dān		205	知 zhī	1445	窒 zhì		1457		zhǎng	1418
赐 cì		173	反 fǎn		293	治 zhì	1456	ちまき			厅（廳）		
たみ			旦 dàn		208	耻（恥）		粽 zòng		1506		tīng	1105
民 mín		769	叹（嘆）				chǐ	143	ちまた			鸟（鳥）		
ため				tàn	1079	值 zhí	1449	巷 hàng		423		niǎo	809
为（爲・為）			单（單）			致 zhì	1456		xiàng	1219	吊（弔）		
	wéi	1151		chán	114	智 zhì	1457	チャ				diào	245
	wèi	1157		dān	205	痴 chī	140	茶 chá		110	兆 zhào		1423
				Shàn	969	置 zhì	1458				肠（腸）		
						稚 zhì	1458						

チョク〜つぶす

	cháng	119
町	dīng	249
	tīng	1108
听(聽)		
	tīng	1105
张(張)		
	zhāng	1416
帐(帳)		
	zhàng	1419
畅(暢)		
	chàng	122
宠(寵)		
	chǒng	147
钓	diào	246
顶	dǐng	249
胀(脹)		
	zhàng	1420
挑	tiāo	1100
	tiǎo	1102
赵(趙)		
	Zhào	1424
晁	Cháo	124
调	diào	246
	tiáo	1101
眺	tiào	1102
超	chāo	123
朝	cháo	125
	zhāo	1422
惩(懲)		
	chéng	137
跳	tiào	1102
潮	cháo	125
嘲	cháo	125
澄	chéng	138
	dèng	228
蝶	dié	248
徵	zhǐ	1453
雕(彫)		
	diāo	245
チョク		
直	zhí	1447
敕(勅)		
	chì	144

ちり
埃	āi	3
尘(塵)		
	chén	128

ちる
散	sǎn	956
	sàn	957

チン
陈(陳)		
	chén	130
沈	chén	129
珍	zhēn	1430
赁	lìn	700
朕	zhèn	1433
镇	zhèn	1434

つ

つ
津	jīn	562

ツイ
对	duì	269
坠(墜)		
	zhuì	1489
追	zhuī	1488
槌	chuí	166

ついに
竟	jìng	577
遂	suí	1065
	suì	1065

ついばむ
啄	zhuó	1492

ついやす
费	fèi	308

ツウ
通	tōng	1108
	tòng	1115
痛	tòng	1115

つえ
杖	zhàng	1419

つか
柄	bǐng	74
冢(塚)		
	zhǒng	1465

つかう
使	shǐ	1009
遣	qiǎn	884

つかえる
仕	shì	1012

つかさ
司	sī	1047

つかまる
捕	bǔ	82

つかれる
疲	pí	841

つかわす
遣	qiǎn	884

つき
月	yuè	1386

つぎ
次	cì	172

つきる
尽	jìn	563
	jìn	565

つく
付	fù	329
冲(衝)		
	chōng	144
	chòng	148
突	tū	1120
着	zhāo	1422
	zháo	1422
	zhe	1428
	zhuó	1492
就	jiù	584

つぐ
次	cì	172
继	jì	513
接	jiē	550
嗣	sì	1055

つくえ
机(機)		
	jī	495

つくだ
佃	diàn	243
	tián	1099

つぐなう
偿(償)		
	cháng	121

つくる
创(創)		
	chuāng	163
	chuàng	164
作	zuō	1514
	zuò	1516
造	zào	1404

つくろう
缮	shàn	970

つける
付	fù	329
渍	zì	1503

つげる
告	gào	352

つた
茑(蔦)		
	niǎo	809

つたえる
传(傳)		
	chuán	160
	zhuàn	1484

つたない
拙	zhuō	1491

つち
土	tǔ	1123
槌	chuí	166

つちかう
培	péi	833

つつ
筒	tǒng	1115

つづく
续(續)		
	xù	1262

つつしむ
谨	jǐn	564
慎	shèn	991

つつみ
堤	dī	230

つづみ
鼓	gǔ	380

つつむ
包	bāo	34

つづる
缀	zhuì	1489

つどう
集	jí	506

つとめる
务(務)		
	wù	1181
努	nǔ	816
勉	miǎn	765
勤	qín	897

つな
纲(綱)		
	gāng	346

つなぐ
系(繫)		
	jì	512
	xì	1193

つね
恒	héng	440
常	cháng	120

つねる
抓	zhuā	1480

つの
角	jiǎo	544
	jué	597

つのる
募	mù	787

つば
唾	tuò	1133

つばき
椿	chūn	168

つばさ
翼	yì	1334

つばめ
燕	Yān	1283
	yàn	1292

つぶ
粒	lì	680

つぶす
溃	huì	483
	kuì	641

つぼ〜トウ

つぼ
- 坪 píng 854
- 壶（壺）
  - hú 453

つぼみ
- 蕾 lěi 667

つま
- 妻 qī 863
- qì 875

つみ
- 罪 zuì 1513

つむ
- 积（積）
  - jī 498
- 锤 chuí 166
- 摘 zhāi 1410

つむぐ
- 纺 fǎng 301

つめ
- 爪 zhǎo 1423
- zhuǎ 1481

つめたい
- 冷 lěng 668

つめる
- 诘 jí 504
- jié 553

つや
- 艳（艷）
  - yàn 1291

つゆ
- 露 lòu 716
- lù 721

つよい
- 强 jiàng 539
- qiáng 887
- qiǎng 889

つら
- 面 miàn 765

つらい
- 辛 xīn 1240

つらなる
- 连（連）
  - lián 681

つらぬく
- 贯 guàn 393

つる
- 吊 diào 245
- 钓 diào 246
- 弦 xián 1205
- 蔓 mán 740
- màn 742
- wàn 1144
- 鹤 hè 436

つるぎ
- 剑（劍）
  - jiàn 533

て

て
- 手 shǒu 1020

テイ
- 丁 dīng 248
- zhēng 1434
- 订 dìng 251
- 廷 tíng 1106
- 贞 zhēn 1429
- 呈 chéng 135
- 低 dī 229
- 邸 dǐ 232
- 弟 dì 236
- 体 tǐ 1090
- tī 1092
- 底 de 225
- dǐ 232
- 抵 dǐ 232
- 定 dìng 251
- 侦 zhēn 1429
- 郑（鄭）
  - Zhèng 1441
- 帝 dì 236
- 剃 tì 1093
- 亭 tíng 1106
- 庭 tíng 1107
- 递 dì 236
- 停 tíng 1107
- 程 chéng 137
- 堤 dī 230
- 提 dī 230
- tí 1090
- 缔 dì 237
- 鼎 dǐng 250
- 艇 tǐng 1108

ディ
- 泥 ní 803
- nì 804

テキ
- 狄 dí 230
- 的 de 224
- dí 230
- dì 236
- 适（適）
  - kuò 644
  - shì 1017
- 敌（敵）
  - dí 231
- 笛 dí 231
- 滴 dī 230
- 摘 zhāi 1410

テツ
- 彻（徹）
  - chè 127
- 迭 dié 248
- 铁 tiě 1104
- 哲 zhé 1427
- 撤 chè 128
- 辙 zhé 1427

てら
- 寺 sì 1054

てる
- 照 zhào 1424

でる
- 出 chū 151

テン
- 天 tiān 1094
- 典 diǎn 238
- 店 diàn 243
- 转（轉）
  - zhuǎi 1481
  - zhuǎn 1483
  - zhuàn 1484
- 点 diǎn 238
- 展 zhǎn 1413
- 添 tiān 1098

てん
- 貂 diāo 245

デン
- 电（電）
  - diàn 240
- 田 tián 1098
- 传（傳）
  - chuán 160
  - zhuàn 1484
- 佃 diàn 243
- tián 1099
- 殿 diàn 244
- 癜 diàn 244

と

ト
- 斗 dǒu 258
- 吐 tǔ 1124
- tù 1124
- 妒（妬）
  - dù 264
- 杜 dù 264
- 兔（兎）
  - tù 1124
- 都 dōu 258
- dū 261
- 涂 tú 1122
- 途 tú 1122
- 徒 tú 1122
- 屠 tú 1122
- 赌 dǔ 264
- 渡 dù 265

と
- 户 hù 455

ド
- 土 tǔ 1123
- 奴 nú 816
- 努 nǔ 816
- 弩 nǔ 816
- 度 dù 265
- duó 275
- 怒 nù 816

とい
- 问 wèn 1165

トウ
- 刀 dāo 215
- 邓（鄧）
  - Dèng 228
- 斗（鬪）
  - dǒu 258
- 冬 dōng 254
- 讨 tǎo 1086
- 头（頭）
  - tóu 1116
- 当 dāng 210
- dàng 213
- 灯 dēng 226
- 岛（島）
  - dǎo 216
- 冻（凍）
  - dòng 256
- 投 tóu 1118
- 到 dào 218
- 荡（蕩）
  - dàng 214
- 栋（棟）
  - dòng 257
- 逃 táo 1084
- 统 tǒng 1114
- 党 dǎng 213
- 倒 dǎo 217
- dào 219
- 逗 dòu 260
- 唐 táng 1081
- 陶 táo 1085
- yáo 1300
- 桃 táo 1085
- 套 tào 1086
- 桐 tóng 1113
- 透 tòu 1119
- 悼 dào 220
- 盗 dào 220
- 搭 dā 185
- 答 dā 185
- dá 186
- 塔 tǎ 1071

とう～ドン

とう
等 děng	227	
痘 dòu	260	
筒 tǒng	1115	
騰 téng	1089	
稲 dào	222	
懂 dǒng	255	
踏 tā	1071	
踏 tà	1071	
糖 táng	1082	

とう
問 wèn 1165

ドウ
导（導）dǎo 216
动（動）dòng 255
同 tóng 1110
同 tòng 1115
洞 dòng 257
胴 dòng 257
堂 táng 1081
萄 táo 1085
铜 tóng 1113
道 dào 220
棠 táng 1082
童 tóng 1113

とうとい
贵 guì 402
尊 zūn 1514

とお
十 shí 1003

とおい
远（遠）yuǎn 1384

とおる
彻（徹）chè 127
亨 hēng 439
通 tōng 1108
通 tòng 1115
透 tòu 1119

とがめる
咎 jiù 583

とがる
尖 jiān 523

とき
时（時）shí 1005

トク
笃（篤）dǔ 263
匿 nì 805
特 tè 1087
得 dé 222
得 de 225
得 děi 226
渎（瀆）dú 263
督 dū 261
德 dé 223

とく
说 shuì 1043
说 shuō 1045
说 yuè 1387
解 jiě 556
解 jiè 559
解 xiè 1236
溶 róng 940

とぐ
研 yán 1286

ドク
独 dú 262
毒 dú 261
读（讀）dòu 260
读（讀）dú 263

とげ
刺 cī 169
刺 cì 173
棘 jí 506

とける
解 jiě 556
解 jiè 559
解 xiè 1236
溶 róng 940
融 róng 941

とげる
遂 suí 1065
遂 suì 1065

とこ
床 chuáng 164
常 cháng 120

ところ
处 chǔ 157
处 chù 158
所 suǒ 1068

とざす
闭 bì 57

とし
年 nián 805
岁（歲）suì 1065

とじる
缀 zhuì 1489

とち
橡 xiàng 1220

トツ
凸 tū 1120
突 tū 1120

とつぐ
嫁 jià 523

とどく
届 jiè 558

とどこおる
滞 zhì 1458

ととのう
调 diào 246
调 tiáo 1101
整 zhěng 1436

とどまる
止 zhǐ 1450
留 liú 706
停 tíng 1107

とどろく
轰（轟）hōng 441

となえる
唱 chàng 122

となり
邻（鄰）lín 697

との
殿 diàn 244

とばり
帷 wéi 1154

とび
鸢（鳶）yuān 1378
鸱 chī 140

とびら
扉 fēi 306

とぶ
飞（飛）fēi 303
翔 xiáng 1216
跳 tiào 1102

とぼしい
乏 fá 287

とま
苫 shān 967
苫 shàn 969

とまる
止 zhǐ 1450
泊 bó 78
泊 pō 855
留 liú 706

とみ
富 fù 333

とむらう
吊（弔）diào 245

とも
友 yǒu 1360
共 gòng 370
供 gōng 369
供 gòng 371
朋 péng 836

ともえ
巴 bā 14

ともしび
灯 dēng 226

ともなう
伴 bàn 32

ともに
俱 jù 592

とら
虎 hǔ 454
寅 yín 1339

とらえる
囚 qiú 910
捕 bǔ 82
捉 zhuō 1491

とり
鸟（鳥）niǎo 809
鸡（鷄・雞）jī 497
酉 yǒu 1364

とりこ
房（虜）lǔ 718

とる
执（執）zhí 1447
采（採）cǎi 98
采（採）cài 99
取 qǔ 915
撮 cuō 183
撮 zuò 1516

どろ
泥 ní 803
泥 nì 804

トン
屯 tún 1129
屯 zhūn 1490
豚 tún 1129
敦 duì 271
敦 dūn 271

ドン
吞 tūn 1129
贪 tān 1076
昙（曇）tán 1077
钝 dùn 272

どんす～にがり

どんす
緞 duàn 268

な

ナ
纳 nà 791
那 Nà 789
　　nà 790
　　nèi 801
奈 nài 792
哪 nǎ 790
　　na 792
　　né 799
　　něi 799

な
名 míng 772
菜 cài 99

ナイ
乃 nǎi 792
内 nèi 799

ない
亡 wáng 1144
　　wú 1171
无（無）
　　wú 1171

なえ
苗 miáo 767

なえる
萎 wěi 1156

なお
犹（猶）
　　yóu 1356
尚 shàng 978

なおす
直 zhí 1447
治 zhì 1456

なか
中 zhōng 1459
　　zhòng 1465
仲 zhòng 1465

ながい
长（長）
　　cháng 117
　　zhǎng 1418

ながえ
辕 yuán 1383

ながす
流 liú 707

なかば
半 bàn 30

ながめる
眺 tiào 1102

ながら
乍 zhà 1409

なかれ
毋 wú 1176
勿 wù 1181
莫 mò 781

ながれる
流 liú 707

なぎさ
汀 tīng 1105
渚 zhǔ 1476

なく
鸣 míng 775
泣 qì 876
啼 tí 1092

なぐさめる
慰 wèi 1160

なくなる
亡 wáng 1144
　　wú 1171

なぐる
殴 ōu 820

なげうつ
抛 pāo 830

なげく
叹（嘆）
　　tàn 1079

なげる
投 tóu 1118

なさけ
情 qíng 905

なし
梨 lí 671

なす
为（爲・為）
　　wéi 1151
　　wèi 1157
成 chéng 132
茄 jiā 517
　　qié 893
做 zuò 1519

なずな
荠 jì 512
　　qí 867

なぞ
谜 mí 761

なた
铊 tā 1070
　　tuó 1132

なだ
滩（灘）
　　tān 1076

ナツ
捺 nà 792

なつ
夏 xià 1201

なつかしい
怀（懷）
　　huái 464

なつめ
枣（棗）
　　zǎo 1403

なでる
抚（撫）
　　fǔ 327

なな
七 qī 863

ななめ
斜 xié 1233

なに
何 hé 431

なべ
锅（鍋）
　　guō 404

なま
生 shēng 991

なまける
怠 dài 204

なます
脍（膾）
　　kuài 636

なまめかしい
艳（艷）
　　yàn 1291

なまり
讹 é 276
铅 qiān 880
　　yán 1287

なみ
并（併・並）
　　bìng 74
波 bō 76
浪 làng 655

なみだ
泪（淚）
　　lèi 667
涕 tì 1094

なめらか
滑 huá 461

なめる
尝（嘗）
　　cháng 120
舐 shì 1018

なやむ
恼（惱）
　　nǎo 797

ならう
仿（倣）
　　fǎng 301
习（習）
　　xí 1190

ならぶ
并（併・並）
　　bìng 74

なり
也 yě 1305

なる
成 chéng 132
鸣 míng 775

なれる
驯 xùn 1275
惯 guàn 394

なわ
绳（繩）
　　shéng 996

ナン
男 nán 793
软 ruǎn 947
南 nā 789
　　nán 794
难（難）
　　nán 795
　　nàn 796
楠 nán 796

なんじ
尔（爾）
　　ěr 280

に

二
二 èr 282
尼 ní 803
你 nǐ 804
贰 èr 283

に
荷 hé 434
　　hè 436

にえ
贽（贄）
　　zhì 1456

にえる
煮 zhǔ 1476

におい
臭 chòu 151
　　xiù 1257

にがい
苦 kǔ 632

にがす
逃 táo 1084

にがり
卤 lǔ 718

にかわ			にぶい			ぬか			ねたむ				nóng	815
胶（膠）			钝	dùn	272	糠	kāng	614	妒（妬）			脑（腦）		
	jiāo	542	ニュウ			ぬく				dù	264		nǎo	797
にぎやか			入	rù	945	拔	bá	15	嫉	jí	507	能	néng	801
赈	zhèn	1433	乳	rǔ	945	ぬぐ			ネツ			瑙	nǎo	798
にぎる			ニョ			脱	tuō	1131	捏	niē	809	囊	nāng	796
握	wò	1168	女	nǚ	817	ぬぐう			ねつ				náng	796
ニク			如	rú	943	拭	shì	1015	热（熱）			のがれる		
肉	ròu	942	ニョウ			ぬし				rè	929	逃	táo	1084
にくい			尿	niào	809	主	zhǔ	1474	ねばる			遁	dùn	272
憎	zēng	1407		suī	1064	ぬすむ			粘	nián	807	のき		
にげる			にら			盗	dào	220		zhān	1412	轩（軒）		
逃	táo	1084	韭（韮）			偷	tōu	1116	ねむる				xuān	1263
にごる				jiǔ	581	ぬの			眠	mián	763	のぎ		
浊（濁）			にらむ			布	bù	93	睡	shuì	1043	禾	hé	429
	zhuó	1492	睨	nì	805	ぬま			ねる			のこぎり		
にし			にる			沼	zhǎo	1423	练（練）			锯	jū	588
西	xī	1184	似	shì	1013	ぬる				liàn	685		jù	593
にじ				sì	1054	涂（塗）			炼（煉）			のこる		
虹	hóng	445	煮	zhǔ	1476		tú	1122		liàn	686	残	cán	101
	jiàng	538	にれ			ぬれる			寝	qǐn	898	のし		
にしき			榆	yú	1370	濡	rú	944	ネン			熨	yù	1378
锦	jǐn	564	にわ						年	nián	805		yùn	1393
にじむ			庭	tíng	1107	**ね**			念	niàn	808	のせる		
渗	shèn	990	にわか			ね			粘	nián	807	乘	chéng	137
にじゅう			俄	é	276	音	yīn	1336		zhān	1412		shèng	998
廿	niàn	808	にわとり			根	gēn	360	然	rán	926	载	zǎi	1396
にしん			鸡（鷄・鶏）			值	zhí	1449	燃	rán	926		zài	1399
鲱	fēi	306		jī	497	ネイ			ねんごろ			のぞく		
にせ			ニン			宁（寧）			恳（懇）			除	chú	156
伪（偽）			人	rén	931		níng	810		kěn	625	のぞむ		
	wěi	1155	认（認）			柠（檸）						临（臨）		
赝	yàn	1292		rèn	935		níng	811	**の**				lín	698
ニチ			任	rén	935	ねがう			の			望	wàng	1148
日	rì	938		rèn	936	愿（願）			乃	nǎi	792	のち		
にな			忍	rěn	935		yuàn	1385	之	zhī	1442	后（後）		
蜷	quán	921	妊	rèn	937	ねぎ			野	yě	1305		hòu	447
になう			にんにく			葱	cōng	174	ノウ			のど		
担	dān	205	蒜	suàn	1063	ねこ			农（農）			咽	yān	1281
	dǎn	208				猫	māo	745		nóng	814		yàn	1291
	dàn	209	**ぬ**				máo	747	纳	nà	791		yè	1308
荷	hé	434	ぬう			ねずみ			恼（惱）			喉	hóu	446
	hè	436	缝	féng	319	鼠	shǔ	1032		nǎo	797			
				fèng	320				浓（濃）					

ののしる～はしか

ののしる
骂（罵）		
	mà	737

のびる
延	yán	1283
伸	shēn	984

のべる
述	shù	1033

のぼり
帜	zhì	1454

のぼる
上	shǎng	972
	shàng	973
升（昇）		
	shēng	991
登	dēng	226

のみ
已	yǐ	1325
蚤	zǎo	1403
凿	záo	1402

のむ
吞	tūn	1129
饮	yín	1340
	yìn	1342

のり
纪	jì	508
	jì	511
则	zé	1405
典	diǎn	238
法	fǎ	288
规	guī	399
糊	hū	452
	hú	454
	hù	457

のる
乘	chéng	137
	shèng	998
载	zǎi	1396
	zài	1399

のろう
咒（呪）		
	zhòu	1469

のろし
烽	fēng	319

は

ハ
巴	bā	14
把	bǎ	16
	bà	19
波	bō	76
爬	pá	822
坡	pō	855
玻	bō	77
派	pā	822
	pài	826
破	pò	856
播	bō	77
霸	bà	20

は
刃	rèn	935
叶（葉）		
	xié	1232
	yè	1307
齿（齒）		
	chǐ	142

バ
马（馬）		
	mǎ	734
骂（罵）		
	mà	737
婆	pó	855

ば
场（場）		
	cháng	119
	chǎng	121

ハイ
沛	pèi	834
败	bài	26
杯	bēi	42
废（廢）		
	fèi	308
肺	fèi	307
佩	pèi	834
拜	bài	26
背	bēi	43
胚	pēi	832
俳	pái	824
配	pèi	834
排	pái	824
	pǎi	826
徘	pái	825
辈	bèi	48
牌	pái	825

はい
灰	huī	475

バイ
贝（貝）		
	bèi	45
买（買）		
	mǎi	738
狈	bèi	45
卖（賣）		
	mài	739
倍	bèi	46
陪	péi	833
梅	méi	751
培	péi	833
媒	méi	751
赔	péi	833
煤	méi	752

はいる
入	rù	945

はう
这（這）		
	zhè	1427
	zhèi	1429

はえ
蝇（蠅）		
	yíng	1346

はえる
生	shēng	991
映	yìng	1348

はか
墓	mù	787

はがね
钢（鋼）		
	gāng	346
	gàng	347

はかり
秤	chèng	138

はかりごと
策	cè	107

はかる
计	jì	509
图（圖）		
	tú	1121
评	píng	853
测	cè	107
谋	móu	783
量	liáng	688
	liàng	691

はぎ
萩	qiū	910

ハク
白	bái	20
伯	bó	25
	bó	78
泊	bó	78
	pō	855
帛	bó	78
拍	pāi	823
迫	pǎi	826
	pò	856
柏	bǎi	25
	bó	78
	bò	80
剥	bāo	36
	bō	77
舶	bó	79
粕	pò	858
博	bó	79
魄	bó	80
	pò	858
拓	tuò	1133
薄	báo	36
	bó	80
	bò	81

はく
扫（掃）		
	sǎo	959
	sào	960
吐	tǔ	1124
	tù	1124
履	lǚ	723

はぐ
剥	bāo	36
	bō	77

バク
麦	mài	738
莫	mò	781
缚	fù	334
漠	mò	781
幕	mù	787
暴	bào	41
	pù	862
爆	bào	42

はげ
秃	tū	1120

はげしい
烈	liè	696
激	jī	501

はげむ
励	lì	678

はげる
秃	tū	1120
剥	bāo	36
	bō	77

ばける
化	huā	457
	huà	461

はこ
函	hán	417
箱	xiāng	1216

はこぶ
运（運）		
	yùn	1391

はさむ
夹	gā	336
	jiā	516
	jiá	520
挟	xié	1233

はし
桥（橋）		
	qiáo	891
端	duān	265
箸	zhù	1480

はしか
疹	zhěn	1432

(100) はじ〜ヒ

はじ
耻	chǐ	143

はじく
弹	dàn	210
	tán	1077

はしご
梯	tī	1090

はしばみ
榛	zhēn	1432

はじまる
始	shǐ	1010

はじめ
初	chū	155
肇	zhào	1425

はしら
柱	zhù	1479

はしる
走	zǒu	1506

はじる
耻（恥）		
	chǐ	143
羞	xiū	1256
愧	kuì	642

はす
莲（蓮）		
	lián	683

はずかしめる
辱	rǔ	945

はずす
外	wài	1136

はずむ
弹	dàn	210
	tán	1077

はぜ
栌（櫨）		
	lú	717

はせる
驰	chí	141

はた
秦	Qín	897
端	duān	265
旗	qí	869
幡	fān	290

はだ
肌	jī	497

はだか
裸	luǒ	729

はたす
果	guǒ	407

ハチ
八	bā	13
钵	bō	77

はち
蜂	fēng	319

ハツ
发（發・髮）		
	fā	284
	fa	289

バツ
伐	fá	287
阀	fá	288
罚（罰）		
	fá	287

はてる
果	guǒ	407

はと
鸠	jiū	580

はな
华（華）		
	huā	457
	huá	460
	Huà	463
花	huā	457
鼻	bí	53

はなし
咄	duō	274
话	huà	464

はなす
放	fàng	302
离（離）		
	lí	670

はなはだしい
甚	shén	988
	shèn	990

はなれる
离	lí	670

はに
埴	zhí	1449

はね
羽	yǔ	1372
翅	chì	144

はねる
刎	wěn	1164
跳	tiào	1102

はは
母	mǔ	784

はば
巾	jīn	560
幅	fú	326

はばかる
惮（憚）		
	dàn	210

ばば
婆	pó	855

はばむ
阻	zǔ	1510

はぶく
省	shěng	996
	xǐng	1250

はべる
侍	shì	1014

はま
浜	bāng	33
滨（濱）		
	bīn	71

はまぐり
蛤	gé	356
	há	412

はめる
嵌	qiàn	885

はも
鳢	lǐ	675

はやい
早	zǎo	1402
速	sù	1061

はやし
林	lín	697

はやぶさ
隼	sǔn	1067

はら
肚	dǔ	263
	dù	264
原	yuán	1380
腹	fù	334

はらう
拂	fú	323
祓	bó	79

はらす
晴	qíng	906

はらむ
孕	yùn	1391
妊	rèn	937

はり
针	zhēn	1429
梁	liáng	687

はりつけ
磔	zhé	1427

はる
张（張）		
	zhāng	1416
春	chūn	166
贴	tiē	1103

はるか
遥	yáo	1301

はれる
肿（腫）		
	zhǒng	1464
晴	qíng	906

ハン
凡	fán	291
反	fǎn	293
半	bàn	30
犯	fàn	296
帆	fān	289
坂	bǎn	29
伴	bàn	32
饭	fàn	296
判	pàn	828
板	bǎn	29
版	bǎn	29
范（範）		
	fàn	297
贩	fàn	297
班	bān	27
颁	bān	28
般	bān	28
	bō	77
烦	fán	291
畔	pàn	829
斑	bān	28
搬	bān	28
繁	fán	292
	pó	856
藩	fān	290

バン
万	mò	780
	wán	1142
坂	bǎn	29
伴	bàn	32
判	pàn	828
板	bǎn	29
盘（盤）		
	pán	827
晚	wǎn	1141
番	fān	289
	pān	826
蛮	mán	740
蕃	fān	290
	fán	292

ひ

ヒ
匕	bǐ	53
飞（飛）		
	fēi	303
比	bǐ	53
丕	pī	838
皮	pí	839
庀	pǐ	842
妃	fēi	305
否	fǒu	321
	pǐ	842
批	pī	838
卑	bēi	43
彼	bǐ	55
泌	Bì	58
	mì	762

非 fēi	305	**ひきいる**		**ひだ**		**ひとり**		标（標）
肥 féi	306	率 lǜ	723	襞 bì	60	独 dú	262	biāo 66
费 fèi	308	shuài	1037	**ひたい**		孤 gū	376	俵 biào 69
罢（罷）		**ひく**		额 é	277	**ひな**		豹 bào 41
bà	20	引 yǐn	1339	**ひたす**		雏（雛）		彪 biāo 67
ba	20	曳 yè	1307	浸 jìn	567	chú	157	票 piào 847
被 bèi	46	牵 qiān	879	**ひだり**		**ひのき**		漂 piāo 846
秘 bì	58	挽 wǎn	1141	左 zuǒ	1515	桧（檜）		piǎo 847
mì	762	弹 dàn	210	**ひたる**		guì	402	piào 847
疲 pí	841	tán	1077	浸 jìn	567	huì	483	**ひょう**
悲 bēi	43	惹 rě	928	**ヒチ**		**ひびく**		雹 báo 36
扉 fēi	306	**ひくい**		筚 bì	58	响（響）		**ビョウ**
斐 fěi	307	低 dī	229	**ヒツ**		xiǎng	1217	苗 miáo 767
碑 bēi	44	**ひげ**		必 bì	56	**ひま**		杪 miǎo 768
避 bì	60	髯 rán	926	毕（畢）		隙 xì	1195	庙（廟）
ひ		髭 zī	1495	bì	57	暇 xiá	1196	miào 769
火 huǒ	488	**ひこ**		泌 Bì	58	**ひめ**		屏 bǐng 74
日 rì	938	彦 yàn	1291	mì	762	姬 jī	499	píng 854
灯 dēng	226	**ひざ**		笔（筆）		媛 yuán	1383	秒 miǎo 768
ビ		膝 xī	1189	bǐ	55	yuàn	1385	病 bìng 75
尾 wěi	1155	**ひさご**		**ひつ**		**ひめる**		描 miáo 768
yǐ	1327	瓢 piáo	846	柜（櫃）		秘 bì	58	**ひら**
备（備）		**ひさしい**		guì	401	mì	762	平 píng 850
bèi	45	久 jiǔ	581	jǔ	589	**ひも**		**ひらく**
眉 méi	750	**ひざまずく**		柩 jiù	584	纽 niǔ	813	开（開）
美 měi	752	跪 guì	402	**ひつぎ**		**ヒャク**		kāi 605
微 wēi	1150	**ひし**		柩 jiù	584	百 bǎi	24	**ひらめ**
鼻 bí	53	菱 líng	702	棺 guān	392	bó	77	鲆 píng 855
ひいでる		**ひじ**		**ひつじ**		**ひやす**		**ひらめく**
秀 xiù	1257	肘 zhǒu	1469	羊 yáng	1294	冷 lěng	668	闪 shǎn 968
ひえ		臂 bei	48	**ひづめ**		**ビュウ**		**ひる**
稗 bài	27	bì	60	蹄 tí	1092	谬 miù	777	昼 zhòu 1470
ひえる		**ひしゃく**		**ひでり**		缪 Miào	769	蛭 zhì 1457
冷 lěng	668	杓 biāo	66	旱 hàn	420	miù	777	**ひるがえす**
ひかえる		sháo	979	**ひと**		móu	783	翻 fān 290
控 kòng	629	**ひそか**		人 rén	931	**ひよ**		**ひろ**
ひがし		窃 qiè	894	**ひとしい**		鹎 bēi	44	寻（尋）
东（東）		秘 bì	58	均 jūn	601	**ヒョウ**		xún 1272
dōng	253	mì	762	等 děng	227	冯 Féng	319	**ひろい**
ひかり		密 mì	762	**ひとつ**		冰（氷）		广（廣）
光 guāng	395	**ひそむ**		一 yī	1308	bīng	71	ān 5
ヒキ		潜 qián	884	**ひとみ**		兵 bīng	72	guǎng 397
匹 pǐ	842	**ひそめる**		眸 móu	783	评 píng	853	宏 hóng 445
		颦 pín	849	瞳 tóng	1114	表 biǎo	68	浩 hào 428

ひろう～フン

宽(寬) kuān	636	
博 bó	79	

ひろう
拾 shí	1008	

ヒン
贫 pín	848
品 pǐn	849
浜 bāng	33
宾(賓) bīn	70
彬 bīn	71
滨(濱) bīn	71
频 pín	849
濒 bīn	71

ビン
贫 pín	848
便 biàn	64
pián	844
闽 Mǐn	771
瓶 píng	855
敏 mǐn	771
槟(檳) bīn	71
bīng	73
鬓(鬢) bìn	71

ふ

フ
不 bù	82
夫 fū	321
fú	322
父 fǔ	327
fù	329
讣 fù	329
布 bù	93
付 fù	329
妇(婦) fù	330
负 fù	330
步 bù	93
芙 fú	323

扶 fú	323
附 fù	330
巫 wū	1170
怖 bù	94
肤(膚) fū	322
府 fǔ	328
阜 fù	331
赴 fù	331
浮 fú	325
釜 fǔ	328
埠 bù	94
符 fú	326
傅 fù	333
富 fù	333
赋 fù	333
普 pǔ	861
溥 pǔ	861
腐 fǔ	328
谱 pǔ	862
敷 fū	322

ブ
抚(撫) fǔ	327
武 wǔ	1179
侮 wǔ	1180
部 bù	94
葡 pú	860
舞 wǔ	1180

フウ
风(風) fēng	315
冯 Féng	319
讽(諷) fěng	320
枫(楓) fēng	318
封 fēng	318

ふえ
笛 dí	231

ふえる
殖 shi	1019
zhí	1450
增 zēng	1407

ふかい
深 shēn	986

フク
伏 fú	322
服 fú	324
fù	331
复(復·複) fù	331
副 fù	333
幅 fú	326
福 fú	326
腹 fù	334
覆 fù	334

ふく
吹 chuī	165
喷 pēn	835
pèn	835

ふぐ
鲅 fù	334

ふくむ
含 hán	417

ふくらむ
膨 péng	837

ふくろ
袋 dài	204

ふくろう
枭(梟) xiāo	1220

ふける
老 lǎo	657
更 gēng	361
gèng	363

ふさ
房 fáng	300

ふさぐ
塞 sāi	952
sài	952
sè	961

ふし
节(節) jiē	549
jié	552

ふじ
藤 téng	1090

ふす
伏 fú	322
卧 wò	1168

ふすま
袄(襖) ǎo	11

ふせぐ
防 fáng	299

ふせる
伏 fú	322
卧 wò	1168
俯 fǔ	328

ふた
二 èr	282
双 shuāng	1038
盖(蓋) gài	338
Gě	357

ふだ
札 zhá	1409

ぶた
豚 tún	1129

ふたたび
再 zài	1396

ふち
渊(淵) yuān	1379
缘 yuán	1383

フツ
弗 fú	322
茀 fèi	307
fú	323
沸 fèi	308
拂 fú	323

ブツ
佛 fó	321
fú	323
物 wù	1181

ふで
笔(筆) bǐ	55

ふとい
太 tài	1074

ふところ
怀(懷) huái	464

ふな
鲋 fù	334

ふね
舟 zhōu	1468
船 chuán	162

ふみ
文 wén	1161

ふむ
踏 tā	1071
tà	1071

ふもと
麓 lù	721

ふやす
殖 shi	1019
zhí	1450
增 zēng	1407

ふゆ
冬 dōng	254

ふる
降 jiàng	538
xiáng	1216
振 zhèn	1433

ふるい
古 gǔ	377

ふるう
奋(奮) fèn	314
振 zhèn	1433

ふるえる
震 zhèn	1433

ふれる
触 chù	159

フン
分 fēn	309
fèn	313
刎 wěn	1164
纷 fēn	312
坟(墳) fén	312
氛(雰) fēn	312

奋（奮）		癖 pǐ	842	偏 piān	843	慕 mù	787	奉 fèng	320
	fèn	314	霹 pī	839	编 biān	61	暮 mù	787	褒 bāo	36
贲 bēn	49	**ベキ**		遍 biàn	65	簿 bù	94	**ボウ**	
	bì	58	汨 Mì	762	篇 piān	844	**ホウ**		亡 wáng	1144
粉 fěn	313	**へこむ**		**ベン**		方 fāng	297		wú	1171
焚 fén	312	凹 āo	10	卞 biàn	63	丰（豐）		乏 fá	287
愤 fèn	314	**へそ**		弁 biàn	63		fēng	314	卯 mǎo	747
粪（糞）		脐（臍）		汴 Biàn	63	凤（鳳）		防 fáng	299
	fèn	314		qí	868	勉 miǎn	765		fèng	320	忙 máng	744
喷 pēn	835	**へだてる**		便 biàn	64	包 bāo	34	坊 fāng	298
	pèn	835	隔 gé	357		pián	844	邦 bāng	32		fáng	300
ブン		**べつ**		骈 pián	844	访 fǎng	301	妨 fáng	300
分 fēn	309	别 bié	69	辩（辯）		仿 fǎng	301	纺 fǎng	301
	fèn	313		biè	70		biàn	66	报（報）		忘 wàng	1148
文 wén	1161	蔑 miè	769	辨 biàn	65		bào	39	房 fáng	300
闻 wén	1164	**へつらう**		辫（辮）		芳 fāng	299	肪 fáng	300
		谄 chǎn	116		biàn	66	彷 fǎng	301	贸 mào	748
へ		**べに**		鞭 biān	62		páng	829	冒 mào	748
		红 gōng	368			宝 bǎo	37		Mò	781
屁 pì	842		hóng	442	**ほ**		饱 bǎo	36	某 mǒu	784
べ		**へび**		**ホ**		抱 bào	40	剖 pōu	858
边（邊）		蛇 shé	981	补（補）		法 fǎ	288	谋 móu	783
	biān	60		yí	1323		bǔ	81	放 fàng	302	望 wàng	1148
部 bù	94	**へらす**		步 bù	93	奉 fèng	320	傍 bàng	34
ヘイ		减（減）		甫 fǔ	327	庞（龐）		棒 bàng	34
币（幣）			jiǎn	528	亩（畝）			páng	829	帽 mào	748
	bì	56	**へりくだる**			mǔ	784	泡 pāo	830	暴 bào	41
丙 bǐng	73	逊（遜）		保 bǎo	37		pào	832		pù	862
平 píng	850		xùn	1275	捕 bǔ	82	朋 péng	836	膨 péng	837
闭 bì	57	**へる**		浦 pǔ	861	帮（幫）		**ほうき**	
并（倂·並）		经（經）		铺 pū	859		bāng	32	帚（箒）	
	Bīng	72		jīng	569		pù	862	炮（砲）			zhǒu	1469
	bìng	74	减（減）		**ほ**			bāo	36	彗 huì	483
兵 bīng	72		jiǎn	528	帆 fān	289		páo	831	**ほうむる**	
陛 bì	58	**ヘン**		穗 suì	1066		pào	832	葬 zàng	1401
柄 bǐng	74	片 piān	843	**ボ**		胞 bāo	36	**ほうる**	
聘 pìn	850		piàn	845	母 mǔ	784	封 fēng	318	抛 pāo	830
弊 bì	59	边（邊）		戊 wù	1181	筋 fāng	301	**ほえる**	
ベイ			biān	60	菩 pú	860	峰 fēng	318	吠 fèi	307
米 mǐ	761	返 fǎn	295	募 mù	787	逢 féng	319	吼 hǒu	447
ヘキ		贬 biǎn	62	墓 mù	787	俸 fèng	320	**ほお**	
碧 bì	59	变（變）		模 mó	778	崩 bēng	51	颊 jiá	520
壁 bì	59		biàn	63		mú	784	彭 Péng	836	**ほか**	
璧 bì	60	扁 biǎn	63	摹 mó	777	缝 féng	319	他 tā	1070

(104) ほがらか〜また

外 wài	1136	ほたる		ほろびる		枚 méi	750	まぐろ	
ほがらか		蛍（螢）		灭（滅）		妹 mèi	754	鮪 wěi	1157
朗 lǎng	655		yíng	1345	miè	769	昧 mèi	754	**まける**	
ホク		**ボツ**		**ホン**		埋 mái	737	负 fù	330
北 běi	44	没 méi	749	本 běn	49	mán	740	败 bài	26
ボク		勃 bó	78	奔 bēn	48	**まいる**		**まげる**	
卜 bo	81		mò	780	bèn	50	参 cān	100	曲 qū	913
木 mù	785	**ほっする**		翻 fān	290	cēn	108	qǔ	915
仆（僕）		欲 yù	1376	**ボン**		shēn	986	**まご**	
pū	859	**ほど**		凡 fán	291	**まう**		孙（孫）	
pú	860	程 chéng	137	盆 pén	835	舞 wǔ	1180	sūn	1066
扑（撲）		**ほとけ**		烦 fán	291	**まえ**		**まこと**	
pū	859	佛 fó	321	梵 fàn	297	前 qián	881	诚 chéng	135
朴（樸）		fú	323			**まがき**		真 zhēn	1430
Piáo	846	**ほどこす**		**ま**		篱（籬）		**まさに**	
pō	855	施 shī	1002	**マ**		lí	672	正 zhēng	1434
pò	856	**ほとんど**		么（麼）		**まかす**		zhèng	1437
pǔ	861	殆 dài	204	ma	737	负 fù	330	将（將）	
牧 mù	787	**ほね**		me	749	任 rén	935	jiāng	535
睦 mù	787	骨 gū	376	yāo	1298	rèn	936	jiàng	538
墨 mò	782	gǔ	379	妈 mā	733	**まかせる**		**まさる**	
穆 mù	788	**ほのお**		吗 má	733	委 wēi	1149	胜（勝）	
ほこ		炎 yán	1286	mǎ	736	wěi	1155	shēng	996
戈 gē	353	焰 yàn	1292	ma	737	**まかなう**		shèng	997
矛 máo	746	**ほのか**		码 mǎ	736	贿 huì	483	**まざる**	
戟 jǐ	509	仄 zè	1406	麻 mā	733	**まげる**		交 jiāo	539
ほこら		**ほまれ**		má	733	曲 qū	913	混 hún	485
祠 cí	170	誉 yù	1378	摩 mā	733	**まき**		hùn	486
ほこり		**ほめる**		mó	778	卷 juǎn	595	**まじわる**	
埃 āi	3	褒 bāo	36	磨 mó	778	牧 mù	787	交 jiāo	539
ほこる		**ほら**		mò	783	薪 xīn	1243	**ます**	
夸（誇）		洞 dòng	257	魔 mó	779	**まぎれる**		升 shēng	991
kuā	634	**ほり**		**ま**		纷 fēn	312	益 yì	1332
ほし		濠 háo	424	马（馬）		**マク**		增 zēng	1407
星 xīng	1245	**ほる**		mǎ	734	幕 mù	787	鳟 zūn	1514
ほす		掘 jué	599	间（間）		膜 mó	778	**まずしい**	
干 gān	339	雕（彫）		jiān	524	**まく**		贫 pín	848
gàn	344	diāo	245	jiàn	531	莳（蒔）		**まぜる**	
ほぞ		**ほれる**		真 zhēn	1430	shì	1018	混 hún	485
脐（臍）		惚 hū	452	**マイ**		播 bō	77	hùn	486
qí	868	**ほろ**		迈（邁）		撒 sā	951	**また**	
ほそい		幌 huǎng	475	mài	738	sǎ	952	又 yòu	1364
细 xì	1194			米 mǐ	761	**まくら**		叉 chā	108
				每 měi	752	枕 zhěn	1432	chá	110

またぐ～みのる (105)

chǎ	112	**まとう**	**まるい**	**みこ**	**みちる**
亦 yì	1329	缠（纏）	丸 wán 1139	巫 wū 1170	充 chōng 145
股 gǔ	378	chán 115	**まれ**	**みことのり**	满 mǎn 741
复（復）		**まどう**	稀 xī 1187	诏 zhào 1424	**ミツ**
fù	331	惑 huò 493	**まわす**	**みごもる**	密 mì 762
またぐ		**まないた**	回 huí 477	妊 rèn 937	蜜 mì 763
跨 kuà	634	俎 zǔ 1511	**まわり**	**みさお**	**みつぐ**
またたく		**まなこ**	周 zhōu 1468	操 cāo 104	贡 gòng 371
瞬 shùn	1045	眼 yǎn 1288	**マン**	**みさき**	**みとめる**
まだら		**まなじり**	万 mò 780	岬 jiǎ 520	认（認）
斑 bān	28	眦（眥）	wàn 1142	**みじかい**	rèn 935
まち		zì 1503	曼 màn 742	短 duǎn 266	**みどり**
町 dīng	249	**まなぶ**	满 mǎn 741	**みじめ**	绿 lù 719
tīng	1108	学 xué 1268	漫 màn 742	惨 cǎn 102	lǜ 723
街 jiē	552	**まぬがれる**	慢 màn 743	**みず**	翠 cuì 181
マツ		免 miǎn 764		水 shuǐ 1040	**みな**
末 mò	780	**まねく**	**み**	**みずうみ**	皆 jiē 550
抹 mā	733	招 zhāo 1420		湖 hú 454	**みなぎる**
mò	779	**まばゆい**	**ミ**	**みずから**	涨（漲）
mò	780	眩 xuàn 1267	未 wèi 1158	自 zì 1497	zhǎng 1418
沫 mò	781	**まぶた**	弥 mí 759	**みずち**	zhàng 1420
茉 mò	780	睑（瞼）	味 wèi 1159	蛟 jiāo 543	**みなと**
まつ		jiǎn 529	箕 jī 500	**みせ**	凑（湊）
松 sōng	1055	**まぼろし**	魅 mèi 754	店 diàn 243	còu 176
待 dāi	201	幻 huàn 468	**み**	**みぞ**	港 gǎng 347
dài	204	**まむし**	三 sān 953	沟（溝）	**みなみ**
まったく		蝮 fù 334	巳 sì 1052	gōu 372	南 nā 789
全 quán	918	**まめ**	身 shēn 985	**みたす**	nán 794
まつり		豆 dòu 259	实（實）	满 mǎn 741	**みなもと**
祭 jì	514	**まもる**	shí 1007	**みだす**	源 yuán 1383
まつりごと		守 shǒu 1022	**みがく**	乱 luàn 725	**みにくい**
政 zhèng	1441	护（護）	研 yán 1286	**みだら**	丑（醜）
まつる		hù 456	琢 zhuó 1493	淫 yín 1339	chǒu 150
祀 sì	1054	**まゆ**	zuó 1515	猥 wěi 1156	**みね**
祭 jì	514	茧（繭）	磨 mó 778	**みだり**	岭（嶺）
まで		jiǎn 527	mò 783	妄 wàng 1147	lǐng 704
迄 qì	875	眉 méi 750	**みかど**	**みだれる**	峰 fēng 318
まと		**まゆずみ**	帝 dì 236	乱 luàn 725	**みの**
的 de	224	黛 dài 205	**みき**	**みち**	蓑 suō 1067
dí	230	**まよう**	干（幹）	道 dào 220	**みのる**
dì	236	迷 mí 760	gàn 344	路 lù 720	实（實）
まど		**まり**	**みぎ**	**みちびく**	shí 1007
窗 chuāng	163	鞠 jū 588	右 yòu 1365	导（導）	稔 rěn 935
			みぎわ	dǎo 216	
			汀 tīng 1105		

(106)　みまかる～モク

みまかる		mù	786	níng	811	め		面 miàn 765
薨 hōng 442		梦（夢）		筵 yán 1287		女 nǚ 817		绵 mián 763
みみ			mèng 759	むす		目 mù 786		棉 mián 764
耳 ěr 280		鹉 wǔ 1180		蒸 zhēng 1436		芽 yá 1279		
みみずく		雾（霧）		むずかしい		眼 yǎn 1288		も
鸺 xiū 1257			wù 1183	难（難）		メイ		モ
みや		むかう			nán 795	名 míng 772		茂 mào 747
宫 gōng 369		向 xiàng 1218			nàn 796	明 míng 773		模 mó 778
ミャク		むかえる		むすぶ		鸣 míng 775			mú 784
脉（脈）		迎 yíng 1344		结 jiē 550		命 mìng 776		摹 mó 777
	mài 740	むかし			jié 554	迷 mí 760		も
	mò 781	昔 xī 1186		むすめ		谜 mí 761		丧（喪）
みやこ		むぎ		娘 niáng 808		铭 míng 776			sāng 958
都 dōu 258		麦 mài 738		むち		盟 méng 757			sàng 958
	dū 261	むく		笞 chī 140		めい		裳 cháng 121
みやび		向 xiàng 1218		策 cè 107		侄（姪）			shang 978
雅 yā 1279		剥 bāo 36		鞭 biān 62			zhí 1449	藻 zǎo 1403
	yǎ 1280		bō 77	むつまじい		めかけ		モウ
ミョウ		椋 liáng 688		睦 mù 787		妾 qiè 894		亡 wáng 1144
妙 miào 768		むくいる		むなしい		めぐむ			wú 1171
茗 míng 776		报（報）		空 kōng 625		惠 huì 483		毛 máo 745
冥 míng 776			bào 39		kòng 628	めぐる		网（網）
みる		酬 chóu 149		虚 xū 1259		巡 xún 1273			wǎng 1145
见 jiàn 530		むくげ		むね		绕（繞）		妄 wàng 1147
	xiàn 1208	毳 cuì 181		旨 zhǐ 1451			rào 928	盲 máng 744
观（觀）		むくろ		宗 zōng 1503		めし		孟 mèng 759
	guān 390	骸 hái 413		栋（棟）		饭 fàn 296		耗 hào 428
	guàn 393	むこ			dòng 257	めす		猛 měng 758
诊 zhěn 1432		婿 xù 1262		胸 xiōng 1253		召 Shào 980		蒙 mēng 757
视 shì 1015		むごい		むら			zhào 1423		méng 757
看 kān 611		酷 kù 634		村 cūn 181		牝 pìn 850			Měng 758
	kàn 612	むさぼる		邑 yì 1330		雌 cí 172		もうける
ミン		贪 tān 1076		むらさき		めずらしい		设 shè 981
民 mín 769		むし		紫 zǐ 1497		珍 zhēn 1430		储 chǔ 158
眠 mián 763		虫 chóng 146		むらす		メツ		もうす
む		むじな		蒸 zhēng 1436		灭（滅）		申 shēn 984
		貉 háo 423		むれ			miè 769	もうでる
ム			hé 435	群 qún 924		めでる		诣 yì 1331
无（無）		むしばむ		むろ		爱（愛）		もえる
	wú 1171	蚀（蝕）		室 shì 1017			ài 4	萌 méng 757
矛 máo 746			shí 1009	め		めとる		燃 rán 926
务（務）		むしろ		メ		娶 qǔ 916		モク
	wù 1181	宁（寧）		玛 mǎ 736		メン		木 mù 785
牟 móu 783			níng 810			免 miǎn 764		目 mù 786

沐 mù	786	**もも**		屋 wū	1170	**やすむ**		**やり**	
默 mò	782	桃 táo	1085	哉 zāi	1396	休 xiū	1254	枪（槍）	
もぐる		腿 tuǐ	1127	家 jiā	517	**やせる**			qiāng 886
潜 qián	884	**もや**			jie 560	瘦 shòu	1026	**やわら**	
もしくは		霭 ǎi	4	**やいば**		**やつ**		柔 róu	941
若 ruò	949	**もよおす**		刃 rèn	935	八 bā	13	**やわらかい**	
もだえる		催 cuī	180	**やかた**		奴 nú	816	软 ruǎn	947
闷 mēn	754	**もらう**		馆 guǎn	392	**やつれる**		柔 róu	941
	mèn 756	贳 shì	1015	**やから**		悴 cuì	181	**やわらぐ**	
もち		**もらす**		辈 bèi	48	**やど**		和 hé	432
饼 bǐng	74	泄 xiè	1234	**ヤク**		宿 sù	1061		hè 435
もちいる		漏 lòu	716	厄 è	277		xiǔ 1257		hú 452
用 yòng	1352	**もり**		约 yāo	1298		xiù 1258		huó 487
もちごめ		守 shǒu	1022		yuē 1385	**やとう**			huò 491
糯 nuò	819	杜 dù	264	译（譯）		雇 gù	383		
もつ		森 sēn	961		yì 1331	**やなぎ**		**ゆ**	
持 chí	142	**もる**		役 yì	1330	柳 liǔ	710	**ユ**	
もって		盛 chéng	137	药（藥）		**やぶ**		由 yóu	1355
以 yǐ	1325		shèng 998		yào 1302	薮 sǒu	1059	油 yóu	1357
もっとも		漏 lòu	716	疫 yì	1331	**やぶる**		俞 shù	1034
尤 yóu	1355	**もろい**		益 yì	1332	破 pò	856		yú 1369
最 zuì	1513	脆 cuì	180	跃（躍）		**やぶれる**		庾 yǔ	1373
もっぱら		**もろもろ**			yuè 1388	败 bài	26	谕 yù	1377
专（專）		诸 zhū	1471	**やく**		破 pò	856	愉 yú	1370
	zhuān 1481	**モン**		烧（燒）		**やま**		喻 yù	1377
もてあそぶ		门（門）			shāo 978	山 shān	965	输 shū	1030
弄 lòng	714		mén 754	**やぐら**		**やまい**		愈（癒）	
	nòng 815	文 wén	1161	橹 lǔ	718	病 bìng	75		yù 1377
玩 wán	1140	问 wèn	1165	**やさしい**		**やむ**		**ゆ**	
もと		闷 mēn	754	优（優）		已 yǐ	1325	汤（湯）	
下 xià	1197		mèn 756		yōu 1353	止 zhǐ	1450		shāng 971
元 yuán	1379	纹 wén	1164	易 yì	1331	罢（罷）			tāng 1080
本 běn	49		wèn 1166	**やしき**			bà 20	**ユイ**	
素 sù	1060			邸 dǐ	232		ba 20	惟 wéi	1154
基 jī	499	**や**		**やしなう**		病 bìng	75	唯 wéi	1153
もとめる		**ヤ**		养（養）		**やめる**		**ユウ**	
求 qiú	910	也 yě	1305		yǎng 1297	辞 cí	171	尤 yóu	1355
もどる		冶 yě	1305	**やじり**		**やもめ**		友 yǒu	1360
戾 lì	679	夜 yè	1307	镞 zú	1510	寡 guǎ	385	由 yóu	1355
もの		野 yě	1305	**やしろ**		**やや**		右 yòu	1365
物 wù	1181	**や**		社 shè	982	稍 shāo	978	优（優）	
者 zhě	1427	八 bā	13	**やすい**			shào 980		yōu 1353
もむ		矢 shǐ	1009	安 ān	5			有 yǒu	1360
揉 róu	942	弥 mí	759	靖 jìng	578				yòu 1365

邑 yì 1330	**ゆだねる**	嘉 jiā 519	浴 yù 1375	**よる**	
忧（憂）	委 wěi 1149	**ヨウ**	翌 yì 1332	因 yīn 1334	
yōu 1354	wěi 1155	夭 yāo 1298	欲 yù 1376	夜 yè 1307	
邮（郵）	**ゆでる**	叶（葉）	翼 yì 1334	依 yī 1320	
yóu 1356	茹 rú 944	xié 1232	**よける**	倚 yǐ 1327	
犹（猶）	**ゆび**	yè 1307	避 bì 60	寄 jì 514	
yóu 1356	指 zhǐ 1452	用 yòng 1352	**よこ**	**よろい**	
佑 yòu 1365	**ゆみ**	幼 yòu 1365	横 héng 440	甲 jiǎ 520	
勇 yǒng 1351	弓 gōng 365	阳（陽）	hèng 441	铠（鎧）	
幽 yōu 1354	**ゆめ**	yáng 1294	**よこしま**	kǎi 610	
诱 yòu 1366	梦（夢）	扬（揚）	邪 xié 1232	**よろこぶ**	
悠 yōu 1355	mèng 759	yáng 1293	yé 1304	欢（歡）	
雄 xióng 1253	**ゆるす**	羊 yáng 1294	**よごす**	huān 466	
游（遊）	许 xǔ 1260	炀（煬）	污（汚）	庆（慶）	
yóu 1358	恕 shù 1034	yáng 1296	wū 1169	qìng 907	
裕 yù 1377	赦 shè 983	炀（煬）	**よし**	悦 yuè 1388	
融 róng 941	**ゆるむ**	yàng 1298	由 yóu 1355	喜 xǐ 1192	
ゆう	缓 huǎn 468	杨（楊）	**よじる**	**よろしい**	
夕 xī 1184	弛 chí 141	yáng 1295	攀 pān 826	宜 yí 1322	
结 jiē 550	**ゆれる**	拥（擁）	**よせる**	**よわい**	
jié 554	摇 yáo 1300	yōng 1349	寄 jì 514	弱 ruò 949	
ゆえ		洋 yáng 1295	**よそおう**	龄 líng 703	
故 gù 382	**よ**	养 yǎng 1297	装 zhuāng 1486	**よん**	
ゆか	**ヨ**	要 yāo 1299	**よだれ**	四 sì 1052	
床 chuáng 164	与 yú 1367	yào 1302	涎 xián 1205		
ゆがみ	yǔ 1371	容 róng 940	**よど**	**ら**	
歪 wāi 1135	yù 1373	样（樣）	淀 diàn 244	**ラ**	
ゆき	予 yú 1367	yàng 1298	**よぶ**	拉 lā 645	
雪 xuě 1270	yǔ 1371	窑（窯）	呼 hū 451	lá 646	
ゆく	余 yú 1367	yáo 1300	**よみがえる**	lǎ 646	
行 háng 421	预 yù 1375	庸 yōng 1350	苏（蘇）	罗（羅）	
xíng 1247	誉 yù 1378	谣 yáo 1300	sū 1059	luó 728	
往 wǎng 1146	豫 yù 1378	溶 róng 940	**よむ**	裸 luǒ 729	
逝 shì 1018	**よ**	蓉 róng 940	咏（詠）	**ライ**	
ゆず	代 dài 202	腰 yāo 1299	yǒng 1351	礼 lǐ 672	
柚 yóu 1358	世 shì 1011	摇 yáo 1300	读（讀）	来 lái 648	
yòu 1365	夜 yè 1307	踊 yǒng 1352	dòu 260	赖（賴）	
ゆずる	**よい**	曜 yào 1304	dú 263	lài 650	
让（讓）	好 hǎo 424	**よう**	**よめ**	雷 léi 665	
ràng 927	hào 427	醉 zuì 1513	嫁 jià 523	**ラク**	
ゆたか	良 liáng 686	**ようやく**	**よもぎ**	乐（樂）	
丰（豐）	佳 jiā 517	渐 jiān 526	艾 ài 4	lè 663	
fēng 314	宵 xiāo 1222	jiàn 534	yì 1329	yuè 1387	
	善 shàn 969	**ヨク**	蓬 péng 836	络 lào 662	
		抑 yì 1330			

	luò	730	理 ⅱ	674		liǎo	693	临（臨）	
洛 Luò		730	痢 ⅱ	681	辽（遼）				lín	698
骆 luò		730	璃 ⅱ	672		liáo	692	淋 lín	699
烙 lào		662	履 lǚ	723	良 liáng		686		lìn	700
	luò	730	**リキ**		两（兩）			鳞 lín	699
落 là		647	力 ⅱ	675		liǎng	688	麟 lín	699
	lào	663	**リク**		疗（療）				
	luò	730	六 liù	710		liáo	692	**る**	
酪 lào		663		lù	718	亮 liàng	690	**ル**	
ラチ			陆（陸）		凉（涼）			流 liú	707
埒 liè		696		liù	711		liáng	687	留 liú	706
ラツ				lù	719		liàng	691	**ルイ**	
辣 là		647	**リツ**		谅 liàng		691	泪（淚）	
ラン			立 ⅱ	677	料 liào	694		lèi	667
兰（蘭）			律 lù	723	凌 líng		702	垒（壘）	
	lán	651	栗 ⅱ	680	陵 líng		702		lěi	666
岚（嵐）			率 lù	723	梁 liáng		687	类（類）	
	lán	651		shuài	1037	辆（輛）				lèi	667
卵 luǎn		724	**リャク**			liàng	691	累 léi	665
乱 luàn		725	掠 lüè	725	聊 liáo		692	**るつぼ**	
栏（欄）			略 lüè	725	猎（獵）			埚（堝）	
	lán	651	**リュウ**			liè	696		guō	404
览（覽）			立 ⅱ	677	领 lǐng		704		
	lǎn	652	龙（龍）		渔 yú	1369	**れ**	
烂（爛）				lóng	711	量 liáng	688	**レイ**	
	làn	653	刘（劉）			liàng	691	礼 ⅱ	672
蓝（藍）				liú	706	粮（糧）			令 ⅱ	700
	lán	652	柳 liǔ	710		liáng	688		líng	704
榄（欖）			流 liú	707	僚 liáo		692		lǐng	705
	lǎn	653	留 liú	706	廖 Liào		695	冷 lěng	668
滥（濫）			粒 ⅱ	680	寮 liáo		693	丽（麗）	
	làn	653	隆 lóng	713	**リョク**				lí	670
			硫 liú	709	力 ⅱ	675		ⅱ	678
り			溜 liū	705	绿 lù		719	励 ⅱ	678
リ				liù	711		lù	723	灵（靈）	
吏 ⅱ		678	**リョ**		**リン**				líng	700
李 ⅱ		673	吕 lǚ	721	伦（倫）			例 ⅱ	679
里（裏）			房（膚）			lún	726	戾 ⅱ	679
	ⅱ	673		lú	718	邻（鄰）			隶（隸）	
离（離）			旅 lǚ	722		lín	697		ⅱ	680
	lí	670	虑（慮）		林 lín	697	荔 ⅱ	680
狸 ⅱ		670		lù	723	轮（輪）			铃 líng	701
莉 ⅱ		680	**リョウ**			lún	726	零 líng	702
梨 ⅱ		671	了 le	664	厘 ⅱ	670	龄 líng	703

ラチ～ロウ （109）

レキ			
历（歷・曆）			
	ⅱ	676	
レツ			
列 liè		695	
劣 liè		695	
烈 liè		696	
裂 liè		695	
	liě	696	
レン			
连（連）			
	lián	681	
练（練）			
	liàn	685	
炼（煉）			
	liàn	686	
莲（蓮）			
	lián	683	
恋 liàn		686	
联（聯）			
	lián	683	
廉 lián		684	
濂 Lián		684	
ろ			
ロ			
卢（盧）			
	lú	717	
吕 lǚ	721		
庐（廬）			
	lú	717	
驴（驢）			
	lǘ	721	
炉 lú	717		
赂 lù	719		
鲁 lǔ	718		
路 lù	720		
露 lòu	716		
	lù	721	
ロウ			
老 lǎo	657		
劳（勞）			
	láo	656	
弄 lòng	714		

郎	láng	654		hè	435		fèn	313	わずか
	làng	655		hú	452	別	bié	69	仅（僅）
狼	láng	654		huó	487		biè	70		jīn	563
朗	lǎng	655		huò	491	**わき**				jǐn	564
浪	làng	655	话	huà	464	胁（脇）			わずらう
廊	láng	654	倭	Wō	1167		xié	1233	烦	fán	291
聋（聾）			**わ**			**ワク**			患	huàn	470
	lóng	713	环（環）			或	huò	491	わすれる
笼（籠）				huán	467	惑	huò	493	忘	wàng	1148
	lóng	713	轮（輪）			**わく**			**わた**
	lǒng	714		lún	726	沸	fèi	308	绵	mián	763
楼	lóu	715	**ワイ**			涌	yǒng	1351	わたくし
漏	lòu	716	汇（匯・滙）			**わけ**			私	sī	1048
ロク				huì	480	译（譯）			**わだち**
六	liù	710	歪	wāi	1135		yì	1331	辙	zhé	1427
	lù	718	贿	huì	483	**わざ**			**わたる**
肋	lē	663	淮	huái	465	业（業）			亘	gèn	361
	lèi	667	猥	wěi	1156		yè	1306	涉	shè	983
录（錄）			矮	ǎi	4	技	jì	511	渡	dù	265
	lù	719	**わかい**			**わざわい**			**わに**
麓	lù	721	若	ruò	949	灾（災）			鳄	è	278
ロン			**わかす**				zāi	1395	**わびる**
论（論）			沸	fèi	308	祸（禍）			诧	chà	112
	Lún	726	**わかる**				huò	492	**わめく**
	lùn	727	分	fēn	309	**わし**			唤	huàn	469
わ				fèn	313	侬（儂）			**わら**
			判	pàn	828		nóng	815	藁	gǎo	352
ワ			**わかれる**			鹫	jiù	586	**わらう**
和	hé	432	分	fēn	309				笑	xiào	1230

嗤	chī	140			
わらび					
蕨	jué	599			
わらべ					
童	tóng	1113			
わる					
割	gē	354			
わるい					
恶（惡）					
	ě	277			
	è	277			
	wū	1171			
	wù	1183			
われ					
我	wǒ	1167			
吾	wú	1176			
ワン					
弯（彎）					
	wān	1138			
湾	wān	1139			
腕	wàn	1144			
碗	wǎn	1142			

A

【AA制】AA zhì 名 支払いを均等に払うこと.割り勘.

a ㄚ [A]

阿 ā
阝部5 四 7122₀
全7画 常用

❶ 接頭 方 単音節の姓名や親属呼称の前につけて、親近感をあらわす. ¶~大 ādà (あんちゃん) / ~姨 āyí. ❷ 素 音訳字.「ア」の音をあらわす. ¶~门 āmén / ~基米得 Ājīmǐdé (アルキメデス).
☞ 阿 ē

【阿波罗】Ābōluó ギリシャ神話中の太陽神.アポロ.
【阿布扎比】Ābùzābǐ 《地名》アブダビ.
【阿昌族】Āchāngzú 《民族》アチャン族.雲南省に居住する少数民族.
【阿斗】Ā Dǒu 役立たず. ¶总以为自己是诸葛亮 Zhūgě Liàng,把别人看成~ / 自分は諸葛孔明のように有能で、他人は能なしだとみなす. 由来 三国の蜀の劉禅(207-271)の幼名.無能なことで知られたことから.
【阿尔巴尼亚】Ā'ěrbāníyà 《国名》アルバニア.
【阿尔卑斯山】Ā'ěrbēisīshān 《地名》アルプス山脈. ◆Alps
【阿尔法粒子】ā'ěrfǎ lìzǐ 名 アルファ粒子(α粒子).
【阿尔及尔】Ā'ěrjí'ěr 《地名》アルジェ(アルジェリア).
【阿尔及利亚】Ā'ěrjílìyà 《国名》アルジェリア.
【阿凡提】Āfántí 《人名》アーファンティ.新疆ウイグル族民間伝説中の登場人物. 参考 智恵とユーモアのあるおじさんとして、マンガなどによく見られる.
【阿飞】āfēi 名 (ちゃらちゃらした)不良少年. ¶流氓 liúmáng~ / ごろつきやチンピラ. 表現 非行少女は"飞女 fēinǚ"という.
【阿芙蓉】āfúróng アヘン. 同 阿片 āpiàn,鸦片 yāpiàn
【阿富汗】Āfùhàn 《国名》アフガニスタン.
*【阿哥】āgē 名 ❶ 兄さん. ¶大~ / 一番上の兄さん. ❷ 親しい年長の男性を呼ぶことば.
【阿根廷】Āgēntíng 《国名》アルゼンチン.
【阿公】āgōng 名 ❶ 夫の父親. ❷ 祖父. ❸ 老人男性の敬称.
【阿訇】āhōng 名 《宗教》イスラム教の僧侶,布教者. 同 阿洪 āhóng
【阿拉】ālā 代 方 ❶ 私. 同 我 ❷ 私達. 同 我们
【阿拉伯】Ālābó 名 アラビア.アラブ. ◆Arabian,Arabic,Arab
【阿拉伯海】Ālābóhǎi 《地名》アラビア海.
【阿拉伯联合酋长国】Ālābó liánhé qiúzhǎngguó 《国名》アラブ首長国連邦.
【阿拉伯人】Ālābórén 名 アラビア人.
【阿拉伯数字】Ālābó shùzì 名 アラビア数字.
*【阿拉伯语】Ālābóyǔ 名 アラビア語.
【阿拉木图】Ālāmùtú 《地名》アルマータ(カザフスタン).
【阿罗汉】āluóhàn 《仏教》羅漢(らかん). 同 罗汉 luóhàn

【阿曼】Āmàn 《国名》オマーン.
【阿妹】āmèi 名 ❶ 方 妹. ❷ 親しい年下の若い女性を呼ぶことば.
【阿门】āmén 感 外《宗教》キリスト教の祈りの、最後のことば. アーメン. 由来 ヘブライ語から.
【阿盟】Āméng 名 "阿拉伯国家联盟"(アラブ連盟)の略.
【阿米巴】āmǐbā 名 アメーバ. ¶~痢疾 lìji / アメーバ赤痢. 同 变形虫 biànxíngchóng ◆amoeba
【阿摩尼亚】āmóníyà 名 《化学》アンモニア. 同 氨 ān ◆ammonia
【阿姆斯特丹】Āmǔsītèdān 《地名》アムステルダム(オランダ).
【阿片】āpiàn 名 《薬》アヘン. 同 鸦片 yāpiàn,阿芙蓉 āfúróng
【阿婆】āpó 名 方 ❶ 夫の母親. ❷ 祖母. ❸ 老人女性の敬称.
【阿Q】Ā Qiū [Kiū] 名 魯迅の小説『阿Q正伝』の主人公. ¶你真是个~,比谁都会解脱 jiětuō 啊!/ 君はまったく「阿Q」だね.誰よりも立ち直りが早い.
【阿塞拜疆】Āsàibàijiāng 《国名》アゼルバイジャン.
【阿司匹林】āsīpǐlín 名 《薬》〔锑 片 piàn〕アスピリン. ◆aspirin
【阿嚏】ātì 擬 ハクション.くしゃみの音.
*【阿托品】ātuōpǐn 名 《薬》アトロピン.
*【阿姨】āyí 名 ❶ おばさん.おねえさん. ¶李~ / 李おばさん. ❷ 先生.幼稚園の先生や保育園の女性保育士を呼ぶことば. ❸ お手伝いさん.ホームヘルパー. ❹ 方 おば.母の姉妹.

呵 ā
口部5 四 6102₀
全8画 次常用

感 "啊 ā"に同じ.
☞ 呵 á,ǎ,à,hē

啊 ā
口部7 四 6102₀
全10画 常用

❶ 感 あっ.称賛や驚きをあらわす. ¶~,下雪了!(あっ,雪). ❷ (Ā)姓.
☞ 啊 á,ǎ,à,a

【啊呀】āyā 感 あれ.ええっ.驚きやいぶかり,非難をあらわす. ¶~,这是怎么回事? / あれ,いったいこれはどういうことなの. 同 哎呀 āiyā
【啊哟】āyō あれ.ああ.驚きや苦痛をあらわす. ¶~,原来是你啊! / なんだ,君だったのか. ¶~,这药真苦啊! / うわっ,この薬は苦いね. 同 哎哟 āiyō

锕(錒) ā
钅部7 四 8172₀
全12画 通用

名 《化学》アクチニウム. Ac.

腌 ā
月部8 四 7421₆
全12画 次常用

下記熟語を参照.
☞ 腌 yān

【腌臜】āzā[-za] 形 ❶ 不潔だ. ❷ (思いどおりにいかなくて)しゃくにさわる.

呵 á
口部5 全8画 四 6102₀ 次常用
感 "啊 á"に同じ.
☞ 呵 ā,ǎ,à,a,hē

啊 á
口部7 全10画 四 6102₀ 常用
感 ええっ. 困ったり驚いたりする気持ちをあらわす. ¶～,你再说!(ええっ,もういっぺん言って!)

嗄 á
口部10 全13画 四 6104₇ 通用
感 "啊 á"に同じ.
☞ 嗄 shà

呵 ǎ
口部5 全8画 四 6102₀ 次常用
感 "啊 ǎ"に同じ.
☞ 呵 ā,á,à,a,hē

啊 ǎ
口部7 全10画 四 6102₀ 常用
感 困惑をあらわす.
☞ 啊 ā,á,à,a

呵 à
口部5 全8画 四 6102₀ 次常用
感 "啊 à"に同じ.
☞ 呵 ā,á,ǎ,a,hē

啊 à
口部7 全10画 四 6102₀ 常用
感 こころよく応じたり,はっと気づいたときに用いる.
☞ 啊 ā,á,ǎ,a

呵 a
口部5 全8画 四 6102₀ 次常用
助 "啊 a"に同じ.
☞ 呵 ā,á,ǎ,à,hē

啊 a
口部7 全10画 四 6102₀ 常用
助 ❶ 文末につけて,感嘆・催促・疑問などをあらわす. ¶快来～!(早くおいで) / 您好～!(お元気ですね) / 加油干～!(がんばって!) ❷ 文中で,間(*)をおいたり,列挙するときに用いる. ¶纸～,笔～,摆 bǎi 满了一桌子(紙やらペンやらが机いっぱいに広がっている). 注意 "啊"は前にくる韻母が a・e・i・o・u の時は"呀 ya"の音に, u・a・ou の時は"哇 wa"の音に, -n の時は"哪 na"の音に, -ng の時は nga の音に変わる.
☞ 啊 ā,á,ǎ,à

---

ai ㄞ [ae]

哎 āi
口部5 全8画 四 6404₀ 次常用
❶ 感 おや. ほら. まあ. 相手に対する不満をあらわしたり,注意を促したりする. ¶～呀 āiyā / ～唷 āiyō / ～,你看,谁来了!(ほら,誰か来たぞっ!) ❷(Āi)姓.

*【哎呀】āiyā 感 あれ. まあ. おや. ❶ 驚きや感嘆をあらわす. ¶～!你的孩子都这么大了 / あら,お子さんたちはもうこんなに大きくなったのね. ❷ いぶかり・恨み・不満をあらわす. ¶～!你怎么才来？/ あれ,どうして今ごろ来たの.
同 唉哟 āiyā

【哎唷[哟]】āiyō 感 おや. ああ. 驚きや苦痛をあらわす. ¶～!踩 cǎi 我脚了 / あいたっ,私の足を踏んでるよ. 同 唉哟 āiyō

哀 āi
亠部7 全9画 四 0073₂ 常用
❶ 素 心がいたみ,泣きたくなる. ¶～愁 āichóu / ～怜 āilián / ～伤 āishāng / 悲～ bēi'āi（悲しげだ）/ 喜怒～乐(感 喜怒哀楽). 同 悲 bēi 反 乐 lè ❷ 素 死者をいたむ. ¶～悼 āidào / ～辞 āicí（弔辞）/ 默～ mò'āi（黙とうする）/ 志～ zhì'āi（哀悼の意をあらわす）. ❸(Āi)姓.

【哀兵必胜】āi bīng bì shèng 感 双方の力量が同様の場合,悲しみに奮い立った軍隊や圧迫に対抗する側が必ず勝利する. 由来『老子』六十九章に見えることば.

【哀愁】āichóu 形 悲しみ憂えている. 哀愁がただよう. ¶看着她满脸～的样子,大家也很难受 / 悲しみに満ちた彼女の表情を見て,まわりの人たちもつらくなった.

【哀悼】āidào 動(死者を)悲しむ. 哀悼する. ¶～死去的人,也是为了安慰 ānwèi 活着的人 / 死者をいたむのは,生きた人を慰めるためでもある.

【哀告】āigào 動 悲しげに訴える. 嘆願する. ¶四处～ / あちこちに嘆願する. ¶吃了亏 kuī,也无处～ / ひどい目にあわされても,訴えるところがない.

【哀歌】āigē 名 悲しみを歌った歌. エレジー.

【哀号[嚎]】āiháo 動 悲しみ,泣き叫ぶ. ¶被战火摧残 cuīcán 过的地方,到处是一片～之声 / 戦火に踏みにじられた地域では,どこも悲痛な叫び声ばかりだ. 注意 "号"は"叫ぶ"の意で用いる時は"háo"と発音する.

【哀鸿遍野】āi hóng biàn yě 成 災禍による難民が,あふれている. ¶历史上,每次天灾 tiānzāi 人祸 rénhuò 之后,往往都是～ / 歴史上,天災や人災のあとは,たいてい無数の難民があふれている. 由来『詩経』小雅・鴻雁(ぎょう)にみえることば. "哀鸿"は悲しい声で鳴く雁のことで,災禍にあった難民のたとえ.

【哀哭】āikū 動 悲しんで,声をあげて泣く. ¶～不已 / 悲しみ泣いて止まず.

【哀乐】àilè 名 悲しみと喜び. ¶喜怒～. 感 喜怒哀楽.

【哀怜】āilián 動 悲しみ憐れむ. ¶看到这个孤儿 gū'ér,一股 gǔ～之情油然而生 / この孤児を見て,哀憐の情がわき起こった.

【哀鸣】āimíng 動 文 悲しみの声をあげる.

【哀戚】āiqī 形 文 悲しく傷ましい.

【哀泣】āiqì 動 文 悲しんで泣く.

【哀切】āiqiè 形 悲しみが痛切ににじみ出ている. ¶～动人的歌声 / 悲しげで感動的な歌声.

【哀求】āiqiú 動 泣きつく. 哀願する. ¶这次不管你怎样～,我也不会原谅你的 / 今度はどんなに哀願されても,決してお前を許せない.

【哀荣】āiróng 名 死後の栄誉.

【哀伤】āishāng 形 悲しみに満ちた. ¶～的情调 qíngdiào / 悲しみに沈んだムード.

【哀思】āisī 名 哀悼の気持ち. ¶这篇弔辞 dàocí 表达了我们内心的～ / この弔辞には,私たちの心からの哀悼の意があらわれている.

【哀叹】āitàn 動 悲しんでため息をつく. ¶既然是命运,～也没用 / 運命だから,嘆いても仕方がない.

【哀痛】āitòng 形 悲しみが心に痛む. ¶听到母亲去世的消息,她万分～ / 母親が他界した知らせを聞いて,彼女は心からなげき悲しんだ.

【哀婉】āiwǎn 形 (曲調が)切々としてもの悲しい.

【哀艳】āiyàn 形 文 (文章や表現が)哀切で美しい.
【哀怨】āiyuàn 形 悲しみと恨み. ¶她心中的～三天三夜也说不完 / 彼女の胸中の悲しみや恨みは,三日三晩でも語り尽くせない.
【哀乐】āiyuè 名〔段 duàn,曲 qǔ〕葬送曲. ¶奏zòu～/ 葬送曲をかなでる.

埃 āi 土部7 四4318₄ 全10画 次常用

❶ 素 ほこり. ¶尘～ chén'āi (ほこり) / 黄～ huáng'āi (黄塵). ❷ 量 オングストローム. 光の波長の単位. ❸ 素 音訳字.「エ」や「アイ」の音をあらわす. ¶～及 Āijí /～斯库罗斯 Āisīkùluósī (古代ギリシャの作家アイスキュロス). ❹ (Āi)姓.
【埃博拉病毒】āibólā bìngdú 名《医学》エボラウイルス
【埃菲尔铁塔】Āifēi'ěr tiětǎ 名 エッフェル塔. 同 巴黎铁塔 Bālí tiětǎ
【埃及】Āijí《国名》エジプト.
【埃塞俄比亚】Āisài'ébǐyà《国名》エチオピア.

挨 āi 扌部7 四5308₄ 全10画 常用

動 ❶ 触れる. 触る. ¶～次 āicì /～个儿 āigèr /～着号叫(番号順に呼ぶ). ❷近寄る. ¶他俩紧～着坐在一起 (ふたりはぴったり体を寄せあって座っている).
☞ 挨 ái

【挨次】āicì 副 順番に. 順次. ¶这些行李要～检查一遍 / これらの荷物を順番に検査する必要がある. ¶医生～给小朋友们种 zhòng 牛痘 niúdòu / 医者は子供たちに,順々に天然痘の予防接種をした.
【挨到】āidào 動 …の番になる. ¶～你了 / 君の番だよ. ¶排队排了半天,总算～我了 / 長い間並んで,やっと自分の番が来た. 同 轮到 lúndào
【挨个儿】āigèr 副 一つ一つ順番に. ¶～排队 / 一人ずつ順番に並ぶ.
【挨挤】āijǐ 動 押し合いへしあいする. ¶大家～在一起,会暖和 nuǎnhuo 一点 / みんなで体をぎゅっと寄せ合えば,少しは暖かくなるでしょう.
【挨家】āijiā 副 (～儿)一軒一軒. 家ごとに.
【挨肩儿】āijiānr 形 口 (兄弟・姉妹の)年子だ. ¶一家七个兄弟姐妹里,我和三姐～,只差十一个月 / 私たちの7人兄弟のうちでは,私と3番目の姉が年子で,11ヶ月しか離れていない.
【挨近】āi//jìn 動 近づく. 接近する. ¶你别～我! / 私に近づかないで! ¶再～一点儿,笑一笑！照啦！/ もうちょっと近寄って,笑って！撮りますよ.
【挨门挨户】āi mén āi hù 一軒一軒,家ごとに. ¶～通知 / 各家庭に通知する. 同 挨门逐户 zhú hù
【挨着】āizhe 動 ❶ そばにある. くっついている. ¶学校～体育馆 / 学校は体育館のすぐそばにある. ¶小王～小李站着 / 王君は李君のすぐ横に立っている. ❷ 順々に. 次から次へと行く. ¶下班后,职员们一个一个地走出公司大门 / 会社が終わると,社員たちは次々に会社の正門から出ていく.

唉 āi 口部7 四6308₄ 全10画 常用

❶ 感 はい. 人に返事をするときの声. ¶～,我马上来(はい,すぐ行きます). ❷ 感 ああ. あーあ. ため息の声. ¶～声叹气 /～～地直叹气 (あーあ,とため息ばかりつく). ❸ (Āi)姓.
☞ 唉 ài

【唉声叹气】āi shēng tàn qì 気落ちしたり,悲しみや苦痛から,ため息をつく. ¶打起精神来,别～的 / 元気を出せよ,ため息ついてないで.
【哎呀】āiyā 感 "哎呀 āiyā"に同じ.
【哎哟】āiyō 感 "哎哟 āiyō"に同じ.

嗳(嗳) āi 口部10 四6204₇ 全13画 通用

感 "哎 āi"に同じ.
☞ 嗳 ǎi,ài

锿(鎄) āi 钅部9 四8073₂ 全14画 通用

名《化学》アインシュタイニウム. Es.

挨(異 捱) ái 扌部7 四5308₄ 全10画 常用

動 ❶ (いやな目に)あう. ～される. ¶～打 áidǎ /～骂 áimà. ❷ (困難に)耐える. ¶～日子(毎日を耐え忍ぶ). ❸ 時間を引き延ばす. ぐずぐずする. ¶～时间.
☞ 挨 āi

【挨打】ái//dǎ 動 なぐられる. ¶～受气 / なぐられ,いじめられる. ¶那孩子因为太调皮 tiáopí,常常～ / あの子はいたずらがすぎて,よく叩かれる. ¶他挨了一顿打 / 彼はなぐられた.
【挨到】ái//dào 動 ❶ 辛抱して待つ. ¶这种苦日子不知要～什么时候,才到头 / いったいいつまで待てばこの苦しい日々が終わるのだろう. ❷ 時間を延ばす.
【挨冻】ái//dòng 動 凍える. ¶战乱使很多人～受饿 / 戦乱は多くの人を飢え,凍えさせる.
【挨饿】ái//è 動 飢えに苦しむ. ¶～受冻 / 飢えと寒さに苦しむ.
【挨骂】ái//mà 動 どなられる. ひどく叱られる. ¶他挨了一顿骂 / 彼は叱られた.
【挨批】ái//pī 動 批判される. しかられる.
【挨时间】ái shíjiān 動 時間を引き延ばす. ぐずぐずする. ¶快点儿干完快点儿走,别在这儿～了 / さっさと終わらせて早く行きなさい. ここでぐずぐずするのはよしなさい.
【挨整】ái//zhěng 動 やっつけられる. ひどい目にあわされる. ¶文革中,～的人不计其 qí 数 / 文革中,ひどい目にあった人は数え切れない.
【挨揍】ái//zòu 動 方 なぐられる. やっつけられる.

皑(皚) ái 白部6 四2261₇ 全11画 通用

下記熟語を参照.

【皑皑】ái'ái 形 霜や雪などが真っ白だ. ¶白～ / 真っ白だ. ¶雪山～ / 雪山が白一色だ.

癌 ái 疒部12 四0017₂ 全17画 次常用

名《医学》ガン. ¶～变 áibiàn / 血～ xuě'ái (白血病) / 胃～ wèi'ái (胃ガン). 同 癌瘤 áiliú,癌肿 áizhǒng 注意 "yán"と発音しないように注意.
【癌变】áibiàn 動《医学》(良性の細胞が)ガンに変わる.
【癌细胞】áixìbāo 名《医学》ガン細胞.
【癌症】áizhèng 名《医学》ガン.

毐 ǎi 土部4 四4055₇ 全7画 通用

素 人名用字.

欸 ǎi 欠部7 四2788₂ 全11画 通用

下記熟語を参照.
☞ 欸 ē,é,ě,è

【欸乃】ǎinǎi 形 文 舟をこぐときの,櫓(ろ)の音やかけ声.

参考 唐・柳宗元「漁翁」詩の一句「欸乃一声山水緑なり」が有名.

嗳(嗳) ǎi
口部10 四 6204₇
全13画 通用

感 ええっ. おい. 否定や同意できないという気持ちをあらわす. ¶～, 别那么说(おい, そんなこと言うなよ).

☞ 嗳 āi,ài

矮 ǎi
矢部8 四 8284₄
全13画 常用

形 ❶ (身長や物の高さが)低い. ¶小～人 xiǎo'ǎirén(こびと) / ～星 ǎixīng (矮星) / ～墙 ǎiqiáng (低い塀) / 长得 zhǎngde～ (背が低い). ❷ クラスで地位などが下だ. ¶他比我～一班(彼は私より一学年下だ). 同 低 dī 反 高 gāo

【矮凳】ǎidèng 名 (～儿) 背もたれのない低い腰掛け. スツール.
【矮墩墩】ǎidūndūn 名 (～的) 小柄だが, しっかりしている.
【矮个儿】ǎigèr 名 背の低い人.
【矮个子】ǎigèzi 名 小柄な人. ¶那个～是谁呀 / あの小さな奴は誰だ.
【矮胖】ǎipàng 形 小柄で太っている. ¶他长得 zhǎngde 矮矮胖胖的 / 彼は背が低く, でっぷり太っている. 重 矮矮胖胖
【矮人】ǎirén 名 背の低い人.
【矮小】ǎixiǎo 形 低くて小さい. ¶身材 / 体格が小柄だ. ¶房屋～ / 小作りの家屋. 反 高大 gāodà, 魁梧 kuíwú
【矮星】ǎixīng 名《天文》光度や体積が小さく, 密度が大きい恒星. わい星.
【矮子】ǎizi 名〔个 ge〕背の低い人.

蔼(藹) ǎi
艹部11 四 4472₇
全14画 次常用

❶ なごやかだ. 穏やかだ. ¶和～ hé'ǎi (態度が穏やかである) / ～然 ǎirán. ❷ (Ǎi)姓.

【蔼蔼】ǎi'ǎi 形 ⟨文⟩ ❶ 樹木がこんもり繁っている. ❷ 暗い. ぼんやりしている.
【蔼然】ǎirán 形 なごやかだ. 穏やかだ. ¶～可亲 / 穏やかで親しみやすい.

霭(靄) ǎi
雨部11 四 1072₇
全19画 通用

❶ 素 もや. ¶暮～ mù'ǎi (夕もや) / 雾～ wù'ǎi (霧やもや) / 烟～ yān'ǎi (霞やもや). ❷ (Ǎi)姓.

艾 ài
艹部2 四 4440₀
全5画 次常用

❶ 素《植物》ヨモギ. ¶～绒 àiróng. ❷ 素 止まる. 途絶える. ¶方兴 xīng 未～（成）まさに発展中で, 止まることを知らない. ❸ 素 器量がよい. ¶少～ shào'ài (若くて美しい人). ❹ 素 年寄り. ¶～之年(60歳を越えた老境). ❺ (Ài)姓.

☞ 艾 yì

【艾绒】àiróng 名 もぐさ.
【艾滋病】àizībìng 名《医学》エイズ. 爱滋病 àizībìng ♦AIDS

砹 ài
石部5 四 1464₀
全10画 通用

名《化学》アスタチン. At.

唉 ài
口部7 四 6308₄
全10画 常用

感 ああ. 感傷的な気持ちや嘆きの声をあらわす. ¶～, 一

辈子 yībèizi 辛苦全白费了(あぁ, 生涯の苦労も水の泡だ).

☞ 唉 āi

爱(愛) ài
爪部6 四 2040₇
全10画 常用

❶ 動 愛する. かわいがる. ¶～孩子 / 子供をかわいがる. 反 恨 hèn, 憎恶 zēngwù
❷ 動 大切にする. 重んじる. ¶～护 àihù. ¶～公物 / 公共の物を大切にする. ¶～面子 ài miànzi.
❸ 動 (趣味や嗜好として)好む. ¶～好 àihào. ¶～干净 / きれい好き. ¶～看电影 / 映画(をみること)が好きだ. ¶她～美 / 彼女はおしゃれだ(＝いつも身なりに気を配っている).
❹ 動 よく…する. …しやすい. 文型：〔＋目的語(または句)〕¶～哭 kū / よく泣く. ¶～出毛病 / しょっちゅう故障する. ¶春天～刮风 / 春はよく風が吹く.
❺ (Ài)姓.

"爱"は心理活動を表す動詞であるが, 程度副詞の修飾を受けることができる. 例えば"非常～", "很～".

【爱不释手】ài bù shì shǒu 成 手元から離したくないほど気に入る. ¶令人～的古玩 / 常に手元に置きたい骨董(ゔ)品.
【爱财如命】ài cái rú mìng 成 ひどくケチで金を惜しむ.
【爱称】àichēng 名 愛称. ニックネーム.
【爱答[搭]不理】ài dā bù lǐ 句 (～的) 人に対して冷淡でそっけないようす.
【爱戴】àidài 動 上に立つ者を敬愛し, 支持する. ¶他是一位深受战士们～的将军 jiāngjūn / 彼は兵士たちから深く敬愛されている将軍である. 用法 "受到 shòudào" "博得 bódé" などの目的語にもなる.
【爱迪生】Àidíshēng《人名》エジソン(1847-1931). 米国の発明家.
【爱丁堡】Àidīngbǎo《地名》エディンバラ.
【爱尔兰】Ài'ěrlán《国名》アイルランド.
【爱抚】àifǔ 動 愛情をこめていたわる.
【爱岗敬业】àigǎng jìngyè 句 自分の仕事を愛し, 仕事や学業に真剣に取り組む.
【爱国】ài//guó 動 自分の国を愛する. ¶屈原是中国历史上一位伟大的～诗人 / 屈原は中国史上の偉大な愛国詩人だ. 反 卖国 màiguó
【爱国者导弹】àiguózhě dǎodàn 名《军事》パトリオット・ミサイル.
【爱国主义】àiguó zhǔyì 名 愛国主義.
*【爱好】àihào ❶ 動 好む. ¶～和平 / 平和を愛する. 同 喜好 xǐhào 反 憎恶 zēngwù ❷ 名 趣味. 好み.
【爱好者】àihàozhě 名 愛好者. ¶京剧～ / 京劇愛好家.
【爱河】àihé 名 濃厚な愛情. 由来 仏教では愛情は川と同様で, 人が溺れかすく之とから.
*【爱护】àihù 動 大切に守る. ¶～自然环境 / 自然環境を保護する. ¶～少年儿童 / 子供たちを大切に守る. 反 催残 cuīcán, 破坏 pòhuài
【爱克斯射线】àikèsī shèxiàn 名 エックス線. 同 伦琴射线 lúnqín shèxiàn. 爱克斯光 àikèsīguāng 参考 "X射线"と書くことが多い.
【爱理不理】ài lǐ bù lǐ 句 (～的) そっけない態度をとる. ¶他对新同事总是～的 / 彼は新しい同僚に対していつもそっけない. 爱答不理 ài dā bù lǐ
【爱丽舍宫】Àilìshègōng 名 エリゼ宮. フランス大統領

官邸.

【爱怜】àilián かわいがる. いとおしむ. ¶母亲经常～地看着女儿 / 母親はいつもいとおしむ娘を見ている.

【爱恋】àiliàn 动 恋する. 熱愛する.

【爱美】ài/měi 动 ❶ 美を愛する. ¶～之心 / 美を愛する心. ❷（化粧など）おめかしを好む.

【爱美的】àiměide 名 アマチュア.

【爱面子】ài miànzi 句 体面を重んずる. ¶她很～, 最怕别人笑她 / 彼女は体面を気にするタイプで, 人に笑われるのを何よりも恐れる.

【爱莫能助】ài mò néng zhù 助けたいが力がない. ¶对他的病, 医生已经是～了 / 彼の病気は, 医者にはもう手の施しようがない.

【爱慕】àimù 动 慕う. 同 倾慕 qīngmù.

【爱女】àinǚ 名 かわいい娘.

【爱妻】àiqī 名 愛する妻. 自分の妻.

【爱琴海】Àiqínhǎi《地名》エーゲ海.

*【爱情】àiqíng 名 男女間の愛情.

*【爱人】àiren 名 ❶ 夫または妻. 同 丈夫 zhàngfu, 妻子 qīzi ❷ 恋人. 表现 ①は, 中国大陸での言い方. 老年の夫婦にはあまり用いない.

【爱沙尼亚】Àishānníyà《国名》エストニア.

【爱上】àishàng 动 大好きになる. ¶她～了大草原 / 彼女は大草原が大好きになった.

【爱神】àishén 名 愛の神. キューピッド.

【爱斯基摩人】Àisījīmórén 名 エスキモー.

【爱屋及乌】ài wū jí wū 人を愛すれば, その人に関係のある人や物にも関心が及ぶ.

【爱惜】àixī 动 大切にあつかう. 大事にする. ¶～时间 / 時間を大切にする. ¶因为是男朋友送的, 所以她特别～/ ボーイフレンドにもらったものなので, 彼女はとても大事にしている. 同 顾惜 gùxī, 珍惜 zhēnxī 反 糟蹋 zāotà.

【爱心】àixīn 名 人を愛する心.

【爱因斯坦】Àiyīnsītǎn《人名》アインシュタイン(1879-1955). ドイツ生まれの理論物理学者.

【爱憎】àizēng 名 愛と憎しみ.

【爱憎分明】ài zēng fēn míng 成 愛憎がはっきりしていう. ¶小李这人性格直爽, ～/ 李君という人は竹を割ったような性格で, 好き嫌いがはっきりしている.

【爱滋病】àizībìng 名《医学》エイズ.

隘 ài
阝部10 四 7821₂
全12画 次常用

素 ❶ 地形が険しいところ. ¶～口 àikǒu / 要～ yào'-ài（要害の地）/ 关～ guān'ài（堅固な関所）. ❷ 狭い. ¶～路 àilù / 狭～ xiá'ài（幅や度量が狭い）.

【隘口】àikǒu〔处 chù, 道 dào, 个 ge〕山あいの狭い道.

【隘路】àilù 名（圖 条 tiáo）狭く険しい道.

碍(礙) ài
石部 8 四 1664₁
全13画 通用

动 じゃまになる. 妨げる. ¶～口 àikǒu / ～事 àishì / 防～ fáng'ài（妨げる）/ 障～ zhàng'ài（妨げる）/ 随便停车, 有～交通（勝手に駐車すると, 交通のじゃまになる.

【碍口】ài//kǒu 动 口に出しにくい. ¶不要因为他是你亲戚, 就～不讲 / 彼が君の親戚だからといってはばかることはない.

【碍面子】ài miànzi 句 体面を傷つけることを恐れる. ¶有话直说, 别碍着面子不说 / 言いたいことを率直に言いなさい, メンツに気をつけるな.

【碍难】àinán 副 ❶（旧）…し難い. ¶～照办 / その通りには取り計らいかねる. ❷（方）困難だ. 表现 ①は, 公文書の決まり文句.

【碍事】❶ ài//shì じゃまになる. ¶自行车放在这里太～了 / 自転車をここに置くとじゃまです. ❷ àishì （事態が）重大だ. ¶这点儿小病, 不～ / これくらいの病気, どうってことない. 用法 否定形で用いられることが多い.

【碍手碍脚】ài shǒu ài jiǎo 成 じゃまになる. ¶你在这儿帮不上忙, 只会～ / 君はここにいても手助けにならず, じゃまになるだけだ.

【碍眼】ài//yǎn 目障りになる. じゃまになる. ¶我正看着电视呢, 你别别站在我前面 / テレビを見てるんだ, 前に立ってじゃまをしないでくれ.

【碍于情面】àiyú qíngmiàn 句 情にほだされる.

嗳(嗳) ài
口部10 四 6204₀
全13画 通用

感 あぁ. 悔やんだり, 思いわずらう気持ちをあらわす. ¶～, 早知道是这样, 我就不来了（あぁ, こんなことだと知ってれば, 来なかったのに）.

☞ 嗳 āi,ǎi

噫 ài
口部10 四 6801₂
全13画 通用

动 文 食べ物がのどにつまる.

☞ 噫 yì

嫒(嬡) ài
女部10 四 4244₇
全13画 通用

❶ 素 他家の娘を敬っていう呼び方. お嬢さん. ¶令～ lìng'ài（令嬢）. ❷（Ài）姓.

暧(曖) ài
日部10 四 6204₁
全14画 通用

素 文 日ざしが弱く薄暗い. ¶～昧 àimèi.

【暧昧】àimèi 形 ❶（態度や意思が）あいまいだ. ¶态度～ / 態度がはっきりしない. ¶在原則上, 不能含糊 hánhu ～ / 原則的な問題については, 曖昧な態度をとってはいけない. 同 暗昧 ànmèi 反 明朗 mínglǎng ❷（行為が）うしろ暗い. 公言できない. ¶他俩 liǎ 的关系很～ / 彼ら二人の間柄はどうもあやしげだ.

---

an ㄢ [an]

厂 ān
厂部 0 四 7120₀
全 2 画 常 用

素 多く人名に用いる. 同 庵 ān.

☞ 厂 chǎng

广 ān
广部 0 四 0020₀
全 3 画 常 用

素 "庵 ān"に同じ. 多く人名に用いる.

☞ 广 guǎng

安 ān
宀部 3 四 3040₄
全 6 画 常 用

❶ 形 静かで落ち着いている. ¶～定 āndìng / 平～ píng'ān（平穏だ）. ❷ 动 （心を）落ち着かせる. ¶～慰 ānwèi / ～神 ānshén. ❸ 形 危険がなく, 安心していられる. ¶～全 ānquán / ～然 ānrán / 保～ bǎo'ān（治安や安全を保つ）. ❹ 动 危 wēi ❹ 动 あるべき場所にしっかりと置く. ¶～装 ānzhuāng / ～置 ānzhì / ～排 ānpái. ❺ 动（称号・あだ名・汚名などを）冠する. ¶～个头衔 tóuxián（肩書きをつける）. ❻ 动（よくない考

え⑥)心に抱く．¶你～的什么心？（いったいどういう積りりか）．❼代⑤"哪里 nǎli"に同じ．なんぞ．いずくんぞ．❽略 "安培 ānpéi"（アンペア）の略．❾(Ān)姓．
【安邦定国】ān bāng dìng guó 成国を安定させ，強固にする．
【安步当车】ān bù dàng chē 成車に乗るよりむしろ歩いていく．由来『戦国策』に見えることば．
【安瓿】ānbù 名《薬》〔個 ge，支 zhī〕アンプル．♦ampoule
【安插】ānchā 動❶職階やポジションを割り当てる．¶～亲信／腹心の部下を要職につける．❷エピソードや文章の語句などをさしはさむ．
【安厝】āncuò 動正式の埋葬の前に，柩(ひつぎ)を一時安置する．仮埋葬する．
【安道尔】Āndào'ěr《国名》アンドラ．
【安第斯山脉】Āndìsī shānmài《地名》アンデス山脈．
【安定】āndìng ❶形（生活や情勢などが）安定している．¶情绪～／気持ちが落ち着いている．¶生活～／生活が落ち着く．反安宁 ānníng 反动荡 dòngdàng，动乱 dòngluàn ❷動安定させる．¶～人心／人心を落ち着かせる．❸名《薬》ジアゼパム．鎮静剤の一種．
【安定团结】āndìng tuánjié 名安定と団結．
【安度】āndù 動無事に暮らす．
【安顿】āndùn ❶動人や物をほどよく配置する．落ち着かせる．¶家里都～好了／家の中はすっかり片付いた．❷形 安置 ānzhì ❷形落ち着いている．¶换了个新地方，一夜没睡觉～／場所が変わって，一晩中よく眠れなかった．
【安放】ānfàng 動きちんと置く．¶～铺盖 pūgai／ふとんを畳んできちんと置く．¶把机器设备～得井井有条／機械設備を，きちんと配置する．
【安分】ānfèn 形本分を守る．¶他比以前～多了／彼は以前よりずっと分をわきまえるようになった．
【安分守己】ān fèn shǒu jǐ 成自らの分をわきまえる．¶他是一个～的人，从不干 gàn 违法 wéifǎ 的事／彼は立場をわきまえた人で，法を犯したことはこれまで一度もない．
【安抚】ānfǔ 動なぐさめ，安心させる．¶～人心／人心を落ち着かせる．
【安哥拉】Āngēlā《国名》アンゴラ．
【安好】ānhǎo 形平安だ．¶全家～／家中が元気だ．¶敬祝～／ご無事をお祈りします．用法主に手紙文に用いる．
【安徽】Ānhuī《地名》安徽(あんき)省．省都は合肥(ごうひ)．略称"皖 Wǎn"(皖)．
【安魂曲】ānhúnqǔ 名《音楽》レクイエム．
【安家】ān//jiā 動❶住居を定める．❷結婚し，家庭を持つ．同成家 chéngjiā
【安家费】ānjiāfèi 名❶生活費．❷長期出張による家族手当．❸国の規定により支給される家族手当．
【安家立业】ān jiā lì yè 成所帯を持ち事業を始める．
【安家落户】ān jiā luò hù 成異郷に家を構えて定住する．
【安检】ānjiǎn 動"安全检查"（手荷物検査をする．セキュリティチェックする）の略称．
*【安静】ānjìng 形❶静かだ．¶请大家～一下／皆さん，静かにして下さい．¶这一带很～／このあたりは閑静だ．同宁静 níngjìng，恬静 tiánjìng 反 嘈杂 cáozá，喧闹 xuānnào，喧嚣 xuānxiāo ❷平穏だ．¶～的生活／落ち着いた暮らし．
【安居】ānjū 動落ち着いて生活する．

【安居房】ānjūfáng 名都市の低所得者層に対し，政府が安価で提供する住宅．
【安居工程】ānjū gōngchéng 名安居プロジェクト．参考中国政府が都市の中低所得層向けに組織し投資するもの．1995年より実施．
【安居乐业】ān jū lè yè 成落ち着いて暮らし，楽しく仕事をする．¶经济萧条 xiāotiáo，人民无法～／不景気では，人々は安心して暮らせない．
【安卡拉】Ānkǎlā《地名》アンカラ（トルコ）．
【安康】ānkāng 形平和で健康だ．¶祝全家～！／ご家族のご無事と健康をお祈り申し上げます．
【安澜】ānlán ❶大河の流れがおだやかだ．❷社会が安定している．太平だ．
【安乐】ānlè のんびりして，気楽だ．¶安乐乐地生活／のんびりと穏やかに生活する．
【安乐死】ānlèsǐ 名《医学》安楽死．
【安乐窝】ānlèwō 名安らかでのんびりした生活環境．
【安乐椅】ānlèyǐ 名安楽椅子．
【安理会】Ānlǐhuì 名"安全理事会 Ānquán lǐshìhuì"の略称．
【安禄山】Ān Lùshān《人名》安禄山(705-757)．唐代に起こった安史の乱(755年)の首領．
【安曼】Ānmàn《地名》アンマン（ヨルダン）．
【安谧】ānmì 形あたりが静かでひっそりしている．¶清幽～的气氛／しんと静まりかえった雰囲気．
【安眠】ānmián 動❶安眠する．❷"死ぬ"の婉曲な言いかた．同安息 ānxī
【安眠药】ānmiányào 名《薬》睡眠薬．
【安民告示】ānmín gàoshì 名旧時，政府が民心の安定を図るために発布した告示．現在では，政府機関などが議題や命令などを施行前に一般に公示することをいう．
【安乃近】Ānnǎijìn 名《薬》アナルギン．
【安宁】ānníng 形❶秩序が保たれ，平穏だ．¶确保 quèbǎo 边境～／国境地帯の安定を確保する．同安定 āndìng ❷気持ちが安らかで，落ち着いている．¶飞机升降 shēngjiàng 时的噪音 sāoyīn 使得 shǐde 周围居民不得～／飛行機の離着陸の騒音が，周辺住民の平穏を乱す．
*【安排】ānpái 動❶段取りをつける．¶日程～／スケジュール．¶这件事你～一下吧／これは，君が手配してくれ．同布置 bùzhì，部署 bùshǔ，支配 zhīpèi ❷（環境や住居などを）作り直す．
【安培】ānpéi 量《電気》アンペア．♦ampere 表現略称は"安 ān"．
【安贫乐道】ān pín lè dào 成清貧に甘んじ，自分の信念に満足して暮らす．
【安琪儿】ānqí'ér 名天使．♦angel
【安庆】Ānqìng《地名》安慶(あんけい)市．安徽省にある市．
*【安全】ānquán 形安全だ．¶～到达了北京／無事北京に到着した．同平安 píng'ān 反危険 wēixiǎn
【安全保障权】ānquán bǎozhàngquán 名《経済》消費者が商品の購入やその使用，サービスの提供を受けるさいに，人身や財産の損失を受けないことを定めた権利．消費者保護の権利．
【安全玻璃】ānquán bōli 名《建築》強化ガラス．
【安全带】ānquándài 名シートベルト．¶系 jì 好～／シートベルトをしっかり締める．
【安全岛】ānquándǎo 名（車道の中央部に設けられた歩行者用の）安全地帯．
【安全电压】ānquán diànyā 名《電気》安全電圧．

参考 通常36ボルト以下の感電事故の起こらない電圧.
【安全理事会】Ānquán lǐshìhuì 名 国連の安全保障理事会. 表现 略称は"安理会 Ānlǐhuì".
【安全帽】ānquánmào 名《工业》ヘルメット.
【安全门】ānquánmén 名 非常口. 同 太平 tàipíng 门.
【安全气囊】ānquán qìnáng 名 エアバッグ.
【安全事故】ānquán shìgù 名 安全規則違反事故. 規定違反などにより生じる,人身や財産を危険にさらす事故.
【安全填埋】ānquán tiánmái 名 最終埋め立て処分.
【安全系数】ānquán xìshù 名 ❶《工业》安全係数. ❷(物事を行う上での)安全の目安.
【安全线】ānquánxiàn 名 ❶ 紙幣の偽造防止用に入れるライン. ❷ (事故を防ぐための)安全ライン.
【安然】ānrán 形 ❶ 平穏だ. ¶ ~无事 / 平穏無事.
【安然无恙】ān rán wú yàng 成 平和で元気だ. 由来 もとは,無病息災の意. "恙 yàng"は病気.
【安如泰山】ān rú Tài shān 成 確固としてゆるがない. 同 稳 wěn 如泰山 由来 まるで泰山のように安定している,という意から.
【安设】ānshè 动 (設備などを)備えつける. 据えつける. ¶ 办公室的传真机 chuánzhēnjī 已经~好了 / 事務室のファックスはもう設置済みだ.
【安身】ān//shēn 动 身を置く. ¶ 无处~ / 身の寄る辺がない. ¶ 他穷得连~的地方都没有 / 彼は貧しくて,身を置く場所すらない.
【安身立命】ān shēn lì mìng 成 落ち着いて生活し,心のよりどころを得る.
【安神】ān//shén 动 気持ちを落ち着かせる. ¶ 养心~ / 心とりと心を落ち着かせる.
【安生】ānshēng[-sheng] 形 ❶ 生活が安定している. ❷ (子どもが)おとなしい. 静かだ.
【安史之乱】Ān-Shǐ zhī luàn 名《历史》唐代中期,節度使である安禄山,史思明という武将らが起こした反乱(755-763).
【安适】ānshì 形 静かで心地よい. 快適だ. ¶ 老人院里的老人们过着~的生活 / 老人ホームの老人たちは静かでのんびりした日々を送っている. ¶ ~的工作环境 / 快適な仕事環境. 同 恬适 tiánshì
【安睡】ānshuì 动 すやすやと眠る. 安心して眠る.
【安提瓜和巴布达】Āntíguā hé Bābùdá《国名》アンティグア・バーブーダ.
【安徒生】Āntúshēng《人名》アンデルセン(1805-1875). デンマークの童話作家,詩人.
【安土重迁】ān tǔ zhòng qiān 成 ある土地に住み慣れ,その土地を離れがたいこと. 参考 "重"は,"难 nán"(難しい)の意.
【安危】ānwēi 名 安否. 安全と危険. ¶ 他不顾个人的~,把落水儿童救上了岸 / 彼は危険を顧みず,水に落ちた子供を岸に助けあげた.
*【安慰】ānwèi ❶ 动 なぐさめる. 安心させる. ¶ ~老人 / お年寄りを安心させる. ¶ 小李~了伤心的朋友一番 / 李くんは気落ちした友人をなぐさめた. ❷ 名 心安らかになりさま. ¶ 孩子学习认真,使父母得到很大的~ / 子供がまじめに勉強するのは,父母にとって何よりの安心材料だ.
【安慰赛】ānwèisài 名《体育》コンソレーション・ゲーム.
【安稳】ānwěn 形 ❶ 平稳だ. ¶ 过~日子 / 平稳な日々. 重 安安稳稳 同 平稳 píngwěn ❷ ふるまいが静かで落ち着いている. 表现 ❷は,子供について言うことが多い.
【安息】ānxī 动 ❶ 静かに眠りにつく. ❷ 死者に対する哀悼のことば. ¶ ~吧! 亲爱的战友 / 安らかに眠れ,戦友よ.
【安息日】ānxīrì 名《宗教》安息日.
【安闲】ānxián 形 のんびりして,気楽だ. ¶ 他真会过日子,~自在,无忧 yōu 无虑 wúlǜ / 彼は人生の達人だ,悠然として,心配事もない. 同 清闲 qīngxián,悠闲 yōuxián 反 忙碌 mánglù
【安详】ānxiáng 形 あわてることなく,落ち着いている. ¶ 举止 jǔzhǐ ~ / ふるまいがゆったりしている. ¶ 神态 ~ / 表情が穏やかだ.
【安歇】ānxiē 动 ❶ 眠りにつく. ¶ 时间不早了,早点儿~吧 / もう遅いから,早く寝なさい. ❷ 休息する. ¶ 先~一下再走吧 / ちょっと休んでから出かけよう.
*【安心】❶ ān//xīn もくろみがある. たくらむ. ¶ 他安的什么心? / 彼は何をたくらんでるんだ. ❷ ānxīn 動 落ち着きして. ¶ ~工作 / 落ち着いて仕事をする. 比较 日本語の,「心配ごとがない」という意味の「安心」は,"放心 fàngxīn".
【安逸[佚]】ānyì 形 (生活が)気楽で,のんびりしている. ¶ 贪图 tāntú ~ / 安逸をむさぼる. 重 安安逸逸 同 闲适 xiánshì 反 劳碌 láolù
【安营】ān//yíng 动 (軍が)営設する. 駐屯する.
【安营扎寨】ān yíng zhā zhài 成 仮設住宅を建てる. 由来 軍隊が宿営地を設営したことから.
【安于】ānyú 动 …に甘んじる. …に満足する. ¶ ~现状 / 現状に甘んじる.
【安葬】ānzàng 动 埋葬する.
【安之若素】ān zhī ruò sù 成 非常事態に直面しても動揺しないようす.
【安置】ānzhì 动 (人や物を)ふさわしい所へ置く. ¶ 先~好行李,然后吃晚饭 / まず手荷物を置いてから,夕飯にしよう. 同 安顿 āndùn ❷ 適切な仕事を与える. ¶ 今年我们~了二百名青年,我々は200人の青年に仕事を割り当てた. 比较 ❶で,日本語の「安置」が仏像や遺体など特定の物にしか使用されないのに対し,中国語では人や荷物などに幅広く使用される.
【安装】ānzhuāng 动 (機械や器具などを)取り付ける. ¶ ~自来水管 / 水道管を引く. 装置 zhuāngzhì 反 拆除 chāichú

桉 ān
木部6 四 4394₄
全10画 通用

名《植物》ユーカリ. ¶ ~树 ānshù / ~油 ānyóu. 同 有加利 yǒujiālì,玉树 yùshù,黄金树 huángjīnshù
【桉树】ānshù 名《植物》ユーカリの木.
【桉油】ānyóu 名 ユーカリ油.

氨 ān
气部6 四 8041₇
全10画 次常用

名《化学》アンモニア. 同 阿摩尼亚 āmóníyà
【氨化】ānhuà 动《化学》アミノ化.
【氨基】ānjī 名《化学》アミノ基.
【氨基比林】ānjībǐlín 名 アミノピリン.
【氨基酸】ānjīsuān 名《化学》アミノ酸.
【氨水】ānshuǐ 名《化学》アンモニア水.

庵(同菴) ān
广部8 四 0021₆
全11画 次常用

名 ❶ 野外の小屋. いおり. ¶ 草 ~ cǎo'ān (わらぶき小屋) / 茅 ~ máo'ān (かやぶき小屋). ❷ 小さな尼

寺. ¶尼姑～ nígū'ān (尼寺). ❸ (Ān)姓.
【庵堂】āntáng 名 尼僧の住む寺.

谙(諳) ān
訁部9　全11画　3076₁　通用
素 よく知っている. ¶～达 āndá (熟達する) / ～练 ānliàn / 熟～ shú'ān (よく知っている).
【谙练】ānliàn 形 経験をつみ,熟練している.
【谙熟】ānshú 動 (情報や知識を)熟知する.

鹌(鶴) ān
鸟部8　全13画　4772₇
下記熟語を参照.
【鹌鹑】ānchún[-chun] 名《鳥》ウズラ. 表現 単に"鹑 chún"ともいう.

鞍(異鞌) ān
革部6　全15画　4354₄　次常用
素 鞍(くら). ¶～子 ānzi / 马～ mǎ'ān (ウマの鞍) / 歇～ xiē'ān (休息する).
【鞍鼻】ānbí 名《医学》外傷や梅毒などにより鼻梁が落ち込んだ鼻. 鞍鼻.
【鞍马】ānmǎ 名 ❶《スポーツ》鞍馬(ぁん). ❷ 鞍とウマ. 旅や戦いに明け暮れる生活を指す. ¶～生活 / 馬上での人生.
【鞍马劳顿】ān mǎ láo dùn 成 長旅や戦いで疲れはてているようす.
【鞍山】Ānshān《地名》鞍山(ぁん)市. 遼寧省にあり,鉄鋼業が盛ん.
【鞍子】ānzi 名〔量 副 fù〕鞍(くら).

盦 ān
皿部11　全16画　8010₂
名 ❶ 古代の蓋つきの器. ❷ "庵 ān"に同じ.

俺 ǎn
亻部8　全10画　2421₆　次常用
代(方) おれ(たち). わし(たち). ¶～村 ǎn cūn (おらが村) / ～们 ǎnmen / ～家 ǎnjiā (おれんち). 表現 "我"または"我们"のくだけた言い方.
【俺们】ǎnmen 代(方) おいらたち. わしら.

埯 ǎn
土部8　全11画　4411₆　通用
❶ 動 (一定の間隔で小さな穴を掘って)種をまく. 点播(ちゅん)する. ¶～瓜 ǎnguā (瓜の種をまく). ❷ 名 点播のために掘った小さな穴. ❸ 量 (～儿)点播された作物の本数を数えることば. ¶一～儿花生 (落花生1株).

铵(銨) ǎn
钅部6　全11画　8374₄
名《化学》アンモニウム. ¶硫～ liú'ǎn (硫酸アンモニウム) / 碳酸～ tànsuān'ǎn (炭酸アンモニウム). 回 铵根 ǎngēn ♦ammonium

揞 ǎn
扌部9　全12画　5006₁　通用
動 粉末状の薬を傷口に塗る. ¶～上点儿消炎粉 xiāoyánfěn (消炎剤をちょっと塗る).

犴 ǎn
犭部3　全6画　4124₀　通用
❶ → 狴犴 bì'àn ❷ (Ǎn)姓.
▶ 犴 hān

岸 àn
山部5　全8画　2224₁　通用
❶ 名 岸. 水辺. ¶～标 ànbiāo / 河～ hé'àn (川岸) / 口～ kǒu'àn (港). ❷ 形 (プライドが)高い. (態度などが)大きい. ¶傲～ ào'àn (おごりたかぶっている).

❸ (Àn)姓.
【岸标】ànbiāo 名 岸に設置された航路標識.
【岸然】ànrán 形 厳粛なようす.
【岸线】ànxiàn 名 ウォーターフロント.

按 àn
扌部6　全9画　5304₄　常用
❶ 動 手や指で押す. ¶～摩 ànmó / ～钮 ànniǔ / ～键 ànjiàn / ～门铃 (玄関のベルを押す). ❷ 動 押し止める. 抑制する. 制止する. ¶他工作一向～,没出过半点儿差错 chācuò / 彼の仕事はいつも手順通りで,寸分の狂いもない. ❸ 介 …に基づいて. …によって. ¶～照 ànzhào / ～期 ànqī / ～时 ànshí / ～说 ànshuō / ～例 ànlì (前例によって). ❹ 素 検討や研究をして判断を下す. ¶～语 ànyǔ / 编～ (編者のことば). 回 案 àn ⑤ ❺ (Àn)姓.
【按兵不动】àn bīng bù dòng 成 すぐに進軍せずに,時機を待つ. 任務をうけてもやろうとしない意味にも使う.
【按部就班】àn bù jiù bān 成 一定のきまりや手順に従ってすすめる. ¶他工作一向～,没出过半点儿差错 chācuò / 彼の仕事はいつも手順通りで,寸分の狂いもない.
【按倒】àn//dǎo 動 押し倒す. ¶小偷 xiǎotōu 被～在地 / 泥棒は床にねじふせられた.
【按键】ànjiàn 名 (楽器・コンピュータ・電化製品などの)キー. プッシュボタン.
【按揭】ànjiē 動 担保貸しをする.
【按揭贷款】ànjiē dàikuǎn 名 住宅ローン.
【按酒】ànjiǔ 名(文) 酒のさかな. 回 案 àn 酒
【按劳分配】àn láo fēnpèi 動 労働に応じて分配する. ¶～是社会主义的分配原则 / 労働に応じて分配するのが,社会主義の分配原則である.
【按劳付酬】àn láo fù chóu 動 労働に応じて分配する.
【按理】ànlǐ 副 道理から言って. 理屈から言えば. ¶你不该干出那种事 / どう考えても,そんなふるまいをしてはいけない.
【按摩】ànmó 動 マッサージする. ¶～师 / マッサージ師. ¶让你～了一下,轻松多了 / 君にマッサージしてもらって,ずっと楽になった. 回 推拿 tuīná
【按捺[纳]】ànnà 動 おさえる. 抑制する. ¶她～不住激动的心情 / 彼女は激しい気持ちをおさえられない. 回 抑制 yìzhì
【按钮】ànniǔ 名 (～儿)[量 个 ge] 押しボタン.
【按期】ànqī 副 期日通りに. 期限を守って. ¶完成任务 / 期日通りに任務を完了する.
*【按时】ànshí 副 きまった時間に. 時間通りに. ¶这药要～吃,不能停 / この薬は時間通りに飲み,やめてはいけない.
【按说】ànshuō 副 事実や道理から言うと…のはずだ. ¶已经二十岁的人了,～该让父母放心了 / 20歳にもなったら,両親を安心させるのが当然だ.
【按图索骥】àn tú suǒ jì 成 なにかを手がかりにしてさがすこと. または,決まりや前例にとらわれて,融通がきかないこと. 由来「絵図をたよりに名馬をさがし求める」という意から.
【按蚊】ànwén 名《虫》ハマダラカ. 回 疟 nüè 蚊
【按下】ànxià 動 ❶ 押さえつける. ¶警察把那个坏蛋的头～去了 / 警官はその悪人の頭を押さえつけた. ❷ 保留する.
【按需分配】àn xū fēnpèi 句 必要に応じて分配する.
【按压】ànyā 動 おさえる. 抑制する. ¶愤怒 fènnù 之情难于～ / 怒りの気持ちはおさえられない. 回 抑制 yìzhì

【按语】ànyǔ 名〔量 段 duàn, 句 jù, 条 tiáo〕文章や語句につけた注者の意見.
*【按照】ànzhào ❶動 従う. のっとる. ¶～规定／规则に従う. ❷前 …に基づいて. …によって. ¶～指示办事／指示に基づいて行う. 回 依照 yīzhào
【按住】àn//zhù 動 おさえつける. ¶这个人力气太大,我按不住他／こいつは桁外れに力が強くて,力でおさえつけようとしても歯が立たない.

胺 àn
月部6 7324₄ 全10画 通用

名《化学》アミン. ¶～化 ànhuà（アミノ化）／苯～běn'àn（アニリン）. ◆amine

案 àn
木部6 3090₄ 全10画 常用

❶名（～子）狭く長いテーブルや机. また机や台として利用されるその板. ¶～板 ànbǎn／～头 àntóu／条～ tiáo'àn（細長い机）／书～ shū'àn（長方形の文机ｽｸ）／拍～ pāi'àn（机をたたく）. ❷素 保管される記録文書. ¶～卷 ànjuàn／备～ bèi'àn（記録に載せる）／档～ dàng'àn（保存書類）. ❸素 提出された文書. ¶提～ tí'àn（提案）／议～ yì'àn（議案）／方～ fāng'àn（方案）／教～ jiào'àn（教案）. ❹名（～子）（诉讼 法律など法律にかかわる）事件. ¶～底 àndǐ（犯罪記録）／～例 ànlì／～件 ànjiàn／～情 ànqíng／犯～ fàn'àn（犯罪が発覚する）／破～ pò'àn（事件を解決する）. ❺名 "按yàn"④に同じ. ❻名 短い足のついた四角いお盆.
【案板】ànbǎn 名〔量 块 kuài〕長方形のまな板.
【案秤】ànchèng 名〔量 台 tái〕（小型の）卓上台ばかり. 回 台秤 táichèng
【案犯】ànfàn 名 裁判所から逮捕状が出ている者, 或いは未決犯. 犯罪行為をした人. 表現 古い言いかた.
【案件】ànjiàn 名《法律》〔量 起 qǐ, 桩 zhuāng, 宗 zōng〕裁判の案件. 回 案子 ànzi
【案酒】ànjiǔ 名 文 酒のさかな. 回 按 àn 酒
【案卷】ànjuàn 名 保管している文書や資料.
【案例】ànlì 名（典型的な）判例.
【案情】ànqíng 名 事件の詳細. ¶了解和分析 fēnxī ～／事件の詳細を理解し,分析する.
【案头】àntóu 名 テーブルや机の上. ¶～堆满 duīmǎn 了文件／机の上は書類がいっぱいだ.
【案验】ànyàn 動 犯罪の証拠を調査する. 回 按验 ànyàn
【案由】ànyóu 名 事件の概要.
【案值】ànzhí 名《法律》経済犯罪が関連する物品や貨幣の価値.
【案子】ànzi 名 ❶〔量 个 ge, 块 kuài, 条 tiáo, 张 zhāng〕細長いテーブル. ¶裁缝 cáiféng ～／裁縫台. ¶乒乓球～／卓球台. ❷口〔量 个 ge, 件 jiàn, 起 qǐ〕訴訟事件. ¶审 shěn ～／訴訟を審理する. ¶～由老张负责／この件は張さんの担当だ.

暗（異）闇❶❸ àn
日部9 6006₁ 全13画 常用

❶形 暗い. ¶～淡 àndàn／～室 ànshì／～紫色 ànzǐsè（濃紺色）／灰～ huī'àn（薄暗い）／昏～ hūn'àn（ほの暗い）. 反 明 míng ❷素 ひそかに隠す. 隠れている. 表に出ない. ¶～喜 ànxǐ／～藏 àncáng／～示 ànshì／～号 ànhào／～杀 ànshā／～算 ànsuàn. ❸名 文 愚かだ. はっきり分からない. ¶～昧 ànmèi（暗愚だ）.

【暗暗】àn'àn 副 ひそかに. こっそりと. ¶他～吃了一惊 jīng／彼は内心大いに驚いた.
【暗堡】ànbǎo 名《軍事》隠しトーチカ.
【暗补】ànbǔ 動《経済》間接補助をする. 生活用品などの製品価格を一定方向に抑えるため,製造者に対して,赤字となる分を政府が補填すること. 反 明 míng 补
【暗藏】àncáng 動 ❶ 隠す. ¶身上～凶器 xiōngqì／凶器を隠し持つ. 回 掩藏 yǎncáng, 隐藏 yǐncáng ❷隠れる. ひそむ.
【暗娼】ànchāng 名 口〔量 个 ge, 名 míng〕私娼（ｼｮｳ）. 反 公娼 gōngchāng
【暗潮】ànchāo 名〔量 股 gǔ〕目に見えない時代の変化. 底流.
【暗处】ànchù 名 ❶ 暗くて見つけにくい所. ❷ 非公開の状況・場面.
【暗袋】àndài 名（フィルムを取り替えるための）カメラバッグ.
【暗淡】àndàn 形 ❶（光や色が）暗くぼんやりしている. ¶光线～／ほの暗い光. ❷ 黯淡 àndàn, 昏暗 hūn'àn, 阴暗 yīn'àn, 幽暗 yōu'àn ❷ 将来の見通しが暗い. ¶前景～／先の見通しは厳しい.
【暗地里】àndìlǐ 副 ひそかに. 心の中で. ¶他俩 liǎ 表面上是好朋友,～其实 qíshí 不然／彼ら二人はうわべは仲良しだが,裏ではまったく違う. 回 暗地 àndì 反 公开 gōngkāi
【暗度陈仓】àn dù Chén cāng 成 相手の眼をくらまし,意表をついた行動に出る. 男女の密通を言うことが多い. 由来 漢の劉邦が楚の項羽に先んじ,桟橋を築くと見せかけひそかに陳倉（≒ :現陝西省宝鶏 jīn 市の東）を制圧したことから.
【暗访】ànfǎng 動 水面下で調査する. 秘密裏に実態を探る.
【暗沟】àngōu 名〔量 条 tiáo〕地下の排水溝. 暗渠 (ｷｮ).
【暗害】ànhài 動 ひそかに人を殺す. 人をおとしいれる.
【暗含】ànhán 動（ある意味を）それとなく含んでいる. ¶这几句话,～着对他的讥讽 jīfěng／このことばには,彼に対する皮肉がこめられている.
【暗号】ànhào 名（～儿）〔量 个 ge〕暗号. サイン. ¶联络 liánluò ～／暗号をやりとりする. ⇒暗语 ànyǔ
【暗合】ànhé 動 偶然に一致する.
【暗河】ànhé 名 地下を流れる川.
【暗盒】ànhé 名（～儿）フィルムケース. 参考 プラスチックの円筒形のもの.
【暗记儿】ànjìr 名 口（自分用の）目印.
【暗间儿】ànjiānr 名〔量 间 jiān〕外に直接通じる出入口にない部屋. 反 明间儿 míngjiānr
【暗箭】ànjiàn 名〔量 支 zhī, 枝 zhī〕ひそかに人を害する行為や策略. ¶明枪 míngqiāng 易躲 duǒ, ～难防／表だった攻撃をかわすのはたやすいが,背後からの中傷を防ぐのはむずかしい. 反 明枪 míngqiāng 由来「ひそかに放たれた矢」の意から.
【暗箭伤人】ànjiàn shāng rén 句 陰で人を中傷する.
【暗礁】ànjiāo 名 ❶〔量 处 chù, 块 kuài, 座 zuò〕暗礁（ｼｮｳ）. ¶船撞 zhuàng 上～,沉没 chénmò 了／船は暗礁にのりあげ,沈没した. ❷隠れている障害.
【暗流】ànliú 名 ❶〔量 股 gǔ, 条 tiáo〕地下や水面下の流れ. ❷〔量 股 gǔ〕表面にあらわれない思想傾向や社会動向.
【暗楼子】ànlóuzi 屋根裏に設けた物置.

【暗码】ànmǎ 图〔~儿〕〔量 个 ge, 种 zhǒng〕商店で商品の値段をあらわすのに用いた数字の代わりの符号．値段の符丁．反 明码 míngmǎ

【暗门】ànmén 图 隠しとびら．秘密の出入り口．

【暗门子】ànménzi 图 娼婦．私娼．同 暗娼 chāng

【暗盘】ànpán 图〔~儿〕ヤミ相場 (価格)．

【暗器】ànqì 图 不意打ち用の武器．手裏剣など．

【暗色】ànsè 图 ダークカラー．反 正 zhèng 色

【暗杀】ànshā 動 暗殺する．¶ 队长 duìzhǎng 被士兵~/隊長は兵士に暗殺された．表現 受身文で使われることが多い．

【暗伤】ànshāng 图 ❶ 内部器官の傷．内傷．同 内 nèi 伤 ❷ (物品の) 外部からは見えない内側の損傷．

【暗哨】ànshào 图 敵に知られないように立てる歩哨．

【暗示】ànshì 動 ❶ それとなく示す．暗示する．¶ 他用眼睛 yǎnjing ~我走开/彼は，私に席を外すよう目で合図した．❷ 图《心理》暗示．

【暗事】ànshì 图 やましい事．後ろめたい事．¶ 明人不做~/公明な人は後ろめたい事しない．

【暗室】ànshì 图〔间 jiān〕暗室．

【暗送秋波】àn sòng qiū bō 成 周りに知られぬよう，目で気持ちを伝える．¶ 他向他频频 pínpín 地~/彼は彼にしきりに秋波を送った．由来"秋波"は，美女のさわやかな眼．表現 こびを売って取り入るなどの意味にも用いられる．

【暗算】ànsuàn 動 ひそかに陰謀をめぐらす．比較 日本語の"暗算"は"心算 xīnsuàn"という．

【暗锁】ànsuǒ 图〔量 把 bǎ〕(ドア・箱・引き出しの) 作りつけの錠．外からは鍵穴が見えない．

【暗探】àntàn ❶ 图〔量 个 ge, 名 míng〕スパイ．密偵．❷ 動 ひそかに探る．¶ ~军机/軍事機密を内偵する．

【暗无天日】àn wú tiān rì 成 太陽が照らさないかのように暗い．暗黒な社会のこと．

【暗物质】ànwùzhì 图《天文》暗黒物質．ダークマター．

【暗喜】ànxǐ 動 ひそかに喜ぶ．

【暗箱】ànxiāng 图 カメラの暗箱．

【暗箱操作】ànxiāng cāozuò 图 不正取引．やみ取引．不正操作．

【暗想】ànxiǎng 動 心ひそかに思う．

【暗笑】ànxiào 動 ❶ ひそかに喜ぶ．¶ 独自~/ひとりでにやにやする．❷ ひそかにあざ笑う．¶ 在场的人都~他无知 wúzhī/その場にいた人たちは，みな彼の無知を心の中であざ笑った．

【暗影】ànyǐng 图 陰影．暗い影．

【暗语】ànyǔ 图〔句 jù〕秘密の合いことば．比較 "暗语"は秘密のことばをさす．"暗号 ànhào"は，音声や動作などによる合図をさす．

【暗喻】ànyù 图 隠喩．

【暗中】ànzhōng ❶ 图 暗闇の中．¶ 躲 duǒ 在~张望 zhāngwàng/暗がりに隠れてあたりを見回す．❷ 副 ひそかに．こっそり．¶ ~打听/それとなく尋ねる．¶ 一定有人在~操纵 cāozòng/きっと誰かが陰で操っているのだ．反 公开 gōngkāi

【暗自】ànzì 副 ひそかに．¶ ~盘算 pánsuan/ひそかに算盤をはじく．

黯 àn 黑部9 四 6036₁ 全21画 通用

素 暗く沈んでいる．¶ ~黑 ànhēi (まっ黒) / ~淡 àndàn (暗い) / 脸色阴~ yīn'àn (顔色が暗い)．

【黯淡】àndàn "暗淡 àndàn"に同じ．

【黯然】ànrán 形 文 ❶ うす暗い．¶ ~无光/うす暗く光がない．❷ 精神的に落ち込んでいる．¶ ~泪 lèi 下/がっくりして涙がこぼれる．

【黯然神伤】ànrán shénshāng 句 文 気分がすぐれず意気消沈しているようす．

【黯然失色】àn rán shī sè 比べるとやや劣る．遜色 (㐂ɿ㐂)がある．¶ 星星在月亮的照耀 zhàoyào 下~/星は月の下では輝きを失う．

ang 尢 [aŋ]

肮 (骯) āng 月部4 四 7021₇ 全8画 次常用

下記熟語を参照．

【肮脏】āngzāng 形 ❶ 汚い．¶ ~的衣服/よごれた服．同 龌龊 wòchuò, 污秽 wūhuì 反 纯洁 chúnjié, 干净 gānjìng, 洁净 jiéjìng, 清洁 qīngjié ❷ 醜い．卑劣だ．¶ ~的政治交易/卑怯な政治取引．

昂 áng 日部4 四 6072₇ 全8画 常用

❶ 動 頭を高くあげる．¶ ~首 ángshǒu / ~然 ángrán．❷ 形 気分が高揚する．¶ ~奋 ángfèn (感情が高ぶる) / 激~ jī'áng (激昂する)．❸ 素 価格が上がる．¶ ~贵 ángguì．❹ (Áng) 姓．

【昂昂】áng'áng 形 力がみなぎり，意気盛んだ．

【昂贵】ángguì 形 価格が高い．¶ 物价~/物価が高い．反 低廉 dīlián, 便宜 piányi

【昂然】ángrán 形 頭をぐっともちあげている．¶ 白杨树~挺立 tǐnglì/ポプラはまっすぐ天にのびている．

【昂首】ángshǒu 動 頭をもたげる．¶ ~望天/成 頭を上げて天を見る (高慢で勝手な態度)．反 俯首 fǔshǒu

【昂首阔步】áng shǒu kuò bù 成 胸を張って意気揚揚と歩く．¶ ~向前进/背筋を伸ばし大股で進む．

【昂扬】ángyáng 形 気合がみなぎっている．¶ 斗志~/闘志がみなぎる．同 高昂 gāo'áng 反 低沉 dīchén

盎 àng 皿部5 四 5010₂ 全10画 通用

❶ 图 古代の丸く平たい器．胴の部分が膨らみ口はせばまっている．❷ 素 あふれるほどに盛んだ．¶ ~然 àngrán．❸ 音訳字．「オン」または「アン」．¶ ~司 àngsī / ~格鲁撒克逊 Ànggélǔ Sākèxùn (アングロサクソン)．❹ (Àng) 姓．

【盎然】àngrán 形 気分や趣きが濃厚だ．¶ 生机~/活気に満ちている．¶ 他画里诗意~/彼の絵は詩心にあふれている．

【盎司 [斯]】àngsī 量 重さの単位．オンス．♦ ounce

ao 幺 [au]

凹 āo 丨部4 四 7777₀ 全5画 次常用

形 中央がへこんでいる．¶ ~陷 āoxiàn．反 凸 tū

筆順 丨 丨⌐ 丨⌐丨 凹 凹

【凹版】āobǎn 图《印刷》凹版．

【凹槽】āocáo 图《建築》(ガラスを固定するため窓枠につ

けるJ．しゃっくり溝．

【凹面鏡】āomiànjìng 名《物理》〔面 miàn〕凹面鏡．反 凸面鏡 tūmiànjìng

【凹透鏡】āotòujìng 名《物理》〔块 kuài, 面 miàn〕凹レンズ．反 凸透鏡 tūtòujìng

【凹凸】āotū 名 凹凸(おう).

【凹凸不平】āotū bù píng 句 平らでない．でこぼこだ．¶路面～/路面ができこぼこだ．

【凹陷】āoxiàn 动 中央や下へくぼむ．¶地面～出一个大坑 dàkēng／地面に大穴があいている．反 凸起 tūqǐ

熬 (异 燺, 熮) āo

灬部10 全14画 次常用 5833₄

动 煮る．ゆでる．¶～豆腐(豆腐を煮る)／～冬瓜(トウガンを煮る)．

☞ 熬 áo

【熬心】āoxīn 方 心配する．思い悩む．

【熬鱼】āoyú 名《料理》香辛料のきいた魚の煮付け．天津の名物料理．

敖 áo

攵部6 全10画 通用 5824₀

❶ 素 "遨 áo"に同じ．❷ (Áo)姓．

【敖包】áobāo 名 オボ．鄂博 èbó 参考 もとモンゴル語．路傍に石や土を積み上げたもので，本来は道標や境界石であったが，やがて神霊の宿る場所として祭祀の対象となった．

【敖德薩】Áodésà 地名 オデッサ(ウクライナ)．

遨 áo

辶部10 全13画 通用 3830₄

动 ぶらぶら遊び歩く．¶～游 áoyóu.

【遨游】áoyóu 动 ゆったり旅をする．¶～世界／世界を漫遊する．同 漫游 mànyóu

嗷 áo

口部10 全13画 通用 6804₀

下記熟語を参照．

【嗷嗷】áo'áo 拟 文 わあわあ．ひいひい．がやがや．悲鳴やけたましく叫ぶ声．

【嗷嗷待哺】áo áo dài bǔ 成 飢えに泣き叫ぶ食べ物を待ちこがれる．¶世界上每天都在出现～的难民 nànmín／世界には，食料を乞い求める難民が，日々生み出されている．

【嗷嗷叫】áo'áo jiào 句 (痛み·苦しみ·恐怖などで)悲鳴を上げる．ひいひい叫ぶ．

廒 (异 厫) áo

广部10 全13画 通用 0024₈

素 穀物の倉．¶仓～ cāng'áo (穀物倉).

璈 áo

王部10 全14画 1814₀

名《音楽》現在の"云锣 yúnluó"に似た古代の打楽器．

獒 áo

犬部10 全14画 5880₄

名《動物》猟犬用のマスチフ犬．

熬 áo

灬部10 全14画 次常用 5833₀

❶ 动 長時間煮てドロドロにする．煮込む．¶～粥 zhōu (かゆをたく)／～中药(漢方薬を煮出す)．❷ 动 こらえる．がまんする．¶～不下去了(これ以上がまんできない)．❸ (Áo)姓．

☞ 熬 āo

【熬到】áodào 动 辛抱して，やっと望んでいた結果や状況を迎える．¶这种日子要～什么时候呢？／こんな日を，いつまで辛抱して待てばいいのか．

【熬更守夜】áo gēng shǒu yè 成 一晩中眠らずに過ごす．

【熬煎】áojiān 动 肉体的·精神的に苦痛を受ける．¶受尽～／辛酸をなめつくす．¶那种痛苦犹如 yóurú 在油锅里～一般／その苦しさは，ちょうど油を引いた鍋でジリジリ煎られるようなものだ．

【熬磨】áomó[-mo] 动 方 ❶つらい時間を過ごす．❷ (子供などが)まとわりつく．つきまとう．

【熬头儿】áotour 名 耐えた成果．苦労のしがい．

【熬药】áo//yào 动《中医》薬を煎じる．

【熬夜】áo//yè 动 夜ふかしする．徹夜する．¶今天作业来不及完成，看来又得 děi 了／今日は宿題は間に合わないから，どうやらまた徹夜しなくてはならない．

聱 áo

耳部10 全16画 5840₁

→ 佶屈聱牙 jí qū áo yá

螯 áo

虫部10 全16画 5813₆

名 カニやエビなどのはさみ．

翱 (异 翱) áo

羽部10 全16画 2742₀

动 つばさをひろげて飛ぶ．¶～翔 áoxiáng.

【翱翔】áoxiáng 动 文 大きな鳥などがゆったりと空を浮遊する．¶老鹰 lǎoyīng 在天空～／タカが大空を飛翔する．同 飞翔 fēixiáng

鳌 (繁 鰲, 异 鼇) áo

鱼部10 全18画 通用 5810₆

素 伝説上の海の大亀．参考 背に蓬莱(ほう)山などの仙山を背負っていると信じられた．

【鳌头】áotóu 名 状元(じょう)．首席．¶独占～／首席で合格する．参考 皇宮の石段に大亀の首が彫られ，科挙の第1位(状元)となった者がここに立って合格発表をうけたことから．

鏖 áo

鹿部8 全19画 0021₉

素 文 激しく戦う．¶～战 áozhàn／～兵 áobīng (激しく戦う).

【鏖战】áozhàn 动 激しく戦う．¶他牺牲于～之中／彼は激しい戦闘の中で犠牲になった．同 酣战 hānzhàn, 激战 jīzhàn

拗 (异 抝) ǎo

扌部5 全8画 次常用 5402₇

动 方 曲げて折る．¶把竹竿 zhúgān～断了(竹ざおを曲げ折った).

☞ 拗 ào, niù

袄 (襖) ǎo

衤部4 全9画 常用 3228₄

名《服飾》〔件 jiàn〕裏地のついている上着．¶绵～ mián'ǎo (綿入れの上着)／夹～ jiá'ǎo (あわせの上着).

媪 ǎo

女部9 全12画 通用 4641₂

名 文 老婦人．おうな．

岙 (礜) ào

山部4 全7画 2077₂

名 山中の平地．参考 浙江や福建などの沿海地方で，地名に多く用いる．

坳 (异 坳) ào

土部5 全8画 4412₇

名 ❶ 山間の平地. ❷ 低湿地.

拗 (异 抝) ǎo
扌部5　5402₇
全8画　次常用

素 順調にいかない. 従わない. ¶~口 ǎokǒu / 违~ wéi'ǎo (目上の者に逆らう).
☞ 拗 ǎo, niù

【拗口】ǎokǒu 形 すらすら言えない. ¶~令 / 早口ことば. ¶这段台词很~, 改一改吧 / このセリフはとても言いにくい, ちょっと変えましょう.

傲 ào
亻部10　四 2824₀
全12画　常用

❶ 形 おごっている. 傲慢(ぎん)だ. ¶ 骄~ jiāo'ào (傲慢だ) / 高~ gāo'ào (高慢だ). ❷ 形 屈しない. ¶~霜 àoshuāng (霜にまけない) / ~骨 àogǔ. ❸ (Ào) 姓.

【傲岸】ào'àn 形 ⇨傲慢(ぎん)だ. 尊大だ. ¶~不群 / 傲慢で人と親しまない.
【傲骨】àogǔ 名 [書 fù] プライドが高く自分を曲げない性格. ¶他天生一副~, 没有半点儿媚俗 mèisú / 彼は天性の硬骨漢で, 少しも他人にこびるところがない. 反 媚骨 mèigǔ ⇨傲气 àoqì
【傲慢】àomàn 形 傲慢(ぎん)だ. ¶她长得很漂亮, 可举止 jǔzhǐ 太~ / 彼女は生まれつきの美人だが, 振る舞いはひどく高飛車だ. 同 高傲 gāo'ào 反 谦恭 qiāngōng
【傲气】àoqì 名 [書 gǔ] 尊大ぶった態度. ¶他有钱有势, 但没有丝毫 sīháo~ / 彼は金も力もあるが, 少しもおごり高ぶらない. 比较 "傲骨"はプラスの意味で使われる, "傲气"はマイナスの意味で使われる.
【傲然】àorán 形 頑固で自分を曲げない. ¶~挺立 tǐnglì / すっくと立っている.
【傲视】àoshì 動 見下す. ¶他敢于~权贵, 从不低头折腰 zhéyāo / 彼は権勢家を見下す勇気があり, 彼らにへつらったことはない.

奥 ào
大部9　四 2780₄
全12画　常用

❶ 素 奥深い. ¶~义 àoyì (奥深い道理) / ~妙 àomiào / 深~ shēn'ào (奥深い). ❷ 素 家の西南または奥の部分. ¶堂~ táng'ào (建物の奥の部屋). ❸ 音訳字. ¶~林匹克 Àolínpǐkè (オリンピック) / ~地利 Àodìlì. ❹ (Ào) 姓.

【奥博】àobó 形 ❶ 知識や理論に深く通じている. 該博だ. ❷ (文章などの意味が) 奥深い.
【奥地利】Àodìlì (国名) オーストリア.
【奥克兰】Àokèlán (地名) オークランド (ニュージーランド).
【奥林匹克村】Àolínpǐkècūn 名 オリンピック村.
【奥林匹克公园】Àolínpǐkè gōngyuán 名 オリンピック公園.
【奥林匹克精神】Àolínpǐkè jīngshén 名 オリンピック精神.
【奥林匹克运动会】Àolínpǐkè yùndònghuì 名 オリンピック大会.
【奥秘】àomì 名 奥義. 神秘. ¶探索 tànsuǒ 宇宙 yǔzhòu 的~ / 宇宙の神秘をさぐる.

【奥妙】àomiào 形 (道理や技芸が) 奥深くとらえがたい. ¶神奇 shénqí~ / ミステリアスでとらえがたい. 同 奥秘 àomì, 奇妙 qímiào, 微妙 wēimiào, 玄妙 xuánmiào
【奥赛】Àosài 名 "国际学科奥林匹克竞赛"(国際学科オリンピック)の略称.
【奥斯陆】Àosīlù (地名) オスロ (ノルウェー).
【奥斯曼帝国】Àosīmàn dìguó《歴史》オスマン帝国.
【奥陶纪】Àotáojì 名《地学》オルドビス紀.
【奥陶系】Àotáoxì 名《地学》オルドビス系.
【奥体中心】Ào-tǐ zhōngxīn "奥林匹克体育中心" (オリンピック・スポーツセンター) の略称.
【奥委会】Àowěihuì 名 オリンピック委員会.
【奥校】Àoxiào 名 "奥林匹克学校" (オリンピックスクール) の略称. 国际学科オリンピックを目指す学生に補習教育を行う学校. 参考 教学レベルの高い私立校を指す場合もある.
【奥运村】Àoyùncūn 名 オリンピック村.
【奥运会】Àoyùnhuì 名〔量 次 cì, 届 jiè〕 "奥林匹克运动会 Àolínpǐkè yùndònghuì" の略.

骜 (驁) ào
马部10　四 5812₇
全13画　通用

素 ❶ 足の速い馬. ❷ 馬が従順でない. ¶桀 jié~不驯 xùn (傲慢(ぎん)で人に親しまない). ⇨ 傲 ào

澳 ào
氵部12　四 3718₄
全15画　次常用

❶ 素 入り江. ❷ "澳门 Àomén" の略称. ❸ "澳洲 Àozhōu" (オセアニア) の略称. ❹ (Ào) 姓. 参考 ①は地名に用いられることが多い.

【澳大利亚】Àodàlìyà (国名) オーストラリア.
【澳抗】Àokàng 名《医学》オーストラリア抗原.
【澳门】Àomén (地名) マカオ. 1999年12月, 中国に復帰. 正式名称は, 中華人民共和国マカオ特別行政区.
【澳区】Àoqū 名 マカオ地区. 中華人民共和国澳門 (マカオ) 特別行政区の略称.

懊 ào
忄部12　四 9708₄
全15画　次常用

素 後悔する. 悩む. ¶~恨 àohèn.

【懊恨】àohèn 動 後悔する. 恨む.
【懊悔】àohuǐ 動 自分のあやまちを悔い, 悔やむ. ¶事已如此, ~有什么用呢? / もうこうなってしまったからは, 後悔が何の役に立とう. 同 后悔 hòuhuǐ, 悔恨 huǐhèn
【懊恼】àonǎo 形 思い悩んで悔やむ. ¶为了这件事, 她~了三个月 / このことのために, 彼女は3ヶ月悩んだ. 同 烦恼 fánnǎo
【懊丧】àosàng 動 思い通りにならず, 元気をなくす. ¶他用~的语调 yǔdiào 说: "我完了" / 彼は沈みきった口調で, "俺はおしまいだ" と言った.

鏊 ào
金部10　四 5810₉
全18画　通用

下記熟語を参照.

【鏊子】àozi 名《料理》〔量 个 ge〕 "饼 bǐng" を焼く鉄板. 円形で中心部がやや高くなっている.

B

ba ㄅㄚ [pA]

八 bā 八部0 四8000₀ 全2画 常用
❶ 数 数字の8(の). ¶〜天 bātiān (8日間). ❷ (Bā)姓. 注意①は第4声の字の前では,第2声で発音することもある. ¶〜岁 básuì (8歳).

【八宝菜】bābǎocài 名《料理》キュウリやチシャ,クルミやアンズなどを混ぜ,しょうゆで味付けした漬け物. 注意日本でいう「八宝菜」とは異なる.

【八宝饭】bābǎofàn 名《料理》もち米に,干した果物やハスの実,竜眼(ﾘｭｳｶﾞﾝ)やこしあんなどを混ぜて蒸しあげた,甘いごはん. ⇨八宝粥 bābǎozhōu

【八宝山】Bābǎoshān 名 北京市石景山区にある丘. 革命共同墓地で有名. 参考 一般の人のための納骨堂と国家指導幹部のための"公墓"がある. 表現 人の死亡を婉曲に"去[进]〜"と言うことがある.

【八宝粥】bābǎozhōu 名《料理》八宝粥. もち米にアズキ・ハスの実・ピーナッツなど,多くの具を入れ,甘味に味付けした粥.

【八辈子】bābèizi 名 長い間. 由来 八代にわたる生涯("一辈子")の間という意から.

【八成】bāchéng ❶ 数 8割がた. ¶吃饭吃〜/食事は腹八分目. ❷ 副 ほとんどの場合. おおかた. ¶十有〜几он不会来了/十中八九,彼は来ないだろう. ¶〜新/新品同様.

【八达岭】Bādálǐng《地名》八達嶺(ﾊﾁﾀﾞﾂﾚｲ). 北京市の西北に位置する軍都山の一峰. 明代,ここに万里の長城の関城が開かれた.

【八大处】bādàchù 名《北京の》八大名所. 北京市西山南麓にある,風光明媚な園林. ふもとから山頂までの間に8ヶ所の古刹があることから,この名で呼ばれる. 参考 八大古刹は,长安寺,灵光寺,三山庵,大悲寺,龙泉庵,香界寺,宝珠寺,证果寺.

【八度】bādù 名《音楽》オクターブ.

【八方】bāfāng 名 東西南北と,北東・北西・南東・南西の,八つの方角. すべての方面. ¶四面〜/四方八方. ¶一声号召,〜响应 xiǎngyìng/一声呼びかけると,八方からこたえてくる.

【八分】bāfēn 名 後漢時代に現れた隷書の書体の一つ. 八分(ﾊﾞﾌﾟﾝ).

【八分音符】bāfēn yīnfú 名《音楽》八分音符.

【八竿[杆]子打不着】bā gānzi dǎbùzháo 慣 関係がきわめて遠く頼りにならないこと. ¶这两件事情〜,一点儿关系也没有/この2つの事柄はお互いにかけ離れていて,関係は少しもない.

【八哥儿】bāger 名《鳥》〔量 只 zhī〕ハッカチョウ. 九官鳥のように人の声を真似る. 同 鸲鹆 qúyù

【八股】bāgǔ 名 ❶《文学》明・清時代の科挙試験で用いられた文体. 形式が厳格に定められ,8段落のうち4段落は対句とする. ❷ 形式的な内容のない文章や講演.

【八卦】bāguà 名 八卦(ﾊﾂｶ,ﾊｯｹ). 参考 "易"の8つの卦. "乾 qián","兑 duì","离 lí","震 zhèn","巽 xùn","坎 kǎn","艮 gèn","坤 kūn".

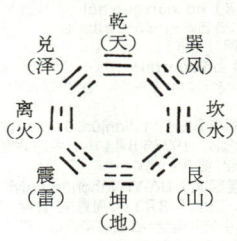

乾(天) 兑(泽) 离(火) 震(雷) 巽(风) 坎(水) 艮(山) 坤(地)

八 卦

【八卦掌】bāguàzhǎng 名《武術》拳法の一種. 八卦掌(ﾊｯｹｼｮｳ).

【八国联军】Bāguó liánjūn 名《歴史》八国連合軍. 1900年にイギリス・米国・ドイツ・フランス・ロシア・日本・イタリア・オーストリアが義和団事件鎮圧のために出兵した8ヵ国の連合軍.

【八角】bājiǎo 名《植物》
❶ トウシキミ. ダイウイキョウ. 八つの角のある星形の実がなる. 英名はスターアニス. 同 八角茴香 huíxiāng,大茴香 dàhuíxiāng ❷《薬》トウシキミの実. ハッカクと呼ばれ,調味料や漢方薬に使われる.

八 角

【八节】bājié 名 八つの節気. 立春・春分・立夏・夏至・立秋・秋分・立冬・冬至.

【八九不离十】bā jiǔ bù lí shí 慣 ほとんどまちがいない. ¶猜个〜/十中八九まちがいない.

【八六三计划】Bāliù-Sān jìhuà 名 "高技术研究发展计划纲要"(最先端科学技术研究开发计划纲要)の略称. 数項目の最重要分野における科学技術の研究開発に対し,世界の最先端水準を維持することを目的とする中国の国家計画. 由来 1986年3月に起案されたことから.

【八路】Bālù 名 八路軍および八路軍の幹部や兵士.

【八路军】Bālùjūn 名 八路軍(ﾊﾁﾛｸﾞﾝ). 参考 国民革命军第八路军の略. "中国工农红军"の主力部隊をもとに,1937年に中国共産党指導下の抗日革命軍部隊として改編され,主に華北で活動した.

【八面光】bāmiànguāng 名 形 世故にたけ,如才がないこと. 八方美人. 同 八面见 jiàn 光

【八面玲珑】bā miàn líng lóng 成 八方美人. 由来 もとは,四方の窓から光がさしこみ,部屋が明るいようすを言った.

【八面威风】bā miàn wēi fēng 成 威風があたりを払う.

【八旗】bāqí 名《歴史》八旗(ﾊｯｷ). 参考 清代の満州族の戸籍制度で,臣民を兵籍として八旗(黄・白・红・蓝の8種の旗印で識別される)に分けて編成したもの. のちに蒙古八

旗と漢軍八旗も編成された. 八旗の役人は, 平時は民政を司り, 戦時になると将校として軍を統括した.

【八荣八耻】bā róng bā chǐ "熱愛祖国"など8つの名誉と"危害祖国"など8つの恥辱. [参考]胡錦濤総書記が述べた, 現代社会主義の価値観.

【八仙】bāxiān [名] ❶ 伝説上の8人の仙人. 漢鍾離, 張果老, 呂洞賓, 李úc拐, 韓湘子, 曹国舅, 藍采和, 何仙姑の8人. ❷ [方] "八仙桌 bāxiānzhuō"に同じ.

【八仙过海】bā xiān guò hǎi [成] 八仙人が海を渡るときのように, 各自がそれぞれ力を出し合う. [表現] "~, 各显其能 [神通]"とも言う.

【八仙桌】bāxiānzhuō [名] (~儿) 〔张 zhāng〕中国式の大きな四角いテーブル. 各辺に2人ずつ, 計8人が座れる.

【八一建军节】Bā-Yī Jiànjūnjié [名] 中国人民解放軍建軍記念日. 1927年8月1日に, 中国共産党が指導した南昌蜂起を記念したもの.

【八一南昌起义】Bā-Yī Nánchāng qǐyì 《歴史》南昌蜂起. 1927年8月1日, 周恩来・賀竜・葉挺・朱徳などが率いて中国共産党が江西省南昌市で行った武装蜂起.

【八音盒】bāyīnhé [名] オルゴール.

【八月节】Bāyuèjié 旧暦8月15日の中秋節. [同] 中秋节 Zhōngqiūjié

【八字】bāzì [名] (~儿) 運勢占いの一種. 生まれた年・月・日・時間の4つを, 干支の2文字ずつであらわす. ¶~先生 / 占い師. [生辰 shēngchén 八字]

【八字胡】bāzìhú [名] 八の字(形に伸びた)ひげ.

【八字形】bāzìxíng [名] 八の字の形. ¶一群大雁 dàyàn 排成~往南飞去 / 雁の群れが八の字に並んで, 南に飛んでいく.

巴 bā →部3 [四] 7771₇ 全4画 [常用]

❶ [素] 待ち望む. ¶~望 bāwàng. ❷ [動] こびりつく. くっつく. ¶粥 zhōu~锅了(おかゆが鍋にこげついた) / 爬山虎~在墙上(つたが塀にからみついている). ❸ [素] こびりついたもの. ¶锅~ guōbā (鍋についたおこげ). ❹ [動][方] 近づく. ¶~着窗户眼儿一瞧(窓の穴に顔を近づけて中をのぞく). ❺ [動][方] 開く. ¶~着眼瞧(目を見張って見る). ❻ (Bā) [名] 古代の国名. その所在地にちなみ, 四川省東部を"巴"とも呼ぶ. ❼ [量] バール. 圧力の単位. ¶毫~ háobā (ミリバール). ◆bar ❽ (Bā)姓.

【巴巴多斯】Bābāduōsī 《国名》バルバドス.

【巴巴结结】bābajiējiē [形][方] ❶ こつこつと. 地道に努力するようす. ¶~地做, 生活一定会好的 / こつこつ地道にやれば, 暮らしはきっとよくなる. ❷ たどたどしい. すらすら話ができないようす. ¶他平时说话~, 可吵起架来口齿清晰 qīngxī 流利 / 彼はふだんは口ごもるくせに, けんかとなると立て板に水だ.

【巴比妥】bābǐtuǒ [名]《薬》バルビタール. 催眠薬.

【巴布亚新几内亚】Bābùyà xīnjǐnèiyà《国名》パプア・ニューギニア.

【巴不得】bābude [動][口] (多くは実現可能なことを)したくてたまらない. ¶我~你现在就来呢 / 君がすぐにでも来てほしい.

【巴豆】bādòu [名] ❶《植物》ハズ. 種子はヒマ(トウゴマ)に似て, 油が採れる. ❷《中医》ハズの種子. 強烈な下剤として使う.

【巴尔干半岛】Bā'ěrgàn bàndǎo《地名》バルカン半島.

【巴尔扎克】Bā'ěrzhākè《人名》バルザック(1799-1850). フランスの小説家.

【巴甫洛夫】Bāfǔluòfū《人名》イワン・パブロフ(1849-1936). ロシアの生理学者. "条件反射"説で有名.

【巴格达】Bāgédá《地名》バグダッド(イラク).

【巴哈马】Bāhāmǎ《国名》バハマ.

【巴赫】Bāhè《人名》バッハ(1685-1750). ドイツの作曲家.

【巴基斯坦】Bājīsītǎn《国名》パキスタン.

【巴结】bājie ❶ [動] (権勢のある者に)おべっかを使う. ¶~上司 / 上司におべっかを使う. ❷ [形] 勤勉だ. ❸ [形][方] しんどい. 苦しい.

【巴金】Bā Jīn《人名》巴金(ペン名:1904-2005). 中国の

汉钟离　　　　　　呂洞賓　　　　　　韩湘子　　　　　　张果老

李铁拐　　　　　　曹国舅　　　　　　蓝采和　　　　　　何仙姑

八 仙

小説家. 本名は李堯棠, 字は芾甘. 『激流』三部作など著書多数.

【巴拉圭】Bālāguī《国名》パラグアイ.

【巴勒斯坦】Bālèsītǎn《地名》パレスチナ.

【巴黎】Bālí《地名》パリ(フランス).

【巴黎公社】Bālí gōngshè 名《歴史》パリ・コミューン.

【巴林】Bālín《国名》バーレーン.

巴金

【巴洛克】bāluòkè 名《建築・美術》バロック様式.

【巴拿马】Bānámǎ《国名》パナマ.

【巴儿狗】bārgǒu 名 ❶《動物》〔条 tiáo, 只 zhī〕小型犬の一種. チン. ペキニーズ. 同 叭儿狗 bārgǒu, 哈巴狗 hǎbagǒu ❷ 他人にへつらう者.

【巴塞罗那】Bāsàiluónà《地名》バルセロナ(スペイン).

【巴士】bāshì 名 バス. 由来英語の bus から. 香港などで使われ, 大陸に広まった.

【巴蜀】Bā Shǔ 名 中国古代の巴(ハ)の国と蜀(ショク)の国. 現在の重慶市と四川省域内にあった.

【巴斯德】Bāsīdé《人名》ルイ・パスツール(1822-1895). フランスの細菌学者.

【巴望】bāwàng 動 心から待ち望む. ¶做父母的总是～自己的儿女有出息 / 親というのは, わが子の前途に期待するものだ.

【巴乌】bāwū《音楽・民族》雲南で使われ, イ族やハニ族など少数民族の横笛. 参考リードが発音源で, 独特な柔らかい音色を出す.

【巴西】Bāxī《国名》ブラジル.

【巴西利亚】Bāxīlìyà《地名》ブラジリア(ブラジル).

【巴掌】bāzhang 名 てのひら. ¶你再嘴硬, 给你一～ / これ以上強情をはると, 平手打ちをお見舞いするよ.

扒 bā
扌部2　四 5800₀
全5画　常用

❶ 動 物につかまる. ¶～着窗口往 wǎng 里 lǐ 看(窓に取り付いて中を見る). ❷ 動 掘りかえす. ¶～土 bātǔ (土を掘る). ❸ 動 とり壊す. ¶～房 bāfáng (家をとり壊す). ❹ 動 かきわける. ¶～开人群(人込みをかきわける). ❺ 動 はぎとる. 脱ぎ捨てる. ¶～皮 bāpí (皮をはぐ) / ～衣服(着物をはぎとる). ❻ (Bā)姓.

☞ 扒 pá

【扒车】bā//chē 動 (ゆっくり走る列車やバスに)飛び乗る.

【扒钉】bādīng 名《建築》かすがい. コの字形の留め金.

【扒缝儿】bā//fèngr (すき間にはりついて)のぞき見する.

【扒拉】bāla 動 ❶(指先で軽く)押して動かす. はじく. ¶～算盘子儿 suànpánzǐr / そろばん玉をはじく. ❷ 押しのける. 取り去る. ☞ 扒拉 pála

叭 bā
口部2　四 6800₀
全5画　次常用

❶ 擬 "吧 bā"①に同じ. ❷ (Bā)姓.

【叭儿狗】bārgǒu 名〔条 tiáo, 只 zhī〕チン. ペキニーズ. 小型犬の一種. 同 巴儿狗 bārgǒu, 哈巴狗 hǎbagǒu

芭 bā
艹部4　四 4471₇
全7画　次常用

名 ❶《植物》古書に見える香草の名. ❷ (Bā)姓.

【芭蕉】bājiāo 名《植物》❶〔棵 kē, 株 zhū〕バショウ. 実はバナナに似て, 食用になる. 同 甘蕉 gānjiāo

❷〔根 gēn, 挂 guà〕バショウの実.

【芭蕉扇】bājiāoshàn 名 ヤシ科のビロウの葉で作ったうちわ.

【芭蕾(舞)】bālěi(-wǔ)《芸能》バレエ. ◆バレエ ballet

吧 bā
口部4　四 6701₇
全7画　常用

❶ 擬 堅いものや乾いたものが折れたり, ぶつかった音. ¶～嗒 bādā / ～啦 bājī / ～喳 bāchā (ガッチャーン. 物が落ちて割れる音). ❷ 動 (スパスパと)タバコを吸う. ❸ 名 外 バー. ¶氧～ yǎngbā (酸素バー) / 网～ wǎngbā (インターネットカフェ). ◆bar

☞ 吧 ba

【吧嗒】bādā 擬 ❶ バタン. バタン. ¶～一声, 门关上了 / バタンと音をたてて, ドアが閉まった. 同 叭嗒 bādā ❷ ポタポタ. 涙や汗が落ちる音. 同 叭嗒 bādā

【吧嗒】bādā 動 ❶ 口をパクパクさせる. ¶～了两下嘴, 一声也不言语 / 口をパクパクさせたが, 一言もことばにならない. 同 叭嗒 bādā ❷ タバコをスパスパ吸う. ¶蹲 dūn 在一边～着叶子烟 / 傍らにしゃがみこんで葉タバコをスパスパやる. 同 吧唧 bāji

【吧唧】bājī 擬 バシャバシャ. ピチャピチャ. ¶光着脚在雨地里～～地走 / 裸足で雨の中をバシャバシャと歩く. 同 叭唧 bājī

疤 bā
疒部4　四 0011₇
全9画　常用

名〔道 dào, 个 ge, 块 kuài, 条 tiáo〕❶ 傷やできものが治ったあとに残る跡. ¶～痕 bāhén / 疮～ chuāngbā (かさぶたのあと). ❷ 物の表面にできた傷. ①のような傷跡.

【疤痕】bāhén 名〔道 dào, 块 kuài, 条 tiáo〕傷跡.

【疤瘌[拉]】bāla〔道 dào, 块 kuài〕傷やできものの跡.

【疤瘌眼儿】bālayǎnr 名 方 まぶたに傷跡がある目. また, その人.

捌 bā
扌部7　四 5200₀
全10画　次常用

数「八」の大字. 参考 領収書や契約書に用いる.

笆 bā
竹部4　四 8871₇
全10画　次常用

素 竹や柳の枝で編んだもの. ¶竹篱～ zhúlíbā (竹垣).

【笆斗】bādǒu 名〔个 ge〕(柳の枝などで編んだ)丸底のざる.

【笆篱子】bālízi 名 方 留置場. 牢屋.

【笆篓】bālǒu 名〔个 ge〕(柳の枝や竹片などで編んだ)背負いかご.

粑 bā
米部4　四 9791₇
全10画　通用

素 方 もち米を蒸して作る食品. ¶糍～ cíbā (もちの一種).

【粑粑】bābā 名 方 (トウモロコシなどで作った)おこげやおこしのような食べ物.

鲃(鲃) bā
鱼部4　四 2711₇
全12画　通用

名〔条 tiáo〕コイ科の淡水魚. 中国の華南・西南地区に生息.

拔 bá
扌部5　四 5304₀
全8画　常用

❶ 動 引き抜く. ¶～牙 yá (歯を抜く) / 一毛不～

(成)一本の毛も抜かないけち. (反)插 chā (動)(敵の陣地を)奪い取る. 攻め取る. ¶~去敌人的据点/敵の拠点を攻め取る). ❸(動)(毒などを)吸い出す. 吸い取る. ¶~毒 bádú(毒を吸い出す). ❹(動)(すぐれた人材を)選び出す. 起用する. ¶~取 báqǔ/选~ xuǎnbá(選抜する). ❺(素)(一定の範囲や数量を)越える. 抜きんでる. ¶~群 báqún(群を抜く)/海~ hǎibá(海抜).
【拔白】bábái(動)(文)空が白みはじめる.
【拔步】bá//bù(動)いきなり行動をとる. ¶~就走/さっと歩き出す. (同)拔腿 bátuǐ.
【拔除】báchú(動)抜き取る. 取り除く. ¶~杂草/雑草を抜く.
【拔萃】bácuì(動)(文)才能がぬきんでる.
【拔掉】bádiào(動)根から抜き取る. ¶昨天让牙医把一颗蛀牙 zhùyá~了/昨日, 歯医者で虫歯を一本抜かれた.
【拔钉锤】bádīngchuí(名)くぎ抜き.
【拔高】bá//gāo(動)❶(声を)高くする. はりあげる. ¶~嗓子唱/声をはりあげて歌う. ❷(人物や作品を)意図的に高く評価する. もちあげる.
【拔罐子】bá guànzi(句)(中医)吸いふくべや吸いだまをかける. (参考)治療方法の一つで, 小さな筒型の器具の中に綿などを詰めて点火し, それを患部に吸いつかせることで, 神経痛や関節炎などに効果を生む. (同)拔火罐儿 bá huǒguànr.
【拔河】báhé(名動)(スポーツ)綱引き(をする).
【拔尖】bájiān(~儿)❶(形)並外れてすぐれている. ❷(動)でしゃばる.
【拔尖儿】bá//jiānr(動)❶抜きんでる. ¶她在班上成绩是~的/彼女の成績はクラスでトップだ. ❷出しゃばる. 目立とうとする.
【拔脚】bá//jiǎo(動)"拔腿 bátuǐ"に同じ.
【拔节】bá//jié(動)(農業)稲や小麦, トウモロコシなど農作物の生育の過程で, 茎の一節一節が急に伸びる. 節間伸長.
【拔锚】bá//máo(錨*をあげて)出航する.
【拔苗助长】bá miáo zhù zhǎng(成)成果を急ぐあまり, かえって失敗する. (同)揠 yà 苗助长. (由来)『孟子』公孫丑(*)篇に見えることば. 成長を助けようとひっぱってかえって苗を枯らしてしまった男の話から.
【拔擢】báquó(動)人材を登用する.
【拔丝】bá//sī(動)❶金属材料で針金を作る. (同)拉 lā 丝 ❷(料理)油で揚げた果物などを, 煮詰めた飴でからめて作る. ¶~苹果/リンゴの飴だき.
【拔腿】bá//tuǐ(動)❶さっと動き出す. ¶他放下电话, ~就跑/彼は受話器を置くと, いきなり走り出した. (同)拔步 bábù. ❷(ある状況から)抜け出す. 手を引く.
【拔秧】bá//yāng(農業)苗を間引きする.
【拔营】bá//yíng(動)(軍事)軍隊が駐屯地から別のところへ移動する.

菝 bá 艹部8 四 4454[7]
全11画 通用

下記熟語を参照.

【菝葜】báqiā(名)(植物)サルトリイバラ. (参考)ユリ科のつる性落葉低木. 根を薬用にする.

跋 bá 足部5 四 6314[7]
全12画 次常用

❶(素)山を越える. ¶~山涉 shè 水. ❷(名)〔篇 piān〕本文の後につける, 内容の紹介や評価などを書いた短い文. あとがき. ¶序~ xùbá(序文と跋文跋文)/~文 báwén. ❸(Bá)(姓). (参考)②については, 書物の最後にはもともと"序"がついていたが, "序"が本文の前に置かれるようになって, 本文の後に"跋"がつけられるようになった.

【跋扈】báhù(動)(文)のさばる. 跋扈(*)する. ¶这里不是你专横 zhuānhèng~的地方/ここは君がわがまま勝手にふるまう場所ではない.
【跋山涉水】bá shān shè shuǐ(成)山を越え川を渡る. 旅路の困難なこと. (同)跋涉 báshè.
【跋涉】báshè(動)"跋山涉水 bá shān shè shuǐ"に同じ.
【跋文】báwén(名)〔篇 piān〕あとがき. 跋(*).

魃 bá 鬼部5 四 2351[4]
全14画 通用

→旱魃 hànbá

把¹ bǎ 扌部4 四 5701[7]
全7画 常用

◆⃝ "把"のキーポイント
◇(量)取っ手や握りのある器具を数える. ⇨把¹Ⅲ❶
¶一~刀/ナイフ1本.
¶两~伞/傘2本.
¶三~椅子/椅子3脚.
◇(前)目的語を動詞の前に繰り上げて, その目的語に処置を加えたり影響を与える文を作る. ⇨把³
¶~房间收拾一下/部屋を片づける(処置).
¶~问题弄清楚/問題点をはっきりさせる(影響の結果).

Ⅰ(動)❶(舵・鋤・手すり・ハンドル・ピストルなどを)つかむ. にぎる. ¶~住栏杆 lángān/手すりをつかむ. ¶手~手地教/手取り足取り教える.
❷(比喩的に)掌握する. 独り占めする. 一手ににぎる. ✍必ず"着 zhe"を伴う. ¶她什么都~着/彼女はなんでも独り占めする.
❸守る. 番をする. ¶~住球门, 不让对方的球射进来/相手方にシュートさせないようゴールを守る.
❹(回)近づく. ぴったりくっつく. ¶我的床~着墙角/私のベッドは壁の隅にぴったりつけてある. ¶~着胡同口有一个小饭铺/横丁の入り口に小さな飯屋が1軒ある.
❺子供を後ろから抱えて大小便をさせる. ¶~尿/おしっこをさせる.
❻裂けないようにとめる. ¶用铆钉 mǎodīng~住/リベットでとめる.

Ⅱ(名)❶ハンドル. 车~/(自転車・オートバイの)ハンドル. ¶撒~骑车很危险/手放しで自転車に乗るのはとても危ない.
❷(~儿)束ねたもの. ¶草~/草の束.

Ⅲ(量)❶取っ手や握りのある道具類を数えることば. ¶一~刀/一本の包丁. ¶一~雨伞/一本の傘. ¶一~椅子/一脚の椅子. ¶一~锄头 chútou/一本の鍬(*). ¶一~扫帚 sàozhou/一本のほうき. ¶一~螺丝刀 luósīdāo/一本のドライバー. ¶一~算盘/一ちょうのそろばん. ¶一~扇子 shànzi/二本のせんす. ¶两~水茶壶/2つのティーポット. ¶一~钥匙 yàoshi 开一把锁 suǒ/(諺)そのカギはそれに合った錠前を開ける(相手によって対処の仕方が変わるたとえ).
❷(~儿)片手で一回にうかむ量を数えることば. ¶一~米/ひとつかみの米. ¶一~花/1束の花. ¶两~韭菜 jiǔcài/2束のニラ. ¶一~香蕉/1房のバナナ. ¶我抓了一~糖 táng/私はキャンディーをひとつかみした.

把 bǎ 17

❸ ある種の抽象的な事物を数えることば. 🖉数詞は"一"のみ. ¶一~好手 / 腕利き. ¶第一~手 / 最高責任者,トップ. ¶她都一~年紀了 / 彼女はもういい年だ. ¶他可真有一~~力气 / 彼は力がある. ¶再努一~力 / もうひとふんばりする.
❹ 手の動作を数えることば. ¶拉一~ / ぐいっと引っ張った. ¶推一~ / どんと押した. ¶他擦了一~汗 / 彼は汗をひとぬぐいした.
❺ 瞬間の動作を数えることば. さっと. ぱっと. 🖉数詞は"一"のみ. ¶一~抱住了他 / ぱっと彼を抱きかかえた. ¶我一~将 jiāng 她拉住 / 彼女をさっと引き寄せた.
Ⅳ (Bǎ)姓.
☞ 把 bà

把² bǎ 扌部4 [四] 5701₇ [常用] 全7画

[助] "百,千,万"などの桁をあらわす数詞,あるいは"个,里,斤,块,丈"などの度量衡をあらわす量詞の後ろにつけて,その数が概略であることをあらわす. ¶百~个人 / 百人ぐらい. ¶亩产只有千~斤 / ムー当たり千斤ぐらいの産量. ¶万~块美金 / 1万ドルぐらい. ¶丈~大的地方 / 10尺ぐらいの場所. ¶没多远,也就里~路 / そんなに遠くない,1里ぐらいだ. ¶一个就用~重了 / ひとつで1斤ほどになる. ¶过了个~月 / かれこれ1ヶ月が過ぎた. ¶块~钱的事儿 / ちょっとした事.

> ✍ "百,千,万"や量詞の前に数詞を置くことはできない.
> ✘一百把块人民币→百把块人民币 / 百元ぐらい.
> ✘三里把路→里把路 / 1里ぐらい.

☞ 把 bà

把³ bǎ 扌部4 [四] 5701₇ [常用] 全7画

[前] 目的語を述語動詞の前に繰り上げて,その目的語が示す事物に処置を加えたり影響を与えたりする文形式を構成する. 文型:主語＋〔把＋目的語[名]〕＋〔述語動詞＋補足成分〕. "把"構文あるいは処置文と呼ばれる. ⇨下記囲み"把"構文(処置文)

❶ …を(…する). "把"の目的語が示す事物に対して何らかの処置を加える. "把"の目的語は動作(処置)の受け手である. ¶我~他批评了 / 私は彼を叱った. ¶~书拿着 / その本を持ってなさい. ¶你~衣服洗一洗 / 君はその服を洗濯しなさい. ¶用纱布把伤口~好 / ガーゼで傷口をしっかりおおう. ¶~空调打开 / エアコンをつける. ¶弟弟~我的自行车骑走了 / 弟は私の自転車に乗って行ってしまった. ¶我~地址写错了 / 私は住所を書きまちがえた. ¶~手举起来! / 手をあげろ! ¶就要下雨了,快~衣服收回来 / 雨が降り出しそうだ,早く洗濯物を取り込みなさい. ¶~事情的大概说了一遍 / 大体の事情を一通り説明した.

❷ …を(…させる). 述語が"气,急,忙,累,疼,乐,想,冻"などの感情・感覚をあらわす動詞や形容詞からなる場合,処置を加えるのではなく,結果としてそのような状態に至ったことを表わす. "把"の目的語は述語の対象ではなく,述語の主体である. ¶功课太多,几乎~孩子累坏了 / 授業の負担が重過ぎて,子供はへとへとに疲れている. ¶他怎么还不来,真~我急死了 / 彼はどうしてまだ来ないのか,本当にやきもきさせられる. ¶~小鬼愁得吃不下来,睡不着觉 / 張さんは心配でご飯も喉を通らないし夜も眠れない. ¶~她吓得脸都白了 / 彼女は驚いて顔面蒼白になった. ¶接到信,可~她乐坏了 / 手紙を受け取り,彼女は大喜びした. ¶~他冻得直哆嗦 / 彼は凍えしきりに震えている. ¶~礼堂挤得水泄不通 / ホールは混みあって身動きもできない. ¶她~肚子都笑疼了 / 彼女はおなかが痛くなるくらい笑った.

❸ "把"の目的語に望ましくない事態が発生することを示す. 多くの口語に用いられる. "把"の目的語は述語の主体である. ¶偏偏在过年的时候~小孩病了 / よりによって正月に子供が病気になった.

❹ ①…に対して(…する). ⇨对 duì ¶他~我没办法 / 彼は私をどうすることもできない. ¶我又能~你怎么样? / 私があなたをどうすることができますか.
② "我把你这个＋名"の形で,人をののしる時に用いる. ¶我~你这个Y头 yātou! / この小娘めが. ¶我~你这个小东西! / この若造が.

❺ …でもって,…で. 動作行為の手段や道具を示す. 動詞の後ろに動作を表わす語を置くことが多い. ⇨拿 ná ¶~手遮 zhē 住太阳 / 手で日をさえぎる. ¶~手捂 wǔ 在耳朵上 / 手で耳をふさぐ. ¶~刀砍在大拇指 dàmǔzhǐ上 / ナイフで親指を切る.

☞ 把 bà

> ## ✎ "把"構文(処置文)
>
> ### 1. "把"構文(処置文)とは
> "把"構文(処置文)とは,動作者が動作の受け手をどのようにするのか,あるいはどのようにしたのかを表す文である.
> 文型:主語＋〔把＋目的語[名]〕＋〔述語[動]＋補足成分〕.
>
> ### 2. "把"構文の目的語
> ① "把"構文の目的語は,話の場において話し手または聞き手が特定できる事物を指すものに限られる. 指示詞や修飾語を伴う場合が多い.
> ◇把那本书拿来 / その本を取ってくれ.
> ◇把刚买回来的书看完了 / 買ってきたばかりの本を読み終わった.
> ② 目的語が裸の名詞であっても,話し手または聞き手が特定できる事物を指す.
> ◇把车修好了 / (あの)自転車を修理した.
> ◇快把药吃了 / 早く(その)薬を飲んでしまいなさい.
> ◇请把房间打扫一下 / (この)部屋を掃除して下さい.
> ③ したがって,不特定の事物は"把"構文の目的語になれない.
> ✘把一本书拿来 / 本を一冊取ってくれ.
> ✘把很多书卖了 / たくさんの本を売った.
> 🖉ただし,突発性,意外性を表わす場合はその限りではない.
> ◇把一只花瓶破了 / 花瓶をひとつ壊した.
> ◇他把一个人杀了 / 彼は人を一人殺した.
> ◇暴徒们把许多车烧毁了 / 暴徒はたくさんの車を燃やした.
> ④ "把"構文の目的語が動詞(句)の場合もある.
> ◇把每天写字改成每天画画儿 / 毎日字を書いていたのを毎日絵を描くことに改めた.
>
> ### 3. "把"構文の述語動詞
> ① "把"構文の述語は原則として裸の動詞をそのまま単独で使用することはできず,動詞の前後いずれかに何らかの補足成分を伴う必要がある.
> ✘把门开 / ドアを開ける.
> →把门开了 / ドアを開けた.
>   把门开开 / ドアを開けて.
> ✘他把茶喝 / 彼はお茶を飲む.
> →他把茶喝(完)了 / 彼はお茶を飲んだ(飲み終えた).
> ✘别把废纸扔 / 紙くずを捨てるな.

bǎ 把

→别把废纸扔在地上 / 紙くずを下に捨てるな.
② "把"構文の述語には,アクティブな動作行為をしめす動詞が用いられる. そのため次のタイプの動詞は "把"構文には用いられない.
ⓐ**自動詞**: "醒, 游行, 奋斗, 闭幕, 毕业, 游泳, 旅行, 合作, 让步"など.
　✗我打算去把中国旅行→他打算去中国旅行.
ⓑ**状態動詞**: "有, 在, 是, 象, 属于, 存在, 含有"など.
　✗他把家在→他在家.
ⓒ**心理・感覚動詞**: "觉得, 感到, 知道, 相信, 看见, 听见, 闻见, 喜欢, 希望, 承认, 赞成, 主张, 同意, 要求"など.
　✗我把他的话都相信→他的话我都相信.
ⓓ**方向動詞**: "来, 去, 上, 下, 进, 出, 回, 过, 起, 到".
　✗我看见他把教室进去了→我看见他进教室去了.
③ただし,一部の二音節動詞は単独で用いることができる.
　◇把成本降低 / コストを下げる.
　◇把命令取消 / 命令を取り消す.
　◇把派去的代表撤回 chèhuí / 派遣した代表を召還する.
　◇早日把生活水平提高 / 早急に生活水準を引き上げる.
　◇把这一成果扩大 / この成果をさらに大きくする.
🖉 この動詞の仲間として, "缩小, 缩短, 演唱, 改正, 看穿, 看破, 看透, 放大, 打开, 打倒, 打通, 打破, 推翻, 说明, 证明, 升высоко, 澄清 chéngqīng, 撤销 chèxiāo, 切除, 驳倒 bódǎo, 冲淡 chōngdàn, 分开, 充满, 拖死 èsǐ, 减少, 揭穿 jiēchuān, 抓紧, 吞没 tūnmò, 放松, 端正"などがある. ※この一群の動詞はそもそも語の成り立ちが「動補構造」をしており, そのため "把"構文の述語は裸の動詞は不可という条件に抵触しないのである.

4. 述語動詞の補足成分
①動詞の後に付加されるもの
ⓐ**アスペクト助詞"了, 着"**
　◇他把烟戒了 / 彼は禁煙した.
　◇你还是把钱带着 / やはり君がこのお金を持っていなさい.
　🖉 経験を表わす"过"は不可.
　✗我把北京烤鸭吃过→我吃过北京烤鸭.
ⓑ**動詞の重ね型**
　◇咱们把这个问题研究研究吧 / 私たちはこの問題について検討してみよう.
　◇把血压量一量 / 血圧を測ってみる.
ⓒ**結果補語**
　V上 ◇把窗户关上！ / 窓を閉めて.
　　　　◇请把安全帽戴上 / ヘルメットをかぶって下さい.
　V在 ◇请把自行车放在白线内 / 自転車を白線内にとめてください.
　　　　◇我把提包忘在电车上了 / 私はバッグを電車に忘れた.
　V到 ◇我把她送到车站了 / 私は彼女を駅まで送った.
　　　　◇我们把这些桌子搬到外边 / これらの机を外に運ぶ.
　V给 ◇我把那本书借给她了 / 私はあの本を彼女に貸してあげた.
　　　　◇她把茶递给我 / 彼女は私にお茶を手渡した.
　◇把困难留给自己, 把方便让给别人 / 難しいことは自分に残し, 楽なことは人に譲る.
　V成 ◇我要把日元换成人民币 / 日本円を人民幣に両替したい.
　V做 ◇人们都把她叫做"孟姜女" / 人はみな彼女のことを孟姜女と呼ぶ.
　　　　◇我一直把你当作自己的孩子看待 / 私はずっとお前をわが子のように思ってきた.
　V为 ◇我们把小王选为代表 / 私たちは王さんを代表に選んだ.
　　　　◇我把"恋"写成"变"了 / 恋という字を変と書いてしまった.
　その他 ◇我不小心把玻璃打碎了 / うっかりガラスを割ってしまった.
　　　　◇你先把事情弄明白 / 事情をまずはっきりさせなさい.
ⓓ**方向補語**
　◇他把照片给我寄来了 / 彼は写真を送ってきた.
　◇把这些垃圾扫出去 / そのごみを掃きだしてくれ.
　◇把书装进包里 / 本をかばんにいれる.
　◇把精神集中起来 / 精神を集中させる.
ⓔ**様態補語**
　◇她把房间打扫得很干净 / 彼女は部屋をきれいに掃除した.
　◇你把这个问题看得太简单了 / 君はこの問題を甘く見すぎているよ.
ⓕ**数量性の語**
　◇请把会议资料复印三十份 / 会議の資料を30部コピーして下さい.
　◇我把课文念了三遍 / 私は本文を3回読んだ.
　◇把出发的时间推迟一小时 / 出発時間を1時間遅らせる.
　◇请你把这张表填一下 / この用紙に必要事項を記入して下さい.
ⓖ**動詞の目的語**
　◇把这件事告诉他 / このことを彼に伝える.
　◇把钥匙给我 / 鍵を私に下さい.
　🖉 動詞は"给, 交, 告诉"などに限られ, 目的語は受益者を表わす.
　[注意] 可能補語は使用不可.
　✗你把中文报纸看得懂吗？
　→你看得懂中文报纸吗？
　　中文报纸你看得懂吗？ / あなたは中国語の新聞が見て分かりますか？
　✗今天我把录音听得完
　→今天我能把录音听完 / 私は今日中にこの録音を聞き終えることができる.
②動詞の前に付加されるもの：連用修飾語(状語)
　◇他把上衣一脱, 就干起活来了 / 彼は上着を脱ぐとすぐに仕事に取りかかった.
　◇别把废纸漫地乱扔 / 紙くずをあたりかまわず捨てるな.

5. 語順の注意点
否定詞や助動詞は"把"の前に置く.
　✗把话不说完就走
　→不把话说完就走 / 話し終わらないのに行ってしまった.
　✗把功课还没做完
　→还没把功课做完 / まだ宿題をやり終えていない.
　✗把问题应该弄清楚

→应该把问题弄清楚 / 問題点をはっきりさせるべきだ．
✗把日文小说想翻译成中文
→想把日文小说翻译成中文 / 日本語の小説を中国語に翻訳したい．

6．"把…给…"
動詞句の前に"给"を置いて"把…给＋動詞句"とするとロ語的になる．
◇把树上的叶子全给吹下来了 / 木の葉がすっかり吹き落とされた．
◇我把信用卡给弄丢了 / 私はクレジットカードを失ってしまった．
◇孩子把花瓶给打了 / 子供が花瓶を壊してしまった．

【把柄】bǎbǐng 名 ❶ 器物の取っ手．❷ 人につけこまれる弱味．弱点．¶给人抓住～ / 人に尻尾をつかまれる．
【把持】bǎchí 動 ❶ 吃 (地位や権利を)一人占めする．一手に握る．¶他一会长 huìzhǎng 的位置不放 / 彼は会長のポストを握って放さない．❷ 感情を抑える．もちこたえる．¶～住自己的情绪 / 感情を抑制する．
【把风】bǎ//fēng 動 (秘密活動のために)相手の動静をうかがう．囫 望 wàng 风
【把关】bǎ//guān 動 ❶ 関門を守る．❷ 基準を厳密にチェックする．¶质量 zhìliàng 检查,要严格～ / 品質検査では,厳しく基準を守らなければならない．
【把家】bǎjiā 動 口 家事を上手に切り盛りする．
【把酒】bǎjiǔ 動 又 杯を挙げる．酒をすすめる．¶～言欢 / 酒を飲み楽しく語り合う．
【把揽】bǎlǎn 動 (できるだけ多く)抱え込む．(何でも)引き受ける．
【把牢】bǎláo 形 がっちりとしてゆるがない．用法 "不～"の形で用いることが多い．
【把脉】bǎ//mài 動 ❶ (医師が)脈をとる．❷ 情況を分析し,明らかにする．
【把门】bǎ//mén 動 (～儿) ❶ 門の守衛をする．入り口を見張る．❷《スポーツ》(サッカーの)ゴールキーパーをする．参考 ❷の「ゴールキーパー」は,"守门员 shǒuményuán"と言う．
【把式[势]】bǎshi 名 ❶ 口 武術．练～ / 武術の鍛練をする．¶打～ / とんぼを切る．❷ 口 武術や技術に熟達した人．専門家．玄人(ぅ*)．¶车～ / 荷車引きの親方．❸ 方 技術．こつ．
【把守】bǎshǒu 動 要所を守る．防衛する．¶～住关口 / 関所をしっかり守る．囫 扼守 èshǒu
【把手】bǎshou 名 〔個 个 ge〕(ドアの)ノブ．ハンドル．(タンスの)引き手．¶转动 zhuàndòng～ / ノブを回す．囫 拉手 lāshou ❷ (器物の)取っ手．柄．¶茶壶～ / きゅうすの取っ手．把儿 bàr
【把头】bǎtóu 名 〔個 个 ge〕親方．頭(ポょ)．ボス．
【把玩】bǎwán 名 又 手にとって賞玩する．¶一直在手里～着 / いつも手で愛でている．
【把稳】bǎwěn ❶ 動 しっかりとつかむ．❷ 形 (仕事ぶりが)しっかりしていて頼りになる．
【把握】bǎwò ❶ 動 (手でしっかりと)つかむ．¶司机～着方向盘 / 運転手はハンドルをしっかり握りしめている．❷ 動 (抽象的なものを)つかむ．とらえる．よく理解する．¶要善于～时机 / 時宜をよく認識せねばならない．❸ 名 成功の可能性や自信．¶有充分～ / 自信がある．用法 ❸は多く "有"または"没"の後に用いる．比較 "把握"は物をつかむというニュアンスが強く, "掌握 zhǎngwò"は自分のものにするというニュアンスが強い．また,"掌握"には名詞の用法はない．

【把戏】bǎxì 名 〔個 个 ge,套 tào〕❶ 曲芸．軽業(ホぁ)．¶耍 shuǎ～ / 芸を見せる．❷ 人の目を欺くトリック．ペテン．鬼 guǐ～ / ペテン．¶你别玩～,快把实话说出来 / 小細工はやめて,早く本当のことを言え．囫 花样 huāyàng,花招 huāzhāo
【把兄弟】bǎxiōngdì 名 互いに約束を交わして兄弟となった,義兄弟．年長の者を"把兄",年下の者を"把弟"と呼ぶ．¶刘,关,张三人为图大业在桃园 Táoyuán 结为jiéwéi～ / 劉備,関羽,張飛の3人は,大事のために桃園で義兄弟の契りを結んだ．囫 盟 méng 兄弟
【把斋】bǎ/zhāi 動《宗教》斎戒(ホぃ)する．ラマダーン(イスラム教で30日間の昼間の断食)を過ごす．囫 封 fēng 斋
【把盏】bǎzhǎn 動 又 酒盃を挙げる．
【把捉】bǎzhuō 動 しっかりとつかむ．¶～事物的本质 / 物事の本質をしっかりつかむ．
【把子】bǎzi ❶ 名 (しばってまとめた)束．❷ 量 吃 人の集団を数えることば．¶一～强盗 qiángdào / 一群の強盗．❸ 量 細長いものを片手で握った量を数えることば．¶一～韭菜 jiǔcài / 1つかみのニラ．❹ 量 力や技など抽象的なものを数えることば．¶加一劲儿 jìnr / もうひとふんばりする．❺ 名《芸能》芝居の中で使う武器．または,立ち回りの動作．❻ 名 義兄弟．囫 拜 bài 把子 ⇨ 把子 bàzi

钯(鈀) bǎ
金部4 四 8771_7
全9画 通用

名《化学》パラジウム．Pd．¶～催化剂 bǎ cuīhuàjì (パラジウム触媒)．

⇨ 钯 pá

靶 bǎ
革部4 四 4751_7
全13画 次常用

名 標的(ポぅ)．的(ポ)．¶～子 bǎzi / 打～ (射撃練習をする)．

【靶场】bǎchǎng 名 射的場．
【靶机】bǎjī 名 (射撃用の標的とする)無人小型飛行機．
【靶台】bǎtái 名 射撃台．
【靶子】bǎzi 名 口 標的．的(ポ)．ターゲット．

坝(壩) bà
土部4 四 4718_2
全7画 常用

名 ❶〔個 道 dào,座 zuò〕堰(ポ)．ダム．¶拦河～ lánhébà (ダム)．❷〔個 道 dào,座 zuò〕川岸や海岸に築いた土手．堤防．丁～ dīngbà (小突堤)．❸ 方 砂州．砂浜．❹ (Bà)姓．

【坝子】bàzi 名 ❶ ダム．囫 坝 bà ❷ 四川省や雲南省など中国西南部で,平地や平原を指すことば．¶川西～ / 四川省西部の平原．

把(欛) bà
扌部4 四 5701_7
全7画 常用

名 ❶ 口 物を握る手で持つ部分．取っ手．¶锅～儿 guōbàr (鍋の柄) / 茶壶～儿 cháhúbàr (きゅうすの握り)．❷《植物》花・葉・果実と枝・茎とをつなぐ部分．梨～儿 líbàr (梨のへた) / 花～儿 huābàr (花軸)．

⇨ 把 bǎ

【把儿缸子】bàrgāngzi 名 取っ手のあるコップやカップ．
【把子】bàzi 名 器具の取っ手．柄(ス)．⇨ 把子 bǎzi

爸 bà
父部4 四 8071_7
全8画 常用

名 口 父親．お父さん．¶爸爸 bàba．囫 父亲 fùqin
表現 "爸","爸爸"は呼びかけに使うが,ふつう"父亲"は呼

びかけには使わない．
**【爸爸】bàba 名 お父さん．

耙 bà

耒部4 四 5791₇
全10画 次常用

❶名〔量 张 zhāng〕牛馬にひかせ，土のかたまりを砕いてならす農具．まぐわ．ハロー． ❷動〜を使って，土のかたまりを砕いてならす．
☞ 耙 pá

罢(罷) bà

罒部5 四 6073₂
全10画 常用

❶動 途中でやめる．¶〜工 bàgōng／作〜 zuòbà（とりやめる）. ❷動（官職を）やめさせる．¶〜官 bàguān. ❸動 終わる．¶吃〜饭（ごはんを食べ終わる）.
❹(Bà)姓.
☞ 罢 ba

【罢笔】bà//bǐ 動 執筆をやめる．
【罢黜】bàchù 動〈文〉❶（官職を）罷免する． ❷ 排斥する.
【罢工】bà//gōng 動 ストライキをする．¶静坐〜／座り込みストライキをする．¶一直〜下去／ずっとストライキを続ける．反复工 fùgōng
【罢官】bà//guān 動 官職をやめさせる.
【罢教】bà//jiào 動（教師が）ストライキをする.
【罢考】bà//kǎo 動 試験をボイコットする.
【罢课】bà//kè 動 授業をボイコットする．反复课 fùkè
【罢了】bàle 助 ただ…に過ぎない．…しただけ．¶他不过跟你开个玩笑〜／彼は君をちょっとからかっただけさ．同而已 éryǐ 用法文末に置かれ，"不过"，"无非"，"只是"などに呼応する．
【罢了】bàliǎo 動 …はしかたがない．¶他不肯也就〜，连个回信也不给／彼が乗り気でないのはしかたがないが，返事もよこさないとは…．同算了 suànle
【罢免】bàmiǎn 動 罷免（ひめん）する．リコールする．¶大家一致要求 yāoqiú〜他的职务／全員一致で，彼のリコールを求めた．反 任用 rènyòng
【罢免权】bàmiǎnquán 名 ❶（選挙の）リコール権． ❷（役人などの）罷免（ひめん）権．
【罢市】bà//shì 動 商店が同盟ストライキをする．
【罢手】bàshǒu 動 途中でやめる．あきらめる．¶研究进行了一半,怎能〜／研究が半ばまで進んだのに，どうして手を引けるものか．
【罢休】bàxiū 動 中止する．やめる．¶不达到目的 mùdì,决不〜／目的を達するまでは，決してやめない．用法多く否定文や反語文で用いられる．
【罢职】bà//zhí 動 免職する．

鲅(鮁) bà

鱼部5 四 2314₇
全13画 通用

下記熟語を参照．

【鲅鱼】bàyú 名《魚》サワラ．同 蓝点鲅 lándiǎnbà, 马鲛鱼 mǎjiāoyú, 燕鱼 yànyú

霸(異 覇) bà

雨部13 四 1052₇
全21画 常用

❶素名 権力をかさにきて悪事をはたらく人間．¶恶〜 èbà（ボス）. ❷素紀 武力や経済力で他国を抑圧して勢力を拡大する国．¶〜权 bàquán. ❸素紀 ❶占領する．奪い取る．¶占 bà zhàn. ❹素名 同（旧）春秋時代，諸侯の中心となる人物．¶〜主 bàzhǔ／称〜 chēngbà（覇をとなえる）. ❺(Bà)姓.
【霸道】bàdào ❶名 武力や刑罰による強圧的な統治．反 王道 wángdào ❷形 道理をわきまえず横暴だ．¶

横行 héngxíng〜／戚 権力をかさになまいをする．
【霸道】bàdao 形（酒や薬などが）強い．きつい．
【霸气】bàqì ❶形 横暴だ． ❷名 横暴な態度や気質．
【霸权】bàquán 名 武力や経済力で他国を支配する行為．¶坚决反对〜主义／断じて覇権主義に反対する．
【霸王】bàwáng 名 ❶楚王項羽の名乗った称号． ❷横暴な人．参考 ❶は，項羽と虞美人の悲劇を描いた"霸王別姬 Bàwáng bié jī"という京劇の演目がある．
【霸王鞭】bàwángbiān 名 ❶《芸能》両端に銅をかぶせ,彩色された棒．民間舞踊に用いる．また，それを用いた舞踊のこと． ❷《植物》サボテンの一種．リュウジンボク．
【霸占】bàzhàn 動 権勢ずくで自分のものにする．¶〜土地／土地を取り上げる．¶他依仗 yīzhàng 权势 quánshì〜了別人的妻子／彼は権勢ずくで他人の妻をわがものにした．比较"霸占"は権勢をかさに着て占有することで，"占领 zhànlǐng"は実力行使で無理やり占領することと．また，"霸占"の持つ貶義で用いられるが，"占领"はそうとは限らない．"占领"の対象は土地であるが，"霸占"の対象は土地のほか，財産や人でもよい．
【霸主】bàzhǔ 名 ❶ 春秋時代に勢力が最大で中心となった諸侯． ❷（ある分野や地域で）最も勢力のある人や集団．¶他是时装界的〜／彼はファッション界の巨頭だ．

灞 Bà

氵部21 四 3112₇
全24画

素 地名用字．¶〜水 Bàshuǐ（灞水ゼ，陕西省の川の名）／〜桥折柳 zhéliǔ（旅立つ人と別れを惜しむ．"灞桥""灞水"から来ている．昔，長安から旅立つ人をこの橋まで見送り，柳の枝を折って別れを惜しんだ）．

吧 ba

口部4 四 6701₇
全7画 常用

助 文末や句末に用いて語気をあらわす．同 罢 ba ❶相談・提案・命令・要求をあらわす．¶歇会儿走,好〜？（ひと休みしてから行きませんか）. ❷同意をあらわす．¶不错,就这么办〜（いいね,そうでいこう）. ❸疑問・推量をあらわす．¶他还没来,路上堵车〜（彼はまだ来ない,たぶん渋滞しているんだろう）. ❹相反する二つのことがらを仮定し,そのどちらもが難しいことをあらわす．¶说〜,不好；不说〜,也不安（言うのはまずいが,といって言わないのもうまくない）.
☞ 吧 ba

罢(罷) ba

罒部5 四 6073₂
全10画 常用

助 "吧 ba"に同じ．
☞ 罢 bà

---

bai ㄅㄞ〔pae〕

掰 bāi

手部8 四 2255₀
全12画 次常用

動 両手で物を割る．折る．
【掰开】bāikāi 動 両手で二つに分ける．¶把馒头〜,你我各分一半／マントウを二つに割って,君と僕で半分こだ．
【掰腕子】bāi wànzi 俗 腕相撲（をする）.

白¹ bái

白部0 四 2600₀
全5画 常用

❶形 色が白い．¶头发 tóufa〜了／髪が白くなった．¶吓得脸都〜了／驚いて顔が真っ青になった．反 黑 hēi
❷形 あきらかだ．あきらかにする．¶明〜／はっきりしてい

る. ¶不～之冤 yuān / 晴らせぬぬれぎぬ.
❸ 形 明るくなる. ¶～天 báitiān. ¶东方发～/ 東方の空が白む.
❹ 形 何も加えない様子. ¶～饭 báifàn. ¶～开水 báikāishuǐ. ¶～卷 báijuàn.
❺ 副 むだに. むなしく. ¶你～说,他不会听的 / 話してもむだ, 彼が聞くものか. ¶我～期待了! 期待が外れた.
❻ 副 無料で. ただで. ¶这种东西,～给我也不要 / こんなもの, ただでくれるといってもいらない. ¶买十个, ～送一个 / 10個買えば, ひとつプレゼント.
❼ 葬儀をあらわす. ¶～红＝喜事 / 冠婚葬祭. 反 红 hóng 参考 漢民族の喪服が白を用いることから.
❽ 共産党に敵対する勢力の象徴. 反動的な. ¶～军 báijūn.
❾ (Bái)姓.

白² bái

白部 0　四 2600₀
全5画　常用

❶ 動 述べる. 説明する. ¶～表 biǎo / 表明する.
❷ 名 せりふ. ¶道～/ せりふ.
❸ はなしことば. 口語. ¶半文半～/ 文語と口語がまざっている. 反 文言 wényán

白³ bái

白部 0　四 2600₀
全5画　常用

形 字の書き方や読み方をまちがえている. ¶念～了 / 読みまちがえている.

【白皑皑】bái'ái'ái 形 (～的)(霜や雪などが)真っ白だ. ¶～的山顶 / 真っ白な雪におおわれた山頂. 同 白茫茫 báimángmáng
【白矮星】bái'ǎixīng 名《天文》白色わい星.
【白案】bái'àn (～儿)厨房で主食を作る係. 反 红案 hóng'àn 参考 "案"は"まないた"のこと.
【白白】báibái 副 むだに…する. ¶不要让时光～过去 / 時間をむだに過ごしてはいけない.
【白白胖胖】báibáipàngpàng 形 色白でふっくらしている. ¶那个小孩儿～的,多可爱 / あの子は色白でぷっくりしていて,なんて可愛いのだろう.
【白班】báibān (～儿)交替制の仕事の昼間の勤務. 日勤. ¶夫妇俩 liǎ 一个上～,一个上夜班儿 / 夫婦の一方が日勤, もう一方が夜勤になる. 同 日班 rìbān 参考 3交替制では,8時間ずつ"白班"が日勤,"中班"が夕方から深夜まで,"夜班"が深夜から早朝まで,となる.
【白报纸】báibàozhǐ 名 新聞印刷用紙.
【白璧微瑕】bái bì wēi xiá 白玉(ぎょく)にわずかなきずがある. 玉にきず. りっぱな人や物にも欠点があること. ¶白璧且有微瑕,人怎么会没有缺点呢? / 白玉にもわずかなきずがあるのだし, 人に欠点がないわけがない.
【白璧无瑕】bái bì wú xiá 戒 白玉(ぎょく)にきず一つない. 非の打ちどころがない.
【白布】báibù 名《服饰》布地の一種. キャラコ.
【白不呲咧】báibucīliē 形 (～的)❶(衣服などが)色あせている. ❷(料理の色や味が)薄い.
*【白菜】báicài 名《植物》〔棵 kē〕ハクサイ. 同 大 dà 白菜,菘菜 sōngcài
【白苍苍】báicāngcāng 形 髪がまっ白っすい. ¶头发～的老妇人 / 髪がまっ白な老婦人.
【白茬】báichá (～儿)❶ 取り入れが終わって,次の作付けがされていない. ¶～地 / 収穫がすみ,次の作付けが行われていない田畑. ❷ ペンキや漆のぬってない. 白木のままの. ¶～大门 / 白木の門. 同 白楂 báichá,白碴 báichá ❸ (毛皮の衣服の)布などで加工していない.

【白茶】báichá 名 白茶. お茶の1種. 参考 もみを弱くして,発酵をおさえた茶. 白っぽくて淡白な味.
【白吃】báichī ❶ ただで食べる. ¶吃了不付钱,你想～吗? / 食って金を払わぬとは,ただで食いする気か? ❷ おかずなしでご飯を食べる. ¶你别～啊,菜多吃点儿 / ごはんばかり食べないで,おかずをもっとおあがりなさい. ❸ むだ飯を食う. ¶一点儿小事也干不了 gànbuliǎo,每天の饭你都～了 / ほんのちょっとの仕事もできずに,お前は毎日むだ飯ばかり食っているね.
【白痴】báichī ❶《医学》白痴. ❷〔个 ge,群 qún〕ばか野郎. 用法 ❷は,ののしることば.
【白炽(电)灯】báichì(diàn-)dēng 名 白熱灯.
【白唇鹿】báichúnlù 名《动物》クチビロジカ.
【白醋】báicù 名 無色透明の酢. 同 陈醋 chéncù 参考 中国では茶色がかった"陈醋"がよく使われる.
【白搭】báidā 動 むだに行う. 用をなさない.
【白带】báidài 名《医学》こしけ. おりもの.
【白地】báidì ❶〔块 kuài〕作付けをしてない田畑. ❷〔片 piàn〕樹木や建物のない土地. ❸ (～儿)(布や紙の)白地(じ). ¶～红花 / 白地に赤い模様.
【白癜风】báidiànfēng《医学》皮膚病の一種. 白なまず.
【白丁】báidīng 名 庶民. 役職のない人.
【白俄罗斯】Bái'éluósī《国名》ベラルーシ.
【白垩】bái'è 名 白亚. 石灰岩の一種. ¶～系 / 白亜系.
【白垩纪】Bái'èjì 名《地学》白亜紀.
【白发】báifà 名〔根 gēn〕白髪. しらが. 反 青丝 qīngsī
【白矾】báifán ミョウバンの通称. 明矾 míngfán
【白饭】báifàn 名 ❶〔碗 wǎn〕(何も入っていない)白米のご飯. ❷〔份 fèn〕(食堂の)追加ごはん.
【白匪】báifěi 名 共産党軍から見た)国民党軍. 白军 jūn
【白费】báifèi むだに使う. ¶～力气 / むだな骨を折る. ¶两年的苦心全～了 / 二年の苦心は全く徒労だった. 用法 文末に"了", "过"を多く用いる.
【白粉】báifěn ❶ 粉のおしろい. ❷方 壁に塗る白い土. ❸《药》ヘロイン. 同 白面儿 báimiànr
【白粉病】báifěnbìng 名《农业》うどん粉病.
【白干儿】báigānr コーリャンなどで造った蒸留酒. バイカル. 同 白酒 báijiǔ 由来 透明で,水分が少ないことから.
【白宫】Báigōng 名 ホワイトハウス. 米国大統領官邸. 参考 米国政府の代名詞としても用いられる. ◆The White House
【白骨】báigǔ 名 死体の腐乱後に残った骨. 白骨.
【白骨精】báigǔjīng 名《西游记》に出てくる女の妖怪. 用法 悪辣な女性の比喩にも使う.
【白果】báiguǒ 名《植物》イチョウの実. ギンナン.
【白鹤】báihè 名《鸟》〔只 zhī〕タンチョウヅル. 同 丹顶鹤 dāndǐnghè,仙鹤 xiānhè
【白喉】báihóu 名《医学》ジフテリア.
【白狐】báihú 名《动物》ホッキョクギツネ.
【白虎星】báihǔxīng 名 たたり神. 災いをもたらす人. 由来 中国古代の占星術による伝説から.
【白花】báihuā 名 糸を紡ぐとき紡車にからまるくず糸. 同 皮辊 pígǔn 花
【白花花】báihuāhuā 形 (～的)白く光る. ¶～的银子 / 白光りする銀貨. 反 黑乎乎 hēihūhū

【白花蛇】báihuāshé 名《動物》ヒャッポダ(百步蛇). 同 五步 wǔbù 蛇 参考 毒ヘビの一種. 毒性は非常に強いが, 薬として半身不随や疥癬(かいせん)に効果がある.

【白化病】báihuàbìng 名《医学》白子(しらこ). 先天的に色素が欠乏した体質.

【白话】báihuà 名 ❶ 話しことばを基礎にした文体. 口語体. 反 文言 wényán ❷ でたらめな話. ¶空口说～/口からでまかせを言う.

【白话诗】 báihuàshī 名《文学》五四運動以後におこった, 旧時の形式によらず口語体で書いた詩のスタイル. 同 新 xīn 诗

【白话文】 báihuàwén 名 口語体で書いた文. ¶～小说 / 白話小說. 反 文言 wényán 文

【白桦】báihuà 名《植物》[① 棵 kē] シラカバ.

【白晃晃】báihuǎnghuǎng 形(～的)白く光る. ¶～的照明弹 dàn / 白く輝く照明弾.

【白灰】báihuī 名《化学》石灰. 同 石灰 shíhuī

【白芨】báijī 名《植物·薬》シラン.

【白鱀豚】báijìtún 名《動物》ヨウスコウカワイルカ. 長江中流域に分布するクジラの一種. 同 白鳍 qí 豚 参考 中国国家重点保護動物の一つだったが, 2006年12月, 国際的な調査団により事実上の絶滅が発表された.

【白金】báijīn 名 ❶ プラチナ. 白金. Pt. ¶～戒指 jièzhǐ / プラチナの指輪. 同 铂 bó ❷ 文 銀の別称.

【白金汉宫】 Báijīnhàngōng 名 バッキンガム宮殿.

【白净】 báijing 形 (肌が)白くてすてきなようだ. ¶这小姑娘 gūniang 长得 zhǎngde 多～啊！ / この娘はなんて色が白いんだろう. 同 白白净净

【白酒】báijiǔ 名 コーリャン·トウモロコシ·サツマイモなどを原料とする蒸留酒. アルコール度が高く無色透明. 同 烧酒 shāojiǔ, 白干儿 báigānr 参考 貴州省の "茅台酒 Máotáijiǔ", 山西省の "汾酒 Fénjiǔ" が有名.

【白驹过隙】 bái jū guò xì 成 時がまたたく間にすぎる. ¶三十年仅似～ / 30年がまたたく間にすぎた. 由来 『莊子』知北遊篇に見えることば. 人生は, 白馬がすき間の前を走りすぎるのを見るかのようにまたたく間にすぎる, という意から.

【白居易】 Bái Jūyì 《人名》白居易(はくきょい:772-846). 中唐の詩人. 字は香山居士, 字は楽天. その詩は一般庶民の生活の苦楽を反映したもので, ことば遣いも明快平易で広く親しまれた.「長恨歌」「琵琶行」などが有名.

【白卷】báijuàn 名 (～儿)白紙答案. ¶交～儿 / 白紙答案を出す.

【白军】báijūn 名 反革命軍. 同 红军 hóngjūn

【白开水】báikāishuǐ 名 沸かした湯. さゆ. 参考 熱いのを"热开水", 湯ざましは"凉开水", "凉白开"という.

【白口】báikǒu 名 ❶ 木版本の版式の一種. 版心の上下が白いものをいう. 反 黑 hēi 口 ❷ (～儿)《芸能》(京劇などの)せりふ. せりふ回し.

【白口铁】 báikǒutiě 名《鉱物》白銑鉄.

【白蜡】báilà 名 ❶ イボタロウムシの分泌液. 白蠟(はくろう). ❷ 精製した蜜蠟(みつろう). 参考 ①は, ろうそくの原料や医薬品などに用いる. ②は, ろうそくやクレヨンの原料となる.

【白兰地】báilándì 名 ブランデー. ● brandy

【白梨】báilí 名《植物》中国の華北や西北地区でとれる梨. たまご形で洋梨に似る. 品種が多く "鸭梨 yālí", "茌梨 chílí" が有名.

【白莲教】 Báiliánjiào 名《歴史·宗教》白蓮教. 参考 仏教の白蓮宗から名を取った秘密宗派. 元·明·清の三代にわたって民間に広まり, 農民が白蓮教の名のもとでたびたび蜂起した.

【白鲢】báilián 名《魚》ハクレン·レンギョの一種.

【白磷】báilín 名 黄リン. 同 黄磷 huánglín

【白蛉】báilíng 名《虫》スナバエ. 参考 人や家畜の血液を吸い, 黒熱病を伝播させる.

【白领】báilǐng 名 ホワイトカラー. ¶～阶层 / ホワイトカラー層. 反 蓝 lán 领

【白令海】Báilìnghǎi 《地名》ベーリング海.

【白鹭】báilù 名《鳥》コサギ. 同 鹭鸶 sī

【白露】báilù 名 白露(はくろ). 二十四節気の一つ. 9月8日前後に当たる. この頃から秋めいてくるとされる. ⇨二十四节气 èrshísì jiéqì

【白马王子】 báimǎ wángzǐ 名 白馬の王子. 理想の男性のたとえ.

【白茫茫】báimángmáng 形(～的)(雲·霧·雪などで)見渡すかぎり真っ白だ. ¶雾很大, 四下里～的 / 深い霧で, あたりは見渡すかぎり真っ白だ. 同 白皑皑 bái'ái'ái

【白毛风】 báimáofēng 名 暴風雪. 吹雪.

【白毛女】Báimáonǚ 名「白毛女(はくもうじょ)」. 参考 "秧歌 yāngge"から発展した中国初の歌劇. 1945年初演. 後にバレエ歌劇や弦楽四重奏, 交響曲などにもアレンジされた.

【白茅】báimáo 名《植物》チガヤ. 参考 根は薬になる.

【白蒙蒙】báiměngmēng 形(～的)(煙·霧·蒸気など)が白くたちこめている. ¶湖面雾气腾腾 téngténg ～一片 / 湖面に蒸気がたちこめている.

【白米】báimǐ 名 ❶ 精白した米. ¶～饭 / 白米のご飯. 反 糙米 cāomǐ ❷ 米.

【白面】 báimiàn 名 小麦粉. ¶～馒头 / 小麦粉のマントウ.

【白面儿】báimiànr 名《薬》ヘロイン. 同 海洛因 hǎiluòyīn

【白面书生】 báimiàn shūshēng 名 青白いインテリ. 表現 社会経験の少ない学生などを軽んじた言いかた.

【白描】báimiáo 名 ❶《美術》墨で輪郭だけをつけ, 彩色をほどこさない技法. 人物や草花を描くのに用いる. ❷《言語》簡潔で, 飾り気のない文章.

【白木耳】 báimù'ěr 名《植物》シロキクラゲ. 同 银耳 yín'ěr 反 黑 hēi 木耳

【白内障】báinèizhàng 名《医学》白内障. しろそこひ.

【白嫩】báinèn 形(肌や表面が)白くきめ細やかで柔らかい.

【白娘子】 Báiniángzi 《人名》白娘子.「白蛇伝」の主人公.

【白奴】báinú 名 住宅や車のローン, 各種投資の資金繰りに苦しむホワイトカラーの人々."白领奴隶"の略.

【白跑】báipǎo 動 むだ足を踏む. ¶先打个电话联系好了再去, 免得～ / まず電話で連絡がついてから行こう, むだ足を踏まないように.

【白皮书】báipíshū 名 白書. ¶外交～ / 外交白書. 经济～ / 経済白書.

【白皮松】báipísōng 名《植物》シロマツ. 同 白果松 báiguǒsōng

【白旗】báiqí 名 ❶ 白旗. 戦争で投降をあらわす旗. ❷ 敵対する双方が相互連絡で人を差し向ける際に使用した旗.

【白鳍豚】báiqítún 名 →白鱀豚 báijìtún

【白契】báiqì 名《経済》公式に登録の済んでいない不動産売買契約. 反 红 hóng 契

【白求恩】 Báiqiú'ēn 《人名》ベ(イ)チューン(1890-1939). カナダ人の外科医で, 共産党員. 日中戦争が勃

発すると、医療団を中国に引率して一年ほど医療に従事するが、感染症により河北省唐県にて病没.

【白区】báiqū 名 反動勢力の支配地区. 参考 特に第2次国共内戦期の国民党支配地区を呼んだ. 反 苏区 sūqū

【白热】báirè 形 ❶ 白熱している. ¶～线 / フィラメント. 同 白炽 báichì ❷ (比喩として)白熱した. 熱狂に.

【白热化】báirèhuà 動 事態や気持ち等が最高潮に達する. 白熱する. ¶他两儿的矛盾已经到了～的程度 / 二人のいさかいは、激しく対立するまでになった.

【白人】báirén 名 白人.

【白刃】báirèn 名 白刃. 刀の抜き身. ¶～格斗 gédòu / 真剣で渡り合う.

【白刃战】báirènzhàn 名 白兵戦.

【白日】bái rì 文 ❶ 輝く太陽. 白日. ¶青天～ / 青く晴れわたった空に太陽が輝く. ❷ 昼. 白昼. ¶他～上工,黑天学习 / 彼は昼間仕事をし、夜は勉強をする. 同 白天 báitiān

【白日梦】báirìmèng 名 現実離れした妄想. 白日夢.

【白日做梦】bái rì zuò mèng 成 白昼夢を見る. 空想にふける.

【白肉】báiròu 名 《料理》水炊きした豚肉. たれにつけて食べる. 同 白切 qiē 肉

【白色】báisè 名 ❶ 白い色. ❷ 反革命. ¶～政权 zhèngquán / 反動政権.

【白色恐怖】báisè kǒngbù 名 白色テロ.

【白色收入】báisè shōurù 名 (給与や手当など)正規の収入. 反 灰 huī 色收入, 黑 hēi 色收入

【白色污染】báisè wūrǎn 名 投棄されるプラスチック製品ゴミによる汚染. 白色汚染. 由来 主に弁当やテイクアウト用に使われる発泡スチロール容器やビニール袋などのゴミを指す. これらは白色のものが多いことから.

【白砂糖】báishātáng 名 白砂糖.

【白鳝】báishàn 名《魚》ウナギ.

【白食】báishí 名 ただ飯. ¶吃～ / ただ飯を食う.

【白事】báishì 名 葬式. 葬礼. ¶办～ / 葬儀をとり行う.

【白手】báishǒu 名 ❶ 白い手. ❷ 素手. 無一物.

【白手起家】bái shǒu qǐ jiā 成 無一文から事業を起こす. ¶白手成 chéng 家

【白薯】báishǔ 名《植物》[圙 个 ge, 块 kuài] サツマイモ. 同 甘薯 gānshǔ, 红薯 hóngshǔ

【白水】báishuǐ 名 ❶ さゆ. 同 白开水 báikāishuǐ ❷ 清らかな水.

【白送】báisòng 動 無料で進呈する. ¶这么好的皮鞋只卖十元,等于～ / こんないい革靴をわずか10元で売るなんて、タダ同然だ.

【白汤】báitāng 名《料理》豚肉を水炊きした後の汁. または醤油を加えていないスープ.

【白糖】báitáng 名 白砂糖.

【白陶】báitáo 名《考古》カオリン土で焼いた殷(yīn)代の白色の陶器.

【白体】báitǐ 名 ❶《印刷》宋朝体や明朝体などの細めの活字体. ❷《物理》上部に照射する白色光を完全に反射できる理想物体. 同 绝对 juéduì 白体

*【白天】báitiān[-tiān] 名 昼間. 同 白昼 báizhòu 反 黑夜 hēiyè, 夜里 yèli

【白条】báitiáo 名 ❶ (～儿)認め印なしの領収書. ❷ (屠殺して)毛を取り除いた食肉用の鶏やブタ. ¶～鸡 / 毛をむしった鶏肉.

【白铁】báitiě 名 旦 ブリキ. トタン. ¶～皮 / トタン板. 同 镀锌铁 dùxīntiě

【白厅】Báitīng 名 ホワイトホール. ロンドンの通りの名. 参考 イギリスの主要な政府機関があるため、英国政府の別称にも用いられる.

【白铜】báitóng 名 白銅.

【白头】báitóu 名 ❶ しらが頭. 老人. ❷ 形 署名や捺印がない. ¶一帖子 tiězi / 署名のない書き付け.

【白头翁】báitóuwēng 名 ❶《鳥》ヒヨドリ. ❷《植物》ヒロハオキナグサ. ❸《薬》白頭翁(はくとうおう). ❷の根を薬材としたもの.

【白头偕[到]老】bái tóu xié [dào] lǎo 成 夫婦が白髪が生えるまで、夫婦仲よく暮らす. ¶祝新郎 xīnláng 新娘 百年好合,～ / 新郎新婦のお二人が、いつまでも仲むつまじく、ともに白髪の生えるまで添い遂げますように.

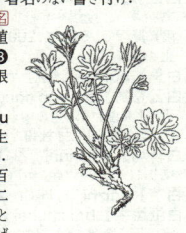

白头翁②

【白兔】báitù 名 ❶ 白ウサギ. ❷ 月.

【白托】báituō 名 ❶ 幼稚園や託児所に昼間だけ子供を預けること. 反 全托 ❷ 高齢者へのデイサービス. "居家养老白托服务"の略.

【白脱】báituō 名 外 バターの音訳語. 表現 現在では、"黄油 huángyóu"を使うのが一般的.

【白文】báiwén 名 ❶ (注釈付きの書物の)本文. ¶先读～,后看注释 zhùshì / 本文を先に読んでから注釈に目を通す. 同 经文 jīngwén, 正文 zhèngwén ❷ 注釈付きの書物から注釈を取り去り、本文だけを印刷した本. ❸ (印章の)陰文. 同 朱文 zhūwén ⇒ 朱文(图) 参考 ❸は、文字が白く、まわりが赤い.

【白晳】báixī 形 ❶ 色白だ. 白皙(はくせき)の. 同 白净 báijing 反 黝黑 yǒuhēi

【白细胞】báixìbāo 名《医学》白血球.

【白鹇】báixián 名《鳥》シラサギ.

【白熊】báixióng 名《動物》〔头 tóu〕シロクマ. 同 北极熊 běijíxióng

【白癬】báixuǎn 名《医学》白癬(はくせん). しらくも. 同 白秃风 báitūfēng

【白血病】báixuèbìng 名《医学》白血病. 同 血癌 xuè'ái

【白血球】báixuèqiú 名《医学》白血球. 同 白细胞 báixìbāo

【白眼】báiyǎn 名 軽蔑のこもった冷たい目つき. 白い目. ¶遭人～ / 白い目で見られる. ¶她狠狠 hěnhěn 地给了他一个～ / 彼女は憎々しげに彼をにらみつけた. 反 青眼 qīngyǎn

【白眼儿狼】báiyǎnrláng 名 恩知らずなやつ.

【白眼珠】báiyǎnzhū 名 口 (～儿)(眼球の)白目.

【白杨】báiyáng 名《植物》[圙 棵 kē] ハクヨウ. ポプラの一種. 同 毛 máo 白杨

【白药】báiyào 名《薬》白薬(はくやく). バイヤオ. 参考 外傷・打撲傷・止血等に用いる. 雲南産のものが有名.

【白页】báiyè 名 電話帳のうち、共産党や政府の機関・組織・団体などの電話番号を記載した部分. ホワイトページ. 反 黄 huáng 页 由来 この部分のページの色が白いことから.

【白夜】báiyè 名 白夜(はくや・びゃくや).

【白衣天使】báiyī tiānshǐ 名〔个 ge, 位 wèi〕医療や看護にあたる人. 同 白衣战士 zhànshì.
【白衣战士】báiyī zhànshì →白衣天使 tiānshǐ.
【白蚁】báiyǐ 名《虫》〔群 qún, 只 zhī〕シロアリ. 同 白蚂蚁 báimǎyǐ.
【白翳】báiyì 名《中医》上翳(ˇ). 眼病の一種.
【白银】báiyín 名 銀の通称.
【白银书】báiyínshū 名 銀製の印刷物. 金製の"黄金书"もある. 金銀や宝石などを用いた豪華な装丁の本で、過度に贅沢であるとして、2006年5月に出版・販売・宣伝が禁止された.
【白鱼】báiyú 名《鱼》カワヒラ.
【白云苍狗】bái yún cāng gǒu 白雲が、たちまち黒い犬の形に変わる. 世のつねにはげしく変化すること. 同 白衣 yī 苍狗 由来 杜甫「可歎」詩に見える語.
【白斩鸡】báizhǎnjī 名《料理》ニワトリを丸ごとゆで、角切りにしたものをタレにつけて食べる料理. 同 白切 qiē 鸡
【白芷】báizhǐ 名《植物・薬》カラビャクシ.
【白纸黑字】bái zhǐ hēi zì 成 白い紙に書かれた黒い文字. 疑う余地のない証拠.
【白质】báizhì 名《生理》白質. 参考 主に神経繊維からなる、脳と脊髄の白い部分.
【白种】Báizhǒng 名 白色人種.
【白昼】báizhòu 名《文》白昼. 昼間. ¶灯火通明,照得如同〜一般 / 灯火がまばゆいばかりに輝き、まるで真昼のようだ. 同 白天 báitiān
【白术】báizhú 名《植物》オオバナオケラ. ビャクジュツ.
【白字】báizì 名 誤字. 当て字. ¶写〜 / 誤字を書く. ¶〜先生 / 字をよく知らない人. 教育のない人. 同 別字 biézì
【白族】Báizú 名《民族》ペー族. 雲南省の少数民族.

百 bǎi
白部 1　四 1060₂
全6画 常用

❶ 数 数字の100(ᵒᵂᵒ). ¶一〜天 yībǎitiān (100日間)/半〜 bànbǎi (50). ❷ 素 とても多い. あらゆる. ¶〜病 bǎibìng (万病). ❸(Bǎi) 姓.
☞ 百 bó

【百般】bǎibān 副 あらゆる手を使って. あれやこれやと. ¶〜劝解 quànjiě / 手をつくしてなだめる. ¶〜爱惜 àixī / 心から大切にする.
【百般刁难】bǎibān diāonàn 句 あれこれと邪魔立てする. ¶他受到〜 / 彼はあらゆるいやがらせを受けた.
【百宝箱】bǎibǎoxiāng 名 大切なものをしまっておく箱. 表現 比喩に用いられることが多い.
【百倍】bǎibèi ❶ 数 100倍. ❷ 形 (比喩として)百倍. いっぱい. ¶〜努力 / 精一杯努力する. ¶精神〜 / 元気百倍.
【百步穿杨】bǎi bù chuān yáng 成 弓や射撃の腕前がすぐれている. 由来 100歩離れて楊柳の葉を射抜くという意から.
【百部】bǎibù 名《植物》ビャクブ. 参考 根は薬用となり、咳止めや殺虫作用がある.
【百尺竿头,更进一步】bǎi chǐ gān tóu, gèng jìn yī bù 成果に満足せず、さらに向上をめざす. ¶他在班上已名列前茅 qiánmáo,老师鼓励他要〜 / 彼はクラスですでに成績上位だが、先生は彼にさらに上をめざすように励ます.
【百出】bǎichū 動 ❷ 次々と出る. 百出する. ¶错误〜 / 間違いが続出する. ¶洋相 yángxiàng〜 / 醜態をさらしかねている.

【百川归海】bǎi chuān guī hǎi 成 ❶ 大勢のおもむくところ. 人心の向かうところ. ❷ 分散したものが一ヶ所に集まる.
【百读不厌】bǎi dú bù yàn 文章や本が何度読んでも飽きない. ¶鲁迅 Lǔ Xùn 的著作,令人〜 / 鲁迅の作品は、何度読んでも飽きない.
【百度】Bǎidù 名《コンピュータ》Baidu. 検索エンジンの1つ.
【百端待举】bǎi duān dài jǔ 成 新しく行うべきことがたくさんある.
【百儿八十】bǎi'erbāshí 数 百たらず. 百そこそこ. ¶他猜中 cāizhòng 了〜 / 彼は十中八九言い当てた.
【百发百中】bǎi fā bǎi zhòng 成 ❶ 弓や射撃で百発百中する. ❷ 予想や計画が的中する.
【百废待兴】bǎi fèi dài xīng 成 放置された多くのことが、見直される.
【百废具(俱)兴】bǎi fèi jù xīng "百废待 dài 兴"に同じ. 同 百废具举 jǔ
【百分】bǎifēn ❶ パーセント. ¶〜之十 / 10パーセント. ❷ (〜儿)トランプ遊びの一種. ❸ (テストの) 100点. ¶得〜 / 100点を取る.
【百分比】bǎifēnbǐ 名 百分率. パーセンテージ.
【百分点】bǎifēndiǎn 名 パーセント.
【百分号】bǎifēnhào 名 パーセント記号(%).
【百分率】bǎifēnlǜ "百分比 bǎifēnbǐ"に同じ.
【百分数】bǎifēnshù "百分比 bǎifēnbǐ"に同じ.
【百分之百】bǎifēn zhī bǎi 100パーセント. 完全だ. 例外なし. ¶要尽 jìn 〜的力量 / 持てる力をすべて出し切らなければならない.
【百分制】bǎifēnzhì 百点制. 参考 成績評価法. 最高点を100点とし、60点以上を及第とする.
【百感交集】bǎi gǎn jiāo jí 成 いろいろな感慨が一気にわきあがる. ¶眼前的变化,令人〜 / 目の前の変化に様々な思いがわいてくる.
【百合】bǎihé 名《植物》❶ ユリ. ¶〜花 / ユリの花. ❷ ユリの球根.
【百花奖】Bǎihuājiǎng 名 百花賞. 『大衆映画』誌の主催する各種の映画賞.
【百花齐放】bǎi huā qí fàng 成 百花斉放. さまざまな花が一斉に咲く. 異なった形式や手法の芸術を自由に発展させる. 参考 中国で、1956年に「百家争鸣」と併称して、科学・文化・芸術発展の方針として提唱された.
【百花争艳】bǎi huā zhēng yàn 成 花々が咲き乱れる. 同 百花争妍 yán
【百货】bǎihuò 名 百貨. ¶〜大楼 / デパート. 百货店. ¶〜商场 / マーケット.
【百货公司】bǎihuò gōngsī 名 デパート.
【百家姓】Bǎijiāxìng《书名》『百家姓』. 中国でよく知られる姓を集めた啓蒙書物. 参考「赵钱孙李,周吴郑王」など四字句で押韻している. 北宋時代に作られた.
【百家争鸣】bǎi jiā zhēng míng 成 異なる学派が自由に論争する. ⇨百花齐放 bǎi huā qí fàng
【百科全书】bǎikē quánshū 名〔部 bù, 套 tào〕百科事典. エンサイクロペディア.
【百孔千疮】bǎi kǒng qiān chuāng 成 欠点や傷だらけ. 表現 破壊がひどかったり、手落ちや問題点が多いようすをいう.
【百老汇】Bǎilǎohuì《地名》ブロードウェイ(米国).
【百里挑一】bǎi lǐ tiāo yī 成 百の中から一つをえらぶ. 抜群だ.

【百炼成钢】bǎi liàn chéng gāng 成 鍛えに鍛えて筋金入りになる.

【百灵】bǎilíng 名《鳥》ヒバリ. 同 百灵鸟 niǎo, 云雀 yúnquè

【百慕大群岛】Bǎimùdà qúndǎo《地名》バミューダ諸島.

【百年】bǎinián ❶ 百年. たいへん長い間. ❷ 人の一生涯. 死ぬまでの間.

【百年不遇】bǎi nián bù yù 成 百年に一度も出くわさない. 非常にまれだ.

【百年大计】bǎinián dàjì 名 百年の大計.

【百年树人】bǎi nián shù rén 成 人材育成には極めて時間がかかる.

【百年之后】bǎinián zhī hòu 俗 婉 逝去の後. 表現 普通, 目上に対して用いる婉曲な表現.

【百日咳】bǎirìké 名 百日咳.

【百日维新】Bǎirì wéixīn 名《歴史》戊戌(ぼじゅつ)の変法. 由来 1898年, 康有为(ふうい)らが光緒帝を擁して行った政治改革運動. 失敗に終わるまでが103日であったことから.

【百色】bǎisè 名 さまざまな色. 多くの色. ☞ 百色 Bósè

【百十】bǎishí 数 100ぐらい. 100ほど. ¶~个人 / 100人ほどの人. ¶~来年 / 100年ぐらい.

【百事可乐】Bǎishì kělè 名《商標》ペプシコーラ.

【百事通】bǎishìtōng ❶ 物知り. ❷ 知ったかぶりをする人. 表現 良い意味では使われない.

【百思不(得其)解】bǎi sī bù (dé qí) jiě 成 何度考えても理解できない.

【百听不厌】bǎi tīng bù yàn 成 何度聴いても飽きることがない. ¶这个老师的课吸引 xīyǐn 人, ~ / この先生の授業は人を引きつける力があり, 何度聞いても飽きない.

【百万】bǎiwàn 数 ❶ 百万. ❷ 非常に数が多いこと. 注意 数の100万は, 〝一百万〟と言う.

【百万富翁】bǎiwàn fùwēng 名 大富豪.

【百威】Bǎiwēi 名《商標》バドワイザー(ビール). ♦Budweiser

【百闻不如一见】bǎi wén bù rú yī jiàn 成 百聞は一見にしかず.

【百无禁忌】bǎi wú jìn jì 成 全くタブーがない.

【百无聊赖】bǎi wú liáo lài 成 空虚で, 何も興味を感じない.

【百无一失】bǎi wú yī shī 成 万に一つの失敗もない. 決してミスを犯さない. ¶这件事我已经安排得~, 请您放心吧 / その件はしっかり手を打っておきました. ご安心ください.

【百戏】bǎixì 名《芸能》古代の音楽や舞踊・雑技・手品などの総称. 参考 元代以降, 雑技それぞれの名称を用いるようになり, 〝百戏〟という言い方は徐々に用いられなくなった.

【百姓】bǎixìng 名 庶民. 人民. ¶老~ / 庶民. 官吏 guānlì

【百业】bǎiyè 名 さまざまな職業.

【百叶】bǎiyè 名《料理》❶ 湯葉. ❷ (~儿)ウシやヒツジの胃袋.

【百叶窗】bǎiyèchuāng 名 ❶〔個 扇 shàn〕よろい戸. ルーバー. ❷〔个 ge, 扇 shàn〕①の形の部品や装置.

【百叶箱】bǎiyèxiāng 名《気象》百葉箱.

【百依百顺】bǎi yī bǎi shùn 成 慣 何もかも人の言いなりになる.

【百战百胜】bǎi zhàn bǎi shèng 成 百戦百勝. 戦えばかならず勝つ.

【百战不殆】bǎi zhàn bù dài 成 百戦危うからず. 負けを知らない. ¶知彼 bǐ 知己, ~ / 敵を知り己を知れば, 百戦危うからず.

【百折不挠】bǎi zhé bù náo 成 何度挫折しても屈しない. 不撓不屈(ふとうふくつ). 同 百折不回 huí

【百褶裙】bǎizhěqún 名《服飾》アコーディオンプリーツスカート.

【百足之虫,死而不僵】bǎi zú zhī chóng, sǐ ér bù jiāng 成 ヤスデは死んでも硬直しない. 有力者は, 倒れた後も勢力や影響力を残す.

伯 bǎi

亻部5 四 2620₂
全7画 常用

→大伯子 dàbǎizi

☞ 伯 bó

佰 bǎi

亻部6 四 2126₂
全8画 通用

❶ 数 〝百〟の大字. 参考 領収書などで用いる. ❷ (Bǎi)姓.

柏(栢) bǎi

木部5 四 4690₂
全9画 常用

❶ 名《植物》ヒノキ科の植物の通称. 〝侧柏 cèbǎi〟(コノテガシワ), 〝圆柏 yuánbǎi〟(イブキ), 〝罗汉柏 luóhànbǎi〟(ヒバ, アスナロ)など種類が多い. ¶~树 bǎishù. ❷ (Bǎi)姓. 注意 ①は, 日本の柏(カシワ)とは異なる.

☞ 柏 bó, bò

【柏树】bǎishù 名《植物》コノテガシワ. 同 侧柏 cèbǎi

【柏油】bǎiyóu 名 アスファルト. ¶~马路 / アスファルト道路. 同 沥青 lìqīng

捭 bǎi

扌部8 四 5604₀
全11画 通用

素 文 二つに分ける. ¶~阖 bǎihé (開閉する).

摆(擺,襬⑥) bǎi

扌部10 四 5603₂
全13画 常用

❶ 動 物を並べる. 配置する. ¶~饭(テーブルに料理を並べる) / ~设 bǎishè. ❷ 動 わざと見せつける. …ぶる. ¶~架子 bǎijiàzi / 显 ~ xiǎnbai (見せびらかす). ❸ 動 発言する. 陳述する. ¶~事实(事実を述べる). ❹ 動 (左右に)揺れ動く. ¶~手 bǎishǒu / 摇 ~ yáobǎi (揺れ動く). 同 晃 huàng, 摇 yáo ❺ 名〔個 个 ge〕振り子. ¶~钟 bǎizhōng. ❻ 名 服やスカートのすそ. ¶下 ~ xiàbǎi(すそ). ❼ (Bǎi)姓.

【摆布】bǎibu ❶ 配置する. 飾りつける. しつらえる. ❷ 貶 支配する. あやつる. ¶~人类命运 / 人類の運命を左右する. ¶任凭 rènpíng 他的~ / 彼の言いなりになる.

【摆动】bǎidòng 動 揺れ動く. ¶树枝儿 shùzhīr 迎风~ / 枝が風に揺れ動く. ¶小象~着长鼻子 / 小象が長い鼻を揺り動かしている.

【摆渡】❶ bǎi//dù 動 船で対岸に運ぶ. 船で渡る. ❷ bǎidù 名〔個 条 tiáo, 只 zhī〕渡し船. ¶~船 / 渡し船. ¶~口 / 渡し場.

【摆放】bǎifàng 動 陳列する.

【摆架子】bǎi jiàzi 慣 貶 威張る. ひけらかす. もったいぶる. ¶摆知识分子 fēnzǐ 架子 / さかんに知識人[文人]を気取る.

【摆开】bǎi//kāi 動 ❶ 展開する. 間隔をおいて並べる. ¶~摊子 tānzi 做买卖 / 屋台で商売をする. ❷ 〝摆脱

bǎituō"に同じ.

【摆阔】bǎi//kuò 动 金持ちぶる. 派手にふるまう. ¶手里有点儿钱,就想~/手もとに少しでも金ができると,金持ちぶりたくなる.

【摆擂台】bǎi lèitái 句 ❶試合への参加を呼びかける. ❷リングに上がる. 同 摆擂 参考 "擂台"は演武台のこと.

【摆列】bǎiliè 动 並べる. 陳列する.

【摆龙门阵】bǎi lóngménzhèn 〈方〉閑談する. 世間話をする. 同 闲谈 xiántán, 聊天 liáotiān

【摆门面】bǎi ménmiàn[-mian] 见 見栄をはる. ¶农村办喜事,喜欢~/農村では結婚式に見栄をはりたがる.

【摆弄】bǎinòng 动 ❶いじる. もてあそぶ. ¶你别把那只钟表~坏了/あの時計をいじって壊さないでよ. ❷あやつる. 思い通りにする. ¶他老喜欢耍 shuǎ 小聪明,~人/彼はいつも小ざかしく立ち回って人を翻弄されている.

【摆平】bǎi//píng 动 ❶公平に処理する,バランスをとる. ❷処罰する. こらしめる.

【摆谱儿】bǎi//pǔr 动〈方〉威張る. 同 摆架子 jiàzi ❷见栄を張る. 同 摆门面 ménmian

【摆设】❶ bǎishè 动 室内を飾りつける. 同 陈设 chénshè ❷ bǎishe 名 (~儿)〔件 jiàn, 样 yàng〕置きもの. 飾りもの. 調度品.

【摆手】bǎi//shǒu 动 手を左右に振る. 同 摇手 yáoshǒu

【摆摊子】bǎi tānzi 句 ❶露店を出す. ¶很多下岗 xiàgǎng 人员,去~,当个体户 gètǐhù /失業者の多くが,露店を出し,個人事業者になった. ❷段取りをつけて仕事の準備をする. ❸ 见 見栄をはる. 体裁をつくろう. ¶喜欢~,追求形式/見栄をはり,体裁にこだわる. 同 摆摊儿 bǎitānr

【摆脱】bǎituō 动 逃れる. 抜け出す. ¶~困境/苦境から脱する. 同 解脱 jiětuō

【摆样子】bǎi yàngzi 句 うわべをとりつくろう. 格好をつける.

【摆正】bǎizhèng 动 ❶正しく置く. きちんと並べる. ❷関係をはかる. ¶~好学习与课外活动的关系/勉強と課外活動とにけじめをつける.

【摆钟】bǎizhōng 名〔座 zuò〕振り子時計.

【摆子】bǎizi 名〈方〉マラリア. 同 疟疾 nüèji

呗(唄) bài
口部 4 6708₂
全 7 画 通 用

→梵呗 fànbài

呗 bei

败(敗) bài
贝部 4 7884₀
全 8 画 常 用

❶动〈戦争や試合などに〉敗れる. 負ける. (敵や相手を)打ち負かす. ¶~仗 bàizhàng /一~涂地 tú dì /一敗地にまみれる. ¶打~/ 打败 dǎbài (打ち負かす). 反 胜 shèng ❷ 素 失敗する. こわす. 傷つける. ¶~坏 bàihuài. ❸ 成 chéng 素 (よくないものを取り除く. 消す. ¶~火/~毒 bàidú (毒を消す) ❹动 力や勢いが衰える. (花が)散る. 反 开 kāi ¶~落 bàiluò /衰~ shuāibài (衰える).

【败北】bàiběi 动 敗北する. 由来 "北"はもと"背"で,敵に背を向けて逃げ去ることから.

【败笔】bàibǐ 名 ❶古くなった筆. ❷〔处 chù〕(詩や文章,書画などの)欠点. 書き損じ. 失敗した所.

【败兵】bàibīng 名 敗走する兵士. 敗残兵.

【败坏】bàihuài 动 ❶(風俗や名誉などを)傷つける. 損なう. ¶~名誉 míngyù /名誉を傷つける. ¶~士气/士気を損なう. ¶不讲信用,会~朋友间的友谊/信用を大事にしないと,友人との友情を損なうことになる. 反 维护 wéihù ❷ 形 堕落している. ¶道德~/道徳がすたる.

【败火】bài//huǒ 动〈中医〉熱をさげる.

【败绩】bàijì 动〈軍隊が〉戦いで大敗する.

【败家】bài//jiā 家を没落させる.

【败家子】bàijiāzǐ 名 (~儿)〔个 ge, 群 qún〕放蕩息子. どら息子.

【败将】bàijiàng 名 敗軍の将.

【败局】bàijú 名 劣勢. 敗色. ¶挽回 wǎnhuí~/劣勢を挽回する. ¶~已定/敗色はすでに濃厚だ.

【败军】bàijūn ❶ 动 軍隊を敗北させる. ❷ 名 戦争に負けた軍隊. ¶~之将/敗軍の将.

【败类】bàilèi 名〔个 ge, 伙 huǒ〕堕落した者. 裏切り者. ¶民族~/民族の裏切り者.

【败露】bàilù 动〈悪事が〉発覚する. 露見する. ¶阴谋 yīnmóu~了/陰謀が発覚した.

【败落】bàiluò 动 落ちぶれる. 衰える. ¶家道~/家運がかたむく. 同 没落 mòluò, 衰败 shuāibài, 衰落 shuāiluò

【败诉】bàisù 动〈法律〉敗訴する. ¶原告一方~了/原告側が敗訴した. 反 胜诉 shèngsù

【败退】bàituì 动 敗れて退却する. ¶敌军节节~/敵はずるずると敗退した. 同 溃退 kuìtuì

【败亡】bàiwáng 动 敗北し,滅亡する.

【败兴】bài//xìng 动 興ざめする. しらける. ¶他的话,让大家~/彼の話は皆をしらけさせた. 同 扫兴 sǎoxīng

【败絮】bàixù 名 ぼろ綿. ¶金玉其外,~其中/外見は立派だが中身はひどい.

【败血病[症]】bàixuèbìng[-zhèng] 名〈医学〉敗血症.

【败仗】bàizhàng 名 負けいくさ. ¶打[吃]~/負けいくさをする. 反 胜仗 shèngzhàng

【败阵】bài//zhèn 动 戦いに敗れる. ¶他在第一轮 lún 考试中就败下阵来/彼は一次試験でもう敗退した.

【败子】bàizǐ 名 道楽息子. 放蕩息子. 同 败家子 bàijiāzǐ

【败子回头】bài zǐ huí tóu 成 放蕩息子が改心する. ¶~金不换/放蕩息子の改心は金でも買えない.

【败走麦城】bàizǒu Màichéng 成 非常に残念な失敗をする. 由来 "麦城"は古代の地名(湖北省). 関羽が戦いに敗れて麦城から撤退した故事から.

拜 bài
手部 5 2155₀
全 9 画 常 用

❶ 动 敬意をあらわす礼儀作法. 拝む. ぬかずく. ¶~倒 bàidǎo /跪~ guìbài (ひざまずいて頭を地につける礼). ➪ 礼拜 lǐbài ❷ 素 敬意をあらわす接頭語. ¶~访 bàifǎng /~托 bàituō. ❸ 动 おじぎをして,めでたいことを祝う. ¶~寿 bàishòu /~年 bàinián. ❹ 动 儀式によって関係を結ぶ. ¶~把子 bǎ bǎzi. ❺ 动 地位・称号・身分を授かる. ¶~相 bàixiàng (宰相に任命される). ❻ (Bài) 姓.

【拜把子】bài bǎzi 義兄弟の契りを結ぶ.

【拜拜】bàibai ❶ 昔の女性の挨拶. 同 万福 wànfú ❷ 动〈方〉祭りや釈迦の誕生日に神像を迎え,宴席を設けて友人や親戚を招待する. ❸ 〈外〉バイバイ. さようなら. ♦ bye-bye

【拜别】bàibié 动〈敬〉(目上の人などに)暇(いとま)ごいをする. ¶~老师/先生とお別れする.

稗 扳 班　bài – bān

【拜倒】bàidǎo 動(貶) ひれ伏す. ¶～在权威 quánwēi 脚下／権威の足もとにひれ伏す. ¶～在石榴裙 shíliúqún 下／美しい女性に夢中になる.
【拜读】bàidú 動(謙)(手紙や作品を)拝読する.
【拜访】bàifǎng 動 訪問する. ¶下星期天,我将专程到府上～／来週日曜日,お宅におじゃまいたします. 回 访问 fǎngwèn
【拜佛】bài//fó 仏像を拝む.
【拜会】bàihuì 動 お目にかかる. 訪問する. 回 拜见 bàijiàn,拜谒 bàiyè 表现外交上の公式訪問または会見などで用いる.
【拜火教】Bàihuǒjiào 名《宗教》拝火教. ゾロアスター教. 回 祆教 Xiānjiào 参考ペルシャに起こり,6世紀頃中国に伝来した.
【拜见】bàijiàn 動 お目にかかる. 拝謁(はいえつ)する. 参考招待された客や目下の側が使う.
【拜金】bàijīn 動 金銭を崇拝する.
【拜金主义】bàijīn zhǔyì 名 拝金主義.
【拜客】bàikè 動(書) 拝見する.
【拜伦】Bàilún《人名》バイロン(1788-1824). イギリスの詩人.
【拜年】bài//nián 新年のあいさつをする. 年賀に行く. ¶叩头 kòutóu～／ぬかずいて年賀のあいさつをする.
【拜扫】bàisǎo 動 墓参りをする.
【拜师】bài//shī 動 師と仰ぐ. 弟子入りする. ¶～学艺／師について芸を学ぶ. 反 收徒 shōutú
【拜寿】bài//shòu 動 年長者の誕生日を祝う.
【拜堂】❶ bài//táng 動 旧時の婚礼で,新郎·新婦が天地を拝し,つづいて父母·義父母にあいさつする. 回 拜天地 bài tiāndì ❷ bàitáng 名①の儀式.
【拜天地】bài tiāndì 組(動) ❶ 結婚式で新郎新婦が天地を拝する. 回 拜堂 táng ❷ 結婚式後,新郎新婦が親戚挨拶する. 回 拜堂
【拜托】bàituō 動 お願いする. お頼みする. ¶这件事就～您了／この件は,君にお願いしよう. 回 托付 tuōfù,委托 wěituō
【拜望】bàiwàng 動 挨拶に出向く.
【拜物教】bàiwùjiào 名 ❶《宗教》フェティシズム. ❷ 物品や金銭などを崇拝·信仰すること.
【拜揖】bàixiē 動 うやうやしくお礼申し上げる.
【拜谒】bàiyè 動(書)❶ 拝謁(はいえつ)する. ❷(陵墓や石碑など)仰ぎ見る.
【拜占庭】Bàizhàntíng《歷史》ビザンチン. イスタンブールの旧称.

稗(異 粺) bài
禾部 8　四 2694₀
全13画　通 用

❶ 名(～子)《植物》ヒエ. 稲田に生えるイネ科の雑草.
❷ 形 たいへん小さい. こまごました. ¶～史 bàishǐ.
【稗官野史】bài guān yě shǐ 名 小説や民間の史書. 由来 稗官(はいかん)は民間の事情やうわさ話などを皇帝に聞かせた古代の小役人. のち小説のことを稗官といった.
【稗史】bàishǐ 名〔(書) 部 bù〕珍聞や逸話を集めた歴史書.
【稗子】bàizi 名 ❶《植物》ヒエ. ❷ ヒエの実.

ban　ㄅㄢ〔pan〕

扳 bān
扌部 4　四 5204₇
全7画　次常用

動 ❶ (一方が固定されたものを下あるいは内側へ)引っ張る. ¶～树枝 shùzhī(枝をたわめる). ❷ ねじ回す. 方向を変える. ¶～道 bāndào／～回 bānhuí(挽回する).
【扳不倒儿】bānbùdǎor 名(口) だるま. 起きあがりこぼし. 回 不倒翁 wēng,搬 bān 不倒(儿)
【扳道】bān//dào 動(鉄道などの)ポイントを切り替える. ¶～工／転轍(てんてつ)手.
【扳动】bāndòng 動 手で強く引く. ねじる. ¶～枪栓 qiāngshuān／銃の引き金を引く. ¶～闸门 zhámén／水門のバルブをひねって開閉する. ¶只要～这个螺丝 luósī,就可打开／このねじをひねれば開けられます.
【扳机】bānjī 名 銃の引き金.
【扳平】bānpíng 動(スポーツの試合等で)負けていた状態から同点にまでまき返す.
【扳手】bānshou 名 ❶〔把 bǎ〕ねじ回し. スパナ. 回 扳子 bānzi ❷(機器などの)ハンドル.
【扳子】bānzi 名〔把 bǎ〕スパナ. ねじ回し. レンチ.

班 bān
王部 6　四 1111₄
全10画　常 用

❶ 名 行列. ¶排～(列を作る). ❷ 名 グループ. 組. クラス. ¶～会 bānhuì／同～同学(クラスメート). ❸ 名 勤務時間. 勤務場所. ¶上～ shàngbān(出勤する). ❹ 量 定時に運行される交通機関. ¶～车 bānchē. ❺ 名 軍隊を編成する,一番下の単位. 分隊. ¶～长 bānzhǎng. ❻ 量 集団を数えることば. ¶这～年轻人(このグループの若者たち). ❼ 量 定時に運行される交通機関の便を数えることば. ¶我搭下一～飞机史(次の便の飛行機でたつ). ❽ 動(軍隊)を引き揚げる. 移動する. ¶～师 bānshī. ❾(Bān)姓.
【班白】bānbái 形 "斑白 bānbái"に同じ.
【班驳】bānbó 形 色がまだらだ. 回 斑 bān 驳
【班禅】Bānchán 名《宗教》パンチェン·ラマ. 参考チベット仏教黄帽派の二大生き仏のひとつの系譜として,ダライ·ラマの系譜に匹敵する信仰を集める高僧. 政治的にはダライ·ラマに次ぐ立場にある. 由来"班"はサンスクリット語で「博学の士」,"禅"はチベット語で「大」をあらわす. すなわち「大学者」の意.
【班超】Bān Chāo《人名》班超(はんちょう:32-102). 後漢の武将. 班固の弟.
【班车】bānchē 名〔(量) 次 cì,辆 liàng,趟 tàng〕定時に運行するバス. ¶他每天坐～上下班／彼は毎日定期バスで通勤している. 参考 企業や工場の通勤バスや幼稚園の通園バスなどにも使う.
【班次】bāncì 名 ❶(学校の)クラスの順序. 年次. ❷(交通機関の)ダイヤ. 発着回数.
【班底】bāndǐ 名(～儿)❶(書) 劇団の主役以外の普通の役者. 回 底包 bāo ❷ 組織の基本構成員. 主力メンバー.
【班房】bānfáng 名 ❶(書) 役所の詰め所. また,詰めていた用務員や使用人. ❷ 監獄や留置所の俗称.
【班费】bānfèi 名 授業料.
【班固】Bān Gù《人名》班固(はんこ:32-92). 後漢の学者. 正史『漢書』を著す.
【班会】bānhuì 名 学級会.
【班机】bānjī 名〔(量) 次 cì,趟 tàng〕(旅客機の)定期便. ¶"各位旅客,飞往北京的1226次～就要起飞了…"／「ご搭乗の皆様,北京行き1226便はまもなく離陸いたします…」 回 航班 hángbān

【班级】bānjí 名 学年とクラス.
【班轮】bānlún 名〔次 cì, 趟 tàng〕定期船.
【班门弄斧】Bān mén nòng fǔ 成 達人の前で自分の腕をひけらかす. 釈迦に説法. ¶上课要积极发言, 不要怕被说成是～/ 授業では積極的に発言すべきだ, 目立ちたがり屋と言われるのを恐れてはならない. 由来 鲁班(lǔ bān：春秋時代の名工)の門前で斧(おの)をもてあそぶ愚かしさを喩えたもの.
【班配】bānpèi 形 方"般配 bānpèi"に同じ.
【班师】bānshī 動 文 軍隊を引き揚げる. また, 派遣した軍隊が凱旋する.
*【班长】bānzhǎng 名 ❶(軍隊の)隊長. 分隊長. ❷(企業組織の)職長. グループリーダー. ❸(学校の)学級委員.
【班主】bānzhǔ 名 旧 戯劇団のオーナー.
【班主任】bānzhǔrèn 名〔个 míng, 位 wèi〕クラス担任.
【班子】bānzi 名 ❶ 旧 劇団. ❷〔个 ge, 套 tào〕一定の任務を行う組織. ¶领导～/ 指導部.
【班组】bānzǔ 名 グループ. とくに企業の生産最小単位. ¶～学习 / グループ学習.

般 bān
舟部 4 四 2744₇
全10画 常用
❶ 名 種類. ¶百～ bǎibān (さまざまなもの). ❷ 助 …と同じ. …のような. ¶兄弟之友谊(兄弟のような友情). ❸ 動 助 "搬 bān"に同じ.
☞ 般 bō
【般配】bānpèi 形 方 (結婚相手の)つり合いがとれている. ¶这对恋人 liànrén 很～/ このカップルはとてもお似合いだ.

颁(頒) bān
页部 4 四 8128₂
全10画 次常用
素 ❶ 褒賞や物などを与える. ¶～奖 bānjiǎng. ❷(法令などを)公布する. ¶～布 bānbù.
【颁布】bānbù 動 公布する. 布告する. ¶～法律 / 法律を公布する. 比較 日本語の"颁布"は"分发 fēnfā". 表现 "颁布"に比べ"公布 gōngbù"の方が使用範囲が広く, 決算や実験結果, 成績などにも用いられる.
【颁发】bānfā 動 ❶ 発布する. 通達する. ❷ 交付する. 授与する. ¶～毕业证书 / 卒業証書を授与する.
【颁奖】bānjiǎng 動 賞状や賞品を授与する.
【颁行】bānxíng 動 公布し施行する.

斑 bān
王部 8 四 1111₄
全12画 常用
❶ 名 まだら. ぶち. ¶～白 bānbái / 雀～ quèbān (そばかす). ❷ 素 まだらの. 斑点のある. ¶～马 bānmǎ /～竹 bānzhú. ❸(Bān)姓.
【斑白】bānbái 形 文 (髪に)白髪のまじっている. ごま塩頭の. 同 班白 bānbái, 颁白 bānbái
【斑迹】bānjì 形 斑点があらわれている. ¶血迹 xuèjì ～/ 血痕が点々としている. ¶脸上有～泪痕 lèihén / 顔に涙のあとがある.
【斑驳】bānbó 形 文 まだら模様のある. 色とりどりだ. ¶色彩～/ 色とりどりだ.
【斑驳陆离】bān bó lù lí 成 色とりどりに入り乱れている.
【斑点】bāndiǎn 名 斑点. しみ. ¶这些旧～,很难洗掉 / こういう古いしみは, なかなかおちて.
【斑痕】bānhén 名〔衣服などの〕しみ.
【斑鸠】bānjiū 名《鸟》〔只 zhī〕キジバト. シラコバト. ジュズカケバト. 同 山 shān 斑鸠

【斑斓】bānlán 形 色彩豊かで華やかだ. ¶五彩～/ 色とりどりで華やかだ.
【斑羚】bānlíng 名《動物》ゴーラル. カモシカの一種.
【斑马】bānmǎ 名《動物》〔匹 pǐ〕シマウマ.
【斑马线】bānmǎxiàn 名 横断歩道. 同 人行横道线 rénxíng héngdàoxiàn 由来 英語の zebra crossing から.
【斑蝥】bānmáo 名《虫・薬》ハンミョウ.
【斑秃】bāntū 名《医学》円形脱毛症. 同 鬼剃头 guǐtìtóu
【斑纹】bānwén 名〔条 dào, 条 tiáo〕しま模様. まだら模様.
【斑疹】bānzhěn 名《医学》発疹.
【斑疹伤寒】bānzhěn shānghán 名《医学》発疹チフス.
【斑竹】bānzhú 名《植物》斑竹(はんちく). 茎に紫褐色の斑点のある竹. 杖(つえ)や筆軸, 装飾品などに使われる. 同 湘妃竹 xiāngfēizhú

搬 bān
扌部10 四 5704₇
全13画 常用
動 ❶(重い物や大きい物を)運ぶ. 移す. ¶～运 bānyùn. ❷ 引っ越す. ¶～家 bānjiā / 他早就～走了(彼はずいぶん前に引っ越した). ❸(既存の制度・方法・語句を)そのまま使う. まる写しにする. ¶～教条 / 生～硬套 成 無理に他人のやりかたをあてはめる).
【搬兵】bān//bīng 動 救援の兵を求める. 救援を要請する.
【搬动】bān//dòng 動 ❶ 動かす. 移動する. ¶搬不动 /(重くて)動かせない. ¶～桌子 / テーブルを移動する. ❷ 活用する. 出動する. ¶他竟能～高层领导督他讲情 / 彼は上層部を動かして自分をとりなしてもらうこともできる.
【搬家】bān//jiā 動 ❶(家を)引っ越す. ❷ 場所を移す. ¶我摆放 bǎifàng 好的东西,常常被人～/ 私がきちんと置いたものが, 年中誰かに動かされてしまう.
【搬家公司】bānjiā gōngsī 引っ越し会社.
【搬教条】bān jiàotiáo 教義を紋切り型に当てはめる.
【搬开】bānkāi 動 ❶ 置き場所を移す. ¶把大桌子～,以便腾 téng 出更多地方 / 大きな机を動かして, より大きいスペースをつくる. ❷ 場所を空ける.
【搬弄】bānnòng 動 ❶ 手でもてあそぶ. いじる. ¶本来很准的闹钟,被他一～就坏了 / もともとは正確だった目覚まし時計が, 彼がいじったとたん壊れてしまった. ❷ 貶 ひけらかす. ❸ 挑発する. ⇨搬弄是非 bān nòng shì fēi
【搬弄是非】bān nòng shì fēi 成 告げ口などでもめごとを起こす. ¶他是个好～的人 / 彼はトラブルメーカーだ.
【搬起石头打自己的脚】bān qǐ shí tou dǎ zì jǐ de jiǎo 成 自業自得. 由来 相手を傷つけようとして持ち上げた石を, 自分の足の上に落とす, という意から.
【搬迁】bānqiān 動 引っ越す. 移転する. 同 迁移 yí
【搬迁户】bānqiānhù 名 引っ越した家(族).
【搬演】bānyǎn 動 (昔の出来事や芝居などを)繰り返したり, 演じたりする. 同 扮 bàn 演, 表 biǎo 演
【搬运】bānyùn 動 (物資などを)他の場所に運搬する. 輸送する. ¶～站 / 物流ステーション. ¶～货物 huòwù / 貨物を運送する.

瘢 bān
疒部10 四 0014₇
全15画 通用
素 傷やはれもののあと. ¶～痕 bānhén / 刀～ dāo-

癍阪坂板版 bān-bǎn

bān（刀傷のあと）．

【瘢痕】bānhén 名 傷やはれもののあと．¶留下一道～/一すじの傷あとが残る．

癍 bān 疒部12 四 0011₄ 全17画 通用

名《医学》皮膚に斑点（はん）のできる病気．

阪 bǎn 阝部4 四 7224₇ 全6画 通用

❶名文 坂．同 坂 bǎn, 坡 pō ❷（Bǎn）姓．

坂（岅）bǎn 土部4 四 4214₇ 全7画 通用

名 坂．勾配（こうばい）．¶～上走丸（坂で球を転がすことから，勢いがついて止まらないこと）．同 阪 bǎn, 坡 pō

板（闆❻❼）bǎn 木部4 四 4294₇ 全8画 常用

❶ 名（～儿）板．¶黑～ hēibǎn（黒板）/ 玻璃～ bōlibǎn（板ガラス）． ❷ 名 中国の伝統音楽や京劇などを演奏するときに拍子をとる打楽器． ❸（～儿）（中国の伝統音楽や京劇などの）テンポ．¶慢～ mànbǎn（ゆっくりした調子）． ❹ 形 かたい．融通がきかない．¶表情太～（表情がこわばっている）． ❺ 動 表情をかたくする．¶一脸～liǎn．❻ 名 店の主人．同 老板 lǎobǎn ❶ ❼ 名 京劇などの有名な役者に対する敬称．同 老板 lǎobǎn ② ❽（Bǎn）姓．

【板板六十四】bǎnbǎn liùshísì 句方 融通がきかない．由来 宋代の鋳銭（ちゅうせん）の型は，一版が六十四文と決まっていたことから．同 版版 bǎnbǎn 六十四

【板报】bǎnbào 名〔期 qī〕職場の黒板に書かれたり貼り出されたた，ニュースや通知．

【板壁】bǎnbì （間仕切りの）板壁．

【板擦儿】bǎncār 名 黒板消し．同 黑板 hēibǎn 擦儿

【板车】bǎnchē 名〔辆 liàng〕荷車．大八車．手押し車．（後方に荷台のある）三輪車．¶拖 tuō～/荷車を引く．同 板子车 bǎnzichē, 大车 dàchē

【板锉】bǎncuò 名（把 bǎ）平やすり．同 扁锉 biǎncuò

【板荡】bǎndàng 形文 政治が混乱し，社会情勢が不安定だ．由来《詩経》大雅の「板」「蕩」の二篇に，当時の政治の暗黒面と人民の苦しみが描かれていることから．

【板凳】bǎndèng 名（～儿）〔个 ge, 条 tiáo〕（背もたれのない木製の）腰掛け．

【板斧】bǎnfǔ 名 刃が平らで大きい斧（おの）．古代の兵器の一つ．

【板鼓】bǎngǔ 名《音楽・芸能》❶〔面 miàn, 只 zhī〕板鼓（ばんこ）．表面にブタやウシの皮をはった小太鼓．伝統劇の伴奏で指揮をとる．⇒鼓 gǔ（図）❷ 板鼓（ばんこ）．"зайpāibǎn"と"板鼓"①のこと．この二つの楽器を一人で演奏する．

【板胡】bǎnhú 名《音楽》〔把 bǎ〕胡琴（こきん）の仲間．胴（どう）に桐（きり）の薄板をはったもの．細くて高い音が出る．¶他会拉～/彼は"板胡"が弾ける．

【板结】bǎnjié 動《農業》土壌が固くなる．

【板块】bǎnkuài 名《地学》プレート．

【板蓝根】bǎnlángēn 名《漢方》板藍根（ばんらんこん）．リュウキュウアイまたはタイセイの根．参考 解熱や解毒などに用いる．

【板栗】bǎnlì 名《植物》クリ．栗子 lìzi

【板脸】bǎnliǎn ❶ bǎn//liǎn 動 顔をこわばらせる．¶板起脸/しかめっ面をする．❷ bǎnliǎn 険しい表情．

【板门店】Bǎnméndiàn 《地名》板門店．朝鮮半島の北緯38度線の南5キロにある非武装地帯．

【板球】bǎnqiú 名《スポーツ》❶ クリケット．❷ ①のボール．

【板上钉钉】bǎn shàng dìng dīng 慣 物事がすでに決まり，変更できないこと．由来 板に釘を打ち付けるという意から．

【板式】bǎnshì 名《芸能》京劇などの節回しの種類．

【板实】bǎnshí 形 ❶ 土壌が硬くしまって作物が育たない．❷（本の表紙や衣服などに）硬いハリがある．❸（身体が）丈夫でしゃんとしている．

【板书】bǎnshū ❶ 動 黒板に字を書く．❷ 名 黒板に書かれた字．

【板刷】bǎnshuā 名 毛が太く，やや大型の洗濯ブラシ．

【板条】bǎntiáo 名《建築》ラス．

【板瓦】bǎnwǎ 名 平たく大きい瓦．

【板鸭】bǎnyā 名《料理》〔只 zhī〕塩漬けにしたアヒルを平らにのばして乾かしたもの．アヒルの骨付き干し肉．参考 "板鸭"は南京地区の特産なので，普通"南京 Nánjīng 板鸭"と呼ばれる．

【板牙】bǎnyá 名 ❶ 方 前歯．同 门牙 ❷ 方 臼歯．❸《機械》雄ねじ切り．

【板岩】bǎnyán 名《鉱物》スレート．

【板眼】bǎnyǎn 名 ❶《音楽》中国の民族音楽や伝統劇の伴奏の拍子．小節中の最強拍を"板"，その他を"眼"という．¶一板一眼 / 二板一眼 / 四拍子．❷ 物事のあるべき道筋．¶有板有眼 / 秩序立ち整然としている．¶说话走了～/ 話が変な方向に行ってしまった．❸ 方 考え．アイディア．

【板油】bǎnyóu 名 豚の体内にある板状の脂肪．ラード．同 猪 zhū 油, 大 dà 油

【板羽球】bǎnyǔqiú 名《スポーツ》❶ 羽根つき．❷ ①の羽根．参考 貴州省ミャオ族の民間娯楽から生まれたスポーツ．ルールはバドミントンと似ている．

【板正】bǎnzhèng 形 ❶（外観や形式が）きちんと整っている．¶本子装订 zhuāngdìng 得板板正正的 / 冊子がきちんと装丁されている．❷（表情や態度が）慎重でまじめだ．

【板纸】bǎnzhǐ 名 厚手の紙．板紙．

【板滞】bǎnzhì 形 ❶（文章表現などが）ありきたりだ．同 呆板 dāibǎn, 古板 gǔbǎn ❷（表情や態度に）生彩がない．¶～地说 / 生彩のない表情で話す．同 刻板 kèbǎn, 死板 sǐbǎn

【板子】bǎnzi 名 ❶〔块 kuài〕板．❷ 罪人を罰したり子供に体罰を加えるときに用いられた木や竹の細長い板．

版 bǎn 片部4 四 2204₇ 全8画 常用

❶名〔块 kuài〕印刷用の版下．¶～木 bǎnmù（版木）/ 排～ páibǎn（版を組む）． ❷ 名 印刷物の出版回数．¶初～ chūbǎn（初版）．❸ 名 新聞のページを数えることば．¶头～ tóubǎn（第一面）．❹ 名 土塀を築くときに両側から土をはさむ板．¶～筑 bǎnzhù（土木建造工事）．❺ 名 戸籍．¶～图 bǎntú．

【版版六十四】bǎnbǎn liùshísì →板板 bǎnbǎn 六十四

【版本】bǎnběn 名 ❶ 版木に彫って印刷した書物．同 版本本 bǎnběn, 刻本 kèběn, 椠本 qiànběn ❷〔种 zhǒng〕同じ内容の書物だが編集・印刷の書式・装丁などに違いがある本．版．版本．テキスト．¶最新的～/最新版．¶这个～非常珍贵 / この版本はとても貴重だ．

【版次】bǎncì 名〔⊕ 个 ge〕(出版的)版数.
【版画】bǎnhuà 名〔⊕ 幅 fú, 张 zhāng〕版画. ¶套色 tàoshǎi~ / 色刷り版画.
【版刻】bǎnkè 名 版刻. 木版の文字や絵画などをさす.
【版口】bǎnkǒu 名 "版心 bǎnxīn"に同じ.
【版面】bǎnmiàn 名 ❶〔⊕ 个 ge〕(新聞・雑誌・書籍の)紙面. ページ全体. ❷ ページのレイアウト. ¶~设计 / レイアウト.
【版纳】bǎnnà 名 雲南省シーサンパンナ・タイ族自治州にあった旧行政区画単位. 由来 タイ語から.
【版权】bǎnquán 名 版権. 出版権.
【版权页】bǎnquányè 名〔印刷〕奥付(ポʊ). 参考 書名・著作者・印刷部数などを記したページ.
【版式】bǎnshì 名〔印刷〕(書物の)判型. 組版体裁.
【版税】bǎnshuì 名 印税.
【版图】bǎntú 名 領土. ⊕ 幅员 fúyuán, 疆域 jiāngyù. 参考 "版"は戸籍, "图"は地図をあらわすことから.
【版心】bǎnxīn 名〔印刷〕❶ 木版印刷の柱(ᴴᴸ)の部分. ⊕ 版口 kǒu, 页 yè 心 ❷ 版面(ᴮᴺ). 印刷物で本文の印刷された部分.

钣 (鈑) bǎn

钅部 4　四 8274₇
全9画
素 金属の板. ¶~金 bǎnjīn (板金) / 钢~ gāngbǎn (鋼板).

舨 bǎn

舟部 4　四 2244₇
全10画　通 用
→舢板[舨] shānbǎn

办 (辦) bàn

力部 2　四 4033₀
全4画　常 用

❶ 動 (手続き・用事などを)する. やる. 処理する. 取り組む. ¶主 zhǔ~ / 主催する. ¶代 dài~ / 代行する. ¶~手续 / 手続きをする. ¶~护照 hùzhào / パスポートを作る. ¶我现在出去一点儿事, 很快就回来 / ちょっと用事で外出しますがすぐ戻ります. ¶这种事谁也~不了 / こんな仕事は誰だって処理しきれない. ¶这件事真难~ / この一件は実にやりにくい.
❷ 動 (学校・工場・事業などを)開設する. 創立する. 経営する. 運営する. ¶举 jǔ~ / 開催する. ¶开~ / 創設する. ¶退休人员一起业余教育来了 / 退職したメンバーで余暇教育をやりだした. ¶~报 / 新聞を発行する. ¶工厂~不到一年, 就停产了 / 工場は1年もたたないうちに操業を停止してしまった.
❸ 動 (商品・用具・宴席などを)購入する. 買い調える. ¶~嫁妆 jiàzhuang / 嫁入り道具を購入する. ¶~了十桌酒席 / 宴席を10卓用意した. ¶年货~齐了吗? / 正月用品はみな買い調えたかい.
❹ 動 処罰する. こらしめる. ¶首恶必~ / 首謀者は必ず処罰する. ¶严~ / 厳しく処分する.
❺ (Bàn)姓.

筆順 フ　カ　办　办

【办案】bàn//àn 動 ❶ (司法機関などが)事件を処理する. ❷ 犯人を逮捕する.
【办班】bàn//bān 動 学習クラスや養成クラスを立ち上げる.
【办报】bàn//bào 動 新聞社を経営する.
【办到】bàndào 動 やり遂げる. ¶说到~ / 言ったら必ずやる.
*【办法】bànfǎ 名〔⊕ 个 ge, 种 zhǒng〕方法. ¶想~ / 方法を考える. ¶没~ / 方法がない. どうしようもない. ¶好~ / うまい方法.
*【办公】bàn//gōng 動 事務をとる. 業務を行う. ¶~费 / 事務費. ¶请问,贵公司星期六办不~? / あの, 御社は土曜日は営業していますか.
【办公会议】bàngōng huìyì 名 (各部門別の)事務会議.
**【办公室】bàngōngshì 名〔间 jiān〕事務室.
【办公厅】bàngōngtīng 名 事務所. 表現 "办公室"より規模が大きい.
【办公桌】bàngōngzhuō 名 事務机.
【办公自动化系统】bàngōng zìdònghuà xìtǒng 名 オフィス・オートメーション・システム.
【办货】bàn//huò 動 商品を買い付ける.
【办交涉】bàn jiāoshè 動 交渉する.
【办理】bànlǐ 動 仕事を取り扱う. ¶~进出口业务 / 輸出入業務を取り扱う. ¶这些手续在哪儿~呢? / これらの手続きはどこで行っていますか.
*【办事】bàn//shì 動 仕事をする. ¶~认真 / 仕事ぶりがまじめだ.
【办事处】bànshìchù 名〔⊕ 处 chù, 个 ge〕事務所.
【办事员】bànshìyuán 名〔⊕ 个 ge, 名 míng, 位 wèi〕事務員. 職員.
【办妥】bàntuǒ 動 妥当な処理をする. ¶"事情~了吗?" "~了" / 「きちんと処理したか」「はい」
【办学】bànxué 動 学校を創立する. ¶~方针 / 建学方針.
【办罪】bànzuì 動 処罰する.

半 bàn

丿部 4　四 9050₀
全5画　常 用

❶ 数 半分. 2分の1. ¶~个月 bàngeyuè (半月) / ~天 bàntiān. ❷ 素 半ば. 途中. ¶~途而废 fèi / 夜 yèbàn (夜中). ❸ 素 不完全な. 十分な. ¶~干 bàngān (なま乾き) / 一知~解 jiě ⊕ 生はんか. 生かじり). ❹ (Bàn)姓.
【半百】bànbǎi 数 50. ¶年过~的老工人 / 50歳を過ぎた熟練工. 表現 年が半ばを言う.
【半半拉拉】bànbanlālā 形 不完全だ. ¶工作做了个~就扔下了 / 仕事を途中で投げ出した.
【半辈子】bànbèizi 名 半生. ¶前~ / 前半生. ¶他奋斗了大~ / 彼は半生ずっと頑張ってきた.
【半壁】bànbì 名 ⊗ 片方. 一方. 表現 とくに, 国土の半分や一部分をいう.
【半壁江[河]山】bàn bì jiāng [hé] shān 成 国土の半分. 侵略される国土.
【半边】bànbiān 名 (~儿)片一方. 半分. ¶东~儿 / 東半分. ¶~身子动不了 dòngbuliǎo 了 / 半身が動かなくなった.
【半边天】bànbiāntiān 名 ❶ 空の半分. ❷ 女性たち. ¶妇女能顶 dǐng~ / 女性は天の半分を支えることができる.
【半场】bànchǎng 名《スポーツ》❶ (試合などの)前半. ❷ コートの半面.
【半成品】bànchéngpǐn 名〔⊕ 件 jiàn〕未完成な製品. 半製品. ⊕ 半制品 zhìpǐn.
【半大】bàndà 形 (大でもなく小でもなく)中くらいだ.
*【半导体】bàndǎotǐ 名 半導体. ¶~存储器 cúnchǔqì / 半導体メモリ. ¶~集成电路 / 半導体集積回路. ¶~收音机 / トランジスタラジオ.
【半岛】bàndǎo 名 半島.
【半道儿】bàndàor 名 ⊕ ❶ 道半ば. ❷ 途中. ⊕ 半

路 lù

【半点】bàndiǎn 形（～儿）わずかだ．ほんの少しの．¶哪怕有～假话 jiǎhuà, 我也决不饶 ráo 你 / ほんの少しのうそでも，私は決して君を許さない．¶一星～/ ささいなもの．

【半吊子】bàndiàozi 名 ❶ 物事の道理をわきまえない人．❷ 知識が不十分で技術が未熟な人．❸ そそっかしいうっかり屋．由来 古くは，1 文の銅銭をさして "一吊" と呼んだが，500 文は "半吊" なので，半人前の人をからかってこう呼んだ．

【半封建】bànfēngjiàn 名 封建社会を完全に抜け出していない状態．半封建．

【半工半读】bàngōng bàndú 働きながら勉強する．勤労就学 (制度)．

【半价】bànjià 名 半額．¶很多商品以～出售 chūshòu / たくさんの商品を半値で売り出す．

【半截】bànjié 名（～儿）半分．¶～粉笔 / チョーク半分．¶话只说了一儿，还有～他没说出来 / 半分話しただけで，あとの半分を彼は言わなかった．

【半截子】bànjiézi 名 中途半端なもの．¶～改革 / 中途半端な改革．

【半斤八两】bàn jīn bā liǎng 成 惯 似たり寄ったり．どんぐりの背くらべ．¶咱俩～, 谁也别说谁了 / 我々は二人とも似たりよったり，お互いとやかく言うのはやめよう．参考 中国の旧制計量単位では，一斤は十六両，半斤は八両であることから．

【半径】bànjìng 名《数学》半径．

【半决赛】bànjuésài 名《スポーツ》準決勝．

【半空】bànkōng 名 空中．¶被吊 diào 在～/ 宙につるされる．同 半空中 zhōng

*【半拉】bànlǎ 名 回 半分．¶～馒头 / 半分のマントウ．¶过了～月 / 月の半ばを過ぎた．

【半路】bànlù 名（～儿）途中．道やものごとの途中．¶走到～, 下起雨来了 / 途中まで行くと，雨が降りだした．同 半道儿 bàndàor

【半路出家】bànlù chū jiā 成（本来の仕事を離れて）途中から新しい職業に就く．転職する．¶我原来是搞人事的, 后来一当了会计 kuàijì / 私はもと人事担当だったが，転職して会計をするようになった．¶鲁迅 Lǔ Xùn 本来是学医的, 却一成了有名的作家 / 魯迅はもともと医学を学んでいたが，転身して有名な作家になった．由来 大人になってから出家する，という意から．

【半票】bànpiào 名 半額チケット．¶小孩可买～人场 / 子供は半額切符で入場できる．

【半瓶醋】bànpíngcù 名 知ったかぶり．¶他肚子里只有～,没多少学问 / 彼は知ったかぶりで，大した学問はない．同 半瓶子 píngzi 醋

【半球】bànqiú 名 半球．¶西～/ 西半球．

【半响】bànshǎng 名 ❶ 方 半日．¶前～/ 午前中．同 半天 bàntiān ❷ かなり長い間．同 半天 bàntiān

【半身不遂】bànshēn bùsuí 名《医学》半身不随．偏瘫 piāntān

【半身像】bànshēnxiàng 名 上半身の写真や絵．

【半生】bànshēng 名 ❶ 半生．¶后～/ 後半生．¶操劳 cāoláo～/ 苦労をした半生．同 半辈子 bànbèizi

【半生不熟】bànshēng bùshú ❶ 食べ物がよく煮えていない．熟していない．¶肉煮得～的, 没法吃 / 肉が生煮えでは食べようがない．❷（～的）学問・技術・表現が未熟だ．

【半世】bànshì 名 人生の半分．半生．

【半数】bànshù 名 半数．¶超过～/ 半数を超える．¶不满～/ 半数に満たない．

【半衰期】bànshuāiqī 名《物理》(放射性元素の) 半減期．

【半死】bànsǐ 形（死にそうなくらい）苦しみや損害が甚だしい．

【半死半活】bàn sǐ bàn huó 成 今にも死にそうだ．半死半生．¶累得～了 / 疲れて息も絶え絶えだ．同 半死不 bù 活

【半死不活】bàn sǐ bù huó 成 ❶ 半分死んだようだ．同 半死半活 ❷ 無気力だ．元気がない．¶你怎么没有一点儿朝气 zhāoqì, 总是～的样子？/ 君はどうして少しも元気がなく，いつもだるそうなんだ．

【半糖夫妻】bàntáng fūqī 同じ町に住みながら別居し，週末だけ一緒に過ごす夫婦．

*【半天】bàntiān 名 ❶ 半日．¶上～/ 午前．¶下～/ 午後．❷ 長い間．¶等了～, 他才来 / ずいぶん待って，彼はやっと来た．

【半途】bàntú 名 文 道や物事の途中．¶～散伙 sànhuǒ / 道半ばにして解散する．同 半路 bànlù

【半途而废】bàn tú ér fèi 成 途中でやめる．

【半推半就】bàn tuī bàn jiù 成 その気があるのに，ないような素振りを見せる．

【半脱产】bàntuōchǎn 労働者が一時持ち場を離れ，(学習など) 他の活動をする．

【半文盲】bànwénmáng 名 ほぼ文盲状態の人．

【半夏】bànxià 名《植物・薬》ハンゲ．カラスビシャク．参考 地下の茎のかたまり部分が薬に用いられ，胸焼け・嘔吐・せきに効果がある．

【半心半意】bànxīn bànyì 成 熱意がない．いやいやだ．¶学习也好,工作也好,都要一心一意,不能～/ 勉強であれ,仕事であれ,一心に打ち込むべきで,いやいややってはいけない．同 一心一意 yīxīn yīyì

【半新不旧】bànxīn bùjiù 成 もう新しくはない．同 半新半旧

【半信半疑】bàn xìn bàn yí 成 半信半疑．同 半信不 bù 信

*【半夜】bànyè 名 ❶ ひと夜の半分．¶前～/ 日暮れから夜の12時まで．¶后～/ 夜の12時から夜明けまで．❷ 真夜中．¶深更 shēngēng～/ 真夜中．¶谈到～/ 夜更けまで話しこむ．

【半夜三更】bànyè sāngēng 名 夜中の12時前後．真夜中．参考 "更" は日没から夜明けまでを五等分した時間で，それぞれを "初更, 二更, 三更, 四更, 五更" と呼ぶ．"一更" は約2時間．

【半音】bànyīn 名《音楽》半音．

【半影】bànyǐng 名《物理》半影．

【半圆】bànyuán 名《数学》半円．

【半月刊】bànyuèkān 名 半月ごとに発行する雑誌．隔週刊．

【半真半假】bànzhēn bànjiǎ うそでも本当ともつかない．¶听了他～的话, 她心里怪难受的 / 彼のまゆつばものの話を聞き，彼女は耐え難かった．

【半殖民地】bànzhímíndì 名 半植民地．形の上では独立しているが，実際には植民地的状態にある国家．参考 中国では，1840年のアヘン戦争から1949年の中華人民共和国成立までをさす．

【半制品】bànzhìpǐn 名 半製品．同 半成品 chéngpǐn

【半自动】bànzìdòng 形 半自動式．セミオートマチック．

扮 bàn
扌部4 全7画 [四]5802₇ [常用]

[動]❶ ふん装する．変装する．¶女～男装(女性が男装する)．❷ ある表情をする．¶～鬼脸．

【扮鬼脸】bàn guǐliǎn [句]あかんべえをする．¶他朝着姑娘们扮了个鬼脸／彼は女の子たちにあかんべえをした．

【扮酷】bànkù [動](男性が)かっこうをつける．クールにふるまう．[由来]"酷"は英語のcoolの音訳．

【扮靓】bànliàng [動]おめかしをする．念入りにおしゃれをする．

【扮戏】bàn//xì ❶ メーキャップをする．❷ 芝居をする．劇をする．[同]演戏 yǎnxì

【扮相】bànxiàng [名](～儿)❶ 役者がメーキャップした後の姿．❷ 身なりを整えた姿．¶我这副～能见客人吗？／こんな格好では，とてもお客さんに会えない．

【扮演】bànyǎn [動]劇中の役を演じる．

【扮装】bànzhuāng [動]メーキャップする．

伴 bàn
亻部5 全7画 [四]2925₀ [常用]

❶ [名](～儿)連れ．伴侶(はんりょ)．仲間．¶～侣 bànlǚ／老～ lǎobàn (連れ合い)／一路上我们做个～儿吧(道中ずっと道連れになろう)．❷ [形]お供をする．¶～随 bànsuí／同～ tóngbàn (同伴する)．❸ (Bàn)姓．

【伴唱】bànchàng [動]役者の演技に合わせて，歌を歌う．

【伴当】bàndāng [名]お供．従者．

【伴读】bàndú ❶ [名][旧]大家の子弟の家庭教師．❷ [動]夫または妻の外国留学についていき勉強する．

【伴郎】bànláng [名]花婿の介添え(男性)．[同]男傧相 nánbīnxiàng

【伴侣】bànlǚ [名]伴侶(はんりょ)．¶结为 wéi 终身～／終生の伴侶となる(結婚する)．

【伴娘】bànniáng [名]花嫁の介添え(女性)．[同]女傧相 nǚbīnxiàng

【伴生】bànshēng [動](副次的なものが)主要なものと共にある．¶～树／主木とともに植え付けてその成長に役立てる木．

【伴随】bànsuí [動]ともなう．付き従う．¶我愿意终生～着你／私は一生あなたについていきたい．[同]伴同 bàntóng，随同 suítóng

【伴同】bàntóng [動]お供をする．一緒に…する．¶～朋友游览长城／友達のお供をして万里の長城観光に行った．

【伴舞】bànwǔ [動]❶ ダンスのパートナーになる．❷ 歌に合わせて，周りで踊る．

【伴星】bànxīng [名]《天文》伴星．双星のうち，やや暗く小さい方をいう．

【伴音】bànyīn [名]映画やテレビの画像につけられた音声．[同]伴声 shēng

【伴游】bànyóu [動]遊覧や娯楽の案内をする(人)．[同]陪同 péitóng

【伴奏】bànzòu [動]伴奏をする．

拌 bàn
扌部5 全8画 [四]5905₀ [常用]

[動]❶ かき混ぜる．混ぜ合わせる．¶～菜(あえもの)．❷ 口げんかをする．¶～嘴 bànzuǐ．

【拌和】bànhuò[-huo] [動]かき混ぜる．混ぜ合わせる．¶～饲料 sìliào／飼料を混ぜ合わせる．

【拌面】《料理》❶ bàn//miàn [動]うどんに具や調味料を混ぜ合わせる．❷ bànmiàn [名]具や調味料を加えてできたうどん．¶冷 lěng 拌面／冷やしうどん．[参考]②には"炸酱面 zhájiàngmiàn"(炒めそうめん)，"芝麻酱面 zhī-majiàngmiàn"(ごまみそうめん)などがある．

【拌种】bàn//zhǒng [動]《農業》種子に肥料や殺菌剤を混ぜ合わせる．

【拌嘴】bàn//zuǐ [動][口]口げんかする．¶两口子时常～／夫婦間に口げんかが絶えない．¶他们拌起嘴来了／彼らは口げんかを始めた．

绊(絆) bàn
纟部5 全8画 [四]2915₀ [次常用]

[動]物が足にからみつく．¶～倒 bàndǎo．

【绊倒】bàndǎo [動]つまずいて倒れる．¶小心脚下,当心～／足下に気をつけて，つまずくから．

【绊跟头】bàn gēntou [句]つまずいてひっくり返る．¶绊了个跟头,把右胸摔断了／つまずいて転んで，右足を折ってしまった．

【绊脚石】bànjiǎoshí [名][块 kuài]足かせ．じゃまもの．¶骄傲是进步的～／おごりは進歩の妨げだ．

【绊马索】bànmǎsuǒ [名]戦いの時に，敵の馬を引っかけて倒すために張りめぐらした縄．

【绊儿】bànr →绊子 bànzi ①

【绊手绊脚】bànshǒu bànjiǎo [句]足手まといになる．¶你在这里～的,快走开吧／お前がここにいるとじゃまだから，あっちへ行け．

【绊子】bànzi [名]❶《スポーツ》レスリングの一手．足払い．❷ 家畜が疾走できないよう，家畜の脚につける短い縄．[表現]①は，「ひそかに相手を害する」という比喩にも使われる．

桦 bàn
木部5 全9画 [四]4995₀ [通用]

下記熟語を参照．

【桦子】bànzi [名]大きく割ったまき．

鞊 bàn
革部5 全14画 [四]4955₀

[名][文]しりがい．馬車を御するとき，馬の尻にかける皮の帯．

瓣 bàn
辛部12 全19画 [四]0044₁ [常用]

下記熟語を参照．

【瓣膜】bànmó [名]《生理》弁膜．[表現]略して"瓣"とも言う．

【瓣儿】bànr [名]❶〔個 ge〕花びら．❷ 果実や球根のひとかけら．¶橘子 júzi～／ミカンの房．¶蒜 suàn～／ニンニクのひとかけ．

bang ㄅㄤ〔paŋ〕

邦(異邦) bāng
阝部4 全6画 [四]5702₇ [次常用]

❶ [素]国家．¶友～ yǒubāng (善隣の国)／盟～ méngbāng (同盟国)／联～ liánbāng (連邦)／乌托～ wūtuōbāng (ユートピア)．[同]国 guó (Bāng)姓．

【邦交】bāngjiāo [名]国交．¶建立～／国交を樹立する．¶恢复～／国交を回復する．

【邦联】bānglián [名]連邦．複数の国家が共同の目的のために組織した連合体．

帮(幫)(異幇,帮) bāng
巾部6 全9画 [四]5722₇ [常用]

❶ [動]手伝う．¶～你做买卖(商売を手伝う)．[同]帮

助 bāngzhù ❷名(～儿)(中が空洞になっている物の)外周り.〔野菜の〕外側の葉.〔鞋～儿(靴の側面).❸ 素(政治的・経済的な)仲間.集団.¶搭～ dābāng (仲間を組む)/匪～ fěibāng(悪党の仲間)/青～ qīngbāng(清代の海運業者を中心とする秘密結社)/四人～(文化大革命時期の江青ら四人組).❹量 グループを数えることば.¶一～旅客(旅行者の一行)/一～流氓 liúmáng(ちんぴらの一団).❺(Bāng)姓. 用法 ①は、"帮+目的語+動"の形で、手伝いの内容をあらわす.

【帮办】bāngbàn 旧 ❶動補佐する.❷名助手.
【帮补】bāngbǔ 動(金銭面で)援助する.
【帮衬】bāngchèn 動方 ❶手伝う.手助けする.同帮助 zhù ❷"帮补 bāngbǔ"に同じ.
【帮厨】bāng//chú (料理人でない者が)調理場の手伝いをする.
【帮倒忙】bāng dàománg 句余計なおせっかいをする.¶你哪里是帮忙,简直是给我～/君、どこが手助けだ、ありがた迷惑もいいところだ.
【帮扶】bāngfú 動助ける.扶助する.
【帮工】❶bāng//gōng 動(雇われて農作業を)手伝う.¶他外出一去了/彼は出稼ぎに行った.❷bānggōng 名(～を)する人.
【帮会】bānghuì 名秘密結社. 参考 "青帮 qīngbāng","洪帮 hóngbāng","哥老会 gēlǎohuì"など.
【帮教】bāngjiào 動援助し教育する. 表現 特に非行少年に対する再教育を指すことが多い.
【帮困】bāngkùn 動(主に経済面で)生活困窮者を支援する.
*【帮忙】bāng//máng 動(～儿)助ける.手伝う.¶要我～吗？/お手伝いしましょうか.¶请你帮个忙/ちょっと手伝っていただけますか.¶请你帮帮他的忙吧/彼を手伝ってやってください.¶请大家帮帮忙,让开一条路/皆さん、すみませんが、ちょっと道をあけてください.
【帮派】bāngpài 名貶派閥.¶～思想/派閥的な考え.¶拉山头,搞～/セクトを作って活動する.
【帮腔】❶bāngqiāng 京劇などの芝居で、一人が舞台で歌い、おおぜいが舞台後方で唱和する.❷bāng//qiāng 貶調子をあわせる.¶有人～,他说得更来劲儿 jìnr了/助け船を得て、彼はますます話に勢いが出た.
【帮手】❶bāng//shǒu 動手助けする.¶对不起,一点儿也帮不上手/ごめんね、何の手助けにもならなくて.❷bāngshǒu 名手伝い.助手.¶找个～/助手を探す.
【帮同】bāngtóng 動他人に協力する.
【帮闲】bāng//xián 動(権力者や金持ちに)へつらう.太鼓持ちをする.¶～凑趣 còuqù/ごまをすって機嫌を取る.❷bāngxián 名ごますり.太鼓持ち.¶～文人/ごますり文士.
【帮凶】bāngxiōng ❶動悪事に手を貸す.❷名共犯者.同鹰犬 yīngquǎn,爪牙 zhǎoyá 反正凶 zhèngxiōng
**【帮助】bāngzhù 動助ける.援助する.¶互相に助け合う.¶～灾民 zāimín/被災者を援助する.
【帮子】bāngzi ❶白菜など野菜の外側にある、やや厚い葉の部分.❷靴の底以外の部分.靴の両側.❸量人などの団体を数えることば.¶一～年轻人/一群の青年たち.同帮④

梆 bāng
木部6 四 4792₇ 全10画 次常用

❶動木切れをたたく音.こんこん.どんどん.¶唱片～的一声立刻变得粉碎(レコードはパンと音をたてて粉々に割れた)/硬～～ yìngbāngbāng(表情や態度がかちかちに硬い).❷下記熟語を参照.
【梆笛】bāngdí 名(音楽・芸能)横笛の一種."梆子"②で使われる重要な伴奏楽器.⇒洞箫 dòngxiāo(図)
【梆子】bāngzi ❶(夜回り用の)拍子木.❷(芸能)拍子木でリズムをとりながら歌う、中国の伝統劇.また、その節まわし.❸(音楽・芸能)②で使う拍子木.太さの違う2本の硬い木で作る、伴奏用の楽器.❹(音楽)"南 nán 梆子"(長方形をした箱形の打楽器)のこと. 参考 ②は、"梆子腔 bāngziqiāng"とも言う.秦腔(陝西省地方劇)、山西梆子・河北梆子・山東梆子などがある.

浜 bāng
氵部7 四 3218₁ 全10画 通用

名 ❶方(条 tiáo)小川.❷(Bāng)姓.

绑(綁) bǎng
纟部6 四 2712₇ 全9画 常用

❶動(ひも・縄などで)しばる.くくる.¶～扎 bǎngzā/捆～ kǔnbāng(縄で人をしばる)/把两根棍子捆在一起(2本の棒を一緒にくくる).同捆绑 kǔnbāng ❷動拉致(を)する.人をさらう.¶～票 bǎngpiào. ❸動精神的にしばる.¶陪～ péibǎng(被疑者をおどして自白をせまる)/让大学考试给～住了(大学入試にしばられている).同绑 ❹松～(縄をゆるめる).
【绑匪】bǎngfěi 名誘拐犯.人さらい.
【绑架】bǎng//jià 動(人を)むりやり連れ去る.
【绑票】bǎngpiào ❶(～儿)人をさらって身代金を要求する.❷名人さらい.
【绑腿】bǎngtuǐ 名(副 fù,条 tiáo)ゲートル.¶打～/ゲートルを巻く.
【绑扎】bǎngzā 動しばる.巻きつける.¶把行李～结实 jiēshi 一点儿/荷物をもっとしっかりしばりなさい.

榜(異牓) bǎng
木部10 四 4092₇ 全14画 常用

名 ❶掲示された名前.名前の掲示.¶发～ fābǎng(合格者を発表する)/光荣～ guāngróngbǎng(表彰者の掲示)/互相标～(お互いにたたえあう).❷古代の告示文.¶～文 bǎngwén.
【榜首】bǎngshǒu 名掲示された名簿の最上位.主席.第一位. 表現 主にコンテストやスポーツの首位の人をいう.
【榜文】bǎngwén 名旧告示.布告.
【榜眼】bǎngyǎn 名古代中国の科挙の第二位の合格者. 参考 第一位は"状元 zhuàngyuán",第三位は"探花 tànhuā"と言った.
*【榜样】bǎngyàng 名(个 ge)模範.手本.¶做出个好～来/良い手本を示す.¶坏～/悪い手本.同典范 diǎnfàn,楷模 kǎimó,模范 mófàn

膀(異髈) bǎng
月部10 四 7022₇ 全14画 常用

素 ❶肩.¶肩～ jiānbǎng(肩)/阔 kuò 腰圆(肩幅が広くがっちりした体つき)/宽力大(がっちりした体つきで、力が強い).❷(～儿)上腕.¶运动员的两一真有劲儿 jìnr了/スポーツ選手の両腕は、なんとりっぱなことか.❸翅～ chìbǎng(羽.つばさ).同臂膀 bìbǎng
➡ 膀 bàng,pāng,páng
【膀臂】bǎngbì ❶腕と肩.❷片腕.頼りになる人.¶得力的～/有能な片腕.
【膀大腰圆】bǎng dà yāo yuán 成背が高くたくましいこと.

【膀爷】bǎngyé 名 方 上半身裸、または腕や肩をむき出しにしている男性.

【膀子】bǎngzi 名 上腕の肩に近い部分. また、腕全体. ¶光着～/腕を丸だしにする.

蚌(異 蜯) bàng
虫部4 四 5510₀ 全10画 次常用
名〔貝〕ドブガイ. カラスガイ. ¶～壳儿 bàngkér / ～珠 bàngzhū(真珠貝からとれる真珠) / 鹬 yù～相 xiāng争(成)漁夫の利.
☞ 蚌 bèng

【蚌壳儿】bàngkér 名 カラスガイの殻.

棒 bàng
木部8 四 4595₈ 全12画 常用
❶ 素 棒. ¶球～ qiúbàng(バット) / 指挥～ zhǐhuībàng(タクト) / 接力～ jiēlìbàng(リレーのバトン). ❷ 形 口 体力や能力が優れている. 素晴らしい. ¶画得真～(絵がすごくうまい) / 考得～!(試験はバッチリだ).

【棒棒糖】bàngbàngtáng 名 棒つきのキャンディー. ロリポップ.

【棒冰】bàngbīng 名 アイスキャンディー. 同 冰棍儿 gùnr

【棒槌】bàngchui 名〔量 根 gēn〕洗濯物をたたく木の棒.

【棒球】bàngqiú 名 ❶ 野球. ¶打～ / 野球をする. ❷〔量 个 ge〕野球のボール.

【棒子】bàngzi 名 ❶〔量 根 gēn〕太く短い棒. ❷ 方 トウモロコシ. ¶～须儿 xūr / とうもろこしのひげ. 同 玉米 yùmǐ ❸ 貧乏人.

【棒子面】bàngzimiàn 名 方 トウモロコシの粉.

傍 bàng
亻部10 四 2022₇ 全12画 常用
❶ 動 近づく. ¶依山～水(山を背に川に臨む、風光明媚なところ) / 小船～了岸(小舟が岸に着く). ❷ 動 方 付き添う. 沿う. ¶～着病人散步(病人に付き添って散歩する) / ～着公园向南走(公園に沿って南へ歩く). ❸ 動 (時間的に)近づく. やがて…になろうとする. ¶～吃午饭的时候(昼食を食べるころ) / ～晚 bàngwǎn. (Bàng)姓.

【傍大款】bàng dàkuǎn 句 金持ちに追従する. 金持ちに媚びる.

【傍黑儿】bànghēir 名 方 夕暮れ時. 日が暮れるころ. 同 傍晚 bàngwǎn

*【傍晚】bàngwǎn 名(～儿)夕方. たそがれ. 同 黄昏 huánghūn 反 凌晨 língchén

谤(謗) bàng
讠部10 四 3072₇ 全12画 次常用
動 文 (他人の過失を)言いたてる. そしる. 同 诽谤 fěibàng, 毁谤 huǐbàng

【谤书】bàngshū 名 文 ❶ 人をそしる手紙. ❷ 時勢を憤る書物.

【谤议】bàngyì 名 文 人をそしる議論.

蒡 bàng
艹部10 四 4422₇ 全13画 通用
→牛蒡 niúbàng

搒 bàng
扌部10 四 5002₇ 全13画 通用
動 文 櫓(ろ)をこぐ.
☞ 搒 péng

膀 bàng
月部10 四 7022₇ 全14画 常用

→吊膀子 diàobàngzi
☞ 膀 bǎng, pāng, páng

磅 bàng
石部10 四 1062₇ 全15画 次常用
❶ 量 重さの単位. ポンド. ♦pound ❷ 名〔台 tái〕台秤(はかり). ❸ 動 台秤で量る. ¶～体重 tǐzhòng(体重を量る). ❹ 名 活字の大きさの単位. ポイント. ♦point
☞ 磅 páng

【磅秤】bàngchèng 名〔台 tái〕台秤(はかり). ¶过～/台秤で量る.

镑(鎊) bàng
钅部10 四 8072₇ 全15画 通用
名 英国などの貨幣単位. ポンド. ♦pound

bao ㄅㄠ [pau]

包 bāo
勹部3 四 2771₂ 全5画 常用
❶ 動(紙・布などで)包む. くるむ. ¶把礼物～起来 / プレゼントを包む. ¶～饺子 / ギョウザを作る.
❷ 名(～儿)包み. ¶邮～ / 郵便小包. ¶红～ / ご祝儀、お年玉. ¶打～ / 包装する.
❸ 名 袋. バック. ¶书～ / 通学用かばん. ¶钱～ / さいふ.
❹ 名(肉や野菜などの具を詰めて蒸した)中華まんじゅう. ¶～子 bāozi. ¶肉～ / 肉まん.
❺ 名 こぶ. 腫れもの. ⇨疙瘩 gēda ¶头上起了个大～ / 頭におおきなこぶができた.
❻ 名(遊牧民のテント)パオ.
❼ 量 包みになったものを数えることば. ¶两～面粉 / 小麦粉2包み.
❽ 動 取り囲む. おおい隠す. ¶～围 bāowéi. ¶浓雾～住了山顶 / 濃霧が山頂をすっぽり覆い隠した.
❾ 動 含む. ¶～含 bāohán. ¶无所不～ / 成 すべて網羅している.
❿ 動 請け負う. 引き受ける. ¶承～ / 請け負う. ¶～销 bāoxiāo. ¶买累的事我～了 / キップを買うのは私が引き受けます. ¶这事儿～在我身上 / このことは私に任せなさい.
⓫ 動 請け合う. 保証する. ¶～管 bāoguǎn. ¶～你满意 / 満足していただけること請け合いです.
⓬ 動 貸し切りにする. チャーターする. ¶～车 bāochē. ¶～场 bāochǎng. ¶～机 bāojī.
⓭ (Bāo)姓.

【包办】bāobàn 動 ❶ 一手に引き受ける. 受け負う. ❷ 勝手に取り仕切る. ¶把持 bǎchí / 独断で行う. ¶我自己的婚事不用父母 / 自分の結婚は、親に任せきりにはしない.

【包办代替】bāobàn dàitì 句 独占して行う. ¶他的事让他自己做, 别别～ / 彼のことは彼にやらせなさい、君はかりやってはいけない.

【包办婚姻】bāobàn hūnyīn 名 親など周りのものが本人たちの同意なしに取り決めた婚姻.

【包庇】bāobì 動(悪人や悪事を)かばう. かくす. ¶李老师对待学生很公正, 从不～谁 / 李先生は学生には公平で、えこひいきしたことはない. ¶～贪污犯 tānwūfàn / 汚職犯をかばう.

【包不住】bāobuzhù 動 包みきれない．おさえられない．¶纸里～火 / 紙で火は包めない(悪事は必ず露見する).
【包藏】bāocáng 動 含む．隠し持つ．
【包藏祸心】bāo cáng huò xīn 成 よからぬ考えを抱く．
【包产】bāo//chǎn 動 (農村で)生産を請け負う．¶～指标 / 請負生産の指標．
【包产到户】bāochǎn dàohù 名 各農家が生産ノルマを請け負う制度．
【包场】bāo//chǎng 動 (映画館や劇場などを)貸し切りにする．¶～电影 / 貸し切り映画．
【包抄】bāochāo 動 敵の側面や背後に回りこんで攻撃する．¶～到敌人的背后,堵住其 qí 退路 / 敵の背後を突いて,その退路をふさぐ．
【包车】❶ bāo//chē 動 車を(運転手を含めて)借り切る．チャーターする．¶包一辆车 / 車を1台借り切る．❷ bāochē 名〔團 辆 liàng〕チャーター車．¶拉～ / チャーター車を運転する．
【包乘】bāochéng 動 ❶ (車や飛行機を)チャーターする．❷ 運輸会社やタクシー会社などが,営業のすべてに責任請負制をとる．
【包二奶】bāo èrnǎi 俗 妾(めかけ)を囲う．
【包饭】❶ bāo//fàn 動 月々一定の金額を払って,食事を用意してもらうよう取り決める．回 包伙 bāohuǒ＝bāofàn 名 贴(ᵗ̌ᵉᵢ)み．月々一定の金額を払って用意してもらう食事．¶吃～ / 賄い付きで暮らす．回 包伙 bāohuǒ
【包扶】bāofú 動 貧困地区をまとめて救済し,支援する．
【包袱】bāofu 名 ❶ ふろしき．¶打～ / ふろしきに包む．❷ 用～包上 / ふろしきに包み．❸ 精神的な圧力や負担．¶放下～ / 心の重荷をおろす．¶思想～很重 / 精神的負担が大きい．❹ (漫才などの)笑わせどころ．
【包干】bāogān 動 (～儿)一手に引き受ける．
【包干儿】bāogānr 動 (一定の範囲内の仕事を)責任を持って引き受ける．¶分段～ / 区分して受け持つ．
【包干制】bāogānzhì 名 革命の功労者に対する給与制度．革命戦争時と建国後しばらく,食事と若干の生活費が支給された．
【包工】❶ bāo//gōng 動 仕事を請け負う．¶～包产 / 責任請負生産．❷ bāogōng 名 請負仕事．請負業者．
【包工头】bāogōngtóu 名 手配師．親方．
【包公】Bāogōng (人名)包公．包括(ᵗ̌ᵉᵃ¹:999-1062)のこと．宋代の著名な役人．清廉潔白な人柄で知られ,そのエピソードが伝説化されて小説や戯曲の題材となった．
【包谷】bāogǔ 名 方 トウモロコシ．回 苞谷 bāogǔ,玉米 yùmǐ
【包管】bāoguǎn 動 保証する．請け合う．¶～退换 / 返品や交換を保証する．
【包裹】bāoguǒ ❶ 動 包む．巻く．しばる．¶用布把伤口～起来 / 傷口を布でしばる．❷ 名〔團 个 ge,件 jiàn〕(郵便の)小包．小荷物．¶去邮局寄～ / 郵便局に小包を出しにいく．
【包含】bāohán 動 含んでいる．¶这句话～好几层意思 / このことばにはいくつも意味が含まれている．回 包蕴 bāoyùn,蕴含 yùnhán
【包涵】bāohán 動 大目に見る．許す．¶让您久等了,请多～ / 長くお待たせしました,お許しください．
【包换】bāohuàn 動 品物の交換を保証する．¶本店所售 shòu 商品～包退 / 当店でお買い上げいただいた商品は,交換・返品を保証いたします．
【包伙】❶ bāo//huǒ 動 "包饭 bāofàn"①に同じ．❷ bāohuǒ 名 "包饭 bāofàn"②に同じ．
【包机】bāojī ❶ 動 飛行機をチャーターする．❷ 名 チャーター機．
【包间】bāojiān 名 (ホテルやレストランの)貸し切りの部屋．
【包金】bāojīn ❶ 動 (銀・銅などの装飾品に)金箔を張る．❷ 名 旧 劇団や俳優に払う報酬．回 包银 yín
【包举】bāojǔ 文 総括する．全てを占める．¶～无遗 yí / もれなく含んでいる．
*【包括】bāokuò 動 (…を)含む．¶这次的事故,～我在内大家都有责任 / 今回の事故は,私を含め全員に責任がある．
【包揽】bāolǎn 動 一手に引き受ける．独占する．¶把一切生意都～下来 / すべての商売を独り占めする．¶一个人～不了 liǎo 这么多事 / こんなに多くの事を一人では引き受けられない．
【包罗】bāoluó 動 包括する．網羅する．
【包罗万象】bāo luó wàn xiàng 成 すべてを網羅する．
【包米】bāomǐ 名 方 トウモロコシ．回 苞米 bāomǐ,玉米 yùmǐ
【包赔】bāopéi 動 弁償する．
【包皮】bāopí 名 ❶ 包装紙．カバー．袋．箱．❷《生理》(男性性器の)包皮．¶割～ / 包茎を治す．
【包票】bāopiào 名 保証書．¶打～ / 保証書を出す．回 保票 bǎopiào
【包容】bāoróng 動 ❶ 許す．大目に見る．❷ 含む．
【包身工】bāoshēngōng 名 旧 身売りの労務者．年季でしばられた奉公人．
【包头】bāotóu[-tou] 名 ❶ (主に少数民族の)ターバンのような衣装．❷ (～儿)布靴などの爪先に補強につけるゴムや革．
【包退】bāotuì 動 返品を保証する．¶你们说过～的,怎么现在不让退了呢? / 返品保証付きと言ったのに,どうして今になって退すに引き取らないのか?
【包围】bāowéi 動 ❶ ぐるりと取り囲む．❷ 包囲して攻撃する．¶把敌人～起来 / 敵を包囲攻撃せよ．反 解围 jiěwéi,突围 tūwéi
【包围圈】bāowéiquān 名《軍事》すでに形成されている包囲網と包囲された地域．
【包厢】bāoxiāng 名〔團 个 ge,间 jiān〕❶ (劇場の)ボックス席．特別席．❷ (列車の)コンパートメント．参考 ①は,二階正面にあるのがふつう．
【包销】bāoxiāo 動 ❶ (商人が品物を買い取って)販売を請け負う．❷ 総代理店をする．
【包心菜】bāoxīncài 名 方 キャベツ．回 卷心菜 juǎnxīncài
【包修】bāoxiū 動 責任を持って修理する．¶该商品无论何时坏了,本店都～ / この商品はいつ壊れても必ず修理いたします．
【包养】bāoyǎng 動 ❶ (国などが)生活物資や生活費用のすべてを負担する．❷ (主に女性の)愛人を囲う．
【包圆儿】bāoyuánr 動 口 ❶ (残りの商品を)すべて買い取る．❷ (残りの仕事を)すべて引き受ける．
【包月】bāo//yuè 動 月ぎめにする．¶吃～饭 / 月ぎめで食事をする．
【包蕴[孕]】bāoyùn 動 (考え・道理・感情などを)含む．
【包扎】bāozā 動 包む．巻く．しばる．梱包(ᶜᵒⁿ)する．¶～伤口 / 傷口をしばる．

【包治百病】bāozhì bǎibìng 匂 どんな病も引き受けて治す.
【包装】bāozhuāng ❶動 包装する. 詰める. ¶～设计／包装デザイン. ❷名 包装. ¶精美的～／きれいなパッケージ. ❸名 衣服. スタイル.
*【包子】bāozi 名〔量 个 ge〕(野菜・肉・小豆などで作った餡を中に入れて蒸した)まんじゅう. パオズ. ¶肉～／肉まんじゅう. ¶包～／まんじゅうを作る. ¶～有肉不在褶儿 zhěr 上／まんじゅうの中に肉があっても,表面のひだには現われない(内容は表面からはわからない).
【包租】bāozū 動 借りた家屋や田畑などを又貸しする. ❷(車や船などを)一定期間借り上げて使う.

苞 bāo
艹部5 全8画 四 4471₂ 次常用

❶名 つぼみ. ¶花～ huābāo (つぼみ)／含～待放 (つぼみが,いまにもほころびようとしている). ❷動文 茂る. ¶竹～松茂 mào (竹や松が生い茂る).

【苞谷】bāogǔ 名方 トウモロコシ. 同 包 bāo 谷
【苞米】bāomǐ 名方 トウモロコシ. 同 包米 bāomǐ, 玉米 yùmǐ, 包谷 bāogǔ

孢 bāo
子部5 全8画 四 1741₂ 通用

下記熟語を参照.

【孢子】bāozǐ 名〔植物〕胞子. ¶～植物／胞子植物. 同 胞子 bāozǐ

胞 bāo
月部5 全9画 四 7721₂ 常用

索 ❶胎児を包んでいる膜と胎盤. ¶～衣 bāoyī. ❷同じ父母から生まれた子供たち. ¶～兄 bāoxiōng (実の兄)／～妹 bāomèi (実の妹)／～弟 bāodì (実の弟)／～叔 bāoshū (父親の実の弟)／双～胎 shuāngbāotāi (双子)／同～ tóngbāo (父母を同じくする兄弟姉妹. 国や民族を同じにする人々).
【胞衣】bāoyī 名〔生理〕胎盤と胎膜. えな. 同 衣胞,胎 tāi 衣 参考 これを乾燥させたものを"紫河车"といい,漢方薬の材料とする.
【胞子】bāozǐ 名〔植物〕胞子. 同 孢 bāo 子 表現 今では,"孢子"と書くのがふつう.

炮 bāo
火部5 全9画 四 9781₂ 常用

動 ❶物を火の上にかざして乾かしたり,あぶったりする. ❷調理方法. 強火でさっと炒める.
☞ 炮 páo, pào

剥 bāo
刂部8 全10画 四 1290₀ 常用

動(皮や殻を)むく. はぐ. ¶～皮儿(皮をむく)／～花生(落花生の殻をむく).
☞ 剥 bō

【剥皮】bāo//pí 動 皮をむく.

鲍(鮑) bāo
齿部5 全13画 四 2771₂ 通用

下記熟語を参照.

【龅牙】bāoyá 名〔量 颗 kē〕出っ歯.

煲 bāo
火部9 全13画 四 2680₀ 通用

方 ❶名 底が深いなべ. 瓦～ wǎbāo (素焼きのなべ)／沙～ shābāo (土なべ). ❷動 ❶で煮炊きする. ¶～粥 zhōu (かゆを煮る)／～饭 (飯を炊く).
【煲电话粥】bāo diànhuàzhōu 俗 長電話をする. 由来 "煲"は方言で,"弱火で煮る"の意.

褒(異 襃) bāo
衤部13 全15画 四 0073₂ 次常用

❶素 ほめる. ¶～扬 bāoyáng／～奖 bāojiǎng. 同 夸奖 kuājiǎng,称扬 chēngyáng,表扬 biǎoyáng,赞扬 zànyáng. ❷形文 (服が)ゆったりした. ¶～衣博 bó 带 (ゆったりした服に幅広の腰帯). ❸(Bāo)姓.
【褒贬】bāobiǎn 動 善し悪しを論評する. ¶～人物／人物を批評する.
【褒贬】bāobian 動 欠点を指摘する. とがめる. ¶～别人,抬高自己／他人をけなし,自分をもち上げる.
【褒奖】bāojiǎng 動 表彰し奨励する. 反 贬责 biǎnzé
【褒扬】bāoyáng 動文 称賛する. 表彰する. 同 表扬 biǎoyáng 反 贬抑 biǎnyì
【褒义】bāoyì 名〔言語〕字句の中に,賛成あるいは称賛など肯定的な意味を含むこと. 反 贬义 biǎnyì
【褒义词】bāoyìcí 名〔言語〕プラスのニュアンスをもつ語. 褒义(ᴮᵃᵒʸì)語. 反 贬 biǎn 义词

雹 báo
雨部5 全13画 四 1071₂ 常用

❶名 (～子)雹(ʰʸᵒᵘ). ❷(Báo)姓.
【雹灾】báozāi 名 雹(ʰʸᵒᵘ)害.
【雹子】báozi 名〔量 场 cháng,颗 kē,粒 lì〕雹(ʰʸᵒᵘ). ¶下～／雹が降る. 同 冰雹 bīngbáo

薄 báo
艹部13 全16画 四 4414₂ 常用

形 ❶(厚さが)薄い. ¶～饼 báobǐng／～板 báobǎn. 反 厚 hòu ❷(利益や効果,中身が)少ない. ¶利润 lìrùn 很～(もうけが少ない). ❸(人情が)薄い. ¶我待他不～(彼に目をかけてやっている). 反 厚 hòu ❹味が薄い. 淡白だ. ¶酒味很～(酒にこくがない). 反 厚 hòu,浓 nóng ❺(土地が)やせている. ¶土地很～(土地がやせている). 反 肥 féi
☞ 薄 bó, bò

【薄板】báobǎn 名 薄い板. シートメタル. ¶不锈钢 bùxiùgāng～／ステンレスシート.
【薄饼】báobǐng 名〔料理〕〔量 张 zhāng〕小麦粉をお湯でこね,薄く伸ばした鉄板で焼いたもの. 肉や野菜を包んで食べる. 中国風クレープ.
【薄脆】báocuì 名〔料理〕小麦粉などを油で揚げた,薄くてさくさくした食品.
【薄纱】báoshā 名〔紡織〕シフォン. 絹モスリン.

饱(飽) bǎo
饣部5 全8画 四 2771₂ 常用

❶形 おなかいっぱいだ. ¶吃～了(おなかいっぱい食べた). 反 饿 è,饥 jī ❷形 物が十分だ. ¶暖衣～食(成)十分な衣食に恵まれ,何不自由のない生活をしている). ❸副 十分に…する. ¶～经风霜 fēngshuāng. ❹素 …し尽くす. ¶一～眼福(眼福にあずかる). ❺(Bǎo)姓.

筆順 ノ 乂 乄 饣 饣 饣 饱 饱

【饱餐】bǎocān 動 存分に食べる.
【饱尝】bǎocháng 動 ❶十分に味わう. ❷(苦しみなどを)なめ尽くす. ¶～艰苦／辛酸をなめ尽くす.
【饱嗝儿】bǎogér 名〔量 个 ge〕げっぷ. おくび. ¶打～／げっぷが出る.
【饱含】bǎohán 動 たっぷりと含む. 充満する.
【饱和】bǎohé 形 飽和状態だ.
【饱经沧桑】bǎo jīng cāng sāng 句 世の移り変わりを存分に経験する.

【饱经风霜】bǎo jīng fēng shuāng 成 多くの苦しみや困難を味わってきたこと.
【饱满】bǎomǎn 形 たっぷりつまっている. ¶颗粒 kēlì～/ぎっしりと実がつまっている. ¶精神～/元気が満ちている. 同 丰满 fēngmǎn 反 干瘪 gānbiě
【饱暖】[煖] bǎonuǎn 形 衣食が十分に足りている. 反 饥寒 jīhán
【饱食终日】bǎo shí zhōng rì 成 一日中何もしない. ¶～,无所用心/無為徒食の日々を送る. 由来 一日中らふく食べている、という意味から.
【饱学】bǎoxué 学問が広く深いこと. ¶～之士/博学の士.

宝(寶/異 寳) bǎo

宀部5 全8画 四 3010s 常用
❶ 名 貴重なもの. 宝. ¶～贝 bǎoguì/金银～贝(金銀财宝)/文房四～(筆・墨・紙・硯のこと). ❷ 素 大切な. だいじな. ¶～剑 bǎojiàn. ❸ 形 相手に対する尊称. ¶～座 bǎozuò/～店 bǎodiàn(貴店)/～眷 bǎojuàn(ご家族様). ❹ 名 昔の貨幣の名. ¶永乐 Yǒnglè 通～(永楽通宝). ❺(Bǎo)姓.
【宝宝】bǎobao[-bao] 名 小さな子供をかわいがって呼ぶことば. ¶乖 guāi～/おりこうさん. 同 宝贝 bǎobèi
【宝贝】bǎobèi ❶ 〔件 jiàn〕珍しくて貴重なもの. ¶宝物 bǎowù ❷(～儿)かわいい子供や恋人. 同 宝宝 bǎobao ❸ 無能な人や変な人を皮肉って呼ぶとば. 同 活宝 huóbǎo
【宝贝疙瘩】bǎobèi gēda 回 いとおしい子供や品物.
【宝刀】bǎodāo 名 名刀.
【宝刀不老】bǎo dāo bù lǎo 成 年をとっても腕前や技量に衰えのないこと.
【宝岛】bǎodǎo 名 美しく豊穣な島. 表现 台湾を指す.
【宝地】bǎodì ❶ 地形に恵まれ資源が豊富な土地. ❷ 他人の所在地に対する敬称.
*【宝贵】bǎoguì ❶ 形 得難い. ¶～的出土文物/貴重な出土品. ¶浪费您的～时间,真对不起/貴重なお時間をむだにして、本当に申し訳ありません. 同 珍贵 zhēnguì, 贵重 guìzhòng ❷ 動 価値あるものとして重視する.
【宝号】bǎohào 名 ❶ 他人の店に対する敬称. ❷ 他人の名前に対する敬称.
【宝剑】bǎojiàn 名〔把 bǎ、柄 bǐng、口 kǒu〕剑. 同 剑 jiàn 参考 もとは、特に貴重な剣を指したが、今では剣一般を指す.
【宝卷】bǎojuàn 名《文学》宝卷(ほうかん). 明・清時代にんだ講談風の"说唱文学"の一つ. 参考 仏教の故事を中心に、民間の物語なども説き及んだもので、唐代の変文や宋代のお経などから発展した.
【宝库】bǎokù 名〔座 zuò〕宝庫. ¶知识～/知识の宝庫.
【宝蓝】bǎolán 形 明るい青色の. サファイアブルーの. ¶～的天空/青く澄み切った空.
【宝石】bǎoshí 名〔块 kuài、粒 lì〕宝石.
【宝书】bǎoshū 名 貴重な書物. 参考 文化大革命中には、『毛沢東語録』を"红宝书"と呼んだ.
【宝塔】bǎotǎ 名〔座 zuò〕塔. パゴダ. 同 塔 tǎ
【宝物】bǎowù 名 宝物. 反 废物 fèiwù
【宝藏】bǎozàng 名 蓄えられた貴重な宝. ¶地下的～/地下に埋蔵された宝.

【宝重】bǎozhòng 動 大切に扱う. 重視する.
【宝座】bǎozuò 名 王座. 玉座. ¶登上冠军 guànjūn～/優勝して王座につく. ❷ 極めて高い地位. 由来 もと、王座や神仏の座を言った.

保 bǎo

亻部7 四 2629₄ 全9画 常用
❶ 素 (物や人を)守る. 保護する. ¶～家卫国(国家を防衛する)/～健 bǎojiàn/～明 míngzhé～身(成 明哲保身). ❷ 保护 bǎohù, 保卫 bǎowèi ❷ 動 ある状態を維持する. もとのままを保つ. ¶～留 bǎoliú/～鲜 bǎoxiān. ❸ 動 保証する. ¶～担 dānbǎo(請け合う)/难～ nánbǎo(請け合えない)/准～ zhǔnbǎo(まちがいなく請け合う)/～荐 bǎojiàn/朝 zhāo 不～夕 xī(朝に夕方のことは保証できない). ❹ 保证 bǎozhèng ❹ 動 保証人. ¶作～ zuòbǎo(保証人になる)/取～ qǔbǎo(保釈の時、保証人を立てる). ❺ 旧 警備や防衛のための隣組制度. ¶～甲 bǎojiǎ. ❺(Bǎo)姓.
【保安】bǎo'ān 動 ❶ 治安を保つ. ❷ 警備する. ¶～规程/警備規定.
【保安队】bǎo'āndui 名 旧 警察の性質をおびた地方の武装部隊.
【保安员】bǎo'ānyuán 名 警備員.
【保安族】Bǎo'ānzú 名《民族》ボウナン族. 甘粛(かんしゅく)省の少数民族.
【保本】bǎo//běn (～儿)元金や资本金を保証する.
【保膘】bǎobiāo 動 (～儿)家畜を太らせておく.
【保镖】bǎobiāo ❶ 名〔个 ge、名 míng〕用心棒. ガードマン. ❷ 動 旧 用心棒をつとめる. 参考 "镖"は槍の先に似た武器.
【保不定】bǎobudìng ❶ 副 …かもしれない. ¶～会受凉 shòuliáng, 多穿些衣服/風邪をひくかもしれないから、もっと着込みなさい. ❷ 動 保証できない. 同 保不住 zhù
【保不齐】bǎobuqí 動 "保不住 bǎobuzhù"①に同じ.
【保不住】bǎobuzhù ❶ 副 避けがたい. …するかもしれない. ¶这个天儿很难说,～会下雨/この空模様は危ないよ、雨になるかも. ❷ 動 請け合えない. 保証できない. ¶如果不努力的话,他现在的地位就～了/もっと努力しないと、彼はチャンピオンの座を守れないだろう.
【保藏】bǎocáng 動 大切に保存する. ¶这是祖传 zǔchuán 的宝贝,代代～着/これは先祖伝来の宝物で、代々大切に保存されてきた.
*【保持】bǎochí 動 現状を維持する. 保持する. ¶水土～/水分と土壌を保全する. ¶～平衡 pínghéng/バランスを保つ. ¶和他～一定的距离/彼との間に一定の距離を保つ. 同 维持 wéichí 反 流失 liúshī, 丧失 sàngshī ⇒维持 wéichí
*【保存】bǎocún 動 たくわえておく. 保存する. 同 保留 bǎoliú 反 销毁 xiāohuǐ
【保单】bǎodān 名 ❶ 〔张 zhāng〕保証書. ¶修理钟表 zhōngbiǎo 的～/時計修理の保証書. ❷ 〔份 fèn〕保険証券. 同 保险单 bǎoxiǎndān
【保底】bǎo//dǐ 動 ❶ 元金を保証する. ❷ 最低限度額を保証する.
【保丁】bǎodīng 名 旧 保甲制度における成年男子. ⇒保甲 bǎojiǎ
【保管】bǎoguǎn ❶ 動 保管する. ¶图书～工作/図書の保管業務. ❷ 動 自信を持って保証する. ¶你能～不出问题吗？/トラブルを起こさないと請け合えるかい. ❸

名倉庫の保管員. ¶老~ / ベテラン保管員.

*【保护】bǎohù 動 保護する. 守る. ¶~生态 shēngtài 环境 / 生物環境を保護する. ¶消费者 xiāofèizhě 的利益应该受到~ / 消費者の利益は保護されるべきである. 同维护 wéihù 反 破坏 pòhuài, 损害 sǔnhài, 损坏 sǔnhuài.

【保护国】bǎohùguó 名 保護国.
【保护价】bǎohùjià 名《経済》保護価格.
【保护鸟】bǎohùniǎo 名 保護鳥.
【保护人】bǎohùrén 名《法律》監護者.
【保护伞】bǎohùsǎn 名 権力や脅しで保護し, かくまう働きをする人や組織・国家.
【保护色】bǎohùsè 名 保護色.
【保皇派】bǎohuángpài 名 皇帝や帝政を擁護する党や人. 表現 権力者に忠誠を尽くす組織や個人の喩え.
【保加利亚】Bǎojiālìyà《国名》ブルガリア.
【保甲】bǎojiǎ 名 旧 保甲制度. 参考 戸籍を編成して民衆を統治するための制度. 何軒かの家をまとめて"一甲"とし, いくつかの"甲"をまとめて"一保"とし, 互いに監視させ, 連帯責任を負わせた. "甲"には"甲长 jiǎzhǎng", "保"には"保长 bǎozhǎng"をおいて監督した.
【保驾】bǎo//jià 動 ボディーガードをする. 用心棒を務める. ¶有我给你~, 别怕! / 僕が君を守ってあげるから心配しないで. 表現 もと皇帝の護衛を言ったが, 現在ではふざけて使われることが多い.
【保荐】bǎojiàn 動 責任をもって推挙する. ¶~贤能 xiánnéng / すぐれた人材を推挙する.
【保健】bǎojiàn 動 健康を維持増進させる. ¶~室 / 保健室. ¶~站 / 地区や職場の保健衛生センター.
【保健操】bǎojiàncāo 名《スポーツ》保健体操. 参考 中国伝統医学である推拿(tuīná)や按摩等を用いて作られた健康体操. 眼のマッサージ体操などが知られる.
【保健食品】bǎojiàn shípǐn 名 保健機能食品.
【保洁】bǎojié 動 清潔を保つ. ¶~箱 / ゴミ箱.
【保结】bǎojié 名 官庁に提出する, 人物の身元や行為を保証する文書.
【保举】bǎojǔ 動 才能や功績のある人材を(上級機関に)推薦する.
【保龄球】bǎolíngqiú 名《スポーツ》ボーリング. ¶打~ / ボーリングをする.

*【保留】bǎoliú 動 ❶ 原形を保つ. 留める. ¶还~着它当年 dāngnián 的面貌 / いまだ当時の面影を留める. 同 保存 bǎocún ❷ 棚上げしておく. ペンディングする. ¶~态度 / 態度を保留する. 反 放弃 fàngqì ❸ 残す. とっておく.

【保留剧目】bǎoliú jùmù 名 (劇団や俳優の)レパートリー. お家芸.
【保媒】bǎo//méi 動 仲人をする.
【保密】bǎomì 動 秘密を守って漏らさない. ¶~文件 / 秘密文書. ¶~工作 / 秘密工作をやり遂げる. ¶这件事要~, 对谁也不能说 / これは秘密だから, 誰にも話してはいけない. 反 窃密 qièmì, 失密 shīmì, 泄密 xièmì.
【保苗】bǎomiáo 動《農業》田畑に一定の苗を確保し, 成長を促す.
【保姆[母]】bǎomǔ ❶〔量 个 ge, 名 míng, 位 wèi〕子守や家事労働のために雇われた女の人. ❷ 幼稚園や託児所の"保育员 bǎoyùyuán"の旧称.
【保暖】bǎonuǎn 動 保温する. ¶防寒 fánghán~工作 / 防寒・保温対策.
【保票】bǎopiào 名 "包票 bāopiào"に同じ.

【保全】bǎoquán 動 ❶ 損失を受けないよう守る. ¶~名誉 míngyù / 名誉を守る. ¶多亏 duōkuī 了你, 才~了性命 / あなたのおかげで, 命が助かりました. ❷ (機械や設備の)点検修理をきちんとする. 正常に動かす. 保全する. ¶~工 / 保全作業をする人.
【保人】bǎoren 名〔個 个 ge, 位 wèi〕保証人. ¶当~ / 保証人になる. ¶找个~ / 保証人を探す.
【保山】bǎoshan 名 仲人.
【保墒】bǎoshāng 動《農業》土壌に一定の水分を保たせ, 作物の成長をうながす.
【保释】bǎoshì 動《法律》保釈する.
【保守】bǎoshǒu ❶ 動 失わないように大事に守る. ¶~秘密 / 秘密を守る. 反 泄露 xièlòu ❷ 形 (思想ややりかたが)守旧的だ. ¶你的想法太~了 / あなたの考え方は守旧的だ. 反 革新 géxīn, 激进 jījìn, 进步 jìnbù.
【保守疗法】bǎoshǒu liáofǎ 名《医学》保守療法. 参考 外科において手術しない療法.
【保守派】bǎoshǒupài 名 保守派.
【保税区】bǎoshuìqū 名 保税地域.
【保送】bǎosòng 動 国家・機関・学校・団体などが推薦して上の学校や外国で勉強させる. ¶~留学生 / 留学生を派遣する. 参考 試験免除の推薦とすることが多い.

*【保卫】bǎowèi 動 防衛する. ¶~世界和平 / 世界の平和を守る. ¶锻炼身体, ~祖国 / 体を鍛えて, 祖国を守る. 同 捍卫 hànwèi.

【保温】bǎowēn 動 保温する.
【保温杯】bǎowēnbēi 名 保温湯飲み. 参考 魔法瓶式で, ふたがきっちりと締まるものをいう.
【保温瓶】bǎowēnpíng 名 魔法瓶.

保温瓶

【保鲜】bǎoxiān 動 鮮度を保つ. ¶~膜 / ラップ.
【保鲜剂】bǎoxiānjì 名 鮮度保持剤.
【保险】bǎoxiǎn ❶ 名〔量 类 lèi, 项 xiàng, 种 zhǒng〕保険. ¶人寿 rénshòu~ / 生命保険. ¶火灾 huǒzāi~ / 火災保険. ❷ 形 安全確実で頼りになる. ¶这样做可不~ / このようなやり方はとても当てにならない. ¶~箱 / 小型の金庫. ❸ 副 きっと…だ. ¶他~会来, 我们再等一会儿吧 / 彼はきっと来るから, もう少し待とうよ.
【保险法】bǎoxiǎnfǎ 名《法律》保険法.
【保险费】bǎoxiǎnfèi 名 保険料.
【保险公司】bǎoxiǎn gōngsī 名 保険会社.
【保险柜】bǎoxiǎnguì 名〔量 个 ge, 只 zhī〕(大型の)金庫.
【保险丝】bǎoxiǎnsī 名〔量 根 gēn〕ヒューズ.
【保险箱】bǎoxiǎnxiāng 名 小型金庫.
【保修】bǎoxiū 動 (製品の)修理を保証する. ¶~一年 / 一年間の修理を保証する.

【保养】bǎoyǎng 动 ❶ 養生する．¶～身体／養生に努める．¶她的皮肤～得很好／彼女の肌は，とても手入れがいい．(同)颐养 yíyǎng ❷ 点検修理して正常な状態を保つ．¶～车辆／車のメンテナンスをする．
【保有】bǎoyǒu 动 保有している．¶～土地／土地を所有している．
【保佑】bǎoyòu 神仏が保護する．¶求上天～／天の加護を祈る．
【保育】bǎoyù 动 保育する．¶～费／保育料．
【保育员】bǎoyùyuán 名 幼稚園や保育園の保育士．
【保育院】bǎoyùyuàn 名 保育学校．(参考) 孤児や両親の世話を受けられない児童の保護や教育のための施設．施設内には託児所・幼稚園・小学校がある．
【保障】bǎozhàng ❶ 动 (生命・自由・財産・権利などを)保障する．❷ 名〔种 zhǒng〕保障．保証．¶科学种田 zhòngtián 是丰收的～／科学的な農耕は豊作を約束する．
【保真度】bǎozhēndù《通信》(音声や画像再生の)忠実度．¶高～／ハイファイ．(同)逼 bī 真度
*【保证】bǎozhèng ❶ 动 保証する．請け合う．¶你ं向我～不出问题吗？／君は私に対して，トラブルは起こさないと言ってあげられる．❷ 名 保証．¶提供可靠的～／しっかりした保証を与える．
【保证金】bǎozhèngjīn 名《法律》❶ 保証金．❷(旧) 被告人が尋問から逃れないよう，裁判所や警察に納めさせた一定の保証金．❸ 名 保釈金．
【保证人】bǎozhèngrén 名《法律》❶ 他人の行動に責任を負う保証人．❷ 被告人に対し責任を負う保釈保証人．❸ 債務者に代わり，債務を償還することのできる人物や法人・団体．
【保证书】bǎozhèngshū 名 保証書．
【保值】bǎozhí 动 貨幣や財産の価値を維持する．(物価スライド制で)インフレから守る．
【保质期】bǎozhìqī 名 品質保持期限．
【保重】bǎozhòng 动 健康に気をつける．¶旅途中您要多～／道中，ご体を大切に．(同)珍重 zhēnzhòng (表現) 他人の健康を気遣うときに用いることば．
【保准】bǎozhǔn (口) ❶ 形 信頼できる．¶～的消息／信頼できる情報．❷ 副 きっと…できる．(同) 必定 bìdìng

鸨(鴇) bǎo
鸟部9 四 2742₇
全9画 通用
❶ 名《鳥》ノガン．❷ 大鸨 dàbǎo ❸ 下記熟語を参照．
【鸨母】bǎomǔ 妓楼(ろう)のおかみ．やり手ばば．(同) 鸨儿 bǎo'ér，老鸨 lǎobǎo

葆 bǎo
艹部9 四 4429₄
全12画
❶ 素 保つ．¶永～青春活力(永遠に青春の力を持ち続ける)／～真 bǎozhēn (純粋さを保つ)．❷ 素 ⃝ 草木が生い茂る．¶头如蓬～ péngbǎo (髪がぼさぼさだ)．❸ (Bǎo)姓．

堡 bǎo
土部9 四 2610₄
全12画 常用
❶ 素 砦．要塞．¶城～ chéngbǎo (城砦(さい))／碉～ diāobǎo (トーチカ)／地～ dìbǎo (地下要塞)／桥头～ qiáotóubǎo (橋頭堡(きょうとうほ))．❷ (Bǎo)姓．
⇒ 堡 bǔ,pù
【堡垒】bǎolěi 名 ❶《軍事》〔个 ge,座 zuò〕砦(とりで)．トーチカ．❷ 坚不可摧 cuī 的～／難攻不落の砦．¶攻克 gōngkè～／砦を攻め落とす．❷ 容易に攻め落とせないもの．¶科学～／科学の高い壁．❸ 進歩的な思想を受けつけない人．¶顽固 wángù～／頑固者．

褓(襁) bǎo
衤部9 四 3629₄
全14画 通用
→襁褓 qiǎngbǎo

报(報) bào
扌部4 四 5704₇
全7画 常用
❶ 动 知らせる．告げる．届け出る．¶～告 bàogào／汇～ huìbào (上司に報告する)／一道 bàodào．❷ 动 申し込む．応募する．¶～考 bàokǎo／～名 bàomíng．❸ 动 応(こた)える．報いる．¶～酬 chóubào (お礼をする)／～答 bàodá／～仇 bàochóu／投桃 táo～李 lǐ (成) お互いに贈答しあう．❹ 名〔份 fèn,张 zhāng,种 zhǒng〕新聞．刊行物．❺ 日～ rìbào (日刊新聞)／画～ huàbào (画報)／～刊 bàokān／登在～上(新聞に載る)．❺ 名 (文書や信号による)知らせ．¶情～ qíngbào (情報)／喜～ xǐbào (吉報を書いた紙)．❻ (Bào)姓．
【报案】bào//àn 动 (警察・司法機関に)事件を届け出る．¶发现犯罪 fànzuì 行为 xíngwéi 要及时～／犯罪行為を発見したら，ただちに届け出なければならない．
【报表】bàobiǎo 名〔份 fèn,张 zhāng〕表やグラフにまとめた報告書．¶生产进度月～／生産진捗月間報告表．¶年～／年次報告表．
【报偿】bàocháng 动 (恩や愛情に)応(こた)える．金品などで礼を返す．¶我自愿帮他,并不希望他～／私は彼を助けたいが，礼は望まない．❷ 名 報償．¶索取～／報償を求める．
【报仇】bào//chóu 动 復讐(ふく)する．仇(あだ)を討つ．¶报私仇／私怨(えん)を晴らす．
【报仇雪恨】bào chóu xuě hèn (成) あだを討ち，恨みを晴らす．
【报酬】bàochóu[-chou] 名 ❶ 報酬．謝礼．¶领取～／報酬を受け取る．❷ 給与．¶付给～／給与を与える．
【报答】bàodá 动 (行動によって)感謝の意をあらわす．¶我愿意帮助你,并不需要～／私は君の手助けがしたいのだ，見返りは必要ない．¶我一定要～你的恩德／私はぜひともあなたに恩返しがしたい．
【报单】bàodān 名 ❶ 税関申告書．(同) 报关单 bàoguāndān．❷(旧) (採用・昇進・試験の)合格の知らせ．(同) 报条 bàotiáo
【报导】bàodǎo 名 "报道 bàodào"に同じ．
*【报到】bào//dào 动 到着や着任を届け出る．¶～手续／到着手続きをする．¶新生今天开始～／新入生は今日から入学手続きを始める．
*【报道】bàodào ❶ 动 報道する．¶～新闻／ニュースを報道する．(同) 报导 bàodǎo ❷ 名〔段 duàn,篇 piān〕報道．ニュース記事．(同) 报导 bàodǎo
【报德】bào//dé 受けた恩に報いる．
【报端】bàoduān 名 新聞紙上．
【报恩】bào//ēn 动 恩返しをする．¶将来我一定要报你的恩／将来，かならず恩返しをする．
【报废】bào//fèi 动 廃棄処分にする．
【报复】bàofù[-fu] ❶ 动 報復する．仕返しする．¶不能对提意见的人进行～／自分に文句を言った人に仕返しをしてはならない．❷ 名 報復．仕返し．¶他做尽 jìn 了坏事,终于受到了～／彼は悪事の限りを尽くし，ついにその報いを受けた．

【报告】bàogào ❶〔上司やおおぜいの前で〕正式に情況や意見を述べる. ❷[名]〔(目) 份 fèn, 篇 piān〕報告. ¶最后做总结～/最後に総括報告を行う. 表现 学校の職員室や指導者の執務室に入る時, "报告!"と大きな声であいさつをして, 許可を得ることが多い.
【报告文学】bàogào wénxué [名] 報告文学. ルポルタージュ文学. 参考 実話のレポートを基礎に, 文学的な創作性をおびたもの.
【报关】bào//guān [動](輸出入品の)通関手続きをする. 通関申告をする.
【报馆】bàoguǎn [名][旧]〔(目) 家 jiā〕新聞社. (同)报社 bàoshè
【报国】bào//guó [動] 国から受けた恩恵に報いる. ¶以身～/国のために身をささげる.
【报户口】bào hùkǒu [句] 出生や転入の届けを出す. (反)销 xiāo 户口
【报话】bàohuà 《通信》❶[動] 無線で通話する. ❷[名] 無線で伝達された話.
【报话机】bàohuàjī [名]《軍事》〔部 bù, 台 tái〕携帯電話機. トランシーバー.
【报价】《経済》❶ bàojià [名] 付け値. 見積り価格. ❷ bào//jià [動] 値を示す.
【报捷】bào//jié [動] 勝利や成功を知らせる. ¶考取大学的～电话/大学合格を知らせる電話.
【报界】bàojiè [名] 報道機関. マスコミ.
【报警】bào//jǐng [動](警察に)通報する. 警報を出す.
【报刊】bàokān [名] 新聞・定期刊行物. ¶～杂志/新聞・雑誌の総称.
【报考】bào//kǎo [動] 受験の申し込みをする. ¶～大学/大学に願書を出す.
*【报名】bào//míng [動] 参加を申し込む. 応募する. 名のりをあげる. ¶～参加比赛/試合の参加を申し込む. ¶"谁～?""我来!"/「応募する者はいないか」「僕が応募する」
【报幕】bào//mù [動](プログラムや出演者などを)アナウンスする.
【报幕员】bàomùyuán [名] プログラム内容をアナウンスする者. 司会者.
【报批】bàopī [動] 上部に報告して許可を得る.
【报聘】bàopìn [動] 本国政府を代表し, 友好国を答礼訪問する.
【报请】bàoqǐng [動] 報告書を出して指示を仰ぐ. ¶～领导批准/役員に報告し, 許可を求める.
【报人】bàorén [名][旧] ジャーナリストの別称.
【报丧】bào//sāng [動] 死亡通知を出す.
【报社】bàoshè [名]〔(目) 家 jiā〕新聞社.
【报失】bàoshī [動] 遺失届けを出す. ¶你快去派出所那里～啊/早く交番へ行って遺失物届けを出しなさい.
【报时】bào//shí [動] 時刻を知らせる.
【报数】bào//shù [動] 数を報告する. (点呼のため)番号をかける. ¶～器/計数器.
【报税】bào//shuì [動] 税金を申告する. ¶～单/関税申告書.
【报摊】bàotān [名](～儿) 新聞を売る露店.
【报亭】bàotíng [名] ブックスタンド. 新聞・雑誌・地図などを売る.
【报童】bàotóng [名][旧] 街頭で新聞を売る子供.
【报头】bàotóu [名] 新聞の題字欄. 第一面の新聞名や号数などを記した部分.
【报务】bàowù [名] 電報業務.

【报务员】bàowùyuán [名] オペレーター. 交換手.
【报喜】bào//xǐ 吉報を知らせる. ¶～不报忧 yōu/良いことだけ報告し, 悪いことは伏せておく.
【报销】bàoxiāo [動] ❶(立て替え分を)精算する. ¶车费可以凭 píng 车票～/車代は切符の半券と引き替えに精算できる. ❷(不用品を)帳簿から抹消する. 廃棄処分にする. ❸(人や物を)始末する. 片づける. 表现 ❸は, ふざけた言いかた.
【报晓】bàoxiǎo [動] 夜明けを知らせる. ¶雄鸡～/おんどりが時を告げる. ¶～的钟声/夜明けの鐘の音.
【报效】bàoxiào [動] 恩に報いるために力を尽くす. ¶～祖国/祖国のために励む.
【报信】bào//xìn [動] ニュースや消息を知らせる. ¶通风 tōngfēng～/情報を敵方に漏らす. ¶是谁给你报的信?/誰が君に知らせたの.
【报修】bàoxiū [動](設備などを)関係方面に連絡し修理させる.
【报业】bàoyè [名] 新聞事業.
【报应】bàoyìng[-ying] [名](悪行の)報い. ¶作恶 zuò'è 多端, 必遭 zāo～/悪行が重なれば, 必ず報いがある. 由来 仏教用語. もとは善行の報いも指した.
【报怨】bàoyuàn [動] 恨みを晴らす.
【报章】bàozhāng [名] 新聞(の総称). (同)报纸 zhǐ①
【报账[帐]】bào//zhàng [動] 会計報告をする. 決算報告をする.
*【报纸】bàozhǐ [名] ❶〔份 fèn, 张 zhāng, 种 zhǒng〕新聞. (同)报 bào ❷ 新聞に用いる紙. (同)白报纸 báibàozhǐ, 新闻纸 xīnwénzhǐ

刨 (異 鉋、鏒) bào 刂部5 四 2270₀ 全7画 次常用

❶[累] かんな. ¶～刃子 bàorènzi (かんなの刃)/～花 bàohuā/推 tuī～子(かんなをかける). ❷[動] かんなで削る. ¶～去一层(かんなで一皮削る).
☞ 刨 páo
【刨冰】bàobīng〔杯 bēi〕かき氷.
【刨床】bàochuáng [名] ❶(機械)〔台 tái〕平削盤(ひらけずりばん). ❷ かんな台.
【刨刀】bàodāo [名] ❶ 平削盤の刃. バイト. ❷ かんなの刃. (同)刨铁 bàotiě, 刨刃儿 bàorènr
【刨工】bàogōng [名] 平削盤(ひらけずりばん)を使う作業. またはその作業をする職工.
【刨花】bàohuā [名] かんなくず.
【刨花板】bàohuābǎn [名]《建築》プラスター・ボード.
【刨子】bàozi [名]〔(目) 把 bǎ, 个 ge〕かんな.

抱 (異 菢⑥) bào 扌部5 四 5701₂ 全8画 常用

❶[動] 抱く. 抱える. ¶～拥～ yōngbào (抱き合う)/～着孩子(子供を抱いている)/山环水～(山と川に抱かれる). ❷ 子や孫が初めてできる. もらい子をする. ¶他～孙子 sūnzi 了(彼に孫ができた)/这小孩儿不是自己生的, 是～来的(この子は実の子ではなく, もらい子だ)/～养 bàoyǎng. ❸[動] 一つにまとまる. ¶～成一团(一丸となる)/～团 bàotuán(団結する). ❹[動](考えや意見を)抱く. ¶～不平 bàobùpíng/～恨 bàohèn. (同)怀抱 huáibào ❺[量] 一抱えの物を数えることば. ¶一大～书(一抱えの書物). ❻ 親鳥が卵をかえす. ¶～窝 bàowō. ❼(Bào)姓.
【抱抱团】bàobàotuán フリーハグズ. 見知らぬ人と抱擁をして気持ちを分かち合う, フリーハグ活動を展開するグループ. ♦free hugs

【抱病】bào//bìng 動 病気になる. ¶～工作／病身で仕事をする. ¶～在床／病で床に伏す.
【抱不平】bào bùpíng 他 (他人への不公平な扱いに)強く憤慨する. ¶打～／義憤を感じる.
【抱残守缺】bào cán shǒu quē 保守的で,新しい事物を受け入れようとしない. ¶年轻人不该～,而应该敢说敢干 gàn／若者は古いことにとらわれず,思い切って発言・行動すべきだ.
【抱粗腿】bào cūtuǐ 慣 金持ちや権勢ある人に取り入る. ¶专给有权势 quánshì 之人～／権力者にばかり取り入る. 同 抱大腿 dàtuǐ
【抱佛脚】bào fó jiǎo 苦い時の神頼み. ¶平时不烧香,急来～／ふだんは何の準備もしないで,いざというときに慌てふためく.
【抱负】bàofù 大きな志や理想. ¶有～／高い理想を持つ. ¶～远大／志が高い.
【抱鼓石】bàogǔshí 名 四合院(ごうん)など中国の伝統的建築物にある,正門の柱を支える土台の部分に,彫刻を施した飾りの部分の石.
【抱憾】bàohàn 動 遺憾に思う. ¶～终身／一生後悔する.
【抱恨】bàohèn 恨みに思う. ¶～终天／一生恨む. 成
【抱愧】bàokuì 動 恥ずかしく思う.
*【抱歉】bàoqiàn 動 申し訳なく思う. ¶叫你久等了,很～／長いことお待たせしてすみません.
【抱屈】bàoqū 動 (不当な仕打ちを受けて)屈辱を感じる. ¶～而哭／くやし泣きをする. 同 抱委屈 bào wěiqu
【抱拳】bào//quán あいさつのしかた. 片手でこぶしを握り,もう一方の手をそのこぶしにかぶせ,胸の前で合わせる.
【抱厦】bàoshà 名 建築 中国古代建築に見られる,母屋の前のあたり廊下、もしくは母屋の後ろの小さな部屋.
【抱头鼠窜】bào tóu shǔ cuàn 頭をかかえ,慌てて逃げ回る. ¶突然的爆竹 bàozhú 声响 shēngxiǎng 把孩子们吓得个个～／突然の爆竹の音に,子供たちはてんでに頭をかかえ,慌てふためいて逃げまわった.
【抱头痛哭】bào tóu tòng kū 抱き合って大声で泣く.
【抱委屈】bào wěiqu "抱屈 bàoqū"に同じ.
【抱窝】bào//wō 動 (親鳥が)卵を抱く. 巣につく. ¶母鸡～／めんどりが巣につく.
【抱薪救火】bào xīn jiù huǒ 成 誤った方法で災いを除こうとして,かえって災いを拡大させる. 由来 たきぎを抱えて火を消しに行く,という意から.
【抱养】bàoyǎng 動 もらい子を育てる. ¶他们无儿无女,～了一个孩子／彼らは子供がなかったので養子をもらった.
【抱腰】bào//yāo 動 方 他人の後ろ盾となる.
【抱怨】bàoyuàn[-yuan] 動 不平を言う. 恨みごとを言う. 同 埋怨 mányuàn

趵 bào
足部3 四 6712₀ 全10画 通用
動 跳ねる. 跳ぶ. ¶～突(豆が跳び出る)／～突泉 Bàotūquán (山東省済南市にある泉の名).

豹 bào
豸部3 四 2722₂ 全10画 次常用

名 ❶(～子)動物〔量 头 tóu,只 zhī〕ヒョウ. ¶~猫 bàomāo／海～ hǎibào (アザラシ)／～皮大衣 (ヒョウ皮のコート)／～死留皮,人死留名(ヒョウは死して皮を留め,人は死して名を残す). ❷(Bào)姓.
【豹猫】bàomāo 名 動物 ヤマネコ. 同 山猫 shānmāo
【豹子】bàozi 名 動物〔量 头 tóu,只 zhī〕ヒョウ.

鲍(鮑) bào
鱼部5 四 2711₂ 全13画 通用
❶下記熟語を参照. ❷(Bào)姓.
【鲍鱼】bàoyú 名 ❶貝 アワビ. 同 鳆鱼 fùyú ❷文 塩漬けにした魚の干物.

暴 bào
日部11 四 6090₉ 全15画 常用

❶ 突然で激しい. 激しい. ¶～风雨 bàofēngyǔ／~发户 bàofāhù／~怒 bànù／脾气～(怒りっぽい性格). ❷ 形 凶悪だ. 残酷だ. ¶～徒 bàotú／～政 bàozhèng. 同 残 cán 素 残忍. 壊す. ¶自~自弃 qì 成 やけくそになる. ❹ 動 隠れていたものをあらわにする. ¶~露 bàolù／~起青筋 qīngjīn (青筋を立てる). ❺(Bào)姓.
☞ 暴 pù
【暴病】bàobìng 名 急な重病. ¶他得 dé 了～了／彼は急病にかかった. ¶~而亡／急病で死亡する.
【暴跌】bàodiē 動 (物価などが)急に落ちる. ¶股市 gǔshì～／株式相場が暴落する. 反 暴涨 bàozhǎng
【暴动】bàodòng 名 暴動. 反乱. ¶发生～／暴動が起きる. ¶农民～／農民蜂起.
【暴发】bàofā 動 ❶(不当な手段で)急に財産や高い地位を得る. 成り上がる. ¶一夜之间～成了大富翁 dàfùwēng／一夜のうちに大富豪になる. ❷ 突然発生する. ¶山洪 shānhóng～／山津波が突然発生する.
【暴发户】bàofāhù 貶 (~儿)成り金. また,その家.
【暴风】bàofēng 名〔場 cháng〕暴風.
【暴风雪】bàofēngxuě 名〔場 cháng〕暴風雪. ブリザード. 表現 政治上の大波乱を言うこともある.
【暴风雨】bàofēngyǔ 名〔場 cháng,陣 zhèn〕暴風雨. あらし.
【暴风骤雨】bào fēng zhòu yǔ 成 突然の激しい風と雨. 用法 大衆運動の激しさを比喩することが多い.
【暴富】bàofù 動 急に大金持ちになる. にわか成金.
【暴光】bào/guāng ❶"曝光 bàoguāng"に同じ.
【暴洪】bàohóng 名 大洪水.
【暴虎冯河】bào hǔ píng hé 成 無鉄砲で命知らずなこと. 由来 素手で虎に向かい,徒歩で河を渡る,という意から. 注意 "冯"は"féng"は発音しない.
【暴君】bàojūn 名〔量 个 ge〕暴君.
【暴冷门】bào lěngmén → 爆 bào 冷门
【暴力】bàolì 名 暴力.
【暴利】bàolì 名 暴利. 法外な利益. ¶牟取 móuqǔ～／暴利をむさぼる.
【暴戾】bàolì 形文 凶暴だ. 残忍だ.
【暴戾恣睢】bào lì zì suī 成 横暴残虐だ.
【暴烈】bàoliè 形 (性格が)荒々しい. 凶暴だ. ¶性情～／性格が荒々しい. ¶~的行动／凶暴なふるまい. 反 温和 wēnhé
【暴露】bàolù 動 暴露する. 明るみにでる. ¶矛盾～出来了／矛盾が表面化した. ¶他的举动～出了他的真面目／彼の行動で彼の正体が明らかになった. 同 显露 xiǎn-

lù ㊌ 掩 盖 yǎngài, 隐 藏 yǐncáng, 隐 瞒 yǐnmán. 参考 もと"pùlù"と発音した.
【暴露无遗】bào lù wú yí 成 すべて明らかになる.
【暴乱】bàoluàn 名 動〔场 cháng, 起 qǐ〕(反动政治的,反革命的)武力による暴動. ¶一场～被平息了 / 暴乱是平定された.
【暴怒】bàonù 動 激怒する.
【暴虐】bàonüè 形 (武合などで)残虐だ. 残虐だ. ¶～行为 xíngwéi / 残虐な行い. ¶凶残 xiōngcán～的敌人 / 残虐非道な敵. 反 仁慈 réncí.
【暴晒】bàoshài 動 強い日に長く照りつけられる.
【暴殄天物】bào tiǎn tiān wù 成 自然のものを粗末にする、ないがしろにする. 参考 "暴"は損なう,"殄"は絶滅する,"天物"は自然界の万物の意. 注意 "殄"を"zhēn"と読んだり,"殄"に書き誤りやすいので注意.
【暴跳】bàotiào 動 とび上がらんばかりに激怒する.
【暴跳如雷】bào tiào rú léi 成 足を踏み鳴らし,どなり散らして怒る.
【暴徒】bàotú 名 〔个 ge, 名 míng〕暴力で社会を乱す者. ¶～抢 qiǎng 了银行逃跑了 / 暴徒は銀行を襲撃して逃走した.
【暴行】bàoxíng 名 凶暴残酷な行為. 暴行.
【暴饮暴食】bàoyǐn bàoshí 句 暴飲暴食する.
【暴雨】bàoyǔ 名〔场 cháng, 阵 zhèn〕大雨. 豪雨. ¶一阵狂风 kuángfēng 过后, 跟着就有一阵～/ 強風がしばらく吹いたと思ったら続いて大雨になった.
【暴躁】bàozào 形 怒りっぽい. 粗暴だ. ¶老大性格温和 wēnhé, 而老二脾气 píqí～/ 長男は温厚だが,次男は怒りっぽい. 比较"暴躁"は粗暴でキレやすく, "急躁"は性急で忍耐力がないこと.
【暴涨】bàozhǎng 動❶(物価が)急騰する. ¶米价～/ 米の値段が暴騰する. 反 暴跌 bàodiē ❷(水位が)急に高くなる. ¶下了两天大雨,河水～了一百五毫米 háomǐ / 大雨が二日間降りつづいて,河は120 mm 増水した.
【暴政】bàozhèng 名 暴政. 悪政. ¶推翻～/ 悪政を打ち倒す. 反 仁政 rénzhèng.
【暴卒】bàozú 動 文 (急病などで)急死する.

瀑 bào 氵部15 四 3619₉ 全18画 通用

名 ❶ 豪雨. あらし. ❷"瀑河 Bàohé"(河北省にある川の名).
☞ 瀑 pù

曝 bào 日部15 四 6609₉ 全19画 通用

下記熟語を参照.
☞ 曝 pù
【曝丑】bàochǒu スキャンダルを暴露する.
【曝光】bào//guāng 動 ❶(フィルムや感光紙が)感光させる. 露光する. ¶～表 / 露出計. 同 曝光 bàoguāng ❷(秘密などが)あらわになる.

爆 bào 火部15 四 9689₉ 全19画 常用

動 ❶ ぱんとはじける. 破裂する. ¶～发 bàofā / 裂 bàoliè / 炭 tàn～起火星(炭が火花を散らす) / ～竹 bàozhú. ❷ 油でさっと揚げる. 熱湯でさっとゆがく. ¶～羊肉(羊肉をさっと揚げる).
【爆炒】bàochǎo 動 ❶ 気勢をあげ,くり返し宣伝する. ❷ 転売を繰り返して,利益を得る.
【爆肚儿】bàodǔr《料理》ウシやヒツジの胃袋を刻み,さっとゆでたもの. 調味料をつけて食べる. 参考 油で炒めたものを"油爆肚儿 yóubàodǔr"という.
【爆发】bàofā 動 ❶ 爆発する. ¶火山～了 / 火山が爆発した. ❷ 突然起きる. 勃発(ほつ)する. ¶～了一阵笑声 / どっと笑い声があがった. ¶～了金融 jīnróng 危机 / 金融危機が勃発した.
【爆发力】bàofālì 名 瞬発力.
【爆冷】bàolěng 動 (試合などで)番狂わせが起こる. ¶世界杯女排赛～, 美国队输给了韩国队 / 女子バレーのワールドカップで番狂わせがあり, 米国チームが韓国チームに敗れた.
【爆冷门】bào lěngmén 惯 (～儿)予想外の事や番狂わせが起こる. 同 暴 bào 冷门.
【爆料】bàoliào 動 (秘密を)明らかにする. ばらす.
【爆裂】bàoliè 動 破裂する. はじける. ¶豆荚 dòujiá 成熟了就会～/ 豆のさやは熟れるとはじける.
【爆满】bàomǎn 動 (劇場や映画館などが)大入り満員になる. 超満員になる.
【爆米花】bàomǐhuā 名 ポップコーン.
【爆棚】bàopéng 形 方 ❶ 大入り満員だ. 超満員だ. ❷ センセーショナルだ. ショッキングだ.
【爆破】bàopò 動 爆破する. ¶～手 / 爆破作業員. ¶定向～/ 定方向爆破法.
【爆破筒】bàopòtǒng 名《軍事》爆破筒.
【爆炸】bàozhà 動 ❶ 爆発する. ¶～物 / 爆発物. 煤气罐 méiqìguàn～, 引起了火灾 huǒzāi / ガスボンベが爆発して,火災になった. ❷ 数量が急激に増加する. ¶信息～/ 情報過多.
【爆炸性】bàozhàxìng 名 人をひどく驚かせる性質. ¶～新闻 / 驚くべきニュース.
【爆竹】bàozhú 名〔挂 guà, 响 xiǎng〕爆竹. 放～/ 爆竹を鳴らす. ¶～筒子 tǒngzi / 怒りっぽい人. 同 炮仗 pàozhang, 爆仗 bàozhang

bei ㄅㄟ [pei]

陂 bēi 阝部5 四 7424₇ 全7画 通用

素 文 ❶ 池. ¶～塘 bēitáng(池) / ～池 bēichí (池). ❷(池の)岸. ❸ 山坂.
☞ 陂 pí, pō

杯(異 盃, 桮) bēi 木部4 四 4199₀ 全8画 常用

❶ 名(～子)コップ. 湯のみ. さかずき. ¶酒～ jiǔbēi (さかずき) / 茶～ chábēi (湯のみ). ❷ 奖(優勝の)カップ. トロフィー. ¶奖～ jiǎngbēi (カップ, トロフィー) / 世界～ shìjièbēi (ワールドカップ). ❸ 量"杯子"で液体の量を数えることば. ¶一～开水(一杯の湯). ❹ (Bēi)姓.
【杯垫】bēidiàn 名 茶托. コースター.
【杯弓蛇影】bēi gōng shé yǐng 成 杯中の蛇影(えい). 疑心暗鬼になり,むやみにうろたえ騒ぐ. 由来 壁に映った弓が杯の酒に映ったのを蛇と思い込み,恐ろしさのあまり病気になった故事から.
【杯盘狼藉】bēi pán láng jí 成 食事や宴会の後の散らかっているようす. 注意 "藉"は"jiè"とは発音しない.
【杯赛】bēisài 名 優勝カップの名称を冠したスポーツ大会.
【杯水车薪】bēi shuǐ chē xīn 成 一杯の水で車一台分

の薪が燃えるのを消そうとする. 微力で役に立たないこと. 焼け石に水.

*【杯子】bēizi 名 コップ. 湯のみ. さかずき. グラス.

卑 bēi
丿部7 四 2640₀ 次常用 全8画

素 ❶（位置や地位が）低い. ¶地勢~低（地勢が低く水はけが悪い）/ ~下 bēixià. 反 高 gāo, 尊 zūn ❷ 品性や品質が劣る. ¶~劣 bēiliè / ~鄙 bēibǐ. ❸ へりくだる. ¶~辞 bēicí 厚礼（へりくだったことばづかいと丁重な贈り物）/ 谦~ qiānxū（謙虚だ）. ❹（Bēi）姓.

筆順 白 甼 𢌞 卑

【卑鄙】bēibǐ 形（言動や品性が）下劣だ. 卑劣 bēiliè 反 高尚 gāoshàng

【卑鄙无耻】bēibǐ wúchǐ 句 下品で恥知らずだ.

【卑躬屈节[膝]】bēi gōng qū jié [xī] 腰を低くし, 節をまげる. 人にこびへつらうよう.

【卑贱】bēijiàn 形 ❶（家柄や地位が）低い. ¶出身~/ 家柄が低い. 同 卑下 bēixià, 低贱 dījiàn 反 高贵 gāoguì, 尊贵 zūnguì ❷ 下劣だ. ¶他的言行显得很~ / 彼の言動はいかにも品性下劣である. 同 卑下 bēixià

【卑劣】bēiliè 形 卑劣だ. ¶他在这件事上表现得特别~ / 彼はこの件では非常に汚く立ち回った. 同 卑鄙 bēibǐ

【卑怯】bēiqiè 形 卑怯だ. ¶那人一向行为 xíngwéi~ / あいつはいつも行動が卑怯だ.

【卑微】bēiwēi 形（身分が）低い. ¶官职~ / 官職が低い. 同 低微 dīwēi, 微贱 wēijiàn

【卑污】bēiwū 形（品性が）卑しい. 下劣だ. ¶人格~ / 人格が下劣である.

【卑下】bēixià 形 ❶ 下品だ. ¶言辞 yáncí~ / ことば遣いが下品だ. 同 卑贱 bēijiàn ❷（地位が）低い. 同 卑贱 bēijiàn, 低贱 dījiàn

背（異 揹）bēi
月部5 四 1222₇ 常用 全9画

動 ❶ 背負う. ¶~着孩子（子供をおんぶしている）. ❷（義務や責任を）負う. ¶~债 bēizhài. 反 负 fù
☞ 背 bèi

【背榜】bēi//bǎng 動 最下位で合格する. ¶这次考试他又背了榜 / 今度の試験も彼は最下位の合格だった.

【背包】bēibāo 名 リュックサック. ランドセル.

【背包袱】bēi bāofu 慣（精神的・経済的な）重荷を背負う. ¶他一直背着沉重 chénzhòng 的生活包袱 / 彼は極めて重い生活上の負担をずっと背負いつづけた.

【背带】bēidài 名 ❶ サスペンダー. ズボンやスカートのつりひも. ❷〔暈 根 gēn, 条 tiáo〕リュックサックやショルダーバッグのひも.

【背篼】bēidōu 名 方 背負いかご.

【背负】bēifù 動 ❶（人や物を）背負う. ¶~着行李卷儿 xínglǐjuǎnr / 出かせぎ用の布団巻きを背負う. ❷（責任や期待などを）担う. 引き受ける. ¶~重任 zhòngrèn / 重責を担う.

【背黑锅】bēi hēiguō 慣 ぬれぎぬを着せられる. 無実の罪を負う. ¶他一背 bēi 了十年, 终于得到了平反 / 彼は十年もの間無実の罪を着せられたが, とうとう名誉回復された.

【背篓】bēilǒu 名 方 背負い籠（こ）.

【背债】bēi//zhài 動 借金をかかえる. ¶他投资房地产赔钱 zhuàn 大钱, 结果背 bēi 了许多债 / 彼は不動産に投資して金儲けをしようとしたが, 結局多くの負債をかかえることとなった.

椑 bēi
木部8 四 4694₀ 通用 全12画

下記熟語を参照.

【椑柿】bēishì 名 古書にある柿の一種. 参考 実は小さく青黒い. 現在では"油柿 yóushì", "漆柿 qīshì"と呼ばれる.

悲 bēi
非部4 四 1133₁ 常用 全12画

❶ 素 心がいたむ. 悲しい. ¶~伤 bēishāng / 乐极生~（成 楽は苦の種）. 同 哀 āi 反 欢 huān, 喜 xǐ ❷ 素 あわれむ. ¶慈~ cíbēi（慈悲深い）/ ~天悯 mǐn 人. ❸（Bēi）姓.

【悲哀】bēi'āi 動 悲しむ. ¶~至极 / 悲しみが極まる. 同 伤心 shāngxīn, 悲痛 bēitòng 反 欢乐 huānlè

【悲惨】bēicǎn 形（境遇や生活が）みじめでいたましい. ¶~的遭遇 zāoyù / 悲惨な境遇. ¶《~世界》/『レ・ミゼラブル』同 悲凉 bēiliáng 反 幸福 xìngfú

【悲愁】bēichóu 動 悲しみ愁える.

【悲怆】bēichuàng 形 文 悲愴だ.

【悲悼】bēidào 動 人の死を悲しみ悼む. ¶~死者 / 死者を哀悼する.

【悲愤】bēifèn 名 悲しみと憤り. ¶~填 tián 膺 yīng / 悲憤胸に満つ.

【悲歌】bēigē ❶ 動 心をいためませ, 声をはげまして歌う. ¶慷慨 kāngkǎi~ / 感慨きわり涙と流した歌を歌う. ❷ 名〔暈 曲 qǔ, 首 shǒu〕悲しみに満ちた歌. エレジー.

【悲观】bēiguān 形 悲観的だ. ¶~失望 / 悲観し失望する. ¶~的看法 / 悲観的な考え. 反 乐观 lèguān, 达观 dáguān

【悲欢离合】bēi huān lí hé 成 悲しみと喜び, 出会いと別れ. ¶月有阴晴 yīnqíng 圆缺 yuánquē, 人有~ / 月に晴れや曇り, 満ち欠けがあるように, 人には悲しみや喜び, 出会いや別れがある.

【悲剧】bēijù 名〔暈 出 chū〕悲劇. 反 喜剧 xǐjù

【悲苦】bēikǔ 形 つらく悲しい. ¶~的表情 / つらく悲しげな表情.

【悲凉】bēiliáng 形 もの寂しい. ¶心里不禁 bùjīn~起来 / 寂しさがこみあげてくる.

【悲鸣】bēimíng 動 悲しげに鳴く. ¶失群的小鹿 xiǎolù 绝望地~着 / 群れからはぐれた子鹿は絶望して悲しげに鳴いている.

【悲凄】bēiqī 形 すさまじく悲しい.

【悲戚】bēiqī 形 ひどく悲しげだ.

【悲泣】bēiqì 動 悲しみ泣く.

【悲切】bēiqiè 形 文 悲痛だ.

【悲伤】bēishāng ❶ 形 いたましい. ¶他总是很~ / 彼はいつもつらそうだ. ❷ 動 悲しむ. ¶你不要太~了 / そんなに悲しみすぎてはいけません.

【悲酸】bēisuān 形 心せつない. ¶她强 qiǎng 忍~, 没有哭出声来 / 彼女はせつなさに懸命に耐え, 忍び泣きをした.

【悲叹】bēitàn 動 嘆く. ¶令人~不已 / まったく嘆かわしいことだ.

【悲天悯人】bēi tiān mǐn rén 成 世を憂える.

【悲恸】bēitòng 形 極度に悲しい.

*【悲痛】bēitòng 形 心がいたむ. つらく悲しい. ¶~地告别了亲友 / 家族や友人とつらい別れをした. 同 伤心 shāngxīn, 悲哀 bēi'āi, 悲伤 bēishāng 反 欢喜 huānxǐ

【悲喜交集】bēi xǐ jiāo jí 成 悲喜こもごも至る.

【悲喜劇】bēixǐjù 图 悲喜劇.
【悲辛】bēixīn 图文 悲しみと苦しみ.
【悲咽】bēiyè 動 悲しみむせび泣く.
【悲壮】bēizhuàng 形 悲しく壮絶だ. ¶～的場面/悲壮な場面.

碑 bēi
石部 8　四 1664₀
全13画　常用

❶ 图〔量 个 ge, 块 kuài, 座 zuò〕石碑. 碑. ¶～文 bēiwén / 里程～ lǐchéngbēi（道標）/ 墓～ mùbēi（墓碑）. ❷ (Bēi)姓.
【碑額】bēi'é 图 碑の上の部分. 碑首 shǒu, 碑头 tóu と言い, 図案や題字が書かれている部分.
【碑記】bēijì 图 碑に刻まれた文章. 碑文. 同 碑志 bēizhì.
【碑碣】bēijié 图〔量 块 kuài, 座 zuò〕石碑. 参考 長方形を"碑", 丸みのあるものを"碣"という.
【碑刻】bēikè 图 石碑に刻まれた文字や図絵. ¶拓印 tàyìn～/ 石碑の拓本をとる.
【碑林】bēilín 图 石碑を多く集めたところ. 西安市のものが有名.
【碑銘】bēimíng 图 碑文. 碑銘文.
【碑帖】bēitiè 图〔量 本 běn, 部 bù, 张 zhāng, 种 zhǒng〕碑文と法帖. 参考 拓本にとって鑑賞したり, 書道の手本にする.
【碑文】bēiwén 图〔量 篇 piān〕石碑に刻まれた文章. 碑文.
【碑陰】bēiyīn 图 碑の裏側.
【碑志】bēizhì "碑記 bēijì"に同じ.

鹎(鵯) bēi
鸟部 8　四 2742₇
全13画　通用

图《鳥》ヒヨドリ科の鳥の総称.

北 běi
匕部 3　四 1211₀
全5画

❶ 历 北. ¶～半球 běibànqiú / ～极 běijí / 华～ Huáběi（華北）/ 天南地～ (感 遠く離れている). 反 南 nán ❷ 動 戦いに敗れる. ¶连战皆 jiē～（戦うたびにいつも負ける）/ 败～ bàibèi（敗北する）. (交 败北者. ¶追亡 wáng 逐～（敗走する敵軍を追撃する）. ❸ (Běi)姓.
【北半球】běibànqiú 图 北半球. 反 南 nán 半球.
*【北边】běibiān ❶ 历 (～儿) 北側. ¶学校的～/ 学校の北側. ❷ 图 ㊣ 中国北部. ¶～人 / 北方人. 同 北方 běifāng.
【北冰洋】Běibīngyáng（地名）北氷洋.
*【北部】běibù 图 北部.
【北部湾】Běibùwān（地名）バックボー湾. 参考 中国雷州半島・海南島とベトナムの間に位置する. 優れた漁場.
【北朝】Běicháo《歴史》北朝(ぢょぅ). 南北朝期(386-581)に中国北方を統治した五つの王朝. 北魏（後に東魏と西魏に分裂）・北斉・北周の総称.
【北辰】běichén 图《天文》北極星.
【北大荒】Běidàhuāng 图 黒竜江省にある大荒原. 開拓のために多くの人々が送り込まれた.
【北大西洋公約組織】Běidàxīyáng gōngyuē zǔzhī 北大西洋条約機構. NATO.
【北戴河】Běidàihé（地名）河北省秦皇島市の西南にある地名. 風光明媚で, 避暑地として有名.
【北斗(星)】běidǒu(-xīng) 图 北斗七星.
【北伐軍】Běifájūn 图《歴史》北伐軍.
【北伐(戦争)】Běifá(zhànzhēng) 图《歴史》北伐戦争. 参考 国民革命軍が広東を出発して北方に出兵した革命戦争(1926-27).
*【北方】běifāng ❶ 历 北の方. ❷ 图 中国北部. 黄河流域以北を指す. ¶～人 / 北方人.
【北方話】běifānghuà 图 中国北方方言. 参考 長江以北及び四川・雲南・貴州・広西北部の漢語方言で, 共通語の基礎となる方言.
【北非】Běi Fēi 图 アフリカ北部. 北アフリカ.
【北風】běifēng 图 北風.
【北瓜】běiguā 图 (カボチャ.
【北国】běiguó 图文 中国北部. 長江以北をいう. 反 南国 nánguó.
【北海】Běihǎi (地名) ❶ 北海(ﾊｲ). 北京市の中心にある湖. 公園があり"白塔"が有名. ❷ 北海(ﾊｲ). 中国広西チワン族自治区南部にある市. ❸ 北海(ﾊｲ). ヨーロッパの海域の名.
【北回归線】běihuíguīxiàn 图 北回帰線.
【北極】běijí 图 ❶ 北極. ¶～星 / 北極星. ¶～熊 / ホッキョクグマ. シロクマ. ❷ 磁石の N 極.
【北極圏】běijíquān 图 北極圏.
【北極星】běijíxīng 图《天文》北極星. ポラリス.
【北極熊】běijíxióng 图《動物》ホッキョクグマ. 同 白bái熊.
【北京】Běijīng（地名）北京(ﾍﾟｷﾝ). 中国の首都. 直轄市で省には属さない. 16の区と2の県からなる. 略称は"京 Jīng", "燕 Yān". ⇨付録「北京地図」.
【北京大学】Běijīng dàxué 图 北京大学. 参考 1898年に"京師大学堂"として設立され, 1912年に北京大学に改称. 中国で最も歴史ある大学の一つ.
【北京時間】Běijīng shíjiān 图 中国の標準時. 東経120°の子午線上の時刻. 日本と1時間時差がある.
【北京鴨】Běijīngyā 图〔量 只 zhī〕北京ダック. 料理用に飼育されたアヒル.
【北京猿人】Běijīng yuánrén 图 ペキン原人. シナントロプス・ペキネンシス. 同 北京人.
【北美洲】Běi Měizhōu（地名）北アメリカ.
*【北面】běimiàn 历 北側. 北面.
【北欧】Běi Ōu（地名）北欧.
【北平】Běipíng（地名）北京の旧称. 中華民国時代の呼びかた.
【北斉】Běi Qí 图《歴史》北斉(ﾎｸｾｲ: 550-577). 北朝のひとつ. 高洋が建てた.
【北曲】běiqǔ 图《芸能》❶ 宋・元時代以降, 北方の戯曲や散曲に用いられた節の総称. 反 南 nán 曲 ❷ 金・元時代に流行した北方の戯曲.
【北山羊】běishānyáng 图《動物》アイベックス. 同 羱 yuán 羊
【北上】běishàng 動 北方へ向かって行く. 北上する. 由来 古代, 北を上(ｼﾞｮｳ)としていたことから, 後に北へ赴くことを指すようになった.
【北宋】Běi Sòng 图《歴史》北宋(ﾎｸｿｳ: 960-1127). 参考 太祖(趙匡胤(ちょうきょういん))が, 都を汴京(ﾍﾞﾝｹｲ: 現在の河南省開封市)に置いた.
【北緯】běiwěi 图 北緯. 反 南纬 nánwěi.
【北魏】Běi Wèi 图《歴史》北魏(ﾎｸｷﾞ). 参考 北朝の一つ(386-534).
【北温帯】běiwēndài 图 北半球温帯.
【北洋】Běiyáng 图《歴史》清朝末期の地域名. 参考 奉天(現在の瀋陽市)・直隷(現在の河北省)・山東などの北方沿海地域をさした. 北洋通商大臣が置かれ, 直隷総

督が兼任した.

【北洋军阀】Běiyáng jūnfá 名《歴史》北洋軍閥. 参考 清朝末期に袁世凱が北洋通商大臣の名により作った軍閥集団.

【北约】Běiyuē "北大西洋公约"(北大西洋条約)の略. また,北大西洋条約機構(NATO)のこと.

【北周】Běi Zhōu《歴史》北周(ほくしゅう;557-581). 北朝のひとつ. 参考 鮮卑(せんぴ)族の宇文覚(うぶんかく)が建てた.

贝(貝) bèi
贝部 0 四 7780₇ 全4画 常用

❶ 名 貝. ¶~壳 bèikéi / 扇~ shànbèi (ホタテガイ) / 珍珠~ zhēnzhūbèi (真珠貝). ❷ 名 古代の貨幣. 転じて,貴重で珍しいもの. ¶宝~ bǎobèi (宝物). ❸ (Bèi)姓.

【贝雕】bèidiāo 名〔量 件 jiàn〕貝がら細工.

【贝多】bèiduō 名《植物》バイタラ. タラヨウ. インド産の常緑樹で,その葉を経文を書くのに用いた. "贝多罗树 bèiduōluóshù"の略称. 同 梭多 bèiduō ♦サンスクリ pattra

【贝多芬】Bèiduōfēn《人名》ベートーベン(1770-1827). ドイツの作曲家.

【贝尔】❶ bèi'ěr 量 音や電力の単位. ベル. ❷ Bèi'ěr《人名》アレクサンダー・グラハム・ベル(1847-1922). 米国の電話発明家.

【贝尔格莱德】Bèi'ěrgéláidé《地名》ベオグラード(ユーゴスラビア).

【贝壳】bèiké (~儿)〔量 个 ge, 片 piàn, 只 zhī〕貝がら.

【贝雷帽】bèiléimào 名〔量 顶 dǐng〕ベレー帽. ♦フランス béret

【贝类】bèilèi 名 貝類. 甲殻類.

【贝鲁特】Bèilǔtè《地名》ベイルート(レバノン).

【贝母】bèimǔ 名《植物》アミガサユリ. 鱗茎を漢方薬として使う.

【贝宁】Bèiníng《国名》ベニン(アフリカ). 参考 ベナンとも呼ぶ.

【贝叶】bèiyè 名《植物》"贝多罗树 bèiduōluóshù"(バイダラ)の葉. ⇨贝多 bèiduō

邶 Bèi
阝部 5 四 1712₇ 全7画 通用

名 ❶《歴史》邶(ほく). 周代の諸侯国の名. 現在の河南省湯陰県の南. ❷ 姓.

孛 bèi
十部 5 四 4040₇ 全9画 通用

名《天文》古書に見える,四方に光を放つ彗星.

狈(狽) bèi
犭部 4 四 4728₂ 全7画 次常用

名 伝説上の動物. 参考 前脚が短いため,狼の背に体をのせないと歩けない,とされる. ⇨狼狈 lángbèi

备(備)(俻) bèi
攵部 5 四 2760₄ 全8画 常用

❶ 素 そろっている. ¶具~ jùbèi (そろえる) / 求全责~ 成 完全無欠を求める. ❷ 前もって備える. ¶~案 bèi'àn / ~荒 bèihuāng / ~课 bèikè / 防~ fángbèi (防備する) / 预~ yùbèi (準備する) / 储~ chǔbèi (備蓄する). ❸ 素 備え. 設備. ¶设~ shèbèi (設備) / 装~ zhuāngbèi (装備) / 军~ jūnbèi (軍備) / 配~ pèibèi (配備). ❹ 副 つぶさに. こと ごとく. ¶艰苦~尝(辛酸をなめ尽くす) / ~受风霜 fēngshuāng 之苦(あらゆる苦難をなめ尽くす). ❺ (Bèi)姓.

筆順 ノ 勹 夂 冬 各 备

【备案】bèi//àn 動 主管部門へ報告して記録に残す.

【备办】bèibàn 動 (必要なものを)とりそろえる. ¶~酒席 / 宴会の仕度をする.

【备不住】bèibuzhù 副 方 …かも知れない. 同 说不定 shuōbuding, 也许 yěxǔ

【备查】bèichá 後の審査に備える. ¶存档 cúndàng~ / (処理済みの公文書を)調査に備えて保管する.

【备而不用】bèi ér bù yòng 成 (万一の時のために)用意して使わないでおく.

【备饭】bèi//fàn 動 食事の支度をする.

【备份】bèifèn 動 ❶ 予備を用意する. スペアにする. ❷《コンピュータ》バックアップする. ❸ 方 に合わせて使う.

【备耕】bèigēng 動 春耕前の準備をする.

【备荒】bèi//huāng 動 飢饉に備える. ¶丰收不忘~ / 豊作のときも凶作への備えを忘れない.

【备件】bèijiàn 名 修理交換のための部品. スペアのパーツ.

【备考】bèikǎo ❶ 名 (文書・図表などの)付録や注. 備考. ❷ 動 参考に供する.

【备课】bèi//kè (教師が)授業の準備をする. ¶那位老师~很充分 chōngfèn / あの先生は授業の準備が周到だ.

【备料】bèi//liào 動 (生産に必要な)材料を準備する. ¶~车间 / 工場の材料調達部門.

【备品】bèipǐn 名 予備の部品や工具.

【备取】bèiqǔ 動 補欠として採用する. ¶全校一共收了十名~生 / 全校で計10名の補欠合格者があった. 反 正取 zhèngqǔ

【备忘录】bèiwànglù 名 ❶〔量 份 fèn〕(外交上の)覚書. ❷〔量 本 běn〕メモ. 備忘録.

【备用】bèiyòng 動 急な必要に備える. ¶~零件 / 予備部品. ¶~轮胎 lúntāi / 予備タイヤ. ¶稍微多带一些钱以作~ / 何かに備えて少し余分にお金を持っていきなさい.

【备战】bèi//zhàn 動 戦争に備える. ¶~物资 / 戦時用貯蔵物資.

【备至】bèizhì 形 (心配りが)行き届いている.

【备置】bèizhì 動 備える. 用意しておく.

【备注】bèizhù 名 ❶ 備考欄. ❷ 付注. 備注.

背 bèi
月部 5 四 1222₇ 全9画 常用

❶ 名 背中. ¶~脊 bèijǐ / 项~ xiàngbèi (後ろ姿). ❷ 名 物の後ろ側や反対側. ¶~面 bèimiàn / 刀~ dāobèi (刀の峰) / 手~ shǒubèi (手の甲). ❸ 腹负 動 背にする. 背を向ける. ¶~山面海(山を背に海に面する) / ~着太阳站在那里(太陽を背にしてそこに立っている). 反 向 xiàng ❹ 動 (正しい方向やあるべき位置から)逆の方へ行く. 離れる. ¶~离 bèilí / ~井离乡. ❺ 動 暗唱する. ¶~书 bèishū / ~诵 bèisòng / 这首诗我已经~下来了(この詩は私はすでに暗唱している). ❻ 動 きまりごとに背く. 違反する. ¶~约 bèiyuē / ~叛 bèipàn / 违~ wéibèi (背く) / ~信弃 qì 义. ❼ 動 避ける. 隠れる. ¶~着人说话(陰でこそこそ話をする) / 好话不~人, ~人没好话(いい話は人前で堂々とするもので, 人前で堂々と言えないようなものは話ではない). ❽ 形 さびれている. ¶~街小巷 xiǎoxiàng (裏通りや路地) / 他住的地方很~ (彼の住んでいる所はとても寂しい所だ). ❾ 形 耳が遠い. ¶他一只耳朵有点儿~

B

(彼は片方の耳がすこし遠い). ❿[形][口] 運が悪い. ¶～时 bèishí / 他今天手气真～ (彼は今日は本当についていない). ⓫(Bèi)姓.
☞ 背 bēi
【背不住】bèibuzhù →备不住 bèibuzhù
【背城借一】bèi chéng jiè yī [成] 背水の陣で戦う,最後の決戦.
【背道而驰】bèi dào ér chí [成] 逆の方向に走る. 目標などが相反するたとえ.
【背地里】bèidìli [名] 背後. 人の見ていないところ.
【背对背】bèiduìbèi →背靠背 bèikàobèi
【背风】bèifēng [形] 風が直接当たらない. ¶～朝阳的地方 / 風が当たらず日当たりのよい場所.
【背光】bèiguāng [形] 日の当たらない. 陰になる. ¶别～看书 / 暗いところで本を読むな.
*【背后】bèihòu [名] ❶ 後ろ側. ¶山～ / 山の後ろ. ¶站在你～的是谁? / 君の後ろに立っているのは誰? ❷ 見えないところ. 隠れた部分. [同] 背地 bèidì [反] 当面 dāngmiàn, 面前 miànqián
【背集】bèijí [名][方] 市(いち)の立たない日.
【背脊】bèijǐ [名] (人の)背中.
【背井离乡】bèi jǐng lí xiāng [成] 故郷を離れて暮らす. [同] 离乡背井.
【背景】bèijǐng [名] ❶ 背景. ¶历史～ / 歴史的背景. ¶时代～ / 時代背景. ❷ 後ろ盾. バック. ¶他是有～的 / 彼には後ろ盾がいる. ❸ (舞台の)背景.
【背静】bèijing [形] ❶ へんぴだ. さびれている. ❷ ひっそりして静かだ. ¶他找了个比较～的地方坐了下来 / 彼はやや静かな場所を見つけ,腰をおろした.
【背靠背】bèi kào bèi [句] ❶ 背中あわせになる. [同] 背对 duì 背 ❷ 陰で. 本人のいないところで. [同] 背对背
【背离】bèilí [動] ❶ 離れる. ¶～故乡 / ふるさとを離れる. ❷ 離反する. ¶他～了做人的基本原则 / 彼は人としての基本的なルールに背いた. ¶～改革的大方向 / 改革の方向からはずれる.
【背理】bèi//lǐ [動] 道理に背く. 筋が通らない. [同] 悖理 bèilǐ
【背面】bèimiàn [名] ❶ (～儿) 裏側. ¶明信片的～ / ハガキの裏. [同] 反面 fǎnmiàn [反] 正面 zhèngmiàn ❷ (動物の)背中.
【背叛】bèipàn [動] 背く. 裏切る. ¶～人民 / 人民を裏切る.
【背鳍】bèiqí [名] 背びれ. [同] 脊 jǐ 鳍
【背气】bèi//qì [動] (病気や刺激などにより)呼吸が一時停止する.
【背弃】bèiqì [動] 背く. 破棄する. ¶～原来的立场 / もとの立場をすてる.
【背人】bèi//rén [動] ❶ 人に隠す. ¶～的事 / 表に出せないこと. ¶他俩常常背着人悄悄 qiāoqiāo 说话 / あの二人はしょっちゅう陰でひそひそ話をしている. ❷ 人目につかない. ¶～的地方 / 人目につかない場所.
【背时】bèishí [形][方] ❶ 時代に合わない. ¶～商品 / 流行遅れの商品. ❷ 運が悪い. ¶最近工作中老出错,真～! / 最近,仕事中にしょっちゅうミスをする. 本当についてない.
【背书】❶ bèi//shū [動] 暗唱する. 暗記する. ❷ bèishū [名] (小切手などの)裏書き.
【背熟】bèishú [動] しっかり暗記する. ¶课文～了吗? / テキスト本文はよく覚えましたか.
【背水一战】bèi shuǐ yī zhàn [成] 背水の陣を敷いて戦う. ⇨背水阵 bèishuǐzhèn
【背水阵】bèishuǐzhèn [名] 背水の陣. ¶摆下～ / 背水の陣を敷く. [由来]『史記』淮陰侯列伝に見えることば. 韓信が川を背にして陣を敷き,敵を大破したことから.
【背诵】bèisòng [動] 暗唱する. ¶～课文 / 教科書を暗唱する. ¶～台词 / セリフを覚える.
【背投】bèitóu [名] 投影式テレビ. プロジェクター.
【背心】bèixīn [名] (～儿) 〔[量] 件 jiàn〕 袖なしの衣類. ¶西服～ / チョッキ. ベスト. ¶毛～ / 毛糸のチョッキ. ¶汗～ / ランニングシャツ.
【背信弃义】bèi xìn qì yì [成] 信義に背く. ¶为人 wéirén 决不能～ / 人たるもの,決して信義に背いてはならない.
【背兴】bèixìng [形][方] ついていない. [同] 倒霉 dǎoméi
【背眼】bèi//yǎn [動] (～儿) 目がとどかない. ¶～的地方 / 目のとどかないところ. 物陰.
【背阴】bèiyīn [名] (～儿) 日陰. [反] 朝阳 cháoyáng, 向阳 xiàngyáng
【背影】bèiyǐng [名] (～儿) 〔[量] 副 fù, 个 ge〕 後ろ姿. ¶父亲的～ / 父の後ろ姿.
【背约】bèi//yuē [動] 約束に背く. ¶既然与人相约,就不能～ / 人と約束した以上,背くわけにはいかない.
【背月】bèiyuè [名] 夏枯れ冬枯れの頃. 商売の暇な季節.
【背运】bèiyùn ❶ [形] 運が悪い. つきがない. [反] 走运 zǒuyùn ❷ [名] 不運. ¶走～ / 運が傾く. つきが逃げる.
【背着手】bèizhe shǒu [句] 後ろ手に組む. ¶～踱 duó 来踱去 / 手を後ろに組んで行ったり来たりする.

钡(鋇) bèi
钅部 4 [四] 8778₂ 全 9 画 [通用]

[名] 《化学》 バリウム. Ba. ¶～餐 bèicān.
【钡餐】bèicān [名] 《医学》 バリウム検査.

倍 bèi
亻部 8 [四] 2026₁ 全10画 [常用]

❶ [量] 倍. ¶二的五～是十(2の5倍は10である) / 增加二～ (2倍分ふえる. 3倍になる) / 大两～ (2倍分大きい. 3倍の大きさだ). ❷ [素] 倍になる. 倍増する. ¶加～ jiābèi (2倍になる) / 事半功～ ([成] 半分の労力で倍の成果を得る). ❸ (Bèi)姓.
【倍加】bèijiā [副] なお一層…だ.
【倍率】bèilǜ [名] 倍率.
【倍儿】bèir [副][方] すごく. 非常に. ¶同学们把教室的玻璃擦得～亮 / 学生たちは教室のガラスをピカピカにみがく.
【倍数】bèishù [名] 倍数.
【倍于】bèiyú [動] …の倍になる. ¶今年产量 chǎnliàng ～去年 / 今年,生産量は昨年の倍になった.
【倍增】bèizēng [動] 倍増する. 倍加する.

悖([異] 誖) bèi
忄部 7 [四] 9404₇ 全10画 [常用]

[素][文] 混乱する. 反する. もとる. ¶～理 bèilǐ (道理にもとる) / ～逆 bèinì / 并行不～ ([成] 同時に進めても互いに矛盾衝突しない).
【悖论】bèilùn [名] (論理学の)矛盾命題.
【悖谬】bèimiù [形][文] 理屈に合わない. 不合理だ. ¶与原则～ / 原則に外れる. [同] 背谬 bèimiù
【悖逆】bèinì [動][文] 正道に背く. ¶～天道,必有报应 bàoyìng / 正しい道に背けば,必ず報いを受ける.
【悖入悖出】bèi rù bèi chū [成] 不正な手段で得たものは,不正な手段で取られる. 悪銭身につかず.

被 bèi
衤部 5 [四] 3424₇ 全10画 [常用]

I [名] ❶ (～子) 〔[量] 床 chuáng, 条 tiáo〕 掛け布団.

¶棉～ miánbèi / 掛け布団. ¶夹～ jiábèi / 綿のない掛け布団. ¶毛巾～ máojīnbèi / タオルケット. ¶做一床～ / 掛け布団を一枚作る.
❷ (Bèi)姓.
Ⅱ [動] ㊉ ❶ 覆う. ¶～覆 / 覆う.
❷ (災害などを) 被(こうむ)る. 遭う. ¶～灾 / 被災する.
Ⅲ [前] "N₁ (受動者) +被+ N₂ (行為者) +動詞句" の形式で,行為者を導き,受身文をつくる. N₁ が N₂ に～される. ¶他爸爸是～强盗害死的 / 彼のお父さんは泥棒に殺されたのです. ¶他～大家批评了一顿 / 彼はみんなに手ひどく批判された. ¶杯子刚买回来就～孩子摔破了 / コップは,買ってきたばかりなのに,もう子供に壊された.

📖 "被"構文 (受身文)

1 . 被害表現
前置詞"被"はもともと「被こうむる」という動詞であるので,"被"構文による受身文は当事者の意のままにならない気持ちや望んでいない気持ちを表現することが多い.
◇他被老师批评了 / 彼は先生に叱られた.
◇那件事被他知道了 / その件は彼に知られてしまった.
したがって,不満な気持ちをあらわさない表現には不向きである.
✗这个字被她写好了 / この字は彼女が書いてよくなった.
→这个字她写好了.
这个字被她写大了 / この字は彼女が大きく書きすぎてしまった.
这个字被她写坏了 / この字は彼女が書いてだめにした.
しかし,最近は受動者にとって好ましい場合にもしばしば用いられる.
◇他被老师受到表扬 / 彼は先生に褒められた.
◇她被一个善良的人救活了 / 彼女はある情け深い人に命を救われた.
◇我的病被大夫治好了 / 私の病気はお医者さんに治してもらった.

2 . "被"の後ろに名詞(行為者)を伴わず,直接,述語動詞を取ることができる.
◇他被选为班长 / 彼は班長に選ばれた.
◇我的钱被偷了 / 私はお金を盗まれた.
◇他被派到外国去了 / 彼は外国に派遣された.

3 . "被"構文の述語動詞
"被"構文の述語動詞は原則として裸のまま単独で使用することはまれで,"被"の前後に何らかの補足成分を伴う必要がある. 補足成分は以下の通り.

①動詞の後ろに付加されるもの
ⓐ アスペクト助詞"了 , 着, 过"
◇我被他打了 / 私に彼に殴られた.
◇山顶被白雪覆盖着 / 山頂は雪に覆われている.
◇他从来没有被人们尊重过 / 彼はこれまでこんなにも人に尊重されたことはない.

ⓑ 結果補語・方向補語・様態補語など
◇衣服都被雨淋湿了 / 服は雨に濡れてしまった.
◇那本书被他藏起来了 / その本は彼が隠した.

ⓒ 目的語
◇我的衣服被钉子挂了一个口子 / 私の服はクギにひっかけて穴が開いてしまった (結果目的語).
◇我被老师批评了一顿 / 私は先生にこっぴどく叱られた (数量目的語).

②動詞の前に付加されるもの:可能性や時間を表わす語など
◇这话会被人误会 / このことばは人に誤解されるだろう.
◇这种意见可能被人拒绝 / そういった考えは人に受け入れてもらえないかもしれない.
◇这个建议已经被大家接受了 / この提案はすでにみんなから承認された.
◇闻一多于一九四六年被敌人杀害了 / 聞一多は1946年に敵に殺害された.

③ "被"構文を作れない動詞
存在や状態などを表わす静的な動詞など. 例えば"是,有,在,当,象,得,起,属于,起,忘,接近,离开,产生,依靠"など.

4 . "被"構文の打ち消しなど語順の注意点
否定詞や助動詞は"被"の前に置く.
◇由于动作得快,他才没有被敌人抓走 / すばやく行動したから彼は敵につかまらずにすんだ.
◇这一点必须被历史证明 / その点はきっと歴史によって証明されるであろう.

5 . "被…给…","被…所…","被…把…"形式
①動詞の前に"给"を置いてより口語的な感じを出す.
◇我被他给揍了一顿 / 私は彼にひどくぶたれた.
◇我的自行车被小王给骑走了 / 私の自転車は王くんに乗って行かれてしまった.

②動詞の前に"所"を置いていくらか書き言葉的な感じを出す.
◇被贫困所困苦 / 貧しさに苦しめられる.
◇被好奇心所驱使 / 好奇心に駆り立てられる.
🖉 "所"を用いる場合は動詞の後ろに他の要素を置いてはいけない.
✗被乐曲所吸引住了.
→被乐曲所吸引住.
被乐曲所吸引 / 曲にひきつけられる.

③ "被"構文は"把"構文とともに用いられることがある.
◇他被人把眼睛给蒙上了 / 彼は誰かに目をふさがれた.
🖉 "把"の目的語は主語と同一のものか部分を指す.

6 . その他
話し言葉では"被"より"叫,让"が多用される.
⇒叫 jiào, 让 ràng

【被捕】bèibǔ [動] 捕まる. 逮捕される.
【被除数】bèichúshù [名]《数学》被除数.
【被袋】bèidài [名] (旅行用の円筒形の)布団袋.
【被单】bèidān [名] (～儿,～子)〔量 个 ge,条 tiáo〕シーツ. 布団カバー.
【被动】bèidòng [形] 受け身の. 消極的な. ¶～的立场 / 受け身の立場. ¶～句 / 受動文. ¶事已至此,已经很～了 / 事ここに至って,もうどうしようもなくなっていた. [反] 主动 zhǔdòng
【被动式】bèidòngshì [名]《言語》受け身文. 受動態.
【被动吸烟】bèidòng xīyān [名] 間接喫煙. 受動喫煙.
【被服】bèifú [名] (主に軍用の)被服や寝具. ¶～厂 / 衣料工場.
【被俘】bèifú [動] 捕虜になる.
【被覆】bèifù ❶ [動] 被覆する. ❷ [動]《軍事》竹や木またはレンガで建築物の内壁や外観を強化する. ❸ [名] 地面を覆う草や木など.
【被告】bèigào [名]《法律》〔量 个 ge,名 míng〕被告. [同] 被告人 bèigàorén [反] 原告 yuángào
【被告人】bèigàorén [名]《法律》被告人.
【被告席】bèigàoxí [名]《法律》被告席.

【被害人】bèihàirén 名《法律》被害者.
【被叫】bèijiào 名 電話を受ける側.
【被里】bèilǐ 名〔～儿・～子〕〔床 chuáng, 条 tiáo〕布団の裏. 眠るとき体にふれる側. 反 被面 bèimiàn.
【被面】bèimiàn 名〔～儿・～子〕〔床 chuáng, 条 tiáo〕布団の表. 反 被里 bèilǐ.
【被难】bèinàn 動 ❶《災害や事故などで》命を落とす. ❷ 災難にあう. ¶～的市民／被災した市民たち.
【被迫】bèipò 動 迫られる. やむなく…する. ¶她这样做是～的／彼女がこうしたのは強制されたからだ. ¶他～同意了这个计划／彼はやむなくこの計画に同意した. 反 自愿 zìyuàn.
【被褥】bèirù 名〔床 chuáng〕掛け布団と敷き布団. 同 铺盖 pūgài.
【被套】bèitào 名 ❶〔个 ge〕布団袋. ❷〔个 ge〕掛け布団カバー. ❸ 布団の綿. ¶丝绵 sīmián～／真綿の布団綿.
【被头】bèitóu 名 ❶ 掛け布団の襟. ❷ 方 掛け布団.
【被窝儿】bèiwōr 名 両わきと足もとを内側に折り込んで筒状〈寝袋状〉にした布団.
【被卧】bèiwo 名〔床 chuáng〕掛け布団. 夜具.
【被选举权】bèixuǎnjǔquán 名 被選挙権.
【被罩】bèizhào 名 掛け布団カバー. 同 被套 tào ❷
*【被子】bèizi 名〔床 chuáng, 条 tiáo〕掛け布団.

辈(輩) bèi
非部4 全12画 四 1150₄ 常用

名 ❶《親族や友人間の》長幼の順序. 世代. ¶～分 bèifen ／ 前～ qiánbèi（上の世代. 先輩）／ 同～ tóngbèi（同世代）／ 后～ hòubèi（後の世代. 後輩）. ❷ 文 連中. やから. ¶无能之～（無能のやから）. ❸〔～儿・～子〕人の一生. ¶我这一～子 yībèizi（私の一生）／ 后半～儿 hòubànbèir（後半生）. ❹（Bèi）姓.
【辈出】bèichū 動《有能な人材が》次々と世に出る. ¶人才～／人材が輩出する.
【辈分】bèifen 名 世代. 親等. ¶她的年龄比我大, 而～比我小／彼女は僕より年上だが, 世代からいうと僕より一世代下だ（例えば, おじとめいの関係）. 同 辈数儿 bèishùr.
【辈子】bèizi 名 生涯. ¶一～／一生. ¶半～／半生. 一代.

惫(憊) bèi
心部8 全12画 四 2733₆ 次常用

素 極度に疲れる. ¶～倦 bèijuàn（疲れて眠い）／ 疲～ píbèi（くたくたに疲れる）／ 困～ kùnbèi（疲れてる）. 参考 もと"bài"と発音した.

焙 bèi
火部8 全12画 四 9086₁ 次常用

動《茶や漢方薬などを》とろ火であぶる. 炒る. ¶～干研成细末（あぶり乾かして粉末にすりつぶす）／～粉 bèifěn ／ 烘～ hōngbèi（あぶる）.
【焙粉】bèifěn 名 ベーキングパウダー.
【焙干】bèigān 動 火であぶって乾燥させる.
【焙烧】bèishāo 動 あぶって焼く. ローストする.

蓓 bèi
艹部10 全13画 四 4426₁ 通用

❶ 下記熟語を参照. ❷（Bèi）姓.
【蓓蕾】bèilěi 名 花のつぼみ.

碚 bèi
石部8 全13画 四 1066₁ 通用

素 地名用字. ¶北～ Běibèi（重慶市にある地名）.

鞴 bèi
革部5 全14画 四 4454₇ 通用

文 ❶ 名 鞍(くら)・くつわ・手綱の総称. ❷ 動 馬具を馬につける. 同 鞴 bèi.

褙 bèi
衤部9 全14画 四 3222₇ 通用

素 紙や布を何層にも重ねて貼る. ¶裱～ biǎobèi（書画を表装する）.
【褙子】bèizi 名 方 ぼろ布を重ねて厚くしたもの. 布靴の材料として使う. ¶打～／"褙子"を作る.

鞴 bèi
革部10 全19画 四 4452₂ 通用

動 ❶ 鞍(くら)や轡(くつわ)などを馬につける. ¶～马 bèimǎ（乗馬の支度をする）. ❷ → 鞲鞴 gōubèi.

鐾 bèi
金部13 全21画 四 7010₉ 通用

動 刃物を研ぐ. ¶～刀 bèidāo（刃物を研ぐ）／～刀布 bèidāobù（研磨布）.

呗(唄) bei
口部4 全7画 四 6708₂ 通用

助 ❶ 文末について, わかりきっていることを示す. ¶这次没考好, 下次再努力～（今回は試験に合格しなかったけど, 次回は頑張ろうよ）. ❷ 本意ではないが同意したり譲歩したりする気持ちをあらわす. ¶去就去～（行くなら, 行ってもいいよ）.
☞ 呗 bài

臂 bei
月部13 全17画 四 7022₇ 通用

→ 胳臂 gēbei
☞ 臂 bì

ben ㄅㄣ〔pən〕

奔(異 犇) bēn
大部5 全8画 四 4044₄ 常用

❶ 動 急いで走る. ¶～驰 bēnchí ／ 狂～ kuángbēn（狂奔する）／ 东～西走（東奔西走する）／～命 bēnmìng. ❷ 動 逃走する. ¶～逃 bēntáo ／ 私～ sībēn（駆け落ちする）／ 东～西窜 cuàn（あちこち逃げ隠れする）. ❸（Bēn）姓.
☞ 奔 bèn
【奔奔族】bēnbēnzú 名 1975-1985年生まれの世代. 自らの出世や成功, 娯楽のために身骨を惜しまず駆け回る世代, という意.
【奔波】bēnbō 動 忙しくかけ回る. ¶四处～／あちこち奔走する. 同 奔走 bēnzǒu.
【奔驰】bēnchí 動《車やウマが》疾駆する. 同 飞驰 fēichí, 疾驰 jíchí ❷ Bēnchí 名《商標》ベンツ.
【奔窜】bēncuàn 動 あわてて逃げる. 逃げまどう.
【奔放】bēnfàng 形《感情や思いが》自由にあふれ出ている. ¶热情～／情熱がほとばしる. ¶她那～的歌声让人精神振奋 zhènfèn ／ 彼女の情熱あふれる歌声を聞くと, 心がふるい立つ.
【奔赴】bēnfù 動 急いで向かう. ¶～赛场／競技場にかけつける.
【奔流】bēnliú ❶ 動 勢いよく流れる. ¶大河～／大河が奔流となって流れる. ❷ 名 急流.

【奔忙】bēnmáng 動 忙しくかけ回る．忙しくたち働く．¶电车如穿梭 chuānsuō 一般,往返～/電車は機織りの杼(ひ)のように,ひっきりなしに行ったり来たりしている．[用法]"奔忙"は,単独では述語にならない．前後に別の成分をつけて使う．

【奔命】bēnmìng 動 使命を受けて奔走する．¶疲于～/(成)奔命に疲れる．⇨奔命 bènmìng

【奔跑】bēnpǎo 動 かけ回る．奔走する．¶在跑道上飞快地～/(競技場の)トラックの上を飛ぶように走る．

【奔丧】bēn//sāng 動 父母や親族の死にかけつける．¶母亲去世了,他回去～/母親が亡くなって,彼は故郷の葬儀にかけつけた．

【奔驶】bēnshǐ 動 (列车や车などが)猛スピードで走る．

【奔逃】bēntáo 動 逃げる．姿をくらます．¶～他乡/他郷へ逃亡する．

【奔腾】bēnténg 動 ウマの群れが跳躍奔走する．¶他的思绪如野马～,不可抑制 yìzhì/彼の想いは野生馬がとびはねるようで,抑えることができなかった．[表現]勇ましく前進することにもたとえる．

【奔突】bēntū 動 猪突猛進する．

【奔袭】bēnxí 動 (軍事)奇襲する．

【奔泻】bēnxiè 動 水が勢いよく流れる．¶～千里/一瀉(しゃ)千里．

【奔涌】bēnyǒng 動 (水流や思いが)とめどなく溢れ出す．

【奔走】bēnzǒu 動 ❶ 走る．❷ (目的のために)奔走する．活動する．¶为衣食而～/生活のためにあくせく働く．(同)奔波 bēnbō

【奔走相告】bēnzǒu xiāng gào 句 (重要な情報を)至急知らせ合う．

贲 (賁) bēn

贝部5 (5) 4080₂ 全9画 通用

❶ →虎贲 hǔbēn ❷ 下記熟語を参照．❸ (Bēn)姓．
  * 贲 bì

【贲门】bēnmén 名《生物》胃の噴門(ふんもん)．

栟 bēn

木部6 (6) 4894₁ 全10画

[素] 地名用字．¶～茶 Bēnchá (江蘇省如東県にある地名)．
  * 栟 bīng

锛 (錛) bēn

钅部8 (6) 8474₄ 全13画

❶ [素] 〔(量) 把 bǎ,个 ge〕手斧(ちょうな)．¶～子 bēnzi．
❷ 動 手斧などを使って,削る．¶～木头(木を手斧で削る)．

【锛子】bēnzi 名 〔(量) 把 bǎ,个 ge〕手斧(ちょうな)．木材を削って平らにする道具．

本 běn

木部1 (5) 5023₀ 全5画 常用

❶ 名 植物の根元．¶水有源 yuán,木有～(どこの川にも水源があり,どんな木にも根がある)．❷ [素] ものごとの根幹．中心．¶根～ gēnběn (根本)/国～ guóběn (国家の基礎)．末 mò ❸ [素] もともとの．¶～来 běnlái/原 yuán さらい/本心的な．主要な．¶～部 běnbù/～岛 běndǎo (本島)．❺ (代) 自分の．¶～国 běnguó/～位 běnwèi/～身 běnshēn．❻ (代) 現在の．この．¶～年 běnnián (今年)/～月 běnyuè (今月)/～书 běnshū (この本)/～合同 (この契約)．❼ 名 (～儿) 元手．元金．¶还～ huánběn 付息(元金を返済し利息を払う)/～ zīběn (資本．元手)．❽ 動 …に基づく．¶有所～ (基づく点がある)．❾ 名 〔(量) 个 ge〕冊子．¶～子 běnzi/笔记～ bǐjìběn (ノート)．❿ [素] 版本．テキスト．¶刻～ kèběn (木版本)/抄～ chāoběn (写本)/～稿～ gǎoběn (著作の原稿)．⓫ 名 (旧) 皇帝に奉る奏書．¶修～ (上奏文を書く)．⓬ [素] 本や雑誌,映画フィルムなどを数えることば．¶一～书(1冊の本)．⓭ (Běn)姓．

【本本】běnběn 名 書物．

【本本主义】běnběn zhǔyì 実際に即さず,書物や上司の指示に盲従するやり方．教条主義．¶反对～,注重实地调查/文献至上主義に反対し,実地調査を重んじる．

【本币】běnbì 名《金融》"本位货币"(本位貨幣)の略称．

【本部】běnbù 名 (組織や機構などの)中心部．本部．¶校～/学校本部．

【本埠】běnbù 名 当地．[表現] 比較的な規模の大きな都市に使う．

【本草】běncǎo 名《中医》生薬(漢方薬)の古称．

【本草纲目】Běncǎo gāngmù《書名》『本草綱目』(ほんぞうこうもく)．中国薬物学の書．明の李時珍(りじちん)の著．

【本地】běndì 名 その土地．¶～风光/その土地ならではの風景．¶～口音/お国なまり．(同) 当地 dāngdì 外地 wàidì

【本地人】běndìrén 名 当地の人．地元の人．

【本分】běnfēn ❶ 名 責務．本分．¶学习是学生的～/学業は学生の本分だ．❷ 形 本分をわきまえている．¶他很～/彼は本分を守る．

【本国】běnguó 名 自国．本国．

【本行】běnháng 名 ❶ 本業．現在の仕事．¶老～/昔から身につけた仕事．❷ (銀行などの)自称．当店．当行．弊店．

【本号】běnhào 名 当店．弊店．

【本纪】běnjì 名 歴史書の帝王の伝記．本紀(ほんぎ)．(反) 列传 lièzhuàn

【本家】běnjiā 名 同族の人．同姓の人．

【本届】běnjiè 名 今期．今年度．[表現] 会議や学年に使う．

【本金】běnjīn 名《経済》❶ (利息に対する)元金．利息 lìxī ❷ 資本金．元手．

【本科】běnkē 名 (大学の)本科．夜間コースや通信コース,大学院課程に対して4～5年間の学部課程をいう．¶她是～生/彼女は本科の学生だ．

*【本来】běnlái ❶ 形 もともとの．本来の．¶～的面貌/もとの姿．¶～的颜色/もとの色．(同) 原本 yuánběn,原来 yuánlái ❷ 副 もとは．以前は．¶他～身体很弱,练了气功后身体强健起来了/彼はもともと身体が弱かったが,気功をはじめてから丈夫になった．(同) 原本 yuánběn,原来 yuánlái ❸ 副 もとより…だ．当然…だ．¶你～就该这样办/君は当然このようにすべきだ．(同) 原本 yuánběn,原来 yuánlái

【本来面目】běn lái miàn mù 句 物事の本来の姿かたち．

【本垒】běnlěi 名《スポーツ》ホームベース．

【本利】běnlì 名《金融》元金と利息．(同) 本息 xī

*【本领】běnlǐng 名 才能．腕前．¶有～/能力がある．¶～高强 gāoqiáng/腕前が優れている．¶学好～/実力を身につける．(同) 本事 běnshì,身手 shēnshǒu

【本名】běnmíng 名 ❶ (号や肩書きではない)本名．(反) 别 bié 名 ❷ (姓などではなく)本人につけた名前．ファーストネーム．

【本命年】běnmìngnián 图 自分の干支(ﾞ)の年.
【本末】běnmò 图 ❶ 事の次第. いきさつ. ¶事情的～/事の次第. ❷ ものごとの基幹と枝葉の部分.
【本末倒置】běn mò dào zhì 成 本末転倒.
【本能】běnnéng 图 形 本能的だ. 本能的に. ¶他～地往旁边一闪/彼は本能的に脇に飛びのいた.
【本钱】běnqián 图 資本. 元手. ¶身体是工作的～/体は仕事の元手だ. 同 利息 lìxī
【本人】běnrén 图 ❶ 自分. 私. ¶～姓陈/私は陳と申します. ❷ 本人. 当人. ¶最好由他～出面找厂里谈一谈/彼自身が出て行って工場側と話し合うのが一番だ. 同 自己 zìjǐ 別 別人 biérén, 外人 wàirén, 他人 tārén
【本色】běnsè 图 本来の姿. ¶英雄～/英雄の本来の面目.
【本色】běnshǎi 图 (～儿)(布の)生成(ﾞ)りの色. ¶～儿布/生成りの布.
【本身】běnshēn 图 それ自身. それ自体. 同 自身 zìshēn
【本事】běnshì 图 (詩や小説の)もとになる事実. ¶话剧《屈原 Qū Yuán》～简介/新劇「屈原」のストーリー紹介.
*【本事】běnshi 图 腕前. 能力. ¶学～/腕をみがく. ¶我们比一比,看谁的~大/我々のうち誰の腕前がすごいか,比べてみようじゃないか. 同 本领 běnlǐng
【本题】běntí 图 中心となる題目. 本題.
【本体】běntǐ 图 ❶《哲学》本体. もの自体. 反 现象 xiànxiàng ❷ (機器や工事などの)主要部分.
【本土】běntǔ 图 ❶ ふるさと. ¶本乡～/生まれし故郷. 同 本乡 běnxiāng 反 外乡 wàixiāng ❷ 本国. 本土.
【本位】běnwèi 图 ❶《経済》貨幣本位. 貨幣制度の基礎または価値を支える基準. ¶金～/金本位. ❷ 持ち場. 自分の所属する部署. ¶～工作/自分自身の職務.
【本位货币】běnwèi huòbì 图《金融》本位貨幣. 本币,主 zhǔ 币 参考 その国の貨幣制度の基本となる貨幣のこと. 中国では"圆[元]yuán".
【本位主义】běnwèi zhǔyì 图 本位主義. 自己の所属する機関や団体などの利益のみを追い,全体を顧みない考え方.
【本文】běnwén 图 ❶ 今,話題にしている文章. ❷ 原文. 本文. 同 译文 yìwén
【本息】běnxī 图《経済》元金と利息. ¶偿还 chánghuán～/元利を合算して償還する.
【本戏】běnxì 图《芸能》通し狂言の芝居. 参考 "折子 zhézi 戏"(戯曲の全通し中,独立して上演される一幕)と区別していう.
【本乡】běnxiāng 图 ❶ 当地. 反 外乡 wàixiāng ❷ ふるさと. 同 本土 běntǔ
【本相】běnxiàng 图 本来の姿. 正体.
【本小利微】běn xiǎo lì wēi 图 小さな商売. 由来 "元手が少なく,利益も小さな商売." という意から.
【本心】běnxīn 图 本心. 同 本意 yì
【本性】běnxìng 图 本質. 本性.
【本性难移】běnxìng nán yí 图 三つ子の魂百まで. ¶江山易改,～/川や山は姿が変わるが,本性は変えがたい.
【本义】běnyì 图 ことば本来の意味. 本義. 反 转义 zhuǎnyì, 引申义 yǐnshēnyì
【本意】běnyì 图 本心. 本来の意図.

【本影】běnyǐng 图 ❶《天文》(太陽の黒点中央の)暗部. アンブラ. ❷《物理》物体にさえぎられ,光源から光がとどかない部分. 影.
【本原】běnyuán 图《哲学》一切の事物の根源.
【本源】běnyuán 图 おおもと. 根源. ¶追溯 zhuīsù～/源へさかのぼる. 同 根源 gēnyuán
【本着】běnzhe 前 …に基づいて. ¶～维护世界和平的原则,我们反对一切侵略 qīnlüè 战争/世界平和維持の原則に基づき,我々はあらゆる侵略戦争に反対する. 用法 "本着"の目的語はいくつかの抽象名詞であり,その前には修飾語がつくのがふつう.
【本职】běnzhí 图 自分の職務. ¶做好～工作/自己の職務をやり遂げる.
*【本质】běnzhì 图 本質. 本性. ¶看问题要抓住它的～/問題を見るには,その本質をつかまねばならない. 同 实质 shízhì 反 现象 xiànxiàng
【本字】běnzì 图《言語》(ある漢字の)本字. ¶"离"是"螭"的~/"离"は"螭"の本字だ. ¶"欲 hē"是"喝"的～/"欲"は"喝"の本字だ. 同 正字 zhèngzì 表现「本来の字形」という意味と,「本義の字」という意味がある.
**【本子】běnzi 图 ❶〔量 本 běn,个 ge〕ノート. メモ帳. ❷〔量 种 zhǒng〕版本. テキスト. ❸〔量 个 ge〕証明書. ¶考～/運転免許証などの証明書. 合格証書.
【本族语】běnzúyǔ 图 その民族の言語. 母国語.

苯 běn
艹部5 全8画 四 44234 通用
图《化学》ベンゼン. ベンゾール. ♦benzene
【苯胺】běn'àn 图《化学》アニリン.
【苯酚】běnfēn 图《化学》フェノール. 同 石炭酸 shítànsuān
【苯甲酸】běnjiǎsuān 图《化学》安息香酸.
【苯乙烯】běnyǐxī 图《化学》スチレン.

畚 běn
厶部8 全10画 四 23608 通用
❶ 名 竹や木や鉄でつくられた,箕(ﾐ)に似た形の農具. ¶～箕 běnjī / 一斗 běndǒu(箕ﾃ). ❷ 動 方 "畚"を使って土や灰をかき集める. ¶～土/灰をかき取りで集める. /～炉灰 lúhuī(ストーブの灰をかき集める).
【畚箕】běnjī 图 方 箕(ﾃ). ちり取り. 同 簸箕 bòji

夯 bèn
大部2 全5画 四 40427 次常用
形 "笨 bèn"に同じ. 参考『西遊記』『紅楼夢』などに見られる字.
☞ 夯 hāng

坌 bèn
土部4 全7画 四 80104 通用
文 ❶ 图 ちりやほこり. ¶尘～ chénbèn(ちりやほこり) / 微～ wēibèn(細かなもり). ❷ 動 寄せ集める. ¶～集 bènjí(群がり集まる).

奔(異逩) bèn
大部5 全8画 四 40444 通用
❶ 動 目的に向かって進む. ¶投～ tóubèn(頼って行く)/～命 bènmìng / 直～机场(空港へ直行する)/～小康(暮し向きがよくなる). ❷ 動 (40才以上の)ある年齢に近づく. ¶他是～六十的人了(彼は60に手が掛かる). ❸ 動 口 工面に奔走する. ¶～球票(球技の試合のチケットを手に入れるためにかけずり回る).
☞ 奔 bēn

【奔命】bèn//mìng 動 回 必死で道を急ぐ．休まずに仕事をする．▷奔命 bēnmíng
【奔头儿】bèntour 名 張り合い．望み．¶将来有个～／将来に望みがある．

笨 bèn
竹部5 四 8823₄
全11画 常用

形 ❶理解力や記憶力が劣る．にぶい．¶愚～ yúbèn（愚かだ）／脑子～（頭が悪い）．回 傻 shǎ, 蠢 chǔn, 愚 yú 反 灵 líng ❷機敏でない．不器用だ．¶～手脚 bèn shǒu bèn jiǎo ／～拙 bènzhuō ／嘴～ zuǐbèn（口下手だ）．反 巧 qiǎo, 灵 líng ❸重い．力を要する．¶～重 bènzhòng ／～活儿 bènhuór（力仕事）．

【笨伯】bènbó 名 文 愚鈍(ᡓᠩᡏ)な人．回 笨蛋 dàn
【笨蛋】bèndàn 名〔個 个 ge〕うすのろ．バカ．表現 のしりのことば．
【笨口[嘴]拙舌】bèn kǒu [zuǐ] zhuō shé 成 口べただ．反 能言善辩 néng yán shàn biàn, 伶牙俐齿 líng yá lì chǐ 表現 へりくだって言う場合に使う．
【笨鸟先飞】bèn niǎo xiān fēi 成 愚かな鳥は先に飛ぶ．能力がない者は，人に遅れまいとして先にとりかかる．表現 自分をへりくだって言う場合に使う．
【笨手笨脚】bèn shǒu bèn jiǎo 成 動作がのろい．不器用だ．
【笨重】bènzhòng 形 ❶大きくて重い．¶～的家具／大きくて重い家具．反 轻便 qīngbiàn, 轻巧 qīngqiǎo ❷重くて動きがにぶい．¶怀孕 huáiyùn 以后, 身体渐渐～起来了／妊娠してから，体が重くて動きがだんだん鈍くなってきた．❸骨が折れる．体力のいる．¶干 gàn 这种～的活儿, 有力气就行 xíng ／こういう体力仕事は，力があれば大丈夫だ．回 费力 fèilì 反 轻巧 qīngqiǎo
【笨拙】bènzhuō 形 不器用だ．にぶい．¶动作～／動作がにぶい．¶笔法～／筆遣いがへただ．¶～的手法／つたないやり方．回 蠢笨 chǔnbèn, 愚笨 yúbèn, 愚蠢 yúchǔn 反 工巧 gōngqiǎo, 灵巧 língqiǎo

beng ㄅㄥ〔pəŋ〕

崩 bēng
山部8 四 2222₇
全11画 次常用

❶動 くずれ落ちる．¶～溃 bēngkuì ／雪～ xuěbēng（なだれ）／山～地裂 liè 成 山がくずれ地が裂ける．❷動 破裂する．割れる．こわれる．¶一裂 bēngliè ／两个人谈～了（二人の話し合いはもの別れに終わった）．❸動 はじけ飛んできたものが当たる．❹動 銃殺する．¶他一枪把叛徒 pàntú～了（彼は一発で裏切り者を打ち殺した）．❺動 旧（帝王が）死ぬ．¶～殂 bēngcú（崩御）／驾～ jiàbēng（崩御）．❻（Bēng）姓．
【崩岸】bēng'àn 動（堤防が）決壊する．
【崩溃】bēngkuì 動 崩壊する．¶经济形势很不好, 快到～的边缘 biānyuán ／経済情勢はきわめて悪く，崩壊寸前だ．回 解体 jiětǐ, 瓦解 wǎjiě
【崩裂】bēngliè 動 破裂してバラバラになる．¶一声巨响, 冰山的一角～了／どっと巨大な音が鳴り響き，氷山の一角がくずれた．
【崩龙族】Bēnglóngzú 名《民族》パラウン族．雲南省の少数民族．"德昂族 Dé'ángzú"の旧称．
【崩塌】bēngtā 動（建造物が）くずれ落ちる．

绷（綳）⟨異⟩繃 bēng
纟部8 全11画 四 2712₀ 次常用

動 ❶ぴんと張る．¶～紧绳子（ひもをぎゅっと締める）．❷しつけ縫いをする．針でとめる．¶～被头〈掛け布団のえりをぬいつける〉．❸ポンと飛び出す．¶弹簧 tánhuáng～飞了（スプリングがとび出した）．❹（布が）つっぱる．¶衣服太小, 一在身上不舒服〈服が小さすぎて，体が窮屈で気持ちがわるい〉．❺回 無理に支える．つっぱる．¶一场面（見栄を張る）／你还能～多久？〈君はまだどのくらいつっぱれるんだい〉．❻だます．持ち逃げする．¶坑 kēng～拐骗 guǎipiàn〈あの手この手で人をだまし，金品を持ち逃げする〉．

☞ 绷 běng, bèng

【绷带】bēngdài 名〔個 卷 juǎn, 捆 kǔn, 条 tiáo〕包带．¶缠 chán～／包帯を巻く．¶解～／包帯を解く．
【绷弓子】bēnggōngzi 名 ❶ドアを閉めるばね仕掛けの装置．❷方 はじき弓．（鳥打ち用の）パチンコ．回 弹弓 dàngōng
【绷簧】bēnghuáng 名 方 スプリング．ばね．
【绷子】bēngzi 名（布をぴんと張るための）二枚の円い木枠．刺しゅう台．刺しゅう枠．¶花～／刺しゅう枠．

嘣 bēng
口部11 四 6202₇
全14画 通用

擬 バン．パン．破裂したり跳ねる音．¶心里一～一直跳〈胸がドキドキしている〉／气球～的一声破了〈風船がポンと割れた〉．

甭 béng
一部8 四 1022₇
全9画 通用

❶副 方 …する必要がない．¶～客气（遠慮しないで）／～说了（言わなくてもいい）．❷（Béng）姓．参考 "不用 búyòng"を一つにしたことば．
【甭管】béngguǎn 動 回 放っておく．手出しをしない．相手にしない．

绷（綳）⟨異⟩繃 běng
纟部8 全11画 四 2712₀ 次常用

動 ❶回（表情を）こわばらせる．¶～着脸〈表情をこわばらせて〉．❷無理してもちこたえる．¶～劲儿〈気持ちを落ちつける〉／他～不住笑了〈彼はこらえきれずに笑った〉．

☞ 绷 bēng, bèng

【绷脸】běng//liǎn 動 顔をこわばらす．仏頂面(ﾌﾞﾂﾁｮｳﾂﾞﾗ)をする．

琫 běng
王部8 四 1515₈
全12画 通用

名 文 刀のさやの上端の飾り．

泵 bèng
石部9 四 1090₂
全9画 次常用

❶名〔個 台 tái〕ポンプ．¶水～ shuǐbèng（揚水ポンプ）／油～ yóubèng（オイルポンプ）／气～ qìbèng（エアポンプ）／排量 bèngpáiliàng（ポンプ排出量）．回 唧筒 jītǒng ◆pump ❷動 ポンプで注入または排出する．◆pump ¶～油〈油を入れる〉．❸（Bèng）姓．
【泵房】bèngfáng 名 ポンプハウス．

迸 bèng
辶部6 四 3830₄
全9画 通用

動（外に向かって）勢いよく飛び散る．¶～发 bèngfā ／～裂 bèngliè ／火星儿乱～（火花があちこちに飛び散る）．注意 "进 jìn"（進む）と形が似ているので注意．
【迸发】bèngfā 動 ❶外に向かって吹き出す．飛び散る．

❷（気持ちや声などが）どっとわき出る．¶这种喜悦 xǐyuè 是从她心里一出来的／その喜びは彼女の心の中からほとばしり出たものだ．

【迸溅】bèngjiàn 動 四方八方に飛び散る．
【迸裂】bèngliè 動 砕け飛び散る．¶山石～／岩石が裂けて飛び散る．

蚌 bèng

虫部4 四 5510₀ 全10画 次常用

地名用字．¶～埠 Bèngbù．
☞ 蚌 bàng
【蚌埠】Bèngbù《地名》蚌埠(バンブー)．安徽省にある市．

绷（綳／繃）bèng

纟部8 全11画 四 2712₀ 次常用

❶動 割れて，裂け目ができる．¶玻璃～了一道裂缝儿 lièfèngr（ガラスに一筋の裂け目ができた）／～瓷 bèngcí．❷副 (口) とても…だ．形容詞の前について程度を強める．¶～硬 bèngyìng／～直 bèngzhí（まっすぐだ）／～亮 bèngliàng／～脆 bèngcuì（さくさくして歯ざわりがよい）．
☞ 绷 bēng, běng
【绷瓷】bèngcí 名（～儿）上薬にひび割れの模様が入った磁器．同 碎瓷 suìcí
【绷亮】bèngliàng 形 (口) ひどく明るい．¶照得～／明るく照らされる．
【绷硬】bèngyìng 形 (口) ひどく硬い．¶肌肉 jīròu～有力／筋肉が硬く，力がみなぎっている．¶这种麦饼 màibǐng 绷绷硬，咬也咬不动／この麦粉で作った"饼"(お焼き)は硬くて，歯が立たない．

鎓 bèng

瓦部12 四 4271₇ 全16画 通用

名 (方) かめ．¶酒一 jiǔbèng（酒のかめ）．同 瓮 wèng

镚（鏰）bèng

钅部11 四 8272₇ 全16画 通用

名 (口)（～儿，～子）〔量个 ge〕清末から民国初年にかけて通用していた穴のない銅貨．現在では，一分・二分・五分のニッケル貨のことを"钢～子"または"钢～儿"と呼ばれる．
【镚儿】bèngr 名 ❶ "镚 bèng"に同じ．❷ 小額の硬貨．

蹦 bèng

足部11 四 6212₇ 全18画 常用

動 ❶ ジャンプする．跳びはねる．¶欢～乱跳（喜んではねまわる）／～了一公尺高（1メートルも跳び上がった）．❷ 昆虫がはねる．¶跳蚤一～不见了（ノミはぴょんとはねると見えなくなった）．❸ きっぱり言うことのたとえ．¶～出了一句话（一言できっぱり言った）．
【蹦蹦儿戏】bèngbèngrxì 名《芸能》河北省の芝居の一つ．"评剧 píngjù"の前身．
【蹦床】bèngchuáng 名《スポーツ》トランポリン．またはそのマット．
【蹦跶】bèngda 動 跳びはねる．¶秋后的蚂蚱 màzha～～不了几天了／秋が過ぎてからのバッタ——あと何日もじたばたできない（最期が近づいている）．
【蹦迪】bèngdí 動 ディスコで踊る．
【蹦高】bènggāo 動（～儿）跳び上がる．
【蹦极】bèngjí 名 バンジージャンプ．同 蹦极跳 tiào
【蹦跳】bèngtiào 動 ぴょんぴょん跳びはねる．躍り上がる．¶蹦蹦跳跳／跳んだりはねたりする．¶高兴得～了起来／躍り上がって喜ぶ．

bi ㄅㄧ〔pi〕

逼（異 偪）bī

辶部9 四 3130₆ 全12画 常用

❶ 動 追いつめる．¶～迫 bīpò／～上梁山／强～ qiǎngbī（無理強いする）．❷ 動 無理に取り立てる．¶～债 bīzhài／～租 bīzū（税の支払いを迫る）．❸ 動 接近する．¶～近 bījìn／～真 bīzhēn．❹ 形 (文) 狭い．¶～仄 bīzè．❺ (Bī)姓．
【逼宫】bīgōng 動 大臣などが帝王に退位を迫る．表现 政府の首脳に辞職や権力の譲渡を迫ることにも用いられる．
【逼供】bīgòng 動 自白を強要する．¶～信／強要した自白を認定にする．
【逼和】bīhé 動（スポーツや戦いで，劣勢の側が）なんとかして相手を引き分けまで追い込む．
【逼近】bījìn 動 近づく．間近に迫る．¶期末考试一天天～／期末試験が日一日と近づいてきた．同 迫近 pòjìn, 靠近 kàojìn 比较 "逼近"は，一方が他に近づくこと．"靠近 kàojìn"は，たがいに近づくこともいう．
【逼良为娼】bī liáng wéi chāng 善良な人に悪事をさせる．由来 良家の子女を娼婦にする，という意から．
【逼命】bīmìng 動 無理やり強いる．
【逼迫】bīpò 動 うむを言わさず強要する．¶由于生活的～,她不得不拼命 pīnmìng 地干活／生活に迫られ，彼女は必死で働かざるを得なかった．同 强迫 qiǎngpò 比较 "逼迫"は抵抗できないほどの強要をいい，"强迫"はそれほどではなく，反抗も不可能ではない．"强迫命令"，"强迫劳动"とはいえるが，これを"逼迫命令"，"逼迫劳动"とはいえない．
【逼上梁山】bī shàng Liáng shān 成 追いつめられ，やむを得ず行動に出る．¶农民们被官府～,纷纷起来暴动 bàodòng／農民たちは役人に追いつめられ，やむなく次々と立ち上がり，暴動を起こした．反 自觉自愿 zì jué zì yuàn 由来 《水浒传》に見える林冲たちの故事から．
【逼视】bīshì 動 近寄って，じっと見つめる．¶在他的～下,她不觉地低下了头／彼にじっと見つめられ，彼女は思わずうつむいた．
【逼死】bīsǐ 動 死に追いやる．¶她是被～的／彼女は死に追いやられたのだ．
【逼问】bīwèn 動（相手に）無理やり答えさせる．
【逼肖】bīxiào 形 非常によく似ている．酷似している．
【逼仄】bīzè 形 ひどく狭い．¶书房～,仅能容身／書斎は狭いので，一人座るのがやっとだ．
【逼债】bī//zhài 動 債務をきつく取り立てる．
【逼真】bīzhēn 形 ❶ 本物そっくりだ．¶情节 qíngjié～／物語が真に迫る．❷ はっきりしている．¶我看得～,决不会看错的／私ははっきりと見たんだ．間違えるはずがない．同 真切 zhēnqiè

鲾（鯿）bī

鱼部9 四 2116₆ 全17画 通用

名《魚》ギチ．ヒイラギ．

荸 bí

艹部7 四 4440₇ 全10画 次常用

下記熟語を参照．
【荸荠】bíqí[-qi] 名《植物》オオクログワイ．地下茎を食用とする．同 地梨 dìlí, 地栗 dìlì, 马蹄 mǎtí, 乌芋 wūyù ⇨次ページ図

鼻 bí

鼻部 0　四 2622₁
全14画　常用

荸荠

素 ❶〔～子〕鼻. ¶扑～ pūbí 〈成〉鼻であしらう. ❷〈～儿〉器物の突き出た穴のあいた部分. ¶门～儿 ménbír〔ドアの取っ手や鍵穴〕/ 针～儿 zhēnbír〔針のめど〕. ❸〈文〉物事のはじめ. ¶～祖 bízǔ. 注意 日本の漢字「鼻」と字形が異なる.

【鼻窦】bídòu 名《生理》副鼻腔. "鼻旁窦 bípángdòu"の通称.
【鼻窦炎】bídòuyán 名《医学》副鼻腔炎.
【鼻观】bíguàn 名〈文〉鼻孔.
【鼻尖】bíjiān 名〈～儿〉鼻の先. 鼻の頭. 同 鼻子尖儿
【鼻疽】bíjū 名《畜産》鼻疽(び). 馬やロバなどの伝染病の一種.
【鼻孔】bíkǒng 名 鼻の穴. 鼻孔.
【鼻梁】bíliáng 名〈～儿〉鼻筋. 鼻梁. ¶高～ 鼻筋の通った高い鼻. ¶塌 tā～儿 / つぶれた低い鼻. 鼻ぺちゃ. 同 鼻梁子 bíliángzi
【鼻衄】bínǜ 名《医学》鼻血.
【鼻腔】bíqiāng 名《生理》鼻腔.
【鼻青脸肿】bí qīng liǎn zhǒng〈成〉鼻があざで黒ずみ, 顔がはれ上がる. ¶他被人打得～/ 彼は顔がはれあがるほど殴られた.
【鼻儿】bír 名 ❶→鼻② ❷〈方〉ホイッスルに似た小笛.
【鼻饲】bísì 動《医学》鼻から流動食を与える.
【鼻涕】bítì 名〔条 tiáo〕鼻水. ¶流～/ 鼻水をたらす. ¶擤 xǐng～/ 鼻をかむ. ¶擦 cā～/ 鼻をふく.
【鼻头】bítou 名 ❶ 鼻先. 同 鼻尖 jiān ❷〈口〉鼻. 鼻子.
【鼻息】bíxī 名 鼻息. ¶～如雷 / 雷のようないびき. ¶仰人～/ 他人の鼻息をうかがう.
【鼻烟】bíyān 名〈～儿〉かぎタバコ.
【鼻咽癌】bíyān'ái 名《医学》鼻咽部粘膜に発生する癌.
【鼻烟壶】bíyānhú 名〈～儿〉かぎタバコ入れ.
【鼻炎】bíyán 名《医学》鼻炎.
【鼻翼】bíyì 名《生理》小鼻. 同 鼻翅儿 bíchìr
【鼻音】bíyīn 名 ❶《言語》鼻音. "普通话"の"m, n, ng"の音. ❷ 鼻にかかった声.
【鼻韵母】bíyùnmǔ 名《言語》"鼻音"① で終わる"韵母"
【鼻子眼儿】bíziyǎnr 名〈口〉鼻のあな. 鼻孔.
【鼻祖】bízǔ 名〈文〉創始者. 開祖. ¶孔子是儒家 Rújiā 的/ 孔子は儒家の始祖である.

匕 bǐ

匕部 0　四 2271₀
全2画　次常用

素〈文〉さじ.

【匕首】bǐshǒu 名〔把 bǎ〕あいくち. 短剣.

比 bǐ

比部 0　四 2271₀
全4画　常用

I 動 ❶ 比べる. 比較する. 競う. ¶～成绩 / 成績を比べる. ¶想想过去的苦, ~~今天的甜 / 過去の苦しみを思い, 現在の楽しさと比べる. ¶咱俩~～谁先跑到 / 2人のどちらが先に着くか駆けっこしよう. ¶谁好谁坏, 一～

~出来了 / 誰がよくて誰が悪いか, 比べてみればすぐわかる.
❷ …に匹敵する. …と同じだ. ¶坚～金石 / 金石のように硬い. ¶近邻 jìnlín～亲 / 近所は親戚と同じだ. ¶这小伙子 xiǎohuǒzi～不上他 / こいつでは彼にかなわない.
❸ 手まねをする. 手ぶりをする. ¶他一边唱一边～手势 / 彼は歌を歌いながら手ぶりをした.
❹〈何かを基準にして〉まねる. …をモデルに…する. 参多く "着 zhe"を伴う. ¶～着纸样子裁 cái / 型紙に合わせて裁断する. ¶～上不足, ～下有余 /〈成〉上には上がある, 下には下がある.
❺ …に向ける. ¶不许用枪随便～着人 / 銃をみだりに人に向けてはならない.
❻ たとえる. なぞらえる. 参多く "作, 为, 成"の結果補語を伴う. ¶把祖国～作母亲 / 祖国を母になぞらえる. ¶拿他～猴子 / 彼を猿にたとえる.
❼ 試合の得点をあらわす. …対…. ¶北京队以三～四负于上海队 / 北京チームは3対4で上海チームに敗れた.

II 名 比. 比率. 割合. ¶这里的小麦年产量和水稻年产量约为一与四之～/ ここの小麦の年間生産量は水稻の年間生産量は, おとそ1対4の割合だ.

III 前 ❶ …より. 参文型 "A 比 B…"（A は B より…だ）の形式で比較文をつくる. ¶他的～我的好 / 彼のは私のよりよい. ¶今年～去年热 / 今年は去年より暑い. ¶我～你大两岁 / 私は君より二つ年上だ. ¶两个人～往常更加亲热了 / ふたりは今までよりもいっそう仲良くなった. ¶羊肉切得～纸还薄 / 羊の肉が紙よりも薄く切ってある.
❷ "一＋量＋比＋一＋量…"の形式で, 程度が次第に進んでいくことをあらわす. …するにつれて. ¶生活一天～一天好 / 生活は日に日によくなる. ¶一声～一声高地叫她 / だんだん声を高くして彼女を呼びつづけた.

> **"比"による比較文（"比"字句）**
>
> **1. 述語の形式**
> 形容詞 ◇他比我高 / 彼は私より背が高い.
>　　　 ◇他比你胖 / 彼はあなたより太っている.
> 動詞（句）◇我比你早到 / 私はあなたより早く着いた.
>　　　 ◇这个比那个难画 / これはそれよりも描きにくい.
>　　　 ◇南方人比北方人喜欢吃大米 / 南方の人は北方の人より米を好んで食べる.
> 様態補語 ◇你比我跑得快 / 君は私より走るのがはやい.
>　　　 ◇她比我唱得好 / 彼女は私より歌うのがうまい.
> 参 "比…"を様態補語内に入れ込む語順も可.
>　　 "你跑得比我快", "她唱得比我好"
>
> **2. 数量差を明示する場合**
> ① 数量差を明示する場合は述語の後ろに置く.
> 参文型: A＋比＋B＋述語＋数量
>　◇这座山比那座山高五百米 / この山はあの山より500メートル高い.
>　◇他比我去年瘦了三公斤 / 彼は去年より3キロやせた.
>　◇我比你早来了五分钟 / 私はあなたより5分早く来ました.
>　◇他比我多喝了两个啤酒 / 彼は私より2本多くビールを飲んだ.
>
> ② 具体的な数字ではなく程度の差としていう場合.
> 参文型: A＋比＋B＋述語＋〈一点儿・一些・多了・得多〉
>　◇他的工资比我的多一点儿 / 彼の給料は私より少

し多い.
◇中文比英文好学多了 / 中国語は英語よりずっと勉強しやすい.
◇他汉语说得比我好得多 / 彼は中国語を話すのがわたしよりずっとうまい.

3．程度副詞:"比…更…","比…还…"
① "比…更…":同じ物差しの上でなされる実際の比較.
◇北京比东京更冷.
◇你来比我去更方便.
② "比…还…":程度の甚だしさをいうための修辞的比喩. 比較の相手は極端なものが落ち着く. 驚きを伴う誇張表現になる.
◇今年气候反常,广州比北京还冷 / 今年は異常気象で,広州の方が北京よりもまだ寒い.
◇我的爱情比山还高,比海还深 / 私の愛は山よりもなお高く,海よりもなお深い.
[注意] 程度副詞"很,太,非常,十分,最"などを用いることはできない.
× 她比我很漂亮.
→她比我还(更)漂亮.
× 彼女は私より<u>とても</u>きれいだ.
→彼女は私よりもっときれいだ.

4．否定
"比"を用いた比較表現には"没有"と"不"を用いる2種類の否定がある.
① "没有"型否定
▸ 文型: A 没有 B … (A は B ほど…ではない)
"没有"型否定が標準である. "比"が消失することに注意.
◇她没有我漂亮 / 彼女は私ほどきれいではない.
② "不"型否定
▸ 文型: A 不比 B … (A は B に比べて…ではない)
"不"型否定は「A は B にたいして違わない」ことを含意する.
◇她不我漂亮 / 彼女は私よりきれいなわけではない.

Ⅳ [文] 旧読では"bì". ❶ [動] 並ぶ. ぴったりくっつく. ¶~肩作战 / 肩を並べて戦う. ¶ 鳞次 líncì 栉 ~ zhì-bǐ / 建物がすきまなく建ち並ぶ.
②結託する. グルになる. ¶朋 ~ 为奸 jiān [成] 結託して悪事を働く.
❷[素] ①近ごろ. ¶~来 / このごろ.
②…におよんで.
Ⅴ (Bǐ)姓.

【比埃尔・居里】Bǐ'āi'ěr・Jūlǐ《人名》ピエール・キュリー(1859-1906). フランスの物理学者.
【比比】bǐbǐ [副] [文] ❶ ひんぱんに. ❷ どこにでも.
【比比皆是】bǐ bǐ jiē shì どこもかしこも…だ. いたるところ…だ.
【比方】bǐfang ❶ [名] たとえ. ¶打~ / たとえをする. ¶这不过是个~ / これは一つのたとえに過ぎない. ❷[動] たとえる. ¶~说 / たとえて言うと. ¶ 比如 bǐrú,譬如 pìrú ❸ [接] 仮に. もしも.
【比分】bǐfēn [名] (~儿) (競技の)得点. スコア. ¶现在场上~是5比3 / 今,スコアは5対3だ.
【比附】bǐfù [成] 比較できないものを無理やり比べる. ¶牵强~ [成] 無理やりこじつける.
【比画[划]】bǐhua [動] 身ぶり手ぶりをする. ¶手语播音员 bōyīnyuán 一边报道新闻一边~着 / 手話アナウンサーがニュースを伝えながら身ぶりを交えている.

【比基尼】❶ Bǐjīní《地名》ビキニ環礁. ❷ bǐjīní [名] ビキニ(水着). ◆bikini
【比及】bǐjí [動] …した時には. [同] 等到 děngdào
【比价】bǐjià《経済》❶ bǐ//jià [動] 入札価格を比べる. ¶对各承包公司提出的工程造价进行~ / 各下請け企業が出した工事入札価格を比べる. ❷ bǐjià [名] (綿花や穀物などの)価格比. 為替レート. ¶美元和日元的~ / ドルと円の換算レート.
【比肩】bǐjiān [動] [文] ❶ 肩を並べる. ¶~而行 / 肩を並べてともに行く. ❷ (すぐれたものと)地位や程度が同じになる. 肩を並べる. 肩見する. 谁能和他~呢? / 彼を並べる者などいるか.
【比肩继踵】bǐ jiān jì zhǒng [成] 人が多く,込み合っている. ¶银座步行街,游客~,热闹非凡 / 銀座の歩行者天国はたいへんな混雑で,にぎやかなことといったらない. [由来]「肩を並べ踵を接する」という意から.
**【比较】bǐjiào ❶[動] 比較する. ¶~文学 / 比較文学. ¶有一才能鉴别 jiànbié / 比較してはじめて見分けがつく. [同] 比拟 bǐnǐ ❷ [前] (程度や性状を比較して)…より. …に比べて. ¶~去年有显著的增长 zēngzhǎng / 昨年よりも著しい増加を示している. ❸ [副] わりに. なかなか. ¶这篇文章写得~好 / この文章はなかなかよく書けている.
【比较价格】bǐjiào jiàgé [名] 《経済》固定価格. [同] 不变 bùbiàn 价格
【比来】bǐlái [副] [文] 近来. 近ごろ. [同] 近 jìn 来
【比勒陀利亚】Bǐlètuólìyà《地名》プレトリア(南アフリカ共和国).
【比利时】Bǐlìshí《国名》ベルギー.
*【比例】bǐlì [名]《数学》❶ 比例. ¶正~ / 正比例. ❷ 比率. 割合. ¶投资~ / 投資比率. 出資比率.
【比例尺】bǐlìchǐ [名] (地図や製図などの)縮小比. 縮尺. ❷〔[量] 把 bǎ〕三角スケール.
【比量】bǐliang [動] (手や棒などで)大まかに測る. ¶他在~着房间面积的大小 / 彼は部屋の広さを大まかに測っている.
【比邻】bǐlín ❶ [名] [文] 近所. 近隣. ¶海内存知己,天涯 tiānyá 若~ / 本当の知己であれば,遠く離れようと隣人のようなものだ. ❷ [動] 隣接する. 近くにある. ¶他们公司~火车站 / 彼らの会社は駅に近い.
【比率】bǐlǜ [名]《数学》比率. 歩合. 割合. [同] 比值 bǐzhí
【比美】bǐměi [動] (美しさやレベルが)同じだ. 匹敵する.
【比目鱼】bǐmùyú [名]《魚》〔[量] 条 tiáo, 尾 wěi〕ヒラメやカレイ類の総称. [同] 偏口鱼 piānkǒuyú
【比拟】bǐnǐ [動] ❶ 比べる. ¶他的演技太高超了,无可~ / 彼の演技は実にすばらしく,他に比べようがない. [同] 比较 bǐjiào ❷ [名]《言語》擬人法. 擬態法.
【比年】bǐnián [名] [文] ❶ 近年. [同] 比岁 suì ❷ 毎年. [同] 比岁
【比配】bǐpèi [動] つりあう. ふさわしい. ¶他俩 liǎ 真是天生的一对,~得很 / あの二人は生まれついてのカップルで,とてもお似合いだ.
【比拼】bǐpīn [動] (スポーツなどで)必死に競争する. 全力で試合をする.
【比丘】bǐqiū《仏教》出家した男性. 和尚. [同] 和尚 héshang
【比丘尼】bǐqiūní [名]《仏教》出家した女性. 尼. [同] 尼姑 nígū
【比热】bǐrè [名]《物理》"比热容 róng"(比熱)の略称.

吡 沘 妣 彼 秕 笔 bǐ 55

【比如】 bǐrú 接 たとえば. ¶我去过中国的很多地方,～北京、上海、西安等 / 私は中国のたくさんの土地に行ったことがあります. たとえば、北京、上海、西安などです. 回 比方 bǐfang, 譬如 pìrú

【比萨饼】 bǐsàbǐng 名 外《料理》ピザ. 由来 "比萨"は英語の pizza から.

*__**【比赛】** bǐsài ❶ 名〔量 场 chǎng, 次 cì〕試合. 競争. ¶围棋 wéiqí～ / 囲碁の対局. ❷ 動 試合する. ¶～篮球 / バスケットボールの試合をする. 回 竞赛 jìngsài

【比上不足,比下有余】 bǐ shàng bùzú, bǐ xià yǒuyú 慣 上と比べれば劣るが、下よりは勝る. 人並みだ.

【比试】 bǐshi 動 ❶（力や技量などを）比べる. 腕比べをする. ¶你不认输的话,我们～～吧 / 君が負けを認めないなら、ひとつ試してみようか. ❷ 格好をする. まねをする. 回 比划 bǐhua

【比手画脚】 bǐ shǒu huà jiǎo 成 身ぶり手ぶりを交えて話す.

【比索】 bǐsuǒ 名 ペソ. 昔のスペインや、現在のメキシコ、フィリピンなどの貨幣単位.

【比特】 bǐtè 名 外《コンピュータ》情報量の単位. ビット. ◆bit

【比武】 bǐ//wǔ 武芸の試合をする. ¶他们今天在体育馆 / 彼らは今日体育館で武術の試合をする.

【比翼】 bǐyì 動 翼を連ねて飛ぶ.

【比翼鸟】 bǐyìniǎo 名 比翼(ひよく)の鳥. ¶在天愿作～ / 天にありては願わくは比翼の鳥とならん(唐・白居易「長恨歌」の一節). 参考 伝説上の鳥で、つねに雌雄一体となって飛ぶという. 仲のよい夫婦のたとえ.

【比翼双飞】 bǐ yì shuāng fēi 句 夫婦が仲睦まじくともに過ごす.

【比喻】 bǐyù ❶ 動 たとえる. ❷ 名 たとえ. 比喩.

【比照】 bǐzhào 動 ❶ 規定や基準に照らす. ❷ 比較対照する. ¶将中日两国的汉字～一下 / 中日両国の漢字を比較対照してみる. 回 对比 duìbǐ, 对照 duìzhào

【比值】 bǐzhí 名《数学》比率. 回 比率 bǐlǜ

【比重】 bǐzhòng 名 ❶《物理》比重. ❷ 割合. ウエート.

吡 bǐ 口部 4 6201₀
全7画 通用

素 音訳字.

【吡啶】 bǐdìng 名《化学》ピリジン. 溶剤やぜんそくの薬に用いる液体.

【吡咯】 bǐluò 名《化学》有機化合物の一種. ピロール.

沘 Bǐ 氵部 4 3211₀
全7画 通用

素 地名用字. ¶～江 Bǐjiāng（雲南省にある川の名）/ ～源 Bǐyuán（河南省唐河県の旧称）.

妣 bǐ 女部 4 4241₀
全7画 通用

素 亡母. ¶先～ xiānbǐ（亡母）.

彼 bǐ 彳部 5 2424₇
全8画 常用

代 ❶〈文〉かの. あの. あれ. ¶～岸 bǐ'àn / ～处 bǐchù（あそこ）. ❷ 此 cǐ / 相手方. 彼. ¶知己知～ / 己を知り、相手を知る. 反 己 jǐ

【彼岸】 bǐ'àn ❶ 名 向こう岸. ❷《仏教》悟りの境地. 彼岸. ❸ あこがれの地. ¶走向幸福的～ / 幸せの地をめざす. 反 此岸 cǐ'àn

【彼此】 bǐcǐ ❶ あちらとこちら. 双方. ¶不分～ / 誰 かれの区別なく. ¶～互助 / 互いに助け合う. ❷ お互いさま. ¶"您辛苦了！"―"～～！"/「お疲れさま」「お互いさまですよ」. 用法 ❷は、ふつう"～～"と重ねて、応対のあいさつに用いる.

【彼一时,此一时】 bǐ yī shí, cǐ yī shí 昔は昔、今は今. 時代によって情況も変わる. 回 此一时,彼一时 由来「あのことも一時、このことも一時」という意から.

秕（粃） bǐ 禾部 4 2291₀
全9画 次常用

素 しいな. 十分に実の入っていない穀物の粒. ¶～糠 bǐkāng / ～子 bǐzi. 回 瘪 biě 反 饱 bǎo

【秕糠】 bǐkāng 名 しいなとぬか. 価値のないもの.

【秕子】 bǐzi 名〔量 颗 kē, 粒 lì〕しいな.

笔（筆） bǐ 竹部 4 8871₄
全10画 常用

❶ 名〔量 支 zhī, 枝 zhī〕筆. ペン. ¶铅～ qiānbǐ（えんぴつ）/ 毛～ máobǐ（毛筆）/ 钢～ gāngbǐ（万年筆）. ❷ 名 字画. ¶大这个字三～ "大"という字は3画. ❸ 動〈文〉書く. ¶代・ dàibǐ（代筆する）/ 亲～ qīnbǐ（直筆）. ❹ 素《字・画・文章》の書き方. ¶败～ bàibǐ（書き損い）/ 工～画 gōngbǐhuà（細密画）. ❺ 筆のようにまっすぐ. ¶一直 bǐzhí / ～挺 bǐtǐng. ❻ 量 一定額の金銭や取引高を数えることば. 口. ¶一～钱（ちょっとした額の金）. ❼名（Bǐ）姓.

【笔触】 bǐchù 名 筆遣い. タッチ. 書きぶり. ¶细腻 xìnì 的～/ 繊細な筆致.

【笔答】 bǐdá 動 書面で回答する. ¶～试题 / 筆記試験. 反 口答 kǒudá

【笔底下】 bǐdǐxia 名 文章力. 筆力. ¶他～不错 / 彼の筆力はなかなかのものだ.

【笔调】 bǐdiào 名（～儿）筆致. ¶讽刺 fěngcì 的～/風刺のスタイル. ¶～清新 / 清新で爽やかだ.

【笔端】 bǐduān 名〈文〉筆の先端. また、それで表現される作品の内容や趣. 回 笔下 xià

【笔伐】 bǐfá 動 文章でこらしめる. 筆誅(ちゅう)を加える. ¶口诛 zhū～/ 口頭であげつ、文章でこらしめる.

【笔法】 bǐfǎ 名 筆の運び. ¶豪放 háofàng 的～/ 大胆な筆の運び.

【笔锋】 bǐfēng 名 ❶ 筆の穂先. ❷ 筆の勢い. 筆鋒. ¶～犀利 xīlì / 筆鋒が鋭い.

【笔杆儿】 bǐgǎnr 名 "笔杆子 bǐgǎnzi"①②に同じ.

【笔杆子】 bǐgǎnzi 名 ❶〔量 根 gēn, 支 zhī〕筆の軸. ペンの軸. ❷ 笔杆儿 bǐgǎnr ❷ 筆力. 文章力. ¶他靠要 shuǎ～过活 / 彼はペンで生計をたてている. 回 笔杆儿 bǐgǎnr ❸ 文章家. 作家.

【笔耕】 bǐgēng 動 ❶〈文〉文章を書いたり書き写したりすることで生活する. ❷ 文章を書く.

【笔耕不辍】 bǐgēng bù chuò 句（多く生活のために）著作の手を休めない.

【笔供】 bǐgòng 名 供述書. 反 口供 kǒu gòng

【笔画〔划〕】 bǐhuà 名 ❶ 字画. 筆画. ¶字要写得～端正 / 字は筆画をきちんと書くべきだ. ❷ 筆画名. 画数. ¶～索引 / 筆画索引.

【笔会】 bǐhuì 名 ❶ 文章による交流活動. ❷ ペンクラブ.

*__**【笔记】** bǐjì ❶ 動 筆記する. ❷ 名〔量 本 běn〕記録. メモ. ¶一本～ / ノート. ¶记～ / メモをとる. ❸ 名〔量 本 běn, 篇 piān〕随筆. 書名によく用いる.

【笔记本电脑】 bǐjìběn diànnǎo 名 ノートパソコン.

【笔迹】 bǐjì 名 筆跡.

【笔架】bǐjià 名（～儿）筆立て．筆掛け．
【笔尖】bǐjiān 名（～儿）筆の穂先．ペン先．¶换个～/ペン先を換える．
【笔力】bǐlì 名（書画や文章の）筆力．¶～雄健/筆力が力強い．
【笔录】bǐlù ❶動 筆録する．❷名〔量 份 fèn〕記録．
【笔路】bǐlù 名 ❶ 筆遣い．同 笔法 fǎ ❷ 文章の構想や論理の流れ．
【笔帽】bǐmào 名（～儿）万年筆やボールペンのキャップ．
【笔名】bǐmíng 名〔量 个 ge〕ペンネーム．
【笔墨】bǐmò 名 ❶ 筆と墨．❷ 文章や書画．¶～流畅 liúchàng/文章がなめらかだ．
【笔墨官司】bǐmò guānsi 名 紙上での論争．¶打～/紙上で論争する．
【笔墨纸砚】bǐ mò zhǐ yàn 熟（書斎に揃えるべき）文房具．文房四宝．
【笔试】bǐshì 名 筆記試験．反 口试 kǒushì
【笔势】bǐshì 名 ❶（書画の）筆遣い．¶～沉稳/筆遣いが落ち着いている．❷ 文章の勢い．
【笔受】bǐshòu 名 文 口伝えを書き取ったもの．
【笔顺】bǐshùn 名 筆順．
【笔算】bǐsuàn 名 動 筆算する（こと）．反 心算 xīnsuàn，口算 kǒusuàn
【笔谈】bǐtán ❶ 動 筆談する．¶～记录/筆談記録．❷ 動 書面で意見をのべる．❸ 名 随筆や記録文．書名によく用いる．
【笔套】bǐtào 名（～儿）❶ ペンのキャップ．同 笔帽 mào ❷ ペンケース．
【笔体】bǐtǐ 名 筆跡．
【笔替】bǐtì 名（映画やテレビドラマの）書道シーンの吹き替え役．
【笔挺】bǐtǐng 形 ❶ まっすぐ立っている．¶卫兵～地站在一旁/衛兵が直立不動の姿勢で脇に立っている．❷（衣服に）プレスがきいている．¶今天你怎么穿得～的,要见什么人吗？/今日はどうしてそんなにパリッとした格好なんだ．誰かと会うの？ 同 笔挺笔直
【笔筒】bǐtǒng 名（～儿）〔量 个 ge,只 zhī〕筆立て．
【笔头儿】bǐtóur 名 ❶ ペンや文字を書く部分．ペン先．筆先．同 笔尖 jiān ❷ 文字や文章を書く力．同 笔头子
【笔误】bǐwù ❶ 動 書きまちがえる．❷ 名 書き誤り．書き損じ．
【笔洗】bǐxǐ 名 筆を洗う器．筆洗(ひっせん)．
【笔下】bǐxià 名 ❶ 文章を書く能力．同 笔底下 bǐdǐxia ❷ 文章を書くときのことば遣いの意図や工夫．
【笔心[芯]】bǐxīn 名（～儿）〔量 根 gēn,只 zhī〕鉛筆やボールペンの芯．¶换圆珠笔的～/ボールペンの芯を換える．
【笔削】bǐxuē 動 敬（詩文を）添削する．参考 "笔"は記載する，"削"は削り改める意．他人に文章を添削してもらうときの敬意の表現．
【笔译】bǐyì 動 翻訳する．¶既能～又能口译/翻訳ばかりか通訳もできる．反 口译 kǒuyì
【笔意】bǐyì 名 文章や詩などの表現内容．
【笔战】bǐzhàn 名〔量 场 cháng〕ペンの戦い．筆戦．紙上の論戦．反 舌战 shézhàn
【笔者】bǐzhě 名 筆者．用法 著者や引用者の自称，注釈や引用の際に使われる．
【笔直】bǐzhí 形 まっすぐだ．¶～的马路/まっすぐな道路．¶他～地站在那里/彼はそこに真っすぐ立っている．重 笔直笔直 反 曲折 qūzhé, 弯曲 wānqū, 蜿蜒 wānyán
【笔致】bǐzhì 名 書画や文章の筆遣い．書きぶり．¶锋利 fēnglì 的～/鋭い筆致．¶～灵妙/書きぶりが巧みだ．
【笔资】bǐzī 名 旧 書画や文章に対する報酬．

俾 bǐ
亻部8　四 2624₀
全10画　通用
❶ 動文 ～させしめる．～せしめる．¶～众周知(皆に知らしめる)/～昼作夜 成 昼を夜とし．昼間は何もせず夜も遊び回ること．❷（Bǐ）姓．

鄙 bǐ
阝部11　四 6762₇
全13画　通用
❶ 素 卑しい．俗悪だ．¶卑～ bēibǐ（下劣である）/粗～ cūbǐ（俗っぽい）．❷ 素 自分をさす謙遜語．¶～人 bǐrén /～意 bǐyì（愚見）．❸ 素 軽んずる．さげすむ．¶～视 bǐshì /可～ kěbǐ（さげすむべき だ）．❹ 素 人里から離れている．¶边～ biānbǐ（へんぴなところ）．❺（Bǐ）姓．
【鄙薄】bǐbó 文 ❶ 動 さげすむ．軽蔑する．¶不能～体力劳动/肉体労働をばかにしてはならない．同 鄙视 bǐshì, 鄙夷 bǐyí ❷ 形 とるに足らない．¶～之见,请大家批评指正/浅はかな見方ですが,どうぞ皆さまのご指導,ご批評をお願いいたします．表现 ❷は,謙遜表現に用いる．
【鄙俚】bǐlǐ 形文 粗野で卑俗だ．
【鄙陋】bǐlòu 形 見識がない．浅薄だ．¶～无知/無知蒙昧．¶学识～/学識が浅薄だ．
【鄙弃】bǐqì 動 さげすむ．嫌悪する．¶他一向～那种形式主义的做法/彼は従来からああいう形式主義的なやり方を軽蔑していた．同 唾弃 tuòqì
【鄙人】bǐrén 名文 わたくしめ．小生．
【鄙视】bǐshì 動 軽蔑する．見下す．¶～传统也是无知的表现之一/伝統を蔑視することは無知のあらわれのひとつもある．同 轻视 qīngshì, 鄙薄 bǐbó, 鄙夷 bǐyí 反 崇敬 chóngjìng
【鄙俗】bǐsú 形 凡俗だ．下品だ．¶言词～/ことば遣いが下品だ．同 俚俗 lǐsú 反 高雅 gāoyǎ
【鄙夷】bǐyí 動文 卑しむ．ばかにする．¶我没有～你的意思/私は君を軽蔑するつもりはない．同 鄙薄 bǐbó, 鄙视 bǐshì

币(幣) bì
巾部1　四 2022₇
全4画　常用
素 貨幣．¶硬～ yìngbì（硬貨）/人民～ rénmínbì（人民元）/外～ wàibì（外貨）．
【币市】bìshì 名（記念貨幣などの）貨幣マーケット．
【币值】bìzhí 名 貨幣価値．¶～增长 zēngzhǎng/貨幣価値が上がる．
【币制】bìzhì 名 貨幣制度．¶～改革/貨幣制度の改革．

必 bì
丶部4　四 3300₄
全5画　常用
❶ 副文 必ず…する．きっと…だろう．¶～定 bìdìng /想～ xiǎngbì（きっと…だろう）．❷ 副 必ず…すべきだ．¶事～躬亲 gōng qīn（成 何ごとも必ず自分でやるべきだ．不可に取る．
【必不可少】bì bù kě shǎo 句 なくてはならない．
【必得】bìděi 副 必ず…しなければならない．¶～你亲自去一趟 tàng /必ず自分で一度行かなければいけない．同 必须 bìxū
【必定】bìdìng 副 ❶ きっと…になる．¶正义～会战胜邪恶 xié'è /正義は必ず悪に勝つ．❷ 必ず…する．¶请放

心,明天我～来看你 / 安心して下さい,明日きっと会いに行きますから. 同 一定 yīdìng,肯定 kěndìng,必然 bìrán

【必恭必敬】bì gōng bì jìng 成 態度やことば遣いがていねいで礼儀正しい. ¶～的態度 / うやうやしく恐れいった態度. ¶学生们～地站在老师的面前 / 生徒たちはかしこまって先生の前に立った. 同 毕恭毕敬 bì gōng bì jìng

【必将】bìjiāng 副 きっと～するであろう. ¶我们的理想～实现 / 我々の理想は必ず実現する.

*【必然】bìrán ❶形 必然的だ. 必至だ. ¶～结果 / 必然の結果. 反 偶然 ǒurán ❷副 必ず. きっと. ¶他听到这个消息,～会感到惊讶 jīngyà的 / 彼がこのニュースを聞いたら,きっと驚くに違いない. 同 一定 yīdìng,必定 bìdìng,肯定 kěndìng ❸名《哲学》必然. 反 偶然 ǒurán ①い. 述語になる時は"是"の形をとる.

【必然王国】bìrán wángguó 名《哲学》必然の王国. 反 自由 zìyóu 王国

【必然性】bìránxìng 名 必然性. ¶带有一定的～ / ある程度の必然性をともなう. 反 偶然性 ǒuránxìng

【必修】bìxiū 形 必修の. 反 选 xuǎn 修

【必修课】bìxiūkè 名〔门 mén〕必修科目. 反 选修课 xuǎnxiūkè

*【必须】bìxū 副 必ず…しなければならない. ¶明天你～来 / 明日,必ず来なさい. 注意"必须"の否定は,"无须 wúxū","不须 bùxū","不必 bùbì"で,"不须"とすることができない.

【必需】bìxū 動 必要とする. 欠くことのできない.

【必需品】bìxūpǐn 名（食料や衣服などの）生活必需品. ¶日用～ / 生活必需品.

【必需脂肪酸】bìxū zhīfángsuān 名《医学》必須脂肪酸.

*【必要】bìyào ❶形 必要だ. ❷動 必要とする. ¶这些问题没有～再讨论了 / これらの問題はこれ以上議論する必要はない.

【必要条件】bìyào tiáojiàn 名 必要条件.

【必由之路】bì yóu zhī lù 成 必ず通らなければならない道. ¶困难面前不低头,失败面前不气馁 qìněi,这是通往成功的～ / 困難にあってもくじけず,失敗してもあきらめない,これが成功に通ずる必須の道筋だ. 同 必经 jīng 之路

毕（畢）bì 比部2 四 2240₁ 全6画 常用

❶動 終える. 完結する. ¶阅～ yuèbì（読み終わる）/ 今日事,今日～（今日の用事は今日中にすませる）. ❷副 一つ残らずすべて. ❸名 凶相～露（凶暴さがすっかり暴露された）. ❸名 二十八宿の一つ. 毕（宿）. ❹（Bì）姓.

【毕恭毕敬】bì gōng bì jìng 成 "必恭必敬 bì gōng bì jìng"に同じ.

【毕加索】Bìjiāsuǒ《人名》ピカソ（1881-1973）. スペインの天才画家.

【毕竟】bìjìng 副 結局のところ. つまり. ¶这～是科学,容不得半点虚假 xūjiǎ / これは科学であるから,少しも偽りがあってはいけない. ¶～是你的儿子,这一次就原谅他吧 / 何といっても自分の息子なんだから,今回は許してやりなさい. 同 究竟 jiūjìng,终归 zhōngguī,到底 dàodǐ 注意 疑問文に用いることはできない.

【毕命】bìmìng 動 文 命を落とす. 表現 多くは不慮の死をさす.

【毕生】bìshēng 名 文 人の一生. ¶～事业 / 畢生の大業. 同 一生 yīshēng,终身 zhōngshēn,终生 zhōngshēng

【毕肖】bìxiào 動 そっくりだ. 瓜二つだ.

*【毕业】❶ bì/yè 動 卒業する. ¶他～于北京大学 / 彼は北京大学を卒業した. ¶他的学习成绩太差,毕不了业 / 彼の成績はひどいので,卒業できない. ❷ bìyè 名 卒業. ¶～典礼 / 卒業式. ¶～证书 / 卒業証書.

【毕业生】bìyèshēng 名 卒業生. ¶大学～ / 大学の卒業生.

闭（閉）bì 门部3 四 3724₁ 全6画 常用

❶動 閉じる. しめる. ¶～嘴 bìzuǐ!（だまれ!）/ 关～ guānbì（閉める）. 同 关 guān,合 hé 反 开 kāi,睁 zhēng ❷動 索 つまる. ふさぐ. ¶～气 bìqì（息を殺す）/ 封～ fēngbì（封鎖する）. ❸動 終える. 停止する. ¶～馆（閉館する）/ 一幕～（閉幕する）. ❹（Bì）姓.

【闭关】bìguān ❶動（外界との往来を）閉ざす. ❷《仏教》修行の一つ. 外界との交流を一切絶ち,静かにこもって仏法を修行すること.

【闭关锁国】bì guān suǒ guó 成 鎖国する. ¶清朝 cháo 政府采取～的政策 / 清朝政府は門戸を閉ざす鎖国政策をとった.

【闭关自守】bì guān zì shǒu 成 外界との交流を絶って,自分の殻（から）に閉じこもる. ¶我们不要～,固步自封 / 我々は自分の殻に閉じこもり,現状に甘んじてはいけない.

【闭合】bìhé 動 始めと終わりがつながって循環する. ¶～电路 / 閉回路. ¶电门一～,电流就通了 / スイッチをつなぐと,電流が通った.

【闭会】bìhuì 動 閉会する. ¶主持人宣布～ / 司会者が閉会を宣言する. 反 开会 kāihuì

【闭经】bìjīng 動《医学》閉経.

【闭卷】bìjuàn 動（～儿）❶本を閉じる. ❷（試験のときに）資料を参照させない. ¶～考试 / 資料持ち込み禁止のテスト. 反 开 kāi 卷

【闭口】bìkǒu 動/mén 口を閉ざす. ¶你怎么～不谈你自己的事呢 / なぜ口を閉じて君自身のことを話さないの.

【闭路电视】bìlù diànshì 名 有線テレビ. CATV.

【闭门】bìmén 動 門を閉ざす.

【闭门羹】bìméngēng 名 門前払い. ¶我去过几次,她都让我吃了～ / 私は何度か行ったが,いつも彼女に門前払いを食わされた. 由来 昔,妓女（ぎじょ）が会いたくない客には,門を閉じて羹（あつもの）を出したことから.

【闭门思过】bì mén sī guò 成 家に閉じこもり,自分の過ちを反省する.

【闭门造车】bì mén zào chē 成 自分の主観のままに物事を行う.

【闭目塞听】bì mù sè tīng 成 自分の殻にとじこもって,現実を知ろうとしない.

【闭幕】bìmù ❶動 舞台の幕が下りる. ¶演出在观众的热烈掌声中～了 / 公演は観衆の拍手喝采の中で幕を下ろした. 同 落幕 luòmù 反 开幕 kāimù ❷会議や催し物が終わる. ¶～词 / 閉会の辞. 同 落幕 luòmù 反 开幕 kāimù

【闭幕式】bìmùshì 名 閉会式. 閉幕式.

【闭气】bìqì ❶動 呼吸が止まる. ❷息をひそめる. 息を止める.

【闭塞】bìsè ❶動 ふさぐ. ふさがる. ¶鼻孔～ / 鼻がつまる. ¶～眼睛捉麻雀 máquè / 目をつぶってスズメを捕らえる（当てずっぽうに行動するたとえ）. ❷形 へんぴだ. ¶很～的小山沟 gōu / とてもへんぴな山里. ❸形 最近の出来事にうとい. ¶耳目太～ / 情報にひどくうとい. 反 灵通 língtōng

【闭珊】Bìshān《複姓》閉珊.
【闭月羞花】bì yuè xiū huā 〈成〉女性がとても美しい. 由来 その美しさに月も雲に隠れ,花もはじらうほどだ,という意から.

庇 bì 广部4 全7画 四 0021₂ 次常用

素 ❶ 覆いかくす. ❷ かばう. 守る. ¶〜护 bìhù / 包〜 bāobì(かばう).
【庇护】bìhù 動 保護する. ¶〜坏人 / 悪人をかくまう. ¶奶奶总是〜小孙子 / おばあちゃんはいつも孫をかばう. 比較 "庇护"は,意識的に守ること."祖护 tǎnhù"は,盲目的にえこひいきしてかばうこと.
【庇护权】bìhùquán 名《法律》庇護〔权〕. 政治的迫害を受け,避難してきた外国人を保護する権利.
【庇荫】bìyìn 動 ❶ 樹木が日の光をさえぎる. ❷ 庇護する.
【庇佑】bìyòu 動〈文〉加護する. ¶神明〜 / 神のご加護.

诐(詖) bì 讠部5 全7画 四 3474₇

素〈文〉❶ 議論する. ❷ かたよった. 公正でない. ¶〜辞 bìcí(かたよったことば).

畀 bì 田部3 全8画 四 6022₁ 通用

動〈文〉与える. 授ける.

泌 Bì 氵部5 全8画 四 3310₄ 次常用

下記熟語を参照.
☞ 泌 mì
【泌阳】Bìyáng《地名》河南省にある市の名.

贲(賁) bì 贝部5 全9画 四 4080₂ 通用

形〈文〉美しく着飾っている. ¶贵宾〜临(賓客が盛装して訪れる).
☞ 贲 bēn

荜(蓽) bì 艹部6 全9画 四 4440₁ 通用

素 竹の垣根. 回 筚 bì
【荜拨】bìbō 名《植物》ヒハツ. 参考 実や花穂を薬用にする.

毖 bì 比部5 全9画 四 2233₄ 通用

素 つつしむ. 戒める. ¶惩前〜后 chéng qián bì hòu〈成〉過去を反省して,今後の戒めとする.

哔(嗶) bì 口部6 全9画 四 6204₁ 通用

下記熟語を参照.
【哔叽】bìjī 名《紡織》サージ. ♦ラシ beige

陛 bì 阝部7 全9画 四 7221₄ 通用

素 宮殿の階段.
【陛下】bìxià 名 陛下(~ｶ). ¶国王〜 / 国王陛下.

毙(斃 / 異 獘) bì 比部6 全10画 四 2221₁ 常用

❶ 素 死ぬ. くたばる. ¶〜命 bìmìng / 倒〜 dǎobì (倒れて死ぬ). ❷ 動 回 銃殺する. ¶枪〜 qiāngbì (銃殺する). 表現 ①は,人に用いる時はけなす意味を持つ.
【毙命】bìmìng 動 回 くたばる. ¶两名匪徒 fěitú 当场 dāngchǎng〜 / 2人の盗賊はその場でくたばった.

铋(鉍) bì 钅部5 全10画 四 8370₃ 通用

名《化学》ビスマス. Bi.

秘(異 祕) bì 禾部5 全10画 四 2390₄ 常用

❶ 下記熟語を参照. ❷ (Bì)姓.
☞ 秘 mì
【秘鲁】Bìlǔ《国名》ペルー.

狴 bì 犭部7 全10画 四 4221₄ 通用

下記熟語を参照.
【狴犴】bì'àn 名 伝説上の猛獣の名. 古代の監獄の門にその形が描かれているところから,監獄の代名詞として用いられた.

庳 bì 广部8 全11画 四 0024₆ 通用

❶ 形〈文〉堕 huī 高埋 yīn〜（高地を削って低地を埋め立てる). ❷ 形 背が低い. 参考 もと"bēi"とも発音した.

敝 bì 攵部7 全11画 四 9824₀ 通用

❶ 素〈文〉ぼろぼろだ. ¶〜衣 bìyī (ぼろぼろの服) / 民生凋〜 diāo bì〈成〉人々の生活が疲弊している). ❷ 素 自分及び身のまわりのものに対する謙遜語. ¶〜姓 bìxìng (私の姓) / 〜处 bìchù. ❸ (Bì)姓.
【敝处】bìchù 名 当方. 自分のところ.
【敝屣】bìxǐ 名〈文〉価値のないもの. 由来「ぼろぼろに破れた履物」の意から.
【敝帚自珍】bì zhǒu zì zhēn〈成〉他人から見るとつまらないものであっても,大事にする. 同 敝帚千金 qiān jīn 由来「すり減ったほうきでも,自分の宝物として大切にする」という意から.

婢 bì 女部8 全11画 四 4644₀ 通用

名 下女. はしめ.
【婢女】bìnǚ 名 旧〔个 ge, 名 míng〕下女.

赑(贔) bì 贝部8 全12画 四 7788₂ 通用

下記熟語を参照.
【赑屃】bìxì〈文〉❶ 形 勢いがすさまじい. ❷ 名 亀に似た伝説上の動物. 石碑の台座によく彫られる. 注意 日本語の「最屓ﾋﾞｲｷ」という意いから.

筚(篳) bì 竹部6 全12画 四 8840₁ 通用

名 柴や竹の垣根. ¶蓬门 péngmén〜户(わらや柴でつくった粗末な家).
【筚路蓝缕】bì lù lán lǚ〈成〉創業の苦労. 同 荜 bì 路蓝缕 由来「柴でつくった粗末な車に乗り,ぼろをまとって山林を開く」という意から.

愎 bì 忄部9 全12画 四 9804₇ 通用

形 かたくなだ. がんこだ. ¶刚〜自用〈成〉かたくなに自分の考えを通す).

弼 bì 弓部9 全12画 四 1722₇ 通用

❶ 動〈文〉補佐する. ❷ (Bì)姓.

蓖(異 蓽) bì 艹部10 全13画 四 4471₂ 次常用

下記熟語を参照.
【蓖麻】bìmá 名《植物》ヒマ. トウゴマ. ¶〜蚕 cán ヒマカイコ. ヒマサン. ¶〜油 / ヒマシ油. 回 大麻子 dàmázǐ ⇨次ページ図

bì

跸(蹕) bì
足部6 [四]6214₁
全13画 [通用]
❶[动][旧]先払い. 帝王が外出する時, 道路をはき清め, 通行人の往来を禁止する. ¶警～ jǐngbì（先払い）. ❷[名]天子の車駕. ¶駐～ zhùbì（行幸中に乗りものを一時とめること）.

痹(異)痺 bì
疒部8 [四]0012₁
全13画 [次常用]
[名]《中医》風・寒・湿などで引き起こされる肢体の痛みやしびれの病気. ¶麻～ mábì（麻痺）.
【痹症】bìzhèng [名]《中医》身体の痛みやしびれ. [参考]風(ﾌｳ)・寒(ｶﾝ)・湿(ｼﾂ)等が原因で起こるとされる.

滗(潷) bì
氵部10 [四]3811₄
全13画 [通用]
[动][口]（液体を）こす. しぼり出す. ¶把汤～出来（スープをこす）.

裨 bì
衤部8 [四]3624₀
全13画 [通用]
[名][文]補う. 役に立つ. ¶无～于事（何の役にも立たない）/ ～补 bìbǔ（補う）.
☞ 裨 pí
【裨益】bìyì [名][文]益. 良い点. ¶大有～ / 大いに役立つ.

辟 bì
辛部6 [四]7024₁
全13画 [常用]
❶[名][文]君主. ¶复～ fùbì（帝位を失った君主が位を回復する）. ❷[动]取り除く. ¶～邪 bìxié. ❸[动]君主が呼び出して官職を授ける. ❹[名]避ける. [同]避 bì ❺(Bì)姓.
☞ 辟 pì
【辟邪】bì//xié 魔除けをする.
【辟易】bìyì [动]びっくりして避けのがれる.

碧 bì
石部9 [四]1660₂
全14画 [常用]
❶[名][文]青い玉石. ¶～玉 bìyù. ❷[素]青緑色. ¶～草 bìcǎo（緑の草）. ❸(Bì)姓.
【碧波】bìbō [名]緑の小波. [表現]おだやかな水面をいう.
【碧空】bìkōng [名]青空.
【碧蓝】bìlán [形]深く澄んだ青色の. ¶～的大海 / 真っ青な海. ¶天色～ / 空が真っ青だ.
【碧绿】bìlǜ [形]青緑色の. ¶春天的郊外,一片～ / 春の郊外は一面の緑だ.
【碧螺(萝)春】bìluóchūn [名]ピーローチュン. 緑茶の一種. 太湖の洞庭山が原産.
【碧落】bìluò [名][文]天空.
【碧桃】bìtáo [名]《植物》ハナモモ. 桃の一種. [同]千叶桃 qiānyètáo, 碧桃花 bìtáohuā
【碧血】bìxuè [名]正義のために流した血. [由来]萇(ﾁｮｳ)弘(ｺｳ)に収めて弔った血が,3年後に碧玉に変わったという『荘子』に見える故事から.
【碧油油】bìyóuyóu [形]（～的）青くつやつやしている. ¶油菜长 zhǎng 得～的 / アブラナが青々と育っている. [参考]口語では "bìyōuyōu"とも読む.
【碧玉】bìyù [名][量]块 kuài] 碧玉(ﾍﾞｷｷﾞｮｸ).

蔽 bì
艹部11 [四]4424₈
全14画 [通用]
[动]❶覆う. さえぎる. ¶～塞 bìsè（ふさぐ）/ 遮～ zhēbì（覆う）/ 掩～ yǎnbì（隠す）. ❷概括する. ¶一言以～之（ひと言で言いつくす）.

算 bì
竹部8 [四]8822₁
全14画 [通用]
下記熟語を参照.
【箅子】bìzi [名][量]个 ge] すのこや格子など, 隙間から液体や気体を通す器具の総称. ¶竹～ / せいろのすのこ. ¶铁～ / 流し口の鉄製のごみこし.

弊(異)獘 bì
廾部11 [四]9844₄
全14画 [常用]
[素]❶不正行為. 詐欺(ｻｷﾞ). ¶作～ zuòbì（不正行為をする）. ¶营私舞～（公私腹を肥やすために不正行為をする）. ❷弊害. 欠点. ¶流～ liúbì（弊害）/ ～病 bìbìng. [反]利 lì
【弊病】bìbìng [名]弊害. 欠点. ¶社会的～ / 社会の悪弊. [同]弊端 bìduān
【弊端】bìduān [名]不正行為. ¶种种～,不胜枚举 méijǔ / 数々の不正は枚挙にいとまがない.
【弊绝风清】bì jué fēng qīng 不正行為が絶えて,社会の風紀がよくなる. [同]风清弊绝

薜 bì
艹部13 [四]4424₁
全16画 [通用]
❶下記熟語を参照. ❷(Bì)姓.
【薜荔】bìlì [名]《植物》オオイタビ. 果実は"凉粉 liángfěn"の原料にもなる.

篦(異)箆 bì
角部9 [四]5322₇
全16画 [通用]
下記熟語を参照.
【篦篥】bìlì [名]《音楽》ひちりき. 古代の管楽器. [同]篦篥 bìlì,悲篥 bēilì

篦 bì
竹部10 [四]8871₂
全16画 [通用]
❶（～子）[量]把 bǎ] すき櫛. 真中が高く,両側に細かい歯のついた櫛. ❷[动]すき櫛ですく. ¶～头 bìtóu（すき櫛で髪をすく）.

壁 bì
土部13 [四]7010₄
全16画 [常用]
[名]❶壁. ¶墙～ qiángbì（壁）/ 隔～ gébì（隣室）/ ～纸 bìzhǐ / 切り立った崖. ¶绝～ juébì（絶壁）/ 峭～ qiàobì（断崖）. ❸とりで. ¶～垒 bìlěi / ～上观(ｶﾝ)（高みの見物をする）. ❹二十八宿の一つ. 壁(ﾍｷ). ❺(Bì)姓.
【壁报】bìbào [名][量]份 fèn,张 zhāng] 壁新聞. [同]墙报 qiángbào
【壁橱】bìchú [名][量]个 ge] 作り付けの戸棚. 押入れ. [同]壁柜 bìguì
【壁灯】bìdēng [名][量]个 ge,只 zhī] 壁に取り付けた電灯.
【壁挂】bìguà [名]（毛織物や刺繍などの）壁掛け.
【壁虎】bìhǔ [名]《動物》[量]个 ge,条 tiáo,只 zhī] ヤモリ. [同]守宫 shǒugōng,蝎虎 xiēhǔ
【壁画】bìhuà [名][量]幅 fú] 壁画.
【壁龛】bìkān 花びんなどを置くための,壁のくぼみ. 壁がん.
【壁垒】bìlěi [名]❶とりで. ¶关税 guānshuì～ / 関税障壁. ❷対立するもののたとえ. ¶～分明 / 鋭く対立する.

【壁垒森严】bì lěi sēn yán 感 ❶守りが厳重だ. ❷境目が明らかだ.
【壁立】bìlì 動 ❶(峰などが)切り立つ. 直立する. ¶~千仞 qiānrèn / 高々と切り立つ. ❷極めて貧しい. 由来 ❷は,「家の中に壁のみが立つ」という意から.
【壁炉】bìlú 名〔个 ge〕壁に作り付けの暖炉. ペチカ. ¶一台 / マントルピース.
【壁球】bìqiú 名《スポーツ》スカッシュ.
【壁上观】bì shàng guān 感 傍観する. 高みの見物をする. 回 作 zuò 壁上观.
【壁虱】bìshī 名《虫》❶ダニ. マダニ. 回 蜱 pí 方 トコジラミ. ナンキンムシ.
【壁毯】bìtǎn 名 块 kuài, 条 tiáo, 张 zhāng〕壁掛け用のじゅうたん. タペストリー. 回 挂毯 guàtǎn.
【壁纸】bìzhǐ 名〔张 zhāng〕壁紙.

避 bì 辶部13 全16画 四 30304 常用

動 ❶避ける. ¶~暑 bìshǔ / 躲~ duǒbì (避ける) / 不~艰险 jiānxiǎn (艱難を避けない). 回 躲躲 duǒ ❷防ぐ. ¶~孕 bìyùn / ~雷针 bìléizhēn.
【避风】bì//fēng 動 ❶風を避ける. ¶找个地方避避风 / どこかで風をやり過ごそう. ❷不利な形勢を避ける. 回 避风头 fēngtou.
【避风港】bìfēnggǎng 名 ❶避難港. ❷(政治の荒波などから)避難する場所.
【避讳】bìhuì 動 避諱(き)する. 会話や文章の中で皇帝の名を避ける. 参考 清朝以前は, 皇帝の名を避けて別の字に置きかえたり, 空欄にしたり, 一画を欠いたりした.
【避讳】bìhui 動 忌みきらう. ¶行船 xíngchuán 的人~「翻」、「沉」等字眼儿 / 船乗りは,「翻」「沈」などのことばを忌み避ける.
【避忌】bìjì 動 不吉な語や禁句を避ける. 回 避讳 hui.
【避开】bì//kāi 動 避ける. ¶她是有意~你的 / 彼女は意識的に君を避けている.
【避坑落井】bì kēng luò jǐng 感 一難去ってまた一難. 由来「穴を避けて井戸に落ちる」という意から.
【避雷器】bìléiqì 名 避雷器.
【避雷针】bìléizhēn 名〔根 gēn〕避雷針.
*【避免】bìmiǎn 動 免れる. ¶~冲突 / 衝突を免れる. 難于~. 回 防止 fángzhǐ.
【避难就易】bì nán jiù yì 感 難しいことを避けて, 楽なことを選ぶ.
【避难】bì//nàn 動 避難する. ¶~所 / 避難所. ¶政治~ / 政治亡命.
【避让】bìràng 動 (相手を)避ける. よける.
【避实就虚】bì shí jiù xū 感 敵の主力を避けて, 手薄なところを攻撃する. ¶他常常以~的棋法, 出其不意, 击败 jībài 对手 / 彼は正面を避け隙を突く指し方で相手の意表をつき, 対戦相手を負かすことが多い. 回 避实击虚.
【避世】bìshì 動 文 俗世間を離れる. 隠遁する. ¶~绝俗 / 俗世間から逃れて静かに隠れ住む.
【避暑】bì//shǔ 動 ❶避暑する. ¶~胜地 / 避暑地. ❷暑気あたりを予防する. ¶~药 / 暑気あたりを防ぐ薬.
【避税】bìshuì 動(合法的に)納税義務を避ける.
【避嫌】bì//xián 動 疑われないようにする. 嫌疑を避ける.
【避邪】bìxié 動 護符や呪文などで魔よけをする.
【避孕】bì//yùn 動 避妊する. ¶~套 / コンドーム.
【避重就轻】bì zhòng jiù qīng 感 重要な仕事を避けて, 楽な仕事だけをする. 肝心なことにふれず周辺的なことに終始する.

嬖 bì 女部13 全16画 四 70404 通用

素 寵愛(きょうあい)する. 寵愛される. ¶~爱 bì'ài (寵愛する) / ~人 bìrén (寵愛を受けている人).

髀 bì 骨部8 全17画 四 76240 通用

素 文 大腿. もも.
【髀肉复生】bì ròu fù shēng 感 むなしく時を過ごして, 功名をなす機会がない. 由来 蜀の劉備が, 久しく馬に乗って戦場に出なかったため, ももに肉がついたのを嘆いた故事から.

濞 bì 氵部14 全17画 四 36121 通用

素 地名用字. ¶漾~ Yàngbì (雲南省にある県の名前).

臂 bì 月部13 全17画 四 70227 通用

素 腕. 肩から手首までの部分. ¶手~ shǒubì (腕) / 下~ xiàbì (下腕) / ~助 bìzhù.
🔁 臂 bei

【臂膀】bìbǎng 名 ❶腕. ¶~很粗 / 腕が太い. 回 胳膊 gēbo ❷助手.
【臂膊】bìbó 名 腕. 回 胳膊 gēbo
【臂力】bìlì 名 腕力.
【臂章】bìzhāng 名〔个 ge〕腕章. ¶戴~ / 腕章をつける.
【臂助】bìzhù 文 ❶動 助ける. ❷名 助手.

璧 bì 王部14 全18画 四 70103 次常用

名 ❶古代の玉器. うすくてドーナツ状に作った装飾品. ❷玉(ぎょく)の通称. ¶白~ báibì (白玉). ❸(Bì)姓.
【璧还】bìhuán 動 文 借りた物を損なうことなく, そっくり返す. ¶所借图书, 如期~ / お借りした本は, 期日どおりそっくりお返しします.
【璧谢】bìxiè 動 文 謝意は表わすが, 物品は辞退して受け取らない. 表現 多く贈り物を辞退するときに用いる.

襞 bì 衣部13 全19画 四 70732 通用

❶文 動 折りたたむ. ❷素 衣服などのひだ. 衣服のしわ. ❸名 胃や腸のひだ.

bian ㄅㄧㄢ〔pien〕

边(邊) biān 辶部2 全5画 三 34302 常用

❶名(~儿)へり. ふち. ¶纸~儿(紙のへり) / 桌子~儿(机のへり). ❷素(~儿)そば. ¶身~ shēnbiān (身のまわり) / 马路旁~ (道路のわき). ❸素 境界. ¶~防 biānfáng / ~疆 biānjiāng / ~疆 biānjiāng / …の側. ¶这~那~都说好了 (こちらもあちらも話がまとまった). ❻副 "一边…一边…" または "边…边…" の形で) …しながら…する. ¶~干~学 (働きながらに学ぶ). ❼(~儿)方向を示す. ¶上~ shàngbian (上の方) / 外~ wàibian (外側) / 东~ dōngbian (東). ❽(Biān)姓.
【边鄙】biānbǐ 名 文 片田舎. 僻地(へきち).
*【边…边…】biān…biān… …しながら…する. ¶~吃~谈 / 食べながら話す. ¶~说~笑 / しゃべったり, 笑ったりする. ¶~听~记 / 聞きながらメモをとる.

【边城】biānchéng [名] ❶ 国境地帯の町. ❷《書名》『辺城』. 現代の作家沈従文(しんじゅうぶん)の著. 1936年出版.

【边陲】biānchuí [名][文] 辺境. [同] 边境 biānjìng

【边地】biāndì [名] 国境地帯. 辺境の地.

【边防】biānfáng [名] 国境の警備. ¶～军 / 国境警備軍. ¶～工作 / 国境警備. ¶～检查 / 出入境検査.

【边锋】biānfēng [名]《スポーツ》(サッカーなどの)ウイングフォワード.

【边幅】biānfú [名] ❶ 布地のへり. ❷ うわべ. 身なり. ¶不修～ / うわべを飾らない.

【边关】biānguān [名] 国境の関所. 要衝. ¶镇守 zhènshǒu～ / 国境の関所を守る.

【边际】biānjì [名] 限り. 際限. ¶漫无～的大海 / 果てしない海. ¶他说起话来总是不着 zhuó～ / 彼は話し始めるといつもとりとめがない. [同] 边沿 biānyán, 边缘 biānyuán

【边疆】biānjiāng [名] 国境地帯. ¶守卫 shǒuwèi～ / 国境地帯を守る. [反] 内地 nèidì [比較]"边疆"は,領土の果てを意味し,"边境 biānjìng"は国境近辺の場所を指す.

【边角料】biānjiǎoliào [名](加工材料の)切れ端.

【边界】biānjiè [名] 国・省・県の境界. ¶～线 / 国境線. ¶～争端 / 国境紛争.

【边境】biānjìng [名] 国境地帯. ¶封锁 fēngsuǒ～ / 国境を封鎖する. ¶～贸易 / 国境貿易. ⇨边疆 biānjiāng

【边框】biānkuàng [名](～儿)鏡などの枠. ¶镜子的～ / 鏡の枠. ¶铝 lǚ 合金～ / アルミ合金の額ぶち.

【边贸】biānmào [名]《経済》"边境贸易"(国境貿易)の略称. [参考] 民間と国家間の両方を含む.

【边门】biānmén [名] 通用門. ¶请走～ / 通用門をお通り下さい. [同] 便门 biànmén

【边民】biānmín [名] 辺境の住民.

【边卡】biānqiǎ [名] 境界線の歩哨所.

【边区】biānqū [名] 辺区. [参考] 国内革命戦争および抗日戦争中に中国共産党の支配下にあった,いくつかの省にまたがる革命根拠地.

【边塞】biānsài [名] 国境のとりで.

【边线】biānxiàn [名]《スポーツ》(テニスなどの)サイドライン.(野球などの)ファウルライン. ¶球正好打在～上 / ボールはちょうどライン上に決まった.

【边沿】biānyán [名] へり. はずれ. ¶村庄 cūnzhuāng 的～ / 村のはずれ. [同] 边缘 biānyuán

【边缘】biānyuán [名] ❶ へり. ¶悬崖 xuányá 的～ / 崖っぷち. ¶听说那家公司已处于 chǔyú 破产的～了 / あの会社はすでに破産寸前らしい. ❷ 境界.

【边缘化】biānyuánhuà [動] 片隅に追いやる. 重要でないポジションを与える.

【边缘科学】biānyuán kēxué [名] 学際科学. [参考] 二種類以上の科学を基礎として発展した科学.

【边缘人】biānyuánrén [名] 反主流派. 非主流派. 少数派.

【边缘学科】biānyuán xuékē →边缘科学

【边远】biānyuǎn [形] 中央から遠く離れた. ¶～地区 / 遠く離れた地域.

【边寨】biānzhài [名] 国境地帯の集落.

砭 **biān** 石部 4 [四] 1263_2 全 9 画 [通用]

[素]《医学》古代,治療に用いた石の針. また,その治療法. ⇨针砭 zhēnbiān

【砭骨】biāngǔ [形][文](寒さや痛みが)骨身にしみる.

【砭石】biānshí [名] 古代,治療に用いた石針または石片.

笾(籩) **biān** 竹部 5 [四] 8830_2 全11画 [通用]

❶ [素] 古代,祭りや宴会の時,果物などを載せた竹製の器. ❷(Biān)姓.

编(編) **biān** 纟部 9 [四] 2312_7 全12画 [常用]

❶ [動] 編む. ¶～草鞋(わらじを編む). ❷ [動](一定の順序に)並べたり,まとめたりする. ¶～号 biānhào / ～组 biānzǔ / ～辑 biānjí / ～制 biānzhì. ❸ [動] 著述する. まとめる. ¶～歌(歌をつくる) / ～剧本(脚本を書く) / ～写 biānxiě. ❹ [動] でっちあげる. ¶～了一套瞎话 xiāhuà(でたらめをでっちあげた). ❺ [名] 編. 1冊になった書物. 書物の中のひとまとまりの部分. ¶前～ qiánbiān(前編) / 简～ jiǎnbiān(ダイジェスト本). ❻(Biān)姓.

【编程】biānchéng [動]《コンピュータ》プログラミング. [同] 程序设计 chéngxù shèjì

【编次】biāncì [動] 順序だてて並べる. 配列する.

【编导】biāndǎo ❶ [動] 脚色と演出をする. ❷ [名] ①をする人.

【编订】biāndìng [動] 校訂をする. ¶～工作 / 編纂・修訂作業.

【编队】biān//duì [動] 隊を組む. ¶～飞行 / 編隊飛行.

【编号】(～儿) ❶ biān//hào [動] 番号をつける. ¶给树苗～ / 苗木に番号をつける. ¶～机 / ナンバリング. ❷ biānhào [名]〔[量] 个 ge〕通し番号.

【编辑】biānjí ❶ [動] 編集する. ¶～杂志 / 雑誌を編集する. ❷ [名]〔[量] 个 ge, 名 míng, 位 wèi〕編集者. ¶总～ / 編集長.

【编辑部】biānjíbù [名](出版社や新聞社などの)編集部.

【编结】biānjié [動](細長いひも状のもので)編み物をする.

【编剧】❶ biān//jù [動] 脚本を書く. ❷ biānjù [名]〔[量] 个 ge, 名 míng, 位 wèi〕脚本家.

【编录】biānlù [動] 要約し編集する.

【编码】❶ biān//mǎ [動] 文字や記号にコードをつける. コード化する. ❷ biānmǎ [名] コード. ¶邮政～ / 郵便番号.

【编目】❶ biān//mù [動] 目録をつくる. ¶在图书馆做～工作 / 図書館で目録作成の仕事をする. ❷ biānmù [名] 目録. ¶图书～ / 図書目録.

【编年】biānnián [動] 年ごとに並べる. 編年する.

【编年史】biānniánshǐ [名] 編年体の歴史書. 年代記.

【编年体】biānniántǐ [名] 編年体. [反] 纪传 jìzhuàn 体 [参考] 年ごとの順に史実を記す歴史書の体裁.『春秋』『資治通鑑(しじつがん)』など.

【编排】biānpái [動] ❶ 配列する. ¶课文要按难易 nányì 程度～ / テキストの本文は難易度順に配列すべきだ. ❷ 脚本作りと演出をする. ¶～戏剧 xìjù 小品 / 短い芝居の脚本と演出をする.

【编派】biānpai [動][方] 他人の欠点や失敗を誇張したり,でっち上げて中傷する.

【编磬】biānqìng [名]《音楽》編磬(へんけい). 音の高さが異なる複数の磬を組み合わせた,古代の打楽器. ⇨磬

【编入】biānrù [動] 組み入れる.

【编审】biānshěn ❶ [動] 編集と審査をする. ¶～稿件 gǎojiàn / 原稿を編集審査する. ❷ [名]〔[量] 个 ge, 名 míng, 位 wèi〕編集審査員. [参考] 編集業務に携わる最

も上の職階名.

【编外】biānwài [形]（軍隊や機関の）編成外の. 臨時の. ¶～人员／臨時スタッフ.

【编委】biānwěi [名]（新聞・書籍などの）編集委員.

【编写】biānxiě [動] ❶ 編纂する. ¶～教科书／教科書を編纂する. ❷ 編む. 創作する. ¶～剧本 jùběn／シナリオを書く.

【编选】biānxuǎn [動] ダイジェストを編集する. (同) 选编 xuǎnbiān

【编演】biānyǎn [動]（戯曲・演出などを）創作し上演する.

【编译】biānyì [動] 編集・翻訳する. ¶～外国技术资料／外国の技術資料を編集・翻訳する.

【编印】biānyìn [動] 編集・出版する.

【编余】biānyú [名] ❶（軍隊・機関などの）組織改編後の余剰(人員). ❷（新聞などの）編集後記.

【编造】biānzào [動] ❶（表やリストなどを）編集・作成する. ¶～名册／名簿を作成する. ¶～预算／予算を編成する. ❷（物語を）作り出す. ¶古代人民～的神话／古代の人々が作り出した神話. ❸ 捏造（ねつぞう）する. でっちあげる. ¶～谎言 huǎngyán／デマを考え出す. ¶～罪状 zuìzhuàng／罪状をでっちあげる. (同) 假造 jiǎzào, 捏造 niēzào

【编者】biānzhě [名]〔个 ge, 名 míng, 位 wèi〕編集者. 編者.

【编者按[案]】biānzhě'àn [名]〔篇 piān〕編者のことば. 注・意見・批評などを含む.

【编织】biānzhī [動] 編む. ¶～地毯 dìtǎn／じゅうたんを織る.

【编制】biānzhì ❶ [動] 編む. ¶～竹筐／竹かごを編む. ❷ [動] 計画や規定などを作る. ¶～改革方案／改革案を作る. ¶～法规／法規を制定する. ❸ [名]（軍隊などの）編成. ¶战时编制／戦時編制. 缩小～／人員を削る.

【编钟】biānzhōng [名]《音楽》古代の打楽器. 編鐘（へんしょう）. [参考] 音の高さが異なる青銅の鐘を並べてつるし, 木槌で打つ.

【编著】biānzhù [動] 編集・著述する.

【编撰】biānzhuàn [動] 編集・執筆する. ¶～稿件 gǎojiàn／原稿を編集・執筆する.

【编组】biānzǔ [動] 人員や交通手段などをグループに編成する.

【编纂】biānzuǎn [動]（大部の著作を）編纂する. ¶～词典／辞典を編纂する.

煸 biān
火部9　全13画　[四]9382₇　[通用]

[動][方]《料理》強火ですばやく炒める.

蝙 biān
虫部9　全15画　[四]5312₇　[次常用]

下記熟語を参照.

【蝙蝠】biānfú [名]《動物》〔只 zhī〕コウモリ. [参考] "蝠 fú"と"福 fú"が同音であることから,吉祥物とされる.

鳊（鯿）biān
鱼部9　全17画　[四]2312₇　[通用]

下記熟語を参照.

【鳊鱼】biānyú [名]〈魚〉ヒラウオ.

鞭 biān
革部9　全18画　[四]4154₆　[常用]

❶ [名] むち. ¶教～／教鞭（教べん）. ❷ [名] むち. 古代の武器の一種. ❸ [動] むちで打つ. ¶～马（馬にむち打つ）. ❹ [名]〔串 chuàn, 挂 guà〕ひと連なりの爆竹. ¶放～　fàngbiān（爆竹を鳴らす）. ❺（Biān）姓.

【鞭策】biāncè [動] ❶ むちで打つ. ❷ 励ます. ¶～自己／自分を励ます.

【鞭长莫及】biān cháng mò jí〈成〉むちは長くても, 馬の腹までは届かない. 力が及ばないこと.

【鞭笞】biānchī [動]〈文〉❶ 鞭打つ. 鞭打ちの刑に処す. ❷ ひどく責める. きびしく批判すること.

【鞭打】biāndǎ [動] むち打つ.

【鞭炮】biānpào [名]〔串 chuàn, 挂 guà〕爆竹. ¶放～／爆竹を鳴らす.

鞭 炮

【鞭辟入里】biān pì rù lǐ〈成〉言論や文章が的を射ていること. (同) 鞭辟近 jìn 里

【鞭挞】biāntà [動] ❶ むち打つ. ❷ ことばや文章で攻撃する. ¶～旧制度／古い制度を攻撃する. (同) 抨击 pēngjī

【鞭子】biānzi [名]〔根 gēn, 条 tiáo〕むち.

贬（貶）biǎn
贝部4　全8画　[四]7283₂　[次常用]

[索] ❶（価値や地位などを）低くする. 下げる. ¶～值 biǎnzhí（値下げする）. ❷ 悪くいう. けなす. ¶～义 biǎnyì. 褒 bāo

【贬斥】biǎnchì [動] ❶〈文〉官位を格下げする. 左遷する. (反) 升迁 shēngqiān ❷ 非難・排斥する. ¶他的主张一直遭到～／彼の主張は非難され排斥されつづけた.

【贬黜】biǎnchù [動]〈文〉官吏を降格する. 免職する. (反) 升迁 shēngqiān

【贬词】biǎncí [名] 相手をけなすことば. (同) 贬义词 biǎnyìcí

【贬低】biǎndī [動] 低く評価する. 見くびる. ¶既不要互相～,也不要互相吹捧／互いに見下してはならないし, おだてあうのもよくない. (反) 抬高 táigāo, 拔高 bágāo

【贬损】biǎnsǔn [動] 低く評価する. 見くびる. (同) 贬低 biǎndī

【贬义】biǎnyì [名] 相手をけなす意味あい. マイナスの意味. (反) 褒义 bāoyì

【贬义词】biǎnyìcí [名]《言語》(相手を)けなす意味を含むことば. (反) 褒 bāo 义词

【贬抑】biǎnyì [動] 見下しておさえつける. ¶不应该～后进／後進を見下して抑えつけるべきではない. (反) 褒扬 bāoyáng

【贬责】biǎnzé [動] 過ちを指摘し, とがめる. ¶横加 héngjiā～／ミスを責めたてる. (反) 褒奖 bāojiǎng

【贬谪】biǎnzhé [動]〈旧〉官吏が降格されて, 遠くに左遷される. (反) 拔擢 bázhuó

扁 biǎn
户部5 全9画 四 3022₇

❶ 形 薄く平らだ。¶鸭子 yāzi 嘴～（アヒルの口ばしが平べったい）/ 盒子压～了（箱がぺしゃんこになった）。❷（Biǎn）姓。
☞ 扁 piān

【扁柏】biǎnbǎi 名《植物》コノテガシワ。
【扁锉】biǎncuò 名［量 把 bǎ］平やすり。
【扁担】biǎndan 名［量 副 fù, 根 gēn, 条 tiáo］てんびん棒。¶一条～ / てんびん棒1本。
【扁豆】biǎndòu 名《植物》❶ フジマメ。❷方インゲンマメ。同菜豆 càidòu 参考①は、若いさやは食用となり、種子は薬用になる。②は、"萹豆""稨豆""藊豆"とも書く。
【扁平】biǎnpíng 形凹凸がなく平らだ。
【扁平足】biǎnpíngzú 名扁平足。同平足
【扁鹊】Biǎnquè《人名》扁鹊（ᆞᆞ）。戦国時代の名医。
【扁桃】biǎntáo 名 ❶ ⦗量 颗 kē⦘ アーモンド。❷ 平たい形をした桃の一種。同蟠桃 pántáo
【扁桃体】biǎntáotǐ 名《生理》〔量 对 duì〕扁桃腺。同扁桃腺 xiàn
【扁桃腺】biǎntáoxiàn 名 "扁桃体 biǎntáotǐ"に同じ。

匾 biǎn
匚部9 全11画 四 7171₂ 次常用

名〔量 块 kuài〕門や壁にかける、横長の額。同匾额 biǎn'é

【匾额】biǎn'é 名〔量 块 kuài〕扁額。¶堂上高挂家训 jiāxùn～ / 母屋に家訓を書いた扁額が掲げられている。

碥 biǎn
石部9 全14画 四 1362₇ 通用

名山間の水流に突き出た岩。

褊 biǎn
衤部9 全14画 四 3322₇ 通用

名（場所や心などが）せまい。¶～急 biǎnjí（度量がせまくせっかちだ）。

【褊狭】biǎnxiá 形文せまくて小さい。¶土地～ / 土地がせまい。～气量～ / 度量が小さい。

卞 biàn
卜部2 全4画 四 0023₀ 通用

❶形文短気でせわしない。¶～急 biànjí（焦る）。❷（Biàn）姓。

弁 biàn
厶部3 全5画 四 2344₀ 通用

名 ❶ 古代の冠。¶～言 biànyán。❷ 下級官吏。❸（Biàn）姓。

【弁言】biànyán 名〔量 篇 piān〕序文。前書き。

苄 biàn
艹部4 全7画 四 4423₀ 通用

下記熟語を参照。

【苄基】biànjī 名《化学》ベンジル基。

抃 biàn
扌部4 全7画 四 5003₀ 通用

名文（喜んで）手をたたく。

汴 Biàn
氵部4 全7画 四 3013₀ 通用

名 ❶《地名》河南省開封市の別名。北宋の都が置かれた。¶～京 Biànjīng（開封の古名）/ ～梁 Biànliáng（開封の古名）。❷姓。

忭 biàn
忄部4 全7画 四 9003₀ 通用

動文こころ楽しむ。喜ぶ。¶不胜欣～ xīnbiàn（喜びにたえない）。

变（變）biàn
又部6 全8画 四 0040₇ 通用

❶ 動 変化する。変わる。¶情况～了（状況が変わった）/ ～了样儿（様変わりした）。❷ 動（…を…に）変える。改める。¶～废 fèi 为宝（ゴミを宝に変える）。❸ 名（政治的な）事件。事変。¶事～ shìbiàn（事変）/ 政～ zhèngbiàn（政変）。❹（Biàn）姓。

【变把戏】biàn bǎxì 句手品をする。¶看～ / 手品を見る。同变戏法 xìfǎ
【变本加厉】biàn běn jiā lì 成前よりもさらにひどくなる。
【变产】biàn//chǎn 動資産を売り払う。
＊【变成】biànchéng 動…に変わる。…になる。¶沙漠～绿洲 lùzhōu / 砂漠がオアシスに変わる。
【变蛋】biàndàn 名《料理》ピータン。同皮 pí 蛋,松花 sōnghuā 蛋
【变电所】biàndiànsuǒ 名変電所。表現 "变电站"より小さく "变电室"より大きなものをいう。
【变电站】biàndiànzhàn 名〔量 所 suǒ〕変電所。⇨变电所 suǒ
【变调】biàndiào 名（～儿）❶《言語》声調の変化。たとえば第3声の音節が二つ続いた時、前の第3声が第2声のように発音されること。❷《音楽》転調。同转调 zhuǎndiào
【变动】biàndòng ❶ 名（情勢や事態の）変化。¶明天的安排如有什么～,请提前通知我们 / 明日の段取りに何か変更があれば、事前に私たちにお知らせください。❷ 動変更する。修正する。¶最近公司人事～,许多人调 diào 走了 / 最近、会社の人事異動があり、多くの人が動いた。
【变法】❶ biàn//fǎ 動法令制度を変革する。❷ biànfǎ 名《歴史》変法。国家の重大な改革。¶戊戌 Wùxū～ / 戊戌（ᆞᆞ）の変法。
【变法儿】biàn//fǎr 動あれこれ、うまい方法を考える。工夫して手を尽くす。
【变革】biàngé 動変革する。¶～社会 / 社会を変革する。同改革 gǎigé, 改造 gǎizào, 革新 géxīn
【变更】biàngēng ❶ 動変更する。修正する。❷ 名変更。¶适当 shìdàng 的～ / 妥当な変更。
【变故】biàngù 名不慮の事故。思いがけないできごと。災難。
【变卦】biàn//guà 動約束や決心を突然ひるがえす。¶他经常～,说话不算数 / 彼はころころと気が変わるので信用できない。
＊【变化】biànhuà 動変化する。¶～多端 / 変化が多い。¶春天的气温～很大 / 春は気温の変化が大きい。
【变幻】biànhuàn 動不規則に変化する。¶她的脾气～不定 / 彼女は気まぐれで落ちつかない。
【变幻莫测】biàn huàn mò cè 成変化があまりにも激しく,予測がつかない。
【变换】biànhuàn 動転換する。きりかえる。¶～位

【变价】biànjià 動 時価に換算する. ¶～出售 / 時価で売り出す.
【变节】biàn//jié 動 ㊌ 変節する. 転向する. 寝返る. ¶～投敌 / 変節して敵に身を投ずる.
【变脸】❶ biàn//liǎn ㊌ 態度ががらりと変える. ¶对朋友～ / 友達に対する態度を急に変える. ❷ biànliǎn 名《芸能》(伝統劇の)面の早がわり. 回 翻脸 fānliǎn
【变量】biànliàng 名《数学》変量.
【变乱】biànluàn 名 戦争などの混乱. 動乱.
【变卖】biànmài 動 (家財などを)売って現金に換える. ¶～家产抵债 dǐzhài / 家財を売って借金の返済に当てる.
【变频】biànpín 動《物理》周波数を変える.
【变迁】biànqiān 動 変遷する. 移り変わる. ¶时代～ / 時代が移り変わる.
【变色】biànsè 動 ❶ 色やようすが変わる. ¶风云～ / 時局などが変化すること. ❷ (怒りなどで)顔色を変える.
【变色镜】biànsèjìng 名 偏光サングラス.
【变色龙】biànsèlóng 名 ❶《動物》[㊌ 条 tiáo] カメレオン. ❷ 主義や態度をころころ変える人. 風見鶏.
【变声】biànshēng 動《生理》声変わりする.
【变数】biànshù 名《数学》変数.
【变速】biànsù 動《機械》変速する. スピードチェンジする.
【变速器】biànsùqì 名 変速器.
【变态】biàntài 名 ❶《生物》変態. ❷ 生理的・心理的な異常. ～心理 / 異常心理. ㊌ 常态 chángtài
【变态反应】biàntài fǎnyìng 名《医学》アレルギー.
【变天】biàn//tiān 動 ❶ 空模様が変わる. 天気がくずれる. ❷ ㊌ 政治変動が起きる. 反動勢力が盛り返す.
【变通】biàntōng 動 状況に柔軟に対応する. 融通をきかせる.
【变为】biànwéi 動 (…を)…に変える. ¶使他们～好学生 / 彼らをよい学生に変える.
【变味】biànwèi 動 (～儿)(食物などの本来の)味が変わる. 失われる. 表現 多く味が悪くなることをいう.
【变温动物】biànwēn dòngwù 名《動物》変温動物. 表現 俗に"冷血 lěngxuè 动物"とも言う.
【变文】biànwén 名《文学》[㊌ 篇 piān] 変文. 唐五代の時期に流行した民間文学.
【变戏法】biàn xìfǎ 句 (～儿)手品をする. ㊌ 变把戏 bǎxì
【变现】biànxiàn 動《経済》資産や有価証券などを現金化する.
【变相】biànxiàng 形 表面を変えただけで,内実が変わらない. ¶～贪污 tānwū / 形を変えただけの汚職.
【变心】biàn//xīn 動 心変わりする. ¶半年没见,他就变了心 / 半年会わなかっただけで,彼は心変わりしてしまった.
【变星】biànxīng 名《天文》変光星.
【变形】biàn//xíng 動 ❶ 形や外見が変わる. (物が)変形する. 見た感じが変わる. ❷ 変身する.
【变形虫】biànxíngchóng 名《動物》アメーバ. 回 阿米巴 āmǐbā
【变型】biànxíng 動 モデルを変える.
【变性】biànxìng 動 ❶ (事物の)性質が変化する. ❷ 性別を変える.
【变性酒精】biànxìng jiǔjīng 名《化学》変性アルコール. メチルアルコールなどを加えた工業用アルコール.
【变性(手)术】biànxìng (shǒu-)shù 名《医学》性転換(手術).
【变压器】biànyāqì 名《電気》[㊌ 个 ge,台 tái] 変圧器. トランス.
【变样】biànyàng 動 (～儿)ようすが変わる. ¶出国十年,家乡完全～了 / 国を出て10年,故郷はまったく様変わりした.
【变异】biànyì 名《生物》変異.
【变异性】biànyìxìng 名《生理》変異性.
【变易】biànyì 動 変化する. 改まる.
【变质】biàn//zhì 動 変化する. 変質する. ¶蜕化 tuìhuà～ / 思想的に堕落する. ¶这块肉已经变了质,这个肉はすでに腐っている.
【变质岩】biànzhìyán 名《地学》変成岩.
【变种】biànzhǒng 名 ❶《生物》変種. ❷ ㊌ 目先を変えただけの陳腐なもの.
【变奏】biànzòu 名《音楽》変奏.
【变奏曲】biànzòuqǔ 名《音楽》変奏曲.

便 biàn

亻部7 四 2124₆
全9画 常用

I 形 ❶ 便利だ. ～于 biànyú. ¶交通不～ / 交通の便が悪い.
❷ 都合がよい. ¶得 dé ～请你来一次 / ご都合のよいときに一度お出かけください. ¶悉 xī 听尊～ / すべてあなたのご都合に合わせます.
❸ 正式でない. 手軽な. 普段の. ¶一条 biàntiáo. ¶～衣 biànyī. ¶家常～饭 / 家庭料理.
II ❶ 名 排泄物. ¶粪～ fènbiàn / 糞尿.
❷ 動 排便する. ¶大～ dàbiàn / 大便する. ¶小～ xiǎobiàn / 小便する.
III 副 ㊏ ❶ 時間を限定する. ①短時間のうちであることを示す. 間もなく. すぐに. ¶车开不久,天一亮了 / 車をはしらせてまもなく夜が明けた. ¶一个小时～可到达 / 一時間あれば到着する.
②ことがとっくにそうなっていることを示す. 早くも. もう. ¶她从小学时代～开始学钢琴了 / 彼女は小学生の頃からピアノを習い始めた.
③後の行為が前の行為に続けて行われることを示す. …するとすぐ. ¶一过秋分,～进入秋季 / 秋分が過ぎるとすぐ秋になる. ¶吃完晚饭我～睡了 / 夕飯を終えるとすぐに床についた.
④結果がすんなりもたらされることを示す. ¶只要认真学,～能学会 / まじめに勉強しさえすればマスターできる.
❷ 肯定を強調する. ほかでもなく. まさしく. ¶这～是我的家 / これが私の家です. ⇨就 jiù, 即 jí
IV 接 たとえ…でも. よしんば. ◆ 多く"便(是)…也[都]…"の形で仮定と譲歩を表わす. ¶～是有大大的困难,我也不怕 / たとえもっと大きな困難があろうとも私は恐れない.
⇨就是 jiùshì
☞ 便 pián

【便步】biànbù 名《軍事》歩調や姿勢をそろえず自然に歩く. ¶～走! / みちあし! 反 正步 zhèngbù
【便餐】biàncān 名《列車などの》簡単な食事.
【便车】biànchē 名 (目的地へ行くのに)都合のよい車. ちょうどいいバスなどをいう.
【便池】biànchí 名 ❶ 男子用小便容器. 小便所. 回 小便池 ❷ 尿瓶(gàn).
【便饭】biànfàn 動 弁当. 回 盒饭 héfàn
【便当】biàndang 形 ❶ 手軽で便利だ. 都合がよい. ¶现在去城里比以前～多了 / 今では町へ出るのが以前よりずっと便利になった. 回 便利 biànlì,方便 fāngbiàn 反

麻烦 máfan ❷ 容易だ．¶这么～的题目都不会做吗／こんな簡単な問題もできないのか．

【便道】biàndào 名〔量 条 tiáo〕❶ 近道．¶抄 chāo～走／近道して行く．❷ 歩道．¶行人 xíngrén 要走～／歩行者は歩道を歩くこと．❸（道路工事などの）臨時通路．仮設道路．

【便饭】biànfàn〔量 顿 dùn〕ふだんの食事．¶别客气,今天就在这儿吃顿～吧／遠慮せずに,何もないけど今日はここで食べてゆきなさいよ．

【便服】biànfú ❶〔量 件 jiàn, 身 shēn, 套 tào〕普段着．平服．囧 礼服 lǐfú,制服 zhìfú ❷〔套 tào〕中国式の服装．

【便函】biànhán 名〔量 封 fēng〕（機関や団体が出す）簡易な非公式書簡．囧 公函 gōnghán.

【便壶】biànhú 名〔量 把 bǎ〕（男性用の）しびん．

【便笺】biànjiān ❶ 書き付け．伝言．❷ メモ用紙．

【便捷】biànjié 形 ❶ 直接的で簡便だ．てっとりばやい．❷ 動きが軽くすばやい．¶行动～／行動が機敏だ．

【便览】biànlǎn 名 便覧．ハンドブック．¶旅游～／旅行ガイドブック．

【便利】biànlì ❶ 形 便利だ．都合がよい．¶交通～／交通の便がよい．囧 便当 biàndang,方便 fāngbiàn 囧 不便 bùbiàn,困难 kùnnan ❷ 便利にする．便宜をはかる．¶～顾客 gùkè／顧客の便宜を図る．囧 方便 fāngbiàn.

【便利店】biànlìdiàn 名 コンビニエンスストア．

【便了】biànliǎo 助 文末につけて,決定・承諾・譲歩の語気をあらわす．～するまでのことだ．囧 就是了 jiùshile 表現 早期の白話に多く見える古風な言いかた．

【便路】biànlù 名 近道．囧 便道 dào①

【便帽】biànmào 名（～儿）普段かぶる帽子．キャップ．囧 礼 lǐ 帽

【便门】biànmén 名（～儿）正門以外の出入口．通用門．勝手口．

【便秘】biànmì 名 便秘する．参考 もと"biànbì"と発音した．

【便民】biànmín 動 人々に役立つ．¶～店／コンビニエンスストア．雑貨店．

【便溺】biànniào ❶ 動 大小便をする．¶不许随地 suídì～／所かまわず大小便することを禁ず．❷ 糞尿．

【便盆】biànpén 名（～儿）便器．おまる．

【便桥】biànqiáo 名 仮設の橋．

【便人】biànrén 名 ついでのある人．¶如有～,请把那本书捎 shāo 来／ついでのある人がいたら,あの本を持たせてほしい．

【便士】biànshì 名 ペンス（ペニー）．イギリスやアイルランドの貨幣単位．♦pence

【便是】biànshì 副 ❶ まさしく…だ．¶这儿～我们的学校／ここがすなわち我が校です．❷ …なら…だ．¶不是刮风,～下雨／風が吹くのでなければ,雨がふる．❸ たとえ…でも．¶答应别人的事,～再难 nán 也要做到／引き受けたことは,どんなに大変でもやりとげなければならない．囧 就是 jiùshì

【便所】biànsuǒ 名（～儿）トイレ．便所．

*【便条】biàntiáo 名（～儿）〔量 个 ge,张 zhāng〕簡略なメモ．簡単な手紙や通知．

【便桶】biàntǒng 名〔量 个 ge,只 zhī〕おまる．便器．囧 马桶 mǎtǒng

【便携机】biànxiéjī 名 ポータブル AV プレーヤー．参考 ポータブル CD やポータブル DVD などの総称．

【便携式】biànxiéshì 形（デザインや形が）携帯に便利な．携帯式の．ハンディタイプの．

【便鞋】biànxié 名〔量 双 shuāng,只 zhī〕普段ばきのくつ．表現 多く布ぐつをさす．

【便血】biàn／xiě 動〔医学〕血便が出る．便に血がまじる．参考 便に血液がまじる場合,血便のみ出る場合の両方をいう．

【便宴】biànyàn 名〔量 次 cì〕格式ばらないパーティー．非公式の宴会．¶家庭～／ホームパーティー．

【便衣】biànyī ❶〔量 件 jiàn,套 tào〕（軍人や警官の制服と区別して）一般市民の服装．❷（～儿）〔量 个 ge,名 míng〕私服の軍人や警官．

【便于】biànyú 動 …をするのに便利だ．…に都合がよい．¶～计算／計算するのに都合がよい．表現"便于"の後には,動詞がまたは動詞句がふつう．

【便中】biànzhōng 名 文 ついでの時．都合のよい時．¶欢迎你～来鄙舍 bǐshè 畅谈 chàngtán 畅谈／どうぞおついでの際にでも,拙宅へおしゃべりしにいらして下さい．

【便装】biànzhuāng 名〔量 件 jiàn,套 tào〕普段着．平服．囧 便服 biànfú ①

遍（異 徧）biàn
辶部 9　囧 3330₂
全12画　常用

❶ 動 いたるところにある．あまねく行きわたる．¶～野 biànyě．❷ 量 動作の回数を数えることば．動作の始めから終わりまでをさす．¶念一～（一ぺん読む）．❷ 次 cì,回 huí ❸（Biàn）姓．

【遍布】biànbù 動 あまねくゆきわたる．

【遍地】biàndì 名 どこもかしこも．至る所．囧 满 mǎn 地,到处 dàochù

【遍地开花】biàn dì kāi huā 成 よいことがあちこちに出現したり,普及し発展している．¶手机如今已是～,不再希罕 xīhan ／携帯電話は近ごろではすでに至るところで使われていて,もはや珍しくはない．由来「いたる所で花開く」という意から．

【遍及】biànjí 動 あらゆる所にいきわたる．あまねく及ぶ．¶华侨 huáqiáo 人数众多,～世界／華僑はその数も多く,世界に広がっている．

【遍体鳞伤】biàn tǐ lín shāng 成 満身創痍(ソウィ)．全身傷だらけだ．

【遍野】biànyě 動 野原一面をおおいつくす．¶漫山～／成 野や山のいたるところ．表現 非常に多くあることの喩え．

【遍于】biànyú 動 …に広く行われた．¶～全国各地／全国各地どこにでもある．

缏（緶）biàn
纟部 9　囧 2114₆
全12画　通用

→草帽缏 cǎomàobiàn
☞ 缏 pián

辨 biàn
辛部 9　囧 0044₁
全16画　常用

動 見分ける．識別する．¶分～ fēnbiàn（見分ける）／明～是非／是非をはっきりさせる．

【辨白】biànbái 動 弁明する．弁解する．囧 辩白 biànbái,辩解 biànjiě,分辩 fēnbiàn

【辨别】biànbié 動 弁別する．見分ける．識別する．¶～真假／真偽を判別する．囧 分辨 fēnbiàn,分别 fēnbié,区别 qūbié,区分 qūfēn

【辨明】biànmíng 動 明確に識別する．はっきりと見分ける．¶～方位／方角を見定める．

【辨认】biànrèn 動 特徴を見分けて判断する．¶～笔迹 bǐjì／筆跡を鑑定する．囧 识别 shíbié

biàn – biāo 辩辫杓标

【辨识】biànshí 动 見分ける. 判別する.
【辨析】biànxī 动 特徴を見分け,分析する. ¶～同义词 tóngyìcí／同義語を解析する.
【辨正】biànzhèng 动 是非を明らかにし,あやまりをただす. 同 辩正 biànzhèng
【辨证】biànzhèng 动 ❶《中医》症状の違いを見分ける. 辨症 biànzhèng ❷《哲学》弁証する. 分析し考証する. 同 辩证 biànzhèng
【辨证论治】biànzhèng lùnzhì 句《中医》病因や症状などを総合的に分析し,治療方法を判断する. 同 辩证施 shī 治 参考 "证"は"症"に同じ.

辩(辯) biàn
辛部9 四 0044₁
全16画 常用

❶ 动（事の是非や真偽について)論じる. 論争する. 弁解する. ¶～论 biànlùn／争～ zhēngbiàn（論争する)／能言善～（弁が立つ)／事情不说不清,道理不～不明(事がらは話さなければはっきりせず,道理は論じなければ明らかにならない). ❷ (Biàn)姓.
【辩白】biànbái 动 理由や事情を説明し誤解を解く. 同 辨 biàn 白
【辩驳】biànbó 动 反論する. ¶铁证如山,无可～／動かぬ証拠がある,反論の余地はない.
【辩才】biàncái 名 ⚙ 弁舌の才能. ¶他很有～／彼はとても弁が立つ.
【辩护】biànhù 动《法律》弁護する. ¶ 为 wèi 被告～／被告人のために弁護する.
【辩护权】biànhùquán 名《法律》被告人の弁護権.
【辩护人】biànhùrén 名《法律》弁護人.
【辩解】biànjiě 动 弁解する. 申し開きをする. ¶你错了,怎么～也没用／君は間違っている,どんなに弁解しても無駄だ. 同 辨白 biànbái,分辨 fēnbiàn
【辩论】biànlùn 动 議論する. 討論する. 論争する. ¶～会／ディベート. 討論会 同 争辩 zhēngbiàn,争论 zhēnglùn
【辩明】biànmíng 动（誤解を解くために真相を)はっきりと述べ立てる. 弁明する.
【辩赛】biànsài 名 弁論大会. ディベート大会.
【辩手】biànshǒu 名 ディベート大会の参加者. 討議者.
【辩诉交易】biànsù jiāoyì 名《法律》和解契約. 示談.
【辩正】biànzhèng 动 "辨正 biànzhèng"に同じ.
【辩证】biànzhèng ❶ 动 論証する. ¶反复～／繰り返し論証する. 同 辨证 biànzhèng ❷《哲学》弁証. ❸ 形 弁証法的だ. ¶～地讲／弁証法的にいう.
【辩证法】biànzhèngfǎ 名《哲学》弁証法. とくにマルクス・エンゲルスの唯物弁証法を指す.
【辩证唯物主义】biànzhèng wéiwù zhǔyì 名《哲学》弁証法的唯物論.

辫(辮) biàn
辛部10 四 0044₁
全17画 常用

名（～儿）❶ 編んだ髪. おさげ. ❷ おさげに似た形のもの.
【辫子】biànzi 名 ❶〔根 gēn, 条 tiáo〕編んで垂らした髪の毛. おさげ. ¶梳 shū～／髪をきれいにおさげを編む. ❷ 編んでまとめてあるもの. ¶蒜 suàn～／茎を編んでまとめてあるニンニクの束. ❸ 把问题梳梳 shūshū～／問題を筋道立てて整理する. ❸ 人の弱み. ¶抓～／尻尾をつかむ. 弱みをにぎる.

biao ㄅㄧㄠ [piau]

杓 biāo
木部3 四 4792₀
全7画 通用

名 旧 星の名前. 北斗七星でひしゃくの柄の部分にあたる第5,6,7星のこと. 器の部分の第1,2,3,4星は"魁 kuí"という.

☞ 杓 sháo

标(標) biāo
木部5 四 4199₁
全9画 常用

❶ 素 樹木の先端. こずえ. 反 本 běn ❷ 素 枝葉. 表面. ¶治～不如治本(枝葉末節を解決するより根本を解決するほうがよい). 反 本 běn ❸ 素 めじるし. 標識. 記号. ¶商～ shāngbiāo（商標)／音～ yīnbiāo（音声記号). ❹ 动 文字などで表示する. しるしをつける. ¶～价 biāojià. ❺ 素 入札ねだん. ¶投～ tóubiāo（入札する)／招～ zhāobiāo（入札する). ❻ 素 標準. 指標. ¶目～ mùbiāo（目標). ❼ 素 優勝者に与える賞品や旗. ¶锦～ jǐnbiāo（賞品. 賞状. トロフィー). ❽ (Biāo)姓.
【标榜】biāobǎng 动 貶 ❶ 聞こえのいい名目を掲げ,宣伝する. 標榜する. ¶～自由／自由を標榜する. ¶他们～爱国,实际是卖国／彼らは口では愛国というが,実は売国だ. ❷（互いに)ほめあげる. もちあげる. ¶互相～／互いにほめあう.
【标本】biāoběn 名 ❶〔⚙ 个 ge, 种 zhǒng〕（研究や実験のための)標本. ¶采集～／標本を採集する. ❷《中医》末梢と根本. 病気の症状と原因. ¶～兼治 jiānzhì／末梢と根本をともに治療する.
【标兵】biāobīng 名 ❶〔⚙ 个 ge, 名 míng〕閲兵式で,境界線を示す目印となる兵士. 大集会で,境界線の目印となる人員. ❷ 模範や目標となる人や団体. ¶树立～／模範となる人や団体を作る.
【标尺】biāochǐ 名 ❶〔⚙ 把 bǎ〕地面・建築物の高さの測量や水深の表示に用いる目盛りのあるゲージ. ❷《军事》"表尺 biǎochǐ"（鉄砲の照準器の一部分)の通称.
【标灯】biāodēng 名 ❶ ビーコンライト. 標識灯. ❷ 郵便局や床屋などの目印になるランプ.
【标底】biāodǐ 名《经济》入札最低基準価格.
【标的】biāodì 名 ❶（弓矢の)まと. ❷ 目的や目標. ❸《法律》契約における権利・義務双方の対象.
*【标点】biāodiǎn ❶ 名〔⚙ 个 ge〕句読点. カッコなども含む. 同 标点符号 fúhào ❷ 动（古典などの文章に)句読点をつける.
【标点符号】biāodiǎn fúhào 名《言語》句読点やカッコなどの文章記号. 16種類ある. ⇨付録「句読点・かっこなどの用法」
【标定】biāodìng ❶ ある数値や型番を基準とする. ❷ ある基準により測定する. ❸ 形 基準に合致している. ¶～型摩托车／基準合格型バイク.
【标杆】biāogān 名（～儿）〔根 gēn〕測量に用いる目標をあらわす棒. ポール.
【标高】biāogāo 名 標高. ¶这座山～三千二百米／この山は標高3,200メートルだ.
【标号】biāohào 名 ❶（商品の規格・性能・等級を)表示する記号. ❷ 標識. 符号. マーク.
【标记】biāojì 名 標識. 記号. マーク. ¶作出～／目印をつける. 同 标志 biāozhì

【标价】❶ biāo//jià 動 価格を表示する. ❷ biāojià 名 表示価格.
【标金】biāojīn 名 ❶《経済》入札保証金. ❷ 刻印つきの金の延べ棒.
【标量】biāoliàng 名《物理》スカラー.
【标卖】biāomài 動 ❶ 公示価格で売る. ❷ 入札で売り出す.
【标明】biāomíng 動 記号や文字で表示する. ¶～出厂日期/出荷日を明示する.
【标牌】biāopái 名 登録商標. ブランドマーク. ¶设计～/商標をデザインする.
【标签】biāoqiān 名（～儿）〔个 ge, 张 zhāng〕ラベル. 商品の札. ¶贴 tiē 上～/ラベルをはる. ¶价目～/価格タグ.
【标枪】biāoqiāng 名 ❶《スポーツ》やり投げ. ❷《スポーツ》〔杆 gǎn, 根 gēn, 支 zhī〕やり投げのやり. ❸〔支 zhī〕(昔の武器の)投げやり.
【标石】biāoshí 名 位置や高度を測定するための標識. 標石.
【标示】biāoshì 動（文字や図で）あらわす. 明示する.
【标书】biāoshū 名 ❶ 入札案内. ❷ 入札書類.
【标题】biāotí 名〔个 ge〕見出し. 標題.
【标题音乐】biāotí yīnyuè 名《音楽》標題音楽.
【标新立异】biāo xīn lì yì 成 ❶ 他と異なる斬新な主張を掲げる. ¶她在服装打扮上喜欢～,引人注意/彼女はファッションで新しさを好み,人々の注意を集めている. ❷ 貶 新奇をてらう.
【标语】biāoyǔ 名〔条 tiáo〕(文字で書かれた)スローガン. 回 口号 kǒuhào
【标志】[识] biāozhì ❶ 名〔个 ge, 种 zhǒng〕シンボル. 標識. しるし. マーク. 象徴. ¶兴旺 xīngwàng 发达的～/旺盛な発達のしるし. ❷ 動 ～を象徴する. ¶汽车工业的发展,～着整个工业的发展水平/自動車工業の発展は,すべての工業の発展水準を物語る.
【标致】biāozhi 形 容貌や姿が端正で美しい. 表現 多く若い女性についている.
【标注】biāozhù 動 注記する.
*【标准】biāozhǔn ❶ 名〔个 ge, 条 tiáo, 项 xiàng〕標準. 基準. ¶技术～/技術基準. 回 规范 guīfàn ❷ 形 標準的だ. 標準となる. ¶他的日语讲得不～/彼の日本語はとてもなまっている.
【标准大气压】biāozhǔn dàqìyā 名《気象》標準大気圧.
【标准粉】biāozhǔnfěn 名 標準粉. 参考 100キロの小麦を製粉して85キロの小麦粉にしたもの.
【标准化】biāozhǔnhuà 動（製品の規格・品質などを）標準化する. 規格を統一する.
【标准化考试】biāozhǔnhuà kǎoshì 名 標準化試験. 統一試験. 参考 政府や権威のある機関などが試験大綱や問題,評価基準などを制定し,問題作成する試験.
【标准间】biāozhǔnjiān 名（ホテルの）スタンダードタイプの部屋.
【标准件】biāozhǔnjiàn 名 標準部品. 統一規格部品.
【标准普尔指数】Biāozhǔn Pǔ'ěr zhǐshù 名《経済》スタンダード＆プアーズ式平均株価. 米国の平均株価指数の一つ.
【标准时】biāozhǔnshí 名 標準時.
【标准舞】biāozhǔnwǔ 名 ソシアルダンス.
【标准像】biāozhǔnxiàng 名（証明写真などの）正面・上半身・脱帽の写真.
【标准音】biāozhǔnyīn 名《言語》標準音. 標準となる発音. 参考 "普通话"(中国語の共通語)は,北京語の発音を標準音としている.
【标准语】biāozhǔnyǔ 名《言語》標準語.

飑（颮） biāo

风部5 全9画 四 7721₁

释 風向きが急に変わり,突然激しく吹く. つむじ風. ¶～云 biāoyún（スコールを降らせる雨雲）.

彪 biāo

虎部3 全11画 次常用 2221₂

❶ 释 文 小さなトラ. ❷ 释 文（人の）体が大きい. ¶～形大汉 biāoxíng dàhàn. ❸（Biāo）姓.
【彪炳】biāobǐng 動 輝きを放つ. ¶～千古/(偉大な業績が)輝きを放つ.
【彪悍】biāohàn 形（武者や戦士が）猛々(然)しい. 恐れを知らない.
【彪形大汉】biāoxíng dàhàn りっぱな体格の大男. 偉丈夫.

骠（驃） biāo

马部11 全14画 四 通用 7119₁

→ 黄骠马 huángbiāomǎ
🀄 骠 piào

膘（異 臕） biāo

月部11 全15画 四 次常用 7129₁

名（～儿）(家畜の)あぶらみ. ¶～满肉肥（あぶらがのって肉付きがよい）/长～/zhǎngbiāo（家畜が肥える）.
【膘情】biāoqíng 名 家畜の太りぐあい.

飙（飆/異 飚, 颷） biāo

风部12 全16画 四 4781₁ 通用

释 はげしい風. 暴風. はやて. ¶狂～ kuángbiāo（すさまじい暴風）.
【飙车】biāochē 動 方（車で）猛スピードを出す.
【飙风】biāofēng 名 文 暴風. 疾風.
【飙升】biāoshēng 動（価格や数量が）急激に上昇する,増加する.

镖（鏢） biāo

钅部11 全16画 四 8179₁ 通用

名〔支 zhī〕槍の先端に似た古代の武器.
【镖局】biāojú 名 旧 旅客や貨物輸送の保護に携わった業務. また,その機構.
【镖客】biāokè 名 旧〔个 ge, 名 míng〕旅客や貨物輸送を護衛した用心棒. 回 镖师 biāoshī

瘭 biāo

疒部11 全16画 四 0019₁

下記熟語を参照.
【瘭疽】biāojū 名《医学》手足の指先の化膿性炎症. 瘭疽(ひょうそ).

瀌 biāo

氵部15 全18画 四 3013₁ 通用

下記熟語を参照.
【瀌瀌】biāobiāo 形 文 雨や雪がさかんに降っている.

镳（鑣） biāo

钅部15 全20画 四 8073₁ 通用

名 ❶ 馬のくつわ. ¶分道扬～（くつわをひいてそれぞれの道を進む. 行く方向が異なること）. ❷ "镖 biāo"に同じ.

B

表(錶❺) **biǎo** 一部 7 [四] 5073₂ 全 8 画 [常用]

❶[素] そと．外側．¶～面 biǎomiàn / ～皮 biǎopí / ～里如一 biǎo lǐ rú yī．[反] 里 lǐ ❷[素] そとにあらわす．示す．¶～示 biǎoshì / ～白 biǎobái / 发～ fābiǎo（発表する）/ 深～谢意（深く感謝の意を表する）．❸[素] 薬で風邪っ気を発散させる．¶～汗 biǎohàn．❹[名]〔[量] 份 fèn，个 ge，张 zhāng〕図表．一覧表．¶年～ niánbiǎo（年表）/ 统计～ tǒngjìbiǎo（統計表）．❺[名]〔[量] 个 ge，块 kuài，只 zhī〕（携帯用の小さな）時計．大きい時計は"钟 zhōng"．¶手～ shǒubiǎo（腕時計）/ 怀～ huáibiǎo（懐中時計）．❻[素]〔[量] 个 ge，只 zhī〕計器．メーター．¶温度～ wēndùbiǎo（温度計）/ 电～ diànbiǎo（電気用計器）．❼[素] 手本．模範．¶～率 biǎoshuài / 师～ shībiǎo（模範）．❽[素] 親族のうち姓を異にするもの．母方のおじ，おば，いとこ．また父方の女兄弟の子など．¶～弟 biǎodì / ～姐 biǎojiě．[反] 堂 táng ❾[名] 臣下から君主に奉る上奏文．❿（Biǎo）姓．

【表白】biǎobái [動]（自分の考えや気持ちを）人に説明する．弁明する．¶～心迹 / 真情をうちあける．

【表报】biǎobào [名] 上部へ提出する数表や報告書．[同] 报表

【表层】biǎocéng [名] 表面の層．外層．[反] 深层 shēncéng

*【表达】biǎodá [動]（考えや気持ちを）表現する．言いあらわす．¶这首诗～了许多年轻人的心声 / この詩には多くの若者の心の声が描かれている．

【表带】biǎodài [名] 時計のバンド，ベルト．

【表弟】biǎodì [名]（姓の異なる）年下の男性のいとこ．

【表哥】biǎogē [名]（姓の異なる）年上の男性のいとこ．[同] 表兄 biǎoxiōng

【表格】biǎogé [名]（～儿）〔[量] 份 fèn，张 zhāng，种 zhǒng〕項目を枠で区切ってある用紙．表．（アンケートなどの）記入用紙．¶填写 tiánxiě～ / 表に記入する．用紙に記入する．

【表功】biǎo//gōng [動] ❶[貶] 手柄話をする．自慢話をする．¶丑 chǒu～ / みっともない手柄自慢をする．❷[文] 功績を公の場でたたえる．

【表汗】biǎo//hàn [動]（解熱のため）発汗させる．

【表记】biǎojì [名] 記念やしるしとして贈る品物．

【表姐】biǎojiě [名]（姓の異なる）年上の女性のいとこ．

【表姐妹】biǎojiěmèi [名]（姓の異なる）女性のいとこ．[反] 堂 táng 姐妹

【表决】biǎojué [動] 会議で，挙手や投票などによって決定を下す．表決する．¶付诸～ / これを表決に付す．

【表决权】biǎojuéquán [名] 表決権．

【表里】biǎolǐ ❶[名] 表と裏．❷[名]《中医》身体の外側と内側．❸[動][文] 互いに補完し合う．

【表里如一】biǎo lǐ rú yī [成] 言動と考えが完全に一致していること．表裏がない．¶为人 wéirén 处世 chǔshì 应～ / 人づきあいは表裏がないようにすべきだ．

【表链】biǎoliàn [名]（～儿）懐中時計などのチェーン．

【表露】biǎolù [動] 表情や態度に出す．[同] 流露 liúlù

【表妹】biǎomèi [名]（姓の異なる）年下の女性のいとこ．

【表蒙子】biǎoméngzi [名] 時計表面のガラス．クリスタル．

*【表面】biǎomiàn [名] ❶ もののいちばん外側の部分．表面．[反] 实质 shízhì ❷ うわべ．表にあらわれたようす．¶这只是～上的现象 / これはうわべの現象にすぎない．[同] 外表 wàibiǎo [反] 内心 nèixīn

【表面光】biǎomiàn guāng [慣] うわべだけが立派だ．

【表面化】biǎomiànhuà [動]（矛盾や不一致が）表面化する．表にあらわれる．

【表面积】biǎomiànjī [名]《数学》表面積．

【表面文章】biǎomiàn wénzhāng [名] 見た目のみを重視し，中身に工夫のないやりかたのたとえ．

【表面张力】biǎomiàn zhānglì [名]《物理》表面張力．

*【表明】biǎomíng [動] 明確に示す．はっきりと示す．¶～态度 / 態度を明らかにする．¶这句话～他很有诚意 / このことばは，彼の誠意をはっきり示している．[表現] 日本語の「表明」のように，「人が態度や意志を明らかにする」場合だけでなく，後に句が続いて，「事物が…だということを明確に示している」という使い方もある．

【表盘】biǎopán [名]〔[量] 个 ge，只 zhī〕（時計やメーターの）文字盤．

【表皮】biǎopí [名]〔[量] 层 céng〕表皮．とくに皮膚．¶擦破了一点儿～，没关系 / ちょっとすりむいただけです，大したことありません．

【表亲】biǎoqīn [名] 父や（父方の）祖父の女兄弟，または母方の親戚関係．自分と姓の異なる親族に用いる．[同] 中表 zhōngbiǎo

【表情】biǎoqíng ❶[動] 考えや感情を顔や態度であらわす．¶善于～ / 感情表現がうまい．❷[名]〔[量] 副 fù，种 zhǒng〕顔や態度にあらわれた考えや感情．表情．

【表嫂】biǎosǎo [名]"表哥 biǎogē"の妻．

**【表示】biǎoshì ❶[動]（ことばや行動で考え・感情・態度などを）示す．明らかにする．¶～欢迎 / 歓迎の意を示す．❷[動]（事物そのものが何らかの意を）示す．明らかにする．¶红灯～不能通行 tōngxíng / 赤信号は通行できないことを示す．❸[名] 考えや感情をあらわすことば・動作・表情．

【表述】biǎoshù [動]（ことばで）表現する．説明する．言明する．

【表率】biǎoshuài [名] 手本．模範．

【表态】biǎo//tài [動] 態度を表明する．立場をはっきりさせる．¶你得 děi 表个态 / 君は立場を明確にするべきだ．

【表土】biǎotǔ [名] 表面の土壌．表土．

**【表现】biǎoxiàn ❶[動] 具体的に考えや立場を明らかにする．¶～出极高的天赋 tiānfù / すばらしい天賦の才を見せる．[同] 表示 biǎoshì，体现 tǐxiàn ❷[名] 行動や態度．¶他在这次比赛中～不凡 / 彼は今回の試合でめざましい活躍をした．❸[動][貶] 自分をひけらかす．¶我不喜欢当众～自己 / 私は目立ちたがり屋ではない．[表現] ②は，人を評価するのに，その人の"表现"が良いか悪いか，という言い方がよくされる．

【表象】biǎoxiàng [名]《哲学》表象．イデア．

【表兄】biǎoxiōng [名]（姓の異なる）年上の男性のいとこ．[同] 表哥 biǎogē

【表兄弟】biǎoxiōngdì [名] 姓の異なる男性のいとこ．[反] 堂 táng 兄弟

**【表演】biǎoyǎn [動] ❶ 演じる．上演する．❷ 実演する．模範演技をする．¶～新操作方法 / 新しい操作法のデモンストレーションをする．❸[貶] わざとらしいふるまいをする．

【表演唱】biǎoyǎnchàng [名] 振りをつけながら歌うこと．

【表演赛】biǎoyǎnsài [名]《スポーツ》エキジビション．

**【表扬】biǎoyáng [動]（口頭や文章によって）皆の前でほめたたえる．¶～劳动模范 / 優秀労働者を表彰する．¶对儿童应多～，少批评 / 子供はたくさんほめ，叱るのは控えるべきだ．[同] 褒扬 bāoyáng [反] 批评 pīpíng ⇨表彰 biǎozhāng

【表意文字】biǎoyì wénzì 名《言語》表意文字.
【表语】biǎoyǔ 名《言語》表語."是"に続く名詞述語または形容詞述語を指す.
【表彰】biǎozhāng 動 公に称賛する. 顕彰する. 反 惩处 chéngchù 比较 "表扬 biǎoyáng"は, 人物や仕事などのすぐれた点をほめたたえる意味で使い, "表彰"は, 偉大な功績や英雄的な事跡を顕彰する意味で使う.
【表针】biǎozhēn 名〔量 根 gēn〕時計や計器の針.
【表侄】biǎozhí 名"表兄弟 biǎoxiōngdì"の息子.
【表侄女】biǎozhínǚ 名"表兄弟 biǎoxiōngdì"の娘.
【表字】biǎozì 名 字 zì. 成人すると本名の他につける名前で, ふつう本名と関わりの深いことばを選ぶ. 参考 現代では少なくなったが, 近代の人々(とくに知識人)は字をもっていた. 毛沢東の字は「潤之」, 魯迅(本名は周樹人)の字は「豫才」であった.

婊 biǎo
女部8 全11画 通用 四 4543₂

下記熟語を参照.
【婊子】biǎozi 名〔量〕❶〔量 个 ge〕娼婦. ❷ 女性に対するののしりことば. 売女(ばいた).

裱 biǎo
衤部8 全13画 四 3523₂

動 書画などを表装する. 表具する. ¶～糊 biǎohú / 双～纸 shuāngbiǎozhǐ(二重ばりの紙).
【裱褙】biǎobèi 動 書画を表装する. 裏打ちする.
【裱糊】biǎohú 動(天井や壁に)壁紙を貼る.

俵 biào
亻部8 全10画 四 2523₂ 通用

動 文(量や人数に合わせて)分配する.

摽 biào
扌部11 全14画 四 5109₁ 通用

動 ❶ きつくしばりつける. ❷ からみ合わせる. ¶他俩 liǎ～着胳膊 gēbo 走(彼ら二人は腕を組んで歩く) / 他们老～在一块儿(彼らはいつもいちゃいちゃしている). ❸ 方 張り合う. ¶～劲儿 jìnr(むきになって張り合う).

鳔(鰾) biào
鱼部11 全19画 四 2119₁ 通用

❶ 名 魚の浮き袋. ❷ 名(魚の浮き袋でつくった)にかわ. ❸ 動 にかわで貼り付ける.
【鳔胶】biàojiāo 名 魚の浮き袋やブタの皮などを煮てつくったにかわ.

---

bie ㄅㄧㄝ [piE]

瘪(癟) biē
疒部10 全15画 四 0011₂ 次常用

下記熟語を参照.
☞ 瘪 biě
【瘪三】biēsān 名 方 定職をもたなかったり盗みで暮らしている者. 由来 上海のことば.

憋 biē
心部11 全15画 四 9833₄ 次常用

動 ❶ 息がつまる. 気がふさぐ. ¶～闷 biēmen / ～气 biēqì. ❷(感情などを)無理に抑えつける. ¶他～着一肚子话没发现(彼はことばをぐっとこらえて誰にも話さない).
【憋得慌】biēdehuāng 動 むしゃくしゃしてたまらない. くさくさしてやりきれない. ¶那个学校太严, 让学生～/ あの学校は厳しすぎて, 学生は息が詰まりそうだ.

【憋闷】biēmen ❶ 動 気がふさぐ. むしゃくしゃする. ¶别把烦恼～在心里 / ふさぎ込んじゃいけない. ❷ 形 息苦しい. ¶屋子没有窗户, 真～/ 部屋に窓がないと, 本当に息がつまりそうだ.
【憋气】biēqì 形 ❶(酸素不足などで)息苦しい. 息が詰まる. ❷(不満や悩みで)気がふさぐ. むしゃくしゃする. ¶他说话拉人～/ 彼は話し方がしゃくにさわる.
【憋屈】biēqū[-qu] 形 ❶ 息が詰まるようだ. ❷(悩み事などで)気分が晴れない.

鳖(鱉) 異 鼈 biē
鱼部11 全19画 四 9810₂

名《動物》❶〔量 个 ge, 只 zhī〕スッポン. 同 甲鱼 jiǎyú, 团鱼 tuányú, 水鱼 shuǐyú 表现 "鼋 yuán"という地方もある. 俗に"王八 wángba"という.
【鳖裙】biēqún 名 スッポンの甲羅まわりの柔らかいところ. 美味とされる. 同 鳖边 biēbiān

别¹ bié
刂部5 全7画 四 6240₀ 常用

❶ 動 別れる. 離れていく. ¶告～ gàobié / 別れを告げる. ¶临～赠言 zèngyán / 別れに際して, はなむけのことばを贈る.
❷ 素 区分けする. 分ける. ¶辨～ biànbié / 見分ける. ¶分门～类 / 部門別に分類する.
❸ 素 差異. ちがい. ¶职～ zhíbié / 職種.
❹ 素 その他の. 別に. ¶～人 biérén[-ren]. ¶～开生面 bié kāi shēng miàn.
❺ (Bié)姓.
☞ 别 biè

别² bié
刂部5 全7画 四 6240₀ 常用

動(さしたり, 針で留めたりして)ものを固定する. ¶～针 biézhēn. ¶把曲别针～上 / クリップで留める. ¶他腰里～着一只手机 / 彼は腰に携帯電話をしている.
☞ 别 biè

别³ bié
刂部5 全7画 四 6240₀ 常用

副 ❶…するな. ⃞"别+動詞句 / 形"で禁止・制止表現を作る. ¶～忘了! / 忘れないで. ¶～开玩笑! / 冗談はよせ. ¶～客气 / 遠慮しないで. ¶你～忙! / そんなに慌てなさんな.
❷ (望まぬ事態の発生を推測して)…かもしれない. ⃞多く"别(是)…(吧)"の形で. ¶她今天怎么没上课, ～是病了 / 彼女は今日どうして授業に来ないのだろう, 病気になったのかもしれない.
☞ 别 biè

【别裁】biécái 動 材料を取捨選択する. ¶《唐诗～》/ 『唐诗别裁集』(清・沈德潜の編). 用法 詩の選集などの書名に使われることが多い.
【别称】biéchēng 名〔量 个 ge〕別名.
【别出机杼】bié chū jī zhù 成(文章などで)新しい独自の境地を拓くこと. 由来 "机杼"は機(はた)織機のこと.
【别出心裁】bié chū xīn cái 成 独創的な考えや方法を打ち出す. ¶她时時一, 打扮得与众不同 / 彼女の装いはいつもユニークで, 皆と違っている. 同 独 dú 出心裁
【别处】biéchù 名 ほかの場所. 他所.
**【别的】biéde ❶ 形 ほかの. ほかな. ¶～地方 / ほかの場所. ❷ 代 ほかの人. ほかのもの. ¶说～吧 / ほかのことを話そう. ¶要不要吃点儿～? / ほかに何か食べたくありませんか.
【别动队】biédòngduì 名〔量 支 zhī〕主力部隊を離

て別行動をとる部隊．別動隊．
【別管】biéguǎn 圏 …であろうと，…とは関係なく．¶～是谁,一律 yīlǜ 按规章办事／誰であれ，規則に従って事を行いなさい．囲 无论 wúlùn
【別号】biéhào 名〔量 个 ge〕本名や字(あざな)のほかにつけた呼び名．囲 号 hào
【別集】biéjí 名 個人の作品を収録した詩文集．反 总 zǒng 集 参考 中国の伝統的図書分類(四部分類)の集部の多くの部分を占める．
【別具匠心】bié jù jiàng xīn 成 独創的で工夫のあること．表現 多く文学や芸術について言う．
【別具一格】bié jù yī gé 成 独特なスタイルや雰囲気をもっている．
【別开生面】bié kāi shēng miàn 成 それまでと違う新たな局面を切り開く．¶在艺术史上一的巨匠 jùjiàng／芸術の新境地を切り開いた巨匠．
【別来无恙】bié lái wú yàng 成 諭 その後お変わりありませんか．囲 手紙などで使う．かしこまった言い方．
【別離】biélí 動 (よく知っている人や場所から)離れる．¶～了家乡／故郷を離れた．囲 分离 fēnlí,离別 líbié 反 团圆 tuányuán,团聚 tuánjù
【別論】biélùn 通常ではない対処や批評のしかた．
【別名】biémíng 名 (～儿)別名．他の名．
【別情】biéqíng 名 ❶別れの気持ち．❷別の事情
*【別人】biérén 他の人 ❶ 人家里只有奶奶和我, 没有～／家には祖母と私のほかに人はいません．囲 外人 wàirén 反 自己 zìjǐ ❷ biéren 他人．¶ 认真考虑～的意见／真面目に他人の意見を考慮する．囲 他人 tārén 反 本人 běnrén
【別是】biéshì 副 まさか…ではあるまい．表現 あまり望ましくないことを推測する時に使う．
【別树一帜】bié shù yī zhì 成 独自に一つのスタイルを作る．
【別墅】biéshù 名〔量 所 suǒ, 座 zuò〕別荘．
【別说】biéshuō ❶ …は言うまでもなく．¶～小孩子, 连大人也看不懂／子供はもちろん大人にも見てわからない．❷ …を言うな．¶～了,我知道了／もう言うな,分かってる．表現 ①は,二つのことがらを並べて,一方のことがらの重要性を強調することば．"即使 jíshǐ", "就是 jiùshì", "连 lián"などと連用される．
【別提】biétí 動 ❶詳しく言うまでもない．¶在金桂 jīnguì 林里散步, ～多香了／キンモクセイの林を散歩すれば,どんなにかぐわしいかは言うまでもない．❷…を言うな．¶过去的事就別～了／昔のことを今さら持ち出すな．表現 ①は,程度の大きさをあらわす,やや大げさな表現．文の最後は必ず"了 le"で終わる．
【別体】biétǐ 名 ❶(書道における)別体．変体．❷(漢字の)異体．
【別无出路】bié wú chū lù 成 他に活路がない．
【別无二致】bié wú èr zhì 成 きわめて近い．よく似ている．
【別无选择】bié wú xuǎnzé 句 選択の余地がない．
【別緒】biéxù 名別れの気分．
【別样】biéyàng ❶形 異なる．❷名 異なるスタイル．
【別用】biéyòng 名 別の用途．囲 他用 tāyòng
【別有洞天】bié yǒu dòng tiān 成 別世界のようだ．表現 人を魅了する景色などに用いる．"洞天"は,道教で神仙のいるとされる場所．
【別有风味】bié yǒu fēng wèi 成 違った趣きがある．
【別有天地】bié yǒu tiān dì 成 別世界が開けている．

【別有用心】bié yǒu yòng xīn 成 貶 (表向きの言動とは別に)隠された意図がある．¶他吹捧 chuīpěng 你,是～／彼が君をおだてるのには何か魂胆がある．
【別針】biézhēn 名 ❶ (～儿)〔量 个 ge, 枚 méi〕安全ピン．❷ブローチ．
【別致】biézhì[-zhi] 形 格別な新しさや工夫がある．¶这条裙子的设计很～／このスカートのデザインはとてもユニークだ．
【別字】biézì 名 (～儿)〔量 个 ge〕誤った使い方をされた字．当て字．¶写～／誤字を書く．¶读～／字を読みまちがう．囲 白字 báizì
【別子】biézi 名 ❶帐(ちょう)や巻き物をとじるつめ．こはぜ．❷タバコ入れの袋にさげる飾り．根付け．

鳖 bié

足部11 四 9880₁
全18画 通用
動 足首や手首をくじく．
【鳖脚】biéjiǎo 形 方 品質が悪い．技能が劣っている．¶～货／粗悪品．

瘪(癟) biě

疒部10 四 0011₂
全15画 次常用
形 へこんでいる．ぺしゃんこだ．¶～花生(しなびたピーナッツ)／干～ gānbiě (干からびる)／车带～了(タイヤがパンクした)．囲 秕 bǐ 反 鼓 gǔ
☞ 瘪 biē

別(彆) biè

刂部5 四 6240₀
全7画 常用
動 方 人のかたくなな意見を変える．
☞ 別 bié
【別不过】biè buguò 動 方 (方向などを)変えられない．
【別扭】bièniu 形 ❶自分の望む通りではない．¶生活上感到有点～／生活にやや思うにまかせないところがある．¶这个人真～／この人は気に扱いにくい．囲 別別扭扭,顺当 shùndang ❷意見がかみ合わない．(話や文章が)不自然でぎこちない．重 別別扭扭 ❸～順当 shùndang

bin ㄅㄧㄣ〔pin〕

玢 bīn

王部4 四 1812₇
全8画 通用
名 玉石のすじ模様．
☞ 玢 fēn

宾(賓) bīn

宀部7 四 3080₁
全10画 常用
❶素 客．¶～客 bīnkè／～馆 bīnguǎn／贵～ guìbīn (貴賓)．反 主 zhǔ ❷ (Bīn)姓．
【賓白】bīnbái 名《芸能》戯曲中のせりふ．由来 歌が主体であることから,"白"(せりふ)を"賓"(客)と言う．
【賓服】bīnfú 動 ❶ 文 服従する．帰順する．❷ 方 敬服する．感心する．
【賓格】bīngé 名《言語》目的格．
*【賓馆】bīnguǎn 名〔量 个 ge, 家 jiā, 所 suǒ, 座 zuò〕(比較的大きく設備の整った)ホテル．
【賓客】bīnkè 名 客．参考 招待客・宿泊客などをすべて含む．反 主人 zhǔrén
【賓朋】bīnpéng 名 客や友人．
【賓語】bīnyǔ 名《言語》目的語．用法 普通,動詞の後につき,動詞の対象となる"誰か"または"何か"をさす．"

受批評"（批判を受ける）の"批評"など．また単語だけではなく句の場合もある．"他说他不知道"（彼は知らないと言った）の"他不知道"など．

【宾至如归】bīn zhì rú guī 〈成〉客人として来て、我が家に帰ったかのように感じる．アットホームだ．

【宾主】bīnzhǔ 〖名〗客と主人．主客．

彬 bīn 木部7 四4292₂ 全11画

❶下記熟語を参照．❷(Bīn)姓．

【彬彬】bīnbīn 〖形〗〈文〉教養が高く、上品だ．

【彬彬有礼】bīn bīn yǒu lǐ 上品で礼儀正しい．¶他对人总是～/彼はいつも礼儀正しい．

傧(儐) bīn 亻部10 四2328₁ 全12画

下記熟語を参照．

【傧相】bīnxiàng 〖名〗❶客を案内する人．儀式の司会をする人．❷婚礼の時の介添人．¶男～/新郎の介添人．¶女～/花嫁の介添人．

斌 bīn 文部8 四0344₀ 全12画 通用

❶素 "彬 bīn"に同じ．❷(Bīn)姓．

滨(濱) bīn 氵部10 四3318₁ 全13画 常用

❶素〈文〉水のそば．岸辺．¶湖～/húbīn（湖畔）．❷素（海・川などに）近い．近接している．¶～海 bīnhǎi（海に近い）/～地区（沿海地区）/～江公園（河畔の公園）．❸(Bīn)姓．

缤(繽) bīn 纟部10 四2318₁ 全13画 次常用

下記熟語を参照．

【缤纷】bīnfēn 〖形〗〈文〉多くのものが入り乱れている．¶五彩～/色とりどりで華やかだ．

槟(檳/〈異〉梹) bīn 木部10 四4398₁ 全14画 通用

下記熟語を参照．
→ 槟 bīng

【槟子】bīnzi 〖名〗《植物》リンゴの一種．果実はリンゴより小さく、甘酸っぱい．

镔(鑌) bīn 钅部10 四8378₁ 全15画 通用

下記熟語を参照．

【镔铁】bīntiě 〖名〗精錬された鉄．

濒(瀕) bīn 氵部13 四3118₂ 全16画 次常用

素❶…に臨む．…に近づく．¶～临 bīnlín/～死 bīnsǐ（死に瀕する）．❷ "滨 bīn"❷に同じ．

【濒临】bīnlín 〖動〗（境界を接するほど）近い．¶我国～太平洋/わが国は太平洋に面している．¶这种动物已经～绝种/この種の動物は、すでに絶滅の危機に瀕(ﾋﾝ)している．

【濒危】bīnwēi 危機に瀕する．¶病人～/病人が危篤だ．

【濒于】bīnyú 〖動〗（深刻な状況に）直面している．¶～破产/破産寸前だ．

豳 Bīn 山部14 四2277₀ 全17画 通用

〖名〗❶古代の地名．現在の陝西省彬(ﾋﾝ)県、旬邑(ｼﾞｭﾝﾕｳ)一帯．〖同〗邠 Bīn ❷姓．

摈(擯) bìn 扌部10 四5308₁ 全13画

素 投げ捨てる．放棄する．¶～斥 bìnchì/～出 bìn-

chú/～而不用（捨てて用いない）．

【摈斥】bìnchì 〖動〗〈文〉（他人を）排除する．¶～异己/自分と意見の異なるものを排斥する．

【摈除】bìnchú 良くないものを取り除く．¶～私心杂念/私心や打算を捨て去る．

【摈弃】bìnqì 〖動〗捨て去る．¶～旧观念/古い考え方を捨て去る．〖同〗屏弃 bǐngqì, 抛弃 pāoqì 〖反〗采纳 cǎinà 〖表現〗抽象的なものに使う．

殡(殯) bìn 歹部10 四1328₁ 全14画 通用

素 ひつぎを安置する．ひつぎを埋葬する．¶～车 bìnchē/出～ chūbìn（出棺する）．

【殡车】bìnchē 〖名〗〔辆 liàng〕霊柩車．

【殡殓】bìnliàn 埋葬する．

【殡仪馆】bìnyíguǎn 〖名〗〔个 ge, 家 jiā〕葬儀場．斎場．

【殡葬】bìnzàng 〖動〗葬儀を出す．

膑(臏) bìn 月部10 四7328₁ 全14画

素 "髌 bìn"に同じ．

髌(髕) bìn 骨部10 四7328₁ 全19画

素 ❶膝蓋骨(ｼﾂｶﾞｲｺﾂ)．❷膝蓋骨を切りとる古代の刑．

【髌骨】bìngǔ 《医学》膝蓋骨．¶～脱位/膝蓋骨が脱臼する．〖同〗膝盖骨 xīgàigǔ

鬓(鬢) bìn 髟部10 四7280₁ 全20画 次常用

素 鬢(ﾋﾞﾝ)．¶两～ liǎngbìn（両ほほの鬢）．

【鬓发】bìnfà 鬢(ﾋﾞﾝ)の毛．¶～苍白 cāngbái/鬢の毛が白髪まじりだ．¶～稀疏 xīshū/生え際が薄くまばらだ．

【鬓角[脚]】bìnjiǎo 〖名〗（～儿）もみあげ．¶汗珠沿着～流下来/汗のしずくが髪の生え際をしたたり落ちる．

bīng ㄅㄧㄥ[piəŋ]

冰(〈異〉氷) bīng 氵部4 四3219₀ 全6画 常用

❶〖名〗〔层 céng, 块 kuài, 片 piàn〕氷．¶～块 bīngkuài/湖里结～了（湖に氷が張った）．〖反〗炭 tàn ❷〖動〗冷たく感じさせる．¶河里的水有点～/川の水は手に少し冷たい．❸〖動〗（水で）冷やす．¶把汽水～上/サイダーを冷やす/～箱 bīngxiāng．❹(Bīng)姓．

【冰棒】bīngbàng 〖方〗〔根 gēn, 支 zhī〕アイスキャンディー．〖同〗冰棍儿 bīnggùnr

【冰雹】bīngbáo 〖名〗〔场 cháng, 颗 kē, 粒 lì〕雹(ﾋｮｳ)．¶突然下了一场～/突然ひとしきり雹が降った．〖同〗雹 báo, 雹子 báozi, 冷子 lěngzi

【冰碴儿】bīngchár ❶初氷．❷氷のかけら．

【冰场】bīngchǎng 〖名〗スケートリンク．

【冰川】bīngchuān 〖名〗氷河．〖同〗冰河 bīnghé

【冰川期】bīngchuānqī 〖名〗氷河時代．〖同〗冰河时代 bīnghé shídài

【冰床】bīngchuáng 〖名〗（～儿）〔只 zhī〕氷上用そり．箱ぞり．

【冰醋酸】bīngcùsuān 〖名〗《化学》氷酢酸．

【冰锥】bīngcuān アイスピック．氷切り．

【冰袋】bīngdài 〖名〗氷のう．

【冰刀】bīngdāo 名《スポーツ》〔副 fù〕アイススケート靴のエッジ．参考 スピードスケート用は"跑刀 pǎodāo"，フィギュアスケート用は"花样刀 huāyàngdāo"，アイスホッケー用は"球刀 qiúdāo"という．
【冰岛】Bīngdǎo《国名》アイスランド．
【冰灯】bīngdēng 名 氷灯籠（ろう）．参考 氷でつくられた建物や人物像の内部に，電灯やろうそくの明かりを備えて観賞用に飾りつけたもの．元宵節（旧暦1月15日）などに飾られる．
【冰点】bīngdiǎn 名《物理》氷点．
【冰雕】bīngdiāo 名 氷の彫刻．¶～展览／氷彫刻展覧会．
【冰冻】bīngdòng 動 氷結する．¶～食品／冷凍食品．
【冰冻三尺】bīng dòng sān chǐ 成 長い間の積み重ねで生じた結果．昨日今日の問題ではないこと．¶～，非一日之寒／事の重大局面に至るには長い時間がかかる．由来 厚さ三尺の氷は，一日の寒さではできない，という意から．
【冰毒】bīngdú 名《薬》覚せい剤の一種．メチルアンフェタミン．由来 氷のかけらのような形状から．
【冰封】bīngfēng 動（河川が）氷に閉ざされる．氷結する．¶～雪冻的世界／雪と氷に覆われた世界．
【冰峰】bīngfēng 名〔座 zuò〕万年雪におおわれた山の峰．
【冰盖】bīnggài 名《地学》大陸氷河．氷床．
【冰糕】bīnggāo 名 方 アイスクリーム．同 冰激凌 bīngjīlíng ❷ アイスキャンデー．同 冰棍儿 bīnggùnr
【冰镐】bīnggǎo 名 ピッケル．
【冰挂】bīngguà 名《気象》雨 氷．表现"雨凇 yǔsōng"の通称．
【冰柜】bīngguì 名 冷凍庫．冷凍冷蔵庫．表现"电冰柜"の略称．
【冰棍儿】bīnggùnr 名〔根 gēn，支 zhī〕アイスキャンディー．同 冰棒 bīngbàng，冰糕 bīnggāo
【冰河】bīnghé 名 氷河．同 冰川 chuān
【冰壶】bīnghú 名《スポーツ》カーリング．同 冰上溜 liū 石 ❷ 氷の入った壺．心が純粋潔白なたとえ．
【冰花】bīnghuā 名 ❶（ガラス窓などにつく）霜．❷（花や果物などを）氷で覆った鑑賞物．氷花．❸《気象》霧氷．樹氷．同 雾凇 wùsōng
【冰激凌】bīngjīlíng 名〔杯 bēi, 份 fèn, 盒 hé, 客 kè〕アイスクリーム．同 冰淇淋 bīngqílín
【冰窖】bīngjiào 名 氷を貯蔵するための倉や穴．氷室（むろ）．
【冰晶】bīngjīng 名《気象》細氷．ダイヤモンドダスト．
【冰景】bīngjǐng 名〔極地の〕氷結した風景．
【冰块】bīngkuài 名（～儿）氷のかたまり．¶给我加几块～／氷をいくつかください．
【冰冷】bīnglěng 形 ❶ 氷のように冷えきっている．¶手脚冻得～／手足が凍えて氷のように冷たい．重 冰冷冰冷 反 火热 huǒrè ❷ 態度が冷たい．重 冰冷冰冷 反 火热 huǒrè
【冰凉】bīngliáng 形 冷たい．冷やっとする．¶～的酸梅汤／冷たい梅ジュース．重 冰凉冰凉
【冰凌】bīnglíng 名 氷．
【冰轮】bīnglún 名 文 明るい満月．
【冰片】bīngpiàn 名《中医・薬》氷片(ぺん)．竜脳（ろう）．竜脳樹の樹脂やテレピン油を精製してできる無色透明の結晶．消炎剤などに用いられる．
【冰期】bīngqī 名 ❶ 氷河時代．同 冰川 chuān 期 ❷ 氷河時代に氷河の活動が最も激しい一時期．氷期．

【冰淇淋】bīngqílín 名 アイスクリーム．同 冰激凌 bīngjīlíng
【冰橇】bīngqiāo 名 そり．同 雪 xuě 橇
【冰清玉洁】bīng qīng yù jié 成 人格や品行が高潔だ．同 玉洁冰清
【冰球】bīngqiú 名《スポーツ》❶ アイスホッケー．❷ アイスホッケーのパック．
【冰人】bīngrén 名 仲人．
【冰山】bīngshān 名 ❶〔座 zuò〕氷雪におおわれた高山．¶～雪岭 xuělǐng／雪山．❷ 氷山．❸ 当てにならない後ろ盾のたとえ．表现 ③は，後ろ盾を"靠山 kàoshān"と言うことから．
【冰上溜石】bīngshàng liūshí 名《スポーツ》カーリング．同 冰壶
【冰释】bīngshì 動（疑いや誤解などが）解ける．氷解する．¶双方经过解释，误解 wùjiě～，一如既前 ／ 双方の釈明により誤解は解け，元どおりの良い関係になった．
【冰霜】bīngshuāng 名 文 ❶ 節操があること．¶志若～／清らかな志．❷ 比 厳しく冷ややかな表情．¶上司的表情冷若～／上司の表情は，氷のように冷たくわしい．
【冰塔】bīngtǎ 名《地学》セラック．参考 氷河のクレバスの交差点にできる氷塔．
【冰坛】bīngtán 名《スポーツ》氷上競技界．
【冰炭不相容】bīng tàn bù xiāng róng 氷炭相容れず．性質のまったく異なるものは共存できない．由来『韓非子』顕学篇に見えることば．
【冰糖】bīngtáng 名〔块 kuài〕氷砂糖．
【冰糖葫芦】bīngtánghúlu 名〔串 chuàn〕サンザシやホンカイドウの実に水あめをからめて竹ぐしに刺した菓子．同 糖葫芦
【冰天雪地】bīng tiān xuě dì 成 氷と雪が天地を覆う．いてつく大地．
【冰箱】bīngxiāng 名 ❶〔个 ge〕アイスボックス．❷〔个 ge, 台 tái〕冷蔵庫．¶电～／電気冷蔵庫．
【冰消瓦解】bīng xiāo wǎ jiě 成 跡形もなく消え去る．氷解する．
【冰鞋】bīngxié 名〔双 shuāng，只 zhī〕アイススケート靴．同 溜冰 liūbīng 鞋
【冰心】bīngxīn 名 文 清らかな心．
【冰雪】bīngxuě 名 ❶ 氷と雪．❷ 澄みきって清浄なこと．¶～聪明 ／ 成 聪明透徹．
【冰镇】bīngzhèn 動（食べ物や飲み物を）氷で冷やす．¶我想喝～啤酒／冷えたビールが飲みたい．
【冰柱】bīngzhù 名（～儿）つらら．同 冰锥 zhuī
【冰砖】bīngzhuān 名〔块 kuài〕アイスキャンデー．
【冰锥】bīngzhuī 名（～儿）つらら．¶屋檐 wūyán 下结满～／軒下につららがびっしり下がる．同 冰锥子 bīngzhuīzi, 冰柱 bīngzhù, 冰溜 bīngliù

并 Bīng

八部4 四 8044₁
全6画 常用

名 ❶ 地名用字．山西省太原市の別称．❷ 姓．

并 bìng

兵 bīng

八部5 四 7280₁
全7画 常用

❶ 兵士．¶官～一致（士官も兵士も一体となる）／步～ bùbīng（歩兵）．同 卒 zú ❷ 武器．¶一～一器 bīngqì／短～相接（同 白兵战）．军事または戦争．¶～书 bīngshū／紙上谈～（机上の空論）．❹（Bīng）姓．

【兵变】bīngbiàn 動 軍隊が反乱やクーデターを起こす. ¶発生～ / 反乱が起こる.

【兵不血刃】bīng bù xuè rèn 成 流血や戦闘なしに相手に勝つ. ¶我军～地取得了胜利 / 我が軍は無血の勝利を得た. 由来『荀子』議兵篇に見えることば.

【兵不厌诈】bīng bù yàn zhà 成 戦いの際はどんな術策を用いてもかまわない. 由来『韓非子』難一篇に見えることば.

【兵操】bīngcāo 名 旧 軍事教練.

【兵差】bīngchāi 名 旧 軍隊が一般人に強要した運搬などの労役.

【兵车】bīngchē 名 ❶ 古代の戦車. ❷ 軍用列車.

【兵船】bīngchuán 名 軍艦.

【兵丁】bīngdīng 名 旧 兵士.

【兵法】bīngfǎ 名 兵法. ¶孙子 Sūnzǐ～ / 孫子の兵法.

【兵戈】bīnggē 名 文 ❶ 兵器. 軍隊. ❷ 戦争.

【兵工厂】bīnggōngchǎng〔量 个 ge, 家 jiā〕名 兵器工場.

【兵贵神速】bīng guì shén sù 成 戦争において, 用兵の迅速を最も重要とすること.

【兵荒马乱】bīng huāng mǎ luàn 成 戦乱で社会が不安定だ. ¶～的年代 / 戦乱に明け暮れた時代.

【兵火】bīnghuǒ 名 戦火. ¶～连天 / 戦火がうち続く.

【兵家】bīngjiā 名 ❶ 軍隊を率いる将帥. ¶此处 cǐchù是～必争之地 / ここは軍隊が奪い合う土地だ. ❷ 古代の軍事思想家. 春秋時代の孫武, 戦国時代の呉起など.

【兵舰】bīngjiàn 名〔量 艘 sōu〕軍艦.

【兵谏】bīngjiàn 動 武力で(君主・帝王などを)いさめる.

【兵力】bīnglì 名《軍事》 用法 人員と武器全体を含めていうことば.

【兵临城下】bīng lín chéng xià 成 敵兵が城下に迫っている. 表現 切羽詰まっているようすをいう.

【兵乱】bīngluàn 名 戦乱. ¶屡 lǚ 遭～ / しばしば戦乱に巻き込まれる. ¶～起的年代 / 戦乱が相次ぐ時代.

【兵马】bīngmǎ 名 兵と馬. 軍隊のこと.

【兵马未到, 粮草先行】bīng mǎ wèi dào, liáng cǎo xiān xíng 成 軍隊が着く前に, 食糧やかいばを整える. 前もって適切な準備をすること.

【兵马俑】bīngmǎyǒng 名 兵士や軍馬などをかたどって作られた陶俑(よう). はにわ. とくに, 西安市郊外の秦の始皇帝陵が有名.

【兵痞】bīngpǐ 名 旧 軍隊のごろつき.

【兵棋】bīngqí 名《軍事》(作戦会議などに用いる)軍隊の人員・兵器などの模型.

【兵器】bīngqì 名〔量 件 jiàn, 种 zhǒng〕武器.

【兵强马壮】bīng qiáng mǎ zhuàng 成 軍隊が強力で戦意が高い.

【兵权】bīngquán 名《軍事》指揮権. 統帥権. ¶～在握 / 軍の指揮権が手中にある.

【兵戎】bīngróng 名 文 ❶ 武器. 軍隊. ❷ 戦争.

【兵戎相见】bīngróng xiāngjiàn 句 兵戎(じゅう)相まみえる. 武力衝突する. 戦争をする.

【兵士】bīngshì 名 旧 兵士. 同 战士 zhànshì.

【兵书】bīngshū 名〔量 本 běn, 部 bù, 卷 juǎn〕兵法を説いた書物.

【兵团】bīngtuán 名 ❶ 兵団. 軍隊組織の最大の単位. いくつかの軍団や師団を管轄する. ❷"团 tuán"(連隊)以上の大規模な部隊. ¶主力～ / 主力部隊.

【兵燹】bīngxiǎn 名 文 戦火による焼き打ちや破壊. 由来"燹"は兵火の意.

【兵熊熊一个, 将熊熊一窝】bīngxióng xióng yī gè, jiàngxióng xióng yī wō 兵が無能でも一人だけの問題だが, 将軍が無能だと全体がだめになる. 指導者の能力がその組織全体に大きな影響をもたらすこと.

【兵役】bīngyì 名 兵役.

【兵役法】bīngyìfǎ 名《法律》兵役法. 参考 中国では1955年に公布, 1984年改正.

【兵营】bīngyíng 名〔量 处 chù〕兵舎.

【兵员】bīngyuán 名 ❶ 兵士. ❷ 軍隊の人員.

【兵源】bīngyuán 名 兵士の供給源.

【兵灾】bīngzāi 名 戦乱がもたらした災難.

【兵站】bīngzhàn 名〔量 个 ge, 号 hào〕兵站(たん). 参考 軍隊の後方に置く施設. 物資の供給や輸送, 傷病兵の収容などを受け持つ.

【兵种】bīngzhǒng 名 軍内の兵の分類.

【兵卒】bīngzú 名 旧 兵士.

栟 bīng

木部6 〔四〕4894₁ 全10画 通用

名《植物》シュロ. "棕榈 zōnglǘ"の古称. 同 栟榈 bīnglǘ

☞ 栟 bēn

槟(檳/ 異 梹) bīng

木部10 全14画 〔四〕4398₁ 通用
下記熟語を参照.

☞ 槟 bīn

【槟榔】bīnglang 名《植物》ビンロウ. 果実を嗜好品および薬用とする.

丙 bǐng

一部4 〔四〕1022₇ 全5画 常用

❶ 名 丙(へい). ひのえ. 十干(かん)の3番目. ものごとの3番目. ¶～等 bǐngděng(3位. 3番目). ❷ 名 文 火. ¶～丁 bǐngdīng(火) / 付～ fùbǐng(燃やす). ❸ (Bǐng)姓.

【丙肝】bǐnggān 名《医学》"丙型病毒性肝炎"(C型ウイルス性肝炎)の略称.

【丙纶】bǐnglún 名《化学》ポリプロピレン.

【丙酮】bǐngtóng 名《化学》アセトン.

【丙烯酸】bǐngxīsuān 名《化学》アクリル酸.

邴 Bǐng

阝部5 〔四〕1722₇ 全7画 通用

名 姓.

秉 bǐng

丿部7 〔四〕2090₇ 全8画 次常用

❶ 動 文 手にもつ. 握る. ¶～笔(筆をとる). ❷ 動 文 掌握する. 主管する. ¶～政 bǐngzhèng. ❸ 量 古代の容量の単位. 1"秉"は16"斛 hú". ❹ (Bǐng)姓.

【秉笔直书】bǐng bǐ zhí shū 成 自己の信念に従い, ありのままに書くこと.

【秉承】bǐngchéng 動 文 (指示や命令を)いただく. 承る.

【秉赋】bǐngfù → 禀赋 bǐngfù

【秉公】bǐnggōng 動 公の道理や基準に依拠する. ¶～办理 / 公正に処理する. 反 徇私 xùnsī.

【秉性】bǐngxìng 名 持ち前の性格. 天性. ¶～各异 / 性格はそれぞれ異なる.

【秉性难移】bǐngxìng nán yí 句 人の性格は簡単には変わらない.

【秉政】bǐngzhèng 動 文 政権を掌握する.

柄 bǐng
木部5 全9画 四 4192₇ 常用

❶ 素 柄(え). 取っ手. ¶刀～ dāobǐng (刃物の柄) / 把～ bǎbǐng (他人に脅迫されたり、攻撃される弱み) / 话～ huàbǐng (話题) / 笑～ xiàobǐng (笑いの種. お笑いぐさ). ❷ 素 〔植物〕葉の根元の軸の部分. ¶花～ huābǐng (花柄ぺ) / 叶～ yèbǐng (葉柄ぺ). ❸ 素 握る. 掌握する. ¶～国 bǐngguó / 国事をとり行う) / ～政 bǐngzhèng (政権を握る). ❹ 素 権力. ¶国～ guóbǐng (国を治める強い権限) / 权～ quánbǐng (権力). ❺ (Bǐng)姓.

饼(餅) bǐng
饣部6 全9画 四 2874₁ 常用

❶ 名 〔料理〕〔量 个 ge, 块 kuài, 张 zhāng〕もち. お焼き. 小麦粉やトウモロコシ粉をこねて、丸く薄くのばし、焼いたり蒸したもの. ¶烧～ shāobǐng (うす焼きパン) / 烙～ làobǐng (中国式クレープ). ❷ 素 (～儿)〔量 个 ge, 块 kuài〕丸く平たい形をしたもの. ¶豆～ dòubǐng (円盤状に固めた大豆かす) / 铁～ tiěbǐng (競技用の円盤) / 掷铁～ zhìtiěbǐng (円盤投げ). 表现 で、日本の「もち」に相当するのは"年糕 niángāo"という.

【饼肥】bǐngféi 名 (大豆かすや落花生かすなどを)丸く平たい形に固めた肥料.
*【饼干】bǐnggān 名 〔块 kuài〕ビスケット.
【饼子】bǐngzi 名 〔量 个 ge, 块 kuài〕❶ お焼き. トウモロコシやアワなどの粉をこねて焼いた食べ物. ❷ マージャンパイの餅子(⁹).

炳 bǐng
火部5 全9画 四 9182₇ 通用

❶ 形 文 明らかだ. 著しい. ❷ (Bǐng)姓.

屏 bǐng
尸部6 全9画 四 7724₁ 次常用

动 ❶ 取り除く. ¶～弃 bǐngqì. 回 摒 bìng ❷ 息を詰める. ¶～气 bǐngqì ～息 bǐngxī.
☞ 屏 píng

【屏除】bǐngchú 动 排除する. ¶～杂念 / 雑念を捨てる. 回 摒除 bìngchú
【屏气】bǐng//qì 动 息を止める. 息を殺す. ¶～凝神 níngshén / 息を凝らして精神を集中する.
【屏弃】bǐngqì 动 捨て去る. ¶～前嫌 qiánxián, 重修 chóngxiū 旧好 / 古い恨みを忘れ, 関係を修復する. 回 摒弃 bìngqì
【屏息】bǐngxī 动 息をひそめる. ¶全场听众～静听 / 場内の観客が息を凝らして聞き入った. 回 屏气 bǐngqì

禀(稟) bǐng
礻部11 全13画 四 0090₁ 次常用

❶ 素 受け継ぐ. ¶～承 bǐngchéng / ～性 bǐngxìng. ❷ 素 申し上げる. 報告する. ¶～报 bǐngbào / ～帖 bǐngtiě. ❸ (Bǐng)姓.

【禀报】bǐngbào 动 上申する. ¶据 jù 实～ / 事実に基づいて上申する.
【禀承】bǐngchéng 动 (命令や指示を)受ける. ¶～父母之命, 继承家业 / 両親の意向を受けて, 家業を継ぐ. 回 秉承 bǐngchéng
【禀赋】bǐngfù 名 生まれつきの素質. ¶～聪明 / 生まれつき聡明だ.
【禀告】bǐnggào 动 (上司や目上に)報告する.
【禀明】bǐngmíng 动 (目上に)説明する.
【禀受】bǐngshòu 动 性質などを受け継ぐ.
【禀帖】bǐngtiě 名 动 上申書.

【禀性】bǐngxìng 名 天性. ¶～善良 / 生まれつき善良だ. ¶江山易改,～难移 成 三つ子の魂百まで.

并(併) bìng
(异 併 ❶、並 ❷～❹、竝 ❷～❹)

八部4 全6画 四 8044₁ 常用

❶ 动 二つ以上のものを一つにまとめる. ¶合～ hébìng (合併する) / 案办理 (一括して処理する). ❷ 副 ともに. 並んで. ¶～驾 jià 齐驱 qū / ～肩 bìngjiān. 接 さらに. そのうえに. また. ¶～且 bìngqiě / 他每天做工八小时,～学习两小时 (彼は毎日8時間働き, かつ2時間学ぶ). ❹ 副 "不 bù", "非 fēi"の前につけて, 否定文を強調する. ¶～不太冷 (決して寒すぎることはない) / 非不知道 (知らないわけではない). 用法 ❹は, 予想とは違って "实际は…だ" という気持ちをあらわす.
☞ 并 bīng

【并存】bìngcún 动 両立する. 共存する. ¶不同的见解可以～ / 異なった見解は両立し得る.
【并蒂莲】bìngdìlián 名 〔量 对 duì〕1本の茎に咲く2輪の蓮の花. 回 并头莲 bìngtóulián 表现 仲の良い夫婦のたとえとして使う.
【并发】bìngfā 动 〔医学〕併発する. ¶～肺炎 fèiyán / 肺炎を併発する.
【并发症】bìngfāzhèng 名 〔医学〕合併症. 回 合 hé 并症
【并非】bìngfēi 动 (強い否定で)決して…ではない. まったく…ではない. ¶～如此 / 決してそのようではない. ¶考试～想像的那么难 / 試験は決して想像していたほど難しくはなかった.
【并购】bìnggòu 动 (企業などを)買収し合併する.
【并轨】bìngguǐ 动 (措置や体制などを)一本化する.
【并驾齐驱】bìng jià qí qū 成 くつわを並べてともに進む. 両者の間に優劣がない. 由来 馬車に並びつながれた数匹の馬がそろって疾走することから.
【并肩】bìng//jiān 动 ❶ 肩を並べる. ¶他们～在河边走 / 彼らは川岸を肩を並べて歩く. ❷ 副 一致して. ともに. ¶～作战 / 共同作戦をとる.
【并进】bìngjìn 动 ともに進む. ¶携手 xiéshǒu～ / 手をとり合ってともに進む.
【并举】bìngjǔ 动 並行して行う. 同時に取り上げる.
【并力】bìnglì 动 文 力を合わせる.
【并立】bìnglì 动 同時に存在する. 並立する. ¶群雄～ / 群雄並び立つ.
【并联】bìnglián ❶ 动 並列に接続する. ❷ 名 〔電気〕並列. 区 串联 chuànlián
【并列】bìngliè 动 ❶ 並列する. ¶这两个问题不能～起来看 / この二つの問題を同列に論じてはいけない. ❷ 同列に並ぶ. ¶～第三名 / ともに3位になる.
【并拢】bìnglǒng 动 二つのものをぴったりくっつける. 合わせる.
【并排】bìngpái 动 横一列に並ぶ.
*【并且】bìngqiě ❶ かつ. また. ¶哥哥做好了饭,～洗了衣服 / 兄さんは食事を作り, 洗濯もした. ❷ そのうえ. しかも. ¶他聪明～勤奋 qínfèn / 彼は賢いうえ, 働き者だ. 用法 ❶は, 二つの句や文を並列する. ❷は, "不但 búdàn", "不仅 bùjǐn"を受けて, "而且 érqiě"と同じような意味を添加する.
【并人】bìngrù 动 合併して組み込む.
【并吞】bìngtūn 动 併吞(ᵍ³)する. ¶小企业被大企业～了 / 小企業は大企業に吸収された.

【并网】bìngwǎng 動《電気・通信》送電や通信などの回線を,ネットワークに組み込む.
【并行】bìngxíng 動 ❶ 並んで歩く.¶携手 xiéshǒu ~ / 手をつないで並んで歩く.❷ 同時に実行する.
【并行不悖】bìng xíng bù bèi 成 同時に実行しても,相互に矛盾しない.¶工作与体育锻炼~ / 仕事とスポーツは同時に行うことが可能だ.
【并用】bìngyòng 動 同時に用いる.併用する.
【并重】bìngzhòng 動 両方とも重視する.¶预防和治疗 zhìliáo~ / 予防と治療はどちらも大事だ.反 偏重 piānzhòng

病 bìng

扩部 5　四 0012₇　全10画　常用

❶ 名〔场 cháng,种 zhǒng〕病(やまい).¶生~ shēngbìng (病気になる)/害了一场 cháng~ (病気になった).❷ 動 病にかかる.¶他~了(彼は病気になった).❸ 動文 責める.¶为 wéi 世所~ (世間に非難される).❹ 動文 損害を与える.¶~国~民(国を損ない民を損なう)/及百姓(庶民に損害をもたらす).❺ 名 欠点.過ち.¶语~ yǔbìng (語弊)/毛~ máobìng (欠点).

【病案】bìng'àn 名《医学》カルテ.回 病历 bìnglì
【病包儿】bìngbāor 名 回 病気もち.病魔にとりつかれた人.¶三天两头儿生病,真成了~了 / しょっちゅう病気してるよ,本当に病魔にとりつかれちゃう.表現 ユーモラスな表現.
【病变】bìngbiàn 名《医学》病変.病気による細胞や組織の変化."病理变化 bìnglǐ biànhuà"の略.¶发生~ / 病変が起こる.
【病病歪歪】bìngbingwāiwāi 形(~的)病気で衰弱している.病気でふらふらだ.回 病歪歪,病病殃殃 yāngyāng
【病病殃殃】bìngbingyāngyāng 形 "病病歪歪 wāiwāi"に同じ.
【病程】bìngchéng 名 疾病の経過.
【病虫害】bìngchónghài 名《農業》〔场 cháng〕病虫害.
【病床】bìngchuáng 名 ❶〔张 zhāng〕患者のベッド.❷ 病床.病の床.
【病从口入】bìng cóng kǒu rù 成 病気は口より入る.¶~,祸从口出 / 病気は口より入り,災いは口より出づ.
【病倒】bìngdǎo 動 病気で倒れる.寝込む.¶由于过于劳累,她终于~了 / 過労のせいで,彼女はついに病に倒れた.
【病毒】bìngdú 名 ウイルス.¶电脑受到~污染 / コンピュータはウイルスに汚染された.回 滤过性 lǜguòxìng 病毒
【病毒学】bìngdúxué 名《医学》ウイルス学.
*【病房】bìngfáng 名〔▲个 ge,间 jiān〕病室.回 病室 bìngshì
【病夫】bìngfū 名〔个 ge〕病弱な奴.欠点の多い人.
【病根】bìnggēn 名 ❶(~儿.~子)持病.❷(比喩として)失敗や災難の原因.病根.
【病故】bìnggù 動 病死する.
【病害】bìnghài 名《農業》病害.ウイルスや気候・土壌などにより引き起こされる作物の病気.
【病号】bìnghào 名 名(~儿)〔▲个 ge,位 wèi〕(軍隊・学校・役所など集団内の)病人.¶老~ / 病気がちな人.由来 集団中では一人一人番号がついていることから.
【病号饭】bìnghàofàn 名 病人食.
【病家】bìngjiā 名(病院や医者などの立場からいう)患者とその家族.
【病假】bìngjià 名 病欠.病気休暇.¶请~ / 病気休みをとる.
【病假条】bìngjiàtiáo 名(~儿)病欠証明.
【病句】bìngjù 名《言語》〔▲个 ge〕文法的または論理的に欠陥のある文.¶改修~ / 文の誤りを改める.
*【病菌】bìngjūn 名《医学》病原菌.回 致病菌 zhìbìngjūn,病原菌 bìngyuánjūn
【病况】bìngkuàng 名 病状.¶~无好转 hǎozhuǎn / 病状が好転しない.回 病情 bìngqíng
【病理】bìnglǐ 名《医学》疾病発生の原因とその発展過程.病理.
【病历】bìnglì 名《医学》〔▲本 běn,份 fèn,宗 zōng〕カルテ.回 病案 bìng'àn
【病例】bìnglì 名 ❶ 病例.❷ 疾病統計の単位.
【病魔】bìngmó 名文 病魔.長患いの病気.¶~缠身 chánshēn / 病魔にとりつかれる.¶战胜~ / 病魔に打ち勝つ.
【病情】bìngqíng 名 病状.症状.¶他的~时好时坏,令人担心 / 彼の病状は一進一退で,気がかりだ.回 病况 bìngkuàng
*【病人】bìngrén 名〔▲个 ge,名 míng,位 wèi〕患者.
【病容】bìngróng 名 いかにも病人を思わせる顔色やようす.
【病入膏肓】bìng rù gāo huāng 成 病(やまい),膏肓(こうこう)に入る.事態が救いのないほど深刻に.由来 中国の古代医学で心臓のあたりの"膏"と"肓"には治療が届かないと考えたことから.
【病史】bìngshǐ 名 病歴.
【病势】bìngshì 名 容態.病気の重さ.¶~轻减 / 症状が軽くなる.
【病逝】bìngshì 動 病死する.
【病榻】bìngtà 名 病床.
【病态】bìngtài 名 精神や肉体が健康でない状態.病的な状態.~心理 / 病的な心理.
【病态建筑物综合症】bìngtài jiànzhùwù zōnghézhèng 名《医学》シックハウス症候群.
【病痛】bìngtòng 名 病気による痛苦.表現 小さな病気について広く言う.
【病退】bìngtuì 動 ❶ 病気のため退学や退職をする.❷ 下放した知識青年が病気により出身地にもどる.
【病危】bìngwēi 形 危篤だ.
【病象】bìngxiàng 名(表面から見える)病状.
【病休】bìngxiū 動 病気のため休暇をとる.
【病秧子】bìngyāngzi 名方 よく病気をする人.病気がちの人.
【病因】bìngyīn 名 病気の原因.¶~尚未 shàngwèi 查明 / 病因はまだ明らかになっていない.
【病友】bìngyǒu 名 同じ病院や病室に入院・通院している人.
【病愈】bìngyù 動 病気が治る.
【病员】bìngyuán 名(軍隊や機関内の)病人.
【病原】bìngyuán 名 病気の原因.回 病因 yīn
【病原体】bìngyuántǐ 名《医学》病原体.
【病源】bìngyuán 名 疾病発生の根源.
【病院】bìngyuàn 名〔▲个 ge,家 jiā,所 suǒ〕専門

病院. ¶精神～/精神病院. ¶传染 chuánrǎn～/传染病院. 表现 ふつうの病院は"医院 yīyuàn"と言う.
【病灶】bìngzào 名《医学》病巣.
【病征】bìngzhēng 名 症状. 症病の徴候.
【病症】bìngzhèng 名〔量 种 zhǒng〕病気. ¶专治疑难 yínán～/原因不明の病気を専門に治療する.
【病状】bìngzhuàng 名〔量 种 zhǒng〕病状. 容態. 同 病況 bìngkuàng

摒 bìng
扌部9 四 5704₁
全12画 通用

动 除く. 捨てる. ¶～除 bìngchú. 同 屏 bǐng ①
【摒除】bìngchú 动 取り除く.
【摒挡】bìngdàng 动〈文〉処理する. かたづける. ¶～行李/荷物をかたづける. ¶～婚事/婚礼をとり仕切る.
【摒弃】bìngqì 动（余分なものを）捨てる. 放棄する.

bo ㄅㄛ〔po〕

拨(撥) bō
扌部5 四 5304₇
全8画 常用

❶ 动（指や棒などで）動かす. はじく. つつく. ¶～动 bōdòng（はじいて動かす）/～灯 bōdēng（灯心をかきたてる）/～钟一～下（時計の針をあわせてくれ）. ❷（体を）分け与える.（別のところへ）回す. ¶我们人手不够,能不能再～两个人来？（人手が足りないので,もう二人ほどよこしてもらえないだろうか）. ❸ 量（～儿）組やグループを数えることば. ¶一～儿人（ひと組の人たち）/分～人进会场 huìchǎng（いく組かに分かれて会場に入る）.
【拨打】bōdǎ 动（電話の）ダイヤルを回す. プッシュボタンを押す.
【拨发】bōfā 动（資源や救済金などの一部を）さし出す.
【拨付】bōfù 动（金銭を）支出する. 支払う. ¶～经费/経費を支出する. ¶～贷款/商品の代金を支払う.
【拨号】bō//hào 动（電話をつなぐために）ダイヤルを回す. プッシュボタンを押す.
【拨号盘】bōhàopán 名（電話機の）ダイヤル盤.
【拨火棍】bōhuǒgùn 名 火かき. かまどなどの火をかき出す道具.
【拨开】bōkāi 动 わきによける.
【拨款】❶ bō//kuǎn 动（政府や上級組織が）金を支給する. 割り当てる. ❷ bōkuǎn 名〔量 笔 bǐ,项 xiàng,宗 zōng〕（政府や上級組織の）支給する費用. 割当金. ¶国家财政 cáizhèng～/国家財政支出.
【拨拉】bōla 动 指ではじく. ¶～算盘子儿 suànpánzǐr / そろばんをはじく.
【拨浪鼓】bōlanggǔ 名（～儿）でんでん太鼓. 同 波浪鼓 bōlànggǔ
【拨乱反正】bō luàn fǎn zhèng 成 混乱をしずめて,正常な状態にもどす. 由来《春秋公羊伝》哀公十四年に見えることば.
【拨弄】bōnòng 动 ❶（手足や棒で）かき回す. いじる. ¶～琴弦 qínxián / 琴線をつまびく. ¶～动人的秀发 xiùfà / チャーミングで美しい髪をもてあそぶ. 同 拨楞 bōleng ❷ 左右する. 操る. ¶他想～人,办不到！/彼は人を操ろうとするが,そうはいかない. 同 摆布 bǎibù ❸ そそのかす. 挑発する. ¶～是非 / もめ事を引き起こす. 同 挑拨 tiǎobō
【拨冗】bōrǒng 动〈文〉（相手に）万障繰り合わせていただ

く. ¶务希～出席 / なにとぞ万障お繰り合わせのうえご出席ください. 用法 手紙文に用いるあいさつことば.
【拨云见日】bō yún jiàn rì 成 暗雲が払われて太陽が見える. 暗黒の状態を抜けて,光明が見えてくること.
【拨子】bōzi ❶ 名（弦楽器の）撥(ばち). ピック. ❷《音楽》安徽劇の主要な調子の一つ. 京劇や江西劇などでも用いる. 同 高 gāo 拨子 ❸ 同"拨 bō"③に同じ. ¶一伙儿人,分成了两～/ ひとかたまりの人が二つの組に分かれた.

波 bō
氵部5 四 3414₇
全8画 常用

❶ 名 波. ¶～浪 bōlàng / ～涛 bōtāo / ～及 bōjí. ❷ 名《物理》波. 波動. ¶声～ shēngbō（音波）/电～ diànbō（電波）. ❸ 名 音訳字. 地名に用いる. ¶～兰 Bōlán / ～斯湾 Bōsīwān / ～士顿 Bōshìdùn. ❹ 名（Bō）姓.
【波波夫】Bōbōfū《人名》アレキサンダー・ボポフ（1859-1905）. ロシアの電気技術者. 無線通信の先駆者.
【波波族】Bōbōzú 名 ボーボー族（bobo 族）. 高学歴・高収入で,生活を満喫し,自由と独立を求めるライフスタイルの人々. 参考 bobo は Bourgeois（ブルジョア）と Bohemian（ボヘミアン）の略.
【波长】bōcháng 名《物理》波長.
【波荡】bōdàng 动（水や空気の中を）揺れ動く. 漂う. 同 飘 piāo 荡①
【波导管】bōdǎoguǎn 名《物理》導波管. ウェーブガイド.
【波动】bōdòng ❶ 动 揺れ動く. 変動する. ¶情绪～/気持ちが落ち着かない. ¶物价～/物価が変動する. 反 稳定 wěndìng ❷ 名《物理》波動.
【波段】bōduàn 名《物理》周波数帯. 長波・中波・短波などのウェーブ・バンド.
【波多黎各】Bōduōlígè《地名》プエルトリコ.
【波恩】Bō'ēn《地名》ボン（ドイツ）.
【波尔卡】bō'ěrkǎ 名《音楽》ポルカ.
【波峰】bōfēng 名《物理》波動の頂点. ピーク. 反 波谷 gǔ
【波幅】bōfú 名《物理》振幅(さふく).
【波谷】bōgǔ 名《物理》波動の谷. 底. 反 波峰 fēng
【波光】bōguāng 名 波に反射した光.
【波及】bōjí 动 波及する. 影響する. ¶他怕此事～自身 / 彼はこの件が自身に及ぶのを恐れている.
【波兰】Bōlán《国名》ポーランド.
【波澜】bōlán 名〈文〉波瀾(らん). 大波. ¶激起感情的～/感情のいらだちを招く. 同 波涛 bōtāo
【波澜壮阔】bō lán zhuàng kuò 成 大きなうねり. 運動などの勢いが盛んなこと.
【波浪】bōlàng 名 波. ¶～起伏 qǐfú / 波がうねる. ¶～翻滚 fāngǔn / 波が逆巻く. ¶夜里倾听海边的～声 / 夜,海辺で波の音に耳を傾ける.
【波利尼西亚】Bōlìníxīyà《地名》ポリネシア.
【波罗的海】Bōluódìhǎi《地名》バルト海.
【波谱】bōpǔ 名《物理》スペクトル.
【波士顿】Bōshìdùn《地名》ボストン（米国）.
【波束】bōshù 名《物理》光束. ビーム.
【波斯】Bōsī《国名》ペルシア. 参考 イランの旧称.
【波斯猫】Bōsīmāo 名《動物》ペルシア猫.
【波斯尼亚和黑塞哥维那】Bōsīníyà hé Hēisàigéwéinà《国名》ボスニア・ヘルツェゴビナ.
【波斯湾】Bōsīwān《地名》ペルシア湾.

玻钵饽剥般菠播百　bō-bó　77

【波速】bōsù 名《物理》波動の伝達速度.
【波涛】bōtāo 名波濤(とう). 大波. ¶万顷 wànqǐng～/どこまでも続く波濤.
【波纹】bōwén 名〔道 dào, 条 tiáo〕波紋.
【波希米亚】Bōxīmǐyà《地名》ボヘミア.
【波音】Bōyīn 名《商標》ボーイング. 米国の航空機メーカー.
【波折】bōzhé 名紆余(うよ)曲折. 波瀾. ¶经过很多的～/様々な曲折を経る. 同 曲折 qūzhé

玻 bō 王部5 四 1414₇
全9画 常用
❶ 下記熟語を参照. 素 音訳字. 地名に用いる. ¶～利维亚 Bōlìwéiyà. ❸(Bō)姓.
*【玻璃】bōli[-li] 名 ❶〔块 kuài〕ガラス. ¶磨砂 móshā～/すりガラス. ❷ガラスのように透明な物質. ¶有机～/有機ガラス.
【玻利维亚】Bōlìwéiyà《国名》ボリビア.
【玻璃板】bōlibǎn 名〔块 kuài〕板ガラス.
【玻璃杯】bōlibēi 名〔个 ge〕ガラスのコップ. グラス.
【玻璃窗】bōlichuāng 名ガラス窓. ¶把～打开/ガラス窓をあける.
【玻璃钢】bōligāng 名強化プラスチック.
【玻璃幕墙】bōli mùqiáng 名《建築》ガラスカーテンウオール.
【玻璃瓶】bōlipíng 名ガラス瓶.
【玻璃丝】bōlisī 名ガラス繊維. ナイロン糸.
【玻璃体】bōlitǐ 名《生理》(眼球の)ガラス体. 硝子(しょうし)体.
【玻璃纤维】bōli xiānwéi 名ガラス繊維.
【玻璃纸】bōlizhǐ 名セロファン紙.
【玻璃砖】bōlizhuān 名 ❶《建築》ガラスブロック. ❷厚めのガラス.

钵(鉢)(異 缽) bō 钅部5 四 8573₀
全10画 通用
名 ❶(～子)(陶器の)はち. ¶～头 bōtóu (どんぶり) / ～乳 rǔbō (乳鉢). ❷僧侶が使う food. サンスクリット(梵語)"钵多罗"(pātra)の略語. ¶衣～ yībō (衣鉢). ❸(Bō)姓.
【钵盂】bōyú 名〔个 ge〕僧侶が用いる食器. 鉢.

饽(餑) bō 饣部7 四 2474₇
全10画 通用
下記熟語を参照.
【饽饽】bōbo 名方〔个 ge〕❶ 菓子. ❷ 小麦粉や雑穀粉を丸めてつくった食品. ¶棒子面儿 bàngzimiànr /トウモロコシ粉の"饽饽". ¶贴～ tiēbōbo /トウモロコシやアワの粉をこねて焼いた食品.

剥 bō 刂部8 四 1290₀
全10画 常用
素 "剥 bāo"に同じ. ¶～夺 bōduó / ～离 bōlí / ～削 bōxuē. 注意 この発音は, 複合語のみに用いる.
☞ 剥 bāo
【剥夺】bōduó 動奪い取る. 剥奪(はくだつ)する. ¶人权不应该被～/人権は剥奪されてはならない. ¶～自由/自由を奪う.
【剥离】bōlí 動ぼろりとはがれる. 剥離(はくり)する.
【剥落】bōluò 動ぼろぼろとはげ落ちる. ¶门窗的油漆 yóuqī～了/窓枠のペンキがはげる.
【剥蚀】bōshí 動 ❶ (風化により表面が)浸食される. ❷《地学》(風雨などで)浸食される.
【剥削】bōxuē ❶ 動 搾取する. ¶～穷苦人/貧乏人から搾り取る. ❷ 名 搾取. ¶受～/搾取される. 注意 "削 xiāo" は, 複合語として用いる時は "xuē" と発音する.
【剥削阶级】bōxuē jiējí 名搾取階級. 参考 階級社会における奴隷所有者・地主階級・資産階級など.
【剥削者】bōxuēzhě 名搾取者.

般 bō 舟部4 四 2744₇
全10画 常用
下記熟語を参照.
☞ 般 bān
【般若】bōrě 名《仏教》知恵. 知慮. 由来 サンスクリット prajñā の音訳. "般若" を "bānruò" と読まない.

菠 bō ⧺部8 四 4414₇
全11画 常用
❶ 下記熟語を参照. ❷ (Bō)姓.
【菠菜】bōcài 名《植物》〔把 bǎ, 棵 kē, 捆 kǔn, 株 zhū〕ほうれん草. 同 菠菱菜 bōléngcài
【菠萝】bōluó 名《植物》〔个 ge, 只 zhī〕パイナップル. 同 凤梨 fènglí
【菠萝蜜】bōluómì 名《植物》❶ ハラミツ. ナガミパンの木. 同 木菠萝 mù bōluó ❷ パイナップル. 同 菠萝, 凤梨 fènglí

播 bō 扌部12 四 5206₉
全15画 常用
動 ❶ 種をまく. ¶条～ tiáobō (筋まきする) /春～ chūnbō (春まき). ❷ 伝え広める. ¶～音 bōyīn / 广～ guǎngbō (放送する).
【播报】bōbào 動(ラジオやテレビで)報道する.
【播出】bōchū 動(ラジオやテレビで)放送する.
【播发】bōfā 動(テレビやラジオで)放送する. ¶～新闻/ニュースを放送する.
【播放】bōfàng 動 ❶(ラジオで)放送する. ❷(テレビで)放映する. ¶电视台～比赛实况/テレビ局は試合を実況で放映する.
【播讲】bōjiǎng 動講義や講演を放送する. ¶～英语/英語講座を放送する.
【播弄】bōnong 動 ❶もてあそぶ. 翻弄する. ¶不再受命运的～/二度と運命に翻弄されない. ❷ 争いの種をまく. ¶～是非 shìfēi /そそのかして争いを起こさせる.
【播撒】bōsǎ 動 (種などを)まく. ¶把科技的火种～到广阔的农村大地/科学技術の火種を広大な農村の大地にまく.
【播送】bōsòng 動放送する. 放映する. ¶全球同时～奥运会 Àoyùnhuì 的开幕式/全世界同時にオリンピックの開会式を放送する. 同 广播 guǎngbō
【播音】bō//yīn 動 (放送局が番組を)放送する. ¶今天～到此结束/今日の放送はこれで終了します.
【播音员】bōyīnyuán 名(テレビやラジオの)アナウンサー.
【播映】bōyìng (テレビ番組を)放映する.
【播种】bō//zhǒng 種をまく. ¶这块地播完种了/この畑は種をまきおえた.
【播种机】bōzhǒngjī 名《農業》種まき機.
【播种】bōzhòng 動種まきする. 作付けする. 反 收获 shōuhuò

百 bó 白部1 四 1060₂
全6画 常用
下記熟語を参照.
☞ 百 bǎi
【百色】Bósè《地名》百色(ぱくしょく). 広西チワン族自治区西部にある市. ¶～起义/第一次国共内戦時に共産党が百色でおこした武装蜂起. ☞ 百色 bǎisè

幡 bō
山部12 四 2276₉
全15画 通用
[属] 地名用字. ¶～冢 Bōzhǒng (甘粛省にある山の名).

伯 bó
亻部5 四 2620₂
全7画 常用
❶ [名] 兄弟の中の最年長者. ¶～仲叔季 bó zhòng shū jì (兄弟の長幼の順序). ❷ [名] 父親の兄. 伯父. ¶大～ dàbó (父方の一番上のおじ) / 表～ biǎobó (父親の姓の異なるいとこで, 父親より年長者) / 老～ lǎobó (年長の男性に対する尊称). ❸ [属] 爵位(しゃくい)の第3等目. ❹ [属] ～爵 bójué. ❺ [名] 音訳字. 地名や人名に用いる. ¶～尔尼 Bó'ěrní / ～恩斯坦 Bó'ēnsītǎn. ❺ (Bó)姓.
☞ 伯 bǎi

*【伯伯】bóbo [名] ❶ 父の兄. おじ. ¶二～ / 父親の二番目の兄. 同 伯父 bófù ❷ 父と同年輩か少し年長の男性に対する呼びかけ. おじさん. ¶张～ / 張おじさん. [表現] ①は呼びかけにも用いる.
【伯恩斯坦】Bó'ēnsītǎn《人名》バーンスタイン(1918-90). 米国の音楽家.
【伯尔尼】Bó'ěrní《地名》ベルン(スイス).
*【伯父】bófù [名] ❶ 父の兄. おじ. 同 伯伯 bóbo, 大爷 dàye ❷ 父と同年輩か少し年長の男性に対する呼びかけ. おじさん.
【伯公】bógōng [名][方] ❶ 父の伯父. 同 伯祖 zǔ ❷ 夫の伯父.
【伯爵】bójué [名] 伯爵.
【伯乐】Bólè [名]❶《人名》伯楽(はくらく). 伝説上の馬の良否を見分ける名人の名. ❷ 人材を見分けることのできる人.
【伯利兹】Bólìzī《国名》ベリーズ(中米).
【伯明翰】Bómínghàn《地名》バーミンガム(イギリス).
*【伯母】bómǔ [名]"伯父 bófù"(父の兄)の妻. おばさん.
【伯仲】bózhòng [名][文] 伯仲すること. 優劣つけがたいこと. ¶双方水平难分 nánfēn～ / 双方のレベルは伯仲し, 角だ. [参考] "伯"は長男, "仲"は次男で, 兄弟の順番を指す.
【伯仲之间】bózhòng zhī jiān [句] 伯仲している. 優劣がつけられない.
【伯祖】bózǔ [名] 父の伯父.

驳(駁/駮❶❸) bó
马部4 全7画 四 7414₀ 常用
❶ [动] (意見や批判に) 言い返す. 反駁(はんばく)する. ¶反～ fǎnbó (反駁する) / 他一席 xí 话,～得对方张口无言以对 (彼の話に対して, 相手はまったく返すことばがなかった). ❷ [属] 貨物を小船に分載して輸送する. ¶～卸 bóxiè / 把大船上の貨, 用小船一到岸上 (大きい船の貨物を小船で岸まで運ぶ). ❸ [名][文] 他の色が混ざっている. 純粋でない. ¶斑～ bānbó (色がまだらだ).
【驳岸】bó'àn [名] 護岸. 堤.
【驳斥】bóchì [动] (誤った意見や言論に) 激しく反駁(はんばく)する. ¶对于不真实的报道, 大家应给予 jǐyǔ 严厉的～ / 真実でない報道に対し, 皆は厳しく反駁しなければならない. 同 批驳 pībó
【驳船】bóchuán [名][量] 艘 sōu, 条 tiáo, 只 zhī] はしけ.
【驳倒】bó//dǎo [动] 論破する. ¶一句话就把他～了 / 一言で彼をやりこめた. ¶真理是不倒的 / 真理は覆すことができない.
【驳回】bóhuí [动] (請願・要求などを)却下する. 採択しない. ¶～上诉 / 上訴を却下する. ¶居民的申请被官方～ / 住民の要求は役所で却下された.
【驳价】bó/jià 〔～儿〕値切る. 同 还价 huánjià
【驳壳枪】bókéqiāng [名]〔枝 zhī〕モーゼル拳銃. 同 盒子枪 hézǐqiāng, 盒子炮 hézǐpào, 毛瑟手枪 máosè shǒuqiāng
【驳卸】bóxiè [动] 荷を分けておろす.
【驳运】bóyùn [动] はしけで乗客や貨物を運ぶ. ¶～费 / はしけ料金.
【驳杂】bózá [形] (知識や思想に) まとまりがなく, お粗末だ. 雑駁(ざっぱく)だ. ¶这篇文章内容非常～ / この文章は内容がまったくばらばらだ.

帛 bó
白部3 四 2622₇
全8画 通用
[名] ❶ [文] 絹織物. ¶布～ bùbó (織物) / 财～ cáibó (財物). ❷ (Bó)姓.
【帛画】bóhuà [名][量 幅 fú, 件 jiàn] 古代の絹織物に描かれた絵. 帛画(はくが).
【帛书】bóshū [名][量 卷 juǎn, 轴 zhóu] 古代の絹織物に書かれた文字や手紙. 帛書(はくしょ).

泊 bó
氵部5 四 3610₂
全8画 常用
❶ [动] 船を港や岸にとめる. ¶停～ tíngbó (停泊する) / ～船 bóchuán (船を泊める). ❷ [形] 心が安らかだ. ¶淡～ dànbó (淡白だ). ❸ →落泊 luòbó ❹ (Bó)姓.
☞ 泊 pō

【泊地】bódì [名] 停泊地. 同 锚 máo 地
【泊位】bówèi [名][量 个 ge] (船の) 停泊場所. 接岸埠頭. バース. 船一隻分の場所を"一个泊位"という.

柏 bó
木部5 四 4690₂
全9画 常用
❶ [属] 音訳字. ¶～林 Bólín. ❷ (Bó)姓.
☞ 柏 bǎi, bò

【柏拉图】Bólātú《人名》プラトン(前427-前347). 古代ギリシャの哲学者.
【柏林】Bólín《地名》ベルリン(ドイツ).

勃(異教) bó
力部7 四 4442₇
全9画 次常用
❶ [属][文] 勢いよく盛んだ. ¶～起 bóqǐ (にわかに起こる) / ～然 bórán / ～～而兴 xīng (盛んに興る) / ～大怒 (突然激怒する). ❷ (Bó)姓.
【勃勃】bóbó [形] 元気や意欲が旺盛だ. ¶生气～ / 活気がみなぎっている. ¶朝气 zhāoqì～ / 元気はつらつだ. ¶野心～ / 野心満々だ. ¶哥哥和姐姐兴致 xìngzhì～地观赏 guānshǎng 了《星球大战》/ 兄と姉は興味津々で「スターウォーズ」を鑑賞した.
【勃发】bófā ❶ [形] 元気がみなぎっている. ¶英姿 yīngzī～ / 勇ましく元気がよい. ¶生机 / 生気がみなぎっている. 同 焕发 huànfā ❷ [动] 急に起こる. 勃発する. ¶战争～ / 戦争が勃発する.
【勃艮第】Bógèndì《地名》ブルゴーニュ(フランス).
【勃郎宁】Bólángníng [名]《军事》[量 杆 gǎn, 支 zhī, 枝 zhī] ブローニング拳銃. [由来] 設計者の米国人 John Moses Browning にちなんだ呼び名.
【勃朗峰】Bólǎngfēng《地名》モンブラン.
【勃然】bórán [形] ❶ 勢い盛んだ. ¶～而兴 xīng / 勃興する. ¶许多网页 wǎngyè～兴起 xīngqǐ / たくさ

のホームページが盛んに開かれた．❷怒って急に顔色が変わる．¶～不悦 yuè / 急にむっとする．¶～大怒／突然かっと怒り出す．
【勃兴】bóxīng 動 勃興する．¶近年工商业～了起来／近年商工業が盛んになってきた．

钹(鈸) bó
钅部5 四 8374₇ 全10画 通用
名 ❶〔音乐〕〔量 副 fù, 片 piàn〕シンバルに似た打楽器．❷(Bó)姓．

铂(鉑) bó
钅部5 四 8670₂ 全10画 通用
名〔化学〕プラチナ．白金．Pt．

亳 Bó
亠部8 四 0071₄ 全10画 通用
❶素 地名用字．¶～州 Bózhōu（安徽省亳県ほん）．❷姓．注意①は"毫 háo"と誤りやすいので注意．魏の曹操一族の本籍地としても有名．

浡 bó
氵部7 四 3414₇ 全10画 通用
形文 盛んだ．¶～乱 bóluàn（世を激しく乱す）．

袯(襏) bó
衤部5 四 3324₇ 全10画 通用
下記熟語を参照．
【袯襫】bóshì 名 草で織った簡単な雨具．みの．同 蓑衣 suōyī 参考 コヒゲイまたはシュロなどを粗く編んだもの．古代、頭にかぶって雨を防いだ．

舶 bó
舟部5 四 2640₂ 全11画 次常用
素 大きな船．¶船～ chuánbó（船舶）/～来品 bóláipǐn．
【舶来品】bóláipǐn 名 旧 舶来品．

脖 bó
月部7 四 7424₇ 全11画 常 用
名 ❶（～儿・～子）首．❷（～儿）首のような形をしたもの．¶脚～子 jiǎobózi（足首）．
【脖颈[梗]儿】bógěngr 首すじ．うなじ．同 脖梗子 bógěngzi．
【脖梗[颈]子】bógěngzi 名"脖颈儿"に同じ．
*【脖子】bózi 首．

博(異 愽❶❷) bó
十部10 四 4304₇ 全12画 常 用
❶形（ものが）多い．広い．¶一览会 bólǎnhuì／中国地大物～（中国は土地が広く物が豊富だ）．❷素 広くものごとに通じている．¶～士 bóshì／～学 bóxué／广～ guǎngbó（学識がひろい）．反 专 zhuān ❸素（人気などを）広く得る．博す．¶～得同情／人に同情を得る）．❹素 旧 得る．¶～徒 bótú（ばくち打ち）．
【博爱】bó'ài 動 広く愛する．¶～席 xí／（電車やバスなどの）優先席．
【博采】bócǎi 動 幅広く集め，取り入れる．
【博采众长】bócǎi zhòngcháng 句 それぞれの特長や長所を幅広く取り入れる．
【博彩】bócǎi 名 ギャンブルやくじなどの総称．
【博茨瓦纳】Bócíwǎnà《国名》ボツワナ．
【博达】bódá 形 博学で古今の事に通じている．
【博大】bódà 形 広い．豊富だ．¶学问～而精深／学識が広く深い．同 广博 guǎngbó 表现 多く学識や思想などに用いる．
【博大精深】bó dà jīng shēn 成 深い学識や考えを有し

ている．
【博导】bódǎo →博士生导师 bóshìshēng dǎoshī
【博得】bódé 動（好感や同情などを）得る．博する．¶他的工作态度で～上级的赞赏 zànshǎng／彼の仕事ぶりは上司の称賛を勝ち得た．同 赢得 yíngdé
【博斗】bódòu 名 ブログ上での論争．
【博古通今】bó gǔ tōng jīn 成 古今の事に精通する．博識だ．
【博客】bókè 名〔コンピュータ〕ブログ．◆blog
【博客话剧】bókè huàjù 名 ブログをもとにしたドラマ．
【博览】bólǎn 動 多方面にわたって書物を読む．
【博览会】bólǎnhuì 名〔圈 次 cì, 个 ge, 届 jiè〕博覧会．¶举行艺术～／芸術博覧会を行う．
【博览群书】bólǎn qúnshū 古今東西の書物をあまねく読む．
【博取】bóqǔ 動（がんばって）信頼や良い評価などを取りつける．
【博识】bóshí 形 物知りだ．博学だ．¶多闻～／見聞が広く，物知りだ．
【博士】bóshì 名 ❶〔圈 个 ge, 名 míng, 位 wèi〕学位の一つ．博士．ドクター．¶文学～／文学博士．❷旧 官名．国立大学の教授に相当する．❸旧 その道に広く通じた人．¶茶～／茶商人．茶館のボーイ．参考③はもと宋・元時代のことばで，一般に職人や小商人などを指した．
【博士后】bóshìhòu 名 博士号取得後，引き続き研究を行う学生や専門研究員．また，その課程．
【博士生导师】bóshìshēng dǎoshī 博士課程の大学院生を募集する資格を有し，その学習を指導する大学教授または科学研究機関の研究員．参考"博士研究生指导教师"の略称．"博导"とも言う．
【博士学位】bóshì xuéwèi 名 博士号．
【博斯普鲁斯海峡】Bósīpǔlǔsī hǎixiá《地名》ボスポラス海峡．
【博文】bówén 名 ブログの文章．
【博闻强识[记]】bó wén qiáng zhì [jì] 成 博学で，記憶力がきわだっている．博覧強記．由来『礼记』曲礼上に見えることば．注意"识"は「記憶する」という意味で，"zhì"と発音する．
【博物】bówù 博物学．参考 動物・植物・鉱物・生理などの学問分野をまとめていう．
【博物馆】bówùguǎn 名〔圈 个 ge, 座 zuò〕博物館．同 博院院 yuàn
【博物院】bówùyuàn 名 規模の大きな博物館．
【博学】bóxué 形 博学だ．¶～多才的人／博学多才な人．
【博雅】bóyǎ 形文 博学で高雅だ．学識が深い．¶～之士／博学で高雅な人物．同 渊博 yuānbó

鹁(鵓) bó
鸟部7 四 4742₇ 全12画 通用
下記熟語を参照．
【鹁鸽】bógē 名〔鳥〕〔量 只 zhī〕イエバト．同 家鸽 jiāgē
【鹁鸪】bógū 名〔鳥〕〔量 只 zhī〕ジュズカケバト．同 水鹁鸪 shuǐbógū

渤 Bó
氵部9 四 3412₇ 全12画 次常用
❶素 地名用字．¶～海 Bóhǎi（渤海ぼっ．遼東半島と山東半島に囲まれた海）．❷姓．

搏 bó
扌部10 四 5304₂
全13画 常用

動 ❶ なぐり合う. ¶~斗 bódòu / 肉~ ròubó (わたり合う). ❷ 鼓動する. ¶脉~ màibó (脈拍).

【搏动】bódòng 動(心臓などが)脈打つ. ¶病人心脏 xīnzàng 的~很微弱 / 患者の心拍がとても弱い.

【搏斗】bódòu 動 ❶ 格闘する. (刀や棒などで)激しく殴り合う. ¶搏战 bózhàn, 格斗 gédòu ❷ 悪戦苦闘する. ¶与暴风雪~ / 吹雪と闘う.

【搏击】bójī 動 全力で闘う. ¶~风浪 / 世間の荒波と闘う.

【搏杀】bóshā 動(武器を持って)激しく闘う. 表現(スポーツの対戦などの)激しい攻防のたとえにも使う.

【搏战】bózhàn 動 格闘する. 白兵戦をする.

鲌(鮊) bó
鱼部5 四 2610₂
全13画 通用

名〈魚〉カワヒラ.

僰 Bó
人部12 四 5580₉
全14画 通用

名 ❶ 古代中国の西南部に居住した少数民族. ❷ 姓.

箔 bó
竹部8 四 8816₂
全14画 通用

❶ 名 アシやコーリャンの茎でつくったすだれ. 養蚕に用いる編んだすのこ. ¶蚕~ cánbó (簇). 同蚕帘 cánlián 箔を薄く延ばしたもの. 箔(㍾). ¶金~ jīnbó(金箔)/ 铜~ tóngbó(銅箔). ❹(Bó)姓.

魄 bó
白部9 四 2661₃
全14画

→落魄 luòbó

☞ 魄 pò, tuò

膊 bó
月部10 四 7324₂
全14画 常用

名〈生理〉腕. 肩に近い部分. ¶赤~ chìbó(肩ぬぎ. 肩ぬぎになる).

踣 bó
足部8 四 6016₁
全15画 通用

動〈文〉(つまずいて)倒れる. ¶屡 lǚ~屡起(倒れては起き上がる).

镈(鎛) bó
钅部10 四 8374₂
全15画 通用

名 ❶〈音楽〉古代の楽器. 大型の鐘. ❷《農業》除草に使う, 鋤(㍼)に似た農具.

薄 bó
艹部13 四 4414₂
全16画 常用

❶ 素(厚さが)薄い. 薄し. ¶厚~ hòubó(厚さ)/ ~膜 bómó. 反厚 hòu ❷ 素 わずかだ. 少ない. ¶~酬 bóchóu / ~技 bójì / ~礼 bólǐ / ~利 bólì / 单~ dānbó(薄着だ). 反厚 hòu ❸ 素(情や重みが)ない. ¶~情 bóqíng / 浅~ qiǎnbó(浅はかだ)/ 轻~ qīngbó(軽薄だ). 反厚 hòu ❹ 素 さげすむ. ¶菲~ fěibó(見下す)/ 鄙~ bǐbó(さげすむ). 反厚 hòu ❺ 近く迫る. ¶日~西山(日が西の山に沈みかけている)/ ~暮 bómù. ❻(Bó)姓. 注意"bó"の発音は複音節語や成語に多く用いる.

☞ 薄 báo, bò

【薄产】bóchǎn 名〈文〉(自宅などの)わずかな資産.

【薄酬】bóchóu 名 わずかな謝礼. 薄謝.

【薄地】bódì 名 やせた土地. 同 薄田 bó[báo-] tián 参考"báodì"とも発音する.

【薄厚】bóhòu 名 厚さ. ¶这两本书~差不多 / この2冊の本は厚みがほぼ同じだ. 同 厚薄 hòubó

【薄技】bójì 名 謙 ちょっとした技量. つたない技. 表現 自分の能力をへりくだって言う時のことば.

【薄伽丘】Bójiāqiū《人名》ボッカチオ(1313-1375). イタリアの作家・人文学者.

【薄酒】bójiǔ 名 味がうすくてまずい酒. 粗酒.

【薄礼】bólǐ 名 謙(份 fèn)粗末な贈り物. ¶一点儿~, 表来心意, 请收下吧 / ささやかなお礼です. ほんの気持ちですので, どうぞお納めください. 反 厚礼 hòulǐ 表現 多く謙遜して言うことば.

【薄利】bólì 名 薄利. わずかな利益.

【薄利多销】bó lì duō xiāo 成 薄利多売. ¶生意难做, 只能~ / 商売は難しい. 薄利多売するほかない. 参考"薄"は"báo"とも発音する.

【薄面】bómiàn 名 私の面子(㍼). ¶看在我的~上, 原谅他这一次吧 / 私の顔に免じて, 今回だけは彼を許してやって下さい. 表現 相手に頼みごとのある時, 自分をへりくだって言うことば.

【薄命】bómìng 形 運に恵まれない. ¶她长得很漂亮, 但得了不治之症 zhèng, 真是红颜~ / 彼女は美人だが, 不治の病にかかってしまった. まったく, 佳人薄命とはこのことだ. 表現 多く女性について言う.

【薄膜】bómó 名 フィルム. シート. ¶塑料~ / プラスチックフィルム.

【薄暮】bómù 名〈文〉たそがれ. 夕暮れ. 薄暮(㍼).

【薄片】bópiàn 名 ❶ 薄片(㍼). ❷〈地学〉切断面.

【薄情】bóqíng 形 薄情だ. 移り気だ. ¶~郎 / 薄情な男. 反 痴情 chīqíng, 多情 duōqíng 表現 多く男女間の愛情について用いる.

【薄弱】bóruò 形(力や意志などが)弱い. ¶自己的~之处 / 自分のウィークポイント. 同 单薄 dānbó 反 雄厚 xiónghòu

【薄物细故】bó wù xì gù 成 ささいなこと. 取るに足らないこと. ¶~, 何足计较? / ささいな事にこだわることはない.

【薄雾】bówù 名 うっすらとした霧. 霞(㍼). 靄(㍼).

礴 bó
石部16 四 1464₂
全21画 通用

→磅礴 pángbó

跛 bǒ
足部5 四 6414₇
全12画 次常用

素 びっこ(をひく). 足をひきずる. ¶一颠 diān 一~(びっこをひいて歩く)/ ~脚 bǒjiǎo.

【跛脚】bǒjiǎo 動 びっこをひく.

【跛子】bǒzi 名 足の不自由な人.

簸 bǒ
竹部13 四 8884₁
全19画 次常用

❶ 動(箕(㍼)で)穀物をふるう. ❷ 素 上下左右に揺れ動く. ¶船在海浪中, 颠~ diānbǒ 起伏 qǐfú(船は波にもまれて激しく揺れ動く).

☞ 簸 bò

【簸荡】bǒdàng 動(上下左右に)揺れる. ¶船身~得非常厉害 / 船体がとても激しく揺れた.

【簸扬】bǒyáng 動 穀物を箕(㍼)でゆすって, ゴミなどを取り除く. 同 扬簸 yángbǒ

柏 bò
木部5 四 4690₂
全9画 常用

→黄柏 huángbò

☞ 柏 bǎi, bó

薄檗擘簸卜啵逋晡醭卜卟补 bò-bǔ

薄 bò ⺿部13 四4414₂ 全16画 常用
下記熟語を参照.
☞ 薄 báo,bó
【薄荷】bòhe 名《植物》ハッカ.

檗(異蘖) bò 木部13 四7090₄ 全17画 通用
→黄柏[檗] huángbò

擘 bò 手部13 四7050₂ 全17画 通用
素文 親指. ¶巨～ jùbò (傑出した人物).

簸 bò 竹部13 四8884₇ 全19画 次常用
下記熟語を参照.
☞ 簸 bǒ
【簸箕】bòji〔量 个 ge〕❶ 箕(み). ❷ ちり取り. ❸ 巻いていない形の指紋. 反 斗 dǒu

卜(蔔) bo 卜部0 四2300₀ 全2画 常用
→萝卜 luóbo
☞ 卜 bǔ

啵 bo 口部8 四6404₇ 全11画 通用
❶ 助 "吧 ba"に同じ. ❷ 嘚啵 dēbo

bu ㄅㄨ〔pu〕

逋 bū 辶部7 四3330₂ 全10画 通用
素文 ❶逃げる. ¶～逃 būtáo (逃亡する). ❷ (返済が)滞(とどこお)る. ¶～欠 būqiàn (借金返済をのばす).

晡 bū 日部7 四6302₇ 全11画 通用
素 申(さる)の刻. 午後3時から5時までの2時間.

醭 bú 酉部12 四1268₅ 全19画 通用
名 (～儿) 酢や醬油などの表面に生ずる白かび. ¶馒头发～儿了(マントウに白かびが生えた). 同 霉 méi 参考 もと"pú"と発音した.

卜 bǔ 卜部0 四2300₀ 全2画 常用
❶ 動 占う. ¶～辞 bǔcí / 占～ zhānbǔ (占う). ❷ 動 文 予想する. 予期する. ¶预～ yùbǔ (予測する)/生死未～ (生死は定めがたい). ❸ 動 文 (場所を選ぶ)(日取りを)決める. ¶～居 bǔjū / ～宅 bǔzhái (住居を定める)/～邻 bǔlín (隣り合い住む). ❹ (Bǔ)姓.
☞ 卜 bo
【卜辞】bǔcí 名 亀甲や獣骨に刻まれた,殷代の占いの記録. ⇒甲骨文 jiǎgǔwén
【卜卦】bǔguà 動 (八卦⁶・ミッ⁻て)占う.
【卜居】bǔjū 動 文 居住地を定める. 卜居(ぼっきょ)する. ¶请风水先生～/住居を探すときには風水師に占ってもらう.

卟 bǔ 口部2 四6300₀ 全5画 通用
下記熟語を参照.
【卟吩】bǔfēn 名《化学》ポルフィン. ◆porphine

补(補) bǔ 衤部2 四3320₀ 全7画 常用

❶ 動 つくろう. 修理する. ¶～衣服(衣服をつくろう)/～锅(なべを修繕する). ❷ 動 不足を埋める. 補う. ¶～充 bǔchōng / 贴～ tiēbǔ (補助する)/～空子 kòngzi (隙間を埋める)/～习 bǔxí / 候～委员(候補)/滋～ zībǔ (栄養を補給する)/～白 bǔbái. ❸ 素 文 役にたつ. ¶无～于事(役に立たない). ❹ (Bǔ)姓.

【补白】bǔbái 名〔篇 piān〕(新聞紙面などの)余白を埋める短文. 埋め草.
【补报】bǔbào 動 ❶ 事後報告する. のちに改めて報告する. ¶近日～/近い内に報告する. ❷ 恩に報いる. ¶～知遇之恩 / 知遇を得た恩に報いる.
【补差】bǔchā 名 給与の差額. 退職者が再就職した際の,もとの給与との差額.
【补偿】bǔcháng 動 (損失などを)補償する. (不足額などを)埋め合わせる.
【补偿贸易】bǔcháng màoyì 名《貿易》補償貿易. 参考 プラントやパテントを輸入し,製品で代金を償還する貿易方式.
*【补充】bǔchōng 動 補充する. 補足する. ¶～教材 / 補充教材. ¶大热天里一直流汗,别忘了多喝水来～体内的水分 shuǐfèn / 炎天下で汗をかき通しだ. たくさん水を飲んで体内の水分を補給するのを忘れないように.
【补丁】[补钉]bǔding 名〔量 个 ge,块 kuài〕(衣類などの)継ぎ. ¶打～/継ぎあてする.
【补发】bǔfā 動 追加発行する. 補足支給する.
【补过】bǔ//guò 動 (過失を)償う. 埋め合わせる. ¶请再给我一次机会将 jiāng 功～/ もう一度埋め合わせのチャンスをください.
【补给】bǔjǐ 動《軍事》(弾薬や軍事物資などを)補給する. 注意 "给"は「供給する」という意味で"jǐ"と発音する.
【补给线】bǔjǐxiàn 名《軍事》物資や兵士を補給したり,負傷兵を救援搬送するための交通路. 補給線.
【补假】bǔ//jià 動 ❶ 事後に休暇の手続きをする. ❷ 代休をとる. ¶～三天 / 代休を3日間とる.
【补救】bǔjiù 動 (まちがいを正して不利な状況を)救う. フォローする. ¶新机场的电脑系统无法操纵 cāozòng,现在正设法～/ 新空港のコンピュータシステムがダウンしたが,現在復旧の手立てを講じているところだ.
【补考】bǔkǎo 動 追試をする. ¶～英语 / 英語の追試をする.
*【补课】bǔ//kè 動 ❶ 補習する. 補講する. ¶暑假 shǔjià 期间必须回校参加～/ 夏休みは学校に行って補講を受けなくてはならない. ❷ (出来の悪い仕事などを)やり直す.
【补苗】bǔ//miáo 動《農業》苗の植え足しをする.
【补偏救弊】bǔ piān jiù bì ひずみを正して,弊害を取りのぞく.
【补票】bǔ//piào 動 (乗車や乗船した後で)切符を買う. ¶补三张票 / (後で)切符を3枚買う. ¶补卧铺 wòpù 票 / 寝台券を買い足す.
【补品】bǔpǐn 名〔量 种 zhǒng〕栄養補助食品. 滋養強壮剤.
【补情】bǔqíng 動 (～儿)人の親切に報いる.
【补缺】bǔ//quē 動 ❶ 欠員を補う. 欠陥を補う. ❷ 旧 官吏候補者が正式に任官する.
【补色】bǔsè 名《美術》補色. ¶余 yú 色,互 hù 补色
【补上】bǔshàng 補充する. ¶陈小姐辞职 cízhí 后,她的职位由你～/ 陳さんが辞めたら,彼女のポストは君が埋めるんだ.
【补税】bǔ//shuì 動 不足分の税金を後から納める.

【补台】bǔ/tái 動（お互いの仕事などを）助け合う． 反 拆 chāi 台
【补体】bǔtǐ 名《生理》（血清中の）抗体のはたらきを補完する化学物質．補体．
【补贴】bǔtiē ❶ 動（財政面で）補助する． ¶ 小张利用假日 jiàrì 外出工作，来～学费和生活费用 / 张君は休みを使って働きに出，学費と生活費を補った． 同 补助 bǔzhù ❷ 名 補助金．手当．¶ 福利～ / 福利厚生費．
*【补习】bǔxí 動 補習する． ¶ ～班 / 補習クラス．
【补休】bǔxiū 動 代休をとる． 同 补假 jià ②
【补选】bǔxuǎn 動 補欠選挙をする．
【补血】bǔ//xuè 動《医学》補血する．増血する．¶ ～药 / 増血剤．
【补牙】bǔyá 動 歯を治療する．（金属などで）虫歯の充てんをする．
【补养】bǔyǎng 動（飲食物や薬剤で）栄養を補給する．
【补药】bǔyào 名 強壮剤．栄養剤．
【补遗】bǔyí 名《書物などの》補遺．
【补益】bǔyì 名 ❶ 利益．得．❷ 動 利益を生む．¶ ～社会 / 社会の利益に寄与する．
【补语】bǔyǔ 名《言語》補語．参考 動詞や形容詞の後に置いて，動作の情況や結果，状態の程度などをあらわす．補語の前に助詞"得 de"を必要とするものもある．句の意味によって，結果補語・程度［状態］補語・可能補語などという．
【补正】bǔzhèng 動（誤字や脱字などを）補足・訂正する．
【补种】bǔzhòng 動（苗の少ない場所に）再び種をまく．再び苗を植える．
【补助】bǔzhù ❶ 動（組織が個人に）経済的に援助する．¶ ～金 / 補助金．❷ 名 補助的．手当．¶ 煤火～ / 暖房手当．¶ 拿～ / 手当を受け取る．
【补缀】bǔzhuì 動（衣類などに）つくろう．修繕する．同 缝补 féngbǔ
【补足】bǔ//zú 動 補充する．¶ ～缺额 quē'é / 不足分（人数）を補う．

捕 bǔ
扌部7　四 5302₇
全10画　常用

❶ 動 とらえる．つかまえる．¶ ～获 bǔhuò / ～风捉影 / 他们两～了很多鱼虾 yúxiā（魚が網を使ってたくさんの魚やエビをとった）． 同 捉 zhuō，逮 dǎi，抓 zhuā 反 放 fàng ❷（Bǔ）姓．

【捕风捉影】bǔ fēng zhuō yǐng 成 貶 風や雲をつかむように，確かなよりどころがない．
【捕获】bǔhuò 動 捕獲する．逮捕する．¶ ～猎物 lièwù / 獲物（㌔）を捕獲する．¶ 罪犯 zuìfàn 已被～归案 guī'àn / 犯人は逮捕され一件落着した． 同 捕捉 bǔzhuō，拿获 náhuò
【捕快】bǔkuài 名 旧 罪人を逮捕する下級役人． 同 捕役 yì
【捕捞】bǔlāo 動 漁獲する．¶ ～到一条鲨鱼 shāyú / 一匹のサメをとらえた．
【捕猎】bǔliè 動（野生動物を）捕まえる．
【捕拿】bǔná 動 捕まえる．逮捕する．¶ ～人犯 / 犯人を逮捕する．
【捕杀】bǔshā 動（虫や動物を）捕獲して殺す．
【捕食】bǔ//shí 動（動物が）えさをとって食べる．
【捕蝇器】bǔyíngqì 名 ネズミ捕り器．
【捕头】bǔtóu 名 旧（外国人居留地などの）警官の長．
【捕鱼】bǔ//yú 動 漁をする．
【捕捉】bǔzhuō 動 ❶ とらえる．つかまえる．¶ ～害虫 / 害虫をつかまえる．¶ ～逃犯 / 逃亡犯をつかまえる． 同 擒获 bǔhuò，拿捕 zhuōná ❷（チャンスなどを）つかむ．¶ 摄影 shèyǐng 记者最善于～反映现实生活的镜头 / 写真記者は，現実の生活を反映したシーンをとらえるのがとても上手だ．

哺 bǔ
口部7　四 6302₇
全10画　次常用

❶ 動 食べさせる．幼児の口に，食べ物を入れてやる．¶ ～养 bǔyǎng / ～乳 bǔrǔ． ❷ 口に含んだ食べ物．¶ 吐～ tǔbǔ（口の中の食べ物を吐き出す）．

【哺乳】bǔrǔ 動 授乳する．乳を与える．¶ 以人奶给婴儿 yīng'ér～/ 赤ちゃんに母乳を与える．
【哺乳动物】bǔrǔ dòngwù 名 哺乳動物．
【哺养】bǔyǎng 動（乳幼児を）養育する．¶ ～儿女 érnǚ 长大 zhǎngdà / 子どもを育て上げる． 同 喂养 wèiyǎng，哺育 bǔyù
【哺育】bǔyù 動 ❷ 文 ❶（乳幼児を）養育する． 同 哺养 bǔyǎng ❷ 育成する．育てる．¶ ～下一代的优秀人材 / 次世代の優秀な人材を育成する．

堡 bǔ
土部9　四 2610₄
全12画　常用

名 小さな城壁などで囲まれた村や町．地名に用いることが多い．¶ 吴～ Wúbǔ（陕西省にある地名）．

☞ 堡 bǎo, pù

【堡子】bǔzi 名 土塀で囲まれた小さな町や村．広く村をさす．

不 bù
一部3　四 1090₀
全4画　常用

Ⅰ 圓 動詞・形容詞・助動詞・副詞などの前に用いて，意思・願望および性質・状態を打ち消す． 注意 "不"に続く音節が第4声の場合，"不"は第2声で発音される．

❶ 動詞（句）の前に置いて，行為や判断を打ち消す．¶ 他～来 / 彼は来ない．¶ 今天～散步了 / 今日は散歩を取りやめる．
❷ 助動詞は一般に"不"で否定する．¶ 我～会游泳 / 私は泳げない．¶ 他有病，～能来 / 彼は病気で来られない．¶ 这件事你～该这么做 / それはそんなふうにすべきではない．
❸ 前置詞の前に置いて，行為を打ち消す．¶ ～把对手放在心上 / 相手のことは気にしない．¶ ～比他差 / 彼よりも劣ってはいない．¶ ～由我作主 / 私の一存で決められるのではない．¶ 我～在食堂吃饭 / 食堂では食事をしない．
❹ 形容詞（句）の前に置いて，その性質・状態を否定する．¶ 他～高 / 彼は背が高くない．¶ 雨～大 / 雨はひどくない．¶ 这个～便宜 / これは安くない．¶ 这几天我～忙 / ここ数日私は忙しくない．
❺ 名詞成分の前に置いて形容詞を構成する．¶ ～科学 / 非科学的だ．¶ ～卫生 / 不衛生だ．¶ ～民主 / 非民主的だ．¶ ～道德 / 不道徳だ．
❻（単独で用いて否定の応答語とする）いいえ．¶ "你也去吗？" "～，我不去" /「あなたも行きますか」「いいえ，私は行きません」¶ "你不想家吗？" "～，我非常想家" /「あなたは家が恋しくないのですか」「いいえ，たいへん恋しいです」¶ "再坐会儿！" "～了，以后还有时间还来呢" /「もっとゆっくりしていって」「いや，時間のある時にまた来ます」

Ⅱ 助 動詞と補語の間に置き，不可能をあらわす． ⓛ 軽声で発音される．¶ 听～见 / 聞こえない．¶ 说～清楚 / はっきり言えない．¶ 爬～起来 / 起き上がれない．

✍ "不"の用法
① "…不…"の形で反復疑問文をつくる．

◇你去不去？/ あなたは行きますか．
◇这是不是你的？/ これはあなたのですか．
◇你能不能帮我的忙？/ 手伝ってくれませんか．
◇好不好？/ いいですか．
　🖉 2音節語彙の場合．
　◇你知不知道？/ 君，知っていますか．
　◇可不可以？/ よろしいですか？
②[方]"不"を文末に用いて疑問文をつくる．
◇你看书不？/ あなた，本読みますか．
◇这杯子干净不？/ このコップきれい？
③副詞"很,常,太,大"などの前に置き部分否定をつくる．
◇质量不太好 / 品質があまりよくない．
◇他们不都是学生 / 彼らは全員が学生というわけではない．
◇我不常看电视 / 私はめったにテレビを見ない．
④習慣的・恒常的な行為ではないことを示す．
◇我不吸烟,也不喝酒 / 私は酒もたばこもやらない．
◇这个地方到了冬季也不下雪 / ここは冬になっても雪が降らない．
⑤非行為動詞の否定には"不"を用いる．否定の判断を示す．
◇我不是学生 / 私は学生ではありません．
◇我不姓李,也不叫李明 / 私は李でも，李明でもありません．
◇他不在家 / 彼は家にいない．
◇那时候,我还不认识他 / その頃私はまだ彼と知り合いではなかった．
　⇨ "象 xiàng,在 zài,属于 shǔyú"など
⑥心理を示す状態動詞の否定には一般に"不"を用いる．
◇这件事他不知道 / このことを彼は知らない．
◇我不喜欢喝酒 / 私は酒がきらいだ．
　🖉 このタイプの動詞には次のようなものがある．
　"爱 ài,恨 hèn"

【不安】bù'ān [形] ❶ 不安定だ．落ち着かない．¶忐忑 tǎn tè~ / [成] びくびくして落ち着かない．¶坐立~ / [成] 居ても立ってもいられない．❷ (相手に対して)落ち着かない．心苦しい．¶老実麻烦您,真是~ / いつもご迷惑をおかけして申し訳ありません．[表現]②は,あいさつの表現．
【不白之冤】bù bái zhī yuān [成] (晴らすことのできない)無実の罪．¶蒙受 méngshòu~ / 無実の罪を着せられる．
【不卑不亢】bù bēi bù kàng [成] (人に対して)卑屈にならず,またおごり高ぶらない．[同] 不亢不卑,不抗 kàng 不卑
【不备】bùbèi [動] ❶ 無防備だ．油断している．¶乘其~ / そのすきに乗じる．❷ 古風な手紙の結びに用い,自分の文面が行き届いていないことをいう．
【不比】bùbǐ [動] …とは違う．比べものにならない．¶北方～南方,春天老刮风 / 北方は南方と違って,春にはいつも風が吹く．
*【不必】bùbì [副] …の必要はない．…するには及ばない．[同] 不用 bùyòng,无须 wúxū [反] 必须 bìxū,必要 bìyào
【不变价格】bùbiàn jiàgé [名]《経済》不変価格．¶比较 bǐjiào 价格,可比 kěbǐ 价格,固定 gùdìng 价格 [参考] 農業や工業の生産総額を計算したり比較するための基準となる,ある期間の生産品の平均価格．
【不便】bùbiàn [形] ❶ 不便だ．不都合だ．¶～于发展工业 / 工業の発展には向きだ．¶如果对你没有什么～的话,我想把时间提早一点 / もしそちらに不都合でなければ,時間を少しでも早めたいと思います．便利 biànlì,方便 fāngbiàn ❷ 手元不如意だ．(現金の)持ちあわせがない．
【不辨菽麦】bù biàn shū mài [成] 実生活の知識にうとい．[由来]「豆と麦の区別もつかない」という意から．
【不…不…】bù…bù… ❶ やや強調した否定をあらわす．…でもないし，…でもない．¶～干～净 / 汚れていてきたない．¶～明～白 / 明らかではない．¶～清～楚 chǔ / はっきりしない．¶…でなければ…でもない．ちょうどよい．¶～多～少 / 多くも少なくもない．¶～大～小 / 大きくも小さくもない．❸ …でも…でもない．中途半端だ．¶～死～活 / 生きているのだか死んでいるのだか(覇気がない)．¶…しなければ…しない．¶～见～散 / 会うまでそこを離れない．¶～学～会 / 習わなきゃできない．[用法]①は,同じ,または近い意味の単音節の動詞・名詞・形容詞などを入れる．②は,反対の意味の単音節の形容詞,方位なあらわす名詞などを入れる．④は,反対の意味の動詞または動詞句などを入れる場合と,条件を示す場合とがある．
【不才】bùcái [文] ❶ [形] 才能がない．❷ [名] "我 wǒ"の謙譲語．
【不测】bùcè [名] 不測の事態．思いがけないこと．
【不曾】bùcéng [副][文] …したことがない．"已经 yǐjīng,曾经 céngjīng"の否定．¶我还～去过广州 Guǎngzhōu / 私はまだ広州に行ったことはない．没有 méiyǒu
【不差累黍】bù chā lěi shǔ [成] 寸分の差もない．¶买卖公平,～ / 商売は公正で,わずかの誤差もない．[由来]"累黍"は「微量」の意．
【不差什么】bù chā shénme [慣] ❶ 何も欠けていない．全て揃っている．❷ ほとんど．差不多 chàbuduō ❸ [方] 普通の．並みの．平常 píngcháng,普通 pǔtōng
【不成】bùchéng ❶ [形] だめだ．許されない．¶在这里唱歌可～ / ここで歌ってはいけない．[同] 不行 bùxíng ❷ [助] まさか…ではあるまい．¶难道我怕你～？/ まさか,われがおまえを恐れるとでも言うのか．[用法] ②は文末に用い,"难道 nándào","莫非 mòfēi"と呼応して推測や問い返す気持ちをあらわす．
【不成比例】bù chéng bǐlì [句] (量や大きさなどに)差がありすぎて,比較にならない．
【不成材】bùchéngcái 見込みがない．¶她的五个孩子,没有一个～的 / 彼女の子は5人とも立派な人物になった．
【不成话】bùchénghuà [形] 話にならない．ひどい．¶那太～了 / それは余りにもひどい．[同] 不像 xiàng 话
【不成器】bùchéngqì [形] ものにならない．
【不成体统】bù chéng tǐtǒng [俗] (行いや発言が)みっともなく,礼節を無くしまた．無作法だ．
【不成文】bùchéngwén [形] 明文化していない．不文律の．
【不成文法】bùchéngwénfǎ [名]《法律》不文法．不文法(ぎ). [反] 成文法
【不逞】bùchěng [形] 世の中からはみ出した．¶～之徒 tú / 不逞(き)のやから．
【不齿】bùchǐ 歯牙(が)にもかけない．¶人所～ / 誰もが問題にしない．
【不耻下问】bù chǐ xià wèn [成] 自分よりも下の者に教えを請うことを恥としない．[由来]『論語』公冶長篇に見えることば．
【不啻】bùchì [動][文] ❶ …にとどまらない．[同] 不仅 bùjǐn ❷ ちょうど…と同じだ．

【不出所料】bù chū suǒ liào 成 予想どおりだ.
【不揣冒昧】bù chuǎi màomèi 句 ぶしつけながら. ¶～给您写信,尚 shàng 望海涵 hǎihán / お便りを差し上げるぶしつけで,どうぞお許しください. 表現 手紙の冒頭で用いるあいさつ表現.
【不辞而别】bù cí ér bié 成 あいさつもせずに別れる.
【不辞辛[劳]苦】bù cí xīn [láo] kǔ 辛苦をいとわない. ¶他为了 wèile 完成任务,他常常一加班到深夜 / 仕事を完成させるため,彼は常に辛苦をいとわず深夜まで残業する.
**【不错】bùcuò 形 ❶(相手の言ったことに同意して)正しい. その通りだ. ¶～,他是这么说的 / そうだ,たしかに彼はそう言った. ❷口 よい. すばらしい. ¶这本书写得很～ / この本は実によく書けている.
【不错眼】bùcuòyǎn 句 じっと見つめる. 凝視する.
【不打不成交】bù dǎ bù chéng jiāo 成 けんかをしなければ友達にはなれない. 雨降って地固まる. 同 不打不成相识 xiāng shí
【不打紧】bùdǎjǐn 形 方 大丈夫だ. たいしたことはない. ¶叫他回去也～ / 彼を帰らせても大丈夫だ. 同 不要紧 bùyàojǐn
【不打自招】bù dǎ zì zhāo 成 語るに落ちる. 由来「打たれもしないのに,自分から白状する」という意から.
*【不大】bùdà 副 あまり…でない. ¶～好 / あまりよくない. ¶看～清楚 / あまりはっきりと見えない.
【不大不小】bù dà bù xiǎo 句 大きくもなく小さくもない. ちょうどよい大きさだ. ¶这个～,带着很方便 / これは手頃な大きさで,持って歩くのに便利だ.
【不太离】bùdàlí (～儿)❶ ほぼ同じだ. 同 差不多 chàbuduō ❷ まあまあの出来だ.
【不待】bùdài 動 文 …する必要がない. ¶～言 / 言うまでもない.
【不丹】Bùdān《国名》ブータン.
【不单】bùdān ❶ 副 …にとどまらない. 同 不只 bùzhǐ ❷ 接 …のみならず. 同 不但 bùdàn
**【不但】bùdàn 接 …ばかりでなく,…のみならず. ¶他～会说英语,还会说汉语 / 彼は英語だけでなく,中国語も話せる. ¶～你办不了 bànbuliǎo,连我也办不了 / 君ができないだけでなく,僕だってできないんだ. 用法 前の文に用い,後に続く文中の"而且 érqiě","并且 bìngqiě","还 hái","也 yě","又 yòu","连 lián"などと呼応する.
【不当】bùdàng 形 適当でない. ¶措词 cuòcí～ / ことばの使い方が適当でない. 同 妥当 tuǒdang,恰当 qiàdàng
【不倒翁】bùdǎowēng 名〔(量) 个 ge〕起きあがりこぼし. 同 扳不倒儿 bānbùdǎor
【不到】bùdào 動 行き届かない. 至らない.
【不道德】bùdàodé 形 不道徳だ. ¶你这样对待她是～的 / 彼女をそんなふうに扱うのは,人の道に反する.
*【不得不】bùdébù 副 …せざるをえない. ¶我～同意了 / 私は同意をせざるをえなかった. 同 必须 bìxū
【不得而知】bù dé ér zhī 成 知るよしがない.
【不得劲】bùdéjìn (～儿)❶ 順手にいかない. 具合が悪い. ¶这把剪刀使起来很～ / このはさみは使いにくい. ❷ 気分が悪い. けだるい. ¶浑身 húnshēn～ / 体中がだるい.
*【不得了】bùdéliǎo 形 ❶ たいへんだ. ¶哎呀,着 zháo 火了! / あれ,たいへんだ,火事だ! ❷(程度が)はなはだしい. ¶高兴得～ / 嬉しくてたまらない. ¶后悔 hòuhuǐ 得～ / ひどく悔やんでいる.
【不得人心】bù dé rén xīn 人心を得られない.
【不得要领】bù dé yào lǐng 成 要領を得ない. 由来《史记》大宛列伝に見えることば.
【不得已】bùdéyǐ 形 やむをえない. しかたがない.
【不得已而为之】bùdéyǐ ér wéi zhī 句 やむをえずする. そうぜざるをえない.
【不…bude 接尾(動詞の後に付けて)…してはいけない. …できない. ¶去～ / 行ってはいけない. ¶车里挤满了人动弹 dòngtan～ / 車内は満員で身動きできない. ¶老虎屁股 pigu 摸～ / トラの尻にさわってはいけない. 危ないものには手を出すな.
【不登大雅之堂】bù dēng dà yǎ zhī táng (作品などが)俗悪で下品だ. 由来"大雅之堂"は「風雅な人物が会する大広間」の意.
【不等】bùděng 形 一様でない. ¶大小～ / 大小不揃いだ.
【不等号】bùděnghào 名《数学》不等号.
【不等式】bùděngshì 名《数学》不等式.
【不敌】bùdí 動 文 ❶ かなわない. 抵抗できない. ¶寡guǎ～众 / 多勢に無勢. ❷ 匹敵しない. ¶天賦 tiānfù～勤奋 qínfèn / 努力にまさる天才なし.
【不第】bùdì 動 文 ❶ 合格しない. ¶屡 lǚ 试～ / 何度受けても合格しない. 反 及第 jídì
【不迭】bùdié 形 ❶(動詞の後に付け)…するのに間に合わない. ¶忙～ / 大急ぎで. ¶后悔～ / 後悔しても間に合わない. ❷ …して止まない. ¶称赞～ / 口をきわめてほめる.
【不定】bùdìng 副 …かどうか定かでない. ¶我还～买不买呢 / 私は買うかどうかまだわからない. 用法 通常,後に疑問の語,または肯定と否定を組み合わせた語を置く.
【不定根】bùdìnggēn 名《植物》茎や葉の部分から生えた根. 不定根(↔)
【不动产】bùdòngchǎn 名 不動産. 反 动产
【不冻港】bùdònggǎng 名 不凍港. 参考 大連港や秦皇島港のような冬でも凍らない北方の港.
【不动声色】bù dòng shēng sè 成 顔色ひとつ変えない. ものごとに動じない. 同 不露 lù 声色
【不独】bùdú 接 ただ…のみならず. 同 不但 bùdàn
【不端】bùduān 形(品行や態度などが)きちんとしていない. 無作法だ.
*【不断】bùduàn ❶ 動 とぎれない. 絶えない. ❷ 副 絶えず間なく. ¶～努力 / 絶え間なく努力する. ¶～学习,才能～进步 / 絶えず学ぶことによってのみ,絶え間ない進歩が得られる. 同 不时 bùshí
【不对】bùduì 形 ❶ 間違っている. ¶他没有什么～的地方 / 彼には少しも間違いがない. ❷(動きや様子が)正常でない. ❸ 仲が悪い. そりが合わない.
【不对茬[碴]儿】bùduìchár 形(その場の情況などに)合わない. しっくりしない.
【不对称管制】bùduìchèn guǎnzhì 名 非対称管理. 参考 不等竞争を減らし,弱小企業を援助するために,政府の産業関連部門が公平な競争環境を設けること.
【不对劲】bùduìjìn (～儿)❶ うまくいかない. ❷ 気が合わない. ❸ 正常でない.
【不对头】bùduìtóu ❶ 間違っている. ¶方法～,所以效率 xiàolǜ 差 chà / 方法が間違っているから,効率が悪い. ❷ 尋常でない. ❸ ぴったりしない. ¶他俩一直～,关系极坏 / 彼ら2人は昔から性格が合わず,とても仲が悪い.

【不…而…】bù…ér……しないのに…する.¶不劳而获/働かないで利益を手にする.¶不战而胜/戦わずして勝つ.[用法]単音節の動詞などを入れ,条件がなくても結果が得られる関係をあらわす.
【不二法门】bù èr fǎ mén 唯一無二の方法.[由来]『維摩詰経』に見えることば.
【不二价】bù'èrjià [名] 掛け値なし.¶言～/正札で売る.
【不乏】bùfá [动] 乏しくない.かなりある.¶～其人/そんなやつはかなりいる.¶～先例/先例が沢山ある.
【不法】bùfǎ [形] 不法だ.¶～之徒 tú/無法者.
【不法分子】bùfǎ fènzǐ 不法行為者.法律違反者.
【不凡】bùfán [形] 非凡だ.¶出手～/腕前が非凡だ.回非凡 fēifán
【不犯】bùfàn [动] [方] …するに及ばない.…するに値しない.
【不妨】bùfáng [副] …して差し支えない.¶有什么意见,～当面 dāngmiàn 提出来/何か意見があれば,直接言ってくださってかまいません.¶反正没什么事,你～去一下/どうせ何もないから,ちょっと行っていい.[参考] もと"不妨 bùfāng"と発音した.
【不妨事】bùfángshì [动] 差し支えない.¶谁说我的坏话也～/誰が私の悪口を言おうとかまわない.
【不菲】bùfěi [形] (費用や価格が)少なくない.豊かだ.手厚い.
【不费吹灰之力】bù fèi chuīhuī zhī lì いとも簡単にできる.朝飯前.[由来]"灰を吹くほどの力も使わない"という意から.
【不分彼此】bù fēn bǐ cǐ [成] わけへだてをしない.¶我们是～的好朋友/我々は心を一つにした親友だ.
【不分青红皂白】bù fēn qīng hóng zào bái [成] 善悪の見境がない.¶你怎么可以一把大家都痛骂 tòngmà 一顿呢？/ただやみくもに皆をどなりつけて,いいはずがなかろう？回不分皂白[由来]「青や赤,黒や白を区別しない」という意から.
【不忿】bùfèn [形] (～儿)いまいましい.心穏やかでない.¶心中颇 pō 有些～之 zhī 意/心中ひどく不愉快だ.
【不服】bùfú [动] ❶従わない.納得しない.¶～领导/上司に従わない.¶～输/負けを認めない.❷適応できない一頓呢？
【不服水土】bù fú shuǐtǔ [句] 気候風土になじまない.水が合わない.¶初到国外,～/初めて外国に来て,気候や水に体がなじまない.
【不符】bùfú [动] 一致しない.¶帐目 zhàngmù～/帳簿が合わない.¶言行 yánxíng～/言行不一致だ.
【不干不净】bù gān bù jìng ❶汚い.不潔だ.❷(ことば遣いなどが)粗野で下品だ.
【不干胶】bùgānjiāo [名] 粘着シール.
【不甘】bùgān [动] 甘んじない.[反] 甘心 gānxīn
【不甘寂寞】bùgān jìmò 寂しさをよしとしない.自己を表現したり活動に参加すること.
【不甘落后】bùgān luòhòu 後続に甘んじない.人に遅れを取ることをよしとしない.
【不甘示弱】bùgān shìruò 弱みを見せない.弱音を吐かない.
【不尴不尬】bù gān bù gà 如何(^)ともしがたい.¶这件事弄得～的/この事は,何とも手の下しようがない.
【不敢】bùgǎn [动] …する勇気がない.あえて…しない.¶～说假话 jiǎhuà/うそをつく度胸がない.¶～旷课 kuàngkè/授業をサボる度胸がない.
【不敢当】bùgǎndāng [动] どういたしまして.恐れ入りま
す.¶"你做得真好！""～！"/「君は本当によくやった」「どういたしまして」[用法] もてなしを受けた時や,ほめられた時のあいさつに使う.
【不敢后人】bù gǎn hòu rén [成] 人に負けない.回不甘 gān 后人
【不公】bùgōng [形] 不公平だ.
【不攻自破】bù gōng zì pò 自滅する.¶当真相大白时,谎言 huǎngyán 也就～了/真相が明らかになるとき,うそはおのずとくずれ去る.
【不共戴天】bù gòng dài tiān [成] 恨みや憎しみの深いこと.共に天を戴かず.[由来] 『礼记』曲礼上に見えることば.「世の中を共に生きていけない」という意から.
【不苟】bùgǒu [形] [文] いいかげんに…しない.おろそかにしない.¶一丝 yīsī～/少しもおろそかにしない.
【不苟言笑】bùgǒu yánxiào [句] 謹厳だ.むやみに話したり笑ったりしない.
【不够】bùgòu [动] 不十分だ.¶分析 fēnxī 得还～深入/まだ突っ込んだ分析が足りない.
【不够意思】bùgòu yìsi [句] 感心できない.義理を欠く.情理に合わない.
【不顾】bùgù [动] 顧みない.頓着しない.
*【不管】bùguǎn [连] …にかかわらず.¶～结果如何/結果の如何(^)にかかわらず.回不论 bùlùn, 无论 wúlùn [用法] いかなる条件・情況のもとでも,結果が変わらないことをあらわす.後の文には"都 dōu","也 yě","总 zǒng"などを呼応して用いる.
【不管不顾】bùguǎn bùgù ❶全く顧みない.❷挙動が荒々しく,人前をはばからない.¶～地冲 chōng 上去/人前もはばからず,突進する.
【不管部长】bùguǎn bùzhǎng 無任所大臣.回不管部阁员 bùgéyuán, 无任所 wúrènsuǒ 部长 [表现] 何もしない役人などをからかって言うこともある.
【不管三七二十一】bù guǎn sān qī èr shí yī [成] 委細かまわず.がむしゃらに.¶～地乱说了一通 tōng/しゃにむにしゃべりまくった.
【不惯】bùguàn [动] 慣れない.¶～于生活在乡下/田舎の生活に慣れない.
【不光】bùguāng ❶[副] …にとどまらない.¶他在家里一当爸爸,还要当妈妈,看 kān 孩子,做家务 jiāwù/彼は家では父親であるばかりでなく,母親役として,子供の面倒や家事をしなければならない.回不只 bùzhī ❷[接] …だけではない.回不但 bùdàn [用法] ①は,ふつう"不光是 bùguāngshì"の形で用いる.
【不规则】bùguīzé [形] 不規則だ.ちゃんとしていない.
【不轨】bùguǐ [形] 違法だ.無法だ.¶图谋 túmóu～/反乱をたくらむ.
*【不过】bùguò ❶[副] ただ…にすぎない.¶他发表第一篇小说的时候一十九岁/最初の小説を発表した時,彼はわずか19才であった.❷ bùguò [接] ただし.でも.¶他工作很忙,～身体还算健康/彼は仕事が忙しいが,まあまあ健康と言える.❸ buguò [助] (形容詞句の後に付けて)この上なく…だ.¶那就再好～了/それは全く願ってもないことだ.[参考] ①は,数量・範囲・程度が極めて少ないことをあらわす.②は,"但是 dànshì"より語気が軽い.
【不过尔尔】bùguò ěr ěr [句] それだけのことだ.これくらいのものだ.[由来] "尔尔"は「このようだ」の意.
【不过如此】bùguò rúcǐ [句] まあまあこんなものだ.
【不过意】bùguòyì 申し訳ない気持ちだ.¶你们专程 zhuānchéng 来看我,真让人～/みなさんがわざわざ私に会いに来てくださるとは,本当に申し訳ない.回过意不去

bùqù
【不含糊】bùhánhu 形 ❶ いいかげんでない.はっきりしている.❷ 優れている.¶他那手乒乓球可真~/彼の卓球の腕前といったら、本当にすばらしい.❸ 弱みを見せない.¶即使 jíshǐ 面对强大的对手,他也毫~/たとえ強大な相手であっても,彼は少しも弱みを見せない. 表現 ②は,能力のある人ややり手の人をほめる意味で使う. ③は,多く賛美の意味をあらわす.
【不寒而栗】bù hán ér lì 成 ぞっとする.身の毛がよだつ. 由来 『史記』酷吏伝に見えることば.寒くもないのに肌があわ立つという意から.
【不好】bùhǎo ❶ 形 よくない.悪い.¶~吃/まずい.¶~看/見苦しい.❷ 副 …にくい.…するのにも都合が悪い.¶我跟他一当面 dāngmiàn 说话/彼と面と向かっては話がしにくい.¶既是 jìshì 这样,我~推辞 tuīcí/こうなってしまっては,断るには具合が悪い.
【不好过】bùhǎoguò 形 ❶(生活が)苦しい.たちゆかない.¶日子~/くらしが苦しい.❷ つらい.¶这几天她心里一直~/この数日というもの,彼女はずっとつらい気持ちですごしている.
【不好惹】bùhǎorě 動 軽く扱う.あなどる.
*【不好意思】bùhǎoyìsi 形 ❶ 恥ずかしい.¶做了错事以后,他觉得很~/間違ったことをしたあと,彼はとても恥ずかしく感じた.❷ …するのに気がひける.¶大家约他去打排球,他~推辞 tuīcí/みんなからバレーボールをしに行こうと彼を誘われて,彼は断りたくても断れなかった.
【不合】bùhé ❶ 動 合致しない.¶~他的胃口/彼の口に合わない.❷ 動 …てはならない.¶早知如此,当初dāngchū~叫他去/もっと早く知っていれば,はじめから彼を行かせなかったのに.❸ 形 気が合わない.
【不合时宜】bùhé shíyí 時代にそぐわない.
【不和】bùhé 形 仲が悪い.¶兄弟~/兄弟の仲が悪い.
【不哼不哈】bù hēng bù hā 〈言うべき時に〉何も言わずに黙っているようす.
【不欢而散】bù huān ér sàn 成 気まずい思いで別れる.けんか別れしてしまう.¶他昨晚酒又喝多了,和朋友打架,结果~/彼は昨晩また飲み過ぎて,友達とけんかした末,気まずい思いで別れた.
【不慌不忙】bùhuāng bùmáng 句 慌てず騒がず.¶~地走来/ゆったりとこちらへやってきた.
【不遑】bùhuáng 副 文 …する暇がない.¶~顾及/かまっている暇がない.¶~假寐 jiǎmèi/うとうとする暇がない.
【不会】bùhuì 助動 ❶(習得していないので)…できない.¶~抽烟/タバコは吸えません.¶~游泳/泳げない.¶~开车/運転できない.❷ …のはずがない.¶你放心,她~不来的/ご安心なさい,彼女が来ないはずはないから.
【不讳】bùhuì 文 ❶ 動 遠慮せず何でも話す.はばからない.¶直言~/遠慮なく言う.❷ 名「死」の婉曲な言いかた.
【不羁】bùjī 文 束縛されない.¶放荡 fàngdàng~/気ままで奔放だ.
【不及】bùjí ❶ …に及ばない.¶在刻苦 kèkǔ 练习方面,我~他/努力して練習することでは,私は彼にかなわない.❷ 間に合わない.¶躲避 duǒbì~/避けきれない.
【不及格】bùjígé 動(試験などに)失敗する.落第する.
【不即不离】bù jí bù lí 成 つかず離れず.不即不離(ふそくふり).
【不计其数】bù jì qí shù 成 数え切れない.
【不济】bùjì 形 口 悪い.使いものにならない.¶眼力~/視力が悪い.
【不济事】bùjìshì 形 役に立たない.¶他来也~/彼が来てもどうにもならない.
【不佳】bùjiā 形 文 よくない.¶运气~/運が悪い.
【不假思索】bù jiǎ sī suǒ 成 言動がすばやいようす.考える間もなく.
【不减当年】bù jiǎn dāngnián 成 当時に比べて少しも劣らない.¶锐气 ruìqì~/気力が往時のまま衰えていない.¶才情~/才能が昔のままだ.
【不简单】bù jiǎndān 句 ❶ 複雑だ.¶法语语法~/フランス語の文法は複雑だ.❷ たいしたものだ.¶这个年轻人~/この若者はたいしたものだ.
【不见】bùjiàn 動 ❶ 会っていない.¶好久~/長い間会っていない.❷ ものがなくなる.¶我的书包~了/かばんがなくなった. 用法 ②は,必ず了 le でをともなう.
【不见得】bù jiàndé[-de] 句 …とも限らない.…だと見えない.¶~对/正しいともいえない.¶"他们能完成任务吗?" "~"/「彼らは仕事をやり終えることができるだろうか」「どうかな」
【不见棺材不落泪】bù jiàn guāncai bù luòlèi 俗 とことん失敗しなければ,後悔しない. 由来「棺桶を見ないうちは涙を流さない」という意から.
【不见经传】bù jiàn jīng zhuàn 成 余り知られていない.根拠がない. 由来 "经"は経書,"传"はその注解."经"や"传"に記載されていないような根拠をかくという意から.
【不间断电源】bùjiànduàn diànyuán 名《電気》無停電電源装置.UPS.
【不骄不躁】bù jiāo bù zào 句 おごらず焦らない.
【不教而诛】bù jiào ér zhū 成 ふだんは教育や指導を施さず,間違いを犯してから処罰する.
【不结盟】bùjiéméng 名 非同盟中立.¶~国家/非同盟中立国.
【不解】bùjiě 動 ❶ 理解できない.¶~其意/意を測りかねる.¶~之谜 mí/解けない謎.❷(関係などを)切り離せない.¶~之仇 chóu/宿命のライバル.
【不解之缘】bù jiě zhī yuán 名 親密で切っても切れない関係.
【不介意】bùjièyì 句 意に介さない.¶你~吗?/気になられないのですか.¶我~,你放心/私は気にしないから,安心しなさい.
【不禁】bùjīn 副 …せずにいられない.思わず…してしまう.¶~失声笑起来/失笑してしまう.¶~鼓起掌来/拍手せずにはいられない.
*【不仅】bùjǐn ❶ 副 …だけにとどまらない.¶这~是我一个人的主张/これは私一人の意見ではない. 同 不止 bùzhǐ ❷ 接 …ばかりではない.¶~…如此/これだけでなく.¶~记载されていないくらくという意味.¶她~聪明,而且人品也好/彼女は賢いだけでなく,人柄もよい. 同 不但 bùdàn
【不仅仅】bùjǐnjǐn 副接"不仅 bùjǐn"に同じ.
【不尽】bùjìn ❶ 形 尽きない.¶感谢~/感謝に堪えない.❷ 副 すべて…というわけではない.
【不尽然】bùjìnrán 形 必ずしもそうではない.
【不进则退】bù jìn zé tuì 成 進まなければ押し流される. 表現「逆水行舟,~」の形で用いられる.
【不近人情】bù jìn rén qíng 成 人情に合わない.性格や言動がひねくれている.
【不经一事,不长一智】bù jīng yī shì, bù zhǎng yī zhì 成 何事も経験しなければ,知識は増えない.
【不经意】bùjīngyì 形 不注意で.ついうっかり.¶说话时~得罪 dézui 了人/話しているとき,うっかり人の気分

を害してしまった.
【不经之谈】bù jīng zhī tán 成 根拠のない話. 常識に合わない話. 由来 "经"は「正常」の意.
【不景气】bùjǐngqì 形 ❶不景気だ. ❷活気がない. 仕事が不調だ.
【不胫而走】bù jìng ér zǒu （うわさなどが）広まるのが非常に速いこと. 由来 "胫"は、むこうずね.「足もないのに走る」という意.
**【不久】bùjiǔ 副 すぐに. ほどなく. ¶我们插完了秧yāng，～就下了一场 cháng 雨 / 稲の苗を植え終わると、すぐに雨が降ってきた. 表現「しばらく前」は、"不久以前"という.
【不咎既往】bù jiù jì wǎng 成 過ぎ去ったことは問題にしない. 過去はとがめない. 同 既往不咎
【不拘】bùjū ❶ 動 こだわらない. ¶长短～ / 長さにかかわらない. ❷ 接 …かどうかにかかわらず. ¶～什么任务，我都愿意接受 / どんな任務であろうとも、私は引き受けたい. 同 不论 bùlùn
【不拘小节】bù jū xiǎo jié 成 些細なことにこだわらない. 同 不拘杂 xì 节
【不拘一格】bù jū yī gé 成 型にはまらない. 形式にこだわらない. 由来 "格"は規格や方法の意.
【不觉】bùjué ❶ 動 感じない. ¶这事你～有什么不妥bùtuǒ吗? / この件を君はまずいと思わないのか. ❷ 副 思いがけず…となる. ¶他们两双眼睛无意中碰在一起时，两个都～红了脸 / たがいを見つめる視線が無意識に重なり合った時、二人は思わず顔を赤らめた.
【不绝】bùjué 動 とぎれない. ¶余音绕 rào 梁，～于耳 / 余韻がいつまでも響き、耳に残った.
【不绝如缕】bù jué rú lǚ 成 細い糸のように、今にも切れそうにつながっている. 参考 危険が迫っている場合や、か細い音を形容する.
【不刊之论】bù kān zhī lùn 成 完全無欠で訂正しようのない言論. 由来 "刊"は竹簡に書かれた文字を削って改めること.
【不堪】bùkān ❶ 動 我慢できない. 耐えられない. ¶～其苦 / その苦しみに耐えられない. ❷ 動 …するに堪えない. （よくないことや不愉快なことを）したくない. ❸ 形（望ましくない意味のことばの後ろにつけて、程度が）甚だしい. ¶疲惫píbèi～ / くたくたに疲れた. ¶破烂 pòlàn～ / ひどくぼろぼろだ.
【不堪回首】bù kān huí shǒu 成 過去の思い出や記憶をふり返るに忍びない.
【不堪入耳】bù kān rù ěr 成（話しぶりなどが下卑ていて）聞くに堪えない.
【不堪入目】bù kān rù mù 成（姿やそぶりが野卑で）見るに堪えない.
【不堪设想】bù kān shè xiǎng 成 予断を許さない. 想像するだに恐ろしい. 表現 物事が最も悪い結果や、危険な段階に至るニュアンスをもつ.
【不堪一击】bù kān yī jī 成（力不足で）一撃のもとにくずれてしまう. ひとたまりもない.
【不堪重负】bùkān zhòngfù 句 負担が大きくて耐えられない. 持ちこたえきれない.
【不看僧面看佛面】bù kàn sēngmiàn kàn fómiàn 句 あの人の顔はともかく、自分の顔に免じてほしい. 由来「坊主の顔はともかく、仏の顔に免じてほしい」という意から. 表現 腹を立てる相手に許してほしいと懇願することば.
【不亢不卑】bù kàng bù bēi 成 おごり高ぶらず、卑屈にもならない. ¶态度～ / おごらず、へつらわない態度だ. 同 不卑不亢.

【不可】bùkě 動 ❶ …してはいけない. …できない. ¶～随地吐痰 tǔtán / みだりにたんを吐くな. ¶二者缺一～ / 二つのどちらが欠けてもいけない. ❷（"非 fēi …不可"の形で）どうしても…しなければならない. ¶这本字典我说非常需要 xūyào，所以非买～ / 私にはこの字典がぜひ必要なので、どうしても買わねばならない.
【不可多得】bùkě duō dé 句 めったにない.
【不可分割】bùkě fēngē 句 切り離すことができない.
【不可告人】bùkě gào rén 句（悪事や秘密を）人に話せない.
【不可更新资源】bùkě gēngxīn zīyuán 名 非再生資源. ノン・リターナブル資源.
【不可估量】bùkě gūliáng 句 計り知れない.
【不可或缺】bùkě huò quē 句 欠くことができない.
【不可救药】bùkě jiù yào 句 救いようがない.
【不可开交】bù kě kāi jiāo 成 どうにもならない. ¶忙得～ / 忙しくてどうにもならない. 由来 "开交"は「解決する」の意. 用法 ここでは、"得 de"の後ろに付け、補語として用いる.
【不可抗拒】bùkě kàng jù 句 拒むことができない. あらがえない.
【不可抗力】bùkěkànglì 名 不可抗力.
【不可理喻】bù kě lǐ yù 成 おろかだ. 道理をわきまえない.
【不可名状】bù kě míng zhuàng 成 ことばで言いあらわすことができない. 同 不可言 yán 状
【不可磨灭】bù kě mó miè 成 消すことができない. ¶～的印象 / ぬぐうことのできない印象. ¶～的功绩 / 不滅の功績. 注意 ここでは、"磨 mò"と読む.
【不可逆转】bùkě nìzhuǎn 句（局面・形勢などを）反転できない. 逆転できない.
【不可偏废】bùkě piānfèi 句 片方だけに配慮して他方を軽視することができない.
【不可企及】bù kě qǐ jí 句 及びもつかない.
【不可燃垃圾】bùkěrán lājī 名 燃えないゴミ. 不燃ゴミ. 反 可燃垃圾
【不可胜数】bù kě shèng shǔ 成 数え切れない. ¶唐诗中佳作 jiāzuò 多如繁星，／ 唐詩のなかにはよい作品が数え切れぬほどある.
【不可收拾】bù kě shōu shi 成 ❶ 収拾がつかない. ¶乱得～ / かたづけようがないほど散らかっている. ❷手の施しようがない. ¶这家企业已濒临 bīnlín 破产 pòchǎn，～ / この企業はすでに破産の危機に瀕しており、救いようがない.
【不可思议】bù kě sī yì 成 不可思議だ. 不可解だ.
【不可同日而语】bù kě tóng rì ér yǔ 成 両者の差が大きすぎて比較にならない. 同日の論ではない.
【不可想像】bù kě xiǎng xiàng 成 想像できない. 考えられない. 信じられない. ¶出国没有护照 hùzhào，是～的 / 出国するのにパスポートがないなど考えられない.
【不可一世】bù kě yī shì 成 この世で自分に並ぶ者がいないとうぬぼれる.
【不可逾越】bù kě yú yuè 成 越えることができない. ¶～的鸿沟 hónggōu / 越えることのできない大きな溝.
【不可知论】bùkězhīlùn 名《哲学》不可知論.
【不可终日】bù kě zhōng rì 成 その日を終えられるかどうか危ぶまれるほど事態が切迫し、心中不安だ.
【不可捉摸】bùkě zhuōmō 句 計り知れない. 予測不能だ.
【不克】bùkè 動 文 できない. ¶～自拔 /（悪事などから）

【不客气】bùkèqi 句 ❶ 遠慮しない. ¶～地说 / 遠慮なく言う. ❷ どういたしまして. ¶"谢谢你""～"「ありがとう」「どういたしまして」 ❸ どうぞおかまいなく. ¶"请喝茶""～"「お茶をどうぞ」「おかまいなく」

【不快】bùkuài 形 ❶ 不愉快だ. ¶少说令人～的话 / 人を不快にさせる話は控えなさい. ❷ 体調がすぐれない. ❸ (刀などが)よく切れない.

【不愧】bùkuì 動 …に恥じない. ¶真～为 wéi 名校毕业生 / 正に名門校の名に恥じない卒業生. 用法 多く"为 wéi"や"是 shì"と連用される.

【不赖】bùlài 形 方 悪くない. ¶字写得～ / 字を書くのが上手だ.

【不劳而获】bù láo ér huò 成 自分は働かないで, 他人の成果を手に入れる.

【不离儿】bùlír 方 かなりよい.

【不理】bùlǐ 動 とりあわない. 相手にしない. ¶置之～ / (返事をしないで)そのままにする.

【不力】bùlì 形 文 力を尽くしていない. ¶办事～ / 仕事に手を抜いている.

【不利】bùlì 形 ❶ 不利だ. 反 有利 yǒulì ❷ 順調でない.

【不良】bùliáng 形 よくない. ¶～影响 / 悪い影響. 良好 liánghǎo, 善良 shànliáng

【不良贷款】bùliáng dàikuǎn 名《経済》不良債権.

【不良资产】bùliáng zīchǎn 名《経済》不良資産.

【不了】❶ bùliǎo 動 終わらない. ¶一天到晚忙个～ / 朝から晩までてんてこまいだ. ¶大雨下个～ / 大雨が降り続く. ❷ bùliǎo 接尾 (動詞の後に付いて) …えない. ❸ bùliǎo 接尾 (動詞の後に付いて) …するわけがない. 用法 ①は, 多く 動 +"个 ge"+"不了"の形で補語に用いる.

【不了了之】bù liǎo liǎo zhī 成 うやむやのうちに終わらせる.

【不料】bùliào 接 思いがけず. ¶本想去野餐, ～下起雨来了 / ピクニックに行こうと思っていたら, 思いがけず雨が降り始めた. 用法 多く"竟 jìng", "却 què", "还 hái"などと呼応する.

【不列颠】Bùlièdiān 地名 ブリテン(イギリス).

【不吝】bùlìn 動 惜しまない. ¶尚 shàng 希～赐教 cìjiào / 大いにご指導くださいますようお願いいたします.

【不灵】bùlíng 形 口 働きが悪い. 機能しない. ¶这机器～了 / この機械はポンコツになった.

【不露声色】bù lù shēng sè 成 心のうちを声や表情にあらわさない. おくびにも出さない. ¶他心里很清楚, 但～ / 彼にはよく分かっていたが, それをおくびにも出さない.

【不伦不类】bù lún bù lèi 成 どっちつかずで得体が知れない. ¶现在有些年轻人打扮得男不男女不女, ～ / いまの若者には, 男とも女ともつかないような格好をしている者がいる.

*【不论】bùlùn 接 ❶ たとえ…でも. ¶～困难有多大, 我也要坚持下去 / たとえ困難がどれほど大きくても, 私はがんばりぬく. 同 无论 wúlùn, 不管 bùguǎn ❷ 文 論じない. ¶存而～ / 保留にして論じない. 用法 ①は, "不管 bùguǎn"より硬い言い方. 多く"都 dōu", "总 zǒng", "也 yě"と呼応する.

【不落窠臼】bù luò kē jiù 成 (文章や芸術が)型にはまらず独創的だ. "窠臼"は旧来の格式のこと.

【不买账】bù mǎi//zhàng 慣 相手の要求や押しつけを受け入れない. ¶你自封为权威, 专家, 可是人家不买你的账 / 君は権威であり専門家だと自負しているが, 人は認めていないよ.

【不满】bùmǎn ❶ 不満だ. ¶心怀 xīnhuái～ / 不満を抱く. ❷ 満たない. ¶～其数 shù / その数に満たない. ¶她的孩子一五岁 / 彼女の子供は5歳に満たない.

【不蔓不枝】bù màn bù zhī 成 話し方や文章が簡潔だ. 由来 蓮の茎は太くもならず枝分かれもしないことから.

【不忙】bùmáng ❶ 忙しくない. ❷ 動 急がない. あわてない.

【不毛之地】bù máo zhī dì 成 不毛の地.

【不免】bùmiǎn 副 …を免れない. ¶回首往事, ～有些伤感 / 過去を振り返ると, どうしてもいくぶん感傷的になる.

【不妙】bùmiào 形 (情況などが)よくない. ¶大势 dàshì～ / 情勢がかんばしくない.

【不敏】bùmǐn 形 文 賢明でない. 表現 自分を謙遜して言う時によく用いる.

【不名一文】bù míng yī wén 成 一文の金もない. 同 不名一钱 qián 由来 "名"は"有する"の意.

【不名誉】bùmíngyù 形 不名誉だ. 面目が立たない.

【不明】bùmíng ❶ 形 不明だ. 明白でない. ¶～不清楚 qīngchu ❷ 動 わからない. 理解できない. 同 不明白 bai

【不明不白】bù míng bù bái 成 不明だ. まったく分からない.

【不明飞行物】bùmíng fēixíngwù 名 UFO. 未確認飛行物体.

【不摸头】bùmōtóu 形 口 わけが分からない. 把握できない.

【不谋而合】bù móu ér hé 成 意見や行動が偶然にも一致する.

【不能】bùnéng 句 ❶ (能力がない, あるいは条件が悪くて) …することができない. ¶我一分钟～打一百五十字 / 私は1分間に150字を打つことはできない. ❷ …してはいけない. ¶这儿～抽烟 / ここでタバコを吸ってはいけない. ❸ 方 ありえない.

【不能不】bùnéngbù 句 …せざるをえない. ¶我们～提到他过去的一些事 / 我々は彼の過去のいくつかに触れなければならない.

【不能自拔】bù néng zì bá 成 よくない状況から自分で抜け出せない.

【不念旧恶】bù niàn jiù è 成 昔の恨みや憎しみをむしかえさない.

【不佞】bùnìng 文 ❶ 形 才能がない. ❷ 名 旧 わたくし. 自分をヘりくだって言うことば.

【不怕】bùpà ❶ 恐れない. ¶～批评 / 批判を恐れない. ❷ 接 方 たとえ…でも. 用法 ②は, "哪怕 nǎpà"に同じ. "也 yě", "都 dōu", "还 hái"などと呼応する.

【不配】bùpèi 動 ❶ この2つの色を一緒にするとちょっと合わない. ❷ (資格やレベルが) …するに値しない. ¶他想当演员, 我看还～ / 彼は俳優になりたがっているが, まだその力がないと思う.

【不偏不倚】bù piān bù yǐ どちらにも偏らず, 公正中立だ. ¶保持～的立场 / 中立の立場をとる.

*【不平】bùpíng ❶ 形 平坦でない. ¶马路～ / 通りはでこぼこだ. ❷ 形 不公平だ. ❸ 動 不平を感じる. 不満に思う. ¶愤愤 fènfèn～ / 怒りで心が穏やかでない.

【不平等条约】bùpíngděng tiáoyuē 名 不平等条約.

【不平衡】bùpínghéng 名 不均衡. アンバランス.

【不平则鸣】bù píng zé míng 成 不公平なことに怒りや不満の声をあげる. 由来 唐·韓愈の「送孟東野序」から.

【不破不立】bù pò bù lì 成 破壊なくして建設なし. 古いものを打破しなければ新たなものはできない. 由来 毛沢東『新民主主義論』より.

【不期而然】bù qī ér rán 成 偶然そのようになる. 同 不期然而然

【不期而遇】bù qī ér yù 成 偶然に出会う. ¶去年冬天,我和他在北京～／昨年の冬,私は彼と北京でばったり会った. 同 不期而ես hui

【不期然而然】bù qī rán ér rán 成 期待していないことが現実となる. 同 不期而然,不期然

【不起】bùqǐ 病が重くなって死ぬ.

【不起眼】bùqǐyǎn 方 (～儿) 人の注意を引かない. たいしたものではない. ¶他是个～的小人物／彼はどうってことない小人物だ.

【不巧】bùqiǎo 副 あいにく. 間の悪いことに. ¶我去找他,～他刚走／私が彼をたずねると,あいにく彼は出かけたばかりであった.

【不切实际】bù qiè shí jì 成 実情にそぐわない.

【不求甚解】bù qiú shèn jiě 成 上っ面だけで,深く理解しようとしない. 由来 本来は,「文章の要旨を理解すべきであって,一字一句にこだわらない」の意. 陶潜「五柳先生伝」に見えることば.

【不屈】bùqū 形 屈服しない. ¶坚贞 jiānzhēn～／節操を守って屈服しない.

【不屈不挠】bù qū bù náo どのような困難にもくじけない. 不撓不屈 (ふとうふくつ).

【不确定性】 bùquèdìngxìng 名《数学・経済》不確定性.

*【不然】bùrán ❶ 形 そうではない. 違う. ¶其实／～／実際はそうではない. ❷ 形 いや. いいや. ¶～,情况并非如此／いや,情況は全くそうではない. ❸ 接 そうでないと. さもなくば. 同 否则 fǒuzé 用法 ②は,会話の始めに用いて,相手の話を否定する.

【不人道】bùréndào 形 人の道に背く. 非人道的だ.

【不仁】bùrén 形 ❶ 思いやりがない. ¶做人不能～不义／人として思いやりや義理を欠いてはいけない. ❷ 麻痺 (ひ) する. 感覚を失う. ¶麻木～／しびれて感覚がなくなる. ¶手足～／手足がしびれる.

【不忍】bùrěn 動 がまんできない. 忍びない. ¶～坐视／座視するに忍びない. ¶～释手 shìshǒu／手放すに忍びない.

【不日】bùrì 副 数日のうちに. ¶他们～抵达 dǐ 京／彼らは数日のうちに北京に着く.

【不容】bùróng 動 許さない. ¶～怀疑／疑う余地はない. ¶～置喙 huì／口出しを許さない.

【不容置疑】bù róng zhì yí 疑う余地がない. 間違いない.

*【不如】bùrú 動 …に及ばない. …ほどではない. ¶百闻一见／成 百聞は一見にしかず.

【不如意】bù rúyì 思うようにならない. ¶～事常八九／世の中には,思うようにならないことが常にある.

【不辱使命】bù rǔ shǐ mìng 成 使命を全うする. 任務をしっかり行う.

【不入虎穴,焉得虎子】bù rù hǔ xué,yān dé hǔ zǐ 成 虎穴に入らずんば虎子を得ず. 由来『後漢書』班超伝に見えることば.

【不三不四】bù sān bù sì ❶ うさんくさい. ¶～的人／ろくでなし. ❷ さまにならない. みっともない.

【不善】bùshàn 形 ❶ 悪い. ¶来意～／良からぬ目的でやって来る. ❷ …が下手だ. ¶～管理／管理が下手である. 同 不善于 yú ❸ 方 大いたものだ.

【不上不下】bù shàng bù xià ❶ 事態がはっきりしない. どっちつかずだ. ❷ (状況が) 良くも悪くもない.

*【不少】bùshǎo 形 多い. ¶他认识的人真～／彼の知り合いが実に多くいる. ¶～人都知道这件事／多くの人がこのことを知っている. 用法 名詞を修飾する場合"的 de"を必要としない.

【不甚了了】bùshèn liǎoliǎo 句 あまりはっきりしない. よくわからない.

【不慎】bùshèn 文 うっかり. 不注意で. ¶～失言／うっかり失言する. ¶因驾车～,造成了车祸 chēhuò／不注意で自動車事故を起こした.

【不声不响】bùshēng bùxiǎng 句 うんともすんともいわない. ¶他～地帮妻子做饭做家务／彼は妻を手伝って黙々と食事の支度や家事をする.

【不胜】bùshèng ❶ 動 耐えられない. ¶体力～／体力がもたない. ❷ 動 …しきれない. ¶数 shǔ～数 shǔ／数えきれない. ❸ 副 非常に. …に耐えない. ¶～感激／感激に耐えない. ¶～遗憾 yíhàn／はなはだ残念だ. ❹ 方 …に及ばない. 同 不如 bùrú 用法 ②は,多く前後に同一の動詞を用いる. 参考 もと, "胜 shēng"と読んだ.

【不胜枚举】bù shèng méi jǔ 成 枚挙にいとまがない. 同じようなものが多数ある.

【不胜其烦】bù shèng qí fán 成 手間がかかってひどくわずらわしい.

【不失时机】bù shī shí jī 時機を逃さない. タイミングをはずさない.

【不失为】bùshīwéi 動 まあ…と言ってもよい. なんとか…. ¶虽然不是十全十美,但也～良策／完全無欠とは言えないが,まあ良い方法だ.

【不时】bùshí 文 ❶ 副 しょっちゅう. ❷ 形 思いがけない時の. ¶以备～之需 xū／不時の必要に備える.

【不识时务】bù shí shí wù 時の流れや情勢にうとい.

【不识抬举】bù shí tái jǔ 人の好意がわからない. ¶请他吃饭,他却说没时间,真是～／ごちそうしようとしたのに,彼は時間がないという. まったく,人の好意を無にしておって.

【不是…而是…】bùshì…érshì… …ではなく…だ. ¶在这件事情上,不是你错了,而是我错了／この件では,君ではなく,僕がミスをしたのだ.

【不是…就是…】bùshì…jiùshì… …でなければ…だ. ¶不是你去就是他去／君が行かなければ彼が行く. ¶管教 guǎnjiào 孩子怎么能不是骂呢？／子供のしつけは,ただただしかったりするだけではいけないよ.

*【不是…吗】bùshì…ma …ではないか. ¶他不是已经知道了吗？／彼はもう知っているのではないか. ¶你不是说和他分手了吗？／君は彼と手を切ったって言ってなかったっけ.

【不是味儿】bù shì wèir 句 口 ❶ まずい. 味が悪い. ❷ 耳障りだ. 聞き苦しい. ¶他的京剧唱得～／彼の京劇は下手だ. ❸ つらい. ¶听了他的话,我心里感到～／彼の話を聞いて,内心つらかった. 同 不是滋味儿 zīwèir

【不适】bùshì 形 文 体の具合が悪い. ¶全身～／体中の具合が悪い.

【不是】bùshi 名 あやまち. ¶不是你的～,是我的／あなたではない,私のあやまちだ. 注意 実際の発音は, "bùshi"となる.

【不舒服】bùshūfu 心地よくない. (病気などで) 気分や体調がよくない.

【不爽】bùshuǎng 形文 ❶体の調子や気分がよくない. ❷まちがっていない. ¶毫厘 háolí～/少しもまちがっていない.

【不顺眼】bù shùnyǎn 目ざわりだ. ¶房间的布置～/部屋のしつらえが気に入らない.

【不思进取】bùsī jìnqǔ 進歩を望まない. 成果を挙げようとしない.

【不死不活】bù sǐ bù huó 成 生きるでも死ぬでもなく,活気がない. 半死半生だ.

【不送气】bù sòngqì 句〈言語〉子音を発音する時,息が急激に出ない.「無気音」になる.

【不速之客】bù sù zhī kè 成 招かれざる客. 由来"速"は「招く」の意.

【不算】bùsuàn 動 数に入れない. ¶～利润 lìrùn/利潤を含めない. ¶刚才说的～,现在重 chóng 说/今しがた話したことはさておき,もう一度繰り返して言おう.

【不遂】bùsuì 動 ❶成しとげられない. ❷思い通りにならない.

【不特】bùtè 接 文 ただ…ばかりでなく. 同 不但 bùdàn

【不停】bùtíng 動 とまらない. ¶笑个～/笑いがとまらない. ¶～地说/とめどなく話す.

【不通】bùtōng 動 ❶通じない. ¶管子 guǎnzi～/パイプが詰まっている. ¶电话～/電話が通じない. ❷筋が通らない. ¶文章写得～/文章の筋が通っていない.

**【不同】bùtóng 形 違っている. ¶对～程度的学生,应该提出～程度的要求 yāoqiú/レベルが異なる学生には,それぞれのレベルに見合ったものを求めるべきだ.

【不同凡响】bù tóng fán xiǎng 成（文芸作品などが）とても優れている. 非凡だ.

【不痛不痒】bù tòng bù yǎng 成 言行が要点を衝いておらず,問題解決にならない. 由来"痛くも痒くもない"という意から.

【不图】bùtú ❶求めない. ¶～名利/名利を求めない. ❷副 文 はからずも. 思いがけず. 同 不料 bùliào

【不妥】bùtuǒ 形 適切でない. ¶不去公司,又不请假 qǐngjià,这样～/出社せず,休暇もとっていない,このようなやり方はよくない.

【不外】bùwài 動 …に他ならない. 同 不外乎 hū

【不为已甚】bù wéi yǐ shèn 成（人への非難や処罰が）行きすぎない. 由来"已甚"は「程度がすぎる」の意.『孟子』離婁篇に見えることば.

【不惟】bùwéi 接 文 ただ…ばかりでなく. 同 不但 bùdàn

【不韪】bùwěi 名 文 過失. 誤り.

【不谓】bù wèi 句 文 ❶…とは言えない. 否定する語の前に用いる. ¶时间～不长/時間が短いとは言えない. ❷思ってもみない. 意外にも…だ.

【不闻不问】bù wén bù wèn 成 聞きもたずねもしない. まったく無関心だ.

【不稳】bùwěn 形 穏やかでない. ¶时局～/政局が安定していない.

【不问】bùwèn 動 …を問わない. ¶在这里工作,只看工作态度和经验～学历/ここでの仕事は,仕事に対する姿勢と経験だけを考慮し,学歴は問わない.

【不无】bùwú 動（思いが）無いわけでない. いくぶんかはある.

【不无小补】bù wú xiǎo bǔ 成 少しは役にたつ.

【不务正业】bù wù zhèng yè 成 まともな仕事に就かない.

【不惜】bùxī 惜しまない. ¶～工本/必要経費を惜しまない.

【不暇】bùxiá 動 文 …するひまがない. ¶应接 yìngjiē～/応接にいとまがない.

【不下于】bùxiàyú 動 ❶…に劣らない. ¶我们虽然是业余球队,但水平～职业球队/私たちはアマチュアチームだが,レベルはプロチームに引けをとらない. ❷（数が）…を下らない. ¶参展企业～五百家/展示会に参加した企業は,500社を下らない. 同 不下 bùxià

【不相干】bùxiānggān 互いに関係がない. ¶那件事跟你～/あの事はあなたとは関係がない.

【不相容】bùxiāngróng 互いに受けつけない. 相容れない. ¶水火～/成 水と火のように相容れない.

【不相上下】bù xiāng shàng xià 成 差違がない. 優劣をつけがたい. ¶年龄～/年齢に差がない. ¶他们俩的水平～/あの二人の水平は同程度だ.

【不详】bùxiáng ❶形 はっきりしない. ¶言之～/言うことがはっきりしない. ¶地址～/住所不明. ❷動 不一（一). 「详しくは述べない」の意. ¶其事～/その件は特に触れません. ¶就此搁笔 gēbǐ,余事～/それではまた. 取り急ぎお知らせまで. 同 不一 bùyī 表現 ❷は,手紙の末尾に使う.

【不祥】bùxiáng 形 不吉だ.

【不祥之兆】bùxiáng zhī zhào 名 不吉な兆候. 不吉な前ぶれ.

【不想】bùxiǎng 副 思いがけず.

【不像话】bùxiànghuà ❶（言動が）道理に合わない. お話にならない. ❷ひどい. お粗末だ. ¶屋子乱得～/部屋は乱雑きわまりない.

【不像样】bùxiàngyàng 形（～儿）❶みっともない. 見られたものではない. ❷（"得 de"の後に補語として用いて）見るかげもない. ¶瘦得～/見るかげもなくやせている. 同 不像样子 yàngzi

【不消】bùxiāo 動 必要としない. 同 用不着 yòngbuzháo

【不孝】bùxiào ❶形 親不孝だ. ❷名 旧 親の葬式における自称.

【不肖】bùxiào 文 ❶形 親に似ず（品行が悪い）. 不肖の. ¶～子孙 zǐsūn/不肖の子孫. ❷名 自分の謙称.

【不屑】bùxiè 形 ❶…する価値がないとみなす. ¶～计较/言争する価値がない. ❷形 さげすみの. ¶脸上现出～的神情/顔にさげすみの表情が浮かんでいる.

【不屑一顾】bùxiè yīgù 一顧だにしない. まったく眼中にない.

【不屑于】bùxièyú 動 "不屑 bùxiè"に同じ.

【不谢】bùxiè 動 口 どういたしまして. 同 不用谢 bùyòngxiè 表現"谢谢 xièxie"と言われて答えることば. 「感謝には及びません」の意.

【不懈】bùxiè 形 怠らない. たゆまない. ¶坚持～/倦(³)まずたゆまず. ¶～地努力/たゆまず努力をする.

【不信任案】bùxìnrèn'àn 名 不信任案.

【不兴】bùxīng ❶はやらない. 流行遅れだ. ¶这种款式 kuǎnshì 的衣服已经～了/このスタイルの服はもう流行遅れだ. ❷動 許さない. …してはならない. ¶～欺负 qīfù 人/人をわるがることは許されない. ❸副 …できない. ¶你干吗 gànmá 嚷嚷 rǎngrang,～小点儿声吗?/君がどなってどうするんだ,もっと小声で言えないのか. 用法 ❸は反語にのみ用いる.

*【不行】bùxíng 形 ❶…してはいけない. ¶骂人可～/人をののしってはいけない. ❷役に立たない. ¶我英语懂得一点儿,汉语～/英語は少しわかりますが,中国語はだめなんで

す. ❸死にそうだ. ¶她病重,大概～了 / 彼女は病が重いので,たぶんもうだめでしょう. ❹たまらない. ¶这个方法～ / この方法はよくない. ❺⋯てたまらない. ¶高兴得～ / うれしくてたまらない. 回不得了 bùdéliǎo 用法 ⑤は,補語として"得 de"の後に用いる.

【不省人事】bù xǐng rén shì 成 ❶意識を失う. 人事不省(ふせい)になる. ❷世間のことを知らない. 注意 ②の"省"は"自覚する"の意. "shěng"とは発音しない.

*【不幸】bùxìng ❶形 不幸だ. 不運だ. ¶不幸にも, 一而言中 zhòng / 不幸にも言った通りになった. ❸名 災難. ¶惨遭 cǎnzāo～ / 災難にあう.

【不休】bùxiū 動 やまない. 争論ー / 議論がやまない. ¶喋喋 diédié～ / ペラペラとおしゃべりがやまない. 用法 補語として用いる.

【不修边幅】bù xiū biān fú 成 身なりや体裁を気にしない. 小さなことにこだわらない. ¶你去见岳丈 yuèzhàng 大人,怎么可以～呢？ / 舅どのに会うのに,いいかげんな格好ではいけませんよ. 由来 "布の端のほつれを整えない"という意から.

【不朽】bùxiǔ 動 (抽象的な事物が)永遠に生命をもち続ける. ¶～业绩 / 不朽の業績. ¶他人虽去世了,但精神一永垂的 / 彼は世を去ったが,その精神はいつまでも生き続ける.

【不锈钢】bùxiùgāng 名 ステンレス.

【不虚此行】bù xū cǐ xíng 成 無駄足にならない. 行った甲斐がある.

*【不许】bùxǔ 動 ❶許さない. ⋯してはならない. ¶～说谎 shuōhuǎng / うそをついてはいけない. ❷⋯できない. ¶你就～自己去吗？ / 君が自分で行けないのかね. 用法 ②は反語文にのみ用いる.

【不恤】bùxù 動 顧みない. 配慮しない.

【不宣而战】bù xuān ér zhàn 成 宣戦布告せずに攻撃する.

【不学无术】bù xué wú shù 成 学問も技能も身につけていない. 由来 『漢書』霍光伝·贊に見えることば.

【不逊】bùxùn 形文 不遜だ. 傲慢だ. ¶出言～ / 言うことが不遜である.

【不雅观】bùyǎguān 形 品がない.

【不亚于】bùyàyú 動 ⋯に劣らない. ¶～外国货 / 輸入品に負けない.

【不言不语】bù yán bù yǔ 成 沈黙を保つ. ことばを発しない.

【不言而喻】bù yán ér yù 成 いわなくてもはっきりしている. いうまでもない.

【不厌】bùyàn 動 ⋯をいとわない.

【不厌其烦】bù yàn qí fán 成 面倒がらない. 手間を惜しまない.

【不厌其详】bù yàn qí xiáng 成 詳細であることをいとわない.

【不扬】bùyáng 形 風采が上がらない. 男前でない.

**【不要】bùyào 副 ⋯してはいけない. ¶～大声喧哗 xuānhuá / 大声できわいてはいけない. ¶～麻痹 mábǐ 大意 / 油断をしてはいけない. ⇒不用 bùyòng

*【不要紧】bùyàojǐn 形 ❶大事でない. ¶这点儿小病,～/ こんなのは病気じゃない,大丈夫ですよ. ❷ ⋯しても大事ない. ¶你迟到～,叫大家等了一个小时 / 君が遅刻するのはいいが,みんなを1時間も待たせてしまったよ.

【不要脸】bùyàoliǎn 形 恥知らずだ. ¶你怎么能干出这种～的事来？ / おまえはどうしてこんな恥知らずな事をしでかしたんだ.

【不夜城】bùyèchéng 名 不夜城.

【不一】bùyī ❶動 同じでない. ¶质量 zhìliàng～ / 質がそろっていない. ¶长短～ / 長さがまちまちである. ❷動 手紙の末尾に書くことば. 「詳細は述べません」の意. ¶匆匆 cōng cǐ～ / 取り急ぎ要件のみにて. 回不详 bùxiáng 用法 ①は,連体修飾語にならない.

*【不一定】bùyīdìng ❶副 ⋯かどうか分からない. 必ずしも⋯とはかぎらない. ¶今晚一回来 / 今晚は帰るかどうか分からない. ¶你未必 wèibì 去 / 君が必ずしも⋯しなくてもよい. ¶你一自己去 / 君が必ずしも自分で行かなくてもよい. 回不用 bùyòng ❸形 一定していない. 確実性がない.

【不一而足】bù yī ér zú 成 一つ(または一度,一種類)にとどまらない. いくらでもある.

【不一会儿】bùyīhuìr 副 まもなく. しばらくして. ¶～客人都来齐了 / まもなく客が皆そろった.

【不依】bùyī 動 ❶言うなりにならない. ¶我们劝他休息,他怎么也～ / 私たちが休むように言っても,彼はどうしても聞き入れない. ❷許さない. ¶你要是再这样,我可～你 / もしまた同じことをしてかしたら,承知しないよ.

【不宜】bùyí 動 文 ⋯するのはよくない. ¶～操之过急 guòjí / あせって行うのはよくない.

【不遗余力】bù yí yú lì 成 全力を尽くす.

【不已】bùyǐ 動 ⋯してやまない. しきりに⋯する. ¶赞叹 zàntàn～ / しきりに賛嘆する. 用法 二音節の動詞や連語の後に付く.

【不以为然】bù yǐ wéi rán 成 そうとは思わない.

【不义之财】bù yì zhī cái 成 不正な手段で得た金や財産.

【不亦乐乎】bù yì lè hū 成 すさまじいほどだ. ¶忙得～ / 忙しくててんてこまいだ. 由来 『論語』学而篇に見えることば. 本来は,「これもまた楽しいではないか」の意. 用法 多く補語として用いられる.

【不易】bùyì ❶形 ❶容易でない. 難しい. ❷動 (正確で)変更すべきでない.

【不易之论】bù yì zhī lùn 成 変わることのない論理. ¶千古～ / 永遠に変わらぬ論理.

【不意】bùyì ❶接 思いがけず. 意外にも. ¶～大雨如注,不能起程 / はからずもどしゃぶりの雨に見舞われ,出発ができなかった. ❷動 文 思ってもみない. 予想だにしない. ¶出其～ / 不意をつく.

【不翼而飞】bù yì ér fēi 成 ❶物がいつの間にかなくなること. ¶放在桌上的信～了 / 机の上に置いておいた手紙がいつの間にかなくなった. ❷うわさがあっという間に伝わる. ¶他要离婚的消息～,传遍了全村 / 彼が離婚するというニュースはあっという間に村じゅうに広まった. 由来 ①は「翼がないのに飛ぶ」という意から.

*【不用】bùyòng ❶副 ⋯する必要はない. ⋯には及ばない. ¶～着急 zháojí / あせることはない. ¶～说 / 言う必要はない. 回不必 bùbì 反必须 bìxū,须要 xūyào 用法 "要 yào" (⋯する必要がある)の否定に用いる. "不要"は, 「⋯してはいけない」「⋯するな」という禁止の表現になる. 参考 "甭 béng"は"不用"のつまった音.

【不用说】bù yòng shuō 句 口 言うまでもない.

【不由得】bùyóude ❶動 許さない. ¶他态度如此诚恳 chéngkěn～你不相信 / 彼の態度にはこれほど誠意があるのだから,君は信じないわけにいかないね. ❷副 思わず. ¶她一掉下了眼泪 / 彼女は思わず涙をこぼした.

【不由分说】bù yóu fēn shuō 成 有無を言わせない.

【不由自主】bù yóu zì zhǔ 成 自分の思うようにならない. 思わず. 知らず知らずに. ¶～地喊 hǎn 了一声 / 思

【不虞】bùyú 〈文〉❶ 動 意外だ.思いがけない.❷ 名 予想外の事態.❸ 動 心配しない.恐れない.
【不予】bùyǔ 動 …してやらない.¶～批准 / 批准しない.¶～考虑 / 考慮しない.
【不育症】bùyùzhèng 名《医学》不妊症.
【不遇】bùyù 形〈文〉不遇だ.
【不远千里】bù yuǎn qiān lǐ 成 千里の道も遠いと考えない.
【不愿】bùyuàn 動 …したいと思わない.¶她～去,就别勉强 miǎnqiáng 她了 / 彼女が行きたくないのなら無理強いしなくてよい.
【不约而同】bù yuē ér tóng 成 (意見や行動が)偶然にも一致する.¶人们～地笑了起来 / みな期せずしてどっと笑った.同 不期 qī 而然 rán
【不悦】bùyuè 形 不愉快だ.楽しくない.
【不孕症】bùyùnzhèng 名《医学》不妊症.
【不再】bùzài 副 もう…しない.¶唱了一个,～唱了 / 一曲歌ったらもう歌わない.
【不在】bùzài 動 ❶ いない.不在だ.¶老李～办公室 / 李さんは事務所にいない.❷ "死ぬ"の婉曲な言い方.亡くなる.¶我爷爷去年就～了 / 私の祖父は去年亡くなりました.用法 ②は,必ず"了 le"をともなう.
【不在乎】bùzàihu 動 気にかけない.¶满～ / 全然気にかけない.¶～别人怎么说 / 人がどう言おうと気にしない.
【不在话下】bù zài huà xià 成 話すほどの値打ちもない.言うまでもない.¶什么困难也～ / どんな困難も問題にならない.
【不在意】bùzàiyì 動 ❶ 気にしない.¶他从来～别人说什么 / 彼はこれまで他人が何を言おうと気にかけないできた.❷ おろそかにする.¶就因为他对工作～,才造成了这次事故 / まさしく彼の仕事に対するいいかげんさが今回の事故を招いたのだ.
【不择手段】bù zé shǒu duàn 成 貶 手段を選ばない.
【不怎么】bùzěnme さほど…でない.あまり…でない.同 不很 hěn
【不怎么样】bù zěnmeyàng 形 たいしたことはない.¶这个人～ / こいつはたいしたことない.
【不粘锅】bùzhānguō 名 フッ素樹脂加工の鍋.テフロン鍋.
【不折不扣】bù zhé bù kòu 成 掛け値なし.正真正銘の.
【不振】bùzhèn 形 ふるわない.元気がない.¶精神～ / 元気がない.¶一蹶 yījué～ / 一度挫折したら二度と盛り返せない.
【不争】bùzhēng 形 疑いようのない.議論の余地のない.¶～的事实 / 疑いようのない事実.
【不争气】bù zhēngqì 句 意気地がない.
【不正当竞争】bùzhèngdàng jìngzhēng 名《経済》不正競争.
【不正之风】bùzhèng zhī fēng 名 乱れた風紀.¶纠正 jiūzhèng～ / よからぬ気風を正す.参考 政治や社会道徳に反して私利を謀ろうとする行いをさす.
【不知不觉】bù zhī bù jué 成 知らず知らずのうちに.¶～地已经过了一年 / 知らないうちに1年がたった.
【不知好歹】bù zhī hǎo dǎi 成 善悪がわからない.道理をわきまえない.同 不识 shí 好歹
【不知进退】bù zhī jìn tuì 成 (ことばや行動に)わきまえがない.
【不知死活】bù zhī sǐ huó 成 (後先を考えずに)むやみやたらに行動すること.
【不知所措】bù zhī suǒ cuò 成 どうしたらよいかわからない.¶他没有预习,课上回答老师提问时～ / 彼は予习していなかったので,授業中,先生に質問されてどうしたらよいかわからなかった.
【不知所以】bù zhī suǒ yǐ どうしてなのか理由がわからない.¶他的责难 zénàn,令人～ / 彼に責められたが,さっぱり訳がわからない.
【不知所云】bù zhī suǒ yún 成 何を言いたいのか分からない.話に筋道がない.
【不知所终】bù zhī suǒ zhōng 成 行方や結果などが計り知れない.
【不止】bùzhǐ 動 ❶ 止まらない.¶大笑～ / 大笑いが止まらない.❷ …にとどまらない.…を超えている.¶他恐怕～七十岁了 / 彼はおそらく70歳を過ぎているだろう.
【不只】bùzhǐ 接 …だけでなく.¶张老师～学识 xuéshí 渊博 yuānbó,而且待人和气 héqi / 張先生は学識豊かなだけでなく,人当たりも柔らかい.¶这次出差 chūchāi～北京,还去上海 / 今回の出張は北京だけでなく,上海へも行く.同 不但 bùdàn,不仅 bùjǐn 用法 "而且 érqiě","还 hái","也 yě"とともに使われる.
【不至于】bù zhìyú 動 …ほどではない.…までには至らない.¶如果你事先做好准备,也～那么被动 / あらかじめきちんと準備しておけば,そんなつらい立場に立たずにすんだのに.
【不治之症】bù zhì zhī zhèng 成 不治の病.表現 比喻として,除去することのできない災いや悪弊などにもいう.
【不致(于)】bùzhì(-yú) 動 …という結果にまでは至らない.同 不至于 bùzhìyú
【不置】bùzhì 動〈文〉しきりに…する.¶赞叹 zàntàn～ / 感心してしきりにほめる.用法 二音節語の後ろに付けて使われる.
【不置可否】bù zhì kě fǒu 成 肯定も否定もしない.態度を保留する.
【不中】bùzhōng 動〈方〉だめだ.同 不行 xíng
【不中用】bù zhōngyòng 形 役に立たない.用に足りない.¶这个照相机 zhàoxiàngjī 毛病太多,已经～ / このカメラは故障が多すぎて,もう役に立たない.
【不中意】bù zhòngyì 動 気に入らない.¶她看了很多衣服,但是都～ / 彼女はたくさんの服を見たが,どれも気に入らなかった.
【不周】bùzhōu 形 整っていない.十分でない.同 不周到
*【不住】buzhù 接尾 …できない.¶记～ / 覚えていられない.¶抓～ / しっかりつかまえられない.用法 動詞の後に置き,動作や状態を安定させられないことをあらわす.
【不准】bùzhǔn 動 許さない.…してはいけない.¶～停车 / 駐車禁止.用法 立看板や注意書きに使われることが多い.
【不着边际】bù zhuó biān jì 成 (話が)現実ばなれしている.ひどくずれている.
【不自量(力)】bù zìliàng(-lì) 動 思い上がっている.¶他目空 kōng 一切 yīqiè,太～ / 彼は何でも見くだすし,思い上がりも甚だしい.
【不足】bùzú ❶ 形 足りない.¶估计 gūjì～ / 評価が低すぎる.同 紧缺 jǐnquē,缺乏 quēfá 反 充分 chōngfèn,充足 chōngzú,有余 yǒuyú ❷ 助動 …する価値がない.¶～一观 / わざわざ見るほどの価値はない.❸ 助動 …できない.¶～一信 / 信じられない.
【不足道】bùzúdào 動 とりたてて言うほどの価値はない.

瑣末(まつ)だ.
【不足挂齿】bù zú guà chǐ 成 取りたてて言うほどのことではない.
【不足为凭】bù zú wéi píng 成 証拠とするには不充分だ.
【不足为奇】bù zú wéi qí 成 驚くほどのことではない. 当たり前だ.
【不足为训】bù zú wéi xùn 成 手本や基準をするわけにはいかない.
【不作为】bùzuòwéi 名《法律》不作為. 怠慢. 参考 (公務員などが)なすべき事をしないことや, 消極的な行為をさすことが多い.
【不做声】bù zuòshēng 句 何も言わない. 黙っている.

布 (異 佈❷~❹) bù
巾部 2 ⧄ 4022₇ 全5画 常用

❶ 名[⓰ 幅 fú, 块 kuài, 匹 pǐ] 布. 織物. ¶一匹 bùpǐ / 〜料 bùliào. ❷ 動 公式に宣言し, 一般にひろめる. ¶发〜 fābù (公布する) / 〜告 bùgào / 开诚公 成 胸襟を開き, 誠意を示す). ❸ 動 ひろがって, 散らばっている. ¶铁路公路遍〜全国 (鉄道や道路は全国にくまなく分布している) / 星罗 luó 棋 qí〜 成 ばらばらに散らばっている). ❹ 素 配置する. ¶〜置 bùzhì / 〜防 bùfáng / 〜局 bùjú / 〜阵 bùzhèn (陣をしく). ❺ 素 古代の貨幣. ❻ (Bù)姓.

【不帛】bùbó 名 織物.
【布帛菽粟】bù bó shū sù 成 生活に必要な品々. 由来「綿布・絹・豆・粟」という意から.
【布菜】bù//cài 動 料理をめいめいに取り分ける. ¶快给客人〜 / 早くお客様にお取りして.
【布达拉宫】Bùdálāgōng 固 ポタラ宮. 参考 チベット自治区ラサ市北西のマルポリ山にある宮殿. "布达拉"はチベット語の音訳で, 観音菩薩が住む聖地の意.
【布达佩斯】Bùdápèisī《地名》ブダペスト(ハンガリー).
【布道】bùdào 動《宗教》(キリスト教)教義を説く. 布教する.
【布点】bùdiǎn 動 (関係機関や部門・人員などを)各地に分散配置する.
【布店】bùdiàn 名 反物屋. 服地店.
【布丁】bùdīng 名外〔块 kuài〕プディング. プリン. 同 布甸 bùdiàn ◆pudding
【布尔乔亚】bù'ěrqiáoyà 名外 ブルジョアジー. 同 资产阶级 zīchǎnjiējí ◆ᶠᴿ bourgeoisie
【布尔什维克】bù'ěrshíwéikè 名外 ボルシェビキ. ◆большевик
【布防】bù//fáng 動 防衛のための兵力を置く. ¶银行 yínháng 里〜着武装警察 / 銀行内には武装警官が配置されている.
【布告】bùgào ❶ 名〔个 ge, 张 zhāng〕広く人々に知らせる法律や命令. 布告. ¶张贴〜 / 掲示物を張り出す. ❷ 動 公布する. 布告する. ¶〜栏 lán / 告知欄.
【布谷】bùgǔ 名〈鳥〉〔只 zhī〕カッコウ. ホトトギス. 同 布谷鸟 niǎo, 杜鹃 dùjuān
【布谷鸟】bùgǔniǎo 名〈鳥〉カッコウ.
【布基纳法索】Bùjīnàfǎsuǒ《国名》ブルキナファソ(アフリカ).
【布加勒斯特】Bùjiālèsītè《地名》ブカレスト(ルーマニア).
【布景】bùjǐng ❶ 名〔幅 fú, 套 tào〕舞台やスタジオのセット. ❷ 動《美術》(中国画で)風景の配置をきめる.

【布局】bùjú 名 ❶(文章や絵画などの)組み立て. 構成. ¶画面〜匀称 yúnchèn / 画面がバランスよく構成されている. ❷(囲碁や将棋の)布石.
【布拉格】Bùlāgé《地名》プラハ(チェコ).
【布拉吉】bùlāji 名《服飾》ワンピース. 同 连衣裙 liányīqún 由来 ロシア語から.
【布朗运动】Bùlǎng yùndòng 名《物理》ブラウン運動.
【布朗族】Bùlǎngzú 名《民族》プーラン族. 雲南省の少数民族.
【布雷】bù//léi 動 地雷や水雷をしかける.
【布料】bùliào 名 布地.
【布列塔尼】Bùlièttǎní《地名》ブルターニュ(フランス).
【布隆迪】Bùlóngdí《国名》ブルンジ(アフリカ).
【布鲁塞尔】Bùlǔsài'ěr《地名》ブリュッセル(ベルギー).
【布面】bùmiàn 名 ❶ 布の表面. ❷ 布の幅.
【布匹】bùpǐ 名〔些 xiē, 种 zhǒng〕布の総称.
【布设】bùshè 動 (拠点などを)設置する.
【布施】bùshī 動《宗教》寺や僧侶に金や物品を差しだすこと. 布施. 喜捨.
【布头】bùtóu 名〈〜儿〉〔块 kuài〕織物や布地の切れ端. 端切れ.
【布线】bùxiàn 名《電気》(建物などの)電気配線.
【布鞋】bùxié 名〔⓰ 双 shuāng, 只 zhī〕布ぐつ.
【布衣】bùyī ❶ 名〔件 jiàn〕木綿の服. ¶〜蔬食 shū shí / 生活が質素であることのたとえ. ❷ 文 庶民. 平民. ¶〜出身 / 平民の出身だ.
【布依族】Bùyīzú 名《民族》ブイ族. 貴州省の少数民族.
【布宜诺斯艾利斯】Bùyínuòsī'àilìsī《地名》ブエノスアイレス(アルゼンチン).
【布展】bùzhǎn 動 展示の準備をする.
*【布置】bùzhì 動 ❶ 設置する. ¶〜会场 / 会場を設置する. ¶〜新房 / 新婚夫婦の寝室を整える. ❷ 手配する. 準備する. ⇨ 部署 bùshǔ

步 bù
止部 3 ⧄ 2120₁ 全7画 常用

❶ 名 歩幅. 歩み. ¶稳〜前进 (おだやかに前進する). ❷ 名 段階. ステップ. ¶一骤 bùzhòu. ❸ 動 歩く. ¶人后尘 chén / 〜兵 bùbīng. ❹ 動 歩測する. ¶〜一〜看这块土地有多大 (この土地の大きさがどれくらいかを歩測してみよう). ❺ 量 古代の長さの単位. 1"步"は5"尺 chǐ"あたり, ほぼ歩幅2つ分の長さに相当. ❻ 名 境地. 状態. 程度. ❼ 素 "埠 bù"に同じ. ❽ (Bù)姓. 参考 ⑦は, 主に地名に用いる.

【步兵】bùbīng 名 歩兵.
【步步】bùbù 副 一歩一歩. 段階的に. ¶〜高升 / 一歩一歩上昇する.
【步步高】bùbùgāo ❶ 動 とんとん拍子に出世する. ❷《音楽》広東地方の音楽の楽曲名.
【步步为营】bù bù wéi yíng 行動が慎重で, 備えが万全だ. ¶〜, 节节设防 / 一歩ごとに砦を築き, 節目ごとに守りを固める. 由来「一歩進むたびに砦を築く」という意から.
【步测】bùcè 名 歩測. 歩いて距離を測る方法. 参考 ふつう歩幅2つ分を約1.5メートルとして測る.
【步调】bùdiào 名 歩調. ものごとの進み具合. ¶统一〜 / 足並みをそろえる.
【步伐】bùfá 名 足取り. ¶〜整齐 / 足並みがそろっている. ¶加快〜 / 歩調を速める.

【步法】bùfǎ 名（ダンスやスポーツなどの）足さばき．フットワーク．
【步话机】bùhuàjī 名 "步谈机 bùtánjī"に同じ．
【步履】bùlǚ 名 文 歩み．歩行．¶～轻盈 qīngyíng／歩みが軽やかだ．
【步履维艰】bù lǚ wéi jiān 成（老人や病人の）歩行が困難だ．步履蹒跚 pán shān．
【步枪】bùqiāng 名〔杆 gǎn,枝 zhī,支 zhī〕歩兵の使う銃．¶自动～／自動小銃．
【步人后尘】bù rén hòu chén 成 人に追従したり，人のまねをする．後塵を拝する．
【步态】bùtài 名 歩く姿．¶～轻盈 qīngyíng／足取りが軽快だ．
【步谈机】bùtánjī 名〔® 台 tái〕トランシーバー．ハンディトーキー．¶手提式～／ハンディトーキー．¶背负式 bēifùshì～／ウォーキートーキー．⇒步话机 bùhuàjī,步行机 bùxíngjī
【步武】bùwǔ 名 ❶ 近い距離．❷ 動 人の後について いく．人を手本とする．¶～念诧／先賢にならう．由来 昔，歩幅2分の長さを"一步"，"半步"を"武"と称したことから．
【步行】bùxíng 動 徒歩で行く．¶～上班／徒歩通勤．¶与其 yǔqí 挤车,不如～／ラッシュのバスで揉まれるより，歩いて行く方がいい．
【步行街】bùxíngjiē 名 歩行者天国．
【步骤】bùzhòu 名 段取り．進み具合．¶按照～进行装配／計画に従って取りつけていく．
【步子】bùzi 名 足取り．¶迈开 màikāi～／大きく足を踏み出す．我跟不上,你～放慢些／ついていけないよ，もう少しゆっくり行ってくれ．

怖 bù
↑部5 四 9402₇
全8画 常用
素 恐れる．おびえる．¶恐～ kǒngbù（恐ろしい）／阴森 yīnsēn 可～（うっそうとして恐ろしい）／白色恐～（白色テロ）．

钚（鈈）bù
钅部4 四 8179₀
全9画 通用
名《化学》プルトニウム．Pu．

埔 bù
土部7 四 4312₇
全10画
素 地名用字．¶大～ Dàbù（広東省にある地名）．
☞ 埔 pǔ

部 bù
阝部8 四 0762₇
全10画 常用
❶ 素 部分．¶内～ nèibù（内部）／～件 bùjiàn／其中一～（そのなかの一部）／～位 bùwèi．❷ 名〔® 个 ge〕（官庁や企業などの）部門．¶外交～（外務省）／编辑 biānjí～（編集部）／门市～（小売部）／队 bùduì／～门 bùmén／～首 bùshǒu．❸ 動 統率する．¶所～（五十人を率いること50人）／～下 xià／～署 bùshǔ．❹ 量 書籍や映画フィルムなどを数えることば．¶一～小说（一冊の小説）．❺ 量 機器や車両を数えることば．¶一～机器（一台の機器）／三～汽车（三台の自動車）．❻（Bù）姓．比較 ❷で,中央政府の各行政機関の"部"は日本の「省」にあたる．
*【部队】bùduì 名〔支 zhī〕部隊．軍隊．
*【部分】bùfen 名 部分．一部分．¶我校一师生参加了夏令营 xiàlìngyíng 活动／我が校では一部の教師と生徒がサマーキャンプに参加した．反 整体 zhěngtǐ
【部件】bùjiàn 名（～儿）〔个 ge〕部品．¶装配～／部品を取り付ける．
【部将】bùjiāng 名旧 部下の将校．
【部类】bùlèi 名 部類．同门 mén 类
【部落】bùluò 名〔® 个 ge〕集落．部落．
*【部门】bùmén 名〔® 个 ge〕部門．¶文教～／文化教育部門．
【部首】bùshǒu 名《言語》〔® 个 ge〕漢字の部首．
【部属】bùshǔ 名 部下．
【部署】bùshǔ 動 手配する．配置する．¶～工作／仕事の割りふりをする．¶战略 zhànlüè～／戦略配置．¶厂长 chǎngzhǎng～生产计划／工場長が生産計画をたてる．比較 "部署"は,全面的で大規模な配分をいい,人事の異動や機構調整も含む．"布置 bùzhì"は,一般的な仕事や任務の手配をいう．表現 日本語の「部署」は"(工作)岗位(gōngzuò) gǎngwèi"，"职守 zhíshǒu"という．
【部头】bùtóu 名（～儿）本や叢書の大きさや厚さ．
【部委】bùwěi 名 "部"と"委员会"の略称．参考 中央政府の所属機関で,日本の省庁に相当
【部位】bùwèi 名〔® 个 ge〕（多く人体の）部位．位置．
【部下】bùxià 名（軍隊の）部下．
【部优】bùyōu 名 国务院の"部委"（省庁に相当する）が指定した優秀品の称号．¶～产品／国家推奨優秀製品．
*【部长】bùzhǎng 名〔® 个 ge, 名 míng, 位 wèi〕（中央政府各省の）長官．閣僚．¶外交～／外務大臣．¶助理 zhùlǐ～／次官．

埠 bù
土部8 四 4714₇
全11画 次常用
素 ❶ 波止場．埠頭．港町．¶船～ chuánbù（埠頭）．❷ 旧 貿易都市．¶商～ shāngbù（貿易港．商業貿易都市）／开～ kāibù（開港する）．
【埠头】bùtóu 名（方）埠頭(とう)．波止場．同 码头 mǎtou

瓿 bù
瓦部8 四 0161₇
全12画 通用
素 小さな瓶(かめ)．参考 "pǒu"とも読む．

簿 bù
竹部13 四 8814₂
全19画 次常用
❶ 素 ノート．帳簿．¶帐～ zhàngbù（帳簿）／电话号码～（電話帳）／～记 bùjì．❷（Bù）姓．
【簿册】bùcè 名 帳簿．
【簿籍】bùjí 名 文 帳簿．名簿．
【簿记】bùjì 名 ❶ 簿記．¶单式～／単式簿記．❷（簿記の）帳簿．
【簿子】bùzi 名〔本 běn〕ノート．帳簿．¶活页 huóyè～／ルーズリーフノート．

C

cā ㄘㄚ [tsʻA]

拆 cā 扌部5 四 5204₁ 全8画 常用
[動][方] 大小便を排泄する. ¶~烂污 lànwū (いいかげんなことをして人に迷惑をかける).
☞ 拆 chāi

擦 cā 扌部14 四 5309₁ 全17画 常用
[動] ❶ 拭(ふ)く. ぬぐう. ¶~桌子 (テーブルを拭く) / ~脸 cāliǎn (顔を拭く). ㊂ 揩 kāi, 抹 mǒ, 拭 shì, 涂 tú
❷ こする. ¶摩拳 mó quán ~掌(成) 手ぐすねをひいて待ちかまえる). ❸ 接近する. かすめる. ¶~黑儿 cāhēir / ~肩而过(肩をかすめて行く) / ~伤 cāshāng. ❹ 塗る. ¶~粉 cāfěn (おしろいをつける).
❺ (野菜を)薄く千切りにする. ¶~萝卜丝(大根をせんきりにする).
【擦背】cā//bèi [動][方] (浴場で客の)背中を流す. 垢すりをする. ㊂ 搓澡 cuōzǎo
【擦边球】cābiānqiú [名] ❶(スポーツ)(卓球の)エッジボール. ❷物事を,規定の範囲ぎりぎりに巧妙に行うこと. ¶嬉～／違反すれすれの行動をとる.
【擦黑儿】cāhēir [名][方][口] 夕方. たそがれどき.
【擦亮】cāliàng ❶[動] みがいて光沢を出す. ¶把皮鞋~些／革靴をみがき上げる. ❷[名] 明け方. ¶明朝 míngzhāo 天～／明朝,空が白むころ.
【擦屁股】cā pìgu [慣] 尻ぬぐいをする. ¶这孩子做事总是有头无尾,要人给他～／この子はやることなすこと中途半端で,後始末を人にやらせる.
【擦破】cāpò [動] すり切れる. ¶~了一块皮／皮膚をすりむいた.
【擦伤】cāshāng ❶[名] すり傷. ❷[動] すり傷をつくる. ¶~了膝盖／ひざをすりむいた.
【擦拭】cāshì [動] ふく. ¶~着眼泪／涙をぬぐっている. ¶快一点帮小弟弟～脸上的鼻涕 bítì ／早く,弟の顔のはなをふいてあげなさい.
【擦洗】cāxǐ [動] (水・油・アルコールなどで)表面をこすってきれいにする. ¶~机床／工作機械をみがく.
【擦澡】cā//zǎo [動] (入浴に代えて)ぬれタオルで全身をふく.
【擦子】cāzi [名] せんつき. ダイコンつき. ウリやダイコンなどをすって千切りにする道具. ㊂ 磙床儿 cǎchuángr

嚓 cā 口部14 四 6309₁ 全17画 通用
[擬] 物とがこすれあって出る音. ザッザッ. ギイッ. ¶摩托车 mótuōchē ~的一声停住了(オートバイがキィーと音をたてて止まった).
☞ 嚓 chā

磙 cǎ 石部14 四 1469₁ 全19画 通用
[素][文] きめのあらい石. ¶~床儿 cǎchuángr.
【磙床儿】cǎchuángr [名] ウリやダイコンを千切りにす

る器具. せんつき. ダイコンつき. ¶用～把萝卜擦丝儿／せんつきでダイコンを千切りにする. [参考] おろし金に似たもので,すりながら糸状にする. ㊂ 擦子 cāzi

cāi ㄘㄞ [tsʻae]

偲 cāi 亻部9 四 2623₀ 全11画 通用
[形][文] 知識や能力がある.
☞ 偲 sī

猜 cāi 犭部8 四 4522₇ 全11画 常用
[動] ❶ 推測する. ¶你～他来不来？(彼が来るかどうか当ててごらん) / ~谜儿 mèir. ❷ 疑う. ¶~疑 cāiyí / ~忌 cāijì.
【猜测】cāicè [動] 推測する. ¶观众都已～到了故事的结局／観客はみな物語の結末を予測できていた. ㊂ 猜想 cāixiǎng
【猜度】cāiduó [動] 推測する.
【猜忌】cāijì [動] 猜疑心をいだく.
【猜枚】cāi//méi [動] スイカの種や碁石などを握り,その数や色などを相手に当てさせる. [参考] 酒席などで行われる遊び.
【猜谜儿】cāi//mèir [動] ❶ なぞなぞを解く. ¶大家来玩～游戏 yóuxì ／みんな,さあ,なぞなぞで遊びましょう. ❷ 話の真相や物事の謎をとく. ¶"cāimír"とも発音する.
【猜拳】cāi//quán [動] (酒席で)拳(灯)を打つ. ¶～助兴 zhùxìng ／じゃんけん遊びで座を盛り上げる. ㊂ 划拳 huáquán じゃんけんのように同時に手を出して,立っている指の本数を当てる. 負けると1杯飲む.
【猜透】cāi//tòu [動] (相手の)考えを見抜く.
【猜嫌】cāixián [動] 猜疑心をいだく. ㊂ 猜忌 cāijì
【猜想】cāixiǎng [動] 憶測する. ¶我～他应该有五十岁了／彼は50歳にはなっていると思う. ㊂ 猜测 cāicè
【猜疑】cāiyí [動] (これという理由もなく)疑う. ¶爱～别人／すぐに人を疑う. ¶招惹 zhāorě~／(他人の)疑いを招く.
【猜着】cāi//zháo [動] (推測して)当てる. ¶猜不着他为何 wèihé 伤心／彼がなぜ悲しむのか,見当がつかない. ㊌ 猜不着 cāibuzháo
【猜中】cāi//zhòng [動] (予想や答えが)ぴたりと当たる. ¶这条谜语 míyǔ 他～了／このなぞなぞは彼が当てた. ¶我早就～了他会赶回来看你的／彼が君に会いたくて急いで帰ってくることを,私は初めから分かっていた. ㊌ 猜不中 cāibuzhòng

才(纔₁) cái 一部2 四 4020₀ 全3画 常用

📖 "才" のキーポイント

◇発生直後(たった今…したばかり). ⇒ Ⅰ ❶ ①
　¶我～到／私は着いたばかりだ.
◇実現の遅さ(ようやく. やっと). ⇒ Ⅰ ❶ ②
　¶到了星期天～走／日曜日にやっと出発した.

◇数量,程度の低い(わずか). ⇨Ⅰ❷①
¶这孩子～十来岁／この子は10歳そこそこだ.
◇結果の生起の強調(…してはじめて). ⇨Ⅰ❸
¶只有认真学习,～能提高成绩／まじめに勉強しないと成績が上がらない.
◇事実や意思の強調(…こそ). ⇨Ⅰ❺
¶西湖的风景～美呢！／西湖の景色の美しさったら.
¶我～不相信呢／私は信じない.

Ⅰ❶時間をあらわす. ①(発生直後であることを表わし)たった今. 今しがた. …したばかり. ¶～来就走,忙什么呢？／来たばかりでもう行ってしまうなんて,何が忙しいの. ②(事柄の発生が遅いことを表わし)ようやく. やっと. ¶我中午～起床／昼にやっと起きた. ¶夏天四点钟就亮了,冬天七点钟～亮／夏は4時には明るくなるが,冬は7時にならないと明るくならない. ¶飞机还有半个小时～起飞／飛行機はもう半時間しなければ飛ばない. ¶老师进了教室,这～安静下来／先生が教室に入って来て,やっと静かになった.

❷数量が少ないこと,程度が低いことを表わす. ①わずかに. ただ. たった. ¶这孩子～十来岁,懂的事情可多呢／この子は10歳そこそこなのに,ほんとに物事がよく分かる. ¶他学汉语～半年,所以说得还不好／彼は中国語を勉強してわずか半年なので上手く話せない. ¶在上海买的,～十块钱／上海でたった10元で買ったのです. ¶今天最低气温～零下三度／今日の最低気温はやっとマイナス3度だ. ②("オ…就"の形で)たった…なのに,もう…だ. ¶～五天,楼就盖起了一层／たった5日でもう1階が建ってしまった. ¶这个小演员～十四岁,就有八年艺龄了／この子役はたった14歳なのにもう8年の芸歴がある. ¶我～吃了一个面包就饱了／パンをひとつ食べただけでもおなかがいっぱいになった.

"才"の語順に注意

事柄の発生が遅いことを表わす場合には,"数量表現+才"(❶)となる. 数量が少ないこと,程度が低いことを表わす場合には,"才+数量表現"(❷)となる.
◇❶我昨天十二点才睡／私は昨日12時にやっと寝た.
◇❷才五点他就回家了／まだ5時なのに彼は帰宅した.

---

❸(多く"只有","除非","为了 wèile","幸亏 xìngkuī"と呼応して,特定の条件のもとではじめて,そのような結果が生じることを表わす)…してはじめて. …してこそ. ¶经过多次失败～取得成功／多くの失敗を経てやっと成功した. ¶是好是坏,用了之后～能知道／よいか悪いかは使ってみてはじめてわかる(使ってみなければ分からない). ¶只有你拿出证据来,我～能相信／君が証拠を出さないと私は信用できない. ¶除非努力,～能学好中文／努力なくして中国語はマスターできない. ¶我等了半天～买到了一张预售票／私は前売券を買うために半日待たなければならなかった. ¶我幸亏走得早,～没问雨淋着／幸い早く出かけたので雨に濡れずにすんだ. ¶我怎么办～好呢？／いったいどうしたらいいのか.

❹("才+形+呢"の形で,それが事実であることを強調し)こそ…だ. とても…だ. ¶他听我的话～怪呢／彼が私の言うことを聞くはずがないよ. ¶今天玩儿得～开心呢／今日はとても楽しく遊んだ.

❺肯定と意思の強調を表わす. ①("…才是…"の形で)こそ…である. ¶北京的琉璃 liúlí 制品～是中华国粹 guócuì／北京の瑠璃製品こそ中華の粋である. ¶咸板鸭 xiánbǎnyā～是南京的名产／塩漬けアヒルが南京の名産だ. ¶他～是一个真正的学者／彼こそは真の学者だ. 🖉話し言葉では"是"が省略されることがある. ◇你～糊涂呢！／おまえこそボケだ.

②("才+不+動詞句"の形で断固とした打ち消しを表わし)…であるものか. ¶我～不要！／いるもんか. ¶我～不怕！／こわいもんか. ¶～不呢！／そんなことあるもんか(動詞が省略した形). ¶我～不信你这一套！／俺はお前のその手にゃ乗らないよ.

Ⅱ[名]❶才能. ¶人尽其～[成]各々が自分の才能を発揮する.
有能な人. ¶奇～ qícái／めったにない人材. ¶干～ gàncái／才能ある人.
❸(Cái)姓.

【才分】 cáifēn [名] 天賦の才能や資質. 才知.
【才干】 cáigàn [名] (物事を処理する)能力. ¶他既年轻,又有～／彼は若いうえに仕事もできる.
【才华】 cáihuá [名] (主に文学・芸術面での)才能. ¶～横溢 héngyì／～出众／才能が抜きん出ている. ¶很有～的作曲家 zuòqǔjiā／非常に才能のある作曲家. 同才气 cáiqì
【才具】 cáijù [文] 才能.
【才力】 cáilì [名] 才能. 能力.
【才略】 cáilüè [名] (政治的・軍事的)才能. 知謀. ¶～过人／知謀にたけている.
【才貌】 cáimào [名] 才能と容貌. ¶～双全／才色兼備だ.
【才能】 cáinéng [名] 才能. ¶施展 shīzhǎn～／才能を伸ばす. ¶她终于等到了一个可以发挥～的机会／彼女はついに才能を発揮できる機会を得た. 同才干 cáigàn
【才女】 cáinǚ [名] 才女. 才能がある女性.
【才气】 cáiqì [名] (文学や芸術の)才気. 才能. ¶～过人／才気が人をしのぐ. ¶～纵横 zònghéng／自由奔放な才能. 同才华 cáihuá
【才情】 cáiqíng [名] (芸術や文学の)才能. 文才. ¶卖弄～／才能をひけらかす.
【才识】 cáishí [名] 才能と見識.
【才是】 cái shì [副] …こそ…だ. ¶你听她的话,～好丈夫／彼女の言うことを聞いてこそ,いい夫と言えます. [用法] 断定の気持ちを強める.
【才疏学浅】 cái shū xué qiǎn [成] 見識がせまく学問も浅い. 浅学非才. ¶本人～,不胜任这项工作／私は浅学非才なので,この仕事の任に耐えない. [表現] 自分を謙遜して言うことが多い.
【才思】 cáisī [名] 詩や文章を作る能力. ¶～敏捷 mǐnjié／文才が優れている.
【才学】 cáixué [名] 才能と学問.
【才智】 cáizhì [名] 才知. ¶他的秘书～双全,非常能干／彼の秘書は頭脳明晰で,非常に有能だ.
【才子】 cáizǐ [名] [个 ge,位 wèi] 才能がある人. 知識のある人. ¶～佳人 jiārén／才子佳人(誌繕). 優れた男と美しい女. 反佳人 jiārén

材 cái
木部 3　四 4490。
全7画　[常用]

❶[素]木材. 材料. 原料. ¶美木良～（上質の木材)／器～ qìcái (器材). ❷[素]資料. ¶教～ jiàocái (教材). ❸[素]能力. 資質. ¶人～ réncái (人材). 同才 cái [名] [口 kǒu] 棺桶(鷄). ひつぎ. ❺[素]人体の外見. ¶身～ shēncái (体つき). ❻(Cái)姓.

【材积】cáijī 名材積(誌). 材木の体積. 参考単位は立方メートル.

*【材料】cáiliào 名❶材料. ¶建筑～/建築資材. ¶～不够/材料不足. ❷〔份 fèn, 个 ge, 类 lèi, 批 pī〕参考資料. ¶档案 dàng'àn～/個人の経歴が記録されたデータ. ¶搜集 sōují～/資料を収集する. ¶熟悉 shúxī一下～/資料に目を通す. (同)资料 zīliào ❸ふさわしい人材. ¶我不是合适～/私はふさわしい人材ではない.

【材质】cáizhì 名材質. 表現人の資質を言うこともある.

财(財) cái 贝部3 四 7480₀

名 笔 bǐ〕財宝. 物と金. ¶～产 cáichǎn/资～ zīcái (資金と物資)/钱～ qiáncái (金銭)/理～ lǐcái (財産や財務を管理する)/～富 cáifù/发～ fācái (金持ちになる).

【财宝】cáibǎo 名財宝. ¶积藏～/大量の財宝を隠し持つ.

【财帛】cáibó 名金銭. 由来古代では, 布を貨幣として用いたことから.

【财产】cáichǎn 名〔笔 bǐ, 份 fèn, 批 pī〕財産. ¶私人～/私有財産. ¶继承 jìchéng～/財産を相続する.

【财产保全】cáichǎn bǎoquán 名《法律》差し押さえ. 押収.

【财产权】cáichǎnquán 名財産権.

【财大气粗】cái dà qì cū 成(お金や財産があって)威勢がいい. ¶这小子有了点儿钱就～起来了/この若造は, 小金をためて鼻息が荒くなった.

【财东】cáidōng 名❶旧商店主. 企業主. ❷資産家. 金持ち.

【财阀】cáifá 名財閥. 独占資本家.

【财富】cáifù 名富. 財産. ¶盐是自然～/塩の恵みだ.

【财经】cáijīng 名財政と経済. ¶～新闻/金融経済ニュース. ¶～界人士/経済界の名士.

【财会】cáikuài 名経理と会計. ¶～科/経理会計課.

【财礼】cáilǐ 名〔份 fèn, 样 yàng〕婚約の際に男性側から女性側に贈る金品. 結納(ぷ). (同)彩礼 cǎilǐ, 定礼 dìnglǐ, 聘礼 pìnlǐ.

【财力】cáilì 名資金力. 財力. ¶这家公司～很雄厚 xiónghòu/この会社は資金力がしっかりしている.

【财路】cáilù 名収入の手だて.

【财贸】cáimào 名財政と貿易. ¶～部/金融通商省.

【财迷】cáimí 名〔帮 bāng, 个 ge, 伙 huǒ〕金もうけばかり考える人. 金の亡者.

【财迷心窍】cái mí xīn qiào 成金儲けに夢中で理性を失っている.

【财气】cáiqì 名(～儿)財運. 金運.

【财权】cáiquán 名財産の所有権. 財政の支配権. ¶掌权～/財産の所有権を握る.

【财神】cáishén 名福の神. ¶祭祀 jìsì～/福の神をまつる. (同)财神爷 yé

財神

【财势】cáishì 名財力と権勢.

【财税】cáishuì 名財政と税務.

【财团】cáituán 名〔個 gè, 家 jiā〕大企業グループ. 財団.

【财务】cáiwù 名財務. ¶～处/財務部. ¶～报表/財務報告表. ¶～审计 shěnjì/会計監査.

【财物】cáiwù 名金銭と物資. ¶爱护公共～/公共の財産を大切にする. ¶公司～损失严重/会社の資産の損失は深刻だ.

【财险】cáixiǎn 名財産保険. 財産に対してかける保険.

【财源】cáiyuán 名❶～茂盛 màoshèng/財源が豊かだ. ¶～枯竭 kūjié/財源が尽きる. ¶开辟 kāipì～/新しい財源を開拓する.

【财运】cáiyùn 名金銭運.

【财运亨通】cáiyùn hēngtōng 句金運がよい. 金儲けの運に恵まれる.

【财政】cáizhèng 名財政.

【财政部】cáizhèngbù 名財政部. 中国の財政をつかさどる官庁. 日本の財務省にあたる. ¶～长 zhǎng/財政大臣.

【财主】cáizhu 名〔帮 bāng, 个 ge, 伙 huǒ〕金持ち. 財産家. ¶土～/地元の資産家.

裁 cái 戈部8 四 4375₀

全12画 常用

❶动(はさみや刃物で紙や布を)切る. 裁断する. ¶～衣服(服地を裁断する)/～缝 cáiféng. ❷量紙のサイズ. 全紙を何等分したかをあらわすことば. ¶对～ duìcái (半裁)/八～报纸(八ツ切りの新聞紙). ❸动(不要な部分や余った部分を)減らす. 削減する. ¶～军 cáijūn /～员 cáiyuán. ❹束決定する. 判断する. ¶～夺 cáiduó/～判 cáipàn. ❺束(多く文学や芸術について)構想する. 工夫する. ¶独出心～ (独創的なアイデアがある. ❻束抑止する. コントロールする. ¶～制 cáizhì (制御する)/制～ zhìcái (制裁する).

【裁并】cáibìng 动(組織を)削減合併する. ¶～机构/機関を合併する.

【裁撤】cáichè 动(部門や機構などを)廃止する. 撤廃する.

【裁处】cáichǔ 动裁定したうえで, 処理や処置をする. 裁断する.

【裁定】cáidìng 动《法律》(裁判所が)決定を下す. 裁定する. ¶～罪名 zuìmíng/罪名を確定する.

【裁断】cáiduàn 动(考慮の上で)判断する. ¶予以 yǔyǐ公平的～/公平な判断をする.

【裁夺】cáiduó 动考慮し決定する. ¶此事如何处置 chǔzhì, 恳请 kěnqǐng～/この件をいかに処理するか, ご判断を願います.

【裁缝】cáiféng 动裁縫する. 衣服を仕立てる. ¶这件旗袍 qípáo～得非常合身/このチーパオは仕立てが体にぴったりだ.

【裁缝】cáifeng 名〔个 ge, 位 wèi〕仕立て屋. ¶～衣服无人补, 木匠 mùjiang 家里没凳 dèng 坐/紺屋(ぷ)の白袴(ぷ).

【裁减】cáijiǎn 动(機構・人員・装備などを)削減する. ¶～军备/軍縮をする. ¶～机关工作人员/役所の職員を削減する. (反)扩充 kuòchōng, 增添 zēngtiān

【裁剪】cáijiǎn 动《服飾》布地を裁断する. ¶～技术/裁断技術. ¶～纸样/型紙を裁断する.

【裁决】cáijué 动考慮し, 決定する. 裁決する. ¶依法～/法律にのっとって裁決する.

【裁军】cáijūn 動 兵力を削減する．軍縮をする．⊗扩军 kuòjūn
【裁可】cáikě 動 許可の決定を下す．認可する．
【裁判】cáipàn 動 ❶《法律》判決を下す．裁定する．❷《スポーツ》審判する．ジャッジする．❸《スポーツ》〔名〕〔个 ge, 名 míng, 位 wèi〕審判員．アンパイア．レフェリー．¶足球~评判公正／サッカーの審判は判断が公正だ．¶国际~／国際審判員．同裁判员 yuán
【裁判权】cáipànquán 名 司法権．裁判権．
【裁判员】cáipànyuán →裁判③
【裁判长】cáipànzhǎng 名《スポーツ》審判長．
【裁汰】cáitài 動 人員などを削減する．
【裁员】cáiyuán 動 人員を削減する．¶由于经济不景气,许多企业都在进行~／経済の不況により,多くの企業がリストラを進めている．

采(異採❶-❸) cǎi
爪部 4　四 2090₄
全8画　常用

❶摘みとる．¶~莲 cǎilián（ハスの実を摘む）／~茶 cǎichá（茶を摘む）．❷選びとる．¶~用 cǎiyòng．❸素 採掘する．¶~矿 cǎikuàng／~油 cǎiyóu．❹素 表情．顔色．❺素 "彩 cǎi"に同じ．❻(Cǎi)姓．
☞ 采 cài

【采办】cǎibàn 動 仕入れる．購入する．買い付ける．¶~年货／新年用の品物を仕込む．同采购 cǎigòu
【采编】cǎibiān 動 インタビューして編集する．参考 "采访"と"编辑"の略．
【采茶戏】cǎicháxì 名《芸能》江西・湖北・広西・安徽などの地方劇．参考 民間の歌舞から発展してでき上がったもので,"花鼓戏"に似ている．
【采伐】cǎifá 動 伐採する．¶~树木／木を切る．
【采访】cǎifǎng 動 ❶この記者が先天来过我们单位／こちらの記者は,きのう私達の職場に取材にみえました．¶接受~／取材を受ける．
*【采风】cǎi//fēng 動 民謡を収集する．
*【采购】cǎigòu 動 仕入れる．調達する．❶《这种蔬菜正值旺季 wàngjì,应该大量~／この野菜は今が旬だし,たくさん買わなくては．¶食物被~一空／食べ物は一つ残らず買い上げられた．⊗推销 tuīxiāo 名 調達係．購入担当者．
【采光】cǎiguāng 動 採光．
【采集】cǎijí 動 採集する．収集する．
【采掘】cǎijué 動 採掘する．
【采矿】cǎi//kuàng 動（鉱物を）採掘する．
【采录】cǎilù 動 ❶収集して記録する．¶~民歌／民謡を採集する．❷（番組作りのために）取材して録音,録画する．
【采买】cǎimǎi 動（品物を）選んで購入する．仕入れる．同采购 gòu
【采煤】cǎi//méi 動 石炭を採掘する．
【采纳】cǎinà 動 意見や要求を受け入れる．¶上司终于~了大家的意见／上司は最終的に皆の意見を取り入れた．⊗摈弃 bìnqì
【采暖】cǎinuǎn 動 暖房設備を備える．
*【采取】cǎiqǔ 動 ❶（方針・政策・手段・形式・態度などを）採用する．用いる．講ずる．¶~守势 shǒushì ／防御態勢をとる．¶~紧急措施／緊急措置をとる．¶~因人制宜 yí的教法／各人に適したやり方で教える．❷採取する．¶~指纹 zhǐwén／指紋をとる．
【采石场】cǎishíchǎng 名 採石場．

【采撷】cǎixié 動《文》❶（果実などを）摘み取る．❷採集する．
【采写】cǎixiě 動 取材し,執筆する．インタビューしてにする．
【采血】cǎi//xiě 動 採血する．
【采信】cǎixìn 動《法律》証拠として認める．
【采样】cǎiyàng 動 サンプルを集める．¶食品~检查／食品のサンプリング調査．
*【采用】cǎiyòng 動 採用する．取り入れる．¶~举手表决方式／挙手による表決を採用する．
【采油】cǎi//yóu 動 採油する．石油を採掘する．
【采摘】cǎizhāi 動《花・葉・果実などを》摘みとる．¶请勿 wù~公园的花草树木／公園の花や木を取らないでください．
【采制】cǎizhì 動 ❶（薬草などを）採取し加工製造する．❷（番組などを）インタビューし,録画制作する．
【采种】cǎi//zhǒng 動 種を採取する．

彩(異綵❻) cǎi
彡部 8　四 2292₅
全11画　常用

❶素 色彩．¶~色影片（カラー映画）／~排 cǎipái．❷名（くじ・賭け事・競技の）賞品．景品．¶得~ décǎi（賞品をもらう）／~金 cǎijīn（賞金）．❸素 喝采（ホン）．賞賛の声．¶精~ jīngcǎi（際立つ）／~声 cǎishēng．❹素 いろどり．¶丰富多~（バラエティーに富む）．❺素 負傷して血を流す．¶挂~ guàcǎi（戦闘で負傷する）．❻素 彩色された絹布．¶悬 xuán 灯结~（お祝いの飾りをする）．❼(Cǎi)姓．

【彩笔】cǎibǐ 名 色鉛筆．カラーペン．
【彩车】cǎichē 名（パレードの）山車(だし)．
【彩池】cǎichí 名 ❶（ロト方式の）宝くじの,抽選機器を置いておく場所．❷ 宝くじの発行後,当選支払金を保管する金庫．
【彩绸】cǎichóu 名（飾り付け用の）色の美しい絹布．¶扎 zā~／リボンを飾り付ける．
【彩带】cǎidài 名〔圈 段 duàn,根 gēn,截 jié,条 tiáo〕色とりどりのリボン．絹ひも．色水流し．¶扎 zā~／リボンを飾る．¶结~／リボンを飾る．
【彩旦】cǎidàn 名《芸能》中国の伝統劇で,おどけ役を演じる女形(ﾅﾔ)．参考 年配の女遣化は"丑婆子 chǒupózi","摇旦 yáodàn"とも呼ぶ．
【彩灯】cǎidēng 名〔圈 盞 zhǎn〕飾りちょうちん．イルミネーション．¶家家商店门前都挂着~／各商店の店先には飾りちょうちんがつるされている．
【彩电】cǎidiàn 名 カラーテレビ．参考 "彩色电视"または"彩色电视机"の略．
【彩管】cǎiguǎn 名（~儿）カラーテレビのブラウン管．参考 "彩色显像管"の略．
【彩号】cǎihào 名（~儿）《军事》負傷兵．
【彩虹】cǎihóng 名〔圈 道 dào,条 tiáo〕虹．¶升起一道~／虹がかかる．¶虹消失了／虹が消えた．
【彩画】cǎihuà ❶名《美术》彩色画．⇒次ページ図 ❷動 彩色画を描いて装飾する．
【彩绘】cǎihuì ❶名（器物や建築に描かれた）彩色の図形や絵．¶朴素的~／彩色の素朴な絵．❷動 彩色の絵を描く．
【彩卷】cǎijuǎn 名（~儿）カラーフィルム．参考 "彩色胶卷"の略．
【彩礼】cǎilǐ 名〔圈 份 fèn,件 jiàn,样 yàng〕結納(ﾕﾉｳ)．¶送~／結納の品を贈る．¶收~／結納の品を受け取る．同财礼 cáilǐ,聘礼 pìnlǐ

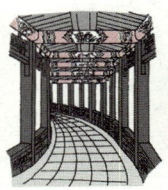

彩画

【彩练】cǎiliàn 名 色の着いた絹のリボン.
【彩迷】cǎimí 名 宝くじマニア.
【彩排】cǎipái ❶ 名〔芸能〕ドレス・リハーサル. 舞台稽古. ¶举行～/リハーサルを行う.¶观摩 guānmó ～/リハーサルを見学する. ❷ 動 リハーサルを行う. ¶～歌剧/オペラのリハーサルを行う.
【彩喷】cǎipēn "彩色喷墨打印机"(カラーインクジェット・プリンタ)の略称.
【彩棚】cǎipéng 名 (祝い事のために)色紙・リボン・松柏(しょうはく)の枝などで飾りつけた小屋. テント.
【彩票】cǎipiào 名 宝くじ. ¶中 zhòng～/宝くじに当たる.
【彩评】cǎipíng 宝くじ市況の分析・評論・予測.
【彩旗】cǎiqí 名〔面 miàn〕色とりどりの旗. ¶～飘扬/色とりどりの旗がはためいている.
【彩球】cǎiqiú 名 彩色された絹糸でつくられた(装飾用の)球. 参考 祝いごとに使われる.
【彩券】cǎiquàn 名 宝くじ. 同 彩票 piào
*【彩色】cǎisè 名 カラー. 多色. 色彩. ¶～照片/カラー写真. ¶～玻璃/ステンドグラス. ¶～艳丽 yànlì/いろどりが鮮やかで美しい.
【彩色电视】cǎisè diànshì 名 カラーテレビ(放送). 同 彩电
【彩色电视机】cǎisè diànshìjī〔台 tái〕カラーテレビ(受像器). 同 彩电
【彩色胶卷】cǎisè jiāojuǎn 名 (～儿)〔卷 juǎn〕カラーフィルム. ¶冲洗 chōngxǐ 这卷～/このカラーフィルムを現像してください.
【彩色片】cǎisèpiàn 名(～儿)カラー映画. 反 黑白片 hēibáipiàn 注意 r 化した場合は"cǎisèpiānr"と発音する.
【彩声】cǎishēng 名 賞賛の声.
【彩市】cǎishì 名 宝くじ市場.
【彩饰】cǎishì 名 (建築物の柱や壁などに施した)装飾.
【彩塑】cǎisù 名 着色をした塑像.
【彩陶】cǎitáo 名〔考古》彩陶(さいとう). 参考 新石器時代の陶器の一種で,彩色文様がある土器.
【彩陶文化】cǎitáo wénhuà 名〔歴史〕仰韶(ぎょうしょう)文化. 仰韶 Yǎngsháo 文化
【彩头】cǎitóu 名 ❶ 幸先(さいさき). いい兆候. ¶得了个好～/幸先がいい. ❷ 懸賞. 褒美(ほうび).
【彩霞】cǎixiá 名(同 道 dào)朝焼け. 夕焼け. ¶早朝～/朝焼け雲. ¶天空一片～,如一幅画/空一面の夕焼けが,ひと幅の絵のよう.
【彩页】cǎiyè 名(書籍や雑誌などの)カラーページ.
【彩印】cǎiyìn 名 カラー印刷. カラー写真.
【彩釉陶】cǎiyòutáo 名 色の着いたうわぐすりを施した陶器.
【彩云】cǎiyún 名 美しい雲や霞. 彩雲.

【彩照】cǎizhào 名 カラー写真. 参考 "彩色照片"の略.
【彩纸】cǎizhǐ 名 ❶ 色がみ. ❷ カラー写真用の印画紙.

睬(異 保) cǎi 目部8 四 6209₄ 全13画 常用

動 相手にする. 気にかける. ¶不理不～(相にしない)/～也不～(目もくれない)/不要～他(彼を相手にするな). 同 理 lǐ

踩(異 跴) cǎi 足部8 四 6219₄ 全15画 常用

動 踏みつける. 踏む. ¶～了一脚泥(泥に片足を踏み込んでしまった). 同 踏 tà
【踩高跷】cǎi gāoqiāo 名 竹馬踊り. (竹馬のような)高足下駄を履いて踊り歩く民間舞踊.
【踩水】cǎishuǐ 名《スポーツ》立ち泳ぎ.

采(異 採、寀) cài 爪部4 四 2090₄ 全8画 常用

下記熟語を参照.
▷ 采 cǎi
【采地】càidì 古代,諸侯が卿大夫たちに分け与えた領地. 同 采邑 cǎiyì

菜 cài 艹部8 四 4490₄ 全11画 常用

名 ❶〔棵 kē〕野菜. ¶种～ zhòngcài (野菜を植える)/上街买～(野菜を買いに出かける). ❷〔道 dào,个 ge,盘 pán〕料理. ¶素～ sùcài (野菜料理)/川～ chuāncài (四川料理)/做～ zuòcài (料理を作る). ❸《Cài》姓.
【菜板】càibǎn 名 まな板.
【菜帮子】càibāngzi 名 白菜などの,外側の葉の厚い部分. ¶剥 bāo～/外側の葉をとる.
【菜场】càichǎng 名 食料品を売る市場. 食品マーケット. ¶到～买菜/市場に行き,野菜を買う. 同 菜市 càishì
【菜单】càidān 名(～儿) ❶〔份 fèn,个 ge,张 zhāng〕(料理の)メニュー. ¶快点决定喜宴 xǐyàn 的～/早くお祝いのメニューを決めなさい. ¶请你给我看看～/私のかわりにメニューを見てください. 同 菜单子 càidānzi ❷《コンピュータ》(画面の)メニュー.
【菜刀】càidāo 名〔把 bǎ〕包丁. ¶用～切菜/包丁で野菜を切る. ⇨次ページ図"包丁の入れ方"
【菜地】càidì 名 野菜畑. 菜園.
【菜豆】càidòu 名《植物》インゲンマメ. 同 芸豆 yúndòu,四季豆 sìjìdòu,扁豆 biǎndòu

菜刀・菜墩子

【菜墩子】càidūnzi 名(円形木製の)厚手のまな板. ⇨"菜刀 càidāo"(図)
【菜粉蝶】càifěndié 名《虫》モンシロチョウ. 同 菜白 bái 蝶,白粉蝶
【菜瓜】càiguā 名《植物》シロウリ. 同 越瓜 yuèguā,老腌瓜 lǎoyāngguā
【菜馆】càiguǎn 名 方(～儿)〔家 jiā〕レストラン. 同 菜馆子 càiguǎnzi ⇨ 饭馆 fànguǎn
【菜花】càihuā 名 ❶《植物》(～儿)菜の花. ❷〔棵 kē〕カリフラワー. 同 花椰菜 huāyēcài
【菜窖】càijiào 名 野菜を貯蔵する穴蔵.
【菜篮子】càilánzi 名 ❶ 野菜かご. ❷ 都市部での野菜や副食品の供給.

丁 dīng　段 duàn　块 kuài　泥 ní

片 piàn　丝 sī　条 tiáo

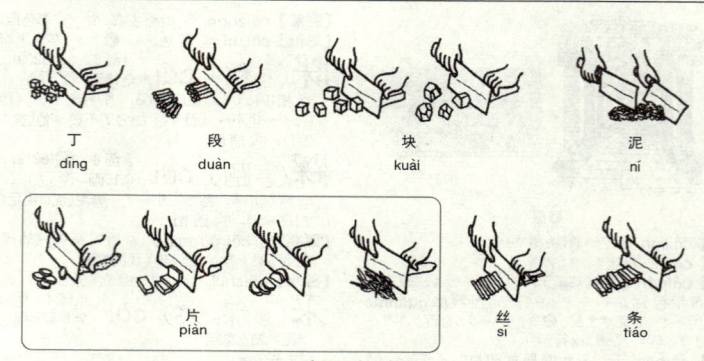

包丁の入れ方

- 【菜牛】càiniú 名〔僵 头 tóu〕食用の牛．肉牛．
- 【菜农】càinóng 名〔个 ge, 位 wèi〕野菜農家．
- 【菜圃】càipǔ 名菜園．同 菜园 càiyuán
- 【菜谱】càipǔ 名 ❶ メニュー．❷ 料理の作り方を書いた本．レシピ．¶《大众~》/『料理入門』¶《北京饭店~》/『北京飯店名菜集』
- 【菜畦】càiqí 名（盛り土で仕切られた）野菜畑．
- 【菜青】càiqīng 名灰色味を帯びた緑色．
- 【菜青虫】càiqīngchóng 名〔虫〕アオムシ．
- 【菜色】càisè 名栄養不良の人の顔色．
- 【菜市(场)】càishì(-chǎng) 名〔僵 处 chù, 个 ge〕食料品を売る市場．食品マーケット．同 菜场 càichǎng
- 【菜蔬】càishū 名 ❶ 野菜．❷ 蔬菜 ❷ 料理．同 菜肴 yáo
- 【菜摊】càitān 名野菜を売る露店．
- 【菜心】càixīn 名 ❶〔植物〕サイシン．野菜の一種．同 菜薹 càitái ❷（~儿）(白菜などの)芯．
- 【菜肴】càiyáo 名料理．¶ 丰盛 fēngshèng 的~/盛りだくさんの料理．
- 【菜油】càiyóu 名なたね油．同 菜子油 càizǐyóu, 清油 qīngyóu
- 【菜园】càiyuán 名（~子）〔个 ge, 片 piàn〕野菜畑．同 菜圃 càipǔ
- 【菜子】càizǐ 名 ❶（~儿）野菜の種．❷《植物》アブラナ．

蔡 cài

艹部11　四 4490₁
全14画　通 用

名 ❶（Cài）周代の国名の一つ．現在の河南省上蔡県, 新蔡県一帯にあった．❷〈文〉(古代, 占いに用いた)大きな亀．¶~蓍 shīcài（占いをする）．❸（Cài）姓．

- 【蔡伦】Cài Lún《人名》蔡倫（ﾂｧｲﾙﾝ:?-121). 後漢中頃の宦官で, 製紙術の確立者とされる．
- 【蔡文姬】Cài Wénjī《人名》蔡文姬（ﾂｧｲｳｪﾝｼﾞｰ）．漢末の女性詩人．十年以上匈奴の捕虜として生活を送った．代表作に「悲憤詩」など．
- 【蔡元培】Cài Yuánpéi《人名》蔡元培（ﾂｧｲﾕｧﾝﾍﾟｲ：1868-1940). 教育家・哲学者．清末の革命運動に参加し, 中華民国創立後は初代の教育総長として近代教育の基礎を作った．

蔡元培

cān ちㄢ [ts'an]

参(參) cān

ム部6　四 2320₂
全8画　常 用

❶ 繁 参加する．加わる．¶~加 cānjiā / ~军 cānjūn．¶~与 cānyù．❷ 繁 参照する．参考にする．¶~阅 cānyuè．❸ 繁 お目にかかる．拝謁する．¶~谒 cānyè（お目にかかる）/ ~见 cānjiàn．❹ 繁 探求する．理解する．¶~透 cāntòu．❺ 繁 弾劾する．❻（Cān）姓．
☞ 参 cēn, shēn

- 【参拜】cānbài 動 ❶ 参拝する．詣でる．¶~祖先 / 先祖のお参りをする．❷ お目にかかる．
- 【参半】cānbàn 動〈文〉五分五分だ．半ばする．¶疑~ / 半信半疑．❷ 真假~ / 真実とうそが入り混じる．
- 【参禅】cānchán 動《仏教》参禅する．
- 【参股】cān//gǔ《経済》株式参入する．株式を購入して投資する．
- *【参观】cānguān 動見学する．¶集体~ / 団体で見学する．¶安排~造船厂 / 造船所の見学をアレンジする．
- *【参加】cānjiā 動 ❶（組織や活動に）参加する．出席する．¶~工会 / 労働組合に加入する．¶~会议 / 会議に出席する．¶报名~北京旅行团 / 北京旅行団に参加を申し込む．❷ 参与 cānyù, 加入 jiārù ❷ 意見を出す．¶请你也~点儿意见 / あなたの意見も伺いたい．
- 【参见】cānjiàn 動 ❶（書物や文章を）参照する．¶~本书第二十一页 / 本書21ページを参照せよ．同 参看 cānkàn ❷ 謁見する．¶代表团~了该国总理 / 代表団は, その国の総理大臣に謁見した．
- 【参校】cānjiào 動 ❶ 校閲する．校定する．❷ 校勘する．テキストクリテークをする．
- 【参军】cān//jūn 動軍隊に入る．同 从军 cóngjūn, 从戎 cóngróng
- 【参看】cānkàn 動参照する．

【参考】cānkǎo 動 参考にする. 参照する. ¶这本书有一定的～价值 / この本には参考になる. ¶仅供～ / ほんのご参考までに. ¶让我们～一下 / ちょっと参照させて下さい.
【参考书】cānkǎoshū 名 参考書. レファレンスブック.
【参考系】cānkǎoxì 名《物理》对照物. 対比物体. 同 参照 zhào 系
【参量】cānliàng 名 パラメータ. 助変数.
【参谋】cānmóu ❶名《军事》〔个 ge, 名 míng, 位 wèi〕参謀. ¶～总长 zǒngzhǎng / 参謀総長. ❷ 名〔个 ge, 名 míng, 位 wèi〕相談相手. 助言者. ¶他给你当～ / 彼があなたの相談にのってくれます. ¶一个糊里糊涂的小伙子,当什么～! / ぼんくら兄ちゃんが相談相手になんかなれるわけがないだろう. ❸ 動 助言する. 知恵を貸す. ¶他的办法多,请你来～一下吧 / 彼はいろいろやり方を知っているから,アドバイスしてもらいましょう.
【参评】cānpíng 動 評定や選抜審査に参加する.
【参赛】cānsài 動 試合やコンテストに参加する.
【参事】cānshì 名 (国务院や地方政府で任命する)役職の一つ. 参事.
【参数】cānshù ❶《数学》パラメーター. 助変数. 媒介変数. ❷ 参变数 cānbiànshù ❷ ある現象や機械装置の主な性質をあらわす数量. 電気伝導率・熱伝導率・膨張率など.
【参天】cāntiān 動 (樹木などが)天高くそびえる.
【参天大树】cāntiān dà shù 空高くそびえる大樹.
【参透】cān//tòu 動 (奥秘を)見抜く. 見極める. 看破する.
【参选】cānxuǎn 動 立候補する. コンテストに参加や出展をする.
【参议】cānyì ❶ 動《(国家の大事や計画に)参与する. ❷ 名 明・清・民国時代の役職名. 参議.
【参议院】cānyìyuàn 名 二院制を採用している国の議会の上院. 参議院.
【参与[预]】cānyù 動 参画する. 加わる. 介入する. ¶～改事 / 政務に参画する. ¶员工～管理 / 従業員がマネージメントに参画する.
【参阅】cānyuè 動 参照する. ¶请～说明书 / 説明書を参照してください.
【参赞】cānzàn ❶ 名〔个 ge, 名 míng, 位 wèi〕参事官. アタッシェ. ❷ 動 みずから参加して協力する.
【参展】cānzhǎn 動 展覧会などに参加する. 出展する.
【参战】cānzhàn 動 参戦する. ¶～国 / 参戦国.
【参照】cānzhào 動 参考にする. 手本にする.
【参照物】cānzhàowù 名 参考品.
【参照系】cānzhàoxì 名 对照物. 対比物体.
【参政】cān//zhèng 動 政治活動や政治機構に加わる. ¶张老师终于放下教鞭 jiàobiān 决定～ / 張先生はついに教鞭を捨て,政治に参与することを決めた.
【参政议政】cānzhèng yìzhèng 政治活動に参加し,意見を述べる. 表現 現在の中国では,中国共産党以外の諸党派が政治に参加することを言うことが多い.

骖(驂) cān 马部 8 四 7312₂ 全11画
❶ 古代の3頭だて馬車の両側の添え馬.

餐(飡,湌) cān 食部 7 四 2773₂ 全16画
❶ 素 食べる. 食事をする. ¶饱～一顿(腹いっぱい食べる) / 聚～ jùcān (会食する). ❷ 素 食事. 食べ物. 料理. ¶快～ kuàicān (ファーストフード) / 西～ xīcān (洋食) / 午～ wǔcān (昼食). ❸ 量 食事の回数を数えることば. ¶一日三～ (1日3食).
【餐车】cānchē 名 食堂車.
【餐风宿露】cān fēng sù lù 成 旅や野外での生活がつらいこと. 同 风餐露宿
【餐馆】cānguǎn 名〔个 ge, 家 jiā〕レストラン. ¶今天上～吃一顿吧 / 今日はレストランで食事しよう.
【餐盒】cānhé 名 (重箱や弁当箱など)食事を入れる箱.
【餐巾】cānjīn 名〔块 kuài, 条 tiáo〕ナプキン.
【餐巾纸】cānjīnzhǐ 名 ペーパーナプキン.
【餐具】cānjù 名〔个 ge, 副 fù, 件 jiàn, 套 tào〕食器. ¶一套纯银 chúnyín 的～ / 銀の食器のセット.
*【餐厅】cāntīng 名 ❶〔个 ge, 家 jiā, 间 jiān〕レストラン. ¶他们家是开～的 / 彼らの家はレストランをやっている. ❷ 料理店の名. 北海餐庁. 用法 ①はホテル・駅・空港などの中に作られたレストランを言う.
【餐饮】cānyǐn (レストランなどの)飲食営業.
【餐桌】cānzhuō 名〔～儿〕食卓. ダイニングテーブル.

残(殘) cán 歹部 5 1325₀ 全9画 常用
❶ 素 こわす. 損なう. ¶摧～ cuīcán (大打撃を与える) / ～害 cánhài. ❷ 素 凶悪だ. 残忍だ. ¶凶～ xiōngcán (凶悪だ). ❸ 形 不完全だ. ¶～破 cánpò / ～品 cánpǐn. ❹ 素 残りの. 最後の. ¶～局 cánjú / ～羹 gēng 剩饭.
【残败】cánbài 形 見るも無残だ.
【残暴】cánbào 形 残忍で凶悪だ. ¶～不仁 bùrén / 残忍きわまりない. ¶～的行径 xíngjìng / 残虐な行為. 同 残忍 xiōngcán
【残兵败将】cán bīng bài jiàng 成 敗残の将兵. ¶公司突然倒闭 dǎobì,我们都变为～了 / 会社が突然倒産し,我々は敗残の将兵となった.
【残部】cánbù 生き残った軍隊の一部. 残軍.
【残喘】cánchuǎn 動 死に際のあえぎをする. 虫の息となる. ¶苟 gǒu 延～ / 成 かろうじて生命を保っている.
【残存】cáncún 動 わずかに残る. 残存する. ¶仓库 cāngkù 里还～着一点儿粮食 liángshi / 倉庫にはまだ食糧がわずかに残っている.
【残敌】cándí 名 敗戦で残った敵. 残敵(ぞく).
【残冬】cándōng 名 晩冬.
【残毒】cándú ❶ 形 残酷で凶悪だ. ❷ 名 残存有害物質. 参考 ②は,野菜や果実の表面に残った農薬や,汚染物質を食べた家畜の身体に残った有害物質のこと.
【残匪】cánfěi 名 討ちもらされた賊. 残賊.
【残废】cánfèi ❶ 動 体の機能を失う. ¶他也许～一辈子 yíbèizi 了 / 彼には一生障害が残るかもしれない. ❷ 名 身体障害者. 同 残疾 cánjí 表現 ②は,"残疾"より差別的なので使われない.
【残羹剩饭】cángēng shèngfàn 名 食べ残し. 残飯.
【残骸】cánhái 名〔具 jù〕死骸(がい). 残骸.
【残害】cánhài 動 傷つける. 殺す. ¶～生命 / 人命を奪う. ¶～人权 rénquán / 人権を侵害する.
【残货】cánhuò 名 きずもの. 規格外れの品.
【残疾】cánjí[-ji] 名 身体機能や器官の障害. ¶～人 / 身体障害者. ¶落下～ / 障害が残る. ¶请将坐位让给～人士或有需要者 / 座席を,障害者や必要としている方にお譲りください.
【残迹】cánjì 名 跡. 痕跡.
【残局】cánjú 名 ❶ (将棋や碁の)最後の局面. 寄せ. 反 开局 kāijú ❷ 失败や動乱の後の,混乱状態. ¶收

～／後始末をする．事態を収拾する．
【残酷】cánkù 形 残酷だ．¶你说的话,对我来讲句句都很～／あなたの一言,一言が私にはとてもきつい．
【残联】cánlián 名 "残疾人联合会"(身体障害者連合会)の略称．
【残留】cánliú 動 一部分が残る．¶～着儿时的记忆／幼いころの記憶が残っている．¶老奶奶的脸上～着岁月的痕迹 hénjì／老婦人の顔には歳月が残されている．
【残年】cánnián 名 ❶晚年．¶风烛 zhú～／余命いくばくもない命．晩年．❷年末．¶～将尽／年の瀬が押し迫る．
【残篇断简】cán piān duàn jiǎn 成 切れ切れで不完全な書籍や文章．囘断简残篇 biān cán jiǎn
【残品】cánpǐn 名 欠陥品．
【残破】cánpò 形 ほろぼろだ．¶～的古庙／荒れ果てた寺．¶他穿的衣服～不堪 kān／彼の着ている服はひどくほろぼろだ．
【残缺】cánquē 動 欠けている．不完全だ．囡齐全 qíquán,完好 wánhǎo,完整 wánzhěng
【残缺不全】cánquē bùquán 成 欠けていて不完全だ．¶这些古籍 gǔjí 已～／これらの古書は欠落があり不完全だ．
【残忍】cánrěn 形 残忍だ．¶手段凶狠 xiōnghěn～／やり口が残虐非情だ．囡仁慈 réncí
【残杀】cánshā 動 殺害する．虐殺する．¶自相～／味方同士で殺し合う．¶～无辜 wúgū／罪のない人を惨殺する．
【残山剩水】cán shān shèng shuǐ 成 敵の侵略を受けてわずかに残った領土．
【残生】cánshēng 名 ❶晚年．余生．¶碌碌 lùlù 无为地过～／平々凡々と残りの人生を送る．❷運よく助かった命．
【残损】cánsǔn 形 (物品や人体が)破損している,傷ついている．
【残雪】cánxuě 名 残雪．
【残阳】cányáng 名 まもなく沈もうとする太陽．夕日．¶～如血／血のように赤い夕日．
【残余】cányú 名 残り．遺物．残存物．¶～势力／残存している勢力．
【残垣断壁】cányuán duànbì 句 家屋が破壊され,荒廃している．囿頹 tuí 垣断壁「壊れた塀や壁」という意から．
【残月】cányuè 名 ❶文 (旧暦で)月末の三日月．❷まもなく消えようとする月．残月．
【残渣】cánzhā 名 残りかす．茶の～可以用作兰花的肥料／茶がらは蘭の肥料になる．
【残渣余孽】cán zhā yú niè 成 残党．
【残疾】cánjí 名 身体障害．
【残照】cánzhào 名 夕日の輝き．

蚕(蠶) cán 虫部4 四 1013₆ 全10画 常用

名 〔虫〕〔条 tiáo〕カイコ．¶家～ jiācán(カイコ)／野～ yěcán(クワゴ)／养～ yǎngcán(カイコを飼う)．
【蚕宝宝】cánbǎobao 名 方 蚕の愛称．
【蚕豆】cándòu 名 〖植物〗〔颗 kē,粒 lì〕ソラマメ．囘胡豆 húdòu
【蚕蛾】cán'é 名 〖虫〗カイコガ．
【蚕茧】cánjiǎn 名 〔个 ge,只 zhī〕カイコの繭(まゆ).
【蚕眠】cánmián 名 〖農業〗カイコの休眠．
【蚕农】cánnóng 名 養蚕農家．
【蚕桑】cánsāng 名 蚕を養い桑を育てること．
【蚕沙】cánshā 名 〖薬〗カイコの糞．
【蚕食】cánshí 動 蚕食(さんしょく)する．じわじわ侵食する．¶～邻国／隣国をじわじわ侵食する．¶～地进攻 jìngōng／徐々に進撃する．囡鲸吞 jīngtūn
【蚕食鲸吞】cán shí jīng tūn 成 さまざまな方法で他国を侵略する．
【蚕丝】cánsī 名 〔根 gēn〕生糸(きいと)．囘丝 sī
【蚕蛹】cányǒng 名 カイコのさなぎ．
【蚕纸】cánzhǐ 名 カイコ蛾に卵を産みつけさせる紙．蚕紙．
【蚕子】cánzǐ 名 (～儿)カイコの卵．

惭(慚/異慙) cán 忄部8 全11画 四 9202₁ 常用

恥 恥ずかしく感じる．恥じる．¶羞～ xiūcán(恥じ入る)／大言不～(成 大口を叩いて恥じるところがない)．
【惭愧】cánkuì 形 (自分の欠点や失敗が)恥ずかしい．¶为自己没尽到责任,深感～／自己の責任を果たさないことに,深く恥じ入る．¶～万分／恥ずかしい限りだ．

惨(慘) cǎn 忄部8 四 9302₂ 全11画 常用

❶恥 残酷だ．残忍だ．¶～无人道．❷悲惨だ．あわれだ．¶凄～ qīcǎn(むごたらしい)／～遭 cǎnzāo／他死得太～了(彼の死に方はあまりにも悲惨だった)．❸形 程度がはなはだしい．ひどい．¶～败 cǎnbài．❹形 うす暗い．¶～白 cǎnbái．
【惨案】cǎn'àn 名 〔个 ge,件 jiàn,起 qǐ,宗 zōng〕❶支配者や侵略者による)武力弾圧．大虐殺．¶五卅 Wǔ-Sà～／(1925年)5月30日の大弾圧．❷惨事．¶发生～／大惨事が起こる．
【惨白】cǎnbái 形 ❶うす暗い．❷(顔が)青ざめている．¶因为受到惊吓,她的脸变得非常的～／恐怖のために,彼女はひどく青ざめた．
【惨败】cǎnbài 動 惨敗する．¶红队在篮球比赛中～／赤組はバスケットボールの試合で惨敗した．
【惨不忍睹】cǎn bù rěn dǔ 成 目もあてられないほど痛ましい．¶他的伤痕 shānghén 令人～／彼の傷跡は,直視できないほど痛ましい．
【惨淡（惨澹）】cǎndàn 形 ❶うす暗い．¶天色～／空がうす暗い．¶～的灯光／ぼんやりした明かり．❷もの寂しい．¶～的收场／寂しい幕切れ．¶生意～／商売がうまくいかない．❸苦心している．
【惨淡经营】cǎn dàn jīng yíng 成 懸命に事業に取り組む．
【惨祸】cǎnhuò 名 〔场 cháng〕痛ましい事故や災害．
【惨叫】cǎnjiào 動 悲鳴をあげる．
【惨境】cǎnjìng 名 悲惨な境遇．¶陷入 xiànrù～／悲惨な情況に陥る．¶脱离～／みじめな境遇を脱する．
【惨剧】cǎnjù 名 〔场 cháng,个 ge,幕 mù〕惨劇．惨事．¶造成～／惨事を引き起こす．
【惨绝人寰】cǎn jué rén huán 成 この世のものとは思われないほど悲惨きわまる．
【惨苦】cǎnkǔ 形 悲惨だ．痛ましい．
【惨况】cǎnkuàng 名 悲惨な情況．
【惨厉】cǎnlì 形 (音色が)凄惨だ．痛ましい響きだ．
【惨烈】cǎnliè 形 ❶非常に痛ましい．❷壮絶だ．¶～牺牲 xīshēng／勇ましく命を投げ出す．❸猛烈だ．
【惨然】cǎnrán 形 とても痛ましい．

灿屏粲璨仓伧苍　càn－cāng　**103**

【惨杀】cǎnshā 動 惨殺する．¶遭受～/惨殺される．同 残杀 cánshā
【惨史】cǎnshǐ 名 悲惨な歴史．
【惨死】cǎnsǐ 動 むごたらしい死に方をする．
【惨痛】cǎntòng 形 痛ましい．¶～的教训/痛ましい教訓．
【惨无人道】cǎn wú rén dào 成 きわめて残虐で人間性のかけらもない．
【惨笑】cǎnxiào 動（悩みや苦しみを隠して）無理に作り笑いをする．
【惨遭】cǎnzāo ひどいめにあう．¶这个村庄 cūnzhuāng～土匪 tǔfěi 抢劫 qiǎngjié 和放火/この村は匪賊の強奪と放火にあった．
【惨重】cǎnzhòng 形（損失が）きわめて大きい．¶伤亡 shāngwáng～/おびただしい死傷者がでる．¶～的失败/手痛い失敗．
【惨状】cǎnzhuàng 名 悲惨な光景．惨状．

灿(燦) càn 火部3 四 9287₀ 全7画 常

素 光り輝く．きらめく．同 粲 càn,璨 càn
【灿烂】cànlàn 形 光り輝く．輝かしい．¶星光～/星がきらめいている．同 璀璨 cuǐcàn,绚烂 xuànlàn
【灿然】cànrán 燦然と（歒）と光り輝くようす．

屏 càn 尸部9 四 7724₇ 全12画 通用

素（体力・知力・精神力などが）弱い．用法"屏 chán"と意味は同じだが，"屏头 càntou"にのみ用いる．
☞ 屏 chán
【屏头】càntou 名 いくじなし．¶这个，真怕事/こ のいくじなし，まったく臆病なんだから．表現 人をののしっていうことば．

粲 càn 米部7 四 2790₄ 全13画

素 文 ❶明るい．鮮やかだ．¶云轻星～（雲は軽く，星は輝く）/～烂 cànlàn（光輝いている）．同 灿 càn,璨 càn ❷笑う．¶以博 bó一～（一笑を博する）/～然一笑（にっこりと笑う）．
【粲然】cànrán 形 文 ❶光り輝いている．¶星光～/星がきらめく．¶圣诞节 Shèngdànjié 的灯光装饰,放出～的光芒 guāngmáng/クリスマスのイルミネーションが きらびやかな光を放っている．❷明らかだ．¶～可见/明白となる．❸歯を見せて笑うようす．¶～一笑/歯を見せて笑う．

璨 càn 王部13 四 1719₄ 全17画 通用

❶名 美しい玉．❷形 明るい．光輝く．同 粲 càn,灿 càn

cang ㄘㄤ [tsʻaŋ]

仓(倉) cāng 人部2 四 8071₂ 全4画 常

❶素 倉庫．倉．¶谷～ gǔcāng（穀物倉庫）/粮仓满～（食糧が倉庫に満ちている）．❷（Cāng）姓．
【仓储】cāngchǔ 動 倉庫にたくわえる．
【仓促〖猝•卒〗】cāngcù 形 あわただしい．¶这趟行程～,无法到府上拜访您/今度の旅はあわただしいので,お宅にご挨拶に行けません．¶～地赶去开会/あわてて会議に駆けつける．同 匆促 cōngcù 反 充裕 chōngyù,从容 cóngróng
【仓房】cāngfáng 名〔间 jiān〕倉庫．貯蔵室．
【仓庚】cānggēng 名《鸟》〔只 zhī〕コウライウグイス．同 鸧鹒 cānggēng
【仓皇〖黄•惶〗】cānghuáng 形 あわてふためいている．¶～失措 shīcuò/気が動転して何をしていいのか分からない．¶～逃跑/あわてて逃げ出す．同 苍黄 cānghuáng
【仓颉】Cāngjié〈人名〉仓頡（ㄎㄚ）．同 苍颉 Cāngjié 参考 中国古代の伝説上の人物．"黄帝 Huángdì"の史官で,漢字を創案したといわれる．
【仓库】cāngkù 名〔个 ge,间 jiān,座 zuò〕倉庫．
【仓廪】cānglǐn 名 文 穀物の倉庫．
【仓鼠】cāngshǔ 名《動物》ハムスター．
【仓租】cāngzū《経済》倉庫使用料．

仓 頡

伧(傖) cāng 亻部4 四 2821₂ 全6画 通用

素 文 粗野だ．¶～俗 cāngsú．
☞ 伧 chen
【伧俗】cāngsú 形 粗野で俗っぽい．¶言语～/ことばが卑しい．

苍(蒼) cāng ⺾部4 四 4471₂ 全7画 常

❶名 青色．¶～天 cāngtiān．❷素 草色．深緑色．¶～郁 cāngyù（青々と茂る）．❸素 灰色．¶面色～白（顔面蒼白）．❹(Cāng)姓．
【苍白】cāngbái 形 ❶青白い．¶脸色～/顔が青い． 固 苍白苍白 ❷灰白色の．¶～的须发 xūfà/白いひげと髪．❸生気がない．軟弱だ．
【苍苍】cāngcāng 形 ❶（髪が）白っぽい．¶白发 báifà～/すっかり白髪頭だ．❷濃い緑色．¶松柏 sōngbǎi～/松やコノテガシワが青々としている．❸果てしない．¶海山～/どこまでも広がる海と山．¶昊天 hàotiān～/果てしない大空．
【苍翠】cāngcuì 形（草木が）深緑色だ．青々とした．¶林木～/林々が青々としている．
【苍耳】cāng'ěr 名《植物・薬》オナモミ．
【苍黄】cānghuáng ❶形 青みがかった黄色だ．灰色がかった黄色だ．¶病人面色～/病人の顔色は土気色だ．❷形 大あわてだ．同 苍惶 cānghuáng,仓皇 cānghuáng,仓黄 cānghuáng ❸名 文 大きな変化．由来 ❸は『墨子』所染に見えることば．「白い糸は,青色にも黄色にも染められる」という意から．
【苍劲】cāngjìng 形 ❶（樹木が）年を経て力強く立っている．¶～的古松/まっすぐに伸びている松の木．❷（字や絵が）力強い．¶他的字写得～有力/彼の字はとても力強い．
【苍老】cānglǎo 形 ❶（顔や声が）老けている．❷（書画の筆致が）力強くて枯れた味わいがある．¶笔致～/筆遣いが力強く老成している．
【苍凉】cāngliáng 形 ものさびしい．¶满目～/一面荒涼としている．¶心里一片～/もの悲しさにおそわれる．同 凄凉 qīliáng
【苍龙】cānglóng 名 ❶《天文》二十八宿中の東方七宿の総称．❷伝説中の"青龙"．❸太歳星のこと．表現

③は,凶方にあるため,極悪人の比喩として使われる.
【苍鹭】cānglù [名]《鳥》アオサギ.
【苍茫】cāngmáng [形]見渡すかぎりどこまでも続く.¶暮色 mùsè～/果てしなく広がる夕やみ.[重]苍苍茫茫 [同]苍莽 cāngmǎng
【苍莽】cāngmǎng [形][文]"苍茫 cāngmáng"に同じ.
【苍穹】cāngqióng [名][文]天空.¶火箭 huǒjiàn 直冲～/ロケットは天空に突進していった.[同]穹苍 qióngcāng,天穹 tiānqióng
【苍生】cāngshēng [名][文]庶民.[同]苍民 cāngmín
【苍松翠柏】cāng sōng cuì bǎi [成]友情や交流がいつまでも変わらず続く.¶日中友好如～,万古长 cháng 青/日中の友好は常緑の松柏のように,とこしえに変わらない.
【苍天】cāngtiān [名]空.蒼天.¶请求～保佑 bǎoyòu!/天のお恵みあれ.[同]上苍 shàngcāng
【苍鹰】cāngyīng [名]《鳥》〔[量]只 zhī〕タカ.
【苍蝇】cāngying [名]《虫》〔[量]个 ge,群 qún,只 zhī〕ハエ.
【苍郁】cāngyù [形][文]草花が青々と茂るようす.
【苍术】cāngzhú [名]《植物》オケラ.ソウジュツ.

沧(滄) cāng

氵部4 [四]3811₂ 全7画 [次常用]

❶[素](海の)濃い青緑色.暗緑色.¶～海 cānghǎi.❷(Cāng)姓.
【沧海】cānghǎi [名]大海.大海原.¶～茫茫 mángmáng,一望无际/青々とした大海原が見渡すかぎり続く.[反]桑田 sāngtián
【沧海横流】cāng hǎi héng liú [成]社会が乱れて不穏だ.
【沧海桑田】cāng hǎi sāng tián [成]海が変じて畑となり,畑が変じて海となる.世の移り変わりの激しいこと.[同]桑田沧海
【沧海一粟】cāng hǎi yī sù [成]大海の中の1粒のアワ.非常に小さく,取るに足りないもの.
【沧桑】cāngsāng [名]世の転変."沧海桑田"の略.¶饱经～/世の転変を味わい尽くす.
【沧桑感】cāngsānggǎn [名]世の中の転変や辛酸をなめ尽くした気分.

舱(艙) cāng

舟部4 [四]2841₂ 全10画 [常用]

[素](飛行機や船の)客室.貨物室.¶货～ huòcāng(船倉)/客～ kècāng(客室)/底～ dǐcāng(三等船室).
【舱口】cāngkǒu [名]船の甲板への出入り口.艙口(そう).(船舶の)ハッチ.
【舱门】cāngmén [名](船舶の)ハッチの扉.(船舶や飛行機の)キャビン扉.
【舱面】cāngmiàn [名](船舶の)デッキ.
【舱室】cāngshì [名]キャビン.船や飛行機の客室の総称.
【舱位】cāngwèi [名](飛行機や船の)座席.客室.

藏 cáng

艹部14 [四]4425₃ 全17画 [常用]

❶[動]隠す.隠れる.¶～躲 cángduǒ/他～在树后头(彼は木の後ろに隠れた).[同]躲 duǒ,匿 nì ❷[動]貯蔵する.しまう.¶～书处 cángshūchù(書庫)/储～室 chǔcángshì(貯蔵室)/把这些东西收～起来(これ,しまっておこう).❸(Cáng)姓.
☞ 藏 zàng
【藏躲】cángduǒ [動]隠れる.身をひそめる.¶无处～/身を隠す場がない.¶就算你～到天涯 tiānyá 海角,我都会找到你的/あなたがどんな遠くに身を隠しても,私は捜し出します.
【藏垢纳污】cáng gòu nà wū [成]悪人や悪事を許す.[同]藏污纳垢 [由来]「あかや汚れを隠す」という意から.
【藏奸】cángjiān [動]❶悪意を抱く.¶笑里～/笑顔のうらに悪意を隠す.❷[方]全力を出そうとしない.力を貸そうとしない.
【藏龙卧虎】cáng lóng wò hǔ [成]隠れた人材.[由来]「隠れた竜に伏した虎」という意から.
【藏猫儿】cángmāor [動][口]鬼ごっこをする.[同]藏猫猫,捉迷藏 zhuō mícáng
【藏匿】cángnì [動]隠す.隠れる.[同]躲藏 duǒcáng
【藏品】cángpǐn [名]収蔵品.
【藏身】cángshēn [動]身を隠す.身を寄せる.¶～之所/隠れ家.
【藏书】❶cáng//shū [動]書籍を収蔵する.❷cángshū [名]〔[量]部 bù,册 cè,种 zhǒng〕蔵書.
【藏头露尾】cáng tóu lù wěi [成]真相を隠そうとして全部を語らない.¶说话～,令人起疑/話に隠しごとが多いので信用できない.[由来]「頭を隠してしっぽを見せる」の意から.故意に一部を明らかにして一部を隠し,全部は明らかにしようとしないこと.
【藏污纳垢】cáng wū nà gòu [句]不潔なものを隠す.悪人や悪事をかばい隠すたとえ.
【藏掖】cángyē ❶[動]隠しだてする.¶～躲闪 duǒshǎn/あわてて物陰に隠れる.❷[名]隠しごと.
【藏拙】cángzhuō [動][文](恥をかくのを恐れて)自分の見解や技能を知られまいとする.
【藏踪】cángzōng [動]姿を隠す.行方不明になる.[同]躲 duǒ 藏

cao ㄘㄠ〔tsʻaʊ〕

操 cāo

扌部13 [四]5609₄ 全16画 [常用]

❶[素]持つ.手ににぎる.¶～刀(刀を執る)/～戈 gē(武器を執る).❷[素]掌握する.コントロールする.¶～必胜之券 quàn(必勝の鍵をにぎる)/～舟 zhōu(舟を操る).❸[素]力を出して行う.¶～劳 cāoláo.❹[素]従事する.仕事をする.¶～医业(医をなりわいとする).❺[動]ある言語や方言を話す.¶～俄语 Éyǔ(ロシア語を操る)/～南音 nányīn(南方の方言を操る).❻[素]体を鍛えること.体操.訓練.教練.¶体～ tǐcāo(体操)/～场 cāochǎng/上～ shàngcāo(体操に出る).❼[素]おこない.品行.¶节～ jiécāo(節操)/～行 cāoxíng.❽(Cāo)姓.
【操办】cāobàn [動](宴会などを)取りしきる.(学校などを)運営する.
**【操场】cāochǎng [名]〔[量]个 ge,片 piàn〕❶運動場.グラウンド.❷練兵場.
【操持】cāochí [動]❶処理する.¶～家务/家事を切り盛りする.¶这件事由你～/この件は君がかたづけてくれ.❷計画する.準備する.¶父母为她～婚事/両親は彼女の縁談を進めている.[同]办理 bànlǐ,料理 liàolǐ
【操控】cāokòng [動]コントロールする.
【操劳】cāoláo [動]苦労して働く.気を配る.¶你可别太～,要多保重身体/あまり働きすぎないように,体を大事

【操练】cāoliàn 動 訓練する. 教練する. 演習する. ¶加紧 jiājǐn～/ 訓練を強化する.
【操神】cāo//shén 動 神経をつかう. ¶～受累 / 気配りして疲れる. ¶我没闲工夫来为你～/ 君に気をつかっている暇はない.
【操守】cāoshǒu 名 品格. 人徳. 品行.
【操心】cāo//xīn 動 気をくばる. 気を配る. ¶我们都会自己照顾自己了, 妈妈您别～了 / 私たちはもう自分のことは自分でできるようになりましたから, お母さんは心配しないでください. ¶我的事用不着你～/ 私のことは, あなたが心配する必要はない.
【操行】cāoxíng 名 品行. ¶～优良 / 学業態度が良好だ. 同 品行 pǐnxíng 表現 学生の学校での態度をいうことが多い.
【操演】cāoyǎn 動(軍事やスポーツの)演習をする. 訓練をする.
【操之过急】cāo zhī guò jí 成 性急すぎる.
【操纵】cāozòng 動 ❶ 操縦する. 操作する. ¶～自如 / 自由自在に操る. ¶用电脑进行远距离～/ コンピュータでリモートコントロールする. ❷ 不当な手段で支配する. ¶～市场 / 市場を操る. ¶幕后 mùhòu～/ 裏で操る. ¶你无权 quán～他人的思想 / 君には人の思想を操作する権利はない. 同 支配 zhīpèi
【操纵台】cāozòngtái 名(機械装置などの)操作台. コンソール.
【操作】cāozuò 動 ❶(機械や工具を)操作する. ¶电脑～/ コンピュータ操作. ¶手工～/ 手作業による操作. ❷ 働く. 用法 ①はふつう目的語をとらない.
【操作规程】cāozuò guīchéng 名 操作規定. 操縦規定.

糙 cāo 米部10 全16画 [四] 9493₆
形 ❶ もみがらをとっただけで, 精白していない. ¶～米 cāomǐ. ❷ 粗雑だ. おおざっぱだ. ¶这活儿做得太～(=この仕事はやり方がひどく雑だ).
【糙粮】cāoliáng 名 方 雜穀. 粗粮 cūliáng
【糙米】cāomǐ 名 玄米.

曹 cáo ⺾部8 全11画 [四] 5560₆ [次常用]
❶ 素 文 やから. …たち. …ら. ¶尔～ ěrcáo(汝ら)/ 吾～ wúcáo(我々). ❷(Cáo)姓.
【曹白鱼】cáobáiyú 名 魚 ヒラ. 鰣 lè
【曹操】Cáo Cāo(人名)曹操(生卒:155-220). 三国時代の魏の始祖. 黄巾の乱を平定. 後漢の献帝を擁して華北を統一. 詩文にもすぐれた.
【曹雪芹】Cáo Xuěqín(人名)曹 雪 芹(生没:1715頃-1764頃). 清代の小説家. 『紅楼夢』の作者.

曹雪芹

嘈 cáo 口部11 [四] 6506₆ 通用
全14画
素(声や音が)やかましい. ざわざわしている. ¶～杂 cáozá.
【嘈杂】cáozá 形 ざわざわと騒がしい. ¶老师去开会, 教室里人声～, 真受不了 / 先生が会議に行ってしまった教室はがやがやうるさく, 全くたまらない. 重 嘈嘈杂杂 同 喧闹 xuānnào, 喧嚣 xuānxiāo 反 安静 ānjìng

漕 cáo 氵部11 [四] 3516₆
全14画 通用
素 水上輸送する. ¶～运 cáoyùn / ～河 cáohé.
【漕河】cáohé 名 食糧を輸送する水路.
【漕粮】cáoliáng 名 水路で輸送する食糧.
【漕运】cáoyùn 名 国が南方の食糧を水方へ輸送する.

槽 cáo 木部11 [四] 4596₆
全15画 常用
❶ 素[⑥ 个 ge](飲み物や液体を入れる)四角い入れ物. おけ. ます. ¶石～ shícáo(石おけ)/ 水～ shuǐcáo(水槽). ❷[⑥ 个 ge, 只 zhī] かいばおけ. ¶猪食～ zhūshícáo(ブタのえさ箱)/ 马～ mǎcáo(かいばおけ). ❸ 名(～儿)[⑥ 道 dào, 个 ge] みぞ.
【槽坊】cáofang 名 旧[⑥ 家 jiā] 酒造所.
【槽钢】cáogāng 名【工業】溝型(みぞがた)鋼.
【槽头】cáotóu 名 家畜の飼育小屋.
【槽牙】cáoyá 名 白歯. 奥歯. 同 臼齿 jiùchǐ
【槽子】cáozi 名 ⑥[⑥ 个 ge] ❶ かいばおけ. ❷ 液体を入れる容器. ❸ へこんだ部分. くぼみ.
【槽子糕】cáozigāo 名 方 木型に入れて作ったカステラ. 同 糟糕

蜡 cáo 虫部11 [四] 5516₆
全17画 通用
→蛴螬 qícáo

艚 cáo 舟部11 [四] 2546₆
全17画 通用
❶ 文(貨物を積む)木造船. ¶～子 cáozi.
【艚子】cáozi 名 貨物運搬用の小型木造船. ¶用～搬运货物 / 船で荷を運ぶ. 参考 船倉や居住の設備がついている.

草(異 艸❶❷, 騲❼) cǎo ⺾部6 全9画 [四] 4440₆ 常用
❶ 名[⑥ 丛 cóng, 根 gēn, 棵 kē, 株 zhū] 草. ¶野～ yěcǎo(野草)/ 青～ qīngcǎo(緑の草). ❷ 名[⑥ 根 gēn](燃料や飼料などにする稲や麦の)わら. ¶～绳 cǎoshéng / 稻～ dàocǎo(稲わら). ❸ 形 ずさんだ. 大ざっぱだ. ¶～率 cǎoshuài / 潦～ liáocǎo(いいかげんだ). ❹ 名 書道の書体の一つ. ¶～书 cǎoshū / 真～隶 lì 篆 zhuàn(楷書・草書・隷書・篆書). ❺ 名 草稿. 下準備のもの. ¶起～(起草する)/ ～案 cǎo'àn. ❻ 動 文 文書や原稿を作成する. ¶～拟 cǎonǐ / ～檄 cǎoxí(檄文を起草する). ❼ 素 家畜などのメス. ¶～鸡 cǎojī(メンドリ)/ ～驴 cǎolǘ(雌ロバ).
【草案】cǎo'àn 名[⑥ 份 fèn, 个 ge, 项 xiàng](法令などの)草案. 試案. ¶制定～/ 草案を作る.
【草包】cǎobāo 名 ❶[⑥ 个 ge, 摞 luò] わらなどで編んで作った袋. ❷ 貶 無能な人. そそっかしい人.
【草本】cǎoběn 名 ❶【植物】草本の. 草質である. ❷ 草稿. 底稿.
【草本植物】cǎoběn zhíwù 名 草本植物.
【草编】cǎobiān 名 わら細工.
【草草】cǎocǎo 形 あわただしく雑だ. ¶～收场 shōuchǎng / そそくさと終わらせる. ¶～地看过一遍 / ざっと目を通す. 同 草率 cǎoshuài
【草草了事】cǎocǎo liǎoshì 句 いいかげんに事を済ます. 適当に対処する. ¶这是关于你的终生大事, 不

～ / これはあなたの一生にかかわる大事な問題だから、いいかげんに済ませてはいけない.

【草測】cǎocè 名（工事の前に行う）大まかな測量.

【草場】cǎochǎng 名 牧草地.

【草場退化】cǎochǎng tuìhuà 句（草原が）砂漠化する. 参考 乾燥地域や半乾燥地域で、気候変動や人間活動などによって土地が劣化すること.

【草虫】cǎochóng 名 草むらに生息する虫.

【草創】cǎochuàng 動 新たに始める.

【草叢】cǎocóng 名 草むら.

*【草地】cǎodì 名❶〔働 块 kuài, 片 piàn〕芝生. ❷草.牧草地. ¶躺在～上看蓝蓝的天空 / 草原に寝そべって抜けるように青い空を眺める.

【草甸】cǎodiàn 名（～子）草の生い茂っている湿地.

【草墊子】cǎodiànzi〔働 个 ge, 块 kuài, 张 zhāng〕わら座ぶとん.

【草垛】cǎoduò 名（積み上げられた）草の山.

【草房】cǎofáng 名〔働 间 jiān〕草ぶきの家.

【草稿】cǎogǎo 名（～儿）〔働 个 ge, 篇 piān, 页 yè, 张 zhāng〕（詩文や絵の）下書き. ¶打～/下書きをする.

【草根网民】cǎogēn wǎngmín 名 一般のインターネットユーザー. 草の根ユーザー.

【草菇】cǎogū 名《植物》フクロタケ.

草 菇

【草荒】cǎohuāng 形（田畑が）荒れ果てている.

【草灰】cǎohuī 名❶草を焼いた灰. ❷形 黄色がかった灰色の. 参考 ①は、肥料として使う. 表現 ②は、身分がいやしい形容として使われることがある.

【草鸡】cǎojī 名❶《鳥》メンドリ. ❷回 軟弱で意気地のない人.

【草菅人命】cǎo jiān rén mìng 成 人命を草のように扱う. 人命を軽んじ、勝手に人民を殺す.

【草芥】cǎojiè 名（～）とるに足らないつまらないもの. ¶视如～/ちりあくたのように見なす.

【草寇】cǎokòu 名 旧 山賊. 回 草贼 zéi

【草料】cǎoliào 名 まぐさ. かいば.

【草履虫】cǎolǚchóng 名《虫》ゾウリムシ.

【草绿】cǎolǜ 形 もえぎ色の. 若草色の.

【草莽】cǎomǎng 名❶草むら. ❷民間. 在野. ¶～英雄 / 民間の英雄.

【草帽】cǎomào 名（～儿）〔働 顶 dǐng, 个 ge〕麦わら帽子. ¶喜欢戴～/ 好んで麦わら帽子をかぶる.

【草帽缏〔辫〕】cǎomàobiàn 名（～儿）麦わら.

【草莓】cǎoméi 名《植物》イチゴ. ¶采～/ イチゴジャム. ¶采～/ イチゴを摘む. 回 草果 cǎoguǒ, 杨梅 yángméi.

【草棉】cǎomián 名《植物》綿花. 回 棉花 miánhuā

【草木】cǎomù 名 草木. ¶人非一，我们都是有感情的 / 人間は草や木ではない、みな感情を持っている.

【草木灰】cǎomùhuī 名 植物を燃やした灰. 参考 肥料として使う.

【草木皆兵】cǎo mù jiē bīng 成 草木がみな敵兵に見える. 驚きあわてて疑心暗鬼になる.

【草拟】cǎonǐ 動 起草する. 草案をつくる. ¶～文件 / 公文書の草稿を書く.

【草棚】cǎopéng 名 草ぶきの小屋.

【草皮】cǎopí 名〔働 块 kuài〕芝床（どこ）.

【草坪】cǎopíng 名〔働 块 kuài, 片 piàn〕平らな草地.

【草签】cǎoqiān 動 仮調印する. ¶～协定 xiédìng / 協定に仮調印する.

【草裙舞】cǎoqúnwǔ 名 ハワイアン・フラダンス.

【草绳】cǎoshéng 名 わら縄. ¶搓 cuō～/ 縄をなう.

【草书】cǎoshū 名 書体の一つ. 草書.

【草率】cǎoshuài 形 いいかげんだ. ¶～从事 / いいかげんに仕事をする. 回 草草 mǎhu, 潦草 liáocǎo, 粗率 cūshuài 反 认真 rènzhēn

【草酸】cǎosuān 名《化学》蓚酸（しゅうさん）.

【草台班子】cǎotái bānzi 名 小規模な演劇の一座. 参考 農村や小都市などを移動して公演する.

【草炭】cǎotàn 名 泥炭. 回 草煤 méi

【草堂】cǎotáng 名❶草ぶきの家. ❷詩人や隐逸者の住まい. ¶杜甫 Dù Fǔ～/ 杜甫が住んでいた家の名. 四川省成都市にある.

【草体】cǎotǐ 名❶草書. ❷ローマ字などの筆記体.

【草图】cǎotú 名〔働 幅 fú, 个 ge, 张 zhāng〕略図. ラフスケッチ. 下図.

【草屋】cǎowū 名 わらぶきの家.

【草席】cǎoxí 名（～儿）ござ. むしろ. ¶编织 biānzhī～/ ござを編む. ¶铺～/ ござを敷く.

【草鞋】cǎoxié 名〔働 双 shuāng, 只 zhǐ〕わらで編んだはきもの. わらじ. ¶打～/ わらじを編む.

【草写】cǎoxiě 名 筆記体. 草書体.

【草药】cǎoyào 名《中医》回 服 fù, 副 fù, 付 fù, 剂 jì, 味 wèi, 种 zhǒng〕薬草. 植物から作った薬材. ¶采摘 cǎizhāi～/ 薬草を摘む. ¶煎熬 jiān'áo～/ 薬草を煎じる.

【草野】cǎoyě 文❶名 荒涼たる原野. ❷名 民間. 反 朝廷 cháotíng ❸名 一般人民. 民草（たみくさ）. ❸形 粗暴だ. 粗野だ.

【草业】cǎoyè 名 牧草業. 牧草の開発・種植・保護などを行う産業.

【草鱼】cǎoyú 名《魚》〔働 条 tiáo, 尾 wěi〕ソウギョ. 回 鲩 huàn 参考 代表的な養殖魚の一つ.

*【草原】cǎoyuán 名〔働 片 piàn〕草原.

【草约】cǎoyuē 名（契約や条約の）草稿.

【草纸】cǎozhǐ 名〔働 沓 dá, 捆 luò, 张 zhāng〕わら紙. 参考 黄色で粗く、包装紙やトイレットペーパーとして用いられる.

【草字】cǎozì 名❶草書で書かれた漢字. ❷旧 自分の字（あざな）を謙遜した言い方.

ce ちさ〔ts'ɤ〕

册（異 冊）cè ノ部4 四 7744。全5画 常用

❶名（～子）冊子（さっし）. 紙をとじたもの. ¶纪念～（記念册子）. ❷名旧 皇帝が爵位を授けたり、天地を祭る時

の文書. ❸ [量] 書籍を数えることば. ¶这本书已销售 xiāoshòu 十万～(この本はすでに10万冊売れた).
【册封】cèfēng [動] 皇帝が臣下に爵位や封号を与える.
【册页[叶]】cèyè [名] 書・画を1枚ずつ表装して1冊にとじたもの. 書画帳.
【册子】cèzi [名]〔[量] 本 běn, 个 ge〕とじ本. 冊子(さっし). ¶相片 xiàngpiàn～/アルバム. ¶户口～/戸籍簿. ¶小～/パンフレット.

厕(厠/[異]廁) **cè** 厂部6 [四] 7122₀ 全8画 [常用]

[素] ❶ 便所. トイレ. ¶～所 cèsuǒ / 男～ náncè (男子トイレ) / 女～ nǚcè (女子トイレ) / 公～ gōngcè (公衆トイレ). ❷ [文] 自分の体をすき間に入れる. ¶～身 cèshēn.
【厕身】cèshēn [動] [文] 身を置く. ¶～教育界 / 教育界に身を置く. [同] 侧身 cèshēn [表現] 多く謙譲語として用いられる.
*【厕所】cèsuǒ [名] 便所. トイレ. ¶上～ / トイレへ行く.

侧(側) **cè** 亻部6 [四] 2220₀ 全8画 [常用]

❶ [素] わき. 横. ¶楼～ lóucè (建物のそば). [反] 正 zhèng ❷ [動] 傾ける. 斜めにする. ¶～身而入 / ～目 cèmù / ～耳 cè'ěr / ～身而入(体を斜めにして入る).
☞ 侧 zè,zhāi
【侧柏】cèbǎi [名]《植物》コノテガシワ.
【侧扁】cèbiǎn [名] 厚みが少なく,幅が広い形.
【侧耳】cè'ěr [動] 耳をそばだてる. ¶～细听 / 耳をそばだてて聴く.
【侧根】cègēn [名]《植物》側根. 枝根.
【侧击】cèjī [動] 側面から攻撃する.
【侧记】cèjì [名](試合などの)傍聴記. 観戦記. [用法] 新聞や雑誌の見出しなどに多く用いられる.
【侧门】cèmén [名]〔[量] 道 dào, 个 ge, 扇 shàn〕通用門. ¶请用～出入 / 通用門から出入りして下さい. [同] 旁门 pángmén
【侧面】cèmiàn [名] 側面. [反] 正面 zhèngmiàn
【侧目】cèmù [動] 横目で見る. 目をそらす. ¶小王的大胆言行令人～相看 / 王さんの大胆な言動は他人の反発をかった.
【侧目而视】cè mù ér shì [句] 正視できず,横目で見る. 恐れたり,憤慨すること.
【侧身】cèshēn [動] ❶ 横向きになる. ❷ [文] かかわる. 身を置く. [同] 厕身 cèshēn
【侧室】cèshì [名] ❶ 家屋の両側にしつらえた部屋. ❷ [旧] 妾(めかけ). 側室.
【侧视】cèshì [動] 横から見る. 側面から見る.
【侧视图】cèshìtú [名] 側面図.
【侧卧】cèwò [動] 横臥する.
【侧线】cèxiàn [名]《生物》(魚類や両生類の)水流や水圧を感じる器官. 側線(そくせん).
【侧翼】cèyì [名]《軍事》(部隊や艦隊などの)両翼. [同] 翼侧 yìcè
【侧影】cèyǐng [名] 横顔. プロフィール.
【侧枝】cèzhī [名] 脇の枝. [反] 主枝 zhǔzhī
【侧重】cèzhòng [動] 偏重する. 重点を置く. [同] 着重 zhuózhòng, 偏重 piānzhòng

测(測) **cè** 氵部6 [四] 3210₀ 全9画 [常用]

❶ [動] 計測する. 測量する. ¶～验 cèyàn / ～绘 cèhuì. ❷ [素] 推測する. 予想する. ¶予～ yùcè (予測する) / 变化莫～(変化が予測できない).
【测电笔】cèdiànbǐ [名]《電気》テストペンシル. テスターの端子の部分.
【测定】cèdìng [動] 測定する.
【测度】cèduó [動] 推測する. ¶难以～ / 推し測りにくい.
【测候】cèhòu [動](天文や気象を)観測する.
【测绘】cèhuì [動] 測量して製図する. ¶航空～ / 航空測量.
【测控】cèkòng [動] データを見て制御する.
【测量】cèliáng [動] 測量する. ¶～水温 / 水温をはかる. ¶～深度 / 深さをはかる.
【测评】cèpíng [動](製品などを)検査し,評定する.
【测试】cèshì [動] テストする. 検査する. ¶专业～ / 専門テスト. ¶在赛车场～汽车的性能 / サーキットで車の性能をテストする.
【测算】cèsuàn [動] ❶(器具を使って)測定する. ¶用地震仪 dìzhènyí～地震震级 / 地震計でマグニチュードを測定する. ❷(データに基づいて)計算する.
*【测验】cèyàn [動] テストする. ¶智力～ / 知能テスト. ¶期中～ / 中間テスト. ¶每次～,小美都拿一百分 / 試験のたびにメイちゃんは100点をとる. [用法] 人の学習成果や技能について言う.
【测字】cèzì [名] 文字占い. [同] 拆 chāi 字 [参考] 漢字の偏旁や筆画をばらしたり合わせたりして,吉凶を占う.

恻(惻) **cè** 忄部6 [四] 9200₀ 全9画 [通用]

[素] 悲しい. 痛ましい. ¶凄～ qīcè (悲しい) / ～隐 cèyǐn.
【恻隐】cèyǐn [形] [文] 気の毒だ. 同情する. ¶～之情 / 惻隠(そくいん)の情.
【恻隐之心】cè yǐn zhī xīn [成] あわれみの気持ち. 同情心. ¶～,人皆 jiē 有之 / 哀れみの心は誰にでもあるものだ. [由来]『孟子』公孫丑上に見えることば.

策([異]筞、筴) **cè** 竹部6 [四] 8890₂ 全12画 [常用]

❶ [素] 計略. プラン. ¶～略 cèlüè / ～划 cèhuà / 束手 shùshǒu 无～([成] なす術なく手をこまねく). ❷ [素] [旧] 馬用のむち. また,それで打つ. ¶～马(馬にむちを当てる) / 鞭～ biāncè (励ます). ❸ [素] [旧] 木や竹の札をひもでとじた昔の書物. ¶简～ jiǎncè (簡策). ❹ [素] [旧] 官吏登用試験に用いた文体. ¶对～ duìcè (対策). ❺ (Cè)姓. [参考] ③は1枚ごとの札を"简"といい,たくさんの札をとじたものを"策"と呼んだ. ④は与えられたテーマに対して答える形の議論文のスタイルをいう.
【策动】cèdòng [動] 画策する. ¶～政变 / クーデターをたくらむ.
【策反】cèfǎn [動] 敵の内部で策動し,寝返らせる.
【策划】cèhuà [動] ❶ たくらむ. ¶幕后 mùhòu～ / 裏で画策する. [同] 谋划 móuhuà ❷ 計画する. ¶公司～拓展 tuòzhǎn 网络 wǎngluò / 会社はネットワークを広げる計画を立てている. [同] 筹划 chóuhuà
【策励】cèlì [動] 督励する. 励ます. ¶时时刻刻～自己 / 常に自分をむち打ち励ます.
【策略】cèlüè ❶ [名] 戦略. ¶开拓 kāituò 业务～ / 業務拡張の作戦. ❷ [形] 戦術にたけている. ¶谈话要～一点 / 対話にはかけ引きが必要だ.
【策论】cèlùn [名] 封建時代,政治問題を論じてその対策を朝廷に提出した文書.
【策应】cèyìng [動]《軍事》友軍と呼応して戦う.
【策源地】cèyuándì [名] 戦争や社会運動が始まった場所.

¶北京是民主运动的~ / 北京は民主化運動発端の地だ.

cen ちㄣ [tsʻən]

参(參) cēn
ム部6 [四]2320₂ 全8画 [常用]

下記熟語を参照.
☞ cān, shēn

【参差】 cēncī ❶[形](長さ・高さ・大きさが)ふぞろいだ. ¶~有致 zhì / それぞれが違っていておもしろい. 反 整齐 zhěngqí ❷[副][文]おおよそ. ほぼ. ❸[動] すれちがいに終わる. ¶佳期 jiāqī~ / 好機を逃す.

【参差不齐】 cēn cī bù qí [成](大小・高低・長短・水準などが)バラバラだ. 揃っていない.

【参错】 cēncuò [形][文](高さなどが)不揃いで錯綜している.

岑 cén
山部4 [四]2220₇ 全7画 [通用]

[名] ❶ 小高い山. 高い丘. ❷ (Cén)姓.

【岑寂】 cénjì [形][文] 静寂だ. ¶夜已深,四周都~了 / 夜はふけて,あたりはすっかり静まりかえっている.

涔 cén
氵部7 [四]3212₇ 全10画 [通用]

❶[文][書] 雨がふり続いて,水びたしになる. 反 旱 hàn ❷[名] 水たまり.

【涔涔】 céncén [形][文] ❶ 汗や涙,水などがとぎれなく流れるようす. ¶汗~下 / 汗がしたたり落ちる. ❷ 空が曇って暗いようす. ❸ 悩んだり,もだえ苦しむようす.

ceng ちㄥ [tsʻəŋ]

噌 cēng
口部12 [四]6806₆ 全15画 [通用]

❶[擬]空気を切る音,物と物とがこすれあう音. さっ. ぱっ. シュッ. ¶~的一声,火柴划着 huázháo 了(シュッと音がして,マッチの火がついた) / 麻雀 májuè~的一声飞上屋顶(スズメがぱっと音をたてて屋根にとび上がった). ❷[動] ちょっとしかる. ¶~了他一顿(彼をちょっとしかった).

层(層) céng
尸部4 [四]7723₂ 全7画 [常用]

❶[素] 重なったものの一部. ¶深~ shēncéng (深層) / 大气~ dàqìcéng (大気層). ❷[量] いくえにも重なる. ¶~出不穷. ❸[量] つみ重なったものを数えることば. ¶二~楼(2階建ての建物) / 还有一~意思(さらにもう1つの意味がある). ❹(Céng)姓.

【层报】 céngbào [動](階級ごとに手順をふんで)上層部に報告する.

【层层】 céngcéng [形] 何重にも重なり合っている. ¶~包围 / 幾重にも取り囲む.

【层层叠叠[迭迭]】 céngcéng diédié [形] 何重にも折り重なっている. ¶~的雪峰 / 幾重にも重なり連なる雪の峰々.

【层出不穷】 céng chū bù qióng [成] 次々にあらわれて尽きることがない. ¶花样百出,~ / バラエティーに富み,次から次へとあらわれる.

【层次】 céngcì [名] ❶(話や作文などの)順序. 段取り. ¶~清楚 / 順序がはっきりしている. ❷ 階層. 段階. ¶年龄~不同,爱好 àihào 也不同 / 年齢や階層が異なれば,好みも異なる.

【层叠】 céngdié [形] 幾重にも重なっている.
【层高】 cénggāo [名](建築)階高. 一階ごとの高さ.
【层级】 céngjí [名] 等级. レベル. 階層.

【层见叠出】 céng jiàn dié chū [成] 何度もあらわれる. しばしば起こる. 同 层出叠见.

【层林】 cénglín [名] 幾重にも樹木の重なる林.
【层流】 céngliú [名](物理)層流. 同 片 piàn 流
【层峦】 céngluán [名] 幾重にも重なる山並み.

【层峦叠嶂】 céng luán dié zhàng [成] 切り立った山々がいくえにも重なり合っている.

【层面】 céngmiàn [名] 範囲. 方面. 領域.

曾 céng
八部10 [四]8060₆ 全12画 [常用]

[副][文] かつて. 以前に. ¶~经 céngjīng / 未~ wèicéng (いまだかつて…がない).
☞ 曾 zēng

【曾几何时】 céng jǐ hé shí [成] まもなく. いくばくもなく. ¶~被他们唾弃 tuòqì 了 / まもなく彼らに軽蔑され相手にされなくなった.

*【曾经】 céngjīng [副] かつて. 以前に. 反 不曾 bùcéng, 未曾 wèicéng

【曾经沧海】 céng jīng cāng hǎi [成] 世間を広く知っている人はありふれたことは気にもとめない. 由来 唐の元稹(ゲン)「離思」詩から.

蹭 cèng
足部12 [四]6816₆ 全19画 [次常用]

[動] ❶ こする. 擦(す)る. ¶~伤 cèngshāng (擦り傷) / ~破 cèngpò / ~脸 cèngliǎn (面目をなくす). ❷ こすりつける. うっかり触って汚す. ¶~了一身泥(体じゅうどろんこだ). ❸ ぐずぐずする. のろのろと引きのばす. ¶快点,别~了(早くしろ,ぐずぐずするな) / 磨~ móceng (ぐずぐずする). ❹[方](自分の金を使わずにちゃっかりせしめる. ¶看~戏(芝居をただ見する) / ~坐~车(ただ乗りする).

【蹭蹬】 cèngdèng [形] 失意にある. 不遇だ.
【蹭破】 cèngpò [動] 擦りむく. こすって傷つける. ¶别担心,小弟弟的腿只是~了一些皮 / ご心配なく. 弟は足をちょっと擦りむいただけです.

cha 彳ㄚ [tʂʻA]

叉(㕚)扠2 chā
又部1 [四]7740₃ 全3画 [常用]

❶[名](~子)フォーク. 先が分かれている道具. さすまた. ¶刀~ dāochā (ナイフとフォーク). ❷(フォークなどで)突き刺す. ¶~鱼 chāyú (やすで魚を突く). ❸[動] 交差させる. ¶~手 chāshǒu (旧時の礼法で,右手で左手のこぶしを軽く握り胸元で振る丁寧な礼). ❹[名](~儿)ばつ印. ¶打~儿 dǎchār (ばつ印をつける).
☞ 叉 chá, chǎ

【叉车】 chāchē [名] フォークリフト. 同 铲车 chǎnchē

【叉烧】 chāshāo《料理》❶[動] 塩漬けした肉を串に刺して,火にあぶって焼く. [名]①で作った肉. チャーシュー. 同 叉烧肉 ròu

【叉腰】chā//yāo 動 手を腰にあてる。¶张婶 shěn 喜欢叉着腰,指手画脚地讲别人的闲话 / 張さんの奥さんは人の噂話が好きで、いつも腰に手を当て身振りを交えてよくしたてる。 参考 親指を背中側に、他の4本の指をお腹側にして、腰をはさむようにるので、"叉"を用いる。

*【叉子】chāzi 名 〔把 bǎ, 个 ge〕フォーク。フォークのような形をしたもの。

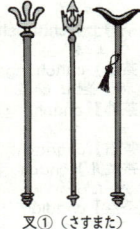

叉① (さすまた)

杈 chā
木部3 全7画 四 4794₃ 次常用
❶ 名《農業》〔把 bǎ〕フォーク。柴やわらを突き刺して持ち上げる農具。❷ (Chā)姓。
☞ 杈 chà

差 chā
羊部3 四 8010₂
全9画 常
❶ 素 へだたり。違い。¶~别 chābié / 温~ wēnchā (温度差)。❷ 素 文 やや。わずかに。¶~强人意。❸ 素 間違い。誤り。¶~错 chācuò。❹ 名《数学》差。
☞ 差 chà, chāi, cī

【差别】chābié 名 〔个 gè, 种 zhǒng〕違い。区別。隔たり。¶毫无~ / 少しも違わない。 同 分别 fēnbié, 区别 qūbié, 差异 chāyì 表现 他より低く扱う意味の「差別する」は、"歧视 qíshì"、"瞧不起 qiáobuqi"などを用いる。⇨区别 qūbié

【差池[迟]】chāchí 名 間違い。意外なこと。

【差错】chācuò ❶ 名 誤り。間違い。¶出~ / 間違いが起きる。¶你小心点,别出让他们抓到你有任何~! / 気をつけろよ、彼らにしっぽをつかまれないようにね。同 错误 cuòwù, 过错 guòcuò, 过失 guòshī ❷ 名 意外なこと。思わぬ災難。

【差额】chā'é 名 差額。¶补足~ / 差額を補う。¶贸易~ / 貿易収支の差額。

【差价】chājià 名 価格差。¶调整 tiáozhěng~ / 価格差を調整する。

【差距】chājù 名 隔たり。格差。ギャップ。¶找~ / 隔たりをさがす。¶消除~ / 格差をなくす。

【差强人意】chā qiáng rén yì おおむね満足できる。¶小美考试成绩~ / メイちゃんの試験の成績はまあまあだ。

【差数】chāshù 名《数学》差。差し引き。

【差误】chāwù 名 間違い。誤り。¶工作出了~ / 仕事で間違いをしかす。

【差以毫厘,失之千里】chā yǐ háo lí, shī zhī qiān lǐ 成 "差之毫厘,谬 miù 以千里"に同じ。

【差异】chāyì 名 差異。違い。¶我们在文化、习惯方面有很大的~ / 私たちは文化や習慣に大きな違いがある。同 差别 chābié, 区别 qūbié

【差之毫厘,谬以千里】chā zhī háo lí, miù yǐ qiān lǐ 成 小さな誤りが、大きな誤りとなる。どんなに小さな間違いでもあってはならない。¶差以 yǐ 毫厘,失以 shī 之 zhī 千里 由来 "始николаわずかな差でも、終わりには大きな差となる"という意から。

插 chā
扌部9 四 5207₇
全12画 常
動 ❶《細くて長いものを》差し込む。差しはさむ。¶把花~在花瓶里 (花瓶に花を生ける) / 一座大山直~云霄 yún-

xiāo (大きな山が空に向かってそそり立っている)。反 拔 bá ❷ 割り込む。中に入る。¶~班 chābān / ~嘴 chāzuǐ。

筆順 扌 扦 扦 插 插

【插班】chābān 動 編入する。¶~生 / 編入生。

【插播】chābō 動 テレビやラジオ放送にスポットを入れる。参考 番組を中断して臨時ニュースやコマーシャルを入れる。

【插翅难飞】chā chì nán fēi 成 翼をつけても飛べない。逃げたくても逃げられない。同 插翅难逃 táo

【插戴】chādài 名 髪かざり。とくに、婚約の時に男性から女性に贈った装飾品。

【插档】chādàng 動方 列に割り込む。

【插队】chā//duì 動 ❶ 列に割り込む。¶请按次序排队,不要~ / 順番に並んでください、割り込まないでください。¶加塞儿 jiāsāir ❷《文化大革命中に都市の知識青年が》農村に入り労働する。¶~落户 luòhù / 農村に入り、定住する。

【插管】chā//guǎn 動《医学》挿管する。

【插花】chāhuā ❶ chāhuà 動 混ぜる。¶~地 / 混作している畑。❷ chā//huā 花を生ける。¶学~ / 生け花を習う。¶~艺术 / 華道。由来 花の「色が入り混じっている」の意。表现 ❷は日本の「生け花」の訳語。

【插画】chāhuà 名 〔幅 fú, 张 zhāng〕さし絵。同 插图 chātú

【插话】chāhuà ❶ 動 口をはさむ。¶你别~ / 君は口出しするな。同 插嘴 chāzuǐ ❷ chàhuà 名 〔段 duàn, 句 jù〕(人の話にはさんだ)ことば。(口出しした)ことば。❸ chāhuà 名 〔段 duàn〕エピソード。挿話。

【插脚】chā//jiǎo ❶ 動 足を踏み入れる。❷ 介入する。手を出す。用法 ❶は多く否定形で用いる。

【插科打诨】chā kē dǎ hùn 成 劇中に、滑稽なしぐさやことばをはさんで観客を笑わせる。アドリブを入れる。

【插口】❶ chā//kǒu 動 口をはさむ。¶大人在讲话,小孩子别~ / 大人が話しているところへ子供が口をはさんではいけない。同 插嘴 chāzuǐ ❷ chākǒu 名《电气》〔个 ge〕差し込み口。コンセント。同 插座 chāzuò

【插屏】chāpíng 名 調度家具の一つ。背もたれに絵画や大理石などを入れ、底面は椅子になっている。

【插曲】chāqǔ 名 ❶ 〔段 duàn, 个 ge, 首 shǒu, 支 zhī〕(映画や芝居などの)挿入歌。❷ 〔段 duàn, 个 ge〕エピソード。

【插入】chārù 動 挿入する。¶网络卡 wǎngluòkǎ~手提电话之后,才可使用 / ネットワークカードを携帯電話に入れると、使えるようになります。

【插身】chāshēn 動 ❶ 割り込む。¶公司已无我~之地了 / 会社にはもう私の居場所はない。❷ 立ち入る。かかわる。

【插手】chā//shǒu 動 手出しする。¶想干又插不上手, 干り立ちが手を出せない。¶你就是爱~,好 hào 管闲事 / あなたは何にでも手を出して、おせっかいばかりする。

【插条】chātiáo 名動 挿し木(する)。

【插头】chātóu 名《电气》〔个 ge〕プラグ。¶把~插进插座 / プラグをコンセントに差し込む。同 插销 chāxiāo

【插图】chātú 名 〔幅 fú, 个 ge, 页 yè, 张 zhāng〕イラストレーション。さし絵。¶~说明 / イラストによる説明。同 插画 chāhuà

【插销】chāxiāo 名 ❶ (窓やドアの)掛けがね。❷《电气》プラグ。同 插头 chātóu

【插叙】chāxù 名《言語》〔段 duàn〕途中に別の内容を挿入する叙述形式．挿入法．
【插秧】chā//yāng 動田植えをする．
【插秧机】chāyāngjī 名《農業》田植え機．
【插页】chāyè 名〔页 yè,张 zhāng〕（雑誌などの）はさみこみのページ．
【插枝】chāzhī 名《植物》挿し木．同 插条 chātiáo
【插足】chāzú 動かかわる．足を踏み入れる．
【插嘴】chā//zuǐ 動口をはさむ．¶你别～,先听我说完／口出しせず,まず私の話を最後まで聞きなさい．同 插口 chākǒu
【插座】chāzuò 名《電気》〔个 ge〕ソケット．コンセント．¶把～上的插头拔掉 bádiào／コンセントからプラグを抜く．

喳 chā
口部9 全12画 [次常用] 6401₆

擬低いささやき声や小鳥の鳴き声．
☞ 喳 zhā

【喳喳】❶ chāchā 擬小さな話し声．❷ chácha 動小声で話す．¶打～／低い声でささやく．

馇(餷) chā
饣部9 全12画 [四] 2471₆ [通用]

動 ❶ かきまぜながら煮る．❷ 方 かゆを炊く．

锸(鍤/異臿) chā
钅部9 全14画 [四] 8277₇ [通用]

名土を掘る道具．鉄製のスコップ．シャベル．

嚓 chā
口部14 全17画 [四] 6309₁ [通用]

→喀嚓 kāchā
☞ 嚓 cā

叉 chá
叉部1 全3画 [四] 7740₃ [常用]

動 方 遮(さえぎ)る．ふさぐ．¶车把路口～住了（車が道をふさいでいる）．
☞ 叉 chā,chǎ

垞 chá
土部6 全9画 [四] 4311₄ [通用]

素地名用字．小さい山．¶胜～ Shèngchá（山東省にある地名）．

茬 chá
艹部6 全9画 [四] 4421₄ [次常用]

❶ 名（～儿）刈った作物の切り株．残り株．¶麦～儿 màichár（麦の切り穂）．❷ 量（～儿）作付け回数や収穫回数を数えることば．¶头～ tóuchá（一番作）／换～ huànchá（輪作する）／倒～ dǎochá（輪作する）．❸ 名短くて硬い髪や髭(ひげ)．
【茬口】chákǒu 名 ❶ 輪作作物の種類と輪作の順序．❷ 農作物を収穫した後の土壌．❸ 方（～儿）機会．
【茬子】cházi 名 刈り株．稲や麦を刈り取った後に,地面に残る茎の部分．同 茬Ⅰ

茶 chá
艹部6 全9画 [四] 4490₄ [常用]

❶ 名茶の木．¶一场 cháchǎng．❷ 名お茶．沏～ qīchá（お茶を入れる）／倒～ dàochá（お茶をそそぐ）／泡～ pàochá（お茶を入れる）／～杯 chábēi．❸ 名温かい飲料．¶杏仁～ xìngrénchá（アンズの種の中身を砕いて米の粉と砂糖を混ぜて煮出した飲み物）．❹（Chá）姓．
【茶杯】chábēi 名〔个 ge,只 zhǐ〕湯飲み茶わん．ティーカップ．
【茶博士】chábóshì 名茶を売る人．また,茶館のボーイやウエイター．
【茶场】cháchǎng 名 ❶ 茶を広範囲に栽培している場所．茶畑．❷ 茶の栽培・摘み取り・管理を担当する機関．
【茶匙】cháchí 名（～儿）〔把 bǎ,个 ge,只 zhǐ〕ティースプーン．
【茶道】chádào 名（日本の）茶道．
【茶底儿】chádǐr 名（茶を飲んだあと,急須や茶わんの底に残った）茶かす．
【茶点】chádiǎn 名 茶と茶菓子．¶用～招待客人／お茶と菓子で客をもてなす．
【茶碟儿】chádiér 名 茶たく．
【茶饭】cháfàn 名 お茶とご飯．食事のこと．¶～不进,日夜不安／ご飯ものどを通らず日夜不安定．
【茶房】cháfáng[-fang] 名 旧 給仕．ボーイ．
【茶缸子】chágāngzi 名 取っ手と蓋がついた大きな湯飲み．
【茶馆】cháguǎn 名（～儿）〔个 ge,家 jiā〕茶館．中国式の喫茶店．¶坐～／茶館で茶を飲む．参考 ステージがあり,芸能の出し物を見せたりする．
【茶褐色】cháhèsè 名 茶褐色．同 茶色 chásè
【茶壶】cháhú 名〔把 bǎ,个 ge〕急須．どびん．¶把～坐在火上／どびんを火にかける．
【茶花】cháhuā 名（～儿）❶ ツバキの花．❷ 茶の花．
【茶花女】Cháhuānǚ 名《音楽》「椿姫」．参考 ヴェルディ作曲のオペラの題名．
【茶话会】cháhuàhuì 名〔次 cì,个 ge〕茶話会．
【茶会】cháhuì 名〔次 cì〕❶ 茶会．ティーパーティー．❷ 茶話会．
【茶几】chájī 名（～儿）〔张 zhāng〕茶器を置く小さな卓．ティーテーブル．茶具台．
【茶鸡蛋】chájīdàn 名 茶でゆでた卵．卵を殻のままゆでた後,醤油やウイキョウ,茶の葉などと一緒に煮込んだもの．同 茶叶蛋 cháyèdàn
【茶硷】chájiǎn 名《化学》テオフィリン．
【茶镜】chájìng 名〔副 fù〕（黄水晶や茶色いガラスをレンズにした）サングラス．
【茶具】chájù 名〔件 jiàn,套 tào〕茶道具．ティーセット．¶一套～／茶器一揃え．
【茶客】chákè 名 茶館や喫茶店の客．
【茶楼】chálóu 名（2階のある）喫茶店．
【茶炉】chálú 名 湯を沸かすための小型のストーブやボイラー．表現 お湯を売る店などを言うことがある．
【茶农】chánóng 名 茶を栽培する農民．
【茶盘】chápán 名（～儿）〔个 ge,只 zhǐ〕（茶器を運ぶ）お盆．¶用～端茶／お盆でお茶を運ぶ．同 茶盘子 chápánzi
【茶钱】cháqián 名 ❶ お茶代．❷ チップ．心付け．¶付～／チップを払う．同 小费 xiǎofèi
【茶色】chásè 名 茶褐色．ダークブラウン．
【茶社】cháshè 名〔家 jiā〕❶ 中国式の喫茶店．❷ 茶店．
【茶食】cháshí[-shi]名〔份 fèn〕お茶菓子．お茶うけ．
【茶树】cháshù 名《植物》茶の木．
【茶水】cháshuǐ 名 茶,または白湯(さゆ)．¶～自备／飲みものは各自で用意する．¶免费供应 gōngyìng～／お茶を無料でサービスする．表現 旅客に供するものを指すことが多い．

【茶摊儿】chátānr 名 露店の茶屋．¶摆～/露店の茶店をやる．
【茶汤】chátāng 名 ❶ ウルチキビやコウリャンなどの粉に熱湯を注いだくず湯のような食べもの．オートミール．❷ 文 茶や湯．
【茶汤壶】chátānghú 名 湯沸かし器．サモワール．(同)茶炊 chuī 参考 鉄または銅製で、二重壁になっており、外周部分に水を入れ、中央部で火をたいて湯を沸かす．
【茶亭】chátíng 名 茶店．
【茶托】chátuō 名 (～儿)茶托．
【茶碗】cháwǎn 名〔个 ge,只 zhī〕湯飲み．ティーカップ．
【茶锈】cháxiù 名 茶しぶ．
【茶叶】cháyè 名 茶の葉．/ 底子 / 茶がら．
【茶叶蛋】cháyèdàn 名 卵の茶葉煮．(同)茶鸡 jī 蛋 参考 茶葉・八角・ウイキョウ・醤油などを調味料として煮た卵．
【茶叶花】cháyèhuā 名《植物・薬》バシクルモン．(同)罗布麻 luóbùmá
【茶余饭[酒]后】chá yú fàn [jiǔ] hòu 成 (食後の)ちょっとした休息の時間．短いくつろぎのひととき．¶～的话题 / 世間話の種．
【茶园】cháyuán 名 ❶ 茶畑．❷ "茶馆 cháguǎn"に同じ．
【茶盅】cházhōng 名 小さな茶わん．参考 さかずきより大きく、とっ手がないもの．
【茶砖】cházhuān 名 砖(_{せん})茶．茶の葉を蒸してれんが状に固めた茶．
【茶资】cházī 名 お茶代．
【茶座】cházuò 名 (～儿)❶ (多くは野外の)茶店．❷ 茶館などの座席．

查 chá
木部 5　四 4010₆　全9画　常用

动 ❶ 調べる．調査する．¶～字典(字典で調べる) / 搜～ sōuchá (捜査する)．❷ 検査する．チェックする．¶～户口(戸籍を調査する) / ～血 cháxuè (血液を検査する)．
☞ 查 zhā

【查办】chábàn 动 罪状を調べて処罰する．¶严加～/ 厳しく罪状を調べて処罰する．
【查抄】cháchāo 动 罪人の財産状況を調べて没収する．
【查处】cháchǔ 动 調査して処分する．
【查档】chádàng 动 書類を調べる．
【查点】chádiǎn 动 点検する．¶～存货 / 在庫品を一つ一つ調べる．
【查对】cháduì 动 照合する．¶～原文 / 原文とつき合わせて調べる．¶～市场行情 / 市場の動向を詳細に調査する．
【查房】cháfáng 动 ❶ (医者が)回診する．❷ (監督者が宿舎などの)部屋を巡回する．
【查访】cháfǎng 动 聞き込み捜査する．¶暗中～ / 内密に聞き込み捜査する．¶四处～ / あちこち聞いて回る．(同)察访 cháfǎng
【查封】cháfēng 动 差し押える．¶～财产 cáichǎn / 財産を差し押える．
【查号台】cháhàotái 名 (電話の)番号案内．参考 国内は114、国際は115．
【查核】cháhé 动 (帳簿などを)検査して、照合する．
【查获】cháhuò 动 ❶ (捜査して)押収する．¶海关～大批走私的毒品 dúpǐn / 税関は密輸の薬物を大量に押

収した．❷ (捜査して)逮捕する．¶～逃犯 / 逃亡犯を逮捕する．
【查缉】chájī 动 ❶ (密輸や脱税などを)調査する．捜査する．❷ (犯人を)捜査し、逮捕する．
【查检】chájiǎn 动 検閲する．検査する．
【查缴】chájiǎo 动 検査し、犯罪者の財産を押収する．
【查禁】chájìn 动 取り締まる．¶～黄色书刊 shūkān / ポルノ書籍を取り締まる．
【查究】chájiū 动 取り調べる．追究する．¶～对方的背景 / 相手の背後にあるものを突き止める．
【查勘】chákān 动 実地調査する．踏査する．
【查看】chákàn 动 視察する．¶亲自到现场～ / みずから現場に赴いて視察する．(同)检查 jiǎnchá
【查考】chákǎo 动 解明する．¶～来源 / 出どころを調べる．
【查控】chákòng 动 (容疑者の行動を)捜査し、観察する．
【查扣】chákòu 动 検査し、(違反品を)押収する．
【查明】chámíng 动 究明する．¶～真相后,才可做出决定 / 調査し真相を究明して決定する．
【查票】chá//piào 动 切符を検査する．検札する．¶～员 / 检札係．¶几乎所有的车站都改为机械～ / ほとんどの駅が、改札を機械化した．
【查铺】chá//pù 动 集団で宿泊している時、問題がないかどうか、睡眠中は寝相を整え・各人のふとんを掛け直す．
【查清】cháqīng 动 調べ上げる．¶～某人的来历 / ある人物の経歴を調べ上げる．
【查哨】chá//shào 动 (軍事)歩哨が任務を遂行しているかどうか巡視する．(同)查岗 chágǎng
【查实】cháshí 动 事実を調査する．
【查收】cháshōu 动 調べて受け取る．査収する．
【查问】cháwèn 动 査問する．尋問する．¶经不起～, 他终于说出了真相 / 尋問に耐えられず、彼はついに真相を話した．(同)查询 cháxún
【查无实据】chá wú shí jù 成 調査しても、根拠は実証できない．表現 "事出有因"(事が起こるには原因がある)と連用される．
【查询】cháxún 动 問い合わせる．¶～台 / 案内所．¶～表妹的下落 / 従妹の行方を問い合わせる．(同)查问 cháwèn
【查验】cháyàn 动 チェックする．検査する．¶～证件 / 証拠書類を検査する．
【查夜】chá//yè 动 夜間に巡回する．
【查阅】cháyuè 动 (書物・新聞・書類などを)調べる．¶～资料 / 資料を調べる．
【查账】chá//zhàng 动 帳簿を調べる．¶年终～ / 年末監査．
【查找】cházhǎo 动 探す．捜す．
【查照】cházhào 动 旧 (文書の内容や指示を)確認して、それに従って進める．¶即希～办理！/ ご了承の上、どうぞお取り計らい下さい．表現 ほぼ同等の部署の間で使われた公文書用語．
【查证】cházhèng 动 調査して証明する．¶～属实 shǔshí / 調査して事実を証明する．

搽 chá
扌部 9　四 5409₄　全12画　通用

动 (顔や手に)塗る．¶～药 cháyào (薬を塗る) / ～粉 cháfěn．
【搽粉】chá//fěn 动 おしろいを塗る．¶小明今天搽了些粉,显得更加青春美丽 / お化粧した今日のミンさんは、ひと

きわ美しくはつらつとしている.

嵖 chá 山部 9 [四] 2471_{6} 全12画 [通用]
[素] 地名用字. ¶～岈山 Cháyáshān (河南省遂平にある山の名).

猹 chá 犭部 9 [四] 4421_{6} 全12画 [通用]
[名][方]《動物》〔[量] 只 zhī〕アナグマに似た獣. [由来] 鲁迅の小説『故郷』に登場する字で, 鲁迅が作った字とされる.

楂 chá 木部 9 [四] 4491_{6} 全13画 [通用]
[名] "茬 chá"①に同じ.
☞ 楂 zhā

槎 chá 木部 9 [四] 4891_{2} 全13画 [通用]
[名] ❶ [文] 木のいかだ. ¶乘～ chéngchá (いかだに乗る). ❷ 農作物を刈り取った後の株. [同] 茬 chá

碴 chá 石部 9 [四] 1461_{6} 全14画 [次常用]
❶ 下記熟語を参照. ❷ [動][方] 皮膚などを破片で傷つける. ¶手让碎玻璃～破了(手をガラスの破片で切った).

【碴儿】chár [名] ❶ かけら. 破片. ¶冰～ / 氷のかけら. ¶玻璃～ / ガラスの破片. ❷ 器物の割れ目. 欠けたところ. ❸(感情面の)ひび. みぞ. 確執. ❹ 話題. ¶答 dā～ / 話の受け答え. ¶话～ / 話しぶり. ❺ [方] 勢い. 様子.

察([異] **詧) chá** 宀部11 [四] 3090_{1} 全14画 [常用]
❶ [素] 注意深く見る. 調査・観察する. ¶考～ kǎochá (綿密に調べる) / ～觉 chájué. ❷ (Chá)姓.

【察察为明】chá chá wéi míng [成] ❶ 細かいところに気がつく. ❷ つまらないところで目立とうとする.

【察访】cháfǎng [動] 探訪する. ¶暗中～ / こっそり探訪する. [同] 查访 cháfǎng

【察哈尔】Cháhā'ěr《地名》チャハル. 旧省名. [参考] 1928年に設立され, 当時は現在の河北省西北部と内モンゴル自治区シリングラ盟を管轄した. 1949年に管轄地を現在の河北省張家口地区と山西省雁北地区に変更. 1952年に廃止され, 現在は河北省と山西省に組み入れられている.

【察觉】chájué [動] 察知する. 気づく. ¶我～到她已有离心 / 私は彼女の気持ちが既に離れていることに気づいた. [同] 发觉 fājué, 觉察 juéchá

【察看】chákàn [動] 細かに観察する. 視察する. [同] 观察 guānchá

【察言观色】chá yán guān sè [成] 顔色をうかがう.

檫 chá 木部14 [四] 4399_{1} 全18画 [通用]
[名]《植物》ランダイコウバシ. サッサフラスノキ. [同] 檫木 chámù, 檫树 cháshù

叉 chǎ 又部 1 [四] 7740_{3} 全 3 画 [常用]
[動] 開く. 広げる. ¶～着腿(足を広げている).
☞ 叉 chā, chá

衩 chǎ 衤部 3 [四] 3724_{3} 全 8 画 [次常用]
→裤衩 kùchǎ
☞ 衩 chà

蹅 chǎ 𧾷部 9 [四] 6411_{6} 全16画 [通用]
[動] (泥水の中を)歩く. (ぬかるみに)踏み入る. ¶～雨 chǎyǔ (雨のぬかるみを歩く).

镲(鑔) chǎ 钅部14 [四] 8379_{1} 全19画 [通用]
[名]《音楽》〔[量] 副 fù〕小型のシンバル. [同] 钹 bó

汊 chà 氵部 3 [四] 3714_{3} 全 6 画 [通用]
[名] (～子) 川が分かれているところ. ¶河～ héchà (河の支流. 分流).

杈 chà 木部 3 [四] 4794_{3} 全 7 画 [次常用]
[素] 枝分かれした枝. ¶树～儿 shùchàr (枝分かれした枝) / 打棉花～ (綿花の枝払いをする).
☞ 杈 chā

【杈子】chàzi [名] 木のまた. 枝分かれした枝. ¶树～ / 木の枝. ¶打～ / 分かれた枝をおとす.

岔 chà 山部 4 [四] 8077_{2} 全 7 画 [常用]
❶ [素] (道や川, 木などで)枝分かれした部分. 枝道. 支流. ¶三～路 sānchàlù (三叉路) / 嘴～子 zuǐchàzi (唇の両端). ❷ →岔儿 chàr ❸ [動] (話を)そらす. はぐらかす. ¶把话～开(話をそらす). ❹ [動] (時間を)ずらす. ❺ [動][方] (声が)うわずる. かすれる.

【岔道儿】chàdàor [名] "岔路 chàlù"に同じ.

【岔开】chàkāi [動] ❶(話を)そらす. はぐらかす. ¶你别把话～ / きみ, 話をそらさないでくれ. ❷(時間が重ならないよう)ずらす.

【岔口】chàkǒu [名]〔[量] 个 ge〕(道路の)分岐点.

【岔流】chàliú [名] 下流で分岐して海に流れこむ支流. 分流. [同] 汊流 chàliú

【岔路】chàlù [名]〔[量] 条 tiáo〕分かれ道. ¶三～ / 三叉路. ¶～口 / 分かれ道の入り口. [同] 岔道儿 chàdàor

【岔气】chà//qì [動]《医学》呼吸時にわき腹が痛む.

【岔儿】chàr [名] 事故. まちがい. ¶驾车 jiàchē 小心, 当心出～ / 事故を起こさぬよう, 運転には気をつけなさい. [同] 岔子 chàzi

【岔子】chàzi [名] ❶〔[量] 个 ge〕分かれ道. [同] 岔路 chàlù ❷ 事故. まちがい.

刹 chà 刂部 6 [四] 4290_{0} 全 8 画 [次常用]
[名] 寺. ¶古～ gǔchà (古く由緒ある寺) / ～那 chànà.
☞ 刹 shā

【刹那】chànà [名] 一瞬. せつな. ¶桌上的食物, ～间就被吃光了 / テーブルの食べ物は, あっという間に食べ尽くされてしまった. ♦サンスクリット kṣaṇa.

【刹那间】chànàjiān [名] 刹那(せつな). 瞬間.

衩 chà 衤部 3 [四] 3724_{3} 全 8 画 [次常用]
[名]《服飾》裾わきのスリット.
☞ 衩 chǎ

诧(詫) chà 讠部 6 [四] 3371_{4} 全 8 画 [通用]
[素] いぶかる. 奇怪に思う.

【诧异】chàyì [動] いぶかる. 奇異に思う. ¶他的态度言行令人～ / 彼の態度言動はどうも不可解だ. [同] 惊诧 jīngchà, 惊奇 jīngqí, 惊讶 jīngyà, 惊异 jīngyì

差 chà 羊部 3 [四] 8010_{2} 全 9 画 [常用]

❶[形] まちがっている. 誤っている. ¶说～了(言いまちがえた). ❷[形] 異なっている. ¶～不多. ❸[动] 不足する. 欠ける. ¶～一道手续(手続きが一つ足りない). ❹[形] 標準に達しない. 劣る. ¶成绩～(成績が劣る). [反] 好 hǎo
☞ 差 chā, chāi, cī

【差不多】chàbuduō [形] ❶ ほとんど同じだ. 大差ない. ¶～五点了 / そろそろ5時頃だ. ❷ ほぼ満足できる. まあまあのところだ. ¶这次考试这～/ 今度の試験はまあまあの出来だ. ❸ ("～的"の形で)普通の人. 一般の人.

【差不离】chàbulí [形] (～儿) "差不多 chàbuduō"① に同じ.

*【差点儿】chà//diǎnr ❶[形] やや劣る. ❷[副] もう少しで…だった. ¶刚才在门口～撞到他 / さっきドアのところで危うく彼とぶつかりそうになった. ～就没赶上末班车 mòbānchē 了 / あぶなく終電に間に合わないところだった. [同] 差一点儿 chàyīdiǎnr [用法] "没 méi" をつけてもつけなくても意味は同じ. [参考] 望ましくない事態を幸いに免れたときに使う. ¶～没答上来 / 何とか答えられた. ¶～答上来 / 何とか答えられた. [用法] 否定文で用いるが, 動作は実現している. ❹[副] もう少しのところで…しそこねた. ¶～就买到了 / もう少しで買えたのに. [用法] "没"をつけないが動作は実現していない. "就"を伴うことが多い.

【差进差出】chà jìn chà chū [成] 悪銭身につかず. [由来] 「まちがって入ってきたものはまちがって出て行く」という意から.

【差劲】chàjìn [形] 劣っている. 程度が低い. ¶今儿的戏太～/ 今日の芝居は出来がとても悪い.

【差生】chàshēng [名] 劣等生. 成績が悪い学生.

【差事】chàshì [形] (～儿) 役に立たない. 使いものにならない.

【差一点儿】chà//yīdiǎnr [形][副] "差点儿 chàdiǎnr" に同じ.

姹 chà 女部6 [四] 4341₄ 全9画 [通用]

[素] はなやかで美しい.

【姹紫嫣红】chà zǐ yān hóng [成] 色とりどりの花が咲き乱れて美しいようす.

chāi ㄔㄞ [tṣʻae]

拆 chāi 扌部5 [四] 5204₁ 全8画 [常用]

❶[动] ばらばらにする. ほどく. はがす. ¶～卸 chāixiè. [反] 搭 dā, 装 zhuāng ❷[动] 取り壊す. ¶～房子(家を解体する). ❸(Chāi)姓.
☞ 拆 cā

【拆除】chāichú [动] (建物や設備などを)撤去する. ¶～脚手架 / 足場を撤去する. ¶～地雷 / 地雷を撤去する. [反] 修建 xiūjiàn, 安装 ānzhuāng

【拆穿】chāichuān [动] 暴く. 暴露する. ¶～骗局 / たくらみを暴く. ¶～西洋镜 / からくりを見破る. 内幕を暴露する.

【拆东墙,补西墙】chāi dōngqiáng, bǔ xīqiáng [惯] 応急の対応で一時しのぎをする. [由来]「東の塀を崩し, その れんがで西の塀をつくろう」の意から.

【拆兑】chāiduì [动] [口] (個人の間で)臨時に金銭や物を借りる.

【拆封】chāi//fēng [动] (手紙を)開封する. (封印を)破る. ¶这信已经被～了 / この手紙はすでに開封されている.

【拆毁】chāihuǐ [动] 取り壊す. 解体する. ¶～美好的家庭 / 円満な家庭を壊す.

【拆伙】chāi//huǒ [动] 解散する. ¶合股人 hégǔrén ～/ 共同出資者たちは協力関係を解消した. [同] 散伙 sànhuǒ

【拆借】chāijiè [名] 《经济》短期融資. 銀行などから短期の借金をし, 日割りで利息を返すもの.

【拆开】chāikāi [动] (手紙や包みを)開封する. 開いて見る. ¶你先把礼物～来看看喜不喜欢 / 気に入るかどうか, まずプレゼントを開けて見てみて.

【拆卖】chāi//mài [动] (セットものを)ばらで売る. 分売する.

【拆迁】chāiqiān [动] (区画整理などで)住居を取り壊し, 住民を移転させる.

【拆迁补偿】chāiqiān bǔcháng [名] 立ち退き補償.

【拆迁户】chāiqiānhù [名] 立ち退き住民. 住宅の取り壊しのために移転させられた住民.

【拆墙脚】chāi qiángjiǎo [句] へいの土台を壊す. 転じて, 足をすくう. ¶拆他的墙脚 / 彼の足をすくう.

【拆散】chāi//sǎn [动] (セットものを)ばらにする.

【拆散】chāi//sàn [动] (集団や家族などを)分散させる. 離散させる. ¶～婚姻 / 夫婦が別れる. [反] 撮合 cuōhe

【拆台】chāi//tái [动] 失脚させる. 足をすくう. ¶拆他的台 / 彼を失脚させる. [反] 补台 bǔtái

【拆违】chāiwéi [名] "拆除违章建筑物"(违法建築物取り壊し)の略称.

【拆息】chāixī [名] ❶ 預金, 貸し出しの日ごとの利息. ❷《经济》コール. 短資.

【拆洗】chāixǐ [动] (ふとんや衣類などを)ほどいて洗う. ¶～被子 / ふとんを洗う.

【拆线】chāi//xiàn [动] 《医学》抜糸する. ¶今天拆了线后,很快就可以出院了 / 今日抜糸が済めば, すぐに退院できますよ.

【拆卸】chāixiè [动] (機械などを)分解する. 解体する. [反] 装配 zhuāngpèi, 组装 zǔzhuāng

【拆账】chāi//zhàng [名] 歩合による賃金支給.

【拆字】chāi//zì [动] 文字占いをする. [参考] 文字をへんやつくり, 筆画で分類し, その意味によって吉凶を占うもの. [同] 测字 cèzì

钗(釵) chāi 钅部3 [四] 8774₃ 全8画 [通用]

[名] 女性の髪飾り. かんざし. ¶金～ jīnchāi (金のかんざし) / 荆 jīng ～布裙 [成] 木のかんざしに木綿のスカート. 女性の身なりが質素なたとえ).

差 chāi 羊部3 [四] 8010₂ 全9画 [常用]

❶[动] 派遣する. 出張させる. ¶～遣 chāiqiǎn / 出～chūchāi (出張する). ❷[名] 派遣された人. ¶钦～qīnchāi (勅使). ❸[素] (派遣されて行う)公務. 職務. ¶～使 chāishǐ.
☞ 差 chā, chà, cī

【差旅费】chāilǚfèi [名] 出張旅費. ¶报销 bàoxiāo ～/ 出張費を精算する.

【差遣】chāiqiǎn [动] 派遣する. ¶听候～/ 派遣の辞令を待つ. [同] 派遣 pàiqiǎn

【差使】❶ chāishǐ [动] (官命で)派遣する. ❷ chāishi [名][量] 个 ge) 役所で臨時に委任された職務. また, 広く職務や官職のこと.

【差役】chāiyì [名][旧] ❶ 労役. 賦役. 無償労働. ❷

〔量 个 ge, 名 míng, 位 wèi〕役所で下働きをする人.

侪(儕) chái
亻部6 四 2022₄ 全8画 通用
索 仲間. 同輩. ¶吾～ wúchái（我ら）/ ～輩 cháibèi.
【侪辈】cháibèi 名 同輩. 同世代.

柴 chái
木部6 四 2290₄ 全10画 通用
名 ❶〔量 把 bǎ, 捆 kǔn〕たきぎ. まき. ¶火～ huǒchái（マッチ）/ ～草 cháicǎo. ❷（Chái）姓.
【柴草】cháicǎo 名 たきつけに使う干し草や柴.
【柴扉】cháifēi 名 木の枝や藁などで作った粗末な門. 同 柴门 mén.
【柴胡】cháihú 名《植物・薬》サイコ.
【柴火】cháihuo 名〔量 把 bǎ, 堆 duī, 捆 kǔn〕まき. たきぎ.
【柴鸡】cháijī 名《鳥》中国在来種のニワトリ. 足に毛がなく体形が小さい.
【柴可夫斯基】Chāikěfūsījī《人名》チャイコフスキー (1840-1893). ロシアの作曲家.
【柴门】cháimén 名 旧 粗末で貧しい家. 由来「小枝や草などを編んだ門」の意から.
【柴米】cháimǐ 名 まきと米. 転じて, 日常生活の必需品.
【柴米油盐】cháimǐ yóuyán 名 燃料・穀物・油・塩. 日常生活に欠かせないもの.
【柴油】cháiyóu 名 重油. ディーゼルオイル. ¶～引擎 yǐnqíng / ディーゼルエンジン.
【柴油机】cháiyóujī 名〔量 台 tái〕ディーゼルエンジン. ディーゼル機関. 同 柴油发动机 fādòngjī, 狄塞尔机 dísài'ěrjī.

豺 chái
豸部3 四 2420₀ 全10画 次常用
索《動物》ヤマイヌ. ¶～狼 cháiláng. 同 豺狗 cháigǒu.
【豺狼】cháiláng 名 ヤマイヌと狼. 転じて, 極悪人. ¶他心狠 hěn 如～ / 彼はヤマイヌや狼のように残忍だ.
【豺狼成性】chái láng chéng xìng 成 極悪非道が本性となっている.
【豺狼当道】chái láng dāng dào 成 極悪人が大権を握る. ¶～, 好人遭殃 zāoyāng / 悪人が天下を握れば善人はひどい目にあう.

茝 chǎi
艹部7 四 4471₂ 全10画 通用
名《植物》ビャクシ, ヨロイグサ. 参考 古典に見られる香りのよい草. 人名に用いる. 同 白芷 báizhǐ.

虿(蠆) chài
虫部3 四 1013₆ 全9画 通用
名《虫》サソリに似た毒虫. 参考『三国志』魏志の華佗伝に見えるもの.

瘥 chài
疒部9 四 0011₂ 全14画 通用
動 文 病気が治る. ¶久病初～（長患いがやっとよくなる）.
☞ 瘥 cuó

chan イㄢ〔tsʻan〕

觇(覘) chān
见部5 四 2761₂ 全9画 通用
素 文 うかがい見る. 探る. ¶～标 chānbiāo.
【觇标】chānbiāo 名 測量用の標識.

掺(摻) chān
扌部8 四 5302₂ 全11画 次常用
動 "搀 chān"②に同じ.
【掺合】chānhé 動 混ぜ合わせる. 混ぜ込む. ¶这件毛衣～了百分之三十的真丝 / このセーターはシルクが30％入っている.
【掺假】chān/jiǎ 動（本物の中に）偽物を混ぜる.（良質品の中に）粗悪品を混ぜる. 同 搀 chān 假.

搀(攙) chān
扌部9 四 5703₃ 全12画 次常用
動 ❶ 手で軽く相手の手や腕を支える. ¶～扶 chānfú / 你～着那个小孩儿吧（あの子供に手をかしなさい）. ❷ 混ぜる. ¶～和 chānhuo. 同 掺 chān
【搀兑】chānduì 動（成分の異なるものを）混ぜ合わせる.
【搀扶】chānfú 動 手で軽く支える. 手をかす.
【搀合】chānhé 動 混ぜ合わせる. 配合する. ¶～肥料 / 肥料を配合する.
【搀和】chānhuo 動 ❶ ごちゃまぜにする. ❷ かき乱す. じゃまをする. 同 搀杂 chānzá
【搀假】chān//jiǎ 動 ❶ 混ぜ物をする. ¶这酒味道太淡了, 一定搀了假 / この酒は味がひどく薄い. きっと水がまぜてある. ❷ うそを交える. ¶老张一向有一说一, 从不～ / 张さんの話はずっと確かでうそがない.
【搀杂】chānzá 動 混ざる. 混ぜる. 同 搀和 chānhuo, 夹杂 jiāzá

单(單) chān
八部6 四 8050₆ 全8画 常用
下記熟語を参照.
☞ 单 dān, Shàn
【单于】chányú ❶ 单于（ㄔㄢˊ ㄩˊ）. 匈奴の王の称号. ❷（Chányú）《複姓》单于（ㄔㄢˊ ㄩˊ）.

谗(讒) chán
讠部9 四 3773₃ 全11画 通用
素 陰口をいう. 中傷する. 讒言（ㄗㄢˊ）をする. ¶～言 chányán / 进～ jìnchán（讒言をする）.
【谗害】chánhài 動 讒言（ㄗㄢˊ）して人を陥れる.
【谗言】chányán 名 讒言. 中傷.

婵(嬋) chán
女部8 四 4845₆ 全11画 通用
下記熟語を参照.
【婵娟】chánjuān 文 ❶ 形 あでやかで美しい. ¶窈窕 yǎotiǎo～ / 美しい女性. ❷ 名 "月亮 yuèliang"（月）の別称. 表現 ①は, 女性や月について言う.
【婵媛】chányuán 形 文 ❶ あでやかで美しい. 同 婵娟 chánjuān ❷ 心がひかれるよう. ¶心～而无告兮 xī, 口嚅而肒 jìnbì 而不言 / 心は引かれるけれども人には告げない, 口をつぐんで話さない（『楚辞』）.

馋(饞) chán
饣部9 四 2773₃ 全12画 通用
形 ❶ 食い意地がはっている. ¶嘴～ zuǐchán（口が卑しい）/ ～涎 xián 欲滴. ❷ うらやましがる. 見て欲しくなる. ¶眼～ yǎnchán（人の物を見てすぐに欲しがる）.
【馋鬼】chánguǐ 名 食いしん坊.
【馋涎】chánxián 動 よだれを流す.
【馋涎欲滴】chán xián yù dī 成 のどから手が出そうになる. ¶小明穿得太暴露 bàolù, 使歹徒 dǎitú～ / ミンス

ん の服装は露出しすぎだ. あれではちんぴらどもを誘っているようなものだ.

【饞相】chánxiàng 名 もの欲しげな表情.
【饞嘴】chánzuǐ 名 形 口が卑しい(人). 食い意地がはっている(人). ¶小朱是个大〜/朱さんはとても食いしん坊だ.

禅(禪) chán 礻部8 四 3825₆ 全12画 常用

❶ 素 禅. ¶参〜 cānchán (座禅をくむ)/〜法 chánfǎ(禅の教え. 仏法). ❷ 素 仏教の. ¶〜林 chánlín. ❸ (Chán)姓. 由来 ❶は, "dhyāna"(サンスクリット)の音訳"禅那 chánnà"を略したもの.
☞ 禅 shàn

【禅房】chánfáng 名《宗教》寺院. 僧坊.
【禅机】chánjī 名《仏教》禅機. 禅宗の師僧が説法や行動の中で教義の奥義を暗示すること.
【禅林】chánlín 名《仏教》寺院.
【禅师】chánshī 名《仏教》[個 个 ge, 名 míng, 位 wèi] 僧侶に対する尊称.
【禅心】chánxīn 名《宗教》禅の境地. 静かで落ち着いた心境.
【禅宗】chánzōng 名《仏教》禅宗.

孱 chán 尸部9 四 7724₇ 全12画 通用

素 ひ弱だ. 軟弱だ.
☞ 孱 càn

【孱弱】chánruò 形 文 ❶(肉体的に)ひ弱だ. 虚弱だ. ¶身体〜, 不适于远行/身体が弱いから, 遠出には向かない. ❷(精神的に)軟弱だ. ❸(音などが)弱々しい.

缠(纏) chán 纟部10 四 2011₅ 全13画 常用

❶ 動 巻く. 巻き付ける. まといつく. ¶头上〜着一块布(頭に布を巻き付けている)/〜绵 chánmián. ❷ 動 つきまとう. まとわりつく. ¶胡〜 húchán (うるさくつきまとう). ❸ 動 方 相手にする. ¶你这个人真难〜, 怎么说都不行(君という人は本当に手に負えない, 何と言おうとだめなのだから). ❹ (Chán)姓.

【缠绵】chánmián ❶ 動 (病や感情などが)まつわりついて離れない. つきまとう. ¶〜病榻 bìngtà/長患いでベッドから離れられない. ¶情意〜/情がまつわりついて離れない. ❷ 形 こまやかに人の心を打つ. ¶歌声柔和 róuhé〜/歌声はやさしくしみじみとしている.
【缠绵悱恻】chán mián fěi cè 成 詩文や歌などが人の心を打つ.
【缠磨】chánmo 動 つきまとって困らせる. だだをこねる.
【缠绕】chánrào 動 ❶細長いものがぐるぐると巻く. 巻きつく. ❷まとわりつく. つきまとう. ¶学生们〜着老师/生徒たちは先生にまつわりついている.
【缠身】chánshēn 動 まとわりつかれる. 身にまといついて離れない. ¶琐事〜/諸事煩瑣だ.
【缠手】chán//shǒu 動 ❶手がかかる. 手が離せない. ¶孩子小, 太〜/子供が小さくて, とても手がかかる. ❷解決するのが難しい. ¶个问题/やっかいな問題.
【缠住】chánzhù 動 まとわりついて離れない. ¶被小孩〜, 没办法去看电影了/子供にまとわりつかれ, 映画に行けなくなった.
【缠足】chán//zú 動 てん足にする. 同 缠脚 chánjiǎo, 裹脚 guǒjiǎo

蝉(蟬) chán 虫部8 四 5815₆ 全14画 次常用

素[個 个 ge, 只 zhī] セミ. ¶寒〜 hánchán (夏の終わりに弱って鳴かなくなったセミ)/噤 jìn 若寒〜(成 じっと押し黙る). 表現 口語では"知了 zhīliǎo"という.
【蝉联】chánlián 動 (タイトルを)保持する. (職務を)留任する. ¶〜世界冠军 guànjūn/連続して世界チャンピオンとなる.
【蝉蜕】chántuì ❶ 名《薬》[個 个 ge] せんたい. セミの抜け殻. 解熱剤やかゆみ止めに用いる. ❷ 動 抜け出る. 解脱する.
【蝉翼】chányì ❶ 名《虫》セミの羽. ❷ 形 (セミの羽のように)非常に軽く薄い.

廛 chán 广部12 四 0021₄ 全15画 通用

名 文 人の住居. 家. 店. ¶市〜 shìchán (町の店)/〜闬 chánhàn (町なか).

潺 chán 氵部12 四 3714₇ 全15画 通用

素 (渓流や泉の)水の流れる音. さらさら. ¶〜湲 chányuán.
【潺潺】chánchán 擬 水の流れる音. さらさら. ¶秋雨〜/秋の雨がしとしとと降る.
【潺湲】chányuán 形 文 川の水がゆるやかに流れるようす.

澶 chán 氵部13 四 3011₆ 全16画 通用

素 地名用字. ¶〜渊 Chányuān (現在の河南省濮陽§県西南にあった).

瀍 Chán 氵部15 四 3011₄ 全18画 通用

名 地名用字. ¶〜河 Chánhé (河南省にある川の名).

蟾 chán 虫部13 四 5716₁ 全19画 通用

素 由来 ❶ヒキガエル. ¶〜酥 chánsū. 同 蟾蜍 chánchú ❷月の別称. ¶〜宫 chángōng/〜彩 cháncǎi (月の光). 由来 ❷は, 昔, 月にはカエルが住んでいると考えられていたため.
【蟾蜍】chánchú 名 文 ❶[個 个 ge, 只 zhī] ヒキガエル. ガマ. 同 癞蛤蟆 làiháma, 疥蛤蟆 jièháma ❷"月亮 yuèliang"(月)の別称.
【蟾宫】chángōng 名 文 月. 由来 月には"蟾蜍"(ヒキガエル)が住むとの伝説から.
【蟾酥】chánsū 名《薬·中医》蟾酥(ぜんそ). ガマの油. 参考 強心·鎮痛·止血剤となる.

巉 chán 山部17 四 2771₃ 全20画 通用

素 文 険しい山がそそり立つ. ¶〜岩 chányán 峭壁 qiàobì (山が切り立って地形が険しい).

躔 chán 足部15 四 6011₄ 全22画 通用

文 ❶ 名 獣の足あと. ❷ 動 天体が運行する. ¶〜次 cháncì (星座. 星の位置).

镵(鑱) chán 钅部17 四 8771₃ 全22画 通用

❶ 名 田 土を掘り起こす鉄製の農具. ❷ 動 文 刺す. ❸ 形 鋭利だ.

产(產) chǎn 立部1 四 0020₁ 全6画 常用

❶ 動 子を産む. ¶〜子 chǎnzǐ (子供を産む)/卵 chǎnluǎn. ❷ 素 出産. ¶〜科 chǎnkē/助〜士 zhùchǎnshì (助産婦). ❸ 動 製造する. 栽培する. ¶出〜 chūchǎn (産出する)/增〜 zēngchǎn (増

産する) / ～品 chǎnpǐn / ～物 chǎnwù. ❹素 製造品. 生産品. ¶特～ tèchǎn (特産物). ❺素 財産. ¶～权 chǎnquán / 房～ fángchǎn (不動産としての建物) / 破～ pòchǎn (破産する). ❻(Chǎn)姓.
【产出】chǎnchū 動 (製品の)生産する. (経済効果などを)生み出す.
【产床】chǎnchuáng 名 産褥(詩じょく). 分娩台(ぶんべんだい).
【产道】chǎndào 名《医学》産道.
【产地】chǎndì 名 産地. ¶原～ / 原産地.
【产额】chǎn'é 名 生産額.
【产儿】chǎn'ér 名 ❶ 生まれたばかりの赤ん坊. ❷ 産物. 結果. 同 产物 chǎnwù.
【产房】chǎnfáng 名 分娩室.
【产妇】chǎnfù 名〔个 ge, 位 wèi〕産婦.
【产供销】chǎn-gōng-xiāo 名 "生产,供应,销售"(生産・供給・販売)の略.
【产后】chǎnhòu 名 ❶《医学》産後. ❷ (製品の)生産後. ¶～服务 / アフターケア.
【产假】chǎnjià 名 産休. 出産休暇. ¶照付工资的～ / 有給の産休. ¶休～ / 産休をとる.
【产科】chǎnkē 名《医学》産科.
*【产量】chǎnliàng 名 生産量. 生産高.
【产卵】chǎnluǎn 動 産卵する.
*【产品】chǎnpǐn 名〔個 个 ge,件 jiàn,批 pī,种 zhǒng〕生産品. 製品. ¶～质量 zhìliàng 管理 / 製品の品質管理. ¶改良～ / 製品を改良する.
【产婆】chǎnpó 名 (旧) 産婆. 助産婦. 同 接生 jiēshēng 婆.
【产前】chǎnqián 名 ❶《医学》産前. ❷ (製品の)生産前.
【产钳】chǎnqián 名《医学》産科鉗子(かんし).
【产区】chǎnqū 名 生産地域. ¶水稻～ / 水稲の生産地区.
【产权】chǎnquán 名 財産権.
【产褥期】chǎnrùqī 名《医学》産褥(じょく)期.
【产褥热】chǎnrùrè 名《医学》産褥(じょく)熱.
*【产生】chǎnshēng 動 生み出す. 現れる. ¶～影响 / 影響が出る. ¶你这样的态度,容易令人对你～误会 / あなたのそうした態度では,人は誤解を生みやすい. ¶有大公司在此设厂,就会一不少的就业机会 / ある大会社がここに工場を建てると,多くの就職の機会が生まれる.
【产物】chǎnwù 名 産物. 結果. ¶时代的～ / 時代の産物.
【产销】chǎnxiāo 名 生産と販売. ¶～合同 / 生産販売契約. ¶彻底进行～管理 / 生産と販売の管理を徹底する.
【产业】chǎnyè 名 ❶ 土地や建物,工場などの私有資産. ❷ 産業.
【产业革命】chǎnyè gémìng 名 産業革命.
【产业工人】chǎnyè gōngrén 名 工業労働者.
【产业结构】chǎnyè jiégòu 名《経済》産業構造.
【产业资本】chǎnyè zīběn 名《経済》産業資本.
【产院】chǎnyuàn 名〔个 ge,家 jiā〕産院. 産科医院.
【产值】chǎnzhí 名 生産額. ¶工业总～ / 工業総生産高.

浐(滻) Chǎn
氵部6 全9画 四 3010₁ 通用
素 地名用字. ¶～河 Chǎnhé (陕西省にある川の名).

谄(諂) chǎn
讠部8 全10画 四 3777₇ 通用
素 へつらう. おもねる. ¶～谀 chǎnyú / ～上欺下(成) 上にはへつらい,下にはいばる).
【谄媚】chǎnmèi 動 (貶) こびへつらう. ¶～巴结 bā jié (成) こびをうり,おべっかをつかう.
【谄笑】chǎnxiào 動 おもねり笑いをする. 気に入られようと,あいそ笑いをする.
【谄谀】chǎnyú 動 (貶) こびへつらう. おもねる. ¶无意中她又显出那一的本领 / 彼女は無意識のうちに,またおべっかつかいの本領を発揮した.

啴(嘽) chǎn
口部8 全11画 四 6805₆ 通用
素 (文) ゆったりしている. ¶～缓 chǎnhuǎn (ゆったりとして広い).
☞ 啴 tān

铲(鏟)(異 剷) chǎn
钅部6 全11画 四 8070₁ 常用
❶ 素 (～儿)ものをこすり取ったり,すくったりする道具. シャベル. スコップ. ¶铁～ tiěchǎn (スコップ) / 锅～ guōchǎn (フライ返し). ❷ (すきやシャベルで)すくって取る. ¶～除 chǎnchú / ～平 chǎnpíng / 你先把房顶上的雪～下来(まず屋根の上の雪をこそぎ落としなさい).
【铲车】chǎnchē 名《機械》フォークリフト. 同 叉 chā 车
【铲除】chǎnchú 動 根こそぎ取り除く. ¶～祸根 huògēn / 災いのもとをすっかり取り除く. 同 根除 gēnchú
【铲平】chǎnpíng 動 (スコップなどで)すくって平らにする. ⇨铲土机 chǎntǔjī
【铲土机】chǎntǔjī 名 ブルドーザー. ¶用～把这块地铲平 / ブルドーザーでこの土地を平らにならす. 同 推土机 tuītǔjī, 铲运机 chǎnyùnjī
【铲运车】chǎnyùnchē 名〔辆 liàng〕フォークリフト. 同 叉车 chāchē, 铲车 chǎnchē
【铲子】chǎnzi 名〔把 bǎ〕スコップやシャベル.

阐(闡) chǎn
门部8 全11画 四 3750₆ 次常用
素 はっきり説明する. 明らかにする. ¶～述 chǎnshù / ～扬 chǎnyáng.
【阐发】chǎnfā 動 (意義や主張などを)明らかにする. ¶文章～了这一事件的社会意义 / 文章はこの事件の社会的意義を明らかにした.
【阐明】chǎnmíng 動 (道理を)解き明かす. はっきり述べる. ¶～态度 / 態度をはっきり述べる. 同 说明 shuōmíng
【阐释】chǎnshì 動 詳しく説明する.
【阐述】chǎnshù 動 はっきり述べる. ¶～这件意外事故的来龙去脉 / この意外な事故のいきさつをはっきり述べる. 同 论述 lùnshù
【阐扬】chǎnyáng 動 説明し宣伝する. ¶～真理 / 真理を説き広める.

蒇(蕆) chǎn
艹部9 全12画 四 4425₃ 通用
素 (文) 完成する. 解決する.

骣(驏) chǎn
马部12 全15画 四 7714₇ 通用
動 鞍をつけずに馬に乗る. ¶～马(裸馬に乗る). 参考 "zhàn"とも発音する.

chǎn – cháng

辴(䰩) chǎn
八部16 全18画 四 8753₂ 通用
[形][文] 笑うようす.

忏(懺) chàn
亻部3 全6画 四 9204₀ 通用
[素] ❶ ざんげする. ¶～悔 chànhuǐ. ❷《仏教》ざんげの祈禱. ¶拜～ bàichàn（僧が読経し,他人に代わってざんげする）.
【忏悔】chànhuǐ [動] 過去の過ちを悔い改める.

颤(顫) chàn
页部13 全19画 四 0118₂ 常用
[素]（小刻みに）揺れる. 振動する. ¶～动 chàndòng /～抖 chàndǒu.
☞ 颤 zhàn
【颤动】chàndòng [動]（小刻みに）揺れる. 振動する. ¶树枝在风中～/木の枝が風で小刻みに震えている. [同] 抖动 dǒudòng
【颤抖】chàndǒu [動] ぶるぶると震える. ¶冻得全身～/寒くて体中がぶるぶると震える. ¶雷声虽远,小美的手还在～/雷鳴はもう遠のいたが,メイちゃんの手はまだ震えている. [同] 打颤 dǎchàn, 哆嗦 duōsuo, 发抖 fādǒu, 战抖 zhàndǒu
【颤巍巍】chànwēiwēi [形]（～的）(老人や病人が)よろよろしている.
【颤音】chànyīn [名]《音楽》〔量 个 ge, 种 zhǒng, 组 zǔ〕トリル. 顫音(ﾄﾘﾙ).
【颤悠】chànyou [動] ゆっくり揺れる.

羼 chàn
尸部18 全21画 四 7725₁ 通用
[素] 混ぜる. ¶～入 chànrù /～杂 chànzá.
【羼入】chànrù [動] 混入する. 紛れ込む.
【羼杂】chànzá [動] 混ぜtoる. ¶～其他的色彩 /他の色を混ぜ入れる. [同] 搀杂 chānzá

韂 chàn
革部13 全22画 四 4756₁ 通用
[名] 鞍(ｸﾗ)の下に敷く下鞍(ｼﾀｸﾞﾗ).

---

chang ㄔㄤ [tṣʻaŋ]

伥(倀) chāng
亻部4 全6画 四 2223₄ 通用
[名] 虎に咬み殺された人の悪霊. 虎の手先になり,悪事を働くと信じられた. ¶～鬼 chāngguǐ（虎の手先となった人間の悪霊）/为 wèi 虎作～（悪人に加勢する）.

昌 chāng
日部4 全8画 四 6060₀ 常用
❶[素] 繁栄する. 隆盛だ. ¶～明 chāngmíng /～盛 chāngshèng. ❷（Chāng）姓.
【昌明】chāngmíng ❶[形]（政治や文化が）栄える. 盛んだ. ¶科学～/科学が発達している. ❷[動] 盛んにする. 発達させる.
【昌盛】chāngshèng [形] 盛んだ. 隆盛だ. ¶公司的业务日渐～/会社の業務は日増しに盛んになる. [同] 繁荣 fánróng, 兴盛 xīngshèng
【昌言】chāngyán ❶[名][文] 正しい言論. 価値のあることば. ❷[動] 明言する. 遠慮なくありのままに言う.

倡 chāng
亻部8 全10画 四 2626₀ 通用
[素][文] ❶ 楽器の演奏や歌舞を職業とする人. ❷ "娼 chāng"に同じ.
☞ 倡 chàng

【倡优】chāngyōu [名][文] ❶ 古代の歌舞音曲に長けた芸人. ❷ 娼妓と俳優.

菖 chāng
艹部8 全11画 四 4460₆ 通用
❶ 下記熟語を参照. ❷（Chāng）姓.
【菖蒲】chāngpú [名]《植物》ショウブ. ¶池里的～盛开 /池のショウブが満開だ. [同] 蒲子 púzi

猖 chāng
犭部8 全11画 四 4626₀ 次常用
[素][文] 凶暴だ. ¶～獗 chāngjué /～狂 chāngkuáng.
【猖獗】chāngjué ❶[動][文] 猛り狂う. ¶～的敌人 /猛り狂った敵. [同] 猖狂 chāngkuáng, 疯狂 fēngkuáng ❷[形]（病や災害が）ひどい. ❸[動][文] つまずく. 失敗する.
【猖狂】chāngkuáng [形][貶] 猛り狂う. 狂気じみている. ¶～进攻 /狂ったように攻め入る. [同] 猖獗 chāngjué, 疯狂 fēngkuáng

阊(閶) chāng
门部8 全11画 四 3760₆ 通用
下記熟語を参照.
【阊阖】chānghé [名][文] 宮殿の正門. 伝説上の天宮の門.

娼 chāng
女部8 全11画 四 4646₀ 通用
[素] 娼妓. 売春婦. ¶～妇 chāngfù.
【娼妇】chāngfù [名] 売春婦. 売女(ﾊﾞｲﾀ). [表現] 多くは女性をののしっていうことば.
【娼妓】chāngjì [名] 売春婦. 遊女.

鲳(鯧) chāng
鱼部8 全16画 四 2616₀ 通用
[名]《魚》マナガツオ. ¶鲳鱼 chāngyú
【鲳鱼】chāngyú [名]《魚》マナガツオ. ¶煎 jiān ～配沙拉酱,美味可口 /マナガツオのソテーにドレッシングをかけると,とても美味しい. [同] 银鲳 yínchāng, 镜鱼 jìngyú, 平鱼 píngyú

长(長) cháng
长部0 全4画 四 4273₀ 常用
❶ [名] 長さ. ¶这条铁路全～2,100公里（この鉄道は全長2,100キロだ）. ❷ [形]（空間的・時間的に）長い. ¶～途 chángtú /～度 chángdù /松鼠有一条～～的尾巴（リスには長いしっぽがある）/日久天～. (反) 長年月がたつ. (反) 短 duǎn ❸ [素] 長所. 優れた点. ¶特～ tècháng（特長）/取～补短（長所を取り入れ短所を補う）. ❹ [素] 優れている. 得意とする. ¶擅～ shàncháng（…に優れる）/～处 chángchu. ❺ [素] よけいな. よぶんな. ¶～物 chángwù. ❻（Cháng）姓.
[参考] ❺はもと"zhàng"と発音した.
☞ 长 zhǎng

筆順 丿 ㇐ 卜 长

【长安】❶ Cháng'ān《地名》長安(ﾁｮｳｱﾝ). 漢代から唐代にかけての首都. 現在の陕西省西安市. ❷ cháng'ān [名] 都(ﾐﾔｺ). 広く都のあたりを指す.
【长白山】Chángbáishān《地名》長白山脈. 中朝国境を東北―西南方向に走る山脈.
【长臂猿】chángbìyuán [名]《動物》〔量 只 zhī〕テナガ

ザル.
【长编】chángbiān 名 定稿の前に、関係資料を編集して作成した原稿．準備稿．参考 本来、『続資治通鑑長編』のような歴史書について言った．
【长波】chángbō 名《電気》長波．
【长城】Chángchéng 名〔量 道 dào, 段 duàn, 座 zuò〕万里の長城．転じて中国の国の守り．用法 強固で充足した力、克服できない障壁、閉鎖空間をつくる壁などのたとえにも用いられる．

长城

【长虫】chángchong 名〔口〕〔量 条 tiáo, 只 zhī〕ヘビ．
【长处】chángchu 名 長所．優れた点．同 优点 yōudiǎn 反 短处 duǎnchu
【长川】chángchuān → 常川 chángchuān
【长春】Chángchūn《地名》長春(ちょうしゅん)．吉林省の省都．
【长此以往】cháng cǐ yǐ wǎng 成 このままいけば．この調子でいくと．¶～、怎么了得呢？／このままで済むわけがない．
【长存】chángcún 動 永久に存在する．¶万古～／永遠に不滅だ．
【长凳】chángdèng 名（背もたれのない）ベンチ．
【长笛】chángdí 名《音楽》〔量 支 zhī〕フルート．
【长度】chángdù 名 長さ．反 宽度 kuāndù
【长短】chángduǎn ❶（～儿）長さ．¶这件衣服你穿起来～儿正合适／この服は君が着ると寸法がちょうどいい．❷ 名（命にかかわる）まさかのこと．変事．¶要是有个什么～可不好办／万が一のことがあったら大変だ．❸ 名 是非．優劣．¶别在背地里说人～／陰で人のことをとやく言うものではない．❹ 副〔方〕どうしても．是非とも．
【长短句】chángduǎnjù 名《文学》"词曲"の別称．由来 句の長さが不揃いなことから．
【长法】chángfǎ 名（～儿）長期的見地に立った方法．同 cháng jiǔ zhī jì
【长方体】chángfāngtǐ 名 直方体．
【长方形】chángfāngxíng 名〔量 个 ge〕長方形．同 矩形 jǔxíng
【长歌当哭】cháng gē dàng kū 成 詩文に託して、心中の悲しみや憤りをあらわす．
【长庚】chánggēng 名 金星の古称．
【长工】chánggōng 名〔口〕〔量 个 ge, 位 wèi〕年ぎめで地主や裕福な農家が雇う作業人．常雇いの作男(さくおとこ)．¶打～／作男になる．¶雇 gù～／作男を雇う．反 短工 duǎngōng
【长骨】chánggǔ 名《生理》長骨．管状骨．
【长鼓】chánggǔ 名《民族・音楽》❶ 朝鮮族の打楽器．円筒型で中央部が細くなっている太鼓．首からかけたり、木枠につるし、片側はバチで叩く、片側は手で叩く．❷ ヤオ族の打楽器．円筒型で中央部が細くなっている太鼓．手で持った腰に下げて、手で叩いて舞う．
【长号】chángháo 名《音楽》〔量 把 bǎ, 支 zhī〕トロンボーン．¶吹～／トロンボーンを吹く．同 拉管 lāguǎn
【长河】chánghé 名 ❶ 遥かな川の流れ．❷ 長い道のり．¶历史的～／悠久の歴史．
【长话】chánghuà 名 ❶ 長い話．❷ "长途电话"（長距離通話）の略．
【长活】chánghuó 名 ❶（年ぎめの）作男の仕事．¶扛 káng～／作男の仕事をする．❷〔方〕（年ぎめの）作男．
【长技】chángjì 名 特技．
【长假】chángjià 名 長期休暇．表現 "辞職"の婉曲表現としても使われる．
【长江】Chángjiāng《地名》長江(ちょうこう)．中国最長の河川．青海省に源を発し、四川盆地を経て華中の平野を東流、東シナ海に注ぐ．全長6,300 kmを誇る内陸交通の大動脈．注意 日本では「揚子江(ようすこう)」というが、中国では"长江"というのがふつう．
【长颈鹿】chángjǐnglù 名《動物》〔量 只 zhī〕キリン．
【长久】chángjiǔ 形 長く久しい．¶～没见／お久し振り．¶～以来／ずっと以前から．¶坐吃山空,好日子不会～的／働かずに家財を食いつぶしていては、いつまでも良い思いはできなくなる．同 悠久 yōujiǔ 反 短暂 duǎnzàn
【长局】chángjú 名 長期的の局面．長期に継続しそうな情勢．用法 "不""无"などの否定語と共に使われる．
【长距离】chángjùlí 名 長距離．
【长卷】chángjuàn 名 ❶ 長幅の書画．❷ 長編の大作．
【长考】chángkǎo 動（将棋・囲碁・トランプなどで）長考する．
【长空】chángkōng 名 広々とした空．大空．¶万里～／果てしなく広がる大空．
【长裤】chángkù 名 長ズボン．
【长廊】chángláng 名〔量 条 tiáo〕長い廊下．
【长龙】chánglóng 名 長蛇の列．人や車が長く列を成しているたとえ．
【长毛绒】chángmáoróng 名《紡織》プラッシュ．参考 毛糸を縦糸に、綿糸を横糸にし、起毛させた織物．
【长矛】chángmáo 名 兵器の一つ．柄の長い矛．長矛(ちょうぼう)．
【长眠】chángmián 動 永眠する．¶～地下／地下で永遠の眠りにつく．同 长逝 chángshì
【长明灯】chángmíngdēng 名 常夜灯．
【长命百岁】chángmìng bǎisuì 成 百歳まで長生きをする．
【长年】chángnián ❶ 副 一年中．¶～在野外工作／一年じゅう外で仕事をする．同 常年 chángnián,终年 zhōngnián ❷ 名〔方〕常雇いの作男．同 长工 chánggōng ❸ 名〔文〕長寿．参考 "长年 zhǎngnián"は「船主」のこと．
【长年累月】cháng nián lěi yuè 成 長い年月を重ねる．
【长袍儿】chángpáor 名《服飾》〔量 件 jiàn〕丈の長い男物の綿入れのあわせ．昔の中国式コート．転じて、外出用の装い．同 长衫 chángshān
【长跑】chángpǎo 名《スポーツ》長距離走．同 长距离赛跑 chángjùlí sàipǎo

长袍儿

【长篇】chángpiān 名 長編. 反 短篇 duǎnpiān
【长篇大论】cháng piān dà lùn 成 貶 長たらしい文章. 長々と続く弁論.
【长篇小说】chángpiān xiǎoshuō 名 長編小説.
*【长期】chángqī 名 長期. 長い間. ¶〜贷款 dàikuǎn / 長期借款. ¶〜打算 / 長期の計画. 反 短期 duǎnqī
【长枪】chángqiāng 名 ❶ (昔の武器の)やり. ❷ (ライフル銃・カービン銃などの)銃身の長い銃.
【长青树】chángqīngshù《植物》常緑樹.
【长驱】chángqū 動 (遠くに)駆けつける. ¶〜南下 / 遥か南にある目的地を目指して急ぐ.
【长驱直入】cháng qū zhí rù 成 長い道のりを直進し, 一気に攻め込む.
【长拳】chángquán 名《武術》長拳. 拳法の一種. 回 北 běi 拳
【长裙】chángqún 名《服飾》ロングスカート.
【长沙】Chángshā《地名》長沙(ちょうさ). 湖南省の省都.
【长衫】chángshān 名《服飾》〔件 jiàn〕丈の長い男物のひとえの中国服. 参考 労働には不向きで, 金持ちや文人などが着用した. ⇨ 长袍儿 chángpáor
【长舌】chángshé 名 おしゃべり. ¶〜的家伙 / しゃべりなやつ.
【长舌妇】chángshéfù 名 陰口や悪口(を言うこと)が好きな女性.
【长蛇阵】chángshézhèn 名 ❶ 長い行列. 長蛇の列. ❷ 長い蛇のような軍隊の陣形.
【长生】chángshēng 動 永遠に存在する. 長生きする.
【长生不老】cháng shēng bù lǎo 成 不老長寿.
【长生果】chángshēngguǒ 名 方 ラッカセイ. 回 落花生 luòhuāshēng
【长盛不衰】cháng shèng bù shuāi 句 永く栄え, 永遠に衰えない.
【长石】chángshí 名《鉱物》長石.
【长逝】chángshì 動 帰らぬ人になる. ¶ 溘然 kèrán 〜 / 突然帰らぬ人になる. 表現「死ぬ」の婉曲な言い方.
【长寿】chángshòu 形 寿命が長い. 長寿だ. ¶祝爷爷奶奶健康〜! / おじいさん, おばあさん, どうぞお元気で長生きしてください. 回 长命 chángmìng 反 短命 duǎnmìng
【长随】chángsuí 名 お付きの者.
【长叹】chángtàn 動 深いため息をつく. ¶仰天〜 / 天を仰ぎ深いため息をつく.
【长天】chángtiān 名 広々とした大空.
【长亭】chángtíng 名 旧 路上に設置されたあずまや. 旅行者が休憩したり, 旅立つ人との別れを惜しんだりした場所.
【长筒袜】chángtǒngwà 名 ストッキング.
【长筒靴】chángtǒngxuē 名 ブーツ.
*【长途】chángtú ❶ 形 長距離の. ¶〜电话 / 長距離電話. ¶〜汽车 / 長距離バス. ¶你〜跋涉 báshè, 一路上辛苦了 / 長距離おつかれさまでした. 反 短途 duǎntú ❷ 名 "长途电话"(長距離電話)または"长途汽车"(長距離バス)の略. ¶坐〜去北京 / 長距離バスで北京に行く.
【长途跋涉】chángtú báshè 句 山を越え, 川をわたる. 行程が険しく苦しいこと.
【长物】chángwù 名 余分な財物. 参考 もと"zhàngwù"と読んだ.
【长线】chángxiàn 名 ❶ 供給量が需要量を上回ること.

供給過剰. 反 短 duǎn 线 ❷ 長期的にみてはじめて効果の生じるもの. ¶〜投资 / 長期型投資. ❸ (旅行の行程が)長距離にわたること.
【长线产品】chángxiàn chǎnpǐn 名 供給過剰製品.
【长项】chángxiàng 名 (スポーツなどの)得意な種目.
【长效】chángxiào 名 効果の持続する. 有効期間の長い.
【长性】chángxìng 名 根気. ¶这个孩子没有〜 / この子は根気が無い. 回 常性 chángxìng
【长吁短叹】cháng xū duǎn tàn 成 しきりにため息をつく.
【长夜】chángyè 名 ❶ 長い夜. ❷ 夜通し. 一晩中. 表現 ①は, 暗黒な状態の比喩として使う.
【长缨】chángyīng 名 文 長いひもや縄.
【长于】chángyú 動 …に長じている. …を得意とする. ¶他〜外语 / 彼は外国語が得意だ. 回 善于 shànyú, 擅于 shànyú
【长圆】chángyuán 名《数学》楕円(だえん). 長円.
【长远】chángyuǎn 形 (未来の)長期にわたる. ¶〜打算 / 長期的なもくろみ. 回 久远 jiǔyuǎn 反 眼前 yǎnqián
【长斋】chángzhāi 名 (僧が)精進料理しか口にしないならわし. 参考 本来は, 僧が午後以降食事をしない習慣を言った.
【长征】chángzhēng ❶ 動 遠征する. ❷ 名《歴史》長征. "二万五千里长征"の略. 参考 1934年10月に中国共産党が江西省瑞金の根拠地を放棄して移動を開始し, 11の省を経て, 1935年に陝西省の北部解放地区に着くまでの12,500 kmにわたる大行軍.
【长支】chángzhī 名 旧 店員が主人から前借りし, 年末に精算すること.
【长治久安】cháng zhì jiǔ ān 句 社会が長いあいだ安定して平穏だ.
【长住】chángzhù 動 長い間住んでいる. 長期滞在している.
【长足】chángzú 形 文 物事の進展がとても速い. ¶〜的进步 / 長足の進步.

场(場 / 異 塲) cháng

土部 3 全 6 画 四 4714₇ 常 用

❶ 名 平坦な空き地. 多く脱穀に使う. ¶〜院 chángyuàn / 打〜 dǎcháng (脱穀する). ❷ 量 事柄の経過を数えることば. ¶一〜大雨 (どしゃぶり) / 一〜斗争 dòuzhēng (一場の戦い).
☞ 场 chǎng

【场院】chángyuàn 名 回 处 chù, 个 ge, 座 zuò 農家の家の前の広場. 脱穀などの作業場. 参考 多くは壁や垣で囲んである.

苌(萇) cháng

艹部 4 四 4473₄
全 7 画 通 用

(Cháng) 姓.

肠(腸) cháng

月部 3 四 7722₇
全 7 画 常 用

名 ❶《生理》〔段 duàn, 节 jié〕腸. はらわた. ¶〜子 chángzi / 〜炎 chángyán / 断〜 duàncháng (断腸の思いだ). 回 肠管 chángguǎn ❷ (〜儿)〔根 gēn〕ソーセージ. ¶香〜 xiāngcháng (ソーセージ).

【肠穿孔】chángchuānkǒng 名《医学》腸穿孔.
【肠断】chángduàn 動 悲痛の極みだ. 断腸(だんちょう)の思

いだ.
【肠梗阻】chánggěngzǔ [名]《医学》腸閉塞(ちょうへいそく).
【肠管】chángguǎn [名]《生理》腸.
【肠结核】chángjiéhé [名]《医学》腸結核.
【肠儿】chángr [名]〔[量] 根 gēn〕ソーセージ. 腸詰め. ¶香～/ソーセージ. ¶腊～ làchángr / 中国式ソーセージ. [参考]"腊肠儿"は小ぶりで,中味は酒や醤油で味つけしてある."腊"は塩づけの意.

C

【肠胃】chángwèi [名]《生理》胃腸. 人の消化器. ¶急性～炎 / 急性胃腸炎.
【肠系膜】chángxìmó [名]《生理》腸間膜.
【肠炎】chángyán [名]《医学》腸カタル. 腸炎.
【肠液】chángyè [名]《生理》腸液.
【肠衣】chángyī [名] 腸の脂肪分を除いて乾燥させたもの. [参考]ヒツジやブタの小腸が使われる. ソーセージの皮や腸線(ガット)にする.
【肠子】chángzi [名] ❶〔[量] 根 gēn, 条 tiáo〕はらわた. 内臓. ❷ 性根. ❸(感情としての)腹の中. 胸のうち. ¶热～人 / 情熱的な人. ¶直～ / ストレートな性格. ¶满肚子花花～ / よからぬことばかり考えている.

尝(嘗 / [異] 嚐❶❷) cháng

小部 6 全 9 画 [四] 9073₂ [常用]
❶ [動] 味見する. 味わう. ¶～新 chángxīn. ❷ [動] 経験する. ¶～试 chángshì / 备～艰苦(あらゆる辛苦をなめる). ❸ [素] かつて. 以前に. ¶何～ hécháng (決して…ではない) / 未～ wèicháng (今まで…したことがない). ❹ (Cháng)姓.
【尝试】chángshì [動] 試す. やってみる. ¶看来滑雪很有意思,我们也去～～ / スキーはとても面白そうですね,私たちもやってみましょう.
【尝受】chángshòu [動] 身をもって知る. 経験する. ¶年轻时～一些辛苦,对将来有益 / 若い時の苦労は,将来のためになる.
【尝鲜】cháng//xiān [動] とれたてのものを食べる. 初ものを食べる. ¶这是刚钓到的活鱼,尝尝鲜吧 / これは釣れたばかりのピチピチの魚ですよ. 召し上がってみてください. [同] 尝新 chángxīn
【尝新】cháng//xīn [動] 初ものを食べる.

倘 cháng

亻部 8 [四] 2922₇
全10画 [常用]
下記熟語を参照.
☞ 倘 tǎng
【倘佯】chángyáng [動] "徜徉 chángyáng"に同じ.

常 cháng

小部 8 [四] 9022₇
全11画 [常用]
❶ [素] いつまでも変わらない. ¶～绿树 chánglǜshù (常緑樹) / ～数 chángshù / 无～ wúcháng (変わりやすい). ❷ [副] いつも. 常に. ¶～～ chángcháng / ～见 chángjiàn / 经～ jīngcháng (いつも) / 不～生病(あまり病気をしない). ❸ [素] 平常の. 普通の. ¶～识 chángshí / ～态 chángtài / 反～ fǎncháng (異常だ). ❹ (Cháng)姓.
【常备】chángbèi [動] 常備する.
【常备不懈】cháng bèi bù xiè [成] 万一のため常に備えをおこたらない.
【常备军】chángbèijūn [名]《軍事》常備軍.
**【常常】chángcháng [副] しょっちゅう. しばしば. ¶他～开玩笑 / 彼はしょっちゅう冗談を言う. ¶～到外国旅游 / よく外国へ旅行する. [同] 经常 jīngcháng, 时常 shícháng, 时时 shíshí
【常川】chángchuān [副] 常に. 絶え間なく. ¶～供给 / とぎれないように供給する. [同] 长 cháng 川
【常春藤】chángchūnténg [名]《植物》キヅタ. フユヅタ.
【常规】chángguī [名] ❶ しきたり. ならわし. ¶打破～ / 慣習をやぶる. [同] 惯例 guànlì, 通例 tōnglì ❷《医学》所定の治療や検査.
【常规武器】chángguī wǔqì [名]《軍事》通常兵器. [参考]核兵器・生物兵器・化学兵器以外の在来兵器を言う.
【常规战争】chángguī zhànzhēng [名]《軍事》通常兵器による戦争.
【常轨】chángguǐ [名] ものごとの普通のやり方. ¶越过～ / 常軌を逸する.
【常会】chánghuì [名] 定例会議.
【常见】chángjiàn [形] よく見る. ありふれた. ¶～的小故障 gùzhàng / よくある小さなトラブル.
【常客】chángkè [名]〔[量] 个 ge, 位 wèi〕常連客. ¶您是～,怎么能亏待 kuīdài 呢? / あなたはお得意様ですから,粗末な扱いなどいたしません.
【常理】chánglǐ [名] (～儿) 常識.
【常例】chánglì [名] 慣例. ならわし. ¶沿用～ / 慣例の通りにする.
【常量】chángliàng [名]《数学》定数. 常数. 恒数. [同] 恒量 héngliàng
【常绿树】chánglǜshù [名]《植物》常緑樹.
【常绿植物】chánglǜ zhíwù [名]《植物》常緑樹. 常緑の植物.
【常年】chángnián ❶ [副] 一年中. ¶山顶上～积雪 / 山頂は一年中雪が積もっている. [同] 长年 chángnián, 终年 zhōngnián ❷ [名] 平年. ふだんの年. ¶～的降雨量 / 平年の降雨量.
【常青】chángqīng [名] 常緑.
【常情】chángqíng [名] 普通の人情. 当り前の道理. ¶人之～ / 人情の常.
【常人】chángrén [名] 普通の人. 常人.
【常任】chángrèn [形] 常任の.
【常山】chángshān [名] ❶《植物》ジョウザン. ❷《薬》常山. ①の根. [参考]②は,解熱剤やマラリアの薬になる.
【常设】chángshè [形] 常設の. [反] 临时 línshí
【常识】chángshí [名] 常識. ¶具备丰富的电脑～ / コンピュータに関する豊富な常識をもつ.
【常事】chángshì [名] いつもの事. 日常茶飯事.
【常数】chángshù [名]《数学》定数.
【常态】chángtài [名] 常態. 正常な状態. ¶恢复～ / 常態にかえる. ¶他一反～,对我变得非常地冷淡 / 彼はふだんとうって変わって私にとても冷たくなった. [反] 变态 biàntài
【常谈】chángtán [名] ごく普通の話. ¶老生～ / [成] ありきたりの話. 言い古された話.
【常委】chángwěi [名] "常务委员 chángwù wěiyuán"(常任委員)の略. ¶党～ / 党常任委員. ¶～会 / 常任委員会.
【常温】chángwēn [名] 常温.
【常务】chángwù [形] 日常業務担当の. 常任の. ¶～董事 dǒngshì / 常務理事. 常務取締役.
【常性】chángxìng [名] ❶ 根気. ¶无论做什么都要有～ / 何をするにも根気が必要だ. ❷ [文] 性格. 性向.
【常言】chángyán [名] ことわざ. 格言. ¶～道[说]: 熟能生巧 / 俗に言う,「習うより慣れろ」と.

【常用】chángyòng ❶動 常用する. ❷形 常用の. ¶～词／常用语. 反 罕用 hǎnyòng
【常州】Chángzhōu《地名》常州(ジョウ). 江蘇省にある市.
【常住】chángzhù ❶動 いつも住んでいる. ❷動《仏教》常住(ジョウ)する. 生滅も変化もなく永遠に存在する. ❸名《仏教》寺院の宿舎や土地, 備品.
【常驻】chángzhù 動 常駐する. 駐在する.

偿(償) cháng
亻部9　四 2923₂
全11画　常用
索 ❶〔損失を〕返す. 償う. ¶～还 chánghuán／～失 chángshī（損失を埋め合わせる）／赔～ péicháng（弁償する）. ❷満足させる. ¶如愿以～（成 願い通りになる）.
【偿付】chángfù 動 負債を支払う. ¶如期～／期日通りに負債を支払う
【偿还】chánghuán 動 返済する. 償還する. ¶～贷款 dàikuǎn／借入金を返済する.
【偿命】cháng//mìng 動〔殺人罪を〕命をもって償う.

倘 cháng
亻部8　四 2922₇
全11画　通用
下記熟語を参照.
【倘佯】chángyáng 動〈文〉気の向くままぶらぶら歩く. ¶临高纵目 zòngmù, 逍遥 xiāoyáo～／高みに登って眺望をほしいままにし, のんびりと歩きまわる. 参考 "倜伴"とも書く.

裳 cháng
小部11　四 9073₂
全14画　常用
名 ❶〔古代の〕はかま. ❷（Cháng）姓.
☞ 裳 shang

嫦 cháng
女部11　四 4942₇
全14画　通用
下記熟語を参照.
【嫦娥】Cháng'é 名 嫦娥(ジョウガ). 不死の薬を盗んで月に逃げたとされる神話の仙女. 同 姮娥 Héng'é

厂(廠／異 厰) chǎng
厂部0　全2画　四 7120₀　常用
名 ❶〔量 家 jiā〕工場. ¶～地 chǎngdì（作业场）／～房 chǎngfáng／工～ gōngchǎng（工场）. ❷物を置いたり加工したりする, 広い場所のある商店. ¶煤～ méichǎng（石炭販売所）／木材～ mùcáichǎng（材木屋）. 同 厂子 chǎngzi ❸（Chǎng）姓.
☞ 厂 ān
【厂房】chǎngfáng 名〔量 个 ge, 间 jiān, 座 zuò〕工场の建物. 参考 一般に"车间 chējiān"（工場の作業場）を指す.
【厂规】chǎngguī 名 工場内の規則.
【厂家】chǎngjiā 名〔量 个 ge, 家 jiā〕製造業者. メーカー.
【厂矿】chǎngkuàng 名〔量 个 ge, 家 jiā, 座 zuò〕工場と鉱山.
【厂区】chǎngqū 名 工場内で, 生産に関係する場所. 生産現場・倉庫・動力設備・輸送路など.
【厂商】chǎngshāng 名 製造業者. メーカー. ¶建筑～／建築業者. 承包～／請負業者.
【厂史】chǎngshǐ 名 工場の歴史.
【厂休】chǎngxiū 名〔工場の労働シフトによる〕休日.
【厂长】chǎngzhǎng 名〔量 个 ge, 位 wèi〕工場長.
【厂址】chǎngzhǐ 名 工場用地. 工場の所在地.
【厂主】chǎngzhǔ 名 工場主. 工場のオーナー.
【厂子】chǎngzi 名〔量 个 ge, 家 jiā〕❶（口）工场. 倉庫や作業場のある店.

场(場／異 塲) chǎng
土部3　全6画　四 4712₇　常用
❶素（～儿）人が集まったり作業をする広い場所. ¶～地 chǎngdì／～地 chǎngdì／广～ guǎngchǎng（広场）. ❷量 芝居の一場を数えることば. ¶三幕 mù 五～（三幕五場）. ❸量 芝居やスポーツの上演回数を数えることば. ❹（Chǎng）姓.
☞ 场 cháng

筆順 土 圹 场 场

【场次】chǎngcì 名〔芝居や映画などの〕上演回数. ¶表演～／上演回数.
【场地】chǎngdì 名〔量 处 chù〕場所. グラウンド. 布置～／場所を手配する. 用法 多くはスポーツやイベント活動, 工場用の場所をいう.
【场馆】chǎngguǎn 名 "体育场"と"体育馆"（運動場と体育館）を合わせた略称.
【场合】chǎnghé 名 場合. 場面.
【场记】chǎngjì 名 ❶ テレビや映画の撮影時, また, 芝居の舞台げいこの記録作業. ❷❶の担当者. スクリプター.
【场景】chǎngjǐng 名 ❶〔劇などの〕場面. シーン. ¶搭 ～／舞台のセットを作る. ❷ 情景. 模様.
【场面】chǎngmiàn 名 ❶〔劇や映画や物語などの〕場面. シーン. ¶令人感动的～／感動的なシーン. ¶布景／〔劇や映画などの〕セット. ❷ その場の状況. ¶末尾 mòwěi 的～／最後の場面. ❸ 京劇などのはやし方. また伴奏楽器. ❹ 世間. 交際の場. ¶不懂～／世間を知らない. ¶～上的人／顔のきく人物. ❺ 見え. 体面. ¶摆～／見えをはり派手にやる.
【场所】chǎngsuǒ 名〔量 处 chù〕場所. 施設. ¶公共～禁止吸烟／公共の場所でタバコは禁止だ.
【场子】chǎngzi 名 広場. 空地.

昶 chǎng
日部5　四 3690₀
全9画　通用
❶形〈文〉昼の時間が長い. 日が長い. ❷形 のびのび. ゆったり. ❸（Chǎng）姓.

惝 chǎng
忄部8　四 9902₇
全11画　通用
下記熟語を参照.
☞ 惝 tǎng

【惝恍[怳]】chǎnghuǎng ❶動〈文〉落ち込む. ❷形〈文〉はっきりしない. ぼんやりとした. 参考 "tǎnghuǎng"とも発音する.

敞 chǎng
攵部8　四 9824₀
全12画　常用
❶素 広々している. ¶～亮 chǎngliàng／宽～ kuānchang（広々している）／轩～ xuānchǎng（大きく広々している）. ❷動 開く. あける. ¶～开 chǎngkāi／～胸怀／胸露 lù 怀 huái（胸をはだける. 腹をわる）／～着门／扉を開けたままだ.
【敞车】chǎngchē 名〔量 辆 liàng〕無蓋車(ガイシャ). 無蓋貨車, オープンカーなど.
【敞开】chǎngkāi 動 ❶ 大きく広げる. 開け放つ. ¶～衣襟 yījīn／えりもとを広げる. ¶大门～着／表門が大きく開いている. 反 关闭 guānbì ❷ 開放する. 制限を加え

ない. ¶你有什么话就~说吧 / 話があるなら何でもいってくれ.
【敞开儿】chǎngkāir 副 思う存分に. ¶~吃！/ 思う存分食べなさい.
【敞口儿】❶ chǎngkǒur 副 思う存分に. 回 敞开儿 chǎngkāir ❷ chǎng//kǒur 動 口が開いている. ふさがっていない. ¶问题还敞着口儿呢 / 問題はまだ解決されないままだ.
【敞亮】chǎngliàng 形 ❶ 広々として明るい. ❷（気分や思考が）すっきりしている. はっきりしている. ¶听了他的话以后,我心里更~了 / 彼の話を聞いて,私は更にすっきりした気分になった.
【敞篷车】chǎngpéngchē 名 オープンカー.

氅 chǎng
毛部12 四 9871₄
全16画 通用
名 旧 外套. オーバー. ¶大~ dàchǎng（オーバー）.
用法 現在では「オーバー」は「大衣 dàyī」というのがふつう.

怅（悵）chàng
忄部4 四 9203₄
全7画 通用
素 失望する. がっかりする. ¶~惘 chàngwǎng / ~~ chàngchàng.
【怅怅】chàngchàng 形 がっかりするようす.
【怅恨】chànghèn 動 嘆き恨む.
【怅然】chàngrán 形 がっかりしている. しょんぼりしている. ¶~而返 / がっかりして引き返す. ¶~若失 / 失意に呆然としている. 回 怅怅 chàngchàng 反 欣然 xīnrán
【怅惘】chàngwǎng 形 失意に呆然としている. しょんぼりしている. ¶小李~地站在那里 / 李さんは呆然としてそこに立っていた. 回 迷惘 míwǎng

畅（暢）chàng
丨部7 四 5702₇
全8画 通用
❶ 素 滞りのない. ¶~达 chàngdá / 流~ liúchàng（すらすらとしている）/ 通~ tōngchàng（順調に運ぶ）. 反 滞 zhì ❷ 素 思う存分. ¶~谈 chàngtán / ~快 chàngkuài / 舒~ shūchàng（のびのびとして楽しい）. ❸（Chàng）姓.
【畅达】chàngdá 形（ことばや文章が）流暢だ.（交通の）流れがよい. ¶译文~ / 翻訳がわかりやすい. ¶车辆来往~ / 車の流れがスムーズだ.
【畅快】chàngkuài 形 気分が晴れやかだ. のびのびとした. ¶心情~ / 気分が晴れ晴れとしている. 回 痛快 tòngkuài 反 郁闷 yùmèn
【畅抒】chàngshū 動 心ゆくまで述べる. ¶~己见 / 自分の意見を率直に述べる.
【畅所欲言】chàng suǒ yù yán 成 言いたいことを存分に言う.
【畅谈】chàngtán 動 心ゆくまで話し合う. 存分に語り合う. ¶开怀~ / うちとけて語り合う.
【畅通】chàngtōng 動 滞りなく通じる. スムーズに流れる. ¶血脉 xuèmài~ / 血液の循環がよい. ¶~无阻 / 順調に進む. 回 疏通 shūtōng 反 堵塞 dǔsè, 拥塞 yōngsè
【畅想】chàngxiǎng 動 自由に想像をめぐらす.
【畅销】chàngxiāo 形 売れゆきがよい. 販路が広い. ¶~货 / 売れすじ商品. 反 滞销 zhìxiāo
【畅行】chàngxíng 動 順調に進む. 都合よく運ぶ. ¶车辆~ / 車が順調に流れる.
【畅行无阻】chàng xíng wú zǔ 成 障害物がなくスムーズに通れる. 順調に進展する.

【畅叙】chàngxù 動 心ゆくまで語りあう.
【畅饮】chàngyǐn 動 存分に酒を飲む. 痛飲する. ¶开怀~ / 存分に酒を飲む.
【畅游】chàngyóu 動 ❶ 心ゆくまで遊覧する. ❷ ゆったりと泳ぐ. ¶在湖水中~ / 湖でゆったりと泳ぐ.

倡 chàng
亻部8 四 2626₀
全10画 常用
素 ❶ 提唱する. ¶~议 chàngyì / ~导 chàngdǎo / 提~ tíchàng（提唱する）. ❷ 又 "唱 chàng"に同じ.
☞ 倡 chāng
【倡导】chàngdǎo 動 先頭に立って提唱する. 回 提倡 tíchàng
【倡首】chàngshǒu 動 音頭をとる. 首唱する.
【倡议】chàngyì 動 ❶ 提唱する. 提案する. 回 建议 jiànyì, 提议 tíyì ❷ 名 発議. 提案.
【倡议书】chàngyìshū 名 提案書. 建議書.

鬯 chàng
匕部8 四 2271₂
全10画 通用
❶ 名 旧 祭祀に用いた酒. ❷ 素 "畅 chàng"に同じ. ¶一夕~谈 yīxī chàngtán（一晩中,心ゆくまで話す）.

唱 chàng
口部8 四 6606₀
全11画 常用
❶ 動 歌う. ¶~歌 chànggē / ~戏 chàngxì / 演~ yǎnchàng（舞台で歌う）. ❷ 動 声を張りあげる. ¶~名 chàngmíng（点呼する）. ❸ 名（~儿）（芝居の）歌. ¶在京剧《空城计》里,主要是诸葛亮的~（京劇「空城計」のメインは諸葛孔明の歌だ）. ❹（Chàng）姓.
【唱本】chàngběn 名（~儿）《芸能》〔量 本 běn, 个 ge〕（京劇などの）歌の文句をあつめた本.
【唱词】chàngcí 名《芸能》〔量 段 duàn, 句 jù〕（京劇など芸能で歌われる）歌詞.
【唱独角戏】chàng dújiǎoxì 慣 一人相撲をとる. 自分勝手な行動をとる. ⇨ 独角戏 dújiǎoxì
【唱段】chàngduàn 名《芸能》〔量 个 ge〕（伝統劇の）ひとくぎりのまとまった歌. 歌のひとくさり.
【唱对台戏】chàng duìtáixì 慣 向こうを張る. 対抗する言動をする. ¶和上司~是玩火 / 上司とやりあうのはあぶない. ⇨ 对台戏 duìtáixì
【唱反调】chàng fǎndiào 慣 たてつく.
【唱高调】chàng gāodiào 動（~儿）大口をたたく. ¶他是个只会~的空谈家 / 彼は大口をたたくだけの人間だ. ⇨ 高调 gāodiào
【唱歌】chàng//gē 動（~儿）歌を歌う.
【唱工［功］】chànggōng 名（~儿）芝居の中での, 歌唱技巧.
【唱和】chànghè 動 ❶《文学》詩歌をやりとりする. 相手の詩や詞に対し, 同じ韻をふんだ詩や詞を作り応じる. ❷ 唱和する. 他人にあわせ歌う. 転じて, 口をそろえる. 注意 "和"は"hè"と発音する.
【唱红脸】chàng hóngliǎn 慣（~儿）（争いやいさかいの場で）穏和な態度でふるまう. ⇨ 唱白 bái 脸 由来"红脸"は, 古典劇の隈取りで, 正直・忠実な役.
【唱机】chàngjī 名 レコードプレーヤーの通称. 回 电 diàn 唱机
【唱盘】chàngpán 名 レコード. 回 唱片 piàn 参考 もと,（レコードを置く）ターンテーブルをいった.
【唱片】chàngpiàn 名（~儿）〔量 套 tào, 张 zhāng〕レコード. ¶放~ / レコードをかける. ¶激光~ / CD.

【唱票】chàng/piào 動（開票時に）投票用紙に書かれた内容を大声で読み上げる.
【唱腔】chàngqiāng 名〖芸能〗（京劇など伝統劇の）歌の調子．節まわし．
【唱曲】chàng/qǔ 動歌を歌う.
【唱喏】chàng/rě 動〖方〗拱手（ㇱｮｳ）の礼をしてあいさつを述べる．⇨作揖 zuòyī
【唱头】chàngtóu 名（レコードプレーヤーの）ピックアップ.（同）拾音器 shíyīnqì
【唱戏】chàng//xì 動〖口〗芝居を演じる．（参考）中国の伝統劇は歌が中心なので、"唱"という．観劇は"听戏"といった．
【唱针】chàngzhēn 名〔个 ge, 根 gēn, 枚 méi〕レコード針．
【唱主角】chàng zhǔjué 句主要な働きをする．（由来）「主役を果たす」という意から．

注意 r 化すると"chàngpiānr"と発音する.

chāo ㄔㄠ〔tʂʻaʊ〕

抄 chāo 扌部4 全7画 四5902₀ 常用

❶ 動書き写す．転写する．¶～书 chāoshū（書物を書き写す）／～写 chāoxiě．❷ 動 抄写 ❷ 動盗作する．¶～袭 chāoxí．❸ 動捜査して没収する．¶～家 chāojiā／查～ cháchá（調査して没収する）．❹ 動近道をする．¶～近儿 chāojìnr．❺ 動さっとつかむ．¶他一到，～起工具就干了起来（彼は到着するやいなや，工具を手に働きはじめた）．❻ 動両手を胸の前で交叉させる．交叉させた手を袖ぐつに入れる．腕組みする．¶～手 chāoshǒu．❼ 素ダイジェスト版．¶诗～（ダイジェスト詩集）．

【抄本】chāoběn 名〔册 cè, 部 bù, 个 ge〕写本．（反）印本 yìnběn（参考）厳密には，手書き本を広く"钞本"といい，とくに他本から転写したものを"抄本"という．
【抄查】chāochá 動禁制品を捜査し，没収する．（同）查抄
【抄道】❶ chāo//dào 動（～儿）近道をする．¶～进山／近道をして山にはいる．❷ chāodào 名（～儿）近道．¶走～去赶集 gǎnjí／近道を通って市場に行く．
【抄后路】chāo hòulù 慣敵の背後に回って襲撃する．
【抄获】chāohuò 動捜査して押収する．¶～赃物 zāngwù／捜査して盗品を押収する．
【抄家】chāo//jiā 動家宅捜索して財産を没収する．¶他犯罪以后，被警察～了／彼は犯罪を犯して警察の家宅捜索を受け，財産を没収された．
【抄件】chāojiàn 名（～儿）〔份 fèn, 个 ge〕文書の写し．文書のコピー．（参考）上級機関の出した文書の写しをとって，関係機関に配付するもの．
【抄近道】chāo jìndào 近道をする．
【抄近儿】chāo//jìnr 動近道をする．¶～走／近道をして行く．
【抄录】chāolù 動書き写す．¶～文件／書類を書き写す．
【抄身】chāo//shēn ボディーチェックをする．
【抄手】❶ chāoshǒu 動〖料理〗ワンタン．❷ chāoshǒu 名書籍や文書などを書き写す人．❸ chāo//shǒu 動腕組みをする．¶抄着手站在一旁／腕組みしてそばに立つ．
【抄送】chāosòng 動書類の写しを送る．
【抄网】chāowǎng 動網ですくう.
【抄袭】chāoxí 動❶ 剽窃（ｽｳﾂ）する．盗作する．¶～别人的文章／他人の文章を剽窃する．❷（無批判に）踏襲する．¶～老办法／古いやり方を踏襲する．❸〖軍事〗回り道をして側面や後方から攻撃する．
*【抄写】chāoxiě 動書き写す．¶～员／筆耕係．¶～课文／テキストの本文を書き写す．（同）誊写 shànxiě, 誊写 téngxiě
【抄用】chāoyòng 動踏襲して用いる．
【抄造】chāozào 動パルプで紙を製造する．

吵 chāo 口部4 全7画 常用 四6902₀

下記熟語を参照．
☞ 吵 chǎo

【吵吵】chāochao 動〖方〗がやがや騒ぐ．¶你们在～什么？／君たち何をがやがや騒いでいるの？

怊 chāo 忄部5 全8画 通用 四9706₂

動〖文〗悲しむ．落胆する．¶～怅 chāochàng（悲しみにくれる）．

钞（鈔）chāo 钅部4 全9画 四8972₀

❶ 素書く．¶～写 chāoxiě（書き写す）．❷ 抄 chāo．❷ 名紙幣．¶～票 chāopiào／现～ xiànchāo（現金）／外～ wàichāo（外国紙幣）．❸（Chāo）姓．
【钞票】chāopiào 名〔〈口〉沓 dá, 叠 dié, 张 zhāng〕紙幣．¶～挂帅 guàshuài／金もうけ第一．

绰（綽）chāo 纟部8 全11画 次常用 四2114₆

動❶ さっとゆでる．¶菠菜一～下就可以吃了（ほうれんそうは，さっとゆでればもう食べられる）．（同）焯 chāo．❷ さっとつかむ．¶～起一根棍子 gùnzi（さっと棒をつかみあげる）．
☞ 绰 chuò

超 chāo 走部5 全12画 四4780₆ 常用

❶ 動超える．¶～车 chāochē／～额 chāo'é．❷ 素抜きんでる．並はずれている．¶～级 chāojí／高～ gāochāo（ずば抜けている）．❸ 素…（の枠）を超えた．¶～阶级 chāojiējí（超階級）／～然物外．❹ 素〖文〗飛びこえる．❺（Chāo）姓．
【超拔】chāobá 動❶ レベルがきわめて高い．抜きんでる．❷ 抜擢する．❸（悪い習慣や環境から）抜け出す．（用法）❸は，仏教や道教などで使われる用語．
【超薄】chāobáo 形（厚みが）極めて薄い．
【超编】chāobiān 動（組織や機関の）人員編成の定員を越える．
【超标】chāobiāo 動基準を超える．
【超产】chāochǎn 動計画以上に生産する．
【超常】chāocháng 動（通常のレベルから）抜きんでている．抜群だ．
【超车】chāo//chē（車を）追い越す．¶切莫强行～／決して無理な追い越しをするな．
【超尘拔俗】chāo chén bá sú 成世俗を超越する．浮き世ばなれしている．（同）超尘出 chū 俗
【超出】chāochū 動（一定の数量や範囲を）超える．逸脱する．¶～定额／規定量を超える．

【超大規模】chāodàguīmó 形 特大規模の. スーパー. ¶~电子计算机 / スーパーコンピュータ.
【超大規模集成电路】chāodàguīmó jíchéng diànlù 名《コンピュータ》超大規模集積回路. VLSI.
【超导】chāodǎo 名《物理》超伝導.
【超导体】chāodǎotǐ 名《物理》超伝導体.
【超等】chāoděng 形 (通常のレベルより)はるかに優れている. ハイグレードな.
【超低温】chāodīwēn 名《物理》超低温. 参考 マイナス272.15℃以下をいう.
【超度】chāodù 動《宗教》済度する. 経を唱えて死者の魂を苦しみから救うこと. 用法 仏教や道教で用いる.
【超短波】chāoduǎnbō 名《電気》超短波.
【超短裙】chāoduǎnqún 名〔〔量〕条 tiáo〕ミニスカート. 同 迷你裙 mínǐqún
【超额】chāo'é 動 (規定量やノルマを)超過する. ¶~完成任务 / 任務を超過達成する.
【超额利润】chāo'é lìrùn 名《経済》超過利潤.
【超凡】chāofán 形 ❶ 特に優れている. 格別だ. ❷ 世俗の外に超越している. 仙人となる.
【超负荷】chāofùhè ❶ 名《電気》過負荷. ❷ 動 その人の受容能力を超えた.
【超高频】chāogāopín 名《電気》超高周波数. UHF.
【超高压】chāogāoyā 名 ❶《物理》超高圧. EHT. ❷《電気》超高電圧. UHV.
*【超过】chāoguò 動 ❶ 追い越す. 追い抜く. ¶小汽车很容易地就~了大卡车 / 乗用車は大型トラックを簡単に追い越した. ❷ 超える. オーバーする. ¶这封信~三十克 / この手紙は30グラムを超えている.
【超级】chāojí 形 スーパー…. 超….
【超级大国】chāojí dàguó 名 超大国.
【超级市场】chāojí shìchǎng 名〔〔量〕个 ge, 家 jiā〕スーパーマーケット. 同 超市 chāoshì, 自选商场 zìxuǎn shāngchǎng
【超巨星】chāojùxīng 名《天文》超巨星.
【超绝】chāojué 動 卓絶した. 卓越した. ¶这位木匠 mùjiang 师傅手艺~ / この大工さんの腕前は抜群だ.
【超链接】chāoliànjiē 名《コンピュータ》ハイパーリンク.
【超龄】chāolíng 動 規定の年齢をオーバーする. ¶那位老兵士已经是~服役 fúyì 了 / あの老兵士はすでに年齢を超えて兵役を勤めている.
【超平彩电】chāopíng cǎidiàn 名 フラットテレビ.
【超期】chāoqī 動 期限を超過する.
【超前】chāoqián 動 前倒しにする. 時期を早める. 同 提 tí 前
【超前消费】chāoqián xiāofèi 句《経済》❶ 実際の経済水準や収入を上回る高額な消費や購入をする. 過剰消費する. ❷ クレジットカードやローンなどにより, 金銭の支払い前に商品やサービスを受ける. 繰上げ消費する.
【超群】chāoqún 形 群を抜く. 抜きんでる. ¶武芸~ / 武芸に抜きんでる. ¶~绝伦 juélún (成)(力才能が)ずば抜けている.
【超然】chāorán 形 小事にとらわれず悠々としている. ¶~不群 / 超然として群することがない.
【超然物外】chāo rán wù wài 成 ❶ 世間の出来事から超越している. ❷ 局外に身を置いている.
【超人】chāorén 名 超人. スーパーマン.
【超升】chāoshēng 動 ❶《仏教》極楽往生する. ❷ 級やレベルを超えて昇格する. ❸ 困難な状況からぬけ出す.

【超生】chāoshēng 動 ❶《仏教》輪廻する. ❷ (相手を)寛容に扱う. ❸ 出産計画規定を越えて出産する.
【超声波】chāoshēngbō 名《物理》〔〔量〕种 zhǒng〕超音波.
【超市】chāoshì 名 "超级市场" (スーパーマーケット)の略.
【超视距空战】chāoshìjù kōngzhàn 名《軍事》超視距空中攻撃. 肉眼で見える範囲以上の距離にあり, 地上機器で発見した敵方の空中目標に対し, ミサイル攻撃する. ♦over-the-horizon air action
【超速】chāosù 動 規定の速度を超える. ¶严禁 yánjìn~行车 / 車のスピード任せは厳禁.
【超脱】chāotuō ❶ 形 (形式やしきたりなどに)こだわらない. ¶性格~ / 性格が俗離れしている. ❷ 動 超越する. 抜けだす. ¶~现实 / 現実から抜けだす. ❸ 動《仏教》解脱じる.
【超现实主义】chāoxiànshí zhǔyì 名 超現実主義. シュールレアリスム.
【超新星】chāoxīnxīng 名《天文》超新星.
【超逸】chāoyì 形 (振舞いや与える感じが)しゃれている. あかぬけている. ¶风度~ / 振舞いが洒脱(しゃだつ)だ.
【超音速】chāoyīnsù 名 超音速. ¶~飞机 / 超音速機. 同 超声速 shēngsù
【超员】chāo//yuán 動 定員を超える. ¶旅行团已~ / 旅行団はすでに定員をオーバーしている.
【超越】chāoyuè 動 超越する. のり越える. ¶~前人 / 先人を超える. ¶~障碍 zhàng'ài / 障害をのり越える. 同 逾越 yúyuè
【超载】chāozài 動 積み荷が規定量をオーバーする.
【超支】chāozhī ❶ 動 支出超過する. 赤字になる. ❷ 名 受け取った金や物の超過分.
【超值】chāozhí 形 商品自身の価値を上回っている.
【超重】chāo//zhòng 動 規定の重量限度を越える. ¶~费 / 重量超過料金. ¶~信件 / 重量オーバーの手紙.
【超子】chāozǐ 名《物理》ハイペロン. 重核子. ♦hyperon
【超自然】chāozìrán 形 自然界の理を越えて神秘的だ. 超自然だ.

焯 chāo
火部8 全12画 [四] 9184₆ 通用
動 (野菜を)さっとゆでる. ¶~菠菜 (ホウレンソウをゆがく).
☞ 焯 zhuō

剿 (異 勦) chāo
刂部11 全13画 [四] 2290₀ 次常用
書 盗作する. ¶~袭 chāoxí (盗作する) / ~说 chāoshuō.
☞ 剿 jiǎo
【剿说】chāoshuō 動〈文〉他人の説を自分のものとして発表する. 剽窃(ひょうせつ)する. 受け売りする.

晁 (異 鼂) Cháo
日部6 全10画 [四] 6011₃ 通用
名 姓.

巢 cháo
巛部8 全11画 [四] 2290₄ 次常用
❶ 書 巣. ¶~穴 cháoxué / 鸟~ niǎocháo (鳥の巣). ❷ 書 悪人の巣窟(そうくつ). ¶匪~ fěicháo (匪賊の巣窟). ❸ (Cháo) 姓.
【巢菜】cháocài 名《植物》クサフジ. 同 草藤 cǎoténg
【巢湖】Cháohú (地名) 巢湖(ソゥコ). 安徽省にある湖.

朝 cháo

章部4　四4742。
全12画　常用

❶ 動 …を向く．…に面する．¶~阳 cháoyáng／~向 cháoxiàng／坐北~南(北側にあって南向きだ)／四脚~天(仰向けにひっくり返る)．⇨往 wǎng（囲み）❷ 素（臣下が君主に）まみえる．~见 cháojiàn．❸ 素 参拝する．参詣する．¶~山 cháoshān／~圣 cháoshèng．❹ 素 朝廷．¶~野 cháoyě／上~ shàngcháo(朝廷に参内する)．⇆ 野 yě ❺ 素 王朝．¶唐~ Tángcháo（唐朝）／改~换代(政権や王朝が交代する)．❻ 素 君主の在位期間．❼ 前 …に向かって．…の方に．¶~前跑(前に向かって走る)／眼~后看(後方を見る)．⇨往 wǎng（囲み）❽ (Cháo)姓．
☞ 朝 zhāo

【朝拜】cháobài 動 君主に拝謁(はいえつ)する．寺院や聖地に参拝する．¶~佛寺(仏寺)～神社．
【朝代】cháodài 名〔個 个 ge〕王朝．
【朝服】cháofú 名 朝廷に出るときに着る礼服．
【朝纲】cháogāng 名 朝廷の綱紀．朝廷の法紀と規定．
【朝贡】cháogòng 動 朝貢する．
【朝见】cháojiàn 動 参内して君主に謁見する．¶~皇上 huángshang／皇帝陛下に拝謁する．题 朝觐 cháojìn．
【朝觐】cháojìn ❶ 文 "朝见 cháojiàn"に同じ．❷ 巡礼する．
【朝山】cháoshān 動〔仏教〕参詣する．
【朝圣】cháoshèng ❶ 聖地に詣でる．¶去西方~／西方(インド)に聖地詣でをする．❷ 孔子廟(びょう)に詣でる．
【朝廷】cháotíng 名 朝廷．
【朝鲜】Cháoxiān〔地名〕朝鮮．
【朝鲜半岛】Cháoxiān bàndǎo〔地名〕朝鮮半島．
【朝鲜族】Cháoxiǎnzú〔民族〕❶ 朝鮮民族．❷ 鮮族．主に吉林省・黒竜江省・遼寧省に居住．
【朝向】cháoxiàng 名〔建物の〕向き．¶东西~／東西の向き．
【朝阳】cháoyáng 形 太陽の方に向いている．南向きだ．¶这间客厅是~的／この客間は南向きだ．题 向阳 xiàngyáng ⇆ 背阳 bèiyáng ☞ 朝阳 zhāoyáng
【朝阳花】cháoyánghuā 名〔植物〕ヒマワリ．题 向日葵 xiàngrìkuí
【朝野】cháoyě 朝廷と民間．転じて，政府と民間．
【朝政】cháozhèng 名 朝廷の政務．

嘲(異 謿) cháo

口部12　四6702。
全15画　次常用

素 あざ笑う．¶~弄 cháonòng／~笑 cháoxiào／冷~热讽(冷ややかにあざけり皮肉る)／解~ jiěcháo(からかわれてとりつくろう)．参考 もと"zhāo"と発音した．
☞ 嘲 zhāo

【嘲讽】cháofěng 動 あてこする．皮肉る．¶这篇文章无情地~了那些自私的人／この文章はあの身勝手な人たちを情け容赦なく風刺している．题 讥嘲 jīcháo
【嘲弄】cháonòng 動 あざける．からかう．¶他很喜欢~別人／彼は人をからかうのが好きだ．
【嘲笑】cháoxiào 動 嘲笑する．¶受人~／人に嘲笑される．题 讥笑 jīxiào，讪笑 shànxiào

潮 cháo

氵部12　四3712。
全15画　常用

❶ 名 潮(しお)．¶~水 cháoshuǐ／落~ luòcháo(潮が引く)．❷ 素〔社会的な〕盛り上がり．趨勢．傾向．¶一流 cháoliú／思~ sīcháo(思潮)／风~ fēngcháo(大衆運動)．❸ 形 湿っている(比較的の程度の軽い状態をいう)．¶这间屋子很~／この部屋は湿っぽい．❹ 形 方 純度が低い．¶~银 cháoyín(純度の低い銀)．❺ 形 方 技術が劣っている．¶~手艺~（腕が劣る)．❻ (Cháo)地名．"潮州 Cháozhōu"の略．広東省潮州市．

【潮白】cháobái 名〔広東省潮州市一帯で生産される〕白砂糖．参考 微黄色で細かい上質の砂糖で，甘味が濃い．
【潮红】cháohóng ほおにさした赤み．紅潮．¶说到婚事，她的脸上一片~／結婚の話になると，彼女は顔を真っ赤にする．
【潮呼呼】[乎乎] cháohūhū 形〔~的〕湿っぽい．¶~的屋子／湿っぽい部屋．
【潮解】cháojiě 動〔化学〕潮解する．固体が大気中の水分を吸収して溶解する．
【潮剧】cháojù 名〔芸能〕広東省の潮州・スワトウ地方や福建省南部で演じられる地方劇．
【潮流】cháoliú 名〔個 股 gǔ〕❶ 潮の流れ．❷ 時代の流れ．¶追随 zhuīsuí～／時流に従う．
【潮气】cháoqì 名 湿気．¶仓库 cāngkù 里～太大了／倉庫の中は湿気がひどい．
【潮润】cháorùn 形 ❶（土壌や空気などが）湿っている．❷ 目がうるんでいる．¶她两眼~了／彼女は両目に涙を浮かべた．
【潮湿】cháoshī 形 湿っぽい．じめじめしている．¶今天很~／今日はじめじめしている．题 湿润 shīrùn ⇆ 干燥 gānzào
【潮水】cháoshuǐ 名 潮(しお)．
【潮头】cháotóu ❶ 浪頭．❷ 傾向．趨勢．
【潮位】cháowèi 名 潮位．
【潮汐】cháoxī 名 潮汐(せき)．潮の干満．¶~表／潮汐表．参考 朝の満ち潮を"潮"と言い，夜の満ち潮を"汐"と言う．
【潮汛】cháoxùn 名 大潮．上げ潮．
【潮涌】cháoyǒng 動〔潮の如く〕どっと押しよせる．

吵 chǎo

口部4　四6902。
全7画　常用

動 ❶ 騒ぐ．やかましくする．¶这里离车站很近，所以很~／（ここは駅から近いので騒がしい)．❷ 口げんかする．口論する．¶~架 chǎojià／争~ zhēngchǎo（言い争う)／你们別~了(君たちげんかはやめろ)．
☞ 吵 chāo

【吵架】chǎo//jià はげしく言い争う．口げんかする．¶他俩 liǎ 吵了一架／彼ら二人は口げんかをした．
【吵闹】chǎonào ❶ 動 言い争う．¶你们为什么~？／君たちはなぜ言い争っているのか．❷ 動 騒ぐ．やかましくする．❸ 形 騒々しい．¶人声~／人の声が騒々しい．重 吵吵闹闹
【吵嚷】chǎorǎng 動 大声でわめきたてる．¶大家听说明天要考试，马上~起来了／みんなは，明日試験があると聞くやいなや，大声でわめき始めた．题 喧嚷 xuānrǎng
【吵醒】chǎoxǐng 動 騒がしくて目をさまさせる．
【吵嘴】chǎo//zuǐ 言い争う．口げんかする．¶吵了几句嘴／ちょっと言い争う．

炒 chǎo
火部 4　四 9982。
全8画　常用

动 ❶ 炒める．煎る．¶~菜 chǎocài／糖~栗子 tángchǎo lìzi（甘栗）．❷ 転売してもうける．¶~股票 gǔpiào（株をやる）／~期货 qīhuò（先物取引をやる）．❸ 繰り返し宣伝する．煽（ぁぉ）る．❹ 〔方〕解雇する．¶他被老板~了（彼は社長にクビにされた）．

【炒菜】（料理）❶ chǎo//cài **动** 油でいためる．❷ chǎocài **名** 油いため．いためもの．

【炒肝】chǎogān **名**（~儿）《料理》豚の肝臓や大腸に、ニンニクやみそを加えて炒め、あんかけにした料理．北京の地方料理の一つ．

【炒股】chǎo//gǔ **动**《経済》（投機的に）株を売買する．同 炒股票 piào

【炒汇】chǎohuì **动**《経済》（投機的あるいは不正に）外貨を売買する．

【炒货】chǎohuò **名** 煎った食品の総称．"瓜子 guāzi"，ピーナッツなど．

【炒鸡子儿】chǎojīzǐr **名**《料理》いり卵．同 炒鸡蛋 chǎojīdàn

【炒家】chǎojiā **名** 投機家．

【炒冷饭】chǎo lěngfàn **惯**（冷たい飯を温めなおすことから）焼き直しをする．二番煎じをする．

【炒买炒卖】chǎomǎi chǎomài **惯** 投機的に売買をする．

【炒米】chǎomǐ **名** ❶ ごはんを乾かして煎ったもの．あられ．¶~团／米おこし．❷《料理》キビを牛の油で煎ったもの．モンゴル族の常食．

【炒米花】chǎomǐhuā **名**（~儿）米やトウモロコシなどを加熱加圧して破裂させた食品．おこし．あられ．ポップコーン．同 爆 bào 米花

【炒面】chǎomiàn **名** ❶ やきそば．❷ 麦こがし．はったい粉．

【炒勺】chǎosháo **名**〔把 bǎ〕中華なべ．片手のとっ手のついた浅いもの．

【炒什锦】chǎoshíjǐn **名**《料理》五目いため．

【炒鱿鱼】chǎo yóuyú **惯** 解雇する．¶你要是不好好儿干的话,我就炒你的鱿鱼／ちゃんと働かないと首にするよ．由来 イカを炒めるとすぐに丸くなって、"卷铺盖 juǎn pūgai"（布を丸める、つまり荷物をまとめて出ていく）ようになることから．

【炒作】chǎozuò **动** ❶（マーケットで）大量の投機売買をする．❷（メディア関係者が）誇大な宣伝やキャンペーンをする．

耖 chào
耒部 4　四 5992。
全10画　通用

《農業》❶ **名** 一度耕した土を、さらに細かく砕く農具．❷ **动** ❶ で土を砕いて土地をならす．

---

che イさ〔tsʻɤ〕

车（車） chē
车部 0　四 4050。
全4画　常用

❶ **名**〔部 bù, 辆 liàng〕車．¶火~ huǒchē（汽车）／自行~ zìxíngchē（自転車）／一场 chēchǎng．❷ **素**〔部 bù, 架 jià, 台 tái〕車輪をつかって動かす装置．¶纺~ fǎngchē（糸繰り車）／水~ shuǐchē（水車）．❸ **名** 機械類一般をいう．¶开~ kāichē（機械を動かす）／试~ shìchē（試運転する）．❹ **动** 旋盤で削る．¶~圆 chēyuán（旋盤で丸く削る）／~光 chēguāng（旋盤でみがく）／~零件（旋盤で部品を加工する）．❺ **动** 水車で水を汲みあげる．¶~水 chēshuǐ（水車で水を汲む）．❻ **动**〔方〕回す．¶他~过身,看了她一眼（彼は振り向くと,ちらりと彼女を見た）．❼ **动**〔方〕車で運ぶ．¶把这几只箱子~走（このいくつかの箱を車で運んで行く）．❽（Chē）姓．

☞ 车 jū

笔顺 一ナ七车

【车把】chēbǎ **名** 自転車などのかじ棒．¶自行车~／自転車のハンドル．

【车把势[式]】chēbǎshi **名**〔个 ge, 位 wèi〕家畜に引かせる荷車の御者．

【车厂】chēchǎng **名**〔个 ge, 家 jiā〕❶〔旧〕人力車や"三轮车 sānlúnchē"（運搬用の三輪自転車）を賃貸する店．同 车厂子 chēchǎngzi ❷ 人力車や"三轮车"の製造工場．¶自行~／自転車工場．

【车场】chēchǎng **名** ❶ 車置き場．（保管やメンテナンスのための）駐車スペース．❷（鉄道駅の）走行目的以外に使用される線路のある場所．引込線や操作場,車庫など．❸ 道路輸送と都市の公共交通企業を管理する機関．

【车臣战争】Chēchén zhànzhēng **名**《歴史》チェチェン紛争．

【车程】chēchéng **名** 車の行程．車程．表現 ふつう,自動車を運転する際の道路の距離をいう．

【车床】chēchuáng **名**《機械》〔台 tái〕旋盤．¶~工／旋盤工．同 旋床 xuànchuáng

【车次】chēcì **名** 列車番号．バスなどのダイヤ．

【车刀】chēdāo **名**《機械》旋盤用のたがね．バイト．

【车到山前必有路】chē dào shānqián bì yǒu lù **俗** 窮すれば通ず．行き詰まった時にも打開の道はある．

【车道】chēdào **名**〔条 tiáo〕車道．車線．¶单行 dānxíng~／一方通行の道路．反 人行道 rénxíngdào

【车灯】chēdēng **名**（車や自転車の）ライト．

【车队】chēduì **名** ❶ 自動車の行列．❷ 職場の配車部門．

【车匪】chēfěi **名** 自動車強盗．列車強盗．

【车匪路霸】chēfěi lùbà **名** 自動車強盗団．列車強盗団．

【车费】chēfèi **名** 車代．交通費．

【车夫】chēfū **名**〔旧〕〔个 ge, 位 wèi〕車引き．御者．運転手．¶人力~／人力車の車夫．

【车工】chēgōng **名** ❶ 旋盤で切削する作業．❷〔个 ge, 位 wèi〕旋盤工．

【车轱辘】chēgūlu **名**〔口〕車輪．

【车轱辘话】chēgūluhuà **名** くどくどした話．

【车轨】chēguǐ **名** レール．

【车号】chēhào **名**（自動車の）ナンバー．（乗り物の）車輌番号．¶~牌／ナンバープレート．

【车祸】chēhuò **名**〔次 cì, 起 qǐ〕自動車事故．交通事故．

【车技】chējì **名**《芸能》自転車などの曲乗り．"杂技 zájì"（曲芸）の一種．

【车驾】chējià **名** 古代,帝王の馬車．また,帝王のこと．

【车梁】chēliáng **名**《機械》フレーム．同 大梁 dàliáng

*【车间】chējiān **名**〔个 ge〕工場の生産現場．作業場．¶修理~／修理部門．

【车检】chējiǎn 車輛検査. 車検.
【车捐】chējuān《経済》車両税.
【车库】chēkù 名〔個 个 ge, 间 jiān〕車庫. ¶自行车～/自転車置き場. ¶汽车～/ガレージ.
【车辆】chēliàng 名 車. 車両.
【车裂】chēliè 動 古代の酷刑. 頭と四肢をそれぞれ五台の馬車に結び付け, 別々の方向に車を動かして身体を裂く.
【车铃】chēlíng 名(自転車などの)ベル. ¶按 àn～/自転車のベルを鳴らす.
【车流】chēliú 名 ❶ 車の流れ. 道路を車が途切れなく次々走っていくようす. ❷ 鉄道の貨車の流れ. またその流量.
【车轮】chēlún 名〔個 个 ge, 只 zhī〕車輪.
【车轮战】chēlúnzhàn 名 数人が順番に一人に挑戦して疲れさせる戦法.
【车马费】chēmǎfèi 名(公務出張の)交通費.
【车门】chēmén 名 ❶ 車のドア. ❷ 脇門. 大きな門の脇に, 荷車や馬などの通行専用に設けられた門.
【车奴】chēnú 名 車を購入したものの, 維持費の工面に苦労している人.
【车扒】chēpá 動名(バスや列車内で)スリを行う. また, その人.
【车牌】chēpái 名 ❶ (自動車の)ナンバープレート. ❷ 自動車の商品名.
【车棚】chēpéng 名(簡易な小屋式の)自転車や自動車の置き場.
【车篷】chēpéng 名 車のほろ.
【车皮】chēpí 名〔個 节 jié〕機関車以外の鉄道車両. 用法 荷物を積む前の貨車をいうことが多い.
【车票】chēpiào 名〔個 张 zhāng〕乗車券.
【车前】chēqián 名《植物》オオバコ. 参考 葉・種子とも に漢方薬の材料になる. 種子は"车前子"(しゃぜんし)という.
【车钱】chēqián 名 ⇒ 乗車賃.
【车圈】chēquān 名(自転車の)リム. タイヤをはめる輪の部分. 同 瓦 wǎ 圈
【车身】chēshēn ❶ 動方 振り向く. ¶坐在前面的他车过身来和我说话/前に座っていた彼は, 振り向いて私と話をした. ❷ chēshēn 名 車体. 車幅.
【车市】chēshì 名 自動車市場. カーマーケット.
【车手】chēshǒu 名 自転車・バイク・自動車などのレースに参加する選手.
【车水马龙】chē shuǐ mǎ lóng 成 交通量が多いようす. ¶街上～/通りは車がひっきりなしに行き来している. 由来「車が水の流れのようにとぎれなく続き, 馬が竜のようにつらなっている」の意.
【车速】chēsù 名 ❶ 車のスピード. ❷《機械》旋盤などの回転速度.
【车胎】chētāi 名〔個 个 ge〕タイヤ. ¶给～打气/タイヤに空気を入れる. 同 轮胎 lúntāi
【车条】chētiáo 名(車の)スポーク. 同 辐 fú 条, 辐
【车头】chētóu 名 ❶ (汽車や電車の)車両の先頭部分. ❷ 機関車.
【车位】chēwèi 名 自動車の駐車位置.
【车险】chēxiǎn 名 自動車保険.
【车厢[箱]】chēxiāng 名〔個 个 ge, 节 jié〕列車の車両. 自動車のボックス.
【车辕】chēyuán 名 轅(ながえ).
【车载斗量】chē zài dǒu liáng 成 掃いて捨てるほどある. 由来「車に積み, 升で量るほど多い」の意.
【车闸】chēzhá 名 ブレーキ.

【车展】chēzhǎn 名 自動車展示会. モーターショー.
*【车站】chēzhàn 名〔個 个 ge, 座 zuò〕駅. 停車場. 停留所.
【车照】chēzhào 名 ❶ 運転免許証. ¶请出示～/運転免許証を見せてください. ❷ 考～/運転免許試験を受ける. 同 驾驶执照 jiàshǐ zhízhào, 驾驶证 jiàshǐzhèng ❷ (车两证・车検証・运行许可证など)車に関連する許可証.
【车辙】chēzhé 名 車輪の跡. タイヤの跡.
【车轴】chēzhóu 名《機械》〔個 根 gēn〕車軸.
【车主】chēzhǔ 名 車の所有者. オーナー.
【车资】chēzī 名 運賃. 乗車代金. 同 车钱 qián, 车费 fèi
【车子】chēzi 名 ❶ 口〔個 部 bù, 辆 liàng〕(小型の)車. ❷ 自転車.
【车组】chēzǔ 名 車輛運行チーム. 公共交通機関や列車などで, 車輛や特定の運行の任を負う担当メンバー.

砗(硨) chē 石部4 四 1465₀ 全9画 通用

下記熟語を参照.

【砗磲】chēqú 名(貝)シャコガイ.

尺 chě 尸部1 四 7780₇ 全4画 常用

名《音楽》中国民族音楽の楽譜記号. 西洋音階の「レ」, "简谱 jiǎnpǔ"の"2"にあたる.
⇒ 尺 chǐ

扯(㗒撦) chě 扌部4 四 5101₀ 全7画 常用

動 ❶ ひっぱる. ¶～旗 qíhào(ひもを引いて旗をあげる)/～住不放(引き止めて放さない). ❷ とりとめのない話をする. ¶东拉西～(話があちこちに飛ぶ)/闲～ xián-chě(無駄話をした)/我和他～了很长时间(とりとめもなく長話をした). ❸ 引き裂く. 引き破る. ¶～破 chěpò(引き裂く)/他把报告～了扔进垃圾箱去了(彼はレポートを引き裂くとゴミ箱に捨ててしまった).

【扯淡〖蛋〗】chě//dàn 動〈方〉くだらぬことを言う. 無駄話をする. ¶你别～了, 说正经的吧/くだらぬことを言わないで, まともな話をしてくれ.

【扯后腿】chě hòutuǐ 足をひっぱる. じゃまをする. ¶父母不该让扯孩子的后腿/親は子供の足を引っ張るようなことをすべきでない. 同 拉 lā 后腿

【扯谎】chě//huǎng 動 嘘をつく. ¶他在～, 别信他/彼は嘘をついているから, 信用するな. 同 说谎 shuō-huǎng, 撒谎 sāhuǎng

【扯家常】chě jiācháng 句 世間話をする.

【扯皮】chě//pí いがみ合う. 水掛け論をする.

彻(徹) chè 彳部4 四 2722₆ 全7画 常用

素 突き通す. (音や声が)よく通る. ¶～夜 chèyè/冷风～(風が刺すように冷たい)/响～云霄 yúnxiāo(音や声がよく響く).

*【彻底】chèdǐ 形 徹底的だ. ¶～改正错误/過ちを徹底的に改める. 同 澈底 chèdǐ

【彻骨】chègǔ 形 骨身にこたえる. ¶寒风～/寒風が骨身にしみる.

【彻头彻尾】chè tóu chè wěi 成 貶 初めから終わりまで. そっくり. ¶～的谎言 huǎngyán/真っ赤なうそ. 表現 悪事, ひどいものについて言うことが多い.

【彻悟】chèwù 動(世の中のことを見通して)完全に理解する. はっきりと悟る.

【彻夜】 chèyè 名 夜通し. 夜中じゅう. ¶～难眠 mián / 一晩中よく眠れない. 回 通宵 tōngxiāo

坼 chè
土部5 四 4214₁ 全8画 通用
動 文 裂ける. 割れ目が入る. ¶天寒地～（寒さは厳しく, 地面には亀裂が走る）/ ～裂 chèliè（裂ける）.

掣 chè
手部8 四 2250₂ 全12画 通用
❶ 動 ひっぱる. ¶～肘 chèzhǒu. ❷ 動 抜き出す. 引く. ¶～签 chèqiān（くじを引く）. ❸ 名 閃（ピカ）っく. ¶风驰 chí 电～（きわめて速い）.
【掣电】 chèdiàn 動 文 稲妻. 回 闪 shǎn 电 表現 迅速なようすをいう.
【掣肘】 chèzhǒu 他人の行動を押さえる. ¶他们俩在工作中配合得不好, 总是相互～/ 彼ら2人は仕事の折り合いが悪く, しょっちゅう足のひっぱり合いをしている. 由来「相手の肘をつかんで離さない」という意から.

撤 chè
扌部12 四 5804₀ 全15画 常用
動 ❶ 取り除く. ¶～职 chèzhí / ～销 chèxiāo / 裁～ cáichè（無効にする）. ❷ もとにもどす. 引きあげる. ¶～兵 chèbīng / ～回 chèhuí. ❸ 方（においや重さを）少なくする. ¶～味儿（においをうすめる）/ ～分量（軽くする）.
【撤兵】 chè//bīng 動《軍事》撤兵する.
【撤并】 chèbìng 動（機構や職場を）撤廃し, 合併させる.
【撤差】 chè//chāi 動 旧 官職を解く. 免職する.
【撤除】 chèchú 動 取り消す. 取り除く. 引きあげる. ¶～军事设施 / 軍事施設を撤去する. ¶～我国驻 zhù 联合国 Liánhéguó 某机构代表 / 我が国の, 国連其機構の代表を引きあげる.
【撤防】 chè//fáng 動《軍事》防衛施設を撤去して軍隊を引きあげる. 回 布防 bùfáng, 设防 shèfáng
【撤换】 chèhuàn 動 取り替える. 更迭（こう）する. ¶～人选 / 人選を組み直す.
【撤回】 chèhuí 動 ❶ 引きあげる. 呼び戻す. ¶～军队 / 軍隊を引きあげる. ❷ 撤回する. 取り下げる. ¶～提案 / 提案を取り下げる.
【撤军】 chè//jūn 軍隊を撤収する. 撤退する. 回 撤兵 bīng
【撤空】 chèkōng 動 きれいに取り除く.
【撤离】 chèlí 動 撤退する. 離れる. ¶～战场 zhànchǎng / 戦場から撤退する.
【撤诉】 chèsù 動《法律》（原告が）訴訟を取り下げる.
【撤退】 chètuì 動《軍事》撤退する.
【撤席】 chè//xí 動 宴席の料理を片づける.
【撤销[消]】 chèxiāo 動 取り消す. ¶～处分 / 処分を取り消す. 回 取消 qǔxiāo 反 保留 bǎoliú
【撤职】 chè//zhí 動 解任する. ¶～查办 / 解任した上で調査, 処分する. 回 罢职 bàzhí, 免职 miǎnzhí 反 复职 fùzhí
【撤走】 chèzǒu 動 撤去する. 引きあげる. ¶～军用物资 wùzī / 軍需物資を撤去する.

澈 chè
氵部12 四 3814₀ 全15画 次常用
索 ❶ 水が澄んでいる. ¶清～可鉴 jiàn（水が鏡のように澄んでいる）/ ～亮 chèliàng（明るく澄みきっている）. ❷ "彻 chè" に同じ.

chen ㄔㄣ〔tṣʻən〕

抻（異 捵） chēn
扌部5 四 5500₆ 全8画 通用
動 口 ひっぱって伸ばす. ¶～面 chēnmiàn.
【抻面】 ❶ chēn//miàn 動 こねた小麦粉をひきのばしてうどんを作る. ❷ chēnmiàn 名 ❶のようにして作ったうどん. ¶～越抻越长 / 麺はひっぱればひっぱるほど長くのびる.

郴 Chēn
阝部8 四 4792₇ 全10画 通用
索 地名用字. ¶～州 Chēnzhōu（湖南省にある地名）.

琛 chēn
王部8 四 1719₄ 全12画 通用
名 文 宝物.

嗔（異 瞋） chēn
口部10 四 6408₁ 全13画 通用
索 ❶ 怒る. ¶～怒 chēnnù. ❷ 人に不満をもつ. とがめる. ¶～怪 chēnguài.
【嗔怪】 chēnguài 動 とがめる. ¶他做事冒昧 màomèi, 您别～他 / 彼はぶしつけな奴ですが, どうかとがめないでください.
【嗔怒】 chēnnù 動 ひどく怒る. 腹を立てる.

臣 chén
臣部0 四 7171₂ 全6画 常用
❶ 索 臣下. ¶君～ jūnchén（君臣）/ 忠～ zhōngchén（忠臣）. ❷ 名 君 jūn 主 名 臣下の君主に対する自称. ❸（Chén）姓.
【臣服】 chénfú 動 文 臣下として仕える.
【臣僚】 chénliáo 名 文武の役人.
【臣民】 chénmín 名（君主国家の）臣民. 臣下と国民.
【臣子】 chénzǐ 名 臣下. 家来.

尘（塵） chén
小部3 四 9010₄ 全6画 常用
索 ❶ ほこり. ちり. ¶～土 chéntǔ / 灰～ huīchén（ほこり）/ 吸～器 xīchénqì（掃除機）. ❷ 現実の世. 俗世. ¶～世 chénshì / 红～ hóngchén（俗世間）. ❸ ゆくえ. 痕跡. ¶步人后～（人に追従する. 後塵を拝す）.
【尘埃】 chén'āi 名 ちり. ほこり.
【尘埃落定】 chén'āi luòdìng 句（事態が）結着する. 落着する.
【尘暴】 chénbào 名 砂あらし. ¶～弥 mí 天 / 砂あらしが空をおおう. 回 沙暴 shābào
【尘肺】 chénfèi 名《医学》塵肺（じん）.
【尘封】 chénfēng 動（長い間放置されていて）ほこりに埋もれる. ほこりにまみれる.
【尘垢】 chéngòu 名 ほこりと垢（あか）. ¶～满面 / 顔中ほこりと垢まみれだ. ¶一地～ / 一面ほこりだらけだ.
【尘寰】 chénhuán 名《仏教》塵世（じん）. 俗世のこと. 回 尘世 shì
【尘世】 chénshì → 尘寰 chénhuán
【尘事】 chénshì 名 俗事. 世の中のさまざまな事柄.
【尘俗】 chénsú 名 ❶ 世俗. ❷ 文 俗世.
【尘土】 chéntǔ 名 ほこり. ¶～飞扬 / ほこりが舞い上がる.
【尘雾】 chénwù 名 土ほこりと煙が霧のように充満すること.

【尘嚣】chénxiāo 名文 世の中の喧騒(けん).
【尘烟】chényān 名 ❶ 土ほこりと煙. ❷ 煙のように舞い上がった土ほこり.

辰 chén 辰部0 四 7123₂ 全7画 常用

区 ❶ 辰(しん). 十二支の五番目. ¶戊〜年 wùchénnián (戊辰ぼの年). ❷ 日・月・星の総称. ¶〜宿 chénxiù (星座) / 星〜 xīngchén (星). ❸ 時間の単位. 一昼夜を12等分した一区切り. 十二支であらわす. "时辰 shíchén"とも言う. ❹ 時. 日. ¶诞〜 dànchén (誕生日) / 吉日良〜 (大安吉日).
【辰砂】chénshā 名《鉱物》辰砂(しんしゃ). 由来 かつて湖南省辰州産のものが最も有名だったことから.
【辰时】chénshí 名 辰(しん)の刻. 昔の時刻の計り方で午前7時から9時までの2時間.

沉 chén 氵部4 四 3711₇ 全7画 常用

❶ 動 水中に沈む. ¶〜没 chénmò / 浮〜 fúchén (浮き沈みする). ❷ 動 浮 fú ❸ 動 沈み込む. ¶〜陷 chénxiàn (沈下する) / 地基下〜 (地盤沈下). ❸ 動 落ち着かせる. ¶〜下心来 (気持ちを落ち着かせる). ❹ 形 (目が)重い. ¶〜重 chénzhòng. 類 重 zhòng ⇔ 轻 qīng ❺ 形 (程度が)深い. ¶〜思 chénsī / 〜醉 chénzuì.
【沉沉】chénchén 形 ❶ ずっしり重い. ❷ (程度が)深い. ¶暮气 mùqì〜 / 無気力で活気がない.
【沉甸甸】chéndiàndiàn 形 (〜的)ずっしり重い. ¶心里老是〜的 / いつも気が重い. 参考 口語では"chéndiāndiān"とも読む.
【沉淀】chéndiàn ❶ 動 沈殿する. ❷ 動 凝縮する. 積み重ねる. ❸ 名 沈殿物.
【沉浮】chénfú 名 栄枯盛衰. ¶宦海 huànhǎi〜 / 役人世界での浮き沈み. 動 浮沈 fúchén する. ¶与世〜 / 時代の流れにしたがう. 同 浮沉 fúchén.
【沉积】chénjī ❶ 動 沈澱・堆積する. ¶泥沙 níshā〜河底 / 土砂が川底に沈澱・堆積する. ❷ 蓄積する. ¶历史〜 / 歴史の蓄積.
【沉积岩】chénjīyán 名《地学》堆積岩. 水成岩.
【沉寂】chénjì 形 ❶ たいへん静かだ. ¶〜的深夜 / しんとした真夜中. ❷ 寂静 jìjìng ❷ 消息がない. ¶音信〜 / 音信不通.
【沉降】chénjiàng 動 (地層や大気中の浮遊物などが)沈む.
【沉浸】chénjìn 動 ❶ 水に浸す. ❷ 思いに浸る.
【沉井】chénjǐng 名《建築》井筒(いづつ). 井筒工法.
【沉静】chénjìng 形 ❶ ひっそりと静かだ. 反 喧闹 xuānnào ❷ (性格・気持ち・表情が)物静かだ. 落ち着いている. ¶他性情〜 / 彼はおとなしい性格だ.
【沉疴】chénkē 名 文 痼疾(こしつ). 長く治らない重病.
【沉沦】chénlún 動 (罪悪や苦痛の境遇に)身を落とす. ¶不甘〜 / 苦痛に甘んじない. ¶〜于浩劫 hàojié / 災難に苦しむ.
【沉闷】chénmèn 形 ❶ (天気や雰囲気などが)重苦しい. ¶这样的雨天〜 / こんな雨の日はほんとうにうっとうしい. ❷ (気持ちが)ふさいでいる. ¶心情〜 / 気持ちがふさいでいる. ❸ (性格が)陰気だ. ¶他这个人 陰気な性格だ. 反 活泼 huóyuè, 爽朗 shuǎnglǎng.
【沉迷】chénmí 動 夢中になる. ¶〜不悟 wù / 夢中になって自分を見失う.
【沉湎】chénmiǎn 動 文 ❶ (酒などに)おぼれる. ❷ 耽溺(たんでき)する.
【沉没】chénmò 動 沈没する. 沈む. 反 漂浮 piāofú.
*【沉默】chénmò ❶ 形 口数が少ない. ¶〜寡 guǎ 言 / 寡黙だ. ❷ 動 沈黙する.
【沉默权】chénmòquán 名《法律》黙秘権.
【沉溺】chénnì 動 (悪い環境や習慣に)おぼれる. ¶〜于酒色 / 酒と色事におぼれる. 同 沉湎 chénmiǎn.
【沉睡】chénshuì 動 熟睡する. 反 觉醒 juéxǐng.
【沉思】chénsī 動 深く考えこむ. 物思いに沈む. ¶他为这个问题〜了好久 / 彼はこの問題のために長いこと考え込んだ.
【沉思】chénsī shēnsī
【沉痛】chéntòng 形 ❶ 沉痛だ. ¶十分〜的心情 / とても悲痛な気持ち. ❷ きびしい. 深刻だ. ¶〜的教训 jiàoxùn / きびしい教訓.
【沉稳】chénwěn 形 ❶ 落ち着いている. 沈着だ. ¶举止〜 / 挙動が落ち着いている. ¶这个人很〜 / この人はとても沈着冷静だ. ❷ 安らかだ. ¶睡得很〜 / ぐっすり眠っている.
【沉陷】chénxiàn 動 ❶ 地面や建物が沈下する. ¶地震 dìzhèn 后路基〜了 / 地震で地盤が陥没した. ❷ 深く沈み込む. ¶〜于往事的回忆 huíyì 中 / 昔の思い出にひたる.
【沉香】chénxiāng 名《植物》沈香(じんこう).
【沉毅】chényì 形 冷静で毅然としている. ¶行动〜 / 行動が冷静で毅然としている.
【沉吟】chényín 動 ❶ (難題に直面して)ぶつぶつ言う. つぶやく. ¶他〜半天 / 彼はしばらく一人でつぶやいていた. ❷ (詩文を)静かに吟じる.
【沉鱼落雁】chén yú luò yàn 女性の容貌が極めて美しいようす. 由来『荘子』斉物論に見えることば. 表現"闭月羞花 bì yuè xiū huā"と連用される.
【沉郁】chényù 形 (気持ちが)滅入っている. ¶心情〜 / 気持ちが滅入っている.
【沉冤】chényuān 名 長い間晴れることのできない無実の罪. ¶〜莫 mò 白 / 無実の罪を晴らすことができない. ¶昭雪 zhāoxuě〜 / 冤罪(えんざい)を晴らす.
【沉渣】chénzhā 名 沈んだかす. 古くて役に立たないもの. ¶〜泛 fàn 起 / いったん消えた古いものが再びあらわれる.
【沉滞】chénzhì 形 ❶ 沈滞する. どんよりする. ¶目光〜 / ぼんやりしたまなざし.
【沉重】chénzhòng 形 ❶ 重い. ¶这担子 dànzi 很〜 / この荷はとても重い. 反 轻快 qīngkuài, 轻松 qīngsōng ❷ 重大だ. 深刻だ. ¶病情很〜 / とても深刻な病状だ. ¶心情特别〜 / とても気分が重い.
【沉住气】chénzhùqì 気持ちを冷静に保つ. ¶别慌 huāng, 千万要〜 / 慌てるな, とにかく冷静にする事だ.
【沉着】chénzhuó 形 ❶ 沉着だ. 落ち着いている. ¶〜应战 yìngzhàn / 冷静に応戦する. ¶〜走上讲台 / 落ち着いて演壇に上る. 反 慌张 huāngzhāng ❷ 動 (色素やカルシウムなどが)沈着する.
【沉醉】chénzuì 動 酔いしれる. ¶〜在节日的欢乐 huānlè 之中 / 祭日の歓楽に酔いしれる. 同 陶醉 táozuì.

沈 chén 氵部4 四 3411₂ 全7画 常用

動(地名)"沉 chén"に同じ.
☞ 沈 Shěn

忱 chén 忄部4 四 9401₂ 全7画 次常用

❶ 素 文 いつわりのない気持ち. ¶热～ rèchén (热意) / 谢～ xièchén (感謝の気持ち). ❷ 素 まごころのこもった. 誠実だ. ¶～挚 chénzhì (真摯 ＜ヒンɛ) / ～词 chéncí (心のこもったことば). ❸ (Chén)姓.

陈(陳) chén
阝部5 四 7429₄ 全7画 常用

❶ 素 置く. 並べる. ¶～列 chénliè / ～设 chénshè. ❷ 素 述べる. ¶～述 chénshù / 详～ xiángchén (詳しく話す). ❸ 形 古い. 長い時間を経ている. ¶～旧 chénjiù / ～腐 chénfǔ. 回 旧 jiù 反 鲜 xiān, 新 xīn ❹ (Chén)周代の国名. 現在の河南省淮陽県一帯. ❺ (Chén)南北朝時代の南朝の一つ(557-589). ❻ (Chén)姓.

【陈陈相因】 chén chén xiāng yīn 成 古いやり方を繰り返すばかりで工夫がない. 由来『史記』平準書に"太仓之粟,～" (首都の倉庫の穀物は, 古いものの上に古いものが積み重なっている)とある.

【陈词滥调】 chén cí làn diào 成 時代遅れで現実にそぐわないことば. 使い古された言い方. ¶他的发言没有～/ 彼の発言にはありきたりの表現がない.

【陈醋】 chéncù 名 長く貯蔵し, 味の熟成した酢. 参考 黒酢をいう.

【陈独秀】 Chén Dúxiù《人名》陈独秀 (ぢぅし ゆう: 1879-1942). 近代の思想家・政治家. 1915年に上海で雑誌『青年』のち『新青年』を創刊し, 胡適らと新文化運動を展開.

【陈放】 chénfàng 动 きれいにならべる.

【陈腐】 chénfǔ 形 古くさい. 陈腐だ. ¶内容很～/ 内容がとても陈腐だ. 回 陈旧 chénjiù 反 新奇 xīnqí, 清新 qīngxīn, 新鲜 xīnxiān ⇒陈旧 chénjiù

【陈谷子烂芝麻】 chén gǔ zǐ làn zhī ma 成 陈腐で愚にもつかない事柄. 由来「古いアワと腐ったゴマ」という意味から.

【陈规】 chénguī 名 時代遅れの制度や規則.

【陈规陋习】 chén guī lòu xí 成 時代遅れの規則や習慣.

【陈货】 chénhuò 名 長期在庫品. 流行遅れの品物.

【陈迹】 chénjì 名 過去の出来事や事物.

【陈景润】 Chén Jǐngrùn《人名》陈景润 (ぢぅじゅん: 1933-). 数学者. 1973年にゴールドバッハの偶数に関する仮説の証明を発表し, 国際数学界に"陳氏定理"として認められた.

【陈酒】 chénjiǔ 名 ❶ 長く貯蔵し, 味の熟成した酒. ❷ 方 黄酒.

【陈旧】 chénjiù 形 古い. 時代遅れだ. ¶家具太～了/ 家具はひどく古びた. 回 陈旧 chénjiù 反 新颖 xīnyǐng, 崭新 zhǎnxīn, 簇新 cùxīn 比较 "陈旧"は, 時間がたって古くなったという意味にすぎないが, "陈腐"は, ひどくくたびれてダメになったという重いニュアンスで, 抽象的なものに対して使われる.

【陈粮】 chénliáng 名 (収穫から一年以上たった)古い穀物.

【陈列】 chénliè 动 陈列する. 展示する. ¶展览厅里～着许多新到到的产品/ 展覧室内には新たに到着した製品がたくさん並んでいる. 回 陈设 chénshè ⇒陈设 chénshè

【陈年】 chénnián 形 何年も貯えた. ¶～老酒 / 长年寝かせた紹興酒. ¶～老帐 lǎozhàng / 古い借金.

【陈皮】 chénpí 名《薬》陳皮 (ぢぅひ). ミカンやオレンジの皮を干したもの.

【陈绍】 chénshào 名 長年貯蔵した紹興酒.

【陈设】 chénshè 动 ❶ きれいに並べる. 飾りつける. 回 陈列 chénliè ❷ 名 調度品. インテリア. ¶摆设 bǎishè 比较 "陈设"は, 家や会議室などにきれいに配置すること. "陈列"は, 展覧のために並べること. 名詞としても用いる.

【陈述】 chénshù 动 (きちんと筋立てて)述べる. 陈述する. ¶～自己的意见 / 自分の意見を述べる. 回 陈说 chénshuō, 述说 shùshuō

【陈述句】 chénshùjù 名《言語》平叙文.

【陈说】 chénshuō 动 (きちんと筋立てて)述べる. 陈述する. ¶～事件的经过 / 事件の経過について述べる. 回 陈述 chénshù, 述说 shùshuō

【陈诉】 chénsù 动 (苦しみやくやしさを)訴える. ¶～冤情 yuānqíng / 冤罪 (ぢざ)の実情を訴える.

【陈言】 chényán 名 ❶ 陳腐なことば. ❷ 动 陈述する. 述べる.

【陈毅】 Chén Yì《人名》陳毅 (ぢぅい:1901-1972). 軍人・政治家. 抗日戦争では新四軍を率いて活躍. 建国後は上海市長などの重職を歴任した.

宸 chén
宀部7 四 3023₂ 全10画 通用

素 ❶ 大きな屋敷. ❷ 皇帝の住む宮殿. ❸ 王位. 皇帝.

晨 chén
日部7 四 6023₂ 全11画 常用

素 朝. 午前. ¶清～ qīngchén (明け方) / ～昏 chénhūn / ～操 chéncāo (朝の体操). 回 朝 zhāo 反 昏 hūn, 暮 mù

【晨光】 chénguāng 名 ❶ 明け方の陽(ひ)の光. ¶～熹微 xīwēi / 夜明けの空がほの明るい. 回 晨曦 chénxī ❷ 方 時間. ころあい.

【晨昏】 chénhūn 名 朝晩.

【晨练】 chénliàn 动 早朝に鍛錬する.

【晨曦】 chénxī 名 文 明け方の陽(ひ)の光. 回 晨光 chénguāng

【晨星】 chénxīng 名 ❶ 夜明けの空にまばらに残る星. ¶寥 liáo 若 ruò～ / 成 夜明けの星のように数が少ない. ❷《天文》夜明け前の東の空にみえる金星や水星. 明けの明星.

【晨钟暮鼓】 chén zhōng mù gǔ 成 人の目を覚させることば. 迷いを断ち悟らせることば. 回 暮鼓晨钟 由来 寺院では早朝に鐘をたたき, 夕方に太鼓を打ったことから.

谌(諶) chén
讠部9 四 3471₈ 全11画 通用

❶ 动 信じる. ❷ 素 文 確かに. 誠に. ❸ (Chén)姓. 参考 ③は"Shèn"と発音する場合もある.

碜(磣)(異 硶) chěn
石部8 全13画 四 1362₂ 通用

形 ❶ 食べ物に砂が混ざっている. ¶牙～ yáchen (食べ物に砂が混ざっていて, じゃりじゃりする). ❷ みっともない. ¶～事 chěnshì (みっともないこと) / 寒～ hánchen (みっともない).

衬 疢 龀 称 趁 榇 谶 伧 㹠 琤 称　chèn – chēng

衬(襯) chèn
衤部3　四3420₀
全8画　常用

❶ 動 内側にもう1枚あてる．¶ ～绒 chènróng（毛織物の裏地をつける）/ ～上一张纸（紙を1枚あてる）．❷ 名 中に着る衣服．¶ ～衣 chènyī / ～裤 chènkù．❸ 名 （～儿）（えりや袖の）カバー．❹ 動 （取りあわせて）引き立たせる．際立たせる．¶ ～托 chèntuō / 映～ yìngchèn（引き立つ）．

【衬布】chènbù 〔量 块 kuài〕（衣服の）芯地．
【衬裤】chènkù 〔量 条 tiáo〕ももひき．ズボン下．
【衬里】chènlǐ 名 裏地．裏布．
【衬裙】chènqún 〔量 条 tiáo〕ペチコート．スリップ．
*【衬衫】chènshān 名 〔量 件 jiàn〕ブラウス．ワイシャツ．
【衬套】chèntào 名《機械》ブッシュ．入れ子．
【衬托】chèntuō 動 引き立てる．¶ 穿上这种衣服,更一出她苗条 miáotiao 的身材／この服を着ると，彼女のスマートな体の線がいっそう引き立つ．同 烘托 hōngtuō
*【衬衣】chènyī 名 〔量 件 jiàn〕❶ 下着．❷ "衬衫 chènshān"に同じ．
【衬纸】chènzhǐ 間紙（あいし）．挿し込み紙．

疢 chèn
疒部4　四0018₉
全9画　通用

索 文 病気．熱病．¶ ～疾 chènjí（病気）．

龀(齔) chèn
齿部2　四2471₀
全10画

索 文 子供の歯が生えかわる．¶ ～齿 chènchǐ（歯が生えかわる）．

称(稱) chèn
禾部5　四2799₂
全10画　常用

索 ぴったり合う．¶ ～心 chènxīn / ～职 chènzhí．
☞ 称 chēng, chèng

【称钱】chèn/qián 〔口〕大金をもっている．同 趁 chèn 钱
【称身】chèn//shēn 動 服が体にぴったり合う．¶ 这件旗袍 qípáo 缝制 féngzhì 得非常～／このチャイナドレスはとてもぴったりにできている．
【称心】chèn//xīn 動 意にかなう．¶ 这可称下你的心了／今度は君の望みどおりだね．同 满意 mǎnyì
【称心如意】chèn xīn rú yì 成 思いどおりになって満足する．
【称愿】chèn//yuàn 動（人の不幸などを）いい気味だと思う．¶ 决不能让敌人称了愿／敵からいい気味だと思われることが，決してあってはならない．
【称职】chènzhí 動 職務に適している．¶ 当干部,一定要～／幹部になるには，必ずその器でなければならない．

趁 chèn
走部5　四4880₂
全12画　常用

❶ 前 …に乗じて．¶ ～机 chènjī / ～早 chènzǎo / ～热打铁．❷ 動 方 （財産を）十分に持っている．¶ ～钱 chènqián．
【趁便】chèn//biàn 副 ついでに．
【趁火打劫】chèn huǒ dǎ jié 成 人の困難につけ込んで，甘い汁を吸う．火事場泥棒をはたらく．
【趁机】chènjī 副 チャンスに乗じて．¶ 出差 chūchāi 期间,他～回了一次老家 / 出張した期間に，彼は一度実家に帰った．
【趁空】chèn//kòng 動（～儿）暇を見はからう．
【趁钱】chèn/qián 動 方 金を持っている．¶ 他兜里几个钱儿 / ふところがあったかい．同 称钱 chènqián
【趁热打铁】chèn rè dǎ tiě 成 好機を逃さず行動する．鉄は熱いうちに打て．
【趁势】chènshì 副 勢いに乗って．同 顺势 shùnshì
【趁手】chènshǒu 動 ❶ ついでに…する．同 随 suí ❷ 使いやすい．便利だ．
【趁早】chènzǎo 副（～儿）早めに．好機を逃さず．¶ 时机不妙,～罢手 bàshǒu / 時機が悪い，早めに手を引こう．

榇(櫬) chèn
木部9　四4099₄
全13画　通用

索 文 ひつぎ．¶ 灵～ língchèn（ひつぎ）．

谶(讖) chèn
讠部17　四3375₀
全19画　通用

索 文 予言．きざし．¶ ～语 chènyǔ．
【谶纬】chènwěi 名 讖緯（しんい）．古代の予言書．参考 "谶"は秦代・漢代の吉凶の予言書．"纬"は漢代の経書（儒学の経典）に付託して作った書物．
【谶语】chènyǔ 名（不吉な予言）．

伧(傖) chen
亻部4　四2821₂
全6画　通用

→寒伧 hánchen
☞ 伧 cāng

---

cheng　ㄔㄥ [tʂʰəŋ]

㹠(檉) chēng
木部5　四4791₄
全9画　通用

下記熟語を参照．
【㹠柳】chēngliǔ 名《植物》〔量 棵 kē〕ギョリュウ（御柳）．同 三春柳 sānchūnliǔ, 红柳 hóngliǔ

琤 chēng
王部6　四1715₇
全10画　通用

擬 文 玉の触れ合う音．琴の音．水の流れる音．¶ 泉水～～（泉の水がさらさら流れる）．

称(稱) chēng
禾部5　四2799₂
全10画　常用

❶ 動 重さをはかる．¶ ～量 chēngliáng．❷ 動 …と呼ぶ．¶ 自～ zìchēng（自称する）/ ～得起英雄（英雄と呼ぶにふさわしい）．❸ 名 名称．¶ 简～ jiǎnchēng（略称）/ 别～ biéchēng（別名）/ ～号 chēnghào．❹ 動 言う．称する．¶ ～谢 chēngxiè / ～病 chēngbìng．❺ 索 文 ほめる．¶ ～许 chēngxǔ / ～赞 chēngzàn．❻ 索 文 挙げる．¶ ～兵 chēngbīng（挙兵する）/ ～觞 chēngshāng 祝寿（杯をあげて長寿を祝う）．
☞ 称 chèn, chèng

【称霸】chēngbà 動 権勢をふるい支配する．¶ 张家有钱有势,一方 / 张家は金も権勢もあり，あたり一帯を牛耳っている．
【称便】chēngbiàn 動 便利だといってほめる．重宝がる．
【称病】chēngbìng 動 病気を口実にする．¶ ～不出／病気を理由に出ない／～不见客人／病気と称して客に会わない．
【称贷】chēngdài 動 文 借金する．
【称道】chēngdào 動 ❶ 口に出して言う．❷ ほめる．¶ 人人～／皆口々にほめる．¶ 不值得～／ほめるに値しない．
【称得起】chēngdeqǐ …と呼ぶに値する．¶ 他在家买菜做饭样样都做,～是个模范丈夫 / 彼は買い物や食

事作りなど家のことは何でもしますから、まことに模範的な夫と言えます.
【称得上】chēngdeshàng 動 …と呼ぶにふさわしい. ¶大熊猫～是中国国宝／パンダは中国の宝と言うにふさわしい.
【称帝】chēngdì 帝位につく. 自らを皇帝と宣言する.
【称孤道寡】chēng gū dào guǎ 成 自らを王と称する. 殿様気取りになる. 由来 昔、君王が自らを"孤 gū"、"寡人 guǎrén"と称したことから.
【称好】chēnghǎo 動 称賛する. ¶大家连声～／みんなは口々にほめたたえた.
【称号】chēnghào 名 称号. 呼び名.
【称呼】chēnghu ❶動（人を…と）呼ぶ. ¶大家都亲切地～她"王大姐"／みんなは彼女を、親しみを込めて「王姉さん」と呼ぶ. ❷名（互いの関係をあらわす）呼称. 参考②は、「おじさん、先生、課長」など.
【称快】chēngkuài 動 歓声をあげる. ¶拍手～／拍手喝采する.
【称量】chēngliáng 動 ❶重さをはかる. ¶～体重／体重を計測する. ❷推測する. ¶此经功德，不可～／このお経のご利益たるや測り知れない.
【称赏】chēngshǎng 動 評価し称賛する.
【称述】chēngshù 動 話す. 述べ立てる.
【称说】chēngshuō 動（事物の名を）呼ぶ. 同 称呼 chēnghu
【称颂】chēngsòng 動 ほめたたえる. ¶～民族英雄／民族の英雄をたたえる. ¶吴先生捐款 juānkuǎn 为故乡建设学校与道路,倍受乡民的～／呉氏は郷里に学校と道路を建設するためのお金を寄付し、地元の人々の絶大な称賛を浴びた. 同 赞颂 zànsòng
【称叹】chēngtàn 動 賞賛される. ¶连声～／賞賛の声が次々に起こる. ¶他常常得到经理的～／彼はよく社長にほめられる.
【称王称霸】chēng wáng chēng bà 成 権勢をかさに横柄に振る舞う. 王様気取りで振る舞う.
【称为】chēngwéi 動 …と言う. …と呼ぶ.
【称谓】chēngwèi 名（親族・職業・身分などの）呼称. ¶日本的亲属 qīnshǔ～比中国简单得多／日本の親戚関係をあらわす呼称は中国よりずっと簡単だ. 同 称呼 chēnghu
【称羡】chēngxiàn 動 称賛し、うらやむ.
【称谢】chēngxiè 動 ことばで感謝の意を表わす. 礼を言う. 同 道 dào 谢
【称兄道弟】chēng xiōng dào dì 成 ❶兄弟のように親しい. 兄弟分だ. 表現 現在では、悪事をはたらくものの関係をさすことが多い.
【称雄】chēngxióng 動 君臨する. ¶～天下／天下に雄をとなえる. ¶在金融界～／金融界に君臨する.
【称许】chēngxǔ 動 賞賛する. ¶深受群众～／人々から大いに賞賛される. ¶村里人没有不～他的／村で彼をほめない人はいない. 同 赞许 zànxǔ
【称引】chēngyǐn 動 ⃝引証する.（ことばや事柄を）引用する.
【称誉】chēngyù 動 賞賛する.
*【称赞】chēngzàn 動 ほめる. 称賛する. ¶大家都～你很孝顺 xiàoshùn 父母／皆さんがあなたのことを、両親によく孝行するとほめています. 同 称誉 chēngyù, 夸奖 kuājiǎng, 赞 赏 zànměi, 赞 叹 zàntàn, 赞 誉 zànyù 反 责备 zébèi, 指责 zhǐzé, 指摘 zhǐzhāi

蛏(蟶) chēng
虫部5 四 5711₄ 全11画 通用

名（貝）アゲマキ. マテガイ. 参考 マテガイが"竹蛏 zhúchēng"、"马刀 mǎdāo"といい、アゲマキを"缢蛏 yìchēng"、"蛏子 chēngzi"という.

【蛏干】chēnggān 名 "蛏子 chēngzi"の干もの.
【蛏子】chēngzi 名《貝》アゲマキ.

铛(鐺) chēng
钅部6 四 8977₇ 全11画 次常用

名 平底の浅い鍋. 参考 主に"饼 bǐng"を焼くときに用いる.

↳ 铛 dāng

赪(赬) chēng
赤部6 四 4128₂ 全13画 通用

⃝赤い色.

撑(異 撐) chēng
扌部12 四 5905₂ 全15画 常用

動 ❶（棒などで）支える. 突っ張る. ¶两手～着腮 sāi（両手でほおづえをつく）. ❷さおさす. ¶～船 chēngchuán（さおをさして舟を進める）. ❸ もちこたえる. むりやりこらえる. ¶这个局面～不下去了（この情勢はもうもちこたえられない）／冻得实在不住了（寒くて我慢しきれない）. ❹ いっぱいになって、ぱんぱんに張る. ¶～肚子（食べすぎて腹が張る）／别装得太多，～破了口袋（たくさんつめ込みすぎないように、ポケットがはち切れてしまうから）. ❺ ぴんと広げる. ¶～伞（かさをひらく）.
【撑场面】chēng chǎngmiàn ⃝見栄を張る. うわべをつくろう. ¶张先生就是喜欢～／張氏はとにかく見栄っ張りだ. 同 撑门面 ménmian
【撑持】chēngchí 動 なんとか持ちこたえる. ¶～危局／危険な局面をどうにか持ちこたえる. ¶一直都是母亲～着这个家／ずっと母がこの家を支えてきた. 同 支撑 zhīcheng, 支持 zhīchí
【撑杆跳高】chēnggān tiàogāo 名《スポーツ》棒高跳び.
【撑门面】chēng ménmian ⃝見栄を張る. うわべをつくろう. ¶做人应该踏实点、别老是喜欢～／人間というものは、ものごとを着実にやらなければならない. うわべをつくろってばかりではいけない. 同 撑场面 chǎngmiàn
【撑腰】chēng//yāo 後押しする. 強力に支持する. ¶～打气／後ろ盾になって励ます. ¶别怕,我来撑你的腰／心配することはない、私がバックアップするから.

瞠 chēng
目部11 四 6901₄ 全16画 通用

⃝⃝目を見ひらいてじっと見る. 目をみはる. ¶～目结舌.
【瞠乎其后】chēng hū qí hòu ⃝落後して追いつけない. 同 望尘莫及 wàng chén mò jí 由来「はるか後ろで目をみはる」の意から.
【瞠目结舌】chēng mù jié shé ⃝目をみはったまま、ものが言えない. あっけにとられたり、困っているようす. ¶证人出现,罪犯 zuìfàn～,只好低头认罪／証人が現れたので、犯人は呆然としてことばが出ず、うなだれて罪を認めるほかなかった.

成 chéng
戈部2 四 5320₀ 全6画 常用

❶動 成し遂げる. 完成する. 成功する. ¶一事 chéngshì. ¶事～了／事が成し遂げられた. 反 败 bài
❷動 成長する. ¶～人 chéngrén. ¶～虫 chéngchóng. ¶五谷～熟／穀物が実る.

成 chéng 133

❸ 動 (うながして)達成させる. ¶~人之美 chéng rén zhī měi.
❹ 動 …になる. …に変わる. ¶我们很快~了好朋友 / 私たちはすぐに友達になった.
❺ 形 承諾や許可を表わす. よろしい. いいでしょう. ¶~,就那么办吧! / よろしい,そうしましょう. ¶如果有不懂的地方,问哪位老师都~ / 分からないことがあれば,どの先生に聞いてもよい.
❻ 形 有能だ. たいしたものだ. ¶ 说起庄稼活,他可真~! / 農作業といえば,彼はすこぶる有能だ.
❼ 動 ある程度の数に達する. ¶~千上万 chéng qiān shàng wàn. ¶~批 chéngpī.
❽ 形 すでに決まっている. 既成の. ¶~规 chéngguī. ¶~见 chéngjiàn. ¶~语 chéngyǔ.
❾ 量 10分の1をあらわすことば. ¶八~ / 8割.
❿ 名 業績. 成績. ¶创业难,守~亦不易 / 創業は難しいが,事業を守るのもまた容易ではない.
⓫ (Chéng)姓.

📖結果補語"V成"
①完成・成功を表わす.
◇经过多次失败,这件事终于办~了 / 多くの失敗を経てそれはついに成し遂げられた.
◇你的论文写一了吗? / 論文は書けましたか.
◇这幅画还没画~ / その絵はまだ描きあがっていない.
◇今天突然有事我去不~了 / 今日急用ができて私は行けなくなった.
◇我们要养~好的生活习惯 / 私たちはよい生活習慣を身につけなければなりません.
②変化を表わす.
◇雪化~水 / 雪がとけて水になる.
◇几年不见,她都变~了大姑娘了 / 数年会わないうちに彼女はすっかりいい娘になった.
◇请把下面的句子译~中文 / 次の文を中国語に訳しなさい.
◇我要把日元换~人民币 / 日本円を人民幣に両替したいのですが.

【成败】 chéngbài 名 成功と失敗. ¶~利钝 lìdùn / (成)成功と失敗. ¶~在此一举 / 成功か失敗かは,この一手にかかっている.
【成倍】 chéngbèi 動 倍になる. ¶产量增长 zēngzhǎng / 生産高は倍増した. ¶学生人数~增加 / 学生の人数は倍増している.
【成本】 chéngběn 名 原価. コスト. ¶~核算 / 原価計算. ¶降低~ / コストを下げる. (反)利润 lìrùn.
【成才】 chéngcái 動 有能な人間になる. 立派な人物になる.
【成材】 chéngcái 動 有能な人物になる. ¶自学~ / 独学で才能をのばし,立派な人物になる.
【成虫】 chéngchóng 名《虫》成虫.
【成丁】 chéngdīng 名 成丁(ﷺ). 成年に達した男子.
【成都】 Chéngdū《地名》成都(ﷺ). 四川省の省都.
【成堆】 chéngduī 動 山積みになる. ¶问题~ / 問題が山積している.
【成法】 chéngfǎ 名 ❶ 既成の法律. ❷ 既存の方法.
【成方】 ❶ chéngfāng 名 (~儿) 既成の処方. ❷ (Chéngfāng)《複姓》 表現 ①は,医師の診断後に処方されたものと区別して言う. 漢方について言うことが多い.
*【成分［份］】 chéngfèn 名〔個 个 ge, 种 zhǒng〕❶ 成分. 構成要素. ¶化学~ / 化学成分. ¶营养~ / 栄養成分. ¶心里不安的~ / 心中の不安な要素. ❷ 出身. 経歴や職歴. 身分. ¶工人~ / 労働者出身.
【成分输血】 chéngfèn shūxuè 名《医学》成分輸血.
【成风】 chéngfēng 動 ある風潮が広がり,一般的になる. ¶互教互学,蔚然 wèirán~ / 互いに教えあい,学びあうことが,世の風潮になった.
【成服】 chéngfú ⇒成衣 chéngyī ①
【成个儿】 chénggèr 動 成熟する. ¶果子已经~了 / 果実はもう熟れた.
*【成功】 chénggōng 動 成功する. ¶试验~了 / 実験は成功した. ¶得到~ / 成功を収める. ¶大会开得很~ / 大会はとてもうまくいった. ¶~地解决 / みごとに解決する. (同)胜利 shènglì (反)失败 shībài
【成规】 chéngguī 名 従来のきまりや方法. 習慣. ¶打破~ / 従来のきまりを打破する.
*【成果】 chéngguǒ 名〔個 个 ge, 批 pī, 项 xiàng〕成果. 良い結果. ¶丰硕 fēngshuò~ / 大きな成果. ¶劳动~ / 労働によって得た成果.
【成婚】 chénghūn 動 結婚する. ¶我们是今年十月~的 / 私たちは今年10月に結婚しました. ¶这孩子也到了~的年龄了 / この子も結婚する年齢になった.
【成活】 chénghuó 動 動植物が,無事に育つ. ¶~率 lǜ / 苗の根着き率. 育成率.
【成吉思汗】 Chéngjísīhán《人名》チンギスハン(1167-1227). モンゴル帝国の創始者. 廟号は太祖,幼名はテムジン. モンゴルを統一し,1206年ハン位につく.
*【成绩】 chéngjì 名〔個 分 fēn, 项 xiàng〕成績. ¶学习~ / 学業成績. ¶在比赛中取得良好的~ / 試合で良い成績をおさめる. (同)成果 chéngguǒ, 成就 chéngjiù 表現 "成绩"は,学業や仕事の結果を指し,良い結果も悪い結果もあり得る. "大","小","好","优秀","不好","坏","差"などと共に使われる. "成就"は,社会的意義のある重大な事業での良い結果を指し,"大","小","辉煌 huīhuáng"などと共に使われる.
【成绩单】 chéngjìdān 名 成績表.
【成家】 chéng//jiā 動 ❶ 男子が結婚する. ❷ 専門家として立派な成果を生んで,世に広く知られる.
【成家立业】 chéng jiā lì yè 成 一人前になる. 結婚し,仕事で評価を得,独立する.
【成见】 chéngjiàn 名 ❶ 先入観. 固定観念. ¶消除~ / 先入観を取り除く. ¶不要存~ / 先入観を持つ. ❷ 定見. 個人的見解.
【成交】 chéng//jiāo 動 取り引きが成立する. ¶拍板~ / 商談が成立する.
【成教】 chéngjiào "成人教育"(成人教育)の略称.
*【成就】 chéngjiù 名 ❶ 業績. 成果. ¶取得了伟大的~ / きわめて大きな成果をあげた. ❷ 動 完成する. 成就する. ¶~大业 / 偉業を成し遂げる.
【成考】 chéngkǎo 名 "成人高考"(社会人大学入試)の略称.
【成考移民】 chéngkǎo yímín "成考"のために,政策や条件が有利な地域に戸籍を移す受験生. 参考 中国では,大学入試の条件等が省によって異なるため.
*【成立】 chénglì 動 ❶ 組織や機構が成立する. ¶1949年10月1日,中华人民共和国~ / 1949年10月1日,中華人民共和国が成立した. ❷ 理論や意見が成り立つ. ¶这理论~ / この理論は成り立つ.
【成例】 chénglì 名 前例. 既存の方法. ¶援引 yuányǐn~ / 実例を引く.

【成龙配套】chéng lóng pèi tào 成 いくつかを組み合わせて、1つのシステムにする。回 配套成龙
【成眠】chéngmián 動 眠りに入る。回 入睡 rùshuì
【成名】chéng//míng 動 業績を積んで名を成す。¶一挙～／いっきに名をあげる。¶～成家／名をあげ、ひとかどの権威となる。
【成命】chéngmìng 名 すでに下した命令や決定。決定事項。
【成年】chéngnián ❶ 動 成人する。おとなになる。（動植物が）成熟する。¶～人／おとな。¶～树／成熟した樹木。❷ 副 口 一年中。¶～在外奔忙 bēnmáng／年中忙しく走りまわっている。
【成年累月】chéng nián lěi yuè 成 長年。長い年月。
【成批】chéngpī 名 大量の。まとまった量。¶～生产／一定量ずつ生産する。
【成品】chéngpǐn 名 〔 個 个 ge, 件 jiàn, 批 pī〕完成品。反 废品 fèipǐn
【成气候】chéng qìhòu 慣 将来性がある。成果が上がる。影響力をもつ。
【成器】chéngqì 動 有用な人物になる。¶孩子～／子供が有用な人間になる。¶现在不努力,将来怎能～？／今努力しなければ、将来きっと立つ人間になれるわけがあるまい。
【成千上万】chéng qiān shàng wàn 成 おびただしい数の。何千何万の。回 成千累 lěi 万,成千成万
【成亲】chéng//qīn 動 結婚する。
【成全】chéngquán 動 人が目的を遂げられるよう手助けする。¶你就～他俩的婚事吧！／あの二人の縁談をまとめてあげなさいよ。
【成群】chéng//qún 動 群れを成す。¶～结队／大勢がかたまって群れを成す。¶三五～／三々五々かたまって群れとなる。
【成人】chéng//rén 動 おとなになる。成人する。¶长大 zhǎngdà～／成長しておとなになる。❷ chéngrén 名 成人。¶孩子怎能同～比？／子供をおとなと比べられるわけがないだろう。
【成人高考】chéngrén gāokǎo 名 社会人大学入試。
【成人教育】chéngrén jiàoyù 名 成人教育。
【成人之美】chéng rén zhī měi 成 （他人の）善事を全うできるよう手助けする。（他人の）目的達成のために手助けをする。
【成仁】chéngrén 動 正義や理想のために命を捧げる。
【成仁取义】chéng rén qǔ yì 成 正義や理想のために身を犠牲にして死ぬ。回 杀身 shā shēn 成仁
【成日】chéngrì 副 終日。一日中。
【成色】chéngsè 名 ❶ 纯分（%纯）。金貨や銀貨や宝飾品に含まれる金や銀の含量。❷ 品質。回 质量 zhìliàng
【成事】chéng//shì 動 事を成し遂げる。¶看这孩子的志向,将来能成大事／この子の志からすれば、きっと将来は大事を成し遂げるでしょう。反 败事 bàishì ❷ chéngshì 已過ぎ去ったこと。もう終わってしまったこと。
*【成熟】chéngshú 動 ❶（生物が）成熟する。¶庄稼 zhuāngjia～了／作物が実った。❷（考えや条件が）まとまる。¶意见还不～／意見がまだまとまっていない。¶条件～了／条件がそろった。
【成数】chéngshù 名 ❶ きりのいい数。端数のない整数。❷ 割合。
【成说】chéngshuō 名 既成の説。通説。定説。
【成算】chéngsuàn 名 早くから心に決めていること。¶心有～,遇事从容／心中こうと決めているので、なにか事があっても動揺しない。¶对这件事的处理,他胸中早有～了／この件の処理については、彼の腹はとっくに決まっていた。
【成套】chéng//tào 動 セットになる。¶～设备／工場などのプラント。¶～家具／セットものの家具。
【成天】chéngtiān 副 口 一日中。¶～忙碌 mánglù／一日中忙しくしている。
*【成为】chéngwéi 動 …になる。¶～先进工作者／模範労働者となる。¶这件事情已经～大家的话柄 huàbǐng 了／このことは、もう皆の話題になっている。
【成文】chéngwén ❶ 名 既成の文章。文章。❷ 名 古くさいもの。¶抄袭 chāoxí～／やみくもに古いやり方を踏襲する。❸ 形 成文化されている。¶～法／成文法。
【成文法】chéngwénfǎ 名 《法律》成文法。反 不成文法
【成问题】chéng wèntí 句 問題になる。¶我看这次比赛取得胜利不～／今度の試合は問題なく勝てると思います。¶他的态度很～／彼の態度は非常に問題だ。
【成效】chéngxiào 名 効果。ききめ。¶～显著／効果がはっきりしている。回 功效 gōngxiào,效果 xiàoguǒ
【成心】chéngxīn 副 故意に。わざと。回 故意 gùyì,有意 yǒuyì 反 无意 wúyì
【成行】chéngxíng 動 旅行や訪問が実現する。
【成形】chéngxíng ❶ 動（成長したり加工したりして）形になる。¶浇铸 jiāozhù～／鋳型に流し込んで成形する。❷ 動《医学》整形する。¶～外科／整形外科。❸ 形《医学》正常な形をしている。¶大便～／大便(の形)が正常だ。
【成型】chéngxíng 動 成型する。
【成性】chéngxìng 動（よくない行為が）習慣になる。くせになる。
【成药】chéngyào 名 調合済みの薬。
【成夜】chéngyè 副 一晩中。¶成日～／昼も夜も。¶你这样～工作,会搞垮 gǎokuǎ 身体的／あなたこんなふうに一晩中仕事をしていたら、体をこわしますよ。
【成衣】chéngyī ❶〔件 jiàn〕既製服。❷ 仕立て職人。仕立て屋。¶～匠 jiàng／裁縫師。¶～铺 pù／仕立て屋。
【成议】chéngyì 名 合意事項。¶已有～／すでに合意済みだ。
【成因】chéngyīn 名（物事が）発生した原因。成因。
【成语】chéngyǔ 名〔个 ge, 条 tiáo〕慣用句。成語。
【成员】chéngyuán 名〔个 ge, 名 míng〕構成員。メンバー。¶家庭～／家族の構成員。¶协会 xiéhuì～／協会の会員。¶联合国～国／国連加盟国。
【成约】chéngyuē 名 締結済みの条約。すでに交わした約束。¶违背 wéibèi～／条約に背く。¶信守 xìnshǒu～／約束を固く守る。
【成灾】chéng//zāi 動 災いとなる。
*【成长】chéngzhǎng 動 大きくなる。成長する。¶关心年轻一代的健康～／若い世代の健康な成長に関心を寄せる。

【成竹在胸】chéng zhú zài xiōng 成 胸に成算があること。¶写这篇文章前,他已～／この文章を書く前に、彼の胸中にはすでに文章ができあがっていた。回 胸有 xiōng yǒu 成竹 由来「竹を描く時は、既に竹のイメージが出来上がっている」の意から。

丞 chéng

一部5 四 1710₉
全6画 通用

图 古代の補佐官。¶县～ xiànchéng（県長の補佐役）／～相 chéngxiàng。

【丞相】chéngxiàng [名]〔[量] 个 ge, 位 wèi〕古代，君主を補佐した最高官．丞相(じょうしょう)．宰相．

呈 chéng 口部4 [四] 6010₄ 全7画 [常 用]

❶[動] ある状態をしめす．ある状態があらわれる．¶～现 chéngxiàn / ～露 chénglù (あらわれる)．❷[動] 差し上げる．¶送～ sòngchéng (進呈する) / 谨～ jǐnchéng (贈呈．謹呈)．❸[素][旧] 上級の官庁や上役に報告する文書．上申書．¶～文 chéngwén．❹(Chéng)姓．

【呈报】chéngbào [動] 上申する．¶～中央批准 / 中央に許可を申請する．

【呈递】chéngdì [動] うやうやしく手渡す．¶～国书 / 国書を奉上する．

【呈请】chéngqǐng [動] 上級機関へ申請する．願い出る．¶～批示 / 許可の指示を申請する．

【呈送】chéngsòng [動] 献上する．奉呈する．

【呈文】chéngwén [名][旧] 庶民が役所へ提出する文書．上申書．[同] 呈子 chéngzi

【呈现】chéngxiàn [動] ある状態があらわれる．[同] 出现 chūxiàn, 显现 xiǎnxiàn, 呈露 chénglù, 显出 xiǎnchū

【呈献】chéngxiàn [動] うやうやしく贈る．

【呈正[政]】chéngzhèng [動][文] 御叱正を乞う．[用法] 自分の著作を贈呈する際に，へりくだって書き添えることば．

枨(棖) chéng 木部4 [四] 4293₄ 全8画 [通 用]

[素][文] ❶門柱．❷(手や肌などで)触れる．¶～拔 chéngbō (手で払いのける)．

【枨触】chéngchù [動] ❶触れる．さわる．❷感動する．

诚(誠) chéng 讠部6 [四] 3375₀ 全8画 [常 用]

❶[素] 誠実だ．正直だ．¶～心～意 chéng xīn chéng yì / ～恳 chéngkěn．❷[素] 本当に．確かに．¶～然 chéngrán / ～有此事(本当にこういう事があるものだ)．❸[副][文] 果して．仮に．…であれば．¶～如所言…(もしも本当におっしゃるとおりであれば…)．❹(Chéng)姓．

【诚笃】chéngdǔ [形] 誠実だ．真摯だ．

【诚惶诚恐】chéng huáng chéng kǒng [成] 恐れ入ってびくびくする．[用法]「恐れ多いことながら」という意から，臣下が君主に上奏する文で用いる決まり文句．

*【诚恳】chéngkěn [形] 誠意がある．心がこもっている．¶小王的态度很～/ 王さんの態度は実に誠実だ．¶言出肺腑 fèifǔ，～感人 / 心の奥底から出たことばには，真心がこもっていて感動的だ．[重] 诚诚恳恳 [同] 恳切 kěnqiè [反] 虚伪 xūwěi

【诚朴】chéngpǔ [形] 誠実かつ純朴だ．

【诚然】chéngrán ❶[副] 実に．確かに．¶这只小狗～可爱 / この小犬は確かに可愛い．[同] 实在 shízài ❷[接] もとより…だが．無論…だが．[同] 固然 gùrán [用法] ②は，後に逆説をあらわす"但"，"却"などで結ぶことが多い．

*【诚实】chéngshí [形] 誠実だ．正直だ．¶～可靠 kěkào / 誠実で信頼できる．[同] 诚恳 chéngkěn, 老实 lǎoshi [反] 狡猾 jiǎohuá, 虚伪 xūwěi

【诚心】chéngxīn ❶[名]〔[量] 片 piàn〕真心．誠意．¶一片～ / 胸いっぱいの誠意．❷[形] 誠実だ．心がこもっている．¶小李对人很～ / 李さんは人への接し方が誠実だ．[同] 诚恳 chéngkěn

【诚心诚意】chéng xīn chéng yì [成] 誠心誠意．

【诚信】chéngxìn [形] 誠実で信用を守る．

【诚意】chéngyì [名]〔[量] 片 piàn〕誠意．真心．¶表示～ / 誠意を示す．

【诚挚】chéngzhì [形] 誠意に満ちている．¶～友好的气氛 qìfēn / 誠意に満ちた友好的な雰囲気．[同] 真挚 zhēnzhì

承 chéng 乛部7 [四] 1723₂ 全8画 [常 用]

❶[動] 受けとめる．支える．¶～尘 chéngchén / 以盆～雨(鉢で雨を受ける)．❷[動] 引き受ける．仕事を請け負う．¶～应 chéngyìng / ～包 chéngbāo．❸[素] (人の好意を)受ける．¶～情 chéngqíng / ～教 chéngjiào (教えを受ける)．❹[動] 継承する．引き継ぐ．¶～继 chéngjì / ～接 chéngjiē / ～上启下．❺(Chéng)姓．

【承办】chéngbàn [動] 引き受ける．請け負う．¶这事由他～ / この件は彼が引き受ける．¶我公司～各种土建工程 / 我が社は各種土木建築工事を請け負っております．

【承包】chéngbāo [動] (工事を)請け負う．(大口の注文を)引き受ける．¶～商 / 請負業者．¶～土木工程 / 建築工事を請け負う．¶～合同 / 請負契約．¶老张家～了二十亩苹果园 / 張さんの家は20ムーのリンゴ園を請け負った．

【承尘】chéngchén [名] ❶古代，皇帝の座位の上部に取り付けられた(ほこりよけの)幕．❷[方] 天井板．[同] 天花板 tiānhuābǎn

【承担】chéngdān [動] (義務や責任などを)引き受ける．担当する．¶你们能～这项工作吗？/ あなた方はこの仕事を引き受けられますか．[同] 承当 chéngdāng, 担当 dāndāng, 担负 dānfù [反] 推脱 tuītuō, 推卸 tuīxiè

【承当】chéngdāng [動] ❶責任を負う．引き受ける．¶～罪责 zuìzé / 罪の責任を負う．¶他做的事，责任当然由他～ / 彼がしたことの責任は，当然彼に負ってもらう．¶责任重大，～不起 / 責任が重大で，お引き受けしかねます．[同] 承担 chéngdān, 担当 dāndāng, 担负 dānfù ❷[方] 承諾する．承知する．

【承德】Chéngdé《地名》承徳(しょうとく)．河北省にある市．[参考] 避暑山荘で有名．

【承兑】chéngduì [動] 手形の支払いを約束する．手形の支払いを引き受ける．

【承欢】chénghuān [動][文] ❶親に仕えて喜ばせる．親孝行する．❷人の歓心を買う．迎合する．

【承继】chéngjì [動] ❶(息子がいないおじの)養子になる．❷(兄弟などの息子を)養子にする．❸相続する．¶～遗产 yíchǎn / 遺産を相続する．

【承建】chéngjiàn [動] 建設工事を請負う．

【承接】chéngjiē [動] ❶液体を容器に受ける．❷引き受ける．請け負う．¶本刊～广告 / 本誌は広告を引き受けます．¶～来料加工 / 委託加工を受け負う．[同] 承担 chéngdān ❸接続する．受け継ぐ．¶～上文 / 前文に続く．

【承揽】chénglǎn [動] 引き受ける．請け負う．¶～车辆装修 / 車の整備を請け負う．[同] 承担 chéngdān, 承包 chéngbāo

【承蒙】chéngméng [動] …していただく．¶～指点 / ご教示いただく．¶～热情招待，十分感激 / 温かくおもてなしいただき，深く感激しております．[表現] 挨拶や手紙でよく使われる表現．

【承诺】chéngnuò [動] 承諾する．約束する．¶～的事，一定照办 / お約束したことは，かならずその通りにします．¶口头～ / 口約束．

C

【承诺服务】chéngnuò fúwù 名 サービス保証.
【承平】chéngpíng 形 ⟨文⟩社会が安定している. 太平だ.
【承前启后】chéng qián qǐ hòu →承先 xiān 启后
【承情】chéng//qíng ご厚情を賜る. ありがたく思う. ご親切にも…していただく. ¶~关照／ご親切にもお世話していただきありがとうございました. ¶我一了,礼品不可能收／十分お世話になりましたから,プレゼントはどうしてもいただけません.
*【承认】chéngrèn 動 ❶認める. 同意する. ¶~错误／過ちを認める. ¶我~这是我干的／それは私がしたことだと認めます. 反 抵赖 dǐlài, 否认 fǒurèn ❷（新しい国家や政権を）承認する.
【承上启[起]下】chéng shàng qǐ xià 成 上文を受け下文を書きおこす. ¶这一段文章是过渡,起~的作用／この文章の一節はつなぎで,前文を受けて後文へと展開する働きをしている.
【承受】chéngshòu 動 ❶（試練や重量などを）引き受ける. ¶~考验／試練に耐える. ¶她已经~不了精神上的打击了／彼女はもう精神的な打撃に耐えられなくなった. ❷（財産や権利などを）相続する. 継承する. ¶~遗产 yíchǎn／遺産を相続する. 同 接受 jiēshòu
【承袭】chéngxí 動 ❶踏襲する. ¶~旧制／もとの制度を踏襲する. ❷（爵位などを）継承する. ¶~衣钵 yī-bō／衣鉢(はっ)を受け継ぐ. ¶~先人基业／先人の事業の基礎を受け継ぐ.
【承先启后】chéng xiān qǐ hòu 成 先人の成果を受け継ぎ,新しく発展させる. ¶~的作用／先人のあとを受けて新たな道を切り開く役割. 同 承前 qián 启后 表現 学問や事業などについて言う.
【承销】chéngxiāo 動 委託販売する. 販売を請負う. ¶~商／委託販売商.
【承印】chéngyìn 動 印刷を請負う. 参考 "承担印刷"の略.
【承应】chéngyìng 動 承諾する. 同 应承 yìngchéng
【承运】chéngyùn 動 輸送を請負う. 参考 "承担运输"の略.
【承载】chéngzài 動 荷重に耐えられる. ¶这辆卡车~得起这么重的东西吗？／このトラックはこんなに重い物を載せられるのか？
【承重】chéngzhòng 動 重量に耐える.
【承重墙】chéngzhòngqiáng 名《建築》耐力壁.
【承转】chéngzhuǎn 動 （上級から下級へ,または下級から上級へ）公文書を回す.
【承租】chéngzū 動 賃貸しを受け付ける. リースをする.

城 chéng
土部6 四 4315₀
全9画 常用

名 ❶〔量 道 dào, 座 zuò〕城壁. ¶~墙 chéng-qiáng／万里长~ Wànlǐ chángchéng（万里の長城）. ❷〔量 座 zuò〕都市. 町. ¶~市 chéng-shì／山~／都 dūchéng（首都）／~乡互助（都市と農村の相互援助）. ❸乡 xiāng ❸大型専門店. ¶香港美食~（香港美食タウン）. 由来 ❷は,中国の昔の町が城壁で囲まれていたことから. 参考 ❸は,店名やショッピングモールなどの名称.
【城邦】chéngbāng 名 古代の都市国家.
【城堡】chéngbǎo 名〔量 座 zuò〕とりで.
【城池】chéngchí 名 ❶城壁と堀. ¶~失守／城が陥落する. ❷都市. ¶攻克 gōngkè 几座~／いくつかの都市を攻め落とす.
【城雕】chéngdiāo 名 "城市雕塑"（都市の彫刻）の略称. 都市の公園などに置かれた彫刻や塑像.
【城垛】chéngduǒ 名 ❶都市を囲む城門の,外側に飛び出した部分. ❷城門の上の,凸凹型の低い壁. 同 城垛口,城垛子
【城垛口】chéngduǒkou →城垛 chéngduǒ ②
【城防】chéngfáng 名 都市の安全を守ること.
【城府】chéngfǔ 名 ⟨文⟩人と接する際の考えやはかりごと. 由来 もとは"城池"や"府库"の意.
【城根】chénggēn 名（~儿）城壁に近い所. 城壁の下.
【城关】chéngguān 名 ❶城門のすぐ外の地域. ❷"城区 chéngqū"に同じ.
【城管】chéngguǎn 名 "城市管理"（都市の管理）の略.
【城郭】chéngguō 名 ❶城壁. ❷都市.
【城壕】chéngháo 名 都市をとり囲む城壁. 外堀. ¶开挖 kāiwā~／城の外堀を掘る.
【城隍】chénghuáng 名 ❶⟨文⟩城壁と外堀. ❷①を守る神. 鎮守の神. 参考 ❷は,道教で信奉したもの.
【城际】chéngjì 形 都市間の. 都市と都市を結んだ.
【城建】chéngjiàn 名 "城市建设"（都市の建設）の略.
【城郊】chéngjiāo 名 郊外. 同 郊区 jiāoqū
【城里】chénglǐ 名 都市の中. 街中.
【城楼】chénglóu 名〔量 个 ge, 座 zuò〕城門の上のやぐら.
【城门】chéngmén 名 城門.
【城门失火,殃及池鱼】chéng mén shī huǒ, yāng jí chí yú 成 巻き添えを食う. 由来 "殃"は「災い」の意. 城門が火事になると,堀の水を消火に使い,堀が干上がって,災いが魚に及ぶことから.
【城墙】chéngqiáng 名〔量 道 dào, 座 zuò〕城壁. ¶这座古老的~,有待整修／この古い城壁は修理することになっている.
【城区】chéngqū 名 市街区. 反 郊区 jiāoqū
【城阙】chéngquè 名 ⟨文⟩城門の両側にある見晴やぐら.
**【城市】chéngshì 名〔量 个 ge, 座 zuò〕都市. ¶~喧嚣 xuānxiāo 的生活／都会の騒がしい生活. 反 乡村 xiāngcūn, 农村 nóngcūn
【城市病】chéngshìbìng 名 都会病. 参考 都市の人口増加や交通渋滞,環境悪化などの社会問題や,これらが原因で都市住民が患う心身の病を指す.
【城市化】chéngshìhuà 動 都市化する.
【城市居民最低生活保障】chéngshì jūmín zuìdī shēnghuó bǎozhàng 名 都市住民最低生活保障.
【城市贫民】chéngshì pínmín 名 都市の貧民.
【城市群】chéngshìqún 名 都市群.
【城市依赖症】chéngshì yīlàizhèng 名 大学生が,卒業後に地方や故郷での就職を望まず,仕事や戸籍もないまま大都市に留まる現象.
【城头】chéngtóu 名 城壁の最上部.
【城下之盟】chéng xià zhī méng 成 相手に迫られて結んだ条約. 城下の盟(ちかい). 由来 "敵に城下まで迫られて,屈服して結んだ条約"という意から.
【城乡】chéngxiāng 名 都市と農村.
【城厢】chéngxiāng 名 都市とその周辺. 城門の内側と,城門のすぐ外.
【城域网】chéngyùwǎng 名《通信》都市広域ネットワーク.
【城垣】chéngyuán 名 ⟨文⟩城壁.
【城运会】chéngyùnhuì 名 "城市运动会"（都市スポー

ッ大会)の略.
【城镇】chéngzhèn 名 都市と町. ¶～居民 / 都市部住民.

宬 chéng
宀部6 四 3025₃ 全9画 通用
素 皇帝の書庫. ¶皇史～(明・清時代の帝室図書館).

埕 chéng
土部7 四 4611₄ 全10画 通用
名 ❶〔方〕(中国東南沿海地方の)貝類の養殖場. ¶蛤gé～(ハマグリの養殖場). ❷ 酒のかめ.

乘 chéng
禾部5 四 2090₁ 全10画 常用
❶ 動 (乗り物や馬などに)乗る. ¶～车 chéngchē (車に乗る) / ～客 chéngkè. 回 坐 zuò ❷ 動 チャンスなどに乗じる. ¶～机 chéngjī / ～势 chéngshì. ❸ 動《数学》かけ算をする. ¶五～二等于十(5かける2は10). ❹ 素 仏教の教義. ¶大～ dàchéng (大乗仏教). ❺ (Chéng)姓. 参考 ②は, 口語では"趁 chèn"を用いることが多い.
☞ 乘 shèng

【乘便】chéngbiàn 副 ついでに. ¶请你～把那封信带给我 / ついでにあの手紙を持ってきてください. 回 顺便 shùnbiàn
【乘除】chéngchú 名 ❶ かけ算と割り算. 広く「計算」を指す. ❷〔文〕世の中の栄枯盛衰.
【乘法】chéngfǎ 名《数学》かけ算. 乗法.
【乘方】chéngfāng 名《数学》累乗. 冪(べき).
【乘风破浪】chéng fēng pò làng 成 困難を恐れず敢に前進する.
【乘号】chénghào 名 かけ算の記号(×).
【乘机】chéngjī ❶ 副 機に乗じて. ¶～反扑 / 機をとらえて反撃する. ❷ 動 飛行機に乗る. ¶～前往中国 / 飛行機で中国へ行く.
【乘积】chéngjī 名《数学》積. 回 积 jī
【乘警】chéngjǐng 名〔个 ge, 名 míng〕(列車に乗務している)鉄道公安官.
【乘客】chéngkè 名 乘客.
【乘凉】chéng//liáng 動 涼(すず)む. 涼をとる. ¶乘一会儿凉 / しばらく涼む. 回 纳凉 nàliáng
【乘龙快婿】chéng lóng kuài xù 成 立派な娘むこ. 理想的な婿.
【乘人之危】chéng rén zhī wēi 成 他人の弱みにつけ込む. 人の足下を見る.
【乘胜】chéngshèng 副 勝利の勢いに乗って. 勝利に乗じて.
【乘势】chéngshì 副 勢いに乗って. ¶～进击 / 勢いに乗じて進撃する.
【乘数】chéngshù 名《数学》(乗法の)かける数. 乗数. ¶～表 / 九九章.
【乘务员】chéngwùyuán 名〔个 ge, 名 míng, 位 wèi〕車掌. 乗務員.
【乘隙】chéngxì 動 すきを見て…する. ¶～逃脱 / すきを見て脱走する.
【乘兴】chéngxìng 動 興に乗る. ¶～唱和 chànghè / 興に乗って唱和する. ¶比赛刚开始就踢进一球,队员们士气大振, 又踢进一球 / 試合が始まってすぐにシュートを決めると, 選手たちは士気が大いに高まり, 勢いに乗って1点取った.
【乘兴而来】chéng xìng ér lái 成 興に乗ってやって来る. ¶～, 兴尽而返 fǎn / 興に乗ってやってきて, すっかり満足して帰る. 由来『世説新語』任誕篇に見えることばで, "乘兴而行 xíng, 兴尽而返"とある.
【乘虚而入】chéng xū ér rù 成 虚に乗じて入り込む. 虚をつく.
【乘员】chéngyuán 名 (船や飛行機に)乗っている人. 比較 日本語の「乗員」は, 乗務員のみをさすが, 中国語では乗客・乗員をすべて含む.
【乘坐】chéngzuò 動 (乗り物に)乗る.

盛 chéng
皿部6 四 5310₂ 全11画 常用
動 ❶ (ものを器に)盛る. 入れる. ¶～饭(ごはんをよそう) / 缸 gāng 里～满了水(かめに水をいっぱいに入れる). ❷ 詰める. おさめる.
☞ 盛 shèng

【盛器】chéngqì 名 容器. 器(うつわ). ¶把这些东西放进～里 / これらの物を器に盛る.

程 chéng
禾部7 四 2691₄ 全12画 常用
❶ 素 目的地までの道の長さ. 道のり. ¶里～ lǐchéng (道のり) / 路～ lùchéng (道のり). ❷ 素 ものごとを進める順序. ¶课～ kèchéng (課程) / ～序 chéngxù. ❸ 素 きまり. 法則. ¶～式 chéngshì / 章～ zhāngchéng (規約). ❹ 動 見積もる. ¶计日～功(日ならずして成功する). ❺ (Chéng)姓.

*【程度】chéngdù 名 ❶ 文化・教育・知識・能力などの水準. ¶文化～ / 教養のレベル. ¶自动化～ / オートメーション化の水準. ❷ 事物が変化した状況. 程度.
【程控】chéngkòng 名 "程序控制"(プログラム制御)の略.
【程控电话】chéngkòng diànhuà 名《通信》コンピュータ式電話(システム). プログラム制御の電話(システム).
【程式】chéngshì 名 ❶ 様式. スタイル. ¶公文～ / 公文書の様式. ¶～化 / 規格化する. ¶艺术没有固定的～ / 芸術には決まったスタイルはない. ❷《コンピュータ》(台湾・香港で)プログラム.
【程序】chéngxù 名 ❶ ものごとを進める順序. ¶工作～ / 仕事の手順. ¶会议～ / 会議の段取り. ❷《コンピュータ》プログラム.
【程序控制】chéngxù kòngzhì 名 プログラム制御.
【程子】chéngzi 名 しばらくの間. 用法 "一程子"の形で使われることが多い.

惩 (懲) chéng
心部8 四 2133₁ 全12画 常用
素 ❶ こらしめる. ¶～罚 chéngfá / 严～ yánchéng (厳罰に処する). ❷〔文〕警戒する. ¶～前毖后 bìhòu, 治病救人. 回 奖 jiǎng
【惩办】chéngbàn 動 処罰する. ¶严加～ / 厳重に処罰する. 回 惩治 chéngzhì
【惩处】chéngchǔ 動 処罰する. ¶依法～ / 法によって処罰する. 回 惩办 chéngbàn, 惩罚 chéngfá 反 表彰 biǎozhāng
【惩罚】chéngfá 動 厳重に処罰する. ¶无论是谁, 犯了罪都要受到～ / 何人たりとも, 罪を犯した者はすべて罰を受けなければならない. 回 惩处 chǔfá, 惩办 chéngbàn, 惩处 chéngchǔ, 惩治 chéngzhì, 处分 chǔfēn 反 奖励 jiǎnglì
【惩羹吹齑】chéng gēng chuī jī 羹(あつもの)にこりて膾(なます)を吹く. 由来 屈原『楚辞』九章に見えることば.
【惩戒】chéngjiè 動 処罰して戒める. ¶吊销 diàoxiāo 执照, 以示～ / 罰として営業許可証を取り消す.

【惩前毖后,治病救人】chéng qián bì hòu,zhì bìng jiù rén 〈成〉過去の失敗を教訓として、再び過ちを犯さないように気をつけ、人の欠点をなおして、りっぱな人間にする。
【惩一警[儆]百】chéng yī jǐng bǎi 〈成〉一罰百戒。少数の者を罰して衆人のみをしめとする。〔同〕惩一戒百 jiè bǎi,杀鸡吓猴 shā jī xià hóu
【惩治】chéngzhì 処罰する。¶~罪犯／犯罪者を処罰する。〔同〕惩办 chéngbàn

裎 chéng
禾部7 〔四〕3621₄ 全12画 通用
〈動〉〈文〉裸になる。¶裸~ luǒchéng（丸裸）.

塍 chéng
田部9 〔四〕7921₄ 全13画
〈名〉田のあぜ。¶~埒 chéngliè（田のあぜ）／田~ tiánchéng（田のあぜ）.

醒 chéng
酉部7 〔四〕1661₄ 全14画 通用
〈動〉〈文〉酒に酔って意識がもうろうとする。¶忧心如~（心配の余りもうろうとなる）.

澄（異 澂）chéng
氵部12 〔四〕3211₈ 全15画 次常用
〈素〉(水や空気が)澄んでいる。¶~清 chéngqīng／~空 chéngkōng（澄みきった空）.
☞ 澄 dèng
【澄彻[澈]】chéngchè 〈形〉(水底が見えるほど)澄みきっている。¶清溪 qīngxī～／見底／清流は澄みきって底が見えるほどだ。〔同〕澄明 chéngmíng
【澄清】chéngqīng ❶〈形〉澄んでいる。¶湖水碧绿 bìlù～／湖の水が青々と澄んでいる。❷〈動〉(問題点や認識等を)はっきりさせる。¶一事実／事実を明らかにする。〔同〕廓清 kuòqīng ☞ 澄清 dèngqīng

橙 chéng
木部12 〔四〕4291₈ 全16画
〈素〉❶〈植物〉ダイダイ。¶~子 chéngzi. ❷ダイダイ色。オレンジ色。¶~黄 chénghuáng.
【橙黄】chénghuáng 〈名〉オレンジ色。
【橙汁】chéngzhī 〈名〉オレンジジュース。
【橙子】chéngzi 〈名〉〈植物〉ダイダイの実。オレンジの実。

逞 chěng
辶部7 〔四〕3630₁ 全10画 次常用
〈動〉❶誇示する。ひけらかす。¶~能 chěngnéng／~强 chěngqiáng／~威风 chěng wēifēng. ❷(よからぬ計画を)達成する。¶得~ déchéng（悪だくみがまくいく）／以求~（悪だくみを達成しようとする）. ❸気ままにさせる。放任する。¶~性妄为／~性子.
【逞能】chěng//néng 〈動〉能力をひけらかす。¶你别在我面前~了／僕の前で腕をひけらかすのはやめろ。
【逞强】chěng//qiáng 〈動〉強がる。虚勢を張る。¶~好胜 hàoshèng／虚勢を張って強がりを言う。〔反〕示弱 shìruò
【逞威风】chěng wēifēng 〈句〉いばる。¶借着老子的势力,逞什么威风？／親父の力をかさに着て、何をいばりちらしてるんだい。
【逞性妄为】chěng xìng wàng wéi 〈成〉したい放題にふるまう。¶歹徒 dǎitú～,竟然大白天抢劫 qiǎngjié 商店／悪党は大胆にも白昼堂々商店をおそい、強盗を働いた。
【逞性子】chěng xìngzi 〈句〉わがままに振る舞う。¶一个小孩真难教育,太~了／子供というのは本当に難しい。わがままだからね。

【逞凶】chěngxiōng 〈動〉やたら凶暴にふるまう。

骋（騁）chěng
马部7 〔四〕7512₇ 全10画 通用
〈動〉〈文〉❶速く走る。¶驰~ chíchěng（全力で走る）. ❷存分に…する。¶~怀 chěnghuái／~目 chěngmù.
【骋怀】chěnghuái 〈動〉〈文〉のびのびとして、心を開く。
【骋目】chěngmù 〈動〉〈文〉はるか遠くをのぞむ。¶~远眺 tiào／遠望する。

秤 chèng
禾部5 〔四〕2194₉ 全10画 常用
〈名〉〔量 杆 gǎn,台 tái〕（重さをはかる）はかり。¶~锤 chèngchuí／~盘子 chèngpánzi.
【秤锤】chèngchuí はかりの分銅。〔同〕秤砣 chèngtuó
【秤杆】chènggǎn 〈名〉(~儿)〔量 个 ge,根 gēn〕竿(さお)ばかりの竿.
【秤钩】chènggōu 〈名〉竿(さお)ばかりのかぎ。
【秤盘子】chèngpánzi 〈名〉竿(さお)ばかりの皿。
【秤砣】chèngtuó 〈名〉はかりの分銅。〔同〕秤锤 chèngchuí
【秤星】chèngxīng 〈名〉(~儿)竿(さお)ばかりの目盛り。

称（稱）chèng
禾部5 〔四〕2799₂ 全10画 常用
〈名〉"秤 chèng"に同じ。
☞ 称 chèn,chēng

掌 chèng
小部9 〔四〕9024₁ 全12画 通用
〈名〉❶〈建築〉筋かい。❷(~儿)(机やいすなどの脚と脚の間にわたした)横木。

---

chi チ〔tʂʅ〕

吃（異 喫❶～❼）chī
口部3 〔四〕6801₇ 全6画 常用
❶〈動〉食べる。(薬・乳などを)飲む。¶~饭 chīfàn. ¶~药／薬を飲む。¶~奶／乳を飲む。
❷〈動〉(…で)食事する。¶~食堂／食堂で食事する。¶~大腕／どんぶりで食べる。
❸〈動〉(液体を)吸収する。¶茄子特別~油／ナスはよく油を吸う。¶~墨纸 mòzhǐ／吸い取り紙。
❹〈動〉(ショックや打撃などを)受ける。¶~惊 chījīng. ¶~紧 chījǐn. ¶~亏 chīkuī. ¶~过败仗 bàizhàng／敗北を喫する。
❺〈動〉支える。持ちこたえる。¶身体~不消／身がもたない。
❻〈動〉…に頼って生活する。¶~利息／利息で暮らす。¶她还在~父母／彼女はまだ親のすねをかじっている。
❼〈動〉敵を全滅させる。(相手の駒を)とる。
❽〈動〉消耗する。¶~~力 chīlì. ¶~一劲 chījìn.
❾〈素〉どもる。⊘旧読では"jī"。¶口~ kǒuchī／どもり。
【吃白饭】chī báifàn ❶おかずには手をつけずに主食ばかり食べる。¶这孩子宁愿 nìngyuàn ～／この子はおかずなしでご飯を食べる方がいいらしい。❷無銭飲食をする。❸働かずに居候する。¶一个大的人了,总不能老是在家里~吧／いい年をして、家で無駄飯ばかり食っているわけにはいかないだろう。❹居候する。

【吃白食】chī báishí 〔句〕〔方〕ただ飯を食う.
【吃败仗】chī bàizhàng 〔句〕戦争や試合に負ける. 負けを喫する.
【吃饱】chībǎo 〔動〕腹いっぱいに食べる. ¶～穿暖／〔成〕衣食が足りる.
【吃闭门羹】chī bìméngēng ⇒闭门羹 bìméngēng
【吃不服】chībufú 〔動〕(慣れないので)食べられない. ¶大蒜 dàsuàn 的气味太重,我～／ニンニクはにおいが強く,どうも苦手だ.
【吃不开】chībukāi 〔動〕通用しない. 相手にされない. ¶你这么死板,在社会上肯定～／そんなにしゃくし定規では,社会に出たらきっと通用しないよ. 〔同〕行不通 xíngbutōng 〔反〕吃得开 chīdekāi
【吃不来】chībulái 〔動〕口に合わない. (慣れないので)食べられない. ¶你羊肉～,牛肉怎么样？／ヒツジの肉は食べられないのなら,牛肉はどうですか.
【吃不上】chībushàng 〔動〕(食べ物にありつけず)食べられない.
【吃不消】chībuxiāo 〔動〕(苦しいことに)たえられない. やりきれない. ¶熬 áo 了一夜,接着又要上班,你～吧／徹夜してそのまま出勤なんて,やりきれないね. 〔同〕受不了 shòubuliǎo 〔反〕吃得消 chīdexiāo
【吃不住】chībuzhù 〔動〕もちこたえられない. (重さを)支えきれない. ¶这么复杂的工作没有经验的人是～的／こんなに複雑な仕事は,経験のない者には手に余るだろう. 〔反〕吃得住 chīdezhù
【吃吃喝喝】chīchī hēhē 〔動〕食べたり飲んだりする. ¶靠～是交不到真正的朋友的／飲み食いばかりでは,本当の友達は得られない.
【吃穿】chīchuān 〔名〕衣食. ¶不愁～／衣食に困らない.
【吃醋】chī//cù 嫉妬する. 焼きもちをやく.
【吃大锅饭】chī dàguōfàn 〔慣〕仕事のできにかかわらず,みな同じ待遇や報酬を受ける. ¶改革开放以后,再不能～了／改革開放政策以降,悪平等なやり方はもう許されない. 〔由来〕「大きな鍋で炊いた同じ飯を全員が食う」という意から.
【吃大户】chī dàhù ❶〔旧〕凶作の年に,農民が地主や富農の家を大挙して襲い,食糧を奪うこと. ❷経済的に豊かな機関や裕福な個人に,寄付や出資を強要する.
【吃刀】chīdāo (工具で)切削する.
【吃得开】chīdekāi 〔動〕通用する. もてはやされる. ¶她会说英语、法语,还会日语,当然～啰 luo ／彼女は英語,フランス語に,日本語までできるんだから,当然ひっぱりだこだ. 〔反〕吃不开 chībukāi
【吃得来】chīdelái 〔動〕食べれば食べられる. 口に合う. ¶这麻婆豆腐 mápódòufu 有点儿辣 là,不知你～吃不来？／この麻婆豆腐はちょっと辛いけど,あなたの口に合うかしら.
【吃得消】chīdexiāo 〔動〕(苦しいことに)たえられる. もちこたえられる. ¶一连几天不睡觉,人怎么能～！／何日もずっと寝ないでいて,もちこたえられる人間がいるか. 〔反〕吃不消 chībuxiāo
【吃得住】chīdezhù 〔動〕(重さを)支えきれる. 耐えられる. ¶这重活儿你～吗？／この大変な仕事を君はやれるのか. 〔反〕吃不住 chībuzhù
【吃定心丸子】chī dìngxīnwánzi 〔慣〕ほっと胸をなで下ろす. ¶有了这样的年景,庄稼人 zhuāngjiarén 就算～啦／こういう収穫があって,お百姓はほんとに胸を下ろしているんだ. 〔由来〕「鎮静剤を飲む」という意から.

【吃豆腐】chī dòufu 〔慣〕❶〔方〕(女性)をからかう. 冗談を言う. ¶他想吃她的豆腐,被她骂了一顿／彼は彼女をからかおうとしたが,彼女にどなりつけられた. ❷不幸のあった家へお悔やみに行く. 〔由来〕❷は,忌中の家では豆腐を使った精進料理を出すことから.
【吃独食】chī dúshí 〔句〕一人占めにする. 利益を独占する.
【吃耳光】chī ěrguāng 〔句〕〔方〕びんたを食らう. ¶你再胡说八道,我就请你～／おまえこれ以上でたらめを言う気なら,びんたをお見舞いするぞ.
【吃饭】chī//fàn 〔動〕❶食事をする. ❷生計をたてる. 生活する. ¶靠捕鱼 bǔyú～／漁で暮らしをたてる.
【吃官司】chī guānsi 〔慣〕訴えられて処罰を受ける. ¶他吃了三年官司,变得老实了／彼は3年間の刑務所暮らしで,まじめになった.
【吃馆子】chī guǎnzi レストランで食事する. 外食する.
【吃喝风】chīhēfēng 〔名〕公費を使用して盛大な宴会をする風潮.
【吃喝嫖赌】chī hē piáo dǔ 〔成〕放蕩の人生を送る. 「食う・飲む・買う・打つ」を事とす.
【吃喝玩乐】chī hē wán lè 〔成〕酒食遊楽にふける. ¶人不能只～／人は無為徒食で遊んでばかりいてはいけない.
【吃后悔药】chī hòuhuǐyào 〔慣〕事前を後になってひどく後悔する.
【吃回扣】chī huíkòu 〔句〕リベートを取る.
【吃荤】chīhūn 〔動〕肉食をする. 肉や魚を食べる.
【吃货】chīhuò 〔名〕ごくつぶし. 金食い虫. ¶真是个～,啥事 sháshì 都不会干／ほんとにごくつぶしだよ,何にもできないんだから. 〔表現〕人をののしることば.
【吃紧】chījǐn 〔形〕❶(情勢が)緊迫している. ¶银根 yíngēn～／金融が逼迫している. ¶前线～／前線が緊迫している. ¶政局～／政局が緊迫している. ❷重要だ. ¶我的病不～,你去忙别的事情吧／私の病気はたいしたことはない,気にかけないでくれ.
【吃劲】chījìn (～儿)骨の折れる. 力のいる. ¶一个人提这个行李可有点儿～／一人でこの荷物を持つのはちょっと骨が折れる.
*【吃惊】chī//jīng 〔動〕驚く. びっくりする. ¶她那～的表情让人看了发笑／彼女のびっくりした顔を見たら,おかしくて吹き出してしまった.
【吃苦】chī//kǔ 苦労する. ¶～耐劳 nàiláo ／苦しい生活とつらい仕事にたえる. ¶在前,享乐 xiǎnglè 在后／苦労をするときは人の先に立ち,楽しむのは人の後にする. 〔反〕享乐 xiǎnglè
【吃苦头】chī kǔtou 〔句〕つらい目にあう. ひどい目にあう. ¶吃点儿苦头并不是坏事／少しばかり苦労をするのは決して悪いことではない.
【吃亏】chī//kuī 〔動〕❶損をする. ¶～的买卖,谁都不会做／損する商売なんて誰もやらないよ. ❷不利な目にあう. ¶这次比赛失利的,就～在我们个子太小／今回の試合で負けたのは,私たちの体が小さすぎたからだ.
【吃老本】chī lǎoběn (～儿)今あるお金や能力にだけ頼る. ¶我们不能有～的想法,应该不断努力,不断创新／我々は現状に満足せず,常に努力し,絶えず新機軸を打ち出さなければならない. 〔由来〕「元金を食いつぶす」という意から.
【吃里爬[扒]外】chī lǐ pá wài 〔成〕一方の利益を受けながら,隠れて他方に加担する. 恩を仇で返す.
【吃力】chīlì 〔形〕❶骨の折れる. 苦しい. ¶～不讨好

tǎohǎo / 骨折り損. ㊥ 费力 fèilì ❷ ㊅ 疲れる. ¶ 她~地睁开 zhēngkāi 眼睛望了丈夫一眼,又闭上了 / 彼女は必死で目をあけ,夫を見やると,また目を閉じた.

【吃粮】chīliáng ❶ ㋾ ㊒(飯を食べるために)兵士となる. ❷ 食いぶち. ㊥ 口 kǒu 粮

【吃请】chīqǐng ㋾(利害関係のある人から)供応を受ける. 食事に招かれる. ¶~受贿 shòuhuì / 供応を受け,わいろを受け取る.

【吃软不吃硬】chīruǎn bù chīyìng ㋰ 下手に出られると折れるが,強く出られると反発する. ¶他这个人~,不能用硬的,要用软的 / 彼は,穏やかな相手には折れるが強引な相手には反発するタイプだから,高圧的でなく,ソフトに行くべきだ.

【吃食】❶ chī/shí ㋾(~儿)(鳥や動物が)えさを食べる. ¶母鸡生病,不~了 / めんどりが病気になり,えさを食べなくなった. ❷ chīshi ㊔ ㊥ 食べ物. ㊦ 吃儿 ㊧ ❷ は特にご飯とおかずをいう.

【吃水】chī/shuǐ ㋾ 水分を吸収する. ¶这块地不~ / この土地は水はけが悪い.

【吃水】chīshuǐ ㊔ ❶ ㊅ 飲用水. ❷ 船体の喫水(きっすい).

【吃素】chī/sù ㋾ 精進料理を食べる. ¶长年~,不吃荤 hūn / 長年精進料理を食べていて,なまぐさものは口にしません.

【吃透】chī/tòu すっかり理解する. 十分にのみこむ. ¶搞翻译首先要~原文的意思 / 翻訳に当たっては,まず原文の意味を十分に理解しなければいけない.

【吃闲饭】chī xiánfàn ㋰ 仕事をしないでただ飯を食う. 居候をする.

【吃现成饭】chī xiànchéngfàn ㋰ 労せずして甘い汁を吸う. ¶他一点儿也没出力,只是~ / 彼は少しも手を貸さずに,うまい汁を吸っているだけだ. ㊥ ㊒「他人の作った飯を食べる」の意から.

【吃香】chīxiāng ㊊ 評判がいい. 人気がある. ¶这种产品在市场上很~ / この製品は市場でとても人気がある.

【吃香喝辣】chī xiāng hē là ㊐ ぜいたくをする.

【吃小灶】chī xiǎozào ㋰ 特別待遇を受ける. 特別に面倒見てもらう. ㊛ 吃大 dà 灶 ㊥ ㊒ 専用のキッチンで特別によい料理を食べさせてもらう,という意から.

【吃心】chī//xīn ㋾ ㊅ 気を回す. 疑う. ㊦ 多心 duōxīn

【吃鸭蛋】chī yādàn ㋰(試験や試合で)零点をとる. ㊥ ㊒ "0"の形がアヒルの卵に似ていることから.

【吃哑巴亏】chī yǎba kuī ㋰ 損をしても黙っているしかない. 泣き寝入りする.

【吃眼前亏】chī yǎnqián kuī ㋰ みすみす損をする. ¶你能看着他~而不管吗? / 彼がみすみす損をするのを君はただ黙って見ているつもりか.

【吃一堑,长一智】chī yī qiàn,zhǎng yī zhì ㊐ 一度挫折すると上達する. ¶所谓~,我们可以从中学到很多东西 / 失敗すればそれだけ利口になると言うように,その中から多くのものを学び取ることができる.

【吃斋】chī//zhāi ㋾ ❶ 精進料理を食べる. ㊥ 吃素 chīsù ❷ 僧侶が食事をする.

【吃重】chīzhòng ❶ ㊊ 骨が折れる. 重荷だ. ❷ ㋾ 積載する.

【吃嘴】chī//zuǐ ㋾ ㊅ ❶ 間食をする. ❷ 食い意地が張っている.

哧 chī 口部7 ㊃ 6403₁ 全10画 ㊛

㋾ ❶ 笑い声. クスクス. ¶~~地笑(クスクス笑う). ❷ 布などを引き裂く音. ビリッ.

【哧溜】chīliū ㊣ 勢いよく滑る音. つるっ. するっ.

蚩 chī 中部7 ㊃ 2213₆ 通用

㊊ ㊛ 無知だ. 愚鈍だ.

鸱(鴟) chī 鸟部5 ㊃ 7772₇ 全10画 通用

㋾〔只 zhǐ〕"鸱鹰 yàoyīng"(ハイタカ)のこと.

【鸱吻】chīwěn ㊔(建築)鸱吻(しふん). ㊦ 鸱尾 wěi ㊙ 中国式建築で,屋根の脊梁の両端に据える魚の形をして口を開いた鬼瓦の一種.

【鸱鸮】chīxiāo ㊔(鳥)フクロウ.

【鸱鸺】chīxiū ㊔(鳥)〔㊒ 只 zhǐ〕ミミズク. ㊥ 猫头鹰 māotóuyīng

鸱吻

眵 chī 目部6 ㊃ 6702₇ 全11画 通用

㊔ 目やに. ㊥ 眼眵 yǎnchī,眼屎 yǎnshǐ

【眵目糊】chīmùhú ㊔ ㊅ 目やに. 目くそ. ¶把眼角上的~擦干净 / 目尻についている目やにをふき取りなさい.

笞 chī 竹部5 ㊃ 8860₃ 全11画 通用

㋾ ㊛(むち,木や竹の棒などで)打つ. むち打つ. ¶鞭~ biānchī(むちで打つ).

瓻 chī 瓦部7 ㊃ 4121₇ 全11画 通用

㊔ 古代の陶製の酒器.

嗤 chī 口部10 ㊃ 6203₆ 全13画 次常用

㊘ あざ笑う. ¶~之以鼻.

㊐ 口 口⫶ 叩⫶ 唔 嗤

【嗤笑】chīxiào ㋾ あざ笑う. ¶你这样做,不怕人家~吗? / 君はそんなことをして,人にあざ笑われるのが恐くはないのか.

【嗤之以鼻】chī zhī yǐ bí ㊐ 相手をばかにする. 鼻であしらう.

痴(癡) chī 疒部8 ㊃ 0016₀ 全13画 次常用

❶ ㊊ ㊅ 気が狂っている. ❷ ㊘ 愚かだ. ¶~人说梦. ❸ ㊘ 熱中する. うつつを抜かす. ¶~情 chīqíng / 书~ shūchī(本の虫).

【痴呆】chīdāi ❶ ㊊ 動きが鈍い. ぼんやりしている. ❷ ㊊ 間抜けている. 愚かだ. ¶经过那次变故 biàngù,他有点~了 / あの災難に遭ってから,彼はどこかが抜けたようになった. ㊛ 聪慧 cōnghuì ㊔(医学)痴呆. ¶~症 zhèng / 痴呆症.

【痴肥】chīféi ㊊ 太って見苦しい. ¶~笨重 bènzhòng 的身体 / ぶくぶくに太った体.

【痴迷】chīmí ㋾ のめり込む. 夢中になる.

【痴情】chīqíng ❶ ㊔ ひたむきな愛情. ¶她对你真是一片~ / 彼女は君に首ったけだ. ㊛ 薄情 bóqíng ❷ ㊊ 一途だ. 夢中だ. ¶他爱~ / 彼は夢中だ.

【痴人说梦】chī rén shuō mèng ㊐ できもしないばかげたこと. 痴人のたわごと. ¶他是在~,别听他的 / 彼の言うことはたわごとだから,聞くな.

【痴想】chīxiǎng ❶[動]妄想する．¶快睡吧, 别～了 / ばかなことを考えていないで, 早く寝なさい．❷[名]ばかげた考え．
【痴笑】chīxiào [動]へらへらと笑う．
【痴心】chīxīn [名]〔片 piàn〕夢中になる気持ち．
【痴心妄想】chī xīn wàng xiǎng [成]ひたすら妄想にふける．ばかげた考え．
【痴子】chīzi [名][方]愚か者．狂人．

嫤 chī
女部10 [四] 4243₆ 全13画 [通用]

[形][文](顔が)みにくい．見苦しい．¶不辨 biàn yán ～ (美醜の区別がつかない). 妍 yán

螭 chī
虫部10 [四] 5012₇ 全16画 [通用]

[名][文]伝説上の角のない竜．[参考]建築物や工芸品の装飾によく見られる．

魑 chī
鬼部10 [四] 2051₂ 全19画 [通用]

下記熟語を参照．
【魑魅】chīmèi [名][文]魑魅魅．伝説上の山にひそむ妖怪．
【魑魅魍魎】chī mèi wǎng liǎng [成]さまざまの妖怪変化．魑魅魍魎(ちみもうりょう)．悪人のたとえ．

池 chí
氵部3 [四] 3411₂ 全6画 [通用]

❶[名]池．¶游泳～ yóuyǒngchí (プール) / 养鱼～ yǎngyúchí (養魚池)．❷[素]池の形をしたもの．¶浴～ yùchí (浴槽) / 乐～ yuèchí (オーケストラ・ボックス) / 花～ huāchí (花壇)．❸[素]堀．¶城～ chéngchí (城壁と堀)．❹(Chí)姓．[表现]①は, 人工物を指すことが多い．
【池汤】chítāng [名]銭湯の大浴槽．⇒[回]池堂 chítáng, 池塘 chítáng [参考]銭湯の, バスタブ付きの1人用の浴室を"盆汤 péntāng"という．
【池堂】chítáng [名]"池汤 chítāng"に同じ．
【池塘】chítáng [名]❶〔处 chù, 个 ge, 片 piàn〕池．¶～里开满了荷花 héhuā / 池いっぱいにハスの花が咲いた．❷"池汤 chítāng"に同じ．
【池盐】chíyán [名]塩水湖からとれる塩．
【池沼】chízhǎo [名]沼．大きい池．
【池子】chízi [名]❶池．❷浴槽．湯ぶね．❸ダンスホールのフロア．❹劇場の桟敷(さじき)席．
【池座】chízuò [名]《芸能》劇場の正面桟敷(さじき)．⇒[回]池子 chízi

弛 chí
弓部3 [四] 1421₂ 全6画 [次常用]

[素]緩める．緩む．¶松～ sōngchí (緩む) / ～禁 chíjīn (禁令を解く)．⇨张 zhāng
【弛废】chífèi [動][文]すたれる．¶纲纪 gāngjì～ / 綱紀がすたれる．
【弛缓】chíhuǎn [動](精神状態や規律などを)緩める．¶他做了几下深呼吸, 让自己紧张的心情～下来 / 彼は何度か深呼吸をして, 張りつめた気持ちをリラックスさせた．⇨[回]和缓 héhuǎn, 缓和 huǎnhé

驰(馳) chí
马部3 [四] 7411₂ 全6画 [常用]

❶[動](車や馬に乗って)疾駆する．¶奔～ bēnchí (疾駆する) / ～逐 chízhú (疾走し追いかける) / 风～电掣 chè [成]電光石火のように速い．❷[文]あこがれる．(思いをはせる．¶神～ shénchí (思いをはせる) / ～
chíxiǎng (思いをはせる)．❸(名を)はせる．広まる．¶～名 chímíng．
【驰骋】chíchěng [動][文]❶(馬に乗って)駆け回る．¶～在辽阔 liáokuò 的原野上 / 広々とした野原を馬で駆け回る．❷駆使 chíqū ❷活躍する．¶～文坛 wéntán / 文壇で活躍する．
【驰名】chímíng [動][名]名をはせる．名声をとどろかせる．¶～中外 / 内外に名声を知られる．⇨[回]驰誉 chíyù
【驰驱】chíqū [動]❶(馬に乗って)疾走する．❷他人のために奔走する．
【驰突】chítū [動][文]疾走する．猛スピードで突進する．
【驰誉】chíyù [動]名声が知れ渡る．
【驰援】chíyuán [動]救援に急いで駆けつける．

迟(遲) chí
辶部4 [四] 3730₈ 全7画 [常用]

❶[形](速度や動作が)遅い．のろい．¶～缓 chíhuǎn / ～钝 chídùn / 事不宜 yí～ [成]事は遅らせるべきではない．❷[形](決められた時間よりも)遅い．遅れる．¶对不起, 来得太～了(申し訳ありません．大変遅くなりました). [反]早 zǎo ❸(Chí)姓．
【迟迟】chíchí [形]ぐずぐずした．遅々とした．¶～不决 / ぐずぐずして決まらない．¶研究工作～没有进展 / 研究活動が遅々として進まない．
*【迟到】chídào [動]遅刻する．延着する．¶～五分钟 / 5分遅刻する．
【迟钝】chídùn [形]鈍感だ．¶反应 fǎnyìng～ / 鈍い．[回]愚钝 yúdùn [反]机灵 jīling
【迟缓】chíhuǎn [形](動作が)ゆっくりだ．¶动作～ / 動作がゆっくりしている．[回]缓慢 huǎnmàn [反]快速 kuàisù, 敏捷 mǐnjié, 迅速 xùnsù
【迟慢】chímàn [形](速度が)遅い．のろい．
【迟暮】chímù [名]夕方．夕暮れ時．❷(人の)晩年．
【迟误】chíwù [動]遅れて支障をきたす．¶他上课从没有～过 / 彼はこれまで一度も授業に遅れたことはない．
【迟延】chíyán [動]遅くなる．長びく．¶来不及完成的话, ～几天也可以 / でき上がりが間に合わないなら, 何日か遅れてもかまわない．
【迟疑】chíyí [動]ためらう．躊躇(ちゅうちょ)する．¶～不决, 坐失良机 / 決心がつかずためらっていると, みすみすチャンスを逃す．[回]犹豫 yóuyù, 犹疑 yóuyí, 踌躇 chóuchú [反]果断 guǒduàn
【迟于】chíyú [動](…に)遅れる．¶最晚不会～明天 / 遅くとも明日にはならない．
【迟早】chízǎo [副]遅かれ早かれ．いずれは．¶～要干, 不如早点儿干 / どうせやらねばならないなら, 早めにやるに越したことはない．
【迟滞】chízhì ❶[形]滞っている．¶河道淤塞 yūsè, 流水～ / 川は泥でふさがり流れが滞っている．[反]通畅 tōngchàng ❷[形]鈍い．活発でない．¶目光～ / 目つきがぼんやりしている．❸[動]遅らせる．滞らせる．¶交通事故使来往车辆～了三个小时 / 交通事故で, 3時間渋滞した．

坻 chí
土部5 [四] 4214₀ 全8画 [通用]

[名][文]河や湖の中州．
▣ 坻 dǐ

茌 chí
艹部5 [四] 4421₄ 全8画 [通用]

[素]地名用字．¶～平 Chíping．
【茌平】Chípíng 《地名》茌平(ちへい)．山東省にある県名．

持 chí

扌部6 四 5404₁ 全9画 [常用]

❶ 動 持つ．握る．¶一笔 chíbǐ（筆を持つ）/ ～刀行凶 xíngxiōng（刃物を手に凶行におよぶ）．❷ 素 〔態度や方針などを〕じっと保つ．¶坚~ jiānchí（堅持する）/ ~久 chíjiǔ．❸ 素 管理する．処理する．¶勤俭 qínjiǎn~家（よく働き倹約して家をきりもりする）/ 主～ zhǔchí（とりしきる）/ 操～ cāochí（処理する）．❹ 素 対抗する．¶相～ xiāngchí（対立する）．

【持家】chíjiā 動 家事をきりもりする．¶张家的媳妇 xífù～有方 / 張家の嫁さんは家をきりもりする腕がある．

【持久】chíjiǔ 形 長く持ちこたえる．長く続く．¶争取～和平 / 恒久平和を勝ち取る．¶这种药的疗效 liáoxiào 很~ / この薬は効き目が長続きする．

【持久性有机污染物】chíjiǔxìng yǒujī wūrǎnwù 名 《化学》残留性有機汚染物質．

【持久战】chíjiǔzhàn 持久戦．岡 速决 sùjué 战

【持论】chílùn 動（持論を）主張する．同 立 lì 论

【持平】chípíng 形 ❶ 公平で偏らない．¶这种观点不偏激 piānjī, 不极端, 可谓~之论 / こうした視点は、過激にも極端にも走らず、公平な意見といえる．❷（数量や価格が）同じ水準を保っている．¶鲜鱼上市三百万斤，与去年~ / 鮮魚の市場出回り量は300万斤（約150 kg）で去年と同じ水準を保っている．

【持枪】chíqiāng 動 ❶ 銃を持つ．¶~的警卫 / 銃を持った護衛．❷《軍事》控え銃（つ）にする．¶~！/ 控え銃！

【持球】chíqiú《スポーツ》（バレーボールの）ホールディング．

【持身】chíshēn 動 身を持する．自分を律する．同 修 xiū 身

【持续】chíxù 動 間断なく続く．持続する．¶经济～增长 / 経済成長が持続する．同 继续 jìxù, 连续 liánxù, 延续 yánxù 反 中断 zhōngduàn

【持续农业】chíxù nóngyè 名《農業》持続的農業．環境保全型・自然循環型農業．

【持有】chíyǒu 動 持つ．所有する．¶～不同意见 / 異なった意見を持つ．¶你～驾驶证 jiàshǐzhèng 吗？ / 免許証もってきてますか．

【持之以恒】chí zhī yǐ héng 成 根気よく続ける．¶学习外语要～, 才有成效 / 外国語は根気強く勉強しなければ、ものにならない．

【持重】chízhòng 形 慎重だ．落ち着いている．¶老成～ / 人間が練れていて落ち着いている．同 稳重 wěnzhòng, 稳健 wěnjiàn 反 浮躁 fúzào

匙 chí

匕部9 四 6280₁ 全11画

素 さじ．スプーン．¶汤～ tāngchí（ちりれんげ）/ 茶～ cháchí（茶さじ）．同 调羹 tiáogēng

☞ 匙 shi

【匙子】chízi 名〔量 把 bǎ〕さじ．ちりれんげ．

墀 chí

土部12 四 4715₉ 全15画 [通用]

名 文（玄関前などの）石段．上り段．またはその踏み段．¶丹～ dānchí（宮殿正面の赤く塗った石段）．

踟 chí

足部8 四 6610₀ 全15画 [通用]

下記熟語を参照．

【踟蹰[躇]】chíchú 動 ためらう．躊躇（ちゅうちょ）する．¶～不前（成 ためらって前に進まない．¶当去与否，~未定 / 行くべきか否か、なかなか決まらない．

篪（異 箎、竾）chí

竹部10 四 8821₇ 全16画 [通用]

名 ❶ 古代の横笛．竹でできている．❷ 竹の名．

尺 chǐ

尸部1 四 7780₇ 全4画 [常用]

❶ 量 尺．長さの単位．❷ 名〔把 bǎ〕ものさし．定規．尺．¶皮～ píchí（巻き尺）/ 卷～ juǎnchí（巻き尺）/ 计算～ jìsuànchí（計算尺）．❸ 素 形がものさしに似たもの．¶镇～ zhènchǐ（文鎮）/ 铁～ tiěchǐ（ものさし形の鉄製の武器）．参考 ①で、現在の1"（市）尺"は3分の1メートル．

☞ 尺 chě

【尺寸】chǐcun 名 ❶ 長さ．寸法．¶这件衣服~很合适 / この服は寸法がぴったり合う．❷ 回〔个 ge〕節度．頃合い．¶说话办事要有点儿~ / 物事は言うにも言うにも節度が必要だ．

【尺牍】chǐdú 名 文 手紙．¶《~大全》/『尺牍 dàn 大全（手紙の書き方）』由来 かつて手紙に使った木簡や竹簡の長さは一尺ほどであったことから．

【尺度】chǐdù 名 基準．尺度．¶放宽～ / 基準を緩める．¶检验真理的~是实践 / 真理を検証するための基準は、実践である．

【尺短寸长】chǐ duǎn cùn cháng 成 人や物には長所もあれば短所もある．

【尺骨】chǐgǔ 名《生理》〔根 gēn〕尺骨（しゃっこつ）．

【尺蠖】chǐhuò 名《虫》〔条 tiáo, 只 zhī〕シャクトリムシ．

【尺码】chǐmǎ 名 ❶（～儿）（靴や帽子の）サイズ．寸法．¶你鞋子穿多大~？ / あなたの靴のサイズは？❷ 基準．尺度．

【尺子】chǐzi 名〔把 bǎ〕ものさし．尺．

齿（齒）chǐ

齿部0 四 2177₂ 全8画 [常用]

❶ 素（人や動物の）歯．¶区区 qūqū 小事, 何必 hébì 挂～？（これしきのこと，口に出すまでもあるまい）/ 牙～ yáchǐ（歯）/ 唇 chún～相依 成 唇と歯のように，密接に結びつき、頼り合っている．❷（～儿）歯のように並んだもの．¶梳子～儿 shūzichǐr（くしの歯）/ 锯～ jùchǐr（のこぎりの歯）/ 轮～ chílún．❸ 素 文（一列に並んだ歯のようすから）仲間や同列として扱う．¶不～ bùchǐ（同列に扱わない）．❹ 文 年齢．¶马～徒 tú 增（成 いたずらに馬齢を重ねる）．❺ 素 文 話題にする．言及する．不足～数 shǔ（問題にするに足りない）．

【齿及】chǐjí 動 文 言及する．言うに及ぶ．

【齿冷】chǐlěng 動 文 開いた口がふさがらない．ひどくばかばかしい．由来 笑いすぎて歯が冷えるほどだ，という意から．

【齿轮】chǐlún 名《機械》〔个 ge〕歯車．ギア．同 牙轮 yálún

【齿髓】chǐsuǐ 名《生理》歯髄（しずい）．

【齿条】chǐtiáo 名《機械》歯車のラック．歯竿（はざお）．

【齿龈】chǐyín 名《生理》歯茎．歯肉．同 牙龈 yáyín, 牙床 yáchuáng, 牙龈 yáhuá

侈 chǐ

亻部6 四 2722₇ 全8画 [次常用]

素 ❶ 浪費する．ぜいたくする．¶奢～ shēchǐ（ぜいたくだ）/ 豪～ háochǐ（派手だ）．❷ 誇張する．¶~谈 chǐtán．

【侈靡[糜]】chǐmí 形 文 身分不相応でぜいたくだ．同 奢侈 shēchǐ, 奢糜 shēmí

【侈谈】chǐtán ❶ 動 文 大げさに言う。大言を吐く。❷ 名 大言壮語。大げさな話。¶少一点～,多一点行动 / 口を動かすより,体を動かせ。 同 奢谈 shētán

耻（異 恥） chǐ
耳部4 四 1141₀
全10画 常用

素 ❶ 恥じる。辱める。¶可～ kěchī（恥ずべきだ）/ 恬 tián 不知～ 成 平然として恥を知らない）。❷ 恥。不名誉。辱め。¶雪～ xuěchī（恥をそそぐ）/ 奇～大辱 rǔ 成 この上ない恥辱）。反 荣 róng

【耻骨】chǐgǔ 名 生理〕〔量 块 kuài〕恥骨.
【耻辱】chǐrǔ 名 恥辱。恥。辱め。¶蒙受 méngshòu 莫大 mòdà 的～ / この上もない恥辱を受ける。同 羞辱 xiūrǔ 反 光荣 guāngróng
【耻笑】chǐxiào 動 嘲笑する。あざ笑う。¶做出这种事来,让人～ / そんなことをしでかすと,皆に笑われるよ。反 赞美 zànměi

豉 chǐ
豆部4 四 1414₇
全11画 通用

→ 豆豉 dòuchǐ

褫 chǐ
衤部10 四 3221₇
全15画 通用

素 文 剥奪する。¶～职 chǐzhí（免職する）.
【褫夺】chǐduó 動 剥奪する。¶～继承权 / 相続権を剥奪する。¶～公民权 / 公民権を剥奪する.

彳 chì
彳部0 四 2020₂
全3画 通用

下記熟語を参照.

【彳亍】chìchù 動 文 そぞろ歩く。¶独自在河边～/ 一人で川辺をそぞろ歩く.

叱 chì
口部2 四 6401₀
全5画 通用

素 大声でしかりつける。¶怒～ nùchì（怒ってどなりつける）/ ～问 chìwèn（大声でとがめる）.

【叱呵】chìhē 動 大声でしかる。¶～部下 / 部下をしかりつける。同 叱喝 chìhè
【叱喝】chìhè 動 どなりつける。¶厉声 lìshēng～/ きびしい声でどなりつける.
【叱骂】chìmà 動 きびしく叱責する。¶他当着大家的面把我～了一顿 / 彼は皆の前で私をひどくしかりつけた。同 斥骂 chìmà,责骂 zémà
【叱责】chìzé 動 叱責する。同 斥责 chìzé
【叱咤】chìzhà 動 文 叱咤（しった）する。どなる.
【叱咤风云】chì zhà fēng yún 成 力や勢いが大きい。¶坂本龙马是日本の历史人物 / 坂本竜馬は日本の世の中を変えた歴史的人物だ。由来「一喝して風雲を巻きおこす」という意から.

斥 chì
斤部1 四 7224₁
全5画 常用

素 ❶ 非難する。責める。¶～责 chìzé / 痛～ tòngchì（激しく責める）/ 驳～ bóchì（反駁する）/ 怒～ nùchì（叱責する）。❷ 引き離す。退ける。¶排～ páichì（退ける）/ 相～ xiāngchì（反発する）/ 逐 chìzhú。❸ 広げる。¶～地 chìdì（領土を広げる）。❹ 偵察する。¶～候 chìhòu / ～骑 chìqí（偵察騎兵）.

【斥候】chìhòu ❶ 動 敵情を偵察する。¶～敌情 / 敵情を偵察する。❷ 名 斥候（せっこう）.
【斥力】chìlì 名 物理〕斥力（せき）。反発力。反 引 yǐn 力
【斥骂】chìmà 動 しかりつける。¶高声～ / 声高にしかり

つける.
【斥退】chìtuì 動 ❶ 役人を免職する。学生を除籍処分にする。❷ 大声でしかって人払いする.
【斥责】chìzé 動 厳しく叱責する。糾弾する。¶受到社会舆论 yúlùn 的～ / 世論の叱責を受けた.
【斥逐】chìzhú 動 文 駆逐する。¶～入侵 rùqīn 之敌 / 侵入した敵を駆逐する.
【斥资】chìzī 動（大量の）資金を支出する。費用を捻出する.

赤 chì
赤部0 四 4023₁
全7画 常用

❶ 素 赤。赤い色の。¶～小豆 chìxiǎodòu / 面红耳～（顔を赤くする）/ ～字 chìzì / 近朱 zhū 者 zhě～ 成 朱に交われば赤くなる）。❷ 素 忠実だ。¶～胆 dǎn 忠 zhōng 心。❸ 素 からっぽで何もない。¶～贫 chìpín / ～手空拳 quán。❹ 素（体）をあらわにする。裸の。¶～脚 chìjiǎo / ～背 chìbèi。❺（Chì）姓.

【赤背】chì//bèi 動 上半身裸になる。¶农民们赤着背割麦 / 農民たちは上半身裸で麦刈りをする.
【赤壁之战】Chìbì zhī zhàn 名 歴史〕赤壁（せきへき）の戦い。208年,孙権・刘備の軍と曹操の軍が湖北省の長江北岸の赤壁で戦い,曹操軍が敗れ,天下は三分された.
【赤膊】❶ chì//bó 動 上半身裸になる。❷ chìbó 名 肌脱ぎ。もろ肌.
【赤膊上阵】chì bó shàng zhèn 成 ❶ 方策や準備なしで,物事を行う。❷ 露骨に悪事を働く。由来「丸腰で戦いにのぞむ」という意から.
【赤忱】chìchén ❶ 名 赤誠。真心。❷ 形 きわめて誠実だ。真心のこもった。¶～相见,消除隔阂 géhé / 真心をこめて応対すれば,相手との隔たりがなくなる.
【赤诚】chìchéng 形 真心のこもった。誠意に満ちた。¶一颗～的心 / まっさらな真心.
【赤胆忠心】chì dǎn zhōng xīn 成 褒 きわめて忠誠だ。¶从他的话里可以看到他那忧国忧民的～ / 彼のことばには,国を憂い民を憂う誠実な真心が感じられる.
【赤道】chìdào 名 赤道.
【赤道几内亚】Chìdào Jǐnèiyà 国名 赤道ギニア（アフリカ）.
【赤地】chìdì 名（うち続く災害や戦乱によって）不毛になった土地。赤地（せきち）.
【赤豆】chìdòu 名 方 小豆。同 赤小豆
【赤褐色】chìhèsè 名 赤褐色。あずき色.
【赤红】chìhóng 形 とても赤い.
【赤脚】❶ chì//jiǎo 動 素足になる。はだしになる。¶～穿草鞋 / 素足にわらじを履く。¶孩子们赤着脚在沙地上玩耍 wánshuǎ / 子供たちは,はだしになって砂の上で遊んでいる。❷ chìjiǎo 名〔量 双 shuāng,只 zhī〕素足。はだし.
【赤脚医生】chìjiǎo yīshēng 名 はだしの医者。参考 1960年代から70年代初めに,中国の農村で農業と医療衛生を兼業した医者.
【赤金】chìjīn 名〔量 锭 dìng,块 kuài〕純金。¶金无～,人无完人 / 成 完全な純金がないように,完全な人間はいない.
【赤痢】chìlì 名《中医》大便に血液などが混じり,膿の混じらない赤痢.
【赤露】chìlù 動（体を）あらわにする。¶～着胸口 / 胸元をあらわにしている.
【赤裸】chìluǒ 形 ❶（全身が）まるはだかだ。赤裸（せきら）だ。❷（野原などに）さえぎる物が何もない.

【赤裸裸】chìluǒluǒ 形 ❶（～的）丸裸だ．¶全身～的孩子们在河边戏水／全身まる裸の子供たちが，川辺で水と戯れている．❷ 包み隠すところがない．あからさまだ．¶他在～地撒谎 sāhuǎng／彼は見え見えのうそをついている．
【赤眉起义】Chìméi qǐyì《歴史》赤眉（せき び）の乱．前漢末，王莽（おうもう）の失政によって山東で起こり，華北一帯に波及した農民反乱．27年に劉秀（のちの後漢の光武帝）に鎮圧された．
【赤霉素】chìméisù 名《薬》ジベレリン．ギベレリン．◆ gibberellin "920" とも呼ばれる．
【赤贫】chìpín 形 何一つないほど貧しい．赤貧だ．¶～如洗／赤貧洗うがごとし．
【赤日炎炎】chì rì yán yán 成 灼熱（しゃくねつ）の太陽がぎらぎらと照りつける．¶当头照，汗水渗渗 shènshèn 浃 jiā 背流／燃える陽射しはぎらぎらと頭上に照りつけ，汗がじわじわと背中を流れる．
【赤身】chì / shēn 動 丸裸になる．❷ 何も持たない．
【赤身】chìshēn 名 ❶ 裸．❷ 身一つ．
【赤身裸体】chìshēn luǒtǐ 俗 まるはだかだ．素っ裸だ．
【赤手空拳】chì shǒu kōng quán 成 両手はからっぽで，盾にするものが何もない．徒手空拳だ．¶～，艰苦创业／身一つからスタートし，苦労して事業を起こす．
【赤条条】chìtiáotiáo 形 丸裸で．すっぽんぽんで．¶婴儿 yīng'ér～地来到人间／赤子は裸でこの世に生まれおちる．
【赤卫队】chìwèiduì 名《歴史》❶〔个 ge, 支 zhī〕赤衛隊．1920-30年代，革命根拠地の大衆によって組織された，生産隊でもある武装組織．赤衛軍．ロシア10月革命の初期に，反革命を鎮圧するために労働者によって編成された武装組織．後の赤軍．
【赤县】Chìxiàn 名 中国の別称．回 神州 Shénzhōu
【赤小豆】chìxiǎodòu 名 あずき．回 小豆，红 hóng 小豆．
【赤心】chìxīn 名 真心．赤心．¶～相待／真心こめて応対する．回 丹心 dānxīn
【赤眼蜂】chìyǎnfēng 名《虫》寄生蜂の一種．アカメバチ．
【赤子】chìzǐ 名 ❶ 赤子（せきし）．赤ん坊．¶童心 tóngxīn 无邪气 xiéqì／生まれたての子供には邪念がない．❷ 望郷の念をいだく人．¶海外～／故国を離れて暮らす人．
【赤子之心】chìzǐ zhī xīn 成（赤ん坊のように）純粋な心．
【赤字】chìzì 名《経済》赤字．欠損．¶贸易赤字．¶～结算／赤字決算．
【赤足】chìzú 形 はだし．回 赤脚 jiǎo

饬(飭) chì
饣部4 全7画 通用 28727
素 ❶ 文 整える．整頓する．¶整～ zhěngchì（整える）．❷ 旧 命じる．¶～令 chìlìng／～知 chìzhī（命令する）．
【饬令】chìlìng 動 文 命令する．参考 旧時の公文書で用いられたことば．

炽(熾) chì
火部5 全9画 通用 96880
素（火の勢いが）盛んだ．激しい．¶～热 chìrè／烈 chìliè.
【炽烈】chìliè 形 ❶ 熱く盛んだ．¶信写得言辞～,感情真挚 zhēnzhì／手紙には熱いことばがつづられ，ひたむきな気持ちがあらわれている．
【炽热】chìrè 形 ❶ 火のように熱い．¶～的阳光／灼热の太陽．¶～的情感／熱き心．
【炽盛】chìshèng 形 文 勢い盛んだ．¶火势 huǒshì～／火が燃えさきっている．
【炽燥】chìzào 形 文 乾燥して焼けるように暑い．

翅(異 翄) chì
支部6 全10画 常用 47402
素 ❶（鳥や昆虫などの）翼．羽．❷（サメやフカの）ひれ．¶鱼～汤 yúchītāng（フカひれスープ）／～席 chíxí（フカひれ料理の出る宴席）．
*【翅膀】chìbǎng 名〔对 duì, 个 ge, 双 shuāng, 只 zhī〕羽．翼．¶飞机～／飛行機の翼．¶鸡～／ニワトリの羽．
【翅子】chìzi 名 ❶ フカのひれ．回 鱼翅 yúchì.❷ 羽．翼．

敕(異 勅,勑) chì
攵部7 全11画 通用 58940
素 皇帝の命令．¶～撰 chìzhuàn（勅撰）．
【敕封】chìfēng 動（官職・爵位・称号を）勅命（ちょくめい）によって与える．
【敕命】chìmìng 名 皇帝の命令．勅命（ちょくめい）．

啻 chì
口部9 全12画 00602
素 文 ただ…のみ．…だけ．¶不～ bùchì（…だけではない）．回 但 dàn, 只 zhī

瘛 chì
疒部10 全15画 通用 00132
下記語彙を参照．
【瘛疭】chìzòng 名《中医》痙攣（けいれん）．回 抽风 chōufēng

chong ㄔㄨㄥ [tʂʻʊŋ]

冲(衝❹❺／異 沖❶-❸) chōng
冫部4 全6画 常用 35106
❶ 動 液体を注ぐ．¶～茶 chōngchá（茶をいれる）．❷ 動 水で押し流す．¶大水～坏了河堤 hédī（大水が堤防を押し流した）／便后～水（用便の後に水を流す）．❸ 動 突き上げる．突進する．突破する．¶～入云霄 xiāo（空高く突き進む）／～口而出．❹ 素 大きな通り．重要な場所．要衝．¶要～ yàochōng（要衝）／首当其～（成 矢面に立つ）．❺ 素 激しくぶつかる．¶～突 chōngtū／～犯 chōngfàn.❻（Chōng）姓．
☞ 冲 chòng
【冲程】chōngchéng 名《機械》ストローク．行程．回 行程 xíngchéng
【冲冲】chōngchōng 形 感情が高ぶっているようす．¶兴 xīng～／うれしくてたまらない．¶老张怒气 nùqì～地走了进来／張さんはかんかんに怒って飛び込んできた．
【冲刺】chōngcì 動《スポーツ》スパートをかける．¶最后～／ラストスパート．
【冲淡】chōngdàn 動 ❶（液体の濃度を）薄める．¶这烧酒太凶 xiōng 了,用乌龙茶 wūlóngchá～一些／この焼酎は強すぎるから，ウーロン茶で少し割ろう．❷（雰囲気・効果・感情などが）弱める．¶剧本的效果～了／脚本の効果が薄れた．
【冲荡】chōngdàng 動 水が激しくぶつかる．
【冲倒】chōngdǎo 動 突き倒す．¶洪水～了许多民

房 / 洪水は多くの民家をなぎ倒した.
【冲顶】chōngdǐng 動 《スポーツ》❶(サッカーで)ヘディングシュートする. ❷(登山で)頂上アタックする. ❸(試合で)優勝を狙う.
【冲动】chōngdòng ❶ 名 衝動. ¶出于一时～ / 一時の衝動にかられる. ❷ 動 感情が激する. ¶他很容易～ / 彼は興奮しやすい. 同 激动 jīdòng 反 冷静 lěngjìng.
【冲犯】chōngfàn 動 (言動が)相手を怒らせる. ¶说话～人是你的最大毛病 / 相手を怒らせる物言いが, あなたの一番の欠点です.
【冲锋】chōngfēng 動《軍事》突撃する. 同 冲击 chōngjī.
【冲锋枪】chōngfēngqiāng 名《軍事》自動小銃. 軽機関銃.
【冲锋陷阵】chōng fēng xiàn zhèn 成 敵陣に突入し, 攻め落とす. 勇猛果敢なようす.
【冲服】chōngfú 動 (薬を)湯や酒で溶かして飲む. ¶这药用温开水～ / この薬はぬるま湯で溶かして飲む.
【冲昏头脑】chōnghūn tóunǎo 句 (喜びのあまり)頭がぼうっとなる. (喜びに)酔いしれる.
【冲击】chōngjī ❶ 動 (水などが)激しくぶつかる. ❷ 動 突撃する. 同 冲锋 chōngfēng ❸ 動 衝撃を与える. 打撃を与える. ❹ 名 ショック. 打撃. ¶这次事件, 他的精神上受到了强烈的～ / 今回の件で, 彼は精神大きいショックを受けた.
【冲击波】chōngjībō 名 ❶《物理》衝撃波. ❷(あちこちに与える)多大な影響. 衝撃.
【冲积】chōngjī 動《地学》沖積する.
【冲积层】chōngjīcéng 名《地学》沖積層.
【冲积扇】chōngjīshàn 名《地学》沖積扇状地.
【冲剂】chōngjì 名《中医》お湯に溶かして飲む顆粒タイプの薬. ¶感冒～ / 顆粒タイプのかぜ薬.
【冲劲】chōngjìn 名 果敢にとり組もうとする精神.
【冲决】chōngjué 動 ❶(水流が堤防を)決壊させる. ¶洪水～河堤 hédī / 洪水が川の堤防を決壊させる. ❷(束縛や制限を)破る. ¶～罗网 luówǎng / しがらみを振り払う.
【冲开】chōngkāi 動 突き進んで切り開く. ¶～一条血路 xuèlù, 逃了出去 / 血路を切り開いて, 逃げ延びた. 同 冲决 chōngjué, 冲刷 chōngshuā.
【冲口而出】chōng kǒu ér chū 成 口をついて出る. ¶他没加思索 sīsuǒ, 把话全说了出来 / 彼はよく考えもせず, 口をすべらせて, 何もかもしゃべってしまった.
【冲垮】chōngkuǎ 動 強く当たって壊す. ¶堤坝 dībà 被山洪 shānhóng～了 / 堤防は山津波に破られた.
【冲浪】chōnglàng 名 ❶《スポーツ》サーフィン. ❷《コンピュータ》ネットサーフィン.
【冲力】chōnglì 名 はずみ. 勢い.
【冲凉】chōng//liáng 動 方 (冷たい)シャワーを浴びる.
【冲量】chōngliàng 名《物理》力積.
【冲破】chōngpò 動 (ある状態や制限などを)突き破る. ¶～封锁 fēngsuǒ / 封鎖を突き破る.
【冲散】chōngsàn 動 追い散らす.
【冲杀】chōngshā 動 突撃する.
【冲刷】chōngshuā 動 ❶ 水をかけて洗い流す. ❷ "冲决 chōngjué"①に同じ.
【冲塌】chōngtā 動 (水に)押し流されて倒壊する. ¶凶猛 xiōngměng 的洪水～了很多桥梁和房屋 / 激しい洪水が, 多くの橋や家屋を倒壊させた.

【冲天】chōng//tiān 天を突く. 気持ちが激しく高ぶっている. ¶～的干劲 / あふれる意欲.
【冲突】chōngtū ❶ 動 衝突する. 対立する. ❷ 名 闘争. 衝突. ¶示威 shìwēi 民众与警察发生了～ / デモの群衆と警察の間に衝突が起こった. 同 抵触 dǐchù, 抵牾 dǐwǔ, 矛盾 máodùn, 摩擦 mócā.
【冲洗】chōngxǐ 動 ❶ 洗い流す. ¶～一下身上的汗水 / 汗を流しなさい. ❷ 写真を現像する. ¶～照片 / 写真を現像する.
【冲喜】chōng//xǐ 動 家に重病人が出たとき, 結婚などの祝い事をして厄払いをする風習.
【冲销】chōngxiāo 動《会計》帳簿上の, 元記載数字の一部や全部を別項目で引き当てる.
【冲要】chōngyào ❶ 形 交通の要所だ. 要衝だ. ¶～之地, 重兵 zhòngbīng 镇守 zhènshǒu / 交通の要所は, 強力な軍で守る. ❷ 名 文 重要なポスト. ¶久居 jiǔjū～ / 重要なポストに長くとどまる.
【冲澡】chōng//zǎo 動 シャワーを浴びる. 同 洗 xǐ 澡.
【冲账】chōng//zhàng 動《会計》相殺(きそう)する.
【冲撞】chōngzhuàng 動 ❶ 激しくぶつかる. ¶用身体～ / 体当たりをする. ❷ 気分をそこねる. ¶你怎么这样说话～你父亲呢？ / どうしてそんな言い方でお父さんに当たるんだ.

充 chōng

一部 4 四 0021₂
全 6 画 常用

❶ 素 満ちる. 足りる. ¶～其量 chōngqíliàng / ～分 chōngfèn / ～实 chōngshí / ～满 chōngmǎn. ❷ 動 満たす. いっぱいに詰める. ¶～电 chōngdiàn / ～耳不闻 / ～塞 chōngsè. ❸ 素 担当する. 任に当たる. ¶～当 chōngdāng / ～任 chōngrèn. ❹ 動 …のふりをする. …をよそおう. ¶～行家 hángjia (玄人ぶる) / 打肿 zhǒng 脸～胖子(見栄を張る). ❺ (Chōng) 姓.

【充斥】chōngchì 動 貶 あたりにあふれる. はびこる.
【充当】chōngdāng 動 …の身分になる. …の役をする. ¶～翻译 / 通訳をつとめる. ¶～律师 / 弁護士になる. 同 充任 chōngrèn.
【充电】chōng//diàn 動 ❶(電気を)充電する. ¶～电池 / 電池を充電する. ❷(気持ちを)充電する. ¶人要经常～ / 人は常に充電する必要がある.
【充电器】chōngdiànqì 名 充電器.
【充耳不闻】chōng ěr bù wén 成 他人の意見を聞こうとしない. ¶对别人的批评意见要虚心 xūxīn 听取, 不能～ / 人の批評や意見は虚心に聞くべきであり, 聞く耳を持たないではいけない. 由来『詩経』邶風(はいふう)「旄丘(ぼうきゅう)」にみえることば.「耳をふさいで聞かない」という意味から.
*【充分】chōngfèn ❶ 形 十分だ. ¶你的理由不～ / 君の理由は不十分だ. 同 充沛 chōngpèi, 充足 chōngzú 反 不足 bùzú ❷ 副 できるかぎり. 十分に. ¶～利用有利条件 / 有利な条件をフルに利用する. 表现 ①は多く抽象的な物事について言う.
【充公】chōng//gōng 動 国に没収される. ¶查出来的走私物品全部～ / 捜査により発見された横領物品はすべて没収される.
【充饥】chōng//jī 動 空腹を満たす. ¶随便吃点儿什么, 先充充饥 / 適当に何かつまんで, まずは腹ごしらえをしましょう.
【充军】chōngjūn 動 僻地で兵役や苦役につかせる. ¶～到边地 / 兵役で辺境に行く. 参考 封建時代の刑罰の一つで, 流刑に当たる.

chōng – chóng　冲春憧艟虫种重

*【充满】chōngmǎn 動 満たす．満ちる．¶她的双眼～了幸福的泪花 / 彼女の両目は，幸せの涙でいっぱいになった．同 充溢 chōngyì, 充盈 chōngyíng

【充沛】chōngpèi 形 満ちあふれている．¶雨水～ / 雨量が十分だ．¶～的生命力 / みなぎる生命力．同 充分 chōngfèn, 充足 chōngzú, 充实 chōngshí 反 空虚 kōngxū

【充其量】chōngqíliàng 副 最大限に見積もっても．¶我家离车站不远，走着去～五分钟左右 / 家は駅から遠くない，歩いてもせいぜい5分だ．

【充气建筑】chōngqì jiànzhù 名《建筑》空気膜構造建築．エアーサポーテッド建築．

【充任】chōngrèn 動《職務》を担当する．¶～要职 / 要職に当たる．

【充塞】chōngsè 動 いっぱいに詰める．¶杂乱的物品～了整个仓库 cāngkù / 雑多な品物が，倉庫いっぱいに詰まっていた．

【充实】chōngshí ❶形 充実している．¶这篇论文内容～ / この論文は内容がしっかりしている．反 空虚 kōngxū ❷動 充実させる．¶～业余生活 / 余暇の生活を充実させる．

【充数】chōng/shù 動《条件を満たさない人ものを加えて》頭数をそろえる．¶滥 làn 竽 yú～ / 威 実力以上の地位につく．

【充血】chōngxuè 動 充血する．¶一夜没睡，眼睛～了 / 一晩眠らずにいたので，目が充血した．

【充溢】chōngyì 動 満ちあふれる．¶脸上～着幸福的笑容 / 顔じゅうに幸せな笑みがあふれている．

【充盈】chōngyíng 形 ❶ 満ちあふれている．¶泪水～ / 涙が目にあふれている．❷ 豊満だ．¶体态～ / ふくよかな体つきだ．

【充裕】chōngyù 形 余裕がある．豊かだ．¶经济～ / 経済が豊かだ．同 富余 fùyú, 富裕 fùyù, 宽余 kuānyú, 宽裕 kuānyù 反 匮乏 kuìfá, 仓促 cāngcù

【充值卡】chōngzhíkǎ 名《携帯電話などの》チャージ式プリペイドカード．

*【充足】chōngzú 形 十分足りている．¶光线～ / 日光がいっぱいだ．¶我这样说是有～的理由的 / 私がこういうのには，十分な理由がある．同 充分 chōngfèn, 充沛 chōngpèi 反 不足 bùzú, 短缺 duǎnquē, 紧缺 jǐnquē, 缺乏 quēfá 表现 多く具体的な物事について言う．

忡（異憧）chōng
忄部4　全7画　9500₅　通用
下記熟語を参照．

【忡忡】chōngchōng 形 思い悩んで，心穏やかでない．¶忧心 yōuxīn～ / 心配で落ち着かない．

舂 chōng
臼部5　全11画　5077₇　通用
動《穀物などを石うすや乳鉢で》つく．¶～米 chōngmǐ / ～药 chōngyào (薬を粉にする)．

【舂米】chōng/mǐ 動 米をつく．

憧 chōng
忄部12　全15画　9001₅　通用
下記熟語を参照．

【憧憧】chōngchōng 形《樹木などが》揺れ動くようす．行き来するようす．

【憧憬】chōngjǐng ❶名 あこがれ．希望．¶他心里对大学生活充满着～ / 彼は大学生活へのあこがれでいっぱいだ．同 向往 xiàngwǎng, 神往 shénwǎng ❷動 強く望む．

艟 chōng
舟部12　全18画　2041₅　通用
→艨艟 méngchōng

虫（蟲）chóng
虫部0　全6画　5013₆　常用

名 ❶（～儿．～子）[量 个 ge, 群 qún, 条 tiáo, 只 zhī] 虫．昆虫．¶～子 chóngzi. ❷ 虫以外の生き物を虫になぞらえて言うことば．¶大～ dàchóng (トラ) / 长～ chángchóng (ヘビ)．❸ 人をあざけって言うことば．¶糊涂～ hútuchóng (まぬけ)．

【虫草】chóngcǎo 名《中医》"冬虫夏草 dōngchóng xiàcǎo"の略．

【虫害】chónghài 名《农业》虫害．

【虫胶】chóngjiāo 名 セラック．ラックニス．参考 ラックカイガラムシの分泌物から取り出した天然樹脂．木材の塗料や電気絶縁材に利用．

【虫情】chóngqíng 名 作物の虫害の情況．

【虫牙】chóngyá 名[量 个 ge, 颗 kē] 虫歯の俗称．同 齲齒 qǔchǐ

【虫眼】chóngyǎn 名（～儿）果実や木製品などの虫くい穴．

【虫灾】chóngzāi 名[量 场 cháng] 大きな虫害．

【虫豸】chóngzhì 名《文》❶ 虫．❷ 人をののしることば．虫けら．

*【虫子】chóngzi 名[量 个 ge, 条 tiáo, 只 zhī] 虫．昆虫．

种 Chóng
禾部4　全9画　2590₆　常用
名 姓．
☞ 种 zhǒng, zhòng

重 chóng
丿部8　全9画　2010₅　常用

❶動 重複する．¶书买～了 (同じ本をダブって買った) / ～出 chóngchū. ❷副 再び．もう一度．¶～逢 chóngféng / ～新 chóngxīn / 旧地～游 (かつて訪れた地を再訪する)．❸量 重なったものを数えることば．¶双～领导 (二重の指導) / ～～围住 (幾重にもとり囲む)．❹（Chóng）姓．
☞ 重 zhòng

【重版】chóngbǎn 動《出版物を》重版する．

【重播】chóngbō 動 ❶《同じ所に》もう一度種をまく．❷《テレビやラジオで》再放送する．

【重操旧业】chóng cāo jiù yè 成 再び以前の仕事に就く．中断していた事業を再び始める．

【重唱】chóngchàng 名 動《音楽》重唱(する)．¶四～ / 四重唱．

【重重】chóngchóng 形 何重にもなっている．¶把敌人～包围起来 / 敵を幾重にも包囲する．¶困难～ / 困難が度重なる．

【重出】chóngchū 動《文字やことばが》重複して現われる．

【重蹈覆辙】chóng dǎo fù zhé 成 同じ過ちを繰り返す．¶不改革政治方针将会～ / 政治方針を改革しなければ，同じ轍(う)を踏むことになろう．

*【重叠】chóngdié 動《同じものが》重なり合う．¶山峦 shānluán～ / 山々が連なる．¶～的机构应该裁并 cáibìng / 重複した機構は整理統合しなければならない．

【重返】chóngfǎn 動 引き返す．またもどる．¶～家园 / 郷里に帰る．

【重犯】chóngfàn 動 過ちや罪を繰り返す．¶吸取教训，

避免～錯誤 / 教訓をくみ取って、同じ過ちを繰り返さないようにする.

【重逢】chóngféng 動 再会する. ¶久別～ / 別れて久しい者同士が再会する. ¶母子俩失散了十年, 终于～了 / 10年間離れ離れの母と子が、とうとう再会した.

*【重复】chóngfù 動 繰り返す. 重複する. ¶内容～ / 内容がダブっている. ¶决不可～同样的错误 / 同じような過ちを決して繰り返してはならない. 同 反复 fǎnfù

【重合】chónghé 動《数学》重なり合う. 合同になる. ¶～电路 / 一致回路.

【重婚】chónghūn 動《法律》重婚する.

【重婚罪】chónghūnzuì 名《法律》重婚罪.

【重见天日】chóngjiàn tiānrì 句（望みのない環境から解き放たれ）再び明るい未来が開ける.

【重建】chóngjiàn 動（災害などの後に）再建する. ¶～家园 / 故郷の村や町を再建する.

【重九】Chóngjiǔ 名 重陽節. 旧暦の9月9日. ⇒重陽 Chóngyáng

【重落】chóngluo 動《方》（一度快方に向かった病気が）再び悪化する. 病気がぶり返す.

【重码】chóngmǎ 動 ❶番号やコードが重複する. ❷ 名 重複した番号やコード.

【重名】chóngmíng 動（～儿）名前が同じだ. 同 同 tóng míng

【重起炉灶】chóng qǐ lú zào 成 新規まき直しを図る. 同 另 lìng 起炉灶

【重庆】Chóngqìng《地名》重慶. 直轄市の一つ. 略称は "渝 Yú".

【重申】chóngshēn 動 重ねて述べる.

【重审】chóngshěn 動《法律》差し戻して再審理する.

【重孙】chóngsūn 名（～子）男の曾孫.

【重孙女】chóngsūnnü 名（～儿）女の曾孫.

【重弹老调】chóng tán lǎo diào 同じことをくどくど繰り返す. 由来 "古い調べを再びかなでる" という意から.

【重提】chóngtí ❶再び提案する. ❷古い話をむしかえす.

【重围】chóngwéi 名 幾重もの包囲. ¶杀出～ / 血路をひらいて敵の包囲網から抜け出る.

【重温】chóngwēn 動 ❶再度復習する. 学び直す. ❷再度やり直す. あらためてもう1度やる. ¶～旧情 / 旧交を温める.

【重温旧梦】chóng wēn jiù mèng 成 思い出の出来事をもう一度実現させる. 過ぎ去った昔をなつかしむ.

【重文】chóngwén 名《文》異体字の旧称.

【重现】chóngxiàn 動 再現する. ¶吸取教训, 以防事故～ / 教訓をくみ取り、事故の再発を防ぐ.

【重霄】chóngxiāo 名《文》はるか空の上.

*【重新】chóngxīn 副 新しく（…する）. もう一度（…する）. ¶～考虑 / 改めて考え直す. ¶～做人 成 真人間になる. ¶你的字写得太潦草 liáocǎo, 再写一次 / 君の字はあまりに粗雑だから、もう一度書き直しなさい. 同 从新 cóngxīn

【重修】chóngxiū 動 ❶（建築物などを）造り直す. ¶～马路 / 大通りを改修する. ❷（書物を）まとめ直す. ¶～县志 xiànzhì / 県誌をまとめ直す.

【重修旧好】chóng xiū jiù hǎo 成 以前の友好関係を回復する.

【重言】chóngyán 名《言語》修辞法の一つ. ことばを重ねて、描写を強調する. 参考 "天苍苍, 野茫茫" (天はどこまでも蒼く, 地はどこまでも広い)の "苍苍" "茫茫" など.

【重檐】chóngyán 名《建築》二軒(ぁらき).

【重演】chóngyǎn 動 再演する. 同じことが再び繰り返される. ¶要求～ / アンコールする. ¶惨案 cǎn'àn 不要～ / 惨事を繰り返してはならない.

【重阳】Chóngyáng 名 重陽(ちょうよう)節. 菊の節句. 同 重九 Chóngjiǔ 参考 旧暦の9月9日の節句で、この日、一家で高い所に登り、長寿を祈る風習があった. ⇒付録「祝祭日一覧」

【重洋】chóngyáng 名 海のかなた. どこまでも続く海原.

【重译】chóngyì 動 ❶ 幾重にも通訳や翻訳を経る. ❷訳文から翻訳する. ❸新たに訳し直す.

【重印】chóngyìn 動 増刷する. ¶又～了一千部 / さらに1,000冊を増刷した.

【重圆】chóngyuán 長いあいだ離れ離れになっていた親族が、再び集まる. ¶破镜～ 成 一度離れた夫婦が元のさやに納まる.

【重张】chóngzhāng 動 商店が再び開店する. 営業を再開する.

【重整旗鼓】chóng zhěng qí gǔ 成 失敗した後、態勢を立て直す. ¶～抵抗敌军的侵略 / 態勢を立て直して敵の侵略に対抗する. 同 重振 zhèn 旗鼓 由来 再び陣容を整える意から.

【重奏】chóngzòu 名《音楽》重奏. ¶二～ / デュエット. ¶三～ / トリオ.

【重组】chóngzǔ 動（人員などを）再編成する.

崇 chóng

山部8 四 2290₁ 全11画 常用

❶ 素 高い. ～高 chónggāo / ～山峻岭 jùnlǐng. ❷ 素 尊ぶ. 重んじる. ¶推～ tuīchóng（高く評価する）/ 尊～ zūnchóng（尊敬する）. ❸（Chóng）姓.

【崇拜】chóngbài 動 崇拝する. ¶～偶像 ǒuxiàng / 偶像を崇拝する. ¶很多人都～金钱, 成为拜金主义者 / 多くの人は金を大切がって、拝金主義者となる.

【崇奉】chóngfèng 神などをあがめ奉る. 信奉する. ¶～佛教 Fójiào / 仏教を信仰する. 同 信奉 xìnfèng, 信仰 xìnyǎng

*【崇高】chónggāo 形 崇高な. ¶品格 pǐngé / 品格が崇高だ. ¶～的理想 / 崇高な理想. 同 高尚 gāoshàng

【崇敬】chóngjìng 動 あがめ敬う. 崇敬する. ¶～的心情 / 崇敬の念. ¶前来吊唁 diàoyàn 的人都怀着～的心情向遗体 yítǐ 告别 / 弔問に来た人々は、皆崇敬の念を抱きつつ遺体に別れを告げた. 同 敬重 jìngzhòng, 钦敬 qīnjìng, 尊崇 zūnchóng, 尊敬 zūnjìng, 尊重 zūnzhòng 反 鄙视 bǐshì

【崇山峻岭】chóng shān jùn lǐng 成 高く険しい山なみ.

【崇尚】chóngshàng 動《文》尊重する. ¶～正义 / 正義を尊重する.

【崇洋】chóngyáng 動 外国を崇拝する. ¶盲目 mángmù～ / 見境なく外国をありがたがる.

【崇洋媚外】chóng yáng mèi wài 成 外国を盲目的に崇拝する. 外国に媚びへつらう.

【崇祯】Chóngzhēn 名《歴史》明の毅宗の年号（1628 - 1644）.

宠（寵）chǒng

宀部5 四 3041₄ 全8画 次常用

❶ 偏愛する. 溺愛する. ¶得～ déchǒng（かわいがられる）. 同 辱 rǔ ❷（Chǒng）姓.

【宠爱】chǒng'ài 動 特別にかわいがる. 寵愛する. ¶奶

奶最~小孙儿了 / おばあちゃんは孫が一番のお気に入りだ. 同 钟爱 zhōng'ài

【宠儿】chǒng'ér 寵児(ﾁょ). ¶时代的~ / 時代の寵児.

【宠坏】chǒng//huài 動 かわいがってだめにする. ¶他就是让爷爷奶奶~的 / 彼はおじいちゃん、おばあちゃんに甘やかされてだめになったのだ.

【宠辱不惊】chǒng rǔ bù jīng 成 栄誉にも恥辱にも動じない. 度量が大きいこと.

【宠物】chǒngwù 名 愛玩動物. ペット.

【宠信】chǒngxìn 動 寵愛を受け信任される. ¶他能说会道,深得上司的~ / 彼は口がうまいので、上部のおぼえめでたい.

【宠幸】chǒngxìng 動旧 寵愛を受ける.

冲(衝) chòng 冫部4 四3510₆ 全6画 常用

❶ 前 …に向かって. …に対して. ¶~南的大门(南向きの門). ❷ 前 …もとづいて. …によって. ¶这热心劲儿,大伙儿都喜欢他(あの情熱で、彼は皆に好かれる). ❸ 形 (勢いが)激しい. (においが)強烈だ. ¶这小伙子有股gǔ~劲儿(この若者は威勢がよい) / 大蒜 dàsuàn 气味很~(ニンニクはにおいがきつい). ❹ 動 プレスをあける. ☞ 冲 chōng

【冲床】chòngchuáng 名《機械》〔囲 台 tái〕パンチプレス. 同 冲压机 chòngyājī,压力机 yālìjī

【冲模】chòngmú 名《機械》パンチプレスの型.

【冲压】chòngyā "冲床 chòngchuáng"で穴をあける.

【冲子】chòngzi 名《機械》〔囲 把 bǎ〕パンチ. 穿孔機.

铳(銃) chòng 钅部6 四8071₂ 全11画 通用

名 筒先の太い鉄砲. 比較 現在の「銃」は、"枪 qiāng"という.

【铳子】chòngzi 名《機械》パンチ. 同 冲子 chòngzi

chou ㄔㄡ [tʂʻou]

抽 chōu 扌部5 四5506₀ 全8画 常用

動 ❶ (一部を)取り出す. (はさまっている物を)引き抜く. ¶~查 chōuchá / ~样 chōuyàng / ~空 chōukòng / ~调 chōudiào. ❷ 芽や穂が伸び出る. ¶~芽 chōuyá / ~穗 chōusuì. ❸ 吸う. ¶~烟 chōuyān / ~水 chōushuǐ. ❹ 縮む. ¶~缩 chōusuō / ~动 chōudòng / ~风 chōufēng. ❺ (細長いもので)たたく. ¶~打 chōudǎ.

【抽测】chōucè 動 抜き打ちで測定する.

【抽查】chōuchá 動 抜き取り検査をする. ¶卫生部门经常~饮食店 yǐnshídiàn 的卫生工作 / 衛生部門は、しばしば飲食店の衛生管理をサンプリング調査する.

【抽出】chōuchū 動 抜き出す. 取り出す.

【抽搐】chōuchù ❶ 動 (筋肉が)けいれんする. ❷ 名 けいれん.

【抽打】chōudǎ 動 ❶ chōudǎ ムチなどでたたく. ¶骑手用鞭子 biānzi 不断~着赛马 sàimǎ / 騎手はムチで、絶え間なく競走馬を打ち続けた. ❷ chōuda はたきなどでたたく.

【抽搭】chōuda 動 泣きじゃくる. ¶抽抽搭搭地哭 / しゃくり上げて泣く.

【抽调】chōudiào 動 (人員や物資の一部を)振り分ける. ¶他被~到人事工作了 / 彼は人事部に配属されて働くことになった.

【抽动】chōudòng 動 ❶ けいれんする. ひきつける. ❷ 取り出して流用する.

【抽斗】chōudǒu 名方 引き出し. 同 抽屉 ti

【抽风】chōu//fēng 動 ❶ ひきつける. けいれんする. ❷ 装置を用いて空気を吸い込む. ❸ 奇矯な行いをする.

【抽工[功]夫】chōu gōngfu 句(~儿)時間を割く. ¶抽不出工夫来 / 時間が割けない. 同 抽空 chōukòng

【抽检】chōujiǎn 動 抜き取り検査をする.

【抽奖】chōu//jiǎng 動 くじ引きをする.

【抽筋】chōu//jīn 動 ❶ 筋を抜く. ¶剥皮 bō pí~ / ~(皮をはぎ筋を抜く意から)搾取の限りを尽くす. ❷ 口 (~儿)筋がつる. 筋肉がけいれんする.

【抽空】chōu//kòng 動(~儿)時間を割く.

【抽冷子】chōu lěngzi 副方 不意に. 突如.

【抽泣】chōuqì 動 泣きじゃくる. すすり泣く. ¶不知道为什么,她在房里暗自~ / 理由は知らないが、彼女は部屋で独りすすり泣いていた. 同 啜泣 chuòqì

【抽签】chōu//qiān 動(~儿)くじを引く. 抽選する. ¶用~的办法决定 / くじ引きで決める.

【抽取】chōuqǔ 動 抜き取る.

【抽纱】chōushā 動 ❶ ドロンワーク. 抜きかがりししゅう. ❷ ①で作った工芸品. カーテン、テーブルクロス、ハンカチなど.

【抽身】chōu//shēn 動 (繁忙などから)抜け出す.

【抽水】chōu//shuǐ 動 ❶ ポンプで水を吸い上げる. ❷ (布などが)水にぬれて縮む.

【抽水机】chōushuǐjī 名〔囲 台 tái〕吸い上げポンプ. 同 水泵 shuǐbèng

【抽水马桶】chōushuǐ mǎtǒng 名 水洗式便所の便器.

【抽税】chōu//shuì 動 徴税する.

【抽丝】chōu//sī 動 繭($)から糸をつむぐ.

【抽穗】chōu//suì 動 (穀物が)穂を出す.

【抽缩】chōusuō 動 (体が)縮む. 縮まる.

【抽薹】chōu//tái 動 (野菜の)茎が伸びる. とうが立つ.

【抽屉】chōuti 名〔囲 个 ge〕引き出し. ¶拉开~ / 引き出しを開ける. ¶关上~ / 引き出しを閉める.

【抽头】chōu//tóu 動(~儿)❶ ばくちで寺銭を取る. ❷ ピンはねする.

*【抽象】chōuxiàng ❶ 形 抽象的だ. ¶你的话太~ / 君の話は抽象的すぎる. ❷ 名 抽象. 抽象化. 反 具体 jùtǐ

【抽象思维】chōuxiàng sīwéi 名 抽象的思考. 反 形象思维 xíng xiàng sīwéi

【抽薪止沸】chōu xīn zhǐ fèi 成 根本的な解決する. 同 釜底 fǔ dǐ 抽薪 由来 「釜の下の薪を引っぱり出して沸騰を止める」という意から.

【抽芽】chōu//yá 動 芽が出る. 芽を出す. ¶垂柳 chuíliǔ~ / しだれ柳が芽を吹く.

*【抽烟】chōu//yān 動 タバコを吸う.

【抽验】chōuyàn 動 抜き取り検査をする.

【抽样】chōu//yàng 動 見本を抜き取る. サンプルを抽出する. ¶~检查 / サンプリング調査. 同 取样 qǔyàng

【抽样调查】chōuyàng diàochá 動 抜き取り調査.

【抽噎】chōuyē 動 泣きじゃくる. ¶她一面~,一面诉说

着自己的不幸 / 彼女は泣きじゃくりながら,我が身の不幸を訴えた. 同 抽搭 chōuda
【抽绎】chōuyì 动 文 糸口を引き出す.
【抽印】chōuyìn 动 抜き刷りをする. ¶～本 / 抜き刷り. ¶～三百份 / 300部抜き刷りする.
【抽油烟机】chōuyóuyānjī 名 (厨房などの)換気扇. ベンチレーター.

瘳 chōu 疒部11 四 0012₂ 全16画 通用

动 文 ❶病気がなおる. ¶病～了(病気がなおった). ❷消滅する. 消失する.

犨 chōu 牛部16 四 2050₀ 全20画 通用

拟 文 ウシのあえぎ声.

仇(異 讐) chóu 亻部2 四 2421₇ 全4画 常用

❶ 名 深い恨み. ¶～恨 chóuhèn / 有～有报(遺恨あれば遺恨を返し,恩 ēn 恩 ēn 時～报(恩をあだで返す). 反 恩 ēn ❷ 素 かたき. あだ. ¶亲痛～快(味方を悲しませ,敵を喜ばせる) / ～人 chóurén ～敌 chóudí.
⇨ 仇 Qiú

【仇敌】chóudí 名 かたき. ¶不共戴天的～ / 不俱戴天(ふぐたい)のかたき. 同 仇人 chóurén, 寇仇 kòuchóu
【仇恨】chóuhèn ❶ 动 恨む. ❷ 名 恨み. ¶～在心 / 恨みを抱く. 同 仇怨 chóuyuàn
【仇家】chóujiā 名 かたき.
【仇人】chóurén 名 かたき. 同 仇敌 chóudí, 寇仇 kòuchóu 反 恩人 ēnrén
【仇杀】chóushā 动 怨恨(えん)により,相手を殺害する.
【仇视】chóushì 动 敵視する. ¶他不主张改革,甚至 shènzhì～改革 / 彼は改革を唱えようとせず,あろうことか改革を目のかたきにしている. 同 敌视 díshì
【仇怨】chóuyuàn 名 恨み. ¶我和你一无～ / 私は君に何の恨みもない.

俦(儔) chóu 亻部7 四 2524₀ 全9画 通用

素 文 仲間. ¶～类 chóulèi (同じ年の人) / ～侣 chóulǚ (連れ合い).

帱(幬) chóu 巾部7 四 4524₀ 全10画 通用

素 文 ❶とばり. カーテン. ¶～帐 chóuzhàng (かや). 同 帐子 zhàngzi ❷ 車の覆い. ほろ. 同 车帷 chēwéi
⇨ 帱 dào

惆 chóu 忄部8 四 9702₀ 全11画 通用

下記熟語を参照.

【惆怅】chóuchàng 形 文 がっかりして悲しい. ¶～的心 / 沈んだ気持ち. ¶心中十分～ / 心がすっかり沈みこんでしまう.

绸(綢) chóu 纟部8 四 2712₀ 全11画 常用

素 薄く,しなやかな絹の布. ¶～缎 chóuduàn / 纺～ fǎngchóu (絹をつむぐ) / 丝～ sīchóu (シルク). 同 绸子 chóuzi

【绸缎】chóuduàn 名《纺织》絹織物.
【绸缪】chóumóu ❶ 动 (気持ちが)固く結びついて解けない. ¶情意～ / 心が固く結びついている. ❷ 动 事前に準備する. ¶未雨～ / 雨が降る前に戸を修繕する. 事前に準備する.
【绸子】chóuzi 名《纺织》〔量 块 kuài, 匹 pǐ〕絹子

畴(疇) chóu 田部7 四 6504₀ 全12画 次常用

素 文 ❶田畑. ¶田～ tiánchóu (田畑). ❷同じ種類・区分. ¶～类 chóulèi (同類) / 范～ fànchóu (範畴はんちゅう) / 物各有～ (物事にはそれぞれ共通点がある). ❸ 昔. ¶～日 chóurì (以前) / ～昔 chóuxī (昔).

酬(異 酧, 醻) chóu 酉部6 四 1260₀ 全13画 常用

素 ❶ 动 主人が客に酒をすすめる. ¶～酢 chóuzuò. ❷ 金品や飲食で謝礼をする. ¶～报 chóubào / ～谢 chóuxiè / ～劳 chóuláo. ❸ 賃金. ¶报～ bàochou (報酬) / 按劳取～ (労働に応じて報酬をもらう) / 同工同～ (同一労働,同一賃金). ❹ 交際する. つきあう. ¶应～ yìngchou (つきあう) / ～对 chóuduì. ❺ 文 かなう. 実現する. ¶壮志 zhuàngzhì 未～誓 shì 不休(大志が実現するまで,やめないことを誓う).

【酬报】chóubào ❶ 动 (金品や行為で)お礼をする. 同 酬谢 chóuxiè ❷ 名 お礼. 謝礼. 報酬. ¶他帮助别人从来不收任何～ / 彼は人の手助けをしても,お礼を受け取ったことがない.
【酬宾】chóubīn 特別価格で販売する. バーゲンをする.
【酬唱】chóuchàng 动 文 詩文を相互に贈り合う.
【酬答】chóudá ❶ (金銭や品物で)お礼をする. ❷ 詩文で答える.
【酬对】chóuduì 动 応答する.
【酬和】chóuhè 动 文 詩文のやりとりをする. 唱和する. 注意 "和"は "hè"と読む.
【酬金】chóujīn 名 〔量 笔 bǐ, 项 xiàng〕謝礼金.
【酬劳】chóuláo ❶ 労をねぎらう. ¶没什么东西～大家 / 皆の苦労に報いるものが何もない. ❷ 慰労金.
【酬谢】chóuxiè 动 (金銭や品物で)お礼をする. ¶我要好好儿～他 / 彼に充分な謝礼をしたい.
【酬应】chóuyìng 动 交際する. もてなす. ¶我这个人不善于～ / 私は人づきあいが下手だ. 同 应酬 yìngchou
【酬酢】chóuzuò 动 ❶ 主人と客が互いに酒をすすめる. ❷ 人と交際する. 友人とつきあう. 由来 "酬"は主人から客に酒を勧めること, "酢"は客が主人に返杯すること.

稠 chóu 禾部8 四 2792₀ 全13画 常用

形 ❶ 濃度が濃い. ¶～糊 chóuhu / 这粥 zhōu 太了(このかゆは濃すぎる). 反 稀 xī ❷ (物や人が)ぎっしり詰まっている. ¶地窄人～ (土地が狭く人が多い) / 人烟 yān ～密(人家が建て込んでいる).

【稠糊】chóuhu 形 方 ねばねばしている. どろどろしている.
【稠密】chóumì 形 密集している. ¶这一带的居民 jūmín 住房太～了 / この付近の住宅は密集しすぎている. 同 浓密 nóngmì 反 疏落 shūluò, 稀少 xīshǎo, 稀疏 xīshū
【稠人广众】chóu rén guǎng zhòng 成 人が大勢いるようす. 同 稠人广座 zuò

愁 chóu 心部9 四 2933₈ 全13画 常用

❶ 动 心配する. ¶发～ fāchóu (心配する) / 忧～ yōuchóu (憂える) / 不～吃, 不～穿(衣食に困らない). 同 忧 yōu ❷ 形 心を痛めている. ¶～肠 chóucháng / ～容 chóuróng / ～云惨 cǎn 雾 成 見る人を悲しませる悲惨な情景).

【愁肠】chóucháng 憂いに満ちた心.
【愁肠百结】chóu cháng bǎi jié 成 気が滅入る. 苦悩で心がいっぱいだ.
【愁苦】chóukǔ 形 憂い悩んでいる. ¶乐观一点,别整天一副～相 xiàng / もっと気楽に考えなさい. 一日中思い悩んでいてはいけない.
【愁虑】chóulǜ 動 憂慮する. ¶你不必为此过于～/ あなたはこの事であまり心配する必要はない.
【愁眉】chóuméi 名 愁いを帯び,ひそめた眉.
【愁眉不展】chóu méi bù zhǎn →愁眉苦脸 kǔ liǎn
【愁眉苦脸】chóu méi kǔ liǎn 成 憂いを帯びた顔. ¶当他知道他的病有救时,他再也不～了 / 自分の病気に打つ手があると知って,彼はもう浮かぬ顔をしなくなった. 同 愁眉不展 bù zhǎn,愁眉锁眼 suǒ yǎn
【愁闷】chóumèn 動 心配で気がふさぐ. ¶别人怎么能懂得我内心的～呢？/ 他人にどうして私の胸中の煩悶が分かろうか.
【愁容】chóuróng 名〔量 副 fù, 丝 sī〕憂い顔. 心配顔. ¶面带～ / 顔に憂いの色が見える. 反 笑容 xiàoróng
【愁绪】chóuxù 名 憂い.
【愁云】chóuyún 名 ❶ 物悲しい表情. ❷ 物寂しい情景.

筹(籌) chóu 竹部7 全13画 四 8834₄

❶ 名 旧 数を計算するための竹・木・象牙製の小さな棒や札. ¶竹～ zhúchóu（竹製の点数札）. ❷ 動 計画する. ¶～备 chóubèi / 统～ tǒngchóu（統一的に計画する）/ 一～莫 mò 展 成 計画が一つもうまくいかない. ❸ 動 調達する. ¶～措 chóucuò / ～款 chóukuǎn.
【筹办】chóubàn 動 計画し実施する. ¶～奥林匹克 Àolínpǐkè 运动会 / オリンピック開催を計画し実施する.
【筹备】chóubèi 動 計画準備をする. ¶～委员会 / 準備委員会. 同 准备 zhǔnbèi
【筹措】chóucuò 動（金などを）工面する. 調達する. ¶～旅费 / 旅費を工面する.
【筹划】chóuhuà 動 計画する. ¶政府将在这里～建造一个大型水库 shuǐkù / 政府はこれからここに大型ダムを建設する計画だ. 同 策划 cèhuà,计划 jìhuà,谋划 móuhuà,打算 dǎsuàn
【筹集】chóují 動 調達する. ¶～资金 / 資金を調達する.
【筹建】chóujiàn 動 建設を計画する. ¶～一座化肥厂 / 化学肥料工場建設を計画する.
【筹借】chóujiè 動 金銭や物品を借りる算段をする.
【筹款】chóukuǎn ❶ chóu / kuǎn 動 資金を調達する. ❷ chóukuǎn 名 調達した金.
【筹码[马]】chóumǎ 名（～儿）❶ かけ事の計算に用いる点棒. チップ. ❷ 旧 貨幣または貨幣の代わりの小切手.
【筹谋】chóumóu 動 手だてを講じる. 計画を立てる.
【筹募】chóumù 動（資金などを）計画し,募集する.
【筹算】chóusuàn 動 ❶ 計算する. ❷ 企てる.
【筹委会】chóuwěihuì 名 "筹备委员会"（準備委員会）の略.
【筹资】chóu//zī 動 資金を調達する.

踌(躊) chóu 足部7 全14画 四 6514₀ 通用

下記熟語を参照.
【踌躇】chóuchú 動 ❶ ためらう. ¶～不决 / 考え過ぎて決められない. ¶颇 pō 费～ / 非常に気を使う. ¶～不

前 chóuchú bùqián. 同 迟疑 chíyí, 犹疑 yóuyí, 犹豫 yóuyù 反 果断 guǒduàn ❷ 動 とどまる. ❸ 形 文 得意だ. ¶～满志 chóu chú mǎn zhì. 同 犹豫 yóuyù
【踌躇不前】chóuchú bùqián 句 しり込みする.
【踌躇满志】chóu chú mǎn zhì 成 得意満面なようす.

雠(讎 異 讐) chóu 佳部10 全18画 四 2021₅ 通用

動 ❶ 文字の校正をする. ¶校～ jiàochóu（校正をする）. ❷ 怨む. 敵視する. ¶仇 chóu 雠 由来 はかつて,かたき同士が向かい合うように,二人一組で書物を校正したことから.

丑(醜❹❺) chǒu 一部3 四 1710₂ 全4画 通用

❶ 名 十二支の第二番目. 丑(?). 参 丑の刻. 夜中の1時から3時まで. ¶～刻 chǒukè（丑の刻）. ❸ 名〔芸能〕芝居の道化役. 同 小花脸 xiǎohuāliǎn,三花脸 sānhuāliǎn ⇨附録「京剧入門」❹ 形 顔立ちが醜い. ¶～陋 chǒulòu / 长 zhǎng 得～（醜い顔立ちだ）. 反 美 měi,俊 jùn ❺ 形 ぶざまだ. ¶～恶 chǒu'è / ～名 chǒumíng（醜名）/ 出～ chūchǒu（恥をさらす）/ 献～ xiànchǒu（お見せする）. ❻（Chǒu）姓. 参考 ③には,"文丑 wénchǒu","武丑 wǔchǒu" などがある.
【丑八怪】chǒubāguài 名 口 容貌がきわめて醜い人.
【丑表功】chǒubiǎogōng 慣 自分の功労を臆面もなく吹聴する. ¶你别在那里～了 / 自分の手柄を自慢するのはよせよ.
【丑恶】chǒu'è 形 醜い. ¶～嘴脸 / 醜い顔. ¶心灵～ / 性根が腐っている. 反 美好 měihǎo
【丑化】chǒuhuà 動 滑稽化する. 醜悪化する. ¶人不该美化自己,更不该～别人 / 人は自分を美化してはいけないが,他人をおとしめるのは更にいけない. 反 美化 měihuà
【丑话】chǒuhuà 名 ❶ がさつなことば. 下品なことば. ¶俗人 súrén ～多 / 低俗な人間は下品なことばが多い. ❷ ずけずけと遠慮のないことば.
【丑剧】chǒujù 名〔出 chū,幕 mù〕茶番劇.
【丑角】chǒujué 名（～儿）道化役.
【丑类】chǒulèi 名 悪人. 悪党.
【丑陋】chǒulòu 形 醜い. ¶他的相貌 xiàngmào 虽然比较～,可是心灵非常美好 / 彼は顔だちはやや不細工だが,いたって気立てはいい. 反 俊俏 jùnqiào,美丽 měilì,漂亮 piàoliang
【丑时】chǒushí 名 旧 丑(?)の刻. 午前1時から3時まで.
【丑事】chǒushì 名 醜事. スキャンダル.
【丑态】chǒutài 名〔量 副 fù〕醜態. ¶～百出 / 醜態の限りを尽くす.
【丑闻】chǒuwén 名〔量 个 ge,件 jiàn,条 tiáo,桩 zhuāng〕醜聞. スキャンダル.
【丑相】chǒuxiàng 名 醜い様相. ¶～百出 / みっともないところをさらけ出す.
【丑行】chǒuxíng 名 醜悪な行い.

杽 chǒu 木部4 全8画 四 4791₂ 通用

名 旧 手錠. ¶～械 chǒuxiè（手かせ足かせ）.
☞ 杻 niǔ

瞅(異 䶃) chǒu 目部9 全14画 四 6908₀ 通用

臭 chòu

臭 chòu 自部4 四2680₄ 全10画 常用

❶ 形 臭い. ¶～气 chòuqì／～味 chòuwèi／～腥 chòuxīng（生臭い）. 反 香 xiāng ❷ 形 嫌味だ. 遗 yí～万年（汚名を長く後世に残す）. ❸ 形 価値のない. ¶～棋 chòuqí（へぼ将棋）／～虫 chòuchóng. ❹ 副 ひどく…する. ¶～骂 chòumà／～打 chòudǎ（思いっきりなぐる）.
☞ 臭 xiù

【臭虫】chòuchóng 名〔量 个 ge, 只 zhī〕トコジラミ, ナンキンムシ. 同 床虱 chuángshī, 壁虱 bìshī
【臭椿】chòuchūn 名 ニワウルシ. 同 樗 chū
【臭豆腐】chòudòufu 名〔量 块 kuài〕塩漬けの豆腐を発酵させて作った食品. 独特の臭みがある.
【臭烘烘】chòuhōnghōng 形（～的）ひどくにおう. ぷんぷんにおう. 反 香喷喷 xiāngpēnpēn
【臭乎乎】chòuhūhū 形（～的）臭気ただよう. ぷうんとにおう.
【臭架子】chòujiàzi 名 鼻もちならない態度. ¶摆～／鼻持ちならない態度をとる.
【臭老九】chòulǎojiǔ 名 貶 九番目の鼻つまみ者. 由来 文化大革命期に，インテリに対して使われた蔑称. 当時，階級敵とされていた地主・富農・反革命分子・破壊分子・右派分子・スパイ・反逆者・走資派に次ぎ，9番目に序列されたことから．
【臭骂】chòumà 罵倒する. ¶应做的事没做好, 被上司～了一顿／やるべき仕事を済ませていなくて, 上司からこっぴどくしかられた．
【臭名远扬】chòu míng yuǎn yáng 成 悪名高い. 同 臭名昭著 zhāo zhù
【臭名昭著】chòu míng zhāo zhù →臭名远扬 yuǎn yáng
【臭气】chòuqì 名 臭気. ¶腐烂 fǔlàn 的垃圾散发出一阵阵～／腐乱したゴミがしきりに臭気をまき散らす．
【臭味】chòuwèi 名（～儿）臭い匂い．
【臭味相投】chòu wèi xiāng tóu 成（相互の悪知恵が一致し）意気投合する．
【臭腺】chòuxiàn 名《医学》臭腺．
【臭氧】chòuyǎng 名《化学》オゾン．
【臭氧层】chòuyǎngcéng 名《气象》オゾン層．
【臭氧洞】chòuyǎngdòng 名《气象》オゾンホール．

chu ㄔㄨ [tʂʻu]

出（齣₈） chū 凵部3 四2277₂ 全5画 常用

❶ 动（外へ）出る. 出す. ¶～去 chūqù. ¶～门 chūmén. ¶～汗 chūhàn. 反 入 rù, 进 jìn
❷ 动 参加する. ¶～席 chūxí. ¶～场 chūchǎng.
❸ 动（範囲）を超える. ¶～超 chūchāo. ¶～界 chūjiè.
❹ 动 産出する. ¶～煤／石炭を産出する. ¶唐朝～了不少诗人／唐代には多くの詩人が出た. ¶～活 chūhuó.
❺ 动 発生する. ¶～现 chūxiàn. ¶～事 chūshì. ¶机器～故障了／機械が故障した．
❻ 动 量が増える．
❼ 动 あらわす. 現れる. ¶～名 chūmíng. ¶～面 chūmiàn. ¶～头 chūtóu. ¶～丑 chūchǒu.
❽ 量 長編戯曲の一段落や芝居の一幕, 伝統劇の独立した演目を数えることば. ¶一～戏／1つの芝居.

☞ 方向補語"V 出"
①人・物が動作に伴い中から外へ向かっていることを示す.
◇跑～大门／走って正門を出る.
◇拿～一张纸／紙を一枚取り出す.
②動作の結果, 隠れていたものが現れることを示す.
◇露～本性／本性を現わす.
◇他工作中做～了很大成绩／彼は仕事で大きな成績を上げた.
◇你们想～好办法了吗？／みなさん, よい方法は思いつきましたか.
◇我答不～这些问题／私はそれらの問題に答えられなかった.
③（"知覚動詞＋出"の形で）識別する. 分かる.
◇看～问题的所在／問題の所在を見抜く.
◇我听不～说话的是谁／話をしているのが誰なのか分からない.
④（"形＋出＋数量目的語"の形で）超過する, 越す.
◇高～许多倍／何倍もすぐれる.
◇这件衣服能长～一点, 就更合适了／この服はもう少し長ければもっといいのに.

*【出版】chūbǎn 动（本などを）出版する. （レコードやビデオなどを）製作する. ¶～社／出版社.
【出榜】chū//bǎng 动 ❶ 合格者や当選者のリストを張り出す. ❷ 旧 役所が掲示物を出す. ¶～安民／掲示物を出して民心を安定させる.
【出奔】chūbēn 动 逃げ出す. 家出する. ¶仓促 cāngcù～／そそくさと逃げる. 同 出走 chūzǒu
【出殡】chū//bìn 动 出棺する.
【出兵】chū//bīng 动 軍隊を出動させる. 出兵する. 反 收兵 shōubīng
【出彩】chū//cǎi ❶《芸能》芝居などで, 赤い液体で流血あらわす. ❷ 恥をかく. 醜態をさらす. ❸ 形（演技などが）きわだって優れている. 良い出来栄えだ.
【出操】chū//cāo 动（運動場や練兵場へ）訓練に出る. 反 收操 shōucāo
【出岔子】chū chàzi 句 ミスやトラブルが出る.
【出差】chū//chāi 动 ❶ 出張する. ¶～补贴 bǔtiē／出張手当. ¶去上海～／上海に出張する. ¶出了两个星期的差／2週間の出張に出る. ❷ 出稼ぎをする.
【出产】chūchǎn ❶ 动 産出する. 生産する. ❷ 名 産物. ¶～丰富／製品が豊富だ.
【出厂】chū//chǎng 动 製品を工場から出荷する. ¶～日期／工場出荷日. ¶～价 jià／卸値.
【出场】chū//chǎng 动 ❶ 役者が登場する. ¶他一～, 观众就报以热烈的掌声／彼が舞台に上がると, 観客は熱狂的な拍手で迎えた. ❷ 選手が出場する.
【出超】chūchāo 名 輸出超過. 反 入超 rùchāo
【出车】chū//chē 动（人やものを運送するために）車を出す. ¶这个月天天～, 还没有休息过呢／今月は毎日運転していて, いまだに休みがない.
【出乘】chū//chéng 动（乗務員が）船や車の勤務につく.

【出丑】chū//chǒu 動 恥をさらす. ¶当众 dāngzhòng ~ / 公衆の面前で醜態を演じる.
【出处】chūchù 名 文 出処進退. 官職につくことと, 引退すること.
【出处】chūchū 名 出典. 出処.
【出错】chū//cuò 動 (~儿)ミスをおかす. 間違いが起こる. ¶小心操作, 以免~ / 慎重に扱い, ミスが出ないようにする.
【出倒】chūdǎo 動 (企業の設備や権利などを売り渡し)他人に経営を譲渡する. 同 出盘 pán
【出道】chū//dào 動 (学業や研修期間が満了し)職業や事業につく. 表現 ふつう, 若者が仕事に就くことをいう.
【出典】chūdiǎn ❶ 名 出典. ❷ 動 土地や家などを抵当に入れる.
【出点子】chū diǎnzi 動 アイディアや知恵を出す. ¶这是谁出的点子? / これは誰のアイディアか?
【出店】chūdiàn 名 旧 店で荷物の受け取りや発送などをした従業員.
【出顶】chūdǐng 動 (借りている部屋や家を)又貸しする.
【出动】chūdòng 動 ❶ (部隊が)出動する. ¶待令~ / 命令が出たら出動する. ❷ (軍隊を)派遣する. ¶~伞兵 / パラシュート部隊を派遣する. ❸ おおぜいで取りかかる.
【出尔反尔】chū ěr fǎn ěr 成 気が変わりやすく, 言動が前後で矛盾する. ¶一旦 yīdàn 决定的事就得 děi 照办, 怎么能~呢? / 一旦決めたことはその通りにしなくてはいけない, どうして言を左右できようか. 由来 もとは「因果応報」の意.
*【出发】chūfā 動 ❶ 出発する. ¶~日期 / 出発日. ¶从上海~ / 上海をたつ. 同 登程 dēngchéng, 动身 dòngshēn, 启程 qǐchéng, 起程 qǐchéng 反 到达 dàodá ❷ ("从…出发"の形で) …から考える. ¶从长远的利益~ / 長期的利益の観点から考える.
【出发点】chūfādiǎn 名 ❶ 旅の起点. ❷ 原点. ¶~是错误的 / 根本を間違えている.
【出饭】chūfàn 動 米は炊きあがって量が増える.
【出访】chūfǎng 動 外国を訪問する. ¶~欧美 Ōu Měi / 欧米を訪問する.
【出风头】chū fēngtou 慣 でしゃばる. ¶爱~ / 目立ちたがる.
【出伏】chū//fú 動 三伏が終わる. 酷暑の季節が過ぎる. ⇨三伏 sānfú
【出港】chūgǎng 動 出港する.
【出阁】chū//gé 動 (女性が)結婚する. 嫁に行く.
【出格】chū//gé 動 ❶ ずば抜けている. 同 出众 chūzhòng ❷ 常軌を逸している. ¶不要太~ / 出過ぎてはいけない. 同 出圈 chūquān
【出工】chū//gōng 動 (作業労働の)仕事に出かける. 反 收工 shōugōng
【出恭】chū//gōng 動 排便する. 手洗いに行く. ¶出大小恭 / 大小便をする. 由来 昔, 受験生が試験中手洗いに立つとき, "出恭入敬"(出入りとも慎むの)の札を持って行ったことから.
【出轨】chū//guǐ 動 ❶ 列車が脱線する. 同 脱轨 tuōguǐ ❷ (話や行動が)本来の筋をはずれる. ¶你的话是不是太~了? / 君の話は脱線し過ぎではないか.
【出国】chū//guó 動 国を出る. 外国に行く. ¶~的机会 / 海外渡航のチャンス.
【出海】chū//hǎi 動 船で海に出る. ¶~打鱼 / 沖へ漁に出る.

【出汗】chū//hàn 動 汗をかく.
【出航】chū//háng 動 船が出航する. 飛行機が離陸する. 反 返航 fǎnháng
【出号】❶ chūhào 形 (~儿)特大サイズだ. ❷ chū//hào 動 従業員が店をやめる.
【出乎】chūhū 動 …の範囲を超える. ¶~情理之外 / 常軌を逸している.
【出乎意料】chū hū yì liào 成 思いのほかだ. ¶出乎他的意料, 小明马上答应了他的结婚请求 / 彼の予想に反して, ミンさんは即座に彼のプロポーズを承諾した.
【出活】chū//huó 動 (~儿) ❶ 仕事の成果を出す. ¶干活又轻巧, ~又快 / 仕事は楽だし, 結果が出るのも早い. ❷ 仕事がはかどる.
【出击】chūjī 動 攻撃に出る. ¶抓住时机~ / 時機を逃さず出撃する. 同 反击 fǎnjī
【出继】chūjì 動 (子のない家を継がせるために, 自分の子を)養子に出す. 同 过 guò 继
【出家】chū//jiā 動 出家する. 仏門に入る. ¶~人 / 出家者. 反 还俗 huánsú
【出价】chū//jià 動 (買い手が)値をつける.
【出嫁】chū//jià 動 嫁ぐ.
【出界】chū//jiè 動《スポーツ》(球技で)サイドアウトになる.
【出借】chūjiè 動 (本などを)貸し出す.
【出境】chū//jìng 動 ❶ 国外へ出る. ¶~手续 / 出国手続き. 反 入境 rùjìng ❷ 境界線を出る.
【出镜】chū//jìng 動 映画やテレビに出演する.
【出局】chū//jú 動《スポーツ》(野球やソフトボールで)アウトになる.
【出具】chūjù 動 (書類や証明書などを)作成し発行する.
【出科】chū//kē 動 旧 役者養成所を修了する. 参考 "科"は"科班"の略で, 旧時, 児童を集めて役者訓練を行った機関.
*【出口】chū//kǒu 動 ❶ 口に出して言う. ¶别~伤人 / 他人の悪口を言うな. ❷ 船が港を出る. ❸ 輸出する. ¶中国向他们~了大米和花生 / 中国は彼らに米と落花生を輸出した. 反 进口 jìnkǒu
【出口】chūkǒu 名 〔量 处 chù, 个 ge〕出口. 反 进口 jìnkǒu, 入口 rùkǒu
【出口成章】chū kǒu chéng zhāng 成 弁舌や文筆が素早く動き, 出来ばえも美事だ. ¶他知识渊博 yuānbó, ~ / 彼は博学で, 口にすることばがそのまま立派な文章になる.
【出口国】chūkǒuguó 名 輸出国.
*【出来】chū//lái[-lai] 動 ❶ 内から外に出てくる. ¶小美~吧, 我跟你说句话 / メイちゃん出て来なさい, あなたに話があるから. 反 进去 jìnqù ❷ あらわれる. ¶月亮~了 / 月が出た.
*【出来】chū//lái [chu/lai] 動 ❶ (動詞の後について)動作が內から外へ, 話し手の方向へ向かってくる事をあらわす. ¶拿不~ / 取り出せない. ¶从屋里走出一个人来 / 部屋から人が出てきた. ❷ (動詞の後について)動作の完了や実現をあらわす. ¶论文写~了 / 論文が書き上がった. ¶饭煮~了 / ご飯がたき上がった. ❸ (動詞の後について)明らかな状態になること, 発見や認識をあらわす. ¶听着听着, 渐渐听出意思来了 / 聞いているうちに, だんだんと意味がわかってきた. ¶字都看不~了 / 文字が見えなくなった.
【出栏】chū//lán 動 (成長した)豚や羊などを屠殺に出す.
【出类拔萃】chū lèi bá cuì 成 抜群だ.

【出力】chū//lì 力を出す. 骨を折る. ¶~不讨好 / 力を尽くしたが, 首尾よくいかなかった.
【出列】chūliè 動 (軍事)隊列から前に出てそこに直立する. (号令の)前へ. 反 入列 rùliè
【出猎】chūliè 猟に出る.
【出溜】chūliu 動 方 滑る. ¶脚底下一~, 摔 shuāi 了一跤 jiāo / 足元がつるっと滑って転んだ.
【出笼】chū//lóng 動 ❶ 蒸し器から, 蒸し上がったものを取り出す. ¶这馒头刚~, 趁热吃吧 / このマントウは蒸し上がったばかりだ, 熱いうちにお食べ. ❷ 喩 大量に発売・発行する.
【出炉】chū//lú 炉内から出来あがったものを取り出す.
【出路】chūlù 名 (個 个 ge, 条 tiáo) ❶ 外に通じる道. 出口. ¶找不到~了 / 出口がわからなくなった. ❷ 活路. ¶另谋 móu~ / 他で生きる道を探す. ❸ 商品の販路. ¶不愁没有~ / 売り先の心配がない.
【出乱子】chū luànzi 句 トラブルが起こる. ¶出了乱子, 谁能负责? / 面倒が起きたら, 誰が責任をとれるのか.
【出落】chūluo 動 (少女が)美しく成長する.
【出马】chū//mǎ 動 引き受けて乗り出す. ¶老将 lǎojiàng~一个顶俩 / ベテランが乗り出せば, ひとりで二人分に匹敵する.
【出卖】chūmài ❶ 売り出す. ¶~房屋 / 家屋を売り出す. 同 出售 chūshòu 反 收买 shōumǎi ❷ 売り渡す. 裏切る. ¶~灵魂 línghún / 魂を売り渡す. ¶他被他最要好的朋友~了 / 彼は一番仲のよかった友人に裏切られた.
【出毛病】chū máobìng[-bing] 故障や欠陥が生じる. ¶汽车~了, 开不动了 / 自動車が故障して, 動かなくなった. ¶你是不是工作中~了? / あなた, 仕事中にどうかしたんじゃない.
【出门】chū//mén 動 (~儿) ❶ 外出する. ¶他刚~儿 / 彼は今出かけたばかりだ. ❷ 家を離れ, 遠方に行く. ¶~在外已经三年了 / 家を離れてもう三年になる.
【出门子】chū ménzi 句 方 嫁ぐ.
【出面】chū//miàn 動 表に立って…する. 名前を出して…する. ¶由工会~与资方谈判 / 組合の名のもとに経営者側と交渉する.
【出苗】chū//miáo 動 芽が出る. 同 露 lòu 苗
【出名】chū//míng 動 ❶ 有名になる. 世に名前が知られる. ¶她就是靠那首歌~的 / 彼女は, あの歌で名を知られた. 同 有 名 yǒumíng, 知 名 zhīmíng, 著 名 zhùmíng, 闻名 wénmíng ❷ (~儿) "出面 chūmiàn" に同じ.
【出没】chūmò 動 出没する. ¶~无常 / 神出鬼没. ¶常常有大熊猫 dàxióngmāo~ / よくパンダが出没する.
【出谋划策】chū móu huà cè 成 アイディアを出し, 策を練る. ¶在背后~ / 裏で画策する.
【出谋献策】chū móu xiàn cè 成 知恵を出し, アイディアや方策を提供する.
【出纳】chūnà 名 ❶ 出納. ❷〔個 个 ge, 名 míng〕出納係. ❸ 出し入れをする管理業務. ¶图书馆有一台 / 図書館には貸し出しカウンターがある.
【出难题】chū nántí 動 難問をふっかける.
【出盘】chūpán →出倒 chūdǎo
【出品】chūpǐn ❶ 動 製品を出す. ❷ 名 製品. ¶本厂的新~ / 当工場の新製品. 表現 ①は, 目的語をとることはできない. 目的語を取るときは "生产 shēngchǎn" を使う.

【出其不意】chū qí bù yì 成 意表をつく. ¶常常~, 击败对手 / しばしば意表をついて, 相手を打ち負かす.
【出奇】chūqí 形 尋常でない. 特別だ. ¶长得~, 打扮得也~ / 容ぼうも装いも水際立っている.
【出奇制胜】chū qí zhì shèng 成 意表をついて勝利する.
【出气】chū//qì うっぷんを晴らす. 八つ当たりする. ¶你怎么能拿小孩~呢? / どうして子供に八つ当たりをするの.
【出气口】chūqìkǒu 名 通気口.
【出气筒】chūqìtǒng 名 八つ当たりの対象. ¶听说他常常成为老婆 lǎopo 的~ / 彼はよく奥さんの八つ当たりの標的になってしまうそうだ.
【出勤】chū//qín 動 ❶ 出勤する. 反 缺勤 quēqín ❷ 公務で外出する.
**【出去】chū//qù[-qu] 動 出ていく. ¶出不去 / 出ていけない. ¶她今天没有~ / 彼女は今日は外出しない. 反 进来 jìnlái
**【出去】chū//qù [chu/qu] 動 (動詞の後について)動作が内から外へ向かうこと, 話し手から離れていくことをあらわす. ¶送出大门去 / 正門へ送り出す. ¶卖不~ / 売りさばけない.
【出圈儿】chū//quānr 常軌を逸脱する.
【出缺】chūquē (原職者の引退や死去などで, 主に高級の)役職が空席になる.
【出让】chūràng 動 (使用済みのものを)安く譲る. ¶~家具 / 中古家具. ¶~各种半新的生活用品 / 中古の日用品をお安くお譲りします.
【出人头地】chū rén tóu dì 成 抜きんでている.
【出人意料】chū rén yì liào 成 意表をつく. 予想外だ. ¶~, 小美数学考了第一名 / 意外にも, メイちゃんは数学の試験でトップになった. 同 出人意表 biǎo
【出任】chūrèn 動 任務につく. 役職につく. ¶~要职 yàozhí / 要職につく.
【出入】chūrù ❶ 動 出入りする. ¶~随手关门 / 出入り時には扉を閉める. ❷ 数字や内容などの食い違い. ¶数目没有~ / 数字は一致している. ¶你们俩人的话有~, 要进一步调查 / 君たち二人の話には食い違いがあるので, もう少し調べるつもりだ.
【出丧】chū//sāng 動 "出殡 chūbìn" に同じ.
【出色】chūsè 形 特に優れている. 際立って良い. 出色の. ¶表演很~ / 演技がすばらしい. ¶~的文章 / 傑出した文章. 反 逊色 xùnsè
【出山】chū//shān 動 ❶ (大学や研究機関などから出て)政府官僚になる. ❷ (閑職から出て)重要な職務につく. 由来 本来, 隠者や僧などが山から出て高官に任ぜられることをいう.
【出身】chūshēn 名 出身. ¶工人家庭~ / 労働者家庭の出身. 表現 経歴や家庭状況に基づいて決められる身分からいう.
【出神】chū//shén 動 うっとりする. 放心する. 恍惚(こうこつ)となる. ¶孩子们听故事, 听得出了神 / 子供たちは物語にうっとり聞き入っている. ¶入迷 rùmí, 入神 rùshén
【出神入化】chū shén rù huà 成 技巧が頂点を極める. 神技(しんぎ)に達する. 由来 "化"とは, 絶妙な境地をいう.
*【出生】chūshēng 動 生まれる. 出生する. ¶~于北京 / 北京に生まれる. ¶我是在上海で生まれました. 同 出世 chūshì, 诞生 dànshēng, 降生 jiàngshēng 反 死亡 sǐwáng ⇒ 诞生 dànshēng
【出生率】chūshēnglǜ 名 出生率.

【出生入死】chū shēng rù sǐ 成 生命の危険をかえりみない.
【出师】chū//shī ❶ 見習いの期間が終わり,一人前になる.¶学徒 xuétú 三年／見習いは3年で年季が明ける.❷ 文 出兵する.¶班师 bānshī
【出使】chūshǐ 動 使節として外国に行く.¶～诸国 zhūguó／諸国を歴訪する.
【出示】chūshì 動 ❶ 取り出して見せる.¶～月票／定期を見せる.❷ 文 知らせを張り出す.¶～安民／知らせを張り出して庶民を安心させる.
【出世】chūshì 動 ❶ 生まれる.できあがって世に送り出される.¶你～的那年,我去了外国／君が生まれた年に,私は国を出た.回 出生 chūshēng,诞生 dànshēng,降生 jiàngshēng 反 去世 qùshì ❷ 世俗を離れる.反 入世 rùshì
【出事】chū//shì 動 トラブルや事故が発生する.¶～地点／事故発生地点.¶路上要小心,以免～／路上では慎重にして,事故を起こさない.
【出手】chū//shǒu ❶ 売る.品物を手放す.¶急于～／急いで売る.❷（金銭や品物を）取り出す.¶～大方 dàfang／金離れが良い.
【出手】chūshǒu ❶ 衣服の袖丈.❷ 物事の始めに発揮される力量.腕前.
【出手不凡】chū shǒu bù fán 成 力量がすぐれている.並々ならぬ腕前だ.¶到底是书法名家,一下下笔就～／さすがは書道の大家だ,筆を下ろした途端が力が発揮される.
【出首】chūshǒu 動 ❶ 他人の犯罪を告発する.❷ 旧 自首する.出頭する.
【出售】chūshòu 動 売る.¶降价 jiàngjià～／値下げセール.¶～文具／文房具を売る.回 出卖 chūmài,发售 fāshòu,销售 xiāoshòu 反 收购 shōugòu
【出数儿】chū//shùr 動 かさが増える.¶机米 jīmǐ 做饭～／精白米ははたくとかさが増える.
【出水才看两腿泥】chūshuǐ cái kàn liǎngtuǐ ní 慣 泥道を抜けてはじめて足の泥に気づく.物事の最後になって,やっと結果が見えること.
【出水芙蓉】chū shuǐ fú róng 成 ハスの花が水面から顔を出す.表現 女性の容貌や,書画・詩文などが美しいことのたとえとして用いる.
【出台】chū//tái ❶ 役者が舞台に上がる.¶著名演员～演出／有名な俳優が出演する.❷ 公の場で活動する.❸（政策や措置が）公布,または実施される.¶新政策～／新たな政策が登場する.
【出逃】chūtáo 逃げ出す.¶离家～／家から逃げ出す.
【出题】chū//tí 動 ❶（試験などの）出題をする.❷ 議題や話題を提出する.
【出挑】chūtiāo[-tiao] 動（若者の性格・容貌・知能が）向上する.¶～得越发标致／以前にもましてきれいになる.
【出庭】chū//tíng 動《法律》出廷する.
【出头】chū//tóu ❶ 苦境から抜け出す.¶～之日／日の目をみる日.❷ 物の先端の部分が露出する.頭を出す.¶～的椽子 chuánzi 先烂 làn／出る杭(s)は打たれる.❸ 先頭に立つ.顔を出す.¶这次与外面的谈判,由业务部～／今回の外国人ビジネスマンとの折衝は,業務部が代表して行う.❹（～儿）（整数の後について）…を少し越える.¶八百～／400 kg 以上.
【出头露面】chū tóu lòu miàn 成 ❶ 公衆の面前にあらわれる.人前に顔を出す.¶他不爱～／彼は人前に出るのが好きではない.❷ 公を代表する.表に立つ.

【出土】chū//tǔ 動 出土する.
【出土文物】chūtǔ wénwù 名 出土品.
【出脱】chūtuō 動 ❶（青年男女が）立派に成長する.回 出落 luo ❷ 売りに出す.❸ 罪を逃れる.表現 ①は,女の子が美しく成長することを言う場合が多い.
【出外】chūwài 動 よその土地に行く.¶～谋生 móushēng／よその土地で生計を立てる.
【出亡】chūwáng 動 逃亡する.¶～他乡／異境の地に寄留する.
*【出席】chū//xí（会合に）出席する.反 缺席 quēxí
【出息】chūxi ❶ 名 将来の見込み.¶没～的／将来の見込みはない.¶小美真有～／メイちゃんは実に見込みがある.❷ 動 方 成長する.成長させる.回 长进 zhǎngjìn ❸ 名 方 収益.
【出险】chū//xiǎn 動 ❶（人の）危険を脱する.¶经全力抢救,船上人员全部～／懸命の救出活動の結果,船の乗組員は全員危機を脱した.❷（大がかりな工事などで）危険が生じる.
*【出现】chūxiàn 動 出現する.姿を見せる.¶正说着小张的时候,他突然～在我们的面前／ちょうど張さんの話をしていたとき,ひょっこり彼が目の前にあらわれた.回 呈现 chéngxiàn,显现 xiǎnxiàn 反 消失 xiāoshī,隐没 yǐnmò
【出线】chū//xiàn 動《スポーツ》❶ 試合で勝ち進み,次の段階の出場資格を得る.❷ 次のレベルに達する.
【出线权】chūxiànquán 名 次段階の試合への出場権.
【出项】chūxiàng 名《経済》支出項目.¶～不断增加,要入不敷 fū 出了／支出が増え続け,出ていくお金が収入を超えてしまいそうだ.
【出血】chū//xiě ❶ 血が出る.出血する.❷ 方（比喩的に）金品を差し出す.¶请客吃饭,大～了／ご馳走して,どしん散財した.
【出新】chū//xīn 動 新しさを出す.新機軸を出す.
【出行】chūxíng 動 外(地)へ出かける.
【出巡】chūxún 動（帝王や高官が）出かけて土地の人民の生活を視察する.
【出芽】chū//yá 動 芽が出る.
【出言】chūyán 動 話しをする.発言する.
【出言不逊】chū yán bù xùn 成 ことば遣いが不遜(そん)だ.遠慮のない口のききぶりだ.¶～之处,请多包涵 bāohan／言い過ぎたところは,どうかご容赦ください.
【出演】chūyǎn 動 出演する.演じる.表現 ふつうは"演出"という.
【出洋】chū//yáng 動（留学などのために）外国に行く.
【出洋相】chū yángxiàng 成 醜態をさらす.¶不懂装懂的人,一定～／知ったかぶりをする人は,きっと恥をかく.¶大家出他的洋相／みんなは彼に恥をかかせた.
【出以公心】chū yǐ gōng xīn 成 公共の利益に基づいて問題を考え,行動する.
【出迎】chūyíng 動 出迎える.
【出游】chūyóu 動 旅に出て各地を見聞する.
【出于】chūyú 動 …から始まる.…から生じる.¶无奈 wúnài,他勉强 miǎnqiǎng 答应了／やむを得ないこと,彼はしぶしぶ承知した.¶～自愿／自ら望んで.¶～高度的责任感／強い責任感から.
【出狱】chū//yù（刑期を終え）出獄する.
*【出院】chū//yuàn 動 退院する.
【出月】chū//yuè 動（今月の末を越えて）翌月になる.¶这事出了月再说吧／このことは,来月になってからまた話しましょう.

【出月子】chū yuèzi 句 女性が産後まる一ヶ月たって,健康を回復する. ⇨坐月子 zuò yuèzi
【出战】chūzhàn ❶出兵する. ❷試合に出場する.
【出蛰】chūzhé 動 (動物が)冬眠を終えて活動を始める.
【出诊】chū//zhěn 動 往診する.
【出阵】chūzhèn 動 出陣する.
【出征】chū//zhēng 動 出征する.
【出众】chūzhòng 形 抜きん出ている. ¶希望自己的孩子比人家～/自分の子は人より上であってほしいと願う.
【出资】chūzī 動 出資する.
【出自】chūzì 動 …から出る. ¶～名家手笔/有名な作家の手になる. ¶～内心/心から出た. 回 出于 chūyú
【出走】chūzǒu 動 逃亡する. 家出する. 回 出奔 chūbēn
【出租】chūzū 動 賃貸しする. ¶～船/チャーター船. ¶那里～自行车/あそこは自転車をレンタルしている.
**【出租汽车】chūzū qìchē 名〔⓪部 bù, 辆 liàng〕タクシー. ¶～站/タクシー乗り場. 回 的士 díshì

初 chū
礻部2 四 3722₀
全7画 常用

❶ 形 はじめ. ¶年～ niánchū (年初)/～学 chūxué/～次 chūcì/～步 chūbù. 図 始 shǐ (反 末 mò, 终 zhōng ❷ 素 もとの. ¶～衷 chūzhōng/～愿 chūyuàn/和好如～(もとのように仲良くする). ❸ 接頭 陰暦で月のはじめの10日間. 11日以後は"初"をつけない. ¶～七 chūqī (七日). ❹ (Chū)姓.
【初版】chūbǎn 名 第一版. 初版.
*【初步】chūbù 形 手始めの. 一応の. ¶提出～的意见/さしあたっての意見を述べる. ¶～计划/第一段階の計画.
【初出茅庐】chū chū máo lú 成 社会に出たばかりで,経験が乏しい. 駆け出し. 由来『三国演義』第三十九回に見えることば. 諸葛孔明が劉備の招きに応じて家を出,最初の戦いで戦功を立てた故事から.
【初创】chūchuàng 形 創立したばかりの. ¶在～阶段/草創期. 注意 連体修飾の時,"的"をとって.
【初春】chūchūn 名 ❶早春. ❷ (旧暦の)正月.
【初次】chūcì 副 初めて. ¶～见面, 请多关照/はじめまして, どうぞよろしく. ¶～登台/初舞台を踏む.
【初等】chūděng 形 初等の. 初級の. ¶～数学 shùxué/初等数学. 反 高等 gāoděng
【初等教育】chūděng jiàoyù 名 初等教育.
【初冬】chūdōng 名 ❶初冬. ❷ (旧暦の)十月.
【初度】chūdù 文 誕生日. ¶四十～/40歳の誕生日. 回 生日 shēngrì
【初犯】chūfàn 名 初犯.
【初伏】chūfú 名 初伏(はつぶく). 夏至から数えて第三の庚(かのえ)の日. またはその日から第四の庚の日までの十日間. 回 头伏 tóufú ⇨三伏 sānfú
【初稿】chūgǎo 名 初稿. 未定稿.
【初会】chūhuì 初めて顔を合わせる.
【初婚】chūhūn 名 ❶初婚. ❷新婚の時期.
*【初级】chūjí 形 初級の. ¶～读物/初級読本. ¶～水平/初級レベル. 反 高级 gāojí
【初级小学】chūjí xiǎoxué 名 初級小学校. 略して"初小". 参考 修業年限は4年, 中華人民共和国成立直後にみられた.
【初级中学】chūjí zhōngxué 名 中学校. 略して"初中". 参考 高等学校は, "高级中学 gāojí zhōngxué", 略して"高中 gāozhōng"という. "高校 gāo- xiào"は"高级学校 gāojí xuéxiào"(大学・専門学校)の略称.
【初见成效】chūjiàn chéngxiào 句 予定していた成果が得られる. はじめの期待通りになる.
【初交】chūjiāo 名 位 wèi 知り合ったばかりの人. つきあって日の浅い間柄. ¶我和他是～/彼とはつきあい始めたばかりだ.
【初具规模】chūjù guīmó 句 大体の形が出来あがる. ほぼ体裁をなす.
【初来乍到】chū lái zhà dào 成 初めて来た. 来たばかり. ¶～, 什么都不熟悉, 请各位多加指点/来たばかりで何もわかりませんので, どうか皆さんよろしくご指導ください.
【初恋】chūliàn 名 ❶初恋. ❷恋しはじめて間もないとき.
【初露锋芒】chū lù fēng máng 成 力量や才能をあらわし始める. ¶他由他的处女作 chǔnǚzuò～/彼は処女作で頭角をあらわした.
【初露头角】chū lù tóu jiǎo 成 にわかに頭角をあらわす.
【初年】chūnián 名 ❶時代の初期. ¶西汉～/前漢の初め. 反 末年 mònián ❷一年の初め.
【初评】chūpíng 動 第一次審査をする. 予備段階の評価をする.
【初期】chūqī 名 初期. ¶建国～/建国の初期.
【初秋】chūqiū 名 ❶初秋. ❷ (旧暦の)七月.
【初赛】chūsài 名 第一回戦. ¶通过～/初戦突破.
【初审】chūshěn 名 ❶最初の審査. ❷～合格 hégé/最初の審査に合格する. ❷《法律》初級審. 第一審.
【初生之犊】chū shēng zhī dú 成 怖いもの知らずの若者. ¶～不畏 wèi 虎/生まれたての子牛は虎をも恐れない. 由来 "生まれたばかりの子牛"という意から.
【初时】chūshí 名 最初. 初めの頃.
【初始】chūshǐ 名 最初. 初めの時期. 当初.
【初试】chūshì 名 ❶初めての試み. ¶～锋芒 fēngmáng/小手調べをする. ❷一次試験. ⇨复试 fùshì
【初速(度)】chūsù(-dù) 名《物理》初速.
【初头】chūtóu 方 年や月の初め. ¶年～/年の初め. 年頭.
【初夏】chūxià 名 初夏. また陰暦4月のこと.
【初小】chūxiǎo 名 "初级小学 chūjí xiǎoxué"(初級小学校)の略称.
【初选】chūxuǎn 名 予選. 一次選考.
【初学】chūxué ❶ 形 学び始めたばかりの. ¶～阶段/学び始めの頃. ❷ 名 学び始めたばかりの人. ¶这本书对～很合适/この本は初学者にぴったりだ.
【初雪】chūxuě 名 初雪.
【初旬】chūxún 名 (月の)上旬.
【初叶】chūyè 名 (ある時代の)初頭. 初葉. ¶二十世纪～/二十世紀初頭.
【初志】chūzhì 名 初志. 初めの希望.
【初战】chūzhàn 名《軍事》第一戦. 緒戦. 初戦. ¶～告捷 gàojié/緒戦で勝つ. 回 序战 xùzhàn
【初诊】chūzhěn 名 初診.
【初值】chūzhí 名《数学》初期値.
【初中】chūzhōng 名 "初级中学 chūjí zhōngxué"(中学校)の略称. ¶～生/中学生.
【初衷】chūzhōng 名 初願 chūyuàn

樗 chū
木部11 四 4192₇
全15画 通用

❶ 名《植物》シンジュ. ニワウルシ. 回 臭椿 chòuchūn

❷ 下記熟語を参照.
【樗蒲[蒱]】chūpú 名 古代の賭博の一つ. ちんちろりん. さいころ投げ.

刍(芻) chú
刀部3　四 2717₇
全5画　通用

❶ 名 文 まぐさ. ¶～秣 chúmò / 反～ fǎnchú (反芻する). ❷ 名 草を刈る. ¶～荛 chúráo. ❸ 名 自分の意見をけんそんしていうことば. ¶～议 chúyì. ❹ (Chú)姓.

【刍秣】chúmò 名 文 まぐさ.
【刍荛】chúráo 名 文 ❶ 草刈り. 柴刈り. またはその人. ❷ 拙いもの. ¶～之言 / 戚 卑見. ¶敢贡～ / あえて卑見を申し上げる.
【刍议】chúyì 名 文 卑見. ⇒ 刍言 chúyán

除 chú
阝部7　四 7829₄
全9画　常用

❶ 動 取り去る. ¶～掉 chúdiào / ～草 chúcǎo / 铲～ chǎnchú (取り除く) / ～恶务尽 chú è wù jìn. ❷ 前 …を数に含まないで. ¶～外 chúwài / …了 chúle / ～非 chúfēi. ❸ 動《数学》割る. 除する. ¶～法 chúfǎ / 用五十得 dé 二(10割る5は2) / 八能被 bèi 四～尽(8は4で割り切れる). ❹ 名 文 階段. 階. ¶阶～ jiēchú (階段) / 庭～ tíngchú (中庭). ❺ (Chú)姓.

【除暴安良】chú bào ān liáng 戚 悪人をこらしめ, 民に平安をもたらす.
【除草】chúcǎo 動 除草する.
【除尘】chúchén 動 ちりやほこりを取り除く.
【除尘器】chúchénqì 名 ❶ 掃除機. ❷ 集塵器.
【除虫菊】chúchóngjú 名《植物》除虫菊.
【除此之外】chúcǐ zhī wài 句 このほか. ¶～, 还有一个问题必须向大家说明 / このほかに, もう一つ皆に言っておくべきことがある. 同 除此以 yǐ 外
【除掉】chúdiào 動 ❶ 把他～算了 / 彼を排除すればいいことだ. ¶～了零儿 / 端数を切り捨てる.
【除恶务尽】chú è wù jìn 戚 悪人や悪事を徹底的に撲滅する.
【除法】chúfǎ 名《数学》割り算.
【除非】chúfēi ❶ 接 ("除非…才 cái …"の形で) …しない限り…しない. ¶～你去求他, 他才会参加 / 君が行って頼まない限り, 彼は参加しない. ❷ 接 ("除非…否则 fǒuzé [不然 bùrán] …"の形で) …しなければ…. ¶～动手术, 否则她就没救了 / 手術をしなければ, 彼女は助からない. ❸ 前 …以外は. ¶这个决定, ～他谁也不会赞成 / この決定には, 彼のほかは誰も賛成するはずがない. 同 除了 chúle 参考 ❷は, 通常"否则" の後に"不[没有]"を伴って, …しなければ…しない, となる. 表現 ❶, ❷ の表現は"只有 zhǐyǒu"と置き換えられるが, 語気は"除非"の方が強い.

【除服】chúfú 名 文 喪の期間が明け, 喪服を脱ぐ.
【除根】chú//gēn 動 (～儿)根こそぎにする. ¶斩 zhǎn 草～ / 戚 草を刈り, 根まで抜く.
【除害】chú//hài 動 害を取り除く.
【除号】chúhào 名《数学》割り算の記号(÷).
【除旧布新】chú jiù bù xīn 戚 古いものを取り除き, 新しいものを作りあげる. ¶改革开放以后, 各个领域 lǐngyù ～ / 改革開放以後, 各分野で新陳代謝がなされた.
【除开】chúkāi 動 "除了 chúle"に同じ.
【除了】chúle 前 後に来る内容を除外することをあらわす. ❶ ("以外 yǐwài", "之外 zhīwài"などを伴い, "也 yě"や"都 dōu"と連用して) …以外はみな…. ❷ ("还 hái",

"也 yě", "只 zhǐ"などと連用して) …だけでなく. ¶小明～写小说, 有时候还写写随笔 / ミンさんは小説だけでなく, 時々エッセイを書いたりもする. ❸ ("就 jiù"と連用して) …でなければ…. ¶～吃就是睡 / 食べているか寝ているかだ. ⇒除了…以外 chúle…yǐwài

**【除了…以外】chúle…yǐwài ❶ (除外や例外を示して) …を除けば. …以外は. ¶除了星期六和星期天以外, 我天天去学校 / 私は土曜日と日曜日以外, 毎日学校へ行きます. ❷ (補足や添加を示して) …に加えて, …以外も. ¶我除了北京以外, 还去过西安, 洛阳等地方 / 私は北京のほかに西安や洛陽などにも行ったことがあります. 用法 ❶は後文に, "也 yě", "都 dōu"を用いることが多い. ❷は後文に, "还 hái", "也 yě"を用いることが多い.

【除名】chú//míng 動 除名する.
【除去】chúqù 動 ❶ 除去する. ❷ …を除いて. 同 除了 chúle
【除权】chú//quán 動《経済》(株式で)権利落ちする. 反 含 hán 权
【除却】chúquè 動 取り除く. ¶～弊病 bìbìng / 弊害を取り除く.
【除数】chúshù 名《数学》割り算の除数.
【除四害】chú sìhài 戚 農作物や公衆衛生に害を与える「四つの害」を駆除する. 参考「四つの害」とは, ネズミ・蚊・スズメ・ハエ. 1950～60年代に盛んに行われたキャンペーン.
【除外】chúwài 動 除外する. ¶上车者得 děi 买票, 未满八岁的儿童～ / 乗車するには切符を買わなくてはならないが, 八歳未満の子供は別だ.
【除夕】chúxī 名 大みそか. 大みそかの夜. ⇒付録「祝祭日一覧」
【除息】chú//xī 動《経済》(株式で)配当落ちする. 反 含 hán 息
【除夜】chúyè 名 大みそかの夜. 除夜.

厨(異 廚, 厨) chú
厂部10　四 7124₀
全12画　常用

❶ 名 調理場. ¶～房 chúfáng / 下～ (台所へ行って料理をする). ❷ (Chú)姓.

*【厨房】chúfáng 名〔個 个 ge, 间 jiān〕台所. キッチン.
【厨具】chújù 名 調理器具.
【厨师】chúshī 名〔個 个 ge, 名 míng, 位 wèi〕コック. 料理人.
【厨子】chúzi 名 "厨师 chúshī"に同じ.

锄(鋤 /異 鉏, 耡) chú
钅部7　全12画　四 8472₇　常用

❶ 名〔個 把 bǎ〕鋤(すき). ❷ 動 鋤(すき)で耕す. 草をすく. ¶～地 chúdì / ～田 chútián (田畑を耕す). ❸ 名 取り除く. ¶～奸 chújiān / ～强扶弱.

【锄地】chúdì 動 鋤(すき)で耕す.
【锄奸】chú//jiān 動 裏切り者を粛清する.
【锄强扶弱】chú qiáng fú ruò 戚 強きをくじき, 弱きを助ける.
【锄头】chútou 名 ❶〔個 把 bǎ〕中国南部で用いられる, 鍬(くわ)に似た農具. ❷ 鋤(すき).

滁 Chú
氵部9　四 3819₄
全12画　通用

名 地名用字. ¶～州 Chúzhōu (安徽省にある地名).

蟾 chú
虫部7　四 5819₄
全13画　通用

→蟾蜍 chánchú

雛 橱 蹰 躕 处 杵 础　chú – chǔ　157

雛(雛) chú
隹部5　四 2011₅
全13画　次常用
素 ひな. ¶~鸡 chújī (ひよこ) / ~儿 chúr / ~燕 chúyàn (ツバメのひな).
【雏鸡】chújī 名《鳥》ひよこ.
【雏鸟】chúniǎo 名 ひな鳥.
【雏儿】chúr 名 ❶ ひな. ¶燕 yàn~ / ツバメのひな. ~鸡~ / ひよこ. ❷ 若くて経験の浅い者. 青二才. ¶刚入世的~ / 社会に出たばかりの若輩者.
【雏形】chúxíng 名 ❶ 原形. ❷ ひな型.

橱(異 櫥) chú
木部12　四 4194₀
全16画　次常用
名(~儿)戸棚. たんす. ¶衣~ yīchú (洋服だんす) / 碗~儿 wǎnchúr (食器棚).
【橱窗】chúchuāng 名[量 个 ge, 排 pái] ショーウインドー. 展示用のガラスケース. ¶玻璃~ / ガラスケース.
【橱柜】chúguì 名 ❶ (~儿)[量 个 ge] 食器棚. ❷ ワゴンテーブル. テーブルとしても使う低い戸棚.

蹰 chú
足部11　四 6416₄
全18画　通用
→踌蹰 chóuchú

躕(異 躕) chú
足部12　四 6114₀
全19画　通用
→踟躕 chíchú

处(處 /異 處, 处) chǔ
夂部2　全5画　四 2340₀　常用
❶ 素 ⑤ 住む. ❷ 動 存在する. 身を置く. ¶~于 chǔyú / 设身~地 (⑤ その人の身になって考えよう) / ~心积虑. ❸ 動 人とうまく折り合って生活する. ¶~世 shì / 容易相~ (つきあいやすい) / ~不来 / 和平共~五项原则 (平和共存五項原則). ❹ 素 物事を片付ける. ¶~理 chǔlǐ / ~置 chǔzhì. ❺ 動 罰を与える. ¶~分 chǔfèn / ~罚 chǔfá / ~以徒刑 túxíng (懲役に処する). ❻ (Chǔ)姓.
▷ 处 chù
【处变不惊】chǔ biàn bù jīng ⑤ 突然の異変にも慌てず, 落ち着いている.
【处不来】chǔbulái 動 人との折り合いが悪い. 反 处得来 chǔdelái
【处得来】chǔdelái 動 人とうまくやっていける. ¶他俩性格相近,很~ / あの二人は性格が似ているので,とてもうまくいく. 反 处不来 chǔbulái
【处罚】chǔfá 動 処罰する. ¶不能凭 píng 个人的好恶 hàowù 随便~人 / 個人的な好き嫌いで,人を罰してはいけない. 同 惩办 chéngbàn, 惩处 chéngchǔ, 惩罚 chéngfá, 惩治 chéngzhì, 处分 chǔfèn ⇨ 奖励 jiǎnglì
【处方】chǔfāng ❶ 動 処方せんを書く. ❷ 名[量 个 ge, 张 zhāng] 処方せん. ¶开了一个~ / 処方せんを書いた. ¶按~抓药 zhuāyào / 処方せん通りに薬を調合する.
【处方药】chǔfāngyào 名 医師の処方により出される薬. ¶处方~.
*【处分】chǔfèn 動 名 過ちを犯した人を処罰する(こと). ¶行政 xíngzhèng~ / 行政処分. ¶予以 yǔyǐ 警告~ / 警告処分をする.
【处境】chǔjìng 名 置かれている立場. ¶~危险 / 危険な立場にある. ¶听说小张的~很不妙 / どうも張さんの立場はよくないらしい. 表现 多く,不利な立場をいう.
【处决】chǔjué 動 ❶ 死刑を執行する. ❷ 処理し決定する. ¶由常委会~ / 常任委員会によって処理決定される.
*【处理】chǔlǐ 動 ❶ 仕事や問題などを片付ける. ¶~日常事务 / 日常の仕事をさばく. ¶~得不当 dàng / 処理の仕方が適切でない. ❷ 処罰する. ¶依法~ / 法に基づいて処罰する. 同 处置 chǔzhì ❸ 安く売る. ❹ 特定の方法で部品や製品を加工する. 表现 "处理"は軽いニュアンスで, 具体的な人や事物から抽象的な内容, 矛盾などまで広く使われるが, "处置 chǔzhì"は重いニュアンスで, 具体的な人や事物に用いる.
【处理机】chǔlǐjī 名 処理装置. プロセッサ. 同 处理器 qì
【处理品】chǔlǐpǐn 名 在庫処分品. 特売品.
【处女】chǔnǚ 名 ❶ 処女. ❷ 初めてのもの.
【处女地】chǔnǚdì 名 処女地. 未開拓の土地.
【处女膜】chǔnǚmó 名《生理》処女膜.
【处女作】chǔnǚzuò 名 処女作.
【处身】chǔshēn 動 身を処する. 生活する. ¶~涉世 shèshì / 世渡り.
【处士】chǔshì 名 在野の士. 処士. 表现 もとは素養がありながら隠居し,仕官しない人を指したが,のちには仕官をしたことのない知識人をいった.
【处世】chǔshì 動 世間を渡る. ¶立身~ / ⑤ 世渡りする. ¶~老练 / 世渡りにたけている. ¶很擅 shàn 于~ / 実に世慣れている.
【处事】chǔshì 動 事を処理する. ¶~待人 / 事の処理や人あしらい.
【处暑】chǔshǔ 名 処暑. 二十四節気の一つ.
【处死】chǔsǐ 動 死刑にする.
【处心积虑】chǔ xīn jī lǜ ⑤ あの手この手を考える. 謀(はかりごと)をめぐらす.
【处刑】chǔxíng 動《法律》処刑する.
【处于】chǔyú 動 (ある立場や状態に)置かれている. ¶进退两难的境地~ / 抜き差しならない立場に置かれる.
【处之泰然】chǔ zhī tài rán ⑤ (異変を前にして)泰然として事に処す. 悠々と落ち着いて物事に対処する.
【处治】chǔzhì 動 処罰する. ¶严加~ / 厳重に処罰する.
【处置】chǔzhì 動 ❶ 処置する. ¶~废物 fèiwù / 廃品を処理する. ❷ 処罰する. ⇨ 处理 chǔlǐ
【处子】chǔzǐ 名 ⑤ 処女.

杵 chǔ
木部4　四 4894₀
全8画
❶ 名[量 根 gēn] 米をついたり,衣服をたたいて洗うのに使う棒. きね. ¶~臼 chǔjiù / ~乐 chǔyuè (台湾のカオシャン族が杵(きね)を持ち臼(うす)をつきながら歌う民謡). ❷ 動 木の棒や鉄の棒でついて砕く. ❸ 動 細長いものでつく. ¶用手指头~他一下(指で彼をちょっとつっつく). ❹ (Chǔ)姓.
【杵臼】chǔjiù 名 杵(きね)と臼(うす). ¶~交 / 貴賤(きせん)の隔てない交わり.
【杵药】chǔ//yào 動 薬をついて細かくする.

础(礎) chǔ
石部5　四 1267₂
全10画　常用
素 建物の柱の下に据えられた土台石. ¶~石 chǔshí / 基~ jīchǔ (基礎).
【础润知雨】chǔ rùn zhī yǔ ⑤ いかなるものもその前触れがあること.
【础石】chǔshí 名 礎石. いしずえ.

楮 chǔ
木部8 四4496₀ 全12画 通用

素 ❶《植物》カジノキ. ⓔ 构 gòu, 穀 gǔ. ❷ 文 紙.
¶～墨 chǔmò（紙と墨）／～先生（紙）. 比較①は、日本では「こうぞ（樹の名）」の意だが、別のもの.

【楮树】chǔshù 名《植物》カジノキ. ⓔ 构树 gòushù
参考 樹皮は"桑皮纸 sāngpízhǐ"や"宣纸 xuānzhǐ"など書画用紙の原料として用いられる.

储（儲）chǔ
亻部10 四2426₀ 全12画 常用

❶ 動 蓄える. ¶～蓄 chǔxù ／～备 chǔbèi. ❷ 素 皇位継承者. ¶王～ wángchǔ（王位継承者）／～君 chǔjūn（皇太子）. ❸（Chǔ）姓. 参考 もと"chú"と発音した.

【储备】chǔbèi ❶ 動 備蓄する. ¶～燃料／燃料を蓄える. 備蓄燃料. ❷ 名 蓄え. 備蓄物.

【储藏】chǔcáng ❶ 動《物を》貯蔵する. しまう. ¶～室／貯蔵庫. ¶先进的技术／新鮮な果物を貯蔵する技術. ⓔ 贮藏 zhùcáng ≒ 埋蔵.

【储存】chǔcún 動《物や金銭を》蓄える. 一時的に保存しておく. ¶把多余的钱～在银行里／余ったお金を銀行に貯蓄しておく. ⓔ 贮存 zhùcún

【储户】chǔhù 名 金融機関に口座を持つ者. 預金者.

【储量】chǔliàng 名 埋蔵量. ¶探明油田的～／油田の埋蔵量を調べて明らかにする.

【储气罐】chǔqìguàn 名 ガスタンク.

【储蓄】chǔxù ❶ 動（金銭や財産を）蓄える. 貯蓄する. ❷ 名 貯蓄. ¶小明手里的～越来越多了／ミンさんの蓄えはだんだんと増えてきた.

【储蓄所】chǔxùsuǒ 名 貯蓄所. 住宅地などにある、預金の出し入れ業務を主とする銀行の営業所.

【储油罐】chǔyóuguàn 名 オイルタンク.

楚 chǔ
疋部8 四4480₁ 全13画 常用

❶ 素 はっきりしている. ¶清～ qīngchu（はっきりしている）／齐～ qíchǔ（きちんとしている）. ❷ 苦しみ. ¶苦～ kǔchǔ（苦痛）／凄～ qīchǔ（痛ましい）. ❸（Chǔ）名《歴史》楚(ソ). 春秋戦国時代の国名. ¶～弓（Chǔ）gōng～得 得（身内の中でのもうけのやりとり）. ❹（Chǔ）湖北省と湖南省. 特に湖北省の別称として使う. ¶～剧 chǔjù. ❺（Chǔ）姓. 参考 ❸の当初の勢力範囲は今の湖北省と湖南省南部. のちに今の河南・安徽(ホィ)・江蘇(ソ)・浙江(ジァン)・江西・四川(セン)にまたがる地域に広がった.

【楚楚】chǔchǔ 形 きちんとしている.

【楚楚动人】chǔchǔ dòngrén 句 楚々として愛くるしい姿が、人の心をうつ.

【楚楚可怜】chǔ chǔ kě lián 成《少女が》あでやかで愛くるしいようす.

【楚辞】Chǔcí《書名》楚辞(ジ). 屈原の作品を主とする戦国末期の詩賦(フ)や歌謡を集めたもの. 前漢の劉向(リュウキョウ)の編とされ、のち後漢の王逸が再編した.

【楚河汉界】Chǔhé Hànjiè 名 中国将棋の盤面の、敵陣と自分の陣地の境界線. また、境界線が明確なたとえ.

【楚剧】chǔjù〔量 场 chǎng, 出 chū〕湖北地方に伝わる地方劇.

褚 Chǔ
衤部8 四3426₀ 全13画 通用

名 姓.

褚 zhǔ

亍 chù
一部2 四1020₁ 全3画 通用
→彳亍 chìchù

处（處/異 處、处）chù
夂部2 全5画 四2340₀ 常用

❶ 名 場所. ¶住～ zhùchu（住所）／所到之～（至るところ）. ❷ 素 物の部分. ¶好～ hǎochu（長所）／心灵深～（心の奥底）. ❸ 名 組織や団体の一部門. ¶办事～（事務所）／售票 shòupiào ～（切符売り場）. 参考 役職名で、"局长 júzhǎng"の下、"科长 kēzhǎng"の上にあたる.

☞ 处 chǔ

【处处】chùchù 副 いたるところ. ¶父母～关心孩子／父母はあらゆる面でわが子を気にかけている.

【处所】chùsuǒ 名 場所. ¶找个～避雨／雨宿りする場所を探す.

【处长】chùzhǎng 名〔量 个 ge, 位 wèi〕处長. 部長. 参考 役職名で、"局长 júzhǎng"の下、"科长 kēzhǎng"の上.

怵 chù
忄部5 四9309₄ 全8画 通用

素 恐れる. ¶～头 chùtóu（おじける）／～场 chùchǎng（人前でおじつく）／～惕 chùtì.

【怵惕】chùtì 形 気がかりでびくびくする. ¶～恻隐之心 cèyǐn zhī xīn／恐れと哀れみの心.

绌（絀）chù
纟部5 四2217₂ 全8画 通用

素 ❶ 足りない. 十分でない. ¶经费支～ zhīchù（経費が不足する）／相形见～（他人と比べて見劣りがする）. ❷ "黜 chù"に同じ.

俶 chù
亻部8 四2724₀ 全8画 通用

素 文 ❶ 始める. ❷ 整える. ¶～装 chùzhuāng（旅支度を整える）.

☞ 俶 tì

畜 chù
田部5 四0060₃ 全10画 常用

素 家畜. ¶家～ jiāchù（家畜）／牲～ shēngchù（家畜）.

☞ 畜 xù

【畜肥】chùféi 名《農業》肥料にする家畜のふん尿.

【畜力】chùlì 名 牛馬など家畜の労働力. ¶～车／畜力車. ¶靠～耕田／畜力で畑を耕す.

【畜生[牲]】chùsheng 名 ❶ 禽獣(ジュウ). ❷ 畜生. ¶～！阿Q怒目而视地说／畜生！阿Qはにらみつけて言った. ¶你这～，快给我滚！／こん畜生、とっととうせろ.

【畜疫】chùyì 名 家畜の伝染病.

搐 chù
扌部10 四5006₃ 全13画 通用

素（筋肉が）ひきつける. ¶抽～ chōuchù（けいれんする）／～动 chùdòng ／～缩 chùsuō.

【搐动】chùdòng 動 けいれんを起こす. ひきつける. ¶～全身～了一下／全身がひきつった.

【搐搦】chùnuò 名《医学》（主に顔面や手足の）ひきつけ. ひきれん.

【搐缩】chùsuō 動（刺激を受けて）収縮する. ¶四肢 zhī～／手足が収縮する. ⓔ 抽缩 chōusuō

触

触(觸) chù 角部6 四 2523₆ 全13画 [常用]

[動] ❶ 角で突く. 角で突っ張る. ¶ 羝 dī 羊～藩 fān (成) 雄羊が垣根に突っ込む. 身動きがとれない). ❷ ぶつかる. 触れる. ¶ 一动 chùdòng / 接～ jiēchù (触る) / 一一即发 (成 一触即发). ❸ 話や事の内容が他へ影響する. ¶ ～及 chùjí / ～发 chùfā / ～类旁通. ❹ 人の心に響く. ¶ ～起前情 (昔のことが思い出される).

【触电】chù//diàn [動] 感電する. ¶ 小心～! / 感電に注意.

【触动】chùdòng [動] ❶ ぶつかる. ❷ 差しさわりのあることに触れる. ¶ ～不了 liǎo 我们的利益 / 私たちの利益の差しさわりにはならない. ❸ 感情の変化や記憶などを呼び起こす. ¶ 这次事件对我们～很大 / この件で, 我々はおおいに触発された.

【触发】chùfā [動] 触発する. ¶ ～乡思之情 / 望郷の念にかられる.

【触犯】chùfàn [動] ❶ 禁じられていることを犯す. ¶ ～法律 / 法律を犯す. ❷ 人の感情を害する. ¶ ～了老朱, 事情就不好办了 / 朱さんを怒らせると, 事がやりにくくなる.

【触机】chùjī (アイディアなどを)思いつく. ひらめく.

【触及】chùjí [動] 触れる. ¶ 没有～到本质问题 / 本質的な問題に触れなかった.

【触礁】chù//jiāo [動] ❶ 船が暗礁に乗り上げる. ❷ 障害にぶつかる. ¶ 谈判～/ 折衝が行き詰まる.

【触角】chùjiǎo [名] 〈動〉 对 duì, 个 ge, 只 zhī〕 触角.

【触景生情】chù jǐng shēng qíng [成] 目の前の情景に触れて, 格別の感情や思いがわいてくる.

【触觉】chùjué [名] 触覚. ¶ ～器官 / 触覚器官.

【触类旁通】chù lèi páng tōng [成] 一つのことから他を類推する. ¶ 他学东西反应很快, 能～ / 彼は物事を学ぶ際ののみこみが早く, 他も類推してうまくこなせる.

【触媒】chùméi [名] 〈化学〉 触媒. (同) 催化剂 cuīhuàjì

【触霉[楣]头】chù méitóu [句/方] 不愉快な目にあう. ¶ 今天真是～, 刚发的工资让小偷偷走了 / 今日は本当に運悪く, もらったばかりの給料をこそ泥に取られてしまった.

【触摸】chùmō 軽くなる.

【触摸屏】chùmōpíng [名] タッチスクリーン. タッチパネル.

【触目】chùmù ❶ [動] 目に触れる. ¶ 触目皆 jiē 是 / 至るところで目につく. ❷ [形] 目立つ. ¶ 白底红字, 非常～ / 白地に赤い文字は, とても目立つ.

【触目惊心】chù mù jīng xīn [成] 深刻な状況を見て驚く.

【触怒】chùnù [動] 人を怒らせる. ¶ 把大家～了 / 皆を怒らせてしまった. ¶ 你怎么能～他呢? / どうして君は彼を怒らせることができよう.

【触手】chùshǒu [名] 〈生物〉 触手.

【触须】chùxū [名] 〈生物〉 触角. (同) 触角 chùjiǎo

憷

憷 chù 忄部13 四 9408₁ 全16画 [通用]

[動] こわがる. ひるむ. ¶ 发～ fāchù (びくびくする) / 这孩子～见生人 (この子は人見知りする).

【憷场】chùchǎng [動/方] 人前でおじけづく. 人前で上がる. ¶ 小美年纪虽小, 但毫不～ / メイちゃんはまだ幼いのに, 少しも物おじしない. (同) 怯场 chùchǎng

【憷头】chùtóu [動/方] おじける.

黜

黜 chù 黑部5 四 6237₂ 全17画 [通用]

[素/文] 罷免(ひめん)する. 職をやめさせる. ¶ 罢～ bàchù (排斥する) / ～免 chùmiǎn.

【黜免】chùmiǎn [動/文] 罷免(ひめん)する. 免職する. ¶ 他因贪污 tānwū 而被～ / 彼は汚職で罷免された.

矗

矗 chù 十部22 四 4011₂ 全24画 [次常用]

[素] まっすぐに立つ. ¶ ～立 chùlì.

【矗立】chùlì [動] そびえ立つ. ¶ ～着高楼大厦 dàshà / 高層ビルがそびえ立っている. (同) 耸立 sǒnglì

chuai ㄔㄨㄞ [tʂ'uae]

揣

揣 chuāi 扌部9 四 5202₇ 全12画 [次常用]

[動] ポケットや懐の中にはさめる. ¶ ～手儿 chuāishǒur / 把孩子～在怀 huái 里(子供を懐に抱える) / ～在我口袋里(私のポケットに入れる).

☞ 揣 chuǎimí, chuài

【揣手儿】chuāi//shǒur [動] 懐手(ふところで)をする.

搋

搋 chuāi 扌部10 四 5201₇ 全13画 [通用]

[動] こねる. もむ. ¶ 一面 chuāimiàn / 这衣服没洗干净, 再～两下(この服は洗ったのにきれいになっていない, もう数度もみ洗いして).

【搋面】chuāi//miàn [動] 小麦粉をこねる. ¶ 费很大的力气来～ / 力をこめて小麦粉をこねる.

揣

揣 chuǎi 扌部9 四 5202₇ 全12画 [次常用]

❶ [素] (物事や意味, 人の気持ちを)推し量る. ¶ ～测 chuǎicè / 一度 chuǎiduó / 不～冒昧 màomèi (失礼を顧みない). ❷ (Chuǎi)姓.

☞ 揣 chuāi, chuài

【揣测】chuǎicè [動] 推測する. 憶測する. ¶ 小明善于～别人的心思 / ミンさんは人の考えを読むのがうまい. (同) 推测 tuīcè

【揣度】chuǎiduó [動/文] 忖度(そんたく)する. 推測する.

【揣摩】chuǎimó [動] (話や文の意味などを)あれこれ考える. ¶ 他的心思很难～透 / 彼の考えは読みづらい.

啜

啜 Chuài 口部8 四 6704₇ 全11画 [通用]

[名] 姓.

☞ 啜 chuò

揣

揣 chuài 扌部9 四 5202₇ 全12画 [次常用]

❶ →囊揣 nāngchuài ❷ →挣揣 zhèngchuài

☞ 揣 chuāi, chuǎi

嘬

嘬 chuài 口部12 四 6604₇ 全15画 [通用]

[文] 虫が食う. かむ.

☞ 嘬 zuō

踹

踹 chuài 足部9 四 6212₇ 全16画 [通用]

[動] ❶ 踏む. ❷ 足の裏でける. ¶ 把门～开 (ドアをけりあける).

膪

膪 chuài 月部12 四 7026₂ 全16画 [通用]

→囊膪 nāngchuài

chuan ㄔㄨㄢ [tṣʻuan]

川 chuān 丿部2 全3画 [四] 2200₀ [常用]

❶ [类] 川. ¶河～ héchuān (河川) ／～流不息 cháng ~ chuān (絶え間ない). ❷ [名] 平原. ¶平～ píngchuān (平地) ／米粮～ mǐliángchuān (穀倉地帯). ❸(Chuān) [名] 四川(ﾁﾔ)省の略称. ¶～菜 chuāncài (～ 剧 chuānjù). [参考] は,おもに慣用句や古語の中で用いられる. ふつう"河 hé"を使う.

【川贝】chuānbèi [名]《植物》四川省産の貝母(ﾋﾞ). 咳(ｾﾞ)止めや去痰(ﾀﾝ)薬に用いられる.
【川菜】chuāncài [名] 四川料理.
【川红】chuānhóng [名] 四川省産の紅茶.
【川剧】chuānjù [名]《芸能》[量 场 chǎng, 出 chū] 川劇(ｹﾞｷ). 四川省全域と貴州・雲南両省の一部で行われる地方劇.
【川军】chuānjūn [名]《植物・薬》ダイオウ. [参考] 旧称は"将军". 四川省産のものが最良であることから,こう呼ばれる.
【川流不息】chuān liú bù xī [成]〈川の流れのように〉人や車などが絶え間なく往来する. ¶大街上行人 xíngrén 车辆～ ／ 大通りの人や車の流れは川のように途切れることがない.
【川马】chuānmǎ [名]《動物》四川省産の馬. 背は低いが,重い荷物をかついで山を登るのに優れる.
【川芎】chuānxiōng [名]《植物・薬》センキュウ. [同] 芎䓖 qióng.
【川资】chuānzī [名] 旅費. [同] 川费 chuānfèi.

氚 chuān 气部3 全7画 [四] 8021₇ [通用]

[名]《化学》トリチウム. 記号は T. [参考] "气"の中の"川"は,質量数の3をあらわす. ⇨气 piē, 氘 dāo.

穿 chuān 穴部4 全9画 [四] 3024₁ [常用]

[动] ❶ 穴をあける. ¶～孔 chuānkǒng ／ 水滴石～ [成] 雨だれ石をうがつ. ❷…し抜く. ¶说～ shuō-chuān (ずばり言う) ／ 看～ kànchuān (見破る). ❸ 通り抜ける. ¶～行 chuānxíng ／ ～越 chuānyuè ／ 贯～ guànchuān (貫通する). ❹〈衣服〉を着る. 〈靴などを〉はく. ¶～衣服(服を着る) ／ ～袜子〈くつ下をはく〉／～戴 chuāndài ／ ～着 chuānzhuó. [反] 脱 tuō. [用法] ❷は, 動詞の後につけて,その動作が徹底的であることや,物事の核心を射抜くことを示す.

【穿插】chuānchā ❶ [动] かわるがわる行う. ¶施肥 shīféi 和除草～进行 ／ 施肥と除草をかわるがわる行う. [同] 交叉 jiāochā ❷ [动] 挿入する. ¶那位老师上课时常常～一些笑话 ／ あの先生は,授業中よくちょっとした冗談をさしはさむ. ❸ [名] エピソード. 挿話.
【穿刺】chuāncì [名]《医学》穿刺(ｻｼ). 体液や組織を採るために,体に針を刺して行なうこと.
【穿戴】chuāndài [名] 身なり. ¶～整齐 ／ 身なりが整っている. ¶不讲究～ ／ 身なりをかまわない.
【穿过】chuānguò [动] 突き抜ける. 通り抜ける. ¶～一片小树林,来到一条小河边 ／ 小さな森を抜けると,小川のほとりに出た.
【穿甲弹】chuānjiǎdàn [名]《军事》徹甲(ｺｳ)弾. 破甲弾.
【穿孔】chuānkǒng ❶ [名]《医学》穿孔(ｺｳ). 胃や腸に穴があくこと. ¶胃～ ／ 胃穿孔. ❷ [动] 穴をあける.
【穿孔机】chuānkǒngjī [名](穴あけ用の)パンチ.
【穿山甲】chuānshānjiǎ [名]《動物》[量 只 zhī] センザンコウ. [同] 鲮鲤 línglǐ [参考] うろこは漢方薬として用いられる.
【穿梭】chuānsuō [动] ひっきりなしに行き来する. ¶～外交 ／ 往復外交. ¶日月～, 光阴似箭 ／ 月日は梭(ｵｻ)のごとく,光陰矢のごとし.
【穿堂风】chuāntángfēng [名] 建物の中を吹きぬける風. [同] 过 guò 堂风.
【穿堂门】chuāntángmén [名](～儿)二つの横町を結ぶ小さな路地の入口にある門.
【穿堂儿】chuāntángr [名] 表庭から裏庭へ通り抜けのできる部屋. [参考] ふつうは家屋の中央の部屋をいう.
【穿通】chuāntōng [动] じゃまになるものを取り除いて,流れをよくする. 通じる. 通じさせる.
【穿透】chuāntòu [动] 貫通する.
【穿小鞋】chuān xiǎoxié [成] (～儿)つらい目にあわせる. ¶给他～ ／ 彼をつらい目にあわせる.
【穿孝】chuān//xiào (親族中の同年配または下のものが喪に)服す. [同] 戴孝 dàixiào.
【穿鞋戴帽】chuān xié dài mào [成] 文章や話にもったいをつける. [同] 穿靴 xuē 戴帽.
【穿心莲】chuānxīnlián [名]《植物・薬》センシンレン. [同] 榄核 lǎnhé 莲, 一见喜 yíjiànxǐ.
【穿行】chuānxíng [动] (穴・すき間・空き地などを)通り抜ける. ¶～于人群之中 ／ 人込みを通り抜ける.
【穿衣镜】chuānyījìng [名][量 块 kuài, 面 miàn] 姿見.
【穿越】chuānyuè [动] 通り抜ける. ¶～砂漠 ／ 砂漠を通り抜ける.
【穿云裂石】chuān yún liè shí [成] 歌声や楽器の音が高く響くようす.
【穿凿】chuānzáo [动] こじつける. ¶这种解释未免 wèimiǎn 有些～附会 fùhuì ／ このような解釈は,牽強(ｷｮｳ)付会の感を免れない. [注意] "chuānzuò"とも発音する.
【穿针】chuānzhēn [动] 針に糸を通す. ¶奶奶戴着老花眼镜在～ ／ おばあさんは老眼鏡をかけて針に糸を通している.
【穿针引线】chuān zhēn yǐn xiàn [成] 仲をとりもつ. ¶小明她们俩结婚主要是李阿姨在中间～的 ／ ミシンたち2人の結婚は, 主に李おばさんが間に立って仲を取り持った.
【穿着】chuānzhuó [名] 服装. ¶～入时 ／ 服装が流行に合っている. [同] 衣着 yīzhuó.

传(傳) chuán 亻部4 全6画 [四] 2523₂ [常用]

❶ [动] 〈情報やものを〉伝える. 渡す. ¶～递 chuándì ／ ～令 chuánlìng ／ 流～ liúchuán (広く伝わる) ／ 风～ fēngchuán (うわさとして伝わる). ❷ [动] 多くの人に広める. ¶～染 chuánrǎn ／ 宣～ xuānchuán (宣伝する) ／ 谣～ yáochuán (デマが飛ぶ). ❸ [动] 人を呼び出す. ¶～呼 chuánhū ／ ～唤 chuánhuàn ／ ～讯 chuánxùn. ❹ [动] 通ずる. ¶～电 chuándiàn ／ ～热 chuánrè. ❺ [动] 表現する. ¶～神 chuánshén ／ ～情 chuánqíng. ❻ (Chuán) 姓.
☞ 传 zhuàn

[笔顺] 亻 仁 仁 传 传

【传帮带】chuán-bāng-dài [熟] 熟練した者が技術や経験を伝授し,模範を示して,技術の習得を助ける. [参考] 老

人が青年に対し, 老幹部が新幹部に対し, 親方が徒弟に対して行うもの.

*【传播】chuánbō 動 広くふりまく. ばらまく. 伝播(でんぱ)する. ¶～病菌 bìngjūn / 病原菌をふりまく. ¶不要～小道消息 / 小耳にはさんだ話を言いふらすな. 同 传布 chuánbù, 传扬 chuányáng

【传播性犯罪】chuánbō xìngbìngzuì 名《法律》エイズや性病などの伝染性疾患のあることを知りながら, 売春などの行為を続けることに対する罪名.

【传播学】chuánbōxué 名 伝達論.

【传布】chuánbù 動 広める. ¶～消息 / 情报を広める. ¶～新思想 / 新しい思想を広める. 同 传播 chuánbō 表現 理論・道徳・教義の類を意図的に広めることをいう.

【传唱】chuánchàng 動 歌い継ぐ.

【传抄】chuánchāo 動 次々と転写する. ¶相互～课堂笔记 / 互いに授業のノートを写しあう.

【传承】chuánchéng 動 伝承する.

【传达】chuándá ❶ 動 (命令などを)取り次ぐ. ¶～命令 / 命令を伝達する. ¶口头～ / 口頭で伝える. ❷ 名 会社などの受付. ¶～室 / 受付. ❸ 名 受付係.

【传代】chuán//dài 動 代々伝える.

【传单】chuándān ❶ 份 fèn, 张 zhāng〕びら. ちらし. ¶撒发 sǎfā～ / びらをまく.

【传导】chuándǎo 動 名 ❶《物理》熱や電気が物質の中を伝わる. 伝導. ¶热～ / 熱伝導. ❷《生物》知覚が細胞内を伝わること. 伝導.

【传道】chuán//dào 動 (宗教や学説などを)伝道する.

【传递】chuándì 動 順送りに手渡す. 次から次へと届ける. ¶～信件 / 郵便物を転送する. ¶～消息 / 情报を伝達する. ¶奥林匹克 Àolínpǐkè の圣火由各国运动员们～着 / オリンピックの聖火は, 各国の選手たちの手から手へと渡りつがれる.

【传电】chuándiàn 動 電気を伝える. ¶这种物质不～ / この物質は電気を通さない.

【传动】chuándòng 動《機械》動力を他の部分に伝える.

【传动带】chuándòngdài 名 ベルトコンベアーのベルト.

【传粉】chuánfěn 動 (植物が)受粉する. 授粉する.

【传感器】chuángǎnqì 名《機械》センサー.

【传呼】chuánhū 動 電話を取り次ぐ. ¶～电话 / 呼び出し電話.

【传话】chuán//huà 動 話を取り次ぐ. 伝言する. ¶我不给你～了 / 君のメッセンジャーになるつもりはないよ.

【传唤】chuánhuàn 動 (裁判所や検察などが)召喚する.

【传家】chuánjiā 動 家に代々伝わる.

【传家宝】chuánjiābǎo 名 家に代々伝わる宝. 表現 比喩として, 伝承される良い伝統や仕事ぶりなどを言うこともある.

【传教】chuán//jiào 動《宗教》教えを広める. 伝道する.

【传教士】chuánjiàoshì 名 宣教師.

【传令】chuán//lìng 動 命令を伝える. ¶～嘉奖 jiājiǎng / 褒賞の命令を伝達する. ¶传司令部 sīlìngbù 的令 / 司令部の命令を伝達する.

【传流】chuánliú 動 伝わる. 広める.

【传媒】chuánméi ❶ メディア. ❷ 病気が伝染する媒介やその経路.

【传票】chuánpiào 名 ❶《法律》召喚状. ❷《会計》伝票.

【传奇】chuánqí 名 ❶《文学》唐・宋代の短編小説. 伝奇. ❷ 明・清代の長編戯曲. 伝奇. ❸ ふしぎな物語. 奇聞. 綺談(きだん). ¶他的一生很有～色彩 sècǎi / 彼の人生はドラマチックな色合いが強い.

【传情】chuán//qíng 動 (男女の間で)気持ちを伝える. ¶眉目 méimù～ / 色目を使う.

【传球】chuán//qiú 動《スポーツ》送球する. パスする.

【传染】chuánrǎn 動 (病気などが)伝染する. 感染する. ¶空气～ / 空気感染. ¶会场里面人好像被一似的, 一个接一个打起哈欠 hāqiàn 来 / 会場の人たちはまるで伝染でもしたように, ひとりまたひとりとあくびがでる. 比較 1) "传染"は"伝わる"ことに, "沾染 zhānrǎn"は"くっつく"ことに重点がある. 2) "传染"の対象は主に疾病で, "沾染"の対象は細菌や埃, 悪い風習などである.

【传染病】chuánrǎnbìng 名《医学》伝染病.

【传染源】chuánrǎnyuán 名《医学》感染源.

【传热】chuánrè ❶ 動《物理》(物体の高温部から低温部へ)熱が伝わる. ❷ 名 熱伝導.

【传人】chuán//rén 動 ❶ (主に特殊な技能を)人に伝える. ¶祖传 zǔchuán 秘方 mìfāng 向来不轻易～ / 先祖伝来の処方を, これまで軽々しく人に教えたことはない. ❷ 病気が伝染する. ¶感冒容易～ / 風邪は簡単に伝染る.

【传人】chuánrén 名 後継者. ¶京剧梅派～ / 京劇の梅(メイ)スタイルの後継者.

【传入神经】chuánrù shénjīng 名《生理》感覚神経.

【传神】chuánshén 形《文学・芸術作品の描く人物など)が生き生きと真にせまっている. ¶～之笔 / 入神の筆.

【传声】chuán//shēng ❶ 声を伝え響かす. ❷ ことばを伝える.

【传声器】chuánshēngqì 名 マイクロフォン.

【传声筒】chuánshēngtǒng 名〔个 ge, 只 zhī〕メガホン. スピーカー. ¶他真像个～ / 彼はまったくメガホンみたいだ. 同 传话筒 huàtǒng

【传世】chuánshì 動 (宝物・著作・芸術作品などが)後世にまで伝わる.

【传授】chuánshòu 動 (学問や技芸などを)教え授ける. ¶～技术 / 技術を伝授する. ¶这种绝技不对外～ / この究極の技は, 門外不出だ.

【传输】chuánshū 動 (情報やエネルギーを)送る.

【传输线】chuánshūxiàn 名 伝送線. 参考 送電線やアンテナ線など, 電気エネルギーを伝えるケーブルの総称.

【传述】chuánshù 動 言い伝える. ¶～故事 / 物語を言い伝える.

【传说】chuánshuō ❶ 動 言い伝える. うわさする. ¶～如此 / このように言い伝えられている. ❷ 名〔个 ge〕伝説. うわさ. ¶民间～ / 民間伝説.

【传送】chuánsòng 動 物品や情報を送り届ける. ¶～文件 / 書類を届ける. ¶～消息 / ニュースを伝える.

【传送带】chuánsòngdài ❶《機械》ベルトコンベアー. ❷ ①のベルト.

【传诵】chuánsòng 動 語り伝える. ¶他的名字在民间广为 wéi～ / 彼の名は, 世間で広く語り伝えられている.

【传颂】chuánsòng 動 語り伝え, 大いに称える.

*【传统】chuántǒng 名 伝統. ¶～戏 / 伝統劇. ¶～的仪式 / 伝統的な儀式.

【传统安全威胁】chuántǒng ānquán wēixié 名 軍事的脅威(きょうい).

【传统工艺】chuántǒng gōngyì 名 伝統工芸.

【传闻】chuánwén ❶ 動 人づてに聞く. ❷ 名〔个 ge, 则 zé〕うわさ. ¶～不如亲见 / 百聞は一見にしかず. ¶～失实 / うわさは事実とは違う. 同 风闻 fēng-

wén
【传习】chuánxí 动（知識や技能を)伝習し，学習する．
【传销】chuánxiāo 名 マルチ商法．連鎖販売取引．参考 中国では，1998年4月に禁止された．
【传信】chuán//xìn 动 ❶文 所信を伝える．❷ 便りを伝える．¶请你给我家里人传个信 / 家の者に知らせを伝えて下さい．☞ 传信 zhuànxìn
【传讯】chuánxùn 动（司法·公安機関が)召喚して尋問する．¶他被公安局～去了 / 彼は公安局の取り調べを受けた．
【传言】chuányán ❶名 うわさ．¶不要轻信～ / うわさを軽々しく信じてはいけない．❷动 話を取り次ぐ．¶～送语 / 伝言を伝える．
【传扬】chuányáng 动 伝わり広まる．¶～四方 / 四方に広まる．
【传艺】chuányì 动 技芸を伝授する．
【传阅】chuányuè 动 回覧する．¶～文件 / 文書を回覧する．
【传真】chuánzhēn ❶动 肖像を描く．❷ ファクシミリ．ファックス．¶～电报 / ファクシミリ電報．¶～照片 / 電送写真．¶发～ / ファクシミリを送る．
【传真机】chuánzhēnjī 名 ファクシミリ機．ファックス．
【传种】chuán//zhǒng 动 繁殖させる．¶～接代 / 繁殖させて血統を残す．
【传宗接代】chuán zōng jiē dài 成 子々孫々へと受け継ぐ．

船（异舩，舡) chuán
舟部5 全11画 四 2746₁ 常用
量（個 个 ge，艘 sōu，条 tiáo，只 zhī〕船．¶～长 chuánzhǎng / 轮～ lúnchuán (汽船) / 脚踩两只～（二またをかける)．
【船帮】chuánbāng 名 ❶船体の側面．❷ 船団．
【船舶】chuánbó 名 船の総称．船舶．
【船埠】chuánbù 名〔個 座 zuò〕波止場．
【船舱】chuáncāng 名 ❶〔個 个 ge，间 jiān〕船室．キャビン．❷ 船倉．
【船厂】chuánchǎng 名 造船所．
【船到江心补漏迟】chuán dào jiāngxīn bǔlòu chí 成 あとの祭り．由来「船が川の真ん中に来てから水漏れをふさぐ」という意から．
【船东】chuándōng 名 旧 船主．
【船队】chuánduì 名 船隊．
【船帆】chuánfān 名 船の帆．¶扬起～ / 帆を揚げる．¶～高挂,乘风破浪 / 帆を高く揚げ,風に乗って波を突っ切る．
【船夫】chuánfū 名〔個 个 ge，名 míng，位 wèi〕木造船の乗組員．船頭．同 船手 chuánshǒu
【船工】chuángōng 名 ❶船の乗組員．❷ 船大工．
【船家】chuánjiā 名 旧 船乗り．
【船老大】chuánlǎodà 名 方 船頭．
【船民】chuánmín 名（船を家にしている)水上生活者．
【船篷】chuánpéng 名 ❶ 小型木造船の日よけ，雨よけ用の覆い．船のとま．❷ 帆．
【船票】chuánpiào 名〔個 张 zhāng〕乗船切符．
【船钱】chuánqián 名 船賃．
【船上交货】chuánshàng jiāohuò 名《贸易》本船渡し．甲板(はん)渡し．
【船身】chuánshēn 名 船体．
【船索】chuánsuǒ 名 船のロープ．
【船台】chuántái 名〔個 个 ge，座 zuò〕船体をのせる台．造船台．
【船体】chuántǐ 名 船体．
【船头】chuántóu 名 船首．へさき．同 船首 chuánshǒu / 船舶 chuánshāo
【船尾】chuánwěi 名 船尾．とも．同 船艄 chuánshāo
【船位】chuánwèi 名 航海中の船の位置．¶测定～ / 船の位置を測定する．
【船坞】chuánwù 名〔個 个 ge，座 zuò〕ドック．¶浮～ / 浮きドック．¶干～ / 乾ドック．
【船舷】chuánxián 名 船の舷側(ばん)．船端．船べり．
【船形帽】chuánxíngmào 名 ボートキャップ．軍人のかぶる船形の帽子．
【船员】chuányuán 名 船の乗組員．船員．
【船闸】chuánzhá 名〔個 个 ge〕閘門(ぇ)．参考 水位差の大きい水路を船が進むときに，水位差を調整するための水門．
【船长】chuánzhǎng 名 船長．キャプテン．
【船只】chuánzhī 名 船の総称．¶～失事 / 船の遭難事故．¶载货 zàihuò～ / 貨物船．表現 "船只"は「多くの船」を意味し，"许多船只"，"这些船只"といえるが，"一只船只"，"三只船只"とはいえない．
【船主】chuánzhǔ 名 ❶船主．❷（大型船の)船長．

遄 chuán
全12画 通用
副文（行き来を)迅速に．すばやく．¶～往 chuánwǎng（急ぎ赴く) / ～返 chuánfǎn（急いで帰る)．

椽 chuán
木部9 全13画 通用 4793₂
名《建筑》たる木．¶～子 chuánzi / ～笔 chuánbǐ（文才を讃えるときの表現)．
【椽子】chuánzi 名《建筑》〔個 根 gēn〕たる木．

舛 chuǎn
夕部3 全6画 通用 2520₀
❶书 間違い．誤り．¶～错 chuǎncuò / ～误 chuǎnwù / 讹～ échuán（文字の間違い)．❷书 そむく．¶～驰 chuǎnchí（背を向ける)．❸（Chuǎn）姓．
【舛错】chuǎncuò 名文 誤り．間違い．¶引文～ / 引用文の誤り．
【舛误】chuǎnwù 名文 誤り．錯誤．同 谬误 miùwù

喘 chuǎn
口部9 全12画 常用 6202₇
❶动（はあはあ，ぜいぜいと)短くはげしい呼吸をする．¶～气 chuǎnqì / ～息 chuǎnxī / 残～ cánchuǎn（虫の息)．❷书《医学》"气喘 qìchuǎn"（ぜんそく)の略称．¶哮～ xiàochuǎn（ぜんそく) / 痰～ tánchuǎn（たんのからむぜんそく)．❸（Chuǎn）姓．
【喘气】chuǎn//qì 动 ❶大きく息をする．¶～儿 ~r．¶爷爷累得直～ / おじいさんはくたくたになって息を切らせていた．❷ 息抜きする．¶喘口气儿再干 / 一息入れてからやる．
【喘息】chuǎnxī 动 ❶あえぐ．¶あはは息をする．¶～未定 / あえぎがまだ収まらない．❷ 一息入れる．¶连～一下的时间都没有 / ほんの一息つく暇もない．表現 病気の「喘息婦」は，"哮喘 xiàochuǎn"，"气喘 qìchuǎn"という．
【喘吁吁】[嘘嘘] chuǎnxūxū 形（～的)はあはあとあえいでいる．¶累得～的 / 疲れてはあはあとあえいでいる．¶

~地跑来/息をぜいぜいさせて駆けてくる.

串 chuàn
丨部6 　四 5000₆
全7画　常用

❶ 動 多くのものが一列に連なる. ¶~珠 chuànzhū / ~联 chuànlián / ~子 chuànzi（ひとつながりのもの）/ 贯~ guànchuàn（貫く）/ 一连~ yīliánchuàn（ひと続き）. ❷ 量（~儿）ひとつながりになったものを数えることば. ¶一~珍珠 zhēnzhū（一連の真珠）. ❸ 動 間違えてつなぐ. ¶~线 chuànxiàn / ~话 chuànhuà（電話が混線する）. ❹ 素 結託し, 通じ合う. ¶~骗 chuànpiàn / ~供 chuàngòng. ❺ 動 あちこち歩きまわる. ¶~游 chuànyou / ~亲戚 chuàn qīnqi / ~门 chuànmén. ❻ 素（芝居や演芸で）役柄を演じる. ¶~演 chuànyǎn / 反~ fǎnchuàn（代役をつとめる）.

【串供】chuàn//gòng 動 共謀し, うその供述をする. ¶犯人~/犯人が共謀して, うその供述をする.
【串行】chuàn//háng 動 誤って前の行の文字を次の行に送る. ¶串行 chuànxíng
【串花】chuànhuā 動 異なった品種間で受粉交配する. 参考 一般には自然交配を指す.
【串换】chuànhuàn 動（互いに）取り替える. 交換する. ¶~优良品种/優良品種を交換しあう.
【串讲】chuànjiǎng 動 ❶ 国語の授業で, 教科書の文章の意味を, 一句一句翻訳していく. ❷ 文章や書物を部分ごとに区切って学習した後, 再び全体の意味について概括する.
【串联[连]】chuànlián 動 ❶ 連絡を取り合う. ¶几个同学一起来, 组织了汉语同学会 / 同級生数人で話し合って, 中国語の会を結成した. ❷《電気》電池などを直列につなぐ. ¶~电池组 / 直列バッテリー.
【串铃】chuànlíng 名 ❶ ドーナツ型の鈴. 昔, 各地を渡り歩いた易者や旅医者が客寄せに鳴らしたもの. ❷ 多くの鈴を1本のひもに通したもの. ラバなどの首にかける.
【串门】chuàn//mén（~儿・~子）よその家へ遊びに行く. ¶有空来~儿 / 暇があれば遊びに来て下さい. ¶串了半f儿, 饭还没做呢 / 遊びにいったら長くなって, ご飯もまだ作っていない.
【串骗】chuànpiàn 動 ぐるになってだます.
【串气】chuànqì 動 ❶ 気脈を通じる. ¶暗中~ / 裏で気脈を通じる. ❷ 合谋 hémóu / 共謀する.
【串亲戚】chuàn qīnqi 親戚を訪ねる. ¶春节期间~ / 旧正月の休みには親戚を訪ねる. 同 串亲 chuànqīn
【串通】chuàntōng 動 ❶ ひそかに結託する. ❷ 連絡をとる. 同 串联 chuànlián ①
【串通一气】chuàn tōng yī qì 成〈悪人同士が〉ぐるになる. 結託する. ¶原来你俩~, 想来骗我 / 二人で口裏を合わせて, 私をだまそうとしたんだね.
【串味】chuàn//wèi 動（~儿）〈食品の〉においが移る. ¶茶叶切 qiè 勿 wù 与化妆品 huàzhuāngpǐn 放在一起, 以免~ / においが移らないように, お茶の葉は化粧品といっしょに置いてはいけない.
【串戏】chuàn//xì 動 ❶ 芝居を演じる. ❷ アマチュアがプロの芝居に参加する.
【串线】chuàn//xiàn 動 混線する.
【串行】chuànxíng 名《コンピュータ》直列. シリーズ. シリアル. 同 串行 chuànháng
【串演】chuànyǎn 動 芝居の役を演じる. 同 扮演 bànyǎn
【串游】chuànyou 動 口 ぶらぶらする. ¶四处~ / あちこちぶらつく.

【串珠】chuànzhū 名 数珠(じゅず).

钏(釧) chuàn
钅部3　四 8270₀
全8画　通用

❶ 素 腕輪. ブレスレット. ❷（Chuàn）姓.

chuang ㄔㄨㄤ [tsʻuaŋ]

创(創) chuāng
刂部4　四 8270₀
全6画　常用

素 傷. ¶~痍 chuāngyí / ~痕 chuānghén / 重 zhòngchuāng（損害を与える）.
☞ 创 chuàng

【创痕】chuānghén 名〔個 处 chù, 个 ge, 块 kuài, 条 tiáo〕傷跡. 同 伤痕 shānghén
【创口】chuāngkǒu 名〔個 处 chù, 个 ge, 块 kuài〕傷口. ¶~疼痛 téngtòng / 傷口がうずく.
【创面】chuāngmiàn 名 傷の表面.
【创伤】chuāngshāng 名〔個 处 chù〕傷. ¶腿上的~ / 足の傷. ❷ 精神的~ / 心の傷.
【创痍】chuāngyí 名 けが. 同 疮痍 chuāngyí

疮(瘡) chuāng
疒部4　四 0011₂
全9画　常用

❶ 名〔個 个 ge, 块 kuài〕皮膚や粘膜にできるはれものや炎症. ¶~口 chuāngkǒu / ~疤 chuāngbā / 褥~ rùchuāng（床ずれ）. ❷ 素〔個 个 ge, 块 kuài〕刃物などによる外傷. ¶~痍 chuāngyí / 刀~ dāochuāng（切り傷）.

【疮疤】chuāngbā 名 ❶〔個 道 dào, 个 ge, 块 kuài, 条 tiáo〕傷やできものの治った跡. かさ. ¶脸上的~ / 顔の傷跡. ¶好了~忘了疼 / のどもと過ぎれば熱さを忘れる. ❷ 弱点. ¶别老揭 jiē 人的~ / 人の弱点をついてばかりいるな.
【疮痕】chuānghén 傷やできもののあと.
【疮口】chuāngkǒu 名〔個 道 dào, 个 ge〕できものの裂け口. ¶~化脓 huànóng / 傷口が化膿する.
【疮痍】chuāngyí 名 ❶ 文 傷. ❷ 创痍 chuāngyí ❷ 戦争や災害のつめあと. ¶满目~ 成 目に入るものは傷跡ばかり. 同 创痍 chuāngyí

窗(異 窓、窻、牕) chuāng
穴部7　全12画　四 3060₂　常用

（~儿）窗. ¶~户 chuānghu / ~口 chuāngkǒu / 天~ tiānchuāng（天窓）/ 橱~ chúchuāng（ショーウインドウ）.

【窗洞】chuāngdòng 名（~儿）採光や通風のために, 壁の上部に空けた穴.
【窗格子】chuānggézi 名 窓の格子. 同 窗棂子 chuānglíngzi
**【窗户】chuānghu〔個 个 ge, 扇 shàn〕窓. ¶眼睛是心灵的~ / 目は心の窓.
【窗花】chuānghuā（~儿）窓に貼る切り紙. ¶过年时家家户户贴~ / 正月には家々の窓に切り紙が貼られる. ⇨次ページ図
【窗口】chuāngkǒu ❶（~儿）窓辺. ¶站在~儿远望 / 窓辺に立って遠くを眺める. ❷〔個 个 ge〕窓口. 受付のカウンター. ¶去上海的火车票在5号~卖 / 上海行きの汽車の切符は, 5番窗口で売っている. ❸〔個 个 ge〕連絡をし合い, 情報を得る経路.（比喩的に）窓.

窗花

¶市场信息的～/ 市場情報の窓口. ❹《コンピュータ》ウインドウ.
【窗框】chuāngkuàng 名 窓わく. サッシ. ¶铝制 lǚzhì～/ アルミサッシ. ¶木头的～/ 木の窓わく.
【窗帘】chuānglián 名（～儿）［量 个 ge，块 kuài］カーテン. ¶把～拉上 / カーテンを引き上げる.
【窗棂】chuānglíng 名（～子）窓格子.
【窗明几净】chuāng míng jī jìng 成 部屋が整っていて，清潔だ. 明窗浄机(きこう) 由来 「窓辺が明るく，机の上が清潔だ」という意から.
【窗纱】chuāngshā 名［量 块 kuài］網戸.
【窗扇】chuāngshàn 名（～儿）扉状に開閉できる窓.
【窗台】chuāngtái 名（～儿）窓の下部の台板.
【窗沿】chuāngyán 名（～儿）窓台. 窓の下にある台状の部分. 回 窗台 tái
【窗纸】chuāngzhǐ 名 窓格子に貼る紙.
【窗子】chuāngzi 名［量 扇 shàn］窓.

床(異 牀) chuáng
广部4 全7画 四 0029₄ 常用

❶ 名［量 个 ge，张 zhāng］ベッド. ¶～铺 chuángpù / 病～ bìngchuáng（病床）/ 起～ qǐchuáng（起床する）. ❷ 臺 ベッド状のもの. 台状のもの. とくに地面を指すこともある. ¶河～ héchuáng（河床）/ 温～ wēnchuáng（温床）. ❸ 量 布団を数えることば. ¶两～被褥 bèirù（二組の布団）.
【床板】chuángbǎn 名 ベッドを組み立てるさい，身体を横たえる部分に使用する板.
【床单】chuángdān 名（～儿）［量 条 tiáo］シーツ. 回 床单子 chuángdānzi
【床垫】chuángdiàn 名 ベッドのマットレス. ¶弹簧 tánhuáng～/ スプリングマット.
【床架】chuángjià 名 ベッドの台.
【床铺】chuángpù 名 ベッド.
【床身】chuángshēn 名《機械》旋盤のベッド部分.
【床榻】chuángtà 名 寝台の総称.
【床头】chuángtóu 名 まくら元. ¶～灯 / まくら元のスタンド.
【床头柜】chuángtóuguì 名 ベッドのわきに置く小さい棚. ナイトテーブル.
【床位】chuángwèi 名［量 个 ge］（病院や宿舎などの）ベッド数. ¶病人的～有五百个 / ベッド数は500です.
【床沿】chuángyán 名（～儿）ベッドの縁. 回 床边 biān
【床罩】chuángzhào 名（～儿）ベッドカバー.
【床子】chuángzi 名 ❶［量 架 jià，台 tái］工作機械. ❷ 方（ベッドのような形の）商品台.

幢 chuáng
巾部12 四 4021₅ 全15画 次常用

菁 ❶ 古代の旗や幕. ¶幡～ fānchuáng（仏堂にかざる旗）. ❷ 仏教の経文や仏の名を刻んだ石柱. ¶经～ jīngchuáng（経文や仏名を刻んだ石柱）.
☞ 幢 zhuàng
【幢幢】chuángchuáng 形 文（影が）ゆらゆらゆれるよう.

闯(闖) chuǎng
门部3 全6画 四 3712₇ 常用

❶ 動 突進する. ¶～劲 chuǎngjìn / ～将 chuǎngjiàng / ～红灯（赤信号を無視する）. ❷ 動 世間で経験を積む. ¶～荡 chuǎngdàng / ～练 chuǎngliàn / ～江湖. ❸（Chuǎng）姓.

筆順 丶 ` 门 冂 闯 闯

【闯荡】chuǎngdàng 動 異郷で生計を立てる.
【闯关东】chuǎng Guāndōng 慣 旧 河北や山東の人が，生活のつてを求めて東北地区に行くこと. 参考 "关东"は山海関より東の土地で，現在の中国東北部.
【闯祸】chuǎng/huò 動 災いをまねく. 厄介事をしでかす. ¶天天～/ いつも何かをしでかす.
【闯江湖】chuǎng jiānghú 慣 旅芸人や行商人などをして各地を渡り歩く. ¶他～闯了一辈子 yībèizi / 彼は一生，各地を渡り歩いて暮らした. 回 闯荡 chuǎngdàng 江湖
【闯将】chuǎngjiàng 名 奥 勇ましい将軍. ¶技术革新 géxīn 的～/ 技術革新のパイオニア.
【闯劲】chuǎngjìn 名（～儿）［量 股 gǔ］意気込み. 開拓精神. ¶不怕困难的～/ 困難を恐れない開拓精神.
【闯练】chuǎngliàn 動 世間に出て苦労をする. ¶大的荒波にもまれる. ¶应该到外边～～/ 世間へ出て大いに苦労するべきだ.

创(創)(異 剏，剙) chuàng
刂部4 全6画 四 8270₀ 常用

動 始める. 新しく作る. ¶～造 chuàngzào / ～举 chuàngjǔ / 开～ kāichuàng（創立する）.
☞ 创 chuāng
【创办】chuàngbàn 動 新しく事業を始める. 創設する. ¶～学校 / 学校を創立する. ¶～人 / 設立者. 回 创设 chuàngshè，开办 kāibàn，兴办 xīngbàn 比較 "创办"は具体的な事業に用い，"创立 chuànglì"は事業のほかに，政党・国家・抽象的な学説や理論などにも用いる.
【创汇】chuànghuì 動《経済》(対外貿易などで）外貨を獲得する.
【创获】chuànghuò 名 これまでにない成果. 新発見.
【创见】chuàngjiàn 名 独創的な見解. ¶这是一篇具有～的好论文 / これは独創的な見解のあるよい論文だ.
【创建】chuàngjiàn 動 創立する. ¶～学校 / 学校を創立する. 回 创立 chuànglì
【创举】chuàngjǔ 名 今までになかったりっぱな行動や事業. ¶登陆 dēnglù 月球人类的伟大～/ 月面着陸は人類初の壮挙であった.
【创刊】chuàngkān 動（新聞や雑誌を）創刊する.
【创刊号】chuàngkānhào 名 創刊号.
【创立】chuànglì 動 創立する. ¶～政权 zhèngquán / 政権を樹立する. 回 创建 chuàngjiàn ⇨ 创办 chuàngbàn
【创利】chuànglì 動（経済活動によって）利益をあげる.
【创牌子】chuàng páizi 慣 ブランドを生み出す. 知名度を増す. 参考 製品やサービスの質で顧客の信頼を得て，名

【创设】chuàngshè 動 ❶創設する. ❷(条件を)作る. ¶～有利的条件／有利な条件を作る.
【创始】chuàngshǐ 動 創始する. ¶～人／創始者. 回开创 kāichuàng,首创 shǒuchuàng
【创收】chuàngshōu 動 収入を生み出す. 参考学校や研究機関などの非営利機関が,各自の条件を生かして有償のサービスをして,収入を得ること.
【创新】chuàngxīn 動 新しいものをつくり出す. ¶大胆～／大胆に新しいものをつくり出す.
【创业】chuàngyè 動 事業を始める. ¶～守成／事業を始め,もり立てていく.
【创业板市场】chuàngyèbǎn shìchǎng 名《経済》創業板(株式)市場. 参考中国版ナスダック. 振興企業向けの店頭株式市場.
【创意】chuàngyì 名動 創意(する).
【创优】chuàngyōu 優良なものを創造する.
*【创造】chuàngzào 動 ❶新記録／新記録をうちたてる. ¶二十一世纪,人类将～出更多奇迹 qíjì／21世紀,人類はさらに多くの奇跡を生み出すだろう. 回发明 fāmíng
【创造性】chuàngzàoxìng 創造性.
【创制】chuàngzhì 動 法律や文字などを制定する. ¶～拼音 pīnyīn 文字／ピンインを制定する.
*【创作】chuàngzuò 動 ❶文芸作品を作り出す. ¶～美术作品／美術作品を創作する. ❷[名][量]本 běn,部 bù,篇 piān] 文芸作品. 創作. ¶一部划 huà 时代的～／画期的な作品.

怆(愴) chuàng 忄部4 [四] 9801₂ 全7画 [通用]

素 悲しみに心を痛める. ¶～然 chuàngrán／～痛 chuàngtòng／凄～ qīchuàng(痛ましい).
【怆然】chuàngrán 形 悲しくつらい. ¶～泪下／悲しみに涙を流す.
【怆痛】chuàngtòng 形 つらく悲しい.

chui ㄔㄨㄟ [tṣʻueɪ]

吹 chuī 口部4 [四] 6708₂ 全7画 [常用]

動 ❶息を出す. ¶～笛 chuīdí(笛を吹く)／～奏 chuīzòu. ❷風が吹く. ¶～风 chuīfēng／风雨打(风が吹き,雨が降る). ❸回 おおげさに言う. ¶～牛 chuīniú／～嘘 chuīxū／鼓～ gǔchuī(ほらを吹く). ❹回 だめになる. ふいにする. ¶～台 chuītái(だめになる)／一风～ yīfēngchuī(帳消しにする)／婚事告～(縁談がこわれる).
【吹吹打打】chuīchuīdǎdǎ 句 ❶楽器を大いに鳴らす. ❷物事を大げさに自慢する. 大声で話して人の注意を引く.
【吹打】chuīdǎ 動 ❶管楽器や打楽器を演奏する. ❷風雨が襲ってくる. ¶风雨～着门窗／風雨が戸や窓に襲いかかっている.
【吹打乐】chuīdǎyuè 名《音楽》管楽器や打楽器による北方系の合奏音楽.
【吹灯】chuī//dēng 動 ❶灯を吹き消す. ¶～上床睡觉／灯りを消し,床について眠る. ❷方 死ぬ. ¶差点儿吹了灯／あやうく死ぬところだった. ❸方 失敗する. ¶

这回又～啦／今度もまた失敗だ.
【吹动】chuīdòng 動 風が吹く. ¶微风～着小杨的长发／そよ風が楊さんの長い髪をなびかせる.
【吹风】chuī//fēng 動 ❶風に当たる. ¶吃了药别～／薬を飲んだら風に当たってはいけない. ❷髪にドライヤーをかける. ❸(～儿)前もって知らせておく. ¶你给我们吹吹风吧／私たちに前もって知らせてください.
【吹风会】chuīfēnghuì 名(記者などに事前におおよその内容を伝えるための)ブリーフィング.
【吹风机】chuīfēngjī 名 ドライヤー. ¶快点用～吹干头发吧／早くドライヤーで髪を乾かしなさい.
【吹拂】chuīfú 風がそよそよと吹く. ¶春风～大地／春風が大地にそよそよと吹く.
【吹鼓手】chuīgǔshǒu 名 ❶婚礼や葬式で楽器を演奏する人. ❷貶 太鼓持ち.
【吹管】chuīguǎn 名《化学》[個 个 ge,根 gēn] 吹管(𠮨). ブロー・パイプ. ¶～分析／吹管分析.
【吹号】chuī//hào 動 ラッパを吹く. ¶～集合号／集合ラッパを吹く.
【吹胡子瞪眼睛】chuī húzi dèng yǎnjing 慣 かんかんに怒る. ¶老板朝 cháo 店员～／主人はかんかんに怒って店員を叱った. 由来 京劇の動作から.
【吹灰之力】chuī huī zhī lì 成 わずかな力. ¶不费～／やすやすとできる.
【吹喇叭】chuī lǎba 慣 おべっかを使う. ¶～,抬轿子 tái jiàozi／おべっかを使い,ひどくへつらう.
【吹擂】chuīléi 動 ほらを吹く. 回 吹牛 chuīniú.
【吹冷风】chuī lěngfēng 慣 皮肉をこめた冷やかなことばを浴びせる.
【吹毛求疵】chuī máo qiú cī 成 貶 毛を吹いて疵(𦂶)を探す. あら探しをする. ¶你不要太～了／あまりあら探しをするな. 回 鸡蛋里挑骨头 jīdànli tiāo gǔtou
【吹牛】chuī//niú 動 ほらを吹く. ¶～拍马／ほらを吹いたり,ゴマをする. 回 吹牛皮 pí
【吹牛皮】chuī niúpí 句 "吹牛"に同じ.
【吹捧】chuīpěng 動 お世辞を言う. ¶无耻 wúchǐ～／恥もなくお世辞を言う. ¶互相～／心にもない世辞を言い合う.
【吹嘘】chuīxū 動 おおげさに言いふらす. ¶自我～／自慢話をする.
【吹奏】chuīzòu 動 管楽器を演奏する.

炊 chuī 火部4 [四] 9788₂ 全8画

❶ 素 炊事する. ¶～事 chuīshì／～具 chuījù／断～ duànchuī(食事に困る). ❷(Chuī)姓.
【炊具】chuījù 名 炊事道具. 調理器具.
【炊事】chuīshì 動 ¶～员／炊事係 ¶担当～／炊事係をする.
【炊烟】chuīyān 名[量 绺 lǚ] かまどのけむり. ¶村庄 cūnzhuāng 里～袅袅 niǎoniǎo／村ではあちこちで炊煙がたちのぼる.
【炊帚】chuīzhou 名[量 把 bǎ,个 ge] 食器洗い用のささら. 竹製のはけ. 回 笤帚 xiǎnzhǒu ⇒次ページ図

垂 chuí 丿部7 [四] 2010₅ 全8画 [常用]

❶ 動 垂れる. ¶～柳 chuíliǔ／～涎 chuíxián／下～ xiàchuí(垂れ下がる). ❷ 素 文 (相手が自分に)…してくださる. ¶～问 chuíwèn(おたずねくださる)／～念 chuínián(ご配慮にあずかる)／～询 chuíxún. ❸ 素 文 後世に伝わる. ¶永～不朽 成 永久に不滅だ)／名～

炊帚

千古(名声が後世に伝わる). ❹素 間近に迫る. ¶~暮 chuímù / ~危 chuíwēi / ~老 chuīlǎo (年をとる).
【垂钓】chuídiào 動 釣りをする. ¶湖边／湖のほとりで釣りをする.
【垂范】chuífàn 動文 部下や後輩の模範となる.
【垂花门】chuíhuāmén 名〔個 个 ge, 扇 shàn〕四合院で,屋根の内ている二の門. 回 垂花二 èr 门 参考 この門の屋根の四隅に彫刻や彩色を施した短いつり柱がある. ⇨四合院 sìhéyuàn (図)
【垂泪】chuílèi 動 涙を流す. ¶叹气 tànqì~／ため息をつき,涙を流す.
【垂帘】chuílián 動 (皇后や皇太子が)政治の実権を握る. 由来『旧唐書とうじょ』高宗紀下に見えることば. 唐の高宗が政務を執行する時,玉座の後ろにある簾(れん)の陰にいた則天武后がすべてを決めた,という故事から.
【垂帘听政】chuílián tīngzhèng 成 垂簾聴政(すいれんちょうせい). 皇帝に代わって皇后や皇太后が政務を司ること.
【垂柳】chuíliǔ 名《植物》〔個 棵 kē〕シダレヤナギ. 回 垂杨柳 chuíyángliǔ
【垂落】chuíluò 動 ❶ 垂れ下がる. ❷ 落下する.
【垂暮】chuímù 名 ❶ 夕暮れ. ¶~之时,炊烟 chuīyān 四起／夕暮れ時には,かまどのけむりがあちこちで上がる. ¶~之年／老年. 晩年.
【垂青】chuíqīng 動文 (人物を)重視する. 気に入る. 由来「青」は,黒い眼のこと. 黒い眼で見るという意から.
【垂手】chuíshǒu 動 ❶ 両手を垂れる. ❷ (尊敬の意を示して)両手を垂れる. ¶~侍立 shìlì／うやうやしく,そばにつき従って立つ.
【垂手可得】chuí shǒu kě dé 成 力をいれずともやすやすと手に入る.
【垂死】chuísǐ 動 死に瀕する. ¶~的病人／危篤の患者.
【垂死挣扎】chuí sǐ zhēng zhá 成 最後のあがき. ¶敌人做~／敵は最後の悪あがきをした.
【垂体】chuítǐ 名《生理》脳下垂体.
【垂头丧气】chuí tóu sàng qì 成 がっかりして気を落とす. ¶小美~地坐着发呆 fādāi／メイちゃんはすっかり気落ちしてぼんやりと座っている.
【垂亡】chuíwáng 動 滅亡に近づく.
【垂危】chuíwēi 動 ❶ 危篤に陥る. ¶~病人／危篤の病人. ❷ 国や民族が滅亡に瀕する.
【垂涎】chuíxián 動 よだれをたらす. 人の物を欲しがる. ¶~三尺／成 のどから手が出るほど欲しい.
【垂涎欲滴】chuíxián yù dī 句 よだれをたらす. 素晴らしいものやおいしそうな物を見て,欲しくてたまらないようす.
【垂线】chuíxiàn 名《数学》〔個 条 tiáo〕垂線. 回 垂直线 chuízhí xiàn
【垂询】chuíxún 動旧 目上の者や上部から尋ねられる. お尋ね頂く.

【垂杨柳】chuíyángliǔ 名《植物》〔個 棵 kē〕シダレヤナギ. 回 垂柳
【垂直】chuízhí ❶ 名《数学》垂直. ❷ 形 垂直の. ¶~起飞／垂直離陸. ¶~关系／縦の関係.
【垂直传播】chuízhí chuánbō 名《医学》母子感染. 垂直感染.

陲 chuí
阝部8 四 7221₅
全10画 通用
素文 辺地. ¶边~ biānchuí（辺境）.

捶(異 搥) chuí
扌部8 四 5201₅
全11画 次常用
動 (こぶしや棒などで)たたく. ¶~打 chuídǎ／~胸顿 dùn 足.
【捶背】chuí/bèi 動 背中をたたく.
【捶打】chuídǎ 動 こぶしや棒などでたたく. ¶妈妈~着酸痛的大腿／母は筋肉痛の脚をこぶしでたたいている. ¶在河边~衣服／河原で服をたたいて洗う.
【捶胸顿足】chuí xiōng dùn zú 成 焦りやくやしさ,悲しみが極まったよう. 参考「こぶしで胸を打ち,じたんだを踏む」という意から.

棰(異 箠❸❹) chuí
木部8 四 4291₅
全12画 通用
文 ❶ 名 短い棒. ❷ 動 棒でたたく. ❸ 名 むち. ❹ 動 むちで打つ.

椎 chuí
木部8 四 4091₅
全12画 次常用
❶ 名「槌 chuí」に同じ. ❷ 動「捶 chuí」に同じ.
☞ 椎 zhuī

槌 chuí
木部9 四 4793₇
全13画 通用
名〔~儿〕〔個 把 bǎ〕たたき棒. ¶棒~ bàngchui（たたき棒）/ 鼓~儿 gǔchuír（太鼓のばち）. 参考 多くは頭の部分が大きかったり球状になっている.

锤(錘 / 異 鎚❷❸) chuí
钅部8 全13画 四 8271₅ 常用
❶ 名 さおばかりの分銅. ¶秤~ chèngchuí（はかりの分銅）. ❷ 名〔~儿〕ハンマー. 金づち. ¶~子 chuízi／钉~ dīngchuí（くぎ）. ❸ 動（ハンマーなどで)たたく. ¶千~百炼 成 何度もうち鍛える. ❹（Chuí）姓.
【锤骨】chuígǔ 名《生理》槌骨(ついこつ). 参考 耳小骨(じしょうこつ)の一つ.
【锤炼】chuíliàn 動 ❶ 錬磨する. きたえる. ¶~自己／自分をきたえる. 回 锻炼 duànliàn, 磨炼 móliàn ❷ 文章や芸をみがく. ¶经过反复地~／何度も練り直す.
【锤子】chuízi 名〔個 把 bǎ〕金づち ¶~吃钉子 dīngzi, 钉子吃木头／金づちは釘に勝つ,釘は木に勝つ. 回 铁锤 tiěchuí

chun ㄔㄨㄣ [tṣʻuən]

春 chūn
日部5 四 5060₈
全9画 常用
❶ 素 春. ¶~分 chūnfēn / ~寒 chūnhán / 早~ zǎochūn（早春）／一年之计在于~（一年の計は元旦にあり). 反 秋 qiū ❷ 素 生命力. 活力. ¶青~ qīngchūn（青春）／回~ huíchūn（蘇生させる）／枯木~ 成 枯木に花が咲く). ❸ 素 男女間の情欲.

春 chūn

~心 chūnxīn / ~画 chūnhuà（ポルノ）. ❹（Chūn）姓.

【春饼】chūnbǐng 名《料理》〔量 个 ge, 块 kuài, 张 zhāng〕春餅(チン). 小麦粉をこねて薄く伸ばして焼いた皮に, 野菜や肉などを包んだ食べもの. 同 薄餅 báobǐng 由来 立春の日に食べることから.

【春播】chūnbō 春の種まきをする. ¶~作物 / 春まきの作物. 反 秋收 qiūshōu

【春蚕】chūncán 名 春に飼うカイコ. はるご. ¶~到死丝方尽 jìn / 蚕は死に臨んではじめて糸をつむのをやめる("丝"は"思"とかけことばで, 死ぬまで尽きない思いのたとえ). ¶~自缚 fù / 自縄自縛. 蚕が自分の吐いた糸で自分を閉じ込めることから.

【春肥】chūnféi 春にやる肥料. 春肥え. ¶农民开始施~ / 農家では春肥えを施しはじめた.

【春分】chūnfēn 名 春分. 二十四節気の一つ.

【春风】chūnfēng 名 ❶春の風. ¶~拂 fú 面, 心旷 kuàng 神怡 yí / 春風に顔をなでられ, 心はのびのびとして気持ちがいい. ❷にこやかな表情. ⇨ 春风满面 chūn fēng mǎn miàn

【春风得意】chūn fēng dé yì 成 とんとん拍子に出世したり, 事業が順風満帆でいるようす.

【春风化雨】chūn fēng huà yǔ 成 植物の生長にほどよい雨と風. 好ましい教育のたとえ.

【春风满面】chūn fēng mǎn miàn 成 喜びに輝いた顔つき. ¶奶奶~地坐在门口, 给孙子们讲故事 / おばあちゃんはおだやかな笑みをうかべ, 戸口に坐って孫たちにお話をしてやる.

【春耕】chūngēng 名 春に田畑を耕すこと. ¶~夏耘 yún, 秋收冬藏 cáng / 春に耕し夏に草取り, 秋に収穫し冬は貯蔵する.

【春宫】chūngōng 名 ❶旧 皇太子が住んだ宮殿. 東宮(そう). ❷春画. 同 春画 chūnhuà

【春灌】chūnguàn 動 春に田畑に水を引く.

【春光】chūnguāng 名〔量 派 pài, 片 piàn〕春の景色. ¶~明媚 míngmèi / 春の景色が美しい.

【春寒】chūnhán 名《气象》花冷え. 春寒(かん).

【春寒料峭】chūnhán liàoqiào 成 春先の肌寒い天気. 花冷え.

【春花】chūnhuā 名 春の花. ¶~作物 / 春に花が咲く作物.

【春华秋实】chūn huá qiū shí 成 春に咲く花と秋に結ぶ実. 文才と品行とのかねあい. 参考 古文では"花"の意の"华"を"huā"と発音する.

【春化】chūnhuà《農業》春化処理. バーナリゼーション. ヤロビザーチヤ.

【春荒】chūnhuāng 名 春の収穫端境(きょう)期の食料不足.

【春晖】chūnhuī 名 文 春の太陽. 表现 母の愛や両親の恩のたとえにも使う.

【春季】chūnjì 名 春. 参考 ふつう立春から立夏までをいう. 旧暦の1～3月を指すこともある.

【春假】chūnjià 春休み.

【春江花月夜】Chūnjiāng huāyuèyè《音楽》❶「春江花月夜」. 中国の民族楽器による合奏曲. ❷同名の管弦楽曲.

*【春节】Chūnjié 名 春節(しゅん). 旧暦の正月. ⇨付録「祝祭日一覧」

【春卷】chūnjuǎn 名（~儿）《料理》〔量 个 ge, 只 zhī〕春巻.

【春考】chūnkǎo 名 春季に実施する大学入試. 参考 中国の大学入試は通常6月に行われる.

【春兰】chūnlán 名《植物》シュンラン.

【春雷】chūnléi 名〔量 声 shēng, 阵 zhèn〕春を告げる雷. ¶平地一声~ / うれしいことが急に起こる. ¶演唱会场上爆发 bàofā 出~般的掌声 / コンサート会場は春雷の如き喝采にわいた. 表现 比喩に多く用いられる.

【春联】chūnlián 名（~儿）〔量 副 fù〕めでたいことばを書いた"对联 duìlián"旧正月に門や入口に貼る. ¶贴上~, 迎接春节 / 春聯を貼って, 春節を迎える. 同 门对 ménduì ⇨对联 duìlián（図）

【春令】chūnlìng 名 ❶春. ❷春の気候. ¶冬行~ / 小春日和.

【春麦】chūnmài 名 春まきの小麦. 同 春小麦

【春梦】chūnmèng 名《口》春の"场 cháng"はかない夢.

【春暖花开】chūn nuǎn huā kāi 暖かい春が訪れ, 花が咲く. 表现 春のうららかな景色をいう.

【春情】chūnqíng 名 恋ごころ.

【春秋】chūnqiū 名 ❶春と秋. 転じて, 年月や歳月. ¶~多佳 jiā 日 / 春と秋には天気のよい日が多い. ❷一年. 年齢. ¶富 fù 于~ / 年が若い. ¶已高 / 年老いている.

【春秋】Chūnqiū ❶《書名》『春秋』. 魯(ろ)の国の年代記を孔子が整理したもの. ❷名 春秋時代（前770-前476）.

【春色】chūnsè 名 ❶春の景色. ❷うれしそうな顔. 酒などで, ほんのりと赤い顔. ¶满面~ / 顔中に喜びがあふれる.

【春色满园】chūn sè mǎn yuán 成 春の色が庭に満ちあふれる. 同 满园春色

【春上】chūnshang 名〔口〕春の時期.

【春试】chūnshì 名〔旧〕（科挙制度の）会試(がいし). 由来 明・清代には, 会試を春に実施したことから.

【春笋】chūnsǔn 名 春のタケノコ. ¶雨后~ / 成 雨後のタケノコ. ¶~怒发 nùfā / タケノコが勢いよく伸びる.

*【春天】chūntiān 名 春. ¶~里, 百花盛开 shèngkāi / 春にはあらゆる花が盛大に咲く.

【春小麦】chūnxiǎomài 名 春まきの小麦. 同 春麦 chūnmài

【春心】chūnxīn 名 文 恋ごころ. ¶~ 荡漾 dàngyàng, 按纳 ànnà 不住 / 心がうきうきして, 押さえ切れない.

【春汛】chūnxùn 名 雪解けによって起きる河川の増水. 同 桃花汛 táohuāxùn

【春药】chūnyào 名 媚(び)薬.

【春意】chūnyì 名 ❶〔量 分 fèn〕春の気配. ¶大地已有几分~ / 大地にもう春の兆しが見える. ❷恋ごころ. 同 春心 chūnxīn

【春意盎然】chūnyì àngrán 句 春の息吹があちこちにあふれる.

【春游】chūnyóu 名 春のピクニック. ¶这个星期天, 小美她们去阳明山~ / この日曜日には, メイちゃんたちは陽明山でピクニックだ.

【春雨】chūnyǔ 名 春の雨. ¶~贵如油 / 春の雨は油のように貴重だ.

【春运】chūnyùn 名 春節期間の旅客・貨物輸送.

【春招】chūnzhāo 名 春季入試の学生募集.

【春种】chūnzhòng 名 春の種まき.

【春装】chūnzhuāng 名〔量 件 jiàn, 身 shēn, 套 tào〕春の服装. ¶~打扮 / 春の装い.

椿 chūn

木部9 四 4596₈
全13画 次常用

❶ 素《植物》チャンチン. 同 香椿 xiāngchūn ❷ 素《植物》ニワウルシ. ニガキ科の落葉高木で、よく庭木や街路樹とされる. 同 臭椿 chòuchūn ❸《Chūn》姓. 参考 日本のツバキは、"山茶 shānchá"・"茶山 cháshān" という. ①は、センダン科の芳香の強い落葉高木. 若芽を食用とするほか、材木は堅く光沢が美しいため建築や家具用にいられる. 日本名は、中国語名から転訛(てんか)したもの.

【椿树】chūnshù 名《植物》チャンチン. 同 香椿 xiāngchūn
【椿象】chūnxiàng 名《虫》カメムシ. 同 蝽 chūn
【椿萱】chūnxuān 名 文 両親. ¶～并茂 bìngmào / 両親とも健康だ.

蝽 chūn

虫部9 四 5516₈
全15画 通用

名《虫》〔個 个 ge, 只 zhǐ〕カメムシ. 同 椿象 chūnxiàng

纯(純) chún

纟部4 四 2511₇
全7画 常用

形 ❶ 混じり気がない. ¶～洁 chúnjié /～白 chúnbái / 单～ dānchún（純粋だ). 反 杂 zá ❷ 熟練している. ¶～熟 chúnshú.

【纯白】chúnbái 形 真っ白だ. ¶小明的脸色～/ ミンさんの顔は真っ白だ.
【纯粹】chúncuì ❶ 形 純粋だ. ¶这些金币是用～的金做成的 / これらの金貨は、純金で作られている. 同 纯正 chúnzhèng, 地道 dìdao ❷ 副 まったく. ただ. ¶这种作法、～是浪费时间 / こんなやり方は、まったく時間の無駄だ. 用法 ②は、"是"と連用する. 比較 1)"纯粹"は「混じりけがない」,"纯洁 chúnjié"は「汚れていない」の意. 2)"纯粹"は人や物質を形容し、"纯洁"は人や物質のほか、人の心や感情、組織なども形容する.
【纯度】chúndù 名 純度.
【纯化】chúnhuà 動 純化する. 浄化する.
【纯碱】chúnjiǎn 名《化学》炭酸ナトリウム. 苏打 sūdá
【纯洁】chúnjié ❶ 形 汚れがなく、清らかだ. ¶心地～/ 心が清らかだ. 同 纯真 chúnzhēn, 干净 gānjing, 洁净 jiéjìng, 清 qīng 反 肮脏 āngzāng 反 纯粹 chúncuì ❷ 動 浄化する. ¶～组织 / 組織を浄化する.
【纯金】chúnjīn 名 純金.
【纯净】chúnjìng 形 まじりけがなく、きれいだ. ¶～的水、是透明的 / 清浄な水は、透明だ. 反 污浊 wūzhuó
【纯利】chúnlì 名 純利益. 純益.
【纯平彩电】chúnpíng cǎidiàn 名 平面テレビ. 平面画像テレビ.
【纯朴】chúnpǔ 形 純朴だ. 同 淳 chún 朴 比較 "纯朴"は人の考えや生活について言い、"淳朴"は性格や風俗について用いる.
【纯情】chúnqíng 名 純情だ. 表現 少女の可憐な気持ちについて言うことが多い.
【纯收入】chúnshōurù 名 純収入.
【纯熟】chúnshú 形 熟練した. 熟達した. ¶技术～/ 技術が熟練している. 同 熟练 shúliàn, 娴熟 xiánshú 反 生疏 shēngshū
【纯损】chúnsǔn 名 純損失.
【纯文学】chúnwénxué 名 純文学. 同 通俗 tōngsú 文学
【纯一】chúnyī 形 ただ一つ. ¶～不二 / 唯一無二.
【纯音】chúnyīn 名《物理》純音.
【纯真】chúnzhēn 形 純真だ. ¶～无邪 wúxié 的笑容 / 純真無垢な笑顔. 同 纯洁 chúnjié
【纯正】chúnzhèng 形 純粋だ. まじりけのない. ¶动机～/ 動機が純粋である. ¶小张说的是～的北京语 / 張さんが話しているのは生っ粋の北京語だ. 同 纯粹 chúncuì, 地道 dìdao
【纯质】chúnzhì 名 少しの汚(けが)れもない. 純粋だ.
【纯种】chúnzhǒng 名 純血種.

莼(蒓/異 蓴) chún

艹部7 四 4411₇ 通用
全10画
下記熟語を参照.

【莼菜】chúncài 名《植物》〔棵 kē〕ジュンサイ.

唇(異 脣) chún

辰部3 四 7126₃
全10画 常用

素 くちびる. ¶～齿 chúnchǐ /～舌 chúnshé / 嘴唇 zuǐchún（くちびる）.
【唇彩】chúncǎi 名 リップグロス.
【唇齿】chúnchǐ 名 くちびると歯のように、たがいに密接な関係にあること. ¶互为 wéi～/ 密接な関係にある. ¶～之邦 bāng / 密接な関係にある国.
【唇齿相依】chún chǐ xiāng yī 成 たがいに依存し合う密接な関係にある.
【唇膏】chúngāo 名〔個 管 guǎn, 支 zhī〕口紅.
【唇裂】chúnliè 名《医学》口唇裂. 同 兔唇 tùchún, 豁嘴 huōzuǐ
【唇枪舌剑】chún qiāng shé jiàn 成 舌端火を吐く. はげしい論争をする. 同 舌剑唇枪
【唇舌】chúnshé 名 ことば. 口数. ¶徒 tú 费～/ 言ってもむだである. ¶费了许多～、才把老人家说动了 / さんざん説明して、やっとお年寄りを説き伏せた.
【唇亡齿寒】chún wáng chǐ hán 成 利害を共にする密接な関係にあること. 由来『左传』僖公五年に見えることば.「唇がなくなると歯も寒くなる」という意から.
【唇吻】chúnwěn 名 文 ①くちびる. ② 弁舌の才.
【唇音】chúnyīn 名《言語》唇音(しんおん). くちびるを使う音. 両唇音(b,p,m)と唇歯音(f)がある.

淳 chún

氵部8 四 3014₇
全11画 次常用

❶ 素 素朴で飾り気がない. ¶～厚 chúnhòu / 美 chúnměi（純朴で美しい）/～朴 chúnpǔ. ❷ 《Chún》姓.

【淳厚】chúnhòu 形 人情が厚く、飾り気がない. ¶小李为人～、正直 / 李さんは飾らないまっすぐな人柄だ. 同 醇厚 chúnhòu, 淳朴 chúnpǔ, 憨厚 hānhòu, 浑厚 húnhòu
【淳朴】chúnpǔ 形 素朴だ. ¶～的庄稼人 zhuāngjiārén / 素朴な農民. 同 纯朴 chúnpǔ

鹑(鶉) chún

鸟部8 四 0742₇
全13画 通用

素《鸟》ウズラ. ¶鹌～ ānchún（ウズラ）.
【鹑衣百结】chún yī bǎi jié 成 衣服がぼろぼろだ. ¶他的家穷得家徒 tú 四壁、～/ 彼の家は貧しく、家の中は何もなくて、着るものはぼろぼろだ. 由来 "鹑衣"は「ぼろぼろの衣服」の意. 羽がまだらであることから. 日本でも「うずらごろも」という言い方がある.「百结」はつぎはぎだらけのこと.

醇 chún

酉部8 四 1064₇
全15画 次常用

❶ 素 濃厚でこくがある. ¶～酒 chúnjiǔ /～香 chún-

chǔn – cī

xiāng / 清~ qīngchún（混じり気がない）. ❷ 素 純粋な. ¶~厚 chúnhòu / ~化 chúnhuà. 同 淳 chún ❸ 名《化学》アルコール. ¶乙~ yǐchún（エチルアルコール）/ 甲~ jiǎchún（メチルアルコール）/ 胆固~ dǎngùchún（コレステロール）.

【醇和】chúnhé 形《性質や味が》純朴でおだやかだ. ¶酒味~ / 酒の味が濃くてまろやかだ.

【醇厚】chúnhòu 形 ❶香りや味が濃厚で, こくがある. ❷人情が厚く, 飾り気がない. 同 淳厚 chúnhòu

【醇化】chúnhuà 動 純化する. 混じり気をなくす. ¶~艺术 / 芸術を純粋にする.

【醇酒】chúnjiǔ 名 混じり気のないよい酒.

【醇香】chúnxiāng 名《酒やたばこなどの》芳香.

蠢 (憃❶❷) chǔn 虫部15 四 5013₆ 全21画 通 用

❶ 形 愚かだ. ¶~材 chǔncái / ~笨 chǔnbèn / ~ yúchǔn（愚かだ）. 同 笨 bèn, 傻 shǎ, 愚 yú ❷ 形 不器用だ. のろまだ. ❸ 素 虫が這い回る. ¶~~ chǔnchǔn / ~动 chǔndòng.

【蠢笨】chǔnbèn 形 ❶のろい. ¶切勿 wù 做出~的行为 / のろのろと行動しないでください. ❷のろまだ. 間のぬけた. ¶~的狗熊 gǒuxióng / 間のぬけた役立たず. 同 笨拙 bènzhuō, 愚笨 yúbèn, 蠢蠢 yúchǔn

【蠢材】chǔncái 名 ばか. とんま野郎. ¶每次考试都考零分, 你真是一个大~ / 試験のたびに零点で, おまえは本当にばかだ.

【蠢蠢】chǔnchǔn 形《文》❶虫がうごめくようす. ❷《情勢などが》不穏で不安定だ.

【蠢蠢欲动】chǔn chǔn yù dòng 成 敵や悪人がいまにも行動を起こそうとしている.

【蠢动】chǔndòng 動 ❶虫がもぞもぞとうごめく. ❷敵や悪人が, 騒いだり動きまわる.

【蠢话】chǔnhuà 名 たわけた話. ¶少说~！/ ばかなことは言うな.

【蠢货】chǔnhuò 名 ばか. とんま. 同 蠢材 chǔncái

【蠢驴】chǔnlǘ 名喩《ロバのような》うすのろ. まぬけ.

【蠢人】chǔnrén 名 ばか者. 間ぬけ.

【蠢事】chǔnshì 名 ばげけた事. ¶千万别做出~来 / くれぐれもばかな事をしでかさないように.

【蠢猪】chǔnzhū 名 ばかもの. 同 蠢材 chǔncái

chuo ㄔㄨㄛ [tʂʻuo]

踔 chuō 足部8 四 6114₆ 全15画 常用

動《文》❶とび跳ねる. ¶~腾 chuōténg（跳び上がる）/ ~励 chuōlì（気分が奮い立つ）/ 趻~ chěnchuō（跳び上がる）. ❷飛び越える. ¶~越 chuōyuè（飛び越える）/ ~绝之 zhī 能（卓絶した能力）.

戳 chuō 戈部14 四 1325₀ 全18画 常用

❶動《細長いものの先で》突く. ¶~穿 chuōchuān / 用手指头~了一下（指先でちょっとつつく）. ❷動方《細長いものが堅いものにぶつかってこわれる. けがをする. ¶打球~伤了手指（ボールが当たって指を突く）. ❸動方垂直に立つ. 垂直に立てる. ¶把棍子 gùnzi ~起来（棒を立てる）. ❹名《~儿》はんこ. 印章. ¶~子 chuōzi（印鑑）/ ~记 chuōjì / 邮~ yóuchuō（郵便スタ

ンプ）.

【戳穿】chuōchuān 動 ❶突き通す. ❷暴く. ¶~敌方的阴谋 yīnmóu / 敵の陰謀を暴く. 同 拆穿 chāichuān, 揭穿 jiēchuān

【戳记】chuōjì 名 組織や団体の印章. ¶骑缝 qífèng ~ / 割り印. ¶文件上有图章 túzhāng ~ / 書類には印章が押されている.

【戳破】chuōpò 動 突き破る. ¶用指头~了窗户纸 / 指先で窓紙に穴をあける.

【戳儿】chuōr 名 印鑑. ¶盖~ / 判を押す. ¶橡皮 xiàngpí~ / ゴム印. 同 戳子 chuōzi

啜 chuò 口部8 四 6704₇ 全11画 通 用

❶動《文》《茶やかゆなどを》すする. ¶~茗 chuòmíng（茶をすする）/ ~粥 chuòzhōu（かゆをすする）. ❷ 素 すすり泣く. ¶~泣 chuòqì.

☞ 啜 Chuài

【啜泣】chuòqì 動 すすり泣く. ¶~不止 / いつまでもすすり泣く. ¶低声~ / 声を抑えてすすり泣く. 同 抽泣 chōuqì

绰 (綽) chuò 纟部8 四 2114₆ 全11画 次常用

素 ゆったりとして, 余裕がある. ¶~有余 / 宽~ kuānchuo（広々としている）/ 阔~ kuòchuò（暮らしが豪奢だ）.

☞ 绰 chāo

【绰绰有余】chuò chuò yǒu yú 成 余裕しゃくしゃくだ.

【绰号】chuòhào 名 あだ名.

【绰约】chuòyuē 形《女性の姿態が》しなやかで美しい. ¶丰姿 fēngzī~ / 容姿がしなやかで美しい.

【绰约多姿】chuòyuē duōzī 句 女性の姿態がたおやかで美しいようす.

辍 (輟) chuò 车部8 四 4754₇ 全12画 通 用

素 中断する. 停止する. ¶~学 chuòxué / ~演 chuòyǎn / 中~ zhōngchuò（途中でやめる）/ 日夜不~（昼も夜もやめない）.

【辍笔】chuòbǐ 動《文》文章や絵画の制作を途中でやめる. 書きかけて筆をおく.

【辍学】chuòxué 動《文》中途で学業をやめる. 中途退学する. ¶不得不~就业 jiùyè / やむなく学業を断念して就職しなければならない.

【辍演】chuòyǎn 動 休演する. 上演を中止する.

龊 (齪) chuò 齿部7 四 2678₁ 全15画 通 用

→龌龊 wòchuò

ci ㄘ [tsʻɿ]

刺 cī 刂部6 四 5290₀ 全8画 常用

擬 ❶勢いよく滑るときの音. つるっ. すてん. ¶~溜 cīliū. ❷気体がせまい所を通りぬけたり, 物が風を切ったりする時の音. ひゅう. しゅう. ❸紙や布をひきさく音. びりっ. 物のこすれ合う音. しゅっ. ¶~啦 cīlā（びりっ）.

☞ 刺 cì

【刺棱】cīlēng 擬 すばやい動きをあらわす音. ひゅっ. すっ. さっ.

【刺溜】cīliū〔擬〕(足下などで)勢いよくすべるような音．つるっ．するっ．すてん．

差 cī 羊部3 四 8010₂ 全9画 常用

→参差 cēncī
☞ 差 chā, chà, chāi

疵 cī 疒部6 四 0011₂ 全11画 通用

〔素〕欠点．短所．¶～品 cīpǐn（欠陥製品）／～点 cīdiǎn／瑕～ xiácī（小さな欠点）／吹毛求～〔成〕あらさがしをする．

【疵点】cīdiǎn 〔名〕きず．欠点．¶简直 jiǎnzhí 没有任何～可寻 xún／まったくどんな欠点も見つけようがない．
【疵毛】cīmáo 〔動〕人のあらさがしをする．⇔吹 chuī 毛求 qiú 疵．

跐 cī 足部6 四 6211₀ 全13画 通用

〔動〕足元が滑る．
☞ 跐 cǐ

词(詞) cí 讠部5 四 3772₀ 全7画 常用

〔名〕❶ （～儿）《言語》〔量 个 ge, 条 tiáo〕単語．¶～典 cídiǎn／～汇 cíhuì／这个～用得不妥当 tuǒdang（この単語は使い方が適切でない）．❷ （～儿）ことば．歌詩・文章・戯曲の中の語句．せりふ．¶答～ dácí（答辞）／台～ táicí（せりふ）／你还有什么～儿？（まだ何か言いたいことがあるか）．❸ 《文学》〔量 句 jù, 阕 què, 首 shǒu〕詞．長短句まじりの韻文の一形式で，唐代にはじまり宋代に盛んとなった．¶～调 cídiào（詞の格式）／～曲 cíqǔ／～韵 cíyùn（詞を作るときに用いる韻または韻書）／宋～ Sòngcí（宋詞）．

【词不达意】cí bù dá yì〔成〕ことばが足りず意味が通じない．⇔辞 cí 不达意,辞不逮 dài 理 lǐ
**【词典】cídiǎn〔名〕〔量 本 běn, 部 bù〕辞書．¶查 chá～／辞書を引く．⇔辞典 cídiǎn〔用法〕"词典"は単語の解説を主とした辞書であり，"字典 zìdiǎn"は漢字一字ごとに,その形・音・義を解説したもの．
【词法】cífǎ〔名〕《言語》形態論．語形論．
【词锋】cífēng〔名〕ことばのほこ先．¶他的～很锐利 ruìlì／彼はたいへん舌鋒が鋭い．
【词根】cígēn〔名〕《言語》語根．語幹．
【词话】cíhuà〔名〕❶ 《文学》詞の作品や作者について評論した書．❷ 人間の／人間(ᡤン)詞話．宋代に起こった,散文に韻文をまじえた語り物の一種で章回小説の前身．¶金瓶梅～／金瓶梅(キンペイバイ)詞話．
【词汇】cíhuì〔名〕《言語》語彙(ᴵ)．¶～贫乏 pínfá／ボキャブラリーが乏しい．¶这本词典～丰富／この辞書は語彙が豊富である．
【词句】cíjù〔名〕語句．言いまわし．¶～通顺／ことば遣いがすっきりしている．
【词库】cíkù〔名〕《言語》語彙(ᴵ)集．レキシコン．
【词类】cílèi〔名〕《言語》品詞．
【词令】cílìng →辞令 cílìng
【词牌】cípái〔名〕《文学》詞が歌われるメロディの名称．〔参考〕"西江月","蝶恋花 Diéliànhuā"など．
【词谱】cípǔ〔名〕《文学》填词(ᡤン)を作成する際,その詞牌の格式（一句中の字数や韻の並べ方など）を記した書物．〔参考〕填词は中国古代の韻文の一つ．
【词曲】cíqǔ〔名〕《文学》"词"と"曲"の総称．
【词人】círén〔名〕詞や詩,文章を書くに長けた人．

【词讼】císòng〔名〕〔動〕《法律》訴訟(を起こす)．⇔辞 cí 讼
【词素】císù〔名〕《言語》形態素(意味をもつ最小の言語単位)．⇔语素 yǔsù
【词头】cítóu〔名〕《言語》接頭語．接頭辞．⇔前缀 qiánzhuì〔反〕词尾 cíwěi
【词尾】cíwěi〔名〕《言語》接尾語．接尾辞．⇔后缀 hòuzhuì〔反〕词头 cítóu
【词形】cíxíng〔名〕《言語》語形．
【词性】cíxìng〔名〕《言語》品詞の分類のよりどころとなる語の特性．〔参考〕たとえば"一把锁 yībǎsuǒ"の"锁"は「数詞+量詞」と結びつくので名詞，"锁门 suǒmén"の"锁"は目的語を伴うので動詞，など．
【词序】cíxù〔名〕《言語》語順．
【词义】cíyì〔名〕《言語》語義．ことばの意味．
【词语】cíyǔ〔名〕語句．字句．¶生僻 shēngpì～／まれにしか使われない字句．
【词源】cíyuán〔名〕語源．
【词韵】cíyùn〔名〕《文学》詞を作る際にふむ韻の規律．またはそれを記した書物．
【词藻】cízǎo〔名〕詩文の中に使用する表現上の技巧．いわまし．⇔辞 cí 藻〔参考〕多くは古典などの典故や引用をいう．
【词章】cízhāng →辞章 cízhāng
【词组】cízǔ〔名〕《言語》連語．〔参考〕複数の単語の組み合わせでできる語句．たとえば"新社会","打扫干净","破除迷信"など．⇨单词 dāncí

茈 cí 艹部6 四 4411₂ 全9画 通用

→凫茈 fúcí
☞ 茈 zǐ

茨 cí 艹部6 四 4418₂ 全9画 通用

❶ 〔動〕茅(ᴱ)や葦(ᴵ)などで屋根をふく．❷ 〔名〕《植物》ハマビシ．⇔蒺藜 jílí

【茨菰】cígu〔名〕《植物》クワイ．⇔慈菇 cígu,荸荠 bíqí [-qī]

兹(茲) cí 八部7 四 8073₂ 全9画 通用

→龟兹 Qiūcí
☞ 兹 zī

祠 cí 礻部5 四 3722₀ 全9画 通用

〔素〕(祖先や神霊,英雄や有徳の人物を祭る)やしろ．ほこら．¶～堂 cítáng／宗～ zōngcí（祖廟）．
【祠堂】cítáng〔名〕〔量 处 chù, 个 ge, 座 zuò〕❶ 一族の先祖をまつるところ．❷ ほこら．やしろ．

瓷 cí 瓦部6 四 3771₇ 全10画 次常用

〔名〕磁器．¶～窑 cíyáo／青～ qīngcí（青磁(ᴵ)）／陶～ táocí（陶磁器）．
【瓷雕】cídiāo〔名〕磁器にほどこした彫刻．
【瓷都】cídū〔名〕江西省景徳鎮市を指す．〔由来〕磁器生産で世界に有名なことから．
【瓷瓶】cípíng〔名〕❶ 磁器製の瓶．❷ 《電気》碍子(ᶢᴵ)．¶～开关／碍子スイッチ．
【瓷漆】cíqī〔名〕エナメルペイント．⇔磁漆 cíqī
【瓷器】cíqì〔名〕〔量 个 ge, 件 jiàn, 套 tào〕磁器．
【瓷实】císhi〔形〕(基礎などが)しっかりしている．¶他用心钻研 zuānyán,学习基础打得很～／彼は研究に努め,

基礎を着実に学んでいる. 回 瓷瓷实实
【瓷土】cítǔ 名 陶土. 主に"高岭土 gāolǐngtǔ"(カオリン)をいう. 回 坩子土 gānzitǔ
【瓷窑】cíyáo 名 磁器を焼く窯(がま).
【瓷釉】cíyòu 名 釉薬(うわぐすり).
【瓷砖】cízhuān 名〔🎨 块 kuài〕タイル. ¶铺 pū〜/タイルを貼る. ¶揭 jiē〜/タイルをはがす.

辞(辭/异辝) cí 舌部7 四 2064₁ 全13画 常用

❶ 動 別れを告げる. ¶〜别 cíbié / 〜行 cíxíng / 告〜 gàocí (いとまごいをする) / 与世长 cháng〜 (長逝する). ❷ 動 断る. 辞退する. ¶〜职 cízhí / 推〜 tuīcí (辞退する) / 婉〜 wǎncí (婉曲に断る). ❸ 動 避ける. 嫌う. ¶不〜辛苦(苦労をいとわない). ❹ 素 ことば. 美しいことば. ¶〜藻 cízǎo / 修〜 xiūcí (修辞) / 〜典 cídiǎn. ❺ 素《文学》古典の文体の一つ. ¶楚〜 Chǔcí (楚辞). ❻ 素《文学》古体詩の一つ. ❼ (Cí) 姓. 参考 ❻は, 複合語では"辞"を"词"と書くことがある.

【辞别】cíbié 動 別れを告げる. ¶〜母校 mǔxiào / 母校に別れを告げる. 回 告别 gàobié
【辞呈】chíchéng 名 辞表. ¶提出〜 / 辞表を提出する.
【辞典】cídiǎn 名 ❶ 辞典. ❷ 事典. 百科語句や解釈を集めたもの. 表現 ①の意味では, "词典"と書くことが多い.
【辞赋】cífù 名《文学》辞賦(じふ). 回 词赋 cífù 由来 散文であるが, 句末に韻をふむ文体. 漢代の人が, 屈原たちの賦を"楚辞"といったことから, "賦"形式の文学を"辞賦"と称するようになった.
【辞工】cígōng 動 ❶ 解雇する. ¶他被厂方辞了工 / 彼は工場側から解雇された. ❷ 辞職する. ¶老李〜不干了 / 李さんは辞職した.
【辞海】Cíhǎi (书名)『辞海ぶ』. 参考 中国で出版されている大判の総合型辞書. 初版は, 1937年に中華書局から出され, 現在では, 上海辞書出版社から改訂版が刊行されている.
【辞灵】cí//líng (出棺前に)死者に別れを告げる.
【辞令】cílìng 名 辞令. 人と応対するときのことば遣い. ¶外交〜 / 外交辞令. ¶他应对 yìngduì 敏捷 mǐnjié, 善于〜 / 彼は受け答えがてきぱきして, ことば遣いもたくみだ. 回 词令 cílìng
【辞去】cíqù 動 ❶ あいさつをして去る. ❷ 辞職する. ¶〜了多年来的工作 / 長年つとめてきた職を辞す.
【辞让】círàng 動 遠慮して辞退する. ¶〜一番 yīfān / 一度は辞退する. 回 谦让 qiānràng, 推让 tuīràng
【辞世】císhì 動 ❶ 隠遁(いんとん)する. ❷「死ぬ」の婉曲表現. 回 谢世 xièshì
【辞书】císhū 名〔🎨 本 běn, 部 bù〕辞書.
【辞讼】císòng → 词讼 císòng
【辞岁】cí//suì 動 旧暦の大みそかの夜, 家族が集まって, 一年の無事を祝い合う. ¶年三十晩, 家家都在〜 / 大みそかには, どこの家でも一年の無事を祝い合う. 回 辞年 cínián
【辞退】cítuì 動 ❶ くびにする. ¶〜保姆 bǎomǔ / お手伝いさんをくびにする. 回 解雇 jiěgù 反 聘请 pìnqǐng ❷ 丁重に断る. ¶〜礼物 / プレゼントを丁重に断る. 回 辞谢 cíxiè
【辞谢】cíxiè 動 ❶ ていねいに断る. ❷ 謝絶する. ¶托病〜 / 病気にかこつけて謝絶する.
【辞行】cí//xíng 動 別れを告げる. ¶今天, 我是来向大家〜的 / 今日は, 皆さんにお別れを言いに来ました. ¶〜泪 / 人の死に際に流す涙.
【辞源】Cíyuán (书名)『辞源げん』. 参考 中国で出版されている大判の国語辞書. 1915年, 商務印書館から出版され, 現在でも改訂版が出されている.
【辞藻】cízǎo 名 ことばのあや. 詞藻(しそう). ¶堆砌 duīqì〜 / 美辞麗句をならべる. 回 词藻 cízǎo
【辞章】cízhāng 名 ❶ 韻文と散文の総称. 回 词章 ❷ 文章の技巧. 修辞. 回 词章
【辞职】cí//zhí 辞職する. 反 就职 jiùzhí

慈 cí 心部9 四 8033₃ 全13画 常用

❶ 形 優しい. 情け深い. ¶心〜手软(心が優しくて, むごいことが出来ない). ❷ 名 母親. ¶家〜 jiācí (母). ❸ (Cí)姓.

【慈爱】cí'ài 形 慈愛深い. ¶母亲那〜的眼睛, 鼓励儿女上进 / 母の慈愛のまなざしは, 子供たちの進歩の励みとなる. 回 严厉 yánlì
【慈悲】cíbēi 形 あわれみ. 慈悲. ¶请老爷大发〜, 原谅我的过失 / どうか旦那様お慈悲を垂れて, 私の過ちをお許しください. 回 慈善 císhàn
【慈姑】cígu 名《植物》〔🎨 棵 kē〕クワイ. 回 茨菰 cígu
【慈和】cíhé 形 情が深く, 親切で優しい.
【慈眉善目】cí méi shàn mù 成 慈悲深い顔つき. ¶她长 zhǎng 得〜 / 彼女は慈悲深い顔つきをしている.
【慈母】címǔ 名〔いつくしみ深い〕母.
【慈善】císhàn 形 慈悲深い. ¶〜心肠 xīncháng / 慈悲深い心. ¶〜的心, 捐款 juānkuǎn 救灾 jiùzāi / チャリティーの精神で, 被災地のため寄付をする. 回 慈悲 cíbēi, 慈祥 cíxiáng
【慈禧太后】Cíxǐ tàihòu《人名》西太后(せいたいごう). 1835-1908. 清の咸豊(かんぽう)帝の妃で, 同治帝の生母. 清末期に政権を握る. 保守派の中心人物で, 変法運動を弾圧した.
【慈祥】cíxiáng 形 おだやかで優しい. ¶〜的面容 miànróng / 優しい顔つき. 回 慈善 císhàn
【慈心】cíxīn ❶ 名 慈悲の心. ¶大发〜 / 慈しみ深い. ❷ 慈悲深い.

磁 cí 石部9 四 1863₂ 全14画 常用

❶ 素 磁性. 磁気. ¶〜石 císhí. ❷ "瓷 cí"に同じ.

【磁棒】cíbàng 名 棒磁石.
【磁暴】cíbào 名《物理》磁気あらし.
【磁场】cíchǎng 名《物理》磁場. 磁界.
【磁场强度】cíchǎng qiángdù 名《物理》磁界. 磁場(強度). 参考 単位は, "安/米"(A/m. アンペア/メートル).
*【磁带】cídài 名〔🎨 盒 hé, 盘 pán〕磁気テープ. ¶〜录音机 / テープレコーダー. ¶〜盒 / カセットテープ. ¶〜录像机 / ビデオテープレコーダー.
【磁碟】cídié 名 磁気ディスク.
【磁感应】cígǎnyìng 名《物理》磁気誘導. 磁気感応.
【磁钢】cígāng 名 磁気鋼.
【磁化】cíhuà 動《物理》磁化する. ¶〜率 lǜ / 磁化率. ¶〜器 qì / マグネタイザー.
【磁化水】cíhuàshuǐ 名《物理》磁気水.
【磁极】cíjí 名《物理》磁極. ¶〜距 jù / 磁極間の距離.
【磁卡】cíkǎ 名 磁気カード.

【磁卡电话】cíkǎdiànhuà 名 カード式公衆電話.
【磁力】cílì 名《物理》磁力. ¶～勘探 kāntàn / 磁気探査. ¶～轫 rèn / 磁気制動機.
【磁力线】cílìxiàn 名《物理》磁力線.
【磁疗】cíliáo 名 磁気治療.
【磁能】cínéng 名《物理》磁気エネルギー.
【磁盘】cípán 名 磁気ディスク.
【磁石】císhí 名 ❶《物理》A が銀を地面に埋め,「ここには銀三百両はない」と書いた札を立てた。それを見た隣人の B は銀を掘り出し,札の反対側に「B は盗んでいない」と書いた,という古い笑い話から.
【磁体】cítǐ 名《物理》磁性体.
【磁铁】cítiě 名《物理》磁石. ¶永久 yǒngjiǔ～/ 永久磁石. ¶暂时～/ 電磁石. ¶电～/ 電磁石. 同磁石 císhí, 吸铁石 xītiěshí
【磁通量】cítōngliàng 名《物理》磁束(ふ̇く). 参考 単位は"韦伯 wéibó"（ウェーバ. Wb）.
【磁头】cítóu 名 磁気ヘッド.
【磁性】cíxìng 名《物理》磁性. ¶铁～/ 強磁性.
【磁悬浮列车】cíxuánfú lièchē 名 リニア・モーターカー. 同磁浮列车
【磁针】cízhēn 名《物理》〔量 个 ge, 根 gēn〕磁針.

雌 cí
隹部6 四 2011₅
全14画 通用

索 雌の. ¶～鸡 cíjī（めんどり）. 反 雄 xióng
【雌二醇】cí'èrchún 名 エストロゲン. 卵巣ホルモンの代表的なもの.
【雌伏】cífú 動 ❶(文)屈服する. ¶他的性格是不甘～于人的/ 彼は人に屈服するのは耐えられない性格だ. ❷世間から身を隠す. 雌伏(しふく)する. ¶隐身 yǐnshēn～,以待雄飞 xióngfēi 之日 / 身を隠し,雄飛する日を待つ.
【雌花】cíhuā 名《植物》雌花.
【雌黄】cíhuáng 名 ❶《鉱物》雌黄(しおう). 石黄(せきおう). ❷でたらめな添削行為. かってに議論をまげる行為. ¶妄下 wàngxià～/ でたらめに文章をなおしたり,かってな批評をする. ¶信口～/(成)口からでまかせをいう. 参考 ①は,顔料や薬用として用いられる. ②は,昔,文章を添削するのに,"雌黄"で消してその上に書いたことから.
【雌激素】cíjīsù 名《生理》女性ホルモン.
【雌蕊】círuǐ 名《植物》めしべ. 反雄蕊 xióngruǐ
【雌性】cíxìng 名《生物》雌性. 雌. ¶～激素 jīsù / 女性ホルモン.
【雌雄】cíxióng 名 ❶《生物》メスとオス. ❷勝敗. 優劣. ¶快点过来,与我决一～/ さあこい,私と決着をつけよう.
【雌雄同体】cíxióng tóngtǐ 名《生物》雌雄同体.
【雌雄同株】cíxióng tóngzhū 名《植物》雌雄同株(どうしゅ).
【雌雄异体】cíxióng yìtǐ 名《生物》雌雄異体.
【雌雄异株】cíxióng yìzhū 名《植物》雌雄異株.

鹚（鷀/異 鶿） cí
鸟部9 四 8772₇
全14画 通用

→鸬鹚 lúcí

糍（異 餈） cí
米部9 四 9893₂
全15画 通用

索 もち米で作った食品.
【糍粑】cíbā 名 蒸したもち米をついて作った食品.

此 cǐ
止部2 四 2211₀
全6画 常用

❶代(文)この. これ. ¶～人 cǐrén（この人）/ 彼～ bǐcǐ（双方）. 反 彼 bǐ ❷代(文)ここ. ¶由～往西（ここから西へ行く）/ 到～为止 wéizhǐ（ここまでで終わりにす

る）. ❸代 これ. ¶～呼彼应（これが呼びかけると彼が応じる）/ ～起彼伏. ❹(Cǐ)姓.
【此地】cǐdì 名 当地. ここ. ¶路过～,顺便拜访 bàifǎng 多年没见的朋友 / この地まで来たからには,ついでに長年会っていない友人を訪ねよう.
【此地无银三百两】cǐ dì wú yín sān bǎi liǎng (俗) 隠そうとしてつまらぬ細工をすることで,逆にそれがばれてしまうこと. 由来 ある人 A が銀を地面に埋め,「ここには銀三百両はない」と書いた札を立てた. それを見た隣人の B は銀を掘り出し,札の反対側に「B は盗んでいない」と書いた,という古い笑い話から.
【此伏彼起】cǐ fú bǐ qǐ →此起彼伏
【此后】cǐhòu 名 このあと. それ以来. 同 尔后 ěrhòu
【此间】cǐjiān 名 ここ. ¶～已有传闻 chuánwén / うわさがここにも伝わっている.
【此刻】cǐkè 名 このとき. いま. ¶～情况万分危急 / 現在,情況はたいへん切迫している.
【此路不通】cǐlù bùtōng (慣) 行き止まり. ものごとがうまく進まないこと.
【此起彼伏】cǐ qǐ bǐ fú こちらが起きると,あちらが収まる. ひっきりなしに起こる. ¶欢呼 huānhū 声～/ 歓呼の声があちこちであった. 同此伏彼起,此起彼落 luò
【此前】cǐqián 名 今現在より前.
【此生】cǐshēng 名 この人生. この生涯.
【此时】cǐshí 名 このとき. ¶～此地,我已找不到认识的面孔 miànkǒng 了 / いまこの場では,私は自分の知った顔を見つけ出せない.
*【此外】cǐwài 接 このほか. その上. ¶他精通 jīngtōng 英文和日文,～还会讲一口流利的法语 / 彼は英語と日本語に精通し,ほかに,流暢なフランス語まで話せる.
【此消彼长】cǐ xiāo bǐ zhǎng (句) こちらが消えたかと思うと,あちらで生じる. 騒ぎなどが収まらないこと.
【此一时,彼一时】cǐ yī shí, bǐ yī shí (成) 現在と以前とでは情況がまったく違う. 昔は昔,今は今. ¶没想到你变成大富翁 dàfùwēng 了,真是～啊 / あなたが大金持ちになるなんて思いもよらなかった. ほんとに昔と今では大違いですね.
【此致】cǐzhì 動 ここに申し上げます. ¶～敬礼 / 敬具. ¶～李先生 / 李先生敬白. 表现 手紙の末尾につける決まりことば.

泚 cǐ
氵部6 四 3211₀
全9画 通用

(文) ❶形 明るく澄んでいる. ❷動 筆に軽く墨をつける. ¶～笔作书（筆に墨をつけて字を書く）.

跐 cǐ
足部6 四 6211₀
全13画 通用

動 ❶踏みつける. 踏む. ¶～着门槛 ménkǎn（敷居をふんでいる）. ❷つま先で立つ. ¶～着脚往前看（つま先立って前をのぞき込む）.
☞ 跐 cī

次 cì
冫部4 四 3718₂
全6画 常用

❶量 回数を示すことば. ¶第一～来中国（はじめて中国に来た）. ❷形 品質がやや劣った. 二流の. ¶～货 huò / 质量太～（質が悪すぎる）. ❸名 順序. 序列. ¶名～ míngcì（順位）/ 依～ yīcì 前进（順番に前に進む）. ❹名 二番目の. 次の. ¶～子 cìzǐ（次男）/ ～日 cìrì. ❺名 旅の宿. 宿泊地. ¶旅～ lǚcì（旅先での宿）. ❻(Cì)姓.
【次大陆】cìdàlù 名 亜大陸. ¶南亚～/ インド亜大陸.

【次洲】cìzhōu
【次道德】cìdàodé 下等道德意識. 犯罪者の犯罪行為の過程において生じる, いくばくかの道徳的考え. 表現 "亚道德"とも言う.
【次等】cìděng 二級の. 二流の. ¶～货／二級品.
【次第】cìdì ❶名 順序. ❷副 順を追って. ¶～入座／順番に席につく.
【次货】cìhuò 名〔個 个 ge, 件 jiàn, 批 pī〕二流品.
【次氯酸】cìlǜsuān 名《化学》次亜塩素酸.
【次贫】cípín (赤贫とまではいかないが)かなり貧しい人.
【次品】cìpǐn 名〔個 个 ge, 件 jiàn, 批 pī〕不良品.
【次日】cìrì 名 次の日. 翌日. ¶～起程 qǐchéng／次の日に出発する.
【次生】cìshēng 形 二次(の). 二期(の). 派生(した).
【次生林】cìshēnglín 名 二次森林. 原始林などが伐採や自然破壊などで絶滅した後, 自然にあるいは人口の回復した森林.
【次声】cìshēng 名《物理》可聴外音. 超低周波音. 参考 人には聞こえない20ヘルツ以下の音.
【次声武器】cìshēng wǔqì 名《軍事》超低周波音兵器.
【次数】cìshù 名 回数. ¶～太多／回数が多すぎる. 见到她的～不多／彼女に会えた回数は少ない.
【次序】cìxù 名 順序. 順番. ¶按照～入场／順序に入場する. 做事要有～／物事には順序が必要だ. 同 顺序 shùnxù
【次要】cìyào 形 それほど重要でない. 二次的だ. ¶～问题／二次的な問題. 被降 jiàng 至～的地位／あまり重要でないポストに降格される. 反 主要 zhǔyào
【次长】cìzhǎng 名《中央官庁の》次官. 副大臣や事務次官, 政務次官など. 参考 現代中国ではこの役職名はなく, 外国での呼称の訳語である.
【次之】cìzhī 動 これに次ぐ. その次になる.

伺 cì イ部5 四 2722₀ 全7画 常用

下記熟語を参照.
☞ 伺 sì
【伺候】cìhou 動 人に仕える. 身の回りの世話をする. ¶～病人／病人の世話をする. 精心 jīngxīn／心をこめて仕える. ¶～得周到到／世話が行き届いている. 同 服侍 fúshi, 侍候 shìhòu

刺 cì 刂部6 四 5290₀ 全8画 常用

❶動 突き刺す. ¶～伤 cìshāng／～绣 cìxiù. ❷動 刺激する. ¶～激 cìjī／～耳 cǐěr. ❸動 暗殺する. ¶～客 cìkè／被～(暗殺される). ❹素 探る. ¶～探 cìtàn. ❺動 風刺する. ¶讥～ jīcì (皮肉る)／讽～ fěngcì (風刺する). ❻名〔～儿〕〔根 gēn〕とげ. ¶～槐 cìhuái／鱼～ yúcì (魚の小骨)／话里别带～(とげのることを言わないで). ❼素 名刺. ¶名～ míngcì (名刺)／投～ tóucì (名刺を差し出す). ❽(Cì)姓.
☞ 刺 sì

【刺柏】cìbǎi 名《植物》イブキ. ビャクシン. 同 桧 guì
【刺鼻】cìbí 動 匂いが鼻につく. ¶她身上带有一股 gǔ ～的香水味／彼女の体から, 強い香水の香りがする.
【刺耳不休】cì cì bù xiū 成 休みなくしゃべり散らす.
【刺刀】cìdāo 名〔把 bǎ〕銃剣.
【刺耳】cì'ěr 形 耳ざわりだ. ¶～的刹车 shāchē 声／耳ざわりな, 車のブレーキ音. ¶一句话是～的话／一言

一言耳にさわることば. 同 逆耳 nì'ěr 反 入耳 rù'ěr, 顺耳 shùn'ěr, 悦耳 yuè'ěr
【刺骨】cìgǔ 動《寒さが》骨身にしみる. ¶寒风 hánfēng～／寒さが骨身にしみる.
【刺槐】cìhuái 名《植物》〔棵 kē〕ニセアカシア. ハリエンジュ. 同 洋槐 yánghuái
【刺激】cìjī 動 刺激する(こと). ¶～食欲 shíyù／食欲を刺激する. ¶这样的～, 谁也感觉难以 nányǐ 忍受 rěnshòu ／このようなショックを受けたら, どんな人だって耐えられない.
【刺客】cìkè 名〔個 个 ge, 名 míng〕暗殺者. 刺客.
【刺梅】cìméi 名《植物》ボケ.
【刺目】cìmù 形 ❶ 文 まぶしい. ¶这灯光不柔和 róuhé, 很～／このあかりは柔らかくなく, とてもまぶしい. ❷ 目ざわりだ. 同 刺眼 cìyǎn
【刺儿】cìr 名 とげ. ¶鱼～／魚の小骨. ¶手上扎 zhā 了个～／手にとげが刺さった.
【刺儿话】cìrhuà 名 皮肉. いやみ. とげのあることば. ¶说～／皮肉を言う.
【刺儿头】cìrtóu 名 口《難クセをつけたり, 挑発したりする》扱いにくいやつ. うるさいやつ.
【刺杀】cìshā ❶ 動 暗殺する. ¶被刺客～而亡 wáng／刺客に殺されて死ぬ. ❷ 名 銃剣術.
【刺伤】cìshāng 動 刺して傷つける. ¶～自尊心 zìzūnxīn／プライドを傷つける.
【刺史】cìshǐ 名 古代の役職名. 州の知事などの地方長官を言うことが多い.
【刺探】cìtàn 動 ひそかに探る. ¶～消息／消息を探る. ¶打探 dǎtàn, 探听 tàntīng
【刺猬】cìwei 名《動物》〔只 zhī〕ハリネズミ. 同 猬 wèi
【刺绣】cìxiù ❶ 動 刺しゅうする. ¶～针／刺しゅう針. ❷ 名〔幅 fú〕刺しゅう.
【刺眼】cìyǎn 形 ❶ まぶしい. ¶亮得～／まぶしいほど明るい. ❷ 目ざわりだ. ¶打扮得～／目ざわりなほど派手に着飾る. 同 刺目 cìmù, 扎眼 zhāyǎn 反 顺眼 shùnyǎn, 悦目 yuèmù
【刺痒】cìyang 形 口 かゆい. ¶被蚊子 wénzi 叮 dīng 了一下, 很～／蚊に刺されてかゆい.
【刺针】cìzhēn 名 ❶《生物》刺糸(し). ❷ とがった針のようなもの. 参考 ①は, 腔肠(こうちょう)動物の刺胞(ほう)内にある.

赐(賜) cì 贝部8 四 7682₇ 全12画 次常用

素 ❶ 上の者が下の者にものや便宜などを与えることの尊敬語. 赐(たまう). ¶恩～ ēncì（賜る）／～予 cìyǔ. ❷ 指導や返答を仰ぐときに用いる謙譲語. 赐る. ¶～教 cìjiào／～复 cìfù (お返事を賜る)／希～回音(お返事賜りますように). ❸ 賜りもの. ¶皆 jiē 受其～(みなその恩恵に浴する).
【赐福】cìfú 動《神などが》福をわけ与える.
【赐教】cìjiào 動 ご指導を賜る. ¶不吝 lìn～／おしみなくご指導賜りますよう. ¶务祈 qí～是幸／御教示賜れば, 幸甚です(手紙に用いる).
【赐予】〔与〕cìyǔ 動 目下の人に与える. ¶～爵位 juéwèi ／爵位を与える.

cong ㄘㄨㄥ [ts'ʊŋ]

匆(異忽、怱) cōng
勹部3 全5画 四 2742₀ 常用
素 あわただしい．せかせかと．¶～忙 cōngmáng ／ ～促 cōngcù.

【匆匆】cōngcōng 形 あわただしい．¶来去～／行き来があわただしい．¶～吃了一顿饭，又开始工作了／食事をそそくさと済ませ，また仕事を始めた．反 徐徐 xúxú

【匆促〈猝〉】cōngcù 形 あわただしい．¶一起程 qǐchéng，忘记了带摄像机／あわてて出発したので，カメラを持っていくのを忘れた．¶时间～，无法久留／時間に余裕がなくて，長居できない．同 仓促 cāngcù，仓猝 cāngcù

【匆忙】cōngmáng 形 あわただしい．¶～做出决定／あわただしく決定を下す．¶有人进来，她一地把信藏了起来／人が入ってくると，彼女はあわてて手紙を隠した．重 匆匆忙忙 同 急忙 jímáng

苁(蓯) cōng
艹部4 全7画 通用
❶下記熟語を参照．❷(Cōng)姓．

【苁蓉】cōngróng 名《植物・薬》肉苁蓉(にくじゅよう)．ホンオニクなどハマウツボ科の植物を乾燥させた漢方薬．

囱 cōng
丿部6 全7画 次常用
素 煙突．¶烟～ yāncōng（煙突）．

玑(璁) cōng
王部4 全8画 外
下記熟語を参照．

【玑珑】cōngróng 擬 玉(ぎょく)の装身具が触れ合う音．

枞(樅) cōng
木部4 全8画 通用
名《植物》モミ．同 冷杉 lěngshān
➡ 枞 Zōng

【枞树】cōngshù 名《植物》モミの木．同 冷杉 lěngshān

葱(異蔥) cōng
艹部9 全12画 常用
❶名《植物》〖棵 gēn, 棵 kē〗ネギ．¶大～ dàcōng（ネギ）／洋～ yángcōng（タマネギ）．❷素 緑色．¶～翠 cōngcuì.

【葱白】cōngbái うす青色の．

【葱白儿】cōngbáir 名〔段 duàn, 截 jié〕ネギの白い部分．

【葱葱】cōngcōng 形 草木が青々と茂っている．¶郁郁yùyù～／草木が青々と茂っている．

【葱翠】cōngcuì 形 青々とした．緑したる．¶～的竹林／青々と生い茂った竹林．同 葱茏 cōnglóng，葱郁 cōngyù

【葱花】cōnghuā 名 ❶刻みネギ．❷ ねぎ坊主．

【葱茏】cōnglóng 形 草木が青々と茂っている．¶草木～／草木が青々と茂っている．同 葱郁 cōngyù

【葱绿】cōnglǜ 形 ❶もえぎ色の．同 葱心儿绿 cōngxīnrlǜ ❷草木が青々としている．¶～的田野／緑の野原．

【葱头】cōngtóu 名《植物》〔个 ge, 颗 kē〕タマネギ．同 洋葱 yángcōng

【葱郁】cōngyù 形 草木が青々とし茂っている．¶～的松柏 sōngbǎi／青々とした松柏(しょうはく)．同 葱茏 cōnglóng

骢(驄) cōng
马部11 全14画 通用
素 文 あし毛のウマ．

璁 cōng
王部11 全15画 通用
素 文 玉(ぎょく)に似た石．

聪(聰) cōng
耳部9 全15画 通用
素 ❶ 聴覚が鋭い．¶耳～目明(耳も目もしっかりしている)．❷ 頭の回転がはやい．利口な．¶～明 cōngmíng．❸ 文 聴覚．¶失～ shīcōng（耳が聞こえない)．

【聪慧】cōnghuì 形 利口だ．¶～过人／ずば抜けて頭がよい．¶自小就~／小さいときから頭がよい．同 聪明 cōngmíng，聪颖 cōngyǐng 反 痴呆 chīdāi

【聪敏】cōngmǐn 形 聡明で敏捷だ．

*【聪明】cōngmíng 形 利口だ．頭がきれる．¶那孩子很～／あの子はとても利口だ．¶～反被～误／なまじ賢いために，さかしらの過ちに陥る(策士策におぼれる)．¶一世，糊涂一时／知者の一失．同 聪慧 cōnghuì，聪颖 cōngyǐng 反 糊涂 hútu，愚笨 yúbèn，愚蠢 yúchǔn

【聪颖】cōngyǐng 形 聡明だ．¶～睿智 ruìzhì／聡明で深い智恵がある．同 聪明 cōngmíng，聪慧 cōnghuì

熜 cōng
火部11 全15画 通用
名 文 ❶ とろ火．❷ 熱くなった空気．❸ 煙突．同 囱 cōng

从(從) cóng
人部2 全4画 常用
Ⅰ ❶ 素 後からついて行く．従う．¶～师 cóngshī．¶愿～其后／後について行きたい．
❷ 人の言うとおりにする．従う．¶～命 cóngmìng／命令に従う．¶服～ fúcóng／服従する．
❸ 組織や活動に加わる．従事する．¶～军 cóngjūn．¶～事 cóngshì．
❹ ある方針や態度をとる．¶～严 yán 处理／厳しく処置する．
❺ お供．おつきの者．◎旧読では"zòng"．¶侍～ shìcóng／侍従．
❻ 副次的なもの．◎旧読では"zòng"．¶区别主~／主と従を区別する．
❼ 父方のいとこ関係をあらわす．◎旧読では"zòng"．¶～兄弟 cóngxiōngdì／いとこ．

Ⅱ❶ 介（時間的・空間的）起点を示す．…から．…より．◎多く"到,往,向"などと組み合わせて用いる．➡ 离 lí（囲み）¶～明天开始上班／明日から仕事が始まる．¶～早到晚／朝から晩まで．¶他刚～北京回来／彼は北京から帰ったばかりだ．¶～这儿到邮局怎么走？／ここから郵便局へはどう行きますか．¶～这儿往里走就／ここから奥の方へ入ってすぐです．¶～生活上关心她／生活面で彼女を気にかける．

❷ 介 通過の経路，地点を示す．…を．…から．➡ 离 lí（囲み）¶～十字路口往右拐／交差点を右折する．¶汽车～隧道开过去／車がトンネルを通過する．¶枪弹～头上掠 lüè 过／銃弾が頭上をかすめる．¶一只小鸟～窗户飞进来／一羽の小鳥が窓から飛び込んでくる．

❸ 介 根拠を示す．…から．…に基づいて．¶～实际情况出发／実際の情況から考える．¶~口音就能听出你是日本人／話し方から君が日本人だとわかる．

❹ 副 (否定詞の前に置き)これまで…したことがない. ¶～没有听说过 / 断じて聞いたことがない. ¶两点前～不上床睡觉 / 2時前にベッドに入ったことがない.

Ⅲ (Cóng)姓.

【从不】 cóngbù 副 今まで…していない. ¶～缺席 quēxí / 今まで欠席していない.

【从长计议】 cóng cháng jì yì 成 じっくりと相談する. 性急に結論を出さない.

【从…出发】 cóng…chūfā …をよりどころとする. ¶从实际情况出发 / 実際の情況から出発する. ¶从人道主义立场出发 / 人道主義の立場に立つことを基本とする.

【从此】 cóngcǐ これから. ここから. 今から. ¶～出发 / ここから出発する. ¶～以后,不准再踏 tà 入我家大门一步 / 今後,我家に一歩も足を踏み入れることを許さぬ.

【从打】 cóngdǎ 前 □ …から. 同 自 zì 从

【从…到…】 cóng…dào… …から…まで. ¶从上海到北京 / 上海から北京まで. ¶从城市到乡村 xiāngcūn / 都市から農村へ. ¶从早到晚 / 朝から晩まで. ¶从头到尾 wěi / 始めから終わりまで. ¶从无到有 / 無から有へ.

【从动】 cóngdòng 形 《機械》従動(の). 伝動(の).

【从而】 cóng'ér 接 したがって. それによって. それゆえに. ¶他努力用功学习,～提高了成绩 / 彼はせっせと勉強に励み,そのため成績は向上した. ¶通过互访,～达到交流的目的 / 相互訪問をして,その結果交流の目的を達した. 同 因此 yīncǐ, 因而 yīn'ér, 以便 yǐbiàn

【从犯】 cóngfàn 名 《法律》[⓾ 个 ge, 名 míng] 従犯. 反 主犯 zhǔfàn

【从简】 cóngjiǎn 動 簡略にする. ¶仪式～ / 儀式を簡略にする. ¶为了节省时间,手续尽量～ / 時間を節約するため,手続きはできるかぎり簡略にする.

【从教】 cóngjiào 動 教育の仕事に従事する.

【从今】 cóngjīn 副 これから. 今から. ¶～以后 / 今後.

【从井救人】 cóng jǐng jiù rén 成 危険を冒して他人を助ける. 由来 『論語』雍也(ᵉ)篇に見えることば.「井戸に落ちた人を救うために,自分も井戸に飛び込む」という意から. もとは,自分に危害が及ぶだけで,誰のためにもならない行為を言った.

【从句】 cóngjù 名《言語》従節. 従文.

【从军】 cóngjūn 動 軍隊に入る. 従軍して戦地に赴く. 同 参军 cānjūn, 从戎 cóngróng

【从…看来】 cóng…kànlái …の観点から見ると. ¶从种种迹象 jīxiàng 看来, 她不像是自杀 / さまざまな状況から見て,彼女は自殺ではないようだ.

【从宽】 cóngkuān ❶ 動 寛大に扱う. 大目に見る. ¶念其过去有功,处罚 chǔfá / 過去の功績にかんがみて,処罰は寛大に行う. ❷ 副 寛大に. ¶～处罚 chǔfá / 寛大に処罰する.

【从来】 cónglái 副 過去から現在に到るまでずっと. これまで. 今まで. きまって. いつも. 用法 1)否定文に用いられる場合,"～不","～没(有)","～没(有)…过"の形式がある. ¶他从来不会喝酒 / 彼は昔から酒が飲めない. ¶他～没有浪费时间 / 彼は時間を無駄にしたことがない. ¶这种事～没听说过 / そんなことは今まで聞いたためしがない. 2)肯定文に用いられる場合,ふつうは動詞句,形容詞句,主述文の修飾に用いられ,動詞,形容詞を直接修飾することはない. ¶这里～就很干净 / ここは以前からとても清潔だ. ¶他对朋友～都这么热心帮助 / 彼は友人に対していつもこんなに親切に手助けする.

【从良】 cóng//liáng 動 身請けされる. 参考 昔,遊女が一般の人と結婚し,遊郭での生活を抜けて一般の生活を始めること.

【从略】 cónglüè 動 省略する. 簡略にする. ¶以下因时间关系～ / 以下は時間の関係で省略する.

【从轮】 cónglún 名《機械》従輪(ᵑᵘ).

【从没】 cóngméi 副 今まで…したことがない. ¶这种事情我～有听说过 / このようなことは今まで聞いたことがない. ¶～做过对不起你的事 / あなたに申し訳の立たないようなことは一度もしていない.

【从…起】 cóng…qǐ …から. ¶从明天起,我每天锻炼一个小时 / 明日から私は毎日一時間体を鍛える. 表現 時間の始まりをあらわす.

【从前】 cóngqián 名 以前. 昔. かつて. ¶～没有出现过这样的例子 / かつてこのような例はなかった. ¶～他不会说日语 / 以前,彼は日本語が話せなかった. 同 过去 guòqù, 往昔 wǎngxī, 以前 yǐqián 反 如今 rújīn, 现在 xiànzài

【从权】 cóngquán 動 便宜的に取り扱う. 臨機応変に対応する.

【从戎】 cóngróng 動 ⟨文⟩ 従軍する. 入隊する. ¶投笔～,尽忠 zhōng 报国 / 筆を捨てて従軍し,忠誠を尽くして国に報いる. 同 从军 cóngjūn, 参军 cānjūn

【从容】 cóngróng 形 ❶ ゆったりと落ち着いている. ¶举止～ / 物腰がゆったりと落ち着いている. 同 仓促 cāngcù, 仓猝 cāngcù, 慌忙 huāngmáng, 急迫 jípò ❷ (時間または経済的に)余裕がある. ¶手头～ / 懐具合に余裕がある. ¶时间很～ / 時間はたっぷりある. 参考 もと "cōngróng"と発音した.

【从容不迫】 cóng róng bù pò 成 ゆったりと落ち着いたようす. 悠揚迫らざるよう. ¶～地站在台上演讲 / 落ち着き払って壇上で講演した.

【从善如流】 cóng shàn rú liú 他人の意見や忠告などを素直に聞き入れる.

【从师】 cóngshī 動 教師や師匠について学ぶ. 師事する.

【从事】 cóngshì 動 ❶ 仕事をする. 従事する. ¶～社会福利 fúlì 工作 / 社会福祉の仕事に従事する. ❷ (法規などに基づいて)処理する. ¶军法～ / 軍法に基づいて処罰する.

【从属】 cóngshǔ 動 従属する. ¶～关系 / 従属関係. ¶文艺是～于政治的 / 文学·芸術は政治に従属する. 同 附属 fùshǔ, 隶属 lìshǔ 用法 "从属于 yú"の形をとることが多い.

【从俗】 cóngsú 動 ❶ 慣習にしたがう. ❷ 時代の流れに迎合する.

【从速】 cóngsù 副 すみやかに. 至急. ¶～解决食粮 shíliáng 问题 / すみやかに食糧問題を解決する.

【从天而降】 cóng tiān ér jiàng 成 天から降ってくる. 思いがけない事態が起こることのたとえ.

【从头】 cóngtóu ❶ 最初から. ¶～学习 / 最初から勉強する. ❷ 改めて. もう一度. ¶～再来 / 再度やり直す. ¶～到尾 / 始めから終わりまで.

【从未】 cóngwèi 副 一度も…したことがない. ¶～经历过 / これまで経験したことがない. ¶父母～打过小孩 / 両親は,これまで子供をたたいたことがない.

【从先】 cóngxiān 名 ⟨方⟩以前. いままで. 同 从前 qián

【从小】 cóngxiǎo 副 幼いころから. ¶他～就爱音乐 / 彼は小さいころから音楽が好きだった. ¶我们～就认识 / 私たちは幼なじみだ.

【从心所欲】 cóng xīn suǒ yù 成 思ったとおりに行動す

る。やりたいようにやる。¶他家里有钱有势,万事～／彼は家が金持ちで権勢もあるので,何でも思い通りになる. 回随 suí 心所欲

【丛新】cóngxīn 新たに. 改めて. ¶～再做／改めてやり直す. ¶一写一次／改めて書き直す. 回重新 chóngxīn

【丛刑】cóngxíng 名《法律》付加刑. 参考 日本の現行法では没収であり,主刑に付随しのみ科せられる. 中国では没収・罰金・政治権利剝奪があり,主刑に付随せず単独で科すこともできる.

【丛严】cóngyán 副 厳しく. 厳重に. ¶～处罚 chǔfá 少年 shàonián 犯罪 fànzuì／青少年犯罪を厳しく罰する.

【丛业】cóngyè 動 就業する. 職業または産業に従事する. 回就业 jiù yè

【丛业人员】cóngyè rényuán →从业员

【丛业员】cóngyèyuán 名 商業分野またはサービス産業に従事している人. 従業員.

【丛一而终】cóng yī ér zhōng 成 婦人が生涯通じて一人の男性にだけ妻として仕えること. 表現 忠臣が二君につかえないことも言う.

【丛艺】cóngyì 動 芸術活動や芸能活動に従事する.

【丛征】cóngzhēng 動 文 出征する. ¶留下年迈 niánmài 双亲,奉命 fèngmìng～／年老いた両親を残し,命令に従って出征する.

【丛政】cóngzhèng 動 (高官となって)政務にたずさわる.

【丛中】cóngzhōng 副 間に立って. ¶～取利／中に立って利をとる.

【丛中作梗】cóng zhōng zuò gěng 成 間に入ってわざと邪魔をする.

丛(叢/異 藂) cóng
一部4 全5画 四 8810₀ 常 用
❶ 素 たくさんの物が一ヶ所に集まる. むらがる. ¶草木一生 cóngshēng (草木が茂る). ❷ 素 人や物がたくさん集まる. ¶人～ réncóng (人の群わ)／论～ lùncóng (論文集). ❸ 素 草むら. 茂み. ¶树～ shùcóng (樹林)／草～ cǎocóng (草むら). ❹ (Cóng)姓.

【丛刊】cóngkān 名"丛书 cóngshū"に同じ.

【丛刻】cóngkè 名 木版印刷の双書. 叢書 cóngshū

【丛林】cónglín 名 ❶[〔片 piàn〕] 密林. 森. ¶热带～／熱帯樹林. ❷ 僧が集まって修行する場所. 大寺院を指す.

【丛生】cóngshēng 動 ❶ 草木が群生する. ¶后院里杂草～／裏庭に雑草がはびこる. ❷ 同時に発生する. ¶百病～／多くの病気が流行する.

【丛书】cóngshū 名[〔部 bù, 套 tào〕] 同じ分野や種類の書物を集めてシリーズにしたもの. 双書. 叢書(ざっ). 回丛刊 cóngkān

【丛谈】cóngtán 同類のものを集めてまとめた文章または書物. 書名などに使われる.

【丛杂】cóngzá 形 雑然としている. ¶工作～,难以应付 yìngfù／仕事が煩雑で手が回らない.

【丛葬】cóngzàng ❶ 動 合葬する. ❷ 名(乱雑に葬られた)合葬墓.

淙 cóng
氵部8 四 3319₁ 全11画 通 用
下記熟語を参照.

【淙淙】cóngcóng 擬 文 水の流れる音. さらさら. ¶泉水～／泉の水がさらさらと流れる.

琮 cóng
王部8 四 1319₇ 全12画 通 用
名 古代の玉器. 八角柱の筒状で真ん中が丸くえぐってある.

cou ちゥ [tsʻou]

凑(異 湊) còu
冫部9 四 3518₄ 全11画 常 用
動 ❶ 寄せ集める. ¶～钱 còuqián (お金を集める)／～在一起(一ヶ所にかたまる). ❷ ぶつかる. 出くわす. ¶～巧 còuqiǎo／正～上是个星期天(ちょうどぎわく日曜日に当たる). ❸ 近づく. ¶～上去(近づく)／～近点儿(もう少し近くへどうぞ).

【凑搭】còuda 動 方 寄せ集める.

【凑份子】còu fènzi ❶ 寄付や割り当てなどを募る. お金を出しあって贈り物をする. ¶小李明天结婚,大家～给他送礼／李君が明日結婚するので,みんなはお金を出しあって彼にプレゼントをする. ❷ 方 迷惑をかける. ¶大家都正忙着,你就别来～了／みんな忙しくしているから,迷惑にならないように.

【凑合】còuhe ❶ 動 一ヶ所に集まる. 集める. かき集める. ¶大伙儿 dàhuǒr 都～在一起吃饭／みんなで集まって食事する. ¶慢慢往前～／ゆっくりと前の方に集まる. ¶我们四个同学一到一起,组成一个爵士 juéshì 乐队 yuèduì／僕ら4人の同級生が集まって,ジャズバンドを組んだ. ❷ 動 間に合わせる. ❸ 動 我慢をする. ¶现在房子少,不好找,你再～一年吧！／いまは家が少なくてなかなか見つけられないから,もう一年我慢しなさい. 回对付 duìfu ②,将就 jiāngjiu ❹ 形 まずまずのところだ. ¶"这本小说怎么样？""还～"／「この小説はどうだ」「まずまずだね」

【凑集】còují 動 寄せ集める. ¶～技术力量／技術力を結集する.

【凑近】còujìn 動 近寄る. 近づける. ¶大家～一点／みんな,もう少し集まって. ¶小弟弟～妈妈的耳根,讲悄悄话 qiāoqiaohuà／下の弟がお母さんの耳元で,内緒話をした. 回靠近 kàojìn

【凑拢】còulǒng 動(ある場所に)寄り集まる. 寄せ集める. ¶会场太小,请大家～一点／会場が狭いので,どうかみなさん詰め合ってください.

【凑巧】còuqiǎo 形 具合がいい. 折がよい. ¶我去北京找李先生,真不巧～他去上海出差 chūchāi了／私は北京へ李さんを訪ねて行ったが,折あしく,彼は上海に出張していた. ¶真～,我正想去你那儿／うまくしたものだ,ちょうど君の所へ行こうと思っていた.

【凑趣儿】còu//qù 動 冗談をいう. 調子を合わせる. 相手を喜ばせる. ¶他很爱～／彼はとても冗談が好きだ. ¶他故意拿我～／彼はわざと私をこけにして人を喜ばせた. ¶你别～！／冗談はよせ.

【凑热闹】còu rènao 句(～儿) ❶ 集まってにぎやかに楽しむ. ¶结婚喜事 xǐshì,邻居们也来～／結婚式には,隣近所も集まって陽気に騒ぐ. ❷ じゃまをする. 迷惑をかける.

【凑手】còu//shǒu 動 (人や金・物などを)手に入れる. 手元に集まる. ¶钱不～／手元が不如意だ. ¶一时～不及,令人为难 wéinán／すぐには工面がつかない,困った

ものだ．

【凑数】còu//shù 働（～儿）間に合わせる．員数をそろえる．¶我不太会打牌 dǎpái，只能凑个数／僕はあまりマージャンがうまくないが、頭数が足りないから入っておこう．

【凑足】còuzú 働 十分なだけ集める．¶明天，将～数目还 huán 给你／明日、耳をそろえて返します．

辏（輳） còu
车部9 四 4558₄ 全13画 通用
素 ⑤ 中心に集まる．¶辐～ fúcòu（一ヶ所に集中する）/～集（中心に集まる）．由来 車輪の輻（ふ）が中心部に集まることから．

腠 còu
月部9 四 7528₄ 全13画 通用
素 肌のきめ．

【腠理】còulǐ 名 ❶ 肌のきめ．❷《中医》皮膚と筋肉の間の結合組織．

CU ちㄨ〔ts'u〕

粗（異 觕、麤、麁） cū
米部5 全11画 四 9791₂ 常用
❶形 粒が大きい．粗い．¶～盐 cūyán（粗塩）/沙子太～（砂が粗い）/面磨 mò 得太～（小麦粉のひき方が粗すぎる）．⑤ 细 xì ❷形 直径が大きい．太い．¶柱子 zhùzi 很～（柱が太い）/生了孩子以后，腰也～起来了（子供を生んでから、腰が太くなってきた）/线太～了点儿（糸がちょっと太すぎる）．⑤ 细 xì ❸形 幅が広い．太い．¶眉毛 méimao 太～（まゆがとても太い）/～线条 cūxiàntiáo／这一笔～了点儿（この一筆はちょっと太い）．⑤ 细 xì ❹形 大ざっぱだ．いいかげんだ．不注意だ．そそっかしい．¶～活 cūhuó／～心 cūxīn／先把这些东西进行～加工（これらをまず大ざっぱに加工する）/～茶淡饭／很～的想法（そそっかしい考え方）．⑤ 细 xì ❺形 声が大きくて低い．太い．¶嗓子～得吓人（声が太くてびっくりする）/这孩子声音变得～起来了（この子は声が太くなってきた）．⑤ 细 xì ❻形 粗野だ．粗暴だ．¶～话 cūhuà／这个人很～（この人はとても粗暴だ）/话说得太～（話し方がとても乱暴だ）．❼副 ほぼ．いくらか．¶对那件事，我只是一知一二（そのことについて、私はいくらか知っているだけだ）/～通英语（いくらか英語に通じている）．

【粗暴】cūbào 形 性格や態度が乱暴でいいかげんだ．¶你的态度太～了，有话可以好好儿说嘛／君は態度がなげやりだ、話があるなら言ってごらん．⑥ 粗犷 cūguǎng，粗鲁 cūlǔ，粗野 cūyě ⑤ 和蔼 hé'ǎi，温和 wēnhé

【粗笨】cūbèn 形 ❶（動作などが）にぶい．¶手脚～／手足の動きがのろい．❷（物などが）雑な作りだ．¶～的家具／大ざっぱな作りの家具．

【粗鄙】cūbǐ 形（言葉遣いなどが）粗野だ．卑俗だ．

【粗布】cūbù 名〔块 kuài，匹 pǐ〕❶目の粗い平織りの綿織物．❷昔ながらの手織り木綿．⑥ 土布 tǔbù

【粗糙】cūcāo 形 ❶（表面や生地が）ざらざらしている．皮肤～／肌がざらざらしている．¶这种布比较～／この布は表面のつやが足りない．⑤ 光滑 guānghuá ❷（仕事や表現が）雑だ．¶这种家具很～／この家具は作りが雑だ．¶这论论文写得太～／この論文は論旨がいいかげんだ．⑥ 毛糙 máocao ⑤ 精细 jīngxì，细腻 xìnì

【粗茶淡饭】cū chá dàn fàn 成 粗末な食事．質素な生活．¶没什么好东西招待您，都是些～，请别客气／おもてなしできるものは何もなく、粗末な食事ですから、ご遠慮なく．⑥ 淡饭粗茶

【粗大】cūdà 形 ❶（ものや人が）太くて大きい．ごつい．いかつい．¶这小伙子长得体格 tǐgé～，其力无穷 wúqióng／この若者は体がでかく、力もものすごい．⑤ 细小 xixiǎo ❷ 声が太くて大きい．¶爷爷睡觉时发出～的鼾声 hānshēng／おじいさんは寝ている時、大きないびきをかく．

【粗纺】cūfǎng 名《纺织》粗紡（ぼう）．参考 紡績中に、綿糸や毛糸を混ぜ入れること．

【粗放】cūfàng ❶形（仕事のやり方が）なげやりだ．大ざっぱだ．¶管理～／管理が大ざっぱだ．❷形（筆遣いや表現が）豪放だ．¶风格～／作品のスタイルが豪放だ．❸名《农业》粗放農業．⑤ 集约 jíyuē

【粗放经营】cūfàng jīngyíng 名《农业》粗放（ぼう）農業．

【粗犷】cūguǎng 形 ❶（身体や声などが）精かんで荒々しい．¶他模样～，但性格温和 wēnhé／彼は見た目は粗野だが、性格はおだやかだ．❷《褒》（性格や風格が）豪放だ．こせこせしない．¶～的笔触／豪放な筆致．¶文风～／文体が豪放だ．⑥ 粗暴 cūbào，粗鲁 cūlǔ，粗野 cūyě

【粗豪】cūháo 形 ❶ 豪放でさっぱりしている．¶性情～／豪放磊落（らく）な性格．¶～坦率 tǎnshuài／大胆で率直だ．⑥ 粗犷 cūguǎng ❷（音が）勇壮だ．¶汽笛 qìdí 发出～的声音／汽笛が勇壮な音で鳴った．

【粗花呢】cūhuāní 名《纺织》ツイード．

【粗话】cūhuà 名 低俗なことば．卑わいな話．¶～连篇，一点儿也没教养 jiàoyǎng／全編これ低俗な話で、教養のかけらもない．⑥ 脏话 zānghuà

【粗活】cūhuó 名（～儿）体力ばかりを使う仕事．⑤ 细活 xìhuó

【粗加工】cūjiāgōng 働《机械》粗（そ）加工する．粗仕上げする．一次加工する．

【粗拉】cūla 形 □（仕事のやり方が）荒っぽい．¶活儿做得太～，要细致一点儿／仕事が雑すぎる、もう少し注意深くしなさい．⑥ 粗糙 cūcāo

【粗粮】cūliáng 名《米・小麦を除く》穀物．トウモロコシやコウリャン、大豆など．⑤ 细粮 xìliáng

【粗劣】cūliè 形 粗雑で質が劣っている．¶这种商品包装太～／包装は、包装がとてもひどい．⑤ 精巧 jīngqiǎo，精致 jīngzhì

【粗陋】cūlòu 形 ❶ 作りが粗雑だ．¶～的民房／粗末な民家．⑥ 简陋 jiǎnlòu ⑤ 精美 jīngměi ❷ 野卑で醜い．¶那人生得相貌 xiàngmào～／あの人は生まれつき品がない顔立ちだ．

【粗鲁】cūlǔ[-lu] 形（人柄や行動が）荒っぽい．¶他说话相当～／彼は話しぶりがとても乱暴だ．⑥ 粗暴 cūbào，粗犷 cūguǎng，粗野 cūyě ⑤ 文雅 wényǎ

【粗略】cūlüè 形 大まかだ．¶对情况有了～的了解／情況の大まかなところは理解できた．⑥ 大略 dàlüè ⑤ 精确 jīngquè

【粗麻布】cūmábù 名《纺织》目の粗い麻布．ズック．

【粗浅】cūqiǎn 形 大ざっぱで表面的だ．¶认识很～／認識がとても浅薄だ．⑥ 浅近 qiǎnjìn，浅显 qiǎnxiǎn，浅易 qiǎnyì ⑤ 深刻 shēnkè

【粗人】cūrén 名 粗野な人．

【粗声粗气】cūshēng cūqì 成 話し方や息づかいが荒々しい．¶这对双胞胎 shuāngbāotāi，老大说话～，而老

二说话细声细气／この双子は、上はもの言いが荒っぽいが、下はおとなしい.

【粗实】cūshí 形 太くてがっしりしている. ¶～的树干 shùgàn／太くてがっしりした幹.

【粗疏】cūshū 形 ❶いいかげんだ. ¶他工作太～／彼は仕事ぶりが実にいいかげんだ. 反 细致 xìzhì ❷(毛や線などが)太くてまばらだ. ¶～的线条 xiàntiáo／おおざっぱな線.

【粗率】cūshuài 形(仕事のやり方が)ずさんだ. ¶他这个人办事太～／彼という人は仕事ぶりがずさんだ. 同 草率 cǎoshuài,潦草 liáocǎo

【粗俗】cūsú 形(話やしぐさが)粗野だ. ¶～之话,不堪 bùkān 入耳／粗野なことばは聞きたくない. 同 粗鄙 cūbǐ 反 典雅 diǎnyǎ,高雅 gāoyǎ,文雅 wényǎ

【粗通】cūtōng 形いくらか知っている. ¶我对汉语谈不上精通,只能说～吧／私は中国語に通じているとは言えず,まあまあわかるくらいだ.

【粗细】cūxì 形 ❶(棒などの)太さ. ¶只有火柴杆 gǎn 那样～／マッチ棒くらいの太さしかない. ❷(粒などの)細かさ. ¶混凝土 hùnníngtǔ 里用的沙子的～很重要／コンクリートに使われる砂は,粒の細かさが重要だ. ❸ 細やかさ. 入念さ.

【粗线条】cūxiàntiáo 名 ❶(書や画などの)筆すじの太い線. ❷性質・言動・文章の構成などが荒削りなこと. ¶他这个人说话办事都是～／彼という人はする事なす事,みな雑だ.

【粗心】cūxīn 形 注意が行き届かない. ¶他办事太～／彼の仕事ぶりは実にいいかげんだ. 同 大意 dàyì,马虎 mǎhu 反 细心 xìxīn,仔细 zǐxì

【粗心大意】cū xīn dà yì 成 そそっかしい. 不注意だ. おおざっぱだ.

【粗野】cūyě 形 粗野だ. ¶举止～／動作が粗野だ. 同 粗暴 cūbào,粗犷 cūguǎng,粗鲁 cūlǔ 反 文雅 wényǎ

【粗枝大叶】cū zhī dà yè 成 やり方がいいかげんだ. ¶办事不能～,应该精益求精／何事もいいかげんではなく,常にきっちりやらなければならない.

【粗制滥造】cū zhì làn zào 成 質の悪い品物をむやみやたらに造り出すこと. 粗製乱造.

【粗重】cūzhòng 形 ❶ 太くて大きい. 大きくて重い. ¶～的嗓音 sǎngyīn／太くて張りのある声. ¶～的手／いかつい手. ¶～的木箱／大きくて重い木のケース. ¶～的笔迹儿／肉太の筆跡. ❷(仕事が)大変で骨が折れる. ¶～的活儿／重労働.

【粗壮】cūzhuàng 形 裹 太くて大きい. たくましい. ¶身材～／体格ががっちりしている. ¶～的绳子／太くて丈夫な縄. ¶～的歌喉 gēhóu／大きくて力強い歌声. 重 粗粗壮壮 反 细弱 xìruò

徂 cú

亻部 5　四 2721₂
全 8 画
动 文 ❶ 行く. 赴く. 同 往 wǎng ❷ 過ぎ去る. ¶日～月流(月日がたつ). ❸ 亡くなる. 同 殂 cú

殂 cú

歹部 5　四 1721₂
全 9 画　通用
动 文 死ぬ. ¶崩～ bēngcú(崩御する). 同 徂 cú
用法 帝王や君主など身分の高い人の死について言うことが多い.

卒 cù

亠部 6　四 0040₈
全 8 画　次常用
索"猝 cù"に同じ.

▶ 卒 zú

【卒中】cùzhòng 名 动《医学》卒中(になる). 中風(になる). 同 中风 zhòngfēng

促 cù

亻部 7　四 2628₁
全 9 画　常用

❶ 索 せっぱつまる. ¶急～ jícù(差し迫っている)／短～(時間が短い). ❷ 索 すぐそばに寄る. ¶～膝 xī 谈心. ❸ 索 早くするように働きかける. 促す. ¶～进 cùjìn／督～ dūcù(督促する). ❹(Cù)姓.

【促成】cùchéng 动 成功するよう促す. ¶大力～／大いに後押しする.

*【促进】cùjìn 动 促進する. ¶扩大内需 nèixū 以～经济发展／内需を拡大して,経済の発展を促す. ⇨ 促使 cùshǐ

【促请】cùqǐng 动 要請する. ¶～参加大会／大会への参加を要請する.

【促声】cùshēng 名《言語》入声(にっしょう・にゅうしょう).

【促使】cùshǐ 动 促して…させる. ¶农业技术的改良,粮食生产不断发展／農業技術の改善は,穀物生産をいっそう発展させた. 表现"促使"は良い方向,悪い方向のいずれにも使えるが,"促进"は,良い方向にしか使えない.

【促退】cùtuì 动 後退を促す.

【促膝谈心】cù xī tán xīn 成 膝を交えて腹蔵ない話をする. ¶老王正在和小张～／王さんは張さんと腹を割って話しているところだ.

【促狭】cùxiá 动 方 人をからかう,もてあそぶ. 悪ふざけをする.

【促销】cùxiāo 动 販売促進(活動)をする.

【促织】cùzhī 名《虫》コオロギ. 同 蟋蟀 xīshuài

猝 cù

犭部 8　四 4024₈
全 11 画　通用
索 文 突然に. ¶～然 cùrán／～生变化(突然変わる).

【猝不及防】cù bù jí fáng 成 突然発生して手の施しようがない. 事態が急すぎて予防や準備が間に合わない.

【猝然】cùrán 副 突然に. にわかに. ¶～发问／にわかに問いを発する. ¶～间不知如何是好／とっさにどうしたらいいのかわからない.

【猝死】cùsǐ 动《医学》突然死する.

酢 cù

酉部 5　四 1861₁
全 12 画　通用
名 文 "醋 cù"に同じ.

▶ 酢 zuò

蔟 cù

艹部 11　四 4428₄
全 14 画　通用
索 まぶし. 蚕をとまらせて,繭をかけさせるもの. ¶蚕～ cáncù(まぶし).

醋 cù

酉部 8　四 1466₁
全 15 画　常用

❶ 名 酢(す). ¶白～ báicù(色のうすい酢)／陈～ chéncù(長年貯蔵した酢). ❷ 索(男女間の)やきもち. ¶～意 cùyì／吃～ chīcù(やきもちをやく). ❸(Cù)姓.

【醋罐子】cùguànzi 名 やきもちやき. 嫉妬深い人. 同 醋坛子 cùtánzi

【醋劲儿】cùjìnr 名 嫉妬心.

【醋精】cùjīng 名《化学》アセチン. ♦acetin

【醋栗】cùlì 名《植物》スグリ.

【醋酸】cùsuān 名《化学》酢酸. 同 乙酸 yǐsuān

【醋心】cùxīn[-xin] 名 胸やけ.

簇 蹙 蹴 氽 撺 镩 蹿 攒 窜 篡 爨 衰　cù – cuī　**179**

【醋意】cùyì 名 嫉妬心. 例 醋劲儿 jìnr

簇 cù
竹部11　四 8828₄
全17画　次常用

❶ 素 一ヶ所にこんもりと集まっている. ¶ ～拥 cù-yōng / 花団錦 jǐn ～ (成 色とりどりで美しい). ❷ 量 ひとかたまりになった物を数えることば. ¶ 一～鲜花(1束の生花).

【簇生】cùshēng → 丛生 cóngshēng ①

【簇新】cùxīn 形 (服装やデザインなどが)斬新だ. ¶ ～的大衣 / 斬新なオーバーコート. 同 崭新 zhǎnxīn 反 陈旧 chénjiù 表现 "崭新 zhǎnxīn"は, 建築や思想など広く使われるが, "簇新"は服装やデザインのみに使われる.

【簇拥】cùyōng 動 ぐるりと取り囲む. ¶ 足球迷 mí 们兴奋 xìngfèn 地～着胜利归来的球员 / サッカーのサポーターたちは興奮して, 凱旋 (xuán) した選手たちを取り囲んだ.

蹙 cù
足部11　四 5380₁
全18画　通 用

素 文 ❶ 打つ手がなくなるほど困る. 行き詰まる. ¶ 穷～ qióngcù (困窮する). ❷ 顔をしかめる. 眉をひそめる. ¶ ～眉 cùméi / 颦～ píncù (眉をひそめる).

【蹙额】cù'é 動 文 眉間 (けん) にしわを寄せる.

【蹙眉】cù/méi 動 眉をひそめる. ¶ 她蹙了一下眉说, 还是不想去 / 彼女は眉をしかめ, やっぱり行きたくないと言った.

蹴(異蹵) cù
足部12　四 6311₂
全19画　通 用

素 ❶ 文 ける. ¶ ～鞠 cùjū (まりをける). ❷ 踏む. ¶ 天下哪有一～而就的事情(世の中には一蹴に出来上がってしまうことなど決してない).

---

cuan　ㄘㄨㄢ〔tsʻuan〕

氽 cuān
人部4　四 8090₂
全6画　通 用

動 ❶ 一煮立ちさせる. ¶ ～汤 cuāntāng / ～黄瓜片 (キュウリの薄切りを湯にくぐらせる). ❷ 方 湯を沸かす.

【氽汤】cuāntāng 動 スープをつくる. ¶ 用鱼～ / 魚でスープをつくる.

【氽丸子】cuānwánzi 名 肉団子のスープ(をつくる).

【氽子】cuānzi 名 〔回 个 ge〕薄い鉄製の細長い筒形の湯沸かし. こんろの中に突っこんで湯をわかす.

撺(攛) cuān
扌部12　四 5305₆
全15画　通 用

動 方 ❶ 投げる. ❷ あわてて行う. ¶ 临时现～ (間に合わせに作る). ❸ (～儿)怒る. ¶ 他～儿了(彼はかっとなった).

【撺掇】cuānduo 動 口 そそのかす. 勧める. ¶ 开会时, 他总是～别人提意见 / 会議のとき, 彼はいつも他の人に意見を出すよう勧める.

【撺弄】cuānnong 動 "撺掇 cuānduo"に同じ.

镩(鑹) cuān
钅部12　四 8375₆
全17画　通 用

❶ 名 アイスピック. ¶ 冰～ bīngcuān (アイスピック).
❷ 動 (アイスピックで氷を)割る. ¶ ～～冰(氷を割る).

【镩子】cuānzi 名〔回 个 ge〕アイスピック. 同 冰镩 bīngcuān

蹿(躥) cuān
足部12　四 6315₂
全19画　通 用

動 ❶ (上や前に)跳ぶ. はねる. ¶ 他往上一～, 把球接住 (彼は跳び上がってボールを受けた).

【蹿跳】cuāntiào 動 跳びはねる. ¶ 小花狗一看见她, 马上～着跑过来 / ぶちの小犬は彼女を見ると, すぐに跳びはねながら駆けてきた.

攒(攢 / 異 欑) cuán
扌部16　四 5408₂
全19画　次常用

動 一ヶ所に寄せ集める. 部品を組立てる. ¶ ～聚 cuánjù / 用零件～成一架收音机(部品を集めてラジオを組み立てる).

☞ 攒 zǎn

【攒簇】cuáncù 動 群がり集まる. ¶ 瓦屋 wǎwū～的小村落 / 瓦葺 (ぶき) きの家が集まった小さな村落.

【攒聚】cuánjù 動 一ヶ所に集まる. ¶ 教室前～了许多学生 / 教室の前にたくさんの生徒が集まった. 同 攒集 cuánjí

【攒钱】cuánqián 動 金を集める. ¶ ～合买一辆搬运车, 做生意 / 金を集めて運搬車を一台共同購入し, 商売をやる.

【攒三聚五】cuán sān jù wǔ 成 三々五々集まってくる. そろそろと一ヶ所に集まる.

【攒射】cuánshè 動 (鉄砲や矢を)目標に集中して浴びせる.

窜(竄) cuàn
穴部7　四 3050₆
全12画　通 用

❶ 動 (悪人や敵などが)逃げまわる. ¶ 流～ liúcuàn (逃げまわる) / 东跑西～ (四方八方に逃げる). ❷ 素 文 放逐する. ❸ 素 文字を改める. ¶ ～改 cuàngǎi / 点～ diǎncuàn (文を添削する). ❹ (Cuàn)姓.

【窜犯】cuànfàn 動 敵が散発的に国境を犯す. ¶ ～边境 / 敵が国境を侵す.

【窜改】cuàngǎi 動 改窜 (ざん) する. ¶ 文件不能随便～ / 文書をかってに書きかえることはできない.

【窜扰】cuànrǎo 動 敵が出没して周辺を騒がす.

【窜逃】cuàntáo 動 逃げ隠れる. ¶ 警察抓获了～的杀人犯 / 警察は, 逃亡中の殺人犯を捕らえた.

篡 cuàn
竹部10　四 8873₂
全16画　次常用

❶ 素 陰謀によって地位や権力を奪う. ¶ ～夺 cuànduó / ～权 cuànquán. ❷ (Cuàn)姓.

【篡夺】cuànduó 動 (権力や地位を)奪い取る. 篡奪 (さつ) する. ¶ ～王位 / 王の位を奪い取る.

【篡改】cuàngǎi 動 (理論や政策などを)かってに書き改める. ¶ 历史是不容～的 / 歴史の改ざんは許されない.

【篡权】cuàn//quán 動 権力を奪い取る. ¶ 窃国 qièguó～ / 国を盗 (とう) って政権を奪う.

【篡位】cuàn//wèi 動 (臣下が君主の)地位を奪い取る.

爨 cuàn
火部26　四 7780₉
全30画　通 用

❶ 素 文 炊事をする. ¶ 炊～ chuīcuàn (炊事する) / 分～ fēncuàn (一家の兄弟が分家して別々に世帯をもつ). ❷ 素 文 かまど. ❸ (Cuàn)姓.

---

cui　ㄘㄨㄟ〔tsʻuei〕

衰 cuī
一部8　四 0073₂
全10画　常 用

名 目の粗い麻布で作った昔の喪服. 回 縗 cuī
➥ 衰 shuāi

崔 cuī
山部8 四 2221₅
全11画 次常用
❶ 下記熟語を参照. ❷ (Cuī)姓.
【崔巍】 cuīwēi 形 文 山や建築物が高くそびえている. ¶〜的山峰 shānfēng / 高くそびえる峰.
【崔嵬】 cuīwéi 文 ❶名 岩だらけの山. ❷形 "崔巍 cuīwēi"に同じ.

催 cuī
亻部11 四 2221₅
全13画 常用
❶動 せき立てる. 促す. 催促する. ¶〜促 cuīcù / 〜他早点动身(早めに出発するよう彼を促す) / 〜人山下 cuī rén lèi xià. ❷動 早める. 促す. 加速する. ¶〜眠 cuīmián / 〜芽 cuīyá. ❸ (Cuī)姓.
【催办】 cuībàn 動 (相手に)手続きや処理をするよう催促する.
【催逼】 cuībī 催促する. ¶〜还债 huánzhài / 借金の返済をさせる.
【催产】 cuī//chǎn 動《医学》(薬品などで)陣痛を促す. 産気づかせる. 回 催生 shēng
【催促】 cuīcù 動 せき立てる. ¶ 再三〜, 他们还是不动 / 再三せき立てたが, 彼らはやはり動かない.
【催肥】 cuīféi 動《畜産》肥育(ぐ)する. 回 肥育 yù
【催化】 cuīhuà 動《化学》触媒作用をおこす. ¶〜剂 / 触媒. ¶〜裂化 / 接触分解.
【催化剂】 cuīhuàjì 名《化学》触媒.
【催泪弹】 cuīlèidàn 名〔颗 fā, 个 ge, 颗 kē, 枚 méi〕催涙弾.
【催泪瓦斯】 cuīlèi wǎsī 名《軍事》催涙ガス.
【催眠】 cuīmián 動 眠くさせる.
【催眠曲】 cuīmiánqǔ 名 子守唄.
【催眠术】 cuīmiánshù 名 催眠術.
【催命】 cuī//mìng 動 ❶ 人の命をとる. 命を縮める. ¶〜符 / のろいの札. ¶〜鬼 / 死に神. ❷ 容赦なくせき立てる. ¶ 我已经够忙的了,你就别〜了 / 私はもうこんなに忙しいのだから, せき立てるのはやめてくれ.
【催奶】 cuī//nǎi 動 (薬や食事で)母乳の出を促す.
【催人奋进】 cuī rén fèn jìn 句 前進する勇気を奮い起させる. 人を奮起させる.
【催人泪下】 cuī rén lèi xià 句 涙を流すほど感動する.
【催生】 cuī//shēng 動 出産を促す. 産気づかせる. 回 催产 chǎn
【催熟】 cuīshú 《農業》人工的に果実の成熟を促す.
【催讨】 cuītǎo 動 返済を催促する. ¶〜债务 zhàiwù / 債務の支払いを催促する.
【催吐剂】 cuītùjì 《薬》催吐(と)剤. 吐剤. 注意 "吐", ここでは"tǔ"と読まない.
【催芽】 cuī//yá 動 種子の発芽を促進させる.

摧 cuī
扌部11 四 5201₅
全14画 常用
素 ❶ ぶち壊す. 破壊する. ¶〜残 cuīcán / 〜毁 cuīhuǐ. ❷ くじき折る. 折れる. 挫折(ざ)する. ¶〜折 cuīzhé / 无坚不〜(成) どんなに固いものであっても, くじき折れないものはない).
【摧残】 cuīcán 動 ひどく損害を与える. 台なしにする. ¶ 父母离婚使孩子受到严重的精神〜 / 両親の離婚が子供の心を深く傷つけた. 反 爱护 àihù, 培ि péizhī 比較 1) "摧残"はものごとの一部分または大部分を壊し損害を与えることをあらわし, "摧毀 cuīhuǐ"はすべてを徹底的に破壊することをあらわす. 2) "摧残"はものごとの良い状態を破壊して悪い状態に変えてしまうことをあらわすが, "摧毀"はそのような制限なしに用いることができる. 3) "摧残"の対象が人間の心身または政治・経済・文化などであるのに対して, "摧毀"の対象は建築・陣地・制度などである.
【摧毁】 cuīhuǐ 動 壊滅させる. ¶ 台风 táifēng 把很多民房〜了 / 台風は多くの民家を破壊した. ⇒摧残 cuīcán
【摧枯拉朽】 cuī kū lā xiǔ 成 腐りきった勢力はたやすく打ち砕くことができる. 由来 「枯れ枝や腐った木をへし折る」という意から.
【摧折】 cuīzhé 動 ❶ 破壊する. くだき折る. ❷ 挫折する.

璀 cuǐ
王部11 四 1211₅
全15画 通用
下記熟語を参照.
【璀璨】 cuǐcàn 形 (珠玉などが)きらきらと輝いている. 回 灿烂 cànlàn, 绚烂 xuànlàn
【璀璨夺目】 cuǐcàn duómù 宝石がきらきら輝くように美しい. ¶〜的钻戒 zuànjiè / まばゆいダイヤモンドの指輪.

脆 cuì
月部6 四 7721₂
全10画 常用
形 ❶ 壊れやすい. もろい. 弱い. ¶〜弱 cuìruò / 有些塑料制品,一到冬天就特别〜 (プラスチック製品のいくつかは, 冬場は特に壊れやすい). 反 韧 rèn ❷ 歯ざわりがよい. ¶ 这瓜吃起来又甜又〜 (この瓜は甘くて, さくさくと歯ざわりも良い) / 〜萝卜 cuìluóbo (ぱりぱりした大根). ❸ 清〜 qīngcuì (声が澄んでいる) / 她的歌声听起来特别〜 (彼女の歌声は, とても澄んでいてよく通る). ❹ 方 (話や動きが)てきぱきと思い切りがよい. ¶ 干〜 gāncuì (言動がさっぱりしている) / 爽〜 shuǎngcuì (さわやかである).
【脆骨】 cuìgǔ 名〔块 kuài〕動物や魚などの食用の軟骨.
【脆快】 cuìkuài 形分 てきぱきしている. ¶ 他办事〜,了当 liǎodàng / 彼は何をするにもてきぱきしている.
【脆弱】 cuìruò 形 もろくて壊れやすい. ¶ 感情〜 / 感情がもろい. 她身体很〜,但意志很坚强 / 彼女は, 体は弱いが意志はとても強固である. 回 软弱 ruǎnruò 反 刚强 gāngqiáng, 坚强 jiānqiáng
【脆生】 cuìsheng 形分 ❶ (食べ物が)ぱりぱり, さくさくしている. ¶ 这花生刚炒的,吃起来很〜 / この落花生は炒(い)りたてで, とても歯ざわりがよい. ❷ (声が)よく澄んで美しい. ¶ 声音很〜 / 声が通ってよく響く. 回 脆脆生生 用法 ①は, "脆生生 cuìshēngshēng"の形でも使われる.
【脆性】 cuìxìng 名《物理》もろさ. 脆性(い).

萃 cuì
艹部8 四 4440₈
全11画 通用
❶素 群がり集まる. ¶〜于一身(一身に集める) / 荟〜 huìcuì (素晴らしい人物や物事が集まる). ❷素 一ケ所に集まった人や物. 群(ふ). ¶ 出类拔〜 (成) 群を抜く). ❸ (Cuì)姓.
【萃取】 cuìqǔ 動《化学》(溶剤中から)抽出する.

啐 cuì
口部8 四 6004₈
全11画 通用
動 (口の中の物を勢いよく)吐き出す.

淬(異 焠) cuì
氵部8 四 3014₈
全11画 通用

悴毳瘁粹翠村皴存 cuì–cún

【悴】(異 顇) cuì ↑部8 四 9004₈ 全11画 次常用
→憔悴 qiáocuì

【毳】 cuì 毛部8 四 2071₄ 全12画 通用
素 動物の細く柔らかい毛. にこ毛. ¶~毛 cuìmáo（うぶ毛）.

【瘁】 cuì 疒部8 四 0014₈ 全13画 通用
素 ひどく疲れている. ¶心力交~ (成 心身ともに疲れ果てる).

【粹】 cuì 米部8 四 9094₈ 全14画 次常用
素 (文) ① 混じりけのない. ¶~而不杂（純粋で混じりけがない）. ② 最も優れた部分. 精華. ¶国~ guócuì（国の文化の中で最も素晴らしいところ） / 精~ jīngcuì（きめ細かくて純粋だ）.

【翠】 cuì 羽部8 四 1740₈ 全14画 常用
① 素 エメラルドグリーン. ¶~绿 cuìlǜ / ~竹 cuìzhú.
② →翡翠 fěicuì ③ (Cuì)姓.

【翠菊】 cuìjú 名《植物》エゾギク.
【翠绿】 cuìlǜ 形《翡翠╩のような》緑色の. ¶~的稻田 / つややかな緑の田んぼ.
【翠鸟】 cuìniǎo 名《鳥》カワセミ.
【翠微】 cuìwēi 名 青緑色をした山々.
【翠玉】 cuìyù 名 エメラルド. 同 翡翠 fěicuì
【翠竹】 cuìzhú 名 青竹.

cun ㄘㄨㄣ [ts'uən]

【村】(異 邨) cūn 木部3 四 4490₀ 全7画 常用
① (~儿) 名 座 zuò] 村. ¶~庄 cūnzhuāng / 乡~ xiāngcūn（農村）. ② 素 田舎じみた. がさつ. ¶~野 cūnyě. ③ (Cūn)姓.

【村夫】 cūnfū 名 田舎者. 卑俗な人.
【村姑】 cūngū 名 田舎の娘.
【村规民约】 cūnguī mínyuē 名 村民規約. 村民自身が話し合って制定した, 良好な村社会を築くための規約.
【村话】 cūnhuà 名 野卑なことば.
【村口】 cūnkǒu 名 村の出入り口.
【村落】 cūnluò 名〔处 chù, 个 ge〕村. 村落. 同 村庄 cūnzhuāng
【村民】 cūnmín 名 村の住民.
【村民委员会】 cūnmín wěiyuánhuì 名 農民の自治組織. 参考 "村委会" とも言う. その設置に関わる法律が1998年11月4日正式に公布された.
【村舍】 cūnshè 名 コテージ.
【村史】 cūnshǐ 名 村の歴史.
【村委会】 cūnwěihuì 名 →村民 cūnmín 委员会

【村务公开】 cūnwù gōngkāi 句 村の業務を公開する.
【村民委员会】 cūnmín wěiyuánhuì が, 村民に対して村の事務管理事情を公開すること.
【村野】 cūnyě ① 名 村と野原. ② 形 田舎じみた. がさつだ. ¶为人 wéirén~ / 人となりが粗野である.
【村寨】 cūnzhài 名（土塀や柵で囲まれた）村.
【村长】 cūnzhǎng 名〔（個 个 ge, 名 míng, 位 wèi〕村長.
【村镇】 cūnzhèn 名 村と町. ¶每逢节日,小小~显得很热闹 / 祭日のたびに, 小さな村はとてもにぎやかになる.
【村证房】 cūnzhèngfáng 名 都市郊外の農村が, 村の集団所有地に自主的に開発した住宅. 販売や譲渡の対象は村民に限定され, 商売目的での外部への販売等は禁止されている.
【村庄】 cūnzhuāng 名〔個 个 ge, 座 zuò〕村.
【村子】 cūnzi 名〔個 个 ge, 座 zuò〕村. ¶~里住几户人家 rénjiā 呢？/ 村には何世帯住んでいますか.

【皴】 cūn 皮部7 四 2444₇ 全12画
① 動（寒さや乾燥で）皮膚がひび割れる. ¶手都~了（手にたくさんあかぎれができた）. ② 名 方（~儿）体にたまった垢(あか). ¶浑身 húnshēn 是~ / 全身垢だらけだ). ③ 素《美術》中国画の画法. ¶~法 cūnfǎ.
【皴法】 cūnfǎ 名《美術》皴法(しゅんぽう). 参考 中国画で, 山や岩のひだや明暗を描く画法.
【皴裂】 cūnliè 動（皮膚が）あかぎれる.

【存】 cún 子部3 四 4024₇ 全6画 常用
① 動 存在する. 生存する. ¶父母俱~（両親ともに健在だ）/ 生死~亡 wáng (成 生きるか死ぬか. 永らえるか滅びるか). ② 動 残す. とどめる. ¶先把这些粮食~起来,到冬天再吃（これらの食糧を残しておき,冬になったら食べる）/ 冰箱里一着一瓶啤酒（冷蔵庫にビールが一本残っている). ③ 動（お金を）貯蓄する. 預ける. ¶她在银行 yínháng 里一着不少钱（彼女は銀行にかなりの金を預けてある）/ 我从来没在这里一过钱（私はここに金を預けたことなどない). 反 取 qǔ ④ 動（物品を）預ける. ¶请帮我把行李~一下（ちょっと荷物を預かってくれませんか）/ 我的车~在停车场了（私の車は駐車場に預けた）. ⑤ 動（想いや考えを）心に留める. 抱く. ¶谁知道他~的是什么心？（彼がいったい何を考えているか,誰かわかるか）/ 心里~着一线希望（心に一縷の望みを抱いている). ⑥ 動 欠如わっている. ¶辱尺承~ / 向,甚 shèn 慨（いつに変わらぬ丁重なごあいさつ,まことに痛み入ります). ⑦ 名 残高. 残額. ¶实~ shícún（現在高）/ 库~ kùcún（在庫数). ⑧ (Cún)姓. 用法 ⑥は, 手紙の用語として用いる.

【存案】 cún//àn 関係機関に登録する. ¶~备查 / 記録に残して査察に備える.
【存查】 cúnchá 動 保管して後日の調査に備える. ¶交会计科 kuàijìkē~ / 会計課に保管をたのみ調査に備える.
【存车处】 cúnchēchù 名〔個 个 ge〕自転車預り所.
【存储】 cúnchǔ ① 動 蓄える. ¶~量 liàng / 貯蔵量. ¶把食物~于暗凉处 / 食べ物を冷暗所に貯蔵する. ② 名《コンピュータ》メモリ.
【存储器】 cúnchǔqì 名《コンピュータ》メモリ.
【存单】 cúndān 名〔张 zhāng〕預金証書.
【存档】 cún//dàng 動 処理済みの公文書や資料などを保管する. ¶请把这些文件~ / ここにある文書を保管してお

いてください.

【存底】cúndǐ 名 (~儿) 在庫品.

【存而不论】cún ér bù lùn 成 保留して討論をしない. 棚上げする. ¶这个问题也可以暂时~ / この問題はいったん棚上げしておいてもよい.

【存放】cúnfàng 動 ❶ 預ける. ¶~行李 / 荷物を預ける. 同 寄存 jìcún, 寄放 jìfàng ❷ 預金する. ¶把暂时不用的钱, ~在银行里 / とりあえず使わないお金を銀行に預ける.

【存根】cúngēn〔量个 ge, 张 zhāng〕(小切手や領収書などの)控え. ¶不要丢掉~, 留着好了 / 受領控えをなくさないように, しっかりとっておきなさい.

【存户】cúnhù〔量 个 ge〕預金者.

【存活】cúnhuó 動 生き残る. 生存する. ¶~率 / 生存率.

【存货】❶ cún // huò 動 商品をストックする. ❷ cúnhuò 名 在庫品. ¶~有限, 欲买从速 / 残りはあとわずかだ, 買いたい人は急いで. ¶倾销 qīngxiāo~ / 在庫の投げ売りをする.

【存款】❶ cún // kuǎn 動 銀行に金を預ける. ¶~手续简便 / 預金のしかたは簡単で便利だ. 反 贷款 dàikuǎn, 取款 qǔkuǎn ❷ cúnkuǎn 名〔量 笔 bǐ〕預金. ¶定期~ / 定期預金.

【存栏】cúnlán 動 (柵の中で)飼育中だ. ¶~数 / 飼育中の家畜の数. 参考 多く統計に用いることば.

【存盘】cún // pán 《コンピュータ》データをディスクに保存する.

【存身】cún // shēn 動 身を置く. 身を寄せる. ¶无~之地 / 身の置き場がない.

【存食】cúnshí 動 胃がもたれる. ¶爸爸老不想吃饭, 像是~了吧？/ お父さんがごはんを食べたがらないのは, 胃がもたれるからではないか.

【存亡】cúnwáng 名〈文〉生死. 存亡. ¶生死~的关头 / 生きるか死ぬかの瀬戸際.

【存息】cúnxī 名《金融》預金の利子.

【存心】❶ cún // xīn 動 下心をもつ. ¶~不良 / 下心をもつ. ❷ cúnxīn 副 わざと. 故意に. ¶~与我作对 / わざと私にたてつく. 同 蓄意 xùyì, 故意 gùyì 反 无意 wúyì

【存疑】cúnyí 動 疑問として残しておく. ¶这件事情只好暂时~ / このことはとりあえず疑問として残しておくほかない.

*【存在】cúnzài ❶ 動 存在する. ¶任务虽然完成了, 但还一些问题 / 任务还存在着一些问题 / 任務は果たしたが, まだ少し問題が残っている. ❷ 名 存在. ¶不要忘记有第三者的~ / 第三者の存在を忘れてはならない. ❸ 名《哲学》存在.

【存在主义】cúnzàizhǔyì 名 実存主義.

【存照】cúnzhào ❶ 動 (契約書などを)後日の調査に備え保管する. ¶请先生~ / どうぞ控えとして保管しておいてください. ❷ 名 控えの書類.

【存折】cúnzhé 名〔量 本 běn, 个 ge〕預金通帳.

【存执】cúnzhí 名 (小切手や領収書などの)控え. 同 存根 gēn

蹲 cún

足部 12 全 19 画 四 6814₆ 常用

動〈方〉足をくじく. ¶他跳下来~了腿了 (彼は跳び下りて, 足をくじいた).

蹲 dūn

忖 cǔn

忄部 3 全 6 画 四 9400₀ 通用

素 推しはかる. よく考える. ¶~度 cǔnduó.

【忖度】cǔnduó 動 推しはかる. 見当をつける. 忖度 (そんたく) する. ¶你~一下吧 / 君ちょっと考えてくれよ. 同 揣度 chuǎiduó 注意 "度"は"dù"と発音しない.

【忖量】cǔnliàng 動 ❶ 推しはかる. ❷ 思案する. ¶这事让先~一下, 再答复 dáfù 你 / この件は, まず少し考えてから返事させて下さい.

寸 cùn

寸部 0 全 3 画 四 4030₀ 常用

❶ 量 長さの単位. 寸 (すん). "尺 chǐ"の 10 分の 1. 約 3.3 センチメートル. ❷ 素 ほんの少し. ¶~功 cùngōng / ~铁 cùntiě. ❸ 名 "寸口 cùnkǒu"の略称. ❹ (Cùn) 姓.

【寸步】cùnbù 名 きわめて短い距離.

【寸步不离】cùnbù bù lí 句 寸步も離れない. 表現 関係が密接しているようす.

【寸步不让】cùnbù bù ràng 句 一歩も譲らない.

【寸步难行】cùnbù nán xíng 句 実行や処理が非常に困難だ. 同 寸步难移 yí

【寸草不留】cùn cǎo bù liú 成 自然災害や戦争などで根だやしにされ, 何一つ残らない.

【寸断】cùnduàn 動 寸断する. ¶肝肠~ / 悲しみに打ちひしがれる.

【寸功】cùngōng 名 わずかな手柄. ¶~未立 / わずかな手柄もまだ立てることが出来ない.

【寸金难买寸光阴】cùn jīn nán mǎi cùn guāng yīn 成 金で時間を買うことは出来ない. 時間は金よりも貴重だ.

【寸进】cùnjìn 名〈文〉わずかな進歩.

【寸劲儿】cùnjìnr 名〈方〉❶ ちょっとしたこつ. ❷ ちょうどその時. いいタイミング.

【寸楷】cùnkǎi 名 一寸大のかい書の字. ¶~羊毫 yánghǎo / "寸楷"を書くためのやわらかい毛筆.

【寸刻】cùnkè 名 きわめて短い時間. ¶~不离 / 片時も離れない.

【寸口】cùnkǒu 名《中医》手首の脈をとるところ. 寸口 (さん).

【寸铁】cùntiě 名 小さな武器. 寸鉄. ¶手无~ / 成 身に寸鉄も帯びない.

【寸头】cùntóu 名《方》男性の髪型の一つ. 頭頂部に一寸ほどの長さの髪の毛を残し, 両鬢 (びん) と後ろの首筋の毛はそれより短い.

【寸土】cùntǔ 名 わずかな土地. ¶上无片瓦 piànwǎ, 下无~ / ひとかけらの瓦 (かわら) や一握りの土地もないほど貧しい.

【寸土必争】cùn tǔ bì zhēng 成 わずかな土地をも争う. 一寸の土地も譲らない.

【寸心】cùnxīn 名〈文〉❶ 心. 心の中. ¶得失~知 / 損得は心の中でわかっている. ❷ 寸志. ¶聊 liáo 表~ / 寸志をあらわす.

【寸阴】cùnyīn 名〈文〉わずかな時間. 寸陰. ¶~若 ruò 岁 / わずかな時間が一年にも感じられる. 一日千秋の思い.

【寸有所长】cùn yǒu suǒ cháng 句 誰にでも長所と短所がある.

cuo ㄘㄨㄛ [ts'uo]

搓 cuō

扌部9　全12画　[四]5801₂　[次常用]

[動] 手をこすり合わせる.（縄などを）なう. ¶～绳 cuō-shéng（縄をなう）/ 急得他直～手（気がせいて，彼は手をすり合わせがちだった）.

【搓板】cuōbǎn **[名]**（～儿）[量]块 kuài］洗濯板.

【搓手顿脚】cuō shǒu dùn jiǎo **[成]** いらいらして落ち着かない. ¶光～也解决不了问题 / ただじたばたしていても問題の解決にはならない. 同 搓手顿足 zú

【搓洗】cuōxǐ **[動]** もみ洗いする. ¶把毛巾～～/ タオルをちょっともみ洗いしてちょうだい.

【搓澡】cuō//zǎo **[動]** 背中を流す. 垢(ஐ)をする. ¶你给我搓搓澡 / ちょっと背中を流してくれ.

磋 cuō

石部9　全14画　[四]1861₂　[通用]

[素] ❶ 象牙(ぞ)などを磨いて製品を作る. 切～琢磨 zhuó mó（成）切磋琢磨する). ❷ 話し合う. 相談する. ¶～商 cuōshāng.

【磋商】cuōshāng **[動]** 何度も話し合う. ¶～善后对策 / 善後策について協議する. ¶进行具体的～ / 具体的な協議を進める. 同 商量 shāngliáng

撮 cuō

扌部12　全15画　[四]5604₇　[次常用]

❶ **[動]**（散らばったものを）かき集める. 寄せ集める. ¶合 cuōhé / ～成一堆（集めて一かたまりにする). ❷ **[動][方]** 指先でつまむ. ¶～一点盐（塩を少しつまむ). ❸ [量] ミリリットル．"升 shēng"（1リットル）の1000分の1. ❹ [量]（～儿）1つまみの物を数えることば. ¶～一米（一つまみの米). ❺ **[動]**（要点を）かいつまむ. ¶～要 cuōyào.
🡆 撮 zuǒ

【撮合】cuōhé **[動]** 仲を取り持つ. ¶我给他们两个～/ 私が彼ら二人の仲を取り持ってあげよう. 反 拆散 chāisàn

【撮弄】cuōnòng **[動]** ❶ からかう. もてあそぶ. ❷ そそのかす. ¶～人闹事 / 人をそそのかして騒ぎを起こさせる. ¶在别人的～下，她离婚了 / 他人にそそのかされ，彼女は離婚してしまった.

【撮要】cuōyào ❶ **[動]** 要点をかいつまむ. ❷ **[名]** 要点. 要約. ¶论文～/ 論文の要約.

蹉 cuō

足部9　全16画　[四]6811₂　[通用]

[素][文] ❶ つまずく. 失敗する. ❷（ある地点を）通過する.

【蹉跎】cuōtuó **[動][文]** 時を無駄に過ごす. 時機を逃す.

【蹉跎岁月】cuō tuó suì yuè **[成]** 時間をむだに過ごす. ¶他仗 zhàng 着年轻，～，至今一事无成 / 彼は若いのをよいことに，歳月を無駄に過ごしたので，今になっても何も成し遂げていない. 同 岁月蹉跎

嵯 cuó

山部9　全12画　[四]2871₂　[通用]

下記熟語を参照.

【嵯峨】cuó'é **[形][文]** 山が険しくそびえ立っている. ¶怪石～的山 / 奇岩がそびえる山.

矬 cuó

矢部7　全12画　[四]8881₂　[通用]

[方] ❶ **[形]** 背が低い. ¶他长 zhǎng 得太～（彼はずいぶん背が低い). 同 矮 ǎi ❷ **[動]** 体をかがめる. 低くする. ¶过剪票口时，他故意～着身子（改札口を通る時，彼はわざと身をかがめた). ❸ **[動]** 削減する. ¶迟到一次就被～了十块钱工钱（一度遅刻したら，賃金を10元減らされた).

【矬子】cuózi **[名][方]** 背の低い人. ちび.

痤 cuó

疒部7　全12画　[四]0011₄　[通用]

下記熟語を参照.

【痤疮】cuóchuāng **[名]** にきび. ¶满脸长 zhǎng 着～/ 顔中にきびができている. 同 粉刺 fěncì, 面疱 miànpào, 青春痘 qīngchūndòu

瘥 cuó

疒部9　全14画　[四]0011₄　[通用]

[名][文] 病気.
🡆 瘥 chài

脞 cuǒ

月部7　全11画　[四]7821₆　[通用]

[素][文] こまごましている. ¶丛～cóngcuǒ（細かくてわずらわしい).

厝 cuò

厂部8　全10画　[四]7126₁　[通用]

[動][文] ❶ 置く. ¶～火积薪 xīn. ❷ 棺(ひつぎ)を埋葬するまで安置する. 仮埋葬する. ¶安～ āncuò（棺を一時的に安置する).

【厝火积薪】cuò huǒ jī xīn **[成]** 大きな危険が潜んでいる. ¶目前局势是～/ 現在，情勢は大きな危険をはらんでいる. 由来 「积んだ薪の下に火をおく」という意から.

挫 cuò

扌部7　全10画　[四]5801₄　[次常用]

[素] ❶ 事がうまく運ばない. 失敗する. ¶～折 cuòzhé. ❷ おさえつける. くじく. ¶语言抑揚 yìyáng 顿～dùncuò（音声の抑揚をおさえる）/ ～敌人的锐气（敵の気勢をくじく).

【挫败】cuòbài ❶ **[動]** 失敗する. 挫折(ぎ)する. ¶多次从～中奋起 / なんども挫折から立ち上がった. ❷ **[動]** 打ち負かされる. 打ち砕かれる. ¶我花费了不少心思的计划～了！/ 私がアイディアをこらした計画は失敗させられた.

【挫伤】cuòshāng **[動]** ❶（手足を）くじく. 打撲傷を負う. ¶～了脚 / 足をくじいた. ❷（意欲を）くじく. そぐ. ¶～群众的积极性 / おおぜいの人々の意欲をそぐ.

【挫折】cuòzhé ❶ **[動]** じゃまする. おさえつける. ¶～敌人的锐气 / 敵の気勢をそいだ. ❷ **[名]** 失敗. 挫折(ざ). ¶受不了那么大的～，他终于精神崩溃 bēngkuì 了 / あんなにも大きな挫折に耐えきれず，彼はついに精神的にまいってしまった.

措 cuò

扌部8　全11画　[四]5406₁　[次常用]

[素] ❶ 処置する. 手配する. ¶惊慌失～（成 驚きのあまり度を失う) / 不知所～（なすすべを知らない). ❷ 計画をたてる. ¶～借 cuòjiè（金を工面する）/ 筹～ chóucuò（金を工面する).

【措辞[词]】cuò cí / cí ことばを選ぶ. ¶这份报告，请你帮我措个辞 / この報告書，上手な言いまわしを考えて下さい. ¶你写这封信，请按我的语气～/ この手紙を書く時は，私の口ぶりに合わせたことばを選んで下さい. ❷ **[名]** cuòcí ことばの遣い方. ¶～不当 bùdàng / 表現や用字が適切でない.

【措大】cuòdà **[名][旧]** 貧乏書生. 同 醋 cù 大

*【措施】cuòshī ❶ **[名]**〔项 xiàng〕措置. 手立て. ¶采取适当的～/ 適切な手立てを講じる. ¶离谱 lípǔ の～/ 常識はずれのやり方.

【措手】cuòshǒu **[動]** 手をつける. 対処する. ¶无从～/ 手のつけようがない.

【措手不及】cuò shǒu bù jí **[成]** 対応が間に合わない.

【措意】cuòyì **[動][文]** 心に留める. 気を配る.

【措置】cuòzhì 動 処理する.措置する.¶这个问题,他～得很好,让大家都放心 / この問題を彼は適切に処理し,皆を安心させた.

锉(銼 /異 剉) cuò
钅部7 全12画 四 8871₄ 次常用
❶ 名〔量 把 bǎ〕鉄製のやすり.¶扁～ biǎncuò (平やすり) / 圆～ yuáncuò (丸やすり). 同 锉刀 cuòdāo ❷ 動 やすりをかける.¶～光 cuòguāng (やすりをかけてぴかぴかにする).
【锉刀】cuòdāo 名〔量 把 bǎ〕やすり.同 锉 cuò ①

错(錯) cuò
钅部8 四 8476₁ 常用 全13画
❶ 形 正しくない.誤っている.¶～了就要改(間違ったらすぐ直さねばならない) / 你弄～了(あなたは間違えた). 反 对 duì ❷ 形 悪い.劣っている.¶今年的收成～不了 cuòbuliǎo (今年の収穫はきっとよい) / 他的身材真不～ (彼は体格がいい). ❸ 動 入り組む.交錯する.¶～落 cuòluò / ～综 cuòzōng / ～杂 cuòzá / ～乱 cuòluàn. ❹ 動 (時間や位置などを)ずらす.はずす.¶明天我还有个会,不开(明日私はまだ会合があるので,時間をずらせない) / 他 cuòchē / ～过 cuòguò 机会 (チャンスを逃がす). ❺ 名 玉(ぎょく)を磨くための石.¶他山之石,可以为～ (他山の石). ❻ 名 (～儿) 過ち.間違い.¶又出什么～了？(またなんの間違いが起きたのか). 用法 ②は,否定形で用いる.
【错爱】cuò'ài 動 謙 厚情を受ける.¶幸蒙～ / ご好意ありがたく存じます. 表現 相手の自分に対する好意に感謝することば.
【错案】cuò'àn 名〔量 个 ge,件 jiàn,起 qǐ,宗 zōng〕誤審された案件.¶平反了一大批～ / 一連の誤審案件を見直し,名誉を回復する.
【错别字】cuòbiézì 名 誤字と当て字.¶纠正～ / 誤字や当て字を直す.
【错层式住宅】cuòcéngshì zhùzhái 名 中二階のある家.
【错车】cuò//chē 動 車がすれ違う.¶上行快车和下行快车在郑州 Zhèngzhōu ～ / 上りの急行と下りの急行は鄭州(ていしゅう)ですれ違う.
【错处】cuòchu 名 過ち.過失.¶改正自己的～ / 自らの誤りを改める.
【错讹】cuò'é 名 (文字の)誤り.

【错愕】cuò'è 形 文 驚きうろたえている.
【错怪】cuòguài 動 誤解して悪く思う.誤って人を責める.¶这是好意,你别～ / これは好意ですから,悪くとらないでくださいね.
【错过】cuòguò 動 (時機や機会などを)逸する.取り逃がす.¶机会难得 nándé,不可～！/ またとないチャンスを逃がすな.¶～了这班车,你就要迟到了！/ このバスに乗りそこねたら,遅刻しますよ.
【错话】cuòhuà 名 誤った話.¶说～,得罪 dézuì 众人 / 間違ったことを言って,皆のひんしゅくを買う.
【错简】cuòjiǎn 名 書物の乱丁.文字や文章の乱れや誤り.
【错金】cuòjīn 名 器などの表面に金属線を象眼して模様を描く特殊工芸.
【错觉】cuòjué 名 錯覚.¶发生～ / 錯覚を起こす.
【错开】cuò//kāi 動 (時間や位置を)ずらす.¶～了农忙季节 / 農繁期をはずした.¶许多公司实施～时间上班 / 多くの企業でオフピーク通勤が実施されている.
【错乱】cuòluàn 形 錯乱した.秩序がない.¶精神～ / 精神が錯乱している.
【错落】cuòluò 形 入り乱れた.入り混じった.¶～不齐 / 雑然としてふぞろいだ.
【错落有致】cuòluò yǒuzhì 句 雑然としながらも趣がある.
【错失】cuòshī 名 過ち.過失.
【错位】cuò//wèi 動 ❶ (医学)(骨などが)本来の位置からずれる.¶骨关节～ / 関節がはずれる. ❷ 逆転する.¶供需～ / 需要と供給が逆転する. ❸ (位置が)ずれたり,錯乱する.
**【错误】cuòwù ❶ 形 間違った.正しくない.¶～结论 / 誤った結論.¶～思想 / 思想が間違っている.¶～地估计形势 / 情勢判断を誤る. 反 正确 zhèngquè ❷ 名 誤り.間違い.¶改正～ / 誤りを改める. 同 差错 chācuò,过错 guòcuò
【错杂】cuòzá 動 入り混じる.¶花草～ / 雑草と花が入り混じっている.
【错字】cuòzì 名〔量 个 ge〕誤字.誤植.¶小心写～ / 誤字に気をつけなさい.
【错综】cuòzōng 動 錯綜(さくそう)する.
【错综复杂】cuò zōng fù zá 成 (状況などが)複雑に入り組んでいる.

D

【D字头】D zìtóu 名 新特急列車. 2007年4月18日から全国で運用された特急列車. 日本の新幹線に似ている. 由来 列車番号の頭に「D」がつくことから.

da ㄉㄚ [tA]

奓 dā 大部6 四 4040₁ 全9画 通用
名 ⊗ 大きな耳.

【奓拉】dāla 動 だらりと垂れる. ¶有什么不顺心 shùnxīn 的事吗？怎么～着脑袋？/何か思うようにならない事でもあったのか？なぜうなだれているんだ. 同 搭拉 dāla

搭 dā 扌部9 四 5406₁ 全12画 常用
❶ 動 棒や支柱などを組んで橋や棚をつくる. ¶～架子 jiàzi／～桥 dāqiáo. 反 拆 chāi ❷ 動 ひっかけてつるす. ¶把被子～在阳台的栏杆 lángān 上晒晒(掛け布団を物干し台の手すりに干す). ❸ 動 別々のものをつなぎ合わせる. ¶～配 dāpèi／前言不～后语(話のつじつまが合わない). ❹ 動 人やお金を加える. ¶你忙不过来,给你～个人吧(君はとても忙しいから,手伝いのものを差し向けよう). ❺ 動 ひとつにかたまる. 一緒になる. ¶～伙 dāhuǒ／勾～ gōuda (結託する). ❻ 動 みんなで持ち上げる. ¶咱们俩把这筐 kuāng 土～走(僕たち二人でこのもっこの土を運ぼう). ❼ 動 乗り物などに乗る. ¶～车 dāchē／～乘 dāchéng. ❽ (Dā)姓.

【搭班】dā//bān (～儿) ❶ 旧 役者が臨時に,劇団に加わる. ¶～唱戏 chàngxì 一座に加わって芝居を演じる. ❷ 臨時に作業班に加わる. 臨時にほかの人と組む.

【搭伴】dā//bàn (～儿) 道連れになる. ¶半路上遇见几个老朋友,正好～一起去／途中でばったり数人の旧友に出会ったので,一緒に行った.

【搭帮】❶ dā//bāng 大勢の人が一緒に行動する. ¶～结伙 jiéhuǒ／徒党を組む. ❷ dābāng おかげをこうむる. おかげさまで. ¶～您啊,大娘,可帮了我的大忙了／おばさん,おかげさまで大助かりでした.

【搭背】dābèi →搭腰 dāyao

【搭茬[碴]儿】dā//chár 方 相手の話に応じる. 返事をする. ¶小李的话没头没脑,叫人没法～／李さんの話はつかみどころがなく,返事のしようがない. 同 答 dā 茬儿,答碴儿

【搭车】dā//chē 動 ❶ 車に乗る. ❷ 便乗する.

【搭乘】dāchéng 動 (飛行機や船などに)乗る. 搭乗する. ¶～长途汽车／長距離バスに乗る.

【搭档[当]】dādàng ❶ 動 協力する. ❷ 名 仲間. 相棒. ¶老～／長年の相棒.

【搭话】dā//huà 動 ❶ ことばを交わす. 受け答えする. ¶他俩自从吵了架,就互不～了／あの二人はけんかしてから互いに口をきかない. ❷ 方 ことづける.

【搭伙】dā//huǒ 動 ❶ 仲間になる. ¶成群～／群れになる. グループをつくる. 反 散伙 sànhuǒ ❷ 工場や会社などの食堂を利用して食べる. ¶我曾在这个单位搭过伙／私は以前,この職場の食堂で食事をしていた.

【搭架子】dā//jiàzi 動 ❶ (事業や文章の)骨組みを作る. ❷ 貶 もったいぶる. えらぶる. ¶你搭什么架子！／君は何をもったいぶっているんだ？同 摆 bǎi 架子

【搭脚儿】dā//jiǎor 方 無料で乗り物に同乗させてもらう.

【搭街坊】dā jiēfang 句 方 隣人になる. 近所づきあいをする.

【搭界】dājiè 動 ❶ 境界を接する. ❷ 方 関係をもつ. ¶别跟他这种人～／彼のようなやつとはかかわるな. 用法 多く否定形で用いる.

【搭救】dājiù 動 (危険や災難から)人を助ける. ¶那时候要不是小张～,我就没有今天了／あの時,張さんが助けてくれなかったら,今日という日はなかったろう. 反 陷害 xiànhài

【搭客】dā//kè ❶ 動 方 (車や船が)客を乗せる. ❷ 名 (車や船の)乗客.

【搭拉】dāla 動 "奓拉 dāla"に同じ.

【搭理】dāli 動 "答理 dāli"に同じ.

【搭凉棚】dā liángpéng 句 ❶ 日除け棚をつくる. ❷ 手を目の前にかざす.

【搭配】dāpèi 動 ❶ 組み合わせる. ¶动宾～不当 dàng／動詞と目的語の組み合わせがよくない. ❷ ペアになる. 組みになる.

【搭腔】dā//qiāng 動 ❶ 受け答えする. あいづちを打つ. ❷ 方 話をする. ¶她从不与生人～／彼女はこれまで,知らない人間と話をしたことはない. 同 答腔 dāqiāng

【搭桥】dā//qiáo 動 ❶ 橋をかける. ¶逢 féng 山开路,遇 yù 水～／山があれば道をひらき,河にぶつかれば橋をかける. 反 拆桥 chāiqiáo ❷ 橋渡しをする. 仲を取り持つ. ¶为人牵线 qiānxiàn～／人の仲を取り持つ. ❸ 《医学》バイパス手術をする.

【搭讪[赸]】dāshàn[-shan] 動 (きまり悪さを取りつくろったり,人に近づくために)ことさら話題を探して話しかける. 同 答讪 dāshàn

【搭讪着】dāshanzhe 副 きまり悪そうに. 照れ隠しに. ¶那个人～出去了／その人はきまり悪そうに出て行った.

【搭手】dā//shǒu 動 手伝う. 手を貸す. 同 帮忙 bāngmáng

【搭售】dāshòu 動 (商品を)抱き合わせて売る. 同 搭卖 dāmài

【搭头】dātou 名 (～儿) おまけ. つけたし.

【搭腰】dāyao 名 鞦(ˁˀ)がずり落ないように,家畜の背中に取り付ける馬具. 同 搭背 dābèi

【搭载】dāzài 動 (車・船・飛行機などに)予定外の客や荷物を乗せる.

嗒 dā 口部9 四 6406₁ 全12画 通用
擬 ウマのひづめの音や,機関銃の音などをあらわすことば.
☞ 嗒 tà

答 (荅) dā 竹部6 四 8860₁ 全12画 常用
動 答える.
☞ 答 dá

【答茬儿】dā//chár "搭茬儿 dāchár"に同じ.
【答理】dāli 相手にする. 返事をする. ¶小李的脾气很古怪,不爱~人／李さんは気むずかしく,愛想が悪い. 同 搭理 dāli
【答腔】dā//qiāng 動 "搭腔 dāqiāng"に同じ.
*【答应】dāying 動 ❶返事をする. ¶喊了好几声,屋里没有人~／何度も呼んだが,部屋の中からは返事がなかった. ❷承諾する. 同意する. ¶即然~了人家,就得 děi 照办 zhàobàn／承諾したからには,そのとおりにやるしかない.

褡 dā ⺖部9 四 3426₁ 全14画 通用

下記熟語を参照.
【褡包】dābāo[-bao] 名《服飾》〔量 个 ge,根 gēn,条 tiáo〕幅が広く長い腰帯.
【褡裢】dālian 名 ❶（~儿）〔量 个 ge,条 tiáo〕金入れ袋. 長方形の両端が袋になっていて,ここに金を入れ,肩に振り分けたり,腰帯にぶら下げて用いる. ¶肩上背着一个~／肩に金入れ袋をかけている. 同 搭裢 dālian ❷〔量 个 ge,件 jiàn〕"摔跤 shuāijiāo"競技用の上着.

打 dá 扌部2 四 5102₀ 全5画 常用

量 ダース. ◆dozen
☞ 打 dǎ

达（達） dá 辶部3 四 3430₈ 全6画 通用

❶素《道》通じる.（目的地に）到着する. ¶四通八~（成）道が四方八方に通じている）／抵~ dǐdá（到着する）. ❷素 精通している. ¶~人 dárén（多方面の事理に通じている）. ❸素（目的や目標を）達成する. ¶~成 dáchéng／~到 dádào. ❹素 伝える. 言いあらわす. ¶~意 dáyì／传~命令（命令を伝達する）／转~ zhuǎndá（伝える）. ❺素（官界で）地位が高い. ¶~官 dáguān. ❻（Dá）姓.
【达标】dábiāo 動 目標に到達する.
【达成】dáchéng 動 達成する. 成立する. ¶~协议 xiéyì／話し合いがまとまる.
【达旦】dádàn 動 翌朝になる. ¶通晓~／徹夜する.
*【达到】dá//dào 動（目的や水準に）到達する. 達成する. ¶达得到／到達できる. ¶达不到／到達できない. ¶~国际水平／国際レベルに達する. ¶小美的目标一定能~／メイちゃんの目標は必ず達成されるだろう.
【达尔文】Dá'ěrwén《人名》ダーウィン(1809-1882). イギリスの博物学者.
【达尔文主义】Dá'ěrwén zhǔyì 名 ダーウィニズム. 同 进化论 jìnhuàlùn
【达芬奇】Dá Fēnqí《人名》レオナルド・ダ・ヴィンチ(1452-1519). イタリア・ルネッサンスの代表的な芸術家,科学者.
【达观】dáguān 形 達観している.
【达官】dáguān 名 高官.
【达官贵人】dáguān guìrén 名 旧 官位が高く貴な人.
【达卡】Dákǎ《地名》ダッカ（バングラデシュ）.
【达拉斯】Dálāsī《地名》ダラス（米国）.
【达赖喇嘛】Dálài lǎma《宗教》ダライ・ラマ. チベット仏教における最高権威者の称号. 聖俗両権を掌握する.
【达累斯萨拉姆】Dálěisīsàlāmǔ《地名》ダルエスサラーム（タンザニア）.
【达姆弹】dámǔdàn 名《軍事》ダムダム弾.
【达斡尔族】Dáwò'ěrzú《民族》ダフール族. 中国の少数民族. 黒竜江省・内モンゴル・新疆に居住.
【达意】dáyì 動（ことばや文字で）意思を伝える. ¶抒情 shūqíng~／感情や考えを述べる.
【达因】dáyīn 名 外《物理》力のCGS単位. ダイン. ◆dyne

沓 dá 水部4 四 1260₉ 全8画 通用

量（~儿）重なった紙や薄いものを数えることば. ¶一~子信纸（一束の便箋）.
☞ 沓 tà

怛 dá 忄部5 四 9601₅ 全8画

動 文 愁え悲しむ. ¶~伤 dáshāng（ひどく悲しむ）／惨~ cǎndá（愁え悲しむ）.

妲 dá 女部5 四 4641₀ 全8画

素 人名用字. ¶~已 Dájǐ（妲已だ゛。 殷дの紂王 жの妃）.

莶（薘） dá ⺿部6 四 4430₈ 全9画 通用

→莙莶菜 jūndácài

炟 dá 火部5 四 9681₀ 全9画 通用

素 人名用字. ¶刘~ Liú Dá（後漢の皇帝）.

笪 dá 竹部5 四 8810₆ 全11画 通用

名 ❶方 竹で編んだ目の粗い敷物. 竹のむしろ. ❷文 舟の引き綱. ❸(Dá)姓.

答（異 荅） dá 竹部6 四 8860₁ 全12画 常用

❶動 質問に答える. ¶~话 dáhuà／问~ wèndá（問答する）／~案 dá'àn. 反 问 wèn ❷素 お礼やお返しをする. ¶~礼 dálǐ／~谢 dáxiè／报~ bàodá（報いる）. ❸(Dá)姓.
☞ 答 dā

*【答案】dá'àn 名 答案. 解答.
【答拜】dábài 動 答礼訪問をする. 同 回访 huífǎng
【答辩】dábiàn 動 答弁する. 弁明する. ¶论文~／論文の口頭試問. 反 问难 wènnàn
【答辩状】dábiànzhuàng 名《法律》答弁書.
【答词】dácí 名 答辞. ¶致~／答辞を述べる.
【答对】dáduì 動 受け答えする. ¶~得体 détǐ／受け答えが適切だ. ¶不管什么问题,都能~如流／どんな質問でも,立て板に水を流すように答える.
【答非所问】dá fēi suǒ wèn 成 答えが問いとかみ合わず,とんちんかんだ. ¶小李~地乱说了一通 tòng／李さんはとんちんかんなことをひとしきりしゃべった. 同 所答非所问
【答复】dáfù[-fu] ❶動 回答する. 返事を書く. ¶~学生的提问／学生の質問に答える. ¶~读者来信／読者からの手紙に返事を書く. ❷名 回答. 返事. 同 回答 huídá
【答话】dáhuà 動 答える. ¶你怎么不~？／君はなぜ答えないのか. 用法 多く否定文に用いる.
*【答卷】❶dá//juàn 動 試験問題を解く. ¶认真地~／真剣に問題を解く. ❷dájuàn 名〔量 份 fèn〕答案. ¶标准~／模範答案.
【答礼】dá//lǐ 動 答礼する.
【答数】dáshù 名《数学》計算の答. 同 得数 déshù
【答题卡】dátíkǎ 名 レスポンスカード.

【答谢】dáxiè [動]お礼を言う．感謝の意をあらわす．¶～宴会 / 返礼のパーティー．
【答疑】dáyí [動]疑問に答える．

靼 dá 革部5 [四] 4651₀ 全14画 [通用]
→鞑靼 Dádá

瘩 dá 疒部9 [四] 0016₁ 全14画 [次常用]
下記熟語を参照．
【瘩背】dábèi [名]《中医》背中にできる悪性のはれもの．

鞑（韃） dá 革部6 [四] 4453₈ 全15画 [通用]
下記熟語を参照．
【鞑靼】Dádá [名]韃靼(だったん)．タタール．[参考]漢民族が北方遊牧民族を指して呼んだもの．明代には現在の内モンゴルおよびモンゴル人民共和国の東部に住んでいた東モンゴル人を指した．

打 dǎ 扌部2 [四] 5102₀ 全5画 [常用]
Ⅰ[動]❶手や道具で物をたたく．打つ．¶～鼓 dǎgǔ. ¶钟～了十下 / 時計が10時を打った．¶～栗子 lìzi / 栗をたたき落として採る．
❷なぐる．ぶつ．¶不能～小孩子 / 子供を殴ってはいけない．
❸攻める．攻撃する．¶这一仗 zhàng～得很漂亮 / 今度の戦いは見事だった．
❹(打撃を加えて)壊す．割る．¶碗～了 / 茶碗が割れた．¶～鸡蛋 / 卵を割る．
❺代動詞的に機能し，目的語に応じた動作行為を示す．
①放つ．発射する．¶～枪 / 鉄砲をうつ．¶～炮 pào / 大砲をうつ．
②(雷や稲妻が)発生する．鳴る．¶～雷 / 雷が鳴る．¶～闪 shǎn / 稲妻が走る．
③すくい取る．くむ．¶～水 / 水をくむ．¶～粥 zhōu / かゆをよそう．
④(鳥や獣を)つかまえる．獲る．¶～鱼 / 魚を獲る．¶～鸟 / 鳥を撃つ．
⑤刈り取る．¶～柴 chái / 柴を刈る．¶～草 / 草を刈る．
⑥(切符を)買う．(酒・油・酢などを量り売りで)買う．¶～票 / 切符を買う．¶～半斤酢 / 酢を半斤買う．¶～车 / タクシーに乗る．
⑦掲げる．挙げる．奮い立たせる．¶～伞 / 傘をさす．¶～旗子 qízi / 旗を掲げる．¶～起精神来 / 気持ちを奮い立たせる．
⑧うがつ．(穴を)開ける．¶～井 / 井戸を掘る．¶～眼儿 / 小穴を開ける．
⑨取り除く．取り払う．¶～皮 / 皮をむく．
⑩築く．¶～墙 / 壁を築く．¶～基础 / 基礎をつくる．
⑪つくる．製造する．¶～家具 / 家具をつくる．¶～烧饼 shāobing / シャオピンをつくる．¶～刀 / 刀を打つ．
⑫編む．¶～毛衣 / セーターを編む．¶～辫子 biànzi / お下げを結(ゆ)う．
⑬しばる．くくる．¶～包裹 / 小包にする．¶～行李 / 荷造りをする．
⑭塗りつける．描く．(判を)押す．¶～蜡 là / ワックスをかける．¶～个问号 / 疑問符をつける．¶～图样 / 図面をひく．¶～戳子 chuōzi / 認め印を押す．
⑮かき混ぜる．¶～卤 lù / あんかけにする．¶～糨子 jiàngzi / 糊をつくる．
⑯注ぎ入れる．¶～针 / 注射をする．¶～气 / 空気を入れる．
⑰(遊戯・運動を)する．¶～扑克 pūkè / トランプをする．¶～秋千 / ブランコをする．¶～棒球 / 野球をする．¶～太极拳 quán / 太極拳をする．
⑱発信する．¶～电话 / 電話をかける．¶～信号 / 信号を送る．¶～报告 / 報告を提出する．
⑲定める．見積もる．案を立てる．¶～主意 / 考えを決める．¶～底儿 / 案を立てる．¶～草稿 / 下書きをつくる．
⑳(証明書などを)もらう．出す．¶～介绍信 / 紹介状を書く．¶～收据 shōujù / 領収書を出す．
㉑関係をつける．折衝する．¶～官司 guānsī / 訴訟をする．¶～交道 / つきあう．
㉒従事する．¶～工 / アルバイトをする．¶～下手 / 下働きをする．
㉓(ある種の身体的動作を)する．¶～哈欠 hāqian / あくびする．¶～滚 / 転げまわる．¶～招呼 / あいさつする．¶～哆嗦 duōsuo / ぶるぶる震える．
㉔(ある手段を)とる．¶～官腔 guānqiāng / しゃくし定規に断る．¶～比喻 bǐyù / たとえをする．¶～马虎眼 / 人を見損なう．¶～折扣 zhékou / 割引する．
Ⅱ[前](場所，時間の起点または経過点を示し)…から．…より．¶～公路走一小时就可以到家 / 国道を1時間も走れば家です．¶～明儿起我决心戒烟 jièyān / 明日から禁煙する．✎この意味の"打"は北方方言で，ふつうは"从 cóng"を用いる．また，"打"は単音節語の前では使えない．
Ⅲ(Dǎ)姓．
☞ 打 dá

【打把势[式]】dǎ bǎshi [句]❶武術の練習をする．❷"手舞足蹈 shǒuwǔ zúdǎo"に同じ．
【打靶】dǎ//bǎ [動]《軍事》射撃の的を射る．
【打摆子】dǎ bǎizi [句][方]マラリアにかかる．[同]患疟疾 huàn nüèji
【打败】dǎ//bài [動]❶(敵を)うち負かす．¶我队以3比0～了对手 / 我々のチームが3対0で勝った．[同]打胜 dǎshèng ❷(戦いや試合に)負ける．¶这次比赛不准～ / この試合では負けることは許されない．
*【打扮】dǎban[-bàn] ❶[動]装う．身ごしらえをする．¶小明，～得这么漂亮去见谁呀？/ ミンさん，そんなにおめかしして，誰に会いに行くの？[同]装扮 zhuāngbàn ❷[名]装い．いでたち．¶她的～落落大方，潇洒 xiāosǎ 自然 / 彼女の装いはさっぱりと上品で，あかぬけていて自然だ．[同]装束 zhuāngshù [表現]"打扮"は多く人に用い，物の場合は擬人化した表現になる．"装饰"は物に用い，人には用いない．
【打包】dǎ//bāo [動]❶梱包する．¶～机 / 梱包機．❷包みをあける．¶～检查 / 荷をあけて検査する．❸レストランで食べきれなかった料理を持ち帰る．
【打包票】dǎ bāopiào [慣]保証する．請け合う．[同]打保票 bǎopiào [参考]"包票"は保証書．
【打抱[报]不平】dǎ bàobùpíng [俗][褒]虐げられている者を助ける．弱い者のために一肌ぬぐ．
【打蹦儿】dǎ//bèngr [動][方]躍り上がる．飛び跳ねる．
【打比】dǎbǐ [動]❶たとえる．[同]打比方 dǎ bǐfāng ❷[方]比べる．¶他六十多岁了，怎能跟小伙子～呢？/ 彼は六十過ぎだ，どうして若者と比べられようか．
【打补钉[丁・靪]】dǎ bǔding [句]衣類などに継ぎをあてる．¶现在已经看不到穿～的衣服的人了 / 今では，継ぎ

をあてた服を着ている人をあまり見かけなくなった.
【打草惊蛇】dǎ cǎo jīng shé 成 草を払って蛇を驚かす. 不用意なことをして相手に警戒される.
【打岔】dǎ//chà 動 他人の話や仕事の邪魔をする. 口をはさむ. ¶给你一~,我说到哪儿都忘了 / 君にチャチャを入れられて,どこまで話したかすっかり忘れてしまった.
【打禅】dǎ//chán 動 座禅を組む. 同 打坐 dǎzuò
【打场】dǎ//cháng 動 (穀物をとりいれた後)広場で脱穀する. 参考 "场"は乾燥・脱穀用の場所.
【打车】dǎ//chē タクシーに乗る. 同 打的 dí
【打成一片】dǎchéng yīpiàn 成 (思想や感情が)一つにまとまる. ¶城市和乡村~ / 都市と農村が力を合わせて一体となる.
【打冲锋】dǎ chōngfēng 句 先陣をつとめる. 先頭を切る. ¶小张总是~走在前头 / 張さんはいつも先頭に立って取り組む.
【打抽丰】dǎ chōufēng 慣 "打秋风 dǎ qiūfēng"に同じ.
【打出手】dǎ chūshǒu ❶ 名 (~儿)《芸能》一人の役者を数人が囲んで武器を投げあう,リズミカルでスリリングな立ち回り. 同 过家伙 guò jiāhuo ❷ 句 方 殴り合いのけんかをする. 参考 ①は,"出手"とも言う. 用法 ❷は,多く"大~"の形で用いる.
【打春】dǎ//chūn 名 旧 由来 立春. 由来 昔,立春の前日に泥で作った牛を役所の前に置き,緑と赤のむちで牛を打ち("打"),その年の豊作を祈ったことから.
【打从】dǎcóng 前 …から. 同 从,由 yóu
*【打倒】dǎ//dǎo 動 打倒する. やっつける. ¶~官僚 guānliáo 主义! / 官僚主義を打倒せよ.
【打道】dǎdào 動 (行列の)先払いをつとめる. 露払いをする.
【打得火热】dǎde huǒrè 慣 熱々の仲だ.
【打灯谜】dǎ dēngmí 動 "灯谜"(旧暦の正月15日の元宵節に,提灯に書かれた詩句やなぞなぞを当てる遊び)をする. 同 打灯虎(儿) dēnghǔ(r)
【打的】dǎ//dí[-dī] 動 タクシーをよぶ. タクシーを利用する. ¶~也不过十来块钱 / タクシーを使っても10元そこらだ. 由来 "打的士 dǎ díshì"の略. "的士"はタクシー.
【打底】dǎ//dǐ 動 ❶ (~儿)"打底子"に同じ. ❷ 宴会の前に少し何か食べておく. ❸ 高級な料理の食材の下にふつうの野菜を敷く.
【打底子】dǎ dǐzi 句 ❶ 下絵をかく. 草稿を作る. ❷ 基礎を作る. 下地を作る. ¶不管学什么,都要好好儿~ / 何を学ぶにしろ,しっかりと基礎を固めなければならない.
【打地铺】dǎ dìpù 動 床や地べたに敷物を広げて間に合わせの寝床をつくって眠る.
【打点滴】dǎ diǎndī 動 点滴を打つ.
【打点】dǎdian 動 ❶ 用意する. 整える. ¶~行李 / 荷物を用意する. ❷ 整える. ¶~行李 / 荷物を用意する. ❷ (ある人物に)賄賂を贈り,よろしく頼むために袖の下を使う. ¶~了一点儿银子,看守就让他进去了 / 少しばかり銀貨をつかませると,看守は彼を中に通した.
【打掉】dǎdiào 動 打ち落とす. 取り除く.
【打叠】dǎdié 動 整える. 準備する. ¶~行李 / 荷物をカバンにつめる.
【打顶】dǎdǐng 動《農業》作物の先端の芽を摘む. 同 打尖 dǎjiān
【打动】dǎdòng 動 感動させる. ¶给这番话~了 / この話には感動した. 同 感动 gǎndòng
【打斗】dǎdòu 動 取っ組み合いのけんかをする. 大立回

りをする.
【打赌】dǎ//dǔ 動 賭(か)けをする. ¶你敢~吗? / 賭ける気か?
【打短儿】dǎ//duǎnr 動 旧 ❶ 臨時雇いになる. 同 打短工 duǎngōng ❷ 働きやすい簡素な服装をする.
【打断】dǎ//duàn 動 ❶ 断つ. 中断する. ❷ 殴って折る.
【打盹儿】dǎ//dǔnr 動 旧 居眠りをする. うとうとする. 同 打瞌睡 kēshuì
【打趸儿】dǎdǔnr 動 旧 ❶ まとめて売買する. ❷ 合計する. 全部ひっくるめる.
【打哆嗦】dǎ duōsuō ぶるぶる震える.
【打耳光】dǎ ěrguāng 句 びんたを食らわす.
【打发】dǎfa 動 ❶ 派遣する. ¶经理~他去中国出差 chūchāi / 社長は彼を中国へ出張に行かせた. 我已~车到机场接人去了 / 私はもう,人を迎えに空港へ車をやった. 同 派 pài ❷ よそへ行かせる. 立ち去らせる. ¶他给了那个乞丐 qǐgài 两块钱把他~走了 / 彼はわずかな小銭を与え,よそへ行かせた. ❸ (時間や月日を)費やす. ¶~余年 yúnián / 晩年を過ごす. ❹ 世話をする. 支度をする. ¶~饭 / 食事の支度をする. ¶~宾客 / 客の世話をする.
【打翻】dǎfān 動 ひっくり返す. ¶一不小心,手里的饭碗~了 / うっかりして,手に持っていたご飯茶碗をひっくり返してしまった.
【打翻身仗】dǎ fānshēnzhàng 慣 (仕事や生産で)落伍していたものが努力によって見違えるほど進歩する.
【打非】dǎfēi 動 (書籍や映像製品の)不法な製作や販売を取り締まる. ¶扫黄~ / わいせつ物や海賊版を取り締まる.
【打榧子】dǎ fěizi 句 (親指と中指で)指を鳴らす.
【打分】dǎ//fēn 動 採点する. チェックする.
【打稿】dǎ//gǎo 動 (~儿)下書きをする.
【打嗝儿】dǎ//gér 動 旧 ❶ しゃっくりが出る. ❷ げっぷが出る. 参考 ①は,"呃逆 ènì"の通称. ②は,"嗳气 ǎiqì"の通称.
【打更】dǎ//gēng 動 旧 夜回りが,一更(ɡēnɡ)ごとに拍子木を打って時刻を知らせる. 由来 "更"は一晩を五等分した時の時間の単位.
【打工】dǎ//gōng 動 アルバイトをする. ¶我每天~两个小时 / 私は毎日2時間アルバイトをしている.
【打工妹】dǎgōngmèi 名 都市に出稼ぎに来ている若い女性.
【打恭[躬]】dǎ//gōng 動 おじぎをする.
【打躬作揖】dǎ gōng zuò [zuō] yī 成 旧 昔の礼法で,右手で左手のこぶしを覆い,胸の前で上下に振って腰をかがめ丁寧にお辞儀をする. 参考 時に服従や懇願のニュアンスが強調される.
【打鼓】dǎ//gǔ 動 ❶ 太鼓をたたく. ❷ 自信がなくて不安になる. ¶心里直在~ / 心中ドキドキする.
【打瓜】dǎguā 名 スイカの一種. "瓜子 guāzǐ"(食用のスイカの種)用に栽培している.
【打卦】dǎ//guà 動 占う. ¶求神~ / 神頼みをしたり,占ったりする.
【打拐】dǎguǎi 動 誘拐犯罪を取り締まる.
【打官腔】dǎ guānqiāng 慣 もったいぶった,偉そうな言い方をする. ¶那小子跟我也打起官腔来了 / あの若造は,俺にまで偉そうな口をたたくようになってきた.
【打官司】dǎ guānsi 句 ❶ 訴訟を起こす. ❷ 旧 言い争う. ¶打不完的官司 / きりのない言い争いをする.

【打光棍儿】dǎ guānggùnr 慣 独身のままで暮らす. 表現男性に用いることが多い.

【打鬼】dǎ//guǐ 宗教 ラマ教の儀式. 祭礼日に,神仏のいでたちで経を唱えながら踊り,邪をはらう. 同 跳布札 tiào bùzhá,跳神 tiàoshén

【打滚】dǎ//gǔn 動 (～儿) ① (寝ころんで)ごろごろ転がる. 転げ回る. ❷ 長い間ある環境で暮らす. ¶他是在田里一长大的,所以田里的活儿,他全会 / 彼は農村で育ったので,畑仕事は何でもできる. 表現②は,苦労や困難を多く経験するというニュアンスで使われる.

【打棍子】dǎ gùnzi 慣 政治上の敵に勝手な罪名をかぶせて攻撃する.

【打哈哈】dǎ hāha 慣 人をからかう. ふざける. ¶别拿我～ / 私をからかわないで. 同 开玩笑 kāi wánxiào

【打呵欠】dǎ hāqian 慣 あくびをする. ¶上课时直～ / 授業中あくばかり出る. 同 打呵欠 hēqian

【打鼾】dǎ//hān 動 いびきをかく.

【打夯】dǎ//hāng 動 地突きをする. 地固めをする. 参考 "夯"は木で作った短い柱状の,地固めをする道具.

【打黑】dǎhēi 動 闇組織やそれにかかわる活動を取り締まる.

【打横】dǎhéng 動 (～儿) 長方形のテーブルの短い辺に座る. 末席につく.

【打呼噜】dǎ hūlu いびきをかく. 同 打呼 dǎhū,打鼾 dǎhān

【打滑】dǎhuá ❶ 滑って空転する. ❷ 方 道が滑る.

【打谎】dǎ//huǎng 動 方 うそをつく.

【打晃儿】dǎ//huàngr 体がふらつく. よろめく.

【打诨】dǎhùn 芸能 (道化役が)アドリブで,観客を笑わせる. ¶插科～ chākē～ 成 しぐさやせりふで笑いをとる.

【打火】dǎ//huǒ 動 ❶ 火をつける. 火をおこす. ❷ 旅先で宿をとる. ❸ 枝などで山林の火をたたいて消す.

【打火机】dǎhuǒjī 名 〖個 个 ge,只 zhī〗 ライター.

【打伙儿】dǎ//huǒr 動 口 仲間になる. 連れ立つ. ¶成帮～ / グループをつくる.

【打击】dǎjī ❶ 動 打つ. たたく. ❷ 動 攻撃する. 打撃を与える. ¶～报复 bàofù / 仕返しをする. ¶加以～ / 打撃を与える. ❸ 名 打撃.

【打击乐器】dǎjī yuèqì 名 音楽 打楽器.

【打饥荒】dǎ jīhuang 句 方 金に困る. 借金する. 参考 "饥荒"はお金がないことのたとえ.

【打家劫舍】dǎ jiā jié shè 成 盗賊が民家を襲って略奪する.

【打假】dǎjiǎ 動 ❶ にせブランド品を取り締まる. ❷ 虚偽の成果報告を摘発する.

【打价】dǎ//jià 動 口 (～儿) 値切る. ¶不～儿 / 正札通り. 用法 否定の形で用いることが多い.

【打架】dǎ//jià 動 殴り合いのけんかをする. ¶～没好处,不伤衣衫 yīshān 定伤皮 / けんかをしても良いことはない,服がやぶれるか,肌に傷がつくかだ.

【打尖】dǎ//jiān 動 ❶ 旅の途中で,休息して食事をとる. ❷ 農業 芽を摘み取る. 綿花の芽を摘む. 同 打顶 dǎdǐng

【打江山】dǎ jiāngshān 慣 天下を争い取る. ¶～难,守江山更难 / 天下を取るのは難しいが,維持するのはもっと難しい.

【打浆】dǎjiāng 動 パルプを攪拌(gǎobàn)する. 参考 製紙工程で行う作業.

【打交道】dǎ jiāodao 動 口 つき合う. 相手にする. ¶听说小李很难～ / 李さんはとてもつき合いにくいそうだ.

【打脚】dǎ//jiǎo 動 靴ずれができる. ¶新皮鞋穿着不太舒服,走路时～ / 新しい革靴は履き心地があまりよくなく,歩いていると靴ずれができる.

【打搅】dǎjiǎo 動 ❶ 人のじゃまをする. ¶别去～ / じゃましに行ってはいけません. 同 打扰 dǎrǎo ❷ おじゃまする. ¶今天～您了,我告辞了 / 今日はおじゃましました. それでは,失礼します. 同 打扰 dǎrǎo 用法 ②は,あいさつに使うことば.

【打醮】dǎ//jiào 動 道士が祭壇を設け,経を読んで法事を行う.

【打劫】dǎ//jié 動 略奪する. ¶趁火～ 成 火事場どろぼうを働く.

【打结】dǎ//jié 動 結び目をつくる.

【打紧】dǎ//jǐn 形 重要だ. 大変だ. ¶没什么～ / 大したことはない. 用法 否定の形で用いることが多い.

【打卡】dǎkǎ 動 タイムレコーダーを打つ.

【打开】dǎ//kāi 動 ❶ 開く. ¶～窗户 / 窓を開ける. ¶～书本 / 本を開く. ¶把门～ / ドアを開ける. ❷ つける. スイッチを入れる. ¶～电视 / テレビをつける. ❸ 打開する. ¶～局面 / 局面を打開する.

【打开天窗说亮话】dǎkāi tiānchuāng shuō liànghuà 慣 腹を割って話す. 同 打开窗子说亮话

【打瞌睡】dǎ kēshuì 句 居眠りをする. 同 打盹儿 dǔnr

【打孔机】dǎkǒngjī 名 〖文具の〗パンチ. 穿孔機.

【打恐】dǎkǒng 動 "打击恐怖主义势力和恐怖主义活动"(テロリストとテロリズムを撲滅する)の略称.

【打垮】dǎ//kuǎ 動 破壊する. たたきつぶす. ¶黑方的这一着 zhāo 把白方的围攻 wéigōng ～了 / 黒のこの一手は白の囲みを突き崩した.

【打捞】dǎlāo 動 (水中に沈んだものを)引き上げる. ¶～沉船 / 沈没船を引き上げる. ¶～船 / サルベージ船.

【打雷】dǎ//léi 動 雷が鳴る.

【打擂】dǎ//lèi 動 コンテストに参加して技を競う. 競争する. 同 打擂台

【打擂台】dǎ lèitái 句 競技や競争で技を競う. ⇨ 擂台 lèitái

【打冷枪】dǎ lěngqiāng 句 不意に射つ. 不意打ちをかける.

【打冷战〖颤〗】dǎ lěngzhan 句 身ぶるいする. 同 打寒战 hánzhan

【打愣儿】dǎ//lèngr 動 方 ぽかんとする. あっけにとられる. ¶小李站在那里打着愣儿,一动也不动 / 李さんはそこに立ってぽかんとしたまま,身動きもしなかった.

【打理】dǎlǐ 動 ❶ 片付ける. 整理する. 手を入れる. ❷ 管理する. 経営する.

【打量】dǎliang 動 ❶ (人の身なりや様子を)観察する. 同 端详 duānxiang ❷ 推量する. 自分勝手に思う. ¶我～着你该来了 / 君がきっと来ると思っていたのだが. ¶你别～我会帮你 / 僕の助けを当てにするなよ.

【打猎】dǎ//liè 動 狩りをする. ¶～的 / 狩人.

【打零】dǎlíng 動 ❶ 方 一人ぼっちでいる. ❷ アルバイトをする.

【打卤面】dǎlǔmiàn 名 〔量 碗 wǎn〕 あんかけ麺. 同 卤面 lǔmiàn

【打乱】dǎluàn 動 乱す. 混乱させる.

【打落水狗】dǎ luò shuǐ gǒu 成 水に落ちた犬を打つ. すでに敗北した悪人を,更に追い討ちをかけて徹底的にやっつける.

【打马虎眼】dǎ mǎhuyǎn 慣 わざととぼけて,ごまかす.

【打埋伏】dǎ máifu 〔句〕待ち伏せをする. ¶在敌人可能经过的地方～/敵が通過しそうな所で待ち伏せる. ❷(物資・人力・問題などを)隠す. 秘密にする.
【打闷棍】dǎ mèngùn 〔慣〕不意打ちを食らわす. ¶もとは「金品強奪の目的で背後から棍棒でなぐる」の意.
【打闷雷】dǎ mènléi 〔慣〕〔方〕心の中であれこれ勘ぐる. 由来 "闷雷"は遠雷のくぐもった音.
【打鸣儿】dǎ//míngr 〔動〕〔口〕オンドリが朝の時を告げる.
【打磨】dǎmó 〔動〕磨きあげる. ¶手工～/手作業で磨きあげる.
【打闹】dǎnào 〔動〕暴れたり騒いだりする. ふざけあって遊ぶ. ¶男孩子总免不了打打闹闹/男の子にはけんかしたり、騒いだりがつきものだ.
【打蔫儿】dǎ//niānr 〔動〕❶植物がしおれる. ❷元気がなくなる. しょげる.
【打拍子】dǎ pāizi 〔句〕手拍子をとる.
【打牌】dǎ//pái 〔動〕マージャンやトランプをする.
【打炮】dǎ//pào 〔動〕❶手足にまめができる. ¶一天走了五十里路,脚上都～了/1日に25キロも歩いて,足がまめだらけになった. ❷大砲を打つ. ❸ 〔旧〕役者が新し興行先で,最初の数日間,得意の出し物を演じる. ¶～三天/3日間お目見え興業をする.
【打喷嚏】dǎ pēntì 〔句〕くしゃみをする. 同 打喷嗔,打嚏
【打屁股】dǎ pìgu 〔句〕ひどくしかりつける. ¶背後から攻撃する. 表现①は,おどけた雰囲気を伴う表現. もとは旧時の刑罰の名称.
【打票】dǎ//piào 〔動〕切符を買う. ¶打车票/乗車券を買う.
【打拼】dǎpīn 〔動〕〔方〕力を尽くして行う. 懸命にたたかう.
【打平手】dǎ píngshǒu 〔句〕〈スポーツ〉引き分ける.
【打破】dǎ//pò 〔動〕❶(物を)壊す. ¶～玻璃/ガラスを割る. ❷(従来の慣習などを)打ち破る. ¶～常规 chángguī/しきたりを打ち破る. 同 突破 tūpò
【打破沙锅问到底】dǎpò shāguō wèn dàodǐ 〔ことんまで問い詰める. 由来 "问"は同音の"璺 wèn"と"纹 wèn"(器のきず)の掛けことば.「土鍋を割ると底までひびが入る」の意から.
【打谱】dǎ//pǔ 〔動〕❶棋譜(棊)の通りに碁石を並べて練習する. ❷(～儿)おおよその計画を立てる.
【打气】dǎ//qì (～儿) ❶(ボールや自転車に)空気を入れる. ¶～筒 tǒng/空気入れ. ❷元気づける. 気合いを入れる. ¶撑腰 chēngyāo～/後押しして元気づける.
【打千】dǎ//qiān 〔動〕〔旧〕(～儿)左足のひざを曲げ,右手を垂れ,上体を少し前にかがめ礼をする. 参考 清代に行われた敬礼.
【打钎】dǎqiān 〔動〕ドリルで削岩する.
【打前失】dǎ qiánshī 〔慣〕(牛や馬が)つんのめる.
【打前站】dǎ qiánzhàn 〔慣〕行軍などで,先に出発して宿泊や食事の準備をする. ¶我们这次旅游,请老张去～/私たちの今回の旅行では,張さんに先に行ってもらう.
【打钱】dǎ//qián 〔動〕芸人が観客から金をとる.
【打枪】dǎqiāng 〔動〕❶鉄砲を撃つ. 同 开枪 kāiqiāng ❷他人の替え玉となって受験する. 同 枪替 qiāngtì
【打情骂俏】dǎ qíng mà qiào 〔慣〕男女がいちゃつく.
【打秋风】dǎ qiūfēng 〔慣〕何かにつけて人にたかる. 同 抽丰 chōufēng
【打秋千】dǎ qiūqiān 〔慣〕ブランコをこぐ.
【打球】dǎ qiú 〔慣〕球技をする.

【打趣】dǎ//qù 〔動〕人をからかう. ¶～别人的缺点/人の欠点をからかう.
【打圈子】dǎ quānzi 〔句〕❶ぐるぐる回る. ¶飞机在机场上空～/飛行場の上空を,飛行機が旋回する. 同 打圈圈,转 zhuàn 圈子 ❷もって回った言い方をする. 堂々巡りをする. ¶不要在枝节 zhījié 问题上～/つまらないところで堂々巡りをしてはいけない.
【打拳】dǎ//quán 拳法や空手の練習をする.
【打群架】dǎ qúnjià 〔動〕大勢で殴り合いのけんかをする.
*【打扰】dǎrǎo 〔動〕❶じゃまをする. ¶～工作/仕事のじゃまをする. 同 打搅 dǎjiǎo ❷おじゃまする. ¶～您了/おじゃましました. 同 打搅 dǎjiǎo
【打入冷宫】dǎ rù lěng gōng 〔成〕(気に入らない人や物を)冷遇する.
【打散】dǎsàn 〔動〕(まとまっているものを)ばらばらにくずす. ¶双双配偶 pèi'ǒu,是谁～？/夫婦の仲を誰が裂いたのか.
【打扫】dǎsǎo 〔動〕掃除する. ¶～院子/庭を掃除する. ¶～卫生/掃除をする. 同 清扫 qīngsǎo,扫除 sǎochú
【打闪】dǎ//shǎn 稲妻が光る.
【打扇】dǎ//shàn 〔動〕うちわであおぐ.
【打胜】dǎshèng 〔動〕打ち勝つ.
【打食】dǎ//shí 〔動〕❶(～儿)(鸟や獣が)えさを探す. ¶天天黄昏,孔雀 kǒngquè 出来～/毎日たそがれ時,クジャクはえさをあさりにやってくる. ❷消化剤や下剤を飲んで,胃腸の中の物を排出する.
【打手势[式]】dǎ shǒushì 〔句〕手まねをする. 手で何らかの動作を示す. ¶老师打了一个手势示意大家要静下来/先生は手振りで皆に静まるよううながした.
【打手】dǎshou 〔名〕〔把〕〔个 ge,名 míng〕用心棒. ¶充当 chōngdāng～/用心棒になる.
【打水】dǎ//shuǐ 〔動〕❶水をくむ. ❷去～来擦桌子/水をくんできて机をふく.
【打水漂儿】dǎ shuǐpiāor ❶(～儿)水切り(小石を水面に水平方向に投げ,石が水の上をはねて飛ぶのを楽しむ遊び)をする. ❷浪費する.
【打私】dǎsī 〔動〕密輸を取り締まる.
【打算盘】dǎ suànpan 〔句〕❶そろばんで計算する. 胸算用する. ¶小李比我会～得多/李さんは私よりかなり計算高い.
*【打算】dǎsuan ❶ 〔動〕…するつもりだ. …する予定だ. ¶你～去哪儿？/どこへ行く(つもり)？ ❷ 〔動〕考える. ¶这件事非同小可,要认真～～/この事は重大だ,まじめによく考えなければいけない. ❸ 〔名〕考え. ¶各有各的～/人それぞれに考えがある. 同 筹划 chóuhuà,计划 jìhuà 用法 ①は,動詞性の目的語をとり,"打算三个"とか"打算小"というような名詞性・形容詞性の目的語はとれない.
【打碎】dǎsuì 〔動〕粉々に砕く.
【打胎】dǎ//tāi 〔動〕人工流産する.
【打探】dǎtàn 〔動〕探りを入れる.
【打嚏喷】dǎ tìpen 〔句〕くしゃみをする. 同 打嚏,打喷嚏 pēntì
【打天下】dǎ tiānxià 〔動〕❶武力で政権を奪い取る. ❷事業を起こす.
【打铁】dǎ//tiě 〔動〕鉄を打つ. ¶趁热～/〔成〕鉄は熱いうちに打て.
*【打听】dǎting 〔動〕(消息や事件について)たずねる. 聞く. ¶～消息/消息をたずねる. ¶～了很多人,都说不知道有那个地方/多くの人にたずねたが,皆そんな場所は知らな

いと答えた．囲 **探听 tàntīng** 用法 意見や考えを聞くのではなく、情報を求める場合に使う．

【打通】**dǎ//tōng** 動 (妨げになるものを取り除いて)通じさせる．¶隧道 suìdào～了／トンネルが貫通した．¶～思想／思想を完全に理解する．¶～关节 guānjié／役人にわいろを贈って頼み事をする．

【打通关】**dǎ tōngguān** 宴席の遊び．一人が同席者と順に拳を打っていき、罰杯(負けた方が酒を飲むこと)を一巡させる．

【打通宵】**dǎ tōngxiāo** 徹夜をする．¶一到考试期间,就得 děi／テスト期間になれば徹夜しなくてはならない．

【打头】**dǎ//tóu** (～儿) ❶(ばくちで)寺銭をとる．上前をはねる．囲 **抽头 chōutóu** ❷先頭に立つ．¶这件事叉要你～,我们就跟着干／この件は君が先頭に立たさえすれば、私たちは君について動く．囲 **带头 dàitóu**

【打头】**dǎtóu** 副 (～儿)始めから．¶失败了,再～儿来／失敗だ、始めからやり直そう．

【打头风】**dǎtóufēng** 名 向かい風．囲 **逆风 nìfēng** 反 **顺风 shùnfēng**

【打头炮】**dǎ tóupào** 慣 口火を切る．率先してやる．

【打头阵】**dǎ tóuzhèn** 慣 先頭に立つ．¶小美总抢着 qiǎngzhe～／メイちゃんはいつも先頭に立ちたがる．

【打图样】**dǎ túyàng** 句 図面をひく．囲 **打样 dǎyàng**

【打退】**dǎtuì** 動 撃退する．¶～敌人的进攻／敵の攻撃を退ける．

【打退堂鼓】**dǎ tuì táng gǔ** 退庁の合図の太鼓を打つ．途中でしりごみすることのたとえ．

【打弯】**dǎwān** 動 (～儿)曲がる．曲げる．

【打网】**dǎwǎng** 動 ❶網を打って魚を取る．❷人の弱みにつけこんで、高く売りつけたり、財物をゆすり取ったりする．囲 **敲竹杠 qiāo zhúgàng**

【打围】**dǎ//wéi** 動 四方から取り囲んで獣を捕らえる．狩りをする．囲 **打猎 dǎliè**

【打问】**dǎwèn** 動 ❶ 文 拷問する．¶～迫 pò 供 gòng／拷問して自供させる．❷ 方 たずねる．問い合わせる．囲 **打听 dǎtīng**

【打下】**dǎ//xià** 動 ❶攻め落とす．❷基礎を固める．¶～良好的基础／しっかりした基礎を築く．

【打下手】**dǎ xiàshǒu** (～儿)助手を務める．

【打先锋】**dǎ xiānfēng** 句 先頭に立って突き進む．

【打响】**dǎxiǎng** 動 ❶戦いの火ぶたを切る．❷緒戦で一応の成功を収める．¶只要广告宣传一下,后面的销售 xiāoshòu 就好办了／広告での宣伝がうまくいけば、あとの販売がやりやすくなる．¶新产品～了／新製品は一応の成功を収めた．

【打消】**dǎxiāo** 動 取り除く．¶～顾虑 gùlǜ／心配をなくす．¶这次挫折 cuòzhé 并没有～他创造世界纪录的决心／この時の挫折とて、世界記録を樹立するという彼の決心を奪ったわけではなかった．囲 **消除 xiāochú** 用法 抽象的な内容に用いる．

【打小报告】**dǎ xiǎobàogào** 慣 (他人の誤りや欠点を)上役に密告する．告げ口をする．

【打斜】**dǎxié** 慣 (目上の人や客の)斜め向かいに立つ、または座る．¶～坐在一边儿／斜め向かいに坐る．参考 敬意をあらわす対面の仕方．

【打旋】**dǎ//xuánr** 動 旋回する．囲 **打旋旋 xuán-xuan**, **打旋转 xuánzhuàn**

【打雪仗】**dǎ xuězhàng** 句 雪合戦をする．

【打压】**dǎyā** 動 抑圧する．鎮圧する．抑制する．

【打鸭子上架】**dǎ yā zi shàng jià** 成 アヒルを追って棚に上らせる．無理を強いる．¶让我跳舞简直是～／僕に踊らせようなんて、まったく無理な注文だ．囲 **赶 gǎn 鸭子上架**

【打牙祭】**dǎ yájì** 慣 方 たまのごちそうを食べる．由来 本来は、月初めと月中に1度ずつ、肉料理を食べることをいった．

【打哑谜】**dǎ yǎmí** 遠まわしに言う．

【打眼】**dǎ//yǎn** 動 ❶(～儿)穴をあける．¶在木板上打个眼儿／板に穴をあけた．❷買い物で不良品をつかまされる．❸ 方 注意を引く．¶这件红衣服真～／この赤い服はよく目立つ．参考❷は骨董関係の業界用語であり、骨董品の真贋を見誤るという意でも使われる．

【打掩护】**dǎ yǎnhù** 句 ❶(重要人物や軍隊を)援護する．❷ 貶 悪人をかばったり、悪事を隠したりする．

【打佯儿】**dǎ//yángr** 動 知らないふりをする．¶我问他,他跟我～／彼にたずねてみたが、知らないふりをした．

【打样】**dǎ//yàng** 動 (～儿) ❶設計図をかく．¶王师傅 shīfu～很认真细致 xìzhì／王さんは、図面の引き方がとても真剣で細かい．囲 **打图样 túyàng** ❷校正刷りを出す．

【打烊】**dǎ//yàng** 動 方 (晩に)店を閉める．¶等我赶到,店已经～了／私が駆けつけた時、店はすでに閉まっていた．

【打药】**dǎyào** ❶ 名 下剤．❷ 名 方 行商人が売る薬．❸ 動 方 漢方薬を買う．

【打夜作】**dǎ yèzuò** 句 夜なべで仕事をする．

【打印】動 ❶**dǎ//yìn** 印鑑を押す．¶请你在这里打个印吧／ここに捺印をお願いします．❷**dǎyìn** タイプ印刷する．¶～文件／書類などを印刷する．

【打印机】**dǎyìnjī** 名 〖コンピュータ〗プリンタ．

【打油】**dǎ//yóu** 動 ❶ 計り売りで油を買う．❷ 方 油を搾る．

【打油诗】**dǎyóushī** 名 〖文学〗内容やことばが通俗的でユーモアに富み、平仄(ぴうそく)や韻律にとらわれない旧体詩．由来 唐代の張打油が始めた、と伝えられる．

【打游击】**dǎ yóujī** ❶ 動 ゲリラ活動をする．❷ 回 あちらこちらで仕事をする．¶现在没有固定工作,只能～,什么都干／今は定職がないので、ゲリラ的に何でもやるしかないです．

【打鱼】**dǎ//yú** 動 魚を捕る．

【打冤家】**dǎ yuānjiā** 句 旧 かたきを討つ．

【打圆场】**dǎ yuánchǎng** 慣 いざこざを治める．囲 **打圆盘 yuánpán**

【打援】**dǎ//yuán** 動 敵の援軍を攻撃する．¶围城～／町を包囲して敵の援軍を撃つ．

【打砸抢】**dǎ-zá-qiǎng** 殴 勝手に人をなぐったり略奪などをはたらいて、社会を混乱させる．参考 特に文化大革命中の破壊行為を指す．

【打杂儿】**dǎ//zár** 回 雑用をする．

【打造】**dǎzào** 動 (金属の器具などを)製造する．

【打战［颤］】**dǎ//zhàn** 震える．¶他气得浑身 húnshēn～／彼は怒りのあまり全身をぶるぶる震わせた．¶引起～／震えがくる．囲 **打冷战[颤] lěngzhan**, **颤抖 chàndǒu**, **哆嗦 duōsuō**, **发抖 fādǒu**, **战抖 zhàndǒu**

【打仗】**dǎ//zhàng** 動 ❶戦う．¶大打开发矿山 kuàngshān 之仗／鉱山の開発に全力をあげよう．❷戦争をする．

【打招呼】**dǎ zhāohu** ❶ あいさつする．¶向他～／彼にあいさつする．¶小李见到熟人也不～／李さんはよく

【打着】dǎzháo 命中する.
【打照面儿】dǎ zhàomiànr ❶ばったり出会う.¶我正要出門,恰好 qiàhǎo 和来访的他打了个照面儿／ちょうど外出しようとしたとき,折りよく訪れてきた彼とばったり出会った.❷顔を出す.顔を見せる.
【打折扣】dǎ zhékòu ❶値段を割り引く.¶你的鱼～卖吗？／この魚,値引きするかい？❷決められた通りにしない.¶说到做到,不～／言ったとおりに実行し,手を抜かない.
*【打针】dǎ//zhēn 動 注射をうつ.¶我怕～／注射はいやだ.
【打整】dǎzheng 動 ❶片付ける.整理する.❷やっつける.こらしめる.
【打制】dǎzhì 動（たたいたり削ったりして）製造する.
【打肿脸充胖子】dǎ zhǒngliǎn chōng pàngzi 慣 虚勢を張る. 由来 顔をたたいて腫らし,太っているように見せかける」という意から.
【打中】dǎ//zhòng 動 命中する.¶子弹 zǐdàn～了／弾が命中した.¶～痛处／痛い所を打つ.
【打皱】dǎzhòu 方（～儿）しわができる.¶衣服～了／服にしわがよった.
【打主意】dǎ//zhǔyi[-yì] 動 ❶工夫をする.アイデアをまとめる.¶打定主意／考えをまとめる.¶打错主意／誤った決定をする.❷目をつける.たくらむ.
【打住】dǎ//zhù （話や文章を）中途で打ち切る.止める.¶他说到这里突然～了／彼はここまで話すと,急に口をつぐんだ.
【打转】dǎzhuàn 動（～儿）ぐるぐる回る.¶眼睛滴溜溜 dīliūliū 地直～／目をくりくりさせている.同 打转转
【打桩】dǎ//zhuāng 動〔建築〕（建築の基礎固めのために）杭を打つ.
【打字】dǎ//zì 動 タイプを打つ.キーボードを打つ.¶～员／タイピスト.
【打字机】dǎzìjī 名 タイプライター.
【打总儿】dǎzǒngr 動 方（何回かでやることを）一回でまとめてやる.¶～算帐 suànzhàng ／まとめて勘定する.¶～买／まとめて買う.
【打嘴】dǎ//zuǐ 動 ❶ほおを殴る.びんたをはる.❷方 大口をたたいて恥をかく.¶～现眼／大口をたたいて恥をかく.同 打嘴现世 xiànshì
【打嘴巴】dǎ zuǐba ほおを打つ.¶打自己的嘴巴／（比喩として）大口をたたいて恥をかく.
【打嘴仗】dǎ zuǐzhàng 口げんかをする.
【打坐】dǎ//zuò 動 座禅を組む.合 打禅 dáchán

大 dà

大部 0　四 4080₀
全 3 画　常 用

❶形（体積・面積・年齢・数量などが）大きい.（力や度合いが）強い.¶～城市（大都市）／宽～ kuāndà（広くて大きい）／～声 dàshēng ／风很～（風が強い）／声音～（声が大きい）.対 小 xiǎo ❷形（兄弟間で）いちばん年上だ.¶～哥 dàgē／～姐 dàjiě／老～ lǎodà（長子）. ❸形 天候や季節を強調することば.¶～热天 dàrètiān／～白天 dàbáitiān／～夏天 dàxiàtiān（真夏）／～清早 dàqīngzǎo. ❹副 大いに…（する）.¶～吃一惊／天已～亮（空がすっかり明るくなる）／～有希望（大いに希望がある）. ❺副（"不"の後に用いて）あまり…でない.あまり…しない.¶不～爱说话（あまり口をききたがらない）／不～出门（あまり外出しない）. ❻接頭 敬意をあらわす.¶～作 dàzuò ／尊姓 zūnxìng～名（ご高名）. ❼（Dà）姓.

■ 大 dài

【大案】dà'àn 名 重大事件.凶悪事件.
【大白】dàbái ❶名 方（壁を白く塗るための）白亜.ろ.¶～浆 jiāng／白色塗料.合 白垩 bái'è ❷形（ことのいきさつが）すっかり明らかだ.¶真相～于天下／真相は天下に知られた.
【大白菜】dàbáicài 名〔棵 kē〕ハクサイ.同 白菜 báicài
【大白天】dàbáitiān[-tian] 真っ昼間.反 半夜三更 bànyè sāngēng
【大伯子】dàbǎizi 名 夫の兄.
【大败】dàbài 動 ❶大いに打ち負かす.¶～敌军 díjūn／敵軍を撃破する.❷大敗する.
【大班】dàbān 名 ❶旧 外国商社の支配人.❷幼稚園の年長組.
【大板车】dàbǎnchē 名〔辆 liàng〕大八車.同 排子车 páizichē
【大办】dàbàn 動 大々的にやる.¶～高等教育／高等教育に力を入れる.
【大半】dàbàn（～儿）❶名 過半数.大部分.¶还没结束,人已走了一～会はまだ終わっていないが,参加者はほとんど帰ってしまった.❷副 たぶん.たいてい.¶小明～不来了／ミンさんはたぶん来ないだろう.¶今天夜里～会下雨／今夜はおそらく雨だろう.
【大包大揽】dàbāo dàlǎn 慣 方（自信に満ちて）すべてを引き受ける.
【大包干】dàbāogān 名〔経済〕農家経営請負制.包干到户 参考 農業生産責任制の主要形態.農家は単独経営を行い,一定の上納分を除いた残りを自分のものにできる.
【大饱眼福】dà bǎo yǎn fú 成 目の保養をする.目を楽しませる.¶让在场观众大饱了眼福／その場の観衆を大いに満足させる.
【大鸨】dàbǎo 名《鸟》ノガン.同 地䳈 dìbù
【大本】dàběn 名"大学本科"（大学の学部）の略.
【大本营】dàběnyíng 名 ❶〔軍事〕軍隊の最高司令部.大本営.❷活動の本拠地.拠点.¶登山队～／登山隊のベースキャンプ.
【大比】dàbǐ 名 科挙. 参考 隋・唐以降は広く科挙試験を指し,明・清の時代は郷試を指した.
【大便】dàbiàn 動 名 大便（をする）.¶～不通／便秘.¶化验 huàyàn～／検便する.
【大别山】Dàbiéshān〔地名〕河南省・湖北省・安徽省が接する位置にある山.長江と淮河の分水嶺.
【大兵】dàbīng 名 ❶兵隊.❷大軍.
【大兵团】dàbīngtuán 名〔軍事〕大兵団.¶～作战／多大な兵力を送りこんで戦う.（作業や政治運動などに）多大な人数を投入する.
【大饼】dàbǐng 名 ❶〔个 ge,块 kuài,张 zhāng〕小麦粉をこね,平たく延ばして焼いた大きめの"饼".¶我早饭吃～／私は朝食には"大饼"を食べます.❷方"烧饼 shāobing"に同じ.
【大病统筹】dàbìng tǒngchóu 名 中国の健康保険制度改革の一環.政府の医療補助だけでなく,各企業の福利厚生資金や利益の中からも一定の金額を集め,職員が大病を患った際の健康保険資金にするという制度.
【大伯】dàbó ❶おじ.父の兄.伯父.呼称にもなる.合 伯父 bófu,伯伯 bóbo ❷おじさん.年配の男性に

対する尊称. ⇨大伯子 dàbǎizi 参考①で,父の弟は"叔父 shūfù"という.
【大步流星】 dà bù liú xīng 成 大またでさっさと歩く.
【大部】 dàbù 名 大部分.
【大部头】 dàbùtóu 名 大部の書物.(数巻から成る)長編小説.
【大不了】 dàbuliǎo ❶ 圃 悪くとも…だ. ¶~再从头开始 / 悪くても,最初からやり直せばよい. すごい. ¶这不是什么~的成就 / この業績は大したものではありません. ❸ 形 (体積や数量が)…を超えない. ¶一半 / 半分を超えない. 表現 ②は,否定のニュアンスで使われることが多い.
【大材小用】 dà cái xiǎo yòng 成 りっぱな人物につまらぬ仕事をさせる. ¶让小张做这个工作,有点~了 / 張さんにこの仕事をさせるのは大げさだ.
【大菜】 dàcài 名 ❶ 宴席の後半に出る,大皿に盛られたメインの料理. ¶上~ / メインディッシュを出す. ❷ 旧〔道 dào〕西洋料理.
【大操大办】 dà cāo dà bàn 句 (冠婚葬祭などを)派手にとり行う.
【大肠】 dàcháng 名《生理》大腸.
【大肠杆菌】 dàchánggǎnjūn 名《医学》大腸菌.
【大氅】 dàchǎng 名 旧〔件 jiàn〕オーバーコート. ¶羊皮~ / 毛皮のコート.
【大潮】 dàcháo 名《气象》大潮. 時代の流れ. ¶改革的~ / 改革の大波.
【大吵大闹】 dà chǎo dà nào 成 大声を出したり,やましく騒ぐ.
【大车】 dàchē 名 ❶〔辆 liàng〕大型バス. 同 小车 xiǎochē ❷〔辆 liàng〕(家畜の引く)荷車. 荷馬車. ¶赶~ / 荷馬車を御する. ❸〔名 míng, 位 wèi〕汽車の機関士や船の機関長に対する尊称. 同 大伙 dàchē
【大臣】 dàchén 名 大臣.
【大城市圈】 dàchéngshìquān 名 大都市圏.
【大乘】 dàchéng 名《仏教》大乗(じょう). 参考 仏教の流派の一つ. 自己の解脱のみを目的とする小乗(しょう)に対し,すべての人の救済を説く.
【大吃大喝】 dà chī dà hē 句 思う存分に飲み食いする. ぜいたくに飲み食いする.
【大吃一惊】 dà chī yī jīng 驚いて飛び上がる. びっくり仰天する. ¶我自己也大吃一惊 / 私自身もびっくりした.
【大冲】 dàchōng 名《天文》火星が最も地球に接近する時期.
【大虫】 dàchóng 名 方〔个 ge,只 zhī〕トラ. 同 老虎 lǎohǔ
【大出血】 dàchūxuè ❶ 動《医学》大出血する. ❷ 俗 大安売りする. 大金を差し出す. ¶~价 / バーゲン価格.
【大处落墨】 dà chù luò mò 成 大局から見て,重要な点をとらえる. 由来「絵や文章をかく時,主要なところから書き始める」という意から.
【大吹大擂】 dà chuī dà léi 成 吸 大ぶろしきを広げる. 大ぼらを吹く. ¶别相信他的话,他喜欢~ / 彼の話を信じるな. 彼は大ぶろしきを広げるのが好きだからね.
【大春】 dàchūn 名 方 ❶ 春. ❷《农业》(稲やトウモロコシなどの)春まきの作物. ¶大春作物 zuòwù
【大醇小疵】 dà chún xiǎo cī 成 だいたいよいが,細かい部分に多少の欠点がある. ¶这小病所谓~,稍微改一下就好了 / この欠点はささいなもので,他はおおむね良いのだ.

【大词】 dàcí 名 (論理学における三段論法の)結論の小概念.
【大慈大悲】 dà cí dà bēi 成 慈悲深い. ¶~观世音guānshìyīn / 慈悲深い観音さま. 表現 もとは仏教用語で良い意味だが,現在では,偽善を風刺するときに多く使われる.
【大葱】 dàcōng 名〔根 gēn,棵 kē〕ネギ.
【大错特错】 dà cuò tè cuò 成 大間違い. ¶你这样小看我,那你就~了 / そんなふうに俺を見くびるのは大間違いだぞ.
【大打出手】 dà dǎ chū shǒu 乱暴にたたく. 激しく殴り合う. 由来「舞台で大立ち回りを演じる」という意から.
【大…大…】 dà…dà… (単音節の名詞・動詞・形容詞の前に置いて)規模が大きい. 程度がはなはだしいをあらわす. ¶~鱼~肉 / 魚や肉がたっぷりある. ¶~吃~喝 / 大いに飲み食いする. ¶~叫~喊 / 大声でわめきたてる. ¶~起~落 / 上がり下がりが激しい.
【大大】 dàdà 副 大いに. ¶产品质量~提高了 / 製品の品質が大いに向上した.
【大大咧咧】 dàdalièliē 形 おおざっぱだ. ¶小刘这个人做事总是那么~的 / 劉さんは何をするにもまったくいい加減だ.
【大大落落】 dàdaluōluō 形 方 落ち着いて堂々としている. おうようだ.
【大袋鼠】 dàdàishǔ 名《动物》〔只 zhī〕カンガルー. ¶kangaroo
*【大胆】 dàdǎn 形 大胆だ. ¶~!竟 jìng 敢说出这种话来 / 大胆な奴だ!よくもそんなことが言えたもんだ. 反 怯懦 qiènuò
【大刀】 dàdāo 名 太刀.
【大刀阔斧】 dà dāo kuò fǔ 成 咙 思い切った処置をとる. 大なたをふるう. ¶他办事~,说干就干 / 彼はやることが大胆で,やると言ったらすぐする.
【大道】 dàdào 名 ❶〔条 tiáo〕広い道路. ❷ 文 正道. 大道. 道理. ¶合于~ / 道理にかなう.
【大道理】 dàdàolǐ 名 立派な道理や考え.
【大灯】 dàdēng 名 ヘッドライト.
【大敌】 dàdí 名 強敵. 大敵. ¶骄傲自满是前进道路上的~ / おごりや自己満足は進歩の大敵だ.
【大抵】 dàdǐ 副 だいたい…だ. ほとんど…だ. 同 大概 dàgài, 大致 dàzhì 用法「大抵」は,書きことばによく使われ,おおむね肯定のニュアンスをもつ.
【大地】 dàdì 名 大地. ¶~回春 / 大地に春が巡ってくる.
【大典】 dàdiǎn 名 (国家が行う)荘重な儀式. ¶开国~ / 建国の記念式典.
【大殿】 dàdiàn 名《建筑》(宮殿や神社の)本殿. 正殿.
【大动干戈】 dà dòng gān gē 成 おおげさにする. 大きく事をかまえる. ¶为这么一点儿小事,值得吗? / こんなささいな事に大騒ぎすることはないじゃないか. 由来「戦争を起こす」という意から.
【大动脉】 dàdòngmài 名 ❶《医学》〔条 tiáo〕大動脈. ❷ 主要な交通幹線.
【大豆】 dàdòu 名《植物》ダイズ. 同 黄豆 huángdòu
【大都】 dàdū ❶ 副 ほとんど…だ. 大部分~だ. ¶这些问题~已经解决了 / これらの問題はだいたい解決済みだ. ❷ 名 大きな都. ❸ (Dàdū) 名 大都. 元(げん)の都で,現

在の北京市.
【大肚子】dàdùzi 名 ❶（口）妊娠している人. 身重. ❷ 大食い. 大食漢. ❸ 太鼓腹.
【大肚子经济】dàdùzi jīngjì 出産や育児に関する産業や市場のこと.
【大度】dàdù 名 ❶ 形 寛容さ. ❷ 名 大きな包容力. ¶此事务请～包涵 bāohan / このたびの事は, どうか大目に見てお許し下さい.
【大端】dàduān 名(文)〔物事の〕主要な局面や傾向. 主な特徴. ¶举其～/ 大きな特徴を例に挙げる.
【大队】dàduì 名 ❶〔軍事〕大隊. ❷ もと, 人民公社の農村管理機構のこと. 生産大隊.
【大多】dàduō 副 大部分…だ. ほとんど…だ. ¶我们学校的学生～是从农村来的 / 我が校の生徒はほとんど農村から来ています. ⇒大都 dàdū
*【大多数】dàduōshù 名 大多数. ¶绝～/ 圧倒的な多数.
【大鳄】dà'è 名 大きな勢力をもつ人物. 重要関係者.
【大而化之】dà ér huà zhī 成〔やり方が〕おおざっぱだ. いいかげんだ.
【大而无当】dà ér wú dàng 成 大きいだけで使いものにならない. うどの大木. ¶～的计划 / 大きいだけで実行不可能な計画. 由来『荘子』逍遙遊篇に見えることば. "当"は"底"の意. 際限なく大きいところから.
【大发雷霆】dà fā léi tíng 成 かんかんに怒る.
【大法】dàfǎ 名 ❶ 憲法. ❷ 重要な法令.
【大法官】dàfǎguān 名 大裁判官. 裁判官階級の第2ランク. 参考 中国の現行の裁判官階級には4ランク12等級が設けられており, 主席大裁判官を第1ランクとし, 以下, 大裁判官(さらに2等級に分かれる), 高級裁判官(さらに4等級に分かれる), 裁判官(さらに5等級に分かれる)となる.
【大发】dàfa 形 ❶ 程度を超えている. ひどく…だ. ¶事情闹～了 / ひどく騒ぎすぎた. 用法 多く末尾に"了"を伴う.
【大凡】dàfán 副 およそ. 概して. ¶～成功的人都走过一段艰难的历程 lìchéng / 成功的な人はたいてい苦しい経験をしてきている. 用法 多く"总 zǒng","都 dōu"と呼応する.
【大方】dàfāng 名(文)専門家. 玄人. ¶～之家 / 専門家. ¶贻 yí 笑～/ 成 玄人の物笑いになる.
【大方向】dàfāngxiàng 名〔政治や社会運動の〕主要な方向. 大局.
【大放厥词】dà fàng jué cí 成(貶)議論をぶちあげる.
【大放异彩】dà fàng yì cǎi 成 大いに異彩を放つ.
【大方】dàfang 形 ❶ 気前がいい. ¶用钱～/ 気前よく金を使う. ¶小张很～/ 張さんは気前がいい. 反 小气 xiǎoqi ❷〔振る舞いが〕自然で落ち着いている. おうようだ. ¶举止～/ 振る舞いが落ち着いている. 重 大大方方 ❸〔デザインや色が〕あか抜けている. ¶式样 shìyàng～/ スタイルが上品だ. ¶颜色～/ 趣味のよい色使い. ¶小明的穿着 chuānzhuó 打扮很～/ ミンさんの着こなしはとてもセンスがいい.
【大粪】dàfèn 名 人糞.
【大风】dàfēng 名 強風. 大風. ¶外面刮着～/ 外は大風が吹いている.
【大风大浪】dà fēng dà làng 成 社会の激動や世間の荒波. ¶在社会的～中锻炼自己 / 社会の荒波の中で自らを鍛える. 由来「大風が吹き大波がうち寄せる」という意から.
【大夫】dàfū 名〔个 ge, 名 míng, 位 wèi〕大夫

(たい). 参考 古代の官職名で, 卿(けい)の下で士の上に位す る. ⇒大夫 dàifu
【大幅度】dàfúdù 副 大幅に. ¶～提高 / 大幅に上昇する.
【大副】dàfù 名 一等航海士.
【大腹便便】dà fù pián pián 成(貶)太って腹がふくらんでいる. ¶他吃得～而整天无所事事 / 彼は腹がふくれるほど食い, あとは一日ぶらぶらしている. 注意 "便便 biànbiàn"とは発音しない.
**【大概】dàgài ❶ 名 おおよそのところ. あらまし. ¶只知道个～/ おおよそのところだけ知っている. ❷ 形 おおざっぱだ. 大まかだ. ¶～的估计 gūjì / おおざっぱな見積もり. 同 大略 dàlüè, 大约 dàyuē, 大致 dàzhì ❸ 副 たぶん …だろう. おそらく…だろう. ¶小刘～生我的气了 / 劉さんはたぶん私に腹を立てている. ¶～将有一百人参加 / ほぼ100人が参加する.
【大概其[齐]】dàgàiqí(方)❶ 名 概略. ¶说个～/ あらましを述べる. ❷ 形 おおざっぱだ. 同 大概②
【大干】dàgàn 動 精力的に働く. 徹底的にやる. ¶～快上 / 大いに努力して前進する. ¶～社会主义 / 社会主義を大いにやる.
【大纲】dàgāng 名 大要. 要綱. アウトライン. ¶教学～ jiàoxué～/ 教育指導要綱. 同 纲要 gāngyào, 提纲 tígāng
【大哥】dàgē 名 ❶ いちばん上の兄. 長兄. ❷(口)同年代の男性に対する尊敬と親しみをこめた呼び方. 兄貴. ¶李～,你好啊 / 李兄さん, お元気ですか.
【大哥大】dàgēdà 名 携帯電話の俗称. 表現 現在では"手机 shǒujī"というのがふつう.
【大革命】dàgémìng 名 ❶ 大規模な革命. ¶法国～/ フランス革命. ❷ 中国の第一次国内革命戦争 (1924-1927)のこと.
【大公】dàgōng ❶ 名 大公. ❷ 形 公正だ.
【大公国】dàgōngguó 名 大公国.
【大公无私】dà gōng wú sī 成 公正無私. ¶小张办事～/ 張さんは仕事に私情をはさまない.
【大功】dàgōng 名 大きな功績.
【大功告成】dà gōng gào chéng 成 大規模な工事が完成する. 重要な仕事を成し遂げる.
【大功率】dàgōnglù 名〔電機製品の〕ハイパワー. 大出力.
【大姑子】dàgūzi 名 夫の姉. 呼称にもなる.
【大骨节病】dàgǔjiébìng 名〔医学〕カシンベック病. 同 柳拐子病 liǔguǎizibìng 参考 シベリア東部・朝鮮半島北部・中国北部にみられる風土病で, 関節と骨の変形や腫れを主症状とする全身性骨関節症.
【大鼓】dàgǔ 名《芸能》"三弦 sānxián"(三弦銃)の伴奏に合わせ, 演者が"拍板 pāibǎn"(拍子木)や小太鼓を叩きながら, 台詞を交えて物語をかたる演芸の一種."山东大鼓","湖北大鼓","京韵 jīngyùn 大鼓"などがある.
【大故】dàgù 名(文)❶ 大災害. 大事故. ❷ 父か母が亡くなること.
【大褂】dàguà 名（～儿）〔個 件 jiàn〕膝下まである, 中国式の一重の衣服.
【大关】dàguān 名 重大な関門. 転換点. ¶突破1千美元的～/ 1000ドルの大台を突破した.
【大观】dàguān 名 ❶ 全体的な景色. ¶洋洋～/〔事物が〕豊富多彩だ. ¶蔚为 wèi wéi～/ 豊富多彩である. ❷ 文物の集大成. 全体を収めたもの. ¶《故宮～

【大观园】Dàguānyuán 名 小説『紅楼夢』の舞台となる屋敷の庭園. 大観園(だいかん).

【大管】dàguǎn 名《音楽》ファゴット. バスーン. 回 巴松 bāsōng

【大规模】dàguīmó 形 大規模だ. 大がかりだ. ¶～兴修 xīngxiū 水利 / 大規模な水利工事をする.

【大锅饭】dàguōfàn 名（働きぶりに関係なく）平均に分配される食事. 悪平等. ¶吃～ / みんなと同じ待遇を受ける. 親方日の丸. ¶鼓励竞争,就不能再吃～了 / 競争が奨励され,もう平等の待遇は受けられなくなった. 由来「大勢で食べるために,大きい鍋で炊いた並の食事」という意から.

【大国沙文主义】dàguó shāwén zhǔyì 名 大国主義. 大国ショービニズム. 回 大国主义

【大过】dàguò 名 大きな過失. ¶记～ / 重大な過失を記録にとどめる.

【大海捞针】dà hǎi lāo zhēn 成 大海に落ちた針を探す. 不可能だ. 回 海底捞针 hǎidǐ lāozhēn

【大寒】dàhán 名 大寒(だいかん). 参考 二十四節気の一つ. 1月20日または21日で,一年中で最も寒い時期.

【大喊大叫】dà hǎn dà jiào 成 大声で叫ぶ. ¶用不到～的 / 大声をはりあげる必要はないよ. ❷大々的に宣伝する. ¶候选人 hòuxuǎnrén 在街头～ / 候補者たちは街頭で声をはりあげている.

【大汉】dàhàn [个 ge, 条 tiáo] 大男.

【大汉族主义】dà Hànzú zhǔyì 名 大漢族主義. 漢族ショービニズム.

【大好】dàhǎo 形 ❶非常によい. ¶形勢 / 情勢はともよい. ¶～河山 / 美しい山河. ❷时机 / 絶好のチャンス. ❸病気がすっかり良くなる.

【大号】dàhào 名 ❶（～儿）大きいサイズ. ¶～的鞋 / サイズの大きい靴. ❷《音楽》回 把 bǎ チューバ. ❸お名前. ¶请问尊姓～？/ どちら様でございますか.

【大合唱】dàhéchàng 名《音楽》大合唱.

【大河】dàhé 名 ❶大河. ❷黄河のこと.

【大亨】dàhēng 名 旧〔个 ge, 位 wèi〕地方や業界の有力者. ボス.

【大轰大嗡】dà hōng dà wēng 成 実際のことには力を注がず,表向きだけにぎやかにする. 反 扎扎实实 zhāzhashíshí.

【大红】dàhóng 形 深紅色の. スカーレットの.

【大红大绿】dà hóng dà lǜ 名 色使いが派手だ. けばけばしい.

【大红大紫】dà hóng dà zǐ 慣 ❶上司などに気に入られている. ❷運がいい. ツイている.

【大后方】dàhòufāng 名 後方の地域. 特に,抗日戦争中,国民党の統治下にあった中国の西南,西北地区.

【大后年】dàhòunián 名 再来年の次の年.

【大后天】dàhòutiān 名 明明後日. しあさって. 回 大后儿 dàhòur

【大呼隆】dàhūlong 形 かけ声ばかりで実効が伴わない.

【大户】dàhù 名 ❶ 旧 地主. 資産家. ❷子孫が多く,人数の多い一族. 大家(たいか). ¶有名的～人家 / 有名なご大家だ.

【大花脸】dàhuāliǎn 名《芸能》京劇で,顔に隈(くま)取りをする役柄の一つ. 元老や宰相などの役.

【大话】dàhuà 名 ほら話. ¶小刘说起～来无边无际 / 劉さんはほらを吹き始めると際限がない.

【大环境】dàhuánjìng 名 社会環境.

【大黄鱼】dàhuángyú 名《魚》フウセイ. オオキタイガチ.

【大茴香】dàhuíxiāng 名 "八角 bājiǎo"に同じ.

*【大会】dàhuì 名 ❶〔回 次 cì, 届 jiè〕国家の機関や団体が主催する全体会議. ¶人民代表～/ 人民代表大会. ¶集会. 大会. ¶庆祝 qìngzhù ～ / 祝賀大会. ❸全体会. 反 小会 xiǎohuì

*【大伙儿】dàhuǒr 代 ❶みんな. ¶告诉～一件事 / 皆にある事を伝える. ❷大家伙儿 dàjiāhuǒr

【大惑不解】dà huò bù jiě 成 理解に苦しむ. 由来『荘子』天地篇に見えることば.

【大吉】dàjí 形 大変めでたい. ¶～大利 / とてもめでたい.

【大计】dàjì 名 遠大で重要な計画. 大計.

【大忌】dàjì 名 最大のタブー. もっとも忌むべきもの.

【大蓟】dàjì 名《植物・薬》ノアザミ. 回 蓟 jì 参考 解熱,止血剤として用いる.

*【大家】dàjiā ❶ 名 高名な専門家. 大家(たいか). ¶书法～ / 書道の大家. ❷ 名 名門の家柄. 名家. ¶～闺秀 guīxiù / 名家の令嬢. 代 旧 そこにいるすべての人々. ¶明天～一起去吧 / 明日,みんなで一緒に行きましょう. ❷ 代 ¶这是我们～的教室 / これが私たちみんなの教室です. ❸ 代（自分または話者を含む人を指す）私. ¶我有件事要和～商量一下 / みなさんと相談したいことがあります. ¶谢谢～对我的帮助 / みなさんのお力添えに感謝します. 用法 ❸は,"你们,我们,咱们"など複数の人々をあらわすことばの後にけて用いられることが多い.

【大家风范】dàjiā fēngfàn 名 大家(たいか)の気風. 傑出した人物の風格.

【大家庭】dàjiātíng 名 大家族. 表現「親密な共同体」という比喩に使われることが多い.

【大驾】dàjià 名 ❶相手を指す敬語. あなたさま. ❷天子の乗り物. 天子の代称として用いた. 由来「天子の乗る車」という意から.

【大检察官】dàjiǎncháguān 名 大検察官. 検察官階級の第2ランク. 参考 中国の現行の検察官の階級には4ランク12等級が設けられており,主席大検察官が第1ランクとし,大検察官（さらに2等級に分かれる）,高級検察官（さらに4等級に分かれる）,検察官（さらに5等級に分かれる）となる.

【大件】dàjiàn 名 高額の耐久消費財. カラーテレビや冷蔵庫など.

【大建】dàjiàn 名 陰暦の大の月. 回 大尽 dàjìn と.

【大江】dàjiāng 名 ❶大きな川. ❷長江（揚子江）のこと.

【大江南北】dàjiāng nánběi 名 ❶長江の南岸と北岸. ❷全国. 中国全土.

【大奖】dàjiǎng 名 大賞.

【大奖赛】dàjiǎngsài 名 規模の大きなコンクール.

【大将】dàjiàng 名 ❶《軍事》軍隊の最高位の大将. ❷高級将校. また,グループの中心人物.

【大脚】dàjiǎo 名 纏足(てんそく)をしていない女性の足. 反 小脚 xiǎojiǎo

*【大街】dàjiē 名〔条 tiáo〕大通り. ¶王府井 Wángfǔjǐng～ / 王府井大通り. 反 小巷 xiǎoxiàng

【大街小巷】dàjiē xiǎoxiàng 名 町じゅう至る所.

【大节】dàjié 名 ❶国家存亡にかかわる重大事. ❷堅固な節操. ¶～凛然 lǐnrán / 大節を守り凛としている.

【大捷】dàjié 名 戦争での大勝利.

【大姐】dàjiě 名 ❶いちばん上の姉. 長姉. ❷女性の友達や知人に対する尊称. ¶李～一直非常关心青少年的教育问题 / 李姉さんはずっと青少年の教育問題に大きな関

心を払ってきた.
【大解】dàjiě 動 大便をする.
【大尽】dàjìn 名 旧暦の大の月. 同 大建 jiàn 反 小 xiǎo 尽
【大惊失色】dà jīng shī sè 成 びっくりして真っ青になる. ¶小张听到这消息时,～,浑身 húnshēn 发抖 fādǒu / 張さんはその知らせを聞くと,驚きのあまり真っ青になり,全身がぶるぶる震えた.
【大惊小怪】dà jīng xiǎo guài 成 何でもないことに大騒ぎする.
【大静脉】dàjìngmài 名《医学》大静脈.
【大舅子】dàjiùzi 名 妻の兄.
【大局】dàjú 名 全体の動き. 大局. ¶顾全～/ 大局を考慮する. ¶以～为 wéi 重 / 大局を重視する.
【大局观】dàjúguān 名 大局観.
【大举】dàjǔ 副 大規模に…する. ¶～进攻 / 大規模に攻撃する. 用法 軍事行動について多く用いられる.
【大军】dàjūn 名 ❶ 大人数の軍隊. 大軍. ❷ 大人数の作業チーム. ¶水利～/ 水利工事の大チーム.
【大卡】dàkǎ 量 キロカロリー. kcal. 同 千卡 qiānkǎ
【大考】dàkǎo 名(動 次 cì) 学期末試験.
【大课】dàkè 名 合併授業. 大人数での授業.
【大快人心】dà kuài rén xīn 成 悪人がこらしめられ,みんなの胸がすっきりする.
【大块头】dàkuàitóu 名 方 太っている人. 体格の大きい人. 太っちょ.
【大款】dàkuǎn 名 金回りのよい者. 成り金.
【大来卡】Dàláikǎ 名《商标》ダイナース·カード. ◆Diners card
【大牢】dàláo 名 ① 監獄. 牢屋. ¶坐～/ 牢屋に入れられる.
【大老粗】dàlǎocū 名 無教養な人. 粗野な人. ¶我是个,说话喜欢直来直去 / わしは無骨者だから,まわりくどい話は苦手だ.
【大老婆】dàlǎopo 名 (妾のいる男の)本妻. 同 大婆儿 反 小老婆
【大礼拜】dàlǐbài 名 ❶ 休日が2週に1回の日曜日だけだった時代に,その休日を指したことば. ❷ 隔週週休2日制で,2週間に1度の週を指すことば. 同 小礼拜 参考 完全週休二日制採用後は,大小を区別する呼び方はなくなった.
【大礼堂】dàlǐtáng 名 大講堂. 大きなセレモニーホール.
【大理】Dàlǐ《地名》大理(ﾘ). 雲南省の都市. 大理石の産地として有名. 歴史旧跡が多い.
【大理石】dàlǐshí 名(動 块 kuài) 大理石. 由来 雲南省の大理産が有名なことから.
【大力】dàlì ❶ 名 大きな力. ¶出～,流大汗 / 大いに力を出し,汗をいっぱいかいて頑張る. ❷ 副 大いに力をこめて…する. ¶～支持 / 強力に支持する. 同 鼎力 dǐnglì
【大力士】dàlìshì 名 力持ち. 表現 重量挙げなど力技の選手などにも用いる.
【大丽花】dàlìhuā 名《植物》ダリア. ◆dahlia
【大连】Dàlián《地名》大連(ﾚﾝ). 遼寧省南端の港湾都市.
【大殓】dàliàn 名 納棺の儀式.
【大梁】dàliáng 名 ❶ (動 根 gēn) 棟木. 同 脊檩 jǐlǐn ❷ 中心人物. 主役.
*【大量】dàliàng 形 ❶ 数が多い. 大量. ¶收集～资料 / 大量の資料を収集する. 反 少量 shǎoliàng ❷ 度量が大きい. 太っ腹だ. ¶宽宏 kuān hóng～/ 成 度量が大きい.

【大料】dàliào 名《料理》調味料の一つ. 八角(ｶｸ)の北方での言いかた. 同 茴香 huíxiāng
【大龄】dàlíng 形 (グループの中で標準より)年齢が高い. ¶～学生 / 年長の生徒.
【大龄青年】dàlíng qīngnián 名 結婚適齢期を過ぎた青年男女.
【大溜】dàliù 名 河の中心部分の速い流れ. 主流.
【大楼】dàlóu 名 ビルディング. ¶办公～/ オフィスビル. ¶商业～/ 商業ビル.
*【大陆】dàlù 名 大陸. ¶亚洲 Yàzhōu～/ アジア大陸.
【大路】dàlù 名〔動 条 tiáo〕広い道.
【大路菜】dàlùcài 名 庶民的なおかず. 参考 ふつうの品質で値段も手頃な料理や食材.
【大路货】dàlùhuò 名〔動 件 jiàn,批 pī〕大衆向きのよく売れている商品. ¶我身上穿的都是～/ 私が身につけているものはみなどこにでもあるものだ.
【大陆架】dàlùjià 名《地学》大陸棚. 同 大陆棚 péng,陆棚,陆架
【大陆桥】dàlùqiáo 名《経済》ランドブリッジ. ¶亚欧～/ ユーラシア·ランドブリッジ.
【大陆性气候】dàlùxìng qìhòu 名《気象》大陸性気候.
【大略】dàlüè ❶ 名 あらまし. 概略. ¶～的情况 / だいたいの情況. 同 粗略 cūlüè,大概 dàgài ❷ 副 おおまかに. ¶～相同 / だいたい同じ. ¶请～介绍一下 / ざっと紹介して下さい. ❸ 名 遠大な計画. ¶雄才 xióng cái～/ 成 傑出した才能と遠大な謀略.
*【大妈】dàmā 名 ❶ 父の兄の妻. おば. 呼称にもなる. 同 伯母 bómǔ ❷〔動 个 ge,位 wèi〕年長の女性に対する敬称.
【大麻】dàmá 名 ❶《植物》〔動 棵 kē〕アサ. 同 线麻 xiànmá ❷ 大麻. マリファナ.
【大麻风】dàmáfēng 名《医学》ハンセン病. らい病. 同 麻风 máfēng,癞 lài
【大麻哈鱼】dàmáhǎyú 名《魚》〔動 条 tiáo〕サケ. 同 大马哈鱼 dàmǎhǎyú
【大麻子】dàmázi 名《植物》❶ 大麻の種子. ❷ トウゴマ(の種子).
【大马士革】Dàmǎshìgé《地名》ダマスカス(シリア).
【大麦】dàmài 名《植物》オオムギ.
【大满贯】dàmǎnguàn 名 満貫(マージャンの役の一つ).
【大忙】dàmáng 形 たいへん忙しい. ¶三夏～季节 / 夏の農繁期.
【大忙人】dàmángrén 名 (仕事などが)非常に忙しい人.
【大猫熊】dàmāoxióng → 大熊猫 dàxióngmāo
【大毛】dàmáo 名 毛足の長い毛皮. 反 小毛
【大帽子】dàmàozi 名 (人にはる)レッテル. 不当な罪科. ¶别拿～压人 / レッテルをはって,人を圧迫してはならない.
【大媒】dàméi 名 媒酌人に対する敬称. お仲人さん.
【大门】dàmén 名 (～儿)表門. 正門. ¶关上～/ 正門を閉める. 同 小门 xiǎomén,二门 èrmén
*【大米】dàmǐ 名 脱穀したコメ. 反 小米 xiǎomǐ 用法 "米"は,コメだけでなく,穀物の実の外皮をとりさったものという意味で広く使われるため,コメと言う時には,"大米"や"稻米"を使う.
【大面】dàmiàn 名 "大花脸 dàhuāliǎn"に同じ.
【大面儿】dàmiànr 名 方 ❶ 表面. うわべ. ❷ メンツ. 体面. ¶顾全～/ 体面を傷つけないように配慮する.

【大名】dàmíng 名 ❶ 正式の名前．大人になってからの名．反 小名 xiǎomíng ❷ 名声．評判．¶久聞～/ご高名はかねがね伺っております．❸ 相手の名前をうやまって言うことば．¶请问尊姓 zūnxìng～?／失礼ですが,お名前をお教え下さいませんか？

【大名鼎鼎】dà míng dǐng dǐng 成 名声が鳴り響いている．

【大谬不然】dà miù bù rán 成 大きな誤りだ．

【大漠】dàmò 名《地学》大砂漠．参考 主に中国の西北地帯の大砂漠をさす．

【大模大样】dà mú dà yàng 成 慢 傲慢で人をとも思わないようす．いばった態度．¶主任～地走出了会议室／主任はいばりくさって会議室を出ていった．

【大拇哥】dàmǔgē 名 方 親指．

【大拇指】dàmǔ[-mu-]zhǐ 名 親指．¶竖 shù 起～叫好／親指を立てて,やったねと叫ぶ．

【大拿】dàná 名 方 ❶ 地域で大きな権力を握っている人.ボス．❷ ある方面で権威を持っている人．

【大难不死】dànàn bù sǐ 成 大災害を生きのびる．¶"～,必有大(后)福"／大災で助かれば,その後には大福がやってくる．表現 ふつう"必有大(后)福"を続けて言う．

【大难临[当]头】dànàn lín [dāng-]tóu 句 大きな危険が迫っている．

【大脑】dànǎo《生理》大脑．¶～半球／大脑半球．¶～性麻痹 mábì／大脑性マヒ．

【大脑皮层】dànǎo pícéng 名《生理》大脑皮質．反 大脑皮质 zhì 表現 "皮层","皮质"とも言う．

【大内】dànèi 名 旧 皇宮．王宮．

【大鲵】dàní 名《動物》オオサンショウウオ．参考 鳴き声が赤ん坊のそれに似ているので,俗に"娃娃鱼 wáwayú"ともいう．

【大逆不道】dà nì bù dào 成 大逆非道の罪．統治者や,体制に反抗した従来の礼儀や道徳に背く者に対して負わせた重い罪名．

【大年】dànián 名 ❶ 豊作の年．❷ 旧暦で,12月に30日ある年．反 小年 xiǎonián ❸ "春节 Chūnjié"(旧正月)のこと．

【大年初一】dànián chūyī 名 口 旧暦の元旦．

【大年夜】dàniányè 名 口 旧暦の大みそかの夜．回 除夕 chúxī

*【大娘】dàniáng 名 口 ❶ 父の兄の妻．おば．呼称にもなる．¶三～／上から三番目のおばさん．回 大妈 dàmā,伯母 bómǔ ❷ 〔个 ge,位 wèi〕年長の女性に対する尊称．

【大排行】dàpáiháng 名 一族の中の同世代における長幼の順序．

【大牌】dàpái 名 (スポーツ界や芸能界などの)大物．¶～明星／大物スター．

【大盘】dàpán 名《経済》証券取引所の相場．

【大炮】dàpào 名 ❶〔门 mén,尊 zūn〕大砲．❷ 口 おおぼらを吹く人．過激な意見を述べる人．¶谁都知道小刘是个～,有话直说／劉さんがほら吹きで突拍子もないことを言うのは誰でも知っている．

【大篷车】dàpéngchē 名 ❶ 商品を地方に売りに行くトラック．多くは幌がけをしたもの．❷ 座席のゆったりした大型バスや電車．

*【大批】dàpī 形 大量だ．数が多い．¶～货物／大量の貨物．¶新产品开始～生产了／新製品は大量生産が開始された．反 少量 shǎoliàng

【大片】dàpiàn 名 大作映画．回 大片儿 piānr

【大谱儿】dàpǔr 名 大まかな考え．アウトライン．

【大漆】dàqī 名 精製度の低いウルシ汁．生(ੜ)ウルシ．

【大起大落】dà qǐ dà luò 成 上がったり下がったりの変化が激しい．起伏に富んでいる．

【大气】dàqì 名 ❶ 地球の空気．大気．❷(～儿)あらい息づかい．

【大气层】dàqìcéng 名 大気圏．回 大气圈 quān

【大气候】dàqìhòu 名 ❶《气象》広範囲の気候．大気候．反 小气候 ❷(政治経済や思想などを含む)社会状況．反 小气候

【大气磅礴】dàqì páng bó 成 迫力がある．力がこもっている．表現 詩や絵画などについて言うことが多い．

【大气污染】dàqì wūrǎn 名 大気汚染．

【大气压】dàqìyā《气象》名《物》気圧．回 气压．標準気圧．普通は,1013.25ヘクトパスカル．

【大器晚成】dà qì wǎn chéng 成 大器は晩成する．

【大千世界】dàqiān shìjiè 名《仏教》大千(芹)世界．表現 広大無辺の世界に喩える．

【大前年】dàqiánnián 名 さきおととし．

【大前提】dàqiántí 名 (論理学における三段論法の)大前提．

【大前天】dàqiántiān 名 さきおととい．回 大前儿 dàqiánr

【大钱】dàqián 名 ❶ 大きめの銅貨．❷ 多額の金．¶赚 zhuàn～／大金を稼ぐ．

【大清早】dàqīngzǎo 名 朝早い頃．

【大晴天】dàqíngtiān 名 快晴．

【大庆】dàqìng 名 ❶(国家の)大規模な祝賀行事．¶五十年～／50周年祝賀行事．❷ 老人の誕生日の敬称．¶八十～／80歳の誕生日．❸(Dàqìng)地名．黒竜江省にある市で,石油の生産地として知られる．参考 ❸ は,かつて"工业学～"(工業は大慶に学べ)というスローガンによって,農業の"大寨 Dàzhài"とともに広く知られた．

【大秋】dàqiū 名《農業》❶ 秋の収穫期．❷ 秋の収穫作物．

【大秋作物】dàqiū zuòwù 名《農業》秋に収穫する作物．トウモロコシ,コウリャン,アワなど．回 大秋

【大曲】dàqū 名 ❶ "白酒 báijiǔ"をつくるのに用いる麹(ਁ)の一種．大麦と小麦を主原料とする．❷ ❶ でつくった"白酒"．❸ 大曲酒 jiǔ 名 "大曲"を使った酒で有名なものに,茅台酒,五糧液,汾酒,瀘州大曲などがある．

【大权】dàquán 名 大きな権力．政権．¶～在握 zàiwò／権力を握っている．

【大权独揽】dàquán dúlǎn 句 強大な権力を独占する．

【大全】dàquán 名 内容が豊富ですべて完備していること．全書．¶《中国戏曲～》／『中国戯曲大全』．用法 多く書名に用いる．

【大热天】dàrètiān 名 酷暑の日．

【大人】dàrén 名 年長者に対する敬称．¶父亲～／お父様．父上．用法 手紙で用いることが多い．

【大人物】dàrénwù 名〔个 ge,位 wèi〕地位や名誉のある人．VIP．

*【大人】dàren 名 ❶ おとな．反 小孩儿 xiǎoháir ❷ 旧 長官に対する敬称．¶巡抚 xúnfǔ～／巡撫閣下．

【大儒】dàrú 名 旧 大学者．

【大赛】dàsài 名 大きな試合．コンクール．¶国际芭蕾舞～／国際バレエコンクール．

【大嗓门】dàsǎngmén 名 (話し)声の大きな人．

【大扫除】dàsǎochú 名 大そうじ．¶今天进行～／今日は大そうじをする．用法 "进行"とともに使われることが多

【大嫂】dàsǎo 名 ❶義理の姉．いちばん上の兄の妻．呼称にもなる．❷ 自分と同年代の既婚女性に対する敬称．
【大煞[杀]风景】dà shā fēng jǐng 成 ひどく興をそぐ．殺風景だ．
【大厦】dàshà 名〔座 zuò〕ビル．マンション．¶上海～/上海マンション．¶高楼～/高層ビル．用法 現在ではビルの名前に使われることが多い．
【大少爷】dàshàoyé[-ye] 名 お坊ちゃん．道楽息子．¶～作风/ぼんぼん育ち．
【大舌头】dàshétou 口 口ベタで，舌足らずの人．
【大赦】dàshè 名 大赦(なしゃ)．
【大婶儿】dàshěnr 名〔个 ge, 位 wèi〕おばさん．母親と同年代の女性に対する敬称．
*【大声】dàshēng 名 大声．❷ dà//shēng 動 声を大きくする．¶请～朗读 lǎngdú 课文/教科書を大きな声で読んでください．
【大声疾呼】dà shēng jí hū 成 大声で叫び，人々の注意をひく．大声で大衆にアピールする．
【大失所望】dà shī suǒ wàng 成 非常に失望する．がっかりする．
【大师】dàshī 名〔位 wèi〕❶ 学問や技芸にすぐれた人．巨匠．大家(な)．¶语言～/ことばの天才．¶国画～/中国画の巨匠．巨匠 jùjiàng ❷ 僧侶に対する敬称．同 法师 fǎshī
【大师傅】名 ❶ dàshīfu 僧侶に対する敬称．❷ dàshifu 口〔个 ge, 位 wèi〕料理人．シェフ．
【大使】dàshǐ 名 大使．
*【大使馆】dàshǐguǎn 名 大使館．
【大事】dàshì ❶ 名〔件 jiàn, 桩 zhuāng〕重大なできごと．大事．¶国家～/国家の大事．¶终身 zhōngshēn～/一生の重大事．❷ 名 全体の情勢．¶～不好/(災害などで)事態が緊迫している．❸ 副 大々的に．¶～宣传/大々的に宣伝．¶～渲染 xuànrǎn/必要以上に誇張する．表現 ①は，父母の死に際しての喪や結婚なども指す．
【大事记】dàshìjì 大きな出来事を年月日の順に記録したもの．
【大势】dàshì 名 大勢．表現 多く政治情勢を指す．
【大势所趋】dà shì suǒ qū 成 大勢の赴くところ．全体の流れの向う方向．
【大势已去】dà shì yǐ qù 句 形勢はもはや挽回できない．由来 有利な形勢がすでに失われた，という意味．
【大是大非】dà shì dà fēi 成 政治原則などの是非の問題．¶分清～/根本問題に白黒をつける．
【大手笔】dàshǒubǐ 名 ❶ 著名な作家．大作家．また，その著作．❷ 広い視野に立った，壮大で影響力の大きい計画や施策．❸ 朝廷の重要文書．❹ 札びらを切る人．
【大手大脚】dà shǒu dà jiǎo 成 金遣いが荒い．¶～的人．浪費家．
【大寿】dàshòu 名 十年ごとの誕生日．¶六十～/60歳の誕生日．
【大书特书】dà shū tè shū 句 特筆大書する．
【大叔】dàshū 名 ❶ おじ．父親の弟．❷〔个 ge, 位 wèi〕おじさん．父親と同年代の男性に対する敬称．
【大暑】dàshǔ 名 大暑(な)．参考 二十四節気の一つ．7月22日から24日ごろで，一年中で最も暑い時期．
【大数】dàshù 名 ❶ 文 寿命．命運．¶已尽/命運がつきた．❷ 概略．大要．¶用兵之 zhī～/用兵のあらまし．

【大率】dàshuài 副 文 おおむね．¶～如此/おおむねそのようだ．
【大水】dàshuǐ 名 洪水．
【大肆】dàsì 副 句 思いのままに…する．わが者顔に…する．¶～攻击/容赦ない攻撃．¶～鼓吹 gǔchuī/さかんに吹聴する．用法 敵の悪業などを暴露する時の言いかた．
【大蒜】dàsuàn 名《植物》〔头 tóu〕ニンニク．同 蒜 suàn
【大踏步】dàtàbù 副 大またで…するようす．¶～前进/大きく前進する．表現 抽象的な意味で，比喩に使われることが多い．
【大堂】dàtáng 名 ❶ 旧 皇帝が政務を執った部屋．また，役所の案件審理を行う部屋．❷ ホール．(ホテルの)ロビー．¶～经理/(ホテルの)ホールマネージャー．
【大…特…】dà…tè…(同じ動詞の前に置いて規模が大きい，程度がはなはだしいことをあらわす．¶大书特书/筆大書する．¶大吃特吃/大いに食べる．¶大改特改/徹底的に改める．¶大讲特讲/大いに語って宣伝する．
【大提琴】dàtíqín 名《音楽》〔把 bǎ〕チェロ．
【大体】dàtǐ ❶ 名 重要な道理．¶不识～/道理をないがしろにする．❷ 副 だいたい…だ．おおかた…だ．¶这种观点，～上正确/この見方はおおかた正しい．用法 ②は"大体上"の形で使われることも多い．同 大致 dàzhì
【大天白日】dàtiān báirì 名 真っ昼間．同 大白天
【大田】dàtián 名《農業》作付け面積の広い作物を栽培する田畑．
【大田作物】dàtián zuòwù 名《農業》小麦・イネ・トウモロコシ・綿花などの作付け面積の広い作物．
【大厅】dàtīng 名〔间 jiān〕広間．ホール．
【大庭广众】dà tíng guǎng zhòng 成 多くの人が集まる公開の場所．¶他竟然 jìngrán 敢在～之下公开撒谎 sāhuǎng/彼はなんと大勢の人の前で公然とそをついてのけた．
【大通银行】Dàtōng yínháng 名 チェース・マンハッタン銀行．♦Chase Manhattan Bank
【大同】dàtóng 名 ❶ 自由平等な理想社会．大同の世．❷ 主要な部分の一致．¶求～存小异 xiǎoyì/小異を残して大同につく．参考 ①は，『礼記』礼運篇に描かれている社会のこと．
【大同小异】dà tóng xiǎo yì 成 大同小異．
【大头】dàtóu 名 ❶(～儿)大きい方．主要な部分．¶抓～儿/主要な方に力を入れる．❷(～儿)いい鴨．お人好し．¶拿～/人をいい鴨にする．同 冤大头 yuāndàtóu ❸ 頭からかぶる張りぼての仮面．❹ 民国元年に発行された，袁世凱(なに)の肖像入りの銀貨．同 袁 yuán 大头
【大头菜】dàtóucài 名《植物》ネカラシナ．参考 カラシナの変種で，辛みのある根や葉を食用にする．
【大头舞】dàtóuwǔ 名 頭に大きなかぶり物をかぶって舞う踊り．⇨次ページ図
【大头鱼】dàtóuyú 名《魚》タラ．同 鳕鱼 xuěyú
【大头针】dàtóuzhēn 名〔根 gēn, 盒 hé, 枚 méi〕虫ピン．
【大团结】dàtuánjié 名 ❶ 全国人民の大同団結．❷ 旧10元紙幣のこと．由来 ②は，中国各民族の団結を表現する図柄が印刷されていたことから．⇨次ページ図
【大团圆】dàtuányuán ❶ 動 家族全員が一堂に会する．¶今年全家总算过了一个～的年/今年はどうにか一家そろって正月を過ごせた．❷ 名 小説や映画などのハッピーエン

大头舞

大团结（旧10元札）

ド. 大団円.
- 【大腿】 dàtuǐ 名〔量 条 tiáo〕足のもも. 同 股 gǔ
- 【大碗茶】 dàwǎnchá 名 屋台などでドンブリに入れて売られる安いお茶.
- 【大腕】 dàwàn 名 ❶（～儿）芸能界や文壇の大物. ❷ 大金持ち.
- 【大王】 dàwáng 名 その世界での第一級実力者. ¶石油～／石油王. ¶足球～／サッカーの神様. ⇨ 大王 dàiwang
- 【大为】 dàwéi 副 大いに. ¶～高兴／大いに喜ぶ. ¶粮食产量～提高了／穀物の生産量は大幅に増加した.
- 【大尉】 dàwèi 名《軍事》大尉.
- 【大我】 dàwǒ 名 集団、仲間. ¶舍弃 shěqì 小我,成就～／個人の利益を捨て,集団の功績をあげる. 反 小我
- 【大无畏】 dàwúwèi 形 何をも恐れない. 用法 精神的なものについて言うことが多い.
- 【大五码】 dàwǔmǎ 名《コンピュータ》BIG5. 繁体字の文字コードの一つ. 参考 台湾や香港でよく使われているもの. ⇨ 国标码 guóbiāomǎ
- 【大西北】 Dàxīběi 名《新疆ウイグル自治区・青海省・甘肃省・宁夏回族自治区・陕西省・内モンゴルを含む》中国西北部.
- 【大西洋】 Dàxīyáng 名 大西洋.
- 【大喜】 dàxǐ 名 ❶ 喜びごと. めでたいこと. ¶您～啦！／おめでとうございます. ❷ 結婚.
- 【大喜过望】 dà xǐ guò wàng 成 期待していた以上の結果に大喜びする.
- 【大戏】 dàxì 名《芸能》❶ 大型の芝居. 劇. ❷ 方 京劇. ❸ 紹興地方の芝居の一つ.
- 【大虾】 dàxiā 名 クルマエビ.
- 【大显身手】 dà xiǎn shēn shǒu 成 自分の本領を存分に発揮する. ¶他在比赛中～／彼は試合で本領を発揮した. 同 大显神通 shén tōng
- 【大显神通】 dà xiǎn shén tōng 成 大いに本領を発揮する.
- 【大限】 dàxiàn 名旧 寿命. 死期.
- 【大相径庭】 dà xiāng jìng tíng 成 違いが大きい. 矛盾がはなはだしい. 由来《荘子》逍遥遊篇の"大有径庭,不近人情焉 yān"（道路と庭とが大きく隔たっていると,人情にはずれてくる）から.
- 【大象】 dàxiàng 名〔量 头 tóu〕ゾウ.
- *【大小】 dàxiǎo 名 ❶（～儿）大きさ. ¶这件衣服的～正合适／この服は大きさがちょうど良い. ❷ 長幼の序. 不分～／長幼の順の区別がない. 重 大大小小 ❸ おとなと子供. ¶全家～六口／一家おとなと子供あわせて6人.
- 【大校】 dàxiào 名《軍事》大佐.
- 【大写】 dàxiě 名 ❶ 大字（ｼﾞ）. 領収書や契約書などに用いる書き方で,たとえば,一,二,三を,壹,貳,參と書く. 反 小写 xiǎoxiě ❷ アルファベットの大文字. ¶～字母／大文字. 反 小写 xiǎoxiě
- 【大写意】 dàxiěyi 名《美術》中国画の描画法の一つ. 細密に描写するのではなく,情緒表現に重点をおいた画法.
- 【大兴】 dàxīng 方 インチキ. 偽物.
- 【大兴安岭】 Dàxīng'ānlǐng《地名》大興安嶺（大シンアンリン）山脈.
- 【大兴土木】 dà xīng tǔ mù 成 大規模な土木工事を行う. 表現 時に,マイナスのニュアンスを含むことがある.
- 【大猩猩】 dàxīngxing 名〔量 只 zhī〕ゴリラ.
- *【大型】 dàxíng 形 形や規模が大きい. ¶～彩色记录片／長編カラー記録映画.
- 【大行其道】 dà xíng qí dào 句貶 やかましく喧伝（ﾃﾞﾝ）する.
- 【大行星】 dàxíngxīng 名《天文》太陽系の九つの惑星.
- 【大行政区】 dàxíngzhèngqū 名 大行政区. 1949年の建国初期から1954年までに実施された行政区画単位. レベルは中央と省の中間. 参考 全国を華北・東北・西北・華東・中南・西南の6大行政区に分けた.
- 【大刑】 dàxíng 名 残酷な刑具や刑罰. 参考 多く小説や戯曲で使われることば.
- 【大姓】 dàxìng 名 ❶ 先祖代々の名家. 大族. ❷"张""王""李"のような中国に多い苗字.
- 【大熊猫】 dàxióngmāo 名〔量 只 zhī〕ジャイアントパンダ. 同 猫熊 māoxióng
- 【大修】 dàxiū 動 大修繕する. ¶房屋／家屋の大修繕.
- 【大选】 dàxuǎn 名〔量 次 cì, 届 jiè〕総選挙. ¶美国的总统～／米国の大統領選挙.
- *【大学】 dàxué 名 ❶〔量 个 ge, 所 suǒ〕大学. ¶北京～／北京大学. ¶广播电视～／放送大学. ❷（Dàxué）《书名》古典の《大学》. "四书 Sìshū"の一つで,儒教の経典. 参考 ①は,中国では一般に総合大学を指す. 単科大学は"学院"というが,最近では大学と改称するところも増えた.
- 【大学生】 dàxuéshēng 名 大学生.
- 【大学士】 dàxuéshì 名 大学士. 唐から清の時代まで置かれていた朝廷の官職名.
- 【大雪】 dàxuě 名 ❶《節》. 二十四節気の一つで,陽暦の12月6日から8日ごろ. ❷〔量 场 cháng〕大量の雪.
- 【大循环】 dàxúnhuán 名《生理》体循環. 同 体 tǐ 循环
- 【大牙】 dàyá 名《生理》〔量 颗 kē〕❶ 奥歯. 臼歯（ｷｭｳ）. ❷ 前歯. 門歯. ¶你这样会叫人笑掉～的／そんなどと人に笑われるよ.
- 【大雅】 ❶ Dàyǎ《诗经》の文体の一種. ❷ dàyǎ 名 才能があり徳のある人. ❸ dàyǎ 形 風雅だ.
- 【大烟】 dàyān 名口 アヘン. ¶～鬼／アヘン常習者.

㊁ 鸦片 yāpiàn
【大言不惭】dà yán bù cán 成 恥ずかしげもなく大げさなことを言う.
【大盐】dàyán 名 海水から作った塩.
【大檐帽】dàyánmào 名 前方に大きくつばの伸びた帽子. 転じて, 警官や税務官など, この形の帽子を制帽とする職業の人を言う.
【大雁】dàyàn 名〔鳥〕〔量 只 zhī〕ガン. カリ. 同 鸿雁 hóngyàn 参考 ヒシクイ, オオカリ, サカツラガンなども"大雁"という.
【大秧歌】dàyāngge 名 大ヤンコ踊り. 参考 秧歌(ｼﾞ)は, 中国北方の農村に伝わる民間舞踊. 近年, 都市部でも娯楽として踊られ, 「大」の字が冠せられるようになった.
【大洋】dàyáng ❶ 大海. 大洋. ❷旧〔量 块 kuài〕1元銀貨. = 银钱元.
【大洋洲】Dàyángzhōu 地名 オセアニア.
【大样】dàyàng ❶ 形 大いばりだ. ¶大模 mù 大样 ❷ 名〔印刷〕(新聞の整版の)大組み. ㊃ 小样 ❸ 名〔建築〕細部の図面. 仕様図.
【大摇大摆】dàyáo dàbǎi 句 ふんぞりかえって歩くよう. ¶小刘走起路来～, 目中无人 / 劉さんは肩で風をきって歩き, 他人のことなど眼中にない.
【大要】dàyào 名 要点. 概要. ¶举其 qí～ / 要点を挙げる.
*【大爷】dàyé 名 だんな様. ¶～脾气 píqi / だんな気質. 表現 現在ではろくに働かず傲慢でわがままな男を皮肉っていう.
【大野】dàyě ❶ 名 広大な原野. ❷ (Dàyě) 〈複姓〉大野(ｼﾞ).
【大业】dàyè 名 りっぱな大事業. ¶这事造福 zàofú 于后代的千秋～ / これは後の世代に益をもたらす大事業だ.
【大爷】dàye 名 ❶伯父. 父の兄. 呼称にもなる. 同 伯父 bófù ❷ 年長の男性に対する尊称. おじさん.
*【大衣】dàyī 名〔量 件 jiàn〕オーバーコート. ¶风雪～ / アノラック. パーカ. ¶呢 ní～ / ラシャのコート.
【大姨】dàyí 名 (～儿) 母のいちばん上の姉. おば. 呼称にもなる.
【大姨子】dàyízi 名 妻の姉. 義理の姉. 呼称にもなる.
【大义】dàyì ❶ 当然の理. 重要な道理. ❷ 正義. ¶～之举 / 正義の行動.
【大义凛然】dà yì lǐn rán 成 正義をつらぬき, 何ものも恐れないようす.
【大义灭亲】dà yì miè qīn 成 正義のために親族の情を捨てさる.
【大意】dàyì ❶ dàyì あらすじ. 大意. ¶段落 duànluò～ / 段落の内容のあらまし. ❷ dàyi 形 不注意だ. 粗忽だ. ¶粗心 cūxīn～ / そそっかしい. 同 粗心 cūxīn, 马虎 mǎhu ㊃ 小心 xiǎoxīn
【大印】dàyìn 名 国璽(ｼﾞ). また, 政府の印章. 表現 「政権」の喩えとして使われる.
【大油】dàyóu 名 ㊁ ラード. 同 猪 zhū 油
【大有可为】dà yǒu kě wéi 成 大いにやる価値がある. 大いに将来性がある. ¶这笔买卖～ / この商売は大いに将来性がある.
【大有人在】dà yǒu rén zài 成 そういう人はいくらでもいる.
【大有文章】dà yǒu wén zhāng 成 言外の意がある. ¶小李的话里～ / 李さんのことばには含みがある.
【大有用武之地】dà yǒu yòng wǔ zhī dì 成 自己の才能・能力・技術などを発揮できる場所.
【大有作为】dà yǒu zuò wéi 成 十分に能力を発揮できる. 大いに貢献しうる.
【大于】dàyú 形 …よりも大きい. ¶今年的收成 shōucheng～去年的 / 今年の収穫は昨年を上回った. ㊃ 小于 xiǎoyú
【大鱼大肉】dà yú dà ròu 名 山盛りの油っこい料理.
【大雨】dàyǔ 名 大量の雨.
【大元帅】dàyuánshuài 名〔軍事〕大元帥.
【大员】dàyuán 名旧 高官. 表現 地方に派遣された中央の役人を言うことが多い.
【大圆】dàyuán 名〔数学〕大円(ｴﾝ).
【大院】dàyuàn 名 ❶ 大きな屋敷の中庭. ❷ 多くの住民が暮らす四合院の密集地域.
*【大约】dàyuē 副 ❶ …ほど…だ. 大まかな数字を見積もる時に使う. ¶他～有五十开外了 / 彼はきっと50歳過ぎだ. ❷ たぶん…だろう. おそらく…だろう. 状況を推定する時に使う. ¶他～是开会去了 / 彼はたぶん会議に行ったのだろう. 比較 "大概"に比べ書きことばで使われることが多い.
【大月】dàyuè 名 大の月. 陽暦で31日, 陰暦で30日ある月. ㊃ 小月 xiǎoyuè
【大跃进】Dàyuèjìn 名〔歴史〕大躍進. 参考 1958年に毛沢東が提唱した, 農工業を飛躍的に発展させようという運動. 失敗して多くの餓死者を出した.
【大运河】Dàyùnhé 地名 大運河. 北は北京から南は杭州までを結ぶ. 同 京杭 Jīng-Háng 运河
【大杂烩】dàzáhuì 名 ❶〔料理〕ごった煮. ❷ 貶 文章や作品などがごた混ぜで, わかりにくいこと. 寄せ集め.
【大杂院儿】dàzáyuànr 名〔量 个 ge, 座 zuò〕一つの中庭を囲んで, 何家族も住んでいる長屋.
【大藏经】dàzàngjīng 名〔仏教〕大蔵経(ｻﾞﾝｷｮｳ). 仏教の経典の総称. 同 "藏经"とも言う.
【大灶】dàzào 名 ❶ レンガで造ったかまど. ❷ (集団給食の)並の食事. 用法 軍隊などでの一般用の食事で, "小灶 xiǎozào"(高級幹部用の食事), "中灶 zhōngzào"(中級幹部用の食事)と区別している.
【大闸蟹】dàzháxiè 名 上海ガニ. 江南地方の湖に産する淡水ガニの総称. 参考 江蘇省の陽澄湖のものが有名で, 美味・高価である.
【大栅栏】Dàzhàlán 地名 大柵欄. 北京市の前門西南部に位置する, 歴史のある商業地. 表現 地元では"Dàshílàn"と発音される.
【大战】dàzhàn ❶ 名 大規模な戦い. 大戦. ¶足球～ / サッカーの大試合. ❷ 動 大規模な戦争や激しい戦闘を展開する. ¶～中原 Zhōngyuán / 天下を取ろうと激しく戦う.
【大站】dàzhàn 名 乗降客の多い駅やバスの停留所.
【大张旗鼓】dà zhāng qí gǔ 成 大々的で気勢が上がっている. ¶要～地开展卫生运动 / 大々的に衛生運動を展開しなければならない. 由来「戦旗や陣太鼓がずらりと並んでいる」という意から.
【大丈夫】dàzhàngfu 名 堂々としてりっぱな男性. 偉丈夫(ｼﾞｮｳﾌ).
【大昭寺】Dàzhāosì 名 ジョカン寺. チベット自治区ラサにあるラマ教寺院. 7世紀中葉に建立され, 唐代以降の大量の歴史文献を収蔵する.
【大政】dàzhèng 名 重大な政務や政策.
【大政方针】dàzhèng fāngzhēn 名 重大な政策方針.
【大指】dàzhǐ 名 親指. 同 大拇 mǔ 指
【大志】dàzhì 名 大きな志.

大致呆呔待歹逮　da-dǎi　201

【大致】dàzhì ❶ 副 だいたい…だ．ほとんど…だ．¶～相同 / ほぼ同じだ．¶～做完了 / ほぼやり終えた．❷ 形 だいたいの．¶关于那件事,我只知道的情况 / その事については,私はおおよその情況を知っているだけだ.

【大智若愚】dà zhì ruò yú 成 大知は愚のごとし．聪明で才能のある人は,自分の才をひけらかさないので,見かけは愚か者のようだということ.

【大众】dàzhòng 名 大衆．一般の人々．¶～歌曲 gēqǔ / ポピュラーソング．歌謡曲．同 公众 gōngzhòng,民众 mínzhòng,群众 qúnzhòng

【大众化】dàzhònghuà 動 大衆化する．¶供应大众～的菜 / 大衆向けの料理を出す.

【大洲】dàzhōu 名 大陸.

【大主教】dàzhǔjiào 名〔宗教〕大主教．大司教.

【大专】dàzhuān ❶ 名 大学．"大学 dàxué"(総合大学)と"专科学院 zhuānkē xuéyuàn"(単科大学)の総称．❷ "专科学校 zhuānkēxuéxiào"(大学程度の専門学校)の略称．¶～文凭 wénpíng / 大学卒業証書．大卒の学歴.

【大专院校】dàzhuān yuànxiào 名 "大学"(総合大学),"专科学院"(単科大学),"专科学校"(短大程度の専門学校)の総称．¶国内一读讲一年以上的学生 / 国内の大学程度の教育機関で一年以上の教育を受けた学生.

【大篆】dàzhuàn 名 周代に行われた字体の一種．大篆(てん).

【大庄稼】dàzhuāngjia 名 秋に収穫される農作物. 参考 その土地で取れる農作物で,主食になるものをいう．南方では主に米や麦で,北方では小麦や米,トウモロコシ,コーリャン,アワ,ヒエ等.

【大字】dàzì 名 ❶ 大きな字．❷ 習字．書道．¶～课 / 書道の授業．¶小美在练习写～ / メイちゃんは書道の練習をしている.

【大字报】dàzìbào 名〔動 张 zhāng〕壁新聞．筆で大書したニュースや意見などを壁にはったもの.

【大自然】dàzìrán 名 大自然．¶探索 tànsuǒ～的奥秘 àomì / 大自然の神秘を探求する.

【大宗】dàzōng ❶ 形 大量だ．¶～款项 kuǎnxiàng / 大きな金額．❷ 名 主要産物.

【大总统】dàzǒngtǒng 名 大総領．"総統"の旧称.

【大族】dàzú 名 大家族．表现 歴史が古く勢力をもつ大きな一族をいう.

【大作】dàzuò ❶ 名 相手の著書に対する敬称．御著書．ご著書．¶～拜读 bàidú 过了 / ご著書,拝読しました．反 拙作 zhuōzuò ❷ 動 激しく起こる．¶狂风 kuángfēng～ / 大風が狂ったように吹き出す.

垯(墶) da
土部6　四 4413₈　全9画　通 用

→疙垯 gēda

跶(躂) da
足部6　四 6413₈　全13画　通 用

→蹦跶 bèngda, 蹓跶 liūda

---

dāi　ㄉㄞ [tae]

呆(異獃) dāi
口部4　四 6090₄　全7画　常 用

❶ 形 おろかだ．間が抜けている．¶～头～脑 / 痴～ chī-

dāi(間が抜けている). ❷ 形 生気がない．ぼんやりする．¶两眼发～(目がうつろだ). ❸ 動 滞在する．とどまる．¶小李在成都 Chéngdū～了四天(李くんは成都に四日滞在した). 同 待 dāi ❹ (Dāi)姓.

【呆板】dāibǎn 形 ❶ (表情や文章が)生き生きしていない．型にはまっている．同 死板 sǐbǎn, 板滞 bǎnzhì 反 活泼 huópo, 生动 shēngdòng, 自然 zìrán ❷ (性格などの)窮屈だ．融通が利かない．同 古板 gǔbǎn, 死板 sǐbǎn, 刻板 kèbǎn 反 灵活 línghuó 参考 もと"áibǎn"と発音した.

【呆笨】dāibèn 形 愚鈍だ．¶头脑～ / 頭が鈍い.

【呆呆地】dāidāide 副 ぼんやりと．ぽかんとして．¶他～站在那里,像根电线杆 gān / 彼はぽかんとそこに立ち,まるで電信柱のようだ.

【呆坏账】dāihuàizhàng 名〔金融〕不良債権．貸し倒れ.

【呆气】dāiqì 名 間抜けなこと.

【呆若木鸡】dāi ruò mù jī 成 恐怖や驚きのあまり呆然とする．¶他在严厉的上司面前总是～ / 厳しい上司の前に出ると,彼はいつも身がすくんでしょう．由来 『荘子』達生篇に見えることば．「木彫りのニワトリのようにじっとしている」という意から.

【呆傻】dāishǎ 形 頭が鈍い．¶～的眼神 / 焦点の定まらない目つき．¶表情～ / 間の抜けた表情.

【呆头呆脑】dāi tóu dāi nǎo 成 頭が悪くて鈍感だ.

【呆账[帳]】dāizhàng 名〔金融〕不良債権．貸し倒れ．回収不能の貸付金．¶银行要尽快地把～处理掉 / 銀行は一刻も早く不良債権を処理しなければならない.

【呆滞】dāizhì 形 ❶ (表情などが)精彩を欠いている．¶两眼～无神 / 目に生気がない．同 僵滞 jiāngzhì,凝滞 níngzhì ❷ (物資が)停滞している．¶避免资金～ / 資金を滞らせない．反 流畅 liúchàng

【呆子】dāizi 名 間抜け．¶书～ / 頭でっかち．本ばかり読んで,実際の役に立たない人．反 傻子 shǎzi

呔(異咋) dāi
口部4　四 6403₀　全7画　常 用

感 おい．えい．こら．人に注意を促すことば．用法 旧小説や戯曲に用いられる.

待 dāi
彳部6　四 2424₁　全9画　常 用

動 とどまる．逗留する．同 呆 dāi ③

☞ 待 dài

歹 dǎi
歹部0　四 1020₇　全4画　次常用

❶ 素 悪い．¶～人 dǎirén / ～意 dǎiyì / 好～ hǎodǎi (よしあし．よかれあしかれ). 同 坏 huài 反 好 hǎo ❷ (Dǎi)姓.

【歹毒】dǎidú 形 陰険で残忍だ．¶心肠～的家伙 / 陰険で残忍なやつ．同 恶毒 èdú, 阴毒 yīndú

【歹人】dǎirén 名〔量 个 ge, 伙 huǒ〕❶ 悪人．❷ 強盗.

【歹徒】dǎitú 名〔量 帮 bāng, 个 ge, 伙 huǒ, 名 míng, 群 qún〕悪人．悪党．ならず者.

【歹意】dǎiyì 名 悪意．同 恶意 èyì 反 好意 hǎoyì, 好心 hǎoxīn, 善意 shànyì

逮 dǎi
辶部8　四 3530₉　全11画　常 用

動 つかまえる．¶～老鼠 lǎoshǔ (ネズミをつかまえる) / ～理 dǎilǐ (理由をつかむ).

☞ 逮 dài

傣 Dǎi

亻部10　四 2529₉
全12画　通用

名 ❶ タイ族. 雲南省に住む少数民族. 回 傣族 Dǎizú
❷ 姓.

【傣剧】Dǎijù 名《芸能》タイ族の芝居.
【傣族】Dǎizú 名《民族》タイ族.

大 dài

大部 0　四 4080₀
全 3画　常用

素 意味は"大 dà"に同じ. 一部の単語中の"dài"と発音する. ¶～城 Dàichéng（河北省の県名）.

☞ 大 dà

*【大夫】dàifu 名 回 医者. 回 医生 yīshēng 用法 "大夫"は,"李大夫,你好！"（李先生,こんにちは）のように呼びかけにも使えるが,"医生"は"她是医生"（彼女は医師だ）のようにその職業をさす. ☞ 大夫 dàfū
【大黄】dàihuáng 名《植物・薬》大黄(ﾀﾞｲｵｳ). 回 川军 chuānjūn 参考 根を漢方薬に使う. 便秘・消炎・健胃などに効く.
【大王】dàiwang 名（芝居や旧小説中の）国王. 盗賊の頭. ☞ 大王 dàwáng

代 dài

亻部 3　四 2324₀
全 5画　常用

❶ 動 代わる. 代理をする. ¶～理 dàilǐ ／～办 dàibàn ／ 替～ tìdài（交代する）. **❷** 素 時代区分. ¶古～ gǔdài ／ 现～ xiàndài（現代）／ 五十年～（50年代）. **❸** 量 世代を数えることば. ¶第二～（二代目）／下一～（次の代）. **❹** (Dài)姓.

【代办】dàibàn 動 代わって処理する. ¶～托运 tuōyùn ／委託運送する. ¶邮政～所 / 郵便取扱所. ¶～签证 / ビザの手続きを代行する. 名 外務大臣の名義で他国に駐在する,外交上の代表. 代理大使.
【代笔】dàibǐ 動 代筆する. 名 代筆. ¶看得出来,这不是他的亲笔,而是他人的～ / 明らかに,これは彼の直筆ではなく,他人の代筆だ.
*【代表】dàibiǎo **❶** 名〔個 个 ge, 名 míng, 位 wèi〕代表. ¶全权 quánquán～ / 全権代表. **❷** 動 代表する. ¶校长 xiàozhǎng～全校师生说几句话 / 校長が全校を代表してあいさつした. **❸** 動 明らかに示す. ¶～着时代精神 / 時代精神を明らかに示している.
【代表作】dàibiǎozuò 名 代表作.
【代步】dàibù 動 (馬や車などの)乗り物(で行く).
【代称】dàichēng 名 別称. 別名.
【代词】dàicí 名《言語》代名詞. 参考 中国語には"人称代词"（"我,你,他,我们,咱们,自己,人家"など）,"疑问代词"（"谁,什么,哪儿,多会儿,怎么,怎样,几,多少,多么"など）,"指示代词"（"这,这里,这么,这样,这些,那,那里,那么,那样,那么些"など）の三つがある.
【代代花】dàidàihuā 名《植物》ダイダイ(の花). 回 玳玳 dàidài 花 参考 花を乾燥させて茶に入れたり,薬用とする.
【代代相传】dàidài xiāngchuán 成 代々受けつぐ.
【代电】dàidiàn 名 "快邮代电"の略. 参考 公文書を通達する際に用いた方法. 電報に似た簡略な文面を速達で郵送したもの.
【代沟】dàigōu 名 世代間のずれ. ¶关于～问题的讨论 / ジェネレーションギャップに関する討論.
【代购】dàigòu 動 代理で購入する.
【代管】dàiguǎn 動 代理で管理運営をする. ¶总经理不在时,公司的一切工作由副总经理～ / 社長が不在の際,業務は副社長が代理で行う.
【代号】dàihào 名 略号. コードネーム.

【代际公平】dàijì gōngpíng 名 時代間での公平. 参考 自然や資源を享受し,発展する権利は,時代を問わず公平だ,とする原則.
【代价】dàijià 名 代価. ¶不惜 bùxī 任何～ / いかなる代価も惜しまない.
【代金】dàijīn 名 実物の価値に見合う現金. 代金.
【代课】dài//kè 動 代講する. ¶张老师病了,由王老师～ / 張先生が病気なので,王先生が代講する.
【代劳】dàiláo 動 ❶ (人に頼んで)自分の代わりをしてもらう. ¶这次主持会议,我临时有事,就请你～了 / 今回の会議の司会ですが,私は臨時の用件が入ったので,あなたにお願いします. ❷ 他人の代わりにやる. ¶剩下的事由我～,您就不要干了 / 残りは私がやりますので,あなたはもう結構です.
【代理】dàilǐ 動 ❶ 代理する. 代行する. ¶～厂长 chǎngzhǎng / 工場長の代行をする. ¶～权 quán / 代理権. ❷ 委託業務をする. エージェントをする.
【代理行】dàilǐháng 名 代理業.
【代理人】dàilǐrén 名 ❶ 代理人. ❷ 貶 (悪事の)代理人. 手先.
【代理商】dàilǐshāng 名 代理業者.
【代码】dàimǎ 名 ❶ コード. 暗号. ❷《コンピュータ》コード番号. インプットのための番号(二進数).
【代名词】dàimíngcí 名 ❶《言語》代名詞. 回 代词 ❷ 別称. ニックネーム.
【代内公平】dàinèi gōngpíng 名 同時代内での公平. 参考 自然や資源を享受し,発展する権利は,地域を問わず,同時代の人類に等しくある,とする原則. 1992年地球サミットのテーマの一つ.
【代庖】dàipáo 動 ❺ 人に代わって事を処理する. "越俎 yuèzǔ 代庖"の略. 回 庖代
【代培】dàipéi 動 学校が企業などから委託され,経費を受け取って人材を育成する.
【代乳粉】dàirǔfěn 名 (大豆などを原料とした)代用粉ミルク.
【代售】dàishòu 動 委託販売する.
【代数】dàishù 名《数学》代数. ¶～方程 / 代数方程式.
【代数式】dàishùshì 名《数学》代数式.
【代数学】dàishùxué 名《数学》代数. 回 代数
*【代替】dàitì 動 代わりをつとめる. 交代する. ¶我可～不了你 / 僕では君の代わりは務まらない. 回 替代 tìdài
【代为】dàiwéi 動 代わって…する. ¶～办理 / 代わって取り扱う.
【代位继承】dàiwèi jìchéng 名《法律》代位(ﾀﾞｲｲ)相続. 代襲(ﾀﾞｲｼｭｳ)相続.
【代销】dàixiāo 動 代理販売する. 取次販売する.
【代销店】dàixiāodiàn 名 販売代理店. 取扱店.
【代谢】dàixiè 動 交替する. ¶新旧事物的～ / 新旧交替する. ¶新陈 chén～ / 新陳代謝.
【代行】dàixíng 動 (職務を)代行する.
【代序】dàixù 名《文学》序文に代える文章.
【代言人】dàiyánrén 名 代弁者. スポークスマン.
【代议制】dàiyìzhì 名 代議制. 回 议会 huì 制
【代用】dàiyòng 動 代用する. ¶没办法,先用这个～一下吧 / 仕方がない,とりあえずこれで代用しておこう.
【代用品】dàiyòngpǐn 名 代用品.
【代孕母亲】dàiyùn mǔqīn 名 代理母.
【代】dài//zhí 動 臨時に任務を代行する.
【代总理】dàizǒnglǐ 名 首相代行.

轩貳岱追玳带 dài

轪（軑） **dài** 车部3 全7画 四 4458₀

【名】古代の車輪の泥よけ。また、車輪全体。

貳 **dài** 弋部5 全8画 四 4370₀

【名】《化学》グリコシド。同 配糖物 pèitángwù，葡糖苷 pútánggān，糖苷 tánggān。参考 旧称を"苷 gān"といい、薬草の車前草(ｵﾎﾞｺ)・甘草(ｶﾝｿﾞｳ)・陳皮(ﾁﾝﾋﾟ)などに含まれる。

岱 **Dài** 山部5 全8画 四 2377₂ 通用

❶【名】地名用字。泰山の別称。同 岱宗 Dàizōng，岱岳 Dàiyuè ❷姓。

【岱宗】Dàizōng《地名》"泰山 Tàishān"（泰山(ﾀｲｻﾞﾝ)）の別称。同 岱岳 yuè

迨 **dài** 辶部5 全8画 四 3330₆ 通用

⟨文⟩❶【動】…してから．(…に)いたって．同 等到 děngdào ❷【前】(…の)うちに．(…に)乗じて．同 趁 chèn 下記熟語を参照。

玳（瑇） **dài** 王部5 全9画 四 1314₀ 通用

【玳玳花】dàidàihuā →代代花 dàidàihuā

【玳瑁】dàimào 【名】❶《動物》タイマイ。ウミガメの一種。❷べっこう。タイマイの甲羅。¶～边的眼镜／べっこう縁の眼鏡。

带（帶） **dài** 巾部6 全9画 四 4422₇ 常用

Ⅰ【名】❶（～儿）⟨口⟩ 根 gēn，条 tiáo) おび。ひも。ベルト。帯状のもの。¶皮 pí～／皮のベルト。¶腰 yāo～／ベルト。¶鞋 xié～／靴ひも。¶绷 bēng～／包帯。¶海～／こんぶ。❷地帯。¶温～／温帯。¶寒 hán～／寒帯。¶沿海一～／沿岸一帯。❸【医学】こしけ。おりもの。¶白～／こしけ。

Ⅱ【動】❶身につける。携帯する。¶随身 suíshēn 携 xié～／身に付けて携行する。¶胸前一朵大红花／胸に大きな花をつけている。¶照相机～来了吗？／カメラを持ってきましたか。¶我想买点儿中国的纪念品～回去／私は中国のお土産を買って帰りたい。❷ついでする。併せてする。¶你给他一个口信去／彼にことづけして下さい。❸付帯する。¶附～／付随する。¶～盖的杯叫盖杯／ふた付きのカップを"盖杯"という。¶～CD的中文课文／CD付きの中国語のテキスト。❹含む。現れる。¶面～笑容／笑みを浮かべる。¶他说话像 jīng～刺儿 cìr／彼のことばにはいつもとげがある。¶这苹果～着酸味／このりんごには酸味がある。❺率いる。引き連れる。¶～路 dàilù。¶～兵／兵を率いる。¶我～你去吧／私があなたを連れて行ってあげます。¶他把女朋友～来了／彼はガールフレンドを連れてきた。¶我打算～着孩子去旅行／子供を連れて旅行に行くつもりです。¶骑车不许～人／自転車の二人乗り禁止。❻"连…带…"の形で用い，ふたつの項を一括する言い方。¶连蹦 bèng～跳／飛んだり跳ねたり。¶连老师～学生一共五十个人／先生から学生まで全員で50人。

Ⅲ（Dài)姓。

【带班】dài//bān 【動】❶（パトロールや作業労働などで）リーダーが部下を率いて業務に当たる。❷クラス担任となる。

【带病】dài//bìng 【動】病気にもかかわらず（…する）。¶～上班／病気を押して出勤する。

【带材】dàicái 【名】《冶金》ストリップ。帯鋼(ｵﾋﾞｺｳ)。参考 リールに巻きついた長尺の薄鋼板。

【带操】dàicāo 【名】《スポーツ》新体操のリボン競技。

【带刺儿】dài//cìr 【動】とげがある。¶他说话老是～／彼はいつもとげのある話し方をする。

【带电】dài//diàn 【動】《電気》帯電する。

【带动】dàidòng 【動】❶動力を用いてものを動かす。¶马达～机器运转／モーターは機械を動かす。❷率先して範を垂れる。手本を示す。¶班长 bānzhǎng 的行动～了班同学／学級委員長の行動は，クラス全員に手本を示した。

【带队】dàiduì 【動】隊を率いる。¶参观团由李主任～／視察団は李主任が率いる。

【带钢】dàigāng 【名】《冶金》帯鋼(ｵﾋﾞｺｳ)。ストリップスチール。参考 帯状に長く圧延された鋼材。

【带劲】dàijìn 【形】❶（～儿）力がみなぎっている。¶他唱起歌来可真～／彼が歌い出すと，あたりは力強さであふれる。❷興味をひく。わくわくする。¶下象棋 xiàngqí 不～，将棋はあまりおもしろそうではない。

【带菌】dài//jūn 【医学》病原菌を持つ。

【带菌者】dàijūnzhě 【名】《医学》保菌者。キャリア。

【带宽】dàikuān 【名】❶《物理》帯域幅。単位はヘルツ。❷《コンピュータ》データ伝達能力。単位はビット毎秒。

【带来】dàilái 【動】持ってくる。もたらす。¶我给你～了一个好消息／君にいい知らせを持ってきた。

【带累】dàilěi 【動】巻き添えにする。¶没想到把你也～了／君まで巻き添えにするとは思いもよらなかった。

【带理不理】dài lǐ bù lǐ "待理不理 dài lǐ bù lǐ"に同じ。

【带领】dàilǐng 【動】❶引き連れる。先導する。¶星期天，爸爸～全家人去郊游／日曜日，お父さんは家族全員を連れてピクニックに行く。❷集団を指揮する。団体を率いる。¶将军 jiāngjūn～士兵们作战／将軍は兵士を指揮して戦う。同 率领 shuàilǐng 比較 "率领"は指導者が上の立場で導くニュアンスがあり，"带领"は特に色付けはなく，先頭に立って引き連れること。

【带路】dài//lù 【動】道案内する。同 领路 lǐnglù

【带路人】dàilùrén 【名】先導者。ガイド。

【带挈】dàiqiè 【動】❶携帯する。❷引き連れる。引率する。同 挈带 qièdài

【带声】dàishēng 【名】《言語》有声音。同 带音

【带手儿】dàishǒur 【副】⟨方⟩ついでに。¶你的事我～就做了／君の分は，私がついでにやっておく。

【带头】dài//tóu 【動】（～儿）率先して行動する。¶～发言／最初に発言する。¶起～作用／先頭をきる役割をする。

【带头人】dàitóurén 【名】先導者。（学問や研究の）リーダー。先達。

【带头羊】dàitóuyáng 【名】群れを率いる羊。先導者。

【带徒弟】dài túdi ⟨句⟩弟子をとって養成する。¶张师傅带了五个徒弟／張親方は，5人の弟子を育てた。

【带下】dàixià 【名】《中医》白帯下(ﾊｸﾀｲｹﾞ)。正常でない「こしけ」や「おりもの」。

【带孝】dài//xiào 【動】喪に服す。同 戴孝 dàixiào

【带音】dàiyīn 【名】《言語》声帯の振動を伴って発する音。有声音。同 带声

【带鱼】dàiyú 【名】《魚》⟨量 条 tiáo⟩ タチウオ。

【带职】dàizhí 【動】もとのポストのままで学習や研修などを行う。¶～进修／今のポストのままで研修する。

【带子】dàizi 名 ❶〔量 根 gēn,条 tiáo〕おび.ベルト. ❷〔量 盘 pán〕"录音带"、"录像带"の俗称.

殆 dài
歹部5 四 1326₂
全9画 通用
文 危うい. ¶危~ wēidài（危ない）/百战不~（百戦危うからず）. ❷ 副 ほとんど. おそらく. ¶~不可得（おそらく得られない）.

贷（貸）dài
贝部5 四 2380₂
全9画 常用
素 ❶借りる. 貸す. ¶~款 dàikuǎn / ~主 dàizhǔ（貸し主）/借~ jièdài（金を借りる）. ❷（罪や責任などを）なすりつける. 成 転嫁できない責務）. ❸大目に見る. ¶严惩 yánchéng 不~（厳罰に処して容赦しない）. 用法 ①は,簿記では,もっぱら貸し出すことをいう.

【贷方】dàifāng 名《会计》貸方. 同 付 fù 方 反 借 jiè 方
【贷记卡】dàijìkǎ クレジット・カード.
【贷款】❶ dài//kuǎn 金を貸し付ける. ¶银行~给农民 / 銀行が農民に貸し付ける. ❷ dàikuǎn 名〔量 笔 bǐ〕貸付金. ローン. ¶还 huán 清~ / 借金をきれいさっぱりと返す.
【贷款诈骗罪】dàikuǎn zhàpiànzuì 名 貸付金詐欺罪. ローン詐欺罪. 参考 最初から返済意思を持たずに,金融機関から融資を受ける詐欺行為.

待 dài
彳部6 四 2424₁
全9画 常用
❶ 素 待つ. ¶~命 dàimìng / ~业 dàiyè / 等~ děngdài（待つ）. ❷ 動 もてなす. 応対する. ¶人接物 / ~客 dàikè / 接~ jiēdài（もてなす）/ ~遇 dàiyù. ❸ 素 必要とする. ¶自不~言（もちろん言う必要がない）. ❹ 素 …しようとする. ❺（Dài）姓. 参考 ❹は,古典戏曲,小说および現代の一部の方言に見える用法.
☞ 待 dāi

【待承】dàicheng 動 接待する. ¶~客人 / 客をもてなす.
【待到】dàidào 接 …したら,…の時に. 同 等 děng 到
【待岗】dàigǎng 動 失業している. 失業し求職中だ. 同 待工 gōng
【待机】dàijī 動 チャンスを待つ. 機会をうかがう. ¶~行动 / チャンスを待って行動する.
【待价而沽】dài jià ér gū 成 高値がつくのを待って売る. 由来 『論語』子罕篇に見えることば. "沽"は「売る」の意.
【待考】dàikǎo 動 疑問点のさらなる調査を待つ. 判断を保留する. ¶这个历史人物的生卒 shēngzú 年代不详~ / この歴史上の人物の生没年代は不明で,さらなる調査が待たれる.
【待客】dài//kè 動 客をもてなす. ¶热情~ / 心をこめて客をもてなす.
【待理不理】dài lǐ bù lǐ 俗 ろくに相手にしない. ¶你们怎么相互~的？ / なぜお互いに知らん顔しているんです？ 同 带 dài 理不理
【待命】dàimìng 動 命令を待つ. ¶~出发 / 命令を待って出発する.
【待聘】dàipìn 動 採用を待つ. 招聘を待つ.
【待人接物】dài rén jiē wù 成 人付き合い. ¶他很善于~ / 彼は人付き合いがうまい. 由来 "物"は「世の中」の意.
【待续】dàixù 動（連載物で次回へ）つづく.

【待业】dàiyè 動 就職を待つ. ¶在家~ / 自宅待機. ¶~青年 / 就職待ちの青年. 表現 就職してから職を失うのは,"失业 shīyè".
【待遇】dàiyù ❶ 動 人に応対する. ¶对双方要平等~ / 双方を平等に扱わねばならない. ❷ 名 待遇. ¶最惠国~ / 最恵国待遇. ¶~菲薄 fěibó / 給料が低い. ❸ 動 応対する. ¶周到的~ / 行き届いた応対. ¶冷淡的~ / つれない態度.
【待字】dàizì 動 年頃の女性が婚約が決まらずにいる. ¶~闺中 / まだ婚約者がいない. 参考 "字"は「嫁に行く」の意.

怠 dài
心部5 四 2333₆
全9画 常用
素 なまける. おこたる. ¶~惰 dàiduò / 懈~ lǎndài（おっくうがる）/ 懈~ xièdài（なまける）.

【怠惰】dàiduò 形 怠惰だ. 同 勤奋 qínfèn
【怠工】dài//gōng 動 仕事を怠ける. サボタージュする. ¶消极~ / 仕事を遅らせサボタージュする.
【怠慢】dàimàn 動 ❶ 冷淡な態度をとる. ¶你别~了她 / 彼女に冷たくしないで. ❷ もてなしが行き届かない. ¶~之处,请多包涵 bāohan / 不行き届きの段,どうかお許しください.

埭 dài
土部8 四 4519₉
全11画 通用
❶ 名 反 土で築いた堤. 土手. 同 土坝 tǔbà ❷ 素 地名用字. ¶石~ Shídài（安徽省にある地名）.

袋 dài
衣部5 四 2373₂
全11画 常用
❶ 名（~儿）袋. ¶口~ kǒudài（ポケット）/布~ bùdài（布袋）/ 脑~ nǎodài（頭）. ❷ 量（~儿）袋入りのものを数えることば. ¶两~儿面（小麦粉2袋）. ❸ 量 タバコをキセルに詰める回数. ¶抽一~烟（タバコを一服吸う）. ❹（Dài）姓.

【袋泡茶】dàipàochá 名 ティーバッグ.
【袋鼠】dàishǔ 名《动物》カンガルー.
【袋装】dàizhuāng 形 袋詰めの. ¶~奶粉 / 袋入りの粉ミルク.
【袋子】dàizi 名〔量 条 tiáo〕袋. ¶面~ / 小麦粉の入った袋. 同 纸~ / 紙袋.

逮 dài
辶部8 四 3530₉
全11画 常用
素 ❶ 文 至る. 及ぶ. ¶力有未~（まだ力が及ばない）. ❷ とらえる. ¶~捕 dàibǔ.
☞ 逮 dǎi

【逮捕】dàibǔ 動 逮捕する. ¶犯人被~归案了 / 犯人が逮捕され,事件が解決した. ¶~令 / 逮捕令状. 同 拘捕 jūbǔ 反 释放 shìfàng
【逮捕证】dàibǔzhèng 名《法律》逮捕状.

戴 dài
戈部13 四 4385₀
全17画 常用
❶ 動（頭・顔・首・手などに）着用する. ¶~帽子 / ~眼镜（眼鏡をかける）. 反 摘 zhāi ❷ 素 敬いあがめる. ¶推~ tuīdài（長としてあがめる）/ 爱~ àidài（敬愛し支持する）. ❸ 素 天からの光などを身に受ける. ¶披 pī 星~月（成 身を粉にして働く. また,道を急ぐこと）. ❹（Dài）姓.

【戴高乐】Dàigāolè《人名》ドゴール（1890 – 1970）. フランス第五共和制の初代大統領.
【戴高帽子】dài gāomàozi 慣 おだてる. 持ちあげる.

¶他喜欢～／彼はおだてられるのが好きだ．同 戴高帽儿
由来 高い帽子をかぶるという意から．
【戴绿帽】dài lǜmào 慣 陰（～儿・～子）妻を寝取られる．同 戴绿头巾 lǜtóujīn 由来 元・明の時代に，娼家の男子は緑色の頭巾をかぶるのがしきたりだったことから．
【戴帽子】dài màozi 句 ❶帽子をかぶる．❷（人に）レッテルをはる．
【戴胜】dàishèng 名〔鳥〕ヤツガシラ．参考 通称は"呼哮哮 hūbōbō","山和尚".
【戴孝】dài//xiào 動"带孝 dàixiào"に同じ．
【戴罪立功】dài zuì lì gōng 成 手柄を立てて，犯した罪の埋め合わせをする．

黛 dài

黑部5 四 2333₁
全17画 通用

❶素 古代の眉墨．¶～眉 dàiméi（眉墨でかいた眉）／～粉～ fěndài（女性）．❷（Dài）姓．
【黛绿】dàilǜ 形 ❶深緑色．❷美女．

dan ㄉㄢ〔tan〕

丹 dān

丿部3 四 7744₀
全4画 常用

❶素 赤色．¶～心 dānxīn／～顶鹤 dāndǐnghè．
❷素 漢方薬で，顆粒状や粉末状のもの．また，練り薬．¶丸 wán 散 sǎn 膏 gāo～（丸薬・粉薬・膏薬・丹薬）．
❸（Dān）姓．
【丹顶鹤】dāndǐnghè 名〔鳥〕⑪ 只 zhī）タンチョウヅル．
【丹毒】dāndú 名《医学》丹毒（たんどく）．
【丹方】dānfāng 名《中医》民間に伝わる漢方薬の処方．同 单方
【丹凤眼】dānfèngyǎn 名 切れ長の目．
【丹佛】Dānfó〔地名〕デンバー（米国）．
【丹桂】dānguì 名《植物》キンモクセイ．
【丹麦】Dānmài〔国名〕デンマーク．
【丹皮】dānpí 名《薬》牡丹皮（ぼたんぴ）．牡丹の根の皮．同 牡丹皮 mǔdānpí
【丹青】dānqīng 名 ❶赤と青の絵の具．転じて，絵画．¶～妙笔／絵画の絶妙の腕．
【丹砂】dānshā 名《鉱物・薬》辰砂（しんしゃ）．同 朱砂 zhūshā
【丹参】dānshēn 名《植物・薬》丹参（たんじん）．根を漢方薬に使う．
【丹田】dāntián 名《中医》丹田（たんでん）．つぼの一つで，人体のへその下5−10 cm の所．¶～气／丹田の気．
【丹心】dānxīn 名〔⑪ 颗 kē〕忠誠心．真心．¶一片～／純粋で一途な気持ち．同 赤心 chìxīn

担（擔） dān

扌部5 四 5601₀
全8画 常用

動 ❶かつぐ．肩にかついで運ぶ．¶～柴（たきぎをかついで運ぶ）／～心 dānxīn．❷受け持つ．引き受ける．責任を負う．¶～风险 dān fēngxiǎn／～当 dāndāng／分～ fēndān（分担する）／负～ fùdān（負担する）．
☞ 担 dǎn, dàn
【担保】dānbǎo 動 保証する．責任を負う．請け負う．¶～书／保証書．¶～错不了／大丈夫なことは保証しますよ．¶我不敢做这个～／私にはそういう保証はできない．
【担保人】dānbǎorén 名《経済》保証人．

【担不是】dān búshi 句 責任をとる．責めを負う．¶大家放心吧，出了问题由我～／皆安心してやってくれ，問題が起きたら私が責任をとる．
【担待】dāndài 動 ❶許す．大目に見る．¶请您～／どうぞご勘弁のほどを．❷責任を負う．¶一切有我～／すべては私が責任を負う．
【担当】dāndāng 動（仕事・栄誉・罪などを）引き受ける．¶无论多么艰巨 jiānjù 的工作,他都敢于～／どんなに困難な仕事であろうと,彼は全て引き受ける．¶这个称呼 chēnghu 我可一不起呀／この呼び名に,私はとても値しない．同 承担 chéngdān, 承当 chéngdāng, 担负 dānfù 比較 "担任 dānrèn"は具体的な職務や職責について言い, "担当"は抽象的な任務や責任について言う．
【担风险】dān fēngxiǎn 句 リスクを引き受ける．
【担负】dānfù 動（責任・仕事・費用などを）負担する．引き受ける．¶校长肩上一的工作可不轻啊！／校長が責任をもつ仕事は決して軽いものではない．¶～损失／損失を負担する．
【担纲】dāngāng 動 舞台や試合で主役を担う．仕事の上で重要な任務を負う．
【担架】dānjià 名〔⑪ 副 fù〕担架．
【担惊受怕】dān jīng shòu pà 成 不安におののく．同 担惊害怕,提心吊胆 tí xīn diào dǎn
【担名】dān//míng 動（～儿）（名義などを）引き受ける．¶担了个虚名／虚名を受ける．表現 主に実質的な内容を伴わないものを受けることをあらわし，"名ばかりの"という意味が含まれる．
*【担任】dānrèn 動（仕事や職務を）担当する．受け持つ．¶张教授 jiàoshòu～的课是中国古典文学／張教授が担当している科目は，中国古典文学である．
*【担心】dān//xīn 動 心配する．安心できない．¶父母总是～自己的子女／親というのは，いつでも自分の子供を気にかけているものだ．¶这～完全是多余 duōyú 的／そんな心配はまったく余計だ．同 担忧 dānyōu 反 放心 fàngxīn ⇒担忧 dānyōu
【担忧】dānyōu 動 心配する．憂える．¶经济形势令人～／経済情勢が不安をよんでいる．同 担心 dānxīn 比較 "担心"は安心できない，と言うだけだが，"担忧"は深刻に憂慮したり，悲しんだり，困ったりする意味が含まれる．"担心"は，後ろに目的語をとるが，"担忧"はとらず，"为…担忧"の形をとる．

单（單） dān

八部6 四 8050₆
全8画 常用

❶素 簡単だ．複雑でない．¶简～ jiǎndān（簡単だ）／～纯 dānchún．反 复 fù ❷副 ただ．単に．¶这项工作～靠我一个人,是无法完成的(この仕事は私一人では完成のしようがない)．❸形 たった一つ．単独で．¶～身 dānshēn／～打一 dāndǎyī．反 双 shuāng ❹形 奇数の．¶～日 dānrì／～号 dānhào／～数 dānshù．反 双 shuāng ❺素 薄い．弱い．¶～薄 dānbó．❻名（～儿）ビラ．メモ．ポスター．書き付け．¶～据 dānjù／菜～ càidān（メニュー）／传～ chuándān（宣伝ビラ）／名～ míngdān（名簿）／清～ qīngdān（明細書）．❼素 ひとえもの．¶～衣～ yī／～裤 dānkù．❽名（～儿）カバー．シーツ．¶被～ bèidān（布団カバー）／床～ chuángdān（シーツ）．
☞ 单 chán, Shàn
【单摆】dānbǎi 名《物理》単振り子．
【单帮】dānbāng 名 旧 担ぎ屋．にわか商人．

【单被】dānbèi 名 綿の入っていない掛け布団.
【单边】dānbiān 名《経済》単方向の. ¶~贸易 / 単方向貿易. 片務契約.
【单薄】dānbó 形 ❶ 薄着だ. ¶大冷天, 穿这么~, 行吗? / 寒さが厳しいのに, そんな薄着でだいじょうぶ? ❷ やせ弱々しい. ひ弱だ. ¶他的身体很~ / 彼はやせて弱々しい. ❸（力や論拠などが）不十分だ. 薄弱だ. ¶这篇长文内容~ / この長文は内容が薄い. 回 薄弱 bóruò
【单产】dānchǎn 名《農業》(一年または一季の)単位面積あたりの収穫量.
【单车】dānchē 名 方 〔圈 辆 liàng〕自転車.
【单程】dānchéng 名 片道. 反 双程 shuāngchéng
【单程票】dānchéngpiào 名 片道切符. 反 往返 wǎngfǎn 票
【单传】dānchuán ❶ 何世代かにわたり子供が男子一人だけで家系が続く. ❷ 旧 他の流派が混じらず, 一人の師匠から伝えられた流儀.
【单纯】dānchún ❶ 形 純粋だ. 混じり気がない. ¶她给我的印象是~活泼 / 彼女には, まっすぐで明るい印象を受けた. 反 复杂 fùzá ❷ 副 ただ単に. ひたすら. ¶我们不能~追求数量而不讲究质量 zhìliàng / 私たちは単なる数量追い求めず品質をおろそかにしてはいけない.
*【单词】dāncí 名《言語》❶ 単純語. 一つの形態素だけからなる語. ❷ 単語. ¶~量 / 語彙集. 参考 ❶ は, "马","快"や, 二字で一語となる"葡萄 pútáo[-tao]", "徘徊 páihuái","朦胧 ménglóng"など."合成词"と区別して"单纯词"ともいう.❷ は,"词组"と区別していう.
【单打】dāndǎ 名《スポーツ》(テニスや卓球などの)シングルス. ¶男子~ / 男子シングルス. 反 双打 shuāngdǎ
【单打一】dāndǎyī 動 一つの事に専念する. ❷ ある面だけを重視する. 一面的だ. ¶~的做法 / 一面的なやり方.
【单单】dāndān ただ…だけ. ¶其他环节都没问题,~这里出了毛病 / 他の部分はどこも問題ないが, ここだけミスがあった.
【单刀】dāndāo 名 ❶（片手で持てる）短い柄の長刀. ❷《武術》① を用いた武術.
【单刀赴会】dān dāo fù huì 成 ❶（任務のため）単身で危険な場所へ赴く. ❷《スポーツ》サッカーで, フォワードがゴールキーパーと一対一になること. 由来『三国演義』の関羽の故事から.
【单刀直入】dān dāo zhí rù 成 単刀直入. ずばりと要点に触れること. 回 直截了当 zhí jié liǎo dàng, 开门见山 kāi mén jiàn shān
*【单调】dāndiào 形 単調で変化に乏しい. 平板だ. ¶色彩 sècǎi~ / 色彩が単調だ. ¶声音~ / 声が一本調子だ.
【单独】dāndú 副 単独で. 一人で. ¶采取~行动 / 単独行動をとる. ¶他学了一个月, 已经能够~驾驶 jiàshǐ 汽车了 / 彼は一ヶ月習ったので, もう一人で車を運転できるようになった. 回 独自 dúzì 反 共同 gòngtóng
【单发】dānfā 名《軍事》単発の. ¶~射击 / シングル・ショット.
【单方】dānfāng 名《中医》民間に伝わる漢方薬の処方. 回 丹方 dānfāng
【单方面】dānfāngmiàn 名 一面. 一方. ¶~撕毁 sīhuǐ 协定 xiédìng / 一方的に協定を破棄する. 反 双 shuāng 方面
【单放机】dānfàngjī 名（録音や録画の）再生専用機.
【单峰驼】dānfēngtuó 名《動物》〔圈 匹 pǐ〕ヒトコブラクダ. 参考 フタコブラクダは"双峰驼 shuāngfēngtuó".
【单幅】dānfú 名《紡織》シングル幅. ヤール幅. 反 双 shuāng 幅 参考 約71センチ幅の洋服地.
【单干】dāngàn 動（組合などに入らずに）単独で仕事をする. 個人経営する. ¶不如~的好 / 個人で仕事をしたほうがいい. 反 合作 hézuò
【单干户】dāngànhù 名 ❶ 個人経営の農家. ❷ 人と協力せず, 単独でやりたがる人.
【单杠】dāngàng 名《スポーツ》❶（体操用具の）鉄棒. ❷（体操種目の）鉄棒. 参考 平行棒は"双杠 shuānggàng".
【单个儿】dāngèr ❶ 副 単独で. 一人で. ¶他偏要~去 / 彼はどうしても一人で行くと言いはる. ❷ 名 組または対になっているものの一つ. ¶这套餐具不~卖 / この食器セットはばら売りはしない.
【单轨】dānguǐ 名《交通》❶ 単線の鉄道. ❷ モノレール. ¶~列车 lièchē / モノレール.
【单果】dānguǒ 名《植物》単果. 回 単花果 参考 一個の花に生じた一個の房からできた果実. 大部分の果実はこれに属する.
【单过】dānguò 動（家族などと）別れて暮らす. ¶儿子已成家~ / 息子はもう結婚して別に所帯をもっている.
【单寒】dānhán 形 ❶ 薄着で寒々しい. ¶穿得太~, 当心 dāngxīn 别感冒了 / 薄すぎるが, かぜをひかないよう気をつけなさい. ❷ 旧 貧賤（款）の出で, 地位がない. ❸ 孤独で物寂しい.
【单行】dānháng 名（文章の）一行もしくは数行. ☞ 单行 dānxíng
【单号】dānhào 名 奇数番号. ¶~座位 / 奇数番号の座席. 反 双号 shuānghào 参考 中国の劇場や映画館の座席は, 中央から若い順に奇数番号と偶数番号で左右に大きく分かれる.
【单簧管】dānhuángguǎn 名《音楽》〔圈 支 zhī〕クラリネット. 回 黒管 hēiguǎn
【单季稻】dānjìdào 名《農業》一期作の稲.
【单价】dānjià ❶ 名《経済》単価. ❷ 名 形《化学·生物》一価の.
【单间】dānjiān（~儿）❶ ひと間しかない部屋. ワンルーム. ¶~铺面 pùmiàn / ひと間だけの店構え. ❷（料理店や旅館の）一人部屋. 個室.
【单脚跳】dānjiǎotiào 名《スポーツ》片足跳び.
【单晶硅】dānjīngguī 名《電気》単結晶ケイ素. 参考 半導体の材料.
【单晶体】dānjīngtǐ 名《物理》単結晶.
【单句】dānjù 名《言語》単文. 反 复句 fùjù
【单据】dānjù 名〔圈 张 zhāng〕（支払や商品受け渡しの）証拠となる書き付け. 証票. 参考 "收据 shōujù"（領収書）,"发票 fāpiào"（明細書）,"发货单 fāhuòdān"（送り状）,"收支传票 shōuzhī chuánpiào"（伝票）など.
【单口】dānkǒu 名《芸能》一人で演じる芸.
【单口相声】dānkǒu xiàngsheng 名《芸能》〔圈 段 duàn〕一人漫才. 漫談. ⇨ 相声 xiàngsheng
【单裤】dānkù 名 裏なしのズボン.
【单利】dānlì 名《経済》単利. ¶按~计算 / 単利で計算する. 反 复利 fùlì
【单恋】dānliàn 名 片想い.
【单列】dānliè 動（項目などを）一行ずつ書く. 一列に並べる.
【单名】dānmíng 名 一字の名前.

【单宁酸】dānníngsuān [名]《化学》タンニン酸.
【单皮】dānpí [名]《音楽》片側にだけ皮を張った小ぶりの太鼓. [参考]民族楽器の中で他の打楽器や管楽器を指揮する重要な役目を持つ.
【单枪匹马】dān qiāng pǐ mǎ [成]人の助けを借りずに, 単独で行動する. 独力でやる. ¶他～冲进 chōngjìn 匪群 fěiqún 与之拼杀 pīnshā / 彼は匪賊の集団に単独で突っ込み, 命がけで戦った. [同]匹马单枪, 单人 rén 独 dú 马, 单人匹马, 单人独骑 qí, 匹马只 zhǐ 枪 [由来]「一本の槍と一頭の馬で, 単身戦場に赴く」という意から.
【单亲家庭】dānqīn jiātíng [名]片親家庭.
【单人床】dānrénchuáng [名]シングルベッド.
【单人舞】dānrénwǔ [名]《芸能》ダンスのソロ.
【单日】dānrì [名]奇数日. [反]双日 shuāngrì
【单弱】dānruò [形]❶やせて弱々しい. ¶她长得很～ / 彼女はやせて弱々しい. ❷力が不足している. ¶兵力～ / 兵力が手薄だ.
【单色】dānsè [名]単色. ¶～光 / 単色光.
【单身】dānshēn ❶[名]独身. ¶～宿舍 / 独身寮. [同]独身 dúshēn ❷[副]単身で. 一人で. ¶～在外 / 一人他郷に暮らす.
【单身贵族】dānshēn guìzú [名]独身貴族.
【单身汉】dānshēnhàn [名]❶独身の男性. ❷妻子と離れて暮らしている男性.
【单身母亲】dānshēn mǔqīn [名]シングルマザー.
【单数】dānshù [名]❶奇数. [反]双数 shuāngshù ❷《言語》(英語などの)単数. [反]复数 fùshù
【单糖】dāntáng [名]《化学》単糖.
【单体】dāntǐ [名]《化学》単量体. モノマー.
【单条】dāntiáo [名](～儿)(一幅だけの)掛け軸. [反]屏条 píngtiáo
*【单位】dānwèi [名]❶(計量の)単位. ¶长度～ / 長さの単位. ¶货币～ / 貨幣単位. ❷機関. 団体. 部門. ¶工作～ / 職場. 勤務先. [参考]授業で修得する「単位」は"学分 xuéfēn"という.
【单位犯罪】dānwèi fànzuì [名]《法律》職場犯罪. [参考]企業や公共機関の職場で, 職務上の利益を不法に得ようとして, その職場の責任者らと結託し, 中国の刑法で明文規定されている社会に損害を与える行為を行うこと.
【单位制】dānwèizhì [名]❶単位制度. ❷《物理》単位系. [参考]①は, 中国では1984年に「中華人民共和国法定計量単位」が制定された.
【单细胞】dānxìbāo [名]《生物》単細胞.
【单弦】dānxián [名](～儿)《芸能》中国北部で流行した演芸. [同]单弦牌子曲 [参考]演技者が"八角鼓"(タンバリンに似た打楽器)を打ちながら"三弦"(蛇の皮を張った三本弦の楽器)の伴奏で歌うもの.
【单线】dānxiàn [名]❶一本の線. ❷《交通》(鉄道の)単線. [反]复线 fùxiàn
【单相思】dānxiāngsī [名]片思い.
【单项】dānxiàng [名]単一項目. 単種目. ¶～比赛 / 種目別試合.
【单向】dānxiàng [形]一方向の. ¶～行驶 xíngshǐ / 一方通行.
【单向收费】dānxiàng shōufèi [名]電話をかけた側が料金を払う仕組み.
【单相】dānxiàng [名]《電気》単相(交流).
【单行】dānxíng [動]❶それだけを独立して行う. 単行する. ¶～法规 / 単行法規. ¶祸不～ / [成]災いは重なってやってくる. ❷一方向に向かう. ☞单行 dānháng
【单行本】dānxíngběn [名]単行本.
【单行线[道]】dānxíngxiàn[-dào] [名]〔[量]条 tiáo〕一方通行の道.
【单选】dānxuǎn [名]一答選択方式. 試験において, 多数項の中から一つの正答を選択させる方式.
【单循环赛】dānxúnhuánsài [名]リーグ戦.
【单眼】dānyǎn [名]《虫》単眼.
【单眼皮】dānyǎnpí [名](～儿)一重まぶた. [反]双 shuāng 眼皮
【单一】dānyī [形]単一の. ただ一つの. ¶～种植 zhòngzhí / 単一栽培. [反]繁多 fánduō
【单衣】dānyī [名]〔[量]件 jiàn〕裏なしの衣類.
【单赢】dānyíng [名]単独勝利. 一人勝ち.
【单元】dānyuán [名]❶集合住宅で, 一つの階段を共有する区画. ¶五号楼四～六室 / 5号棟4単元六号室. [同]门(儿) mén(r) ❷(集合住宅の)一区画の住宅. ¶三间一个～ / 3部屋に台所とトイレの住宅. [同]单元房 fáng ❸(教科の)単元. ¶～练习 / 単元ごとの練習問題.
【单元房】dānyuánfáng [名]団地やアパートにおける区画の住宅. [同]单元②
【单元楼】dānyuánlóu [名]《建築》いくつかの共用階段がある集合住宅. [参考]"筒子楼"(中央の長い通路を挟んで両側に住まいのある集合住宅)と区別することば. ⇨单元①
【单质】dānzhì [名]《化学》単体.
【单子】dānzǐ [名]《哲学》単子. モナド.
【单字】dānzì [名]〔[量]个 ge〕❶漢字の一字. ❷外国語の単語.
【单子】dānzi [名]❶〔[量]条 tiáo, 张 zhāng〕シーツ. 敷布. ¶床～ / ベッドシーツ. ¶布～ / 木綿のシーツ. ❷〔[量]个 ge, 张 zhāng〕表. リスト. 書き付け. ¶菜～ / メニュー. 献立表. ¶开个～ / 伝票を切る. 明細書を書く.
【单作】dānzuò [名]《農業》単作. 一毛作.

眈 dān
目部 4 [四]6401₂
全9画 [通用]

下記熟語を参照.
【眈眈】dāndān [形]じっと見つめる. ¶虎视 hǔshì～ / [成]虎視眈眈(こしたんたん). 油断なく機会をねらう.

耽 ([異]躭❶) dān
耳部 4 [四]1441₂
全10画 [常用]

❶[素]遅れる. 長びく. ¶～搁 dānge / ～误 dānwu. ❷[素][文]夢中になる. ふける. ¶～乐 dānlè (楽しみにふける). ❸(Dān)姓.
【耽搁】dānge [動]❶滞在する. 逗留する. ¶在上海多～了三天 / 上海に3日多く滞在した. ❷遅らせる. ¶～时间 / 時間を引き延ばす. ❸手遅れになる. ¶把病给～了 / 病気が手遅れになった. [同]担搁 dānge, 耽误 dānwu
【耽误】dānwu [動]時機をのがして台無しにする. ¶～了火车 / 汽車に乗り遅れる. ¶不能因为我而～了你的前途 / 私のために君の前途を台無しにしてはいけない.

郸(鄲) Dān
阝部 8 [四]8752₇
全10画 [通用]

❶[素]地名用字. ¶～城 Dānchéng (河南省の県名) / 邯～ Hándān (河北省にある地名). ❷姓.

聃 ([異]聸) dān
耳部 5 [四]1544₇
全11画 [通用]

❶[素]人名用字. [参考]古代の哲学者, 老子の字(あざな). ❷(Dān)姓.

D

dān - dàn 殚箪儋担胆疸掸亶赕石旦但

殚(殫) dān
歹部8 四 1825₆ 全12画 通用
素 文 尽くす。尽きる。¶~力 dānlì（力を尽くす）/ ~心 dānxīn（心を尽くす）/ ~思极虑(成) 思慮のかぎりを尽くす。
【殚精竭虑】dān jīng jié lǜ 成 精力や知力の限りを尽くす。

箪(簞) dān
竹部8 四 8850₆ 全14画 通用
名 飯を盛る竹製の器。¶~笥 dānsī（食器）/ ~食壶浆 dān sì hú jiāng。
【箪食壶浆】dān sì hú jiāng 成 軍隊が民衆から歓迎を受ける。由来 古代,民間人が"箪"(竹の器)に飯を盛り,"壶"(急須型の器)にスープを入れて軍隊を歓迎したことから。『孟子』梁恵王下に見えることば.

儋 Dān
亻部13 四 2726₁ 全15画 通用
素 地名用字。¶~县 Dānxiàn（海南省の県名）.

担 dǎn
扌部5 四 5601₀ 全8画 常用
→掸 dǎn
☞ 担 dān, dàn

胆(膽) dǎn
月部5 四 7621₀ 全9画 常用
名 ❶ 胆囊(náng). 苦胆 kǔdǎn ❷ (~儿) 肝っ玉。度胸。¶~怯 dǎnqiè / ~子小(肝っ玉が小さい)/ 壮~ zhuàngdǎn（度胸をつける）. ❸ 器物の内側の,水や空気をいれる部分。¶热水瓶~ píngdǎn（魔法瓶の中瓶）/ 球~ qiúdǎn（皮ボールの中のゴム袋）. ❹ (Dǎn)姓.
【胆大】dǎndà 形 大胆だ。度胸がある。肝っ玉が大きい。
【胆大包天】dǎn dà bāo tiān 成 大胆不敵だ。
【胆大妄为】dǎn dà wàng wéi 成 貶 勝手気ままに悪事をはたらく。
【胆大心细】dǎn dà xīn xì 成 大胆かつ細心だ。
【胆敢】dǎngǎn 副 大胆にも。ずうずうしくも。¶敌人~来侵犯 qīnfàn,坚决把它消灭光 / 敵が大胆にも侵犯するならば,断固として全滅させる。
【胆固醇】dǎngùchún 名 コレステロール.
【胆管】dǎnguǎn 名《生理》胆管。回 胆道
【胆寒】dǎnhán 形 ぞっとする。肝を冷やす。
【胆红素】dǎnhóngsù 名《生理・化学》胆汁に含まれる黄色色素。ビリルビン.
【胆碱】dǎnjiǎn 名《生理・化学》胆汁に含まれる水溶性ビタミンの一種。コリン.
【胆力】dǎnlì 名 度胸。腹(はら).¶~过人 / 胆力が人にまさる。
【胆量】dǎnliàng 名 度胸。肝っ玉.¶~小 / 肝っ玉が小さい。¶有~的 / 勇気のある人。¶量 liàng 你也没那个~ / 君にはそんな度胸はないだろう。
【胆略】dǎnlüè 名 勇気と知謀。大胆であり知略があること.¶~超群 / 知勇が抜群だ.
【胆囊】dǎnnáng 名《生理》胆嚢(náng).¶~炎 yán / 胆嚢炎。回 胆为 dǎnfǔ, 苦胆 kǔdǎn
【胆气】dǎnqì 名 度胸。勇気。
【胆怯】dǎnqiè 形 臆病だ。おじけづく.¶看他那副~的样子,很可笑 / 彼のあのおじけついたようすは,じつにおかし

い。回 怯懦 qiènuò 反 勇敢 yǒnggǎn
【胆识】dǎnshí 名 度胸と見識.¶~非凡 fēifán / 度胸と見識が並外れている。
【胆酸】dǎnsuān 名《生理・化学》胆汁酸の一種。コール酸.
【胆小】dǎnxiǎo 形 肝っ玉が小さい。臆病だ.
【胆小鬼】dǎnxiǎoguǐ 名 貶 臆病者.
【胆小如鼠】dǎn xiǎo rú shǔ 成 ネズミのように臆病だ。
【胆战心惊】dǎn zhàn xīn jīng 成 恐れおののく。肝をつぶす。¶使人~ / 心胆を寒からしめる。回 心惊胆战,胆颤 zhàn 心惊,不寒而栗 bù hán ér lì
【胆汁】dǎnzhī 名《生理》胆汁.
【胆壮】dǎnzhuàng 形 度胸がある.
【胆子】dǎnzi 名 肝っ玉。度胸.¶他人小,~可不小 / 彼は年は若いが,肝っ玉は決して小さくない。¶放开~ / 勇気を奮い起こす。

疸 dǎn
疒部5 四 0011₅ 全10画 通用
→黄疸 huángdǎn

掸(撣/鬼撢) dǎn
扌部8 全11画 四 5805₆ 次常用
❶ (ちり・ほこりを)軽く払う。はたく.¶~桌子(机のちりを払う). ❷ 下記熟語を参照.
☞ 掸 Shàn
【掸子】dǎnzi 名〔① 把 bǎ, 个 ge〕はたき.¶用~掸掉身上的雪 / はたきで服についた雪を払う。

亶 dǎn
⼇部11 四 0010₆ 全13画 通用
❶ 素 文 確かだ。忠実だ。❷ (Dǎn)姓.

赕(賧) dǎn
贝部8 四 7988₉ 全12画 外
素 捧げる。由来 "傣族 Dǎizú"(タイ族)のことばの音訳.
【赕佛】dǎnfó 動《仏教》(タイ族などが)仏に財物を供えて加護を祈る.

石 dàn
石部0 四 1060₂ 全5画 常用
量 容量の単位。"一石"は"十斗 dǒu".参考 古くは"shí"と発音した.
☞ 石 shí

旦 dàn
日部1 四 6010₀ 全5画 常用
❶ 素 文 朝。早朝。¶~暮 dànmù（朝晩）/ ~夕 dànxī / 通背 xiāo 达~ /（成 一晩中）. ❷ 名 日。¶元~ yuándàn（元旦）/ 将来一~毕业,马上就工作（将来,いったん卒業となれば,すぐ働くことになるのだ）. ❸ 名《芸能》旧劇の女形. ➪付録「京劇入門」❹ 量 繊維の太さをあらわす単位。デニール. ❺ (Dàn)姓.
【旦角】dànjué 名 (~儿)《芸能》(伝統劇の)女性に扮する役。参考 特に"青衣 qīngyī", "花旦 huādàn"を指す。
【旦夕】dànxī 名 文 朝と晩。また,短時間のたとえ.¶危在~ / 成 危険が目前に迫っている。

但 dàn
亻部5 四 2621₀ 全7画 常用
❶ 副 ただ。単に。ひたすら。¶~愿如此（そうあってほしい）/ ~求无过（間違いのないことだけを願う）. ❷ 接 しかし。¶~~是 dànshì / 他早已年过六十,~毫不见老（彼はとっくに60を過ぎているのに,少しも老けて見えない）. ❸ (Dàn)姓.

【但丁】Dàndīng《人名》ダンテ(1265-1321). イタリアの詩人.
【但凡】dànfán 副 およそ. すべて. …であれば. ¶我知道的,都愿意告诉你 / 私の知っていることであれば,すべて君に話したい. 回 凡是 fánshì
＊【但是】dànshì 接 しかし. けれども. ¶他说汉语说得比较慢,～发音很准 / 彼の中国語は,話すのは多少遅いが,発音は正確だ. 回 不过 bùguò, 可是 kěshì, 然而 rán'ér 表現 "虽然 suīrán", "尽管 jǐnguǎn"などと呼応することが多い.
【但书】dànshū 名《法律》但し書き.
【但愿】dànyuàn 動 ひたすら…を願う. ¶～天气赶快晴 / 早く晴れてほしいものだ.

担(擔) dàn 扌部5 四 5601₀ 全8画 常用

❶素 天びん棒. ❷素 扁～ biǎndan (天びん棒). ❷素 天びん棒と両端にかけた荷物. ¶～子 dànzǐ / 貨郎～(行商人の荷物). ❸素 負っている責任. ¶重～ zhòngdàn (重い責任). ❹量 重量の単位. "一担"は"一百斤"(50 kg). ❺量 荷(ˇ). 天びん棒でかつぐものを数えることば.
⇒ 担 dān, dǎn

【担担面】dàndanmiàn 名《料理》タンタン麺. 由来 四川省の方言で, "担子 dànzi"(天秤棒)のことを"担担 dàndan"と言い,天秤棒でかついで売り歩いたことからこの名がついた.
【担子】dànzi 名 ❶〔量 副 fù〕天秤棒と,その両端にかけた荷物. ¶一副～ / 天秤棒一本でつるせるだけの荷物. ❷重い責任. ¶他身上的～很重 / 彼の肩の荷はとても重い.

诞(誕) dàn 讠部6 四 3274₁ 全8画 常用

素 ❶誕生する. ¶～生 dànshēng. ❷誕生日. ¶～辰 dànchén / 圣～节 Shèngdànjié (クリスマス). ❸いつわり. でたらめ. ¶怪～ guàidàn (でたらめ) / 荒huāng～不经 jīng (でたらめで理屈に合わない).
【诞辰】dànchén 名 誕生日. ¶十一月十二日是孙中山 Sūn Zhōngshān～纪念日 / 11月12日は孫文の生誕記念日だ. 比較 "诞辰"は,厳粛なニュアンスがあり,書きことばとして用いることが多い. "生日 shēngrì"は,話しことばとして一般的に用いる.
【诞生】dànshēng 動 誕生する. ¶新中国的～ / 新中国の誕生. 回 出生 chūshēng, 出世 chūshì, 降生 jiàngshēng 反 逝世 shìshì 比較 "诞生"は,人以外にも,国や機関について用いるが, "出生"は人にしか用いない.

疍 dàn 疋部5 四 1710₆ 全10画 通用

下記熟語を参照.
【疍民】dànmín 名 広東・福建・広西の沿海一带の水上生活者. 回 水上居民 shuǐshàng jūmín

萏 dàn ⺾部8 四 4477₇ 全11画 通用

❶→菡萏 hàndàn ❷(Dàn)姓.

啖(異 啗、噉) dàn 口部8 四 6908₉ 全11画 通用

❶素 食う. 食わせる. ¶～饭 dànfàn (飯を食う) / 健～ jiàndàn (飯をよく食う). ❷素 文 利益でつる. ¶以私利～(欲得で人をつる). ❸(Dàn)姓.

淡 dàn 氵部8 四 3918₉ 全11画 常用

❶形 塩分が少ない. 味が薄い. ¶～水 dànshuǐ / 菜太～(料理の味が薄すぎる). 回 咸 xián ❷形 色があわい. 液体や気体の濃度が薄い. ¶～绿 dànlǜ (薄緑) / ～酒 dànjiǔ (薄い酒) / 云～风轻 (雲あわく,風やわらか). 反 浓 nóng ❸形 冷淡だ. 態度があっさりしている. ¶～～ lěngdàn (冷淡だ) / 反 ～ rèdànrán (他人～と一口話した一句話はあっさりと一言言った). ❹素 営業が振るわない. ¶～月 dànyuè / ～季 dànjì. 反 旺 wàng ❺ (Dàn)姓.
【淡泊】dànbó 形 文 無欲だ. 功名利益に執着しない. ¶～寡欲 guǎyù / 恬淡(ˇ)として欲が少ない. 回 澹泊 dànbó, 恬淡 tiándàn
【淡泊名利】dàn bó míng lì 成 名誉や利益にあくせくしない.
【淡薄】dànbó 形 ❶雲や霧などが薄い. ❷味が薄い. ¶酒味～(酒にこくがない). ❸感情や興味が薄い. 人情～ / 人情が薄い. ¶他对功名看得很～ / 彼は功名心が薄い. 反 深厚 shēnhòu ❹印象が薄い. ¶当时的印象已经～了 / 当時の印象はすでにひどくぼやけてしまった.
【淡菜】dàncài 名《貝》貽貝(ˇ ˇ). またその干物.
【淡出】dànchū 動《映画》フェードアウトする.
【淡淡】dàndàn 形 ❶(濃度・味・色などが)薄い. 淡い. ❷(態度が)そっけない. ❸(心情が)うわの空だ. 上すべりだ.
【淡饭】dànfàn 名 日常の食事. ¶粗茶～ / 質素な生活.
【淡化】dànhuà 動 ❶弱める. 軽減する. ¶～考前紧张气氛 / 試験前の緊張した雰囲気をやわらげる. ❷(海水を)淡水化する.
【淡季】dànjì 名 商売や生産の少ない季節. 閑散期. ¶蔬菜～ / 野菜の端境期. ¶旅游～ / 観光旅行のオフシーズン. 反 旺季 wàngjì
【淡漠】dànmò 形 ❶冷淡だ. 熱意がない. 無関心だ. ¶他俩的感情越来越～了 / 彼ら二人の愛情はだんだん冷めてきた. 回 冷淡 lěngdàn, 冷漠 lěngmò ❷(記憶や印象が)はっきりしない. ぼやけている. ¶这件事在人们的记忆里已经～了 / この事は人々の記憶の中ですでにぼやけてしまった.
【淡青】dànqīng 形 緑がかった薄い青の.
【淡然】dànrán 形 気にかけないようす. 無関心だ. ¶～处 chǔ～ / 淡々と事にあたる. 回 澹然 dànrán, 漠然 mòrán
【淡入】dànrù 動《映画》フェードインする.
【淡市】dànshì 名《経済》低調な市場. ベアマーケット. 反 旺 wàng 市
【淡水】dànshuǐ 名 淡水. ¶～鱼 / 淡水魚. 反 海水 hǎishuǐ, 咸水 xiánshuǐ
【淡水湖】dànshuǐhú 名 淡水湖.
【淡忘】dànwàng 動 印象が薄れ,しだいに忘れる.
【淡雅】dànyǎ 形 (色や模様が)あっさりして上品だ. すっきりとして優雅だ. ¶样式 fúshì ～ / 様式がシンプルでエレガントだ. ¶他最喜欢清逸 qīngyì ～的君子兰 jūnzǐlán / 彼は,清新で上品なクンシランが一番好きだ. 反 浓艳 nóngyàn
【淡月】dànyuè 名 (商売の)閑散月. 取り引きの少ない月. 反 旺月 wàngyuè
【淡竹】dànzhú 名《植物》ハチク.
【淡妆】dànzhuāng 名 薄化粧.

惮弹蛋氮瘅澹当

【淡妆浓抹】 dàn zhuāng nóng mǒ 〈成〉薄化粧と厚化粧．女性のさまざまな装い．〈由来〉宋の蘇軾の詩「飲湖上初晴後雨二首」其二の句から．

惮(憚) dàn
忄部8 四 9805₆
全11画 通用

❶〈素〉〈文〉遠慮する．気兼ねする．¶～烦 dànfán(めんどうがる) / 肆 sì 无忌 jì～(〈成〉何も気兼ねしない) / 过则勿 wù～改(過ちを犯したらすぐに改めよ)．❷(Dàn)姓．

弹(彈) dàn
弓部8 四 1825₆
全11画 常用

❶〈名〉(～儿)〔量 颗 kē〕パチンコなどのたま．¶丸 dànwán．❷〈名〉(銃砲の)たま．¶流～ liúdàn(流れ弾) / 炮～ pàodàn(砲弾) / 炸～ zhàdàn(爆弾) / 手榴～ shǒuliúdàn(手榴弾)．
☞ 弹 tán

【弹道】 dàndào 〈名〉弾道．¶～弧线 húxiàn / 弾道曲線．

【弹道导弹】 dàndào dǎodàn 〈名〉〈軍事〉弾道ミサイル．

【弹弓】 dàngōng 〈名〉弾弓(ダン)．はじき弓．パチンコ．¶橡皮 xiàngpí～ / ゴムのパチンコ．〈参考〉矢のかわりにたまをはじく弓で，昔は武器，現在は鳥を撃つ道具として用いられる．

【弹痕】 dànhén 〈名〉弾痕．¶墙上留着很多～ / 壁にはたくさんの弾痕がある．

【弹夹】 dànjiā 〈名〉装填器．(薬包の)挿弾子(ソウダンシ)．

【弹尽粮绝】 dàn jìn liáng jué 〈成〉弾薬が尽き食料が絶える．絶体絶命の窮地に陥ること．

【弹壳】 dànké 〈名〉〔量 棵 kē〕❶薬莢(キョウ)．〈回〉药筒 yàotǒng ❷爆弾の外殻．

【弹坑】 dànkēng 〈名〉〔量 处 chù, 溜 liù〕砲弾や地雷であいた穴．

【弹片】 dànpiàn 〈名〉〔量 块 kuài〕炸裂した砲弾などの破片．

【弹头】 dàntóu 〈名〉銃弾や砲弾などの弾頭．

【弹丸】 dànwán 〈名〉❶銃や"弹弓 dàngōng"のたま．❷ひどく狭い土地．

【弹丸之地】 dànwán zhī dì 〈成〉〈文〉猫の額ほどの狭い土地．

【弹匣】 dànxiá 〈名〉弾倉．

【弹药】 dànyào 〈名〉弾薬．¶～库 / 弾薬庫．

【弹着点】 dànzhuódiǎn 〈名〉〈軍事〉着弾点．

【弹子】 dànzi 〈名〉❶"弹弓 dàngōng"のたま．¶水晶 shuǐjīng～ / 水晶のたま．❷铁～ / 鉄のたま．❷〈方〉ビリヤード．〈回〉台球 táiqiú

蛋 dàn
疋部6 四 1713₆
全11画 常用

〈名〉❶〔量 个 ge, 只 zhī〕卵．¶～白 dànbái / ～黄 dànhuáng / 鸡～ jīdàn (ニワトリの卵) / 鸭～ yādàn (アヒルの卵)．❷(～儿)卵に形の似ているもの．¶山药～ shānyaodàn (ジャガイモ)．❸(Dàn)姓．

【蛋白】 dànbái 〈名〉❶卵の白身．❷たんぱく質．¶动物～ / 動物性たんぱく質．¶植物～ / 植物性たんぱく質．〈回〉蛋白质 zhì

【蛋白酶】 dànbáiméi 〈名〉〈生理・化学〉プロテアーゼ．蛋白質分解酵素．

【蛋白石】 dànbáishí 〈名〉〈鉱物〉オパール．

【蛋白质】 dànbáizhì 〈名〉蛋白質．

【蛋粉】 dànfěn 〈名〉卵を乾燥させて粉末にしたもの．料理や菓子などに用いる．

*【蛋糕】** dàngāo 〈名〉〔料理〕〔量 个 ge, 块 kuài〕スポンジケーキ．カステラ．転じてケーキ類全般．¶生日～ / バースデーケーキ．

【蛋黄】 dànhuáng 〈名〉(～儿)卵の黄身．⊕ 卵黄 luǎnhuáng

【蛋鸡】 dànjī 〈名〉卵を産ませるために飼育する鶏．〈参考〉"肉鸡"(ブロイラー)と区別することば．

【蛋卷】 dànjuǎn 〈名〉〔料理〕❶卵と小麦粉で作った菓子．小ぶりなロールカステラの形をしている．❷(アイスクリームの)コーン．

【蛋壳】 dànké 〈名〉(～儿)卵の殻．

【蛋品】 dànpǐn 〈名〉卵製品の総称．

【蛋青】 dànqīng 〈形〉(アヒルの卵のような)ごく薄い青色．〈回〉鸭蛋青 yādànqīng

【蛋清】 dànqīng 〈名〉(～儿)卵白．〈回〉蛋白①

【蛋子】 dànzi 〈名〉丸い形をしたもの．¶脸～ / ほっぺた．

氮 dàn
气部8 四 8081₇
全12画 次常用

〈素〉〈化学〉窒素．N．¶～肥 dànféi．

【氮肥】 dànféi 〈名〉〈農業〉窒素肥料．

【氮气】 dànqì 〈名〉窒素ガス．

【氮氧化物】 dànyǎnghuàwù 〈名〉〈化学〉窒素酸化物．

【氮族】 dànzú 〈名〉〈化学〉窒素族．〈参考〉窒素・リン・ヒ素・アンチモン・ビスマスの5元素．

瘅(癉) dàn
疒部8 四 0015₆
全13画 通用

〈素〉〈文〉❶疲労による病気．❷恨む．憎む．¶彰 zhāng 善～恶 è(〈成〉善をほめたたえ，悪を憎む)．

澹 dàn
氵部13 四 3716₁
全16画 通用

〈形〉〈文〉静かだ．¶～泊 dànbó (淡白だ)．〈回〉淡 dàn
☞ 澹 tán

dang ㄉㄤ〔taŋ〕

当(當、噹v) dāng
小部3 全6画 四 9017₇ 常用

Ⅰ〈前〉❶(多く"当…时[的时候])"の形で用い)事の起きた時間を表わす．…の時に．¶～球队胜利归来 guīlái 时，大家到车站热烈欢迎 / チームが勝利して帰ってきたとき，みんなは駅で大歓迎した．¶～他们回来的时候，我已经走了 / 彼らが帰ってきたとき，私はすでに出発していた．⇔ "正当"，"当着"で出来事の発生時を強調する．◇正～春暖花开的时节，他们来到了西子湖畔 pàn / まさに春暖く花開く季節に，彼らは西湖のほとりにやってきた．

❷("当…以前"，"当…以后"の形で用い)…の前に．…の後ろに．¶～事情没有调查清楚之 zhī 前，决不轻易 qīngyì 下结论 / 物事をはっきり調査する前に，けっして簡単に結論を出さない．¶～火灾 huǒzāi 发生后，消防队立刻赶到现场 / 火災が発生すると，消防隊はすぐに現場にかけつける．

❸(時間を示す語句を伴って)…のその時．¶～我毕业的那一年，哥哥从外地回来了 / 私が卒業したその年に，兄はよその土地から帰ってきた．¶每～高考来临的这些日子，家长 jiāzhǎng 们比学生更难熬 nán'áo / 大学入試の季節が来るたびに，父兄のほうが生徒よりもおろおろする．

❹("当面"，"当着…的面"の形で用い)…に向かって．

…の目の前で. ¶有意见你可以~当面提嘛! / 意見があれば面と向かって言えばいいんだよ. ¶请你把情况~着他们的面再讲一讲 / 事情を彼らの前でもう一度説明してください.
❺ 事の起きた場所・位置を表わす. …で. ¶太阳~头照 / 太陽は頭の上から照りつけている. ¶他一场回答了老师的提问 / 彼はその場で先生の質問に答えた.

📘 前置詞"当" vs."在 zài"

前置詞"当"と"在"には互換性があるが、次の点で異なる.
① "当"は「あることが発生した時に、別のことが発生した」ということを表わすので、具体的な時間を伴うことはできない.
✘当2007年→在2007年 / 2007年に
② "在"は時間の幅を表わすことができるが、"当"は時間軸上の一点しか表わすことができない.
◇在（✘当）他病假期间我们分担 fēndān 了他的工作 / 彼が病気休暇の間、私たちは仕事を分担した.

Ⅱ 動 ❶ (役割・任務・職務など)担当する. 務める. …になる. ¶选他~代表 / 彼を代表に選ぶ. ¶我可以~你的导游 dǎoyóu / あなたのガイドになってあげましょう. ¶小张~上我们班的班长 bānzhǎng / 張君が私たちのクラスの学級委員になった. ¶他这个人~不了 liǎo 领导 / 彼のような人はリーダーになれっこない.
❷(家事・権力などを)取り仕切る. 切り盛りする. ¶现在是婆婆 pópo~着家呢 / いまは姑が家を見ている. ¶他~权十几年了 / 彼は十数年権力を握っていた.
❸(責任を)引き受ける.（資格に)相当する. ¶敢做敢~ / 思いきりやって責任は潔くとる. ¶我~之无愧 dāng zhī wú kuì. ¶这样的夸奖 kuājiǎng 我~不起 / 私はそのようなお褒めにあずかるほどのものではありません.
❹釣り合っている. ふさわしい. ¶实力相~ / 実力にふさわしい. ¶门～户对 / 家柄が釣り合っている. ¶罚 fá 不~罪 / 罰が犯した罪にふさわしくない.
❺ 文止する. 阻む. ¶螳臂 tángbì~车 / 蟷螂(かまきり)の斧. 身の程知らず. ¶锐 ruì 不可~ / 勢いが盛んで止められない.
Ⅲ 助動 当然. …すべきだ. ≒ 应当 yīngdāng. ¶理~如此 / 道理からしてそうすべきだ. ¶能省的就省, ~用的是得 děi 用 / 節約できるものは節約するが, 使うべきものはやはり使わなければならない.
Ⅳ 名 ❶ 文端. 頂. ¶瓦 wǎ~ / 鬼瓦. ¶瓜~ / 瓜のへた.
❷ (Dāng)姓.
Ⅴ 擬 金属をたたく音. ¶~~响 / かんかんと鳴る.

🔹 三 dàng

【当班】dāngbān 動 (交代の勤務体制のもとで)勤務に就く. ≒ 值 zhí 班
【当兵】dāng//bīng 動 兵隊になる. ¶好铁不打钉, 好人不~ / よい鉄なら釘にされない. りっぱな人は兵隊にならない.
【当差】❶ dāng//chāi 動 下級役人や使用人になる. ¶在县府 xiànyá 里~ / 県の役所で下級役人となる. ❷ dāngchāi 名 男性の使用人.
【当场】dāngchǎng 名 その場. ¶~出丑 chūchǒu / その場で醜態を演じた. ¶~出彩 / その場で秘密がばれる. 人前で恥をさらす. 用法 多く連用修飾語として用いる.
【当初】dāngchū 名 ❶ 最初. ¶你~就不该说出那种话来 / 君は初めにあんなことを言うべきではなかった. ❷ 当

時. かつて. ⇔ 今日 jīnrì, 现在 xiànzài
【当代】dāngdài 名 今の時代. 現代. ¶~文学 / 現代文学. 参考 とくに, 中華人民共和国の成立以後を指す. "现代 xiàndài"は, 五四運動(1919年5月4日)から今日までをいう.
【当道】dāngdào ❶ 名 (~儿)道の真ん中. ¶别在~站着 / 道の真ん中に立つな. ❷ 名 旧 権力者. ❸ 動 貶 政権を握る. ¶奸佞 jiānnìng~ / 奸佞(かんねい)が要職を占める.
*【当…的时候】dāng…de shíhòu …した時. ¶我正想出门的时候, 天突然下起雨来了 / 私がちょうど出かけようと思った時, いきなり雨が降ってきた.
*【当地】dāngdì 名 その土地. 現地. ¶~风俗 / その土地の風俗. ¶~时间 / 現地時間. ≒ 本地 běndì ⇔ 外地 wàidì
【当断不断】dāng duàn bù duàn 成 決断すべきときに決断できない. 優柔不断だ.
【当归】dāngguī 名《植物・薬》トウキ. 参考 根は漢方薬に用いられる.
【当红】dānghóng 形 (芸能人などの)人気がある. ¶~歌星 / 売れっ子の歌手. ≒ 走 zǒu 红
【当机立断】dāng jī lì duàn 成 時機を逃さず, 即断する. ¶教练 jiàoliàn~, 让8号选手换下了3号选手 / コーチは即座に判断を下し, 8番の選手を3番の選手と交代させた.
【当即】dāngjí 副 すぐに. 即座に. ¶~表示同意 / すぐさま同意した.
【当家】dāng//jiā 動 家を切り盛りする. 家をとりしきる. ¶母亲~ / 母親が家を切り盛りしている.
【当家的】dāngjiāde 名 ❶ 一家の主(あるじ). ¶~不在, 我作不了主 / 家の主がおりませんので私では決めかねます. ❷ 寺の住職. ❸ 方 夫.
【当家作（做)主】dāngjiā zuòzhǔ 慣 一家のあるじとなる.（国家や職場の)中心人物となる.
【当间儿】dāngjiànr 方 真ん中. ¶堂屋 tángwū~放着一张大方桌 / 部屋の真ん中に大きな四角い机が置いてある.
【当街】dāngjiē 名 ❶ 通りに面した側. ❷ 方 街. ≒ 街上 jiēshang
【当今】dāngjīn 名 ❶ 今. ¶~之 zhī 世 / 今の世. ❷ 旧 今の皇帝. 今上(きんじょう).
【当紧】dāngjǐn 形 方 ❶ 重要だ. ❷ (時間などが)切迫している.
【当局】dāngjú ❶ 名 当局. ¶政府~ / 政府当局. ❷ 動 実際に事にあたる. ⇔ 旁观 pángguān
【当局者迷】dāngjúzhě mí 成 当事者より傍観者のほうが正確に判断できる. 傍目八目(おかめはちもく). 表現 後に"旁观者清"が続く.
【当空】dāngkōng 動 空にある. ¶明月~ / 明月が空にかかっている.
【当口儿】dāngkǒur 名 ちょうどその時. ¶就在这~ / ちょうどこの時. ¶正在我们需要帮助的~,他来了 / 手助けが欲しかったちょうどその時に, 彼がやって来た.
【当啷】dānglāng 擬 カラン. ガラン. 金属製の物がぶつかる音.
【当量】dāngliàng 名《化学》当量. ¶电化~ / 電気化学当量.
【当令】dānglìng 動 時節に合っている. 旬だ. ¶现在是伏天 fútiān, 西瓜正~ / 今は夏の真っ盛り, スイカがちょうど旬だ.

【当面】dāng//miàn 動 （～ル）面と向かう．¶～说清楚／面と向かってはっきり言う．反 背后 bèihòu, 背地 bèidì 用法 多く連用修飾語として用いる．
【当面锣对面鼓】dāngmiàn luó duìmiàn gǔ 慣 面と向かって論争や商談をする．
*【当年】dāngnián 名 ❶ 当時．❷ 壮年．¶他正在～／彼は今，働き盛りだ．☞ 当年 dàngnián
*【当前】dāngqián ❶動 眼の前にある．¶困難へ，必须迎着困难上／困難を前にしたら，立ち向かわなければならない．❷名 今のところ．目下．¶～的国际形势／現在の国際情勢．
【当权】dāng//quán 動 権力を握る．¶～者／権力者．
【当权派】dāngquánpài 名 実権派．
【当儿】dāngr 名 ❶ ちょうどその時．¶这～／ちょうどこの時．❷ すき間．
*【当然】dāngrán ❶形 当然だ．¶理所～／道理から考えて当然だ．¶你别想～了,事情不会那么简单的／当たり前だと考えちゃいけない．事はそんなに単純ではない．❷副 もちろん．当然．¶朋友有困难～要帮／友が困っていたら，当然助けるべきだ．
【当仁不让】dāng rén bù ràng 成 なすべきことは自ら進んで行う．¶三位候选人 hòuxuǎnrén 都～／候補の3人はみな一歩もひかない．由来『論語』衛霊公篇に見えることば．
【当日】dāngrì 名 当時．☞ 当日 dàngrì
*【当时】dāngshí 名 そのころ．当時．¶～的情形非常危急／当時の情況はきわめて緊迫していた．☞ 当时 dàngshí
【当事】dāngshì 動 担当する．直接ことに当たる．関与する．
【当事国】dāngshìguó 名 当事国．
【当事人】dāngshìrén 名 ❶（法律）（原告・被告などの）当事者．❷ 直接の関係者．¶我不是～,不太了解事情的真相 zhēnxiàng／私は関係者ではないので，真相についてあまりよく知りません．
【当天】dāngtiān 名 その日．¶～去，～回来／その日に行って，その日にもどる．日帰り．☞ 当天 dàngtiān
【当头】dāngtóu ❶副 真正面から．¶烈日～照／強い日差しが真上から照りつける．❷動 直面する．¶国难 guónàn～／国家の危機に直面する．❸動 第一におく．¶年轻人"敢"字～／若者は「やるぞ」が先走る．
【当头棒喝】dāng tóu bàng hè 成 人に警告を与えて気づかせる．由来"棒喝"は禅宗の僧が初学者を棒で打ち喝(㋖)を入れる意．
【当头炮】dāngtóupào 名 真っ向からの攻撃．由来 中国将棋の戦法から．
【当头一棒】dāng tóu yī bàng 成 ❶→当头棒喝 hè ❷ 突然攻撃する．❸ 単刀直入なこと．
【当务之急】dāng wù zhī jí 成 当面の急務．
【当下】dāngxià 副 ちょうどその時．すぐさま．¶我一听这话，～就愣 lèng 住了／この話を聞いたとたん，私はあっけにとられた．
【当先】dāngxiān ❶動 先頭に立つ．❷ 奮勇～／勇気をふるって先頭に立つ．¶一马～／成 率先して行う．❷名方 はじめ．
【当心】dāngxīn ❶動 気をつける．¶～扒手 páshǒu／スリに注意．¶路上滑,走时请～点儿／道がすべるから，足もとに気をつけて行ってください．同 留神 liúshén, 小心 xiǎoxīn, 注意 zhùyì 反 大意 dàyì ❷名方 胸の真ん中．

【当选】dāngxuǎn 動 当選する．¶～为 wéi 工会主席／労働組合の委員長に選ばれる．¶第一次～／初当選する．同 入选 rùxuǎn, 中选 zhòngxuǎn 反 落选 luòxuǎn
【当央】dāngyāng 方 真ん中．同 中间 zhōngjiān, 当中
【当腰】dāngyāo 方（長いものの）真ん中．¶两头细，粗／両端が細く，真ん中は太い．
【当一天和尚撞一天钟】dāng yītiān héshang zhuàng yītiān zhōng 俗 その場しのぎでお茶をにごす．由来 一日和尚になれば一日だけ鐘を撞(㋖)く，の意から．
【当政】dāngzhèng 動 政権を握る．
【当之无愧】dāng zhī wú kuì 成 その名に恥じない．
【当值［直］】dāngzhí 動 宿直する．当直する．
【当中】dāngzhōng ❶名 真ん中．¶～水流最急／河の真ん中の流れが，もっとも速い．❷…の間．¶毕业生～,很多人现在已经成了白领／卒業生の多くは，いまホワイトカラーになっている．
【当中间儿】dāngzhōngjiànr 方口 真ん中．
【当众】dāngzhòng 副 みんなの前で．¶～出丑 chǒu／大勢の前で恥をかく．
【当子】dāngzi ❶名方 すきま．距離．同 当儿 ❷ 時．ころあい．☞ 当子 dàngzi

珰（璫）dāng
王部6 全10画 四 1917₇

❶奩 婦人の耳かざり．❷奩 漢代，兵務にたずさわる宦官の帽子に付けた装飾品．❸奩 宦官．❹→玎珰 dīngdāng

铛（鐺）dāng
钅部6 全11画 四 8977₇ 次常用

擬 金属がぶつかる音をあらわす．同 当 dāng V
☞ 铛 chēng

裆（襠）dāng
衤部6 全11画 四 3927₇ 次常用

名 ❶ ズボンの股．¶裤～ kùdāng（ズボンの股）／横～ héngdāng（ももまわり）／直～ zhídāng（股がみ）．❷ 股．¶腿～ tuǐdāng（股のつけ根）．

筜（簹）dāng
竹部6 全12画 四 8817₇ 通用

→筼筜 yúndāng

挡（擋/異 攩）dǎng
扌部6 全9画 四 5907₇ 常用

❶動 はばむ．¶拦～ lándǎng（立ちはだかる）／抵～ dǐdǎng（防ぎ止める）．❷名（～ル）覆い．カバー．¶炉～ lúdǎng（ストーブの囲い）／窗户～儿 chuānghùdǎngr（窓のよけ）．❸名（自動車やトラクタなどの）ギア．
☞ 挡 dàng
【挡板】dǎngbǎn 名〔量 块 kuài〕トラックの荷台の側板．
【挡车】dǎng//chē 動 紡績機を管理し，その生産量や品質に責任を負う．¶～工／紡績機の操作担当．台持ち工．
【挡横儿】dǎng//hèngr 動 方 間に入って制止する．¶你挡什么横儿？／どうしてじゃまだてするのか．
【挡驾】dǎng//jià 動 来客を断る．¶来客一律 yīlǜ～／来客をすべて断る．表現 婉曲な言いかた．
【挡箭牌】dǎngjiànpái 名 ❶ 盾．❷ 言い訳．口実．¶你别拿主任的话做～／主任の話を口実にするな．

党 谠 当　dǎng – dàng　213

【挡泥板】dǎngníbǎn 名 (車両の)泥除け. フェンダー.
【挡土墙】dǎngtǔqiáng 名《建築》擁(ょう)壁. 土止め壁.
【挡住】dǎngzhù 動 さえぎって止める. ¶～去路 / 行く手をさえぎる. ¶请让开点儿,别～我嘛 / ちょっと道をあけて,どいてくださいよ. ¶乌云 wūyún 挡不住太阳 / 黒雲は太陽をおおい隠せない.

党(黨) dǎng　小部7　四 9021₂　全10画 常用

❶ 名 政党. 中国では,特に中国共産党をいうことが多い. ¶一章 dǎngzhāng / 入～ rùdǎng (入党する). ❷ 素 徒党. ¶结～营私 yíngsī (徒党を組んで私利をはかる). ❸ 素 ⽂ えこひいきをする. ¶～同伐 fá 异. ❹ 素 ⽂ 親族. ¶父～ fùdǎng (父方の親類) / 母～ mǔdǎng (母方の親類). ❺ (Dǎng)姓.
【党报】dǎngbào 名〔⽚ 份 fèn,张 zhāng〕党の機関紙. 特に,中国共産党の新聞.
【党代表】dǎngdàibiǎo 名 党代表. 参考 第一・第二次国内革命戦争期に,中国共産党が軍の指導のために紅軍に派遣した党代表をさす.
【党代会】dǎngdàihuì 名 ❶ "党员代表大会"(党员代表大会)の略. ❷ "中国共产党全国代表大会"(中国共産党全国代表大会)の略.
【党费】dǎngfèi 名 党費.
【党风】dǎngfēng 名 党風. 表現 特に中国共産党の党風をさすことが多い.
【党纲】dǎnggāng 名 党の綱領.
【党籍】dǎngjí 名 党籍. ¶开除～ / 党籍を剥奪(はくだつ)する.
【党纪】dǎngjì 名 党の規律. ¶按～处分 chǔfèn / 党規にもとづいて処分する.
【党纪国法】dǎngjì guófǎ 名 中国共産党の"纪律"(規律)と中華人民共和国の法律.
【党际】dǎngjì 名 党と党の間. ¶～关系 / 党の関係.
【党建】dǎngjiàn 名 党建設. 参考 特に中国共産党内の思想建設と組織建設をさす.
【党刊】dǎngkān 名 政党の機関刊行物.
【党课】dǎngkè 名 〔⽚ 讲 jiǎng,堂 táng〕党人に,党の綱領や規律などを教育する課程.
【党魁】dǎngkuí 名 ⽂ 政党のボス.
【党龄】dǎnglíng 名 入党してからの年数. ¶多年～的老党员 / 党歴の長い古参党員.
【党内】dǎngnèi 名 党内の. ¶～斗争 / 党内闘争. 反 党外
【党派】dǎngpài 名 党派. ¶建立～ / 党派を結成する.
【党票】dǎngpiào 名 ⽂ (～儿)党籍. 表現 党籍による利益を風刺した言いかた.
【党旗】dǎngqí 名 ⽂ ⽚ 面 miàn 党の旗.
【党群】dǎngqún 名 共産党と大衆.
【党群关系】dǎngqún guānxi[-xi] 名 中国共産党員と非共産党員(大衆)との関係.
【党人】dǎngrén 名 党員.
【党参】dǎngshēn 名《植物》ヒカゲツルニンジン. 参考 根を党参(とうじん)といい,漢方薬に用いる. 山西省上党に産するところからこう呼ばれる. "参 shēn"の発音に注意.
【党史】dǎngshǐ 名 党の歴史.
【党同伐异】dǎng tóng fá yì 成 ⽐ 考えが同じ仲間が徒党を組んで,敵を攻撃する. 用法 もとは学派間の争いをいったが,現在は政治上・社会生活上の争いについてもいう.
【党徒】dǎngtú 名 ⽐〔个 ge,名 míng〕徒党. 一味.
【党团】dǎngtuán 名 ❶ 政党と団体. ❷ ある政党に属する国会議員の代表団. 参考 ① は,中国では,共産党と共産主義青年団をいう.
【党外】dǎngwài 形 党外の. 非党員の. ¶～知识分子 / 非党員のインテリ. 反 党内
【党外人士】dǎngwài rénshì 名 非中国共産党員.
【党委】dǎngwěi 名 "党委员会 dǎngwěiyuánhuì"の略.
【党委会】dǎngwěiyuánhuì 名 政党の各級の委員会. 参考 特に中国共産党の委員会をいう. 略称は "党委 dǎngwěi".
【党委制】dǎngwěizhì 名 党委員会制. 参考 中国共産党の各級委員会を軸とする集団指導体制. すべての重要問題に関して党委員会が集団討議を行い決定する.
【党务】dǎngwù 名 党の仕事.
【党项】Dǎngxiàng 名《歴史》タングート族. 古代羌(きょう)族の流れをくむ民族. 北宋時代,中国北西部に「西夏」政権を建てた.
【党小组】dǎngxiǎozǔ 名 党の末端組織.
【党校】dǎngxiào 名〔所 suǒ〕中国共産党が幹部を養成する学校.
【党性】dǎngxìng 名 党派の心がまえ. ¶培养 péiyǎng～ / 党員としての覚悟をつちかう. ¶缺乏～ / 党員としての自覚に欠ける. 用法 とくに共産党員についていう.
【党羽】dǎngyǔ 名 ⽐ 手下. ¶操纵 cāozòng～ / 手下を操る.
*【党员】dǎngyuán 名〔⽚ 个 ge,名 míng〕党員.
【党章】dǎngzhāng 名 党の規約.
【党证】dǎngzhèng 名 党員の身分証明書.
【党政】dǎngzhèng 名 党と行政. ¶～分开 / 党と行政の職責を分離する.
【党政军】dǎng-zhèng-jūn 名 中国共産党各組織・中国政府各機構・中国人民解放軍各単位の総称.
【党支部】dǎngzhībù 名 党支部. ¶～书记 / 党支部書記.
【党中央】dǎngzhōngyāng 名 中国共産党中央委員会.
【党中央委员会】Dǎngzhōngyāng wěiyuánhuì 名 中国共産党中央委員会. 同 党中央
【党总支】dǎngzǒngzhī 名 中国共産党総支部.
【党组】dǎngzǔ 名 党グループ. 参考 国家機関や人民団体に設置する党の指導機構.

谠(讜) dǎng　讠部10　四 3971₂　全12画 通用

素 ⽂ 直言. 正しいことばや意見. ¶～言 dǎngyán (正しいことば) / ～论 dǎnglùn (正論).

当(當) dàng　小部3　四 9017₇　全6画 常用

Ⅰ 形 適当である. ちょうどよい. ¶恰 qià～ / ぴったりあてはまる. ¶得 dé～ / ぴったりしている. ¶举措 jǔcuò 失～ / 対応が不適切だ. ¶用词不～ / 言葉遣いが適切でない.
Ⅱ 動 ❶ …に当たる. …に相当する. …に匹敵する. ¶他一个人～两个人 / 彼一人で二人に匹敵する.
❷ 動 …とする. …と見なす. ¶以坏～好 / 悪いことを良いことと見なす. ¶把别人的事～自己的事 / 他人のことを自分のこととする.

❸(思い違いをして)…と思う．…と考える．¶我～错了,结果对了/私は間違ったと思ったが,結果は正しかった．¶我～他是学生呢,原来他是老师/私は彼は学生だと思っていたが,なんと先生だった．
❹質入れする．[反]赎 shú ¶～当 dàngdàng．¶典～ diǎndàng/抵当に入れる．
Ⅲ[名]質草．¶赎～ shúdàng/質草を請け出す．¶当～ dàngdàng/品物を質に入れる．
Ⅳ[素]物事が発生した時間をあらわす．¶～时 dàngshí．¶～天 dàngtiān．¶～年 dàngnián．
☞当 dāng

D

【当成】dàngchéng [動]…と思いこむ．[同]当做 dàngzuò,以为 yǐwéi
【当当】dàngdàng [動](品物を)質に入れる．¶把手表送到当铺 dàngpù～/腕時計を質屋に持っていって質入れする．
【当年】dàngnián [名]その年のうち．¶这个工厂～兴建 xīngjiàn,～投产/この工場は建設されたその年から操業を始めた．☞当年 dāngnián
【当票】dàngpiào [名]〔[量]张 zhāng〕質札．
【当铺】dàngpù [名]〔[量]家 jiā〕質屋．¶～老板/質屋の主人．
【当日】dàngrì [名]その日のうち．[同]当天 dàngtiān ☞当日 dāngrì
【当时】dàngshí [副]ちょうどその時．すぐさま．¶他一接到电报,～就回去了/彼は電報を受け取るや,すぐさま帰って行った．☞当时 dāngshí
【当天】dàngtiān [名]その日のうち．¶～的事～做完/その日の仕事はその日のうちに仕上げる．☞当天 dāngtiān
【当头】dàngtou [名][口]質草．¶家里已经没有可作～的东西了/家にはもう質入れできるものはない．
【当晚】dàngwǎn [名]その日の夜．
【当夜】dàngyè [名]その日の夜．
【当月】dàngyuè [名]その月のうち．¶月票～有效/月ぎめ定期券は,その月にかぎり有効だ．
【当真】dàngzhēn ❶[動]本気にする．¶开个玩笑,怎么能～呢？/冗談なのに,なぜ真に受けることができようか．❷[形]確かだ．¶此话～？/この話は本当なの？❸[副]本当に．[同]果然 guǒrán
【当子】dàngzi [量]事柄を数えることば．[同]场 cháng,次 cì ☞当子 dāngzi
*【当做】dàngzuò [動]…と見なす．…とする．…と考える．¶～证据/証拠と見なす．¶小李把我的忠告 zhōnggào～耳边风,根本听不进去/李さんは私の忠告などどこ吹く風で,まったく耳を貸さない．

凼([異]氹) dàng
凵部4 [四]2277₀ 全6画 [通用]

[名][方]水だめ．¶水～ shuǐdàng(水だめ)/～肥 dàngféi．
【凼肥】dàngféi [名]《農業》肥(こえ)．堆(たい)肥．

砀(碭) Dàng
石部3 [四]1762₇ 全8画 [通用]

[素]地名用字．¶～山 Dàngshān(安徽省の県名)．

宕 dàng
宀部5 [四]3060₂ 全8画 [通用]

❶[素][文]引き延ばす．¶～帐 dàngzhàng(返済をのびのびにしている勘定)/延～ yándàng(引き延ばす)．❷(Dàng)姓．

垱(壋) dàng
土部6 [四]4917₇ 全9画 [通用]

[名]灌漑(かんがい)用の小さな堤．

荡(蕩/[異]盪❶～❸) dàng
艹部6 全9画 [四]4412₇ [常用]

❶[素]すっかり除く．¶扫～ sǎodàng(掃討する)/倾家～产(財産をすっかり使い果たす)．❷[素]洗う．¶～涤 dàngdí/冲～ chōngdàng(水が激しくぶつかる)．❸[動]揺れ動く．揺り動かす．¶～船 dàngchuán(船をこぐ)/～秋千 qiūqiān(ブランコをこぐ)/动～ dòngdàng(揺れる)/震～ zhèndàng(震える)/～漾 dàngyàng．❹[素]勝手気ままだ．やり放題だ．¶放～ fàngdàng(放埒(ほうらつ)だ)/浪～ làngdàng(放蕩(ほうとう)する)．❺[素]浅い湖．❻[名]"凼 dàng"に同じ．❼(Dàng)姓．
【荡荡】dàngdàng [形]広大なようす．¶浩浩～/広大で果てしない．¶空～/がらんとしている．
【荡涤】dàngdí [動][文]❶洗い流す．¶～污垢 wūgòu/あかを洗い落とす．❷古いもの,悪いものを除去する．¶～封建思想/封建的な思想を一掃する．
【荡妇】dàngfù [名]放埒(ほうらつ)な女性．
【荡平】dàngpíng [動]世の中の乱れを平定する．¶～天下/天下を平定する．
【荡气回肠】dàng qì huí cháng [成]"回肠荡气 huí cháng dàng qì"に同じ．
【荡然】dàngrán [形][文]跡形もない．
【荡然无存】dàng rán wú cún [成]すっかり消え去って跡形もない．
【荡漾】dàngyàng [動]❶ひたひたと波打つ．¶湖面～起波光/湖面にはさざ波が立っている．❷ゆらゆらと流れる．¶歌声～/歌声が流れる．¶春风～/春風がそよそよと吹く．

挡(擋) dàng
扌部6 [四]5907₇ 全9画 [常用]

→摒挡 bìngdàng
☞挡 dǎng

档(檔) dàng
木部6 [四]4997₇ 全10画 [常用]

❶[名]文書保管用の仕切のある戸棚．¶文件归～ guīdàng(書類を保管する)．❷[名]分類保存されている書類や資料．¶～案 dàng'àn/查～ chádàng(保存書類を調べる)．❸[素](商品などの)等級．¶高～商品(高級品)．❹[名](～儿)横木．❺(Dàng)姓．
【档案】dàng'àn [名]〔[量]部 bù,份 fèn〕学校・事務所・役所などの保存書類．¶～柜 guì/ファイルキャビネット．¶人事～/人事関係書類．¶查～/資料を調べる．[参考]所属機関などの人事部門が保管する"人事档案"(個人の身上調書)をいうことが多い．
【档次】dàngcì [名]等級．グレード．ランク．¶商品种类多,～全/商品は,種類も豊富でランクも多様だ．¶上～的/高級品．
【档期】dàngqī [名]映画の上映期間．上映時期．
【档子】dàngzi [量][方]❶できごとを数えることば．¶这～事儿/このできごと．[同]档儿 dàngr ❷組になった曲芸や舞踊を数えることば．¶两～龙灯/二組の「竜灯」踊り．¶一～旱船 hànchuán/一組の「跑旱船(ほうかんせん)」踊り．

砀 dàng
艹部8 [四]4460₂ 全11画 [通用]

❶→莨菪 làngdàng ❷(Dàng)姓.

dao ㄉㄠ [tɑʊ]

刀 dāo
刀部0 四 1722₀
全2画 常用

❶ 名 (～儿) 〔⚆ 把 bǎ〕刀・ナイフ・包丁などの刃物. ¶菜～ càidāo (包丁) / 军～ jūndāo (軍刀) / 铅笔～儿 qiānbǐdāor (鉛筆削りナイフ). ❷ 量 紙を数える単位. 普通100枚を"一刀"という. ❸ 名 刃物状のもの. ¶冰～ bīngdāo (スケート靴のエッジ). ❹ 名 古代の刀. ❺ 名 古代の貨幣の一種. ¶～布 dāobù (古代の青銅製貨幣). ❻(Dāo)姓.

刀④

剑 jiàn

【刀疤】dāobā 名 刀傷の跡. 同 刀瘢 dāobān
【刀把儿】dāobàr 名 ❶ 権力のたとえ. ¶～操在他手里 / 生殺与奪の権は彼の手にある. 同 刀把子 dāobàzi ❷ 刃物の柄. 器物の取っ手. 同 刀把子
【刀背】dāobèi 名 (～儿) 刀のみね.
【刀笔】dāobǐ 名 動 訴状や証書を書くこと. また,その人. ¶～吏 lì / 証書を書く小役人. ¶～老手 / 訴状を書くベテラン. 由来 古代では,竹簡に書きつけた文書の字の間違いを刀で削って消していたことから.
【刀兵】dāobīng 名 ❶ 武器. 動～ / 戦争を始める. ¶～相见 / 武器を持って相まみえる. ❷ 戦争. ¶～之 zhī 灾 / 戦禍.
【刀柄】dāobǐng 名 刃物の柄. 同 刀把儿 dāobàr, 刀排 dāopái
【刀叉】dāochā 名 〔⚆ 副 fù〕ナイフとフォーク. ¶用～吃西餐 / ナイフとフォークで洋食を食べる.
【刀豆】dāodòu 名《植物》ナタマメ.
【刀锋】dāofēng 名 刀や刃物の切っ先. 同 刀刃 dāorèn
【刀斧手】dāofǔshǒu 名 旧 死刑執行人. 首切り役人.
【刀耕火种】dāo gēng huǒ zhòng 成 焼き畑農業. 同 火耨 nòu 刀耕
【刀光剑影】dāo guāng jiàn yǐng 成 刀が光り,剣の影が動く. 殺気がみなぎっているようす. 物騒な気配.
【刀光血影】dāo guāng xiě yǐng 成 刀の光と血の影. ぶっそうな気配. 同 刀光剑影
【刀痕】dāohén 名 ❶ 刀傷. ❷ 刀で切った跡.
【刀架】dāojià 名 ❶《机械》切削工具を固定し,送り運動を行う部分. ❷ テーブル上のナイフ置き.
【刀锯】dāojù 名 刑罰. 由来 古代,刀と鋸(鋸)を用いたことから.

【刀口】dāokǒu 名 ❶ 刃物の刃. ¶～锋利 fēnglì / 刃が鋭利でよく切れる. ❷ 肝心なところ. ¶钱要花在～上 / お金を最も必要な所に使う. ❸ (手術による)傷口. (刃物による)傷口. ¶～尚 shàng 未愈合 yùhé / 傷口はまだふさがっていない.
【刀马旦】dāomǎdàn 名《芸能》伝統劇における立ち回り役の女形. 由来 馬の上で大刀や長い槍を使って闘う役に扮することから.
【刀片】dāopiàn 名 ❶《机械》切削工具や切削用機械の刃. ❷ (～儿) 〔⚆ 个 ge, 片 piàn〕カミソリの刃.
【刀枪】dāoqiāng 名 ❶ 刀と槍. 武器. ¶～剑戟 jiànjǐ / 刀と槍と剣と矛. 古代の4種の武器. 広く兵器を指す.
【刀枪不入】dāo qiāng bù rù 成 不死身だ.
【刀枪入库】dāo qiāng rù kù 成 武器を倉におさめる. 戦闘態勢を解く. 表現 ふつう"马放南山"(馬を南山に放つ)を続けて言う.
【刀鞘】dāoqiào 名 刀のさや.
【刀刃】dāorèn 名 (～儿) ❶ 刃物の刃. 同 刀口 dāokǒu ❷ 最も必要な所. 肝心なところ. ¶外汇 wàihuì 来之 zhī 不易,一定要用在～上 / 外貨導入は容易ではないので,もっとも肝要な所に使うべきだ. 同 刀口 dāokǒu
【刀山火海】dāo shān huǒ hǎi 成 剣の山,火の海. 非常に危険な場所. 同 火海刀山
【刀伤】dāoshāng 名 刀傷.
【刀术】dāoshù 名《武术》刀を用いる武術.
【刀削面】dāoxiāomiàn 名《料理》小麦粉を棒状にして,薄くそいで熱湯に入れて作る麺. 山西省のものが有名.
*【刀子】dāozi 名 口 〔⚆ 把 bǎ〕ナイフ. 小刀. 包丁. 同 刀儿 dāor
【刀子嘴豆腐心】dāozizuǐ dòufuxīn 慣 ことばはきついが心根のやさしい人.
【刀俎】dāozǔ 名 文 迫害者. 由来 包丁とまな板. それを使って相手を迫害・殺傷するという意から.

叨 dāo
口部2 6702₀
全5画 常用

下記熟語を参照.
☞ 叨 dáo, tāo

【叨叨】dāodao 動 くどくど言う. ¶别一个人～了,听听大家的意见 / 一人でごたごた言わずに,皆の意見も聞こう. 用法 ふつう目的語をとらない.
【叨登】dāodeng 動 口 ❶ ひっくり返す. ❷ 古いことを持ち出す. 蒸し返す. ¶事情已经过去了,还～什么？/ もう済んだことなのに,今になって何を言ったのか.
【叨唠】dāolao 動 くどくど言う. ¶别净 jìng～人家,也想想自己！/ 人のことをくどくど言わずに,自分のことも考えなさい.
【叨念】dāoniàn 動 ぶつぶつつぶやく. 気にかけていることを口に出す. 同 念叨 niàndao

忉 dāo
忄部2 9702₀
全5画 通用

下記熟語を参照.

【忉忉】dāodao 形 憂い悲しようす.

氘 dāo
气部2 四 8021₇
全6画 通用

名《化学》デューテリウム. D. 同 重氢 zhòngqīng

鱽(魛) dāo
鱼部2 四 2712₀
全10画 通用

名《鱼》❶ タチウオ. 同 刀鱼 dāoyú, 带鱼 dàiyú ❷ エツ. 同 凤尾鱼 fèngwěiyú, 鲚鱼 jìyú

dáo – dǎo 叨捯导岛捣

叨 dáo
口部2 全5画 四 6702₀ 常用
下記熟語を参照.
☞ 叨 dāo, tāo
【叨咕】dáogu 動(方) ぶつぶつ言う. 同 唠叨 láodao

捯 dáo
扌部8 全11画 四 5200₀ 通用
動(方) ❶ (ひもや縄を)たぐる. ¶ 把风筝 fēngzheng〜下来(凧をたぐり寄せる). ❷ 原因を追及する. ¶ 这件事到今天还没〜出头来(この事は今日まだ,手がかりがつかめていない).

导(導) dǎo
己部3 全6画 四 7734₁ 常用
❶ 索 指導する. 手引きする. ¶〜航 dǎoháng / 〜演 dǎoyǎn / 教〜 jiàodǎo (教え導く). ❷ 索 引き入れる. ¶〜淮 Huái 入海(淮河を導いて海に入れる). ❸ 索 《物理》伝導する. ¶〜电 dǎodiàn / 半一体 bàndǎotǐ (半導体). ❹ (Dǎo)姓.
【导板】dǎobǎn →倒板 dǎobǎn
【导标】dǎobiāo 名《交通》航路標識.
【导播】dǎobō ❶動(テレビやラジオの)番組を作成し,放送する. ❷名 番組編成者. ディレクター.
【导车】dǎochē ❶動運転手に,走行路や停車位置の指示をする. ❷名 ナビゲーター.
【导弹】dǎodàn 名《軍事》〔働 颗 kē, 枚 méi〕ミサイル. ¶〜核 hé 武器 / 核ミサイル. ¶储存 chǔcún〜 / ミサイルを配備する. 同 导向飞弹 dǎoxiàng fēidàn
【导弹防御系统】dǎodàn fángyù xìtǒng 名《軍事》ミサイル防御システム. 参考 現在は弾道ミサイル防御システムを指すことが多い.
【导弹艇】dǎodàntǐng 名《軍事》ミサイル艇. 参考 対艦ミサイルを搭載した小型高速水上艦艇.
【导电】dǎodiàn 動《物理》電気伝導する. ¶〜体 / 伝導体. ¶〜弓 gōng / パンタグラフ.
【导读】dǎodú 動 読み方を指導する. 用法《中国文学作品〜》のように,書名に用いることが多い.
【导购】dǎogòu ❶動 顧客に対し,商品の説明や購入のアドバイスをする. ❷名 ❶の業務を行う人. ショッピングアドバイザー.
【导管】dǎoguǎn 名 (〜儿) ❶《機械》導管. パイプ. ❷《動物》脈管. 血管. ❸《植物》導管.
【导轨】dǎoguǐ 名 ❶《機械》ガイド. 誘導装置. ❷《建築》ガイド・レール.
【导航】dǎoháng 動《交通》(航路標識・無線・レーダーなどに)飛行機や船を誘導する. ¶〜灯 / 誘導灯. ¶〜雷达 / 航行用レーダー.
【导火线】dǎohuǒxiàn 名 導火線.
【导火线】dǎohuǒxiàn 名 ❶〔働 根 gēn, 条 tiáo〕導火線. 同 导火索 dǎohuǒsuǒ ❷ (纷争などの)引き金. きっかけ.
【导览】dǎolǎn 動 (ビデオやモニターなどで)観光地や観光施設を案内する.
【导轮】dǎolún 名《機械》機械に取り付けるガイド用の滑車や車輪.
【导论】dǎolùn 名 ❶ 序論. ❷ 入門書. ¶语言学〜 / 言語学入門. 用法 ❷は書名に多く用いる.
【导呐】dǎonà 名(楽)アドバンス.
【导尿】dǎoniào 動《医学》導尿する.
【导热】dǎorè 動《物理》熱伝導する. ¶〜率 lǜ〔系数 xìshù〕 / 熱伝導率.

【导师】dǎoshī ❶〔位 wèi〕(大学や研究機関などの)指導教授. ❷ 指導者. リーダー. ¶革命〜 / 革命の指導者.
【导数】dǎoshù 名《数学》導関数. 同 微商 wēishāng
【导体】dǎotǐ 名《物理》導体. ¶半〜 / 半導体. ¶超〜 / 超伝導体.
【导线】dǎoxiàn 名《電気》〔働 根 gēn〕導線.
【导向】dǎoxiàng 動 ❶ (ある方面に)発展させる. ¶〜两国关系的正常化 / 両国の関係の正常化をはかる. ❷ (地理的な方向に)誘導する. ¶这种火箭的〜性能 xìngnéng 良好 / このロケット兵器の誘導機能はすぐれている. ❸ (進むべき方向を)指導する. 導く. ¶产品结构调整应以市场为〜 / 製品生産構造の調整は,市場によって導かれるべきだ.
【导言】dǎoyán 名〔働 篇 piān〕前書き. 序言. 同 绪论 xùlùn
【导演】dǎoyǎn ❶動 演出する. 監督する. ❷名〔働 个 ge, 名 míng, 位 wèi〕演出家. 監督. ¶黑泽明是闻名世界的〜 / 黒沢明は世界的に有名な監督だ.
【导医】dǎoyī 動名 (病院内で業務として)患者に対して受け付けや支払いなどの手助けをする. また,その担当者. 同 导诊 zhěn
【导游】dǎoyóu ❶動 観光案内をする. ¶〜图 / 観光案内図. ❷名〔働 个 ge, 名 míng, 位 wèi〕ガイド. 同 向导 xiàngdǎo
【导源】dǎoyuán 動 ❶ 源を発する. ¶黄河〜于青海 Qīnghǎi / 黄河は青海省に源を発している. ❷ …をもとに発展する. ¶〜于实践 / 認識は実践に基づく. ¶认识〜于实践 / 認識は実践に基づく. 用法 ❶❷とも後ろに"于"を取ることが多い.
【导展】dǎozhǎn 動名 展示会などで,入場者に会場内の案内サービスをする. また,その担当者.
【导诊】dǎozhěn →导医 dǎoyī
【导致】dǎozhì 動 引き起こす. 招く. ¶他因为一时糊涂而犯罪 fànzuì, 〜一个幸福的家庭家散人离 / 彼は一時の気の迷いで罪を犯し,幸福な家庭をめちゃめちゃにしてしまった.

岛(島) dǎo
山部4 全7画 四 2772₇ 常用
名 ❶ 〔働 个 ge, 座 zuò〕島. ¶〜国 dǎoguó / 民 dǎomín (島民) / 半〜 bàndǎo (半島). ❷ (Dǎo)姓.
筆順 ′ ク 夕 乌 岛
【岛国】dǎoguó 名 島国.
【岛屿】dǎoyǔ 名〔働 个 ge, 座 zuò〕島々. 島嶼(とうしょ). ¶由许多大大小小的〜所组成的国家 / 大小多くの島々からなる国家.

捣(搗/異 擣) dǎo
扌部7 全10画 四 5702₇ 次常用
動 ❶ (棒の先などに)つく. 強く押しつぶす. ¶〜米 / 〜蒜 suàn (ニンニクをつき砕く). ❷ (叉)棒や拳などでたたく. ¶〜衣服(洗濯物をたたき洗いする). ❸ かき乱す. ¶〜乱 dǎoluàn / 〜鬼 dǎoguǐ. ❹ 攻める. ¶〜毁 dǎohuǐ.
【捣蛋】dǎo//dàn 動(子)わざと悶着を起こす. 言いがかりをつけてからむ. ¶调皮 tiáopí〜 / いたずらや嫌がらせをする. ¶别在这里〜了 / ここで騒ぐんじゃないよ. ¶从中〜 / 間に立って悶着を起こす.

【捣鼓】dǎogu 動[方] ❶ いじりまわす. ❷ ひそひそしゃべる.

【捣鬼】dǎo//guǐ 動 陰でこそこそたくらむ. ¶有话明说,别在暗中～ / 言いたいことがあるならはっきり言え. 影で悪巧みをするのはやめろ.

【捣毁】dǎohuǐ 動 たたき壊す. ¶～敌巢 dícháo / 敵の本拠地を粉砕する.

【捣乱】dǎo//luàn 動 ❶ 騒動を起こす. 破壊活動をする. ¶不许～ / 破壊活動を禁止する. ❷ わざと悶着を起こす. 邪魔をする. ¶你不是成心 chéngxīn～吗？ / 君はわざと嫌がらせをしてるんじゃないのか.

【捣麻烦】dǎo máfan 句[口] わざと人を困らせる. ¶你故意跟我～ / 君はわざと私を困らせようとしているな.

【捣米】dǎo//mǐ 動 米をつく.

【捣碎】dǎosuì 動 つき砕く. ¶把黄豆～,做豆浆 dòujiāng / 大豆をついて豆乳をつくる.

【捣腾】dǎoteng "倒腾 dǎoteng"に同じ.

倒 dǎo

亻部8 [四] 2220₀ 全10画 [常用]

動 ❶（立っていたものが）横になる. 横倒しになる. ¶墙～了 / 塀が倒れた. ¶～在床上就睡着 shuìzháo 了 / ベッドに横になったかと思ううすぐ寝てしまった.

❷（企業·政権·政府などが）倒れる. つぶれる. ¶～闭 dǎobì. ¶政府～了 / 政府が倒れた.

❸ 入れ換える. 移動する. ¶～车 dǎochē. ¶～手 dǎoshǒu. ¶～换 dǎohuàn. ¶331路坐到新街口再～22路 / 331番バスで新街口まで行ってそれから22番に乗り換えます. ¶地方太小,～不开身儿 / 場所が狭くて身動きができない. ¶三班～ / （勤務シフトの）三交替.

❹ 譲り渡す. ¶铺子 pùzi～出去了 / 店は人手に渡った.

❺ 食欲がなくなる. ¶～胃口 wèikou.

⇒ 倒 dào

【倒把】dǎobǎ 動 さや取引をする. 投機売買をする. ¶投机 tóujī～ / 相場で投機をする.

【倒班】dǎo//bān 動 (～儿) (ローテーションを組んで)勤務を交代する. ¶～生产 / 交代制で生産する. ¶昼夜 zhòuyè～ / 昼夜交代で勤務する.

【倒板】dǎobǎn 名[芸能] 伝統劇の歌唱方法の一つ. まとまった歌唱の先導部分で用いて,激しい悲憤を表現する. 同 导 dǎo 板.

【倒闭】dǎobì 動 倒産する. ¶今年～的公司比去年少了 / 今年倒産した会社の数は昨年より減少した. 反 开张 kāizhāng.

【倒毙】dǎobì 動 地面に倒れて死ぬ. ¶～街头 / 行き倒れになる.

【倒仓】dǎo//cāng 動 ❶ 倉庫の穀物を外に出して乾燥させ,再び倉庫に入れる. ❷ 倉庫の穀物を別の倉庫に移す. ❸ 役者が青年期に声変わりしたり,声が出なくなる. 同 倒嗓 dǎosǎng.

【倒茬】（農業）❶ dǎo//chá 動 輪作する. 同 轮作 lúnzuò. ❷ dǎochá 名 輪作.

【倒车】dǎo//chē（列車やバスに）乗り換える. ¶路上要～吗？ / 途中,乗り換えが必要ですか. ¶倒了三次车 / 3回乗り換えた. ⇒ 倒车 dàochē.

【倒伏】dǎofú 動 [農業] 作物が倒れる. ¶受暴风 bàofēng 的影响,麦子 màizi～了一大片 / 暴風のために,麦が一面横倒しになった.

【倒戈】dǎogē 動[文] 裏切る. 寝返る. ¶～投敌 tóudí / 敵に寝返る. 由来「矛先を逆に向ける」ことから.

【倒阁】dǎogé 動 内閣を倒す. 内閣不信任を主張する.

【倒海翻江】dǎo hǎi fān jiāng 成 海をさかしまにし,川の水を翻す. 勢いや力がきわめて盛んだ. 同 翻江倒海.

【倒换】dǎohuàn 動 ❶ 代わる. 交代する. ¶作物～着种 / 作物を順番に植えかえる. ❷（順番を）取り替える. ¶～次序 cìxù / 順番を変える.

【倒嚼［噍］】dǎojiào 反刍（芻）する.

【倒卖】dǎomài 動（投機的行為で）転売する. ¶转手 / 右から左へ転売する. ¶～粮食 / 食糧を又売りする.

【倒霉［楣］】❶ dǎoméi 形 運が悪い. ついていない. ¶奖金让小偷偷了,～透了 / ボーナスをこそ泥に取られた. 最悪だ. 同 倒运 dǎoyùn, 晦气 huìqi. 反 走运 zǒuyùn. ❷ dǎo//méi 動 ひどい目に遭う. ¶倒了一辈子 yībèizi 霉 / 一生ひどい目にあった.

【倒票】dǎopiào 動 切符や入場券などを買い込み,高く転売する. ダフ屋行為をする.

【倒（儿）爷】dǎo(-r-)yé 名[口] 商品や土地などを転売してもうける人. 闇のブローカー. 転売屋.

【倒嗓】dǎosǎng 声変わりする.

【倒手】dǎo//shǒu 動 ❶ (物を別の手に)持ちかえる. ¶他没～,一口气把箱子提到楼上 / 彼は持ちかえもせず,箱を2階まで一気に持ち上げた. ❷ 転売する. ¶～转卖给别人 / 人に転売する.

【倒塌】dǎotā 動（建物が）倒れる. 崩れる. ¶房屋～/ 家屋が倒壊する. ¶刚造好的桥～了 / できたばかりの橋が崩れた.

【倒台】dǎo//tái 動 崩壊する. 失脚する. ¶他～以后就没有以前那样威风 wēifēng 了 / 失脚後,彼は以前のような威厳はなくなった. 同 垮台 kuǎtái, 塌台 tātái, 坍台 tāntái.

【倒腾】dǎoteng 動 [口] ❶ ひっくり返る. 移す. 同 捣腾 dǎoteng. ❷ 配置する. 交換する. ¶人手少,事情多,～不开 / 人手は少なく,やることは多くて,さばききれない. 同 捣腾 dǎoteng. ❸ 仕入れて売る. 転売する. ¶～牲口 shēngkou / 家畜を転売する. ¶～小买卖 / 小さな商売をする. 同 捣腾 dǎoteng.

【倒替】dǎotì 動 順番に代わる. 交代する.

【倒头】dǎo//tóu 動 ❶ 横になる. 寝る. ❷[方] 死ぬ. くたばる.

【倒胃口】dǎo wèikou 俗 ❶ 食べ飽きていやになる. ¶再好吃的吃多了也～ / どんなにおいしいものでも,食べ過ぎればいやになる. ❷ うんざりする. 退屈する. ¶他的话真让人听了～ / 彼の話にはまったくうんざりだ.

【倒休】dǎoxiū 動 休日を振り替える.

【倒牙】dǎo//yá 動（物を食べて）歯が浮く.

【倒运】dǎoyùn 動形[口] "倒霉 dǎoméi"に同じ.

【倒运】dǎoyùn 動 ❶ 闇で転売して利益を得る. ¶靠～木料赚 zhuàn 了一大笔钱 / 木材の転売で,大もうけをした. ❷ 運送する.

【倒灶】dǎo//zào 動[方] だめになる. 落ちぶれる.

【倒账】dǎozhàng ❶ 動 借金を踏み倒す. ¶～卷逃 juǎntáo / 借金を踏み倒し,金目の物を持ち逃げする. ❷ 名 回収不能な貸し付け.

祷（禱） dǎo

礻部7 [四] 3524₀ 全11画 [次常用]

繁 ❶ 祈る. ¶祈～ qídǎo（祈禱する）. ❷[文] 切望する. ¶为～ wéidǎo（願う）/ 盼～ pàndǎo（請い願う）. 用法 ❷は手紙文でよく用いる.

【祷告】dǎogào 動（神仏に）祈りをささげる. 祈る. ¶

向耶稣 Yēsū~ / イエスに祈りをささげる. 回 祈祷 qídǎo

【祷祝】 dǎozhù 动 祈る. 祈願する. ¶~您一路平安 / 道中のご無事をお祈りします.

蹈 dǎo
足部10　四 6217₇
全17画　常用

素 ❶ 文 踏む. ¶赴 fù 汤~火 (水火も辞せず) / 重 chóng~覆辙 fùzhé / 同じ失敗をくり返す). ❷ 文 実行する. 従う. ¶循 xún 规~矩 jǔ (規則どおりにきちんとやる). ❸ 踊る. ¶舞~ wǔdǎo (ダンスをする) / 手舞足~ (踊り上がって喜ぶ).

【蹈海】 dǎohǎi 动 文 海に身を投げる. ¶~自尽 / 海に身を投げて自殺する.

【蹈袭】 dǎoxí 动 踏襲する. 古いやり方をそのまま受け継ぐ. ¶~覆辙 fùzhé / 同じ失敗を重ねる. 前者の轍 (てつ) を踏む. ¶反对一味~ / 無批判な踏襲に反対する.

到 dào
至部2　四 1210₀
全8画　常用

I 动 ❶ 到達する. 到着する. ¶~了一个新的阶段 / 新しい段階に達した. ¶人~齐 qí 了 / 全員揃った. ¶春天~了 / 春になった. ¶她还没有~十八岁吧? / 彼女はまだ18になっていないでしょう. ¶马上要~国庆节了 / もうすぐ国慶節だ. ¶你什么时候~北京的? / いつ北京に来られましたか. ¶~上海不吃小笼包 xiǎolóngbāo, 那太遗憾 yíhàn 了 / 上海に来てショーロンポーを食べないのは残念だ.
❷ 行く. ¶我~过一次海南岛 / 私は海南島へ行ったことが一度ある. ¶~朋友家作客 / 友人の家に遊びに行く. ¶~北京大学听课 / 北京大学に聴講に行く.
II 出席を取る時の返事. ¶~! / はい!
III 形 行き届いている. 周到だ. ¶想得很~ / 配慮がよく行き届いている. ¶有不~的地方请原谅 / 行き届かないところはどうかお許しください.
IV 前 ❶(到達時刻を表わし)...まで. ¶会议~下午四点结束 / 会議は午後4時に終わった.
❷(終点·到着地を表わし)...で. ...に. ...へ. ¶请~这边来 / こちらへ来てください. ¶欢迎你们~中国来! / ようこそ中国へ. ¶孩子们都~图书馆借书去了 / 子供たちは図書館へ本を借りに行った. ¶你~哪儿去? / あなたはどこへ行くのですか.
V (Dào) 姓.

🖉 方向補語 "到"

①動詞·形容詞の後ろに置いて到達時刻, 到達程度を表わす.
◇工作到深夜 / 深夜まで仕事する.
◇你们的课本学到哪儿了? / あなた方はテキストをどこまで学びましたか.
◇今天的水位高到四米 / 今日の水位は4メートルに達した.
◇灯一直亮到天明 / 明かりが明け方までついていた.
②動詞の後ろに置いて動作の結果が達成されたことを表わす.
◇我找了半天,还没找到 / さんざん探したがまだ見つからない.
◇你买到电脑了吗? / パソコンを買いましたか.
◇刚才我在食堂看到了小王 / さっき食堂で王さんを見かけた.
◇他听到这个消息,准 zhǔn 高兴 / 彼がこの知らせを聞いたらきっと喜ぶ.

◇没想到咱们在这儿碰上了 / ここで会うとは思いもよらなかった.
◇我也感到很高兴! / 私もとても嬉しいです.

【到案】 dào'àn 动《法律》出廷する.

【到差】 dào//chāi 动 文 (官吏が)着任する. 就任する. ¶~一才三个月 / 着任して, まだ3ヶ月だ. 回 到职 dàozhí

【到场】 dào//chǎng 动 (ある場所や会合に)行く. 出席する. ¶许多专家学者都~祝贺 / 多くの専門家や学者が出席して祝った.

*【到处】 dàochù 副 いたるところ. あちこち. ¶~找 / あちこち探す. ¶春节的时候,~都喜气洋洋 yángyáng / 旧正月の時期には, どこもかしこもめでたい雰囲気があふれている.

*【到达】 dàodá 动 到達する. 到着する. ¶火车于上午五时~北京 / 汽車は午前5時に北京に到達する. 回 抵达 dǐdá 反 出发 chūfā

*【到底】 dào//dǐ 动 最後まで~する. 徹底的に行う. ¶进行~ / 最後までやり抜く.

*【到底】 dàodǐ 副 ❶ ついに. とうとう. ¶想了好久,~明白了 / 長い間考えて, やっとわかった. 回 终究 zhōngjiū
❷(疑問文に用いて)いったい. 結局のところ. ¶你们昨晚~去了哪里? / 君たち昨晩いったいどこへ行っていたのか. ¶那位漂亮的女孩~叫什么名字? / あのきれいな女の子はいったい何ていう名前なんだい? 回 究竟 jiūjìng ❸ さすがに. やはり. ¶~还是年轻人干劲儿 gànjìnr 大 / 何といってもやはり若い人は意欲が旺盛だ.

【到点】 dào//diǎn 动 時間になる. ¶~了,咱们开始吧 / 時間になったので始めましょう.

【到顶】 dào//dǐng 动 極限に達する. 頭打ちになる. ¶增产~ / 増産は限界に達した.

【到访】 dàofǎng 动 来訪する. 回 来访

【到会】 dàohuì 动 (会に)出席する.

【到家】 dào//jiā 动 かなり高いレベルに達する. ¶小美的武术练~了 / メイちゃんは武術のエキスパートだ. ¶服务不~ / サービスはまだまだだ.

【到来】 dàolái 动 到来する. ¶春节马上就要~了 / もうすぐ旧正月だ.

【到了儿】 dàoliǎor 副 方 ついに. とうとう.

【到期】 dào//qī 动 期限が来る. ¶这个食品快~了,先拿来吃吧! / この食品はもうすぐ賞味期限だから, 先に出して食べよう.

【到任】 dào//rèn 动 着任する. ¶张老师是新~的语文老师 / 張先生は新任の国語の先生だ. 回 到职 dàozhí, 就任 jiùrèn 反 离任 lírèn

【到手】 dào//shǒu 动 手に入れる. 獲得する. ¶好不容易才把这些钱弄~了 / やっとのことでこのお金を工面した.

【到头】 dào//tóu 动 (~儿) 極限に達する. ぎりぎりまでいく. ¶好~了 / この上なくよい. ¶到了头儿的价钱 jiàqian / ぎりぎりの値段. ¶我们的忍耐,已经~了 / 私たちの我慢も, もう限界だ.

【到头来】 dàotóulái 副 とうとう. あげくの果てには. 結局. ¶不听别人的劝告 quàngào,~只会自己吃亏 chīkuī / 他人の忠告を聞かないと, 結局は自分が損をする. 表現 多くは悪い方向で結末にまで至ったことをあらわす.

【到⋯为止】 dào...wéizhǐ ⋯までやめる, ⋯までのところ. ¶到目前为止还没接到通知 / 今までのところ, まだ知らせがない. ¶今天到这里为止 / 本日はここまでにします (授業を終える時のことば).

【到位】dào//wèi 動 ❶《スポーツ》球技で球を所定の場所に置く．②規定の位置やレベルに達する．
【到职】dào//zhí 動 着任する．就任する．囘 到任 dàorèn

帱(幬) dào
巾部7 四 4524。
全10画 通用
動 ⊗覆う．
☞ 帱 chóu

倒 dào
亻部8 四 2220。
全10画 常用

❶動（上下または前後を）逆さまにする．逆さになる．¶~悬 dàoxuán．¶~置 dàozhì．¶次序 cìxù~了／順番が逆になっている．¶~数 shǔ 第一行 háng／下から一行目．¶中国人为什么把"福"字~着贴 tiē 呢？／中国人はなぜ"福"の字を逆さに張るのですか．

❷動 ①容器を傾けたり逆さまにして中のものを出す．注ぐ．つぐ．¶~茶 dàochá．¶~水／水をそそぐ．¶把这些垃圾 lājī~了／このごみを空けて．
②（比喩的に用いて）気持ちや事情などを洗いざらい話す．¶她把心里话都~出来／彼女は思っていることをすべて吐き出した．

❸動 もとの方向へもどる．バックする．¶~车 dàochē．¶~退 dàotuì．¶路太窄 zhǎi，车~不过来／道が狭くて，車を方向転換させることができない．

❹副（意に反して）むしろ．かえって．囘 反而 fǎn'ér，反倒 fǎndào ¶本想省事，没想~费事了！／手間がかからぬと思っていたが，なんとこれは大変だ．

❺副（意外に感じて）なんと．実のところ．¶你有什么理由，我~要听听！／君にどういう理由があるのか，私は聞きたいのですが．

❻副（逆説やとがめる語気で）…だが．¶你说得~容易，可做起来不容易／君はえらく簡単に言うが，そんなにたやすくはない．

❼副 (日)（"…倒…，就是[可是・但是・不过]"の形式で譲歩を表わし）…することはするが，…であるにはあるが．¶我跟他认识~认识，但是不太熟／私は彼を知っていることは知っているが，よくは知らない．¶这台电视机好~是好，可是太贵／このテレビはいいのはいいが，高すぎる．¶我累~不累，就是有点儿困／私は疲れてはいないが，ただ少しねむい．

❽副 (日)（催促や詰問の気持ちで）いったいどうなんだ．¶你~去不去呀！／行くのか行かないのか，いったいどっちなんだ．

☞ 倒 dǎo

【倒背如流】dào bèi rú liú 成（詩歌や文章などを）よどみなく上手に暗唱できる．
【倒背手】dàobèi//shǒu 動 後ろ手を組む．¶老张倒背着双手,慢慢腾腾地走来了／張さんは後ろ手を組んでゆっくりと歩いてやって来た．囘 背手 bèishǒu
【倒不如】dào bùrú ⊗ むしろ…するほうがよい．¶与其把两种商品对立起来，~发挥它们各自的优势／2つの商品を対立させるよりは，それぞれの利点を活かすほうがよい．
【倒彩】dàocǎi 名（選手や役者などに対する）やじ．¶喝 hè~／やじる．囘 倒好儿 dàohǎor
【倒插门】dàochāmén 動（~儿）婿養子になる．婿入りする．
【倒茶】dào//chá 動 お茶をつぐ．
【倒车】dào//chē ❶動 車を後退させる．バックさせる．¶~时一定要注意车后有没有行人／車をバックさせる時は後の通行人に注意しなければならない．❷名 逆行．¶开历史的~／歴史を逆行させる．☞ 倒车 dǎochē
【倒春寒】dàochūnhán 名《気象》春になってから肌寒い陽気が続くこと．寒のもどり．
【倒刺】dàocì 名（指の）ささくれ．さかむけ．¶手指起~／ささくれができた．
【倒打一耙】dào dǎ yī pá 成 自分の犯した過ちを認めないばかりか，逆に人をとがめる．逆ねじをくらわす．¶他反而~，把我也一起骂了／彼は逆に人を入れるどころか，私までいっしょくたにしてのしった．由来 "耙"は"钉耙 dīngpá"（鉄の熊手）で古代の兵器を指す．猪八戒がこれを振り回したことから．
【倒挡】dàodǎng 名（車の）バックギア．
【倒反】dàofǎn 方 かえって．逆に．¶小明平日很会说话,这时~一句话也说不出来了／ミンさんはふだん口がとても達者なのに，この時は一言も発しなかった．囘 反倒 fǎndào
【倒飞】dàofēi（飛行機の）反転飛行する．宙返りする．¶~筋斗／宙返り飛行する．
【倒风】dàofēng 名 多くの工場や商店などが次々に倒産して営業を停止するよう．
【倒挂】dàoguà ❶動 逆さまに吊り下がる．❷名 高低が逆になる．❸名 売り値が仕入れ値より低くなる．
【倒挂金钟】dàoguàjīnzhōng 名《植物》フクシア．
【倒灌】dàoguàn 動（海や川の水が）逆流する．囘 倒流 liú
【倒过来】dàoguòlái 動 逆にする．¶把它~拿／それを逆にして持つ．
【倒过儿】dào//guòr 動 逆さになる．逆さまにする．¶这两个字写倒过儿了／この二つの字は逆さまに書かれている．
【倒好儿】dàohǎor スポーツ選手や役者が失敗した時などにわざと"好！"（うまいぞ）と飛ばすやじ．¶叫~／やじをとばす．囘 倒彩 dàocǎi
【倒剪】dàojiǎn 動 ❶両手を背中で交差する．¶~双手／両手を背中で組む．囘 反 fǎn 剪 ❷両手を後ろ手にしばる．囘 反剪
【倒经】dàojīng 名《医学》代償月経．参考 症状は鼻衄（じ）や喀血（かっけつ）など,子宮以外からの出血.
【倒扣】dàokòu 動 ❶（物にかぶせるように）器を下に向けて置く．❷（給料などが）増えるべきなのに，逆に差し引かれて減る．
【倒苦水】dào kǔshuǐ 慣 苦しい心中を吐露する．これまでの苦労を語る．
【倒立】dàolì 動 ❶（物が）逆さに立つ．❷ 逆立ちする．囘 拿大顶 ná dàdǐng，拿大鼎 dàdǐng
【倒流】dàoliú 動 逆流する．¶河水不能~／川の水は逆流しない．¶时光不会~／時間が後戻りすることはない．用法 人や物資についてもいう．
【倒赔】dàopéi 動《経済》もうからないどころか，元手を割る．
*【倒是】dàoshì 副 ❶ 通常の道理に反する．かえって．反対に．¶该说的不说，不该说的~这个没完没了 liǎo／言わなければならないことは言わず，逆に言ってはならないことを果てしなく言い続ける．囘 反倒 fǎndào ❷ 事実との違いをとがめる．…だが実際は…じゃないか．¶说的~容易，你做起来试试！／口で言うのは簡単だが，ではあなたがやってみるがいい．❸ 予想外だ．むしろ．本当に．¶还有什么理由,我~想听一听／まだ他にどんな理由があるのか，聞いてみたいものだ．❹ 譲歩する．…であるにはあるが．¶去~想去,就是没有时间／行きたいのはやまやまだが，時間がない．

❺逆説をあらわす. …だが. …なのに. ¶这个菜,不太好看,吃起来〜挺 tǐng 好吃的 / この料理は,見かけはあまりよくないが,食べてみるととてもおいしい. ❻語勢をやわらげる. ¶对付他这种人,我〜有一个办法 / 彼のような人間に対しては,手がないんだね. ❼催促や詰問をあらわす. ¶你〜快说呀! / ぐずぐずしないで早く言えよ. 用法 ❹は後に"就是","可是","但是","不过"が来て前文と呼応する.

【倒数】dàoshǔ 動 逆から数える. 逆算する. ¶〜第三行 háng / 後ろから数えて3行目. ¶〜第一名 / びり.
【倒(数)计时】dào(-shǔ)jìshí カウントダウンする.
【倒叙】dàoxù 名《数学》逆数.
【倒算】dàosuàn 動 逆算する. ¶反攻 fǎn gōng 〜 / 報復する. 参考 解放前に,一度革命政権によって農民に分配された土地や財産を,地主や富農が農民から逆に奪い返した. 多くが反革命武装勢力を後ろ盾として行われた.
【倒贴】dàotiē 動 (金や物をもらうべき人が)逆に与える. 逆に出す. ¶听说小丽和他结婚,女方〜了婚礼钱 / リーさんは彼女と結婚するとき,結婚費用を彼女の側で出したそうだ.
【倒退】dàotuì 動 後退する. (時間を)さかのぼる. ¶一阵狂风 kuángfēng 把我刮得〜了好几步 / 強い風に私は何歩か押し戻された. ¶〜三十年,我也是个小伙子 / 30年さかのぼれば,私も若者だった. 反 发展 fāzhǎn,前进 qiánjìn
【倒像】dàoxiàng 名《物理》逆像.
【倒行逆施】dào xíng nì shī 成 逆 正義にもとる. 時流に逆行する. 由来 『史記』伍子胥(ごしょ)伝に見えることば.
【倒序】dàoxù 名 逆排列. ¶〜词典 / 逆引き辞典.
【倒叙】dàoxù 動 (文章や映画などで)時間の順序を逆にして表現する. (映画で)フラッシュ・バックする. ¶〜的手法 / 倒叙法.
【倒悬】dàoxuán 動 逆 きわめて困難だ. 危険だ. ¶处于〜之境 jìng / 逼迫した状況にいる.
【倒烟】dàoyān 動 煙が煙突から排出されずにかまど口から出てくる.
【倒影】dàoyǐng 名 (〜儿)水などに逆さに映った影. 倒影.
【倒映】dàoyìng 動 (水などに)逆さに映る.
【倒栽葱】dàozāicōng 名 転んで頭から先に倒れるよう. ¶风筝 fēngzheng 断了线,来了个〜 / 凧は糸が切れて,逆さまに落ちてきた. 表現 ユーモアを混じえた表現.
【倒置】dàozhì 動 逆さまにする. ¶本末 běn mò 〜 / 成 本末転倒だ. ¶轻重〜 / 成 事の軽重は逆だ.
【倒转】dàozhuǎn 動 逆にする. ひっくり返す. ❷ 副 方 かえって. 予期に反して. ¶是你做错了事,怎么〜来责怪 zéguài 我呢? / 君がしくじったのに,どうして私を責めるのか. 同 反倒 fǎndào ⇨倒转 dàozhuàn
【倒转】dàozhuàn 動 逆さまに回す. 反転する. ¶地球是不会〜的 / 地球が反対に回ることはない. ⇨ 倒转 dàozhuǎn
【倒装】dàozhuāng 名《言語》倒置. ¶〜句 / 倒置文.
【倒座儿】dàozuòr 名 ❶ 四合院の"正房"(母屋むや)に向かい合った部屋. ¶一进大门,左手三间〜是客厅 / 表門と向かい合った左側の,母屋と向かい合った3つの部屋は応接間です. 同 倒座房 dàozuòfáng ⇨四合院 sìhéyuàn (図) ❷ 船や車の進行方向とは逆の座席.

焘(燾) dào
灬部7 四 5033₄ 全11画 通用
動 おおう. おおいかぶす. 同 帱 dào
☞ 焘 tāo

盗 dào
皿部6 四 3710₂ 全11画 常用
素 ❶ 盗む. ¶〜卖 dàomài / 欺 qī 世〜名(成 世人をあざむき名声を盗むに). 同 窃 qiè,偷 tōu ❷ 泥棒. 盗賊. ¶〜匪 dàofěi / 海〜 hǎidào (海賊). 同 匪 fěi
【盗版】❶ dào//bǎn 海賊版をつくる. ¶那本书被〜了 / あの本は海賊版を出された. ❷ dàobǎn 名 海賊版. ¶这本书已有三种〜 / この本はすでに3種類の海賊版がある.
【盗采】dàocǎi 不法採掘をする.
【盗伐】dàofá 動 盗伐する. 違法に伐採する.
【盗匪】dàofěi 名 盗賊.
【盗汗】dào//hàn 動 寝汗をかく. 盗汗(ぬすみあせ)する. ¶晚上睡觉常〜 / 夜によく寝汗をかく.
【盗劫】dàojié 動 盗む. 強盗略奪する. ¶〜文物 / 文化財を盗む.
【盗寇】dàokòu 名 強盗.
【盗猎】dàoliè 動 違法に捕獲する.
【盗卖】dàomài 動 物を盗み売りとばす.
【盗墓】dào//mù 動 墳墓を盗掘する.
【盗骗】dàopiàn 動 盗み,だまし取る.
【盗窃】dàoqiè 動 盗む. 窃盗する. ¶〜犯 fàn / 窃盗犯. ¶〜公物 / 公共の物を盗む. 同 偷盗 tōudào,偷窃 tōuqiè
【盗窃罪】dàoqièzuì 名《法律》窃盗罪(せっとうざい).
【盗取】dàoqǔ 動 盗み取る. 着服する.
【盗印】dàoyìn 動 版権を得ないで違法出版をする.
【盗用】dàoyòng 動 横領する. 盗用する. ¶〜公款 / 公金を横領する. ¶〜他人名义去借钱 / 他人の名義を盗用して金を借りる.
【盗运】dàoyùn 動 盗品をこっそり運ぶ.
【盗贼】dàozéi 名 強盗. 泥棒.

悼 dào
忄部8 四 9104₆ 全11画 常用
❶ 素 (人の死を)悼む. いたむ. ¶追〜 zhuīdào (追悼する) / 哀〜 āidào (哀悼する). ❷ (Dào)姓.
【悼词[辞]】dàocí 名 弔辞(ちょうじ). 哀悼のことば. ¶致〜 / 弔辞を述べる.
【悼念】dàoniàn 動 哀悼する. 追悼する. ¶沈痛 chéntòng 〜 / 深く哀悼する. ¶各国代表〜王妃 wángfēi 的去世 / 世界各国の代表が王妃の死を悼んだ.
【悼亡】dàowáng 動 亡き妻をいたむ. 妻を亡くす. ¶更不幸的接着又赋 fù 〜 / さらに不幸なことに,続けて妻も亡くした.
【悼惜】dàoxī 動 人の死をいたみ惜しむ.

道 dào
辶部9 四 3830₆ 全12画 常用
I ❶ 名 (〜儿)[量 条 tiáo] 道. 通路. ¶火车〜 huǒchēdào / 鉄道. ¶水〜 shuǐdào / 水路.
❷ 名 志. 目標. 方向. ¶志同〜合 / 成 意気投合する.
❸ 名 道理. ¶无〜 wúdào / 非道だ. ¶头头是〜 / すべて条理にかなっている.
❹ 名 方法. やり方. 技術. ¶门〜 méndào / こつ. ¶医〜 yīdào / 医術. ¶照他的〜儿办 / 彼のやり方

❺ 素 道家の. ⇨道家 Dàojiā
❻ 素 道教の. ¶～观 dàoguàn. ⇨道教 Dàojiào
❼ 素 民間宗教組織. ¶一贯～ Yīguàndào / 白蓮教系の宗教結社.
❽ 名 (～儿)線. すじ. ¶红～儿 hóngdàor / 赤い線. ¶铅笔～儿 qiānbǐdàor / 鉛筆の線.
❾ 名 行政区分のひとつ.
Ⅱ 前 ❶長い線状のものを数えることば. ¶一～河 / 一本の川.
❷出入口や関門を数えることば. ¶两～门 / 二重の門. ¶过一～关 / 関門を一つ越える.
❸命令・問題・料理などを数えることば. 🖉主にある順序にそって出てくるものを数える. ¶一～命令 / ひとつの命令. ¶三～题 / 3問の問題. ¶四～菜 / 4品の料理.
❹回数を数えることば. ¶洗了三～ / 3度洗った.
❺ (～儿)センチミリメートル(1メートルの10万分の1). "忽米 hūmǐ"の通称.
Ⅲ 動 ❶言う. 話す. ¶能说会～ / 口がうまい. ¶说长～短 / 人の欠点をあげつらう. ¶常言～:不到长城非好汉 / ことわざに「長城に至らずんば好漢にあらず」と言う.
❷気持ちを述べる. ¶～贺 dàohè. ¶～歉 dàoqiàn. ¶～喜 dàoxǐ. ¶～谢 dàoxiè.
Ⅳ (Dào)姓.

【道白】dàobái 名《芸能》せりふ. 同 念白 niànbái, 白口儿 báikǒur
【道班】dàobān 名 道路や鉄道の補修工事の作業班. 各班がそれぞれ一定区間の補修を行う. ¶～工人 / 鉄道の保線工や道路の補修工. ¶～房 / 補修工たちが寝泊まりする宿舎. 飯場.
【道别】dào//bié 動 別れを告げる. ¶握手～ / 握手して別れる. 同 告别 gàobié
【道不拾遗】dào bù shí yí 道に落ちているものを拾う者がいない. 世の中が安定し, 風紀が良いこと. 同 路 lù 不拾遗
【道岔】dàochà 名 ❶ (～儿)分かれ道. 分岐点. ¶站在人生的～, 我该怎么办才好呢? / 人生の分かれ道で, 私はどうしたらよいのだろう. ❷《交通》(鉄道の)ポイント. 転轍(そう)機.
【道场】dàocháng 名 僧侶や道士が行事や儀式を行う場所. また, その行事や儀式.
【道床】dàochuáng 名《交通》線路の枕木の間に置かれた小石や砂利.
*【道德】dàodé ❶ 名 道德. モラル. ¶讲～ / 道德を重んじる. ❷ 形 道德的だ.
【道德法庭】dàodé fǎtíng 名 社会道德を基準にした世論ミ社会的判断.
【道地】dàodì 形 方 本場の. 生っ粋の. ¶～药材 / 本場の薬材. ¶～的北京烤鸭 kǎoyā / 本場の北京ダック. ¶一口～的北京话 / 生っ粋の北京語. 同 道道地地 ⇨ 地道 dìdao
【道钉】dàodīng 名《交通》線路の枕木を固定する釘. 犬釘.
【道姑】dàogū 名 女性の道士.
【道观】dàoguàn 名《宗教》〔座 zuò〕道教の寺院.
【道光】Dàoguāng 名《歴史》清宣宗の年号. 道光 (どうこう;1821-1850).
【道号】dàohào 名《仏教》道号(どうごう). 僧侶の号.
【道贺】dàohè 動 お祝いを述べる. 同 道喜 dàoxǐ

【道行】dàoheng 名 囮 修行. (比喩として)腕前. 注意 ここでは, "行"は"héng"もしくは"heng"と読む.
【道家】Dàojiā 名《哲学》道家. 参考 先秦時代の老子や荘子を代表とする思想の流派.
【道教】Dàojiào 名《宗教》道教. 参考 後漢の頃に始まった張道陵を創始者とする中国固有の宗教. 創立時, 道士たちが五斗米を持ち寄ったので"五斗米道 Wǔdǒumǐdào", また創始者を天師と呼んだので"天师道 Tiānshīdào"ともいわれる.
【道具】dàojù 名〔件 jiàn, 套 tào〕(芝居や映画の)道具. 表現 普通の「道具」は"工具 gōngjù"という.
【道口】dàokǒu 名 (～儿)(道路の)交差点. 踏切.
【道劳】dào//láo 動 好意に感謝する. 労をねぎらう. ¶他要亲自来给你～ / 彼は自ら来てあなたの労をねぎらわなくてはいけない. 同 道乏 dàofá
*【道理】dàoli 名 ❶ 道理. わけ. ¶热胀 zhàng 冷缩的～ / 熱すれば膨張し冷やせば収縮するという道理. ¶你的话很有～ / あなたの言うことは理にかなっている. ¶小李没有～不来上课 / 李君が授業に出ないのは筋違いだ. ❷ 方法. 計画. ¶再作～ / 再度計画をたてる.
【道林纸】dàolínzhǐ 名《印刷》印刷用紙の一種. ドーリングペーパー. 由来 もと米国の Dowling 社製の紙から.
*【道路】dàolù 名 ❶〔儜 条 tiáo〕道路. 道筋. ¶～平坦 píngtǎn / 道路が平坦だ. ¶富裕 fùyù 的～ / 豊かさへの道. ❷ 道途 lùtú, 途径 tújìng / 道路. 用法 ①は抽象的な意(進路など)にも用いる.
【道貌岸然】dào mào àn rán 成 とりすまして道学者然としている. ¶这个人看上去～, 实际上是个伪君子 wěijūnzǐ / この人はとりすまして道学者然としてみえるが, 実体は偽善者だ.
【道门】dàomén 名 ❶ 道家. 道教. ❷ 囮 (～儿)封建時代の宗教組織.
【道木】dàomù 名 枕木. 同 枕 zhěn 木
【道袍】dàopáo 名 道士が着る長衣.
【道破】dàopò 動 ずばり指摘する. ¶这个秘密被小美～了 / この秘密はメイちゃんにずばり指摘された.
*【道歉】dào//qiàn 動 詫びる. 謝る. ❶ 表示～ / 遺憾の意をあらわす. ¶做错事的时候, 应该立刻～ / 失敗したときは, すぐに謝るべきで.
【道情】dàoqíng 名《芸能》"渔鼓"という竹製の打楽器と"筒板"という板で作られた打楽器を伴奏て, 唱(か)いを主に語りをまじえた芸能. 同 渔鼓 yúgǔ, 渔鼓道情 参考 道士が道教の故事を語っていたが, のちに一般の民間故事も題材とした.
【道·琼斯指数】Dào-Qióngsī zhǐshù 名《経済》ダウ・ジョーンズ平均株価指数. ダウ平均.
【道人】dàoren 名 ❶ 道士に対する尊称. ❷ 仏教徒. ❸ 寺男.
【道山】dàoshān 名 ❶ 優れた人材の集まるところ. ❷ 仙境. ¶归～ / あの世へ行く. 世を去る. 表現 ①は, "文苑 wényuàn""儒林 rúlín"などに同じ.
【道士】dàoshi 名 道士. 道教の僧.
【道听途说】dào tīng tú shuō 成 道ばたで耳にしたこと, すぐに吹聴してまわる. 根拠のないうわさ話. ¶千万不要～, 随便传播谣言 yáoyán / 根拠のない話を無責任に吹聴してまわるのは絶対にいけない. 由来 『論語』陽貨篇に見えることば.
【道统】dàotǒng 名 道統(どうとう). 正統の儒教の教えを伝えたとされる人々.
【道喜】dào//xǐ 動 お祝いを述べる. ¶登门～ / お宅に

伺ってお祝いを述べる.

【道謝】dào//xiè 動 お礼をいう. 謝意を述べる. ¶当面向他～/彼に面と向かってお礼をいう.

【道学】dàoxué 名 ❶《哲学》理学. 宋・明代の儒教哲学思想. ⇨理学 lǐxué ❷ 古い観念にとらわれて融通がきかないようす. ¶假～/にせ道学者. ¶～先生/頭の硬い道徳家.

【道牙】dàoyá 名 車道と歩道を仕切る「凸」形のコンクリートの突起. 同 道牙子, 马路牙子 由来 歯の形に似ていることから.

【道义】dàoyì 名 道義. 道徳と正義. ¶我给你～上的支持/私は君を道義的に支持する.

【道院】dàoyuàn 名《宗教》❶ 道教の寺院. ❷ 修道院.

【道藏】dàozàng 名 道教の経典の集大成.

【道子】dàozi 名〔量 个 ge, 条 tiáo〕線. すじ. ¶划 huá 了两～在脸上／顔に二すじ斬りつけた.

稻 dào
禾部10 四 2297₇
全15画 常用

❶ 名《植物》イネ. とくに水稲. ¶水～ shuǐdào（水稲）/陆～ lùdào（陸稲）. ❷（Dào）姓. 参考 もみは"稻谷 dàogǔ". もみがらをとったものは"大米 dàmǐ"という.

【稻草】dàocǎo 名〔量 把 bǎ, 根 gēn, 捆 kǔn〕稲わら.

【稻草人】dàocǎorén 名 かかし. 表現 実力を持たない人の比喩としても用いる.

【稻谷】dàogǔ 名〔量 颗 kē, 粒 lì〕もみ. ¶家家户户都利用庭院晒晒～/家々は庭でもみを干す.

【稻糠】dàokāng 名 米ぬか. 同 砻糠 lóngkāng

【稻壳】dàoké 名 もみがら.

【稻穗】dàosuì 名 稲穂(ˇ). ¶金黄色的～迎风摇曳 yáoyè/黄金色の稲穂が風に揺れている.

【稻田】dàotián 名〔量 块 kuài〕稲田(ˇ). 水田.

【稻秧】dàoyāng 名 イネの苗. ¶绿油油 lùyōuyōu 的～等待移植／緑したたるイネの苗が田植え間近だ.

【稻种】dàozhǒng 名（～儿）《農業》種もみ.

【稻子】dàozi 名（口）《植物》〔量 株 zhū〕イネ.

纛 dào
糸部19 四 5099₃
全25画

名 ❶《軍事》大きな旗. ❷ 舞具. 車の飾り.

de ㄉㄜ〔tɤ〕

嘚 dē
口部11 四 6604₁
全14画 通用

擬 ウマのひづめの音. ぱかぱか. ¶马儿～～地跑了起来（ウマがぱかぱかと走り出した.

【嘚啵】dēbo 動方 くどくど話す.

得 dé
彳部8 四 2624₁
全11画 常用

Ⅰ 動 ❶（点・賞・学位・好評などを）得る. 手に入れる. ¶～了二等奖／2等賞を獲った. ¶我～到了很多好处／私はたくさんのメリットを得た.

❷（計算の結果）…になる. ¶三三～九／三三が九. ¶三乘八～不了 liǎo 二十／3かけて8で20になるはずがない.

❸（病気に）なる. ¶～病 débìng. ¶今年我～了三次感冒／今年私は3度風邪を引いた.

❹ 完成する. ¶晚饭～了, 快来吃吧／晩ごはんができたよ, 早く来て食べなさい. ¶"还等多长时间？""马上能～"／「あとどれぐらい待ちますか」「すぐできますよ」¶衣服还没～／服はまだ出来上がっていない.

❺ 適する. ふさわしい. ¶～用 déyòng. ¶～使／使いやすい. ¶～体 détǐ.

❻ 得意になる. ¶～意 déyì. ¶扬扬 yángyáng 自～／得意満面だ.

Ⅱ 感 ❶（話に結末をつける時に用い, 同意・制止を表わす）よし. もうよせ. ¶～, 就这么办／もういい, そうしよう. ¶～了, 别说了／よし, もう言うな.

❷（やりそこなった時やうまくいかない時に用い）しまった. ちぇっ. ¶～, 这一张又画坏了／しまった, また描き損なった.

Ⅲ 助動 ❶（許可を表わし）…してよい. ❷ 多く否定形で用いる. ¶军事重地, 不～入内／軍事要地につき立ち入りを禁ず.

❷（可能性を表わし）…できる. ❷ 多く否定形で用いる. ¶昨天刚动手, 没有三天不～完／昨日やり始めたところだから, 三日なければとても終えられない.

Ⅳ（Dé）姓.

☞ 得 de, děi

【得便】débiàn 動 ❶ 都合がつく. ¶你明天～～？／君は明日, 都合がつくかい？ ❷ ついでがある. 同 顺便 shùnbiàn

【得病】dé//bìng 動 病気になる. ¶小美淋 lín 了一场大雨, ～了／メイちゃんは大雨でびしょ濡れになり病気になった.

【得不偿失】dé bù cháng shī 成 得るよりも失う方が大きい. ¶贪求 tānqiú 小利最后一定～／目先の利益をむさぼると, 最後にはきっと得るより失う方が多い.

【得逞】déchěng 動（悪巧みが）実現する. うまくいく. ¶他想欺骗 qīpiàn 小明, 结果他并没有～／彼はミンさんをだまそうとしたが, 結局悪巧みは成功しなかった. 反 未遂 wèisuì

【得宠】dé//chǒng 動 貶 寵愛を受ける. 反 失宠 shīchǒng

【得出】déchū 動（結果などを）得る.（結論などを）導き出す.

【得寸进尺】dé cùn jìn chǐ 成 欲望が次から次へとふくらむ. 同 得一望二 dé yī wàng èr

【得当】dédàng 形 当を得た. ふさわしい. ¶措词～／ことば遣いが適切だ. ¶这办法倒很～／このやり方はまずまず妥当だ. 同 恰当 qiàdàng, 妥当 tuǒdang, 妥帖 tuǒtiē 反 失当 shīdàng

**【得到】dé//dào 動 得る. 手に入れる. ¶～及时治疗 zhìliáo／すみやかな治療を受ける. ¶得不到一点儿消息／少しのニュースも得られない.

【得道多助】dé dào duō zhù 成 正義にかなっていれば, 多くの人が支持してくれる. 由来『孟子』公孙丑(ˇ)下篇"得道者多助,失道者寡 guǎ 助"（道を得たる者は助け多く, 道を失える者は助けすくなし）から.

【得法】défǎ 形 ポイントをおさえている. ¶管理～／管理が適切だ.

【得分】❶ dé//fēn 動（遊びや試合で）点を取る. ¶连得四分／続けて4点取る. ❷ défēn 名（遊びや試合で）取った点数.

【得过且过】dé guò qiě guò 成 その日暮らしをする. 場当たり的に事を運ぶ. ¶敷衍 fūyǎn 了事 liǎoshì, ～／行き当たりばったりに日を過ごす. 仕事をいいかげんにし, お茶をにごす.

【得济】dé//jì 動 子孫や後輩から(金銭などの)助けを得る.
【得计】déjì 動 計略や陰謀がうまくいく.
【得奖】déjiǎng 動 受賞する. ¶～者 / 受賞者. ¶在中文演讲比赛中 / 中国語弁論大会で賞を取る.
【得劲】déjìn 形 (～儿) ❶ 気分や体調がよい. ¶我今天有点儿不～ / 私は今日、ちょっと調子が悪い. ❷ 具合や使い心地がよい. ¶改进后的工具用起来很～ / 改良した工具はとても使いよい.
【得救】déjiù 動 救われる. 助かる. ¶托您的福、～了 ! / おかげさまで助かりました.
【得空】dé//kòng 動 (～儿)暇になる. ¶你～儿多来玩儿啊 ! / 暇があったら遊びにおいで.
【得了】déle ❶ 感 もういい. よろしい. ¶～、别吵架了 / わかった、もうけんかはよせ. ¶～、就按你说的办 / よし、君の言うようにやってみよう. 同 算了 suànle. 行 xíng ❷ 助 …するのがよい. ¶这个病准会好、你放心～ / この病いはきっとよくなるから、安心していい. 用法 ① は、禁止や同意をあらわす. ② は、平叙文に用いて確信をあらわす.
【得力】dé//lì 動 ❶ 力をつける. 効き目がある. ¶～于平时的用功 / 平素の努力によって力をつけた. ¶这个药很～ / 薬は効き目がある. 形 ❷ 小张的成就、有一半是～于他妻子的协助 xiézhù / 張さんの成功は、半分は奥さんの助力のおかげだ.
【得力】délì 形 ❶ 有能だ. ¶～干部 / 有能な幹部. ❷ 頼りになる. 力強い. ¶措施～ / 対策がしっかりしている.
【得了】déliǎo 形 (反語や否定の形で)たいへんだ. えらいことだ. ¶这还～吗? / これをたいしたことないと言うのか. ¶吓、着 zháo 火啦! / たいへんだ、火事が起きた.
【得陇望蜀】dé Lǒng wàng Shǔ 成 欲望には際限がないこと. ¶得寸进尺 dé cùn jìn chǐ 由来『後漢書』岑彭(cén péng)伝に見えることば. 後漢の光武帝が部下の岑彭に対して、隴(lǒng:現在の甘粛省)を平定した後に蜀(現在の四川省)も占領するよう命じたことから.
【得名】démíng 動 美しい名前を与えられる. ¶这就是梅雨潭 Méiyǔtán 之所以～了 / これがすなわち梅雨潭という美しい名前の由来である.
【得人】dérén 形 文 人の使い方が適切だ.
【得人心】dé rénxīn 多くの人に好感を持たれる. 支持される.
【得色】dèsè 名 得意なようす.
【得胜】dé//shèng 動 勝ちを収める. ¶～的猫儿欢似虎 / 勝った猫は虎のように威勢がいい. 反 失利 shīlì
【得失】déshī ❶ 損と得. ¶～相当 / 損得なし. ¶～参半 / 利害相半ばする. ¶不计较个人的～ / 個人の得失を考慮しない. ❷ 善し悪し. ¶两种办法各有～ / 2つのやり方にはそれぞれ長短がある.
【得时】dé//shí よいチャンスに巡りあう. 時を得る.
【得势】dé//shì 動 勢力が強くなる. 権力を握る. ¶小人～ / 器量のない者が権力を握る. 反 失势 shīshì
【得手】déshǒu ❶ 動 事が順調に運ぶ. ¶侥幸 jiǎoxìng～ / 思いがけずうまくいく. ❷ déshǒu 形 思いどおり. やりやすい. ¶怎么～、就怎么干吧 / やりやすいように、離心やろう.
【得数】déshù 名 《数学》計算の答え. 同 答数 dáshù
【得体】détǐ 形 (言動が)当を得ている. ふさわしい. ¶举止言谈都很～ / 立ち居振る舞いやことば遣いがとてもしっかりしている.
【得天独厚】dé tiān dú hòu 成 優れた環境や才能に恵まれている. ¶～的自然条件 / 恵まれた自然条件. ¶小

明有副～的好嗓子 / ミンさんはもって生まれたすばらしい声をしている.
【得悉】déxī 動 文 知る. ¶来信收到、～府上 fǔshang 各位安康、甚 shèn 为欣慰 xīnwèi / お手紙を拝読し、皆様お変わりない由を承り、心より安堵いたしました. 同 得知 dézhī, 获悉 huòxī
【得闲】déxián 動 暇になる.
【得心应手】dé xīn yìng shǒu 思い通りになる.
【得宜】déyí 形 ふさわしい. 当を得ている. ¶措置～ / 処置が適切だ. ¶肥瘦～ / 服の大きさがちょうどいい.
【得以】déyǐ 動 (…によって) ¶多亏他的帮助、这次任务オ～顺利完成 / 彼の援助があったからこそ、今回の任務を順調に終えられた. ¶～见面洽谈 qiàtán / 直接会って話し合う機会を得る.
【得益】déyì 動 利益を得る. ¶～匪浅 fěi qiǎn / 大いに利益を得る.
【得意】déyì 形 得意だ. 思い通りになって満足だ. ¶～之作 / 会心の作. ¶自鸣 míng～ / ひとりよがり. 同 称心如意 chèn xīn rú yì
【得意门生】déyì ménshēng 句 お気に入りの弟子.
【得意忘形】dé yì wàng xíng 成 得意のあまり我を忘れる. 有頂天になる. ¶那个选手太～了、在快到终点 zhōngdiǎn 的时候一个不小心跌倒 diēdǎo 了 / その選手は得意になりすぎ、ゴール間近でうっかり転んでしまった.
【得意扬扬〔洋洋〕】déyì yángyáng 句 得意満面のようす.
【得用】déyòng 形 役立つ. 重宝する.
【得鱼忘筌】dé yú wàng quán 成 いったん事が成し遂げられると、昔人がしていた事物を忘れてしまう. 由来『荘子』外物篇に見えることば. 魚を捕ってしまえば仕掛けの道具はもはや忘れられる、という意から.
【得知】dézhī 動 文 知る. わかる. ¶从老李的来信中、～你的近況 / 李さんからのお手紙で、あなたの近況を知りました. 用法 手紙でよく使われることば.
【得志】dé//zhì 形 願いがかなう. ¶郁郁 yùyù 不～ / 鬱々として志がかなえられない. ¶世上总是好人吃亏 chīkuī、坏人～ / 世間ではいつも善人が損をし、悪人が思いを遂げる. 反 失意 shīyì 表現 名誉や利益にかかわることを指すことが多い.
【得主】dézhǔ 名 (試合やコンクールなどの)受賞者.
【得罪】dézuì 動 人の気持ちを害する. ¶出言不逊 xùn、多有～ / ことば遣いが傲慢(ごうまん)で、失礼な点が多々ありました. ¶早知道小张是你的哥哥、我也不敢～他 / 張さんが君の兄さんだと知っていたら、私だって彼の機嫌を損ねはしなかった.

锝(鍀) dé
钅部8 四 8674₁
全13画 通用
名《化学》テクネチウム. Tc.

德(悳惪) dé
彳部12 四 2423₁
全15画 常用
❶ 素 徳. 高貴な人格. よい品行. ¶～才兼 jiān 备.
❷ 素 道徳. マナー. ¶公～ gōngdé (公衆道徳).
❸ 素 気持ち. 信念. ¶一心一～ 成 皆が心を一つにする. ¶离心离～ 成 不和反目する. ❹ 素 恵み. 恩恵. ¶感恩 ēn 戴～ 成 恩恵に感謝する. ❺ (Dé) 素 ドイツ. ¶～国 Déguó / ～语 Déyǔ. ❻ (Dé)姓.
【德昂族】Dé'ángzú 名《民族》ドーアン族. 雲南省に住む少数民族.
【德比战】débǐzhàn 名 対抗試合. レース. 由来 "德比" は英語の derby から.

【德才兼备】dé cái jiān bèi 〔成〕徳があり才能もある. 〔同〕才德兼备
【德操】décāo 〔名〕高い道徳心. 徳操.
【德高望重】dé gāo wàng zhòng 〔成〕徳が高く名声も人望もある. ¶小刘在村庄里〜, 很受村民的拥戴 yōngdài / 劉さんは村で人望が厚く, 村民たちの強い支持を受けている.
【德国】Déguó《国名》ドイツ.
【德黑兰】Déhēilán《地名》テヘラン(イラン).
【德谟克拉西】démókèlāxī 〔名〕デモクラシー. "民主 mínzhǔ"の古い言いかた. ♦democracy
【德色】désè 〔形〕相手に恩恵を与えているという, もったいぶったようす.
【德望】déwàng 〔名〕徳行と名声.
*【德文】Déwén 〔名〕ドイツ語. ドイツ語の文章.
【德行】〔名〕❶ déxíng 徳行. 道徳と品行. ¶〜素 sù 著 / 徳行がかねてより名高い. ❷ déxing 〔方〕〔貶〕ざま. 他人の行為や格好をあざけっていうことば. ¶瞧! 你这付〜 / ほらお前, なんてざまだ. 〔同〕性徳 déxing
*【德语】Déyǔ 〔名〕ドイツ語.
【德育】déyù 〔名〕徳育. 道徳教育.
【德泽】dézé 〔名〕恩恵.
【德政】dézhèng 〔名〕仁政. 徳政.

地 de

土部 3 〔四〕4411₂
全 6 画

〔助〕連用修飾語(状語)を導くマーカー. 後ろには動詞・形容詞類が来る.

❶"〔副〕+地". ①単音節副詞に"地"を付けるものは極めて少ない. ¶她的脸色陡 dǒu 〜变 / 彼女の顔色が突然変わった. 〔参〕固定化してしまった二音節副詞には"猛地 měngde, 忽地 hūdì, 特地 tèdì"などがある.
②二音節副詞は"地"をつけてもつけなくてもよい. ¶十分(〜)高兴 / とても嬉しい. ¶格外(〜)明亮 / すごく明るい. ¶天渐渐〜亮了 / 夜がだんだん明けてきた. 〔参〕"地"をつけてはいけない二音節副詞には"已经, 也许, 马上, 刚刚, 正在, 难道, 终于, 毕竟, 迟早, 大半, 大都"などがある.
❷"〔形〕+地". ①単音節形容詞に"地"を付けない. ¶那个病人很快〜恢复 huīfù 了健康 / その患者はすぐに元気になった.
②二音節形容詞は原則として"地"をつけるが, 口語的な表現の中には"地"を省けるものがある. ¶积极(〜)响应 xiǎngyìng / 積極的に賛同する. ¶仔细(〜)看看 / ことこまかに見る. ¶勉强 miǎnqiǎng(〜)答应 dāying / 無理やり承知する. ¶认真(〜)学习 / まじめに勉強する. ¶合理(〜)安排 / 合理的に処置する. ¶要是可以的话, 请你详细〜给我讲一下 / 差し支えなければ詳しく話して下さい.
③形容詞の重ね型は"地"をつけることも, つけないこともある. ¶她呆呆〜站了半天 / 彼女はしばらくぼんやりと立っていた. ¶我被老师的这句话深深〜感动了 / 私は先生のその言葉に深く感動した. ¶你老老实实〜待一会儿吧 / しばらくおとなしくしていなさいね. ¶他慌慌张张〜走出去了 / 彼は慌てふためいて出て行った.
❸"〔副〕+地". 夸大 kuādà〜描写 / 誇張して描く. ¶忘我〜工作 / 献身的に働く. ¶有计划〜进行工作 / 計画的に仕事を行う. ¶他很有把握〜对我说 / 彼は自信ありげに私に話した.
❹"〔名〕+地". ¶事情戏剧性地发生了变化 / 事は劇的な変化に起こした. ¶这个问题部分地解决了 / この問題は部分的に解決している. ¶历史〜分析 fēnxī 问题 / 歴史的に問題を分析する.
❺"擬声語+地". 〔参〕単音節語は"地"が必須, それ以外はなくてもよい. ¶水龙头哗 huā〜打开了 / 蛇口がジャーと開けられた. ¶刷 shuā〜一下就冲 chōng 了出去 / パーッと突進していった. ¶旗子哗啦啦(〜)飘着 piāozhe / 旗がひらひらはためいている.
❻ 四字語などの語句につく. ¶人们三三两两〜来了 / 人々は三三五五やって来た. ¶意气风发〜说 / 意気込んで話す. ¶豪情 háoqíng 满怀 mǎnhuái〜唱 / 雄々しく歌っている. ¶他难以为 wéi 情〜低下了头 / 彼はきまり悪そうにうつむいた. ¶手牵 qiān 手(〜)走进来 / 手に手を取って入って来た. ¶面对面(〜)对他说 / 面と向かって彼に話す.

的 de

地 dì
白部 3 〔四〕2762₀
全 8 画 〔常用〕

"的"のキーポイント

◇修飾関係をあらわす. ⇒Ⅰ❶①
　¶漂亮〜衣服 / きれいな服.
　¶木头〜桌子 / 木のテーブル.
◇所有や所属をあらわす. ⇒Ⅰ❶②
　¶我〜书 / 私の本.
◇代替のための構造を作る. ⇒Ⅰ❻①
　¶是我写〜 / 私が書いたものだ.
◇語気を示す. ⇒Ⅱ
　¶她刚从中国来〜 / 彼女は中国から来たばかりだ.

〔助〕Ⅰ 連体修飾語を導くマーカー. 後ろには名詞類が来る.

❶…の. ①修飾関係を表わす. ¶木头〜桌子 / 木のテーブル. ¶汽车上〜零件 / 車の部品. ¶今天〜报纸 / 今日の新聞. ¶八十岁〜老人 / 80歳の老人. ¶漂亮〜衣服 / 美しい服. ¶大大〜眼睛 / くりくりした目. ¶很大〜希望 / 大きな希望. ¶不好〜习惯 / よくない習慣. ¶抓 zhuā 坏人〜故事 / 悪人を捕まえる物語. ¶昨天买〜书 / 昨日買った本. ¶日本〜一个大学 / 日本のある大学.
②所有, 所属関係を表わす. ¶我〜书 / わたしの本. ¶你〜孩子 / あなたの子供. ¶他〜手机 / 彼の携帯電話. ¶国家〜财产 / 国家の財産. ¶经济系〜学生 / 経済学部の学生.
❷"人+的+職務を表わす〔名〕"の形で, その人がその職位につくことを表わす. ¶今天我〜东 / 今日は私が主人役だ(私のおごりだ).
❸"〔副〕+人+的+目的語"の形で用い, 人は動作が向かう対象を示す. ¶帮我〜忙 / 私を手伝う. ¶借你〜光 / あなたのおかげ. ¶你生谁〜气呢? / 君は誰に腹をたてているのかね. ¶你为什么总找我〜麻烦? / どうしてお前はわたしに面倒ばかりかけるのだ.
❹"〔副〕+時間量+的+目的語"の形で用い, どれぐらい時間をかけてしたかを示す. ¶抽了三天〜烟 / 3日間煙草を吸った. ¶我学了两年〜汉语 / 私は2年間中国語を学んだ.
❺並列語句の後ろに置かれ,「…など」の意味を表わす. ¶破铜烂 làn 铁〜一大堆 duī / くずの銅や鉄が山のよう. ¶珍珠玛瑙 mǎnǎo〜 / 真珠とか瑪瑙(あう)といったもの.
❻ 被修飾語(中心語)を持たない"語/句/節+的+φ"の形で体言化し, ①指示される物や人を代替する. …の[な]も, …の[な]人, …のもの.
⒜"〔名〕/〔代〕+的". ¶这不是你〜吗? / これあなたのじゃない? ¶有别的颜色〜吗? / ほかの色のはありますか. ¶难怪他唱得那么好, 原来她是学校合唱团〜 / どうりで

女は歌が上手いと思ったら、学校の合唱団の人だった.
ⓑ "形+的". ¶我喜欢甜〜/私は甘い物が好き. ¶我有两个女儿,大〜十二岁,小〜九岁/うちは娘が二人います. 上は12歳で下は9歳です. ¶这个太贵了,有便宜〜吗?/これは高すぎて,安いのはありますか. ¶这台彩电是国产〜/このカラーテレビは国産です.
ⓒ "動｜節+的". ¶关于这个问题,我赞成小李说〜/この件については李さんが言ったのに賛成です. ¶昨天没来〜只有他一个人/昨日来なかったのは彼一人だ. ¶吃〜穿〜都不缺/食べるもの着るもの共に足りている. ¶这是做什么用〜?/これは何に使うものですか. ⬥ある種の職業を指す. ¶打猎〜/猟師. ¶卖水果〜已经走了/果物売りはもう行ってしまった.
② ある種の状況や状態を示す. ¶孩子的脸蛋红红〜/子供の頰がほんのり赤い. ¶他的手冰凉冰凉〜/彼の手は氷のように冷たい. ¶屋子里静悄悄 qiāoqiāo〜,像没有人一样/部屋の中はひっそりしていて誰もいないのようだ. ¶外边雨下得哗哗 huāhuā〜/外は雨がザーザー降っている. ¶三更 gēng 半夜〜,谁来敲门?/こんな真夜中に誰がドアをノックするのだろう. ¶怎么了?这么愁 chóu 眉 méi 苦脸〜/どうしたの,そんなに浮かぬ顔をして.
③人称代名詞に"的"を付けて目的語とし,その人は関係がないという意味を表わす. ¶你忙你〜/あなたはあなたのことをなさってください；おかまいなく. ¶你走你〜,别管我/君は君のやりたいようにやれ,僕のことは構わないでくれ.
④重複する動詞や形容詞の間に置き,さまざまであることを表わす. ¶他们说〜说、唱〜唱,非常热闹/おしゃべりをしているものもあれば、歌っているものもあり、とてもにぎやかだ.

✎ "的"の使用条件

1. 人称代名詞+親族名詞／所属単位: "的"が省ける
  ◇我父母,你儿子,他妹妹,我朋友,我们部长,你家,我们学校,你们公司
2. 1.以外の名詞を修飾する時: "的"が必要
  ◇我的钱包,你的书包,他的眼睛,她的衣服,我们的教室
3. 名詞+多音節方位詞: "的"が省ける. 入れないほうが普通
  ◇屋子(的)里边儿／部屋の中.
  ◇银行(的)前边儿／銀行の前.
  ◇书店(的)对面／本屋の向かい

Ⅱ文末に置かれ,ある種のムードを表わす. 多く"是"と呼応する.

❶ 確かにそうであるという断定のムードを表わす. ¶他的主张是对〜/彼の主張は正しい. ¶我是不会汉语〜/私は中国語ができないのです. ¶这点是不能让步〜/この点は譲歩するわけにはいかない. ¶别急,他会来〜/いらいらしないで,彼は来るんだから. ¶最近我身体不太好,但旅行还是要去〜/私は最近身体の調子がよくないが,旅行にはやはり行きたい. ¶街上挺热闹〜/街はとてもにぎやかだ. ¶她的汉语进步够快〜/彼女の中国語は進歩がとても早い.

❷ 已然のムードを表す. 動作の行為者,時間,場所,目的,方式などを強調する. ⊘否定形:不是…的. ¶他是刚从北京来〜/彼は北京から来たばかりだ. ¶我们坐公交车去〜/私たちはバスで行ったのだ. ¶老王什么时候走〜?/王さんはいつ行かれるのか. ⊘動詞が目的語を伴う時,"的"は目的語の前に置かれる. ¶你是在哪儿学〜汉语?/あなたはどこで中国語を勉強したのですか. ¶谁买〜书?/本を買ったのは誰だ. ¶他昨天进〜城／彼が町へ行ったのは昨日のことだ. ¶来回坐〜飞机／往復とも飛行機を使ったのだ.

☞ 的 dí, dǐ

*[**的话**] …dehuà 助…ならば. ¶要是你认为有必要〜,我一定设法去办/もし君が必要と考えるなら,私が必ずなんとかする. ¶还清所有的债 zhài,否则〜我不会嫁 jià 给你／借金をすっかり返しなさい,さもなければ私はあなたと結婚しません. 用法仮定・条件句の末尾に置いて結論を導く.

底 de 广部5 四 0024₂ 全8画 常用

所属関係をあらわす"的"は、1910-30年代には"底"と書いた. 現在では"的"に統一されている. ☞ 的 de Ⅰ❶②

☞ 底 dǐ

得 de 彳部8 四 2624₁ 全11画 常用

助補語を導くマーカー. 動詞,形容詞に後続し,その後ろに来るのは程度補語,様態補語,可能補語.

❶ "形 得+…"の形で,そのありさまの程度を表わす. ひどく…だ. すごく…だ. ¶好〜很／とてもよい. ¶紧张〜慌／すごく緊張する. ¶好吃〜不得了 bùdéliǎo ／ものすごく美味しい. ¶怕〜要命／ものすごく恐ろしい. ¶这个比那个好〜多／これはあれよりずっとよい.

❷ "動｜形 得+…"の形で,その動作・行為の行われ方がどうであるかを表わす. ⊘否定形: V 得+不…. ¶吃〜很饱／お腹いっぱい食べた. ¶睡〜很香／ぐっすり寝た. ¶玩儿〜非常痛快／思いっきり遊んだ. ¶他(唱)歌儿唱〜很好／彼は歌がうまい. ¶她气〜满脸通红／彼女は怒って顔中真っ赤になった. ¶你说〜太过分 guòfèn 了／君はちょっと言いすぎだ. ¶我高兴〜跳了起来／私は飛び上がるほどうれしかった. ¶中国的变化大〜惊人／中国の変わりぶりは驚くほどだ. ¶今年冬天冷〜出奇／今年の冬はやけに寒い.

❸ "V 得+結果補語", "V 得+方向補語"の形で可能を表わす. ⊘否定形: V 不+結果補語, V 不+方向補語. ¶听〜懂吗?／聞きとれますか. ¶这本小说,你一个星期看〜完吗／この小説を1週間で読み終えることができますか. ¶买〜到药,买不到健康／薬は金で買えるが,健康は金で買えない. ¶这种面包车坐〜下八个人／このタイプのバンには8人乗れる. ¶这么多地方,我一天怎么跑〜过来／こんなにたくさんの場所を一日で回りきれるもんか. ¶这点儿事他们做〜来／これぐらいのこと彼らにはやけに寒い.

❹ "V 得"の形で可能を表わす. 動詞は単音節動詞に限られる. ⊘否定形: V 不得. ¶这种蘑菇 mógu 吃〜,那种有毒吃不〜／このきのこは食べられるが,あのきのこは毒があり食べられない. ¶她去,我为什么去不〜?／彼女が行けて,どうして私は行っちゃいけないの. ⊘固定化してしまった二音節動詞には"觉得,记得,显得,值得,使得,免得,懒得,认得,顾得,舍得"などがある.

☞ 得 dé, děi

*[**…得很**] …de hěn (形容词や动词の後に用いて)程度がはなはだしいことをあらわす. ¶她英语说得好〜／彼女は英語がとてもうまい. ¶今天冷〜,多穿点儿衣服／今日はとても寒いから,1,2枚余計に着なさい.

dei ㄉㄟ [teɪ]

得 děi

彳部8 [四] 2624₁
全11画 [常用]

Ⅰ[助動] ❶(意思,道理,事実からして,せっぱつまってどうしても)…する必要がある.…しなければならない. ¶这一段～重新 chóngxīn 写 / この部分は書き直さなければならない. ¶以后可真～小心一点 / これからはもう少し注意しなければならない. ¶哎呀,起晚了. 今天七点～到公司! / あれっ寝坊した. 今日は7時に会社に着かないといけないんだった.

❷きっと…のはずだ. ¶看天气,今天～下雨 / この分では今日は雨になる. ¶如果他在七点出发,现在～到了 / もし彼が7時に出たのなら,もう着いているはずだ. ✎否定には"不会"を用いる.

Ⅱ[動] (時間・お金が)かかる. 要する. ¶～多少钱? / いくらかかりますか? ¶还～多长时间? / あとまだどれくらいかかりますか? ¶这个工程～三个月才能完工 / この工事は3ヶ月かけないと終わらない. ✎打ち消しは"无须", "不用"を用いる.

☞ 得 dé,de

【得亏】děikuī [副][方] 幸いにも. ¶～我帮他,否则他哪做得完? / 私が手伝って良かった. そうでなければ,彼はやり遂げられなかっただろう. [同]幸亏 xìngkuī, 多亏 duōkuī

deng ㄉㄥ〔təŋ〕

灯(燈) dēng

火部2 [四] 9182₀
全6画 [常用]

[名] ❶〔[量]个 ge,盏 zhǎn〕明かり. 照明. 電灯. ¶点～(明かりをつける) / 灭～(明かりを消す) / 开～(電灯をつける) / 关～(電灯を消す) / 电～ diàndēng (電灯) / 路～ lùdēng (街灯) / 霓红～ níhóngdēng (ネオンサイン) / 红绿～ hónglǜdēng (交通信号) / ～笼 dēnglong / 头～ tóudēng (ヘッドライト) / ～塔 dēngtǎ / ～台 dēngtái / 冰～ bīngdēng (氷ちょうちん). [同]灯光 dēngguāng ❷加熱器具. ¶酒精～ jiǔjīngdēng (アルコールランプ). ❸(Dēng)姓.

【灯彩】dēngcǎi [名] (民間工芸や舞台道具の)飾りちょうちん. "灯节 Dēngjié"や舞台,お祝い事などの時に飾りつける. ¶满台～ / 舞台は飾りちょうちんでいっぱいだ. ¶室内～交辉 / 室内は飾りちょうちんに照らし出されている. [同]花灯 huādēng

【灯草】dēngcǎo [名]〔[量]根 gēn〕トウシンソウの茎の中にある白いスポンジ状の髄. ランプの芯に用いる. [同]灯心草 dēngxīncǎo

【灯管】dēngguǎn [名] (～儿) 蛍光灯の管.

【灯光】dēngguāng [名] ❶明かり. ¶屋里还有～ / 部屋にはまだ明かりがともっている. ❷照明設備. ¶舞台～ / 舞台照明.

【灯红酒绿】dēng hóng jiǔ lǜ [成] 赤いともしびと緑の酒. ぜいたくで享楽的な生活.

【灯花】dēnghuā [名] 丁字頭(ちょうじがしら). 灯心の先端にできる燃えかすが花の形になって固まったもの. [参考]縁起の良いしるしと考えられた.

【灯会】dēnghuì [名] "元宵节 Yuánxiāojié"に催される灯籠(とうろう)祭り. [参考]さまざまな色や形の灯籠が飾られるほか,獅子舞や雑技, "高跷 gāoqiāo"などが行われることもある.

【灯火】dēnghuǒ [名] ❶明かり. ともしび. ¶万家～ / 都会の夜景が華やかだ. ❷暮らし. ¶赠 zèng 金以助～ / 金を贈って暮らしを助ける.

【灯火辉煌】dēng huǒ huī huáng [成] ともしびがあかあかと輝く.

【灯节】Dēngjié [名] "元宵节 Yuánxiāojié"に同じ.

【灯具】dēngjù [名] 照明器具.

【灯口】dēngkǒu [名] ソケット.

【灯笼】dēnglong [名]〔[量]个 ge,盏 zhǎn,只 zhī〕ちょうちん. 灯籠(とうろう).

【灯笼裤】dēnglongkù [名]〔[量]条 tiáo〕すそをつぼめたズボン. ニッカーボッカー. ブルマー.

【灯谜】dēngmí [名] なぞなぞを書いた紙を灯籠(とうろう)やちょうちんに貼り,おおぜいの人に当ててもらう遊び. ¶猜～ / ちょうちんのなぞなぞを当てる. [参考]元宵節や中秋節に行われる.

【灯泡】dēngpào [名] (～儿)〔[量]个 ge,只 zhī〕電球. ¶～烧了 / 電球が切れた. [同]电灯 diàndēng 泡, 灯泡子 dēngpàozi

【灯伞】dēngsǎn [名] 電灯やランプのかさ.

【灯市】dēngshì [名] "元宵节 Yuánxiāojié"の前後,ちょうちんや灯籠(とうろう)を売る市,またはちょうちんや灯籠で飾られた街.

【灯饰】dēngshì [名] イルミネーション.

【灯丝】dēngsī [名] フィラメント.

【灯塔】dēngtǎ [名]〔[量]座 zuò〕灯台.

【灯台】dēngtái [名] ❶石油ランプの台. 燭(しょく)台. ❷灯台. ¶～不自照 / 灯台もと暗し. [同]灯塔 dēngtǎ

【灯头】dēngtóu [名] ❶石油ランプの口金. ❷電灯のソケット. ¶卡口 qiǎkǒu～ / 差し込みソケット. ¶螺口 luókǒu～ / ねじ込みソケット. ❸電灯の数.

【灯箱】dēngxiāng [名] (中に電灯の入った)箱型の看板.

【灯宵】Dēngxiāo [名] "元宵节 Yuánxiāojié"に同じ.

【灯心[芯]】dēngxīn [名] 灯心. ランプの芯.

【灯心草】dēngxīncǎo [名]《植物》トウシンソウ. 茎の中にある白いスポンジ状の髄をランプの芯に使う. 漢方薬にも用いられる. [同]灯草 dēngcǎo

【灯心绒】dēngxīnróng [名]《紡織》コール天. [同]条绒 tiáoróng

【灯影】dēngyǐng [名] ❶明かり. ❷明かりによってできる影. ¶～戏 / 影絵芝居.

【灯油】dēngyóu [名] 灯火用の油. [同]煤油 méiyóu

【灯语】dēngyǔ [名] 灯火信号.

【灯盏】dēngzhǎn [名] かさやほやのない油ランプ.

【灯罩】dēngzhào [名] (～儿) 電灯のかさ. ランプのほや. [同]灯罩子 dēngzhàozi

【灯座】dēngzuò [名] ランプスタンド.

登 dēng

癶部7 [四] 1210₈
全12画 [常用]

❶[動] 上の方へ上がっていく. ¶～山 dēngshān / 攀～ pāndēng (よじ登る) / ～机 dēngjī / ～峰 fēng 造极. ❷[動] 足をかける. ペダルなどを踏む. ¶～三轮车(三輪車にのる). [同]蹬 dēng ❸[動] 新聞・雑誌などに載せる. 登録する. ¶～报 dēngbào / ～记 dēngjì / 刊～ kāndēng (掲載する). ❹[動] 穀物などが脱穀のために集められる. ¶五谷 wǔgǔ 丰～ (五穀が豊かに実る). ❺(Dēng)姓.

【登岸】dēng//àn [動] 上陸する.

【登报】dēng//bào [動] 新聞に載せる. ¶～声明 / 声明を新聞に発表する.

【登场】dēng//cháng 動 収穫した穀物を脱穀場へ運ぶ. ¶小麦〜了/小麦が脱穀場へ着いた.
【登场】dēng//chǎng 動 俳優が舞台に現れる. ¶粉墨〜/メーキャップをして登場する(悪人が政治舞台に出たとえ). 反 退場 tuìcháng
【登程】dēngchéng 動 文 出発する. ¶他们后天〜/彼らはあさって出発する. 同 出发 chūfā,动身 dòngshēn,启程 qǐchéng,起程 qǐchéng
【登第】dēngdì 動 文 科挙の試験に合格する. 同 登科 dēngkē
【登顶】dēng//dǐng 動 登頂する.
【登峰造极】dēng fēng zào jí 成 頂上をきわめる. 学問や芸術などで最高の境地に到達する.
【登高】dēnggāo ❶動 高い所に登る. ¶祝步步〜/とんとん拍子の御出世おめでとうございます. ¶〜必自卑 bēi/高い所に登るには低い所から始める必要がある. ❷名 重陽(ちょうよう)の節句(旧暦9月9日)に小高い丘に登って菊酒を飲み,災厄を払う行事. 同 重九 chóngjiǔ 登高
【登革热】dēnggérè 名《医学》デング熱.
【登机】dēng//jī 動 飛行機に搭乗する.
【登机牌】dēngjīpái 名 搭乗券. ボーディングパス.
【登基】dēng//jī 動 皇帝が即位する.
【登极】dēng//jí 動 皇帝が即位する. 同 登基 jī
*【登记】dēngjì 動 ❶ 登記する. 登録する. ¶户口〜/戸籍届け. ¶〜图书/本を登録する. 反 注销 zhùxiāo ❷(ホテルや空港などで)チェックインする. ¶〜住宿/(ホテルで)チェックインする.
【登科】dēngkē 科挙の試験に合格する. ¶〜记(〜录)/科挙合格者名簿.
【登临】dēnglín 山に登り川に臨む. 行楽地にでかける.
【登陆】dēng//lù 動 上陸する. ¶〜地点/上陸地点. ¶台风〜/台風が上陸する.
【登陆地点】dēnglùdìdiǎn 名《軍事》上陸地点.
【登陆舰】dēnglùjiàn 名《軍事》揚陸艦.
【登陆艇】dēnglùtǐng 名《軍事》上陸用舟艇.
【登录】dēnglù 動 記録する.
【登门】dēng//mén 動 文 (人の住まいを)訪問する. ¶拜访 bàifǎng/お宅を訪問する.
【登攀】dēngpān 動 よじ登る. ¶勇于〜/勇気を出してよじ登る. 同 攀登 pāndēng
【登山】dēng//shān 動 ❶ 山に登る. ¶〜临[路 tà]水/山水に親しむ. 自然に親しむ. ¶〜越岭 yuèlǐng/険しい道を進む. ❷《スポーツ》登山をする. ¶〜队/登山パーティー.
【登山运动】dēngshān yùndòng 名《スポーツ》登山. ¶〜员/登山家.
【登时】dēngshí 副 すぐに. たちまち. ¶大家一动起手来/皆すぐさま行動を起こした. 同 顿时 dùnshí 用法 過去の叙述に用いられることが多い.
【登市】dēngshì 動 (季節商品が)市場に出回り始める.
【登台】dēng//tái 動 ❶ 舞台または演壇に立つ. ¶〜演讲/演壇に立って演説する. ❷ 政治の表舞台に登場する. ¶〜执政/政治の表舞台で政権を握る.
【登堂入室】dēng táng rù shì 成 学問や芸術が深まり高い水準に達する. 同 升 shēng 堂入室 由来『論語』先進篇に見えることば.
【登喜路】Dēngxǐlù 名《商標》ダンヒル. ◆Dunhill
【登月舱】dēngyuècāng 名 月着陸船.
【登载】dēngzǎi 新聞・雑誌などに掲載する. 同 刊登 kāndēng,刊载 kānzǎi

噔 dēng
口部12 四 6201₈
全15画 通用
擬 重い物が地面に落ちたり,何かに当たった時に出る音. どしん. ごつん. ¶听见楼梯上〜〜〜的脚步声(とんとんと階段を上る足音が聞こえる).

簦 dēng
竹部12 四 8810₈
全18画 通用
名 ❶ 旧 柄のついた笠(きき). ❷ 方 笠. 参考 ①は現在の雨傘に似たもの.

蹬 dēng
足部12 四 6211₈
全19画 通用
動 (ペダルのようなものを)足先で踏む. 足をつっぱる. ¶〜技 dēngjì (足芸)/板儿 dēngbǎnr(ミシンなどの踏み板). 同 登 dēng ② 用法 仰向けになって,足先でボールなどをあやつるという意味でも用いる. また,そういった曲芸の名前に多く使われる.
☞ 蹬 dèng

【蹬腿】dēng//tuǐ ❶ 足をつっぱる. ❷ 口 (〜儿)おだぶつになる. くたばる.

等 děng
竹部6 四 8834₁
全12画 常用

❶ 量 等級. ランク. ¶一级 děngjí/头一货 tóuděnghuò(一級品). ❷ 動 待つ. ¶请〜一下(少しお待ちください)/〜待 děngdài/〜不得 děngbude. ❸ 動 …するのを待って. …してから. ¶大家齐了,我班就出发(みんなが揃ったら,私たちの班は出かける). ❹ …など. ¶小张,老王〜五个人(张君,王さんたち五人). ❺ 助 列挙した語の最後につける. …といった. ¶上海,苏州,杭州〜三个城市(上海・蘇州・杭州の三都市). ❻ 名 文 …たち. …ら. 人称代名詞または人を指す名詞のあとにつけて複数をあらわす. ¶我〜 wǒděng(我ら). ❼ 素 …のような. ¶此〜 cǐděng (このような). ❽ 素 等しい. 等しく. ¶相〜 xiāngděng(等しい)/一加二〜于三(1足す2は3)/大小不〜(大小まちまちだ). ❾ (Děng)姓. 用法 ③は文の先頭にきて,後のことを引き出す. 後の文に,"再","才","就"がくることが多い. ④は"等等"と重ねて用いることもできる.

【等边三角形】děngbiān sānjiǎoxíng 名《数学》正三角形.
【等不得】děngbude 動 待ちきれない.
【等差】děngchā 名 ❶ 文 等級の違い. ❷《数学》等差.
【等差级数】děngchā jíshù 名《数学》等差級数.
【等差数列】děngchā shùliè 名《数学》等差数列.
【等次】děngcì 等級. ¶〜表示/ランク表示.
【等粹】děngcuì 文 等級.
*【等待】děngdài 動 待つ. ¶〜时机/時機を待つ. ¶〜是一种磨练耐性的方法/待つことは,忍耐力を鍛える一つの方法だ. 同 等候 děnghòu
【等到】děngdào ❶ 接 …してみると. …に及んで. 時間や条件を示す. ¶〜我们抵达 dǐdá 飞机场时,他们已经走了/私たちが飛行場に着いた時には,彼らはもう行ってしまった後だった. ❷ 接 …まで待つ. ¶我只可以〜明天,请你快下决心/明日までは待てるから,早く決断してください.
【等等】děngděng 助 などなど. 他にも例があることを示す. ¶入学考试的科目有数学,语文,英语〜/入学試験の科目には,数学・国語・英語などがある.
【等第】děngdì 名 文 (人の)序列. 等級.
【等额配比基金】děng'é pèibǐ jījīn 寄付の形式の一

つ．マッチングギフト．個人などから寄付があった場合，関連の企業や団体がそれと同額をさらに寄付するというシステム．
【等而下之】děng ér xià zhī 成 ある基準より更に下の程度だ．
【等份】děngfèn 名（〜儿）等分したもの．
【等高线】děnggāoxiàn 名 等高線．
【等号】děnghào 名《数学》等号．イコール（＝）．
【等候】děnghòu 動 待つ．¶你再〜一下／もうちょっと待て．
【等级】děngjí 名 ❶ 等級．ランク．クラス．¶棉花按〜收购 shōugòu／綿花はランク付けに従って買い上げられる．❷ 社会制度による身分差別．¶〜观念／身分意識．❸ 一定の水準に達しているとみなされたランク付け．¶〜工资制／賃金等級制．¶〜厨师／国が資格認定をした調理師．
【等价】děngjià 名《経済》等価．
【等价交换】děngjià jiāohuàn 名《経済》等価交換．
【等价物】děngjiàwù 名《経済》等価物．
【等距离】děngjùlí 名 等距離．
【等离子态】děnglízǐtài 名《物理》プラズマ．⇒ 等离子体 tǐ
【等离子体】děnglízǐtǐ 名《物理》プラズマ．
【等量齐观】děng liàng qí guān 成 同一視する．¶他们把语言和文化〜,混 hùn 为一谈了／彼らは言語と文化を同列に見て一緒くたに論じた．
【等米下锅】děng mǐ xià guō 慣 ❶ 状況が逼迫している．❷ 上級またはほかからの支援を消極的・受動的に待つ．由来 米の来るのを待って飯を作るという意から．
【等日】děngrì 名 後日．いずれまた．¶〜再去看你／そのうちまた会いに行きます．
【等式】děngshì 名《数学》等式．反 不等式 bùděngshì
【等同】děngtóng 動 同列に扱う．¶不能作〜比较／同一に比べてはいけない．
【等外】děngwài 形 規格外だ．¶〜品／規格外品．
【等闲】děngxián ❶ 形 ありきたりの．ありふれた．¶〜之辈 bèi ／ありふれた人．❷ 副 なおざりに．むだに．¶大好时光,不可〜度过／貴重な時間を無駄にするな．❸ 副 わけもなく．勝手に．¶〜不可进来／無用の立ち入りはご遠慮ください．
【等闲视之】děng xián shì zhī 成 軽視する．
【等效】děngxiào 形《電気》等価の．
【等因奉此】děngyīn fèngcǐ 慣 形式どおりの恒例行事や紋切り型文章のたとえ．由来 "…等因"（…の由），"奉此…"（よって…）がもともと公用文の常套語だったことから．
*【等于】děngyú 動《数学》数量が…に等しい．¶五加四＝九／5足す4は9．❷ 二つの事柄の内容が同じだ．¶你的话〜一剂 jì 良药／あなたの話は一服の良薬に等しい．
【等子】děngzi 名（貴金属や薬品などをはかる）小型の竿ばかり．同 戥子 děngzi

戥 děng

戈部9 四 6315₀
全13画

❶ → 戥子 děngzi ❷ 動 "戥子"を使ってはかる．¶把这包药〜一〜／（この薬をはかってみる）．
【戥子】děngzi 名（貴金属や薬品などをはかる）小型の竿ばかり．

邓（鄧） Dèng

又部2 四 7742₇
全4画 次常用

❶ 地名用字．¶〜洲 Dèngzhōu（河南省にある県名）．❷ 姓． 
【邓小平】Dèng Xiǎopíng《人名》鄧小平（ていしょうへい：1904-1997）．中国の政治家．改革開放路線を推進．

邓小平

【邓小平理论】Dèng Xiǎopíng lǐlùn 名「白猫黒猫論」に象徴される「実事求是」論など，改革・開放路線の根拠にもなった鄧小平の政治理論．参考『鄧小平文選』に具体的な発言等が収められている． 
【邓颖超】Dèng Yǐngchāo《人名》鄧穎超（ていえいちょう：1904-1992）．共産党の女性指導者で，婦人運動家．故周恩来総理の夫人．

邓颖超

凳（異 櫈） dèng

几部12 四 1221₇
全14画 常用

名（〜儿）［量 个 ge, 条 tiáo, 张 zhāng］背もたれのない腰かけ．¶板〜 bǎndèng（座るところが細長い板でできている腰かけ）／方〜 fāngdèng（四角い腰かけ）／〜子 dèngzi．
【凳子】dèngzi 名［量 个 ge, 条 tiáo, 张 zhāng］背もたれのない腰掛け．スツール．

嶝 dèng

山部12 四 2271₈
全15画 通用

名 山への登り道．¶〜道 dèngdào（登山道）．

澄 dèng

氵部12 四 3211₅
全15画 次常用

動 液体の不純物を沈殿させる．¶〜清 dèngqīng．
☞ 澄 chéng
【澄浆泥】dèngjiāngní 名 陶磁器などに使用される粒子の細かい粘土．陶土．
【澄清】dèng//qīng 動（液体を）澄ませる．¶这水太浑 hún, 等〜了再用／この水はとてもにごっているので，澄んでから使おう．☞ 澄清 chéngqīng
【澄沙】dèngshā 名 こしあん．¶〜馅儿 xiànr 月饼／こしあん入り月餅（饣）．

磴 dèng

石部12 四 1261₈
全17画 通用

❶ 名 石段．¶〜道 dèngdào（石段の道）．❷ 量 石段，階段を数えることば．¶一〜一〜慢慢往上走（一段一段ゆっくり登る）．

瞪 dèng

目部12 四 6201₈
全17画 次常用

動 ❶ 目をみひらく．¶把眼一〜（目をかっと開く）／着眼睛看（眼を丸くして見る）／〜眼 dèngyǎn．❷ じろりと見る．にらみつける．¶〜了他一眼（彼をじろりとにらみつけた）．
【瞪眼】dèng//yǎn 動 ❶ 目を見ひらく．¶干 gān〜／ぼうぜんと目を見張る．❷ にらみつける．¶立眉 méi〜／眉をあげて目を見開く．¶直眉〜／眉をつりあげて怒るよう．

镫（鐙） dèng

钅部12 四 8212₈
全17画 通用

素 ❶ あぶみ．馬具の一つ．鞍（くら）の両側についた金具．¶马〜 mǎdèng（あぶみ）／执鞭 biān 随〜（苦労を

ともせず、人のためにつくす). ❷ 〘国〙 "灯 dēng"に同じ.
【镫骨】dènggǔ 〖名〗〘生理〗鐙骨(あぶみこつ). 耳小骨の一つ.
【镫子】dèngzi 〖名〗あぶみ. 〘同〙镫①

蹬 dèng
足部12　〔四〕6211₈
全19画　〔次常用〕
→蹭蹬 cèngdèng
☞ 蹬 dēng

---

di ㄉㄧ 〔ti〕

氐 dī
氏部1　〔四〕7274₀
全5画　〔通用〕
〖名〗❶(Dī) 中国の西方に住んでいたチベット系の少数民族. ❷ 星の名. 二十八宿の一つ.
☞ 氐 dǐ

低 dī
亻部5　〔四〕2224₀
全7画　〔常用〕
❶ 〖形〗(高さが)低い. ¶～矮的房子(低くて小さい家)／弟弟比哥哥一一头(弟は兄よりも頭一つ背が低い). 〘同〙矮ǎi 〘反〙高 gāo ❷ 〖形〗(レベルが)低い. ¶～声 dīshēng／～温 dīwēn／～档 dīdàng／～估 dīgū／眼高手～ 〘成〙要求は高いが実力が伴わない). 〘反〙高gāo ❸ 〖形〗(学年・地位・ランクが)低い. ¶～级 dījí／～等 dīděng (下等だ)／～年级学生(低学年の生徒). 〘反〙高 gāo ❹ 〖動〗(頭や声を)低くする. うつむく. ¶～头 dītóu／～首下心. 〘同〙俯 fǔ ❺ (Dī)姓.
【低保】dībǎo 〖名〗"中国都市住民最低生活保障"の略称.
【低层】dīcéng 〖名〗❶ 低層. ❷ 低級.
【低层住宅】dīcéng zhùzhái 〖名〗〘建築〙低層住宅. 参考中国の建築規定では、1-3階建の建物を指す.
【低产】dīchǎn 〖形〗生産量が少ない. ¶～油田／生産量の少ない油田. ¶～作物／生産高の少ない作物.
【低潮】dīcháo 〖名〗❶ 引き潮. 下潮. 〘反〙高潮 gāocháo ❷ 衰退期. 下り坂. 〘反〙高潮 gāocháo
【低沉】dīchén 〖形〗❶ 空がどんよりと暗く、雲が厚く垂れ込めているよう. ❷ (悲しみなどで声が)低く沈んでいる. ❸ 小weet的声音很～／張さんの声は重く沈んでいる. ❸ 気分が重く沈んでいる. ¶～的气氛 qìfēn／重苦しい雰囲気. 〘同〙消沉 xiāochén 〘反〙高昂 gāo'áng, 昂扬 ángyáng
【低垂】dīchuí 〖動〗低く垂れる. ¶～头／首をうなだれる. ¶天色阴暗,乌云 wūyún～／空は暗く、黒雲が低く垂れ込めている. 〘反〙高扬 gāoyáng
【低档】dīdàng 〖形〗安物の. ¶～服装／安物の服. ¶～饭店／安宿. 〘反〙高档 gāodàng
【低等动物】dīděng dòngwù 〖名〗〘生物〙下等動物.
【低调】dīdiào 〖名〗(～儿) ❶ 穏やかな口調. 控えめな論調. ❷ (写真などの)ローキートーン.
【低端】dīduān 〖名〗低価格帯(の). 低ランク(の). 〘反〙高 gāo 端, 中 zhōng 端
【低估】dīgū 〖動〗過小評価する. 見くびる. ¶～困难／困難を決して軽く見てはいけない. 〘反〙高估 gāogū
【低谷】dīgǔ 〖名〗❶ 谷底. ❷ 低落し停滞した局面. 低迷の状態.
【低缓】dīhuǎn 〖形〗❶ (声が)低くて穏かだ. ❷ (地形が)低くてなだらかだ.
【低回】[低徊] dīhuí 〖動〗〘文〙❶ 行きつ戻りつする. ❷ 名残を惜しむ. 去りがたく思う. ❸ 起伏しながらぐるぐる巡る.

【低级】dījí 〖形〗❶ 初歩でやさしい. ¶～课程／初心者クラス. 〘反〙高级 gāojí ❷ 通俗的だ. 低俗だ. ¶～趣味 qùwèi／低俗な趣味.
【低贱】dījiàn 〖形〗❶ 身分が低い. ❷ 出身～／卑しい身分の出だ. 〘同〙卑贱 bēijiàn, 卑下 bēixià 〘反〙高贵 gāoguì ❷ 価格が安い. ¶谷价 gǔjià～／穀物の価格が安い.
【低空】dīkōng 〖名〗低空. ¶～飞行／低空飛行.
【低栏】dīlán 〖名〗〘スポーツ〙女子ハードル. ローハードル.
【低廉】dīlián 〖形〗安価だ. ¶价格～／安価である. ¶购买～的物品／安い品物を買う. 〘同〙便宜 piányi 〘反〙昂贵 ángguì
【低劣】dīliè 〖形〗質が悪い. 粗悪だ. ¶～产品／粗悪品. ¶生活品质～／生活の質が低い. 〘反〙优良 yōuliáng, 高super gāochāo
【低龄】dīlíng 〖形〗低年齢だ. ¶～老人／60-70歳の老人.
【低龄化】dīlínghuà 〖動〗低年齢化する.
【低落】dīluò 〖動〗低下する. ¶价格～／価格が低下する. ¶小美今天情绪非常～／メイちゃんは、今日はとても落ち込んでいる. 〘反〙高涨 gāozhǎng
【低迷】dīmí 〖形〗(経済状況が)低落している. 不景気だ.
【低能】dīnéng 〖形〗能力や知力が低い.
【低能儿】dīnéng'ér 〖名〗知的障害児.
【低频】dīpín 〖名〗〘電気〙低周波. ¶～变压器／低周波変圧器. ¶～放大器／低周波増幅器. アンプ.
【低聘】dīpìn 〖動〗もとの地位や階級より下級のポストで雇われる. 〘反〙高 gāo 聘
【低热】dīrè 〖名〗=低烧 dīshāo
【低人一等】dī rén yī děng 〘成〙人より一段劣る.
【低三下四】dī sān xià sì 〘成〙ぺこぺこする. 卑屈なようす. ¶别总是和一些～的人鬼混 guǐhùn／いつもおべっかを使う連中とつるんでいてはいけない.
【低烧】dīshāo 〖名〗微熱. 〘同〙低热 rè
【低声】dīshēng 〖名〗小声. 低い声. ¶他～说了一声再见／彼は小さく「さよなら」と言った.
【低声下气】dī shēng xià qì 〘成〙声を低くし、気持ちを抑え、おとなしくする. へりくだった態度をとる.
【低首下心】dī shǒu xià xīn 〘成〙平身低頭する.
【低俗】dīsú 〖形〗低俗だ.
【低微】dīwēi 〖形〗❶ 音が小さく、か細い. ¶～的呻吟 shēnyín／かすかなうめき声. ❷ 少ない. ¶收入～／収入がわずかだ. ❸ 身分や地位が低い. ¶门第～／家柄が卑しい. 〘同〙卑微 bēiwēi, 微贱 wēijiàn
【低纬度】dīwěidù 〖名〗低緯度.
【低温】dīwēn 〖名〗低温.
【低下】dīxià 〖形〗(生産レベルや社会的地位などが)並以下だ. ¶能力～／能力が低い. ¶情趣 qíngqù～／品がない.
【低血糖】dīxuètáng 〖名〗〘医学〙低血糖.
【低血压】dīxuèyā 〖名〗〘医学〙低血圧.
【低压】dīyā 〖名〗❶ 〘物理〙低圧. ❷ 〘電気〙低電圧. ❸ 〘医学〙最低血圧. ❹ 〘気象〙低気圧.
【低压槽】dīyācáo 〖名〗〘気象〙気圧の谷. 〘同〙高空 gāo-

kōng 槽.
【低音】dīyīn 名 低音. ¶男〜 / バス. ¶女〜 / アルト.
【低音提琴】dīyīn tíqín 名《音楽》コントラバス. ダブルベース.
【低幼】dīyòu 形 幼い. ¶〜儿童 / 小学校低学年の児童と幼稚園児.
【低语】dīyǔ 動 小声で話す. ¶〜密谈 / 小声で密談する. 圓 悄声 qiāoshēng〜 / ひそひそとささやく.
【低云】dīyún 名《気象》低い雲. 下層の雲.

羝 dī
羊部5　四 8254₀
全11画　通用

名 雄ヒツジ. 圓 公羊 gōngyáng
【羝羊】dīyáng 名 雄ヒツジ. ¶〜触 chù 藩 fān / 成 雄ヒツジの角がまがきに引っ掛かる. 進退窮まる.

堤（異 隄）dī
土部9　四 4618₁
全12画　常用

名 土手. 堤防. ¶河〜 hédī（川の堤防）/ 修〜 xiūdī（堤防をつくる）/ 〜防 dīfáng.
【堤岸】dī'àn〔圓 道 dào、条 tiáo〕土手. 堤防.
【堤坝】dībà 名 堰(き). 堤防.
【堤防】dīfáng 名 堤防. ¶〜决口 juékǒu 了 / 堤防が決壊した.
【堤围】dīwéi 名 土手.

提 dī
扌部9　四 5608₁
全12画　常用

下記熟語を参照.
☞ 提 tí

【提防】dīfang 動 用心する. 警戒する. ¶対坏人要〜 / 悪人に警戒が必要だ. 圓 防备 fángbèi, 防范 fángfàn
【提溜】dīliu 動方 手に提げる.

嘀 dī
口部11　四 6002₇
全14画　次常用

下記熟語を参照.
☞ 嘀 dí

【嘀嗒】dīdā 擬 "滴答 dīdā"に同じ. ❷ dīda 動 "滴答 dīda"に同じ.
【嘀里嘟噜】dīlidūlū 形 話し方が速く、聞き取りにくい. ¶他说话〜的 / 彼はせかせかと話す. 圓 滴 dī 里嘟噜

滴 dī
氵部11　四 3012₇
全14画　常用

❶ 名 しずく. ¶汗〜 hàndī（汗のしずく）/ 水〜 shuǐdī（水滴）. ❷ 動 したたる. したたる. ¶〜眼药水（目薬をさす）/ 汗水直往下〜（汗がぽたぽたと流れ落ちる）. ❸ 量 しずくを数えることば. ¶一〜汗（一滴の汗）. ❹ 素 擬声語をつくる. ¶〜答 dīdā / 〜〜拉拉 dīdīlālā.
【滴鼻剂】dībíjì 名《薬》点鼻薬.
【滴虫】dīchóng 名《動物》トリコモナス.
【滴答[嗒]】❶ dīdā 擬 ぽたぽた. チクタク. ぽつっ. 水滴がしたたり落ちる音や, 時計の振り子が動く音. ¶只有钟摆 zhōngbǎi〜地响着 / 時計の振り子だけがチクタクと鳴っていた. ¶〜, 〜, 下雨了, 下雨了 / ぽつっ, ぽつっ, 雨だよ, 雨が降ってきた. 重 滴滴答答 圓 嘀嗒 dīdā ❷ 動 したたり落ちる. ¶龙头 lóngtóu〜着水 / 蛇口から水がぽたぽた落ちている. 圓 嘀嗒 dīda
【滴滴涕】dīdītì 名《薬》ディーディーティー. 強力な殺虫剤の名. ◆DDT
【滴滴拉拉】dīdīlālā 擬 ぽつぽつ.
【滴管】dīguǎn 名《化学》ビュレット.

【滴灌】dīguàn 名《農業》"点滴灌溉 diǎndī guàngài"の略. 管をつたった水が, 植物の根と土壌に絶えずしたたるようにする灌漑(かん)方法.
【滴剂】dījì 名《薬》点滴薬. 滴剤.
【滴沥】dīlì 擬 ぽたぽた.
【滴里搭拉】dīlidālā 擬 ぽたぽた.
【滴里嘟噜】dīlidūlū 形 ❶ 大小のものがひと連なりになり, ごちゃごちゃしている. ¶老王身上〜地背 bēi 了好几个包 / 王さんは大小とりまぜいくつもの包みをその身に背負った. ❷ ぺらぺらしゃべって, よく聞きとれない. ¶小刘一直在〜地讲什么呢？ / 劉さんはさっきから何をごちゃごちゃ言っているんだい. 圓 嘀里嘟噜 dīlidūlū
【滴溜溜】dīliūliū 擬（〜的）くるくる. ころころ. ¶〜地转动 zhuǎndòng 眼睛 / 目をくるくる動かす.
【滴溜圆】dīliūr 形 ❶ まん丸い. ¶一圆 / まん丸い. ❷ 動 くるくる回る. めまぐるしく流動する. ¶妈妈忙得〜转 zhuàn / 母はてんてこ舞いの忙しさだ.
【滴漏】dīlòu 名 古代の水時計. 漏刻(ろうこく). 圓 漏壶 hú
【滴水不漏】dī shuǐ bù lòu 成 綿密に計算され, すきがない. 水も漏らさない. ¶他说出来的话〜 / 彼は言うことにすきがない.
【滴水成冰】dī shuǐ chéng bīng 成 したたる水滴が, たちまちのうちに氷となる. 非常に寒い.
【滴水穿石】dī shuǐ chuān shí 成 "水滴石穿 shuǐ dī shí chuān"に同じ.
【滴水】dīshuǐ 名 ❶ "滴水瓦 dīshuǐwǎ"（屋根の軒部分にふく瓦の一種）の端の部分. 三角形で, 模様がついている. 雨水がそこからしたたり落ちる. ❷ 排水のための軒と軒の間のすき間.

镝（鏑）dī
钅部11　四 8072₇
全16画　通用

名《化学》ジスプロシウム. Dy.
☞ 镝 dí

狄 dí
犭部4　四 4928₀
全7画　通用

❶ 名 古代, 北方の少数民族を指して呼んだ. ¶北〜 běidí（北方の蛮族）. ❷ 素 音訳に用いる語. ¶〜更斯 Dígēngsī（ディケンズ）. ❸（Dí）姓.
【狄塞耳机】dísài'ěrjī 名 ディーゼルエンジン.

迪 dí
辶部5　四 3530₆
全8画　通用

❶ 素 教え導く. ¶启〜 qǐdí 后人 / 後人を啓発し教え導く. ❷ 素 音訳に用いる語. ¶〜斯科 dísīkē. ❸（Dí）姓.
【迪斯尼】Dísīní《人名》ウォルト・ディズニー（1901-1966）. 米国の映画製作者.
【迪斯尼乐园】Dísīní lèyuán 名 ディズニー・ランド.
【迪斯科】dísīkē 外 ディスコ. ◆disco
【迪厅】dítīng 名 ディスコ・ホール.

的 dí
白部3　四 2762₀
全8画　通用

❶ 形 ほんとうだ. ¶〜当 dídàng / 〜确 díquè. ❷ 素 "的士 díshì"（タクシー）の略称. ¶打〜（タクシーをひろう）.
☞ 的 de, dì

【的当】dídàng 形 適切だ. ぴったりだ.
【的黎波里】Dílíbōlǐ《地名》トリポリ（リビア）.
*【的确】díquè 副 確かに. ¶现在她的身体的的确确比过去好多了 / 今彼女の体は以前よりまちがいなく良くなっ

根本的な利害の衝突.
【敌意】díyì 名 敵意. ¶怀 huái 着～/ 敵意を抱く. ¶消除～/ 敵意を失なう.
【敌占区】dízhànqū 名《軍事》被占領区.
【敌阵】dízhèn 名《軍事》敵陣.

涤(滌) dí 氵部7 四 3719₄ 全10画 次常用

❶ 動 洗う. ～ xǐdí (汚れを洗い落とす) / ～荡 dídàng / ～除旧习(古い習わしを一掃する). ❷ (Dí)姓.
【涤除】díchú 動 洗い落とす. 悪いものを取り除く. ¶～污垢 wūgòu / 汚れを取る. ¶～恶习 èxí / 悪習をやめる.
【涤荡】dídàng 動 汚れを洗い清める. ¶～邪祟 xiésuì / 邪悪なことをきれいさっぱりと取り払う. 同 荡涤 dàngdí
【涤卡】díkǎ 名《紡織》布地の一種. テリレンと綿の混紡のカーキ. またその服.
【涤纶】dílún 名《紡織・商標》テリレン. ポリエステル系合成繊維の商品名. ◆Terylene
【涤棉(布)】dímián(-bù) 名《紡織》布地の一種. テリレンと綿の混紡の布. 表現 俗称は"棉的确良 miándíquèliáng".

笛 dí 竹部5 四 8860₅ 全11画 常用

名 ❶ (～儿)〔管 guǎn, 支 zhī〕 横笛. ¶长～ chángdí (フルート) / 短～ duǎndí (ピッコロ). 同 笛子 dízi ❷ 鋭い音を出すもの. ¶汽～ qìdí (汽笛) / 警～ jīngdí (警笛).
【笛子】dízi 名《音楽》〔管 guǎn, 支 zhī, 枝 zhī〕竹製の横笛. 同 横笛 héngdí 参考 大別して"曲 qǔ 笛"と"梆 bāng 笛"の2種がある. ⇒ 洞箫 dòngxiāo (図)

觌(覿) dí 见部8 四 4781₂ 全12画 通用

動 文 顔を合わせる. 面と向かう.
【觌面】dímiàn 動 文 顔を合わせる.

嘀(啾) dí 口部11 四 6002₇ 全14画 次常用

下記熟語を参照.
◆ 嘀 dī
【嘀咕】dígu 動 ❶ ひそひそ話す. 小声でつぶやく. ¶她们俩经常在一起～/ 彼女たちは、しょっちゅうひそひそやっている. ❷ おどおどする. びくびくする. ¶听到上司叫他,他心里直～/ 上司が自分の名を呼ぶのを聞いて、彼は内心びくびくした.

嫡 dí 女部11 四 4042₇ 全14画 次常用

素 ❶ 封建家族制度での正妻. また、正妻の生んだ子供. ¶～出 díchū (正妻から生まれた) / ～嗣 dísì. 反 庶 shù ❷ 血統の最も近い間柄. ¶～亲 díqīn / ～传 díchuán / ～系 díxì.
【嫡传】díchuán ❶ 名 直伝. ～弟子 dìzǐ / 直系の弟子. ❷ 動 正統の後継者として伝える.
【嫡派】dípài ❶ 名 直系. ～子孙 zǐsūn / 直系の子孫. ❷ 技術や武芸などで、師匠自らの教えをうけた正統派. ¶～相传 xiāngchuán / 正統派として何代も継承する.
【嫡亲】díqīn 形 血のつながりがとても濃い. ¶～姐姐 / 実の姉. 重 嫡嫡亲亲
【嫡嗣】dísì 名 正統の跡継ぎ.

た. ¶这里～是个好地方 / ここは確かによいところだ. 重 的的确确 同 确实 chíshí,实在 shízài
【的确良】díquèliáng 名《紡織・商標》ダクロン. ポリエステル繊維"涤纶 dílún"で織った布. ◆Dacron
【的士】díshì 名 外 タクシー. ◆taxi

籴(糴) dí 入部6 四 8090₄ 全8画 通用

❶ 動 (穀物を)買う. 買い入れる. ¶～米(米を買いつける). 反 粜 tiào ❷ (Dí)姓.
【籴粜】dítiào 名 米の買い入れと放出.

荻 dí 艹部7 四 4428₉ 全10画 通用

名 ❶《植物》オギ. ❷ (Dí)姓.

敌(敵) dí 舌部4 四 2864₀ 全10画 常用

❶ 素 敵. ¶～人 dírén / 仇～ chóudí (かたき). 反 友 yǒu, 我 wǒ ❷ 動 匹敵する. 伯仲する. ¶势 shì 均力～(成) 勢力が伯仲している) / 一手 díshǒu. ❸ 動 抵抗する. 敵対する. ¶以寡 guǎ ～众(成) 少数で多数に立ち向かう) / 寡 guǎ 不～众(成) 衆寡 しゅうか 敵せず. 少人数では大勢では対抗できない).
【敌百虫】díbǎichóng 名 殺虫剤の一種. ディプテレックス.
【敌不过】díbuguò 動 敵しえない. かなわない.
【敌得过】dídeguò 動 勝つ. やっつける.
【敌敌畏】dídíwèi 名 殺虫剤の一種. DDVP.
【敌对】díduì 形 敵対する. ～态度 / 敵対する態度. 反 友好 yǒuhǎo
【敌方】dífāng 名 敵方. 敵側. 反 我方 wǒfāng
【敌国】díguó ❶ 名 敵国. 敵性国. ❷ 一国に相当する. ¶富可～ / 富は一国に匹敵するほどだ(大富豪だ).
【敌后】díhòu 名(戦場における)敵の後方. "敌人后方"の略. ¶深入～/ 敵の背後に深く入りこむ.
【敌机】díjī 名《軍事》敵機.
【敌舰】díjiàn 名《軍事》敵艦.
【敌军】díjūn 名 敵軍.
【敌忾】díkài 名 文 敵に対する怒りや恨み. ¶～同仇 / 同じ敵に対して共に敵愾心(てきがいしん)を燃やす.
【敌寇】díkòu 名 侵略者. 敵.
【敌楼】dílóu 名 城門の上に設けた望楼. 同 谯 qiáo 楼
【敌情】díqíng 名 敵方の行動. 敵情. ¶侦察 zhēnchá～ / 敵情を偵察する.
【敌首】díshǒu 名 敵の首領.
*【敌人】dírén 名 敵. ¶打倒～/ 敵を倒す. 反 朋友 péngyou
【敌视】díshì 動 敵視する. ¶互相～/ 敵視し合う. ¶以～的眼光看～/ 敵を見るような目で見る. 同 仇视 chóushì
【敌手】díshǒu 名 ❶ ライバル. 好敵手. ¶棋 qí 逢～/ (将棋などで)好敵手にめぐり会う. 名手が名手に出会うこと. ¶比技术,咱们几个都不是他的～ / 技術を比べたら,我々は皆彼の敵ではない. ❷ 敵対する相手. ¶落入 luòrù～ / 敵の手に落ちる.
【敌台】dítái 名 敵側の放送局.
【敌探】dítàn 名〔个 ge, 名 míng〕敵方のスパイ.
【敌特】dítè 名 敵方のスパイ. "敌方的特务 tèwù"の略.
【敌伪】díwěi 名《軍事》抗日戦争期,日本の侵略者および傀儡(かいらい)政権,すなわち満州国を指した. "敌人和伪政权 wěizhèngquán"の略.
【敌我矛盾】díwǒ máodùn 名 敵と味方の矛盾,対立.

【嫡堂】dítáng 形 血縁が比較的近い.
【嫡系】díxì 名 ❶直系.正統となる系統.¶～后裔 hòuyì／直系の子孫.❷教えや影響,命令などを直接受けること.¶～部队／直属部隊.
【嫡子】dízǐ 名 ❶正妻の子.反 庶子 shùzǐ ❷正妻の長男.反 众子 zhòngzǐ

翟 dí
羽部8　1721₅
全16画　通用

❶名 尾の長いキジ.❷(Dí)《人名》翟().古代の思想家墨子(ᵖⁿ)の名.墨子は尊称.❸(Dí)姓.
☞ 翟 Zhái

镝(鏑) dí
钅部11　8072₇
全16画　通用

名 文 矢じり.¶锋～ fēngdí (ほこ先と矢の先.戦争を意味する)／鸣～ míngdí (かぶら矢).

蹢 dí
足部11　6012₇
全18画

名 文 動物のひづめ.
☞ 蹢 zhí

氐 dī
氏部1　7274₁
全5画　通用

名 文 もと.根本.
☞ 氐 dī

邸 dǐ
阝部5　7772₅
全7画　通用

❶名 邸宅.¶官～ guāndǐ (官邸)／私～ sīdǐ (私邸).❷(Dǐ)姓.

诋(詆) dǐ
讠部5　3274₀
全7画　通用

素 そしる.悪く言う.¶～毁 dǐhuǐ／丑～ chǒudǐ (口汚なくののしる).
【诋毁】dǐhuǐ 動 そしる.けなす.¶无中生有,～他人／ありもしない事をでっちあげて人をそしる.同 诽谤 fěibàng, 毁谤 huǐbàng

坻 dǐ
土部5　4214₀
全8画　通用

❶素 地名用字.¶宝～ Bǎodǐ (天津市にある県名).❷(Dǐ)姓.
☞ 坻 chí

抵(❶❻牴❻, 觝❻) dǐ
扌部5　全8画　5204₀ 常用

❶動 つっぱる.支える.さえぎる.❷素 抵抗する.食い止める.¶～抗 dǐkàng.❸動 相当する.匹敵する.¶～命 dǐmìng.❹素 押す.¶～押 dǐyā／一个～几个(一つがいくつかに相当する).❹動 相殺する.帳消しにする.¶～账 dǐzhàng／～消 dǐxiāo.❺動 文 到着する.¶～达 dǐdá.❻動 牛や羊などの角を持つ動物が,互いに角で突っつきあう.¶～触 dǐchù／～牾 dǐwǔ.
【抵补】dǐbǔ 動 欠けている部分を補う.補填する.
【抵不上】dǐbushàng 動 …に匹敵し得ない.¶不管我怎样对你好,都～小明／私がどんなにあなたによくしたところで,ミンさんにはかなわない.反 抵得上 dǐdeshàng
【抵偿】dǐcháng 動 つぐなう.弁償する.¶拿实物做～／現物で弁償する.
【抵触】dǐchù 動 抵触する.差し障る.¶～法令 fǎlìng／法令にふれる.¶～情绪／異和感.同 冲突 chōngtū, 矛盾 máodùn, 抵牾 dǐwǔ
【抵达】dǐdá 動 文 到着する.¶～北京／北京に到着する.同 到达 dàodá
【抵挡】dǐdǎng 動 外圧を防ぎ止める.抵抗する.¶～严寒／厳しい寒さを防ぐ.¶～不住／食い止められない.¶没有人能够～小李的力气／誰も李さんの力を押しとどめることはできない.同 抵御 dǐyù, 招架 zhāojià
【抵得上】dǐdeshàng 動 …に匹敵し得る.¶小美做什么都～个男孩儿／メイちゃんは何をやっても男の子にひけをとらない.
【抵还】dǐhuán 動 (同等価値の物品で)返済する.
【抵换】dǐhuàn 動 引き替える.取り替える.
【抵抗】dǐkàng 動 抵抗する.¶奋力～／精一杯抵抗する.同 抵御 dǐyù
【抵扣】dǐkòu 動 差し引いて帳消しにする.
【抵赖】dǐlài 動 (犯罪や過失をうそや詭弁で)否認する.言い逃れをする.¶明明是你干的坏事,你还敢～吗？／明らかにお前のした悪事なのに,まだ言い逃れする気か.反 承认 chéngrèn
【抵命】dǐ//mìng 動 自分の命で罪をつぐなう.¶杀人～／人殺しは,命でつぐなう.
【抵事】dǐ//shì 動 役に立つ.使いものになる.用法 多く否定形で用いる.
【抵死】dǐsǐ 副 何としても.死んでも.命をかけても.¶～推辞 tuīcí／あくまで固辞する.
【抵牾】dǐwǔ 動 (文章などの)前後が矛盾する.相いれない.同 牴牾 dǐwǔ
【抵消[銷]】dǐxiāo 動 相殺する.帳消しにする.同 对消 duìxiāo
【抵押】dǐyā ❶名 抵当.¶用房产做～／家屋を抵当に入れる.❷動 担保にする.
【抵押品】dǐyāpǐn 名 抵当品.担保物件.
【抵押权】dǐyāquán 名 抵当権.
【抵御】dǐyù 動 外部からの力に抵抗する.¶～风寒／風と寒さを防ぐ.同 抵挡 dǐdǎng, 抵抗 dǐkàng
【抵债】dǐ//zhài 動 (物品や労働で)債務をつぐなう.
【抵账】dǐ//zhàng 動 (現物や労働で)債務を弁済する.
【抵制】dǐzhì 動 侵入や発生を阻止する.ボイコットする.¶～不正之风／よからぬ気風を排する.¶对公司论资排辈的做法要加以～／会社の年功序列のやり方に歯止めをかけよう.反 服从 fúcóng
【抵罪】dǐzuì 動 罪に相応する罰を受ける.

底 dǐ
广部5　0024₂
全8画　常用

❶(～儿)底.¶鞋～儿 xiédǐr (靴底)／～层 dǐcéng／井～之蛙 wā (成 井の中の蛙ᵖⁿ).反 顶 dǐng ❷素 年や月の終わり.末.¶年～ niándǐ (年末)／月～ yuèdǐ (月末).❸名 (～儿)草稿.控え.よりどころ.¶～本 dǐběn／留个～儿 (控えをとっておく).❹名 (～儿)ものごとの真相・わけ.¶～细 dǐxi／刨 páo 根问～ (根ほり葉ほり聞く).❺名 (～儿)陶磁器や織物などの模様の下地.¶白～儿红花碗(白地に赤い花模様の茶碗).❻到～ dàodǐ (結局)／终～于成(ついに成功を収めた).❼素 文 何.どんな.¶～事 dǐshì (何事)／～处 dǐchù (いずこ).同 什么 shénme ❽(Dǐ)姓.
☞ 底 de
【底版】dǐbǎn 名 ネガ・フィルム.原板.同 底片 dǐpiàn
【底本】dǐběn 名 ❶原稿.控え.❷印刷出版や校勘などのもとになるもの.テキスト.底本.同 蓝本 lánběn, 原本 yuánběn
【底册】dǐcè 名 原簿.¶留做～／保存用としてとった

く.

【底层】dǐcéng [名] ❶ 建物のグランドフロア．1階．¶大楼的～／ビルの1階．❷ 社会や組織の最下層．どん底．¶社会～／社会の最下層．

【底肥】dǐféi [名]《農業》もと肥．[同] 基肥 jīféi

【底稿】dǐgǎo [名]（～儿）公文書・手紙・文書などのもと原稿．¶起好～／起草する．

【底功[工]】dǐgōng [名]（演劇などの）基本的な腕前．[同] 功底

【底火】dǐhuǒ [名] ❶（かまどなどの）火種．❷《軍事》雷管(らいかん)．火薬に点火する発火用具．

【底价】dǐjià [名] 底値(そこね)．最低価格．

【底孔】dǐkǒng [名] 排水口．

【底里】dǐlǐ [名][文] 内情．[同] 底细 xì

【底码】dǐmǎ [名]《経済》❶ 最低価格．❷ 金融業の貸付最低利率．

【底牌】dǐpái [名] ❶ トランプ・ゲームの切り札．持ち札．❷ 内情．手の内．¶他暂时不把她的～揭开 jiēkāi／彼はしばらくは彼女の手の内をあばかなかった．[同] 底细 dǐxì ❸ とっておきの決め手．最後の切り札．¶亮出～／切り札を出す．

【底盘】dǐpán [名] ❶《機械》シャーシー．車台．❷《機械》電子機器の部品を取り付ける金属の台．❸ [方] 器物の台座．

【底片】dǐpiàn [名]〔[量] 卷 juǎn, 张 zhāng〕ネガ・フィルム．¶拿～去加洗／フィルムを焼き増しに出す．[同] 底版 dǐbǎn

【底气】dǐqì [名] ❶ 人の潜在的な生命力．❷ 人の呼吸量．❸ 気力．底力．

【底情】dǐqíng [名] 内情．実情．

【底色】dǐsè [名] 地色．下色．

【底墒】dǐshāng [名]《農業》種などをまく前の土壌の水分量．

【底数】dǐshù [名] ❶《数学》基数．a^n の a に当たる数．❷ 心積もり．¶心里有了～／心得ている．

【底特律】Dǐtèlǜ《地名》デトロイト(米国)．

【底土】dǐtǔ [名]《農業》"心土"(表土のすぐ下の土壌)の下層の土壌．

【底细】dǐxì[-xi] [名] 内情．¶把对方的～打听清楚，再谈合作／相手の事情をはっきり聞いてから，協力のことを話し合う．¶摸清对方的～／相手の内情を探り出す．

*【底下】dǐxia [名] ❶ 下．もと．¶窗户～／窓の下．¶笔～不错／文章を書くのがうまい．❷ 以後．以下．¶～说的话／それから話したこと．

【底下人】dǐxiarén [名] ❶ [旧] 召使い．使用人．❷ 部下．手下．¶吩咐 fēnfù～把一切都预备好／配下の者に，支度をすっかり整えておくよう言いつける．

【底线】dǐxiàn [名] ❶《スポーツ》エンドライン．ゴールライン．❷ スパイ．[同] 内 nèi 线

【底薪】dǐxīn [名] 基本給．¶～不高／基本給が安い．

【底样】dǐyàng [名] ❶ 下絵．下模様．❷ 元型．

【底蕴】dǐyùn [名][文] ❶ 深い見識や才能．❷ 内情．詳しい内容．

【底帐】dǐzhàng [名] 原簿．

【底止】dǐzhǐ [名][文] 行き止まり．終わり．

【底子】dǐzi [名] ❶ 底．¶这双鞋～就绽开 zhànkāi 了！／この靴はもう靴底がはがれた．❷ 委細．子細．[同] 底细 dǐxì ❸ 基礎．素養．¶～薄／基礎が弱い．¶小张的科技～深厚／張さんは科学技術の素養が豊かだ．❹ 控え．草稿．¶留个～／控えを残す．❺ 残り．¶货～／残品．売れ残り．¶茶～／お茶の飲み残し．❻ 地色．

【底座】dǐzuò [名]（～儿）台座．台．¶柱子 zhùzi 的～／柱の台座．¶磅秤 bàngchèng 的～／台ばかりの台．

柢 dǐ

木部 5 [四] 4294₀ 全 9 画 [通 用]

[名] 樹木の根．¶根～ gēndǐ（木の根）／根深～固([成] 根がしっかりしている)．

砥 dǐ

石部 5 [四] 1264₀ 全10画 [通 用]

[素][文] 目の細かい砥石(といし)．¶～砺 dǐlì．[参考] もと"zhǐ"と発音した．

【砥砺】dǐlì [文] ❶ [名] 砥石(といし)．❷ [動] 鍛える．錬磨する．¶～坚强的意志／意志を強靭(きょうじん)にする．❸ [動] 励ます．¶互相～／互いに励ましあう．

【砥柱】Dǐzhù《地名》砥柱山(しちゅうざん)．黄河の三門峡の東にある山．

【砥柱中流】Dǐ zhù zhōng liú [成] 黄河の激流のなかにある砥柱山．大事なときに大きな支えとなるもののたとえ．[同] 中流砥柱

骶 dǐ

骨部 5 [四] 7224₀ 全14画 [通 用]

[名]《生理》尾てい骨．尾骨．¶～骨 dǐgǔ／～椎 dǐzhuī（尾骨）．

【骶骨】dǐgǔ [名]《生理》仙椎(せんつい)．[同] 骶椎 zhuī, 荐 jiàn 骨

地 dì

土部 3 [四] 4411₂ 全 6 画 [常 用]

[名] ❶ 地球．¶天～ tiāndì（天と地）／～壳 dìqiào．[反] 天 tiān ❷〔[量] 块 kuài, 片 piàn〕土地．地面．¶草～ cǎodì（芝生）／耕～ gēngdì（畑を耕す）／～大物博 bó．❸ 床．土間．¶～板 dìbǎn．❹ ある一定の場所．¶～区 dìqū／～方 dìfang／产～ chǎndì（産地）．❺ 道のり．¶三十公里～（30 km の道のり）．❻ 立場．地位．¶～位 dìwèi／不败之～（必勝の立場）．❼ 下地．¶蓝～白花布（紺色の地に白い模様の布）．❽ 見方．考え方．¶见～ jiàndì（見識）／心～ xīndì（気立て）．❾（Dì）姓．

☞ 地 de

【地板】dìbǎn [名] ❶〔[量] 块 kuài〕床(ゆか)．❷ [方] 田畑．

【地板革】dìbǎngé [名]《建築》合成樹脂製の床面材．

【地板砖】dìbǎnzhuān [名]《建築》床用タイル．床用れんが．

【地保】dìbǎo [名]（清代から民国初期にかけて）地方で役人に代わり，人夫を集めたり税を徴収した人．

【地堡】dìbǎo [名]《軍事》〔[量] 座 zuò〕トーチカ．

【地表】dìbiǎo [名] 地表．

【地波】dìbō [名] 地上波．[同] 地面 miàn 波

【地步】dìbù [名] ❶（多くは悪い）状況．事態．¶事情到了不可收拾的～／収拾のつかない事態になった．[同] 境地 jìngdì, 田地 tiándì ❷（…するほどの）程度．レベル．❸（あれこれ手を打つ）余地．¶留～／余地を残す．

【地财】dìcái [名][方] 個人の埋蔵財産．

【地蚕】dìcán [名][方]《虫》❶ ネキリムシ．❷ 甲虫などの幼虫．

【地层】dìcéng [名] 地層．¶～学／地層学．

【地产】dìchǎn [名] 不動産としての土地．¶～税 shuì／不動産税．

【地潮】dìcháo 名《天文》地球潮汐. 回 固体 gùtǐ 潮
【地秤】dìchèng 名 大型の台ばかり. 回 地磅 bàng
【地磁】dìcí 名《物理》地磁気. ¶～仪 / 磁力計.
【地磁场】dìcíchǎng 名《物理》地球の磁場. 地磁界.
【地磁极】dìcíjí 名《物理》地球の磁極. 地磁気極.
【地大物博】dì dà wù bó 成 土地が広大で資源も豊富だ. ¶中国～,人口众多 / 中国は土地が広く資源が豊かで,人口が多い.
*【地带】dìdài 名 地帯. 地域. ¶沙漠～ / 砂漠地帯.
【地道】dìdào 名〔ⓜ 条 tiáo〕(多く軍事用の)地下道. ¶在～里有很多老鼠 lǎoshǔ / 地下道にはネズミがたくさんいる.
【地道战】dìdàozhàn 名《軍事》地下道戦. 塹壕(ざんごう)戦.
【地道】dìdao 形 ❶ 本場の. ¶这家店的川菜很～ / この四川料理は本場の味だ. ¶～的北京话 / 生っ粋の北京語. 国 地地道道 回 纯正 chúnzhèng ❷ (仕事や材料の質が)しっかりしている.
【地地道道】dìdì[-di-]dàodào 形 本場の. 正真正銘の. 表现 "地道"の重ね型.
*【地点】dìdiǎn 名 場所. ¶开会～是在三楼 B 室 / 会議の場所は,3階の B 室です.
【地丁】dìdīng 名《植物・薬》モメンヅル.
【地动】dìdòng 名 ㊀ 地震. ¶山摇～,大家都惊恐 jīngkǒng 万分 / 非常に大きな地震で,皆ひどく驚き恐れた.
【地动仪】dìdòngyí 名 古代の地震計."候风地动仪"の略称.
【地洞】dìdòng 名〔ⓜ 个 ge〕(地面を掘って作った)穴.
【地段】dìduàn 名 区画. 区域. ¶繁华 fánhuá～ / にぎやかな地区.
【地对地导弹】dìduìdì dǎodàn 名《軍事》地対地ミサイル.
【地对空导弹】dìduìkōng dǎodàn 名《軍事》地対空ミサイル.
*【地方】dìfāng 名 ❶ 地方. ¶～工业 / 地方の工業. 反 中央 zhōngyāng ❷ 地元. 当地. ¶～政府 / 地方政府. ¶～色彩 / 地方色.
【地方病】dìfāngbìng 名 風土病.
【地方军】dìfāngjūn 名《軍事》地方軍.
【地方时】dìfāngshí 名 地方時.
【地方税】dìfāngshuì 名 地方税.
【地方戏】dìfāngxì 名《芸能》地方劇.
【地方性法规】dìfāngxìng fǎguī 名《法律》地方法規.
【地方志】dìfāngzhì 名 地志. 風土記. 回 方志
【地方主义】dìfāng zhǔyì 名 地方主義.
*【地方】dìfang 名 ❶ (～儿)場所. ¶你现在住在什么～? / あなたは今どこに住んでいますか. ❷ 部分. ¶这话有对的～,也有不对的～ / この話には正しい所もあるし,間違っている所もある.
【地肤】dìfū 名《植物》ホウキグサ. 表现 俗称は"扫帚菜 sàozhoucài".
【地府】dìfǔ 名 冥土(めいど). あの世. ¶阴曹 yīncáo～ / あの世.
【地覆天翻】dì fù tiān fān →天翻地覆
【地宫】dìgōng 名 ❶ 帝王の陵墓の地下に棺を安置する空間. 地下宮殿. ❷ 寺院の舎利や器物を保管する地下室.

【地沟】dìgōu 名 (用水や排水の)地下水路.
【地瓜】dìguā 名《植物》❶ サツマイモ. 回 甘薯 gānshǔ ❷ クズイモ. 回 豆薯 dòushǔ
【地广人稀】dì guǎng rén xī 成 土地は広いが,人口は少ない. 回 地旷 kuàng 人稀
【地滚球】dìgǔnqiú 名《スポーツ》❶ (野球の)ゴロ. ❷ ボウリング. 回 保龄 bǎolíng 球
【地核】dìhé 名《地学》地核.
【地黄】dìhuáng 名《植物》ジオウ. 参考 根と茎は薬用になる.
【地黄牛】dìhuángniú 名 竹で作ったおもちゃのこま. 回すとぶんぶん音が出る.
【地积】dìjī 名 土地の面積. ¶对面房子的～很大 / 向かいの家の土地は広い.
【地基】dìjī 名 ❶ 建物の土台. 基礎. 回 地脚 dìjiǎo ❷ 敷地.
【地极】dìjí 名《天文》地球の南北両極.
【地价】dìjià 名 ❶ 地価. ❷ 最低価格. 底値.
【地角】dìjiǎo 名 ❶ ページの下の余白部分. 反 天头 tiāntóu ❷ dìjiǎo[-jiao] 建物の土台. ¶打～ / 土台の固めをする.
【地脚螺丝】dìjiǎo luósī 名《機械》アンカーボルト. 基礎ボルト. 回 地脚螺栓 shuān
【地窖】dìjiào 名 (貯蔵用の)穴ぐら. 地下室.
【地界】dìjiè 名 ❶ 土地の境界. ❷ 地区. 管轄地.
【地久天长】dì jiǔ tiān cháng →天长地久
【地空导弹】dìkōng dǎodàn →地对 duì 空导弹
【地块】dìkuài 名 ❶ (区分けされた)土地. 耕地. ❷《地学》断層地塊.
【地矿】dìkuàng 名 "地质矿产"(地質鉱物)の略称.
【地牢】dìláo 名〔ⓜ 间 jiān,座 zuò〕地下牢. ¶打入～ / 地下牢にほうり込む.
【地老虎】dìlǎohǔ 名〔虫〕〔ⓜ 只 zhī〕ネキリムシ. ヨトウムシ. 参考 昼間は土中に隠れて,夜になると作物の根を食い荒らす害虫.
【地老鼠】dìlǎoshǔ 名 ❶ ネズミ花火. ❷《動物》ノネズミ.
【地老天荒】dì lǎo tiān huāng →天荒地老
【地雷】dìléi 名〔ⓜ 个 ge, 颗 kē〕地雷.
【地雷战】dìléizhàn 名《軍事》地雷戦.
【地垒】dìlěi 名《地学》地塁.
【地梨】dìlí 名《植物》❶ オモダカ. ハナグワイ. またその地下茎. ❷ オオクログワイ.
【地理】dìlǐ 名 ❶ 地理. ¶～学 / 地理学. 反 天文 tiānwén ❷ 名 風水. ¶～先生 / 風水師.
【地理学】dìlǐxué 名 地理学.
【地力】dìlì 名《農業》地力. 土地の肥沃さ. ¶多施底肥,增强～ / もと肥をたっぷりやって,地力を高める.
【地利】dìlì 名 ❶ 地の利. ¶得～ / 地の利を得る. ¶天时～配合得好 / 天の時,地の利に恵まれる. 反 天时 tiānshí ❷ 土地の生産力. 地力.
【地利人和】dì lì rén hé 名 地の利とよい人材に恵まれている. 由来《孟子》公孙丑下に見えることば.
【地裂】dìliè 動 地割れする.
【地邻】dìlín 名 隣の田畑.
【地龙】dìlóng 名《中医》ミミズ. 地竜.
【地垄】dìlǒng 名 畑のうね.
【地漏】dìlòu 名 ❶ (～儿)排水口. ❷ 動 旧暦2月25日に雨が降る. 参考 ❷は,雨が多い予兆とされる.
【地脉】dìmài 名 ❶ 地下水脈. ❷《地学》地脈. ❸

土地の吉凶. 地相.
【地幔】 dìmàn 名《地学》マントル.
【地貌】 dìmào 名 地形. ¶～学 / 地形学. ¶～图 / 地形図.
*【地面】 dìmiàn 名 ❶ 地面. 地表. ¶高出～两米 / 地表より2メートル高い. 同 天空 tiānkōng ❷ 床（ゆか）. ¶瓷砖 cízhuān～ / タイル張りの床. ❸（主に行政上の）区域. ¶西北～ / 西北地区. ❹（～ル）地元. 当地. ❺ 地上. ¶～部队 / 地上部隊. 反 空中 kōngzhōng
【地面站】 dìmiànzhàn 名《衛星通信の》地上ステーション. アンテナステーション.
【地名】 dìmíng 名 地名.
【地膜】 dìmó 名《農業》マルチフィルム.
【地亩】 dìmǔ 名 田畑の総称.
【地盘】 dìpán 名 ❶（～ル）勢力範囲. 地盤. ¶争夺～ / 縄張りを争う. ❷ 方 建物の土台. ¶～下沉 / 建物の土台が沈下する.
【地陪】 dìpéi 名 現地ガイドサービス. また, その人. 現地ガイド.
【地皮】 dìpí 名 ❶（～ル）地面. 地表. ❷〔量 块 kuài〕地所. 敷地. ¶那块～要出让了 / あの土地は売りに出される.
【地痞】 dìpǐ 名 土地のごろつき. ¶～流氓 liúmáng / 土地のごろつき.
【地平线】 dìpíngxiàn 名 地平線.
【地铺】 dìpù 名 床に直に敷いた寝床. ¶打～ / 床の上に寝床を作る.
【地气】 dìqì 名 ❶ 地上の湿気. ❷ 地表の温度.
【地契】 dìqì 名 ❷〔量 份 fèn〕土地売買の契約書. ¶已经签好～了 / すでに土地売買契約書にサインした.
【地堑】 dìqiàn 名《地学》地溝.
【地壳】 dìqiào 名《地学》(地球の)地殻.
【地勤】 dìqín 名（航空関係の）地上勤務. 反 空勤 kōngqín
*【地球】 dìqiú 名 地球.
【地球村】 dìqiúcūn 名 地球村. 表现 地球全体を1つの共同体と見なした言い方.
【地球化学】 dìqiú huàxué 名 地球化学.
【地球科学】 dìqiú kēxué 名 地球科学.
【地球日】 dìqiúrì 名 アース・デー.
【地球物理学】 dìqiú wùlǐxué 名 地球物理学.
【地球仪】 dìqiúyí 名 地球儀.
*【地区】 dìqū 名 ❶ 地区. 地域. ¶多山～ / 山岳地帯. 同 地域 dìyù ❷ 中国の省や自治区が設けた行政区域. いくつかの県や市からなる. ❸ 独立していない植民地や信託統治地区.
【地权】 dìquán 名 土地の所有権.
【地儿】 dìr 名 口 場所. ところ. 同 地方 dìfang ①
【地热】 dìrè 名 地熱. ¶开发利用～资源 / 地熱資源を開発・利用する. ☞ 地下热 dìxiàrè
【地上】 dìshàng 名 ❶ 地上. ¶～茎 jīng / 地上茎. ¶～权 quán / 地上権. ❷ この世.
【地上】 dìshang 名 地面. 地べた. 床.
【地势】 dìshì 名 地勢. 地形. ¶山区～险要 xiǎnyào / 山間部は地勢が険しい.
【地税】 dìshuì 名 "地方税" (地方税)の略称.
【地摊】 dìtān 名（～ル）(地上に直接品物を並べる)露店. ¶摆 bǎi～卖首饰 shǒushi pǐn / 露店を出してアクセサリーを売る.
【地坛】 Dìtán 名 地壇. 参考 明・清の皇帝が大地を祭った場所. 北京市内の北西部にあり, 現在は公園として開放されている.
【地毯】 dìtǎn 名〔块 kuài, 张 zhāng〕じゅうたん. カーペット.
【地铁】 dìtiě 名〔量 条 tiáo〕地下鉄. ¶～车站 / 地下鉄の駅. ¶每天搭～上下班 / 毎日地下鉄で通勤する. 参考 "地下铁道 dìxià tiědào"の略.
【地头】 dìtóu 名 ❶（～ル）田畑のへり. あぜ. ¶～脑 / 田畑の周囲. ❷ 方 目的地. ¶快到～了, 你准备下车吧 / もうすぐ目的地です, 降りる準備をして下さい. ❸ 方（～ル）当地. ❹ ページの下の余白部分. 反 天头 tiāntóu
【地头蛇】 dìtóushé 名 土地のならず者.
*【地图】 dìtú 名〔量 本 běn, 册 cè, 幅 fú, 张 zhāng〕地図. ¶～集 / 地図帳.
【地外文明】 dìwài wénmíng 名 地球外文明.
【地委】 dìwěi 名 中国共産党の"地区委员会"(地区委員会)の略称.
*【地位】 dìwèi 名 ❶ 地位. ❷（人や物が占めている)場所. ¶左方的墙壁 qiángbì 被方桌占去了三分之一的～ / 左側の壁は, 四角いテーブルで3分の1を占められている. 同 位置 wèizhi
【地温】 dìwēn 名 地温（ちおん）. 地表または地中の温度.
【地物】 dìwù 名 地上に存在するすべての構造物. 地物（ちぶつ）.
【地峡】 dìxiá 名 地峡. 二つの陸地をつなぐ, 細くのびた陸地. ¶巴拿马 Bānámǎ～ / パナマ地峡.
*【地下】 dìxià 名 ❶ 地下. ¶～资源 / 地下資源. ¶～宫殿 / 地下宮殿. 同 天上 tiānshàng ❷ 秘密の活動. ¶～组织 / 地下組織. ¶做～工作 / 秘密の活動をする. 反 公开 gōngkāi ☞ 地下 dìxia
【地下党】 dìxiàdǎng 名 地下党. 民主革命期に秘密活動していた共産党組織.
【地下室】 dìxiàshì 名 地下室.
【地下水】 dìxiàshuǐ 名 地下水.
【地下水漏斗】 dìxiàshuǐ lòudǒu (地下水の汲み上げ過ぎによる)地盤沈下.
【地下铁道】 dìxià tiědào →地铁
【地下】 dìxia 名 地面. 床（ゆか）. ☞ 地下 dìxià
【地线】 dìxiàn 名《電気》〔量 根 gēn, 条 tiáo〕アース. 反 天线 tiānxiàn
【地心】 dìxīn 名《地学》地球の中心. 地心.
【地心说】 dìxīnshuō 名《天文》天動説.
【地心引力】 dìxīn yǐnlì 名《天文》地球の引力. 重力. 同 重 zhòng 力
【地形】 dìxíng 名 地形. ¶山区的～不平 / 山間部は地形が平坦ではない.
【地形图】 dìxíngtú 名 地形図.
【地形雨】 dìxíngyǔ 名《気象》地形性降雨.
【地学】 dìxué 名 地学.
【地衣】 dìyī 名《植物》地衣類.
【地窖子】 dìyìnzi 名 ❶ 地下室. ❷（野菜などを貯蔵する）穴ぐら. 貯蔵室.
【地应力】 dìyìnglì 名《地学》地殻応力.
【地狱】 dìyù 名 地獄. ¶下～ / 地獄に落ちる. ¶人间～ / 生き地獄. 反 天堂 tiāntáng
【地域】 dìyù 名 ❶ 地域. ❷ 生まれた故郷. ¶～观念 / 郷土意識.
【地缘】 dìyuán 名 ❶ 地理上の形勢が決定する条件や関係. ¶～经济 / 地域経済. ❷ 土地の縁.

【地缘政治学】dìyuán zhèngzhìxué 名 地政学．ジオポリティクス．
【地震】dìzhèn 名 地震．¶发生强烈～/ 強い地震があった．同 地动 dìdòng
【地震波】dìzhènbō 名 地震波．
【地震烈度】dìzhèn lièdù 名 震度．表現 "烈度" とも言う．
【地震震级】dìzhèn zhènjí 名 マグニチュード．表現 "震级" とも言う．
【地政】dìzhèng 名 土地の管理・利用・徴用などに関する行政．
【地支】dìzhī 名 十二支．反 天干 tiāngān ⇒生肖 shēngxiào
*【地址】dìzhǐ 名 住所．¶回信～/ 返信のあて先．¶～不详 xiáng / 住所不明．
【地志】dìzhì 名〔部 bù〕地誌．¶～学 / 地学形．トポロジー．地勢や地形を調べる学問．
【地质】dìzhì 名 地質．¶～调查 / 地質調査．
【地质年代】dìzhì niándài 名 地質年代．
【地质学】dìzhìxué 名 地質学．
【地中海】Dìzhōnghǎi《地名》地中海．
【地轴】dìzhóu 名《天文》地軸．
【地主】dìzhǔ 名 ❶ 地主．❷ (よその土地から来た客に対して) 地元の人．¶朋友不远千里而来, 今天就让我略尽～之谊 / 友人がはるばる遠くから来たのだから, 今日は土地の人間として私にもてなさせてください．
【地砖】dìzhuān 名 舗装用れんが．
【地租】dìzū 名 地代．小作料．

弟 dì
八部 5　四 8022₇　全7画　常用

❶ 素 弟．¶～兄 dìxiong / ～妹 dìmèi．反 兄 xiōng ❷ 同世代で自分より年下の男子．¶老～ lǎodì (君．あなた) / 师～ shīdì (おとうと弟子). ❸ 素 主に手紙で用いる自分の謙称．小生．¶小～ xiǎodì (小生). ❹ 素 同世代の親戚で自分より年下の男子．¶堂～ tángdì (父方で年下の男のいとこ) / 表～ biǎodì (母方で年下の男のいとこ). ❺ (Dì) 姓.

*【弟弟】dìdi 名 弟．¶我有一个～/ 私には弟が一人いる．
【弟妇】dìfù 名 弟の妻．
【弟妹】dìmèi 名 ❶ 弟と妹．❷ 弟の妻．
【弟兄】dìxiong 名 ❶ (男) 兄弟．¶他没有～/ 彼には兄弟がいない．¶他就一个～/ 彼には男兄弟がいない．❷ 同志や親密な人への呼びかけ．¶～们 / 皆さん．用法 ① は, 本人を含む場合と, 本人を含まない場合とがある．
【弟子】dìzǐ 名 弟子．

的 dì
白部 3　四 2762₀　全8画　常用

名 ❶ 弓の的．¶目～ mùdì (目的) / 中～ zhòngdì (的にあたる) / 众矢 shǐ 之～（成 非難の的). ❷ (Dì) 姓.

☞ 的 de, dí

帝 dì
亠部 7　四 0022₇　全9画　常用

❶ 素 (天を主宰する) 神．¶上～ shàngdì (神) / 天～ tiāndì (神). ❷ 素 君主．皇帝．¶皇～ huángdì (皇帝) / ～王 dìwáng．❸ "帝国主义" の略．¶反～(帝国主義反対). ❹ (Dì) 姓．

【帝俄】Dì'é 名《歴史》帝政ロシア．同 沙俄 Shā'é
【帝国】dìguó 名 帝国．¶罗马 Luómǎ～/ ローマ帝国．
【帝国主义】dìguó zhǔyì 名 帝国主義．
【帝君】dìjūn 名 地位の高い神に対する呼称．
【帝王】dìwáng 名 帝王．
【帝王将相】dìwáng jiàngxiàng 名 君主国の最高統治者．皇帝・王侯・将軍など．
【帝制】dìzhì 名 帝制．君主制．¶推翻 tuīfān～/ 君主制をくつがえす．

递(遞) dì
辶部 7　四 3830₂　全10画　常用

❶ 動 送り届ける．手渡す．¶～交 dìjiāo / 投～ tóudì (配達する). ❷ 副 順を追って．¶～加 dìjiā / ～补 dìbǔ. ❸ (Dì) 姓．

【递补】dìbǔ 動 順次補充する．¶因为人数不够就由候补 hòubǔ 委员 / 人数が足りないので, 委員候補から順に補充する．
【递给】dìgěi 動 手渡す．¶请你把那盐瓶～我吧 / その塩の瓶を取ってください．
【递加】dìjiā 動 少しずつ増える．同 递增 dìzēng
【递减】dìjiǎn 動 少しずつ減る．¶参加会议的人数～/ 会議に出席する人は徐々に減ってきている．
【递降】dìjiàng 動 少しずつ下がる．¶小王的成绩一直～/ 王さんの成績は下がり続けている．
【递交】dìjiāo 動 直接手渡す．¶～申请书 / 申請書を手渡す．
【递解】dìjiè 動 犯罪者を順送りに遠方まで護送する．注意 "解" は "jiě" と読まないで "jiè" と読む．
【递进】dìjìn ❶ 動 順々に進む．❷ 名《言語》累加．
【递升】dìshēng 動 徐々に上昇する．
【递送】dìsòng 動 (公文書や郵便物を) 届ける．配達する．¶邮递员 yóudìyuán 负责～信件 / 配達人が, 郵便物配達の責任を負う．
【递眼色】dì yǎnsè 慣 目くばせする．¶他给小明递了个眼色 / 彼はミンさんに目くばせした．
【递增】dìzēng 名 少しずつ増える．¶收入逐年 zhúnián～/ 収入が年々増えていく．

娣 dì
女部 7　四 4842₇　全10画　通用

名 ❶ 夫の弟の嫁．¶～妇 dìfù (弟の嫁) / ～姒 dìsì (弟の嫁と兄嫁). ❷ 姉が妹を呼ぶ時の呼称．❸ (Dì) 姓．

菂 dì
艹部 8　四 4462₇　全11画　通用

名 文 ハスの実．同 莲子 liánzi

第 dì
竹部 5　四 8822₇　全11画　常用

❶ 素 整数の前に置いて順序を示す．¶～一天 dìyītiān (一日目). ❷ 素 文 科挙試験の合格者を成績順に分けたグループ．広く試験をさす．¶及～ jídì (合格する) / 落～ luòdì (不合格になる). ❸ 素 (官僚や貴族の) 邸宅．¶宅～ zháidì (邸宅) / 府～ fǔdì (屋敷). ❹ 副 文 しかし．ただ．¶运动有益于健康, ～不宜过于剧烈 jùliè (運動は健康によいが, 激しすぎるのはよくない). ❺ (Dì) 姓．

【第二】Dì'èr《複姓》第二(ˇ).
【第二产业】dì'èr chǎnyè 名 第二次産業．
【第二次国内革命战争】Dì'èrcì Guónèi Gémìng Zhànzhēng 名《歴史》第一次国共内戦．1927年から37年までの共産党と国民党の戦争．
【第二次世界大战】Dì'èrcì Shìjiè Dàzhàn 名《歴史》

第二次世界大戦(1945-45).
【第二次鸦片战争】Dì'èrcì Yāpiàn Zhànzhēng 名《歴史》第二次アヘン戦争(1856-60).
【第二国际】Dì'èr Guójì 名《歴史》第二インターナショナル.
【第二信号系统】dì'èr xìnhào xìtǒng 名《生理》第二信号系.
【第二性】dì'èrxìng 形《哲学》二次的な. 副次的な.
【第二职业】dì'èr zhíyè 名(本業以外の)副業. アルバイト.
【第纳尔】dìnà'ěr 名 ディナール. 参考 クウェートやリビアなどの通貨単位.
【第三产业】dìsān chǎnyè 名 第三次産業.
【第三次国内革命战争】Dìsāncì Guónèi Gémìng Zhànzhēng 名《歴史》第二次国共内戦(1946-49). 同 解放 Jiěfàng 战争.
【第三国际】Dìsān Guójì 名《歴史》第三インターナショナル. コミンテルン. 同 共产 Gòngchǎn 国际.
【第三纪】Dìsānjì 名《地学》(地質年代の)第三紀.
【第三世界】dìsān shìjiè 名 第三世界.
【第三系】dìsānxì 名《地学》第三紀層.
【第三者】dìsānzhě 名 ❶当事者以外の人や団体. 第三者. ❷夫または妻の愛人. ¶～插足 chāzú 家庭 / 愛人が家庭に割り込む.
【第四官员】dìsì guānyuán 名《スポーツ》(サッカーの)第四の審判員.
【第四纪】Dìsìjì 名《地学》(地質年代の)第四紀.
【第四媒体】dìsì méitǐ 名 第四世代メディア. ネットメディア.
【第五纵队】dìwǔ zòngduì 名 第五列. 内通者や敵をひそかに支援する者もの. 由来 1936年のスペイン内乱時代の語から.
**【第一】dìyī 数 ❶第一の. 一番初めの. ¶获得～ / 一番になる. ¶～流的酒店 / 一流のホテル. ¶～把交椅 jiāoyǐ / 首席の座. 第一人者の座. ❷第一だ. 最も重要だ. ¶质量～ / 品質が第一だ.
【第一把手】dìyībǎshǒu 名 最高責任者. 第一人者. ナンバーワン. 表現 "一把手"とも言う.
【第一产业】dìyī chǎnyè 名 第一次産業.
【第一次国内革命战争】Dìyīcì Guónèi Gémìng Zhànzhēng 名《歴史》北伐(ぼく). 1924年から27年にかけて, 国民党と共产党が連合して主に華南・華中の軍閥と戦った戦争. 同 北伐 Běifá 战争.
【第一次世界大战】Dìyīcì Shìjiè Dàzhàn 名《歴史》第一次世界大戦(1914-18).
【第一次鸦片战争】Dìyīcì Yāpiàn Zhànzhēng 名《歴史》アヘン戦争(1840-42). 同 鸦片战争
【第一夫人】dìyī fūrén 名 ファーストレディ.
【第一国际】Dìyī Guójì 名《歴史》第一インターナショナル. 表現 "国际一"とも言う.
【第一流】dìyīliú 名 一流.
【第一人称】dìyī rénchēng 名《言語》第一人称.
【第一时间】dìyī shíjiān 名(事件が発生して)最も早い時間. 直後.
【第一手】dìyīshǒu 名 自ら調査または実践して得た. 他人の手を経ていない. ¶～知识 / 自ら獲得した知識. 反 第二 èr 手 用法 連体修飾語として用いる.
【第一手材料】dìyīshǒu cáiliào 名 ❶自ら得た資料. また直接入手した資料. ❷初出の資料.
【第一线】dìyīxiàn 名 第一線. 最前線.
【第一性】dìyīxìng 形 基本的な. 主要な. ¶～资料 / 第一次资料.

谛(諦) dì

讠部9 四 3072₇
全11画 通用

素 ❶ 文 子細に. ¶～听 dìtīng / ～视 dìshì (細かく見る). ❷意義. 道理. ¶真～ zhēndì (真の道理) / 妙～ miàodì (優れた真理). 由来 ②は, もとは仏教用語.

【谛听】dìtīng 動 文 じっと聞き入る. ¶屏息 bǐngxī～ / 息をこらして聞き入る.

蒂(異 蔕) dì

艹部9 四 4422₇
全12画 次常用

❶ 素 (実の)へた. (花の)がく. ¶柿～ shìdì (柿のへた) / 瓜熟～落(成) 時期が来れば物事は自然にうまくいく. ❷(Dì)姓.

棣 dì

木部8 四 4599₉
全12画 通用

❶→棠棣 tángdì ❷→棣棠 dìtáng ❸ 素 弟. ❹ (Dì)姓.

【棣棠】dìtáng 名《植物》ヤマブキ.

睇 dì

目部7 四 6802₇
全12画

文 ❶ 素 横目で見る. ちらりと見る. ¶～眄 dìmiǎn (ざっと見わたす). ❷ 動 目をほそめて見る.

缔(締) dì

纟部9 四 2012₇
全12画 次常用

素 結ぶ. 取り決める. ¶～交 dìjiāo / ～约 dìyuē.

【缔交】dìjiāo 動 ❶ 文 (友人として)交際する. ❷国交を結ぶ.
【缔结】dìjié 動(条約などを)結ぶ. 締結する. ¶～邦交 bāngjiāo / 国交を結ぶ.
【缔约】dìyuē 動 条約を結ぶ.
【缔约国】dìyuēguó 名(条約の)締結国.
【缔造】dìzào 動(偉大な事業を)立ち上げる. 創設する.

碲 dì

石部9 四 1062₇
全14画 通用

名《化学》テルリウム. Te.

踶 dì

𧾷部9 四 6618₁
全16画 通用

動 文 ける. 踏む. 同 踢 tī.

dia ㄉ丨ㄚ〔tiA〕

嗲 diǎ

口部10 四 6802₇
全13画 通用

形 方 ❶(声や態度が)甘えている. ¶～声～气 diǎshēng diǎqì / ～得很(とても甘ったれている). ❷(味やスタイルなどが)よい. 優れている. ¶味道～! (おいしい).

【嗲声嗲气】diǎshēng diǎqì 名 甘ったれた声と態度.

dian ㄉ丨ㄢ〔tiɛn〕

掂(異 战) diān

扌部8 四 5006₁
全11画 次常用

動 手のひらに物を載せ, 軽く上下に動かして重さを量る. ¶～量 diānliáng / ～一～看有多重(重さがどれくらいか

【掂掇】diānduo 动 方 どうすればいいか考える.¶～了半天,还没有拿准主意 / 長い間考えたが,考えが決まらない.❷ だいたいのところを推測する.¶你～～这包裹 bāoguǒ 有多重 / この包みのだいたいの重さを量ってみて.

【掂斤播两】diān jīn bō liǎng 成 細かいことまでいちいち損得を計算する.¶他对什么事都～/ 彼は何ごとにも細かい.同 掂斤簸 bǒ 两.

【掂量】diānliáng[-liang] 动 方 手に載せて重さを量る.¶他把纯金 chúnjīn 项链 xiàngliàn 放在手里～了一下 / 彼は純金のネックレスを手に載せてちょっと重さを量った.❷ どうすればいいか考える.

【掂算】diānsuàn 动 見積もる.¶～一下旅行所需要的费用 / 旅行にかかる費用を見積もる.

滇 Diān 氵部10 四 3418[1] 全13画 通用

❶ 名 雲南省の別称.¶～红 diānhóng.❷ 姓.

【滇池】Diānchí〔地名〕滇池(てん). 雲南省昆明市の南にある湖.参考 別名"昆明湖 Kūnmínghú".

【滇红】diānhóng 名 雲南省の紅茶.

【滇剧】diānjù 名《芸能》雲南の地方劇の一つ.

颠(顛) diān 页部10 四 4188[2] 全16画 常用

❶ 动 上下に揺れる.¶路不平,车～得厉害(道がでこぼこで,車がひどく揺れる).❷ 动 方 (～儿)走り回る. 出ていく.¶对不起,我得 děi～儿了(すみませんが,これで失礼します).❸ 名 頭のてっぺん.¶华～ huádiān(白髮まじりの頭).❹ 名(山や塔などの)頂.¶塔～ tǎdiān(塔のてっぺん)/ 山～ shāndiān(山頂).❺ 名 始め.¶～末 diānmò(事のてんまつ).❻ 动 倒れる. 落ちる.¶～覆 diānfù / ～扑 pū 不破.❼ 名 "癫 diān"に同じ.❽(Diān)姓.

【颠簸】diānbǒ 动 上下に揺れる.反 平稳 píngwěn

【颠倒】diāndǎo 动 ❶ ひっくり返す.¶你把这两个字～写了!/ 君はこの2つの字をあべこべに書いているよ.❷ 錯乱する.¶神魂 hún～/ 精神が錯乱する.

【颠倒流离】diāndǎo liúlí 成

【颠倒黑白】diāndǎo hēi bái 成 事実を歪曲して是非を混同する.

【颠倒是非】diān dǎo shì fēi 成 是非を転倒する.

【颠覆】diānfù 动 ❶ 転覆する. ひっくり返る.¶列车～/ 列車が転覆する.❷ (陰謀によって政権を)転覆させる.

【颠来倒去】diān lái dǎo qù 成 何度も繰り返す.¶～地说 / 何度も繰り返し話す.同 翻 fān 来覆 fù 去

【颠沛】diānpèi 动 困窮する. 挫折(ぎつ)する.

【颠沛流离】diān pèi liú lí 成 落ちぶれて流浪する.

【颠扑不破】diān pū bù pò 成 (理論などが正しくて)決して覆すことができない.

【颠茄】diānqié 名《植物》ベラドンナ.参考"阿托品 ātuōpǐn"(アトロピン)の主要原料.

【颠三倒四】diān sān dǎo sì 成 (話すことやなすこと)がめちゃくちゃだ. でたらめだ.¶小刘一喝醉,说话就会～的 / 劉さんは酔っ払うと,話がめちゃくちゃになる.

巅(巔) diān 山部16 四 2288[2] 全19画 通用

名 山頂.¶泰山 Tàishān 之～(泰山敎の山頂). 同 颠 diān

【巅峰】diānfēng 名 ❶ 山頂.❷ 頂点. ピーク.

癫(癲) diān 疒部16 四 0018[2] 全21画 通用

形 気が狂う.¶疯～ fēngdiān(気がふれている).

【癫狂】diānkuáng 形 ❶ 気がふれている.❷(言動が)軽薄だ.

【癫痫】diānxián 名《医学》てんかん.

典 diǎn 八部6 四 5530[1] 全8画 常用

❶ 名 法則. 基準.¶～范 diǎnfàn / ～章 diǎnzhāng.❷ 名 よりどころとなる書籍.¶词～ cídiǎn(辞典)/ 药～ yàodiǎn(薬局方).❸ 名 典故.¶用～ yòngdiǎn(典故を用いる)/ 引经据～(成 経典を引用して証拠とする).❹ 名 式典.¶盛～ shèngdiǎn(盛大な式典).❺ 动 取り仕切る.¶～试 diǎnshì(試験を管理する).❻ 动 物品や土地・家屋を抵当に入れて金銭を借りる.¶～押 diǎnyā.❼(Diān)姓.

【典当】diǎndàng ❶ 动 質に入れる.同 典押 diǎnyā ❷ 名 方 質屋.

【典当业】diǎndàngyè 名 質屋業. 不動産や動産を抵当に,金銭を融資する業種.

【典范】diǎnfàn 名 模範.同 榜样 bǎngyàng, 楷模 kǎimó, 模范 mófàn

【典故】diǎngù 名 典故. 詩文に引かれる古籍の語句や内容.

【典籍】diǎnjí 名 古代の重要な書物や文献.

【典借】diǎnjiè 动 抵当に入れて金銭を借りる.

【典礼】diǎnlǐ 名 儀式.¶结婚～/ 結婚式.¶毕业～/ 卒業式.

【典卖】diǎnmài 动 抵当に入れる. 担保にする.

【典型】diǎnxíng ❶ 名 典型. モデル.❷ 形 典型的だ.¶～的例子 / 典型的な例.

【典型性】diǎnxíngxìng 名 普遍性. 典型性. 代表性.

【典押】diǎnyā 动 質に入れる.同 典当 diǎndàng

【典雅】diǎnyǎ 形(詩や文が)優雅だ.¶这篇文章用词～/ この文章は,ことば遣いが優雅だ.反 粗俗 cūsú

【典章】diǎnzhāng 名 法令制度.¶文物～/ 文化財に関する法令制度.

点(點) diǎn 灬部5 四 2133[6] 全9画 常用

Ⅰ❶ 名(～儿)しずく.¶雨～儿 yǔdiǎnr / 雨つぶ.

❷ 名(～儿)小さな跡.¶墨～儿 mòdiǎnr / 墨やインクのはね.¶斑～儿 bāndiǎnr / 斑点.

❸ 名(～儿)漢字の筆画「、」¶三～水儿 sāndiǎnshuǐr / さんずい.

❹ 名《数学》点. 2直線の交わるところや線の両端など.反 面 miàn

❺ 名(～儿)小数点.¶34.5读作三十四点儿五 / 34.5は"三十四点五"と読む.

❻ 名 特定の場所や程度を示す位置.¶起～/ 起点.¶沸～/ fèidiǎn / 沸点.

❼ 名 ものごとのある面.¶优～/ 長所.¶缺～/ 短所.¶特～/ 特徴.¶要～/ 要点.

❽ 名(意見・提案・希望などの)事項を数えることば.¶他的错误主要有三～/ 彼の誤りは主に3つある.¶这一～请你放心 / その点についてはご心配なく.

❾ 量(～儿)量が少ないことを表わす.参考 数詞が付く場合"一"が"半"に限られる.

①名詞の前で連体修飾語に用いる.¶一～小事 / ちょっとしたこと.¶这是我的一～心意 / これはわたしのほんの気持ちです.¶这～小事,我来帮你办 / これぐらいのことは私が

してあげる.
②動詞の後に用いる. ¶吃～儿东西再走 / 少し食べてから出かける. ¶我有～儿事 / 私はちょっと用事がある. ¶你喝～儿什么? / あなたは何を飲みますか. ¶你多穿～儿衣服吧 / 多めに服を着なさい.
③形容詞の後に用いる. ¶辣～儿好,开胃 / 食欲が増すのでちょっと辛いぐらいがよい. ¶累是累～儿,但是很有意思 / 確かにすこし疲れたけどとても面白かった. ¶再便宜～儿,我就买 / もう少し安ければ買います. ¶慢～儿吃! / ゆっくり食べなさい. ¶声音大～儿! / ボリュームを大きくして.
❿ [動] 点を打つ. ¶～标点符号 / 句読点をうつ. ¶画龙～睛 / [成] 画竜点睛:最後の仕上げをする.
⓫ [動] 軽く触れてすぐに離れる. ¶蜻蜓 qīngtíng～水 / [成] トンボが水をうつ:仕事がうわべだけだ. ¶～穴 xué / ツボを軽く押す.
⓬ [動] つま先立つ. [同] 踮 diǎn
⓭ [動] うなずく. 手招きする. ¶～头 diǎntóu.
⓮ [動] 液体を1滴ずつたらす. ¶～眼药 / 目薬をさす.
⓯ [動] 一定の間隔をおいて種をまく. ¶～播 diǎnbō. ¶～种 diǎnzhòng.
⓰ [動] 一つ一つ突き合わせる. ¶～名 diǎnmíng. ¶请～一下人数,看都来了没有? / 全員来たか,人数を数えて下さい. ¶把数儿～清楚 / 数をあらためる.
⓱ [動] 多くの物の中から選ぶ. ¶～菜 diǎncài. ¶现在播送听众～的歌曲 / ただ今よりリスナーのリクエスト曲をおかけします.
⓲ [動] ヒントを与える. 分からせる. ¶一～他就明白了 / ちょっとヒントをあげたら,彼はすぐにわかった.
⓳ [動] 火をつける. ¶～火 diǎnhuǒ. ¶～灯 diǎndēng. ¶～烟 / タバコに火をつける. ¶他是火爆 huǒbào 性子,一～就着 zháo / 彼は怒りっぽい性格で,ちょっとしたことですぐかっとなる.
⓴ [素] 飾りつける. ¶～缀 diǎnzhuì. ¶～景儿 jǐngr / 景物を配する.
Ⅱ❶ [量] 時間の単位. 時. ¶十二～半 / 12時半.
❷ [量] 昔の時間の単位. ¶三更 gēng 三～ / 真夜中. ✎日没から夜明けまでを5つの"更"に分け,さらに"更"を5つの"点"に分けた.
❸ [名] 定められた時刻. ¶上班钟～ / 出勤時間. ¶火车误 wù 了～ / 列車が延着した. ¶飞机正～到达 / 飛行機は定刻に着いた. ¶到～了 / (その)時間になった.
Ⅲ [素] おやつ. 軽食. ¶～心 diǎnxin. ¶甜 tián～ / デザート. ¶早～ / 朝食. ¶糕～ / お菓子類.
Ⅳ (Diǎn)姓.

【点播】diǎnbō [動] ❶《農業》点播(てんぱ)する. [同] 点种 diǎnzhòng ❷(テレビやラジオの番組に)リクエストする. ¶～自己喜欢的歌曲 gēqǔ / 自分の好きな曲をリクエストする. [参考] ①は,一定の間隔をあけて穴をほり,種を入れる種まき.
【点拨】diǎnbo [動] [口] いちいち指図して教える. 手引きしながら教える. ¶你要多～～他 / 彼をもっと導いてやってください. [同] 指点 zhǐdiǎn
【点补】diǎnbu [動] 腹の足しにする. ¶先吃一碗点心～一下肚子吧 / まず軽食を一皿食べて,腹の足しにしよう.
【点菜】diǎn//cài [動] 料理を注文する.
【点钞机】diǎnchāojī [名] 紙幣計算機.
【点穿】diǎnchuān [動] ずばり指摘する. 痛いところをつく. [同] 点破 pò
【点窜】diǎncuàn [動] 文章を添削する.
【点灯】diǎn//dēng [動] 明かりをつける. ¶天已经黑了,怎么还不～呢? / もう暗いのに,どうしてまだ電気をつけないのか.
【点滴】diǎndī ❶ [形] わずかな. ¶知识是点点滴滴地积累起来的 / 知識は,少しずつ積み重ねるものだ. [重] 点点滴滴 ❷ [名] わずかなもの. ¶足球大赛～ / サッカー大会の一場面. ❸ [名]《医学》点滴. ¶打～ / 点滴を打つ.
【点定】diǎndìng [動] [文] 文字や文章を直す. 添削する.
【点发】diǎnfā [動] 連射する. [同] 点射 shè
【点歌】diǎn//gē [動] (ラジオ番組などに)曲をリクエストする.
【点焊】diǎnhàn [名] スポット溶接.
【点化】diǎnhuà [動] ❶(道教で)仙人が方術を使って物を変化させる. ❷(学生などを)啓蒙する. 啓発する.
【点火】diǎn//huǒ [動] ❶火をつける. ❷人をそそのかしてもめごとを引き起こす.
【点货】diǎn//huò [動] 棚卸しをする.
【点击】diǎnjī [動]《コンピュータ》(マウスで)クリックする.
【点饥】diǎn//jī [動] 何か少し食べて飢えを紛らす. ¶饭还没做好,先吃个馒头点点饥吧 / 食事はまだできていないので,先にマントウでも食べてお腹をもたせておいて.
【点将】diǎn//jiàng [動] 大将を指名して任務を与える. 選手を選ぶ. ¶吃东西别点兵～ / 食べ物の好き嫌いはするな.
【点睛】diǎnjīng [成] "画龙点睛"(画竜点睛)の略.
【点卯】diǎn//mǎo [動] 定時に出勤していい加減に仕事する. 顔だけ出してお茶を濁す. [由来] 旧時,役所で卯の刻(午前5－7時)に点呼をとっていたことから.
【点面结合】diǎnmiàn jiéhé [句] 部分的な業務を多くの業務と広く結びつける.
【点名】diǎn//míng [動] ❶点呼をとる. ¶～簿 bù / 出席簿. ¶现在开始～ / 今から出席をとる. ❷指名する. ¶这件事公司总经理～让你办 / この件は,社長が名指しで君にやるようにと言っている.
【点明】diǎnmíng [動] はっきりと指摘する.
【点评】diǎnpíng [名][動] 評価(する). 評論(する).
【点破】diǎnpò [動] ずばりと痛い所をつく. ¶你为什么要～小明的心思让她难堪 nánkān 呢? / 君はなぜミンさんの痛いところをついて困らせるの.
【点清】diǎn//qīng [動] 細かくチェックしてはっきりさせる. ¶找的钱一定要当面 dāngmiàn～ / おつりはその場で確かめなさい.
【点球】diǎnqiú [名]《スポーツ》(サッカーなどの)ペナルティーキック. PK. (ホッケーの)ペナルティーストローク.
【点燃】diǎnrán [動] 火をつけて燃やす. 点火する. ¶～火炬 huǒjù / たいまつを燃やす. [反] 扑灭 pūmiè
【点染】diǎnrǎn [動] ❶絵画で,景物を添えたり色をつけたりする. ❷文章を修飾する.
【点射】diǎnshè [動]《軍事》連射する. [同] 点发 fā
【点石成金】diǎn shí chéng jīn [成] できが悪い詩文に少し手を加えて立派なものに変える. [同] 点铁 tiě 成金
【点收】diǎnshōu [動] (荷物などを)一つ一つ調べて受け取る.
【点数】diǎnshù [動] 数を確かめる.
【点题】diǎn//tí [動] ❶(話や作文の)要点を短いことばで明確にする. ❷解決すべき問題を出してもらう.
【点铁成金】diǎn tiě chéng jīn [成] できが悪い詩文に手を加えて立派なものにする. [同] 点石 shí 成金 [由来] 仙人が鉄を指さして金に変えたという伝説から.
【点头】diǎn//tóu [動] (～儿)うなずく. ¶这件事总经理

D

～同意了／この件は、社長が同意した.

【点头哈腰】diǎntóu hāyāo 〈俗〉腰を低くしへつらう. ¶在上司面前总是～／上司の前ではいつもぺこぺこする.

【点头之交】diǎn tóu zhī jiāo〈成〉(会えば会釈をする程度の)浅いつきあい.

【点戏】diǎn//xì 観劇の際、希望の演目をリクエストする.

*【点心】❶ diǎnxin 名〔量 盒 hé, 块 kuài, 匣 xiá〕点心(しん).(お菓子やギョーザなどの)軽食. ❷ diǎn//xīn 動〈方〉一時しのぎに何か食べる. ¶先吃点儿东西点点心吧／おなかが減ったなら少し何か食べておきなさい.

【点穴】diǎn//xué 動 ❶《武術》指で人の急所をつく. ❷《中医》ツボをマッサージする.

【点验】diǎnyàn 動 点検する.

【点阵】diǎnzhèn 名《物理》ラチス. 格子.

*【点钟】diǎnzhōng 量 …時. ¶上午十一／午前10時. 由来 昔、時刻を知らせるのに鐘を鳴らした."点"は、鐘を打つ回数. 北京の古い都には、現在も"钟楼 zhōnglóu"(街中に時を告げる鐘を置いた建物)が残されている.

【点种】diǎnzhòng 動 "点播 diǎnbō"に同じ.

【点缀】diǎnzhuì[-zhui] 動 ❶ 背景などに調和させて飾りつける. ¶在屋里放一盆花，可以把屋子～得更有生气／室内に花を一鉢置くことで、部屋をより生き生きした感じに飾ることができる. ❷ 装point zhuāngdiǎn ❷ その場に適応させる. 数をそろえる. ¶展出我的作品，只是为了凑còu 个数儿，～～／私の作品を出品したのは、数をそろえて体裁を整えるためでしかありません.

【点字】diǎnzì 名 点字. 同 盲字 mángzì

【点子】diǎnzi ❶ 名 しずく. ¶雨～／雨つぶ. ❷ 名 小さな痕跡. ¶油～／油のしみ. ❸ 名《音楽》打楽器を演奏するときの拍子. ❹ 名 分量が少ないことをあらわす. ❺ 名 ポイント. 要点. ❻ 名 方法. アイディア. ¶这个鬼～是谁出的？／このトリックは誰が考えついたの. ¶这个～不坏／このアイディアは悪くない.

碘 diǎn
石部 8 四 15681
全13画 次常用

名《化学》ヨウ素. I.

【碘化银】diǎnhuàyín《化学》ヨウ化銀. ヨウ素酸銀.

【碘酒】diǎnjiǔ《薬》ヨードチンキ. 同 碘酊 diǎndīng

【碘片】diǎnpiàn《化学》ヨードの結晶片.

【碘钨灯】diǎnwūdēng タングステン・ヨードランプ.

【碘盐】diǎnyán 名 ヨード含有食塩. 参考 海産物をほとんど食べない中国内陸部では、恒常的にヨード不足状態にあり、人体への影響を考慮して、ヨードを含有した食塩が売られている.

跕(異 跕) diǎn
足部 8 四 60161
全15画 通用

動 ❶ (けがなどで)足をひきずって歩く. ¶～脚 diǎnjiǎo. ❷ つま先で立つ. ¶～着脚向前看(つま先立ちして前を見る).

【跕脚】diǎnjiǎo 動〈方〉(～儿)足をひきずって歩く.

电(電) diàn
1部 4 四 50716
全5画 常用

❶ 名 電気. ¶停～ tíngdiàn (停電する). ❷ 名 いなずま. ¶闪～ shǎndiàn (いなずま). ❸ 動 感電する. ¶电门有毛病,～了我一下(スイッチが故障していて、ちょっとビリッときた). ❹ 素 電報. ¶急～ jídiàn (至急電報). ❺ (Diàn) 姓.

筆順 丨 冂 日 日 电

【电棒】diànbàng 名〈方〉(～儿)懐中電灯.

*【电报】diànbào 名〔量 份 fèn, 封 fēng〕電報. ¶打～／電報を打つ. ¶加急～／至急電報.

【电笔】diànbǐ 名《電気》テスター. 同 试 shì 电笔,测cè 电笔

【电表】diànbiǎo 名 電気のメーター. ¶抄～／メーターを書き写す.

*【电冰箱】diànbīngxiāng 名〔量 个 ge, 台 tái〕電気冷蔵庫. 同 冰箱 bīngxiāng

【电波】diànbō 名 電磁波. 同 电磁 cí 波

【电场】diànchǎng 名《電気》電界.

【电唱机】diànchàngjī 名〔量 台 tái〕レコードプレーヤー. 同 电转儿 diànzhuànr

**【电车】diànchē 名〔量 辆 liàng〕電車. ¶有轨 yǒuguǐ～／路面電車. ¶无轨 wúguǐ～／トロリーバス. ¶～站／電車やトロリーバスの停留所. ¶乘坐～／電車に乗る.

【电陈】diànchén 動 電報で述べる.

【电池】diànchí 名〔量 节 jié〕電池. ¶～没电了／電池が切れた. ¶换～／電池を取り替える. ¶干 gān～／乾電池. ¶太阳能～／ソーラー電池. ¶～组／バッテリー. ¶5号～／単三電池.

【电传】diànchuán 名 テレックス. ¶～打字机／テレタ

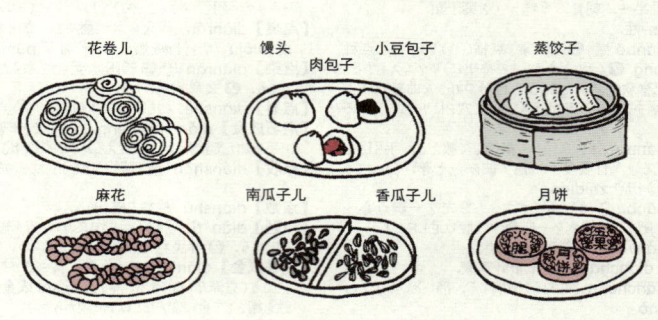

花卷儿　馒头　肉包子　小豆包子　蒸饺子

麻花　南瓜子儿　香瓜子儿　月饼

点 心

イブ. ¶〜号码／テレックス番号.
【电船】diànchuán 名 方 モーターボート. 同 汽艇 qìtǐng
【电磁】diàncí 名《物理》電磁.
【电磁波】diàncíbō 名《物理》電磁波. 同 电波 diànbō
【电磁场】diàncíchǎng 名《物理》電磁場. 電磁界.
【电磁辐射】diàncí fúshè 名《物理》電磁放射.
【电磁感应】diàncí gǎnyìng 名《物理》電磁感応. 電磁誘導.
【电磁兼容】diàncí jiānróng 名《物理》電磁の両立性.
【电磁炮】diàncípào 名《軍事》レールガン砲. 電磁発射砲.
【电磁铁】diàncítiě 名 電磁石.
【电磁污染】diàncí wūrǎn 名 電子汚染. 電磁波が人体や他の機器に影響を与えること.
【电大】diàndà 名 "电视大学"の略.
＊【电灯】diàndēng 名〔量 盏 zhǎn〕電灯. ライト. ¶ 开〜／電灯をつける.〔把〜关了／電灯を消した.
【电灯泡】diàndēngpào 名〔〜儿〕電球. ¶〜坏了／電球が切れた.¶安〜／電球を取り付ける.¶换〜／電球を取り替える. 同 电灯泡子 pàozi, 灯泡 dēngpào ⇨白炽电灯 báichì diàndēng
【电动】diàndòng 形 電動の. ¶〜机车／電気機関車.
【电动机】diàndòngjī 名〔量 台 tái〕電動のモーター. 同 马达 mǎdá
【电动汽车】diàndòng qìchē 名 電気自動車.
【电度表】diàndùbiǎo 名《電気》電力計. 電気メーター.
【电镀】diàndù 動 電気メッキする.
【电饭煲】diànfànbāo 名 方 "电饭锅 guō"に同じ.
【电饭锅】diànfànguō 名〔个 ge, 只 zhī〕電気炊飯器. 同 电饭煲 diànfànbāo 用法 台湾では一般に"电锅 diànguō"という.
【电风扇】diànfēngshàn 名 扇風機. 同 电扇
【电感】diàngǎn 名《電気》インダクタンス.
【电锅】diànguō 名 [把 bǎ] 電気つるはし.
【电告】diàngào 動 電報で通知や報告をする. ¶请将此事迅速〜有关单位／この件をただちに関連部門に電報で通達してください.
【电工】diàngōng 名 ❶ 電気工学. ❷〔〜 个 ge, 名 míng, 位 wèi〕電工. ¶老〜／ベテラン電気工.
【电功率】diàngōnglǜ 名 単位時間あたりの電力. 参考 単位は"瓦(特) wǎ(-tè)"（ワット）.
【电灌】diànguàn 動 電力灌漑（漑）.
【电光】diànguāng 名 電光. 稲光. ¶〜闪闪／稲光がぴかっと光る.
【电焊】diànhàn 動 電気溶接する. "电弧焊接 diànhú hànjiē"の通称. ¶〜工／電気溶接工.
【电贺】diànhè 動 祝電を打つ.
【电荷】diànhè 名 電荷.
【电弧】diànhú 名《電気》アーク.
【电化教学】diànhuà jiàoxué 名 視聴覚教育. 同 电教 diànjiào
【电化教育】diànhuà jiàoyù 名 "电化教学 diànhuà jiàoxué"に同じ.
【电化学】diànhuàxué 名 電気化学.
＊【电话】diànhuà ❶ 名〔〜 部 bù, 个 ge, 架 jià, 门 mén, 台 tái〕電話(機). ¶〜机／電話機. ¶〜号码／電話番号. ¶〜簿 bù／電話帳. ¶公用〜／公衆電話. ¶手机〜／携帯電話. ❷ 名 電話による会話). ¶市内〜／市内電話. ¶长途〜／長距離電話. ¶国际〜／国際電話. ¶受话人付费〜／コレクトコール. ¶给他打〜／彼に電話する. ¶接到她的〜／彼女から電話をもらう. ¶〜打不通／電話が通じない.
【电话会议】diànhuà huìyì 名 電話会議.
【电话卡】diànhuàkǎ 名 テレフォンカード.
【电话门】diànhuàmén 名 電話盗聴に関わるスキャンダル). 由来 もとは, 2006年にイタリアサッカー界で発覚した「カルチョ・スキャンダル」のこと. 検察による電話の盗聴が事件発覚のきっかけだったことから, "门"は, "水门事件"（ウォーターゲート事件）の"门"をもじったもので, スキャンダルの意味合いをもつ.
【电话亭】diànhuàtíng 名 電話ボックス.
【电话银行】diànhuà yínháng 名 テレフォン・バンキング.
【电汇】diànhuì ❶ 動 電信為替で送金する. ❷ 名 ① で送った金額.
【电火花】diànhuǒhuā 名《電気》スパーク.
【电机】diànjī 名〔台 tái〕電気機械. 特に"发电机 fādiànjī"（発電機）や"电动机 diàndòngjī"（モーター）を指す.
【电极】diànjí 名《電気》電極. ¶阳〜／プラス極. ¶阴〜／マイナス極.
【电键】diànjiàn 名 ❶《電気》キー. ボタン. ❷ 打電用のキー. 電鍵.
【电教】diànjiào 名 "电化教育", "电化教学"の略称. ¶〜室／視聴覚教室.
【电解】diànjiě 動《化学》電気分解する.
【电解质】diànjiězhì 名《化学》電解質.
【电介质】diànjièzhì 名《電気》絶縁体.
【电锯】diànjù 名《機械》電気のこぎり.
【电抗】diànkàng 名《電気》電気抵抗. リアクタンス.
【电烤箱】diànkǎoxiāng 名 電気オーブン.
【电缆】diànlǎn 名〔〜 根 gēn, 条 tiáo〕ケーブル.
【电老虎】diànlǎohǔ 名 ❶ 消費電力の大きい施設や機関. ❷ 電力管理の権限を悪用する人や機関. 同 电霸 bà
【电烙铁】diànlàotiě 名 ❶ 電気アイロン. ❷ 電気はんだごて.
【电离】diànlí 名 動《電気》電離(する). イオン化(する).
【电离层】diànlícéng 名《気象》電離層. 電離圏.
【电力】diànlì 名 電力.
【电力网】diànlìwǎng 名 電力網.
【电力线】diànlìxiàn 名 ❶《電気》電力線. ❷ 送電線.
【电量】diànliàng 名 電気量. ¶量 liáng 〜／電気量を測定する.
【电疗】diànliáo 動《医学》電気治療する.
【电料】diànliào 名 電気器材.
【电铃】diànlíng 名〔〜 个 ge, 只 zhī〕(電動の)ベル. ¶按〜／ベルを押す. ¶〜响〜／ベルが鳴る.
【电流】diànliú 名〔股 gǔ〕電流. 同 电流
【电流表】diànliúbiǎo 名《電気》電流計. 同 安培计 ānpéijì
【电流强度】diànliú qiángdù 名 電流の強さ.
【电炉】diànlú 名 ❶ 電気ストーブ. 電気こんろ. ❷《工

業)〔[量] 座 zuò〕電気炉.
【电路】diànlù [名]《電気》〔[量] 条 tiáo〕電気回路.
【电路图】diànlùtú [名]《電気》電気回路図.
【电码】diànmǎ [名]《通信》❶ 電信符号. ¶ 莫尔斯 Mò'ěrsī～ / モールス信号. ❷ 電報コード. 漢字の電報を打つとき,漢字の代わりに用いる4桁の数字. ¶ ～本 / 電報コードブック. 電報コードと漢字の対照表.
【电门】diànmén [名] スイッチ. [同] 开关 kāiguān
【电脑】diànnǎo [名]〔[量] 台 tái〕コンピュータ. "电子计算机 diànzǐ jìsuànjī"の通称. ¶ 家用～ / パーソナルコンピュータ. パソコン.
【电脑病毒】diànnǎo bìngdú [名]《コンピュータ》コンピュータ・ウイルス.
【电能】diànnéng [名] 電気エネルギー.
【电钮】diànniǔ [名](電気器具の)スイッチや調節つまみ. ¶ 按～ / スイッチを押す.
【电瓶】diànpíng [名] 蓄電池. [同] 蓄电池 xùdiànchí
【电瓶车】diànpíngchē [名] バッテリー式電気自動車.
【电气】diànqì [名] 電気.
【电气化】diànqìhuà [動] 電化する.
【电器】diànqì [名] 電気器具. ¶ ～商店 / 電器店. ¶ ～产品 / 電気製品.
【电热】diànrè [名] 電熱. ¶ ～丝 / 電熱線.
【电热毯】diànrètǎn [名] 電気カーペット.
【电容】diànróng [名] ❶ 電気容量. ❷ コンデンサー. [同] 电容器 qì
【电容器】diànróngqì [名]《電気》コンデンサー. 蓄電器. [同] 电容②
【电褥子】diànrùzi [名] 電気毛布.
*【电扇】diànshàn [名]〔[量] 架 jià,台 tái〕扇風機. ¶ 开～ / 扇風機をかける.
【电石】diànshí [名]《化学》カーバイド. ¶ ～灯 / アセチレンランプ. ¶ ～气 / アセチレンガス.
【电势差】diànshìchā [名]《電気》電位差. 電圧. [表現] 旧称は"电位差",通称は"电压".
**【电视】diànshì [名] ❶〔[量] 架 jià,台 tái〕テレビ(受像機). ¶ 彩色～ / カラーテレビ. ❷ テレビ(放送). ¶ 看～ / テレビを見る. ¶ ～广播 / テレビ放送. ¶ ～节目 / テレビ番組.
【电视大学】diànshì dàxué [名](テレビの)放送大学. [表現]"电大"とも言う.
【电视电话】diànshì diànhuà [名] テレビ電話.
【电视发射塔】diànshì fāshètǎ [名] テレビ塔. [表現] 通称は"电视塔".
【电视会议】diànshì huìyì [名] テレビ会議. テレビ電話会議.
【电视机】diànshìjī [名] テレビ(受像機). [同] 电视接收 jiēshōu 机
【电视剧】diànshìjù [名]〔[量] 部 bù〕テレビドラマ. ¶ 连续～ / 連続テレビドラマ.
【电视片】diànshìpiàn [名] テレビ放送用作品. [参考] 多く人物や地域の紹介をさす. 口語では"电视片儿 piānr"と発音する.
【电视商场】diànshì shāngchǎng [名] テレビショッピング.
【电视塔】diànshìtǎ [名]〔[量] 座 zuò〕テレビ塔.
*【电视台】diànshìtái [名] テレビ局. ¶ 中央～ / 中央電視台(CCTV. 中国における全国のテレビ放送のキー局).
【电视制导】diànshì zhìdǎo [動] テレビ信号による画像ガイダンスをする.
【电枢】diànshū [名]《電気》電機子. アーマチュア.
【电刷】diànshuā [名] 電動ブラシ.
*【电台】diàntái [名] ❶ 無線電信局. [同] 无线 wúxiàn 电台 ❷ ラジオ放送局. ¶ 中央人民广播～ / 中央人民放送局(北京にある中国最大の放送局).
【电烫】diàntàng [動] 電気パーマをかける.
*【电梯】diàntī [名]〔[量] 部 bù〕エレベーター. ¶ 坐～上三楼 / エレベーターで3階へ行く. [同] 升降机 shēngjiàngjī
【电筒】diàntǒng [名]〔[量] 只 zhī〕懐中電灯. [同] 手 shǒu 电筒
【电玩】diànwán [名] テレビゲーム. 電子ゲーム.
【电网】diànwǎng [名] ❶ 電流を流した鉄条網. ❷ 送電網.
【电位】diànwèi [名]《電気》電位. 電圧. [同] 电压 yā
【电文】diànwén [名] 電報の文字. 電文.
【电匣子】diànxiázi [名][方] ラジオ. [同] 收音机
【电线】diànxiàn [名]〔[量] 段 duàn,根 gēn,截 jié,卷 juǎn,条 tiáo〕電線. ¶ ～杆子 gānzi / 電柱. ¶ 高压～ / 高圧線.
【电信】diànxìn [名] 電信. ¶ ～局 / 電信電話局. ¶ ～业务 / 電信電話サービス.
【电刑】diànxíng [名] ❶ 電流による拷問. ❷ 電気いすによる死刑.
【电学】diànxué [名] 電気学.
【电讯】diànxùn [名] ❶ 電話や電報,無線で通信されたニュース. ❷ 無線の信号.
【电压】diànyā [名]《電気》電圧. ¶ ～计 / 電圧計. [同] 电位差 diànwèichā [参考]"电压计"は"伏特计 fútèjì"ともいう.
【电压表】diànyābiǎo [名]《電気》電圧計.
【电眼】diànyǎn [名]《電気》❶ 自動制御装置の光電管. ❷ エレクトリック・アイ. マジック・アイ.
【电唁】diànyàn [動] 弔電を打つ.
【电椅】diànyǐ [名](死刑執行のための)電気椅子.
**【电影】diànyǐng [名](～儿)〔[量] 部 bù,场 chǎng,个 ge,集 jí〕映画. ¶ 看～ / 映画を見る. ¶ 拍～ / 映画を撮る. ¶ 放～ / 映画を上映する. ¶ ～导演 dǎoyǎn / 映画監督. ¶ ～演员 / 映画俳優. ¶ ～制片厂 / 映画撮影所. ¶ ～票 / 映画のチケット. ¶ 立体～ / 立体映画. シネラマ. ⇨付録「中国映画入門」
【电影剧本】diànyǐng jùběn [名] 映画のシナリオ.
【电影片】diànyǐngpiàn [名] 映画フィルム.
【电影摄影机】diànyǐng shèyǐngjī [名] 映画撮影機. シネ・カメラ. [表現] 通称は"摄影机".
*【电影院】diànyǐngyuàn [名] 映画館.
【电影周】diànyǐngzhōu [名] 映画週間.
【电泳】diànyǒng [名]《電気》電気泳動.
【电源】diànyuán [名] 電源.
【电熨斗】diànyùndǒu [名] 電気アイロン.
【电灶】diànzào [名] 電気こんろ.
【电闸】diànzhá [名](強電用の)大型スイッチ. メインスイッチ. [同] 闸 zhá
【电站】diànzhàn [名] 発電所.
【电针疗法】diànzhēn liáofǎ [名]《中医》電気針療法.
【电钟】diànzhōng [名]〔[量] 座 zuò〕電気時計.
【电珠】diànzhū [名] 豆電球.
【电子】diànzǐ [名]《物理》電子.
【电子表】diànzǐbiǎo [名] 電子時計. [同] 石英 shíyīng 电子表
【电子病历】diànzǐ bìnglì [名] 電子カルテ.

【电子秤】diànzǐchèng [名]電子ばかり.
【电子出版物】diànzǐ chūbǎnwù [名]電子出版物. 電子図書.
【电子对抗】diànzǐ duìkàng [名]《軍事》電子妨害.
【电子防御】diànzǐ fángyù [名]《軍事》電子防衛.
【电子干扰】diànzǐ gānrǎo [名]《軍事》電子妨害. 電子対策.
【电子管】diànzǐguǎn [名]〔[量]根 gēn〕真空管. [同]真空管 zhēnkōngguǎn
【电子函件】diànzǐ hánjiàn [名]《コンピュータ》電子メール. Eメール. [同]电子邮 yóu 件
【电子贺卡】diànzǐ hèkǎ [名]《コンピュータ》電子グリーティングカード. 電子年賀状.
【电子环保亭】diànzǐ huánbǎotíng [名]電子製品廃品回収ステーション.
【电子汇款】diànzǐ huìkuǎn [名]電子送金.
【电子货币】diànzǐ huòbì [名]《経済》電子マネー.
【电子机票】diànzǐ jīpiào [名]（航空機の）Eチケット. [参考]航空券を発券せず, 空港で直接搭乗券を発行するサービスのこと.
【电子计算机】diànzǐ jìsuànjī [名]〔[量]台 tái〕コンピュータ. [同]电脑 diànnǎo
【电子进攻】diànzǐ jìngōng [名]《軍事》電子攻撃.
【电子警察】diànzǐ jǐngchá [名]電子交通監視システム.
【电子竞技】diànzǐ jìngjì [名]電子ゲームやテレビゲームなどの競技活動の総称.
【电子流】diànzǐliú [名]《電気》電子流.
【电子签名】diànzǐ qiānmíng [名]電子署名.
【电子钱包】diànzǐ qiánbāo [名]電子マネー.
【电子枪】diànzǐqiāng [名]《電気》電子銃. エレクトリック・ガン.
【电子琴】diànzǐqín [名]《音楽》電子オルガン. 電子ピアノ. キーボード.
【电子商务】diànzǐ shāngwù [名]電子商取引. Eコマース.
【电子束】diànzǐshù [名]《電気》電子ビーム.
【电子图书】diànzǐ túshū [名]電子図書. [同]电子出版物 chūbǎnwù
【电子伪装】diànzǐ wěizhuāng [名]《軍事》電子カモフラージュ.
【电子雾】diànzǐwù [名]電子汚染. 他の機器に影響を与える電磁波.
【电子显微镜】diànzǐ xiǎnwēijìng [名]電子顕微鏡.
【电子信箱】diànzǐ xìnxiāng [名]《コンピュータ》メールボックス. [同]电子邮 yóu 箱
【电子眼】diànzǐyǎn [名]《電気》マジックアイ.
【电子邮件】diànzǐ yóujiàn [名]《コンピュータ》電子メール. Eメール. [同]电邮, 电子函 hán 件
【电子游戏】diànzǐ yóuxì [名]❶テレビゲーム. ❷オンラインゲーム.
【电子游戏机】diànzǐ yóuxìjī [名]電子ゲーム機.
【电子邮箱】diànzǐ yóuxiāng →电子信箱 xìnxiāng
【电子云】diànzǐyún [名]《物理》電子雲.
【电子战】diànzǐzhàn [名]《軍隊》電子戦. [同]电子对抗 duìkàng
【电子政务】diànzǐ zhèngwù [名]電子政府.
【电阻】diànzǔ [名]《電気》抵抗.
【电钻】diànzuàn [名]《機械》〔[量]把 bǎ, 台 tái〕電気ドリル.

佃 diàn 亻部 5 [四]2620₀ 全 7 画 [次常用]
❶[動]小作する. ¶～户 diànhù. ❷(Diàn)姓.
☞ 佃 tián
【佃户】diànhù [名]小作人.
【佃农】diànnóng [名]小作農.
【佃租】diànzū [名]小作料.

甸 diàn 勹部 5 [四]2762₀ 全 7 画 [次常用]
[素]❶[旧]郊外. ¶～子 diànzi. ❷地名用字. ¶桦～ Huàdiàn（吉林省にある地名）/ 宽～ Kuāndiàn（遼寧省にある地名）.
【甸子】diànzi [名][方]放牧地.

阽 diàn 阝部 5 [四]7126₀ 全 7 画 [通用]
[素][文]（危険が）近づいてくる. ¶～危 diànwēi（危ない）. [参考]"yán"とも発音する.

坫 diàn 土部 5 [四]4116₀ 全 8 画 [通用]
[名]❶[旧]酒器や食物を置くために室内に設けた土の台. ❷[文]びょうぶやついたて.

店 diàn 广部 5 [四]0026₁ 全 8 画 [常用]
[名]❶〔[量]家 jiā〕お店. ¶商～ shāngdiàn（商店）/ 书～ shūdiàn（書店）/ 零售～ língshòudiàn（小売店）. ❷〔[量]家 jiā〕旧式の旅館. 宿屋. ¶住～ zhùdiàn（宿屋に泊まる）. ❸(Diàn)姓.
【店东】diàndōng [名][旧]商店や旅館の主人.
【店家】diànjiā [名]❶[旧]旅館や飲食店の主人または番頭. ❷[方]店舗. 商店.
【店面】diànmiàn [名]店先. 店構え.
【店铺】diànpù [名]〔[量]家 jiā〕商店.
【店堂】diàntáng [名]商店の売り場. 店内.
【店小二】diànxiǎo'èr [名][旧]飲食店や旅館の給仕. 店員.
【店员】diànyuán [名]〔[量]个 ge, 名 míng, 位 wèi〕店員.

玷 diàn 王部 5 [四]1116₀ 全 9 画 [次常用]
❶[名]白玉(はくぎょく)のきず. ¶白圭 báiguī 之～（ほんのわずかな欠点）. ❷[動]（美しさ・名誉・長所などを）傷つける. 汚す. ¶～污 diànwū.
【玷辱】diànrǔ [動]辱める. 侮辱する. ¶～祖先 / 先祖を辱める.
【玷污】diànwū [動]（悪いものがよいものを）汚す. ¶～名声 / 名声を汚す.

垫(墊) diàn 土部 6 [四]5510₄ 全 9 画 [常用]
❶[動]（クッションとして）敷く. あてがう. ¶～桌子（テーブルの脚と床のすき間に物をはさみ込んで安定させる）/ ～上个褥子 rùzi（敷き布団を敷く）. ❷[名]（～儿）下に敷くもの. ¶草～ cǎodiàn（わらやがまで作った座布団）/ 鞋～儿 xiédiànr（靴の中敷き）. ❸[動]（お金を）立て替える. ¶～付 diànfù / ～钱 diànqián / 你先给我～上, 以后再还 huán 你（あとで返すから, 僕の代わりに立て替えてくれ）. ❹(Diàn)姓.
【垫板】diànbǎn [名]敷き板.
【垫背】diàn//bèi [動][方]身代わりにする. 巻き添えを食わせる.
【垫被】diànbèi [名]❶敷布団. ❷（スポーツ試合などの）

D

【垫补】diànbu 動 方 ❶（ほかから借用や流用をして）不足金額を補う．❷少し食べて腹の足しにする．同 点 diǎn 补
【垫底】diàn//dǐ（～儿）❶底に敷く．❷空腹しのぎに少し食べる．❸考える基礎にする．表現 ③は比喩的な表現．
【垫付】diànfù 動 お金を立て替える．¶我先给你～一下吧／私がまず立て替えておきましょう．
【垫肩】diànjiān 名 ❶（ものを担ぐときの）肩あて．❷〔副 fù〕（洋服の）肩パッド．
【垫脚石】diànjiǎoshí 名（出世の）踏み台．
【垫脚】diànjiao 名 家畜小屋に敷く土や干し草．
【垫圈】diàn//juàn 動 家畜小屋に干し草などを敷く．☞垫圈 diànquān
【垫款】❶ diàn//kuǎn 動 お金を立て替える．❷ diànkuǎn 名 立替金．
【垫片】diànpiàn 名 ❶《機械》スペーサー．❷詰め木．詰め金．
【垫平】diànpíng 動 平らにならす．
【垫钱】diànqián 動 お金を立て替える．
【垫圈】diànquān 名（～儿）《機械》座金．ワッシャー．☞垫圈 diànjuàn
【垫上运动】diànshàng yùndòng 名《スポーツ》マット運動．
【垫支】diànzhī 動（支払いを）立て替える．同 垫付 fù
【垫子】diànzi 名〔量 块 kuài〕敷き物．¶椅～／クッション．¶褥 rù～／マットレス．¶弹簧 tánhuáng～／スプリングマットレス．

钿（鈿）diàn 钅部5 四 8670₀ 全10画
❶素 漆器などの表面に金属・宝石・貝殻などをはめ込んで飾り付ける．象眼する．¶宝～ bǎodiàn（象眼をしたかんざし）／螺～ luódiàn（らでん）．❷素 金銀宝石をちりばめた髪飾り．❸（Diàn）姓．
☞ 钿 tián

淀（澱）diàn 氵部8 四 3318₁ 全11画 次常用
❶ 浅い湖．主に地名に用いられる．¶白洋～ Báiyángdiàn（河北省にある湖の名）／海～ Hǎidiàn（北京市の区の名）．❷素 沈澱したもの．¶～粉 diànfěn．❸（Diàn）姓．
【淀粉】diànfěn 名 でんぷん．
【淀粉酶】diànfěnméi 名《化学》アミラーゼ．

惦 diàn 忄部8 四 9006₁ 全11画 次常用
動 気にかける．心にとめておく．¶～记 diànjì／请勿 wù～念（どうかご心配なく）／心里老～着工作（心の中ではいつも仕事が気がかりだ）．
【惦记】diànjì[-ji] 動（人や物事を）気にかける．¶家中一切正常,不必～／うちの中はまったく変わりないので,心配いりません．
【惦念】diànniàn 動 気にかける．¶自从和小明分别后,～之情,与日俱 jù 增／ミンさんと別れてから,日にして彼女のことが気になる．同 惦记 diànjì, 思念 sīniàn

奠 diàn 八部10 四 8080₄ 全12画 次常用
❶素 供え物をして死者を祭る．¶祭～ jìdiàn（死者を祭る）／～酒 diànjiǔ．❷素 しっかりと固める．打ち立てる．¶～基 diànjī／～都 diàndū．❸（Diàn）姓．
【奠定】diàndìng 動 定める．土台を固める．¶～基础／基礎を固める．
【奠都】diàndū 動 都を定める．
【奠基】diànjī 動 基礎を定める．¶～典礼／定礎式．¶～人／創始者．
【奠基石】diànjīshí 名 ❶ 定礎の時に年月日などを刻む石．❷（比喩的に用いて）礎石．いしずえ．
【奠酒】diànjiǔ 動 地面に酒をまいて神をまつる．またその儀式．
【奠仪】diànyí 名 香典．

殿 diàn 殳部9 四 7724₇ 全13画 常用
名 ❶〔量 座 zuò〕大きくてりっぱな建物．宮殿．神殿．❷（列の）いちばん後ろ．¶～军 diànjūn．❸（Diàn）姓．
【殿后】diànhòu 動 行軍の最後尾につく．しんがりを勤める．
【殿军】diànjūn 名 ❶ 行軍のしんがり部隊．❷（スポーツ競技などの）最下位．反 冠军 guànjūn
【殿试】diànshì 名《歴史》殿試(でん)．"科举 kējǔ"の最終試験．宮殿で皇帝が自ら行った．⇨科举 kējǔ
【殿堂】diàntáng 名 ❶〔量 座 zuò〕宮殿や神殿などのりっぱな建物．❷名誉ある建物やホール．
【殿下】diànxià 名 殿下．

靛 diàn 青部8 四 5328₁ 全16画 通用
素 ❶ 藍(を)の葉からとった濃い青色の染料．❷紫がかった藍(を)色．
【靛缸】diàngāng 名 藍(を)がめ．
【靛蓝】diànlán 名 藍(を)．同 蓝靛 lándiàn, 靛青 diànqīng
【靛青】diànqīng ❶ 形 紫がかった濃い青色の．❷ 名 方 藍(を)．

簟 diàn 竹部12 四 8840₆ 全18画 通用
名 竹製のむしろ．参考 夏に涼をとるために,ベッドの上に敷いて寝る．

癜 diàn 疒部13 四 0014₇ 全18画 通用
素《医学》白や褐色の斑点が出る皮膚病．なまず．¶白～风 báidiànfēng（白なまず）．

diao ㄉㄧㄠ〔tiɑʊ〕

刁 diāo 一部1 四 1712₀ 全2画 次常用
❶ 形 ずる賢い．がらが悪い．¶～棍 diāogùn（ごろつき）／～难 diāonàn／这个人真～（こいつはほんとうにずるい）．❷（Diāo）姓．
【刁悍】diāohàn 形 狡猾(ぶ)で凶暴だ．
【刁滑】diāohuá 形 狡猾(ぶ)だ．ずるい．同 狡猾 jiǎohuá 反 敦厚 dūnhòu
【刁民】diāomín 名 旧 ずる賢い人．表現 旧時,役人が言うことを聞かない庶民をあざけって言ったことば．
【刁难】diāonàn 動 いやがらせをする．わざと困らせる．¶百般～／あれこれいやがらせをする．
【刁顽】diāowán 形 狡猾(ぶ)でしたたかだ．
【刁钻】diāozuān 形 悪賢い．ずる賢い．腹黒い．¶美

【刁钻古怪】diāo zuān gǔ guài 成❶悪賢くて得体が知れない．❷風変わりだ．

叨 diāo
口部2　四 6702₀　全5画　常用
動 口にくわえる．¶猫～着老鼠 lǎoshǔ（ネコがネズミをくわえている）．

汈 Diāo
氵部2　四 3712₀　全5画　通用
素 地名用字．¶～汊 Diāochà（湖北省にある湖の名）．

凋 diāo
冫部8　四 3712₀　全10画　通用
❶素（植物が）しおれる．枯れる．（人や希望が）衰える．¶～谢 diāoxiè／～零 diāolíng．❷(Diāo)姓．
【凋敝】diāobì 動（生活が）困窮する．（事業が）衰える．¶民生～／成 人々が困窮する．回 繁荣 fánróng
【凋残】diāocán 動 しおれて散る．¶在秋风中～的小菊花 júhuā／秋風に散り果てた小菊．❷（人が）落ちぶれる．みじめな状態になる．
【凋零】diāolíng 動 ❶枯れる．散る．¶松竹 sōngzhú 常青,终不～／松や竹は青いまま,いつまでも落葉しない．❷没落する．落ちぶれる．¶家道～／暮らし向きが傾く．
【凋落】diāoluò 動 散る．しおれる．枯れる．¶一夜风雨,海棠花 hǎitánghuā～殆 dài 尽／一夜の雨风で,カイドウの花はほとんど散った．回 凋谢 diāoxiè
【凋谢】diāoxiè 動 ❶散る．しおれる．枯れる．¶百花～／花がすべて散った．反 开放 kāifàng ❷人が老いて亡くなる．¶老成～／長寿を全うする．

貂 diāo
豸部5　四 2726₀　全12画
名 ❶（動物）⟨圕 只 zhī⟩ テン．毛皮が珍重される．❷(Diāo)姓．
【貂蝉】Diāo Chán《人名》貂蟬（ﾁｬﾝ）．『三国演義』に登場する歌妓．
【貂皮】diāopí 名 テンの毛皮．
【貂熊】diāoxióng 名《動物》クズリ．回 狼獾 lánghuān

碉 diāo
石部8　四 1762₀　全13画　次常用
下記熟語を参照．
【碉堡】diāobǎo 名《軍事》〔圕 座 zuò〕トーチカ．回 炮楼 pàolóu
【碉楼】diāolóu 名《軍事》（防御兼用の）望楼．

雕（異 鵰 ❶❺、彫 ❷〜❹、琱 ❷❸）
diāo 隹部8　全16画　四 7021₅　常用
❶名（鳥）ワシ．回 鹫 jiù ❷動 彫りこむ．彫刻する．¶石～ shídiāo（石の彫刻）／浮～ fúdiāo（レリーフ）．❸素 色づけする．絵つけする．¶～弓 diāogōng（彩色をほどこした弓）／～墙 diāoqiáng（彩色画が描かれた壁）．❹素 "凋 diāo"に同じ．❺(Diāo)姓．
【雕版】diāobǎn 動 版木を彫る．回 刻板 kèbǎn
【雕虫小技】diāo chóng xiǎo jì 成《文章の技巧について》取るに足りない技能．
【雕工】diāogōng 名 ❶彫刻師．❷彫刻の技術．
【雕花】diāohuā ❶動 彫刻をほどこす．¶～匠 jiàng／彫刻職人．❷名《美術》彫刻された絵柄．¶～家具／木製家具．
【雕刻】diāokè《美術》❶動 彫刻する．❷名 彫刻作品．
【雕栏玉砌】diāo lán yù qì 成 建物の装飾が絢爛（ﾗﾝ）豪華だ．回 雕梁 liáng 画栋 dòng
【雕梁画栋】diāo liáng huà dòng 成 美しく装飾された建物．回 画栋雕梁
【雕漆】diāoqī 名《美術》堆朱（ﾂｲｼｭ）．彫刻をほどこした漆器．回 漆雕 qīdiāo
【雕砌】diāoqì 動 文章をむやみに飾りたてる．
【雕饰】diāoshì ❶動 彫刻して飾る．❷名 彫刻のデザインや模様．❸動（表現などを）過度に飾りたてる．
【雕塑】diāosù 名《美術》彫塑（ﾁｮｿ）．彫刻と塑像．¶石像～／雕塑彫刻．
【雕像】diāoxiàng 名〔圕 尊 zūn〕像．彫像．
【雕琢】diāozhuó 動 ❶玉石に彫刻する．❷文章を飾りたてる．¶～字句／ことばを過度に飾る．

鲷（鯛） diāo
鱼部8　四 2712₀　全16画　通用
素《魚》タイ．¶真～（マダイ）．

吊（異 弔） diào
口部3　四 6022₇　全6画　常用
❶動 つるす．ぶら下げる．¶门前～着两盏 zhǎn 红灯（玄関に赤いちょうちんが二つ掛かっている）．❷動 つり上げる．つり下げる．¶把和 huó 好的水泥～上去（練りあがったセメントを上に引き上げる）．❸動（毛皮を裏地に）縫いつける．¶～皮袄 pǎo（毛皮の裏地を仕立てる）／～里儿（服の裏地をつける）．❹圕 昔の通貨単位．穴開き銭1000文を1"吊"とした．❺素 弔う．¶～丧 diàosāng／～唁 diàoyàn．❻素（許可証や免除などを）取り上げる．回収する．¶～销 diàoxiāo．
【吊膀子】diào bàngzi 慣⟨方⟩（異性を）誘惑する．回 调情 tiáoqíng
【吊车】diàochē 名《機械》〔圕 台 tái〕クレーン．回 起重机 qǐzhòngjī
【吊窗】diàochuāng 名《建築》〔圕 扇 shàn〕つり窓．外側に戸をはね上げて開ける中国式の窓．
【吊床】diàochuáng 名 ハンモック．回 吊铺 pù
【吊带】diàodài 名《服飾》ガーター．ガーターベルト．回 吊袜 wà 带
【吊灯】diàodēng 名〔圕 盏 zhǎn〕つり下げた照明．ペンダントライト．
【吊顶】diàodǐng 名《建築》吊り天井．
【吊儿郎当】diào'erlángdāng 形⟨口⟩（仕草や服装が）だらしなくいいかげんだ．¶你那个～的样子,真叫人讨厌／君のそのだらしない格好には,まったくうんざりだ．
【吊杆】diàogān 名 ❶《機械》（クレーンの）腕木．ブーム．❷⟨口⟩はねつるべ．
【吊钩】diàogōu 名《機械》フック．
【吊柜】diàoguì 名 吊り戸棚．
【吊环】diàohuán 名《スポーツ》❶〔圕 对 duì〕つり輪．❷つり輪競技．¶～是他最拿手的项目／つり輪は彼の最も得意な種目だ．
【吊架】diàojià 名《機械》サスペンション．
【吊脚楼】diàojiǎolóu →吊楼
【吊卷】diàojuàn →调卷
【吊扣】diàokòu 動（証明書を）取り上げる．没収する．
【吊兰】diàolán 名《植物》オリヅルラン．
【吊楼】diàolóu 名《建築》〔圕 座 zuò〕❶支柱を水中に立てて,岸辺から水面に張りだした形で建てられた家屋．

㊁ 吊脚 jiǎo 楼 ❷ 山間部で見られる高床式の家屋. ㊁ 吊脚楼

【吊民伐罪】diào mín fá zuì ㊋ 苦難を強いられている民衆を安堵し、罪ある統治者を討伐する.

【吊瓶族】diàopíngzú 必要もないのに、すぐに点滴を打ちたがる患者.

【吊铺】diàopù ハンモック. ㊁ 吊床 chuáng

【吊桥】diàoqiáo 名〔㊋ 座 zuò〕❶ はね橋.¶把～放下来/はね橋をおろす.❷ つり橋. ㊁ 悬索桥 xuánsuǒqiáo

【吊丧】diào//sāng 動 弔問する. お悔やみに行く. ㊁ 吊孝 diàoxiào

【吊嗓子】diào sǎngzi ㊉ 俳優や歌手が、のどを鍛える.¶她每天大清早就在大公园～/彼女は毎朝早く大きな公園でボイストレーニングをする.

【吊扇】diàoshàn 名 天井にとりつける扇風機. シーリングファン.

【吊死】diàosǐ 動 首をつって死ぬ.¶～鬼/首つりで自殺した人の幽霊.

【吊索】diàosuǒ 名 ものをつるロープやワイヤー.

【吊梯】diàotī 名 つりばしご.

【吊桶】diàotǒng 名〔㊋ 个 ge, 只 zhī〕つるべおけ.¶用～从井里吊水/つるべで井戸から水をくみ上げる.

【吊袜带】diàowàdài → 吊带

【吊胃口】diào wèikǒu 動 ❶ おいしいもので食欲をそそる.❷ 人の興味や欲望をかきたてる.

【吊线】diào//xiàn 動《建筑》錘重 (chuí) で垂直かどうかを調べる.

【吊销】diàoxiāo 動 (許可証や免許などを) 取り上げる.¶因为违反了交通规则 guīzé, 驾驶证 jiàshǐzhèng 被～/交通違反で免停になった.

【吊孝】diào//xiào 動 お悔やみに行く. ㊁ 吊丧 diàosāng

【吊唁】diàoyàn 動 弔問する.

【吊针】diàozhēn 名 点滴注射.

【吊装】diàozhuāng 動《建筑》プレキャスト部材を予定の場所に組み立てる.

钓(釣) diào 钅部3 四 8772。全8画 [常用]

❶動 (魚などを) 釣る.¶～鱼 diàoyú. ❷ 素 (名利を) あさる.¶沽 gū 名～誉 yù ㊋ 不当な方法で名誉を手に入れる). ❸ (Diào) 姓.

【钓饵】diào'ěr 名 釣りのえさ. 人を誘うためのえさ. ㊁ 诱饵 yòu'ěr

【钓竿】diàogān 名〔～儿〕〔㊋ 根 gēn〕釣りざお. ㊁ 钓鱼 yú 竿

【钓钩】diàogōu 名〔㊋ 个 ge〕❶ 釣り針.❷ 引っかけるわな.

【钓具】diàojù 名〔㊋ 副 fù〕釣り道具.

【钓鱼】diàoyú 動 釣りをする.

【钓鱼台】Diàoyútái 名 釣魚台 (ちょうぎょだい). 北京市海淀句三里河路西にある迎賓館. 参考 もと、公賓のみを対象としていたが、現在では一部ホテルとしても開放されている.

调(調) diào 讠部8 四 3772。全10画 [常用]

❶動 (人や物資を) 移動する. 割り当てる.¶～职 diàozhí/～兵遣将 qiǎnjiāng/他是新～来的干部/彼は新しく転任して来た幹部だ).❷名《音乐》調. キー.¶C大～(人長調).❸名〔～儿〕メロディー.¶这个～子很好听 (この曲はとても美しい).❹素〔～儿〕ことばの

調子. なまり.¶南腔 qiāng 北～(㊋ ことばに方言が混じっている) / 这人说话带山东～儿 (この人はことばに山東なまりがある).❺素《言语》声调.
   ㊦ 调 tiáo

【调包】diào//bāo 動 "掉包 diàobāo"に同じ.

【调兵遣将】diào bīng qiǎn jiàng ㊋ 軍隊を派遣する. 人を動員する.

【调拨】diàobō 動 ❶ (物資や資金などを) 振り分ける.¶～了大量的救灾 jiùzāi 物资/救援物資を大量に振り向ける.❷ 人員を配置する. ㊦ 调拨 tiáobō

*【调查】diàochá 動 調査する. 検分する.¶～案情 ànqíng/事件を捜査する.

【调调】diàodiao 名〔～儿〕❶《音乐》調. メロディー.❷ 論調.

【调动】diàodòng 動 ❶ (位置や用途を) 変える. 動かす.¶～工作/転勤させる.❷ (多くの人を) 動員する.¶～一切积极因素/すべての前向きな要素を動員する.

【调度】diàodù 動 ❶ (仕事・人員・車両などを) 管理・手配する.¶生产～/生産管理.❷ 名 配車係.¶～室/ (タクシーなどの) 配車指令室.

【调防】diào//fáng 動《军事》守備任務を交替する. 守備地を移る.

【调干】diàogàn 名 (先に就職し、後に) 試験に合格して大学生になった"干部"(公務員).

【调号】diàohào 名〔～儿〕〔㊋ 个 ge〕❶《言语》声調符号.❷《音乐》調号.

【调虎离山】diào hǔ lí shān ㊋ 事をうまく運ぶために、策を練って相手を本拠地からおびき出す.¶～之计/おびき出しの戦術.

【调换】diàohuàn 動 交換する. 取り替える.¶他眼睛近视,你跟他一下座位/彼は近眼だからあなたちょっと席を替わってあげて. ㊁ 掉换 diàohuàn

【调回】diào//huí 動 (もとの職場から) 呼び戻す.¶他被～原单位工作了/彼はもとの職場に戻された.

【调集】diàojí 動 1ヶ所に集める.¶～防汛 fángxùn 器材/洪水防災機材を結集する.¶～资金/資金を集める.

【调卷】diàojuàn 動 判決資料や答案を取り出して検討する. ㊁ 吊卷 diào juàn

【调类】diàolèi 名《言语》声調の種類.

【调离】diàolí 動 転勤する. 配置換えになる.

【调令】diàolìng 名〔㊋ 个 ge〕異動の辞令.

【调门儿】diàoménr 名㊁ ❶ 声の高さ. 調子.❷ 論調. 言いぶり. 表现 ❷は、貶意を含むことが多い.

【调派】diàopài 人を割り当てる.¶服从～/人事移動に従う.

【调配】diàopèi 割り振る. 配分する. ㊦ 调配 tiáopèi

【调遣】diàoqiǎn 動 人を派遣する.

【调任】diàorèn 動 転任する.¶～新职/新しいポストに異動する.

【调式】diàoshì 名《音乐》音階.

【调头】diào ❶ diào//tóu → 掉头 diàotóu ❷ ❷ diàotóu ❷ 論調.

【调性】diàoxìng 名《音乐》音階の (長短の) 調子.

【调休】diàoxiū 動 休日を振り替える.

【调研】diàoyán 動 調査研究する.¶开展市场～/市場調査を進める.

【调演】diàoyǎn 動 (俳優を) 選抜して公演する.¶全省戏剧～/省選抜の俳優による公演.

【调用】diàoyòng 动（物资や人员を）动员して用いる．¶这批物资供不时之用,不能随便～/これらの物资は急用の備えだから,勝手に転用してはいけない．

【调运】diàoyùn 动（物资などを）调达して输送する．他所から振り向けて运ぶ．

【调职】diào/zhí 别の职场に転出する．

【调转】diàozhuǎn 动 ❶（职を）変える．転任する．❷向きを反対にする．同 掉 diào 转

【调子】diàozi 名 ❶（音楽）调子．メロディー．¶这首歌的～很优美/この歌のメロディーは実に美しい．❷口ぶり，文章の论调．トーン．

掉 diào

扌部8 四 5104₆ 全11画 常用

动 ❶落ちる．落とす．¶～眼泪(涙をこぼす)．❷脱落する．¶～队 diàoduì．❸抜く．抜け落ちる．¶我把钥匙 yàoshi～了(私は鍵をなくした)．/这本书～了两页(この本は2ページ抜けている)．❹减る．下がる．¶～膘 diàobiāo／～价 diàojià．❺くるりと向きを変える．¶～头 diàotóu．❻振る．¶尾大不～成 统制しきれない)．❼（相手のものと）取り替える．交換する．ゆずる．¶～换 diàohuàn／～个儿 gèr（入れ替える）．❽（他動詞の後につけて）なくすことをあらわす．¶丢～ diū-diào（なくしてしまう）/改～坏习惯（悪い習慣を改める）．❾（自動詞の後につけて）なくなることをあらわす．¶小鸟飞～了(小鸟が飛び去った)．

【掉包】diào//bāo 动（～儿）すり替える．¶他的东西叫人掉了包/彼の品物は誰かにすり替えられた．同 调包 diàobāo

【掉膘】diào//biāo 动（家畜が）やせる．¶别让牲口 shēngkou～/家畜をやせさせるな．反 上膘 shàngbiāo

【掉秤】diào//chèng 动 目减りする．

【掉点儿】diào//diǎnr 动 雨がぱらぱらと降る．

【掉队】diào//duì 落伍（ご）する．置き去りにされる．¶只有加紧 jiājǐn 学习才不致 zhì～/歯をくいしばって頑張って勉強しないとついていけなくなる．同 落伍 luòwǔ

【掉过儿】diào//guòr 场所を入れ替える．¶这两件展品～摆 bǎi 就好看多了/この2つの展示品は，场所を入れ替えればぐっと見栄えがよくなる．

【掉换】diàohuàn 动 ❶（相手のものと）取り替える．¶～位置/场所を交換する．¶你和我～一下上班的时间/僕と仕事の时间を替わってくれ．同 调换 diàohuàn ❷（のものと）取り替える．¶～领导班子/指導部のメンバーを更迭する．同 调换 diàohuàn

【掉价】diào//jià 动（～儿）❶値下がりする．¶菠菜 bōcài～了/ほうれん草が安くなった．❷（身分や地位が）下がる．（体面や体裁が）悪くなる．

【掉色】diào//shǎi 动（衣服などが）色落ちする．色があせる．¶这布染得不好，要～/この布は染めが悪く，色落ちする．

【掉书袋】diào shūdài 慣貶 やたらと典故を引用して才能や知識をひけらかすこと．

【掉头】diào//tóu 动 ❶（人が）ふり向く．¶他掉过头去，装作没看见/彼は顔をそむけて見ないふりをした．❷（車や船が）向きを180度変える．¶胡同 hútòng 太窄，车子掉不了头/路地が狭すぎて車がＵターンできない．同 调头 diàotóu

【掉歪】diàowǎi 人を困らせる．意地悪をする．¶要滑 shuǎhuá，～，他都不会/ずるい真似も意地悪も彼にはできない．

【掉以轻心】diào yǐ qīng xīn 成 うっかり見過ごす．軽率でいいかげんな態度をとる．¶大敌 dàdí 当前 dāngqián，我们决不可～/大敵を前にして，我々は決して油断してはならない．由来 唐·柳宗元の「答韦中立論師道書」に見えることば．

【掉转】diàozhuǎn 动 向きを反対にする．¶～船头/船首を反転させる．同 调转 diàozhuǎn

锎（錭） diào

钅部6 四 8672₇ 全11画 通用

→钓锎儿 liàodiàor

铫（銚） diào

钅部6 四 8271₃ 全11画 通用

名（～儿）"铫子 diàozi"に同じ．¶药～儿 yàodiàor（薬を煎じるやかん）/沙～儿 shādiàor（土瓶）．
☞ 铫 yáo

【铫子】diàozi 名〔把 bǎ〕薬を煎じたり，湯を沸かすためのやかん．陶器または金属製．¶一把铜 tóng～/銅のやかん一つ．同 吊子 diàozi

---

die ㄉㄧㄝ〔tiE〕

爹 diē

父部6 四 8020₇ 全10画

名 口 ❶父ちゃん．お父さん．¶～ diē！(父ちゃん！)／～妈 diēmā（両親）／～娘 diēniáng（両親）．❷老人や年長者に対する尊称．¶老～ lǎodiē（おじいさん）．

【爹爹】diēdie 方 ❶父親．❷祖父．

跌 diē

足部5 四 6518₀ 全12画 常用

动 ❶転ぶ．¶～了一跤 jiāo（すてんと転んだ）．❷（物価などが）下降する．¶～价 diējià．反 涨 zhǎng

【跌宕〔荡〕】diēdàng 形 ❶文 性格がおおらかで，ものごとにこだわらない．¶风流～/粋できっぱりしている．❷（音楽や文章の调子が）変化に富む．¶笔致～有致 yǒuzhì／筆致が変化に富み，味わいがある．表現 ふつう "跌宕"を使う．

【跌宕起伏】diē dàng qǐ fú 成 文章や音調に起伏や抑揚があり，変化に富んでいる．

【跌倒】diēdǎo つまずいて倒れる．¶走路慢一点儿，当心～/足元に気をつけて，転ばないように．

【跌跌撞撞】diēdiezhuàngzhuàng 形（～的）足元がふらついている．

【跌幅】diēfú 名《経済》（物価や生産量の）下げ幅．

【跌价】diē//jià 値下がりする．

【跌交】diē//jiāo 动 ❶つまずいて転ぶ．¶跌了一交，把腿扭伤 niǔshāng 了/転んで足をねんざした．❷過ちを犯す．挫折（ざ）する．¶你这样下去，总有一天会～的/このままだと，君はいつか失敗するよ．同 跌跤 diējiāo，跌跤子 diējiāozi

【跌跤】diē//jiāo 动 ❶つまずいて転ぶ．¶跌了一跤/つまずいて転ぶ．❷（人生に）つまずく．挫折する．失敗する．¶人都难免 nánmiǎn 会～/人は誰でも失敗するものだ．同 跌跤子 diējiāozi

【跌落】diēluò 动 ❶（物体が）落ちる．❷（価格などが）下落する．¶三天之内，股票 gǔpiào～了十个百分点/三日のうちに，株価は10％下落した．

【跌伤】diēshāng 动 転んでけがをする．¶"～了吗？" "还好，没～"/「けがは？」「いや，大丈夫」

dié

【跌势】diēshì 名《経済》価格下落の勢い.
【跌水】diēshuǐ 名 ❶ 急に落下する水流. ❷ 堰(せき).
【跌停板】diētíngbǎn 名《経済》(証券市場の)ストップ安. 反 涨 zhǎng 停板.
【跌足】diē//zú 動 じだんだを踏む.

迭 dié 辶部5 四 3530₆ 全8画 通用

❶ 副 順番に. かわるがわる. ¶更～ gēngdié(更迭する) / 为 wéi 宾主 bīnzhǔ(互いに客となり、主人となる). ❷ 副 たびたび. つづいて. ¶～次 diécì / 近年来,地下文物～有发现(近年、文化遺産がたびたび出土している). ❸ 動 及ぶ. 間に合う. ¶忙不～(ひどく急いでいる). ❹(Dié)姓.
【迭出】diéchū 動 (新作や事件などが)次々に現れる. ¶奇招～ / 奇策が続出する.
【迭次】diécì 副 何回も. ¶～会商 huìshāng / たび重なる協議を行う.
【迭起】diéqǐ 繰り返し起こる. ¶高潮～ / 何度も山を迎えた.

垤 dié 土部6 四 4111₄ 全9画 通用

名 ⊠ 小さな丘. 塚. ¶蚁～ yǐdié(アリ塚).

瓞 dié 瓜部5 四 7523₈ 全10画 通用

名 小さなウリ. ¶瓜～绵绵 miánmián(一本のつるに大きなウリや小さなウリがたくさんなっている. 子孫繁栄のたとえ).

谍(諜) dié 讠部9 四 3479₄ 全11画 次常用

素 谍报(ほう)活動をする. ¶～报 diébào / 间～ jiàn-dié(スパイ).
【谍报】diébào 名 諜報活動で得た情報.

堞 dié 土部9 四 4419₄ 全12画 通用

名 城壁の上の凹凸に起伏した壁. ¶雉～ zhìdié(城壁の上にある几几几形の壁).

耋 dié 老部6 四 4410₄ 全12画 通用

素 老年. 70歳から80歳くらい. ¶耄～ màodié 之年(高齢).

喋 dié 口部9 四 6409₄ 全12画 通用

下記熟語を参照.
☞ 喋 zhá
【喋喋】diédié 動 休みなしにしゃべる.
【喋喋不休】dié dié bù xiū 成 ぺちゃくちゃしゃべり続け. ¶他演说 yǎnshuō 起来～,但很少有实际内容 / 彼は演説をはじめると際限なくしゃべりつづけるが、実質的な内容は乏しい.
【喋血】diéxuě 動 ⊠ 血の海になる. 同 蹀 dié 血

牒 dié 片部9 四 2409₄ 全13画 通用

❶ 素 ⊠ 公文書. 証明書. ¶最后通～(最後通牒(ちょう)) / 度～ dùdié(昔、役所から僧侶に発給した証明書). ❷(Dié)姓.

叠(異 疊、疉) dié 又部11 四 7710₀ 全13画 通用

❶ 動 積み重なる. ¶重～ chóngdié(重なる) / 床架 jià 屋～ / 假山(築山をつくる) / 罗汉 diéluóhàn. ❷ 動 重複する. ¶层见～出(続々とあらわれる). ❸ 動 (衣服や紙などを)折りたたむ. ¶～被子(掛け布団をたたむ). ❹(Dié)姓.
【叠床架屋】dié chuáng jià wū 成 重複する. 由来 ベッドの上にベッドを重ね,屋根の上に屋根を重ねる、という意から.
【叠翠】diécuì 動 木々の緑が重なり合う. ¶绵延～的山峦 luán / どこまでも青々と続く山なみ.
【叠罗汉】diéluóhàn 名《スポーツ》人がピラミッド形に積み重なる演技.
【叠印】diéyìn 動 (映像を)オーバーラップさせる.
【叠韵】diéyùn 名《言語》単語を構成する複数の文字が,同じ韵母(ぼ)をもつこと. "阑干 lángān","千年 qiānnián"など. ⇨双声 shuāngshēng
【叠嶂】diézhàng 名 重なりあった山並み. ¶重峦 chóngluán～ / 幾重にも重なる山なみ.

碟 dié 石部9 四 1469₄ 全14画 次常用

名(～儿)小皿. 参考 "盘子 pánzi"よりも小さい皿をいう.
【碟片】diépiàn 名 磁気ディスク.
【碟子】diézi 名〔圙 个 ge, 只 zhī〕小皿.

蝶(異 蜨) dié 虫部9 四 5419₄ 全15画 常用

素《虫》チョウ. ¶蝴～ húdié(チョウ).
【蝶骨】diégǔ 名《生理》蝶形(ちょう)骨. 参考 頭蓋骨の中央にある,チョウの形をした骨.
【蝶形花】diéxínghuā 名《植物》ハギやエンドウなど,チョウの形に似た花.
【蝶泳】diéyǒng 名《スポーツ》❶ バタフライ. ❷ ドルフィンキック.

蹀 dié 足部9 四 6419₄ 全16画 通用

素 ⊠ 踏む. ¶～躞 diéxiè.
【蹀躞】diéxiè 動 ❶ 小またに歩く. ❷ 徘徊(はいかい)する.
【蹀血】diéxuè → 喋血 diéxuè

鲽(鰈) dié 鱼部9 四 2419₄ 全17画 通用

名《魚》カレイ.

ding ㄉㄧㄥ〔tiəŋ〕

丁 dīng 一部1 四 1020₀ 全2画 常用

❶ 素 十干の四番目. 丁(ひのと). ¶～丑 Dīngchǒu(丁丑(ひのとうし)). ❷ 素 四番目. ¶～种 zhǒng 维生素(ビタミン D). ❸ 素 成年男子. ¶壮～ zhuàngdīng(成年男子). ❹ 素 旧 人口. 家族の人数. ¶～口 dīngkǒu(人口、家族の人数). ❺ 素 特定の仕事をする人. ¶园～ yuándīng(庭師) / 庖～ páodīng(コック). ❻ 素 ⊠ ちょうど出会う. ¶～忧 dīngyōu(父母の死にあう). ❼ 名(～儿)野菜や肉などのさいの目切り. ¶肉～儿(さいの目に切った肉) / 酱爆 bào 鸡～(さいの目に切った鶏肉のみそ炒め). ❽ →丁当 dīngdāng ❾ →丁宁 dīngníng ❿(Dīng)姓.
☞ 丁 zhēng
【丁宠家庭】dīngchǒng jiātíng 名 子供をもたずに、ペットを我が子のように育てている家庭.
【丁村人】Dīngcūnrén 名《考古》旧石器時代の人類.

丁村人. 参考 山西省襄汾県丁村付近で骨が発見された.
【丁当】dīngdāng 擬 かちゃかちゃ. ちんちん. 金属や陶磁器, 玉製の器物がぶつかりあう音. ¶环佩 huánpèi〜/装身具がちゃらちゃらと鳴る. ¶铃儿〜响/鈴がりんりんと鳴る. 重 丁丁当当 同 叮当 dīngdāng, 玎玲 dīngdāng
【丁点儿】dīngdiǎnr 量 方 ごくわずかな量. ¶这一事值得大惊小怪吗？/これっぽっちの事にびくびくすることはないだろう. 表現 "点儿 diǎnr"より少なさ, 小ささを強調する.
【丁东[冬]】dīngdōng 擬 ちーん. こーん. 玉石や金属がぶつかる澄んだ音. ¶山间泉水 quánshuǐ〜/山間の泉の水が澄んだ音を立てる. 表現 ふつう"叮咚 dīngdōng"と書く.
【丁克家庭】dīngkè jiātíng 名 外 夫婦共働きで子供のいない家庭. ディンクス(DINKS)家庭.
【丁零】dīnglíng りんりん. ちりん. 鈴の音や, 金属が軽くふれあう音. ¶闹钟丁零零地响/目覚まし時計がりんりんと鳴る. 同 丁零零
【丁零当啷】dīnglingdānglāng 擬 がちゃがちゃ. ちゃりちゃり. 金属や陶磁器が, 連続してぶつかりあう音.
【叮咛】dīngníng 動 繰り返し言い聞かせる. ¶千〜万嘱咐 zhǔfù/何度も言い聞かせる. ¶〜周至 zhōuzhì/周到に言い聞かせる. 同 叮咛 dīngníng 比較"丁宁"は何度も煩(わず)をいとわず繰り返すニュアンスをもつ. "嘱咐 zhǔfù"はしつこく何度もという意味合いは薄い.
【丁是丁, 卯是卯】dīng shì dīng, mǎo shì mǎo 成 けじめが厳格であいまいなところやいい加減なところがない. 同 钉是钉, 铆是铆 dīng shì dīng, mǎo shì mǎo
【丁烷】dīngwán 名 (化学) ブタン.
【丁香】dīngxiāng 名 (植物) 〔棵 kē, 株 zhū〕 ❶ リラ. ライラック. 同 丁香花 huā, 紫 zǐ 丁香 ❷ (料理) チョウジ. クローブ. ¶〜油/クローブオイル.
【丁字尺】dīngzìchǐ 名 〔把 bǎ〕 T 定規.
【丁字街】dīngzìjiē 名 T 字路. 丁(ちょう)字路.

丁香②

仃 dīng
亻部2 全4画 四 2122₀ 通用
→伶仃 língdīng

叮 dīng
口部2 全5画 常用
❶ 索 繰り返し聞かせる. ¶〜咛 dīngníng. ❷ 動 (蚊などが)刺す. ¶被蚊子 wénzi〜了一口(蚊にちくりと刺された). ❸ 動 問い詰める. ¶〜问 dīngwèn. ❹ → 叮当 dīngdāng
【叮当】dīngdāng "丁当 dīngdāng"に同じ.
【叮咛】dīngníng 動 繰り返し言い聞かせる. ¶我把奶奶〜的话都记在了心里/私は祖母の言いつけを心にきざんだ. 同 叮嘱 dīngzhǔ, 嘱咐 zhǔfù, 丁宁 dīngníng
【叮问】dīngwèn 動 方 問い詰める. 同 追问 zhuīwèn
【叮咬】dīngyǎo 動 (蚊などが)刺す. 同 叮 dīng
【叮嘱】dīngzhǔ 動 何度も言い聞かせる. ¶爸爸总是〜我要好好学习/父はいつも私にしっかり勉強しろと言う.

玎 dīng
王部2 全6画 通用
下記熟語を参照.
【玎珰】dīngdāng 擬 ちゃりん. がちゃん. 金属や磁器がふれあう音. 同 丁当 dīngdāng
【玎玲】dīnglíng 擬 ちりん. 玉石がふれあって鳴る音. → 玎珰 dīngdāng

盯 dīng
目部2 全7画 常用
動 見つめる. 注視する. ¶大家眼睛直〜着他(皆, じっと彼を見つめている). 同 钉 dīng
【盯梢】dīng//shāo 動 尾行して監視する. ¶小心, 后面有〜/用心しろ, つけられてる. 同 钉梢 dīngshāo

町 dīng
田部2 全7画 通用
索 地名用字. ¶畹〜 Wǎndīng (雲南省にある市の名前).
☞ 町 tīng

钉(釘) dīng
钅部2 全7画 常用
❶ 名 (〜儿) 〔根 gēn, 颗 kē〕くぎ. ¶螺丝〜儿 luósīdīngr (ねじくぎ)/碰 pèng〜子(拒絶される. 壁にぶつかる). ❷ ぴったりとついて離れない. ¶〜住对方的先锋 xiānfēng (相手の前衛をガードする). ❸ 動 催促する. ❹ 動 "盯 dīng"に同じ.
☞ 钉 dìng
【钉锤】dīngchuí 名 〔把 bǎ〕 かなづち.
【钉螺】dīngluó 名 (貝) カタヤマガイ. ミヤイリガイ.
【钉帽】dīngmào 名 くぎの頭.
【钉耙】dīngpá 名 〔把 bǎ〕 鉄製の熊手. まぐわ.
【钉梢】dīng//shāo 動 尾行する. ¶特务在后面〜/スパイが尾行している. 同 盯梢 dīngshāo
【钉是钉, 铆是铆】dīng shì dīng, mǎo shì mǎo "丁是丁, 卯是卯 dīng shì dīng, mǎo shì mǎo"に同じ.
【钉鞋】dīngxié 名 〔双 shuāng〕 ❶ 布に油を塗り, 底に鋲(びょう)を打った雨靴. 同 油鞋 yóuxié ❷ スパイクシューズ.
【钉子】dīngzi 名 ❶ 〔个 ge, 颗 kē, 枚 méi〕 くぎ. ❷ 解決しにくい問題. ❸ 伏兵. ¶安插 ānchā〜/工作員を潜伏させる.
【钉子户】dīngzihù 名 (都市開発などによる)立ち退きを拒否した住民.

疔 dīng
疒部2 全7画 通用
名 (中医) はれもの. ねぶと. ¶〜毒 dīngdú (疔毒ちょうどく)/疔疮ちょうそうの重いもの)/〜疮 dīngchuāng (疔疮ちょうそう).

耵 dīng
耳部2 全8画 通用
❶ 下記熟語を参照. ❷ (Dīng)姓.
【耵聍】dīngníng 名 文 耳あか. 同 耳垢 ěrgòu, 耳屎 ěrshǐ

酊 dīng
酉部2 全9画 通用
名 (薬) "酊剂 dīngjì"(チンキ)の略.
☞ 酊 dǐng

顶(頂) dǐng
页部2 全8画 常用
❶ 名 (〜儿) てっぺん. ¶头〜 tóudǐng (頭のてっぺん)/山〜 shāndǐng (山頂)/房〜 fángdǐng (屋根). ❷ 底 dǐ ❷ 動 頭にのせる. ¶用头〜东西(頭でものを受けとめる)/〜天立地. ❸ 動 ものでささえる. ¶门杠 méngàng 把门〜上(戸をつっかい棒でささえる). ❹ 動 (頭や角で)突く. ¶〜球 dǐngqiú (ヘディングする)/公

牛～人(雄牛が角で人を突く). ❺動 押し上げる. ¶用千斤把汽车～起来(ジャッキで車を持ち上げる) / 麦芽màiyá～出土来了(麦の芽が土を押し上げて出てきた). ❻動(雨や風に)逆らう. ¶～风 dǐngfēng / ～着雨走了(雨をおして行く). ❼動たてつく. ¶～了他两句(彼に二言,三言さからってついた). ❽動代わる. ¶～名儿 dǐngmíngr / 冒名(=替え玉になる). ❾動相当する. ¶一个人～两个人工作(一人で二人分の仕事をする). ❿動担当する. ¶他一个人去不～一事(彼一人では役目を果たせない). ⓫前及…(の時間)になるまで. ¶昨天～十二点才到家(昨日は12時間になってようやく家に着いた). ⓬副最も. ¶～好 dǐnghǎo (最もよい) / ～多 dǐngduō / ～会想办法(大変なアイディアマンだ). ⓭量帽子やテントなどてっぺんが目を引くものを数えることば. ¶两～帽子(二つの帽子). ⓮(Dǐng)姓.

【顶班】❶dǐng//bān 動(～儿)他人の代わりに仕事をする. ¶顶他的班 / 彼の仕事を代わる. ❷dǐngbān 動規定時間いっぱいもまる.
【顶板】dǐngbǎn 名❶坑道の天井岩. ❷天井板.
【顶灯】dǐngdēng 名❶自動車の屋根の上につける標示灯. ❷天井による照明.
【顶点】dǐngdiǎn 名頂点.
【顶端】dǐngduān 名❶てっぺん. ¶登上了大雁塔 Dàyàntǎ的～/大雁塔(だいがんとう)のてっぺんまで登った. ❷末端.
【顶多】dǐngduō 副多くても. せいぜい. ¶走近了才看出她～有十六七岁 / 近寄ってはじめて彼女がせいぜい十六,七歳であることがわかった.
【顶风】❶dǐng//fēng 動風に向かう. ¶～冒雪 / 風雪をおかす. ¶碰上～逆水 nìshuǐ / 向かい風や逆流に遭う. ¶～船 / 向かい風に逆らって進む船. ㊁迎风 yíngfēng ❷dǐngfēng 名向かい風. ㊁顶头风 dǐngtóufēng
【顶峰】dǐngfēng 名最高峰. ¶登上了喜马拉雅山 Xǐmǎlāyǎshān的～/ヒマラヤの頂上に到達した. ¶科学的～/科学の最高峰. ㊁高峰 gāofēng
【顶缸】dǐng//gāng 動他人の代わりに責任を負う.
【顶骨】dǐnggǔ 名〈生理〉頭頂骨.
【顶刮刮[呱呱]】dǐngguāguā 形(～的)とてもよい. ¶论他的人品,～的,没话可说 / 彼の人柄は抜群で,文句のつけようがない.
【顶级】dǐngjí 形最高級の. 最高レベルの. ¶国际～水平 / 国際最高水準. ¶～域名 / トップレベルドメイン.
【顶尖】dǐngjiān (～儿)❶名(尖ったものの)てっぺん. 頂. ❷名(綿花などの)茎の先端. ❸形最高レベルの. ¶～人物 / 第一人者. ナンバーワン.
【顶角】dǐngjiǎo 名〈数学〉(三角形の)頂角.
【顶礼膜拜】dǐng lǐ mó bài 成地にひれ伏す. 極端にあがめ奉る. ¶你为什么对他如此～呢? / 君はなぜそんなに彼を信奉するんだ? 由来もとは,仏教における最敬礼のこと.
【顶梁柱】dǐngliángzhù 名大黒柱. ¶你是公司的～/君は会社の大黒柱だ. 表現比喩として使うことが多い.
【顶楼】dǐnglóu 名建物の最上階.
【顶门儿】dǐngménr 名前頭部.
【顶名儿】dǐng//míngr 名をかたる. ¶顶人家的名儿 / 人の名をかたる.
【顶牛儿】dǐng//niúr ❶互いに譲らず張り合う. ¶嘴～,互不相让 / 言い争って互いに譲らない. ❷カード遊びの一種. 数字がつながるようにカードを並べていく. ㊁接龙 jiēlóng
【顶盘】dǐngpán 動(～儿)倒産した工場や商店を買い取って経営を引き継ぐ.
【顶棚】dǐngpéng 名天井. ㊁天棚 tiānpéng
【顶事】dǐng//shì 動(～儿)能力があって役に立つ. ¶他去的话可能不～/彼が行っても役に立つまい.
【顶数】dǐng//shù 動❶(～儿)穴埋めする. ❷効き目があり,役に立つ. ¶对不起,这么难的事情,我不能～/すみません,そんな難しい事,私では役に立ちません. 用法❷は多く否定形で用いる.
【顶替】dǐngtì 動肩替わりする. 身代わりになる. ¶你能～老张去出一次差 chāi 吗? / 君,張さんの代わりに出張に行けませんか.
【顶天立地】dǐng tiān lì dì 成気宇壮大で勇壮だ. ¶～的男子汉 / 気概のある立派な男. 由来「天を支えて立つ」という意から.
【顶头】dǐngtóu 名❶正面. ¶～风 / 向かい風. ❷頭の上.
【顶头上司】dǐngtóu shàngsi 名直属の上司. 直属の上級機構.
【顶箱】dǐngxiāng 名たんすなどの上に置く小さな戸棚.
【顶用】dǐng//yòng 動使いものになる. ¶这本辞典～不～? / この辞書は役に立ちますか.
【顶针】dǐng//zhēn 名❶〈文学〉修辞法の一種で,前の結びの語または句を用いて,次の語または句の初めとする. ㊁顶真 dǐngzhēn ❷dǐngzhen (～儿)[⓿ ge] 指ぬき.
【顶真】dǐngzhēn ❶形方まじめだ. ¶他做事交关～/彼は仕事ぶりがいたってまじめだ. ❷名"顶针 dǐngzhēn"①に同じ.
【顶珠】dǐngzhū 名(～儿)清代の官吏の帽子の頂につけた丸い飾り. ㊁顶子参考材質や色によって等級をあらわした.
【顶住】dǐngzhù 動(逆風や不利な状況に)抵抗する. ¶～逆流 nìliú / 流れに逆らう.
【顶撞】dǐngzhuàng 動たてつく. ¶你为什么要～你父亲呢? / 君はどうして父親に口答えするのか.
【顶子】dǐngzi 名❶(塔や亭,駕籠などの)てっぺんの飾り. ❷清朝の役人が帽子の上につけた珠飾り. ㊁顶珠 dǐngzhū ❸屋根. ㊁房顶 fángdǐng
【顶嘴】dǐng//zuǐ 動口答えする. ¶再～,就揍 zòu 你 / それ以上口答えすると,なぐるぞ.

酊 dǐng
酉部2 四1162₀
全9画 通用
→酩酊 mǐngdǐng
☞ 酊酊

鼎 dǐng
鼎部0 四2222₇
全12画 次常用

❶名鼎(かなえ). 脚が三本ある古代の金属器. ❷形大きい. ¶～力 dǐnglì / ～～大名. ❸名方なべ. ❹名文まさに…だ. ¶～盛 dǐngshèng. ❺(Dǐng)姓.

筆順 目 昇 鼎' 鼎 鼎

【鼎鼎】dǐngdǐng 形盛大だ.
【鼎鼎大名】dǐng dǐng dà míng 成名声が高い. ¶～的养猪大户 / その名を知られた養豚業者.
【鼎沸】dǐngfèi 形文(なべの中で湯が煮えたぎるように)騒がしく混乱している. ¶商店街人声～,热闹非凡 fēifán / 商店街は人の声があふれ,ひどくにぎやかだ.

【鼎革】dǐnggé 动〈文〉改める.革新する. 表现 多く王朝の交替や重大な改革をいう.
【鼎力】dǐnglì 副〈敬〉大きな力で. ¶这成功全蒙您的~相助/この成功はすべてあなたの大きなお力添えのおかげです. 同 大力 dàlì 相手の助力に感謝するときの敬語.
【鼎立】dǐnglì 动〈文〉(鼎の三本の足のように)三つの勢力が並び立つ.鼎立(ていりつ)する. ¶魏 Wèi,蜀 Shǔ,吴 Wú 三国成~之势/魏・蜀・呉の三国は鼎立の局面となった.
【鼎盛】dǐngshèng 形 真っ盛りだ. ¶唐代 Tángdài 是中国封建社会的~时期/唐代は中国封建社会の全盛期だ.
【鼎新】dǐngxīn 动〈文〉更新する.革新する.
【鼎峙】dǐngzhì 动〈文〉三つの勢力が拮抗(きっこう)して対立する.
【鼎足】dǐngzú 名 三つの勢力が並立している情勢. ¶势 shì 成~/三者並立状態となる.
【鼎足之势】dǐng zú zhī shì 成 三者鼎立(ていりつ)の情勢.

订(訂) dìng 讠部2 四 3172₀ 全4画 常用

❶素〈文章などを〉改正する.修正する. ¶考~ kǎodìng(考訂する)/校~ jiàodìng(書物の本文を正して)/编辑 biānjí 帮作者一正初稿(編集者が作者に代わって初稿を訂正する). ❷动 契約を結ぶ.取り決める. ¶~约 dìngyuē / ~婚 dìnghūn. ❸动 予約する.注文する. ¶~杂志(雑誌を予約購読する)/~单 dìngdān. ❹动 装丁する.とじる. ¶装~ zhuāngdìng(装丁する).

【订单】dìngdān 名〔量 张 zhāng〕注文書. 同 定单 dìngdān
【订费】dìngfèi 名 予約金.
【订购】dìnggòu 动 注文する.予約購入する. ¶~机票/航空券を予約する. 同 定购 dìnggòu
【订户】dìnghù 名 定期購読者.定期注文者. 同 定户 dìnghù
【订婚】dìng//hūn 动 婚約する. 同 定婚 dìnghūn
【订货】dìng//huò 动 商品を注文する. ¶~合同 hétong / 発注契約. 同 定货 dìnghuò ❷ dìnghuò 注文品. 同 定货 dìnghuò
【订货会】dìnghuòhuì 名 販促・受注会議.
【订交】dìngjiāo 动 ❶ 交わりを結ぶ. ❷ 国交を結ぶ.
【订金】dìngjīn 名 手付金. 比较 "定金"は契約の保証金のことで,法的効力をもつが,"订金"はもたない.
【订立】dìnglì 动 (条約や契約などを)取り決める. ¶~条约/条約を結ぶ.
【订书机】dìngshūjī 名 ステープラー.ホッチキス.
【订约】dìngyuē 动 ❶ 約束をする. ❷ 条約や契約を結ぶ. ¶~国/締結国. 同 定约 dìngyuē
【订阅】dìngyuè 动 定期購読する. ¶~户/定期購読者. ¶~报刊 bàokān /新聞・雑誌を定期購読する. 同 定阅 dìngyuè
【订正】dìngzhèng 动 文章の中の誤りをなおす. ¶做错的作业全部要~/宿題の間違いにすべて手を入れなければならない. 同 修订 xiūdìng

钉(釘) dìng 钅部2 四 8172₀ 全7画 常用

动 ❶ くさびやくぎなどを打ち込む. ¶拿个钉子 dīngzi~(くぎで打ちつける)/墙上~着木橛 mùjué(塀に木のくさびが打ち込まれている). ❷ 縫いつける. ¶~扣子 kòuzi (ボタンをつける).

☞ 钉 dīng

定 dìng 宀部5 四 3080₁ 全8画 常用

❶素 定まった.決定した. ¶~律 dìnglǜ / ~量 dìngliàng / ~期 dìngqī / 拿~主意(考えを決める). ❷副 必ず. ¶~能成功(必ず成功する). ❸动 確定する. ¶~案 dìng'àn / ~胜负 shèngfù(勝敗を決める)/ 否~ fǒudìng(否定する)/决~ juédìng(決定する)/~章程 zhāngchéng(規程を定める). ❹动 局面や形勢,感情などが落ち着く. ¶大局 dàjú 已~(大勢はすでに決した)/心神不~(気持ちが落ち着かない). ❺动 予約する.注文する. ¶~报 dìngbào(新聞を予約する)/ ~单 dìngdān / ~做 dìngzuò. 同 订 dìng ❻ (Dìng)姓.

【定案】dìng/àn 动 (案件や計画について)最後の決定をする. ¶拍板 pāibǎn~/最終的な決定をくだす. ❷ dìng'àn 名 (案件の)最終決定.
【定编】dìngbiān 动 (機構や人員を)確定して編成する.
【定场白】dìngchǎngbái 名《芸能》劇で,役者が初めて登場したときにする,自己紹介のせりふ. 同 开场白 kāichǎngbái
【定场诗】dìngchǎngshī 名《芸能》❶ 伝統劇で,登場人物が初めて出てきたときに唱える詩.ふつう場面や設定を説明する内容で,七言四句. ❷(評書や鼓書などの)演芸で,長編の曲目の前に唱える詩.
【定单】dìngdān 名〔量 份 fèn,张 zhāng〕注文書. 同 订单 dìngdān
【定当】dìngdàng 副 きっと.必ずや. 同 一定
【定当】dìngdàng 形〈方〉整っている.適切だ. 同 妥当 tuǒdang
【定点】dìngdiǎn ❶动 ある地点を選定または指定する. ¶~跳伞 tiàosǎn /決められた地点に落下傘降下する. ❷形 (特定の分野で)指定した. ¶~厂/指定工場. ❸形 決まった時刻の. ¶~航船 hángchuán / 定期船.
【定都】dìng//dū 动
【定夺】dìngduó 动 可否を決定する. ¶这件事一定请你主任~/この件はぜひ主任であるあなたに決裁していただきたい.
【定额】dìng'é ❶动 ノルマを決める. ❷名 決められた数量.ノルマ. ¶生产~/生産ノルマ.
【定岗】dìng//gǎng 动 仕事の持ち場を定める.ポストを決める.
【定稿】dìnggǎo ❶动 定稿にする. ¶这篇文章修改了七次才~/この文章は7回なおしてようやく決定稿になった. ❷名〔量 篇 piān〕最終稿.
【定格】❶ dìng//gé (映画などで)ストップモーションになる. ❷ dìng//gé 格式を決める.フォームを決める. ❸ dìnggé 名 決まった格式.一定のフォーム.
【定更】dìnggēng 动〈旧〉太鼓をたたいて"初更"(初更.夜8-10時ごろ)の始まりを知らせる.
【定购】dìnggòu 动 発注する. ¶~单 / 発注伝票. ¶所需物品已经全部~了 / 必要な物品はすでに全部発注した. 同 订购 dìnggòu
【定冠词】dìngguàncí 名《言語》定冠詞.
【定规】dìngguī ❶名 決まり. ¶年底总结工作,已成~ / 年末には総括するのが,恒例となっている. ❷动 決める. ¶事情就这样~了吧 / この件はこれで決定としよう. ❸副〈方〉きっと.必ず. ¶让他去,他~不去 / 行かせようとすると,彼は決まっていやがる.

【定户】dìnghù 名 定期購読者. 定期注文者. 表現 ふつう"订户"と書く.
【定滑轮】dìnghuálún 名《機械》定滑車.
【定婚】dìng//hūn 動 婚約する. 同 订婚 dìnghūn
【定货】❶ dìng//huò 動 品物を注文する. 同 订货 dìnghuò ❷ dìnghuò 名 注文品. 同 订货 dìnghuò
【定级】dìng//jí 動 等級を定める. ランクを決める.
【定计】dìngjì 動 策をたてる. 手はずを整える.
【定价】❶ dìng//jià 動 値段を定める. ¶合理〜/適切な値段をつける. ❷ dìngjià 名 定価. ¶〜便宜/定価が安い.
【定见】dìngjiàn 名 決まった見解. 定見. ¶推翻 tuīfān 了原有的〜/既存の定説をくつがえした.
【定金】dìngjīn 名 手付金. ⇨订金 dìngjīn
【定睛】dìngjīng 動 目をこらす. ¶〜细看/目をこらしてじっと見つめる. 用法 連用修飾語として用いることが多い.
【定居】dìngjū 動 定住する. ¶回乡〜/帰郷して腰を落ちつかせる.
【定居点】dìngjūdiǎn 名〈牧畜民や漁民の〉定住地.
【定局】dìngjú ❶ 動 最後の決定をする. ¶何时出发,还没〜/いつ出発するかは,まだ決まっていない. ❷ 名 定まって揺るぎない情勢や局面. ¶已成〜/すでに動かぬものとなった.
【定礼】dìnglǐ 名 結納. 同 彩 cǎi 礼
【定理】dìnglǐ〔量 条 tiáo〕定理. ¶几何 jǐhé〜/幾何の定理.
【定例】dìnglì 名 定例.
【定量】dìngliàng ❶ 動《化学》成分を測定する. 定量する. ❷ 動 数量を決める. ¶〜供应 gōngyìng/量を決めて供給する. ❸ 名 決められた数量. ¶超出〜/定量を超える.
【定量分析】dìngliàng fēnxī 名《化学》定量分析.
【定律】dìnglǜ 名〈科学上の〉法則. ¶万有引力〜/万有引力の法則.
【定论】dìnglùn 名 定説. ¶已有〜/すでに定説がある.
【定名】dìng//míng 動 名称をつける. 命名する. 用法 人名には用いない.
【定盘星】dìngpánxīng 名 ❶ 竿ばかりのゼロの目盛り. ❷ 一定の主張や基準. 定見.
【定评】dìngpíng 名 定評. ¶早有〜/つとに定評がある.
【定期】dìngqī ❶ 動 期日を決める. ¶〜召开大会/期日を決めて,大会を召集する. ❷ 形 定期の. ¶〜刊物 kānwù/定期刊行物. ¶〜存款 cúnkuǎn/定期預金.
【定钱】dìngqián[-qian] 名 手付金.
【定亲】dìng//qīn 動 縁談を決める. 用法 親が決めた縁談をいうことが多い.
【定情】dìngqíng 動 旧〈品物を取り交わし〉男女が夫婦の契りを結ぶ. 結婚する.
【定然】dìngrán 副 きっと. 必ず. 同 必 bì 然,一定
【定神】dìng//shén 動 ❶ 神経を集中する. ¶一看原来是小李/注意してよく見ると李君だった. ❷ 気持ちを落ち着ける. ¶让我定一定神/気持ちを落ち着かせてくれ. 用法 ①は,連用修飾語として用いることが多い.
【定时】dìngshí ❶ 副 定刻に. ¶〜吃药/決められた時間に薬を飲む. ❷ 名 定刻.
【定时蝶】dìngshíqì 名 セルフタイマー.
【定时炸弹】dìngshí zhàdàn 名 時限爆弾.
【定式】dìngshì 名 ❶ 昔からの方式やモデル. ¶打破〜/古いモデルを打破する. ❷ 囲碁の定石 (ぼうせき).
【定势】dìngshì 動 動かしがたい形勢.
【定说】dìngshuō 名 定説. ¶把从前的〜给推翻 fān 了/以前の定説をつくがえした.
【定位】dìngwèi ❶ 動 位置を測る. ¶〜器/ポジショナー. ❷ 名 確定した位置. ❸ 動 位置づける.
【定息】dìngxī 名 固定利息. 参考 1956年,公私共営によって経営に参加できなくなった資本家に,国家が出資金額に対して支払った,年5パーセントの利息のこと.
【定弦】dìng//xián 動 ❶ (〜儿) 調弦する. ❷ 方 考えを決める. ¶我还没〜呢/まだ考えが決まってないんだ.
【定向】dìngxiàng 動 一定の方向を指す. ¶〜爆破 bàopò/定方向爆破. ¶〜天线/指向性アンテナ.
【定向能武器】dìngxiàngnéng wǔqì 名《軍事》指向性エネルギー兵器. ビーム兵器.
【定向培养】dìngxiàng péiyǎng 句 方向を定めて人材を養成する.
【定销】dìngxiāo 動 定量販売をする.
【定心丸】dìngxīnwán 名 (〜儿) ❶〔量 颗 kē〕鎮静剤. ❷ 人を安心させることばや行為.
【定形】dìngxíng 名 ❶《化学》セッティング. 凝固. ❷《紡織》〈繊維の〉型入れ. セッティング.
【定型】dìng//xíng 動 形が定まる. ¶一切还没有〜/まだ何も形が見えない.
【定性】❶ dìng//xìng 動〈過失や犯罪の〉性質を特定する. ❷ dìngxìng 動 性質や成分を測定する.
【定性分析】dìngxìng fēnxī 名《化学》定性分析.
【定义】dìngyì 名 定義. ¶下〜/定義する.
【定音鼓】dìngyīngǔ 名《音楽》ティンパニー.
【定影】dìngyǐng 動 写真を定着させる.
【定于】dìngyú 動 …する予定だ. ¶会议〜明天下午召开/会議は明日の午後の開催となった.
【定语】dìngyǔ 名《言語》連体修飾語. ¶〜修饰 xiūshì 主语或宾语 bīnyǔ/連体修飾語は主語や目的語を修飾する. 参考 たとえば,"绿的树叶"の"绿","三辆汽车"の"三辆"など.
【定员】dìngyuán 名 定員. ¶减少〜/定員を減らす.
【定阅】dìngyuè 動 新聞や雑誌を定期購読する. 同 订阅 dìngyuè
【定植】dìngzhí 動《農業・林業》(苗を)定植する.
【定制】dìngzhì ❶ 動 注文して作る. ❷ 名 定着した制度.
【定准】dìngzhǔn ❶ 名 (〜儿) 決まった基準. ¶她说话没有〜/彼女の話には脈絡がない. ❷ 副 必ず. きっと. ¶你这样做,她〜高兴/君がそうしてやれば彼女はきっと喜ぶ.
【定子】dìngzǐ 名《電気》固定子 (こていし). 電動機や発電機の,固定されて動かない部分. ¶〜绕组 ràozǔ/固定子巻線.
【定罪】dìng//zuì 動 罪を決定する.
【定做】dìngzuò 動 注文してつくる. ¶〜的衣服/あつらえの服.

啶 dìng 口部 8 四 6308₁ 全11画 通用
→嘧啶 mìdìng,吡啶 bǐdìng

腚 dìng 月部 8 四 7328₁ 全12画 通用
名 方 しり. けつ. ¶光〜 guāngdìng (しりをまる出しにする).

碇锭丢铥东 dìng–dōng

碇(異椗、矴) dìng
石部8 全13画 四1368₁ 通用
名 (石製の)いかり. ¶下～ xiàdìng (いかりを下ろす. 停船する) / 起～ qǐdìng (いかりを上げる. 出帆する).

锭(錠) dìng 钅部8 全13画 四8378₁ 次常用
❶ 量 个 ge,支 zhī. 名 ❶ 纱～ shādìng (紡錘). 同 锭子 dìngzi 同 (~儿) 金属や薬のかたまり. ¶金～儿 jīndìngr (金塊). ❸ 量 かたまりになったものを数えることば.
【锭子】 dìngzi 《紡織》 量 只 zhī. 紡錘 (ぼうすい). スピンドル. 同 纱锭 shādìng

diu ㄉㄧㄡ [tiou]

丢 diū ノ部5 全6画 四2073₂ 常用
動 ❶ 失う. なくす. ¶～了一支钢笔(万年筆を一本なくした) / ～脸 diūliǎn / ～面子 diū miànzi / ～三落七落 sān là qī. ❷ 放り出す. 投げ捨てる. ¶这件事可以～开不管 (この件は放っておいてかまわない).
【丢丑】 diū//chǒu 動 人前で恥をさらす. ¶在众人 zhòngrén 面前～ / 大勢の前で恥をさらす.
【丢掉】 diūdiào 動 ❶ 物を紛失する. ¶我不小心把戒指 jièzhi ～了 / うっかり指輪をなくした. ¶～饭碗 fànwǎn / 飯碗をなくす(職を失う). ❷ 投げ捨てる. ¶～幻想 huànxiǎng / 幻想を捨てる.
【丢饭碗】 diū fànwǎn 慣 生活のすべを失う. 職を失う.
【丢盔卸甲】 diū kuī xiè jiǎ 成 甲冑(かっちゅう)を投げ捨てる. 戦に敗れ,あわてふためくようす. 同 丢盔弃 qì 甲
【丢脸】 diū//liǎn 動 面目を失う. ¶这种～的事你怎么干得出来呢? / そんな恥知らずなことをどうしてしたんだ. 同 丢面子 diū miànzi
【丢面子】 diū miànzi 句 面目を失う. 恥をかく. ¶学外语不能怕～ / 外国語を学ぶには,恥をかくことを恐れるな. 同 丢脸 diūliǎn
【丢弃】 diūqì 動 投げ捨てる. 同 抛弃 pāoqì
【丢人】 diū//rén 動 面目を失う. ¶别再干～的事了 / もうみっともないことはやめろ. 同 丢脸 diūliǎn
【丢人现眼】 diū rén xiàn yǎn 成 恥をかく. 面目をつぶす.
【丢三落四】 diū sān là sì 成 忘れっぽい.
【丢失】 diūshī 動 紛失する. ¶～文件 / 書類を紛失する. ¶～良心 liángxīn / 良心をなくす. 同 遗失 yíshī, 失落 shīluò, 丧失 sàngshī
【丢手】 diū//shǒu 動 手を引く. 見限る. ¶事情干了一半,怎么能～不管呢? / 半分までやって,手を引くわけにはいかない.
【丢眼色】 diū yǎnsè 句 目くばせする.
【丢卒保车】 diū zú bǎo jū 成 主要なものを守るために,副次的なものを犠牲にするたとえ. 由来 中国将棋で,「卒」の駒を捨てて「車」を守るという意から. 注意 ここでは,"车"は"chē"ではなく,文語音の"jū"と発音する.

铥(銩) diū 钅部6 全11画 四8273₂ 通用
名 《化学》ツリウム. Tm.

dong ㄉㄨㄥ [tuŋ]

东(東) dōng 一部4 全5画 四4090₄ 常用
❶ 方 東. ¶～方 dōngfāng / ～边 dōngbian / ～面 dōngmiàn / ～风 dōngfēng / ～城 chéngdōng (街の東側) / 往～走(東に向かって行く) / 向～流(東に向かって流れる). 反 西 xī ❷ 名 あるじ. 持ち主. ¶房～ fángdōng (家主. 大家). ❸ 名 主催者. 主人役. ¶做～ / 坐东 zuòdōng (もてなす. おごる). ❹ (Dōng)姓.

筆順 一 ㄠ 东 东 东

【东半球】 dōngbànqiú 名 東半球.
*【东北】 dōngběi ❶ 方 東北. 北東. ¶风向～ / 風が北東の方向に吹く. ¶～风 / 北東風. 反 西南 xīnán ❷ (Dōngběi) 名 中国の東北地区. 遼寧(りょうねい)省・吉林(きつりん)省・黒竜江(こくりゅうこう)省および内モンゴル自治区の東部を指す. ¶～人 / 東北地区(出身)の人.
【东奔西走[跑]】 dōng bēn xī zǒu [pǎo] 成 あちこち忙しく駆け回る. ¶他整天～, 忙个不停 / 彼は一日中走り回り,じっとしている間がない.
【东边】 dōngbian 方 (~儿)東.
【东布[不]拉】 dōngbùlā 名 《民族・音楽》トンブーラ. カザフ族の弦楽器. 半球型の胴に長い柄がついていて,ふつう2弦か4弦. 同 冬不拉 dōngbùlā

东布拉

【东窗事发】 dōng chuāng shì fā 成 陰謀や犯罪が発覚する. 由来 东窗事犯 fàn 由来 宋の秦檜が東の窓の下で岳飛の殺害計画を立てたという逸話から.
【东倒西歪】 dōng dǎo xī wāi 成 ❶ 人のからだが傾いたり,ふらつくようす. ❷ 物体がいろいろな方向に傾いたり,倒れているようす.
【东道】 dōngdào 名 ❶ 主人役. ホスト. ¶做～ / ホストをつとめる. ❷ 招待. ごちそう. ¶做～ / 客をもてなす. おごる.
【东道国】 dōngdàoguó 名 (国際会議などの)主催国. ホスト国.
【东道主】 dōngdàozhǔ 名 主催者. 招待主.
【东帝汶】 Dōngdìwèn 《国名》東ティモール.
【东方】 Dōngfāng ❶ 名 東洋. アジア. 反 西方 Xīfāng ❷ (複姓)東方(とうほう).
*【东方】 dōngfāng 方 東. ¶～发白 / 東の空が白む. ¶～红,太阳升 shēng / 東の空が明るみ,太陽が昇る.
【东方不亮西方亮】 dōngfāng bù liàng xīfāng liàng 句 ここがだめなら,別の場所で何とかすればよい. 東がだめなら西がある.
【东方红】 Dōngfānghóng 名 「東方紅(とうほうこう)」. 毛沢東をたたえる歌曲. 参考 列車や船舶の名称にも,この名を冠したものも多い.
【东方明珠塔】 Dōngfāng míngzhūtǎ 名 東方明珠塔. 上海市浦東新区に建てられたテレビ塔の名. 参考 高

【东非】Dōng Fēi《地名》東アフリカ.

【东风】dōngfēng 《名》❶ 春風. ❷ 革命の推進力. ¶～压倒 yādǎo 西风《成》東風が西風を圧倒する. 一方が他方を圧倒するたとえ. また, 革命勢力が勢い盛んな比喩. 由来①は, 五行思想で, 春が東の位置に当たるため.

【东风吹马耳】dōng fēng chuī mǎ ěr 馬耳東風. 馬の耳に念仏.

【东宫】dōnggōng《名》❶ 皇太子の住居. 東宮(とうぐう). ❷ 皇太子. ❸(Dōnggōng)《複姓》東宮.

【东莞】Dōngguǎn《地名》東莞(とうかん). 広東省珠江デルタ東部の新興工業都市.

【东郭】Dōngguō《複姓》東郭(とうかく).

【东郭先生】Dōngguō xiānsheng《名》東郭先生. 悪者に対して情けをかけて自分が危険にさらされる間抜けな人物. 由来明代の馬中錫「中山狼伝」の故事から.

【东海】Dōnghǎi《地名》東海. 東シナ海.

【东汉】Dōng Hàn《歴史》後漢(ごかん:25-220). 同后汉 Hòu Hàn 由来都を洛陽(らくよう)に置いた. 都を前漢の長安から東の洛陽へうつしたため, こう呼ぶ.

【东胡】Dōng Hú《歴史》中国古代の民族名. 今の内蒙古東南部に居住した.

【东家】dōngjia 御主人さま. 地主さま. 用法 雇い主や地主に対する呼称.

【东晋】Dōng Jìn《歴史》東晋(とうしん:317-419). 三国の魏の臣・司馬炎が建てた西晋と, 一族の司馬睿(しばえい)が再興した王朝. 都は建康(現在の南京市).

【东京】Dōngjīng《地名》東京.

【东经】dōngjīng《名》東経.

【东拉西扯】dōng lā xī chě《成》(話や文章に)筋道が通らない. ¶～的文章／筋道の通らない文章.

【东鳞西爪】dōng lín xī zhǎo《成》断片的でまとまりがない. 同一 yī 鳞半 bàn 爪.

【东盟】Dōngméng《名》ASEAN. "东南亚国家联盟"の略称.

*【东面】dōngmiàn《方》東側.

*【东南】dōngnán ❶《名》東南. 南東. 反 西北 xīběi. ❷(Dōngnán)《名》中国東南の沿海地区. 上海市, 江蘇(こうそ)省, 浙江(せっこう)省, 福建省, 台湾など.

【东南亚】Dōngnán Yà《地名》東南アジア.

【东欧】Dōng Ōu《名》東欧. 東ヨーロッパ.

【东跑西颠】dōng pǎo xī diān《成》あちこち走りまわる. 同东奔 bēn 西走 zǒu

【东拼西凑】dōng pīn xī còu《成》あちこちからかき集める.

【东坡肉】dōngpōròu《名》《料理》トンポーロウ. 豚肉の角煮. 由来宋代の文人蘇東坡が黄州に左遷された時に作った「猪肉頌」の詩にちなんで命名されたとされる.

【东三省】Dōngsānshěng《名》遼寧(りょうねい)省・吉林(きつりん)省・黒竜江(こくりゅうこう)省の総称.

【东山再起】Dōng shān zài qǐ《成》勢力を失ったものが, 再び盛り返す. ¶他一直在等待着～的机会／彼はずっと再起の機会をうかがっている. 由来『晋書』謝安伝に見えることば. 東山に隠居した東晋の謝安が, 再び召されて要職についたことから.

【东施效颦】Dōng shī xiào pín《成》身のほどを知らずに, やたらに人をまねて, 嘲笑されること. ¶～, 見山不見水山／真似とは醜いものだ. 絶世の美女の西施(せいし)が, 痛む胸を押さえなかったことから.

【东魏】Dōng Wèi《歴史》東魏(とうぎ:534-550). 元善見が建てた北朝の国名.

【东西】dōngxī《方》❶ 東と西. ¶～不分／方向が分からない. ❷ 東から西まで. ¶～三里, 南北五里／東西に3里, 南北に5里. ☞ 东西 dōngxi

【东…西…】dōng…xī… あちこちで…する. ¶东奔 bēn 西跑／あちこち駆けめぐる. ¶东拼西凑 còu／かき集める. ¶东倒 dǎo 西歪 wāi／傾いて倒れそうだ. ふらふらで倒れそうだ. ¶东涂西抹 mǒ／書き散らす. ¶东一句, 西一句／とりとめなくあれこれ話す.

**【东西】dōngxi《名》❶〔量 件 jiàn, 样 yàng〕物. 品物. ¶有什么～可吃吗？／何か食べるものある？❷(好き嫌いの感情をこめて)人や動物を指す. やつ. ¶他真不是～／あいつはろくなやつじゃない. ¶这小～真可爱／こいつはとってもかわいい. ☞ 东西 dōngxī

【东乡族】Dōngxiāngzú《民族》トンシャン族. 甘粛(かんしゅく)省の少数民族.

【东亚】Dōng Yà《地名》東アジア.

【东洋】Dōngyáng《名》《旧》日本. 清末民国時代の呼称. ¶～人／日本人. ¶～货／日本製品.

【东洋车】dōngyángchē《名》《旧》〔量 辆 liàng〕人力車. 同人力车 rénlìchē

【东野】Dōngyě《複姓》東野(とうや).

【东瀛】Dōngyíng《名》《文》❶ 東海. ❷ 日本のこと. ¶《～诗选》／『東瀛詩選』(日本漢詩集の名).

【东张西望】dōng zhāng xī wàng きょろきょろと見回す. ¶上课时别～／授業中はきょろきょろしてはいけません.

【东正教】Dōngzhèngjiào《名》《宗教》ギリシャ正教. 同正教

【东周】Dōng Zhōu《名》《歴史》東周(とうしゅう:前770-前256). ¶～列国 lièguó／東周の列国. 参考周の平王が洛邑(らくゆう:現在の洛陽市の西)に遷都してから, 秦に滅ぼされるまで.

冬(鼕❷) dōng

夂部2 四 2730₃
全5画 常用

❶《名》冬. ¶过～ guòdōng（冬を越す）／隆～ lóngdōng（厳冬）. 反夏 xià ❷《擬》どんどん. とんとん. 太鼓を打つ音. 畳冬冬 ❸ (Dōng) 姓.

【冬布拉】dōngbùlā "东布拉 dōngbùlā"に同じ.

【冬菜】dōngcài《名》❶《料理》ハクサイやカラシナの葉を塩漬けして乾燥させたもの. ❷(ハクサイ, ニンジンなど)冬野菜.

【冬虫夏草】dōngchóngxiàcǎo《名》《薬》冬虫夏草(とうちゅうかそう). 同虫草 chóngcǎo 参考菌類の一種. 昆虫の幼虫に寄生する. 夏になると土中から地上に繁殖器を伸ばして, それが草のように見えることからこう呼ばれる.

冬虫夏草

【冬菇】dōnggū《植物》ドンコ. 冬にとれる肉厚のシイタケ.

【冬瓜】dōngguā《名》《植物》〔量 个 ge〕トウガン. 煮物やスープにする.

【冬烘】dōnghōng《形》考え方が古く, 知識も浅い. ¶～先生／考え方が古く, 知識も浅い人.

【冬候鸟】dōnghòuniǎo《名》冬に飛来し, 春に寒冷地へ飛び去る渡り鳥.

【冬季】dōngjì《名》冬. 冬季. ¶～体育活动／ウインタ

【冬节】dōngjié 冬至. ⇨冬至 zhì
【冬令】dōnglìng 名 ❶ 冬季. ❷ 冬の気候.
【冬眠】dōngmián 動 冬眠する.
【冬青】dōngqīng 名〔植物・薬〕〔量 棵 kē〕ナナミノキ. モチノキ.
【冬笋】dōngsǔn 名《植物》冬のタケノコ. ¶～肉片 / 冬タケノコと薄切り肉いため. 参考 春のタケノコよりも軟らかく,高級とされる.
**【冬天】dōngtiān 名 冬.
【冬闲】dōngxián 名 冬の農閑期.
【冬小麦】dōngxiǎomài 名《農業》冬小麦. 同 冬麦 dōngmài
【冬训】dōngxùn 名 冬季訓練.
【冬衣】dōngyī 名 冬の服. 綿入れ.
【冬泳】dōngyǒng 動 寒中水泳をする.
【冬月】dōngyuè 名 旧暦11月.
【冬运】dōngyùn 名 冬季輸送業務.
【冬运会】dōngyùnhuì 名"冬季运动会"(冬季スポーツ大会)の略称.
【冬至】dōngzhì 名 冬至. 参考 二十四節気の一つで, 12月22,23日ごろ.
【冬装】dōngzhuāng 名〔量 套 tào〕冬の防寒着.

咚 dōng
口部5 四 6703₃
全8画 通用
擬 どんどん. 太鼓やドアをたたく音. 同 冬 dōng

氡 dōng
气部5 四 8031₇
全9画 通用
名《化学》ラドン. Rn.

鸫(鶇) dōng
鸟部5 四 4792₇
全10画 通用
素《鳥》ツグミ.

董 dǒng
艹部9 四 4410₅
全12画 常用
❶ 素 文 (組織を)管理する. 監督する. ¶～事 dǒngshì. ❷ (Dǒng)姓.
【董必武】Dǒng Bìwǔ《人名》董必武(ᵈᵒ̌ⁿᵍᵇᶦ̀ʷǔ:1885-1975). 中国共産党創設者の一人. 革命家.
【董存瑞】Dǒng Cúnruì《人名》董存瑞(ᵈᵒ̌ⁿᵍᶜᵘ́ⁿʳᵘ̀ⁱ:1929-1948). 兵士の一人. 戦闘中に自ら犠牲となり,「戦闘英雄」「模範共産党員」の称号を受ける.
【董事】dǒngshì 名〔量 个 ge,名 míng,位 wèi〕理事. 取締役.
【董事会】dǒngshìhuì 名 理事会. 取締役会.
【董事长】dǒngshìzhǎng 名 理事長. 代表取締役.
【董仲舒】Dǒng Zhòngshū《人名》董仲舒(ᵈᵒ̌ⁿᵍᶻʰᵒ̀ⁿᵍˢʰᵘ:前176頃-前104頃). 前漢の儒学者.

懂 dǒng
忄部12 四 9401₅
全15画 常用
❶ 動 わかる. 理解する. 一看就～(一見すればすぐわかる) / 一得一点医学(医学にいささかの心得がある). ❷ (Dǒng)姓.
*【懂得】dǒngde 理解している. ¶～意思 / 意味を理解している. ¶～道理 / 道理をわきまえている.
【懂行】dǒngháng 動 仕事に精通している. ¶向～的人请教 qǐngjiào / その道のプロに教えてもらう. 同 内行 nèiháng 反 外行 wàiháng
【懂事】dǒng//shì 形 (~儿)物事がよくわかっている. 聞きわけがよい. ¶他的孩子很～ / 彼の子供はとても利口だ(聞きわけがよい).

动(動) dòng
力部4 四 1472₇
全6画 常用
❶ 動 動く. ¶站住,别～!(止まれ,動くな) / 风吹草～(俄) 風吹きて,草動く. かすかな動きや気配がある. 反 静 jìng ❷ 動 行動する. 一举一～(一挙一動) / ～身 dòngjìng. ❸ 動 働かす. 使う. ¶～手 dòngshǒu / ～脑筋 dòng nǎojīn / ～员 dòngyuán. ❹ 動 感動する. 心が動かされる. ¶～心 dòngxīn / ～人 dòngrén. ❺ 動 着手する. ¶～工 dònggōng / ～身 dòngshēn. ❻ 素 いつも. 度々. ¶观众～以万计(観衆の数はいつも万に及ぶ) / ～不～ dòngbudòng. ❼ 動 動詞の後に置き,効果をあらわす. ¶拿得～ nádedòng(持てる. 動かせる) / 搬不～ bānbudòng(運べない. 動かせない). ❽ (Dòng)姓.
【动笔】dòng//bǐ 動 (字または画を)書き始める. 筆を執る. ¶他想了半天才～ / 彼はしばらくの間考え,やっと筆を執った.
【动兵】dòng//bīng 動 出兵する.
【动不动】dòngbudòng 副 (ふつう"就"をともなって)ともすれば…しがちである. ¶老师近来太累,～就生气 / 先生はこのところお疲れなので,しょっちゅう腹を立てる. 参考 起こってほしくない事柄に用いることが多い.
【动产】dòngchǎn 名 動産. 反 不动产
【动词】dòngcí 名《言語》動詞.
【动荡】dòngdàng ❶ (波が)ゆれる. ¶湖水～ / 湖水がゆれる. ❷ (局面や情勢などが)動揺する. 不穏な状態にある. ¶～的局势 / 不穏な情勢. 同 动乱 dòngluàn 反 安定 āndìng,平静 píngjìng
【动荡不安】dòngdàng bù'ān 動 情勢が不安定だ.
【动肝火】dòng gānhuǒ 動 かんしゃくを起こす. かっとなる. ¶不要～ / かんしゃくを起こすな.
【动感】dònggǎn 名 (絵画や彫刻などの)躍動感. ¶极富～ / とても躍動感がある.
【动工】dòng//gōng 動 ❶ 工事を始める. 着工する. ¶新房子什么时候～? / 新しい家はいつ着工ですか. 同 开工 kāigōng 反 竣工 jùngōng,完工 wángōng ❷ 施工する. 工事をする. ¶正在～,闲人免进 / 工事中につき,関係者以外立ち入り禁止.
【动滑轮】dònghuálún 名《機械》動滑車. 反 定 dìng 滑轮
【动画片】dònghuàpiàn 名 (~儿)〔量 部 bù〕動画. アニメーション.
【动换】dònghuan 動 口 (身体や物を)動かす.
【动火】dòng//huǒ 動 (~儿)腹を立てる. かっとなる.
【动机】dòngjī 名 動機. ¶～不纯 chún / 動機が不純だ. ¶作案 zuò'àn 的～ / 犯行の動機. 反 效果 xiàoguǒ
【动劲儿】dòngjìnr 動 方 力を入れる.
【动静】dòngjing 名 ❶ 物音. ¶屋子里一点～也没有 / 部屋の中は何の物音もしない. ❷ 動静. ようす. ¶一有～立即报告 / 何か動きがあれば即座に報告します.
【动力】dònglì 名 ❶《機械》動力. ¶～设备 / 動力装置. ¶～平衡 pínghéng / 動力の需給バランス. ❷ (物事を推し進める)原動力. ¶社会发展的～ / 社会発展の原動力.
【动力机】dònglìjī 名《機械》エンジン. 同 发 fā 动机
【动量】dòngliàng 名《物理》運動量.
【动乱】dòngluàn 名〔量 场 cháng〕動乱. 騒乱. ¶发生～ / 動乱が発生する. ¶～平息 píngxī / 動乱がおさまった. 同 动荡 dòngdàng,骚乱 sāoluàn

【反】安定 āndìng,稳定 wěndìng
【动轮】dònglún 图《機械》動輪.
【动脉】dòngmài 图 ❶《生理》〔量 条 tiáo〕動脈. ❷交通の幹線. ¶南北交通的大～/南北交通の大動脈.
【动脉硬化】dòngmài yìnghuà 图《医学》動脈硬化.
【动漫】dòngmàn 图 アニメと漫画.【参考】特に,アニメと連環画をさすこともある.
【动脑筋】dòng nǎojīn 句 頭を働かせる. 頭を使う. ¶不～怎能做好事呢？/頭を使わないで,ちゃんとした事ができるはずはないだろう.
【动能】dòngnéng 图《物理》運動エネルギー.
【动能车】dòngnéngchē 图 ガソリン以外の燃料で走る車. 電気自動車,電池式の車,ハイブリッドカーなど.
【动能弹】dòngnéngdàn 图 運動エネルギーミサイル. ◆ kinetic energy missile
【动能武器】dòngnéng wǔqì 图《軍事》運動エネルギー兵器.
【动怒】dòng//nù 動 腹を立てる. ¶请别～/どうぞご立腹なさらぬように.【同】发怒 fānù【反】息怒 xīnù
【动魄惊心】dòng pò jīng xīn 成 手に汗をにぎる. はらはらする. ¶一个～的场面/手に汗にぎる場面.【同】惊心动魄
【动气】dòng//qì 動 怒る. ¶请别～,有话慢慢说/ご立腹なさらず,落ち着いて話しましょう.
【动迁】dòngqiān 動 移転する. 立ち退く.
【动情】dòng//qíng 動 ❶興奮する. ❷（風景などに）心ひかれる. ほれこむ.
*【动人】dòngrén 形 感動的だ. ¶～的情景/感動的な場面. ¶这个故事真～/この話は本当に感動的だ.
【动人心弦】dòng rén xīn xián 成 人の心をゆさぶる. 琴線に触れる.【同】动人心魄 xīnpò
【动容】dòngróng 動 感動が表情にあらわれる.
*【动身】dòng//shēn 動 出発する. ¶早一点儿～,免得 miǎnde 赶不上车/電車に乗り遅れないように,早めに出発しなさい.【同】出发 chūfā,启程 qǐchéng
*【动手】dòng//shǒu 動 ❶開始する. とりかかる. ¶同心协力 xiéli qí～/皆で心を合わせ一緒にとりかかろう.【同】入手 rùshǒu,下手 xiàshǒu,着手 zhuóshǒu ❷手を触れる. 触る. ¶请勿～/手を触れないでください（展示品などに注意を促す決まり文句）. ❸手を出す. 殴る. ¶谁先动的手？/誰が先に手を出した？¶君子 jūnzǐ 动口不～/君子は口を動かすが,手は動かさない. 物事は話し合いで解決し,暴力を使ってはならない.
【动手动脚】dòng shǒu dòng jiǎo 成 手を出し足を出す. 騒ぎたてるようす.
【动手术】dòng shǒushù 句 手術をする.
【动态】dòngtài 图 ❶動き. 状況. ¶科技 kējì 新～/科学技術の新しい動き. ❷《物理》動態. ¶～电流/動電気. ¶～稳度/動態安定度.【反】静态 jìngtài
【动弹】dòngtan 動（人や物が）動く. ¶车里太挤～不得 bude/車内が混んでいて身動きがとれない. ¶机器不～了/機械が動かなくなった.
【动听】dòngtīng 形（音楽や話が）感動的だ. 魅力的だ. ¶～的旋律 xuánlǜ/心ふるわすメロディー. ¶江南的丝竹 sīzhú 音乐～悦耳 yuè'ěr/江南の管弦音楽は,うっとりと耳に心地よい.【同】悦耳 yuè'ěr
【动土】dòng//tǔ 動（工事や埋葬で）土を掘る.
【动问】dòngwèn 動謙 たずねる.【用法】"不敢～"（おたずねしますが）の形で使い,"请问"に当たる.

【动窝】dòng//wō 動（～儿）移動する. 場所をかえる. ¶不管你说什么,他就是不～儿/君が何と言おうと,彼は動こうとしない.
【动武】dòng//wǔ 動 武力や腕力に訴える. ¶有话好好儿说,别一～啊/言いたいことがあるなら話し合うから,暴力はやめてくれ.
*【动物】dòngwù 图 動物.
【动物纤维】dòngwù xiānwéi 图 動物繊維.
【动物学】dòngwùxué 图 動物学.
【动物油】dòngwùyóu 图 動物性油.
*【动物园】dòngwùyuán 图 動物園.
【动向】dòngxiàng 图 動向. 動き. ¶市场～/市場の動き.
【动心】dòng//xīn 動 心を動かす. 興味がわく. ¶见财 cái 不～/金銭を見ても心を動かさない. ¶老人的一席 xí 话,使她一了/老人の話に,彼女は心を動かされた.
【动刑】dòng//xíng 動 刑具を使って刑を執行する.
【动眼神经】dòngyǎn shénjīng 图《生理》動眼神経.
【动摇】dòngyáo 動 動揺する. 気持ちがぐらつく. ¶听了他的话,我心中有点儿～了/彼の話を聞いて,内心少し動揺した.【反】坚定 jiāndìng ❷動揺させる. ¶～决心/決心をゆるがせる. ¶～立场/立場をゆるがせる.
【动议】dòngyì 图〔量 条 tiáo,项 xiàng〕動議. ¶紧急～/緊急動議.
【动因】dòngyīn 图 動機や原因. 動因.
【动用】dòngyòng 動 ❶使用する. ¶～消防队救火/消防隊に消火にあたらせる. ❷流用する. ¶～公款 gōngkuǎn/公金を流用する.
*【动员】dòngyuán 動 ❶動員する. ¶总～/総動員する.【同】发动 fādòng ❷働きかける. 呼びかける. ¶老师～学生参加社会活动/先生は,社会活動への参加を学生に呼びかけた.
【动辄】dòngzhé 副 文 ややもすれば. ¶～得 dé 咎 jiù/成 何かにつけ,とがめられる. ¶～发怒 fānù/何かというとすぐ怒る.
【动真格】dòng zhēngé 句 方（口先だけでなく）実行が伴う.【参考】"真格"は,"確かだ"の意.
【动之以情】dòng zhī yǐ qíng 成 情に訴えて人を動かす. ¶做人的工作要～,晓～/人間らしい仕事をするには,情によって相手を動かし,理によって説得しなければならない.
【动嘴】dòngzuǐ 動 口を動かす. しゃべる.
*【动作】dòngzuò ❶图〔量 个 ge〕動作. ¶～敏捷 mǐnjié/動作が敏捷だ. ¶～迟钝 chídùn/動作がのろい. ❷動 行動する. 同 举措 jǔcuò,举动 jǔdòng

冻(凍) dòng

冫部5 四 3419₄ 全7画 常用

❶動 こおる. 凍結する. ¶河里～冰了（川がこおった）/天寒 hán 地～（天寒く,地もこおる. 気候が極寒だ）.
❷動 凍える. 冷える. ¶外面很冷,真～得慌（外は寒く,ほんとうに冷える）/小心别～着 zháo（風邪を引かないよう気をつけて）. ❸图（～儿）《料理》煮こごり. ゼリー. ¶肉～儿（肉の煮こごり）/鱼～儿（yú-dòngr（魚の煮こごり）/果子～儿 guǒzidòngr（フルーツゼリー）. ❹（Dòng）姓.

【冻冰】dòng//bīng 動 氷がはる. ¶河上～了/川に氷がはった.
【冻疮】dòngchuāng 图 しもやけ. ¶两手都是～/両手がしもやけだ.

【冻豆腐】dòngdòufu 名〔⚫ 块 kuài〕凍(⁻)み豆腐. ¶~烧肉 / 凍み豆腐と豚肉の煮込み.
【冻害】dònghài 名《農業》凍害.
【冻僵】dòngjiāng 動 凍える. かじかむ. ¶~的手脚不能用热水泡 pào / かじかんだ手足は熱い湯につけてはならない.
【冻结】dòngjié 動 ❶（川や海が）氷結する. 反 融化 rónghuà,溶化 rónghuà ❷（賃金・物価・人員などを）凍結する. ¶~存款 cúnkuǎn / 預金を凍結する. ¶工资~ / 賃金の凍結. 反 解冻 jiědòng ❸物事が前へ進まない. 発展しない. ¶协议 xiéyì ~ / 協議が進まない.
【冻容】dòngróng 動 20歳前後の女性が若さを「冻结」させようと,早々とアンチエイジングに励むこと.
【冻肉】dòngròu 名 冷凍肉.
【冻伤】dòngshāng 名 凍傷.
【冻死】dòng//sǐ 動 凍死する.
【冻土】dòngtǔ 名 凍土. ¶~一带 / ツンドラ地帯.
【冻雨】dòngyǔ 名《気象》❶過冷却の雨が地表で凍結する現象. 雨氷. ❷みぞれ.

侗 Dòng
亻部6 全8画 [四] 2722₀ [通用]

下記熟語を参照.
☞ 侗 tóng,tǒng

【侗剧】Dòngjù 名《芸能》トン族の芝居.
【侗族】Dòngzú 名《民族》トン族. 貴州省・湖南省・広西チワン族自治区に住む少数民族.

垌 dòng
土部6 全9画 [四] 4712₀ [通用]

❶名 畑. ❷素 地名用字.
☞ 垌 tóng

栋(棟) dòng
木部5 全9画 [四] 4499₄ [常用]

❶素 棟木(²ᵍ). ¶~梁 dòngliáng. ❷量 家屋を数えることば. ¶一~房子（一棟の家屋）. ❸（Dòng）姓.
【栋梁】dòngliáng 名 棟木(²ᵍ)と梁(²ʰ). 転じて重責をになう人. 大黒柱. ¶~之才 / 重責をになう人材.

峒 dòng
山部6 全9画 [四] 2772₀ [通用]

素 山のほら穴. 石洞.
☞ 峒 tóng

胨(腖) dòng
月部5 全9画 [四] 7429₄ [通用]

名《化学》ペプトン.

洞 dòng
氵部6 全9画 [四] 3712₀ [常用]

❶名（~儿）穴. ¶山~ shāndòng（山のほら穴）/ 老鼠 lǎoshǔ~（ネズミの穴ぐら）/ 衣服破了一个~（服に穴があいた）. ❷素 はっきりと. すみずみまで. ¶~察 dòngchá 一切（すべてを見通す）/ ~若 ruò 观火. ❸名 数字のゼロ（零）の代用語. 形が似ていることから. ❹（Dòng）姓.
【洞察】dòngchá 動 見抜く. 洞察する. ¶~是非 / 事の是非を見抜く. ¶~其 qí 奸 jiān / 成 そのたくらみを見抜く.
【洞察力】dòngchálì 名 洞察力.
【洞彻】dòngchè 動 知り抜く. ¶~事理 / 道理をよくわきまえている.
【洞达】dòngdá 動 精通する. よく理解する.
【洞房】dòngfáng 名 新婚夫婦の部屋. 同 喜房 xǐ-fáng,新房 xīnfáng.
【洞房花烛】dòngfáng huāzhú 名 新婚の夜. 由来 旧時,新婚の夜,夫婦の部屋に花模様の赤いろうそくをともしたことから.
【洞府】dòngfǔ 名 山奥の仙人の住みか.
【洞见】dòngjiàn 動 見抜く. ¶~症结 zhēngjié 之所在 / 問題のありかを見抜く.
【洞开】dòngkāi 動（ドアや窓を）大きく開ける.
【洞若观火】dòng ruò guān huǒ 成 よく理解している. 把握している. 同 明 míng 若观火 由来 「火を見るよりも明らかだ」という意から.
【洞庭湖】Dòngtínghú《地名》洞庭湖（ᵈ̌ᵒᵗ̌ᵉⁱ）. 湖南省北部にある大湖.
【洞悉】dòngxī 動 知り抜く. 知り尽くす. ¶~内情 / 内情を知り尽くす.
【洞箫】dòngxiāo 名《音楽》〔⚫ 支 zhī〕簫(ᵘ⁺). 尺八に似た中国の管楽器. 参考 6穴のものと8穴のものがあるが,現在は8穴が主流. 由来 底をふさいでいないことからこの名がある.

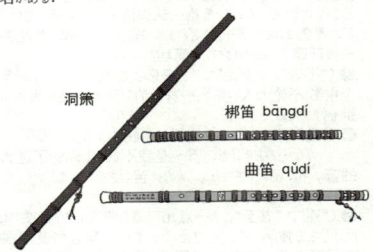

洞箫

梆笛 bāngdí

曲笛 qǔdí

"箫"と"笛子"

【洞晓】dòngxiǎo 動（世故などに）精通している.
【洞穴】dòngxué 名 ほら穴. 洞くつ.
【洞烛其奸】dòng zhú qí jiān 成 相手の陰謀を見抜く. 由来「烛」は「照らし見る」の意.
【洞子】dòngzi 名 ❶方 温室. ¶花儿~ / 草花を栽培する温室. ¶~货 / 温室栽培の野菜類. ❷回 ほら穴.

恫 dòng
忄部6 全9画 [四] 9702₀ [通用]

素 文 おびえる. おどす. ¶~吓 dònghè.
【恫吓】dònghè 動 おどかす. 威嚇(ᵏ⁻)する. ¶虚声 xū-shēng~ / 虚勢を張っておどかす. ¶~信 / 脅迫状. 同 恐吓 kǒnghè,威吓 wēihè.

胴 dòng
月部6 全10画 [四] 7722₀ [通用]

素 ❶胴. 胴体. ❷文 大腸.
【胴体】dòngtǐ 名 ❶（動物などの）胴体. 胴. ❷（人の）からだ.

硐 dòng
石部6 全11画 [四] 1762₀ [通用]

素（人工的に掘った）ほら穴. "窑洞 yáodòng"（ヤオトン. 洞くつ住居）や坑道などをいう.

dou ㄉㄡ [toʊ]

都 dōu 阝部8 [四] 4762_7 全10画 [常用]

[副] ❶（事物を総括して）みんな．すべて．全部．¶我们～是日本人／私たちはみな日本人です．¶两个～来了／ふたりとも来た．¶每道题她～答对了／どの問題も彼女は正解した．

> ✍ 総括される対象は"都"の前になくてはならない．そのため，目的語を文頭に引き上げる必要がある．
> ✖我都去北京和上海
> ➜北京和上海我都去／私は北京と上海どちらにも行く．
> ただし，該当するものを列挙させる疑問文は例外である．
> 你家都有什么人？／あなたの家にはどんな人がいますか？（家族構成を訊ねる）
> 你都到哪儿去了？／あなたはどこどこへ行ったのですか？

❷（疑問詞と呼応して，例外がないことを表わす）…でも．¶什么～知道／何でも知っている．¶你什么时候～可以来找我／いつ訪ねて来てくれてもいい．¶哪儿～不想去／どこにも行きたくない．¶谁～认识他／誰でも彼を知っている．¶怎么说～不行／どのように言ってもだめ．¶吃多少～没问题／いくつ食べても構わない．
❸（"不管"，"无论"などと呼応して）たとえ…でも．¶这个电影，不论大人、孩子，～喜欢看／この映画は大人も子供も好きだ．
❹（"是"を伴い，理由を総括的に説明する）みんな…のせいだ．みんな…のおかげだ．¶～是我不好，让你受了这么多的苦／私のせいであなたをこんなに苦しませてしまった．¶～怪我不好／みんな私が悪いんだ．
❺（"连"，"甚至"，"一点儿"などと呼応して）程度のはなはだしさを強調する．…さえ．…すら．¶这个道理很简单．连孩子～知道／この理屈は簡単だから，子供でも分かる．¶甚至 shènzhì 老师～不知道／先生でさえも分からない．¶今天一点～不冷／今日はちっとも寒くない．¶一口饭～没吃／一口も食べなかった．¶说～不说一声，就走了／一言も言わないで行ってしまった．¶他忙得～忘了吃饭了／彼は忙しくて食事をすることさえも忘れてしまった．
❻（"了"と呼応して）すでに．すっかり．…なのに．…のくせに．¶饭～凉了，快吃吧／ごはんがさめてしまうから，早く食べて下さい．¶～十点了，他怎么还不来？／もう10時だというのに，彼はなぜまだ来ないのですか．¶他都～八十了，身体还那么好／あの人はもう80ですが，まだあんなに元気です．
☞ 都 dū

兜 dōu 儿部9 [四] 7721_2 全11画 [次常用]

❶[名]（～儿）衣服のポケットや袋．❷[動] 包み込む．くるむ．¶用手巾 shǒujīn～着（手ぬぐいでくるむ）／船帆 chuánfān～风（帆が風をはらむ）．❸[動] 取り囲む．めぐる．❹[動] 引き受ける．¶～揽 dōulǎn．

【兜捕】dōubǔ [動] 包囲して捕らえる．¶警察出动，～逃犯 táofàn／警察が出動して，逃亡犯を包囲して捕らえた．
【兜抄】dōuchāo [動] 包囲攻撃する．
【兜搭】dōudā [動] 人に近づく．関係をつける．¶车站前小饭馆的老板，常站在门口～客人／駅前の食堂の主人は，いつも入り口に立って客引きをしている．
【兜底】dōu//dǐ [動]（～儿）（秘密や内情を）暴き出す．
【兜兜】dōudou [名] 腹掛け．¶戴上～，当心着凉 zháoliáng／腹掛けをつけて，風邪を引かないように注意なさい．[同] 兜肚 dōudu
【兜兜裤儿】dōudoukùr [名]《服飾》腹当てとパンツが続いた子供服．ロンパース．
【兜肚】dōudu [名]〔[量] 条 tiáo〕（ひし形の）腹掛け．
【兜翻】dōufan [動][方] ❶（ずっとしまっておいた物を）持ち出す．ひっくり返す．❷（古い話を）持ち出す．蒸し返す．¶事情早已过去了，不要再～了／とうに過ぎたことだから，蒸し返すのはやめてくれ．❸秘密を暴く．
【兜风】dōu//fēng [動] ❶帆が風をはらむ．¶破帆 pòfān 不～／破れた帆では風をはらめない．❷（船や車などで）風を切って走る．¶我们开车去～吧／ドライブに行こうよ．
【兜揽】dōulǎn [動] ❶客引きをする．¶～生意／取り引き先をかき集める．¶～顾客／顧客の勧誘をする．❷（仕事などを）請け負う．
【兜鍪】dōumóu [名] 古代のかぶと．
【兜圈子】dōu quānzi [句] ❶ぐるぐる回る．旋回する．¶飞机在森林上空～／飛行機は森の上空をぐるぐる回った．❷回りくどく言う．遠回しに言う．¶别跟我～／私に回りくどいことを言わないで．
【兜售】dōushòu [動] 売りつける．押し売りする．[同] 兜销 dōuxiāo
【兜销】dōuxiāo [動][貶] 売りこむ．押し売りする．¶～存货／在庫品を押し売りする．
【兜子】dōuzi ❶[名] ポケット．また，袋状のもの．¶裤～／ズボンのポケット．¶买菜～／買い物袋．❷[名] 山かご．[同] 篼子 dōuzi ❸[量] ①の入る分量を数えることば．

蔸 dōu 艹部11 [四] 4421_2 全14画 [通用]

[方] ❶[名] 植物の根元の部分．¶禾～ hédōu（イネ株）．❷[量] 群生する植物，または植物の株を数えることば．¶一～草（一群れの草）／两～白菜（二株の白菜）．[同] 丛 cóng，棵 kē

【蔸距】dōujù [名][方]（作物などの）株と株の間の距離．[同] 株距 zhūjù

篼 dōu 竹部11 [四] 8821_2 全17画 [通用]

❶[素]（竹・柳・籐などで作った）かご．¶背～ bèidōu（背負いかご）．❷→篼子 dōuzi

【篼子】dōuzi [名]（山道で人を乗せる）山かご．[同] 兜子 dōuzi

斗 dǒu 斗部0 [四] 3400_0 全4画 [常用]

❶[量] 容量の単位．1"斗"は10"升"．❷[名] 一斗ます．❸[素]（～儿）（斗(ます)）の形をしたもの．¶漏～ lòudǒu（じょうご．漏斗）／电熨～ diànyùndǒu（電気アイロン）／～拱 dǒugǒng．❹[素] 渦巻き状の指紋．[反] 箕 jī ❺[素] "北斗星 běidǒuxīng"の略称．❻[素] 二十八宿の一つ．南斗．
☞ 斗 dòu

【斗车】dǒuchē [名]〔[量] 辆 liàng〕トロッコ．
【斗胆】dǒudǎn ❶[名] 大きな肝っ玉．豪胆．❷[副] 大胆にも．¶我～说一句／あえて一言申し上げます．[用法] ②は，謙譲語として用いることが多い．
【斗方】dǒufāng [名]（～儿）絵や字を書くための四角い紙．また，そこに書かれた一，二尺の書画．
【斗拱】dǒugǒng [名]《建築》斗拱(ときょう)．斗組(ますぐみ)．梁(はり)や棟を支える柱の上の弓形の角材．[同] 枓拱 dǒugǒng，枓栱 dǒugǒng [参考] 中国特有の建築構造．"斗拱 dòugǒng"とも発音する．

【斗箕】dǒuji 名 指紋. ¶ 斗记 dǒujì
【斗笠】dǒulì 名〔❀ 顶 dǐng〕笠(ざ). 竹を骨にして,油紙や竹の葉などで作ったつばの広い笠. ¶头上戴着～的渔翁 yúwēng / 笠をかぶった老漁師.
【斗门】dǒumén 名 灌漑(炊)用の水門.
【斗牛】dǒuniú 名 二十八宿の斗宿と牛宿. ☞ 斗牛 dòuniú
【斗篷】dǒupeng 名 ❶〔❀ 件 jiàn〕マント. ¶披上～ / マントをはおる. ❷ 方 笠(ざ). 同 斗笠 dǒulì
【斗室】dǒushì 名 文 とても小さな部屋.
【斗宿】dǒuxiù 名 ❶ 南斗. ❷ 北斗星.
【斗转星移】dǒu zhuǎn xīng yí 成 北斗七星が動くと,多くの星も動く. 時が移り変わること.
【斗子】dǒuzi 名 ❶(炭坑用)バケット. (家庭用の)石炭を入れる桶やバケツ. ❷ 木製の桝状の入れ物.

抖 dǒu

扌部4 全7画 5400₀ 常 用

動 ❶ 振り払う. (ばさばさと)振るう. ¶～风筝 fēngzheng (たこ糸を振ったこを上げる) / ～空竹 kōngzhú (唐ごまを回す) / ～～身上的雪(体についた雪を振るい落す) / ～搂 dǒulou / ～床单(シーツをはたく). ❷ 細かく震える. 転じて,恐れおののく. ¶冷得发～(寒さに震える). ❸ 奮い立つ. 奮い起こす. ¶～一起精神(元気を出す) / ～擞 dǒusǒu. ❹ 羽振りがいい. 調子がいい. ¶他最近～起来了(あいつこのごろやけに調子がいいね). 表現 ❹は,他人が順調であるのをねたにした言いかた.
【抖动】dǒudòng 動 ❶ 震える. ¶两腿不住地～ / 両足が絶えずぶるぶる震える. 同 颤动 chàndòng ❷(ものを)振るう. 振り払う. ¶他把手中的口袋用力地～了一下 / 彼は手に持っていた袋を強く揺すっている.
【抖搂】dǒulou 動 方 ❶(衣服・布団・ふろしきなどを振って)ごみを払い落とす. ❷ さらけ出す. ❸ 浪費する.
【抖擞】dǒusǒu 動(元気などを)奮い起こす. ¶～精神 / 元気を奮い起こす.
【抖威风】dǒu wēifēng 慣 羽振りをきかせる. いばる.

陡(異 阧) dǒu

阝部7 全9画 7428₁ 常 用

❶ 形 傾斜が急だ. 険しい. ¶这个山坡太～(この山道はひどく急だ). ❷ 副 急に. 突然. ¶气候～变(気候が急変する). ❸ 名(Dǒu)姓.
【陡壁】dǒubì 名 壁のように切り立った岸やがけ. 断崖(焚). ¶～悬崖 xuányá / 断崖絶壁.
【陡峻】dǒujùn 形(地勢が)高く険しい. ¶山崖 shānyá～ / がけが険しく切り立っている.
【陡立】dǒulì 動(山や建物が)そびえ立つ.
【陡坡】dǒupō 名 急傾面. 急勾配(焚).
【陡峭】dǒuqiào 形 切り立っている. 険阻だ. ¶黄山的天都峰笔直～,高耸 gāosǒng 入云 / 黄山の天都峰は,天に向かってまっすぐそそり立っている. 同 陡峻 dǒujùn
【陡然】dǒurán 副 突然. 急に. ¶～醒悟 / 突然悟る. ¶脸色～发白 / 顔色が急に青くなった.

蚪 dǒu

虫部4 全10画 5410₀ 次常用

→蝌蚪 kēdǒu

斗(鬥/異 鬭, 鬪, 鬫) dòu

斗部0 全4画 四 3400₀ 常 用

動 ❶ 闘う. 戦闘する. ¶搏～ bódòu (格闘する) / ～争 dòuzhēng / 奋～ fèndòu (奮闘する). ❷ 勝敗を争う. ¶～智 dòuzhì / ～力 dòulì (力をくらべる). ❸ 合わせる. 寄せ集める. ¶那条桌子腿还没有一榫 sǔn (あのテーブルの脚はまだほぞが合っていない) / 用碎布～成一个口袋(端切れを縫い合わせて袋にする).
☞ 斗 dǒu
【斗法】dòu/fǎ 動 ❶ 方術を使って戦う. ❷ 計略を用いてひそかに戦う.
【斗鸡】dòu/jī 動 ❶ 闘鶏をする. ❷ 遊びの一種. 片方の足を手で持ち,片足ではねながら膝をぶつけ合う. ❸ dòujī 名 闘鶏. またそれに使う鶏. シャモ.
【斗牛】dòu//niú 動 闘牛をする. ☞ 斗牛 dǒuniú
【斗牛舞】dòuniúwǔ 名 パソドブレ. 同 西班牙一步舞 Xībānyá yībùwǔ
【斗殴】dòu'ōu 動 殴り合う.
【斗气】dòu/qì 動 意地になって争う. ¶用不着～ / いきり立つ必要はない. ¶她在～ / 彼女は意地になっている.
【斗士】dòushì 名 闘士. 同 战 zhàn 士
【斗心眼儿】dòu xīnyǎnr 慣 貶 内心いがみ合う. 相手を出し抜こうと策略をめぐらす.
【斗眼】dòuyǎn 名(～儿)寄り目. 斜視. 同 内斜视 nèixiéshì
*【斗争】dòuzhēng ❶ 動 闘う. 闘争する. ¶和坏人坏事作～ / 悪人や悪事と闘う. ❷ 動(批判して)つるしあげる. ¶～会 / 批判大会. ❸ 動 奮闘する. 力を尽くす. ¶为建设美好的未来而～ / すばらしい未来を築くため奮闘する. ❹ 名 闘争. ¶思想～ / 思想闘争. ¶阶级～ / 階級闘争.
【斗志】dòuzhì 名 闘志. ¶激励 jīlì～ / 闘志を鼓舞する.
【斗志昂扬】dòu zhì áng yáng 成 闘志がみなぎっている.
【斗智】dòu/zhì 動 知恵くらべをする. ¶～斗勇 / 知恵と勇気で勝負する.
【斗嘴】dòu//zuǐ 動(～儿)❶ 口論する. 口げんかをする. ❷ へらず口をたたく. 冗談を言い合う. ¶取笑～ / からかったり,冗談を言う.

豆(異 荳❶) dòu

豆部0 全7画 四 1010₈ 常 用

❶ 名(～儿)〔量 个 ge,棵 kē,颗 kē,粒 lì〕マメ科の植物,およびその種子. ダイズ,インゲン,エンドウなど. ❷ 名(～儿)豆のような形をしたもの. ¶山药～儿 shānyàodòur (じゃがいも) / 土～儿 tǔdòur (じゃがいも). ❸ 名 食物を盛った古代の食器. ❹ 名(Dòu)姓.
【豆瓣(儿)酱】dòubàn(-r-)jiàng 名 料理 トウバンジャン. 同 豆板儿酱 dòubǎnrjiàng 参考 大豆やそら豆などを材料にしてつくった味噌. 味噌の中に"豆瓣"(豆つぶ)が入っている. 唐辛子を入れて辛くしたものもある.
【豆包】dòubāo 名(～儿)〔量 个 ge〕あんまん. 同 豆沙包 dòushābāo
【豆饼】dòubǐng 名〔量 块 kuài〕大豆の絞りかすを丸く固めたもの. 参考 飼料・肥料にしたり,"大豆胶 dàdoujiāo"(にかわ)の材料となる.
【豆豉】dòuchǐ 名 料理 トウチ. 調味料の一つ. 参考 納豆の一種.
*【豆腐】dòufu 名〔量 块 kuài〕豆腐. ¶麻婆 mápó～ / 麻婆(ぎ)豆腐. ¶臭～ / 豆腐を塩漬けにして発酵させた保存食品.
【豆腐干】dòufugān 名(～儿)〔量 块 kuài〕干し豆腐. ¶卤汁 lǔzhī～ / 干し豆腐の煮こみ. 参考 豆腐に調味料を加えて布で包んで蒸し,乾燥させたり薫製にした食べ

【豆腐花】dòufuhuā 名方 "豆腐脑儿 dòufunǎor"に同じ. 同 豆花 dòuhuā
【豆腐脑儿】dòufunǎor 名〔碗 wǎn〕豆腐の一種. おぼろ豆腐. 参考 豆腐をやわらかく固まらせたもの. しょう油,黒みつなどをかけて食べる.
【豆腐皮】dòufupí 名(~儿)〔张 zhāng〕ゆば. 同 腐竹 fǔzhú
【豆腐乳】dòufurǔ 名〔块 kuài〕塩漬け豆腐. 腐乳,酱 jiàng 豆腐 参考 数センチ角の小さな豆腐を発酵させ,塩やこうじなどとともに漬け込んだ食品. 香りがよく,マントウにつけたり,おかゆに添えて食べる.
【豆腐渣】dòufuzhā 名 おから. 同 豆渣
【豆腐渣工程】dòufuzhā gōngchéng 名貶 手抜き工事. ずさんな工事.
【豆荚】dòujiá 名 豆のさや.
【豆浆】dòujiāng 名 豆乳. 同 豆腐浆 dòufujiāng,豆乳 dòurǔ 参考 朝食に,温めて"油条儿 yóutiáor"(揚げパン)をひたして食べたりする.
【豆酱】dòujiàng 名《料理》(大豆やソラマメを発酵させてつくった)みそ. 同 大 dà 酱,黄 huáng 酱 参考 暗褐色をして,香りや味が濃い. 2千年以上の歴史をもつといわれる中国伝統のみそ.
【豆角儿】dòujiǎor 名口《植物》インゲン.
【豆秸】dòujiē 名 豆がら.
【豆科】dòukē 名《植物》マメ科.
【豆蔻】dòukòu 名《植物・薬》ビャクズク. 同 草果 cǎoguǒ,草豆蔻
【豆蔻年华】dòu kòu nián huá 成 (少女の)美しい十代の頃.
【豆绿】dòulǜ 形 エンドウマメのような緑色. 薄緑色の.
【豆面】dòumiàn 名 豆の粉.
【豆苗】dòumiáo 名 トウミョウ. エンドウの若い芽. 参考 いためものなど,食用にする.
【豆奶】dòunǎi 名 豆乳や牛乳からつくった飲み物.
【豆青】dòuqīng 形 淡緑色の. 同 豆绿 dòulǜ
【豆蓉】dòuróng 名 大豆・エンドウ・緑豆(ﾘｭｸﾄﾞｳ)などでつくったあん. ¶~月饼 / 豆あん入り月餅(ﾋﾞﾝ).
【豆乳】dòurǔ 名 豆乳. 同 豆浆 dòujiāng ❷方 "豆腐乳 dòufurǔ"に同じ.
【豆沙】dòushā 名 小豆でつくったあん. ¶~包 / あんまん. ¶~月饼 / 小豆あん入り月餅(ﾋﾞﾝ).
【豆薯】dòushǔ 名《植物》クズイモ. また,その塊根. 同 凉薯 liángshǔ,地瓜 dìguā
【豆象】dòuxiàng 名《虫》マメゾウムシ. 参考 豆に巣くう害虫.
【豆芽儿】dòuyár 名 モヤシ. ¶绿~ / 緑豆(ﾘｭｸﾄﾞｳ)もやし. ¶黄~ / 大豆もやし. 同 豆芽菜 cài
【豆油】dòuyóu 名 大豆油. マメ油.
【豆渣】dòuzhā 名 豆腐の搾りかす. おから. 同 豆腐渣 dòufuzhā
【豆汁】dòuzhī 名 ❶(~儿)緑豆(ﾘｭｸﾄﾞｳ)でハルサメをつくるときにできる汁. ❷ "豆浆 dòujiāng"に同じ. 参考 ①は酸味があり飲料となる.
【豆制品】dòuzhìpǐn 名 豆を加工した食品. ¶~店 / 豆腐店.
【豆子】dòuzi 名 ❶ 豆科の作物. ❷〔颗 kē,粒 lì〕豆. ❸ 豆状のもの. ¶金~ / 金のつぶ. ¶狗~ / (犬につく)ダニ.
【豆嘴儿】dòuzuǐr 名 水につけてふやかした大豆. または発芽させた大豆.

逗 dòu
辶部7 四 3130₁ 全10画 常用

❶素 とどまる. 逗留する. ¶~留 dòuliú. ❷動 招く. からかう. 引き起こす. ¶~笑儿 dòuxiàor / ~趣儿 dòuqùr. ❸ "读 dòu"に同じ. ❹(Dòu)姓.
【逗点】dòudiǎn "逗号 dòuhào"に同じ.
【逗哏】dòu//gén 動 おもしろおかしい話で人を笑わせる. 参考 "相声 xiàngsheng"(漫才)の「つっこみ」を指す. 「ぼけ」役は "捧哏 pěnggén"という.
【逗号】dòuhào 名(~儿)コンマ(,). 读点. 同 逗点 dòudiǎn 注意 日本の読点(、)に相当する. 中国では「A、B」と並列をあらわし,日本の中黒(・)の働きをするので注意. ⇒付録「句读点・かっこなどの用法」
【逗乐儿】dòu//lèr 動 笑いをさそう. おどける. ¶你别~了 / ふざけるのはやめてくれ.
【逗留】[逗遛]dòuliú 動 滞在する. 逗留する. ¶准备在上海一三天,然后后去南京 / 上海に3日間滞在し,そのあと南京へ行くつもりです.
【逗闷子】dòu mènzi 句方 冗談を言う.
【逗弄】dòunong 動 ❶ たわむれる. 気をひく. ¶老人在~孙子 sūnzi 玩 / お年寄りが孫をあやしている. ❷ からかう. ふざける. ¶不该~人 / 他人をからかうべきではない.
【逗趣儿】dòu//qùr (話しぶりや動作で)笑わせる. おどける. ¶他真会~ / 彼は人を笑わせるのが得意だ. 同 斗趣儿 dòuqùr
【逗笑儿】dòuxiàor 動方 笑わせる. おもしろがらせる.
【逗引】dòuyǐn 動 相手をからかって楽しむ. ¶~小孩儿玩 / 子供をからかって遊ぶ.
【逗嘴】dòu//zuǐ 冗談を言う. 同 开玩笑 kāi wánxiào

读(讀) dòu
讠部8 四 3478₄ 全10画 常用

素 读点(ﾄｳﾃﾝ). ¶句~ / jùdòu(句読点). 由来 昔,文章の中で短い切れ目を"读 dòu"といい,のちに"逗"と書くようになった.
☞ 读 dú

痘 dòu
疒部7 四 0011₈ 全12画 次常用

名《医学》❶ 天然痘. ❷ ~疮 dòuchuāng. ❸ 水ぼうそう. 水痘. ❸ 天然痘や種痘による豆状の疱疹(ﾎｳｼﾝ).
【痘疮】dòuchuāng 名《医学》天然痘. 痘瘡(ﾄｳｿｳ). ¶生~ / 天然痘にかかる. 同 天花 tiānhuā
【痘苗】dòumiáo 名《医学》痘苗. 天然痘ワクチン. ¶种 zhòng~ / 種痘をする. 同 牛 niú 痘苗

窦(竇) dòu
穴部8 四 3080₄ 全13画 通用

❶素 穴. ¶鼻~ / bídòu(鼻孔) / 狗~ / gǒudòu (犬の出入りの壁穴) / 疑~ / yídòu(疑惑な点). ❷ (Dòu)姓.

du ㄉㄨ〔tu〕

乭都阇督嘟毒 dū-dú

乭(異)殺 dū
一部5 四 1771₀ 全6画 通用
動(指先など細い棒などで)軽くつつく.¶一一个点儿(点を一つ打つ)／点～ diǎndú (中国画の技法の一つ.筆先で適当に色を配すこと).
■ 都 dōu

都 dū
阝部8 四 4762₇ 全10画 常用
❶**素**政治の中心地.みやこ.¶建～ jiàndū (都を定める)／首～ shǒudū (首都).❷**素**大都市.¶通～大邑 yì (成) 通都大邑 dàyì.にぎやかな大通りのある都会.❸(Dū)姓.
■ 都 dōu

【都柏林】Dūbólín (地名)ダブリン(アイルランド).
【都城】dūchéng **名**首都.国都.
【都督】dūdu **名**古代の軍事長官.
【都会】dūhuì **名**都市.都会.¶大～／大都会.同 都市 dūshì
【都江堰】Dūjiāngyàn **名**都江堰(ミミネ).岷江(ミミヌ)に築かれた古代の水利施設.四川省都江堰市にある.
【都灵】Dūlíng (地名)トリノ(イタリア).
【都市】dūshì **名**〔働 座 zuò〕都会.大都市.¶～生活／都市の生活.¶～病／都会病.

阇(闍) dū
门部8 四 3760₄ 全11画 通用
素⊗城門の上に置かれた台.
■ 闍 shé

督 dū
目部8 四 2760₄ 全13画 常用
❶**動**取り締まる.見張る.¶～师 dūshī (軍の指揮をとる)／～战 dūzhàn ／～促 dūcù.❷(Dū)姓.

【督办】dūbàn ❶**動**監督処理する.同 总 zǒng 办 ❷**名**監督者.❸**名**(旧) 清末·民国初期に置かれた役職.中央や地方に臨時に置かれた機構の長官.
【督察】dūchá ❶**動**監査する.❷**名**〔働 个 ge, 名 míng, 位 wèi〕監査官.
【督促】dūcù **動**督促する.¶对子女的学习,父母应该多加～／子供の学業に対して,両親は目をくばり,励ますべきである.
【督导】dūdǎo **動**⊗監督指導する.
【督抚】dūfǔ **名**(歴史)明·清代の地方行政長官."总督"(総督)と"巡抚"(巡撫)ぶっ.軍政や刑獄をつかさどった.
【督军】dūjūn **名**(旧)督軍(gjūn).参考 中華民国初期の各省の軍事長官.
【督学】dūxué **名**(旧)視学官.督学官.
【督战】dūzhàn **動**《軍事》兵士を激励·監視して戦わせる.¶将军亲临 qīnlín 前线～／将軍は,自ら前線を視察し督励する.
【督阵】dūzhèn **動**❶《軍事》戦場で指揮をとる.❷(仕事場の最前線で)陣頭指揮をとる.

嘟 dū
口部10 四 6702₇ 全13画 通用
❶擬ブー.ブウー.ラッパやクラクションなどの音.¶～囔 dūnang.❷(怒って)口をとがす.

【嘟嘟】dūdū 擬❶ブーブー.車のクラクションなどの音.¶喇叭 lǎba～响／ラッパがプープーと鳴る.❷おしゃべりを続けるようす.
【嘟噜】dūlu (口)❶**量**房や束になったものを数えることば.¶一～葡萄 pútáo ／一房のブドウ.¶手里提着一大～东西／たくさんの荷物を手に下げている.❷**動**垂れ下がる.

¶～着脸／ぶぜっとした顔.❸**名**(～儿)(ルルルと)舌の先を震わせて発する音.¶打～／トリルの音を出す.参考 ❸は,ロシア語のPやドイツ語のRを発音するときの音.

【嘟囔】dūnang **動**ぶつぶつ言う.¶别一个人～了,快干活吧／一人でぶつぶつ言っていないで,早く仕事をしなさい.同 嘟哝 dūnong

【嘟哝】dūnong **動**いつまでも独り言をいう.¶你在～什么呀？／君はいつまでぶつぶつ言ってるんだ？同 嘟囔 dūnang

毒 dú
毋部4 四 5075₇ 全9画 常用
❶**名**毒.¶～气 dúqì ／中～ zhòngdú (中毒する)／消～ xiāodú (消毒する)／砒霜 pīshuāng 有～(亜ヒ酸は有毒だ).❷**動**毒で殺す.¶用药物～杀 dúshā 害虫 hàichóng (薬で害虫を駆除する).❸**形**悪らつだ.残酷だ.激しい.¶心～ xīndú (性格が残忍だ)／～计 dújì ／～手 dúshǒu ／太阳真～(日差しがきつい).❹**名**思想的に有害なもの.¶～草 dúcǎo.参考 "毒"は,もと"毒"と書き毋部4画であったが,現在では下が"母"となり,全9画.

【毒草】dúcǎo **名**❶〔働 棵 kē, 株 zhū〕毒草.❷有害な言論や作品.⊗香花 xiānghuā
【毒虫】dúchóng **名**(ハチやサソリなど)毒虫.
【毒打】dúdǎ **動**ひどく殴る.めった打ちする.¶挨 ái 了一顿～／ひどく殴られた.¶遭到～／めった打ちにされる.
【毒蛾】dú'é **名**《虫》毒ガ.
【毒饵】dú'ěr **名**毒を混ぜた駆除用のえさ.
【毒贩】dúfàn **名**麻薬の売人.
【毒害】dúhài ❶**動**有害なものによって人に害を与える.毒する.¶～人们的心灵 xīnlíng ／人々の心をむしばむ.❷**名**(精神的な)害毒.¶清除 qīngchú～／害毒を一掃する.
【毒化】dúhuà **動**❶(アヘンなどで)人々を害する.❷(教育や文芸作品などで)人々に反動思想を吹き込む.❸(雰囲気や関係などを)悪化させる.¶～社会风气／社会の気風を悪化させる.¶～双方关系／相互の関係を悪化させる.
【毒计】dújì **名**〔働 条 tiáo〕悪い計略.悪巧み.¶设下～／策略を設ける.¶～被识破 shípò 了／悪巧みは見破られた.
【毒剂】dújì **名**《軍事》毒物.化学兵器.参考 多く毒ガスを指す.
【毒箭】dújiàn **名**〔働 枝 zhī〕毒矢.¶放～／毒矢を放つ.表現 ひどい中傷や攻撃についてもいう.
【毒辣】dúlà **形**悪らつだ.悪どい.¶阴险 yīnxiǎn～／陰険で悪らつだ.¶手段～／手段がえげつない.
【毒瘤】dúliú **名**《医学》悪性腫瘍(dxǎng).
【毒品】dúpǐn **名**(アヘンやヘロインなどの)麻薬.¶严禁 yánjìn～／麻薬を厳しく禁ずる.
【毒气】dúqì ❶**名**毒ガス.同 毒瓦斯 dúwǎsī ❷有毒ガス.¶好像碰上了什么～／なにか有毒ガスに触れたらしい.
【毒杀】dúshā **動**毒殺する.同 毒死 dúsǐ
【毒蛇】dúshé **名**❶〔働 条 tiáo〕毒ヘビ.¶比～还毒／ヘビよりひどい.❷悪女.
【毒手】dúshǒu **名**残酷な仕打ち.毒牙(dyá).¶险 xiǎn 遭上～／危うく毒牙にかかるところだった.¶怎么下得了这样的～呢？／そんな残酷な仕打ちはできないよ.
【毒死】dúsǐ **動**❶毒殺する.❷毒で死ぬ.
【毒素】dúsù **名**❶毒素.❷言語や文芸作品中の,人々

【毒瓦斯】dúwǎsī 名《軍事》毒ガス. 同 毒气 dúqì
【毒王】dúwáng 名 ❶ 麻薬密売組織のボス. ❷（SARSの）スーパースプレッダー.
【毒物】dúwù 名 毒物. 有毒物質.
【毒腺】dúxiàn 名《動物》毒腺(どくせん).
【毒枭】dúxiāo 名 麻薬売人の首領.
【毒刑】dúxíng 名 残酷な体刑. ¶~拷打 kǎodǎ／残酷な体刑を加えて拷問する.
【毒性】dúxìng 名 毒性.
【毒蕈】dúxùn 名 毒キノコ. ¶~中毒／毒キノコ中毒.
【毒药】dúyào 名 毒薬.
【毒液】dúyè 名 毒液.
【毒瘾】dúyǐn 名 麻薬中毒.
【毒汁】dúzhī 名 ❶（動植物の）毒液. ❷ 毒となることばや文章.
【毒资】dúzī 名 麻薬を購入するための金. また麻薬を販売して得た金.

独（獨） dú

犭部6 四 4523₆
全9画 常用

❶ 素 一つの. 一人の. 単独の. ¶~木桥 dúmùqiáo／~唱 dúchàng／~幕剧 dúmùjù／无~有偶 ǒu（一人ではなく，必ず連れがいる）. ❷ 素 子供のいない老人. ¶螺 guān 寡 guǎ 孤~（成 身寄りも生活力もない老人）. ❸ 副 ただ…だけ. ¶大家都到了，~有他没来（みんな集まったが，彼だけまだ来ない）. 同 只 zhī ❹（Dú）姓.
【独霸】dúbà 動 独占する. 制覇する. ¶~市场／市場を独占する.
【独白】dúbái 名《芸能》独白. モノローグ. ¶这一段~太长了／この独白は長すぎる.
【独步】dúbù 動 ❶ ひとより抜きん出る. ¶~文坛／文壇で傑出する. ❷ 一人だけで歩く.
【独裁】dúcái 動 専制する. 独裁する. ¶~统治／専制政治. ¶法西斯 fǎxīsī~／ファシスト独裁. 同 专制 zhuānzhì 反 民主 mínzhǔ
【独裁者】dúcáizhě 名 独裁者.
【独唱】dúchàng 名動 独唱(する). ¶男高音~／テノール独唱. 反 合唱 héchàng
【独出心裁】dú chū xīn cái 成 独創的な考え方を打ち出す. ¶这篇文章构思精巧，~／この文章は構成が緻密(ち）で独創的だ.
【独处】dúchǔ 動 一人暮らしをする. 同 独居 jū
【独创】dúchuàng 動 独創する. ¶~一格／独創的なものを打ち出す. ¶~精神／独創的精神.
【独此一家】dú cǐ yī jiā 成 唯一一軒. 本家本元.
【独当一面】dú dāng yī miàn 成 一人で仕事の責務を担う. ¶他已具备了~的能力／彼はすでに一人で事に当たれる能力を備えている.
【独到】dúdào 形 独特のよい点をもつ. ¶~的见解 jiànjiě／独特ですぐれた見方.
【独断】dúduàn 動 独断する. 同 专断 zhuānduàn
【独断专[独]行】dú duàn zhuān [dú] xíng 成 独断専行する.
【独二代】dú'èrdài 名 一人っ子第二世代. 一人っ子政策第一世代(1980年代生まれ)の子どもで，2000年以降に生まれた世代を指す.
【独夫】dúfū 名 残忍で横暴な統治者. 暴君.
【独根】dúgēn 名 一人っ子. ¶~独苗 miáo／一粒種.

【独家】dújiā 名形 唯一一軒(の). 一社単独(の). ¶~赞助／単独スポンサーとなる.
【独角[脚]戏】dújiǎoxì 名 ❶《芸能》一人芝居. ¶唱~／一人芝居をする. ❷ 仲間なしに自分一人で事を進めること. ❸《芸能》上海や杭州一带の漫才. ❹《芸能》湖南一带の語り物.
【独居】dújū 動 一人暮らしをする.
【独具慧眼】dú jù huì yǎn 成 独自の優れた見解や見識を有している. 同 独具只 zhī 眼
【独具匠心】dú jù jiàng xīn 成 独創性のある. ¶~的工艺品／独創的な工芸品.
【独揽】dúlǎn 動 一手に握る. 独占する. ¶~大权／大権を独占する.
【独力】dúlì 副 自分だけの力で…する. ¶~经营／独力で経営する.
*【独立】dúlì 動 ❶ 単独で立つ. ¶~山巅 shān diān 的苍松 cāngsōng／山頂に一本だけ立っている青松. ❷ 独立する. 独り立ちする. ¶宣布~／独立を宣言する. ¶~工作／独り立ちして仕事をする. ¶~思考／自分の頭で考える. ❸（国家が）独立する.
【独立董事】dúlì dǒngshì 名 独立理事. 参考 会社組織から独立し，社内の他の業務は行わずに理事職のみを遂行する役職.
【独立国】dúlìguó 名 独立国.
【独立王国】dúlì wángguó 名 独立王国. 独立勢力圏. ある地区や企業体などが，上級の機関や組織の制限を受けないで活動する喩えとして使われる.
【独立性】dúlìxìng 名 独立性.
【独立自主】dú lì zì zhǔ 成 自主独立. ¶坚持~，自力更生 gēngshēng 的方针／自主独立・自力更生の方針を貫きとおす.
【独联体】Dúliántǐ 名 "独立国家联合体"（独立国家共同体，CIS）の略.
【独领风骚】dú lǐng fēng sāo 成 文壇など特定の分野において，トップの位置にある.
【独龙族】Dúlóngzú 名《民族》トールン族. 雲南省に住む少数民族.
【独轮车】dúlúnchē 名［圉 辆 liàng］一輪の手押し車. 猫車. 人や物をのせる.
【独门】dúmén 名（~儿）その家あるいはその人だけの秘伝や技能.
【独门独户】dúmén dúhù 名 一家族だけが使っている家屋や四合院. 同 独门独院 yuàn
【独苗】dúmiáo 名（~儿）唯一の跡取り. 一人っ子. 同 独苗苗 表现 一人きりの子や孫についていう.
【独木不成林】dú mù bù chéng lín 成 一本の木では林にならない. 一人の力には限りがあり大事を成し遂げられないこと. 同 独树 shù 不成林
【独木难支】dú mù nán zhī 成 一本の木では大きな建物を支えきれない. 一人の力では全部を支えきれないこと. ¶这么大一个公司，叫他一个人也是~啊／こんなに大きな会社を彼一人で支えるのは無理というものです.
【独木桥】dúmùqiáo 名 ❶［圉 座 zuò］丸木橋. ❷ 困難な道すじ. 同 阳关道 yángguāndào
【独木舟】dúmùzhōu 名 丸木舟. カヌー.
【独幕剧】dúmùjù 名《芸能》［圉 场 chǎng，出 chū］一幕劇. 反 多 duō 幕剧
【独辟蹊径】dú pì xī jìng 成 独自に道を切り開く. 独創的な風格や新しい方法を作り出す.
【独善其身】dú shàn qí shēn 成 貶 自分のことばかり

考えて、他人を顧みない。由来『孟子』尽心上に見えることば．もと、「役人にならなければ、自分の心身を修養する」という意から．

【独身】dúshēn 名 ❶ 単身．¶十几年～在外／十数年間一人で外地にいた．同 単身 dānshēn ❷ 独身．¶过～生活／独身生活をする．

【独生女】dúshēngnǚ 名 一人娘．
【独生子】dúshēngzǐ 名 一人息子．同 独子 dúzǐ
【独生子女】dúshēng zǐnǚ 名 一人っ子．
【独树一帜】dú shù yī zhì 成（学芸などで）独自に一家をなす．¶这家公司与众不同，在经营手法上～／この会社はほかと違い、経営手法に独自のスタイルがある．
【独特】dútè 形 独特だ．ユニークだ．¶～的风格 fēnggé／独特な風格．¶这种设计很～／このデザインはユニークだ．
【独吞】dútūn 動（利益を）独り占めする．
【独舞】dúwǔ 名 ソロダンス．同 単人舞
【独眼龙】dúyǎnlóng 名（蔑）隻眼（がん）の人．片目の人．
【独一无二】dú yī wú èr 成 一つしかない．唯一無二だ．
【独院】dúyuàn 名（～儿）一家族だけが住んでいる四合院や家屋．一戸建ての家．
【独占】dúzhàn 動 独占する．¶～市场／市場を独占する．¶他一个人～了三项冠军 guànjūn／彼は一人で3種目の一位を独占した．
【独占鳌头】dú zhàn áo tóu 成 第一位になる．由来 科挙の"殿试 diànshì"に第一位で合格すると宫廷の"鳌 áo"（大亀）のレリーフの上を歩くことができたことから．
【独资】dúzī《経済》単独資本．
【独子】dúzǐ 名 一人息子．同 独生 shēng 子
【独自】dúzì 副 一人で…する．¶～玩耍 wánshuǎ／一人で遊ぶ．同 単独 dāndú
【独奏】dúzòu 動《音楽》独奏する．¶～者／独奏者．反 合奏 hézòu

顿（頓）dú

页部4 四 5178₂
全10画 常用

→冒顿 Mòdú
☞ 顿 dùn

读（讀）dú

讠部8 四 3478₄
全10画 常用

動 ❶（声に出して）読む．¶宣～ xuāndú（大勢の前で読みあげる）／朗～ lǎngdú（朗読する）／～报 dúbào（新聞を読みあげる）．❷（声に出さないで）読む．¶～书 dúshū／默～ mòdú（黙読する）／～者 dúzhě．❸（学校で）学ぶ．¶~大学（大学で学ぶ）．
☞ 读 dòu

【读本】dúběn 名 教科書．テキスト．読本．同 课本 kèběn
【读后感】dúhòugǎn 名 読後の感想．参考 多く感想や批評の文章をいう．
【读经】dújīng 儒家の経典を読む．参考 通常『四书五经』を読むことをいう．
【读秒】dúmiǎo 動 ❶（囲碁で）制限時間を読み上げる．❷ カウントダウンする．
【读破】dúpò 動 同じ漢字で意味が異なる時に別の読みかたをすること．例えば、"好 hǎo"（良い）と"好 hào"（好む）、"王 wáng"（王様）と"王 wàng"（王となる）など．同 破读 pòdú
【读书】dú//shū 動 ❶ 読書する．¶～笔记／読書ノート．❷（学校で）勉強する．¶他～很用功／彼はとてもよく勉強する．

【读书人】dúshūrén 名 ⑪読書人．知識人．
【读数】dúshù 名（計器やメーターの）目盛り．
【读物】dúwù 名 本・雑誌・パンフレットなどの読み物．¶儿童～／子供の読み物．¶通俗 tōngsú～／啓蒙的なやさしい読み物．
【读音】dúyīn 名 読み方．発音．¶你知道这个字的～吗？／この字の読み方を知っていますか．
*【读者】dúzhě 名 読者．¶～来信／読者からの便り（新聞や雑誌などの欄名）．

渎（瀆/瀆）dú

氵部8 全11画 四 3418₄ 通用

名 文 ❶ 水路．¶沟～ gōudú（水路）．❷ 汚す．冒瀆（ぼうとく）する．¶～职 dúzhí．

【渎职】dúzhí 動 冒瀆する．¶～行为 xíngwéi／汚職行為．¶犯了～罪 zuì／汚職の罪を犯す．

椟（櫝/匵）dú

木部8 四 4498₄
全12画 通用

名 文 ❶ 戸棚．❷ 小箱．❸ 棺材．

犊（犢）dú

牛部8 四 2458₄
全12画 通用

名（～儿）子．¶初生之～不怕虎 hǔ 成 生まれたばかりの子牛は虎を恐れない．若者は、恐れを知らず大胆だ）．

【犊子】dúzi 名〔～头 tóu〕子ウシ．¶牛～／子ウシ．

牍（牘）dú

片部8 四 2408₄
全12画 次常用

名 ❶ 古代に文字を記した細長い木の板．¶简～ jiǎndú（簡牘たん）．❷ 公文書．¶文～ wéndú（公文書）／文～主义（文書第一の官僚主義）／案～ àndú（公文書）．❸ 手紙．書簡．書面．¶尺～ chǐdú（尺牘たん）．

黩（黷）dú

黑部8 四 6438₄
全20画 通用

名 文 ❶ 辱める．軽んじる．❷ ほしいままにする．¶～武 dúwǔ.

【黩武】dúwǔ 動 文 みだりに武力を用いる．¶穷兵～ 成 兵力を乱用して、みだりに戦いをする．

髑 dú

骨部13 四 7622₇
全22画 通用

下記熟語を参照.

【髑髅】dúlóu 名 文 どくろ．しゃれこうべ．

肚 dǔ

月部3 四 7421₀
全7画 常用

名（～儿）（食用となる）動物の胃．¶羊～儿 yángdǔr（ヒツジの胃袋）．
☞ 肚 dù

【肚子】dǔzi 名（食用となる）動物の胃．¶猪～／ブタの胃袋．

笃（篤）dǔ

竹部3 四 8812₇
全9画 通用

文 ❶ 素 熱心でまじめだ．¶～学 dǔxué／～信 dǔxìn．❷ 素 病気が重い．¶病～ bìngdǔ（危篤だ）．❸ 素 とても．きわめて．¶～好 hào 文学（文学を酷愛する）．❹（Dǔ）姓．

【笃定】dǔdìng 方 ❶ 圖 必ずや．¶～没问题／まったく問題ない．❷ 形 慌てず落ち着いている．¶神情～／自信ある顔つき．
【笃厚】dǔhòu 形 誠実で情に厚い．篤実だ．¶忠诚 zhōngchéng～／誠実で情に厚い．
【笃实】dǔshí 形 ❶ 情に厚く実直だ．❷ 内容がある．¶

他的学问很～/彼の学問は実にしっかりしている.
【笃信】dǔxìn 動 ひたむきに信じる. ¶～佛教 fójiào / 仏の教えを一心に信じる. ¶～不疑 / 深く信じて疑わない.
【笃学】dǔxué 形 学問に励んでいる. ¶～不倦 juàn / 学問に励み,手を抜くことがない.

堵 dǔ 土部8 四4416₀ 全11画 常用

❶ 動〈道や穴などを〉ふさぐ. さえぎる. ¶～车 dǔchē / 水池～住了（流しがつまった）. ¶～老鼠 lǎoshǔ 洞（ネズミの穴をふさぐ）/ 别～着门站着!（入り口に立ち止まるな）. ❷ 動（気が）ふさぐ. ¶心里～得慌（ひどく気がふさぐ）. ❸ 名 ⟨文⟩垣. 塀. ¶观者如～（見物人が塀のように取り囲む）. ❹ 量 塀を数えることば. ¶一～围墙 wéiqiáng（一つの塀）. ❺（Dǔ）姓.

【堵车】dǔchē 動 車がつまる. 渋滞する. ¶这条路经常～/ この通りはいつも渋滞する.
【堵截】dǔjié 動 遮断する. せき止める. ¶～敌人的退路 / 敵の退路を断つ.
【堵塞】dǔsè 動 ❶〈道や穴を〉ふさぐ. つまる. ¶交通～/ 交通が渋滞する. ❶ 鼻子～了 / 鼻がつまった. 回 梗塞 gěngsè,阻塞 zǔsè 反 畅通 chàngtōng 補.埋めぬわれる. ¶工作中的漏洞 lòudòng / 仕事で生じた穴（欠陥や赤字）を埋めあわせる.
【堵死】dǔsǐ ❶ ぎっしりつめる. ぴったりふさぐ. ¶把门～/ 入口をぴったりふさぐ. ❷ 通らない. ¶烟囱 yāncōng 被煤烟子 méiyānzi～了 / 煙突にすすがつまって役に立たなくなった.
【堵住】dǔzhù 動 ふさぎ止める.
【堵嘴】dǔ//zuǐ 動 口をふさぐ. 口止めをする.

赌（賭） dǔ 贝部8 四7486₀ 全12画 常用

❶ 動 賭(か)けごとをする. ¶～钱 dǔqián / ～输赢 shūyíng（勝ち負けを賭ける）. ¶ 名 賭け. ばくち. ¶打～/ 打赌 dǎdǔ（賭けをする）.
【赌本】dǔběn 名 ❶ 賭けごとの元手. ❷ 冒険をするときに頼りにするもの.
【赌博】dǔbó 動 ❶ とばくをする. ¶严禁 yánjìn～/ ばくちを厳しく禁ずる. ❷ 危険を犯す. ¶政治～/ 政治上の危険な賭けをする.
【赌博罪】dǔbózuì 名《法律》賭博罪. 賭博開張(ちょう)罪.
【赌场】dǔchǎng 名〔家 jiā〕とばく場.
【赌东道】dǔ dōngdào 旬 酒食をおごることを賭ける（負けた方がおごる）. 回 赌东儿 dǔdōngr.
【赌棍】dǔgùn 名 ばくち打ちのごろつき.
【赌局】dǔjú 名 ばくち場. 賭場(じょう). ¶设 shè～/ 賭場を開く.
【赌具】dǔjù 名 ばくちの道具.
【赌气】dǔ//qì 動（不満から,あるいはしかられて）ふてくされる. 腹をたてる. ¶你是哥哥,怎么跟弟弟～呢？/ あなたはお兄ちゃんなんだから,弟相手に腹をたてちゃだめでしょ. 回 负气 fùqì.
【赌钱】dǔ//qián 動 ばくちをする. 金を賭ける.
【赌球】dǔ//qiú 動 球技賭博をする.
【赌徒】dǔtú 名 博徒. ばくち打ち.
【赌债】dǔzhài 名 ばくちでつくった借金.
【赌友】dǔyǒu 名 ばくち仲間.
【赌咒】dǔ//zhòu 動 誓いをたてる. ¶你要赌个咒,我才能相信你 / 君が誓いをたてて初めて,僕も君を信じることができる. 回 发誓 fāshì,起誓 qǐshì.
【赌注】dǔzhù 名 ❶ ばくちで賭ける金品. ¶下～/ 金品をかける. ❷ 危険な行為への代償. ¶以自己的命运 mìngyùn 作～/ 自分の運命を賭ける.

睹（覩） dǔ 目部8 四6406₀ 全13画 次常用

素 見る. ¶耳闻目～（成 自分の耳で聞き,自分の目で見る）/ 熟视无～（成 よく見ていても,関心がなければ見ていないのと同じだ）. 回 见 jiàn.
【睹物思人】dǔ wù sī rén 成（死亡や離別で去った）人の残したものをみて,当人を思い起こす.

芏 dǔ 艹部3 四4410₄ 全6画 通用

→茳芏 jiāngdù.

杜（殹❷） dù 木部3 四4491₀ 全7画 常用

❶ 名《植物》ヤマナシ. 回 杜树 dùshù,杜梨 dùlí,棠梨 tánglí. ❷ 素 ふさぐ. 防ぐ. ¶以～流弊 liúbì（弊害を防ぐ）/ ～绝 dùjué. ❸（Dù）姓.
【杜甫】Dù Fǔ《人名》杜甫(ほ:712-770). 盛唐の詩人.
【杜衡〖蘅〗】dùhéng 名《植物・薬》オオカンアオイ.
【杜鹃】dùjuān 名 ❶《鸟》[回 只 zhī] ホトトギス. 回 杜宇 dùyǔ,布谷 bùgǔ,子规 zǐguī ❷《植物》[回 棵 kē] ツツジ. サツキ. アザレア. シャクナゲ. ¶～花 / ツツジの花. 回 映山红 yìngshānhóng.
【杜绝】dùjué 動 ❶（悪いことを）絶やす. 断ち切る. ¶～浪费 / 無駄遣いを絶つ. ❷ 回 不動産の売買契約書に,買い戻しの禁止を明記する. ¶～契 qì /買い戻しの禁止を明記した売買約定書.
【杜康】Dùkāng 名 酒. 由来 伝説上の夏(か)の帝王・少康のこと. 酒づくりの発明者とされる.
【杜诗】❶ Dùshī 名 唐代の詩人杜甫の詩や詩集. ❷ Dù Shī《人名》杜詩(し:?-38). 後漢の水利動力発明家.
【松子酒】dùsōngzǐjiǔ 名 酒の一種. ジン. 回 金 jīn 酒.
【杜宇】dùyǔ →杜鹃 dùjuān ①
【杜仲】dùzhòng 名《植物・薬》トチュウ. 回 思仲 sīzhòng 参考 樹皮を漢方薬に使う.
【杜撰】dùzhuàn 動 勝手につくり出す. 捏造(ねつぞう)する. 比較 日本語の「杜撰(ずさん)」は,やり方がいいかげんだ,という意味で,中国語とは異なる.

肚 dù 月部3 四7421₀ 全7画 常用

名（～儿）腹. 腹部. ¶～子 dùzi / 吃个～儿圆（腹いっぱい食べる）. ❷ 腹に似て,丸くふくらんだ部分. ¶炉～儿 lúdùr（ストーブの胴）/ 手指头～儿（指の腹）.
☞ 肚 dǔ
【肚带】dùdài 名（ウマの）腹帯.
【肚量】dùliàng 名 ❶（1人が1回の食事で）食べる量. 回 饭量 ❷（人としての）度量. 回 度量.
【肚皮】dùpí 名 ❶ 腹の皮. ❷ 方 腹. おなか. ¶大～/ 大饭食い. ❸ 先把～填饱,省 まず腹ごしらえをする.
【肚皮舞】dùpíwǔ 名 ベリーダンス.
【肚脐】dùqí 名（～儿）へそ. 回 肚脐眼儿 yǎnr.
*【肚子】❶ dùzi 名 腹. ¶他～疼 téng / 彼は腹痛だ. ❷ 腹に似て丸くふくれた部分. ¶腿～/ ふくらはぎ.

妒（❺妬） dù 女部4 四4340₇ 全7画 次常用

素 ねたむ. 嫉妬(しっと)する. ¶嫉～/ 嫉妒 jídù（ねたむ）.
【妒嫉】dùjí 動 ねたむ. 嫉妬する. 回 妒忌 jì.
【妒忌】dùjì 動 嫉妬する. ¶～别人 / 他人をねたむ.

度 dù 广部6 四 0024₇ 全9画 常用

❶ 素 長さを測る. ¶〜量衡 dùliànghéng. ❷ 量 角度・温度・電力量(キロワット時)などをあらわすことば. 度. ¶这个角是30〜(この角度は30度だ)/今天25〜(今日の気温は25度ある)/用了20〜电(20キロワット時の電力を使用した). ❸ 量 回数をあらわすことば. ¶一〜 yīdù(一度, 一回)/再〜 zàidù(もう一回)/前〜 qiándù(前回). ❹ 接尾 形容詞・名詞・動詞の後について度合いをあらわすことば. ¶温〜 wēndù(温度)/湿〜 shīdù(湿度)/高〜 gāodù(高度)/浓〜 nóngdù(濃度)/坡〜 pōdù(勾配êê)/热〜 rèdù(熱さ). ❺ 接尾 期間のまとまりをあらわすことば. ¶年〜(年度)/季〜(四半期). ❻ 素 法則. ものごとの基準. ¶过〜(度を越す)/法〜 fǎdù(規則)/制〜 zhìdù(制度). ❼ 素 度量. ¶气〜 qìdù(気概)/〜量 dùliàng. ❽ 動 過ごす. ¶〜日 dùrì. ❾ 素 考え. 考慮. ¶置之〜外(感 まったく心にかけない). ❿ (Dù)姓.

☞ 度 duó

*【度过】dùguò 動 (時を)過ごす. ¶〜愉快的时间/楽しい時間を過ごす.

【度荒】dùhuāng 動 飢饉(ききん)をきり抜ける.

【度假】dùjià 動 休暇を過ごす. ¶你准备去哪儿〜? /君はどこで休暇を過ごすつもりですか.

【度假村】dùjiàcūn 名 休暇村. レジャーランド.

【度量】dùliàng 名 度量. ¶他〜大, 能容人 róngrén/彼は度量が大きく, 寛大だ. 同 肚量 dùliàng

【度量衡】dùliànghéng 名 度量衡.

【度命】dùmìng 動 (苦しい生活の中で)命をつなぐ.

【度曲】dùqǔ 動〈文〉❶作曲する. ❷譜面どおりに歌う.

【度日】dùrì 動 (苦しい状況の中で)何とか暮らす.

【度日如年】dù rì rú nián 成 1日が1年のように長く感じられる. 表現 生活が苦しいたとえ.

【度数】dùshu 名 計器などの度数. 目盛り. メーター. ¶看〜/目盛りを見る.

渡 dù 氵部9 四 3014₇ 全12画 常用

❶ 動 (川や海を)渡る. 渡す. ¶〜河 dùhé(川を渡る)/〜船 dùchuán(渡し船に乗り越える)/〜时期(過渡期). ❸ 素 渡し場. ¶茅津〜 Máojīndù(山西省と河南省の間にある黄河の渡し場). ❹ (Dù)姓. 用法 ③は, 渡し場の名称に多く用いる.

【渡槽】dùcáo 名 水路橋.

【渡船】dùchuán 名 〔⑪ 条 tiáo, 只 zhī〕渡し船. フェリーボート.

【渡江战役】Dùjiāng zhànyì 名〈歴史〉长江渡江战役(1949年). 解放戦争後期, 共産党軍が国民党軍を破って長江を渡った戦い.

【渡口】dùkǒu 名 〔⑪ 个 ge〕渡し場. 同 渡头 dùtóu

【渡轮】dùlún 名 〔⑪ 艘 sōu, 条 tiáo, 只 zhī〕連絡船. フェリーボート.

【渡头】dùtóu → 渡口 dùkǒu

【渡鸦】dùyā 名〈鳥〉ワタリガラス.

镀(鍍) dù 钅部9 四 8074₇ 全14画 次常用

動 めっきする. ¶〜金 dùjīn/电〜 diàndù(電気めっきする).

【镀层】dùcéng 名〈工業〉(めっきの)着金. コート.

【镀金】dù//jīn ❶金めっきする. ❷はくを付ける. ¶这次去外国不是为了〜/今回外国へ行くのははくを付けるためではない.

【镀锡铁】dùxītiě 名 ブリキ. 同 马口 mǎkǒu 铁

【镀锌铁】dùxīntiě 名 トタン. 表現 ふつう"白铁", "铅铁"と言う.

蠹(異 蚕、螙、蠧) dù 虫部18 全24画 四 5013₈ 通用

素 ❶ 衣類・紙・木材などを食う虫. ¶木〜 mùdù(キクイムシ)/书〜 shūdù(シミ). ❷ むしばむ. ¶流水不腐 fǔ, 户枢 shū 不〜(感 いつも動いているものは, 侵食を受けにくい).

【蠹虫】dùchóng 名 ❶衣類・紙・木材などを食う虫. ❷集団の利益を害する悪者. ¶清除 qīngchú 社会〜/世の人々の利益に反する悪者を一掃する.

【蠹鱼】dùyú 名〈虫〉本や衣服の害虫. シミ. 同 衣鱼 yīyú, 纸鱼 zhǐyú

duan ㄉㄨㄢ [tuan]

耑 duān 山部6 四 2222₇ 全9画 外

〈文〉❶古代の"端 duān"の字. ❷"专 zhuān"に同じ. ⇨专 zhuān

端 duān 立部9 四 0212₇ 全14画 常用

❶ 素 きちんと整っている. ¶〜正 duānzhèng/〜坐 duānzuò(姿勢正しく座る). ❷ 素 物の端. 事の始まり. ¶两〜 liǎngduān(両端)/末〜 mòduān(端)/笔〜 bǐduān(筆先)/开〜 kāiduān(始まり). ❸ 素 事項. 事がら. ¶不只 zhǐ 一〜(ただこの一つの事だけではない)/举其 qí 大〜(大きな事がらを例に上げる). ❹ 動 両手で物を水平にささげ持つ. ¶〜碗(碗をささげ持つ)/〜盘子(お皿をさしだす)/〜茶(茶をさし上げる). ❺ (Duān)姓.

端・捧(動作の比較)

【端的】duāndì ❶ 副 果たして. 確かに. ¶〜是千载 qiānzǎi 嘉会 jiāhuì/まさしく稀に見るめでたい集まりだ. ❷ 名 いったい. つまるところ. ¶他〜是谁? /あいつはいったい誰だ. ❸ 名 事のいきさつ. ¶不知〜/いきさつがわからない.

【端方】duānfāng 形〈文〉端正だ. 正しい. ¶品行〜/品行方正だ.

【端架子】duān jiàzi 慣〈方〉えらぶる. お高くとまる. 同 拿 ná 架子

短 duǎn

【端节】Duānjié 名 "端午 Duānwǔ"に同じ.

【端丽】duānlì 形 きりっとして美しい. ¶字体～/字がきちんとして美しい. ¶姿容 zīróng～/容姿端麗.

【端量】duānliang 動 しげしげと見る. ¶上下左右～了一番 fān / 上から下までしげしげと見る.

【端面】duānmiàn 名（～儿）《機械》末端の面. 円柱両端の平面.

【端倪】duānní ❶名 糸口. 手がかり. ¶～可察／成 察知すべき糸口. ¶～已见／すでに糸口をつかんでいる. ❷動 全体を推しはかる. ¶千变万化,不可～/千変万化して,推しはかりがたい.

【端午】[五] Duānwǔ 名 旧暦5月5日. 端午の節句. ¶～节／端午の節句. 参考 戦国時代の楚の詩人屈原(沇)を弔い,ちまきを食べ,ボートレースをする. 日本では子供の日だが,中国の子供の日は6月1日の"儿童节 Értóngjié". ☞付録"祝祭日一覧"

【端线】duānxiàn →底线 dǐxiàn ①

【端详】duānxiáng ❶名 詳しい事情. ¶听～／詳しい事情を聞く. ❷形 威厳があり落ち着いている. ¶容止～／容貌に威厳がただよう.

【端相】[详] duānxiang 動 念入りにながめる. ¶老母亲～着多年不见的儿子,两眼湿润 shīrùn 了／老母は久方ぶりに会う息子をしげしげと見て,両目をうるませた. 同 打量 dǎliang.

【端绪】duānxù 名〈文〉糸口. 手がかり. ¶尚无～／まだ糸口がつかめない.

【端砚】duānyàn 名 端溪(緯：広东省高要县)産の石でつくった硯(猪). 参考 歙砚(努），洮砚(緯)と並んで,硯の最高級品とされる.

【端阳】Duānyáng 名 "端午 Duānwǔ"に同じ.

【端正】duānzhèng ❶形 端正だ. きちんと整っている. ¶五官 wǔguān～／顔かたちが端正だ. ❷形（品行や態度などが）正しい. ¶品行 pǐnxíng～／品行方正だ. ❸動（品行や態度などを）正しくする. ¶～学习态度／学習態度を正す.

【端庄】duānzhuāng 形 きちんとして重々しい. ¶举止 jǔzhǐ～／物腰がきちんとして重々しい.

短 duǎn
矢部7 四 8181₈
全12画 常用

❶形（距離や時間が）短い. ¶～距离 duǎnjùlí／裤 duǎnkù／～视 duǎnshì／昼 zhòu 长夜～（昼は长く,夜は短い）／～工 duǎngōng. 反 长 cháng ❷動 欠ける. 不足する. ¶～她一个人（彼女だけがいない）. 同 欠 qiàn, 缺 quē ❸名（～儿）短所. 欠点. ¶不应该护～ hùduǎn（短所をかばってはならない）／取长补～（長所を取り入れ,短所を補う）.

【短袄】duǎn'ǎo 名〔件 jiàn〕腰までの長さの綿入れの上着.

【短兵相接】duǎn bīng xiāng jiē 成 白兵戦をする. 真っ向からきびしく対決する.

【短波】duǎnbō 名《物理》短波. ¶～收音机／短波ラジオ.

【短不了】duǎnbuliǎo 動 ❶ なくてはならない. 欠かせない. ¶人一天～水／人間は1日たりとも水を欠かせない. ❷ 免れない. 避けられない. ¶生病～吃药／病気になったら,すぐ薬を飲まねばならない.

【短程】duǎnchéng 形 短距離の. 近距離の. ¶～导弹／短距離ミサイル. ¶～旅游／近場の旅行.

【短池】duǎnchí 名《スポーツ》短いプール. 短水路. 参考 ふつう25メートルプールをさす.

【短处】duǎnchu 名 短所. 欠点. ¶人都有长处,也有～／人は誰しも長所があり,欠点もある. 同 短儿 duǎnr 反 长处 chángchu.

【短促】duǎncù 形（時間が）たいそう短い. 切迫している. ¶生命～／命が短い. ¶呼吸～／あえいでいる. ¶～的访问／慌ただしい訪問. 同 急促 jícù.

【短打】duǎndǎ 名 ❶《芸能》《伝統劇》の立ち回り. 殺陣(を). ❷ 軽装. カジュアルな服装.

【短大衣】duǎndàyī 名 ショートコート. ハーフコート.

【短笛】duǎndí 名《音楽》[管 guǎn, 支 zhī] ピッコロ.

【短工】duǎngōng 名〔个 ge, 名 míng〕臨時工. 臨時雇い. ¶打～／臨時雇いの仕事をする. 反 长工 chánggōng.

【短号】duǎnhào 名《音楽》コルネット.

【短见】duǎnjiàn 名 ❶ 底の浅い見識. ¶～寡闻 guǎwén／見識が浅く,見聞がせまい. ❷ 自殺. ¶勿 wù 寻 xún～／自殺するな.

【短斤缺两】duǎn jīn quē liǎng 成（品物の）分量が十分でないこと. 量目(??)不足. 同 缺斤短两.

【短距离】duǎnjùlí 名 短距離.

【短裤】duǎnkù 名〔条 tiáo〕ショートパンツ. 半ズボン.

【短路】duǎnlù ❶名《電気》ショート. ¶大概发生～了吧／恐らくショートしたのでしょう. ❷動 追いはぎをする.

【短命】duǎnmìng 形 短命だ. ¶～夭折 yāozhé／短命に終わる. 反 长命 chángmìng, 长寿 chángshòu.

【短跑】duǎnpǎo 名《スポーツ》短距離走. ¶～运动员／短距離選手. スプリンター. 同 短跑 chángpǎo.

【短篇】duǎnpiān 名〔个 ge, 篇 piān〕短編.

【短篇小说】duǎnpiān xiǎoshuō 名 短編小説.

【短片】duǎnpiàn 名 短編映画. ショートフィルム. 同 短片儿 piānr.

【短平快】duǎnpíngkuài ❶《スポーツ》(バレーボールの) B クイック. ❷（プロジェクトや製品が）少ない投資で短期間に経済効果をあげられる. 速効性がある.

【短评】duǎnpíng 名〔篇 piān〕寸評. 短評. ¶～栏目 lánmù／コラム.

*【短期】duǎnqī 名 短い期間. 短期. ¶～内／短期間に. ¶～留学／短期留学.

【短气】duǎnqì 動 気落ちする. 自信を失う. ¶不要说～的话／弱気なことを言わないで.

【短浅】duǎnqiǎn 形（見識や考えが）浅い. ¶目光～／考えが浅い. ¶见识～／見識が浅い.

【短欠】duǎnqiàn 動 不足する. 欠ける.

【短枪】duǎnqiāng 名 ピストル.

【短缺】duǎnquē 動 欠乏する. 不足する. ¶物资～／物資が欠乏する. ¶中小学教师严重～／小中学校の教師が著しく不足している. 同 短欠 duǎnqiàn 反 充足 chōngzú, 齐全 qíquán.

【短裙】duǎnqún 名 短いスカート. ¶超～／ミニスカート.

【短少】duǎnshǎo 動 足りない. ¶这本书～一页／この本は1ページ落丁している. 同 缺少 quēshǎo.

【短视】duǎnshì ❶名 近视. 近視 ❷形 目先が利かない. 近視眼的だ.

【短途】duǎntú 名 短距離. 近距離. ¶～运输／近距離輸送.

【短袜】duǎnwà 名 ソックス.

【短线】duǎnxiàn 名 供給不足. 反 长 cháng 线
【短项】duǎnxiàng 名 ウイークポイント. 不得意な分野.
【短小】duǎnxiǎo 形 ❶（身体が）小柄だ. ¶个子～／背が低い. ❷短くて薄い.
【短小精悍】duǎn xiǎo jīng hàn 成 ❶小柄だが精かんだ. ¶他长得～,非常精神／彼は体は小さいが精かんで,エネルギッシュだ. ❷（文章や発言が）短いが力強い. ¶～的文章／簡潔で力強い文章.
【短效】duǎnxiào 形 即効性の.
【短信】duǎnxìn 名 ❶短い手紙. ❷→短信息
【短信息】duǎnxìnxī 名 携帯電話のショートメッセージ. 表現 "短信"とも言う.
【短信息服务】duǎnxìnxī fúwù 名 ショートメッセージサービス. SMS.
【短训班】duǎnxùnbān 名 "短期训练班 duǎnqī xùnliànbān"（短期セミナー）の略称.
【短讯】duǎnxùn 名 短いニュース.
【短语】duǎnyǔ 名《言語》連語. フレーズ. 回 词组 cízǔ
【短暂】duǎnzàn 形 (時間が)短い. しばしの. ¶～的交往 jiāowǎng／短いつきあい. 反 长久 chángjiǔ, 漫长 màncháng
【短装】duǎnzhuāng 名 "长衣"を着ずに,ズボンと短い上衣だけを着た略式の服装.

段 duàn

攵部 5 7744₇ 全9画 常用

❶ 量（～ノレ）（ものや時間,文章や話などの）一区切りを数えることば. ¶一～话（一くだりの話）／一～时间（一区切りの時間）／一～木头（一切れの木）. ❷（Duàn)姓.
【段落】duànluò 名 段落. 区切り. ¶这篇文章～清楚／この文章は,段落がはっきりしている. ¶工程已经告一～／工事は,すでに一段落がついた.
【段位】duànwèi 名（囲碁の）段位.
【段子】duànzi 名〘量 个 ge〙（演劇・講談・楽曲などの）一区切り. 一節. 段.

断（斷） duàn

斤部 7 四 2272₁ 全11画 常用

❶ 動（長いものを途中で）断ち切る. 切れる. ¶电线～了（電線が切れた）／风筝 fēngzheng 线～了（たこの糸が切れた）／把绳子剪～了（ひもをはさみで切った）. 回 续 xù
❷ 動 途絶える. つながりをなくす. ¶～奶 duànnǎi／～了关系（関係を断った）. ❸ 動（酒やタバコなどを）やめる. ¶～酒 duànjiǔ（酒をやめる）／～烟 duànyān（タバコをやめる）. ❹ 素 決める. 判断する. ¶诊～ zhěnduàn (診断する)／~案 duàn'àn／当 dāng 机立～（成 機をのがさず決断する）／～语 duànyǔ. ❺ 副 絶対に…だ. 断じて…だ. ¶～无礼理（こんな道理は絶対ない）. 用法 ❺は,否定形に用いることが多い.
【断案】❶ duàn//àn 判決をくだす. ¶公正～／公正に裁きをつける. ❷ duàn'àn 名（三段論法）の結論.
【断背】duànbèi 名 同性愛. 由来 台湾の李安導（アン・リー）が監督した映画《断背山》（「broken mountin」）が同性愛を扱った内容だったことから.
【断编残简】duàn biān cán jiǎn 成 欠けていて不完全な書籍や文章. 回 简篇残编,断简残篇 piān, 残篇断简 由来 昔,文字を記した木片や竹片を"简 jiǎn",それらを束ねるとじひもを"编",とじた書物を"篇"と言ったことから.
【断层】duàncéng 名 ❶《地学》断層. ¶～湖／断層によってできた湖. ❷（世代間の）食い違い. 断絶. 断層. ¶人才～很大／人材の断層現象がとても大きい.

【断肠】duàncháng 形 はらわたがちぎれるほどつらく悲しい. 断腸の思いだ.
【断炊】duàn//chuī（貧しくて）煮炊きして食べるものがない.
【断代】duàn ❶ duàn//dài 跡継ぎが絶える. 後継者がいない. ❷ duàndài 時代を区分する. 反 通代 tōngdài
【断代史】duàndàishǐ 名 ひとつの王朝または時代について記した歴史書. 時代史. 反 通 tōng 史
【断档】duàn//dàng 売り切れる. 品切れになる.
【断点】duàndiǎn 名 破壊点. ブレークポイント.
【断定】duàndìng 動 判断を下す. 断定する. ¶可以～这是凶杀案 xiōngshā'àn／殺人事件と断定してよいだろう. 回 判定 pàndìng
【断断】duànduàn 副 絶対に. 決して. 用法 多く否定文に用いる.
【断断续续】duànduànxùxù 形 断続的だ. とぎれとぎれだ. ¶这项研究～地进行了五年了／この研究は断続的に5年間続けられてきた.
【断顿】duàn//dùn（～ノレ）食事に事欠く.
【断根】duàn//gēn（～ノレ）❶ 根を断つ. 徹底的に取り除く. ¶这病断不了根／この病気は完治できない. ❷ 子孫が絶える. 回 断后 duànhòu
【断后】duàn ❶ duàn//hòu 子孫が絶える. 跡継ぎが途絶える. ❷ duànhòu (軍隊などで)しんがりをつとめる. ¶你先走吧,我来～／君は先に行け,僕がしんがりをつとめよう.
【断乎】duànhū 副 断じて…だ. 絶対に…だ. ¶你～不可答应 dāying 他的要求 yāoqiú／君は断じて彼の要求を受け入れてはならない. 回 断断 duànduàn 用法 否定文で用いることが多い.
【断交】duàn//jiāo 交友や外交関係を断つ. 回 绝交 juéjiāo 反 复交 fùjiāo, 建交 jiànjiāo
【断句】duànjù 動（古文に）句読点を打つ.
【断绝】duànjué 動 断絶する. ¶～音信／便りが途絶える. ¶～交通／交通を遮断(zhē)する.
【断口】duànkǒu 名 ❶《鉱物》破面. 断口. ❷ 四肢のちぎれた傷口.
【断粮】duàn//liáng 食糧が尽きる.
【断流】duàn//liú 動 ❶水流を止める. ❷ 川がとぎれる. ¶川が干上がる.
【断垄】duàn//lǒng《農業》(土壌不適や病虫害などのために)畝の一部で作物の芽が出ない. または出てもくさってしまう.
【断路】duànlù《電気》回路を切る.
【断路器】duànlùqì《電気》遮断器. ブレーカー.
【断面】duànmiàn 名 断面. ¶～图／断面図. ¶横 héng～／横断面. 回 剖面 pōumiàn
【断奶】duàn//nǎi 動 離乳する. ¶这孩子都三岁了,还没～／この子は三つにもなってまだ乳離れできない.
【断片】duànpiān 動（映画の上映が）中断する. ☞ 断片 duànpiàn
【断片】duànpiàn 名 断片. ☞ 断片 duànpiān
【断七】duàn//qī 動 四十九日になる. 参考 人の死後,7日ごとを"七"とし,7回目の"七"が過ぎたことをいい,僧や道士を呼んで祭る.
【断气】duàn//qì 動（～ノレ）息が絶える. 死ぬ. ¶他还没说完就～了／彼はまだ言い終わらないうちに息絶えた.
【断然】duànrán ❶ 形 固国としている. きっぱりした. ¶采取～措置 cuòzhì／固国とした措置を取る. ❷ 副 絶対に…だ. 断じて…だ. ¶～不可／絶対にだめだ. ¶～不能接受帮助／絶対に手助けは受けられない. 回 断乎

duànhū 用法②は、否定文で用いることが多い.
【断送】duànsòng 動〔命や前途を〕失う. ¶把自己的政治生命~了/自らの政治生命を葬り去ってしまった. 同 葬送 zàngsòng
【断头】duàntóu ❶ 首を切る. 断首する. ❷ 動 中断する. ❸ 名〔紡織〕ブローケン・エンド. また、縦糸切れ. エンド・ブレーキング.
【断头台】duàntóutái 名 断頭台. ¶送上~/断頭台に送る.
【断弦】duàn//xián 動 妻に死なれる. ¶~再续 zàixù/妻に死なれて再婚する. 由来 昔、仲のよい夫婦を琴と瑟(さ:大型の琴)にたとえたことから.
【断线风筝】duàn xiàn fēng zheng 成 行ったままもどらない人や物. なしのつぶて. 由来「糸の切れた凧」という意から.
【断行】duànxíng 動 断固として実行する.
【断言】duànyán 動 断言する.
【断语】duànyǔ 名 断定. 結論. ¶妄 wàng 下~/みだりに結論を下す.
【断狱】duànyù 動 文 審理する. 裁く. ¶~公正/裁きが公正だ.
【断垣残壁】duàn yuán cán bì 成 建物が崩れおち、荒れ果てている. 同 断壁残垣 tuí yuán
【断章取义】duàn zhāng qǔ yì 成 貶 他人の文章や発言の本来の意味を無視し、一部だけをひろって利用する. 断章取義.
【断子绝孙】duàn zǐ jué sūn 成 子孫が絶える. 跡継ぎがない. 表現 ののしる時に用いることば.

缎(緞) duàn 纟部12 四 全12画 常 用

下記熟語を参照.

【缎子】duànzi 名〔紡織〕緞子(どんす). 厚手で光沢のある絹織物.

椴 duàn 木部9 四 4794₇ 全13画 通 用

名〔植物〕シナノキ. 参考 せいろうや鉛筆、マッチの軸などに用いる.

煅 duàn 火部9 四 9784₇ 全13画 通 用

動 ❶"锻 duàn"に同じ. ❷火で焼いて、薬材の強い作用をおさえる. 漢方薬の製法の一つ. ¶~石膏 shígāo(石膏を焼く).

【煅烧】duànshāo 動 物質に熱を加え水分や炭酸ガスをぬく. 煅焼(たんしょう)する.

锻(鍛) duàn 纟部9 四 8774₇ 全14画 常 用

動 金属を打ち鍛える. ¶~铁 duàntiě/~件 duànjiàn/~工 duàngōng/~炼 duànliàn.
【锻锤】duànchuí 名 鍛造(たんぞう)用ハンマー.
【锻工】duàngōng 名 ❶ 鍛造. かじ. ¶~车间/かじ場. ❷〔量 个 ge, 名 míng〕鍛造工. かじ職人.
【锻件】duànjiàn 名〔~儿〕鍛造品.
*【锻炼】duànliàn 動 身体や心を鍛える. ¶~身体/体を鍛える/~自己的认识能力/自らの認識能力を鍛える. 同 锤炼 chuíliàn, 磨练 móliàn
【锻铁】duàntiě 名 練鉄. 鍛鉄(たんてつ). 同 熟铁 shútiě
【锻压】duànyā 名 鍛造とプレス. ¶~机/鍛造プレス機.
【锻造】duànzào 動 鍛造(たんぞう)する. ¶压力~/プレス加工する.

簖(籪) duàn 竹部11 四 8872₁ 全17画 通 用

名 魚やエビ、カニを捕るためのしかけ. やな.

dui ㄉㄨㄟ [tueɪ]

堆 duī 土部8 四 4011₅ 全11画 常 用

❶ 動 積む. ¶粮食 liángshi~满仓 cāng(穀物が倉庫に山積みになっている)/~肥 duīféi/~砌 duīqì. 名(~儿)高く積み上げたもの. 山. ¶土~ tǔduī(土の山)/草~ cǎoduī(草の山)/柴火~ cháihuǒduī(たきぎの山). ❸ 量 積み上げたものや群れをなした人を数えることば. ¶一~黄沙(黄砂の山)/一~人(一団の人). ❹(Duī)姓.
【堆存】duīcún 動 山積みにする. 積んでおく. ¶~货物/品物を山積みする.
【堆叠】duīdié 動 積み重ねる. ¶桌子上~着很多新书/机の上には新しい本がうず高く積まれている.
【堆垛】duī//duò 動 積み上げる. 積み重ねる. ¶~机/パイラー(干し草の積み上げに使う機械).
【堆放】duīfàng 動 積んでおく. ¶看过的书报不要~在柜台 guìtái 上/見終わった本や新聞はカウンターに積まないように.
【堆房】duīfang 名 物置. 倉庫.
【堆肥】duīféi 名 堆肥(たいひ).
【堆积】duījī 動 積み上げる. 積み重ねる. ¶货物~如山/商品が山のように積んである.
【堆砌】duīqì 動 ❶〔レンガなどを〕積み上げる. ❷ 美辞麗句を並べる. ¶这篇文章只是~辞藻 cízǎo 而已/この文章はただ美辞麗句をつらねただけだ.
【堆笑】duī//xiào 動 笑みを浮かべる. ¶满脸~/満面に笑みを浮かべる.

队(隊) duì 阝部2 四 7820₀ 全4画 常 用

❶ 名 隊列. 行列. ¶站~ zhànduì(整列する)/排~ páiduì(列をつくる). ❷ 名 隊. チーム. ¶乐~ yuèduì(楽団)/篮球~ lánqiúduì(バスケットボール・チーム). ❸ 名 少年先鋒隊. ピオニール. ¶~日 duìrì/~礼 duìlǐ. ❹ 量 隊列をなす人馬を数えることば. ¶一~战士/一隊の戦士.
【队部】duìbù 名〔軍事〕部隊の本部. 司令部.
【队礼】duìlǐ 名 少年先鋒隊の敬礼. ¶行~/敬礼をする. 参考 右の手のひらを前に向けて頭上に掲げる.
【队列】duìliè 名 隊列. ¶~整齐/隊列が整然としている.
【队旗】duìqí 名 ❶ 隊の旗. ❷ 少年先鋒隊の旗. 参考 ②は、赤地に黄色の星たちひとつの図案.
【队日】duìrì 名 少年先鋒隊の活動日.
*【队伍】duìwu 名 ❶〔軍事〕〔量 路 lù, 支 zhī〕部隊. 軍隊. ¶开赴 kāifù 前线的~/前線に赴く部隊. ❷〔量 支 zhī〕隊列. 組織. ¶游行~/デモ隊.
【队形】duìxíng 名 隊形. ¶整顿~/隊形を整える. ¶一字~/一の字型隊形.
【队友】duìyǒu 名(スポーツチームや観測隊などの)チームメイト. 仲間.
【队员】duìyuán 名〔量 个 ge, 名 míng, 位 wèi〕隊員. (チームの)メンバー.

【队长】 duìzhǎng 名〔量 个 ge, 名 míng, 位 wèi〕隊長. リーダー.

对(對) duì 又部3 四 7440。
全5画 常用

Ⅰ 動 ❶ 答える. ¶~歌 duìgē / 相聞歌を歌う. ¶无言以~/ 無言で答える.
❷ (多く"着"を伴い) …に向かう. …に向く. ¶窗户~着小山 / 窓は小山に面している. ¶~着镜子梳头 shūtóu / 鏡に向かって髪をとかす.
❸ …に当たる. …に対する. ¶一致~外 / 力を合わせて外国に立ち向かう. ¶批评要~事不~人 / 批判は事に対してするのであって、人に対してするのではない.
❹ 互いに向かい合う. ¶面~面 / 顔と顔を突き合わせる. ¶~岸 duì'àn. ¶~得住 duìdezhù / 申し訳が立つ. ¶刀~刀,枪~枪 / 刀には刀で、銃には銃で.
❺ 互いに矛盾する. ¶~立 duìlì. ¶针锋 fēng 相~(成) 鋭く対立する.
❻ 照らし合わせる. ¶~比 duìbǐ. ¶~调 duìdiào.
❼ 突き合わせる. 合っているかどうかを検査する. ¶核~ héduì / 突き合わせる. ¶校~ jiàoduì / 校正する. ¶~笔迹 / 筆跡を鑑定する.
❽ 適合する. 符号する. かなう. ¶~心思 / 気に入る. ¶~脾气 / 性格が合う. ¶门当 dāng 户~(成) 家柄がつり合う.
❾ 等しく2つに分ける. ¶~半儿分 / 半分に分ける. ¶~开纸 / 半裁紙.
❿ 混ぜ合わせる. 割る. ¶~水 duìshuǐ. ¶咖啡里~点牛奶 / コーヒーにミルクを少し入れる.
⓫ 標準に合わせて調節する. ¶~表 duìbiǎo / 時計を合わせる. ¶~眼镜儿 / 眼鏡をつくる. ¶~琴弦 qínxuán / 調弦する.
⓬ 寄せ合わせる. つなぎ合わせる. ¶~对子 / 対句を作る. ¶~火儿 / タバコからタバコに火をつける.

Ⅱ 名 対になったもの. ¶~联 duìlián. ¶配~ pèiduì / 対にする.

Ⅲ 量 対になったものを数えることば. ¶一~沙发 / 一対のソファー. ¶一~夫妻 / 一組の夫婦. ¶一~鸳鸯 yuānyāng / 一つがいのオシドリ.

Ⅳ 前 …に対して. …について. ¶她~跳舞不感兴趣 / 彼女はダンスに興味がない. ¶看来,你~京剧很有研究 / あなたは京劇にたいへん詳しいですね. ¶你~这里的气候习惯吗? / あなたはこちらの気候に慣れましたか. ¶你~这个问题怎么看法? / あなたはこの問題についてどうお考えですか. ¶他~我很好 / 彼は私に優しい. ¶~我来说,… / 私にとっては、….
❷ …に向かって. ¶他~你说了些什么? / 彼はあなたに何を言いましたか. ¶她~我瞧了一眼 / 彼女は私をちらりと見た. ¶这件事千万别~他说 / このことは絶対彼に話してはならない.

Ⅴ 形 正しい. その通り. ¶她说的很~/ 彼女の言うことは正しい. ¶你这样做是~的 / あなたのやり方は正しい. ¶我念得~不~/ 私の読み方はあっていますか. ¶你脸色不~,是不是病了 / あなた顔色が良くないですよ,どこか悪いんじゃないですか.

Ⅵ (Duì)姓.

【对岸】 duì'àn 名 川などの対岸.
【对白】 duìbái 名《芸能》(量 段 duàn, 句 jù)(演劇や映画の中の)対話. ダイアローグ. ¶一段~/ せりふの一節.
【对半】 duìbàn (~儿) ❶ 半分ずつ. ¶~儿分 / 折

半する. ❷ 二倍. ¶~儿利 / 倍の利益.
【对本】 duìběn 形《経済》(利潤や利息が)元金と同額だ.
【对比】 duìbǐ ❶ 動 対比する. 比較する. ¶今昔 jīnxī~/ 今と昔をくらべる. (同) 対照 duìzhào,比照 bǐzhào
❷ 名 割合. ¶双方人数~是一比四 / 双方の人数の割合は一対四である.
【对比度】 duìbǐdù 名 (テレビ画面の)コントラスト.
【对比色】 duìbǐsè 名 反対色. 補色.
【对簿】 duìbù 動 ⽂ 取り調べを受ける. 訊問を受ける.
*【对不起】** duìbuqǐ 慣 申し訳がたたない. すみません. ¶~,让您久等了 / 長い間お待たせして、申し訳ありません. (同) 对不住 duìbuzhù 表現 本来謝罪のことばとして使う. 最近は、英語の Excuse me,あるいは日本語の「すみません が…」の意味で、呼びかけのことばとしても使われる.
【对策】 duìcè ❶ 名 ⽂ 科挙試験の一科目. 国政に関する皇帝の出題に答える. ❷ 対策. ¶商量~/ 対策を協議する.
【对唱】 duìchàng 動 名《音楽》二人あるいは二組の歌手が、掛け合いで歌う(こと). ¶~山歌 / 民謡を掛け合いで歌う.
【对称】 duìchèn ❶ 名《数学》対称. ❷ 形 対称になっている. ❸ 形 釣り合いがとれている. ¶图案~/ 模様のバランスがとれている. 比較 "对称"は、物体の形や大きさなどが釣り合っていることを指し、"相称 xiāngchèn"は、組み合わせがよいことを指す.
【对冲】 duìchōng 名《経済》株価下落などによる損失を先物売りなどで回避すること. ヘッジ.
【对冲基金】 duìchōng jījīn 名《経済》ヘッジファンド.
【对答】 duìdá 動 返答する.
【对答如流】 duì dá rú liú 成 すらすらと答える. 立て板に水のごとし.
*【对待】** duìdài 動 応対する. (事に)対処する. ¶~客人 / お客をもてなす. ¶~难题 / 難題に対処する. (同) 看待 kàndài
【对得起】 duìdeqǐ 申し訳がたつ. ¶只有学好功课,才~老师 / 授業できちんと学んでこそ、先生に申し訳がたつ. (同) 对得住 duìdezhù
【对等】 duìděng 形 対等だ. ¶~谈判 / 対等の話し合い. ¶~关系 / 対等な関係.
【对调】 duìdiào 動 互いに取り替える. ¶科长 kēzhǎng 叫我和小王~一下工作 / 課長は私と王君の仕事を交代させる.
【对顶角】 duìdǐngjiǎo 名《数学》対頂角.
*【对方】** duìfāng 名 相手.
*【对付】** duìfu 動 ❶ 対処する. ¶让我来~他吧 / 私が彼の相手をしよう. (同) 应付 yìngfù ❷ がまんする. 間に合わせる. ¶这架电视机虽很旧,但还能~着看 / このテレビは古いが、なんとか見ることはできる. (同) 凑合 còuhe, 将就 jiāngjiù ❸ 方 好き合う.
【对歌】 duìgē 動 双方が問答形式で歌う(歌). 参考 南方の少数民族地区で行われる.
【对光】 duì//guāng 動 ❶ カメラのピントを合わせる. ❷ 顕微鏡や望遠鏡の光量を調節する.
【对过】 duìguò 名 (~儿) 向かい側. ¶学校~儿有一家书店 / 学校の向かい側に本屋がある.
【对号】 duìhào 動 (~儿) ❶ 番号に合わせる. ¶~入座 / 指定席に座る. ❷ 一致する. ¶他说的和做的不~/ 彼は、言うこととやることが一致しない.
【对号】 duìhào 名 (~儿) チェックマーク. 参考 ふつう、正

【对话】duìhuà 名動 対話(する). ¶两国～/両国間で対話する. ¶～练习/対話練習.
【对讲机】duìjiǎngjī 名 トランシーバー. インターホン.
【对角】duìjiǎo 名《数学》対角.
【对角线】duìjiǎoxiàn 名《数学》対角線.
【对接】duìjiē 動 (宇宙船などの)ドッキングする.
【对襟】duìjīn 名 (～儿)《服飾》胸の中央でひもボタンをとめる中国の上着.
【对劲】duìjìn (～儿) ❶ 具合がいい. 気にいる. ¶这把锄 chú 我使着很～儿/この鋤(𨨞)は使い勝手がいい. ❷ 気が合う. ¶这师徒 shītú 二人一向挺～儿/この親方と弟子の二人はとても息が合っている. ❸ 正常だ.
【对局】duìjú 動 碁・将棋・球技などで対局する. 対戦する. ¶高手～/名人が対戦する.
【对决】duìjué 動 最終対決する. 最終決戦する.
【对开】duìkāi ❶ (車や船が)二つの地点から互いの方向に向けて出発する. ❷ 動 半分ずつにする. ❸ 名《印刷》全紙を二つ折りにした大きさの紙. 半裁.
【对抗】duìkàng 動 ❶ 対抗する. ¶理论～/理論が対立する. ❷ 抵抗する. ¶武装～/武装して抵抗する. 同 反抗 fǎnkàng, 抗衡 kànghéng.
【对抗赛】duìkàngsài 名《スポーツ》対抗戦. トーナメント.
【对抗性】duìkàngxìng 名 対抗性. 拮抗性.
【对抗性矛盾】duìkàngxìng máodùn 名 敵対矛盾.
【对口】duì//kǒu (～儿) ❶ (仕事の内容や性質などが)双方で一致する. ¶专业～/専攻や業務が一致する. ❷ 口に合う. ¶这菜正对我的口/この料理はちょうど私の口に合う.
【对口】duìkǒu 名 (～儿) 掛け合い. ¶～相声 xiàngsheng/掛け合い漫才. ¶～快板儿/掛け合いで演じる"快板儿". 《中医》首すじにできるはれもの. 同 对口疮 chuāng, 脑疽 nǎojū.
【对口相声】duìkǒu xiàngsheng 名 かけ合い漫才.
【对…来说】duì…lái shuō …について言えば. …にとっては. ¶对他来说,这些钱算不了什么/彼にとってはこれぐらいの金は何でもない.
【对了】duìle 形 正しい. そのとおりだ. (何かを思い出して)そうだ. ¶"你要的是这个吗?""～, 是那个"/「あなたが欲しいのはこれですか」「そうです, それです」
【对垒】duìlěi 動 対峙(ジ)する. ¶两军～/両軍が対峙する.
【对立】duìlì 動 対立する. ¶意见～/意見が対立する. ¶避免～/対立を避ける.
【对立面】duìlìmiàn 名 対立面.
【对立统一】duìlì tǒngyī 名《哲学》矛盾統一.
【对联】duìlián 名 (～儿)〔副 fù〕対聯(タイ・レン). 参考 めでたい文句を対にして, 入口や柱に掲げる. ⇨右図
【对流】duìliú 名《物理》対流.
【对流层】duìliúcéng 名《気象》対流圏.
【对路】duìlù 形 ❶ (商品などが)需要や要求に合っている. ❷ 気に入っている. ちょうどよい. 同 对劲 jìn ①.
【对门】duìmén (～儿) ❶ 動 門が向かい合っている. ¶～对户/家が向かい合っている. ❷ 名 向かい側の家. ¶他们两家住～/彼らは向かい同士で住んでいる.
*【对面】duìmiàn ❶ 名 (～儿) 向かい側. ❷ 名 真正面. ¶～跑来一个孩子/向こうから子供が走って来る. ❸ 副 (～儿) 面と向かって. ¶他俩～坐着/彼ら二人は

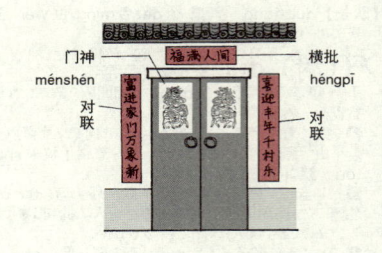

春節の飾り

向かい合って座っている.
【对内】duìnèi 形 対内的な. 国内向けの. ¶～政策/国内政策.
【对牛弹琴】duì niú tán qín 成 道理のわからない人に道理を説く. 馬の耳に念仏. 由来「牛に向かって琴を弾く」という意から.
【对偶】duì'ǒu 名《言語》(詩文の)対句.
【对生】duìshēng 名《植物》対生の.
【对手】duìshǒu 名 ❶〔個 个 ge, 位 wèi〕対戦相手. ❷ 好敵手. ライバル. ¶你怎么是他的～呢?/君が彼にかなうわけがないだろう. 同 敌手 díshǒu.
【对数】duìshù 名《数学》対数. ¶～表/対数表.
【对水】duì//shuǐ 動 水を加える. ¶往酒里～/酒を水で割る. ¶农药里要对四倍的水/農薬に4倍の水を加えなければならない.
【对台戏】duìtáixì 名 ❶ 二つの劇団が競争して, 同じ芝居を同時に公演すること. ❷ 張り合うこと. ¶大家是一家人嘛, 别唱～了/みんな身内じゃないか, 張り合うのはやめような.
【对头】duì//tóu 形 ❶ 正しい. ふさわしい. ❷ 正常だ. ¶看情况,不太～/情況を見るに, あまり芳しくない. ❸ 気が合う. 用法 ②と③は, 否定文で用いることが多い.
【对头】duìtou 名〔個 个 ge〕❶ 敵. ¶死～/不倶戴天(たいてん)の敵. ❷ 対戦相手.
【对外】duìwài 形 対外的な.
【对外开放】duìwài kāifàng 組 外国人に開放する. 対外的に開放する.
【对外贸易】duìwài màoyì 名 対外貿易. 外国貿易.
【对味儿】duì//wèir 動 ❶ 口に合う. ¶这道菜很～/この料理は口に合う. ❷ 気に入る. ¶他今天的发言,我觉不～/彼の今日の発言は, どうかと思う. 用法 ②は, 否定文で用いることが多い.
【对虾】duìxiā 名〔只 zhī〕クルマエビ. 同 明虾 míngxiā. 由来 かつて市場で一対ずつ売られていたことから, この名がある.
*【对象】duìxiàng 名 ❶ 対象. ¶研究～/研究の対象. ❷ 結婚相手. ¶找～/結婚相手を探す.
【对消】duìxiāo 動 相殺(ダン)する. ¶功过～/功績と過失が拮抗(ダン)する.
【对眼】duì//yǎn 動 気に入る. ¶给她介绍了好几个对象, 都不对她的眼/何人も交際相手を紹介したが, みな彼女の気に入らなかった. ❷ duìyǎn 名 (～儿)《医学》内斜視.
【对弈】duìyì 動 文 (碁や将棋で)対局する. 手合わせする.
【对应】duìyìng 動 対応する. ¶写诗要注意上下～, 写

文章要注意前后～／詩を書くには上下の対応に注意し，文章を書くには前後の対応に注意しなければならない．

*【对于】duìyú 前 …に対して．…について．¶～他们提出的意见,我们要认真考虑／彼らの出した意見について，我々は真剣に考慮すべきだ．

【对仗】duìzhàng 名《言語》(律詩や駢文などの)対句．

【对照】duìzhào 動 ❶ 照らし合わせる．¶～原文修改译文／原文と照らし合わせて，訳文に手を加える．❷ 対比する．(同 対比 duìbǐ,比照 bǐzhào

【对折】duìzhé 名 半值．～処理／半値で売りさばく．

【对阵】duìzhèn 動 (両軍が)対戦する．対峙する．

【对证】duìzhèng 動 突き合わせて確かめる．¶～笔迹 bǐjì／筆跡を突き合わせる．

【对症】duì//zhèng 動 症状に合わせる．

【对症下药】duì zhèng xià yào 成 具体的な状況に応じて処置をする．由来 「病状に応じて投薬をする」という意から．

【对质】duìzhì 動《法律》法廷で，訴訟関係者が互いに質問し合う．¶让证人跟犯人～／犯人に対し，証人から質問させる．

【对峙】duìzhì 動 対峙する．¶敌我双方～着／敵と我々の双方は対峙している．

【对撞机】duìzhuàngjī 名《物理》高エネルギー粒子衝突実験装置．

【对准】duìzhǔn 動 ねらいを定める．¶～目标／ねらいを定める．¶～镜头 jìngtou／カメラのピントを合わせる．

【对子】duìzi 名 ❶《言語》〔個 个 ge〕対句．¶对对子／対句を合わせる．❷〔個 副 fù〕対聯(联・联)．¶写～／対聯を書く．❸ ペア．コンビ．

兑 duì 八部5 全7画 四 8021₂ 次常用

❶ 動 (現金に)換える．両替する．¶～款 duìkuǎn (現金に換える)／汇～ huìduì (為替)／～现 duìxiàn．❷ 名 易の八卦(卦)の一つ．兑(兑)．≡ であらわし，沢を意味する．❸ (Duì)姓．

【兑付】duìfù 動 (手形などを)現金で支払う．(小切手などを)現金に換える．¶以美元～／米ドルで支払う．

【兑换】duìhuàn 動 現金に換える．両替する．¶～表／兑换(换)表．¶我想用日元～人民币 bì／日本円を人民元に換えたい．

【兑换率】duìhuànlǜ 名《金融》(外貨)為替レート．

【兑换券】duìhuànquàn 名《金融》外貨交換用の紙幣．兑换券(券)．

【兑奖】duì//jiǎng 動 当たりくじと景品を交換する．

【兑现】duìxiàn 動 ❶ (手形や小切手などを)現金に換える．❷ 約束を果たす．¶你答应的事怎么能不～呢？／君が OK したんだから，約束を果たしてもらわないと困るよ．

怼(懟) duì 心部5 全9画 四 7433₀ 通用

動 文 恨む．

敦 duì 攵部8 全12画 四 0844₀

素 黍(黍)などを盛った古代の食器．
☞ 敦 dūn

碓 duì 石部8 全13画 四 1061₅ 通用

名 ❶ 唐臼(臼)．米をつく道具．❷ (Duì)姓．

【碓房】duìfáng 名〔個 座 zuò〕米つき小屋．精米所．(同 碓屋 duìwū

憝 duì 心部12 全16画 四 0833₄ 通用

文 ❶ 動 恨む．❷ 形 悪い．¶元恶 yuán'è 大～ (大きな悪事と悪人)．

镦(鐓) duì 钅部12 全17画 四 8874₀ 通用

名 旧 矛(矛)などの柄の端につけた金属製のたが．
☞ 镦 dūn

---

dun ㄉㄨㄣ〔tuen〕

吨(噸) dūn 口部4 全7画 四 6501₇ 常用

❶ 量 トン．重さの単位．(同 公吨 gōngdūn ◆ton ❷ 量 トン．船の積載容量をあらわす単位．❸ (Dūn)姓．

【吨公里】dūngōnglǐ 量 陸上輸送の計算単位．トンキロメートル．

【吨位】dūnwèi 名〔个 ge〕容積トン数．車や船の最大積載量．

惇 (異 忳) dūn 忄部8 全11画 四 9004₇ 通用

形 文 誠実だ．篤実だ．

敦 (異 啟) dūn 攵部8 全12画 四 0844₀ 次常用

❶ 素 ねんごろだ．¶～厚 dūnhòu／～睦 dūnmù．❷ 素 心から…する．¶～聘 dūnpìn (丁重に招く)／～请 dūnqǐng．❸ (Dūn)姓．
☞ 敦 duì

【敦促】dūncù 動 ねんごろに促す．¶～赴会 fùhuì／出席を，丁重にお願いする．

【敦厚】dūnhòu 形 正直で真心がこもっている．¶温柔 wēnróu～／やさしくて温かい．反 刁滑 diāohuá

【敦煌】Dūnhuáng《地名》敦煌(煌)．甘肃省の観光都市．莫高窟(窟)や玉門関,鸣沙山などが有名．

【敦煌学】Dūnhuángxué 名 敦煌(煌)の莫高窟(窟)から出土した文物や文書を研究する学問．敦煌学．

【敦睦】dūnmù 動 仲むつまじくする．¶～邦交 bāngjiāo／国交を親密にする．

【敦请】dūnqǐng 動 丁重にお願いする．¶～先生光临指导／先生をお招きし指導いただく．

【敦实】dūnshi 形 肉付きがよく丈夫だ．¶这人长得很～／この人はがっしりとした体つきだ．(同 敦敦实实

墩 dūn 土部12 全15画 四 4814₀ 次常用

❶ 素 盛り土．❷ 素 (～儿)分厚い木や石などの台座．¶门～儿 méndūnr (門や扉などの土台)／桥～ qiáodūn (橋脚)．❸ 量 植物の数株ごとのまとまりを数えることば．¶栽 zāi 稻秧 dàoyāng 二万～,每一五株(稲の苗を二万本植え,苗一本あたりを五株とする)．❹ (Dūn)姓．

【墩布】dūnbù 名 モップ．(同 拖把 tuōbǎ

【墩子】dūnzi 名 分厚くて大きな石や板．¶菜～／(切り株形の)まな板．

礅 dūn 石部12 全17画 四 1864₀ 通用

名 大きな石のかたまり．¶石～ shídūn (石のベンチ)．

镦(鐓) dūn 钅部12 全17画 四 8874₀ 通用

动 金属を圧延する.
☞ 镦 duì

蹾(異擎) dūn 足部12 四 6814₀ 全19画

动方 (下にどすんと)投げ落とす. ¶篓子 lǒuzi 里是水果,别～(かごの中は果物だから,落とさないで).

蹲 dūn 足部12 四 6814₆ 全19画 常用

❶动 しゃがみこむ. ¶大家都～下(皆しゃがみこんだ). ⇨ 跪 guì(図) ❷动 仕事をしないで,家でぶらぶらする. ¶不能再～在家里了(家の中でこれ以上ぶらぶらしてるわけにはいかなくなった).

☞ 蹲 cún

【蹲班】dūn//bān 动 留年する. ¶缺课太多,只能～了/欠席が多くて,留年するほかない.

【蹲班房】dūn bānfáng 句俗 留置所に入る. 同 坐牢 zuòláo

【蹲膘】dūn//biāo 动 (～儿) ❶ 家畜を太らせる. ¶催肥～/家畜にたっぷりえさをやって太らせる. ❷比 人が肥え太る.

【蹲点】dūn//diǎn 动 幹部指導者が,現場で労働に参加しながら調査研究をする. ¶下乡～/農村へ行って実地体験をする.

【蹲苗】dūnmiáo 名《農業》幼苗の根を強くするため,肥料と水を控え,畝(うね)を浅く耕し,茎や葉の成長をおさえる.

盹 dǔn 目部4 四 6501₇ 全9画 次常用

名 (～儿) うたた寝. ¶打～儿 dǎdǔnr (うたた寝をする).

趸(躉) dǔn 足部3 四 1080₁ 全10画 通用

名 ❶ (数量的に) まとめて. ¶～批 dǔnpī / ～卖 dǔnmài (卸売りをする). ❷ まとめて買い入れる. ¶～货 dǔnhuò / 现～现卖(仕入れたものをすぐ転売する. 受け売りする).

【趸船】dǔnchuán 名 埠頭(ふとう)に係留された浮き桟橋. ハルク. 参考 船の乗客の乗り降りに使う.

【趸货】dǔnhuò 动 商品をまとめて仕入れる.

【趸批】dǔnpī 副 大口に. ¶～买进/大量に買い入れる. ¶～出卖/大量に売り出す.

囤 dùn 口部4 四 6071₇ 全7画 次常用

名 ❶ 穀物を貯蔵するための囲い. ござなどを用いた,大きな円筒形をした簡便な貯蔵庫. ¶大～满,小～流(大きな囲いにはいっぱいつまり,小さな囲いからはあふれ出る). ❷ (Dùn) 姓.

☞ 囤 tún

沌 dùn 氵部4 四 3511₇ 全7画 通用

→ 混沌 hùndùn

炖(異燉) dùn 火部4 四 9581₇ 全8画 通用

动 ❶ (酒や薬を) 湯煎(ゆせん) にする. ¶～酒 dùnjiǔ (酒の燗をする) / ～蛋 dùndàn (茶碗蒸し). ❷ とろ火で,長時間かけてじっくり煮込む. ¶～肉 dùnròu (豚肉の煮込み) / ～药 dùnyào (薬を煎じる).

砘 dùn 石部4 四 1561₇ 全9画 通用

❶ → 砘子 dùnzi ❷ 动 "砘子"で土をならす.

【砘子】dùnzi 名《農業》種をまいたあと土を押さえるための農具. ローラー.

钝(鈍) dùn 钅部4 四 8571₇ 全9画 次常用

❶ 形 (刃物などが) 鋭利でない. にぶい. ¶刀～了(包丁が切れなくなった) / ～角 dùnjiǎo. 反 快 kuài,利 lì,锐 ruì ❷ 素 (動作・頭の働き・感覚などが) にぶい. ¶迟～ chídùn (鈍感だ). ❸ (Dùn) 姓.

【钝角】dùnjiǎo 名《数学》鈍角.

盾 dùn 厂部7 四 7226₄ 全9画 常用

❶ 名 盾. ¶～牌 dùnpái. 反 矛 máo ❷ 素 貨幣の単位. オランダの「ギルダー」,インドネシアの「ルピア」,ベトナムの「ドン」など. ❸ 素 盾の形をしたもの. ¶金～ jīndùn (金賞の盾).

【盾牌】dùnpái 名 ❶〔量 个 ge,面 miàn〕盾. ❷ 口実.

顿(頓) dùn 页部4 四 5178₂ 全10画

❶ 动 短時間停止する. ¶停～ tíngdùn (中断する) / ～了一下(ちょっと止まる). ❷ 素 突然. にわかに. ¶～止 dùnzhǐ (急に止まる) / ～悟 dùnwù. ❸ 动 地面につける. ¶～一首 dùnshǒu. ❹ 动 足で地面を踏む. ¶～一足 dùnzú (じだんだ踏む). ❺ 素 処理する. 配置する. ¶整～ zhěngdùn (整頓する) / 安～ āndùn (よい具合に整える). ❻ 动 (書道で) じばらく筆を止める. ¶～笔 dùnbǐ (筆を止める). ❼ 素 疲れる. ¶困～ kùndùn (疲れる). ❽ 量 (食事・叱責⋯・忠告・罵倒などの) 動作や回数をあらわす. ¶一天三～饭(一日三度の食事). ❾ (Dùn) 姓.

☞ 顿 dú

【顿挫】dùncuò 动 (語調や律動に) めりはりがある. ¶抑揚 yìyáng～/めりはりと抑揚がきく. ❷ 交 対人関係などでつまずく. 挫折する. ¶沉郁 chényù の诗风／陰鬱(いんうつ) で曲折した詩風.

【顿号】dùnhào 名《言語》句読点の一つ (、). 参考 語句を列挙するときに使う. 日本語の中黒 (・) の用法と同じ. ⇒ 付録「句読点・かっこなどの用法」

【顿河】Dùnhé 《地名》ドン川 (ロシア).

【顿开茅塞】dùn kāi máo sè 成 茅塞頓開

【顿然】dùnrán 副 突然. ¶～醒悟／にわかに悟る. ¶登上山顶,我～觉得心情特别舒畅 shūchàng ／山頂につくと,にわかに格別さわやかな気持ちになった.

【顿时】dùnshí 副 急に. ～黑云密布,下起大雨来了／急に黒雲が空を埋めつくし,大雨が降り出した. 同 登时 dēngshí 表現 すでに起こった事柄を述べる時に用いる.

【顿首】dùnshǒu 动 地面に頭をこすってあいさつする. 用法 手紙の末尾,姓名の後につけて書く.

【顿悟】dùnwù 动 たちどころに悟る. 反 渐 jiàn 悟 由来 もと仏教用語.

【顿足捶胸】dùn zú chuí xiōng 成 じだんだを踏み胸をたたく. 同 捶胸顿足

遁(異遯) dùn 辶部9 四 3230₆ 全12画

素 逃げ隠れる. ¶～世 dùnshì (世を避ける) / 宵～ xiāodùn (夜逃げ) / ～词 dùncí. 同 逃 táo

【遁词】dùncí 名 逃げ口上.

【遁迹】dùnjì 动 隠遁する.

【遁入空门】[迹|空门] dùnrù[-jì] kōngmén 句 仏門に入る. 出家する.

【遁走】dùnzǒu 动 逃げ隠れる. 遁走(とんそう)する.

楯 dùn

楯 dùn 木部9 四4296₄ 全13画 通用

名〈文〉"盾dùn"に同じ.
☞ 楯 shǔn

duo ㄉㄨㄛ〔tuo〕

多 duō 夕部3 四2720₇ 全6画 常用

❶**形** ①多い. ¶我们学校男生～,女生少 / うちの学校は男子が多く,女子が少ない. ¶北京春天风～,夏天雨～ / 北京は春よく風が吹き,夏はよく雨が降る. ¶学外语,要～听,～说,～写,～看 / 外国語を学ぶことは,たくさん聞いて,たくさん話し,たくさん書いて,たくさん読むことです. ¶请～关照! / どうぞよろしく. ¶你～找了十块钱 / おつり10元多いですよ. ¶我吃～了,闹肚子了 / 私は食べ過ぎておなかをこわした.
②（比較して、その程度差が大きい）ずっと. ずいぶん. ¶他的病好～了 / 彼の病気はずっとよくなった. ¶他比我高～了 / 彼は私よりずっと背が高い. ¶北京的冬天比东京冷得～ / 北京の冬は東京よりずっと寒い.
❷**動** (一定の数量を)超える. 余る. ¶来的人比昨天～了三个 / 来た人は昨日より3人多かった.
❸**素** 余計である. ¶～事 duōshì. ¶～心 duōxīn. ¶～嘴 duōzuǐ.
❹**副** (数詞の後ろに用いて) …余り. ¶十一～年 / 10年余り. ¶一个～月 / 1ヶ月あまり. ¶五百～个学生 / 500名余りの学生. ¶四十～岁的男人 / 40過ぎの男性. ¶二十～分钟 / 20分ちょっと.
❺**副** ("多＋单音節形容詞"で疑問表現をつくる)どれだけ. どれぐらい. ¶你～大了? / おいくつですか? ¶这座楼有～高? / このビルの高さはどれぐらいですか. ¶得 děi～长时间? / どれぐらい(時間が)かかりますか. ¶从北京到上海有～远? / 北京から上海までの距離はどれぐらいありますか. ¶这条河有～深? / この川の深さはどれぐらいですか. ¶你来日本～久了? / 日本に来てどれぐらいになりますか. ¶～号? / 何番ですか.
❻**副** (感嘆文に用い)なんと. ⇨多么 duōme ¶～幸福啊! / なんて幸せなんだろう. ¶你看,这些首饰～漂亮啊! / ほら,このアクセサリーなんてすてきの.
❼**副** どんなに. いくら. ¶不管～难,他也要学 / どんなに難しくても,彼は学ばなければならない.
❽ (Duō)姓.

【多半】duōbàn (～儿) ❶**数** 大半. おおかた. 大多数. ¶学生～是从外地来的 / 学生の大半は地方から来ている. ❷**副** たぶん. ¶他今天～不会来了 / 彼は今日はたぶん来ないだろう. 同 多一半 duōyībàn.
【多边】duōbiān **形** 多角的だ. ¶～外交 / 多角的な外交.
【多边形】duōbiānxíng **名**《数学》多角形.
【多变】duōbiàn **形** めまぐるしく変わる.
【多才多艺】duō cái duō yì **成** 多芸多才だ. ¶小王真是～ / 王さんはまさに多芸多才だ.
【多层住宅】duōcéng zhùzhái **名**《建築》中層住宅. 参考 中国の建築規定では,4－6階建の住宅を指す.
【多愁善感】duō chóu shàn gǎn **成** 感情にもろく,傷つきやすい. ¶你太～了 / 君はあまりにデリケートだ.
【多此一举】duō cǐ yī jǔ **成** 余計なことをする. ¶何必～ / 余計なことをしてくれなくてもよい.
【多次】duōcì **名** 数度. 繰り返し.
【多弹头】duōdàntóu **名**《軍事》多弾頭.
【多党制】duōdǎngzhì **名** 多党制.
【多多益善】duō duō yì shàn **成** 多ければ多いほどよい. ¶支援难民 nànmín的物资～ / 難民への支援物資は多ければ多いほどよい. 由来『史記』淮陰侯列伝に見えることば.
【多发】duōfā **形** 発生率が高い. 多発性の.
【多发病】duōfābìng **名**《医学》多発性疾患.
【多方】duōfāng **副** 多方面にわたって. ～设法 / いろいろと方法を講じる. ¶他经过～打听,终于找到了失散 shīsàn多年的儿子 / 彼はいろいろな方面に尋ね,ついに長年離ればなれだった息子を探しだした.
【多方面】duōfāngmiàn **名** 多方面.
【多分】duōfèn **方** ❶**数** 大半. おおかた. 同 多半 ❷**副** おおむね. 同 多半
【多佛尔海峡】Duófú'ěr hǎixiá《地名》ドーバー海峡.
【多哥】Duōgē《国名》トーゴ.
【多功能】duōgōngnéng **形** 多機能の. 多目的の.
【多寡】duōguǎ **名** 多寡. 多いことと少ないこと. ¶～不等 / 量にばらつきがある.
【多国公司】duōguó gōngsī **名** 多国籍企業. 同 跨 kuà 国公司,超国家 chāoguójiā 公司
【多会儿】duōhuir **代** ❶いつ. ¶你～来上海的? / 上海にはいつ来たの. ❷いつか. いつでも. ¶～他也没发过愁 / どんなときでも彼は心配を顔にだすことはない. ❸どのくらいの时間. ¶等了～了? / どのくらい待ったの. 表現 ①は,時をたずねる疑問文に用いる.
【多级火箭】duōjí huǒjiàn **名** 多段式ロケット.
【多极】duōjí **名**《電気》多極.
【多晶体】duōjīngtǐ **名**《物理》多結晶体.
【多孔】duōkǒng **形** 多孔の.
【多口相声】duōkǒu xiàngsheng **名**《芸能》三人以上で演じる漫才.
【多亏】duōkuī **動** …のおかげをこうむる. ¶～您帮助我! / 幸いにもご援助いただきまして. 同 幸亏 xìngkuī
【多劳多得】duōláo duōdé **句** 多く働いた者が多く収入を得る. ¶～的分配原则 / 多く働いた者が多く収入を得るという分配原则.
【多伦多】Duōlúnduō《地名》トロント(カナダ).
＊【多么】duōme **副** ❶(疑問詞に用い)どのくらい. ¶这电视塔有～高? / このテレビ塔はどのくらいの高さですか. ❷(感嘆文に用い)なんと. ¶富士山的景色～美丽 / 富士山の景色のなんと美しいことか. ❸どんなに(…でも). ¶这件事再～困难,也要把它做好 / この件はどれほど困難であろうとやりとげねばならない.
【多媒体】duōméitǐ **名** マルチメディア.
【多媒体通信】duōméitǐ tōngxìn **名** マルチメディア通信.
【多米尼加共和国】Duōmǐníjiā gònghéguó《国名》ドミニカ共和国.
【多米尼加国】Duōmǐníjiāguó《国名》ドミニカ国.
【多米诺骨牌】duōmǐnuò gǔpái **名** ❶ ドミノ. ♦ domino
【多米诺骨牌效应】duōmǐnuò gǔpái xiàoyìng **名**《経済》ドミノ効果. 連鎖反応効果.
【多面手】duōmiànshǒu **名** ⓜ 个 ge, 位 wèi 多方面にわたって能力を発揮できる人. 多才な人.
【多面体】duōmiàntǐ **名**《数学》多面体.

【多谋善断】duōmóu shànduàn 句 知謀を備え、優れた決断力がある.

【多幕剧】duōmùjù 名《芸能》〔出 chū〕幕が複数ある劇. 反独 dú 幕劇

【多难兴邦】duō nàn xīng bāng 成 国が多難であれば、人々が奮起してかえって国は興隆する.

【多瑙河】Duōnǎohé 地名 ドナウ川.

【多年生】duōniánshēng 形《植物》多年生の. ¶～植物 / 多年生植物.

【多情】duōqíng 形 情愛が深い. ほれっぽい. ¶～善感 / 感傷的だ. ¶～公子 / 浮気なお坊ちゃん. 反 薄情 bóqíng, 寡情 guǎqíng

【多如牛毛】duō rú niú máo 成 たいへん多いたとえ.

【多少】duōshǎo ❶ 名（数量の）多少. ¶～不等, 大小不一 / 数はばらばらで, 大きさもふぞろいだ. ❷ 副 いくらか. 多かれ少なかれ. ¶那件事你也多多少少知道一些 / あの事は君も多少は知っていよう.

**【多少】duōshao 代 ❶（数量が）どのくらい. ¶这个班有～学生？ / このクラスは何人ですか. ❷ どれだけ. 不定数を示す. ¶要～有～ / 必要なだけある. ⇨几 jǐ（囲み）用法 否定文の中で用いると量が少ないことをあらわし, 肯定文で用いると多いことをあらわすことができる.

【多神教】duōshénjiào 名《宗教》多神教. 反 一神教

【多时】duōshí 名 とても長い時間.

【多事】duōshì ❶ 動 余計なことをする. ¶这和你无关, 你就别～了 / これは君には関係ない, 余計なことをするな. ❷ duōshì 形 事件や事故が多い. ¶今年真是～的一年 / 今年はほんとうに事件の多い一年だ.

【多事之秋】duō shì zhī qiū 成 多事多難のとき. 国家が不安定だ.

*【多数】duōshù 名（～儿）多数. ¶绝大～ / 絶対多数.

【多糖】duōtáng 名《化学》多糖類.

【多头】duōtóu ❶ 名《経済》（株取引の）買い手. 強気筋. 反 空 kōng 头 ❷ 形 多方面の. あちこちに散らばっている. ¶领导～ / 管理主体がいくつもある.

【多细胞生物】duōxìbāo shēngwù 名《生物》多細胞生物.

【多嫌】duōxian 動 ❷ 邪魔ものにする. のけものにする.

【多项式】duōxiàngshì 名《数学》多項式.

【多谢】duōxiè 動 大いに感謝する. ¶～您的盛情 shèngqíng / ご厚情をいただき, ありがとうございます.

【多心】duō//xīn 動 気をまわる. 疑う. ¶你别～ / 気をまわすなよ.

【多选】duōxuǎn 名（テストでの）複数回答方式.

【多样】duōyàng 形 さまざまな様式の.

【多样化】duōyànghuà 動 多様化する.

【多一半】duōyībàn 副 "多半 duōbàn"②に同じ.

【多疑】duōyí 形（性格が）疑り深い.

【多赢】duōyíng 形 多者受益.

【多余】duōyú 形 余計だ. 余っている. ¶～的话 / 余計なことば. ¶把～的钱存入银行 / 余分なお金を銀行に預ける.

【多元论】duōyuánlùn 名《哲学》多元論.

【多云】duōyún 形 曇りがちだ. 雲が多い. ¶～转 zhuǎn 晴 / 曇りのち晴れ.

【多咱】duōzan 代 いつ. いつか. ¶你～走？ / 君はいつたちますか. 参 多会儿 duōhuir

【多种多样】duōzhǒng duōyàng 句 多種多様だ.

【多种经营】duōzhǒng jīngyíng 名《経済》多角経営.

【多嘴】duō//zuǐ 動 口をはさむ. くちばしを入れる. ¶～多舌 / 口数が多い. ¶都怪你～, 把事情弄糟 nòngzāo 了 / お前が余計な口出しをしたわけで, 事が台なしだ.

咄 duō

口部 5　四 6207₂
全 8 画　通用

感 又 叱責（chì）や嘆きの意をあらわす.

【咄咄】duōduō 感 おやおや. なんとまあ. 表現 いぶかりや感嘆をあらわす.

【咄咄逼人】duō duō bī rén 成 ❶ 激しいけんまくで迫る. ¶～的气势 / 激しいけんまく. ❷（詩文や書画が）真に迫っている. 前人を超えている.

【咄咄怪事】duō duō guài shì 成 とんでもないことだ.

【咄嗟立办】duō jiē lì bàn 成 すぐに処理する. 由来「主人が命令すると, 召使いがすぐにそのとおりにする」という意から.

哆 duō

口部 6　四 6702₇
全 9 画　次常用

下記熟語を参照.

【哆嗦】duōsuō[-suo] ぶるぶる震える. ¶冻得直～ / 寒さで震えが止まらない. ¶气得浑身 húnshēn ～, 说不出话来 / 怒りで全身がわなわなと震え, ことばが出ない. 重 哆哆嗦嗦 同 颤抖 chàndǒu, 发抖 fādǒu

剟 duō

刂部 8　四 7240₀
全 10 画　通用

動 又 ❶ 投げつける. ❷ 刺す.

掇 duō

扌部 8　四 5704₇
全 11 画　通用

❶ 素 拾う. ¶拾～ shíduo（片付ける）. ❷ 動 方（いすや腰掛けなどを）両手で持つ.

【掇弄】duōnòng 動 方 ❶ 修理する. 片付ける. ❷ 人をそそのかす. ¶受人～ / 人にそそのかされる.

【掇拾】duōshí 動 又 ❶（物を）片付ける. ❷ 探し集める. ¶～旧闻 / 逸話を探し集める.

裰 duō

衤部 8　四 3724₇
全 13 画　通用

動 ❶（破れた衣服を）縫い繕う. ¶补～ bǔduō（ほころびを繕う）. ❷ → 直裰 zhíduō

夺（奪）duó

大部 3　四 4034₈
全 6 画　常用

❶ 動 力ずくで奪う. ¶掠～ lüèduó（略奪する）. ❷ 動 勝ち取る. ¶～高产（高生産を得る）. ❸ 素 又 決定する. ¶裁～ cáiduó（決定する）/ 定～ dìngduó（決裁する）. ❹ 動 失わせる. ¶剥～ bōduó（はく奪する）. ❺ 素 又（文字が）抜ける. ¶讹～ éduó（誤字脱字）. ❻ 動 突き進む. ¶～门而入（激しい勢いで突っ込む）/ 泪水～眶 kuàng 而出（涙が目からあふれ出る）. ❼（Duó）姓.

【夺标】duó/biāo 動 ❶ 勝利の旗を勝ち取る. 優勝する. ¶中国队定能～ / 中国チームは, きっと優勝するだろう. ❷（仕事の権利や品物を）落札する.

【夺得】duódé 動 奪い取る. 勝ち取る. ¶～胜利 / 勝利を勝ち取る.

【夺冠】duó//guàn 動 優勝する. ¶小王第一次参加比赛, 就一举～ / 王君は初めて試合に出て, 一挙に優勝してしまった.

【夺金】duó//jīn 動 金メダルを勝ち取る.

【夺魁】duó//kuí 動 首位を奪う. 優勝する.

【夺目】duómù 形 又（光や色が）目を奪う. まばゆい. ¶鲜艳 xiānyàn ～ / あざやかさが目を奪う. ¶晚霞 wǎn-

xiá 发出了～的光彩／夕焼けがまばゆい光を放っている．
㊥ 炫目 xuànmù，耀眼 yàoyǎn
【夺取】duóqǔ 動 奪い取る．勝ち取る．¶～主动／主導権を奪う．
【夺权】duó//quán 動 権力を奪い取る．表現 多く政権を奪うことをいう．

度 duó
广部6　全9画　四 00247　常用
素 推しはかる．推測する．¶～德量力．
☞ 度 dù
【度德量力】duó dé liàng lì 成 自分の人格と力量を推しはかって事に当たる．身のほどに応じて行う．

铎(鐸) duó
钅部5　全10画　四 87754　通用
❶ 素 古代の合図用の大きな鈴．❷ (Duó)姓．

踱 duó
足部9　全16画　四 60147　次常用
動 ゆっくりと歩く．¶～来～去．
【踱来踱去】duólái duóqù 旬 ゆっくりと行ったり来たりする．¶父亲在家里，一句话也不说／父は家の中を行ったり来たりするだけで，一言も発しない．

朵(異 朶) duǒ
木部2　全6画　四 77904　常用
❶ 名 植物の花．つぼみ．¶花～ huāduǒ (花). ❷ 量 花や雲を数えることば．¶一～葵花 kuíhuā 向太阳 (ヒマワリの花々が太陽に向いている)／红霞 hóngxiá 万～ (空いっぱいの夕焼け雲). ❸ (Duǒ)姓．
【朵儿】duǒr ❶ 名 花．つぼみ．❷ 量 "朵 duǒ"②に同じ．¶花开了好几～／花がたくさん咲いた．

垛(異 垜) duǒ
土部6　全9画　四 47194　次常用
下記熟語を参照．
☞ 垛 duò
【垛子】duǒzi 名 壁や塀の上方または外側に突き出た部分．掩蔽 (ひさ) 物．

哚(異 哚) duǒ
口部6　全9画　四 67094　通用
→吲哚 yǐnduǒ

躲(異 躱) duǒ
身部6　全13画　四 27294　常用
動 隠れる．¶～避 duǒbì／～雨 duǒyǔ (雨を避ける)／藏～ cángduǒ (身を隠す). ㊥ 避 bì，藏 cáng，匿 nì
【躲避】duǒbì 動 避ける．よける．¶～风雨／風雨をよける．¶不应该～困难／困難を避けてはならない．㊥ 逃避 táobì，规避 guībì，回避 huíbì
【躲藏】duǒcáng 動 身を隠す．¶～在家里／家の中に身を隠す．㊥ 隐藏 yǐncáng
【躲开】duǒkāi 動 (身を)よける．かわす．¶你～点儿让我过去／君ちょっと通してくれ．
【躲懒】duǒ//lǎn 動 (～儿)なまける．さぼる．
【躲让】duǒràng 動 さっと身をかわす．よける．
【躲闪】duǒshǎn ❶ 動 さっと身をかわす．よける．¶老人～不及被摩托车 mótuōchē 撞 zhuàng 倒了／老人はよけきれず，オートバイにはねられた．❷ (現実や問題などを)回避する．
【躲债】duǒ//zhài 動 借金取りから逃げる．

嚲(軃 /異 軃) duǒ
一部14　全16画　四 08456　通用

動 ㊊ 垂れ下がる．¶～翠 duǒcuì (緑の葉が垂れ下がる).

驮(馱) duò
马部3　全6画　四 74180　次常用
下記熟語を参照．
☞ 驮 tuó
【驮子】duòzi ❶ 名〔働 个 ge〕家畜に背負わせた荷物．❷ 量 家畜に背負わせた荷を数えることば．¶来了五～货／荷物が5頭分着いた．

剁(異 刴) duò
刂部6　全8画　四 72900　通用
動 刃物を振り下ろしてたたき切る．¶把肉和白菜～碎作饺子馅儿 xiànr (肉とハクサイを細かく刻んでギョーザのあんを作る).

饳(飿) duò
饣部5　全8画　四 22772　通用
→馉饳 gǔduò

垛(異 垜, 稑) duò
土部6　全9画　四 47194　次常用
❶ 動 きちんと積み上げる．¶雨要来了，快把麦子～起来 (雨が降りそうだ，はやく麦を片付けよう). ❷ 素 (農作物，れんがなどを)積み上げた山．¶一～砖 zhuān (れんがの山).
☞ 垛 duǒ
【垛子】duòzi 名 (農作物やれんがなどを)積み上げた山．¶麦秸 màijiē～／麦わらを積んだ山．

柁 duò
木部5　全9画　四 43912　通用
名 "舵 duò"に同じ．
☞ 柁 tuó

舵 duò
舟部5　全11画　四 23412　通用
名 かじ．¶～手 duòshǒu／掌～ zhǎngduò (かじを取る)／方向～ fāngxiàngduò (方向舵).
【舵轮】duòlún 名《機械》ハンドル．
【舵手】duòshǒu ❶〔働 个 ge, 名 míng, 位 wèi〕かじ取り．❷ 指導者．リーダー．

堕(墮) duò
土部8　全11画　四 74104　常用
❶ 動 落ちる．¶～地 duòdì (地に落ちる)／～落 duòluò. ❷ (Duò)姓．
【堕落】duòluò 動 ❶ 堕落する．¶腐化 fǔhuà～／腐败し堕落する．¶没想到他不走正道，～成这个样子／彼がまともな道を歩まず，こんなにまで堕落するとは思ってもみなかった．㊥ 腐化 fǔhuà，蜕化 tuìhuà ❷ 落ちぶれる．
【堕入】duòrù 動 (良くないものの)中に落ちる．¶～恶习／悪習にそまる．¶～陷阱／ワナに落ちる．
【堕胎】duò//tāi 堕胎する．

惰 duò
忄部9　全12画　四 94027　常用
素 怠ける．¶懒～ lǎnduò (怠け者だ). 反 勤 qín
【惰性】duòxìng 名 ❶《化学》不活性．¶～气体／不活性ガス．❷《物理》慣性．❸ なまけ心．

跺(異 跥) duò
足部6　全13画　四 67194　次常用
動 (力いっぱい足で地面を)踏みならす．¶～脚 duòjiǎo.
【跺脚】duò//jiǎo じだんだを踏む．¶捶胸 chuíxiōng～／胸をたたきじだんだを踏む．¶他气得直～／彼はじだんだ踏んで怒った．㊥ 顿足 dùnzú

【2时歇业令】èrshí xiēyèlìng 名《法律》2006年3月に施行された「娯楽場所管理条例」のこと. 娯楽施設の深夜2時以降の営業を禁じていることから.

E

e さ〔ɤ〕

阿 ē 阝部5 四 7122₀ 全7画 常用
❶動 こびる. おもねる. ¶~谀 ēyú /～附 ēfù (こびへつらう) / 刚直不～(一本気で人にへつらわない). ❷文 くぼみや曲がった場所. ¶山～ shān'ē (山の奥). ❸素 地名用字. ¶东～ Dōng'ē (山東省東阿県) / ～胶 ējiāo. ❹(É)姓.
☞ 阿 ā

【阿胶】ējiāo 名《薬》ロバの皮を煮て作ったにかわ. 山東省東阿県原産. 滋養がある.
【阿弥陀佛】Ēmítuófó 名《仏教》西方極楽浄土における最高の仏. 念仏の際にこの名を唱える.
【阿谀】ēyú 動 おもねる. お世辞をいう. ¶看他那一献媚 xiànmèi 的丑 chǒu 样儿,真让人作呕 zuò'ǒu / あいつのこびた様子を見ると,へどが出る.
【阿谀奉承】ē yú fèng chéng 成 他人にこびへつらう.

屙 ē 尸部7 四 7722₁ 全10画 通用
動方 大小便をする. 排泄する. ¶~尿 ēniào (小便する) / ～屎 ēshǐ / ～痢 ēlì (下痢する).
【屙屎】ē//shǐ 動便 大便をする.

妸 ē 女部7 四 4142₀ 全10画 通用
❶ 下記熟語を参照. ❷(É)姓.
【妸娜】ēnuó 形 しなやかで美しい. ¶~多姿 duōzī / 容姿が優雅だ. 参考 もと, "ěnuǒ"と発音した.

讹(訛/異 譌) é 讠部4 四 3471₀ 全6画 次常用
❶素《文字やことばの》誤り. 間違い. ¶~字 ézì (誤字) / 以～传 chuán ～(成 誤りをそのまま伝える) / ～脱 étuō. ❷動 たかる. ゆする. ¶~人 érén (人をゆする) / ～诈 ézhà. ❸(É)姓.
【讹传】échuán 名文 誤って伝わった話. 誤伝.
【讹谬】émiù 名 誤謬(ぴゅう). 誤り. 間違い.
【讹脱】étuō 名文《文字の誤りや脱落》¶改正～的文字 / 誤字脱字を訂正する.
【讹误】éwù 名《文字や記載の》誤り. ¶该文记述与史实不符,~颇 pō 多 / その記述は史実に即しておらず,誤りがかなり多い.
【讹诈】ézhà 動 ❶ おびやかす. ¶政治～ / 政治的な威嚇. ❷ 言い掛かりをつけて金品をゆする. ¶~钱财 qiáncái / 金銭をゆする. 同 勒索 lèsuǒ,敲诈 qiāozhà

俄 é 亻部7 四 7325₀ 全9画 次常用
❶素 にわかに. たちまち. 一瞬のうち. ❷名 "俄罗斯 Éluósī"の略称. ❸(É)姓.

【俄罗斯】Éluósī《国名》ロシア.
【俄罗斯人】Éluósīrén 名 ロシア人.
【俄罗斯族】Éluósīzú 名 ❶ オロス族. 新疆ウイグル自治区に住む少数民族. ❷ ロシア民族.
【俄顷】éqǐng 副文 にわかに. ちょっとの間に. ¶~,下起了倾盆 qīngpén 大雨 / ほどなく,どしゃぶりになった.
【俄文】Éwén 名 ロシア語. ロシア文. 同 俄语 Éyǔ
【俄语】Éyǔ 名 ロシア語.

莪 é 艹部7 四 4455₃ 全10画 通用
下記熟語を参照.
【莪蒿】éhāo 名《植物》キツネアザミ.

哦 é 口部7 四 6305₀ 全10画 通用
素 くちずさむ. ¶吟～ yín'é (吟詠する).
☞ 哦 ó,ò

峨(異 峩) é 山部7 四 2375₀ 全10画 通用
❶形 高い. ¶~～ é'é (山が高くそびえる). ❷素 地名用字. ¶~眉山 Éméishān. ❸(É)姓.
【峨冠博带】é guān bó dài 成 高い冠と幅の広い帯. ともに古代の士大夫の服装の形容.
【峨眉[嵋]山】Éméishān《地名》峨眉山(がぴ). 四川省にある. 中国仏教四大名山の一つ.

娥 é 女部7 四 4345₀ 全10画 通用
❶素 美しい. ¶~眉 éméi. ❷素 美女. ¶宮～ gōng'é (宮女). ❸(É)姓.
【娥眉】éméi 名《道 dào》美人の細長い三日月眉. ¶皓齿 hàochǐ~ / 白い歯と三日月眉. 美人. ❷ 美人. 由来 ①は眉が蛾の触角の形に似ることから.

锇(鋨) é 钅部7 四 8375₀ 全12画 通用
名《化学》オスミウム. Os.

鹅(鵝/異 鵞) é 鸟部7 四 2752₇ 全12画 常用
名《鳥》〔數 只 zhī〕ガチョウ.
【鹅蛋】édàn 名 ガチョウの卵. ¶~脸 édànliǎn / 卵形の顔.
【鹅黄】éhuáng 形 淡黄色の.
【鹅口疮】ékǒuchuāng 名《医学》鵝口瘡(がこうそう).
【鹅卵石】éluǎnshí 名〔數 块 kuài〕丸い小石. (建築材料の)玉石.
【鹅毛】émáo 名〔數 根 gēn,片 piàn〕ガチョウの羽毛. 軽微なもののたとえ. ¶千里送～,礼轻情意重 / 千里の彼方からガチョウの羽毛が届く. 贈物は粗末でも,その気持ちがありがたい.
【鹅毛雪】émáoxuě 名 ぼたん雪.
【鹅绒】éróng 名 ガチョウの羽毛.
【鹅行鸭步】é xíng yā bù 成《ガチョウやカモのように》よちよち歩く.
【鹅掌】ézhǎng 名 ガチョウの足. 水かき.
【鹅掌风】ézhǎngfēng 名《中医》手のひらにできる疥癬(かいせん).

【鹅掌楸】ézhǎngqiū [名]《植物》ユリノキ．ハンテンボク．[同]马褂木 mǎguàmù

蛾 é　虫部7　[四]5315₀　全13画　[常用]

[名]❶《虫》〔[量]只 zhī〕ガ．¶灯～ dēng'é（灯火に集まるガ）/ 蚕～ cán'é（カイコガ）/ 飞～投火（[成]飛んで火に入る夏の虫．みずから身を滅ぼすたとえ）．❷（É）姓．

【蛾眉】éméi [名]"娥眉 éméi"に同じ．

【蛾子】ézi [名]《虫》〔[量]个 ge 只 zhī〕ガ．

额（額 / [異]頟） é　页部9　[四]3168₂　全15画　[常用]

❶[素]ひたい．[同]脑门子 nǎoménzi，额头 étóu ❷[素]定められた数量．定員．¶超～完成任务（規定の目標を超過して任務を終える）/ 名～ míng'é（定員）/ 定～ dìng'é（決まった量）．❸[名]額(がく)．¶横～ héng'é（額）/ 匾～ biǎné（扁額）．❹（É）姓．

【额定】édìng [形]数量的に定められた．定額の．¶～速度 / 規定速度．¶～的工资 / 規定の賃金．

【额度】édù [名]規定された数量．定数．

【额角】éjiǎo [名]こめかみ．

【额手称庆】é shǒu chēng qìng [成]両手を額にあてて祝意をあらわす．

【额数】éshù [名]定数．固定した数．

【额头】étóu [名]ひたい．¶宽宽 kuānkuān 的～ / 広いひたい．[同]脑门子 nǎoménzi

【额外】éwài [形]定額以上の．定員外の．¶～负担 fùdān / 超過負担．¶～开支 / 予算以上の支出．

恶（惡、噁） ě　心部6　[四]1033₁　全10画　[常用]

下記熟語を参照．

☞ 恶 è，wū，wù

【恶心】ěxīn ❶[動]胸がむかつく．吐き気がする．¶作～ / 吐き気を催す．¶不知怎的，我有点儿～ / どういうわけか，すこし気分がわるい．❷[動]腹が立ってむかつく．不愉快になる．¶故意～他 / わざと彼にいやがらせする．❸[形]いやになるほどひどい．低俗だ．

厄（[異]戹、阨） è　厂部2　[四]7121₂　全4画　[通用]

[素]❶険しい所．要害の地．¶险～ xiǎn'è（険しい所）．❷わざわい．災厄．¶～运 èyùn．❸ふさぐ．¶阻～ zǔ'è（阻止する）．

【厄尔尼诺现象】è'ěrnínuò xiànxiàng [名]《気象》エルニーニョ現象．

【厄瓜多尔】Èguāduō'ěr《国名》エクアドル．

【厄立特里亚】Èlìtèlǐyà《国名》エリトリア（アフリカ）．

【厄难】ènàn [名]苦難．災難．¶屡 lǚ 遭～ / しばしば苦難に遭遇した．

【厄运】èyùn [名]不運．悪いめぐりあわせ．

苊 è　艹部4　[四]4421₂　全7画　[通用]

[名]《化学》アセナフテン．

扼（[異]搤） è　扌部4　[四]5101₂　全7画　[次常用]

[動]❶手で押さえこむ．絞めつける．¶～住了敌人的喉咙 hóulong（敵ののど仏を絞めあげた）．❷守る．制御する．¶～守 èshǒu / ～要 èyào．

【扼杀】èshā [動]❶絞め殺す．扼殺する．❷（抽象的に）息の根をとめる．¶不能～群众的积极性 / 民衆の積極性を押しつぶしてはいけない．

【扼守】èshǒu [動]（要地で）防衛する．¶～关口 / 関所を守る．[同]把守 bǎshǒu

【扼死】èsǐ [動]絞め殺す．窒息死させる．

【扼腕】èwàn [動][文]片方の腕でもう一方の腕を握りしめる．意気込んだり悔しがるようす．¶～叹息 / [成]片腕を握りしめてため息をつく．

【扼要】èyào [形]（文章や発言などが）要領を得た．要点を押さえている．¶简明～的介绍 / [成]簡明で要点を押さえた紹介．

【扼制】èzhì [動]制御する．抑える．¶～感情 / 感情を抑制する．

呃 è　口部4　[四]6101₂　全7画　[通用]

下記熟語を参照．

☞ 呃 e

【呃逆】ènì [動]しゃっくりをする．[同]打嗝儿 dǎgér

轭（軛） è　车部4　[四]4151₂　全8画　[通用]

[素]くびき．車の轅(ながえ)の端につけて，牛や馬の首にかける横木．

垩（堊） è　土部6　[四]1010₄　全9画　[通用]

❶[素]白い土．❷[動]（白土で）塗る．¶墙～好了（塀がすっかり白く塗られた）．

恶（惡） è　心部6　[四]1033₁　全10画　[常用]

❶[形]悪い．よくない．¶～感 ègǎn / ～习 èxí．[反]善 shàn ❷[形]凶悪だ．激しい．¶～狗 ègǒu / ～战 èzhàn / ～霸 èbà．❸[素]悪事．悪いおこない．¶无～不作（[成]ありとあらゆる悪事をつくす）．[反]善 shàn

☞ 恶 ě，wū，wù

【恶霸】èbà [名]〔[量]个 ge〕悪いボス．極悪な親玉．

【恶报】èbào [名]悪の報い．¶恶有～，善有善报 / 悪には悪の報いがあり，善には善の報いがある．[反]善报 shànbào

【恶病质】èbìngzhì [名]《医学》悪液質．

【恶补】èbǔ [動]一夜漬けで学習する．つめ込み学習をする．

【恶炒】èchǎo [動]（不当な方法で）大いにあおる．

【恶臭】èchòu [名]悪臭．

【恶斗】èdòu [名]激戦．

【恶毒】èdú [形]悪どい．悪らつだ．¶～攻击 gōngjī / 悪らつな攻撃をする．¶～诽谤 fěibàng / 悪どい誹謗(ひぼう)．[同]歹毒 dǎidú，阴毒 yīndú

【恶感】ègǎn [名]悪感情．悪意．[同]反感 fǎngǎn [反]好感 hǎogǎn

【恶狗】ègǒu [名]ひどいイヌ．狂暴なやから．¶～当路 / 悪人が政権を握っている．

【恶贯满盈】è guàn mǎn yíng [成]悪事の限りを尽くす．

【恶鬼】èguǐ [名]❶たたりをする幽鬼．❷悪人．

【恶棍】ègùn [名]〔[量]个 ge〕ごろつき．無頼漢．悪党．

【恶果】èguǒ [名]悪い結果．悪の報い．¶自食～ / [成]自業自得．身から出たさび．

【恶狠狠】èhěnhěn [形]（～的）憎々しげだ．凶暴だ．

【恶化】èhuà [動]悪化する．悪化させる．¶由于污染，这一带水质～了 / 汚染により，この一帯の水質は悪化した．[反]好转 hǎozhuǎn

【恶疾】èjí [名]たちの悪い病気．¶～难医 / 悪疾は治療しがたい．

【恶辣】èlà [形]悪どい．¶手段～ / 手口が悪どい．

【恶劣】èliè [形]悪質だ．劣悪だ．¶条件～ / 条件が劣悪だ．¶～的作风 / たちの悪い仕事ぶり．

E

【恶骂】èmà 動 あしざまにののしる.
【恶梦】èmèng 名 悪夢. ⇨ 噩 è 梦
【恶名】èmíng 名〔~儿〕悪名. 悪い評判.
【恶魔】èmó 名 ❶ 悪魔. ❷ 極悪人.
【恶念】èniàn 名 よこしまな考え. 悪い了見.
【恶评】èpíng 名 悪評.
【恶气】èqì 名 ❶ 悪臭. ¶~熏 xūn 人 / 悪臭で気分が悪くなる. ❷ 怒り. 恨み. ¶出了一口~ / 怒りを爆発させる.
【恶人】èrén 名 悪人. 悪党. ¶~先告状 / 悪人が先に訴え出る. 悪人は人に罪をなすりつける.
【恶少】èshào 名 不良青年. ¶洋场 yángchǎng ~ / 西洋かぶれの不良青年.
【恶习】èxí 名 悪癖. 悪い習慣. ¶沾染 zhānrǎn ~ / 悪しき習慣に染まる. ¶~易染而难改 / 悪い習慣には染まりやすく,改めにくい.
【恶心】èxīn 名 悪心. よくない考え.
【恶性】èxìng 形 悪性だ. 悪質だ.
【恶性循环】èxìng xúnhuán 名 悪循環.
【恶性肿瘤】èxìng zhǒngliú 名〔医学〕悪性腫瘍(しゅ).
【恶言】èyán 名 口ぎたないことば.
【恶言恶语】èyán èyǔ 名 口ぎたないことば. 罵詈雑言(ばりぞうごん).
【恶意】èyì 名 悪意. ¶我只是提醒你一下,并无~ / 私は君にちょっと注意を与えただけで,別に悪意はない. 反 歹意 dǎiyì 反 好意 hǎoyì. 好心 hǎoxīn, 善意 shànyì
【恶意诉讼】èyì sùsòng 名 相手を陥れる目的で,正当な理由無く訴訟に巻き込むこと. 悪意の訴訟.
【恶语】èyǔ 名 口ぎたないことば. 同 恶言 yán
【恶语中伤】è yǔ zhòng shāng 成 あしざまに中傷する.
【恶运】èyùn 名 悪い運気. 不運. 不吉な運.
【恶战】èzhàn 名〔场 cháng〕苦戦. ¶~一苦斗 / 悪戦苦闘.
【恶浊】èzhuó 形 汚れている. 濁っている. ¶空气~ / 空気が汚れている. 同 肮脏 āngzāng, 龌龊 wòchuò, 污秽 wūhuì
【恶作剧】èzuòjù 名〔场 cháng〕悪ふざけ. いたずら. ¶这难道是命运的~吗？ / まさか運命のいたずらではあるまい.

饿(餓) è 饣部7 四 2375₀ 全10画 常用

❶ 形 腹をすかす. ひもじい. ¶肚子~了 (腹がへった). 同 饥 jī 反 饱 bǎo ❷ 動 飢えさせる. ¶~他一顿 (彼の食事を一食抜く).

笔顺 丿 ノ 饣 伫 饿

【饿饭】è//fàn 動 飢える. ひもじい思いをする. 同 挨饿 ái'è
【饿鬼】èguǐ 名 ❶〔仏教〕餓鬼道. ❷ 食い意地のきたないやつ. 欲の皮がつっぱったやつ.
【饿虎扑食】è hǔ pū shí 成 飢えた虎が獲物に飛びかかる. 動作が敏速で猛烈だ. 同 饿虎扑羊 yáng
【饿殍】èpiǎo 名 餓死者.
【饿殍遍野】è piǎo biàn yě 成 飢死者が至る所にあふれる.
【饿死】èsǐ ❶ 動 餓死する. 餓死させる. ¶~别做贼 zéi / 飢え死にしても泥棒になるな. ❷ 形 空腹でたまらない. ¶我快~了 / お腹がすいて死にそうだ.

鄂 è 阝部9 四 6722₇ 全11画 通用

名 ❶ 湖北省の別称. ❷ 姓.
【鄂霍次克海】Èhuòcìkèhǎi 名〔地名〕オホーツク海.
【鄂伦春族】Èlúnchūnzú 名〔民族〕オロチョン族. 内蒙古と黒竜江省に住む少数民族.
【鄂温克族】Èwēnkèzú 名〔民族〕エヴェンキ族. 内蒙古と黒竜江省に住む少数民族.

谔(諤) è 讠部9 四 3672₇ 全11画 通用

❶ 下記熟語を参照. ❷〔è〕姓.
【谔谔】è'è 形 文 思っていることを遠慮なく言う. ずけずけ言う.

萼 è ⺾部9 四 4402₇ 全12画 通用

名〔植物〕花のがく.
【萼片】èpiàn 名〔植物〕がく片.

遏 è 辶部9 四 3630₂ 全12画 次常用

❶ 素 抑制する. 防ぎとめる. ¶怒不可~ 成 怒りを抑えられない / ~制 èzhì. ❷〔è〕姓.
【遏抑】èyì 動 文 抑圧する. 押さえつける.
【遏止】èzhǐ 動 阻止する. 抑止する. ¶~物价的上涨 shàngzhǎng / 物価の上昇をくいとめる. 同 制止 zhìzhǐ, 抑止 yìzhǐ
【遏制】èzhì 動 抑制する. 抑えつける. ¶~对方的攻势 / 相手の攻勢を抑えこむ. ¶思乡之难抑以~ / 望郷の念は抑えがたい.

愕 è 忄部9 四 9602₇ 全12画 次常用

素 文 驚く. ぎょっとする. ¶~然 èrán / ~顾 ègù (びっくりして振り向く).
【愕然】èrán 形 文 驚く. 愕然(がくぜん)とする. ¶~四顾 / 愕然として辺りを見回す.

腭(異齶) è 月部9 四 7622₇ 全13画 通用

名〔生理〕口蓋.
【腭裂】èliè 名〔医学〕口蓋破裂. 口蓋裂.

鹗(鶚) è 鸟部9 四 6722₇ 全14画

名〔鳥〕〔群 qún, 只 zhī〕ミサゴ. 同 鱼鹰 yúyīng

锷(鍔) è 钅部9 四 8672₇ 全14画

名 文 刀剣の刃(は)の部分.

颚(顎) è 页部9 四 6128₂ 全15画 通用

名 "腭 è"に同じ.

噩 è 王部12 四 1010₆ 全16画 次常用

素 不吉だ. 恐ろしい. ¶~梦 èmèng / ~耗 èhào.
【噩耗】èhào 名 親しい人の訃報(ふほう).
【噩梦】èmèng 名〔场 cháng, 个 ge〕恐ろしい夢. 悪夢. ¶昨晚我做了一个~,吓得浑身 húnshēn 冷汗 / 昨晩は悪い夢を見,恐ろしくて汗びっしょりになった.
【噩运】èyùn 名 悪い運気. 不運. 同 恶 è 运

鳄(鰐/異鱷) è 鱼部9 四 2612₇ 全17画 次常用

下記熟語を参照.
【鳄鱼】èyú 名〔動物〕〔条 tiáo〕ワニ. ¶~眼泪 / ワニの目に涙. 悪人のそら涙. 由来 ワニが人畜を食いながら

涙を流すという西洋の言い伝えから).

呃 e

口部4 [四] 6101₂
全7画 [通用]

[助] 称賛や驚きをあらわす語気助詞. ¶飞机飞得真快~ (飛行機で本当に速いんだな).

☞ 呃 è

ê せ [E]

欸 ē

欠部7 [四] 2788₂
全11画 [通用]

[感] 呼びかけをあらわす. ¶~,你快来!(おーい,早くおいで).
[参考]"诶"とも書く. また,"ēi"とも発音する.

☞ 欸 ǎi,é,ě,è

欸 é

欠部7 [四] 2788₂
全11画 [通用]

[感] いぶかる気持ちをあらわす. ¶~,他怎么走了!(えーっ,あの人どうして行っちゃったの). [参考]"诶"とも書く. また,"éi"とも発音する.

☞ 欸 ǎi,ē,ě,è

欸 ě

欠部7 [四] 2788₂
全11画 [通用]

[感] 同意できない気持ちをあらわす. ¶~,不让他去可不行!(えーっ,彼に行かせないのは,まずいよ). [参考]"诶"とも書く. また,"ěi"とも発音する.

☞ 欸 ǎi,ē,é,è

欸 è

欠部7 [四] 2788₂
全11画 [通用]

[感] 返事や同意をあらわす. ¶~,就照你说的办!(はい,では君の言うとおりにしましょう). [参考]"诶"とも書く. また,"èi"とも発音する.

☞ 欸 ǎi,ē,é,ě

en ㄣ [ən]

恩 ēn

心部6 [四] 6033₀
全10画 [常用]

❶[素] 恩. 恩恵. ¶施~ shī'ēn (恵みを施す) / ~负义 (恩を忘れて道義にそむく). [反] 仇 chóu,怨 yuàn ❷(Ēn)姓.

【恩爱】ēn'ài [形](夫婦の)仲がよい. むつまじい. ¶~夫妻 / 仲むつまじい夫婦. ¶恩恩爱爱,白头到老 / 仲むつまじく,共に白髪の生えるまで. [重] 恩恩爱爱
【恩宠】ēnchǒng [名] 寵愛. 恩寵.
【恩赐】ēncì [动] 恵む. 施しをする. ¶不能靠别人~ / 他人の施しをあてにしてはいけない.
【恩德】ēndé [名] 恩恵. 恵み. ¶祖上的~ / ご先祖様のおかげ.
【恩典】ēndiǎn ❶[名] 恩恵. ¶受~ / 恩恵を受ける. ❷[动] 恩恵を与える.
【恩格尔系数】Ēngé'ěr xìshù [名]《経済》エンゲル係数.
【恩格斯】Ēngésī《人名》エンゲルス(1820-1895). ドイツの革命家,思想家.
【恩公】ēngōng [名][文] 恩人に対する敬称. [参考] 多く伝統戯曲に見えることば.
【恩惠】ēnhuì [名] 恩恵. 恵み. ¶施与~ / 恩恵を施す.

¶受了人的~ / 人から恩を受ける. [同] 恩德 ēndé
【恩将仇报】ēn jiāng chóu bào [成] 恩を仇(ぎ)で返す. [反] 感恩戴德 gǎn ēn dài dé
【恩情】ēnqíng [名] 恩. なさけ. いつくしみ. ¶您的~永不忘记 / ご厚情は永く忘れません.
【恩人】ēnrén [名][量 位 wèi] 恩人. ¶救命~ / 命の恩人. [反] 仇人 chóurén
【恩师】ēnshī [量 位 wèi] 恩師.
【恩怨】ēnyuàn [名] 恩と仇. 恩恵と恨み. ¶~分明 / 恩と仇をはっきり区別する. ¶不计个人~ / 個人的な恩や恨みを問題にしない.
【恩泽】ēnzé [名][旧] (君主や官吏が人民に与えた)恩恵. 恩沢(たく).
【恩重如山】ēn zhòng rú shān [成] 恩恵がきわめて深い.

蒽 ēn

艹部10 [四] 4433₆
全13画 [通用]

[名]《化学》アントラセン. 有機染料の原料.

摁 èn

扌部10 [四] 5603₀
全13画 [通用]

[动] 手や指で押す. ¶~电铃(ベルを押す).
【摁钉儿】èndīngr [名][口][量 个 ge,盒 hé] 画びょう. 押しピン. [同] 图钉 túdīng
【摁扣儿】ènkòur [名][口][量 对 duì,个 ge](衣服の)スナップ.(押し)ホック. ¶钉上~ / スナップをとめる. [同] 子母扣儿 zǐmǔkòur

er ㄦ [ər]

儿(兒) ér

儿部0 [四] 2201₀
全2画 [常用]

❶[素] 子供. 児童. ¶小~科 xiǎo'érkē (小児科) / 托~所 tuō'érsuǒ (託児所). ❷[素] 若者. 多くは男子をいう. ¶健~ jiàn'ér (健児). ❸[素] 息子. 男の子. ¶生~养女(息子や娘を生み育てる). ❹[素] 動物の雄. ¶~马 érmǎ. [反] 女 nǔ ❺[素] 親属名称としての子. 親から息子・娘の間,または子供から親に対して使う. ¶~自离乡已两载(ざい) (子である)私が故郷を離れてはや二年). ❻[接尾] 名詞の接尾語. 小さなものをあらわす. ¶小孩~ xiǎoháir (子供) / 小狗~ xiǎogǒur (子犬). ❼[接尾] 動詞・形容詞などを名詞化する. ¶没救~ méijiùr (救いがたい) / 拐弯~ guǎiwānr (角をまがる. 遠回しに言う) / 挡着亮~ (光をさえぎる) / 叫好~ jiàohǎor (喝采をおくる. よい演技におくる掛け声). ❽[接尾] 具体的な事物の抽象化をあらわす. ¶门~ ménr (方法) / 根~ gēnr (基礎) / 油水~ yóushuǐr (甘い汁. 利益). ❾[接尾] 事物の違いをあらわす. 例えば"白面 báimiàn"(小麦粉)と"白面儿 báimiànr"(ヘロイン),"老家 lǎojiā"(故郷)と"老家儿 lǎojiār"(親)など. ❿[接尾][口] 少数の動詞の接尾語となる. ¶玩~ wánr (遊ぶ) / 火~ huǒr (怒る). ⓫(Ér)姓. [用法] ❻~❿で,"儿化 érhuà"する場合のピンイン表記は"r"のみを用い軽声となる. 書くときには"儿"が削られる場合も多い. 逆に,書かれていなくても,"儿"をつけて発音されることも多い.

【儿茶】érchá [名] ❶《植物》アセンヤクノキ. ❷《中医》阿仙薬.
【儿歌】érgē [名][量 首 shǒu,支 zhī] 童謡. わらべ歌.
【儿化】érhuà [名]《言語》r(ㄦ)化. 標準語と一部の方言にみられる語音現象で,前の音節について末尾が捲舌音化

すること．"儿ér"は独立した音節にはならず，例えば"花儿"の場合は"huār"と発音し"huā'ér"にはならない．

【儿皇帝】érhuángdì 名 傀儡(かい)皇帝．由来 後晋の石敬瑭が契丹の耶律徳光にへつらって自らを呼んだことから．
【儿科】érkē 名（医学）小児科．
【儿马】érmǎ 名〔■匹 pǐ〕雄ウマ．
【儿女】érnǚ 名 ❶子女．息子と娘．❷男女．
【儿女情长】ér nǚ qíng cháng 成（男女の）情が深くておぼれるほどだ．¶～，英雄气短／情におぼれると豪快な気持ちが失せる．
【儿时】érshí 名 幼少時代．
【儿孙】érsūn 名 子供と孫．子子孫孫．¶～满堂／たくさんの子や孫に恵まれる．
*【儿童】értóng 名 児童．¶～文学／児童文学．参考 "少年 shàonián"より年少を言う．
【儿童节】Értóngjié 名 子供の日（6月1日）．回 国际 Guójì 儿童节，六一 Liù-Yī 国际儿童节 ⇒付録"祝祭日一覧"
【儿童团】Értóngtuán 名 新中国建国前，共産党が各地に設立した少年児童組織．
【儿童文学】értóng wénxué 名 児童文学．
【儿媳妇儿】érxífur 名〔■个 ge〕息子の嫁．
【儿戏】érxì 名 児戯．子供の遊び程度の些細なこと．¶视同～／児戯同様とみなす．¶学习不是～／勉強は大切だ．
*【儿子】érzi 名〔■个 ge〕息子．¶大～／長男．用法 父母が息子を呼ぶ時に用いる．

而 ér 而部 0 全6画 1022₇ 常用

Ⅰ 接 ❶ 同類，または関連する語句（名詞を除く成分）をつなぎ，並列，あるいは追加を表わす．回 又 yòu ¶少～精／少数で選りすぐりだ．¶伟大～光辉 guānghuī 的一生／偉大で輝かしい生涯．¶这座山高～陡 dǒu／この山は高くて険しい．
❷ 因果関係にある語句（名詞を除く）をつなぎ，原因や目的を表わす．回 因为 yīnwèi；由于 yóuyú；为 wéi ……．¶疗效 liáoxiào 因人～异 yì／治療は人によって効き目が異なる．¶为实现祖国独立～奋斗 fèndòu／祖国の独立実現のため奮闘する．
❸ 順なる形で展開する関係の語句（名詞を除く）をつなぎ，さらに一層の累加を表わす．¶量 liáng 力～行／自分の力を見極めた上で相応の力を発揮する．¶进～言之／一歩進めてさらに言及する．
❹ 相反する語句，また肯定型と否定型を連ねて，反転あるいは補足を表わす．回 但 dàn, 却 què ¶议 yì～不决／議論しても決着がつかない．¶肥～不腻 nì／脂肪分はあるが油っこくない．¶心有余～力不足／意欲はあるが力が伴わない．¶说了～不做，等于白说／言うだけでやらないのは，言わなかったのと同じ．
❺ 時間や動作の方式を表わす語の後ろに置いて連用修飾語を作り，動詞につなぐ．¶匆匆 cōngcōng～来／慌ただしくやって来る．¶侃侃 kǎnkǎn～谈／心おきなく語り合う．
❻ 1つの状態から，さらに別の状態への展開を表わす．回 到 dào, 向 xiàng ¶自上～下／上から下まで．¶自远～近／遠くから近くまで．¶一～十，十～百／1から10へ，10から100へ．¶一～再，再～三／再三再四．
❼ 主語と述語の間に置かれ，仮定を表わす．回 如果 rúguǒ ¶作家～不深入群众，那就写不出好作品来／作家がもし大衆の中へ深く入って行かなければ，良い作品は書け

ない．
Ⅱ（Ér）姓．

【而后】érhòu 接 その後．それから．¶我们先去食堂吃饭，～去图书馆吧／まず食堂に行って食事をして，そのあと図書館へ行きましょう．回 然后 ránhòu 用法 必ず前の文章を受ける形で用いられる．比較 "以后 yǐhòu"は単独でも使用でき，現在の時点より後をあらわす．
【而今】érjīn 名 現在．いま．目下．¶生男生女都一个样了／今は男を生むのも女を生むのも変わりありません．回 如今 rújīn
【而况】érkuàng 接 ましてや…は（言うまでもない）．¶这么重的东西大人都拿不动，～他还是个孩子／こんな重いものは大人でも持ち上げられません．まして彼はまだ子供ですよ．比較 "何况 hékuàng"の前には，"更 gèng""又 yòu"を加えられるが，そのと上日本語でも同じ．
【而且】érqiě 接 その上．且つ．さらに．¶表面柔软 róuruǎn～光滑／表面はやわらかで，その上なめらかだ．¶他不只 zhǐ 会说英语，～也会说日语／彼は英語が話せるだけでなく，その上日本語もできる．用法 "不但 búdàn", "不仅 bùjǐn"などと呼応して用いられて，さらに一歩進んだ事態をあらわす．
【而已】éryǐ 助 …だけ．…ばかり．…にすぎない．¶他只不过说说～／彼はちょっと言ってみただけさ．回 罢了 bàle

鸸（鴯）ér 而部5 全11画 1722₇ 通用

下記熟語を参照．

【鸸鹋】érmiáo 名〔鳥〕〔■群 qún, 只 zhī〕エミュー．ダチョウの仲間で，オーストラリア東部の草原にすむ．◆emu

尔（爾）ěr 小部2 全5画 2790₂ 次常用

❶ 代 文 あなた．汝(なんじ)．¶～辈 ěrbèi（汝ら）／～父（汝の父）．❷ 代 文 このようだ．かくのごとし．¶～ 果 guǒ'ěr（果たして，かくのごとく）／偶～ ǒu'ěr（時として．たまたま）／不过～～成 せいぜいこれくらいなものだ．❸ 素 文 その．あの．¶～时 ěrshí（あのとき．そのとき）／～日 ěrrì（その日）／～后 ěrhòu．❹ 助 …にすぎない．文末に用いる．回 耳 ěr ❺ 接 形容詞・副詞の語尾として用いる．¶率～ shuài'ěr（軽率に．むこうみずに）／莞～ wǎn'ěr 而笑（にっこりと微笑む）．❻（Ěr）姓．

【尔曹】ěrcáo 名 文 汝ら．
【尔格】ěrgé 量（物理）エネルギーの単位．エルグ．
【尔后】ěrhòu 接 その後．それから．¶～就不知他的去向了／その後の彼の行方は知らない．回 此后 cǐhòu
【尔虞我诈】ěr yú wǒ zhà 成 互いにさぐり合い騙し合う．狐と狸の化かし合い．回 尔诈我虞 由来《左传》宣公十五年に見えることば．
【尔诈我虞】ěr zhà wǒ yú 成 →尔虞我诈

耳 ěr 耳部0 全6画 1040₀ 常用

❶ 素 耳．¶～聋 ěrlóng／～熟 ěrshú／～语 ěryǔ．回 耳朵 ěrduo ❷ 素 耳のような形をしたもの．¶木～ mù'ěr（木くらげ）／银～ yín'ěr（白木くらげ）．❸ 素 両側にあるもの．¶～房 ěrfáng．❹ 助 …にすぎない．¶前言戏之～（前言はざれて言ったにすぎない）．回 而已 éryǐ ❺（Ěr）姓．注意 ①は口語では"耳朵 ěrduo"を使う．

【耳背】ěrbèi 形 耳が遠い．¶他有点儿～／彼は少し耳が遠い．表現 婉曲な言いかた．

【耳鼻喉科】ěrbíhóukē《医学》耳鼻咽喉科.
【耳边】ěrbiān 名 耳元.
【耳边风】ěrbiānfēng 名 人の話を聞き流すこと. どこ吹く風. ¶別把大人的话只当~ / 大人の言うことをどこ吹く風と聞き流してはいけない.
【耳鬓厮磨】ěr bìn sī mó 成 仲むつまじいよう. 由来 耳と鬓(びん)がすれあうという意から. 表现 幼い子供どうしについて言うことが多い.
【耳沉】ěrchén 形 方 耳が遠い.
【耳垂】ěrchuí 名〔~儿〕耳たぶ. 同 耳朵垂儿 ěrduochuír
【耳聪目明】ěr cōng mù míng ❶ 成 はっきりと聞こえ明らかに見える. ¶老人已年过九十了,还是~ / 老人はすでに九十を越えているが、目もいいし、耳も遠くない. ❷ 耳と情報がはやい.
*【耳朵】ěrduo 名〔对 duì,个 ge,双 shuāng,只 zhī〕耳.
【耳朵软】ěrduo ruǎn 成 軽々しく人のことばを信じる. ¶他~,常常上那些不正派人的当 dàng / 彼は軽々しく人の言うことを信じるので、いつもろくでなしの話に乗ってしまう.
【耳朵眼儿】ěrduoyǎnr 名 ❶ 耳の穴. ❷（ピアスなどのために）耳に開けた穴.
【耳房】ěrfáng 名（四合院の）"正房"（母屋）の両側にある小部屋. また"厢房"（母屋の両わきにある棟）の両側にある小部屋.
【耳福】ěrfú 名（よい音楽などを聴いて）耳を楽しませること.
【耳根】ěrgēn 名 ❶ 耳の付け根. ❷ 耳. 同 耳根子 ěrgēnzi
【耳垢】ěrgòu 名 耳あか. ¶挖 wā~ / 耳あかをとる. 同 耵聍 dīngníng,耳屎 ěrshǐ
【耳鼓】ěrgǔ 名《生理》鼓膜. 同 鼓膜 gǔmó
【耳刮子】ěrguāzi 名 口〔量 个 ge〕びんた. 同 耳瓜子 ěrguāzi,耳巴子 ěrbāzi,耳光 ěrguāng
【耳光】ěrguāng 名〔量 个,记 jì〕びんた. ¶打~ / びんたをはる. ¶你这样乱说话,是要吃~的 / そんな無茶苦茶を言っていると、びんたを食らうよ. 同 耳光子 ěrguāngzi
【耳环】ěrhuán 名〔量 对 duì,副 fù,个 ge,只 zhī〕イヤリング. 耳飾り. ¶戴~ / イヤリングをつける.
【耳机】ěrjī 名 ❶〔量 部 bù〕受話器. 同 听筒 tīngtǒng ❷〔量 部 bù,副 fù〕イヤホン. ¶请你用~听吧 / ヘッドホンでお聴きください.
【耳孔】ěrkǒng 名《生理》外耳孔. 同 外耳门 wài'ěrmén
【耳聋】ěrlóng 形 耳が聞こえない. 耳が不自由だ. ¶~眼花 yǎnhuā / 耳は遠い目はかすむ.
【耳轮】ěrlún 名《生理》耳輪(じりん).
【耳门】ěrmén 名 ❶ 耳. ❷《中医》経穴の一つ. 耳の前にある. ❸ 正門両側の小さな門.
【耳鸣】ěrmíng 動 耳鳴りがする.
【耳膜】ěrmó 名《生理》鼓膜. 同 鼓膜 gǔmó
【耳目】ěrmù 名 ❶ 耳と目. ¶掩人 yǎn rén ~ / 他人の耳目(じもく)を欺く. ❷ 見聞. 体験. ¶~不广 / 見聞が狭い. ❸〔量 个 ge〕情報を探る人. 探偵. ¶~众多 / 情報を嗅ぎまわる者がたくさんいる.
【耳目一新】ěr mù yī xīn 成 聞くもの見るものすべてが新しく変わる. ¶一到广州就觉得~ / 広州に着くと何もかもが目新しく感じられた.

【耳旁风】ěrpángfēng →耳边风 ěrbiānfēng
【耳屏】ěrpíng 名《生理》耳珠(じじゅ). 耳の外の顔側にある突起部分.
【耳濡目染】ěr rú mù rǎn 成 知らず知らずのうちに見聞きしたものの影響を受ける. ¶他出身艺术世家,~,从小就喜欢写字作画 / 彼は芸術家の家に生まれたので、ごく自然に小さい頃から習字をしたり絵を描いたりするのが好きだった.
【耳软心活】ěr ruǎn xīn huó 成 定見を持たず,簡単に人を信じる. ¶他这人~,说不定谁一劝说又变了主意 / 彼は軽率に人の話に乗るから、誰かに勧められたら又考えを変えるかもしれない.
【耳塞】ěrsāi 名 ❶〔片耳の〕イヤホン. ❷ 耳栓.
【耳塞】ěrsai 名 耳あか. 同 耳垢 ěrgòu
【耳生】ěrshēng 形 聞き慣れない. 耳慣れない. あまり聞かない. ¶外面传来了一个~的声音 / 外から耳慣れない音が聞こえてきた. 反 耳熟 ěrshú
【耳食】ěrshí 文 ❶ 人の話をうのみにする. ❷ 名 伝聞. うわさ話.
【耳屎】ěrshǐ 名 口 耳あか. 同 耳垢 ěrgòu
【耳熟】ěrshú 形 聞き慣れた. 聞き覚えがある. ¶人我不认识,可名字听着怪~的 / 面識はないけれど、名前は本当によく聞く. 反 耳生 ěrshēng
【耳熟能详】ěr shú néng xiáng 成 聞き知っているので、詳しく説明できる.
【耳顺】ěrshùn ❶ 名 文 60歳. 耳順(じじゅん). ❷ 形 耳に心地よい. 由来 もと,『論語』為政篇「六十而耳顺（六十にして耳順がう）」から.
【耳提面命】ěr tí miàn mìng 成 懇切丁寧に教え導く. 手とり足とり指導する. ¶老师怎样一也无济于事 / 先生がいくら懇切丁寧に指導しても役に立たない. 由来『诗经』大雅·抑に見えることば.
【耳听为虚】ěr tīng wéi xū 成 耳で聞いたことは偽りだ. ¶~,眼见为实 / 耳で聞いたことは偽りで、目で見たものが真実だ. 聞くと見るとは大違い. 表现 通常"眼见为实"を続けて言う.
【耳挖子】ěrwāzi 名〔量 个 ge〕耳かき棒.
【耳闻】ěrwén 動 耳にする. うわさに聞く. ¶~不如目见 / 聞くは見るにしかず. 百聞は一見にしかず. 同 百闻不如一见 bǎiwén bùrú yíjiàn
【耳闻目睹】ěr wén mù dǔ 成 自分の耳で聞き自分の目で見る. ¶这是我~的事实 / これはこの目で見、この耳で聞いた事実だ.
【耳蜗】ěrwō 名《生理》蝸牛殻(かぎゅうかく).
【耳穴】ěrxué 名《中医》耳のつぼ.
【耳语】ěryǔ 動 耳打ちする. ささやく. ¶私下~ / そっと耳打ちする.
【耳针】ěrzhēn 名《中医》耳針療法.
【耳坠】ěrzhui 名〔~儿〕〔量 对 duì,副 fù,个 ge,只 zhī〕たれ下がった飾りのついたイヤリング. ¶一副~ / イヤリング一組. 同 耳坠子 ěrzhuìzi
【耳子】ěrzi 名〔量 对 duì〕取っ手.（器物の）耳.

迩(邇) ěr 辶部5 四 3730₀ 全8画 通用

❶ 繁 近い. ¶遐 xiá~闻名（遠近を問わず名が知られている）/ ~来 ěrlái（近ごろ）. 同 近来 jìnlái 反 遐 xiá ❷（Ěr）姓.

洱 ěr 氵部6 四 3114₀ 全9画 通用

❶ 繁 地名用字. ¶~海 Ěrhǎi. ❷（Ěr）姓.
【洱海】Ěrhǎi《地名》洱海(じかい). 雲南省大理市と洱源

県の間にある湖.別名"昆明池 Kūnmíngchí".

饵(餌) ěr 食部6 四 2174。 全9画 次常用

❶ [名] 小麦粉などでつくった食品.¶香~ xiāngěr(香ばい菓子)/果~ guǒ'ér(おやつ). ❷ [名] 魚を釣るえさ.¶鱼~ yú'ěr(魚のえさ). ❸ [動] ⚡ さそいこむ.誘引する.¶以此~敌(これで敵をおきだす).

【饵料】ěrliào [名] ❶ 魚のえさ. ❷ 害虫駆除用の毒入りのえさ.

珥 ěr 王部6 四 1114。 全10画 通用

[名] ❶ 玉製の耳かざり. ❷《天文》太陽のコロナ.

铒(鉺) ěr 金部6 四 8174。 全11画 通用

[名]《化学》エルビウム. Er.

二 èr 一部1 四 1010。 全2画 常用

❶ [数] 数字の2.¶十一个 shí'èrge(12個)/～层楼 èrcénglóu(2階建ての建物). ❷ [名] の. 次の.¶第一天 dì'èrtiān(翌日)/～把刀 èrbǎdāo. ❸ [名] 2種類. ふたとおり.¶不要三心一意(あれこれと迷ってはいけない). [用法] ❹(Èr)姓.《"二"と"两"1)数を数える時は"二"を使う.¶一,二,三,四(1,2,3,4). 少数と分数にも"二"を使う.¶零点二(0.2)/三分之二(3分の2). 2)序数には"二"を使う.¶第二(第2)/二哥(2番目の兄).3)一般量詞の前には"两"を使う.¶两匹马(2匹のウマ)/去了两次(2回行った).4)伝統的度量衡単位は,"二"も"两"も使えるが,"二"を使うことが多い.¶两亩(2ムー)/二两酒(100グラムの酒. "两酒"は量でだが"两两酒"とは言わない.5)外来の新しい度量衡単位には"两"を使う.¶两公斤(2キロ)/两吨(2トン).6)"十,百"の前には一般に"二"を使う.¶二百二十二(222).7)"千,万,亿"の前には"二"と"两"どちらも使えるが,"三万二千"(3万2千)"两亿二千万"(2億2千万)のように"千"が"万,亿"のあとにある時は,ふつう"二"を使う.

【二把刀】èrbǎdāo [名][方] 知識や技術が未熟なこと. 生かじり. また, その人.¶看他开车的样子, 就知道他是个～/彼の運転を見れば,初心者だと分かる. 同 二半破子 èrbànpòzi

【二把手】èrbǎshǒu [名] ❶ 一輪車. ❷ 〘回〙 第二の責任者. ナンバー・ツー.

【二百五】èrbǎi'èr《薬》汞溴红 gǒngxiùhóng"(マーキュロ)の通称. 同 二百二十

【二百五】èrbǎiwǔ [名] ❶〘回〙間抜けでそそっかしい人. ぼんやり者. あほう. ❷[方] 生かじりの人. 半可通. ¶你真～,又开始胡说八道了/君はまったく半可通のようだ. またでたらめを言って. 回 半疯醋 bànpíngcù [表現]①は銀500"两"を1"封 fēng"とし,250は"半封"であることから,"半疯 bànfēng"に掛けていう. ②は"五百"の半分の意から"不十分","生かじり"をあらわす.

【二板市场】èrbǎn shìchǎng [名]《経済》ベンチャー企業向けに上場基準が緩和されている証券取引市場. 回 创业 chuàngyè 板市场

【二部制】èrbùzhì [名](授業の)二部制. [参考] 小・中・高校の授業について言う.

【二重唱】èrchóngchàng [名]《音楽》二重唱. デュエット.

【二重性】èrchóngxìng [名] 二重性. 二面性.

【二重奏】èrchóngzòu [名]《音楽》二重奏.

【二传手】èrchuánshǒu [名] ❶《スポーツ》(バレーボールの)セッター. 同 托 tuō 手 ❷ 間をとりもつ人. チームのまとめ役. [表現]②は,仲立ちをするが自分では責任を取らない人を皮肉って言うこともある.

【二次方程】èrcì fāngchéng [名]《数学》二次方程式.
【二次污染】èrcì wūrǎn [名] 二次的污染.
【二道贩子】èrdào fànzi [名]〔個 个 ge〕投機転売のブローカー. 商店などから仕入れた商品を転売して利ざやを稼ぐ行商人.
【二等】èrděng [名] 二等.¶～奖/二等賞.
【二叠纪】Èrdiéjì [名]《地学》(地質年代の)二畳紀.
【二噁英】èr'èyīng [名]《化学》ダイオキシン. ◆dioxin
【二・二八事件】Èr-Èr bā shìjiàn [名]《歴史》1947年2月28日り台湾主要都市で起きた反国民党蜂起.
【二房】èrfáng [名] ❶ 同世代の親族における2番目の系統. 第二子の家族. ❷ 妾 (qiè).
【二房东】èrfángdōng [名] 部屋を又貸しして利益を得る人.転貸する人.¶这房子并不是他的,他只是个～/この部屋は彼のものではなく,彼は又貸ししているだけです.
【二伏】èrfú [名] 中伏 (zhōngfú). 一年中で最も暑い時期. 同 中 zhōng 伏
【二副】èrfù [名]〔個 个 ge, 位 wèi〕二等航海士.
【二哥】èrgē [名] ❶ 2番目の兄. ❷ 弟または親しい友人に対して,親しみをこめた呼びかけ.
【二锅头】èrguōtóu [名]〔瓶 píng〕コーリャンを原料とした北京特産の"白酒". ¶你到北京时,一定要试一试～/北京へ行ったら,ぜひ"二鍋頭"を味わってみてください.
【二胡】èrhú [名]《音楽》〔個 把 bǎ〕二胡(彼). 中国の胡琴(qín).¶拉～/二胡をひく. ⇒付録"中国伝統音楽のひとこま"

【二乎[忽]】èrhu [動] ❶ 畏縮する. しりごみする. ¶只要你敢干,我决不～/あなたが思い切って実行するなら,私は決してしりごみしない. ❷ ためらう. 決心がつかない. ¶該做就做, 别二二乎乎的/やるべきことをやれ, ぐずぐず悩むんじゃない. ❸ あまり見込みがない. 望み薄だ. ¶这件事恐怕~了/この件はたぶんだめだろう.

二 胡

【二话】èrhuà [名] 文句. 異議. 苦情. ¶～不提/文句なしに. [用法] 否定文に用いることが多い.
【二话没说】èrhuà méi shuō (固) 文句を言わない. よけいな話をしない. [表現] 一旦決めたら,ぐずぐず言わずにすぐに取りかかること.
【二黄[簧]】èrhuáng [名]《芸能》伝統劇の"腔調 qiāngdiào"(節回し)の一つ. 胡弓で伴奏する. ゆっくりとしたテンポで,叙情的な内容や悲痛な心を表現する. ¶你哼 hēng 几句～来听听/"二黄"をひとふし聞かせてくださいよ.

【二级市场】èrjí shìchǎng [名]《経済》流通市場.
【二极管】èrjíguǎn [名]《電気》二極管. ダイオード.
【二尖瓣】èrjiānbàn [名]《生理》左心の房室弁. 僧帽弁. 同 二尖弁.
【二姐】èrjiě [名] 2番目の姉.
【二进宫】èrjìngōng [動] ❶ 再び逮捕される. ❷ [名]《芸能》"二進宮". 京劇の演目名.
【二进制】èrjìnzhì [名]《数学》二進制.

【二郎腿】èrlángtuǐ 名 方 足を組んで座る姿勢.¶架起jiàqǐ～/足組みする.¶他翘 qiáo 着～,在旁边冷笑/彼は足を組みながら,冷笑した.

【二老】èrlǎo 名 両親.

【二愣子】èrlèngzi 名 個 个 ge 軽率な人.無鉄砲な人.そそっかしい人.

【二流子】èrliúzi 名〔個 个 ge〕ぶらぶらして正業につかない者.無為徒食の者.¶那个人没有正当职业,是个～/あの人はちゃんとした仕事も持たない遊び人(にん)だ. 参考 口語では"èrliūzi"と発音されることが多い.

【二门】èrmén 名 四合院などの"大门 dàmén"(正門)の内側にある門.

【二面角】èrmiànjiǎo 名《数学》二面角.

【二拇指】èrmǔzhǐ 名 人差指. 同 食指 shízhǐ.

【二奶专家】èrnǎi zhuānjiā 名 表向きは土地開発事業に反対しながら,裏で開発業者と通じ利益を得ている専門家や研究者.

【二年级】èrniánjí 名 第2学年.2年生.¶今年春天,小弟弟升～了/今年の春,下の弟は2年生になる.

【二年生】èrniánshēng 形《植物》二年生の.¶～植物/二年生植物.

【二泉映月】Èrquán yìng yuè 名《音楽》「二泉映月」.華彦鈞(がんしゅん:1893-1950)作曲の,二胡(にこ)の代表的な名曲. 参考 この曲の音程に合わせ,"二泉琴"という改良胡琴(きん)も生み出された.⇨付録「中国伝統音楽のひとこま」

【二人世界】èrrén shìjiè 名《夫婦のみの》二人家庭.

【二人台】èrréntái 名《芸能》❶ 内蒙古や山西省北部で行われている民間芸能の一種.伴奏に合わせ2人で歌い踊る.❷ 民間芸能の"二人台"から発展した地方劇.

【二人转】èrrénzhuàn 名《芸能》❶ 黒竜江・吉林・遼寧省一帯で行われている民間芸能の一種.伴奏に合わせ2人が交替で歌い踊る.❷ 民間芸能の"二人转"から発展した地方劇.

【二审】èrshěn 名《法律》"第二审"(第二審)の略.

【二十四节气】èrshísì jiéqì 名 二十四節気.「立春,雨水,惊蛰,春分,清明,谷雨,立夏,小满,芒種,夏至,小暑,大暑,立秋,处暑,白露,秋分,寒露,霜降,立冬,小雪,大雪,冬至,小寒,大寒」をいう.気候の変化と農事の季節をあらわす.

【二十四史】èrshísìshǐ《書名》〔部 bù,套 tào〕二十四史.清の乾隆年間に正史と定められた24の紀伝体の史書.『史記』『漢書』『後漢書』『三国志』『晋書』『宋書』『南斉書』『梁書』『陳書』『魏書』『北斉書』『周書』『隋書』『南史』『北史』『唐書(旧唐書)』『新唐書』『五代史(旧五代史)』『新五代史』『宋史』『遼史』『金史』『元史』『明史』をいう.

【二十五史】èrshíwǔshǐ《書名》〔部 bù,套 tào〕二十五史.二十四史に『新元史』を加えたもの.

【二十一条】Èrshíyītiáo 名《歴史》対華二十一箇条要求.1915年1月18日,日本が中国の袁世凯政府に提出した利権拡大要求.

【二手】èrshǒu 名(～儿)❶ 二次的なもの.間接的に手に入れたもの.❷ 中古(の商品).

【二手车】èrshǒuchē 名 中古車. 表現 自転車についても言う.

【二手房】èrshǒufáng 名 中古住宅.

【二手货】èrshǒuhuò 名 中古品.

【二手烟】èrshǒuyān 名 受動喫煙.

【二踢脚】èrtījiǎo 名 爆竹の一種で,2回音のするもの. 同 双响 shuāngxiǎng ❷ 武術の型の一つ.

【二天】èrtiān 名 翌日.後日.

【二万五千里长征】Èrwànwǔqiānlǐ chángzhēng 名《歴史》長征.1934年から36年にかけて,国民党の包囲攻撃を逃れて北上抗日を行うために中国紅軍が行った華中・華南の革命根拠地から陝西・甘粛への大規模な戦略的移動.

【二五眼】èrwǔyǎn ❶ 形 (人の)能力が劣る.(物の)質が悪い.¶那个东西太～,我不要了/あれは物が悪すぎるから,いりません.¶他的中文～,作翻译恐怕还不行/彼の中国語はレベルが低いから,通訳はまだ無理だろう.❷ 名〔個 个 ge〕能力の劣る人.無能な人.

【二心】èrxīn ❶ 名 二心.ふたごころ.¶怀 huái ～/二心を抱く.❷ 動 専念できない.あれこれ迷う. 同 贰心 èrxīn 反 一心 yīxīn.

【二性子】èrxìngzi 名 男女両性をそなえた人. 表現 "两性人"の通俗的な言い方.

【二氧化硅】èryǎnghuàguī 名《化学》二酸化ケイ素.

【二氧化硫】èryǎnghuàliú 名《化学》二酸化硫黄. 同 亚硫酸酐 yàliúsuāngān.

【二氧化硫控制地区】èryǎnghuàliú kòngzhìqū 名 二酸化硫黄抑制地区. 参考 対象地区は政府が決定する.現在,136ヶ所が指定されている.

【二氧化碳】èryǎnghuàtàn 名《化学》二酸化炭素.CO_2.

【二一添作五】èr yī tiān zuò wǔ 慣 ❶《数学》二一天作五(にいちてんのごう).珠算の割算の九九の一つ.$1 \div 2 = 0.5$の意.1と2で割る時,1を はらって桁の下に5を置く.❷ きっちり二つに分ける.折半する.¶这笔钱我们就～吧/この金は山分けしよう.

【二意】èryì 名 二心.ふたごころ. 同 二心 ❷ あれこれ迷う気持ち.散漫な心. 同 二心.

【二元】èryuán 名 二元.二次元.

【二元论】èryuánlùn 名《哲学》二元論.

【二战】Èrzhàn 名《歴史》第二次世界大战 Dì'èrcì Shìjiè Dàzhàn"の略.¶据说他是在～中战死的/彼は第二次世界大戦で戦死したそうです.

【二职】èrzhí 名 副業."第二职业"の略.

佴 èr

亻部6 四 2124 全8画 通用

動 ⑫ 留め置く.

⇨ 佴 Nài

贰(貳/異 弍) èr

弋部6 四 4380 全9画 次常用

❶ 数 "二"の大字(だいじ).読み違いや書き直しを防ぐために契約書,証書などに用いる.❷ 肅 変節する.背く.❸(Èr)姓.

【贰臣】èrchén 名〔個 个 ge〕二つの王朝に仕える臣.変節漢.

F

fa ㄈㄚ [fA]

发(發) fā 又部3 四2340₇ 全5画 常用

I 动 ❶ 送る．渡す．交付する．支給する．¶～选民证／選挙権有資格者証を交付する．¶～货 fāhuò．¶信已～了／手紙はすでに出した．¶～电子邮件／E メールを送る．¶～传真 chuánzhēn／ファックスを送る．¶～工资 gōngzī／昨日給料が出たばかりだ．
❷ 放つ．発射する．¶～炮 fāpào／発砲する．¶～光 fāguāng．¶～了三发子弹 zǐdàn／三発の弾を発射した．
❸（芽・花・熱・病気・カビ・大水などが）出る．生まれる．発生する．¶豆子～芽 yá了／豆が芽を出した．¶～霉 fāméi．¶～电 fādiàn．¶～烧 fāshāo．¶他的老毛病又～了／彼の持病がまた出た．¶～大水／大水が出た．
❹（かんしゃく・不平などの気持ちを）起こす．発する．¶脾气 fā píqi．¶～牢骚 láosao／ぐちをこぼす．
❺ 公布する．通達する．¶～指示／指示を出す．¶～了一道命令／命令を出した．
❻（財産を得て）栄える．¶～财 fācái．¶～家 fājiā．¶他现在可～了／彼は近頃とても金持ちになった．
❼ 発酵する．ふくれる．¶面一起来了／小麦粉が発酵してきた．¶～海带／コンブを水で戻す．
❽ 出発する．¶朝 zhāo～夕 xī 至／朝出発して夕方到着する．¶早上七点刚～了一班车／朝7時にバスが一本出たところだ．
❾（不愉快な感情が）はっきり現れる．¶～怒 fānù．¶～愣 fālèng．¶～愁 fāchóu．¶气得浑身～颤 chàn／腹立ちのあまり全身が震える．¶冻得直～抖 dǒu／寒くてぶるぶる震える．
❿（不愉快な感覚が）起こる．感じる．¶全身～痒 yǎng／全身がかゆい．¶嘴里～苦／口の中が苦くなる．¶手脚～麻／手足がしびれる．¶浑身～酸／全身がだるい．¶手脚～笨／手足が利かなくなる．¶～冷 fālěng．¶～晕 fāyùn．
⓫（別の状態が）出現する．¶柳条～绿／柳が緑になる．¶树叶～黄／木の葉が黄色くなる．¶天～白／空が白んできた．¶味儿～酸／味が酸っぱくなる．¶花生米～潮 cháo了／ピーナッツがしけってきた．¶～胖 fāpàng．
⓬ 散らばる．¶～散 fāsàn．¶挥～ huīfā／揮発する．¶蒸～ zhēngfā／蒸発する．
⓭ 明らかになる．あばく．¶～现 fāxiàn．¶～掘 fājué．¶揭~ jiēfā／暴く．
⓮ 派遣する．¶～兵 fābīng／兵を出す．¶～配 fāpèi．¶打～ dǎfa／行かせる．
⓯ 行動を起こす．¶～起 fāqǐ．¶奋～ fènfā／奮起する．¶先～制人／機先を制する．
⓰ 引き起こす．¶启～ qǐfā／啓発する．¶引～ yǐnfā／起爆する．¶～人深省 fā rén shēn xǐng．

II 量 弾丸や矢などを数えることば．¶五十～子弹 zǐdàn／50発の弾丸．¶弓一张，矢 shǐ 四～／弓一張りと矢四本．
III（Fā）姓．
☞ 发 fà

筆順 一ナ发发发

【发案】fā'àn 动 事件が発生する．
【发白】fābái 动 ❶ 空が白む．¶东方的天空渐渐～／東の空がしだいに白んでいく．❷ 顔から血の気がひく．¶脸色～／顔面蒼白になる．
【发榜】fā//bǎng 动 試験の成績や合格者を発表する．回 放榜 fàngbǎng
【发包】fābāo 动（建築・加工・発注などを）請負に出す．
【发报】fā//bào 动 電信や電報を打つ．¶发了一次报／一度発信した．
【发报机】fābàojī 名 発信機．送信機．
【发标】fā//biāo 动 ❶ 応札者に対し，入札書類を出す．❷ 方 威張り散らす．かんしゃくを起こす．回 发标劲 jìn
*【发表】fābiǎo 动 ❶（意見などを）発表する．¶～谈话／談話を公表する．¶～声明／声明を発表する．回 宣布 xuānbù ❷（文章や絵などを）新聞や雑誌に掲載する．¶在报章杂志上～论文／新聞や雑誌に論文を発表する．❸（人事を）発令する．¶人选已确定，还没～／人事は確定したが，まだ発令されていない．
【发病】fā//bìng 动 ❶ 発病する．¶防止～／発病を防止する．❷ 再発する．¶我的病，天气一冷就～／私の病気は寒くなると再発する．
【发病率】fābìnglǜ 名 発病率．
【发布】fābù 动（命令・指示・ニュースなどを）公布する．¶～命令／命令を出す．¶广播现在正～新闻消息／ラジオで今，ニュースを伝えている．回 公布 gōngbù
【发财】fā//cái 动 大金をもうける．¶发了一笔大财／大金をもうけた．¶恭喜 gōngxǐ～，万事如意／金運に恵まれ，願い事が全てかないますように（新年や祝日の賀状などのあいさつ）．
【发颤】fāchàn 动 ❶（寒さや恐怖のため）体や声が震える．¶她冷得声音～／彼女は寒さで声が震えている．❷（物が）揺れる．ぐらぐらする．
【发潮】fā//cháo 动 湿る．しける．
【发车】fā//chē 动 発車する．¶快～了／まもなく発車します．
【发痴】fā//chī 动 方 ❶ 呆然とする．❷ 気がふれる．
【发愁】fā//chóu 动 ❶（よい考えや方法が見つからず）頭が痛い．¶不要为 wèi 这事～／そんなことで頭を悩ますな．❷ 気がふさぐ．心配する．¶父母为 wèi 小孩儿的升学 shēngxué 问题～／両親は子供の進学問題で頭が痛い．
【发臭】fāchòu 动 腐っておいを出す．¶这条鱼～了／この魚は腐ったにおいがする．
*【发出】fā//chū 动 ❶（声や疑問などを）発する．¶～声音／声を出す．❷（命令や指示を）発表する．¶～警告不准登陆 dēnglù／上陸禁止の警告を発する．❸（手紙などを）送る．¶～函件 hánjiàn／書簡を送る．

【发怵】fāchù 动〔方〕おじけづく. 臆する. ¶初次登台 dēngtái,心里有点~ / 初めて舞台に立ったのでいくらか気後れした.
*【发达】fādá ❶ 形発達している. 発展している. ¶肌肉 jīròu~ / 筋肉が発達している. ¶工业很~ / 工業がとても盛んだ. 反 落后 luòhòu ❷ 动発展させる. ¶~经济 / 経済を発展させる. ¶~贸易 / 貿易を発展させる.
【发达国家】fādá guójiā 名 先進国.
【发呆】fā//dāi 呆然とする. ¶他坐在那儿~ / 彼はそこに座ってぼんやりしている. 同 发愣 fālèng
【发单】fādān 名 収引証. インボイス.
【发电】fādiàn 动 ❶ 発電する. ¶核能 hénéng~ / 原子力発電. ¶水力~ / 水力発電. ❷ 電報を打つ. ¶~致贺 / 祝電を打つ. ¶~吊唁 diàoyàn / 弔電を打つ.
【发电厂】fādiànchǎng 名 発電所.
【发电机】fādiànjī 名〔電気〕発電機. ダイナモ.
【发电站】fādiànzhàn 名 発電所. 参考 "电站"とも言う.
*【发动】fādòng 动 ❶ 行動を始める. ¶~战争 / 戦争を起こす. ¶~进攻 / 進攻を開始する. ❷ 動員する. ¶~群众 / 大衆を動員する. ❸ 动 动员 dòngyuán,发起 fāqǐ ❸〔エンジンなどを〕始動させる. ¶天气太冷,汽车不容易~ / 寒すぎて, 車のエンジンがかかりにくい.
【发动机】fādòngjī 名〔機械〕エンジン. 発動機. 动力机
*【发抖】fādǒu 动 体が震える. ¶吓得浑身 húnshēn~ / 驚きのあまり全身が震える. ¶冻得~ / 寒さのあまり震える. ¶气噴嘴唇 zuǐchún~ / 怒りで唇が震える. 同 颤抖 chàndǒu, 打颤 dǎchàn, 哆嗦 duōsuo, 战抖 zhàndǒu
【发端】fāduān 名 ものごとの始まり. 発端.
【发放】fāfàng 动 ❶〔政府や機関が〕金や物資などを支給する. ¶~贷款 dàikuǎn / 融資する. ¶~救济粮 jiùjìliáng / 救済の食糧を支給する. ❷ 放射する.
【发粉】fāfěn 名《料理》ベーキングパウダー. 同 焙 bèi 粉
【发奋】fāfèn 动 ❶ 奮い立つ. ¶~有为 yǒuwéi / 発奮して立派な行いをする. ¶~努力 / 発奮して努力する. ❷(何かに刺激を受けて)固く決心する. ¶~图强 / 強くなろうと決心する. 同 发愤 fāfèn, 奋发 fènfā, 奋勉 fènmiǎn
【发愤】fāfèn 动(刺激を受けて)固く決心する. ¶落榜 luòbǎng 以后,她~学习了一年,终于考上了 / 大学入試に失敗すると, 彼女は発奮して一年間勉強し, ついに合格した.
【发愤[奋]图强】fā fèn tú qiáng 成 意を決して向上をはかる. ¶越是困难的环境,越该~ / 困難になるほど, さらに腹をすえて頑張るべきだ.
【发疯】fā//fēng 气がふれる. 頭が変になる. ¶我想念她,想得快要~了 / 彼女が恋しくて, 気が狂いそうだ. ¶你~了,怎么一夜都不睡 / 気でもふれたのかい, 一睡もしないなんて.
【发福】fā//fú 福々しくなる. ¶几年没见啦! 你~了 / 何年ぶりだろう! 貫禄がついたね. 表現 "太る"腹が出る"の婉曲表現. "福 fú"と"腹 fù"の発音が近いことから.
【发绀】fāgàn 名《医学》チアノーゼ. 同 紫绀 zǐgàn
【发糕】fāgāo 名〔块 kuài〕蒸しパン.
【发稿】fā//gǎo (~儿) ❶ 通信社が電信稿を新聞社・放送局・テレビ局などに送る. 送稿する. ❷ 編集部が原稿を送って, 印刷所で印刷に付される.
【发给】fāgěi 动 発給する. 支給する. ¶~护照 hùzhào / パスポートを交付する. ¶~工资 / 給料を支給する. ¶~材料 / 資料を配付する.
【发光】fā//guāng 动 ❶ 光を出す. 輝く. ¶繁星闪闪~ / 群星がキラキラ輝く. ¶乌黑 wūhēi~的头发 / 黒くつややかな髪. ❷ 名《物理》冷光. エレクトロルミネセンス.
【发汗】fā//hàn 动(薬などで)発汗させる. ¶吃药后已经~了 / 薬を飲んだ後, 汗が出た.
【发行】fāháng 动 卸売りをする. ☞ 发行 fāxíng
【发号施令】fā hào shī lìng 成 命令や指示を出す.
【发狠】fā//hěn 动 ❶ 意を決する. 思い切る. ¶他一~,三天的任务两天就完成了 / 彼はこうと決めたら, 3日の仕事も2日でやり終える. ❷ むきになる. かっとなる. ¶他们要是~来跟我们为难 wéinán,那也很麻烦 / 彼らが本気で難癖をつけてきたら, 面倒だ.
【发横】fā//hèng 动 ❶ かんしゃくを起こす. ❷ 横暴なふるまいをする.
【发花】fāhuā 动 目がかすむ. 目がちかちかする. ¶饿得两眼~ / 空腹のあまり目がくらむ. ¶最近眼睛有点儿~ / 最近, 目が少しかすむ.
【发话】fā//huà 动 ❶ 口頭で指示・警告・要求をする. ❷ かんかんに怒って相手を責める.
【发还】fāhuán 动(あずかったり, 隠されたものを)返却する. ¶把作业~学生 / 宿題を学生に返す. ¶~股金 gǔjīn / 株式出資金を返還する.
【发慌】fā//huāng 动 うろたえる. ¶大家都町着 dīngzhe 他,他更~了 / 皆が彼を見つめたので, 彼はさらにうろたえた.
【发黄】fā//huáng 动 黄ばむ. ¶树叶子~ / 木の葉が色づく.
*【发挥】fāhuī 动 ❶(性質や能力を)発揮する. ¶~积极性 / 積極性を発揮する. ¶~巨大的作用 / 大きな力を発揮する. ¶~特长 tècháng / 長所を発揮する. ❷(意志や考えを)十分に表現する. ¶借题~ 成 事によせて気持ちや考えを存分に述べる.
【发昏】fā//hūn 动 ❶ 気が遠くなる. ¶高烧烧得直~ / 高熱のためずっと頭がぼうっとしている. ❷ ぼんやりする. ¶你不要~了 / ぼんやりするな.
【发火】fā//huǒ 动 ❶ 燃焼が始まる. 発火する. ¶轮船已经~了,马上就要开航 kāiháng 了 / 汽船に火が入ったから, もうすぐ出航だ. ❷ 弾を発射する. ¶他命令各个船只 chuánzhī 同时~ / 彼は各艦船に一斉射撃を命じた. ❸〔方〕かまどの火つきがよい. ❹〔方〕火事になる. ❺(~儿)怒る. ¶别惹 rě 他,他快要~了! / 彼にさからうな. そのうち怒り出すぞ.
【发货】fā//huò 动 貨物を発送する. 出荷する. ¶~单 / 送り状.
【发急】fā//jí 动 焦る. ¶叫人等得~ / 人を待たせていらさせる.
【发迹】fā//jì 动 出世する. 成り上がる. 財をなす.
【发家】fā//jiā 动 家を興す. 身代を築く. ¶他做生意~了 / 彼は商売をして金持ちになった.
【发奖】fā//jiǎng 动 賞を与える. ¶~仪式 yíshì / 表彰式.
【发酵】fā//jiào 动 発酵する. ¶~粉 / ふくらし粉. 参考 俗に"fāxiào"とも発音する.
【发窘】fājiǒng 动 困惑する.
【发酒疯】fā jiǔfēng 动 酔って暴れる. 同 撒 sā 酒疯

【発覚】fājué 動 気付く．発見する．¶分手之后,我才～自己最需要的是他／別れてはじめて,自分に最も必要なのは彼だと気付いた．同 察覚 chájué,觉察 juéchá

【発掘】fājué 発掘する．掘り出す．¶～宝藏 bǎozàng／宝物を発掘する．¶～潜力 qiánlì／潜在能力を掘り起こす．¶～人材／人材を発掘する．同 挖掘 wājué,开掘 kāijué

【発刊】fākān 動 発刊する．¶～杂志／雑誌を創刊する．

【発刊词】fākāncí 名（雑誌などの）発刊の辞．

【発狂】fā//kuáng 動 気がふれる．¶他高兴得发了狂／彼は喜びのあまり,発狂した．

【発冷】fālěng 動 寒気がする．¶我浑身 húnshēn～／私は全身寒気がした．

【発愣】fā//lèng 動 ぼんやりする．¶这几天,她一直对着窗口～／ここ数日,彼女はずっと窓の外を見てぼうっとしている．同 发呆 fādāi

【発亮】fāliàng 動 明るくなる．光る．¶东方～／東の空が明るくなる．¶家具擦得～／家具を磨いてぴかぴかにする．

【発令】fālìng 発令する．号令を出す．

【発令枪】fālìngqiāng 名〔只 zhī〕競技のスタート合図に用いるピストル．

【発落】fāluò 処理する．¶听候～／処分を待つ．参考 昔の小説や戯曲に多く見えることば．

【発麻】fāmá 麻痺する．¶坐得两腿～／座って足がしびれた．

【発毛】fā//máo ❶ 口 恐れる．¶他心里直～／彼は心中,じっと恐れを抱いている．❷ 方 かんしゃくを起こす．同 发脾气 fā píqi

【発霉】fā//méi 動 カビがはえる．¶年糕放太久,已开始～了／餅を長く放っておいたので,すでにカビがはえ始めた．

【発蒙】fāmēng 動 ぼうっとする．何が何だかわからないようす．☞ 发朦 fāmēng

【発蒙】fāméng 動 旧 ❶ 啓蒙する．❷ 子供に読み書きを教え始める．☞ 发蒙 fāmēng

【発面】❶ fā//miàn 小麦粉を練った生地を発酵させる．¶用酵母 jiàomǔ～／酵母で小麦粉を発酵させる．❷ fāmiàn 名 発酵させた生地．反 死面 sǐmiàn 参考 ❷は,"馒头 mántou"(マントウ),"包子 bāozi"(パオズ),"饼 bǐng"(中華風お焼き)などをつくる．

*【発明】fāmíng ❶ 動 発明する．¶爱迪生 Àidíshēng～了电灯／エジソンは電灯を発明した．❷ 名〔個 个 ge,项 xiàng〕発明．❸ 文 道理を究明する．同 发挥 fāhuī,创造 chuàngzào

【発明権】fāmíngquán 名 発明権．

【発難】fā//nàn 動 ❶ 反乱などを起こし,蜂起する．❷ 文 反対意見を出して相手を責める．

【発怒】fā//nù 動 怒りをあらわにする．¶她常为一件小事而～／彼女はよく些細なことで怒る．

【発排】fāpái 動 原稿を製版や植字にまわす．¶你的文稿已经～,不久即可出版／あなたの原稿はすでに印刷にまわったので,間もなく出版される．

【発胖】fā//pàng 動 太る．¶你再～的话,这些衣服都穿不了 liǎo 了！／君がこれ以上太ったら,これらの服がぜんぶ着られなくなる．

【発配】fāpèi 動 流刑に処する．参考 古い白話文に多く見えることば．

【発脾気】fā píqi 動 かんしゃくを起こす．¶他不会轻易地～／彼は軽々しく腹をたてたりしない．

【発票】fāpiào 名〔個 张 zhāng〕領収証．送り状．¶开～／領収証をきる．

【発起】fāqǐ ❶ 提唱する．発起する．¶这次的募捐 mùjuān 活动,是由村长 cūnzhǎng～的／今回の募金は,村長が呼びかけたものだ．❷（戦争や進撃などを）発動する．¶～反攻／反撃に出る．同 发动 fādòng

【発起人】fāqǐrén 名〔個 个 ge,位 wèi〕発起人．

【発情】fāqíng 動 発情する．

【発球】fā//qiú 動（スポーツ）球技で,サーブをする．¶他发了一个球／彼がサーブした．

【発熱】fā//rè 動 ❶ 熱が出る．¶今天一早儿,我就～／今朝から私に熱が出た．同 发烧 fāshāo ❷ 熱を発する．¶恒星 héngxīng 本身发光～／恒星はみずから光と熱を発する．❸ かっとなる．¶～头脑～／頭にかっとくる．

【発人深省(醒)】fā rén shēn xǐng 成 深く考えさせられる．大いに目覚めさせられる．

【発軔】fārèn 動 文 ❶（車輪止めの木をはずして）車を出す．❷ 新たな事業が始まる．新たな局面が出現する．

【発軟】fāruǎn 動 柔らかくなる．力が抜ける．¶全身～／全身に力が入らない．

【発散】fāsàn 動 ❶（光線などを）四方に発散する．¶～透镜 tòujìng／凸レンズ．❷〈中医〉体内の熱を散らす．

【発喪】fā//sāng 動 ❶ 家人の死を親戚や知人に知らせる．❷ 葬儀を行う．

【発傻】fā//shǎ 動 ❶（予想外の出来事に）呆然とする．❷ ばかげた事をする．ばかげたことをする．

*【発焼】fā//shāo 動 病気で熱が出る．¶他感冒了,昨晚开始～／彼は風邪で,昨晩から熱がある．同 发热 fārè

【発焼友】fāshāoyǒu 名 方 熱狂的なファン．マニア．

【発射】fāshè 動 発射する．¶～火箭 huǒjiàn／ロケットを発射する．

【発射机】fāshèjī 名 送信機．“无线电发射机”の略．

【発身】fāshēn 動（思春期に）身体が大人びる．

【発神経】fā shénjīng 句 気がふれる．

*【発生】fāshēng ❶ 動（これまでなかったことが）起きる．あらわれる．~变化／変化が生じる．¶那个十字路口～过许多交通事故／あの十字路では交通事故が数多く発生している．❷ 動 生まれる．生じる．¶没有～一点作用／なんの作用も生じなかった．¶使人～反感／人に反感をもたせる．❸〈生物〉発生．

【発生器】fāshēngqì 名《化学》ジェネレーター．発生器．

【発声】fā//shēng 動 ❶ 発声する．❷ 意見を言う．声を上げる．

【発市】fā//shì 動 1日の最初の取引が成立する．

【発誓】fā//shì 動 誓いを立てる．¶小李～没偷过任何人的东西／李君は誓って誰の物も盗んでいないと言った．同 赌咒 dǔzhòu,起誓 qǐshì

【発售】fāshòu 動 売り出す．¶～新产品／新製品を売り出す．同 出售 chūshòu

【発抒】fāshū 動（感情や意見を）あらわす．述べる．

【発水】fā//shuǐ 水害が起こる．大水が出る．¶今年雨水多,很多地方都～／今年は雨が多く,たくさんの場所で水害があった．

【発送】fāsòng 動 ❶ 発信する．送信する．¶把电报～出去／電報を送信する．❷ 発送する．¶～开会通知／会議の通知を発送する．

【発送】fāsong 動 葬式をする．

【発酸】fāsuān 動 ❶（食物が）酸っぱくなる．すえる．¶碱 jiǎn 放少了,馒头～／重曹の添加不足で,マントウ

【发条】fātiáo 名〔个 ge, 根 gēn〕(時計などの)ばねやぜんまい. ¶上～/ぜんまいを巻く.
【发文】❶ fā//wén 動(上級の機関が下部機関へ)公文書を発送する. ❷ fāwén 名(自分の職場が)発送した公文書. ¶～簿／文書発送記録. 反 shōu文
【发问】fāwèn 動質問をする. ¶向报告人～/報告者に質問する. 同 提问 tíwèn
【发物】fāwù[-wu] 名刺激性があり、はれ物やある種の症状などを引き起こしやすい食品. エビやカニなど.
*【发现】fāxiàn 動 ❶ 発見する. ¶牛顿 Niúdùn～了万有引力／ニュートンは万有引力を発見した. ❷ 気づく. ¶我现在本来没有发现她长得那么漂亮／彼女がこんなに美しかったのかと、私は今ごろ気付いた. 同 发觉 fājué
【发祥】fāxiáng 動 文 ❶めでたいことが起こる. ❷ 発祥する. 基礎を起こす.
【发祥地】fāxiángdì 名発祥地. ¶中国古文明的～／中国古代文明の発祥地.
【发饷】fā//xiǎng 動 旧(軍人や警察官に)俸給を払う.
【发笑】fāxiào 動笑いだす. ¶使人～／人を笑わせる.
【发泄】fāxiè 動不満などをもらす. ¶～不满／不満をぶちまける. ¶他用力捶打 chuídǎ 墙壁来～心中的愤怒／彼はこぶしで壁を力いっぱいたたき、怒りをぶつけた.
【发信】fā//xìn 手紙を出す. 同 发函 hán
【发行】fāxíng 動発行する. ¶～纪念邮票／記念切手を発行する. ☞ 发行 fāháng
【发噱】fāxué 形 方 おかしい. 滑稽だ.
【发芽】fā//yá 動芽を出す. ¶种子 zhǒngzi 开始～了／種が芽を出した.
【发芽率】fāyálǜ 名〔植物〕発芽率.
*【发言】❶ fā//yán 動(会議などで)発言する. ¶～稿 gǎo／発言原稿. ❷ fāyán 名〔份 fèn, 个 ge〕(会議などの)発言.
【发言权】fāyánquán 名発言権.
【发言人】fāyánrén 名 スポークスマン.
【发炎】fāyán 動 〔医学〕炎症を起こす. ¶伤口开始～了／傷口が炎症を起こし始めた.
*【发扬】fāyáng 動 ❶ (優れた点や伝統などを)さらに発展させる. ¶～成绩／成績を伸ばす. ¶～中国的优良传统／中国のすぐれた伝統を伸ばす. ❷ 発揮する.
【发扬光大】fā yáng guāng dà 成 輝かしさを増す. ¶把我国的优良传统～／我が国の伝統をますます盛んにする.
【发痒】fā//yǎng 動 かゆくなる. ¶昨天打预防针的地方开始～了／きのう予防注射をしたところがかゆくなってきた.
【发音】❶ fā//yīn 動発音する. 発声する. ❷ fāyīn 名発音. ¶她的英文,～非常标准／彼女の英語は,発音がとても正確だ.
【发引】fāyǐn 動 出棺する. 同 执绋 zhífú 参考 棺の大綱を引いて進むことをいう.
【发育】fāyù 動 発育する. ¶～期／成長期.
【发源】fāyuán 動 源を発する. ¶～地／水源地. ¶长江～于青海／長江は青海省に源を発する.
【发愿】fāyuàn 動 祈願する. ¶起誓 qǐshì～／誓願する
【发运】fāyùn 動 (貨物を)積み出す. 発送する.

【发晕】fāyūn 動 めまいがする. ¶在炎热 yánrè 的太阳底下站太久了,我有点～／炎天下に長時間立っていたので、少しめまいがする.
*【发展】fāzhǎn 動 ❶ 発展する. ¶近年来,电脑业的～相当快速／近年、コンピュータ業界の発展はかなり急速だ. ¶中国近年来,经济～了,生活提高了／中国では近年、経済が発展して、暮らし向きも良くなった. ❷ (組織や規模などに)拡大する. ¶往国外～事业／国外へ事業を拡大する. 反 倒退 dàotuì, 停滞 tíngzhì
【发展权】fāzhǎnquán 名 発展の権利. 参考 人類の基本的な人権の一つで,国連の人権委員会で1970年に提案された.
【发展中国家】fāzhǎnzhōng guójiā 名 発展途上国.
【发胀】fāzhàng 動 膨れる. 張る. ¶吃太饱了,肚子有点儿～／食べ過ぎて、腹が少しふくれた.
【发怔】fāzhèng 動 ❶ ぼんやりする. ぼうっとする. ❷ 恐れおののく.
【发紫】fāzǐ 動 紫色になる.
【发作】fāzuò 動 ❶ (症状や作用が)突発的に起こる. ¶胃病～／胃が急に痛み出す. ¶酒力～／酔いが回る. ❷ かんしゃくを起こす. ¶不要歇斯底里 xiēsīdǐlǐ 大～／ヒステリーを起こさないように.

酦(醱) fā

西部5 四 1364₇ 全12画 通用

下記熟語を参照.
☞ 酦 pō

【酦酵】fājiào 動 発酵する. 同 发酵 fājiào

乏 fá

丿部3 四 2030₂ 全4画 常用

❶ 動 欠ける. 不足する. 乏しい. ¶～味 fáwèi／不～其人（成）そんな人は少なくない). ❷ 動 …がない. ¶回天～术(挽回する方法がない). ❸ 形 疲れている. ¶人困马～（成）人も馬ともに疲れます. 旅行や遠征でとても疲労する／跑了一天,身上有点～（1日中とびまわって少々疲れた). 同 累 lèi ❹ 形 方 (もう使ってしまい)効用がない. ¶～话 fáhuà (つまらないこと)／～煤 fáméi／膏药 gāoyào 贴～了(膏薬はもう効かない)／火～了(火が弱くなっている).
【乏货】fáhuò 名 方 貶 役立たずの物.
【乏力】fálì 形 ❶ 疲れ果てて力が出ない. ❷ 能力がない. 力不足だ.
【乏煤】fáméi 名 石炭の燃えがら.
【乏味】fáwèi 形 味気ない. おもしろみがない. ¶语言～／ことば遣いがそっけない. ¶这个故事真～／この物語は本当につまらない. 反 有趣 yǒuqù

伐 fá

亻部4 四 2325₀ 全6画 常用

❶ 動 (立木を)切り倒す. ¶～树 fáshù (樹木を切り倒す). ❷ 動 討つ. 攻める. 征伐する. ¶北～ běifá (北伐)／南～ zhēngfá (征伐する). ❸ 動 文 誇る. ¶自～其功(自分の手柄を自慢する). ❹ (Fá)姓.
【伐木】fámù 動 立木を切る. 伐採する.
【伐区】fáqū 名 〔林業〕伐採区. 伐区.

罚(罰)(异 罸) fá

罒部4 四 6072₀ 全9画 常用

❶ 動 処分する. 罰する. ¶处～ chǔfá (罰する. 処分する)／～他～了(彼は処罰を受けた)／～他连喝三杯(罰として彼に続けて三杯飲ませる)／四号队员被～出场了(4番は反則で退場させられた). 反 奖 jiǎng, 赏 shǎng ❷ (Fá)姓.

【罚不当罪】fá bù dāng zuì 成 処罰が,犯した罪に相当しない. 処罰が重すぎる. 由来『荀子』正論篇に見えることば.
【罚金】fájīn 名〔量 笔 bǐ〕罰金.
【罚酒】fájiǔ 名 罰としての酒. ¶敬酒不吃,吃〜/ すすめられた酒を飲まず罰としての酒になってから飲む. 見通しが甘いこと.
【罚款】fá//kuǎn 動 (違法者から)罰金をとる. ¶因违反交通规则被罚了款 / 交通規則に違反して罰金をとられた. ❷(契約の違反者から)違約金をとる.
【罚款】fákuǎn 名〔量 笔 bǐ〕❶ 罰金. ❷ 違約金. ¶〜条款 / 違約条項.
【罚没】fámò 動 罰金を取り,不法所得を没収する.
【罚球】fá//qiú 動 (スポーツ) サッカーやバスケットボールなどの球技で,反則に対する罰としてペナルティキック,フリーキック,フリースローなどを行う. ¶〜点 / フリーキック[フリースロー]による得点.
【罚站】fá//zhàn 動 罰として立たせる. ¶你不听妈妈的话,一三十分钟 / お母さんの言うことを聞かないなら,30分立たせるよ.

垡 fá 土部6 四 2310₄ 全9画 通用

❶ 動 田畑を耕す. 土を掘り返す. ¶秋〜地(秋耕の畑).
❷ 名 掘り返した土のかたまり. ¶晒〜 shàifá (掘り返した土のかたまりを日にさらす). ❸ 量 かなり長い時間の区切りを数えることば. ¶这一〜(このごろ). ❹ 素 地名用字. ¶榆〜 Yúfá (北京市にある地名). / 落〜 Luòfá (河北省にある地名).

【垡子】fázi ❶ 掘り返した土のかたまり. 同 垡头 fátóu ❷ かなり長いひと区切りの時間. ひととき. ¶这〜,天气很不正常 / このところずっと天気がおかしい.

阀(閥) fá 门部6 四 3725₃ 全9画 常用

❶ 素 ある方面に,特別な権力や影響力などをもった集団. ¶门〜 ménfá (門閥) / 军〜 jūnfá (軍閥) / 财〜 cáifá (財閥). ❷ 素 (機械)〔量 个 ge〕バルブ. 弁. 同 活门 huómén, 阀门 fámén, 凡尔 fán'ěr ◆valve
【阀门】fámén 名 (機械) バルブ. 弁. 同 凡尔 fán'ěr, 活门 huómén

筏(異 栰) fá 竹部6 四 8825₃ 全12画 次常用

❶ 素 いかだ. ¶〜子 fázi. ❷ (Fá)姓.
【筏子】fázi 名〔量 个 ge,只 zhī〕いかだ. ¶撑 chēng〜渡河 / いかだで川を渡る. ¶皮〜 / ウシなどの皮でつくったいかだ. ¶竹〜 / 竹製のいかだ.

法 fǎ 氵部5 四 3413₂ 全8画 常用

❶ 名〔量 条 tiáo〕法律. 法令. ¶犯〜 fànfǎ (法を犯す) / 合〜 héfǎ (合法) / 〜院 fǎyuàn. ❷ 形 合法的だ. ¶不〜分子 fènzǐ (不法分子) / 非〜行为 (不法行為). ❸ 名 (〜儿)方法. 手段. ¶写〜 xiěfǎ (書きかた) / 办〜 bànfǎ (やりかた. 方法). ❹ 素 (他人に)倣う. まねる. ¶效〜 xiàofǎ (まねる) / 不必〜古(必ずしも古人をまねるには及ばない). ❺ 素 規範. 手本. ¶〜书 fǎshū / 〜绘 fǎhuì (絵の手本) / 〜帖 fǎtiè / 〜宝 fǎbǎo. ❻ 素 仏教の教義. ❼ 素 (儿)道教の法術. ❽ (Fǎ) "法国 Fǎguó"の略. ❾ 量 (物理) ファラッド. F. ❿ (Fǎ)姓.
【法案】fǎ'àn 名 法案.
【法办】fǎbàn 動 法に従って処罰する. ¶逮捕 dàibǔ〜 / 逮捕して法で裁く. ¶予以 yǔyǐ〜 / 法の処罰を与える.
【法宝】fǎbǎo 名 ❶ (仏教)〔量 件 jiàn, 样 yàng〕仏法,または僧の衣鉢や錫杖など. ❷ (宗教)〔量 件 jiàn, 样 yàng〕(道教の妖魔を退治する宝物. ❸ 随身〜 / 道士などが日常身辺におく法具. 身近にある便利な物をたとえる. ❹ 切り札. 奥の手.
【法场】fǎchǎng 名 ❶ (宗教)僧侶や道士が法事を行う場所. 回 道场 dàochǎng ❷ 処刑場.
【法槌】fǎchuí 名 (法廷で使用する)裁判官の木の小槌.
【法典】fǎdiǎn 名〔量 部 bù, 套 tào〕法典.
【法定】fǎdìng 形 (法律)法定の.
【法定人数】fǎdìng rénshù 法定人数. 法定数.
【法度】fǎdù 名 ❶ 法律. 法令制度. ❷ 行動の規範. 規準. ¶不合〜 / 規範に合わない.
【法官】fǎguān 名 (法律)〔量 个 ge, 名 míng, 位 wèi〕司法官. 裁判官. 判事.
【法规】fǎguī 名 (法律)〔量 条 tiáo, 项 xiàng〕法規. ¶交通〜 / 交通法規.
【法国】Fǎguó (国名) フランス.
【法国民法典】Fǎguó mínfǎdiǎn 名 ナポレオン法典. ❷ 拿破仑 Nápólún法典
【法国梧桐】fǎguó wútóng 名 (植物) プラタナス. スズカケノキ. ❷ 悬铃木 xuánlíngmù
【法纪】fǎjì 名 法律と規律. ¶遵守〜 / 法律と規律を守る.
【法家】Fǎjiā 名 (哲学) 法家(ʰ). 参考 戦国時代の諸子百家の一つ. 商鞅(しょう)や韓非子などを代表とする. 法治を唱えた.
【法警】fǎjǐng 名 司法警察.
【法拉】fǎlā 量 (電気)電気容量の単位. ファラッド. 表现 "法"とも言う.
【法兰克福】Fǎlánkèfú (地名) フランクフルト(ドイツ).
【法兰绒】fǎlánróng 名 (紡織) フランネル. ◆flannel
*【法郎】fǎláng 名 フラン. フランスやスイスなどの貨幣単位. ◆franc
【法理】fǎlǐ 名 ❶ 法律の原理. 法理. ❷ (文)法則. ❸ 仏法の意味や道理.
【法力】fǎlì 名 ❶ (仏教)仏法の力. ❷ 神通力. ¶观音 Guānyīn 菩萨 púsà〜无边 / 観音様の力は限りなく大きい.
【法令】fǎlìng 名 (法律)〔量 个 ge, 条 tiáo, 项 xiàng〕法令. ¶不准违反〜 / 法令に違反してはならない.
*【法律】fǎlǜ 名〔量 条 tiáo, 项 xiàng〕法律. ¶遵守〜 / 法を守る. ¶〜效力 / 法の効力. ¶〜漏洞 lòudòng / 法律の不備. 法律の抜け穴.
【法律援助】fǎlǜ yuánzhù 句 訴訟費用を援助する.
【法律责任】fǎlǜ zérèn 名 (法律)法律責任. 法的責任.
【法螺】fǎluó 名 (貝) ホラガイ.
【法盲】fǎmáng 名 法律に関する知識のない人. また,法律観念の乏しい人.
【法门】fǎmén 名 ❶ (仏教)仏道に入る道. また仏門. ❷ うまい方法. こつ.
【法名】fǎmíng 名 (仏教)法名(ᵐ). 戒名.
【法袍】fǎpáo 名 法服. (法廷で着用する)裁判官の制服.
【法器】fǎqì 名 (宗教)僧侶や道士が儀式に使う器物. 法器. 仏具.
【法权】fǎquán 名〔量 项 xiàng〕権利. 特権. ¶治

外~ / 治外法權.
【法人】fǎrén 名〚个 ge, 名 míng, 位 wèi〛法人. ¶~税 shuì / 法人税.
【法人股】fǎréngǔ 名《経済》法人株.
【法商】fǎshāng 名 法律に関する素養. 法律に対する意識や知識, 法律遵守の習慣などをいう. 参考 "商"は"商数"(指数)の意.
【法师】fǎshī 名《宗教》〚位 wèi〛法師. 僧侶や道士に対する尊称.
【法式】fǎshì ❶ Fǎshì 名 標準の格式. 法式. ❷ Fǎshì 形 フランス式の. フランス風の.
【法事】fǎshì 名《宗教》仏教や道教の儀式. 法事.
【法书】fǎshū 名 ❶ 法帖. 法書. ❷ 文 相手が書いた字に対するほめことば. 御書. 御手跡.
【法术】fǎshù 名 ❶《哲学》法家(ﾎ)の唱える, 法をもって国を治める術. ❷(道士・祈祷師などが行う)方術. 魔術. まじない. ¶精通~ / 方術に精通している.
【法帖】fǎtiè 名 法帖(ﾎｳｼﾞｮｳ).
【法庭】fǎtíng 名 法廷. ¶军事~ / 軍事法廷. 軍法会議. ¶打官司上~ / 訴訟を起こして法廷に持ち込む.
【法统】fǎtǒng 名 ❶憲法や法律の伝統. ❷(統治権力の)法的根拠.
【法网】fǎwǎng 名 法の網. ¶落入~ / 法の網にかかる.
**【法文】Fǎwén 名 フランス語.
【法西斯】fǎxīsī ❶名外 ファッショ. ❷形(傾向・運動・体制などが)ファシズム的だ. ¶法西斯蒂 dì / ファシスト. ♦〝fasces
【法西斯主义】fǎxīsī zhǔyì 名 ファシズム.
【法系】fǎxì 名《法律》法律の系統. 法系.
【法新社】Fǎxīnshè 名 "法国新闻社 Fǎguó xīnwénshè"(フランスの通信社 AFP)の略称.
【法学】fǎxué 名 法学. 法律学. ¶~家 / 法律学者.
【法衣】fǎyī 名《宗教》法衣. 僧衣.
【法医】fǎyī 名〚个 ge, 名 míng, 位 wèi〛法医学者.
【法医学】fǎyīxué 名 法医学.
**【法语】Fǎyǔ 名 フランス語.
【法援】fǎyuán 動 訴訟を援助する.
【法院】fǎyuàn 名 裁判所. ¶最高~ / 最高裁判所.
【法则】fǎzé 名 ❶〚个 ge, 条 tiáo, 项 xiàng〛法則. ¶自然~ / 自然法則. 同 规律 guīlǜ ❷ 文 法規. 規則. ❸ 動 文 模範とする. 手本とする. ¶~先王 / 先王を手本とする.
【法政】fǎzhèng 名 旧 法律と政治.
【法旨】fǎzhǐ 名 神のおぼしめし. 天の意思.
【法制】fǎzhì 名 法制. 法律と制度.
【法治】fǎzhì 動 名 人治 rénzhì
【法子】fǎzi 名〚个 ge〛方法. 手段. 手立て. ¶想~ / 方法を考える. ¶没~ / 仕方がない. しようがない. 同 办法 bànfǎ

砝 fǎ 石部 5 四 1463₂ 全10画 通用

下記熟語を参照.

【砝码】fǎmǎ 名〚个 ge〛(天秤ばかりの)おもり. 分銅. 同 法马 fǎmǎ

发 (髮) fà 又部 3 四 2340₇ 全5画 常用

❶名頭髪. ¶白~ báifà (しらが) / ~刷 fàshuā.
❷(Fà)姓.
☞ 发 fā

【发辫】fàbiàn 名 おさげ. 同 辫子
【发夹】fàjiā 名〚个 ge, 只 zhī〛ヘアピン.
【发蜡】fàlà 名 ポマード.
【发廊】fàláng 名(小規模の)美容院.
【发妻】fàqī 名 最初の妻. 由来 漢の蘇武「雜詩」の「結髪して夫妻となり, 恩愛両に疑わず」から.
【发卡】fàqiǎ 名〚个 ge, 只 zhī〛ヘアピン.
【发乳】fàrǔ 名 ヘアクリーム.
【发式】fàshì 名 髪型. ヘアスタイル.
【发刷】fàshuā 名〚把 bǎ〛ヘアブラシ.
【发网】fàwǎng 名 ヘアネット.
【发屋】fàwū 名 理髪店. 美容院.
【发小儿】fàxiǎor 名 幼なじみ. 参考 精神的な結びつきが極めて強い.
【发型】fàxíng 名〚种 zhǒng〛ヘアスタイル. ¶她换了一个新~ / 彼女は新しいヘアスタイルに変えた.
【发油】fàyóu 名 ヘアローション.
【发指】fàzhǐ 動 髪が逆立つ. 由来 表引 激怒するようす. 由来『荘子』盗跖篇の語「髪上りて冠を指す」から.

珐(異 琺) fà 王部 5 四 1413₂ 全9画 通用

下記熟語を参照.
【珐琅】fàláng 名 ほうろう. エナメル.
【珐琅质】fàlángzhì 名《生理》(歯の)エナメル質. ほうろう質. 同 釉质 yòuzhì

fan ㄈㄢ〔fan〕

帆(異 颿) fān 巾部 3 四 4721₀ 全6画 常用

名帆(ﾎ). ¶一~风顺(成 順風満帆.
【帆板】fānbǎn 名《スポーツ》ウインドサーフィン.
【帆布】fānbù 名《紡織》ズック. キャンバス. ¶~包 / ズックの布かばん. ¶~篷 péng / 天幕. テント. 参考 綿糸や麻糸などで織った厚くて丈夫な布.
【帆布床】fānbùchuáng 名 キャンバス地の折り畳み式ベッド. 同 行军 xíngjūn 床
【帆船】fānchuán 名〚条 tiáo, 只 zhī〛帆かけ船. 帆船. ヨット. ¶举办~比赛 / ヨットレースを開催する.

番 fān 釆部 5 四 2060₉ 全12画 常用

❶ 素 外国の. 他民族の. ¶~茄 fānqié / ~薯 fānshǔ / ~椒 fānjiāo (唐がらし). ❷ 素 交替で. ¶轮~ lúnfān (かわるがわる. 交替で) / 更~ gēngfān (かわるがわる). ❸ 量 "一番"の形で用い, 種類をあらわすことば. ¶别有一~天地(別世界に足を踏み入れたよう). ❹ 量 時間や労力のかかる行為の回数や, 繰り返される回数をあらわすことば. ¶解说~ / 解(よく通り説明する) / 三~五次(たびたび). ❺ 動 動詞"翻 fān"の後に用いて, 倍増をあらわすことば. ¶产量 chǎnliàng 翻了两~ (生産量が4倍になった).

☞ 番 pān

【番号】fānhào 名(~儿) ❶ 番号. ❷(軍事)軍隊の部隊番号.
【番木瓜】fānmùguā 名《植物》パパイヤ.
【番茄】fānqié 名《植物》トマト. ¶~酱 jiàng / トマトケチャップ. ¶~汁 zhī / トマトジュース. 同 西红柿 xīhóngshì

【蕃薯】fānshǔ 名方《植物》サツマイモ. 回甘薯 gānshǔ

蕃 fān
艹部12　四 4460₉
全15画　通用

名 外国,または他民族. 回番 fān ①

☞ 蕃 fán

幡(異 旛) fān
巾部12　四 4226₉
全15画　通用

名 旗(ほた). のぼり.

【幡然】fānrán 副 きっぱりと. 回翻然 fānrán

藩 fān
艹部15　四 4416₉
全18画　通用

❶ 素 まがき. 垣根. ～篱 fānlí. ❷ 囲い. ¶屛～ píngfān (びょうぶと垣根). ❸ 封建時代の属国. 属領. ¶～国 fānguó / ～属 fānshǔ. ❹ 名 姓.
【藩国】fānguó 名《封建時代的》諸侯の国や属国.
【藩篱】fānlí 名 ❶〔道 dào〕垣根. まがき. 回篱笆 líba, 樊篱 fánlí ❷ 枠. 制約. ¶冲破了旧道德的～ / 古い道徳の枠を突き破る.
【藩属】fānshǔ 名 属領. 属国.
【藩镇】fānzhèn 名《歴史》唐代に辺境各州に設けられた節度使. 大権をもって一地区の軍政・行政・財政をつかさどった.

翻(異 飜) fān
羽部12　四 2762₀
全18画　通用

動 ❶ ひっくり返る. うらがえる. ¶车～了(車が転覆した). ❷ ひっくり返す. ¶把桌上的书都～乱了(机の上の本をみなめちゃめちゃにひっくり返した) / ～身 fānshēn / ～砂 fānshā. ❸(本来のものを)ひっくり返す. ¶～供 fāngòng / ～案 fān'àn. ❹ 数が倍加する. ¶～番 fānfān. ❺ 翻訳する. ¶～成中文(中国語に翻訳する). ❻ 越える. 登る. ¶～雪山(雪山を越える). ❼(～儿)がらりと態度を変える. ¶～脸 fānliǎn.
【翻案】fān//àn 動 ❶(すでに確定した判決を)くつがえす. ¶为 wèi 蒙冤 méngyuān 者～ / 無実の人のために冤罪をはらす. ❷(処分・評価・定説などを)くつがえす. ¶～历史旧案 / 歴史上の通説をひっくり返す. ❸(自説を)くつがえす. ¶他又翻上案了 / 彼はまた今までの主張を変えた.
【翻白眼】fān báiyǎn 句(～儿)白目をむく. ¶只是呆呆挣扎 dāidāizhèngzhèng, ～儿打仰 yǎng / ただ呆然として, 目をむいて天を仰いだ. ¶翻着白眼拨 bō 气儿 / 白目をむいて息絶えた.
【翻版】fānbǎn ❶ 動 再版する. 復刻する. ¶～书 / 復刻本. ❷ 名 比 丸写し. 焼き直し. ¶实际上就"跨国 kuàguó công sī"的～ / 実際は「多国籍企業」そのものだ.
【翻本】fānběn (～儿)ばくちの負けを取り戻す. ❷ 動 複製本[画]. 改訂版.
【翻车】fān//chē 動 ❶ 車がひっくり返る. ¶道路不好, 小心别～ / 道が悪いから, 車がひっくり返らないよう注意しなさい. ❷ とんでもないことが起きる. ¶翻了车了！/ しまった, たいへんだ！❸ 気にさわって怒る. ¶别人和他开玩笑,他却～了 / 冗談で言われたことなのに, 彼は本気で怒った.
【翻船】fān//chuán 動 ❶(船が)転覆する. ❷ 挫折する. 失敗する.
【翻地】fān//dì 動 田畑をすき起こす.
【翻动】fāndòng 動 もとの位置やようすを変える. ¶～身子 / 体の位置を変える. ¶用筷子～一下烤鱼 / はしで焼き魚をひっくり返す.

【翻斗】fāndǒu 名 ダンプカーの荷台. スキップバケット.
【翻斗车】fāndǒuchē 名〔辆 liàng〕❶ ダンプカー. ❷ スキップ. (鉱石などを運ぶ)桝形の貨車.
【翻番】fān//fān 動 二倍になる. ¶生产两番 / 生産が倍増する. ¶翻两番 / 4倍になる.
【翻飞】fānfēi 動 ひらひらと飛ぶ. ひらひらと揺れ動く. ¶战斗机在空中 kōngzhōng 上下～, 表演各种飞行动作 / 戦闘機は空中を飛び回り, 数々のアクロバット飛行を披露した. ¶风吹得旗子上下～ / 風に吹かれて, 旗がはたはたとはためく.
【翻覆】fānfù 動 ❶ ひっくり返る. ¶车辆～ / 車が転覆する. ¶天地～ / 天地がひっくり返るほどの大きな変化. ❷ 身体の向きを変える. ¶夜间～不成眠 mián / 夜中, 寝つけずに寝返りをうつ.
【翻改】fāngǎi 動 ❶(服を)仕立て直す. リフォームする. ❷(原著にもとづいて)本をリライトする. 改編する.
【翻盖】fāngài 動(家屋を)建て直す. 建て替える.
【翻跟头】fān gēntou 句 ❶ とんぼ返りをする. ¶飞机连翻了三个跟头 / 飛行機はたて続けに3回宙返りをした. 回翻斤[筋]斗 jīndǒu ❷ 苦い経験をする. つまずく. ¶翻过跟头的人想法不会那么莽撞 mǎngzhuàng 的 / 苦労した人なら, あんな無謀な考え方はしないだろう.
【翻工】fān//gōng 動方(出来の悪い製品を)作り直す. 仕事をやり直す. 回返 fān 工
【翻供】fān//gòng 動 自供をひるがえす. ¶证人突然～不认了 / 証人は突然供述をひるがえし, 知らないと言った.
【翻滚】fāngǔn 動 ❶(水や雲が)勢いよくわき上がってくる. ¶白浪～ / 白波が逆巻く. ¶乌云 wūyún ～ / 黒雲がむくむくとわきおこる. ❷ 沸きかえる. ❸ 満地に～ / いらじゅうをころげまわる. ¶在潮流 cháoliú 中～ / 潮の流れにもまれる.
【翻悔】fānhuǐ 動 気が変わる. ¶咱们就这样说定了, 你可不要～ / 互いにこのように決めた以上, 気変わりしないでくれよ. 回反悔 fǎnhuǐ
【翻检】fānjiǎn 動(書籍や文書を)あちこち調べる. ¶～词典 / 辞書をあちこち調べる. ¶～资料 / 資料のあちこちを調べる.
【翻江倒海】fān jiāng dǎo hǎi 成 河や海の水がすさまじく荒れ狂う. 力や勢いが非常に強いようす. ¶～之势 / 怒涛(どうう)の勢い. ¶为了一些芝麻 zhīma 绿豆的小事, 而闹得～ / けし粒ほどのことで上を下への大騒ぎになる. 回翻江搅 jiǎo 海, 倒海翻江
【翻浆】fān jiāng 動 道路に水や泥がしみ出る. ¶～道 / 泥んこ道.
【翻旧账】fān jiùzhàng 慣(過去のもめごとや不仲などを)蒸し返す. ¶你怎么又要～了呢？/ なんでまた昔のことを蒸し返すんだね. 回老账 lǎozhàng
【翻卷】fānjuǎn 動(画面などが)上下入れ替わるように動く. 翻る. 逆巻く.
【翻来复去】fān lái fù qù 成 ❶ 幾度も寝返りをする. ¶天气太热, ～睡不着 shuìbuzháo / 暑くて寝付けず, 何度も寝返りをうつ. ❷ 同じことを繰り返す. ¶他做事～经常更改 gēnggǎi / 彼は仕事のやり方がころころ変わる.
【翻脸】fān//liǎn 動 がらりと態度を変える. ❷ ～无情 / がらりと態度を変えて冷たくする. ¶～不认人 / 急に態度を変えて相手にしなくなる.
【翻领】fānlǐng 名《服飾》開襟. 折り襟. ¶～衬衫 / 開襟シャツ.
【翻录】fānlù 動(録音・録画テープを)ダビングする. ¶禁止违法～音像制品 / AV製品の違法な複製を禁止する.

【翻毛】fānmáo 形（～儿）《服饰》❶毛皮の. ¶大衣 / 毛皮のコート. ❷ バックスキンの.
【翻皮】fānpí →翻毛 fānmáo ②
【翻然】fānrán 副 さっと（改める）．すばやくかつ全体的に変化したよう. 同 幡然 fān rán
【翻然悔悟】fān rán huǐ wù 成 きっぱりと心を改める. 同 幡然悔悟
【翻砂】fānshā 動 鋳物（ﾓﾉ）を作る.
【翻山越岭】fān shān yuè lǐng 成 いくつも山を越える. ¶我一路～,好不容易才找到你 / 野を越え，山を越え，ようやくお前を探しあてた．
【翻身】fān//shēn 動 ❶ 体の向きを変える．寝返りをうつ. ¶他翻了个身又睡着 shuìzháo 了 / 彼は寝返りをうってまた眠り込んだ. ¶他一看到严肃 yánsù 的李叔叔,便一跑掉了 / 彼は厳しい李おじさんの顔をみると,これ右をして逃げ出した. ❷ 解放される. ¶等孩子们长大 zhǎngdà 自立后,我们就可以～了 / 子供たちが大きくなって自立すれば，私たちは自由になる. ❸ 不利な状況から立ち直る. ¶ 经济上算翻了身 / 経済的に立ち直った．
【翻绳儿】fānshéngr 名 あやとり．同 翻花鼓 huāgǔ，翻花样儿 huāyàngr
【翻腾】fán[-teng] 動 ❶（次々に激しく）わき返る. ¶锅里的水很快就～起来了 / 鍋の水はすぐに沸騰しはじめた. ¶我的心潮 xīncháo 还是～不已 / 私の気持ちはいまだに激しく乱れ続ける．❷ ひっかきまわす. ひっくり返す. ❸《スポーツ》（水泳の飛び込み競技で）空中で体をひねる．
【翻天】fān//tiān 動 ❶ 勢いが盛んなたとえ. ❷ ひどいさわぎのたとえ．天をひっくり返す．❸ 反乱を起こす．
【翻天覆地】fān tiān fù dì 成 天地を揺るがすような激しい変化．
【翻胃】fān//wèi 動《中医》胃がもたれ，吐き気をもよおしたり，嘔吐したりする．同 反胃 fǎnwèi
【翻箱倒柜】fān xiāng dǎo guì 成 箱やたんすをひっくり返して徹底的に捜す. ¶小偷～,把家里弄得一团糟 zāo / こそ泥が箱やたんすをひっくり返し，家中をめちゃめちゃにした．
【翻新】fānxīn ❶ 古いものをつくり変える. ¶旧车可以～ / 古い車は改造がきく. ¶这幢 zhuàng 房屋经过～,恢复了昔日 xīrì 的华丽 huálì 面貌 / この建物は改修され，昔の美しい姿をとりもどした．❷ 古いものから新しさを引き出す．¶手法～ / 斬新な手法に変わる．¶花样～ / デザインを一新する．
【翻修】fānxiū 動 すっかり修復する．¶房屋 / 家を改築する．¶马路 / 道路を修復する．
**【翻译】fānyì ❶ 動 翻訳する．通訳する．¶把中文～成日文 / 中国語を日本語に翻訳する．❷ 名〔⑯ 个 ge，名 míng，位 wèi〕翻訳者．通訳者．¶他当口头～已经有十多年了 / 彼は通訳になってもう10年以上になる．比較 日本語では「通訳」と「翻訳」を分けるが，中国語ではともに"翻译"である．
【翻印】fānyìn 動 翻刻する．リプリントする．¶教材 / 教材を複製する．¶重新 chóngxīn 出版这本书 / この本を再び翻刻する．
【翻阅】fānyuè 動（文書や書籍に）目を通す．¶目录 / 目録を閲覧する．¶报章杂志 / 新聞や雑誌に目を通す．
【翻越】fānyuè 動 越える．¶山岭 shānlǐng / 尾根を越える．¶障碍物 zhàng'àiwù / 障害物を乗り越える．
【翻云覆雨】fān yún fù yǔ 成 人の心が当てにならないこ

と．巧みに手段を弄すること．由来 杜甫の詩「貧交行 ﾋﾝｺｳｺｳ」の第一句「翻手为云,覆手为雨」（手のひらを上に向ければ雲となり，下に向ければ雨となる）から．
【翻转】fānzhuǎn 動 ❶ 寝返りをうつ．¶老在床上～,好像没有睡着 zháo / ずっとベッドで寝返りを繰り返し，ほとんど寝付けなかった．¶护士帮病人～身体 / 看護人は病人を助けて寝返りをうたせた．❷ 態度を変える．¶面皮 / 颜色を変える．❸ ひっくり返す．不利な方面～过来 / 不利な情勢をひっくり返す．¶把牌子～过来 / 札をひっくり返す．

凡(異凢) fán

凡部1 画7721₀ 全3画 常用

❶ 素 普通の．ありふれた．¶平～ píngfán（ありふれた）/ 不～ bùfán（非凡な）．❷ 名 この世．俗世．¶仙女 xiānnǚ 下～（仙女が俗界に降りる）．❸ 副 ⊗ あらゆる．すべて．¶～考试迟到的人,不准进入考场（試験に遅刻した者はすべて,試験場への立ち入りを禁じる）．❹ 副 ⊗ 全部で．併せて．¶至今三十年（合計すると30年）．❺ 名 あらまし．概略．¶大～ dàfán（だいたい，おおむね）/ 例 fánlì．❻ 名《音楽》古代中国の音の高さをあらわす文字符号．❼（Fán）姓．
【凡尔赛】Fán'ěrsài 名（地名）ベルサイユ（フランス）．
【凡夫俗子】fánfū súzǐ 成 凡人．俗人．
【凡例】fánlì 名（辞書などの）凡例（ﾊﾝﾚｲ）．
【凡人】fánrén 名 ❶ 普通の人．ただの人．¶琐事 suǒshì / 凡人の雑事．反 伟人 wěirén ❷ 世俗の人．反 神仙 shénxiān
【凡士林】fánshìlín 名《化学》ワセリン．同 矿脂 kuàngzhī ◆vaseline
【凡世】fánshì 名（天上界に対する）下界．人間界．同 凡尘 chén
【凡事】fánshì 名 ❶ 万事．すべての事．¶～要多听大家的意见 / どんなことでも，できるだけみんなの意見を聞くべきだ．❷ 通常の事．俗事．
【凡是】fánshì 副 およそ．おしなべて．すべて．¶～二十岁以上的人都算成年人 / 20歳以上の人はみな，成人と見なされる．同 但凡 dànfán
【凡俗】fánsú 名 平凡．ふつう．凡庸．
【凡响】fánxiǎng 名 平凡な音楽．
【凡庸】fányōng 形 凡庸だ．平凡だ．¶～之辈 bèi / 凡庸の輩．¶这种想法～得很 / その考え方はあまりに平凡だ．

矾(礬) fán

石部3 画1761₀ 全8画 次常用

名 明礬（ﾐｮｳﾊﾞﾝ）．同 白矾 báifán

钒(釩) fán

钅部3 画8771₀ 全8画 通用

名 バナジウム．V．

烦(煩) fán

火部6 画9188₂ 全10画 常用

❶ 動 悩む．苦しむ．いらいらする．¶心～意乱 成 心いらだち，乱れる）/ 心里有点～（気持ちが少しいらだっている）．❷ 形 煩雑だ．¶麻～ máfan（煩雑だ）/ ～琐 fánsuǒ / 要言不～ ことばが簡潔でわずらわしくない．❸ 動 厄介だ．うるさい．¶这些话都叫人听～了（そのことばはもう聞きあきた）．❹ 動 面倒をかける．わずらわせる．¶～你做点事该可以的，少しお願いすることがあります．❺（Fán）姓．表現 ❹は，人に頼みごとをするときに用いる敬語．
【烦劳】fánláo 動 面倒をかける．手数をかける．¶～您

帮帮忙吧！/申し訳ありませんが,少しお力をお貸しください. [表現]人にものを頼むときのことば.

【烦乱】fánluàn [形]❶いらいらして心が乱れている. ❷繁雑だ. 雑多だ. [同]繁乱 fánluàn

【烦闷】fánmèn [形]気分がめいる. 気がふさぐ. ¶在家里既然如此~,不妨 fáng 出去走走/家でぐずぐずしてるくらいなら,ちょっと外を歩いてくればいい.

【烦难】fánnán [形]ややこしい. 煩雑で面倒くさい. [同]繁难 fánán

【烦恼】fánnǎo ❶[形]思いわずらう. 悩む. 気をもむ. ¶自寻 xún~/自分で自分の悩みのたねをつくる. ¶不必为区区 qūqū 小事而~/つまらないことでくよくよするな. ❷[名]悩み. [同]懊恼 àonǎo

F

【烦扰】fánrǎo ❶[動]面倒や迷惑をかける. ¶我实在不忍心 rěnxīn 再~他/とてもこれ以上彼に迷惑をかける気にはなれない. [同]干扰 gānrǎo, 搅扰 jiǎorǎo, 扰乱 rǎoluàn ❷[形](邪魔されて)わずらわしい. いらだつ.

【烦人】fánrén [形](他人に)わずらわしい思いをさせる. うんざりさせる.

【烦冗】fánrǒng [形]❶(仕事が)煩雑だ. [同]繁冗 fánrǒng ❷(文章が)冗長だ. くどい. ¶那篇文章~无物/あの文章はくどくて内容がない. [同]繁冗 fánrǒng

【烦琐】fánsuǒ [形](文章や話などが)こまごまとわずらわしい. 煩瑣だ. ¶手续~/手続きが面倒だ. ¶他的文章非常~/彼の文章は非常にくどい. [同]繁琐 fánsuǒ, 繁缛 fánrù [反]简便 jiǎnbiàn

【烦琐哲学】fánsuǒ zhéxué [名]❶《哲学》スコラ哲学. [同]经院哲学 ❷現実からかけ離れ,概念をもてあそんでいるだけのやり方や考え方.

【烦嚣】fánxiāo [形][文](音が)うるさい. 騒々しい.

【烦心】fánxīn ❶[形]心をわずらわせる. ❷[動][方]心配する. [同]操心 cāoxīn, 费心 fèixīn

【烦杂】fánzá [形]繁雑だ. 雑多だ. [同]繁杂 fánzá

【烦躁】fánzào [形]いらだつ. わずらわしくて気がもめる. ¶~不安/気持ちがいらだって落ち着かない. ¶心里~/いらいらする. [同]焦躁 jiāozào

墦 fán
土部12 [四]4216₉ 全15画 [通 用]

[名][文]墓. 墳墓. ¶~冢 fánzhǒng (墓).

蕃 fán
艹部12 [四]4460₉ 全15画 [通 用]

[素]❶生い茂る. ¶草木~盛 fánshèng (草木が生い茂る). ❷繁殖する. ¶~衍 fányǎn.

☞ 蕃 fān

【蕃衍】fányǎn [動]しだいに増え広がる. 繁栄する. ¶我们在这块土地上~生息/我々はこの土地で生き,子孫を増やしてきた. [同]繁衍 fányǎn

樊 fán
大部12 [四]4480₄ 全15画 [次常用]

❶[素][文]まがき. 垣根. ¶~篱 fánlí. ❷[素]鳥や獣を入れる篭. ❸(Fán)姓.

【樊篱】fánlí [名]❶〔[量]道 dào〕垣根. ❷制限や束縛.

【樊笼】fánlóng [名]❶〔[量]个 ge〕鳥かご. ❷不自由な境遇.

璠 fán
王部12 [四]1216₉ 全16画 [通 用]

❶[名][文]美玉. ❷(Fán)姓. [参考]①は,人名に用いられる.

燔 fán
火部12 [四]9286₉ 全16画 [通 用]

[動]❶[文]焼く. 燃やす. ¶~柴 fánchái (祭祀のとき,柴を積み上げて燃やすこと). ❷あぶる. ¶~炙 fánzhì 牛羊(ウシやヒツジの肉をあぶる).

繁(異緐) fán
糸部11 [四]8890₃ 全17画 [常 用]

❶[形]込み入っている. 繁雑だ. ¶删 shān~就简([成]繁雑な部分を削除して,簡潔にする). [反]简 jiǎn ❷[形]多い. おびただしい. ¶~星 fánxīng/频~ pínfán (頻繁だ). ❸[形]盛んだ. ¶~华 fánhuá/~荣 fánróng. ❹[素]繁殖する. ¶~殖 fánzhí.

☞ 繁 pó

【繁博】fánbó [形](引用や証拠が)多く,広範囲にわたっている.

【繁多】fánduō [形](種類が)やたらと多い. 雑多だ. ¶服装店里的衣服,款式~,花色齐全/ブティックに置かれている衣類は,デザインが多様で色とりどりだ. [反]单一 dānyī

【繁复】fánfù [形]煩雑だ. 多くて複雑だ. ¶手续~/手続きが複雑だ. ¶申报 shēnbào 工作十分~/申告作業はたいへん煩雑だ. [反]简约 jiǎnyuē

【繁花】fánhuā [名]咲き乱れる花. さまざまな花.

【繁华】fánhuá [形](都市や街が)繁栄し,にぎやかだ. 繁華だ. ¶王府井 Wángfǔjǐng 是北京~的商业街/王府井は,北京のとてもにぎやかな商店街だ. [同]繁荣 fánróng [反]荒凉 huāngliáng, 萧条 xiāotiáo

【繁丽】fánlì [形](詩歌や文章のことばが)豊富で美しい. ¶词藻 cízǎo~/美しい語句がふんだんにちりばめられている.

【繁忙】fánmáng [形]やることが多くて忙しい. 多忙だ. ¶工作~/仕事が忙しい. [同]忙碌 mánglù [反]清闲 qīngxián, 悠闲 yōuxián

【繁茂】fánmào [動]繁茂する. 生い茂る. ¶枝叶 zhīyè~,苍翠 cāngcuì 欲 yù 滴/枝葉が生い茂り,青々とした緑がしたたり落ちてきそうだ. [同]茂盛 màoshèng [反]枯萎 kūwěi, 稀疏 xīshū

【繁密】fánmì [形]多くてすき間がない. 密だ. ¶人口~/人口密度が高い. ¶~的鞭炮 biānpào 声/ひっきりなしの爆竹の音. ¶~的星辰 xīngchén/満天の星.

【繁难】fánnán [形]ややこしい. 煩雑で面倒くさい. ¶工作~/仕事がややこしい. [同]烦难 fánnán

*【繁荣】fánróng ❶[形](経済や事業が)繁栄している. 栄えている. ¶经济~/経済が繁栄している. ❷[動]繁栄させる. 発展させる. ¶~经济/経済を繁栄させる. ❸[名]繁栄. ¶社会的~/社会の繁栄. [同]昌盛 chāngshèng [反]衰微 shuāiwēi

【繁荣昌盛】fán róng chāng shèng [成]繁栄発展する.

【繁冗】fánrǒng [形]❶(仕事が)繁雑だ. [同]烦冗 fánrǒng ❷(文章が)冗長だ. くどい. [同]烦冗

【繁缛】fánrù [形][文]❶(文章や表現などが)華麗だ. ❷多くてこまごましている.

【繁盛】fánshèng [形]❶繁栄している. 盛んだ. ¶这里的贸易市场十分~/ここの貿易市場はたいへん盛んだ. ❷(草木が)びっしりと生い茂っている. ¶花草~/草花が生い茂っている.

【繁琐】fánsuǒ [形]こまごまとしてわずらわしい. 煩瑣だ. [同]烦琐 fánsuǒ

【繁体】fántǐ ❶[形]旧字体の. 繁体の. ❷[名]繁体字. [反]简体 jiǎntǐ

【繁体字】fántǐzì 名 繁体字. 旧字体. 反 简体字 jiǎntǐzì
【繁文缛节】fán wén rù jié わずらわしい虚礼や決まりごと. 繁文縟礼(じゅうれい). 同 繁文縟礼Ⅱ
【繁芜】fánwú 形（书きぶりなどが）ごたごたして乱雑だ.
【繁星】fánxīng 名 空にある,おびただしい数の星. ¶～满天 / 満天の星だ.
【繁衍】fányǎn 動 しだいに増えて広がる. ¶子孙 zǐsūn～ / 子孫が繁栄する. ¶～后代 / 後代を繁栄させる. 同 蕃衍 fányǎn
【繁育】fányù 動 繁殖させる. 育成する. ¶~虾苗 xiāmiáo / エビの稚魚を育てる.
【繁杂】fánzá 形 繁雑だ. 雑多だ. ¶内容～ / 内容が複雑だ. ¶～的家务劳动 / 煩雑な家事労働. 同 繁冗 fánróng,烦杂 fánzá
【繁殖】fánzhí 動 繁殖する. ¶老鼠 lǎoshǔ～得很快 / ネズミは繁殖が早い. 同 滋生 zīshēng
【繁重】fánzhòng 形（仕事や任務の）負担が大きい. ¶～的工作压力,破坏了他的身体健康 / 激務のために,彼は体を壊した. 反 轻松 qīngsōng

蹯 fán
⻊部12 四 6216₉
全15画 通用
名 けものの足. ¶熊～ xióngfán（熊の足. 熊の手のひら）.

蘩 fán
⁺⁺部17 四 4490₃
全20画 通用
名《植物》タカヨモギ. 同 白蒿 báihāo

反 fǎn
厂部2 四 7224₇
全4画
❶ 形 反対だ. 逆だ. 裏返しだ. ¶方向～了（向きがあべこべだ）/ 袜子穿～了（靴下が裏返しだ）/ 把邮票～贴在信封上（切手を封筒に逆さに貼る）/ 放～了（逆さに置いた）. 反 正 zhèng ❷ 動 反対する. 反抗する. ¶～贪污 tānwū~浪费（汚職と浪費に反対する）/ 我们都要～了（我々は反対するぞ）/ 你们的这种办法,我一点也不喜欢,可是又~不了 fǎnbuliǎo（君らのことなんかやり方は決して好きじゃないが,でも反対できないのだ）. ❸ 動 裏切る. 謀反する. ¶官逼 bī 民～（成 お上がひどければ民は背く）/ 官兵～了（官兵は謀反を起こした）. ❹ 動 ひっくり返す. 裏返す. ¶～败为胜 fǎn bài wéi shèng / ～守为 wéi 攻（守勢を転じて攻勢となす）/ 易如～掌（成 手のひらを返すがごとく容易だ）. ❺ 動 違反する. 遵守しない. ¶违～ wéifǎn（違反する）/ ～常 fǎncháng. ❻ 動 返す. 戻す. 転じる. ¶～过来 fǎnguòlái / ~咬 yǎo 一口. ❼ 動 類推する. ¶举一～三（一を類推して多を知る）. ❽ 副 かえって. むしろ. 逆に. ¶画虎不成～类犬 quǎn（トラを描くつもりがイヌみたいになった）/ 她不但不灰心,~更振作 zhènzuò了起来（彼女はしょげていないばかりか,むしろいっそう元気になった）. ❾ 名 "反革命","反动派"の略. ¶肃～ sùfǎn（反革命派を粛清する）/ 镇~ zhènfǎn（反革命活動を鎮圧する）. ❿ 名 反切. ¶～切 fǎnqiè. ⓫ 素 転倒している. 方向が逆である. ¶～话 fǎnhuà / ～面 fǎnmiàn / ～证 fǎnzhèng. ⓬ 素 もどってくる. 帰る. ¶～光 fǎnguāng / ～应 fǎnyìng / ～映 fǎnyìng / ～击 fǎnjī.
【反霸】fǎnbà ❶ 覇権主義に反対する. ❷（土地改革運動で）地主の罪悪を処断する.
【反败为胜】fǎn bài wéi shèng 成 劣勢から勝利に転じる.
【反比】fǎnbǐ ❶ 名《数学》反比例. 逆比例. ❷ 動 反比例する. ¶气温一般与高度成～ / 気温はふつう高度と反比例する. 反 正比 zhèngbǐ
【反比例】fǎnbǐlì 名《数学》反比例.
【反驳】fǎnbó 動 反駁する. 抗弁する. ¶他一听到不合理的话,马上~ / 彼は理屈に合わないことを聞くと,すぐに反論する.
【反哺】fǎnbǔ 動 雛が成長して親鳥にえさを食べさせる. 反哺(はんぽ)する. 表現 子供が成長して親の恩に報いるたとえ.
【反差】fǎnchā 名 ❶（写真やフィルムの）コントラスト. ❷ 対比させてはっきりする違い. 差. ¶今昔 jīnxī 对比,~强烈 / 今と昔を比べ合わせると,その差は歴然としている.
【反常】fǎncháng 形 常態ではない. 異常だ. ¶天气,时常下大雨,异常~,气温大幅下降. ¶他态度~,好像有什么心事 / 彼は態度がおかしい. どうも悩み事があるようだ. ¶~心理 / 異常心理. 反 正常 zhèngcháng
【反潮流】fǎn cháoliú 成 誤った思想や潮流に対して,敢然と闘いをいどむ. 参考 文革中に使われたことば.
【反衬】fǎnchèn 動（正反対の物事を引き合いにして）あるものを際立たせる. 通过~来突き出自己思想表現的事物或意境 / 正反対のものを通して自分が表現したい事柄や境地を際立たせる. ¶用恶 è~善 / 悪で善を際立たせる.
【反冲力】fǎnchōnglì 名 反衝力.
【反刍】fǎnchú 動 ❶《動物》反芻(はんすう)する. 同 倒嚼 dǎojiào ❷ 過去を繰り返し思い起こす. ¶人一上了年纪,总爱~自己的过去 / 人間は年をとると,自分の過去を繰り返し思い起こす.
【反刍动物】fǎnchú dòngwù 名《動物》反芻(はんすう)動物.
【反串】fǎnchuàn 動《芸能》役者が本来の役以外の役を臨時に演じる. 代役を務める.
【反唇相讥［稽］】fǎn chún xiāng jī 成 批判に不服で,反対に相手を悪く言う. 由来《漢書》賈誼(かぎ)伝に見えることば.
【反导条约】fǎndǎo tiáoyuē 名 "美苏限制反弹道导弹系统条约"（米ソ弾道弾迎撃ミサイルシステム制限条約）の略.
【反导系统】fǎndǎo xìtǒng 名《軍事》弹道弹迎撃ミサイルシステム. ABM システム.
【反倒】fǎndào 副 かえって. 逆に. ¶冬天~打起雷来了 / そうだというのに,雷が鳴り始めた. 表現 "反而 fǎn'ér" よりやや口語的.
【反帝】fǎndì 形 反帝国主義の. ¶～斗争 / 反帝国主義闘争.
【反调】fǎndiào 名 反対の観点や論調. ¶唱~ / 反論をとなえる.
*【反动】fǎndòng ❶ 形 反動的だ. ¶思想～ / 思想が反動的だ. ¶～人士 / 反動的な人々. ❷ 名 反発. 反動. ¶这实际上是对时代和社会发展的一种~ / これは,じつは時代と社会の発展に対する反発なのだ.
【反动派】fǎndòngpài 名 反動派.
*【反对】fǎnduì 動 反対する. ¶有～的没有 ? / 反対の人はいませんか. ¶我非常~你跟他来往 / 私は君が彼とつきあうのには大反対だ. 反 同意 tóngyì
【反对党】fǎnduìdǎng 名 反対党. 野党.
【反而】fǎn'ér 副 反対に. かえって. むしろ逆に. ¶你不但不帮忙,~处处 chùchù 给我麻烦 ! / 君は手伝うどころか,あれこれ私に面倒をかけるんだな.

【反方】fǎnfāng 名（討論の）反対意見側. 反 正方 zhèng fāng
【反讽】fǎnfěng 反面から風刺する. 反語を使って風刺する.
【反腐倡廉】fǎn fǔ chàng lián 成 腐敗に反対し清廉を提唱する.
*【反复】fǎnfù ❶ 動 反復して. 繰り返して. ¶～思考 / 繰り返し考える. ～実践 / 繰り返し実践する. 反复复 ❷ 動 反復する. 繰り返す. ¶议案已经通过,不能再～了 / 議案はもう通ってしまったのだから,二度と元にもどせない. ❸ 動 （考えが）よく変わる. 一定しない. ❹ 名 繰り返される情況. 繰り返し. ¶她的病情还会有～/ 彼女の病状はたぶんまたぶり返すだろう. 同 重复 chóngfù
【反复无常】fǎn fù wú cháng 成 めまぐるしく変わって一定しない. ¶他说话～/ 彼は言うことがころころ変わる.
【反感】fǎngǎn ❶ 形 不満だ. ¶我对这种事非常～/ 私はこんなことにはきわめて不満だ. ¶让人十分～/ とても反感を持つ. ❷ 名 反感. 不満. ¶有～/ 反感を持つ. 引起她的～/ 彼女の反感を買う. 反 好感 hǎogǎn
【反戈】fǎngē 矛(ほこ)先を返して味方に向ける.
【反戈一击】fǎn gē yī jī 成 寝返って味方に矛先(ほこさき)を向ける. 由来「矛を返して一撃を加える」という意から.
【反革命】fǎngémìng ❶ 形 反革命の. ¶～活动 / 反革命活动. ～言论 / 反革命的な言論. ～分子 fènzǐ / 反革命分子. ❷ 名 (● ge) 反革命分子. ¶镇压 zhènyā～/ 反革命分子を鎮圧する.
【反攻】fǎngōng 動 反攻する. 反撃する. ¶～敌人 / 敵に反撃する.
【反攻倒算】fǎn gōng dào suàn 成 打倒された地主階級が反撃に出て,農民に分配されている土地や財産などを奪い返す. また打倒された支配階級が大衆に報復する.
【反躬自问】fǎn gōng zì wèn 成 我が身を振り返って自問する. 反省する. 同 抚 fǔ 躬自问
【反顾】fǎngù 動 ❶ 振り返って見る. 顧みる. ¶～往事 / 過去を振り返る. 表 ～/ 気が変わってためらう. 後悔する. ¶义无～/ 決然としてためらわない.
【反光】fǎnguāng ❶ 動 光が反射する. 光を反射させる. ¶白墙～,屋里显得很亮 / 白い壁が光を照り返し,部屋はとても明るい. ❷ 名 反射光.
【反光镜】fǎnguāngjìng 名 反射鏡. バックミラーや電灯などに使われる.
【反过来】fǎnguòlai ❶ 副 逆に. 反対に. ❷ 接 翻せば. 動 ひっくり返す. 逆にする.
【反黑】fǎnhēi 動 ❶ 暴力団や犯罪組織,不法取引行為などを取り締まる. 一掃する. ❷ スポーツの試合で,八百長の審判行為に反対する.
【反话】fǎnhuà 名 (● 句 jù) 心にもない話. ¶说～/ 心にもないことを言う.
【反悔】fǎnhuǐ 動 後悔して前言をくつがえす. 気が変わる. ¶一言为 wéi 定,决不～/ いったん口にしたことは,決してくつがえさない. 同 翻悔 fānhuǐ
【反击】fǎnjī 動 反撃する. 逆襲する. ¶～敌人 / 敵に反撃する.
【反季】fǎnjì →反季节 jié
【反季节】fǎnjìjié 季節はずれの. 反季
【反剪】fǎnjiǎn 動 ❶ 手を後ろで組む. ❷ 後ろ手に縛る.
【反间】fǎnjiàn 動 敵のスパイを逆に利用し,敵の内部分裂を謀る. ¶～计 / 離間策.
【反诘】fǎnjié 動 反問する.

*【反抗】fǎnkàng 動 反抗する. 抵抗する. 逆らう. ¶～精神 / 反骨精神. ¶青春期的儿女处处 chùchù～父母的意见 / 思春期の子供は,父母の意見にしょっちゅう逆らう. 同 对抗 duìkàng 反 屈服 qūfú,投降 tóuxiáng
【反客为主】fǎn kè wéi zhǔ 成 主客転倒する.
【反恐】fǎnkǒng 動 テロリストやテロ活動に反対し,取り締まる.
【反馈】fǎnkuì 動 ❶ （電気）フィードバックする. 帰還する. ¶正～/ 再生帰還. 正帰還. ¶负～/ 抑圧帰還. 负帰還. ❷ （医学）フィードバックする. ❸ （情報やニュースを）フィードバックする. ¶市场销售 xiāoshòu 情况的信息不断～到工厂 / 市場の売れ行きの情報が,次々に工場にフィードバックされる.
【反粒子】fǎnlìzǐ 名 《物理》反粒子.
【反面】fǎnmiàn ❶ 名 （～儿）ものの裏側. 裏面. 反 背面 bèimiàn 反 正面 zhèngmiàn ❷ 名 （事柄や問題の）反面. 別の側面. ¶不但要看问题的正面,还要看问题的～/ 問題の表面を見るだけでなく,その裏側にも目を向けなければならない. 反 负面 fùmiàn 反 正面 zhèngmiàn ❸ 形 否定的な. 悪い一面の. ¶～教员 / 反面教师. ～角色 juésè / 悪役. 反 正面 zhèngmiàn
【反面人物】fǎnmiàn rénwù 名 文学作品中で否定的に描かれる人物. 悪役.
【反目】fǎnmù 動 仲たがいする. ¶～成仇 chóu / 仲たがいして仇になる. ¶夫妻～/ 夫婦が仲たがいする. 表现 夫婦の仲について言うことが多い.
【反派】fǎnpài 名 （芝居・映画・小説などの）悪役. 同 反面人物
【反叛】❶ fǎnpàn 動 口 謀反を起こす. 反逆する. ¶镇压 zhènyā～势力 / 反逆者集団を鎮圧する. ❷ fǎnpan 名 裏切り者. 反逆者.
【反扑】fǎnpū 動 （猛獣や敵が）逆襲する. 反撃する. ¶打退敌人的～/ 敵の反撃を退ける.
【反其道而行之】fǎn qí dào ér xíng zhī 成 相手と反対の方法で行う. 由来 《史記》の准陰侯列伝に見えることば.
【反潜】fǎnqián 動 《军事》対潜水艦の搜索・封鎖・攻撃などをする.
【反潜机】fǎnqiánjī 名 《军事》対潜哨戒（しょうかい）機.
【反切】fǎnqiè 名 《言語》反切（はんせつ）. 参考 中国の伝統的な表音方法. 二つの漢字で別の漢字の音をあらわす. たとえば,"塑"の音を"桑故反"あるいは"桑故切"の形であらわし,"塑 sù"が"桑 sāng"の声母"s"と"故 gù"の韻母と声調"ù"の組み合わせであることを指示する.
【反倾销】fǎnqīngxiāo 動 《経済》アンチダンピングを行う.
【反求诸己】fǎn qiú zhū jǐ 成 （他人のせいにしないで）自らに原因を探し求める. 反省する. 由来 《論語》衛霊公篇に見えることば.
【反射】fǎnshè 動 ❶ （声や光が）反射する. ❷ 《生理》（条件）反射する. ¶条件～/ 条件反射.
【反身】fǎnshēn 動 身をひるがえす. 振り返る. ¶吓得～逃跑 / 驚き,身をちぢめて逃げる.
【反噬】fǎnshì 動 文 誣告する（ぶこく）する. 同 反咬 yǎo
【反手】fǎn//shǒu 動 ❶ 手の面や方向を逆にする. ¶进了屋～把门关上 / 部屋に入ると後ろ手で戸を閉めた. ❷ 動 簡単にできる. ¶～可得 / 難なく得られる. ❸ 名 《スポーツ》バックハンド.
【反水】fǎn//shuǐ 方 ❶ 寝返る. 同 叛变 pànbiàn

❷ 逆精算する。⇆ 反攻 gōng 倒算 dàosuàn

【反思】fǎnsī 動 反省する．省みる．¶~过去,是为了以后 / 過去を反省するのは、将来のためである。¶ 进行深刻的~ / 深く反省する．比較 "反思"の使用範囲は広く、個人的な言動・歴史・民族の運命を分析したり、回顧するときに用いる。"反省 fǎnxǐng"の使用範囲は狭く、個人的な過去の過ちについている．

【反诉】fǎnsù 動《法律》反訴する．
【反贪】fǎntān 動 汚職に反対し、取り締まる．
【反弹】fǎntán 動 ❶ 跳ね返る．❷《経済》(価格が)反発する．❸ 前向きな状況が一転して旧来のすがたにもどる．
【反坦克炮】fǎntǎnkèpào 名《軍事》対戦車砲．
【反卫星武器】fǎnwèixīng wǔqì 名《軍事》衛星破壊兵器．
【反胃】fǎnwèi 動《中医》胃がもたれて吐き気などがする．⇆ 翻 fān 胃
【反问】fǎnwèn ❶ 動 反問する．逆に尋ねる．問い返す．¶ 我~他一句:"你说这些问题该怎么解决呢?" / 私は彼に問い返した．「それらの問題をあなたはどう解決すればいいというのですか。」❷ 名《言語》反語．¶~句 / 反語文．
【反响】fǎnxiǎng 名 反響．反応．¶ 引起强烈的~ / 強烈な反響を引き起こす．⇆ 反应 fǎnyìng
【反向】fǎnxiàng 形 逆方向の．
【反省】fǎnxǐng 動 反省する．¶ 停职 tíngzhí~ / 停職謹慎(処罰の一種)．¶ 你最好~一下 / 君は少し反省したほうがいいよ．⇆ 检查 jiǎnchá, 检讨 jiǎntǎo
【反宣传】fǎnxuānchuán ❶ 逆宣伝．❷ 中傷宣伝．
【反咬】fǎnyǎo 動 (被告人が原告などに)逆に罪をきせる．誣告(ぎ)する．
【反咬一口】fǎnyǎo yīkǒu 慣 ことばで逆襲する．逆ねじを食わせる．¶ 我帮他那么多,他却反咬我一口 / あんなに助けてやったのに、彼は私に逆ねじを食わせる．
【反义词】fǎnyìcí 名《言語》〔動 对 duì〕反意語．
*【反应】fǎnyìng 名 ❶ 反応．¶ 他脑子~很快 / 彼は頭の回転が速い．❷ 化学反応．¶ 酸性~ / 酸性反応．¶ 碱性 jiǎnxìng~ / アルカリ性反応．❸ (注射や薬による)反応．副作用．❹ (原子核の)反応．¶ 热核 rèhé~ / 熱核反応．❺ (意見や態度などの)反応．反響．¶ 这次捐款 juānkuǎn,大家的~很大 / 今回の献金には大きな反響があった．⇆ 反响 fǎnxiǎng
【反应堆】fǎnyìngduī 名 "原子反应堆"(原子炉)の略．
*【反映】fǎnyìng ❶ 動 逆さまに映る．¶~在湖水中 / 湖水に映る．❷ 動 反映する．¶ 他的意见~了一部分人的思想 / 彼の意見は一部の人の考えを反映している．❸ 動 (下から上に)報告する．伝達する．意見を述べる．¶ 把农民的心声~给政府 / 農民の心の声を政府に伝える．❹ 名《哲学》反省．内省．
【反语】fǎnyǔ 名 〔句 jù〕反語．皮肉．⇆ 反话 fǎnhuà
【反照】fǎnzhào 動 反射する．照り返す．⇆ 返 fǎn 照
【反正】fǎnzhèng 動 ❶ 正しい状態にもどす．正常にかえる．¶ 拨乱 bōluàn~ / 混乱をしずめて正常にもどす．❷ 敵方から味方に投降する．¶ 一个团~了 / 一個連隊が投降した．⇆ 反正 fǎnzheng
【反证】fǎnzhèng ❶ 名 〔个 ge, 条 tiáo〕反証．¶ 提供了~ / 反証を示す．❷ 動 反証する．反駁する．
*【反正】fǎnzheng 副 いずれにせよ．どのみち．¶ 不管他怎么说,~我有自己的主意 / 彼がどう言おうと、私には自分の考えがある．¶ 无论你同意不同意,~我是一定要去的 / 君が同意しようがしまいが、どっちみち私は行くのだ．¶ 我~要去邮局,可以替你寄信 / 私はどのみち郵便局へ行かなくてはならないのだから、手紙を出して来てやってもいいよ．¶ 我有把握,今天~是不会下雨 / ぼくが保証する．今日はいずれにしても雨は降らない．⇆ 反正 fǎnzhèng

【反之】fǎnzhī 接 反対に．これに反して．逆に．¶ 只有努力的人,才会获得成功,~则一事无成 / 努力する人だけが成功を得られる．さもなくば何事もなし得ない．¶ 雨水多,气候自然潮湿 cháoshī, ~, 雨水少,天气就会干燥 gānzào / 雨量が多ければ、当然湿度が高くなるし、雨量が少なければ、気候は逆に乾燥する．

【反质子】fǎnzhìzǐ 名《物理》反陽子．
【反转】fǎnzhuǎn 動 ❶ 反転する．逆転する．❷ 時計の方向に反対に回る．左回りに回る．¶ 反时针向 fǎnshízhēnxiàng, 反钟向 fǎnzhōngxiàng ⇆ 正转 zhèngzhuǎn
【反转片】fǎnzhuǎnpiàn 名 リバーサルフィルム．
【反作用】fǎnzuòyòng 名 ❶《物理》反作用．❷ 相反する働き．反動．反発．¶ 填鸭 tiányā 式的教学方法只能起~ / 詰め込み式の教育法は、反発をよぶだけだ．
【反坐】fǎnzuò 動 誣告して人を罪に陥れた者に、その罪と同じ刑罰を科する．反坐する．

返 fǎn
辶部4 四 3230₄
全7画 常用

動 ⇆ もどる．帰る．¶ 往~ wǎngfǎn (往復する) / 一去不复~ 成 去ってしまったあと、二度とは帰ってこない) / ~工 fǎngōng ⇆ 往 wǎng

【返场】fǎn//chǎng 動 アンコールに応える．
【返潮】fǎn//cháo 動 (湿気でものがしける．(ものの表面が)汗をかく．¶ 梅雨季节,墙壁容易~ / 梅雨には、壁が湿気をもちやすい．
【返程】fǎnchéng 名 帰路．帰りの旅程．
【返工】fǎn//gōng 動 (出来の悪い)製品を作り直す．仕事をやり直す．¶ 这个工作又得 děi~ / この仕事はやり直さなければならない．
【返航】fǎn//háng 動 (飛行機や船が)帰航する．¶~信标 / 帰着標識．⇆ 出航 chūháng
【返还】fǎnhuán 動 ❶ 返還する．❷ もとにもどる．⇆ 回复 huífù
【返回】fǎnhuí 動 元の場所にもどる．¶ 从海外~祖国定居 / 海外から祖国へ帰って定住する．
【返老还童】fǎn lǎo huán tóng 成 若返る．¶ 长年不断的运动,使他仿佛 fǎng~, 活力充沛 chōngpèi / 長いあいだ運動を続けてきたため、彼は活力に満ち、若返っていくようだ．
【返聘】fǎnpìn 動 定年退職者にもとの職場に復帰してもらう．
【返璞[朴]归真】fǎn pú guī zhēn 成 本来の素朴なすがたに戻る．⇆ 归真返璞[朴]
【返青】fǎn//qīng 動 (移植や越冬した植物が)再び芽吹く．¶ 春风一吹,植物开始~了 / 春風が吹いて、植物が再び芽吹きはじめた．
【返券黄牛】fǎnquàn huángniú 名 デパートの商品券やサービス券の転売で儲けている人．
【返销】fǎnxiāo 動 ❶ (災害や不作のときに)国家が農村から買い上げた食糧を、再び農村に売る．政府が手持ちの食糧を放出する．¶~粮 / 国が放出した穀物．❷ 一度買ったものを、再び売りに出す．また、一度売ったものを、再び買いもどす．参考 ❷は特に輸出入品で行われる．

【返校】fǎnxiào ❶休暇があけて学校へもどる. ❷休暇中, 活動に参加するためなどで臨時に登校する. ❸卒業生が母校を訪問する.
【返修】fǎnxiū 動 修理をやり直す. ¶再三地～,也无法修好／何度修理しても, 直しようがない.
【返照】fǎnzhào ❶光が反射する. 照り返す. 同反fǎn照 ❷反映する. ❸《仏教》(自己を)観照する.

犯 fàn 部2 四 4721₂ 全5画

❶動法に触れる.(あやまちや罪を)犯す. ¶～法 fànfǎ／～规 fànguī／不再一同样的错误(もう二度と同じあやまちは犯さない). ❷名罪を犯じた人. ¶战～ zhànfàn (戦争犯罪者)／要～ yàofàn (重大犯)／贪污～ tānwūfàn (汚職犯罪者)／囚～ qiúfàn (囚人. 受刑者). ❸動〈領土や権利を〉侵害する. ¶严防敌人～我边境,杀我边民(敌が我が国境地帯に侵入し,我が辺境の民を殺すのを断固として防ぐ)／消灭来～之敌(侵入してきた敵をせん滅する). ❹動(間違いや良くないことを)引き起こす.(作用が)あらわれる. ¶～病 fànbìng／～脾气 fànpíqì (かんしゃくを起こす)／冷酒后～(冷酒は後にたたる)／他又～了烟瘾 yānyǐn (彼はまた禁煙を破ってたばこを吸いはじめた).
【犯案】fàn//àn 動 犯行が発覚する. ¶你有什么证据说他犯过案呢？／君はなんの証拠があって,彼が犯人だと言うんだ.
【犯病】fàn//bìng 動 持病が再発する. ¶他又犯老病了／彼はまた持病が再発した.
【犯不上】fànbushàng 動 …する値打ちがない. …するまでもない. ¶我～你给他出力／これは,君が彼に力を貸すまでもないよ. 同犯不着 fànbuzháo
【犯不着】fànbuzháo 動 …する必要がない. …するには及ばない. ¶～为这点小事情着急／こんなささいなことで焦ることはないのだ. 同犯不上 fànbushàng
【犯愁】fàn//chóu 動 気がふさぐ. 心配する. ¶犯了一天愁也想不出办法来／一日心配したって,いい方法は思いつかない. 同发愁 fāchóu
【犯得上】fàndeshàng 動 …する値打ちがある. ¶为wèi 这点儿小事苦恼 kǔnǎo ,～吗？／こんなささいなことで悩むだって,意味ないだろ？ 同犯得着 fàndezháo 用法反語や疑問文で用いることが多い.
【犯得着】fàndezháo 動 …する値打ちがある. ¶为wèi 这么点儿小事～去求他吗？／それっぽちのことで彼を呼ぶことってあるまい. 同犯得上 fàndeshàng 用法多く反語に用いる.
【犯嘀咕】fàn dígu 句 ためらう. 迷う. うたがう.
【犯法】fàn//fǎ 動 法を犯す. 法律に違反する. ¶你这样做是～的！／君のしていることは違法だ.
【犯规】fàn//guī ❶规则に反する. ¶犯了规,就一定要受罚 shòufá／ルールに違反したら,必ず罰を受けなければならない. ❷《スポーツ》反则する. ¶～离场／反则で退場になる.
【犯浑】fàn//hún 動 道理をわきまえない言動をする. ¶他犯起浑来,谁的话都不听／彼は混乱してきて,誰の話も聞こうとしない.
【犯忌】fàn//jì 動 タブーを犯す. ¶你说的话犯了他的忌／君が言ったことは,彼には禁物だ.
【犯戒】fàn//jiè 動 戒律を破る.
【犯禁】fàn//jìn 動 禁を犯す. ¶走私～的货品／密輸の禁制品.
【犯难】fàn//nán 動 ❶困る. もて余す. 同为难 wéinán ❷冒険する.
【犯人】fànrén 名〔个 ge, 名 míng〕犯人. ¶～已逃之夭夭 yāoyāo ／犯人はすでに高飛びした. 同罪犯 zuìfàn
【犯上】fànshàng 動 年長者や上級者に逆らう. ¶他性急,容易～／彼はカッとなって,上にすぐ逆らう.
【犯上作乱】fàn shàng zuò luàn 成 上に逆らい謀反を起こす. 由来『論語』学而篇に見えることば.
【犯事】fàn//shì 動 (重大な)違反をする.
【犯疑】fàn//yí 動 疑いを抱く. 怪しむ. ¶你还犯什么疑呢,快做决定吧／まだ何を疑うというのか,早く決めてしまえ.
【犯嘴】fàn//zuǐ 方 言い争う. ¶我今天又和他犯了几句嘴！／今日,また彼と少し言い争いをしてしまった.
【犯罪】fàn//zuì 動 罪を犯す. ¶千万不能～／くれぐれも罪を犯してはならない. ¶犯了不少的罪／たくさんの罪を犯した.
【犯罪集团】fànzuì jítuán 名 犯罪グループ.
【犯罪嫌疑人】fànzuì xiányírén 名 犯罪容疑者.

饭(飯) fàn 部4 四 2274₇ 全7画 常用

名 ❶穀物を煮炊きしたもの. 多くは米のご飯をさす. ¶米～ mǐfàn (米のご飯)／稀～ xīfàn (おかゆ). ❷〔餐 cān, 顿 dùn, 份 fèn, 口 kǒu〕食事. ¶午～ wǔfàn (昼食)／开～ kāifàn (ご飯にする)／～厅 fàntīng.

筆順 ノ ハ ケ ケ 饣 饭

【饭菜】fàncài ❶ご飯とおかず. ❷ご飯のおかず. 反酒菜 jiǔcài
*【饭店】fàndiàn 名〔个 ge, 家 jiā〕❶ ホテル. ¶北京～／北京饭店(ホテル). ¶五星级～／五つ星クラスのホテル. ❷ 饭馆 fànguǎn
【饭馆】fànguǎn 名 (～儿)〔个 ge, 家 jiā〕料理店. レストラン. ¶今晚必须和客人上～／今夜はお客と料理屋へ行かなければならない.
【饭锅】fànguō ❶〈回〉(飯を炊く)かま. ❷ 仕事. 食いぶち. ¶～砸 zá 了／職を失った.
【饭盒】fànhé 名 (～儿)〔个 ge〕弁当箱. ¶女儿每天都带～上学／娘は毎日,弁当を持って学校へ行く.
【饭局】fànjú 名 宴会.
【饭粒】fànlì 名 (～儿)飯つぶ.
【饭量】fànliàng[-liang]名 一人が一回の食事で食べる量. ¶他的～真大！／彼は本当に大食いだ.
【饭票】fànpiào 名〔张 zhāng〕食券. ¶你领了～没有？／食券はもらいましたか？
【饭铺】fànpù 名 (～儿)〔个 ge, 家 jiā〕飯屋. 小さな食堂.
【饭时】fànshí 名 ⓒ 食事時.
【饭食】fànshi 名 (～儿)ご飯とおかず. ¶这里～不错,花样多／ここの食事はいける,品数も多い. 表現量や質の善し悪しについて言うときに用いる.
【饭替】fàntì 名 (映画やテレビドラマの)食事シーンの吹き替え役.
【饭厅】fàntīng 名〔个 ge, 间 jiān〕食堂.
【饭桶】fàntǒng 名 ❶〔个 ge〕飯びつ. ❷ 貶 ムダ飯食い. ¶你真是个大～！／お前はまったくダメな子だね！表現 ❷は,無能な人間をののしることば.
【饭碗】fànwǎn 名 ❶〔个 ge, 摞 luò〕ご飯茶碗. ❷ (～儿)生活の手段. ¶找～／仕事をさがす. ¶铁

~/親方日の丸．¶打破了~，走投无路！/生活の道を失って，絶体絶命に．
【饭庄】fànzhuāng 名〔個 个 ge, 家 jiā〕大きな料理店．
【饭桌】fànzhuō 名（~儿）〔張 zhāng〕食卓．

泛（異 汎❶~❹，氾❹❺） fàn
氵部4　全7画　四 3213₂　常用

❶ 動（水に）浮かぶ．漂う．¶~舟 fànzhōu．❷ 動表面にあらわれる．¶脸上一了红（顔に赤みがさしている）．❸ 素うわべだけだ．浅薄だ．¶空~ kōngfàn（空疎だ）/这文章写得浮そ不实（この一文はうわべだけで中身がない）．❹ 素広い．一般的だ．¶~览 fànlǎn（縦覧する）/~指 fànzhǐ /~论 fànlùn（広く全体にわたって論じる）/~称 fànchēng．❺ 動（河川が）氾濫する．¶黄~区 Huángfànqū（黄河が過去に氾濫した区域）．
【泛称】fànchēng 名総称． 反 专称 zhuānchēng, 特称 tèchēng
【泛读】fàndú 名広範囲に読書すること．
【泛泛】fànfàn 形うわべだけだ．表面的だ．¶~之交 / うわべだけのつきあい．¶~地一说 / ざっと話す．
【泛泛而谈】fàn fàn ér tán 成とおりいっぺんに話す．
【泛滥】fànlàn 動氾濫する．
【泛滥成灾】fàn làn chéng zāi 成①河川の水があふれ災害となる．②悪い事物が多すぎて禍となる．
【泛神论】fànshénlùn 名〔哲学〕汎神（しん）論．
【泛酸】fànsuān ❶ 名〔化学〕パントテン酸．❷ 動〔中医〕胃酸過多になる．
【泛太平洋】fàn Tàipíngyáng 名太平洋地区全体．¶~酒店 / パン・パシフィックホテル．
【泛音】fànyīn 名〔音楽〕倍音．同谐 xié 音②．
【泛指】fànzhǐ 動特定せずにさして指す．¶"花花公子"~一些不务正业的富家子弟 /"花花公子"とは，ふつう仕事につかずにぶらぶらしている金持ちの息子を指す．反专指 zhuānzhǐ, 特指 tèzhǐ
【泛舟】fànzhōu 動舟遊びをする．¶~西湖, 欣赏 xīnshǎng 湖上风光 / 西湖に船をうかべ, 湖上の美しい景色を楽しむ．

范（範❶~❸） fàn
艹部5　全8画　四 4411₂　常用

❶ 素鋳型（いがた）．型．¶钱~ qiánfàn（硬貨を鋳る型）．❷ 素模範．手本．¶示~ shìfàn（手本を示す）/ 师~ shīfàn（師範）/ ~例 fànlì / 规~ guīfàn（規範．規則）．❸ 素範囲．枠．¶~畴 fànchóu．❹ (Fàn)姓．
【范本】fànběn 名〔書画の〕手本．¶习字~ / 習字の手本．
【范畴】fànchóu ❶ 名〔哲学〕範疇（ちゅう）．カテゴリー．¶我们的研究基本在经济学的~ / 我々の研究は基本的に経済学の範疇にある．❷ 類型．タイプ．
【范例】fànlì 名〔個 个 ge〕模範となる事例．模範例．¶作文~ / 作文の模範例．
【范式】fànshì 名模範とすべき形式やモデル．基本形式．
*【范围】fànwéi ❶ 名範囲．¶工作~ / 仕事の範囲．❷ 動〔文〕区切る．概括する．
【范文】fànwén 名〔篇 piān〕例文．模範文．
【范性】fànxìng 名〔物理学〕塑性．同塑 sù 性

贩（販） fàn
贝部4　全8画　四 7284₇

❶ 動品物を仕入れて売る．¶~货 fànhuò（品物を売る）/ 了一批杂货来（雑貨をいくらか仕入れてきた）．❷ 名（~儿）商人．¶摊~ tānfàn（行商人）．同贩子 fànzi
【贩毒】fàndú 動麻薬を売る．
【贩黄】fànhuáng 動わいせつな本やビデオなどを売る．
【贩卖】fànmài ❶ 仕入れて売る．¶~烟酒 / タバコや酒を仕入れて販売する．¶~人口 / 人身売買をする．❷（よくないものや考えを）ばらまく．まきちらす．¶打着科学的旗号,~反科学的思想和理论 / 科学の旗をかかげながら, 反科学的な思想や理論をまきちらす．
【贩私】fànsī 動（禁制品などを）密売する．¶严厉 yánlì 打击~活动 / 密売を厳しく取りしまる．
【贩运】fànyùn 動品物を安く仕入れて, 他所へ運んで高く売る．
【贩子】fànzi 名②商人．¶战争~ / 死の商人．¶人口~ / 人買い．

畈 fàn
田部4　全9画　通用　四 6204₇

❶ 名田畑．¶白水~ Báishuǐfàn（湖北省にある地名）．❷ 量広い田畑を数えることば．¶一~田（いちめんの畑．表现①は"镇 zhèn"や"村"などの地名に用いられる．

梵 fàn
木部7　全11画　通用　四 4421₇

❶ 素古代インド．¶~语 fànyǔ（サンスクリット）．❷ 素仏教に関するもの．¶~宫 fàngōng（仏教の寺院）/ ~刹 fànchà（仏教の寺院）．❸ (Fàn)姓．
【梵呗】fànbài 名読経の声．
【梵蒂冈】Fàndìgāng 名〔国名〕バチカン市国．
【梵文】fànwén 名サンスクリット．梵語（ぼんご）．

fang ㄈㄤ [faŋ]

方 fāng
方部0　全4画　四 0022₇　常用

❶ 名方形．四辺形．¶正~ zhèngfāng（正方形）/ 长~ chángfāng（長方形）/ 见~ jiànfāng（平方）．反圆 yuán ❷ 名一方．一面．¶对~ duìfāng（先方．相手）/ 前~ qiánfāng（前面．前方）/ 四~ sìfāng（四方）/ 四面八~ sìmiànbāfāng（四方八方）．❸ 素正しい．¶~正 fāngzhèng．❹ 名方法．やりかた．¶教导有~（教えかたが当を得ている）/ 千~百计 成あらゆる方法を考えて, 大いに手をつくす．❺ 副はじめて．今になってやっと．¶经过不断努力,~能取得 qǔdé 成绩（努力を続けてはじめて成果をあげられる）/ 当家~知柴米贵（家を切り盛りするようになってはじめて生活必需品の大切さがわかる）．❻ 副まさに．ちょうど．¶~在 / 长~长 cháng（まだ先は長いので, あせらずにじっくりやる）．❼ 量四角いものを数えることば．¶一~手帕 shǒupà（ハンカチ一枚）．❽ 量"平方"や"立方"の略．❾ (Fāng)姓．
*【方案】fāng'àn 名〔個 个 ge, 套 tào, 种 zhǒng〕❶仕事を推進する具体的な計画．プラン．¶提出具体~ / 具体的な方案を打ち出す．¶拟 nǐ~ / 方案を起草する．❷規則．ルール．¶汉语拼音~ / 漢語拼音方案．
*【方便】fāngbiàn ❶ 形便利だ．¶交通~ / 交通の便がよい．¶自选商场使我们的生活更加~ / スーパーマー

ケットのおかげで,我々の生活には便利になった. 回 便当 biàndang, 便利 biànlì 反 麻煩 máfan ❷ 形 都合がよい. ¶这儿人多,说话不～/ここは人が多いから,話をするには都合が悪い. ❸ 形 金銭的に余裕がある. ¶最近我也手头儿不～/このごろは,私も手元不如意だ. ❹ 動 回「トイレへ行く.用を足す」の婉曲な言いかた. ¶我要一下/ちょっと用足しに.

【方便面】 fāngbiànmiàn 名〔⑱ 袋 dài, 盒 hé〕インスタントラーメン.

【方便食品】 fāngbiàn shípǐn 名 インスタント食品.

【方便之门】 fāng biàn zhī mén 成 便宜. ¶大开～/大いに便宜をはかる.

【方步】 fāngbù 名 優雅でゆったりとした歩み. ¶踱 duó ～/悠然と歩く.

【方才】 fāngcái ❶ 名 さっき. ¶～发生的事,大家都知道 / さっき起こった事は,皆が知っている. 回 刚才 gāngcái ❷ 副 やっと…する. ¶只有失去的时候,～知道宝贵/失うときになってはじめて大切さがわかる. 表現 ② は,語気が"才 cái"よりやや重い.

【方程】 fāngchéng 名《数学》〔⑱ 个 ge〕方程式.

【方程式】 fāngchéngshì 名 ❶ "方程"に同じ. ❷ 化学式.

【方程式赛车】 fāngchéngshì sàichē 名 フォーミュラカーレース.

【方程组】 fāngchéngzǔ 名《数学》連立方程式.

【方尺】 fāngchǐ 名 ❶ 1尺平方. ❷ 平方尺.

【方寸】 fāngcùn 名 ❶ 一寸四方. 小さなこと. ❷ 平方寸. ❸ 〈文〉心. 心中. ¶～乱如麻/心が千々に乱れている. 回 方寸地 dì

【方队】 fāngduì 名 方形の隊列.

**【方法】 fāngfǎ 名〔⑱ 个 ge,种 zhǒng〕手段. 方法. やり方. ¶工作～/仕事のやり方. ¶思想～/考え方. 回 办法 bànfǎ

【方法论】 fāngfǎlùn 名 方法論.

【方方面面】 fāngfāngmiànmiàn さまざまな方面.

【方格】 fānggé 名〔～儿〕升目. 格子柄. ¶～布 / チェック地. ¶～纸 / 方眼紙.

【方根】 fānggēn 名《数学》平方根. 回 根 gēn

【方技】 fāngjì 名〈旧〉医術・卜占術・占星術などの総称. 方術.

【方剂】 fāngjì 名《薬》処方. 参考 俗に"药方"と言う.

【方家】 fāngjiā 名〈文〉学術に通じている人. "大方之家"の略.

【方将】 fāngjiāng 副〈文〉まさに…しようとする. 回 正要 zhèngyào

【方解石】 fāngjiěshí 名《鉱物》方解石.

【方巾气】 fāngjīnqì 名〈思想や言行の〉古くささ. 陳腐さ. 由来 "方巾"は明代の書生がかぶった頭巾.

【方块儿】 fāngkuàir 名 ❶ 四角いもの. ¶～字 / 漢字. ❷ トランプのダイヤ.

【方块字】 fāngkuàizì 名 ❶ 漢字. ❷ 漢字学習カード. 由来 ①は,「四角な文字」という意から.

【方框】 fāngkuàng 名 ❶ 四角い枠. ❷ 〔～儿〕《言語》漢字のくにがまえ(囗).

【方略】 fānglüè 名 全体的な計画や方略. ¶作战～ / 作戦計画. ¶制定～ / 方略を決める.

**【方面】 fāngmiàn 名〔⑱ 个 ge〕方面. 側. ¶主要 ～ / 主要な方. ¶在人力支援～,我有把握 / 人の支援の面では私は自信がある.

【方面军】 fāngmiànjūn 名《軍事》一方面の作戦を担当する軍隊. 方面軍.

【方胜】 fāngshèng 名 古代の装飾品. ひし形の一部分を重ね合わせたもの. また,この形状.

【方始】 fāngshǐ 副 やっと…する. 回 方才,才

【方士】 fāngshì 名 古代の仙術を使う人. 方士.

*【方式】 fāngshì 名〔⑱ 个 ge,种 zhǒng〕方式. しかた. ¶生活～ / 生活のしかた.

【方糖】 fāngtáng 名〔⑱ 块 kuài〕角砂糖.

【方位】 fāngwèi 名 ❶ 方角. ❷ 方向と位置.

【方位词】 fāngwèicí 名《言語》方位詞. 主に名詞などの後ろについて,方位や位置をあらわす."上,下,前面,后面,北边,里头"など.

【方响】 fāngxiǎng 名《音楽》古代の打楽器. 音の高さが異なる金属製の長方形の板を並べてある.

**【方向】 fāngxiàng 名 ❶〔⑱ 个 ge〕方角. ¶看样子,我们迷失～了！/どうやら,我々は道に迷ったらしい. ❷ めざす方向.

【方向舵】 fāngxiàngduò 名《飛行機》の方向舵.

【方向盘】 fāngxiàngpán 名 自動車のハンドル. 船の操舵輪. ¶握紧～ / ハンドルを握りしめる.

【方向】 fāngxiang 名 方 情勢. ¶他一看～不对,立刻溜 liū 之大吉 dàjí / 彼は形勢不利と見て取ると,さっさと逃げ出した.

【方兴未艾】 fāng xīng wèi ài 成 まさに発展しつつある. ¶建设的高潮 gāocháo 正～ / 建設ブームは今まさに上り調子だ.

【方形】 fāngxíng 名 方形. 四角形.

【方言】 fāngyán 名《言語》〔种 zhǒng〕方言.

【方药】 fāngyào 名《中医》❶ 漢方の処方に用いる薬. ❷ 処方.

【方音】 fāngyīn 名《言語》方言音.

【方圆】 fāngyuán 名 ❶ 周囲. 付近. ¶～附近的人都认识她 / 周りの人はみな彼女を知っている. ❷ 周囲の長さ. ¶这个大公园～四百里 / この大公園は周囲200 km.

【方丈】 fāngzhàng 名 ❶ 一丈四方. ❷ 平方丈.

【方丈】 fāngzhang 名 ❶ 方丈. 寺の住職のいる部屋. ❷〔⑱ 个 ge,位 wèi〕寺の住職.

*【方针】 fāngzhēn 名 方針. ¶依照既定 jìdìng～进行工作 / 既定方針に基づいて仕事を進める.

【方正】 fāngzhèng 形 ❶ きちんと整っている. ¶他写的字很～ / 彼が書く字はどれもきちんとしている. 回 方方正正 ❷ 正直だ. ¶为人 wéirén～ / 実直な人柄だ.

【方志】 fāngzhì 名〔⑱ 部 bù〕地方誌. その土地の地理・歴史・風俗・教育・特産・人物などを記した書物. 回 地志 dìzhì, 地方志 dìfāngzhì

【方桌】 fāngzhuō 名 正方形のテーブル.

【方子】 fāngzi 名 ❶〔⑱ 个 ge,张 zhāng〕処方せん. ¶开～ / 処方せんを書く. ❷ 薬品の配合のしかた. ❸ 角材. 回 枋子 fāngzi

邡 fāng

方部2　四 0722₇
全6画　通用

❶ 地名用字. ¶什～ Shífāng（四川省の県名）.
❷（Fāng）姓.

坊 fāng

土部4　四 4012₇
全7画　常用

❶ 素 街の区画に用いる名. 坊. ¶～間 fāngjiān. ❷ →牌坊 páifāng ❸ 素 文 店. 店舗.
☞ 坊 fáng
【坊本】 fāngběn 名 旧 民間の書店が出版した書物. 回 坊刻本 fāngkèběn
【坊间】 fāngjiān 名 ❶ 町なか. 世間. ❷ 旧 書店. 回 书坊 shūfāng

芳 fāng
艹部4 四 4422₇ 全7画 常用

❶ 素 (草花の)かぐわしい香り. 芳香. ❷ 素 (品行や品位が)りっぱだ. すばらしい. ¶流～百世 威 名声を末代に伝える). ❸ (Fāng)姓.
【芳草】 fāngcǎo 名 香りのよい草.
【芳菲】 fāngfēi 名 文 ❶ 草花の香り. ❷ 草花. ¶四面～烂漫 lànmàn / あたりには草花が美しく咲いている.
【芳邻】 fānglín 名 隣家に対する敬称.
【芳龄】 fānglíng 名 若い女性の年齢. 芳紀.
【芳名】 fāngmíng 名 ❶ お名前. ¶请问, ～叫什么？/ 失礼ですが, お名前は？ ❷ りっぱな名声. ¶～永远为后人垂念 chuíniàn / その名声は永遠に後の人々に偲(しの)ばれる. 表現 ①は, 多く若い女性に対してのていねいな言いかた.
【芳烃】 fāngtīng 名 《化学》芳香族炭化水素.
【芳香】 fāngxiāng 名 (草花などの)よい香り. 回 芬芳 fēnfāng, 馨香 xīnxiāng
【芳泽】 fāngzé 名 文 ❶ 女性が髪につける香油. ❷ (若い女性の)よい香り. 香気.

枋 fāng
木部4 四 4092₇ 全8画

名 ❶ 古代の書物に見られる樹木. 車を作るのに用いられた. 回 苏木 sūmù ❷ 角材.
【枋子】 fāngzi 名 ❶ 角材. 回 方子 fāngzi, 方材 fāngcái ❷ 棺おけ.

钫(鈁) fāng
钅部4 四 8072₇ 全9画 通用

名 ❶ 《化学》フランシウム. Fr. ❷ 古代の四角い口のつぼ. 酒や穀物を入れた.

防 fáng
阝部4 四 7022₇ 全6画 常用

❶ 動 防ぐ. 備える. ¶～御 fángyù / ～守 fángshǒu / 预～ yùfáng (予防する) / 冷不～ lěngbufáng (不意に. 突然) / 国～ guófáng (外敵から国を守る). 反 攻 gōng ❷ 名 つつみ. 堤防. ❸ (Fáng)姓.
【防暴】 fángbào 動 暴力や暴動を防ぐ. ¶～警察 / 治安担当警察. 機動隊.
【防爆】 fángbào 動 (器具や装置の)破壊や爆発を防ぐ.
【防备】 fángbèi 動 防備する. 用心する. ¶走路要小心, 以～跌倒 diēdǎo / 道を歩く時には気をつけて, ころばないように.
【防波堤】 fángbōdī 名 〔量 道 dào, 座 zuò〕防波堤.
【防不胜防】 fáng bù shèng fáng 成 防ごうとしても防ぎきれない.
【防潮】 fángcháo 動 ❶ 湿気を防ぐ. ¶～纸 / 防湿紙. ❷ 高潮を防ぐ. ¶～闸门 zhámén / 防潮水門.
【防尘】 fángchén 動 ちりを防ぐ. ¶～罩 zhào / 防塵カバー.
【防除】 fángchú 動 (害虫などの)予防や駆除をする.
【防弹】 fángdàn 動 銃弾を防ぐ. ¶～背心 / 防弾チョッキ. ¶～玻璃 / 防弾ガラス.

【防弹汽车】 fángdàn qìchē 名 防弾車両.
【防盗】 fángdào 動 盗難を防ぐ. ¶～系统 / 防犯システム.
【防盗门】 fángdàomén 名 防犯扉. 玄関ドアの外側につける鉄製の扉.
【防地】 fángdì 名 《军事》防御地区. 警備区域.
【防冻】 fángdòng 動 凍害を防ぐ. 氷結を防ぐ. ¶～剂 fángdòngjì / 不凍液. 防氷液.
【防毒】 fángdú 動 毒を防ぐ.
【防毒面具】 fángdú miànjù 名 防毒マスク. ¶戴上～ / 防毒マスクをつける.
【防范】 fángfàn 動 防備する. 警備する. ¶预先～ / 予防する.
【防风】 ❶ fángfēng 動 風を防ぐ. ❷ 名 fángfēng 《植物》ボウフウ. ❸ Fángfēng 《複姓》防风(ﾌｧﾝ). ¶～平 / 防風平. 参考 ②は, 去痰や鎮痛等の効用がある.
【防风林】 fángfēnglín 名 防風林.
【防腐】 fángfǔ 動 腐敗を防ぐ.
【防腐剂】 fángfǔjì 名 防腐剤.
【防寒】 fánghán 動 寒さを防ぐ.
【防寒服】 fánghánfú 名 防寒服.
【防旱】 fánghàn 動 干ばつを防ぐ.
【防洪】 fánghóng 動 洪水を防ぐ. ¶～工程 / 水防工事.
【防护】 fánghù 動 防ぎ守る. ¶～装置 / セキュリティ装置.
【防护堤】 fánghùdī 名 堤防. 土手.
【防护林】 fánghùlín 名 保安林.
【防滑链】 fánghuáliàn 名 タイヤチェーン.
【防化兵】 fánghuàbīng 名 《军事》化学防護隊. 回 防化学兵
【防化学】 fánghuàxué 名 《军事》化学兵器対策.
【防患(于)未然】 fáng huàn (yú) wèi rán 成 事故や災害を未然に防ぐ. ¶加强防火安全措施, 以～ / 防火対策を強化して, 災害を未然に防ぐ.
【防火】 fánghuǒ 動 防火する.
【防火墙】 fánghuǒqiáng 名 ❶ 防火壁. ❷ 《コンピュータ》ファイアウォール.
【防己】 fángjǐ 名 ❶ 《植物》ツヅラフジ. ❷ 《薬》ボウイ. ①の茎や根茎を乾燥させたもの. 参考 ②は, リューマチを抑える・むくみを取る・鎮痛・利尿等の効用がある.
【防空】 fángkōng 動 空襲に備える.
【防空兵】 fángkōngbīng 名 《军事》防空隊.
【防空导弹】 fángkōng dǎodàn 名 《军事》防空ミサイル. 参考 "地对空导弹"(地対空ミサイル), "舰对空导弹"(艦対空ミサイル), "反弹道导弹"(弾道弾迎撃ミサイル)等の総称.
【防空洞】 fángkōngdòng 名 ❶ 防空壕. ❷ 悪人や悪だくみが隠れている場所.
【防空壕】 fángkōngháo 名 防空壕.
【防涝】 fánglào 動 (農作物の)冠水を防ぐ. ¶抗旱 kànghàn～ / 干ばつ冠水を防ぐ.
【防凌】 fánglíng 動 解けだした氷で川や水路などがふさがるのを防ぐ.
【防区】 fángqū 名 《军事》防備地区.
【防沙林】 fángshālín 名 〔量 道 dào, 片 piàn〕防砂林.
【防身】 fángshēn 動 身を守る. ¶～术 / 護身術.
【防守】 fángshǒu 動 防ぎ守る. ¶～阵地 / 陣地を守

る. 回 防卫 fángwèi 反 进攻 jìngōng
【防暑】fángshǔ 動 暑気あたりを防ぐ.
【防水】fángshuǐ 形 防水の. ¶～手表 / 防水腕時計.
【防缩】fángsuō 形〔紡織〕防縮(加工)の. ¶～处理 / 防縮処理.
【防特】fángtè 動 スパイ活動を防ぐ. 由来 "特 tè"は"特务 tèwù"(スパイ)のこと.
【防微杜渐】fáng wēi dù jiàn 成 災いの種を芽のうちに摘む.
【防伪】fángwěi 動 偽造を防ぐ.
【防卫】fángwèi 動 防衛する. ¶正当 zhèngdàng～/ 正当防衛.
【防务】fángwù 名 安全防備の仕事.
【防线】fángxiàn 名 ❶〔働 道 dào,条 tiáo〕防御線. ¶突破第一道～/ 第一の防御ラインを突破する. ❷(精神的な)予防線.
【防锈】fángxiù 動 サビを防ぐ.
【防汛】fángxùn 動 河川の氾濫を防ぐ. ¶～救灾 / 洪水の防御と災害救助.
【防疫】fángyì 動 伝染病を予防する. ¶打～针 / 予防注射をする. ¶～站 / 防疫所.
【防雨布】fángyǔbù 名〔紡織〕防水布. 防水生地.
【防御】fángyù 動 防御する. ¶～敌人的入侵 / 敵の侵入を防ぐ. 反 进攻 jìngōng.
【防御战】fángyùzhàn 名《軍事》防御戦.
【防灾】fángzāi 動 災害を防ぐ.
【防长】fángzhǎng 名 "国防部长"(国防大臣)の略称.
【防震】fángzhèn 動 ❶地震に対して防備する. ¶～建筑 / 耐震建築. ❷(時計・建物・機器・計器などの)震動を防ぐ.
*【防止】fángzhǐ 動 防止する. ¶～煤气 méiqì 中毒 zhòngdú / 一酸化炭素中毒を防ぐ. ¶避免 bìmiǎn ～.
【防治】fángzhì 動 予防と治療を行う. ¶～结核病 jiéhébìng / 結核の予防と治療をする. ¶综合一医院 / 予防・治療を行う総合病院.

坊 fáng
土部4 四 4012₇
全7画 常用
❶索 手工業者の仕事場. 工房. ¶作～ zuōfang (作業場) / 染～ rǎnfang (染物場) / 酒～ jiǔfáng (酒屋. つくり酒屋). ❷(Fáng)姓.
☞ 坊 fāng

妨 fáng
女部4 四 4042₇
全7画 常用
索 妨げる. じゃまする. ¶不～试试(試みてもさしつかえない) / 你何～去看看(君がちょっと見てきたらどうか) / 只要质量好,贵一点儿也无～(品質さえよければ少し高くてもかまわない).
【妨碍】fáng'ài 動 妨げる. じゃまする. ¶随便停车会～交通 / 勝手な駐車は交通の妨げになる.
【妨害】fánghài 動 …に有害だ. …を害する. ¶吸烟～健康 / 喫煙は健康を損ねる.
【妨害公务罪】fánghài gōngwùzuì 名《法律》公務執行妨害罪.

肪 fáng
月部4 四 7022₇
全8画 次常用
→脂肪 zhīfáng

房 fáng
户部4 四 3022₇
全8画 常用
❶名 家屋. 建物. ¶～子 fángzi / ～屋 fángwū / 楼～ lóufáng(二階建以上の建物) / 平～ píngfáng (平屋) / 瓦～ wǎfáng(かわらぶきの家) / 库～ kùfáng (物置. 倉庫). ❷素 部屋の形や役目をしているもの. ¶蜂～ fēngfáng(蜂の巣) / 莲～ liánfáng (蓮の実をつつんでいる苞) / 心～ xīnfáng (心臓). ❸素 子が結婚して独立した部屋や家をもつこと. ¶大～ dàfáng (本家) / 长～ zhǎngfáng (長男の家). ❹名 二十八宿の一つ. ¶宿(房). ❺量 妻・妾・嫁などを数えることば. ❻(Fáng)姓.
【房舱】fángcāng 名 乗客船室. キャビン.
【房产】fángchǎn 名(不動産としての)家屋. ¶～税 shuì /(固定)資産税.
【房产主】fángchǎnzhǔ 名 大家. 家主.
【房车】fángchē 名 ❶住居として使用できる車. トレーラーハウス. キャンピングカー. ❷方 豪華な車. ラグジュアリーカー.
【房贷】fángdài 名 住宅ローン.
【房地产】fángdìchǎn 名 不動産. ¶～公司 / 不動産会社.
【房地产市场】fángdìchǎn shìchǎng 名 不動産市場.
【房地产业】fángdìchǎnyè 名 不動産業.
【房顶】fángdǐng 名 家屋の屋根. ¶盖～/ 屋根をふく.
【房东】fángdōng 名〔個 个 ge,家 jiā,位 wèi〕家主. 大家(¹ᵃ). ¶二～/ 又貸しの家主. 回 房主 fángzhǔ. 反 房客 fángkè
【房改】fánggǎi 名 "住房改革制度"(住居改革制度)の略. 参考 社宅や公務員住宅を居住者に安く払い下げること.
【房管】fángguǎn 名 "房屋管理"(住居管理)の略.
【房管所】fángguǎnsuǒ 名(マンション等の)管理事務所.
【房荒】fánghuāng 名 住宅不足.
【房基】fángjī 名 家屋の土台. ¶～得 děi 打得牢 láo / 土台はしっかりとつき固めなければならない.
**【房间】fángjiān 名〔個 个 ge,间 jiān〕部屋. ¶～号码 / 部屋番号. ¶这套房子有五个～/ この家屋は部屋が五間ある. 表現 家の部屋はふつう"屋子 wūzi"といい, "房间"はホテルなどの部屋をさすことが多い.
【房客】fángkè 名 借家人. 店子(³²). 反 房东 fángdōng
【房门】fángmén 名 家や部屋の入り口.
【房魔】fángmó 名(あこぎな商売をしている)不動産業者や仲介業者.
【房奴】fángnú 名 住宅ローンの返済に苦労している人.
【房契】fángqì 名《法律》〔張 zhāng〕不動産の権利証書.
【房钱】fángqián[-qian] 名 家賃. 部屋代. 回 房租 fángzū
【房山】❶ fángshān 名 屋敷の両脇の壁. 切妻(³²⁴)壁. 回 山墙 qiáng ⇒房子(図) ❷ Fángshān(地名)北京市郊外の名勝地. 雲居寺の石経で知られる.
【房式】fángshì 名 住宅市場.
【房事】fángshì 名 房事. セックス.
【房屋】fángwū 名〔個 栋 dòng,幢 zhuàng〕家屋. 回 屋宇 wūyǔ.
【房型】fángxíng 名《建築》住宅の間取りのタイプ. ¶～为二室一厅 / 間取りは2LDKだ. 回 户 hù 型
【房檐】fángyán 名(～儿)家の軒(²³).

【房展】fángzhǎn 名 住宅の展示即売会.
【房主】fángzhǔ 名 家主.
*【房子】fángzi 名〔 栋 dòng, 间 jiān, 所 suǒ, 幢 zhuàng〕家. 家屋. ¶盖~/家を建てる.

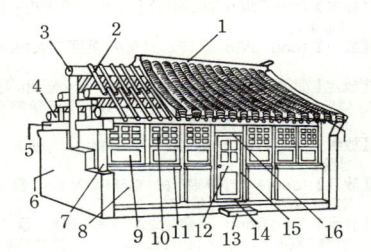

1. 屋脊 2. 椽子 3. 脊檩 4. 檩
5. 梁 6. 山墙(房山) 7. 柱子 8. 墙
9. 窗户 10. 窗格子 11. 窗台 12. 门

房 子

【房租】fángzū 名 家賃. 部屋代. ¶调整 tiáozhěng ~/家賃を改定する. ¶按时缴纳 jiǎonà~/期日通りに家賃を払う. 同 房钱 fángqián

鲂(魴) fáng
鱼部4 四 2012₇ 全12画 通用

名《魚》トガリヒラウオ. 同 鲂鱼 fángyú

仿(異 倣❶❷❹、髣❸) fǎng
亻部4 全6画 四 2022₇ 常用

❶動 手本をまねる. 似せてつくる. ¶~造 fǎngzào / ~制 fǎngzhì. ❷名 手本通りに書いた字. ❸→仿佛 fǎngfú ❹ (Fǎng)姓.

【仿办】fǎngbàn 動 今までの方法や様式にならって処理する.
【仿单】fǎngdān 名〔份 fèn, 张 zhāng〕商品の説明書.
*【仿佛】fǎngfú ❶副 まるで…のようだ. ¶我~在哪里见过他/どこかで会った気がする. 同 彷彿 fǎngfú, 髣髴 fǎngfú, 好象 hǎoxiàng. 似乎 sìhū ❷動 似ている. ¶他们两个人的年纪相~/あの二人は年令が同じくらいだ. 表現 ②は, "相仿佛 xiāng fǎngfú"の形で使うことが多い.
【仿古】fǎnggǔ 動 古い器物や美術品にまねる. ¶唐三彩 Tángsāncǎi 的~品/唐三彩のレプリカ. ¶~笔意/古人の筆遣いをまねて書く.
【仿冒】fǎngmào 動 偽造する. ¶~名牌/ブランド商品を偽造する.
【仿生】fǎngshēng 動 バイオ技術や人工知能などを研究する.
【仿生学】fǎngshēngxué 名 生物工学. バイオニクス.
【仿宋】fǎngsòng 名《印刷》活字の宋朝体. 同 仿宋体 tǐ 参考"宋体 Sòngtǐ"は,「明朝体」を言う.
【仿宋体】fǎngsòngtǐ →仿宋
【仿效】fǎngxiào 動 (やりかたやスタイルを)まねる. ¶我们应当~她/我々は彼女を見習うべきだ. 同 模仿 mófǎng

【仿行】fǎngxíng 動 やり方をまねて行う.
【仿造】fǎngzào 動 似せて作る. ¶~真货制品/本物を模造した品. ¶~纸/模造紙. 同 仿制 fǎngzhì
【仿照】fǎngzhào 動 (既にある方法や様式に)ならう. ¶~办理/既存のやりかたで処理する. ¶~惯例/慣例にならう.
【仿真】fǎngzhēn ❶動 シミュレーションする. ❷形 イミテーションの. ¶~手枪/モデルガン.
【仿制】fǎngzhì 動 模造する.
【仿制品】fǎngzhìpǐn 名 模造品. にせもの.

访(訪) fǎng
讠部4 四 3072₇ 全6画 常用

❶動 (人を)たずねる. (場所を)おとずれる. ¶~友 fǎngyǒu (友人をたずねる) / ~古 fǎnggǔ (古跡をおとずれる) / ~问 fǎngwèn. ❷動 (人をたずねて)調べる. ¶~查 fǎngchá / ~贫问苦 fǎng pín wèn kǔ / 采~新闻(ニュースを取材する). ❸ (Fǎng)姓.

筆順 丶 亠 讠 讠 讠 讠 访 访

【访查】fǎngchá 動 現場に出かけて調査する.
【访贫问苦】fǎng pín wèn kǔ 句 貧困家庭を訪問し, 事情を調べ, 意見を聞く.
【访求】fǎngqiú 動 探し求める. ¶他~到了偏方 piānfāng, 终于治好了这种病/彼は民間の治療法を探し求め, ついにこの病気を治した.
【访谈】fǎngtán 動 訪問してインタビューする.
【访谈录】fǎngtánlù 名 訪問インタビューの記録.
*【访问】fǎngwèn 動 訪問する. ¶~亲友/親戚や友人を訪問する. ¶~演出/巡回公演. ¶~学者/客員研究員. 訪問学者.
【访演】fǎngyǎn 動 (外国を)訪問し, 公演する.
【访员】fǎngyuán 名旧 新聞記者. 参考 もと"访事 shì 员"と言い, 略して"访事", "访员"と呼んだ.

彷 fǎng
亻部4 四 2022₇ 全7画 通用

→仿佛 fǎngfú
☞ 彷 páng

纺(紡) fǎng
纟部4 四 2012₇ 全7画 通用

❶動 紡(つむ)ぐ. よって糸にする. ¶~纱 fǎngshā / ~棉花(わたを紡ぐ). ❷名 薄手の絹織物. ¶杭~ Hángfǎng (杭州産の絹織物).
【纺车】fǎngchē 名〔架 jià〕紡(つむ)ぎ車.
【纺绸】fǎngchóu 名《纺织》〔块 kuài, 匹 pǐ〕薄くて軽い絹織物.
【纺锤】fǎngchuí 名《纺织》〔只 zhī〕紡錘(ぼう).
【纺锭】fǎngdìng 名《纺织》紡錘. スピンドル. 同 纱sā 锭
【纺纱】fǎngshā 動 糸を紡ぐ.
【纺丝】fǎngsī ❶動 糸を紡ぐ. 紡績する. ❷名 紡績.
*【纺织】fǎngzhī 動 糸を紡ぎ布を織る. ¶~厂/紡績工場.
【纺织娘】fǎngzhīniáng 名《虫》〔只 zhī〕クツワムシ.
【纺织品】fǎngzhīpǐn 名 織物.

昉 fǎng
日部4 四 6002₇ 全8画 通用

動文 ❶ (空が)明るくなる. ❷ 始まる.

舫 fǎng
舟部4 四 2042₇ 全10画 通用

[素] 舟・船. ¶画～（きれいな飾りつけをした遊覧船）/ 石～（石の船を形どった建物）.

放 fàng
方部4　[四] 0824。
全8画　[常用]

❶ [動] 拘束をとく. 自由にする. ¶释＝shìfàng / 許して自由の身にする. ¶～行 fàngxíng.
❷ [動] 動物を放し飼いにする. ¶～牛 / ウシを放牧する. ¶～鸭 / アヒルを放し飼いにする.
❸ [動] ひける. 終わる. 休みにする. ¶～工 fànggōng. ¶～假 fàngjià. ¶～学 fàngxué.
❹ [動] 自由にする. ほしいままにする. ¶～任 fàngrèn. ¶～纵 fàngzòng. ¶～肆 fàngsì.
❺ [動] 放つ. 発する. ¶～枪 fàngqiāng. ¶～光 / 発光する. ¶～电 fàngdiàn. ¶～晴 fàngqíng. ¶～鞭炮 biānpào / 爆竹を鳴らす. ¶～电影 / 映画を上映する. ¶～唱片 / レコードをかける.
❻ [動] ひろげる. 大きくなる. ¶～大 fàngdà. ¶～宽 fàngkuān. ¶～照片 / 写真を引き伸ばす. ¶袖子有点儿短,得 děi～一长一点儿 / そでがやや短いのでもう少し長くしないといけない.
❼ [動] 花が咲く. ¶百花齐～ [成] さまざまな花がいっせいに開く；異なった形式や手法の芸術を自由に発展させる. ¶心花怒～ / 喜びがあふれる.
❽ [動] 置く. 放置する. ¶存～ / あずける. ¶～置 fàngzhì. ¶买来的东西～在哪儿？/ 買ってきたものをどこに置きますか. ¶我把你的信～在桌子上了 / あなたの手紙を机の上に置きました. ¶把水壶～在火上 / やかんを火にかける. ¶报纸看完后要～回原处去 / 新聞は読み終わったら元の場所に戻して下さい.
❾ [動] 流刑にする. 島流しにする. ¶～逐 fàngzhú.
❿ 上から下へ, また中央から地方へ行かせる. ¶下～ / 下放する. ¶～到农村去锻炼 / 農村へ行かせて鍛錬させる.
⓫ [動] 加える. 中へいれる. ¶～糖 / 砂糖を入れる. ¶～盐 / 塩を入れる.
⓬ [動] 金を貸しつける. ¶～款 fàngkuǎn. ¶～债 fàngzhài.
⓭ [動] 行動や態度をほどよいところにおさめる. ¶速度～慢点 / スピードをちょっと落として. ¶～尊重些 / もう少し重々しく振る舞いなさい.
⓮ (Fàng) 姓.

【放步】fàng//bù [動] 大またで歩く. ¶～前进 / 大またで前に進む.
【放长线,钓大鱼】fàng cháng xiàn, diào dà yú [成] じっくり構えて大きな成果を得る. [由来]「糸を長く出すほど大きな魚が釣れる」という意から.
【放出】fàngchū [動] ❶（光・熱・香りを）発散する. ❷（人質を）釈放する.
【放达】fàngdá [形] [文] 豪放磊落（らいらく）だ. 気ままで物にとらわれない.
*【放大】fàngdà [動]（画像や音などを）大きくする. ¶把照片～/ 写真を引き伸ばす. 反 缩小 suōxiǎo [表現] 写真の引き伸ばしは, "扩印 kuòyìn" も言う.
【放大镜】fàngdàjìng [名] 拡大鏡. 虫眼鏡. ルーペ.
【放大器】fàngdàqì [名] ❶ [電気] 増幅器. アンプ. ❷ 写図器. パンタグラフ.
【放大纸】fàngdàzhǐ [名] 拡大写真用の印画紙.
【放贷】fàngdài [動] 金を貸し付ける. 融資する.
【放胆】fàng//dǎn [動] 度胸をすえる. 大胆になる. ¶你就放大了胆干吧 / 度胸をすえてやればいい.

【放荡】fàngdàng [形] [把] 勝手気ままだ. 同 放纵 fàngzòng.
【放荡不羁】fàng dàng bù jī [成] [把] 勝手気ままで,やりたい放題だ.
【放电】fàng//diàn [動] 《物理》放電する. ¶火花～/ 花放電.
【放刁】fàng//diāo [動]（ひどいやり方や態度で）人を困らせる.
【放定】[旧] ❶ fàng//dìng [動] 男性側から女性側に結納（ゆいのう）を贈る. ❷ fàngdìng [名] 女性側に送る結納の金品. [表現] ①は,"放大定"とも言う.
【放毒】fàng//dú [動] ❶ 毒を盛る. 毒をまく. ❷ 有害な言論をまきちらす.
【放飞】fàngfēi [動] ❶ 飛行機の離陸を許可する. ❷ 鳥を空高く飛ばす. ❸ 凧を揚げる.
【放风】fàng//fēng [動] ❶ 窓をあけて風を通す. ❷ 囚人を, 庭で散歩させたり, トイレに行かせたりする. ❸ 情報をもらす.
【放歌】fànggē [動] 声高らかに歌う.
【放工】fàng//gōng [動] ❶ 勤めがひける. 退勤する. ❷ 仕事を休ませられる.
【放过】fàngguò [動]（人や機会などを）見逃す. ¶这是个好机会,不要～/ これは絶好のチャンスだから,見逃してはいけない.
【放虎归山】fàng hǔ guī shān [成] 危険な人物を逃して災いのもとを残す. 同 纵 zòng 虎归山 [由来]「トラをむざむざ山へ帰す」という意から.
【放缓】fànghuǎn [動] 速度がゆるみはじめる. ¶经济增长速度～/ 経済成長速度がゆるみはじめる.
【放荒】fàng//huāng [動] 野焼きする. 山焼きする.
【放火】fàng//huǒ [動] ❶ 放火する. ¶～犯 / 放火犯. ❷ 騒ぎをあおりたてる.
**【放假】fàng//jià [動] 休みになる. ¶放暑假 / 夏休みに入る. ¶明天开始放五天的假 / 明日から5日間の休みだ.
【放开】fàng//kāi [動] ❶（さまざまな制限やしばりから）自由にする. ❷（口などを）大きく開く. ❸《経済》（価格を）自由化する.
【放空】fàng//kōng [動] タクシーやトラックが空（で）で走る. 回送する. ¶回程～/ もどりが空車だ.
【放空炮】fàng kōngpào [慣] できもしないことを言う. ほらを吹く. ¶要说到做到,不能～/ 言ったことは必ず実行し,できないことは言うべきではない.
【放空气】fàng kōngqì [慣] [把] 意図的にうわさを広めたり,よくない雰囲気をつくる. ¶放出紧张空气 / 故意に周りを緊張させる.
【放宽】fàngkuān [動]（要求や基準を）ゆるめる. ¶～尺度 / 尺度をゆるめる. ¶～禁运限制 / 輸出入制限をゆるめる. ¶政策～了 / 政策が緩和された.
【放款】fàng//kuǎn [動]（金融機関が）金を貸し付ける. 短期～/ 短期貸し付け.
【放浪】fànglàng [文] ❶ [形] [把] 勝手気ままだ. ❷ [動]（あちこち）放浪する.
【放冷风】fàng lěngfēng [慣] 他人を中傷する. ¶他四处～,散布谣言 yáoyán / 彼はあちこちで中傷やデマを流している.
【放冷箭】fàng lěngjiàn [慣] 背後で人を陥れる. 暗に人を中傷する.
【放量】fàng//liàng [動] 腹いっぱい飲み食べる. ¶各位请～/ みなさん大いに飲み, めしあがって下さい.
【放疗】fàngliáo [動]《医学》放射線治療する. ¶在

【放牧】fàngmù 動《畜産》放牧する．¶～牛羊／ウシやヒツジを放牧する．
【放排】fàng//pái 動 いかだを流す．
【放盘】fàng//pán 動（～儿）❶（商店が）値引きして売る．❷（商店が）高値で買い入れる．
【放炮】fàng//pào 動 ❶大砲を撃つ．¶放大炮／大砲を撃つ．❷爆竹を鳴らす．❸発破をかける．¶～开山／発破をかけて山を切り開く．❹物が破裂する．¶车胎chētāi～了／タイヤがパンクする．❺人を激しく批判する．¶她在大会上放了一炮／彼女は大会で手厳しく批判した．
【放屁】fàng//pì ❶ おならをする．❷ でたらめを言う．¶你说的那些话简直是～／君の話はでたらめばかりだ．[表現]❷は，人をののしる時のことば．
*【放弃】fàng//qì 動（もとからある考えや希望などを）捨てる．¶～了原来的计划／もとの計画を断念した．[反] 保留 bǎoliú
【放枪】fàng//qiāng 動 鉄砲を撃つ．
【放青】fàng//qīng 動 家畜を草原で放牧する．
【放晴】fàng//qíng 動 晴れてくる．¶天空渐渐 jiànjiàn～了／空がだんだん晴れてきた．
【放权】fàngquán 動 権限を下部に移す．
【放任】fàngrèn 動 放任する．[反] 约束 yuēshù
【放任自流】fàng rèn zì liú ◇放任して成り行きにまかせる．
【放散】fàngsàn 動（けむりや香りを）発散する．
【放哨】fàng//shào 動 見張りに立つ．パトロールする．¶在门口～／入口で見張りに立つ．
【放射】fàngshè 動 放射する．
【放射病】fàngshèbìng 名《医学》放射線障害．
【放射线】fàngshèxiàn 名《物理》放射線．
【放射形】fàngshèxíng 名 放射状．
【放射性】fàngshèxìng 名 ❶《物理》放射性．❷《医学》痛みが一つの痛点から周囲に拡散する現象．
【放射性元素】fàngshèxìng yuánsù 名《物理》放射性元素．
【放生】fàng//shēng 動 ❶（捕まえた小動物を）放してやる．❷（仏教）放生する．
【放声】fàngshēng 動 大声を出す．¶～大笑／大声で笑う．
【放手】fàng//shǒu ❶ 手を放す．¶抓住别～／しっかりつかんで手を放すなよ．❷ 思う存分に…する．¶让他～工作／彼に思い切り仕事をさせる．❸ 自分の手から放す．任せる．¶～不管／手を引いて関わらない．
【放水】fàng//shuǐ 動 ❶ 蛇口から水を出す．❷（ダムの水を）放水する．❸ 八百長試合をする．
【放肆】fàngsì 形（貶）言行が勝手気ままだ．¶对客人～无礼／お客に対して勝手で無礼だ．⇨放纵 fàngzòng
【放松】fàngsōng 動（注意や圧力を）ゆるめる．¶～警惕 jǐngtì／警戒をゆるめる．¶～肌肉 jīròu／筋肉をゆるめる．[反] 抓紧 zhuājǐn
【放送】fàngsòng 動 放送する．¶～音乐 yīnyuè／音楽を放送する．[同] 广播 guǎngbō
【放下】fàngxià[-xia] 動（握っているものを）下に置く．¶～手头的工作喝杯热茶吧！／やりかけの仕事はそのままにして，お茶を一杯おあがり．
【放下屠刀,立地成佛】fàng xià tú dāo，lì dì chéng fó 成 人殺しでも刀を捨てれば，その場で仏になれる．悔い改めれば善人になれる．

【放血】fàng//xiě 動《医学》針で静脈を破って血を出させたり，蛭(ひる)で血を吸い出す．[参考] 暑気あたりや高血圧等に用いる治療法．
*【放心】fàng//xīn 動 安心する．¶～地疗养 liáoyǎng／心おきなく療養する．¶十分～／とても安心だ．¶我～不下你自己一个人去上海／君一人で上海に行くなんて，心配だ．[反] 担心 dānxīn
【放心菜】fàngxīncài 名 無公害野菜．汚染されていない，安心して食べられる野菜．
【放心肉】fàngxīnròu 名 検査済みの品質保証肉．汚染されていない，安心して食べられる肉．
【放行】fàngxíng 動（検問や税関で）通過を許す．
【放学】fàng//xué 動 ❶学校が引ける．一日の授業が終わる．¶～后立刻就回家／学校が終わると，すぐに家に帰る．❷ 学校が休暇に入る．
【放眼】fàngyǎn 動 視野を広げる．¶～未来／未来に目を向ける．¶～天下,胸怀大地／天下を見はるかし,大地に思いをいたす．
【放羊】fàng//yáng 動 ❶羊を放牧する．❷(貶) 放っておく．放っておかれる．
【放养】fàngyǎng 動 放し飼いする．養殖する．¶～草鱼／ソウギョを養殖する．
【放映】fàngyìng 動 上映する．¶～电影／映画を上映する．
【放映机】fàngyìngjī 名 映写機．
【放债】fàng//zhài 動 高利貸しをする．
【放置】fàngzhì 動 ものを置く．[表現]「放置する」という意味では，"弃置 qìzhì"がよくつかう．
【放逐】fàngzhú 動 罪人を遠くへ追放する．[同] 流放 liúfàng
【放纵】fàngzòng ❶ 動(貶) 勝手気ままにさせる．¶～孩子／子供を自由放任にする．[同] 纵容 zòngróng [反] 节制 jiézhì ❷ 形 無礼だ．¶骄奢 jiāoshē～／おごり高ぶり無礼だ．[同] 放荡 fàngdàng [比較]"放纵"は放任して甘やかすことを指し，"放肆 fàngsì"は言動が軽率で，礼儀をわきまえないこと．
【放纵走私案】fàngzòng zǒusī'àn 名（税関職員の）密輸見逃し行為．

fei ㄈㄟ〔feɪ〕

飞(飛) fēi 飞部0 四 1201₃
全3画 常用
❶ 動 飛ぶ．¶～行 fēixíng／～鸟 fēiniǎo／～机 fēijī．❷ 動 空中をただよう．¶～沙走石．❸ 形 飛ぶように速い．¶～奔 fēibēn／～报 fēibào（急報する）／～舟 fēizhōu．❹ 副 とびきり．とても．¶～快 fēikuài．❺ 形 根も葉もない．¶～语 fēiyǔ．[同] 蜚 fēi ❼ 形 思いがけない．¶～灾 fēizāi（不慮の災難）．❼（Fēi）姓．

【飞白】fēibái 名 ❶ 書体の一つ．筆画の中に白くかすれた部分を残す書き方．[同] 飞白书 shū ❷《美術》絵画で，線の中の白くかすれた部分．
【飞奔】fēibēn 動 飛ぶように速く走る．⇨飞驰 fēichí
【飞镖】fēibiāo 名 ❶ 旧来の武器．槍の先のような形状で，相手に投げつけて攻撃する．⇨次ページ図 ❷ ブーメラン．
【飞播】fēibō 動 ❶飛行機を使って空中から種をまく．空中播種(は しゅ)する．❷（うわさなどを）あちこちにふりまく．

【飞车】fēichē ❶ 動 自転車・オートバイ・自動車で疾走する. ❷ 名 疾走する車.

【飞车走壁】fēichē zǒubì 名《芸能》雑技の演目名. 自転車・オートバイ・自動車で,大きなすり鉢状の斜面を走り回る.

【飞驰】fēichí 動 (車などが)疾走する. ¶列车一而过 / 列車が飛ぶように速く過ぎる. 同 奔驰 bēnchí, 疾驰 jíchí 比較 "飞驰"は車・馬・船などに用い,人には用いない. "飞奔 fēibēn"はいずれにも用いることができる.

【飞虫】fēichóng 名 空を飛ぶ昆虫の総称.

【飞船】fēichuán 名 ❶〔魎 艘 sōu, 只 zhī〕宇宙船. ❷ 飛行船. 同 飞艇 fēitǐng

【飞弹】fēidàn 名《軍事》❶〔魎 颗 kē, 枚 méi〕ミサイル. ❷〔魎 颗 kē〕流れ弾.

【飞抵】fēidǐ 空路で到着する.

【飞地】fēidì ❶(行政上の)飛び地. ❷(条約上で認めた)他国内にある自国の領土.

【飞碟】fēidié 名 ❶ 未確認飛行物体. UFO. ❷ クレー射撃の標的, クレー. ¶~射击 / クレー射撃.

【飞短流长】fēi duǎn liú cháng 成 デマを飛ばし,人を中傷する. 同 蜚 fēi 短流长

【飞蛾投火】fēi é tóu huǒ 成 自ら身の破滅をまねく. 飛んで火に入る夏の虫. 同 飞蛾扑 pū 火

【飞归】fēiguī《数学》珠算で,2桁の割り算の方法.

【飞花】fēihuā ❶ 動 花が舞い散る. ❷ 名 紡織や綿(を)打ちの時に飛び散る綿の繊維.

【飞黄腾达】fēi huáng téng dá 成 とんとん拍子に出世する. ¶很少人能像他一样~ / 彼のようにとんとん拍子に出世する人はめったにいない. 同 飞黄腾踏 tà 由来 伝説の神馬"飞黄"が,またたくまに天へ昇っていく,という意から. 韓愈「符読書城南」に見えることば.

【飞蝗】fēihuáng 名《虫》〔魎 群 qún, 只 zhī〕バッタ. トノサマバッタ.

【飞机】fēijī 名〔魎 架 jià〕飛行機. ¶直升~ / ヘリコプター. ¶喷气式 pēnqìshì~ / ジェット機. ¶搭乘~的旅客,请注意 / ご搭乗のお客様にご案内申し上げます.

【飞机场】fēijīchǎng 名 空港. 飛行場.

【飞检】fēijiǎn 名《スポーツ》ドーピング検査. 由来 ドーピング検査の係官は,抜き打ちに飛行機で選手のもとを訪ねることから.

【飞溅】fēijiàn 動 四方に飛び散る. ¶汽车驶 shǐ 过,积水~ / 自動車が走り過ぎて,水たまりの水が四方に飛び散った.

【飞将军】fēijiāngjūn 名 ❶ 漢の名将,李広の呼び名. ❷ 行動がすばやく,傻れた将軍. ❸ 空軍のパイロット.

【飞快】fēikuài 形 ❶ 飛ぶように速い. ¶动作~ / 動作がすばしこい. ¶~地跑掉了 / 全速力で走って逃げた. ❷ (刃物が)とてもよく切れる. ¶菜刀~ / 包丁がよく切れる.

【飞轮】fēilún 名 ❶《機》はずみ車, フライホイール. ❷ (~儿)自転車の後輪の歯車.

【飞毛腿】fēimáotuǐ 名 足の速い人.

【飞鸟】fēiniǎo 名 空を飛ぶ鳥. ¶~尽 jìn, 良弓藏 liáng gōng cáng 成 飛ぶ鳥が尽きれば良い弓もしまわれてしまう. 必要なときは珍重されるが,不要になると切りすてられること.

【飞跑】fēipǎo 動 飛ぶように走る.

【飞禽】fēiqín 名 鳥類. 反 走兽 zǒushòu

【飞禽走兽】fēi qín zǒu shòu 成 鳥や獣の総称.

【飞泉】fēiquán 名 ❶ 絶壁から湧き出る泉. ❷ 滝.

【飞人】fēirén 名 高跳び・幅跳び・短距離走などでとくに優れた選手.

【飞沙走石】fēi shā zǒu shí 成 強風が吹き荒れるようす. ¶大风一起,就~,尘土 chéntǔ 满天 / 大風がおこり,砂が舞い上がって空をおおいつくした.

【飞升】fēishēng 動 ❶ 上昇する. ❷ 仙人になって天に昇る. 表现 ❶は,身分の上昇や出世などにも使う.

【飞逝】fēishì 動 飛ぶように過ぎる. ¶时光~ / 光陰矢の如し.

【飞速】fēisù 形 たいへん速い. ¶经济正在~发展 / 経済が急速に発展している.

【飞腾】fēiténg あっという間に上昇する. ¶烈火~ / 炎が激しく立ち上る. ¶水花~ / 水しぶきが勢いよく上がる. ¶物价~ / 物価が急騰する.

【飞天】fēitiān 名 仏教画や石に刻まれた絵に見られる,天に舞う神.

飞 天

【飞艇】fēitǐng 名〔魎 艘 sōu, 只 zhī〕飛行船. 同 飞船 fēichuán

【飞往】fēiwǎng 動 空路…へ向かう. ¶~北京 / 飛行機で北京に向かう.

【飞吻】fēiwěn 名 投げキッス.

【飞舞】fēiwǔ 動 ❶ 空中に舞う. ¶雪花~ / 雪がちらちらと舞う. ¶蝴蝶 húdié~ / チョウがひらひらと舞う. ❷ 躍動する. ¶~的笔势 / 躍動する筆遣い.

【飞翔】fēixiáng 動 円をえがいて飛ぶ. ¶鸟儿在空中~ / 鳥が空にゆったりと円をえがいている. 同 翱翔 áoxiáng

【飞行】fēixíng 動 (飛行機やロケットが)空を飛ぶ. ¶~速度 / 飛行速度.

【飞行器】fēixíngqì 名 空を飛ぶ機械装置の総称. 参考 気球・飛行機・ロケット・人工衛星・宇宙船など.

【飞行员】fēixíngyuán 名 (飛行機などの)パイロット.

【飞旋】fēixuán 動 飛ぶようにクルクル回る.

【飞檐】fēiyán 名《建築》中国の伝統建築様式の一つ. ひさしの四隅がそり上がった形.

【飞檐走壁】fēi yán zǒu bì 成 動作が身軽ですばやい. 由来"屋根や塀の上を飛ぶように走る"という意から. 表现 武芸の達人や盗賊などの身のこなしについて言う.

【飞眼】fēi//yǎn 動 (~儿)色目をつかう.

飞 檐

【飞扬】fēiyáng 動 舞い上がる. わき上がる. ¶尘土 chéntǔ~ / 砂ぼこりが舞い上がる. ¶彩旗~ / 彩色旗が

ぱたぱたとひるがえる.
【飞扬跋扈】fēi yáng bá hù 成 横暴な振舞いをする. わがもの顔だ.
【飞鱼】fēiyú 名《魚》〔①群 qún, 条 tiáo〕トビウオ.
【飞鱼族】fēiyúzú 名 国内で優秀な成績を修めているにもかかわらず, 一切を捨てて国外の有名校に留学する人.
【飞语】fēiyǔ 名 うわさ. デマ. ¶流言～／流言飛語. 同 蜚语 fēiyǔ
【飞跃】fēiyuè 動 ❶(鳥などが)高く飛び上がる. ❷めざましく発展する. ¶在二十一世纪里, 我国的科学技术会出现一个新的～／21世紀には, わが国の科学技術は新たな飛躍をするはずだ.
【飞越】fēiyuè 動 上空を越えていく. 飛びこす.
【飞贼】fēizéi 名 ❶ 身軽で, 壁を乗り越えて侵入する泥棒. ❷ 空中から侵入してくる敵.
【飞涨】fēizhǎng 動 急速に高まる. ¶物价～／物価が高騰する. ¶水位～／水位が急上昇する.
【飞针走线】fēi zhēn zǒu xiàn 成 刺繍や縫いものの腕がとても見事だ.
【飞舟】fēizhōu 名 飛ぶように速く進む船.

妃 fēi
女部 3　4741₇
全 6 画　通用
名 ❶ 天子(皇帝)の妻. 后に次ぐ位. ❷ 皇太子や皇族の妻. ¶王～ wángfēi (王妃).
【妃色】fēisè 名 淡い紅色.
【妃子】fēizi 名〔①个 ge, 名 míng, 位 wèi〕皇帝の妾. 位は"皇后 huánghòu"に次ぐ.

非 fēi
非部 7　1111₁
全 8 画　常用
❶ 接頭 …ではない. ¶卖品 fēimàipǐn／～金属 fēijīnshǔ／～亲～故 fēi qīn fēi gù. ❷ 形 道理にはずれている. ¶为～作歹 dǎi／悪事のかぎりをつくす／～刑 fēixíng／～分 fēifèn／～常 fēicháng. 反 是 shì ❸ 副 ("不"と併用して)ぜひとも…だ. 必ず…する. ¶…の組織起来不能发挥力量(組織しなければ力は発揮できない)／这个问题～你解决不了(この問題は君なら解決できる). ❹ 素 そしる. とがめる. ¶～笑 fēixiào／～议 fēiyì／～难 fēinàn. ❺ 名 誤ち. ¶是～ (事の是非). ❻ (Fēi)"非洲 Fēizhōu"(アフリカ)の略称. ❼ (Fēi)姓.

筆順　｜ 丨 ヨ 非 非

*【非…不可】fēi…bùkě 必ず…でなければならない. ¶他非去不可／彼は行かねばならない. ¶这工作今天非完成不可／この仕事は絶対今日仕上げねばならない.
【非…才…】fēi…cái… …してはじめて…できる. ¶要把本领学到手, 非下几年苦功夫不行／腕前を身につけるのは, 何年も苦しい修業を積んではじめて可能となる.
*【非常】fēicháng ❶ 形 特別な. 通常でない. ¶～时期／非常時. ¶召开～会议／緊急会議を開催する. ❷ 副 とても. ¶～高兴／とてもうれしい. ¶～光荣／たいへん光栄だ. ¶这一带～热闹／このあたりがとてもにぎやかだ. 重 非常非常 同 十分 shífēn, 异常 yìcháng 反 平常 píngcháng
【非此即彼】fēi cǐ jí bǐ 成 これでなければあれである. 白か黒か, どちらかだ.
【非但】fēidàn 接 …ばかりでなく. ¶他～自己干得好, 还肯帮助别人／彼は自分の仕事をてきぱきとこなすだけでなく, 人の手伝いもすすんで行う. ¶他～达不到目的 mùdì, 反而生病了／彼は目的を達することができなかったばかりか, 病気にまでなった. 用法 後文では"还", "而且", "反而"などを多くともなう.
【非导体】fēidǎotǐ 名《物理》不導体. 同 绝缘体 juéyuántǐ
【非得】fēiděi 副 ぜひとも…しなければならない. ¶这病马上开刀不可／この病気はすぐに手術しなければならない. ¶这件事～这么办不可／この件はどうしてもこうしなければならない. 用法 "不行 bùxíng", "不可 bùkě", "不成 bùchéng"を後につけることが多い.
【非典】fēidiǎn ＝非典型肺炎
【非典型肺炎】fēidiǎnxíng fèiyán 名《医学》重症急性呼吸器症候群. 新型肺炎. SARS. 参考 病原体が不明であることから, "非典型肺炎"と総称され, 一般には"非典"と略称される.
【非独】fēidú 接(文) ただ…のみならず. ¶这种想法～一个人有, 公司里其他很多人都有／この考え方は私一人だけでなく, 社内の多くの人がもっている. ¶表示反对意见的～老张一个人／反対意見なのは張さん一人ではない. 同 非但 fēidàn
【非对抗性矛盾】fēiduìkàngxìng máodùn 外部で衝突せずに, 内部のみで解決することが可能な矛盾. 反 对抗性矛盾
【非法】fēifǎ 形 不法だ. ¶～收入／不法収入. ¶～活动／非合法活動. 反 合法 héfǎ
【非凡】fēifán 形 ずば抜けている. ¶他拥有～的才能／彼には並外れた才能がある. ¶热闹～／にぎやかなことこの上ない. 同 不凡 bùfán 反 平凡 píngfán, 一般 yībān
【非分】fēifèn 形 分不相応だ. ¶～不求, ～不作非为／分不相応な事を求めず, 悪事を為さない.
【非分之想】fēi fèn zhī xiǎng 成 分不相応な考え.
【非官方】fēiguānfāng 名 非公式. 非公認. ¶～消息／民間筋の情報.
【非金属】fēijīnshǔ 名《化学》非金属.
【非晶体】fēijīngtǐ 名《化学》非晶質. アモルファス物質. 無定形物質. ¶无定形物质 wúdìngxíngwù
【非礼】fēilǐ 形 無礼だ. ¶～举动／無礼な行為.
【非驴非马】fēi lǘ fēi mǎ 成 どれにもあてはまらない中途半端なもの. 由来《漢書》西域伝下に見えることば.「ロバでもウマでもない」という意から.
【非卖品】fēimàipǐn 名 非売品.
【非命】fēimìng 名 災難にあって死ぬこと. ¶真是死于～／まさに不慮の死だ.
【非难】fēinàn 動 (他人の誤りを)非難する. 同 责难 zénàn
【非亲非故】fēi qīn fēi gù 成 親戚でもなければ旧友でもない. つまりに互いにまったく関係がなかったということ.
【非人】fēirén 形 ❶ 人として扱われない. ❷ 非人間的だ. ¶～性格／非人間的性格.
【非生产性】fēishēngchǎnxìng 形 非生産的な.
【非特】fēitè 接 …ばかりでなく. …のみならず. 同 不但 bùdàn, 不只 bùzhǐ
【非同小可】fēi tóng xiǎo kě 成 事のほか重大だ. 深刻だ. ¶这件事～／この件はただごとでない.
【非徒】fēitú 接 …だけでなく. ¶～无益, 而且有害／無益であるばかりか, 有害でもある.
【非笑】fēixiào 動 嘲笑する. 同 讥 jī 笑
【非刑】fēixíng 名 不法な酷刑. 残虐な刑. ¶～拷打 kǎodǎ／拷問にかける.
【非议】fēiyì 動 とがめる. ¶他的行为 xíngwéi 无可～／彼の行為にはとがめる余地がない.

【非正式】fēizhèngshì 形 非公式な.
【非洲】Fēizhōu〖地名〗アフリカ.
【非洲统一组织】Fēizhōu tǒngyī zǔzhī 名 アフリカ統一機構. OAU. 表現 "非统"とも言う.

菲 fēi
艹部8 全11画 4411₁ 次常用
素 草花が美しくよい香りだ. ¶芳～ fāngfēi（香花の香り. 草花）.
☞ 菲 fěi

【菲菲】fēifēi 形文 ❶花が咲き乱れて美しい. ❷花の香りが芳しい.
【菲律宾】Fēilǜbīn〖国名〗フィリピン.
【菲亚特】Fēiyàtè 名〖商標〗Fiat Auto 社(製の自動車).

啡 fēi
口部8 全11画 6101₁ 次常用
→咖啡 kāfēi,吗啡 mǎfēi

绯(緋) fēi
纟部8 全11画 2111₁ 通用
素 紅色. 緋色.

【绯红】fēihóng 形 真っ赤だ. ¶～的晚霞 wǎnxiá／真っ赤な夕焼け. ¶两颊 liǎngjiá～／ほほが真っ赤だ. 重 绯红绯红
【绯闻】fēiwén 名 恋愛に関するゴシップ. 回 桃色 táo-sè 新闻

扉 fēi
户部8 全12画 3021₁ 通用
❶素 とびら. ¶柴～ cháifēi（しおり戸）／～页 fēiyè. ❷(Fēi)姓.
【扉画】fēihuà 名〖書物の〗扉絵.
【扉页】fēiyè 名〖書物の〗扉のページ.

蜚 fēi
非部6 全14画 1113₆
動文 飛ぶ. ¶～语 fēiyǔ／～短流长 fēi duǎn liú cháng. ¶飞 fēi
☞ 蜚 fěi

【蜚短流长】fēi duǎn liú cháng 成 デマを飛ばして,もめ事を起こす. 回 飞 fēi 短流长
【蜚声】fēishēng 動 名声を高める. ¶～文坛 wéntán／文壇で名をあげる.
【蜚语】fēiyǔ 名 うわさ. デマ. ¶流言～／流言飛語. 回 飞 fēi 语

霏 fēi
雨部8 全16画 1011₁ 通用
文 ❶動 漂う. たなびく. ¶烟～云敛 liǎn（もやがたちこめ雲がおさまる）. ❷形〖雨や雪が〗たえまなく降りつづけている.
【霏霏】fēifēi 形文 雨や雪が降りしきるようす. 煙や雲などの勢いが盛んなようす. ¶雨雪～／雨まじりの雪が降りしきる.

鲱(鯡) fēi
鱼部8 全16画 2111₁ 通用
名〖魚〗ニシン. 回 鲱鱼 fēiyú

肥 féi
月部4 全8画 7721₇ 常用
❶〖動物が〗肥えている. 脂肪が多い. ¶～猪 féizhū（太ったブタ）／～肉 féiròu（脂身）／牛～马壮 zhuàng（牛馬が肥えてそだちがよい）. 反 瘦 shòu ❷形〖土地が〗肥えている. 土地~（地味がとても肥えている）／～沃 féiwò. 回 沃 wò ❸素

肥料. ¶上～ shàngféi（肥やしをやる）／施～ shīféi（肥料を施す）／基～ jīféi（もとごえ）. ❹動 土地を肥やす. ¶用灰水～田（堆肥で田を肥やす）. ❺形〖衣服などが〗大きくゆったりしている. ¶袖子太～了（そでがだぶだぶだ）. ❻(Féi)姓. 表現 ①は,人が太っている場合は"胖 pàng"を使う.
【肥肠】féicháng 名（～儿）食用の豚腸.
【肥大】féidà ❶〖衣服などが〗ゆるくてだぶだぶだ. ¶～的灯笼裤 dēnglongkù／だぶだぶのニッカーボッカー. ¶这件衣服太～了／この服はだぶだぶだ. 重 肥大大 反 瘦 shòu,小 xiǎo ❷〖動植物が〗がっしりしている. ¶～的鳜鱼 guìyú／よく太ったケイギョ. ¶～的蘑菇 mógu／丸々と大きいきのこ. ❸名〖医学〗(病変による)肥大. ¶心脏 xīnzàng～／心臓肥大.
【肥分】féifèn 名〖農業〗肥料に含まれる窒素やカリウムなどの栄養素の比率.
【肥厚】féihòu 形 ❶ふっくらしている. 肉付きがいい. ¶～的手／肉付きのよい厚みのある手のひら. ❷〖表土が〗肥沃で厚い. ❸多い. 十分だ. ❹〖臓器などが〗肥大している. ❺〖文字が太くて〗重厚だ.
【肥力】féilì 名〖農業〗地味ふ. 土地の生産力.
【肥料】féiliào 名 肥料. ¶化学～／化学肥料. ¶有机～／有機肥料.
【肥煤】féiméi 名〖鉱物〗瀝青炭（れきせいたん）. 黒炭.
【肥美】féiměi 形 ❶肥沃だ. ¶～的良田／肥沃な畑. 反 贫瘠 pínjí ❷よく茂った. ¶～的牧草 mùcǎo／豊かに茂った牧草. ❸脂がのっていておいしい. ¶这块国产牛肉～极了／この国産ビーフは脂がのっておいしい.
【肥胖】féipàng 形 太っている. 反 瘦削 shòuxuē
【肥胖症】féipàngzhèng 名〖医学〗肥満症.
【肥缺】féiquē 名旧 収入の多い役職. 表現 不法収入が多いものを言った.
【肥实】féishi 形 ❶太っている. ¶这匹马很～／このウマはとても肥えている. ❷脂肪が多い. ¶秋后的螃蟹 pángxiè 肉才变得～／秋を過ぎると,カニは身が肥えてくる. 重 肥肥实实
【肥瘦儿】féishòur 名 ❶衣服の大きさ. ¶这套西装～正合适／この背広は,体にちょうど合っている. ❷方 脂身と赤身が半々のブタ肉. ¶来半斤～／脂身と赤身が半斤ください.
【肥水】féishuǐ 名方 ❶栄養分を含んだ水. また液体肥料. ❷うまみ. メリット.
【肥硕】féishuò 形 ❶(果実が)よく実が入っていて大きい. ¶这蚕豆 cándòu 长得 zhǎngde 非常～／このソラマメはたいへん実が大きい. ❷(体つきが)大きくて太っている. ¶～的身躯 shēnqū／大きく肉づきのよい身体.
【肥田】féitián ❶féi/tián 動 肥料を施したりして土地を肥沃にする. ¶草木灰可以～／草木を焼いて作った灰は,土地を肥やす. ❷ féitián 名〔块 kuài〕肥沃な田畑. 回 肥地 féidì
【肥沃】féiwò 形〖土地が〗肥沃だ. ¶土地～／土地が肥沃だ. 回 肥美 féiměi 反 贫瘠 pínjí,瘠薄 jíbó
【肥效】féixiào 名〖農業〗肥料の効き目. ¶～高／肥料の効果が大きい.
【肥皂】féizào 名〔块 kuài,条 tiáo,箱 xiāng〕石鹸. 参考 化粧石鹸は,"香皂 xiāngzào"という.
【肥皂剧】féizàojù 名 外 ソープオペラ. (多く昼に放送されるメロドラマ.
【肥壮】féizhuàng 形〖動植物が〗大きくて丈夫だ. ¶禾苗 hémiáo～／穀物の苗がりっぱに育っている. ¶～的

苗 zhūmiáo / 大きくりっぱな子ブタ. 反 瘦弱 shòuruò

淝 Féi
氵部8 四 3711₇
全11画 通用

① 索 地名用字. ¶ 〜水 Féishuǐ（安徽省にある川の名）. 同 肥水 Féishuǐ ② 姓.

【淝水之战】Féishuǐ zhī zhàn 名《历史》383年, 前秦の苻坚が东晋に大败を喫した淝水(ホッ)の战い.

腓 féi
月部8 四 7121₁
全12画 通用

名 ふくらはぎ. こむら. 同 腿肚子 tuǐdùzi

【腓肠肌】féichángjī 名《生理》腓腹筋(ブヘク).
【腓骨】féigǔ 名《生理》腓骨(ヒッ).

匪 fěi
匚部8 四 7171₁
全10画 常用

① 索 盗贼. ¶ 土〜 tǔfěi（その土地に住みついている盗贼）. 同 盗 dào ② 文 …ではない. ¶ 获益〜浅（益を得ることは少なくない）/ 夷 yí 所思. 同 非 fēi
【匪帮】fěibāng 名 ① 反动的な政治集团. ¶ 法西斯 fǎxīsī 〜 / ファシスト集团.
【匪盗】fěidào 名 盗贼.
【匪患】fěihuàn 名 匪贼がもたらす灾い. ¶ 〜严重 / 匪贼の灾いがひどい. 同 匪祸 fěihuò
【匪军】fěijūn 名 ① 强盗同然の军队. ② 侵略军. 表现 敌の军队をあざけって言う时に使う.
【匪首】fěishǒu 名 盗贼の首领.
【匪徒】fěitú 名〔个 ge, 股 gǔ, 伙 huǒ〕强盗. ¶ 〜被活捉了 / 强盗は生け捕りにされた. 同 强盗 qiángdào
【匪穴】fěixué 名 盗贼の住みか. 敌のアジト.
【匪夷所思】fěi yí suǒ sī 成 言动や行いが常軌を逸していて, 普通には想像もできない.

诽（誹）fěi
讠部8 四 3171₁
全10画 次常用

索 他人の悪口を言う. ¶ 〜谤 fěibàng / 腹 fù 〜心谤 bàng / 心の中で悪態をつく.
【诽谤】fěibàng 动 事实无根のことや悪口を言って, 他人の名誉を伤つける. ¶ 悪意 èyì 〜 / 悪意をもって人をそしる. ¶ 这完全是毫无根据的〜中伤 zhòngshāng / これはすべて事実无根の诽谤(ボゥ)で中伤だ. 同 诋毁 dǐhuǐ, 毁谤 huǐbàng
【诽谤罪】fěibàngzuì 名《法律》名誉毁损罪.

菲 fěi
艹部8 四 4411₁
全11画 次常用

文 ① 索 薄い. わずかだ. 粗末だ. ¶ 〜薄 fěibó / 礼 fěilǐ（粗末な贈り物）/ 〜材 fěicái（ふつうもの）. ② 古书にある「蔓菁 mánjīng（カブ）に似た野菜. 用法 ①は, 多く谦逊语に用いる.
☞ 菲 fēi
【菲薄】fěibó ① 形 质が劣っている. 量が少ない. ¶ 待遇〜 / 待遇が悪い. ¶ 〜的礼品 / 粗末な贈り物. ② 动 见くだす. 见下げる. ¶ 妄 wàng 自〜 / 成 むやみに自らを卑下する.
【菲仪】fěiyí 名 谦 粗末な贈り物.

悱 fěi
忄部8 四 9101₁
全11画 通用

动 言いたくても, うまく言い出せない.
【悱恻】fěicè 形 悲痛な思いに苦しんでいる. ¶ 缠绵 chán mián 〜 / 成 心が千々に乱れる.

斐 fěi
非部4 四 1140₀
全12画 首领

① 索 文《文章》が美しい.《成绩》がすぐれている. ¶ 文辞〜〜（文才が豊かだ）. ② (Fěi)姓.
【斐济】Fěijì《国名》フィジー.
【斐然】fěirán 形 ① 文才にあふれている. ¶ 〜成章 成 文章が见事に整い, 美しい. ② 秀でている. ¶ 成绩〜 / 成果がきわだっている.

榧 fěi
木部10 四 4191₁
全14画 通用

名《植物》カヤ. 多くは"香榧 xiāngfěi", "榧子树 fěizishù" と呼ぶ.
【榧子】fěizi 名 ①《植物》カヤの实. ② 指を鳴らすこと. ¶ 打〜 / 指を鳴らす. 表现 "打榧子"は,「人をからかう」という意でも使う.

蜚 fěi
非部6 四 1113₆
全14画 通用

下记熟语を参照.
☞ 蜚 fēi
【蜚蠊】fěilián 名《虫》アブラムシ. ゴキブリ. 同 蟑螂 zhāngláng

翡 fěi
非部6 四 1112₇
全14画 通用

① 下记熟语を参照. ② (Fěi)姓.
【翡翠】fěicuì 名 ①《鸟》〔只 zhī〕カワセミ. ②〔块 kuài〕ヒスイ. 绿色の宝石. 同 硬玉 yìngyù, 翠玉 cuìyù

篚 fěi
竹部10 四 8871₁
全16画 通用

名 文 竹かご.

芾 fèi
艹部4 四 4422₇
全7画 通用

形 小さい. ¶ 蔽〜 bìfèi（まだ幼い苗だ）. 注意 くさかんむりの下の部分は, "市"（4画）で"巿"（5画）ではない.
☞ 芾 fú

吠 fèi
口部4 四 6308₄
全7画 次常用

索《イヌが》ほえる. ¶ 狂〜 kuángfèi（狂ったようにほえる）/ 蜀犬 Shǔ quǎn 〜日（成 见闻の狭いものは, なんでも怪しむ）.
【吠形吠声】fèi xíng fèi shēng 成 事实が不明瞭なのに, わけも分からず付和雷同する. ¶ 不能跟在他人后面〜 / 他人の尻马に乗ってほえたてていてはいけない. 由来 后汉の王符『潜夫论』の"一犬吠形, 百犬吠声"（1匹の犬が影にほえると, 100匹の犬がその声に応じてほえる）から. 同 吠影 yǐng 吠声

肺 fèi
月部4 四 7522₇
全8画 通用

名《生理》〔叶 yè〕肺臓. ¶ 〜腑 fèifǔ.

笔顺 丿 几 月 月' 肋 肺 肺

【肺癌】fèi'ái 名 肺ガン.
【肺病】fèibìng 名 "肺结核 fèijiéhé"の通称.
【肺动脉】fèidòngmài 名《生理》肺动脉.
【肺腑】fèifǔ 名 ① 肺臓. ② 心の奥底. ¶ 感人〜 / 心の底から感动させる.
【肺腑之言】fèifǔ zhī yán 名 心の奥底から出た, いつわりのないことば.
【肺活量】fèihuóliàng 名 肺活量.
【肺结核】fèijiéhé 名《医学》肺结核.
【肺静脉】fèijìngmài 名《生理》肺静脉.
【肺痨】fèiláo 名《中医》肺结核.

【肺脓肿】fèinóngzhǒng 名《医学》肺膿瘍(のうよう).
【肺泡】fèipào 名《生理》肺胞(ほう).
【肺气肿】fèiqìzhǒng 名《医学》肺気腫(しゅ).
【肺吸虫】fèixīchóng 名 肺ジストマ.
【肺循环】fèixúnhuán 名《生理》肺循環. 回 小循环
【肺炎】fèiyán 名《医学》肺炎.
【肺叶】fèiyè 名《生理》肺葉.
【肺鱼】fèiyú 名《魚》ハイギョ.
【肺脏】fèizàng 名《生理》肺.

狒 fèi
犭部5 四 4522₇
全8画 通用
下記熟語を参照.
【狒狒】fèifèi 名《動物》〔只 zhī〕ヒヒ. マントヒヒ.

怫 fèi
忄部5 四 9502₇
全8画 通用
素 "怫 fú"に同じ.
⇒ 怫 fú

废(廢) fèi
广部5 四 0024₇
全8画 常用
❶动 やめる. 捨て去る. ¶半途而～/ 中途にしてやめる) / ～寝 qǐn 忘食. 图 役に立たない. ¶～纸 fèizhǐ / ～物 fèiwù / 修旧利～(古いものを修理して, 廃物を利用する) / 治理三～(廃ガス・廃液・廃棄物を処理する). ❸素 荒れ果てる. ¶～园 fèiyuán(荒れ果てた庭園)/～墟 fèixū. ❹素 身体に障害がある. ¶～疾 fèijí(身体障害). 注意 ❹の"废疾"は, 今日では"残疾 cánjí"に改められつつある.
【废弛】fèichí 动 (政令や習慣が)守られずに廃れる. 社会の規律が緩む. ¶～纲纪 / 綱紀が緩む.
【废除】fèichú 动 (法令・制度・条約などを)廃止する. ¶不符合实际的规章制度应该～ / 実際にそぐわない規則・制度は廃止すべきだ. 近义 废止 fèizhǐ
【废黜】fèichù 动 ❶文 罷免する. 免職する. ❷ 王位や特権的地位を剥奪(だつ)する.
【废话】fèihuà ❶名〔堆 duī, 句 jù, 通 tōng〕むだ話. ¶～连篇 / よけいな話がえんえんと続く. ❷动 むだ話をする. ¶别～, 快干你的事去 / つべこべ言わずに, さっさと自分の事をやりなさい.
【废旧】fèijiù 形 不用の. 使い古された. ¶～物资 / 不用物資. 表现 物品について言う.
【废料】fèiliào 名 ❶〔堆 duī〕廃棄物. ¶这些东西都是用～做的 / これらの物は, みな廃物を利用して造られたのです. ❷ 役立たず. 人をののしることば.
【废票】fèipiào 名〔张 zhāng〕❶ 無効になったチケット. ❷ 選挙の無効票.
【废品】fèipǐn 名 ❶ 規格に合わない不良品. 反 成品 chéngpǐn ❷ 廃物. 廃品. ぼろ. ¶～收购站 shōugòuzhàn / リサイクルセンター. ¶～率 fèipǐnlǜ / きずもの発生率. ❸ 一定のものしか達しない人.
【废气】fèiqì 名(工场や车の)排気ガス. ⇒三废 sānfèi
【废弃】fèiqì 动 廃棄する. ¶～旧的, 创造新的 / 古いを捨て, 新しきを創造する.
【废寝忘食】fèi qǐn wàng shí 成 寝食を忘れてがんばる. ¶他常常～地为 wèi 公司工作 / 彼はいつも寝食を忘れて会社のために働いている. 同 废寝忘餐 cān
【废人】fèirén 名 役に立たない人.
【废水】fèishuǐ 名 廃水. ¶～处理场 chǔlǐchǎng / 廃水処理場. ⇒三废 sānfèi
【废铁】fèitiě 名 くず鉄.
【废物】❶ fèiwù 名〔堆 duī, 件 jiàn〕廃品. 役に立たなくなった物. ¶～利用 / 廃物利用. 反 宝物 bǎowù ❷ fèiwu 名〔个 ge〕役立たず. ¶真是个～, 一点儿也帮不上忙 / まったく役立たずだ. 何の足しにもなりゃしない. 用法 ❷は他人をののしる言葉.
【废物交换】fèiwù jiāohuàn 名(产业)廃棄物交換.
【废墟】fèixū 名〔片 piàn〕廃墟. ¶战争将家园变为～ / 戦争は故郷を廃墟に変えた.
【废渣】fèizhā 名(工場などで出る)固形廃棄物. ⇒三废 sānfèi
【废止】fèizhǐ 动 (法令や制度を)廃止する. ¶～农奴制 nóngnúzhì / 農奴制を廃止する.
【废纸】fèizhǐ 名〔张 zhāng〕❶ 紙クズ. ❷ 無効となった契約や価値のなくなった貨幣.
【废置】fèizhì 动 (使用しないで)放っておく.

沸 fèi
氵部5 四 3512₇
全8画 常用
素 沸く. ¶～点 fèidiǎn.
【沸点】fèidiǎn 名《物理》沸点. ¶水的沸点は100度だ.
【沸反盈天】fèi fǎn yíng tiān 成 あたりいっぱい人の声でわきかえる. 由来 「ぐらぐらと煮えたつ音が天に満ちる」という意から.
【沸沸扬扬】fèi fèi yáng yáng 成 議論がかまびすしい. にぎやかだ. 由来 ぐらぐらと湯がたぎるようすから.
【沸泉】fèiquán 名《地学》80度以上の温泉. 沸騰泉(とうせん).
【沸水】fèishuǐ ❶名 わかした水. 熱湯. 同 开 kāi 水 ❷动 谷川から田んぼに水を引く.
【沸腾】fèiténg 动 ❶ 沸騰する. ¶熔炉 rónglú 里的铁水在～ / 溶鉱炉の中の溶鉄が煮えたぎっている. ❷动 気持ちがたかぶる. ¶热血～ / 熱き血潮がたぎる. ❸形 騒がしい. ¶～的欢呼声 / わきあがる歓喜の声. 用法 "沸腾"は目的語を取らない. 人の気持ちや心情を言う場合には"激动 jīdòng"などを用いる.

费(費) fèi
贝部5 四 5580₂
全9画 常用
❶动 ついやす. ¶～力 fèilì / ～心 fèixīn / ～神 fèishén / ～事 fèishì / 浪～ làngfèi(浪费する)/ ～工夫 gōngfu / 这孩子穿鞋太～(この子はくつを履きつぶすのがはやい). 反 省 shěng ❷素 費用. ¶学～ xuéfèi(学费)/ 办公～ bàngōngfèi(事务経费). ❸(Fèi)姓.
【费城】Fèichéng(地名)フィラデルフィア(米国).
【费唇舌】fèi chúnshé 句 あれこれと話をする.
【费改税】fèigǎishuì 名 費用の税移行. 参考 これまで, 各種費用別として徴収していたものを, 税として一元化する政府施策.
【费工】fèi//gōng 动 手間がかかる. ¶这种做法～费时, 应该改进 / このやり方は手間ひまかかるから, 改善すべきだ.
【费工(功)夫】fèi gōngfu 句 手間ひまを必要とする. ¶费了好多工夫 / ずいぶん手間ひまをかける. ¶编课本很～ / 教材作りには手間ひまがかかる.
【费话】fèi//huà 动 あれこれしゃべる. ¶用不着 yòngbuzháo ～ / くだくだ言う必要はない. ¶交涉 jiāoshè 很顺利, 没费什么话 / 交渉は順調で, なんら贅言(ぜい)を要さなかった.
【费解】fèijiě 形 (文章や话の内容が)分かりにくい. ¶这篇文章实在～ / この文章は実に分かりにくい. ¶他那种做法, 真令人～ / 彼のあのやり方は, まったく理解に苦しむ.
【费尽心机】fèi jìn xīn jī 成 考えの限りを尽くす.

【费劲】fèi//jìn 動（～儿）苦労する．骨を折る．¶解答这道难题很～/この難題に答えるのは大変だ．同 费力 fèilì 反 省劲 shěngjìn, 省力 shěnglì

【费力】fèi//lì 動 ¶～劳心/知恵を絞る．¶～不讨好 tǎohǎo/骨折り損のくたびれ儲け．¶这个实验做得很～/この実験はひどく骨が折れた．

【费率】fèilǜ 名 保険料比率．掛け金比率．

【费难】fèinán 形方困難だ．手間がかかる．

【费钱】fèiqián 形 金を必要とする．金がかかる．

【费神】fèi//shén 動 ❶気をつかう．¶实在对不起,让您～了/本当に申し訳ありません．ご心配をおかけしました．❷面倒をかける．心配をかける．¶这篇文章请～评审 píngshěn/この文章をどうか査読下さい．同 费心 fèixīn, 劳神 láoshén 表現 ②は，依頼するときの決まり文句．

【费时】fèishí 動 ❶時間がかかる．¶这活很～/この仕事は時間がかかる．❷時間をかける．¶～三年/3年をかける．

【费事】fèi//shì 動 手間がかかる．骨が折れる．¶做午饭不～/お昼ごはんを作るのは手間がかからない．

【费手脚】fèi shǒujiǎo 句 手間ひまをかける．¶孩子已经上小学了,不太～了/子供はもう小学校へ上がったので,さほど手がかからなくなった．

【费孝通】Fèi Xiàotōng（人名）费孝通（ひしょうつう:1910-）中国の社会人類学者．主著は『江村経済』,『禄村農田』,『生育制度』など．

【费心】fèi//xīn 動 ❶気をつかう．¶这事和你无关,不用～/この件は君には関係ないから,気にすることはない．❷面倒をかける．心配させる．¶让您也～,实在不好意思/そちら様にまでご心配かけて,本当に申し訳ありません．表現 ②は,依頼や感謝の決まり文句．

费孝通

*【费用】fèiyong 名〔笔 bǐ〕費用．コスト．¶生活～/生活費．¶～自理/経費は自弁．

刜（跰）fèi 非部2 四 1210₀ 全10画 通用
動 足を切断する刑．古代の五刑の一つ．

疿（疿）fèi 疒部8 四 0011₁ 全13画 通用
下記熟語を参照．

【疿子】fèizi 名 あせも．¶～粉/あせもパウダー．天花粉．

镄（鐨）fèi 钅部9 四 8578₂ 全14画 通用
名《化学》フェルミウム．Fm．

fen ㄈㄣ〔fən〕

分 fēn 八部2 四 8022₇ 全4画 常用
❶ 動 分ける．¶～工 fēngōng/～类 fēnlèi/～别 fēnbié．合 hé ❷動 分配する．¶他～到了二十斤粮食（彼は10 kg の食料の分配をうけた）/救援人员把衣物,食品～给灾民 zāimín（救援者は被災者に衣類や食料を分配した）．❸動 見分ける．区別する．¶不～青红皂 zào 白（白黒の見分けがつかない）．❹索 組織や機構から分かれたもの．¶～会 fēnhuì/～局 fēnjú（支局）/～社 fēnshè（支社）．❺量 分数や歩合をあらわすことば．¶二～之一（2分の1）．❻量 時間の単位．1時間の60分の1．¶十点二十五～（10時25分）．❼量 角度や弧の単位．1度の60分の1．❽量 中国の貨幣単位．1角の100分の1．❾量 市制の度量衡の単位．長さは，"一市尺 yīshìchǐ"の100分の1．重さは，"一（市）斤 yī(shì)jīn"の1000分の1．面積は，"一（市）亩 yī(shì)mǔ"の10分の1．❿量 テストや試合での点数を数えることば．¶我考了一百～（私は百点をとった）．
☞ 分 fèn

【分保】fēnbǎo 名動《経済》再保険（をかける）．

【分贝】fēnbèi 量 デシベル．dB. ◆decibel

【分崩离析】fēn bēng lí xī 成（集団や国家などが）分裂瓦解する．

【分币】fēnbì 名 額面が5分・2分・1分の貨幣．

分 币

【分辨】fēnbiàn 動 識別する．見分ける．¶～食用蘑菇 mógu 和有毒 yǒudú 蘑菇/食用のキノコと毒キノコを見分ける．¶～黑白/黒白を見分ける．同 辨別 biànbié, 区别 qūbié,区分 qūfēn

【分辩】fēnbiàn 動 弁明する．¶证据 zhèngjù 俱在,无需～/証拠がそろっている,弁明に及ばない．同 辩白 biànbái,辩解 biànjiě

*【分别】fēnbié ❶動 別れる．¶他们～了好多年了/彼らは長いこと離れ離れになっていた．同 分离 fēnlí,分手 fēnshǒu,离别 líbié,别离 biélí 反 团聚 tuánjù,团圆 tuányuán ❷動 区別する．¶～美丑/美醜を区別する．同 辨别 biànbié ❸名 違い．¶毫无～/まったく同じ．¶看不出有任何 rènhé～/いかなる違いも見いだせない．❹副 それぞれ．個別に．個別に処理する．¶～进入会场/それぞれ会場に入る．¶双方代表～在协定 xiédìng 上签字/双方の代表はそれぞれ協定に調印した．比较 "分别"には「別れる」という意味と副詞的な用法があるが，"区别 qūbié"にはない．

【分布】fēnbù 動 分布する．¶～图/分布図．¶江河的支流像树枝 shùzhī 一样～在平原上/川の支流は樹木の枝のように平野に広がる．散播 sànbō,散布 sànbù 比较 "分布"は主に人口・学校・工場・商店などが一定地域内に分散していることを言うが，"散布 sànbù"は言論・ニュース・宣伝ビラ・病原菌などが各所に散らばることを言う．

fēn 分

【分册】fēncè 图 分冊.
【分权】[又] fēnchà 動 枝分かれ(する).
【分成】fēnchéng 動 (〜ル)一定の割合に分ける. ¶四六〜/四対六の割合に分ける.
【分词】fēncí 图《言語》分詞.
【分寸】fēncun 图 節度. ほどよい加減. ¶她说话不知〜/彼女のおしゃべりには際限がない.
【分担】fēndān 動 分担する. ¶〜任务/任務を分担する. ¶〜责任/責任を分担する.
【分道扬镳】fēn dào yáng biāo 成 各自が自らの目標に向かって進む. ¶与他〜/彼とたもとを分かつ. "镳"はくつわ.「別々の道へ馬を進める」という意から. 由来
【分等】fēn//děng 動 等級ごとに分ける. 等級をつける.
【分店】fēndiàn 图 支店. ¶开设了两家〜/支店を二軒開設した. 反 总店 zǒngdiàn
【分队】fēnduì 图《軍事》〔量 个 ge,支 zhī〕分隊.
【分发】fēnfā 動 一つ一つ配る. ¶老师把练习本〜给学生们/先生は練習帳を学生一人一人に配った.
【分肥】fēn//féi 動 (不正な利益や財物を)山分けする. ¶私下〜/こっそり山分けする.
【分付】fēnfù ❶ fēnfù 동 それぞれに与える. ❷ fēnfù 叉 分け与える. ❸ fēnfu [-fu]→吩咐 fēnfù
【分赴】fēnfù 動 遠くの場所へ赴任する.
【分割】fēngē 動 分割する. 分ける. ¶〜别国的领土/他国の領土を分割する. 反 联系 liánxì
【分隔】fēngé 動 隔てる. ¶把一间房〜成两小间/部屋を仕切って二つの小部屋にする.
【分工】fēn//gōng 動 分業する. ¶社会〜/社会の中での職業分業. ¶〜合作/手分けして助けあう. ¶〜负责/各自責任をもって分担する. 反 合作 hézuò
【分公司】fēngōngsī 图 子会社. 反 总 zǒng 公司
【分管】fēnguǎn 動 分担して受け持つ. ¶这是老李〜的地区/ここは李さんの受け持ちの地域です.
【分光计】fēnguāngjì 图《物理》分光計. スペクトロメーター.
【分行】fēnháng 图〔量 个 ge,家 jiā〕支店. 分店.
【分毫】fēnháo 图 ほんの少し. ¶不差〜/ほとんど違わない. ¶〜之差/わずかの差.
【分号】fēnhào 图 ❶ (〜ル)セミコロン(；). ⇒付録「句読点・かっこなどの用法」❷〔量 个 ge,家 jiā〕支店.
【分红】fēn//hóng 動 企業が利益を分配する. ¶年终〜/年末配当. ¶按股 gǔ〜/持ち株に応じて配当する. 由来 人民公社の時代に,社員の労働を点数化して評価し,利益を配分していたことから.
【分洪】fēnhóng 動 河川の氾濫を防ぐため,水流の一部を別の場所に引き込む.
【分化】fēnhuà 動 ❶ 分裂する. ¶注意防止贫富 pínfù 两极〜/貧富の両極化の防止に注意する. ❷ 分裂させる. ¶〜瓦解 wǎjiě/分裂させて解体する. ¶〜敌人/敵を分裂させる. ❸《生物》分化する. ¶细胞 xìbāo〜的过程/細胞分裂のプロセス.
【分会】fēnhuì 图 分会.
【分会场】fēnhuìchǎng 图 サブ会場. メイン会場に対し,第2・第3会場などをいう.
【分机】fēnjī 图〔量 部 bù,个 ge〕内線電話. ¶拨 bō〜号码/内線番号をダイヤルする. 反 总机 zǒngjī
【分级】fēn//jí 動 等級を分ける. ¶〜管理/クラス別に管理する. ¶按学生的中文程度〜/学生の中国語のレベルに応じてクラス分けする.

【分家】fēn//jiā 動 ❶ 分家する. ¶〜单过/分家して独り立ちする. ❷ 一つだったものが分かれる. ¶大公司〜为三个小公司/大企業が分かれて3つの小さな企業となる.
【分拣】fēnjiǎn 動 (郵便物などを)仕分けする.
【分解】fēnjiě 動 ❶《物理》分解する. ¶水可〜成氧气 yǎngqì 和氢气 qīngqì/水は酸素と水素に分解できる. ❷ 合成 héchéng ❷ 仲裁する. ¶他们的矛盾 máodùn 难以〜/彼らの対立は調停しにくい. ❸ ばらばらになる. ¶内部〜/内部から崩壊する. ❹ 解説する. ¶且听下回〜/あとは次回の講釈をお楽しみに.(連続小説などの章の最後に使われる決まり文句).
【分界】❶ fēn//jiè 動 境界線を引く. ❷ fēnjiè 图 境界(線).
【分界线】fēnjièxiàn 图 境界線.
【分进合击】fēnjìn héjī 成《軍事》(敵を取り囲むようにして行う)複数の部隊による一斉攻撃.
【分居】fēn//jū 動 別居する. ¶〜另过/離れて別々に暮らす.
【分句】fēnjù 图《言語》複文を構成するそれぞれの文. たとえば,"你吃饭, 我喝茶(君はごはんを食べ,私はお茶を飲む)"の"你吃饭"と"我喝茶".
【分开】fēn//kāi 動 ❶ 別れる. ¶他们结婚才一年就〜了/彼らは結婚してわずか一年なのに,もう別れた. ¶我真不想跟你〜!/私はあなたと別れたくない. ❷ 分ける. ¶这两件事要〜解决/この二つの事は別々に解決しなくてはならない. 比較 "分开"は連用修飾語になるが,"分离 fēnlí"はならない.
【分类】fēn//lèi 動 分類する. ¶〜索引/分類索引. ¶把文件〜存档 cúndàng/書類を仕分けして保存する.
【分离】fēnlí 動 ❶ 分ける. 離す. ¶理论与实践是不可〜的/理論と実践は分けることはできない. ¶把杂质〜出来/不純物を分離する. ❷ 別れる. ¶〜了多年/別れてずいぶん時がたつ. 同 别离 biélí,分别 fēnbié,分手 fēnshǒu,离别 líbié 反 结合 jiéhé,团聚 tuánjù ⇒分开 fēnkāi
【分理处】fēnlǐchù 图 (銀行の)出張所.
【分力】fēnlì 图《物理》分力(鈴ぢ).
【分列式】fēnlièshì 图《軍事》分列行進.
【分裂】fēnliè 動 ❶ 分裂する. ¶细胞 xìbāo〜/細胞分裂. ❷ 分裂させる. ¶〜组织/組織をばらばらにする. 反 统一 tǒngyī,团结 tuánjié
【分裂主义】fēnliè zhǔyì 图 (共産党または共産主義国内党ででの)セクト主義.
【分流】fēnliú 動 ❶ (河川の)水流が分かれる. 分流する. ❷ (人や車の)流れを分ける. ❸ 人員を再配置する.
【分馏】fēnliú 動《化学》分留(する).
【分路】❶ fēn//lù 動 別々の経路で行く. ❷ fēnlù 图 (電気)分路.
【分门别类】fēn mén bié lèi 成 物事の特性によって分類する. ¶把书刊 shūkān〜地陈列起来/書籍や雑誌を分類して並べる.
【分米】fēnmǐ 量 デシメートル.
【分泌】fēnmì 動《生物》分泌する. ¶〜胃液/胃液を分泌する.
【分泌物】fēnmìwù 图 分泌物.
【分娩】fēnmiǎn 動 ❶ (人や家畜が)出産する. ❷ (新しい事物を)生み出す.
【分秒】fēnmiǎo 图 一分一秒. 短い時間. ¶这手表走准,〜不差/この腕時計は正確で,一分一秒の狂いもない.
【分秒必争】fēn miǎo bì zhēng 成 分秒を争う. 一分

たりとも無駄にしない．¶时间宝贵,必须～/ 時間は貴重だから，一秒たりとも無駄にするな．

【分明】fēnmíng ❶ 形 はっきりしている．¶爱憎 àizēng ～/ 愛すべきものと憎むべきものが明白だ．同 清楚 qīngchu 反 模糊 móhu ❷ 副 明らかに．¶他～是来找麻烦的 / 彼は明らかにわざと面倒を起こしに来たのだ．

【分母】fēnmǔ 名《数学》分母．

【分蘖】fēnniè 動《農業》分蘗(げつ)する．若い苗が根分かれする．同 发棵 fākē

【分派】fēnpài 動 ❶ 任務や仕事を割り当てて派遣する．¶～任务 / 役割を与える．❷ (費用などを)割り当てる．¶这次开会的费用～给参加的人 / 今回の会議の費用は，参加した人々に負担してもらう．

*【分配】fēnpèi 動 ❶ 一定の基準によって分け与える．¶～宿舍 / 宿舎を割り当てる．❷ 配置する．配属する．¶服从组织～/ 組織の人事配置に従う．¶～他担任数学教师 / 彼を数学の教師として配属する．❸《経済》分配する．¶～理论 / 富の分配論．

【分批】fēnpī 動 いくつかのまとまりに分ける．¶运动员～入场 / 選手はいくつかのグループに分かれて入場する．

【分片】fēn/piàn 細かく分ける．バラバラにする．

【分期】fēn/qī 動 時期を分ける．

【分期付款】fēnqī fùkuǎn 名 分割払い．

【分歧】fēnqí 形 (思想·意見·記載などが)一致しない．¶～点 / 分岐点．¶到底如何～,何时才能得出结论呢？/ 意見がこのように食い違っていては，いつ結論が出るか分からない．反 一致 yīzhì

【分清】fēn/qīng はっきり見分ける．¶～是非 / 事の是非をしっかり見分ける．¶分不清真假 / 真贋(がん)が見分けられない．

【分权】fēn/quán 動 権力や権限を分散させる．¶地方～/ 地方分権にする．

【分群】fēn/qún 動 ミツバチの分封(ほう)をする．同 分蜂 fēng

【分润】fēnrùn 動 利益を分配する．¶按照出资的比例～/ 出資の比率に応じて分ける．

【分散】fēnsàn ❶ 形 分散している．¶居住很～/ 住んでいるところがばらばらだ．¶战争使许多的家庭家人～/ 戦争によって，多くの家族が離散した．❷ 動 分散させる．¶～注意力 / 注意力を散逸させる．❸ 動 ばらまく．¶～传单 chuándān / ビラをまく．

【分设】fēnshè 動 あちこちに設置する．

【分身】fēn/shēn 動 時間を割く．¶她实在太忙,不能～/ 彼女は本当に多忙で，時間がとれない．¶要是能～,我一定去 / もし時間がとれたら，必ず行きます．

【分身法】fēnshēnfǎ (～儿)(マジックなどの)分身の術．

【分神】fēn/shén 動 ❶ 気を配る．配慮する．¶务请～照顾一下这孩子 / どうかこの子の面倒を見てください．❷ 気を散らす．¶上课时要专心听讲,不要～/ 授業中は集中して講義を聞き，気を散らしてはいけない．

【分时】fēnshí 名 《コンピュータ》タイムシェアリング．

【分式】fēnshì 名 《数学》文字式を使った有理分数式．¶～方程 / 有理分数方程式．

【分手】fēn/shǒu 動 別れる．¶在车站之后,我就回家了 / 駅で別れると，すぐ家に帰った．¶他们俩合不到一块儿了,最后的二人はしようがなくて,とっくに別れたよ．同 别离 biélí, 分别 fēnbié, 分离 fēnlí, 离别 líbié

【分手代理】fēnshǒu dàilǐ 名 恋人との別れ話を有償で代行するサービス．

【分数】fēnshù (～儿)❶ 成績や勝負の得点．¶数学的～很低 / 数学の成績がとても悪い．¶英语的～是九十五分 / 英語の点数は95点だ．❷《数学》分数．

【分数线】fēnshùxiàn 名 《数学》分数の，分子と分母の間の横棒．❷ (試験の)合格ライン．合否ライン．

【分水岭】fēnshuǐlǐng 名 ❶ 〔座 个 ge,条 tiáo〕分水嶺．同 分水线 xiàn ❷ 境界線．

【分税制】fēnshuìzhì 名 《経済》分税制．参考 税収を"中央税"(中央固定収入)、"地方税"(地方固定収入)、"中央地方共享税"(中央と地方の共有収入)の3種に分ける制度．中央によるマクロ経済調整能力強化のため，1994年に実施された．

【分说】fēnshuō 動 弁明する．言いわけをする．¶不容～/ 有無を言わせない．¶不由～ 成 有無を言わせない．同 分辩 biàn

【分送】fēnsòng 動 それぞれに届ける．それぞれに贈る．¶～报纸 / 新聞を配達する．¶把学习材料～到各班 / 教材を各クラスに配る．

【分摊】fēntān 動 (費用を)分担する．¶按月～费用 / 月ごとに費用を割りふる．同 均摊 jūntān

【分庭抗礼】fēn tíng kàng lǐ 成 対等に振る舞う．由来 昔，主人と客が庭の両側に分かれて立ち，礼をかわしたことから．

【分头】fēntóu ❶ 副 手分けして．¶～办理 / 手分けして処理する．¶这件事咱们～去做吧 / この件は，私たちで手分けしてやろう．❷ 名 短い髪を左右に分けた髪型．¶他留着～/ 彼は髪を真ん中で分けている．

【分文】fēnwén 名 わずかなお金．由来「一分一文」という意から．

【分文不取】fēn wén bù qǔ 成 わずかな金も受け取らない．

*【分析】fēnxī 動 分析する．¶化学～/ 化学分析．¶～目前的国际形势 / 現在の国際情勢を分析する．¶遇到 yùdào 问题要进行～/ 問題にぶつかったら，分析を進めなくてはならない．同 剖析 pōuxī 反 综合 zōnghé

【分享】fēnxiǎng 動 (権利·楽しみ·幸福などを)分かちあう．¶～胜利的喜悦 xǐyuè / 勝利の喜びを分かちあう．

【分销店】fēnxiāodiàn 名 代理店．小売店．

【分晓】fēnxiǎo ❶ 名 真相．結果．¶这个问题明天就见～/ この問題は明日になればすべてはっきりする．¶ 形 明らかだ．¶问个～/ はっきりするまで問いただす．❸ 名 道理．¶没～的话 / 理屈の通らない話．用法 ①は，多く"见分晓"の形で用いる．③は，多く否定文に用いる．

【分校】fēnxiào 名 分校．

【分心】fēn/xīn ❶ 他のことに気を取られる．気を散らす．¶孩子吵闹 chǎonào,工作容易～/ 子供が騒ぐと，仕事で気が散りやすい．❷ 专心 zhuānxīn ❷ 気を使う．気を配る．¶～劳神 / いろいろ気を配る．¶让你为小女的事,真对不起 / うちの娘のことにお気遣いいただき，申し訳ありません．

【分野】fēnyě 名 ❶ 分野．¶政治～/ 政治分野．¶思想～/ 思想の分野．❷ 境界線．

【分阴】fēnyīn 名 ごく短い時間．寸暇(ゥか)．

【分忧】fēn/yōu 困難を分かちあう．解決に力を貸す．

【分赃】fēn/zāng 動 ❶ (盗品を)山分けする．¶坐地～/ 成 自らは動かず，手下が盗んで来た物から上前をはねる．¶～不均 / 分け前が不平等だ．❷ 不当な権利や利益を分け合う．

【分张】fēnzhāng 動 文 ❶ 別れる．❷ 分割する．分裂する．

【分针】fēnzhēn 名〔時計の〕分針．長針．
*【…分之…】…fēnzhī… 全体に占める割合をあらわす．…分の…．¶百~三 / 3パーセント．¶四~一 / 4分の1．
【分支】fēnzhī 名 枝分かれしてできた部分．¶~机构 / 支部．¶~帐 zhàng / 財産分割の証書．
*【分钟】fēnzhōng 名 分．¶五~ / 5分間．¶走三、四~就到 / 徒歩3,4分で着きます．
【分子】fēnzǐ 名 ❶〔数学〕(分数の)分子．❷〔物理〕分子．⇒分母 fènzǐ
【分子结构】fēnzǐ jiégòu《物理》分子構造．
【分子量】fēnzǐliàng 名《物理》分子量．
【分子筛】fēnzǐshāi 名《物理》分子ふるい．
【分子生物学】fēnzǐ shēngwùxué 名《生物》分子生物学．
【分子式】fēnzǐshì 名《物理》分子式．
【分组】fēn//zǔ 動 グループ分けする．¶~讨论 / グループで討論する．

芬 fēn 艸部4 四 4422₇ 全7画 常用

❶素 よい香り．❷(Fēn)姓．
【芬芳】fēnfāng ❶形 香りがよい．¶~的花朵 / かぐわしい花．¶~气味~ / よい香りがする．❷名 芳香．¶桂花 guìhuā 的~沁 qìn 人心脾 xīnpí / モクセイの香りが心にしみわたる．同 芳香 fāngxiāng,馨香 xīnxiāng
【芬兰】Fēnlán《国名》フィンランド．

吩 fēn 口部4 四 6802₇ 全7画 常用

下記熟語を参照．
*【吩咐】fēn[-fù] 動 ⬦ 言い付ける．¶我~孩子去打个电话 / 私は子供に電話をかけに行かせた．¶照你的~去办吧 / 御指示通りにしましょう．同 叮咛 dīngníng,叮嘱 dīngzhǔ,嘱咐 zhǔfù,分付 fēnfù

纷(紛) fēn 纟部4 四 2812₂ 全7画 常用

❶素 入り乱れる．¶~乱 fēnluàn / ~杂 fēnzá (入り乱れている) / ~纭 fēnyún / ~飞 fēnfēi．❷(Fēn)姓．
【纷呈】fēnchéng 動 次々に現れる．
【纷繁】fēnfán 形 繁雑だ．¶~的人事关系 / 複雑な人間関係．¶每天事务~,实在忙不过来 / 毎日雑用がたくさんあって、時間に追われくられている．
【纷飞】fēnfēi 動 乱れ飛ぶ．飛び交う．¶大雪~ / たくさんの雪が舞う．
*【纷纷】fēnfēn ❶形〔言論や落下物などが〕入り乱れている．¶大家对这场火灾议论~ / 皆はこの火事についてさまざまに意見を述べた．¶校园里落叶 luòyè~ / キャンパスに落ち葉がはらはらと舞う．❷副〔多くの人や事柄が〕次々と．¶他们~举手赞成 / 彼らは次々と手を挙げて賛同した．
【纷纷扬扬】fēnfēnyángyáng 形 ❶雪のように空に舞い飛ぶようす．❷あちこちでうわさになるようす．
【纷乱】fēnluàn 形 あれこれ入り乱れている．¶思绪 sīxù~ / 考えが入り乱れる．¶~的局面 / 混乱した局面．同 缭乱 liáoluàn
【纷扰】fēnrǎo 動 混乱する．¶内心~ / 心が乱れる．¶太多的~,使我无法入眠 / あまりに頭が混乱して、寝付けない．
【纷纭】fēnyún 形〔言論や物事が〕あれこれ入り乱れている．¶众说~,莫 mò 衷 zhōng 一是 / 人々の意見がさまざまで、一つにまとまらない．

【纷争】fēnzhēng ❶名〔⬦ 场 cháng〕紛争．騒動．¶兄弟间引起一场~ / 兄弟間でひと騒動起きる．¶不知道何时才能平息这场~ / いつになったらこの紛争が収まるのだろう．❷動 紛争する．
【纷至沓来】fēn zhì tà lái 続々とやって来る．¶顾客~,应接不暇 xiá / 客が続々とやって来て、応対しきれない．

玢 fēn 王部4 四 1812₇ 全8画 通用

→赛璐玢 sàilùfēn
⇒ 玢 bīn

氛(𫛢) fēn 气部4 四 8021₇ 全8画 通用

素 気配．¶战~ zhànfēn (戦況) / 会场充满团结的气~ (会場には団結の気分が満ちあふれている)．
【氛围】fēnwéi 名 雰囲気．特殊的~ / 一種独特の雰囲気．同 气氛 qìfēn,雰围 fēnwéi

棻 fēn 艹部8 四 4490₄ 全11画

名⬦ 香りのよい木．用法 人名によく使われる．

酚 fēn 酉部4 四 1862₇ 全11画 通用

名《化学》フェノール．石炭酸．参考 殺菌剤·防腐剤·染料などの原料となる．
【酚醛】fēnquán 名《化学》フェノールアルデヒド．

坟(墳) fén 土部4 四 4014₀ 全7画 通用

名 ❶〔⬦ 个 ge, 座 zuò〕(土を盛り上げてつくった)墓．¶~墓 fénmù．❷(Fén)姓．
【坟地】féndì 名〔块 kuài,片 piàn〕墓地．¶他们家有一块很大的~ / 彼らの家は大きな墓地をもっている．
【坟墓】fénmù 名〔⬦ 个 ge, 座 zuò〕墓．¶清明节的时候,到祖先的~上祭拜 jìbài / 清明節には、先祖の墓参りをする．同 坟茔 fényíng
【坟山】fénshān 名(⬦ ~子) ❶墓地とその一帯．❷大きな墓．❸墓地の周囲の土塀．
【坟头】féntóu 名(~儿) 土を盛り上げたり、れんがを積み重ねた墓．土まんじゅう．
【坟茔】fényíng 名 ❶墓．❷墓地．

汾 Fén 氵部4 四 3812₇ 全7画 通用

素 地名用字．¶~河 Fénhé / ~酒 fénjiǔ．
【汾河】Fénhé《地名》汾河(⬦). 黄河の支流の一つ．山西省を北から南に流れる．全長約700キロメートル．
【汾酒】fénjiǔ 山西省汾陽産の"白酒 báijiǔ"(蒸留酒)．名酒として有名．

棼 fén 木部8 四 4422₇ 全12画

形⬦ 乱れている．もつれている．¶治丝益 yì~ (誤った方法で対処したために、かえって問題をこじらせる)．

焚 fén 火部8 四 4480₉ 全12画 次常用

❶動 焼く．¶~香 fénxiāng / ~毀 fénhuǐ / 玩火自~(成) 火遊びをして自ら焼け死ぬ．自業自得．同 燃 rán,烧 shāo．❷(Fén)姓．
【焚风】fénfēng 名《气象》フェーン(現象)．◆ Föhn
【焚膏继晷】fén gāo jì guǐ 成 昼夜の区別なく仕事や勉強に励む．由来 唐の韓愈(⬦)の「進学解」に見えることば．
【焚化】fénhuà 動(遺体·神仏像·紙銭などを)焼く．¶遺体已经~了 / 遺体はだびにふした．

【焚毁】fénhuǐ 動 焼き払う．¶把机密文件~了/機密書類を焼却した．
【焚掠】fénlüè 動 家を焼き，家財を奪略する．
【焚烧】fénshāo 動 焼却する．¶~所有的信,结束那一段恋情 liànqíng/全ての手紙を焼き，その恋にピリオドを打つ．
【焚书坑儒】fén shū kēng rú 成 焚書坑儒(ふんしょこうじゅ)．参考「書物を焼き,学者を穴埋めにして殺す」の意．秦の始皇帝が行った思想弾圧．
【焚香】fén/xiāng 動 ❶線香をあげる．❷お香をたく．回 烧香 shāoxiāng

鼢 (鼢) fén
鼠部4 四7872₇ 全17画 通用
下記熟語を参照．
【鼢鼠】fénshǔ 名《動物》〔量只 zhī〕モグラ．回 盲鼠 mángshǔ,地羊 dìyáng

粉 fěn
米部4 四9892₇ 全10画 常用
❶名粉．粉末．¶肥皂~ féizàofěn (粉石けん)／药~ yàofěn (粉薬)／藕~ ǒufěn (レンコンからとった澱粉)／漂白~ piǎobáifěn (さらし粉)．❷素白色の．白い粉のついた．¶~蝶 fěndié /~墙 fěnqiáng．❸粉末にする．粉々にする．¶~身碎骨 suìgǔ．❹形薄紅色の．ピンクの．¶这朵花是~的(この花は薄紅色だ)．❺動(壁や塀を)白く塗る．¶这堵墙是新~的/この壁は塗りたてだ．¶~饰 fěnshì．❻素マメなどの粉でできた食品．¶~条 fěntiáo /凉~ liángfěn (緑豆の粉でできた食品．ところてんに似ている)／米~ mǐfěn (ビーフン)．❼(Fěn)姓．

*【粉笔】fěnbǐ 名〔根 gēn,支 zhī〕チョーク．白墨．
【粉肠】fěncháng 名 (~儿)《料理》"团粉"(片栗粉)に少量の油,塩,調味料などを加え,ソーセージの皮に詰めて蒸し上げた食品．
【粉尘】fěnchén 名 粉塵．
【粉刺】fěncì 名 にきび．回 痤疮 cuóchuāng
【粉底】fěndǐ 名 (~儿)(化粧の)ファンデーション．¶~霜 shuāng／ファンデーション・クリーム．
【粉蝶】fěndié 名 シロチョウ．
【粉房】[坊] fěnfáng 名 (~儿)"粉皮","粉丝","粉条"などの春雨を作る作業場または小規模な工場．
【粉红】fěnhóng 形 ピンクの．桃色の．
【粉剂】fěnjì 名 ❶《医学》散剤．粉ぐすり．回 散 sǎn 剂．❷ほこり．ホコリ．
【粉领】fěnlǐng 名 ピンクカラー．事務職や販売職などに従事する女性．参考 ホワイトカラーやブルーカラーなどに対して言う．
【粉瘤】fěnliú 名《医学》皮脂腺囊腫．回 脂 zhī 瘤,皮脂腺囊肿 pízhīxiàn nángzhǒng
【粉末】fěnmò 名 (~儿)粉末．¶金属~/金属粉．研成~/すりつぶして粉状にする．
【粉末冶金】fěnmò yějīn 名《冶金》粉末冶金．
【粉墨登场】fěn mò dēng chǎng 成 ❶化粧して舞台に上がる．❷ (悪人が変装して)政治の舞台に登場する．
【粉皮】fěnpí 名 (~儿)〔量张 zhāng〕緑豆などの澱粉から作る,平たい春雨(はるさめ)．
【粉扑儿】fěnpūr 名〔量个 ge〕おしろい用パフ．
【粉芡】fěnqiàn 名《料理》片栗粉の類を水に溶かしたもの．
【粉墙】fěnqiáng 名 白い壁．表現 多く,白か黄等で白く塗った壁を指す．

【粉身碎骨】fěn shēn suì gǔ 成 命を惜しまず努力する．¶为了实现自己的理想,~也心甘情愿/自分の理想を実現するためなら,命を捨ててもかまわない．
【粉饰】fěnshì 動 うわべを繕(つくろ)って汚点や欠点をかくす．粉飾する．¶~门面/みてくれを繕う．回 掩饰 yǎnshì
【粉饰太平】fěn shì tài píng 成 太平を装う．混乱を覆い隠し,平和で豊かなようすを装う．
【粉刷】fěnshuā 動 ❶壁を石灰などで白く塗る．¶房屋~一新/壁を塗りかえて,家は見違えるようにきれいになった．❷名 (~儿)黒板消し．回 板擦儿 bǎncār
【粉丝】fěnsī 名 春雨(はるさめ)．
【粉碎】fěnsuì ❶形 粉々だ．¶花瓶摔得~/花瓶が落ちて粉々に割れた．❷動 徹底的にこわす．粉砕する．¶严峻 yánjùn 的现实~了他的美梦/厳しい現実は,彼の甘い夢を打ち砕いた．
【粉碎机】fěnsuìjī 名《機械》粉砕器．クラッシャー．
【粉条】fěntiáo 名 (~儿)太い春雨(はるさめ)．
【粉友】fěnyǒu 名 麻薬仲間．ジャンキー．由来 俗にヘロインを"白粉"と呼ぶことから．
【粉蒸肉】fěnzhēngròu 名《料理》厚く切った豚肉にビーフン・調味料を加えて蒸し上げたもの．回 米 mǐ 粉肉

分 fèn
八部2 四8022₇ 全4画 常用
❶素本分．¶~所当然(本分としてそうあるべき)／身~ shēnfèn (身分)／本~ běnfèn (本分)．❷素成分．¶水~ shuǐfèn (水分)／糖~ tángfèn (糖分)．❸"份 fèn"に同じ．
☞ 分 fēn

【分量】fènliàng[-liang] 名 重さ．重み．¶这个西瓜的~不够/このスイカの目方が足りない．¶他这番话说得很有~/彼のそのことばにはとても重みがあった．回 重量 zhòngliàng
【分内】fènnèi 名 本分の範囲内のこと．¶这是我~的事/これは私のなすべき仕事だ．反 分外 fènwài
【分外】fènwài ❶副 非常に．特に．¶~高兴/とてもうれしい．回 格外 géwài．❷名 自分の本分以外のこと．¶这是我~的事,我一点儿也不知道/これは私の職務外のことなので,少しも分からない．反 分内 fènnèi
【分子】fènzǐ 名 ある階級や集団に属する人．ある特徴を持つ人．¶好战 hàozhàn~/好戦的な人物．¶知识~/インテリ．¶积极~/活動家．☞ 分子 fēnzǐ

份 fèn
亻部4 四2822₇ 全6画 常用
❶名 (~儿)全体をいくつかに分けた,その一つ．¶分成三~ (三つに分ける)／每人一~ (一人一つずつ)．❷量 (~儿)一揃いやーセットになったものを数えることば．¶~儿饭(食事一人前)／一~儿礼物(一揃いのプレゼント)．❸量 (~儿)新聞や書類を数えることば．¶一~报(新聞一部)／一~杂志(雑誌一部)．❹素"省","县","年","月"の後について,区分した単位をあらわす．¶省~ shěngfèn (省)／三月~的工资(三月分の給料)．
【份额】fèn'é 名 割り分ける数．分配額．¶利润 lìrùn 中的一~/利潤の中の一定額．
【份礼】fènlǐ 名 共同購入の贈物．
【份儿】fènr 名 ❶一部分．分け前．¶这一~是你的/これはあなたのだ．❷地位．身の置き場．¶这里没有我的~/ここには私の居場所はない．❸面子．みえ．¶摆~/いばる,みえを張る．¶跌~/地位が下がる．メンツをなくす．❹程度．段階．¶穷到这~上了/こんなにまで貧乏になる．

【份儿饭】fènrfàn 名 定食. セットメニュー.
【份子】fènzi 名 ❶ (集団で贈り物などをする時の)割り前. 各自の出し分. ¶ 凑 còu~ / 金を出し合う. ❷ 祝い金. ¶ 送~ / 祝い金を送る.

奋(奮) fèn
大部5 全8画 四 4060₈ 常用

❶ 动 鳥がはばたく. ¶~翅 fènchì (はばたく). ❷ 素 奮い立つ. ¶~斗 fèndòu / ~不顾身 / ~发图强 fèn fā tú qiáng. ❸ (Fèn)姓.

【奋不顾身】fèn bù gù shēn 成 命を惜しまず突き進む. ¶他~地把落水的小孩救了起来 / 彼は我が身をかえりみず,水に落ちた子を救い出した.
*【奋斗】fèndòu 动 努力する. 奮闘する. ¶艰苦~ / 苦しみに耐えてがんばる. 同 斗争 dòuzhēng
【奋发】fènfā 动 奮起する. 発奮する. ¶~精神~ / 心が奮い立つ. 同 发奋 fāfèn, 奋勉 fènmiǎn
【奋发图强】fèn fā tú qiáng 成 強く盛んになろうと元気を出してがんばる.
【奋发有为】fèn fā yǒu wéi 成 何かを成さんとする意気込みにあふれている.
【奋进】fènjìn 动 力を奮って前進する. ¶不断~ / 絶えず奮起し,前進をはかる.
【奋力】fènlì 动 力を振りしぼる. ¶~拼搏 pīnbó / 力の限りがんばる.
【奋勉】fènmiǎn 动 発奮し努力する. 同 发奋 fāfèn, 奋发 fènfā
【奋起】fènqǐ 动 ❶ 奮い立つ. ¶~直追 / 遅れまいとあとを追う. ¶~反击 fǎnjī / 勇んで反撃する. ❷ (力を入れて上に)持ち上げる. ¶~铁棒 tiěbàng / 鉄棒を振り上げる.
【奋勇】fènyǒng 动 勇気を奮い起こす. ¶学生们都自告~,抢 qiǎng 着回答问题 / 生徒たちは勇気を出し,競って問題に答えた.
【奋勇当先】fèn yǒng dāng xiān 成 勇気を出して先頭に立つ.
【奋战】fènzhàn 动 奮戦する. 奮闘する.

忿 fèn
心部4 全8画 四 8033₂ 次常用

素 怒る. 憤る. ¶~~不平 fèn bù píng / 气不~儿(いまいましくて,我慢がならない). 同 愤 fèn
【忿忿】fènfèn 形 非常に腹を立てている. 同 愤愤 fènfèn
【忿忿不平】fèn fèn bù píng →愤愤 fènfèn 不平
【忿詈】fènlì 动〈文〉怒って罵倒する.

偾(僨) fèn
亻部9 全11画 四 2428₂ 通用

❶ 动〈文〉損なう. 壊す. ¶~事 fènshì(事を台なしにする). ❷ (Fèn)姓.

粪(糞) fèn
米部6 全12画 四 9080₁

❶ 名 大便. 糞. ❷ 动〈文〉田畑に肥料を入れる. ¶~田 fèntián(田に肥料をやる). ❸ 素 掃除する. ¶~除 fènchú(掃除する). ❹ (Fèn)姓.
【粪便】fènbiàn 名 糞便.
【粪池】fènchí 名〔圈 个 ge〕肥だめ.
【粪堆】fènduī 名 糞をうずたかく積んだもの.
【粪肥】fènféi 名 肥料にする糞. 下肥(しもごえ).
【粪坑】fènkēng 名〔圈 个 ge〕❶ 肥だめ. ❷ 便槽. 便つぼ. 同 粪坑子 fènkēngzi
【粪筐】fènkuāng 名 糞を入れるかご. 同 粪箕子 fènjīzi
【粪门】fènmén 名 肛門.
【粪桶】fèntǒng 名 肥(え)おけ. 肥たご.
【粪土】fèntǔ 名 糞便と土. ¶~不如 / 塵芥(ちりあくた)以下だ. 表现 何の価値もない物のたとえ.

愤(憤) fèn
忄部9 全12画 四 9408₂ 常用

❶ 素 怒る. 愤慨する. ¶~气~ qìfèn(憤慨する. 腹を立てる) / 发~ fāfèn(かたく決心する). ❷ (Fèn)姓.
【愤愤】fènfèn 形 非常に腹を立てている. 同 忿忿 fènfèn
【愤愤不平】fèn fèn bù píng 成 非常に腹を立てている. ¶父亲常常为社会上的腐败现象而~ / 父は社会の腐敗にいつも腹を立てている. 同 忿忿 fènfèn 不平
【愤恨】fènhèn 动 憤慨し残念に思う.
【愤激】fènjī 动 憤激する. ¶~的情绪 / 憤激した気持ち.
【愤慨】fènkǎi 动 憤慨する. ¶他的无耻 wúchǐ 行为, 激起了周围人的无比~ / 彼の恥知らずな行為は,周囲の人々の激しい憤りを呼んだ. 同 气愤 qìfèn
【愤懑】fènmèn 形 憤まんやるかたない. ¶他时而高兴, 时而~ / 彼は喜んでいたかと思えば,今度は腹を立てる.
*【愤怒】fènnù 形 激しく憤っている. ¶~之情再也抑制 yìzhì 不住了 / 怒りをもう抑えきれない.
【愤然】fènrán 形 憤然としている. ¶~离去 / 憤然として去る.
【愤世嫉俗】fèn shì jí sú 成 不合理な社会や慣習を憤り憎む.

鲼(鱝) fèn
鱼部9 全17画 四 2418₂ 通用

名〈魚〉エイの一種. ¶鸢~ yuānfèn(トビエイ).

瀵 fèn
氵部17 全20画 四 3918₁ 通用

动 (地下水が)噴き出す. 湧き出る. ¶~泉 fènquán(湧き水).

feng ㄈㄥ〔fəŋ〕

丰(豐❶❷❹) fēng
丨部3 全4画 四 5000₀ 常用

❶ 素 豊富だ. ¶~年 fēngnián. ❷ 素 大きい. 偉大だ. ¶~功 fēnggōng(大きな功績). ❸ 素 風采がする. 姿かたちがよく,立派だ. ¶~姿 fēngzī. ❹ (Fēng)姓.
【丰碑】fēngbēi 名〔圈 块 kuài, 座 zuò〕大きな石碑. 用法 不朽の傑作や偉大な功績のたとえとして用いる.
【丰采】fēngcǎi 名〈文〉りっぱな立ち居振る舞いやようす. 同 风 fēng 采
【丰产】fēngchǎn 名 豊作. ¶~田 / 収穫の多い田畑. ¶今年是个大年,水果~ / 今年は当たり年で果物が豊作だ. 反 亏产 kuīchǎn
【丰登】fēngdēng 动 豊作になる. 同 丰收 shōu
*【丰富】fēngfù ❶ 形 豊富だ. ¶物产~ / 物産が豊かだ. ¶~的文化知识 / さまざまな文化知識. ¶经验~ / 経験が豊富だ. 同 丰盛 fēngshèng 反 贫乏 pínfá ❷ 动 豊かにする. ¶开展文体活动,~业余生活 / 娯楽やスポーツをして,余暇を充実させる. ¶~工作经验 / 仕事上の経験を豊かにする.
【丰富多彩】fēng fù duō cǎi 成 種類が多く,内容が豊

【丰功伟绩】fēng gōng wěi jì 成 偉大な功績.

【丰厚】fēnghòu 形 ❶ 多くて密で. ¶绒毛 róngmáo ～/毛が多くふかふかだ. ❷ 豊富だ. 多い. ¶收入～/収入がたっぷりある. ¶～的礼品/手厚い贈り物.

【丰满】fēngmǎn 形 ❶ 充実している. たっぷりある. ¶粮仓～/食糧がたっぷりある. ¶长出了～的羽毛/羽根がいっぱい生えた. 同 饱满 bǎomǎn 反 干瘪 gānbiě ❷ 体がふっくらしている. 豊満だ. ¶那姑娘长得～/あの娘はふくよかだ.

【丰茂】fēngmào 形 ❶ 毛髪が濃いようす. ❷ 作物がしっかり育っているようす. ❸ 書画の筆勢などが豊かで力強いようす.

【丰美】fēngměi 形 たっぷりあって内容も良い. 豊かで美しい. ¶今天吃了一顿～的午餐/今日,豊かな昼食をとった. ¶水草～的牧场 mùchǎng/水と草に恵まれた牧場.

【丰年】fēngnián 名 豊年. ¶瑞雪 ruìxuě 兆 zhào ～/瑞雪は豊年の兆し. 反 歉年 qiànnián

【丰沛】fēngpèi 形（雨量が）十分足りている.

【丰饶】fēngráo 形（土地の産物が）豊かだ. 豊饒(ほうじょう)だ.

【丰润】fēngrùn 形（皮膚などが）ふっくらしてみずみずしい.

【丰盛】fēngshèng 形 豊かだ. 盛りだくさんだ. ¶～的酒席/ごちそうたっぷりの宴席. 同 丰富 fēngfù

【丰收】fēngshōu 動 豊作になる. ¶大白菜～了/白菜が豊作だ. ¶又是一个～年/今年もまた豊作だ. 同 丰登 fēngdēng 反 歉收 qiànshōu

【丰硕】fēngshuò 形（果実や成果が）大きくて多い. 実りゆたかだ. ¶～的果实/豊かな果実. ¶取得了～的成果/大きな成果をあげた.

【丰衣足食】fēng yī zú shí 成 生活が豊かだ. ¶过上了～的生活/豊かな生活を送る.

【丰盈】fēngyíng 形 ❶ 体が豊満だ. ❷ 裕福だ.

【丰腴】fēngyú 形 ❶ 体が豊満で色つやが良い. 反 清瘦 qīngqú ❷ 盛りだくさんだ. ¶～的酒席/盛大な宴席. ❸ 土地が豊かだ.

【丰裕】fēngyù 形 豊かだ. 満ち足りている. 同 富裕 fù yù

【丰韵】fēngyùn 名（女性の）美しい姿. 同 风 fēng 韵

【丰姿】fēngzī 名 美しい容姿. ¶～不减当年/容色が当時のまま衰えていない. 同 风姿 fēngzī

【丰足】fēngzú 形 満ち足りている. ¶衣食～/衣食に不自由しない.

风（風）fēng

风部 0 四 7721。
全4画 常用

❶ 名〔场 cháng, 股 gǔ, 阵 zhèn〕风. ¶北～ běifēng（北風）/旋～ xuànfēng（つむじ風）/刮一阵～（ひとしきり風が吹く）. ❷〔(～儿)〕ひとの便り. 消息. ¶闻～而起 成（風評を聞いてすぐに行動を起こす）. ❸ 名 うわさ. ¶～传 fēngchuán. ❹ 素 情景. 態度. ¶～景 fēngjǐng/～光 fēngguāng/作～ zuòfēng（やりかた. 気風）/～度 fēngdù. ❺ 素 風潮. 気風. 習慣. ¶世～ shìfēng（世の気風）/转变～气（世の風潮が変わる）/勤俭 qínjiǎn 成～（仕事に励み, 節約をしている）. ❻ 素《中医》疾病の一種. ¶抽～ chōufēng（ひきつけ）/羊痫 yángxiánfēng（てんかん）. ❼ 素《詩経》などに見える）民謠. ¶采～ cǎifēng（民謠を集める）. ❽（Fēng）姓.

【风暴】fēngbào 名 ❶〔(場 cháng, 次 cì, 阵 zhèn〕あらし. 暴風雨. ¶受到了～的袭击 xí jī/暴風雨にみまわれた. ❷ 大規模で激しい事件や騒動. ¶金融 jīnróng～袭击了亚洲经济/金融恐慌がアジア経済を襲った.

【风暴潮】fēngbàocháo 名《气象》高潮(たかしお). 暴風津波. 風津波.

【风泵】fēngbèng 名《机械》エアポンプ. 同 气泵 qìbèng

【风波】fēngbō 名〔场 cháng, 个 ge〕もめごと. 騒動. ¶一个误会引起了一场～/一つの誤解が大きなもめ事を引き起こした.

【风采】fēngcǎi 名 ❶ りっぱな立ち居振る舞い. ¶～动人/振る舞いや物腰が魅力的だ. 同 风致 fēngzhì, 丰采 fēngcǎi ❷ 文学的な才能.

【风餐露宿】fēng cān lù sù 成 旅の途中の苦しくつらい生活. ¶露宿風餐 由来「風の吹くところで食事をし, 野外で眠る」という意から.

【风操】fēngcāo 名 文（りっぱな）風格と品位.

【风铲】fēngchǎn 名《机械》空気シャベル.

【风潮】fēngcháo 名 争議. 騒動. ¶劳工～/労働争議. ¶～平息了/さわぎがおさまった.

【风车】fēngchē 名 ❶《机械》〔架 jià, 座 zuò〕風車(ふうしゃ). ❷〔台 tái〕風の力を利用して穀物に混じったもみがらやごみをとばす農具. 唐箕(とうみ). ❸〔个 ge〕風ぐるま.

【风尘】fēngchén 名 ❶ 旅の苦労. ❷ 文 戦乱. ❸ 娼妓の生活.

【风尘仆仆】fēng chén pú pú 成 旅がつらくきびしい.

【风驰电掣】fēng chí diàn chè 成 電光石火. 非常にすばやい. ¶一列火车一般地在眼前驶过/汽車が目の前を猛スピードで通り過ぎた.

【风传】fēngchuán 動 うわさになる. ¶这是～之辞, 不要随便相信/これはうわさだから, みだりに信じてはならない.

【风吹草动】fēng chuī cǎo dòng 成 わずかな変化. ¶他对政治上的～极为敏感 mǐngǎn/彼は政治上のちょっとした変化にきわめて敏感だ.

【风吹雨打】fēng chuī yǔ dǎ 成 風雨にさらされる. ¶经不起～/風雨に耐えられない. 表現 凶暴な力に襲われるたとえとしても使われる.

【风挡】fēngdǎng 名 風防. 風よけ.

【风刀霜剑】fēng dāo shuāng jiàn 成 ❶ 身を切るような寒さで, 環境が劣悪だ. ❷ まわりの人々が険悪で居たたまれない.

【风灯】fēngdēng 名 防風用ランプ. カンテラ. 同 风雨灯 yǔ dēng

【风笛】fēngdí 名《音楽》バグパイプ.

【风洞】fēngdòng 名《物理》風洞.

【风斗】fēngdǒu 名〔(～儿)，个 ge〕窓の空気ぬき. 参考 冬のあいだ, 窓の通風口から風が直接入るのを防ぐために, 窓の上方に紙などで糊づけして作る.

【风度】fēngdù 名 風采や立ち居振る舞い. ¶～不凡/ただならぬ風格がある. ❷ 大方的～/悠揚せまらざる態度. 同 风姿 fēngzī

【风度翩翩】fēng dù piān piān 成 身のこなしがさっぱりしていて上品だ. 表現 多く成人男子について言う.

【风发】fēngfā 動 活気に満ちている. ¶意气～/成 意気盛んだ. 由来「風のように速い」という意から.

【风帆】fēngfān 名 ❶ 船の帆. ❷ 帆船. ヨット.

【风范】fēngfàn 名 文 風格. 態度. ¶大家～/大家(たいか)の風格.

【风风火火】fēngfēnghuǒhuǒ 形 ❶ 非常に急いでいる.

あわてている. ❷ 活気や活力に満ちている.
【风干】fēnggān 動陰干しにする.
【风格】fēnggé 名 ❶ 品格. スタイル. ¶ 高尚的～/高潔な品格. ❷（文学作品などの）特徴. ¶ 艺术～/芸術的特徴.
【风骨】fēnggǔ 名 ❶ 気骨. 気概. ¶～凛然 lǐnrán/気骨が凛（りん）としている. ❷（詩文や書画などの）雄渾（ゆうこん）な筆致.
【风光】fēngguāng 名 風景. 景色. ¶～秀丽 xiùlì/風光明媚だ. ¶ 北国～/北国の美しい風景. 囗 风景 fēngjǐng, 景色 jǐngsè, 景致 jǐngzhì ❷ fēngguang 形 光栄だ.
【风害】fēnghài 名 風害.
【风寒】fēnghán 名 冷えと寒さ. ¶ 抵御 dǐyù～/寒さに耐える. ¶ 只是受了点儿～/ちょっと寒かっただけだ.
【风和日丽】fēng hé rì lì 成 ¶ 風は暖かに吹き, 日がうららかだ. 気候が穏やかなようす. 囗 日丽风和.
【风和日暖】fēng hé rì nuǎn 成 "风和日丽 fēng hé rì lì"に同じ.
【风花雪月】fēng huā xuě yuè 成 ❶（文学の対象となる）四季折々の自然の情景. ❷ 美辞麗句に走って内容の乏しい詩文. ❸ 酒色におぼれた生活.
【风华】fēnghuá 名 優美な風格とすぐれた才能.
【风华正茂】fēng huá zhèng mào 成 人格や才能が伸びざかりだ. 人が若くて有能だ.
【风化】fēnghuà ❶ 名 道徳. 礼節. ¶ 伤～/良俗をけがす. ❷ 動 風化する. ¶ 山石～/山の岩が風化する.
【风机】fēngjī 名《機械》送風機. ブロワー. 囗 鼓 gǔ 风机.
【风级】fēngjí 名《气象》風の強さの等級. 風力階級.
【风纪】fēngjì 名 ❶ 風紀. ❷（軍隊の）紀律.
【风纪扣】fēngjìkòu 詰め襟のホック.
＊【风景】fēngjǐng 名 景色. 風景. ¶～区/景勝地.
【风景画】fēngjǐnghuà 名 風景画.
【风景线】fēngjǐngxiàn 名 細長く続く観光地帯. 観光風景.
【风镜】fēngjìng 名〔副 fù〕風防眼鏡. ゴーグル.
【风卷残云】fēng juǎn cán yún 成 あっという間に, あとかたもなく消え去る. 由来 わずかに残っていた雲を強風が吹き飛ばす意から.
【风口】fēngkǒu 名 ❶〔处 chù, 个 ge〕強風の通り道. ¶ 站在～上/強風の通り道に立つ. ❷（比喩として）風あたりの強いところ. ❸《冶金》溶鉱炉の送風口. 羽口〔～〕.
【风口浪尖】fēng kǒu làng jiān 成 社会での闘争がもっとも熾烈（しれつ）なところ. ¶ 要敢于在竞争的～上锻炼自己/競争の激しいところに身を置いて自己を鍛えなければならない.
【风浪】fēnglàng 名 ❶ 風波. ¶ 小船被巨大的～打翻了/小舟は大きな波にのまれ, 転覆した. ❷ 世間の荒波. ¶ 要经得住任何～的挑战 tiǎozhàn/いかなる逆境にも耐え抜かねばならない.
【风雷】fēngléi 名 ❶ 暴風と雷. ¶ 黑云密布,～大作/黒雲がたちこめ, 激しい風と雷が起こった. ❷ すさまじい勢い. ¶ 革命的～/革命のあらし.
＊【风力】fēnglì 名 風力. ¶～发电/風力発電.
【风凉】fēngliáng ❶ 形 風があって涼しい. ❷ 動 外へ出て涼む. ❸ 形 責任がない. 気軽だ.
【风凉话】fēngliánghuà 名（～儿）皮肉やいやみなことば. ¶ 你也有责任,别说～了/君にも責任があるから, 冷たいことを言うのはやめなさい.
【风量】fēngliàng 名 風量. 単位は, ㎡/秒.
【风铃】fēnglíng〔個 个 ge, 只 zhī〕お寺の仏殿や塔の軒先にかけてある小さな鐘. 風鐸. 風鈴.
【风流】fēngliú 形 ❶ 功績もあり, 才能もある. 傑出した. ¶～人物/傑出した人物. ❷ 風流だ. ¶～年少/小粋な若者. ❸ 男女の情事の. いろごとの. ❹ 世の礼法にとらわれない. 気ままだ.
【风流云散】fēng liú yún sàn 成 散り散りになる.
【风流韵事】fēng liú yùn shì 成 ❶（作詩・絵画・音楽など）風雅のたのしみ. ❷ 色恋ざた.
【风马牛不相及】fēng mǎ niú bù xiāng jí 成 お互いにまったく関わりがない. 由来『左伝』僖公四年に見えることば. 「さかりがついても, 馬と牛が交わることはない」という意から.
【风帽】fēngmào 名 ❶〔頂 dǐng〕防寒用の帽子. ❷ オーバーコートなどのフード.
【风貌】fēngmào 名 ❶ 姿. ようす. ¶ 大城市的新～/大都市の新しい姿. ❷ 美しい姿や振る舞い. ¶～娉婷 pīngtíng /（女性の）姿が美しい.
【风门】fēngmén（～儿・～子）（冬, 家屋の扉の外につける）防寒や防風の扉.
【风靡】fēngmǐ はやる. 風靡（ふうび）する. ¶～全国/全国で流行する.
【风靡一时】fēng mǐ yī shí 一世を風靡（ふうび）する.
【风能】fēngnéng 名 風エネルギー.
【风平浪静】fēng píng làng jìng 成 何事もなく落ち着いている. 平穏無事だ. ¶ 人能～地度过一生是极不容易的事/平穏無事に一生を送るのは, きわめて難しいことだ.
【风起云涌】fēng qǐ yún yǒng 成 新しい事柄が次から次へと起こる. 事態の進展が急だ.
【风气】fēngqì 名 社会の風潮や好み. ¶ 社会～/社会の風潮. ¶ 不良～/よくない風習. 囗 风尚 fēngshàng, 习尚 xíshàng
【风琴】fēngqín 名《音楽》〔个 ge, 架 jià〕オルガン. ¶ 弹～/オルガンをひく. ¶ 管～/パイプオルガン.
【风情】fēngqíng 名 ❶ 風の向きや吹かし方. ❷ 男女の恋愛感情. ❸ 風土と人情. 風情. ¶ 这家旅馆的设计极有南国～/この旅館の作りは南国情緒があふれている.
【风趣】fēngqù ❶ 名（主に話や文章の）ユーモア. ウィット. ❷ 形 ユーモアやウィットに富んでいる. ¶ 他说话十分～/彼の話はとてもウィットに富んでいる.
【风圈】fēngquān（～儿）日暈（にちうん）と月暈（げつうん）の総称.
【风骚】fēngsāo ❶ 名 文学. ❷ 形（女性の振る舞いが）軽薄だ. 由来 ❶ の"风"は『詩経』の"国风","骚"は屈原『楚辞』の「離騒」のことで, 中国古典文学の代表的作品であることから.
【风色】fēngsè 名 ❶ 風向き. ¶～忽然变了/急に風向きが変わった. ❷ 動静. 情勢. ¶ 看～行事/情勢を見て動く.
【风沙】fēngshā 名 強風が吹いて起こる砂ほこり. 風砂.
【风扇】fēngshàn 名 ❶ 風扇（ふうせん）. ❷ 扇風機. 参考 ❶ は, 旧式の冷房装置. 天井から垂らした布を引っ張って風を起こした.
【风尚】fēngshàng 名 風潮. 流行. ¶ 时代～/時代の流行. 囗 风气 fēngqì, 习尚 xíshàng
【风声】fēngshēng 名 ❶ 風の吹く音. ¶ 窗外的～呼呼直响/窓の外では, 風がひゅうひゅうと鳴っている. ❷（よくない）うわさ. 風の便り. ¶ 有～说, 他在经济上出了问

題 / うわさによると、彼は経済上の問題を起こしたらしい.

【风声鹤唳】fēng shēng hè lì ちょっとしたことにも驚いてびくびくする. 由来『晋書』謝玄伝に見えることば. 大敗した兵士たちが風の音や鶴の鳴き声を追っ手と考え恐れおののいたことから.

【风湿(病)】fēngshī(-bìng) 名《医学》リューマチ.

【风湿性关节炎】fēngshīxìng guānjiéyán 名《医学》リューマチ性関節炎.

【风蚀】fēngshí 名《地学》風蝕.

【风势】fēngshì 名 ❶ 風の強さ. ¶看样子，~还会增强 zēngqiáng / この調子では、風はますます強くなりそうだ. ❷ 形勢. 情勢. ¶不对 / 形勢が悪い.

【风霜】fēngshuāng 名 旅や生活のつらさ. 困難. ¶饱经~ 成 辛酸をなめ尽くす.

【风水】fēngshuǐ 名 風水(ﾌｳｽｲ). 家や墓地の方位や相. ¶~好 / 地相や方角がよい. ❷~先生 / 風水師.

*【风俗】fēngsú 名 昔から伝わる生活習慣やならわし. しきたり. ¶乡下的~ / 田舎の風習. 习俗 xísú

【风俗画】fēngsúhuà 名 風俗画.

【风速】fēngsù 名 風速.

【风瘫】fēngtān 名《医学》体の一部がまひする. ¶~在床已经十年了 / 半身不随で寝たきりになって、もう十年になる. 瘋癱, 癱瘓 huàn.

【风调雨顺】fēng tiáo yǔ shùn 成 (農作業にとって)気候が順調だ. ¶今年~, 一定是个丰收年 / 今年は天候が順調だから、きっと豊作だ.

【风头】fēngtou 名 ❶ 形勢. 風向き. ¶看~ / 情勢をうかがう. 同 风势 fēngshì ❷ 出しゃばり. ¶爱出~ / 目立ちたがる. 出しゃばり.

【风土】fēngtǔ 名 風土.

【风土人情】fēngtǔ rénqíng 成 ある地方特有の気候・産物・風俗習慣など.

【风味】fēngwèi 名 (各地方の)特色. 味わい. ¶四川~的菜肴 càiyáo / 四川風の料理. ¶这首诗有民歌~ / この詩は民歌風の味わいがある.

【风闻】fēngwén 動 うわさに聞く. ¶~他要去留学 / 彼は留学するそうだ. 同 传闻 chuánwén.

【风物】fēngwù 名 風物. 景物.

【风险】fēngxiǎn 名 万一の危険. リスク. ¶冒~ / リスクをおかす.

【风险管理】fēngxiǎn guǎnlǐ 動 リスク管理をする. ベンチャーマネジメントをする.

【风险投资】fēngxiǎn tóuzī 名《経済》ハイリスク・ハイリターンの投資. ベンチャーキャピタル.

【风箱】fēngxiāng 名〔個 个 ge〕ふいご. ¶拉~ / ふいごを吹く.

【风向】fēngxiàng 名 ❶ 風向き. ❷ 情勢. なりゆき.

【风向标】fēngxiàngbiāo 名 風向計.

【风信子】fēngxìnzǐ 名《植物》ヒヤシンス.

【风行】fēngxíng 動 流行する. ブームになる. ¶~全国 / 全国的に流行する. 同 流行 liúxíng, 盛行 shèngxíng.

【风行一时】fēng xíng yī shí 成 一世を風靡(ﾌｳﾋﾞ)する.

【风压】fēngyā 名《気象》風圧.

【风雅】fēngyǎ 名 文 詩や文章に. 由来 "风", "雅" はともに『詩経』のスタイルの一つ.

【风言风语】fēng yán fēng yǔ 成 根も葉もないうわさ. デマ. 流言飛語.

【风衣】fēngyī 名《服飾》〔件 jiàn〕ウインドブレーカー. 同 风雨 yǔ 衣

【风油精】fēngyóujīng 名《薬》風油精(ﾌｳﾕｾｲ). 液体の薬で、痛みやかゆみ止め、暑気あたり予防等の効用がある.

【风雨】fēngyǔ 名 ❶ 風雨. ❷ 苦労. 困難. ¶经~, 见世面 / 苦労をして世間を知る.

【风雨交加】fēng yǔ jiāo jiā 成 ❶ 風と雨が一度に来る. ¶~的夜晚 / 雨風の激しい夜. ❷ つらく悲しいことが、次々にやってくる. 弱り目にたたり目.

【风雨飘摇】fēng yǔ piāo yáo 成 形勢や立場が不安定だ.

【风雨如晦】fēng yǔ rú huì 成 政治が腐敗し、社会が不安定だ.

【风雨同舟】fēng yǔ tóng zhōu 成 協力して困難を乗り切る. 由来 もと仲の悪かった呉人と越人が舟に乗り、大風に遭遇して助けあったという故事(『孫子』九地篇から).

【风雨无阻】fēng yǔ wú zǔ (どんな情況であっても)予定通り行う.

【风雨衣】fēngyǔyī 名 レインコート. 同 雨衣

【风源】fēngyuán 名 ❶ 風の発生源. ❷ 社会風潮の発生源.

【风月】fēngyuè 名 ❶ 景色. ❷ 男女の恋愛.

【风云】fēngyún 名 ❶ 風と雲. ❷ 不安定な情勢.

【风云变幻】fēng yún biàn huàn 成 世の中が激変して予測ができない.

【风云际会】fēng yún jì huì 成 才能ある人が、才能を発揮するチャンスに巡り合う.

【风云人物】fēng yún rén wù〔個 个 ge, 位 wèi〕世の中を大きく動かしていく英雄. 風雲児.

【风云突变】fēngyún tūbiàn 句 政局が激変する. 風雲急を告げる. 由来 毛沢東の詞 "清平楽" 蒋桂戦争に見える句.

【风韵】fēngyùn 名 女性の美しい姿. 優美なものごし. 同 丰韵 fēngyùn

【风灾】fēngzāi 名 暴風雨や台風による被害.

【风障】fēngzhàng 名《農業》(わらなどを編んで作る)風よけ. ¶夹~ / 風よけを作る.

【风疹】fēngzhěn 名《医学》風疹(ﾌｳｼﾝ).

【风筝】fēngzheng 名〔個 个 ge, 只 zhī〕凧(ﾀｺ). ¶放~ / 凧揚げをする. ¶断了线的~, 一去不回 / 糸の切れた凧のように、行ったきり戻ってこない.

风 筝

【风致】fēngzhì 名 文 ❶ 美しい容貌. 上品な振る舞い. ❷ 情趣. おもむき.

【风中之烛】fēng zhōng zhī zhú 風前のともしび. 同 风中秉 bǐng 烛

【风烛残年】fēng zhú cán nián 成 余命いくばくもない晩年.

【风姿】fēngzī 名 上品なものごしや容姿. ¶~秀逸 xiùyì / 容姿がすぐれている. 同 丰姿 fēngzī

fēng 沣沨枫封砜疯峰

【风钻】fēngzuàn 名〔亮 把 bǎ, 台 tái〕エアドリル.

沣(灃) Fēng
氵部4　四 3510₀
全7画　通用

❶ 固 地名用字. ¶~水 Fēngshuǐ（陕西省にある川の名）. ❷ 姓.

沨(渢) fēng
氵部4　四 3711₀
全7画　通用

名 文 風や水の流れる音.

枫(楓) fēng
木部4　四 4791₀
全8画　次常用

名 ❶ "枫树 fēngshù"に同じ. ❷（Fēng）姓.

【枫树】fēngshù 名《植物》カエデ. 枫香 xiāng 树

【枫叶】fēngyè 名 カエデの葉. ¶~红了 / カエデの葉が色づいた.

封 fēng
寸部6　四 4410₀
全9画　常用

❶ 動 封じる. とじこめる. ¶~瓶口（瓶口を密閉する）/~河 fēnghé. 反 开 kāi, 启 qǐ ❷ 動 旧 封(ホウ)じる. 帝王や君主が土地や爵位を親族・臣下に与える. ¶~侯 fēnghóu（諸侯に封じる）. ❸ 名（~儿）紙の包み. ¶信~ xìnfēng（封筒）. ❹ 量 封書を数えることば. ¶一~信（一通の手紙）. ❺（Fēng）姓.

【封闭】fēngbì 動 ❶ 密封する. 反 开启 kāiqǐ ❷ 鎖封する. 差し押さえる. ¶~赌场 dǔchǎng / 賭場(トバク)を封鎖する.

【封闭式基金】fēngbìshì jījīn 名《経済》クローズ型ファンド.

【封存】fēngcún 動 封をして保存する. ¶~了二十年的资料 / 20年間封印されてきた資料.

【封底】fēngdǐ 名 裏表紙. 同 封四 fēngsì

【封地】fēngdì 名 皇帝や君主が与えた領地.

【封顶】fēngdǐng 動 ❶（植物の）芽の成長が止まる. ❷（建築物の）頭頂部が完成する. ❸（賃金・ボーナスなどの）上限を設ける.

【封冻】fēngdòng 動 河川や地面が凍結する.

【封二】fēng'èr 名《印刷》（洋装本の）見返し. 表紙の内側.

【封官许愿】fēng guān xǔ yuàn 成 自分に協力させるために名利や地位を与える約束をする.

【封河】fēng//hé 動 河川が凍結して船舶が通行できない.

【封火】fēng//huǒ 動（炉やかまどの火を弱くする. 火を埋(ウズ)ける. ¶煤炉 méilú~封得不好, 熄 xī 了 / 石炭ストーブの火の埋け方がまずく, 消えてしまった.

*【封建】fēngjiàn ❶ 名《歴史》封建. 封建制. ❷ 形 封建的だ. ¶头脑~ / 頭が古い.

【封建社会】fēngjiàn shèhuì 名 封建社会.

【封建主】fēngjiànzhǔ 名 封建領主.

【封建主义】fēngjiàn zhǔyì 名 封建主義.

【封口】fēng//kǒu 動（~儿）❶ とじ口をしっかりふさぐ. ¶这封信还没~ / この手紙はまだ封をしていない. ❷ 言ったら最後, 二度と変えない. ❸ 傷口がふさがる.

【封里】fēnglǐ 名《印刷》おもて表紙の見返し. また, 裏表紙の見返し.

【封门】fēng//mén 動 ❶（差し押さえにより）扉を封印する. ❷（~儿）言ったが最後, 二度と変えない. ❸ 方 旧 年長者が亡くなった家の"对联"や"门神"を白い紙で覆う.

【封面】fēngmiàn 名《印刷》❶ 線装本の表紙の裏側. 書名や著者名が記してあるページ. タイトルページ. ❷ 洋装本のおもて表紙と裏表紙. ¶~设计 / 装丁. 同 包封 bāofēng ❸ おもて表紙. 同 封一 fēngyī

【封泥】fēngní 名 封泥(ホウデイ). 参考 古代の私信は, 木簡や竹簡の上に文字を書き, それを細縄でしばり, その上に泥土や蜜ロウで封印した.

【封皮】fēngpí 名 ❶ 書籍のおもて表紙と裏表紙. 同 封面miàn ❷ 封筒. ❸ 包装紙. ❹ 差し押さえの封印の紙. 同 封条 fēngtiáo

【封妻荫子】fēng qī yīn zǐ 成 功臣の妻には爵位を与え, 子供には官位を与えること.

【封三】fēngsān 名《印刷》（洋装本の）裏表紙の内側.

【封杀】fēngshā 動 差し止める. 厳禁する. 同 封禁 jìn

【封山】fēngshān 動 山を閉ざす. 山を立入禁止にする.

【封山育林】fēngshān yùlín 動 樹木を育てるため, 山への出入りを一定期間禁止する.

【封四】fēngsì 名《印刷》（洋装本の）裏表紙.

【封锁】fēngsuǒ 動 封鎖する. ¶《経济》~ / 経済封鎖. ¶~边境 biānjìng / 国境付近を封鎖する.

【封锁线】fēngsuǒxiàn 名 封鎖線.

【封套】fēngtào 名（~儿）〔亮 个 ge〕（書類などを入れる）厚手の大型封筒.

【封条】fēngtiáo 名〔亮 张 zhāng〕差し押さえの封印の紙. 参考 封じた日付を表示し押印する.

【封一】fēngyī 名《印刷》（洋装本の）おもて表紙.

【封斋】fēng//zhāi 動《宗教》❶（イスラム教徒が）ラマダーンを過ごす. 同 把斋 ❷（キリスト教徒が）四旬節(ジュンセツ)を過ごす.

【封嘴】fēng//zuǐ 動 ❶ 口をつぐむ. ¶先不要~, 再考虑一下 / 押し黙らずにもう少し考えてみなさい. ❷ ものを言えなくする. 口を封じる.

砜(碸) fēng
石部4　四 1761₀
全9画　通用

名《化学》スルホン. ♦sulfone

疯(瘋) fēng
疒部4　四 0011₇
全9画　通用

形 ❶ 気が狂った. ❷ 发~ fāfēng（発狂する）. ❷ 農作物が成長しても実がならない. ¶~枝 fēngzhī.

【疯病】fēngbìng 名《医学》精神病.

【疯癫】fēngdiān 形 気が狂っている. 精神が錯乱している.

【疯疯癫癫】fēngfengdiāndiān 形（~的）気が狂っている.

【疯狗】fēnggǒu 名〔亮 条 tiáo, 只 zhī〕狂犬.

【疯话】fēnghuà 名 でたらめな話. めちゃくちゃな話.

【疯狂】fēngkuáng 形 気が狂った. ¶~进攻 / がむしゃらに攻撃する. 同 猖獗 chāngjué, 猖狂 chāngkuáng

【疯魔】fēngmó ❶ 形 気が狂った. ❷ 動 夢中になる. 夢中にさせる.

【疯牛病】fēngniúbìng 名《畜産》牛海綿状脳症(BSE). 狂牛病.

【疯人院】fēngrényuàn 名〔亮 个 ge, 家 jiā, 所 suǒ〕精神病院.

【疯瘫】fēngtān →风瘫 fēngtān

【疯长】fēngzhǎng 動《農業》茎・葉・枝が成長しすぎて実がならない. または花が咲かない.

【疯枝】fēngzhī 名《農業》（果樹などで）実をつけない枝. ¶剪除 jiǎnchú~ / 実のない枝を取り除く. 同 疯杈 fēngchà

【疯子】fēngzi 名〔亮 个 ge, 群 qún〕精神病患者.

峰(異) 峯 fēng
山部7　四 2775₄
全10画　常用

❶ 固 山の頂. 峰. 山の峰に似たもの. ¶山~ shānfēng（峰）/ 顶～ dǐngfēng（山の頂上）/ ～峦 fēngluán．❷量 ラクダを数えることば．¶ 一～骆驼 luòtuo（一頭のラクダ）．❸（Fēng）姓．

【峰会】fēnghuì 名 トップ会談．首脳会談．

【峰峦】fēngluán 名 山の峰と尾根．連峰．¶ ～重叠 / 峰々が幾重にも重なりあう．

【峰年】fēngnián 名（自然界の活動が）ピークに達した年．ピーク年．

【峰位】fēngwèi 名 ピーク値．最高点．

【峰值】fēngzhí 名 最高値（さいこうち）．

烽 fēng
火部7　四 9785₄
全11画　通用
素 のろし．⇨烽火 fēnghuǒ

【烽火】fēnghuǒ 名 ❶ のろし．回 烽燧 fēngsuì ❷ 戦争．参考 ①は，昼間に煙を上げるのを"燧 suì"，夜に火をたくのを"烽"という．

【烽火连天】fēng huǒ lián tiān 成 各地で戦争が起きる．由来 敵の来襲を知らせる"のろし"が何日も続く，という意．

【烽火台】fēnghuǒtái 名 烽火台．

【烽燧】fēngsuì 名 ❶ 烽火（ｏ火）．⇨烽火 fēnghuǒ ❷ 戦乱．

【烽烟】fēngyān 名 のろしのけむり．¶ 四～起 / あちこちからのろしが立つ．

菶 fēng
艹部9　四 4414₀
全12画　通用
名《植物》カブ．蕪菜（かぶな）．回 芜菁 wújīng，蔓菁 mánjing
■ 菶 fèng

锋（鋒）fēng
钅部7　四 8775₄
全12画　常用
素 ❶〔刃物や刀の〕切っ先．¶ 交～ jiāofēng（交戦する．矛先をまじえる）/ 刀～ dāofēng（刀の切っ先）/ 笔～ bǐfēng（ふでの穂先）．❷〔軍隊などの〕前線．先鋒．¶ 先～ xiānfēng（先頭者．前衛部隊）．❸《気象》前線．¶ 冷～ lěngfēng（寒冷前線）．

【锋镝】fēngdí 名文 刃（ｐ）と矢じり．兵器．戦争．

【锋利】fēnglì 形 ❶〔刃物が〕鋭い．よく切れる．¶ ～的匕首 bǐshǒu / 鋭利なあいくち．回 尖利 jiānlì ❷〔言論や文章などが〕鋭い．¶ ～的舌剑 shéjiàn．¶ ～的目光 / 鋭い眼光．回 尖锐 jiānruì，锐利 ruìlì，犀利 xīlì

【锋芒［铓］】fēngmáng 名 ❶ 矛先．切っ先．¶ 斗争的～ / 闘争の矛先．回 矛头 máotóu ❷ 才気．鋭気．¶ ～从不外露 / 才気や厳しい表情を一度も見せたことがない．

【锋芒毕露】fēng máng bì lù 成 貶 自己の才能をすっかり見せびらかす．ひけらかす．

【锋面】fēngmiàn 名《気象》前線面．

蜂（異 蠭）fēng
虫部7　四 5715₄
全13画　常用
❶ 名〔只 zhī〕ハチ．¶ 蜜～ mìfēng（ミツバチ）／熊～ xióngfēng（クマバチ）．❷ 形 ミツバチ．¶ ～蜜 fēngmì / ～糖 fēngtáng（はちみつ）/ ～蜡 fēnglà．❸ 形 群をなして．大勢で．¶ ～起 fēngqǐ / ～拥 fēngyōng．

【蜂巢】fēngcháo 名 ハチの巣．ミツバチの巣．

【蜂毒】fēngdú 名 ハチ毒．

【蜂房】fēngfáng 名 ❶ ミツバチの六角形の蜂房（ほうぼう）．❷ 密集した部屋．

【蜂蜡】fēnglà 名 蜜ろう．回 黄蜡 huánglà

【蜂蜜】fēngmì 名 はちみつ．回 蜜 mì，蜂糖 fēngtáng

【蜂鸣器】fēngmíngqì → 蜂响器 fēngxiǎngqì

【蜂鸟】fēngniǎo 名〔只〕ハチドリ．

【蜂起】fēngqǐ 動 蜂起する．

【蜂群】fēngqún 名〔ハチの〕コロニー．

【蜂乳】fēngrǔ 名 ローヤルゼリー．

【蜂王】fēngwáng 名〔只 zhī〕女王バチ．回 母蜂 mǔfēng

【蜂王浆［精］】fēngwángjiāng[-jīng] 名 ローヤルゼリー．回 王浆 wángjiāng，蜂乳 fēngrǔ

【蜂窝】fēngwō 名 ❶ ハチの巣．❷ ハチの巣に似たもの．

【蜂窝煤】fēngwōméi 名 練炭．

【蜂箱】fēngxiāng 名 養蜂用の巣箱．

【蜂响器】fēngxiǎngqì 名 ブザー．回 蜂鸣 míng 器，蜂音 yīn 器

【蜂拥】fēngyōng 動 殺到する．大勢の人が押し合いへし合いする．

【蜂拥而来】fēng yōng ér lái 成 群がり押し寄せる．¶ 人群向广场～ / 大勢の人々が広場に向かって押し寄せてくる．

酆 Fēng
阝部18　四 2712₇
全20画　次常用
❶ 素 地名用字．❷ 姓．注意 "酆"とは"邦"とは簡化しない．

【酆都】Fēngdū《地名》❶ 重慶市の県名．現在では"丰都 Fēngdū"という．❷ 口にある観光地．昔，死後に霊魂が集まるところとされ，"鬼城 Guǐchéng"とも呼ばれた．

冯（馮）Féng
冫部3　四 3712₇
全5画　通用
姓．参考 姓として使われ，日本語では"フウ"と読む．この字は，ほかに"冯 píng"（川を歩いて渡る）の読みもある．

逢 féng
辶部7　四 3730₅
全10画　通用
❶ 動 出会う．¶ 一人便说（人に会うごとに言う）/ 每～星期三开会（毎週水曜日に会議をする）．回 遇 yù，遭 zāo ❷（Féng）姓．

【逢场作戏】féng chǎng zuò xì 成 その場にうまく調子をあわせる．場を盛り上げる．¶ 他很会～ / 彼はその場の雰囲気に合わせて盛り上げるのがとてもうまい．由来 もと，大道芸人がよい場所を見つけると，その場で芝居や出しものを演じたことから．

【逢年过节】féng nián guò jié 成 正月や節句のたびに．¶ ～看望老师 / 正月や節句のたびごとに先生宅を訪問する．

【逢凶化吉】féng xiōng huà jí 成 災いを転じて福となす．

【逢迎】féngyíng 動 貶 迎合する．へつらいおもねる．¶ 百般～ / あれこれとおべっかを使う．¶ 阿谀 ēyú～ / こびへつらう．

缝（縫）féng
纟部10　四 2713₅
全13画　常用
❶ 動 縫う．¶ 把衣服的破口儿～上（衣服の破れを縫いあわせる）/ 一衲 féngrèn．❷（Féng）姓．
■ 缝 fèng

【缝补】féngbǔ 動 縫い繕（つく）う．¶ ～衣服 / 服を繕う．回 补缀 bǔzhuì

【缝缝补补】féngfengbǔbǔ 動 何度も縫い繕う．

【缝缝连连】féngfengliánlián 動 縫い繕う．針仕事をする．¶ 这件衣服虽然破了，可是～还能穿 / この服は破れたけれども，繕えばまだ着られる．

【缝合】fénghé 动《医学》(傷口を)縫合する．¶伤口～得很好／傷口の縫合はうまくいった．
【缝纫】féngrèn 名 縫製．裁縫仕事．
【缝纫机】féngrènjī 名〔架 jià,台 tái〕ミシン．¶电动～／電動ミシン．

讽(諷) fěng

讠部4 [四] 3771₀ 全6画 常用

索 ❶ 动 ～刺 fěngcì／冷嘲 cháo 热～(冷ややかな嘲笑と鋭い風刺)．❷ 朗読する．唱える．¶～诵 fěngsòng．
【讽刺】fěngcì 动 風刺する．皮肉を言う．¶～画／風刺画．¶他用漫画～时弊 shíbì／彼はマンガで世の不正を風刺している．¶你是在～我吗？／君は僕を皮肉ってるの．回 讥讽 jīfěng,讥刺 jīcì,挖苦 wāku．
【讽诵】fěngsòng 动文 抑揚をつけて朗読する．¶～古诗／古詩を朗誦する．
【讽喻】fěngyù 名 諷喩(⁂ᵘ)．修辞法の一つで，たとえを用い，遠回しに説くこと．¶～诗／諷喩詩．

唪 fěng

口部8 6505₈ 全11画 通用

动 (経を)声を出して読む．朗唱する．¶～经 fěngjīng (読経する)．

凤(鳳) fèng

几部2 [四] 7721₀ 全4画 常用

❶ 名 鳳凰(ᴴᵒᵘ)．¶～毛麟角 fèng máo lín jiǎo／龙～lóngfèng (竜と鳳凰)．❷ (Fèng)姓．
【凤蝶】fèngdié 名《虫》アゲハチョウ．
【凤冠】fèngguān 名〔顶 dǐng〕貴金属や宝石などで鳳凰の形をあしらった,后妃の冠．明・清時代には,一般女性の婚礼にも用いられた．
【凤凰】fènghuáng 名 鳳凰(ᴴᵒᵘ)．伝説上の鳥の王で,雄を"凤",雌を"凰"といい,吉祥とされた．

凤 凰

【凤梨】fènglí 名《植物》パイナップル．回 菠萝 bōluó,菠萝蜜 bōluómì．
【凤毛麟角】fèng máo lín jiǎo 成 鳳凰(ᴴᵒᵘ)の羽毛と麒麟(ᴷⁱⁿ)の角．まれに見る高貴な人や物をたとえる．
【凤尾鱼】fèngwěiyú 名《魚》〔条 tiáo〕"鲚 jì"(エツ)の通称．
【凤尾竹】fèngwěizhú 名《植物》〔棵 kē〕ホウライチク．ホウオウチク．観賞用のタケ．回 凤凰 huáng 竹,观音 guānyīn 竹．
【凤仙花】fèngxiānhuā 名《植物》〔朵 duǒ,棵 kē〕ホウセンカ．回 指甲 zhījia 花．

奉 fèng

一部7 5050₈ 全8画 常用

❶ 动 差し出す．献上する．❷ 双手で～上 (両手でささげ持って差し上げる)．❷ 动 (目上の人からいただく．受ける．¶～命 fèngmìng／昨～手书(昨目お手紙いただきました)．❸ 索 信じる．尊崇する．¶信～ xìnfèng (信奉する)．❹ 索 仕える．かしづく．¶～养 fèngyǎng／供～ gòngfèng (仕える．祭る)／侍～ shìfèng (目上の人のそば近くにかしづく)．❺ 索 うやうやしく…する．謹んで…する．¶～公守法／～行 fèngxíng／～陪 fèngpéi／～劝 fèngquàn／～送sòng／～还 fènghuán．反 违 wéi ❻ (Fèng)姓．
【奉承】fèngcheng 动 機嫌をとる．こびへつらう．¶～话／お世辞．¶他很会说～话／彼はお世辞がうまい．回 恭维 gōngwei．
【奉告】fènggào 动 申し上げる．謹告する．¶无可～／申し上げることはありません．
【奉公守法】fèng gōng shǒu fǎ 成 公事を重んじる．
【奉还】fènghuán 动 返上する．お返しする．回 归还 guīhuán．
【奉命】fèng//mìng 动 命令を受ける．拝命する．¶～出发／命令を受けて出発する．回 奉令 fènglìng．
【奉陪】fèngpéi 动 お供する．¶恕 shù 不～／お供できないのをお許しください．
【奉劝】fèngquàn 动 忠告申し上げる．お勧めする．回 规劝 guīquàn．
【奉若神明】fèng ruò shén míng 成 神のようにあがめ奉る．至上のものとみなす．表現 貶義で使われることが多い．
【奉祀】fèngsì 动 祭る．¶～乡贤 xiāngxián／土地の賢人を祭る．
【奉送】fèngsòng 动 贈呈する．進呈する．¶～薄礼 bólǐ,聊表心意／ほんの気持ちですが,薄謝を進呈します (店の客内やポスターなどで使われる表現)．
【奉为圭臬】fèng wéi guī niè 成 手本として尊重する．
【奉献】fèngxiàn 动 ❶ 献上する．捧げる．❷ 貢献する．寄与する．回 贡献 gòngxiàn．
【奉行】fèngxíng 动 実行する．遂行する．¶～故事／成 従来のしきたり通り行う．
【奉养】fèngyǎng 动 (父母や目上の親族に)仕える．孝養を尽くす．¶～二老／老いた父母に孝養を尽くす．回 赡养 shànyǎng．
【奉迎】fèngyíng 动 ❶ お迎えする．❷ 迎合する．
【奉赠】fèngzèng 动 差し上げる．進呈する．

俸 fèng

亻部8 [四] 2525₈ 全10画 通用

❶ 索 官吏の給料．俸禄(ᴴᴼᵏ)．¶～禄 fènglù／薪 ～xīnfèng (俸給)．❷ (Fèng)姓．
【俸禄】fènglù 名 俸禄(ᴴᴼᵏ)．封建時代の官吏の給料．

葑 fèng

艹部9 [四] 4414₀ 全12画 通用

名 "菰 gū"(マコモ)の根．
另 葑 fēng

缝(縫) fèng

纟部10 [四] 2713₈ 全13画 常用

名 (～儿)〔道 dào,条 tiáo〕❶ すき間．割れ目．¶～子 fèngzi／～儿 fèngr／裂～ lièfèng (割れ目)／墙～ qiángfèng (塀のすき間)．❷ 縫い目．合わせ目．¶这道～儿不直 zhí (この縫い目は真っすぐになっていない)．
另 缝 féng
【缝儿】fèngr 名〔道 dào,条 tiáo〕❶ 縫い目．継ぎ目．¶缝 liáo～／継ぎ目をかがる．❷ すきま．割れ目．¶裂 liè～／裂け目．ひび．¶门～／戸のすき間．¶见～插针／使えるすべての時間や空間を利用する．
【缝隙】fèngxì 名〔道 dào,条 tiáo〕すき間．割れ目．裂け目．

fo ㄈㄛ〔fo〕

佛 fó　亻部5　四 2522₇　全7画　常用

❶ 名《仏教》"佛陀 Fótuó"の略称. 釈迦(しゃか). ❷ 名《仏教》悟りをひらいたものに対する尊称. ¶成～ chéngfó (仏となる). ❸ 素 仏教. ¶一家 fójiā (仏門). ❹ 名 尊 zūn 仏像. ¶铜～ tóngfó (銅の仏像). ❺ (Fó)姓.

☞ 佛 fú

【佛得角】Fódéjiǎo《国名》カーボベルデ共和国(アフリカ).
【佛法】fófǎ ❶ 仏教の教義. ❷ 仏教で信じられている, 仏の法力.
【佛号】fóhào 名《仏教》仏の名号(みょうごう). 参考 特に仏教徒が唱える"阿弥陀佛 Ēmítuófó"を指す.
【佛教】Fójiào 名 仏教. ¶～徒 / 仏教徒.
【佛经】fójīng 名 量 本 běn, 部 bù, 册 cè, 卷 juàn 仏教の経典. お経. ¶念～ / お経をよむ. 同 释典 shìdiǎn
【佛龛】fókān 名〔量 个 ge, 座 zuò〕❶ 仏像を安置する仏具. 厨子(ずし). ❷ 寺
【佛罗里达】Fóluólǐdá《地名》フロリダ(米国).
【佛罗伦萨】Fóluólúnsà《地名》フィレンツェ(イタリア).
【佛门】fómén 名 仏門. ¶皈依 guīyī～ / 仏門に帰依(きえ)する.
【佛山】Fóshān《地名》仏山(ぶっさん). 広東省の珠江デルタ北部にある市. 古くから手工業品の生産地として繁栄した.
【佛事】fóshì 名 法事.
【佛手】fóshǒu 名《植物》ブッシュカン. 果実の先端が手の指のように分かれた柑橘類. 芳香があり, 観賞用や薬用にされる.
【佛寺】fósì 名 仏教の寺. 参考 道教の寺院は, "道观 dàoguàn".
【佛堂】fótáng 名〔量 间 jiān, 座 zuò〕仏堂. 仏間.
【佛头着粪】fó tóu zhuó fèn 成 仏像の頭に鳥のフン. よいものに悪いものがつき, 台無しにする.
【佛陀】Fótuó 名 釈迦. 梵語 Buddha の音訳.
【佛像】fóxiàng 名〔量 尊 zūn〕仏像. 釈迦以外の諸尊も指す.
【佛学】fóxué 名 ❶ 仏教哲学. ❷ 仏学. 仏教学.
【佛牙】fóyá 名《仏教》仏牙(ぶつげ).
【佛爷】fóye 名 釈迦に対する尊称. 仏さま. お釈迦さま.
【佛珠】fózhū 名〔～儿〕じゅず. 同 数 shù 珠
【佛祖】fózǔ 名《仏教》釈迦牟尼. また, 各宗派の開祖.

fou ㄈㄡ〔fou〕

缶 fǒu　缶部0　四 8077₂　全6画　通用

名 古代の器. 胴の部分がふくらみ, 口がすぼまったもの.

否 fǒu　口部4　四 1060₉　全7画　常用

❶ 素 …ではない. 否定をあらわす. ¶一决 fǒujué / ～认 fǒurèn. ❷ 素 …かどうか. ¶是～ shìfǒu (そうであるか否か) / 可～ kěfǒu (よいかどうか) / 能～ néngfǒu (できるか否か). ❸ 副 文 相手に同意しない気持をあらわす. いや. いえ. いな. ¶～, 此非吾 wú 意(いや, これは私の考えとはちがう). ❹ 助 文 文の最後につけて疑問をあらわす. ¶知其事～? (そのことを知っているか).

☞ 否 pǐ

*【否定】fǒudìng ❶ 動 否定する. ¶事実是无法～的 / 事実は否定しようがないものだ. ❷ 形 否定的な. ¶～判断 / 否定的な判断. 反 肯定 kěndìng
【否决】fǒujué 動 (議案などを)否決する. ¶议案被～了 / 議案は否決された. 反 通过 tōngguò
【否决权】fǒujuéquán 名 拒否権.
【否认】fǒurèn 動 否認する. ¶矢口 shǐkǒu～ / 一貫して否認する. ¶他绝口～与此事有关 / 彼はこの件との関わりを断固として否認した. 反 承认 chéngrèn
*【否则】fǒuzé 接 さもなくば. さもないと. ¶你一定要亲自去一趟, ～这件事就很难办 / 君はぜひ自分で一度行ってくるべきで, そうでないと, この件はとても手をつけにくい. 同 不然 bùrán 用法 "否则的话"の形でも使う.

fu ㄈㄨ〔fu〕

夫 fū　大部1　四 5080₀　全4画　常用

❶ 名 夫. 夫. ¶～妻 fūqī / 姐～ jiěfū (姉の夫) / 新婚～妇(新婚の夫婦). 反 妻 qī, 妇 fù ❷ 素 成年男子. ¶匹～ pǐfū (一人前の男). ❸ 素 肉体労働に従事する人. ¶农～ nóngfū (農夫) / 渔～ yúfū (漁夫). ❹ 素 労役に服する人. ¶一～役 fùyì (人夫). ❺ (Fū)姓.

☞ 夫 fú

【夫唱妇随】fū chàng fù suí 成 夫婦が互いに協力すること. 夫婦仲がよいこと.
【夫妇】fūfù 名〔量 对 duì〕夫婦.
【夫妻】fūqī 名〔量 对 duì〕夫妻. 同 夫妇 fūfù
【夫妻店】fūqīdiàn 夫婦で切り盛りする小さい店.
【夫权】fūquán 名 (封建時代における)夫権. 妻を支配・使役する夫の権力.
*【夫人】fūrén[-ren] 名 夫人. 奥様. ¶田中先生和～ / 田中さんと奥さん. 用法 昔は身分ある人の妻を指し, 後に一般的な尊称となった. 現在は外国人に対して用いることが多い.
【夫婿】fūxù 名 文 妻の夫に対する尊称. 同 夫子 fūzǐ, 丈夫 zhàngfu
【夫子】fūzǐ 名 ❶ 学者に対する尊称. ¶孔 Kǒng～ / 孔子先生. ❷ 文 学生の先生に対する尊称. 手紙などで用いられる. ❸ 旧 妻の夫に対する尊称. 同 夫婿 fūxù ❹ 貶 (皮肉をこめて)学者気取りや考え方の古い人を指す. ¶迂 yū～ / 頭の古い学者先生. ¶村～ / 田舎学者.
【夫子自道】fū zǐ zì dào 成 他人について述べたことばが, そのまま自分に当てはまること. 由来 『論語』憲問篇に見えることば.

佛 手

呋 fū
口部4 四 6508₀
全7画 通用
下記熟語を参照.

【呋喃】fūnán 名《化学》フラン. ◆furan
【呋喃西林】fūnánxīlín《薬》ニトロフラゾン. ◆nitrofurazone 参考 皮膚の消毒などに用いる.

肤(膚) fū
月部4 四 7528₀
全8画 常用

名 ❶ 皮膚. ¶~色 fūsè / 肌~ jīfū（筋肉と皮膚）/ 切っ~之痛 成 身を切られるような痛み). ❷ うわべの. うすっぺらな. ¶~浅 fūqiǎn.

【肤泛】fūfàn 形 底が浅く空虚だ. ¶~之论 / 浅はかな議論.
【肤觉】fūjué 名 皮膚感覚.
【肤皮潦草】fū pí liǎo cǎo 成 いい加減でおおざっぱだ. 同 浮 fú 皮潦草
【肤浅】fūqiǎn 形（学識や理解が）浅薄だ. ¶他对这个问题的认识还很~ / 彼のこの問題に対する認識は、まだまだ十分だ. 同 浮浅 fúqiǎn, 浅薄 qiǎnbó 反 深刻 shēnkè
【肤色】fūsè 名 皮膚の色. ¶不同国度,不同~的人 / 国や肌の色の異なる人々.

麸(異 稃、麱) fū
麦部4 四 5548₀
全11画 次常用

名 ふすま. ブラン.

【麸皮】fūpí ふすま. ブラン. ¶~面包 / 小麦ふすま入りのパン. 同 麸子 fūzi
【麸子】fūzi 名 ふすま. ブラン. 同 麸皮 fūpí

趺 fū
足部4 四 6518₀
全11画 通用

名 ❶ "跗 fū"に同じ. ❷ 碑の台座. ¶龟~（亀の形をした台座）.

【趺坐】fūzuò 名〈文〉結跏趺坐(ザ)ざ). 座禅の時のすわり方. ¶~沉思 chénsī / 座禅を組み、めい想にふける.

跗 fū
足部5 四 6410₀
全12画 通用

名 ❶ 足の甲. ¶~骨 fūgǔ（足の甲の骨）/ ~面 fūmiàn（足の甲）. 同 趺 fū ❷ 花托.

稃 fū
禾部7 四 2294₇
全12画 通用

名 小麦などの花の外側を包んでいる殻(ぬ).

孵 fū
爪部10 四 7274₇
全14画 通用

動（卵を）かえす. ¶~蛋（親鳥が卵をかえす).

【孵化】fūhuà 動（虫・魚・鳥などの）卵がかえる. ¶人工~ / 人工的に孵化(よ)する.
【孵化器】fūhuàqì 名 ❶ 孵化器. ❷ 科学技術開発を行う中小企業の育成や、ハイテク技術の転化の促進、伝統はあるが立ち後れた企業の情報化を任務とする企業.
【孵卵】fūluǎn 動 卵をかえす. ¶~器 / 孵卵器. インキュベーター.

敷 fū
攵部11 四 5824₀
全15画 次常用

❶ 動 塗る. 塗りつける. ¶~粉 fūfěn（おしろいを塗る）/ 外~药 wàifūyào（外用薬）. ❷ 名 敷く. 設置する. ¶~设路轨 lùguǐ（レールを敷く）. ❸ 動〈文〉足りる. 間に合う. ¶~用 fūyòng（足りる）/ 入不~出 出（収入が支出に及ばない). ❹（Fū)姓.

【敷陈】fūchén 動〈文〉詳しく述べ上げる. ¶~其辞 cí / ことばを連ねて詳しく述べる.

【敷料】fūliào 名《医学》傷口を覆うガーゼや脱脂綿など.
【敷设】fūshè 動 ❶（鉄道のレールや水道管などを）敷設する. ¶在海底~电缆 diànlǎn / 海底にケーブルを敷設する. ❷ 設置する. ¶~地雷 / 地雷を埋める. ¶~地毯 dìtǎn / カーペットを敷きつめる.
【敷衍[演]】fūyǎn 動〈文〉ことばをつけ加えて詳しく説明する. 敷衍(ネん)する. ¶这篇小说是根据一个民间传说~而成的 / この小説は、ある民間伝説を下敷きにして書かれたものだ.
【敷衍】fūyǎn[-yan] 動 ❶（仕事や人に対して）いいかげんにあしらう. ¶我不想见他,你去~他几句吧 / 僕は彼に会いたくないから、君が行って二言三言相手をしてくれよ. 同 对付 duìfu,应付 yìngfu ❷（なんとかやりくりして）生活をもたせる.
【敷衍了事】fū yǎn liǎo shì 成 いいかげんに仕事をやっつける. ¶从不~ / 今までやっつけ仕事をしたことがない.
【敷衍塞责】fū yǎn sè zé 成 おざなりな態度で、責任逃れをする.
【敷药】fūyào 名 塗り薬.

夫 fú
大部1 四 5080₀
全4画 常用

❶ 助〈文〉そもそも. 文章を起こす語. ❷ 助 …かな. 文の終りまたは句末に用いて感嘆をあらわす. ¶逝者 shìzhě 如斯 sī~（逝ﾟ<者は斯きの如きか). ❸ 代 あの. この. 彼. ¶~人（かの人）. 同 这 zhè,那 nà,他 tā
☞ 夫 fū

弗 fú
弓部2 四 5502₇
全5画 通用

❶ 副〈文〉…しない. ¶~去 fúqù（行かない）/ ~许 fúxǔ（許さない). 同 不 bù ❷（Fú)姓.

伏 fú
亻部4 四 2328₄
全6画 常用

❶ 動 伏せる. うつぶせになる. ¶~在地上（地に伏せる）/ ~案 fú'àn. 反 起 qǐ ❷ 名（過ちや罪を）認める. (刑に）服す. ¶~罪 fúzuì / ~法 fúfǎ. ❸ 形 低くなる. ¶此起彼 bǐ~（こちらが立てば、あちらが倒れる。ひっきりなしに起こるたとえ）/ 时起时~（高くなったり低くなったり). ❹ 名 潜む. 隠れる. ¶~兵 fúbīng / ~击 fújī（潜~潜)/ 前 qiánfúqī（潜伏期間). ❺ 名 "初伏 chūfú, 中伏 zhōngfú, 末伏 mòfú"の総称. 夏の酷暑の期間. ¶三~天 sānfútiān（夏の最も暑い時期). ❻ 量 "伏特 fútè"の略. ¶(Fú)姓.

【伏安】fú'ān《電気》ボルトアンペア(VA).
【伏案】fú'àn 動（読書や執筆のため）机に向かう. ¶~读书 / 机に向かって本を読む.
【伏笔】fúbǐ 名（文章や話の）伏線. ¶埋下~ / 伏線をはる.
【伏兵】fúbīng 名 伏兵.
【伏地】fúdì ❶ 動 地面に伏す. ❷ 形 その土地で生産した、在来の製法で作った. ¶~面 / 地元产の小麦粉、また在来の製法で作った小麦粉.
【伏尔加河】Fú'ěrjiāhé《地名》ボルガ川.
【伏尔泰】Fú'ěrtài《人名》ボルテール(1694-1778). フランスの啓蒙思想家. 著書は『哲学書簡』.
【伏法】fúfǎ 動（死刑囚に）死刑が執行される.
【伏旱】fúhàn 名 "三伏"（夏の最も暑い時期）の猛暑による干ばつ.
【伏击】fújī 動 伏兵を使って奇襲をかける. ¶遭到~ / 待ち伏せに遭う.

【伏击圈】fújīquān 名《軍事》待ち伏せ区域.
【伏击战】fújīzhàn 名《軍事》待ち伏せ攻撃. 要撃戦.
【伏流】fúliú 名《地学》伏流.
【伏侍】fúshi 身近にいて世話を焼く. ¶他一直~着半身不遂 suí的父亲 / 彼は半身不髄の老父の世話をずっと続けている. 同 服侍 fúshi
【伏输】fú//shū 動 負けを認める. ¶三战三败,他只能~了/三連敗して,ようやく彼は負けを認めた. 同 服输 fúshū
【伏暑】fúshǔ 名 炎暑の頃.
【伏特】fútè 名《電気》ボルト. 電圧の単位.
【伏天】fútiān 名 一年中で最も暑い"三伏"の時期. ⇨三伏 sānfú
【伏帖】fútiē 形 ❶ 心にかなって,快適だ. ¶听了他的话,心里很~ / 彼のことばを聞いて,気持ちがすっきりした. 同伏贴 fútiē ❷ 従順だ. ¶他最~他父亲 / 彼は父親の言うことを一番よく聞く. 重 伏伏帖帖 同 服贴 fútiē
【伏贴】fútiē 形 ぴったりだ. ¶衣服伏伏贴贴的 / 服がぴったりしている.
【伏羲】Fúxī《人名》伏羲(ﾋﾞ). 中国古代伝説上の帝王. 人類の始祖とされる. 三皇の一人. "女娲 Nǚwā"の兄または夫.
【伏休】fúxiū 動 名"三伏"(盛夏の酷暑の時期)に,漁猟を休む. また,その制度.
【伏罪】fú/zuì 動 自分の罪を認める. ¶低头~ / 頭を垂れて罪に服する. 同 服罪 fúzuì

凫(鳧) fú
几部4 四 2721₇
全6画 次常用

❶《鳥》カモ. 通称"野鴨 yěyā". ❷ 動 泳ぐ. ❸(Fú)姓.

筆順 ⺈ ⺈ 鸟 鸟 凫

【凫茈】fúcí 名 文 "荸荠 bíqí"(オオクログワイ)に同じ.

芙 fú
艹部4 四 4480₅
全7画 次常用

下記熟語を参照.

【芙蕖】fúqú 名 開いたハスの花. 参考 閉じたものは,"菡萏 hàndàn"という.
【芙蓉】fúróng 名《植物》❶〔株 zhū〕フヨウ. 同木芙蓉 ❷ ハスの花の別名. ¶出水~ / 水面からすっくと伸びた,咲いたばかりのハスの花(詩文のすがすがしさや,女性の初々しい美しさにたとえる). 同 荷花 héhuā
【芙蓉国】Fúróngguó 名 湖南省の別称. 由来 湘江(ﾈﾝ)一帯が芙蓉の産地であることから.

苻 fú
艹部4 四 4422₇
全7画 通用

❶ 形 草木が茂っている. ❷ 名 "戴 fú"に同じ. ❸ 名 人名用字. ¶米~ Mǐ Fú(米苻芎:1051-1107. 宋代の書画家). 注意 くさかんむりの下の部分を"市"(5画)としないこと.
☞ 芾 fèi

扶 fú
扌部4 四 5508₀
全7画 通用

❶ 動(倒れないように)手で支える. 手でつかまる. ¶~老携 xié 幼 yòu / ~栏杆 lángān(欄干につかまる)/ ~墙(塀によりかかる)/ ~手 fúshou. ❷ 動 助け起こす. ¶~苗 miáo. ❸ 動 援助する. ¶救死~伤(成)死にかかっている人を救助し,負傷者の手当てをする) / ~危济困 jìkùn. ❹(Fú)姓.

【扶病】fúbìng 副 病気を抱えて…する. ¶~出席 / 病を

おして出席する. ¶~工作 / 病をおして仕事を続ける.
【扶持】fúchí 動 ❶ 相手の手や腕を軽くとって支える. 同挽扶 chānfú ❷ 援助する. ¶~贫困 pínkùn 地区 / 貧困地区を援助する.
【扶乩】[箕] fú//jī 動 占いをする. 参考 棒をつり下げた骨組みを2人で支え,大皿に敷きつめられた砂の上に描かれた文字を神のことばと考えた.
【扶老携幼】fú lǎo xié yòu 成 老人を支え,幼児の手をひく.
【扶苗】fú//miáo 動 倒れた農作物の苗に,棒などを添えてまっすぐ立てる.
【扶贫】fúpín 動 貧しい家や地域が自立できるように援助する.
【扶弱抑强】fú ruò yì qiáng 成 弱きを助け,強きをくじく.
【扶桑】fúsāng 名 ❶ 伝説上の大木の名. 海に生え,その木の下から日が昇ると考えられた. ❷(Fúsāng)東方の海上にあるとされた伝説上の国の名. 日本を指した. ❸《植物》〔棵 kē〕ブッソウゲ. 同 朱槿 zhūjǐn 参考 ①②は,"榑桑"とも書いた.
【扶手】fúshou 名 手でつかまったり寄りかかったりできるもの. 手すりや欄干の横木など.
【扶疏】fúshū 形 文(枝や葉が)繁茂している.
【扶梯】fútī 名 ❶ 手すりのある階段. ❷ 方 はしご.
【扶危济困】fú wēi jì kùn 成 危険な状況の人や生活の困難な人に,救いの手をさしのべる. 同 扶危济急 jí,扶危救 jiù 困
【扶养】fúyǎng 動 生活の面倒を見る. ¶~成人 /(子供を)養って一人前にする.
【扶摇】fúyáo ❶ 名 文 下から上に向かって吹くつむじ風. ❷ 動 旋回して上昇する. 同 腾飞 téngfēi
【扶摇直上】fú yáo zhí shàng 成 地位・名声・価値などが一気に上昇する. うなぎのぼりになる. 由来『荘子』逍遥遊篇に見えることば.
【扶正祛邪】fú zhèng qū xié 成 ❶ 正しい気風を保持し,不正を排除する. ❷《中医》滋養強壮薬を与えて,正気を助け病邪を除くこと.
【扶植】fúzhí 動(人材などを)育成する. ¶培养 péiyǎng,~年轻的一代 / 若い世代を育成・助成する. 同培植 péizhí
【扶助】fúzhù 動(弱者や困っている人を)援助する. ¶~老,弱,病,残,这是每个人的义务 / 老人・弱者・病人・障害者への援助は,各人の義務だ.

佛(異 彿、髴) fú
亻部5 四 2522₇
全7画 常用

❶ →仿佛 fǎngfú ❷ 動 逆らう. 背く. 同 拂 fú ③
☞ 佛 fó

孚 fú
爪部3 四 2040₇
全7画 通用

❶ 動 人望がある. 人を敬服させる. ¶深~众望(多くの人の信任を得る). ❷(Fú)姓.

苻 fú
艹部5 四 4424₀
全8画 通用

名 ❶ "荸 fú"に同じ. ❷(Fú)姓.

莩 fú
艹部5 四 4452₇
全8画 通用

❶ 形 山に雑草が生い茂り,通行しにくい. ❷ 動 とり除く. ❸ 名 運. 幸運.

拂 fú
扌部5 四 5502₇
全8画 次常用

324 fú 服怫绂绋袚袯

❶動 はらい落とす。はたく。¶～尘 fúchén / ～袖 fúxiù / ～子 fúzi (ほっす。僧などが威儀を正すために持つ). ❷動 かすめる。そっとなでる。¶春风～面(春風が頬をなでる). ❸動㊡ 背く。逆らう。¶～意 fúyì (意にそわない). ❹動 (Fú)姓.

【拂尘】fúchén 名〔把 bǎ〕馬の尾などを束ねて柄の先につけたもの. 塵をはらったり、蚊やハエを追う.

【拂拂】fúfú 形 風がそよそよと吹くようす. ¶凉风～ / 涼しい風がそよそよと吹いている.

【拂逆】fúnì 動 逆らう. ¶他从不敢～他父母的意见 / 彼は両親の意見に逆らったことがない.

【拂拭】fúshì 動 (汚れなどを)はらう. ふき取る. ¶～桌椅 / 机やイスのちりをはらう.

【拂晓】fúxiǎo 名 明け方. ¶他们～就出发了 / 彼らは明け方に出発した. 同 黎明 límíng

【拂袖】fúxiù 動 そでを振りはらう. 表現 怒りや不愉快なようすをあらわす.

【拂袖而去】fú xiù ér qù 成 そでをはらって憤然と立ち去る.

【拂煦】fúxù 動㊡ 風が暖かく吹く. ¶微风～ / そよ風が暖かく吹く.

服 fú
月部4 〔四〕7724₇
全8画 常用

❶素 衣服. ¶～装 fúzhuāng / 西～ xīfú (洋服) / 制～ zhìfú (制服). ❷素〈衣服〉を着る. ❸動 従事する. (義務や刑罰に)服する. ¶～兵役 bīngyì (兵役に服す). ❹動 心服する. よく従う. ¶说～ shuōfú (説得する) / 心悦 yuè 诚～ (心底から服従する) / 心里不～ (心中では従わない) / 不服 fúruǎn. ❺素 慣れる. 溶け込む. ¶水土不～ (水が合わない). ❻動〈薬〉を飲む. ¶～药 fúyào. ❼(Fú)姓.

» 服 fù

*【服从】fúcóng 動 (命令や意見に)従う. ¶少数～多数 / 少数は多数に従う / 既然组织上已经决定,那我只有～了 / 組織で決まった以上、私は従うほかない. 同 听从 tīngcóng, 遵从 zūncóng ㊡ 抵制 dǐzhì

【服毒】fú//dú 動 ～自杀 / 服毒自殺する.

【服法】fúfǎ 名 薬の服用方法.

【服老】fúlǎo 動 老いを認める. ¶不～ / 老いを認めない. 用法 多く否定形で用いる.

【服满】fúmǎn 動 服喪の期間が終わる.

【服气】fúqì 動 心から敬服する. ¶你不～的话,那再下一盘吧 / 君が参会しないのなら,もう一局させう. ¶心里还不～ / 心はまだ納得しない. 同 信服 xìnfú, 折服 zhéfú

【服软】fú//ruǎn 動 (～儿) 負けや誤りを認める.

【服丧】fúsāng 動 喪に服す.

【服饰】fúshì 名 衣服とアクセサリー. ¶我喜欢淡雅 dànyǎ 的～ / 私はシックな装いが好きだ.

【服侍[事]】fúshi 動 仕える. 世話をする. ¶～父母 / 父母の面倒を見る. ¶～得周到 / 世話が行き届いている. 同 伏侍 fúshi

【服输】fú//shū 動 敗北や失敗を認める. ¶扳 bān 腕子 wànzi 我拔不过你,我～ / 腕相撲をしたら君にはかなわない,負けを認めるよ. 同 伏输 fúshū

【服贴[帖]】fútiē ❶形 従順だ. おとなしい. ❷ 妥当だ. ❸ 平坦だ.

*【服务】fúwù 動 他の人や集団の利益のために奉仕する. ¶为人民～ / 人々のために奉仕する. ¶这家饭馆的～态度很好 / このレストランのサービスはとても良い.

【服务行业】fúwù hángyè 名 サービス業.

【服务忌语】fúwù jìyǔ 名 サービス業で使用してはならないことばや表現. 参考 "不知道"(知りません), "你着什么急"(何をあわてているのですか)などの表現.

【服务贸易】fúwù màoyì 名 労務貿易. サービス貿易. 同 劳务 láowù 贸易 参考 物資でなく、労務やサービスを輸出入する貿易.

【服务器】fúwùqì 名〈コンピュータ〉サーバー.

【服务商标】fúwù shāngbiāo 名 サービス商標. サービスブランド. 参考 中国の商標法では、個人や法人が提供するサービスについても、同業他者と区別するための商標登録が認められている.

【服务台】fúwùtái 名 サービスカウンター. ホテルのフロントなど.

【服务性】fúwùxìng 形 見返りや支払いを求めない. 奉仕的な. ¶～活动 / 奉仕活動.

【服务业】fúwùyè 名 サービス業.

*【服务员】fúwùyuán 名〔⋯ 个 ge, 名 míng, 位 wèi〕ホテルやレストランの従業員. 店員.

【服务站】fúwùzhàn 名 地域の生活サービスセンター.

【服刑】fú//xíng 動 懲役刑に服する. ¶服了两年刑 / 2年間の懲役に服した.

【服药】fú//yào 動 薬を飲む.

【服役】fú//yì 動 ❶ 兵役をつとめる. ¶～期满 / 兵役が終わる. ❷ 強制労働に服する. ㊡ 退役 tuìyì

【服膺】fúyīng 動㊡ ❶ しっかり心にとめる. ❷ 信奉する.

【服用】fúyòng ❶動 薬を飲む. ❷名㊡ 衣服や身の回りのもの.

【服装】fúzhuāng 名 衣服・靴・帽子など、身につけるものの総称. ¶～整齐 / 服装がきちんとしている.

【服装店】fúzhuāngdiàn 名 衣料品店. ブティック. ¶高级～ / 高級ブティック. ¶儿童～ / 子供服の店.

【服罪】fú//zuì 動 罪を認める. 罪に服する. ¶在人证物证面前,他不得不～了 / 証人と物的証拠を前に、彼はやむなく罪を認めた. 同 伏罪 fúzuì

怫 fú
忄部5 〔四〕9502₇
全8画 通用

素㊡ 怒りをあらわにする. ¶～郁 fúyù (怒り憂える) / ～然作色 (色をなして怒る).

» 怫 fèi

绂(紱) fú
纟部5 〔四〕2314₇
全8画 通用

名 ❶ 古代の官印や佩玉に結んだひも. ❷ "黻 fú"に同じ.

绋(紼) fú
纟部5 〔四〕2512₇
全8画 通用

名 大縄. 太縄. とくに、葬儀で棺(ひつぎ)を引き出すときに用いる大縄. ¶执～ zhífú (大縄を執る). 葬送する).

袚(袚) fú
衤部5 〔四〕5304₇
全9画 通用

名 古代の祭服. ひざを覆うのに用いた. 同 韍 fú

茯 fú
艹部6 〔四〕4428₄
全9画

❶ 下記熟語を参照. ❷ (Fú)姓.

【茯苓】fúlíng 名《植物・薬》ブクリョウ. きのこが松の根に寄生して形成される菌類.

【茯苓饼】fúlíngbǐng 名 フーリンピン. 食品の一つ. 北京産が有名. 二枚の白い薄餅で蜂蜜やクルミで作った餡をはさんだもの.

茯苓

罘 氟 俘 郛 洑 祓 莩 蚨 浮 fú

罘 fú 罒部4 [四] 6090₁ 全9画
❶ 名 文 けものを捕らえる網. ❷ 素 地名用字. ¶芝~ Zhīfú (山東省にある半島の名前).

【罘罳】 fúsī ❶ 屋根下に鳥が入るのを防ぐため、軒にかけた網. ❷ 室内に置く屏風(びょうぶ)の一種. 回 罦罳 fúsī.

氟 fú 气部5 [四] 8051₇
名 《化学》フッ素. F. ¶~橡胶 fúxiàngjiāo (フッ素ゴム).

【氟利昂】 ❶ 名 fúlì'áng《化学》フロン. 回 氟氯烷 fúlǜwán ❷ Fúlì'áng《商標》フレオン.

俘 fú 亻部7 [四] 2224₇
❶ 素 捕虜. ¶~房 fúlǜ / 战~ zhànfú (捕虜). 動 捕虜にする. ¶被~ bèifú (捕虜になる) / 获 fúhuò.

【俘获】 fúhuò 動 捕虜や戦利品を得る.

【俘虜】 fúlǔ ❶ 動 捕虜にする. ❷ 名 〔量 个 ge, 名 míng, 群 qún〕 捕虜.

郛 fú 阝部7 [四] 2742₇ 全9画 [通用]
名 城の外側を囲む城郭.

洑 fú 氵部6 [四] 3318₄ 全9画 [通用]
❶ 形 水が渦を巻いて流れるようす. ❷ 名 渦巻き. ❸ (Fú)姓.

☞ 洑 fù

祓 fú 礻部5 [四] 3324₇ 全9画 [通用]
❶ 名 災いを除き福を求める古代の祭祀(さいし). 飲食や行いを慎んだり、沐(もく)浴して心身を清めたりすること. ❷ 動 一掃する. 取り除く. ¶~除不祥 xiáng (不吉をはらう).

莩 fú 艹部7 [四] 4440₇ 全10画
名 文 葦(あし)の茎の内側にある薄い皮. ごく薄いものにたとえる.

☞ 莩 piǎo

蚨 fú 虫部4 [四] 5518₀ 全10画 [通用]
→青蚨 qīngfú

浮 fú 氵部7 [四] 3214₇ 全10画 [常用]
❶ 動 浮かぶ. 漂う. ¶漂~ piāofú (水面でゆらゆらと漂う) / ~标 fúbiāo. 反 沉 chén ❷ 動 回 泳ぐ. ¶他能一口气~到对岸(彼は一気に向う岸まで泳げる). ❸ 素 表面の. ¶~面 fúmiàn / ~土 fútǔ / ~雕 fúdiāo. ❹ 素 一時的な. 臨時の. ¶~支 fúzhī (仮払い) / ~财 fúcái. ❺ 形 落ち着かない. 軽はずみだ. ¶心粗气~ (そそっかしくて落ち着かない) / ~躁 fúpiāo. ❻ 形 内容のない. 空虚な. ¶~名 fúmíng / ~华 fúhuá. ❼ 素 超過する. あり余る. ¶人~于事(成)仕事より人のほうが多い) / ~额 fú'é (超過額). ❽ (Fú)姓.

【浮标】 fúbiāo 名 〔量 处 chù〕ブイ. 浮標.

【浮冰】 fúbīng 名 流氷.

【浮财】 fúcái 名 《金銭や物品などの》動産. 家財.

【浮尘】 fúchén 名 空中に浮遊しているほこり. また、器物にうっすらとついたほこり.

【浮沉】 fúchén 動 浮き沈みする. ¶与世~/ 成 世の中と共に浮き沈みする.

【浮出水面】 fúchū shuǐmiàn 句 表面化する. 顕在化する.

【浮船坞】 fúchuánwù 名 浮きドック.

【浮词】 fúcí 名 でたらめなことば. 根拠のない話. ¶满纸~ / でたらめな話が紙面を埋めつくす.

【浮荡】 fúdàng 動 ゆらゆらと漂う. ¶白云朵朵,随风~ / 白い雲が一ひら一ひら、風に吹かれて漂っている. 回 飘荡 piāodàng

【浮雕】 fúdiāo 名 〔件 jiàn, 组 zǔ, 座 zuò〕浮き彫り. レリーフ.

【浮吊】 fúdiào 名 《機械》フローティング・クレーン. 回 起重船 qǐzhòngchuán

【浮动】 fúdòng ❶ 動 《水や空気》の流れにつれて漂う. ¶河面上一着朵朵漂萍 piāopíng / 川面には、浮き草が漂っている. ❷ 形 変動的な. ❸ 形 安定しない. ¶人心~ / 人心が安定しない.

【浮动工资】 fúdòng gōngzī 名 《経済》変動賃金.

【浮动汇率】 fúdòng huìlǜ 名 《経済》変動為替相場.

【浮泛】 fúfàn ❶ 動 文 水に漂う. ¶轻舟 qīngzhōu ~ / 小舟が水面を漂う. ❷ 動 《考えや気持ちが》顔にあらわれる. ¶脸上~着欢乐的表情 / 顔には楽しげな表情が浮かんだ. ❸ 形 うわべだけだ. ¶言词~ / ことばに実がない. ¶内容~ / 内容が空虚だ.

【浮光掠影】 fú guāng lüè yǐng 成 水面に照り返す光や、さっとかすめる影. あっという間に消えて印象に残らないようす. 表現 学習や仕事が通りいっぺんでいいかげんなことにも使う.

【浮华】 fúhuá 形 表面がはでで、内実がともなわない. ¶文辞~,而没有内容 / 美辞麗句をならべているが、内容がない. 反 质朴 zhìpǔ

【浮滑】 fúhuá 形 上すべりだ. お調子者だ.

【浮夸】 fúkuā 形 大げさだ. 虚偽に満ちている. ¶~作风 / 虚偽に満ちたやり方. ¶说话~,脱离实际 / 言うことが上滑りで、非現実的だ. 回 虚夸 xūkuā 反 朴实 pǔshí

【浮夸风】 fúkuāfēng 名 成績を水増しして名声を得ようとする風潮・やり方.

【浮力】 fúlì 名 《物理》浮力.

【浮面】 fúmiàn 名 (~儿)表面. うわべ. 回 表 biǎo 面

【浮名】 fúmíng 名 虚名. ¶~虚誉 xūyù / 虚名や見せかけの栄誉. ¶为~所累 / 虚名に煩わされる.

【浮皮】 fúpí 名 (~儿) ❶ 表皮. ❷ 表面.

【浮皮潦草】 fú pí liáo cǎo 成 ふまじめで、いいかげんだ. 回 肤 fū 皮潦草

【浮漂】 fúpiāo 形 《仕事や勉強が》着実でない. ふまじめだ.

【浮萍】 fúpíng 名 《植物》浮き草の一種. コウキクサ. 回 水萍 shuǐpíng, 紫萍 zǐpíng

【浮浅】 fúqiǎn 形 浅薄だ. 浅はかだ. ¶学识~ / 学識が浅い. ¶~之见,不值一顾 / 浅はかな見解で、一顧にも値しない.

【浮桥】 fúqiáo 名 〔量 个 ge, 座 zuò〕 船や筏(いかだ)を水上に並べ、板で補強して作った橋. 浮き橋.

【浮尸】 fúshī 名 〔量 具 jù〕水死体.

【浮石】 fúshí 名 軽石.

【浮世绘】 fúshìhuì 名 《美術》浮世絵.

【浮水】 fúshuǐ 動 泳ぐ. 回 游泳 yóuyǒng

【浮筒】fútǒng 名 (海に浮かぶ)ブイ.
【浮头】fútóu ❶名 表面. 同 浮面 miàn ❷動 水中の酸素が不足して,魚が水面に口を出す.
【浮屠[图]】fútú 《仏教》❶ 仏陀(ダッ). ❷文 僧侶. ❸ 塔. 仏塔.
【浮土】fútǔ 名 ❶〔僅 层 céng〕地表のやわらかい土. ❷(衣類や器具などに)積もったほこり.
【浮现】fúxiàn 動 ❶過去のできごとが,脑裏に浮かんでくる. ¶脑海里一出了往事 / 脑裏には過去の出来事が浮かんだ. ❷ 表情を浮べる. ¶脸上一出一丝笑意 / 顔にかすかな笑いが浮かぶ.
【浮想】fúxiǎng ❶名 頭に浮かぶ思い. 空想. ❷動 思い起こす. 回想する.
【浮想联翩】fú xiǎng lián piān 成 (夜, 寝つかれないほど)次々と思いが起こる.
【浮选】fúxuǎn 名《鉱物》浮選. 浮遊選鉱法.
【浮游】fúyóu 動 ❶ 水の上を漂う. ¶一不定 / ふわふわと浮遊する. ❷文 気ままに旅する. ¶一世界 / 世界を漫遊する. 同 飘游 piāoyóu
【浮游生物】fúyóu shēngwù 《生物》プランクトン.
【浮云】fúyún〔朵 duǒ,片 piàn〕浮き雲.
【浮躁】fúzào 形 落ち着きがない. 性情〜的人 / せっかちで落ち着きのない人. ❷ 持重 chízhòng, 踏实 tāshi
【浮肿】fúzhǒng 名 むくみ. ¶脸有点儿一 / 顔がすこしむくんでいる. ¶走了一天的路, 两腿都一了 / 一日中歩き続けたので, 足がむくんでいる. 同 水肿 shuǐzhǒng
【浮子】fúzi 名〔僅 个 ge〕(釣りの)浮き.

荴 fú
艹部8 四 4424₇
全11画 通用
→莱荴 láifú

桴(異 枹②) fú
木部7 四 4294₇
全11画 通用
名文 ❶ 小さい筏(%). ❷ 太鼓のばち.
【桴鼓相应】fú gǔ xiāng yìng 成 互いにぴたりと呼応して, 関係が緊密である. 由来「ばちで打つと太鼓がドンと鳴る」という意から.

符 fú
竹部5 四 8824₃
全11画 常用
❶名《歴史》割り符. ¶虎〜 hǔfú (虎の形をした割り符). ❷ 事物を指し示す記号やシンボル. ¶音〜 yīnfú (音符) /〜号 fúhào. ❸形 二つのものが, ぴたりと合う. ¶〜合 fúhé / 言行相〜(言行が一致する). ❹名〔僅 张 zhāng〕人が書いて信者に与える)魔よけのふだ. ❺(Fú)姓. 参考 ①は, 朝廷が命令を伝達したり, 兵や物資を徴用するとき, 金・銅・玉の上に文字を刻み付けて二つに割り, 一方を朝廷に残し, 一方を命令の執行者に持たせたもの.
【符号】fúhào 名 ❶ 記号. ¶标点〜 / 句読点やかっこなどの記号. ¶注音〜 / 注音符号. ❷ (職業や身分をあらわすために)衣服につける標識.
*【符合】fúhé 動 ぴったり合う. ¶〜事实 / 事実と一致する. ¶他的想法是〜实际的 / 彼の考えは実際に即している.
【符节】fújié 名 割り符.
【符拉迪沃斯托克】Fúlādíwòsītuōkè《地名》ウラジオストク(ロシア). 同 海参崴 Hǎishēnwǎi
【符篆】fúlù 道士が厄を払ったり, 呪(ミネ)いをかけたりするために書く記号.
【符咒】fúzhòu 名 道教の護符や呪文(ジュネ).

匐 fú
勹部9 四 2762₀
全11画 通用
→匍匐 púfú

涪 Fú
氵部8 四 3016₁
❶ 区 地名用字. ¶〜江 Fújiāng (四川省にある川の名前)/〜陵 Fúlíng (涪陵タネシ, 四川省にある市). ❷ 姓.

袱(異 襆) fú
衤部6 四 3328₄
全11画 次常用
名 ものを包む布. ¶包〜 bāofu (ふろしき).

艴 fú
色部5 四 5701₇
全11画 通用
区 怒ったよう. ¶〜然 fúrán (むっとしたようす).
参考 もと, "bó"と発音した.

幅 fú
巾部9 四 4126₆
全12画 通用
❶名 (〜儿) 布地の幅. ¶一面 fúmiàn / 宽〜 kuānfú (広幅) / 双〜 shuāngfú (ダブル幅). ❷ 区 広さ. 幅. ¶一员 fúyuán / 振〜 zhènfú (物体の揺れる幅). ❸量 布地や絵画を数えることば. ¶一一画 (一枚の絵). ❹名 書画や標語などを書いた細長い布や紙. 軸物. ¶条〜儿 tiáofúr (条幅).
【幅度】fúdù 名 幅(b). 振幅. 変動の幅.
【幅面】fúmiàn 名 (織物の)幅.
【幅员】fúyuán 名 国土の面積. ¶我国〜广大, 资源丰富 / 我が国は面積が広大で, 資源が豊富だ. 参考 "员"は「周囲」をあらわす.
【幅员辽阔】fúyuán liáokuò 句 (国家が)広大な領土を持っている.

辐(輻) fú
车部9 四 4156₆
全13画 次常用
名 車輪の輻(*). スポーク. ¶轮〜 lúnfú (車輪の輻) /〜条 fútiáo.
【辐辏[凑]】fúcòu 動 文 人や物が集中する. ¶车船〜 / 车や船が集まる. ¶〜之地 / 人や物が集まる土地.
【辐射】fúshè ❶動 中心から全方向に広がる. 放射する. ❷名《物理》放射. 輻射(ミネ). ¶〜能 / 放射エネルギー.
【辐条】fútiáo 名 车輪の輻(*). スポーク.
【辐照】fúzhào 名動 (放射性元素や電磁波の)照射(をする).

蜉 fú
虫部7 四 5214₇
全13画 通用
下記熟語を参照.
【蜉蝣】fúyóu 名《虫》〔只 zhī〕カゲロウ. ¶〜之命 / カゲロウのように短くはかない命.

福 fú
示部9 四 3126₆
全13画 常用
❶名 幸福. 幸せ. ¶〜利 fúlì / 为人造〜 (人類に幸福をもたらす). ❷ 祸 huò ❷動 旧 婦人が"万福 wànfú" (両手を片方の腰にあてておさえる拝礼)をする. ❸ 区 地名用字. 福建省や福州の略称. ❹(Fú)姓.
【福彩】fúcǎi →福利彩票 fúlì cǎipiào
【福地】fúdì ❶〔块 kuài〕❶ 道教で, 神仙が住む場所. ¶一洞天 dòngtiān / 仙人が住む場所. ❷ 安楽の地. ¶身在不知福 / 安楽の地に住んで安楽を知らず.
【福尔马林】fú'ěrmǎlín 名《薬》ホルマリン.
【福分】fúfen 名 旧 幸せ. 幸せになる運命. ¶有〜 / 幸せな星に下に生まれている. ¶〜不浅 / 幸せいっぱいだ. 同 福气 fúqi

【福建】Fújiàn《地名》福建(ふっけん)省. 省都は福州(ふくしゅう). 略称は"闽 Mǐn"(閩).
【福将】fújiàng 名 ❶ 勝運がある将軍. ❷ やることがすべてうまくいく人. 幸運な人.
【福利】fúlì 名 ❶ 福利. 福祉. 生活上の利益. ¶~事业 / 福祉事業. ¶你们厂的~好不好？/ あなた方の工場は福利厚生がいきとどいていますか. ❷ 動 福利を図る. ¶发展经济,~人民 / 経済を発展させて,人々の生活を豊かにする.
【福利彩票】fúlì cǎipiào 名 福祉事業宝くじ.
【福利房】fúlìfáng 名《福利厚生としての》公営分譲住宅. 職員の勤続年数や等級に応じて,比較的安価で分譲される住宅. 1999年末で,この制度は廃止された.
【福利腐败】fúlì fǔbài 名 業界で独占的地位にある企業が,その資源を利用して,自社の社員や家族に「福利」という名目で特別な便宜をはかる.
【福利金】fúlìjīn 名 福祉に使う金.
【福利院】fúlìyuàn 名〔所 suǒ〕養老院.
【福楼拜】Fúlóubài《人名》フローベール(1821-1880). フランスの小説家. 代表作に『ボヴァリー夫人』など.
【福气】fúqi 名 幸運. 福運. ¶有~ / 福運に恵まれる. ¶~大 / たいへん幸せだ. ¶你真~啊 / ほんとにお幸せですね. 同 fúfen.
【福如东海】fú rú dōng hǎi 成 幸運が東に広がる海のように無限だ. 表現 人を祝福することば. 多く"~,寿比南山"の形で用いる.
【福寿螺患者】fúshòuluó huànzhě 名《医学》広東住血線虫感染症患者. 由来 "福寿螺"(ジャンボタニシ)などの淡水巻き貝を食べて感染した人が多いことから.
【福无双至】fú wú shuāng zhì 成 福は重なってやって来ないな. 反 祸不单行 huò bù dān xíng
【福相】fúxiàng 名 福相. 福々しい顔つき.
【福星】fúxīng 名〔颗 kē〕幸運の星. 人々に幸福や希望をもたらす人や事物.
【福星高照】fúxīng gāo zhào 句 福の神が頭上を照らす. ¶祝您~,长命百岁 / 福に恵まれ,長生きされますように.
【福音】fúyīn 名 ❶ キリスト教の教え. 福音. ❷ 良い知らせ. 福音. 朗報.
【福音书】Fúyīnshū《宗教》福音書.
【福祉】fúzhǐ 名 福祉.
【福至心灵】fú zhì xīn líng 成 運が向いてくると,精神の働きも活発になる.
【福州】Fúzhōu《地名》福州(ふくしゅう). 福建省の省都.

蝠 fú
虫部9 四 5116₆
全15画 次常用
→蝙蝠 biānfú

幞(異襆❶) fú
巾部12 四 4228₅
全15画 通用
名 ❶ ものを包む布. 同 袱 fú ❷ 男子がかぶった頭巾.

黻 fú
黹部12 四 3324₇
全17画 通用
名 ❶ 旧 弓の字を背中合わせにしたような模様. 礼服に青と黒の糸で刺繍した. 同 绂 fú ❷ "韨 fú"に同じ.

父 fù
父部0 四 8040₀
全4画 常用
名 ❶ 文 老人. 年を取った人. ¶田~ tiánfù(年取った農夫) / 渔~ yúfù(年取った漁師). ❷ 旧 男子の名につけた尊称. ¶ 甫 fú ❸ (Fù)姓.
☞ 父 fù

甫 fǔ
一部6 四 5322₇
全7画 次常用
❶ 名 旧 男子の名に加えた美称. のちに,人の字(あざな). ¶ 尼~ Nǐfǔ(孔子の字の"仲尼"に"甫"をつけたもの) / 台~ táifǔ(お名前). ❷ 副 文 たった今…したところ. ¶~入门(たった今帰ったばかり) / 年~十岁(やっと十歳になったばかり). ❸ (Fǔ)姓.

抚(撫) fǔ
扌部4 四 5101₂
全7画 常用
表 ❶ 慰める. ¶~恤 fǔxù / 爱~ àifǔ(愛撫する. 大事にする). ❷ 面倒を見る. 保護する. ¶~养 fǔyǎng / ~育 fǔyù. ❸ そっとおさえる. ¶~摩 fǔmó. ❹ 演奏する. ¶~琴 fǔqín. ❺ "拊 fǔ"に同じ.
【抚爱】fǔ'ài 動 大事に育てる. ¶~儿女 / 息子や娘をかわいがる.
【抚躬自问】fǔ gōng zì wèn 成 我が身を振り返って反省する. 同 反 fǎn 躬自问
【抚今追昔】fǔ jīn zhuī xī 成 現在の事物がきっかけとなって,昔のことを思い出し,変化の大きさに感慨を禁じえない. 同 抚今思 sī 昔
【抚摸】fǔmō 動 そっとなでる. 同 抚摩 mó
【抚摩】fǔmó 動 そっとなでる. さする. ¶ 妈妈~着女儿的头发 / 母は娘の髪をやさしくなでている. 同 抚摸 fǔmō
【抚弄】fǔnòng 動 ❶（愛惜の情をこめて）しきりになでる. ¶她~着孩子的手 / 彼女は子供の手をしきりになでている. ❷（琴などを）弾く.
【抚琴】fǔqín 動 文 琴を弾く. 同 弹 tán 琴
【抚慰】fǔwèi 動 慰問する. ¶~灾民 / 被災者を慰問する. 同 安慰 ānwèi
【抚恤】fǔxù 動（国家や組織が,公務による傷病者または死者の遺族を）救済する. 補償を与える.
【抚恤金】fǔxùjīn 名 補償金. 救済金. 参考 国家や組織が,公務による傷病者または死者の遺族に支払うもの.
【抚养】fǔyǎng 動 大事に育てる. ¶把子女~成人 / 子供をちゃんと成人させる. 同 抚育 fǔyù
【抚养费】fǔyǎngfèi 名 養育費.
【抚育】fǔyù 動（子供や動植物を）育てる. 育成する. ¶~幼畜 yòuchù / 家畜の子を育てる. ¶太阳~着一切生命 / 太陽はすべての生命をはぐくんでいる.
【抚掌】fǔzhǎng 動 文 手をたたく. 拍手する. 同 拊 fǔ 掌

拊 fǔ
扌部5 四 5400₀
全8画 通用
動 手のひらでポンと軽くたたく. ¶~掌 fǔzhǎng.
【拊掌】fǔzhǎng 動 文 手をたたく. 拍手する. ¶~大笑 / 手をたたいて大笑いする. 同 抚 fǔ 掌

斧 fǔ
父部4 四 8022₁
全8画 常用
名 ❶〔把 bǎ〕斧(おの). ¶~头 fǔtóu / ~子 fǔzi / 大刀阔~ kuò~. 成 大なたを振るう. 思い切った処置を取る. ❷ 古代の武器の一種. ¶~钺 fǔyuè(まさかり).
【斧头】fǔtóu[-tou] 名〔把 bǎ〕斧(おの).
【斧削】fǔxuē 動 文 謙 斧正(ふせい)を加える. 同 斧正 zhèng ⇒斧正
【斧正】fǔzhèng 動 文 謙 斧正(ふせい)する. ¶呈 chéng 上拙稿拙著,谨 jǐn 请~ / 拙稿をお送りしますので,謹んでご叱正を願います. 同 斧政 fǔzhèng,斧削 fǔxuē,教正 jiàozhèng,指正 zhǐzhèng 表現 人に文章の添削を請う時に用いる. "斧をふるえば遠慮なくご指摘ください"とい

う意.

【斧子】fǔzi [名]〔[量]把 bǎ〕斧(おの).

府 fǔ
广部 5 [四] 0024₀
全 8 画 [常用]

❶[素]役所.官庁.政府機関.¶官～ guānfǔ(役所)/政～ zhèngfǔ(政府).❷[素]役所が文書や財物などを貯蔵した所.¶～库 fǔkù /天～ tiānfǔ(資源が豊かで物産に恵まれた場所).❸[素]昔の貴族や高級官僚の邸宅.¶王～ wángfǔ(皇族の邸宅).❹[素]相手の家を指す敬称.¶贵～ guìfǔ(お宅)/～上 fǔshàng.❺[素][旧]行政区画の一つ.等級は県と省の間.¶济南～ Jǐnánfǔ(済南府).❻(Fǔ)姓.

【府城】fǔchéng [名][旧]府の役所の所在地.[参考]府は,昔の県と省の間の行政区画.

【府绸】fǔchóu [名]《紡織》ポプリン.平織りの綿織物の一種.

【府邸】fǔdǐ [名]"府第 fǔdì"に同じ.

【府第】fǔdì [名]〔[量]处 chù,座 zuò〕貴族や官僚,大地主などの屋敷や邸宅.

【府库】fǔkù [名][旧]役所の貯蔵庫.

【府上】fǔshàng[-shang] [名]相手の家や故郷に対する敬称.¶～都好吗?/お宅のみなさんはお元気ですか.¶您～是杭州 Hángzhōu 吗?/お国は杭州ですか.

俯(異俛、頫) fǔ
亻部 8 [四] 2024₀
全10画 [常用]

❶[素]うつむく.うなだれる.¶～视 fǔshì /～仰之间.[反]仰 yǎng ❷[副][旧]公文書や書簡に用いた敬語.相手の自分に対する動作を敬って言う.¶～念 fǔniàn(お考えくださる)/～允 fǔyǔn(お許しくださる).

【俯冲】fǔchōng [動]急降下する.

【俯伏】fǔfú [動]ひれ伏す.

【俯角】fǔjiǎo [名]《数学》俯(ふ)角.[反]仰角 yǎngjiǎo

【俯就】fǔjiù [動]❶(相手に対し)低い仕事についていただく.❷やむなく従う.[同]将就 jiāngjiù

【俯瞰】fǔkàn [動]高所から見下ろす.俯瞰(ふかん)する.¶从飞机上～海面/飛行機から海面を見下ろす.¶～摄影 shèyǐng /俯瞰撮影.[同]俯视 fǔshì

【俯身】fǔshēn [動]かがむ.

【俯拾即是】fǔ shí jí shì [成]ざらにある.どこにでもある.¶这类事例～/このような事例はざらにある.[同]俯拾皆 jiē 是 [由来]「うつむいて拾えば,即ちそれである」という意から.

【俯视】fǔshì [動]高所から見下ろす.¶～山下/ふもとを見下ろす.[反]仰视 yǎngshì,仰望 yǎngwàng

【俯视图】fǔshìtú [名]対象を上から見た図.俯瞰(ふかん)図.[同]顶 dǐng 视图

【俯首】fǔshǒu [動]❶うつむく.うなだれる.¶～沉思 chénsī /うつむいて物思いにふける.[反]昂首 ángshǒu ❷おとなしく従う.

【俯首帖[贴]耳】fǔ shǒu tiē ěr [成][貶]きわめて従順なようす.

【俯首听命】fǔ shǒu tīng mìng [成]うなだれて命令を聞く.きわめて従順なようす.

【俯卧】fǔwò [動]腹ばいになる.うつ伏せになる.

【俯卧撑】fǔwòchēng [名]《スポーツ》腕立て伏せ.¶做～/腕立て伏せをする.

【俯仰】fǔyǎng [名]うつむくことと顔を上げること.一挙一動.¶随人～/何でも人の言いなりになる.

【俯仰由人】fǔ yǎng yóu rén [成]何をするにも人の言いなりになる.

【俯仰之间】fǔ yǎng zhī jiān [成]きわめて短い時間のたとえ.瞬く間.一瞬のうち.

釜(異鬴) fǔ
父部 6 [四] 8010₉
全10画 [通用]

[素]鍋.¶～底抽薪 xīn /破～沉舟 chén zhōu([成]鍋を壊し舟を沈める.背水の陣を敷く).

【釜底抽薪】fǔ dǐ chōu xīn [成]鍋の下の薪を抜き取る.問題を根本から解決する.¶～之策/根本的な解決策.

【釜底游鱼】fǔ dǐ yóu yú [成]非常に危険な状況にいる人のたとえ.絶体絶命の窮地.

【釜山】Fǔshān《地名》プサン(韓国).

辅(輔) fǔ
车部 7 [四] 4352₇
全11画 [常用]

❶[素]助ける.補佐する.¶～助 fǔzhù /相～而行(助け合って進む).❷(Fǔ)姓.

【辅币】fǔbì [名]《金融》〔[量]枚 méi〕"辅助货币 fǔzhù huòbì"(補助貨幣)の略.

**【辅导】fǔdǎo [動]助言指導する.補習する.¶老师常在课外～学生/先生はいつも課外で補習をしている.¶～课/補習授業.

【辅导员】fǔdǎoyuán [名]〔[量]个 ge,名 míng,位 wèi〕(補習・クラブ活動・少年団などの)指導員.

【辅料】fǔliào [名]❶(工業製品などの)補助原料.❷(ネギ・香菜・キクラゲなどの)補助的な食材.

【辅路】fǔlù [名]側道.

【辅音】fǔyīn [名]《言語》子音.[反]元音 yuányīn

【辅助】fǔzhù ❶[動]補佐する.手助けする.手伝う.¶请多加～!/なにとぞご援助ください.[同]辅佐 fǔzuǒ,协助 xiézhù ❷[形]補助的な.¶～人员/補助員.予備人員.¶我只是做了些～工作/私はちょっと手伝いをしただけです.

【辅佐】fǔzuǒ [動][文]補佐する.¶大臣～国君/大臣が君主を補佐する.[同]辅翼 fǔyì [表現]多く政治に関していう.

脯 fǔ
月部 7 [四] 7322₇
全11画 [次常用]

[素]❶干し肉.¶鹿～ lùfǔ(鹿の干し肉).❷干した果実を蜜や砂糖漬けにしたもの.¶果～ guǒfǔ(果物の砂糖漬け)/杏～ xìngfǔ(あんずの砂糖漬け).

☞ 脯 pú

腑 fǔ
月部 8 [四] 7024₀
全12画 [通用]

[素]《中医》人体内の臓器.¶脏～ zàngfǔ(人の胸や腹の内部器官の総称.心・肝・脾・肺・腎を"脏"と呼び,胃・胆・大腸・小腸・膀胱などを"腑"と呼ぶ)/五脏六～(五臓六腑).

滏 Fǔ
氵部10 [四] 3811₉
全13画 [通用]

[素]地名用字.¶～阳河 Fǔyánghé(河北省にある川の名).

腐 fǔ
广部11 [四] 0022₇
全14画 [常用]

[素]❶腐る.¶流水不～(流水は腐らず)/～朽 fǔxiǔ.❷考えや行動が張りをなくして,だめになる.¶陈～ chénfǔ(古くさい.時代にそぐわない)/～败 fǔbài.❸豆腐.¶～乳 fǔrǔ /～竹 fǔzhú.

【腐败】fǔbài ❶[動](物が)腐敗する.腐る.¶～的食物 shíwù /腐ったもの.¶防止～/腐敗を防止する.❷[形](思想が)古くさい.(行為が)堕落している.¶～分子 fènzǐ /腐敗分子.¶没想到他会～到那种地步/彼があそこまで腐ってしまうとは思わなかった.❸[形](制度・組

織・機構・措置など)混乱している．乱れている．¶政治～/政治が腐敗している．⇨ 腐烂 fǔlàn，腐朽 fǔxiǔ，糜烂 mílàn

【腐臭】fǔchòu 名 腐ったにおい．腐臭．
【腐化】fǔhuà 動 ❶ 〈思想や行為が〉腐敗・堕落する．生活～/生活が堕落する．¶贪污 tānwū～/汚職して腐敗する．⇨ 堕落 duòluò，蜕化 tuìhuà ❷ 堕落させる．むしばむ．¶在金钱引诱 yǐnyòu 下，一些干部开始～/金銭の誘惑に，一部の幹部は心がむしばまれ始める．⇨ 腐蚀 fǔshí ❸ 腐乱する．¶尸体 shītǐ 已经～/死体はすでに腐乱している．⇨ 腐烂 fǔlàn ⇨腐蚀 fǔshí 表现 ①は，多くは享楽をむさぼることをいう．
【腐烂】fǔlàn 動 ❶ 腐乱する．腐りただれる．¶这桔子 júzi 外面看看很好，可里面已经～了/このミカンは良さそうに見えるが，中は腐っている．❷ 〈思想や行為が〉堕落している．¶生活～/生活が堕落している．⇨ 腐败 fǔbài ❸ (制度・組織・機構・措置などが)乱れている．腐敗している．¶政府机构已经彻底～了/政府機構は，完全に腐敗しきっている．⇨ 腐败 fǔbài
【腐儒】fǔrú 名 時代遅れで頭の固いインテリ．役に立たない学者．
【腐乳】fǔrǔ 名 〔塊 kuài〕腐乳(ふにゅう)．豆腐を納豆菌で発酵させ，紅こうじや酒などと共に塩漬けにしたもの．朝食のおかずにのせたり酒のつまみにする．⇨ 乳腐 rǔfǔ，豆腐乳 dòufurǔ，酱豆腐 jiàngdòufu
【腐生】fǔshēng 動 〈生物〉腐生する．
【腐蚀】fǔshí 動 ❶ 腐食する．むしばむ．¶多吃奶糖会～牙齿 yáchǐ 的/キャラメルを食べすぎると虫歯になる．❷ 堕落させる．悪影響を与える．¶黄色读物会一些少年/わいせつな読み物は青少年を堕落させる．⇨ 腐化 fǔhuà 比较 "腐蚀"は主に他のものに作用して変質させることで，使われる範囲は広く，人や物に使う．"腐化 fǔhuà"は主にそのもの自身が変質することで，人の思想や行為について用いる．
【腐蚀剂】fǔshíjì 名 腐食剤．
【腐熟】fǔshú 動 (堆肥などが)腐熟する．
【腐朽】fǔxiǔ 形 ❶ 朽ちた．腐った．¶这块木头已经～了/この木材はもう腐ってだめだ．❷ (思想や生活が)陳腐だ．堕落した．¶思想～/考えが陳腐である．¶～的生活/堕落した生活．
【腐殖土】fǔzhítǔ 名〈農業〉腐植土．
【腐殖质】fǔzhízhì 名〈地学〉腐植質．
【腐竹】fǔzhú 名 (きつく棒状に巻いて乾燥させた)ゆば．⇨ 豆腐皮 dòufupí

簠 fǔ 竹部12 四 8810₂ 全18画 通用
名 古代の祭祀(さいし)で用いた四角い器．穀物を盛るもの．

黼 fǔ 业部14 四 3322₇ 全19画 通用
名 古代の礼服につけた模様．礼服に黒と白の糸で刺繍した．

【黼黻】fǔfú 古代の礼服につけた模様．黼黻(ほふつ)．黒と白を使うのを"黼"，青と黒を使うのを"黻"といった．

父 fù 父部0 四 8040₀ 全4画 通用

❶ 名 父親．¶～亲 fùqīn/老～ lǎofù (年老いた父)．❷ 素 親しい間がらの年長男性に対する呼び名．叔～ shūfù (叔父)/师～ shīfu (師匠．導師)/～老 fùlǎo．❸(Fù)姓．
⇨ 父 fǔ

【父辈】fùbèi 名 父親と同世代の親戚や知人．
【父本】fùběn 名〈植物〉父株．
【父老】fùlǎo 名 ご長老の皆さん．お年寄り．¶～兄弟/故郷の人々．同郷の皆さん．表现 同郷の高齢者に対する尊称．
【父老乡亲】fùlǎo xiāngqīn 名 敬 ご長老の皆様．同郷の高齢者に対する尊称．
【父母】fùmǔ 名 両親．父と母．
【父母官】fùmǔguān 名 旧 (多く州や県レベルの)地方長官．
*【父亲】fùqīn[-qin] 名 父．父親．表现 手紙などでの改まった言いかた．呼びかけや自称には，ふつう"爸爸 bàba"を用いる．
【父权制】fùquánzhì 名 家父長制度．父系家族制．
【父系】fùxì 形 ❶ 父方の．¶～亲属 qīnshǔ/父方の親戚．❷ 父系の．¶～家族制度/父系氏族制度．
【父兄】fùxiōng 名 ❶ 父と兄．❷ (児童・生徒の)保護者．⇨ 家长 jiāzhǎng
【父执】fùzhí 名 文 父の友人．
【父子】fùzǐ 名 父子．父と子．親子．

讣(訃) fù 讠部2 四 3370₀ 全4画 通用
素 死亡を知らせる．¶～告 fùgào/～闻 fùwén．

【讣告】fùgào 動 ❶ 死亡を知らせる．❷ 名〔份 fèn，个 ge，张 zhāng〕訃報(ふほう)．死亡通知．
【讣闻[文]】fùwén 名〔篇 piān，则 zé〕死亡通知．表现 多くは新聞などに載せるための，死者の経歴などを付した通知をいう．

付 fù 亻部3 四 2420₀ 全5画 常用

❶ 動 (お金を)支払う．¶～款 fùkuǎn/支～ zhīfù (支払う)．❷ 素 ゆだねる．¶交～ jiāofù (手渡す)/托～ tuōfù (委託する)/～表决(評決に付ける)．❸ 量 漢方薬を数えることば．⇨ 服 fù ❹ 量 セットや組になっているものを数えることば．⇨ 副 fù ❺ (Fù)姓．

【付出】fùchū 動 (金銭を)支出する．支払う．¶～现款/現金を支払う．¶谁～劳动谁就有收获/労働を提供したどの人にも，収穫がもたらされる．
【付方】fùfāng 名〈会计〉貸方．貸し手．⇨ 贷方 dàifāng 反 收方 shōufāng
【付给】fùgěi 動 支払う．給付する．¶我要～你五块钱/あなたに5元払うつもりです．
【付款】fùkuǎn 動 支払う．¶～通知书/請求書．¶～方法/支払い方法．¶请先到付款处～/まずレジへ行って代金を払ってください．
【付排】fùpái 動 組版にまわす．¶书稿 shūgǎo 已经～了/原稿はすでに組版にまわされた．
【付清】fùqīng 動 決済する．¶钱要一次～，不能欠帐 qiànzhàng/支払いは一回払いとし，滞納してはならない．
【付托】fùtuō 動 委託する．¶～得人 dérén/適任者に委託する．
【付息】fùxī 動 利息を支払う．
【付现】fùxiàn 動 現金で支払う．
【付印】fùyìn 動 ❶ 入稿する．❷ (校正済みの原稿を)印刷にまわす．¶清样 qīngyàng 签字后，才能～/校閲済サインをもらって，はじめて，印刷にまわせる．
【付邮】fùyóu 動 郵送する．
【付与】fùyǔ 動 付与する．与える．⇨ 交给 jiāogěi
【付账】fùzhàng 動 勘定を支払う．¶先吃饭,后～/まず食事をし，後で支払いをする．¶别客气，今天我～/遠慮しないで，今日は私が払うから．
【付之一炬】fù zhī yī jù 成 灰燼(かいじん)に帰する．¶他搜

集 sōují 的珍贵 zhēnguì 书画,不幸在战火中～／彼が収集してきた貴重な書画は、不幸にも戦火で灰燼に帰した.
【付之一笑】fù zhī yī xiào 成 一笑に付す. ¶对那些中伤 zhòngshāng 他的谣言 yáoyán,他只是～／彼を中傷するデマを、彼は少しも気にせず一笑に付した. 同 一笑置 zhì 之
【付诸东流】fù zhū dōng liú 成 ❶川の流れにまかせる. ❷水泡に帰する. 望みがついえる. ¶这一场事故,使大家几年的心血 xīnxuè 一了／今回の事故で、数年来のみんなの労苦が水の泡になった. 同 付之 zhī 东流 由来 ❷は、「东へ流れる大河のもくずとなってしまう」という意. 中国の河川本流は、すべて西から东へ流れていることから.
【付诸实施】fù zhū shíshī 句 (法令や政策などを)実施に移す.
【付梓】fùzǐ 动 上梓(じょうし)する. 出版する.

负(負) fù
刀部4 四 2780₂
全6画 常用

❶素 背負う. ¶～米 fùmǐ (米を背負う)／如释 shì 重 zhòng～ (成) 重い荷物を下ろしたかのように、ほっとする. ❷素 背 bēi 动 責任を持って引き受ける. ¶～责 fùzé／担～ dānfù (責任を担う). ❸素 頼りにする. 頼みにする. ¶～险 xiǎn 固守(険要の地を頼みにして守る)／～隅 yú 顽 wán 抗. ❹动 受ける. 被害を被る. ¶～伤 fùshāng／～屈 fùqū (屈辱を受ける). ❺动 備えている. 持っている. ¶～有名望(声望が高い). ❻动 借金がある. ¶～一笔债 zhài／～债(借金をする). ❼素《数学》ゼロより小さい数. マイナスの数. ¶～数 fùshù. 反 正 zhèng ❽素《電気》マイナス. ¶～极 fùjí. 反 正 zhèng ❾动 背く. 違反する. ¶忘恩 ēn～义 成 恩を忘れ、義に背く. ❿动 負ける. ¶～胜～ shèngfù (勝ち負け)／～于对方(相手方に負ける). 反 胜 shèng ⓫ (Fù)姓.

【负担】fùdān 动 ❶引き受ける. 負担する. ❷名 負担. 重荷. ¶经济～／経済的負担. ¶大儿子工作以后,～减轻了许多／上の息子が就職してから、負担がずいぶん軽くなった.
【负电】fùdiàn 名《電気》陰電気. 同 阴 yīn 电 反 阳 yáng 电
【负电荷】fùdiànhè 名《電気》負電荷. 陰電荷.
【负电极】fùdiànjí 名《電気》負電極.
【负电子】fùdiànzǐ 名《電気》電子. 陰電子.
【负号】fùhào 名 (～儿)《数学》マイナス記号(一). 同 减号 jiǎnhào 反 正号 zhènghào
【负荷】fùhè ❶动 引き受ける. 担う. ❷名 負荷. 荷重. ¶不胜～／重い責任を引き受けられない. 同 负载 fùzài,载荷 zàihè
【负极】fùjí 名《電気》陰極. マイナスの電極.
【负荆请罪】fù jīng qǐng zuì 成 自ら荆(いばら)の枝を負って処罰を請う. 過ちを認めて深く謝罪する. 由来『史記』廉颇(れん ぱ)蔺相如(りんしょうじょ)列伝に見えることば.
【负疚】fùjiù 动 気がとがめる. 申し訳なく思う. ¶责任不在你那里,你不用～／責任は君にはないから、気に病むことはない. 同 抱歉 bàoqiàn
【负离子】fùlízǐ 名《物理》陰イオン. 同 阴 yīn 离子
【负面】fùmiàn 名 マイナス面.
【负片】fùpiàn 名 ネガフィルム. 底片 dǐpiàn
【负气】fùqì 动 腹を立てる. しゃくにさわる. ¶～出走／かっとなって出ていった. 同 赌气 dǔqì
【负伤】fù//shāng 动 負傷する. ¶因公～／公務中のけが. 同 受伤 shòushāng
【负数】fùshù 名《数学》負数. マイナスの数. 反 正数 zhèngshù
【负心】fù/xīn 动 愛情などが薄れる. ¶～汉／薄情者.
【负隅[嵎]】fùyú ❶动 (敵や盗賊が)険しい地勢をよりどころにして抵抗する. ❷壁を背にする.
【负隅[嵎]顽抗】fù yú wán kàng 成 慣 天険の地をうまく利用して頑強に抵抗する. 有利な条件を盾に抵抗する. 由来『孟子』尽心下に見えることば. 虎は「嵎(ぐう)を負るみ、あえて櫻(ふ)づくものなし」という意から.
【负约】fù/yuē 动 違約する. 約束に背く. ¶你如果～,我就再也不相信你了／約束をたがえたら、もう二度と君を信用しないよ.
【负载】fùzài 名 負荷. 荷重. 同 负荷 fùhè
**【负责】fùzé ❶动 責任を負う. ¶～人／責任者. 直接の担当者. ¶出了事我～／問題が起きたら私が責任を負う. ❷形 責任感の強い. 真面目で誠実だ. ¶他对工作很～／彼は仕事に対して責任感がとても強い.
【负债】❶fù/zhài 动 債務を負う. 借金する. ¶钱没赚 zhuàn 到手,负了一身债／もうける前に、借金で首がまわらなくなった. ❷fùzhài 名 負債. 借金. ¶～累累 léiléi ／借金は度重なる. 反 资产 zīchǎn
【负重】fùzhòng 动 ❶重い荷を背負う. ¶～泅渡 qiúdù ／重い荷をかついだまま泳いで渡る. ❷重責を担う. ¶忍辱 rěnrǔ～／屈辱を耐え忍んで重責をになう.
【负罪】fùzuì 动 ❶罪を負う. ❷申し訳なく思う. 同 抱歉 bàoqiàn

妇(婦) fù
女部3 四 4747₀
全6画 常用

❶素 既婚の女性. ¶少～ shàofù (年若い人妻)／主～ zhǔfù (家庭の主婦). 反 夫 fū ❷名 女性. ¶～科 fùkē／孕～ yùnfù (妊婦). ❸素 (夫に対して)妻. ¶新婚夫～(新婚夫婦)／媳～ xífù (息子の妻). ❹(Fù)姓.

【妇产科】fùchǎnkē 名 産婦人科.
【妇产医院】fùchǎn yīyuàn 名 産婦人科病院.
【妇代会】fùdàihuì 名 "妇女代表大会"(婦人代表大会)の略称.
【妇道】名 ❶ fùdào 旧 婦女子の守るべき道. ❷ fùdao 女性.
【妇道人家】fùdào rénjiā 名 ご婦人. 女性.
【妇科】fùkē 名《医学》婦人科.
【妇科病】fùkēbìng 名《医学》婦人病.
【妇联】fùlián 名 "妇女联合会"(婦女連合会)の略. 参考 女性の地位向上等を目的とする全国組織"中华全国妇女联合会"(略称"全国妇联")の下部組織.
*【妇女】fùnǚ 名 ❶ 个 ge,名 míng,位 wèi 〕女性. 婦人. ¶～能顶半边天／女性は天の半分を支えている.
【妇女病】fùnǚbìng 名《医学》婦人病.
【妇女节】Fùnǚjié 名 "三八妇女节 Sān-Bā fùnǚjié"(国際婦人デー. 3月8日)に同じ. ⇨付録"祝祭日一覧"
【妇人】fùrén 名 ❶ 个 ge,位 wèi 〕婦人. 既婚女性.
【妇孺】fùrú 名 女性と子供.
【妇婴】fùyīng 名 女性と乳児.
【妇幼】fùyòu 名 母と子. ¶～卫生／母子の衛生. ¶～保健站 bǎojiànzhàn ／母子保健センター.

附(坿) fù
阝部5 四 7420₀
全7画 常用

❶动 付け加える. ¶信里面～着一张相片 xiàngpiàn (手紙には写真が一枚添えられている). ❷动 近寄る. 近

づく。¶～近 fùjìn／～耳 fù'ěr. ❸索 付き従う. 従属する. ¶～和 fùhè／攀～ pānfù（何かにすがって上に登る). ❹(Fù)姓.
【附笔】fùbǐ 名 付記. 添え書き.
【附带】fùdài ❶副 ついでに. ¶有件事～说一下／付け加えて申し上げることがあります. ❷形 補足の. 付け足しの. ¶～条件 tiáojiàn／付带条件. ¶～的劳动／付随的な仕事.
【附耳】fù'ěr 動 耳元でささやく. ¶～低语／耳元でひそひそ話す.
【附睾】fùgāo 名《生理》精巣上体. 副睾丸.
【附和】fùhè 動 人に迎合する. ¶随声～／人の意見にたやす同調する. ¶他总是～别人／彼はいつも人の意見に同調する.
【附会】fùhuì 動 こじつける. ¶牵强 qiānqiǎng～／無理にこじつける. ¶穿凿 chuānzáo～／成 無理にこじつける. 同 傅会 fùhuì
【附寄】fùjì 動 同封して郵送する. ¶～一张照片／写真を一枚同封して送る.
【附骥尾】fùjìwěi 優れた人の後についていく. 驥尾(き)に付(ふ)す. 同 附骥尾 fùjìwěi
【附加】fùjiā 動 付け加える. ¶～税 shuì／付加税. ¶～工资／追加賃金. ¶除此而外,没有任何～条件／このほかに,追加の条件はまったくない.
【附件】fùjiàn 名〔份 fèn,个 ge〕(文書の)附録. 補遺. ❷同封の品. ❸《機械》部品. 付属品. ¶汽车～／自動車部品.
**【附近】fùjìn ❶形 付近の. ¶～居民／付近の住民. ❷名 近所. 付近. ¶～有邮局吗？／このあたりに郵便局はありますか. 同 左近 zuǒjìn
【附丽】fùlì 動 文 依存する. 同 依 yī 附
【附录】fùlù 名〔个 ge〕参考資料. 付録. ¶正文后面有～／巻末に付録がある.
【附逆】fùnì 動 反対側側につく.
【附上】fùshàng 動 同封する. ¶随信～纪念邮票一套,请查收／記念切手をセット同封します. どうぞご査収ください.
【附设】fùshè 動 付随して設置する. ¶这个小学还～了幼儿园 yòu'éryuán／この小学校は幼稚園も併設した.
【附属】fùshǔ ❶形 付属の. ¶～品／付属品. ❷～小学／付属小学校. 同 从属 cóngshǔ,隶属 lìshǔ 動 属する. ¶职员培训 péixùn 中心～公司教育科／職員研修センターは会社の教育課に属する.
【附图】fùtú 名 付図. さし絵.
【附小】fùxiǎo 名 "附属 fùshǔ 小学"(付属小学校)の略称.
【附言】fùyán 名 あと書き. 追伸.
【附议】fùyì 動 ほかの人の提案に同意する.
【附庸】fùyōng 名 従属物. ¶～国／属国.
【附庸风雅】fù yōng fēng yǎ 成 うわべをよく見せるために,著名人と付き合ったり文化的な活動を行ったりする.
【附载】fùzǎi 動 付記する. ¶论文的后面～了有关资料／論文の後ろに関連する資料を付記した. 同 附带记载 fùdài jìzǎi
【附则】fùzé 名《法律》付則.
【附中】fùzhōng 名 "附属 fùshǔ 中学"(付属中・高等学校)の略称.
【附注】fùzhù 名〔个 ge,条 tiáo〕(本文の最後や文章の間につける)注釈. 付注.
【附着】fùzhuó 動 付着する. くっつく.

【附着力】fùzhuólì 名《物理》付着力.

咐 fù
口部5 四 6400₀
全8画 通用
→吩咐 fēnfu,嘱咐 zhǔfù

阜 fù
阜部0 四 2740₇
全8画 通用
❶名文 小さい山. 小高い丘. ❷索 多い. 豊かだ. ¶物～民丰(物産が多く,民は豊かだ). ❸(Fù)姓.

服 fù
月部4 四 7724₇
全8画 常用
量 漢方薬を数えることば. ¶吃一～药就好了(薬を一服飲めばすぐよくなる). 同 付 fù
☞ 服 fú

驸(駙) fù
马部5 四 7410₀
全8画 通用
名 数頭だての馬車の副(ぞ)馬.
【驸马】fùmǎ 名〔个 ge,位 wèi〕皇帝の娘婿. 由来 漢代に"驸马都尉 dūwèi"という官があり,魏晋以後,皇帝の娘婿が必ず任じられたことから.

赴 fù
走部2 四 4380₀
全9画 常用
❶索 行く. 出かける. ¶～宴 fùyàn. ❷索 がんばって行う. ¶～汤蹈 dǎo 火／奔～ bēnfù(駆けつける). ❸索 水に浮く. ❹索 "讣 fù"に同じ. ❺(Fù)姓.
【赴难】fùnàn 動 国家を救うために駆けつける.
【赴任】fùrèn 動 赴任する.
【赴汤蹈火】fù tāng dǎo huǒ 成 水火も辞せず. 困難や危険をものともしない. ¶为了保卫祖国,不惜～／祖国防衛のために,困難や危険をいとわない.
【赴宴】fùyàn 動 宴会に出席する.
【赴约】fùyuē 動 人と会う約束を果たす. 履行する.

复(復❶-❺、複❺❻) fù
夊部6 全9画 四 8040₇ 常用
索 ❶行ったり来たりする. 繰り返す. ¶反～ fǎnfù(反復する)／循环 xúnhuán 往～(ぐるっと回って繰り返す). ❷相手から受けたものを返す. ¶～信 fùxìn／函～ hánfù(手紙で返事する)／～仇 fùchóu／报～ bàofù(報復する). ❸元に戻る. 現状回復する. ¶身体～原(健康を取り戻す)／光～ guāngfù(失地回復する). ❹再び. また. ¶旧病～发(以前の病気が再発する)／一去不～返(行ったきり二度と戻らない). 同 再 zài ❺重複する. ¶～习 fùxí／～杂 fùzá. ❻複数の. ¶～杂 fùzá／～姓 fùxìng. 反 单 dān
【复本】fùběn 名〔册 cè,个 ge〕副本. 同 副本 fùběn 反 正本 zhèngběn
【复辟】fùbì 動 ❶位を追われた君主が帝位に返り咲く. ❷旧支配勢力が地位をとりもどしたり,旧制度が復活する.
【复查】fùchá 動 再検査する. 再調査する. ¶请你～一次／もう一度検査してください. ¶～的结果怎么样？／再検査の結果はどうでしたか.
【复仇】fù//chóu 動 復讐(しゅう)する. ¶～雪耻 xuěchǐ／雪辱を果たす. 同 报仇 bàochóu
【复出】fùchū 動(社会活動の)現役に復帰する.
【复电】fùdiàn 名 返信電報. 同 回电 huídiàn 反 来电 láidiàn
【复读】fùdú 動 受験に失敗した小・中・高の学生が,翌年の受験に備えて,卒業後に元の学年でもう一年間勉強する.
【复读机】fùdújī 名《語学学習などに使う》LL 機器. 参考 テープなどを何度も繰り返して聞くためのもの.

【复发】fùfā（病気が）再発する．¶预防肝炎～/肝炎的再発を防ぐ．
【复方】fùfāng 名《薬》二種類以上の薬剤または成分が配合されている薬．
【复岗】fù//gǎng（リストラされていた人が）元の職場に復帰する．
【复工】fù//gōng 動（操業停止またはストライキのあと）操業を再開する．¶罢工 bàgōng，停工 tínggōng
【复古】fùgǔ 動 復古する．¶～主义/复古主義．
【复古学堂】fùgǔ xuétáng 名 服装や礼儀作法，経書の学習など，伝統的な形式に則って初等教育を行っている私塾．
【复关】fùGuān《経済》"关税及贸易总协定"（GATT）に復帰する．
【复合】fùhé 動 複合した．組み合わさった．¶～词/複合語．¶～元音/複合母音．
【复合材料】fùhé cáiliào 名 複合素材．
【复核】fùhé 動 ❶ チェックする．¶这个月的帐～完了吗？/今月の帳簿はチェックし終わりましたか．❷《法律》（死刑判決が下された案件について，最高人民法院が）再審する．¶～的结果，维持原判/再審の結果，原判決のままとする．
【复会】fù//huì 動 会議を再開する．
【复婚】fù//hūn 動（元の配偶者と）再婚する．復縁する．
【复活】fùhuó 動 ❶ 死んだものが）生き返る．❷ 復活する．¶他们使失传的民间艺术～了/彼らは途絶えていた民間芸術を復活させた．同 复生 fùshēng
【复活节】Fùhuójié 名《宗教》キリスト教の復活祭．イースター．
【复机】fùjī 動 "寻呼机"（ポケットベル）の呼び出しに対し，返事の連絡をする．
【复交】fùjiāo 動 ❶ 付き合いが復活する．❷ 外交関係が回復する．
【复旧】fù//jiù 動（昔の風習・観念・制度等が）復活させる．もとにもどす．
【复句】fùjù 名《言語》複文．¶因果～/因果関係をあらわす複文．¶假设 jiǎshè～/仮定関係の複文．同 复合句 fùhéjù
【复刊】fù//kān 動 復刊する．再刊する．反 停刊 tíngkān
【复课】fù//kè 動（中止していた）授業を再開する．
【复利】fùlì 名《経済》複利．¶按～计算/複利で計算する．反 单利 dānlì
【复命】fùmìng 動 復命する．
【复牌】fùpái 動《経済》株式の取引を再開する．参考 取引停止になっていた株式や債券が，規定の手順を踏んで，証券市場で売買を再開すること．
【复赛】fùsài ❶ 動（決勝に到達するまでの）試合をする．❷ 名〔⓿场 chǎng〕一回戦のあと，決勝戦に到達する試合．二回戦，準準決勝，準決勝など．
【复审】fùshěn 動 ❶ 再審査する．❷（裁判）再審する．¶初审通过了，不知一怎么样？/一審は通ったが，再審はどうだろう．
【复生】fùshēng 動 復活する．よみがえる．¶人是不能死而～的/人は死んだら生き返らないものだ．
【复式】fùshì 名《会計》複式．¶～簿记 bùjì/複式簿記．
【复式住宅】fùshì zhùzhái 名《建築》❶ 中二階やロフトなどのある住宅．❷ 建物の一部のみが二階建てになっており，残りの部分は吹き抜けの大きな空間になっている住宅．
【复试】fùshì 名 二次試験．最終試験．表現 一次試験は"初试 chūshì"という．
*【复述】fùshù 動 ❶ 復唱する．¶～命令/命令を復唱する．❷ 読み物の内容を，生徒に自分のことばで説明させる．¶请你把刚才的一段文章～一遍/先ほどの文章の内容を説明してごらんなさい．
【复数】fùshù 名 ❶《言語》複数．反 单数 dānshù ❷《数学》複素数．
【复苏】fùsū 動〈文〉❶ 蘇生する．❷（経済が）回復する．活気を取り戻す．
【复位】fù//wèi 動 ❶《医学》（脱臼等を）整復する．復位する．❷ 君主の座に返り咲く．
【复吸】fùxī 動 薬物をやめた人が再び吸い始めること．
*【复习】fùxí 動 復習する．¶马上要考试了，你应该好好～了/もうすぐ試験なのだから，しっかり復習しておかなくては．同 温习 wēnxí 同 预习 yùxí
【复线】fùxiàn 名〔⓿条 tiáo〕複線．反 单线 dānxiàn
【复写】fùxiě 動（カーボン紙を使って）複写する．
【复写纸】fùxiězhǐ 名 カーボン紙．
【复信】❶ fù//xìn 動 返信する．¶因为很忙，到今天才～，请原谅/繁忙のため，今日までお返事が書けず，申し訳ありません．❷ 名 回信 huíxìn ❷ fùxìn 名〔⓿封 fēng〕返信．
【复兴】fùxīng 動 ❶ 復興する．¶文艺～/ルネッサンス．❷ 復興させる．¶～国家/国家を復興させる．
【复姓】fùxìng 名 複姓．二字以上の姓．"欧阳 Ōuyáng"，"司马 Sīmǎ"など．
【复学】fù//xué 動 復学する．¶他休学一年后～了/彼は1年間休学して復学した．反 休学 xiūxué
【复眼】fùyǎn 名《虫》複眼．
【复业】fùyè 動 営業を再開する．本業に復帰する．
【复议】fùyì 動 再度審議する．¶关于这个问题已经没有～的必要了/この問題については，再度審議する必要はない．
【复音】fùyīn 名《物理》複合音．
【复音词】fùyīncí 名《言語》⓿ 个 ge, 组 zǔ〕多音語．反 单 dān 音词 参考 "玻璃 bōli""萨其马 sàqímǎ"などがその一例．
*【复印】fùyìn 動（複写機などで）複写する．¶～纸/コピー用紙．
【复印机】fùyìnjī 名 コピー機．
【复员】fù//yuán 動 ❶ 戦時体制から平時体制に戻る．❷（戦争の終結や兵役期間の満了などにより）軍人が現役を退く．¶～回乡/退役し，故郷へ帰る．
【复员军人】fùyuán jūnrén 名 復員兵．
【复原】fùyuán 動 ❶（病後に健康を）回復する．¶奶奶身体还没～/おばあさんはまだ健康を回復してはいない．同 复元 fùyuán ❷ 元通りにする．¶这尊 zūn 佛像损坏太严重，恐怕很难～了/この仏像は破損がはげしいので，復元はかなり難しい．同 恢复 huīfù, 还原 huányuán
【复圆】fùyuán 名《天文》月食や日食での復円（の時刻）．
*【复杂】fùzá 形 絡（ｓ）み合っている．複雑だ．¶～的问题/絡み合った問題．¶大公司的人际关系非常～/大会社の人間関係はとても複雑だ．反 简单 jiǎndān
【复杂劳动】fùzá láodòng 名《経済》複雑労働．反 简单 jiǎndān 劳动
【复诊】fùzhěn 動《医学》再診する．
【复职】fù//zhí 動 復職する．

【复制】fùzhì 動 複製する. コピーする. ¶～品 / 複製品. レプリカ.
【复种】fùzhòng 名《農業》多毛作.
【复壮】fùzhuàng 動 動植物が元々持っていた優れた特性を取り戻させ, 次世代による種子の生命力を高める.

洑 fù
氵部6 四 3318₄
全9画 通用
動 泳ぐ. ¶～水 fùshuǐ.
☞ 洑 fú
【洑水】fùshuǐ 動 泳ぐ. 水に浮く.

副 fù
刂部9 四 1260₀
全11画 常用
❶ 素 2番目の. 補助的な. ¶～主席 fùzhǔxí (副主席) / ～教授 fùjiàoshòu. 反 正 zhèng ❷ 素 付帯的な. 二次的な. ¶～作用 fùzuòyòng / ～业 fùyè. ❸ 素 補助的な仕事. またそれをする人. ¶大～ dàfù (一等航海士. 船長の次の位). ❹ 素 互いに釣り合いが取れている. ¶名～其实 (成 名実体が伴わない) / 名～其实 (成 名実相伴う). ❺ 量 一組や一揃いになったものを数えることば. ¶一～对联 duìlián (一対の"对联") / 两～耳环 (二組みのイヤリング) / 三～扑克 pūkè (3セットのトランプ). ❻ 量 顔の表情についていうことば. ¶一～笑容 (笑顔). ❼ (Fù)姓. 用法 ❻は, 数詞を"一"に限り, 名詞の前に修飾語がつくことが多い.
【副本】fùběn 名 本 běn, 份 fèn, 个 ge〕(図書や公文書の)副本. 写し. 控え. ¶留～ / コピーをとっておく. 反 正本 zhèngběn
【副标题】fùbiāotí 名 副題. サブタイトル.
【副产品】fùchǎnpǐn 名〔種 zhǒng〕副産品. 同 副产物 fùchǎnwù
【副产物】fùchǎnwù 名 副産物.
【副词】fùcí 名《言語》副詞.
【副高】fùgāo 名"副高级职称"(副クラスの幹部の職名)の略. 参考"副教授"(准教授), "副校长"(副校長・教頭)等.
【副官】fùguān 名 舊 副官.
【副交感神经】fùjiāogǎn shénjīng 名《生理》副交感神経.
【副教授】fùjiàoshòu 名 准教授.
【副刊】fùkān 名 新聞で, 文芸作品や学術論文などを専門に扱うページや欄. 学芸欄. 文芸欄. 参考"专刊 zhuānkān"は, スポーツや芸能など特定のテーマのページや欄.
【副品】fùpǐn 名〔個 ge, 件 jiàn〕二級品. 品質が基準に達していない製品. 同 二等品 èrděngpǐn 反 正品 zhèngpǐn
【副热带】fùrèdài 名《気象》亜熱帯. 同 亚 yà 热带
【副伤寒】fùshānghán 名《医学》パラチフス.
【副神经】fùshénjīng 名《生理》副神経.
【副肾】fùshèn 名《生理》副腎.
*【副食】fùshí 名 副食. 副食物. ¶～品 / 副食品. ¶～店 / 副食品店. 反 主食 zhǔshí 参考 肉や野菜などのほか, 油や醤油なども"副食"とする.
【副手】fùshǒu 名〔個 ge, 名 míng, 位 wèi〕助手. 手伝い.
【副署】fùshǔ 動 (法令や文書に)副署する.
【副题】fùtí 名 副標題 biāotí.
【副业】fùyè 名〔種 zhǒng〕副業. ¶～生产 / 副業生産.
【副翼】fùyì 補助翼.

【副油箱】fùyóuxiāng 名 (飛行機の)補助タンク.
【副职】fùzhí 名〔個 个 ge〕("副校长 fùxiàozhǎng""副主任 fùzhǔrèn"などの)職務上の地位が副であるもの. 反 正职 zhèngzhí
【副主任】fùzhǔrèn 名 副主任.
【副总理】fùzǒnglǐ 名 (国務院の)副総理. 副首相.
【副作用】fùzuòyòng 名 副作用. ¶这种药有没有～? / この薬は副作用がありますか.

赋 (賦) fù
贝部8 四 7384₀
全12画 次常用
素 ❶ 与える. 授ける. ¶～予 / 天～ tiānfù (天性の. 生まれつき与えられた). ❷ 田地に対する税金. ¶田～ tiánfù (土地税) / ～税 fùshuì. ❸《文学》古代の文体の一つ. ¶汉～ Hànfù (漢代の賦) / 赤壁～ Chìbìfù (赤壁の賦). ❹ 詩を吟ずる. 詩を作る. ¶登高～诗 (重陽の節句に高みに登って詩を詠む).
【赋税】fùshuì 名 田賦などの租税. ¶减轻～ / 税を軽減する.
【赋闲】fùxián 形 仕事がなくて, ヒマだ. 由来 晋代の潘岳「閑居賦」から.
【赋形剂】fùxíngjì 名《薬》賦形剤. 参考 ハチミツやでんぷんなど.
【赋性】fùxìng 名 生まれつき. 天性. ¶他～聪颖 cōngyǐng / 彼は生まれつき利口だ.
【赋役】fùyì 名 賦役(えき). 租税と労役.
【赋有】fùyǒu 動 (性格や気質などを)備えもつ. ¶他们～忠厚 zhōnghòu 质朴 zhìpǔ 的性格 / 彼らは, まじめで飾り気がない.
【赋予】fùyǔ 動 (重大な任務や使命を)与える. 授ける. ¶这是历史～我们的任务 / これは歴史が我々に与えた任務だ.

傅 fù
亻部10 四 2324₂
全12画 常用
❶ 動 手助けをする. 教え導く. ❷ 動 付ける. 付け加える. ¶～粉 fùfěn (おしろいを塗る). ❸ 素 先生・師匠・親方など. ¶师～ shīfu (師匠. 親方. 先生. 呼びかけにも使う). ❹ (Fù)姓.
【傅会】fùhuì 動 付会する. こじつける. 同 附 fù 会

富 fù
宀部9 四 3060₆
全12画 常用
❶ 形 豊かだ. ¶繁荣～强 (栄えて豊かだ). 反 贫 pín, 穷 qióng ❷ 素 資源. 財産. ¶～源 fùyuán. ❸ 動 富む. ¶～饶 fùráo / 丰～ fēngfù (豊富だ). ❹ (Fù)姓.
【富贵】fùguì 形 財産と地位がある. ¶～人家 / 富も地位もある家. ¶～如浮云 / 富貴は浮き雲のように定まらぬものだ. 反 贫贱 pínjiàn
【富贵病】fùguìbìng 名 舊 長期療養が必要な慢性病.
【富国】fùguó ❶ 動 国を富裕にする. ❷ 名 富裕な国.
【富国强兵】fù guó qiáng bīng 国を富ませ兵力を増強する. 由来 秦の政治家, 商鞅(ฮั)の『商君書』壹言に見えることば.
【富含】fùhán 動 (成分などを)大量に含む.
【富豪】fùháo 名 お金も権力もある人. 富豪.
【富户】fùhù 名 (～儿)富豪. 財産家.
【富集】fùjí 動 (物質が)高濃度で含まれる.
【富矿】fùkuàng 名 有用な成分を多く含んだ鉱石, あるいは鉱床. 反 贫矿 pínkuàng
【富兰克林】Fùlánkèlín《人名》フランクリン(1706-1790). 米国の政治家・哲学者・科学者.

【富丽】fùlì 形 立派で美しい. 壮麗だ. 用法 主に建築物・装飾・景観などに用いる.
【富丽堂皇】fù lì táng huáng 成〈建築物が〉豪麗で壮大だ.〈場面が〉華麗で盛大だ.
【富民】fùmín 人民を富裕にする.
【富民政策】fùmín zhèngcè 名 人民を富裕にするための政策.
【富农】fùnóng 名 ❶ 富農. ❷ 富裕な農民. 参考 ①は,文化大革命以前の農民の階級の一つ."地主 dìzhǔ"に次ぐ. ②は,農業の合理化経営や,商工業への投資,高利貸しを兼業するなどして,経済的に裕福になった農民.
【富强】fùqiáng 形〈国家が〉財力に富み武力も強い. ¶我们的国家正在一天天~起来 / 我が国は日一日と強大になっていく. 反 贫弱 pínruò
【富饶】fùráo 形〈土地の産物が〉豊かだ. 豊饒(ほうじょう)だ. ¶~的祖国 / 豊かな祖国. ¶把家乡建设得更加~ / ふるさとをさらに豊かにする. 同 丰饶 fēngráo,富庶 fùshù 反 贫穷 pínqióng
【富商】fùshāng 名 富商. 金持ち商人. ¶~大贾 dàgǔ / 大もうけした豪商.
【富庶】fùshù 形 物資が豊富で人口も多い. ¶长江三角洲 sānjiǎozhōu 地区是~ / 長江デルタ地区は豊かで人口も多い. 同 富饶 fùráo 反 贫穷 pínqióng
【富态】fùtai 形 福々しい. ふくよかだ. ¶他长 zhǎng 得很~ / 彼は格幅がよい. 重 富富态态 表示 太っていることの婉曲表現.
【富翁】fùwēng 名 大金持ち. 富豪.
【富营养化】fùyíngyǎnghuà 動 富栄養化する.
【富有】fùyǒu ❶ 形 富裕だ. ¶他家几代经商,~得很 / 彼の家は何代も続いた商家です,とても裕福だ. 同 富裕 fùyù ❷ 動 …に富む. ¶~生命力 / 生命力に富んでいる. ¶这部电影~极强的感染力 gǎnrǎnlì / この映画は極めて強い影響力をもっている.
【富裕】fùyù 形〈日々の生活が〉富裕だ. 豊かだ. ¶日子过得很~ / 大変ゆとりのある暮らしをしている. 同 富有 fùyǒu,富余 fùyu 反 贫穷 pínqióng
【富裕中农】fùyù zhōngnóng 名 上層中農. 経済的に比較的恵まれている農民. 参考 かつては"上中农 shàngzhōngnóng"と言った.
【富余】fùyu 形 有り余る. 余裕がある. ¶~人员 / 余剰人員. ¶把~的钱存入银行 / 余っているお金を銀行へ預ける. 同 富裕 fùyù
【富源】fùyuán 名 天然資源.
【富足】fùzú 形〈お金と物が〉豊かで満ち足りている. ¶物资~ / 物資が豊かだ.

腹 fù 月部9 四 7824[7] 全13画 常用

❶ 名 腹. ¶~背受敌 / 果~ guǒfù(お腹をいっぱいにする) / ~地 fùdì. 同 肚子 dùzi 反 背 bèi ❷ 素 内心. ¶~稿 fùgǎo. ❸ 素 容器の中央部の膨らんだ部分. ¶壶~ húfù(つぼやきゅうすの膨らんだ部分). ❹(Fù)姓.
【腹背受敌】fù bèi shòu dí 成 腹背に敵を受ける. 前と後ろから敵に挟まれる. ¶~的情况 / 腹背に敵を受ける情勢.
【腹部】fùbù 名 腹部.
【腹地】fùdì 名 中心に近い地区. 後背地.
【腹诽】fùfěi 動 口には出さないが,心の中で相手をそしる. ¶~心谤 / 心の中で悪態をつく. 同 腹非 fēi 由来『史記』平準書に見える語.
【腹稿】fùgǎo 名(~儿)構想. 腹案. ¶打~ / 構想を練る. ¶有个~ / 腹案がある.
【腹股沟】fùgǔgōu 名《生理》鼠径(そけい). 同 鼠蹊 shūxī
【腹面】fùmiàn 名〈動物の〉腹側.
【腹膜】fùmó 名(~儿)《生理》腹膜. ¶~炎 yán / 腹膜炎.
【腹鳍】fùqí 名《魚》腹びれ.
【腹腔】fùqiāng 名《生理》腹腔(ふくこう).
【腹水】fùshuǐ 名《医学》腹水.
【腹痛】fùtòng 名 腹痛.
【腹泻】fùxiè 動 下痢する. ¶~不止 / 下痢が止まらない. 同 水泻 shuǐxiè 表現 口語では,"拉肚子 lā dùzi","拉稀 lāxī","泻肚 xièdù","闹肚子 nào dùzi"という.
【腹心】fùxīn 名 ❶ 急所や要(かなめ). ¶~之患 huàn / 成 身中にひそむ災い. ❷ 身近で特に信頼をおいている人. 腹心. ❸ 誠意や真心. ¶敢布~ / あえて誠意をみせる. ¶~相照 / 成 真心をもって相対する.
【腹胀】fùzhàng 名《医学》腹部膨張.
【腹足类】fùzúlèi 名《動物》腹足類.

鲋(鮒) fù 鱼部5 四 2410[0] 全13画 通用

名《魚》フナ. ¶涸 hé 辙 zhé 之~(水のかれたわだちの中にいるフナ. 困難にあって,助けを待っている人のたとえ).

缚(縛) fù 纟部10 四 2314[2] 全13画 次常用

❶ 素 縛(しば)る. ¶束~ shùfù(束縛する) / 作茧 jiǎn 自~(成 蚕がまゆを作って中に閉じこもるように,自らを身動きできなくさせる). ❷(Fù)姓.

赙(賻) fù 贝部10 四 7384[2] 全14画 通用

素 文 金銭を贈り葬式を援助する. ¶~金 fùjīn(香典) / ~仪 fùyí.
【赙仪】fùyí 名 文 香典.
【赙赠】fùzèng 動 香典として贈る.

蝮 fù 虫部9 四 5814[7] 全15画 通用

下記熟語を参照.
【蝮蛇】fùshé 名《動物》[条 tiáo] マムシ.

鳆(鰒) fù 鱼部9 四 2814[2] 全17画 通用

下記熟語を参照.
【鳆鱼】fùyú 名《貝》アワビ. 同 鲍鱼 bàoyú

覆 fù 覀部12 四 1024[7] 全18画 通用

素 ❶ 文 覆いかぶさる. ¶天~地载 zài(天の下にあり地の上にあるもの. 万物をさす) / ~盖 fùgài. ❷ 文 ひっくり返る. 転覆する. ¶~舟 fùzhōu(転覆した小舟) / 翻~ fānfù. ❸"复",复"①②に同じ.
【覆巢无完卵】fù cháo wú wán luǎn 成 一門にかかわる大きな災いは,同族のすべての命に及ぶ. 由来『世説新語』言語篇に見えることば,"鳥の巣をひっくり返せば,中の卵はみな割れてしまう"という意から.
【覆盖】fùgài ❶ 動 覆う. ¶浓云~着山顶 / 分厚い雲が山頂を覆っている. ¶大地被一层 céng 白雪~着 / 大地はすっぽりと白い雪で覆われた. ❷ 名 地表を覆う植物が,地表と土壌とを覆うこと. 同 掩盖 yǎngài,遮盖 zhēgài
【覆盖面】fùgàimiàn 名 ❶ 覆っている面積. ❷ 影写が

及ぶ範囲.

【覆灭】fùmiè 動 全滅する. 潰滅する. ¶全军～ / 全軍潰滅する.

【覆没】fùmò 動 ❶ 文 (船が)転覆して沈む. ❷ (軍隊が)全滅する. ¶敌人全军～ / 敵は全軍潰滅した. ❸ 文 陥落する. 占領される. 回 沦陷 lúnxiàn

【覆盆之冤】fù pén zhī yuān 成 晴らすことのできない冤(えん)罪. どこにも訴える所のない無実の罪. 由来「ひっくり返した鉢の中には日の光が射さない」という意から.

【覆盆子】fùpénzǐ 名《薬》フクボンシ. 参考 ゴショイチゴの果実を乾燥したもので,腎機能強化や強壮等の効用がある.

【覆水难收】fù shuǐ nán shōu 成 覆水盆に返らず. 一度してしまったことは取り返せない.

【覆亡】fùwáng 動 (国家などが)滅亡する.

【覆辙】fùzhé 名 車のひっくり返った跡. 失敗の教訓. ¶重蹈 chóngdǎo～ / 同じ過ちをくり返す.

馥 fù 香部9 四 2864₇ 全18画 通用

素 文 香気. ¶～郁 fùyù / 芳～ fāngfù (芳しく香る).

【馥郁】fùyù 形 文 香気が強い. 馥郁(ふく)としている. ¶～的花香 / 馥郁たる花の香り.

G

ga ㄍㄚ〔kA〕

夹(夾) gā 大部3 [四] 5080_0 全6画 [常用]
下記熟語を参照.
☞ 夹 jiā,jiá
【夹肢窝】gāzhiwō [名] わきの下. [同] 胳肢窝 gāzhiwō

旮 gā 日部2 [四] 4060_1 全6画 [通用]
下記熟語を参照.
【旮旮旯旯儿】gāgalálár [名][方] すみずみ. ¶～都找遍了,就是没发现 / すみからすみまで捜したのに見つからない.
【旮旯儿】gālár [名] ❶[方] 片隅. ¶墙～ / 塀の片隅. ❷人気のないへんぴな所. ¶山～ / 山奥. ¶不知从哪个～里冒出来的 / どこの片田舎から出て来たのやら.

伽 gā 亻部5 [四] 2620_0 全7画 [通用]
下記熟語を参照.
☞ 伽 jiā,qié
【伽马刀】gāmǎdāo [名]《医学》ガンマナイフ.
【伽马射线】gāmǎ shèxiàn [名]《物理》〔[量] 条 tiáo〕ガンマ線. [同] 丙种 bǐngzhǒng 射线, γ射线

咖 gā 口部5 [四] 6600_0 全8画 [次常用]
下記熟語を参照.
☞ 咖 kā
【咖喱】gālí[-li] [名] カレー. ¶～饭 / カレーライス. ♦curry

胳 gā 月部6 [四] 7726_4 全10画 [常用]
下記熟語を参照.
☞ 胳 gē,gé
【胳肢窝】gāzhiwō [名] "夹肢窝 gāzhiwō"に同じ.

嘎 gā 口部11 [四] 6105_3 全14画 [通用]
❶下記熟語を参照. ❷(Gā)姓.
☞ 嘎 gá,gǎ
【嘎巴】gābā [擬] 物が折れる音. ばりっ. ばきっ. ¶～的一声,那枝竹子被折成两节 / ばきっという音がして,竹が二つに折れた.
【嘎巴】gāba [動][方] ❶こびりつく. 乾いてへばりつく. ❷じっと動かない. ¶别整天～在家里 / 家の中にばかりこもるんじゃない.
【嘎嘎】gāgā [擬] アヒルなどの鳴き声. ガーガー. ¶他～地笑个不停 / 彼はしきりにげらげらと笑った. [同] 呷呷 gāgā
【嘎渣儿】gāzhar [名][方] ❶かさぶた. ❷お焦げ. 焦げたところ.
【嘎吱】gāzhī [擬] 押しつけられて出る音. みしっ. ぎしぎし. ぎぃぎぃ. ¶我被那～～的声音烦死了 / 私はあのぎぃぎぃいう音に悩まされている. [重] 嘎吱嘎吱 [表現] 繰返しの形で用いることが多い.

轧(軋) gá 车部1 [四] 4251_0 全5画 [常用]
[動][方] ❶押し合う. ❷つき合う. ¶～朋友(友だちになる). ❸つきあわせる. 精算する. ¶～帐 gázhàng (帳簿を照合する).
☞ 轧 yà,zhá

钆(釓) gá 钅部1 [四] 8271_0 全6画 [通用]
[名]《化学》ガドリニウム. Gd.

尜 gá 小部6 [四] 9090_8 全9画 [通用]
下記熟語を参照.
【尜尜】gága [名] ❶おもちゃの一種で,両端がとがり,真ん中がふくらんでいる棒. ❷に似たもの. ¶～枣 zǎo / 両端のとがったナツメ. ¶～汤 / トウモロコシの粉をこねて作った"尜尜 gága"の形をした団子. 煮て食べる. [同] 嘎 gá

嘎 gá 口部11 [四] 6105_3 全14画 [通用]
下記熟語を参照.
☞ 嘎 gā,gǎ
【嘎嘎】gága [名] ❶(～儿)おもちゃの一種. 両端が細く,真ん中がふくらんでいる棒. [同] 尜尜 gága ❷紡錘形のもの.

噶 gá 口部12 [四] 6402_7 全15画 [通用]
❶下記熟語を参照. ❷(Gá)姓.
【噶伦】gálún [名] 旧チベット政府の高級官僚. ガロン. [参考] 4人で構成される.
【噶厦】gáxià [名] "噶伦 gálún"で構成された旧チベット政府. ガシャ.

尕 gǎ 小部2 [四] 1790_2 全5画 [通用]
❶[形][方] 小さい. ¶～娃 gǎwá (赤ちゃん) / ～李 gǎ Lǐ (李ちゃん). ❷(Gǎ)姓. [参考] ①は,子供に親しみや愛情をこめた呼び方.

嘎 gǎ 口部11 [四] 6105_3 全14画 [通用]
[形][方] ❶偏屈だ. ¶～杂子 gǎzázi (偏屈者). [同] 乍杂子 gǎzázi ❷いたずらだ. ¶～子 gǎzi (いたずらっこ). [同] 乍子 gǎzi
☞ 嘎 gā,gá

尬 gà 尢部4 [四] 4801_2 全7画 [通用]
→尴尬 gāngà

gai ㄍㄞ〔kae〕

该(該) gāi 讠部6 [四] 3078_2 全8画 [常用]
Ⅰ❶[動] 当然…ということになる. ¶贺礼六百元,十人均摊 jūntān,每人～六十元 / 祝いの品は600元だから10人で頭割りすると一人60元ということになる.

陔垓賅改 gāi-gǎi

❷[動]…の番になる. ¶这一回～我了吧 / 今度は僕の番だよ. ¶～你表演节目了 / 君が出し物をする番だ.
❸[動](単独で用いて)そんなことになるのは当たり前だ. ¶活～! / まあそう, ¶～!谁叫你不听话呢 / 当然だ, 言うことを聞かないからだ.
❹[助]…すべきだ. …するのが当然だ. ¶都十二点了, ～休息了 / もう12時だ, 寝る時間だ. ¶时间不早了, 我～走了 / もう遅くなってから, おいとまします. ¶～说的就要说 / 言うべきことは言わなくてはならない. ¶～死的 / 死に損ね. ¶我～怎么办呢? / 私はどうしたらいいのだろう. ¶这件事你不～这么做 / それはそうしてはならない.
❺[助](推测を表わし)多分…に违いない. きっと…にきまっている. ¶现在不努力学习,长大就～后悔了 / 今一生悬命勉强しないと,大きくなってからきっと後悔することになるよ. ¶算起来,他现在也～是六十岁左右的人了吧 / 考えてみれば,彼は今もう60歳ぐらいになっているはずだ. ¶你的孩子今年～上大学了吧 / あなたの子供は今年大学受験でしょ? ¶他～来了 / 彼はそろそろ来るはずだ.
❻[助](感嘆のムードを伴いて)なんて…だろう. ¶妈妈听到这个消息,～有多高兴啊! / お母さんがそのニュースを聞いたら,きっと大喜びするよ.
II[動]借金がある. ¶～帐 gāizhàng. ¶～他五十块钱 / 彼に50元借りがある.
III[代](前の文脈にある人や事物を指し)この. 当該. ¶～地 / この地方. ¶～校 / この学校.
IV "赅 gāi"に同じ.
V (Gāi)姓.

【该博】gāibó [形][文] "赅博 gāibó"に同じ.
【该当】gāidāng [助動]当然…すべきだ. …せねばならない. ¶这是大家的事,我～出力帮忙 / これはみんなのことだから,私が手伝うのは当然だ. [同]应当 yīngdāng, 应该 yīnggāi
【该死】gāisǐ [形][口]嫌悪や不快をあらわすのしりことば. くそっ. くたばりぞこない. ¶那只～的猫,又把鱼偷吃掉了! / あのいまいましいネコめ,また魚を盗み食いした.
【该帐】gāi//zhàng [動]借りがある. ¶该三年的帐 / 3年のあいだ借金をしていた.

陔 gāi 阝部6 [四]7028₂ 全8画 [通用]

[名]❶阶段. ❷畑のあぜ.

垓 gāi 土部6 [四]4018₂ 全9画 [通用]

❶[素]地名用字. ¶～下 Gāixià. ❷[数]古代の数の单位. 1億.
【垓下】Gāixià〈地名〉古代の地名. 垓下(城). [参考]安徽省霊璧(れいへき)県の東南に位置し,秦の末年,刘邦の軍が项羽を追い詰めた所.
【垓心】gāixīn [名]戦場の中心. ¶困在～ / 戦場の真ん中で包囲される. [参考]旧小说によく见られる.

赅(賅) gāi 贝部6 [四]7088₂ 全10画 [通用]

[素](必要なものが)すべて備わっている. ¶～博 gāibó / 言簡意～(成)ことばは簡潔であるが,気持ちは十分にあらわれている).
【赅博】gāibó [形][文]博学だ. ¶知识～ / 知识が幅広い. [同]该博 gāibó

改 gǎi 己部4 [四]1874₀ 全7画 [常用]

❶[動]変える. 変わる. ¶～革 gǎigé / ～变 gǎibiàn / 更～ gēnggǎi (変更する). ❷[動]手直しする.

修正する. ¶～文章(文章に手を加える) / ～衣服(服を仕立て直す). ❸[動]間違いを改める. ¶知过必～(過ちを悟れば改める). ❹(Gǎi)姓.
【改版】gǎibǎn [動](出版物の)版を改める.
【改扮】gǎibàn [動]変装する. ¶乔装 qiáozhuāng ～ / 変装する. ¶他～成一个小贩 xiǎofàn / 彼は行商人になりすました.
【改编】gǎibiān [動]❶脚色する. 書き直しする. 改作する. ¶根据鲁迅 Lǔ Xùn 小说～ / 鲁迅の小说より脚色. ❷(军事)(軍隊の)編成を変える.
**【改变】gǎibiàn [動]❶変える. ¶古老城市面貌正在迅速～ / 古い街並みがあっという間に変わりつつある. ❷変える. ¶～主意 / 考えを変える. ¶～面貌 / 面目を一新する.
[参考]gǎibiàn❶は,大きな変化を指すことが多い.
【改朝换代】gǎi cháo huàn dài (成)王朝や政権が交代する.
【改称】gǎichēng [動]改称する.
【改窜】gǎicuàn [動]改ざんする. [同]窜改 cuàngǎi
【改道】gǎi//dào [動]❶コースを変える. ¶～北京上海 / 北京へのコースを変更して上海へ向かう. ❷河の流れが変わる. ¶黄河已多次～了 / 黄河はすでに何度も川筋を変えている.
【改掉】gǎidiào [動]きれいさっぱり改める. ¶～坏习惯 / 悪い习惯をすっかり改める.
【改订[定]】gǎidìng [動](文章や規則などを)改訂する. ¶～计划 / 计画を改める.
【改动】gǎidòng [動](項目や順序などを)改める. 調整する. ¶课程没有大～ / カリキュラムにはたいした変更はない.
【改恶从善】gǎi è cóng shàn 悪い行いを改め良い行いをする. ¶～,前途光明 / 心を入れかえ,よい行いをすれば,未来は明るい.
*【改革】gǎigé [動]改革する. ¶技术～ / 技术改革. ¶～了工序 / 工程を改めた. ¶不合理的规章制度都要进行～ / 不合理な規則や制度は改革しなければならない. [同]变革 biàngé, 改造 gǎizào, 革新 géxīn
【改革开放】gǎigé kāifàng [動]改革開放. [参考]中国政府が1978年から採用している, 对外的な技術交流や協力を積極的に行い,国内経済を活性化化させる経済政策.
【改观】gǎiguān [動]面目を一新する. 様子が変わる. ¶几年没回来,家乡的情况完全～了 / 数年帰らないうちに,故乡がばらりと様変わりしていた.
【改过】gǎiguò [動]過ちや間違いを改める. ¶勇于～ / 深く过ちを改める.
【改过自新】gǎi guò zì xīn (成)誤りを正して一からやり直す.
【改行】gǎi//háng [動]職業を変える. ¶张老师已经～做出版工作了 / 张先生は転职して出版の仕事をしている.
【改换】gǎihuàn [動]別なものに取り替える. 変える. ¶～题目 / 题名を差しかえる.
【改悔】gǎihuǐ [動]悔い改める. ¶不知～ / 恥知らず. ¶～福随 / 悔い改めれば,福が訪れる.
【改嫁】gǎi//jià [動]女性が再嫁する. ¶乡村旧时不允许妇女～ / 昔,村では昔,妇女の再嫁は許されなかった.
【改建】gǎijiàn [動]改築する. ¶把仓库 cāngkù ～为工厂 / 倉庫を工場に改築する.
*【改进】gǎijìn [動](方法や態度を)改善する. 良くする. ¶～教学 jiàoxué 方法 / 教授法を改善する.
【改口】gǎi//kǒu [動]❶言い直す. ことばを改める. ¶话已出口,想～也来不及了 / 言ってしまったことは,言い直そうとしても手遅れだ. ❷呼び方を変える.

【改良】gǎiliáng 動(具体的・個別的な欠点を)改良する．¶～品种/品種を改良する．¶这个水果经过多次的～才有现在的香甜/この果物は幾度も改良されて現在の甘さになった．回 改进 gǎijìn,改善 gǎishàn
【改良主义】gǎiliáng zhǔyì 名 改良主義．
【改判】gǎipàn 動《法律》(裁判所が)原判決を覆す．
【改期】gǎi//qī 動 日時を変更する．¶由于下雨,运动会～在下个星期五举行/雨のため,運動会は来週の金曜日に変更された．
【改任】gǎirèn 動 転任する．
【改日】gǎirì 後日．日を改めて．¶～再讨论/日を改めて話し合う．回 改天 gǎitiān．
*【改善】gǎishàn 動(生活・待遇・関係などを)改善する．¶～投资环境/投資のための環境を改善する．¶哥哥出来工作以后,家里的经济情况一了很多/兄が稼ぎにでるようになってから,家計はずいぶん楽になった．
【改天】gǎitiān 名 後日．近日．日を改めて．いずれまた．¶～见/～まで．
【改天换地】gǎi tiān huàn dì 成 大自然を改造すること．大変革のたとえ．
【改头换面】gǎi tóu huàn miàn 成 中身はそのままにして,うわべだけを変えること．
【改弦更张】gǎi xián gēng zhāng 成 制度や方法を変えること．由来『漢書』董仲舒伝に見えることば．琴の弦を張り替えて音調を調える,という意から．
【改弦易辙】gǎi xián yì zhé 成 方法や態度を変えること．由来 琴の弦を張り替え,車の通る道を変更する,という意から．
【改邪归正】gǎi xié guī zhèng 成 悪事をやめて,正道にもどる．¶小李以前虽然犯错,可是已经～,我们就不要再追究了/李君は過去に罪を犯したが,すでに更生しているから,これ以上追及してはいけない．
【改写】gǎixiě 動 書きかえる．リライトする．¶把这篇小说～成剧本/この小説を脚本に書きかえる．
【改姓换名】gǎi xìng huàn míng 成 名前を変える．身分を隠すこと．¶他～,在另一个地方开始新的生活/彼は素性を隠して別の場所で新生活を始めた．回 改名换姓
【改选】gǎixuǎn 動 改選する．
【改易】gǎiyì 動 改める．変更する．
【改用】gǎiyòng 動 使い道を変えて用いる．
【改元】gǎiyuán 動 改元する．
*【改造】gǎizào 動 ❶ 改造する．¶～自然/自然を改造する．❷ 根本から造り直す．¶～旧体制/旧来の体制を一変させる．回 变革 biàngé,改革 gǎigé,革新 géxīn
【改辙】gǎi//zhé やり方を変える．
*【改正】gǎizhèng 動 正しく直す．是正する．¶每一个人必需一自己的错误/誰しも自分の誤りを正さねばならない．矫正 jiǎozhèng,纠正 jiūzhèng,匡正 kuāngzhèng
【改制】gǎizhì 動 制度やシステムを改める．
【改装】gǎizhuāng 動 ❶ 身なりを変える．❷ 包装を変える．¶商品/商品の包装を変える．❸ 機械の装置を取り替える．¶经过一过的机车,骑起来一定很危险/改造バイクは危険に決まっている．
【改锥】gǎizhuī 名〔～把 bǎ〕ねじ回し．ドライバー．回 赶锥 gǎnzhuī,螺丝起子 luósīqǐzi
【改组】gǎizǔ 動 組織やメンバーを組み替える．再編する．¶～内阁 nèigé/内閣を改造する．

【改嘴】gǎi//zuǐ 動 ❶ 言い直す．口調を変える．回 改口 gǎikǒu ❷ 呼び方を変える．

丐 gài
一部3 四 1002₇ 全4画 次常用
❶ 素 (助けなどを)求める．❷ 素 人から食べ物やお金をもらって生きている人．乞食(乞食)．¶乞～ qǐgài(乞食)．❸ 素 与える．¶沾～ zhāngài(利益を与える)．❹ (Gài)姓．

芥 gài
艹部4 四 4422₈ 全7画 次常用
下記熟語を参照．
☞ 芥 jiè
【芥菜】gàicài 名《植物》"芥菜 jiècài"の変種．回 盖菜 gàicài ☞ 芥菜 jiècài

钙(鈣)gài
钅部4 四 8172₇ 全9画 次常用
名《化学》カルシウム．Ca．¶～化 gàihuà/～片 gàipiàn(カルシウム剤)．
【钙化】gàihuà 名《医学》石灰化．石灰沈着．

盖(蓋)gài
羊部5 四 8010₂ 全11画 常用
❶ 名(～儿)(鍋や瓶の)ふた．¶锅～ guōgài(鍋のふた)．❷ 名 旧 傘．¶华～ huágài(身分の高い人が用いた車の日よけ)．❸ 動 上からかぶせる．¶覆～ fùgài(覆う)／～上锅盖(鍋にふたをする)／～被子(掛け布団を掛ける)．❸ 揭 jiē,掀 xiān ❹ 動 圧倒する．¶～世无双 gài shì wú shuāng．❺ 動 はんこを押す．¶～章 gàizhāng/～印 gàiyìn．❻ 動 家を建てる．¶～房子(家を建てる)．❼ 名(～儿)動物の甲羅．¶螃蟹～ pángxièɡài(カニの甲羅)／乌龟～ wūguīgài(カメの甲羅)．❽ 接 文 文の初めにおくことば．さて．¶～闻 gàiwén(さて聞くに)．❾ 素 おそらく．¶～近之矣 yǐ(おそらくこれに近いだろう)．❿ 接 文 前の文の原因をあらわす．…なのは…だからだ．¶有所不知,～未学也(知らないのは,まだ学んでいないからだ)．⓫ (Gài)姓．参考 古くは"盍 hé"と同じ．
☞ 盖 Gě
【盖菜】gàicài 名《植物》カラシナの一種．カイサイ．回 芥 gài 菜 参考"芥 jiè 菜"はカラシナ．
【盖戳】gài//chuō 動 判を押す．
【盖饭】gàifàn 名〔份 fèn,盒 hé,盘 pán,碗 wǎn〕ご飯の上に肉や野菜をのせた食事．どんぶりもの．回 盖浇饭 gàijiāofàn
【盖棺论定】gài guān lùn dìng 成 棺を覆いて論定する．人間の評価は死後に初めて定まる．
【盖浇饭】gàijiāofàn →盖饭 gàifàn
【盖帘】gàilián 名(～儿)かめたらいにのせる円形のフタ．細いコーリャンの茎等を編んで作る．
【盖儿】gàir 名 ❶ ふた．覆い．¶瓶～ píngɡàir/瓶のふた．¶膝～ xīgàir/膝盖骨．¶天灵～ tiānlíngɡàir/頭蓋骨．❷ 甲羅．
【盖然性】gàiránxìng 名《哲学》蓋然性．可能性．
【盖世】gàishì ❶ 成 この世全体．❷ 動 ❶ (才能や功績が)世に比類がない．¶他的武功 wǔgōng～无双/彼の武勲は他に類を見ない．
【盖世太保】Gàishìtàibǎo 名 外 ゲシュタポ．ナチスドイツの国家秘密警察．回 盖斯塔波 Gàisītǎbō ◆ Gestapo
【盖世无双】gài shì wú shuāng 成 (才能や功績が)右に出るものがない．傑出している．

【盖头】gàitou 名旧 花嫁が婚礼の時にかぶる赤い布.
【盖印】gài/yìn 動 捺印する. 同 盖图章 gài túzhāng
【盖章】gài//zhāng 動 捺印する. ¶签字 qiānzì～/署名捺印する. 同 盖图章 gài túzhāng
【盖子】gàizi 名 ❶〔個 个 ge〕ふた. 覆い. ❷ 甲羅.

溉 gài
氵部9 四 3111₂
全12画 常用
→灌溉 guàngài

概 gài
木部9 四 4191₂
全13画 常用

❶ 素 だいたい. 大まか. ¶～论 gàilùn / 大～ dàgài (あらまし). ❷ 素 文 景色や情況. ¶胜～ shènggài (美しい景色). ❸ 素 心のひろさ. ¶气～ qìgài (気概). ❹ 素 一律に. すべて. ¶～不追究(一切追究しない). ❺(Gài)姓.
【概观】gàiguān ❶ 名 概況. ¶市场～ / 市場の概況. ❷ 動 概観する.
【概况】gàikuàng 名 大体の情況. 概況. ¶生活～ / 生活の一般的な情況. 同 概略 gàilüè 反 详情 xiángqíng
*【概括】gàikuò 動 ❶ 総括する. まとめる. ¶～了三个特点 / 三つの特徴にまとめた. ❷ 要約する. ¶你就～地谈谈吧 / かいつまんで話してよ. 反 具体 jùtǐ
【概括性】gàikuòxìng 名 総合性. ¶领导做了～的发言 / トップが総括的な発言をした. ¶～的总结 / おおまかな総括.
【概览】gàilǎn 名 概観. 用法 書名に用いることが多い.
【概率】gàilǜ 名 確率. ¶几率 jīlǜ, 或然率 huòránlǜ
【概率论】gàilǜlùn 名《数学》確率論.
【概略】gàilüè 名 概略. あらまし. ¶故事之～/ 物語のあらまし. ¶～介绍 / 大まかに紹介する.
【概论】gàilùn 名 概論. 用法 書名に用いることが多い.
【概貌】gàimào 名 大体の様子. 概況.
【概莫能外】gài mò néng wài 成 例外は一つとしてあり得ない.
*【概念】gàiniàn 名〔個 个 ge〕概念. ¶基本～ / 基本概念.
【概念车】gàiniànchē 名 コンセプトカー.
【概念股】gàiniàngǔ 名《経済》コンセプトストック.
【概念化】gàiniànhuà 動 概念化. 図式化.
【概述】gàishù 動 あらましを述べる. ¶简短地～那件事情 / 手短にその件の概略を述べる.
【概数】gàishù 名 おおよその数. 表現 数の後に "几", "多", "来", "左右", "上下" などを用いてあらわす.
【概说】gàishuō 動 かいつまんで述べる.
【概算】gàisuàn 名 おおよその見積もり. 概算. ¶～报价单 bàojiàdān / 概算見積書. ¶～送货单 sònghuòdān / 見積送り状.
【概要】gàiyào 名 概要. 概略. ¶故事之～ / あらすじ. ¶《中国思想史～》/『中国思想概要』用法 書名に用いることが多い.

gan ㄍㄢ〔kan〕

干¹ gān
干部0 四 0040₀
全3画 常用

❶ 動 かかわりがある. ¶～连 gānlián. ¶不相～ bù-xiānggān / かかわりがない.
❷ 素 犯す. 破る. ¶～犯 gānfàn. ¶～禁 / 禁を犯す.
❸ 動 文 地位や報酬を求める. ¶～禄 gānlù / 報酬を求める.
❹ 名 盾. ¶～戈 gāngē.
❺ 素 干支(ど)の十干. ¶～支 gānzhī.
❻ 名 文 岸辺. ¶江～ jiānggān / 川のほとり. ¶河～ hégān / 川のほとり.
❼(Gān)姓.
☞ 干 gàn

干²(乾) gān
干部0 四 0040₀
全3画 常用

❶ 形 水分がなく渇いている. ドライの. ¶～燥 gānzào. ¶～洗 gānxǐ. ¶河里的水～了 / 川の水がすっかり干上がった. ¶衣服还没～/ 洗濯物はまだ乾かない.
❷ 名 (～儿)乾燥させた食品. ¶饼～ / bǐnggān / ビスケット. ¶豆腐～ / dòufugān / 豆腐を蒸して乾燥させたもの. ¶葡萄～ / pútáogān / 干しブドウ.
❸ 形 からっぽだ. うつろだ. ¶外强中～ 成 見かけは強そうだが中身がない. ¶我的钱都用～了 / 財布がすっからかんになった.
❹ 動 からにする. 空ける. ¶先～了这杯再说吧 / まずこれを飲んでからにしよう.
❺ 副 むだに…するようす. ¶～笑 gānxiào. ¶～等 / ただ待つばかり. ¶～着急 gān zháojí. ¶～打雷 / 雨は降らず雷だけが鳴る.
❻ 素 義理の親戚関係. ¶～娘 gānniáng / 義理の母. ¶～姐妹 gānjiěmèi.
❼ 動 方 あからさまな物言いで困らせる. ¶我又～了她几句 / また彼女に悪いことを言ってしまった.
❽ 動 方 そっけなくしよう. ¶他把咱们～起来了 / 彼は私たちをほったらかしにした.
☞ 干 gàn

【干巴巴】gānbābā 形 (～的) ❶ (土地などが)干上がっている. ¶～的红土地带 / 干上がった赤土地帯. 同 干瘪瘪 gānbiěbiě 反 水灵灵 shuǐlínglíng ❷ (ことばや文章に)味わいがなく単調だ. ¶文章写得～的 / 文章に面白みがない.
【干巴】gānba 形 口 ❶ ひからびている. ¶老不下雨, 地都～了 / ずっと雨が降らないので, 地面がからからになってしまった. ❷ (皮膚が)かさかさだ. ¶皮肤我变得～了 / 肌がかさかさになった.
【干白】gānbái 名 (甘みを抑えた)ドライな白ワイン.
*【干杯】gān//bēi 動 乾杯する. ¶为我们的健康～! / 健康のために乾杯! 用法 "干杯"は杯を完全に飲み干すこと. 杯とぶつけ合うだけなら "碰杯 pèngbēi" と言う.
【干贝】gānbèi 名 干した貝柱. 同 江珧柱 jiāngyáozhù
【干瘪】gānbiě 形 ❶ ひからびている. ¶别看他是个～老头, 功夫可好呢 / 彼をあなどると見損っちゃいけないよ. 腕前はすごいんだ. 反 饱满 bǎomǎn, 丰满 fēngmǎn ❷ "干巴巴 gānbābā" ❷ に同じ.
【干冰】gānbīng 名 ドライアイス.
【干菜】gāncài 名 干した野菜.
【干草】gāncǎo 名〔捆 kǔn, 束 shù〕干し草. わら.
*【干脆】gāncuì ❶ 形 てきぱきしている. すっきりしている. ¶说话～利落 / 話し方がきはきしている. 重 干干脆脆 同 爽快 shuǎngkuài, 痛快 tòngkuài 反 啰唆 luō-

suō, 拖拉 tuōlā ❷ あっさりと. いっそのこと. ¶～別理他 / いっそのこと彼にかかわるのはやめろ. 回 索性 suǒxìng

【干打雷,不下雨】 gān dǎ léi, bù xià yǔ 俗 ❶ 口先ばかりで行動がともなわない. ❷ そら泣きする. 由来 雷が鳴るだけで雨が降らない、という意から.

【干打垒】 gāndǎlěi 名 《建築》❶ 二枚の枠板の間に粘土を入れ、杵ごやハンマーで突き固めて壁を作る工法. ❷ ①の工法で造った家. 参考 簡単で安価だが、水に弱くこわれやすい.

【干瞪眼】 gāndèngyǎn 動 はたでやきもきするだけで何もできない.

【干电池】 gāndiànchí 名 乾電池

【干爹】 gāndiē 名 義父. 義を結んで親子になった父親. 回 干爸 gānbà 关 干儿子 gān'érzi, 干姑娘 gāngūniang 参考 法律上の関係ではなく、信義に基づく関係.

【干儿子】 gān'érzi 名 義を結んで親子になった子.

【干犯】 gānfàn 動 《法律や規則を》やぶる. 《領土などを》侵す. ¶～国法 / 国の法律を犯す.

【干饭】 gānfàn 名 《おかゆに対して》ご飯. 反 稀饭 xīfàn

【干粉】 gānfěn 名 《料理》食品の一つ. 春雨などを乾燥させたもの.

【干戈】 gāngē 名 ❶ 武器. ❷ 戦争. ¶～四起 / あちこちで戦争が起こる. 参考 ①は、"干"は"盾"、"戈"は"矛ぼ"など.

【干股】 gāngǔ 名 《経済》出資せずに配当だけを受けられる株式.

【干果】 gānguǒ 名 ❶ 成熟後, 果皮が固くなる果実. 乾果. ❷ 干した果実. 参考 ②は、"柿子 shìzi"（かき）、"枣儿 zǎor"（なつめ）など.

【干旱】 gānhàn ❶ 形 日照りで乾燥している. ❷ 名 日照り. 干ばつ. ¶～少雨 / 日照りで雨が不足する.

【干号[嚎]】 gānháo 動 涙を流さず大声で泣き叫ぶ.

【干涸】 gānhé 形 《川や池の》水が枯れる. ¶水库～ / ダムが干上がる.

【干红】 gānhóng 名 《甘みを抑えた》ドライな赤ワイン.

【干花】 gānhuā 名 ドライフラワー.

【干货】 gānhuò 名 乾物. 干した果物や魚介類など.

【干急】 gānjí 動 慌てふためいて何もできない.

【干季】 gānjì 名 乾期. 乾季. 回 旱 hàn 季

【干将】 gānjiāng 名 名刀. 宝剣. ¶～莫邪［镆铘］mòyé / 干将. 昔、呉の干将（ごしょう）が作った一対の名刀（"莫邪"は妻の名からとった）. 後に、名刀の代名詞となる. ☞ 干将 gànjiàng

【干结】 gānjié 動 乾いて硬くなる. ¶大便～ / 便が硬くなる.

【干姐妹】 gānjiěmèi 名 義を結んで姉妹になった姉と妹.

**【干净】 gānjìng 形 ❶ 清潔で汚れがない. ¶把衣服洗～ / きれいに洗濯する. 重 干干净净 gānjìng jìngjìng, 洁净 jiéjìng, 清洁 qīngjié 反 肮脏 āngzāng ❷ 《話し方や行動が》すっきりしている. ¶笔下～ / 文章がすっきりしている. ❸ きれいさっぱり残っていない. ¶饭要吃～ / 食事は残さず食べなさい.

【干净利落】 gānjìng lìluo 句 小気味よい. てきぱきしている. ¶小明办事～ / ミンさんは仕事がてきぱきしている.

【干咳】 gānké 動 空咳（からぜき）をする. 回 干咳嗽 gānkésòu

【干渴】 gānkě 形 口からからにかわく.

【干枯】 gānkū 形 ❶ 草木が枯れている. ¶～的树叶 / 枯れ木の葉. ❷ 肌がかさかさだ. ❸ 水

が枯れる. 回 干涸 gānhé

【干酪】 gānlào 名 ［盒 hé, 块 kuài］チーズ.

【干冷】 gānlěng 形 空気が乾いて寒い.

【干连】 gānlián 動 関連する. 回 关联 guānlián

【干粮】 gānliáng 名 ［袋 dài, 块 kuài］乾燥させた主食. 煎り米や"烙饼 làobǐng"など.

【干裂】 gānliè 動 乾いてひび割れる. ¶土地～ / 土地が干上がって割れる. ¶嘴唇 zuǐchún～ / 唇がひび割れる.

【干馏】 gānliú 動 《化学》乾留する(こと).

【干妈】 gānmā 義を結んで親子になった母親.

【干面】 gānmiàn 名 小麦粉. 回 面粉 miànfěn

【干女儿】 gānnǚ'ér 名 義理の娘. 回 义 yì 女 参考 法的のつながりがなく, 当人同士がそう認めている場合も含む.

【干呕】 gān'ǒu 動 《医学》吐き気を催す.

【干啤】 gānpí 名 ドライビール. 甘みとカロリーを抑えたビール.

【干亲】 gānqīn 名 義を結んでできた親戚.

【干扰】 gānrǎo ❶ 動 じゃまをする. 妨げる. ¶你已经～别人几次了 / 何度も人のじゃまをした. 回 烦扰 fánrǎo, 搅扰 jiǎorǎo ❷ 名 電波の妨害. ¶电视受到～, 画面一直在跳动着 / 電波障害で, テレビの画面がずっと躍っている.

【干扰弹】 gānrǎodàn 名 《軍事》妨害弾. 妨害兵器.

【干扰素】 gānrǎosù 名 《医学》インターフェロン.

【干涉】 gānshè 動 余計なおせっかいをする. 介入する. ¶互不～内政 / お互いに内政干渉はしない. ¶这是我们的家事, 请各位别～ / これはうちのことですから, 皆さんは口出しないでください. ¶～现象 / 光や波の干渉現象. 回 干预 gānyù ❷ かかわる. 関係する. ¶这件事与我毫无～ / これは私にはまったくかかわりのない事だ.

【干瘦】 gānshòu 形 やせこけている.

【干爽】 gānshuǎng 形 ❶《気候が》乾燥していてすがすがしい. ❷《土地や道路が》乾いている. 濡れていない.

【干松】 gānsong 形 方 乾燥していてフワフワだ.

【干洗】 gānxǐ 動 ドライクリーニングする(こと). 反 水洗 shuǐxǐ

【干系】 gānxì[-xi] 名 もめごとの責任. かかわり合い. ¶～重大 / 責任は非常に大きい.

【干鲜果品】 gānxiān guǒpǐn 名 《ドライフルーツを含む》果物.

【干笑】 gānxiào 動 作り笑いをする. ¶他一声也不吭 kēng, 只给了我个～ / 彼は何も言わず, 私に作り笑いをした.

【干薪】 gānxīn ❶《名義だけで》働かずにもらう給料. ❷ 本給.

【干预［与］】 gānyù 口出しをする. 関与する. ¶清代慈禧太后 Cíxǐ Tàihòu～朝政, 总揽 zǒnglǎn 大权 dàquán / 清の西太后は国政に口を出し, 大きな権力をほしいままにした.

【干哕】 gānyue 吐き気を催す. むかつく. ¶竟 jìng～吐不出来 / むかむかするだけで, 吐くことができない.

*【干燥】 gānzào 形 ❶ 乾いている. ¶～剂 jì / 乾燥剤. ¶口舌非常～ / 口の中がひどく乾く. 反 潮湿 cháoshī, 湿润 shīrùn ❷ おもしろみがない. つまらない. ¶台上的演讲～无味 / 演壇上の演説は, 無味乾燥でつまらない.

【干着急】 gān zháojí 句 ただ気をもむばかりで, 何もできない.

【干蔗】 gānzhe 名 《植物》サトウキビ. 回 甘蔗 gānzhe

甘玕杆肝坩苷矸　gān　341

【干支】gānzhī 名 干支(ぇ). ¶～纪年 / 干支であらわした年代. 参考 "甲子 jiǎzǐ"から"癸亥 guǐhài"まで60年で一周する.

【干租】gānzū 動 機material のみの貸し出しをする. 区 湿 shī 租 参考 作業員やメンテナンス要員をつけずに、機械や車両のみを貸し出すこと.

甘 gān
甘部0　四 4477₀
全5画
❶ 素 甘くておいしい. ¶～泉 gānquán. 区 苦 kǔ ❷ 素 甘んじて行う. 自分から進んでやる. ¶～心 gānxīn / ～愿 gānyuàn. ❸(Gān)姓.

【甘拜下风】gān bài xià fēng 成 敗けを認めて人の風下に立つ.

【甘草】gāncǎo 名《植物・薬》カンゾウ. 参考 根には甘みがあり、せき止め、鎮痛の薬にもなり、香料にも使う.

【甘当】gāndāng 動 甘んじてつとめる. ¶～小差使 chāishi / 下働きを引き受ける.

【甘汞】gānǒng 名《化学》甘汞(ぎぅ). 塩化水銀.

【甘苦】gānkǔ 名 ❶ 恵まれた境遇と苦しい境遇. 苦楽. ¶～与共 / 苦楽をともにする. ❷ 仕事や経験のなかのつらさ. 辛酸(ホん). ¶八年抗战,此中～,自不必说 / 8年間の抗日戦争中のつらさは、言うに及ばない.

【甘蓝】gānlán 名《植物》カンラン. ¶结球 jiéqiú～ / キャベツ.

【甘霖】gānlín 名〈文〉慈雨. 恵みの雨. 同 甘雨 yǔ

【甘露】gānlù 名 ❶ おいしい水. ❷(～儿)《植物・薬》チョロギ. 同 草石蚕 cǎoshícán

【甘美】gānměi 形 甘くておいしい. ¶陈年 chénnián 的好酒味道十分～ / 何年も寝かせた名酒は、非常にまろやかだ.

【甘泉】gānquán 名〔処 chù,眼 yǎn〕おいしい湧き水. うまい泉.

【甘受】gānshòu 動 がまんして受け入れる. 甘受する. ¶～其 qí 苦 / 苦しみを甘受する. ¶有谁能～这冤枉 yuānwang 气呢 / 誰がこのくやしい気持ちに耐えられるだろうか.

【甘薯】gānshǔ 名《植物》サツマイモ. ¶烤～ / 焼きイモ. 同 红薯 hóngshǔ,白薯 báishǔ,番薯 fānshǔ,地瓜 dìguā

【甘肃】Gānsù《地名》甘粛(カ₃ゥ)省. 省都は蘭州(らん₃ゥ). 略称は"甘 Gān"(甘),"陇 Lǒng"(隴).

【甘甜】gāntián 形 甘い. ¶～可口 kěkǒu / 甘くて口あたりがよい.

【甘味】gānwèi 形 名〈文〉おいしい(食べ物). 美味(だ). ¶食不～ / 口にしてもちっともうまくない. 心に不安があって味がしないようだ.

【甘心】gānxīn 動 ❶ 願う. ¶～当人梯 / 喜んで人の踏み台となる. 同 甘愿 gānyuàn,情愿 qíngyuàn ❷ 満足する. ¶完不成任务决不～ / 任務を達成できなければ満足しない.

【甘心情愿】gān xīn qíng yuàn 成 心から願う. 切望する. 同 心甘情愿

【甘休】gānxiū 動 やめる. 手を引く. 引き下がる. ¶不成功不～ / 成功するまで引き下がらない.

【甘油】gānyóu 名《化学》グリセリン.

【甘于】gānyú 動 甘んじて…する. ¶～牺牲 xīshēng / すすんで犠牲となる.

【甘愿】gānyuàn 動 心から望む. ¶～受苦 / よろこんで苦労を引き受ける.

【甘蔗】gānzhe 名 ❶《植物》サトウキビ. ❷〔⑱ 段 duàn,根 gēn,节 jié,棵 kē〕サトウキビの茎. ¶～渣 zhā / サトウキビの搾りかす.

【甘之如饴】gān zhī rú yí 成 苦労をいとわず、犠牲をおそれない. 由来 苦しくとも飴(ぁ)のような甘さを感じる、という意から.

【甘紫菜】gānzǐcài 名《植物》アサクサノリ. 同 紫菜 zǐcài

玕 gān
王部3　四 1114₀
全7画 通用

→琅玕 lánggān

杆 gān
木部3　四 4194₀
全7画 常用

名 (～儿)さお. 長い棒. ¶～塔 gāntǎ / 旗～ qígān (旗ざお) / 栏～ lángān (手すり) / 电线～ diànxiàngān (電信柱).
☞ 杆 gǎn

【杆塔】gāntǎ 名〔電柱や鉄塔など〕支柱.

【杆子】gānzi 名〔⑱ 支 zhī,根 gēn〕棒. 柱. ¶电线～ / 電信柱. ☞ 杆子 gǎnzi

肝 gān
月部3　四 7124₀
全7画 常用

名 肝臓. 同 肝脏 gānzàng

【肝癌】gān'ái 名《医学》肝臓がん.

【肝肠寸断】gān cháng cùn duàn 成 きわめて悲痛なようす. 由来『戦国策』燕策に見えることば.

【肝胆】gāndǎn 名 ❶ 真心. 誠意. ❷ 勇気. 度胸. ¶～过人 / ずばぬけて勇敢だ.

【肝胆相照】gān dǎn xiāng zhào 成 肝胆相(ぁぃ)照らす. 互いに心の底を明かして交わる. ¶～的好兄弟 / 腹をわって話せる仲間.

【肝功能】gāngōngnéng 名《医学》肝機能.

【肝火】gānhuǒ 名 かんしゃく. ¶动～ / かんしゃくを起こす. ¶他这两天～太旺 wàng / 彼はここ数日虫の居どころがひどく悪い.

【肝脑涂地】gān nǎo tú dì 成 ❶ 戦いで惨死する. ❷ 身命を犠牲にする.

【肝气】gānqì 名 ❶《中医》胸の両脇が張り、嘔吐や下痢などを起こす病気. ❷ かんしゃく. ¶犯了～ / かんしゃくを起こした.

【肝儿】gānr 名〔⑱ 个 ge,块 kuài〕食用の肝臓. レバー. ¶大蒜 dàsuàn 炒猪～ / ニンニクと豚レバーの炒め物.

【肝素】gānsù 名《生理》ヘパリン.

【肝吸虫】gānxīchóng 名《虫》肝吸虫.

【肝炎】gānyán 名《医学》肝炎.

【肝硬变】gānyìngbiàn 名《医学》肝硬変.

【肝脏】gānzàng 名《生理》肝臓. 同 肝 gān

【肝肿大】gānzhǒngdà 名《医学》肝腫大. 肝肥大.

坩 gān
土部5　四 4417₀
全8画 通用

下記熟語を参照.

【坩埚】gānguō 名 るつぼ.

苷 gān
艹部5　四 4477₄
全8画 通用

名《化学》配糖体. グリコシド. 同 糖苷 tánggān

矸 gān
石部3　四 1164₀
全8画 通用

下記熟語を参照.

【矸石】gānshí 名〔⑱ 堆 duī,块 kuài〕石炭の中に混ざっている石. ぼた. 同 矸子 gānzi

泔 gān
氵部5 全8画 ④ 3417₀ 通用
下記熟語を参照.
【泔脚】gānjiǎo 图 残飯と, 食器を洗った水.
【泔水】gānshuǐ 图 米のとぎ汁. 野菜や食器を洗った水. 同 潲水 shāoshuǐ.

柑 gān
木部5 全9画 ④ 4497₀ 次常用
图 ❶《植物》ミカン. 同 柑子 gānzi ❷ (Gān)姓.
参考 ①は"橘子 júzi"より大きい.
【柑橘】gānjú 图《植物》かんきつ類.
【柑子】gānzi 图《植物》ミカン.

竿 gān
竹部3 全9画 ④ 8840₁ 常用
图 ❶ (～儿)《竹》さお. ¶竹～ zhúgān (竹ざお) / 钓～ diàogān (釣りざお). ❷ (Gān)姓.
【竿子】gānzi 图 竹ざお.

酐 gān
酉部3 全10画 ④ 1164₀ 通用
图《化学》無水物. "酸酐 suāngān"の略.

疳 gān
疒部5 全10画 ④ 0017₀ 通用
图 ❶《中医》子供の胃腸病. 同 疳积 gānjī ❷ (子供の)えそ性口内炎. 同 马牙疳 mǎyágān ❸ 性病の一種. 同 下疳 xiàgān
【疳积】gānjī 图《中医》子供の顔が黄ばみ, 痩せて腹部が膨らむ病気. 多くは食事の不摂生や腹の寄生虫から起こる. 同 疳 gān

尴(尷/異 㺩) gān
尢部10 全13画 ④ 4801₁ 通用
下記熟語を参照.
【尴尬】gāngà 形 ❶ 苦しい立場だ. やっかいだ. ¶去也不好,不去也不好,实在～ / 行くのも行かないのもまずく,ほとほと困りはてた. ❷ (表情や態度が)不自然だ. ¶表情～ / 表情が普通でない. ¶他～地把话收了起来 / 彼は気まずい思いで話を終わりにした.

杆(異 桿) gǎn
木部3 全7画 ④ 4194₀
❶ 图 (～儿)柄や軸など,手でにぎる部分. ¶笔～ bǐgǎn (筆軸) / 枪～ qiānggǎn (銃身) / 烟袋～ yāndàigǎn (きせるの柄). ❷ 量 柄や軸のある道具を数えることば. ¶一～笔(1本の筆) / 一～枪(1丁の銃).
☞ 杆 gān
【杆秤】gǎnchèng 图 さおばかり.
【杆菌】gǎnjūn 图《医学》桿菌(だ).
【杆子】gǎnzi 图 柄や軸など,手でにぎる部分. ¶枪～ / 銃身. ひろく武器を指す. ¶笔～ / 筆軸. ☞ 杆子 gānzi

秆(異 稈) gǎn
禾部3 全8画 ④ 2194₀
图 (～儿)稲や麦などの茎. わら. ¶麦～ màigǎn (麦わら) / 高粱～ gāoliánggǎn (コウリャンの茎).
【秆子】gǎnzi 图 (イネ科作物の)茎. わら.

赶(趕) gǎn
走部3 全10画 ④ 4180₄ 常用
❶ 動 追いかける. ¶学先进,～先进(先進的なものに学び,追いかける). ❷ 動 急ぐ. ¶～写文章(急いで文章を書く) / ～活 gǎnhuó (仕事を急ぐ). ❸ 動 (馬車などを)御する. ¶～马车(馬車を御する). ❹ 動 追い払う. ¶～羊(羊を追う) / 把敌人～走(敵を追い払う). ❺ 前 ある時まで待つ. ……になったら. ¶～明天再说(明日になってから話そう). ❻ 動 (できごとやチャンスに)出会う. ¶得～好天扬场打完(好天に恵まれ脱穀を終えた). ❼ (Gǎn)姓.
【赶不及】gǎnbují 動 時間に間に合わない. 反 赶得及 gǎndejí
【赶不上】gǎnbushàng 動 ❶ 追い付けない. ¶你再不努力用功念书,就～别人了 / がんばって勉強しないと,皆においていかれてしまうよ. 反 赶得上 gǎndeshàng ❷ 時間に間に合わない. ¶车子要开了,恐怕～了 / もうすぐ発車だ. もう間に合わないよ. 反 赶得上 gǎndeshàng ❸ 出会えない. 巡ってこない. ¶我休息时就～好天气 / 私の休みの日にかぎって天気が悪い. 反 赶得上 gǎndeshàng
【赶场】gǎn//cháng 動 市(いち)に出かける. 同 赶集 gǎnjí
【赶场】gǎn//chǎng 動 (俳優などが)舞台を掛け持ちする. ¶"阿妹"每天都要～表演 / 「阿妹」は毎日掛け持ちでステージをこなしている.
【赶超】gǎnchāo 動 追い付き追い越す. ¶～世界先进水平 / 世界のレベルに追い付き追い越す.
【赶潮流】gǎn cháoliú 社会の潮流に乗る. 時流を追う.
【赶车】gǎn//chē 動 (馬車や牛車などの)車をあやつる. ¶～的 / 御者.
【赶得及】gǎndejí 動 時間が間に合う. ¶还～ / まだ間に合う. 反 赶不及 gǎnbují
【赶得上】gǎndeshàng 動 ❶ 追い付ける. 付いていける. ¶我走得快,一定～你 / 私は足が速いから,きっと追いつくよ. 反 赶不上 gǎnbushàng ❷ 時間が間に合う. ¶你还～向小明求婚 / ミンさんにプロポーズするならまだ間に合うよ. 反 赶不上 gǎnbushàng ❸ 相当する. かなう. ¶你的水平一个大学毕业生了 / 君のレベルは大学卒業生並みだ. 反 赶不上 gǎnbushàng ❹ (ある状況やチャンスに)出会う. 恵まれる.
【赶赴】gǎnfù 動 (任地や戦に)急いで駆けつける.
【赶工】gǎngōng 動 (期日に遅れないように)仕事を急ぐ.
【赶海】gǎn//hǎi 動方 引き潮のとき, 干潟で海産物を採る.
【赶集】gǎn//jí 動 市(いち)へ出かける. 同 赶场 gǎncháng
*【赶紧】gǎnjǐn 副 急いで. 時期を逃さずに. すぐに. ¶～追赶他吧! / 急いで彼を追いかけろ. ¶小朋友们一看到老师进来, ～安静下来 / 先生が入ってくると,生徒たちは急に静かになった. 同 赶忙 gǎnmáng, 急忙 jímáng, 连忙 liánmáng
【赶尽杀绝】gǎn jìn shā jué 成 徹底的にやっつける. 皆殺しにする. 表現 悪辣なやり方で人を追いつめる意にも使う.
【赶考】gǎnkǎo 動旧 試験を受けに行く. 多く科挙の試験に赴くことを言う.
*【赶快】gǎnkuài 副 手早く. 急いで. ¶我们～走吧 / 急ぎましょう.
【赶浪头】gǎn làngtou 句 大勢に従う.
【赶路】gǎn//lù 動 道を急ぐ. ¶今天一整天忙着～, 却忘了吃午饭 / 今日は一日中道を急ぐばかりで, 昼食を忘れ

【赶忙】gǎnmáng 副 急いで. ¶他～道谢 / 彼は急いで礼を言った. 回 赶紧 gǎnjǐn
【赶明儿】gǎnmíngr 副〈口〉そのうち. 近いうち. ¶有什么话,～再说! / 言うことがあるなら,いずれまた聞こう.
【赶跑】gǎnpǎo 動 追い出す. 追い立てる. ¶顽皮 wánpí 的孩子们～了家庭教师 / わんぱくな子供たちは家庭教師を追い払った.
【赶巧】gǎnqiǎo 副 ちょうどそのとき. 折しも.
【赶热闹】gǎn rènao 句 (～儿)にぎやかな所へ出かける.
【赶任务】gǎn rènwu 句 急いで務めを果たす. やっつけ仕事をする.
【赶上】gǎn//shàng 動 ❶ 追い付く. 間に合う. ¶刚好～车了 / ちょうどバスに間に合った. ❷ ちょうど…に出くわす. ¶～了好年景 / 豊作に巡り合う.
【赶时髦】gǎn shímáo 句 流行を追う. ¶小明为了～,把皮肤晒得黑黑的 / ミンさんは流行に合わせに,肌を真っ黒に焼いた.
【赶趟】gǎntàng 間に合う. 追いつく.
【赶趟儿】gǎn//tàngr 動〈口〉間に合う. ¶明天一早儿去也～ / 明日いちばんに立てば間に合う. 回 赶得上 gǎndeshàng
【赶鸭子上架】gǎn yāzi shàng jià 俗 アヒルを追ってとまり木にのぼらせる. できないことを無理にやらせるたとえ.
【赶早】gǎnzǎo 副 (～儿) 早いうちに. ¶有病要～治疗 zhìliáo / 病気なら早目に治さなくてはならない.
【赶走】gǎnzǒu 動 追い払う. 追い出す. ¶把群众～了 / 群衆を追い払う.

敢 gǎn

欠部7 四 1844。全11画 常用

❶ 助動 …する勇気がある. 思い切って…する. ¶～于斗争(恐れずに闘う) / 做了错事,要～承认(間違ったことをしたら勇気を出して認めるべきだ). ❷ 副〈文〉恐れ入りますが. ¶～问 gǎnwèn (すみませんがお尋ねします) / ～请 gǎnqǐng (恐れ入りますがお願いします). ❸ 副〈口〉ことによると. もしかして. ¶～是 gǎnshì. 注意 字の左上部分が「エ」ではなく, 「ユ」であることに注意.

【敢保】gǎnbǎo 動 請け合う. 保証する.
【敢当】gǎndāng 動 引き受ける勇気がある. ¶我敢说就～ / 私は言うからには引き受ける. ¶不～ / 恐れ入ります. 表现 多く否定形で用い,謙遜や恐縮をあらわす.
【敢情】gǎnqíng 副〈方〉❶ 何と. ¶～你才十五岁! / 何だ,君はまだ15歳か. ❷ もちろん. なるほど. ¶"你爱喝酒吗?""～!" / 「君お酒は?」「もちろん」
【敢是】gǎnshì[-shi] 副〈方〉もしかして. たぶん. ¶他好多天没落面了,～病啦? / 彼はしばらく顔を見せていないけど,ひょっとして病気かな.
【敢死队】gǎnsǐduì 名〔支 zhī〕決死隊.
【敢为人先】gǎn wéi rén xiān 成 社会の流れの先頭に立つ. 時代をリードする.
【敢于】gǎnyú 動 勇敢に…する. 思い切って…する. ¶～挑 tiāo 重担 zhòngdàn / 敢えて重責に挑(と)む.
【敢自】gǎnzi 副〈方〉いったい. ¶～屋里还有一位客人呢? / 何と部屋の中にまだ1人お客がいたんだって? 回 敢情 gǎnqíng ❷ 道理で. なるほど. 回 敢情 gǎnqíng
【敢作敢为】gǎn zuò gǎn wéi 成 恐れたり遠慮せず,果敢に物事を行う.

感 gǎn

心部9 四 5333。全13画 常用

❶ 素 感じる. ¶～兴趣 gǎn xìngqù. ❷ 素 人の心に触れる. 感動する. ¶～人 gǎnrén / ～动 gǎndòng. ❸ 素 感情. 感覚. ¶百～交集(成 万感胸にせまる) / 自豪～ zìháogǎn (プライド). ❹ 素 感謝する. ¶深～厚谊 hòuyì (ご厚情に深く感謝する). ❺ (Gǎn)姓.

【感触】gǎnchù 名 感慨. 感動. ¶想起往事,～万分 / 昔のことが思い出され,感慨もひとしおだ.
【感戴】gǎndài 動 (尊敬する人物や上層機関などに)感服して心から支持や贊同をする.
*【感到】gǎndào 動 感じる. ¶～寂寞 jìmò / 寂しさを感じる. ¶我心里～非常高兴 / 私はとてもうれしく思う.
*【感动】gǎndòng ❶ 動 感動する. 感激する. ¶～得流泪 / 感激して涙を流す. ❷ 動 感動させる. ¶～人的力量微弱 / 人に訴える力が弱い. 回 打动 dǎdòng, 激动 jīdòng
【感恩】gǎn//ēn 動 恩に感じる. ¶～不尽 / 感謝にたえない. ¶～上天,她终于生了可爱的小男婴 yīng / 天の加護のもと,彼女はついにかわいい男の子を産んだ.
【感恩戴德】gǎn ēn dài dé 成 恩惠に対し,深く感謝する. 回 感恩怀 huái 德
【感恩红包】gǎn'ēn hóngbāo 名 生徒や親が教師に贈る謝礼金.
【感恩节】Gǎn'ēnjié 名 感謝祭. 参考 米国やカナダで行われる,一年の収穫を感謝する祭り. ♦Thanksgiving Day
【感恩图报】gǎn ēn tú bào 成 恩惠に深く感謝し,報いようとする.
【感奋】gǎnfèn 動 感動して奮い立つ.
【感愤】gǎnfèn 動 憤慨する. ¶大为 wéi～ / 大いに憤慨する.
【感官】gǎnguān 名 "感觉器官 gǎnjué qìguān"の略.
【感光】gǎn//guāng 動 感光する. ¶～纸 / 感光紙.
【感化】gǎnhuà 動 感化する. よい影響を与える. ¶～失足者 shīzúzhě / 非行者を感化する. ¶～院 / 感化院.
【感怀】gǎnhuái 動 懐かしく感じる. 感傷的になる. ¶～身世 / 身の上を思って感慨にひたる. ¶他～自己不能上大学 / 彼は自分が大学に行けないことを思って悲しくなった.
【感念】gǎnniàn
*【感激】gǎnjī 動 感謝する. 感激する. ¶不胜～ / 感謝にたえない. ¶非常～你的捐献 juānxiàn / ご寄付にたいへん感謝しております. 回 感谢 gǎnxiè
【感激涕零】gǎn jī tì líng 成 感激のあまり涙がこぼれる. 非常に感激しているよう.
*【感觉】gǎnjué ❶ 名 感覚. ¶～神经 / 感覚神経. ❷ 動 感じる. 覚える. ¶～不舒服 / 気分が悪い. ¶～…と思う. …の気がする. ¶他～工作还顺利 / 彼は仕事が一応順調だと思っている.
【感觉器官】gǎnjué qìguān《生理》感覚器官.
【感慨】gǎnkǎi 動 心に深く感じる. 感慨に浸る. ¶～地说 / しみじみと語る. ¶～万端 / 万感胸にせまる. 回 感叹 gǎntàn, 概叹 kǎitàn
【感喟】gǎnkuì 動〈文〉物事に感じ,嘆息する.
*【感冒】gǎnmào ❶ 動 かぜをひく. ¶有点儿～ / かぜぎみだ. 回 伤风 shāngfēng ❷ 名 かぜ.
【感念】gǎnniàn 動 感謝の気持ちを心に刻み込む. ¶～不忘 / 感謝の気持ちを忘れない.
*【感情】gǎnqíng ❶ 感情. ¶动～ / 感情的になる. 怒りを爆発させる. ¶～流露 liúlù / 感情があらわになる.

❷愛着. 好感. ¶联络 liánluò～ / 心をかよわせる.
【感情用事】gǎn qíng yòng shì 成 冷静さを欠き, 一時の感情にまかせて物事を行う. 衝動になる.
【感染】gǎnrǎn 動 ❶感染する. ¶～传染病 chuánrǎnbìng / 伝染病に感染する. ❷感化する. 影響を与える. ¶她受妈妈～, 也爱好 àihào 文学 / 彼女は母親の影響で文学好きだ.
【感染力】gǎnrǎnlì 名 感化力.
【感人】gǎnrén 動 感動させる. 深く感慨を与える.
【感人肺腑】gǎn rén fèi fǔ 成 人を深く感動させる. ¶花木兰 Huā Mùlán 替父从军的故事, 真是～ / 娘のムーランが父のかわりに従軍するという話は, ほんとうに感動的だ.
【感伤】gǎnshāng 動 悼む. 悲しむ. 感傷にひたる. ¶～主义 / 感傷主義. ¶小美因她钟爱的小猫去世了而～ / メイちゃんはかわいがっていた子猫が死んで悲しんでいる.
【感受】gǎnshòu 動 ❶感覚を受ける. ¶～风寒 / 肌寒く感じる. ¶～到很大的压力 / 大きなプレッシャーを感ずる. ❷体験から得た考え. 体得. ¶不同的认识, 不同的～ / 認識が異なれば, 見方も違ってくる.
【感受器】gǎnshòuqì 名〔生理・電気〕受容器. レセプター.
【感叹】gǎntàn 動 感嘆する. ¶～不已 / しきりに感嘆する. ¶令人～ / 与同情 / ため息と同情をさそう. 同 感慨 gǎnkǎi, 慨叹 kǎitàn
【感叹词】gǎntàncí 名〔言語〕感嘆詞.
【感叹号】gǎntànhào 名〔言語〕感嘆符. ⇨付録「句読点・かっこなどの用法」
【感叹句】gǎntànjù 名〔言語〕感嘆文.
【感同身受】gǎn tóng shēn shòu 成 自分への厚意と同じく, 感謝の気持ちをもつ. 参考 身内に代わって謝意を述べるときに用いる.
【感悟】gǎnwù 動 悟る. 気がつく. ¶～姐姐的用心良苦, 他终于改过自新了 / 姉の大変な苦労に気付いて, 彼はついに心を入れ替えた.
*【感想】gǎnxiǎng 名 感じ. 感想. ¶陈述 chénshù ～ / 所感を述べる. ¶请你谈谈你对这项建议有何～ ? / この提案に対する感想を聞かせてください.
*【感谢】gǎnxiè 動 感謝する. ¶～你的热情帮助 / 心からのご支援に感謝します. ¶～信 / お礼の手紙. 感謝状. 比較 "感谢" は好意へのお礼をあらわすことに重点があり, "感激 gǎnjī" は心の中で強く感ずる気持が湧くことに重点がある. "感谢" は "感谢, 感谢" と繰り返すことができるが, "感激" は単用する.
【感兴趣】gǎn xìngqù 句 興味がわく. 関心がある. ¶不太～ / 気が乗らない. ¶最近我对高尔夫球 gāo'ěrfūqiú 很～ / 最近, 私はゴルフにとても興味があります.
【感性】gǎnxìng 名 感性. 感受性. ¶小美是个～很强的小女孩 / メイちゃんは感受性の強い女の子だ. 反 理性 lǐxìng
【感性认识】gǎnxìng rènshi 名 感性的認識. 目や耳などの感覚器官を通じて客観的事物の現象や外部関係を認識すること. 反 理性II性认识
【感言】gǎnyán 名 感想のことば.
【感应】gǎnyìng 名 ❶〔物理〕誘導. ¶～圈 / 誘導コイル. 同 诱导 yòudǎo ❷ 反応. 応答. ¶有了好的～ / よい反応があった. ¶～神经 / 反射神経.
【感应电流】gǎnyìng diànliú 名〔電気〕誘導電流.
【感召】gǎnzhào 動 ❶呼びかけて導く. 感化する. ❷感化と呼びかけ. ¶受到上帝的～ / 神の声を聞く.
【感知】gǎnzhī 動 感知する. ¶～善心 / 善の心を感じ取る.

澉 gǎn 氵部11 全14画 四 3814₀ 通用
❶素 地名用字. ¶～浦 Gǎnpǔ（浙江 zhè省海塩县にある地名）. ❷素（Gǎn）姓.

橄 gǎn 木部11 全15画 四 4894₀ 次常用
❶ 下記熟語を参照. ❷素（Gǎn）姓.
【橄榄】gǎnlǎn 名 ❶《植物・薬》カンラン. 同 青果 qīngguǒ ❷《植物》オリーブ. 同 油 yóu 橄榄 参考 ①の実は食用や漢方薬の材料にする.
【橄榄绿】gǎnlǎnlǜ 形 オリーブ色の.
【橄榄球】gǎnlǎnqiú 名《スポーツ》❶ ラグビー. アメリカンフットボール. ❷①のボール.
【橄榄石】gǎnlǎnshí 名《鉱物》カンラン石. オリビン.
【橄榄枝】gǎnlǎnzhī 名 オリーブの枝. 参考 鳩とともに平和の象徴とされる.

擀 gǎn 扌部13 全16画 四 5804₁
動（こねた粉などを）棒でのばす. ¶～面条（うどんを打つ）.
【擀面】gǎn//miàn 動 小麦粉をめん棒で平らにのす.
【擀面杖[棒]】gǎnmiànzhàng[-bàng] 名 めん棒.

鳡（鱤）gǎn 鱼部13 全21画 四 2313₅ 通用
名《魚》ボウウオ. 同 黄钻 huángzuàn, 竿鱼 gānyú

干（幹 / 異 榦❶）gàn
干部0 全3画 四 1040₀ 常用
❶素 事物の中心となる重要な部分. ¶树～ shùgàn / 木の幹. ¶躯～ qūgàn / 胴体. ¶～线 gànxiàn.
❷素 幹部. ¶高～ / 高級幹部. ¶提～ / 幹部に抜擢する.
❸動（仕事・活動など）…をする. …をやる. ¶～活 gànhuó. ¶你在～什么呢？/ 何をしているの.
❹動（ある種の職務を）務める. ¶我～过会计 kuàijì / 私は会計をやったことがある.
❺形 有能だ. ¶～才 gàncái. ¶～员 gànyuán 腕利き. ¶精～ jīnggàn / 敏腕.
❻動❼形 だめになる. ¶事情要～ / だめになりそうだ.
☞ 干 gān

**【干部】gànbù 名〔個 个 ge, 名 míng, 位 wèi〕❶ 党や国家機関, 軍隊などの正規職員. 中級以上の公務員. ❷ 会社などで管理職にある人. 同 群众 qúnzhòng 参考 特定の任務を与えられた上級の政府職員は, "官员" という.
【干部学校】gànbù xuéxiào 名〔個 所 suǒ〕文化大革命のとき, 労働によって "干部" を再教育しようとした施設. 同 干校 gànxiào
【干才】gàncái 名 ❶ 仕事の実務能力や腕前. 反 庸才 yōngcái ❷ 仕事がよくできる人. 敏腕家. 同 干将 gànjiāng
【干道】gàndào 名 幹線道路.
【干掉】gàn//diào 動 抹殺する. やっつける. ¶全部～, 一个不留 / 1人も残さず全員ばらせ.
*【干活】gàn//huó 動（～儿）仕事をする. ¶今天干什么活儿？/ 今日はどんな仕事をするの.
【干架】gàn//jià 動 方 けんかをする. 同 吵架 chǎojià, 打架 dǎjià
【干将】gànjiāng 名〔個 位 wèi, 员 yuán〕仕事ができ

る人. ¶得力～/やり手. すご腕. ⇨ 干才 gàncái ☞ 干将 gànjiāng
【干劲】gànjìn 名 (～儿) 〔⊕ 股 gǔ〕意気込み. ¶～十足/やる気満々だ.
【干警】gànjǐng 名 警察の幹部と警官. 広く警察官をいう.
【干练】gànliàn 形 経験豊かで有能だ. ¶～的人材/ベテランの人材.
【干流】gànliú 名 〔⊕ 条 tiáo〕河川の主流. ⇔ 主流 zhǔliú ⊠ 支流 zhīliú
*【干吗】gànmá ⑤ ❶ 副 なぜ. どうして. ¶你～说这些话？/あなたはどうしてそんなことを言うの. ⇨ 干什么 gàn shénme ❷ 何をするのか. ⇨ 干什么 gàn shénme
【干渠】gànqú 名 幹線水路. 水源から直接水を引いている水路.
【干群】gànqún 名 "干部和群众"(幹部と一般大衆)の略.
【干什么】gàn shénme 句 ❶ 副 なぜ. どうして. ¶你～不去？/君はなぜ行かないの. ⇨ 干吗 gànmá ❷ 何をするのか. ¶你～来的？/君は何をしに来たの. ⇨ 干吗 gànmá 比較 "为 wèi 什么"は客観的な道理を問うが, "干什么", "干吗"は客観的理由を問う1場面でしか使えない.
【干事】gànshi 名 〔⊕ 个 ge, 名 míng, 位 wèi〕特定の仕事を担当する人. 幹事. 担当者.
【干细胞】gànxìbāo 名《生理》幹細胞.
【干细胞移植】gànxìbāo yízhí 名《医学》幹細胞移植. 造血幹細胞移植.
【干线】gànxiàn 名〔⊕ 条 tiáo〕(交通や電気などの)幹線. 本線. ¶受到台风的打击,所有的交通～受阻/台風により,あらゆる幹線交通に影響が出ている. ⊠ 支线 zhīxiàn
【干校】gànxiào 名 "干部学校 gànbù xuéxiào"の略.
【干休所】gànxiūsuǒ 名 "干部休养所"(高級幹部用の保養所)の略.

旰 gàn
日部3 四 6104₀ 全7画 通用
名 夜. ¶宵 xiāo 衣～食(朝は暗いうちに起き, 夜は遅く食事をする. 仕事にはげむ).

绀(紺) gàn
纟部5 四 2417₀ 全8画 通用
形 やや赤みを帯びた黒色の. ¶～青 gànqīng.
【绀青】gànqīng 形 濃い紫色の. ⇨ 绀紫 gànzǐ

淦 Gàn
氵部8 四 3811₉ 全11画 通用
❶ 图 地名用字. ¶～水 Gànshuǐ (江西省にある川の名前). ❷ 姓.

赣(贛/贑, 灨, 灨) Gàn
音部12 全21画 四 0748₂ 通用
❶ 图 地名用字. ¶～江 Gànjiāng. ❷ 名 江西省の別名. ¶～剧 gànjù. ❸ 姓.
【赣江】Gànjiāng 〈地名〉赣江 (カン). 江西省を流れる同省最大の河川.
【赣剧】gànjù 名《芸能》中国の伝統的な古典劇の一つ. "弋阳腔 Yìyángqiāng"から発展したもの. 江西省上饶(じょう), 景徳镇などに広まる.

gang ㄍㄤ [kaŋ]

冈(岡) gāng
门部2 四 7722₀ 全4画 常用
名 ❶ 山の背. 尾根. ¶山～ shāngāng (山の尾根). ⇨ 岗 gāngluán. ⇨ 岗 gāngluán ❷ (Gāng)姓.
【冈比亚】Gāngbǐyà〈国名〉ガンビア.
【冈陵】gānglíng 名 丘陵. 高台.
【冈峦】gāngluán 名 連なった山並み. ¶～起伏 qǐfú/山並みが高く低く連なる.

扛 gāng
扌部3 四 5101₂ 全6画 常用
動 ❶ 文 重いものを両手でさし上げる. ❷ 方 2人以上で担ぐ. ¶两人～一根木头(2人で丸太を担ぐ).
☞ 扛 káng

刚(剛) gāng
刂部4 四 7220₀ 全6画 常用
❶ 形 (物が)固くて丈夫だ. ¶～刀 gāngdāo(丈夫な刀). ⊠ 柔 róu ❷ 形 (意思や性格が)強い. ¶～强 gāngqiáng /～直 gāngzhí /～正 gāngzhèng. ❸ 副 ちょうどうまい具合に. ¶～好 gānghǎo /～巧 gāngqiǎo /～合适 gānghéshì (ちょうどぴったりだ). ❹ 副 たった今…したばかり. ¶～～ gānggāng /～走 gāngzǒu /他～走(彼はたった今出たところ). ❺ 副 どうにか…できる. やっと…できる. ¶声音太小,～可以听见(音が小さく,やっと聞き取れるほどだ). ❻ (Gāng)姓.
【刚愎】gāngbì 形 強情だ. 頑固で人の意見を聞かない. 注意"愎"は"fù"と読まない.
【刚愎自用】gāng bì zì yòng 成 強情に自分の考えを押し通す. ¶他的性格～/彼は強情で人の意見に耳を貸そうとしない.
*【刚才】gāngcái 名 たった今. つい先ほど. ¶～来的那个人是谁呀？/つい先っき来たあの人は誰. ¶你所订的货品,我～送去你的公司/ご注文の品は, 先ほど会社のほうへお届けしました. ⇨ 方才 fāngcái
【刚度】gāngdù 名 剛度. 硬度. ⇨ 劲 jìng 度
【刚风】gāngfēng 名 ❶ 天空の極めて高いところを吹く強風. ⇨ 罡 gāng 风 ❷ 强风. ⇨ 罡风
*【刚刚】gānggāng[-gang] 副 ❶ ちょうど. きっちり. ¶不多不少,～一杯/多からず少なからず,ちょうど1杯の量. ❷ たった今. …したばかりで. ¶我～进来,外边就下起雨来了/彼が入ってきたとたん,外では雨が降りだした.
【刚果】Gāngguǒ〈国名〉❶ コンゴ共和国. ❷ コンゴ民主共和国.
【刚好】gānghǎo 副 ちょうどよい. 間がよい. ¶两位来得～/お二人はよいところに来られた. ¶我们～赶上三点开的这班火车/私たちは3時発の汽車にちょうど間に合った.
【刚健】gāngjiàn 形 (性格や態度などが)たくましい. 力強い. ¶～质朴 zhìpǔ /質実剛健.
【刚劲】gāngjìng 形 (風格や態度などが)たくましい. 力強い. ¶他的毛笔字～有力/彼の毛筆は力強い. ⊠ 柔弱 róuruò
【刚烈】gāngliè 形 気概が強い. 気性が激しい. ¶禀性 bǐngxìng ～/気性が激しい. ¶她是位性情～的女人/彼女は気性が激しい女だ.
【刚毛】gāngmáo 名 剛毛.
【刚强】gāngqiáng 形 (性格や意志などが)強い. 気丈

だ. ¶~不屈 bùqū / 気丈で屈しない. ¶虽然身为女性,但小明性格~ / 女性の身でありながらミシさんは気丈だ. 回 坚强 jiānqiáng 反 脆弱 cuìruò

【刚巧】gāngqiǎo 副 ちょうどよく. 都合がよい. 折よく. (結果が期待に反すれば)あいにく. ¶我~在街口碰到她 / 折しく街角で彼女と会った. 回 恰巧 qiàqiǎo,正凑巧 zhèngcòuqiǎo

【刚柔相济】gāng róu xiāng jì 成 剛柔相そろう. 強さと柔らかさが調和していて.

【刚体】gāngtǐ 名《物理》剛体.

【刚性】gāngxìng ❶《物理》剛性. ❷ 形(性格が)粘り強い. 強靱だ.

【刚毅】gāngyì 形 意志が堅い. 毅然とした. ¶~的神色 / 毅然とした態度. 回 坚毅 jiānyì

【刚玉】gāngyù 名《鉱物》鋼玉. コランダム.

【刚正】gāngzhèng 形 意志が強く正直だ. ¶为人~,一本気で正直だ.

【刚正不阿】gāng zhèng bù ē 成 意志が強く正直で,人におもねらない.

【刚直】gāngzhí 剛直だ. ¶~不阿 bù'ē / 意志が強く人にこびない.

岗(崗) gāng
山部 4 四 2222₇ 全7画 常用

❶ 素"冈 gāng"に同じ. ❷ (Gāng)姓.
☞ 岗 gǎng

肛 gāng
月部 3 四 7121₂ 全7画 次常用

素《生理》肛門. ¶~道 gāngdào (肛門管) / ~瘘 gānglòu.

【肛裂】gānglìe 名《医学》裂肛. 切れ痔.

【肛瘘［漏］】gānglòu 名《医学》痔瘘.

【肛门】gāngmén 名《生理》肛門.

纲(綱) gāng
纟部 4 四 2712₀ 全7画 常用

名 ❶ (魚を捕る)網のおおづな. ❷ ものごとの主要な部分. 大~ dàgāng (大綱) / ~领 gānglǐng. ❸ 回 大量の荷物を運ぶ組織. 唐代に始まった. ¶盐~ yángāng (塩の輸送組織) / 茶~ chágāng (お茶の輸送組織). ❹ 生物学の分類の一つ. 綱(ᶜ). ❺ (Gāng)姓.

【纲常】gāngcháng 名 "三纲五常 sāngāng wǔcháng"の略.

【纲纪】gāngjì 名 綱紀. 国や社会を治める原則や規律. ¶~废弛 fèichí / 綱紀がゆるむ. ¶维持~ / 綱紀を維持する.

【纲举目张】gāng jǔ mù zhāng 成 ことの要を握れば,全体を動かすことができる. または,文章で要点を押さえてはっきりしていること. 由来 要所となる網の太い綱を持ち上げれば,網の目はすべて開く,という意味.

【纲领】gānglǐng 名〔条 tiáo,项 xiàng〕❶ (政府や政党などの)綱領. ¶政治~ / 政治綱領. ¶行动~ / 行動綱領. ❷ 中核となる原則.

【纲目】gāngmù 名 綱目. 大綱と細目. ¶拟定 nǐdìng ~调查 / ~調査の項目を決める.

【纲要】gāngyào 名 ❶ 大要. ❷ 概要. ¶农业发展~ / 農業発展概要.

钢(鋼) gāng
钅部 4 四 8772₀ 全9画 常用

名 ❶ 鋼(ᵃᵍ). ¶~铁 gāngtiě / ~板 gāngbǎn. ❷ (Gāng)姓.

☞ 钢 gàng

【钢板】gāngbǎn 名 ❶ 〔块 kuài〕鋼板. ❷ 〔块 kuài〕謄写版用のやすり. ¶写~ / ガリ版を切る. ❸ (自動車用などの)板バネ. スプリング.

【钢包】gāngbāo 名《冶金》取鍋(ᵈ). 溶融銑鉄を入れる容器. 回 钢水 shuǐ 包

【钢笔】gāngbǐ 名 〔管 guǎn,支 zhī〕❶ ペン. ¶~杆 / ペン軸. 回 蘸水 zhànshuǐ 钢笔 ❷ 万年筆. ¶~套 / 万年筆のキャップ. 回 自来水笔 zìláishuǐbǐ

【钢材】gāngcái 名 鋼材.

【钢尺】gāngchǐ 名 鉄尺(ᵏᵃᵏᵘ). 金属のものさしや巻尺.

【钢窗】gāngchuāng 名 金属製の窓枠. 金属サッシ.

【钢刀】gāngdāo 名 〔把 bǎ〕鋼鉄製の刃物. 鋼鉄製バイト.

【钢锭】gāngdìng 名《冶金》〔块 kuài〕鋼鉄インゴット. ¶~模子 múzi / 鋼鉄インゴット鋳型.

【钢骨水泥】gānggǔ shuǐní 名《建築》鉄筋コンクリート.

【钢管】gāngguǎn 名 〔吨 dūn,根 gēn〕鋼管. スチールパイプ. ¶无缝 wúfèng ~ / シームレス・パイプ.

【钢轨】gāngguǐ 名 〔条 tiáo〕軌条. レール.

【钢花】gānghuā 名 溶鋼の飛び散ったもの.

【钢化玻璃】gānghuà bōli 名 強化ガラス.

【钢结构】gāngjiégòu 名《建築》鋼骨構造.

【钢筋】gāngjīn 名 〔根 gēn〕鉄筋.

【钢筋混凝土】gāngjīn hùnníngtǔ 名《建築》鉄筋コンクリート. 回 钢筋水泥 shuǐní

【钢精】gāngjīng 名 (日用品製造用の)アルミ. 回 钢种 zhǒng

【钢锯】gāngjù 名 かなひきのこ. 金属を切るのこぎり.

【钢盔】gāngkuī 名 〔顶 dǐng〕鉄かぶと. ヘルメット.

【钢坯】gāngpī 名《冶金》ビレット. 鋼片.

【钢片琴】gāngpiànqín 名《音楽》チェレスタ.

【钢瓶】gāngpíng 名 ガスボンベ.

【钢钎】gāngqiān 名《機械》鏨(ᵗᵃᵍᵃⁿᵉ). ドリル.

【钢琴】gāngqín 名 〔架 jià〕ピアノ. ¶弹 tán ~ / ピアノを弾く. ¶~协奏曲 xiézòuqǔ / ピアノコンチェルト. ¶~家 / ピアニスト.

【钢砂】gāngshā 名 金剛砂. 研磨材料. 回 金钢砂 jīngāngshā

【钢水】gāngshuǐ 名《冶金》溶鋼. 液状になった鋼.

【钢丝】gāngsī 名 〔根 gēn,条 tiáo〕鋼線. ¶~钳 qián / ペンチ. ¶~锯 jù / 糸のこぎり.

【钢丝床】gāngsīchuáng 名 (ベッドに使う)スプリング入りのマットレス.

【钢丝绳】gāngsīshéng 名 ワイヤーロープ. スチールケーブル.

【钢铁】gāngtiě ❶ 名 鋼鉄. 鋼と鉄. 鋼(ᵏᵒᵘ). ¶~厂 / 製鉄工場. ¶~联合企业 / 鉄鋼コンビナート. ❷ 形 (信念や意志などが)堅く強い. ¶~战士 / 不屈の戦士. ¶~意志 / 鉄の意志.

【钢铁长城】gāng tiě cháng chéng 成 鋼鉄の長城. 金城鉄壁. 強大で溢れる力を備えていることのたとえ. 表現 特に中国人民解放軍を指すことが多い.

【钢印】gāngyìn 名 〔枚 méi〕ドライスタンプ. 参考 公文書などに押して,印の押し型をつけるもの.

【钢渣】gāngzhā 名《冶金》溶鋼の表面に浮き出た酸化物. 鉱滓(ᵏᵒᵘˢᵃⁱ). スラグ.

【钢种】gāngzhǒng → 钢精 gāngjīng

【钢珠】gāngzhū 名 (~儿)《機械》ベアリングの玉. 回

滚 gǔn 珠

缸(甌) gāng
缶部3 四 8171₂ 全9画 常用

[名] ❶〔个 ge, 口 kǒu〕(～儿)(水などをいれる)かめ. 円筒状で底が小さく口が大きい. ¶水～ shuǐgāng (水がめ)/酒～ jiǔgāng (酒がめ)/米～ mǐgāng (米がめ). ❷(Gāng)姓.

【缸盖】 gānggài [名]かめの蓋(ふた).
【缸管】 gāngguǎn [名]〔根 gēn,条 tiáo〕土管. 回 陶管 táoguǎn.
【缸盆】 gāngpén [名]陶器の鉢.
【缸瓦】 gāngwǎ [名]陶器.
【缸砖】 gāngzhuān [名]〔块 kuài〕砂と粘土でかためたれんが.
【缸子】 gāngzi〔个 ge〕湯飲みなどの形をしたうつわ. ¶茶～/湯飲み茶わん. ¶糖～/砂糖入れ.

罡 gāng
罒部5 四 6010₁ 全10画 通用

❶下記熟語を参照. ❷(Gāng)姓.
【罡风】 gāngfēng [名]❶天空の高いところを吹く風. ❷激しい風. 同 刚风 gāngfēng [参考]①は,道教の用語.

岗(崗) gǎng
山部4 四 2222₇ 全7画 常用

❶[名](～儿)丘. ¶黄土～(黄土の丘). ❷[名](～儿)平面上に盛り上がった細長い筋. ¶肉～子(皮膚の腫れ). ❸[素]斑 bān 見張りをする所. 步哨(ほしょう). ¶～位 gǎngwèi/布～ bùgǎng (步哨を配置する)/站～ zhàngǎng (步哨にたつ). ❹[素](仕事上の)地位. 持ち場. ¶下～ xiàgǎng (リストラされる). ❺(Gǎng)姓.
☞ 岗 gǎng.
【岗级】 gǎngjí [名]職務の等級.
【岗警】 gǎngjǐng [名](派出所や持ち場で)勤務中の警官.
【岗楼】 gǎnglóu〔个 ge,座 zuò〕見張り台. 望楼.
【岗哨】 gǎngshào [名]❶〔处 chù,个 ge〕步哨(ほしょう)所. 監視所. ❷步哨. 見張り.
【岗亭】 gǎngtíng [名]〔个 ge,座 zuò〕立哨(りっしょう)ボックス.
【岗位】 gǎngwèi [名]❶步哨や警官などが見張りに立つ所. ❷仕事の持ち場. 地位. ¶坚守工作～/持ち場をしっかり守る.
【岗子】 gǎngzi [名]❶小高く盛り上がった傾斜地. ¶土～/小高い丘. ❷盛り上がった腫れ. ¶背上肿起一道～/背中に一すじ腫れができた.

港 gǎng
氵部9 四 3411₇ 全12画 常用

[名]❶(船の通う)河川の支流. ¶汉～ gǎngchà. ❷港. ¶～湾 gǎngwān/军～ jūngǎng (軍港). ❸香港(ほんこん)の略. ❹(Gǎng)姓. [参考]①は,地名などに多く用いる.
【港币】 gǎngbì [名]香港ドル.
【港汊】 gǎngchà [名]川の分岐しているところ. ¶～纵横 zònghéng/川が縦横に分岐して流れている.
【港客】 gǎngkè [名]香港からの客人.
【港口】 gǎngkǒu [名]〔个 ge,座 zuò〕❶港. ¶～税 shuì/入港税. ❷港の入口.
【港区】 Gǎngqū [名]香港地区. "香港特别行政区"(香港特别行政区)の略称.

【港人】 gǎngrén [名]香港人.
【港商】 gǎngshāng [名]香港企業.
【港台】 gǎngtái [名]"香港和台湾"(香港と台湾)の略.
【港湾】 gǎngwān [名]〔处 chù,个 ge〕港. 港湾. ¶～管理/港湾管理.
【港务】 gǎngwù [名]港湾業務.
【港务局】 gǎngwùjú [名]港務局. 港湾管理局.

杠(槓) gàng
木部3 四 4191₂ 全7画 常用

[名]❶(太めの)棒. ¶木～ mùgàng (木の棒)/铁～ tiěgàng (鉄の棒). ❷棒を用いた運動器具. ¶～铃 gànglíng/单～ dāngàng (鉄棒)/双～ shuānggàng (平行棒).
【杠房】 gàngfáng [名](旧)葬儀屋.
【杠夫】 gàngfū [名](旧)棺おけ担ぎ人夫.
【杠杆】 gànggǎn [名]〔根 gēn〕梃子(てこ). ¶经济～/経済の梃子.
【杠杠】 gànggàng [名]❶傍線. ❷(制度や条例で決められた)一定の基準. 目安.
【杠铃】 gànglíng [名](哺)副秒,个 ge〕鉄亜鈴. バーベル.
【杠头】 gàngtóu [名](方)❶葬儀で棺を担ぐ人夫の頭. ❷人によく逆らう人. 議論好き.
【杠子】 gàngzi [名]❶〔根 gēn〕(太めの)棒. ¶铁～/鉄の棒. ¶双～/平行棒. ❷〔道 dào,条 tiáo〕訂正や目印の傍線.

钢(鋼) gàng
钅部4 四 8772₀ 全9画 常用

[動](刃物を)研ぐ. ¶～菜刀(包丁を研ぐ).
☞ 钢 gāng.

筻 gàng
竹部7 四 8850₆ 全13画 通用

[素]地名用字. ¶～口 Gàngkǒu (湖南省岳阳県にある地名).

戆(戇) gàng
心部21 四 0733₈ 全25画 通用

[形](方)愚かだ. ¶～头～脑(愚かだ).
☞ 戆 zhuàng.

gao ㄍㄠ [kaʊ]

皋(皐) gāo
白部5 四 2640₈ 全10画 通用

[名]❶水辺にある丘. 岸. ¶江～ jiānggāo (岸辺). ❷陰暦5月の別称. ¶～月 gāoyuè (5月). ❸(Gāo)姓.

高 gāo
高部0 四 0022₇ 全10画 常用

❶[形]高さが高い. ¶富士山很～(富士山は高い)/她个子～～的,很漂亮(彼女は背丈が高くて,美しい). 反 低 dī,矮 ǎi ❷[形]等級が上だ. ¶～等 gāoděng/～级 gāojí/～年学生(高学年の学生). ❸[形]一定の水準を超えている. ¶质量～(品質が良い)/～速度(高速度). ❹[形]物の値段が高い. ¶～价 gāojià. ❺[形]声が大きい. ¶～声 gāoshēng (高い声)/～喊 gāohǎn. ❻[名]高さ. 高所. ¶身～ shēnggāo (身長)/三尺,宽一尺(高さ三尺,幅一尺). ❼[形]敬意をあらわすことば. ¶～见 gāojiàn/～寿 gāoshòu. ❽

(Gāo)姓.

【高矮】 gāo'ǎi 名 (～儿)高さ. ¶他们俩～一样 / 彼ら2人は背丈が同じだ.

【高昂】 gāo'áng ❶ 動 高々と上げる. ❷ 形 高揚する. 情緒～ / 気持ちが高まっている. ❸ 形 (物価が)高騰する. ¶～的物价使一般市民没有购买能力 / 物価高騰のため,一般市民は購買能力がない.

【高傲】 gāo'ào 形 おごり高ぶる. ¶～自大 / 傲慢不遜(ｿﾝ)な態度. 驕傲 jiāo'ào

【高保真】 gāobǎozhēn ハイファイ. hi-fi. ¶～电视 / ハイファイテレビ.

【高拨子】 gāobōzi 名《芸能》戯曲の曲調の一. 徽(ｷ)劇の主要な節回しのひとつで,京劇などでよく用いられるもの.

【高不成,低不就】 gāo bù chéng, dī bù jiù 慣 帯に短し,たすきに長し. 参考 主に職業や配偶者を選択するときに使う.

【高不可攀】 gāo bù kě pān 成 高くて登れない. 容易に到達できない. 高嶺の花だ.

【高才】 gāocái 優れた才能. 秀才. 同 高才生 gāocáishēng,高材生 gāocáishēng

【高才［材］生】 gāocáishēng 優等生. 成績の優秀な学生.

【高层】 gāocéng 名 ❶ 高層階. ❷ 高級(幹部や官僚).

【高层住宅】 gāocéng zhùzhái 名《建築》高層住宅. 参考 中国の建築規定では,10階以上の住宅を指す.

【高产】 gāochǎn 形 生産力のある. ¶～作物 / 収穫の多い作物. ¶～作家 / 多作な作家.

【高唱】 gāochàng 動 声高く歌う. ¶～入云 / 歌声が清く高らかだ.

【高超】 gāochāo 形 特に優れている. 衆に抜きんでる. ¶～技术 / 技術が特に優れている. ¶张教授的见解 jiànjiě 很～ / 張教授の見解は特に優れている. 反 低劣 dīliè

【高潮】 gāocháo 名 ❶ 満潮. ❷ 高まり. 山場. クライマックス. ¶～迭起 / 高揚期. ¶这部侦探片 zhēntànpiān～迭起 diéqǐ / このスパイ映画は,はらはらする場面が次々と出てくる. 反 低潮 dīcháo

【高程】 gāochéng 名 (海抜などの)ある基準面から計測したある点の高さ. エレベーション. 高度.

【高达】 gāodá 動 ❶ 目標を超える成果を収める. 目標より高く達成する. ❷ 高さが…に達する. ¶那座山～三千公尺 / あの山は高さ3,000 m だ. 同 "高度达到"の略.

*【高大】gāodà 形 高い. 高くて大きい. ¶～的建筑 / 高層建築. ¶个子～ / 背が高い. 圏 高高大大 反 矮小 ǎixiǎo

【高蛋白】 gāodànbái 名 高たんぱく質.

【高档】 gāodàng 形 高級の. 上等の. 一流の. ¶～商品 / 高級な商品.

【高等】 gāoděng 形 高等の. ¶～院校 yuànxiào / 単科大学や総合大学などの総称. ¶～法院 fǎyuàn / 高等裁判所. 高等法院.

【高等教育】 gāoděng jiàoyù 名 高等教育.

【高等学校】 gāoděng xuéxiào 名〔所 suǒ〕大学(総合・単科)と専門学校の総称. 同 高校 gāoxiào 参考 日本の中学と高校を,中国では"中学"とし,それ以上の教育機関を"高等学校"とする.

【高低】 gāodī ❶ 名 高さ. 高低. ¶调准 tiáozhǔn 琴音 qínyīn 的～ / 琴の調弦をする. ❷ 名 優劣. ¶能见～ / 優劣がわかる. ❸ 名 善悪のけじめ. 節度. 折り目.

¶不知～ / 善悪をわきまえない. ❹ 副 方 どうあっても. ¶无论大家怎么说,他～不肯去 / 皆がどう言おうと,彼はどうしても行こうとしない. ❺ 副 方 ついに. 結局は. ¶找了几个地方,～找到他了 / 何ヶ所か探して,ついに彼を見つけた.

【高低杠】 gāodīgàng 名《スポーツ》段違い平行棒.

【高地】 gāodì 名〔块 kuài〕高地. 反 洼地 wādì

【高调】 gāodiào 名 (～儿)上調子. 現実離れした主張や議論のたとえ. ¶唱～ / 上調子な意見を述べる.

*【高度】gāodù 名 高さ. 高度. ¶给予 jǐyǔ～评价 / 高い評価を与える. ¶～机密 / 最高機密.

【高度计】 gāodùjì 名《機械》高度計.

【高端】 gāoduān ❶ 形 高価格帯(の). 上級ランク(の). ❷ 形 (役人や企業の)トップクラス.

【高额】 gāo'é 名 高額. ¶～税收 / 高額税収.

【高尔夫球】 gāo'ěrfūqiú 名《スポーツ》❶ ゴルフ. ¶打～ / ゴルフをする. ¶～场 / ゴルフ場. 同 高尔夫 ❷〔个 ge, 只 zhī〕ゴルフボール.

【高尔基】 Gāo'ěrjī《人名》ゴーリキー(1868-1936). ロシアの作家.

【高发】 gāofā 形 (病気が)多発の. ¶癌～地区 / ガン多発地区.

【高分子】 gāofēnzǐ 名《化学》高分子.

【高分子化合物】 gāofēnzǐ huàhéwù 名《化学》高分子化合物. ハイポリマー.

【高风亮节】 gāo fēng liàng jié 成 人格が高潔で,節操がある.

【高峰】 gāofēng 名 ❶〔座 zuò〕高い山. ¶世界第一～珠穆朗玛峰 Zhūmùlǎngmǎfēng / 世界最高峰チョモランマ. ❷ ピーク. 最高点. 絶頂期. ¶～时间 / ピーク時. ¶他的事业已到了～ / 彼の事業はすでに絶頂期に達した. 同 顶峰 dǐngfēng

【高干】 gāogàn 名 "高级干部 gāojí gànbù"(上級幹部)の略. ¶超～党,国家指导者層. ¶～子弟 zǐdì / 高官の子弟. 参考 十三级(局長クラス)以上の幹部をいう. 十三級から十八級は中級,十八級以下を下級とするが,種々の特権があることから,"高干"と"高干子弟"が,汚職問題の対象として人々の話題となる.

【高高在上】 gāo gāo zài shàng 成 指導者がふんぞり返って,民衆の実生活から離れている. ¶～,脱离群众 / お高くとまって,大衆から遊離している.

【高歌】 gāogē 動 高らかに歌う.

【高歌猛进】 gāo gē měng jìn 成 高らかに歌い猛然と進む. 意気盛んに前進する.

【高阁】 gāogé 名 ❶ 高い建物. ❷ 高い棚. ¶置之～ / 棚上げにする.

【高个儿】 gāogèr 名〔个 ge〕身長が高い人. のっぽ. 同 高个子 gāogèzi

【高跟儿鞋】 gāogēnrxié 名〔双 shuāng, 只 zhī〕ハイヒール.

【高工】 gāogōng 名 "高级工程师"(高級エンジニア)の略.

【高官厚禄】 gāo guān hòu lù 成 地位が高く,俸給も多い.

【高贵】 gāoguì 形 ❶ 気高い. 高尚だ. ¶一股 gǔ～动人的气质 / 気高い性質. ❷ 貴重だ. 高貴だ. ¶服饰～ / 装いが高貴だ. ❸ (身分が)高貴だ. ¶～人物 / 貴人. 反 低贱 dījiàn, 卑贱 bēijiàn

【高寒】 gāohán 形 高地で寒冷だ.

【高喊】 gāohǎn 動 大声で叫ぶ. ¶一直在心里～着小

明的名字 / 心のなかでミンさんの名を叫びつづけている.
【高呼】gāohū 動 大声で叫ぶ.
【高胡】gāohú 名《音楽》高音の"胡琴 húqin".
【高级】gāojí ❶ (段階やクラスなどが)高級だ. ¶～干部 / (中堅から最高位の)幹部. ¶～神経中枢 zhōngshū / 大脳皮質. ¶～人民法院 fǎyuàn / 高等人民裁判所. ❷ (品質や水準などが)高級だ. ¶～商品 / 高級な商品. 反 初级 chūjí, 低级 dījí
【高级社】gāojíshè "高级农业生产合作社 gāojí nóngyè shēngchǎn hézuòshè"の略. 参考 50年代に初級社から発展し、集団所有と労働に応じた分配制を実行した. 人民公社の前身.
【高级神经活动】gāojí shénjīng huódòng 名《医学》大脳皮質の活動.
【高级小学】gāojí xiǎoxué (旧学制における)高等小学校. 参考 かつて、6年制の小学校の1年から4年を"初级小学"、5年と6年を"高级小学"といった.
【高级中学】gāojí zhōngxué 名〔働 所 suǒ〕高等学校. 高校. 回 高中 gāozhōng
【高技术】gāojìshù 名 ハイテクノロジー. 最先端技術.
【高技术战争】gāojìshù zhànzhēng 名《軍事》ハイテクウォー.
【高价】gāojià 名 高値. ¶～出售 / 高い値段で売り出す. ¶卖～ / 高値で売る. ¶以～买入 / 高値で買い入れる. 反 低价 dījià, 廉价 liánjià
【高架路】gāojiàlù 名 高架道路.
【高架桥】gāojiàqiáo 名〔働 座 zuò〕高架橋. 陸橋.
【高见】gāojiàn 名 ご高見. ご見解. ¶有何～,不妨 bùfáng 请您直说 / ご高説がおありでしたら,ご遠慮なくおっしゃってください. 反 浅见 qiǎnjiàn, 拙见 zhuōjiàn
【高教】gāojiào 名 "高等教育"(高等教育)の略.
【高洁】gāojié 形 高潔だ. ¶情操～ / 情操が高潔だ. ¶～不屈 qū / 高潔で物事に屈しない.
【高精尖】gāojīngjiān 形 技術や製品が大量生産・精密・先端的だ. 近代的な生産の主要目標の一つ. ¶～产品 / ハイテク製品.
【高就】gāojiù 名 立派なお勤め先. ¶另有～ / 他のよい仕事に就く. ¶请问您在哪儿～? / どちらにお勤めていらっしゃいますか.
【高举】gāojǔ 動 高く揭げる. ¶～奖杯 / 受賞カップを高く揭げる.
【高聚物】gāojùwù 名《化学》高分子化合物. ハイポリマー.
【高踞】gāojù 動 高い所におさまる. あぐらをかく. ¶～于群众之上 / 大衆の上にあぐらをかく.
【高峻】gāojùn 形 地形が険しく,切り立っている. ¶～的山岭 shānlǐng / 険しい峰.
【高亢】gāokàng 形 ❶ (声が)高らかによく響く. ❷ (地勢が)高い. ❸ 心が高ぶってそうだ. 尊大だ. ¶神态 shéntài / 表情や態度が尊大だ. ¶李先生～的人格 / 李さんのいかにもご立派な人柄.
【高考】gāokǎo 名 全国共通の大学入学試験. ¶参加～ / 大学入試を受ける. 参考 教育部(日本の文部科学省に相当する)が行う. "高"は"高等学校"(大学),"考"は"招生考试"(入学試験)をさす.
【高考移民】gāokǎo yímín 大学入試のために,合格ラインの低い省へ戸籍を移す受験生.
【高科技】gāokējì 名 ハイテクノロジー. 高度な科学技術.

【高空】gāokōng 名 高所. 高空. ¶～飞行 fēixíng / 高空飛行. ¶鸟儿在～中自由自在地飞翔 fēixiáng / 鳥が空を思いのままに飛び回る.
【高空作业】gāokōng zuòyè 名 (高層建築や橋梁などでの)高所作業.
【高栏】gāolán 名《スポーツ》ハイハードル. ¶～赛跑 / ハイハードル. 反 低栏 dīlán
【高丽】Gāolí《歷史》高麗(ネ{リ}:918-1392). 朝鮮の王朝.
【高丽参】gāolíshēn 名〔働 根 gēn〕朝鮮ニンジン.
【高丽纸】gāolízhǐ 名 桑の樹皮で作った紙. 白色で,紙質は丈夫でしなやか. 由来 製紙の技術が朝鮮半島から伝えられ,改良されて中国に逆輸入されたことから.
【高利】gāolì 名 高利. 高利回り. ¶～盘剥 pánbō / 高利を搾り取る. ¶牟取 móuqǔ～ / 高利をむさぼる.
【高利贷】gāolìdài 名 高利貸し. ¶借～ / 高利貸しから金を借りる.
【高粱】gāoliang 名〔働 棵 kē〕コーリャン. ¶～地 / コーリャン畑. ¶～酒 / コーリャン酒. 回 蜀黍 shǔshǔ
【高粱米】gāoliangmǐ 名 臼でひいて皮を取ったコーリャンの実. 回 秫 shú mǐ
【高龄】gāolíng 名 高齢. 老齢. ¶～孕妇 yùnfù / 高齢の妊婦.
【高岭土】gāolǐngtǔ 名《鉱物》カオリン.
【高楼大厦】gāolóu dàshà 名〔働 座 zuò〕高層ビルディング.
【高炉】gāolú 名《冶金》〔働 座 zuò〕高炉. 溶鉱炉.
【高论】gāolùn 名 すぐれた議論. 見識の高い議論. ご高説. ¶倾听 qīngtīng～ / ご高説に耳を傾ける.
【高迈】gāomài 形 ❶ 高齢だ. ❷ 非凡だ. ずば抜けている.
【高帽子】gāomàozi 名〔頂 dǐng, 个 ge〕世辞. おべっか. ¶戴 dài～ / お世辞を言う. 回 高帽儿 gāomàor
【高锰酸钾】gāoměngsuānjiǎ 名《化学》過マンガン酸カリウム.
【高棉】Gāomián 名 クメール(カンボジアの別称).
【高妙】gāomiào 形 (技術や考えなどが)優れている. ¶手艺～ / 手先の仕事が優れている.
【高明】gāomíng ❶ 形 賢い. 手際よい. すぐれている. ¶主意～ / 考えが的を得ている. ¶小周烹饪 pēngrèn 技术～ / ミンさんは料理の腕がよい. ❷ 名 優れた人. ¶另请～ / 他の立派な方にご依頼下さい.
【高难】gāonán 形《スポーツ》(動作が)高難易度だ.
【高能】gāonéng 名 高エネルギー. ¶～粒子 lìzi / 高エネルギーの素粒子. ¶～食品 / 高エネルギー食品.
【高能物理】gāonéng wùlǐ 名《物理》高エネルギー物理学.
【年年级】gāoniánjí 名 高学年.
【高攀】gāopān 動 自分より身分の高い人と交際する. 反 低就 dījiù
【高朋满座】gāo péng mǎn zuò 成 高貴な来客で満席だ. 来賓の多いようす.
【高票】gāopiào 名 高得票(数).
【高频】gāopín 名《電気》高周波. ¶～电流 / 高周波電流. ¶～放大 / 高周波増幅. 回 射频 lù
【高聘】gāopìn 動 現在の職位や身分より高い地位で採用する. 反 低 dī 聘
【高企】gāoqǐ 動 価格や数値が高い状態を続ける.

【高起点】gāoqǐdiǎn 名 高いスタートライン. 参考 通常より高い水準を起点とする.

【高气压】gāoqìyā 名 《気象》高気圧.

【高腔】gāoqiāng 名 《芸能》伝統劇の節回しの一. 参考 "弋阳 yìyáng 腔"と各地の民間の歌の節回しとが合わさってできたもの.

【高强】gāoqiáng 形 (武芸などに)優れている. ¶武艺～/武芸に優れている.

【高跷[蹺]】gāoqiāo 名 ❶祭りで行われる民間芸能の一つ. 竹馬のような高足(あし)をはいて踊り歩く. ❷〔題 副 fù〕"高跷 gāoqiāo"で使う高足(あし).

高 跷

【高清晰度电视】gāoqīngxīdù diànshì 名 ハイビジョンテレビ.

【高热】gāorè 名 《医学》高熱. 同 高烧 shāo.

【高人】gāorén 名 偉大な人物. 名人. 達人. 参考 隠者や修行者についても言う.

【高人一等】gāo rén yī děng 成 人より一段抜きんでている. 一頭地を抜く. ¶小美的书法～/メイちゃんの書はずば抜けている.

【高僧】gāosēng 名 高僧. 位の高い僧.

【高山】gāoshān 名 高山. ¶～恶 è 水/険しい山と急流の川.

【高山病】gāoshānbìng →高山反应 fǎnyìng

【高山反应】gāoshān fǎnyìng 名 《医学》高山病. 同 高山病 bìng, 山晕 yùn

【高山流水】gāo shān liú shuǐ 成 気心の知れた友人. 絶妙なる楽曲. 由来 伯牙が琴で高山や流水の気分を奏でると, 友人の鍾子期が聞いてその気持ちを悟ったとする『列子』湯問篇の故事から.

【高山族】Gāoshānzú 名 高山族. 台湾原住民に対する中国側の呼称.

【高尚】gāoshàng 形 (人格が)高尚だ. ¶人格～/人柄が気高い. 同 崇高 chónggāo 反 卑鄙 bēibǐ

【高烧】gāoshāo 名 高熱. ¶发～/高熱がでる.

【高射炮】gāoshèpào 名 《軍事》〔題 门 mén, 尊 zūn〕高射砲. ¶放～/高射砲を撃つ.

【高射炮兵】gāoshèpàobīng 名 《軍事》高射砲兵士.

【高深】gāoshēn 形 (学問や技術の)水準が高く奥深い.

【高深莫测】gāo shēn mò cè 成 計り知れないほど深遠だ. 非常に奥深い. 同 莫测高深

【高升】gāoshēng 動 昇進する. ¶步步～/一步一步高みに登る. 着実に昇進する.

【高视阔步】gāo shì kuò bù 成 傲(おご)慢で人をはばからない態度. 由来 上を向いて大またで歩く, という意から.

【高手】gāoshǒu 名 〔題 把 bǎ, 名 míng, 位 wèi〕名手. 棒球 bàngqiú 界的～/野球界の名選手.

【高寿】gāoshòu 名 ❶長寿. ❷お年. 年齢. ¶您～?/お年はおいくつでいらっしゃいますか.

【高耸】gāosǒng 形 高くそびえ立つ. ¶巨木参天 cāntiān, ～入云/巨木が雲をつらぬき, 天に向かってそびえている.

【高速】gāosù 形 高速の. ¶～发展/急速な発展.

【高速公路】gāosù gōnglù 名 高速道路.

【高抬贵手】gāo tái guì shǒu 成 相手に寛大な扱いを頼むときのことば. ¶请您～/大目に見てください.

【高谈阔论】gāo tán kuò lùn 成 盛んに議論をする. 長広舌をふるう.

【高碳钢】gāotàngāng 名 《冶金》高炭素鋼.

【高汤】gāotāng 名 《料理》ブタ肉やトリ肉などを煮込んでとるスープ. コンソメスープ. ¶用～烹饪 pēngrèn/がらスープを使って調理する.

【高堂】gāotáng 名 ❶高くて大きな建物. 広間. ❷ 文 ご両親. ご尊父. ご母堂. ❸(Gāotáng)《複姓》高堂(こうどう).

【高挑】gāotiāo 形 方 (身体つきが)すらりとしている.

【高头大马】gāo tóu dà mǎ 成 ❶大きくがっしりした馬. ❷長身でがっしりした体格(の人).

【高徒】gāotú 名 高弟. 優れた弟子. ¶名师出～/よい師匠からは立派な弟子が輩出する.

【高纬度】gāowěidù 名 高緯度.

【高位】gāowèi 名 (地位や身分などの)高位.

【高温】gāowēn 名 高温. 高熱. ¶～处理/高温で処理する.

【高温作业】gāowēn zuòyè 名 高温(条件下での)作業.

【高卧】gāowò 動 ❶枕を高くして眠る. ❷隠居する. ¶～故园/故郷に隠れ住む.

【高屋建瓴】gāo wū jiàn líng 成 高い所からまっすぐ下方を見おろせる地形. 転じて, 流れの勢いを阻むことができないたとえ. 由来 『史記』高祖本紀に見えることば. 地勢が出兵するのに有利で, まるで屋根材から水がめの水を傾けると, 水がまっすぐ流れていくようだ, という意から.

【高下】gāoxià 名 優劣. 上下. ¶今天一定要和他比出个～来/今日はどうしても彼との決着をつけてやる.

【高小】gāoxiǎo 名 高級小学 gāojí xiǎoxué

【高校】gāoxiào →高等学校 gāoděng xuéxiào"

【高效】gāoxiào 形 高効率の. 効率のよい.

【高新技术】gāoxīn jìshù 名 最先端技術. ハイテクノロジー.

【高薪】gāoxīn 名 高い俸給. 高給. ¶～聘请 pìnqǐng/高給で招聘する. ¶～阶层/高給取り.

【高薪跳槽】gāoxīn tiàocáo 成 (知識層の人)がより高い報酬を求めて転々と職場を変えること.

*【高兴】gāoxìng ❶形 愉快になる. うれしがる. うれしい. ¶我也应～/私も嬉しく思います. ¶她高高兴兴地回家去了/彼女は上機嫌で家に帰っていった. ¶大家都白～了一场/みんなはぬか喜びをしてしまった. ¶～得唱起来/浮かれて歌いだす. ¶小美一副不～的样子/メイちゃんの機嫌斜めなようす. ❷動 愉快に…したがる. ¶我～做家务/私は家事をするのが好きです. ¶那么难听的话, 当然谁也不～听了/あんないやな話は, もちろん誰も聞きたくない. 同 高高兴兴 ❸ 快乐 kuàilè, 愉快 yúkuài 反 难过 nánguò ⇒兴奋 xīngfèn

【高雄】Gāoxióng《地名》高雄(たかお). 台湾南西部の大都市.

【高血圧】gāoxuèyā 名《医学》高血圧.
【高圧】gāoyā ❶ 名 高い圧力．¶〜泵 bèng / 高圧ポンプ．¶〜锅炉 guōlú / 高圧ボイラー．❷ 名 高電圧．¶〜变压器 / 高圧トランス．❸ 名 高気圧．❹ 形 威圧する．押さえ付ける．¶〜手段 / 高圧的な手段．
【高压电】gāoyādiàn 名 高電力力.
【高压锅】gāoyāguō 名〔回 口 kǒu〕（調理用の）圧力鍋．压力鍋．回 压力锅 yālìguō
【高压脊】gāoyājǐ 名《気象》高気圧の張り出し部.
【高压线】gāoyāxiàn 名 高圧線．
【高雅】gāoyǎ 形 高尚で上品だ．洗練されている．
【高眼鲽】gāoyǎndié 名《魚》ツノガレイ．アカガレイ．
【高音】gāoyīn 名 高い声．¶男〜／テノール．¶女〜／ソプラノ．
*【高原】gāoyuán 名 高原.
【高瞻远瞩】gāo zhān yuǎn zhǔ 成 高所から遥か遠くを眺める．遠い将来を見通す．
【高涨】gāozhǎng 動 高まる．高騰する．¶情绪〜／気持が高ぶる．¶物价〜／物価が高騰する．¶生产〜／生産が増大する．反 低落 dīluò
【高招〔着〕】gāozhāo 名〔〜儿〕〔回 手 shǒu〕よい方法．よい考え方．¶实在想不出什么〜来了／ほんとうに何もいい手が浮かんでこない．
【高枕】gāozhěn 動 まくらを高くする．¶〜而卧 wò ／まくらを高くして寝る．
【高枕无忧】gāo zhěn wú yōu 成 枕を高くして眠る．少しも憂いがない．反 枕戈待旦 zhěn gē dài dàn
【高职】gāozhí 名 ❶"高级职称"（高級職名）または"高级职位"（高級地位）の略称．
【高中】gāozhōng 名〔回 所 suǒ〕"高级中学 gāojí zhōngxué"の略．¶〜生／高等学校の生徒．高校生．
【高专】gāozhuān 名 "高等专科学校"（高等専科学校）の略称．参考 高等職業教育の人材育成をする機関．
【高姿态】gāozītài 名 自分に厳しく，他人には寛容である態度．
【高足】gāozú 名 お弟子さん．生徒さん．ご門下．¶他是李先生的〜／彼は李さんの教え子だ．表現 他の人の弟子に対する敬称．
【高祖】gāozǔ 名 ❶ 高祖夫（ﾌｳ）．曾祖父の父．❷《文》高祖（ｿｳ）．中国の各王朝の初代の帝王．❸《文》遠い祖先．

羔 gāo
羊部 4　全10画　四 8033₁　次常用
素（〜儿）❶ 子羊．¶〜羊 gāoyáng ／〜皮 gāopí（子羊の皮）．❷ 動物の子．
【羔羊】gāoyáng 名 ❶〔回 只 zhī〕子羊．❷ 純真なもの．弱者．¶替罪 zuì 的〜／身代わりの子羊．
【羔子】gāozi 名〔回 只 zhī〕❶ 子羊．❷ 動物の子．¶兔〜／ウサギの子．

槔（異 槹）gāo
木部10　全14画　四 4694₈　通 用
→桔槔 jiégāo

睾 gāo
丿部13　全14画　四 2640₁　通 用
下記熟語を参照．
【睾丸】gāowán 名《生理》睾丸（ｺｳ）．回 精巣 jīngcháo，外肾 wàishèn

膏 gāo
高部4　全14画　四 0022₇　常 用

素 ❶ 脂がよくのっている（肉）．肥沃（ﾖｸ）だ．¶〜梁 gāoliáng ／〜腴 gāoyú．❷ 脂肪．油．¶春雨如〜（春の雨は油のように貴い）．❸ クリーム状のもの．¶牙〜／yágāo（练り歯みがき）／洗发〜 xǐfàgāo（シャンプー）／软〜 ruǎngāo（軟膏(ｺｳ)）．
☞ 膏 gào
【膏肓】gāohuāng 名《中医》膏肓(ﾓｳ)．¶病入〜／病(ｷﾞｮｳ)膏肓に入(ｲ)る．参考 膏は心臓の脂肪，肓は心臓と隔膜の間で，薬効が及ばない場所とされる．
【膏火】gāohuǒ 名 ともし火．夜間作業に必要な費用のたとえ．¶〜之费 は灯油のこと．灯りの下で勉強をしたことから，学資をさすことが多い．
【膏剂】gāojì 名《中医》ペースト状の内服薬．練り薬．
【膏粱】gāoliáng 名 脂ののった肉と上等の穀物．ごちそう．¶〜子弟／金持ちの息子．
【膏血】gāoxuè 名 ❶ 膏血(ｹﾂ)．人の脂肪と血．❷（人々の）血と汗の結晶．労働の対価のたとえ．
【膏药】gāoyào 名〔回 块 kuài,贴 tiē,张 zhāng〕膏薬．塗り薬．¶敷 fū〔涂 tú・擦 cā〕〜／膏薬をぬる．
【膏腴】gāoyú 形 肥沃(ﾖｸ)だ．豊かだ．

篙 gāo
竹部10　全16画　次常用
名 ❶ 棹(ｻｵ)．水底をついて舟を進める．¶竹〜 zhúgāo（竹ざお）．❷（Gāo）姓．

糕（異 餻）gāo
米部10　全16画　四 9893₁　常 用
名 ❶〔回 块 kuài,片 piàn〕米の粉や小麦粉に，他の材料を混ぜ，蒸したりして固めた食品．¶鸡蛋〜 jīdàngāo（スポンジケーキ．カステラ）／年〜 niángāo（春節に食べるもち）．❷（Gāo）姓．
【糕饼】gāobǐng 名《方》お菓子．ケーキやペストリーなどの焼き菓子．
【糕点】gāodiǎn 名 菓子．"糕"と"点心 diǎnxin".
【糕干】gāogān 名 糯粉(ﾓﾁｺ)に砂糖を混ぜてつくる，落雁(ｶﾞﾝ)に似た食品．

杲 gǎo
日部4　全8画　四 6090₄　通 用
❶ 形《文》（太陽の光が）明るい．¶〜日 gǎorì．❷ (Gǎo)姓.
【杲杲】gǎogǎo 形《文》（太陽の光が）明るいようす．¶〜出日／明るく太陽が昇る．¶秋阳〜／秋の陽が明るい．
【杲日】gǎorì 名 明るい太陽．

搞 gǎo
扌部10　全13画　四 5002₇　常 用
❶ 動 する．行う．¶这件事不好〜（この件はやりにくい）／他是〜什么工作的？（彼は何の仕事をしているのか）／把问题〜清楚（問題をはっきりさせる）／把事情〜错了（ことをやりそこなった）／你把我的字典〜到哪里去了？（君は僕の字典をどこへやってしまったのか）／这怎么〜的？（これは一体どうしたことだ）．回 做 zuò, 弄 nòng, 干 gàn, 办 bàn ❷ 動（目的語に対応した動作をする）．¶〜文学（文学の仕事をする）／〜对象（結婚相手を見つける）／〜关系（コネをつける）／〜计划（計画を立てる）／〜一个晚会（パーティーをやる）／〜创作（創作に携わる）．❸ 動 なんとかして手に入れる．¶〜一点吃的东西（食べ物を手に入れる）／你能不能帮我〜一张门票？（なんとか入場券を一枚手に入れてもらえないか）．❹ 動 好ましくない〜をやる．¶〜鬼 gǎoguǐ．❺ 動 やっつける．¶把他〜臭（やつを徹底的に打ちのめす）．❻（Gǎo）姓．用法 ❸ は目的語に数量を伴うことが多い．

【搞定】gǎodìng 动方 (物事を)適切に処理する. 問題を解決する.
【搞鬼】gǎo//guǐ 悪巧みをする. ¶不怕他~ / 彼の悪巧みなんかこわくない. ¶你又搞什么鬼？/ 君はまた何をたくらんでいるのか？
【搞好】gǎo//hǎo 动 (物事を)きちんと処理する. 適切に行う. 立派に成し遂げる.
【搞活】gǎohuó 活気づける. 活力を引き出す. ¶快要倒闭的工厂~了 / 倒産しかけた工場が生き返った.
【搞垮】gǎokuǎ 破壊する. ¶把身体~了 / 身体をこわす.
【搞通】gǎotōng 动 理解する. 納得する. ¶思想~ / 頭の中がすっきりする.
【搞头】gǎotou 名 やりがい. ¶大有~ / 大いにやりがいがある. ¶这种事没什么~ / こんな事には何のはりあいもない.
【搞笑】gǎoxiào 动方 笑いをとる. 笑わせる. 楽しませる.

缟(縞) gǎo
纟部10 四 2012₇
全13画 通用
名素 ❶ 白絹. ¶~衣 gǎoyī (白装束) / ~素 gǎosù.
【缟素】gǎosù 名 白い衣服. 喪服.

槁(異槀) gǎo
木部10 四 4092₇
全14画 通用
素 (草や木が)枯れている. ¶~木 gǎomù (枯れ木) / 枯~ kūgǎo (枯れる).
【槁木死灰】gǎo mù sǐ huī 成 心が冷えて、一切のものに無関心、無感動になる. ¶一连串 yīliánchuàn 的打击，使她变得~了 / 続けざまに痛手を受け, 彼女は生きた屍(shī)のようになってしまった. 由来 枯れ木と冷たくなった灰、という意から.

镐(鎬) gǎo
钅部10 四 8072₇
全15画 次常用
名〔把 bǎ〕つるはし. ¶十字~ shízìgǎo (丁字形のつるはし).
☞ 镐 Hào
【镐头】gǎotou 名〔把 bǎ〕つるはし.

稿(異稾) gǎo
禾部10 四 2092₈
全15画 通用
❶素 穀物の茎. わら. ¶~荐 gǎojiàn (わらで編んだ敷物). ❷名 (~儿)〔册 部 bù, 件 jiàn, 篇 piān〕文章や絵などの下書き. ¶~底 gǎodǐ (原稿の下書き) / 草~ cǎogǎo (草稿) / 拟~ nǐgǎo (草案). ❸名 案. 構想. ¶准~子 zhǔngǎozi (内定した腹案). ❹ (Gǎo)姓.
【稿本】gǎoběn 名〔部 bù〕著書の原稿. 稿本.
【稿酬】gǎochóu 名〔册 笔 bǐ〕"稿费 gǎofèi"に同じ.
【稿费】gǎofèi 名〔册 笔 bǐ〕原稿料. 回 稿酬 gǎochóu.
【稿件】gǎojiàn 名〔份 fèn, 篇 piān〕原稿. ¶一大堆的~ / 山のような原稿. 用法 出版社や新聞社などに執筆者から届いた原稿をさす.
【稿源】gǎoyuán 名 原稿になるもの. 原稿ねた.
【稿约】gǎoyuē 名 投稿規定.
【稿纸】gǎozhǐ 名〔册 张 zhāng〕原稿用紙.
【稿子】gǎozi 名 ❶〔册 部 bù, 件 jiàn, 篇 piān〕詩や文章, 絵などの下書き. 草稿. ¶写~ / 原稿を書く. ❷〔册 篇 piān〕(書き上がった)原稿. ❸ 心づもり. ¶打~ / 心づもりをする.

藁 gǎo
艹部14 四 4490₄
全17画 通用
素 ❶ "槁 gǎo"に同じ. ❷ 地名用字. ¶~城县 Gǎochéngxiàn (河北省にある県名).

告 gào
口部4 四 2460₁
全7画 常用
❶ 动 知らせる. 伝える. 教える. ¶他把这件事全部~我了 (彼はこの件をすべて私に知らせた) / ~你这件事, 你可别对别人说 (この件を君に教えておくが, 他の人に言っちゃいけないよ). ❷ 动 裁判所に訴える. ¶他已经~到法院了 (彼はすでに裁判所に訴えた) / 我~了两次, 结果都失败了 (私は二度訴えたが, 二度とも敗れてしまった). ❸ 素 求める. 願い出る. ¶~假 gàojià / ~贷 gàodài. ❹ 素 意志をあらわす. ¶自~奋勇 (成) 自分から買って出る). ❺ 动 ある事の実現や終結を発表する. ¶~成 gàochéng / ~一段落 (一段落したことを告げる). ❻ (Gào)姓.
【告白】gàobái 名 ❶ 告知. ❷ 说明する. 表明する.
【告便】gào//biàn 动婉 (~儿)中座する. ¶我去(个)便儿,马上就回来 / ちょっと失礼してすぐに戻ります. 表现 婉曲に短時間の中座を申し出ることば. 多くはトイレに立つときに用いる.
*【告别】gào//bié 动 ❶ 別れる. ¶小美跟情人~ / メイさんは恋人と別れた. 回 分手 fēnshǒu, 辞别 cíbié ❷ 別れを告げる. いとまごいをする. ¶~酒会 / お別れパーティー. ¶致~词 / 送辞をおくる. ¶向亲友~ / 家族や友人に別れを言う.
【告成】gàochéng 动 完成を告げる. 落成する. ¶大功~ / 大きな仕事が完成する. ¶建筑工程已经~ / 建物はすでに落成した.
【告吹】gàochuī 动 だめになる. 失敗に終わる. ¶这件事可能已~ / この件はもうだめかもしれない.
【告辞】gào//cí 动 いとまごいをする. ¶时间已晚了,我们应该~了 / もう遅いですから、おいとましなければ.
【告贷】gàodài 动 借金を頼む. ¶四处~ / あちこちに借金を頼む. ¶~无门 / 貸し手がない.
【告发】gàofā 动 告発する. ¶~者 / 原告. 告発者.
【告负】gàofù 动 (试合の結果)自分の負けを相手に告げる.
【告急】gào//jí (災害などの)急を告げ, 救いを求める. ¶~电话 / 緊急電話.
【告假】gào//jià 动 休暇をとる. 回 请假 qǐngjià.
【告捷】gào//jié 动 ❶ 勝つ. ¶初战~ / 初戦に勝利する. ❷ 勝利を知らせる.
【告诫〖戒〗】gàojiè 动 戒める. ¶~部下 / 部下を戒める. ¶谆谆 zhūnzhūn~ / 諄々(とくと)と教えさとす. 用法 目上の者が目下の者を戒める場合ということが多い.
【告警】gàojǐng 緊急事態の発生を告げ, 警備の強化や支援を求める. ¶~电话 / 緊急電話. 回 报警 bàojǐng.
【告绝】gàojué 终わりを告げる. 終息する. ¶匪患 fěihuàn 终于~ / 犯罪集団の害はついに除かれた.
【告竣】gàojùn 动 竣工する. 完成する.
【告劳】gàoláo 动 人に苦労を訴える. ¶我不敢~ / 私はわずかな力を尽くしたにすぎません.
【告老】gào//lǎo (老齢のため)退職する.
【告老还乡】gàolǎo huánxiāng 旬 停年になり, 引退して郷里に帰る. 表现 かつては官吏にのみ使ったが, 今は広く用いられる.
【告密】gào//mì 密告する. ¶被他~ / 彼に密告され

【告罄】gàoqìng 動 財物を使いはたす. ¶存貨~／穀物の貯蔵が底をつく.
【告饒】gàoráo 動 許しを請う. わびを入れる. ¶求情~／情にすがって許しを請う. ¶你快~吧！／すぐに謝りなさい.
【告示】gàoshi 名〔張 个 ge, 张 zhāng〕❶（政府や官庁などの）告示. ¶貼出一张~／告示を張り出す. ❷旧標語. ポスター.
【告送】gàosong 動 伝える. 知らせる. 同告诉 su
**【告訴】gàosu 動 伝える. 告げる. 教える. ¶~一小美一句话／メイちゃんにひとこと伝えておく. ¶我~你一个好消息／ひとつ良い知らせを教えましょう. ¶打电话~我一声／電話で私にひとこと知らせて下さい. ¶快~我这到底是怎么回事／これはいったいどういうことなのか、早く私に教えなさい. 同 通知 tōngzhī
【告退】gàotuì 動 ❶会議を中座する. ¶我有点事,先~了／用事がありますので、先に退出します. ❷旧辞職を願い出る.
【告慰】gàowèi 慰める. 慰められる.
【告一段落】gào yīduànluò 旧一段落する.
【告知】gàozhī 動 知らせる. ¶请来函láihán~／手紙で知らせてください.
【告終】gàozhōng 動 終わりを告げる. 終わる. ¶我們的計划以勝利~了／我々の計画は成功裏に終わった.
【告狀】gào//zhuàng 動 ❶告訴する. ¶告他的状／彼を訴える. ❷（自分が受けた仕打ちや苦情などを目上の人に）訴える. 言いつける. ¶小妹妹喜欢向妈妈告我的状／妹はしょっちゅう私のことをお母さんに告げ口する.

郜 Gào 阝部7 四 2762₇ 全9画 通用
名姓.

诰（誥）gào 讠部7 四 3476₁ 全9画 通用
名旧皇帝が臣下に下す命令. ¶~命 gàomìng／~封 gàofēng.
【诰封】gàofēng 動 爵位や称号を与える. 参考 明・清時代に五品以上の官吏やその親・妻などに勅命で爵位や称号を与えたこと.
【诰命】gàomìng 名文 ❶皇帝が臣下に下す命令. ❷皇帝から位をさずけられたことのある女性. 参考 ②は、初期の白話に多く見られる.

锆（鋯）gào 钅部7 四 8476₁ 全12画 通用
名《化学》ジルコニウム. Zr. ¶~石 gàoshí（ジルコン).

膏 gào 高部4 四 0022₇ 全14画 常用
動 ❶（車軸や機械に）油をさす. ¶~油 gàoyóu（油をさす）／~车 gàochē（車に油をさす）. ❷墨をつけた筆の穂先を、硯（すずり）のふちで整える. ¶~笔 gàobǐ（筆につけた墨をならす）／~墨 gàomò（筆先の墨をならす）.
☞ 膏 gāo

ge ㄍㄜ〔kɤ〕

戈 gē 戈部0 四 5300₀ 全4画 次常用
❶ 名 古代の武器. 矛（ほこ）の一種. 刃が長い柄と直角についている. ¶干~ gāngē（武器）. ❷（Gē）姓.
【戈比】gēbǐ 名 カペイカ. 参考 ロシアの通貨単位. ルーブルの100分の1.
【戈壁】gēbì 名 砂礫（されき）のまじった砂漠. ゴビ. ¶~灘 tān／砂礫砂漠. 参考 もとはモンゴル語.

仡 gē 亻部3 四 2821₇ 全5画 通用
下記熟語を参照.
☞ 仡 yì
【仡佬族】Gēlǎozú 名《民族》コーラオ族. 中国の少数民族の一つで、おもに貴州省に住む.

圪 gē 土部3 四 4811₇ 全6画 通用
下記熟語を参照.
【圪垯】gēda 名 ❶ "疙瘩 gēda"に同じ. ❷ 小高い丘. 圪塔 gēda
【圪节】gējie 名〔个 ge〕❶ 稲・麦・コーリャン・竹などの、葉の付け根. ❷ 名 2つの"圪节"の間の部分. ❸ 量 細長い物の一部分を数えることば. ¶这根棍子 gùnzi 断成三~了／この棒を3つに切断した.

纥（紇）gē 纟部3 四 2811₇ 全6画 通用
下記熟語を参照.
☞ 纥 hé
【纥繨】gēda 名〔个 ge〕小さなかたまり. ¶线~／毛糸のだま. 用法 毛糸や布などに用いることが多い.

疙 gē 疒部3 四 0011₇ 全8画 次常用
下記熟語を参照.
【疙瘩［疸］】gēda ❶ 名〔个 ge〕できもの. ¶别把~抓破／おできをひっかいて破ってはいけない. ¶长 zhǎng 了青春~／にきびができた. ❷ 名 球状のもの. 小さなかたまり. ¶面~ miàngē／小麦粉でねった団子. ¶芥菜~ jiècàigē／からし菜の根. ¶线结成了~／糸の結び目がこぶになる. ¶死~ sǐgē／固くてとけない結び目. こま結び. ❸ 名 心のしこり. わだかまり. ¶听了他的话,心里的~解开了／彼の話を聞いて、心のしこりが取れた. ❹ 量 ¶一~的石头／一個の石. ❺ 形 煩わしい. 順調にいかない.
【疙疙瘩瘩】gēgedādā 形（~的）❶ なめらかでない. ざらざら. でこぼこだ. ❷ 人柄や物事が順調に進まないよう. ¶这件事很复杂,~的,不好处理／この件は複雑でごたごたしており、処理しづらい. ❸（物が）溶けない. 消化しないよう. 表现 "疙里疙瘩 gēligēda"ともいう.
【疙里疙瘩】gēligēdá → 疙疙瘩瘩 gēgedādā

咯 gē 口部6 四 6706₄ 全9画 通用
下記熟語を参照.
☞ 咯 kǎ, lo
【咯嗒】gēda ❶擬 ニワトリの鳴き声. ❷ 形（詩文を）くり返し声に出して読むよう.
【咯哒［嗒］】gēda ❶ "疙瘩 gēda"に同じ.
【咯噔】gēdēng 擬 物体が軽く打ち当たる音. かちっ. こつん. こつこつ. ¶他的腿不太好,走起路来~的／彼は足が悪く、道を歩く時こつんこつんと音をさせる. ¶听说出了事故,心里~一下／事故があったと聞いて、どきっとした. 重 咯噔咯噔 同 格登 gēdēng
【咯咯】gēgē 擬 ❶笑い声. くすくす. ほほほ. ❷ メンドリの鳴き声. ❸ 機関銃の銃声. ダダダダ. ❹ 歯ぎしりの

音. ギリギリ. 回 格格 gēgē
【咯吱】gēzhī 擬 物体が重圧を受けて出す音. ぎしぎし. ぎいぎい. ¶这木地板一走就～～作响／この床板は歩くとぎしぎし音がする.

格 gē
木部6 四 4796₄
全10画 常用
下記熟語を参照.
☞ 格 gé
【格登】gēdēng 擬 "咯噔 gēdēng"に同じ.
【格格】gēgē 擬 ❶げらげら. けらけら. 笑い声をあらわす. ❷歯ぎしりする音をこめた単音. ❸機関銃の発射音をあらわす. ❹鳥の鳴き声をあらわす. コッコッ.

哥 gē
口部7 四 1062₁
全10画 常用
❶ 名 兄. ¶ 大～～ gēge ／ 大～ dàgē (一番上の兄). ❷ 親 親戚の中の同世代で、自分より年上の男子. ¶ 表～ biǎogē (年上の母方のいとこ). ❸ 親 同年代の男子に対する親しみをこめた呼びかた. ¶ 张大～ (張兄さん). 用法 ①は, 呼びかけにも用いる.
【哥白尼】Gēbáiní《人名》コペルニクス(1473-1543). ポーランドの天文学者.
【哥本哈根】Gēběnhāgēn《地名》コペンハーゲン(デンマーク).
*【哥哥】gēge 名 ❶ 兄. ❷ 親戚の中の, 同世代で自分より年上の男子. ¶ 叔伯 shūbai～／ 远房～ ／ 远縁のいとこ. 用法 呼びかけにも用いる.
【哥伦比亚】Gēlúnbǐyà《国名》コロンビア.
【哥伦布】Gēlúnbù《人名》コロンブス(1451頃-1506). 航海者として, 西洋にアメリカ大陸の存在を伝えた.
【哥们儿】gēmenr 名 ❶ 兄弟たち. 回 哥儿们 gērmen ❷ 友人どうしの親しみを込めた呼びかた. 兄弟分. ¶～, 我是好朋友, 有话慢说／ みんな友達なんだから, 言いたいことがあるならよく話し合おう. 回 哥们儿 gērmen
【哥儿】gēr 名 ❶ 兄弟. ¶你们～几个？／君たちは何人兄弟ですか. ¶～俩 ／ 兄弟[妹]二人(兄弟のように仲良しの二人. ❷ (金持ちの)坊っちゃん. ¶公子～／大家(ːː)の坊っちゃん.
【哥儿们】gērmen → 哥们儿 gēmenr
【哥斯达黎加】Gēsīdálíjiā《国名》コスタリカ.
【哥特式】gētèshì 名《建築》ゴシック様式.
【哥特式建筑】gētèshì jiànzhù 名《建築》ゴシック様式建築.

胳 (異)肐 gē
月部6 四 7726₄
全10画 常用
下記熟語を参照.
☞ 胳 gā, gé
【胳臂】gēbei "胳膊 gēbo"に同じ.
【胳膊肘】gēbózhǒu 名 (～子)(腕の)ひじ.
*【胳膊】gēbo 名 ❶ 个 ge, 双 shuāng, 条 tiáo, 只 zhī] 腕. 肩から手首までの部分. ¶～腕子 wànzi ／ 腕. 手首. ¶抱～／腕をくむ. ¶～拧 nǐng 不过大腿 （成）腕は太ももにかなわない. 弱者は強者には勝てない. 回 胳臂 gēbei

鸽 (鴿) gē
鸟部6 四 8762₇
全11画
類 (～儿)ハト. ¶和平～ hépínggē (平和のハト)／ 信～ xìngē (伝書バト).
【鸽子】gēzi 名《鳥》[只 yǔ, 只 zhī] ハト. ¶一只～／一羽のハト. ¶一笼 lóng ／ ハトかご.

袼 gē
衤部6 四 3726₄
全11画 通用
下記熟語を参照.
【袼褙】gēbei 名〔张 zhāng〕はぎれや古布をはぎあわせ, 裏打ちして厚くしたもの. 参考 布靴を作るのに使う.

搁(擱) gē
扌部9 四 5702₀
全12画 常用
動 ❶ (一定の位置に)置く. ¶自行车～哪里了？（自転車はどこに置いたのか)／把这盆花～阳台上吧(この花をバルコニーに置いて下さい)／房间里～着一张桌子(部屋にはテーブルが一脚置いてあります). 回 放 fàng ❷ 入れる. 加える. ¶汤里～点儿盐(スープに塩を少し加える)／再～上一点儿酱油吧(もう少ししょう油をさして下さい). ❸ そのまま放って置く. ¶你把手里的活儿一一下(手仕事をちょっと止めなさい)／那件事已经～了三个月了(あの件はもう3ヶ月も放ってある)／这个问题现在没办法解决, 一～再说吧(この問題は今は解決の目途が立たないから, 少し置いておこう).
☞ 搁 gé
【搁笔】gēbǐ 動 筆をおく. 書くのをやめる. ¶就此～／ここまでで筆を置きます.
【搁放】gēfàng 動 置く.
【搁浅】gē/qiǎn 動 ❶ 船が浅瀬に乗り上げる. 座礁する. ❷ 挫折する. 頓挫(ʰᶻ)する. ¶谈判／交渉が頓挫した. ¶这次的旅游计划就～了 ／今回の旅行計画はボツになった.
【搁置】gēzhì 動 置く. 放っておく. ¶请你把这本书～在我的桌上 ／ この本を私の机の上に置いておいてください. ¶～不理／放置して顧みない.

割 gē
刂部10 四 3260₀
全12画 常用
動 ❶ (全体から一部分を)切る. 切断する. 刈る. ¶～草 gēcǎo (草を刈る)／～阑尾 lánwěi (盲腸を切り取る)／差点儿把我的手指头～下来(もう少しで指を切り落とすところだった). ❷ (しかたなく)捨てる. ¶～爱 gē'ài ／ 舍 gēshě.
【割爱】gē'ài 動 やむなく手放す. 割愛する. ¶忍痛 rěntòng～／心残りだが割愛する.
【割草机】gēcǎojī 名〔架 jià, 台 tái〕草刈り機.
【割除】gēchú 動 切り取る. 摘出する. 回 割掉 gēdiào.
【割地】gē//dì 動 領土を割譲する. ¶～求和／領土を割譲して停戦する.
【割断】gēduàn 動 断ち切る. 断絶する. ¶历史无法～／歴史は断ち切ることができない. ¶～电线／電線を切断する.
【割鸡焉用牛刀】gē jī yān yòng niú dāo （成）ささいなことは大げさにしない. 由来「鶏を割くのに牛刀を用いる必要があろうか」という意から.
【割胶】gē//jiāo 動 (ゴムを採るため)ゴムの木の外皮に傷を入れる.
【割据】gējù 動 割拠する. ¶～称雄 chēngxióng ／割拠して雄をとなえる.
【割礼】gēlǐ 名動《宗教》割礼(する). 参考 ユダヤ教やイスラム教の儀式の一つ.
【割裂】gēliè 動 裂く. 分断する. ¶不能～这两件事的内在联系 ／ この二つの事がらに内在する関係は, 切り離すことができない. 表現 多くは抽象的なものについていう.
【割让】gēràng 動 (領土を)割譲する. ¶～给英国的香港, 已于1997年回归祖国／イギリスに割譲されていた香港

は,1997年に祖国へ復帰した.
【割舍】gēshě 動 手放す.捨て去る.¶～昔のよしみを捨て去る.¶内心～不下／心中あきらめきれない.
【割席】gēxí 動 文 席を分かつ.(友人と)絶交する.由来『世説新語』德行篇に見える,三国時代の管寧と華歆の故事から.
【割线】gēxiàn 名《数学》割線.

歌 gē
欠部10 四 1768₂
全14画 常用
❶ 名 (～儿)〔量 个 ge,首 shǒu,支 zhī〕歌.¶～词 gēcí／诗～ shīgē (詩歌)／唱～ chànggē (歌を歌う).❷ 素 歌う.¶～唱 gēchàng／～咏 gēyǒng／高～ gāogē (高らかに歌う).
【歌本】gēběn 名 (～儿)〔量 本 běn,个 ge〕歌集.
【歌唱】gēchàng 動 ❶ 歌う.¶～家／声楽家.歌手.¶尽情 jìnqíng～／心ゆくまで歌う.❷ (歌や朗読で)功績をたたえる.表現 "唱","唱歌"よりも文書的な言いかた.
【歌词】gēcí 名〔量 段 duàn,句 jù〕歌詞.¶～作者／作詞者.
【歌德】Gēdé《人名》ゲーテ(1794-1832).ドイツの文学者.
【歌功颂德】gē gōng sòng dé 成 貶 功績や徳行をむやみにほめたたえる.
【歌喉】gēhóu 名 (歌手の)のどや声.¶她有一副婉转 wǎnzhuǎn 的～／彼女はなめらかによくまわるのどをしている.
【歌后】gēhòu 名 最も上手な女性歌手.シンギングクイーン.
【歌会】gēhuì 名 歌唱大会.歌謡ショー.
【歌伎】gējì 名 旧 歌姫.酒場などで歌唱を生業とした女性.
【歌剧】gējù 名〔量 出 chū〕歌劇.オペラ.¶～演员／オペラ歌手.¶～院／歌劇場.
【歌诀】gējué 名 暗唱しやすいように,韻をふんだり字数をそろえて,ものごとの要点やこつをまとめた文.口訣(ふつ).¶汤头～／煎じ薬を処方する薬名を編んだ口訣.
【歌迷】gēmí 名 歌唱ファン.歌を聴いたり,自ら歌うことが非常に好きな人.
【歌女】gēnǚ 名〔量 个 ge,名 míng〕(ダンスホールなどに所属して歌う)女性の歌手.
【歌谱】gēpǔ 名〔量 份 fèn,张 zhāng〕歌の楽譜.
【歌曲】gēqǔ 名〔量 首 shǒu,支 zhī〕歌.歌曲.¶演唱～／(舞台などで)歌を歌う.
【歌声】gēshēng 名 歌声.¶传来阵阵动听的～／心ゆさぶる歌声が聞こえてくる.
【歌手】gēshǒu 名〔量 个 ge,名 míng,位 wèi〕歌手.歌のうまい人.
【歌颂】gēsòng 動 詩や歌でほめたたえる.¶～新时代／新しい時代を謳歌(ホラ)する.¶举国上下一片～之声／国中が賞賛の声でいっぱいだ.
【歌坛】gētán 名 歌謡界.声楽界.¶～新秀／歌謡界のニューフェイス.
【歌厅】gētīng 名 カラオケバー.歌謡ショー・ホール.参考 中国のカラオケ「KTV」は,個室のほかにホールをもつことが多い.
【歌王】gēwáng 名 最優秀歌手.
【歌舞】gēwǔ 名 歌と踊り.歌舞.¶～片 piān／ミュージカル映画.
【歌舞伎】gēwǔjì 名 (日本の)歌舞伎.

【歌舞剧】gēwǔjù 名 歌舞劇.歌・音楽・踊りで構成されている劇.
【歌舞升平】gē wǔ shēng píng 成 歌い踊り,太平を祝う.太平の世を喜ぶようす.表現 今までとはまったく違うように)変える.¶～新 géxīn／改～ gǎigé (改革)／洗心～面 感 心をいれかえる.❸ 素 免職にする.¶～除 géchú／～职 gézhí.❹ (Gé)姓.
☞ 革 jí
【革出】géchū 動 除名する.除籍する.同 革除 géchú
【革除】géchú 動 ❶ 取り除く.¶～陋习 lòuxí／古いしきたりを取り除く.¶铲除 chǎnchú ❷ 免職する.同 开除 kāichú,撤除 chèchú
【革故鼎新】gé gù dǐng xīn 成 古いものを捨て去り,新しいものを作り上げる.同 革故鼎 II 新 由来《易经》雑卦伝に見えることば.
【革履】gélǚ 名 文 革靴.¶一身西装～的装扮／スーツに革靴といういでたち.
*【革命】gé//mìng 動 ❶ 革命する.❷ 根本的な改革をする.¶～到底／改革をやり抜く.
*【革命】gémìng ❶ 名〔量 场 chǎng,次 cì〕革命.¶进行一场彻底的～／徹底的に革命をする.¶～风暴 fēngbào／革命のあらし.¶～领袖／革命指導者.❷ 形 革命的の.¶他总是以为 yǐwéi 自己是最～的／彼はいつも,自分が最も革命的だと思っている.反 反动 fǎndòng ❸ 名〔量 场 chǎng,次 cì〕根本的な改革.¶产业～／産業革命.¶信息技术～／IT 革命.
【革命化】gémìnghuà 動 革命化する.徹底的に改革する.
【革命家】gémìngjiā 名 革命家.
【革命派】gémìngpài 名 革命派.
【革命委员会】gémìng wěiyuánhuì 名 文化大革命当時の権力機構.略称"革委会".
【革命性】gémìngxìng 名 革命性.革命的な思想や観点.
【革命英雄主义】gémìng yīngxióng zhǔyì 名 革命英雄主義.革命のために犠牲を惜しまず戦う思想.
【革命者】gémìngzhě 名 革命者.
【革委会】géwěihuì 名 "革命委员会 gémìng wěiyuánhuì"の略.
【革新】géxīn 名 動 革新(する).¶技术～／技術革新.
【革职】gé//zhí 動 免職する.¶他上个月被革了职／彼は先月職を解かれた.
【革制品】gézhìpǐn 名 革製品.

阁(閣/異閣❶~❸) gé

門部6 全9画 四 3760₄ 常用

❶索 高殿(だの). 庭園などにある,周囲に窓をつけた二階以上の建物. ¶亭台 tíngtái 楼〜(あずまやと高殿). ❷索 女性の部屋. とくに寝室. ¶閨〜 guīgé (女性の部屋) / 出〜 chūgé (嫁に行く). ❸案 内閣. ¶〜員 géyuán / 入〜 rùgé (入閣する). ❹(Gé)姓.

【阁楼】gélóu 名 (中層集合住宅の)最上階. 屋根裏部屋. ¶小美喜欢住在〜里 / メイちゃんは屋根裏部屋に住むのが好きだ. 同 搁楼 gélóu 参考 他の階より天井が低かったり,日差しで暑かったりするため,あまり好まれない.

【阁下】géxià 名 閣下. ¶大使〜 / 大使閣下. 用法 以前は書簡で用いられていたが,現在は外交の場面で用いることが多い.

【阁员】géyuán 名 閣僚.

【阁子】gézi ❶名 木造の小屋. ¶板〜 / 板仕切りの小部屋. ❷方 "阁楼 gélóu"に同じ.

格(異 挌❺) gé 木部6 四 4796₄ 全10画 常用

❶名 (〜儿) 縦横に四角く区切ったわく. ます目. ¶窗〜 chuāngge (窓の格子) / 方〜纸 fānggézhǐ (方眼紙). ❷名 規格. 標準. ¶合〜 hégé (規準に合う). ❸名 人の品性. ¶人〜 réngé (人格) / 品〜 pǐngé (品格). ❹案 阻む. 制限する. ¶〜〜不入. ❺案 組み合って闘う. ¶〜斗 gédòu / 〜杀 géshā. ❻索 道理を深くつきつめて明らかにする. ¶〜物 géwù (ものごとの道理を究める). ❼(Gé)姓.
☞ 格 gē

【格调】 gédiào 名 ❶(作品の)格調高い. ¶他写的文章〜非常高雅 gāoyǎ / 彼の書く文章はとても格調高い. ❷文 (人の)品格.

【格斗】gédòu 動 格闘する. 同 博斗 bódòu

【格格不入】 gé gé bù rù 成 相容れない. しっくりしない. ¶老人家的思想保守且古老,年轻人相处时〜 / お年寄りの考えは保守的で古いので,若い人と交流しても,相容れない. 由来 『礼記』学記に見えることば.

【格局】géjú 名 ⟨种 zhǒng⟩ 構造と様式. ¶不断打破旧习〜 / 古いやり方を次々とうちこわす. ¶小明的房间的〜,与众不同别有特色 / ミンさんの部屋のつくりは他に例がなく,独特だ.

【格列高里•派克】Gélièggāolǐ•Pàikè《人名》グレゴリー•ペック. 米国の男優.

【格林】Gélín《人名》グリム. 兄弟でグリム童話集を編集した.

【格林纳达】Gélínnàdá《国名》グレナダ.

【格林尼治】Gélínnízhì《地名》グリニッジ(イギリス). 表現 以前は"格林威 wēi 治"とも言った.

【格林尼治时间】Gélínnízhì shíjiān 名 グリニッジ標準時. 同 格林威 wēi 治时间 ◆Greenwich mean time(GMT)

【格林威治】Gélínwēizhì《地名》グリニッジ. ⇨格林尼治 Gélínnízhì

【格陵兰岛】Gélínglándǎo《地名》グリーンランド(デンマーク領).

【格鲁吉亚】Gélǔjíyà《国名》グルジア.

【格律】gélǜ 名《文学》(詩歌や韻文の)字数•句数•対偶•平仄(ソ)•韻などの形式きまり. 格律.

【格杀】géshā 動 撲殺する.

【格杀勿论】gé shā wù lùn 成 人を殺しても罪を問われない. 切り捨て御免. 由来『史記』荆燕世家に見えることば.

【格式化】géshìhuà 動 ❶《コンピュータ》フォーマットする. ❷型にはめる. 形式化する.

【格式】géshi 名 ⟨个 ge, 种 zhǒng⟩ (詩や文の)決まった形式. ¶公文〜 / 公文書式. ¶请依照书信〜写信 / 手紙の書式にのっとって下さい.

【格外】géwài 副 ❶特に. ことのほか. ¶校园树上的叶子显得〜青翠 qīngcuì / キャンパスの木々の葉は,緑がことのほか美しい. ❷分外 fènwài ❷例外的に. 別に. ¶〜的负担 / 余分な負担. ¶张太太还〜为我们准备了宵夜 xiāoyè / 張夫人は私々にわざわざ夜食まで用意してくれた.

【格物】géwù 動 文 物事の道理を究める. ⇨格物致知

【格物致知】gé wù zhì zhī 動 物事の理を究め,認識を深める. 由来『礼記』大学に見えることば.

【格言】géyán 名 ⟨段 duàn, 句 jù, 条 tiáo⟩ 格言. 座右の銘. ¶把师傅说过的话,句句当成〜 / 師匠が口にしたことばを一つ一つ座右の銘とする.

【格致】gézhì 動 文 ❶事物の理を究め,認識を深める. "格物致知 gé wù zhì zhī"の略. 参考 清末には,物理や化学の総称として使われた.

【格子】gézi 名 格子. ¶打〜 / 格子枠をつくる. ¶〜裙 / チェックのスカート.

鬲 Gé 鬲部0 四 1022₇ 全10画 通用

❶索 地名用字. ¶〜津河 Géjīnhé (古代,黄河下流にあった支流の名前. 今の山東省平原県の西北付近を東に流れ,海に入る). ❷(Gé)姓.
☞ 鬲 lì

胳 gé 月部6 四 7726₄ 全10画 常用

下記熟語を参照.
☞ 胳 gā, gē

【胳肢】gézhi 動 方 くすぐる. ひやかす.

葛 gé ⺾部9 四 4472₇ 全12画 常用

索 ❶《植物》クズ. ¶〜根 gégēn (葛根(ネ)) / 〜粉 géfěn. ❷紋様のある絹織物. 参考 ①は茎でかごなどを編み,根は薬や食用.
☞ 葛 Gě

【葛布】gébù 名 〈块 kuài〉 葛布(ネ). クズの繊維で織った布. 参考 夏服などに用いる.

【葛粉】géfěn 名 葛粉(ネ).

【葛丽泰•嘉宝】Gélìtài•Jiābǎo《人名》グレタ•ガルボ(1905-1990). スウェーデン出身の米国女優.

【葛藤】géténg 名 もつれ. 葛藤(エク). ¶斩断 zhǎnduàn〜 / 葛藤を断ち切る.

搁(擱) gé 扌部9 四 5702₀ 全12画 常用

索 もちこたえる. たえる. ¶〜不住 gébuzhù.
☞ 搁 gē

【搁不住】gébuzhù 動 たえられない. ¶这么沉重的责任 / こんな重い責任にはたえられない.

【搁得住】gédezhù 動 たえられる. ¶再结实 jiēshi 的东西,〜你这么使吗? / いくら丈夫なものでも,そんな手荒な扱いではもたないよ. 表現 多くは反語•疑問に用いる.

蛤 gé 虫部6 四 5816₁ 全12画 次常用

❶索 (シオフキガイやハマグリなど)二枚貝. ¶〜蜊 gélí / 〜干 gégān (アサリやハマグリの干物) / 文〜 wéngé (ハマグリ). ❷⇨蛤蚧 géjiè

☞ 蛤 há

【蛤蚧】géjiè 名〔動物・薬〕〔只 zhī〕オオヤモリ．¶～酒 / オオヤモリを浸した焼酎．参考 強壮剤に使う．

【蛤蜊】gélí[-li] 名〔个 ge, 只 zhī〕❶〔貝〕シオフキガイ．❷ ハマグリの通称．参考 文哈 wéngé

颌（頷）gé
页部6　四 8168₂　全12画　通用

名 口．
☞ 颌 hé

隔 gé
阝部10　四 7122₇　全13画　通用

動 ❶隔てる．仕切る．¶这两个城市之间～着一条大河（この二つの街は一本の大河で隔てられている）/ 房间用一个屏风～开了（部屋はひとつのついたてで仕切られている）．❷（時間や場所では）隔たる．間をおく．¶每～五小时吃一次药（5時間おきに薬を飲む）/ 我们家跟他们家～得不远（我々の家と彼らの家はそんなに遠くない）/ 相～一里（500メートル隔たれている）．

【隔岸观火】gé àn guān huǒ 成 人の危険に手を差しのべず傍観する．¶他～不肯伸出援手 / 彼は対岸の火事とばかり、手を差し伸べてはくれなかった．同 袖手旁观 xiù shǒu páng guān 由来「対岸の火事を見る」という意から．

*【隔壁】gébì 名（壁を隔てた）隣．隣家．¶～邻居 / 隣の人．¶我就住在小明的～ / 私はミンさんの隣に住んでいます．

【隔断】❶ géduàn 動 さえぎる．隔てる．❷ géduan 名 一つの部屋をいくつかに仕切るもの．部屋の仕切り．

【隔阂】géhé 名〔⊕ 道 dào〕わだかまり．（感情や考えの）隔たり．¶感情 / 感情のわだかまり．¶消除～ / わだかまりを取り除く．同 隔膜 gémó

【隔绝】géjué 動 隔絶する．途絶える．¶音信～ / 音信が途絶える．¶与世～ / 世と隔絶する．

【隔开】gékāi 動 分け隔てる．

【隔离】gélí 動 隔離する．¶～病房 / 隔離病棟．¶我们两地～ / 私たちは二つの地に隔てられている．

【隔膜】gémó ❶ 名〔⊕ 层 céng〕感情の隔たり．わだかまり．¶消除～ / 感情の隔たりを取り除く．¶心里总有点儿～ / 心にちょっとわだかまりがある．同 隔阂 géhé ❷ 形 事情に暗い．疎(うと)い．¶我对那里的情况很～ / 私はあそこの事情には疎い．

【隔年皇[黄]历】gé nián huáng lì 成 かつての事物や経験が今では役に立たない．由来「一年前の暦」という意から．

【隔墙】❶ géqiáng 名〔⊕ 道 dào〕間仕切り．❷ gé/qiáng 動 壁を隔てる．¶～一堵墙 / 壁一つ隔てた隣．

【隔墙有耳】gé qiáng yǒu ěr 成 壁に耳あり．

【隔热】gé/rè 動 断熱する．

【隔日】gérì 副 一日置きに．一日置きに．¶～上课 / 一日置きに授業がある．

【隔三差[岔]五】gé sān chà wǔ 成 ほとんど間をおかずに．しょっちゅう．

【隔山】géshān ❶ 動 山を隔てる．実情に疎い．¶～买老牛 / 山を隔てたまま牛を買う．実情を確かめずに失敗する．❷ 名 腹違いの兄弟姉妹．¶～兄弟 / 異母兄弟．

【隔扇】géshan 名〔个 ge, 面 miàn〕屏風(びょうぶ)のように折り畳める部屋の間仕切り．上部は格子や障子ラなどを張る．

【隔世】géshì 動 時代や世代が違う．¶～之感 / 隔世の感．¶恍 huǎng 如～ / 成 あたかも時代が変わったようだ．

【隔靴搔痒】gé xuē sāo yǎng 成 話や文章などが、要点をついなくてもどかしい．反 对症下药 duì zhèng xià yào 由来「靴を隔てて痒(かゆ)いところをかく」という意から．

【隔夜】gé/yè 動 一晩たつ．一夜を越す．¶～的茶最好别喝 / 宵越しの茶は飲まないほうがよい．

【隔音】gé//yīn 動 防音する．¶～板 / 防音ボード．¶～室 / 防音室．

【隔音符号】géyīn fúhào 名《言語》隔音記号．中国語のピンインを表記する際、「'」記号を a,o,e などの前につけて音節の区切りを示す．"长安 Cháng'ān""天安门 Tiān'ānmén" など．

塥 gé
土部10　四 4112₇　全13画　通用

名 方 砂地．¶青草～ Qīngcǎogé（安徽省にある地名）．参考 地名に用いることが多い．

嗝 gé
口部10　四 6102₇　全13画　通用

名（～儿）❶ げっぷ．¶打～ dǎgé（げっぷが出る）．❷ しゃっくり．¶打～ dǎgé（しゃっくりが出る）．

膈 gé
月部10　四 7122₇　全14画　通用

名《生理》隔膜．横隔膜．¶～膜 gémó / ～疝 gé-shàn（横隔膜ヘルニア）．

【膈膜】gémó 名《生理》隔膜．

骼 gé
骨部10　四 7726₄　全15画　通用

束 骨．¶骨～ gǔgé（骨格）．

镉（鎘）gé
钅部10　四 8172₇　全15画　通用

名《化学》カドミウム．Cd．¶～电池（カドミウム電池）/ ～污染（カドミウム汚染）/ ～中毒 zhòngdú（カドミウム中毒）．参考 電気メッキ，電池などに使われる．有毒．

个（個）gě
人部1　四 8020₀　全3画　常用

→自个儿 zìgěr
☞ 个 gè

合 gě
人部4　四 8060₁　全6画　常用

❶ 量 容量の単位．dl（デシリットル）．"升 shēng"の10分の1．❷ 名 穀物を計る(ます)．一合升．
☞ 合 hé

各 gě
夂部3　四 2760₄　全6画　常用

形 方（性格や行動が）変わっている．¶这人很～（この人は変人だ）．
☞ 各 gè

哿 gě
力部8　四 4662₁　全10画　通用

束 文 良い．すばらしい．¶～矣 yǐ 能言（雄弁は善きこと．『左伝』にあることば）．

舸 gě
舟部5　四 2142₀　全11画　通用

名 大きな船．

盖（蓋）Gě
羊部5　四 8010₂　全11画　常用

名 姓．
☞ 盖 gài

葛 Gě
⺿部9 四 4472₇
全12画 常用

名 姓.
▷ 葛 gé

【葛洪】Gě Hóng《人名》葛洪(かつこう：281-341).思想家.号は抱朴子(ほうぼくし).道教の教義を確立.

个(個/異箇) gè
人部1 四 8020₀
全3画 常用

❶ 量 決まった量詞のない事物を数えることば. 一部の量詞の代わりに用いることもある. ¶一～苹果/1個のりんご. ¶两～饺子/2個のギョウザ. ¶三～东西/3個の品物. ¶四～人/4人. ¶五～字/5文字. ¶一～故事/ひとつの物語. ¶两～国家/ふたつの国. ¶一～小时/1時間. ¶两～星期/2週間. ¶三～月/3ヶ月. ¶一～季节/ワンシーズン. ¶一～地方/1ヶ所. ¶拐了两～弯儿/角を2つ曲がった. ¶一～念头 niàntou/ひとつの思い. ¶两～办法/2つの方法. ¶一～理想/ひとつの理想.

❷ 量 概数の前に置く.かれこれ.…かそこら. ¶这activity这活儿有一两三天就干完了/この仕事は2,3日あればやり終わる. ¶我一天只能挣一十块二十块/私は一日に10元,20元しかかせげない.

❸ 量 動詞と目的語の間に置き,動作を軽い気持ちで行うニュアンスを表わす. ¶洗～澡/ひと風呂浴びる. ¶睡～好觉/よく寝る. ¶董事长 dǒngshìzhǎng跟我们见了一面/理事長は我々に会ってくれた.

❹ 量 動詞と補語の間に置く. 単独で補語を導く"得de"に近い働きをするが,"得"と連用することもある. ¶忙～不停/てんてこ舞いだ. ¶打他～落花流水/彼をめちゃくちゃにやっつけた. ¶干得 gànde～热火朝天 cháotiān/すごい勢いでやる. ¶雨下～不停/雨は降りやまない. ¶玩了～痛快/思いっきり遊んだ.

❺ 素 単独の. ¶一～人 gèrén. ¶一～体 gètǐ.

❻ 名 (～儿)人の背たけ.物の大きさ. ¶高～子 gèzi/背の高い人. ¶馒头～儿不小/マントウが大きい.

📖 量詞の場合は軽声で読む.

☞ 个 gě

【个案】gè'àn 名 特殊な事案や事例.
【个把】gěbǎ[-ba] 数 一つか二つ. ¶～月/1,2ヶ月. ¶这活儿有一星期就能干完/この仕事は1,2週間もあれば終わるだろう.
*【个别】gèbié 形 ❶個々の.個別的な. ¶～辅导/個別の指導. ❷ごく少ない. ¶只有一～人请假/休みをとる人はごく少ない. 反 一般 yībān
【个唱】gèchàng 名 "个人演唱会"(ソロコンサート)の略称.
【个个】gègè 副 (～儿)それぞれ.みな. ¶这些孩子们～都这么活泼可爱/この子たちは,どの子もみな活発でかわいらしい.
【个股】gègǔ《经济》(ある個別の)上場会社の株式.
【个儿】gèr 名 ❶ 人の背丈.ものの大きさ. ¶大～/大きな体. ❷ひとりひとりの人.一つ一つの物. ¶论 lùn～卖/一つ一つバラで売る. ¶挨 āi～握手/ひとりひとり握手する.
*【个人】gèrén 名 ❶個人. ¶～迷信/個人崇拝. ¶～表现/個人プレー. 反 集体 jítǐ,团体 tuántǐ ❷私. ¶我～觉得这样不太好/私にはこのようにするのはあまり良くないと感じられる. 用法 ②は,公式の場で所見を述べるのに用いる.
【个人崇拜】gèrén chóngbài 名 個人崇拝.
【个人数字助理】gèrén shùzì zhùlǐ 名《コンピュータ》PDA(Personal Digital Assistant).
【个人通信】gèrén tōngxìn 名《通信》パーソナル・コミュニケーション.
【个人英雄主义】gèrén yīngxióng zhǔyì 名 個人的英雄主義.独善的になり,人を省みない個人主義.
【个人主页】gèrén zhǔyè 名《コンピュータ》個人のホームページ.
【个人主义】gèrén zhǔyì 名 個人主義.
【个人住房贷款】gèrén zhùfáng dàikuǎn 名 個人住宅ローン.
*【个体】gètǐ 名 ❶個人.(生物の)個体. 反 群体 qúntǐ,集体 jítǐ ❷ "个体户 gètǐhù"に同じ.
【个体户】gètǐhù 名 個人経営者.
【个体经济】gètǐ jīngjì 名 私有経済.個人経営の経済方式.
【个体经营】gètǐ jīngyíng 名 個人経営.自営.
【个头儿】gètóur 名 人の背丈.ものの大きさ.
【个位】gèwèi 名《数学》(十進法での)1の位.
【个险】gèxiǎn 名 個人保険. 团 tuán 险
【个性】gèxìng 名 個性.特性. ¶我与他的一根本合不来/私と彼はまったく性格が合わない. 反 共性 gòngxìng
【个展】gèzhǎn 名 個展.
【个中】gèzhōng 名 文 その中.そのうち. ¶～人/関係者. ¶～事/その間の事情.
*【个子】gèzi 名 ❶人の背丈.動物の大きさ. ¶他～很高/彼は背が高い. ¶她是个矮～/彼女は背が低い. ❷細長いものを束ねたもの. ¶麦～/麦の束.

各 gè
夂部3 四 2760₄
全6画 常用

❶ 代 それぞれ.各. ¶～人 gèrén(各人) /～国 gèguó /～界 gèjiè. ❷ (Gè)姓.
▷ 各 gě

【各半】gèbàn 形 半々だ.五分五分だ. ¶成败的可能性～/成功と失敗の可能性は五分五分だ.
【各奔东西】gè bēn dōng xī 成 各自が各自の道を歩む.それぞれの目標に向かって進む.
【各奔前程】gè bèn qián chéng 成 各々自分の道を進む. ¶一～甚 shèn 少联络 liánluò /各々自分の道を歩き,めったに連絡がない.
【各别】gèbié 形 ❶別々の.異なる. ¶～对待/別々に取り扱う. ❷変わっている.ユニークだ. ¶这只闹钟 nàozhōng 式样很～/この目覚しはデザインが独特だ. ¶这个人真～！/この人は本当にユニークだ.
【各持己见】gè chí jǐ jiàn 成 それぞれ自分の意見を堅持して譲らない.
【各得其所】gè dé qí suǒ 成 適材適所だ. 由来『易经』の繋辞伝下に見えることば.「各々,その所を得る」という意から.
【各地】gèdì 名 各地. ¶亚洲～/アジア各地.
【各个】gègè ❶ 形 それぞれの. ¶～方面/それぞれの方面. ❷ 副 一つずつ.
【各个击破】gè gè jī pò 成 (敵を)一つ一つ攻撃していく.各個撃破.
【各国】gèguó 名 各国. ¶世界～/世界各国.
【各行各业】gèháng gèyè 名 あらゆる業種.
【各级】gèjí 形 各レベルの. ¶～人民代表大会/各レベルの人民代表大会.

【各界】gèjiè 形 各界の. ¶～人士 / 各界の人々.
【各尽所能】gè jìn suǒ néng 句 それぞれが最善を尽くす.
【各就各位】gè jiù gè wèi 句 《スポーツ》❶ 各自位置につく. ❷ 競争開始の合図.「位置について！」
【各取所需】gè qǔ suǒ xū 句 各々必要なだけ取る.
【各色】gèsè 形 さまざまだ. ¶～各样 / 種々さまざま. ¶～货物,一应 yīng 俱全 / いろいろな品物がよく揃っている. ❷ 特殊だ. ¶这个人真～ / この人は本当に変わっている.
【各色人等】gè sè rén děng 熟 さまざまな人. 多様な人々.
【各省市】gèshěngshì 名 各省および各市.
【各式各样】gè shì gè yàng 成 さまざまだ. ¶～的东西 / さまざまな品物.
【各抒己见】gè shū jǐ jiàn 成 各々自分の見解を述べる.
【各司其职】gè sī qí zhí 成 各人がそれぞれの職務をつかさどる.
【各位】gèwèi ❶ 名 皆さま. ¶～请注意！ / 皆さま御注目願います. ❷ 形 全ての(人々). ¶～先生,女士 / 紳士淑女の皆さま.
【各显神通】gè xiǎn shéntōng 句 各々腕前や実力を発揮する.
【各向异性】gèxiàngyìxìng 名《物理》異方性.
【各项】gèxiàng 名 それぞれの項目. ¶～问题 / 各項目の質問.
【各行其是】gè xíng qí shì 成 それぞれ,自分が正しいと思うとおりにやる. ¶～,很不团结 / 皆が勝手にやったので,全く統一がとれない.
【各样】gèyàng 形 (～儿) さまざまだ. 回 各式 gèshì 各样.
【各有千秋】gè yǒu qiān qiū 成 それぞれに長所や特色,存在価値がある. 由来 "千秋"は千年の意. 後世まで長く伝わることをあらわす.
【各有所长】gè yǒu suǒ cháng 句 それぞれに長所がある. ¶每个人都～,你也不例外 / 誰にだってそれぞれ長所はあるる,君も例外ではない.
【各有所好】gè yǒu suǒ hào 句 人にはそれぞれ好みがある.
【各执一词】gè zhí yī cí 句 各々持論がある.
＊＊【各种】gèzhǒng 形 さまざまだ. ¶～办法 / いろいろなやり方. ¶～各样 / 各種各様.
【各自了】gèzì (～儿)各自. それぞれ. ¶孩子们～回家了 / 子供たちはそれぞれ家へ帰った. ¶你们～去吃饭 / 食事は各自でとってください.
【各自为战】gè zì wéi zhàn 句 各自が勝手に行動する.(仕事などの)協調がない.
【各自为政】gè zì wéi zhèng 成 個人が自分の主張だけで物事を行い,他と協調しない.

虼 gè 虫部3 四 5811₇ 全9画 通用

下記熟語を参照.

【虼螂】gèláng 名《虫》フンコロガシ. スカラベ. 回 蜣螂 qiānglāng.
【虼蚤】gèzao 名《虫》〔＠ 只 zhī〕ノミ. 回 跳蚤 tiàozao.

硌 gè 石部6 四 1766₄ 全11画 通用

動 曰 体に突起物が当たって気持ちが悪くなる. ¶饭里有沙子,～牙 (ご飯に砂がまじっていて,歯ざわりが悪い) / 鞋里有块小石子,～脚(靴の中に小石が入って気持ちが悪い).
☞ 硌 luò

铬(鉻) gè 钅部6 四 8776₄ 全11画 通用

名《化学》クロム. Cr. ¶～钢 gègāng / 氯化～ lǜhuàgè (塩化クロム).
【铬钢】gègāng 名 クロム鋼.
【铬镍钢】gèniègāng 名 ニクロム.

gei ㄍㄟ [kei]

给(給) gěi 纟部6 四 2816₁ 全9画 常用

I 動 ❶ (人に物を)与える. ¶～我一个苹果 / 私にリンゴを一つ下さい. ¶～你一个苹果 / あなたにリンゴを一つあげよう. ¶小李的话～了我不少启发 / 李さんのことばに私はおおいに教えられた.
❷ むごい目に遭わせる. ¶～他几句 / 彼をしかってやる. ¶～他两个耳光 / 彼にびんたを二,三発食らわせてやる.
❸ 結果補語として用いる. 渡す或は一本一本 / 私は彼女に本を一冊あげた. ¶你可要亲自交～她 / あなたは自分の手で彼女に渡さなくては. ¶信已经寄～他了 / 手紙はすでに彼に送った. ¶这是小张从中国带～我的工艺品 / これは張さんが中国から私に持ってきてくれた工芸品です. ¶把一切献～人民 / すべてを人民に捧げる. ¶把这个东西留～我吧 / この品物は私に残しておいて下さい. ¶把那本书递～我 / 私の本をとってくれ.
II 前 ❶ (物の受け手を導く) …に. ¶～我来封信 / 私に手紙を下さい. ¶～她送去一束鲜花 / 私は彼女に花を一束送る. ¶妈妈～我寄了一些点心 / 母が私にお菓子を送ってくれた.
❷ (行為の受け手を導く) …のために. …に代わって. ⇒ 替 tì, 为 wèi ① 受益者を導く. ¶医生～大家检查身体 / 医者はみんなの体を検査する. ¶ 奶奶擦了身体 / おばあさんの体を拭いてあげた. ¶哪位～他让个座儿？ / どなたか彼に席を譲ってもらえませんか. ¶衣服都～你洗好了 / 洗濯物を洗っておいた. ¶我～你当翻译吧 / 私が通訳いたしましょう. ¶词典～你买到了 / 辞書を君に買ってきてあげた. ¶你再～我想想 / もう一度考えて下さい. ¶你见到他～我问个好 / 彼に会ったらよろしくお伝え下さい. ¶请～我叫一辆汽车 / 車を一台呼んでもらえますか. ¶你去中国,顺便～我带封信好吗？ / 中国へ行く時,ついでに手紙をもっていってくれますか.
② 受損者を導く. ¶你别～他添乱了 / 彼に迷惑をかけるように. ¶～谁～你惹了麻烦了？ / 誰が面倒を引き起こしたのだ. ¶别把杯子～人家打破了 / コップを割らないでね.
❸ (行為の受け入れ側を導く) …に向かって. …に対して. ⇒对 duì, 向 xiàng ¶大家～他提了意见 / みんなは彼を批判した. ¶孩子们～红旗敬礼 / 子供たちが国旗に敬礼をする. ¶妈妈～孩子讲故事 / 母親が子供に物語を話す. ¶我～你送行来了 / あなたをお見送りにまいりました. ¶我～他打了一个电话 / 私は彼に電話をかけた. ¶你～我们讲讲中国的情况吧 / 中国の状況を話してくれませんか.
❹ (受け身を表わし) …される. ¶头发～雨淋湿了 / 髪の毛は雨でぐっしょりぬれた. ¶那本书～朋友拿走了 / あの本は友達に持っていかれてしまった. ¶饭都～他吃光了 / ご飯は彼にすっかり食べられてしまった. ¶刚才她突然

晕倒了，～我吓了一跳 / さっき突然彼女が倒れていて、私はびっくりさせられた．❺《使役·讓步を表わし》…させる．…してもらう．¶考出个好成绩来，～爸爸妈妈高兴高兴 / 良い成績を取って、お父さんお母さんに喜んでもらう．¶老张病还没好，～他多休息几天 / 張さんはまだ具合が悪いので、何日か余計に休んでもらう．❻"给我…!"の形で命令表現をつくる．…しろ．¶～我滚 gǔn! / 出て行け．¶你～我放下! / 放せ．

Ⅲ 助 動詞の前に置き、動作を強調し、より口語的な感じを出す．❶"…のために"、"…に代わって"の意味を持つ文に用いられる．¶你放心,抽屉我已经～安上锁了 / 安心して、私はもう引き出しにかぎをかけたから．¶赶紧～喂 wèi 马 / 急いでウマにえさをやってください．¶我等几个小时了,你～开个证明吧 / 私は何時間も待ったのだから証明書を出してください．¶能～换点零钱吗? / 細かいお金に両替してくれませんか．¶请～翻译一下 / 通訳してくれませんか．¶李老师,您～写两个字作记念吧 / 李先生、記念に何か一言書いて下さい．❷受け身の意味をもつ文に用いられる．¶我真～吓破了胆 / 私はほんとうに肝がつぶされた．¶手让刀～划 huá 破了 / 手はナイフで切り裂かれた．¶花瓶叫他～打破了 / 花瓶は彼に割られてしまった．❸処置文に用いられる．¶她早把我的事～忘了 / 彼女はとっくに私のことを忘れてしまっている．¶他把钱包～弄丢了 / 彼は財布をなくしてしまった．

Ⅳ（Gěi）姓．

➡ 给 jǐ

【给面子】gěi miànzi 句 メンツを立てる．¶你总得给小李点面子 / 李さんのメンツも立ててやらなくっちゃ．同 给脸 gěiliǎn

【给以】gěi//yǐ 動 与える．¶小张有困难,我们应当～帮助 / 張さんが困っていれば手助けすべきだ．用法 多くは抽象的なことについていう．"给以"のあとには、与える事物のみを置き、受ける人については述べない．受ける人を示す場合には、"给(人)以(事物)"とする．

gen 《ㄣ [kən]

根 gēn

木部 6　四 4793₂
全10画・常用

❶ 名（～儿）植物の根．¶树～ shùgēn（木の根）．❷ 素（～儿）物の基礎部分．根元．¶基 gēnjī / 耳～ ěrgēn（耳のつけ根）/ 舌～ shégēn（舌のつけ根）/ 墙～ qiánggēn（壁の基礎部分）．❸（～儿）根源．¶祸～ huògēn（災いのもと）/ 斩 zhǎn 草除～ 成 根こそぎとり除く．❹ 副 徹底的に…する．¶～绝 gēnjué / ～治 gēnzhì．❺ 名《后に否定の語句を伴って》もと．¶无～之谈（根も葉もない話）．❻ 量（～儿）細長いものを数えることば．¶两～筷子（二本の箸）．❼ 名《数学》方程式の解．❽ 名《数学》〔个 ge 的〕ルート．"方根 fānggēn"の略．❾ 名《化学》基．¶氢～ qīnggēn（水素基）/ 硫酸～ liúsuāngēn（硫酸基）．同 基 jī ❿ 名（～儿）子孫．⓫（Gēn）姓．

*【根本】gēnběn ❶ 名 根本．重要な部分．¶问题必须从～上解决 / 問題は根本から解決しなければいけない．❷ 形 重要だ．❸ 副 もともと．¶～没有这回事 / そんなことはまったくない．❹ 副 まったく．¶他～不认识我 / 彼はまったく私を知らない．❺ 圓 徹底的に…する．¶～改造自然环境 / 自然環境を根底から変える．用法 ❹は、否定文に用いることが多い．

【根本法】gēnběnfǎ 名 憲法．
【根插】gēnchā 名《植物》根挿し．
【根除】gēnchú 動 徹底的に取り除く．根絶する．¶～陋习 lòuxí / 悪習を完全になくす．¶～水患 shuǐhuàn / 水害をなくす．同 铲除 chǎnchú
【根底】gēndǐ 名 ❶ 基礎．¶～浅 / 基礎ができていない．同 基础 jīchǔ ❷ 内情．わけ．いきさつ．¶探听～ / 内情をさぐる．
【根雕】gēndiāo 名 木の根を材料にする彫刻．またその作品．
【根号】gēnhào 名《数学》ルート記号（√）．
【根基】gēnjī 名 ❶ 基礎．土台．¶打好～ / 基礎をしっかり固める．❷ 家の財産．❸ 品行．素行．¶没～ / はしたない．
【根脚】gēnjiao 名《建物の》土台．
【根茎】gēnjīng 名 ❶《植物》根茎（ねい）．❷ 根と茎．
【根究】gēnjiū 動 徹底的に究明する．¶～错误的原因 / ミスの原因を究明する．
*【根据】gēnjù ❶ 介 …によれば．…に基づく．¶～天气预报,今天会下雨 / 天気予報によると、今日は雨がふる．❷ 名 根拠．¶科学的～ / 科学の根拠．
【根据地】gēnjùdì 名 根拠地．参考 とくに"革命根据地"をさすこともある．
【根绝】gēnjué 動 根絶する．¶～虫害 / 虫害を根絶する．
【根瘤】gēnliú 名《植物》根瘤（ねいう）．
【根毛】gēnmáo 名《植物》根毛（こんもう）．
【根苗】gēnmiáo 名 ❶ 植物の根と芽．❷ ものごとの由来．根源．¶造祸 huò 的～ / 悪い出来事の原因．❸ 跡継ぎ．
【根儿】gēnr 名 ❶ 植物の根．❷ 根元．付け根．❸ ものごとの根源．人の身元．¶不知～的人 / 素性の知れない者．
【根深蒂固】gēn shēn dì gù 成 根強く揺るぎないこと．同 根深柢 dǐ 固 由来 根が深く、茎や枝もしっかりしている、という意から．
【根深叶茂】gēn shēn yè mào 成 基礎がしっかりしていれば、大いに発展できる．同 根深枝 zhī 茂 由来 "根が深ければ、葉もよく茂る"という意から．
【根式】gēnshì 名《数学》ルート（√）を含む数式．
【根系】gēnxì 名《植物》根の総称．
【根性】gēnxìng 名 もって生まれた性質．本性．¶～显露 xiǎnlù 出来了 / 本性があらわれた．
【根由】gēnyóu 名 原因．由来．¶追问～ / 原因を問いつめる．
【根源】gēnyuán ❶ 名 根源．根本的な原因．¶历史的～ / 歴史の根源．❷ 動 ～を起源とする．¶本源 běnyuán 于～ / …を起源とする．用法 ❷は、"…于"の形をとることが多い．
【根植】gēnzhí 動（人が社会などに）根を張る．根を下ろす．¶扎 zhā 根 ～
【根治】gēnzhì 動（災害や病気を）根治する．¶～黄河 / 黄河を徹底的に治水する．¶～支气管炎 zhīqìguǎnyán / 気管支炎を完治する．
【根子】gēnzi 名 ❶ 植物の根．❷ ものごとの根源．原因．¶虽然问题出在下面,可是～在上面,是领导的责任 / 問題は下で起こったが原因は上にある．これは指導者の責任だ．❸ 素性．身元．

跟 哏 艮 亘 艮 荁 更　gēn - gēng　361

跟 gēn
足部6　四6713₂
全13画　[常用]

I[名] 足または靴のかかと．¶脚后～/かかと．¶鞋～/靴のヒール．

II[動] **❶** 後ろからついて行く．¶～我来/私について来い．¶小汽车后边～一辆大轿车/小型車の後ろから一台の大型セダンがついてくる．¶他跑得很快,我～不上/彼は走るのが早いて私はついていけない．
❷ 嫁に行く．¶～了小李一辈子 yībèizi / 生涯李さんについて行った．

III[前] 動作の関係の対象を導入する．
❶ …と．…に．¶小李～同学一起出去了/李さんはクラスメートと一緒に出かけて行った．¶我不愿意～他见面/私は彼に会いたくない．¶有事,～他们商量/何かあれば彼らと相談する．¶有件事想～你们谈谈/ちょっとあなたと話したいことがあります．¶我的意见～他相反/私の意見は彼と反対である．¶这个字～那个字的发音一样/この字とあの字の発音は同じである．
❷ …に向かって．…に対して．…から．¶这本书你～谁借的？/この本をあなたは誰から借りたのですか．¶这件事快～大家说说/その件を早くみんなに話しなさい．¶～您打听一下,…/ちょっとおたずねしますが．¶你缺 quē 什么东西～我要好了/何か足りないものがあれば私におっしゃって下さい．

IV[接] (並列関係を表わし) …と．¶小刚～小明在同一个学校上学/カンさんとミンさんは同じ学校に通っている．¶对～不对总要弄个明白/正しいかどうか,どうしてもはっきりさせなくてはならない．

[比較] "跟","和","同","与"はすべて前置詞でもあり接続詞でもある．一般に,"同"と"与"は書きことばの感じがあるのに対して,"跟"は話しことば的な感じがある．"和"は書きことばにも話しことばにも用いられる．

【跟班】gēn//bān[動] 労働班や学習班に加わる．¶～干活儿/労働班で一緒に働く．¶～听课/学習班に入って講義を聞く．**❷** gēnbān[名][旧] 従者．かばん持ち．同 gēnbānrde

【跟包】gēnbāo[名][旧] 役者の衣装の管理や雑務をこなす仕事．また,その仕事をする人．付き人．

【跟不上】gēnbushàng[動] 間に合わない．追いつかない．(そのレベルに)達しない．同 赶 gǎn 不上,追 zhuī 不上

【跟斗】gēndou[方] **❶** (人や物が)バランスを失ってひっくり返った状態．とんぼ返り．もんどり．¶翻～/もんどりを打つ．同 跟头 tóu,筋 jīn 斗

【跟风】gēnfēng[動] 流行に乗る．トレンドを追う．

【跟脚】gēnjiǎo[方] **❶**[動][旧] 主人のお供をする．¶～的/従者．**❷**[動] 子供が,親にまとわいって離れない．**❸**[動] 靴のサイズが足に合う．¶这双鞋不～/この靴は足に合わない．**❹**[副] (～儿)すぐに．

【跟进】gēnjìn[動] **❶** 前方の人にぴったりとくっついて前進する．**❷** (他人の行いをまねる．引きあいに出す．**❸** (地位などが)順番に上がる．

*【跟前】gēnqián[名] **❶** (～儿)そば．近く．¶请你到我～来/私のそば近くへ来てください．¶春节～/春節かい．**❷** gēnqian[方] (～儿)…のそば．¶您～有几个小孩？/お宅には小さいお子さんは何人ですか．[用法] **❷**は,子供の有無を言う場合に用いる．

【跟上】gēn//shàng[動] (離れずに)後について行く．¶快～！/早くついて来い．¶～形势/情勢について行く．

【跟手】gēnshǒu[副][方] (～儿)すぐに．ただちに．

【跟随】gēnsuí **❶**[動] 後につき従う．¶不要老～在别人的后面/いつも他人の後にくっついていてはいけない．**❷**[名] お供．¶老爷爷带着几位～到城里办事了/大旦那はお伴を何人かひきつれて,町で用事をすませた．

【跟帖】gēntiě[動] 《コンピュータ》(チャットなどで)すぐに意見を書き込む．また,その書き込み．

【跟头】gēntou[方][量 个 ge] もんどり．とんぼ返り．¶一个不小心,他栽了个～/不注意で転んでひっくり返った．¶翻～/とんぼ返りする．

【跟着】gēnzhe **❶**[動] 後についていく．¶我～她学插花/私は彼女にお花を習っている．**❷**[副] 引き続いて…する．¶读完书,～又去图书馆/本を読み終えてすぐに,また図書館へ行く．

【跟追】gēnzhuī[動] 後をつける．

【跟踪】gēnzōng[動] 後をつける．尾行する．¶～追击/追い打ちをかける．

哏 gén
口部6　四6703₂
全9画　[通用]

[方][形] 滑稽だ．おもしろおかしい．¶这段相声 xiàngsheng 真～/(この"相声"は本当におもしろい)．**❷**[名] 滑稽なことばや動作．¶逗～ dòugén (おもしろい話で人を笑わせる)．

艮 gěn
艮部0　四7773₂
全6画　[通用]

[形][方] **❶** (食べ物が)かたく,かみきれない．歯ざわりが悪い．¶这种苹果太～,不好吃(この種類のリンゴはかたすぎて,おいしくない)．**❷** (人の態度や話し方が)ぶっきらぼうだ．あけすけだ．¶他说的话太～(彼の話はストレートすぎる)．

→艮 gèn

亘(異 亙) gèn
一部5　四1010₆
全6画　[通用]

❶ 空間的・時間的にとぎれることなく続く．¶～古及今(昔から今まで)/横～ hénggèn (またがる)/绵～ miángèn (連綿と続く)．**❷** (Gèn)姓．

【亘古】gèngǔ[名] 昔から．¶～以来/昔から．¶～至今/いにしえから今に至るまで．

【亘古未有】gèn gǔ wèi yǒu[成] いまだかってない．未曾有(ぞう)だ．

艮 gèn
艮部0　四7773₂
全6画　[通用]

[名] **❶** 易の八卦(huà,ぞ)の一つ．艮(え)．☶であらわし,山を意味する．**❷** (Gèn)姓．

→艮 gěn

荁 gèn
⺾部6　四4473₂
全9画　[通用]

→毛茛 máogèn

---

geng　ㄍㄥ〔kəŋ〕

更 gēng
一部6　四1050₆
全7画　[常用]

❶[素] 新しいものに変える．改める．¶～改 gēnggǎi / ～动 gēngdòng / 万象～新(成) すべてが新しく生まれ変わる) / ～换 gēnghuàn．**❷**[素][文] 経験する．¶少shào 不～事(成) 若くて経験が少ない)．**❸**[量][旧] 時間の単位およびその呼び名．一夜(午後7 - 8時頃から午前3 - 4時頃まで)を5つに分けた,そのうちの一つ．"一更 yīgēng"は約2時間．¶深～/半夜(深夜) / 三～/半夜(真夜中)

打～ dǎgēng（一更ごとに時を知らせる）．❹（Gēng）姓．参考③は，もと"jīng"と発音した．
☞ 更 gèng

【更迭】gēngdié 動 交替する．更迭する．¶ 内閣 nèigé～／内閣が交替する．
【更定】gēngdìng 動 改訂する．¶～法律 fǎlǜ／法律を改正する．
【更动】gēngdòng 動 変更する．修正する．¶ 人事～／人事の異動．¶ 文字～／文字の入れ替え．
【更番】gēngfān 副 かわるがわる．交代で．
【更夫】gēngfū 名 旧 深夜に見回りをする人．
【更改】gēnggǎi 動 変更する．¶～会议的日期／会議の日程を変更する．¶ 不能～内容／内容を変更することはできない．
【更鼓】gēnggǔ 名 旧 夜中に時を告げる太鼓．
【更换】gēnghuàn 動 取り替える．¶～衣裳 yīshang／服を着替える．¶～位置／位置を換える．¶～棒球投手／ピッチャー交代．
【更楼】gēnglóu 名 旧 "更鼓 gēnggǔ"（夜中に時を知らせる太鼓）を設置していた建物．
【更名】gēngmíng 動 改名する．¶～改姓／改名・改姓する．
【更年期】gēngniánqī 名 更年期．
【更年期综合症】gēngniánqī zōnghézhèng 名《医学》更年期障害．
【更深人静】gēng shēn rén jìng 成 夜がふけて静まりかえる．回 更深夜 yè 静
【更生】gēngshēng 動 ❶ 生まれ変わる．復活する．復興する．¶ 自力～／自力更生．❷ 再生する．¶～纸／再生紙．
【更始】gēngshǐ 動 文 古いものを捨て，新しいものを作り上げる．革新する．
【更替】gēngtì 動 入れ替わる．¶ 季节～／季節が移り変わる．¶ 人员～／人員が入れ替わる．
【更新】gēngxīn 動 更新する．¶ 新年一到, 万象～／正月が来るとすべてが改まる．¶ 岁序 suìxù～／年が改まる．¶～设备／設備を更新する．¶（草木が）再生する．
【更新换代】gēng xīn huàn dài 動 新旧交代する．
【更衣】gēngyī 動 ❶ 服を着替える．❷ トイレへ行く．表現 ②は，婉曲な言い方．
【更衣室】gēngyīshì 名 ❶ 更衣室．❷ 設備がよく，きれいな公共トイレ．
【更张】gēngzhāng 動 琴の弦を張り替える．表現 改革や変革の比喩として使われる．
【更正】gēngzhèng 動（文章や話の内容を）なおす．訂正する．¶～启事 qǐshì／告示を訂正する．¶～文字错误／文字の誤りを訂正する．

庚 gēng
广部5 全8画 四 0028₇

❶ 名 庚（ㆁ）．十干（ㆍㆍ）の第7位．❷ 名 物事の第7番目．❸ 名 年齢．¶ 同～ tónggēng（同い年）／年～ niánqíng（年下）．❹（Gēng）姓．
【庚日】gēngrì 名 かのえの日．
【庚帖】gēngtiě 名〔个 ge, 张 zhāng〕婚約のときに双方が交換する姓名・生年月日・出生地などを干支で記した書．回 八字帖 bāzìtiě

耕 gēng
耒部4 全10画 四 5590₀ 常 用

❶ 動 耕す．¶ 春～ chūngēng（春の耕作をする）／深～细作（深く耕し丹念に手入れをする）．❷（Gēng）姓．
【耕畜】gēngchù 名 農耕用の家畜．
【耕地】❶ gēng//dì 田畑を耕す．❷ gēngdì 名〔块 kuài〕耕地．¶～面积／耕地面積．
【耕具】gēngjù 名 すき・くわなどの農耕具．
【耕牛】gēngniú 名〔头 tóu〕農耕用のウシ．
【耕田】gēng//tián 動 田畑を耕す．
【耕耘】gēngyún ❶ 動 耕したり除草したりする．¶ 一分～, 一分收获／一分耕せば, 一分の収穫．努力に見合っただけの成果を得る．❷ 努力する．苦労する．
【耕种】gēngzhòng 動 耕して植える．栽培する．¶ 因为雨水不足, 第二期的稻子无法～／雨不足のため, 二期作の稲の植え付けができない．
【耕作】gēngzuò 動 耕作する．¶～机械 jīxiè／耕作機械．¶～技术／耕作技術．

赓（賡）gēng
广部9 全12画 四 0028₂ 通 用

❶ 動 文 継続する．¶～续 gēngxù．❷（Gēng）姓．
【赓续】gēngxù 動 文 継続する．続ける．

羹 gēng
羊部13 全19画 四 8080₄ 次常用

名《料理》とろりとした濃いスープ．あつもの．¶ 鱼～ yúgēng（魚のスープ）／豆腐～（豆腐のみそ汁）／调～ tiáogēng（ちりれんげ）．
【羹匙】gēngchí 名〔把 bǎ〕ちりれんげ．¶ 用～喝汤／ちりれんげでスープを飲む．

埂 gěng
土部7 全10画 四 4114₆ 次常用

素 ❶（～儿）あぜみち．¶ 田～儿 tiángěngr（田畑のあぜみち）．❷〔道 dào, 条 tiáo〕土手．小高い丘．
【埂子】gěngzi 名〔道 dào, 条 tiáo〕あぜ．¶ 地～／田のあぜ．

耿 gěng
耳部4 全10画 四 1948₀ 次常用

❶ 素 文 光輝いて明るい．❷ 素 正直だ．公明正大だ．¶～介 gěngjiè／～直 gěngzhí．❸（Gěng）姓．
【耿耿】gěnggěng 形 ❶ ほのかに輝いている．¶ 星河／きらめく銀河．❷ 忠実だ．誠実だ．¶ 忠心 zhōngxīn～地尽心办事／誠心誠意, 心を込めて事を行う．❸ 気掛かりな．不安だ．¶～不寐 mèi／心配事があって眠れない．
【耿耿于怀】gěng gěng yú huái 成 心が不安で落ち着かない．気にかかって仕方ない．
【耿介】gěngjiè 形 正直で人におもねらない．
【耿直】gěngzhí 形 正直だ．率直だ．¶ 李先生的个性 gèxìng～, 常为弱者打抱不平／李さんは真っすぐな性格で, 常に弱者の肩をもつ．回 梗直 gěngzhí

哽 gěng
口部7 全10画 四 6104₅ 通 用

動（感情がたかぶって）声や息をつまらせる．¶～咽 gěngyè．
【哽噎】gěngyē 動 ❶ 食物がのどにつまらせる．❷ 悲しみで声が出ない．回 哽咽 gěngyè
【哽咽】gěngyè 動 むせび泣く．嗚咽（ㆍㆍ）する．回 梗咽 gěngyè

绠（綆）gěng
纟部7 全10画 四 2114₆ 通 用

名 文 つるべ縄．¶～短 jí 深．
【绠短汲深】gěng duǎn jí shēn 成（自分の）能力が低いのに, 重大な任務を与えられる．表現 謙遜して言うことば．

[由来]『荘子』至楽篇に見えることば．短いつるべ縄で深い井戸の水をくむ，という意味から．

梗 gěng 木部7 [四] 4194₆ 全11画 [次常用]

❶[名]（～儿）植物の枝や茎．¶花～ huāgěng（花の茎）/ 荷～ hégěng（ハスの茎）/ 高粱～ gāoliang-gěng（コーリャンの茎）．❷[動] まっすぐのばす．¶～着脖子 bózi（首をまっすぐにのばす）．❸[素] さえぎる．ふさぐ．¶～塞 gěngsè / 从中作～（間に入って邪魔をする）．❹[素]（心が）まっすぐだ．率直だ．¶～直 gěngzhí．[同] 耿 gěng ❺（Gěng）姓．

【梗概】gěnggài [名] あらすじ．概略．¶故事的～ / 物語のあらすじ．

【梗塞】gěngsè ❶[動] ふさぐ．¶交通～ / 道路が渋滞する．❷[名]《医学》梗塞(こうそく)．¶心肌 xīnjī～ / 心筋梗塞．[同] 堵塞 dǔsè

【梗死】gěngsǐ [名]《医学》梗塞(こうそく)．[同] 梗塞 gěngsè

【梗直】gěngzhí [形] 正直だ．[同] 耿直 gěngzhí

【梗阻】gěngzǔ [動] ❶ ふさぐ．¶道路～ / 道が渋滞する．¶山川～ / 山や川にさえぎられる．❷ 邪魔する．妨げる．¶横 héng 加～ / やたらに邪魔する．

颈（頸）gěng 页部5 [四] 1118₂ 全11画 [常用]

→脖颈儿 bógěngr

☞ 颈 jǐng

鲠（鯁 / [異] 骾）gěng

鱼部7 全15画 [四] 2114₆ [通用]

❶[名] 魚の骨．¶骨～ gǔgěng（気骨がある）/ 如～在喉 hóu（奥歯にものがはさまったようだ）．❷[動] 魚の骨がのどにひっかかる．

更 gèng 一部6 [四] 1050₆ 全7画 [常用]

[副] ❶ もっと．ますます．¶刮了一夜北风，天～冷了（ひと晩じゅう北風が吹いて，いっそう寒くなった）．❷[文] さらに．重ねて．¶～上一层楼．

☞ 更 gēng

*【更加】gèngjiā [副] いっそう．¶问题～复杂了 / 問題はいっそう複雑になってきた．[用法] 二音節の動詞や形容詞を修飾するのに用いられる．

【更其】gèngqí [副][文] いっそう．¶她的声音太小，我们听不太懂得，老奶奶～无法听清楚 / 彼女の声は小さすぎて，私たちにはよく聞き取れず，おばあさんにはなおさら聞き取れるはずもない．

【更上一层楼】gèng shàng yī céng lóu [成] 高楼のもう一つ上の階に上る．さらに高いレベルに達する．[由来] 唐の王之渙の詩「鸛鵲楼(かんじゃくろう)に登る」の，"欲穷千里目，更上一层楼"（千里の目を窮(きわ)めんと欲して，更に上る一層の楼）による．

【更为】gèngwéi [副] さらに…だ．ますます…だ．¶生活～困难了 / 生活はますます苦しくなった．

暅 gèng 日部9 [四] 6101₆ 全13画 [通用]

[素][文] 日ざしが照りつける．[用法] 人名に使われることが多い．

gong ㄍㄨㄥ〔kuŋ〕

工 gōng 工部0 [四] 1010₂ 全3画 [常用]

❶[素] 労働者．¶～人 gōngrén / 矿～ kuànggōng（鉱夫）/ ～农 gōngnóng．❷[素] 工業．¶化～ huàgōng（化学工業）/ ～商 gōngshāng / ～交 gōngjiāo．❸[素] 仕事．¶～具 gōngjù / 上～ shànggōng（仕事へ行く）/ 加～ jiāgōng（加工する）/ 勤～俭 jiǎn 学（働きながら勉強する）．❹[素] 工事．¶动～ dònggōng（起工する）/ 竣～ jùngōng（竣工する）．❺[名]〔[量] 个 ge〕労働者1人1日あたりの労働量．人工(にんく)．¶这项工程需要五千个～（この工事は労働者のべ5000人の仕事量を要する）．❻[素] 細工がこまかい．¶～笔 gōngbǐ / ～巧 gōngqiǎo．❼[動][文] …の能力にすぐれている．¶～书善画（書画にすぐれている）．❽[名] 中国の伝統音楽の音階のひとつ．西洋音階の「ミ(E)」，"简谱 jiǎnpǔ"の「3」にあたる．[同] 工尺 gōngchě ❾（Gōng）姓．

【工本】gōngběn [名] 生産費．コスト．¶～费 / 生産費．¶不惜～ / コストを惜しまない．¶～太高，赚不到钱 / コストが高すぎて，儲けにならない．

【工笔】gōngbǐ [名]《美術》中国画の細密に描く画法．[反] 写意 xiěyì

【工笔画】gōngbǐhuà [名]《美術》細密画．

【工兵】gōngbīng [名]《軍事》"工程兵 gōngchéngbīng"の旧称．

**【工厂】gōngchǎng [名]〔[量] 个 ge，家 jiā，所 suǒ，座 zuò〕工場．¶铁～ / 鉄工所．[表現] 香港や台湾では，量詞に"间 jiān"を使う．

【工场】gōngchǎng [名]〔[量] 个 ge，家 jiā〕作業場．¶～手工业 / マニファクチュア．

【工潮】gōngcháo [名] 労働争議．スト．¶闹 nào～ / ストライキをする．

【工尺】gōngchě [名]《音楽》中国の民族音楽の楽譜記号．時代によって異なるが，現在では「合，四，一，上，尺，工，凡，六，五，乙」が通用している．¶～谱 / "工尺"で書かれた楽譜．

*【工程】gōngchéng [名]〔[量] 个 ge，项 xiàng〕工事．プロジェクト．¶水利～ / 水利工事．¶～队 / 工事作業チーム．

【工程兵】gōngchéngbīng [名]《軍事》工兵．

*【工程师】gōngchéngshī [名]〔[量] 个 ge，名 míng，位 wèi〕技師．エンジニア．[参考] 技術担当幹部の職階名の一つ．上には"高级工程师"，"总工程师"などがある．

【工程院】gōngchéngyuàn [名]"中国工程院"（中国工程院）の略．[参考] 中国最高峰の工程科学技術アカデミー．

【工党】gōngdǎng [名]（イギリスの）労働党．

【工地】gōngdì [名] 工事現場．作業場．¶我在建筑～劳动了一年 / 私は建築現場で1年働いた．

【工读】gōngdú [動] ❶ 働きながら勉強する．[同] 半工半读 bàngōng bàndú ❷ 軽い罪を犯した少年が更正するために学ぶ．¶～学校 / 少年院．

【工读生】gōngdúshēng [名] ❶ 勤労学生．❷"工读学校"（少年院）の学生．

【工段】gōngduàn [名] ❶ 工事の各作業部門．❷ 工事の各生産部門．

【工房】gōngfáng [名] ❶ 政府や職場から提供される勤労者住宅．❷ 工場の建物やその作業場．[同] 工棚 péng

【工分】gōngfēn [名]〔[量] 个 ge〕労働点数．¶干一天才挣 zhèng 了八个～ / 1日働いて，やっと8点の労働点

数を稼いだ. 参考 農業生産合作社や人民公社での社員の労働量と報酬を計算する単位として使われた.

【工蜂】gōngfēng 名〔虫〕〔働 只 zhī〕ハタラキバチ.

【工夫】gōngfū 名 旧 臨時雇いの労働者.

***【工夫】gōngfu** 名 ❶ (〜ル) 費やす時間. ¶他五天〜就学会了游泳 / 彼は5日間で水泳をマスターした. 同 时间 shíjiān ❷ (〜ル) ひまな時間. ¶明天有〜再来玩儿吧！/ 明日ひまでしたら、また遊びにいらっしゃい. ¶没〜跟你聊 / 君とおしゃべりしているひまはない. ❸ 方 (〜ル) …のとき. ¶我当学生那〜、学习可比你努力 / 私が学生だったころは、君よりも勉強をがんばったよ. ❹ 腕前. ¶练liàn〜 / 腕を磨く. 参考 ❹ は、"功夫 gōngfu"と書くことが多い.

【工行】Gōngháng → 工商银行 Gōngshāng yínháng

***【工会】gōnghuì** 名 労働組合.

【工价】gōngjià 名 人件費.

【工架】gōngjià 名 芝居のときの俳優のしぐさや身のこなし. 同 功 gōng 架

【工件】gōngjiàn 名 製造中の製品の部品. 同 作 zuò 件, 制 zhì 件

【工匠】gōngjiàng 名 職人.

【工交】gōngjiāo 名 工業と交通運輸. ¶〜系统 / 工業交通運輸システム.

***【工具】gōngjù** 名〔働 件 jiàn, 样 yàng〕❶ 道具. ツール. ¶〜箱 / 道具箱. ❷ 手段. ¶语言是人们表达思想的〜 / ことばは人々が考えを伝え合うための手段だ.

【工具书】gōngjùshū 名 研究や仕事の参考にする書籍の総称. レファレンスブック. 参考 辞書・年表・解説書など.

【工科】gōngkē 名 工科. ¶〜大学 / 工科大学.

【工矿】gōngkuàng 名 鉱工業. ¶〜企业 / 鉱工業企業.

【工力】gōnglì 名 ❶ 専門技術. ¶〜深厚 shēnhòu / 技術力がすぐれている. 同 功力 gōnglì ❷ 労働力. ¶〜不足 / 労働力が不足している.

【工料】gōngliào 名 ❶ 人件費と材料費. ❷ 施工のための資材.

【工龄】gōnglíng 名 勤続年数. ¶他已经有二十年〜了 / 彼はもう勤続20年だ.

【工贸】gōngmào 名 "工业和贸易"（工業と貿易）の略.

【工农】gōngnóng 名 労働者と農民.

【工农兵】gōngnóngbīng 名 ❶ 労働者・農民・兵士. ❷〔张 zhāng〕10元の人民幣. 由来 ❷ は、❶ の絵が描かれていたことから.

【工农联盟】gōngnóng liánméng 名 労働者階級と農民の同盟. 労農同盟.

【工棚】gōngpéng 名〔間 jiān〕工事現場の小屋. 飯場.

【工期】gōngqī 名 工期. ¶缩短〜 / 工期を短縮する.

【工钱】gōngqian 名 ❶ 手間賃. 工賃. ¶要多少〜？/ 手間賃はいくらですか. ❷ 回 賃金. 月給. 同 工资 gōngzī

【工巧】gōngqiǎo 形 精巧だ. 同 工细 gōngxì 表現 工芸品、文章、絵画などについて言う.

【工区】gōngqū 名 工区.

***【工人】gōngrén** 名〔个 ge, 名 míng〕労働者. 用法 主にブルーカラーを言い、ホワイトカラーを含むこともある.

【工人阶级】gōngrén jiējí 名 労働者階級. プロレタリアート.

【工人运动】gōngrén yùndòng 名 労働運動.

【工日】gōngrì 名 作業日数.

【工伤】gōngshāng 名 就労中に負ったけが. ¶〜事故 / 労働災害.

【工商】gōngshāng 名 商工業.

【工商界】gōngshāngjiè 名 商工業界.

【工商联】Gōngshānglián 名 "中华全国工商业联合会"(中華全国商工業連合会)の略.

【工商税】gōngshāngshuì 名 商工業税.

【工商业】gōngshāngyè 名 工商業.

【工商银行】Gōngshāng yínháng 名 "中国工商银行"のこと. 参考 1984年1月1日に創立. 総資産などで中国国内第一位の銀行. "工行"とも言う.

【工时】gōngshí 名〔働 个 ge〕労働量を計算する単位. マンアワー. ¶计〜 / 労働時間を計算する.

【工事】gōngshì 名〔軍隊〕〔働 道 dào, 座 zuò〕トーチカ・バリケード・塹壕(ざん)などの構築物. ¶修筑〜 / トーチカやバリケードなどを建造する.

【工体】Gōngtǐ 名 "北京工人体育场[馆]"(北京工人体育場[館])の略.

【工头】gōngtóu 名 (〜ル) 現場監督. 親方. 用法 労働者を見張る役目の人物をいう.

【工团主义】gōngtuán zhǔyì 名 サンジカリズム. ♦syndicalism

【工稳】gōngwěn 形 (詩や文章の用語や句作りが)きちんと整っていて巧みだ.

【工细】gōngxì 形 精巧だ. 同 工巧 gōngqiǎo

【工效】gōngxiào 名 仕事の能率. ¶提高〜 / 仕事の能率を上げる.

【工薪】gōngxīn 名 給料. 同 工资 gōngzī

【工薪阶层】gōngxīn jiēcéng 名 給与生活者. サラリーマン.

【工薪族】gōngxīnzú → 工薪阶层 gōngxīn jiēcéng

【工休日】gōngxiūrì 名 非番の日. 休暇日.

【工序】gōngxù 名〔働 道 dào〕製造工程. 手順. ¶一共有十道〜 / 全部で十の製造工程がある.

***【工业】gōngyè** 名 工業.

【工业革命】gōngyè gémìng 名 産業革命.

【工业国】gōngyèguó 名 工業国.

【工业化】gōngyèhuà 動 工業化する.

【工业体系】gōngyè tǐxì 名 工業体系.

【工蚁】gōngyǐ 名〔虫〕働きアリ.

【工艺】gōngyì 名 ❶ 手工芸. ❷ 技術. ¶改进〜 / 技術を改良する.

【工艺流程】gōngyì liúchéng 名 作業工程. 製造工程. 同 加工 jiāgōng 流程, 生产 shēngchǎn 流程 表現 "流程"とも言う.

【工艺美术】gōngyì měishù 名 造形美術の一. 工芸美術.

【工艺品】gōngyìpǐn 名 工芸品.

【工友】gōngyǒu 名 ❶ 用務員. ❷ 旧 労働者仲間.

【工余】gōngyú 名 (主に生産作業の)業務時間外. 業務の合間. 同 业 yè 余

【工贼】gōngzéi 名 労働運動の裏切り者. 労働運動のスパイ.

【工长】gōngzhǎng 名 作業主任. 現場監督. 同 工段 duàn 长

【工整】gōngzhěng 形 きちんと整っている. ¶他写的字写得〜极了 / 彼の字はとてもきちんと書かれている. 重 工整整

【工致】gōngzhì 形 技巧で細やかだ．¶这幅山水画画得特别～／この山水画はとても細やかに描き込まれている．

【工种】gōngzhǒng 名（工業の）職種．組み立て工・旋盤工・鋳物工など．

【工装】gōngzhuāng 名〔⑥ 套 tào〕作業服．

【工装裤】gōngzhuāngkù 名《服飾》オーバーオール．作業時に着る，胸当てつきのズボン．

*【工资】gōngzī 名〔⑥ 份 fèn〕賃金．¶～袋／給料袋．¶发～／給料を出す．¶加～／給料を上げる．

【工字钢】gōngzìgāng 名《冶金》I 型鋼．工型鋼．

*【工作】gōngzuò ❶ 動 仕事をする．働く．¶积极～／積極的に仕事をする．¶～得很好／とてもよく働く．¶你在哪里～？／おつとめはどちらですか．❷ 名〔⑥ 份 fèn，个 ge，件 jiàn〕職業．¶找～／職をさがす．¶～没有贵贱 guìjiàn 之分／職業に貴賎はない．¶我～,勤め口がない．❸ 名〔⑥ 件 jiàn，项 xiàng〕仕事．業務．¶～量／仕事の量．¶～效率／仕事の能率．

【工作餐】gōngzuòcān 名〔⑥ 餐 cān，顿 dùn，份 fèn〕会社などから支給される食事や弁当．

【工作服】gōngzuòfú 名 作業服．業務服．

【工作面】gōngzuòmiàn 名 ❶《鉱業》採炭や採鉱をしているその作業地点．採炭切羽（きりは）．採鉱切羽．掌子 zhǎngzi 面 ❷ 製品の製造や加工の作業部位．

【工作日】gōngzuòrì 名 ❶ 一日の中で，業務をするべき時間．❷（休日などを除く）稼働日．実働日．

【工作站】gōngzuòzhàn 名 ❶ 業務本部．作業基地．❷《コンピュータ》ワークステーション．

【工作者】gōngzuòzhě 名 仕事や活動に従事する人．¶教育～／教育関係者．¶新闻～／ジャーナリスト．

【工作证】gōngzuòzhèng 名（職場が職員に発行する）身分証明書．

弓 gōng

弓0 四 1702₇
全3画 常用

❶ 名〔把 bǎ，张 zhāng〕弓．¶弹～ dàngōng（はじき弓．ぱちんこ）／～箭 gōngjiàn．❷ 名（～儿）弓に似た道具．¶～子 gōngzi．❸ 名 旧 土地をはかる器具．木製で弓に似た形をしている．全長5尺．回 步弓 bùgōng ❹ 量 旧 土地をはかる単位．❺ 動 弓のように曲げる．¶～腰 gōngyāo（腰を曲げる）．❻ 名（Gōng）姓．参考 ❹は，1弓は約5尺．240"平方弓 píngfāng-gōng"は"1亩 mǔ"にあたる．

【弓箭】gōngjiàn 名 弓と矢．¶～手／射手．

【弓弦】gōngxián 名（～儿）❶ 弓弦（ゆみづる）．❷（道など）真っすぐなもの．

【弓鞋】gōngxié 名 纏足（てんそく）した女性がはいた靴．

【弓形】gōngxíng 名 ❶《数学》弧（こ）．❷（門や橋などの）アーチ形．弓形．

【弓子】gōngzi 名 弓形のもの．¶胡琴 húqin～／胡弓の弓．

公 gōng

八部2 四 8073₂
全4画 常用

❶ 形 公（おおやけ）の．¶～款 gōngkuǎn／～物 gōngwù．反 私 sī ❷ 形 公正だ．¶～道 gōngdào／～买～卖（公正に売買する）／大～无私（成）公正無私．❸ 素 皆に広く知らせる．¶～开 gōngkāi／～布 gōngbù／～之于世 gōng zhī yú shì．❹ 素 共通の．皆が認めた．¶～分母 gōngfēnmǔ（公分母）／～约 gōngyuē／～议 gōngyì．❺ 素 国際間共通の．¶～斤 gōngjīn／～海 gōnghǎi／～历 gōnglì．❻ 形（動物の）オスの．¶～鸡 gōngjī／～羊 gōngyáng．反 母 mǔ ❼ 名 祖父や歳をとった男性に対する呼称．¶外～ wàigōng（母方のおじいさん）／老～～ lǎogōnggong（おじいさん）．❽ 素 夫の父．しゅうと．¶～婆 gōngpó／～～婆婆 gōnggongpópo．反 婆 pó ❾ 名 封建時代の五等爵（"公 gōng"，"侯 hóu"，"伯 bó"，"子 zǐ"，"男 nán"）の第 1 位．公 爵．❿（Gōng）姓．

【公安】gōng'ān 名 公安．社会の治安．¶～部／公安部．公安省．¶～局／公安局．¶～人员／公安官．公安関係の職員．

【公案】gōng'àn 名 ❶〔⑥ 件 jiàn，桩 zhuāng〕解決の難しい訴訟事件．¶～戏／訴訟事件を題材にした芝居．裁判もの．¶～小说／訴訟事件を題材にした小説．¶这件事一直难以裁定 cáidìng，成了多年的～／この件は，裁定が難しく，長年の懸案事項となっている．

【公办】gōngbàn 形 国公立の．公営の．¶～学校／国公立の学校．

【公报】gōngbào 名 ❶ 声明．公式発表．コミュニケ．¶联合～／共同声明．❷ 官報．¶政府～／政府公報．

【公报私仇】gōng bào sī chóu 成 公事を借りて私憤をはらす．

【公布】gōngbù 動 公表する．公布する．¶～新宪法 xiànfǎ／新憲法を公布する．¶～选举结果／選挙の結果を公表する．⇨颁布 bānbù

【公厕】gōngcè 名 公衆トイレ．"公共厕所 gōnggòng cèsuǒ"の略．

【公差】gōngchā 名 ❶《機械》公差．許し代（しろ）．❷《数学》公差．

【公差】gōngchāi 名 ❶〔⑥ 项 xiàng〕公用の出張．¶到广州出～／公用で広州へ出張する．❷ 旧 官庁の下級役人．

【公产】gōngchǎn 名 公共の財産．¶爱护～／公共物を大切にする．

【公车】gōngchē 名〔⑥ 辆 liàng〕❶ 公用車．❷ バス．

【公称】gōngchēng ❶ 形 公称の．¶～尺寸 chǐcùn／ノミナルサイズ．❷ 動 公称する．¶他～一辈子不结婚／彼は一生結婚しないと皆に言っている．

【公尺】gōngchǐ 量 メートル．回 米 mǐ

【公出】gōngchū 動 公用で外出する．出張する．¶她～了／彼女は公用で出かけている．

【公畜】gōngchù 名 オスの家畜．種をとる家畜．

【公担】gōngdàn 量 質量の単位．キンタル．クウィンタル．参考 "1～公担"は，メートル法では100キログラム，ポンド・ヤード法では，米国では100ポンド，イギリスでは112ポンドに相当．

【公道】gōngdào ❶ gōngdào 名 正しい道理．正道．¶主持～／正道を持する．❷ gōngdao 形 公平だ．公正だ．¶～话／公平な話．¶价钱～／価格が公正だ．回 公平 gōngpíng，公正 gōngzhèng

【公德】gōngdé 名 公衆道徳．¶讲～／公衆道徳を重んじる．¶违反～／公衆道徳に反する．

【公敌】gōngdí 名 共通の敵．¶人民～／人民の敵．

【公地】gōngdì 名 公共の土地．

【公爹】gōngdiē 名 方 夫の父．しゅうと．回 公公 ①

【公牍】gōngdú 名 文 公文書．

【公断】gōngduàn 動 ❶ 当事者を交えないで判断をくだ

す.　¶听候 tīnghòu 众人～/ 世間の判断を待つ. ❷公正な判断をする. ¶大家的～/ 皆の公平な判断. ❸公の機関が裁断する.

【公吨】gōngdūn "吨"(トン)に同じ.

【公而忘私】gōng ér wàng sī （成）公事のために私事を忘れる. 集団の利益のために個人の利を忘れる.

【公法】gōngfǎ 《法律》公法. ¶国际～/ 国際法.

【公房】gōngfáng 名〔處 chù, 间 jiān, 所 suǒ〕官舎. 社宅.

*【公费】gōngfèi 公費. ¶～出差 chūchāi / 公費で出張する. 反自费 zìfèi

【公费生】gōngfèishēng 名 公費で海外に派遣される学生. 反自 zì 费生

【公费医疗】gōngfèi yīliáo 公費医療. 参考 政府職員や大学生などが自己負担なしに医療を受けられる制度.

【公分】gōngfēn 量 ❶ センチメートル. ❷ グラム.

【公愤】gōngfèn 民衆の怒り. 公憤. ¶他的言行, 引起了～/ 彼の言動は, 大衆の怒りを招いた.

【公干】gōnggàn 名動 公務を(を行う).

【公告】gōnggào 名〔張 zhāng〕公告. 通知. 布告. ¶发表～/ 公告を発表する. ¶新闻栏 lán 里, 每天都有一发出 / ニュース欄には, 毎日公告が出ている.

【公共】gōnggòng 形 公共の. 公衆の. ¶～卫生 / 公衆衛生. ¶爱护～财产 / 公共の財産を大切にする. ¶～厕所 / 公衆トイレ. ¶维护～道德 / 公衆道徳を守る.

【公共关系】gōnggòng guānxi[-xi] 名 広報. P.R. 同 公关 gōngguān

【公共积累】gōnggòng jīlěi 名 公共積立金. 企業が収益の中から拡大再生産用に積み立てる資金. 同 公积金 jīn

【公共课】gōnggòngkè 名 (学校の)共通科目. 必須科目. ¶中国の大学などでは, "政治理論・外国語・体育・労働"などとなっている.

【公共汽车】gōnggòng qìchē 名 公共バス. 乗り合いバス.

【公公】gōnggong 名 ❶ 夫の父. しゅうと. ❷ （方） 祖父. また, 外祖父. ❸ 老齢の男性に対する敬称. ¶老～/ おじいさん. ❹ 〈旧〉官宦(ん)の別称.

【公股】gōnggǔ 《経済》❶ 株式制企業の株の中で, 企業の所有する株. 反 个人 gèrén 股 ❷ 官民合营企業の株式中, 国の所有する株.

【公关】gōngguān 名 "公共关系 gōnggòng guānxi"の略. ¶～小姐 / キャンペーン・ガール.

【公关部】gōngguānbù 名 広報部門. 渉外部門.

【公馆】gōngguǎn 名〔家 jiā, 所 suǒ, 座 zuò〕官僚や富豪の邸宅. ¶张～/ 張氏邸.

【公国】gōngguó 名 公国.

【公海】gōnghǎi 名 公海.

【公害】gōnghài 名 公害. ¶发生了～/ 公害が発生した. ¶近年, 河川的～问题已成为热门话题 / 近年, 河川の公害問題はすでにホットな話題になっている.

【公函】gōnghán 名〔封 fēng, 件 jiàn〕(同級または従属関係のない機関や団体間の)公文書簡. 同便函 biànhán

【公会】gōnghuì 名 (商工業者の)同業組合.

【公贿】gōnghuì 動 公金を使って賄賂を贈る.

【公鸡】gōngjī 名〔只 zhī〕オンドリ. 同 雄鸡 xióngjī

【公积金】gōngjījīn 名〔笔 bǐ〕（企業の）積立金. 同 公共积累 gōnggòng jīlěi

【公祭】gōngjì 動名 公葬する(こと).

【公家】gōngjiā 名 〈口〉公(おおやけ). ¶～的财物就是人民的财物 / 公の財産は人民の財産である. 用法 国家や国の機関, 団体, 企業などをいう.

【公检法】gōngjiǎnfǎ 名 "公安局 gōng'ānjú", "检察院 jiǎncháyuàn", "法院 fǎyuàn"をまとめていうときの略称.

【公交】gōngjiāo 名 公共交通.

【公交车】gōngjiāochē 名 公共交通機関.

【公教人员】gōngjiào rényuán 名 公務員と教員の総称.

*【公斤】gōngjīn 量 キログラム.

【公举】gōngjǔ 動 公選する. ¶～代表 / 代表を公選する.

【公决】gōngjué 動 皆で決める. ¶全民～/ 全人民で決定する.

【公爵】gōngjué 公爵. (公国の)君主.

*【公开】gōngkāi ❶ 動 公開する. 公にする. ¶～化 / 公にする. ¶他～了多年的秘密 / 彼は長年の秘密を皆に打ち明けた. ❷ 形 公然の. 公開の. ¶～的场合 / 公開の場. 反秘密 mìmì

【公开课】gōngkāikè 名 公開授業.

【公开信】gōngkāixìn 名 公開状.

【公筷】gōngkuài 名《料理》〔副 fù, 双 shuāng〕取りばし.

【公款】gōngkuǎn 名〔笔 bǐ〕公金. ¶挪用 nuóyòng～/ 公金を使い込む. ¶用～大吃大喝 / 公金で飲み食いする.

【公款吃喝】gōngkuǎn chīhē 句 公金で飲食する.

【公厘】gōnglí 量 ❶ ミリメートル. 同 毫米 háomǐ ❷ デシグラム. 同 分克 fēnkè

*【公里】gōnglǐ 量 キロメートル.

【公理】gōnglǐ 名 ❶《数学》公理. 定理. ❷ 社会に認知される正しい道理. ¶社会自有～/ 社会には自ずから道理というものがある. ¶～何在？/ 正義はどこにあるのか.

【公历】gōnglì 名 西暦. 太陽暦. 同 阳历 yánglì

【公立】gōnglì 形 公立の. ¶～学校 / 公立学校.

【公粮】gōngliáng 名 税として納める穀物. ¶交～的农民 / 税としての穀物を納める農民.

*【公路】gōnglù 名〔条 tiáo〕自動車道路. ¶军用～/ 軍用道路. ¶～桥 / 自動車道路橋. ¶～网 wǎng / 自動車道路網.

【公论】gōnglùn 名 公論. 世論. 公平な議論. ¶尊重～/ 世論を重んじる.

【公民】gōngmín 名〔个 ge, 位 wèi〕公民. ¶～投票 / 国民投票. 住民投票.

【公民权】gōngmínquán 名 公民権.

【公亩】gōngmǔ 量 面積の単位. アール.

【公墓】gōngmù 名〔座 zuò〕共同墓地.

【公牛】gōngniú 名《動物》❶ オス牛. ❷ (Gōngniú)《複姓》公牛(ぅ).

【公派】gōngpài 動 国家や機関が派遣する. ¶～留学 / 国費による留学.

【公判】gōngpàn 動 ❶ 公開で判決を宣告する. ❷ 大衆が評議や審判をする.

【公平】gōngpíng 形 公平だ. 公正だ. ¶～合理 / 公平で理にかなっている. ¶～交易 / 公正な取引. 同 公道 gōngdao, 公正 gōngzhèng

【公平秤】gōngpíngchèng 名 市場や商店に設置された標準秤(ばり). 参考 購入した品が売り場で正しく計量され

【公婆】gōngpó 名 ❶ "公公 gōnggong"と"婆婆 pópo". 夫の父母. 舅(しゅうと)と姑(しゅうとめ). ❷ 方 夫婦. 参考 ②は、夫婦二人を"两公婆"という.
【公仆】gōngpú 名 公僕. ¶社会～/社会の公僕. ¶做人民～/人民の公僕となる.
【公顷】gōngqǐng 量 ヘクタール.
【公然】gōngrán 副 公然と…する. ¶～作弊 zuòbì/公然と不正を行う. ¶～违反诺言 nuòyán/公然と約束をやぶる.
【公认】gōngrèn 動 公認する. ¶他的刻苦精神是大家～的/彼の忍耐づよさは皆の認めるところだ. ¶得到～/公認される.
【公伤】gōngshāng 名 公務中のけが. 公傷.
【公设】gōngshè 名《数学》公理.
【公社】gōngshè 名 ❶ 原始社会での共同体. ❷ コミューン. ¶巴黎 Bālí～/パリ・コンミューン. ❸ "人民公社 rénmín gōngshè"の略称.
【公审】gōngshěn 動 公開裁判をする. ¶开～大会/公開裁判を開く.
【公升】gōngshēng 量 リットル.
【公使】gōngshǐ 名 公使. 参考 "大使"の下で、"参赞"(参事官)の上のポスト.
【公示】gōngshì 動 公示する.
【公式】gōngshì 名《数学》〔量 个 ge〕公式. ¶一般的な形式や方式. ¶作品人物～化,脸谱 liǎnpǔ化/作品人物の画一化,類型化.
【公式化】gōngshìhuà 形 型にはめて,固定的な観念で処理する傾向である.
【公事】gōngshì 名 ❶〔量 件 jiàn,桩 zhuāng〕公務. 公用. 反 私事 sīshì ❷ 公文書. ¶～包/書類カバン. ¶看～/公文書に目を通す.
【公事房】gōngshìfáng 名 執務室. 事務室. 表現 "办公室 bàngōngshì"の旧称.
【公事公办】gōng shì gōng bàn 成 私情をはさまずに公的な制度・規定にそって処理する.
【公署】gōngshǔ 名 官署. 役所.
*【公司】gōngsī 名〔量 家 jiā〕会社. ¶股份 gǔfèn～/株式会社. ¶进出口～/貿易会社.
【公私】gōngsī 名 公と私. ¶～不分/公私を混同する.
【公私合营】gōngsī héyíng 名 国家と民間資本による共同経営.
【公司驻虫】gōngsī zhùchóng 名 ❶ 職権を濫用して会社の資金横領などをはたらく人. ❷ 仕事だけでなく、プライベートの遊びや恋愛,結婚等もすべて自分の職場やその周辺でまかなう人.
【公诉】gōngsù 名《法律》公訴. 起訴. ¶～状/起訴状. 反 自诉 zìsù
【公诉人】gōngsùrén 名《法律》公訴人. 参考 日本では一般に検察官がこれにあたる.
【公孙】Gōngsūn《複姓》公孫(こうそん).
【公孙树】gōngsūnshù 名《植物》イチョウ. 同 银杏 yínxìng
【公堂】gōngtáng 名 ❶ 旧 法廷. ¶对簿 duìbù～/お白洲(しらす)で取り調べを受ける. ❷〔量 所 suǒ,堂 táng,座 zuò〕霊廟.
【公推】gōngtuī 動 皆で推薦する. ¶你是～出来的代理人,就该替大家说话/あなたは,皆に選ばれてきた代理人だ,皆の立場で話すべきだ.

【公文】gōngwén 名〔量 份 fèn,件 jiàn〕公文書. ¶～袋/公文書入れ. ¶～程式/公文書の書式.
【公文包】gōngwénbāo 名 書類カバン. アタッシュケース.
【公文纸】gōngwénzhǐ 名 公文書用紙. 公用箋.
【公务】gōngwù 名〔量 件 jiàn〕公務. ¶办理～/公務を執り行う. ¶～繁忙/公務で忙しい.
【公务员】gōngwùyuán 名 ❶ 政府機関の公務員. ❷ 用務員. 雑役夫.
【公物】gōngwù 名 公共物. ¶爱护～/公共物を大切にする.
【公心】gōngxīn 名 ❶ 公正な心. ¶秉持 bǐngchí～/公正な心をもつ. ❷ 大衆の利益を優先して考える心.
【公信力】gōngxìnlì 名（一般大衆に対する政府部門などの）信用力. 信用度. 注意 日本の法律用語としての「公信力」とは意味が異なるので注意.
【公休】gōngxiū 名 ❶ 祝祭日や日曜日. ¶～日/公休日. ❷ 定休日.
【公选】gōngxuǎn 動 公開選挙する.
【公演】gōngyǎn 動 上演する. 公演する.
【公羊】gōngyáng 名 ❶《動物》オスのヒツジ. 同 雄羊 xióngyáng ❷（Gōngyáng）《複姓》公羊(くよう).
【公议】gōngyì 動 皆で議論する.
【公益】gōngyì 名 公共の利益.
【公益广告】gōngyì guǎnggào 名 公共広告.
【公益金】gōngyìjīn 名（企業や団体の）福利厚生費.
【公益林】gōngyìlín 名 公益林.（防風など）公益の保護を目的に造林された樹林.
【公意】gōngyì 名（多くの人の）総意. ¶顺应 shùnyìng～/総意に従う.
【公营】gōngyíng 形 公営の. ¶～企业/公営企業. 反 私营 sīyíng
【公映】gōngyìng 動（映画を）公開上映する.
【公用】gōngyòng 形 公共の. 共用の. ¶～电话/公衆電話. 反 私用 sīyòng
【公用事业】gōngyòng shìyè 名 公益事業.
【公有】gōngyǒu 形 公有の. ¶～财产 cáichǎn/公有財産.
【公有化】gōngyǒuhuà 動 公有化する.
【公有制】gōngyǒuzhì 名 生産手段の公有制.
【公余】gōngyú 名（主に事務作業の）業務時間外. 業務の合間.
【公寓】gōngyù 名〔量 栋 dòng,所 suǒ,座 zuò〕❶ アパート. マンション. ¶外交～/外交官宿舎. ❷ 旧 下宿.
*【公元】gōngyuán 名 西暦紀元. 参考 中国では1949年から採用された.
*【公园】gōngyuán 名（～儿）〔量 个 ge,所 suǒ〕公園. ¶逛 guàng～/公園をぶらつく.
【公约】gōngyuē 名 ❶ 国際協定. 条約. ❷ 規定. 内規. 申し合わせ. ¶服务～/職務規定. 表現 ①は,三ヶ国以上で締結する条約を指す.
【公允】gōngyǔn 形 公平で適切だ. 偏らない.
【公债】gōngzhài 名《経済》公債. ¶发行～/公債を発行する. ¶～券 quàn/公債証書.
【公章】gōngzhāng 名〔量 枚 méi〕公印.
【公正】gōngzhèng 形 公正だ. 公平だ. ¶～的评价/正しい評価.
【公正无私】gōng zhèng wú sī 成 公正無私.
【公证】gōngzhèng 動 公証をする. ¶～人/公証人.

【公证处】gōngzhèngchù 名 公証役場.
【公之于世】gōng zhī yú shì 広く社会に公開する.
【公职】gōngzhí 名 公職. ¶担任～/公職につく. ¶开除～/公職を解任する.
【公制】gōngzhì 名 "国际公制 guójì gōngzhì"(メートル法)の略称.
【公众】gōngzhòng 名 公衆. 大衆. ¶～领袖 lǐngxiù/大衆の指導者. ¶～利益/公衆の利益.
【公众人物】gōngzhòng rénwù 名 有名人. 話題の人物.
【公诸同好】gōng zhū tóng hào 成 自分の愛好するものを公開し,同好の人にも楽しんでもらう.
【公诸于世[众]】gōng zhū yú shì [zhòng] 成 (情報などを)社会に公開する. 世間に公開する.
【公猪】gōngzhū 名《動物》オスのブタ. 同 雄猪 xióngzhū
【公主】gōngzhǔ 名 王女. 皇女.
【公转】gōngzhuàn 動《天文》公転する.
【公子】gōngzǐ 名 貴公子. 若様. 令息.
【公子哥儿】gōngzǐgēr 名 旧 甘やかされてわがままに育った息子.

功 gōng
工部 2 四 1412₇ 全5画 常用

❶ 名 功労. ¶立～ lìgōng(手柄を立てる)/～大于 yú 过(功労が過失よりも大きい)/～臣 gōngchén. 反 过 guò, 罪 zuì ❷ 素(～儿)技術や腕前. ¶用～ yònggōng(勉強する)/练～ liàngōng(修練を積む)/唱～ chànggōng(歌の技巧). ❸ 素 大きな成果. ¶成～ chénggōng(成功する)/好 hào 大喜～(成 大きな功績を立てようとする)/～亏 kuī 一篑 kuì. ❹ 名《物理》仕事. ❺ (Gōng)姓.
【功败垂成】gōng bài chuí chéng 成 成功の間際で失敗してしまう. 表現 失敗を残念がる気持ちをあらわす.
【功臣】gōngchén 名 功労者. 功臣. ¶～自居 zìjū/功労者を自任する. ¶开国～/建国の功労者.
【功成名就[遂]】gōng chéng míng jiù [suì] 成 功成り名を遂ぐ. 業績を上げ,名声も得る.
【功成身退】gōng chéng shēn tuì 成 功成り名遂げ,引退する. 由来『老子』の「功成り,名遂げ,身退くは,天の道なり」の語から.
【功德】gōngdé 名 ❶ 功労と徳行. ❷《仏教》功徳(くどく). 転じて,よい行い. ¶做～/功徳を積む.
【功德无量】gōng dé wú liàng 成 功と徳がはかり知れないほど大きい. 功績と人徳が非常に大きい. 由来 もと,仏教語.
【功底】gōngdǐ 名 (能力や技術の)基本. 基礎. ¶～扎实 zhāshi/基礎がしっかりしている. ¶他虽然年轻,但是文章很见～/彼は若いが,文章の基礎がしっかりしている.
*【功夫】gōngfu 名 ❶ 技量. 手腕. 同 工夫 gōngfu ❷ 修練. 努力. ¶只要～深,铁杵 tiěchǔ 磨成针/修練さえすれば,鉄の棒も磨かれて針になる. 努力を積めば,事はいずれ成る. 同 工夫 gōngfu
【功夫不负有心人】gōngfu bù fù yǒuxīnrén 諺 懸命に努力する人は,必ずその努力が実を結ぶ.
【功夫片】gōngfupiàn 名 アクション映画.
【功过】gōngguò 名 功罪. 功績と過ち. ¶论～/功罪を自有定论/功罪については自ずと評価が定まる.
【功绩】gōngjì 名 功績. 手柄. ¶不可磨灭 mómiè

的～/不滅の功績. ¶毫无～/何の功績もない. 同 功劳 gōngláo
【功架】gōngjià→工架 gōngjià
【功课】gōngkè 名 ❶〔量 门 mén〕学業. 授業. ¶他每门～都很好/彼はどの学科もとてもよくできる. ¶～表/時間割. ❷ 宿題. 勉強. ¶老师布置 bùzhì～/先生が宿題を出す.
【功亏一篑】gōng kuī yī kuì 成 最後の一歩が足りずに失敗する. 九仞(きゅうじん)の功を一簣(っ)に虧(か)く. 由来 土を高く盛るとき,最後のもっこ一盛りが足りない,という意から.
【功劳】gōngláo 名 功労. 貢献. ¶汗马～/汗馬の労. 戦争での手柄. ¶辅导老师的～/指導教官の功績. 同 功绩 gōngjì
【功劳簿】gōngláobù 名 功績簿. 過去の功績の記録. また,その功績.
【功力】gōnglì 名 ❶ 効果. 効力. ¶草药的～/薬草の効力. ❷ 力. 腕前. ¶他的书法很有～/彼の書は,なかなかの腕前だ.
【功利】gōnglì ❶ 名 功利. 効果と利益. ❷ 功利的だ. ¶他很～/彼はとても功利的だ.
【功利主义】gōnglì zhǔyì 功利主義.
【功令】gōnglìng 名 法令.
【功率】gōnglǜ 名《物理》仕事率. 出力. 工率. ¶～计/ダイナモメーター.
【功率因数】gōnglǜ yīnshù 名《物理》力率. 出力係数.
【功名】gōngmíng 名 ❶ 功名. ¶他一生平淡,不求～/彼は生涯淡々として,功名を求めなかった. ❷ 旧 科挙の合格者に与えた称号. 官職名.
【功能】gōngnéng 名 機能. 効用. ¶～齐全/機能が完備している. ¶新买的照相机～很好/新しく買ったカメラは,性能がとてもよい.
【功效】gōngxiào 名 効き目. 効能. 効力. ¶立见～/効き目がたちまちあらわれる. ¶这种药,对治疗 zhìliáo 心脏病～显著/この薬は心臓病にとてもよく効く. 同 成效 chéngxiào
【功勋】gōngxūn 名 (国や社会への)功労. 勲功. ¶～卓著 zhuózhù/勲功が際立ってすぐれている. ¶立～/勲功をたてる. ¶不朽 xiǔ 的～/不滅の勲功.
【功业】gōngyè 名 偉業. 立派な成果.
【功用】gōngyòng 名 効力. 作用. 用途. ¶毫无～/何の役にも立たない.
【功在当代】gōng zài dāng dài 成 現代に功績をあげる. ¶～,利在千秋/現代に功績を成し,その利益は万世に続く. 表現 ふつう"利在千秋"と続く.
【功罪】gōngzuì 名 功罪. 功労と罪過. ¶不论～/功罪を論じない.

红(紅) gōng
纟部 3 四 2111₂ 全6画 常用
→女红 nǚgōng
☞ 红 hóng

攻 gōng
工部 4 四 1814₀ 全7画 常用
❶ 動 攻撃する. ¶～城 gōngchéng(都市を攻撃する)/～曷 gōngshì/围～ wéigōng(包囲攻撃する)/能～能守(攻撃・防御ともにすぐれている). 反 守 shǒu, 防 fáng ❷ 素 他人の間違いを非難する. ¶～人之短(人の短所を非難する). ❸ 素 研究する. 専攻する. ¶～读 gōngdú/专～化学(化学を専攻する). ❹

(Gōng)姓.

【攻城略地】gōng chéng lüè dì 成 町を攻め落とし,土地を奪い取る.

【攻错】gōngcuò 動文 他人の長所を見て,自分の短所を直す.他山の石とする.

【攻打】gōngdǎ (敵陣を)攻撃する.¶～敌人／敵を攻撃する.

【攻读】gōngdú (ある学問分野の)書物を熱心に読む.専門に研究を行う.¶～哲学／哲学を専攻する.¶他正在美国～博士学位／彼はいま,アメリカで博士号を取るため勉強中だ.

【攻防】gōngfáng 動 攻防する.

【攻关】gōngguān 動 難関に挑(ど)む.難問解決に取り組む.¶协作～／協力して難関に挑む.

【攻击】gōngjī 動 ❶ 攻撃する.¶～敌人阵地／敵陣を攻撃する.¶发动总～／総攻撃をしかける. ❷ 非難する.¶进行人身～／個人攻撃をする.

【攻击机】gōngjījī《軍事》"强 qiáng 击机"(攻撃機)の別称.

【攻歼】gōngjiān 動 攻撃し,殲滅(せんめつ)する.

【攻坚】gōngjiān ❶ 堅固な陣地や部隊を攻める. ❷ 最も困難な問題の解決に挑む.

【攻坚战】gōngjiānzhàn 名 ❶ 強固な敵陣を攻撃する戦闘.堅塁攻略戦. ❷ 厳しい任務に挑むこと.

【攻讦】gōngjié 動文 他人の過失や秘密を暴露し,責める.

【攻克】gōngkè 動 攻め落とす.攻略する.¶～难关 nánguān／難関を突破する.

【攻破】gōngpò 動 打ち破る.突破する.¶～防线 fángxiàn／防御線を突破する.

【攻其不备】gōng qí bù bèi 成 敵の無防備につけこむ.¶～,出其不意／備え無きを攻め,不意をつく.回 攻其无 wú 备

【攻取】gōngqǔ 動 攻略して奪い取る.¶～据点 jùdiǎn／拠点を攻略する.

【攻势】gōngshì 名 攻勢.采取～／攻勢に出る.¶发动全面～／全面的に攻勢に出る. 反 守势 shǒushì

【攻守】gōngshǒu 名 攻撃と守備.

【攻守同盟】gōng shǒu tóng méng 成 ❶ 攻守同盟.盟約を結び,敵の攻撃に対処する. ❷ 悪事を隠すためにグルになってかばい合う.¶结成～／攻守同盟を結ぶ.

【攻无不克】gōng wú bù kè 成 攻めて,攻め落とせないものはない.攻めれば必ず勝つ.¶～,战无不胜／攻めるたびに勝利する.

【攻陷】gōngxiàn 動 攻め落とす.陥落させる.

【攻心】gōngxīn 動 ❶ 心理的に攻撃する.¶～战／心理作戦. ❷ (毒気や邪気で)身体が危険な状態になる.人事不省となる.¶怒气 nùqì～／悲憤して意識がもうろうとなる.

【攻心为上】gōng xīn wéi shàng 成 心理作戦で攻撃するのが最上の策だ.

【攻占】gōngzhàn 動 攻略し占拠する.¶～了敌方的司令部 sīlìngbù／敵の司令部を占拠した.

供 gōng
亻部 6　四 2428₁
全 8 画　常 用

❶ 動 供給する.提供する.¶～养 gōngyǎng／～销 gōngxiāo／～不应 yìng 求／这本书～你参考(この本を参考にしてください). ❷ (Gōng)姓.

☞ 供 gòng

【供不应求】gōng bù yìng qiú 成 需要に供給が追いつかない.¶最近推出的那种新药～／最近売り出されたの新薬は,供給が追いつかない.回 供不敷 fū 求

【供车】gōngchē 名 自動車(購入)ローン.

【供大于求】gōng dàyú qiú 句 供給過剰だ.¶彩电～／カラーテレビが供給過剰だ.

【供电】gōngdiàn 動 電力を供給する.¶～量／電力供給量.¶～系统／電力供給網.

【供稿】gōnggǎo 動 原稿(や資料)を提供する.

【供过于求】gōng guò yú qiú 成 供給が需要より多い.供給が過剰だ.¶市场上的电器产品～／市場では電化製品が供給過剰だ.

*【供给】gōngjǐ 動 供給する.¶免费／無料で支給する.¶食宿全部由政府～／食事も宿も,すべて政府から支給される.

【供给制】gōngjǐzhì 名 現物支給制.現物配給制.

【供楼】gōnglóu 名 住宅ローン.

【供暖】gōngnuǎn 動 暖房する.¶热水～／温水暖房.

【供气】gōngqì 動 空気やガスを供給する.

【供求】gōngqiú 需要と供給.

【供求关系】gōngqiú guānxi 名 需給関係.

【供销】gōngxiāo 名 供給と販売.¶～合同 hétong／取引契約.¶～部门／営業部門.

【供销合作社】gōngxiāo hézuòshè 名 購買共同組合組織.生産工具・農耕具・生活用品などを販売する組織. 表現 "供销社"とも言う.

【供需】gōngxū 名 需要と供給.需給.

【供养】gōngyǎng 動 (老人などの)世話をする.¶～老人／老人を扶養する.

【供应】gōngyìng 動 供給する.提供する.需要を満たす.¶～线／供給ライン.¶～粮食／食糧を供給する.¶～紧张／供給が不足している.回 供给 gōngjǐ

【供职】gōngzhí 動 勤務する.奉職する.¶在海关～三十年／税関に30年勤務した.

肱 gōng
月部 4　四 7423₂
全 8 画　通 用

名文 ひじから肩までの部分.また,広く腕を指す.¶曲 qūgōng(腕を曲げる)／股～ gǔgōng(頼りとなる人).

【肱骨】gōnggǔ 名《生理》上腕骨.

宫 gōng
宀部 6　四 3060₆
全 9 画　常 用

❶ 名 宮殿.¶故～ gùgōng(故宮.紫禁城)／行～ xínggōng(行在所あんざいしょ)／～殿 gōngdiàn. ❷ 名 (神話の)神仙の住居.¶天～ tiāngōng(天宮)／龙～ lónggōng(竜宮)／月～ yuègōng(月宮). ❸ 名 寺廟.¶雍和～ Yōnghégōng(北京にあるラマ教の寺院). ❹ 名 文化娯楽施設.¶少年～ shàoniángōng(児童文化センター)／文化～ wénhuàgōng(文化館). ❺ 古代の刑罰.¶～刑 gōngxíng. ❻ 名《音楽》古代の五音"宫,商,角,徵 zhǐ,羽"のひとつ. ❼《生理》子宫. ❽ (Gōng)姓.

【宫灯】gōngdēng 名〔盏 zhǎn〕(八角形または六角形の)房飾りのついた灯籠.¶正月十五,中国人有赶庙会 miàohuì,看～的习惯／1月15日に,中国人はお寺の縁日に行って,灯籠を見る習慣がある. 由来 昔,宮廷で使われたことから,この名がある.

【宫殿】gōngdiàn 名〔所 suǒ,座 zuò〕宮殿.

【宫颈】gōngjǐng 名《生理》"子宫颈"(子宮頸けい管)の略.

【宫女】gōngnǚ〔量 个 ge, 名 míng〕宫中に仕える女性. 女官.
【宫阙】gōngquè 名 宫殿.
【宫室】gōngshì 名 ❶ 宫殿. ❷ 家屋. 同 房屋 fángwū.
【宫廷】gōngtíng 名 ❶ 宫廷. 宫中. ❷ 君主による統治集団.
【宫廷政变】gōngtíng zhèngbiàn 名 王位や国家の支配権をねらう政変. クーデター.
【宫外孕】gōngwàiyùn 名《医学》"子宫外孕"(子宫外妊娠)の略.
【宫闱】gōngwéi 名 ⽂ 宫殿. 後宫.
【宫刑】gōngxíng 名 古代の五刑の一つで, 男女の生殖器を除去したり, 損傷したりする極刑. 宫刑.

恭 gōng
小部6 四 4433₈
全10画 常用

❶ 素 敬意をはらう. 慎み深く礼儀正しい態度をとる. ¶~贺 gōnghè / 洗耳~听 感 謹んで拝聴する) / 你这样做对人不~ (君のそのやり方は, 実に無礼だ). ❷ (Gōng)姓.
【恭贺】gōnghè 動 祝う. 祝賀する. ¶~新禧 xīnxǐ / 新年を祝う. 謹賀新年.
【恭候】gōnghòu 動 謹んで待つ. お待ちする. ¶~光临 / おいでをお待ちする. ¶~客人已久 / 客様を長いこと待つ.
【恭谨】gōngjǐn 形 礼儀正しく慎み深い. ¶态度~ / 態度が礼儀正しい.
【恭敬】gōngjìng 形 恭しい. 礼儀正しい. ¶待人~ / 礼儀正しくもてなす. ¶~不如从命 / 懇懃(ぎん)であるより, 従順であるほうがよい. 重 恭恭敬敬
【恭请】gōngqǐng 動 ⽂ 謹んでお願いする. ¶~光临 / ご出席賜りますよう, 謹んでお願い申し上げます[書信用語].
【恭顺】gōngshùn 形 おとなしく従う. 従順だ. ¶他对上司一直都很~ / 彼は上司に対して, これまでずっと従順だ.
【恭桶】gōngtǒng 名 便器. 同 马桶 mǎtǒng.
【恭维[惟]】gōngwei 動 ごきげんをとる. お世辞をいう. おべっかを使う. ¶~话 / お世辞. ¶他会~人 / 彼はお世辞がうまい. 同 奉承 fèngcheng.
【恭喜】gōngxǐ 動 おめでとう ¶~！~！/ おめでとう. ¶~你们试验成功！ / 皆さん, 実験の成功おめでとう. 同 祝贺 zhùhè.

蚣 gōng
虫部4 四 5813₂
全10画 次常用
→蜈蚣 wúgōng

躬(異 躳) gōng
身部3 四 2722₇
全10画 常用

❶ 素 自分自身で. ¶~行 gōngxíng / 反~自问(感 自らをかえりみる) / ~逢其盛 gōng féng qí shèng (感. ❷ 素 身体を前へかがめる. ¶~身下拜 bài (頭を下げて拝礼する). ❸ (Gōng)姓.
【躬逢其盛】gōng féng qí shèng 成 盛大な会や催しに自身も参加する.
【躬亲】gōngqīn 動 ⽂ 自分でする. ¶~为 wéi 之 / 自分でことをやる. ¶事必~ / 仕事は必ず自分の手でやる.
【躬行】gōngxíng 動 ⽂ 自ら行う. 身をもって行う.

龚(龔) Gōng
龙部6 四 4380₁
全11画 通用

名 姓.

觥 gōng
角部6 四 2921₂
全13画 通用

名 古代の酒器. ¶~筹交错 gōng chóu jiāo cuò.
【觥筹交错】gōng chóu jiāo cuò 成 酒杯が行きかう. 宴たけなわだ.

巩(鞏) gǒng
工部3 四 1711₀
全6画 常用

❶ 素 しっかりして揺るぎない. ¶~固 gǒnggù. ❷ (Gǒng)姓.
*【巩固】gǒnggù ❶ 形 揺るぎない. 強固だ. ¶基础~ / 基礎がしっかりしている. 同 坚固 jiāngù ❷ 動 強固にする. ¶~国防 / 国防を揺るぎないものにする. ¶~两国的友好关系 / 両国の友好関係を強固にする.
【巩膜】gǒngmó 名 (眼球の)強膜.

汞(異 銾) gǒng
工部4 四 1090₂
全7画 次常用

名 ❶《化学》水銀. Hg. ¶~溴红 gǒngxiùhóng (マーキュロクロム) / ~化 gǒnghuà (水銀化). ❷ (Gǒng)姓.

拱 gǒng
扌部6 四 5408₁
全9画 次常用

❶ 動 両手を胸の前で合わせる. ¶~手 gǒngshǒu. ❷ 動 ぐるりとり囲む. ¶~抱 gǒngbào / ~卫 gǒngwèi. ❸ 動 体を弓のように曲げる. ¶~肩 gǒngjiān (肩をすくめる). ❹ 素 アーチ型の建築物. ¶~门 gǒngmén / ~桥 gǒngqiáo / 连~坝 liángǒngbà (アーチ状の堰). ❺ 動 体や鼻などで押し開ける. ❻ (花の芽などが)押し出る. ¶~芽 gǒngyá (芽を出す). ❼ (Gǒng)姓.
【拱坝】gǒngbà 名《建築》アーチダム.
【拱抱】gǒngbào 動 取り囲む. ¶~的群峰 qúnfēng / まわりを取り囲んだ山々.
【拱顶】gǒngdǐng 名 円形[ドーム形]の屋根.
【拱肩缩背】gǒng jiān suō bèi 成 肩をすくめ背を縮ませる. [表現] 寒い時や, 際れくさいようす.
【拱廊】gǒngláng 名《建築》拱廊(ざろう). 天井部がアーチ型になっている通路. アーケード.
【拱门】gǒngmén 名〔量 道 dào, 扇 shàn〕アーチ形の門.
【拱桥】gǒngqiáo 名〔量 座 zuò〕アーチ形の橋.
【拱石桥】gǒngshíqiáo 名 アーチ型の石橋. 同 石拱桥
【拱手】gǒng/shǒu 動 両手のこぶしを胸の前で軽く合わせ, 上下させて, 敬意をあらわす. 拱手(ぎしゅ)する. ¶~相迎 xiāngyíng / 拱手して出迎える.
【拱卫】gǒngwèi 動 周りを取り巻いて守る.
【拱形】gǒngxíng 名 アーチ形.
【拱券】gǒngxuàn 名《建築》窓や門, 橋などのアーチ形になったもの.

拱 手

珙 gǒng
王部6 四 1418₁
全10画 通用

❶ 名 玉の一種. ❷ 名 地名用字. ¶~县 Gǒngxiàn (四川省の県名).
【拱桐】gǒngtóng 名《植物》ハンカチノキ. ダビディア.

共 gòng
八部4 四 4480₁
全6画 常用

❶ 副 いっしょに．ともに．¶～鳴 gòngmíng．❷ 素 共通の．共有の．¶～性 gòngxìng ／～通 gòngtōng．❸ 副 ぜんぶ合わせて．合計．¶～计 gòngjì．❹ 名 "共产党 gòngchǎndǎng" の略．¶ 中～ Zhōnggòng（中国共産党）．

【共餐】gòngcān 動 一緒に食事する．会食する．

*【共产党】gòngchǎndǎng 名 共産党．

【共产党宣言】Gòngchǎndǎng xuānyán 名《歴史》共産党宣言．共産主義者同盟の国際的綱領として1848年に発表された文書．マルクス、エンゲルスにより起草された．

【共产国际】gòngchǎn guójì 名 コミュニスト・インターナショナル．コミンテルン．

【共产主义】gòngchǎn zhǔyì 共産主義．¶～者 / 共産主義者．

【共产主义青年团】gòngchǎn zhǔyì qīngniántuán 名 共産主義青年団．共産党指導下の青年組織．表現 略称は"共青团 gòngqīngtuán".

【共处】gòngchǔ 動 共存する．¶和平～ / 平和的に共存する．

【共存】gòngcún 動 共存する．¶共生～ / 共生し共存する．

【共度】gòngdù（皆で）ともに過ごす．

【共轭】gòng'è 名《物理・数学》共役．¶～点 / 共役点．

【共犯】gòngfàn 名 共犯者．

【共工】Gònggōng 名 神話中の人物．怒って不周山に触れたので、天地が分かれたとされる．

【共管】gòngguǎn ❶ 動 "共同管理 gòngtóng guǎnlǐ"の略．共同管理する．❷ 名 "国际共同管理 guójì gòngtóng guǎnlǐ"の略．

【共和】gònghé 名 共和制．

【共和党】gònghédǎng 名 共和党．

【共和国】gònghéguó 名 共和国．

【共话】gònghuà 動（皆で）おしゃべりする．

【共计】gòngjì 動 ❶ 合計する．¶两天～有五十人出席了讨论会 / 2日間で計50人が討論会に出席した．同 合计 héjì, 总计 zǒngjì ❷ 協議する．¶～以后对策 / 今後の対策について協議する．

【共建】gòngjiàn 動 共同で建設する．

【共居】gòngjū 動 同居する．¶各种要素～, 互相作用 / さまざまな要素が同時に存在し, それぞれが作用し合う．表現 抽象的な事柄についていう．

【共聚】gòngjù 名《化学》共重合．

【共勉】gòngmiǎn 動 励まし合い, ともに努力する．¶与大家～ / 人々と共にがんばる．

【共鸣】gòngmíng ❶ 名《物理》共鳴．共振．❷ 共鳴．共感．¶引起了强烈～ / 強い共鳴を引き起こした．

【共青团】Gòngqīngtuán 名 "共产主义青年团 Gòngchǎn zhǔyì qīngniántuán"の略．

【共青团员】Gòngqīngtuányuán 名 "共产主义青年团员"（共産主義青年団員）の略．

【共商国是】gòng shāng guóshì 句 共に国家の大計を相談する．

【共生】gòngshēng 動《生物》共生する．¶地球上所有的生物是～共存的 / 地球上のすべての生き物は互いに共生し共存している．

【共识】gòngshí 名 共通認識．合意．コンセンサス．

【共事】gòng//shì 動 同じ組織や職場で一緒に仕事をする．¶和他～多年, 熟知 shúzhī 他的为人 wéirén / 長年いっしょに仕事をしてきたので, 彼の人となりはよく知っている．

【共通】gòngtōng 形 ❶ 各面に通用する．¶～的原理 / 共通する原理．❷ 共通する．¶～的看法 / 一致した見方．

*【共同】gòngtóng ❶ 形 共通する．¶～点 / 共通点．❷ 副 ともに．¶～努力 / ともに努力する．¶性格上没有～的地方 / 性格に共通したところがない．

【共同纲领】gòngtóng gānglǐng 名 ❶（政党や団体などの）綱領．❷ "中国人民政治协商会议共同纲领"（中国人民政治協商会議共同綱領）の略．

【共同社】Gòngtóngshè 名 "共同通讯社"（共同通信社）の略．

【共同市场】gòngtóng shìchǎng 名《経済》国際共同市場．共同で組織する統一市場．

【共同体】gòngtóngtǐ 名 ❶ 共同体．❷ 国家連合．共同体．¶欧洲～ / 欧州共同体．EC．

【共同语言】gòngtóng yǔyán 名 共通することばや考え．¶没有～ / 話が合わない．¶他和她找不到～ / 彼と彼女には共通の話題が見つからない．

【共享】gòngxiǎng 動 ともに享受する．¶与朋友～其乐 / 友達と楽しみを分かち合う．

【共性】gòngxìng 名 共通性．¶所有事物都有其～与个性 / あらゆる事物にはすべて共通性と独自性がある．反 个性 gèxìng

【共有】gòngyǒu ❶ 形 共有の．❷ 動 共有する．❸ 名《法律》共有権．

【共振】gòngzhèn 名《物理》共振．

【共总】gòngzǒng 副 全部で．合計で．同 总共, 一共

贡（貢）gòng
工部4 四 1080₂ 全7画 常用

❶ 動 貢ぐ．¶～奉 gòngfèng（貢ぎ物をする）/ 进～ jìngòng（貢ぎ物を献上する）．❷ 素 有能な人材を選抜して朝廷に推薦する．¶～士 gòngshì（朝廷に人材を推薦する）．❸（Gòng）姓．

【贡缎】gòngduàn 名《紡織》綿繻子（しゅ）．サテンの綿布．

【贡品】gòngpǐn 名 貢ぎ物．献上品．

【贡生】gòngshēng 名《歴史》明・清代の科挙制度で, 府や県から推薦され, 都の国子監で学ぶ者．

【贡税】gòngshuì 名 朝廷に納めた税金や物品など．同 贡赋 gòngfù

*【贡献】gòngxiàn ❶ 動 寄与する．捧げる．¶～钱财 / 財産を寄付する．¶为祖国・青春 / 祖国に青春を捧げる．❷ 名 貢献．¶为社会做～ / 社会のために貢献する．¶巨大的～ / 偉大な貢献．

供 gòng
亻部6 四 2428₁ 全8画 常用

❶ 動（神仏や死者に）供え物をする．¶～佛 gòngfó（仏をまつる）．❷ 素（神仏や死者への）供え物．¶上～ shànggòng（お供えをする）/～品 gòngpǐn．❸ 動 尋問に答えて事実を述べる．供述する．¶招～ zhāogòng（白状する）/ 口～ kǒugòng（自供する）/～状 gòngzhuàng /～认 gòngrèn．❹ 名 供述．自供．
☞ 供 gōng

【供称】gòngchēng 動《法律》供述する．

【供词】gòngcí 名 供述．自白内容．

【供奉】gòngfèng ❶ 動 祭る．供養する．¶～神佛 shénfó / 神仏を祭る．❷ 名 宮廷の芸人．

【供品】gòngpǐn 名（神仏への）供え物．

【供认】gòngrèn 動（犯行を）認める．自供する．

【供认不讳】gòngrèn bùhuì 包み隠さずすべて供述する.
【供养】gòngyǎng （神仏や祖先に）供え物をして祭る.
【供状】gòngzhuàng 〔份 fèn, 篇 piān〕供述書. 自白書. ¶写～ / 供述書を書く.
【供桌】gòngzhuō 供物を供えるテーブル.

唝(嗊) Gòng
口部7 四 6108₂
全10画
地名用字. ¶～呸 Gòngbù（カンポート. カンボジアの地名）.

gou ㄍㄡ [kou]

勾 gōu
勹部2 四 2772₀
全4画 常用

❶ チェックの印（√）をつける. ¶～销 gōuxiāo. ❷ 線で輪郭をえがく. ¶～脸 gōuliǎn / ～图样（図案をかく）. ❸ レンガや石組みの間に灰やセメントをぬりこむ. ❹ 誘い出す. ひきおこす. ¶～搭 gōuda / ～引 gōuyǐn / ～勾魂. ❺ 結託する. ¶～结 gōujié / ～通 gōutōng. ❻ とろみをつける. ¶做菜时一点儿芡 qiàn（調理のときに少しとろみをつける）. ❼（数学）不等辺直角三角形の直角をはさむ短い方の辺. ❽（Gōu）姓.
☞ 勾 gòu

【勾除】gōuchú 記載を抹消する.
【勾串】gōuchuàn ぐるになる.
【勾搭】gōuda ❶ ぐるになる. 気脈を通じる. ¶他们俩眉来眼去的,很快就～上了 / 彼ら二人は,互いに目くばせして,すぐに気脈を通じた. ◎ 勾结 gōujié ❷ 男女が私通する.
【勾兑】gōuduì 酒をブレンドして,カクテルを作る.
【勾缝】gōufèng （すきまに）目塗りをする.
【勾股定理】gōugǔ dìnglǐ〔数学〕ピタゴラスの定理.
【勾股形】gōugǔxíng 直角三角形.
【勾画】gōuhuà 簡単に輪郭だけを描く. アウトラインを描く. ¶～出一幅图画 / 一枚の素描を描く.
【勾魂】gōu//hún （～儿）❶ 魂を奪う. ❷ 魅了する.
【勾肩搭背】gōujiān dābèi （若い男女などが）なれなれしく寄り添いようす.
【勾结】gōujié 結託する. ぐるになる. ¶暗中～ / 裏で結託する. ¶内外～ / 内部外部でぐるになる. ◎ 勾搭 gōuda
【勾栏[阑]】gōulán 宋・元代の演芸場や芝居小屋. のちに妓楼もさした.
【勾勒】gōulè ❶ 輪郭をスケッチする. ◎ 勾画 gōuhuà ❷ 短いことばで簡略に表現する.
【勾脸】gōu//liǎn 顔のくまどりを描く.
【勾留】gōuliú 逗留する. とどまる. ¶不要～ / 居座るんじゃない. ◎ 逗留 dòuliú
【勾芡】gōu//qiàn《料理》片栗粉を入れてとろみをつける. あんかけする.
【勾通】gōutōng ひそかに通じる. ぐるになる.
【勾销】gōuxiāo 取り消す. ¶一笔～ / 帳消しにする. ¶我再还 huán 你一千块,这笔帐就～了 / あと1,000元返せば,この借金は終わりだ.
【勾心斗角】gōu xīn dòu jiǎo "钩心斗角 gōu xīn dòu jiǎo"に同じ.

【勾引】gōuyǐn ❶ ぐるになる. ❷ 悪事に誘い込む. ¶～良家妇女 / 良家の子女を誘惑する. ¶不要被他的巧言～去了 / 彼の甘言に乗せられるな.

句 gōu
口部3 四 2762₀
全5画 常用

❶ 地名または人名用字. ¶高～骊 Gāogōulí（高句丽. 古代,朝鮮半島にあった国名） / ～践 Gōujiàn. ❷（Gōu）姓.
☞ 句 jù

【句践】Gōujiàn《人名》越王勾践（は）. 春秋時代の越王. 呉王闔閭（は）を敗死させたが,その子夫差に破れた.

佝 gōu
亻部5 四 2722₀
全7画 通用

下記熟語を参照.
【佝偻】gōulóu[-lou] 背を曲げる.
【佝偻病】gōulóubìng 《医学》くる病. ◎ 软骨病 ruǎngǔbìng

沟(溝) gōu
氵部4 四 3712₀
全7画 常用

〔道 dào, 条 tiáo〕❶ （～儿）溝. 堀. ¶阳～ yánggōu（どぶ）/ 暗～ àn'gōu（暗渠）. ❷ 溝のようなくぼみ. 车～ chēgōu（わだち）. ❸ 谷みぞ.
【沟谷】gōugǔ 雨水や雪解け水が作り出す溝. ふだんは乾いており,雨季には川となる.
【沟壑】gōuhè〔道 dào, 条 tiáo〕山の谷間. ¶～纵横 zònghéng / 谷間が縦横に走る.
【沟渠】gōuqú〔道 dào, 条 tiáo〕灌漑や排水用の水路.
【沟通】gōutōng すじみちをつける. 橋渡しをする. ¶～两国文化 / 両国の文化を交流させる. ¶～思想 / 考えを疎通させる.
【沟沿儿】gōuyánr 水路の両岸.

枸 gōu
木部5 四 4792₀
全9画 通用

下記熟語を参照.
☞ 枸 gǒu, jǔ
【枸橘】gōujú《植物》〔棵 kē〕カラタチ. ◎ 枳 zhǐ

钩(鈎/异鉤) gōu
钅部4 全9画 四 8772₀ 常用

❶（～儿）つるしたり,ひっかけるかぎ. フック. ¶秤～儿 chènggōur（竿ばかりのかぎ）/ 钓鱼～（釣り針）. ❷（～儿）漢字の「はね」. 亅・一・乚・乙など,先をはねる形のもの. ❸（～儿）「√」のマーク. チェック. ¶打～（チェックする）. ❹ カギでかき出したり,引っかける. ❺ 線で物の輪郭をえがく. ◎ 勾 gōu ❻ 裁縫の方法. あらい目でぬう. ¶～贴边 tiēbiān（まつり縫い）. ❼（Gōu）姓.

【钩虫】gōuchóng 〔条 tiáo〕鉤虫（ロラッ）. 十二指腸虫. ¶～病 / 鉤虫症.
【钩心斗角】gōu xīn dòu jiǎo ❶ 宮殿の建物構造が入り組んでいること. ❷ 腹をさぐり合って戦う. ¶他已下定决心离开这～的政界了 / 彼はすでにこのかけ引きと暗闘に満ちた政界を去る決意をしていた. ◎ 勾 gōu 心斗角
【钩针】gōuzhēn （～儿）〔根 gēn, 只 zhī〕編み物用のかぎ針. ¶用～织毛衣 / かぎ針でセーターを編む.
【钩子】gōuzi ❶ ひっかけたり,かき出すかぎ. ¶火～ / 火かき. ❷ かぎ形のもの.

gōu – gǒu 373

緱（緱） gōu
纟部9 四 2718₄
全12画 通用

名 ❶〔条 tiáo〕刀などの持ち手についているひも。❷（Gōu）姓.

篝 gōu
竹部10 四 8844₇
全16画 通用

名 文 竹のかご。¶～火 gōuhuǒ.

【篝火】gōuhuǒ 名 かがり火。たき火。¶班里每年夏天都举行一晚会／クラスでは毎年夏にキャンプファイアーをする。

鞲 gōu
革部10 四 4554₇
全19画 通用

下記熟語を参照.

【鞲鞴】gōubèi 名《機械》ピストン。同 活塞 huósāi

苟 gǒu
艹部5 四 4462₇
全8画 次常用

❶素 いいかげんだ。一時しのぎだ。¶一丝不～（ほんのわずかでもおろそかにしない）／不～言笑（軽々しく口をきかない）。❷素 文 仮に、もしも。¶～富贵，无相忘（もしもお金持ちになったら、あなたのことは忘れません）。❸（Gǒu）姓.

【苟安】gǒu'ān 動 かりそめの安逸をむさぼる。¶只顾一时～，忘了最初愿望／一時の安逸をむさぼるばかりで、初心を忘れている。同 偷安 tōu'ān

【苟存】gǒucún 動 文 一時しのぎで生き長らえる.

【苟合】gǒuhé 動 ❶ 迎合する。雷同する。私通する。❷ 文（男女が）野合する。私通する.

【苟活】gǒuhuó 動 一時しのぎで生き延びる。¶忍辱 rěnrǔ～／屈辱に耐えて生き長らえる.

【苟且】gǒuqiě 動 ❶ 一時しのぎでごまかす。¶～偷安 tōu'ān／かりそめの安逸をむさぼる。❷ 手を抜いている。いいかげんだ。¶他对学习一点不敢～随便／彼は勉強に対していい加減にごまかしたりしない。❸ 形 関係が正しくない。¶一对～男女／不倫関係の男女.

【苟且偷生】gǒu qiě tōu shēng 成 無為に生きる。毎日をその場しのぎに暮らす.

【苟全】gǒuquán 動 文 かろうじて一命を保つ.

【苟全性命】gǒu quán xìng mìng 成 いたずらに生き永らえる.

【苟同】gǒutóng 動 文 軽々しく同意する。¶未敢～／軽々しく同意しかねる.

【苟延残喘】gǒu yán cán chuǎn 成 瀕死の命を無理にひきのばす。いたずらに余命をつなぐ.

岣 Gǒu
山部5 四 2772₀
全8画 通用

素 地名用字.

【岣嵝】Gǒulǒu 名 "衡山 Héngshān"の主峰。湖南省にある.

狗 gǒu
犭部5 四 4722₀
全8画 常用

名 ❶〔条 tiáo，只 zhī〕イヌ。¶～腿子 gǒutuǐzi／哈巴～ hǎbagǒu（チン）。❷こびへつらう人、悪人の手先、裏切り者などの比喩.

【狗宝】gǒubǎo 名 ❶《中医》薬の名。病犬の胆のう・腎臓・膀胱にできる結石。❷ 心根が卑しいこと。❸ ののしりことば。参考 ①は、悪性の腫れ物や食道ガンなどの治療に用いる.

【狗胆包天】gǒudǎn bāo tiān 慣 貶 イヌの肝が天を包むほど大きい。転じて、大した力がないのに大きなことをやろうとする.

【狗蛋】gǒudàn 名 貶 畜生.

【狗洞】gǒudòng 名 イヌが出入りする塀の穴.

【狗獾】gǒuhuān 名《動物》タヌキ。同 獾 huān

【狗急跳墙】gǒu jí tiào qiáng 成 イヌがあわてて塀を飛び越える。せっぱつまって、なりふりかまわず行動すること.

【狗粮】gǒuliáng 名 ドッグフード.

【狗命】gǒumìng 名〔条 tiáo〕値打ちのない命。つまらない命.

【狗皮膏药】gǒupí gāoyao 名 ❶〔贴 tiē〕小さく切ったイヌの皮に薬を塗った膏薬。❷ インチキ商品。由来 ②は、昔、大道商人などがよく偽物を売ったことから.

【狗屁】gǒupì 名 イヌの屁。くだらないこと。ばかげたこと。¶放～！／バカを言え！¶～文章／つまらぬ文章.

【狗屁不通】gǒu pì bù tōng 成（文章などが）ひどく下手だ.

【狗屎堆】gǒushǐduī 名 ❶ イヌの糞の山。❷ 嫌われ者。鼻つまみ者.

【狗头军师】gǒu tóu jūn shī 成 イヌの頭をした軍師。役に立たない知恵ばかり出す人.

【狗腿子】gǒutuǐzi 名 口 貶（悪人の）手先。イヌ。¶向佃户 diànhù 要账的，经常是地主的～／小作人から借金を取りたてるのは、たいていは地主の手先だ.

【狗尾草】gǒuwěicǎo 名《植物》エノコログサ。ネコジャラシ。同 莠 yǒu

【狗尾续貂】gǒu wěi xù diāo 成 テンの尾の代わりにイヌの尾をつける。立派な作品に、つまらない続編をつけること。由来 位の高い人間が帽子にテンの尾をつけたが、不足するとイヌの尾を代用した、という意から.

【狗窝】gǒuwō 名 イヌの巣。¶房间零乱肮脏 āngzāng，像个～／部屋は乱雑で汚く、犬小屋のようだ.

【狗熊】gǒuxióng 名 ❶〔只 zhī〕ツキノワグマ。同 黑熊 hēixióng。❷ 臆病者。小心者.

【狗血喷头】gǒu xuè pēn tóu 成 頭ごなしに口汚なくのしる。¶被骂得～／さんざん罵倒された。同 狗血淋 lín 头

【狗咬狗】gǒu yǎo gǒu 慣 貶 イヌがイヌをかむ。悪人が仲間割れして争う。¶军阀 jūnfá 间为争夺地盘，～地打起来了／軍閥内で、縄張り争いのために、仲間割れして攻撃し始めた.

【狗鱼】gǒuyú 名《魚》カワカマス。カモグチ.

【狗崽仔[子]】gǒuzǎizi 名 貶 犬野郎。表現 ののしりことば.

【狗仗人势】gǒu zhàng rén shì 成 口 貶 イヌが主人の力をかさにきる。虎の威を借る狐.

【狗嘴长不出象牙】gǒu zuǐ zhǎng bu chū xiàng yá 成 ろくでもない人が、りっぱなことをいえるはずがない。同 狗嘴吐 tǔ 不出象牙 由来「イヌの口から象牙は生えない」の意から.

枸 gǒu
木部5 四 4792₀
全9画 通用

下記熟語を参照.

☞ 枸 gōu, jú

【枸杞】gǒuqǐ 名《植物》クコ.

【枸杞子】gǒuqǐzǐ 名《植物・薬》枸杞子（`ご´）。参考 クコの赤い実で、漢方薬や料理に使う.

枸杞子

笱 gǒu
竹部5 四 8862₇
全11画 通用

名 竹でつくった漁具。やな.

勾 gōu
勹部2　全4画　四 2772₀　常用
素 下記熟語を参照.
☞ 勾gōu
【勾当】gòudàng[-dang] 名 よからぬ事. ¶鬼鬼祟祟 suì 祟的,不知干什么～／こそこそして,どんなよからぬ事をしているか分からない.

构(構/異 搆❶-❸) gòu
木部4　全8画　四 4792₀　常用
❶ 素 組み合わせてつくる. 構成する. ¶～图 gòutú／～造 gòuzào／～屋 gòuwū (家を建てる)／～词 gòucí (語を形成する)／结～ jiégòu (構造). ❷ 素 (抽象的なものを)つくり上げる. ¶～怨 gòuyuàn (恨みをもつ)／～思 gòusī／虚～ xūgòu (フィクション). ❸ 素 文芸作品. ¶佳～ jiāgòu (すばらしい作品)／杰～ jiégòu (傑作). ❹ 素《植物》カジノキ. 回 榖树 gǔshù, 楮 chǔ ❺ (Gòu)姓.
*【构成】gòuchéng ❶ 動 構成する. 形成する. ¶～了一幅美丽的画／一枚の美しい絵を作りあげる. ¶～犯罪／犯罪になる. ❷ 名 構成. 組み立て. ¶～部分／構成部分.
【构词法】gòucífǎ 名《言語》造語法.
【构架】gòujià 名 (建物や思考の)枠組み.
【构件】gòujiàn 名 ❶《機械》部品. ❷《建築》(梁や柱など)建築物の部材.
【构建】gòujiàn (抽象的な概念や思想などを)作り上げる. 打ち立てる.
【构思】gòusī ❶ 動 文章や芸術作品の構想を練る. ¶他正在～一篇小说／彼は今小説の構想を練っている. ❷ 名 構想. アイデア.
【构图】gòutú 名《美術》構図. ¶～巧妙／構図がみごとだ.
【构陷】gòuxiàn 動 計略を講じて人を罪に陥れる.
【构想】gòuxiǎng ❶ 動 構想する. ❷ 名 構想. ¶～宏伟 hóngwěi／構想は雄大だ.
*【构造】gòuzào 名 しくみ. 構造. ¶人体～／人体のしくみ. ¶句子的～／文の構造. 回 结构 jiégòu.
【构筑】gòuzhù 動 建造する. 修築する. ¶～工事 gōngshì／陣地の構造物を建造する. 用法 軍事上のものについて言うことが多い.
【构筑物】gòuzhùwù 名《建築》構造物.

购(購) gòu
贝部4　全8画　四 7782₀　常用
素 買う. ¶～买 gòumǎi／～置 gòuzhì／采～ cǎigòu (買い付ける)／订～ dìnggòu (予約購入する). 回 买 mǎi／销 xiāo
【购并】gòubìng 名 動 (企業の)買収合併(をする). M&A.
【购货单】gòuhuòdān 名 購入明細書. 注文書. 買い物リスト.
【购货证】gòuhuòzhèng 名 物品購入証明書.
【购买】gòumǎi 動 買う. ¶～一年货／一年越し用の食料や品物を買う. 反 销售 xiāoshòu.
【购买力】gòumǎilì 名 購買力.
【购物中心】gòuwù zhōngxīn 名 大型ショッピングセンター.
【购销】gòuxiāo 名 仕入れと販売.
【购销两旺】gòuxiāo liǎng wàng 句 仕入れと販売が隆盛だ. 商品の回転がよい.

【购置】gòuzhì 動 (耐久財や備品を)買い入れる. ¶最近～房地产的人越来越多了／最近,不動産を購入する人がしだいに多くなってきた.

诟(詬) gòu
讠部6　全8画　四 3276₁　通用
素 ❶ 恥. ❷ ののしり辱(はずかし)める. ¶～病 gòubìng／～骂 gòumà.
【诟病】gòubìng 動 名指しで責める. 非難する. ¶为 wéi 世～／世間の非難を浴びる.
【诟骂】gòumà 動 ののしり辱(はずかし)める.

垢 gòu
土部6　全9画　四 4216₁　次常用
❶ 素 汚い. ¶蓬 péng 头一面(ぼさぼさの髪に垢だらけの顔). ❷ 素 たまった汚れ. 垢(あか). ¶～污 gòuwū／油～ yóugòu (油の汚れ)／牙～ yágòu (歯垢(こう)). ❸ 素 恥. ¶含～忍辱 rěn rǔ (垢を忍ぶ). 回 诟 gòu ❹ (Gòu)姓.
【垢污】gòuwū 汚れ.

够(異 夠) gòu
夕部8　全11画　四 2762₇　常用
❶ 動 (必要なだけ)十分にある. 足りる. ¶～数 gòushù／～用 gòuyòng (役に立つ)／不～ bùgòu (足りない)／足～ zúgòu (足りている). ❷ 動 手がとどく. 及ぶ. 達する. ¶～格 gòugé／～味儿 gòuwèir. ¶(届きにくい所へ)手と道具を伸ばしてつかむ. ¶把落在房顶上的东西～下来(屋根の上に落ちた物をとる). ❹ 動 飽きる. ¶这话我听～了(その話は本当に聞き飽きた). ❺ 副 十分…だ. とても…だ. ¶～好了(十分に良い)／窗子开得～大了(窓はとても大きく開け放たれている).
【够本】gòu//běn 動 (～儿) ❶(商売などで)元が取れる. 損も得もない. ❷ プラス・マイナスがゼロだ. 収支がとんだ. ¶做了一年多生意,刚～儿／一年あまり商売して,やっと元が取れた.
【够格】gòu//gé 動 (～儿) 一定の基準に達する. ¶他还不～当代表／彼にはまだ代表になれる資格はない.
【够交情】gòu jiāoqing 動 ❶ 人と人との交わりが深い. ❷ "够朋友 gòu péngyou"に同じ.
【够劲儿】gòujìnr 形 (負担や程度が)かなり大きい. 相当骨が折れる. ¶背这么重的东西走山路,真～！／こんなに重いものを背負って山道を行くなんて,まったく大変だ.
【够朋友】gòu péngyou 形 友達がいがある. ¶他在我最困难的时候帮了我,还真～／私が一番困ったとき彼は助けてくれた,実に友達がいがある.
【够呛[抢]】gòuqiàng 形 方 すごい. ひどい. ¶这件事让他干得来有些～／この件を彼にやらせるのは少し酷だ.
【够瞧的】gòuqiáode 形 口 ひどい. たまらない. ¶热得～／ひどい暑さだ. ¶这么多人排队～／こんなに大勢並んでいるなんてあんまりだ.
【够受的】gòushòude 形 口 はなはだひどい. 耐えられない. ¶累得～／疲れて,くたくただ.
【够数】gòushù 動 数が足りる. ¶把这些加进去,就～了／これらを加えれば数が足りる.
【够味儿】gòuwèir 形 口 (相当のレベルに達し)いい具合だ. なかなかのものだ. ¶唱得～／歌いぶりが見事だ. ¶这个菜～／この料理はとてもおいしい.
【够意思】gòu yìsi ❶ 形 口 かなり高いレベルにある. すごい. 立派だ. ¶公司利益平半分,～了吧／会社の利益を均等に分配するのだから,見事なものだろう. ❷ 動 友達がいがある. ¶他宁愿让自己吃亏 chīkuī,也不出卖朋友,

遘 觳 媾 覯 估 咕 呱 沽 姑 gòu - gū

~ / 彼は自分が損しても友達を裏切りはしない、実に友達がいがある。

遘 gòu 辶部10 四 3530₄ 全13画 通用
動 ⟨文⟩ 出会う. ¶~疾 gòují (病気になる).

觳 gòu 殳部9 四 4724₇ 全13画 通用
❶ 同 "够 gòu"⑤ に同じ. ❷ **素** 力いっぱい弓を引く. ¶~中 gòuzhōng / 入~ rùgòu (矢の届く範囲に入る. わなにはまる).
【觳中】gòuzhōng 名 わな. 計略. ¶入我~ / わなにかかる. ¶先别打草惊蛇, 等全入~, 再一网打尽 / へたに動かず, 全部引っかかってから一網打尽にしよう. 由来 「弓の射程範囲」という意から.

媾 gòu 女部10 四 4544₇ 全13画 通用
❶ **素** 結びつく. 結びつける. ¶~和 gòuhé / 婚~ hūngòu (結婚する) / 交~ jiāogòu (交合する). ❷ (Gòu)姓.
【媾和】gòuhé **動** ⟨文⟩ 講和する.

覯(覯) gòu 见部10 四 5741₂ 全14画 通用
動 ⟨文⟩ 出会う. ¶罕~ hǎngòu (めったに会わない).

gu ㄍㄨ〔ku〕

估 gū 亻部5 四 2426₀ 全7画 常用
動 おおよその見当をつける. ¶~计 gūjì / ~价 gūjià / 低~ dīgū (過小評価する).
☞ 另 gù
【估测】gūcè **動** 推計する. 予測する.
【估产】gū//chǎn **動** (農作物などの)生産量を予測する.
【估单】gūdān 名 見積書.
【估堆儿】gū//duīr **動** ひとまとめにして見積もる. ¶估个堆儿, 看看有多重 / まとめて, どのくらいの重さか見てみよう.
*【估计】gūjì **動** 数量を見積もる. 推定する. ¶~问题会很严重 / 問題は深刻になると考えられる. ¶~会有多少人来? / どのくらいの人が来るだろうか. 同 估量 gūliáng.
【估价】❶ gū//jià 価格を見積もる. ¶~单 / 見積書. ¶这个~应该比较适当 / この見積もりは, まずまず妥当なはずだ. ❷ gūjià (人や物事について)評価を下す. ¶对自己~太高 / 自分に対する評価が高すぎる.
【估量】gūliáng **動** 推量する. ¶~对方的势力 / 相手の勢力をはかる. 同 估计 gūjì.
【估摸】gūmo **動** 推し量る. 推定する. 同 估计 gūjì.
【估算】gūsuàn **動** 大まかに計算する. 推計する.

咕 gū 口部5 四 6406₀ 全8画 次常用
擬 ニワトリやハトの鳴き声などをあらわす. コッコッ. クックッ. ¶~咚 gūdōng / ~嘟 gūdū / ~唧 gūjī.
【咕咚】gūdōng **擬** 重い物が落ちる音. ゴトン. ドボン. ¶什么东西~一声从天窗上掉下来 / ゴトンと音がして何か天窓から落ちてきた. ❷ のどを鳴らして水を飲む音. ゴクゴク.
【咕嘟】gūdū **擬** ❶ 液体が沸騰する音. 水がわきでる音. グラグラ. ふつふつ. こんこん. 重 咕嘟咕嘟 ❷ 水を飲む音. ゴクゴク. ¶一大碗水~~一下就喝完了 / どんぶり一杯の水をゴクゴクと飲み干した.
【咕嘟】gūdu **動** ❶ ⟨方⟩ 長時間ことこと煮る. ¶锅里~~响着, 不知煮着什么 / 鍋からはぐつぐつと音がして, 何かを煮ているようだ. ❷ (不満や怒りで)口をとがらす. ¶老王生气时, 总是~着嘴 / 王さんは怒ると, いつも口をとがらす.
【咕唧〔叽〕】❶ gūjī **擬** 水がはねる音. バシャ. バチャッ. ¶小孩子爱踩 cǎi 泥地, 听~~的声音 / 子供はぬかるみを踏んでバシャバシャいう音を聞くのが好きだ. 重 咕唧咕唧 ❷ gūji **動** ひそひそ話す. ¶~姑娘们~~地说着悄悄话 / 娘たちはひそひそと内緒話をしている.
【咕隆】gūlōng **擬** 雷や車輪の音. ゴロゴロ. ¶~~地打着响雷 / ゴロゴロと雷が鳴った. 重 咕隆隆
【咕噜】❶ gūlū **擬** 物が転がる音. または水を飲む音. うがいの音. ゴロゴロ. ゴクゴク. ガラガラ. ¶大石~~从山上滚下来 / 大きな石がゴロゴロと山の上から転がってきた. ¶~一口喝下去 / 一気にゴクゴク飲み干す. ¶听到有~的声音, 终于找到泉水了 / ゴボゴボという音を聞きつけ, ついに泉を見つけた. 重 咕噜咕噜 咕噜噜 ❷ gūlu **動** ぶつくさ言う. ¶你一个人在~什么? / おまえ一人で何をぶつぶつ言っているだ. 重 咕噜咕噜
【咕哝】gūnong **動** ぶつくさ言う. ¶嘴里~不停 / 口の中でぶつぶつ言い続けている.

呱 gū 口部5 四 6203₀ 全8画 通用
下記熟語を参照.
☞ 另 guā, guǎ
【呱呱】gūgū **擬** 赤ん坊の泣き声. おぎゃあ. ¶~坠地 zhuìdì / おぎゃあと生まれる. 同 呱呱 guāguā

沽 gū 氵部5 四 3416₀ 全8画 次常用
素 ❶ 買う. ¶~名钓誉. ❷ 売る. ¶待价而~(値段が上がるのを待って売る). ❸ (Gū)地名用字. "天津 Tiānjīn"の別称.
【沽名】gūmíng **動** 見え透いた行為をして名を売る. 売名行為をする.
【沽名钓誉】gū míng diào yù **成** 不正な手段で名誉を手にする. ¶~之徒 / 売名行為をする輩.

姑 gū 女部5 四 4446₀ 全8画 常用
❶ 名 (~儿)父方のおばさん. おば. ¶~~ gūgu / ~母 gūmǔ / 大~ dàgū (いちばん上のおば). ❷ **素** 夫の姉妹. ¶~嫂 gūsǎo / 大~子 dàgūzi (夫の姉). ❸ **素** 夫の母親. ¶翁~ wēnggū (しゅうとしゅうとめ). ❹ 副 しばらくの間. とりあえず. ¶~且 gūqiě / ~息 gūxī / ~置勿 wù 论 (しばらく問題にしないでおく). ❺ 名 尼さん. ¶尼~ nígū (尼僧). ❻ (Gū)姓.
【姑表】gūbiǎo 名 父の姉妹の子, または母の兄弟の子. いとこ. ¶~兄弟 / 父の姉妹の息子, または母の兄弟の息子. いとこ. ¶~姐妹 / 父の姉妹の娘, または母の兄弟の娘. いとこ. 姑表亲 gūbiǎoqīn **表現** "姨表 yíbiǎo"と区別する語として用いる.
【姑表亲】gūbiǎoqīn 名 いとこの関係.
【姑夫〔父〕】gūfu 名 父の姉妹の夫. おじ.
*【姑姑】gūgu 名 父の姉妹. おば. 同 姑母 gūmǔ
【姑舅】gūjiù 名 父の姉妹の子, または母の兄弟の子. いとこ. ¶~亲 / いとこ関係の親戚. 同 姑表 gūbiǎo.
【姑老爷】gūlǎoye 名 娘の夫を呼ぶときのていねいな言い方. 婿どの. 婿さん.
【姑妈】gūmā 名 父の姉妹で, 既婚の者. おば.
【姑母】gūmǔ 名 父の姉妹. おば.

【姑奶奶】gūnǎinai 名 ❶ 父のおば. ❷ 嫁に行った娘を指す,実家での呼び方.
【姑娘】gūniáng 名[方]❶ 父の姉妹. ❷ 夫の姉妹.
**【姑娘】gūniang 名 ❶〔量 个 ge,位 wèi〕未婚の女性. ¶ 几年没见,小明已经长成 zhǎngchéng 大~了 / しばらく会わないうちに,ミンさんすっかりお年頃だね. ❷〔口〕娘.女の子供. ¶ 他有三个~ / 彼には3人の娘がいる.
【姑婆】gūpó 名[方]夫のおば.
【姑且】gūqiě 副 しばらくの間.とりあえず. ¶ 此事一搁gē 一搁吧 / この件は,しばらくこのままにしておこう. ¶ 我一垫 diàn 一下吧 / 私がとりあえずで替えておきましょう.
【姑嫂】gūsǎo 名 女性とその兄弟の妻をまとめた呼び方.
【姑妄听之】gū wàng tīng zhī 成 とりあえず聞いておく.
【姑妄言之】gū wàng yán zhī 成 とりあえず適当に言う.[表现]自分の発言を謙遜して言う場合に多い.
【姑息】gūxī 動 過度に寛大な態度をとる. ¶~孩子,对孩子没有好处 / 甘やかすは子供のためにならない.
【姑息养奸】gū xī yǎng jiān 成 悪事を寛大に扱って,悪を助長させる.
【姑爷】gūye 名 妻の実家の者が夫を呼ぶときのことば.婿さん.
【姑丈】gūzhàng 名 父の姉妹の夫.おじ. 同 姑夫 gū- fu
【姑子】gūzi 名 尼僧.尼さん. 同 姑姑 nígū

孤 gū
子部5 四 1243₀
全8画 常用

❶ 素 幼くして父あるいは両親を亡くした人. ¶~儿 gū'ér / 遗~ yígū(遗児). ❷ 素 一つだけ取り残された. ¶~独 gūdú / ~掌难鸣. ❸ 代 旧 君主の自称. ¶~家寡人 guǎ rén. ❹ 素 背く. ¶~负 gūfù(背く). 同 辜 gū
【孤傲】gū'ào 形 偏屈で高慢だ. ¶~不群 qún / 尊大で協調性がない.
【孤本】gūběn 名 世の中に一点しか現存しない本やテキスト.
【孤残】gūcán 形 身寄りがなく身体に障害を持つ. ¶~儿童 / 身体に障害のある孤児.
【孤雌生殖】gūcí shēngzhí 名《生物》単為生殖.単性生殖.
【孤单】gūdān 形 ❶ 一人きりで寂しい. ¶ 你不结婚,不觉得~吗? / 結婚しないで,寂しくないの? 重 孤孤单单 同 孤独 gūdú ❷ 力がとぼしい.弱い. ¶ 势力 shìlì~ / 羽振りがきかない. ⇨孤独 gūdú
【孤胆】gūdǎn 形 人並みはずれた胆力がある.[表现]多くの敵に対して勇敢に戦いをいどむ場合に用いられる.
【孤胆英雄】gūdǎn yīngxióng 名(一人で多数の敵と戦う)豪胆な英雄.
【孤岛】gūdǎo 名 孤島.
【孤独】gūdú 形 一人ぼっちだ. ¶~感 / 孤独感. ❶ 只身 zhīshēn 他乡,非常~ / 異郷にたった一人で,とても孤独だ.[比较]1)"孤单 gūdān"は,たった一人で頼るものがないよう.“孤独”は,人々から離れて寂しく感じること.2)"孤独"は"孤孤单单","孤单单"の形をとれるが,"孤独"はできない.
【孤儿】gū'ér 名 ❶〔量 个 ge,名 míng〕父をなくした子. ¶~寡母 guǎmǔ / 父なくした子とその母.孤児. ❷ 両親をなくした子.
【孤芳自赏】gū fāng zì shǎng 成 自分を清廉高潔だと考え,有頂天になる.

【孤高】gūgāo 形 尊大で,人となじまない. ¶~不群 qún / 尊大で他人と交わらない.
【孤寡】gūguǎ ❶ 名 孤児と未亡人. ❷ 形 孤独だ.
【孤寡老人】gūguǎ lǎorén 身寄りのない老人.
【孤寂】gūjì 形 孤独で寂しい. ¶~难耐 nánnài / 寂しくてやりきれない. ¶ 小美的生活很充实 chōngshí,并没有~的感觉 / メイちゃんの生活はとても充実していて,寂しさは感じない.
【孤家寡人】gū jiā guǎ rén 成 昔の君主の自称.転じて大衆から孤立していること.
【孤军】gūjūn 名 孤立無援の軍隊. ¶~作战 / 孤軍奮闘する. ¶~深入 / 単独で敵中深く入り込む.
【孤苦】gūkǔ 形 一人きりで,生活も苦しい. ¶~无依 / 孤独で頼れる者がいない. ¶~的老人 / 寄るべがなく困窮している老人.
【孤苦伶仃】gū kǔ líng dīng 成 一人ぼっちで寄るべない.天涯孤独.
【孤老】gūlǎo ❶ 形 孤独で年老いていること. ❷ 名 孤独な老人. ¶ 赡养 shànyǎng~ / 寄るべのない老人を扶養する.
【孤立】gūlì ❶ 形 孤立している. ¶~主义 / 孤立主義. ¶ 我们不能~地看问题 / 我々は問題を他と切り離して考えてはならない. ❷ 動 孤立させる. ¶~敌人 / 敵を孤立させる.
【孤立无援】gū lì wú yuán 成 孤立無援だ.
【孤立语】gūlìyǔ 名《言语》孤立語.
【孤零零】gūlínglíng 形 孤独で頼るものがない. ¶ 他二十多岁就离开了家,~一个人到外国留学 / 彼は20歳で家を出て,頼る人もなくたった一人で外国へ留学した.
【孤陋】gūlòu 形 見識が狭い.
【孤陋寡闻】gū lòu guǎ wén 成 学識が浅く,見聞がせまい.
【孤僻】gūpì 形 偏屈で人となじまない. ¶ 他性情 xìngqíng~,对人不随和 suíhe / 彼は性格がひねくれていて,他人との協調性に欠ける.
【孤身】gūshēn 名 独身.身寄りのない人. 同 单 dān 身
【孤孀】gūshuāng 名 ❶ 孤児とその母. ❷ 未亡人.
【孤行】gūxíng 動(人々の反対にかまわず)単独で行う. ¶ 一意~/ 己见 jǐjiàn / 独断で我を通す.
【孤掌难鸣】gū zhǎng nán míng 成 一人では力不足で何もできない.[由来]『韩非子』功名篇に見えることば.「片手では手を鳴らせない」という意から.
【孤注一掷】gū zhù yī zhì 成 力をすべて投入して勝負に出る.一か八かの勝負をすること.[由来]有り金をはたいて勝負する意から.
【孤子】gūzǐ 名 父や両親をなくした子.

轱(軲) gū
车部5 四 4456₀
全9画 通用

下記熟語を参照.
【轱辘[轳]】gūlu ❶ 名[口]車輪. 同 毂辘 gūlu ❷ 動 転がる. ¶ 皮球~到水坑 shuǐkēng 里了 / ボールは水たまりに転がった. 同 毂辘 gūlu

骨 gū
骨部0 四 7722₇
全9画 常用

下記熟語を参照.
骨 gū

【骨朵儿】gūduor 名[口]〔量 个 ge〕花のつぼみ. ¶花~ / 花のつぼみ.
【骨碌】gūlu 動 転がる. ¶ 他一~爬了起来 / 彼は転が

とすぐ立ちあがった．

鸪（鴣） **gū** 鸟部 5 [四] 4762₇ 全10画 [通 用]

→鹧鸪 zhègū, 鹁鸪 bógū

菇 **gū** ⺾部 8 [四] 4446₄ 全11画 [次常用]

❶[素] キノコ．¶蘑～ mógu（キノコ）/ 香～ xiānggū（シイタケ）/ 冬～ dōnggū（冬に採れる肉厚のシイタケ）．❷（Gū）姓．

菰（[異]苽） **gū** ⺾部 8 [四] 4443₂ 全11画 [通 用]

❶[名] マコモ．新芽の茎に黒穂菌が寄生して肥大したものを"茭白 jiāobái"，実を"菰米 gūmǐ"といい，ともに食用にする．❷[素]"菇 gū"に同じ．

蛄 **gū** 虫部 5 [四] 5416₀ 全11画 [通 用]

→蝼蛄 lóugū, 蟪蛄 huìgū

菁 **gū** ⺾部 9 [四] 4422₇ 全12画 [通 用]

下記熟語を参照．

【菁葖】gūtū [名]《植物》❶ シャクヤクや八角などの実．袋果(たいか)．❷ 花のつぼみ．[同] 骨朵儿 gūduor

辜 **gū** 辛部 5 [四] 4040₁ 全12画 [常 用]

❶[素] 罪．¶无～ wúgū（罪のない）/ 死有余～（[成] 死刑にしても償いきれない）．❷[素][文] 無にする．背く．¶～负 gūfù．❸（Gū）姓．

【辜负】gūfù [動]（好意を）無にする．（期待に）背く．¶～了别人，也～了自己 / 人の期待に背き，自分自身をも裏切った．[同] 孤负 gūfù

酤 **gū** 酉部 5 [四] 1466₀ 全12画 [通 用]

❶[動][文] 酒を買う．酒を売る．❷[名] うすい酒．

觚 **gū** 角部 5 [四] 2223₀ 全12画 [通 用]

[名] ❶ 古代の酒器の一種．❷ 古代，文字を書くのに用いた木版．木簡．¶操～ cāogū（文章を書く）．❸[文] かど．¶～棱 gūléng（屋根の稜線部分）．❹（Gū）姓．

箍 **gū** 竹部 8 [四] 8851₂ 全14画 [次常用]

❶[動] たがをはめる．きつくしばる．¶～木桶 mùtǒng（桶にたがをはめる）．❷[名]（～儿）〔[量] 个 ge〕たが．たがの形をしたもの．¶铁～ tiěgū（鉄製のたが）/ 金～咒 zhòu（孫悟空の頭のたがを締めあげる呪文）．

古 **gǔ** 十部 3 [四] 4060₀ 全 5 画 [常 用]

❶[形] 古い．昔の．¶～人 gǔrén / 怀～ huáigǔ（昔をなつかしむ）/ 千～ qiāngǔ（永遠の時間）．[反] 今 jīn ❷[形] 長い年を経た．¶～老 gǔlǎo / 这种铜器～得很（この青銅器はとても古いものだ）．[反] 新 xīn ❸[形] 純朴な．素朴な．¶～朴 gǔpǔ / ～道热肠．❹（Gǔ）姓．

【古奥】gǔ'ào [形] 古くて難解だ．

【古巴】Gǔbā《国名》キューバ．

【古板】gǔbǎn ❶[形] 古くさくて融通がきかない．¶为人 wéirén～ / 人柄が昔かたぎだ．¶脾气～ / 気性がかたくなだ．❷[名] 頑固者．強情な人．¶他是个老～ / あの人は頑固一徹だ．

【古币】gǔbì [名] 古銭．

【古刹】gǔchà [名] 由緒のある古い寺．古刹(こさつ)．

【古城】gǔchéng [名] 古都．古い町．

*【古代】gǔdài [名] 古代．¶～史 / 古代史．¶～社会 / 古代社会．[参考] 中国での歴史区分では，アヘン戦争(1840-42)以前，19世紀中葉以前を指す．

【古道】gǔdào ❶[名] 昔の道理や思想．❷[名] 昔からある道路．❸[形] 昔ながらに温情が厚い．

【古道热肠】gǔ dào rè cháng [成] 信義に厚く，心が温かい．

【古典】gǔdiǎn ❶[形] 古典的な．クラシックな．¶～音乐 / クラシック音楽．❷[名] 出典．典故．

【古典文学】gǔdiǎn wénxué [名] 古典文学．

【古典主义】gǔdiǎn zhǔyì [名] 古典主義．

【古董】gǔdǒng [名] ❶〔[量] 件 jiàn〕骨董品．¶～商 / 骨董屋．[同] 骨董 gǔdǒng ❷[貶] 流行おくれの物や，頭の古い人．[同] 骨董 gǔdǒng

【古都】gǔdū [名] 古代の都．¶～洛阳 Luòyáng / 古都洛陽．

【古尔邦节】Gǔ'ěrbāngjié [名]《宗教》コルバン祭．[同] 宰牲节 Zǎishēngjié [参考] イスラム教で，神に生けにえをささげる祭り．

【古方】gǔfāng [名]（～儿）《中医》昔から伝わる薬の処方．[参考]『寒傷論』『金匱(きんき)要略』などに見られる処方．

【古风】gǔfēng [名] ❶ 古代の質朴な風俗や気風．古風．❷《文学》古体詩．

【古怪】gǔguài [形] 風変わりだ．¶脾气～ / 変わり者だ．¶～的样子 / とっぴな格好．[重] 古古怪怪

【古话】gǔhuà [名] 古くから伝わることば．

【古籍】gǔjí [名] 古代の書物．典籍．¶～书店 / 古書店．

*【古迹】gǔjì [名]〔[量] 处 chù〕史跡．旧跡．¶名胜～ / 名所旧跡．

【古今】gǔjīn [名] 昔と今．古代から現代まで．¶～未有 / 未だかつてない．

【古今中外】gǔ jīn Zhōng wài [成] 古今東西．

【古旧】gǔjiù [形] 長い年月を経ている．¶～建筑 / 古風な建物．

【古柯】gǔkē [名]《植物》コカ．♦coca

【古来】gǔlái [名] 昔から今まで．古来．

【古兰经】Gǔlánjīng [名]《宗教》〔[量] 部 bù〕コーラン．

【古老】gǔlǎo [形] 昔から伝わる．長い歴史を持つ．¶～的风俗 / 伝統的風俗．¶～的民族 / 長い歴史を持つ民族．

【古老肉】gǔlǎoròu [名]《料理》すぶた．

【古墓】gǔmù [名] 古い墓．

【古朴】gǔpǔ [形] 素朴で古風だ．¶～典雅 diǎnyǎ 的风格 fēnggé / 古風で優雅な風格．¶笔力苍劲 cāngjìng～ / 筆の勢いが力強く，素朴で古風だ．

【古钱】gǔqián [名] 古銭．

【古琴】gǔqín [名]《音楽》〔[量] 面 miàn, 张 zhāng〕琴(きん)．俗称は七弦琴．¶弹～ / 七弦琴を弾く．[同] 七弦琴 qīxiánqín [参考] 中国に古くから伝わる弦楽器．アオギリの胴に7本(古代は5本)の弦を張る．⇨古筝 gǔzhēng（図）

【古曲】gǔqǔ [名] 古代の楽曲．

【古人】gǔrén [名] 古代の人．昔の人．

【古人类学】gǔrénlèixué [名]（自然人類学での）旧人を対象とする人類学．

【古色古香】gǔ sè gǔ xiāng [成] 古めかしく優雅だ．¶布置 bùzhì 得～ / 古式ゆかしくしつらえる．[由来]「古い器物のしぶみと古い書や絵の紙のにおい」という意から．

【古生代】Gǔshēngdài [名]《地学》古生代．

【古生界】gǔshēngjiè 名《地学》古生界.
【古生物】gǔshēngwù 名 古生物.
【古生物学】gǔshēngwùxué 名 古生物学.
【古诗】gǔshī 名《文学》❶〔量 首 shǒu〕古体诗.⇨古体诗 gǔtǐshī ❷ 古代の詩歌. ¶《～一百首》/『古詩一百首』
【古时】gǔshí 名 昔. 古代.
【古时候】gǔshíhòu 名 昔. ずっと昔のころ.
【古书】gǔshū 名 古書.
【古体诗】gǔtǐshī 名《文学》〔量 首 shǒu〕格律, 句数の自由な漢詩. 古体詩. 同 古诗 gǔshī 参考 唐代以降に盛んに作られるようになった律詩や絶句は, "今[近]体诗 jīn[jìn]tǐshī"と呼ぶ.
【古铜色】gǔtóngsè 濃い褐色. セピア色.
【古玩】gǔwán 名〔件 jiàn〕骨董. 同 古董 gǔdǒng.
【古往今来】gǔ wǎng jīn lái 成 古来. 昔から今まで. ¶～的故事/古くから伝わる物語. 由来 潘岳《西征赋》に見える語.
【古为今用】gǔ wéi jīn yòng 成 古いものを現在に役立てる.
【古文】gǔwén 名 ❶ 文語で書かれた文章. 散文を指すことが多い. ❷ 古代の字体. 秦以前のものを指す.
【古文字】gǔwénzì 名 古代の文字. 特に秦代以前の甲骨文と金文のこと.
【古物】gǔwù 名 古代の器物.
【古昔】gǔxī 名⟨文⟩昔.
【古稀】gǔxī 名 70歳のこと. ¶年近～/齢(よわい)は70に近い. ¶他已～之年, 但非常精神/彼は70歳にしては, 大変元気だ. 由来 杜甫の詩"人生七十古来稀"(人生七十古来稀なり)から.
【古训】gǔxùn 名〔条 tiáo, 则 zé〕昔から伝わる教え.
【古雅】gǔyǎ 形 古風で典雅だ. ¶～的瓷器 cíqì / 古雅な陶磁器.
【古谚】gǔyàn 名〔句 jù〕古くからのことわざ.
【古已有之】gǔ yǐ yǒu zhī 句 古来, わが国にすでにある. 参考 民国の時代に, 西洋の文物に対して, 中国に昔からあったと言いはる際に使われた.
【古音】gǔyīn 名 古代語の発音. とくに周, 秦代のものを指す.
【古语】gǔyǔ 名 ❶ 古代の語. ❷ 古くから言い伝えられたことば.
【古远】gǔyuǎn 形 遠い昔の. ¶～的年代/はるか昔.
【古筝】gǔzhēng 名《音楽》筝(そう). 大型の琴(きん). 参考 唐·宋の時代は13弦, 後に16弦に増え, 現在は21弦が主流となっている.

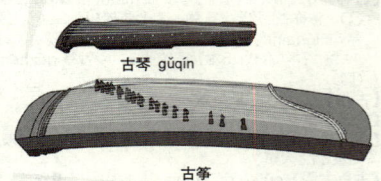

古琴 gǔqín

古筝

【古装】gǔzhuāng 名 昔の服装. 反 时装 shízhuāng
【古装片】gǔzhuāngpiàn 名 時代劇映画. 参考 登場人物が古代の衣装を身につけていることから. 清朝の宮廷劇の人気が高い.
【古装戏】gǔzhuāngxì 名 時代劇.
【古拙】gǔzhuō 形 古風で飾り気がない. 古拙(こせつ)だ. ¶追求～的画风/古拙な画風を追求する.
【古字】gǔzì 名 古代の文字. 同 古文字 gǔwénzì

谷(穀❷~❹) gǔ 谷部0 四 8060₀ 全7画 常用

❶ 名 谷. ¶～地 gǔdì / 山～ shāngǔ(谷間)/万丈深～(底なしの深い谷). ❷ 名 穀物. ¶～壳 gǔké / ～物 gǔwù / 五～ wǔgǔ(五穀). ❸ 名 アワ. 脱穀したものを"小米 xiǎomǐ"といい, 食用にする. 茎は飼料になる. ¶～草 gǔcǎo / ～穗儿 gǔsuìr(アワの穂). ❹ 名 方 イネ. イネの実. ¶糯～ nuògǔ(モチゴメ)/粳～ jīnggǔ(ウルチ)/轧～机 yàgǔjī(脱穀機). ❺(Gǔ)姓.
☞ 谷 yù
【谷氨酸】gǔ'ānsuān 名《化学》グルタミン酸.
【谷仓】gǔcāng 名 穀物の倉庫.
【谷草】gǔcǎo 名 ❶ アワを脱穀した後のわら. ❷ 方 イネのわら. 参考 ❶は, 飼料になる.
【谷底】gǔdǐ 名 谷底.
【谷地】gǔdì 名 谷.
【谷歌】Gǔgē 名《コンピュータ》グーグル. 検索エンジンの一つ. Googleの中国名.
【谷贱伤农】gǔ jiàn shāng nóng 成 穀物価格が安すぎるため, 農民の利益が損なわれる. 由来《漢書》食貨志の語から.
【谷壳】gǔké 名(～儿)もみ殻.
【谷类作物】gǔlèi zuòwù 名 コメ·ムギ·アワ·コーリャン·トウモロコシなどの総称. 穀物.
【谷神星】gǔshénxīng 名《天文》ケレス.
【谷物】gǔwù 名 ❶ 穀物の実. ❷ 穀類.
【谷雨】gǔyǔ 名 穀雨(こくう). 二十四節気の一つ. 4月20日前後.⇨二十四节气 èrshísì jiéqì
【谷子】gǔzi 名 ❶ アワ. 脱穀前のアワの実. ❷ 方 脱穀していないイネ. 参考 ❶は, 脱穀後の実は"小米 xiǎomǐ"という. "粟 sù"は脱穀前の実と脱穀後の実の両方を指す.

汩 gǔ 氵部4 四 3610₀ 全7画 通用

古⟨文⟩水が流れる音やようす. ¶～～ gǔgǔ / ～没 gǔmò.
【汩汩】gǔgǔ 拟声 水が流れる音やようす. ざあざあ. こんこん. ¶水～奔流/さあっと流れる水音. ¶泉水～涌 yǒng 出/泉がこんこんと湧き出る.
【汩没】gǔmò 動⟨文⟩(世に)埋もれる. ¶一生～无闻/生涯埋もれたままで終わる.

诂(詁) gǔ 讠部5 四 3476₀ 全7画 通用

古 古語や方言を説明する. 訓詁(くんこ)する. ¶训～ xùngǔ(訓詁する).

股 gǔ 月部4 四 7724₇ 全8画 常用

❶ 名 足のもも. ¶～骨 gǔgǔ. ❷ 名 集めた資金の一部. 株. ¶～份 gǔfèn / ～票 gǔpiào / 合～ hégǔ (資金を出しあう). ❸ 名 機関や団体の一部門. ¶总务～ zǒngwùgǔ(総務係)/卫生～ wèishēnggǔ(衛生係). ❹ 名 縄など編むものの一部分. ¶合～线 héguxiàn(もより糸)/三～绳 sāngǔshéng(3本よりの縄). ❺ 量 長いものを数えることば. ¶一～道(1本の道)/一～线(1すじの糸). ❻ 量 においや力を数えること

ば．¶一〜香味(良いかおり) / 一〜劲(力)．❼量一群の人を数えることば．¶一〜残匪 cánfěi (一組の残党)．
【股本】gǔběn 名株式会社の資本または資金．
【股东】gǔdōng 名〔量个 ge,位 wèi〕株主．出資者．¶我资做〜/出資して株主になる．
【股东会】gǔdōnghuì 名株主総会．
【股匪】gǔféi 名匪賊の一群．
【股份[分]】gǔfèn 名株式．株．出資の単位．
【股份公司】gǔfèn gōngsī 名株式会社．
【股份有限公司】gǔfèn yǒuxiàn gōngsī 名有限責任会社．
【股份制】gǔfènzhì 名株式制．
【股肱】gǔgōng 名文❶ももとひじ．❷手足となって働く人．
【股骨】gǔgǔ 名《生理》大腿骨(だいたいこつ)．
【股价】gǔjià 名株価．
【股金】gǔjīn 名出資金．
【股利】gǔlì 名株式配当．同股息 xī
【股民】gǔmín 名個人投資家．
【股票】gǔpiào 名〔量张 zhāng〕株券．¶〜涨价 zhǎngjià 了 / 株が上がった．¶〜行市 hángshì / 株式市場．¶〜市场 / 株式市場．¶〜交易所 / 証券取引所．
【股评】gǔpíng 名株式市場に対する分析や評論．
【股权】gǔquán 名株式所有権．
【股市】gǔshì 名❶"股票市场 gǔpiào shìchǎng"(株式市場)の略．❷株取引の相場．株の値動き．¶〜暴跌 bàodiē / 株価が暴落する．
【股事】gǔshì 名株取引に関する事柄．
【股息】gǔxī 名〔量笔 bǐ〕配当金．利益配当．
【股灾】gǔzāi 名株式による被害．参考証券市場での株価全体の大暴落により，社会や経済が大きなダメージを受けること．
【股长】gǔzhǎng 名係長．⇨股 gǔ ③
【股指】gǔzhǐ 名株価指数．"股票价格指数"の略．
【股子】gǔzi ❶名株．持ち株．同股份 gǔfèn ❷量力でおおいを数えることば．⇨股 gǔ ⑥

骨 gǔ

骨部0 四 7722ト
全9画 常用

❶名骨．¶一〜骼 gǔgé / 排〜 páigǔ (骨つき肉)．❷素骨格をつくるもの．骨組み．フレーム．¶〜子 gǔzi / 钢〜水泥(鉄筋コンクリート)．❸素人格．性格．気骨．¶傲〜 àogǔ (傲慢で屈服しない性格) / 仙〜 xiāngǔ (非凡な性格)．❹(Gǔ)姓．注意字形が，日本語では"骨"，中国語では"骨"と違う．

☞ 骨 gū

【骨刺】gǔcì 名《医学》骨にできる針状の突起物．骨棘(こっきょく)．
【骨董】gǔdǒng 名骨董(こっとう)．同古董 gǔdǒng
【骨朵】gǔduǒ 名古代の兵器の一種．鉄または堅い木で作られた枕状のもので，先端がウリの形をしている．参考俗称は"金瓜 jīnguā"．
【骨粉】gǔfěn 名骨粉．肥料や飼料にする．
【骨感】gǔgǎn 名骨ばった様子．痩せて骨だけのような感じ．
【骨干】gǔgàn 名❶《医学》長骨の中央部分．❷中心となる人や物．¶〜分子 / 中堅メンバー．¶〜企业 / 中堅企業．
【骨骼】gǔgé 名《医学》骨格．
【骨骼肌】gǔgéjī 名《生理》横紋(おうもん)筋．

【骨鲠在喉】gǔ gěng zài hóu 成のどに骨が刺さったようだ．表现言いたい事が言い出せずに胸がつかえるたとえ．
【骨骺】gǔhóu 名《生理》長い骨の両端の部分．骨端．
【骨化】gǔhuà 名《生理》化骨(けこつ)．
【骨灰】gǔhuī 名❶火葬にした灰．遺骨．¶〜堂 / 納骨堂．¶〜盒 hé / 骨箱．❷動物の骨を焼いた灰．肥料にする．
【骨灰林】gǔhuīlín 名墓地の林．参考遺骨を埋めた場所に記念植樹する習慣のある場所で，その樹木の数が増え，林のような規模になっている墓所．
【骨架】gǔjià 名建物などの骨組み．¶房屋的〜 / 家屋の骨組み．
【骨胶】gǔjiāo 名にかわ．
【骨节】gǔjié 名《医学》骨節．
【骨结核】gǔjiéhé 名《医学》骨結核．
【骨科】gǔkē 名《医学》整形外科．¶〜医生 / 整形外科医．
【骨力】gǔlì 名力強い筆致．¶这位书家的字富有〜 / この書家の字は力強さにあふれている．
【骨料】gǔliào 名《建築》骨材(こっざい)．
【骨龄】gǔlíng 名《生理》骨(ほね)年齢．
【骨瘤】gǔliú 名《医学》骨腫(こつしゅ)．
【骨膜】gǔmó 名《生理》骨膜．
【骨牌】gǔpái 名〔量副 fù〕中国式カルタ．参考骨・象牙・竹・黒檀などでできた札に2-12個の点が彫り付けてある．1組32枚．
【骨牌效应】gǔpái xiàoyìng 名《経済》ドミノ効果．同多米诺 duōmǐnuò 骨牌效应
【骨盆】gǔpén 名《生理》骨盤．
【骨气】gǔqì 名❶不屈の精神．気概．気骨．¶他很有〜 / 彼には気骨がある．¶没〜 / 意気地なし．❷(書道)の運筆の勢い．
【骨器】gǔqì 名石器時代に動物の骨でつくった道具．骨器．
【骨肉】gǔròu 名❶肉親．¶〜情 / 肉親の情．¶〜团聚 tuánjù / 一家だんらん．❷密接な関係の人．¶亲如〜 / 身内のように親密である．
【骨肉相连】gǔ ròu xiāng lián 成互いの関係が緊密なたとえ．由来親子や兄弟のように血縁関係が濃い，という意から．
【骨殖】gǔshi 名骸骨(がいこつ)．
【骨瘦如柴】gǔ shòu rú chái 成痩せて骨と皮だけになる．
【骨髓】gǔsuǐ 名《生理》骨髄．
【骨髓炎】gǔsuǐyán 名《医学》骨髄炎．
【骨髓移植】gǔsuǐ yízhí 名《医学》骨髄移植．
*【骨头】gǔtou 名❶〔量根 gēn,节 jié,块 kuài〕骨．❷人柄．性格．¶懒 lǎn〜 / 怠け者．¶硬 yìng〜 / 硬骨漢．❸方ことばに秘められた皮肉や悪意．¶话里有〜 / ことばにとげがある．参考北京方言では"gútou"と発音する．
【骨头架子】gǔtou jiàzi ❶骨格．❷とても痩せた人．やせっぽち．ガイコツ．
【骨学】gǔxué 名骨学．
【骨血】gǔxuè 名(血を分けた)息子や娘．肉親．同骨肉 gǔròu
【骨折】gǔzhé 動骨折(する)．
【骨质增生】gǔzhì zēngshēng 名《医学》骨増殖．
【骨子】gǔzi 名(道具などの)骨．支え．¶伞 sǎn〜 / かさの骨．¶扇 shàn〜 / せんすの骨．

【骨子里】gǔzilǐ [名] ❶内心. 本音. ¶他从~恨死了这帮 bāng 流氓 liúmáng / 彼は心底このちんぴらどもを憎んでいた. ❷[方] 仲間うちの事. 内輪の事. ¶这是我们~的事, 爸爸不用管 / これは私たちのことだから, 父さんは口を出さないで. ⇒骨子里头 gǔzilǐtou

牯 gǔ 牛部5 [四] 2456₀ 全9画 [通用]
[素] ❶雄ウシ. ❷去勢した雄ウシ. ¶~牛 gǔniú.
【牯牛】gǔniú〔助 条 tiáo, 头 tóu〕❶ウシ. ❷去勢した雄ウシ.

贾(賈) gǔ 西部4 [四] 1080₂ 全10画 [次常用]
[素] ❶商人. ¶商~ shānggǔ (商人) / 书~ shūgǔ (書籍商). ❷[文]買う. ¶~马 (ウマを買う). ❸[文]売る. ¶余 yú 勇可~ ([成]余力がまだ十分にある). ❹[文]引き起こす. ¶~祸 (災いを招く). [参考] ①古代, 店を構えた商人を"贾 gǔ", 行商人を"商 shāng"といった.
⇒贾 Jiǎ
【贾人】gǔrén [名][文]商人.

罟 gǔ 罒部5 [四] 6060₄ 全10画
[名](魚を捕る)網.

钴(鈷) gǔ 钅部5 [四] 8476₀ 全10画 [通用]
[名] ❶ 〈化学〉コバルト. Co. ¶~鉧 gǔmǔ (火のし). ❷ (Gǔ)姓.

蛊(蠱) gǔ 虫部5 [四] 5010₂ 全11画 [通用]
[名] ❶伝説上の猛毒の虫. 毒殺に用いたといわれる. ¶~惑 gǔhuò. ❷ (Gǔ)姓.
【蛊惑】gǔhuò [动] ひどく惑わす. (心を)毒する.
【蛊惑人心】gǔ huò rén xīn [成] 人々の心を惑わす.

鹄(鵠) gǔ 鸟部7 [四] 2762₇ 全12画 [通用]
[名]弓矢の的. ¶~的 gǔdì / 中~ zhònggǔ (的に命中する).
⇒鹄 hú
【鹄的】gǔdì [名][文] ❶弓の的の中央部. 正鵠(せいこく). ❷目的. 目標.

馉(餶) gǔ 饣部9 [四] 2772₇ 全12画 [通用]
下記熟語を参照.
【馉饳】gǔduò [名]古代の料理. ワンタンに近いものと言われる.

鼓 gǔ 鼓部0 [四] 4414₇ 全13画 [常用]
❶[名][助个 ge, 面 miàn] 太鼓. ¶~楼 gǔlóu / 锣~ luógǔ (銅鑼ごと太鼓) / 打~ (太鼓を打つ). ❷[动] 太鼓をたたく. ¶一~作气 (一気に片付ける). ❸[动] たたいて音を出す. ¶~掌 gǔzhǎng / ~琴 gǔqín (琴を弾く). ❹[动] 奮い起こす. ¶~励 gǔlì / ~舞 gǔwǔ / ~足 gǔzú. ❺[形] 膨らんでいる. ¶~~囊囊 nāngnāng 囊. ❻ (Gǔ)姓.
【鼓板】gǔbǎn [名]《音楽・芸能》京劇の伴奏などに使う拍子木. 3枚の板でできている. ⇒拍板 pāibǎn, 檀板 tánbǎn
【鼓吹】gǔchuī [动] ❶大々的に宣伝する. 鼓吹する. ¶~开放 / 開放を鼓吹する. ❷[貶]ふれまわる. ほらを吹く. ¶~自己如何 rúhé如何 / 自分のことをあれこれ自慢してふれまわる.

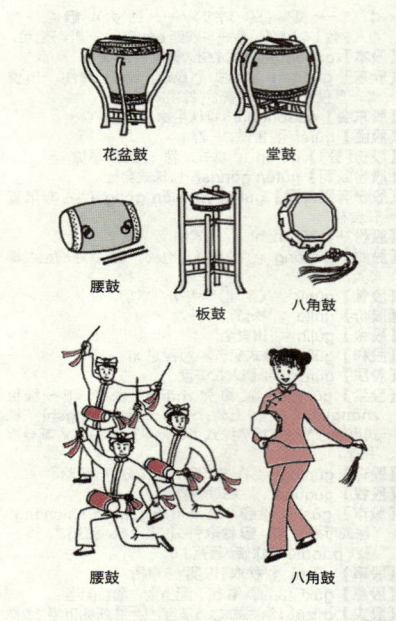

花盆鼓　堂鼓
腰鼓　板鼓　八角鼓
腰鼓　八角鼓
鼓①

【鼓槌】gǔchuí [名]太鼓のばち.
【鼓倒掌】gǔ dǎozhǎng [句]不満の拍手をする. [参考]観衆が(芸人やスポーツ選手に対して)不満の意を示すため, からかうようにわざと拍手をすること.
【鼓捣】gǔdao [动] ❶ いじくる. 手を出す. ❷そそのかす. けしかける. ¶是谁~你去干这种事的? / 誰にけしかけられてこんな事をした.
【鼓点】gǔdiǎn [名] (~儿・~子) ❶太鼓の拍子(ひょうし). ❷伝統劇の合奏をリードする"鼓板 gǔbǎn"の拍子.
【鼓动】gǔdòng [动] ❶あおぐように動かす. ¶小鸟~翅膀 chìbǎng / 小鳥が羽ばたきする. ❷ことばや文章で人々を動かす. ¶在小美的~下, 大家立即行動出来了 / メイちゃんの呼びかけで, 皆はすぐに行動を始めた.
【鼓风】gǔ//fēng [动] (ふいごなどで)風を送る.
【鼓风机】gǔfēngjī [名]《機械》〔助 台 tái〕送風機. ブロワー. ¶用~扬 yáng 谷 gǔ / 送風機を使って脱穀する. ⇒风机 fēngjī
【鼓鼓囊囊】gǔgunāngnāng [形] (~的) (袋などが)ふくれているよう. ¶裤袋 kùdài~的 / ズボンのポケットがばんぱんだ.
【鼓角】gǔjiǎo [名](昔の軍隊で用いた, 号令用の)太鼓と角笛. また, その音.
【鼓劲】gǔ//jìn [动] (~儿)元気づける. 鼓舞する. ¶互相~ / たがいに鼓舞し合う. ¶家长们都为自己的孩子~ / 父母はみな自分の子供を元気づける.
*【鼓励】gǔlì [动] ❶励ます. ¶老师常常~我, 使我增强了学好中文的信心 / 先生がいつも励ましてくださるので, 中国語をマスターする自信がわいてきた. ❷[名]激励. ⇒勉励

miǎnlì ⇨鼓舞 gǔwǔ

【鼓楼】gǔlóu 名 鼓楼．昔，時間を知らせたり，警報のために太鼓を打ったところ．参考 北京市内にあるものが有名．⇨钟楼 zhōnglóu

【鼓膜】gǔmó 名《生理》耳の鼓膜(こまく)．

【鼓舌】gǔ//shé 長々としゃべりまくる．¶摇唇 yáochún～/ぺらぺらまくしたてる．¶鼓其如簧 huáng 之舌/巧みに弁舌を振るう．

【鼓师】gǔshī 名 京劇などで，"板鼓"(牛皮を張った太鼓)でリズムをとる伴奏楽者．

【鼓手】gǔshǒu 名〔量 个 ge, 名 míng〕太鼓を打つ人．ドラマー．

【鼓书】gǔshū 名《芸能》鼓(太鼓)・板(リズムをとる拍子木)・三弦のあわせて歌いながら物語を演じる語りもの．

*【鼓舞】gǔwǔ ❶ 動 奮い立たせる．¶～人心/人々を発奮させる．¶～士气 shìqì/士气を奮い立たせる．❷ 形 興奮する．奮い立っている．¶令人～/人を奮起させる．¶欢欣 huānxīn～/喜び勇み立つ．比較 1)"鼓舞"は具体的な目標は持たないが，"鼓励 gǔlì"は具体的にどうすべきかを示して力づける．2)"鼓舞"は自分が人に働きかけるときには用いないが，"鼓励"は自分から人へ，人から自分への両方があり得る．

【鼓乐】gǔyuè 名 太鼓の入った音楽．¶～齐 qí 鸣 míng/さまざまな楽器がいっせいに鳴り出す．

【鼓噪】gǔzào 動 がやがや騒ぎたてる．¶一～时 / いっき盛んに騒ぎたてる．由来 もとは，古代の出陣に太鼓を鳴らし，ときの声を上げたことを指した．

*【鼓掌】gǔ//zhǎng 動 拍手する．

【鼓胀】gǔzhàng ❶ 動 ふくれあがる．はれる．¶他气得额 é 上的青筋 qīngjīn～了起来/彼は額に青筋を立てて怒った．❷ 名《中医》腹部の膨張．

【鼓足】gǔzú 動 しっかり鼓する．¶小张～了勇气，给小明写了一封情书/張さんは勇気を奮い起こし，ミンさんにラブレターを書いた．

【鼓足干劲】gǔ zú gàn jìn 成 全力で仕事に取り組む．参考 社会主義建設のスローガン．

毂(轂) gǔ 车部9 四 4754₇ 全13画 通用

名 こしき．車輪の中心の丸い部分．

䚲 gǔ 十部12 四 4764₇ 全14画 通用

名 福．
☞ 䚲 jiǎ

鹄(鵠) gǔ 骨部5 四 7722₂ 全14画 通用

下記熟語を参照．
☞ 鹄 hú

【鹄鹄】gǔzhōu 名《鳥》コッチュウ．古書に伝える鳥の名．群青色でしっぽが短く，よく鳴く．

榖 gǔ 殳部10 四 4794₇ 全14画 通用

名 ❶《植物》コウゾ．樹皮は紙の原料として用いられる．¶～树 gǔshù (コウゾ)．同 构 gòu, 楮 chǔ ❷ (Gǔ) 姓．

臌 gǔ 月部13 四 7424₇ 全17画 通用

医《中医》腹部がふくれる病気．¶～胀 gǔzhàng (腹部がふくれる病気)．同 鼓 gǔ 参考 水がたまる"水臌 shuǐgǔ"と，ガスがたまる"气臌 qìgǔ"がある．

瞽 gǔ 鼓部5 四 4460₄ 全18画 通用

名 文 盲目．¶～者 gǔzhě (盲人)．

估 gū 亻部5 四 2426₀ 全7画 常用

下記熟語を参照．
☞ 估 gū

【估衣】gùyi 名（売り物の）古着．または安物の既製服．¶～铺 pù / 古着屋．

固 gù 口部5 四 6060₄ 全8画 常用

❶ 素 丈夫でしっかりしている．¶稳～wěngù (安定している) / 坚～jiāngù (しっかりしている)．❷ 素 固くて揺るぎない．¶～体 gùtǐ /～定 gùdìng / 凝～nínggù (凝固する) / 顽～wángù (頑固だ)．❸ 素 もとより．言うまでもなく．¶～有 gùyǒu /～然 gùrán．❹ (Gù) 姓．

【固步自封】gù bù zì fēng ⇨ 故 gù 步自封

【固氮】gùdàn 動《化学・生物》窒素固定する．

【固氮菌】gùdànjūn 名 アゾトバクター．窒素固定を行う土壌中の細菌．

【固定】gùdìng ❶ 形 固定した．¶～职业 / 定職．¶～办法 / 決まったやり方．反 流动 liúdòng ❷ 動 固定する．定める．¶计划～了，就可以动手干了 / プランがまとまったので，すぐ始めてもよい．反 流动 liúdòng 比較 "固定"は安定して強固であること．"稳定 wěndìng"は安定して変動しないこと．

【固定成本】gùdìng chéngběn 名《経済》固定費．

【固定汇率】gùdìng huìlǜ 名《経済》固定為替レート．反 浮动 fúdòng 汇率

【固定价格】gùdìng jiàgé 名《経済》不変価格．

【固定资本】gùdìng zīběn 名《経済》固定資本．

【固定资产】gùdìng zīchǎn 名《経済》固定資産．反 流动 liúdòng 资产

【固定资金】gùdìng zījīn 名《経済》固定資金．反 流动 liúdòng 资金

【固化】gùhuà 動《物理》凝固(ぎょうこ)する．固化する．

【固件】gùjiàn 名《コンピュータ》ファームウエア．♦ firmware

【固陋】gùlòu 形 文 見聞が狭い．

【固陋无知】gù lòu wú zhī 成 見聞が狭くて無知だ．

【固然】gùrán 接 ❶ もとより…だが．もちろん…だが．ある事実を認めたうえで，後の節で転換することば．"但是"，"可是"，"然而"などと呼応する．¶鱼、虾 xiā～好吃，但不可吃得太多 / 魚やエビはむろん美味だが，たくさん食べすぎてはいけない．❷ もちろん．むろん．ある事実を認めながら，同時に別の事実も否定しないことば．"也"などと呼応．"但是"，"可是"と呼応することもある．¶这个计划～好，但难度大，恐难以实施 / この計画はむろん良いが，難度も高いので，実施は難いのではないか．¶这件事～是他的错，可是你也有不对的地方 / この件は，もちろん彼のミスだが，君にもやはり非ない所はある．比較 1)"固然"は事実の確認に重点があり，"虽然 suīrán"は譲歩に重点があるので，"虽然"は"固然"①の用法に近いが，"固然"を"虽然"に置き換えることはできない．2)"虽然"は主語の前でも後でも比較的自由に置けるが，"固然"は主語の前には置かない．

【固若金汤】gù ruò jīn tāng 成 都市や陣地の守りが堅い．参考 "金"は金属製の城壁，"汤"は熱湯をたたえた堀のこと．⇨ 金汤 jīntāng

【固沙林】gùshālín 名〔量 片 piàn〕砂防林．

【固守】gùshǒu 動 ❶ 固く守る．¶～陣地 / 陣地を固守する．❷ 固執する．¶～成法 / 既成の決まりを墨守する．¶还～老一套,不识 shí 时宜 shíyí / いまだに古いやり方に固執して,時宜をわきまえないのか．
【固态】gùtài 名〖物理〗固態．固形．
【固体】gùtǐ 名 固体．
【固体潮】gùtǐcháo 名〖地学〗地球潮汐(ちょうせき)．回 地 dì 潮 参考 天体の引力によって,地球の固体部分が昇降すること．
【固体燃料】gùtǐ ránliào 名 固形燃料．
【固体水】gùtǐshuǐ 名 (水分を90％以上含む)ゲル状物質．
【固习】gùxí なかなか直らない悪い習慣．¶賭博 dǔbó 酗酒 xùjiǔ 已成～/ ばくちと酒が体にしみついている．回 痼习 gùxí
【固有】gùyǒu 形 固有の．もとからある．¶～文化 / 固有の文化．
【固执】gùzhí ❶ 動 固執する．¶小张太～了,我没法说服他 / 張さんは頑固すぎて,私には説得できない．❷ 形 頑固だ．強情だ．¶明明知道错了,还～不改 / 間違いと知りつつ,かたくなに改めない．比较 1)〝顽固 wángù〞は思想・政治上の立場に使われる．〝固执〞は自分の意見にこだわるという意味あいが強い．2)〝顽固〞は形容詞の用法しかないが,〝固执〞は動詞としても用いられる．
【固执己见】gù zhí jǐ jiàn 成 自分の考えに固執する．

故 gù 欠部5 四 4864。 全9画 常用

❶ 素 意外なできごと．¶～障 gùzhàng / 变～ biàngù (異変) / 事～ shìgù (事故)．❷ 素 原因．¶缘～ yuángù (原因) / 无～ wúgù (理由もなく)．❸ 素 友人．昔なじみ．¶亲～ qīngù (親戚と友人)．❹ 素 故意に…する．¶～意 gùyì / ～作 gùzuò．❺ 素 昔の．もとからの．¶～人 gùrén / ～宫 gùgōng / ～乡 gùxiāng．❻ 素 人が死ぬ．¶～去 gùqù / ～友 gùyǒu / 物～ wùgù (人が死ぬこと) / 病～ bìnggù (病死する)．❼ 接 だから．¶～而 gù'ér / ～此 gùcǐ．❽ (Gù) 姓．

【故步自封】gù bù zì fēng 成 現状に安んじて進歩を求めない．由来〝故步〞は,今までの歩き方,〝封〞は,一定の範囲に制限すること．
【故此】gùcǐ 接 文 だから．そのために．¶因太忙,～回信延迟 yánchí / 多忙のため,お返事が遅れてしまいました．用法 前に述べた理由を確認したり,強調するのに用いる．
【故道】gùdào 名 ❶ かつて通った道．❷ 河川の水流を移動させた後の,旧川筋．
【故地】gùdì 名 かつて住んでいた所．
【故都】gùdū 名 前の時代の都．古都．旧都．
【故而】gù'ér 接 したがって．ゆえに．そのため．回 所以 suǒyǐ
【故宫】gùgōng 名 故宫．旧王朝の宫殿．参考 北京にある明・清代の故宫を指すことが多い．
【故宫博物院】Gùgōng bówùyuàn 名 故宫博物院．❶ 北京にある広大な故宫博物館．❷ 台湾の台北市にある大博物館．参考 ❶は,紫禁城(故宫)内廷の遺構を利用して開設した博物館．約72万平方メートルの敷地をもつ．❷は,1949年に北京の国立故宫博物院と南京の中央博物院の約62万点の文物が移された．
【故国】gùguó 名 ❶ 祖国．本国．❷ 故郷．¶～风光 / 故郷の風景．❸ 歴史の古い国．
【故技[伎]】gùjì 名 比 使い古したやり口．常套手段．

【故技[伎]重演】gù jì chóng yǎn 成 いつもの手をまた使う．常套手段を繰り返す．
【故交】gùjiāo 名 文〖⾼ 位 wèi〗 古くからの友人．¶～新知 / 昔からの友人や新しい知人．
【故旧】gùjiù 名 文〖⾼ 位 wèi〗 古くからの友人．¶亲戚～ / 親戚や旧友．
【故居】gùjū 名 以前住んでいた家．旧居．¶探访～ / 昔の住まいを訪ねる．
【故里】gùlǐ 名 故郷．ふるさと．¶荣归 róngguī～ / 故郷に錦を飾る．¶重返～ / 故郷に帰る．
【故弄玄虚】gù nòng xuán xū 成 比 相手を惑わそうとしてあの手この手を使う．⇨玄虚 xuánxū
【故去】gùqù 動 文 死去する．¶这是我～的奶奶的东西 / これは亡くなった祖母の物です．表现 多く目上の人について言う．
【故人】gùrén 名 ❶ 古くからの友人．旧友．¶过访 guòfǎng～ / 旧友を訪問する．❷ 亡くなった人．故人．¶吊祭 diàojì～ / 故人を弔い祭る．¶～音容 yīnróng 相貌,犹 yóu 在眼前 / 故人の声が聞こえ,姿が見えるようだ．
【故杀】gùshā 名〖法律〗故殺．謀殺．¶是～还是误杀 wùshā ？/ 殺人か過失致死か．
【故实】gùshí 名 文 ❶ 歴史的意義のある過去の事柄．❷ 出典．典故．
【故世】gùshì 動 世を去る．死去する．
【故事】gùshi 名 ❶〖⾼ 段 duàn, 个 ge, 篇 piān〗物語．お話．¶民间～ / 民間説話．民話．¶讲～ / 物語を語る．¶这个～很感动人 / この物語はとても感動的だ．❷ gùshì 文 ❶ 昔,行われた制度や行事．¶虚应 xūyìng～ / 型通りにやってごまかす．❷ 奉行 fèngxíng～ / 前例にならって茶をにごす．¶不要让～重演 / 旧習をくり返してはならない．
【故事片】gùshipiàn 名〖⾼ 部 bù〗劇映画．回 故事片儿 gùshipiānr
【故书】gùshū 名 ❶ 古代の書物．古典．❷ 古い書物．古本．
【故态】gùtài 名 昔のような態度．旧態．
【故态复萌】gù tài fù méng 成 いつもの(悪い)癖がまた出る．
【故土】gùtǔ 名 ふるさと．郷里．¶怀念～ / ふるさとを懐かしむ．¶～难离 / ふるさとは離れがたい．
【故我】gùwǒ 名 昔の自分．回 旧 jiù 我
*【故乡】gùxiāng 名 ❶ 生まれた土地．長く住んだ土地．ふるさと．¶月是～明 / 故郷で見る月は,ことのよりも明るいものだ．回 家乡 jiāxiāng
*【故意】gùyì 形 故意に．わざと．¶我又不是～做的！/ 僕だってわざとやったんじゃない．回 无意 wúyì
【故友】gùyǒu 名 ❶ 死んだ友人．亡友．❷ 昔の友人．古くからの友人．旧友．¶～重逢 chóngféng / 旧友と再会する．
【故园】gùyuán 名 文 故郷(の家や庭)．¶～风物依旧 yījiù / ふるさとの風物はもとのままである．
【故宅】gùzhái 名 旧宅．
【故障】gùzhàng 名 ❶ 故障．¶发生～ / 故障する．¶排除～ / 故障を直す．❷ 毛病 máobing 由来 もと日本語の「故障」から．
【故知】gùzhī 名 古くからの友人．旧友．
【故址】gùzhǐ 名 旧跡．
【故纸堆】gùzhǐduī 名 比 大量の古書や資料．古い資料の山．

【故智】gùzhì 名 かつて用いた方法や策略.
【故作】gùzuò 動 わざと…する。わざと…のふりをする。¶～镇静 zhènjìng / ことさら冷静を装う。¶～惊讶 jīngyà / わざと驚いたふりをする。¶～没看见 / 見ていないふりをする。
【故作姿态】gùzuò zītài 句 ことさらにポーズをとる。気取った態度をする。

顾(顧) gù
页部 4 7128₂ 全10画 常用

❶ 素 ふりかえって見る。見る。¶～盼 gùpàn / 回～ huígù (ふりかえる) / 环～ huángù (見わたす)。❷ 動 気にかける。¶～及 gùjí / ～虑 gùlǜ / 照～ zhàogù (面倒をみる)。❸ 客 客がひいきにすることを店の側から言う。¶～客 gùkè / 惠～ huìgù (ご愛顧にあずかる) / 主～ zhǔgù (お得意様)。❹ 接 しかし。❺ (Gù)姓.
【顾不得】gùbude 動 かまっていられない。顧みる余裕がない。¶母亲远离在外,也~我们 / 母は遠くへ行っていて、私たちの世話ができない。¶～别人的议论 / 人がどう言おうとかまっていられない。
【顾不上】gùbushàng 動 気を配る余裕がない。¶顾上这头,~那头 / こちらに気を配れば、あちらが留守になる。¶～穿衣就跑了出去 / 服を着るのもそこそこに走り出した.
【顾此失彼】gù cǐ shī bǐ 成 あちら立てればこちら立たず.同時にすべてを面倒見られないことを言う.
【顾及】gù/jí 動文 …に気を配る。¶无暇 xiá～ / 気を配る余裕がない。¶～到这些零碎 língsuì 事儿 / こんな些細な事までかまっていられない。
【顾忌】gùjì 動 あれこれと心配する。¶长辈 zhǎngbèi 在的时候,说话要～些 / 年長者がいるときは、ことばをつつしまないといけない.
【顾家】gù/jiā 動 家族を大事にする。¶～的父亲 / 家庭的な父親。マイホームパパ.
*【顾客】gùkè 名 [量 个 ge, 名 míng, 位 wèi] お客様。¶～至上 zhìshàng / お客様第一.
【顾脸】gù//liǎn 動 体面にこだわる。メンツを重んじる。¶顾你的脸,我才没指名点名 zhīmíng 道姓说你 / メンツを考えて、私は君を名指しで注意しなかった.
【顾虑】gùlǜ 名動 心配(する)。¶打消～ / 心配を払いのける。¶这也～,那也～的话,什么也别想干成 / あれもこれもと気をもんでいては、何事もなしとげられない. 同 顾忌 gùjì.
【顾虑重重】gù lǜ chóng chóng 成 心配事が次々と重なる。懸念が多い.
【顾面子】gù miànzi 名 顔を立てる。体面を保つ.
【顾名思义】gù míng sī yì 成 名称を見てすぐその意味が分かる。その名の示すとおり。由来『三国志』王昶(chǎng)伝に見える.
【顾命】❶ gùmìng 名 天子が臨終の際に遺す命令。遺詔(zhào)。❷ gù//mìng 動 命を惜しむ.
【顾念】gùniàn 動 気にかける。心配する。¶母亲总～着在外学习的女儿 / 母は、よその土地で勉強している娘をいつも気遣っている.
【顾盼】gùpàn 動文 まわりを見回す。¶左右～ / 左右を見回す。¶看他左顾右盼的,一定在找什么人 / 彼は左右を見回しているから、きっと誰かを捜しているだろう.
【顾盼自雄】gù pàn zì xióng 成 得意になって、なりふりかまわないさま。由来『宋书』范晔(yè)后伝から.
【顾全】gùquán 動 損なわないよう気をつける。¶～面子 / 面目をつぶさないよう気をつける。¶他真有能耐 néngnai,方方面面都能～ / 彼は実に有能だ。あらゆる面に気を配っている.
【顾全大局】gù quán dà jú 成 大局を念頭におく.
【顾问】gùwèn 名 [量 个 ge, 名 míng, 位 wèi] 顧問.¶当～ / 顧問になる.
【顾惜】gùxī 動 ❶ こわさぬように大切にする。いたわる。¶～身体 / 体を大事にする。¶～国家财产 / 国家の財産を大切にする。❷ あたたかく見守る。同 爱惜 àixī.
【顾炎武】Gù Yánwǔ (人名) 顧炎武(ぇ人:1613-82).明末・清初の三大儒者の一.著に『日知録』などがある.
【顾影自怜】gù yǐng zì lián 自分の影を見て、自分を哀れむ。失意や自己陶酔のようす。由来 西晋の陸機の詩「佇立忘帰故郷を望み,影を顧みて悽として自ら憐れむ」などから.
【顾主】gùzhǔ 名 お客様。同 顾客 gùkè.

堌 gù
土部 8 4610₀ 全11画 通用

名 堤。¶河南省牛王～(河南省牛王堌) / 龙～(竜堌)。用法 主に地名に用いられる.

梏 gù
木部 7 4496₁ 全11画 通用

素 手かせ。¶桎～ zhìgù (桎梏ヒっ. 足かせと手かせ).

崮 gù
山部 8 2260₇ 全11画 通用

名方 周囲が切り立ち、頂上付近が平らな山。¶山东省孟良 Mèngliáng～(山东省孟良崮) / 山东省抱犊 Bàodú～(山东省抱犢崮). 用法 主に地名に用いられる.

雇(異 僱❶❷) gù
户部 8 3021₅ 全12画 次常用

❶ 動 人を雇う。¶～工 gùgōng / ～佣 gùyōng / 解～ jiěgù (解雇する)。❷ 動 乗り物を雇う。¶～车 gùchē / ～船 gùchuán (船を雇う)。❸ (Gù)姓.
【雇车】gù//chē 動 車を雇う.
【雇工】gù//gōng 動 働き手を雇う.
【雇工】gùgōng 名 ❶ 雇われた労働者。❷ "雇农 gùnóng"に同じ.
【雇农】gùnóng 名 雇農. 参考 農村の"长工 chánggōng"(常雇いの作男)、"月工 yuègōng"(月ぎめの作男)、"零工 línggōng"(臨時雇い)などをいう.
【雇请】gùqǐng 動 お金を払って雇う。¶～家庭教师 / 家庭教師を雇う。¶一个人忙不过来,得 děi ～一个帮手 / 一人では手が足りないので、助手を一人雇わなければ.
【雇佣】gùyōng 動 金で雇う。¶～兵 役制 bīngyìzhì / 傭兵制.
【雇佣观点】gùyōng guāndiǎn 雇われ人根性.
【雇佣军】gùyōngjūn 名《軍事》傭兵軍。傭兵部隊.
【雇佣劳动】gùyōng láodòng 賃労働.
【雇用】gùyòng 動 雇う。雇用する。¶～兵 / 雇われ兵。¶～两个帮手 / 手伝いを二人雇う.
【雇员】gùyuán 名 雇用された職員や臨時雇い。¶我不过是一个小～,哪有权说话? / 私は雇われの身に過ぎませんから、文句を言う権利などありません.
【雇主】gùzhǔ 名 雇い主。使用者.

锢(錮) gù
全部 8 8670₀ 全13画 通用

素 ❶ 鋳槍(ふ)けをする。¶～露 gùlou。❷ 閉じ込めて他と接触させない。¶～蔽 gùbì (ふさぐ) / 禁～ jìngù (監禁する).
【锢露[漏]】gùlou 動 はんだなどで、金属器具の穴をふさぐ.

痼 gù
扩部8　四 0016。
全13画　通用

素 ❶ 持病．¶～疾 gùjí / 沉～ chéngù（長わずらい）．❷ 長い間に身について，容易に直らない悪い習慣．¶～癖 gùpǐ（根深い悪癖）/～习 gùxí．

【痼疾】gùjí 持病となって治らない病気．不治の病．¶偏头痛是他多年的～/ 偏頭痛は長年にわたる彼の持病だ．

【痼习】gùxí 根深い悪習．しみついて容易に改まらない習慣．同 固习 gùxí．

鲴（鯝）gù
鱼部8　四 2610。
全16画　通用

名《魚》ヨコグチ．¶黄～ huánggù（ヨコグチ）．

gua ㄍㄨㄚ ［kuA］

瓜 guā
瓜部0　四 7223。
全5画　常用

名 ❶《植物》〔个 ge〕ウリ科の植物の総称．ウリ．¶西～ xīguā（スイカ）/ 冬～ dōngguā（トウガン）．❷（Guā）姓．

筆順　一　ナ　瓜　瓜　瓜

【瓜代】guādài 動〈文〉任期が満了し，次の担当者と交替する．由来『左伝』荘公八年の条に見えることば．春秋時代，瓜の熟す時期に国境地帯の警備を命じ，翌年の瓜の熟す時期に交替すると約束した故事から．

【瓜分】guāfēn 動（ウリを切り分けるように）物や領土を分割する．山分けする．¶～别国领土 / 他国の領土を分割し占領する．¶剩下的钱, 被他们几个～了 / 余った金は彼ら数人で山分けした．

【瓜葛】guāgé 名 相互のつながり．かかわりあい．¶他们已离婚, 没有什么～了 / 彼らはすでに離婚しており, なんのかかわりもない．由来 ウリやクズのつたが, ものに絡まることから．

【瓜农】guānóng 名 瓜類（多くはスイカ）を栽培する農家．

【瓜皮帽】guāpímào 名（～儿）〔顶 dǐng, 个 ge〕おわん形の帽子．参考 6枚の三角形の絹を縫いあわせて, スイカを半分に割ったような丸い形にした, 旧式の帽子．現代では, 小さな子供にかぶらせる．

【瓜片】guāpiàn 名 緑茶の名品の一種．参考 安徽省の六安や霍山の名産．

瓜皮帽

【瓜瓤】guāráng 名 ウリの果肉．

【瓜仁】guārén 名（～儿）ウリ類の種（特にスイカやカボチャなど）．同 瓜子 guāzǐ 参考 干したりいったりしてお茶うけにする．

【瓜熟蒂落】guā shú dì luò 成 時が熟して物事が自然に成就する．¶你先取得他的信任 xìnrèn, 到时～, 自然会答应你的要求 / まず彼の信頼を得なさい．時機が来れば, 彼は自然に君の望みに応じてくれるだろう．参考「蒂」は「へた」の意．ウリが熟してへたが落ちる, という意から．

【瓜田】❶ guātián 名 ウリ（類）の畑．❷（Guātián）《複姓》瓜田（さん）．

【瓜田李下】guā tián lǐ xià 成 人から嫌疑を受けやすい情況．由来 古楽府（ふ）の「君子行」の句「瓜田不纳履 nàlǚ, 李下不正冠 guān」（ウリ畑で, 靴を履きなおしていると, ウリを取っていると疑われる．スモモの木の下で帽子をなおすと, スモモを摘んでいると疑われる）から．

【瓜条】guātiáo 名 トウガンの果肉を細長く切って砂糖や塩漬けにした食品．

【瓜蔓儿】guāwànr 名 ウリの蔓（る）．

【瓜秧】guāyāng 名 ウリの苗．

【瓜子】guāzǐ 名（～儿）〔颗 kē, 粒 lì〕スイカやカボチャなどの種をいったもの．参考 中国ではお茶うけとして一般的な食品で, 歯で殻を割り, 中の実を食べる．

【瓜子脸】guāzǐliǎn 名〔副 fù, 张 zhāng〕うりざね顔．¶小明长着一副～, 蛾眉凤眼 éméi fèngyǎn, 很秀气 / ミンさんはうりざね顔に切れ長の目, 美しいまゆで, とてもきれいだ．表現 女性の美しい顔立ちを言う．

呱 guā
口部5　四 6203。
全8画　通用

下記熟語を参照．
☞ 呱 gū, guǎ

【呱嗒［哒］】❶ guādā 擬 かたいものが当たる音．かつかつ．こつこつ．かたん．かたかた．¶走起来～, 响 xiǎng, 得屋子里～地一阵的马蹄 mǎtí 声 / かっかっという蹄（ひづめ）の音．重 呱嗒呱嗒 ❷ guādā 動 皮肉を言う．¶人も皮肉る．

【呱嗒［哒・打］板儿】guādābǎnr 名 ❶《音楽・芸能》2枚の竹板または数枚の小さい竹板を連ねて作った楽器．"快板儿"（拍子木に合わせてラップ調に歌う大衆芸能）などに用いる．❷〈方〉木のサンダル．つっかけ．¶趿拉 tāla 板儿

【呱呱】guāguā 擬 アヒルやカエルなどの鳴き声．ガーガー．ゲロゲロ．

【呱呱叫】guāguājiào 形〈口〉すごい．最高だ．¶他一口英语说得～/ 彼の英語は素晴らしいですよ．同 刮刮叫 guāguājiào．

【呱唧】guāji ❶ 擬 拍手の音．ぱちぱち．¶大家～～地鼓起掌来 / 皆はぱちぱちと拍手をしはじめた．重 呱唧呱唧 ❷ 動 拍手する．

刮（颳❸）guā
舌部2　四 2260。
全8画　常用

動 ❶（刃物をすべらせて物の表面を）削りとる．¶～削 guāxiāo /～脸 guāliǎn /～胡子 húzi（ひげをそる）．❷（表面を）こする．（表面に）なでつける．¶～鼻子 /～糨子 jiàngzi（のりを塗る）．❸ 風が吹く．¶～起风来了（風がでてきた）．❹（財貨をかすめとる．巻き上げる．¶～地皮 / 搜～ sōuguā（搾取する）．

【刮鼻子】guā bízi 人指し指で相手の鼻をこする．参考 大人が子供をたしなめる時などにするしぐさ．⇨次ページ図

【刮刀】guādāo 名《機械》〔把 bǎ〕きさげ．スクレーパー．

【刮地皮】guā dìpí 慣 むちゃな税を取り立てる．人々の財貨を搾り取る．

【刮风】guā//fēng 動 風が吹く．¶刮大风了 / 大風が吹いた．¶不管～下雨, 他从不迟到 / 雨が降ろうが風が吹こうが, 彼は遅刻したことがない．

【刮宫】guā//gōng 動《医学》子宮を掻爬（そうは）する．¶～术 / 掻爬手術．

【刮脸】guā//liǎn 動 顔をそる．ひげをそる．¶他几乎每天都～/ 彼はほとんど毎日ひげをそる．

刮鼻子　　　　　刮脸皮

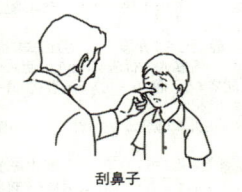

刮（動作の比較）

【刮脸皮】guā liǎnpí 〔句〕〔方〕指でほおを軽くこすって、そる まねをする。面の皮をむく。[表現]冷やかしたり、恥ずかしくな いの、という気持ちを示す。

【刮目相看】guā mù xiāng kàn 〔成〕（人を）先入観を 捨て、新しい目で見る。見直す。

【刮痧】guā//shā 〔動〕《中医》民間療法の一。銅貨などに 水や油をつけ、胸や背中をこすって皮膚を充血させて体内の 炎症を軽くする。

【刮削】guāxiāo 〔動〕❶ 刃物で表面を削り落とす。❷ 上 前をはねる。金銭を搾り取る。¶～钱财 qiáncái／金銭 財物を搾り取る。

括 guā
扌部6　全9画　〔四〕5206[4]　〔常用〕

→挺括 tǐngguā

☞ 括 kuò

胍 guā
月部5　全9画　〔四〕7223[0]　〔通用〕

〔名〕《化学》グアニジン.

栝（異 苦❷）guā
木部6　全10画　〔四〕4296[4]　〔通用〕

〔名〕《植物》❶ ビャクシン. 〔同〕桧树 guìshù　❷ →栝楼 guālóu　[参考]"栝 kuò"とも発音する.

【栝楼】guālóu〔名〕《植物·薬》キカラスウリ. 〔同〕苦蒌 guālóu　[参考]実や根を漢方薬に使う.

鸹（鴰）guā
舌部5　全11画　〔四〕2762[7]　〔通用〕

→老鸹 lǎoguā

呱 guǎ
口部5　全8画　〔四〕6203[0]　〔通用〕

→拉呱儿 lāguǎr

☞ 呱 gū, guā

剐（剮）guǎ
刂部7　全9画　〔四〕6220[0]　〔通用〕

〔動〕❶ 先の鋭い物で、ひっかけて傷をつくる。¶裤子上～了 个口子／ズボンにかぎ裂きができた。❷ 処刑者の遺体をばら ばらに切り刻む。旧時の極刑。¶千刀万～〔成〕いい死に 方はできないぞ！

寡 guǎ
宀部11　全14画　〔四〕3022[7]　〔次常用〕

〔素〕❶（あってほしいものが）欠けている。少ない。¶～欢 guǎhuān（楽しくない）／～味 guǎwèi／多～ duō-guǎ（多少）。〔同〕少 shǎo　〔反〕众 zhòng　❷ 夫に死な れた女性。¶～妇 guǎfu／～居 guǎjū／守～ shǒu-guǎ（後家をとおす）。〔同〕鳏 guān

【寡不敌众】guǎ bù dí zhòng 〔成〕多勢に無勢でかなわな い.

【寡妇】guǎfu〔名〕未亡人. 寡婦.

【寡合】guǎhé〔動〕〔文〕人との折り合いが悪い. 付き合いが うまくいかない.

【寡见少闻】guǎ jiàn shǎo wén〔成〕見聞がせまい.

【寡酒】guǎjiǔ〔動〕つまみや相手無しで酒を飲む.

【寡居】guǎjū〔動〕寡婦の生活を送る。後家を通す.

【寡廉鲜耻】guǎ lián xiǎn chǐ〔成〕恥知らずで、清廉潔 白でない. ¶金銭社会，使人变得～薄义 bóyì／マネー社会 は、人を冷淡にする薄情にする. 〔同〕薄情 bóqíng　〔反〕多情 duōqíng

【寡情】guǎqíng〔形〕薄情だ. ¶冷淡～／冷淡で人情に 薄い. ¶金銭社会，使人变得～薄义 bóyì／マネー社会 は、人を冷淡にする薄情にする. 〔同〕薄情 bóqíng　〔反〕多情 duōqíng

【寡人】guǎrén〔名〕君主の自称.

【寡头】guǎtóu〔名〕（政治や経済の実権を握る）少数の権 力者. ¶金融～／巨大金融資本による寡頭.

【寡头政治】guǎtóu zhèngzhì〔名〕（政治の）寡頭（とう） 制. オリガーキー.

【寡味】guǎwèi〔形〕味気ない. （話などに）意味がない.

【寡言】guǎyán〔形〕寡黙（もく）だ.

【寡言少语】guǎyán shǎoyǔ〔句〕口数が少ない. 寡黙 だ.

卦 guà
卜部6　全8画　〔四〕4310[0]　〔次常用〕

〔名〕卦(ゲ). 易で用いられる記号. ¶八～ bāguà（八卦 はっけ）／占～ zhānguà（卦で占う）／～辞 guàcí. ⇒八卦 bāguà

【卦辞】guàcí〔名〕『易経』（えききょう）の各卦を説明した文章. 〔同〕彖 tuàn 辞

诖（詿）guà
讠部6　全8画　〔四〕3471[4]　〔通用〕

〔動〕〔文〕❶ だます. ❷ 巻き添えにする. ¶～误 guàwù.

【诖误】guàwù〔動〕他人の巻き添えになって、首になったり損 害を受ける. 〔同〕罣误 guàwù, 挂误 guàwù

挂（異 掛、罣❷）guà
扌部6　全9画　〔四〕5401[4]　〔常用〕

❶〔動〕（物を）つるす. 掛ける. ¶～图 guàtú／～钩 guàgōu／悬～ xuánguà（掛ける）／张～ zhāng-guà（書画や幕を広げて掛ける）. ❷〔動〕心にかける. ¶～念 guàniàn／记～ jìguà（気にかける）／牵～ qiān-guà（心配する）. ❸〔動〕登録する. ¶～号 guàhào／～失 guàshī. ❹〔動〕（受話器を置いて）電話を切る. ¶ 电话先不要～掉〔电话を切らないでおいてください〕. ❺〔動〕 目的の相手に電話をつなぐ. 電話をかける. ¶请～学生科 （学生課につないでください）. ❻〔動〕（粉や液体などが）かか る. ¶眉毛 méimao 上～着霜 shuāng（まゆに霜がつ いている）. ❼〔動〕決着がついていない. ¶这个案子 ànzi 还～着〔この件はまだ懸案中だ〕. ❽〔量〕ひとつながりの物や セットになった物を数えることば. ¶一～珠子 zhūzi（一 連の真珠）.

【挂碍】guà'ài　❶〔動〕気がかり. 心配事. ¶心中没有 ～／心に心配事がない. ¶他毫无～地离开家乡闯 chuǎng 门路去了／彼はなんの気がかりもなく故郷を離れ、 一旗揚げようと出ていった. ❷〔動〕気にかける. ¶即使出差 chūchāi, 也～着家里／出張中でも、家のことが気にかか る.

【挂表】guàbiǎo〔名〕〔方〕懐中時計.

【挂不住】guàbuzhù〔動〕きまりが悪い. ¶～劲儿 jìnr／気恥ずかしい. ¶他脸皮薄 báo, 别人一说脸～ 了／彼は恥ずかしがり屋で、人に何か言われるとすぐにはにかむ.

【挂彩】guà//cǎi 動 ❶（祝い事の際に）入り口に色絹を掛ける．¶披pī红～/（祝い事の際，入り口に）赤い絹布でかざる．❷戦闘で負傷する．¶挂了彩的,留在后方/負傷者は後方にとどめる．⇨挂花 guàhuā
【挂车】guàchē 名 トレーラー．
【挂齿】guàchǐ 動 言及する．¶不足/取り立てて言うほどのことでもない．
【挂锄】guà//chú 動（くわを使う）畑仕事が終る．由来 翌年使うので,くわを壁に掛けておくことから．
【挂单】guàdān 動 行脚僧が寺院に投宿する．
【挂灯】guàdēng 名 つり下げた明かり．ランタン．
【挂斗】guàdǒu 名 トレーラー．
【挂钩】guà//gōu 動 ❶ 列車を連結する．❷ つながりをもつ．関係をつける．¶大学应该与科研单位～/大学は科学研究機関と連携するべきだ．¶我已与一家大公司～了,毕业后到那里去工作/私はすでにある大企業と話がついており,卒業後はそこに就職する．
【挂冠】guàguān 文 官職を辞す．
【挂果】guà//guǒ 動 果樹に実がなる．
*【挂号】guà//hào 動 ❶（順番を決めるために）番号をつける．登録する．申し込む．¶～处/受付．¶～费/登録料．¶你先去，我看看病人/君は先に行って申し込みをしてくれ，僕は病人を見ているから．❷ 書留にする．¶这个信请寄～/この手紙を書留にしてください．
【挂号信】guàhàoxìn 書留郵便．¶～比平信安全快速/書留は普通郵便より安全で速い．
【挂花】guà//huā 動 ❶（樹木に）花が咲く．¶～的时候/花が咲くころ．❷ 戦闘で負傷する．⇨挂彩 guàcǎi,负伤 fùshāng
【挂怀】guàhuái 気にかける．心配する．⇨挂念 niàn
【挂火】guàhuǒ 動 方（～儿）かっとなる．腹を立てる．¶他性格暴躁 bàozào,动不动就～/彼は怒りっぽく，すぐに腹を立てる．
【挂记】guàjì[-jì] 動 方 気にかける．案じる．
【挂浆线】guàjiāngxiàn 名《建築》額長押（なげし）．ピクチャーレール．
【挂靠】guàkào 動 機関・組織・会社などが別のものの隷属や所属になる．
【挂累】guàlèi 動 巻き添えにする．¶真对不起,连您也～进去了/本当に申し訳ありません．そちら様まで巻き添えにしてしまって．⇨连累 liánlèi
【挂历】guàlì 名〔個 本 běn, 张 zhāng〕壁掛けのカレンダー．¶把～挂在墙上/カレンダーを壁にかける．
【挂镰】guà//lián その年の最後の取り入れが終わる．由来 翌年再び鎌を使う時まで，壁に掛けておくことから．
【挂零】guà//líng（～儿）端数がつく．…余り．¶一百块～/100元余り．¶岁数 suìshu 在二十岁挂点零儿/年齢は20歳余り．¶不过二百～,买了算了/200元ちょっとなんだから，買っちゃいなさいよ．
【挂漏】guàlòu 動"挂一漏万 guà yī lòu wàn"に同じ．
【挂虑】guàlǜ 動 心配する．気にかける．¶你放心去工作,不要～我/私のことは心配せずに，安心して働きなさい．⇨挂念 guàniàn
【挂面】guàmiàn 名〔個 把 bǎ〕乾めん．由来 ぶら下げて日にさらして乾かすことから．
【挂名】guà//míng（～儿）名前だけ連ねる．¶～差使 chāishi/名ばかりの官職．¶暫时～在这里/一時的にここに名を連ねる．

【挂念】guàniàn 動 心配する．気にかける．¶母亲的病/母親の病気を案じる．¶请不要～/どうぞご心配なく．⇨牵挂 qiānguà
【挂牌】guà//pái 動 ❶（医者や弁護士などが）正式に開業する．看板をかかげる．¶私人～行医 xíngyī/個人が看板を出して医者を開業する．❷（～儿）（医者・店員・従業員などの）名札をつける．
【挂屏】guàpíng 名（～儿）（壁にかけて飾るように）額装した書画．
【挂气】guà//qì 動 方（～儿）腹を立てる．¶我才说了几句,你就～了/私が二言三言言っただけで，君はすぐ腹を立てる．
【挂牵】guàqiān 心配する．気にかける．¶对家里毫无～/家のことはまるで気にかけない．⇨挂念 guàniàn
【挂失】guà//shī 動（小切手や証書などの）紛失届を出す．¶～了的护照/紛失届を出したパスポート．
【挂帅】guà//shuài 動 ❶ 元帥となる．❷ 指導的な地位につく．¶让他～组织一个科研小组/彼は家のことでなく，設立まもない会社を心配しているのだ．⇨挂念 guàniàn
【挂羊头,卖狗肉】guà yáng tóu, mài gǒu ròu 成 羊頭を掲げて狗肉（くにく）を売る．名と実が一致しない．見せかけばかり立派で，その実は悪事を働く．由来『晏氏春秋』内篇雜下に見えることば．
【挂一漏万】guà yī lòu wàn 成 列挙が不完全で遺漏が多い．¶要我说,肯定～/私に説明させるときっと言い落としがあるだろう．由来「一つだけ挙げて，万を漏らす」という意から．
【挂衣钩】guàyīgōu 名 洋服掛け．
【挂账[帐]】guà//zhàng 動 掛け売りをする．¶先拿瓶酒,挂个账,明天给你钱/酒を一瓶，つけにしてくれ，金は明日払うから．⇨赊账 shēzhàng
【挂职】guàzhí 動 ❶ 出向する．❷ 現職のままで，職権をとりあげる．
【挂钟】guàzhōng 名〔台 tái, 只 zhī, 座 zuò〕柱時計．掛け時計．
【挂轴】guàzhóu 名（～儿）掛け軸．

褂 guà

衤部8 四 3320₀
全13画 次常用

名（～儿）〔個 件 jiàn〕ひとえの中国式の上着．¶～子 guà-zi/大～ dàguà（丈の長いひとえの中国服）/马～ mǎguà（男子の礼服用の上着）．

【褂子】guàzi 名〔個 件 jiàn〕ひとえの中国式の上着．

褂（马褂）

guai ㄍㄨㄞ [kuae]

乖 guāi 丿部7 四 2011₂ 全8画 常用
❶ 形 (子供が)聞き分けがよい. ¶~~ guāiguāi. ❷ 形 利発だ. さとい. ¶~觉 guāijué / 嘴可~了(口が達者だ). ❸ 素 文 (物事の流れや正常なあり方に)逆らう. もとる. ¶~僻 guāipì / ~戾 guāilì.

【乖乖】guāiguāi 形 (~儿) ❶ (子供の)おとなしく言うことを聞く. ¶他~儿地躺在床上 / 彼はおとなしくベッドで横になっている. ❷ 名 幼児への呼びかけのことば. お利口さん. いい子. ¶小~, 快睡觉吧! / いい子ね, 早く眠りなさい.

【乖乖】guāiguāi[-guai] 感 驚きや賛嘆をあらわす. まあ. おやおや. ¶~, 买了个这么大的西瓜来! / まあ, こんなに大きなスイカを買って来た.

【乖觉】guāijué 形 目端が利く. 勘がいい.

【乖剌】guāilà 形 〈文〉(性質が)ひねくれている. 同 乖戾 guāilì.

【乖离】guāilí 動 ❶(心が)離れる. ❷ 離ればなれになる. ¶父子~ / 父と子が離別する.

【乖戾】guāilì 形 (性質や言動が)ひねくれている. 道理に合わない. ¶她性格~得很 / 彼女はかなりのつむじ曲がりだ. 同 乖剌 guāilà.

【乖谬】guāimiù 形 でたらめだ. まともでない. ¶性情~不好交 / 性質が偏屈でつきあいにくい.

【乖僻】guāipì 形 (性格が)ひねくれている. ¶这人有点~, 不愿与人来往 / この人はいささかひねくれていて, 人とつきあいたがらない. 同 古怪 gǔguài, 怪僻 guàipì.

【乖巧】guāiqiǎo 形 ❶ かわいらしくて人に気に入られる. ¶~的姐妹 / 愛くるしい姉妹. ❷ 賢い. さとい. ¶她~伶俐 línglì / 彼女は機敏で利口だ. 同 灵巧 língqiǎo. 反 笨拙 bènzhuō

【乖张】guāizhāng 形 ❶(性質が)ひねくれている. つむじ曲がりだ. ¶他脾气虽有些~, 心地却很善良 shànliáng / 彼は少々つむじ曲がりだが, 心根はとても良い. ❷ 〈文〉順調でない. 不運だ.

掴(摑) guāi 扌部8 四 5600₀ 全11画 通用
動 手のひらで打つ.
☞ 掴 guó

拐(枴㊌拐㊌) guǎi 扌部5 四 5602₇ 全8画 常用
❶ 動 方向や向きを変える. 曲がる. ¶~弯 guǎiwān / ~角 guǎijiǎo / ~棒 guǎibàng. ❷ 動 バランス悪く, ふらふら歩く. ¶走道一瘸 qué 一~ (よろよろと道を歩く). 同 瘸 qué ❸ 名 ステッキや松葉づえ. ¶~根 guǎigùn / ~杖 guǎizhàng / 架~ jiàguǎi (つえで支える). ❹ 動 だまし取る. 持ち逃げする. 連れ去る. ¶~骗 guǎipiàn / ~卖 guǎimài / 诱~ yòuguǎi (誘拐する). ❺ 電話などで, 数字の"七"のかわりに言う. ❻(Guǎi)姓.

【拐棒】guǎibàng 名 方 (~儿) ❶ かかと. ❷ 食品の一つ. 牛・羊・豚などの骨.

【拐脖儿】guǎibór ❶ ひじ型煙突. L字型煙突. ストーブなどの煙突をカーブさせるためのつなぎ部分に用いるもの. ❷《建築》ひじ型U字管. ひじ継ぎ手.

【拐带】guǎidài 動 人や物を連れ去る. ¶~小孩 / 子供をかどわかす. ¶只一眼工夫, 孩子就被~走了 / あっという間に, 子供はさらわれてしまった.

【拐根】guǎigùn 名 (~儿) 同 根 gēn 柄の曲がったつえ. ステッキ. 同 拐杖 guǎizhàng

【拐角】guǎijiǎo 名 (~儿) 同 个 ge 曲がり角. ¶银行就在车站的~ / 銀行はバス停の角にある.

【拐卖】guǎimài 誘拐して売り飛ばす. ¶~儿童的人 贩子 rénfànzi / 子供を売り飛ばす人さらい.

【拐骗】guǎipiàn 動 人や財物をだまし取る. 持ち逃げする. かどわかす. ¶~钱财 qiáncái / 金品をだまし取る. ¶昧 mèi 着良心, ~东西 / 良心にそむき, 物をだまし取る.

【拐逃】guǎitáo 動 持ち逃げする.

【拐弯】(~儿) ❶ guǎi//wān 動 角を曲がる. ¶到~的地方, 再告诉你往哪个方向走 / 曲がる場所についたら, どちらの方向へ行くのか教えましょう. ¶向右~ / 右へ曲がる. ❷ guǎi//wān 動 考えや話題を切り換える. 遠回しに…する. ¶说话别~儿 / 話をそらさないでくれ. ❸ guǎi-wān 名 曲がり角. 同 拐弯 guǎijiǎo

【拐弯抹角】guǎi wān mò jiǎo 成 (~的)話や文章が遠回しだ. 回りくどい. ¶~说了半天, 就这个呀! / さんざん回りくどい言い方をしておいて, たったそれだけのことかい. 同 转 zhuǎn 弯抹角 由来 「曲がりくねった道を行く」という意から.

【拐枣】guǎizǎo 名《植物》ケンポナシ. また, その実. 同 枳椇 zhǐjǔ

【拐杖】guǎizhàng 名 同 根 gēn 柄の曲がったつえ. 同 拐根 guǎigùn

【拐子】guǎizi 名 ❶"工"字形の木製の糸巻き具. 松葉づえ. ❸ 人をかどわかす人. 物をだまし取る人. ¶花言巧语骗人的~ / 甘いことばで人をだます人. ❹ 足の不自由な人.

夬 guài 一部3 四 5080₀ 全4画 通用
名 易の六十四卦(³)の一つ. 夬(³).

☞ 夬 jué

怪(異恠) guài 忄部5 四 9701₄ 全8画 常用
❶ 形 奇妙だ. 普通でない. ¶他真是~极了(彼は本当に変だ) / 这件事有点儿~(この事はちょっと変だ) / 一味儿(変なにおい). ❷ 素 不思議に思う. いぶかる. ¶奇 qíguài (不思議に思う) / 无~ wúguài (道理で…だ) / ~不得 guàibude. ❸ 名 神話や伝説の中の化け物. ¶~物 guàiwu / 妖~ yāoguài (妖怪) / 鬼~ guǐguài (妖怪). ❹ 副 とても. たいへん. ¶你的脚~脏的(君の足はなんて汚い) / 她长 zhǎng 得~可爱的(彼女はとても愛らしい) / 耽误了您的时间, 心里~过意不去的(あなたの時間を無駄にしてしまって, まことに恐縮です). ❺ 動 過ちなどを責める. とがめる. うらむ. …のせいにする. ¶这件事不能~他, 得 děi~我没说清楚(この事は彼が悪いのではない. 私がはっきり言わなかったのが悪い) / 我从来没有~过你(私は君のせいにしたことない) / 请别见~(どうか悪しからず). ❻(Guài)姓. 注意 ❹は, ふつう後に"的"を伴う.

【怪不得】guàibude ❶ 動 とがめるべきでない. ¶是对方不讲理, ~他 / 先方がむちゃを言っているのだから, 彼をとがめられない. ❷ 副 道理で. なるほど…だ. ¶原来她们是姐妹, ~那么亲热 / 彼女たちは姉妹だったのか. 道理で仲がいいわけだ. 同 难怪 nánguài

【怪诞】guàidàn 形 奇妙だ. 風変わりだ. ¶他肚子里装着许多~的故事 / 彼の腹には, 不思議な物語がいっぱい

つまっている.
【怪诞不经】guài dàn bù jīng 成 荒唐無稽(ちとう)だ.
【怪道】guàidào[-dao] 副 助 道理で….…するのももっともだ. 同 怪不得 guàibude
【怪话】guàihuà 名 ❶ 奇怪な話. 怪しげな話. ¶～连篇 / ろくでもない話を並べる. ❷ 不平不満. ぐち. ¶背后说～ / 陰で不平をこぼす.
【怪觉】guàijué 名 奇怪だ. 荒唐むけいだ. ¶行动～ / 行動が奇怪だ.
【怪里怪气】guàiliguàiqì 形 身なりや動作などが奇妙だ. とっぴだ. ¶他说话~,阴一句阳一句,好像对谁有意见 / 彼の言うことは実にとっぴで,誰彼かまわず文句があるみたいだ. ¶他的衣着 yīzhuó 总是～,不男不女的 / 彼の格好はいつも妙ちきりんで,男だか女だかわからない.
【怪论】guàilùn 名 奇妙な論説.
【怪模怪样】guàimú guàiyàng 形 (～儿・～的)かっこうが奇妙だ. 風変わりだ. ¶～的动物好像特别受宠 chǒng / この風変わりな妙な動物が,非常に受けているらしい. 表現"怪 A 怪 B"の形式に,類義字がはめこまれて構成されたもの. "怪声 shēng 怪气 qì"も同様の構成.
【怪癖】guàipǐ 名 変わった好み. 妙な癖. ¶染上许多～ / 妙な癖がいろいろついた.
【怪僻】guàipì 形 性格がひねくれている. へそまがりだ. ¶自从他老伴去世后,性格越来越～了 / 連れ合いに先立たれてから,彼の性格はますますひねくれてきた. 同 古怪 gǔguài,乖僻 guāipì
【怪圈】guàiquān 名 (～儿)悪循環. ジレンマ.
【怪人】guàirén 名 風変わりな人. 変わり者.
【怪声怪气】guàishēng guàiqì 形 話し声が奇妙だ. 怪しげな声色だ. ¶第一次看京剧的人,很不习惯那～的腔调 qiāngdiào / 初めて京劇を見た人は,その風変わりな声色にびっくりしてしまう. ⇨怪模怪样 guàimú guàiyàng
【怪事】guàishì 名 (～儿)奇妙な事柄.
【怪胎】guàitāi 名 奇形胎児.
【怪味】guàiwèi 名 ❶〖料理〗四川料理のたれ. ¶～豆 / "怪味"で調理した豆. ❷ 妙なにおい. ¶锅里不知煮着什么,发出一儿 / 鍋で何を煮ているのか,妙なにおいがする.
【怪物】guàiwu 名 ❶ 妖怪(ホラ). 怪物. ❷ 変わり者.
【怪象】guàixiàng 名 奇妙な現象.
【怪异】guàiyì 形 ❶ 不思議だ. 奇怪だ. 奇妙だ. ¶他最近的行为有些～,不知在搞什么鬼 / 彼の最近の行動はちょっと妙だ,いったいどんな悪巧みをしているんだろう. ❷ 名 不思議な現象. ¶～丛生 cóngshēng / 不思議なことが次々と起こる.
【怪怨】guàiyuàn 動 人を責める. 人のせいにする.
【怪罪】guàizuì 動 責める. とがめる. ¶这事是你自己错了,怎能～他人呢！/ これは君が自分でミスをしたのだ,他人を責めることなどできるもんか. 同 见怪 jiànguài

guan ㄍㄨㄢ〔kuan〕

关(關 / 異 関) guān
八部 4　全 6 画　四 80804　常 用
❶ 動 閉じる. ふさがる. ¶把窗户～上(窗を閉める). 反 开 kāi ❷ 動 閉じこめる. ¶鸟儿～在笼子 lóngzi 里
(鳥はかごの中に入れられている). ❸ 動 倒産する. 休業する. ¶那家餐厅早就～了(あのレストランはとっくにつぶれてしまった). ❹ 名〖商〗道 dào,座 zuò〗関所. ¶～口 guānkǒu / ～内 Guānnèi / ～塞 guānsài (辺境の要塞という) / 山海～ Shānhǎiguān (山海関). ❺ 海～ 税関. ¶～税 guānshuì / 海～ hǎiguān (税関) / 报～ bàoguān (通関手続きをする). ❻ 素 重要な転換点や時期. ¶～头 guāntóu / 过～ guòguān (関門を突破する) / 难～ nánguān (難関). ❼ 素 かなめとなるもの. 重要な部分. ¶～键 guānjiàn / ～节 guānjié / 机～ jīguān (機関). ❽ 動 他につながる. かかわる. ¶～系 guānxi / ～于 guānyú / 相～ xiāngguān (関連する) / 有～ yǒuguān (関係がある). ❾ 名 動 給料を支給する. 領収する. ¶～饷 guānxiǎng (兵士などが俸給を受け取る). ❿ (Guān)姓.
【关爱】guān'ài 動 気にかけ,愛護する. 気づかって大切にする.
【关隘】guān'ài 名 堅固な関所. 要害.
【关闭】guānbì 動 ❶ 門や戸を閉める. ¶～门窗 / 窓を閉めきる. 反 敞开 chǎngkāi,开放 kāifàng ❷ (企業や商店の)休業や廃業をする. (学校の)閉校する. ¶经济不景气,许多企业纷纷～了 / 不景気のため,多くの企業が次々と営業停止している. ❸ 閉鎖する. ¶～公路 / 道路を閉鎖する.
【关岛】Guāndǎo (地名)グアム島(米国領).
【关东】Guāndōng 名 山海関(万里の長城の東端)より東の地域. 東北の各省のこと. 同 关外 Guānwài
【关东糖】guāndōngtáng 名 あめ. 参考 中国の東北地方などで産する,麦芽や米から作るあめ.
【关防】guānfáng 名 ❶ 秘密の漏洩を阻止する方法. ❷ 旧 役所や軍隊で使用した公印. ❸ 文 軍隊を駐屯させた防衛のための要塞.
【关公】Guāngōng 名 三国時代の蜀漢の武将,関羽(かんう)の尊称.
【关顾】guāngù 動 引き立てる. 面倒を見る. ¶请多～ / どうかごひいきに.
【关汉卿】Guān Hànqīng 〈人名〉関漢卿(かんかんけい:1230?-80?). 元代の戯曲作者. 大都(北京)の人. 中国四大戯曲作家の一人. 代表作に「救風塵」「竇娥冤(とうがえん)」など.
【关乎】guānhū 動 …に関係する. …にかかわる. ¶这个决定,～你将来的前途 / この決定は,君の将来にかかわるのだ.
【关怀】guānhuái 動 配慮する. 気にかける. ¶亲切~ / 暖かい心遣いをする. ¶～下一代 / 若い世代を思いやる. ¶受到许多人的～,非常感动 / 多くの方々の心遣いにとても感動した. 表現 通常は,目上から目下の者への心遣いをいう. 同 关心 guānxīn
【关怀备至】guānhuái bèizhì 至れり尽くせりだ.
*【关键】guānjiàn ❶ 名 かぎ. ❷ 名 肝心なこと. かなめ. ¶～是你自己怎么看 / 大切なのは,君自身がどう見るかだ. ❸ 形 かなめとなる. ¶～时刻 / 肝心なとき.
【关键词】guānjiàncí 名 ❶ キーワード. ❷ 流行語.
【关节】guānjié 名 ❶〖生理〗関節. ❷ 重要な点. 肝心なところ. ¶人生有许多~点,走错一步,就会影响一生 / 人生には多くのキーポイントがあるから,踏み誤ると,一生に影響する. ❸ 役人や組織の担当者の. ¶我把～都打通了 / 関係者には,ちゃんと渡りをつけた.
【关节炎】guānjiéyán 名〖医学〗関節炎.

【关津】guānjīn 名 陆路の関所と水路の関所.
【关紧】guānjǐn 形 肝心だ. 重要だ. ¶这点小病,不～/これしきの病気,大したことはない.
【关口】guānkǒu ❶〔量 道 dào,个 ge〕交通の要所. 関所. ¶越过了最后一道～/最後の山を越えた. ❷重要な関門. 肝心かなめのとき. ¶每到重要～,他都紧张万分/彼は肝心なときになるといつも非常に緊張する. 回 关头 guāntóu
【关里】Guānlǐ "山海关"(山海関sᵃₙₖₐᵢ)の西側一帯と"嘉峪关"(嘉峪関ょきょくかん)の東側一帯. 回 关内 nèi
【关联[连]】guānlián 動 かかわる. 関係する. ¶地球上的每个生命体都是互相～,互相依存的/地球上のあらゆる生命体は,互いにかかわり合い,依存し合っている.
【关贸总协定】guānmào zǒngxiédìng 名《经济》"关税与贸易总协定"(関税および貿易に関する一般協定)の略. GATT.
【关门】guān//mén ❶動 扉を閉める. ¶随手～/開けたら閉めてください. ❷動 閉店する. ¶商店店通常六点就～了/商店は通常6時に閉まる. ❸動 門戸を閉ざす. 許容しない. 拒絶する. ¶～主义/閉鎖主義. 排他主義. ¶一做研究,是做不出成果来的/研究室に閉じこもって研究していては,望ましい成果は得られない. ❹形 最後の. ¶～之作/最後の作. ¶～弟子/最後の弟子.
【关门】guānmén 名 関所の入り口. 関門.
【关门打狗】guān mén dǎ gǒu 退路を絶って,攻撃する. 袋のネズミにする. ¶把后门也堵 dǔ 上,～,看他往哪里跑/裏門もふさいで,袋のネズミだ. あいつはどこへも逃げられるもんか.
【关门大吉】guān mén dà jí 成 貶 めでたく閉店. 表現 店の閉店や会社の破産などを,皮肉ったり,ふざけていう.
【关内】Guānnèi 名 山海関(万里の長城の東端)から,嘉峪关(ょきょくかん:同西端)までの地域. 中国の中心部. 反 关外 Guānwài
【关卡】guānqiǎ 名〔量 处 chù,道 dào,个 ge〕(徴税や警備をする)検問所.
【关切】guānqiè ❶形 親切だ. ¶待人和蔼 hé'ǎi～/人に対して温和で親切だ. ❷動 関心を持つ. 気にかける. ¶～地问这问那/関心を持ってあれこれとたずねる. ¶对朋友的处境 chǔjìng 深表～/友の境遇に深く心をよせる. 回 关心 guānxīn
【关山】guānshān 名 山深い谷間の地域. ¶～迢递 tiáo dì 成 道のりがはるかに遠くて不便だ.
【关山重重】guān shān chóng chóng 成 関所と山々が幾重にも連なる. 道が遠く険しいこと.
【关上】guānshàng 名《中医》手首にある脈どころ. 参考 脈をとる人指し指・中指・薬指の3本の指のうち,中指のあたるところ.
【关涉】guānshè 動 関係する. かかわる. ¶他与此事毫无～/彼はこの件とは少しも関係ない.
【关书】guānshū 名 旧 教師や幕僚の招聘状. 回 聘 pìn 书
【关税】guānshuì 名 関税. ¶交纳 jiāonà～/関税を納める.
【关税壁垒】guānshuì bìlěi 名《经济》関税障壁.
【关税及贸易总协定】Guānshuì jí màoyì zǒngxiédìng 名 GATT. 関税および貿易に関する一般協定.
【关说】guānshuō 動 とりなす. 口を利く. ¶请你爸爸～一下,帮我找个工作/私の職探しに,お父上に口利きをお願いしてください.
【关停并转】guān-tíng-bìng-zhuǎn 熟 経営不振の企業などに対する4つの措置. 閉鎖・営業停止・合併・事業の転換.
【关头】guāntóu 名 山場. 分かれ目. ¶紧要～/瀬戸際. ¶危急 wēijí～/土壇場. さし迫ったとき. ¶这～,你还有心思去旅行?/この肝心なときに,旅行に行こうっていうのか?
【关外】Guānwài 名 山海関(万里の長城の東端)より東,嘉峪关(西端)より西の地域. 中国の領域の外. 反 关内 Guānnèi
【关系户】guānxìhù 名（～儿）コネのある相手. 得意先.
【关系网】guānxìwǎng 名 コネクション.
【关系学】guānxìxué 名 コネをつけるこつ. 表現 風刺的な言いかた.
*【关系】guānxi[-xì] ❶名（事物の間や人間同士の）関係. ¶社会～/親族や友人関係. ¶他们的～很好/彼らはとても仲がよい. ❷名 特殊な利害関係. ¶拉～/コネをつける. ❸名 かかわり. 影響. 関係. ¶没有什么～/非常に重要だ. ¶我看没有什么～/私としては何の影響もないと思う. ❹名 原因や条件. ¶由于时间～,谈到这里为止/時間の関係で,話はここまでで終わりにします. ❺名 組織の証明書. ¶团的～/共産主義青年団員の証明書. ❻名 関連する. 関係する. ¶～到国计民生的问题/国家経済と国民生活にかかわる問題.
【关厢】guānxiāng 名 城門外の大通りとその付近の地区.
*【关心】guān//xīn 心をよせる. 気にかける. ¶～别人,方便自己/情けは人のためならず. ¶～灾区 zāiqū 儿童/被災地の子供たちの生活を気遣う. ¶这是学校的大事,希望大家多关点儿心/これは学校の重大問題だ,みんなも少しは注意を向けてほしい.
【关押】guānyā 動 拘留する. 牢に入れる. ¶～犯人 fànrén/犯人を拘留する.
*【关于】guānyú 前 ❶…に関して. …について. ¶～他的去留问题,明天再讨论/彼の進退問題については,明日また話し合う. ❷…に関する. ¶最近,～环境问题的书很走俏 zǒuqiào/最近,環境問題に関する本がよく売れている. 用法 ①は,前置詞句をつくり,連用修飾語となる. ②は,前置詞句の後に,"的"を伴って連体修飾語となる. あるいは"是…的"の形で述語となる. 比较 1)関連を示す場合は,"关于"を使う（¶关于这次事故的原因,有各种猜测/この事故の原因に関しては,さまざまな推測がある). 一方,対象を指す場合は,"对于"或 duìyú"を使う（¶对于这次事故的原因,我们正在调查/この事故の原因は,我々が現在調査している). 2種類の使い方を兼ねている場合は,"关于"でも"对于"でも,どちらを使ってもよい（¶关于[对于]儿童教育的问题,大家都很有兴趣/児童教育の問題については,皆が関心を持っている). 2)"关于"は,物事の性質を示し,"关于"を使った前置詞句は,単独で文章の題目にすることができる. ¶～推广普通话/共通語の普及について. 3)"对于"を使った前置詞句は,後ろに名詞が必要である. ¶～推广普通话的认识/共通語普及に対する認識.
【关羽】GuānYǔ（人名）関羽(ᵏᵃₙ:?-219). 中国三国時代,蜀漢の武将. 劉備を助けて功があった. 後世,武神・商神として関帝廟にまつられた.
【关张】guān//zhāng 動 閉店する. ¶那个店刚开张不满半年,就～了/あの店は開店して半年もたたずに店を閉めた.
*【关照】guānzhào 動 ❶面倒をみる. 世話をする. ¶他

以前〜过我／彼には以前世話になった．¶请多〜／どうぞよろしく（初対面のあいさつ）．回 照顾 zhàogù ❷ 口頭で知らせる．¶你先去教室〜一下,说教授半小时后才来／君は先に教室へ行って，教授は30分後に来られると知らせておくように．

【关中】Guānzhōng 名 陝西（奘）省の渭河（染）流域一带."函谷关 Hánggǔguān"（函谷関慕）の内側をさす．

【关注】guānzhù 動 注意を払う．¶多蒙 duōméng 〜／いろいろとご高配にあずかりました．¶各国人民〜的问题／各国の人々が注目する問題．¶这个报道立刻引起了领导的〜／その報道は，ただちに指導者の注目するところとなった．

【关子】guānzi 名 ❶（小説や戯曲などの）クライマックス．❷（会話中の）重要なポイント．

观（觀）guān 又部4 四7741₂ 全6画 常用

索 ❶ じっくりと見る．¶〜赏 guānshǎng／〜望 guānwàng／可〜 kěguān（一見の価値がある）／通〜 tōngguān（見渡す）．❷ 見たよう．¶〜瞻 guānzhān／奇〜 qíguān（奇観）／改〜 gǎiguān（変えてみる）．❸ ものの見方．ものごとに対する認識．¶〜念 guānniàn／〜点 guāndiǎn／乐〜 lèguān（楽観的だ）．
☞ 观 guàn

【观测】guāncè 動 ❶（天文・地理・気象・方向などを）観測する．¶〜风力／風力を観測する．¶据气象卫星〜，明天将有暴雨／気象衛星の観測データによれば，明日は豪雨だ．❷（情况）を探る．¶〜敌情 díqíng／敵情を探る．

*【观察】guānchá 動 観察する．¶〜动静／情况を見極める．¶对病人进行仔细一行，决定做手术／病人を詳しく診たあと，手術を決定する．回 察看 chákàn

【观察家】guāncháiiā 名 政治評論家．
【观察哨】guāncháshào 名 哨兵（ﾀﾞｵ）．また，哨兵所．
【观察所】guāncháisuǒ 名《軍事》敵情監視所．
【观察员】guāncháyuán 名（会議の）オブザーバー．
【观潮派】guāncháopài 名 傍観者．日和見主義者．

*【观点】guāndiǎn 名 観点．見地．¶纯 chún 技术〜／技術一点張りの観点．¶对这个问题他一直〜鲜明／この問題について，彼の見解は一貫して明確だ．

【观风】guān//fēng 動 見張る．ようすをうかがう．¶有人在〜／誰かが見張っている．回 望风 wàngfēng
【观感】guāngǎn 名（ものごとを見た）印象．感想．¶访日〜／訪日所感．¶参观工厂后,每人都写一篇〜／工場を見学したあと，全員が感想を書いた．

【观光】guānguāng 動 観光する．見物する．¶〜旅行,成了休假中の時髦 shímáo／観光旅行は，休みの過ごし方の流行となっている．
【观光客】guānguāngkè 名 観光客．
【观光农业】guānguāng nóngyè 名 観光農業．を振興させ，農家の生活向上を目指す目的で，観光に農業の要素を取り入れた地域活性化事業．参考 旅行者に農家での生活体験をさせることなど．
【观光团】guānguāngtuán 名 観光団体．
【观看】guānkàn 動 ながめる．観覧する．¶〜景物／風景をながめる．¶〜动静／情況をながめる．¶〜网球比赛／テニスの試合を観戦する．¶他〜了展览会／彼は展覧会を観覧した．

【观礼】guānlǐ//lǐ 動（招待を受けて）列席する．臨席する．
【观礼台】guānlǐtái 名 観礼台．観覧スタンド．
【观摩】guānmó 互いの成果を見学し，学びあう．¶〜会／発表会．¶〜演出／芝居やコンサートなどの公開リハーサル．¶她们经常互相〜,互相切磋 qiēcuō／彼女たちは常に学びあい，切磋琢磨（ｼﾞｮ磨）している．

【观念】guānniàn 名 観念．¶陈旧 chénjiù〜／古い観念．古い概念．¶要从〜上改变过去的做法／過去のやり方を概念から改めなければならない．
【观念形态】guānniàn xíngtài 名《哲学》イデオロギー．回 意识 yìshí 形态

【观赏】guānshǎng 動 観賞する．鑑賞する．見て楽しむ．¶上星期,〜了一个名画展／先週,名画の展覧会を鑑賞した．回 欣赏 xīnshǎng
【观赏鱼】guānshǎngyú 名 観賞魚．
【观赏植物】guānshǎng zhíwù 名 観賞用植物．
【观世音】Guānshìyīn 名《仏教》観世音（ｵﾝ）．略称は"观音"．

【观望】guānwàng 動 ❶ ながめる．見渡す．¶四下〜／四方を見渡す．回 张望 zhāngwàng ❷ 成りゆきを見守る．情勢を探る．意向〜／洞（ﾄﾞｳ）ヶ峠をきめこむ．¶徘徊 páihuái〜／ためらい迷う．¶先〜,再做决定也不晚／まずようすを見て，それから決めても遅くはない．
【观象台】guānxiàngtái 名（天文・気象・地震などの）観測所．
【观音】Guānyīn 名《仏教》"观世音 Guānshìyīn"の略称．

【观瞻】guānzhān ❶ 動 ながめる．観賞する．¶这个楼群,从远处〜,效果更佳 jiā／このビル群は，遠くから見ると，さらに立派に見える．❷ 名 見た目．ながめ．¶有碍 ài 〜／外観を損なう．¶不凡 fán／姿が非凡である．

【观战】guānzhàn 動 観戦する．¶〜的人,比比赛者的人更紧张／観戦者のほうが，試合をしている人よりも緊張している．
【观照】guānzhào 動 ❶《仏教》観照する．❷ 細かく観察する．回 静 jìng 观
【观者如堵】guān zhě rú dǔ 成 多くの見物人が壁のように取り囲む．黒山の人だかりだ．
【观止】guānzhǐ 動 最高のものを見たと称賛する．由来 これさえ見れば，ほかのは見なくてもよい，という意から．『左传』襄公29年に見える語．

*【观众】guānzhòng 名 視聴者．観衆．¶电视〜／テレビ視聴者．¶一个〜的来信／ある視聴者からの手紙．¶先听听〜的反映,再做评价／観客の感想を聞いてから，評価を下す．
【观众席】guānzhòngxí 名 観客席．

纶（綸）guān 纟部4 四2811₂ 全7画 通用

名 ❶ 青い絹のひも．¶〜巾 guānjīn．❷（Guān）姓．
☞ 纶 lún
【纶巾】guānjīn 名 古代，男子のかぶった青い絹ひものついた頭巾．参考 一説には，諸葛亮が軍中でかぶったとされ，"诸葛 Zhūgě 巾"とも呼ばれる．

官 guān 宀部5 四3077₇ 全8画 常用

❶（〜ル）官吏．役人．¶〜员 guānyuán／〜倒 guāndào／〜法 fǎguān（裁判官）／军〜 jūnguān（将校）．反 民 mín 名 ❷ 政府のもの．公のもの．¶〜费 guānfèi／〜方 guānfāng／〜厅 guāntīng / ～话 guānhuà. ❸ 医 体の器官. ¶ ～能 guānnéng / 五～ wǔguān (五官) / 感～ gǎnguān (感觉器官). ❹ (Guān) 姓.

【官办】guānbàn 形 国公営(の).
【官本位】guānběnwèi 名 役職本位. 職位の高低や権力の大小によって価値を量る見方.
【官逼民反】guān bī mín fǎn 成 役人の悪政が民衆の反乱を引き起こす.
【官兵】guānbīng 名 ❶ 将校と兵士. ¶ ～关系 / 将校と兵士の関係. ❷ 旧 政府の軍隊.
【官兵一致】guān bīng yī zhì 句 将校と兵士が政治的に平等であり、団結して民主主義を実行し、自覚的な紀律を持つこと. 人民解放軍の政治工作三大原則の一つ.
【官差】guānchāi 名 ❶ 役所の公務. 公用. ❷ 小役人. 下級役人.
【官场】guānchǎng 名 官界. ¶ ～生活 / 役人生活.
【官倒】guāndǎo ❶ 動 職権を利用して政府機関や役人が不正な商取引を行う. ❷ 名 不正商取引を行う役人や機関. 官僚ブローカー.
【官邸】guāndǐ 〔处 chù, 所 suǒ〕官邸. 高官の住居.
【官方】guānfāng 名 政府筋. 当局側. ¶ ～消息 / 政府筋のニュース. ¶ ～人士 / 政府側の人間. 反 民間 mínjiān
【官费】guānfèi 名 旧 官費. 公費. 表現 現在は"公 gōng 费"を用いる.
【官府】guānfǔ 名 旧 官庁. 地方行政府.
【官官相护】guān guān xiāng hù 成 官僚が互いにかばいあう. 同 官官相卫 wèi
【官话】guānhuà 名 ❶ "普通话 pǔtōnghuà"の旧称. ❷ "官腔 guānqiāng"に同じ. 参考 ①は、元代以来、主に朝廷で使われたことばで、特に北方語をさす.
【官宦】guānhuàn 名 旧.
【官家】guānjiā 名 ❶ 政府. 朝廷. ❷ 旧 皇帝に対する呼称.
【官价】guānjià 名 政府が規定した価格.
【官架子】guānjiàzi 名 旧〔副 fù〕お役所的な態度. 役人風. ¶ 摆 bǎi ～ / 役人風を吹かせる.
【官阶】guānjiē 名 役人の階級.
【官爵】guānjué 名 旧 官職の位と爵位.
【官军】guānjūn 名 旧 官軍. 政府軍.
【官吏】guānlì 名 旧 役人. 官吏.
【官僚】guānliáo 名 役人. 官僚主義. ¶ 耍 shuǎ～ / 官僚主義を振りかざす.
【官僚主义】guānliáo zhǔyì 名 官僚主義.
【官僚资本】guānliáo zīběn 名 官僚資本.
【官僚资本主义】guānliáo zīběn zhǔyì 名 官僚資本主義.
【官僚资产阶级】guānliáo zīchǎn jiējí 名 官僚ブルジョアジー.
【官迷】guānmí ひたすら役人になりたがっている人.
【官名】guānmíng 名 ❶ (幼名以外の)正式な名前. ❷ 官職名.
【官能】guānnéng 名 感覚器官の機能. ¶ 视, 听, 嗅 xiù, 味, 触 chù 这五种～ / 視覚・聴覚・臭覚・味覚・触覚の五の感覚機能. ¶ ～症 zhèng / 機能的な疾患.
【官气】guānqì 名 旧 役人風. 役人ぶっている態度. ¶ 一个芝麻 zhīmá 官,就一十足 / 木っ端役人のくせに、役人風だけは一丁前だ.
【官腔】guānqiāng 名 ❶ 旧 政界での社交辞令. ❷ 規

則や手続きなどを口実にした言い訳. ¶ 打～ / 言い逃れする.
【官人】guānrén 名 ❶ 文 役人. ❷ 宋代における一般男子に対する尊称. ❸ 妻の夫に対する呼称. 参考 ③は、多く早期白話(唐宋代時代から五四運動までの口語文)に見える.
【官商】guānshāng 名 ❶ 旧 国営の企業やそれに従事する人. ❷ 国営企業などの、役人風を吹かす人. ¶ 改变～作风 zuòfēng / お役所商売を改める. ❸ 政府と民間企業. ¶ ～合办 / 官民による共同経営.
【官身】guānshēn 名 旧 官職にある身. 役所勤めの人.
【官署】guānshǔ 名 旧 役所. 政府機関. 同 官厅 guāntīng
【官司】guānsi 名 〔场 cháng〕訴訟. ¶ 打～ / 訴訟を起こす. ¶ 笔墨～ / 紙上論戦.
【官厅】guāntīng 名 旧 役所. 政府機関.
【官位】guānwèi 名 役人の地位. ポスト.
【官衔】guānxián 名 (～儿) 官職名. 地位. ¶ ～很高 / 役職や地位が高い.
【官样文章】guān yàng wén zhāng 成 形式的で、中身のない文章. 由来 "お役所式の文章"という意から.
【官瘾】guānyǐn 役人になることへのこだわりや執着.
【官员】guānyuán 名 〔个 ge, 名 míng, 位 wèi〕(上級の)役人. ¶ 外交～ / 外交官.
【官运】guānyùn 名 旧 役人としての運気.
【官运亨通】guān yùn hēng tōng 成 役人としての運気が順調だ.
【官长】guānzhǎng 名 旧 ❶ 行政単位の長. ❷ 将校. 士官.
【官职】guānzhí 名 官吏のポスト. 地位. ¶ 上級決定恢复 huīfù 他的～ / 上部は彼をもとの官職に復活させることを決定した.
【官佐】guānzuǒ 名 旧 将校. 士官.

冠 guān

一部7 四 3721₄ 全9画 常用

❶ 名 (něng), 帽子. ¶ ～盖 guāngài / 桂～ guìguān (月桂冠) / 衣～整齐 zhěngqí (服装がきちんとしている). ❷ 医 冠状のもの. ¶ ～子 guānzi / 树～ shùguān (木の上の枝葉が繁っている部分) / 根～ gēnguān (根冠). ❸ (Guān) 姓.
☞ 冠 guàn

【冠盖】guāngài 名 ❶ 役人の衣冠や車の覆い. ❷ 高位の役人.
【冠冕】guānmiǎn ❶ 名 旧 皇帝や官吏がかぶった帽子. ❷ 形 見えを張り、気取っている.
【冠冕堂皇】guān miǎn táng huáng 成 外見は堂々としている. 仰々しい.
【冠心病】guānxīnbìng 名 《医学》心臓の冠状動脈疾患.
【冠状动脉】guānzhuàng dòngmài 名 《生理》冠状動脈.
【冠子】guānzi 名 (ニワトリなどの)とさか. ¶ 鸡～ / ニワトリのとさか.

矜 guān

矛部4 四 1822₇ 全9画 通用

❶ 医 妻のいない男. 男やもめ. 同 鳏 guān ❷ 病気. 同 瘝 guān
☞ 矜 jīn, qín

倌 guān

亻部8 四 2327₇ 全10画 通用

名(～ﾙ) ❶ 農村で,家畜の世話をする人. ¶羊～ﾙ yángguǎnr (羊飼い) / 牛～ niúguǎn (牛飼い). ❷ 旧 食堂などの使用人. ¶堂～ﾙ tángguānr (食堂などの給仕).

棺 guān
木部8 全12画 四 4397₇ 次常用

素 ひつぎ. ¶～材 guāncái / ～木 guānmù / 盖 gài 一论定 (成) 人の評価は死んだ後に決まる.
【棺材】guāncái 名〔副 fù, 个 ge, 具 jù, 口 kǒu〕棺おけ. ¶～板 / 棺おけを作る板. 同 棺木 guānmù, 寿材 shòucái
【棺椁】guānguǒ 名 棺椁(かん). 広く棺を指す. 由来 "棺"はひつぎ,"椁"はうわひつぎ(棺を覆う外棺)の意.
【棺木】guānmù 名〔副 fù, 具 jù〕棺おけ. 同 棺材 guāncái

鳏(鰥) guān
鱼部10 全18画 四 2619₉ 通用

素 男やもめ. ¶～夫 guānfū / ～寡孤独 gū dú. 同 寡 guǎ
【鳏夫】guānfū 男やもめ.
【鳏寡孤独】guān guǎ gū dú 成 働く能力がなく,頼る人をなくした人たち. "鳏"(男やもめ),"寡"(寡婦),"孤"(幼くして父を亡くした子),"独"(子供のいない老人). ¶使～者,各得其 qí 所 / 身寄りのない人たちがそれぞれ適当な落ち着き先を得られるようにする.

莞 guǎn
艹部7 全10画 四 4421₂ 通用

❶ 素 地名用字. ¶东～ Dōngguǎn (広東省にある地名). ❷ (Guǎn)姓.
☞ 莞 wǎn

馆(館/異舘) guǎn
饣部8 全11画 四 2377₇ 常用

素 ❶ 多くの人が利用する,大きな建物. 公共の施設. ¶宾～ bīnguǎn (ホテル) / 图书～ túshūguǎn (図書館). ❷ サービスの店. ¶～子 guǎnzi / 旅～ lǚguǎn (旅館) / 茶～ cháguǎn (茶館. 中国式の喫茶店). ❸ 旧 学問を教える塾. ¶家～ jiāguǎn (私塾) / 蒙～ méngguǎn (寺子屋式の私塾).
【馆藏】guǎncáng ❶ 形 図書館・博物館・美術館などで所蔵している. ¶～图书 / 館蔵の書物. ❷ 名 ①の物品. ¶～丰富 / 収蔵品が豊富だ.
【馆长】guǎnzhǎng 名 館長.
【馆子】guǎnzi 名〔个 ge, 家 jiā〕飲食店. レストラン. ¶下～ / レストランへ行く. ¶吃～ / レストランで食事をする.

琯 guǎn
王部8 全12画 四 1317₇ 通用

名《音楽》古代の楽器. 玉製の,穴が六つある笛.

管(異筦) guǎn
竹部8 全14画 四 8877₇ 常用

❶ 名(～ﾙ)〔根 gēn〕管. パイプ. ¶～道 guǎndào / ～见 guǎnjiàn / 竹～ zhúguǎn (竹筒). ❷ 素 管楽器. ¶～弦乐 guǎnxiányuè / 萨克～ sàkèguǎn (サキソホン). ❸ 量 細長い円筒形のものを数えることば. ¶一～毛笔 (1本の筆). ❹ 動 責任をもって事をあずかる. ¶～家 (家事を切り盛りする) / 钱还是由你～吧 (お金はやはりあなたが管理して下さい). ❺ 動 口をはさむ. ¶这事我们不能不～ (これは我々が口出ししないわけにはいかない). ❻ 動 確実に保証する. ¶一切费用由我

来～ (すべての費用は私が保証する) / ～吃～住 (食事と住居を保証する) / 不好～换 (不良品はお取り換え保証します). ❼ 動《秩序を保つため》指導し統制する. ¶这些小孩怎么没人～呢? (この子供たちをどうして誰もしつけないのか) / 你应该好好～～你的儿子 (君は自分の息子をちゃんとしつけるべきだ). ❽ 前 ("叫 jiào"と連用して) を…(と呼ぶ). ¶他们～我叫老三 (彼らは私を"老三"と呼ぶ). ¶把 bǎ 等 ～ / …にかかわりなく. ¶～他同意不同意,我们就这么办 (彼が同意しようがしまいが,私たちはこうする). ❿ (Guǎn)姓. 用法 ⑨は,"管"だけでも句の形によってはこの意味になるが,"不管 bùguǎn","别管 biéguǎn"などの形で用いることが多い. ¶不管什么人＝管他什么人 (彼がどんな人であろうと).

【管保】guǎnbǎo 動 請け合う. 保証する. ¶～成功 / 成功を保証する. ¶你能～没错吗? / 間違いないと保証できるか.
【管材】guǎncái 名 管. パイプ.
【管待】guǎndài 動 歓待する. もてなす. ¶好好～乡下来的朋友 / 田舎から来た友人をたっぷりともてなす.
【管道】guǎndào 名〔条 tiáo〕(ガス・石油・水などの)パイプ.
【管风琴】guǎnfēngqín 名《音楽》〔架 jià〕パイプオルガン.
【管护】guǎnhù 動 (苗木などを)管理し保護する.
【管家】guǎnjiā[-jia] ❶ 名 旧 執事. ❷ 財産や日常生活を管理する人. マネージャー. 世話役.
【管家婆】guǎnjiāpó ❶ 名 旧 女中頭. ❷ 主婦.
【管见】guǎnjiàn 名 管見. 卑見. ¶略 lüè 陈 chén ～ / 管見を述べる.
【管教】guǎnjiào ❶ 動 (主に青少年を)取り締まり,指導する. ¶严加 yánjiā ～ / 厳しく教導する. ¶这孩子太任性 rènxìng, 得 děi 好好～了 / この子がわがまま過ぎるから,しっかりしつけなければ. ❷ 請け合う. 保証する. ¶～你一切满意 / 君がすべて満足すること請け合いだ. ¶这样做,～错不了 liǎo / こうすれば,絶対にうまくいく. 同 管保 guǎnbǎo
【管教所】guǎnjiàosuǒ 名 少年院.
【管界】guǎnjiè 名 ❶ 管轄区. 同 管区 qū ❷ 管轄区の境界.
【管井】guǎnjǐng 名 掘りぬき井戸. パイプ式の井戸. 参考 "洋井 yángjǐng"は古い言い方.
【管窥】guǎnkuī 管見. 浅見. 卑見. ¶～所及 / 管見の及ぶところ. ¶这～是我的一之见,供大家参考 / これは私の浅薄な見方に過ぎませんが,ご参考まで. 由来 細い管からのぞき見る,という意から.
【管窥蠡测】guǎn kuī lí cè 見 識が狭く偏っている. 由来『漢書』東方朔伝に見えることば. 竹の管で天をのぞき,貝殻のひしゃくで海の水をはかる,という意から.
*【管理】guǎnlǐ 動 管理する. 取り扱う. 世話する. 取り締まる. ¶～财务 cáiwù / 財務を管理する. ¶这所大工厂由谁来～? / こんな大工場を誰が管理しているのか. ¶～罪犯 zuìfàn / 犯人を監視する. ¶～牲口 shēngkǒu / 家畜を世話する.
【管路】guǎnlù 名《機械》パイプライン.
【管片】guǎnpiàn 名 (～ﾙ)管轄の区画. 同 管段 duàn
【管钳子】guǎnqiánzi 名《機械》パイプレンチ. 同 管扳 bān 子
【管区】guǎnqū 名 管区. 管轄区.
【管事】guǎn//shì 動 ❶ (事務を)取り仕切る. ❷ (～ﾙ

儿) 役に立つ. 効き目がある. ¶这个药很~儿 / この薬はよく効く.

【管事】guǎnshì 動旧 執事. 番頭.

【管束】guǎnshù 動 取り締まる. 拘束する. ¶对孩子~太严,反而容易引起反抗 / 子供への拘束が厳しすぎると,かえって反抗的になりやすい.

【管辖】guǎnxiá 動 管轄する. 統括する. ¶~范围 / 管轄圏内. ¶我们学校属教育部~ / 我々の学校は教育部の管轄下にある.

【管辖权】guǎnxiáquán 名《法律》❶ 裁判所の案件審理の権限. ❷ (刑事訴訟における)公安・検察・裁判所の役割分担と権限.

【管闲事】guǎn xiánshì 句 よけいな世話を焼く. ¶她很爱管人家的闲事 / 彼女はとてもおせっかいだ.

【管弦乐】guǎnxiányuè 名《音楽》管弦楽.

【管弦乐队】guǎnxiányuèduì 名《音楽》オーケストラ. 管弦楽団. 同 交响 jiāoxiǎng 乐队

【管线】guǎnxiàn 名 パイプや電線,ケーブルなどの総称. ¶铺设 pūshè ~ / ケーブルを敷設する.

【管押】guǎnyā 動 (一時的に)拘束する. ¶~犯人 / 犯罪者を拘留する.

【管涌】guǎnyǒng 動 ❶ 堤防やダムの水漏れが徐々に広がり,その場所から集中的に水が流れ出す. ❷ (市場や経済などが)コントロールできない状態になる. 制御不能になる.

【管用】guǎn//yòng 動 効き目がある. 役に立つ. ¶这种药挺 tǐng ~ / この種の薬はとてもよく効く. ¶他的威信 wēixìn 很高,说话~ / 彼は非常に権威があり,ことばにはとても影響力がある.

【管乐】guǎnyuè 名《音楽》吹奏楽.

【管乐队】guǎnyuèduì 名《音楽》ブラスバンド. 吹奏楽団.

【管乐器】guǎnyuèqì 名《音楽》管楽器. 同 吹奏 chuīzòu 乐器

【管帐】guǎnzhàng 名 会計担当者.

【管制】guǎnzhì ❶ 動 管制する. ¶~灯火 / 灯火管制する. ¶~价格 / 価格を統制する. ¶交通~ / 交通規制する. ❷ 名 刑罰の一つで,拘置刑3ヶ月以上,2年以下のもの.

【管中窥豹】guǎn zhōng kuī bào 成 ❶ 物事の一部分しか見ていない. 見識が狭い. ❷ (よく"可见一斑 kě jiàn yī bān","略见一斑 lüè jiàn yī bān"と連用して)一部分から推しはかって概要を知ることができる. 同 窥豹一斑 kuī bào yī bān 由来《世说新语》方正篇に見えることば.「竹の管から豹を見る」という意から.

【管仲】Guǎn Zhòng《人名》管仲(ちゅう). 中国春秋時代,斉の宰相.

【管子】guǎnzi 名 ❶〔段 duàn,根 gēn,节 jié,截 jié〕管. パイプ. ¶自来水~ / 水道管. ❷《音楽》中国民族楽器の一つ. ひちりきの一種.

鳡(鱤) guǎn
鱼部14 四 2817₇
全22画 通用

名《魚》コイ科の淡水魚.

观(觀) guān
又部4 四 7741₂
全6画 常用

名 ❶ 道教の寺. ¶道~ dàoguàn (道教の寺) / 白云~ Báiyúnguàn (白雲観. 北京にある道教寺院の名). ❷ (Guàn)姓.
☞ 观 guān

贯(貫) guàn
贝部4 四 7780₂
全8画 常用

❶ 素 貫く. 突き通す. ¶~通 guàntōng / ~彻 guànchè / 连~ liánguàn (つながる) / 一~ yīguàn (一貫する). ❷ 名旧 通貨の単位. 穴の開いたお金に縄を通して,千個を"一贯"と呼んだ. ¶万~家财 cái (巨万の富). ❸ 素 先祖代々住み続けてきた土地. ¶籍~ jíguàn (原籍) / 乡~ xiāngguàn (本籍). ❹ (Guàn)姓.

*【贯彻】guànchè 動 (方針や思想を)徹底的に貫く. ¶认真~执行 / 真剣に行う.

【贯穿】guànchuān 動 ❶ 内部を通り抜け,外部とつながる. ¶京九 Jīng-Jiǔ 铁路 ~南北 / 京九線(北京と香港を結ぶ鉄道)は南北を貫いている. ¶~辐射 fúshè / 透過性放射線. ❷ 一貫する. 同 贯串 guànchuān

【贯串】guànchuàn 動 (初めから終わりまで)一貫する. ¶他的作品处~着反封建的基本思想 / 彼の作品は,封建制度に反対する基本の考え方が貫かれている.

【贯口】guànkǒu 名《芸能》芸人が早口で一気にしゃべったり歌ったりすること.

【贯通】guàntōng 動 ❶ (ある学問や思想を)深く理解する. ¶中西医学 / 中国と西洋の医学に通暁(ぎょう)する. ¶融会 rónghuì~ / 様々な知識や道理を考えあわせ,深く理解する. ❷ 貫通する. ¶京沪 Jīng-Hù 铁路全线~了 / 京滬(沪)線(北京と上海を結ぶ鉄道)は全線開通した.

【贯众】guànzhòng 名 ❶《植物》ヤブソテツ. ❷《薬》貫衆(ちゅう). ①の根茎で,解熱・解毒・止血などに用いる.

【贯注】guànzhù 動 ❶ (気力や精神を)集中して注ぎ込む. ¶小王上课时,总是全神~,注意听讲 / 王君は授業中,いつも全神経を集中して,先生の話をよく聞いている. ❷ (ことばの調子や意味が切れずに続いている. 一貫している. ¶这两句前后~ / この二句の意味は,切れずにつながっている.

冠 guàn
冖部7 四 3721₄
全9画 常用

❶ 素 帽子をかぶる. ¶沐猴 mù hóu ér~ (猿が冠をかぶる. 卑小な人物が外見だけを飾る). ❷ 成 上につける. 冠(む)する. ¶乡名前~上县名(郷/名の前に県名を冠する). ❸ 素 第一位になる. ¶~军 guànjūn / 夺~ duóguàn (優勝を勝ち取る). ❹ (Guàn)姓.
☞ 冠 guān

【冠词】guàncí 名《言語》冠詞.

*【冠军】guànjūn 名 優勝者. チャンピオン. ¶游泳~ / 水泳の優勝者.

【冠军赛】guànjūnsài 名 選手権大会. チャンピオンシップ. 同 锦标 jǐnbiāo 赛

【冠名】guàn//míng 動 (名や称号を)冠する.

掼(摜) guàn
扌部8 四 5708₂
全11画 通用

動 ❶ ほうり投げる. ¶~纱帽 shāmào / 往地下一~(地面にほうり出す). ❷ つまづく. 転ぶ. ¶下雨天路滑,他~倒 dǎo 了(雨の日道が滑り,彼は転んでしまった).

【掼纱帽】guàn shāmào 腹を立てて辞職する. 由来 官職をあらわす絹の帽子を投げ捨てる,という意から.

涫 guàn
氵部8 四 3317₇
全11画 通用

[素]〈文〉湯がわく. ¶～沸 guànfèi (沸騰する).

惯(慣) guàn 忄部8 全11画 [常用] 9708₂

[動] ❶ 慣れる. 習慣になる. ¶我吃～了中国菜,吃不～日本菜(私は中国料理は食べ慣れているが,日本料理は食べ慣れない) / 她晚睡～了(彼女は遅寝するのに慣れてしまった). ❷ 子供を甘やかし,わがまま放題にさせる. ¶她太～儿子(彼女は息子を甘やかしすぎだ) / 不要～着孩子(子供を甘やかすな) / 娇 jiāo 生～养 [成] 甘やかされて育つ).

【惯常】guàncháng ❶ [形] 慣れている. 習慣的となっている. ❷ [副] いつも. しょっちゅう. [同] 经 jīng 常 ❸ [名] ふだん. 平常. [同] 平时 píngshí

【惯犯】guànfàn [名]〔量 个 ge, 伙 huǒ, 名 míng〕常習犯.

【惯匪】guànfěi [名]〔量 个 ge, 伙 huǒ, 名 míng〕常習の強盗犯.

【惯技】guànjì [名] 常套手段.

【惯家】guànjia [名] やり手. 老練家. [表現]"老手 lǎoshǒu"にくらべて,悪い意味で使われることが多い.

【惯例】guànlì [名] 慣例. しきたり. ¶打破～ / 慣例を打ち破る. ¶按照～,这家商店每年这个时候举行一次大拍卖 / 慣例によれば,この店は毎年この時期に大安売りをする.

【惯窃】guànqiè [名]〔量 个 ge, 名 míng〕窃盗(ई3)常習犯.

【惯偷】guàntōu [名] 窃盗常習犯. [同] 惯窃 qiè

【惯性】guànxìng [名]《物理》慣性.

【惯用】guànyòng [動] 習慣的によく使う. ¶～的手段 / よく用いる手段. ¶他～这种手法欺骗 qīpiàn 人 / 彼はよくこの手を使って人をだましている. [同] 习用 xíyòng

【惯用语】guànyòngyǔ [名]《言語》きまり文句. 慣用語.

【惯于】guànyú [動] …に慣れている. よく…する. ¶我～夜间工作 / 私は,夜よく仕事をする.

【惯贼】guànzéi [名]"惯窃 guànqiè"に同じ.

【惯纵】guànzòng [動] 甘やかす. 放任する. ¶奶奶太～小孙子 / おばあちゃんは孫をひどく甘やかす.

裸 guàn 礻部8 全12画 [通用] 3629₄

[名] 古代の,酒を地に注いで神に祈る祭礼.

盥 guàn 皿部11 全16画 [四] 7710₂

[素]〈文〉(手や顔を)洗う. ¶～洗 guànxǐ / ～漱 guànshù.

【盥漱】guànshù [動] 顔を洗い口をすすぐ. ¶他习惯于先吃早饭,再～ / 彼は朝食の後に洗面するのが習慣になっている.

【盥洗】guànxǐ [動] 手や顔を洗う.

【盥洗室】guànxǐshì [名] 洗面所. トイレ.

灌 guàn 氵部17 全20画 [常用] 3411₅

❶ [動] 田畑に水を引く. ¶～溉 guàngài / ～渠 guànqú / 春～ chūnguàn (春の灌漑(沒)). ❷ [動]〔液体や気体,顆粒状のものを〕注ぐ. ¶～注 guànzhù / ～浆 guànjiāng / 浇～ jiāoguàn (型に流し込む). ❸ [動] 録音する. ¶～唱片儿 chàngpiānr (レコードを吹き込む). ❹ (Guàn)姓. [同] ❷は,入れ物に流し込む場合と,入れ物から注ぎ出す場合双方に用いる.

【灌肠】❶ guàn//cháng [動] かん腸する. ❷ guàn-cháng [名]〔量 根 gēn〕でんぷんの腸詰め. [参考] ❷は,輪切りにしていためて食べる. もともとは,でんぷんだけでなくひき肉を詰めたもの."香肠 xiāngcháng"(中国式ソーセージ)がしょう油を入れて干すのに対し,西洋風のソーセージを指した.

【灌顶】guàndǐng [名]《仏教》密教で阿闍梨(ふゃ)の位を継承したり仏門に入るときに,水などを頭に注ぐ儀式. 灌頂(ਝੁਠ).

【灌溉】guàngài [動] 田畑へ水を引く. 灌漑(沒)する.

【灌溉渠】guàngàiqú [名] 灌漑(沒)用水路. [同] 灌渠

【灌浆】guàn//jiāng ❶《建築》れんがや石のすきまにコンクリートを流し込む. ❷《農業》(穀物の成熟期に)胚乳(岠)が粘液状になる. ¶今年稻 dào 的～状况良好 / 今年はイネの乳熟情况がよい. ❸ (～儿)水ぶくれが化膿(沒)する.

【灌米汤】guàn mǐtāng [慣] 甘いことばで人をもちあげたり惑わしたりする. ¶他这个人让人一～,头脑就会发晕 fāyùn / 彼ってやつは,人にちょっともちあげられるとすぐクラクラとなってしまう.

【灌木】guànmù [名]〔量 丛 cóng, 棵 kē, 株 zhū〕低木. 灌木(ਝੁਠ). [反] 乔木 qiáomù

【灌区】guànqū [名] 灌漑(沒)区域.

【灌渠】guànqú [名] 灌漑(沒)用の水路.

【灌输】guànshū ❶ 水を引く. ❷ (思想や知識を)つぎ込む. ¶向青少年～正确健康的思想 / 青少年に健全で正しい思想を教え込む.

【灌音】guàn//yīn [動] レコーディングをする.

【灌制】guànzhì [動] 録音してレコードやテープを製作する. [同] 录 lù 制

【灌注】guànzhù [動] 注ぎ込む. 流し込む. ¶这座桥的桥墩 qiáodūn 是用水泥～的 / この橋の橋脚台はセメントを流し込んで作られている.

【灌装】guànzhuāng [動] (液体や気体を)容器に注入する. ¶～酱油 / しょう油を(瓶などに)詰める.

【灌醉】guànzuì [動] 酒をたくさんついで,相手を酔わせる. ¶昨天喝酒,被朋友～了 / 昨日は友達にずいぶん飲まされた.

瓘 guàn 王部17 全21画 [通用] 1411₅

[名] 玉器の一種. [同] 珪 guī

鹳(鸛) guàn 鸟部17 全22画 [通用] 4722₇

[名]《鳥》〔量 只 zhī〕コウノトリ科の鳥の総称. ¶白～báiguàn / 黑～ hēiguàn (ナベコウ).

【鹳雀楼】Guànquèlóu [名] 鹳雀楼(ᢜᢗᡃᠷ). 唐・王之涣(ᷩᢦ)の詩で有名. 山西省永済県の西にあった.

罐(異 鏆,鑵) guàn 缶部17 全23画 [四][常用] 8778₆

[名] ❶ (～儿)(陶器や磁器の)円筒形の容器. ¶～子 guànzi / ～头 guàntou / 汤～ tāngguàn (深底のスープなべ). ❷ (石炭などを運ぶ)タンク車. ¶～车 guànchē.

【罐车】guànchē [名]〔量 辆 liàng, 列 liè〕タンク車. タンクローリー.

【罐笼】guànlóng [名] 坑内の昇降機. ケージ.

*【罐头】guàntou [名]〔量 个 ge, 听 tīng, 筒 tǒng〕缶詰. ¶～刀 / 缶切り. ¶水果～ / フルーツ缶詰. [参考] 量词の"听"は英語の tin に由来.

【罐子】guànzi [名] (陶器や磁器の)円筒形の容器. つぼ.

缶. ¶两~水 / 水差し二杯の水.

guang 《ㄨㄤ〔kuaŋ〕

光 guāng
小部3 四 9021₂
全6画 常用

❶ 名 〚書〛道 dào, 束 shù〛光. 輝き. ¶~明 guāngmíng / ~辉 guānghuī / 灯~ dēngguāng (照明) / 反~ fǎnguāng (光を反射する). ❷ 名 輝かしい栄誉. ¶~荣 guāngróng / ~临 guānglín / 争~ zhēngguāng (栄光を勝ち取る) / 增~ zēngguāng (栄誉を高める). ❸ 素 その時々の風景. ¶~景 guāngjǐng / 春~ chūnguāng (春景色) / 风~ fēngguāng (風光) / 观~ guānguāng (観光する). ❹ 形 (表面が)つるつるしている. ¶这种纸很~ (この紙はつるつるしている) / 玻璃擦得又~又亮(ガラスはよく磨かれて, ぴかぴか輝いている). ❺ 形 少しも残っていない. ¶菜全部被他吃~了(料理は彼にすっかり食べ尽くされてしまった) / 我学过的英文, 现在早就忘得一~了(私は習った英語を今ではすっかり忘れてしまった). ❻ 動 衣服などで覆わない. ¶~头 guāngtóu / ~膀子 bǎngzi (肌脱ぎになる) / 赤 chì~~ (丸裸だ) / ~着上身(上半身裸でいる). ❼ 副 ただそれだけ. ¶大家都走了, ~剩下他一个人了(みんな行ってしまって, 彼だけが残った) / ~好看不行, 还得实用(見かけがいいばかりではだめだ, 実用でなくっちゃあ) / ~这些吗? 没有别的吗? (たったこれだけ? ほかにないの?) ❽ 只 zhǐ ❽ (Guāng)姓. 注意 ❼は動詞や形容詞の前に用いられるばかりでなく, 名詞あるいは数量句の前にも用いられる.

【光斑】guāngbān 名 〈天文〉フレア. 太陽の羊斑(きゃふ).
【光笔】guāngbǐ 名 〈コンピュータ〉ペン型入力装置. ライトペン.
【光标】guāngbiāo 名 〈コンピュータ〉カーソル.
【光波】guāngbō 名 〈物理〉光波.
【光彩】guāngcǎi ❶ 名 色彩と光沢. ¶她的眼睛已经失去了先前的~ / 彼女のひとみには, 以前の輝きがない. ❷ 形 光栄だ. ¶孩子有出息 chūxi, 当父母的也~ / 子供に見込みがあるのは, 親にとっても鼻が高い. 同 光荣 guāngróng, 荣耀 róngyào
【光彩夺目】guāng cǎi duó mù 成 まばゆいばかりに鮮やかだ. ¶钻石 zuànshí 戒指只只都~ / ダイヤモンドの指輪は, どれもまばゆく輝いている.
【光彩照人】guāng cǎi zhào rén 成 (人や物が)輝くようにすばらしい.
【光灿灿】guāngcàncàn 形 (~的)きらきらしている. (輝きが)まぶしい.
【光赤】guāngchì 動 裸になる. 肌をあらわにする. ¶~着身子 / 裸になっている.
【光大】guāngdà 動 文 輝かしく盛大にする. ¶发扬~ / (よい伝統などを)いっそう発展させ, 輝かしいものにする. ¶我们应该继承并~这种优良传统 / 我々はこの優れた伝統を受け継ぎ, さらに発展させてゆくべきだ.
【光带】guāngdài 名 ❶ CD. ❷ 〈物理〉光带. 光の帯.
【光蛋】guāngdàn 名 一文なしの貧乏人. 同 穷 qióng 光蛋 表現 人をののしることば.
【光刀】guāngdāo 名 〈医学〉レーザーメス.
【光导纤维】guāngdǎo xiānwéi 名 光ファイバー. 同

光学 guāngxué 纤维, 光纤 guāngxiān
【光电】guāngdiàn 名 〈物理〉光電子.
【光电池】guāngdiànchí 名 〈電気〉光電池.
【光电效应】guāngdiàn xiàoyìng 名 〈物理〉光電効果.
【光碟】guāngdié → 光盘 guāngpán
【光度】guāngdù 名 ❶ 〈物理〉発光体の光度. 単位は"烛光 zhúguāng"(カンデラ). ¶~计 / 光度計. ❷ 〈天文〉天体の光度.
【光风霁月】guāng fēng jì yuè 成 ❶ (雨があがったあと)風が心地よく月が澄んでいるようす. さわやかで, すがすがしい心境. 世の中が太平で政治が清廉なようす. 同 霁月光风
【光辐射】guāngfúshè 名 ❶ 〈物理〉可視光の放射. 光放射. ❷ 〈軍事〉核爆発による強烈な光と灼熱(しゃくねつ).
【光复】guāngfù 動 ❶ 取り戻す. ¶~失地 / 失った地を取り戻す. (失った領土を)取り戻す. 同 克复 kèfù, 收复 shōufù
【光杆儿】guānggǎnr 名 ❶ 花や葉がすっかり落ちてしまった草木. 葉がなくて花だけがついている枝や茎. ❷ 孤独な人. 家族, 民衆や部下に見放された指導者.
【光杆儿司令】guānggǎnr sīlìng 名 ❶ 部下のいない司令官. 従者のいない指導者. ❷ 孤独な人.
【光谷】guānggǔ 名 オプティカルバレー. 光電子情報産業が集中している場所.
【光顾】guānggù 動 おいでになる. ¶欢迎~ / いらっしゃいませ. 表現 商家が客を迎えるときに用いる敬語表現.
【光怪陆离】guāng guài lù lí 成 怪しげなまでに色彩が入り乱れている. ¶大上海那~的夜景简直让人迷醉 mízuì / 大上海のきらびやかな夜景を見ると, 実にうっとりする.
【光棍】guānggùn[-gun] 名 ❶ ちんぴら. ならず者. ❷ 賢人. ¶~不吃眼前亏 kuī / 成 賢い人は, うまく立ち回って, 損をしない.
【光棍儿】guānggùnr 名 〔条 tiáo〕独身の男. ¶一辈子打~ / 一生独身のままだ. 同 单身汉 dānshēnhàn
【光合作用】guānghé zuòyòng 名 〈植物〉光合成.
【光华】guānghuá 名 輝き. ¶日月~ / 日や月の輝き.
【光滑】guānghuá[-hua] 形 表面がなめらかでつるつるしている. 重 光光滑滑 / 润滑 rùnhuá 反 粗糙 cūcāo
【光化学烟雾】guānghuàxué yānwù 名 光化学スモッグ.
【光环】guānghuán 名 ❶ 光の輪. ¶土星~ / 土星の~ . ❷ (聖人像などの)光輪.
*【光辉】guānghuī ❶ 名 まばゆい光. ¶太阳的~普照着大地 / 太陽のまばゆい光は大地をあまねく照らしている. 同 光芒 guāngmáng ❷ 形 明るく輝いている. ¶~的前程 / 輝かしい将来.
【光辉灿烂】guāng huī càn làn 成 燦然(さん)と光り輝く.
【光火】guāng//huǒ 動 怒る. 腹を立てる.
【光洁】guāngjié 形 清潔で光沢がある.
【光洁度】guāngjiédù 名 〈機械〉平滑度. 仕上げ度. 表現 現在は"粗糙 cūcāo 度"と言う.
【光景】guāngjǐng ❶ 名 風景. ❷ 名 環境や状況. ¶因为父亲长年生病, 家中~很不好 / 父が長年病気をしているので, 家の暮らしは苦しい. ❸ 名 (時間や数量が)…ぐらい. ¶半夜~起了风 / 夜中ごろから風が吹きはじめた. ❹ 副 どうやら. ¶看这衣服的样式~是洋货 / この服のデザインからすると, どうやら輸入品のようだ. 用法 ❹は, 多く"是 shì"の前に用いる.

【光缆】guānglǎn 名 光ケーブル.
【光亮】guāngliàng ❶ 形 (光を照り返して)ぴかぴかしている.¶他的皮鞋擦 cā 得～～的 / 彼の革靴はぴかぴかに磨き上げられている. ❷ 名 (～儿)暗やみの中にぽつんともる明かりや、ひとすじの光.¶远处的山村,时而可以看到一点儿～ / 遠くの山村を眺めると、時折ぽつんと明かりが見える. 重 光光亮亮.
【光量子】guāngliàngzǐ →光子 guāngzǐ.
【光疗】guāngliáo 名《医学》光線療法. フォトセラピー.
【光临】guānglín 動 (相手が)おいでになる. いらっしゃる.¶敬请～ / ご到来をお待ちしております.¶欢迎～寒舍 hánshè / 拙宅へのお越しを楽しみにしております.¶大驾 dàjià～,不胜荣幸 róngxìng 之至 / おいでいただき、光栄の至りに存じます. 同 莅临 lìlín 表現 手紙やあいさつ文で使われる敬語.
【光溜溜】guāngliūliū 形 (～的) ❶ つるつるしている.¶河面上冻了一层～的冰 / 川面には氷が張って、つるつるだ. ❷ 何も覆うものがない.¶脱得～的一丝不挂 / 素っ裸になる.
【光溜】guāngliu 形 ❶ 表面がつるつるしている. ❷ さっぱりしている.
【光芒】guāngmáng 名 中心から周囲に放たれる強い光.¶红日东升,～四射 / 太陽が東から昇り、光を四方へ放つ. 同 光辉 guānghuī.
【光芒万丈】guāng máng wàn zhàng 成 光があたり一面をくまなく照らす.
【光面】guāngmiàn 名 具の入っていないタンメン. 素うどん.
【光敏】guāngmǐn 形《物理》感光性のある.
*【光明】guāngmíng ❶ 名 光.¶一线～ / 一本の光. ❷ 形 きらきらと明るい.¶街灯一照,路上显得格外～ / 街灯がともると、通りはとても明るくなった. 反 暗淡 àndàn,黑暗 hēi'àn ❸ 形 希望がある.¶前途非常～ / 前途はとても明るい. ❹ 形 に隠し事などがない.¶心地～ / 気持ちがすっきりしている.
【光明磊落】guāng míng lěi luò 秘密や打算がなく、心がからりと明るい.¶他的一生是～的一生 / 彼の一生は、やましいところがなく公明正大な人生だ.
【光明日报】Guāngmíng rìbào『光明$\check{\text{s}}$日報』. 参考 中国共産党主管の、主に知識人を対象にした総合的な全国紙. 1949年創刊.
【光明正大】guāng míng zhèng dà 成 私心がなく行いが正しい. 公明正大だ.¶他为人 wéirén～,从来不搞小动作 / 彼は公明正大な人柄で、つまらない小細工などしたことがない.
【光能】guāngnéng 名《物理》光エネルギー.
【光年】guāngnián 量《天文》光年.
【光盘】guāngpán 名 光ディスク. 同 光碟 dié.
【光谱】guāngpǔ 名《物理》スペクトル.
【光谱分析】guāngpǔ fēnxī 名《物理》スペクトル分析.
【光谱仪】guāngpǔyí 名《物理》分光器.
【光气】guāngqì 名《化学》ホスゲン.
【光球】guāngqiú 名《天文》(太陽の)光球.
【光驱】guāngqū 名《コンピュータ》"光盘驱动器" (CDドライブ)の略.
【光圈】guāngquān 名 (～儿)カメラのしぼり. 同 光孔 guāngkǒng,光阑 guānglán.
*【光荣】guāngróng 形 名誉だ. 栄光だ.¶做这样的事有～ / このようなことをするのは光栄です.¶牺牲 xī-shēng / 名誉の戦死. 殉職.
【光荣榜】guāngróngbǎng 名 表彰板. 優れた功績のあった人の名前や写真を貼りだす掲示板.
【光荣之家】guāngróng zhī jiā 名 家族から人民解放軍の兵士を出している家. この四字を書いて門口に貼り出すことが多い.
【光润】guāngrùn 形 (皮膚の)つやがよく、すべすべしている.
【光栅】guāngshān 名《物理》回折格子(ごうし).
【光闪闪】guāngshǎnshǎn 形 (～的)きらきらと輝いている.
【光身】guāngshēn 名 ❶ 独身.¶这些年,他一直是～一人 / この数年、彼はずっと独身のままだ. ❷ 自分ひとり. ひとりぼっち.
【光束】guāngshù 名《物理》光線の束. 光束.
【光速】guāngsù 名《物理》光速.
【光天化日】guāng tiān huà rì 成 明るい昼の空. 誰もが見ているところ.¶～之下 / 白日のもと.
【光通量】guāngtōngliàng 名《物理》光束密度. 参考 単位は流明(ルーメン).
【光通信】guāngtōngxìn 名 光通信. 同 激 jī 光通信
【光头】❶ guāngtóu 名 帽子をかぶらない. 光着头,没戴帽子 / 帽子をかぶらず、頭はむきだしのままだ. ❷ guāngtóu 名 坊主頭. はげ頭.
【光秃秃】guāngtūtū 形 (～的) (草木や毛髪が生えていなくて)つるつるだ.¶～的山 / はげ山.
【光污染】guāngwūrǎn 名 光公害.
【光纤】guāngxiān 名 "光学纤维 guāngxuéxiānwéi"(光ファイバー)の略称.
【光纤通信】guāngxiān tōngxìn 名 光ファイバー通信.
【光鲜】guāngxiān 形 ❶ 明るく色鮮やかだ. ❷ きちんと整ってきれいだ. ❸ 形 体面がよい. 光栄だ.
*【光线】guāngxiàn 名〔量 道 dào,条 tiáo〕光線.¶教室里～太暗了 / 教室の明かりが暗すぎる.
【光绪】Guāngxù ❶ 名《歴史》光緒(こうちょ). 清の徳宗(光绪帝)の年号(1875-1908). ❷《人名》光緒帝(1871-1908). 清の第11代皇帝.
【光学】guāngxué 名 光学.¶～显微镜 xiǎnwēijìng / 光学顕微鏡.
【光学玻璃】guāngxué bōli 名 光学ガラス.
【光压】guāngyā 名《物理》光圧.
【光艳】guāngyàn 形 色鮮やかで美しい.
【光焰】guāngyàn 名 燃え上がるようなまばゆい光.
【光洋】guāngyáng 名 方 1円銀貨. 同 銀圓 yínyuán
【光耀】guāngyào ❶ 名 まばゆい光. 同 光輝 guānghuī ❷ 名 名誉. 誇り. ❸ 動 輝かしく盛大にする.¶～祖宗 zǔzong / 祖先の名を輝かしいものとする. 家名をあげる. 同 光大 guāngdà ❹ 形 輝かしい.¶～史册 shǐcè / 歴史上に輝く.
【光阴】guāngyīn 名 時間.¶一寸～一寸金,寸金难买寸～ / 時は金なり、されど、金で時は買いがたし.¶人不要虚度～ / 人は時をむなしく過ごしてはならない.
【光阴似箭】guāng yīn sì jiàn 成 光陰矢のごとし.
【光源】guāngyuán 名 光源.
【光泽】guāngzé 名 光沢. つや.
【光照】guāngzhào ❶ 名 (生物に必要な)光の照射. ❷ 動 光り輝く.¶～人间 rénjiān / 世に知られて輝く.
【光照度】guāngzhàodù 名《物理》照度. 参考 "照度"とも言う. 単位は "勒克斯 lèkèsī" (ルクス).

【光针】guāngzhēn [名]《中医》(針灸の)レーザー針.
【光柱】guāngzhù [名]《物理》光束. 光線の束.
【光子】guāngzǐ [名]《物理》光子. フォトン. [同] 光量 liàng 子
【光宗耀祖】guāng zōng yào zǔ [成] 祖先や一族の栄誉となる.

咣 guāng 口部 6 [四] 6901₂ 全 9 画 [通 用]
[擬] ぶつかって響く音. ばたん. がたん. ごん. ¶ 大门～的一声关上了(入口のドアはばたんと音をたてて閉った).
【咣当】guāngdāng [擬] ものがぶつかって響く音. がたん. ごとん.

桄 guāng 木部 6 [四] 4991₂ 全10画 [通 用]
下記熟語を参照.
☞ 桄 guàng
【桄榔】guāngláng [名]《植物》サトウヤシ.

胱 guāng 月部 6 [四] 7921₂ 全10画 [通 用]
→膀胱 pángguāng

广(廣) guǎng 广部 0 [四] 0020₀ 全 3 画 [常 用]
❶[形] 面積や範囲などが広い. ¶ 影响面要比以前～一些(影響は以前よりもやや広範囲にわたっている) / 他的知识不算特别～一些(彼の知識は特に広いとは言えない). ❷[名] 広さ. 幅. ¶ 这块地长五丈,～十丈(この土地は長さ五丈,幅十丈だ). ❸[素] 多くの人のあいだに広める. ¶ ～播 guǎngbō / ～告 guǎnggào / 推～ tuīguǎng (推し広める). ❹[素] (人数が)多い. ¶ ～众 guǎngzhòng (人数が多い). ❺[名] (Guǎng)広東,広州の略称. ¶ ～货 guǎnghuò. ❻ (Guǎng)姓. [表現] ⑤で,広西のことを"广"と略すのは, "两广 Liǎng Guǎng" (広東と広西)という場合のみ.
☞ 广 ān
**【广播】guǎngbō ❶[動] 放送する. ¶ ～新闻 / ニュースを放送する. ❷[名] 放送番組. ¶ ～稿 gǎo / 放送用の台本. ¶ ～网 wǎng / 放送ネットワーク.
【广播电台】guǎngbō diàntái [名] 放送局.
【广播剧】guǎngbōjù [名] ラジオドラマ.
【广播(体)操】guǎngbō (tǐ-)cāo [名] ラジオ体操.
【广博】guǎngbó [形] 学識や見聞が広い. ¶ 知识～ / 知識が豊かだ.
*【广场】guǎngchǎng [名] ❶〔[量] 片 piàn〕広い面積の場所. ❷〔[量] 座 zuò〕広場. ¶ 天安门 Tiān'ānmén ～ / 天安門広場.
*【广大】guǎngdà [形] ❶ 面積や空間がとても広い. ¶ ～区域 qūyù / 広大な地域. ❷ 範囲や規模がとても大きい. ¶ ～的组织 / 巨大な組織. ❸ 人数がとても多い. ¶ ～读者 / 多くの読者.
【广东】Guǎngdōng《地名》広東(カントン)省. 省都は広州(こうしゅう). 略称は"粤 Yuè"(粤(えつ)).
【广东音乐】Guǎngdōng yīnyuè [名] 広東一帯に伝わる民間音楽. 高胡(こうこ)や揚琴(ようきん)などの弦楽器を主体とし,笛や洞簫(どうしょう)が加わる.
【广度】guǎngdù [名] (思想・知識・生産などの)広さ. ¶ 深度和～ / 深さと広さ.
【广而告之】guǎng ér gào zhī [成] 広く宣伝する.
【广而言之】guǎng ér yán zhī [句] 一般的に言えば. 広い意味で言うと. ¶ ～,人也是一种动物 / 広い意味では人間も動物です.
*【广泛】guǎngfàn [形] (及ぶ範囲が)広い. ¶ ～调查研究 / 広範囲に調査研究を行う. ¶ 国际间的协作 xiézuò 越来越～ / 国際協力の範囲はますます広がっている.
【广柑】guǎnggān [名] (広東省・四川省産の)スイートオレンジ. [同] 广橘 guǎngjú, 黄果 huángguǒ, 甜橙 tiánchéng
*【广告】guǎnggào [名]〔[量] 份 fèn, 个 ge, 张 zhāng〕広告. 宣伝. ¶ 登～ / 広告を載せる. ¶ 电视～ / テレビコマーシャル.
【广告画】guǎnggàohuà [名] ポスター.
【广寒宫】Guǎnghángōng [名] (伝説上の)月にあるという宮殿. [同] 广寒府 fǔ
【广货】guǎnghuò [名][旧] 広東省産の日用雑貨品.
【广交会】Guǎngjiāohuì [名] 広州交易会. 1957年から毎年春と秋に開かれる見本市.
【广角镜头】guǎngjiǎo jìngtóu [名] 広角レンズ.
【广开才路】guǎng kāi cái lù [成] 多くの人が才能を生かせるよう道を広く開く. ¶ ～,吸引人才 / 才能を生かせる場を作って人材を集める.
【广开言路】guǎng kāi yán lù [成] 部下や一般の人がおおいに意見を言えるようにする.
*【广阔】guǎngkuò [形] 広大に開けている. ¶ ～的草原 / 広々とした草原. ¶ 胸怀 xiōnghuái～ / 度量がきわめて広い.
【广袤】guǎngmào [文] ❶[名] 土地の広さ. 東西の辺の長さが"广",南北の辺の長さが"袤". ¶ ～千里的黄土高原 / どこまでも続く広大な黄土高原. ❷[形] 広々としている. ¶ 国土～ / 国土が広大だ.
【广漠】guǎngmò [形] 広々として何もない. ¶ ～的海滩 hǎitān / 広く果てしない浜辺.
【广土众民】guǎng tǔ zhòng mín [成] 土地が広大で人口がとても多い.
【广西壮族自治区】Guǎngxī Zhuàngzú zìzhìqū《地名》広西チワン族自治区. 区都は"南宁 Nánníng"(南寧(なんねい)). 略称は"桂 Guì"(桂(けい)).
【广义】guǎngyì [名] 広義. ¶ 从～上来说 / 広い意味で言えば. [反] 狭义 xiáyì
【广域网】guǎngyùwǎng [名]《通信》広域ネットワーク.
【广远】guǎngyuǎn [形] 広大で果てしない. 広大で奥深い.
【广种薄收】guǎng zhòng bó shōu [成] ❶《農業》(粗放農法で)作付け面積のわりに単位面積あたりの収穫量が少ないこと. ❷ 広く実施したのに収穫が少ないたとえ.
【广州】Guǎngzhōu《地名》広州(こうしゅう). 広東省の省都.
【广州起义】Guǎngzhōu qǐyì [名]《歴史》広州蜂起 (1927). [参考] 第一次国共合作の崩壊後に中国共産党が広州で起こした武装蜂起.

犷(獷) guǎng 犭部 3 [四] 4020₀ 全 6 画 [通 用]
[素][文] 荒っぽくて,上品さに欠ける. ¶ ～悍 guǎnghàn / 粗～ cūguǎng (粗野だ).
【犷悍】guǎnghàn [形] 荒々しく強い. ¶ ～的大汉 / 荒々しい大男.

桄 guàng 木部 6 [四] 4991₂ 全10画 [通 用]
❶[動] (器具を使ってひもや糸を)巻き取る. ¶ 把线～上(糸を巻き取る). ❷[名] 糸巻き. ¶ ～子 guàngzi. ❸[量] (～儿) 巻いた糸やひもを数えることば. ¶ 一～线(一巻きの糸).

☞ 桄 guāng
【桄子】guàngzi 名 糸巻き.

逛 guàng
辶部7　四 3130₁
全10画　次常用

動 ぶらぶら歩く. ¶ 在街上～一～（街をぶらぶらする）/ ～商店（ウィンドウショッピングをする）/ 闲～ xiánguàng（ぶらぶら歩く）/ 游～ yóuguàng（ぶらぶら見物する）.
同 溜达 liūda

【逛荡】guàngdang 動貶 ぶらぶらしている. ¶ 不要整天／一日中ぶらぶらしていてはいけません.
【逛灯】guàng/dēng 動 旧暦の正月15日に灯籠（ろう）見物に行く.
【逛街】guàng//jiē 動 街をぶらぶらする.

gui ㄍㄨㄟ [kuei]

归(歸) guī
彐部2　四 2707₀
全5画　常用

❶ 動文 もとのところに戻る. ¶ ～来 guīlái / 回～ huíguī（復帰する）. ❷ 動 もとに戻す. ¶ 物～原主（ものがもとの持ち主に返る）. ❸ 動 ひとつところに落ち着く. まとまる. ¶ ～结 guījié / 总～ zǒngguī（総括する）/ 河流千里～大海/川は千里を流れて大海に集まる）. ❹ 動（所有や責任が）…に帰する. …に属する. ¶ ～属 guīshǔ / ～于 guīyú. ❺ 前 …（の責任に）によって. この事～我办（このことは私が責任を持ちます）. ❻ 接 同じ動詞の間に置き、譲歩をあらわす. …のにはある. ¶ 批评～批评,该做还得 děi 做（批判はあろうが、やるべきことはやらなければならない）. ❼ 名（数学）珠算で、除数が一けたの割算. ¶ ～除 guīchú / 九～ jiǔguī（珠算の割算九九）. ❽（Guī）姓. 用法 ❺の前置詞の"归"と"由 yóu"は，ともに動作や行為の主体をあらわすが、使用範囲は"由"の方が広く，"归"は責任の所在を示す場合にのみ用いられる.

【归案】guī//àn 動 犯人が捕らえられ送検される. ¶ 凶犯 xiōngfàn 已经捉拿～／凶悪犯はすでに逮捕され、裁判が行われる.
【归并】guībìng 動 統合する. 合併する. ¶ ～机构/組織を統合する. 重 归并并并 同 归拢 guīlǒng
【归程】guīchéng 名 帰途. 帰りの道のり. ¶ 踏上 tàshàng～/ 帰途につく.
【归除】guīchú 名 珠算で、二けた以上の割り算.
【归档】guī//dàng 動 分類し、保管する. ¶ 这些资料都要～／これらの資料はすべて分類・保管されなければならない.
【归队】guī//duì 動 ❶ 原隊に戻る. ¶ 准时～／時間通り帰隊する. ❷ もとの仕事に復帰する.
【归附】guīfù 動 帰順する. ¶ ～朝廷 cháotíng / 朝廷側に帰順する.
【归根】guīgēn 動 異郷に身を寄せていた人が最終的に故郷に帰るたとえ. ⇨叶落 yèluò 归根
【归根到底】guī gēn dào dǐ 成 結局. つまりは. ¶ 他能取得那么好的成绩,～是他自己努力的结果／彼があれほどの実績をおさめたのは、つまるところ彼自身の努力の成果だ. 同 归根结底 jiédǐ
【归根结底[柢]】guī gēn jié dǐ 成 つまるところ. 同 归根到 dào 底,归根结蒂 dì
【归公】guī//gōng 動 公のものとする. ¶ 缴获 jiǎohuò～／没収したものは国家のものにする.

【归功】guīgōng 動 功績が個人や集団に帰する. …の手柄だ. …のたまものだ. ¶ 公司的发展～于全体职工的共同努力／会社の発展は、社員全員の努力のたまものだ. 用法 多く"归功于 yú"の形で用いる.
【归国】guīguó 動 帰国する.
【归国华侨】guīguó huáqiáo 名 本国に戻った在外中国人. 帰国華僑（きょう）.
【归航】guīháng 動《交通》（飛行機や船が）帰りの航路につく. 帰航する.
【归化】guīhuà 動 帰化する.
【归还】guīhuán 動（借りた物を）返す. ¶ 按时～/ 期日通りに返却する. ¶ ～借款 jièkuǎn / 借金を返す.
【归回】guīhuí 動 帰る. 戻る.
【归结】guījié ❶ 動 結論を出す. まとめる. ¶ 上述内容～为 wéi 两句话／以上の内容を二つのことばにまとめよ. ❷ 名 結末. 結論.
【归咎】guījiù 動 …のせいにする. 罪をきせる. ¶ ～于人／他人に罪をきせる. 用法 多く"归咎于 yú"の形で用いる.
【归口】guī//kǒu 動 ❶ 性質ごとに分類する. ¶ ～管理／分野別に管理する. ❷ もとの職場や業務に復帰する.
【归来】guīlái 動文 戻ってくる.
【归类】guī//lèi 動 分類する.
【归拢】guīlǒng[-long] 動 一つにまとめる. 片付ける. ¶ 你把工具～一下／道具を片付けなさい. 同 归拢归拢, 归拢归
【归纳】guīnà 動 ❶（抽象的な事象を）まとめる. ¶ 今天会议的内容～起来,主要有以下三点／今日の会議の内容をまとめると、以下の3点である. ❷ 帰納する. 反 演绎 yǎnyì
【归纳法】guīnàfǎ 名 帰納法.
【归宁】guīníng 動文（嫁いだ娘が）里帰りする.
【归期】guīqī 名 戻ってくる期日. ¶ ～未定／帰着日は未定.
【归齐】guīqí 副 方 ❶ とうとう. 結局. 同 结果 jiéguǒ, 到底 dàodǐ ❷ 合計で. 全部で. 同 总共 zǒnggòng
【归侨】guīqiáo 名 "归国华侨 guīguó huáqiáo"の略.
【归去】guīqù 動文 帰っていく.
【归入】guīrù 動 繰り入れる.
【归属】guīshǔ 動 …に属する. ¶ 无所～/ どこにも属さない.
【归顺】guīshùn 動（敵に）帰順する.
【归宿】guīsù 名 最終的な落ち着き先. ¶ 人生的～/ 人生の終着点.
【归天】guī//tiān 動 昇天する. ¶ 人命～/ 人の命が天に召される. 同 归西 guīxī 表現 人の死の婉曲な言いかた.
【归田】guītián 動文 退職して郷里へ帰る. ¶ 解甲 jiějiǎ～/ 成 除隊して郷里へ帰る.
【归途】guītú 名 帰り道. 帰途. ¶ 踏上 tàshàng～/ 帰途につく.
【归西】guī//xī 動 西方浄土へ帰る. 同 归天 guītiān 表現 人が死ぬことの婉曲な言いかた.
【归降】guīxiáng 動 投降する. ¶ ～我军／我が軍に投降する.
【归向】guīxiàng 動（良い方向に）傾く. 向かう. ¶ 人心～/ 成 人々の心が傾く. 参考 "向"はもと"嚮 xiàng"と書いた.
【归心】guīxīn ❶ 名 帰心. 里心. ❷ 動 心から慕う.

心服する。¶四海～/世界中が心服する.
【归心似箭】guī xīn sì jiàn 成 帰心矢のごとし.
【归省】guīxǐng 動文 帰省する.
【归依】guīyī 動❶《宗教》帰依(¾)する.¶～佛门 fómén/仏門に帰依する. 回 皈依 guīyī ❷ 文 身を寄せる.¶无所～/よるべき所がない.
【归隐】guīyǐn 動文 故郷に戻って隠居する.
【归于】guīyú 動❶…に属する.陽の影の長さに帰する.¶荣誉 róngyù～全校/名誉は学校全体に帰する. ❷ …に向かう.…の結果になる.¶大家的意见已经～一致了/皆の意見はすでに一致の方向に向かった.
【归赵】guī Zhào 動 持ち主に返す.⇨完璧 wán bì 归赵
【归着】guīzhe 動 "归置 guīzhi"に同じ.
【归真反璞】guī zhēn fǎn pú 成 本来の素朴な状態に戻る. 回 归真反朴 pǔ
【归整】guīzhěng[-zheng] 動 整頓する.片づける.
【归置】guīzhi 動❶ 片付ける.整理する.¶不穿的衣服要及时～起来/着ない服はその度都片付けなさい. 回 归置归置
【归总】guīzǒng 動 ひとつにまとめる. 回 归并 bìng
【归罪】guīzuì 動 罪をきせる.…のせいにする.¶这次事故,不能～于司机/今回の事故は、運転手の責任にしてはならない. 用法 多く"归罪于 yú"の形で用いる.

圭（異 珪❶） guī 土部3 四 4010₄ 全6画 通用

❶名 圭(₁).古代の儀式に用いた玉製の器具.上は剣の形にとがり,下は方形.¶～角 guījiǎo ("圭"の先のとがったところ.隠れていた才能や形跡)/初露又～角(初めて頭角をあらわす). ❷→圭表 guībiǎo ❸古 古代の容量の単位.1"升 shēng"の10万分の1. ❹ (Guī)姓.
【圭表】guībiǎo 名 古代の日時計の一種.陽の影の長さによって節気と一年の長さを測定する. 参考 "表"(垂直に立つ針)と"圭"(ものさし)からなる.
【圭臬】guīniè 名 ❶ "圭表 guībiǎo"に同じ. ❷ 基準.きまり. ❷ 奉 fèng 为 wéi～/手本として尊重する.
【圭亚那】Guīyànà ❶《地名》ギアナ.南米北部,赤道とオリノコ川との間の地域. ❷《国名》ガイアナ(南米).

龟（龜） guī 龟部0 四 2771₆ 全7画 常用

名《動物》〔只 zhī〕カメ.¶～甲 guījiǎ /～鉴 guījiàn（亀鑑ゑ.手本)/海～ hǎiguī(ウミガメ)/乌～ wūguī (クサガメ).
☞ 龟 jūn, qiū
【龟板】guībǎn 名 ❶ カメの腹部の甲羅(⅔). ❷《薬》亀板(恃).強壮剤の一種.
【龟甲】guījiǎ 名 亀の腹部の甲羅(⅔).古代,占いに用いた.
【龟缩】guīsuō 動貶 (亀の頭が甲羅⅔にひっこむように)畏縮(⅃ᷤ)する.小さくなる.¶～在碉堡 diāobǎo 里 /トーチカの中で息をひそめる.
【龟头】guītóu 名《生理》亀頭.

妫（媯/異 嬀） Guī 女部4 四 4442₇ 全7画 通用

❶素 地名用字.¶～水 Guīshuǐ(河北省にある川の名). ❷ 姓.

规（規） guī 见部4 四 5781₂ 全8画 常用

❶素 円を描くための道具.コンパスなど.¶圆～ yuánguī (コンパス)/两脚～ liǎngjiǎoguī (コンパス.ディ

バイダー). ❷素 決まり.枠組み.¶～范 guīfàn /～章 guīzhāng /常～ chángguī (しきたり)/校～ xiàoguī (校則). ❸素 正しい方向へ導く.戒める.¶～劝 guīquàn /～勉 guīmiǎn (忠告し励ます). ❹素 枠組みをつくる.計画を立てる.¶～划 guīhuà /～定 guīdìng /～避 guībì. ❺ (Guī)姓.
【规避】guībì 動 回避する.そらす.¶～责任/責任を回避する.¶请不要～我的提问/話をそらさないで私の質問に答えて下さい.
【规程】guīchéng 名 規則.規定.¶操作 cāozuò ～/取り扱い規則.
*【规定】guīdìng ❶動 定める.規定する.¶～质量标准/品質基準を定める. ❷名 規定.規則.¶这是公司的～,必须照办/これは会社の決まりですから、この通りにやらなければいけません.
【规定动作】guīdìng dòngzuò 名《スポーツ》(体操競技などの)規定動作.規定演技.
【规定性】guīdìngxìng 名 規定性.
【规范】guīfàn ❶名 規範.標準.¶道德～/道徳の手本. ❷形 規範に合っている.¶用法不太～/使い方があまり規範に合っていない.
【规范化】guīfànhuà 動 規範化する.標準化する.¶语言～/言語を標準化する.
【规费】guīfèi 名 規定の費用.行政機関などに支払う手続費用.
【规格】guīgé 名〔个 ge,种 zhǒng〕❶ 製品の規格.仕様.¶产品不合～/製品が規格に合っていない. ❷ 規定された要求や条件.基準.¶接待外宾的～/外国人ゲストを接待する基準.
【规规矩矩】guīguījǔjǔ 形 きちんとしている.折り目正しい.¶那个孩子～地坐在椅子上,动也不动/その子はお行儀よくじっとịいすに座ったまま、身動きひとつしない.⇨规矩 guīju
【规划】guīhuà ❶名〔项 xiàng〕計画.¶远景～/長期計画. ❷動 計画を立てる.¶水利问题,应当全面～/水利問題では、全体的なプランニングをしなければばらない.
【规谏】guījiàn 動文 忠告する.いさめる.
【规矩】guīju ❶名〔条 tiáo〕決まりや習慣.¶老～/しきたり.いつものルール. ❷形 行儀がよい.きちんとしている.¶他字写得很～/彼の字は整っていてきれいだ.¶这孩子真懂～/この子はほんとにお行儀がいい. 用法 ❷は、重ね型"规规矩矩"でも用いる.
*【规律】guīlǜ 名〔条 tiáo〕法則.規則.¶自然～/自然の法則.¶事物发展的～/物事の発展法則. 比较 中国語の"规律"は客観的な事実を示し、日本語での人為的な規則という意味になる.
【规律性】guīlǜxìng 名 法則性.
*【规模】guīmó 名 規模.スケール.¶～宏大 hóngdà /規模が大きい.¶这家商店的～可不小啊/この店はなかなか規模が大きいですね. 用法 "大～地","小～地"の形で副詞としても使われる.
【规劝】guīquàn 動 忠告する.厳しく戒める.¶我～过他好几次,他就是不听/私は何度も忠告したが、彼は全く聞く耳を持たなかった.
【规行矩步】guī xíng jǔ bù 成 ❶ 決まりどおりにきちんと行う. ❷貶 融通がきかない.
【规约】guīyuē 名 取り決め.規約.¶遵守～/規約を遵守する.
【规则】guīzé ❶名〔项 xiàng〕規則.ルール.¶

交通～/交通規則.¶足球比賽～/サッカーのルール.❷形 規則的だ.基準に合っている.¶他的脉搏 màibó 跳得不～/彼の脈は乱れている.
【规章】guīzhāng 名 規則.規定.
【规章制度】guīzhāng zhìdù 名 規則や制度.¶要遵守～/規則や制度に従わなければならない.
【规整】guīzhěng ❶形 規則どおりだ.整っている.❷动 整理する.片づける.
【规正】guīzhèng ❶动〈文〉忠告して改めさせる.正す.❷形 整っている.同 规整 zhěng.
【规制】guīzhì 名 ❶ 規則.制度.❷(建築物の)規模や構造.

邽 Guī 阝部6 四4712₇ 全8画 通用

❶素 地名用字.¶下～ Xiàguī（陝西shǎn省にある地名）.❷ 姓.

皈 guī 白部4 四2264₇ 全9画 通用

下記熟語を参照.
【皈依】guīyī 动《宗教》帰依(きえ)する.¶～宗教的年轻人越来越多/宗教に入信する若者がますます増えている.同 归依 guīyī

闺(閨) guī 门部6 四3710₄ 全9画 次常用

素 女性の居室.¶～房 guīfáng /～秀 guīxiù / 深～ shēnguī（女性の居室.深窓）.
【闺房】guīfáng 名〈旧〉女性の部屋.閨房(けいぼう).
【闺阁】guīgé 名 閨房(けいぼう).同 闺房 guīfáng
【闺门】guīmén 名 閨房(けいぼう)の入り口.
【闺门旦】guīméndàn 名《芸能》(伝統劇の)娘役.同 小 xiǎo 旦.
【闺女】guīnü 名 ❶ 未婚の女性.❷〈口〉女の子供.娘.¶你家的～多大了？/お宅のお嬢さんはおいくつになられました？
【闺秀】guīxiù 名〈旧〉良家の娘.お嬢様.¶从她的举止谈吐 tántǔ 可知,她是一位大家～/彼女の物腰やことばで,ご大家のお嬢様だとわかる.

硅 guī 石部6 四1461₄ 全11画 次常用

名《化学》ケイ素.Si.
【硅肺】guīfèi 名《医学》珪肺(けいはい).
【硅钢】guīgāng 名 ケイ素鋼.
【硅谷】Guīgǔ 名《地名》シリコンバレー（米国）.
【硅化】guīhuà 动《化学》ケイ化する.
【硅化木】guīhuàmù 名《地学》ケイ化した木材の化石.珪化木(けいかぼく).
【硅胶】guījiāo 名《化学》シリカゲル.
【硅石】guīshí 名《鉱物》シリカ.珪石(けいせき).
【硅酸】guīsuān 名《化学》ケイ酸.
【硅酸盐】guīsuānyán 名《化学》ケイ酸塩.
【硅橡胶】guīxiàngjiāo 名 シリコンゴム.シリコンラバー.
【硅藻】guīzǎo 名《植物》ケイソウ.
【硅砖】guīzhuān 名〔块 kuài〕シリかれんが.

瑰(瓌) guī 王部9 四1611₃ 全13画 次常用

素 貴重で珍しい.¶～丽 guīlì /～宝 guībǎo.
【瑰宝】guībǎo 名 貴重な宝.
【瑰丽】guīlì 形 格別に美しい.¶～的晚霞 wǎnxiá / 絢爛の夕焼け.¶外滩 Wàitān の夜景非常～/上海バンドの夜景は実に見事だ.
【瑰奇】guīqí 形 ❶ 類いまれである.❷ めったにない.珍奇だ.
【瑰伟】[瑋] guīwěi 形〈文〉❶ 珍しくて立派だ.❷(字句やことばづかいが)華麗だ.

鲑(鮭) guī 鱼部6 四2411₄ 全14画 通用

名 ❶《魚》サケ.❷ 大麻哈鱼 dàmǎhǎyú（Guī）姓.
【鲑鱼】guīyú 名《魚》サケ.

鬶(鬹) guī 鬲部8 四5722₇ 全18画 常用

名 鬹(き).古代の陶製の炊事器具で,三本の空洞の足がある.

宄 guǐ 宀部2 四3041₇ 全5画 通用

→奸宄 jiānguǐ.

轨(軌) guǐ 车部2 四4451₇ 全6画 通用

❶素 車の通った跡.わだち.¶～辙 guǐzhé /～迹 guǐjì.❷素 定められた道筋.¶～道 guǐdào /～范 guǐfàn /常～ chángguǐ（常軌）/路～ lùguǐ（レール.軌道）.❸（Guǐ)姓.
【轨道】guǐdào 名〔条 tiáo〕❶《交通》列車などの軌道.線路.❷《天文・物理》天体の運行する軌道.物体の運動する軌跡.❸ 人の行動の道筋.¶已经走上～/すでに軌道に乗った.
【轨度】guǐdù 名〈文〉おきて.¶不循 xún～/おきてに従わない.
【轨范】guǐfàn 名 規範.手本.
【轨迹】guǐjì 名 ❶《数学》軌跡.❷《天文》軌道.❸ 人生の経歴.道のり.¶作家一生的～/作家の一生の歩み.
【轨辙】guǐzhé 名 わだち.
【轨枕】guǐzhěn 名 鉄道のまくら木.

庋 guǐ 广部4 四0024₇ 全7画 通用

❶名〈文〉ものを置く棚.❷动(ものを)置く.保存する.¶～藏 guǐcáng.
【庋藏】guǐcáng 动 しまっておく.保存する.

匦(匭) guǐ 匚部6 四7171₁ 全8画 通用

名 箱.¶票～ piàoguǐ（投票箱）.

诡(詭) guǐ 讠部6 四3771₂ 全8画 次常用

素 ❶ 狡猾(こうかつ)にあざむく.¶～辩 guǐbiàn /～计 guǐjì /～诈 guǐzhà.❷ 尋常でない.¶～异 guǐyì /～奇 guǐqí（奇異だ）/～怪 guǐguài.
【诡辩】guǐbiàn ❶名 詭弁(きべん).こじつけ.❷动 詭弁をろうする.¶我不听你～/君のへ理屈は聞きたくない.
【诡称】guǐchēng 动 身分を偽る.ふりをする.詐称する.¶～自己是公安人员/自分が警察官であると偽る.
【诡怪】guǐguài 形 怪しい.奇怪だ.¶他的想法有些～异常/彼の考え方はちょっと奇妙だ.
【诡计】guǐjì 名 ずる賢い策略.わな.¶阴谋 yīn móu～/〈成〉陰謀や策略.権謀術数.¶中 zhòng 他的～/彼の策略にはまる.
【诡计多端】guǐ jì duō duān〈成〉策略に満ちている.詭計(きけい)百出だ.
【诡谲】guǐjué 形〈文〉奇怪だ.不思議だ.¶风云～,局势 júshì 动荡 dòngdàng / 局面は不気味で,情勢は

不安定だ. ❷とりとめのない. でたらめだ. ¶言语～／言うことがわけがわからない. ❸悪賢い. 狡猾(ぅ)だ. ¶他～地笑了起来／彼はずるそうに笑った.

【诡秘】guǐmì 秘密めいている. うかがい知れない. ¶行踪~/行方が伏せられている.

【诡异】guǐyì 風変わりだ. 異様だ. 回 诡奇 guǐqí

【诡诈】guǐzhà ずるい. ずる賢い. ¶~的商人／抜け目ない商人.

鬼 guǐ
鬼部 0　四 2651₃
全9画　常用

❶死者の霊魂. ¶~怪 guǐguài／~魂 guǐhún／死~ sǐguǐ（幽霊）. ❷人をののしることば. ¶~子 guǐzi／酒~ jiǔguǐ（飲んべえ）／吝嗇~ lìnsèguǐ（けちん坊）. ❸悪巧み. ¶~话 guǐhuà／~胎 guǐtāi／捣~ dǎoguǐ（悪巧みをする）. ❹口（子供や動物が）利発だ. すばしこい. ¶这孩子真~（この子は本当に気が利く）／小~ xiǎoguǐ（おちびちゃん）. ❺（Guǐ）姓.

筆順　白　𣪘　鬼　鬼　鬼

【鬼把戏】guǐbǎxì 汚い手口. ¶不管他们搞什么~,都毫无用处／彼らがどんなに汚い手を使っても無駄に.

【鬼点子】guǐdiǎnzi 方 悪い考え. 悪知恵. ¶这一定又是他的~／これはきっとまた彼の悪知恵に違いない.

【鬼斧神工】guǐ fǔ shén gōng 成 技術が卓越している. 神わざ. 回 神工鬼斧

【鬼怪】guǐguài 妖怪. 化け物. ¶妖魔 yāomó~／妖魔变化. ¶我不相信什么~／どんな化け物だって僕は信じない.

【鬼鬼祟祟】guǐ guǐ suì suì 成（~的）陰でこそこそする. ¶~躲在这儿干什么？／こんなところでこそこそやって何のつもりだ.

【鬼画符】guǐhuàfú ❶下手な字. 悪筆. ¶这字写得这么潦草 liáocǎo,真像~／この字は乱暴で,まるでミミズがのたくったようだ. ❷つくり話.

【鬼话】guǐhuà うそ. 虚言. ¶~连篇 liánpiān／うそ八百. ¶你这个人怎么总喜欢说~呢？／君はどうしてうそばっかりつくんだ.

【鬼魂】guǐhún 死者の魂. 霊魂.

【鬼混】guǐhùn 動 ❶その日暮らしをする. ぶらぶら過ごす. ¶在外~多年,什么也没学到／遠く異郷で何年も暮らしたが,何も学んでこなかった. ❷乱れた生活をする.

【鬼火】guǐhuǒ 口 きつね火. 鬼火.

【鬼哭狼嚎】guǐ kū láng háo 成 大声をあげて泣きわめく.

【鬼脸】guǐliǎn（~儿）❶〔張 zhāng〕おもちゃのお面. 仮面. ❷おどけた表情. ¶扮 bàn~／おどけた顔をする. あかんべえをする.

【鬼魅】guǐmèi 妖怪. 化け物. 回 鬼怪 guǐguài

【鬼门关】guǐménguān あの世とこの世の境界. 地獄の入り口.

【鬼迷心窍】guǐ mí xīn qiào 間違いを犯す. 魔がさす. ¶我真是~,把坏人当好人／悪人を善人に間違うなんて,私は本当に魔がさしたんだ.

【鬼名堂】guǐmíngtáng 名 疑わしいこと. わけのわからないこと.

【鬼神】guǐshén 霊魂と神霊. ¶~莫 mò 测 cè~／摩訶(ま)不思議なこと.

【鬼使神差】guǐ shǐ shén chāi 成 鬼か神のなせるわざ. 意外なことが起きること. 回 神差鬼使

【鬼祟】guǐsuì 形 こそこそしている. ¶行为~／行為がこそこそしている. ⇨鬼鬼祟祟 guǐ guǐ suì suì

【鬼胎】guǐtāi 名 下心. 人に言えない考え. ¶心怀~／やましい考えを持っている.

【鬼剃头】guǐtìtóu 名 円形脱毛症. 回 斑禿 bāntū

【鬼头鬼脑】guǐ tóu guǐ nǎo 成 行いがこそこそしているよう. 陰険なようす. ¶那个人一的,要注意他的行动／あいつはこそこそして挙動不審だから,注意する必要がある.

【鬼物】guǐwù 名 妖怪. 幽霊.

【鬼蜮】guǐyù 陰険で,人に危害を与えるもの. ¶~技俩 jì liǎng／卑劣な手段. 参考"蜮"は伝説中の妖怪. 水中に棲(ず)んで人に悪さをする.

【鬼知道】guǐ zhīdào[-dao] 誰も知らない. 知るもんか. ¶~他一个人在屋里干什么／彼が部屋で一人何をしているかわかったものじゃない. 由来「幽霊だけが知っている」という意から.

【鬼主意】guǐzhǔyi 悪い考え. 悪知恵.

【鬼子】guǐzi 悪魔. ¶日本~／日本兵や日本人に対する悪罵(ぼ). ¶~兵／侵略軍の兵隊.

姽 guǐ
女部4　四 4741₂
全9画　通用

下記熟語を参照.

【姽嫿】guǐhuà 形 文（女性が）しとやかで美しい.

癸 guǐ
癶部4　四 12804
全9画　通用

名 ❶十干の十番目. 癸(みずのと). ¶~丑 guǐchǒu（キチュウ. みずのとうし）. ❷（Guǐ）姓.

晷 guǐ
日部8　四 6060₄
全12画　通用

名 ❶太陽の光によってできる影. 時間. ¶余~ yúguǐ（暇な時間）／焚膏继~ fén gāo jì guǐ（ろうそくをともし,日の光のかわりにする. 日夜熱心に勉強すること）. ❷古代の日時計. ¶日~ rìguǐ（日時計）.

簋 guǐ
竹部11　四 8810₂
全17画　通用

名 神に供える穀物を盛りつける器. 簋(き).

柜（櫃）guì
木部4　四 4191₇
全8画　通用

名（~儿）ふたや扉がついている収納家具. ¶衣~ yīguì（たんす）／碗~ wǎnguì（食器戸棚）.

☞ 柜 jǔ

【柜橱】guìchú 食器戸棚.

【柜房】guìfáng 商店のカウンター. 帳場.

【柜上】guìshang 名 ❶商店の帳場. ❷商店.

【柜台】guìtái（[張 zhāng]）商店のカウンター. ¶站~／店の帳場に立つ.

【柜员】guìyuán 名（金融機関などの）窓口担当者. カウンター担当者.

【柜子】guìzi 名 たんす. 戸棚. 回 柜 guì

炅 Guì
日部4　四 6080₉
全8画　通用

名 姓.
☞ 炅 jiǒng

刿（劌）guì
刂部6　四 2220₀
全8画　通用

動 文 刺して傷つける.

刽（劊）guì
刂部6　四 8270₀
全8画　次常用

動 文 切断する. ¶~子手 guìzishǒu.

guì 刽贵桂桧跪鳜

【刽子手】 guìzishǒu 名 ❶ 旧 死刑执行人. ❷ 殺戮(ミミ)者. 殺し屋.

刽 Guì
火部4　四 9588₀
全8画　通用

名 姓.

☞ 刽 quē

贵(貴) guì
贝部5　四 5080₂
全9画

❶ 形 价格が高い. ¶昂〜 ángguì（物価が高い）／ 腾〜 téngguì（騰貴する）／这本书不〜（この本は高くない）. ❷ 素 希少価値や重要性を表す. ¶〜重 guìzhòng／〜金属 guìjīnshǔ／宝〜 bǎoguì（貴重だ）／珍〜 zhēnguì（珍しい）. ❸ 動 文 尊ぶ. ¶〜精不〜多（質の高さを尊び、量の多さを尊ばない. 量より質）. ❹ 素 身分や地位が高い. ¶〜族 guìzú／〜人 guìrén／富〜 fùguì（富貴だ）／尊〜 zūnguì（高貴だ）. ❺ 素 相手の事物を敬って冠する敬語. ¶〜姓 guìxìng／〜子 guìzǐ／〜校 guìxiào（貴校）. ❻ (Guì) 姓.

【贵宾】 guìbīn 名〔位 wèi〕身分の高い客. 特別に重要な客. ¶〜席／貴賓席. ¶到机场迎接〜／空港へ賓客を迎えに行く.

【贵妃】 guìfēi 名 皇帝の后(諡)の一人で、皇后に次ぐ位.

【贵干】 guìgàn 名 敬 ご用. ご用件. ¶有何〜？／何かご用ですか. 用法 人に用件を尋ねるときに使う.

【贵庚】 guìgēng 名 お年. おいくつ. ¶你今年〜？／今年おいくつになられますか. 表現 相手の年齢を問う丁寧なことば.

【贵国】 guìguó 名 お国. 貴国. 表現 相手の国を敬って言うことば.

【贵贱】 guìjiàn ❶ 名 貴賤(禮). ¶人无论〜，都有享受 xiǎngshòu 教育的权利／人は生まれの貴賤にかかわりなく、教育を受ける権利がある. ❷ 副 いずれにしても. どうせ.

【贵金属】 guìjīnshǔ 名 貴金属.

【贵客】 guìkè 名 大事なお客様. 賓客.

【贵戚】 guìqī 名 皇帝の親族. 皇族.

【贵人】 guìrén 名 ❶ 身分の高い人. ¶〜语迟 chí／高貴な人はゆっくり話す. ❷ 旧 宮中の女官.

【贵体】 guìtǐ 名 敬 相手の体に対する敬称. お体.

**【贵姓】 guìxìng 名 ご名字. ¶您〜？／ご名字をうかがえますか. 用法 姓のみを問う言い方で、下の名前を含まない.

【贵阳】 Guìyáng《地名》貴陽(禮). 貴州省の省都.

【贵重】 guìzhòng 形 高価だ. ¶〜物品／貴重品. ¶〜药品／高価な薬.

【贵州】 Guìzhōu《地名》貴州省. 省都は貴陽(禮). 略省は"贵 Guì"(貴), "黔 Qián"(黔).

【贵胄】 guìzhòu 名 文 貴族の子孫.

【贵子】 guìzǐ 名 敬 人の息子に対する敬称. ご子息. 用法 多く祝いを述べるときに使う.

【贵族】 guìzú 名 貴族.

桂 guì
木部6　四 4491₄
全10画　通用

❶ 名 《植物》香りのある木の名に用いられる. ¶〜花 huā／〜皮树 píshù（シナモン）／肉〜 ròuguì（ニッケイ）／月〜树 yuèguìshù（ゲッケイジュ）. ❷ 素 (Guì) 広西チワン族自治区の別称. ¶〜剧 guìjù. ❸ (Guì) 姓.

【桂冠】 guìguān 名 ❶ 月桂樹の冠. ❷ 栄冠. ¶他夺得了本项比赛的〜／彼はこの試合の勝利を勝ち取った.

【桂花】 guìhuā 名《植物》"木犀 mùxī"（モクセイ）の通称. ¶〜酒／キンモクセイの香りをつけた酒.

【桂剧】 guìjù 名《芸能》桂劇(禮). 広西の地方劇.

【桂林】 Guìlín《地名》桂林(禮). 広西チワン族自治区にある市. 参考 漓江(%)の美しい山水で有名.

【桂皮】 guìpí 名 ❶《植物》シナモン. セイロンニッケイ. 同 桂皮树 guìpíshù ❷《薬》肉桂(緯)の樹皮. 桂皮(縺). 参考 ①は、樹皮を薬や香料にする. ②は、料理にも用いる.

桂 花

【桂圆】 guìyuán 名《植物》リュウガン. ¶〜肉／リュウガンの果肉. 同 龙眼 lóngyǎn

【桂枝】 guìzhī 名《薬》肉桂(禮)の枝. 桂皮(縺).

桧(檜) guì
木部6　四 4893₂
全10画　通用

名《植物》ヒノキ. ビャクシン. イブキ. 同 圆柏 yuánbǎi, 桧柏 guìbǎi, 刺柏 cìbǎi 参考 芳香があって腐りにくいので家具や建材に用いる.

☞ 桧 huì

【桧树】 guìshù 名 ヒノキ. イブキ. ビャクシン.

跪 guì
足部6　四 6711₂
全13画　常用

❶ 動 ひざまずく. ¶〜拜 guìbài／〜射 guìshè. ❷ (Guì) 姓.

跪（両ひざ）　跪（片ひざ）

磕头 kētóu

蹲 dūn　坐 zuò

跪・蹲・坐（動作の比較）

【跪拜】 guìbài 動 旧 ひざまずいて、頭を地面につけてお辞儀する. 同 磕头 kētóu

【跪倒】 guìdǎo 動 ひれ伏す. ¶决不〜在敌人的脚下／決して敵の足下にひれ伏さない.

【跪射】 guìshè 動 片ひざをついて射撃する.

【跪下】 guìxià 動 ひざまずく.

鳜(鱖) guì
鱼部12　四 2118₂
全20画　通用

名《魚》ケツギョ. 同 桂鱼 guìyú, 花鲫鱼 huājìyú

スズキ科の淡水魚.
【鳜鱼】guìyú 名《魚》ケツギョ.

gun ㄍㄨㄣ〔kuən〕

衮 gǔn
亠部8 四 0073₂
全10画 通用

名旧 皇帝や諸侯の礼服. ¶~服 gǔnfú / ~~ gǔngǔn.

【衮服】gǔnfú 名旧 天子の礼服.
【衮衮】gǔngǔn 形文 ❶ 絶え間なく続く. ❷ 多い.
【衮衮诸公】gǔn gǔn zhū gōng 成貶 位は高いが何もしない役人. お偉方. 由来 唐・杜甫の詩「酔時歌」に見える句から.

绲（緄） gǔn
纟部8 四 2611₂
全11画 通用

❶ 名 編んでつくったひも. ❷ 名文 縄. ❸ 動（衣服のすそや布靴などの）ふち取りをする. ¶~边 gǔnbiān.
【绲边】gǔn//biān 動（~儿）ふち取りをする. ¶绲一条边儿 / 一列ふち縫いをする. 同 滚边 gǔnbiān

辊（輥） gǔn
车部8 四 4651₂
全12画 通用

名 ローラー. ¶~轴 gǔnzhóu（ローラーの軸）/ ~筒 tǒng 印刷 (ローラープリンティング). 同 辊子 gǔnzi
【辊子】gǔnzi 名口 "辊 gǔn"に同じ.

滚 gǔn
氵部10 四 3013₂
全13画 常用

❶ 動（海や川が）逆巻く. うねる. ¶~~ gǔngǔn / 翻~ fāngǔn（逆巻く）. ❷ 動 液体が沸きたつ. ¶~沸 gǔnfèi / ~热 gǔnrè / ~烫 gǔntàng / ~水 gǔnshuǐ. ❸ 動 転がる. ¶~动 gǔndòng / ~翻 gǔnfān / ~圆 gǔnyuán / 打~ dǎgǔn（ころころ転がる）. ❹ 動 立ち去る. 消えうせる. ¶~出去!（消えうせろ）. ❺ 動（衣服などに）ふち取りをする. ¶~边 gǔnbiān. 同 绲 gǔn ❻ (Gǔn)姓. 表現 ❹は, 他人をしかりつけて退去させることば.
【滚边】gǔn//biān 動"绲边 gǔnbiān"に同じ.
【滚存】gǔncún 名《会計》繰り越し.
【滚蛋】gǔn//dàn 動 うせろ. 出て行け. ¶滚你的蛋! / うせろ! 同 滚开 gǔnkāi, 滚出去 gǔnchūqù 表現 人を追い払うときの, ののしりことば.
【滚刀】gǔndāo 名《機械》ホブ.
【滚动】gǔndòng 動 転がる. 転げ回る.
【滚翻】gǔnfān 名《スポーツ》宙返り. ¶他连续做了四个前~ / 彼は4回続けて空中前転をした.
【滚沸】gǔnfèi 動 ぐらぐらに沸く. 煮えたぎる. ¶锅里的药汤~了 / なべの薬湯が煮え立った. 同 沸滚 fèigǔn
【滚红】gǔnhóng 名《機械》ローラー. ころ.
【滚瓜烂熟】gǔn guā làn shú 成 音読や暗唱がすらすらできる. ¶背得~ / そらで言えるまでしっかりと覚える.
【滚瓜溜圆】gǔnguā liūyuán 形（家畜などが）まるまると肥えている. 同 滚圆 gǔnyuán
【滚滚】gǔngǔn 形 転がるように勢いよく動くようす. ¶大江~东流 / 大河はとうとうと東に流れる. ¶狂风 kuángfēng 卷起了~的黄沙 / 強風が黄砂をもうもうと巻き上げる.
【滚开】gǔnkāi 動 ❶ ぐらぐらと煮えたぎる. ❷ "滚蛋 gǔndàn"に同じ.

【滚雷】gǔnléi 名 ❶ 連続して鳴る雷の音. ❷《軍事》高所から転がして爆破させる時差式の地雷.
【滚轮】gǔnlún 動《スポーツ》フープ. 参考 旧称は"虎伏 hǔfú".
【滚儿】gǔnr 動 去れ. 出て行け. ¶快给我~！/ さっさと出て行け！
【滚热】gǔnrè 形 沸騰するほどに熱い. ¶他头上~, 可能是发烧 / 彼は顔がものすごく熱い, 熱があるのだろう. 重 滚热滚热
【滚水】gǔnshuǐ 沸騰した湯. 熱湯.
【滚汤】gǔntāng 名 ❶ 方 熱湯. 煮え湯. ❷ 煮え立ったスープ.
【滚烫】gǔntàng 形 焼き付くように熱い. ¶~的豆腐 / あつあつの豆腐. 重 滚烫滚烫 同 滚热 gǔnrè
【滚梯】gǔntī 名 エスカレーター. 同 自动扶梯 zìdòng fútī
【滚筒】gǔntǒng 名《機械》ロール. ローラー.
【滚雪球】gǔn xuěqiú 動 雪玉を作る. ¶在雪地里~, 做雪人 / 雪玉を転がして, 雪だるまを作っている.
【滚圆】gǔnyuán 形 まるまるとしている. まん丸だ. ¶腰身~的母牛 / 腰回りのまるまると肥えた雌牛. ¶两只眼睛睁 zhēng 得~的 / 両目を見はって見ている.
【滚针轴承】gǔnzhēn zhóuchéng 名《機械》ニードルベアリング.
【滚珠】gǔnzhū（~儿）《機械》〔顆 kē 粒〕ボールベアリングのボール. 鋼球. 同 钢珠 gāngzhū
【滚珠轴承】gǔnzhū zhóuchéng 名《機械》ボールベアリング. 同 球 qiú 轴承

磙 gǔn
石部10 四 1063₂
全15画 通用

❶ 名（石製の）ローラー. ¶石~ shígǔn（石製のローラー）. ❷ 動 ローラーをかける.
【磙子】gǔnzi 名（穀物をひいたり, 土をならしたりする）石製のローラー. 同 碌碡 liùzhou

鲧（鯀／異 鮌） gǔn
鱼部7 全15画 四 2219₃ 通用

名 ❶ 大きな魚. ❷ 鲧（え）. 伝説上の名君禹（³）の父親の名.

棍 gùn
木部8 四 4691₂
全12画 常用

❶ 名（~儿）〔根 gēn〕棒. ¶~棒 gùnbàng / ~子 gùnzi / 木~ mùgùn（木の棒）/ 冰~儿 bīnggùnr（アイスキャンディー）/ ~儿茶 gùnrchá（くき茶）. ❷ 素 悪意や侮蔑（ぶっ）をこめて人を呼ぶことば. ¶恶~ ègùn（悪党）/ 赌~ dǔgùn（ばくち打ち）.
【棍棒】gùnbàng 名 ❶ こん棒. 同 棍子 gùnzi ❷《スポーツ》こん棒. 新体操に用いる棒.
【棍术】gùnshù 名《武術》棒術.
【棍子】gùnzi 名〔根 gēn〕こん棒. 同 棍儿 gùnr

guo ㄍㄨㄛ〔kuo〕

过（過） guō
辶部3 四 3430₀
全6画 常用

❶ 動 口 限度を超える. ¶~福 guōfú（ぜいたく）/ ~费 guōfèi / ~逾 guōyú（行き過ぎる）. ❷ (Guō)姓.
☞ 过 guò

【过费】guòfèi 形方 無駄遣いする.
【过分】guò//fèn 動 ぜいたくする. 分(ぎ)をこえる. 回 过福 guòfú ☞ 过分 guòfèn

呙(呙) Guō
口部4 6022₇
全7画 通用
名 姓.

埚(堝) guō
土部7 4612₇
全10画 通用
→坩埚 gānguō

郭 guō
阝部8 0742₇
全11画 次常用
❶ 素 昔の都市の周りにめぐらせた外壁. ¶城～ chéngguō(城壁). ❷ 素 ものの外枠. ¶耳～ ěrguō(耳殻ぶ). ❸(Guō)姓.
【郭沫若】Guō Mòruò《人名》郭 沫若(ぶじゃく: 1892-1978). 現代の文学者で歴史家. 詩集『女神』,戯曲『屈原』などを著した.
【郭守敬】Guō Shǒujìng《人名》郭守敬(ぶけい: 1231-1316) 元時代の天文学者で数学者.

郭沫若

涡(渦) Guō
氵部7 3612₇
全10画 次常用
素 地名用字. ¶～河 Guōhé(河南省を源として安徽省に流れ入る川の名).
☞ 涡 wō

崞 Guō
山部8 2074₇
全11画 通用
素 地名用字. ¶～山 Guōshān(山西省にある山の名).

聒 guō
耳部6 四 1246₄
全12画 通用
素 やかましい. ¶～耳 guō'ěr / ～噪 guōzào; 絮～ xùguō(くどい).
【聒耳】guō'ěr 形 がやがやとうるさい. やかましい. ¶这里蚊虫 wénchóng 特多,尤其 yóuqí 夏天很～ / ここは蚊がとても多く,特に夏はうるさくてしかたない.
【聒噪】guōzào 形文 騒々しい. ¶突然一阵～声,不知到底发生了什么？ / 突然やかましい音がしたが, いったい何があったんだろう.

锅(鍋) guō
钅部7 8672₇
全12画 常用
❶ 名〔个 ge,口 kǒu〕なべ. ¶一台 guōtái / ～巴 guōbā / 沙～ shāguō(土なべ) / 火～ huǒguō(シャブシャブ用のなべ). ❷ 素 なべに似たもの. ¶～炉 guōlú / ～驼机 guōtuójī(簡便な蒸気エンジン) / 罗～ luóguō(猫背). ❸(Guō)姓.
【锅巴】guōbā 名〔块 kuài〕おこげ.
【锅饼】guōbing 名〔块 kuài〕小麦粉をこねて中華なべで丸く焼く,大ぶりで厚い"饼 bǐng".
【锅铲】guōchǎn 名 フライ返し.
【锅底】guōdǐ 名 ❶ なべの底. ❷ 回 なべ料理で,用意されている材料とだし汁. 参考 ②は,この中に好きな具を入れて食べる.
【锅盖】guōgài 名(～儿)なべのふた.
【锅盔】guōkuī[-kui] 名〔块 kuài〕小さめの"锅饼 guōbing".

【锅炉】guōlú 名〔个 ge,座 zuò〕ボイラー. ¶～房 / ボイラー室. ¶烧 shāo～ / ボイラーを燃焼させる.
【锅台】guōtái 名 かまどの平らな部分.
【锅贴儿】guōtiēr 名 焼きギョーザ. 由来 なべに貼りつけるようにして焼くことから. 参考 中国では,"水饺"(水ギョーザ)が一般的.
【锅灶】guōzào 名 かまど.
【锅庄】guōzhuāng 名《民族》チベット族の民間舞踊のひとつ. 祭日や農閑期に男女が輪になって歌い踊る.
【锅子】guōzi 名 ❶ なべ. ¶铁～ / 鉄なべ. ¶铝 lǔ～ / アルミなべ. ❷ なべに似たもの. ¶烟袋 yāndài～ / きせるのがん首. ❸ なべ料理. ¶涮 shuàn～ / シャブシャブなべ. 回 火锅 huǒguō.

蝈(蟈) guō
虫部8 5610₀
全14画 通用
❶ 下記熟語を参照. ❷(Guō)姓.
【蝈蝈儿】guōguor《虫》〔只 zhī〕キリギリス. 回 叫哥哥 jiàogēge

国(國/异 国) guó
囗部5 全8画 四 6010₄ 常用
❶ 名 国家. ¶～家 guójiā / ～体 guótǐ / 救～ jiùguó(国を救う) / 共和～ gònghéguó(共和国). 回 邦 bāng ❷ 素 国に属する. 国を代表する. ¶歌guógē / ～宝 guóbǎo / ～产 guóchǎn. ❸ 素 中国の. ¶～画 guóhuà. ❹ 素 地方. ¶北～风光(北国の风景). ❺(Guó)姓.
【国宝】guóbǎo 名 ❶ 国宝. ¶传为～ / 国宝として伝わる. ❷ 国の宝と言える人物. ¶这些老艺术家都是我们的～ / この老芸術家たちは皆,私たちの国の宝だ.
【国本】guóběn 名 立国の基礎. 国本(汉).
【国标】guóbiāo 名 ❶ "国家标准"(国家基準)の略称. ❷ "国际标准交谊舞"(国際社交ダンス)の略称.
【国标码】guóbiāomǎ 名《コンピュータ》GB コード(簡体字の文字コード). ⇨ 大五码 dàwǔmǎ
【国标舞】guóbiāowǔ 名 "国际标准交谊舞"(国際社交ダンス)の略. 回 舞厅 tīng 舞
【国别】guóbié 名 国別.
【国宾】guóbīn 名〔位 wèi〕国賓.
【国策】guócè 名〔项 xiàng〕国策.
【国产】guóchǎn 形 国産の. ¶～汽车 / 国産車. ¶～影片 yǐngpiàn / 国産映画.
【国耻】guóchǐ 名 国辱. 国の恥. ¶洗雪 xǐxuě～ / 国辱をそそぐ.
【国粹】guócuì 名 弊 国粋. ¶～主义 / 国粋主義.
【国道】guódào 名 国道.
【国都】guódū 名 首都. 首府.
【国度】guódù 名文(地域としての)国. ¶他们来自不同的～ / 彼らは様々な国から来ている.
【国法】guófǎ 名 国法. 国家の法律. ¶国有～,家有家规 jiāguī / 国には国の法があり,家には家の決まりがある.
【国防】guófáng 名 国防. ¶巩固 gǒnggù～ / 国防を固める. ¶～线 / 国防ライン. ¶～部 / 国防部(日本の防衛省に相当).
【国防教育】guófáng jiàoyù 名 国防教育.
【国防军】guófángjūn 名 国防軍.
【国父】guófù 名 建国の父. 参考 孫文(获: 1866-1925)を指す.
【国歌】guógē 名〔首 shǒu〕国歌. ¶奏 zòu～

国歌を奏する. ¶齐唱 qíchàng～ / 国歌を斉唱する.
【国格】guógé 名 国家としての体面や尊厳.
【国故】guógù 名 その国固有の文化.
【国号】guóhào 名《歴史》王朝名. 国号.
【国花】guóhuā 名 国花.
【国画】guóhuà 名〔幅 fú, 张 zhāng〕中国画. 反 西洋画 xīyánghuà
【国徽】guóhuī 名 国章. 国の紋章.
【国会】guóhuì 名 議会. 国会.
【国魂】guóhún 名 国の精神. 国の魂.
【国货】guóhuò 名 国産製品. 反 外货 wàihuò, 洋货 yánghuò
【国籍】guójí 名 ❶ 国籍. ❷(船や飛行機の)所属国. ¶～不明 / 国籍不明.

国徽（中国）

【国计民生】guó jì mín shēng 成 国家の経済と人民の生活. ¶这是关系到人の大事 / これは国の経済と国民の生活にかかわる大事だ.
*【国际】guójì 形 国際の. 国際的な. ¶～地位 / 国際的地位. ¶～化 / 国際化. ¶～公制 gōngzhì / メートル法. 反 国内 guónèi
【国际裁判】guójì cáipàn 名《スポーツ》国際審判員.
【国际儿童节】Guójì értóngjié 名 国際児童デー. 毎年6月1日. 同 儿童节 Értóngjié, 六一儿童节 Liù-Yī értóngjié ⇨付録「祝祭日一覧」
【国际法】guójìfǎ 名 "国际公法 guójì gōngfǎ" の略称.
【国际法院】guójì fǎyuàn 名 国際司法裁判所.
【国际妇女节】Guójì fùnǚjié 名 国際婦人デー. 毎年3月8日. 同 妇女节 Fùnǚjié, 三八妇女节 Sān-Bā fùnǚjié ⇨付録「祝祭日一覧」
【国际高考移民】guójì gāokǎo yímín 名 (通常受験では難しい大学に入るため外国のパスポートを入手し, 留学生として中国国内の大学を受験する人.
【国际歌】Guójìgē 名「インターナショナル」. 万国労働者の歌.
【国际公法】guójì gōngfǎ 名 国際法. 略称 "国际法 guójìfǎ".
【国际共管】guójì gòngguǎn 名 国際共同管理. 複数の国家が共同で一地域を統治管理すること.
【国际惯例】guójì guànlì 名 国際の慣習. 国際の慣例.
【国际货币基金组织】Guójì huòbì jījīn zǔzhī 名 国際通貨基金. IMF.
【国际劳动节】Guójì láodòngjié 名 メーデー. 毎年5月1日. 同 劳动节 Láodòngjié, 五一劳动节 Wǔ-Yī láodòngjié ⇨付録「祝祭日一覧」
【国际联盟】Guójì Liánméng 名 国際連盟. 略称"国联 Guólián". 参考 現在の国際連合(国連)は"联合国 Liánhéguó"という.
【国际贸易】guójì màoyì 名 国際貿易. 同 世界 shìjiè 贸易
【国际日期变更线】guójì rìqī biàngēngxiàn 名 国際日付変更線.
【国际收支】guójì shōuzhī 名《経済》国際収支. ¶～顺差 / 国際収支黒字. ¶～逆差 / 国際収支赤字.
¶～平衡 / 国際収支バランス.
【国际私法】guójì sīfǎ 名 国際私法.
【国际象棋】guójì xiàngqí 名 チェス.
【国际音标】guójì yīnbiāo 名《言語》国際音声記号. 万国音標文字.
【国际游资】guójì yóuzī 名《経済》ホットマネー.
【国际制】guójìzhì 名 "国际单位制" (国際単位制)の略.
【国际主义】guójì zhǔyì 名 国際主義. インターナショナリズム.
【国际纵队】guójì zòngduì 名 ❶《歴史》スペイン内乱に参戦した国際義勇軍. 国際旅団. ❷ 国際義勇軍.
**【国家】guójiā 名 国. 国家. ¶～标准 / 国家基準. 定型規格. ¶～银行 / 国家銀行. 中央銀行. ¶民族～ / 国民国家. 同 国度 guódù
【国家公共信息网】guójiā gōnggòng xìnxīwǎng 名 国家公共情報網.
【国家公务员】guójiā gōngwùyuán 名 国家公務員. 参考 国有工場の作業員などは含まれない.
【国家机关】guójiā jīguān 名 ❶ 国家機関. 政府機関. ❷ 政权 zhèngquán 机关 ❷ 中央の一級机関.
【国家垄断资本主义】guójiā lǒngduàn zīběn zhǔyì 名 国家独占資本主義.
【国家赔偿】guójiā péicháng 名《法律》国家賠償.
【国家所有制】guójiā suǒyǒuzhì 名 国家所有制.
【国家主权】guójiā zhǔquán 名 国家主権.
【国家资本主义】guójiā zīběn zhǔyì 名 国家資本主義.
【国交】guójiāo 名 国交. ¶恢复～ / 国交を回復する. ¶断绝 duànjué～ / 国交を断絶する.
【国脚】guójiǎo 名〔个 ge, 名 míng, 位 wèi〕ナショナルチームのサッカー選手.
【国教】guójiào 名 国教.
【国界】guójiè 名 国境. 国境線. ¶划定 huàdìng～ / 国境線を定める.
【国境】guójìng 名 ❶ 国家の領土の範囲. ❷ 国境. ¶偷越 tōuyuè～ / ひそかに国境を越える. ¶～线 / 国境線.
【国君】guójūn 名 君主.
【国库】guókù 名 国庫.
【国库券】guókùquàn 名〔张 zhāng〕国債. 国庫債券. 同 库券 kùquàn
【国库资金】guókù zījīn 名《経済》国庫資金.
【国力】guólì 名 国力. ¶增强 zēngqiáng～ / 国力を増強する.
【国立】guólì 形 国立の. ¶～大学 / 国立大学.
【国联】Guólián 名 "国际联盟 Guójì Liánméng" の略称.
【国六条】guóliùtiáo 名《法律》2006年5月に国務院が公布した "国务院关于促进房地产业健康发展的六点意见" (不動産業の健全な発展促進に関する6条の意見) の通称. 住宅供給構造の調整強化などを含む, 不動産市場に対する6つの政策.
【国旅】Guólǚ 名 "中国国际旅行社" (中国国際旅行社)の略.
【国门】guómén 名〈文〉❶ 首都の城門. ❷ 国境.
【国民】guómín 名 国民. ¶～性 / 国民性. ¶～教育 / 国民教育.
【国民待遇】guómín dàiyù 名《経済》(外国投資者に対する)内国民待遇.

*【国民党】 Guómíndǎng 图 国民党. 1912年, 孫文(孫中山)が中国同盟会を中心にいくつかの党派を結集してつくった政党. 1920年代後半に中国の政権党となったが, 49年には台湾の政党の一つ.

【国民革命军】 guómín gémìngjūn 国民革命軍.

【国民经济】 guómín jīngjì 图《経済》国民経済.

【国民生产总值】 guómín shēngchǎn zǒngzhí 图《経済》国民総生産. GNP.

【国民收入】 guómín shōurù 图《経済》国民所得.

【国民政府】 guómín zhèngfǔ 图《歴史》国民政府. 参考 一般には, 第一次国共合作時に広州または武漢に設立された革命政権を指す.

【国难】 guónàn 图 国難. 国家の危機. ¶～当头 dāngtóu, 匹夫 pǐfū 有责 / 国の危機にあたっては, 国民一人一人に責任がある.

【国内】 guónèi 图 国内. ¶～战争 / 内戦. 内乱. 反 国际 guójì, 国外 guówài

【国内生产总值】 guónèi shēngchǎn zǒngzhí 图《経済》国内総生産額. GDP.

【国破家亡】 guó pò jiā wáng 成 国が破れ一家が離散する. 表現 戦乱期の惨状のたとえ.

【国戚】 guóqī 图 皇帝の親戚. 表現 多く外戚を指す.

【国旗】 guóqí 图〔量 面 miàn〕国旗.

【国企】 guóqǐ → 国有企业 guóyǒu qǐyè

【国情】 guóqíng 图 国情. 国柄. ¶适合～ / 国情に合う. ¶熟悉～ / 国情に通じる.

【国庆】 guóqìng 图 建国記念日. ⇨付録「祝祭日一覧」

国旗(中国)

【国人】 guórén 图 国民.

【国丧】 guósāng 图 皇帝・皇后・上皇・皇太后の葬儀.

【国色】 guósè 图 国一番の美人. ¶天姿 tiānzī ～ / 生まれながらに美しいこと. 絶世の美女.

【国色天香】 guó sè tiān xiāng 成 ❶ ボタンの花の美しいようす. ❷ 女性の美しいようす. 同 天香国色

【国殇】 guóshāng 图〈文〉国家のために命をささげた人.

【国十条】 guóshítiáo 图《法律》2006年6月に国務院が公布した"关于保险业改革发展的若干意见" (保険業の改革・発展に関する若干の意見)の通称. 保険産業の早急な改革と発展に対する認識の強化など, 内容は10項目にわたる.

【国史】 guóshǐ 图 ❶ 国史. 一国または一王朝の歴史. ❷ 国 史実の記録をつかさどった官名.

【国士】 guóshì 图 国中から尊敬される優れた人物. ¶～无双 / 天下無双の人物.

【国事】 guóshì 图 国事. 国家の大事. ¶执行～ / 国事を行う.

【国事访问】 guóshì fǎngwèn 图 (国家元首や政府首脳による外国への)公式訪問.

【国势】 guóshì 图 ❶ 国勢. ❷ 国力.

【国是】 guóshì 图〈文〉国の大計. 国の方針. ¶共商～ / 共に国の方針を討議する.

【国手】 guóshǒu 图〔量 名 míng, 位 wèi〕その国一番の名手. 用法 医師・棋士・スポーツ選手などについていう.

【国书】 guóshū 图〔量 份 fèn〕(大使や公使の)信任状.

【国术】 guóshù 图 中国の伝統的な武術.

【国税】 guóshuì 图 国税.

【国泰民安】 guó tài mín ān 成 国家が太平で人々の生活も安定している.

【国帑】 guótǎng 图 国家の財産. 国庫金. 公金. ¶盗用 dàoyòng～ / 国の金を横領する.

【国体】 guótǐ 图 ❶ 国体. ❷ 国家の体面. 国の威信.

【国统区】 guótǒngqū 图《歴史》(抗日戦争および解放戦争時の)国民党政府統治地区.

【国土】 guótǔ 图 ❶ 国土. 領土. ¶收复～ / 国土を取り戻す. 同 领土 lǐngtǔ, 疆土 jiāngtǔ

【国外】 guówài 图 外国. 国外. ¶打入～市场 / 国外市場に打って出る. 反 国内 guónèi

*【国王】 guówáng 图 国王.

【国威】 guówēi 图 国威. ¶扬～ / 国威を発揚する.

【国文】 guówén 图 国 自国の文字と文章.

【国务】 guówù 图 国 ¶～会议 / 国務会議.

【国务卿】 guówùqīng 图 ❶ 民国初年の大総統補佐役. ❷ (米国の)国務長官.

【国务委员】 guówù wěiyuán 图 国務委員. 参考 国務院総理の下で, 総括的な任務を担当. 日本の副首相に相当する.

【国务院】 guówùyuàn 图 ❶ 国務院. 中華人民共和国の中央政府組織. 日本の内閣に相当. ❷ 民国初年の内閣. ❸ 米国の国務省.

【国学】 guóxué 图 ❶ 中国伝統の学問. ¶～大师 / 国学の大学者. ❷ 国 国家が設立した"太学 tàixué"や"国子监 guózǐjiàn"などの学校.

【国宴】 guóyàn 图 政府主催の宴会. ¶设～招待国宾 / 宴をもうけて国賓をもてなす.

【国药】 guóyào 图 漢方薬.

【国医】 guóyī 图 中国伝統医学. 漢方医. 同 中医 zhōngyī

【国音】 guóyīn 图 国 国家が決めた中国語の標準音.

【国营】 guóyíng 形 国営の. ¶～农场 / 国営農場. 反 公营 gōngyíng 反 私营 sīyíng

【国营企业】 guóyíng qǐyè 国営企業.

【国优】 guóyōu 形 (製品が)国内最高レベルだ. 参考 製品のラベルなどに表示される.

【国有】 guóyǒu 動 国家が所有する. ¶铁路～ / 鉄道を国有にする.

【国有股】 guóyǒugǔ 图《経済》❶ 国有株式. ❷ 企業の改編の際, 国有資産を評価して出資する株式.

【国有化】 guóyǒuhuà 動 国有化する.

【国有经济】 guóyǒu jīngjì 图《経済》国有経済.

【国有企业】 guóyǒu qǐyè 图《経済》国有企業. 表現 原則として国が直接経営していない企業をいう. "国企"とも言う.

【国有资产】 guóyǒu zīchǎn 图 国有資産.

【国语】 guóyǔ 图 ❶ 国語. その国の標準的な言語. ¶他的～说得不太标准 / 彼の標準語はあまりきれいではない. ❷ 国 小中学校の学科名. 同 语文 yǔwén

【国乐】 guóyuè 图 中国の伝統音楽.

【国运】 guóyùn 图 国の運命. 国運.

【国葬】 guózàng 图 国葬.

【国贼】 guózéi 图 国賊.

【国债】 guózhài 图 ❶ 国家が負う債務. ❷ 国債. ¶偿还 chánghuán～ / 国債を償還する. ¶发放 fāfàng～ / 国債を発行する.

【国子监】 guózǐjiàn 图《歴史》国子監(こくしかん). 参考 封建時代の最高教育管理機関. 最高学府を兼ねることもあった. 隋代から清末の光緒32年まで続いた.

掴(摑) guó
扌部8 全11画 [四] 5600₀ [通用]
→掴 guāi

帼(幗) guó
巾部8 全11画 [四] 4620₀ [通用]
❶[素] 古代の女性がかぶっていた頭巾(ずきん). ⇨巾帼 jīnguó ❷ (Guó)姓.

虢 Guó
虎部7 全15画 [四] 2131₇ [通用]
[名] ❶ 周代の国名. ❷ 姓.

馘(異 聝) guó
首部8 全17画 [四] 8365₀ [通用]
[名] 古代,戦争で殺した敵の左耳. 切り取って戦功のしるしとした.

果(異 菓❶) guǒ
木部7 全8画 [四] 6090₄ [常用]
❶[名] 果物. ¶~酱 guǒjiàng / ~酒 guǒjiǔ / 水~ shuǐguǒ (果物) / 苹~ píngguǒ (リンゴ). ❷[素] 結末. 成果. ¶结~ jiéguǒ (結果) / 成~ chéngguǒ (成果) / 后~ hòuguǒ (結末). [反] 因 yīn ❸[素] 思い切って. 断固として. ¶~决 guǒjué / ~断 guǒduàn / ~敢 guǒgǎn. ❹[素] 予想したとおり. ¶~然 guǒrán / ~真 guǒzhēn / 如~ rúguǒ (もしも). ❺ (Guǒ)姓.
【果报】guǒbào [名]《仏教》因果応報.
【果不其然】guǒ bu qí rán [成] 予想どおり. はたして. [同] 果不然 guǒburán, 果然 guǒrán
【果冻】guǒdòng [名](~儿)ゼリー.
【果断】guǒduàn [形] ためらわず決断するよう. ¶采取~的措施 / 断固たる措置をとる. [同] 果决 guǒjué [反] 迟疑 chíyí, 踌躇 chóuchú, 犹豫 yóuyù
【果饵】guǒ'ěr [名] 菓子. おやつ.
【果脯】guǒfǔ [名] 果物の砂糖漬け. [参考] 北京の名産.
【果腹】guǒfù [動]○腹いっぱいに食べる.
【果干】guǒgān [名](~儿)ドライフルーツ.
【果敢】guǒgǎn [形] 果敢に. 断固として. ¶~的行动 / 果敢な行動.
【果核】guǒhé [名] 果物の種を包む固い殻の部分.
【果酱】guǒjiàng [名] ジャム. [同] 果子酱 guǒzijiàng
【果胶】guǒjiāo [名]《化学》ペクチン.
【果酒】guǒjiǔ [名] 果実酒. [同] 果子酒
【果决】guǒjué [形][異] 断固としている. [同] 果断 guǒduàn
【果料儿】guǒliàor [名] 菓子の上に飾るナッツやドライフルーツ.
【果绿】guǒlǜ [形] 薄緑の.
【果木】guǒmù [名][量 株 zhū] 果樹. [同] 果树 guǒshù
【果木园】guǒmùyuán [名] 果樹園. [同] 果园 guǒyuán
【果农】guǒnóng [名] 果樹栽培農家.
【果盘】guǒpán [名](~儿)フルーツ盛り皿. フルーツボール.
【果皮】guǒpí [名] 果実の皮.
【果皮箱】guǒpíxiāng [名] ごみ箱. [参考] 路上など,屋外に置いてあるものをいう.
【果品】guǒpǐn [名] 果物類. ドライフルーツを含む.
*【果然】guǒrán ❶[副] 予想どおり. はたして. ¶~名不虚 xū 传 chuán / はたして名声どおりであった. [同] 果不其然 guǒ bu qí rán, 果不然 guǒburán ❷[接] 仮定

あらわす. もし…ならば. ¶你~爱小明,你就应应该直接向她表白你的心情 / ミンさんを好きなら,君は直接彼女に打ち明けるべきだ. [同] 果真 guǒzhēn
【果仁】guǒrén [名](~儿)種の中身. さね.
【果肉】guǒròu [名] 果肉.
【果实】guǒshí [名] ❶ 果実. ❷ 成果. ¶劳动~ / 労働の成果. ¶分享 fēnxiǎng 胜利~ / 勝利の成果を分かち合う.
【果树】guǒshù [名][量 棵 kē,株 zhū] 果樹.
【果穗】guǒsuì [名]《穀類》の穂.
【果糖】guǒtáng [名] 果糖.
【果蝇】guǒyíng [名]《虫》ショウジョウバエ. [同] 黄 huáng 果蝇
【果园】guǒyuán [名][量 片 piàn] 果樹園.
【果真】guǒzhēn ❶[副] 予想どおり. はたして. ¶他~考上了他想进的大学 / 予想どおり,彼は志望の大学に受かった. [同] 果然 guǒrán ❷[接] 仮定をあらわす. もし…ならば. [同] 果然 guǒrán
【果汁】guǒzhī [名] 果汁.
【果枝】guǒzhī [名] ❶ 果実をつけた枝. ❷ 綿の実のついた枝.
【果子】guǒzi [名] ❶ 果実. ❷ "馃子 guǒzi"に同じ.
【果子酱】guǒzijiàng [名] ジャム.
【果子酒】guǒzijiǔ [名] 果実酒.
【果子狸】guǒzilí [名]《動物》ハクビシン. [同] 花面 huāmiàn 狸
【果子露】guǒzilù [名] 果物のシロップ.

馃(餜) guǒ
饣部8 全11画 [四] 2679₄ [通用]
下記熟語を参照.
【馃子】guǒzi [名] ❶ 小麦粉をこねて油で揚げた食品. "油条 yóutiáo"(細長い揚げパン)や"焦圈儿 jiāoquānr"(リング状の揚げパン)など. [同] 果子 guǒzi ❷[方] 菓子の古い言い方. [同] 果子 guǒzi

椁(異 槨) guǒ
木部8 全12画 [四] 4094₇ [通用]
[名] 棺(ひつぎ)を入れる大きな外棺. ¶棺~ guānguǒ (棺と外棺).

蜾 guǒ
虫部8 全14画 [四] 5619₄ [通用]
下記熟語を参照.
【蜾蠃】guǒluǒ [名]《虫》[量 群 qún,只 zhī] トックリバチ. ⇨螟蛉 mínglíng

裹 guǒ
亠部12 全14画 [四] 0073₂ [常用]
❶[動] 包む. ¶~扎 guǒzā (包んで縛る) / 包~ bāoguǒ (包む). ❷ (Guǒ)姓.
【裹脚】❶ guǒ//jiǎo [動] 纏足(てんそく)をする. ❷ guǒjiao [名] 纏足で足に巻く細長い布. [同] 裹脚布 guǒjiaobù
【裹乱】guǒ//luàn [動][方] 中に入って邪魔をする. かき乱す.
【裹腿】guǒtui [名][量 副 fù] ゲートル. ¶打~ / ゲートルを巻く.
【裹挟】guǒxié [動] ❶ 巻き込む. 押し流す. ¶一股 gǔ 潮流~着人们 / 一つの流れが人々を押し流しつつある. ❷ (脅迫して)悪事に加担させる. [同] 裹胁 guǒxié
【裹胁】guǒxié [動] "裹挟 guǒxié"❷に同じ.
【裹足不前】guǒ zú bù qián [成] ためらって前に進まない.

过(過) guò
辶部3 全6画 [四] 3430₀ [常用]

guò 过

I [動] ❶ 過ぎる．通る．渡る．超える．¶汽车刚～去 / 自動車がいま通り過ぎた．¶我们正～长江大桥 / 私たちはいま長江大橋を渡りつつある．¶～马路，要小心 / 道路を渡る時は気をつけて．¶劳驾,让我～一下 / ごめんなさい，ちょっと通してください．

❷ (時間が)たつ．過ごす．¶时间～得真快 / 時間が過ぎるのは本当に早い．¶～两天再来吧 / 2,3日したらもう一度来て下さい．¶高高兴兴地～日子 / 楽しく日を送る．¶～生日 / 誕生祝いをする．

❸ (一方から他方へ)移転する．¶把这笔款～到他的名下 / この金額を彼の名義に移す．¶没有单位的介绍信，这自行车～不了户 / 職場の紹介状がなければ，この自転車の登録は移せない．

❹ (ある種の処置を)経る．通す．¶数儿～对了没有？/ 数は当たったか．¶茄子 qiézi 正在～油 / なすはいま油で揚げているところだ．¶面条已经～了水了 / うどんはもう湯通ししてある．

❺ (一定の数量，範囲，限度を)超える．超過する．¶已～下发时间 / すでに退勤時間を過ぎた．¶～期了 / 期限が切れた．¶老王已年～半百 / 王さんはすでに50歳を越している．

❻ 目を通す．頭の中で思い起こす．¶～一下目 / お目通しください．¶把昨天的事在脑子里～了一遍 / 昨日のことを一度頭の中で思い起こしてみた．

❼ Ⓧ 訪問する．¶～访 guòfǎng.

❽ 方 死ぬ．亡くなる．¶老太太～了好几天了 / おばあさまが亡くなって何日もたった．

❾ 方 伝染する．¶这个病～人 / この病気は人にうつる．

方向補語の"过"

①過ぎる
◇我拉过一把椅子，坐到他的对面 / 私は椅子を持ってきて，彼の正面に座った．
◇穿过这条街往右拐，有一家便利店 / この道をぬけて右に曲がるとコンビニがあります．

②範囲を超える
◇差点儿坐过了站 / もう少しで駅を乗り過ごすところだった．
◇差点儿错过电车 / あやうく電車に乗りそこねるところだった．
◇糟糕,我睡过了 / しまった，寝過ごした．

II [名] 過ち．過失．¶～错 guòcuò．¶～失 guòshī．¶记～ / 過ちを記録に留める．¶勇于改～ / 過ちをきっぱりと改める．

III [副] (単音節形容詞の前に置き，程度が必要限度を超えることを表わし)あまりに…すぎる．¶雨～大，等会儿走 / 雨が強すぎる，少ししてから行こう．¶这煤质量不好，灰分～多 / この石炭は質が良くない，灰分が多すぎる．¶价格～高,很多人买不起 / 価格が高すぎて，多くの人には買えない．

IV [助] ❶ 動詞の後ろに置き，経験(かつてそのようなことがあった)を表わす．…したことがある．¶我去～中国 / 私は中国へ行ったことがある．¶以前他学～汉语 / 以前彼は中国語を勉強したことがある．¶那本小说我看～ / その小説は私は読んだことがある．¶我在中国住～三年 / 私は中国に3年住んでいました．¶我从来没吃～中药 / 漢方薬を飲んだことがありません．¶你以前生～这种病吗？/ 前にこのような病気にかかったことがありますか．

❷ 形容詞の後ろに置き，過去において性質・状態がそのようであったことを表わす．…であった．¶当年 dāngnián, 我也曾漂亮过 / 当時は，私も美しかった．¶前几天暖和～，这几天又冷了 / 数日前までは暖かかったけれど，この何日間かまた寒くなった．¶雨从没有这么大～ / 雨がかつてこんなにひどかったことはない．¶讨论从未如此热烈～ / 議論がこんなに白熱したことはかつてなかった．

❸ 動詞の後ろに置き，動作が終わったことを表わす．…した．¶吃～饭再去 / 食事をしてから行く．¶第一册已经看～了 / 1冊目はすでに読んだ．¶他开～会，就回家了 / 彼は会議が終わると家に帰った．¶明天问～他就给你打电话 / 明日彼に聞いてから君に電話するよ．

経験の"过"

1. 疑問文には次の3通りの形式がある．
①你去过中国吗？
②你去过中国没有？
③你去没去过中国？

2. 副詞"曾，曾经"，否定文では"从，从来"などと相性がよい．

3. "过" vs. 完了の"了"
否定文
他去过 / 行ったことがある
→他没(有)去过 / 行ったことがない
他去了 / 行った
→他没(有)去 / 行かなかった

☞ 过 guō

【过把瘾】guò bǎ yǐn [句] (趣味や愛好といった)特定の楽しみをいくぶんか満足させる．

【过半】guòbàn 半数を超える．¶时间～,任务～ / 時間が半ばを過ぎて，任務も折り返し点を過ぎた．

【过半数】guòbànshù [名] 過半数．

【过磅】guò//bàng 台ばかりで量る．¶这些稻谷～了吗？/ この籾(もみ)は量り終わりましたか．

【过饱和】guòbǎohé 《化学》過飽和．

【过不去】guòbuqù ❶ (障害があって)通り抜けられない．¶前面正在修路, ～ / この先は道路工事で通り抜けできない．❷ 过得去 guòdequ ❷ 困らせる．¶他不会跟你～的 / 彼があなたに難癖をつけるはずがない．❸ すまなく思う．恐縮する．¶费了你这么多时间,我心里真～ / 時間をとらせてほんとうに恐縮です．回 过意 guòyì 不去

【过场】guòchǎng ❶ [動] 《芸能》中国の伝統劇で，役者が舞台中央を通り抜ける．進事や道中の表現．❷ [名] 《芸能》芝居中，前後の筋をつなぐために行う短い芝居．❸ [動] いいかげんにその場を取り繕う．回 走 zǒu 过场

*【过程】guòchéng 過程．プロセス．¶相互熟悉的～ / 互いに深く知り合う過程．

【过秤】guò//chèng [動] はかりで量る．¶这筐 kuāng 苹果还没～ / このかごのリンゴはまだ量っていない．

【过迟】guòchí [形] 遅すぎる．¶现在去已经～了 / 今行ってももう遅すぎるよ．

【过从】guòcóng [動] Ⓧ 行き来する．交際する．回 交往 jiāowǎng

【过错】guòcuò [名] 過ち．¶有～就得马上改正 / 過失があればすぐに正さなければならない．回 错误 cuòwù, 差错 chācuò, 过失 guòshī

【过当】guòdàng [動] 適量や，限度を超える．¶用量～ / 使用量が限度を超す．

【过道】guòdào (～儿) ❶ (アパートの)通路．廊下．❷ (旧式家屋の)各中庭をつなぐ通路．特に正門に設けられた狭い部屋を指す．

【过道儿】guòdàor [名] ❶ 〔量 条 tiáo〕玄関から各部

屋に通じる廊下. ❷〔[量] 条 tiáo〕伝統家屋の庭をつなぐ通路. ❸伝統家屋で,表門脇にある小さな部屋. ❹列車やバスの通路.

【过得去】guòdequ [動]❶(障害がなく)通り抜けられる. ¶人～,汽车过不去 / 人は通れるが,車は通れない. [反]过不去 guòbuqù ❷暮らしていける. ¶生活虽不富裕 fùyù,还～ / 暮らしは豊かではないが,まあ何とかやっていける. ❸許容できる. そこそこだ. ¶他是我朋友,接待～就行 / 彼は私の友人だから,接待は失礼のない程度でいい. [同]说得 shuōde 过去 ❹気が済む. [用法]④は多く反語文に用いる. ¶我心里怎么～呢? / 私はほんとうに気が済まないんだ.

【过低】guòdī [形]過度に低い. 低すぎる. ¶你～估计 gūjì 他的实力了 / あなたは彼の実力を過小評価している.

【过电影】guò diànyǐng [慣](過去の出来事を)心に思い浮かべる.

【过冬】guò//dōng [動]冬を越す. ¶～作物 / 越冬作物.

【过度】guòdù [形]度を超す. ¶酒色～ / 酒と女におぼれる. ¶～浪费 / 浪費しすぎる.

【过渡】guòdù [動]移り変わる. ¶～时期 / 過渡期.

【过多】guòduō [形]多すぎる. ¶雨水～ / 雨が多すぎる. ¶吃得～ / 食べすぎる. ¶你不必～忧虑 yōulǜ / 心配しすぎる必要はありませんよ.

【过房】guòfáng [動][方]兄弟や親戚に養子に出す. 兄弟や親戚の子を養子に迎える. [同]过继 guòjì

【过访】guòfǎng [動][文]訪問する.

【过分】guò//fèn [形]行き過ぎている. 極端だ. ¶你做得太～了 / あなたのやり方は行き過ぎだ. ¶这人～糊涂 hútu / この人はあまりにもでたらめだ. ¶这话一点儿也不～ / この話は少しも言いすぎではない. [同]过火 guòhuǒ ☞过分 guōfèn

【过付】guòfù [動](取引で)仲介者を通じて金銭や貨物を引き渡す.

【过关】guò//guān [動]関所を通過する. 難関を突破する. ¶外语～了 / 外国語を克服した.

【过关斩将】guò guān zhǎn jiàng [成]次々に難関を突破する. 数々の困難を克服したり,試合に勝って駒を進めるたとえ. [同]过五关斩六将 [由来]関羽が敵側の5カ所の関門を破り6人の将軍を倒したという『三国演義』の故事から.

【过河拆桥】guò hé chāi qiáo [成]川を渡って橋を壊す. 目的を達成した後,それまでの恩を忘れるたとえ.

【过后】guòhòu [副]❶あとで. 後に. ¶有问题～再说 / 問題があれば後で考えよう. [同]往后 wǎnghòu ❷その後. ¶～才知道 / 後で始めて知った. [同]后来 hòulái

【过户】guò//hù [動](不動産などの)名義を書き換える.

【过话】guò//huà [動][方](～儿)❶ことばを交わす. ¶我们俩没有过过话 / 私たちはことばを交わしたことがない. [同]交谈 jiāotán ❷伝言する. ¶请代为 dàiwéi～ / お言づて願います. [同]传话 chuánhuà

【过活】guòhuó [動]暮らす. ¶没有经济来源,怎么～? / 経済的支えなしで,どうやって暮らすのだ.

【过火】guò//huǒ [形]行き過ぎだ. 度が過ぎる. ¶～行为 xíngwéi / 行き過ぎた行動.

【过激】guòjī [形]過激だ.

【过急】guòjí [形]急ぎすぎる. せっかちだ. ¶操之 cāo zhī～ / [成]やり方がせっかちすぎる.

【过继】guòjì [動]兄弟や親戚に養子に出す. 兄弟や親戚の子を養子に迎える. [同]过房 guòfáng

【过家家】guòjiājia [名][動](～儿)ままごと遊び(をする).

【过江之鲫】guò jiāng zhī jì [成]河を渡るフナ. 数の多いたとえ. ¶多如～ / 河を渡るフナのように多い.

【过奖】guòjiǎng [動]ほめすぎる. ¶～～! / ほめすぎです. ¶承蒙 chéngméng～ / 過分のおほめにあずかりまして. [表現]謙遜(けんそん)の表現.

【过街老鼠】guò jiē lǎo shǔ [成]通りを横切るネズミ. 嫌われ者のたとえ.

【过街楼】guòjiēlóu [名]通りの上をまたいで建つビル.

【过街(天)桥】guòjiē(tiān-)qiáo [名]歩道橋. [同]天桥①

【过节】guò//jié [動]祝祭日を祝い過ごす.

【过节儿】guòjiér[-jier] [名][方]❶礼儀. しきたり. 浮き世の義理. ❷感情の溝. 行き違い. ¶他们之间有～ / 彼らの間には溝がある.

【过境】guò//jìng [動]国境を通過する. ¶～旅客 / トランジットの旅行者. ¶～手续 / 通過手続き.

【过境税】guòjìngshuì [名]通過税. 入国税.

【过苛】guòkē [形]厳しすぎる. ¶要求～ / 要求が厳しすぎる.

【过客】guòkè [名]旅客. ¶接待～ / 旅客を接待する.

**【过来】guò//lái[-lai] [動]❶(話し手や対象の方に向かって)やって来る. ¶～, ～! / おいで. ¶～谈一谈! / 話しにいらっしゃい. [反]过去 guòqù ❷多く"得", "不"と連用して,時間や能力,数量などが十分であることをあらわす. ¶一个人干 gàn 得～ / 一人でやれる. ¶照顾不～ / 面倒見きれない. [反]过去 guòqù ❸自分のいる所にやって来ることをあらわす. ¶端～一杯水 / 水を一杯持ってくる. ❹自分の方に正面を向けることをあらわす. ¶把头掉～ / 後ろをふり向く. [反]过去 guòqù ❺もとの状態や正常な状態へ戻ることをあらわす. ¶他昏迷 hūnmí 了两天两夜,终于醒～了 / 彼は二日二晩昏睡状態が続いた後,ついに意識を取り戻した. [用法]②～⑤は,動詞の後ろに用いる.

【过来人】guòláirén[-lairen] [名]あることについて経験のある人. ¶我们都是～,有话直说吧 / 我々は皆経験者だから,話は率直に言い合おう.

【过劳死】guòláosǐ [名]過労死.

【过冷】guòlěng [名]《物理》過冷却.

【过礼】guò//lǐ [動][旧]結納を贈る.

【过梁】guòliáng [名]《建築》窓や戸の上に渡した横木. まぐさ.

【过量】guò//liàng [動]量を過ごす. ¶饮 yǐn 酒～ / 酒の度を過ごす. [用法]多く飲酒についていう.

【过磷酸钙】guòlínsuāngài [名]《化学》過リン酸石灰.

【过淋】guòlín [動]ろ過する. こす. ¶把杂质～出去 / ろ過して不純物を除く. [同]过滤 guòlǜ

【过录】guòlù [動]書き写す. 転記する.

【过路】guòlù [動]通り過ぎる. 通りかかる.

【过路财神】guò lù cái shén [成]思いがけず大金を手にすること.

【过虑】guòlǜ [動]心配しすぎる. ¶问题总会解决的,不必～ / 問題はいずれ解決するでしょうから,心配に及びません.

【过滤】guòlǜ [動]ろ過する. こす.

【过滤器】guòlǜqì [名]ろ過器. こし器.

【过滤嘴】guòlǜzuǐ [名]たばこのフィルター.

【过门】guò//mén [動]嫁に行く. 嫁に来る.

【过门儿】guòménr [名]《音楽》間奏. (歌の)相の手.

【过敏】guòmǐn [形]過敏だ. ¶～反应 / 過敏に反応する. ¶～症 zhèng / アレルギー. ¶神经～ / 神経過敏

G

である.

【过目】guò//mù 動 目を通す. ¶请你过一下目 / ちょっと目を通してください.

【过目不忘】guò mù bù wàng 成 一度目を通せば忘れない. 記憶力のよいこと.

【过目成诵】guò mù chéng sòng 成 一度目を通せば暗唱できる. 記憶力のよさ. 同 过目不忘 bù wàng

【过牧】guòmù 動 牧草の成長情況を考えずに, 無計画に放牧する.

*【过年】guò//nián 動 ❶年越しを祝う. 正月を過ごす. ¶~得怎么样? / 正月はいかがでしたか. ❷ 年を越す.

【过年】guònian 名 来年.

【过期】guò//qī 動 期限を過ぎる. ¶~作废 zuòfèi / 期限を過ぎた場合は無効とする.

【过谦】guòqiān 形 謙虚すぎる. ¶不必~了 / そんなに謙遜(愨)しないで.

*【过去】guò//qù[-qu] 動 ❶話し手(あるいは話の対象)のいる場所から他の地点へ向かって行く. ¶火车刚~ / 汽车过して...出て行った. 反 过来 guòlái ❷ ある時期を過ぎ去る. ある段階を乗り切る. ¶这一回考试我总算~了 / 今回の試験はなんとか乗り切った. ¶危险期算是~了 / 危険な時期は通り過ぎたと言ってもよい. ❸ 時間が経過する. ¶~一年了 / 一年が過ぎた. ❹ ある場所から他の場所へ遠ざかることをあらわす. ¶一辆汽车从前面开~了 / 一台の車が目の前を通り過ぎた. 反 过来 guòlái ❺ 話し手と反対側に向きを変えることをあらわす. ¶把头扭~ / 颜をそむける. ¶骑在床上翻过来翻~, 就是睡不着 / 寝床に入って何度も寝返りを打ったが, どうしても眠れない. 反 过来 guòlái ❻ もとの状態や本来の状態ではなくなることをあらわす. ¶热得昏~了 / 暑くて気を失った. ❼ やや続けることをあらわす. ¶骗~了 / だまし通した. ❽ 形容詞の後ろに置いて,超過することをあらわす. 多く"得"や"不"と連用する. ¶他的头再硬,也硬不过石头去 / 彼の頭が固いと言っても石より固くはない. 用法 ④~⑦は,動詞の後ろに置く.

*【过去】guòqù 名 過去. むかし. ¶~的工作 / 過去の仕事. ¶~我当过兵, 也做过农民 / 私は過去に兵隊になったこともあるし, 農民だったこともある. 反 将来 jiānglái, 现在 xiànzài

【过去】guò//qùle 動 亡くなる. 表现 人が死んだことを婉曲に言う.

【过热】guòrè ❶ 動 過熱する. ¶经济发展中要防止~现象 / 経済の発展段階では, 過熱現象を防止しなければならない. ❷ 形 熱すぎる.

【过人】guòrén 動 人並み以上である. ¶力大~ / 人並み以上に力が強い. ¶在这件事情上也可看出小美~的才智 cáizhì / このことからも, メイちゃんの並外れた才能を見て取れる.

【过日子】guò rìzi 句 生活する. ¶和和气气地~ / 仲よく暮らす. ¶他很会~ / 彼はやりくりがうまい.

【过筛子】guò shāizi ふるいにかける. ¶这些麦种 màizhǒng还没有~ / これらの麦の種は, まだふるいにかけていない.

【过晌】guòshǎng 名 方 昼過ぎ. 昼下がり.

【过少】guòshǎo 形 少なすぎる.

【过甚】guòshèn 形 度が過ぎる. 大げさだ. ¶这未免wēimiǎn 小题大作,言之 zhī~了 / それは少々大騒ぎしすぎて,大げさだ.

【过甚其词】guò shèn qí cí 成 話を大げさにする. ¶说话要注意分寸 fēncun, 不要~ / 話は節度をわきまえること,大きさに話すのはやめなさい.

【过生日】guò shēngrì 慣 誕生日を祝う.

【过剩】guòshèng 動 過剰になる. 有り余る. ¶精力~ / 精力が有り余っている. ¶生产~ / 生産が過剰だ.

【过失】guòshī 名 過ち. 過失. ❶ 差错 chācuò, 错误 cuòwù 反 功劳 gōngláo

【过失杀人】guòshī shārén 過失致死.

【过时】guò//shí 動 ❶ 規定の時間を過ぎる. ¶你那种想法早就~了 / あなたのそういう考え方は時代遅れです.

【过时不候】guò shí bù hòu 成 時間が過ぎたら一刻も待たない.

【过世】guò//shì 動 人が世を去る. 死去する. 同 去世 qùshì

【过手】guò//shǒu 動 (金銭などを)取り扱う. 仲介する.

【过数】guò//shù 動 (~儿)数を確認する. ¶你过一下数 / あなたは数を当たって下さい.

【过堂】guò//táng 動 旧 法廷で裁きを受ける.

【过堂风】guòtángfēng 名 (~儿)部屋を吹き抜ける風. ¶这里有~,很凉快 / ここは風が通るからとても涼しい.

【过天】guòtiān 名 後日. ¶那件事~再说吧 / その件は後日お話しましょう. 同 改天 gǎitiān

【过厅】guòtīng 名 〔量 个 ge,间 jiān〕伝統家屋で, 前後に扉があり通り抜けのできる部屋.

【过头】guò//tóu 形 (~儿)限度を超える. ¶钱用~了 / 金を使いすぎた.

【过往】guòwǎng 動 ❶ 行き来する. ¶~行人 xíngrén / 行き来する通行人. 同 来去 láiqù ❷ つきあう. 同 来往 láiwǎng

【过望】guòwàng 形 (もともとの)望み以上の. 望外の. ¶大喜~ / 望外の喜び.

【过问】guòwèn 動 関心を示す. 口をはさむ. ¶~政治 / 政治に関心をもつ. ¶他其余 qíyú 的事情概不~ / 彼は他のことにはいっさい関心をもたない.

【过午】guòwǔ 名 昼過ぎ.

【过细】guòxì 形 (作業などが)きめ細かい. 同 仔细 zǐxì

【过心】guòxīn 動 方 ❶ 気を回す. ¶他话说得太直,你不要~ / 彼ははっきりものを言うから, 気を回さないほうがいい. 同 多心 duōxīn ❷ 気心が知れている. ¶~好友,有话不谈 / 気心が知れた友達だから何でも話せる. 同 知心 zhīxīn

【过眼】guò//yǎn 動 目を通す. ¶~不忘 / 一度目を通せば決して忘れない. 同 过目 guòmù

【过眼烟云】guò yǎn yān yún →过眼云烟

【过眼云烟】guò yǎn yún yān 成 たちまちのうちに消えてしまうもののたとえ. 同 云烟过眼

【过氧化物】guòyǎnghuàwù 名〔化学〕過酸化物.

【过夜】guò//yè ❶ 動 夜を明かす. ❷ 一晩おく. ¶~的茶不能再喝了 / ひと晩たったお茶は飲んではいけない. 同 隔夜 géyè

【过意】guòyì 動 不快に思う. 気に障る. ¶不~ / 恐縮です. ¶我并不是针对你说的,你别~ / あなたのことを言ったのではないから, 気にしないで.

【过意不去】guòyìbuqù 動 すまなく思う. ¶又让你破费了,真~ / お茶も散財をおかけして, 本当に申し訳ありません. 同 不过意 bùguòyì

【过瘾】guò//yǐn 動 (し好や欲求が満たされて)満足する. ¶过了瘾了 / 十分に堪能(愨)した. ¶觉得不~ / 物足

りなく感じる.
【过硬】guò//yìng [形] 試練に耐える. ¶锻炼~本领／しっかりした腕前に鍛えあげる. ¶老张的技术是过得硬的／張さんの技術はとてもしっかりしていて頼りになります.
【过犹不及】guò yóu bù jí [成] 過ぎたるはなお及ばざるがごとし.
【过于】guòyú [副] …すぎる. あまりにも…だ. ¶~着急／焦りすぎる. ¶父亲~劳累 láolèi,终于病倒了／父は疲れが重なり,とうとう病に倒れた.
【过誉】guòyù [動] ほめすぎる.
【过逾】guòyu [形] [方] 度が過ぎる. ¶小心没~／用心に行き過ぎなし.
【过载】guòzài [動] ❶ 荷物を積みすぎる. ❷ 積み荷を積みかえる.
【过帐】guò//zhàng [動] [旧] ❶ 勘定の振り替えをする. ❷ 帳簿に転記する.
【过招】guò//zhāo [動] (~儿)(武術や技芸の)腕前を競う.
【过重】guò//zhòng [動] ❶ 重さを量る. ❷ (荷重や荷物などが)オーバーする. 重量超過する. ¶~加费／郵便の超過料金.

H

ha ㄏㄚ〔xA〕

哈(叚³) hā 口部6 〔四〕6806₁ 全9画 〔常用〕
❶ 動 口をひろげてハーッと息を吐く．¶～欠 hāqian／～气 hāqì．❷ 擬「ハ」という音をあらわすことば．音訳語，また笑い声やため息をあらわす．¶笑～～（ハハハと笑うよう）／～里发 hālǐfā／～尼族 Hānízú．❸ →哈腰 hāyāo
☞ 哈 hǎ, hà

【哈得孙河】Hādésūnhé《地名》ハドソン川（米国）．
【哈尔滨】Hā'ěrbīn《地名》ハルピン．黒竜江省の省都．
【哈佛大学】Hāfó dàxué 名 ハーバード大学．
【哈哈大笑】hāhā dàxiào 〔四〕「わはは」と大笑いする．
【哈哈镜】hāhājìng 名〔面 miàn〕表面をゆがめて，姿が面白く映るようにした鏡．
**【哈哈】hāhā 擬 笑い声をあらわす．ハハッ．¶别打～！／ふざけるな．
【哈哈儿】hāhar 名 面白いこと．¶闹 nào 了个～／面白いことをやらかした．〔同〕哈哈笑（儿）xiào(-r)
【哈韩】hāhán 動 韓国の流行や文化に熱狂する．¶～族／(熱狂的な)韓国ファン．〔参考〕"哈"は南方言で「熱中症になる」の意．
【哈喇子】hālázi 名〔方〕よだれ．
【哈喇】hālá 形〔口〕(時間がたって)油分の酸化した．油くささの出た．¶点心～了／お菓子が油くさくなった．
【哈雷彗星】Hāléi huìxīng 名《天文》〔颗 kē〕ハレー彗星．
【哈里发】hālǐfā イスラムの「カリフ」．
【哈密瓜】hāmìguā 名《植物》ハミウリ．〔参考〕メロンの一種で，新疆(xīn)ウイグル自治区の哈密(hāmì)市一帯でよくとれる．美味として知られる．
【哈尼族】Hānízú 名《民族》ハニ(Hani)族．中国の少数民族で，雲南省に居住．
【哈气】❶hā∥qì 動 口をひろげてハーッと息を吐く．¶给拿笔的手哈了口气／ペンを持つ手にハーッと息を吐く．❷ hāqì 名 口をひろげてハーッと吐いた息．ガラスなどを白く曇らせる水蒸気．
【哈欠】hāqian 名〔个 ge〕あくび．¶打～／あくびをする．¶打了好几个～／続けざまに何度もあくびをした．
【哈日】hārì 動 日本の流行や文化に熱狂する．¶～族／(熱狂的な)日本ファン．〔参考〕"哈"は南方言で「熱中症になる」の意．
【哈萨克斯坦】Hāsàkèsītǎn《国名》カザフスタン．
【哈萨克族】Hāsàkèzú 名《民族》カザフ(Kazak)族．中国の少数民族で，新疆(xīn)ウイグル自治区・甘粛省・青海省に居住．
【哈瓦那】Hāwǎnà《地名》ハバナ(キューバ)．
【哈维】Hāwéi《人名》ハーベー(1578-1657)．イギリスの生理学者．
【哈腰】hā//yāo 動 ❶〔口〕腰を曲げる．❷ 擬 腰をかがめてへつらう．¶见人就点头～的，没骨气／人に会えばぺこぺこして，だらしない．

铪(鉿) hā 钅部6 〔四〕8876₁ 全11画 〔通用〕
名《化学》ハフニウム．Hf．

虾(蝦) há 虫部3 〔四〕5113₀ 全9画 〔常用〕
下記熟語を参照．
☞ 虾 xiā

【虾蟆】háma 名 "蛤蟆 háma"に同じ．

蛤 há 虫部6 〔四〕5816₁ 全12画 〔次常用〕
下記熟語を参照．
☞ 蛤 gé

【蛤蟆】háma 名《動物》〔只 zhī〕カエル．ガマ．〔同〕虾蟆 háma
【蛤蟆骨朵儿】háma gūduor 名《動物》オタマジャクシ．〔同〕蝌蚪 kēdǒu
【蛤蟆夯】hámahāng 名 地固めに使う電動式の機械．ランマー．
【蛤蟆镜】hámajìng 名〔俗〕レンズの大きなサングラス．〔由来〕レンズの形がカエルの目に似ていることから．

哈 hǎ 口部6 〔四〕6806₁ 全9画 〔常用〕
❶ 下記熟語を参照．❷ 名(Hǎ)姓．
☞ 哈 hā, hà

【哈巴狗】hǎbagǒu 名 ❶《動物》〔条 tiáo, 只 zhī〕愛玩犬の一種．ペキニーズ．❷ 人をののしることば．飼い馴らされた犬のような，権力者にしっぽを振る奴．〔参考〕①は，古くから中国の宮廷で大切にされた小型犬．"巴儿狗 bārgǒu"ともいい，毛の長い亜種は"狮子狗 shīzigǒu"という．この種類の犬が古い時代に日本に入り，改良されたのが狆(ちん)．
【哈达】hǎdá 名〔条 tiáo〕チベット族やモンゴル族が，敬意や祝賀のしるしとして献納する薄絹の細長い布．白色のものが多く，黄色や青もある．

哈 hà 口部6 〔四〕6806₁ 全9画 〔常用〕
下記熟語を参照．
☞ 哈 hā, hǎ

【哈巴】hàba 動〔方〕がにまたで歩く．
【哈什蚂】hàshimǎ 名《動物》〔只 zhī〕カエルの一種．雌の腹にある脂肪状の物質は"哈什蚂油 hàshimǎyóu"と呼ばれ，薬用とされる．〔同〕中国林蛙 zhōngguó-línwā

hai ㄏㄞ〔xae〕

咳 hāi 口部6 〔四〕6008₂ 全9画 〔常用〕
感 ❶ おやおや．ああ．驚き・後悔・残念な気持ち・軽蔑をあらわす．¶～，洁白 jiébái 的衣裳 yīshang，怎么给弄脏了！（おいおい，真っ白な服をどうして汚してしまったんだ）

~，他的底细 dǐxi，我知道(ああ，彼の素性なら分かっている)．❷ おい．呼びかけのことば．¶~，别闯 chuǎng 红灯！(おい，赤信号につっこむな).

☞ 咳 ké

【咳声叹气】hāi shēng tàn qì 〔成〕嘆いたり，ため息をつく．¶他整天~／彼は一日中ため息ばかりついている．〔回〕唉 āi 声叹气

嗨 hāi 口部10　四 6805₇　全13画　通用

〔感〕"咳 hāi"に同じ．¶~哟 hāiyō．

☞ 嗨 hēi

【嗨哟】hāiyō 〔感〕ヨイショ．エイヤッ．力仕事の時のかけ声．

还(還) hái 辶部4　四 3130₉　全7画　常用

〔副〕❶ 依然として．やはり相変わらず．¶你~是那样(君はやはり前のままだ)／这件事~没有做完(この事はまだやり終えていない)．❷ もっと．いっそう．¶今天比昨天~热(今日は昨日よりもっと熱い)．❸ また．さらに．¶另外~有一件事要做(そのほかにもしなければならない事がある)／提高产量，~要保证质量(生産量を増やし，さらに品質を保証しなければならない)．❹ まだなんとかして．身体~可以(体の方はまだなんとかやれる)／工作进展 jìnzhǎn 得~不算慢(仕事の進み具合はまだ遅れにはなっていない)．❺ なおかつ．それでもなお．¶他那么大年纪~这么干，你们更应该加油干了(彼はあの年でそこまで頑張っているのだから，君たちはさらに頑張るべきだ)．❻ やはり．さすがに．¶他~是真有办法(彼はやはり実にやり手だ)．

☞ 还 huán

*　*【还是】háishi ❶〔副〕依然として．相変わらず．動作や状態が継続していることをあらわす．¶他~十年前的老样子／彼はやはり10年前のままだ．❷〔副〕意外にも．思いのほか．¶没想到这事儿~真难办／この事がこんなにやりにくいとは思ってもみなかった．❸〔副〕…する方がよい．¶天气凉了，~多穿点儿吧／涼しくなったので，少し多めに着た方がよい．¶~自己照顾自己吧！／自分の面倒は自分で見ないとね．❹〔接〕…か，それとも…か．¶你去，~他去？／あなたが行きますか，それとも彼が行きますか．

【还有】háiyǒu そのうえ．¶这字写错了，~，标点用得不对／この字は書き違いだ．それに，句読点の使い方も正しくない．❷ まだある．¶你~别的事吗？／ほかにまだ用事がありますか．

孩 hái 子部6　四 1048₂　全9画　常用

〔名〕(~儿)子供．¶女~ nǚhái(女の子)／婴~ yīnghái(赤ん坊)．

【孩儿】hái'ér 〔名〕❶ 親が子を呼ぶときの称呼．❷ 親に対する子供の自称．〔参考〕①②とも，多く早期白話に見える．実際の発音は，"hár"となる．

【孩儿参】hái'érshēn《植物・薬》ヨツバハコベ．〔回〕太子 tàizǐ 参．

【孩提】háití 〔文〕年端のいかない児童．童子．¶~时代／幼年時代．

【孩童】háitóng 〔名〕児童．

*　*【孩子】háizi 〔量〕个 ge, 群 qún〕❶ 児童．子供．❷(親から見た)子供．❸ 青少年．¶男~／男の子．〔用法〕③は大学生くらいに対しても使う．

【孩子气】háiziqì ❶ 子供っぽい気質をよう．❷〔形〕子供っぽい．世間知らずだ．¶越老越~／年をとるほど子供っぽくなる．

【孩子头】háizitóu 〔名〕❶(~儿)ガキ大将．❷ 子供と遊んでやるのが好きな大人．

【孩子王】háiziwáng 〔名〕❶ "孩子头 háizitóu"に同じ．❷〔貶〕子供を相手にする教師．

骸 hái 骨部6　四 7028₂　全15画　通用

〔素〕❶ 骨．¶~骨 háigǔ ／尸~ shīhái(死骸)．❷ 骨格．体．¶形~ xínghái(人の体)／病~ bìnghái(病気の体)／残~ cánhái(残骸)．

【骸骨】háigǔ 〔名〕〔量〕具 jù〕骸骨(がっ)．

胲 hǎi 月部6　四 7028₂　全10画　通用

〔名〕《化学》ヒドロキシルアミン．

海 hǎi 氵部7　四 3815₇　全10画　通用

❶〔名〕〔量〕片 piàn〕海．¶~岸 hǎi'àn ／黄~ Huánghǎi(黄海)／渤~ Bóhǎi(渤海)／领~ lǐnghǎi(領海)．❷〔名〕大きな湖．¶青~ Qīnghǎi(青海湖)／里~ Lǐhǎi(カスピ海)．❸〔素〕容量が大きい．¶~碗 hǎiwǎn ／~量 hǎiliàng ／墨~ mòhǎi(大きな硯箱)．❹〔素〕人や物が一面に広がるようす．¶人~ rénhǎi(人の海)／火~ huǒhǎi(火の海)／林~ línhǎi(樹海)．❺(Hǎi)姓．

【海岸】hǎi'àn 〔名〕海岸．
【海岸线】hǎi'ànxiàn 〔名〕海岸線．
【海拔】hǎibá 〔名〕海抜．
【海百合】hǎibǎihé 〔名〕《動物》ウミユリ．
【海报】hǎibào 〔名〕〔量〕份 fèn, 张 zhāng〕(映画や芝居などの)ポスター．
【海豹】hǎibào 〔名〕《動物》〔量〕只 zhī〕アザラシ．
【海边】hǎibiān 〔名〕海辺．〔回〕海滨 hǎibīn．
【海滨】hǎibīn 〔名〕海のそば．海浜．¶~浴场 yùchǎng ／海水浴場．¶~城市／沿海都市．
【海波】hǎibō 〔名〕《化学》ハイポ．チオ硫酸ナトリウム．〔表現〕"海の波"は，"海浪 hǎilàng"という．
【海菜】hǎicài 〔名〕食用にする海藻．
【海产】hǎichǎn 〔名〕❶ 海産物．❷ 海で生まれる動植物．
【海潮】hǎicháo 〔名〕潮の干満．〔回〕潮 cháo．
【海程】hǎichéng 〔名〕船旅の旅程．航海．
【海船】hǎichuán 〔名〕海を航行する大きな船．
【海带】hǎidài 〔名〕コンブ．〔表現〕漢方薬としてのコンブは"昆布 kūnbù"と言う．
【海胆】hǎidǎn 〔名〕《動物》ウニ．
【海岛】hǎidǎo 〔名〕〔量〕座 zuò〕島．
【海盗】hǎidào 〔名〕〔回〕伙 huǒ〕海賊．
【海德堡】Hǎidébǎo 《地名》ハイデルベルク(ドイツ)．
【海堤】hǎidī 〔名〕防波堤や防潮堤．〔回〕海塘 hǎitáng．
【海底】hǎidǐ 〔名〕海底．
【海底捞月】hǎi dǐ lāo yuè 〔成〕無駄な努力をする．¶~一场 cháng 空 kōng ／無駄な結果に終わる．〔回〕水中 shuǐzhōng 捞月〔由来〕海に映った月をすくう，という意から．
【海底捞针】hǎi dǐ lāo zhēn 〔成〕見つけることが非常に難しい．〔回〕大海 dàhǎi 捞针〔由来〕海の底から針を拾う，という意から．
【海地】Hǎidì 《国名》ハイチ．
【海防】hǎifáng 〔名〕沿岸防衛．
【海匪】hǎifěi 〔名〕海賊．
【海风】hǎifēng 〔名〕❶ 海上を吹く風．うなかぜ．❷ 日

中，海から陸へと吹く風．うみかぜ．⇔陆风 lùfēng
【海港】hǎigǎng〔量 座 zuò〕港．
【海沟】hǎigōu 名〔量 道 dào, 条 tiáo〕海溝．
【海狗】hǎigǒu 名〔量 只 zhī〕オットセイ．(同)海熊 hǎixióng, 腽肭 wànà
*【海关】hǎiguān 名 税関．¶～检查 / 税関検査．
【海归】hǎiguī 動 ❶ 海外留学を終え，帰国する．また，その人．❷ 帰国して事業を起こす．また，その人．同じ発音の"海龟"をもじったもの．"海归[龟]族"とも言う．
【海龟】hǎiguī 名《動物》〔量 只 zhī〕ウミガメ．アオウミガメ．
【海涵】hǎihán 動 寛大に許す．大目にみる．¶招待 zhāodài 不周, 还望～/ おもてなしに行き届かぬ点もありましょうが，お許しください．表現 相手の度量を「海のように広い」と表わし，かしこまった言方．許しを請う時に用いる．
【海河】Hǎihé《地名》海河(ガ)．河北省を流れ渤海(ヅ)に注ぐ大きな川．
【海魂衫】hǎihúnshān 名 (青と白の横じまの)セーラーシャツ．
【海货】hǎihuò 名 (商品としての)海産物．
【海基会】Hǎijīhuì 名 "海峡交流基金"(海峡交流基金)の略．台湾海峡両岸の交流事務を行う台湾の財団法人．⇨海协会 Hǎixiéhuì
【海疆】hǎijiāng 名 沿岸地域および海域．
【海椒】hǎijiāo 名《方》トウガラシ．(同)辣 là 椒
【海角】hǎijiǎo 名 ❶ 岬．❷ 遠くへんぴな所．
【海角天涯】hǎi jiǎo tiān yá 成 地の果て天の果て．(同)天涯海角
【海禁】hǎijìn 名《歴史》(明·清代の)鎖国令．参考 中国沿海での外国人との通商や，中国人が海外で商売することを禁じた．
【海景】hǎijǐng 名 海の景観．
【海警】hǎijǐng 名 海上警察．
【海军】hǎijūn 名〔量 支 zhī〕海軍．
【海军陆战队】hǎijūn lùzhànduì 名《軍事》海軍陸戦部隊．
【海口】Hǎikǒu《地名》海口(ガ)．海南省の省都．
【海口】hǎikǒu 名 ❶ 河口．❷ 湾内の港．❸ 大ぼら．¶夸 kuā 下～/ ほらを吹く．
【海枯石烂】hǎi kū shí làn 成 志は永久に変わらない．¶～不变心 / たとえ海が枯れ石が砕けても, 心は変わらない．表現 誓いのことばなどに用いる．
【海葵】hǎikuí 名《動物》イソギンチャク．
【海阔天空】hǎi kuò tiān kōng 成 ❶ 大自然の広大なようす．❷ 思う存分気持ちを広げる．考えや会話について言う．
【海蓝】hǎilán 形 海緑色の．¶～宝石 / アクアマリン．
【海浪】hǎilàng 名 海の波．
【海狸】hǎilí 名《動物》ビーバー．¶～香 / ビーバーの生殖腺から採れる香料．表現 ビーバーの古称で，現在は "河狸 hélí" と言う．
【海狸鼠】hǎilíshǔ 名 ヌートリア．カイリネズミ．(同)河狸鼠 hélíshǔ
【海里】hǎilǐ 量 海里．航行上の距離単位で, 1"海里"は1,852メートル．(同)浬 lǐ, hǎilǐ 参考 "浬"は, 1文字で "hǎi-lǐ" とも発音する．
【海蛎子】hǎilìzi 名《貝》カキ．
【海量】hǎiliàng 名 ❶ 広い度量．¶望您～包涵 bāohán / あなたの広い度量をもってご容赦ください．❷ 酒量が非常に多いこと．酒豪．¶您真是～！/ ほんとにお酒が強いですね．
【海岭】hǎilǐng 名 海底山脈．海嶺．
【海流】hǎiliú 名〔量 股 gǔ〕海流．(同)洋流 yángliú
【海龙】hǎilóng 名 ❶(回)《動物》ラッコ．(同)海獭 hǎitǎ ❷《魚》ヨウジウオ．(同)杨枝鱼 yángzhīyú
【海陆空军】hǎilùkōngjūn 陸海空の三軍．
【海路】hǎilù 名 海路．¶走～/ 海路で行く．
【海轮】hǎilún 名〔量 艘 sōu, 只 zhī〕外洋汽船．
【海螺】hǎiluó 名《貝》ホラガイ．
【海洛因】hǎiluòyīn 名《薬》ヘロイン．◆heroin 表現 毒物としての麻薬という意味では, "白面儿 báimiànr", "白粉 báifěn" とも言う．
【海马】hǎimǎ 名 ❶《魚》タツノオトシゴ．(同)龙落子 lóngluòzǐ ❷《動物》セイウチ．
【海鳗】hǎimán 名《魚》ハモ．(同)狼牙鳝 lángyáshàn
【海米】hǎimǐ 名 (小エビの頭と殻をむいた)干しエビ．
【海绵】hǎimián 名 ❶〔量 块 kuài〕海綿動物．海綿質．¶～田 / 肥えた柔らかい土壌の耕地．❸ スポンジ．¶～垫 diàn / スポンジのクッション．
【海绵路】hǎimiánlù 名 透水性舗装の道路．
【海面】hǎimiàn 名 海面．
【海明威】Hǎimíngwēi《人名》ヘミングウェー (1899-1961)．米国の小説家．
【海南】Hǎinán 名 海南省．略称は"琼 Qióng"．省都は海口(ガ)．
【海南岛】Hǎinándǎo《地名》海南島．
【海难】hǎinàn 名 海難事故．注意 ここでは"难 nán"と発音しない．
【海内】hǎinèi 名 中国国内．転じて，天下．¶～外 / 国内外．¶驰名 chímíng～ / 天下に名を馳(ハ)せる．⇔海外 hǎiwài
【海涅】Hǎiniè《人名》ハイネ(1797-1856)．ドイツの詩人, 評論家．
【海牛】hǎiniú 名《動物》マナティー．
【海鸥】hǎi'ōu 名《鳥》〔量 群 qún, 只 zhī〕カモメ．
【海派】hǎipài ❶ 上海を中心とする京劇の一派．¶～戏 / 上海派の演ずる京劇．❷ 名形 (風格やセンスが)上海流の(．¶～服装 fúzhuāng / 上海ファッション．表現 南方の"海派"に対して, 北方は"京派 jīngpài"(北京派)と言う．
【海盆】hǎipén 名 海底盆地．(同)大洋盆地 dàyáng péndí
【海螵蛸】hǎipiāoxiāo 名 イカの甲．(同)乌贼骨 wūzéigǔ 参考 漢方薬にされる．
【海平面】hǎipíngmiàn 名 平均海面．
【海鞘】hǎiqiào 名 ホヤ．
【海区】hǎiqū 名《軍事》海域．
【海瑞】Hǎi Ruì《人名》海瑞(ガ)1514-87 明代の官僚．土地を正確に測量し, 民衆の徭役(ガ)の均衡化を図った．
【海撒】hǎisǎ 名 海上散骨．
【海鳃】hǎisāi 名《動物》ウミエラ．(同)海笔 hǎibǐ
【海扇】hǎishàn 名《貝》イタヤガイ．ホタテガイ．(同)扇贝 shànbèi
【海商法】hǎishāngfǎ 名 海商法．
【海上】hǎishàng 名 ❶ 海上．¶～交通 / 海上交通．❷(Hǎishàng)上海の別称．¶《～花列传》/『海上花列伝』．清末の長編小説．(同)沪上 Hùshàng
【海蛇】hǎishé 名《動物》ウミヘビ．

【海参】hǎishēn 名《動物》ナマコ.
【海狮】hǎishī 名《動物》アシカ．トド．
【海蚀】hǎishí 名 海水による侵食．¶～洞 / 海食洞．回 海进 hǎijìn
【海市蜃楼】hǎi shì shèn lóu 成 ❶ 蜃気楼（しんきろう）．回 蜃景 shènjǐng ❷ 夢や幻のようなもの．¶您的想法犹如 yóurú～ / あなたの考えはまるで砂上の楼閣だ．
【海事】hǎishì 名 ❶（航海・造船・海上法など）海に関連すること．海事．❷ 船舶の事故．¶～法庭 / 海事裁判所．
【海誓山盟】hǎi shì shān méng 成 海や山のように永久に変わらない愛を誓う．回 山盟海誓
【海兽】hǎishòu 名《動物》海獣．海で生活する哺乳動物．
【海水】hǎishuǐ 名 海水．¶～浴 yù / 海水浴．
【海水入侵】hǎishuǐ rùqīn 名 海水貫入．海水浸入．参考 地下水の過剰採取により，水位の低下した海中淡水層に海水が滲入する現象．
【海损】hǎisǔn 名《貿易》海上輸送中に生じた貨物の損失．海損．
【海獭】hǎitǎ 名《動物》ラッコ．回 海龙 hǎilóng
【海滩】hǎitān 名〔用 片 piàn〕海辺の砂浜．
【海棠】hǎitáng 名《植物》❶〔用 棵 kē，株 zhū〕カイドウ．¶～果 / クラブ・アップル．❷〔用～花 / カイドウの花．回 海红 hǎihóng
【海塘】hǎitáng 名 防波堤や防潮堤．回 海堤 hǎidī
【海天】hǎitiān 名 天地の果て．遙かなたたの地．¶～在望 / 遠く離ればなれの友をいつも心の中で思っている．
【海图】hǎitú 名 海図．航海用の図面．
【海涂】hǎitú 名 干潟（ぶん）．回 滩 tān 涂
【海退】hǎituì 名《地学》(海面の低下や地盤の隆起などによる)海岸線の後退．海退．
【海豚】hǎitún 名《動物》〔用 个 ge, 只 zhī〕イルカ.
【海豚泳】hǎitúnyǒng 名《スポーツ》ドルフィン泳法．蝶泳 diéyǒng
【海外】hǎiwài 名 国外．¶～版 / 海外版．¶～华侨 / 華僑．回 海内 hǎinèi
【海外兵团】hǎiwài bīngtuán 名 海外軍団．海外チーム．参考 スポーツなどの各種分野で，海外で一定の影響力をもった中国人の集団．
【海外奇谈】hǎi wài qí tán 成 屹 海外から伝えられる，ホラまじりの珍談奇談．回 海外奇闻 qíwén
【海湾】hǎiwān 名 ❶ 湾．❷ ペルシャ湾の簡称．
【海湾战争】Hǎiwān zhànzhēng 名《歴史》湾岸戦争(1991年).
【海碗】hǎiwǎn 名〔用 个 ge, 只 zhī〕大きな碗やどんぶり．
【海王星】hǎiwángxīng 名《天文》海王星．
【海味】hǎiwèi 名 海の幸．¶山珍 shānzhēn～ / 山海の珍味．
【海峡】hǎixiá 名 ❶ 海峡．❷ 台湾海峡．
【海鲜】hǎixiān 名 活魚．活魚料理．¶生猛 shēngměng～ / 生きのいいシーフード．
【海相】hǎixiàng 名 海成層の堆積相．
【海相沉积】hǎixiàng chénjī 名《地学》海底の堆積物．
【海象】hǎixiàng 名《動物》ゾウアザラシ．
【海啸】hǎixiào 名 津波．
【海协会】Hǎixiéhuì 名 "海峡两岸关系协会"(海峡両岸関系協会)の略．台湾海峡両岸の交流事務を行う大陸側の機関．⇨海基会 Hǎijīhuì
【海蟹】hǎixiè 名《動物》(海の)カニ．
【海星】hǎixīng 名《動物》ヒトデ．
【海熊】hǎixióng 名《動物》オットセイ．回 海狗 hǎigǒu
【海选】hǎixuǎn 名《方》全体選挙．選挙人が候補者を指名し，さらにその中から直接選挙を行う選挙方式．参考 "海"は東北方言で「多い」「特定の目標をもたない」といった意味を持つ．
【海寻】hǎixún 量 海の深さを測る単位．尋(ひろ)．回 浔 xún, hǎixún 参考 1"海寻"は千分の1"海里"で1.852メートル．"浔"1文字で"hǎixún"とも発音する．
【海盐】hǎiyán 名 海水からつくる食用塩．
【海燕】hǎiyàn 名 ❶《鳥》ウミツバメ．❷《動物》イトマキヒトデ．
*【海洋】hǎiyáng〔用 片 piàn〕海洋．反 陆地 lùdì
【海洋法】hǎiyángfǎ 名《法律》海洋法．
【海洋国土】hǎiyáng guótǔ 名 海上の国土．領海と領海内の島．参考 "蓝色 lánsè 国土"(青色の国土)ともいう．
【海洋权】hǎiyángquán 名《法律》海洋権．
【海洋生物】hǎiyáng shēngwù 名《動物》海洋生物．
【海洋性气候】hǎiyángxìng qìhòu 名《気象》海洋性気候．反 大陆性 dàlùxìng 气候
【海洋学】hǎiyángxué 名 海洋学．
【海鱼】hǎiyú 名《魚》海水魚．
【海域】hǎiyù 名〔用 片 piàn〕海域．
【海员】hǎiyuán 名〔用 个 ge, 名 míng, 位 wèi〕船員．¶～俱乐部 jùlèbù / 船員クラブ．
【海运】hǎiyùn 名 海上運輸．
【海葬】hǎizàng 名 水葬．
【海枣】hǎizǎo 名《植物》ナツメヤシ．
【海藻】hǎizǎo 名 海藻．
【海战】hǎizhàn 名〔用 场 cháng, 次 cì〕海戦．
【海蜇】hǎizhé 名《動物》ビゼンクラゲ．¶～皮 / ビゼンクラゲの傘の部分．食用にされる．
【海震】hǎizhèn 名《地学》海底地震．海震．
【海猪】hǎizhū 名 "海豚 hǎitún"の俗称．
【海子】hǎizi 名《方》湖．

醢 hǎi

西部10 四 1461₂
全17画 通用

❶ 名 肉や魚を漬けこんで発酵させた食品．❷ 動 古代の極刑の一つ．処刑者の死体を切り刻んで塩漬けにした．

亥 hài

亠部4 四 0080₂
全6画 次常用

名 亥(い・いどし)．十二支の12番目．
【亥时】hàishí 名 亥(い)の刻．参考 昔の時間の区切り方で，夜の9時から11時の間．

骇(駭) hài

马部6 四 7018₂
全9画 次常用

素 恐れおののく．¶～怪 hàiguài / ～人听闻 / 惊～ jīnghài (驚き恐れる)．
【骇怪】hàiguài 動 驚き，怪しむ．回 惊诧 jīngchà, 惊讶 jīngyà
【骇然】hàirán 形 ひどく驚いたようす．¶～失色 / 驚いて顔色を失う．
【骇人听闻】hài rén tīng wén 成 ショッキングなニュース．表現 よくない出来事について言うことが多い．
【骇异】hàiyì 動《文》驚き，不思議がる．回 惊讶 jīngyà, 惊异 jīngyì

氦 hài
气部6 四 8081₇
全10画 通用
名《化学》ヘリウム. He.
【氦气】hàiqì 名 ヘリウムガス.

害 hài
宀部7 四 3060₅
全10画 常用
❶ 動 傷つけたり損害を与える. ¶～虫 hàichóng / ～处 hàichù / ～伤 shānghài（傷つける）/ 毒～ dúhài（毒する）/ 侵～ qīnhài（侵害する）. 反 益 yì, 利 lì ❷ 名 災い. 悪い結果. ¶灾～ zāihài（災害）/ 公～ gōnghài（公害）/ 冷～ lěnghài（冷害）. ❸ 動 殺す. ¶杀～ shāhài（殺害する）/ 遇～ yùhài（殺害される）. ❹ 動（病気や不安な感情などが）身に生じる. ¶～病 hàibìng / ～羞 hàixiū / ～怕 hàipà.
【害病】hài//bìng 動 病気におかされる. ¶他身体一向不好,经常～/ 彼はもともと体が丈夫ではなくて,よく病気をする.
【害虫】hàichóng 名〔例 群 qún, 条 tiáo, 只 zhī〕害虫. 反 益虫 yìchóng
*【害处】hàichù[-chu] 名 弊害. 悪い点. 同 坏处 huàichù 反 好处 hǎochù, 益处 yìchù
【害口】hài//kǒu 動 つわりになる.
【害鸟】hàiniǎo 名〔例 群 qún, 只 zhī〕害鸟. 反 益鸟 yìniǎo
*【害怕】hài//pà 動 こわがる. ¶小明很～晚上一个人走路 / ミンさんは夜一人で歩くのをとてもこわがる. 同 骇怕 hàipà, 惧怕 jùpà, 惊恐 jīngkǒng, 恐怕 kǒngpà, 畏惧 wèijù
【害群之马】hài qún zhī mǎ 成 自分の属する集団に害を及ぼす人のたとえ.
【害人不浅】hài rén bù qiǎn 成 人に多大な害を与える.
【害人虫】hàirénchóng 名〔例 个 ge, 群 qún〕人に害を及ぼす人や集団.
【害人精】hàirénjīng 妖怪. 厄病神.
【害臊】hài//sào 動 恥ずかしがる. 同 害羞 hàixiū
【害兽】hàishòu 名 人や農作物に害を及ぼす獣. クマ, オオカミ, ネズミなど.
【害喜】hài/xǐ 動 つわりになる. ¶这不是病,是～/ これは病気ではなく,つわりです. 同 害口 hàikǒu
【害羞】hài//xiū 動 恥ずかしがる. ¶他有些～/ 彼はちょっとてれている. ¶她从来没有害过羞 / 彼女は今まで恥ずかしがったことがない. 同 害臊 hàisào
【害眼】hài//yǎn 動 目を悪くする. 眼病にかかる. ¶这些天～什么书也没看 / 近頃目を悪くして,本は何も読んでいない.

han ㄏㄢ [xan]

犴 hān
犭部3 四 4124₀
全6画 通用
名《動物》ヘラジカ. 同 驼鹿 tuólù, 堪达罕 kāndáhǎn
☞ 犴 àn

预(預) hān
页部6 四 1148₂
全9画 通用
❶ 形 方（糸や棒などが）太い. ¶～实 hānshi（太くてしっかりしている）/ 颟～ mānhan（だらしがない）. 同 粗 cū ❷ (Hān)姓.

蚶 hān
虫部5 四 5417₀
全11画 通用
下記熟語を参照.
【蚶子】hānzi 名〔貝〕〔只 zhī〕アカガイの一種. 食用にする. 同 瓦垄子 wǎlǒngzi

酣 hān
酉部5 四 1467₀
全12画 次常用
素 ❶ 酒を飲んでいい気分になる. ¶～饮 hānyǐn / 酒耳热(酒興がたけなわだ). ❷ ものごとが最高潮に達する. ¶～战 hānzhàn / ～睡 hānshuì.
【酣畅】hānchàng 形 心ゆくまで. ¶睡得～极了 / 気持ちよくぐっすり寝た. ¶笔墨～/ ゆったりと心ゆくまで筆をふるう. 同 欢畅 huānchàng, 舒畅 shūchàng
【酣畅淋漓】hān chàng lín lí 成 とても気分がよいようす.
【酣歌】hāngē 動 のびのびと気持ちよく歌う. ¶喝杯酒,～一曲 / 一杯飲んで,気持ちよく一曲歌う.
【酣梦】hānmèng 名 うっとりするような夢. ¶～难醒 / 甘い夢からはなかなか目覚めない.
【酣眠】hānmián 動 熟睡する.
【酣然】hānrán 形 心地よいようす.
【酣睡】hānshuì 動 熟睡する.
【酣饮】hānyǐn 動 思いきり飲む.
【酣战】hānzhàn 動 死力を尽くして戦う. 同 鏖战 áozhàn, 激战 jīzhàn 表现 軍事やゲームについて言う.
【酣醉】hānzuì 動 すっかり酔っぱらう. ¶喝得～,倒头大睡了便睡了 / すっかり酔っぱらい,横になるなり眠ってしまった.

憨 hān
心部11 四 1833₄
全15画 次常用
❶ 形 方 愚かでぼんやりしている. ¶～笑 hānxiào / ～痴 hānchī（愚鈍だ）. ❷ 素 悪知恵がなく無邪気だ. ¶～厚 hānhòu / ～实 hānshí / 娇～ jiāohān（無邪気だ）. ❸ (Hān)姓.
【憨厚】hānhòu 形 素朴で実直だ. ¶小伙子很～正直 / 若者はとても実直だ. 同 憨憨厚厚 同 淳厚 chúnhòu, 淳朴 chúnpǔ, 浑厚 húnhòu
【憨实】hānshí[-shi] 形 素朴で実直だ.
【憨态】hāntài 名 単純素朴な態度. 無邪気.
【憨态可掬】hāntài kě jū 句（態度やようすが）単純朴で手にとるようにわかりやすい. 天真爛漫だ.
【憨笑】hānxiào 動 ❶ へらへら笑う. ❷ 無邪気に笑う.
【憨直】hānzhí 形 単純で率直だ. ¶他一向～,从不推托 tuītuō 责任 / 彼は昔からまじめで正直だ. 責任逃れをしたことは一度もない.
【憨子】hānzi 名 方 愚か者. ¶你这～,别人打你也不还 huán 手 / おまえったらばかだねえ,人に殴られても仕返ししないんだから.

鼾 hān
鼻部3 四 2124₀
全17画 通用
素 いびき. ¶～声 hānshēng / ～睡 hānshuì / 打～(いびきをかく)/ 父亲睡觉打～,吵得大家都睡不好(父はいびきがうるさくて,皆よく眠れない). 同 呼噜 hūlu
【鼾声】hānshēng 名〔例 阵 zhèn〕いびきの音. ¶～如雷 / いびきがひどい.
【鼾睡】hānshuì 動 いびきをかいてよく眠る.

邗 Hán
邑部2 四 1742₇
全5画 通用
素 地名用字. ¶～江 Hánjiāng（江苏省にある県名）.

汗邯含函 hán 417

汗 hán
氵部3　四 3114₀
全6画 [常用]
[素] モンゴル・鮮卑・突厥などの民族で、最高統治者に与えられた称号."可汗 kèhán"の略. ¶成吉思～ Chéngjísīhán（チンギス・ハン）.
☞ 汗 hàn

邯 Hán
甘部2　四 4772₇
全7画 [常用]
[素] 地名用字. ¶～鄲 Hándān.
【邯鄲】Hándān《地名》邯鄲(ﾊﾝﾀﾝ). 河北省にある市. 戦国時代の趙の都.
【邯鄲学步】Hán dān xué bù [成] 他人の真似をしようとしてできず、元からできていた事までできなくなること. [由来]『荘子』秋水篇に見えることば. 戦国時代の燕の人が、趙の都・邯鄲(ﾊﾝﾀﾝ)の人たちの美しい歩き方を学ぼうとしたが、かえって元の歩き方を忘れ、這(は)って帰ったという故事から.
【邯鄲之夢】Hán dān zhī mèng [成] "黄粱夢 huángliángmèng"に同じ.

含 hán
人部5　四 8060₂
全7画 [常用]
[動] ❶ 口にものを入れている. ¶嘴里～着块糖(アメをしゃぶっている). ❷（意味や感情を）帯びる. いだく. ¶～悲 hánbēi ／ ～羞 hánxiū ／ 暗～ ànhán（暗ににじませる）. ❸ あるものの中に存在する. 含まれる. ¶～量 hánliàng ／ ～义 hányì ／ 包～ bāohán（内に含む）.
【含苞】hánbāo [動] つぼみをつける. ¶～待放 ／ つぼみが膨(ふく)らみ開花しようとしている.
【含悲】hánbēi ひどく悲しむ. ¶～饮泣 ／ 悲しみにくれ、涙がほほを伝う.
【含垢忍辱】hán gòu rěn rǔ [成] 辱(はずか)めを堪(た)え忍ぶ. 回 忍辱含垢.
【含恨】hán//hèn [動] 恨みをいだく. ¶多年的仇 chóu 未报, 便～死去 ／ 長年の恨みを晴らさず、恨みを抱いたまま死んでいった.
【含糊[胡]】hánhu ❶[形] あいまいだ. はっきりしない. ¶～不清 ／ あいまいではっきりしない. 重 含糊地答应 dāying ／ 彼はいい加減に答えた. 重 含含糊糊 ❷[形] 不真面目だ. いいかげんだ. ¶这事一点儿也不能～ ／ この事は少しもおろそかにできない. 回 含混 hánhùn [用法]明确 míngquè ❸[動] 恐れる. こわがる. ¶要比就比, 我绝不～ ／ 比べたければ比べてみるがいい、おれは全く平気だ. [表现] ❸は、多くは否定形で用いる.
【含糊其词[辞]】hán hu qí cí [成] ことばをにごす. また、言っていることが不明瞭でよくわからない.
【含混】hánhùn [形]（ことばややり方が）はっきりしない. ¶～不清的话 ／ あいまいではっきりしない话. ¶这事再～下去, 会越来越麻烦 ／ この件をこれ以上あいまいにしておくと、ますます面倒になるだろう.
【含金量】hánjīnliàng [名] ❶ 本当の価値. ❷ 実益. 実入り.
【含泪】hán//lèi [動] 涙をたたえる. 涙を浮かべる. ¶她～诉说了事情的经过 ／ 彼女は涙を浮かべて事のいきさつを訴えた.
【含量】hánliàng [名] 含有量. ¶钙 gài～高的食品 ／ カルシウムを多く含む食品.
【含怒】hán//nù [動] 怒気を含む. むっとする. ¶含着怒说话 ／ 怒りを込めて話す.
【含情】hánqíng [動]（表情や胸の内に）感情が込められている. [表现] 多く愛情についていう.
【含情脉脉】hán qíng mò mò [成] 思いを込めた目でじっと見つめる.
【含权】hánquán [動]《経済》（株式で）権利付きになる. 反 除 chú 权
【含沙射影】hán shā shè yǐng [成] 陰で人を誹謗(ひぼう)し、中傷したり危害を加えたりする. [由来] 水中にいる"蜮 yù"（イサゴムシ）は人影を見ると"沙"（砂）を吹きかけ、かけられた人は必ず病気になるという言い伝えによる.
【含漱剂】hánshùjì [名]《薬》うがい薬. 回 含漱药 yào.
【含水量】hánshuǐliàng [名] 含水量.
【含铁量】hántiěliàng [名] 鉄分の含有量.
【含息】hánxī [動]《経済》（株式で）配当付きになる. 反 除 chú 息
【含笑】hán//xiào [動] ほほえむ. 笑みを浮かべる. ¶她总是～主动给人打招呼 ／ 彼女はいつも笑顔で自分から挨拶する.
【含辛茹苦】hán xīn rú kǔ [成] 辛酸をなめる. 苦労を堪え忍ぶ. 回 茹苦含辛 [参考]"茹"は「食べる」意.
【含羞】hán//xiū [動] はにかむ. 恥ずかしがる. ¶别人夸小明,他只是～地低着头 ／ 人にほめられると、ミンさんははにかんでうつむくばかりだ.
【含羞草】hánxiūcǎo [名]《植物》オジギソウ. ネムリグサ.
【含蓄】hánxù ❶[動] 含んでいる. ¶～着深刻的意义 ／ 深い意味を含んでいる. ❷[形] 含みをもつ. 含蓄(がんちく)がある. ¶这首诗他地表达了他的处境 chǔjìng ／ この詩は、暗に彼の境遇をあらわしている. ❸[形] 奥深くひそませている. ¶他是个很～的人 ／ 彼はとても奥深い人だ. 回 涵蓄 hánxù
【含血喷人】hán xuè pēn rén [成] 根も葉もないことをでっちあげて人を陥(おとしい)れる.
【含饴弄孙】hán yí nòng sūn [成] アメを口に含み孫をあやす. 晩年をのんびりと暮らすよう.
【含义】hányì [名]（語句などが）含みもつ意味. ¶成语／成語のもつ意味. 回 涵义 hányì.
【含意】hányì [名]（詩文や話に）含まれている意味.
【含英咀华】hán yīng jǔ huá [成] 文章の要点や美しさを味わいながら読む. [由来] 唐・韓愈「進学解」に見えることば.
【含油层】hányóucéng [名] 石油を埋蔵する地層. 油層.
【含油量】hányóuliàng [名] 地中に埋蔵する石油の量.
【含有】hányǒu [動] 含む.（中に）含んでいる. ¶～丰富的维生素 wéishēngsù ／ 豊富なビタミンを含んでいる.
【含冤】//yuān [動] 冤罪を負う. ぬれぎぬを着せられる. ¶～未申 ／ ぬれぎぬの罪が晴らされない.
【含怨】hán//yuàn [動] 恨みをもつ. ¶～而死 ／ 恨みながら死ぬ.

函（異 菡）hán
凵部6　四 1777₂
全8画 [次常用]
❶[名]《文》箱. ケース. 大型の封筒. ¶石～ shíhán（石函）／ 镜～ jìnghán（鏡入れ）. ❷[素] 手紙. ¶～授 hánshòu ／ ～告 hángào ／ 公～ gōnghán（公文書）／ 来～ láihán（来信）.
【函大】hándà [名] "函授大学 hánshòu dàxué"の略.
【函电】hándiàn [名] 手紙と電報.
【函告】hángào [動] 手紙で知らせる. ¶及时～对方 ／ すぐ相手に手紙で知らせる.
【函购】hángòu [動] 通信販売で買う. ¶～电视英语教材 ／ テレビ英語講座の教材を通信販売で買う.
【函谷关】Hánɡǔguān《地名》函谷関(ｶﾝｺｸ). 河南省にある古代の関所.

【函件】hánjiàn 名 手紙．書簡．回 信件 xìnjiàn
【函洽】hánqià 動 手紙で交渉する．書面で問い合わせる．
【函售】hánshòu 動 通信販売する．
【函授】hánshòu 名 動 通信教育(をする)．反 面授 miànshòu
【函授大学】hánshòu dàxué 名〔⊕ 所 suǒ〕通信制の大学．
【函数】hánshù 名《数学》関数．¶～值 zhí／関数值．
【函索】hánsuǒ 動 (見本や資料などを)手紙などで請求する．
【函诊】hánzhěn 動 遠隔診断する．参考 書簡や通信手段を用いて病状を診断し，薬を処方して治療する．

晗 hán
日部7 四 6806₂
全11画 通用
形 文 夜が明けようとしているようす．

焓 hán
火部7 四 9886₂
全11画 通用
名《物理》エンタルピー．熱関数．回 热函 rèhán ◆enthalpy

涵 hán
氵部8 四 3717₂
全11画 次常用
索 ❶ 包みこむ．¶～容 hánróng (寛大に許す)／～养 hányǎng／海～ hǎihán (大目に見る)／内～ nèihán (内包)．❷ 暗渠(ぎょ)．地下水路．¶～管 hánguǎn／～闸 hánzhá／桥～ qiáohán (橋と暗渠)．
【涵洞】hándòng 排水用のトンネル．地下排水溝．暗渠(ぎょ)．
【涵盖】hángài 動 含む．包含する．回 包括 bāokuò
【涵管】hánguǎn 名 ❶ パイプ式の暗渠(ぎょ)．❷ 地下に埋設した配水管．
【涵养】hányǎng ❶ 名 感情を抑制する力．自制心．修養．¶他～好，不会轻易动怒的／彼は人間ができているから，めったなことでは腹を立てない．回 修养 xiūyǎng ❷ 動 文 (水などを)蓄える．¶用造林来～水源／造林によって水源を蓄える．
【涵义】hányì (ことばや句が)含む意味．回 含 hán 义
【涵闸】hánzhá 名 暗渠(ぎょ)と水門．

韩(韓) Hán
卓部4 四 4542₇
全12画 次常用
名 ❶ 韩(⽂)．戦国時代の国名．現在の河南省中部と山西省東南部一带．❷ "韩国 Hánguó"(大韓民国)の略．¶中～友好(中国と韓国の友好)．❸ 姓．
【韩非】Hán Fēi《人名》韩非(ふぇ:?-前233)．戦国時代の思想家．法家思想を理論的に体系化し，秦の始皇帝に大きな影響を与えた．
【韩国】Hánguó《国名》韩国．
【韩流】Hánliú 名 韓国ブーム．韓流．
【韩愈】Hán Yù《人名》韓愈(ふぇ:768-824)．唐代の文人・学者．唐宋八大家の一人．古文を提唱．また，儒学復古を唱えた．

寒 hán
宀部9 四 3030₃
全12画 常用
❶ 形 寒い．温度が低い．¶～冷 hánlěng／～暑 hánshǔ／风～ fēnghán (肌寒さ)／严～ yánhán (厳寒)．反 暖 nuǎn，热 rè，暑 shǔ ❷ 索 (恐怖や失望で)心がひえびえとする．¶～心 hánxīn／胆～ dǎnhán (恐ろしい)．❸ 索 貧乏だ．みすぼらしい．¶～苦 hán-

kǔ／～门 hánmén／～舍 hánshè／贫～ pínhán (貧しい)．❹ (Hán)姓．表现 ③は，謙譲語としても用いる．
【寒蝉】hánchán 名 ❶ 晩秋，寒さで弱々しく鳴くセミ．¶噤 jìn 若 ruò～／晩秋のセミのように口をつぐむ．❷《虫》ツクツクボウシ．
【寒潮】háncháo 名《气象》〔⊕ 股 gǔ〕寒波．
【寒碜[伧]】hánchen ❶ 形 みにくい．¶这孩子长得不～／この子はけっこうかわいい．❷ 形 恥ずかしい．みっともない．¶就我不及格，真～！／私だけが不合格なんて，まったく恥ずかしい．❸ 動 笑い者にする．恥をかかせる．¶叫人～了一顿／恥をかかされた．
【寒窗】hánchuāng 名 貧乏で苦しい学生生活．¶十年～苦学すること10年．
【寒促】háncù 名《パソコンなどの》年末商戦．
【寒带】hándài 名 寒带．反 热带 rèdài
【寒冬】hándōng 名 冬．寒い冬．¶～过去了／寒い冬が去った．
【寒冬腊月】hándōng làyuè 惯 冬のいちばん寒い時期．特に旧暦12月を指す．
【寒风】hánfēng 寒風．北風．
【寒光】hánguāng (刃物・氷・月などの)冷たい光．
【寒害】hánhài《农业》寒害．冷害．
**【寒假】hánjià 名 冬休み．¶放～／冬休みになる．¶～作业／冬休みの宿題．反 暑假 shǔjià 参考 通常は，春節の前後4週間で，1,2月に当たる．
【寒噤】hánjìn 身ぶるい．¶连打了几个～／何度もブルブルふるえる．回 寒战 hánzhàn
【寒苦】hánkǔ 形 貧しくて，家柄が低い．¶家境～／家が貧乏だ．¶出身～／家柄が低くて貧しい．
【寒来暑往】hán lái shǔ wǎng 成 時が流れる．¶～，不知不觉已十个年头了／冬が来て夏が過ぎ，いつのまにかもう10年たった．由来 炎暑の夏が過ぎ，寒い冬が来る，という意から．
*【寒冷】hánlěng 形 寒い．空気が冷たい．¶～季节／寒い季節．反 温暖 wēnnuǎn，炎热 yánrè
【寒流】hánliú ❶〔⊕ 股 gǔ〕寒流．反 暖流 nuǎnliú ❷《气象》寒波．回 寒潮 háncháo
【寒露】hánlù 名 寒露(ろ)．二十四節気の一つ．10月8日または9日．⇨ 二十四节气 èrshísì jiéqì
【寒毛】hánmáo[-mao] 名〔⊕ 根 gēn〕うぶ毛．¶吓得～都竖 shù 了起来／身の毛もよだつほどぎょっとした．¶他全身～很重／彼は全身のうぶ毛が濃い．回 汗毛 hànmáo
【寒门】hánmén 名 ❶ 文 貧しく身分の低い家柄．反 豪门 háomén ❷ とるに足らぬ家．拙宅．回 寒舍 hánshè 表现 ②は，自分の家を謙遜して言うことば．
【寒气】hánqì 寒気(き)．寒さ．¶屋子久未住人，透出一股～／長い間人が住んでいないので，部屋の中はひんやりしている．
【寒秋】hánqiū 名 晩秋．
【寒热】hánrè《中医》悪寒や発熱の症状．
【寒色】hánsè《美术》寒色．反 暖色 nuǎnsè
【寒舍】hánshè 名 拙宅．粗末な家．¶请到～来一叙／どうぞ拙宅においで下さい．表现 自分の家をへり下って言うことば．
【寒食】Hánshí 寒食(ぐょ)．節気の一つ．清明節の前日，または前々日．昔，この日から3日間，食事を作るのに火を使わなかったため．また，清明節を"寒食"と呼ぶ地方もある．⇨ 付録「祝祭日一覧」

【寒士】hánshì 名 家柄の低い士人.
【寒暑】hánshǔ 名 ❶ 寒さと暑さ. ❷ 冬と夏. ❸ 一年.
【寒暑表】hánshǔbiǎo 名〔只 zhī〕寒暖計.
【寒酸】hánsuān 形 貧乏くさい. みすぼらしい. ¶～的屋子 / みすぼらしい部屋. ¶一副～相 / 貧しくやせれた容貌.
【寒腿】hántuǐ 名(回) 足のリューマチ.
【寒微】hánwēi 形 家柄が貧しい. 身分が低い. ¶不问能力高低,不问出身～高贵 / 能力の優劣のみを問い,家柄の善し悪しは問わない.
【寒武纪】Hánwǔjì 名《地学》カンブリア紀.
【寒心】hán//xīn 動 ❶ ひどくがっかりさせられる. ¶令人～ / ひどくがっかりする. ❷ おびえる.
【寒暄】hánxuān 動 時候のあいさつをする. ¶～了几句就离开了 / 二言,三言挨拶をすると離れた. 参考 "暄"は「暖かい」の意.
【寒鸦】hányā 名(～儿)〈鸟〉コクマルガラス.
【寒衣】hányī 名〔件 jiàn〕冬着. 防寒着.
【寒意】hányì 名 寒さ. ¶早春时节,～犹 yóu 浓 / 春先はかなり冷え込む.
【寒战〔颤〕】hánzhàn 名 身ぶるい. ¶打～ / 寒さにふるえる. ¶看你～不断,快进屋暖暖身子 / ずっとふるえてるじゃないか. 早く中に入って体を暖めなさい.
【寒症】hánzhèng 名《中医》(手足の冷え・脈拍の低下・下痢などの)体の冷えによる症状.

罕 hǎn
→部5 3740₁
全7画〔次常用〕

❶ 素 数がごく少ない. ¶～见 hǎnjiàn / ～有 hǎnyǒu / 希～ xīhǎn (稀少だ) / 纳～ nàhǎn (いぶかる). ❷ (Hàn)姓.
【罕见】hǎnjiàn 形 まれだ. めったにない. ¶一场 cháng～的大雪 / まれに見る大雪. 反 习见 xíjiàn
【罕用】hǎnyòng 形 めったに用いない. ¶这些词比较～ / これらの語はあまり使わない. 反 常用 chángyòng
【罕有】hǎnyǒu 形 まれだ. めったにない. ¶～的事儿 / まれにしかないこと.

喊 hǎn
口部9 6305₀
全12画〔常用〕

動 大声で叫ぶ.(人を)呼ぶ. ¶～叫 hǎnjiào / ～冤 hǎnyuān / 高～ gāohǎn (大声で叫ぶ) / 呐～ nàhǎn (ときの声をあげる).
【喊话】hǎn//huà 動 前線で敵陣に向かって大声で宣伝したり,投降を呼び掛ける. ¶一筒 tǒng / メガホン.
【喊叫】hǎnjiào 動 叫ぶ. わめく. ¶听到一声,大家都跑了出来 / 叫び声を聞くと,皆とび出してきた.
【喊嗓子】hǎn sǎngzi 句 (役者や歌手が喉(のど)ならし) ¶他每天一大早起～ / 彼は毎朝早くから声を張り上げて喉ならしをする.
【喊醒】hǎnxǐng 動 呼び起こす. ¶明天准时～我 / 明日時間どおりに起こして下さい.
【喊冤】hǎn//yuān 動 無実を訴える.
【喊冤叫屈】hǎn yuān jiào qū 成 無実を訴える. 回 鸣 míng 冤叫屈

阚(闞) hǎn
门部11 3744₈
全14画〔通用〕

形 ⊗ トラのほえるよう.
阚 Kàn

汉(漢) hàn
氵部2 3714₀
全5画〔常用〕

❶ (Hàn) 名 川の名. 漢水. 陝西省南部から東流して湖北省武漢市の漢口で長江に合流する. ❷ (Hàn) 名 王朝名. 劉邦が秦を滅ぼして建てた. 紀元前206–後220年だが,間に王莽の新をはさんで"西汉 Xī Hàn" (前漢)と"东汉 Dōng Hàn" (後漢)に分かれる. ❸ (Hàn) 名 王朝名. 五代の一つで劉知遠が建てた後漢(947-950)をさす. ❹ (Hàn) 名 漢民族. 中国で最大多数を占める民族. ¶～语 Hànyǔ / ～姓 hànxìng / ～奸 hànjiān / ～字 Hànzì. ❺ 素 男. ¶～子 hànzi / 老～ lǎohàn (老人) / 好～ hǎohàn (好漢) / 男子～ nánzǐhàn (男らしい男) / 无赖～ wúlàihàn (無頼漢). ❻ 素 銀河. ¶银～ yínhàn (銀河). ❼ (Hàn)姓.
【汉白玉】hànbáiyù 名〔块 kuài〕大理石の一つ. 白色で建築や彫刻などに用いる.
【汉堡】Hànbǎo《地名》ハンブルク(ドイツ).
【汉堡包】hànbǎobāo 名〔个 ge〕ハンバーガー.
【汉城】Hànchéng《地名》ソウル(韓国).
【汉高祖】Hàn Gāozǔ《人名》漢の初代皇帝,劉邦(前256-前195).
【汉光武帝】Hàn Guāngwǔdì《人名》後漢の初代皇帝,劉秀(前6-後57).
【汉化】Hànhuà 名《コンピュータ》中国語化.
【汉奸】hànjiān 名〔个 ge〕国家や民族の裏切り者. 外国の侵略者の手先となるような売国奴. 参考 もとは漢民族に対する背信者の意.
【汉剧】hànjù 名《芸能》地方劇の一つ. 湖北省を中心に河南省や陝西・湖南省などの一部で上演される.
【汉口】Hànkǒu《地名》漢口(ハンコウ). 湖北省武漢市の地区の名. ⇒武汉 Wǔhàn
【汉民】Hànmín 名(回) 漢民族.
【汉人】Hànrén 名 ❶ 漢民族(の人). ❷《歴史》漢代の人.
【汉书】Hànshū《書名》『漢書(かんじょ)』. 前漢の歴史を記した正史. 後漢の班固の編.
【汉水】Hànshuǐ《地名》漢水(かんすい). 陝西省南部に源し湖北省武漢市の漢口で長江に合流する川. 同 汉江 Hànjiāng
【汉文】Hànwén 名 ❶ 中国語. 中国文. ¶译成 yìchéng～ / 中国語に訳す. ❷ 漢字.
【汉武帝】Hàn Wǔdì《人名》前漢の第七代皇帝,劉徹(前156-前87).
【汉姓】Hànxìng 名 ❶ 漢民族の姓. ❷ 漢民族以外の人が使う漢字の姓.
【汉学】hànxué 名 ❶ 清代の考証学. 漢代の純朴な学風を慕った. 同 朴学 pǔxué 反 宋学 sòngxué ❷ 外国人による中国研究. 中国学. ¶～家 / (外国人の)中国学者.
**【汉语】Hànyǔ 名 中国語. 漢民族の言語. ¶～规范化 guīfànhuà / 中国語の規範化. 北京語を標準語とする共通語の普及と,語音・語法・語彙の規範化のための具体的検討と実施. ¶～拼音 pīnyīn / 中国語ローマ字表音. ¶～拼音字母 / 中国語ローマ字表音方案で採用した26個のローマ字.
【汉语拼音方案】Hànyǔ pīnyīn fāng'àn 名《言語》中国語ローマ字表音方案. 漢字の発音や共通語の語音の表記に関する草案. アルファベットと声調記号からなる表記方法で,漢字の学習と共通語普及のために1958年公布.
【汉语水平考试】Hànyǔ shuǐpíng kǎoshì 名 漢語水平考試. HSK. 参考 中国政府が外国人に対して実施し

ている中国語能力テスト.

【汉字】 Hànzì 名 漢字. ¶～改革 / 漢字改革. ¶～简化方案 / 漢字簡略化方案.

【汉子】 hànzi 名 〔圕 个 ge, 条 tiáo〕男. 成年男子. ¶方夫.

【汉族】 Hànzú 名 漢民族.

汗 hàn 氵部3 四 3114₀ 全6画 常用

名 ❶ 汗. ¶～孔 hànkǒng / ～水 hànshuǐ / ～淋淋 línlín / 发～ fāhàn（薬などで発汗させる）/ 冷～ lěnghàn（冷や汗）. ❷ (Hàn)姓.
☞ 汗 hán

【汗斑】 hànbān 名 ❶〔医学〕あせも. 同 汗斑癬 xuǎn
❷ (衣服についた)汗のしみ. 同 汗碱 hànjiǎn

【汗背心】 hànbèixīn 名 (～儿)〔件 jiàn〕ランニングシャツ.

【汗涔涔】 hàncéncén 形 (～的)汗びっしょりだ. 汗だくだ.

【汗褂儿】 hànguàr 名 回〔件 jiàn〕（袖なしの）シャツ. 肌着. 同 汗衫 hànshān

【汗碱】 hànjiǎn 名 (衣服についた)汗のしみ.

【汗脚】 hànjiǎo 名 あぶら足.

【汗津津】 hànjīnjīn 形 (～的)汗ばんでいる. ¶干什么了？这样～的 / どうしたの, そんなに汗ばんで.

【汗孔】 hànkǒng 名 毛穴. 同 毛孔 máokǒng

【汗淋淋】 hànlínlín 形 (～的)汗がしたたるよう. 汗だくだ. 参考 口語では"hànlīnlīn"とも言う.

【汗流浃背】 hàn liú jiā bèi 成 汗で背中がぐっしょりぬれる. 全身に大汗をかく. ¶运动员们个个～ / 選手たちはみな全身汗びっしょりだ. 表現 恐怖や恥ずかしさで大汗をかく場合にも使う.

【汗马功劳】 hàn mǎ gōng láo 成 大きな功績や貢献. 汗馬の労. ¶立下了～ / 多大な貢献をはたす. 参考 もとは戦場での手柄を言った.

【汗毛】 hànmáo 名 うぶ毛. ¶～孔 kǒng / 毛穴. 同 寒毛 hánmáo

【汗牛充栋】 hàn niú chōng dòng 成 蔵書が多い. 由来 蔵書が棟の高さまであり, 牛に引かせても汗をかくほどだ, という意から.

【汗青】 hànqīng 名 ⟨文⟩ ❶ 著作が完成すること. ❷ 歴史書. 由来 古代, 青竹を割いて火であぶり, 油分を除いて文字を記した. 竹から油がしたたる様子が, 汗をかくのに似ていたことから.

【汗衫】 hànshān 名《服装》〔件 jiàn〕 ❶ T シャツ. 肌着. ❷ 方 ワイシャツ. ブラウス. 同 衬衫 chènshān

【汗水】 hànshuǐ 名〔滴 dī〕(多量の)汗. ¶～湿透 shītòu 衣衫 / 汗が衣服をびっしょりぬらした.

【汗腺】 hànxiàn 名〔条 tiáo〕汗腺.

【汗颜】 hànyán 形 ⟨文⟩恥じて額に汗する. ¶他尖锐 jiānruì 的批评,使我～无地 / 彼の鋭い批判に大恥をかいた.

【汗液】 hànyè 名 汗.

【汗珠子】 hànzhūzi 名〔滴 dī, 颗 kē〕汗のしずく. 玉の汗. 同 汗珠儿 hànzhūr

【汗渍】 hànzì 名 汗のあと. 汗のしみ.

旱 hàn 日部3 四 6040₁ 全7画 常用

❶ 形 日照りの. 長期間雨や雪が降らない. ¶～魃 hànbá / ～灾 hànzāi / 干～ gānhàn（日照りで乾燥した）/ 防～ fánghàn（干ばつに備える）. 反 涝 lào ❷ 素 陸上の. 水がない. ¶～路 hànlù / ～稻 hàndào / 起～ qǐhàn（陸路を行く）. ❸ 素 水と無関係の. ¶～伞 hànsǎn / ～船 hànchuán / ～烟 hànyān.

【旱魃】 hànbá 名 (伝説の)日照りを招く怪物.

【旱冰】 hànbīng 名 ローラースケート.

【旱船】 hànchuán 名 民間芸能"跑旱船"で使う, 船の形をした舞台道具. ⇨ 跑旱船 pǎo hànchuán

【旱稻】 hàndào 名 陸稲. 同 陆稻 lùdào

【旱地】 hàndì 名 ❶〔圕 块 kuài, 片 piàn〕畑. 反 水田 shuǐtián ❷ 水が引けない所にある耕地.

【旱季】 hànjì 名 乾季. 反 雨季 yǔjì

【旱井】 hànjǐng 名〔圕 口 kǒu, 眼 yǎn〕水が少ない地方で, 雨水を貯めておく井戸. 口が小さくて中が広い.
❷ 冬に野菜などを貯蔵する深い穴.

【旱涝保收】 hàn lào bǎo shōu 成 ❶ 干ばつや水害などが発生しても一定の収穫を確保できる. ❷ いかなる状況下でも収入を確保できる.

【旱柳】 hànliǔ 名《植物》ウンリュウヤナギ.

【旱路】 hànlù 名〔圕 段 duàn, 条 tiáo〕陸路. ¶～走还是水路走？/ 陸路で行こうか,水路で行こうか. 反 水路 shuǐlù

【旱年】 hànnián 名 日照りの年.

【旱桥】 hànqiáo 名 陸橋. 高架橋.

【旱情】 hànqíng 名 (農作物の)干ばつの状況.

【旱伞】 hànsǎn 名〔把 bǎ〕日傘. パラソル. 同 阳伞 yángsǎn

【旱獭】 hàntǎ 名《動物》タルバガン. マーモット. 同 土拨鼠 tǔbōshǔ

【旱田】 hàntián 名 ❶ 畑. 反 水田 shuǐtián ❷ 水が引けない所にある耕地.

【旱象】 hànxiàng 名 日照りの兆候. 干ばつの状況. ¶～严重 / 日照りが深刻だ.

【旱鸭子】 hànyāzi 名 泳げない人. かなづち.

【旱烟】 hànyān 名〔圕 袋 dài〕(キセル用の)刻みタバコ. ¶～袋 / キセル. 反 水烟 shuǐyān

【旱烟袋】 hànyāndài 名 キセル. 表現 ふつう"烟袋"と言う.

【旱灾】 hànzāi 名〔场 cháng〕干害. 干ばつ. 反 水灾 shuǐzāi

捍(異 扞) hàn 扌部7 四 5604₁ 全10画 次常用

素 (領土や権利を)守る. 防ぐ. ¶～卫 hànwèi / 御 hànyù（防衛する）.

【捍卫】 hànwèi 動 守る. 防衛する. ¶～主权 / 主権を守る. ¶～世界和平 / 世界平和を守る.

悍(異 猂) hàn 忄部7 四 9604₁ 全10画 次常用

素 ❶ 勇猛だ. ¶～勇 hànyǒng / 精～ jīnghàn（精悍だ）/ 强～ qiánghàn（勇猛果敢だ）. ❷ 凶暴だ. 野蛮だ. ¶～然 hànrán / 凶～ xiōnghàn（凶暴だ）/ 刁～ diāohàn（ずるくて凶暴だ）.

【悍妇】 hànfù 名 気性の激しい妻.

【悍将】 hànjiàng 名 勇猛な武将.

【悍然】 hànrán 形 副 横暴だ. 頑迷だ. ¶～不顾 / 頑として意に介さない.

【悍勇】 hànyǒng 形 勇猛果敢だ.

菡 hàn 艹部8 四 4477₂ 全11画 通用

下記熟語を参照.

【菡萏】 hàndàn 名 ⟨文⟩ハスの花.

焊 頷 撤 翰 撼 憾 瀚 夯 行　hàn – háng

焊（異 銲、釬）hàn
火部7　全11画　[四] 9684₁　[次常用]

動 溶接する. はんだ付けする. ¶～接 hànjiē／～錫 hànxī／电～ diànhàn（電気溶接する）.

【焊缝】hànfèng 溶接の継ぎ目. ウェルド.
【焊工】hàngōng 名 ❶ 溶接作業. ❷〔個 个 ge, 名 míng〕溶接工.
【焊管】hànguǎn 名 溶接で継がれた鋼管.
【焊剂】hànjì 名 溶接剤. 同 焊药 hànyào
【焊接】hànjiē 動 溶接する. はんだ付けする. ¶～钢管／鋼管を溶接する. 反 铆接 mǎojiē
【焊口】hànkǒu 溶接箇所. 継ぎ目. ¶～开了／継ぎ目が離れた.
【焊料】hànliào 名 はんだ. 接合剤.
【焊钳】hànqián 名 溶接棒ホルダー.
【焊枪】hànqiāng 名 溶接ガン. 溶接トーチ. 同 焊炬 hànjù
【焊丝】hànsī 名 溶接用線. ウェルドワイヤー.
【焊条】hàntiáo 名 溶接棒.
【焊锡】hànxī 名 はんだ. 同 白镴 báilà
【焊药】hànyào 名 溶接剤. 同 焊剂 hànjì
【焊液】hànyè 名 はんだ鑞(ろう)の液.
【焊油】hànyóu 名 はんだペースト.

頷（頷）hàn
页部7　全13画　[四] 8168₂　[通用]

文 ❶ 名 下あご. 同 下巴颏儿 xiàbakēr ❷ 素 うなずく. ¶～首 hànshǒu.

【頷首】hànshǒu 動 文 うなずく. ¶～微笑／うなずきにっこりする. ¶他向大家一致意／彼は皆に向かってうなずき、賛意を示した.

撤 Hàn
扌部11　全14画　[四] 5804₀　[通用]

素 姓.

翰 hàn
卓部8　全16画　[四] 4842₇　[次常用]

❶ 素 筆. 文字. 手紙. ¶～林 hànlín／～墨 hànmò／文～ wénhàn（文章）. ❷（Hàn）姓. 参考 もとの意味は、文字を書くのに用いられた固くて長い鳥の羽.

【翰海】hànhǎi 名 "瀚海 hànhǎi"に同じ.
【翰林】hànlín 名《歴史》〔個 名 míng, 位 wèi〕翰林(かんりん). 唐代以後に設けられた、朝廷で文書の起草を行う官. エリート中のエリート. ¶～院／翰林院(かんりんいん). 同 上の役所.
【翰墨】hànmò 名 文 筆墨. 転じて文章や書画.

撼 hàn
扌部13　全16画　[四] 5303₅　[次常用]

素 揺り動かす. 揺さぶる. ¶～动 hàndòng／摇～ yáohàn（根元から揺さぶる）／震～ zhènhàn（震撼させる）.

【撼动】hàndòng 動 文 揺り動かす. ¶～了整个世界／全世界を揺り動かした. ¶哭声悲切 bēiqiè, ～所有在场的人／痛ましい泣き声がその場にいた人たちの心を揺さぶった.
【撼天动地】hàn tiān dòng dì 成 天地を揺るがすほどだ. 物音が非常に大きい. 勢いが盛大だ.

憾 hàn
忄部13　全16画　[四] 9303₅　[次常用]

素 残念だ. 心残りだ. ¶～然 hànrán（残念だ）／～事 hànshì／抱～ bàohàn（残念に思う）／遗～ yíhàn（遺憾だ）.

【憾事】hànshì 名〔個 件 jiàn〕残念な事. ¶终身～／一生悔やみ続けるような事.

瀚 hàn
氵部16　全19画　[四] 3812₇　[通用]

素 果てしなく広大だ. ¶～海 hànhǎi／浩 hào～无边（果てしなく広がっている）.

【瀚海】hànhǎi 名 文〔個 片 piàn〕大砂漠.

---

hang　ㄏㄤ〔xaŋ〕

夯（異 硿）hāng
大部2　全5画　[四] 4042₅　[次常用]

《建築》❶ 名（建設のため）地固めをする道具. ¶～砣 hāngtuó／蛤蟆～ háma hāng（ランマー）／打～ dǎhāng（地固めをする）. ❷ 動 "夯"を使って地固めをする. ¶～歌 hānggē.
☞ 夯 bèn
【夯歌】hānggē 名〔個 支 zhī〕地固めする時にうたう歌. よいとまけの歌.
【夯具】hāngjù 名《建築》地固めする道具. 胴突き.
【夯土机】hāngtǔjī 名《建築》胴突き機. ランマー.
【夯砣】hāngtuó 名《建築》地固め機の、地面にあてる部分. 石または金属製.

行 háng
彳部3　全6画　[四] 2122₁　[常用]

❶ 量 列や行をなすものを数えること. ¶另起一～（改行 gǎi xíng する）／每～有三十五个字（每行35字ある）／请念一下第一～到第五～（1行目から5行目まで読んで下さい）／马路两旁各有一～柳树 liǔshù（道路の両側にヤナギが並んで植えられている）. ❷ 名 職業. 職種. ¶干哪～都不容易（どんな職業をやっても楽ではない）. ❸ 名 ある種の営業機関を指す. ¶银～ yínháng（銀行）／商～ shāngháng（商 社）／五金～ wǔjīnháng（金物屋）. ❹ 名 同族中の同世代（いとこ関係）における長幼の序. ¶你～几？（あなたは何番目ですか）／我～二（私は2番目です）.
☞ 行 xíng
【行帮】hángbāng 名 同業者組合.
【行辈】hángbèi 名 長幼の順.
【行车】hángchē 名 方 "天车 tiānchē"（天井クレーン）のこと. ☞ 行车 xíngchē
【行当】hángdang 名 ❶ 口（～儿）職種. ¶看他的衣着 yīzhuó, 就知道他是干哪个～的／彼の身なりを見れば、何の仕事をしているかすぐ分かる. ❷《芸能》伝統芸能で、俳優が専門とする役柄. 京劇でいう"生 shēng"（男性役）, "旦 dàn"（女性役）, "净 jìng"（荒くれ男）, "丑 chǒu"（道化役）など.
【行道】hángdao 名 "行业 hángyè"に同じ. ☞ 行道 xíngdào
【行东】hángdōng 名 商店や工房などの主人.
【行饭】hángfàn 名（～儿）行商人.
【行风】hángfēng 名 産業の気風. 業界の気風.
【行规】hángguī 名 旧 同業者組合の定める規定. ¶行有～, 国有国法／どの商売にもその業界の決まりがあり、国には国の決まりがある.
【行行出状元】hángháng chū zhuàngyuan 俗 どの業界や職種にも、優れた人物はいる.
【行话】hánghuà 名〔個 句 jù, 种 zhǒng〕業界用語.

専門用語.

【行会】hánghuì 图旧 都市の手工業者や商人がつくった同業者組合. ギルド.

【行货】hánghuò 图 質の劣った、あらい加工品.

【行家】hángjia 图❶〔働 个 ge, 位 wèi〕くろうと. プロフェッショナル. ¶～说的,还会有错? / プロが言っているんだから、間違いがあるわけないだろう. 同 内行 nèiháng ❷图 くろうとだしだ. 通だ. ¶你对做菜挺～呀 / 君の料理の腕は、実にくろうとはだしだね.

【行家里手】hángjia lǐshǒu 图 専門家. エキスパート.

【行间】hángjiān 图❶文 隊列の間. ❷ 行や列の間. ¶字里～ / 文章の行間. ❸ 幼長の間.

【行距】hángjù 图❶ 行や列の間隔. ❷〔農業〕あぜ幅. うね間.

【行款】hángkuǎn 图〔書道や印刷の〕文字の配列格式.

【行列】hángliè 图 行列. 隊伍. ¶加入了游行 yóuxíng～ / デモ行進の列に加わる.

【行列式】hánglièshì 图〔数学〕行列式.

【行频】hángpín 图〔電気〕ライン周波数.

【行情】hángqíng 图《経済》市况. 相場. ¶最近～看涨 kànzhǎng / 最近相場は先高の見込みだ.

【行市】hángshi 图《経济》商品価格の相場. 比较 "行情 hángqíng"は、銀行の利率や為替レートなどについて言い, "行市"は、野菜や品物などの価格を言う.

【行伍】hángwǔ 图 隊伍. 軍隊のこと. ¶他是～出身 / 彼は軍隊出身です. 参考 古代は、5人を"伍", 25人を"行"と言った.

【行业】hángyè 图 業種. ¶服务～ / サービス業. ¶各行各业 / それぞれの職業. 商売.

【行业语】hángyèyǔ 图 業界用語. 同 行话 hánghuà.

【行长】hángzhǎng 图 銀行の総裁. 頭取.

吭 háng

口部 4 四 6001₇
全 7 画 次常用

素文 のど. ¶引～高歌(高らかに歌う).

☞ 吭 kēng

杭 háng

木部 4 四 4091₇
全 8 画 次常用

图❶ "杭州 Hángzhōu"の略称. 現在の浙江省杭州市. ¶～纺 hángfǎng / 京～大运河(京杭大運河). ❷(Háng)姓.

【杭纺】hángfǎng 图 杭州産の絹織物.

【杭剧】hángjù 图 杭州地方の芝居.

【杭育】hángyō 感 ヨイショ. それ. 集団で重労働をする時のかけ声.

【杭州】Hángzhōu《地名》杭州(こうしゅう). 浙江省の省都.

绗 (絎) háng

纟部 4 四 2112₁
全 9 画 通用

動 あらく縫ってとじる. 綿入れの上着や布団を縫う時に、縫い目を表にあまり出さない縫い方. くけ縫いする. ¶～被子 bèizi (かけ布団をくけ縫いする).

航 háng

舟部 4 四 2041₇
全 10 画 常用

❶素 (船や飛行機が)航行する. ¶～行 hángxíng / ～路 hánglù / 出～ chūháng (出航する) / 领～ lǐngháng (船や飛行機を誘導する). ❷图文 船. ❸ (Háng)姓.

【航班】hángbān 图〔働 次 cì, 个 ge〕船や飛行機の便名. フライト・ナンバー. ¶你坐哪个～? / どの便に乗るの. ¶北京东京之间每周有几次～? / 北京東京間は毎週何本の便がありますか.

【航标】hángbiāo 图〔働 处 chù, 个 ge〕航路標識. ¶～灯 / 航路標識灯.

【航测】hángcè 图 航空測量.

【航程】hángchéng 图〔働 段 duàn〕運航の日程やコース. ¶八个小时的～ / 8時間のフライト.

【航船】hángchuán 图❶ 定時運航している小型の船舶. 定期船. ❷ 航行している大型船.

【航次】hángcì 图❶ 運航スケジュール. 発着ダイヤ. ❷(船や飛行機の)便数.

【航道】hángdào 图〔働 条 tiáo〕(安全に運航するための)航路. ¶国际～ / 国際航路. ¶上游的～已开通 / 上流の航路はもう開通した.

【航海】hánghǎi 图動 航海(する). ¶～日志 rìzhì / 航海日誌.

【航迹】hángjì 图 飛行経路. 航跡. トラック.

*【航空】hángkōng 图 航空. ¶～公司 / 航空会社.

【航空兵】hángkōngbīng 图《軍事》❶ 航空部隊. ❷ 航空兵.

【航空港】hángkōnggǎng 图 大型空港. ターミナル空港.

【航空航天部队】hángkōng hángtiān bùduì 图 航空宇宙部隊.

【航空母舰】hángkōng mǔjiàn 图《軍事》航空母艦. 空母.

【航空器】hángkōngqì 图(気球・飛行艇・飛行機など)大気圏内を飛行する飛翔体. 航空機.

【航空信】hángkōngxìn 图 航空便. エアメール.

【航路】hánglù 图〔働 条 tiáo〕航路. ¶突然改变～ / 突然,航路を変える.

【航模】hángmó 图 飛行機や船の模型.

【航母】hángmǔ 图❶《軍事》航空母艦. 空母. ❷ 特定の分野で強大な規模や実力を持つ企業と集団.

【航拍】hángpāi 動 航空写真をとる. 空撮する.

【航速】hángsù 图 航行速度.

【航天】hángtiān 图動 大気圏外を飛行する. 宇宙飛行する. ¶～事业 / 航空宇宙事業.

【航天飞机】hángtiān fēijī 图 スペースシャトル.

【航天服】hángtiānfú 图 宇宙服.

【航天器】hángtiānqì 图(人工衛星・宇宙船・宇宙ステーションなど)大気圏外を飛行する飛翔体. 航宙機.

【航天员】hángtiānyuán 图 宇宙飛行士.

【航天站】hángtiānzhàn 图 宇宙ステーション.

【航务】hángwù 图 船などの運航に関する業務.

【航线】hángxiàn 图〔働 条 tiáo〕航路. 運航ルート. ¶开辟 kāipì 新～ / 新たな航路を開設する.

【航向】hángxiàng 图❶(飛行機や船の)針路. 運航の方向. ¶偏离 piānlí～ / 針路からそれる. ¶拔正 bōzhèng～ / 針路を正しく直す. ❷ 人や事業の進む方向. ¶一生的～ / 一生の針路.

【航行】hángxíng 動 運航する. ¶轮船 lúnchuán～在大海上 / 汽船が大海原を航海する. ¶飞机的～高度 / 飛行機の運航高度.

【航运】hángyùn 图 水上輸送. ¶～公司 / 船会社. ¶～保险 / 海上保険.

颃 (頏) háng

页部 4 四 0128₂
全 10 画 通用

→颉颃 xiéháng

沆 hàng

氵部 4 四 3011₇
全 7 画 通用

巷 薨 薅 嚆 号 蚝 毫 嗥 貉 豪　hàng – háo　423

【形】㊋水辺がどこまでも広がっている．¶～瀁 hàngxiè．
【沆瀣】hàngxiè【名】㊋夜霧．
【沆瀣一気】hàng xiè yī qì 〔成〕気脈を通じる．ひそかにグルになる．由来唐代の科挙の試験で，崔沆(ぶ)という試験官が崔瀣(ぶ)という受験者を合格させたのを当時の人々がからかった故事から．

巷 hàng
己部6　四 4471₇
全9画　常用
下記熟語を参照．
☞ 巷 xiàng
【巷道】hàngdào【名】(⑲) 段 duàn，条 tiáo〕（鉱物の）採掘用の）坑道．トンネル．

hao ㄏㄠ〔xaʊ〕

蒿 hāo
艹部10　四 4422₇
全13画　次常用
【名】❶〔植物〕ヨモギの仲間．¶～子 hāozi ／ 青～ qīnghāo（カワラニンジン）／ 萋～ lóuhāo（ヤマヨモギ）．❷(Hāo)姓．
【蒿子】hāozi【名】〔植物〕(⑲) 棵 kē〕ヨモギやシュンギクなどの草．¶～秆儿 gǎnr／（野菜の）シュンギク．

薅 hāo
艹部13　四 4444₃
全16画　通用
【動】❶草などを抜く．¶～锄 hāochú ／～苗 hāomiáo（苗を間引きする）．❷手でひっぱる．
【薅锄】hāochú【名】除草用の柄の短いくわ．

嚆 hāo
口部13　四 6402₇
全16画　通用
下記熟語を参照．
【嚆矢】hāoshǐ【名】㊋音をたてて飛ぶ矢．嚆矢(ぶ)．ものごとの始まりや，先駆者にたとえる．

号（號） háo
口部2　四 6002₇
全5画　常用
❶【素】声を長くのばして大声で叫ぶ．¶～叫 háojiào／～啕 háotáo／呼～ hūháo（助けを求めて叫ぶ）／怒～ nùháo（怒号する）．❷【動】〔方〕泣き叫ぶ．¶哭～ háokū（～丧 háosāng）哀～ āiháo（号泣する）．
☞ 号 hào
【号叫】háojiào【動】大声で叫ぶ．¶一阵～声／大きな叫び声．
【号哭】háokū【動】号泣する．¶不禁 bùjīn～起来／思わず号泣する．
【号丧】【動】❶ háo// sāng〔旧〕葬儀のときに弔問客や喪主が声をあげて泣く習俗．❷háosang〔方〕㊋大声で泣きわめく．¶～鬼／泣き虫．
【号啕[咷]】háotáo【動】大声で泣き叫ぶ．
【号啕[咷]大哭】háo táo dà kū〔成〕思い切り声をあげて泣く．

蚝（蠔） háo
虫部4　四 5211₄
全10画　通用
❶【素】〔貝〕牡蛎(º)．カキ．¶～油 háoyóu／爱生吃～（生ガキを食べるのが好きだ）．
【蚝油】háoyóu【名】《料理》オイスターソース．¶～牛肉／牛肉のオイスターソース炒め．

毫 háo
亠部9　四 0071₄
全11画　常用
❶【素】細長く先の尖った毛．¶～毛 háomáo ／羊～笔 yánghàobǐ（羊の毛の筆）．❷【素】毛筆．¶挥～ huīháo（筆をふるう）．❸【副】ほんのわずか．毛ほども．¶～末 háomò ／～厘 háolí ／分～ fēnháo（ほんのわずか）／纤～ xiānháo（極めて小さいもの）．❹【素】さおばかりの提げ手．¶秤～ chènghào（さおばかりの提げ手）／头～ tóuháo（一番前の提げ手）．❺【量】メートル法の計量単位の「ミリ」．基準単位の1000分の1．¶～米 háomǐ ／～克 háokè．❻【量】計量の単位．10"丝 sī"＝1 "毫"，10"毫"＝1"厘 lí"．長さの単位としては3分の1デシミリメートル．重さでは0.005グラム．❼【量】〔方〕貨幣の単位．1元の10分の1．❽角 jiǎo，毛 máo〔表現〕❸は，否定文の強調によく用いられる．
【毫安】háo'ān【量】〔電気〕ミリアンペア．
*【毫不】háobù【副】少しも…ない．¶～在乎／少しも意に介さない．¶他～犹豫 yóuyù地拿出了所有财产 cáichǎn／彼は少しのためらいもなく全財産を出し出した．
【毫发】háofà【名】㊋❶うぶ毛と頭髪．❷極めて少ないこと．¶房子～无损／家は少しもこわれていない．¶～不爽 shuǎng／少しの誤差もない．〔表現〕❷は，多く否定形に用いて強調の意をあらわす．
【毫克】háokè【量】ミリグラム（mg）．
【毫厘】háolí【名】極めて少ないこと．¶失之～,谬 miù 以千里／初めは小さな間違いでも，後になれば大きな誤りとなる．
【毫毛】háomáo【名】(⑲) 根 gēn〕うぶ毛．¶这个人很吝啬 lìnsè，～不拔／この人はとてもけちで，他人のためにはうぶ毛一本抜かない．
【毫米】háomǐ【量】ミリメートル（mm）．
【毫米汞柱】háomǐ gǒngzhù【量】《物理》圧力の単位．水銀柱ミリメートル．
【毫秒】háomiǎo【量】ミリ秒．1000分の1秒．
【毫末】háomò【名】㊋うぶ毛の先．微少なもののたとえ．¶不能有～之差 chā／寸分の狂いも許されない．
【毫升】háoshēng【量】ミリリットル（ml）．
【毫微米】háowēimǐ【量】ミリミクロン．
*【毫无】háowú【副】まったく…ない．¶～办法／まったく打つ手がない．¶～根据的话／根も葉もないこと．
【毫无二致】háo wú èr zhì〔成〕少しも違うところがない．完全に一致する．
【毫子】háozi【名】〔旧〕(⑲) 个 ge，枚 méi〕広東・広西地方で流通した銀貨．一角・二角・五角があった．

嗥（異 嘷） háo
口部10　四 6604₈
全13画　通用
【動】❶（オオカミなどが）ほえる．¶～叫 háojiào（山犬やオオカミがほえる）．❷（人が）大声でどめく．ほえる．

貉 háo
豸部6　四 2726₄
全13画　通用
下記熟語を参照．
☞ 貉 hé
【貉绒】háoróng【名】硬い毛を抜いたタヌキの毛皮．¶～帽子／タヌキの柔毛の帽子．
【貉子】háozi【名】(⑲) 只 zhī〕"貉 hé"（タヌキ）の通称．¶～皮／タヌキの毛皮．

豪 háo
豕部12　四 0023₂
全14画　常用
【素】❶傑出した才能を持った人．¶～杰 háojié ／文～ wénháo（文豪）／英～ yīngháo（英雄豪傑）／自～ zìháo（自ら誇る）．❷胆力があり，気がせせこましくない．¶～气 háoqì ／～放 háofàng ／粗～ cūháo（豪快だ）．❸金や勢力があって羽振りがいい．¶～门 háo-

mén /～族 háozú / 富～ fùháo（富豪）/ 土～ tǔháo（土地の勢力家）. ❹ 激しい. 大量だ. ¶～雨 háoyǔ /～飲 háoyǐn.
【豪赌】háodǔ 動 賭博に巨額の金をつぎ込む.
【豪放】háofàng 形 大胆で, 些細なことを気にしない. 豪胆だ. ¶性情～ / 性格が豪胆だ. ¶文笔～ / 書きぶりが豪放だ.
【豪放不羁】háo fàng bù jī 成 豪放で何の束縛も受けない. 豪放不羈(き)だ.
【豪富】háofù 形 富と力がある(人).
【豪横】形 ❶ háohèng 横柄だ. 横暴だ. ❷ háoheng 方 気構えがしっかりしている. 気骨がある.
【豪华】háohuá 形 ❶（生活が）ぜいたくだ. 豪華(ごう)だ. ¶～生活 / ぜいたくな生活. 同 奢华 shēhuá 反 简陋 jiǎnlòu ❷（建築・設備・装飾などが）華やかで立派だ. 豪華だ. ¶设备～的宾馆 / 設備が豪華なホテル.
【豪杰】háojié 名 才能の傑出した人. ¶英雄～ / 英雄豪傑. 同 俊杰 jùnjié, 英豪 yīngháo, 豪杰 yīngjié, 英雄 yīngxióng
【豪举】háojǔ 名 豪快な振舞い.
【豪客】háokè 名 ① 強盗.
【豪迈】háomài 形 気迫にみちている. 勇壮だ. ¶歌声～ / 歌声が力強い. ¶迈着～的步伐 bùfá / 勇壮な歩みをする.
【豪门】háomén 名 旧 大いなる富と権勢をもった一族. ¶～望族 / 大豪族. ¶～政治 / 門閥政治. 反 寒门 hánmén
【豪气】háoqì 名 豪気. ¶～过人 / とても豪胆で他を圧する.
【豪强】háoqiáng ❶ 形 横暴だ. 極悪非道だ. ¶地主～趁机欺压百姓 / 地主は横暴で, ことあるごとに民衆をおさえつけた. ❷ 名 極悪非道の連中.
【豪情】háoqíng 名 意気軒昂な気持ち. 奮(ふる)い立つような気分. ¶壮志 zhuàngzhì ～ / 雄大な志と豪壮な気概.
【豪情壮志】háo qíng zhuàng zhì 成 気高い気持ちと偉大な志.
【豪绅】háoshēn 名 旧〔量 个 ge, 群 qún〕権勢を振り回す地方の悪徳ボス. ¶～恶霸 èbà / 地方の悪徳ボス.
【豪爽】háoshuǎng 形 豪快でこだわりがない. ¶性情～ / 性質が豪快でさっぱりしている.
【豪侠】háoxiá 名 豪胆で男気がある(人). 義侠(ぎょう)心のある(人). ¶～之士 / 豪勇義侠の士.
【豪兴】háoxìng 名 とても愉快な気分, 境地. ¶难得 nándé 有这样的～ / これほど愉快なことはめったにない.
【豪言壮语】háo yán zhuàng yǔ 成 気概にみちたことば. ¶刚才的～跑到哪里去了？/ さっきの大言壮語はどうした.
【豪饮】háoyǐn 動（酒を）痛飲する. ¶今晚痛痛快快, ～一杯 / 今夜は気分良く, 大いに飲もう.
【豪雨】háoyǔ 名 激しい雨. 豪雨.
【豪语】háoyǔ 名 自信たっぷりのことば. 大言壮語. ¶不要轻吐～, 到时兑不了 duìbuliǎo 现 / 軽々しく大言壮語するな. いざとなって実行しきれないぞ.
【豪宅】háozhái 名 邸宅.
【豪猪】háozhū 名〔動物〕ヤマアラシ. 同 箭猪 jiànzhū
【豪壮】háozhuàng 形 堂々として立派だ. ¶～的事业 / 雄大な事業. ¶～的声音 / 勇壮な声.
【豪族】háozú 名 豪族.

壕 háo
土部14 四 4013₂
全17画 次常用
繁（戦いなどに備えて掘られた）堀. ¶～沟 háogōu / 堑～ qiànháo（堑壕(ごう)）/ 城～ chénghāo（城の外堀）/ 战～ zhànháo（塹壕）.
【壕沟】háogōu 名 ❶〔軍事〕〔量 条 tiáo〕塹壕(ごう). ❷〔量 道 dào, 条 tiáo〕溝. 堀. 水路.
【壕堑】háoqiàn 名 塹壕(ごう).

嚎 háo
口部14 四 6003₂
全17画 次常用
動 大声で泣き叫ぶ. ほえる. ¶～春 háochūn（動物などがさかる）/～啕 háotáo / 鬼哭狼～（成 大声で泣き叫ぶ）.
【嚎咷[啕]】háotáo 動 "号啕 háotáo"に同じ.

濠 háo
氵部14 四 3013₂
全17画 通用
繁 ❶（城の周りの）堀. ❷ 地名用字. ¶～水 Háoshuǐ（川の名. 安徽省を流れる）.

好 hǎo
女部3 四 4744₇
全6画 常用

📖 "好"のキーポイント

◇状態・人柄・都合・健康・関係・天候・才能などが「好ましい」「うまい」「満足できる」ことをあらわす. ⇨❶
¶～老师 / 立派な先生.
¶～的学生 / 立派な学生.
¶天气～ / いい天気.
¶写得很～ / 上手に書く.
¶准备～了 / 準備が整っている.
◇その動作が快適・容易・都合がよいことをあらわす. ⇨❷❸
¶～吃 / おいしい.
¶～走 / 歩きやすい.
¶～用 / 使いやすい.
◇程度がはなはだしいことをあらわす. ⇨❿⓫
¶～一会儿 / 長い間.
¶～几个人 / 何人もの人.
¶～臭 / とても臭い.
◇同意・了承・賛成をあらわす. ⇨❼①
¶～！ / オーケー.
¶～啊！ / いいよ.

❶ 形 よい. 好ましい. 素敵だ. うまい. 上手だ.
①修飾語として. ¶～人 hǎorén. ～东西 / いい品物. ¶～脾气 / おだやかな性格. ¶～消息 / いいニュース. ¶～身手 / 腕利き. やり手. ¶～～～的天突然下起雨来了 / よい天気だったのに突然降り出した.
②述語として. ¶她人很～ / 彼女は人柄がとてもよい. ¶他的英文不大～ / 彼は英語がたいして上手ではない. ¶质量明显地～了起来 / 質は明らかによくなってきている.
③状態補語として. 意味は ❷ ⇨よくやる. 得意だ. ¶～上手に話す. ¶庄稼长得 zhǎngde 很～ / 作物はよく育っている.
④結果補語として, 動作が満足すべき状態に達したことを表わす. ¶馒头蒸 zhēng ～了 / マントウは蒸し上がった. ¶考试准备～了 / 試験は準備オーケーだ. ¶请大家坐～ / みなさん, どうぞご着席下さい. ¶电脑还没修～ / コンピュータの修理はまだ終わっていない. ¶机票订好了吗？/ 飛行機のチケットは予約しましたか. ✎動詞を省く場合もある. ◇"饭(做)～了没有？""还没(做)～呢" / 「食事の支度はできたかい」「まだだよ」 ◇"衣服(洗)

~了没有?"/"还没有"/「服のつくろいは終わったかい」「まだです」

❷[形]動詞の前に置かれ複合形容詞を作り,五感に快いことを表わす. (反)难nán ¶~看 hǎokàn. ¶~听 hǎotīng. ¶~受 hǎoshòu. ¶这个菜~吃吗?/この料理はおいしいですか. ¶这乌龙茶,真~喝!/このウーロン茶はおいしいですね. ¶北京~玩儿的地方很多/北京にはおもしろいところがたくさんある.

❸[形]動詞の前に置かれ,その動作が容易なことを表わす. …しやすい. (反)难nán ¶这问题不~回答/この問題は答えにくい. ¶这个道理~懂/この理屈は分かりやすい. ¶价钱~说/お値段は相談に応じます. ¶这个字笔画多,不~写/この字は筆画が多くて書きにくい.

❹[形]仲がよい. 親密だ. ¶~朋友/親友. 仲のいい友達. ¶我跟他~/私は彼と仲がいい. ¶他们俩~上了/二人は好き同士だ.

❺[形]健康だ. ¶他身体~/彼はとても健康だ. ¶他的病一点不~/彼の病気は少しよくなった.

❻[形]あいさつに用いる. ¶老师~!/先生こんにちは. ¶早上~!/おはよう.

❼[形]① (単独で用い)同意,了承,賛成を表わす. ¶~,就这么办!/よし,そうしよう. ¶~,我们也赶上去/オーケー,我々も急ごう.
② (単独で用い)話の打ち切りを表わす. ¶~了,不要再说了/いいよ,もう言うな. ¶~,今天就讲到这里了/では,今日の授業はここまで.
③ (単独で用い)不満,叱責を表わす. ¶~,这下可糟了/ちぇっ,今回はめちゃくちゃだ. ¶~,想不到他竟是那种人/なんとまあ,彼があんな人だとは.

❽[形]文の後ろに置き,相手の意向を問う,あるいは我慢でない気持ちを表わす. ¶这样~吗?/これでいいですか. ¶安静一点~不~?/ちょっと静かにしてくれませんか.

❾[副]"还是…(的)好"の形で,比較してよい方を指示する. やはり…のほうがいい. ¶还是咱们一起去~/やっぱりいっしょに行くほうがいい. ¶你还是别答应 dāying 的~/あなたはやはり承知しないほうがよい.

❿[副]時間が長いこと,数量の多いことを強調する. ¶~久没见面了/お久しぶりです. ¶我等了~长时间,他还是没来/私は長い間待ったが,彼はやはり来ない. ¶我找了半天天才找到/やっと見つけた. ¶外头来了~几个人/外から何人もの人がやって来た. ¶我去过~几次中国/私は何度も中国へ行ったことがある.

⓫[副]程度がはなはだしいことを表わし,感嘆文を作る. ¶这种茶叶一~香啊!/いい香りのする茶葉だこと. ¶你~狠 hěn 人!/ひどい人!¶今天~热!/今日は暑いなぁ. ¶~大的西瓜!/なんて大きなスイカ!

⓬[副]"好什十一"の形で感嘆の気持ちを表わす. なんと…なんだろう. ¶~一个聪明的孩子/なんと賢い子供だこと. ¶~一派北国风光/なんと北国の風景らしいこと.

⓭[副]"好+動+量"の形でひとしきりの動作を強調する. こっぴどく. すいぶん. ¶~揍 zòu 了一顿/こっぴどく殴った. ¶前些时候~忙了一阵/このごろとても忙しかった.

⓮[副]疑問文を作る. どのくらい. ⇒多 duō ¶哈尔滨 Hā'ěrbīn 离北京~远?/ハルピンは北京からどのぐらいありますか.

⓯[助]できる. 差し支えない. …したほうがいい. ¶我~进去看看吗?/入ってもいいですか. ¶夜已经很深了,你~睡/夜もふけたから,休んだほうがいい.

⓰[接]文の前段で述べられている事柄の目的を説明する. …できるように. …するのに都合がよいように. ¶别忘了带伞,下雨~用/雨が降ったらさせるよう傘を忘れないで. ¶今天早点儿睡,明天~早点儿起来/明日早く起きられるように今日は早く寝よう. ¶请留下您的电话号码,有事~跟您联系/何かあればご連絡いたしますので,あなたの電話番号をお教え下さい.

⓱[素]① (行い,行為,功徳,都合,病状などについて)よさ. よい点. 体面. ¶学~不易,学坏不难/いいことはなかなか真似できないのに,悪いことはすぐ覚える. ¶他的病见~了/彼の病状は好転した. ¶没你的~儿/あなたにとってろくなことにならない.
② (~儿)あいさつのことば. ¶代我问个~/私がよろしくと伝えてください. ¶别忘了给我捎 shāo 个~/私がよろしく言っていたと忘れずにお伝えください.
③ 誉めること. 掛け声. 討击的. ¶他~儿/彼の機嫌をとる. 彼にへつらう. ¶叫~儿/(芝居などで)大むこうから「いいぞ」と声を掛ける.

☞ 好 hào

【好办】hǎobàn [形]やりやすい. 処理が容易だ. ¶这事不~/これは面倒だ.

【好比】hǎobǐ [動]ちょうど…と同じだ. ¶他们俩~一对鸳鸯鸟 yuānyāngniǎo/彼らふたりはまるでオシドリのようだ.

【好不】hǎobù [副]なんと. まったく. 非常に. ¶马路上~热闹/大通りのなんとにぎやかなこと. ¶自己夸 kuā 自己,~害羞 hàixiū/自画自賛して,少しも恥じない. ¶~多么 duōme [表現]多く二音節の形容詞の前に用い,程度が甚だしいことをあらわす. "好不"は"好"に置きかえられ,ともに肯定的な意味になるが,"容易 róngyì"の前に置いた場合のみはどちらも"很不容易"の意味となる.

【好不容易】hǎobù róngyì [副]ようやく. やっとのことで. かろうじて. ⇨好容易 ⇨好不

*【好吃】hǎochī [形]おいしい. うまい. ¶这个菜很~/この料理は実においしい. ☞吃 hàochī

【好处费】hǎochùfèi [名]手数料. コミッション.

**【好处】hǎochu [名]長所. 取り柄. ¶这种做法的~是简单易学/このやり方の長所は簡単でおぼえやすいところだ. (同)益处 yìchu (反)害处 hàichu,坏处 huàichu ❷ 利点. 利益. ¶对他没有~的事,他是绝对不做的/彼は,ろんなふうに言うのは絶対ない.

【好歹】hǎodǎi ❶[名]善し悪し. ¶不知~/ものの善し悪しを知らない. (同)好坏 hǎohuài,好赖 hǎolài ❷[名](~儿)(生命の)危険. ❸[副]何せよ. そこそこに. ¶~吃点儿就行了/ありあわせのものを食べればそれでよい. (同)好赖 hǎolài ❹[副]どっちみち. いずれにしても. ¶~总是事实/いずれにしてもこれは事実なのだ. (同)好赖 hǎolài

【好懂】hǎodǒng [形]わかりやすい. ¶那篇论文很~/あの論文はとてもわかりやすい.

【好端端】hǎoduānduān [形](~的)何事もない. 申し分ない. 平穏無事だ. ¶~的事,被她搅乱 jiǎoluàn 了/何も問題のなかったことが,彼女にかきまわされた. ¶上午还~的,下午就下起雨来了/午前中は何ともなかったのに,午後になったら雨が降りだした. [表現]後の文で,もとの円満な状況が台なしになって残念だ,という気分が述べられる.

【好多】hǎoduō ❶[数]たくさんの. 多数の. ¶~书/たくさんの本. ¶那里围着一~人,不知出了什么事?/あそこに人垣ができているが,何ごとだろう. [文]好多好多 ❷[代][方]いくつ. いくら. ¶到会的人~?/会合に出席した人は何人ですか.

【好感】hǎogǎn 名 好感.よい感じ.¶对他没什么～/彼には何も好感をもっていない.反 恶感 ègǎn,反感 fǎngǎn

【好过】hǎoguò 形 ❶暮らしが楽だ.¶他们日子～了/彼らは暮らし向きがよくなった.❷心地よい.気分がよい.¶他吃了药,觉得一点儿了/彼は薬をのむと少し気分がよくなった.同 好受 hǎoshòu 反 难受 nánshòu

【好汉】hǎohàn 名〔量 个 ge,条 tiáo,位 wèi〕男らしく立派で,人にさわやかな印象を与える男子.好漢.¶英雄～/英雄豪傑.¶他真是条～/彼はほんとうに立派な男だ.¶不到长城非～/長城に行かなければ一人前の男ではない.

*【好好儿】hǎohāor ❶ 形(～的)よい.申し分ない.立派だ.¶～的材料,别弄糟蹋/いい素材を台なしにしないように.❷ 副 十分(に).よく.¶出发以前再一检查检查/出発前にもう一度よくチェックする.

【好好先生】hǎohāo xiānshēng[-sheng] 名〔位 wèi〕好人物.お人好し.好好爺(こうこうや).

【好话】hǎohuà 名〔量 句 jù〕❶ よい話.ためになることば.❷ 甘い話.ほめことば.¶别尽说～/聞こえのいいことばかり言いなさんな.

【好坏】hǎohuài 名 よしあし.善悪.¶不懂～/善悪をわきまえない.¶～不分/善悪のけじめがない.

【好几】hǎojǐ 数(整数の後に付けて)端数があることをあらわす.…あまり.¶他已经五十～了/彼はすでに五十何歳だ.❷(数量詞や時間詞の前に付けて)多いことをあらわす.¶～倍/何倍もの.¶～年没见了/永いこと会っていなかったね.

【好家伙】hǎojiāhuo 感 たいしたものだ.すごい.表現 誉めるときにも,けなすときにも使う.

【好景不长[常]】hǎo jǐng bù cháng 成 いつもいいことばかりはない.よい時はいつまでも続かない.

*【好久】hǎojiǔ 名 久しい間.長い間.¶我在这儿等～了/私はここで長い間あなたを待っていたんだ.¶～没有家里的信了/しばらく家から便りが来ない.¶～没见了/ごぶさたしました.同 良久 liángjiǔ,许久 xǔjiǔ

*【好看】hǎokàn ❶ 形 美しい.見た目がきれいだ.¶这件大衣真～/このコートはとてもすてきだ.反 难看 nánkàn ❷ 形 体裁がいい.見栄えがする.反 难看 nánkàn ❸"要 yào…的好看"の形で)…に恥をかかせる.¶这不是要我的～吗?/これは私に恥をかかせようというのか.比較"美丽 měilì"は書きことばによく使われ,"好看","漂亮 piàoliang"は話しことばによく使われる.

【好莱坞】Hǎoláiwù 地名 ハリウッド(米国).

【好赖】hǎolài 名 俗"好歹 hǎodǎi"①③④に同じ.

【好了伤疤忘了疼】hǎo le shāng bā wàng le téng 成 傷跡が治ると痛さを忘れる.のどもと過ぎれば熱さを忘れる.

【好脸】hǎoliǎn 名(～儿)にこやかな表情.

【好梦】hǎomèng 名 いい夢.¶～不长/いい夢は長くない.いいことは長続きしない.

【好评】hǎopíng 名 好評.よい評判.¶获得了一致～/全員一致の好評を得る.

【好气儿】hǎoqìr 名 回 ❶よい気分.よい態度.¶看到他的样子,就没～/彼の様子を見て,興ざめした.❷好意.思いやり.¶摆出一点好气儿来/まわりから良い評判を得る.表現 ①は,多く否定形で用いる.

【好球】hǎoqiú 名《スポーツ》(野球の)ストライク.(テニスやバレーボールなどの)インサイドボール.ナイスボール.

【好儿】hǎor 名 ❶恩恵.❷利点.利益.❸ 挨拶のことば.同 好⑥

【好惹】hǎorě 形 くみしやすい.扱いやすい.御しやすい.¶她可不～/彼女はまったく扱いにくい.表現 多く否定形に用いる.

【好人】hǎorén 名〔量 个 ge,位 wèi〕❶ いい人.善人.立派な人.¶世上还是～多/世間にはやはり善人が多い.反 坏蛋 huàidàn ❷ 貶 お人好し.いい子.¶她只想做个～/彼女はいい子になることばかり考えている.❸ 健康な人.達者な人.

【好人好事】hǎorén hǎoshì 名 立派な人と立派な行い.善人善行.

【好人家】hǎorénjiā 名(～儿)ちゃんとした家柄.良家.

【好日子】hǎorìzi 名 ❶〔量 个 ge〕よい日.吉日.めでたい日.¶今天是我们的～,不当 bùdàng 之处,请多包涵 bāohán/今日はおめでたい日ですので,行き届かぬ点もどうか大目に願います.❷ よい暮らし.¶过～/よい暮らしをする.

*【好容易】hǎoróngyì 副 ようやく.かろうじて.やっとのことで.¶那些年太苦了,～才能吃饱肚子/あのころはとても苦しく,腹を満たすのがやっとだった.用法"才"とともに使われることが多い.⇨好不 hǎobù

【好生】hǎoshēng 副 ❶ とても.非常に.¶他今天的行动,让人～奇怪/彼の今日のふるまいは,皆とても不思議がられた.❷ 方 よく.十分に.¶有话～说/あればちゃんと言いなさい.同 好好儿地 hǎohāorde 参考 ①は早期の白話文や伝統演劇のセリフに多く見える.

【好声好气】hǎoshēng hǎoqì 形(～的)声がおだやかで物腰がやわらかい.¶我～地劝她也没用/彼女におだやかに論したがむだだった.

【使】hǎoshǐ 形 ❶ 使いやすい.使いやすい.¶这台电脑很～/このコンピュータは使い勝手がいい.❷ よく動く.¶人老了,脑子不～了/年をとると頭がうまくまわらない.

【好事】hǎoshì 名〔量 件 jiàn,桩 zhuāng〕❶ よいこと.ためになること.¶这次失败,对他应是件～/今回の失敗は,彼のためになる.❷ 旧 慈善.❸ 文 祝いごと.慶事.⇨好事 hàoshì

【好事多磨】hǎo shì duō mó 成 好事魔多し.由来 よい事が実現したり,成功を収める前には,いろいろな苦労や困難がつきものだ,という意から.

【好手】hǎoshǒu 名〔量 把 bǎ〕(技芸などの)名手.腕利き.

【好受】hǎoshòu 形 快適だ.¶吃药后,～多了/薬を飲んだら気分がとてもよくなった.反 难受 nánshòu

【好说】hǎoshuō 形 ❶ どういたしまして.¶～,～,您过奖了!/どういたしまして,ちょっとほめすぎですよ.❷ 話しやすい.相談しやすい.¶只要您点头了,事情办～了/君が「うん」と言いさえすれば,話は簡単だ.表現 ①は,あいさつのことば.二度重ねて用いることが多い.

【好说歹说】hǎo shuō dǎi shuō 成 ああ言ったり,こう言ったりする.あの手この手で頼んだり,説明したりする.

【好说话儿】hǎo shuōhuàr 句(人柄がよくて)話がしやすい.融通がきく.

【好似】hǎosì 動 文 …のようだ.同 好像 hǎoxiàng 比較"好像"は,"好像是…"と言えるが,"好似"は"是"をつけて言えない.

【好天儿】hǎotiānr 名 いい天気(の日).

*【好听】hǎotīng 形 ❶(音声が)耳に心地よい.美しい.¶这支歌儿特别～/この歌はとても美しい.反 难听 nán-

郝 号 好　hǎo – hào　427

tīng ❷（ことばが）人をいい気持ちにさせる．¶他的话很～,可心里打什么主意谁也不知道／彼の話は聞こえはよいが、腹の内は誰にも分からない．

*【好玩儿】hǎowánr　形　おもしろい．楽しい．¶这孩子真～／この子はとても愉快な子だ．¶这种游戏非常～／このゲームはとてもおもしろい．

【好望角】Hǎowàngjiǎo　《地名》喜望峰(きぼうほう)．

【好闻】hǎowén　形　よい香りがする．匂いがよい．¶做什么好吃的了,这么～／何かおいしいものを作ってるの、こんないにい香りがして．

【好戏】hǎoxì　名〔(齣) 出 chū〕❶ よい芝居．おもしろい芝居．見もの．¶大家等看着他的～／みんなは彼がどんな芝居をうつか待ちかまえている．表现②は、風刺的な言いかたに用いる．

*【好像】hǎoxiàng　❶ 動　まるで…のようだ．…に似ている．¶他的身材～啤酒桶／彼の体はビア樽のようだ．❷ 副　まるで(…のようだ)．¶他俩儿的关系就～是亲兄弟／2人の関係は実の兄弟のようだ．¶天黑得～涂了墨／空が墨を塗ったように暗い．

【好笑】hǎoxiào　形　おかしい．笑わせる．¶这么大的人了,还说些没头没脑的话,让人～／いい年をして馬鹿なことを言うなんて、笑われるよ．

*【好些】hǎoxiē　❶ 数　たくさんの．非常に多い．¶我在公司工作～年了／私は会社で長い間仕事をしている．❷ ややよい．少しよい．¶你的病～了吗？／病気はいくらかよくなりましたか．同 好一些 hǎo yīxiē．

【好心】hǎoxīn　名〔(片) 片 piàn〕善意．親切心．¶～必有好报／親切にはきっとよい報いがある．情けは人の為ならず．同 好意 hǎoyì, 善意 shànyì　反　歹意 dǎiyì, 恶意 èyì

【好心眼儿】hǎoxīnyǎnr　名　よい心根．

【好性儿】hǎoxìngr　名　温和でよい気質．

【好样儿的】hǎoyàngrde　名〔(个) 个 ge〕気骨のある人．硬骨漢．反　窝囊废 wōnangfèi

【好意】hǎoyì　名　好意．親切．善意．¶好心～／善意．¶谢谢你对我的～／ご好意ありがとうございます．

【好意思】hǎoyìsi　動（…しても）平気だ．恥ずかしい気がない．¶向人请教,有什么不～！／人に教えを請うのに、何が恥ずかしいことなどあるものか．表现 反語や否定の形で用いることが多い．反語の場合は詰問の語気を含む．

【好友】hǎoyǒu　名　よい友だち．親しい友人．

【好运】hǎoyùn　名　幸運．

【好在】hǎozài　副　幸いにも．折りよく．¶～离这儿不远／幸いここから遠くない．¶那本书～我家里有／その本は幸いにわが家にある．

【好转】hǎozhuǎn　動　好転する．¶病情～／病状が好転する．¶经济状况～了一点／経済が少し上向いた．反　恶化 èhuà

【好自为之】hǎo zì wéi zhī　成　自分でうまくやる．ちゃんとやる．

【好走】hǎozǒu　❶ 動　道中ご無事で．¶您～,我不送了／お送りしませんが、どうぞお気をつけて．❷ 形　歩きよい．道がいい．¶这边～一些／こちら側はいくぶん歩きやすい．表现 ①は、人を見送るときのあいさつことば．

郝　Hǎo
赤部 2　四 4722₇　全 9 画　通用

名　姓．

号（號）hào
口部 2　四 6002₇　全 5 画　常用

❶ 名　表向きの名称．特につけた名前．¶～称 hào-chēng／国～ guóhào（国号）／外～ wàihào（あだ名）／年～ niánhào（年号）．❷ 名　(～儿) 記号．標識．¶～码 hàomǎ／暗～ ànhào（暗号）／根～ gēnhào（ルート記号）／分～ fēnhào（セミコロン）．❸ 名　(～儿) 順番や等級などをあらわすことば．¶～外 hàowài／头～ tóuhào（第1の）／第三～（第3号）／五～铅字 qiānzì（5号の活字）／二月二～（2月2日）．❹ 動　番号をふる．印をつける．¶～房子（家に番号をつける）．❺ 名　命令．掛け声．¶～令 hàolìng／～召 hàozhào／口～ kǒuhào（スローガン）．❻ 名〔(把) 把 bǎ〕軍隊や楽隊で用いるラッパ．¶～手 hào-shǒu／起床～ qǐchuánghào（起床ラッパ）．❼ 名　人数を数えることば．❽ 量　(～儿) 取り引きの回数を数えることば．

☞　号 hào

【号兵】hàobīng　名　軍隊のラッパ手．

【号称】hàochēng　動　❶ …として知られている．¶四川～天府之国／四川省は物産の豊かな土地として知られている．❷ 豪語する．表向き…と言う．¶～百万大军／百万の大軍と称する．

【号房】hàofáng　名　受付．受付係．

【号角】hàojiǎo　名　❶ 軍隊で命令を伝えるために使った角笛．❷ ラッパ．かけ声．¶吹响向现代化进军的～／近代化へのラッパを鳴らす．

【号坎儿】hàokǎnr　名　車夫や駕籠(かご)かきが着た、番号入りの袖なしの上着．

【号令】hàolìng　❶ 動〈文〉軍隊で口頭またはラッパで命令を伝える．¶～三军／陸・海・空三軍に命令する．❷ 名　戦闘時の命令．

*【号码】hàomǎ　名　(～儿)〔(个) 个 ge〕番号．¶电话～／電話番号．¶你穿多少～的衣服？／服のサイズは何号ですか．

【号脉】hào//mài　動　脈を取る．同 诊脉 zhěnmài

【号牌】hàopái　名　(～儿) 番号札．

【号炮】hàopào　名　合図のための大砲．号砲．

【号手】hàoshǒu　名〔(个) 个 ge, 名 míng〕ラッパ手．

【号数】hàoshù　名　(～儿) 番号．

【号头】hàotóu　名　❶ (～儿) 番号．❷〈方〉一ヶ月のなかの特定の日．

【号外】hàowài　名〔(张) 张 zhāng〕号外．¶你看了今天的～没有？／今日の号外を見たか．

【号型】hàoxíng　名（靴や服などの）サイズ．

【号衣】hàoyī　名　兵士や下級役人などが着た、胸と背にマークのついた服．

*【号召】hàozhào　❶ 動（国家などが）大衆に呼びかける．¶～捐款 juānkuǎn,支援灾区／募金を呼びかけ、被災地を支援する．❷ 名（大衆に向けた）呼びかけ．アピール．¶响应 xiǎngyìng 政府的～／政府の呼びかけに答える．

【号召力】hàozhàolì　名　人々にうったえる力．呼びかける力．

【号子】hàozi　名　❶（大勢で労働をするときに掛ける）掛け声．また、それに合わせて歌う歌．❷〈方〉記号．目印．

好　hào
女部 3　四 4744₇　全 6 画　常用

動　❶ 好む．¶～奇 hàoqí／～恶 hàowù／爱～ ài-hào（好む．趣味）／喜～ xǐhào（好み）．同　喜欢 xǐhuan　❷ 恶 wù　❷ …し易い．¶～生病（病気になりやすい）／她从小不～哭（彼女は小さい頃からめったに泣かない）．

☞　好 hǎo

【好吃】hàochī 形(口が)いやしい．¶～懶做 lǎnzuò／食うだけの,怠けもの．☞好吃 hǎochī
【好大喜功】hào dà xǐ gōng 成貶❶やたらに手柄を立てたがる．❷大げさにする．見栄をはる．
【好高务[骛]远】hào gāo wù yuǎn 成 実情をふまえずに,ただ高遠な理想を追う．
【好客】hàokè 形 客好きだ．¶非常に～的主人／もてなし上手のご主人．
【好哭】hàokū 形 泣き虫だ．泣き上戸だ．¶这孩子～／この子はよく泣く．
【好名】hào//míng 动 名誉を欲しがる．名誉心が強い．
【好奇】hàoqí 形 好奇心がある．¶他很～／彼は好奇心が強い．
【好强】hàoqiáng 形 勝ち気だ．負けず嫌いだ．¶天生一幅～的性格／天性の負けず嫌い．
【好色】hàosè 形 好色だ．
【好尚】hàoshàng 名 好み．愛好．¶人们的～会随时代而变化／人々の好みは時代とともに変化する．
【好胜】hàoshèng 形 勝ち気だ．負けず嫌いだ．¶她太～,一点不让人／彼女はひどく勝ち気で,少しも人に譲らない．
【好胜心】hàoshèngxīn 名 負けん気．負けず嫌いの心．
【好事】hàoshì 动 よけいなことに首を突っ込む．おせっかいをやきたがる．¶～之徒 tú／おせっかいやき．注意 この場合は,"好 hào"と発音する．☞好事 hǎoshì
【好为人师】hào wéi rén shī 成 えらそうに教えたがる．とかく説教をしたがる．由来『孟子』に見えることば．
【好恶】hàowù 名 好き嫌い．好み．¶不能凭 píng 自己的～去判断人和事／自分の好き嫌いで人や物事を判断してはいけない．
【好学】hàoxué 动 勉強好きだ．知識欲が旺盛だ．¶虚心～／謙虚で学問を好む．
【好逸恶劳】hào yì wù láo 成貶 楽をすることばかり考え,苦労をいやがる．
【好战】hàozhàn 好戦的だ．¶～分子 fènzǐ／好戦的な連中．厭战 yànzhàn
【好整以暇】hào zhěng yǐ xiá 成 混乱や忙しさの中でも落ち着いているようす．

昊 hào
日部4 全8画 6080₄ 通用
文❶形 果てしなく広い．¶～天 hàotiān（広大な空）．❷名 天．天空．

耗 hào
耒部4 全10画 5291₄ 常用
❶动 減らす．減る．¶～费 hàofèi／～损 hàosǔn／消～（消耗する）／磨～ móháo（摩耗する）．❷动方 時間を無駄にする．¶～时间(時間をひきのばす)／别～了,快走吧!(ぐずぐずせずに,早く行こう)．❸素 悪いしらせ．¶噩～ èhào（訃報）／死～ sīhào（死亡通知）．❹(Hào)姓．
【耗电】hàodiàn 动 電力を消費する．¶～量／電力消費量．
【耗费】hàofèi ❶动 消耗する．消費する．¶～精力／～精力を無駄に使う．同 消耗 xiāohào ❷名 支出した経費や物．
【耗竭】hàojié 动文 使い果たす．¶钱财／金が底をつく．
【耗尽】hàojìn 动 使い果たす．¶煤气～了／ガスが切れた．
【耗散】hàosàn ❶动 徐々に消える．消耗する．❷名

《物理》消散．
【耗损】hàosǔn ❶动 消耗する．すりへらす．¶～精神／精神をすり減らす．¶这么大的冰柜 bīngguì,每天要～多少电呀！／こんな大きな冷蔵庫では,毎日どれだけ電気を食うことやら．❷名 目減り．ロス．¶減少～／目減りをへらす．
【耗油量】hàoyóuliàng 名 燃料油消費量．
【耗资】hàozī 动 資金を費やす．
【耗子】hàozi 名方〔圈 个 ge,只 zhī〕ネズミ．同 老鼠 lǎoshǔ
【耗子药】hàoziyào 殺鼠(ネズミ)剤．猫いらず．

浩 hào
氵部7 全10画 3416₁ 常用
素 ❶ 大きい．広い．¶～繁 hàofán／～瀚 hàohàn．❷ 多い．¶～博 hàobó．
【浩博】hàobó 形 たいへん多い．豊富だ．表现 読書や知識について言う．
【浩大】hàodà 形 (勢いや規模が)大きく盛んだ．¶～的规模／壮大な規模．同 盛大 shèngdà
【浩荡】hàodàng 形 ❶水面が広々と果てしない．¶～的长江／とうとうたる長江．❷ 堂々として壮大だ．重浩浩荡荡
【浩繁】hàofán 形 おびただしい．数知れない．¶～的开支／おびただしい支出．¶卷帙 juànzhì～／数え切れないほど多くの書物．
【浩瀚】hàohàn 形 ❶広々としている．¶～的大海／広大な海．❷非常に多い．¶典籍 diǎnjí～／典籍が汗牛充棟だ．
【浩浩荡荡】hàohàodàngdàng 形(～的)❶水面が広々と果てしないようす．❷堂々として壮大なようす．¶～地前进／威風堂々と前進する．
【浩劫】hàojié 名〔圈 场 cháng,次 cì〕大災害．空前的～／空前の大災害．
【浩茫】hàománg 形文 広々として果てしない．
【浩渺［淼］】hàomiǎo 形 水面が広々と果てしない．¶烟波 yānbō～的大海／どこまでも続く大海原．
【浩气】hàoqì 名文 浩然の気．ゆったりとおおらかな気持ち．
【浩然】hàorán 形文 ❶広い．大きい．❷正大で剛直だ．
【浩然之气】hào rán zhī qì 浩然の気．おおらかで強い精神．由来『孟子』に見えることば．
【浩如烟海】hào rú yān hǎi 成(文献や資料が)数え切れないほど多い．¶～的资料／膨大な量の資料．由来「大海原のように広い」という意から．
【浩叹】hàotàn 动 大きなため息をつく．

淏 hào
氵部8 全11画 3618₄ 通用
形文 水が清い．

皓(異 皞,皜) hào
白部7 全12画 2466₁ 通用
素文 まっ白い．¶～首 hàoshǒu／～月 hàoyuè（明るげやか月）／明眸 móu～齿 chǐ（瞳がぱっちりして歯が輝くばかりだ）．
【皓矾】hàofán 名《化学》硫酸亜鉛．
【皓首】hàoshǒu 名文 しらが頭．¶～穷经／年老いてしらがになるまで経典を研究する．表现 年老いたことをさす．
【皓月当空】hàoyuè dāng kōng 成 明るい月が空に浮かんでいる．

镐颢灏诃呵喝嗬禾合 hào – hé

镐(鎬) Hào
钅部10 全15画 四 8072₇ 次常用
素 地名用字. ¶～京 Hàojīng（西周の都．現在の陝西省西安の西南).
☞ 镐 gǎo

颢(顥) hào
页部12 全18画 四 6198₂ 通用
形 文 白く明るい.

灏(灝) hào
氵部18 全21画 四 3118₂ 通用
形 文 ❶水が果てしなく広がっている. 広い. 同 浩 hào
❷ 白い. 同 皓 hào

he ㄏㄜ [xy]

诃(訶) hē
讠部5 全7画 四 3172₀
❶ 素 "呵 hē"②に同じ. ❷→诃子 hēzǐ
【诃子】hēzǐ 名《植物・薬》カリロク. 同 藏青果 zàngqīngguǒ

呵 hē
口部5 全8画 四 6102₀ 次常用
❶ 動 息を吐く. ¶～欠 hēqiàn / ～冻 hēdòng（かじかんだ手などに息を吐きかけて暖める). ❷ 素 大声でしかる. ¶～责 hēzé / ～斥 hēchì / 叱～ chìhē（大声でしかる). ❸ 感 驚きをあらわす. ¶～, 真不得了 bùdéliǎo!（ほう，これはすごい). 同 嗬 hē
☞ 呵 ā,á,ǎ,à,a
【呵斥】[叱] hēchì 動 大声で責める. ¶上司～部下 / 上司を部下をしかりつける. 同 呵责 hēzé
【呵呵】hēhē 擬 はっは. 笑い声をあらわす. ¶大笑～ / はっはと大笑いする. ¶整天乐～的 / 一日中愉快に笑っている.
【呵喝】hēhè 動 大声でどなりつける. しかりつける.
【呵护】hēhù ❶ 動 文 神仏の加護. ❷ 動 保護する. ¶～自然环境 / 自然環境を守る.
【呵欠】hēqiàn[-qian] 名 あくび. ¶昨晚睡眠 shuìmián 不足,老是打～ / ゆうべは寝不足で,あくばかり出る. 同 哈欠 hāqiàn
【呵责】hēzé 動 叱責する. ¶受人～ / 人に責められる. 同 呵斥 hēchì

喝(飲) hē
口部9 全12画 四 6602₇ 常用
動 ❶（水などを）飲む. ¶～茶（茶を飲む）/ ～粥 zhōu（かゆをすする）/ 吃～儿 chīhēr（飲食物）. ❷（酒を）飲む. ¶～醉 hēzuì / 大吃大～（鯨飲馬食).
☞ 喝 hè
【喝西北风】hē xīběifēng 俗 食べる物がなく餓えている. 空腹をかかえる.
【喝喜酒】hē xǐjiǔ 句 (結婚の）祝い酒を飲む. 結婚祝賀の宴を催す. ¶你们俩这么亲密,看样子,只等～了 / 君たち二人,そんなに熟々で,あとは結婚式を待つだけだな.
【喝醉】hēzuì 動 酒を飲んで酔っぱらう.

嗬 hē
口部10 全13画 四 6402₁ 通用
感 ほう. わあ. 驚きをあらわす. ¶～, 真不简单!（おお,実にすごいね).

禾 hé
禾部0 全5画 四 2090₄ 常用
名 ❶ イネなど穀物のとれる穀物の総称. ¶～场 hécháng（脱穀場. もみ干し場）/ ～苗 hémiáo. ❷ (Hé)姓.
【禾本科】héběnkē 名《植物》イネ科. 禾本(ほん)科.
【禾苗】hémiáo 名 穀物の苗. ¶绿油油的～ / 青々とした苗.

合(閤③) hé
人部4 全6画 四 8060₁ 常用
❶ 動 ぴったりとあわせる. ¶～眼 héyǎn / ～抱 hébào / ～拢 hélǒng / 把书～上(本を閉じる). 反 开 kāi ❷ 動 多くのものを一つに集める. ¶～计 héjì / ～村 hécūn（村全体）/ ～同 hétong / ～作 hézuò / 混～ hùnhé（混ぜる）/ 集～ jíhé（集合する). 反 分 fēn ❸ 動 ぴったり合う. 適合する. ¶情投意合～（意気投合する）/ 这道菜不～他的胃口（この手の料理は彼の口に合わない). ❹ 動 理屈やルールにかなう. ¶～法 héfǎ / ～理 hélǐ / ～格 hégé. ❺ 動 換算する. ¶一公尺～多少市尺?（1メートルは何尺になるか). ❻ 助動 まさに…すべし. 同 应该 yīnggāi,应当 yīngdāng ❼ 名《音楽》"組織を合併する". ¶～讨论 / 一括討議する. 反 分开 fēnkāi ❷《医学》病気を併発する. ¶～症 zhèng / 合併症.
【合不来】hébùlái 動 気が合わない. うまが合わない. ¶谁都跟他～ / 誰もが彼とうまが合わない. 反 合得来 hédelái
【合不着】hébuzháo 動 方 引き合わない. それだけの価値がない ¶有病就请假 qǐngjià 休息吧,弄坏了身体～ / 病気なら休みを取りなさい. 体をこわしては元も子もない. 反 合得着 hédezháo
【合唱】héchàng ❶ 動 合唱する. ¶～曲 / 合唱曲. ¶一块儿～吧 / 一緒に歌いましょう. ❷ 名 合唱. ¶男女声四部～ / 混声四部合唱.
【合成】héchéng 動 ❶ あわせて一つにする. 合成する. ¶由几家银行 yínháng 一家 / いくつかの銀行が合併して一つになる. ❷ 化学合成する. ¶～氨 ān / 合成アンモニア. 反 分解 fēnjiě
【合成词】héchéngcí 名《言語》複合語. 参考 二つ以上の形態素から成る語で,次の二種類がある. 1)二つ以上の語幹が結合した語. "朋友", "庆祝", "火车", "立正", "照相机", "人行道"など. "复合词 fùhécí"ともいう. 2)語幹と接頭語または接尾語が結合した語. "桌子", "瘦子", "花儿", "木头", "甜头", "阿姨"など. "派生词 pàishēngcí"ともいう. ⇨ 单词 dāncí
【合成石油】héchéng shíyóu 名 合成石油.

【合成洗涤剂】héchéng xǐdíjì 名 合成洗剤.
【合成洗衣粉】héchéng xǐyīfěn 名 洗濯用合成洗剤. 合成粉石けん.
【合成纤维】héchéng xiānwéi 名 合成繊維.
【合吃族】héchīzú 名 インターネットで人を募り、一緒に食事に出かける人々. 名ац で話題の店などへ出かけ、支払いは割り勘.
【合得来】hédelái 動 気が合う. うまが合う. ¶他性格温和,跟谁都～／彼は性格がおだやかで,誰とでもうまくいく. 反 合不来 hébùlái
【合得着】hédezháo 動方 引き合う. やるだけの価値がある. ¶还是这样做～／やはりこうした方が割に合う. 反 合不着 hébùzháo
【合订本】hédìngběn 名 数冊の本をあわせて一冊に装丁したもの. 合本(ごう).
【合度】hédù 形 ちょうどいい. ぴったりだ.
【合而为一】hé ér wéi yī 句 あわせて一つにする. ¶把几个部门～／いくつかのセクションを合併させる.
【合二而一】hé èr ér yī 句《哲学》二者が合体して一つとなる.
【合法】héfǎ 形 合法的だ. ¶合理～／道理にも法律にもかなっている. ¶行为～／行為が合法的である. ¶～收入／合法的収入. ¶～地利用资源／資源を合法的に利用する. 反 非法 fēifǎ
【合法权益】héfǎ quányì 名 合法的権益.
【合肥】Héféi〖地名〗合肥(ごう). 安徽省の省都.
【合格】hégé 形 規格に合っている. 合格だ. ¶质量～／品質が基準に達している. ¶考试～／試験は合格だ. ¶～证／合格証明書. 表現 疑問文は,"合格不合格？","合不合格？"のどちらでも言えるが,答えは"合"や"不合"とは言えず,"合格","不合格"と言わなければならない.
【合共】hégòng 副 合計して. ¶两个班～七十人／二つのクラスあわせて70人だ.
【合股】hégǔ ❶ 資本を出し合う. ¶～经营／合資経営する. ❷《織物》糸を合わす.
【合乎】héhū 動 …に合する. …に合う. ¶～事实／事実に合致する. ¶～国情／国情に沿う.
【合欢】héhuān ❶ 動《愛しあう男女が》結ばれる. 喜びを共にする. ❷ 名《植物》〖圃〗棵 kē〗 ネムノキ. 同 马缨花 mǎyīnghuā
【合会】héhuì 名 互助的な金融組合. 講. 同 邀 yāo 会,来 lái 会,成 chéng 会
【合伙】héhuǒ 動 (～儿) 仲間になる. 共同で…をする. ¶～经营／共同経営する. ¶你怎么能跟那种人～呢？／なぜあんな連中の仲間になるんだ. 反 散伙 sànhuǒ
【合伙企业】héhuǒ qǐyè 名《経済》共同経営企業.
【合击】héjī 動 (いくつかの部隊が同一の目標を)共同で攻撃する.
【合计】héjì 動 合計する. ¶两处～五十人／両方あわせて50人だ. 同 合计 gòngjì, 总计 zǒngjì
【合剂】héjì 名《薬》合剤. 水薬(すい).
【合计】héji 動 ❶ あれこれ考える. ¶我心里老～这件

事／いつでもこの事をよくよく考えている. ❷ 相談する. ¶大家～～怎么办／どうしたらいいか皆さんで考えてください. 同 盘算 pánsuàn,算计 suànjì
【合家】héjiā 名 ⇒一家. ¶～安好／皆さまご無事で(手紙用語).
【合家欢】héjiāhuān 名 家族全員の記念写真. 表現 "全家福 quánjiāfú"とも言う.
【合脚】héjiǎo 形 (靴やソックスが)ぴったりだ.
【合金】héjīn 名《冶金》合金. ¶三元～／3成分の合金.
【合金钢】héjīngāng 名《冶金》合金鋼.
【合刊】békān 名 (定期刊行物の)合併号.
【合口】❶ hé//kǒu 動 傷口がふさがる. ¶伤口已经～了／傷口はもうふさがった. ❷ hékǒu 口に合う. おいしい. ¶这道菜不知合不合你的口／この種の料理はお口に合うかな. 表現 ②は,"可口 kěkǒu"の方がよく使われる.
*【合理】hélǐ 形 合理的だ. 筋道が通っている. ¶～使用人材／合理的に人材を用いる. ¶他说得很～／彼の話は筋が良く通っている.
【合理化】hélǐhuà 動 合理化する.
【合力】hélì 動 ❶ 力を合わせる. ¶同心～／心を一つにして協力する. ❷《物理》合力.
【合流】héliú ❶ (川が)合流する. ❷ (思想や行動が)一致する. ¶学問・芸術上の異なる流派が一つになる.
【合龙】hé//lóng 動《建築》堤防や橋を建設するとき,両端から工事を始めて最後に中央で接合する.
【合拢】hé//lǒng 動 あわせて一つにする. 閉じる. ¶把书本～／書物を綴じる. ¶到半夜也合不拢眼／夜になっても眠れない.
【合谋】hémóu 動 共謀する. ¶～作案／ぐるになって犯罪を犯す.
【合拍】hé//pāi 調子が合う. ¶思路～／考え方がうまくかみあっている. ¶与时代潮流～／時代の流れとリズムが合う.
【合拍】hépāi 動 ❶ 映画やテレビ番組を共同製作する. ¶这部电影是中日两国～的／この映画は中日合作だ. ❷ いっしょに写真を撮る.
【合情合理】hé qíng hé lǐ 成 情と理にかなっている. ¶他的要求～／彼の要望は情理にかなっている. 反 不 bù 合情理
【合群】héqún 動 ❶ (～儿)周囲の人とうち解ける. ¶他向来不～／彼はみんなと親しくしたことがない. 反 孤僻 gūpì ❷ 集団を作って協力し合う.
【合扇】héshàn 名方 ちょうつがい. 同 合叶 héyè
【合身】hé//shēn 動 (～儿) (服のサイズが)体に合う. ¶这套衣服你穿得～／この服は君にぴったりだ.
【合十】héshí 動 合掌する.
【合时】héshí 形 流行に合っている. 時代に合っている.
*【合适】héshì 形 ちょうどいい. ぴったりだ. ¶这件衣服你穿着正～／この服は君にぴったりだ. ¶这么做恐怕不～吧／こうするのは,たぶんまずいだろう. 同 合宜 héyí,适合 shìhé,适宜 shìyí
【合数】héshù 名《数学》合成数.
【合算】hésuàn ❶ 形 引き合う. 採算に合う. ¶这样做很～／こうすると割がいい. ¶～的买卖／得な商売. ❷ 動 計算する. 計算する.
【合体】❶ hé//tǐ 動 (服のサイズが)体に合う. ❷ hétǐ 名《言語》複数の漢字の組み合わせによってできている文字. 反 独 dú 体

合欢②

【合同】 hétong 名〔量 份 fèn, 项 xiàng, 种 zhǒng〕契约. 契约書. ¶产销 chǎnxiāo~ / 生産販売契約. ¶签订~ / 契約書を交わす.

【合同工】 hétonggōng 名 契約労働者.

【合围】 héwéi 動 ❶(敵や獲物を)包囲する. ❷(文) 両腕で抱える. 表現②は,樹木の太さを言いあらわす時に使う.

【合心】 hé//xīn 動 気に入る. 意気投合する.

【合眼】 hé//yǎn 動 ❶目をとじる. ❷眠る. ❸死ぬ. 永眠する.

【合演】 héyǎn 動 共演する. 合同公演をする.

【合叶[页]】 héyè 名 ちょうつがい. 表現 "合扇 héshàn"と呼ぶ地方もある.

【合一】 héyī あわせて一つにする. ¶把几个小组~ / いくつかのグループを合併させる.

【合宜】 héyí ふさわしい. 適当だ. ¶由您担任这个工作很~ / あなたはこの仕事に向いている.

【合意】 hé//yì 動 気に入る. ¶你的想法正合我的意 / あなたの考えに満足だ.

【合议庭】 héyìtíng 名《法律》判事や陪審員の合議によって進行する法廷. 合議制法廷.

【合议制】 héyìzhì 名 合議制由.

【合营】 héyíng 動 共同経営する. ¶公私~ / 官民共同経営. ¶中外~企业 / 中国と外国資本の合弁企業.

【合影】 ❶ héyǐng 名〔量 个 ge, 张 zhāng〕いっしょに撮った写真. ¶这张~是我们毕业时照的 / この記念写真は私たちが卒業の時に撮ったものだ. ❷ hé//yǐng いっしょに写真を撮る. ¶我们一起~留念吧 / 記念に皆で写真を撮りましょう.

【合用】 ❶ héyòng 動 共用する. ¶两个部门~一个办公室 / 二つの部署が一つのオフィスを共用する. ❷ 形 役に立つ. 使うのに手ごろだ. ¶电缆 diànlǎn 太短, 不~ / コードが短くて役に立たない.

【合于】 héyú 動 …に合致する. ¶~逻辑 luójí / 論理にかなう.

【合约】 héyuē 名 (比較的簡単な)契約.

【合葬】 hézàng 動 (夫婦を)同じ墓に葬る.

【合掌】 hézhǎng 動 合掌する.

【合照】 hézhào ❶ 動 一緒に写真を撮る. ❷ 名 一緒に撮った写真.

【合辙】 hé//zhé (~儿) ❶ 一致する. ¶一说就~儿 / ちょっと話せば話がまとまる. ❷(戯曲や民謡などが)韻を踏んでいる. 由来 ①は, 二台以上の車の轍 (zhé)がぴったり合う意から.

【合着】 hézhe 副 口 方 なんと. 結局. 同 原来 yuánlái.

【合著】 hézhù 名動 共著(で書く).

【合资】 hézī 動 共同出資する. ¶~经营 / 共同出資して経営する.

【合资企业】 hézī qǐyè 名 合弁会社. ¶中外~ / 中国と外国との合弁企業.

【合子】 名 ❶ hézǐ《生物》融合体. ❷ hézi《料理》"饼"(小麦粉をこね平たくして焼いたもの)に肉や野菜のあんを入れて焼いた食品. ❸ hézi (小型の)箱. 同 盒 hé 子.

【合纵连衡[横]】 hé zòng lián héng (zhǎn)名. 政治外交上の手練手管.

【合奏】 hézòu 動 合奏する. 名 合奏.

***【合作】** hézuò 動 協力して仕事をする. 提携する. ¶分工~ / 分担して協力する. ¶技术~ / 技術提携. 比較 "合作"は対等な立場で協力をする. "协作 xiézuò"は互いに助け合って仕事を完成させることだが, 主と副の区別がある.

【合作化】 hézuòhuà 動 (協同組合の形式で)協同化する.

【合作社】 hézuòshè 名 協同組合. 参考 "生产合作社","消费合作社","供销 gōngxiāo 合作社"(購買販売協同組合),"信用合作社"などがある.

【合作医疗】 hézuò yīliáo 名 協同組合の医療サービス.

纥(紇) hé
纟部 3 四 2811₇
全 6 画 通用
→ 回纥 Huíhé
⊘ 纥 gē

何 hé
亻部 5 四 2122₀
全 7 画 常用

❶(文) どんな. どこ. なぜ. 疑問をあらわす. ¶~等 héděng / 以 héyǐ / 如~ rúhé (どうであるか) / 为~ wèihé (なぜ). ❷代(文) どうして(…だろうか). 反問をあらわす. ¶~必 hébì / ~苦 hékǔ / 奈~ nàihé (どうするか). ❸ (Hé)姓.

【何必】 hébì …する必要があろうか(あるまいに). わざわざ…する必要はない. 反語文に用いる. ¶一点儿小事, 大惊小怪呢? / ささいなことを, なぜ大騒ぎするんだ. 同 不必 bùbì

【何不】 hébù 副 どうして…しないのか(すればよいのに). …してはどうか. 反語文に用いる. ¶知道时间紧, ~早作准备呢? / 時間がないのを知りながら, なぜ早く用意しないんだ. 同 为什么不 wèi shénme bù

【何曾】 hécéng 副 どうして…したことがあろうか. 反語文に用いる. ¶我~说过那样的话 / なんで私がそんなことを言うものか. 同 未曾 wèicéng

【何尝】 hécháng 副 どうして…であるものか. …しないことがあるものか. 反語文に用いる. ¶我~不想帮助你, 只是我也无能为 wéi 力啊 / 君を助けたくないわけじゃなく, 力がないだけなんだ. 同 未曾 wèicéng, 并非 bìngfēi, 难道 nándào

【何啻】 héchì 副 (文) …にとどまらない. 反語文に用いる. ¶今昔 jīnxī 对比, ~天壤 tiānrǎng 之别! / 今と昔を比べると, 雲泥の差どころではない.

【何处】 héchù 代 (文) いずこ. どこ. ¶向~去 / どこへ行くのか.

【何等】 héděng ❶ 形 どのような. ¶你知道那个人是~人物? / あの人がどんな人か知っているか. 同 什么 shénme, 什么样 shénmeyàng ❷ 副 なんと. 感嘆文に用いる. ¶~雄伟壮观 zhuàngguān 的长城啊! / なんて雄大で立派な長城なのだろう. 同 多么 duōme

【何妨】 héfáng 副 (文) ひとつ…してみたらどうか. 反語文に用いる. ¶~谈谈你的设想 / 君のアイデアを話してみたまえ. 同 不妨 bùfáng

【何干】 hégān 動 (文) 何の関わりがあるのか(何の関わりもない). 反語文に用いる. ¶此事于你~? / これは君には関係ない.

【何故】 hégù 副 (文) なぜ. なにゆえ.

【何苦】 hékǔ 何を苦しんで…しようか. …することはあろうか. 反語文に用いる. ¶你烧得这么厉害, ~还去上班呢? / そんなひどい熱でも出勤するっていうのか. 同 不值得 bùzhíde

【何况】 hékuàng 接 ❶ まして…においては, なおさらだ. 反語文に用いる. ¶这样的事连小孩子都明白,~你这个大人呢? / こんなことは子供でもわかる, まして君のような大人ならわからぬ筈はない. ❷ さらに. その上. ¶已经这么

晚了，〜那里又远,明天再去吧／もうきょうにおそいし,それにあそこは遠いから,明日行くことにしよう. 囮況且 kuàngqiě.

【何乐(而)不为】hé lè (ér) bù wéi 成 どうして好んでしないことがあろうか(喜んで…する). 反語文に用いる. ¶对集体和个人都有好处的事,我们〜呢？／集団にも個人にもメリットがあることなら,我々は喜んで行う.

【何梅协定】Hé Méi xiédìng 名〔歴史〕梅津(ﾂ)・何应钦(ｵｳｷﾝ)协定. 参考 1935年に日本の華北駐屯軍と国民党の華北代表とが結んだ華北の統治に関する協定.

【何其】héqí 副 (同意できないという口調で)なんとまあ. ¶〜糊涂！／なんとまぬけだこと.

【何去何从】hé qù hé cóng 成 何を捨て何を取るか. ¶在这人生的紧要关头,〜你可要慎重 shènzhòng 考虑／人生の重大な節目に何を捨てて何を取るか,よくよく慎重に考えなければならない.

【何如】hérú 文 ❶代 (…したら)どうであるか. いかが. ¶你先试一试,〜？／まずためしたらどう？ ❷接 ¶他是〜人也／彼はどんな人か. 同 怎么样的 zěnmeyàngde ❸副 (…するより)…したほうがよい. 反語文に用いる. ¶与其自己盖房,〜买房／家は借りるより買った方がよい. ⇨不如 bùrú

【何首乌】héshǒuwū 名 ❶ 〔植物〕ツルドクダミ. ❷〔薬〕何首乌(ｶﾞｼｭｳ). 同 首乌

【何谓】héwèi 動 文 ❶ 何を…というのか. ¶〜幸福？／幸福とは何か. ❷ どういうわけか. どういう意味か. ¶此〜也？／これはどういう意味か. 用法 ②は,文末に多く "也 yě"を伴う.

【何须】héxū 文 …する必要があろうか. …する必要はあるまい. 同 何必 bì 用法 反語文に用いる.

【何许】héxǔ 代 文 ❶ いずこ. 同 哪里 nǎli ❷ いかなる. ¶他究竟是〜人也？／彼はいったいいかなる人物か.

【何以】héyǐ 動 文 ❶ 何をもって. どうして. ¶一旦失业,〜为生／ひとたび仕事を失ったら,どうやって,生きていけばいいのか. ❷ 副 なぜで. なぜ. ¶明知违法,〜要做／違法と知りながら,どうしてするのか.

【何在】hézài 代 文 どこにあるか. ¶用心〜？／どんな下心があるのか.

【何止】hézhǐ 動 ただ…だけではない. …にとどまらない. 反語文に用いる. ¶我〜提醒过你一次／君に注意したのは一度きりじゃない. 同 不只 bùzhǐ,不仅仅 bùjǐnjǐn

【何足挂齿】hé zú guà chǐ 成 問題とするに足らない. 取るに足らない. ¶区区小事,〜／(お礼のことばに対して)ささいで,取るに足らないことです.

和 (異 穌❶~❸,咊) hé

禾部 3 全 8 画 四 2690₀ 常 用

❶ 素 なごやかで調和がとれている. ¶〜谐 héxié ／〜睦 hémù ／协〜 xiéhé (協力する)／不〜 bùhé (不和だ). ❷ 素 争い事がおさまる. ¶〜解 héjiě ／讲〜 jiǎnghé (講和する)／求〜 qiúhé (和解を求める). ❸ 素 (スポーツや勝負事で)引き分ける. ¶〜局 héjú ／那盘棋 qí〜了(この対局は引き分けだ). ❹ 接 ¶工人〜农民 (労働者と農民). ⇨跟 gēn (比较) ❺ 前 …と. …に. 動作の相手や比較の対象をあらわす. ¶我〜他一样高(彼は私と同じくらいの背丈だ)／我〜这个没关系(私はこれとは無関係だ). ⇨跟 gēn (比较) ❻ 素 …ごと. …も一緒に. ¶〜盘托出〜 衣而卧 wò (服を着たまま寝る). ❼ 名 〔数学〕和. ¶〜数 héshù／总〜 zǒnghé (総和)／代数〜 dàishùhé (代数和). ❽ (Hé)姓.
☞ 和 hè, hú, huó, huò

【和蔼】hé'ǎi 形 (態度が)おだやかで親しみやすい. ¶慈祥 cíxiáng〜的老大爷／心優しく気さくなじいさん. 同 和气 héqi,和善 héshàn 反 粗暴 cūbào

【和畅】héchàng 形 (風が)やさしく快い. ¶春风〜／春風がやさしく吹く.

【和风】héfēng 名 おだやかな風. そよ風. ¶〜丽日／日はうらら. 同 微风 wēifēng

【和风细雨】hé fēng xì yǔ 成 人を批判したり教育する際に,おだやかに進めること.

【和服】héfú 名〔量 件 jiàn,身 shēn,套 tào〕和服.

【和光同尘】hé guāng tóng chén 成 喻 (自分の)才能を隠して,世間に合わせる. 由来 『老子』に見えることば.

【和好】héhǎo ❶ 形 仲がよい. ¶兄弟〜／兄弟仲むつまじい. ❷ 動 仲直りをする. ¶误会消除以后,他俩〜了／誤解が解けると,ふたりは仲直りした.

【和缓】héhuǎn ❶ 形 おだやかだ. ❷ 動 やわらげる. 緩和する. ¶〜一下会场的气氛 qìfēn ／会場の空気を少しやわらげる. 同 弛缓 chíhuǎn,缓和 huǎnhé

【和会】héhuì 名 "和平会议 hépíng huìyì"の略. 平和会議.

【和奸】héjiān 動 姦通(ｶﾝﾂｳ)する.

【和解】héjiě 動 和解する.

【和局】héjú 名 (ゲームの)引き分け.

【和乐】hélè 形 楽しくなごやかだ.

【和美】héměi 形 ❶ 調和がとれて美しい. ❷ 仲むつまじく円満だ.

【和睦】hémù 形 むつまじい. 仲がよい. ¶家庭〜／家庭円満. ¶〜相处 xiāngchǔ ／うちとけてつき合う. 重 和睦睦 同 和气 héqi

【和暖】hénuǎn 形 暖かくて心地よい. ¶〜的春风／おだやかな春風. 同 暖和 nuǎnhuo

【和盘托出】hé pán tuō chū 成 洗いざらい,さらけだす. ¶他把知道的情况〜,全部讲出去了／彼は知っていることを洗いざらい,何もかも話した. 由来 「お盆ごと差し出す」という意から.

*【和平】hépíng ❶ 名 平和. ¶世界〜／世界平和. 反 战争 zhànzhēng ❷ 形 おだやかだ. ¶药性〜／薬の性質がおだやかだ. 同 猛烈 měngliè

【和平鸽】hépínggē 名 平和のハト.

【和平共处】hépíng gòngchǔ 名 平和共存.

【和平共处五项原则】hépíng gòngchǔ wǔxiàng yuánzé 名 平和五原则. 参考 中国の外交上の基本原则で,領土や主権の相互尊重・相互不可侵・内政不干涉・平等互惠・平和共存の5項をいう.

【和平谈判】hépíng tánpàn 名 和平会谈.

【和棋】héqí 名〔量 盘 pán〕囲碁や将棋の引き分け. ¶双方旗鼓相当,又下了一盘〜／両棋士の力は互角で,また引き分けた.

【和气】héqi ❶ 形 (態度が)おだやかだ. ¶对人〜／人に対しておだやかだ. ¶〜生财 shēngcái ／温和な態度は商売繁盛の秘けつ. えびす顔は福の神(商人の心がけをいう). 同 和蔼 hé'ǎi,和睦 hémù,和善 héshàn 反 蛮横 mánhèng ❷ 形 仲むつまじい. ❸ 名 むつまじい間柄や感情. ¶伤了〜／仲をそこねる.

【和洽】héqià 形 仲がよい. ¶相处 xiāngchǔ〜／互いに仲よくする.

【和亲】héqīn 動旧 和親する．王朝が，周辺の少数民族と婚姻関係を結んで，親善を図る．
【和善】héshàn 形 温和で善良だ．優しい．¶小明为人wéirén〜，人缘 rényuán 很好／ミンさんは人柄がおだやかで，人に好かれる．同 和蔼 hé'ǎi,和睦 hémù 反 凶恶 xiōng'è
【和尚】héshang 名〔个 ge,位 wèi〕僧侶．坊主．
【和尚头】héshangtóu 坊主頭．
【和声】héshēng ❶形 口調がおだやかだ．❷名《音楽》和声．ハーモニー．¶〜学／和声学．
【和事老[佬]】héshìlǎo 名 庇(〜ㄦ)（でしゃばって）仲裁したがる人．
【和数】héshù《数学》和．和⑦
【和顺】héshùn 形 おだやかで素直だ．
【和谈】hétán 名 和平交渉．
【和头】hétóu 棺桶の前後両端の部分．
【和婉】héwǎn 形（ことば遣いが）おだやかで婉曲(えんきょく)だ．¶语气〜／ことば遣いがやわらかだ．
【和文】héwén 名 日本文．日本語．
【和弦】héxián 名《音楽》和音．コード．
【和谐】héxié 形 調和がとれて，整っている．¶他俩说相声 xiàngsheng,配合默契 mòqì,非常〜／彼らふたりの漫才は息がぴったりで，とてもしっくりいっている．同 调和 tiáohé,协调 xiétiáo,谐和 xiéhé
【和谐社会】héxié shèhuì 《人と自然の》調和のとれた社会．参考 2006年10月の中国共産党第16期中央委員会全体会議で出された政治目標．2020年までに，人と自然の調和がとれた社会を建設するというもの．
【和煦】héxù 形 暖かい．¶〜的春风／暖かく快い春風．同 温暖 wēnnuǎn
【和颜悦色】hé yán yuè sè 成 にこやかな表情．
【和议】héyì 名 和議．
【和易】héyì 形 態度が穏やかで親しみやすい．
【和约】héyuē 名〔个 項 xiàng〕講和条約．平和条約．
【和悦】héyuè 形 なごやかで楽しい．
【和衷共济】hé zhōng gòng jì 成 心を合わせて助け合う．同 同心协力 tóng xīn xié lì

劾 hé
力部6 四 0482₇
全8画 通用
素 罪をあばく．¶弹〜 tánhé（弾劾する）．

河 hé
氵部5 四 3112₀
全8画 常用
❶名〔个 道 dào,条 tiáo〕川．水路．¶〜川 héchuān／〜口 hékǒu／运〜 yùnhé（運河）／内〜 nèihé（国内の河川）．❷名 黄河．銀河系．¶〜汉 héhàn／天〜 tiānhé（天の川）／银〜 yínhé（銀河）．❸(Hé)黄河．¶〜套 Hétào／〜西 Héxī（黄河の西の地）．❹(Hé)姓．
【河岸】hé'àn 名 川岸．
【河浜】hébāng 名方 小川．
【河北】Héběi《地名》河北省．略称は"冀 Jì"（冀ˣ）．省都は石家荘(ʳˣ)．
【河北梆子】Héběi bāngzi 名《芸能》河北地方の地方劇．
【河边】hébiān 名(〜ㄦ)川辺．川岸．
【河床】héchuáng 名 川底の地盤．河床(ｶｼｮｳ)．川床．同 河床 héchuáng
【河川】héchuān 名 河川．
【河床】héchuáng 名 川床．河床．同 河槽 hécáo
【河道】hédào 名〔条 tiáo〕川筋．川の流れるコース．¶〜不畅 chàng／川の流れが滞っている．参考 普通,船が通行できる河川を指す．
【河堤】hédī 名 川岸の土手．¶加固〜,以防洪水 hóngshuǐ／土手を強化して洪水を防ぐ．
【河底】hédǐ 名 川底．
【河东】Hédōng《地名》古代の地名．河東(ｶﾄｳ)．参考 戦国時代から漢代までは現在の山西省西南部を,唐代以降は山西省全域を指した．
【河防】héfáng 名 黄河の氾濫を防止すること．¶〜工程／治水工事．
【河肥】héféi 名 川や湖の底の泥．肥料にする．
【河港】hégǎng 名《交通》河川にある港．河港．
【河工】hégōng 名 ❶黄河の治水工事．❷河川工事を行う労働者．
【河沟】hégōu 名 小川．クリーク．
【河谷】hégǔ 名 河床と両岸の傾斜地．¶这里〜狭窄 xiázhǎi／ここは川幅が狭い．
【河汉】héhàn 名文 ❶天の川．❷誇大な話．
【河口】hékǒu 名 河口．
【河狸】hélí 名《動物》〔只 zhī〕ビーバー．
【河流】héliú 名〔条 道 dào,条 tiáo〕河川．
【河卵石】héluǎnshí 名(風化や水流で丸くなった)河原の石．栗石．参考 建築材料に使う．
【河马】hémǎ 名《動物》〔头 tóu,只 zhī〕カバ．
【河漫滩】hémàntān 名 洪水による土砂が岸に積もってきた可耕地．
【河南】Hénán《地名》河南省．略称は"豫 Yù"（豫ʸ）．省都は鄭州(ﾃｲｼｭｳ)．
【河南梆子】Hénán bāngzi 名《芸能》河南地方の地方劇．同 豫剧 yùjù
【河南坠子】Hénán zhuìzi 名《芸能》河南で興り,各地に流行した演芸．由来 "坠琴 zhuìqín"という楽器で伴奏することから名付けられた．
【河内】Hénèi《地名》ハノイ（ベトナム）．
【河泥】hénì 名 川底の泥．参考 肥料にする．
【河畔】hépàn 名 河畔．
【河清海晏】hé qīng hǎi yàn 成 黄河の水は澄み,海もまた波静かだ．天下太平のたとえ．
【河曲】héqū 名 川川の湾曲部．川のくま．
【河渠】héqú 名 水路の総称．河川と用水路．¶〜纵横 zònghéng 交错／水路が縦横に交錯している．
【河山】héshān 名 国土．¶锦绣 jǐnxiù〜／山河美しい祖国．
【河身】héshēn 名 川床．同 河床 chuáng
【河水】héshuǐ 名 川水．¶〜不犯井水／河の水は井戸の水を侵さない(互いに相手の領分を侵さないこと)．反 井水 jǐngshuǐ
【河滩】hétān 名 川原．
【河滩地】hétāndì 名 河川敷．
【河套】hétào 名 ❶川川が"口"形に近い形に湾曲した部分．また,三方を河川に囲まれた土地．❷(Hétào)オルドス地方．内モンゴル自治区と寧夏回族自治区にかかり,三方を黄河に囲まれた肥沃(ʰｲﾖｸ)な地域．
【河豚】hétún 名《魚》〔只 zhī〕フグ．¶拼死 pīnsǐ 吃〜／命かけてフグを食べる．決死の覚悟で困難にたち向かうこと．同 鲀 tún
【河外星系】héwài xīngxì 名《天文》銀河系外星雲．同 河外星云 yún
【河网】héwǎng 名 水路網．¶〜化／水路を網の目の

hé 曷饸阂盍荷核

ように張りめぐらす．
【河西走廊】Héxī zǒuláng 名 河西回廊(かいろう)．参考 甘粛省北部，黄河の西に位置する東西に細長い地域を指す．古くから東西交通の主要ルートとされた．
【河鲜】héxiān 名《料理》川でとれた新鮮な魚介類．
【河蟹】héxiè〔量 只 zhī〕川や湖の淡水で育つカニ．反 海蟹 hǎixiè
【河心】héxīn 名 川の真ん中．川の中央．
【河沿】héyán 名〔～儿〕川辺．注意 北京市内の地名"北河沿儿"，"南河沿儿"の時には，"河沿儿 héyànr"と発音する．
【河鱼】héyú 名《魚》川魚．
【河源】héyuán 名 河川の源．
【河运】héyùn 名 河川による運輸．反 海运 hǎiyùn

曷 hé
日部 5　四 6072₇
全9画　通用

代文 ❶ なんぞ．なぜ．回 何 hé ❷ 何時(か)．

饸(餄) hé
饣部 6　四 2876₁
全9画　通用

下記熟語を参照．
【饸饹】héle 名《料理》麺類の一種．底に穴のあいた器具を使って，こねた粉を煮立っている湯の中にところてんのように押し出してゆでたもの．回 合饹 héle, 河漏 hélou

阂(閡) hé
门部 6　四 3780₂
全9画　通用

素 閉ざす．ふさぐ．¶隔～ géhé（わだかまり．隔たり）．

盍(異 盇) hé
皿部 5　四 4010₂
全10画　通用

副文 なぜ…しないのか．…すればいいのに．¶～往观之(なぜ行って見ないのか)．回 何不 hébù

荷 hé
艹部 7　四 4422₁
全10画　通用

名 ❶《植物》ハス．¶～花 héhuā / ～塘 hétáng / ～叶 héyè．❷ "荷兰 Hélán"（オランダ）の略．❸（Hé）姓．
☞ 荷 hè

【荷包】hébāo[-bao] 名 ❶〔量 个 ge〕（こまごましたものを入れる）小さな袋．きんちゃく．❷ ポケット．
【荷包蛋】hébāodàn 名《料理》〔量 个 ge, 只 zhī〕目玉焼き．ポーチドエッグ．¶煎三个～ / 目玉焼きを三つ焼く．¶卧 wò～ / ポーチドエッグを煮る．
【荷尔蒙】hé'ěrméng 名 ホルモン．"激素 jīsù"の旧称．◆hormone
【荷花】héhuā 名《植物》❶ ハス．❷〔量 朵 duǒ, 只 zhī〕ハスの花．
【荷兰】Hélán〔国名〕オランダ．
【荷兰豆】hélándòu 名《植物》サヤエンドウ．絹さや．
【荷塘】hétáng 名 ハス池．
【荷叶】héyè 名《植物》ハスの葉．
【荷叶饼】héyèbǐng 名《料理》〔量 张 zhāng〕小麦粉をこねて薄くのばして焼いたもので，野菜・肉・卵焼きなどを包んで食べる．立春の食べ物．回 春饼 chūnbǐng, 薄饼 báobǐng

核(異 覈❹) hé
木部 6　四 4098₂
全10画　常用

❶ 果実の中心にある，種子を包んでいる堅い部分．さね．種．芯．¶～果 héguǒ（核果）/ 桃～ táohé（モモのたね）/ 杏～ xìnghé（アンズのさね）．❷ 中心にあるもの．¶～心 héxīn / 地～ dìhé（地核）/ 细胞～ xìbāohé（細胞核）/ 菌～ jūnhé（菌核）．❸ 素 原子

核．原子力．¶～能 hénéng / ～武器 héwǔqì / ～燃料 héránliào．❹ 素 事細かにつきあわせて調査する．¶～查 héchá / ～对 héduì / 考～ kǎohé（審査する）/ 审～ shěnhé（審査決定する）．
☞ 核 hú

【核爆炸】hébàozhà 名 核爆発．
【核裁军】hécáijūn 名《軍事》核軍縮．
【核查】héchá 動 詳しく検査する．
【核磁共振】hécí gòngzhèn 名《物理》核磁気共鳴．
【核弹】hédàn 名《軍事》核爆弾．
【核蛋白】hédànbái 名《生物・化学》核タンパク質．ヌクレオプロテイン．
【核弹头】hédàntóu 名《軍事》〔量 颗 kē, 枚 méi〕核弾頭．
【核导弹】hédǎodàn 名《軍事》〔量 颗 kē, 枚 méi〕核ミサイル．
【核电站】hédiànzhàn 名〔量 座 zuò〕原子力発電所．
【核定】hédìng 動 審査して決定する．
【核动力】hédònglì 名 原子力．
【核对】héduì 動 照らし合わせる．つき合わせる．¶请与原文一下 / 原文とつき合わせてください．
【核讹诈】é'ězhà 名 核兵器による脅し．
【核发】héfā 動（証明書などを）審査のうえ発給する．
【核反应】héfǎnyìng 名《物理》核反応．
【核反应堆】héfǎnyìngduī 名 原子炉．
【核废料】héfèiliào 名 核廃棄物．
【核辐射】héfúshè 名《物理》原子核放射．
【核黄素】héhuángsù 名 ビタミン B₂．回 维生素 B₂ wéishēngsù B₂
【核计】héjì 動（原価などを）計算する．¶～成本 / 原価計算をする．回 核算 hésuàn
【核减】héjiǎn 動 審査して削減する．
【核禁试】héjìnshì 名 全面的な核実験禁止．
【核扩散】hékuòsàn 名《物理》核拡散．
【核力】hélì 名《物理》核力．
【核裂变】hélièbiàn 名《物理》核分裂．
【核垄断】hélǒngduàn 名 核の独占．
【核能】héneng 名 原子力エネルギー．回 核子能 hézǐnéng
【核潜艇】héqiántǐng 名《軍事》原子力潜水艦．
【核燃料】héránliào 名 核燃料．
【核仁】hérén 名 ❶《生物》細胞核．❷（果物の）さね．
【核实】héshí 動 事実を確かめる．¶这个问题, 一定要派人去～ / この問題は，ぜひ人を派遣して確認しなければならない．
【核试验】héshìyàn 名 核実験．
【核素】hésù 名《化学》素核体．ヌクレイン．
【核酸】hésuān 名《化学》核酸．
【核算】hésuàn 名（経営的な）計算する）を見積もる．¶～成本 / 原価計算をする．¶资金～ / 資金の計算．
【核糖】hétáng 名《生物・化学》リボース．
【核糖核酸】hétáng hésuān 名《生物・化学》リボ核酸．RNA．
【核桃】hétao 名《植物》〔量 棵 kē, 株 zhū〕クルミ．¶～仁 rén / 殻を取り除いたクルミの実．回 胡桃 hútáo
【核威慑】héwēishè 名《軍事》核抑止．¶～力量 / 核抑止力．
【核威胁】héwēixié 名 核兵器による脅(おど)し．

【核武库】héwǔkù 名《军事》核兵器库. 核貯蔵庫.
【核武器】héwǔqì 名〔种 zhǒng〕核兵器.
【核物理】héwùlǐ 名 "原子核物理学"(原子核物理学)の略.
【核销】héxiāo 动 照合の上,帳消しとする. ¶这笔帐 zhàng 已～了／この勘定はもう帳消しにした.
【核心】héxīn 名 核心. 中核. ¶～成员 中心メンバー. ～起～作用／重要な働きをする. ¶～ zhōngxīn 反 外围 wàiwéi 比较 "核心"は, "中心 zhōngxīn" よりもっと核心部にあることをいう.
【核心家庭】héxīn jiātíng 名 核家族.
【核优势】héyōushì 名《军事》核優位.
【核战争】hézhànzhēng 名 核戦争.
【核装置】hézhuāngzhì 名《军事》〔 套 tào, 种 zhǒng〕核装置.
【核准】hézhǔn 动 審査の上,許可する. ¶这个提案已被～了／この提案はすでに審査を通った.
【核资】hézī 动 資金や資産を検査する.
【核子】hézǐ 名《物理》原子核を構成する陽子および中性子の総称.

盉 hé 禾部5 全10画 四 2010₀ 通用
名 古代の食器. 青銅製の3本足の酒器.

菏 Hé ⺿部8 全11画 四 4412₁ 通用
素 地名用字. ¶～泽 Hézé(山東省の県名).

龁(齕) hé 齿部3 全11画 四 2871₇ 通用
动 文 咬む. ¶䌷～ yīhé(咬む).

盒 hé 皿部6 全11画 四 8010₂ 通用
名 (～儿)蓋のついた容れ物. ¶～子 hézi／饭～ fànhé(弁当箱)／墨～ mòhé(墨汁入れ)／提～ tíhé(手さげ容器).
【盒带】hédài 名 カセットテープ.
【盒饭】héfàn 名 弁当. 表现 "便当 biàndāng" と言うところもある.
【盒式磁带】héshì cídài 名 カセットテープ.
【盒子】hézi 名 ❶〔®个 ge, 只 zhī〕(小さめの)容器. 箱. ケース. ❷ 箱型の花火. ❸ "盒子枪 héziqiāng" に同じ. 参考 ①は, 多くは蓋付きのもの. 引き出し式のもある. 比较 "箱子 xiāngzi" は衣装などを入れる大きな箱をいい, "盒子" は小物を入れる小さなものをいう.
【盒子枪】héziqiāng 名 方〔把 bǎ, 支 zhī, 枝 zhī〕モーゼル拳銃. 同 驳壳枪 bókéqiāng, 盒子炮 hézipào

涸 hé 氵部8 全11画 四 3610₀ 通用
素 水が干上がる. ¶～辙 zhé 之鲋 fù／干～ gānhé (湖や池の水がかれる).
【涸泽而渔】hé zé ér yú 成 ❶目先の利益にとらわれ, 先の事を考えない. ❷徹底的に搾取する(さま). 同 竭 jié 泽而渔(池を干して魚を捕まえるように).
【涸辙之鲋】hé zhé zhī fù 成 困難に陥り, 人に助けを求めていること. 由来 『荘子』外物篇のエピソード. 「乾いた轍だに落ちたフナ」の意から.

颌(頜) hé 页部6 全12画 四 8168₂ 通用
名 あご. ¶～下腺 héxiàxiàn(顎下腺 がっかせん)／上～ shànghé(上あご)／下～ xiàhé(下あご).

☞ 颌 gé

貉 hé 豸部6 全13画 四 2726₄ 通用
名《動物》タヌキ.
☞ 貉 háo

阖(闔) hé 门部10 全13画 四 3710₂ 通用
❶ 形 全部. すべて. ¶～家 héjiā／～城 héchéng (町全体)／～第 hédì(ご一家)／～府 héfǔ(ご一家). ❷ 动 閉じる. ¶～户 héhù(ドアを閉める)／～口 hékǒu(口を閉じる). ❸(He)姓.
【阖家】héjiā 名 家中. 家族全員.

翮 hé 鬲部6 全16画 四 1722₀
名 文 ❶鳥の羽のつけ根. ❷鳥の翼. ¶奋～高飞(はばたいて高く飛ぶ).

鞨 hé 革部9 全18画 四 4652₁ 通用
→靺鞨 Mòhé

吓(嚇) hè 口部3 全6画 四 6103₀ 常用
❶ 动 おどす. ¶恫～ dònghè(おどす). ❷ 感 ふんと不満をあらわす. ¶～, 怎么能这样呢!(ふん, なぜこんなことになったんだ).
☞ 吓 xià

和 hè 禾部3 全8画 四 2690₀ 常用
❶ 动 他の人の作った詩詞に和す. ¶～诗 hèshī. ❷ 素 同調し, 声を合わせる. 曲に合わせて歌う. ¶唱～ chànghè(唱和する)／应～ yīnghè(音声などが呼応する).
☞ 和 hé, hú, huó, huò
【和诗】hèshī 动《文学》共に詩を作り, 互いに唱和する. またその詩. 参考 多くは, 相手から贈られた詩に意味や韻を合わせて答えること.

贺(賀) hè 贝部5 全9画 四 4680₂ 常用
❶ 素 祝う. ¶～词 hècí／～喜 hèxǐ／道～ dàohè (お祝いを述べる). ❷(He)姓.
【贺词〔辞〕】hècí 名〔段 duàn, 句 jù, 篇 piān〕祝いのことば. 祝辞. ¶致～／祝辞を述べる.
【贺电】hèdiàn 名〔®封 fēng〕祝電. ¶打～／祝電を打つ. ¶宣读～／祝電を読み上げる.
【贺函】hèhán 名〔®封 fēng〕祝いの手紙. 同 贺信 hèxìn
【贺卡】hèkǎ 名 祝いのカード.
【贺兰山】Hèlánshān《地名》賀蘭山(がらん). 寧夏回族自治区と内蒙古自治区の境にある山.
【贺礼】hèlǐ 名〔®份 fèn〕祝いの品. ¶送～／お祝い品を贈る.
【贺年】hènián 动 新年の祝いを述べる.
【贺年片】hèniánpiàn 名(～儿)〔张 zhāng〕年賀はがき. ¶～已经寄出去了吗？／年賀状, もう出しましたか. 同 贺年卡 hèniánkǎ
【贺岁】hèsuì 动 新年の祝いを述べる. 同 贺年 nián
【贺岁片】hèsuìpiàn 名 正月映画. 同 贺岁片儿 piānr
【贺喜】hè/xǐ 动 祝いを述べる. お喜びを言う. ¶听说你儿子结婚了, 向你～!／息子さんが結婚したそうだね, おめでとう.

荷 hè ⺿部7 全10画 [四]4422₁ [常用]

(文) ❶[動] 肩や背にかつぐ. ¶~枪实弹 shídàn / ~锄 chú（すきをかつぐ）. ❷[名] 重荷. ¶~载 hèzài / ~重 hèzhòng・电~ diànhè（電荷）/负~ fùhè（負担する. 重荷）. ❸[動] 恩恵を受ける. ¶无任感~ gǎnhè（御恩に感謝致します）/请早日示复为~ wéihè（お早めに御返事下されば幸甚です）.[表現] ❸は、手紙などで謙遜の語として用いる.
☞ 荷 hé

【荷负】hèfù [動] (责任・仕事・費用などを)負担する. 引き受ける.
【荷枪实弹】hè qiāng shí dàn [句] 実弾をこめた銃をかつぐ. 軍隊や警察が警戒状態にあること.
【荷载】hèzài ❶[動] 重さに耐える. ❷[名] 重量. 負荷. [同]载荷,负荷载,负荷
【荷重】hèzhòng [名] 《建築》荷重. 制限重量.

喝 hè 口部9 全12画 [四]6602₇ [常用]

[動] 大声で叫ぶ. ¶~问 hèwèn / ~彩 hècǎi・叱~ chìhè（大声で叱る）.
☞ 喝 hē

【喝彩】hè/cǎi 喝采する. ¶他的精湛 jīngzhàn 技艺,赢得 yíngdé 了围观者的~ / 彼の非のうちどころのない芸は、見物人の喝采を浴びた.
【喝倒彩】hè dàocǎi [句]（芸のまずい役者を）やじる. [同]喊倒好儿 hǎn dàohǎor
【喝道】hèdào [動] 大官が外出するときに先払いをする.
【喝令】hèlìng [動] 大声で命令する. ¶班长 bānzhǎng ~赶快行动 / 分隊長は即刻行動するよう、大声で命じた.
【喝问】hèwèn [動] 大声で尋ねる.
【喝止】hèzhǐ [動] 大声でどなりつけて、やめさせる.

赫 hè 赤部7 全14画 [四]4423₁ [次常用]

❶[形] 明らかに勢いがある. ¶~~ hèhè / ~然 hèrán・声势显~ xiǎnhè（名声や勢力がとりわけ大きい）. ❷[量] 振動数の単位"~兹 hèzī"（ヘルツ）の略. ❸（Hè）姓.
【赫尔辛基】Hè'ěrxīnjī《地名》ヘルシンキ（フィンランド）.
【赫赫】hèhè [形] 盛大な.
【赫赫有名】hèhè yǒumíng [成] 広く名声をはせている.
【赫鲁晓夫】Hèlǔxiǎofū《人名》フルシチョフ（1894－1971）. 旧ソ連の政治家.
【赫然】hèrán [副] ❶突如. いきなり. ¶一条鳄鱼急 yú~出现河边 / ワニが一匹突如、川岸に姿を現した. ❷ひどく怒るようす. 烈火のごとく. ¶~而怒 / 烈火のごとく怒り出す.
【赫哲族】Hèzhézú [名]《民族》ホジェン（Hezhen）族. 中国の少数民族で、黒竜江省に居住.
【赫兹】hèzī [量]《物理》ヘルツ. 振動数の単位. 単に"兹"ともいう. ◆ドHertz

褐 hè ⻂部9 全14画 [四]3622₇ [次常用]

❶[名] 庶民が衣服にする粗末な布. ¶短~ duǎnhè（粗布の上着）/（栗の皮のような濃い茶色）¶~色 hèsè / ~煤 hèméi.
【褐煤】hèméi [名] 亜炭. 褐炭（たん）. [同] 褐炭 hètàn
【褐色】hèsè [名] 褐色（だ）.
【褐藻】hèzǎo [名]《植物》褐藻（たん）.

鹤（鶴） hè 鸟部10 全15画 [四]4722₇ [次常用]

[名] ❶《鳥》〔只 zhī〕ツル. ¶~立鸡群 / ~嘴镐 hèzuǐgǎo（つるはし）/仙~ xiānhè（タンチョウヅル）. ❷（Hè）姓.
【鹤发童颜】hè fà tóng yán [成] 真っ白な髪と血色の良い顔. 老人が顔の色つやが良く、かくしゃくとしていること. [同] 童颜鹤发
【鹤立鸡群】hè lì jī qún [成] 才能や風采が大勢の中で抜きんでていること.

翯 hè 羽部10 全16画 [四]1722₇ [通用]

下記熟語を参照.
【翯翯】hèhè [形](文) 羽毛が純白でつやがある.

壑 hè 土部14 全17画 [四]2710₄ [通用]

[書] 山間を流れる小川. 峡谷. ¶~丘 qiūhè（山や谷）/沟~ gōuhè（渓谷）.

hei ㄏㄟ [xeɪ]

黑 hēi 黑部0 全12画 [四]6033₁ [常用]

❶[形] 黒い. ¶~板 hēibǎn / ~土 hēitǔ・漆~ qīhēi（真っ黒だ. 真っ暗だ）. [同] 乌 wū [反] 白 bái ❷[形] 光が暗い、暗い. ¶~夜 hēiyè / ~夜 hēiyè・昏~ hūnhēi（薄暗い）/天~了（日が暮れた）. ❸[形] 秘密の. 非合法の. 闇（やみ）の. ¶~话 hēihuà / ~市 hēishì / ~社会 hēishèhuì / ~心 hēixīn. ❹（Hēi）姓. [注意] "黑"の上の部分は「里」ではない. 日本語の旧字体「黑」と同じ.

*【黑暗】hēi'àn ❶[形]（光がなくて）暗い. ¶仓库里一片~ / 倉庫の中は一面の暗闇だ. [同] 昏暗 hūn'àn [反] 明亮 míngliàng ❷（社会の状況が）暗い. ~势力 / 暗黒勢力. ¶~时代 / 暗黒時代. [反] 光明 guāngmíng
【黑白】hēibái ❶[名] 白と黒. モノクロ. ¶~照片 / 白黒写真. ❷是と非. 善と悪. ¶颠倒 diāndǎo ~ / 是非善悪を逆さまにする.
【黑白分明】hēi bái fēn míng [成] 善悪がはっきりしている.
【黑白片】hēibáipiàn [名]（~儿）〔部 bù〕白黒映画. [反] 彩色片 cǎisèpiàn
【黑斑病】hēibānbìng [名]《農業》黒斑病.
*【黑板】hēibǎn [名]〔块 kuài〕黒板. ¶擦~ / 黒板を拭く.
【黑板报】hēibǎnbào [名]（職場や学校などの）黒板に書かれた新聞・ニュース.
【黑板擦】hēibǎncā [名]（~儿）黒板消し.
【黑帮】hēibāng 反社会的組織とそのメンバー.
【黑不溜秋】hēibuliūqiū [形]（~的）色黒で見栄えが悪い. ~的脸 / 色黒な顔.
【黑潮】hēicháo [名] ❶黒潮. ❷反動的な政治的潮流. ❸不吉で邪悪な心.
【黑车】hēichē 無許可または不法営業の車.
【黑沉沉】hēichénchén [形]（~的）空がどんよりと暗い. ¶天空~的,看来要下阵雨了 / 空がどんより暗く、ひと雨来そうだ.

【黑道】hēidào 名(～儿) ❶暗い夜道. ❷不正または不法な行い. ¶～买卖／やみ商売. ❸悪の世界や組織.
【黑灯瞎火】hēidēng xiāhuǒ 形 ㊥明かりがなくて暗い. ㊥黑灯下火 xiāhuǒ.
【黑地】hēidì 名 登記していない田畑.
【黑点】hēidiǎn 名《天文》(太陽の)黒点.
【黑店】hēidiàn 名[㊥家 jiā] ❶㊥客を殺してものを奪う宿屋. ❷悪どい商売をする店や宿屋.
【黑貂】hēidiāo 名《動物》クロテン.
【黑洞】hēidòng 名《天文》ブラックホール.
【黑洞洞】hēidòngdōng 形 (～的)(建物などの内部が)真っ暗だ. ¶隧道 suìdào 里头～的／トンネルの中は真っ暗だ. 参考 口語では"hēidōngdōng"とも読む.
【黑豆】hēidòu 名 皮の黒い大豆. 参考 多く家畜の飼料とする.
【黑非洲】Hēi Fēizhōu 名 ブラックアフリカ.
【黑格尔】Hēigé'ěr《人名》ヘーゲル(1770-1831). ドイツ観念論を代表する哲学者.
【黑更半夜】hēigēng bànyè 名㊥(～的)深夜. ¶～还不睡觉,在干什么呢？／こんな真夜中にまだ寝ていないとは,何しているんだ.
【黑咕隆咚】hēigulōngdōng 形 ㊥(～的)あたりが真っ暗だ.
【黑管】hēiguǎn 名《音楽》〔支 zhī〕クラリネットの通称. ㊥单簧管 dānhuángguǎn
【黑光】hēiguāng 名 紫外線.
【黑光灯】hēiguāngdēng 名 紫外線灯. 参考 誘蛾灯(ゆうがとう)として用いる.
【黑锅】hēiguō 名 ぬれぎぬ. 無実の罪. ¶背 bēi～／無実の罪を負わされる.
【黑海】Hēihǎi《地名》黒海(こっかい).
【黑糊糊】[黑忽忽·乎乎] hēihūhū 形(～的) ❶色が真っ黒だ. ¶～的沙罐 shāguàn ／真っ黒な深底の土なべ. ❷真っ暗だ. ¶屋子里～的／部屋の中が真っ暗だ. ¶～的弄堂 lòngtáng ／真っ暗な路地. 行走在～的山洞里／真っ暗な洞窟の中に踏み入る. ❸人や物が密集している. ¶一片～的树林／どこまでも広がる黒々とした森. ¶～的一片人／黒山の人だかり.
【黑户】hēihù 名 ❶戸籍に登録されていない住人. ❷営業許可証をもたない店. ¶无证经营的～／無許可で営業しているやみ店舗.
【黑话】hēihuà 名 ❶〔㊥句 jù, 套 tào〕盗賊ならず者などが使う隠語. 行訂. ❷悪意のこもった反動的なことばや表現.
【黑货】hēihuò 名 ❶〔㊥批 pī〕(脱税など)不正をして手に入れた品物. ¶这是从哪里搞来的～？／これはどこから手に入れた密輸品か. ❷反動的な言動や著作.
【黑胶布】hēijiāobù 名 電線絶縁用テープ.
【黑金】hēijīn 名 方 (賄賂などの)不正な金.
【黑客】hēikè 名《コンピュータ》ハッカー. ㊥电脑 diànnǎo 黑客 ♦hacker ㊥台湾や香港では"骇客 hàikè"という.
【黑口】hēikǒu 名 黒口(くろぐち). 線装本の中央折り目の上下に刷られた黒い線. 参考 太いものを"大黑口"といい, 細いものを"小黑口"という.
【黑框】hēikuàng 名 黒枠. 死亡者の姓名を囲む枠.
【黑脸】hēiliǎn 名 暗く不気味な牢獄.
【黑领】hēilǐng 名 ブラックカラー. きつい・汚い・人の嫌がる仕事や作業に従事する人. 反 白 bái 领,蓝 lán 领
【黑龙江】Hēilóngjiāng《地名》黒竜江(こくりゅうこう)省. ロシアとの国境を流れる黒竜江(アムール川)からとった省名. 略称は"黑 Hēi". 省都は"哈尔滨 Hā'ěrbīn"(ハルビン).
【黑马】hēimǎ 名 ダークホース. ♦dark horse
【黑麦】hēimài 名《植物》ライ麦.
【黑茫茫】hēimángmáng 形(～的)一面真っ暗なようす. 表現 多く夜の景色の形容に用いる.
【黑蒙蒙】hēiméngméng 形(～的)薄暗くてはっきり見えないよう.
【黑面】hēimiàn 名 ふすまが混じって色の黒っぽい小麦粉.
【黑面包】hēimiànbāo 名(ライ麦の)黒パン.
【黑名单】hēimíngdān 名[㊥张 zhāng] ブラックリスト. ¶听说他也在～里／彼もブラックリストに載っているそうだ.
【黑幕】hēimù 名 みにくい内幕. 裏の事情. ¶揭穿～／内幕をあばく. ¶～暴露 bàolù 了／内幕があばかれた.
【黑木耳】hēimù'ěr 名《植物》クロキクラゲ.
【啤酒】hēipíjiǔ 名 黒ビール.
【黑钱】hēiqián 名(わいろなど)不正な金.
【黑枪】hēiqiāng 名 ❶不法に隠し持っている銃器. ❷やみ討ちの銃撃. ¶挨 ái～／やみ討ちにあう. ¶打～／やみ討ちをかける.
【黑黢黢】hēiqūqū 形(～的)真っ暗だ. ¶天空变得～的／空が真っ暗になった. 表現 "黑漆漆 hēiqīqī"とも言う.
【黑热病】hēirèbìng 名《医学》カラ・アザール. 黒熱病.
【黑人】hēirén 名 ❶[㊥个 ge, 位 wèi]黒色人種. 黒人. ❷[㊥个 ge]正式に戸籍に登録していない人. ❸(犯罪や事故のために)表に出られない人.
【黑色】hēisè 名 黒色. ¶～火药／黒色火薬.
【黑色金属】hēisè jīnshǔ 名《工業》❶鉄金属. 鉄・マンガン・クロムの総称. ❷鋼や鉄化合物.
【黑色人种】hēisè rénzhǒng 名 黒色人種. 黒人.
【黑色食品】hēisè shípǐn 名 黒色の食品. 表面が黒や黒に近い色の食品の総称. 黒米・黒ゴマ・キクラゲ・しいたけ・海苔など.
【黑色收入】hēisè shōurù 名 闇の収入. 裏金. 参考 賄賂や不法手段による収入をいう.
【黑色素】hēisèsù 名《生理》メラニン.
【黑纱】hēishā 名 腕につける黒い喪章.
【黑山】Hēishān《国名》モンテネグロ.
【黑哨】hēishào 名《スポーツ》不当なジャッジ. 試合中, 審判が一方に対して不利になるような判定を故意に行うこと.
【黑社会】hēishèhuì 名 やみの社会. 反社会的組織. 参考 密輸や麻薬販売, 窃盗などの集団をさす.
【黑社会性质组织】hēishèhuì xìngzhì zǔzhī 名 やくざ組織. マフィア.
【黑市】hēishì 名 やみ市場. ブラックマーケット. ¶～交易 jiāoyì ／やみ市場での取引.
【黑手】hēishǒu 名 非合法の組織・活動・手段をいう.
【黑手党】hēishǒudǎng 名 マフィア.
【黑鼠】hēishǔ 名《動物》クマネズミ. ㊥黑家鼠 hēijiāshǔ
【黑死病】hēisǐbìng 名《医学》ペスト. ㊥鼠疫 shǔyì
【黑穗病】hēisuìbìng 名《農業》黒穂病. ㊥黑疸 hēidǎn, 黑粉病 hēifěnbìng
【黑糖】hēitáng 名 黒砂糖. ㊥红糖 hóngtáng 反 白糖 báitáng
【黑桃】hēitáo 名(トランプの)スペード.

【黑陶】 hēitáo 名《歴史》新石器时代の黒色の陶器.
【黑陶文化】 hēitáo wénhuà 名《歴史》竜山文化. 同 龙山 Lóngshān 文化
【黑体】 hēitǐ 名 ❶《印刷》ゴチック体. 反 白体 báitǐ ❷《物理》黒体.
【黑天】 hēitiān (～儿)日暮れ.
【黑帖】 hēitiě 名 回 (～儿)無名の書き付け. 同 无名帖 wúmíngtiě
【黑头】 hēitóu 名《芸能》京劇の隈取りの一つ.
【黑土】 hēitǔ 名 ❶ 黒土. 同 黑钙土 hēigàitǔ ❷ アヘン.
【黑窝】 hēiwō 名 悪の巣窟.
【黑瞎子】 hēixiāzi 名 方《動物》〔8 只 zhī〕クマ. 同 黑熊 hēixióng
【黑匣子】 hēixiázi 名《飛行機の》ブラックボックス. 表現 "飞行记录仪"(飛行記録計)の俗称.
【黑下】 hēixia 名 方 夜. 同 黑夜 hēiyè
【黑箱操作】 hēixiāng cāozuò 名 ブラックボックス操作. 非公開・不公正に物事を行うこと. 同 暗 àn 箱操作
【黑心】 hēixīn 名 陰険で残忍な心. 同 黑心肝 gān
【黑信】 hēixìn 名 回〔封 fēng〕匿名で他人を中傷する手紙.
【黑猩猩】 hēixīngxing 名《動物》〔群 qún, 只 zhī〕チンパンジー.
【黑熊】 hēixióng 名《動物》〔群 qún, 头 tóu, 只 zhī〕クマ. 同 狗熊 gǒuxióng, 黑瞎子 hēixiāzi
【黑魆魆】 hēixūxū 形 (～的)真っ暗だ. ¶～的长弄堂 lòngtáng / 真っ暗な奥深い横丁.
【黑压压[鸦鸦]】 hēiyāyā 形 (～的)人や雨雲などがたくさん集まっているようす. ¶～的人群 / 黒山の人だかり.
【黑眼珠】 hēiyǎnzhū 名 (～儿)黒目. 反 白眼珠 báiyǎnzhū
【黑夜】 hēiyè 名 夜. 反 白天 báitiān, 白昼 báizhòu 表現 灯や星・月のない夜をも言う.
【黑衣法官】 hēiyī fǎguān 名 サッカーの審判. 由来 サッカーの審判が, 一時期, 黒のユニフォームを多く着用したことから.
【黑影】 hēiyǐng 名 (～儿)黒い影. ¶前面突然出现了一个～ / 前方に突如, 黒い影が現れた.
【黑油油】 hēiyóuyóu 形 (～的)黒光りしている. ¶～的头发 / 黒くつややかな髪. ¶～的土地 / 黒々とした土地. 同 黑黝黝 hēiyǒuyǒu 参考 口語では"hēiyōu-yōu"とも読む.
【黑黝黝】 hēiyǒuyǒu 形 (～的) ❶ 黒光りしている. ¶身上被晒 shài 得～的 / 体が日に焼けて真っ黒だ. 同 黑油油 hēiyóuyóu ❷ 暗くてよく見えない. ¶屋子里～的,什么也看不清 / 部屋の中は暗くて何一つ見えない. 参考 口語では"hēiyōuyōu"とも読む.
【黑鱼】 hēiyú 名《魚》"乌鳢 wūlǐ"(ライギョ)の通称.
【黑枣】 hēizǎo 名 ❶《植物》シナノガキ. マメガキ. ❷《植物》〔个 ge, 颗 kē, 枚 méi〕シナノガキの実. ❸ 方〔颗 kē〕鉄砲の玉. ¶吃～ / 鉄砲玉にあたって死ぬ.
【黑藻】 hēizǎo 名《植物》クロモ.
【黑账】 hēizhàng 名 裏帳簿.
【黑痣】 hēizhì 名 黒いあざ. ほくろ.
【黑种】 Hēizhǒng 名 黒色人種.
【黑子】 hēizǐ 名 ❶ 文 黒いあざ. ほくろ. ❷《天文》太陽の黒点. 同 太阳 tàiyáng 黑子 ❸ 黒の碁石. 反 白子 báizǐ

嘿 hēi
口部12 四 6603₁
全15画 次常用
感 ❶ 人を呼んだり,注意を促すことば. ¶～,你小心点 / (おい,気をつけろ). ❷ 驚きや賛嘆をあらわすことば. ¶～,这个很好!(おぉっ,こりゃあいい).
☞ 嘿 mò
【嘿嘿】 hēihēi 擬 相手を冷笑する笑い声. へへっ.

嗨 hēi
口部10 四 6805₇
全13画 通用
感 "嘿 hēi"に同じ.
☞ 嗨 hāi

hen ㄏㄣˇ 〔xən〕

痕 hén
疒部6 四 0013₂
全11画 常用
困 以前に何かがあったことを示すもの. あと(かた). ¶～迹 hénjì / 伤～ shānghén (傷あと) / 泪～ lèihén (涙のあと).
【痕迹】 hénjì 名 ❶ ものの残したしるし. あと. 痕跡(i̇̀). ¶车轮 chēlún 的～ / 車輪のあと. ¶罪犯在现场留下很多～ / 犯人は現場に多くの痕跡を残した. ❷ 名残り. 形跡. ¶昔日 xīrì 战争的～已经消失了 / かつての戦争のつめあとはすでに消えてしまった.
【痕量】 hénliàng 名《化学》微量. 同 痕迹 jì 量

很 hěn
彳部6 四 2723₂
全9画 常用
形 ❶ とても. たいへん. 非常に. ¶～好 / とてもいい. ¶～多 / とても多い. ¶～感谢你 / 大いにあなたに感謝します. ¶～受打击 / 大きな打撃を受ける. ¶～会说话 / 口がたいへんうまい. ¶这次试验～成功 / 今回のテストは大成功であった.
❷ "…得很"の形で程度補語となる. とても. たいへん. 非常に. ¶好得～ / 非常によい. ¶喜欢得～ / とても好きだ. ¶想念得～ / とても気にかけている. ¶后悔得～ / とても後悔している.
❸ "很不…"の形で,①全面否定をつくる. まったく…ではない. ¶近来身体～不好 / この頃体調がとても悪い. ¶他的外语～不好 / 彼の外国語はまったくひどい. ¶那种人我～不喜欢 / ああいう人は大嫌いだ.
②婉曲に非難する含みをもつ. どうも…でいけない. ¶～不甜 / どうにも酸っぱい. ¶～不快乐 / どうにも苦しい. ¶～不容易 / どうにも難しい. ¶～不便宜 / 高くていけない. ¶～不积极 / 消極的でいけない. ¶～不谦虚 qiānxū / 傲慢でいけない. ¶～不文明 / どうにも野蛮だ.
❹ "不很…"の形で部分否定をつくる. たいして…ではない. あまり…ではない. ¶近来身体不～好 / この頃体調があまりよくない. ¶他的外语不～好 / 彼の外国語はたいしてうまくない. ¶对这件事不～了解 / この件についてあまり詳しくない.
❺ 数量目的語を伴う動詞句の前に置き,数量がかなり多いことを表わす. ¶这事～说明一些问题 / このことは多くの問題を明らかにしている. ¶此人～有些水平 / この人はずいぶん水準が高い. ¶他～教过两个学生 / 彼はけっこう学生を教えたことがある.

✍ "很"

1. 肯定形の形容詞述語文ではふつう"很"は軽く読まれ、強く読まない限り「とても」の意味はもたない。この時"很"は単に文を言い切りにする作用だけをになう。"很"を置かない形容詞文は対比の含みをもつ。
◇中国面积大/中国は面積が大きい.
中国面积大,人口多/中国は面積が大きい,人口が多い.
2. "很"が修飾可能な形容詞以外の成分.
①情緒,態度,理解,評価など心理状態を表わす動詞および動詞句.
◇我很感动/私は大変感動した.
◇这个方案他很反对/この案に彼はひどく反対している.
◇很爱妈妈/お母さんが大好きだ.
◇我很了解他/私は彼のことをよく知っている.
◇他很有办法/彼はなかなかいい腕をしている.
◇很起作用/とても効果がある.
◇很花时间/とても時間を費やす.
◇很使人失望/とても人を失望させる.
◇很叫人为难 wéinán/とても人を困らせる.
②助動詞および助動詞を含む動詞句.
◇他很会开车/彼は運転がうまい.
◇这样作很应该/そのようにするのは当然のことだ.
◇很可能!/大いにあり得る.
◇他很敢说/彼はなんでも恐れずに口に出して言う.
◇他很能喝酒/彼は大酒を飲む.
③心の動き,心の状態を表わす可能補語形式
◇他俩从小在一起,很合得来/彼らはおさななじみで,とても気が合う.
◇很想不开/とてもあきらめきれない.
◇很靠得住/とても頼りになる.
◇很对不起他/あなたに大変申し訳ない.
◇很看不起他/彼を大変見下している.
◇很过意不去/まことに恐縮です.
3. "…得很"は形容詞,動詞のほか動詞句にも用いられる.
◇受欢迎得很/大いに歓迎される.
◇守规矩得很/よく決まりを守る.
◇吸引人得很/とても人を引きつける.
◇有计划得很/大変計画的だ.

狠 hěn 犭部6 四 4723₂ 全9画 常用

❶ 形 凶悪だ. 残忍だ. ¶~毒 hěndú/凶~ xiōnghěn (凶悪だ). ❷ 動 感情をおさえて…する. ¶~着心把泪止住(歯を食いしばって涙をこらえる). ❸ 副 決然として, 断固として. ¶~命 hěnmìng/一抓 hěnzhuā. ❹ 形 ひどく. きびしく. "很 hěn"に同じ.
【狠毒】hěndú 形 悪辣(あくらつ)だ. ¶~的心/ひどい心根. ¶这手段太~了/このやり方はむごすぎる.
【狠狠】hěnhěn 形 (~的)ひどい. 荒々しい. ¶我~地批评了他/私は手厳しく彼を批判した.
【狠命】hěnmìng 副 全力で. ¶~追赶/全力で追いかける. 同 拼命 pīnmìng
【狠心】❶ hěn//xīn 動 決心をする. ¶他狠了心,决定离家出走/彼は決心を固め,家を出ることにした. ❷ hěnxīn 形 残忍だ. ¶你这样做太~了/そんなふうにするのは残酷すぎるよ.
【狠心肠】hěnxīncháng ❶ 名 むごい心. ❷ 形 残忍だ. 冷酷だ.
【狠抓】hěnzhuā 動 全力を注いで指導する. 重点的に取り組む. ¶~科学研究/科学の研究に全力で取りくむ.

恨 hèn ↑部6 四 9703₂ 全9画 常用

❶ 動 強い不満や憎しみを抱く. 恨む. ¶~之入骨/抱~ bàohèn(恨みを抱く)/仇~ chóuhèn(恨む). 反 爱 ài ❷ 形 残念に思う. くやむ. ¶~事 hènshì/悔~ huǐhèn(くやむ)/遗~ yíhèn(遗恨).
【恨不得】hènbude 動 できるものなら…したい. (実現できないのを)恨めしく思う. ¶~现在就能和你见面/今あなたに会えないのがとても残念です. 同 恨不能 hènbunéng
【恨不能】hènbunéng 動 "恨不得 hènbude"に同じ.
【恨人】hènrén 形 方 腹立たしい. うらめしい.
【恨事】hènshì 名 残念なこと. 痛恨事. ¶留在心头的终身~/生涯に心懸かる残念事.
【恨死】hènsǐ 動 とても憎む. 憎んでも憎みきれない. ¶我~你了/おまえが憎い. 同 恨透 hèntòu
【恨铁不成钢】hèn tiě bù chéng gāng 成 要求を厳しくし,相手がよりよくなることを望む. 由来 鉄が鋼にならないことを恨む,という意から.
【恨透】hèntòu 動 とことん憎む. 同 恨死 hènsǐ
【恨之入骨】hèn zhī rù gǔ 成 恨み骨髄に徹する. 同 恨入骨

heng ㄏㄥ〔xəŋ〕

亨 hēng 亠部5 四 0020₇ 全7画 通用

❶ 素 すんなりと順調にいく. ¶~通 hēngtōng. ❷ (Hēng)姓.
【亨利】hēnglì 量 (電気)ヘンリー. "电感 diàngǎn"(インダクタンス)の単位. 同 亨 hēng ♦henry
【亨利・方达】Hēnglì·Fāngdá《人名》ヘンリー・フォンダ. 米国の映画俳優.
【亨通】hēngtōng 形 順調だ. ¶万事~/成 万事順調だ.

哼 hēng 口部7 四 6002₇ 全10画 次常用

動 ❶ (痛苦のために)鼻からうなり声を出す. ❷ 鼻歌を歌う. ¶~唧 hēngji/~哟 hēngyō.
☞ 哼 hng
【哼哧】hēngchī 擬 荒い息づかい. はあはあ. ¶~~地直喘气 chuǎnqì/はあはあとあえいでいる. 重 哼哧哼哧
【哼哈二将】Hēng-Hā èrjiàng 名 ❶ 寺院を守る2体の仁王像. 1体は鼻から白い息を出し,1体は黄色い息を吐く. ❷ 権力者の手下の凶悪な二人組.
【哼哼】hēngheng 動 方 うんうんなる.
【哼唧】hēngji 動 小声で話したりハミングする. ¶他一边走一边~着小调 xiǎodiào/彼は歩きながら鼻歌を歌っている.
【哼儿哈儿】hēngrhār 擬 無関心な受け答えをあらわす. ふん. はぁ. ¶他总是~的/彼はいつもふんとかはぁとしか言わない.
【哼哟】hēngyō 擬 大勢で力仕事をするときにかけるかけ声. よいしょ. ¶工人们~~地着夯 hāng/労働者たちはよいしょ,よいしょのかけ声とともに地ならしをした. 重 哼哟哼哟

恒

恒(異**恆**) héng 忄部6 四9101₆ 全9画 常用

❶ 素 長く変わらない. ¶～久 héngjiǔ／～心 héngxīn 永～ yǒnghéng（永久に変わらない）. ❷ 素 平常の. ¶～态 héngtài（常態）／～言 héngyán（常用語）／人之～情（人の常）. ❸ (Héng)姓.

【恒产】héngchǎn 名 不動産. ¶家无～／家に不動産はない. (同)不动产 bùdòngchǎn

【恒齿】héngchǐ 《生理》〔量 颗 kē〕永久歯. (同)恒牙 héngyá (反)乳齿 rǔchǐ, 奶牙 nǎiyá

【恒等式】héngděngshì 《数学》恒等式.

【恒定】héngdìng 形 永久に変わらない.

【恒河】Hénghé 〔地名〕ガンジス川.

【恒河沙数】Héng hé shā shù 成 数えきれないほど多い. (同)恒沙 Héngshā 由来 ガンジス川の砂の数, という意から.

【恒久】héngjiǔ 形 永久. ¶～不变／永久不変.

【恒量】héngliàng 名《化学》定量.

【恒山】Héngshān 〔地名〕恒山(訛). 山西省にある山の名. 五岳（道教の聖地）の一つ.

【恒生银行】Héngshēng yínháng 名 ハンセン（Hang Seng）銀行. 香港の銀行の一つ.

【恒生指数】Héngshēng zhǐshù 名《経済》ハンセン指数. 参考 香港市場の代表的な株価指数.

【恒温】héngwēn 名 定温. ¶～器／サーモスタット.

【恒温动物】héngwēn dòngwù 名 恒温動物.

【恒心】héngxīn 名 いつまでも変わらない意志. 恒心. ¶既要有决心,还要有～／決意も必要だが, 根気強さも必要だ.

【恒星】héngxīng 名《天文》〔量 个 ge, 颗 kē〕恒星. ¶～年／恒星年.

【恒星系】héngxīngxì 名《天文》恒星系.

【恒星月】héngxīngyuè 名《天文》恒星月.

【恒牙】héngyá 名《生理》永久歯. (同)恒齿 chǐ

珩

珩 héng 王部6 四1112₁ 全10画 通用

名 帯の飾り玉（佩(胀)）の上部に横にわたすようにつける玉.

桁

桁 héng 木部6 四4192₁ 全10画 通用

名 屋根の棟木. ¶一架 héngjià. (同)檩 lǐn

【桁架】héngjià 名《建築》トラス. 屋根組みや橋組みの構造物.

【桁条】héngtiáo 名《建築》屋根の棟木.

鸻

鸻(鴴) héng 鸟部6 四2722₇ 全11画 通用

名《鳥》チドリ. ¶金～ jīnhéng（ムナグロ）／燕～ yànhéng（ツバメチドリ）.

横

横 héng 木部11 四4498₆ 全15画 常用

❶ 形 地面と水平の方向. 横. ¶～幅 héngfú／～梁 héngliáng 纵～ zònghéng（縦横）. (反)竖 shù, 直 zhí ❷ 形 地理上の東西の方向. ¶～渡太平洋（太平洋を横断する）. (反)纵 zòng ❸ 形 左右方向の動きだ. ¶～写 héngxiě（横書きする）／～扫 héngsǎo. (反)竖 shù, 直 zhí, 纵 zòng ❹ 形（物の長い方の一辺に対して）垂直の方向だ. ¶～剖面 héngpōumiàn（横断面）／人行～道（横断歩道）. (反)竖 shù, 直 zhí, 纵 zòng ❺ 動 横にする. 横たえる. ¶我们的面前～着一条大河（私たちの面前には大河が横たわっている）／把车～在路上, 挡住了后面的车（車を横向きに止めて, 後から来る車をせき止めた）. ❻ 副 縦と横に入り乱れて. ¶～流 héngliú. ❼ 副 乱暴に. 強引に（成語や文語で用いられる）. ¶～行霸 bà dào／～征 zhēng 暴敛 liǎn. ❽ 名（～儿）漢字の筆画で左から右へ引く画.

☞ 横 hèng

【横标】héngbiāo 名 横書きの標語や標示.

【横波】héngbō ❶ 女性の流し目. 秋波. ❷《物理》横波. (反)纵波 zòngbō

【横冲直撞】héng chōng zhí zhuàng 成 めちゃくちゃに走り回る. ¶他开着摩托车, 在马路上～／彼は通りでバイクでめちゃくちゃに走り回った. (同)横冲直闯 chuǎng

【横穿】héngchuān 動 横断する. 横切る. ¶～马路／大通りを横切る.

【横档】héngdàng 名（～儿）(いすやテーブルの脚などに渡す）横木.

【横笛】héngdí 名《音楽》〔量 支 zhī〕横笛. ⇨ 梆 bāng 笛, 曲 qǔ 笛

【横渡】héngdù 動（川などを）横断する. ¶～长江 Chángjiāng／長江をわたる.

【横断面】héngduànmiàn 名 横断面. (同)横剖 pōu 面, 横切 qiē 面

【横队】héngduì 名 横隊.

【横额】héng'é 名 横額. (同)横匾 héngbiǎn

【横放】héngfàng 動 横にして置く. ¶把皮箱～在车尾箱里／スーツケースを車のトランクに入れる.

【横幅】héngfú 名〔量 幅 fú, 条 tiáo, 张 zhāng〕横書きの書画や標語, 段幕など.

【横杆】hénggān 名《スポーツ》❶（ラグビーやフットボールの）クロスバー. ❷（高跳びの）バー.

【横膈膜】hénggémó 名《生理》横隔膜. (同)膈, 膈膜

【横亘】hénggèn 動 文（橋や山脈などが）またがる. 横たわる. ¶大桥～在大江上／大きな橋が大河にかかっている.

【横贯】héngguàn 動（山脈・河川・道路などが）横に貫く.

【横加】héngjiā 動 むやみに…する. ¶他对我们的做法～指责／彼は私たちのやり方をむやみに非難する.

【横结肠】héngjiécháng 名《生理》横行結腸.

【横空】héngkōng 動（虹などが）空に横たわる. 空にかかる.

【横跨】héngkuà 動（橋などが）またがる. 横たわる. ¶一道彩虹～天际／虹が空にかかる. ¶～两个世纪／二つの世紀にまたがる.

【横梁】héngliáng 名 ❶《建築》横梁(姑). 桁(妊). ❷《機械》（車の）横材.

【横流】héngliú 動 ❶（涙が）流れ出る. あふれ出る. ❷（川が）氾濫する. 表現 ❷は, 動乱や災害などの喩えとしても使われる.

【横眉】héngméi 形 まなじりを決する.

【横眉怒目】héng méi nù mù 成 眉をつり上げ目を怒らせる. (同)横眉立目

【横眉竖眼[目]】héng méi shù yǎn [mù] →横眉怒目

【横排】héngpái 動 ❶ 横向きに配列する. ❷《印刷》活字を横組みで印刷する.

【横批】héngpī 名〔量 副 fù, 条 tiáo〕横書きの額や軸. 参考 "对联 duìlián"とともに掛けたり貼ったりする. ⇨ 对联 duìlián

【横披】héngpī 名 横軸に書かれた書画.

【横七竖八】héng qī shù bā 成 縦横ばらばらに乱雑に. ¶书架上的书～, 杂乱极了／棚の本は縦横めちゃくちゃで

乱雑きわまりない.

【横切面】héngqiēmiàn 名横断面. 同横断面 héngduànmiàn,横剖面 héngpōumiàn

【横肉】héngròu 名悪党づら. ¶长得一脸～/凶悪な顔つきだ.

【横扫】héngsǎo 動❶一掃する. ¶～犯罪组织/犯罪組織を一掃する. ❷視線を左右に走らせる. ¶他把会场～了一遍/彼は会場にさっと目を走らせた. ❸(強い雨風などが)さっと通りすぎる.

【横扫千军】héng sǎo qiān jūn 成多数の敵を一掃する.

【横生】héngshēng 動❶草などが雑然と生える. ¶蔓草蔓草～/蔓草(つるくさ)がぼうぼうに生えている. ❷予想外に起きる. ¶～是非/思わぬごたごたが起きる. ❸いっぱいあふれる. ¶妙趣～/妙味あふれる.

【横生枝节】héng shēng zhī jié 成本筋でないところで問題が起きる.

【横是】héngshi 副〈方〉およそ. たぶん. ¶他～快六十了吧?/彼はかれこれ60になるだろう. 同大概 dàgài,可能 kěnéng,恐怕 kǒngpà

【横竖】héngshù[-shu] 副〈口〉いずれにせよ. ¶我怎么劝 quàn,她就是～不听/私がどんなに言っても,彼女は結局聞き入れない. 同反正 fǎnzhèng

【横挑鼻子竖挑眼】héng tiāo bízi shù tiāo yǎn 成あれこれ文句をつける.

【横纹肌】héngwénjī 名《生理》横紋筋.

【横线】héngxiàn 名横線. ¶划～/横線を引く.

【横向】héngxiàng ❶ 形水平方向の. 横割りの. ¶～联系/横の連絡. 反纵向 zòngxiàng ❷ 名東西の方向. 反纵向 zòngxiàng

【横心】héng//xīn 動意を決する. ¶他横了心了/彼は心を決めた.

【横行】héngxíng 動横暴なことをする. のさばる. ¶～的犯罪分子/横行する犯罪分子.

【横行霸道】héng xíng bà dào 成勢力を笠に着て横暴非道なことをする.

【横行无忌】héng xíng wú jì 成何もはばかることなく横暴なまう.

【横痃】héngxuán 名《医学》横根(よこね).

【横溢】héngyì 動❶(川が)氾濫する. ❷(才能などが)満ちあふれる.

【横征暴敛】héng zhēng bào liǎn 成過酷に税を取り立てる. ¶～,搜刮 sōuguā 民财/厳しい税を課し,民間から財物をしぼり取る.

【横直】héngzhí 副〈方〉いずれにせよ. どのみち…だ. 同反正 fǎnzhèng 表现肯定の意味を表す.

【横坐标】héngzuòbiāo 名《数学》横座標. 反纵 zòng 坐标

衡 héng 彳部13 四 2122₁ 全16画 常用

❶ 素〈文〉さおばかりのさお. 重さを量る器具. ¶权～ quánhéng (軽重や利害をはかる). ❷素ものごとの重要さや性質をはかり,評価を定める. ¶～量 héngliáng/～势 héngqì/争～ zhēnghéng (力量などを比べる). ❸素(力の量の)つり合いが取れている. ¶平～ pínghéng (バランスがとれている)/均～ jūnhéng (つり合う). ❹ (Héng)姓.

【衡量】héngliáng[-liang] 動❶もののよしあしを比べて評価する. ¶～技术水平的高低/技術レベルを比較,評価する. 同权衡 quánhéng ❷考慮する. ¶你～一下

該怎么办/どうすべきかよく考えてみなさい.
【衡器】héngqì 名はかり.
【衡山】Héngshān 《地名》衡山(こうざん). 湖南省にある72の峰を有する名山. 五岳の一つ. 古くは南岳とも称する.

蘅 héng ++部16 四 4422₁ 全19画 通用
→杜蘅 dùhéng

横 hèng 木部11 四 4498₆ 全15画 常用

❶ 形道理に反し乱暴だ. ¶～暴 hèngbào/蛮～ mánhèng (横暴だ)/凶～ xiōnghèng (凶悪で横暴だ). ❷素思いもかけない不運や不幸. ¶～财 hèngcái/～祸 hènghuò/～事 hèngshì (凶事.思わぬ災い)/～死 hèngsǐ.
☞ 横 héng

【横暴】hèngbào 形横暴だ. ¶～的行为/横暴な行い. ¶态度～/態度が横暴だ.

【横财】hèngcái 名〈自 笔 bǐ〉思いがけず手にした財産. ¶发～/あぶく銭をもうける. 表现多く不当な方法で得た金をいう.

【横祸】hènghuò 名思わぬ災難. ¶惨遭 cǎnzāo～/とんだ災難に遭う.

【横蛮】hèngmán 形横暴だ.

【横逆】hèngnì 名〈文〉横暴なふるまい.

【横死】hèngsǐ 動不慮の死をとげる. ¶～不测之祸 huò/不慮の災難で非業の死をとげる.

【横议】hèngyì 動〈文〉はばかることなく意見を述べる. 由来『孟子』滕文公下に見えることば.

hng ㄏㄥ〔xŋ〕

哼 hng 口部7 四 6002₇ 全10画 次常用

感(不満や不信感で)息をならす音. ふん. へん. ¶～,你信他的!/(へん,彼を信じるなんて).
☞ 哼 hēng

hong ㄏㄨㄥ〔xuŋ〕

轰(轟/䮎₃) hōng 车部4 全8画 四 4044₇ 常用

❶ 形どーん. どどっ. 雷鳴や砲撃などの大きな音をあらわす. ¶～烈烈/～隆 hōnglōng/～然大笑(どっと笑う). ❷動爆発音のような大きな音がする. ¶～击 hōngjī/～炸 hōngzhà/炮～ pàohōng (砲撃する)/雷～电闪(雷鳴がとどろき稲妻がひらめく). ❸動追いたてる. ¶～赶 hōnggǎn/把猫～出去(猫を追い出す).

【轰动】hōngdòng 動一度に大勢の人を驚かせる. ¶～全世界/全世界にセンセーションを巻き起こす. ¶全场～/会場全体がどよめく. 同哄动 hōngdòng

【轰动一时】hōng dòng yī shí 成世間を大いに騒がせる.

【轰赶】hōnggǎn 動(ハエや家畜などを)追い払う. 追いたてる.

【轰轰】hōnghōng ❶[擬]ごうごうとうなる音.大きな音. ❷[形]盛んだ.
【轰轰烈烈】hōng hōng liè liè [成]規模が大きく,すさまじい.¶~的变革/未曾有の大変革.
【轰击】hōngjī [動]砲撃する.❷《物理》(陽子や中性子が原子に)衝撃を与える.
【轰隆】hōnglōng [擬]雷・砲弾・機械などの轟き.がらがら.ごうごう.どかん.ごろごろ.¶炮声 pàoshēng~~直响 xiǎng/砲声がドカンドカンと鳴りつづける.⇒轰隆轰隆
【轰隆隆】hōnglōnglōng [擬]機械などの音.ごうごう.¶~一地响 xiǎng/どっと鳴り響く.
【轰鸣】hōngmíng [動](大きな音が)とどろく.¶一阵~的巨响/とどろきわたる巨大な響き.
【轰然】hōngrán [形]音がとても大きい.¶全场~大笑/会場全体がどっと笑う.
【轰响】hōngxiǎng [動](大きな音が)とどろく.
【轰炸】hōngzhà [動]爆撃する.
【轰炸机】hōngzhàjī [名]《軍事》爆撃機.

哄 hōng 口部6 全9画 四6408[1] 常用

[動]多くの人が一斉に話し声や笑い声をたてる.¶一传 hōngchuán/~动 hōngdòng/闹~ nàohong (騒ぎたてる)/乱~~ luànhōnghōng (わいわい騒ぐ).
☞ 哄 hǒng, hòng

【哄传】hōngchuán [動](うわさなどが)あちこちに広まる.¶这消息很快就一开了/そのニュースはあっという間に伝え広まった.
【哄动】hōngdòng [動]"轰动 hōngdòng"に同じ.
【哄抢】hōngqiǎng [動](多くの人が殺到して金品を)奪い合う.
【哄然】hōngrán [形]とてもさわがしい.¶舆论 yúlùn~/世論がわいている.¶~大笑/どっと笑う.
【哄抬】hōngtái [動](物価などを)あおってあげる.¶~物价/物価をあおる.
【哄堂】hōngtáng [形]建物内の人が一斉に(笑う).
【哄堂大笑】hōng táng dà xiào [成]部屋中の人がどっと笑う.¶引起大家~/みんなを大笑いさせる.

訇 hōng 勹部7 四2762[0] 通用

❶[擬]大きな物音.ガーン.ドーン.¶~然震动了(大きな音をたてて揺れ動いた)/~的一声(どーんという音).❷→阿訇 āhōng ❸(Hōng)姓.

烘 hōng 火部6 全10画 常用

❶[動]火で乾かしたり暖めたりする.¶~手(手をあたためる)/~焙 hōngbèi/~箱 hōngxiāng/暖~~ nuǎnhōnghōng (ほかほかと暖かい).❷[素]絵画や物語で)コントラストを用いて主題を際立たせる.¶~衬 hōngchèn(引き立てる.際立たせる)/~托 hōngtuō/~云托月.
【烘焙】hōngbèi [動](茶やタバコの葉などを)焙(ほう)じる.¶~茶叶/茶の葉を焙じる.
【烘干】hōnggān [動]火であぶって乾かす.¶衣服已经~了/服はもう乾いた.¶~机/乾燥機.
【烘烘】hōnghōng [擬]火が盛んに燃える音.¶炉火 lúhuǒ~/ストーブの火がぼうぼうと燃えている.
【烘烤】hōngkǎo [動]火であぶる.トーストする.¶~山芋 shānyù/サツマイモを焼く.¶~面包/パンをトーストにする.
【烘篮】hōnglán [名]小さな火ばちを入れた竹かご.[参考]暖をとるために使う.
【烘笼】hōnglóng [名](~儿)火鉢などにかぶせ,衣類などを乾かすためのかご.
【烘炉】hōnglú [名]❶"烙饼 làobǐng"をつくるための蒸し焼きがま.❷乾燥炉.
【烘托】hōngtuō [動]❶《美術》中国画の画法の一つ.墨や淡い色で輪郭をとり,形をはっきりさせる.❷文章表現の手法で,周辺を描くことで主題を際立たせる.(同)衬托 chèntuō
【烘箱】hōngxiāng [名]オーブン.
【烘云托月】hōng yún tuō yuè [成]まわりのものによって主体を引き立たせる.[由来]雲を塗って月をはっきりさせる,という意から.

薨 hōng 艹部13 全16画 四4421[2] 通用

[動](諸侯や高官が)死ぬ.みまかる.¶~逝 hōngshì (薨去(こうきょ)する).

弘 hóng 弓部2 全5画 四1223[0] 通用

❶[素]大きい.¶~图 hóngtú/~愿 hóngyuàn (大きな願い)/~旨 hóngzhǐ.❷[動]大きくする.拡大する.¶~扬 hóngyáng/恢~ huīhóng (高揚させる).❸(Hóng)姓.[参考]①は,現在では,"宏"と書くことが多い.

【弘论】hónglùn →宏论 hónglùn
【弘图】hóngtú [名]"宏图 hóngtú"に同じ.
【弘扬】hóngyáng [動]〈文〉(文化や伝統を)発展向上させる.高める.¶~民族精神/民族精神を発揚する.(同)宏扬 hóngyáng
【弘旨】hóngzhǐ [名]"宏旨 hóngzhǐ"に同じ.

红(紅) hóng 纟部3 全6画 四2111[2] 常用

❶[形]赤い.¶~枣 hóngzǎo/~脸 hóngliǎn/潮~ cháohóng (ほおにさした赤み)/朱~ zhūhóng (鮮やかな赤).❷[形]めでたい.¶~事 hóngshì (祝い事.結婚)/~包 hóngbāo/披~ pīhóng (祝賀や表彰のときに,赤い絹をかける).(反)白 bái ❸[形]順調だ.もてはやされている.¶~运 hóngyùn/开门~ kāiménhóng (順調なすべり出し)/满堂~ mǎntánghóng (首尾上々だ).❹[形]革命的だ.政治意識が高い.¶~军 Hóngjūn/又~又专(思想の面でも,仕事の面でも優れている).❺[名]組織や企業の構成員に分配される利益.¶~利 hónglì/分~ fēnhóng (利益を分配する).❻[動]赤くする.¶~了脸(顔を赤らめる).❼(Hóng)姓.
☞ 红 gōng

【红案】hóng'àn [名](~儿)厨房でおかずを作る係.(反)白 bái 案
【红白事】hóngbáishì [名]"红白喜事 hóngbái xǐshì"に同じ.
【红白喜事】hóngbái xǐshì [名]慶弔.婚礼と葬式.(同)红白事 [表現]"喜事 xǐshì"(婚礼)と"喜丧 xǐsāng"(天寿を全うした人の葬式)をまとめた言い方.
【红斑】hóngbān [名]❶《医学》紅斑(こうはん).❷《天文》大赤斑(だいせきはん).レッドスポット.
【红斑狼疮】hóngbān lángchuāng [名]《医学》紅斑性狼瘡(ろうそう).
【红榜】hóngbǎng [名]〔张 zhāng〕表彰者や合格者を発表する掲示板.(同)光荣榜 guāngróngbǎng

紅 hóng

由来 めでたい意味の赤い紙がよく用いられることから.

【紅包】hóngbāo 名〔(~几)〕〔個 个 ge〕❶ 赤い色紙で包んだ金一封. ❷ 特別手当やお年玉. ¶发~/ボーナスを支給する. ❸ 賄賂(ろ). ¶送~/付け届けをする. 参考 ①は, 祝い事があると祝儀として配られる.

【紅宝石】hóngbǎoshí 名〔個 颗 kē, 块 kuài〕宝石のルビー.

【紅不棱登】hóngbulēngdēng 形（口）（~的）（色がぬけて）赤茶けた. ¶这条裙子~的, 真难看/このスカートは赤茶けてみっともない.

*【紅茶】hóngchá 名 紅茶. 参考 有名な産地ごとに, "滇紅 Diānhóng"（雲南紅茶）, "祁紅 Qíhóng"（キーマン紅茶）などの名がある.

【紅茶菌】hóngchájūn 名 乳酸菌・酵母菌・紅茶・砂糖を発酵させて作る飲み物. 紅茶菌.

【紅場】Hóngchǎng 名 モスクワの赤の広場.

【紅潮】hóngcháo 名 ❶ 恥ずかしさで顔を赤くすること. 赤面. ❷ 月経. ❸ 赤潮(しお).

【紅塵】hóngchén 名 紅塵(じん). 都会のちりやほこり. 俗世間. ¶看破~/浮き世を見限る. 俗世間に幻滅する.

【紅籌股】hóngchóugǔ《経済》(株式の)レッドチップ. 中国資本で, 香港で法人登記されている銘柄の総称. 実態は中国企業.

【紅丹】hóngdān《化学》顔料の名. 鉛丹(たん).

【紅丹漆】hóngdānqī《化学》鉛丹(たん). 光明丹(こうみょうたん). 参考 さび止めに使われる塗料.

【紅蛋】hóngdàn 名 ゆでて殻を赤く染めた卵. ¶染~/"紅蛋"を作る. 参考 出産の祝いに友人や親せきに贈るもの.

【紅得发紫】hóngde fāzǐ 成 非常に有名だ.

【紅灯】hóngdēng 名 ❶ 赤信号. 赤ランプ. ❷ 発展や進展を阻害するもの.

【紅豆】hóngdòu 名《植物》❶ ベニマメノキ. ❷ ベニマメノキなどの種子の総称. 古代の文学作品では相思相愛の象徴として用いられた. 同 相思子 xiāngsīzǐ ❸ アズキ. ¶~粥 zhōu / あずきがゆ.

【紅礬】hóngfán 名《化学》"重铬酸钾 zhòngggè-suānjiǎ"（重クロム酸カリウム）と"重铬酸钠 nà"（重クロム酸ナトリウム）の総称 ⇨ 砒霜 pīshuāng

【紅粉】hóngfěn 名 口紅と白粉(おしろい). 表現 若い女性をさすこともある.

【紅汞】hónggǒng 名《薬》マーキュロクロム. 同 二百二 èrbǎi'èr, 红药水 hóngyàoshuǐ

【紅股】hónggǔ《経済》株式配当方式. 配当を, 金銭でなく自社の株式によって株主に配布する方式, また, その株式. 表現 "红利股票"の略称.

【紅光満面】hóng guāng mǎn miàn 成 血色がよく顔がつやつやだ. 同 满面红光

【紅果儿】hóngguǒr 名 方 サンザシの実. 同 山里红 shānlǐhóng

【紅海】Hónghǎi《地名》紅海.

【紅鶴】hónghè 名《鳥》トキ科の涉禽(しょうきん)の総称.

【紅紅火火】hónghónghuǒhuǒ 形 非常に旺盛だ. にぎやかだ. ¶事业做得~的 / 事業がとても順調だ. ⇨ 红火 hónghuo

【紅紅緑緑】hónghónglǜlǜ 形 色とりどりで華やかだ. ¶广场四周的霓虹灯 níhóngdēng~ / 広場の周囲はネオンがきらびやかだ.

【紅狐】hónghú 名《動物》アカギツネ.

【紅花】hónghuā 名 ❶《植物・薬》ベニバナ. 紅花(ぞう). ¶~油 / サフラワーオイル. 同 红蓝花 hónglán-huā ❷ 赤い花. ❸ 胸前飾着大~ / 胸に大きな赤い花をつける. 表現 ②は, 慶事在主賓などが胸につける赤い花をさすこともある.

【紅火】hónghuo 形 盛んだ. 活気に満ちている. にぎやかだ. ¶联欢会 liánhuānhuì 开得特别~ / コンパは, とても盛り上がった.

【紅極一時】hóngjí yìshí 慣 一時期大評判になる.

【紅教】Hóngjiào 名《宗教》紅教(きょう). 紅帽派. ニンマ派. 参考 7-8世紀に盛行したラマ教の一派. 紅衣と紅帽を着用する.

【紅巾起义】Hóngjīn qǐyì 名《歴史》紅巾(きん)の乱. 元末に起こった, 大規模な農民反乱. 1351年に蜂起し, 元朝崩壊に決定的な打撃を与えた.

【紅角】hóngjué 名〔(~儿)〕人気役者. トップスター. ¶扮演 bànyǎn~儿 / 当たり役を演じる.

【紅軍】Hóngjūn 名 ❶〔個 支 zhī〕紅軍. "中国人民解放军 Zhōngguó Rénmín Jiěfàngjūn"の前身である"中国工农红军 Zhōngguó Gōng Nóng Hóngjūn"の略称. ❷〔個 个 ge, 位 wèi〕① の兵士. ❸ (1946年以前のソ連の)赤軍.

【紅客】hóngkè 名《コンピュータ》(自称, 正義の)ハッカー. 参考 ハッカーはふつう"黑客"と呼ばれるが, 自己の愛国心と正義感を主張するハッカーで, "黑"の字を嫌い"红"に置き換えたもの.

【紅利】hónglì 名〔個 笔 bǐ〕❶ (株主への)配当金. ¶分~/配当金を分配する. ❷ 賞与. ボーナス.

【紅臉】hóng//liǎn 動 ❶ (恥じらいで)顔を赤くする. 恥ずかしがる. ❷ 怒る. かっとなる. ¶小王从来没红过脸 / 王くんは今までかっとなったことはない.

【紅臉】hóngliǎn 名《芸能》京劇の赤い隈取りの顔. 忠義で実直な性格をあらわす.

【紅磷】hónglín 名《化学》赤リン.

【紅領巾】hónglǐngjīn 名 ❶〔個 条 tiáo〕(少年先鋒隊員を示す)赤い三角形のスカーフ. ¶戴上~/赤いスカーフを首にまく. ❷〔個 个 ge, 位 wèi〕少年先鋒隊員.

【紅領章】hónglǐngzhāng 名 赤い襟章(えりしょう). 参考 中国工農紅軍（中国人民革命軍の前身）や中国人民革命軍の階級制施行前に, 指揮官や兵士が軍服の襟に付けた平行四辺形のバッジ.

【紅柳】hóngliǔ 名《植物》ギョリュウ. 同 柽柳 chēng-liǔ

【紅樓夢】Hónglóumèng《書名》『紅楼夢(こうろうむ)』. 清代の長編口語小説. 大貴族の栄華とその崩壊を, 主人公の悲恋などのドラマを通して描いた作品. 全120回で80回までは曹雪芹によって書かれ, 後半40回は高鶚(がく)による補作と伝えられる.

【紅緑灯】hónglǜdēng 名〔個 个 ge, 排 pái〕交通信号.

【紅麻】hóngmá 名《植物》ケナフ. アンバリーヘンプ. 同 洋麻 yángmá, 槿麻 jǐnmá

【紅帽子】hóngmàozi 名 ❶ 赤(共産主義者)のレッテル. ¶被戴上~/赤のレッテルをはられる. ❷ (駅の)赤帽. ポーター. ❸ 私企業が国営企業の名義で経済活動をすること.

【紅焖】hóngmèn 動《料理》しょうゆで煮込む.

【紅焖雞】hóngmènjī 名《料理》しょうゆと酒を加え, 弱火で煮ふくめた鶏肉料理.

【紅米】hóngmǐ 名 ❶ ベニコウジ. ❷ 玄米.

【紅棉】hóngmián 名《植物》キワタ. インドワタノキ. 同

木棉 mùmián
【红模子】hóngmúzi 名〔量 张 zhāng〕子供用の習字用紙．参考 手本が赤で印刷してあり，その上に紙をおいて，上からなぞって練習する．
【红木】hóngmù 名 ❶〔植物〕ベニノキ．同 胭脂树 yānzhishù ❷ 紫檀(たん)・カリンなどの熱帯産木材．~家具／紫檀製の家具．参考 ❷は，高級家具に使われ，ずしりと重いものがよいとされる．
【红男绿女】hóng nán lǜ nǚ 成 美しく着飾った若い男女．
【红娘】hóngniáng 名 ❶（Hóngniáng）『西厢記』に出てくる女主人の恋の仲立ちをする侍女の名前．❷ 仲人．❸ 仲介者．仲立ち人．❹〔虫〕テントウムシ．
【红牌】hóngpái 名 ❶（スポーツ）レッドカード．❷ 資格取り消しの命令．営業停止命令．
【红皮书】hóngpíshū 名（赤い表紙の）外国政府の報告書．
【红票】hóngpiào 名旧（芝居や雑技の）招待券．
【红扑扑】hóngpūpū 形（~的）顔が真っ赤だ．¶那小孩的脸蛋~的,真像个红苹果 píngguǒ ／あの子のほっぺは真っ赤で,りんごみたいだ．
*【红旗】hóngqí 名 ❶〔量 面 miàn〕（革命を象徴する）赤旗．¶~飘飘／赤旗がひるがえる．❷〔量 面 miàn〕すぐれた成績をおさめた者に与えられる赤い旗．¶流动~／移動表彰旗．❸ 先進的な人や組織．¶~单位／先進的職場．
【红旗手】hóngqíshǒu 名 模範となる人物．
【红契】hóngqì 名旧 不動産売買で,役所の納税済みの印のある契約書．反 白契 báiqì
【红青】hóngqīng 形 赤みがかった黒の．同 绀青 gànqīng
【红壤(土)】hóngrǎng(-tǔ) 名 紅土(どそ)．ラテライト．同 红土 hóngtǔ
【红热】hóngrè 名〔物理〕赤熱(せきねつ)．
【红人】hóngrén 名（~儿）お気に入りの人物．¶小李是我们公司的大~／李くんはうちの会社では(上司に)かわいがられている．
【红润】hóngrùn 形（肌が）ばら色でしっとりしている．¶~的肌肤 jīfū ／色つやのいい肌．
【红色】hóngsè 名 ❶ 赤い色．¶~墨水／赤インク．❷ 共産主義や革命の象徴．¶~政权 zhèngquán ／共産主義政権．¶~根据地／革命の根拠地．反 白色 báisè
【红色网站】hóngsè wǎngzhàn 名（コンピュータ）政治教育や思想教育のウェブサイト．
【红杉】hóngshān 名〔植物〕ベニスギ．
【红烧】hóngshāo 動〔料理〕油を直した魚や肉に砂糖としょうゆを加えて煮込む．¶~鲤鱼 lǐyú ／鯉(こい)のしょうゆ煮．
【红烧肉】hóngshāoròu 名〔料理〕醤油や酒,砂糖を使って煮込む豚肉料理．参考"东坡肉 dōngpōròu"もその一種．
【红生】hóngshēng 名〔芸能〕京劇で赤い隈取りをした男役．
【红十字】hóngshízì 名 赤十字．¶~医院／赤十字病院．
【红十字会】Hóngshízìhuì 名 赤十字社．
【红薯】hóngshǔ 名〔植物〕サツマイモ．同 番薯 fānshǔ，甘薯 gānshǔ，山芋 shānyù，地瓜 dìguā
【红树】hóngshù 名〔植物〕マングローブ．
【红树林】hóngshùlín 名 マングローブを主体とする生態系．
【红松】hóngsōng 名〔植物〕〔量 棵 kē〕チョウセンゴヨウ．チョウセンマツ．
【红糖】hóngtáng 名 黒砂糖．同 黑糖 hēitáng
【红桃】hóngtáo 名（トランプの）ハート．
【红彤彤［通通］】hóngtōngtōng 形（~的）真っ赤だ．とても赤い．¶~的火苗 huǒmiáo／真っ赤な炎．¶~的朝霞 zhāoxiá ／真っ赤な朝焼け．
【红铜】hóngtóng 名 純銅．同 紫铜 zǐtóng
【红头文件】hóngtóu wénjiàn 名 中国共産党指導部から発行される文書．由来 題名が赤い文字で印刷されることが多いためこう呼ばれる．
【红土】hóngtǔ 名 ❶ 紅土(どそ)．ラテライト．同 红壤土 hóngrǎngtǔ ❷（赤色顔料の）ベンガラ．同 红土子 hóngtǔzi, 铁丹 tiědān
【红外线】hóngwàixiàn 名 赤外線．同 红外光 hóngwàiguāng, 热线 rèxiàn
【红卫兵】hóngwèibīng 名 紅衛兵(こうえいへい)．参考 文化大革命(1966-76)初期に活動した全国の規模の青少年組織．またそれに参加した若者．
【红细胞】hóngxìbāo 名〔生理〕赤血球．
【红线】hóngxiàn 名 ❶ 赤い絹糸．男女の縁をとりもつもの．❷（アイスホッケーなどの）レッドライン．❸〔量 条 tiáo〕文学作品の主要な筋．
【红小豆】hóngxiǎodòu 名〔植物〕アズキ．同 小豆 xiǎodòu, 赤小豆 chìxiǎodòu
【红心】hóngxīn 名 ❶ 共産主義に対する忠誠心．❷ トランプのハート．❸ 果物の赤い中心点．
【红新月会】Hóngxīnyuèhuì 名 赤新月(せきしんげつ)社．参考 イスラム教国で医療や救援の活動等をする組織．日本の赤十字社にあたる．
【红星】hóngxīng 名 ❶〔量 颗 kē〕赤い星．¶~帽徽 màohuī ／人民帽につける赤い星の徽章．❷ 人気スター．¶影视~／映画やテレビのスター．❸ 火花．火の粉．
【红学】Hóngxué 名〔文学〕『紅楼夢(こうろうむ)』についての学問．
【红血球】hóngxuèqiú 名 赤血球のもとの言いかた．⇒红细胞 hóngxìbāo
【红颜】hóngyán 名文 美女．
【红眼】hóng//yǎn 動 ❶ 怒る．かっとなる．❷ うらやむ．ねたむ．❸ 急性結膜炎にかかる．由来 ❸は,両目が赤くなることから．
【红眼病】hóngyǎnbìng 名 ❶〔医学〕急性結膜炎．同 红眼 hóngyǎn ❷ ねたみ．嫉妬(しっと)．¶得了~／嫉妬心をおこす．
【红眼航班】hóngyǎn hángbān 名 夜間時間帯に飛行するフライト便．由来 夜間飛行は乗客が睡眠不足になり目が充血することから．
【红艳艳】hóngyànyàn 形（~的）鮮やかに赤い．¶~的玫瑰花 méiguīhuā ／目のさめるような赤いバラ．
【红样】hóngyàng 名〔印刷〕校正刷り．由来 黒インクで本格的に印刷する前に,赤や青のインクで試し刷りをして校正したことから．
【红药水】hóngyàoshuǐ 名 旧（~儿）〔薬〕赤チン．マーキュロクロム溶液．
【红叶】hóngyè 名〔量 片 piàn〕紅葉．もみじ．
【红衣主教】hóngyī zhǔjiào 名〔宗教〕〔量 名 míng, 位 wèi〕枢機卿(すうききょう)．カーディナル．同 枢机 shūjī 主教

【红缨枪】hóngyīngqiāng 名〔量 杆 gǎn〕赤い房のついた旧式のやり．
【红运】hóngyùn 名 幸運．ラッキー．¶走～/幸運にめぐり会う．同 鸿运 hóngyùn
【红晕】hóngyùn 名❶（ほおなどの）赤み．¶脸上泛~ fàn chū/顔に赤みがさす．❷《医学》紅暈(うん)．環状にみられる紅斑．
【红枣】hóngzǎo 名 アカナツメ．干しナツメ．
【红蜘蛛】hóngzhīzhū 名《虫》ハダニ．
【红肿】hóngzhǒng 動 皮膚が赤くはれる．¶伤口～得厉害 lìhai/傷口はひどく赤くはれ上がっている．
【红专】hóngzhuān 形 思想と仕事の両面に優れている．同 又 yòu 红又专
【红装[妆]】hóngzhuāng 名❶〔量 身 shēn〕女性のあでやかな装い．❷ 若い女性．
【红子】hóngzǐ 名〔量 枚 méi〕赤い字のほってある"象棋 xiàngqí"のコマ．反 黑子 hēizǐ

闳（閎）hóng
门部 4 四 3773₂
全7画 通用
❶ 名 ⊗ 路地の入り口に立つ門．❷ 形 ⊗ 広く大きい．偉大だ．❸（Hóng）姓．

宏 hóng
宀部 4 四 3073₂
全7画 常用
❶ 素 規模や範囲が大きい．¶~观 hóngguān / ~伟 hóngwěi / 宽~ kuānhóng（度量が大きい）．❷（Hóng）姓．
【宏大】hóngdà 形（範囲・面積・規模・志などが）大きい．¶规模～/規模が大きい．¶~的志愿/りっぱな志．
【宏富】hóngfù 形 豊富だ．同 丰 fēng 富
【宏观】hóngguān 名 マクロ．¶~控制 kòngzhì / マクロコントロール．¶从～的角度来看/マクロの視点から見る．反 微观 wēiguān
【宏观经济】hóngguān jīngjì 名《経済》マクロ経済．
【宏观经济学】hóngguān jīngjìxué 名 マクロ経済学．
【宏观世界】hóngguān shìjiè 名 大宇宙．マクロコスモス．
【宏丽】hónglì 形（教会や寺院などが）立派で美しい．壮麗だ．
【宏论】hónglùn 名 ⊗ 見識の広い議論．¶敬听～/ご高説を承る．同 弘论 hónglùn
【宏图】hóngtú 名 遠大な計画．¶~大略/遠大な計画と方略．¶展示～/遠大な計画を示す．同 鸿图 hóngtú, 弘图 hóngtú
【宏伟】hóngwěi 形（規模・計画・勢いなどが）壮大だ．¶气势 qìshì~/気勢が壮大である．¶万里长城多么～啊！/万里の長城はなんと壮大なことか．
【宏愿】hóngyuàn 名 大きな願望．大望．¶实现~/大望を実現する．同 弘愿 hóngyuàn
【宏旨[恉]】hóngzhǐ 名 要旨．重大な意味．同 弘旨

泓 hóng
氵部 5 四 3213₀
全8画 通用
❶ 形 ⊗ 水が深く広い．❷ 量 泉や一面に広がる水などを数えることば．¶一～清泉 qīngquán（1つの清らかな泉）/一～秋水（一面に広がる秋の澄んだ水）．

荭（葒）hóng
艹部 6 四 4411₂
全9画 通用
下記熟語を参照．
【荭草】hóngcǎo 名《植物》オオケタデ．

虹 hóng
虫部 3 四 5111₂
全9画 常用
名❶ 虹．¶一膜 hóngmó / ~吸管 hóngxīguǎn / 一道~（一本の虹）．❷（Hóng）姓．
■ 虹 jiàng
【虹彩】hóngcǎi 名《生理》虹彩(さい)．同 虹膜 hóngmó
【虹膜】hóngmó 名《生理》虹彩(さい)．
【虹吸管】hóngxīguǎn 名 サイフォン．参考 "虹吸现象"に使用するU字状の管．
【虹吸现象】hóngxī xiànxiàng 名 サイフォン現象．参考 気圧差を利用して，液体をいったん高所へ導いてから低い所に移すこと．
【虹鳟】hóngzūn 名《魚》ニジマス．

竑 hóng
立部 4 四 0413₂
全9画 通用
形 ⊗ 広くて大きい．

洪 hóng
氵部 6 四 3418₁
全9画 常用
❶ 素 大きい．¶~量 hóngliàng / ~炉 hónglú / ~钟 hóngzhōng．❷ 素 洪水(ずい)．¶~水 hóngshuǐ / ~灾 hóngzāi / 防~ fánghóng（洪水を防ぐ）/ 山~ shānhóng（山津波）．❸（Hóng）姓．
【洪帮】Hóngbāng 名《歴史》清代初めに明の遺民が作った結社である天地会から発展した秘密結社．長江や珠江流域を活動の中心とし，清末には反清革命運動にも加わった．同 红帮 Hóngbāng
【洪大】hóngdà 形（音などが）とても大きい．¶~的回音/大きなこだま．
【洪都拉斯】Hóngdūlāsī《国名》ホンジュラス．
【洪恩】hóng'ēn 名 大恩．
【洪泛区】hóngfànqū 名 洪水被災地．
【洪峰】hóngfēng 名〔量 次 cì〕❶ 河川の増水期の最高水位．または最高水位に達した洪水．❷ 河川が増水を始めてからもとの水位に戻るまでの過程．同 洪水峰 hóngshuǐfēng
【洪福】hóngfú 名 大きな幸運．¶~齐天/この上もない幸運．同 鸿福 hóngfú
【洪荒】hónghuāng 名 太古の時代．
【洪亮】hóngliàng 形 音が大きくてよく響く．¶~的回声/大きなこだま．¶嗓音~/声がよく通る．
【洪量】hóngliàng 名 ⊗ ❶ 寛大な器量．❷ 酒量が多いこと．よく飲める人．同 海量 hǎiliàng
【洪流】hóngliú 名〔量 股 gǔ〕大きな流れ．¶时代~/時代の大きな流れ．
【洪炉】hónglú 名❶ 大きな炉．❷ 人を鍛える環境．革命的な…¶革命的な大るつぼ．¶社会就象一个大~/世の中はまさに大きなるつぼだ．
【洪水】hóngshuǐ 名〔量 次 cì, 场 cháng〕洪水．¶~来势很凶 xiōng / 洪水の勢いはとてもすさまじい．
【洪水猛兽】hóng shuǐ měng shòu 成 大きな災害．
【洪秀全】Hóng Xiùquán《人名》洪秀全(しゅうぜん):1814-1864)．太平天国の乱(1850-1864)を率いた人物．宗教的結社を結成，清に対して大規模な反乱活動を行った．
【洪灾】hóngzāi 名 洪水の被害．¶遭受~/洪水の被害に遭う．
【洪泽湖】Hóngzéhú《地名》洪沢湖(こうたくこ)．江蘇省西部にある，中国で4番目の淡水湖．
【洪钟】hóngzhōng 名 ⊗〔量 座 zuò〕大きな鐘．¶声如~/鐘のように響く大きな声．

hóng

鴻(鴻) hóng
氵部8 全11画 3712₇ 次常用

❶ 书 文 〈鳥〉大型のガン. ¶~毛 hóngmáo / ~雁 hóngyàn. ❷ 形 大きい. ¶~福 hóngfú / ~儒 hóngrú / ~图 hóngtú. ❸ 名 文 手紙. ¶来~ láihóng (来信). ❹ (Hóng)姓.

【鴻福】hóngfú 名 大きな幸運. 同 洪 hóng 福
【鴻溝】hónggōu ❶ 〔道 dào, 条 tiáo〕 ❶ 〈歴史〉(河南省にある)古代の運河の名前. ❷ 深い溝. 大きなギャップ. ¶无法逾越 yúyuè 的~ / 越えようのない深い溝.
【鴻鵠】hónghú 名 文 ❶ 〈鳥〉ハクチョウ. ❷ 志の高く大きな人.
【鴻鵠之志】hónghú zhī zhì 名 遠大な志. ¶燕雀 yànquè 安知~/燕雀安(いずく)んぞ鴻鵠(こうこく)の志を知らんや. 小物に大物の心中は計り知れない.
【鴻毛】hóngmáo 名 文 ❶ "鴻 hóng"の毛. ❷ 軽くてとるに足らないこと.
【鴻門宴】Hóngményàn 名 ❶ 〈歴史〉鴻門(こうもん)の会. ❷ 客人を陥れる目的で設けられた宴会. 由来 『史記』項羽本紀に見えることば. 紀元前206年, 劉邦(後の漢の高祖)と覇権を争っていた項羽は, 鴻門(地名. 現在の陝西省臨潼(りんとう)県の東)に劉邦を招いて宴席を設け, その席で劉邦を殺そうとした.
【鴻蒙】hóngméng 天地ができる前の混沌とした世界.
【鴻蒙初辟】hóng méng chū pì 成 混沌の状態から初めて天地の別が生じる. 転じて, 混乱状態を脱する.
【鴻篇巨制】[著] hóng piān jù zhì [zhù] 成 大著. 大部の著作.
【鴻儒】hóngrú 名 文 大学者. ¶博学~ / 博学な大学者.
【鴻图】hóngtú 名 ❶ 広大な事業. とくに帝王の大業. ❷ "宏图 hóngtú"に同じ.
【鴻雁】hóngyàn 名 ❶ 〈鳥〉[⚯ 群 qún, 只 zhī] オオカリ. 大雁 dàyàn ❷ 文 手紙.
【鴻雁传书】hóng yàn chuán shū ❶ 〈成〉大雁(おおかり)の脚に書信を結んで遠方の友人に宛てる. 由来 『漢書』蘇武伝の故事から. 匈奴にとらえられた蘇武が, 漢の皇帝の無事を知らせる書信を雁の足に結んだことから.
【鴻運】hóngyùn 名 ❶ 幸運. ラッキー. 同 红 hóng 运 ❷ 王朝の運気.
【鴻爪】hóngzhuǎ 名 雁の足跡. ¶雪泥~ / 過去のできごとの遺跡. 由来 宋・蘇軾の詩「子由の澠池への旧懐に和す」中の句から.

蕻 hóng
艹部9 全12画 4418₁ 通用

书 "荭 hóng"に同じ.

薨 hóng
艹部13 全16画 4478₁
→雪里蕻 xuělǐhóng
☞ 蕻 hòng

黌(黌) hóng
黄部5 全16画 9080₆ 通用

名 古代の学校.

哄 hǒng
口部6 全9画 6408₁ 常用

動 ❶ うそや小細工で人をだます. ¶~弄 hǒngnòng / ~骗 hǒngpiàn / 瞒~ mánhǒng (だます). ❷ おどけたことばやしぐさで, 子供をあやす. ¶~逗 hǒngdòu / 她很会~孩子(彼女は子供をあやすのがうまい).

☞ 哄 hōng,hòng

【哄逗】hǒngdòu 動 子供をあやす. 機嫌を取る.
【哄弄】hǒngnòng 動 方 だます. ¶你可别~我啊 / 私をだまそうとしてはいかん.
【哄骗】hǒngpiàn 動 だます. ¶我不是三岁的小孩, 你~不了我 / 3才の子供じゃあるまいし, お前にだまされはしない.
【哄劝】hǒngquàn 動 (子供などを)なだめすかす.

讧(訌) hòng
讠部3 全5画 3171₂ 通用

书 争う. もめる. ¶内~ nèihòng (内紛).

哄(鬨) hòng
口部6 全9画 6408₂ 常用

動 ❶ けんかしたりふざけたりして騒ぐ. ¶~闹 hòngnào / 内~ nèihòng (内紛) / 起~ qǐhòng (大勢で騒ぐ. みんなでからかう). ❷ なだめる. ¶~孩子 (子供をあやす.

☞ 哄 hōng,hǒng

【哄场】hòngchǎng 動 (観衆が)やじる. ブーイングする.
【哄闹】hòngnào 動 一斉に騒ぐ.

蕻 hòng
艹部13 全16画 4478₁

❶ 形 文 (植物などが)生い茂っている. ❷ 名 方 長い茎. ¶菜~ càihòng (野菜の長い茎).

☞ 蕻 hóng

---

hou ㄏㄡ [xou]

齁 hōu
鼻部5 全19画 2722₀

❶ 书 いびき. ¶~声 hōushēng. ❷ 動 (食べ物が甘すぎたり塩からすぎたりして)喉が不快になる. ¶咸 xián 得~人 (塩からくて食えたもんじゃない). ❸ 副 方 吧 非常に. とても. ¶~苦 (やけに苦い) / ~酸 hōu suān (いやに酸っぱい) / ~热 hōu rè (ばかに暑い).

【齁声】hōushēng 名 〔⚯ 阵 zhèn〕いびき.

侯 hóu
亻部7 全9画 2728₄ 次常用

❶ 名 封建時代の5爵位(公・侯・伯・子・男)の2番目に高い位. ¶~爵 hóujué / 封~ fēnghóu (侯に封じる) / 王~ wánghóu (王侯). ❷ 名 身分の高い人や高官の地位にある人. ¶门似 sì 海(貴人の家の門は入りにくい. 海にたとえていう). ❸ (Hóu)姓.

☞ 侯 hòu

【侯爵】hóujué 名 侯爵.

喉 hóu
口部9 全12画 6708₄ 常用

名 〈生理〉のど. 喉頭. ¶~结 hóujié / ~舌 hóushé / 歌~ gēhóu (歌手ののどや声) / 咽~ yānhóu (のど). 同 喉咙 hóulóng, 嗓子 sǎngzi

【喉擦音】hóucāyīn 名 〈言語〉声門摩擦音. 国際音声記号で [h], [ɦ] とあらわす.
【喉结】hóujié 名 〈生理〉喉頭隆起. のどぼとけ.
【喉镜】hóujìng 名 〈医学〉喉頭鏡.
【喉咙】hóulóng[-long] 名 咽喉. のど. ¶~痛得很 / のどがひどく痛む.
【喉塞音】hóusèyīn 名 〈言語〉声門閉鎖音. 閉鎖あるいは破裂が声門でなされる音. 国際音声記号で [ʔ] とあ

猴瘊骺篌糇吼后 hóu – hòu　447

らわす.
【喉痧】hóushā 名《中医》猩红（しょう）热．回 猩红热 xīnghóngrè
【喉舌】hóushé 名 ❶ 舌のど．音声器官．また比喩的に代弁者をいう．¶报纸是人民的～ / 新闻は人々の代弁者だ．❷ 弁舌の才．
【喉头】hóutóu 名《生理》喉頭．
【喉炎】hóuyán 名《医学》喉頭炎．

猴 hóu 犭部9 四 4728₄ 全12画 常用

❶ 名（～儿）《動物》[量 只 zhī] サル．¶ ～年马月 / ～戏 hóuxì / 猿～ yuánhóu（類人猿とサル）/ 金丝～ jīnsīhóu（キンシコウ）．❷ 形（～儿）利口者．❸ 形 方 利発で機転が利く．¶ ～儿精 hóurjīng．❹ 動 猿のような格好でうずくまる．❺（Hóu）姓．
【猴年马月】hóu nián mǎ yuè 成 いつになるか分からない．回 驴 lǘ 年马月
【猴皮筋儿】hóupíjīnr 名 〔量 根 gēn〕輪ゴム．ゴムひも．
【猴儿精】hóurjīng 形 利口だ．
【猴市】hóushì 名《経済》（株式市場で）大量の投機筋が短期間に売買をくり返すことにより、株価に一定の幅で乱高下している状態．由来 上下に動くようすをサルの動作に例えたもの．
【猴头】hóutóu 名 ヤマブシタケ．回 猴头菌 jūn
【猴戏】hóuxì 名 ❶〔量 出 chū〕猿の曲芸．猿回し．¶耍 shuǎ ～．❷ 孫悟空が主人公の劇．"闹天宫" などを言う．
*【猴子】hóuzi 名《動物》〔量 群 qún, 只 zhī〕サル．

瘊 hóu 疒部9 四 0018₄ 全14画 通用

下記熟語を参照．
【瘊子】hóuzi 名 〔量 个 ge〕いぼ．医学上は "疣 yóu" という．¶长 zhǎng 了一个～ / いぼができた．

骺 hóu 骨部6 四 7226₁ 全15画 通用

→骨骺 gǔhóu

篌 hóu 竹部9 四 8828₄ 全15画 通用

→箜篌 kōnghóu

糇（異 餱）hóu 米部9 四 9798₄ 全15画 通用

名 文 "干粮 gānliáng"（固形食）の総称．"炒米 chǎomǐ"、"炒面 chǎomiàn"、"馒头 mántou"、"烙饼 làobǐng" などが含まれる．
【糇粮】hóuliáng 名 文 固形食糧．

吼 hǒu 口部4 四 6201₀ 全7画 常用

❶ 動 大声で叫ぶ．ほえる．¶狮子在～（ライオンはほえている）/ 老虎大～一声, 扑了过来（トラはガオーッとほえ、飛びかかって来た）/ 你再小声一点说，～什么？（もう少し小さな声で話したらどうだい．何をほえているんだ）．❷（Hǒu）姓．参考 ①は、もとは獣の雄叫びを指したが、感情が激した時の人間の声や、風のうなり、砲声なども指すようになった．
【吼叫】hǒujiào 動 大声でほえる．どなる．ほえる．回 呼啸 hūxiào
【吼声】hǒushēng 名 大きなどなり声．雄叫び．¶～震 zhèn 天 / 天を揺るがす雄叫び．

后（後❹–❼）hòu 厂部4 四 7226₁ 全6画 常用

❶ 名 君主の正妻．¶～妃 hòufēi（皇后と妃）/ 皇～ huánghòu（皇后）/ 王～ wánghòu（王妃）．❷ 名 上古（商・周・秦・漢の時代），君主を指す．¶商之 zhī 先～（商の先王）．❸ 方 ものの正面に対して、反対の方向．後ろ．¶前怕狼，～怕虎（前はオオカミを恐れ、後ろはトラを恐れる．何をやるにもびくびくばかりで決断力がない）/ 往～退一下（後ろへちょっと下がって下さい）/ ～面 hòumian / 书～写著自己的名字（本の後ろに自分の名が書いてある）/ 背～ bèihòu（背後）/ 鸡口牛～（鶏口となるとも牛後となるなかれ）．反 前 qián ❹ 方 裏．奥．¶～门 hòumén / ～院 hòuyuàn / ～街 hòujiē（裏通り）．❺ 方 時間的に後のこと．¶～天 hòutiān / 今～ jīnhòu（今後）/ ～事 shìhòu（事後）/ 她是先来的，我～来的（彼女が先に来て、僕があとで来た）．反 先 xiān, 前 qián ❻ 名 …（した）あと．¶下课～, 我们就回宿舍了（授業が終わったら、すぐ宿舎に帰った）/ 我们要等毕业～再结婚（私たちは卒業したら結婚するんです）．❼ 方 序列や順番が末尾の方に近い．¶ ～排 hòupái / ～十名（後ろの10名）．❽ 名 子孫など、後の時代の人．¶ ～辈 hòubèi / ～生 hòushēng / ～人 hòurén．❾（Hòu）姓．
【后半年】hòubànnián 名 一年の後半．下半期．
【后晌】hòubànshǎng 名 方（～儿）午後．
【后半天】hòubàntiān 名（～儿）午後．
【后半夜】hòubànyè 名 夜の12時から夜明けまでの間．¶昨晚一直工作到～ / 昨晚は真夜中までずっと働き続けた．下 xià 半夜
【后备】hòubèi 名 予備．¶ ～力量 / 予備力．
【后备军】hòubèijūn 名 ❶《軍事》予備軍．非常時に召集される退役（えき）軍人と市民の総称．❷ 補充人員．
【后背】hòubèi 名 ❶ 背中．他扶著客人的～送到门口 / 彼は客人の背中をかかえまた、出口まで送った．¶ ～痒 yǎng 得很 / 背中がかゆくてしょうがない．❷ 後ろ側．背後．¶战士们向敌人～打去 / 兵士たちは敵の背後から攻撃した．
【后辈】hòubèi 名 ❶ 子孫．回 后代 hòudài 反 先辈 xiānbèi ❷ 後輩．反 前辈 qiánbèi
**【后边】hòubian 名 後ろ．あと．裏．¶他坐在我的～ / 彼は私の後ろに座っている．¶你走前边, 我走～ / 君が前を歩き、私が後ろを歩く．¶这个问题，～再说 / この問題はまたあとにしよう．¶屋子～有一棵大树 / 家の裏に大きな木が一本ある．
【后步】hòubù 名 余地．ゆとり．
【后场】hòuchǎng 名《スポーツ》バスケットボールやバドミントン等の）バックコート．
【后撤】hòuchè 動 後退する．¶ ～十公里 / 10キロ後退する．
【后尘】hòuchén 名 文 後塵（じん）．歩いた後に立つ砂ほこり．❷ 人の後ろのたとえ．¶步人～ / 成 人の後ろを歩く．後塵を拝する．人のまねをするたとえ．
【后处理】hòuchǔlǐ 名 ❶《化学》後（ご）処理．❷《紡織》フィニッシング．
【后代】hòudài 名 ❶ 後の世．¶他的思想给了～很大的影响 / 彼の思想は後世に多大な影響を及ぼした．❷ 後世の人．子孫．¶为～造福 zàofú / 後世の人に幸福をもたらす．
【后爹】hòudiē 名 継父．
【后盾】hòudùn 名 後ろだて．¶坚强的～ / 強力な後ろ

だて.

【后发制人】hòu fā zhì rén 成 まず一歩退いて有利な位置を確保してから、相手を制する. 反 先 xiān 发制人

【后方】hòufāng ❶ 历 後ろ. ¶ 右~／右後方. ❷ 名 戦線の後方. 銃後. ¶~工作／銃後の活動. 反 前线 qiánxiàn, 前方 qiánfāng

【后福】hòufú 名 未来や晩年の幸福. ¶ 大难 nàn 不死,必有~／大きな災難をしのげば、後に必ず幸福が訪れる.

【后父】hòufù 名 継父.

【后跟】hòugēn 名 (~儿)靴と靴下のかかと. ¶ 鞋 xié~／靴のかかと. ¶ 袜子 wàzi~上有个洞／靴下のかかとに穴があいている.

【后宫】hòugōng 名 ❶ 後宮. ❷ 皇帝の妾(ﾒｶｹ).

【后顾】hòugù 動 ❶ 後のことを心配する. ❷ 過去を振り返る. ¶~与前瞻 qiánzhān／回顧と展望.

【后顾之忧】hòu gù zhī yōu 成 後顧(ｺｳｺ)の憂い. 将来に対する憂慮や家庭内の心配事などをいう.

【后滚翻】hòugǔnfān 名 後ろ宙返り.

【后果】hòuguǒ 名 後の結果. ¶ 造成严重~／重大な結果を引き起こす. 反 前因 qiányīn 表現 悪い結果に用いることが多い.

【后汉】Hòu Hàn 名《歴史》❶ 王朝の名. 後漢(ｺﾞｶﾝ:25-220). 劉秀(光武帝)が建国. 首都は洛陽. 同 东汉 Dōng Hàn ❷ 王朝の名. 後漢(ｺﾞｶﾝ:947-950). 五代の一つ. 劉知遠が建国. 首都は汴(ﾍﾞﾝ:現在の河南省開封(ｶｲﾎｳ)市).

【后话】hòuhuà 名 ❶ 後の話. ❷ 遺言.

【后患】hòuhuàn 名 後々の心配事. ¶ 根絶~／後顧の憂いを絶つ.

【后患无穷】hòu huàn wú qióng 成 後々の憂いが絶えない.

*【后悔】hòuhuǐ 動 後悔する. ¶~不已／後悔してやまない. ¶ 小明刚把话说出口,就~起来了／ミンさんは口にしたとたん、もう後悔した. 同 懊悔 àohuǐ, 悔恨 huǐhèn

【后悔莫及】hòuhuǐ mò jí 成 後悔先に立たず.

【后悔药】hòuhuǐyào 名 後悔という薬. ¶ 吃~／後悔する.

【后会有期】hòu huì yǒu qī 成 再会の時がまたある. またいつかお目にかかりましょう. 表現 別れの時によく用いられる.

【后脊梁】hòujǐliang 名 口 背骨. 背中.

【后记】hòujì 名〔個 个 ge, 篇 piān〕あとがき. 後記.

【后继】hòujì 動 跡継ぎ. 後継者. ¶ 前赴 fù~／前の者に続いて後の者も次々と突き進む.

【后继无人】hòu jì wú rén 成 後継者がいない.

【后继有人】hòu jì yǒu rén 成 後継者がいる.

【后脚】hòujiǎo ❶ 歩く時の後ろ足. ❷ すぐ後. "前脚 qiánjiǎo"と連用する. ¶ 你怎么前脚进,~出,不多坐一会儿呢？／来たと思ったらすぐ出て行くなんて、どうぞゆっくりなさってください.

【后金】Hòu Jīn 名《歴史》王朝の名. 後 金(ｺﾞｷﾝ). 1616年、満州族の努爾哈赤(ﾇﾙﾊﾁ)が建国. 1636年に国号を清(ｼﾝ)と改め、1644年に北京を都と定めた.

【后襟】hòujīn 名《服飾》伝統的な中国服の後ろ身ごろ.

【后进】hòujìn ❶ 名 後輩. 後進. ¶ 提携 tíxié~／後進を引き立てる. ❷ 名 進歩のおそい人. 反 先进 xiānjìn ❸ 形 進歩がおそい. ¶ 技术~／技術の進歩がおそい. 反 先进 xiānjìn

【后劲】hòujìn 名 ❶〔股 gǔ〕後からあらわれてくる作用や力. ¶ 葡萄酒~大／ワインは後から酔いがまわってくる. ❷ 最後のひとふんばり.

【后晋】Hòu Jìn 名《歴史》王朝の名. 後 晋(ｺﾞｼﾝ:936-947). 五代の一つ. 石敬瑭(ｾｷｹｲﾄｳ)が建国. 首都は汴(ﾍﾞﾝ:現在の河南省開封(ｶｲﾎｳ)市).

【后景】hòujǐng 名 (画面の)背景. バック.

【后空翻】hòukōngfān 名〔個 个 ge〕後ろ宙返り.

*【后来】hòulái ❶ 名 その後. ¶~怎么样？／その後いかがですか. ¶ 她去年来过一次信,~再也没有来过信／彼女は去年一回手紙を寄こしたきりで、その後はもう手紙を寄こして来ない. 反 起先 qǐxiān, 起初 qǐchū ❷ 形 後から来る. 今後成長する. 比較 1)"以后 yǐhòu"は単独でも、また"七月以后"のように他の語の後ろにつけて用いることもできるが、"后来"は単独でしか用いることができない. 2)"以后"は過去も未来も指すことができるが、"后来"は過去を指すだけである.

【后来居上】hòu lái jū shàng 成 後から来た者が前を進んでいる者を追い越す.

【后来人】hòuláirén 名 後継者.

【后浪推前浪】hòu làng tuī qián làng 成 後ろのものが前のものを推して、絶えず前進するたとえ. ¶ 长江~／(後ろの波が前の波を推し進める長江のように)物事がたゆまずに発展しつづける.

【后脸儿】hòuliǎnr 名 方 後ろ姿. 物の裏側.

【后梁】Hòu Liáng 名《歴史》王朝の名. 後 梁(ｺﾞﾘｮｳ:907-923). 五代の一つ. 朱全忠が建国. 首都は汴(ﾍﾞﾝ:現在の河南省開封(ｶｲﾎｳ)市).

【后路】hòulù 名 ❶ 軍の輸送線. 退路. ¶ 切断 qiēduàn 敌人~／敵の退路を断つ. ❷〔条 tiáo〕ゆとり. 逃げ道. ¶ 留条~／逃げ道を残しておく.

【后掠角】hòulüèjiǎo 名 (飛行機の)後退角.

【后轮】hòulún 名 後輪.

【后妈】hòumā 名 口 継母.

【后门】hòumén 名 ❶〔個 个 ge, 扇 shàn〕裏門. ¶~关着／裏門は閉まっている. ❷ 不正ルート. 裏口. ¶ 走~／裏から手を回し、便宜をはかってもらう. ¶ 开~／裏から手を回し、便宜をはかってやる.

*【后面】hòumian ❶ 历 後ろ. 裏. ¶ 请在~排队／後ろに並んでください. ¶~有人／後ろに誰かいる. ¶ 研究楼~就是教室楼／研究棟の裏が教室棟です. ❷ あと. ¶ 具体做法、~再说／具体的なやり方は、あとでまたお話しします. 同 后边 hòubian

【后母】hòumǔ 名 継母.

【后脑】hòunǎo 名《生理》後脳.

【后脑勺】hòunǎosháo 名 口 後頭部.

*【后年】hòunián 名 再来年. ¶ 我~还要再来北京／私は再来年、また北京に来ます.

【后娘】hòuniáng 名 継母.

【后怕】hòupà 動 後になって怖くなる. ¶ 事过之 zhī 后,我倒 dào 有些~／事が過ぎ去ってから、私は少し怖くなった.

【后排】hòupái 名 後列. ¶~座位／後列座席.

【后妻】hòuqī 名 後妻.

【后期】hòuqī 名 後期. ¶ 十九世纪~／19世紀後期.

【后起】hòuqǐ 形 後から育ってきた.

【后起之秀】hòu qǐ zhī xiù 成 後から現れ、新しく育ってきた優秀な人物.

【后勤】hòuqín 名 後方勤務. ¶~部／後方勤務部. 兵站(ﾍｲﾀﾝ)部. ¶~工作／後方勤務.

【后儿】hòur 名 明後日. あさって. 同 后天 hòutiān

【后人】hòurén 名 ❶ 後世の人. ¶ 前人种 zhòng 树,

～乘凉 chéng liáng / [成]昔の人が木を植えて,今の人がそこで涼む. 先人が後の人に幸福をもたらすたとえ. [反]前人 qiánrén ❷子孫. [反]先人 xiānrén

【后任】hòurèn [名]後任. [反]前任 qiánrèn

【后厦】hòushà [名]家の後ろ側にある廊下. [反]前廊 qiánláng

【后晌】[名][方]❶hòushǎng 午後. [同]下午 xiàwǔ ❷hòushang 夕方. 夜. ¶～饭 / 夕食. [同]晚上 wǎnshang

【后身】hòushēn [名]❶(～儿)後ろ姿. 後ろ影. ¶看小明的～,很像你姐姐 / ミンさんの後ろ姿は,あなたのお姉さんによく似ている. ❷(～儿)上着や着物などの後ろ身ごろ. ¶这件衣服的～太短了 / この服は後ろ丈が短すぎる. ❸(～儿)家屋の裏. ¶房～ / 家の裏. ❹来世の生まれ変わり. ❺(機構・制度などの)後身(こうしん). 発展した姿. ¶京师大学堂的～是今天的北京大学 / 京師大学堂の後身が,現在の北京大学である.

【后生】hòushēng ❶[名][方]若者. ¶好～ / りっぱな若者. ❷[形]若い. ¶～家 / 年の若い人.

【后生可畏】hòu shēng kě wèi [成]後生(こうせい)畏(おそ)るべし. 若者が先輩を追い越していく勢いを驚嘆することば. [由来]『論語』子罕(しかん)篇に見えることば.

【后市】hòushì [名]《経済》(証券取引所の)後場(ごば). [同]后盘 pán [反]前 qián 市

【后世】hòushì [名]❶後の世. ¶他的诗在～广为流传 / 彼の詩は後世広く世に伝わった. ❷子孫. ❸《仏教》来世.

【后事】hòushì [名]❶後の事. ❷葬式. ¶料理～ / 葬儀をとりしきる. ¶～简办 / 葬儀は簡素に執り行う. [参考]①は,章回小説によく用いられる.

【后视镜】hòushìjìng [名]バックミラー. ルームミラー.

【后手】hòushǒu [名]❶後任者. ❷手形の引受人. ❸碁や将棋の後手. ¶～棋 qí / 後手. [反]先手 xiānshǒu ❹余地. ゆとり. ¶留～ / 余地を残しておく.

【后首】hòushǒu [方]❶[名]その後. [同]后来 lái ❷[方]後ろ. [同]后面 miàn

【后熟】hòushú [名]《植物》後熟. [参考]植物の種子が母胎を離れた後,一定の時間をかけて種子として成熟すること.

【后嗣】hòusì [名]子孫. 跡継ぎ. [同]后裔 hòuyì

【后送】hòusòng [名]《軍事》撤退. 撤兵.

【后台】hòutái [名]❶舞台裏. ❷後ろだて. ¶小李是有～的 / 李さんには後ろだてがある.

【后台老板】hòutái lǎobǎn [名]❶芝居の座長. 座頭(ざがしら). ❷後ろだて. 黒幕.

【后唐】Hòu Táng [名]《歴史》王朝の名. 後唐(こうとう:923-936). 五代の一つ. 李存勖(りそんきょく)が建国. 首都は洛陽.

*【后天】hòutiān [名]❶明後日. あさって. ¶你打算～到哪儿去玩儿? / 君はあさってどこかへ遊びに行くつもりですか. ❷後天. ¶～性 / 後天性. [反]先天 xiāntiān

【后头】hòutou [方]❶後ろ. ¶学校～有个体育馆 / 学校の裏手に体育館がある. ❷後ほど. あと. ¶别先走,好戏还在～ / 先に行くな,お楽しみはまだまだこれからだ. [同]后边 hòubian

【后腿】hòutuǐ [名](人や動物・昆虫の)後ろ足. ¶拉～ / 人の足をひっぱる. ¶扯 chě～ / 人の足をひっぱる.

【后退】hòutuì [動]後退する. ¶～两步 / 2歩後退する. ¶面对困难,决不～ / 困難に直面して,決して退かない. [反]前进 qiánjìn

【后卫】hòuwèi [名]❶《軍事》〔[量]队 duì,支 zhī〕後衛部隊. ❷《スポーツ》〔[量]个 ge,名 míng〕後衛. ディフェンス. フルバック(サッカー),ガード(バスケットボール)など. [反]前锋 qiánfēng

【后现代】hòuxiàndài [名]ポスト・モダン. ポスト・モダニズム.

【后项】hòuxiàng [名]《数学》後項.

【后效】hòuxiào [名]後の効き目. 後の態度. ¶先予 yǔ 警告 jǐnggào,以观～ / まずは警告を与え,それから後の態度を観察する.

【后心】hòuxīn [名]背中の中央部.

【后行】hòuxíng [動]❶後から出発する. ❷後で行う.

【后续】hòuxù ❶[動]後から続く. ¶～部队 / 後続部隊. ❷[動][方]後妻を迎える. ❸[名]後妻.

【后学】hòuxué [名]後から研究する者. 学問上の後輩. [表現]自分を謙遜して言う.

【后腰】hòuyāo [名]❶[口]腰. ❷《スポーツ》(サッカーの)ミッドフィルダー.

【后遗症】hòuyízhèng [名]《医学》後遺症. ¶留下了～ / 後遺症が残った.

【后裔】hòuyì [名]後裔. 末裔. [同]后嗣 hòusì

【后影】hòuyǐng [名](～儿)後ろ姿. ¶我只看见一个～儿 / 私が見たのはただ後ろ姿だけだ.

【后于】hòuyú [動][文]…より遅れる.

【后援】hòuyuán [名]援軍. ¶～单位 / 後方支援機関.

【后院】hòuyuàn [名](～儿)❶裏庭. ❷戦線の後方や内部のたとえ.

【后院起火】hòuyuàn qǐ huǒ [慣]内部から問題が生じる. [由来]裏庭から火の手が上がる,という意から.

【后账】hòuzhàng [名]❶裏帳簿. 隠し帳簿. ❷後日に勘定をすること. ¶算～ / 後払いにする.

【后赵】Hòu Zhào [名]《歴史》王朝の名. 後趙(こうちょう:319-350). 五胡十六国の一つ. 羯(けつ)族の石勒(せきろく)が建国. 首都は襄国(じょうこく:現在の河北省邢台市の西南).

【后者】hòuzhě [名]後者. ¶不是前者就是～,两者必居其 qí 一 / 前者でなければ後者だ. 両者のうちのどちらかであることは間違いない. [反]前者 qiánzhě

【后肢】hòuzhī [名]動物の後ろ足.

【后周】Hòu Zhōu [名]《歴史》王朝の名. 後周(こうしゅう:951-960). 五代の一つ. 郭威(かくい)が建国. 首都は汴(べん:現在の河南省開封(かいほう)市).

【后轴】hòuzhóu [名]後車軸.

【后缀】hòuzhuì [名]《言語》接尾語. 接尾辞.

【后坐】hòuzuò [名](大砲などの)後座. 発砲の衝撃による反動.

【后坐[座]力】hòuzuòlì [名](弾丸を発射した時の)反動力.

郈 Hòu
阝部6 [四]7722₇ 全8画 [通用]

[名]姓.

厚 hòu
厂部7 [四]7124₇ 全9画 [常用]

❶[名][形]厚さ. 厚い. ¶这件衣服很～(この服は厚い) / ～玻璃(厚いガラス) / 非常～的一本书(非常に厚みのある本) / 一尺 chǐ～的雪(30センチ積もった雪). [反]薄 báo ❷[形](感情が)深い. こまやかだ. ¶他们俩的感情很～(あの二人はたいへん仲がいい). ❸[形](味が)濃い. ¶味道很～(味が濃い). ❹[形]程度が深く内容が濃い. ¶～实 hòushi / ～重 hòuzhòng / 浓～ nónghòu(濃厚だ) / 天高地～([成]恩義が厚い. 事柄が複雑だ). ❺[形]利潤や財産などがたっぷりある. ¶～利 hòulì / 丰

~ fēnghòu（裕福だ）. ❻[素] 心をこめて大切に扱う. ¶~道 hòudao / ~遇 hòuyù / 忠~ zhōnghòu（忠実で温厚だ）. ❼（Hòu）姓.

【厚爱】hòu'ài [名] 深い愛情. 厚情. ¶承蒙 chéngméng~ / 厚情を賜る.

【厚薄】hòubó [名] ❶（ものの）厚さ. 厚み. ❷（情の）厚さ. 深さ.

【厚此薄彼】hòu cǐ bó bǐ [成] 一方を優遇し,他方を冷遇する. 一方をひいきする. [由来]『梁書』賀琛伝に見えることば.

【厚达】hòudá [動] ある一定の厚さに達する. ¶~三百页 / 300ページの厚さに達する.

【厚待】hòudài [動] 手厚くもてなす. 優遇する. [同]优 yōu 待

【厚道】hòudao [形] 人情に篤い. 慈悲深い. ¶为人 wéirén~ / 人柄が慈悲深い. [反]刻薄 kèbó

【厚度】hòudù [名] 厚み. 厚さ.

【厚墩墩】hòudūndūn [形]（~的）とても厚いこと. ¶~的棉 mián 大衣 / ぶ厚い綿入れ.

【厚古薄今】hòu gǔ bó jīn [成] 古いものを重んじ,新しいものを軽んじる態度. [同]尊古卑今 zūn gǔ bēi jīn

【厚黑】hòuhēi [形] 官界で,おべっかや迎合によって出世する処世術. [由来]"厚"は面の皮が厚いこと. "黑"は腹黒いこと.

【厚今薄古】hòu jīn bó gǔ [成] 新しいものを重んじ,古いものを軽んじる態度.

【厚礼】hòulǐ [名] 心のこもった贈り物. ¶一份~ / 手厚い贈り物. ¶受此~,于心不安 / こんなお気遣いいただいては,恐縮です.

【厚利】hòulì [名] 大きな利益. 高い利息.

【厚脸皮】hòuliǎnpí [形] 厚かましい. 厚顔だ.

【厚禄】hòulù [名] 高給. 高禄.

【厚朴】hòupò [名]【植物・薬】カラホオ. [参考] 樹皮と花は健胃・膨満解消・利尿等の効用がある.

【厚实】hòushí [形] ❶厚い. 厚みがある. ❷[口] がっちりとして丈夫だ. ¶~的肩膀 jiānbǎng / がっちりした肩. ❸[口] 手堅い. 着実だ. ¶~基础 / 基礎がしっかりしている. ❹[方] 真面目で誠実だ. ¶为人 wéirén~ / 人柄が実直だ. ❺[口] 豊かな. 富裕な. ¶家底 jiādǐ ~ / 財産が豊富にある.

【厚望】hòuwàng [名] 大きな期待. 待望. ¶大家对小美都寄予~ / 皆がメイちゃんに大きな期待を寄せている.

【厚颜】hòuyán [形] 面の皮が厚い. 厚かましい.

【厚颜无耻】hòu yán wú chǐ [成] 厚顔無恥. 厚かましく恥知らずなようす.

【厚谊】hòuyì [名] よしみ. 深い友好の情. ¶深情~ / 深く厚い友情.

【厚意】hòuyì [名] 深い思いやり. 厚意. ¶深情~ / 温かい気持ち.

【厚于】hòuyú [形] …より厚みがある. ¶这本书~那本书 / この本はあの本より厚い.

【厚遇】hòuyù [名] 厚遇.

【厚重】hòuzhòng [形] 重厚だ.

侯 hòu   亻部7 [四] 2728₄
全9画 [次常用]

[素] 地名用字. ¶闽~ Mǐnhòu（福建省にある県名）.
☞ 侯 hóu

逅 hòu   辶部6 [四] 3230₆
全9画 [通用]

→邂逅 xièhòu

候 hòu   亻部8 [四] 2728₄
全10画 [常用]

❶[動] 待つ. ¶~车 hòuchē / 等~ děnghòu（待つ）/ 迎~ yínghòu（出迎える）/ 稍一会儿（少々お待ち下さい）. ❷[素] 安否や機嫌を尋ねるあいさつ. ¶问~ wènhòu（ご機嫌をうかがう）/ 致~ zhìhòu（ご機嫌うかがう）. ❸[素] 季節や時期. ¶~鸟 hòuniǎo / 时~ shíhou（時）/ 季~风 jìhòufēng（季節風）. ❹[素] ものごとが変化していく途中の状況. ¶火~ huǒhou（火加減）/ 症~ zhènghòu（病状）. ❺（Hòu）姓.

【候补】hòubǔ [名] 補欠. サブ.（キャンセル待ちの）ウェイティング. ¶~队员 / 控えの選手.

【候补委员】hòubǔ wěiyuán [名] 準委員. [参考] 上位の委員に欠員が出ると"候补委员"から繰り上がることがあるが,"候补委员"自体も一つの職位で,補欠委員という意味ではない.

【候车】hòuchē [動] 乗車を待つ. 車を待つ.

【候车室】hòuchēshì [名]（列車や長距離バスの）待合室.

【候光】hòuguāng [動][文]（相手の到来を）お待ち申し上げる. [用法] 旧時,手紙や招待状に用いた.

【候机室】hòujīshì [名]〔个 ge,间 jiān〕空港の待合室.

【候机厅】hòujītīng [名]（空港の）搭乗待合室. サテライト.

【候教】hòujiào [動][敬]（相手のご指導を）お待ち申し上げる. [用法] 手紙などで使われる語.

【候鸟】hòuniǎo [名]〔群 qún,只 zhī〕渡り鳥. [反]留鸟 liúniǎo

【候审】hòushěn [動] 取り調べを待つ. 審問を待つ.

【候温】hòuwēn [名]《气象》五日ごとの平均気温. [由来] 古代,五日間を"候"と言ったことから. [参考] 現在でも"候温"によって四季を区分している.

【候选人】hòuxuǎnrén [名]〔个 ge,名 míng,位 wèi〕候補者. 立候補者.

【候诊】hòuzhěn [動] 診察を待つ.

【候诊室】hòuzhěnshì [名]（病院の）待合室.

堠 hòu   土部9 [四] 4718₄
全12画 [通用]

[名] 古代の見張り台. とりで.

鲎（鱟）hòu   鱼部5 [四] 9010₆
全13画 [通用]

[名] ❶【動物】カブトガニ. [同]鲎鱼 hòuyú ❷[方] 虹（肸）.

【鲎虫】hòuchóng [名]【動物】カブトエビ. [同]王八鱼 wángbāyú,水鳖子 shuǐbiēzi

hū ㄏㄨ [xu]

乎 hū   丿部4 [四] 2040₉
全5画 [常用]

❶[助][文] …か. …や. 疑問をあらわすことば ¶不亦 yì 乐 lè~（また楽しからずや）. [同] 吗 ma ❷[助] …かどうか. 選択の疑問をあらわす. ¶然~ ránhū（そうであるか）/ 否~ fǒuhū（否か）. [同] 呢 ne ❸[助][文] …だろうか. 推測をあらわす. ¶或能免~？（免れえるだろうか）. [同] 吧 ba ❹[接尾] 範囲をあらわす. ¶于 yú ~在~ zàihū（…にある）/ 出~意料 yìliào（予想外だ）. ❺[接尾] 形容詞や副詞の語尾について,状態をあらわす. [同] 然 rán ¶郁郁 yùyù ~（文

才がすぐれている) / 确~重要(确かに重要だ) / 辣là~~(ひりひりするほど辛い). ❻ 感 …よ. 感嘆をあらわす. ¶天~!(天よ). 回 啊 a

戏(戲)(異戲) hū 又部 4 四 7345₀ 全6画 常用
→於戏 wūhū
☞ 戏 xì

呼(異 嘑) hū 口部 5 四 6204₉ 全8画 常用
❶ 動 大きな声で叫ぶ. ¶一口号(スローガンを叫ぶ) / ~声 hūshēng / 高~ gāohū (高らかに叫ぶ) / 惊~一声(びっくりしてあっと叫ぶ). ❷ 人に呼びかける. ¶一~百应 yìng (ひとこと呼びかければ、たくさんの人が応じる) / 直~其名(じかにその名前を呼ぶ). ❸ 動 息を吐く. ¶深深地~出一口气(ほっとため息をつく). 反 吸 xī ❹ 動 (電話や館内放送などで)呼び出す. ¶我~了你好几次(私はあなたを何回も呼び出した) / 以后有事~我(これからは何かあったら私を呼んで下さい). ❺ 擬 風や息の音をあらわすことば. ¶一啦 hūlā / 气~~ qìhūhū (ぷんぷん怒っている). ❻ (Hū)姓.
【呼哧[嗤]】hūchī 擬 ハアハア. ゼーゼー. 荒い息づかいの音. 重 呼哧呼哧
【呼风唤雨】hū fēng huàn yǔ 成 ❶ 風を起こし,雨を降らせる. 大自然を支配する大きな力. ❷ 扇動する. さわぎ立てる.
【呼喊】hūhǎn 動 大声をあげる. 叫ぶ. ¶大声~口号 / 大声でスローガンを叫ぶ.
【呼号】hūháo 動 ❶ (悲しみのあまり)泣き叫ぶ. ¶仰 yǎng 天~ / 天をあおいで慟哭する. ❷ (助けを求めて)叫ぶ. ¶奔 bēn 走~ 成 駆けずり回って助けを求める.
【呼号】hūhào 名 ❶ (無線の)コールサイン. ❷ 組織内で用いるスローガン.
【呼和浩特】Hūhéhàotè 地名 呼和浩特(フフホト). 内蒙古自治区の区都.
【呼呼】hūhū 擬 ❶ 風の音. ヒューヒュー. ❷ いびきの音. ¶睡得~的 / グーグーとよく眠っている.
【呼唤】hūhuàn 動 ❶ 大声で叫ぶ. ¶母亲不停地~着儿子的名字 / 母親はひたすら息子の名を呼びつづけている. ❷ 呼び招く. ¶时代~着我们前进 / 時代が私たちに前進を呼びかけている. 回 召唤 zhàohuàn 表現 ❷は,抽象的な事物(祖国や時代など)について言う.
【呼机】hūjī 名 ポケットベル. 回 寻 xún 呼机
【呼叫】hūjiào 動 ❶ (コールサインや無線などで)呼び出す. ¶司令部在~我们 / 司令部が我々を呼び出している.
【呼救】hūjiù 動 助けを求めて叫ぶ. ¶河边传来了~声 / 川岸に助けを求める声が届いた.
【呼啦[喇]】hūlā 擬 ハタハタ. バタバタ. 旗などが風にひるがえる音. 重 呼啦呼啦 回 呼啦啦
【呼噜】hūlū ❶ 擬 ゼーゼー. ズルズル. 喉が詰まってゴロゴロいったり,食事やエサをする音. 重 呼噜呼噜 ❷ hūlu 名 回 いびきの音. ¶打~ / いびきをかく.
【呼噜噜】hūlūlū 擬 機械が回転したり,物が風を切ったりする音. ゴーゴー. ヒュー.
【呼朋引类】hū péng yǐn lèi 成 貶 同類の人間を仲間に引き込む. 多く,徒党を組んで悪事をはたらくこと. 回 引类呼朋
【呼扇】hūshān[-shān] 動 回 ❶ (板状のものが)ガタガタ揺れる. ¶大风吹得房檐 fángyán 直~ / 強風で軒先がガタガタ揺れ続けている. ❷ あおぐ. 回 嘬扇 hū-

shan[-shān]
【呼哨】hūshào 名 〔 声 shēng〕 ❶ 指笛. ¶打~ / 指笛を鳴らす. ❷ 物体や風が速く動く時に出る,呼子子のような音. 回 嘬哨 hūshào
【呼声】hūshēng 名 ❶ 呼び声. ❷ 人々の意見や要求. ¶倾听人民的~ / 人々の声に耳を傾ける.
【呼天抢地】hū tiān qiāng dì 成 天に向かって叫び,地に頭を打ちつける. 深く嘆き悲しむよう. 注意 "抢"は,ここでは"qiāng"と発音しない.
*【呼吸】hūxī ❶ 動 呼吸する. ¶深~ / 深呼吸する. ¶不畅 chàng / 呼吸が苦しい. ❷ 名 文 ひと呼吸. ¶~之 zhī 间 / あっという間.
【呼吸道】hūxīdào 名 〈生理〉気道.
【呼吸系统】hūxī xìtǒng 名 〈生理〉呼吸器系统.
【呼啸】hūxiào 動 風や弾丸が人々高く長い音を出す. ¶海风~ / 海風がヒューヒューと音をたてる. ¶炮弹 pào-dàn 在空中~着 / 砲弾の音が空中で長く尾を引いていた. 回 吼叫 hǒujiào
【呼应】hūyìng 動 呼応する. ¶这篇文章前后~,结构严谨 yánjǐn / この文章は前後の筋が通っていて,構成がしっかりしている. 回 照应 zhàoyìng
【呼吁】hūyù 動 (個人や社会に向け,援助や道理を)呼びかける. アピールする. アピール. ¶强烈~ / 強く呼びかける. ¶向全世界发出~ / 全世界にアピールを出す.
【呼之欲出】hū zhī yù chū 成 声をかければすぐに出てきそうだ. 表現 文学作品で,人物が生き生き描かれていることを言う.

忽 hū 心部 4 四 2733₂ 全8画
❶ 素 おろそかにする. ¶一略 hūlüè / ~视 hūshì / 疏~ shūhu (おろそかにする). ❷ 副 不意に. 突然に. ¶一而 hū'ér / ~然 hūrán / 倏 shūhū (这に). ❸ 副 ("忽…忽…"の形で)…かと思えば…だ. 急に…たり…"…"に意味が反対の単音節の形容詞を入れて,状況がにわかにとっさに変化することをあらわす. ¶一冷~热(寒くなったかと思えば今度は急に暑くなる) / ~高~低(急に上がったり下がったり). ❹ 量 昔の計量単位で,"丝 sī"の10分の1. "毫 háo"の100分の1. ❺ 量 現代,長さや重さの単位で,基準となる単位の10万分の1. ¶一米 hūmǐ (10万分の1メートル. ❻ (Hū)姓.
【忽必烈】Hūbìliè 《人名》元の世祖,フビライ・ハン(1215-1294). チンギス・ハンの孫. チンギス・ハンが1206年に建てた国の国名を1271年に元と定めた. 1279年,南宋を滅ぼすと正式に北京を国都と定めた.
【忽地】hūdì 副 急に. 突然に. ¶一刮起一阵狂风 / 突然強風が吹きおこった.
【忽而】hū'ér 副 急に. ¶一说,~笑 / しゃべったかと思うと,急に笑い出す. 用法 反対の意味をもつ動詞・形容詞や意味の近いものとともに連用する.
【忽忽】hūhū ❶ 時が何かという間に過ぎ去るよう. ❷ 失意または途方にくれるよう. ¶一不乐 / 鬱々として楽しまない.
【忽略】hūlüè おろそかにする. ¶这一点很重要,不能~ / この点はとても重要で,おろそかにしてはならない. 回 疏忽 shūhu
【忽明忽暗】hūmíng hū'àn 句 急に明るくなったり,暗くなったりする. ¶灯火~ / 明かりがついたり消えたりしている.
**【忽然】hūrán 副 急に. 不意に. ¶不知为什么,小美~哭起来了 / なぜか分からないが,メイちゃんは突然泣き出した. 回 突然 tūrán, 忽然间 hūránjiān 比較 "忽然"は

副詞としてのみ使われるが,"突然"は副詞の他に形容詞としても使われる.

【忽闪】❶ hūshǎn 形 キラキラと光っている. ¶闪光灯一亮 / フラッシュがピカッと光った. ❷ hūshan 動（瞳などを）キラリと光らせる.

【忽上忽下】hūshàng hūxià 急 上がったり下がったりする. ¶成绩~ / 成績にはかなり波がある. ¶心里~, 拿不定主意 / 内心穏やかならず,心が決まらない.

【忽视】hūshì 動 おろそかにする. 軽視する. ¶不能~基础研究 / 基礎研究をおろそかにしてはならない. 同 漠视 mòshì, 无视 wúshì 反 重视 zhòngshì

【忽悠】hūyou 動（ゆらゆらと）揺れ動く.

【忽左忽右】hū zuǒ hū yòu 句 両極端だ.

轷(軒) Hū
车部 5 四 4254₉ 全 9 画 通用

名 姓.

烀 hū
火部 5 四 9284₉ 全 9 画

動 方《料理》調理法の一つ. 蒸し煮にする. ¶~白薯 báishǔ（サツマイモをふかす）.

唿 hū
口部 8 四 6703₂ 全 11 画 通用

下記熟語を参照.

【唿扇】hūshān 動 "呼扇 hūshan" に同じ.

【唿哨】hūshào 動 "呼哨 hūshào" に同じ.

惚 hū
忄部 8 四 9703₂ 全 11 画

→恍惚 huǎnghū

滹 hū
氵部 11 四 3114₉ 全 14 画

❶ 素 地名用字. ¶~沱河 Hūtuóhé（川の名. 山西省から河北省に流れる）. ❷（Hū）姓.

糊 hū
米部 9 四 9792₀ 全 15 画 常用

動 塗ったり,のりづけなどをしてふさぐ. ¶用泥把墙缝 qiángfèng~上（泥で壁の割れ目をふさぐ）.

☞ 糊 hú, hù

囫 hú
囗部 4 四 6022₇ 全 7 画 通用

下記熟語を参照.

【囫囵】húlún 形 まるごと全部. ¶整个儿 zhěnggèr~

【囫囵吞枣】hú lún tūn zǎo 成 ナツメをまるごと飲み込む. ものごとを鵜呑みにすること. ¶他学东西总是~,不求甚 shèn 解 / 彼はものを学ぶのに,常にまる覚えするだけで深く理解しようとしない.

【囫囵觉】húlunjiào 名 一晩中ぐっすり眠ること. ¶我已经好多天没睡过一个~了 / 夜まともに寝ない日がもう何日も続いている.

和 hú
禾部 3 四 2690₀ 全 8 画 通用

動 賭け事で勝つ.（マージャンで）あがる.

☞ 和 hé, hè, huó, huò

狐 hú
犭部 5 四 4223₉ 全 8 画 常用

名 ❶《動物》キツネ. ¶~狸 húli / ~媚 húmèi / ~腋 húqiàn（キツネの毛皮の胸や腹,わきの下の部分）/ ~疑 húyí. ❷（Hú）姓.

【狐步】húbù 名 フォックストロット. ダンスのリズムの一つ. 同 狐步舞 wǔ ◆fox trot

【狐步舞】húbùwǔ 名 "狐步 húbù" に同じ.

【狐臭】húchòu 名 わきが. 同 胡臭 húchòu, 狐臊 húsāo

【狐假虎威】hú jiǎ hǔ wēi 成 トラの威を借るキツネ. 他人の権勢を借りていばること. 由来『戦国策』楚策に見えることば.

【狐狸】húli 名《動物》〔个 ge, 只 zhī〕キツネ. ¶~ diāo~ / ずる賢いキツネ. 参考 この二字で,キツネのこと. タヌキは,"貉子 háozi"や"狸 lí"という.

【狐狸精】húlijīng 名 男を色香で誘惑する女. 悪女. 表現 ののしる時に使う.

【狐狸尾巴】húli wěiba 名〔条 tiáo〕悪事や正体が明らかになること. 化けの皮. ¶~终于露了出来 / ついに化けの皮がはがれた.

【狐媚】húmèi 動 こびへつらって人を惑わす.

【狐朋狗友】hú péng gǒu yǒu 成 品行の悪い友達.

【狐群狗党】hú qún gǒu dǎng 成 徒党を組んだ悪人ども. 同 狐朋 péng 狗党

【狐臊】húsāo 名 わきが. 同 狐臭 húchòu

【狐疑】húyí 形 疑っている. うたぐり深い. ¶满腹 mǎnfù~ / ひどく疑っている. 同 怀疑 huáiyí, 疑惑 yíhuò, 疑心 yíxīn

弧 hú
弓部 5 四 1223₀ 全 8 画 次常用

名 ❶ 円周の一部分. 弓なりの形. ¶~形 húxíng / ~线 húxiàn. ❷ 古代の弓. ❸（Hú）姓.

【弧度】húdù 名《数学》〔个 ge〕ラジアン. 同 弳 jìng ◆radian

【弧光】húguāng 名〔道 dào〕アーク. ◆arc

【弧光灯】húguāngdēng 名 アーク灯.

【弧菌】hújūn 名《医学》ビブリオ. ◆vibrio

【弧圈球】húquānqiú 名《スポーツ》（卓球の）ループドライブ打法. ◆loop drive

【弧线】húxiàn 名 円周の一部分. 弓なりに曲がった線. アーチ.

【弧形】húxíng 名〔个 ge〕アーチ形. 弧形.

胡(鬍❻) hú
月部 5 四 4762₀ 全 9 画 常用

❶ 名 中国の古代の北方または西方の民族. えびす. ¶~人 húrén（北方または西域に住む種族. 胡人）. ❷ 素 外来の. 外国の. ¶~椒 hújiāo / ~罗卜 húluóbo / ~琴 húqín / ~服 húfú（胡人が着る服. 異民族の服）. ❸ 副 でたらめに. いいかげんに. ¶~来 húlái / ~闹 húnào / ~说 húshuō（在黒板上~画（黒板に出鱈目に絵をかく）. ❹ 代 なぜ. どうして. 古文で使われる,疑問をあらわすことば. ¶~不归（なぜ帰らないのか）. ❺ 名 獣のあごに垂れ下がった肉. ❻ 名 ひげ. ¶~子 húzi / ~儿 húr（ひげ）. ❼（Hú）姓.

【胡扯】húchě 動 貶 でたらめを言う. ¶你在~些什么? / 何をでたらめ言ってるの.

【胡吹】húchuī 動 ホラを吹く. ¶别听他~,快吃饭吧 / 彼のホラ話を聞いていないで,早くご飯を食べなさい.

【胡蝶】húdié 名《虫》チョウ. 同 蝴蝶 húdié

【胡豆】húdòu 名 そら豆. 同 蚕豆 cándòu

【胡啡】húfēi 名 方 土匪(ヒ). 同 胡子③

【胡蜂】húfēng 名《虫》〔个 ge, 只 zhī〕スズメバチ. 表現 ふつうは"马蜂 mǎfēng"と呼ばれる.

【胡搞】húgǎo 動 でたらめなことをする. いいかげんなことをする. ¶他们无计划地~了一通 tòng,什么也没搞成 / 彼らは計画性がなくいいかげんにしかやらないので,何一つでき上がらない.

【胡瓜】húguā [名]キュウリ．[表現]ふつうは“黄瓜 huánggua”と呼ばれる．

【胡话】húhuà [名]〔[量]句 jù,通 tòng〕❶意識がはっきりしない状態で口にすることば．うわごと．寝言．¶说～ / うわごと(寝言)を言う．❷いいかげんな話．¶别说～ / いいかげんな事を言うな．

【胡笳】hújiā [名]《音楽》胡笳(こか)．[参考]もと北方民族が用いた,悲しげな音のする古代の管楽器．蔡文姫(さいぶんき)作とされる琴(きん)曲歌詞の「胡笳十八拍」で知られる．

【胡椒】hújiāo [名]コショウ．¶～面儿 / 粉コショウ．

【胡搅】hújiǎo [動]❶ひどく邪魔する．かき乱す．❷強弁する．ずる賢く言い逃れる．

【胡搅蛮缠】hú jiǎo mán chán [成][貶]道理をわきまえないふるまいで混乱させる．¶这事让他～,简直 jiǎnzhí 无法收拾了 / この件は彼にかき回されて,まったく収拾がつかなくなった．

【胡来】húlái [動]❶きまりに従わないで,勝手にやる．❷でたらめ,非道な行いをする．

【胡噜】húlu [動][方]❶撫(な)でる．❷拭(ふ)いてきれいにする．拭いて一カ所に集める．

*【胡乱】húluàn [形]❶いいかげんだ．¶毫无头绪,～地回答了一通 tòng / なんの根拠もなく,でたらめに答えた．❷勝手放題だ．

【胡罗卜】húluóbo [名]〔[量]根 gēn〕ニンジン．

【胡罗卜素】húluóbosù [名]《化学》カロチン．

【胡麻】húmá [名]《植物》❶ゴマ．❷(油をとるための)アマ．[同]亚麻 yàmá [表現]①は,ふつうは“芝麻 zhīma”と言う．

【胡闹】húnào [動]むやみに騒ぐ．悪ふざけをする．¶你们又在～什么？/ あなたたち,また何を騒いでいるの．

【胡琴】húqin [名](～儿)《音楽》〔[量]把 bǎ〕❶“京胡 jīnghú”のこと．❷胡琴(こきん)の総称．弓で2－4本の弦をこすって音を出す伝統的な楽器．¶拉～ / 胡琴を演奏する．[参考]②には,“高胡”,“板胡”,“二胡”,“三胡”(三弦の胡琴),“四胡”,“中胡”(中音域を出す2弦の胡琴),“椰 yē 胡”(ヤシの実を胴体とした南方系の2弦の胡琴),“低胡”(チェロに近い低音域を出す2弦の胡琴),“革胡”(チェロに近い低音域を出す4弦の胡琴)などがある．

【胡适】Hú Shì《人名》胡適(こてき:1891-1962)．近代の文学者．上海生まれ．1917年に口語による文学を提唱,五四新文化運動の先導者の一人．

胡 适

【胡说】húshuō ❶[動]でたらめを言う．¶他又信口～了一通 tòng / 彼はまた口からでまかせを言った．❷[名]根拠のない,または道理に合わない話．

【胡说八道】hú shuō bā dào [成][貶]でたらめを言う．¶这简直是～ / それは全くでたらめだ．

【胡思乱想】hú sī luàn xiǎng [成]根拠もなく,あれこれ思いを巡らす．¶他整天～,不干实事 / 彼は一日中あれこれ考えているが,なにも実行しない．

【胡荽】húsuī [名]《植物・薬》コエンドロ．[同]芫荽 yánsuī [表現]通称“香菜 xiāngcài”．

【胡桃】hútáo [名]《植物》クルミ．[同]核 hé 桃

【胡同】hútòng [名][方](～儿)〔[量]条 tiáo〕横町．路地．¶死～ / 行きどまりの路地．[同]衚衕 hútòng [参考]北京市内など,北方の地名によく見られる．地名の場合は“hútong”と軽声で発音し，r 化しない．[由来]元代にモンゴル語から入ったことば．「井戸」という意から．

【胡涂】hútu ❶[名]トウモロコシ粉をといた薄いかゆ．❷[形]“糊涂 hútu”に同じ．

【胡须】húxū [名]〔[量]把 bǎ,根 gēn,绺 liǔ,撇 piě〕ひげ．¶刮 guā～ / ひげを剃(そ)る．¶留～ / ひげを伸ばす．

【胡言】húyán ❶[動]でたらめを言う．❷[名]たわごと．寝言．¶一派～ / でたらめばっかり．

【胡言乱语】hú yán luàn yǔ [成]でたらめを言う．

【胡杨】húyáng [名]《植物》ポプラの一種．[参考]砂漠地帯の水源近くに多い．

【胡志明】Húzhìmíng《地名》ホーチミン(ベトナム)．

【胡诌】húzhōu [動]でまかせを言ってだます．¶小明被他～的谎言 huǎngyán 骗了 / ミンさんは彼がでまかせで言ったうそにだまされた．

*【胡子】húzi [名]❶〔[量]把 bǎ,根 gēn,绺 liǔ,撇 piě〕ひげ．¶大～ / 立派なひげ．❷[方]土匪．

【胡子拉碴】húzilāchā [形](～的)不精ひげが伸び放題だ．ひげぼうぼう．

【胡作非为】hú zuò fēi wéi [成]常識では考えられないようなひどい事をする．非道な行いをする．

壶(壺) hú
土部 7 [四] 4010_2 全10画 [常用]

[名]❶〔[量]把 bǎ〕取っ手と口がついている容器．¶酒～ jiǔhú (酒がめ．とっくり) / 茶～ cháhú (きゅうす．土瓶)．❷(Hú)姓．

【壶把儿】húbàr [名]きゅうすやポットの握り．取っ手．

【壶盖儿】húgàir [名]きゅうすやポットのふた．

【壶嘴儿】húzuǐr [名]きゅうすやポットの注ぎ口．

核 hú
木部 6 [四] 4098_2 全10画 [常用]

[名]“核 hé”①②に同じ．[参考]一部の口語で“hú”と発音する．

☞ 核 hé

【核儿】húr [名][口]❶果実の中心にある,種子を包んでいる堅い部分．さね．種．芯．¶杏～ / アンズのさね．❷中心にあるもの．¶煤～ / 石炭の燃えがら．

斛 hú
角部 4 [四] 2420_0 全11画 [通用]

[名]❶ます．[参考]古代では,10“斗 dǒu”を1“斛”としたが,のちに5“斗”が1“斛”となった．❷(Hú)姓．

葫 hú
艹部 9 [四] 4462_7 全12画 [次常用]

❶下記熟語を参照．❷(Hú)姓．

【葫芦】húlu [名]〔[量]个 ge〕ヒョウタン．転じて事情や展望が見えないことを言う．¶不知他～里卖的是什么药 / 彼はヒョウタンの中から,どんな薬を取り出して売るか分からない．転じて,彼は内心どういうつもりか分からない,の意．¶～案 / 謎の事件．

【葫芦丝】húlusī [名]《音楽・民族》ヒョウタンを吹き口とした,雲南地方少数民族の縦笛．[参考]リード楽器で,非常に柔らかい音がする．

鹄(鵠) hú
鸟部 7 [四] 2762_7 全12画 [通用]

[名]《鳥》ハクチョウ．[同]天鹅 tiān'é

☞ 鹄 gǔ

【鹄立】húlì [動][文]背筋を伸ばして立つ．直立する．

【鹄望】húwàng [動][文]首を長くして待つ．

H

猢 hú
氵部9 四4722₀ 全12画 通用

下記熟語を参照.

【猢狲】 húsūn 名《動物》アカゲザル. 中国北方の山地に住む. ¶树倒猢狲～散 sàn /成 木が倒れればサルは散りぢり. ボスが失脚すると部下が逃げ去ることのたとえ.

湖 hú
氵部9 四3712₀ 全12画 通用

名 ❶ 湖. ¶洞庭～ Dòngtínghú（洞庭湖）/ ～滨 húbīn / 两～ Liǎng Hú（湖北省と湖南省）. ❷（Hú）姓.

【湖北】 Húběi《地名》湖北省. 略称は"鄂 È"（鄂ぎ）. 省都は武漢（ぶ）.

【湖笔】 húbǐ 〔支 zhī〕湖筆. 参考 浙江省湖州市で生産される筆. 名品として名高い.

【湖滨】 húbīn 名 湖のほとり.

【湖光山色】 hú guāng shān sè 成 湖と山がマッチしている, 美しい景色. ¶这里～, 景色迷人 / ここの湖と山の素晴らしい景色は人を魅了する.

【湖广】 Húguǎng 湖広（ぃぅ）. 湖北省と湖南省の総称. 由来 明代の省名から. 元代はこれに広東・広西の二地域を加えて"湖広"と呼んでいた.

【湖蓝】 húlán 形 ライトブルーの. 明るい藍色の.

【湖绿】 húlǜ 形 薄い緑色の.

【湖南】 Húnán《地名》湖南省. 略称は"湘 Xiāng"（湘しょう）. 省都は長沙（ちょうさ）.

【湖畔】 húpàn 名 湖の岸辺. 湖畔（ほん）.

【湖泊】 húpō 名 湖の総称.

【湖色】 húsè 形 浅葱（ぁぇ）色. うす緑色.

【湖田】 hútián 名 湖沼地帯にある水田.

【湖泽】 húzé 名 湖沼. 湖と沼.

【湖沼】 húzhǎo 名 湖沼（ここぅ）.

【湖州】 Húzhōu《地名》湖州（しゅぅ）. 浙江省北部, 太湖南岸にある市. シルク・毛筆・羽扇（はん）等で有名.

瑚 hú
王部9 四1712₀ 全13画 通用

→珊瑚 shānhú

煳 hú
火部9 四9782₀ 全13画 通用

形（食べ物や衣服が）こげる. ¶衣服烫 tàng～了（服がアイロンでこげてしまった）.

鹕（鶘）hú
鸟部9 四4762₇ 全14画 通用

→鹈鹕 tíhú

鹘（鶻）hú
骨部5 四7722₇ 全14画 通用

名〈鳥〉ハヤブサ. ≒隼 sǔn

☞ 鹘 gǔ

槲 hú
木部11 四4490₀ 全15画 通用

名《植物》カシワ.

【槲寄生】 hújìshēng 名《植物・薬》コクキセイ. 参考 血圧を下げる効用がある.

蝴 hú
虫部9 四5712₀ 全15画 常用

下記熟語を参照.

【蝴蝶】 húdié 名〈虫〉〔量 对 duì, 只 zhī〕チョウ. 同 蝶 dié, 胡蝶 húdié

【蝴蝶斑】 húdiébān 名 回 黄褐斑. 内分泌の失調などの原因により, 頬にできる黄褐色のシミ. 由来 チョウの羽のように両頬に広がって生じることから.

【蝴蝶花】 húdiéhuā 名《植物》❶ シャガ. アヤメ科の多年草. ❷ サンシキスミレ, パンジー. 同 三色堇 sānsèjǐn

【蝴蝶结】 húdiéjié 名 蝶結び.

【蝴蝶兰】 húdiélán 名《植物》コチョウラン.

糊（異 餬❷）hú
米部9 四9792₀ 全15画 常用

❶ 動 のりで貼（は）る. のりづけする. ¶拿纸～窗户（窓を紙で貼る）/ 裱～ biǎohú（壁や天井に壁紙などを貼る）. ❷ 名 かゆ. ¶～口 húkǒu. ❸ 形 "煳 hú"に同じ.

☞ 糊 hū, hù

【糊糊】 húhu 名 方 （～儿）❶ とうもろこしの粉や小麦粉で作った粥（ゕゅ）. ❷ 騒ぎ, 悶着.

【糊精】 hújīng 名《化学》デキストリン. ◆dextrin

【糊口】 húkǒu 動 なんとか生活をする. 糊口（ここう）をしのぐ. ¶养家～ / 家族をなんとか食べさせる. 同 餬口 húkǒu

【糊里糊涂】 húlihútú 形 "糊涂 hútu"に同じ.

【糊料】 húliào 名 シックナー. 増粘剤. ◆thickener 参考 "hùliào"とも発音する.

*【糊涂】 hútu 形 ❶ わけの分からない. ぼんやりした. ¶我记～了 / わけが分からなくなった. 囲 糊糊涂涂 同 胡涂 hútu ❷ 聡明 cōngming, 明白 míngbai, 清醒 qīngxǐng ❷ 内容が混乱している. ¶他说得糊里～ / 彼の言う事はめちゃくちゃだ. 同 胡涂 hútu

【糊涂虫】 hútuchóng 名〔量 个 ge〕道理の分からぬ奴. ばか者. 表現 人をののしることば.

【糊涂蛋】 hútudàn 名 "糊涂虫 hútuchóng"に同じ.

【糊涂账】 hútuzhàng 名 めちゃくちゃな帳簿. どんぶり勘定. ¶几十年的一一下子也算不清 / 数十年間のずさんな帳簿をすぐには整理できない.

醐 hú
酉部9 四1762₀ 全16画 通用

→醍醐 tíhú

觳 hú
殳部13 四4724₇ 全17画 通用

下記熟語を参照.

【觳觫】 húsù 動 文 恐ろしさに震える.

虎 hǔ
虍部0 四2121₇ 全8画 常用

❶ 名《動物》〔量 群 qún, 只 zhī〕トラ. ふつうは"老虎 lǎohǔ"と言う. ❷ 動 "唬 hǔ"に同じ. ❸ 形 勇猛な. ¶一员～将 jiàng（ひとりの勇将）. ❹（Hǔ）姓.

【虎背熊腰】 hǔ bèi xióng yāo 成 身体ががくましく, がっしりしている. ¶他长得～ / 彼はがっしりした体格をしている. 由来「トラの背とクマの腰」という意から.

【虎贲】 hǔbēn「勇士」の古風な言い方.

【虎彪彪】 hǔbiāobiāo 形 愛（～的）たくましく, 勇ましい. ¶～的汉子 / たくましい男.

【虎步】 hǔbù ❶ 名 堂々とした力強い足どり. ❷ 形 文 威厳がある. 君臨している.

【虎符】 hǔfú 名《歴史》虎符. 参考 トラの形をした銅製の割り符. 左右2つに分け, 左は指揮官に与え, 右は朝廷に置き, 指令を出す際に用いた. 左右が合わなければ, 軍隊を動かせなかった.

【虎骨酒】 hǔgǔjiǔ 名《中医》薬酒の一つ. 参考 骨折した時に飲むと効くとされる.

【虎虎有生气】 hǔhǔ yǒu shēngqì 句 生気にあふれている. 活力に満ちている.

【虎将】 hǔjiàng 名 愛〔量 名 míng, 员 yuán〕勇将.

【虎劲】 hǔjìn 名 愛（～儿）〔量 股 gǔ〕みなぎる力と

欲. ¶年轻人有一股～儿 / 若者にはみなぎる力がある.

【虎踞龙盘[蟠]】hǔ jù lóng pán 成 地形が要害堅固だ. 同 龙盘虎踞 由来「トラがうずくまり、リュウがとぐろを巻く」という意から.

【虎口】hǔkǒu 名 ❶ 虎口(こう). きわめて危険な場所や状況のたとえ. ¶～脱险 tuōxiǎn / 虎口を脱する. ¶好不容易才脱离～ / 何とか危地を脱する. ❷ 親指と人差し指の間のあたま.

【虎口拔牙】hǔ kǒu bá yá 非常に危険なことをする. 由来「虎口に牙を抜く」という意から.

【虎口余生】hǔ kǒu yú shēng 成 虎口の余生. 運よく危険を逃れ、命拾いをすること.

【虎狼】hǔláng 名 トラとオオカミ. 残忍な人間のたとえ. ¶人儿脸,～心 / 人間の皮をかぶった鬼畜.

【虎钳】hǔqián 名 《機械》〔把 bǎ〕万力(まんりき). 同 老虎钳 lǎohǔqián.

【虎市】hǔshì 名 《経済》(株式市場で)株価が極めて大きく乱高下し、値動きの予測がつかない状態. 由来 市場リスクが大きい危険な状態をトラに例えたもの.

【虎视眈眈】hǔ shì dān dān 成 虎視眈々(たんたん).

【虎势】[实] hǔshi 形 方 健康でたくましい.

【虎头虎脑】hǔ tóu hǔ nǎo 成 愛 (子供が)たくましくて、素直だ. ¶小美长得～的 / メイちゃんはたくましく、素直に育った.

【虎头蛇尾】hǔ tóu shé wěi 成 始めは盛んだが、終わりがふるわない. 竜頭蛇尾. 由来「トラの頭はりっぱだが、ヘビの尾は貧弱だ」という意から.

【虎威】hǔwēi 名 《武将の》威厳と権勢.

【虎穴】hǔxué 名 虎穴. きわめて危険な場所や状況のたとえ. ¶不入～,不得虎子 / 虎穴に入らずんば、虎児を得ず.

【虎牙】hǔyá 〔顆 kē〕八重歯.

浒(滸) hǔ
氵部6 四 3814₀
全9画 通用

名 水のほとり. 水辺. ¶《水～传 Shuǐhǔzhuàn》 (『水滸伝』).

浒 xǔ

唬 hǔ
口部8 四 6101₇
全11画 次常用

動 おどす. ¶不要～人 (おどかすな).

唬 xià

琥 hǔ
王部8 四 1111₇
全12画 通用

下記熟語を参照.

【琥珀[魄]】hǔpò 名 〔块 kuài〕琥珀(こはく).

互 hù
一部3 四 1010₂
全4画 通用

❶ 副 互いに. どちらか一方に偏ることなく. ¶～助 hùzhù. ❷ (Hù)姓.

【互补】hùbǔ ❶ 補充し合う. 補足し合う. ❷ 《数学》補角の関係にある.

【互补性】hùbǔxìng 相互補完的な性質.

【互不侵犯条约】hù bù qīnfàn tiáoyuē 名 相互不可侵条約.

【互不相让】hù bù xiāng ràng 成 双方が互いに譲らない. 譲歩しない.

【互动】hùdòng 動 互いに影響し合う.

【互访】hùfǎng 動 互いに訪問し合う. ¶这两个友好城市每年都～一次 / その2つの友好都市は、毎年互いに1度ずつ訪問し合っている. 参考 機関や団体で、同一の条件で(回数・人数・待遇など)で行われるものを言う.

【互感应】hùgǎnyìng 名 《電気》相互インダクタンス.

【互换】hùhuàn 動 互いに取り替える. ¶～批准书 / 批准書を取り交わす. ¶情侣 qínglǚ 们～信物 / 恋人たちが契りの品々を交換した.

【互惠】hùhuì 動 互いに特別な便宜や恩恵を与え合う. 互恵. ¶～待遇 dàiyù / 互恵待遇. ¶～条约 / 互恵条約.

【互见】hùjiàn 動 ❶ (語句や説明を)互いに参照する. クロス・レファレンスする. ❷ (二者が)同時に見られる. 並存する.

【互救】hùjiù 動 互いに助け合う.

【互利】hùlì 動 互いの利益になる. ¶平等～ / 等しく利益を受ける.

【互联[连]网】hùliánwǎng 名 《コンピュータ》ネットワーク.

【互勉】hùmiǎn 動 互いに励まし合う. ¶让我们以此～吧! / このためにお互い頑張ろう.

【互让】hùràng 動 互いに譲り合う. ¶互谦 qiān～ / 謙遜し合い、譲り合う.

【互生】hùshēng 動 《植物》互生(ごせい)する.

【互市】hùshì 動 国家間や民族間の交易活動.

【互通】hùtōng 動 互いに通じ合う. 互いにやりとりする. ¶～消息 / 情報を流し合う. ¶好几年没～音讯 yīnxùn了 / 何年間も連絡し合っていない.

【互通有无】hù tōng yǒu wú 成 補完し合う. 融通し合う.

*【互相】hùxiāng 副 お互いに. ¶～帮助 / 互いに助け合う. ¶～依存 yīcún / 互いに依存し合う. ¶同事之間応該～尊重 / 同じ職場で働く者どうし、尊重し合わねばならない. 同 相互 xiānghù.

【互赢】hùyíng 動 相互に利益を受ける. 多者が益を受ける.

【互质】hùzhì 名 《数学》互いに素. 参考 2つの整数の公約数が1しかないこと. 例えば4と5,6と35など.

【互助】hùzhù 動 互いに助け合う. ¶～友爱 / 助け合い,愛し合う. ¶发扬～精神 / 互助精神を発揮する.

【互助会】hùzhùhuì 互助会. 参考 多くは労働組合等が組織して指導する、経済的な助け合いを行う組織.

【互助组】hùzhùzǔ 〔① 个 ge〕① 仕事や学習の面で互いに助け合うグループ. ② 互助組. 中国の農業共同化の初期の形式で、農民たちが組織をつくって、労働力・農具・家畜などを融通し合った.

户 hù
户部0 四 3020₇
全4画 常用

❶ 素 とびら. 戸口. ¶夜不闭 bì～ / (夜間は戸を閉めない). ❷ 名 家. 世帯. ¶千家万～ (多くの家々. どの家でも) / ～口 hùkǒu / 落～ luòhù (定住する) / 门当 dāng～对 (結婚する男女の家がつり合っている). ❸ 素 口座. ¶开～ kāihù (口座を開く) / 存～ cúnhù (預金者). ❹ (Hù)姓.

【户籍】hùjí 名 戸籍. ¶～警 / 戸籍を調査する警官.

【户均】hùjūn 動 一戸あたりの平均として計算する.

【户口】hùkǒu 名 ❶ 世帯と人数. ❷ 戸籍. ¶查～ / 戸籍を調査する. ¶将～调 diào 到北京去 / 住民票(戸籍)を北京に移す.

【户口簿】hùkǒubù 戸籍簿. 同 户口本儿,户口册 cè

【户枢不蠹】hù shū bù dù 成 戸ぼそは虫に食われない. いつも動いているものは、錆びたりしないたとえ. 表现 "流水不

腐 liú shuǐ bù fǔ" から続く.

【户头】hùtóu 名〔量 个 ge〕口座. ¶开 kāi~/口座を開く.
【户外】hùwài 名 屋外. アウトドア.
【户限】hùxiàn 名 入り口の敷居. 同 门槛 ménkǎn.
【户型】hùxíng 名 間取り. 同 房 fáng 型
【户牖】hùyǒu 名 ❶ 戸と窓. ❷ 出入り口. ドア.
【户长】hùzhǎng 方 戸主.
【户主】hùzhǔ 名〔量 个 ge, 位 wèi〕世帯主. 戸主.

冱(冱) hù 冫部4 四 3111₂ 全6画 通用

動文 ❶ 凍結する. 凍る. ❷ ふさがる. ふさぐ.

护(護) hù 扌部4 四 5300₇ 全7画 常用

❶ 動 守る. 保護する. ¶爱~ àihù（大切に守る. 動物などをかわいがり, 大事にする）/~路 hùlù. ❷ 動 かばう. つつみ隠す. ¶~短 hùduǎn.
【护岸】hù'àn 名 護岸.
【护岸林】hù'ànlín 名 護岸林.
【护壁】hùbì 名 壁の腰板 (注).
【护兵】hùbīng 名 護衛兵.
【护城河】hùchénghé 名〔量 道 dào, 段 duàn, 条 tiáo〕城壁周囲の堀.
【护持】hùchí 動 文 ❶ 大切に守る. 維持して変えない. ❷ 大切に面倒をみる. ¶细心~病人/入念に病人の世話をする.
【护短】hù//duǎn 動 文 欠点や落ち度をかばう. ¶母亲太溺爱 nì'ài 儿子, 竟为他~/母親は息子を溺愛するあまり, その欠点さえもかばう.
【护耳】hù'ěr 名〔量 个 ge, 副 fù〕防寒用の耳覆い.
【护法】hùfǎ ❶ 動〔仏教〕仏法を守護する. ❷ 名〔仏教〕仏法を守護する人. 寺院に喜捨する人. ❸ 動 法律を擁護する.
【护封】hùfēng 名 本のカバー. ¶套 tào~/カバーをつける.
【护符】hùfú 名〔量 道 dào〕お守り. 札.
【护工】hùgōng 名〔介護の〕ヘルパー.
【护国运动】Hùguó yùndòng 名〔歴史〕護国運動. 1915年12月, 袁世凯 (Şǒú) が帝位に就いたことに対して起きた反帝制運動. 同 反袁 Fǎn Yuán 运动
【护航】hùháng 動 船や飛行機を護送する. ¶~机/護送機. ¶~舰 jiàn/護送船.
【护肩】hùjiān 名 肩パッド.
【护栏】hùlán 名 防護柵. 保護柵.
【护理】hùlǐ 動 ❶ 病人を看護する. ¶~员/準看護師. ❷ 損害を受けないように世話をする. ¶~庄稼 zhuāngjia/農作物を世話する. ¶小明每周都给皮肤做~/ミンさんは毎週, 肌の手入れをする.
【护林】hùlín 動 森林を保護する.
【护路】hùlù 動 鉄道や道路を守る.
【护绿】hùlǜ 動 緑化地区を保護する.
【护面】hùmiàn 名〔スポーツ〕マスク.
【护目镜】hùmùjìng 名 防護眼鏡. ゴーグル.
【护坡】hùpō 名 護岸のスロープ.
【护青】hùqīng 動 方〔盗難や食い荒らしから守るために〕未成熟の作物を見張る.
【护秋】hùqiū 文〔盗まれないように〕秋の収穫物を見張る.
【护身符】hùshēnfú 名 "护符 hùfú" に同じ.
*【护士】hùshi 名〔量 个 ge, 名 míng, 位 wèi〕看護師.

【护送】hùsòng 動 護送する. ¶~名画/名画を護送する.
【护田林】hùtiánlín 名 田畑を守る林. 防護林.
【护腿】hùtuǐ 名〔量 副 fù〕すね当て. レガーズ.
【护卫】hùwèi ❶ 動 護衛する. ❷ 名 ガードマン. ボディーガード.
【护卫舰】hùwèijiàn 名 護衛艦.
【护膝】hùxī 名〔量 副 fù〕ひざ当て.
【护胸】hùxiōng 名〔スポーツ〕（胸部用の）プロテクター.
【护袖】hùxiù 名 オーバースリーブ. 腕カバー.
【护养】hùyǎng 動 ❶（子供を）大切に育てる. ❷（道路などを）補修する. 保全する.
【护佑〔祐〕】hùyòu 名 保護する. 守る.
【护渔】hùyú 動（海軍を派遣して）漁業に関する権益を守る.
*【护照】hùzhào 名 ❶〔量 本 běn, 册 cè, 种 zhǒng〕パスポート. ¶~手续 shǒuxù/パスポートの手続き. ⇒ 证书 zhèngshū（図）❷ 旧 旅行証明書や貨物輸送証明書.
【护肘】hùzhǒu 名 肘(ː)用サポーター.

沪(滬) hù 氵部4 四 3310₇ 全7画 次常用

❶ 素 地名用字. ¶~渎 Hùdú（上海市を流れる呉松江）. ❷ (Hù) 名 上海市の別称. ¶~杭 Háng 铁道（上海・杭州間を走る鉄道）. ❸ (Hù) 姓.
【沪剧】hùjù 名〔芸能〕〔量 场 chǎng, 段 duàn〕上海の地方劇.

岵 hù 山部5 四 2476₀ 全8画 通用

名 文 草木が茂った山.

怙 hù 忄部5 四 9406₀ 全8画 通用

素 文 頼る. 依存する. ¶失~ shīhù（父を失う）/恶 è 不悛 quān.
【怙恶不悛】hù è bù quān 成 悪事をし続け, 改めようとしない.

戽 hù 户部4 四 3024₇ 全8画 通用

❶ →戽斗 hùdǒu ❷ 動 おけを使って水をくみ上げる.
【戽斗】hùdǒu 名 かんがい用のおけ. 二人で両側から縄を引っ張って使う.
【戽水】hù//shuǐ 動 田畑に水をやる. ¶~抗旱 kànghàn/かんがいして干ばつに対処する.

祜 hù 礻部5 四 3426₀ 全9画 通用

名 文 幸い. 幸運

笏 hù 竹部4 四 8822₇ 全10画 通用

名 笏(じゃく). 古代, 役人が朝廷に参内する時に手にもった細長い板.

瓠 hù 瓜部6 四 4223₀ 全11画 通用

下記熟語を参照.
【瓠子】hùzi 名〔植物〕〔量 棵 kē〕ユウガオ. 同 蒲瓜 púguā.

扈 hù 户部7 四 3021₇ 全11画 通用

❶ 素 文（主人に）つき従う者. ¶~从 hùcóng. ❷ (Hù) 姓.
【扈从】hùcóng 文 ❶ 名（王や役人の）おつきの者. ❷

[動]つき従う.

糊 hù 米部 9 [四] 9792₀ 全15画 [常 用]

[名]かゆ状になった食べもの. ¶辣椒 làjiāo～（トウガラシを細かくきざみ,ゴマ油でまぶしたかゆ）/ 玉米～（かゆ状のトウモロコシ）/ ～弄 hùnong.

☞ 糊 hū,hú

【糊弄】hùnong [動][方] ❶だます. ごまかす. ❷がまんして…する. [同]将就 jiāngjiu

【糊弄局】hùnongjú [名][方]（～儿）間に合わせ. やっつけ仕事.

鸌(鸌) hù 鸟部13 [四] 2414₇ 全18画 [通 用]

[名]《鳥》ミズナギドリ.

hua ㄏㄨㄚ〔XUA〕

化 huā 亻部 2 [四] 2421₀ 全 4 画 [常 用]

[動]費やす. [同]花 huā

☞ 化 huà

【化子】huāzi [名]こじき. [同]花子

华(華) huā 十部 4 [四] 2440₁ 全 6 画 [常 用]

"花 huā"に同じ.

☞ 华 huá,Huà

花 huā 艹部 4 [四] 4421₄ 全 7 画 [常 用]

❶[名]（～儿）〔量 瓣 bàn,簇 cù,朵 duǒ,束 shù,枝 zhī〕花. ❷[素]（～儿）姿かたちが花に似ているもの. ¶雪～儿 xuěhuār（風花(かざはな). 舞う雪の姿）/ 浪～ lànghuā（波. 波しぶき）/ 火～ huǒhuā（火花）/ 葱～儿 cōnghuār（ネギのみじん切り）/ 印～ yìnhuā（染め布の模様）. ❸[素]（～儿）天然痘. ❹[素]（戦場での）名誉ある負傷. ❺[名]（～儿）模様. ¶～布 huābù / ～边 huābiān. ❻[形]色とりどりの. まざり合っている. ¶那只 zhī 猫是～的(あのネコは三毛だ）/ ～哨 huāshao / 头发～白(頭髪がごま塩になる). ❼[動]目をくらます. 人を惑わす. ¶要 shuǎ～招(あの手この手の小細工を弄する）/ ～言巧语. ❽[形]（目が)かすむ. ぼんやりしている. ¶～眼 huāyǎn / 眼～了(眼がかすむ). ❾[動]費やす. ¶～钱 huāqián / ～一年工夫(1年の時間を費やす）/ ～消 huāxiao. ❿[名]花火. ¶礼～ lǐhuā（式典の花火). ⓫[名]若い女性の比喩. ¶交际～（社交界の花). ⓬（Huā)姓.

【花白】huābái [形]（頭髪やひげが)ごま塩の. ¶胡子～ / ひげがごま塩だ. ¶下了一晚上雪,地上变得一片～ / 一晩じゅう雪が降り,地面がどこもまだらになった.

【花斑】huābān [形]まだら模様の.

【花斑癣】huābānxuǎn [名]《医学》なまず.

【花瓣】huābàn [名]《植物》〔量 片 piàn〕花びら. 花弁.

【花苞】huābāo [名]《植物》がく. "苞"の通称.

【花被】huābèi [名]《植物》花被.

【花边】huābiān [名]❶（～儿）〔量 道 dào,个 ge,条 tiáo〕模様のついた縁. ¶瓶口 píngkǒu 上有一道蓝色的～ / 瓶の口に藍色の縁取り模様がある. ❷（～儿）〔量 条 tiáo〕レース. ¶～装饰 zhuāngshì / レースの飾り. ❸（～儿）飾り罫(けい). ❹[旧][方]一元銀貨の俗称.

【花边新闻】huābiān xīnwén [名]囲み記事. コラム.

【花布】huābù [名]〔量 块 kuài〕プリント地.

【花不棱登】huābulēngdēng [形][口]（～的）色がごてごてしている. ¶房子给装饰 zhuāngshì 得～的 / 家は飾りたてられ,けばけばしくなった.

【花菜】huācài [名]《植物》カリフラワー. [同]菜花 càihuā,花椰菜 huāyēcài

【花草】huācǎo [名]草花.

【花插】huāchā [動]入り交じる. ¶大人,孩子～着坐在树阴 shùyīn 下 / 大人と子供が木陰で一緒に座っている.

【花茶】huāchá [名]ジャスミンなどの花の香りをつけた緑茶. ジャスミンティー. [同]香片 xiāngpiàn

【花厂】huāchǎng [名][旧]花屋.

【花车】huāchē [名]お祝いや貴賓を出迎える時の,飾りつけをした車や馬車. 花電車. 花車.

【花池子】huāchízi [名]花壇.

【花虫】huāchóng [名][方]《虫》ワタアカミムシ. 綿花の害虫. [同]红铃虫 hónglíngchóng

【花丛】huācóng [名]群生する花. お花畑.

【花搭着】huādāzhe [副]まぜ合わせて. ¶粗粮细粮～吃 / 雑穀に米や小麦粉をまぜて食べる. [同]花花搭搭

【花大姐】huādàjiě [名]《虫》テントウダマシ. ニジュウヤホシテントウの別名. ナス科植物の害虫.

【花旦】huādàn [名]《芸能》芝居の女形. 活発な娘などの若い女性の役.

【花灯】huādēng [名]〔量 盏 zhǎn〕飾りちょうちん. 特に,"元宵节 yuánxiāojié"(旧暦の1月15日)に観賞するちょうちん. ¶看～ / 元宵節の飾りちょうちんを見物する.

【花蒂】huādì [名]《植物》花梗(かこう). 花柄(かへい).

【花点子】huādiǎnzi [名]❶（人をだます)手口. 小細工. ❷現実的でない提案や考え.

【花雕】huādiāo [名]上等の紹興酒. [参考]模様のついた陶器の瓶に入っているため.

【花朵】huāduǒ [名]花. ¶这株 zhū 牡丹 mǔdān 的～特别大 / このボタンの花は特別大きい.

【花萼】huā'è [名]《植物》萼(がく).

【花儿】huā'ér [名]甘粛(かんしゅく)・青海・寧夏(ねいか)一帯で歌われている民謡の名. [注意]"huār"と読まない.

【花房】huāfáng [名]〔量 间 jiān〕草花の温室.

【花肥】huāféi [名]❶（生産量を高めるために)綿花やアブラナ等の開花期に与える肥料. ❷鉢植え等の観賞用植物に与える肥料.

【花费】❶huāfèi [動]使う. すりへらす. ¶～金钱 / お金を使う. ¶～了很多人力物力 / 多くの人や物の力を費やす. ❷huāfei [名]〔量 种 zhǒng,项 xiàng〕費用. ¶要不少～ / かなり費用がかかる.

【花粉】huāfěn [名]❶《植物》花粉. ¶～管 / 花粉管. ❷天花粉(てんかふん). ベビーパウダー.

【花岗石】huāgāngshí [名]〔量 块 kuài〕みかげ石. "花岗岩 huāgāngyán"の通称.

【花岗岩】huāgāngyán [名]❶〔量 块 kuài〕花崗岩. みかげ石. ❷がんこなたとえ. ¶～脑袋 nǎodài / 石頭.

【花糕】huāgāo [名]もち米でつくった蒸し菓子. [参考]"重阳节 Chóngyángjié"に食べる風習があった.

【花梗】huāgěng [名]《植物》花梗(かこう). 花柄(かへい).

【花工】huāgōng [名]花の育苗施設の労働者. [同]花匠 jiàng

【花骨朵】huāgūduo [名]〔量 个 ge〕花のつぼみ. "花

蕾 huālěi"の通称.

【花鼓】huāgǔ 名《芸能》湖北・湖南・江西・安徽省などで行われる民間歌舞. 男女2人が組になり, 1人がドラを, もう1人が太鼓をたたきながら歌い踊る.

【花鼓戏】huāgǔxì 名《芸能》"花鼓"を伴奏に使った地方劇.

【花冠】huāguān 名 ❶《植物》花冠. ❷〔旧〕花嫁がかぶる美しい帽子.

【花棍舞】huāgùnwǔ 名 "霸王鞭 bàwángbiān"に同じ.

【花好月圆】huā hǎo yuè yuán 成 花は美しく, 月は丸い. 円満で幸せなよう. ¶～, 洞房 dòngfáng 花烛 huāzhú / 満ち足りた, 新婚の夜.

【花红】huāhóng 名 ❶《植物》ワリンゴ(の実). 同 林檎 línqín, 沙果 shāguǒ ❷〔旧〕慶事の贈り物. ❸〔旧〕(株主への)配当金. ❹〔旧〕賞与. ボーナス.

【花红柳绿】huā hóng liǔ lù 成 ❶ 花は赤く咲き, 柳は緑に芽吹く. 春の美しい風景を形容することば. ❷ 色とりどりだ.

【花搭搭】huādādā 形口 (～的) ❶ 取り混ぜる. ¶米饭、面食一地吃 / 米の飯と麺類を取り混ぜて食べる. ❷ (大きさや密度が)ふぞろいだ. ¶玉米苗出得～的 / トウモロコシの苗の成長がふぞろいである.

【花花公子】huāhuā gōngzǐ 名〔旧〕〔个 ge, 群 qún〕道楽息子. 遊び人. プレイボーイ. 参考 米国 Playboy 誌の中国語版は"花花公子"を誌名としている.

【花花绿绿】huāhuālùlù 形(～的)色とりどりで美しい. ¶～的年画 / カラフルな年画. ¶～的衣服 / 色どり鮮やかなドレス.

【花花世界】huāhuā shìjiè 名〔旧〕貶〔个 ge〕 ❶ 歓楽街. ¶在人们的印象中, 香港是个～ / 人々のイメージでは, 香港は歓楽の世界だ. ❷ 俗世間.

【花花肠子】huāhua chángzi 名方 よからぬ考え. 悪巧み.

【花环】huāhuán 〔个 ge〕花輪.

【花卉】huāhuì 名 ❶〔种 zhǒng〕草花. 花卉(き). ❷《美術》草花を描いた中国画.

【花会】huāhuì 名 ❶ 春節の期間中に行われる"狮子舞 shīziwǔ", "龙灯 lóngdēng", "旱船 hànchuán"などの催し. ❷ 草花の展示即売会.

【花季】huājì 名 ❶ 花の季節. 表現 人の15－16歳の若者をいうことば.

【花甲】huājiǎ 名 還暦. 満60歳. ¶年逾 yú～ / 60歳を越えた.

【花架】huājià 名 (鉢植えを置くための)棚.

【花架子】huājiàzi 名 ❶ (見せるためだけの)派手な)武術の動作. ❷ 虚仮(こけ)倒し. 有名無実.

【花剑】huājiàn 名《スポーツ》フェンシングのフルーレ.

【花键】huājiàn 名《機械》スプライン.

【花匠】huājiàng 名 "花儿匠 huārjiàng"に同じ.

【花椒】huājiāo 名《植物》サンショウ. ¶～盐 yán / サンショウと塩を混ぜたもの.

【花轿】huājiào 名〔旧〕〔顶 dǐng, 乘 shèng, 抬 tái〕花嫁の乗る輿(こし).

【花街柳巷】huājiē liǔxiàng 花柳街(かりゅうがい). 色町.

【花镜】huājìng 名〔副 fù〕老眼鏡.

花椒

【花酒】huājiǔ 名 芸妓をはべらせて飲む酒.

【花卷】huājuǎn 名 (～儿)練った小麦粉をねじり巻きにして蒸した食べ物. マントウの一つ. ⇨ 点心 diǎnxin(図)

【花魁】huākuí 名 ❶ 梅の花. 同 梅花 méihuā ❷ 遊郭で, 位の高い遊女. おいらん.

【花篮】huālán 名 (～儿) ❶〔个 ge〕慶弔に用いる花かご. ❷ 装飾を施したかご.

【花蕾】huālěi 名《植物》〔朵 duǒ〕つぼみ. 通称は"花骨朵 huāgūduo".

【花里胡哨】huālihúshào 形 口 (～的) ❶ 色がけばけばしい. ¶穿得～的 / 身なりが派手だ. ❷ 派手なだけで中身がないことのたとえ. ¶你别那么～的 / 格好をつけるんじゃない.

【花脸】huāliǎn 名 ❶《芸能》古典劇の役柄分類の一つ. "净 jìng"の通称. 顔に色とりどりの隈取りをする. ❷ 醜い顔.

【花翎】huālíng 名 ❶ クジャクの尾羽. ❷ 清朝の官吏が礼装用の帽子につけたクジャクの羽. 参考 ❷は, 階級によって目玉模様の数が異なった.

【花令】huālìng 名 花が咲く季節.

【花柳病】huāliǔbìng 名 花柳病. 性病.

【花露】huālù 名 ❶ 花の上の露. ❷《薬》スイカズラの花やハスの葉などを蒸留してできた液体.

【花露水】huālùshuǐ 名〔滴 dī, 瓶 píng〕オーデコロン.

【花蜜】huāmì 名 花の蜜. 蜂蜜.

【花面狸】huāmiànlí 名《動物》ハクビシン. 同 果子狸 guǒzilí

【花苗】huāmiáo 名 花の苗.

【花名册】huāmíngcè 名〔本 běn, 个 ge〕人名簿.

【花木】huāmù 名 花と木.

【花呢】huāní 名《紡織》(ストライプ・チェック・水玉などの)模様のある毛織物.

【花鸟】huāniǎo 名《美術》〔幅 fú〕花や鳥を描いた中国画. ¶～画 / 花鳥画.

【花鸟画】huāniǎohuà 名《美術》中国絵画のジャンルの一つ. 花鳥画.

【花农】huānóng 名〔个 ge, 位 wèi〕花の栽培を専業とする農家.

【花盘】huāpán 名 ❶《植物》花托の頂部の盆状になっている部分. ❷《機械》工作機械の主軸に取り付けられた, 複雑な形の加工物を挟むための工具.

【花炮】huāpào 名 花火と爆竹. ¶放～ / 花火をしたり, 爆竹を鳴らす.

【花盆】huāpén 名〔个 ge〕植木鉢.

【花瓶】huāpíng 名 (～儿)〔个 ge, 只 zhī〕花瓶.

【花圃】huāpǔ 名 花畑.

【花期】huāqī 名 花の咲く時期. ¶到了～, 却不见开花 / 季節になったのに, 花が咲かない.

【花旗】huāqí 名 アメリカ合衆国. また, その旗. 由来 星条旗の模様から.

【花前月下】huā qián yuè xià 成 花畑の中と月光の下. 男女が愛を語り合う場所.

【花钱】❶ huā/qián 動 お金を使う. ¶他～很大方 / 彼はとても気前よく金を使う. ❷ huāqián 名 門や戸口にはる縁起のよい文字や図案. "挂钱儿 guàqiánr"の南方の言い方.

【花枪】huāqiāng 名 ❶〔旧〕短い槍. ❷ 貶 "花招 huā-

花 huā

zhāo"②に同じ. ¶要 shuǎ~ / 小細工をする.
【花腔】huāqiāng 名 ❶《音楽》コロラチュラ. ¶~女高音 / コロラチュラ・ソプラノ. ❷貶 口先だけの話. ¶要 shuǎ~ / うまい話で人をだます.
【花墙】huāqiáng 名 上部にかわらやレンガの飾りを配した塀.
【花青素】huāqīngsù 名《植物》花青素(ぅ°ん). アントシアン.
【花圈】huāquān 〔量 个 ge〕花輪. ¶献~ / 花輪を捧げる.
【花拳】huāquán 名《武術》拳法の一種. 見た目は美しいが, 闘いの役に立たない. ¶打~ / 美しい拳法をする. 回 花拳绣腿 xiùtuǐ
【花儿洞子】huārdòngzi 半地下式の温室. 花むろ.
【花肥】huāféi 名 開花時にやる肥料.
【花儿匠】huārjiàng 名〔量 个 ge, 位 wèi〕園芸家. 庭師.
【花儿窖】huārjiào 名 花むろ.
【花儿样子】huāryàngzi 名 ししゅうの下絵.
【花容月貌】huā róng yuè mào 成 花のような姿, 月のような顔立ち. 表現 美しい女性を形容することば.
【花蕊】huāruǐ 名《植物》花のしべ.
【花色】huāsè 名〔量 种 zhǒng〕❶色と柄. ¶窗帘 chuānglián 的~ / カーテンの色と柄. ❷種類. ¶各种~都齐全 / いろいろな種類がすべて揃っている.
【花衫】huāshān 名 ❶柄のついた服. ❷《芸能》女形の一つ. "青衣 qīngyī", "花旦 huādàn", "刀马旦 dāomǎdàn"の特徴を兼ねている役柄.
【花哨】huāshao 形 ❶色がでな. ¶首饰 shǒushi~ / アクセサリーがはでである. ❷変化に富んでいる. ¶节目~ / プログラムが多彩だ.
【花生】huāshēng 名《植物》〔量 颗 kē, 粒 lì〕落花生. ピーナッツ. ¶~油 / 落花生の油かす. 肥料にする. 回 落花生 luòhuāshēng, 长生果 chángshēngguǒ
【花生酱】huāshēngjiàng 名 ピーナッツバター.
【花生米】huāshēngmǐ 名 殻をむいた落花生. ピーナッツ.
【花生油】huāshēngyóu 名 ピーナッツ油.
【花市】huāshì 名 花を売る市場. 花市.
【花饰】huāshì 名 装飾模様.
【花事】huāshì 名 開花の状況. また, それにかかわる行事など.
【花束】huāshù 名〔量 把 bǎ〕花束. ¶给来宾献~ / 来賓に花束を贈る.
【花丝】huāsī 名《植物》花糸(ǐ).
【花坛】huātán 名〔量 处 chù, 个 ge, 座 zuò〕花壇.
【花天酒地】huā tiān jiǔ dì 成 酒色にふける生活のこと. ¶~的生活 / 酒色にふける毎日.
【花厅】huātīng 名 庭園内や母屋の脇に建てられた客間.
【花筒】huātǒng 名 ロケット花火.
【花头】huātou 方 ❶模様. ❷巧妙な手口. 小細工. ❸目新しいアイデアや方法. ❹奥深さ.
【花团锦簇】huā tuán jǐn cù 成 色とりどりで美しいこと. ¶打扮得~ / 色とりどりに着飾る.
【花托】huātuō 名《植物》花托.
【花纹】huāwén 名〔量 道 dào, 条 tiáo〕模様. ¶各种~的地毯 dìtǎn / さまざまな模様のじゅうたん.
【花线】huāxiàn 名 ❶俗《電気》コード. ❷方 色つき

の刺繡糸.
【花项】huāxiàng[-xiang] 名 方 出費の項目.
【花消[销]】huāxiao ❶動《費用や代金などを》支払う. ¶儿子结婚, ~了一大笔钱 / 息子の結婚に大金を使った. ❷名 回《量 笔 bǐ, 项 xiàng》費用. 経費. ¶每个月的~很大 / 毎月の費用がかさむ. ❸名 旧 コミッション. 手数料. 税金.
【花心】huāxīn 方 ❶形《多く男性について》多情だ. 移り気だ. ❷名《多く男性の》多情. 移り気.
【花心儿】huāxīnr 名《植物》花のしべ. 花の芯.
【花信】huāxìn 名 ❶花の咲く時期. ❷花の季節風. 花信風. 表現 ①は, 女性が大人になる頃の比喩としても使われる.
【花序】huāxù 名《植物》花序. 花が茎または枝に付く並び方.
【花絮】huāxù 名 こぼれ話. 余話. ¶靠~吸引读者 / 裏話で読者を引き寄せる.
【花押】huāyā 名 旧 署名として用いる, 図案化した判. 書き判. 花押(ǎ°ぅ).
【花芽】huāyá 名《植物》花芽(ǎ°, ゅ°).
【花言巧语】huā yán qiǎo yǔ 成 口先だけのうまい話. ¶用~骗人 / ことば巧みに人をだます.
【花眼】huāyǎn 名 老眼. "老视眼 lǎoshìyǎn"の通称.
【花样】huāyàng 名《~儿》❶模様. ¶~时髦 shímáo / 模様が流行のものだ. ❷《"花招 huāzhāo"②に同じ.
【花样翻新】huāyàng fānxīn 熟 デザインを一新する.
【花样滑冰】huāyàng huábīng 名《スポーツ》フィギュアスケート.
【花样游泳】huāyàng yóuyǒng 名《スポーツ》シンクロナイズドスイミング.
【花药】huāyào 名 ❶《植物》葯(ゃ°). ❷《薬》花の病虫害に用いる薬.
【花椰菜】huāyēcài 名《植物》カリフラワー. 花野菜. 回 菜花, 花菜
*【花园】huāyuán 名《~儿》〔量 处 chù, 个 ge, 座 zuò〕花園. 庭園. ¶后~ / 裏庭. 回 花园子 huāyuánzi
【花账】huāzhàng 名 回 本 běn, 笔 bǐ〕粉飾した帳簿. 水増し帳簿. ¶开~ / 帳簿をごまかす. 二重帳簿にする.
【花招[着]】huāzhāo《~儿》〔量 个 ge, 种 zhǒng〕❶《武術》形ははきれいだが実用的ではない技. ❷巧妙な手口. 小細工. ¶要 shuǎ~ / 小細工をする. 回 把戏 bǎxì, 花样 huāyàng
【花朝】huāzhāo 百花の誕生日と伝えられる陰暦2月12日, または15日のこと. 花神を祭る.
【花朝月夕】huā zhāo yuè xī 成 良き日の美しい情景. 参考 "月夕"は旧暦の8月15日で, 中秋の名月. ⇨花朝
【花枝招展】huā zhī zhāo zhǎn 成 女性が美しく着飾っているようす.
【花种】huāzhǒng 名 花の種.
【花烛】huāzhú 名 旧 新婚の部屋にともす, 飾りろうそく. ¶洞房 dòngfáng~ / 新婚の夜. ¶~夫妻 / 正式に結婚した夫婦.
【花柱】huāzhù 名《植物》花柱(ゅぅ°).
【花砖】huāzhuān 名 化粧タイル.
【花子[籽]儿】huāzǐr 名 花の種. 回 花籽 huāzǐ
【花子】huāzi 名〔量 个 ge〕こじき. ¶靠当~糊口 / こじきをして食いつなぐ. 回 化子 huàzi, 乞丐 qǐgài

huā – huá 砉哗划华

砉 huā
石部4 全9画 [四] 5060₂ [通用]

[擬] サッ．バサッ．すばやい動きをあらわすことば．

☞ 砉 xū

哗(嘩) huā
口部6 全9画 [四] 6404₁ [常用]

[擬] ザァーッ．ザーザー．ジャバジャバ．たくさんの水が流れる音．¶水～～地流(水がザーザーと流れる)．

☞ 哗 huá

【哗哗】 huāhuā [擬] 扉の閉まる音．水が勢いよく流れる音．¶铁门～的一声拉上了 / 扉がガチャンと音をたてて閉まった．

【哗啦(喇・拉)】 huālā [擬] ドスン．ガチャン．ザーザー．物がぶつかる音や激しい水音．¶风吹得树叶 shùyè ～～地响 / 風が吹いて木の葉がザワザワと音を立てた．⃟ 哗啦哗啦

划(劃）❶ huá
戈部2 全6画 [四] 5200₀ [常用]

❶ [動] 刃物などで物を二つに割る．表面をこする．¶把这个瓜用刀～开(このウリを包丁で二つに切る) / ～了一道口子(切れ目を入れる) / ～火柴(マッチを擦る)．❷ [動] 櫂(かい)で水をかく．¶～船 huáchuán．❸ [索] そろばんに合う．採算が合う．¶不来 huábùlái．

☞ 划 huà, huai

【划不来】 huábùlái 引き合わない．¶为别人的事挨 ái 批评，～ / 他人事で非難されるなんて，割が合わない．⃟ 划得来 huádélái

【划船】 ❶ huá/chuán [動] 舟をこぐ．❷ huáchuán [名] ボート．小舟．

【划得来】 huádélái [動] 引き合う．¶这笔交易～ / この取引は引き合う．⃟ 划不来 huábùlái

【划拉】 huála [動] ❶ 汚れなどをはらう．はたく．ふき取る．ほうきで掃く．❷ 探す．何とかして手に入れる．❸ 集める．❹ (字を)書きなぐる．

【划拳】 huá//quán [動] (宴会の余興で)拳(けん)を打つ．¶～行令 xínglìng / 拳打ちを遊び．猜拳 cāiquán, 搳拳 huáquán [参考] 二人が指で0から5までの数を示しながら，二人の数を足した数字1から10までを言い当てるゲーム．負けた方が酒を飲む．

【划水】 huá/shuǐ [動]《スポーツ》(水泳で)水をかく．

【划算】 huásuàn ❶ [動] (腹の中で)計算する．思案する．❷ [形] 採算に合っている．⃟ 划得来 huádélái

【划艇】 huátǐng [名] ❶ カヌー．❷《スポーツ》カヌー競技．

【划子】 huázi [名]〔⃟ 只 zhī〕ボート．小舟．

华(華) huá
十部4 全6画 [四] 2440₁ [常用]

❶ [索] 美しく華やかである．¶～灯 dēng / 光～ guānghuá (光彩ある華やかな輝き)．❷ [索] 相手をうやまうことば．¶～诞 huádàn / ～翰 hán (ご書簡)．❸ [索] 中国と漢民族．¶～夏 Huáxià / ～北 Huáběi．❹ (Huá)姓．[参考] ❹は，本来 "Huà" と発音する．

☞ 华 huà, Huà

【华北】 Huáběi [名] 華北．中国の北部地方．河北省・山西省・北京市・天津市・内蒙古中部一帯を指す．

【华表】 huábiǎo [名]〔⃟ 个 ge, 座 zuò〕古代，宫殿や陵墓の前に立てた装飾用の一対の大きな石柱．

华表

【华达呢】 huádání [名]《紡織》ギャバジン．

【华诞】 huádàn [敬] お誕生日．

【华灯】 huádēng [名]〔⃟ 排 pái, 盏 zhǎn〕飾りちょうちん．華やかな明かり．¶大街上～齐放 qífàng / 大通りに一斉に装飾灯がともった．

【华东】 Huádōng [名] 華东．中国の東部地方．[参考] 山东・江苏・浙江・安徽・江西・福建・台湾の各省と上海市を指す．

【华而不实】 huá ér bù shí [成] 外見はりっぱだが，中身がない．¶～的文章 / 外見だけの文章．

【华尔街】 Huá'ěrjiē [地名] ウォール街．♦Wall Street

【华尔兹】 huá'ěrzī [名]《音楽》ワルツ．⃟ 圆舞曲 yuánwǔqǔ ♦waltz

【华发】 huáfà [名][文] ごま塩の頭髪．

【华府】 Huáfǔ [地名] "华盛顿" (ワシントン)の別称．

【华盖】 huágài [名] ❶ 古代，帝王の車の座席にさしかける絹製の傘．❷ 古い星の名．¶～运 / 恶運．不運．[参考] ❷の "华盖星" は，俗人には不運をもたらし，和尚には幸運をよぶ星とされる．

【华工】 huágōng [名] 海外で働く中国人労働者．

【华贵】 huáguì [形] ❶ 豪華で貴重だ．❷ 富貴だ．¶～之 zhī 家 / 大金持ち．

【华翰】 huáhàn [名][敬] (相手からいただいた)お手紙．翰(かん)．

【华里】 huálǐ [量] 中国の里(り)．距離をあらわす単位．1 "华里" は500メートル．

【华丽】 huálì [形] 華やかで美しい．華麗だ．¶～的词藻 cízǎo / 華美な表現．⃟ 华美 huáměi ⇔ 朴实 pǔshí, 朴素 pǔsù

【华美】 huáměi [形] きらびやかだ．¶～的衣服 / きらびやかな衣装．⃟ 华丽 huálì

【华南】 Huánán [名] 华南．中国の南部地方．[参考] 广东省・广西チワン族自治区・海南省・香港・マカオを指す．

【华年】 huánián [名] 青春．青年时代．

【华侨】 huáqiáo [名]〔⃟ 个 ge, 名 míng, 位 wèi〕华侨(きょう)．中国籍を持ちながら国外に住む中国人．⃟ 华人 huárén ❷

【华清池】 Huáqīngchí [地名] 华清池(ち)．陝西省西安市东郊にある温泉地．[由来] 唐代，玄宗が太宗がここに华清宫という名の離宮を設けたことから．玄宗と楊貴妃のロマンスの地として知られる．

【华人】 huárén [名] ❶ 中国人．❷ 居住国の国籍をもつ中国系市民．¶华裔 Měijí～ / 中国系アメリカ人．

【华沙】 Huáshā [地名] ワルシャワ(ポーランド)．

【华盛顿】 Huáshèngdùn ❶ [人名] ワシントン(1732-99)．米国初代大統領．❷ [地名] ワシントン(米国)．

【华盛顿邮报】 Huáshèngdùn yóubào [名] ワシントン・ポスト(米国の新聞名)．

【华氏温度计】 Huáshì wēndùjì [名] 華氏温度計．⃟ 华氏寒暑表 hánshǔbiǎo, 华氏温度 Huáshìdù

【华文】 Huáwén [名] 中国語．⃟ 中 Zhōng 文 [参考] 主に中国国外で使われることば．

【华西】 Huáxī [名] 華西．中国の西部地方．[参考] 四川省を中心とする長江上流域を指す．

【华西村】 Huáxīcūn [地名] 華西村(そん)．江蘇省江陰県(上海の西北)にある村．中国で最も裕福な村として「天下第一村」の別名を持つ．1970年代の改革開放路線にのり，村営(郷鎮)企業の工業化を推進．経済的に大躍進をした．

【华夏】Huáxià 名 中国の古称. ¶~子孙 / 中華の末裔(まつえい).
【华阳】Huáyáng ❶《地名》古い県名. 現在の成都市(四川省)の東南部. ❷ 名 古い地域名. かつて華山(ざん:陝西省)の南部の地域を"华阳地区"と呼んだ. 現在の秦嶺(れい)山脈(陝西省)以南,四川省・雲南省・貴州省一帯にあたる.
【华裔】huáyì 名 出生した居住地の国籍をもつ中国系子女. ¶东南亚有许多~ / 東南アジアには多くの中国系の人々がいる.
【华语】Huáyǔ 名 中国語. 表現 中国国外での言い方. 中国内では"汉语 Hànyǔ","中文 Zhōngwén"などと言う.
【华约】Huáyuē 名 "华沙条约组织"(ワルシャワ条約機構)の略称. WTO. 参考 ソ連と東欧諸国の安全保障組織. 1991年に解体した.
【华章】huázhāng 名 文 華美な詩文. (相手の)詩文や書翰に対する美称.
【华中】Huázhōng 名 華中. 中国の中部地区. 参考 長江中流域の湖北省・湖南省・江西省一帯を指す.
【华胄】huázhòu 名 文 ❶ "华夏 Huáxià"の子孙. 漢民族. ❷ 貴族の子孙.

哗(嘩/ 異 譁) huá
口部6 全9画 四 6404₁ 常用
素 騒がしい. やかましい. ¶全体大~(全員が大声で騒ぐ).
☞ 哗 huá

【哗变】huábiàn 动 (軍隊が)反乱を起こす. ¶兵士们便~起来 / 兵士たちが反乱を起こした.
【哗然】huárán 形 がやがやと騒がしい. ¶举座 jǔzuò~ / 満場騒然となる. ¶引起~议论 / 騒然と議論がまき起こる.
【哗笑】huáxiào ❶ 名 騒がしい笑い声. ❷ 动 大笑いする.
【哗众取宠】huá zhòng qǔ chǒng 成 貶 評判をよくするため,多数に迎合する話や行動をする.

骅(驊) huá
马部6 四 7414₁ 全9画 通用
下記熟語を参照.

【骅骝】huáliú 名 文 《個 匹 pǐ》 栗毛の駿馬(しゅんめ). 周の穆(ぼく)王の名馬の名.

铧(鏵) huá
钅部6 四 8474₁ 全11画 通用
名 犁(すき)の刃.

猾 huá
犭部9 四 4722₇ 全12画
形 ずるい. 腹黒い. ¶狡~ jiǎohuá (ずるい).

滑 huá
氵部9 四 3712₇ 全12画 常用

❶ 形 つるつるだ. すべすべだ. ¶下雨以后地很~ / 雨上がりは地面はすべりやすい. (反 涩 sè ❷ 动 滑る. ¶~一跤 jiāo (滑ってもんどり打った) / ~雪 huáxuě / ~冰 huábīng / ~头 huátóu / 油~ yóuhuá (軽薄である). 这人很~(この人間は実にずる賢い). ❹ (Huá)姓.
【滑板】huábǎn 名 ❶《機械》すべり面. ❷《スポーツ》(卓球の)フェイント. ❸ スケートボード.
*【滑冰】 《スポーツ》❶ huá//bīng 动 スケートをする. ¶滑了一小时冰 / 1時間スケートをした. 同 溜冰 liūbīng ❷

huábīng 名 スケート. ¶花样~ / フィギュアスケート. ¶速度~ / スピードスケート. 同 溜冰 liūbīng
【滑不唧溜】huábùjīliū 形 方 貶 (~的)ひどく滑る. つるつるしている. ¶地上~的不好走 / 地面がすべすべして歩きにくい.
【滑车】huáchē 名 ❶ 滑車(しゃ). 同 滑轮 huálún ❷ 遊園地のジェットコースターなどの列車.
【滑道】huádào 名 ❶ 《工業》 滑車の通路. ❷ (プールや山の斜面等にある大型の)スライダー. 滑り台.
【滑动】huádòng ❶ 动 滑る. ❷ 名 《物理》 滑り. ¶~摩擦 mócā / 滑り摩擦.
【滑竿】huágān 名 (~儿)〔個 个 ge, 架 jià〕 輿(こし)の一種. 二本の竹ざおに竹製のイスをくくりつけ,二人で担ぐ. 同 滑杆 huágān
【滑稽】huájī ❶ 形 こっけいだ. ひょうきんだ. ¶~角色 juésè / 喜劇役者. ¶长得一幅~相 xiàng / ひょうきんな顔をしている. ❷ 名 上海・江蘇・浙江等で演じられる漫才芸風. "相声 xiàngshēng"に近い.
【滑稽戏】huájīxì 名 漫才風の笑いを展開するドタバタ喜劇. 上海・江蘇・浙江等で行われる. 同 滑稽剧 jù
【滑精】huájīng 动 《中医》 睡眠中に,夢を見ずに射精する.
【滑溜】❶ huáliu 形 口 つやがあり,すべすべしている. ¶摸着~ / さわると滑らかだ. ❷ huáliū 动 《料理》片栗粉でとろみをつける. ¶~里脊 lǐjǐ / ロース肉にあんかけ.
【滑轮】huálún 名 〔個 个 ge, 种 zhǒng, 组 zǔ〕 滑車(しゃ). ¶定~ / 定滑車. ¶~组 / 組み合わせ滑車. 同 滑车 huáchē
【滑腻】huánì 形 つやつやして滑らかだ. ¶~得像小孩的皮肤 / 子供の肌のようにすべすべしている.
【滑坡】huápō ❶ 名 地滑り. 山崩れ. 同 泥石流 níshíliú ❷ 动 (経済などが)落ち込む. (品質などが)低下する. ¶质量~ / 品質が低下する.
【滑润】huárùn 形 すべすべしてしっとりしている. ¶肌肤 jīfū~ / 肌にしっとりつやがあり,しっとりしている.
【滑石】huáshí 名 《化学》滑石. タルク.
【滑梯】huátī 名 〔個 架 jià〕 滑り台.
【滑头】huátóu ❶ 形 ずる賢い. ¶~滑脑 / 悪賢い. ❷ 名 ずる賢い人.
【滑翔】huáxiáng 动 滑空する.
【滑翔机】huáxiángjī 名 グライダー. ¶悬挂式~ / ハンググライダー.
【滑行】huáxíng 动 ❶ 滑走する. ¶~下坡 xiàpō / 坂を滑り降りる. ❷ 慣性で進む.
【滑雪】《スポーツ》❶ huá//xuě 动 スキーをする. ❷ huáxuě 名 スキー. ¶~吊椅 diàoyǐ / スキーリフト.
【滑雪板】huáxuěbǎn 名 スキー板.
【滑移】huáyí 动 スライドする. 移動する.
【滑音】huáyīn 名 《音楽》ポルタメント. ♦ 外 portamento

化 huà
亻部2 四 2421₀ 全4画 常用

❶ 动 変える. 変わる. ¶~名 huàmíng / 变~ biànhuà (变化する) / 感~ gǎnhuà (感化する) / 悲痛为 wéi 力量(悲しみを力に変える). ❷ 动 (氷などが)とける. ¶冰都~了(氷がもうとけた). ❸ 动 消えてなくなる. ¶~除 huàchú / 消~ xiāohuà (消化する) / 火~ huǒhuà (火葬する) / ~痰 huàtán. ❹ 素 化学の略. ¶~工 huàgōng / ~肥 huàféi (化学肥料). ❺ 素 (僧が)布施を求める. ¶~缘 huàyuán / ~斋 huà-

huà 划

zhāi. ❻接尾 …化する. ¶农业机械 jīxiè～（農業の機械化）／绿～ lǜhuà（緑化する）. ❼(Huà)姓.
用法 ⑥は名詞や形容詞などの後につけて，ある性質や状態に転化することをあらわす.

☞ 化 huā

【化除】huàchú 消し去る. 取り除く. ¶～成见 chéngjiàn／先入観を除く.
【化冻】huà//dòng 動 凍っていた物をとかす. 反 上冻 shàngdòng
【化肥】huàféi 名〔袋 dài〕"化学肥料 huàxué féiliào"の略称.
【化工】huàgōng 名 "化学工业 huàxué gōngyè"の略称. ¶～厂／化学工場.
【化公为私】huà gōng wéi sī 成 私物化する.
【化合】huàhé 動 化合する.
【化合物】huàhéwù 名《化学》化合物.
【化解】huàjiě 動（悩み事や矛盾などを）取り除く. 解消する.
【化境】huàjìng 名（芸術面での）最高の境地. 入神の域. ¶他的作品已入～／彼の作品は最高のレベルに達している.
【化疗】huàliáo 動《医学》化学治療する.
【化名】❶ huà//míng 偽名を使う. ¶他化过名,现又改用原名／彼はかつて偽名を使っていたが,今は本名に改めている. ❷ huàmíng 名〔个 ge〕偽名. 変名.
【化募】huàmù 動 お布施や義援金などを集める. ¶四处～,救援 jiùyuán 失学儿童／方々に募金を求め,学校に行けない児童を助ける. 同 募化 mùhuà
【化脓】huà/nóng 動 化膿する.
【化身】huàshēn 名 ❶ 化身（じん）.（神仏の）生まれ変わり. ❷ 権化（ごん）. 象徴.
【化生】huàshēng ❶ 名《生物》化生する. ❷ 動 方 はぐくむ. 育てる. ❸ 名《仏教》四生（しょう）の一つ. 化生（しょう）.
【化石】huàshí 名〔块 kuài〕化石.
【化痰】huàtán 動 痰（たん）を取る. ¶～止咳 zhǐké／痰を取り,咳を止める.
【化外】huàwài 名 旧 辺境の,文化の後れた地域. ¶～之邦／文化果つる地.
【化为乌有】huà wéi wū yǒu 成 すべてなくなる. 烏有（うゆう）に帰す. ¶小城顿时～／街はあっと言う間にすっかり消え失せた.
【化纤】huàxiān 名 "化学纤维 huàxué xiānwéi"（化学繊維）の略.
【化险为夷】huà xiǎn wéi yí 成 危機を平穏に変える. ¶使公司～／会社の危機を救う.
【化形】huàxíng 動 化ける. 変身する.
**【化学】huàxué 名 ❶ 化学. ❷ セルロイド. 同 赛璐珞 sàilùluò
【化学变化】huàxué biànhuà 名《化学》化学変化.
【化学反应】huàxué fǎnyìng 名《化学》化学反応.
【化学方程式】huàxué fāngchéngshì 名 化学方程式. 化学反応式. 同 方程式,化学反应式 fǎnyìngshì
【化学肥料】huàxué féiliào 名《農業》化学肥料. 表現 "化肥"とも言う.
【化学工业】huàxué gōngyè 名 化学工業. 表現 "化工"とも言う.
【化学键】huàxuéjiàn 名《化学》化学結合.
【化学能】huàxuénéng 名《化学》化学エネルギー.
【化学武器】huàxué wǔqì 名《军事》化学兵器.

【化学纤维】huàxué xiānwéi 名《纺织》化学繊維. 表現 "化纤"とも言う.
【化学性质】huàxué xìngzhì 名《化学》化学的性質.
【化学元素】huàxué yuánsù 名《化学》化学元素. 表現 "元素"とも言う.
【化学战】huàxuézhàn 名《军事》化学戦.
【化验】huàyàn 動 化学検査をする. 化学分析をする. ¶～室／化学検査室.
【化验单】huàyàndān 名《化学》化学分析表. 検査レポート.
【化油器】huàyóuqì 名《機械》キャブレター. 気化器.
【化瘀】huàyū 動《中医》瘀血（お）を解く. うっ血状態を取り除く.
【化育】huàyù 動（動植物や人材を）はぐくむ. 育てる.
【化缘】huà/yuán 動《宗教》僧や道士たちが,布施を求める.
【化斋】huà/zhāi 動《宗教》僧が門口で食物を請う. 托鉢（はつ）する. 同 打斋 dǎzhāi,打斋饭 dǎzhāifàn
【化整为零】huà zhěng wéi líng 成 まとまった物をばらばらにする. 分割する.
【化妆】huà//zhuāng 動 化粧する. ⇒ 化装 huà-zhuāng
【化妆品】huàzhuāngpǐn 名 化粧品.
【化装】huà//zhuāng 動 ❶（役者が）扮装する. メーキャップする. ❷ 変装する. 仮装する. 変装する. ¶～晚会／仮装パーティー. 比較 "化装"は,別の人間に見えるようにすっかり変わること. "化妆 huàzhuāng"は,容貌がもっと美しく見えるようにすること.

划(劃) huà
戈部 2 四 5200₀
全6画 常用

❶ 動 区切る. 線引きする. ¶～分等级 děngjí（等級を区分けする）／～清敌我 díwǒ 界限（敵味方の境界をはっきりさせる）／～时代 huàshídài／～归 huàguī. ❷ 素（金銭）を振り替える. ❷ 由银行 yínháng～账 zhàng（銀行から振り替える）. ❸ 素 はかる. 段取りをする. ¶工作计～（仕事の算段）／筹～ chóuhuà（段取りをつける）. ❹ (Huà)姓.
☞ 划 huá, huai

【划拨】huàbō 動 ❶ 振り替える. ❷ 分け与える. 振り向ける. ¶～物资／物資を振り向ける.
【划策】huàcè 動 計画を立てる. 画策する. ¶出谋 móu～／意見を出して策を仕組む. 同 画策 huàcè
【划等号】huà děnghào → 画 huà 等号
【划定】huàdìng 動（範囲を）はっきり決める. ¶～界限／境界線を決める.
【划分】huàfēn 動 ❶（全体をいくつかに）分ける. ¶～势力 shìlì 范围／勢力範囲を分ける. ❷ 区別する. ¶～两种动物的区别／2種類の動物の区別をつける.
【划归】huàguī 動 別の所属に移す.
【划价】huà//jià 動（病院の薬局が）診療費や薬代等の金額を処方箋に記入する.
【划界】huàjiè 名 境界. ¶明确村与村的～／村と村の境をはっきりさせる.
【划清】huàqīng 動 はっきり区分する. ¶跟他～界线／彼とはっきり一線を画する.
【划时代】huàshídài 動（～的）時代を画する. ¶～的事件／画期的事件. ¶具有～的意义／画期的な意義を持つ.
【划线】huà xiàn 合 ❶ 線を引く. ¶～表／線グラフ. ❷ 糸の仕分けをする. ¶～工／糸の仕分け工.

【划一】huàyī ❶形 一律だ．¶整齐～/一律にそろえる．¶队伍～的服装，～的步伐 bùfá/隊列のそろった服装，そろった足並み．❷動 統一する．そろえる．¶～了度量衡 dùliànghéng/度量衡を統一する．
【划一不二】huà yī bù èr 成 ❶ 定価通り．掛け値なし．¶～，老少 lǎoshào 无欺 wúqī/全く掛け値なし，老人子供も安心．❷ 決まりきっている．型通りだ．

华(華) Huà 十部4 2440₁ 全6画 常用
❶素 地名用字．¶～山 Huàshān．❷ 姓．
☞ 华 huā, huá
【华山】Huàshān《地名》陕西省東部にある名山．五岳の一つ．西岳とも称する．
【华佗】Huà Tuó《人名》華佗(ぎ:141-203)．後漢末の医者．全身麻酔による外科手術を考案したと言われる．

画(畫) huà 凵部6 四 1077₂ 全8画 常用
❶〔～儿〕〔量 幅 fú, 张 zhāng, 轴 zhóu〕絵．画．¶图～ túhuà(絵)／一张～儿(一幅の絵)/年～儿(年賀．正月に部屋に飾る絵)／～饼充饥 jī．❷動 絵をかく．描く．¶～画儿(絵をかく)／～个圈 quān(まるを描く)／～十字．❸動 绘 huì ❸名 漢字の字画．画数．¶人字为两一("人"の字画は二画)．❹素 図案や模様でかざった．¶～廊 huàláng ／～舫 huàfǎng．❺ "划 huà"に同じ．❻ 姓．
【画板】huàbǎn 名 画板．¶她挟 jiā 着～写生去了/彼女は画板をかかえてスケッチにでかけた．
*【画报】huàbào 名〔量 本 běn〕画報．グラフ．¶看～/画報を見る．
【画笔】huàbǐ 名〔量 管 guǎn, 支 zhī, 枝 zhī〕絵筆．
【画饼充饥】huà bǐng chōng jī 成 名ばかりで，実際に役立たない．絵に描いた餅．
【画布】huàbù 名〔量 块 kuài〕油絵用の画布．カンバス．
【画册】huàcè 名〔量 本 běn〕画集．画帳．
【画到】huà//dào 動 出席や出勤のサインで"到"の字を書くという．¶请先～/まず，出勤のご署名をください．
【画等号】huà děnghào 俗 イコールで結ぶ．同一視する．☞ 划 huà to "等号"
【画地为牢】huà dì wéi láo 成 人の活動を狭いところに閉じ込める．由来 "地面に円を描いて牢獄とする"という意から．
【画法】huàfǎ 名 画法．¶～简单,寓意 yùyì 深刻/描き方はシンプルだが，寓意は深い．
【画舫】huàfǎng 名〔量 条 tiáo, 只 zhī〕画舫(琴ぅ)．美しく飾った遊覧船．
【画风】huàfēng 名 画風．
【画符】huà//fú 道士がまじないを書く．¶～念咒 niànzhòu /まじないを書き呪文を唱える．
【画幅】huàfú 名 ❶ 図画．絵画．❷(絵画の)大きさ．サイズ．
【画稿】❶ huà//gǎo 動 公文書に認可のサインをする．❷ huàgǎo 名〔～儿〕〔量 份 fèn, 幅 fú, 张 zhāng〕下絵．
【画工】huàgōng 名 ❶ 絵書き．❷ 絵画の技法．
【画虎类狗】huà hǔ lèi gǒu 英傑のまねをして，かえってろくでなしになる．同 画虎类犬 quǎn 由来『後漢書』馬援伝の語"画虎不成,反类狗"(トラを描いて失敗し，イヌに似たものになる)から．
【画夹】huàjiā 名 紙ばさみ．ペーパーフォルダ．

【画家】huàjiā 名〔量 个 ge, 名 míng, 位 wèi〕画家．
【画架】huàjià 名 イーゼル．
【画匠】huàjiàng 名〔量 个 ge, 位 wèi〕❶ 絵の職人．❷ 芸術性のない絵かき．
【画境】huàjìng 名 絵画の中に表現されている境地．絵の中の世界．
【画具】huàjù 名 絵画の道具．画具．
【画卷】huàjuàn 名 ❶〔量 幅 fú〕❶ 絵巻．❷ 人々に感動を与える光景や場面．¶一幅壮丽的历史～/1枚の壮麗な歴史絵巻．
【画刊】huàkān 名 定期刊行的画報．グラビア雑誌．
【画廊】huàláng 名 ❶〔量 条 tiáo, 座 zuò〕美しく飾られた回廊．❷ 画廊．アートギャラリー．
【画龙点睛】huà lóng diǎn jīng 成 画竜点睛(ぐいぐいぐ)．一番肝心な所を押えることで，全体が引き立つ．¶这句话～,一语破的/このことばは画竜点睛，まさに的を射ている．由来 梁代の名画師，張僧繇(ちょうそうよう)が寺の壁に竜を描き，最後に睛(ひとみ)を描き入れたとたん，竜が天に昇ったという故事から．
【画眉】huàméi ❶名〔鸟〕〔量 只 zhī〕ガビチョウ．ホイビイ．❷動 まゆを描く．描いたまゆ．
【画面】huàmiàn ❶ 名 ❶ 一清晰 qīngxī/画面がはっきりしている．❷(映画やテレビの)シーン．場面．¶生动的～/生き生きした場面．
【画皮】huàpí ❶ 化け物の皮．¶撕开 sīkāi～/化けの皮をはぐ／披上 pīshàng～/化けの皮をかぶる．
【画片】huàpiàn 名〔～儿〕〔量 套 tào, 张 zhāng〕絵葉書．印刷した絵カード．¶风景～/風景絵葉書．
【画屏】huàpíng 名〔量 座 shàn〕絵を描いたびょうぶ．
【画谱】huàpǔ 名〔量 本 běn〕絵画の名作や評論を集めた指南書．同 画帖 huàtiè
【画蛇添足】huà shé tiān zú 成 蛇足を加える．余計なことをつけ加える．由来 蛇を描く競争で，早く描けたのに足を加えて負けになったという『戦国策』斉策二に見える故事から．
【画师】huàshī 名〔量 个 ge, 名 míng, 位 wèi〕画家．絵師．
【画十字】huà shízì ❶ 読み書きのできない人が，「十」の字を書いて署名代わりにする．❷〔宗教〕キリスト教徒が，十字をきる．
【画室】huàshì 名〔量 间 jiān〕アトリエ．
【画坛】huàtán 名 画壇．絵画界．
【画帖】huàtiè 名〔量 张 zhāng〕絵画の手本集．
【画图】❶ huà//tú 動 図面や地図をかく．¶～纸／製図用紙．画用紙．❷ huàtú 名〔量 幅 fú, 张 zhāng〕(多く比喩としての)絵画．¶这些诗篇 shīpiān 构成了一幅田园生活的多彩 duōcǎi 的～/これらの詩は田園生活の色あざやかな一幅の絵のようだ．
【画外音】huàwàiyīn 名(映画やテレビで)画面に映っていない人や物が出す声．
【画像(象)】❶ huà//xiàng 動 肖像画を描く．¶给孩子画个像/子供に似顔絵を描いてやる．❷ huàxiàng 名〔量 幅 fú, 张 zhāng, 帧 zhēn〕肖像画．画像．¶自～/自画像．
【画行】huà//xíng 動 旧(責任者が公文書の文案上に)「行」の字を書く．参考 文書発行の承認や許可をあらわす．もと「依」と書いたが，宋の孝宗時代に「行」に改めた．
【画押】huà//yā 動 旧(公文书・契約書・供述書などに)署名したり，「押」や「十」の字を書く．参考 内容を承認したことをあらわす．

【画页】huàyè 名 (新聞や雑誌などの)グラビアページ.
【画院】huàyuàn 名 ❶ 中国古代の宮廷で,絵画の保存・鑑定・整理および画家の育成をつかさどった役所. ❷ 現代中国の美術創作・研究機関の名称.
【画展】huàzhǎn 名〔⑯ 次 cì,个 ge〕絵画展覧会. ¶举办个人~ / 個展を開く.
【画知】huà//zhī 動〔日〕"知单"(招待者リスト)の自分の名前の下に"知"と書く. 〖参考〗出席や承諾の意をあらわす. 招かない場合は"謝"と書く.
【画轴】huàzhóu 名 絵画の掛け軸.
【画字】huà//zì 動〔方〕認めの,サインや"十"の字を書く. 同 画押 huàyā
【画作】huàzuò 名 絵画作品.

话(話) huà i部6 四 3276₄ 全8画 常用

❶ 名 (~儿)〔⑯ 段 duàn,番 fān,句 jù,席 xí〕ことば. 言語. 話. ¶讲~ jiǎnghuà (話をする) / 说了几句~ (少しばかり話をした) / ~剧 huàjù. ❷ 動 ⑤ 話す. 語る. ¶~别 huàbié / ~旧 huàjiù / ~本 huàběn.

【话把儿】huàbà 名〔⑯ 个 ge〕話の種. 話題. ¶他的~多得很 / 彼は話題が豊富だ. 同 话柄 huàbǐng
【话白】huàbái ❶ 名〔劇中の〕せりふ. ❷ 動 講談師が新しい話を始める前に前回の詩を読み上げ,拍子木をたたいて口上を述べる.
【话本】huàběn 名〔文学〕話本(ぽ). 宋元時代,講談師が語り物の底本とした,口語の小説.
【话别】huà//bié 別れのことばを交わす. ¶话过别以后,他就走了 / 別れを告げると,彼はすぐに行った.
【话柄】huàbǐng 名〔⑯ 个 ge〕話題. 話の種. ¶传为~ / うわさになる. ¶给人抓住~ / 人の話の種になる. 同 话把儿 huàbàr
【话不投机】huà bù tóujī 成 話している時,考えや気分が合わない.
【话茬[碴]儿】huàchár 名〔方〕〔⑯ 个 ge〕❶ 話の糸口. 話の継ぎ穂. ❷ 口調. ぼくり. ¶他的~有些蹊跷 qīqiāo / 彼の口調はどうもいわくありげだ.
【话费】huàfèi 名 電話料金.
【话锋】huàfēng 名 話の糸口. 話題. ¶避开 bìkāi ~ / 話題にするのを避ける. ¶~很健 / 話の筋道がしっかりしている. 同 话头 huàtóu
【话机】huàjī 名 電話.
【话家常】huà jiācháng 慣 おしゃべりをする. 世間話をする.
【话旧】huàjiù 動 (旧友と)昔話をする. 同 叙旧 xùjiù
【话剧】huàjù 名〔⑯ 场 chǎng,出 chū,幕 mù,台 tái〕新劇. (歌舞劇に対する)台詞(ぜ)劇. ¶~团 / 新劇劇団. 〖参考〗"京剧"などの古典劇に対して,台詞が中心で,歌わないことからこう呼ばれた.
【话里有话】huà li yǒu huà 成 ことばに別の意味を含んでいる. 言外の意味をもつ. ¶他好像~,不知暗指谁? / 彼の話には含みがあるようだ. 誰のことを言っているのだろう. 同 话中 zhōng 有话
【话梅】huàméi 名 ウメを砂糖と塩で漬けて乾燥させた食べ物. 〖参考〗甘酸っぱい梅干しで,そのまま食べたり,熱い紹興酒を注いだ杯に入れたりする.
【话说】huàshuō ❶ 接問 さて. そもそも. ❷ 動 語る. 述べる. 〖参考〗①は,昔の小説で使われる,文の冒頭に用いることば.
【话题】huàtí 名〔⑯ 个 ge〕話題. ¶~转 zhuǎn

了 / 話題が換わった. ¶换个~ / 話題を換える.
【话题作文】huàtí zuòwén 名 教師がテーマを定めて書かせる作文や小論文. 課題作文.
【话亭】huàtíng 名 電話ボックス. 同 电 diàn 话亭
【话筒】huàtǒng 名 ❶ 電話の送話器. ❷ マイクロフォン. ♦microphone ❸〔⑯ 个 ge,只 zhī〕拡声器. メガホン. 同 传声筒 chuánshēngtǒng
【话头】huàtóu 名 (~儿)話の糸口. 話題. ¶打断~ / 話をさえぎる. ¶谁先提个~儿? / 誰から話を出すの.
【话外音】huàwàiyīn 名 (会話の中で)言外に含まれる意味. ¶听出~ / (相手の)言外の意に気づく.
【话务员】huàwùyuán 名〔⑯ 个 ge,名 míng,位 wèi〕電話交換手. オペレーター.
【话匣子】huàxiázi 名 ❶ 蓄音機. レコードプレーヤー. ラジオ. ❷ 口数の多い人. おしゃべり. ¶一提起这个,他的~便开了 / そのことになると,彼はまくし立て始めた.
【话音】huàyīn 名 (~儿)❶ 話し声. ¶~太低 / 話し声が小さすぎる. ❷ 〔口〕言外の意. 話の調子. 含み. ¶听他的~儿,他准 zhǔn 是反对的 / 彼の話しぶりからすると,きっと反対にちがいない.
【话语】huàyǔ 名 ことば. 話. ¶这么难听的~,谁听了都不自在 / そんな嫌なことばを聞いたら,誰だっていたたまれなくなる.
【话语权】huàyǔquán 名 発言権.
【话中有话】huà zhōng yǒu huà 句 話の中に言外の意が込められている. 話に含むところがある. 同 话里 lǐ 有话

桦(樺) huà 木部6 四 4494₁ 全10画 次常用

名〔植物〕カバノキ.

媙(嫿) huà 女部8 四 4147₂ 全11画 通用

→姽媙 guǐhuà

huai ㄏㄨㄞ〔xuae〕

怀(懷) huái 忄部4 四 9109₀ 全7画 常用

❶ 名 胸. ふところ. ¶把小孩抱在~里(子供を胸に抱く). ❷ 動 (心に)持つ. 抱く. ¶~疑 huáiyí / ~恨 huáihèn. ❸ 素 懐かしく思う. しのぶ. ¶~友 huáiyǒu (友をしのぶ) / ~古 huáigǔ / ~着故乡的父母 (田舎の父母を懐かしむ). ❹ 素 胸のうち. 考え. 意向. ¶襟~ jīnhuái (胸襟) / 正中 zhòng 下~ (まったく希望通りになる). ❺ 名 妊娠(孊)する. ¶~胎 huáitāi / ~孕 huáiyùn. ❻ (Huái)姓. 表現 ①は,"怀里","怀中"の形で使われる.
【怀抱】huáibào ❶ 動 ふところに抱く. ¶~着小孩儿 / ふところに子供を抱く. ❷ 名 胸. ふところ. ¶扑向母亲的~ / 母の胸にとびこむ. ❸ 動 心に抱く. ¶~远大的志向 / 大志を抱く. ❹ 名 ⑤ 抱負. 胸のうち. もくろみ. ¶别有~ / 他に思うところがある. ❺ 名〔方〕(~儿)乳児のこと.
【怀璧其罪】huái bì qí zuì 成 ❶ 財産は災いを招く. ❷ 才能があるために妒(ど)まれ迫害される. 由来『春秋左氏伝』桓公十年に見えることば.

【怀表】huáibiǎo 名〔個 块 kuài, 只 zhī〕懐中時計.
【怀才不遇】huái cái bù yù 才能がありながら、チャンスに恵まれない.
【怀春】huáichūn 動〈文〉(少女が)異性を慕う.
【怀古】huáigǔ 動 昔を懐かしむ. 懐古する. ¶沉浸 chénjìn 在～之 zhī 情中/懐古の情に浸る.
【怀鬼胎】huái guǐtāi〔句〕やましい考えを抱く. 後ろめたい. ¶他怀着鬼胎, 总是躲 duǒ 躲闪 shǎn 闪的/彼は隠し事があって、いつも人を避けている.
【怀恨】huái//hèn 動 恨みを抱く. 根に持つ. ¶过去的事就算了, 有什么用呢? / 過ぎたことはもういい, 恨んだってしょうがない.
【怀旧】huáijiù 動〈文〉昔のことやなじみの人を懐かしむ. ¶引起～之 zhī 情/懐旧の情を起こす.
【怀恋】huáiliàn 動 懐かしく思う. ¶很～故国/故国をとても懐かしむ.
【怀念】huáiniàn 動 懐かしく思う. 恋しく思う. ¶非常～老朋友/旧友をとても心にかける. 回 思念 sīniàn.
【怀柔】huáiróu 動 懐柔する.
【怀胎】huái//tāi 動 懐胎する. 妊娠する.
【怀乡】huáixiāng 動 故郷を懐かしむ. ¶一股～之 zhī 情油然而生/郷里を懐かしい思いがわき上がる.
【怀想】huáixiǎng 動 懐かしむ. ¶看到过去生活过的地方, 他便～起自己的童年/昔住んだ場所を見て、彼は少年時代が蘇る.
【怀疑】huáiyí ❶ 動 疑う. ¶～他的力量/彼の力量を疑う. 回 疑心 yíxīn 反 相信 xiāngxìn, 信任 xìnrèn ❷ 動 ¶引起～/疑いを招く. 回 疑心 yíxīn, 疑惑 yíhuò, 狐疑 húyí 反 信任 xìnrèn ❸ 動 推測する. 想定する. ¶我～他没来过/彼はたぶん来たことがないと思う.
【怀孕】huái//yùn 動 妊娠する. 孕(はら)む. ¶她～了两次/彼女は2度身ごもった.

徊 huái

彳部6 四 2620₀
全9画 次常用

→徘徊 páihuái

淮 huái

氵部8 四 3011₅
全11画 次常用

[差] ❶地名用字. ❷(Huái)姓.
【淮北】Huáiběi 名 淮河(ガ)以北の地域. 特に安徽省北部を指す.
【淮海】Huái Hǎi 名 淮海(ガ). 淮河以北(徐州一带)から海州(現在の連雲港市西南)にかけての地域.
【淮海战役】Huái Hǎi zhànyì 名〈歴史〉淮海戦役(ガ). 参考 1948年11月6日－1949年1月10日. 国共内戦時期の三大戦役の一つ. 中国人民解放軍が国民党軍を破り, 長江以北の華東・中原(ガ):黄河の中・下流域)地域を解放した. ⇨三大 sāndà 战役
【淮河】Huáihé〈地名〉淮河(ガ). 河南省に源を発し, 安徽省を経て江蘇省境の洪沢湖に注ぐ.
【淮剧】huáijù 名〈芸能〉江蘇省の伝統演劇の一つ. 参考 もとは"江淮剧 jiānghuáijù"といい, 淮陰(ガ), 塩城などの地域で流行した.
【淮南】Huáinán 名 淮南(ガ). 淮河以南, 長江以北の地域. 特に安徽省中部を指す.

槐 huái

木部9 四 4691₃
全13画 常用

名 ❶《植物》エンジュ. ¶～黄 huáihuáng / ～角 huáijiǎo (エンジュのさや) / 洋～ yánghuái (ハリエンジュ. アカシア). ❷(Huái)姓.

【槐黄】huáihuáng 名 エンジュの花のつぼみから作る黄色の染料.
【槐树】huáishù 名《植物》〔棵 kē〕エンジュの木. ¶～荚 jiá / エンジュの実のさや.

踝 huái

足部8 四 6619₄
全15画 通用

名《生理》くるぶし. 回 踝骨 huáigǔ, 脚腕子 jiǎowànzi
【踝骨】huáigǔ 名《生理》くるぶし(の骨). 参考 "踝"の俗称.
【踝子骨】huáizigǔ 名〈方〉くるぶし.

耲 huái

耒部16 四 5093₂
全22画 通用

下記熟語を参照.
【耲耙】huáibà 名 農具の一つ. 土を掘りかえすのに使う. 中国の東北地方でよく使われる.

坏(壞) huài

土部4 四 4119₀
全7画 常用

❶ 形 悪い. ¶好～ hǎohuài (よしあし) / ～蛋 huàidàn. 反 好 hǎo ❷ 動 物が壊れる. 悪くなる. ¶我的手表～了(私の腕時計が壊れた)/ 昨天买的桔子 júzi 都～了(昨日買ったミカンが全部いたんだ). ❸ 名 悪知恵. 悪だくみ. ¶藏 cáng 着～(悪だくみを持っている)/ 使～ shǐhuài (そそのかす). ❹ 形 動詞や形容詞の後につけて, その程度の強さや結果がよくないことをあらわす. ¶饿è～了(とてもお腹がすいた)/气～了(まったく腹が立った). ❺ "坯 pī"に同じ.
*【坏处】huàichu 名 害. 悪いところ. 不都合な点. ¶总想人家的～/人の欠点ばかり見る. 回 害处 hàichu 反 好处 hǎochu, 益处 yìchu
【坏蛋】huàidàn 名〔個〕悪いやつ. 悪党. ¶抓～/悪人を捕らえる. ¶十恶不赦 shè 的～/極悪非道の悪党. 反 好人 hǎorén 表現 人をののしることば.
【坏点子】huàidiǎnzi 名 悪い考え. 悪知恵.
【坏东西】huàidōngxi 名 悪人. 悪いやつ. ¶你这个～, 竟说我坏话! / この悪党め! 私の悪口まで言うとは!
【坏分子】huàifènzi 名〔個〕 个 ge, 群 qún〕犯罪者や社会秩序を破壊する悪人. 参考 かつて政治的身分と規定された時代の用語.
【坏话】huàihuà 名〔個 句 jù〕不愉快な話. いやな話. 悪口. ¶背后说人～/陰で悪口を言う.
【坏疽】huàijū 名《医学》壊疽(ぇ).
【坏人】huàirén 名〔個 个 ge, 伙 huǒ, 群 qún〕悪人. 悪者.
【坏事】❶ huàishì 名〔個 件 jiàn〕悪いこと. 悪事. ❷ huài//shì 動 ぶちこわす. 台無しにする. ¶别坏了事! / 事をぶちこわすな!
【坏死】huàisǐ 名《医学》壊死(ぇ).
【坏透】huàitòu 形 (性根の)芯(ん)まで腐っている. ¶这个人真是～了 / こいつは本当に芯まで腐っている.
【坏心眼儿】huàixīnyǎnr 名 悪い考え. 悪い心. ¶人小,～可不少 / 若いのに悪知恵が働く.
【坏血病】huàixuèbìng 名《医学》壊血病.
【坏账】huàizhàng 名《経済》不良債権.
【坏种】huàizhǒng 名 悪人. 悪いやつ.

划(劃) huai

戈部2 四 5200₀
全6画 常用

[差] "刮划 bāihuai"(処理する. 修理する)という語に用い

られる.
☞ 划 huá, huà

huan ㄏㄨㄢ 〔xuan〕

欢(歡/異懽、讙、驩)

huān 又部4 全6画 四 7748₂ 常用

❶ 素 楽しい. うれしい. ¶喜～ xǐhuān (喜ぶ)／～迎 huānyíng／～喜 huānxǐ／～乐 huānlè. 反 悲 bēi
❷ 形 生き生きしている. 活発だ. 盛んだ. ¶孩子们玩得真～（子供たちはとても活発に遊ぶ）／炉子 lúzi 里的火很～（炉のなかで火が燃え盛っている）. ❸ (Huān) 姓.

【欢蹦乱跳】huān bèng luàn tiào 成 元気はつらつだ. ¶孩子们都是～的／子供たちはみんな元気いっぱいだ. 回 活 huó 蹦乱跳
【欢畅】huānchàng 形 うれしい. 楽しい. ¶心情～／愉快な気分である. ¶～的歌声／楽しげな歌声. 回 舒畅 shūchàng, 酣畅 hānchàng
【欢唱】huānchàng 動 楽しく歌う. 愉快に歌う.
【欢度】huāndù 動 楽しく過ごす. ¶～春节 Chūnjié／春節(旧正月)を楽しく過ごす.
【欢歌】huāngē ❶ 動 楽しく歌う. 愉快に歌う. ❷ 名 楽しげな歌声.
【欢呼】huānhū 動 歓呼する. ¶人群发出一阵～声／群衆はひとしきり歓呼の声をあげた.
【欢聚】huānjù 動 楽しく集う. ¶中外游客～一起, 度过了最后一个晚上／内外の旅行客が集い, 楽しく最後の夜を過ごした.
【欢聚一堂】huān jù yī táng 成 楽しく一堂に会する. ¶师生们～／先生と弟子たちが, 楽しく一堂に会した.
【欢快】huānkuài 形 楽しく軽快な. ¶～的心情／ほがらかな気持ち.
【欢乐】huānlè 形 愉快な気分だ. 楽しい. ¶～的气氛 qìfēn／楽しい雰囲気. ¶笑得多么～！／ねえ, 彼らはなんて楽しそうに笑っているんだろう. 重 欢欢乐乐. 反 悲哀 bēi'āi
【欢洽】huānqià うちとけて楽しんでいる.
【欢庆】huānqìng 動 喜び祝う. 楽しく祝う. ¶～节日／祝日を楽しく祝う.
【欢声】huānshēng 名 喜びの声. 歓声.
【欢声雷动】huān shēng léi dòng 成 歓呼の声が雷鳴のようにとどろく.
【欢声笑语】huānshēng xiàoyǔ 歓声を上げ談笑する. ¶屋里不时传出～／家の中からは, いつも楽しげな声が聞こえてくる.
【欢实[势]】huānshi 形方 活発だ. 盛んだ. ¶孩子们多～啊！／子供たちの元気のいいこと！ 回 起劲 qǐjìn, 活跃 huóyuè
*【欢送】huānsòng 動 歓送する. ¶～小明留学日本／ミンさんが日本へ留学するのを温かく送る.
【欢腾】huānténg 動 おどり上がって喜ぶ. ¶～跳跃 tiàoyuè 起来／おどりして喜ぶ. 回 欢跃 huānyuè
【欢天喜地】huān tiān xǐ dì 成 大喜びするよう. ¶大家都～／皆は踊り上がって喜んだ.
【欢喜】huānxǐ ❶ 形 楽しい. うれしい. ¶～异常／非常にうれしい. ¶欢欢喜喜过个年／楽しく正月を迎える. 重 欢欢喜喜 ❷ 動 好む. 愛好する. かわいがる. ¶他～跟朋友聊天／彼は友達とおしゃべりするのが好きだ. 回 欢欣 xīnhuān
【欢笑】huānxiào 動 楽しそうに笑う. 快活に笑う. ¶往日的～声听不见了／かつての楽しげな笑い声は聞こえなくなった.
【欢心】huānxīn 名 歓心. ¶讨 tǎo 人～／人の歓心を買う.
【欢欣】huānxīn 形 喜びうれしがる.
【欢欣鼓舞】huān xīn gǔ wǔ 成 おどり上がって喜ぶ. 喜び勇む. ¶赢 yíng 了当然～, 败了也不要垂 chuí 头丧气 sàngqì／勝てばもちろん大喜びだが, 負けたってうなだれることはない.
【欢宴】huānyàn ❶ 動 歓迎の宴を催す. ❷ 人をごちそうに招待する.
**【欢迎】huānyíng 動 ❶ 喜んで迎える. 歓迎する. ¶～光临 guānglín／ようこそ, おいでくださいました. ¶～辞／歓迎のあいさつ. 歓迎のことば. ❷ (事物や人の行動を)喜んで受け入れる. ¶～提出宝贵 bǎoguì 的意见／貴重な御意見を歓迎します. ¶这家工厂的产品很受用户 yònghù 的～／この工場の製品はユーザーにとても人気がある.
【欢娱】huānyú 形 楽しくて幸せだ.
【欢悦】huānyuè 形 楽しい. 回 欢乐 huānlè
【欢悦】huānyuè 形 楽しい. うれしい. 回 喜 xǐ 悦
【欢跃】huānyuè 動 こおどりして喜ぶ. 回 欢腾 huānténg

獾(異 貛) huān 犭部17 四 4421₅ 全20画 通用

名 〔動物〕〔只 zhī〕アナグマ. 参考 毛は毛筆の材料に, 脂肪は精製して薬剤に.

还(還) huán 辶部4 四 3130₉ 全7画 常用

❶ 素 もどる. もとに還る. ¶～家 huánjiā／～原 huányuán／～不起 huánbuqǐ (返済できない). ❷ 動 報いる. ¶～礼 huánlǐ／～手 huáshǒu／以眼～眼, 以牙～牙 成 目には目を, 歯には歯を. 相手のやり方で相手に報復する). ❸ 動 つぐなう. ¶～钱 huánqián (金を返す)／～息 huánxī (利息を支払う). 反 借 jiè ❹ (Huán) 姓.
☞ 还 hái

【还报】huánbào 動 ❶ 報いる. (行動によって)感謝の意をあらわす. ❷ 報告する.
【还本】huán//běn 動 〔経済〕元金を返す. ¶～付息 fùxī／元金に利息をつけて返す.
【还魂】huán//hún 動 ❶ 死者が生き返る. ¶～药／気付け薬. ❷ 方 再生する. ¶～纸／再生紙.
【还击】huánjī 動 反撃する. ¶～敌人／敵に反撃を加える. 回 反击 fǎnjī, 回击 huíjī
【还家】huán//jiā 動 家に帰る.
【还价】huán//jià 〔～儿〕値切る. ¶讨 tǎo 价～／値段を掛け合う. 回 讨价 tǎojià
【还口】huán//kǒu 動 言い返す. 回 还嘴 zuǐ, 回嘴
【还礼】huán//lǐ ❶ あいさつを返す. ❷ 方 贈り物のお返しをする.
【还手】huán//shǒu なぐり返す. ¶无～之 zhī 力／なぐり返す力がない. ¶打不～, 骂 mà 不还口／打たれても手を出さず, ののしられても言い返さない.
【还俗】huán//sú 動 〔仏教〕還俗(ぞく)する. 僧や尼が一

世の人にもどる. 反 出家 chūjiā

【还席】 huán//xí お返しに招く. ¶明天晚上我~,请诸位 zhūwèi 光临 guānglín / 明晩答礼の宴を催すので,皆様のお越しをお待ちします.

【还乡】 huánxiāng 動 故郷へ帰る. ¶衣锦 yījǐn~ / 故郷に錦をかざる.

【还乡团】 huánxiāngtuán 名《歴史》帰郷団. 同 还乡队 duì 参考 建国前,土地を追われた地主や富農が反革命武装勢力を後ろ盾に"还乡队"や"还乡团"を組織して,一度革命政権によって農民に分配された土地や財産を逆に農民から奪い返した.

【还阳】 huán//yáng 動 ❶(死んだものが)生き返る. ❷苦境から抜け出して勢いをとりもどす.

【还原】 huán//yuán 動 ❶もとの状態にもどす. ¶搬乱了的东西全部~了吗? / 散らかしたものを,全部もとに戻したか. 同 复原 fùyuán,恢复 huīfù ❷《化学》還元する. ¶~剂 jì / 還元剤.

【还原剂】 huányuánjì 名《化学》還元剤.

【还愿】 huán//yuàn 動 ❶神仏へお礼参りをする. ¶去庙 miào 里还个愿 / 廟に行ってお礼参りする. ❷約束したことを実行する.

【还债】 huán//zhài 動 借金を返す.

【还账[帐]】 huán//zhàng 動 借金を返す. 返済する.

【还嘴】 huán//zuǐ 動 口答えをする. ¶无论怎么说,都不~ / 何と言われようとも,口答えしない.

环(環) huán

王部 4 四 1119。 全 8 画 常 用

❶名(~儿)輪になったもの. ¶~连 liánhuán(つながった輪. おもちゃの知恵の輪)/铁~、tiěhuán(鉄輪). ❷素ぐるりと取り囲む. ¶~视 huánshì / ~境 huánjìng. ❸(Huán)姓.

【环把】 huánbǎ 名 丸い輪状の取っ手.

【环保】 huánbǎo 名 環境保護. "环境保护 huánjìng bǎohù"の略. ¶~局 / 環境保護局.

【环保产业】 huánbǎo chǎnyè 名 環境産業. エコビジネス. ≒ecobusiness

【环抱】 huánbào 動 周りを取り囲む. ¶群山 qúnshān~的村庄 cūnzhuāng / 山々に囲まれた村.

【环衬】 huánchèn 名《印刷》(書籍の)見返し. 表紙と本体の間にあるページ.

【环城】 huánchéng 動 町の周りをめぐる. ¶赛跑 sàipǎo / 市内一周レース. ¶~公路 / 環状道路.

【环带】 huándài 名《動物・植物》環帯(かたい).

【环岛】 huándǎo 名《交通》ロータリー.

【环发】 huánfā 名 環境と発展. 環境と開発.

【环顾】 huángù 動 文 周りを見回す. ¶~四周 / 周りを見回す.

【环海】 huánhǎi 形 周囲を海に囲まれている.

【环礁】 huánjiāo 名《地学》環礁(かんしょう). 環状サンゴ礁.

【环节】 huánjié 名〔個 个 ge〕❶《動物》環節. 体節. ¶~动物 / 環節動物. 体節動物. ❷相互に関連する中の一部分. 段階. ¶不知哪个~出了毛病? / どの部分に問題が起きたのだろう.

*【环境】 huánjìng 名 ❶周り. 周囲. ¶~卫生 / 環境衛生. ❷周りをとりまく環境. ¶恶劣 èliè 的~ / 劣悪な環境. ¶适应 shìyìng~ / 環境に適応する.

【环境保护】 huánjìng bǎohù 名 環境保護. 表現 略して"环保"とも言う.

【环境壁垒】 huánjìng bìlěi 名 環境保護バリアー. 自国や地域の環境を守るために設ける貿易上の条件や制限. 同

绿色 lǜsè 壁垒

【环境标志】 huánjìng biāozhì 名 エコマーク. 同 绿色 lǜsè 标志

【环境标准】 huánjìng biāozhǔn 名 環境基準.

【环境承载力】 huánjìng chéngzàilì 名 環境収容力.

【环境风险】 huánjìng fēngxiǎn 名 環境リスク.

【环境激素】 huánjìng jīsù 名 環境ホルモン.

【环境伦理】 huánjìng lúnlǐ 名 環境倫理.

【环境难民】 huánjìng nànmín 名 環境難民.

【环境权】 huánjìngquán 名 環境権. 一般市民が良好な環境を享受する権利.

【环境容量】 huánjìng róngliàng 名 環境容量.

【环境退化】 huánjìng tuìhuà 名 環境の衰退.

【环境污染】 huánjìng wūrǎn 名 環境汚染.

【环境友好材料】 huánjìng yǒuhǎo cáiliào 名 環境にやさしい材料. エコ材料.

【环境战】 huánjìngzhàn 名《軍事》環境戦争. ある地区の気候や地形などを人為的に変化させ,戦況を有利に導くこと.

【环流】 huánliú 名(大気や海水の)環流. ¶大气~ / 大気の環流. ¶~游泳池 / 流水プール.

【环路】 huánlù 名 ❶《交通》環状道路. ❷《電気》環状回路.

【环球】 huánqiú ❶動 地球をまわる. ¶~旅行 / 世界一周旅行. ❷名 全世界. ¶誉满~ / 世界に名をとどろかす.

【环绕】 huánrào 動 周りを取り囲む. ¶翠竹 cuìzhú~的山庄 / 青竹にとり囲まれた村山. 同 围绕 wéirào,盘绕 pánrào

【环山】 huánshān 形 ❶ 山を取り囲んでいる. ❷ 山に囲まれている.

【环生】 huánshēng 動 次々に起きる. 次々に現れる.

【环食】 huánshí 名《天文》金環食. 同 日环食 rìhuánshí

【环视】 huánshì 動 周りを見回す. ¶~四周 / 周りを見回す.

【环烃】 huántīng 名《化学》環状炭化水素.

【环烷】 huánwán 名《化学》シクロパラフィン.

【环卫】 huánwèi 名 "环境卫生"(環境衛生)の略称.

【环线】 huánxiàn 名 ❶《交通》環状線. ❷《電気》ループ線.

【环行】 huánxíng 動 周りをまわる. ¶~电车 / 環状線. ¶~在山路上 / 山道をぐるりとまわる.

【环形】 huánxíng 形 輪のように一回りする. 環状に走っている. ¶~公路 / 環状道路.

【环形交叉】 huánxíng jiāochā 名《交通》環状交差点. ロータリー.

【环形山】 huánxíngshān 名《天文》クレーター.

【环氧树脂】 huányǎng shùzhī 名《化学》エポキシ樹脂.

【环游】 huányóu 動 各地をめぐる. 同 周 zhōu 游

【环宇】 huányǔ 名 文 地球全体. 天下. 同 寰 huán 宇

【环志】 huánzhì 名(渡り鳥につける)標識.

【环状】 huánzhuàng 形 環状の. ループ状の.

【环子】 huánzi 名〔個 副 fù, 个 ge〕輪のような形をしたもの. ¶门~/輪の形をした戸の引き手.

郇 Huán

阝部 6 四 2762₇ 全 8 画 通 用

名 姓.

☞ 郇 Xún

洹 Huán
氵部6 四3111₆ 全9画 通用
❶ 素 地名用字. ¶〜水 Huánshuǐ（河南省にある川の名). ❷ 姓.

垸 huán
土部7 四4311₂ 全10画 通用
❶ 動 うるしに骨を焼いて混ぜて器物に塗る. ❷ 動かす. ❸ 量 "锾 huán"に同じ.
☞ 垸 yuàn

桓 Huán
木部6 四4191₆ 全10画 通用
名 姓.

萑 huán
艹部8 四4421₅ 全11画 通用
名《植物》古い書物に見える葦（ᵃ）の一種.

锾（鍰）huán
钅部9 四8274₇ 全14画 通用
量 古代の重さの単位. 貨幣の単位. 参考 1"锾"は6"两 liǎng"にあたる.

圜 huán
囗部13 四6073₂ 全16画 通用
動 ⦅文⦆ 取り囲む. めぐる. ¶〜視 huánshì（四方を見渡す）/ 〜土 huántǔ（土塀で囲まれた所. 牢獄）/ 转〜 zhuǎnhuán（取り返す. 調停する).
☞ 圜 yuán

澴 huán
氵部13 四3613₂ 全16画 通用
素 地名用字. ¶〜水 Huánshuǐ（湖北省にある川の名).

寰 huán
宀部13 四3073₂ 全16画 通用
素 広大な地域. ¶〜球 huánqiú / 〜宇 huányǔ.
【寰球】huánqiú 名 地球全体. 全世界. ¶〜计划 / 地球規模の計画. 同 环球 huánqiú, 寰宇 huányǔ
【寰宇】huányǔ 名 ⦅文⦆ 地球全体. 天下. ¶声振〜 / 名声が天下にとどろく. 同 环宇 huányǔ

缳（繯）huán
纟部13 四2613₂ 全16画 通用
⦅文⦆ ❶ 名 縄でつくった輪. ¶投〜 tóuhuán（首をくくって自殺する). ❷ 動 首をしめて殺す. ¶〜首 huánshǒu（絞首刑にする).

鹮（䴉）huán
鸟部13 四6772₂ 全18画 通用
名《鳥》ヘラサギ. 同 鹮目 huánmù

鬟 huán
髟部13 四7273₂ 全23画 通用
名 ⦅旧⦆ 女性のまるく結ったまげ. ¶丫〜 yāhuan（女の召し使い）/ 小〜 xiǎohuán（女性の召し使い. 下女).

缓（緩）huǎn
纟部9 四2214₇ 全12画 常用
❶ 素 ゆるやかな. のろい. ¶轻重〜急 ⦅成⦆ 重要さと緊急の度合い）/ 〜步而行（ゆっくり進む）/ 〜不济 jì 急（ぐずぐずして,急場に間に合わない). 同 慢 màn, 徐 xú ❷ 動 遅らせる. あとに延ばす. ¶〜兵之 zhī 计 / 〜刑 huǎnxíng / 〜两天再办（2日延期して行う). ❸ 動 回復する. 息を吹きかえす. ¶病人昏 hūn 过去又〜过来（病人は意識を失ったが,すぐまた意識をとり戻した）/ 下过雨,花都〜过来了（ひと雨あって,花が息を吹きかえした）/ 〜〜气再往前走（ひと息入れてまた前進する). ❹ 素 ゆるめる. ¶〜和 huǎnhé / 〜冲 huǎnchōng. ❺（Huǎn）姓.
【缓兵之计】huǎn bīng zhī jì ⦅成⦆ 時間かせぎで敵の攻撃を遅らせる作戦. 引き延ばし戦略.
【缓步】huǎnbù ゆっくり歩く. 同 慢行 mànxíng, 徐步 xú bù
【缓冲】huǎnchōng 動 衝突を和らげる. ¶起到了〜作用 / 衝突のショックを緩和する働きをした.
【缓和】huǎnhé 動 和らぐ. 緩和させる. ¶表情〜 / 表情が和らぐ. ¶〜空气 / 空気を和らげる. ¶矛盾得到了〜 / 対立が和らいだ. 同 和缓 héhuǎn, 弛缓 chíhuǎn 反 激化 jīhuà
【缓缓】huǎnhuǎn 形 ゆっくりと. ゆるゆると. ¶〜而行 / ゆっくりと歩く. 同 慢慢 mànmàn, 徐徐 xúxú
【缓急】huǎnjí 名 ❶ ゆるやかなことと急なこと. ¶分別轻重〜 / 軽重と緩急を区別する. ❷ 差し迫ったこと. ¶〜相助 / 急場の時は助け合う.
【缓减】huǎnjiǎn 動 軽減する.
【缓建】huǎnjiàn 動 建設や工事を延期する.
【缓解】huǎnjiě 動（程度が）軽くなる. 緩和する. ¶伤痛 shāngtòng〜 / 傷の痛みが和らぐ. ¶一触即发 yī-chùjífā 的局面得到〜了 / 一触即発の局面は避けられた.
【缓慢】huǎnmàn 形 動きがゆっくりとしている. ¶步子〜 / 足どりがゆっくりだ. ¶发育 fāyù〜 / 発育が遅い. 同 迟缓 chíhuǎn 反 急速 jísù
【缓坡】huǎnpō 名 ゆるやかな坂.
【缓期】huǎnqī 動 期限を延ばす. ¶〜付款 fùkuǎn / 支払を延ばす.
【缓气】huǎn//qì 動 一息つく. ¶连〜的机会都没有 / 一息つく間もない.
【缓泻】huǎnxiè 動 薬で排便を促す. 同 轻 qīng 泻
【缓刑】huǎn/xíng 名 刑の執行を猶予する. ¶〜二年 / 2年間執行を猶予する.
【缓行】huǎnxíng 動 ❶（人が）ゆっくり歩く.（車が）徐行する. ❷ しばらく延期する.
【缓征】huǎnzhēng 動 税の徴収を延ばす.

幻 huàn
幺部1 四2772₀ 全4画 常用
素 ❶ 幻（ᵍᵉⁿ）. 実在しない. 非現実的な. ¶〜境 huànjìng / 打消一切〜想（あらゆる幻想を打ち消す）/ 〜灭 huànmiè / 〜灯 huàndēng. ❷ 予測を越えて変化する. ¶变〜莫测 mò cè ⦅成⦆ 変化が予測できない).
【幻灯】huàndēng 名 ❶ スライド. 幻灯. ¶放〜 / スライドを映す. ¶〜片 / スライド用フィルム. ❷〔部 台 tái〕スライド映写機. 同 幻灯机 jī
【幻灯机】huàndēngjī 名 スライド映写機. 同 幻灯②
【幻化】huànhuà 動 奇妙に変化する. 不思議な変化. ¶天上的云,〜成各种各样的形状 / 空の雲は変化して,さまざまな形になった.
【幻景】huànjǐng 名 幻の現象. 幻の情景.
【幻境】huànjìng 名 幻の世界. 夢幻の境地.
【幻觉】huànjué 名 幻覚. ¶容易产生〜 / 幻覚を見やすい.
【幻梦】huànmèng 名 幻想.
【幻灭】huànmiè 動 幻のように消える. 幻滅する. ¶他觉得一切都〜了 / 彼はすべてが幻のように消えたと感じた. 同 破灭 pòmiè
【幻术】huànshù 名 魔術. マジック. ¶〜家 / 魔術師. 奇術師. マジシャン.
【幻想】huànxiǎng ❶ 動 空想する. 幻想する. ¶科学

～ / SF. 回 空想 kōngxiǎng ❷ 名 空想. 幻想. ¶想当演员的～破灭了 / 女優になる夢は破れた. 回 空想 kōngxiǎng
【幻想曲】huànxiǎngqǔ 名《音楽》幻想曲.
【幻象】huànxiàng 名 幻. 幻像. 幻影.
【幻影】huànyǐng 名 幻. 幻影.

奂 huàn
刀部 5 四 2780₄
全7画 通用
形 ❶ 数が多い. 盛んだ. ❷ 鮮やかで美しい.

宦 huàn
宀部 6 四 3071₂
全9画 次常用
❶ 素 役人. ¶～官 guānhuàn (役人). ❷ 素 役人になる. ¶仕～ shìhuàn (仕官する) / ～游 huànyóu. ❸ 素 宦官(釼). ¶～官 huànguān. ❹ (Huàn)姓.
【宦官】huànguān 名〔圖 个 ge, 位 wèi〕宦官(釼). 昔, 宮廷内で皇帝やその家族に仕えた, 去勢された官吏. 回 太监 tàijiàn
【宦海】huànhǎi 名〈文〉官界. ¶～沉浮 chénfú / 官界での浮き沈み. ¶～风波 / 官界での波風, 騒動. 回 官场 guānchǎng
【宦门】huànmén 名〈文〉役人の家柄.
【宦途】huàntú 名〈文〉官途. 仕官の道.
【宦游】huànyóu 名〈文〉官途を求めて奔走する. ¶～四方 / 仕官の道を求めて各地を奔走する.

换 huàn
扌部 7 四 5708₄
全10画 常用
❶ 動〈互いにものを〉交換する. ¶互～ hùhuàn (取り交わす). ❷ 動〈今までのものを〉換える. 取り替える. ¶～衣服 (衣服を替える) / ～汤不～药. ❸ 動 両替をする. ¶用美元～人民币 (米ドルを人民元に両替する). 回 兑换 duìhuàn ❹ (Huàn)姓.
【换班】huàn//bān 動 交替する. ¶每天换两次班 / 毎日二交替制だ. ¶最近领导～了 / 最近, トップが交替した.
【换笔】huàn//bǐ 筆記用具を変更する. 手書きからパソコンやワープロでの入力に変更する.
【换边】huànbiān 名《スポーツ》コートチェンジ.
【换步】huàn//bù 動《軍事》歩調を変える.
【换车】huàn//chē 動 乗り換える. ¶在北京～去西安 / 北京で乗り換えて西安に行く.
【换乗】huànchéng 動 乗り換える. 乗り継ぐ.
【换代】huàndài 動 ❶ 王朝が交代する. ❷〈製品の性能が〉大きく進歩する. 進歩した製品と入れ替わる.
【换挡】huàn//dǎng 動〈車の〉ギアチェンジする.
【换防】huàn//fáng 動《軍事》守備任務を交替する. 守備地を換える.
【换房】huàn//fáng 動 住宅を交換する.
【换岗】huàn//gǎng 動 歩哨(ぼう)を交替する.
【换个儿】huàn//gèr 名 位置を取り替える. ¶咱俩～吧 / 場所を交換しましょう.
【换工】huàn//gōng 動《農村で》労働力を交換し合う.
【换汇】huàn//huì 動 外貨に両替する.
【换货】huàn//huò 動 物品を取り替える. ¶以货～货/物々交換. ¶～贸易 / バーター貿易. ¶只能～, 不能退货 / 交換はできるが, 返品はできない.
【换季】huàn//jì 動 ❶ 季節が変わる. ❷ 衣替えをする. ¶准备好～的衣服 / 衣替えの準備を整えた.
【换肩】huàn//jiān 動〈物をかつぐ〉肩を変える.
【换届】huàn//jiè 動〈任期満了に伴い〉指導部のメンバーを改選する.
【换句话说】huàn jù huà shuō 句 言い換えると.
【换客】huànkè 名 インターネットを使って物々交換をする人.
【换马】huànmǎ 動 更迭(ミミミ)する.
【换脑筋】huàn nǎojīn 句 頭を切り換えて〈古い観念や思想を〉捨てる.
【换气】huàn//qì 動 換気する. ¶打开窗户～ / 窓をあけて換気する.
【换气扇】huànqìshàn 名 換気扇. 回 排风 páifēng 扇
【换钱】huàn//qián 動 ❶ 両替する. 回 兑换 duìhuàn ❷ 換金する. ❸ お金をくずす. ¶没零的了, 我去～ / 細かいのがなくなったから, 両替してくる.
【换亲】huàn//qīn 互いに相手の娘を嫁に迎える.
【换取】huànqǔ 動 交換して手に入れる. 取り替える.
【换人】huàn//rén 動《スポーツ》選手交代する. メンバーチェンジする.
【换算】huànsuàn 動 換算する. ¶～表 / 換算表. ¶一万人民币～成美元是多少？ / 1万元を米ドルに替えるといくらか？
【换汤不换药】huàn tāng bù huàn yào 成 形式だけを変えて, 内容を変えない.
【换帖】huàn//tiě 動 旧 義兄弟の契りを結ぶとき, 姓名・年齢・原籍・家系などを書いて取り交わす.
【换位思考】huànwèi sīkǎo 句 相手の立場で問題を考える.
【换文】❶ huàn//wén 動〈国家間で〉覚え書きを交換する. 文書を取り交わす. ❷ huànwén 名〔圖 本 běn, 份 fèn〕〈国家間の〉交換公文.
【换洗】huànxǐ 動〈衣類を〉替えて洗う. ¶带几件～的衣服 / 洗い替え用の衣服を何着か持っていく.
【换血】huàn//xiě 動〈メンバーを〉調整する. 入れ替える.
【换型】huàn//xíng 動〈製品の〉モデルチェンジをする.
【换牙】huàn//yá 動 歯が生えかわる.
【换言之】huàn yán zhī 句 言い換えれば. 換言すれば. 回 换句话说 huàn jù huà shuō
【换样】huàn//yàng 動〈～儿〉様子が変わる. ¶有钱气粗了, 人也～儿了 / 金持ちになって気が大きくなり, 人柄も変わった.
【换药】huàn//yào 動〈傷口に当てた〉薬を換える.
【换约】huànyuē 動〈国家間で〉覚え書きを交換する.

唤 huàn
口部 7 四 6708₄
全10画 常用
動 呼ぶ. 叫ぶ. ¶～起 huànqǐ / ～狗(イヌを呼ぶ) / 呼风～雨(風を吹かせ, 雨を降らせる).
【唤起】huànqǐ 動 ❶ 奮い立つよう呼びかける. ¶～民众 / 民衆を奮い立たせる. ❷ 呼びおこす. 喚起する. ¶～他们的注意 / 彼らに注意を喚起する.
【唤头】huàntou 名 行商人や流しの職人〔刃物とぎや理髪業者など〕が用いる鳴り物. 参考 業種により特徴があり, 例えば理髪業者は大きなハサミの形をした鉄片を細い鉄棒でひっかいて音を出した.
【唤醒】huànxǐng 動 呼び覚ます. ¶～了他沉睡 chénshuì 已久的梦想 / 長く浸っていた夢の世界から彼を呼び覚ます.

涣 huàn
氵部 7 四 3718₄
全10画 次常用
素 散る. 消え失せる. ¶～散 huànsàn / ～然 huànrán.

【涣涣】huànhuàn 形 文 水が勢いよく流れるようす.
【涣然】huànrán 形 (誤解や疑念などが)消えてなくなる. ¶~冰释 bīng shì 成 (誤解や疑問が)氷解する. ¶误解~全消 / 誤解がすっかり消えた.
【涣散】huànsàn 形 だらけて緩んだ. ばらばらになった. ¶精神~ / 気が緩んでいる. ¶人心~, 名存实亡 wáng / 人心はばらばらで, 有名無実だ. 同 松散 sōngsan, 松懈 sōngxiè

浣(澣) huàn 氵部7 全10画 四 3311₂ 通用

❶ 動 洗う. すすぐ. ¶~衣 huànyī (衣類を洗う) / ~纱 huànshā. ❷ "旬 xún"に同じ. ¶上~ shàng-huàn (上旬). ❸ (Huàn)姓. 由来 ❷は, 唐代の役人が10日に1日, 沐浴のために休暇をとったことから.
【浣纱】huàn//shā 動 布を洗い, すすぐ.
【浣熊】huànxióng 名《動物》アライグマ.

患 huàn 心部7 全11画 四 5033₆ 常用

❶ 素 災い. ¶有备无~ 成 (備えあれば, 憂いなし) / 防 fáng~未然(災害を未然に防ぐ) / 免除 miǎnchú 水~(水害を避ける) / ~难 huànnàn. ❷ 素 憂う. 心をわずらわす. ¶忧~ yōuhuàn (心配事) / ~得~失. ❸ 動 患う. 病気にかかる. ¶~病 huànbìng / ~脚气 jiǎoqì (脚気を患う). 表现 ❸は, "病 bìng"あるいは病名を目的語にする.
【患病】huàn//bìng 動 病気になる.
【患处】huànchù 名 (傷ややけどものの)患部. ¶把药涂 tú 在~ / 薬を患部に塗る.
【患得患失】huàn dé huàn shī 成 個人の損得にこだわる. ¶不能~, 被捆住 kǔnzhù 手脚 / 個人の損得に拘泥して, 束縛されてはいけない. 由来『論語』陽貨篇に見えることば. 「ない時には得ようと心を煩わし, 手に入れると失うまいと苦慮する」との意から.
【患难】huànnàn 名 苦難. 苦境. 艱難(かん).
【患难与共】huàn nàn yǔ gòng 成 (一致協力して)リスクを負う. 困難をともに引き受ける.
【患难之交】huàn nàn zhī jiāo 成 苦難を共にした仲.
【患者】huànzhě 名〔個 个 ge, 名 míng, 位 wèi〕患者.

焕 huàn 火部7 全11画 四 9788₄ 次常用

❶ 素 明るい. 光り輝く. ❷(Huàn)姓.
【焕发】huànfā 動 ❶輝きが表にあらわれる. 光り輝く. ¶~青春 / 若さを輝かせる. ¶他的人品~出一种光芒 guāngmáng / 彼の性格はオーラがさしているようだ. ❷ 奮い起こす.
【焕然】huànrán 形 輝いている. ¶~一新 成 面目を一新する. ¶精神~ / 精神が輝いている.
【焕然一新】huàn rán yī xīn 成 面目を一新する.

逭 huàn 辶部8 全11画 四 3330₇ 通用

動 文 逃れる. 避ける. ¶罪无可~ (罪は逃れるべくもない).

瘓 huàn 疒部7 全12画 四 0018₄ 次常用

→瘫痪 tānhuàn

豢 huàn 豕部6 全13画 四 9023₂ 通用

素 飼いならす. ¶~养 huànyǎng.

【豢养】huànyǎng 動 ❶家畜を飼育する. ❷ 貶 買収して利用する. ¶他像一只被主子 zhǔzi ~的狗 / 彼は主に飼い慣らされた犬のようだ.

漶 huàn 氵部11 全14画 四 3513₆ 通用

→漫漶 mànhuàn

鲩(鯇) 異 鰀 huàn 鱼部7 全15画 四 2311₂ 通用

名《魚》ソウギョ. 同 鲩鱼 huànyú, 草鱼 cǎoyú

擐 huàn 扌部13 全16画 四 5603₂ 通用

動 文 身につける. ¶~甲 jiǎ 执 zhí 兵(よろいを身につけ, 武器を持つ. 武装する).

huang ㄏㄨㄤ〔xuaŋ〕

肓 huāng 月部3 全7画 四 0022₇

❶ 素《中医》心臓と横隔膜のあいだの部分. ¶病入膏 gāo~ 成 病, 膏肓(ごう)に入(い)る. 同 膏肓 gāohuāng
❷ (Huāng)姓. 参考 ①は, 古くは心臓の先端の脂肪を"膏 gāo", 心臓と横隔膜のあいだを"肓 huāng"といい, ここには薬効がないとされた.

荒 huāng 艹部6 全9画 四 4421₂ 通用

❶ 素 ものが欠乏する. 作物の収穫が少ない. ¶备~ bèi-huāng (凶作に備える) / 煤~ méihuāng (石炭の不足) / 房~ fánghuāng (住宅難). ❷ 素 雑草が生い茂る土地. 耕し手のない土地. ¶~地 huāngdì / 垦~ kěnhuāng (荒地を開墾する) / 开~ kāihuāng (荒地を開墾する). ❸ 動 廃棄する. ¶~废 huāngfèi / ~疏 huāngshū. ❹ 素 零落した. 寂しくへんぴな. ¶~村 huāngcūn / ~郊 huāngjiāo. ❺ 形 いいかげんな. とりとめのない. でたらめな. ¶~谬 huāngmiù / ~唐 huāngtáng / ~诞 huāngdàn. ❻ (Huāng)姓.
【荒草】huāngcǎo 名 雑草.
【荒村】huāngcūn 名 荒れ果てた村.
【荒诞】huāngdàn 形 でたらめだ. 同 荒唐 huāngtáng
【荒诞不经】huāng dàn bù jīng 成 でたらめで理屈に合わない.
【荒诞无稽】huāng dàn wú jī 成 荒唐なけいである.
【荒岛】huāngdǎo 名 無人島.
【荒地】huāngdì 名〔块 kuài, 片 piàn〕荒れ地. 未開墾地. ¶~都被开垦 kāikěn 利用了 / 荒れ地はすべて開墾して利用されている.
【荒废】huāngfèi 動 ❶耕作しないで荒れたままにする. ¶不可~一寸之土地も, 荒れたままにはできない. ❷おろそかにする. なおざりにする. ¶~学业 / 学業をおろそかにする. ❸(時間を)無駄にする. 浪費する. ¶小张从不~一点工夫 / 張さんはこれまで少しも時間を無駄にしたことはない. ¶白白~了青春 / 青春をすっかり無駄にした.
【荒寂】huāngjì 形 荒涼として静まり返っている. ¶~的山谷 / 荒涼として静まりかえった谷.
【荒郊】huāngjiāo 名 人里離れた所. もの寂しい郊外. ¶~野外 / 人里離れた郊外.
【荒凉】huāngliáng 形 荒涼としている. 人影なく寂れている. ¶如此~的地方, 谁愿嫁来? / こんな寂しい所に,

誰が嫁に来るだろう.
【荒乱】huāngluàn 形 世の中が乱れる. 秩序が乱れ不安定である. ¶越き是〜之世,越有机会成功/乱世であるほど,成功のチャンスがある.
【荒谬】huāngmiù 形 でたらめな. 荒唐むけいな. 道理に合わない. ¶这些〜的论点,不攻自破/こんなでたらめな論点では,自滅する. 同 荒唐 huāngtáng
【荒漠】huāngmò 名 ❶ 荒涼として果てしなく広い. ¶〜的草原/広漠とした草原. ❷ 荒涼とした砂漠や荒野. ¶变〜为绿洲 lùzhōu/荒涼とした砂漠をオアシスに変える. ¶考古队长年跋涉 báshè 在〜之中/考古学探検隊は長年,砂漠で苦しい旅をした.
【荒漠化】huāngmòhuà 動 砂漠化する.
【荒年】huāngnián 名 凶作の年. 不作の年.
【荒僻】huāngpì 形 荒れ果ててへんぴだ. ¶〜的山区/へんぴな山間部.
【荒丘】huāngqiū 名 荒れ果てた丘.
【荒山】huāngshān 名 草木のない山. 人々の住まない山.
【荒疏】huāngshū 動 なおざりにする. おろそかにする. ¶许久没练习毛笔,手变得〜了/長いこと書道の練習をしなかったので,手がなまってしまった.
【荒唐】huāngtáng[-tang] ❶ 形 荒唐むけいだ. でたらめだ. ¶〜之言/でたらめな話. ¶无稽 wújī/荒唐むけいである. ¶你怎么会做出这种〜事来呢？/なんで,こんなバカをしでかしたんだ. ❷ 動 節度のない振舞いをする. やりたい放題をする. ¶你年纪这么大了,还是一天到晚在外头〜/君はいい年をして,いまだに一日中外で放縦する.
【荒无人烟】huāng wú rén yān 成 荒涼として一軒の人家もない.
【荒芜】huāngwú 形（田畑が）荒れてる. ¶久而不耕 gēng,田地都〜了/長いこと耕さず,田畑はすっかり荒廃した.
【荒信】huāngxìn 名（〜儿）不確かな情報. あやふやな情報. ¶报〜/あやしい情報を伝える.
【荒野】huāngyě 名〔量片 piàn〕荒野. 荒れ野.
【荒淫】huāngyín 形 酒色におぼれる. ¶挪用 nuóyòng 公款,〜无度/公金を横領し,酒色のかぎりをつくす.
【荒淫无耻】huāng yín wú chǐ 成 酒色にふけり平然としている.
【荒原】huāngyuán 名〔量块 kuài,片 piàn〕荒れ地. 荒野.
【荒灾】❶ huāngzāi 名 飢饉(きん). ¶闹〜/飢饉になる. ❷ huāng//zāi 動 飢饉になる.

琉 huáng

土部9 〔四〕4411₂
全12画 通用

名方 採掘した鉱石.

慌 huāng

忄部9 〔四〕9401₂
全12画 常用

❶ 形 慌てる. 慌ただしい. 落ち着かない. ¶他做事太〜（彼の仕事ぶりはせわしない）/〜里〜张 huānglihuāngzhāng. ❷ 動 怖くなる. 狼狽(うろた)する. ¶心里发〜（心中不安にかられる）/惊〜jīnghuāng（驚き慌てる. 狼狽する）. ❸ 動 …しようとする気がせく. 慌しく…する. ¶时间还早,别〜（時間はまだあるから,慌てることはない）. ❹ 形 "得 de"の後に用いて,極端な程度や堪えがたい程度をあらわす. ¶累得〜（疲れはてる）/闷 mèn 得〜（ふさぎ込む）. 注意 ❹ は,軽声で発音することが多い.

【慌里慌张】huānglihuāngzhāng 形 慌てふためく. 同 忙乱 mángluàn
【慌乱】huāngluàn 形 慌てて取り乱す. 狼狽(うろた)し混乱する. ¶脚步 jiǎobù〜/慌てて歩調が乱れる. ¶场内一片〜/場内は騒然となった.
【慌忙】huāngmáng 形 急き慌てている. 慌ただしい. 取り急ぐ. ¶见警察来了,〜地逃跑了/警察が来たのを見て,慌てて逃げ出した. 同 慌慌忙忙 反 从容 cóngróng
【慌神儿】huāng//shén 動 落ち着かない. 気が焦る. うろたえる. ¶见到考官就〜/試験官を目にして,どきどきした.
【慌张】huāngzhāng[-zhang] 形 慌てる. 慌てふためく. そそっかしい. ¶神色 shénsè〜/慌てたようすをしている. ¶别〜,慢慢儿找/慌てないで,ゆっくり探しなさい. 同 慌慌张张

皇 huáng

白部4 〔四〕2610₄
全9画 常用

❶ 素 天子. 君主. 皇帝. ❷ 形 大きな. 堂々とした. ¶〜〜. ❸ "遑 huáng"に同じ. ❹ "惶 huáng"に同じ. ❺（Huáng）姓.
【皇朝】huángcháo 名 王朝. 朝廷.
【皇储】huángchǔ 名 皇太子.
*【皇帝】huángdì 名〔量个 ge,位 wèi〕皇帝.
【皇甫】Huángfǔ 名〔複姓〕皇甫(ほ).
【皇宫】huánggōng 名〔量座 zuò〕王宮. 皇居.
【皇冠】huángguān 名〔量顶 dǐng〕王冠.
【皇后】huánghòu 名〔量个 ge,位 wèi〕皇后.
【皇皇】huánghuáng 形 ❶ 文 堂々としている. 盛大だ. ¶〜文告 wéngào/重々しい告示,通知. ¶〜巨著 jùzhù/堂々たる大作. ❷ 忙しく慌ただしいようす. 同 遑遑 huánghuáng ❸ びくびくするようす. 同 惶惶 huánghuáng
【皇家】huángjiā 名 皇室. 王室.
【皇历】huánglì 名〔量本 běn〕陰暦の暦. 同 黄历 huánglì
【皇粮】huángliáng 名 ❶ 旧 役所が所有する穀物. 税として納める穀物. ❷ 国が支給する資金や物資.
【皇亲国戚】huángqīn guóqī 名 ❶ 皇帝と皇后の一族. ❷ 権力者の一族.
【皇权】huángquán 名 皇帝の権力.
【皇上】huángshang 名 皇帝への呼びかけのことば. 陛下.
【皇室】huángshì 名 皇室.
【皇太后】huángtàihòu 名〔量个 ge,位 wèi〕皇太后.
【皇太子】huángtàizǐ 名〔量个 ge,位 wèi〕皇太子.
【皇天】huángtiān 名 天および天の神の尊称. 蒼天.
【皇位】huángwèi 名 皇帝の位.
【皇子】huángzǐ 名 皇帝の息子.
【皇族】huángzú 名 皇族.

黄 huáng

黄部0 〔四〕4480₆
全11画 常用

❶ 形 黄色の. 黄金色の. ¶〜色 huángsè. ❷ 素 卵の黄味. ¶双〜蛋 shuānghuángdàn（双子の卵）. ❸ 形 いんちきな. わいせつな. ¶〜书 huángshū. ❹ 素 黄河をさす. ¶引〜工程（黄河治水工事）. ❺ 動 仕事に失敗する. 計画がだめになる. ¶这件事〜不了 huángbùliǎo（この事はつぶれるわけがない）. ❻（Huáng）姓.
【黄埃】huáng'āi 名 黄塵(じん). 黄砂の砂ぼこり. ¶脸

上蒙 méng 上一层～/颜中黄色的砂ぼこりにまみれる.
【黄斑】huángbān 名《生理》黄斑(はん).眼球の網膜上の黄色い斑点.
【黄包车】huángbāochē 名 方〔働 辆 liàng〕人力車.¶雇 gù 了一辆～/人力車を一台雇った.回 人力车 rénlìchē
【黄骠马】huángbiāomǎ 名 黄色の毛に白斑の混じった馬.
【黄表纸】huángbiǎozhǐ 名 神を祭るために用いる黄色い紙.参考 祈とう文を書いて神前で焼く.
【黄病】huángbìng 名回《医学》黄疸(だん).回 黄疸 huángdǎn
【黄柏〔檗〕】huángbò 名《植物》キハダ(キワダ).オウバク.木材として珍重されるほか,樹皮は,漢方薬や黄色の染料として用いられる.
【黄灿灿】huángcàncàn 形（～的）黄金色に輝く.¶菜花～/菜の花は黄金色.¶～的稻谷/黄金色に輝くもみ.
【黄巢起义】Huángcháo qǐyì 名《歴史》黄巣(そう)の乱.唐代末期の,黄巣(塩の密売でもうけた豪商)が率いた大規模な農民反乱.875年に蜂起.
【黄疸】huángdǎn 名《医学》黄疸(だん).
【黄疸病】huángdǎnbìng 名 ❶ "黄疸 huángdǎn"に同じ.❷《農業》コムギの黒さび病,赤さび病,黄もち病.回 黄锈病 huángxiùbìng
【黄道】huángdào 名《天文》黄道(こうどう).¶～带/黄道带.
【黄道吉日】huángdào jírì 名 黄道吉日(きちじつ).¶选个～成亲/黄道吉日を選んで結婚する.参考 日本の「大安吉日」のように,何事も順調にいくとされる日.
【黄澄澄】huángdēngdēng 形（～的）黄金色だ.¶～的桔子,挂满树枝 shùzhī /黄金色のみかんが鈴なりになっている.
【黄帝】Huángdì 人名 黄帝(てい).中国古代,伝説上の帝王.炎帝(えんてい)とともに,漢民族の起源とされる.
【黄帝内经】Huángdì nèijīng 書名・医学《『黄帝内経こうていだいけい』.現存する中国最古の医学書.作者不詳.表現 "内经"とも言う.
【黄豆】huángdòu 名〔颗 kē,粒 lì〕表皮が黄色の大豆.
【黄毒】huángdú 名 ポルノ書籍・ビデオの総称.
【黄蜂】huángfēng 名《虫》キバチ.
*【黄瓜】huángguā 名〔根 gēn,棵 kē,条 tiáo〕キュウリ.表現 地方によっては"胡瓜 húguā"ともいう.
【黄海】Huánghǎi 地名 黄海.
【黄河】Huánghé 地名〔働 条 tiáo〕黄河(が).中国第二の大河.青海省の山麓(ろく)に発して東流し,渤海(ぼっかい)に注ぎこむ.全長5,464 km.
【黄褐色】huánghèsè 名 黄褐色.
【黄花】huánghuā 名 ❶ キクの花.キク.❷ 回性経験をもたない男女.¶～后生 hòushēng /童貞.¶～女 guīnǚ /未婚の娘.❸ "黄花儿 huánghuār"②,"黄花菜 huánghuācài"に同じ.¶人比一瘦/悲しみでひどくやられている喩え.
【黄花菜】huánghuācài 名《植物》ヤブカンゾウ.ワスレグサ.花は干して食用にする."金针菜 jīnzhēncài"の通称.回 黄花儿 huánghuār ②
【黄花地丁】huánghuādìdīng 名《植物》タンポポ.回 蒲公英 púgōngyīng
【黄花儿】huánghuār 名《植物》❶ アブラナ.❷ "黄花菜 huánghuācài"に同じ.

【黄花鱼】huánghuāyú 名《魚》キグチ.
【黄昏】huánghūn 名 たそがれ.日暮れどき.
【黄昏恋】huánghūnliàn 名 高齢者の恋愛.老いらくの恋.
【黄继光】Huáng Jìguāng 人名 黄継光(こうけいこう:1930−52).朝鮮戦争で自分の体を犠牲にして敵の攻撃を防ぎ,英雄として顕彰された.

黄花菜

【黄酱】huángjiàng 名《料理》大豆と小麦粉で作る黄色っぽいみそ.味は甘からい.
【黄教】huángjiào 名《宗教》黄教(こうきょう).チベット仏教ゲルク派(黄帽派).参考 ラマ教最大の宗派.14世紀末にツォンカパ(宗喀巴)によって創立された.
【黄巾起义】Huángjīn qǐyì 名《歴史》黄巾(きん)の蜂起.後漢末期の(184年),張角(道教の一派太平道の指導者)が率いた農民蜂起.
【黄金】huángjīn 名 ❶〔働 锭 dìng,块 kuài〕金.ゴールド.回 金 jīn ② 極めて貴重なもの.
【黄金分割】huángjīn fēngē 名 黄金分割.
た農民蜂起.
【黄金时代】huángjīn shídài 名 ❶ 最も繁栄した時代.❷ 最良の時期.頂点.¶他艺术生涯 shēngyá の～/彼の芸術人生における黄金時代.
【黄金时间】huángjīn shíjiān 名（テレビなどの）ゴールデンアワー.¶在～播出/ゴールデンアワーに放送する.
【黄金水道】huángjīn shuǐdào 名 主要な航路.
【黄金周】huángjīnzhōu 名 ゴールデンウイーク.参考 2000年より始まった制度.5月1日(メーデー),10月1日(国慶節)及び"春节"に3日間を休みとし,さらに前後の休日と併せて7日間を休みとする.⇨付録「祝祭日一覧」
【黄猄】huángjīng 名《動物》小型のシカ.キョン.ヨツメジカ.回 麂子 jǐzi
【黄酒】huángjiǔ 名 米・粟(あわ)・もち米などを原料とする醸造酒.褐色で,アルコール度10－15度.中国の"老酒 lǎojiǔ"ともいう.回 白酒 báijiǔ 参考 "绍兴酒 Shàoxīngjiǔ",浙江省紹興市で作る黄酒の一種.
【黄口小儿】huáng kǒu xiǎo ér 成 口ばしの黄色いやつ.若造.若者をそしっていうことば.参考 "黄口"はひな鳥のくちばし.
【黄蜡】huánglà 名 蜜ろう.回 蜂蜡 fēnglà
【黄鹂】huánglí 名《鳥》〔只 zhī〕コウライウグイス.回 黄莺 huángyīng,黄鸟 huángniǎo 参考 中国の春を代表する鳥で,日本のウグイスより体が大きく,大きな声で鳴く.
【黄历】huánglì 名 陰暦の暦に祭祀や忌日などを加えたもの.回 皇 huáng 历,乞书 xiànshū,通书 tōngshū
【黄连】huánglián 名《植物・薬》オウレン.¶命比～苦/オウレンよりも苦い運命.胃腸薬や止血・解熱・鎮静剤に使用される.苦味が強く,苦さの代表として比喩によく用いられる.
【黄连素】huángliánsù 名《薬》黄連素(おうれんそ).参考 黄连・黄柏・三棵针の成分から作った抗菌薬.結膜炎や中耳炎などの治療に用いる.
【黄粱美梦】huáng liáng měi mèng →黄粱梦

【黄粱梦】huángliángmèng 名 はかない夢．邯鄲(かん)の夢．¶做起~来／はかない夢を描き始める．由来唐の沈既済(さいせい)「枕中記」の盧生(ろせい)の話から．

【黄磷】huánglín 名《化学》黄磷(りん)．

【黄栌】huánglú 名《植物》ハゼノキ．

【黄麻】huángmá 名《植物》ツナソ．ジュート麻．黄麻．

【黄毛丫头】huángmáo yātou 名〔个 ge〕小娘．少女を見下したことば．¶别看小美~,样样都精通得很／メイちゃんを小娘と甘く見るな，なんでもよく知っているのだから．

【黄梅季】huángméijì 名〔个 ge〕梅雨どき．梅雨期．同黄梅季节 jìjié．

【黄梅戏】huángméixì 名《芸能》安徽省の地方劇．同黄梅调 huángméidiào 由来主な曲調が湖北省の黄梅から伝わったところから．

【黄梅雨】huángméiyǔ 名〔场 cháng〕梅雨の雨．同梅雨 méiyǔ．

【黄米】huángmǐ 名《植物》キビ．参考その実を脱穀すると"小米 xiǎomǐ"(アワ)よりも黄色く，大きい．

【黄鸟】huángniǎo 名《鸟》コウライウグイス．同黄鹂 huánglí．

【黄鸟儿】huángniǎor 名《鸟》カナリア．同金丝雀 jīnsīquè．

【黄牛】huángniú ❶《動物》〔条 tiáo, 头 tóu〕コウギュウ．田畑を耕したりする牛．¶像一条老~,默默地耕耘 gēngyún／年老いた牛が耕すように，黙々と努力する．❷方ダフ屋．

【黄牛党】huángniúdǎng 名方ダフ屋仲間．

【黄牌】huángpái 名 ❶《スポーツ》イエローカード．❷(生活上の)警告．

【黄袍加身】huáng páo jiā shēn 成クーデターを起こして政権を奪取する．由来後周(こうしゅう)の時，趙匡胤(ちょうきょういん:宋の太祖)が政変を起こすと，部下が黄色い"袍"(長衣)を趙匡胤に着せて皇帝に立てたことから．

【黄皮书】huángpíshū 名白書．⇨白皮书 báipíshū

【黄浦江】Huángpǔjiāng 名地名 黄浦江(ぷこう)．上海市を横断する川．

【黄芪】huángqí ❶《植物》タイツリオウギ．❷《薬》黄耆(おうぎ)．キバナオウギおよびナイモウオウギの根．強壮・止汗・利尿薬として用いる．

【黄芩】huángqín ❶《植物》コガネバナ．❷《薬》黄芩(おうごん)．消炎・解熱・解毒・利尿に用いる．

【黄曲霉】huángqūméi 名《植物》アスペルギルス・フラブス．

【黄泉】huángquán 名黄泉(よみ)の国．あの世．¶~之下／あの世．¶命赴 fù~／黄泉に行く．¶命丧 sàng~／死んであの世に行く．由来もとは地下の泉をさした．また人が死ぬと地下に埋められるところから埋葬される所を意味した．

【黄雀】huángquè 名《鸟》マヒワ．

【黄热病】huángrèbìng 名《医学》黄熱病．

【黄色】huángsè ❶名 黄色．イエロー．❷形 腐敗堕落している．わいせつな．¶~小说／ポルノ小説．¶~录像／ポルノビデオ．

【黄色网站】huángsè wǎngzhàn 名《コンピュータ》アダルトサイト．(暴力など)不健全なウェブサイト．

【黄色炸药】huángsè zhàyào 名《化学》❶ トリニトロトルエン(TNT)．同梯恩梯 tī'ēntī ❷"苦味酸 kǔwèisuān"(ピクリン酸)の通称．

【黄沙】huángshā 名黄砂．黄土．

【黄山】Huángshān 地名 黄山(こうざん)．安徽省南部にある名山．主峰の最高点は海抜1,873メートルに達する．中国を代表する名勝の一つ．

【黄鳝】huángshàn 名《魚》〔条 tiáo〕タウナギ．同鳝鱼 shànyú．

【黄书】huángshū 名ポルノ書籍．

【黄熟】huángshú 動穀物が十分に熟す．¶收割~了的谷子 gǔzi／実った稲を収穫した．

【黄鼠】huángshǔ 名《動物》ジリス．

【黄鼠狼】huángshǔláng 名《動物》〔只 zhī〕イタチ．同黄鼬 huángyòu．

【黄水疮】huángshuǐchuāng 名《医学》膿疱疹(のうほうしん)．とびひ．同脓疱病 nóngpàobìng．

【黄汤】huángtāng 名 酒．とくに，"黄酒 huángjiǔ"をさす．¶你少灌 guàn 点儿~吧！／酒もほどほどにしたらどうだ．表現 "汤"は，スープのこと．

【黄体】huángtǐ 名《生理》(卵巣の)黄体．

【黄体酮】huángtǐtóng 名《生理》黄体ホルモン．

【黄铜】huángtóng 名真ちゅう．銅と亜鉛の合金．¶~矿 kuàng／黄銅鉱．

【黄土】huángtǔ 名〔层 céng, 块 kuài〕黄土．中国の西北地方や華北一帯の土．¶~高原／黄土高原．

【黄萎病】huángwěibìng 名《農業》バーティシリウムにより，植物の葉に黄色い斑点ができて立ち枯れする病気．

【黄兴】Huáng Xīng 名人名 黄興(1874-1916)．近代の革命家．華興会，同盟会に参加し，民国初期軍の総司令などを歴任した．

【黄烟】huángyān 名 ❶黄色いスモッグ．❷方(キセル用の)刻みタバコ．同旱 hàn 烟

【黄羊】huángyáng 名《動物》モウコガゼル．野生のヒツジの一種．同蒙古羚 měnggǔlíng．

【黄鹞】huángyào 名《動物》ヒメヤモリ．

【黄页】huángyè 名イエローページ．電話番号案内簿．反白 bái 页

【黄莺】huángyīng 名《鸟》コウライウグイス．同黄鹂 huánglí，黄鸟 huángniǎo．

*【黄油】huángyóu 名 ❶〔层 céng, 块 kuài〕バター．¶人造~／マーガリン．¶要大炮 dàpào 不要~／必要なのは大砲で，バターではない．同奶油 nǎiyóu ❷《工業》グリース．同滑脂 huázhī

【黄鼬】huángyòu 名《動物》〔只 zhī〕イタチ．同黄鼠狼 huángshǔláng．

【黄鱼】huángyú 名《魚》"大黄鱼 dàhuángyú"(フウセイ)と"小黄鱼 xiǎohuángyú"(イシモチ)の通称．海にすむ魚．同黄花鱼 huánghuāyú．

【黄鱼车】huángyúchē 名箱型の荷台のついた三輪車．¶装着蔬菜的~／野菜を積んだ荷台付き三輪車．

黄鱼车

【黄玉】huángyù 名《鉱物》トパーズ．黄玉．

huáng – huǎng

【黄纸板】huángzhǐbǎn 名 板紙. ボール紙. 同 马粪 mǎfèn 纸

【黄钟大吕】huáng zhōng dà lǚ 成 音楽や文章に勢いがあり,内容が優れている. 参考 "黄钟"と"大吕"は,古代音楽の用語.

【黄种】Huángzhǒng 名 黄色人種. モンゴロイド. ¶～人 / 黄色人種.

凰 huáng 几部9 全11画 四 7721₀ 次常用
→凤凰 fènghuáng

隍 huáng 阝部9 全11画 四 7621₄ 通用
素 水のない堀.

喤 huáng 口部9 全12画 四 6601₅ 通用
下記熟語を参照.

【喤喤】huánghuáng 擬 ❶ 鐘や太鼓の音. ❷ 子供の泣き声.

遑 huáng 辶部9 全12画 四 3630₁ 通用
素 文 ❶ 暇. ¶不～ bùhuáng (暇がない. 時間がない). ❷ 慌ただしい. ¶～～ huánghuáng.

【遑遑】huánghuáng 形 文 慌ただしいようす. 同 皇皇 huánghuáng

徨 huáng 彳部9 全12画 四 2621₃ 通用
→彷徨 pánghuáng

湟 Huáng 氵部9 全12画 四 3611₄ 通用
素 地名用字. ¶～水 Huángshuǐ (青海省にある川の名).

惶 huáng 忄部9 全12画 四 9601₄ 通用
素 恐れる. 不安でびくびくする. ¶～然 huángrán / ～恐 huángkǒng.

【惶惶】huánghuáng 形 恐れや不安で落ち着かない. びくびくする. ¶人心～ / 人心が不安だ. ¶～不可终日 / 不安でいてもたってもいられない. 同 皇皇 huánghuáng

【惶惑】huánghuò 形 事情がわからず不安だ. ¶～不安 / 恐れ惑い不安がる. ¶内心感到有些～ / 内心いささか不安だ.

【惶遽】huángjù 形 文 ひどく驚き慌てるようす. ¶神色 shénsè～ / とても慌てふためいている.

【惶恐】huángkǒng 形 内心びくびくだ. 恐れいる. ¶～万分 / 非常に恐縮する. ¶～度日 / びくびくと恐れつつ日々を過ごす.

【惶恐不安】huáng kǒng bù ān 成 恐れおののき落ち着かない.

【惶然】huángrán 形 恐れおののくようす.

煌 huáng 火部9 全13画 四 9681₄ 常用
素 きらめく. 明るく輝く. ¶星火～～ (小さな星がきらめいている) / 灯火辉～ (灯りがこうこうとかがやく).

【煌煌】huánghuáng 形 文 光り輝いている. ¶明星～ / 金星がきらめく.

锽(鍠) huáng 钅部9 全14画 四 8671₄ 通用
❶ 名 古代の兵器の一つ. ❷ →锽锽 huánghuáng

【锽锽】huánghuáng 擬 鐘や太鼓の音.

潢 huáng 氵部11 全14画 四 3418₆ 通用
❶ 名 水たまり. ため池. ¶～池 huángchí (水だめ池). ❷ 素 紙を染める. ¶装～ zhuānghuáng (表装する).

璜 huáng 王部11 全15画 四 1418₆ 通用
名 (古代,祭祀 jìのときに身につけた)半円形の玉.

蝗 huáng 虫部9 全15画 四 5418₆ 次常用
名 〈虫〉イナゴ. イネを食べる害虫. 同 蚂蚱 màzha

【蝗虫】huángchóng 名 〈虫〉〔群 qún, 只 zhī〕イナゴ. 同 蚂蚱 màzha

【蝗蝻】huángnǎn 名 〈虫〉イナゴの幼虫. 同 跳蝻 tiàonǎn

【蝗灾】huángzāi 名 イナゴによる農作物の被害. ¶闹～ / イナゴの被害を受ける.

篁 huáng 竹部9 全15画 四 8810₄ 通用
名 竹林. 竹やぶ. 広く竹をさす. ¶幽～ yōuhuáng (ひっそりとした竹林).

磺 huáng 石部11 全16画 四 1468₆ 次常用
素 イオウ. ¶硫～ liúhuáng (硫黄) / ～酸 huángsuān (スルホン酸).

【磺胺】huáng'àn 名 〈薬〉スルファニルアミド. ¶～剂 / サルファ剤の総称. 同 氨苯 ānběn 磺胺

癀 huáng 疒部11 全16画 四 0018₆ 通用
下記熟語を参照.

【癀病】huángbìng 名 方 炭疽 (jū) 病. 家畜がかかる,脾臓 (zàng) に黒い潰瘍 (yáng) ができる病気.

蟥 huáng 虫部11 全17画 四 5418₆ 通用
→蚂蟥 mǎhuáng

簧 huáng 竹部11 全17画 四 8880₅ 通用
名 ❶〈音楽〉(管楽器の吹き口にある)リード. ¶笙～ shēnghuáng (笙 shēng のリード). ❷ ばね. ぜんまい. ¶锁～ suǒhuáng (錠前に使われるばね) / 弹～ tánhuáng (ばね).

【簧风琴】huángfēngqín 名 〈音楽〉ハーモニウム. リードオルガン.

【簧片】huángpiàn 名 《音楽》(管楽器やハーモニカなどの)リード.

【簧乐器】huángyuèqì 名 《音楽》リード楽器. サキソフォン, クラリネット等.

鳇(鰉) huáng 鱼部9 全17画 四 2611₄ 通用
名 〈魚〉ドーリアチョウザメ. 同 鳇鱼 huángyú

恍(異 怳) huǎng 忄部6 全9画 四 9901₂ 次常用
素 ❶ はっとして. 急に. ¶～悟 huǎngwù. ❷ 目にうかぶ. 彷彿 (fǎng) とする. ¶～若置身其境(まるでその場所にいるかのようだ). ❸ はっきりしない. ¶～惚 huǎnghū.

【恍惚 [忽]】huǎnghū [-hu] ❶ ぼんやりとしている. 精神～ / 精神がぼんやりする. ¶这个打击太重了,他恍恍惚惚,不知怎么回事 / そのショックは大きすぎて, 彼はぼう然とし, どうやって家に帰ったかわからなかった. ❷ どうも…のようだ. …のような気がする. ¶我～听见妈妈回来

了 / 私は母が帰ってきたのが聞こえたような気がした. 重恍恍惚惚
【恍然】huǎngrán 形 にわかに悟るよう. ¶听到一半, 就～明白了 / 途中まで聞いて, 突然わかった.
【恍然大悟】huǎng rán dà wù 成 突然さとる. 忽然として理解する.
【恍如隔世】huǎng rú gé shì 成 さながら隔世の感がある. ¶他觉得什么～ / 彼にはすべてが遠い昔のことに思えた.
【恍悟】huǎngwù 動 はっと気がつく.

晃 huǎng 日部6 6021₂ 全6画 常用

❶ 動 まばゆく光る. 目がくらむ. ¶一眼 huǎngyǎn / 明～～的刺刀(きらきら光る銃剣). ❷ 動 ぱっとひらめく. さっと消え去る. ¶一～就不见了(ぱっと見えなくなった). ❸ (Huǎng)姓.
☞ 晃 huàng
【晃眼】huǎngyǎn ❶ 動 光が目に差し込む. 目がくらむ. ¶强烈的灯光直～ / 強烈なライトに目がくらむ. ❷ 名 きわめて短い時間. 瞬間. ¶小明怎么～就不见了？ / ミンさんはどうして急にいなくなってしまったの. ¶只～一儿工夫, 就好好了 / ほんのしばらく頑張れば, うまくいく.

谎(謊) huǎng 讠部9 四 3471₂ 全11画 常用

名 うそ. 事実でないこと. ¶撒～ sāhuǎng (うそをつく).
【谎报】huǎngbào 動 うその報告をする. ¶～成绩 / うその成績を報告する. ¶～灾情 / 被害を偽って報告する.
【谎称】huǎngchēng 動 みだりに…と称する. …のふりをする.
【谎花】huǎnghuā 名 (～儿)あだ花. うわべは華やかでも中身がないたとえ.
【谎话】huǎnghuà 名 〔句 jù〕うそ. 虚言. ¶～连篇 / 最初から最後までうそばかり. 同 谎言 huǎngyán 反 实话 shíhuà
【谎价】huǎngjià 名 (～儿) 掛け値. ¶报～ / 掛け値を言う.
【谎骗】huǎngpiàn 動 だます. 同 欺 qī 骗
【谎信】huǎngxìn 名 方 (～儿)〔囲 句 jù〕怪しい情報. 同 荒信 huāngxìn
【谎言】huǎngyán 名 〔囲 句 jù〕うそ. デマ. ¶戳穿 chuōchuān～ / うそをあばく. ¶～被识破了 / うそが見破られた. 同 谎话 huǎnghuà

幌 huǎng 巾部10 四 4621₂ 全13画 次常用

名 幕. とばり. ¶～子 huǎngzi.
【幌子】huǎngzi 名 ❶ 看板. 表看板. 名目. 見せかけ. ¶用出差 chūchāi 打～, 去旅游 / 出張の名目で観光に行く.

晃(異 㨪) huàng 日部6 四 6021₂ 全10画 常用

動 揺れ動く. ¶树枝 shùzhī 来回～ / 枝がゆらゆらと揺れ動る.
☞ 晃 huǎng
【晃荡】huàngdang 動 ❶ 左右に揺れる. 揺れ動く. ¶风吹得吊桥直～ / つり橋が風でずっと揺れている. ❷ ぶらつく. ぶらぶらと時を費やす. ¶他在公司里什么也不干, 整天～ / 彼は会社で何もせず, 1日中ぶらぶらしている.
【晃动】huàngdòng 動 揺れ動く. 揺れる. ¶好像有条人影在～着 / 人影が動いたようだ.

【晃悠】huàngyou 動 左右に揺れ動く. ゆらゆらする. ¶树枝 shùzhī 在微风中～着 / 枝がそよ風になびいている. ¶心里无聊, 到公园去～了一趟 / 退屈なので, 公園に行ってぶらぶらした. 同 晃荡 huàngdang

hui ㄏㄨㄟ〔xuei〕

灰 huī 火部2 四 4080₉ 全6画 常用

❶ 名 灰. ¶炉～ lúhuī (かまどの灰) / 烟～ yānhuī (たばこの灰) / ～烬 huījìn. ❷ 名〔囲 把 bǎ, 层 céng, 撮 cuō〕ほこり. 細かなごみ. ¶～尘 huīchén. ❸ 名 石灰. しっくい. ¶抹～ mò～ (しっくいを塗る). ❹ 形 灰色の. ❺ 動 がっかりする. ¶～心 huīxīn.
【灰暗】huī'àn 形 うす暗い. はっきりしない. ¶天色～ / 空が曇っている. ¶前途～ / 先行きがはっきりしない.
【灰白】huībái 形 薄い灰色. 青白い. ¶头发～ / ごましお頭. ¶脸色 liǎnsè～ / 青白い顔.
【灰不溜丢】huībuliūdiū 形 方 (～的)灰色で見栄えがしない. ¶～的大衣 / ぱっとしないコート. 同 灰不溜秋 huībuliūqiū
【灰尘】huīchén 名 ちり. ほこり. ¶房间里满是～ / 部屋中ほこりだらけだ.
【灰顶】huīdǐng 名 しっくい塗りの屋根や天井.
【灰飞烟灭】huī fēi yān miè 成 人も亡くなり, 物も失われる. 雲散霧消する. 由来 宋代の蘇軾(shì)の詞「念奴娇(jiāo)」赤壁懐古に見えることば.
【灰肥】huīféi 名 肥料にする灰.
【灰分】huīfèn 名〔化学〕灰分(ぶん). ミネラル.
【灰膏】huīgāo 名〔建築〕(かすや沈殿物を取り除き)ペースト状になった消石灰.
【灰姑娘】Huīgūniang《人名》シンデレラ(童話の主人公).
【灰光】huīguāng 名 新月や三日月の陰の部分が放つ微光. 参考 陰暦の月初によく見られる.
【灰鹤】huīhè 名《鳥》クロヅル.
【灰浆】huījiāng 名 ❶ 石灰水. モルタル. ❷ "砂浆 shājiāng"に同じ.
【灰烬】huījìn 名 灰と燃えさし. ¶化为～ / 灰じんに帰する. ¶一屋子的书烧成了～ / 部屋いっぱいの本が灰になった.
【灰客】huīkè 名《コンピュータ》(技術レベルの高くない)ハッカー. 参考 ハッカーはふつう"黑客"と呼ぶが, "黑客"ほど技術レベルが高くないハッカーを"黑"の手前の"灰"にたとえて呼んだもの.
【灰口铁】huīkǒutiě 名《冶金》ねずみ銑(ずく). 同 灰铁
【灰领】huīlǐng 名 グレーカラー. 非常に高い専門技術と相応の理論的知識をもつ技術者.
【灰溜溜】huīliūliū 形 (～的) ❶ 薄暗い. 灰色がかった. ❷ がっかりしている. 気力がない. ¶他最近总是不顺利, 整天～的 / 彼は最近ずっとうまくいかず, 一日中ふさぎこんでいる.
【灰蒙蒙】huīméngméng 形 (～的)薄暗くぼんやりしている. ¶下着雨, 窗外一片～的 / 雨が降って, 窓の外は一面かすんでいる. 表現 景色についていうことが多い.
【灰棚】huīpéng 名 方 ❶ わらの灰を積んでおく小屋. ❷ (～儿)屋根をしっくいで塗っている小屋.
【灰色】huīsè ❶ 名 灰色. ¶～的制服 zhìfú / グレーの

制服. ❷[形] 暗くみじめだ. 冷たく生気がない. 陰気だ. ¶～的心情／暗い気分. ❸[形] あいまいだ. どっちつかずだ.

【灰色技能】huīsè jìnéng [名]（一部の学生や企業などの間で）社会人として身につけるべきだとされる,専門科目以外の技能. タバコ,飲酒,ダンス,カラオケなどを指す.
【灰色收入】huīsè shōurù [名] ❶ 本業以外の収入. 副業収入,配当,印税など. ❷ 不透明な収入.
【灰沙】huīshā ほこりや砂.
【灰鼠】huīshǔ [名]《動物》リスの一種. 中国東北地方の森林に多く生息する. 毛皮が珍重される. 参考（同）松鼠 sōngshǔ
【灰头土脸儿】huītóu tǔliǎnr [句]〈口〉❶ 頭や顔がほこりだらけだ. ❷ 落ち込む. 意気消沈している.
【灰土】huītǔ [名] ほこり. ¶积～／ほこりがたまる. ¶老农挥 dǎn 了挥身上的～,坐下来抽烟／老いた農夫が体のほこりを払うと,腰をおろして煙草を吸った.
【灰心】huī/xīn [動] 気落ちする. がっかりする.
【灰心丧气】huī xīn sàng qì〈成〉失敗したり挫折して気落ちする.
【灰指甲】huīzhǐjiǎ [名]"甲癣 jiǎxuǎn"（爪甲真菌症 そうこうしんきんしょう）の俗称.
【灰质】huīzhì [名]《生理》灰白質（かいはくしつ）.

诙(詼) huī

讠部6　[四]3478₇
全8画　[通用]

[索] 笑ったり,人を笑わせる. ¶～谐 xié.
【诙谐】huīxié [形] ユーモラスだ. ¶谈吐～／話しぶりがユーモラスだ.

挥(揮) huī

扌部6　[四]5705₄
全9画　[常用]

❶[動] 振る. 振るう. ¶～刀 huīdāo（刀を振るう）／～手 huīshǒu／大笔一～（ひと筆振るう,揮毫きごうする）／～指～ zhǐhuī（指揮する）. ❷[索]（汗や涙などを）手でぬぐう. ¶～一汗 huīhàn／～汗成雨／～泪 huīlèi. ❸ 散る. まき散らす. ¶～发 fāhuī（発揮する）／～霍 huīhuò／～金如土. ❹（Huī）姓.
【挥兵】huībīng [動] 兵を指揮する. ¶～南下／兵を指揮して南下する.
【挥斥】huīchì [動]〈文〉❶ 批判する. 叱責する. ❷（感情が）あふれ出る. ほとばしる.
【挥动】huīdòng [動] 手をもちあげて振る. ¶～旗子／旗を振る. ¶父亲～着双手向我们告别／父は両手を振って私たちに別れを告げた. 参考（同）挥舞 huīwǔ
【挥发】huīfā [動] 揮発する. ¶～性／揮発性.
【挥发油】huīfāyóu [名] 揮発油. とくにガソリン.
【挥戈】huīgē [動] 矛を振るう. ¶～跃马 yuèmǎ／矛を振るい,勇ましく戦うこと.
【挥汗】huīhàn [動] 汗をぬぐう. 汗を振るい払う.
【挥汗成雨】huī hàn chéng yǔ〈成〉汗を手で振るうと雨になる. 多くの人がひしめいている形容.
【挥汗如雨】huī hàn rú yǔ〈成〉雨が降るように汗をかく形容. ひどく汗をかく形容.
【挥毫】huīháo [動]〈文〉揮毫（きごう）する. 毛筆で書画を書く. ¶即兴 jíxìng ～／即興で書画を書く.
【挥霍】huīhuò ❶[動] 金を無駄遣いする. ¶～无度／際限なく金を使う. ❷[索]〈文〉すばやい. 軽妙だ. ¶运笔～／筆の運びがはやい.
【挥金如土】huī jīn rú tǔ〈成〉湯水のように金を使う.
【挥泪】huī/lèi [動] 涙をぬぐう. ¶～告别／涙をぬぐって別れを告げる.
【挥拳】huī/quán [動] こぶしを振り上げる. ¶～恐吓 kǒnghè／人／こぶしを振り上げて脅す.
【挥洒】huīsǎ [動] ❶（水などを）まく. こぼす. ¶～热血 rèxuè／熱血をそそぐ. ❷（文章や絵で）思いのままに筆をふるう.
【挥洒自如】huī sǎ zì rú〈成〉縦横に筆をふるう. ¶他の文章～／彼の文章は自由闊達（かったつ）だ.
【挥师】huīshī [動] 軍隊を指揮する.
【挥手】huī/shǒu [動] 手を振る. ¶～告别／手を振って別れを告げる. ¶在山顶上向大家～／山頂でみんなに向かって手を振る.
【挥舞】huīwǔ [動] 手をあげて振る. ¶～指挥棒／タクトを振る. ¶～彩旗,欢迎来宾／色とりどりの旗を振って来賓を歓迎する.

咴 huī

口部6　[四]6408₉
全9画　[通用]

下記熟語を参照.
【咴儿咴儿】huīrhuīr [擬] 馬のいななき声. ヒヒーン.

恢 huī

忄部6　[四]9408₉
全9画　[常用]

[索] 大きい. 広い. ¶～～ huīhuī／～～有余（大きく余裕がある. 包容力がある）／～复 huīfù／～弘 huīhóng.
*【恢复】huīfù [動] 回復する. 取り戻す. ¶～健康／健康を回復する. ¶～名誉 míngyù／名誉を回復する. ¶他们两又～了交往／彼ら二人はまた交際を始めた.
【恢复期】huīfùqī [名]《医学》回復期.
【恢宏【弘】】huīhóng〈文〉❶[形] 広く大きい. ¶气度～／度量が大きい. ❷[動] 奮い立たせる. ¶～士气／士気を高める.
【恢恢】huīhuī [形]〈文〉広大だ. 果てしなく広い. ¶天网～,疏 shū 而不漏 lòu〈成〉天網恢恢（てんもうかいかい）疎にして漏らさず. 悪人は必ず罰を受ける.

袆(褘) huī

衤部4　[四]3522₇
全9画　[通用]

[名] 古代,皇后が祭祀（さいし）のときに着た衣服. 参考（同）袆衣 huīyī

珲(琿) huī

王部6　[四]1715₄
全10画　[通用]

[索] 地名用字. ¶瑷珲 Àihuī（黒竜江省にある県の名前. 参考）現在は"爱辉 Àihuī"と表記する）.
🔁 珲 hún

晖(暉) huī

日部6　[四]6705₄
全10画　[通用]

[索] 日差し. 陽光. ¶春～ chūnhuī（春の陽光）／朝～ zhāohuī（朝の日差し）.

辉(輝/[異]煇) huī

小部9　[四]9725₄
全12画　[常用]

❶[索] 輝き. 光. ¶落日余～（夕日の残照）／光～四射（光彩が四方にみだれちる）／～煌 huīhuáng. ❷[索] 輝く. ¶～映 huīyìng. ❸（Huī）姓.
【辉长岩】huīchángyán [名]《地学》斑糲（はんれい）岩.
【辉光】huīguāng [名]《電気》グロー. ¶～灯／グローランプ.
【辉煌】huīhuáng [形] 光り輝く. 輝かしい. ¶灯火～／明かりが光り輝いている. ¶～的成绩／特に優れた成績. ¶他一生最～的时刻／彼の一生で最も輝かしい瞬間.
【辉映】huīyìng [動] 輝き映る. ¶湖光山色,交相～／湖と青い山がたがいに照り映えている. 参考（同）晖映 huīyìng

翚(翬) huī

羽部6　[四]1750₄
全12画　[通用]

麾 huī 麻部4 四 0021₄ 全15画 通用
❶ 名 古代の軍隊で，指揮するための旗．❷ 動 指揮する．¶〜军 huījūn．
【麾军】huī/jūn 動 文 軍隊を指揮する．
【麾下】huīxià 名 ❶ 将軍・将校の部下．❷ 指揮官に対する敬語．麾下／閣下．

徽 huī 彳部14 四 2824₀ 次常用
❶ 素 標識．マーク．記号．¶国〜 guóhuī（国章）／校〜 xiàohuī（校章）／〜记 huījì．❷ 素 美しい．❸ 名《音楽》"古琴 gǔqín"の表面にある13個の目印のこと．❹（Huī）名 徽州 (しゅう)．現在の安徽省歙 (しょう)県にあった宋代の府の名前．
【徽调】huīdiào 名 ❶ "徽剧"（安徽省の地方劇）の曲調．❷ "徽剧"の旧称．参考 ①は，清朝の乾隆・嘉慶年間に北京に伝わり，京劇の曲調の成立に大きな役割を果たした．
【徽号】huīhào 名〔个 ge〕ニックネーム．愛称．
【徽记】huījì 名 標識．しるし．記号．
【徽剧】huījù 名《芸能》安徽 (き)省の地方劇．参考 安徽・江蘇・浙江・江西などの地域で行われる．古くは"徽调 huīdiào"といった．
【徽墨】huīmò 名 徽州 (しゅう)産の墨．徽墨 (き)．参考"落纸如漆，万载存真"（書けば黒漆のようで，永遠に薄くならない）と言われる名産品．
【徽章】huīzhāng 名〔枚 kē, 枚 méi〕バッジ．徽章．

隳 huī 心部13 四 7433₈ 全17画 通用
動 破壊する．損なう．

回（迴 II／異 廻 II、囘） huí 囗部3 全6画 四 6060₀ 常用
I 動 ❶ 帰る．もとの場所に戻る．¶〜家 huíjiā．¶〜国 huíguó．¶〜到原单位工作／もとの職場に戻って仕事する．¶您请〜吧／どうぞお帰りなさい．¶他去年从美国〜来了／彼は去年アメリカから帰ってきた．¶他们〜中国去了／彼らは中国へ帰っていった．
❷（頭・体などの）向きを変える．¶〜过身来／体の向きをくるりと変える．¶〜头 huítóu．
❸ 答える．返事をする．¶〜信 huíxìn．¶〜话 huíhuà．¶〜敬 huíjìng．¶请转告 zhuǎngào 他给我〜个电话／私に電話で返事するよう彼にお伝え下さい．
❹（招待や来訪を）断る．（雇用人や仕事を）辞めさせる．¶〜绝 huíjué．
❺ 方向補語として．¶妈妈买〜来一斤苹果／お母さんがりんごを一斤買ってきた．¶东西用完要送〜原处／使い終わったら元の場所に戻すように．
II 素 まわる．¶巡 xún〜／巡回する．¶〜避 huíbì．
III 量 ❶ 回数を表わす．事件が起こった数．¶他来过一〜／彼は一度来たことがある．¶这是两〜／これらはまた別のことだ．¶这是怎么〜事？／これはいったいどういうことだ．¶原来是这么〜事／なるほどそういうことだったのか．
❷ 量 小説のくぎり．章．¶红楼梦 Hónglóumèng 一共一百二十〜／紅楼夢は全部で百二十回ある．
IV 名（Huí）回族．回 回族 Huízú

V（Huí）姓．
【回拜】huíbài 動 答礼の訪問をする．回 回访 huífǎng
【回报】huíbào 動 ❶（仕事の状況などを）報告する．❷ 報いる．¶〜他的盛情 shèngqíng／彼の厚情に報いる．¶无以〜／報いるすべがない．❸ 仕返しする．
【回避】huíbì 動 ❶ 避ける．¶〜责任／責任を回避する．¶〜对方的视线 shìxiàn／相手の視線を避ける．回（集会などで）席をはずす．¶请你〜一下／ちょっと座をはずしてください．❸《法律》忌避する．
【回禀】huíbǐng 動 回 目上の人に報告する．
【回驳】huíbó 動 反駁 (ばく)する．¶当面 dāngmiàn〜／面と向かって反駁する．
【回采】huícǎi 動《鉱業》（坑道敷設後に）大量の採鉱作業を行う．
【回肠】huícháng ❶ 名《生理》回腸．❷ 動 文 気をもむ．気が気でない．¶〜九转 zhuǎn／成（焦り・不安・苦痛などで）胸が張り裂けそうだ．
【回肠荡气】huí cháng dàng qì 成（文章や音楽が）人に感銘を与える．回 荡气回肠
【回潮】huí//cháo ❶ 動 乾燥させたものがまた湿気を帯びる．¶饼干放着不吃，都〜了／ビスケットを食べずに置いておいたら，全部しけってしまった．❷ なくなっていた古い習慣や思想などが復活する．¶这是旧思想的〜／これは古い考えの復活だ．
【回车键】huíchējiàn 名《コンピュータ》リターンキー．エンターキー．
【回程】huíchéng 名 帰り道．戻り．¶〜车／帰りの車．¶〜怎么走？／帰りはどうやって帰るのか．
【回春】huíchūn ❶ 動 春がめぐってくる．¶大地〜／大地に春がめぐってくる．❷ 重い病気を治す．¶〜灵药 língyào／重病を治す霊薬．
**【回答】huídá 動 答える．¶满意的〜／満足のいく回答．¶老师让学生〜问题／先生は学生に，質問に答えさせた．回 回复 dáfù
【回单】huídān 名〔〜儿〕領収書．受領書．回 回条 tiáo
【回荡】huídàng 動 鳴り響く．¶歌声〜／歌声が響きわたる．
【回电】huídiàn ❶ huí//diàn 返電を打つ．¶请即〜／至急返電を請う．❷ huídiàn 名〔封 fēng〕返電．回 复电 fùdiàn 反 来电 láidiàn
【回跌】huídiē 動（価格や相場が）反落する．
【回读】huídú 動（卒業した人が）再び学校に戻って勉強しなおす．
【回返】huífǎn 動 帰る．戻る．回 回返
【回访】huífǎng 動 訪問を受けたお礼に訪問する．¶总理〜了欧洲 Ōuzhōu 四国／首相は答礼訪問に欧州四カ国を訪れた．回 回拜 huíbài
【回放】huífàng 動 再放送する．
【回复】huífù ❶ 動 返事をする．手紙に用いることば．¶无论如何要给我一个〜／必ず返事を下さい．❷ 元どおりになる．¶〜常态／元どおりになる．
【回顾】huígù 動 ❶ 振り向いて見る．¶我〜朋友，他一声儿不吭 kēng／振り返って友を見ると，彼は一言も話さなかった．❷ 回顧する．¶〜这一年，有成功，也有失败／この一年を振り返ると，成功もあったし失敗もあった．回 回首 huíshǒu
【回顾展】huígùzhǎn 名 回顧展．
【回光返照】huí guāng fǎn zhào 太陽が沈む直前，反射して空が一時明るくなる．表現 死の直前，精神が急

に興奮するたとえ．滅亡する直前，一時栄えるたとえに使う．
【回光镜】huíguāngjìng [名] 反射鏡．
【回归】huíguī [動] 元へ戻る．¶～自然 / 自然に帰る．
【回归带】huíguīdài [名] 熱帯．[同] 热 rè 带
【回归分析】huíguī fēnxī [名]《機械》回帰分析．
【回归年】huíguīnián [名]《天文》回帰年．太陽年．
【回归热】huíguīrè [名]《医学》回帰熱．
【回归线】huíguīxiàn [名] 回帰線．
【回锅】huí//guō [動] 温めなおす．
【回锅肉】huíguōròu [名]《料理》ホイコーロウ．四川料理の一つ．
【回国】huí//guó [動] 母国へ帰る．¶他早就～去了 / 彼はとっくに帰国しました．
【回航】huíháng [動] 帰航する．
【回合】huíhé [名]〔[量] 个 ge〕戦い合う回数．ラウンド．¶打几个～ / 数回戦い合う．[由来] 古典小説で，武将同士が戦うことを言ったことばから．
【回纥】Huíhé [名]《民族》回紇(かいこつ)．古代，中国北方に居住したトルコ系の少数民族．現在のウイグル族の祖先といわれる．[同] 回鹘 Huíhú
【回鹘】Huíhú [名] "回纥 Huíhé"に同じ．
【回护】huíhù [動] かばう．¶明明是他错了，你还～他？/ 明らかに彼の誤りなのに，まだかばうのか．
【回话】❶ huí//huà [動] 質問に答える．目上の人に申し上げる．¶请对方～ / 相手の方にお返事差しあげてください．❷ huíhuà [名]（～儿）返事．¶请你给他带个～ / 彼に返事をお伝え下さい．
【回还】huíhuán [動]（もとの場所に）帰る．[同] 返 fǎn 回
【回环】huíhuán [動] 曲がりくねっている．¶溪水 xīshuǐ～ / 谷川が曲がりくねっている．
【回回】Huíhui [名] "回民 Huímín"①に同じ．
【回火】huí//huǒ [動]《機械》（鉄などを）焼き戻す．
【回击】huíjī [動] 反撃する．¶奋力～ / 力のかぎり反撃する．¶给予有力的～ / 有効な反撃を加える．[同] 反击 fǎnjī，还击 huánjī
【回家】huí//jiā [動] 家に帰る．¶时间不早了，该～了 / もう遅くなったので，家に帰らなくては．
【回见】huíjiàn [動] 別れのあいさつことば．「またあとで」[同] 回头见 huítóujiàn
【回交】huíjiāo [動]《生物》戻し交配する．
【回教】Huíjiào [名]《宗教》イスラム教．[同] 伊斯兰教 Yīsīlánjiào
【回敬】huíjìng [動] 返礼する．¶～一杯 / 返杯する．¶～了几句 / ふたことみこと言い返した．
【回绝】huíjué [動] 断る．¶～他的要求 / 彼の要求を断る．¶～礼物 / 贈り物を断る．
【回空】huíkōng [動] 車や船が，空で帰る．¶～车 / 空で帰る車．
【回口】huí//kǒu [動][方] 言い返す．[同] 回嘴 zuǐ
【回扣】huíkòu [名]〔[量] 笔 bǐ〕リベート．割り戻し．¶拿～ / リベートを取る．¶给～ / リベートを払う．
【回馈】huíkuì [動] ❶ 社会に報いる．（自分の得た利益などを）社会に還元する．❷（意見や情報などを）フィードバックする．
＊＊【回来】huí//lái[-lai] ❶ [動] 帰って来る．戻って来る．¶他马上就～ / 彼はすぐに戻ってきます．¶从日本～ / 日本から帰ってくる．❷ 動詞の後につけて，元のところへ戻ることをあらわす．¶跑～一个人 / 誰か走って帰ってきた．¶鸽子 gēzi 飞～了 / 鳩が戻ってきた．
【回廊】huíláng [名] 回り廊下．回廊．
【回老家】huí lǎojiā [句] ❶ 生家へ帰る．¶他常～看望父母 / 彼はしょっちゅう両親の顔を見に実家に帰る．❷ [口] あの世へ行く．死ぬこと．¶我差不多要～了 / 私はもうすぐあの世へ行く．
【回礼】❶ huí//lǐ [動] 返礼する．¶不～心里不安 / お返しをしないと落ち着かない．❷ huílǐ [名] お返し．
【回历】Huílì [名]《宗教》イスラム暦．[同] 伊斯兰教 Yīsīlánjiào 历
【回流】huíliú [動] 逆流する．[同] 倒 dào 流
【回笼】huí//lóng [動] ❶（せいろうで）蒸し直す．¶请把那些点心回一～ / その点心をちょっとせいろうで蒸し直してください．❷ 貨幣が発行元の銀行に戻る．
【回笼觉】huílóngjiào [名][方] 二度寝．
【回炉】huí//lú [動] ❶ 金属を溶かし直す．¶废铁 fèitiě～ / くず鉄を溶かし直す．❷ 温め直す．焼き直す．
【回禄】Huílù [名][文] 伝説上の火の神．火災をいう．¶～之灾 / 火の神の災い．火災．
【回路】huílù [名] ❶ 帰り道．¶他已经没了～ / 彼はもう後戻りできない．❷《電気》回路．
【回落】huíluò [動]（上昇した水位や物価が）下がる．下げ戻す．¶近来自由市场上蔬菜的价格有所～ / 自由市場の野菜の価格が，近頃また多少下落した．
【回马枪】huímǎqiāng [名] 突然振り向いて反撃すること．¶突然杀了一个～，打得敌人措手 cuòshǒu 不及 / 振り向きざまに反撃し，敵が手向かうすきを与えなかった．
【回门】huí//mén [動] 結婚して数日内に，新婦が新郎を伴って里帰りする．
【回民】Huímín [名]〔[量] 个 ge，位 wèi〕❶《民族》回族．少数民族の一つ．寧夏・甘粛・青海・河北省などに居住．イスラム教を信仰する．❷ 回教徒．⇨回族 Huízú
【回民食堂】Huímín shítáng [名]（豚肉を食べない）回教徒のための食堂．
【回眸】huímóu [動] 振り向いて見る．振り返って見る．¶～一笑 / 振り返ってニッコリする．[表現] 多く女性の所作について言う．
【回目】huímù [名] ❶ "章回小说"（回を分けて書かれた長編小説）の各回のタイトル．❷ ①の総目録．
【回念】huíniàn [動] 回想する．思い出す．
【回暖】huínuǎn [動] 再び暖かくなる．¶天气开始～了 / 陽気がよくなってきた．
【回聘】huípìn [動]（退職者を）再雇用する．
【回棋】huí//qí [動] 碁や将棋で待ったをかける．¶不准～！/ 待ったなし！[同] 悔棋 huǐqí
【回迁】huíqiān [動] 元の住所に引っ越す．
【回青】❶ huí//qīng [動] 再び芽吹く．❷ huíqīng [名] 顔料の一つ．石青の中で最も貴重なもの．雲南で産出し，陶磁器の絵付けに使われる．[同] 回回青
【回请】huíqǐng [動] 招待されたお返しに宴席を設ける．¶我准备下星期天～老李一家 / お礼に，来週の日曜日に李さん一家をお招きするつもりです．
＊＊【回去】huí//qù[-qu] ❶ [動] 帰って行く．¶家乡一次也没～过 / 故郷に一度も帰っていない．¶回北京去 / 北京に帰る．❷ 動詞の後につけて，もとのところへ戻って行くことをあらわす．¶跑～ / 走って戻っていく．¶他的车坏了，开不～了 / 彼の車が故障したので，乗って帰れなくなった．
【回绕】huírào [動] ❶ 曲がりくねって周囲をめぐる．❷（心中が）屈折する．
【回身】huí//shēn [動] 身を翻(ひるがえ)す．後ろに向き直る．[同] 转 zhuǎn 身
【回神】huí//shén [動]（～儿）正気を取り戻す．

【回升】huíshēng 动 下がったものが,再び上がる.上げ戻す.¶物价～/物価が再び上昇する.¶股价 gǔjià 开始～/株価がまた上がり始めた.

【回生】huíshēng 动 ❶生き返る.¶起死～/起死回生させる.❷腕がにぶる.なまる.¶手指～/指先がなまる.

【回声】huíshēng 名 反響.こだま.¶～测深仪 cèshēnyí/音響測深機.ソナー.

【回师】huíshī 动 軍隊を引き上げる.

【回收】huíshōu 动 回収する.¶～人造卫星/人工衛星を回収する.¶～空啤酒瓶/ビールの空き瓶を回収する.

【回手】huíshǒu 动 ❶後ろ手で…する.振り返って…する.¶～关灯/退出時には明かりを消した.❷仕返しする.¶～打/殴り返す.

【回首】huíshǒu 动 〈文〉❶振り向く.¶屡屡 lǚlǚ～/何度も振り向く.❷思い出す.回顧する.¶～往事/昔のことを思い出す.¶不堪 bùkān～/思い出すとつらい.

【回帖】huítiě 名 返信.

【回溯】huísù 动〈文〉思い出す.¶～过去/過去を思い出す.

【回天】huítiān 动 難しい形勢を一変させる.

【回天乏术】huí tiān fá shù 困難な状況に対して打つ手がない.

【回天无力】huí tiān wú lì 成〈困難な〉情況を打開する手立てがない.挽回できない.同 无力回天

【回天之力】huí tiān zhī lì 成 難しい状況を逆転させる大きな力.¶事到如今,她也没有～了/ことここに至って,彼女も形勢を逆転させる力はない.

【回填】huítián 动〈建築〉(掘り出した土を)埋め戻す.¶～土/埋め戻す土砂.

【回条】huítiáo (～儿)〔个 ge,张 zhāng〕領収書.受取書.

【回帖】huítiě 名(～儿)〔圈 张 zhāng〕郵便為替の受取書.

*【回头】huí//tóu 动 ❶振り返る.¶走了几步,他又～看了看母亲/数歩行くと,彼はまた振り返ってちらりと母を見た.❷改心する.¶败子～/放蕩(ほうとう)息子が改心する.

*【回头】huítóu 副 しばらくしてから.後で.¶～见/また後で会いましょう.¶我做好以后～给你送去/きちんと出来上がったら,後で届けます.

【回头客】huítóukè 名 (店やホテルなどの)得意客.リピーター.

【回头路】huítóulù 名 通ったことのある道.¶绝不走～/決して後戻りはしない.表现"绝不走～"のような否定形で使われて,堅い決意を示す.

【回头率】huítóulǜ 名 (通り過ぎた)人が振り返って見る確率.

【回头人】huítóurén 名 再婚した寡婦.

【回头是岸】huí tóu shì àn 成 過ちを犯した人でも,悔い改めさえすれば救いの道がある.由来 仏教のことば"苦海无边,～"(苦しみの海は果てしないが,振り返ればそこには岸がある)から.

【回味】huíwèi ❶名 後味.¶～无穷/成 味わいが尽きない.❷动 味わい,かみしめる.¶～他说的话/彼のことばをかみしめる.

【回文】huíwén 名 ❶上から読んでも下から読んでも意味の通じる文.回文.❷回答文書.

【回文诗】huíwénshī 名 逆から読んでも意味の通じる詩.たとえば,"池莲 lián 照晓月,幔锦 mànjǐn 拂 fú 朝风 zhāofēng"を"风朝 cháo 拂锦幔,月晓照莲池"と読んでも意味をなす.ことば遊びの一種.

【回戏】huí//xì 动〈芸能〉(京劇等の上演が不意に)中止になる.

【回乡】huí//xiāng 动 ふるさとへ帰る.¶每年暑假我都～探亲/私は毎年夏休みに帰省する.

【回响】huíxiǎng 名 こだま(する).反響(する).¶妈妈的那番 fān 话总是在我耳边～/母のあのことばが,いつも私の耳元で響いている.

【回想】huíxiǎng 动 回想する.¶～不起来/思い出せない.¶我常常～童年往事/私はよく子供のころのことを思い出す.

【回销】huíxiāo 动 ❶(災害や不作の時に)国家が農村から買い上げた食糧を,再び農村に売却する.❷(輸出入で)一度買ったものを,再び売りに出す.一度売ったものを,再び買い戻す.

【回心转意】huí xīn zhuǎn yì 成 思い直して態度を改める.¶看样子,他不会～了/どうやら,彼が態度を改めることはありそうもない.

*【回信】❶huí//xìn 返事を出す.¶希望早日～/早めにご返事下さい.❷huíxìn 名〔封 fēng〕返信.返事.¶等着你的～/あなたの返事をお待ちします.

【回形针】huíxíngzhēn 名 ペーパークリップ.同 曲别针 qūbiézhēn

【回修】huíxiū 动 (不良製品を)修理する.

【回叙】huíxù 动 ❶(文章や映画などで)時間の順序を逆にして表現する.フラッシュバックする.❷回想して述べる.

【回旋】huíxuán 动 ❶くるくる回る.旋回する.¶盘旋 pánxuán ❷考え直す.方針を転換する.¶留点儿～的余地/考慮の余地を残す.

【回旋曲】huíxuánqǔ 名〈音楽〉ロンド.輪舞曲.

*【回忆】huíyì 动 思い出す.回想する.¶～过去,奶奶总是很感伤/昔を思い出すと,おばあさんはいつもとても感傷的になる.同 回想 huíxiǎng

【回忆录】huíyìlù 名 回想録.

【回音】huíyīn 名 ❶反響.こだま.❷返信.¶那件事仍然没有～/あの件はいまだに返事が来ない.

【回音壁】Huíyīnbì 名 回音壁.北京の天壇(てん)公園にある名所.音が壁を伝って遠くまで聞こえる.

【回应】huíyìng 动 ❶返事する.答える.❷呼応する.

【回佣】huíyòng 名 方 リベート.割り戻し.同 回扣 kòu

【回游】huíyóu 动 回遊する.同 洄 huí 游

【回赠】huízèng 动 贈り物のお返しをする.

【回涨】huízhǎng 动 (水位や物価が一度下がってから)上昇する.

【回执】huízhí 名〔个 ge,张 zhāng〕領収書.受取書.配達証明書.同 收据 shōujù

【回转】huízhuǎn 动 ぐるりと向きを変える.回転する.¶～身去/後ろを向く.

【回转仪】huízhuǎnyí 名 回転儀.ジャイロスコープ.同 陀螺 tuóluó 仪

【回族】Huízú 名〈民族〉回族.中国少数民族の一つ.中国各地に居住し,イスラム教を信仰し漢語を話す.表现"回民 Huímín"は回族の人をいう.

【回嘴】huí//zuǐ 动 言い返す.¶妈妈批评 pīpíng 小美,她还～/お母さんがしかったらメイちゃんは口応えました.

茴 huí

→部 6 ㊃ 4460₀ 全9画 次常用

下記熟語を参照.

【茴香】huíxiāng 名 ❶〔植物〕〔棵 kē〕ウイキョウ. 薬や香料に利用される. フェネル. ❷ ハッカク. 香料,薬材に用いる.

茴 香①

【茴香豆】huíxiāngdòu 名 ハッカクで味付けしたソラマメ.

洄 huí
氵部6 四 3610₀ 全9画 通用

索 水が渦を巻く.

【洄游】huíyóu →回游 huíyóu

蛔(異 蚘) huí
虫部6 四 5610₀ 全12画 次常用

名 回虫. ¶~虫 huíchóng.

【蛔虫】huíchóng 名〔⦿ 条 tiáo〕回虫.

尯 huǐ
尢部6 四 1521₃ 全9画 通用

古い書物に出てくる毒蛇の一種.

【虺虺】huǐhuǐ 擬 ごろごろと雷鳴の響く音.

悔 huǐ
忄部7 四 9805₇ 全10画 常用

索 悔いる. 後悔する. ¶~过 huǐguò / ~之已晚(悔やんでも時すでに遅し. 後悔先に立たず) / ~不当初 huǐ bù dāng chū.

【悔不当初】huǐ bù dāng chū 成 初めにそうしなければよかったと後悔する. ¶早知今日,~ / こうなるとわかっていたら,初めからそうしなかったのに.

【悔改】huǐgǎi 動 悔い改める. ¶不知~ / 悔い改めようとしない. ¶已有~之心 / すでに後悔し,改めようと思っている.

【悔过】huǐguò 動 過ちを認め,悔いる. ¶~书 / 始末書. わび状. 同 悔悟 huǐwù

【悔过自新】huǐ guò zì xīn 成 悔い改めて生まれ変わる.

【悔恨】huǐhèn 動 悔やむ. ¶~当初不该如此 / 当初こうすべきではなかったと悔やむ. ¶~不已 / しきりに悔やむ. 同 後悔 hòuhuǐ

【悔婚】huǐ//hūn 動 婚約を一方的に破棄する.

【悔棋】huǐ//qí 動 碁や将棋で,いったん打った手を取り消して,再度打つ. 同 回棋 huíqí

【悔悟】huǐwù 動 悔い改める.

【悔罪】huǐ//zuì 動 罪を悔いる.

毁(異 燬❶、譭❹) huǐ
殳部9 全13画 四 7714₇ 常用

❶ 索 焼き壊す. 焼け崩れる. ¶烧~ shāohuǐ(焼き捨てる) / 焚~ fén~了 (文書を焼き捨てる). 動 壊す. 損なう. ¶这把椅子谁~的? (このいすは誰が壊したの) / 文革不知~了多少好人(文化大革命ではどれほどの人を失ったかわからない) / ~了大好前途(輝かしい前途をぶち壊した) / ~容 huǐróng. ❸ 動 方 つくり直

す. ¶这两个小凳 dèng 是一张旧桌子~的(この2脚の腰掛けは,古いテーブルからつくった). ❹ 索(相手を)そしる. 中傷する. ¶诋~ dǐhuǐ(そしる) / ~谤 huǐbàng. ❺(Huǐ)姓.

【毁谤】huǐbàng 動 誹謗(ひぼう)する. 同 诽谤 fěibàng, 诋毁 dǐhuǐ

【毁坏】huǐhuài 動 破壊する. 傷つける. ¶严禁~公物 / 公共物の破損は厳禁.

【毁家纾难】huǐ jiā shū nàn 成 私財をなげうち,国を危機から救う.

【毁林】huǐlín 動（野蛮な手段で）森林を破壊する.

【毁灭】huǐmiè 動 壊滅させる. すっかり消し去る. ¶~证据 zhèngjù / 証拠を隠滅する.

【毁弃】huǐqì 動 破棄する. ぶち壊す.

【毁容】huǐ//róng 動 顔を傷つけ変相する.

【毁伤】huǐshāng 動（他人の心や名誉を）傷つける. ¶不要~他人的名誉 míngyù / 他人の名誉を傷つけてはならない.

【毁损】huǐsǔn 動（建物などを）壊す. 壊れる. ¶~公共财物 / 公共の財産を破壊する. ¶地震后不少建筑~了 / 地震で多くの建物が壊れた.

【毁于一旦】huǐ yú yī dàn 成（長年の成果や,何物にも代えがたい貴重なものが）あっという間にこわれ去る.

【毁誉】huǐyù 名 そしりと賞賛. 毀誉(きよ). ¶不计~ / 評判をかえりみないで.

【毁誉参半】huǐyù cānbàn 句 毀誉相半ばする.

【毁约】huǐ//yuē 動（契約や条約などを）破棄する. ¶对方突然~,造成了很大的损失 / 相手が突然契約を破棄して,膨大な損失を被った.

卉 huì
十部3 四 4044₀ 全5画 通用

索 草. ¶花~ huāhuì（観賞用の草花）.

汇(匯、彙❸❹ / 異 滙) huì
氵部2 全5画 四 3111₀ 常用

❶ 動 ~を為替で送金する. ¶~款 huìkuǎn / ~兑 huìduì / 外~ wàihuì（外国為替）/ 创~ chuànghuì（外貨を得る）. ❷ 動 川の流れが集まる. ¶几十条小溪 xiǎoxī 在这儿~成大河（数十本の小川がここで合流して大きな川になる）. ❸ 動 集める. 集まる. ¶总~ zǒnghuì（すべてを集める）/ ~报 huìbào. ❹ 索 集められたもの. まとめられたもの. ¶字~ zìhuì（単語集,語彙(ごい)集）/ ~集 huìjí / 词~ cíhuì（語彙(ごい)）.

【汇报】huìbào 動 上部に報告する. ¶听~ / 総括報告を聞く. ¶向上级~工作 / 上司に仕事の報告をする.

【汇编】huìbiān ❶ 動 文章や書類を一つにまとめる. ¶~成书 / 本にまとめる. ❷ 名〔⦿ 本 běn〕一つにまとめられた文章や書類. ¶资料~ / 資料集成. 表現 ❷は,書名によく使われる.

【汇单】huìdān 名《金融》為替手形. 同 汇票 piào

【汇兑】huìduì 動 名《金融》（銀行や郵便局で）為替（かわせ）を組む. 為替.

【汇费】huìfèi 名《金融》 笔 bǐ 為替手数料.

【汇丰银行】Huìfēng yínháng 名 香港上海銀行.

【汇合】huìhé 動 ❶ 川の流れが一つになる. ❷ 人や心などが一つになる. ⇨会合 huìhé

【汇集】huìjí 動（人や物を）集める. 集まる. ¶这次大会~了各界名流 / 今回の大会は各界の名士が集まった. 同 会集 huìjí, 聚集 jùjí

【汇寄】huìjì 動（銀行や郵便局から）送金する. ¶从

～/銀行から送金する.
【汇价】huìjià 名《金融》為替レート. 回 汇率 lǜ
【汇聚】huìjù 動 集める. 集まる. 回 会 huì 聚
【汇款】huìkuǎn 動 ❶《金融》為替で送金する. ¶～单/為替金受取証. ❷ huìkuǎn 名〔◎ 笔 bǐ〕為替送金. ¶收到～/為替送金を受け取る.
【汇流】huìliú 動(川の水や人々の流れが)合流する.
【汇拢】huìlǒng 動 集める. 集まる.
【汇率】huìlǜ 名《金融》為替レート. ¶～变动不大/為替レートの変動は大きくない.
【汇票】huìpiào 名《金融》〔◎ 张 zhāng〕為替手形.
【汇市】huìshì 名《金融》外国為替の市場. 外国為替の相場. 回 外汇市场
【汇水】huìshuǐ 名《金融》為替手数料. 回 汇费 fèi
【汇算】huìsuàn 動《会計》清算する.
【汇演】huìyǎn 動《芸能》合同公演を行う. 回 会 huì 演
【汇展】huìzhǎn 動(各方面のものを)一箇所に集めて展示する.
【汇总】huìzǒng とりまとめる. 一つにまとめる.

会¹（會）huì 人部4 四 8073₂ 全6画 常用

❶ 動 会う. 面会する. ¶～过他一面/彼に一度会ったことがある. ¶在办公室～客/オフィスで客に会う. ¶白跑了一趟,没～着 zháo 小明/無駄足を踏んでしまって,ミンさんに会えなくて.
❷ 動 集まる. ¶今年春节,我们几个老同学～在一起/今年のお正月は,我々クラスメート数人がいっしょに集まる.
❸ 名 集まり. 会合. 晚～/イブニングパーティー. ¶舞～/ダンスパーティー. ¶晚上有一个～/夕方会合がある. ¶现在正在开～/只今会議中. ¶～散 sàn 了/会はけはねとなった.
❹ 素 ある種の団体. ¶工～/労働組合. ¶学生～/学生会. ¶互助～/互助会.
❺ 素 中心都市. ¶省 shěng～/省都. ¶大都 dū～/大都会.
❻ 素 時期. 機会. ¶机～/機会.
❼ 素 お寺や廟(byǎo)の縁日. ¶庙 miào～/縁日. ¶赶 gǎn～/縁日に行く.
❽ (Huì)姓.
☞ 会 kuài

会²（會）huì 人部4 四 8073₂ 全6画 常用

❶ 動 わかる. 理解する. ¶我～这道题/私はこの問題がわかる. ¶你不好好钻研 zuānyán,怎么～得了呢?/ろくに探究もしないで,どうしてわかるものか.
❷ 動 できる. 習熟,通暁(つうぎょう)している. ¶他～版画/彼は版画が上手だ. ¶日语我以前～过,现在有点儿忘了/日本語は昔はできたんだが,今では少し忘れてしまった.
❸ 助動 (訓練・学習の結果,技術を習得し,また習慣として身についていることを表わし)…できる. ¶小张～弹钢琴/張さんはピアノをひくことができる. ¶现在我～说汉语了/今では私は中国語を話せるようになった. ¶我不大～唱歌/私は歌はあまり歌えない. ¶"你～不～开车？" "～"/「車の運転はできますか」「はい,できます」¶我不～抽烟/私はタバコはやりません.
❹ 助動 (多く程度副詞"很,最"などを伴い)…することがうまい. …するのが得意である. ¶他真～说话/彼は本当に口がうまい. ¶她很～过日子/彼女はやりくり上手だ.
❺ 助動 (未来の可能性を表わし)…だろう. …するものだ.

¶现在他不～在家里/今彼が家にいるはずはない. ¶他怎么～知道?/彼が知っているものか. ¶他不～不来/彼が来ないわけがない. ◆ "不会不"は可能性がさらに大きいことをあらわす.
☞ 会 kuài

会³（會）huì 人部4 四 8073₂ 全6画 常用

動 勘定を払う. ¶我～过几次帐 zhàng/私は何度かお金を払ったことがある. ¶怎么叫他一个人～帐 zhàng 了?/彼一人に払わせられないよ.
☞ 会 kuài

【会标】huìbiāo 名 ❶ (イベントや会議の)シンボル. マーク. ❷ 会議の横断幕.
【会餐】huì//cān 動 会食する. ¶在饭店里～/ホテルで会食する.
【会操】huì//cāo 動《軍事・スポーツ》合同で演習や訓練をする.
＊【会场】huìchǎng 名 会場. ¶布置～/会場の飾りつけをする.
【会车】huìchē 動(列車や自動車が)すれ違う. 回 交 jiāo 车,错 cuò 车
【会党】huìdǎng 名《歴史》清朝末期に"反清复明"(清朝打倒,明朝復興)を唱えて清朝に反抗した民間秘密結社の総称. 参考 "哥老会" "三合会"など.
【会道门】huìdàomén 名 (～儿) "会门" "道门"(民間宗教結社)の総称. 参考 "一贯道" "先天道"など.建国後は反動または革命であるとして活動が禁止された.
【会典】huìdiǎn 名 ある王朝の法令や制度を記した書物. 例 "明～"/『明会典』用法 多く書名に用いる.
【会费】huìfèi 名〔◎ 笔 bǐ〕会費. ¶交纳 jiāonà～/会費を納める.
【会风】huìfēng 名 会議の進め方. 会議の雰囲気.
【会攻】huìgōng 動 連合して攻撃する.
【会馆】huìguǎn 名〔◎ 个 ge,座 zuò〕同郷出身者や同業者が都市に設立した宿舎. 同郷会館. ¶湖广～/湖広会館.
【会海】huìhǎi 名 愈 会議の海. ¶文山～/文書の山と会議の海. むだな会議が多すぎること.
【会合】huìhé 動 集まる. 合流する. ¶一个小时后在这儿～/一時間後にここに集まる. 比較 "汇合 huìhé"は,川の流れやそれに似たものについて使われるが,"会合"は人や物など広く使われる.
【会合点】huìhédiǎn 名《軍事》合流地点.
＊【会话】huìhuà 動 会話する. ¶跟当地人～/現地の人と会話する. ¶小美的英语～能力很高/メイちゃんの英会話力は相当なものだ.
【会徽】huìhuī 名 (イベントや会議の)シンボル. マーク.
【会集】huìjí 動 集める. 集まる. 回 汇 huì 集
【会籍】huìjí 動 会員としての登録. ¶取消～/会員名簿から外す.
＊【会见】huìjiàn 動 会う. 会見する. ¶我国外交部长～了联合国大使/我が国の外務大臣が国連大使と会見した. 例 今晤 huìwù "会见"は対等である場合が多いが, "接见 jiējiàn"は上の者が下の者に会う時に使う.
【会聚】huìjù 動 集まる. ¶～透镜 tòujìng/集光レンズ. ¶～了一屋子人/部屋じゅうの人が集まる. 回 汇聚 huìjù
【会刊】huìkān 名 会報. 会誌.
【会考】huìkǎo 名 (学生などの卒業にあたって,学外で行う)統一試験.

【会客】huì//kè 動 来客と会う。¶～室／应接室．
【会门】huìmén 名（～儿）旧时の民間信仰組織．
【会盟】huìméng 動 君主やその代理人が集まり盟約を結ぶ。会盟する．
【会面】huì//miàn 動 会う。¶他们会过一次面／彼らは一度会ったことがある。同 见面 jiànmià ⇨会晤 huìwù
【会期】huìqī 名 ❶会期。¶～订在九月二日至八日／会期は9月2日から8日までと決めてある。❷開催日数．
【会齐】huì//qí 動 集合する。全員そろう。¶大家～了没有？／みんなそろいましたか．
【会旗】huìqí 名 会や団体の旗。会旗．
【会签】huìqiān 動 一堂に会して署名する．
【会儿】huìr 名 ちょっと。しばらく。ほんのわずかな時間をあらわす。¶用不了多大～／たいして時間はかからない。¶等～见／またあとで。同 一会儿 yīhuìr
【会商】huìshāng 動 協議する。¶双方で了两个多小时／双方は2時間以上協議した．
【会社】huìshè 名 ❶政治・宗教・学术などの団体．❷会社．同 公司 gōngsī
【会审】huìshěn 動 合同で審理や審査を行う．
【会师】huì//shī 動 友軍どうしが合流する．
【会试】huìshì 名《历史》会试(ﾎｲｼ)。科挙の試験の一つ。参考 明清时代、乡试(ｷｮｳｼ)の合格者が都で受ける第二の試験。合格すると最終の殿试(ﾃﾞﾝｼ)を受ける資格を得る．
【会首】huìshǒu 名 旧 会の発起人や責任者のこと。同 会头 tóu
【会水】huì//shuǐ 動 泳げる。¶小美从小就～／メイちゃんは小さいころから泳ぎが上手だ．
【会所】huìsuǒ 名 会や団体の事務所．
*【会谈】huìtán 動 会談する。¶两国首脑正在～／両国首脑はいま会談中だ．
【会堂】huìtáng 名〔座 zuò〕講堂。¶人民大～／人民大会堂。表现 建築物の名称に用いる．
【会通】huìtōng 動 文 多方面の知識を総合して深く理解する．
【会同】huìtóng 動 共同で進める。¶～办理／共同で仕事を進める．
【会务】huìwù 名 団体や集会に関する事务．
【会晤】huìwù 動 文 会见する。¶昨天,国家领导人～了对方大使／昨日、国家指導者が相手方の大使と会见した。比较"会晤"は"会见"や"会面"に比べて外交の場や大人物の会見などに厳粛な場合に使われる．
【会衔】huìxián 動 複数の官公署が連名で発行する文書に、機関や責任者の名を署名する．
【会心】huìxīn 動 よく納得がいく。¶別有～／成 他は悟るところがある．
【会演】huìyǎn 動 名 公演する。公演。¶全国青年歌手在北京举行了～／全国の若い歌手が北京で公演を行った。同 汇演 huìyǎn
【会厌】huìyàn 名《生理》喉头盖(ｺｳﾄｳｶﾞｲ)。会厌(ｴﾝ)．
【会要】huìyào 名 一代王朝の経済や政治の制度を記録した書籍。用法"唐会要"など、多く書名に用いる．
*【会议】huìyì 名 ❶〔曲 次 cì, 个 ge, 届 jiè〕会议。¶主持～／会议を主宰する。❷重要事项を討論,処理するための常設组织。¶中国人民政治协商～／中国人民政治协商会议．
【会意】huìyì ❶ 名 汉字の構成法。会意(ｲ)。"六书 liùshū"(六书)の一つ。❷ 動 他の人の真意を悟る。¶他一地一笑／彼は相手の意を悟ってにやっと笑った。同

会心 huìxīn 参考 ❶は、象形文字や指事の文字を組み合わせてできたもの。"信"は、"人"(ひと)と"言"(ことば)からなり、"武"は"戈"(ほこ)と"止"(止める)からなる．
【会议大厅】huìyì dàshī 名 都市で開催される大型会议の企画や誘致などを行う専門家．
【会阴】huìyīn 名《生理》会阴(ｴﾝ)．
【会友】huìyǒu ❶ 名 協会など、同じ会员组织のメンバー。❷ 動 交友を結ぶ．
【会元】huìyuán 名 科挙の"会试"で首席合格を果たした者．
【会员】huìyuán 名〔个 ge, 名 míng, 位 wèi〕会员。¶～国／加盟国。¶正式～／正式会员．
【会战】huìzhàn 動 ❶《军事》会战する。対战する。❷力を結集し、短期間で難事業を成し遂げる。¶石油大～／大会战(大规模油田開発などに用いる)．
【会章】huìzhāng 名 ❶会则。¶起草～／会则を起草する。❷会の徽章。¶佩带 pèidài～／会の徽章を身につける．
【会长】huìzhǎng 名 会长。¶当～／会长を務める．
【会账】huì//zhàng 動 勘定を払う。表现 一人がみんなの勘定をもつ場合に用いる．
【会诊】huì//zhěn 動 複数の医者が合同で診察する．
【会址】huìzhǐ 名 ❶会议を開催する場所。❷会の所在地．
【会众】huìzhòng 名 ❶集会や会议の参加者。❷ 旧 信仰组织に属する者。会员 yuán

讳（諱）huì
讠部4 四 3572₇
全6画 次常用

素 ❶ (ことば)を慎む。避ける。忌む。¶～疾 jí忌 jì医／直言不～（ありのままを述べて、少しもはばからない）／忌～ jìhuì（忌み避ける）。❷ 名 旧 死後に敬っていういみ名。諡(ｼ)。❸ 触れられたくない事柄。¶别犯了她的～（彼女の触れられたくない事を言ってはいけない）。❹ (Huì)姓．
【讳疾忌医】huì jí jì yī 成 病を隠し、診療を嫌がる。自分の欠点を隠し、改めようとしないこと．
【讳忌】huìjì 動 忌み避ける。はばかる．
【讳莫如深】huì mò rú shēn 成 真相の重大さを恐れ、ひた隠しにする．
【讳言】huìyán 動 明言するのがはばかられる。¶这件事无可～／この事は何もはばかることはない．

荟（薈）huì
艹部6 四 4473₂
全9画 通用

素 草木が生い茂る。¶～萃 huìcuì．
【荟萃】huìcuì 動 文 優れた人や物がひとところに集まる。¶人材～／優れた人物が集まる．

海（海）huì
氵部7 四 3875₇
全9画 次常用

素 教え導く。¶～人不倦 juàn．
【海人不倦】huì rén bù juàn 成 がまん強く熱心に教育する．
【海淫海盗】huì yín huì dào 成 みだらな行いや盗みの道に誘い込む．

绘（繪）huì
纟部6 四 2813₂
全9画 常用

素 絵をかく。色をぬる。¶～图 huìtú／～声～色．
【绘画】huìhuà ❶ 動 絵を描く。❷ 名〔幅 fú〕絵画．
【绘声绘色[影]】huì shēng huì sè [yǐng] 成 表现

【绘事】huìshì 名义 絵画に関することがら. 絵画.
【绘图】huìtú 動 図面や地図などを描く. 製図する. ¶～板/製図板.
【绘影[形]绘声】huì yǐng [xíng] huì shēng 成 話や描写がいきいきとして、真に迫っている. 回 绘声绘色 sè
【绘制】huìzhì 動 図表をつくる. ¶～一张图/図を一枚描く.

恚 huì
心部6 四 4033₁ 全10画 通用
動 恨む. 怒る. ¶闻言大～(そのことばを聞いて大いに怒る).

桧(檜) huì
木部6 四 4893₂ 全10画 通用
素 人名用字. ¶秦～ Qín Huì (南宋の奸臣饯の名前).
☞ 桧 guì

贿(賄) huì
贝部6 四 7482₇ 全10画 常用
素 ❶ わいろ. ¶受～ shòuhuì (わいろを受け取る) /行～ xínghuì (わいろを使う). ❷ 財貨.
【贿金】huìjīn 名 賄賂(ろ).
【贿款】huìkuǎn 名 賄賂をわたすこと. また、賄賂金.
【贿赂】huìlù ❶動 賄賂を贈る. ¶～上司/上司にわいろを贈る. ❷名 わいろ. ¶接受～/わいろを受け取る.
【贿买】huìmǎi 動 買収する.
【贿选】huìxuǎn 動 選挙で買収する.

烩(燴) huì
火部6 四 9883₂ 全10画 通用
動《料理》とろみをつけて煮込む. あんかけにする. 米と具を混ぜて炊く. ¶～豆腐 dòufu(豆腐のあんかけ) /饭 huìfàn /杂～ záhuì (あんかけのごった煮).
【烩饼】huìbǐng 名《料理》"烙饼 làobǐng"に野菜や肉などを加えて煮たもの.
【烩饭】huìfàn 名《料理》炊き込みご飯. まぜご飯.

彗(篲) huì
彐部8 四 5517₇ 全11画 通用
名 ほうき. ¶～星 huìxīng. 参考 古くは"suì"と発音した.
【彗星】huìxīng 名《天文》〔颗 kē〕彗星(はい). ほうき星.

晦 huì
日部7 四 6805₇ 全11画 次常用
素 ❶ 暗い. はっきりしない. ¶隐～ yǐnhuì (はっきりと見えない) /一气 huìqì. ❷ 夜のように暗いこと. ¶風雨如～/風雨がひどく、暗夜のようだ). ❸ みそか. 陰暦で毎月の最終日をさす. つごもり.
【晦暗】huì'àn 形 (空や気分が)暗い.
【晦明】huìmíng 形义 ❶ 夜と昼. ❷ 暗いことと明るいこと.
【晦暝[冥]】huìmíng 形义 暗い. ¶風雨～/風雨のためにまっ暗だ.
【晦气】huìqì[-qi] 形 運が悪い. つきがない. ¶今天真～、钱包丢了/今日はまったくついてない、財布をなくしてしまった. 回 倒霉 dǎoméi
【晦涩】huìsè 形 難解である. 意味がわかりにくい. ¶他的文章～难懂/彼の文章は難解だ.
【晦朔】huìshuò 名义 陰暦で、月の末日(晦?)から翌月の第一日目(朔?)まで. また日暮から夜明けまで.

秽(穢) huì
禾部6 四 2292₇ 全11画 次常用
素 ❶ 汚い. 汚れている. ¶～土 huìtǔ. ❷ 醜い. 醜悪だ. ¶～行 huìxíng /自惭 cán 形～ 成 自分が人より劣っていることを恥ずかしく思う.
【秽迹】huìjì 名义 不健全な行い. ふしだらな行為.
【秽气】huìqì 名 くさったにおい. 悪臭.
【秽土】huìtǔ 名义 ❶《仏教》濁世(ぱ゚). 汚れた世界. 反 净土 jìngtǔ ❷ 汚れた土. ごみ.
【秽闻】huìwén 名义 醜聞. スキャンダル.
【秽行】huìxíng 名义 ふしだらな行い. 不道徳行為.
【秽语】huìyǔ 名 下品なことば. 回 污言 wūyán 秽语

惠 huì
心部8 四 5033₃ 全12画 常用
❶素 恵む. 恩恵を施す. ¶根据互～的原则,建立贸易关系(互恵の原則に基づき、貿易関係を樹立する). ❷素 (相手に)敬意をあらわすことば. ¶～赠 huìzèng (ご進物) /～临 huìlín /受～于人(人から恩恵を受ける). ❸ (Huì)姓.
【惠存】huìcún 動 お手元におとどめ置きください. 恵存(饮). 表現 写真や作品、記念の品を贈るときに、"…君惠存"のように、相手の名の後に書き添えることば.
【惠而不费】huì ér bù fèi 成 相手の利益となって、しかも自分の持ち出しはない. 由来『論語』尭曰篇のことばから.
【惠风】huìfēng 名义 そよ風. 穏やかな風. 回 和 hé 风
【惠顾】huìgù 動 ご愛顧いただく. ご来店いただく. ¶承蒙 chéngméng～/ご愛顧をいただく. ¶多谢各位～本店/皆様のご愛顧に感謝します. 表現 商店が客に対して用いることが多い.
【惠及】huìjí 動 恩恵を与える. ¶～远方/恩恵が遠くまで及ぶ.
【惠临】huìlín 動 ご光臨たまわる. ¶～鄙舎 bǐshè /拙宅へご来臨たまわる.
【惠灵顿】Huìlíngdùn 地名 ウェリントン(ニュージーランド).
【惠允】huìyǔn 動义 敬 (相手が)…させていただく. 表現 手紙などでの改まった言いかた.

喙 huì
口部9 四 6703₂ 全12画 通用
素 鳥やけもののくちばし. 人の口. ¶无庸 wúyōng 置～(余計なくちばしをはさむ必要はない).

翙(翽) huì
羽部6 四 2722₀ 全12画 通用
下記熟語を参照.
【翙翙】huìhuì 擬 ばたばた. 鳥のはばたく音.

溃(潰) huì
氵部9 四 3518₂ 全12画 次常用
動 "殨 huì"に同じ.
☞ 溃 kuì

殨(殨) huì
歹部9 四 1528₂ 全13画 外
動 (傷が)ただれてうみが出る. ¶～脓 huìnóng (化膿する).

慧 huì
心部11 四 5533₇ 全15画 常用
❶ 賢い. さとい. ¶工人的智～(労働者の才気) /聪～ cōnghuì 过人(人並み外れて賢い). ❷ (Huì)姓.
【慧根】huìgēn 名《仏教》真理を悟る資質. 転じて、天賦の才知.
【慧黠】huìxiá 形义 悪賢い.

【蕙心】huìxīn 图《仏教》真理を悟ることのできる心．転じて，知恵．
【蕙眼】huìyǎn 图《仏教》過去や未来を知る眼力．転じて，鋭敏な眼力．蕙眼(炊)．¶独具～/独自の優れた見識を持つ．

蕙 huì
艹部12 四 4433₃
全15画 通用
图 ❶〈植物〉香草の名．❷ "蕙兰 huìlán"に同じ．❸(Huì)姓．
【蕙兰】huìlán 图〈植物〉ランの一種．イッケイキュウラン．

蟪 huì
虫部12 四 5513₃
全18画 通用
下記熟語を参照．
【蟪蛄】huìgū 图《虫》〔图 只 zhī〕ニイニイゼミ．

hun ㄏㄨㄣ [xuex]

昏 hūn
氏部4 四 7260₄
全8画 常用
❶ 图 夕暮れ．たそがれ．¶晨～ chénhūn (朝晩)/黄～ huánghūn (たそがれ)．図 晨 chén ❷ 形 暗い．薄ぼんやりしている．¶天～地暗(威) あたりが真っ暗なようす)/～花 hūnhuā． ❸ 形 頭がぼんやりして，意識がもうろうとしているようす．¶头～脑胀 zhàng (頭がぼうっとして，くらくらする)/头～眼花(頭がくらくらして目がかすむ)．❹ 動 知覚を失う．¶他～过去了(彼は気を失った)/那位小姐～倒了(あのお嬢さんは気絶してしまった)．❺ 図 (動詞の後ろで補語として)あまりひどいので意識がもうろうとなってしまうことをあらわす．¶可累～了(疲れて頭がぼうっとなった)．
【昏暗】hūn'àn 形 暗い．¶天色～/空が暗い．¶灯光太～/明かりがとても暗い．図 明亮 míngliàng
【昏沉】hūnchén 形 ❶ 薄暗い．¶昏沉沉的天空/暮れかけて薄暗い空．同 昏昏沉沉 ❷ 意識がもうろうとしている．¶酒喝多了，他头脑昏昏沉沉的/酒を飲みすぎて，彼は頭がもうろうとしている．同 昏昏沉沉．
【昏黑】hūnhēi 形 まっ暗い．¶夜色～/夜がふけて，まっ暗に．
【昏花】hūnhuā 形 目がかすんで，よく見えない．¶老眼～/老眼で目がかすむ．
【昏黄】hūnhuáng 形 ぼんやりとした暗い黄色．¶～的路灯/街灯の薄暗い明かり．
【昏昏欲睡】hūn hūn yù shuì 成 眠くてたまらない．¶一到下午，小美就～/午後になると，メイちゃんはうとうとと眠気を催す．
【昏厥】hūnjué 動 気絶する．¶～过去/気を失う．同 晕厥 yūnjué
【昏君】hūnjūn 图 〔图 个 ge〕暗愚な君主．
【昏聩】hūnkuì 形〈文〉目はかすみ，耳は聞こえない．頭がぼうっとして，訳がわからないようす．¶～无能/愚かで無能である．
【昏乱】hūnluàn 動 ❶ 意識がもうろうとしている．¶思路～/考えが混乱している．❷〈文〉政治が腐敗し，社会が混乱している．
*【昏迷】hūnmí 動 意識不明になる．¶头脑受伤后，他一直～着/頭にけがをしてから，彼は意識不明だ．¶～不醒/意識が戻らない．図 苏醒 sūxǐng
【昏睡】hūnshuì 動 昏睡する．¶他已经～了三天了/彼はもう3日間昏睡状態だ．

【昏死】hūnsǐ 動 意識を失う．¶因中暑 zhòngshǔ而～了过去/暑気に当たって気を失った．同 昏迷 hūnmí
【昏天黑地】hūn tiān hēi dì 成 ❶ 日が暮れて，あたりが暗いようす．¶～的，你去哪儿啊？／こんなに暗くなってから，どこへ行こうというの？❷ 意識がもうろうとしている．❸ 生活が荒れてじだらくなようす．¶他退了学也不去工作，整天～的/彼は学校をやめたのに仕事にも行かず1日中でたらめな生活をしている．❹ どなり合いや殴り合いのようす．¶打得～/けんかで激しくやり合う．❺ 世の中が腐敗したようす．秩序が乱れたようす．
【昏头昏脑】hūn tóu hūn nǎo 成 意識がもうろうとして，頭がはっきりしない．¶我最近总是～的，常常丢三落 là 四/近頃は頭がぼけてきて，しょっちゅう物忘れをする．同 昏头胀 zhàng 脑
【昏头转向】hūn tóu zhuǎn xiàng 成 頭がくらくらして何が何だかわからなくなる．同 晕 yūn 头转向
【昏眩】hūnxuàn 動 めまいがする．
【昏庸】hūnyōng 形 間抜けで愚かだ．¶老朽 lǎoxiǔ～/もうろくして，頭がぼけている．¶都是些～之辈 bèi/どいつもこいつも間抜けなやつばかりだ．

荤 (葷) hūn
艹部6 四 4450₄
全9画 次常用
❶ 图 なまぐさ料理．肉食．¶～素 hūnsù (肉料理と精進料理)/～菜 hūncài．図 素 sù ❷ 图 においのある野菜．¶五～ wǔhūn (ネギ，ワケギ，ニンニク，アギ，ラッキョウなどをさす)．❸ 形 俗な．わいせつな．
☞ 荤 xūn
【荤菜】hūncài 图 肉や魚を使った料理．¶不吃～/なまぐさ料理は食べない．
【荤腥】hūnxīng 图 魚や肉など．なまぐさもの．¶我从来不沾 zhān～/私はなまぐさ物を口にしたことがない．
【荤油】hūnyóu 图 ラード．

阍 (閽) hūn
门部8 四 3760₄
全11画 通用
图〈文〉❶ 宫門．¶叩～ kòuhūn (宫門をたたく)．❷ 門番．門衛．
【阍者】hūnzhě 图〈文〉門番．

婚 hūn
女部8 四 4246₄
全11画 常用
素 結婚する．¶已～ yǐhūn (既婚)/未～ wèihūn (未婚)/结～证 jiéhūnzhèng (結婚証明書)/～姻自主(結婚は本人の意思で決める)/成～ chénghūn (結婚する)．
【婚保】hūnbǎo "婚前保健"(婚前保健)の略称．参考 中国の規定で定められた，婚姻届申請の前に受けるべき医学検査と保健衛生指導などを言う．
【婚变】hūnbiàn 图〈離婚や浮気などの〉婚姻関係の変化．
【婚典】hūndiǎn 图 "結婚典礼"(結婚式)の略称．
【婚假】hūnjià 图 結婚休暇．
【婚嫁】hūnjià 图 嫁取りと嫁入り．結婚．
【婚嫁大年】hūnjià dànián 图 結婚に適している年．また，結婚した人が多い年．結婚ブームの年．たとえば，2006年は偶数年であること，暦の関係で立春が年に2回あったこと，干支の犬の鳴き声"汪 wāng" が "旺 wàng" (勢いがよい)に通じることなどから，縁起を担いで結婚する人がとても多かった．
【婚检】hūnjiǎn 图 結婚前の健康診断．
【婚介】hūnjiè "結婚介紹"(結婚の仲介)の略称．
【婚介所】hūnjièsuǒ 图 結婚紹介所．

【婚礼】hūnlǐ 名 婚礼. 結婚式. ¶举行～/婚礼を執り行う.
【婚恋】hūnliàn 名 恋愛と結婚.
【婚龄】hūnlíng 名 ❶ 結婚年数. ¶有三十年～/結婚して30年になる. ❷ 法律で定められた, 結婚してよい年齢.
【婚内强奸】hūnnèi qiángjiān 名 夫婦間の強姦行為.
【婚配】hūnpèi 動 結婚する. 未婚者が既婚かについていうことが多い. ¶儿子年近四十,还未～/息子はそろそろ40になるのだが, まだ所帯を持っていない.
【婚期】hūnqī 名 婚礼の日. ¶～已定/婚礼の日取りはすでに決まっている.
【婚庆】hūnqìng 名 "结婚庆典"(結婚式)の略称.
【婚娶】hūnqǔ 動 妻をめとる.
【婚纱】hūnshā 名 ウエディングドレス.
【婚生子女】hūnshēng zǐnǚ 名《法律》嫡出子(ちゃくしゅつし).
【婚事】hūnshì 名 結婚にかかわる事柄. ¶办～/結婚式を挙げる.
【婚书】hūnshū 名 結婚証明書.
【婚俗】hūnsú 名 結婚に関する風習.
【婚外恋[情]】hūnwàiliàn[-qíng] 名 配偶者がいながら他の異性と恋愛関係になること. 浮気. 不倫の恋愛.
*【婚姻】hūnyīn 名 婚姻. ¶～破裂 pòliè /縁談が壊れる.
【婚姻法】hūnyīnfǎ 名《法律》婚姻法.
【婚约】hūnyuē 名動 婚約(する). ¶解除～/婚約を解消する.

浑(渾) hún

氵部6 四 3715₄
全9画 常用

❶ 形 水が濁る. ¶～水坑 húnshuǐkēng (濁った水たまり) /～水摸鱼/别把水搅～(ひっかき回して妨害してはいけない). 反 清 qīng ❷ 形 愚かで道理がわからない. ¶～人 húnrén (愚か者) /～话 húnhuà (でたらめな話). ❸ 自然で力のある. ¶～厚 húnhòu /～朴 húnpǔ. ❹ 副 まったく. すべて. ¶～身是汗(全身が汗まみれだ). ❺ (Hún)姓.
【浑蛋】húndàn 名 〔个 ge,群 qún〕 ばかやろう. たわけ. まぬけ. 同 混蛋 húndàn 表現 相手をののしることば.
【浑噩】hún'è 形 ❶ 無知でまぬけだ. ❷ (詩詞などが)淳樸だ. ❸ (ようすが)ぼんやりしている.
【浑古】húngǔ 形 (文章などが)古風で重厚だ.
【浑厚】húnhòu 形 ❶ 純朴だ. ～天性/性質が純朴だ. ❷ (詩・絵・書などが)質朴で勢いがある. ¶笔力～/筆致が重厚だ. ❸ 音や声が, 低くて力強い. ¶～的男中音/よく響くバリトン.
【浑浑噩噩】hún hún è è 成 無知蒙昧(もうまい)なようす.
【浑朴】húnpǔ 形 質朴だ.
【浑球儿】húnqiúr 名 方 たわけもの. 下劣なやつ. 同 混 hún 球儿,浑[混]蛋 dàn 表現 人をののしることば.
【浑然】húnrán ❶ 形 完全に融合している. ❷ 副 完全に. 全く. ¶～不理/全く取り合わない. ❸ 形 無知だ. まぬけだ.
【浑然天成】húnrán tiānchéng 句 (品格や文章などが)自然かつ, かつ完璧だ.
【浑然一体】hún rán yī tǐ 成 一体となって分かちようのないようす.
【浑如】húnrú 動 …にそっくりだ. 同 浑似 sì
【浑身】húnshēn 名 全身. ¶被打得～是伤/殴られて全身傷だらけになった.
【浑身是胆】hún shēn shì dǎn 成 全身が肝っ玉だ(胆力が大きいこと). 同 一 yī 身是胆
【浑身解数】hún shēn xiè shù 成 全身のありったけの能力. ¶使出～/ありったけの力を絞り出す.
【浑水摸鱼】hún shuǐ mō yú 成 濁った水のなかで魚をとらえる. どさくさにまぎれて利益を得ること. 同 混 hún 水摸鱼
【浑天仪】húntiānyí 名《天文》❶ 古代, 天体位置の測定に用いられた装置. 同 浑仪 ❷ 古代の天体模型. 現在の天球儀に近い. 同 浑象 xiàng 参考 "浑天仪"は, ①と②の総称としても用いる.
【浑圆】húnyuán 形 まるい. 球状をしている. ¶～的月亮/まん丸のお月様. ¶这团子做得～～的/この団子は, まん丸にできている.
【浑浊】húnzhuó 形 濁っている. 同 混浊 hùnzhuó 反 清澈 qīngchè

珲(琿) hún

王部6 四 1715₄
全10画 通用

专 地名用字. ¶～春 Húnchūn.
☞ 珲 huī
【珲春】Húnchūn《地名》珲春(ちゅん). 吉林省の図們江下流域にある, 朝鮮民主主義人民共和国と国境を接し, ロシアとの国境にも近い国境開放都市.

馄(餛) hún

饣部8 四 2671₂
全11画 通用

下記熟語を参照.
【馄饨】húntún[-tun] 名《料理》ワンタン. ¶包～/ワンタンを包む. ¶下～/煮立った鍋にワンタンを入れる.

混 hún

氵部8 四 3611₂
全11画 常用

形 ❶ 濁っている. ❷ 愚かだ. 同 浑 hún
☞ 混 hùn
【混蛋】húndàn 〔个 ge,群 qún〕 道理のわからぬやつ. ばか. 間抜け. 同 浑蛋 húndàn 表現 相手をののしることば.
【混球儿】húnqiúr →浑球儿 húnqiúr

魂 hún

鬼部4 四 1671₃
全13画 常用

名 ❶ 霊魂. 精神. 魂. ¶～不附体/民族～/(民族精神). ❷ (Hún)姓.
【魂不附体】hún bù fù tǐ 成 魂が体にやどらない. 恐れのあまり気が動転しているよう. ¶吓得～/びっくりして肝がつぶれた.
【魂不守舍】hún bù shǒu shè 成 心ここにあらず. 気もそぞろ. ¶上课时,张芳八,什么也没有听进去/授業中, 張芳は気もそぞろで何も頭に入らなかった. 同 神 shén 不守舍,魂不守宅 zhái 由来《三国志》魏志・菅輅伝に見えることば.
【魂飞胆裂】hún fēi dǎn liè 成 魂が体を抜けだし, 肝が裂ける. 恐れと驚きのあまり, 気が動転しているよう.
【魂飞魄散】hún fēi pò sàn 成 魂(こん)と魄(はく)が体を抜けだす. 恐れと驚きのあまり気が動転しているよう. ¶吓得～/驚きのあまり度を失った.
【魂灵】húnlíng 名 (～儿)霊魂. 同 灵魂 línghún
【魂魄】húnpò 名 魂(こん). 参考 古代, "魂"は精神をつかさどり, "魄"は肉体をつかさどるとされ, 道教では, 人には"三魂七魄"があると考えられた.
【魂牵梦萦】hún qiān mèng yíng 成 寝てもさめても忘れられない. ひどく気にかかる.
【魂儿】húnr 名 魂.

hùn – huō 诨混溷耠锪劐嚄

诨(諢) hùn
讠部6 全8画 [四] 3775₄ [通用]

[素] 冗談. ジョーク. ¶打～ dǎhùn（冗談をとばす）／～名 hùnmíng.

【诨号】hùnhào [名] あだ名.

【诨名】hùnmíng [名] あだ名. [同] 诨号 hùnhào

混 hùn
氵部8 全11画 [四] 3611₂ [常用]

❶[动] 混じる. 混ざりあう. 混ぜる. ¶产品里～着许多赝品 yànpǐn（製品の中にはたくさんの偽物が混じっている）／把麦子～在大米里(麦を米に混ぜる)／把两种面粉～起来做面条(2種類の小麦粉を混ぜてうどんを作る). ❷[动] いいかげんに過ごす. ¶～日子 hùn rìzi／他一下去了,只好回到家乡去(彼はぶらぶらしていることもできなくなって,仕方なく国に帰った). ❸[动] ごまかす. あざむく. ¶鱼目～珠(成) 偽物を本物と偽る／别想～过海关的眼睛(税関の目をごまかそうなんて思ってはいけない). ❹[副] でたらめに. いいかげんに. ¶～出注意(いいかげんな考えを出す).
☞ 混 hún

【混充】hùnchōng [动] …のふりをする. ¶～内行 nèiháng／玄人ぶる. [同] 假冒 jiǎmào,假冒 jiǎmào,冒充 màochōng

【混沌】hùndùn ❶[名] 中国の伝説で,天地が分かれる前のようす. 混沌(こん). ¶～初开／混沌とした天地が初めて開かれた. ❷[形] 無知で,ぼうっとしている. ¶～无知／ぼうっとして何も知らない. [同] 混混沌沌

【混饭吃】hùn//fàn chī [句] どうにかこうにか生活の糧を得る. ¶他到这儿来只是为了～／彼がここへ来たのは単に生きる糧を得るためだ.

【混纺】hùnfǎng [形]《紡織》混紡の. ¶～织物／混紡織物.

【混合】hùnhé [动] 混合する. 混ぜ合わせる. ¶男女～双打／男女混合ダブルス. ¶把这两种颜色～在一起／この2つの色を一緒に混ぜ合わせる.

【混合所有制经济】hùnhé suǒyǒuzhì jīngjì [名]《经济》混合所有制経済. 中国の企業所有制度の一つ. [参考] 国・集団・個人・外資など,異なる複数の投資主体による出資を受けて企業設立する経済方式.

【混合物】hùnhéwù [名] 混合物.

【混混儿】hùnhunr [名][方] ちんぴら. ごろつき.

【混迹】hùnjì [动][文]（人ごみなどに）紛れ込んで身をかくす. ¶～于闹市／人ごみの中に紛れ込む.

【混交林】hùnjiāolín [名] 混交林. [参考] 2種以上の樹木が混生する森林. "单纯林"（純林）と区別して言うことば.

【混进】hùnjìn [动]（ある地域や組織に）紛れ込む. 潜り込む. ¶他去买票想～电影院里去／彼はチケットを買わずに,映画館の中に潜り込もうと思った.

【混乱】hùnluàn [形] 混乱している. ¶思想～／考えが混乱している. ¶秩序太～／秩序が大変に乱れている. [同] 零乱 língluàn,紊乱 wěnluàn

【混凝土】hùnníngtǔ [名] コンクリート. ¶浇 jiāo～／コンクリートを流し込む.

【混日子】hùn rìzi [句] いいかげんに日を過ごす. ¶～／一日中ぶらぶらして過ごす.

【混入】hùnrù [动] 紛れ込む. ¶～会场／会場に紛れ込む.

【混世魔王】hùnshì mówáng [名] 社会に害を与える悪人. [由来] 古代の小説に見える魔物の名から.

【混事】hùn//shì [动][贬] 生活のため,よからぬ仕事をする.

【混双】hùnshuāng [名]《スポーツ》"混合双打"（男女混合ダブルス）の略.

【混同】hùntóng [动] 混同する.

【混为一谈】hùn wéi yī tán [成] 別々の物事を混同して論じる. ¶你别把两件事～／君,二つのことを同列に論じてはいけません.

【混淆】hùnxiáo ❶[形] 混ざり合い,境目がはっきりしない. ¶真伪 zhēnwěi～／真実と偽りが入りまじり,区別がつかない. ❷[动] 混ぜる. ごちゃ混ぜにする. [表现] 抽象的な内容（問題・関係・是非・区別など）に対していることが多い.

【混淆黑白】hùnxiáo hēibái [成] 黒白をひっくり返して混乱させる.

【混淆是非】hùnxiáo shìfēi [成] 是非を混同して混乱させる.

【混淆视听】hùnxiáo shìtīng [句] 偽りを見せたり聞かせたりして人々を惑わす.

【混血儿】hùnxuè'ér [名][個 ge] 混血児.

【混一】hùnyī [动] 別々の物事を一つに混ぜる.

【混杂】hùnzá ❶[动] 入りまじる. ¶鱼龙～／魚と龍とが入りまじる. 悪人と善人が入りまじること. ❷[形] 混雑している. ¶那个地方什么人都有,很～／あそこにはあらゆる人間がいて,ごちゃごちゃしている.

【混战】hùnzhàn ❶[动] 入り乱れて戦う. ¶～一场／入り乱れ,大混戦となった. ❷[名][個 chǎng] 混戦.

【混账】hùnzhàng [形] 言動が道理に合わず,恥知らずであること. ろくでなし. ばか. ¶～话／ばかな話. [表现] 相手をののしることば.

【混浊】hùnzhuó [形]（水や空気が）濁っている. ¶车厢里空气很～／車輌の中は空気が非常に濁っている. [同] 浑浊 húnzhuó

溷(異) 圂 hùn
氵部10 全13画 [四] 3610₀ [通用]

[素] ❶ 汚い. 混乱している. ¶～浊 hùnzhuó（水や空気が濁っている）. ❷ 便所. ❸ 豚小屋.

huo ㄏㄨㄛ〔xuo〕

耠 huō
耒部6 全12画 [四] 5896₁ [通用]

❶→耠子 huōzi ❷[动] "耠子"で農地を掘りおこし,軟らかくほぐす. ¶～地 huōdì.

【耠地】huō//dì [动] 土を掘りおこし軟らかくほぐす.

【耠子】huōzi [名] 土をおこすすきの一種. 種をまく溝づくりや中耕に用いる.

锪(鍃) huō
钅部8 全13画 [四] 8773₂ [通用]

[动] 専用の刃物で金属にくぼみを作る.

劐 huō
刂部13 全15画 [四] 4240₀

[动] ❶[口] はさみやとがったもので切りひらく. ¶～开 huōkāi. ❷ "耠 huō"に同じ.

【劐开】huōkāi [动] 刃物で切りひらく. ¶把鱼肚子～／魚の腹を切りひらく.

嚄 huō
口部13 全16画 [四] 6404₇ [通用]

[感] ほう. おどろきの声をあらわす. ¶～,好大的水库（ほう,なんて大きなダムだ）.
☞ 嚄 ǒ

豁 huō

谷部10 ④ 3866₈ 全17画 [次常用]

動 ❶ 欠ける。裂ける。¶皮包～了一个大口子(バッグに大きな裂け目ができてしまった)/鞋都～开了(靴が裂けて穴が開いてしまった)。❷ 思い切って…する。投げ出す。¶～着几天时间(何日間かを犠牲にしている)/～出 huōchū.

☞ 豁 huò

【豁出】huōchū **動** 思い切って何もかも投げ出す。¶几天几夜,也得 děi 把这篇论文赶出来/何日かけてもこの論文には間に合わせなくてはならない。¶就是～性命,也要把工作做完/たとえ命を投げうってでも,仕事はやり終えなければならぬ.

【豁出去】huōchuqu **動** 何がなんでもやる。¶我这什么都～了,一定要成功/私は今回命がけでやったのだから,きっと成功しよう。¶为了她,我～了/彼女のためなら,命もいらぬ.

【豁口】huōkǒu **名**(～儿)〔器物・壁・山などの〕裂け目や割れ目。⇔ 缺口 quēkǒu

【豁子】huōzi **名 方**❶ 割れ目。欠け。¶碗上有个～/茶わんにひび割れがある。¶城墙拆了一个～/城壁をちょっとぬいて抜け道をつくった。⇔ 豁口 huōkǒu ❷ 口唇裂(こうしんれつ)の人.

【豁嘴】huōzuǐ **名**(～儿)❶〔医学〕口唇裂(こうしんれつ)。❷ 口唇裂の人.

攉 huō

扌部16 ④ 5101₅ 全19画 [通用]

動 たい積物をすくって他に移す。¶～土 huōtǔ/～煤机 huōméijī.

【攉煤机】huōméijī **名** 採炭用のパワーショベル.

【攉土】huō//tǔ **動** 土をすくって運ぶ.

和 huó

禾部3 ④ 2690₀ 全8画 [常用]

動 粉状のものに水を加え,混ぜ合わせたりこねたりして,粘りけをもたせる。¶～面 huómiàn/～泥 huóní(泥をこねる).

☞ 和 hé,hè,hú,huò

【和面】huó//miàn **動** 小麦粉をこねる.

活 huó

氵部6 ④ 3216₄ 全9画 [常用]

❶**動** 生きていく。成長する。¶你不用担心,我～得很好(ご心配なく,私はうまくやっていますよ)/新栽 zāi 的这棵树～了(新たに植えたこの木は根づいている)/坚强地～下去(強く生きて行く)/他病得很厉害,恐怕～不了 liǎo 了(あの人は病が重くて,たぶん生きられないだろう)。⇔ 死 sǐ ❷**動** 生かす。救う。¶～人一命(一人を救う)。**素** 動詞の後ろに付く補語として)生かし続けることをあらわす。¶救～了受伤的人(負傷者を救った)/这只猫恐怕养不～(この猫はおそらく育たないだろう)。❹**形** 生きている。¶～人 huórén(生きている人)/～鱼 huóyú(生きた魚)/～语言 huóyǔyán(生きた言語)。❺**形** 生き生きとしている。¶他演戏演得很～(彼はとても生き生きと演じる)。❻**形** 固定していない。移動できる。¶～期存款(普通預金。当座預金)/～页 huóyè/～塞 huósāi/～泼 huópō/老师的教学方法很～(先生の教え方は臨機応変だ)。❼**副** まったく。ほんとうに。¶～像 huóxiàng。❽**名**(～儿)手仕事。修理などの仕事。¶做～ zuòhuó(仕事をする)/干～儿 gànhuór(仕事をする)。❾**名**(～儿)製品。生産物。¶一天能出一百个～(一日に100組の製品ができる)/这～儿做得真好(この品物はほんとうによくつくられている)/废～ fèihuó(不合格になった製品)。**用法**❶の否定形は"没(有)"を用いる。たとえば,"这小猫没～"(この子猫は生きられなかった)。一方,"不活了"というと,「生きているのが嫌だから死んでしまおう」というニュアンスがある.

【活靶】huóbǎ **名**❶〔軍事〕移動標的。❷ 生きた標的。批判や攻撃の的にされる人。⇔ 活靶子

【活版】huóbǎn **名**《印刷》活字版。活字本。⇔ 活字版

【活宝】huóbǎo **形** おちゃめなやつ。冗談好き.

【活报剧】huóbàojù **名**〔芸能〕〔日 出 chū,幕 mù〕ニュースや時事問題を寸劇にして街角で演じるもの.

【活蹦乱跳】huó bèng luàn tiào **成** 元気はつらつとしている。⇔ 欢 huān 蹦乱跳

【活便】huóbian **形**❶ 機敏だ。¶手脚～/動作が機敏だ。❷ 便利だ.

【活茬】huóchá **名 方**(～儿)農作業.

【活地狱】huódìyù **名** 生き地獄.

*【活动】huódòng[-dong] ❶**動** 体を動かす。¶你要经常～～/あなたは普段から体を動かしたほうがいい。¶每天早上起来一下~/每朝,起きてから少しずつ運動する。❷**動** ある目的のために行動する。¶合唱团今天晚上～/合唱団は今晩活動します。¶我们的研究小组这一年没有～过了/我々の研究グループはこの一年間活動しなかった。❸**名**〔项 xiàng〕ある目的のためにとる行動。また活動。¶文娱 wényú~/文化的な娯楽活動。❹**動** 不安定で,ぐらぐらする。¶门牙 ményá ～了/前歯がぐらぐらしている。¶这把椅子有点～了/この椅子は少しぐらぐらする。❺**形** 固定されていない。融通が利く。¶～铅笔/シャープペンシル。¶条文规定得比较～/条文にはある程度の融通性がある。❻**動** 裏工作をする。とくに,賄賂(わいろ)を使う,権力者に取り入る,わびを入れてもらう,などをいう。¶我没有门路,～不了 liǎo/私はつてがないので,裏工作などできっこない。¶利用很多手段到处～/いろいろな手段を使ってあちこちで運動する。**比較**1)"活动"は,その範囲は大小を問わないが,"运动 yùndòng"は"五四运动"のように,大きなものをいう。2)体をちょっと動かしたり,散歩などは"活动"といい,体操やマラソンなどの本格的なものは"运动"を使う.

【活动家】huódòngjiā **名** 活動家。**表现** 積極的に活動して,社会によい影響を与える人,というプラスのニュアンスをもつ.

【活度】huódù **名**《化学》活動度。活量.

【活泛】huófan **形**❶ 融通が利く。臨機応変だ。❷ **方** 経済的に余裕がある。❸(動きが)機敏だ。敏捷だ。❹ 新鮮でやわらかい.

【活佛】huófó **名**❶〔宗教〕〔位 wèi〕ラマ教の最高位の僧侶。活仏(かつぶつ)。❷ 昔の小説にでてくる,人々を救う僧.

【活该】huógāi **形 口**❶ 自業自得だ。¶落到今天这样的下场,是你～/現在のこのような悪い結果になったのははあなたの自業自得です。¶～！/ざま見ろ！❷**方** きっとこうなる運命だ.

【活化】huóhuà **動**❶《化学》活性化する。❷(市場などの動きを)活性化する.

【活化石】huóhuàshí **名** 生きた化石。⇔ 孑遺生物 jiéyí shēngwù **表现** 比喩としても使う.

【活话】huóhuà **名**(～儿)流動的な話。未確定の話。あいまいであてにならない話.

【活活】huóhuó **副**(～儿・~的)❶ 生きながらにして(ひどい目にあう)。むざむざ。¶～打死/無惨(ぎん)に殴り殺さ

れる．❷まったく．まるで．¶～是个狂人 kuángrén / まるで狂人のようだ．

【活火】huóhuǒ 名 炎が上がっている火．

【活火山】huóhuǒshān 名 〔地学〕活火山．

【活计】huójì 名 ❶〔圖 样 yàng，种 zhǒng〕仕事．¶针线～ / 針仕事．❷ 手工芸品．制作中のものも含む．表現 ①は，昔，手芸や裁縫，刺しゅうなどの手仕事をいった．現在は，体を使う仕事を広く指す．

【活检】huójiǎn 名 〔医学〕生体組織検査．

【活见鬼】huójiànguǐ 慣 あり得ないはずだ．¶真是～了，刚刚放在这儿的东西一眨眼 zhǎyǎn 就不见了／まったく不思議な話だ，今ここに置いたばかりの物がわずかの間に見えなくなってしまった．表現 "真是～"，"确实～"という形で使われ，「信じられない」という驚きをあらわす．

【活结】huójié 名 ❶（ちょう結びなど）引けばすぐ解ける結び方．¶不要打死结的，要打～／こま結びにしないで，すぐほどけるように結んでよ．

【活口】huókǒu 名 ❶〔圖 个 ge〕殺人事件の生き証人．¶一个～也没留／目撃証人が一人も残っていない．❷ 情報を提供する捕虜や罪人．

【活扣】huókòu 名 回 ❶（～儿）（ちょう結びなどの）引けばすぐほどける結び方．圓 活结 jié 反 死 sǐ 扣 ❷ 大きさの変えられるひもの輪．

【活劳动】huóláodòng 名 〔経済〕生産過程で投入される人間の労働．原料に"活劳动"が加わって商品価値が生まれる．反 物化 wùhuà 劳动

【活力】huólì 名 活力．¶浑身 húnshēn 充满～ / 全身に活力がみなぎる．圓 生气 shēngqì, 生机 shēngjī

【活灵活现】huó líng huó xiàn 成 真に迫る．生き生きとしている．¶他把那个人的模样说得～ / 彼があの人の物まねをするとそっくりだ．圓 活龙 lóng 活现

【活路】huólù 名 ❶〔圖 条 tiáo〕❶ 生活していくための手だて．¶留条～给他 / 彼に生計の道を残してやる．❷ うまくいく方法．❸〔圖 条 tiáo〕通り抜けのできる道．

【活路】huólu 名 体を使う仕事．

【活络】huóluò 形 方 ❶ がたがただ．歯や骨，部品が本体とびっかりと合わず，ぐらぐらしていること．¶有一颗牙齿～了 / 歯が一本ぐらぐらしている．❷（話が）あいまいではっきりしない．¶他说话很～ / あの人の話は一貫性に欠ける．❸ 機転が利いて，人づきあいがうまい．¶办事～ / 何をやるにも機転がきく．

【活埋】huómái 動 生き埋めにする．¶被～在雪地里 / 雪の中に生き埋めにされた．

【活卖】huómài 動 (旧時の不動産販売で) 売り主が権利を保留したまま販売する．

【活门】huómén 名 バルブ．"阀 fá"の通称．

【活命】huó//mìng 動 ❶ 生きながらえる．¶为了～，他不得不起早摸黑地干活儿 / 生き伸びるため，彼は朝早くから暗くなるまで働いた．❷ 文 命を救う．¶～之恩 ēn / 助けてくれた恩義．

【活命】huómìng 名 命．¶留下一条～ / 命を助ける．

*【活泼】huópo 形 ❶ 生き生きとしている．¶孩子们～可爱 / 子供たちは活発でかわいい．¶他的文章写得很～ / 彼の文章はとても生き生きしている．❷《化学》反応性が高い．

【活菩萨】huópúsa 名 人を救い，助けてくれる人のたとえ．生き菩薩(ぼっ)．

【活期】huóqī 形 《金融》貯金がいつでも出し入れできる．¶～储蓄 chǔxù / 当座預金．反 定期 dìngqī

【活气】huóqì 名 活気．

【活塞】huósāi 名 ピストン．圓 鞲鞴 gōubèi

【活神仙】huóshénxiān 名 仙人のような人．

【活生生】huóshēngshēng 形 ❶（目の前にはっきりと示されている）生き生きとした．¶～的例子 / 現実的な例．❷ 生きながらにして(ひどい目にあう)．むぎむぎ．¶～地给打死了 / むぎむぎ殴り殺された．圓 活活 huóhuó ①

【活食】huóshí 名 ❶（～儿）生き餌(え)．❷ 労働や経営によって得る収入．

【活受罪】huóshòuzuì 慣 生きながらひどい苦しみを受ける．表現 恨んだり，哀嘆するときに使う言い方．

【活水】huóshuǐ 名 水源からわき出て，流れている水．反 死水 sǐshuǐ

【活死人】huósǐrén 名 方 無気力な人間．生ける屍(しかばね)．表現 人をののしることば．

【活体】huótǐ 名（動植物や人体，その構造など）生命を持つ物体．¶～反応 / 生体反応．

【活脱儿】huótuōr 副（容貌や振る舞いが）そっくりだ．生き写しだ．¶她长得～是她母亲 / 彼女は母親にそっくりだ．

【活鲜】huóxiān 名 生きた食用動物，新鮮な野菜や果物など．生鮮食料品．

【活现】huóxiàn 動 生き生きと姿を現わす．¶～在我的眼前 / 私の眼前に生き生きと現われる．

【活像】huóxiàng 動 まるで…の生き写しだ．¶他那样子～只猴子 / 彼のあのかっこうは猿にそっくりだ．

【活性】huóxìng 名《化学》活性．

【活性染料】huóxìng rǎnliào 名《化学》活性染料．

【活性炭】huóxìngtàn 名《化学》活性炭．

【活血】huóxuè 名《中医》血液の流れればよくする．¶这种药通气 / この薬は気の通りをよくし，血の流れをよくする．

【活页】huóyè 名 ルーズリーフ．¶～本 / ルーズリーフ式ノート．¶～文选 / ブックレット．

【活用】huóyòng 動 活用する．

*【活跃】huóyuè ❶ 形 生き生きして，活発だ．¶思想～ / 考えが活発である．¶研讨会开得非常～ / シンポジウムは非常に活発だった．圓 活泼 huópo 反 沉闷 chénmèn ❷ 動 活気をもたせる．¶～农村经济 / 農村経済に活気をもたせる．

【活质】huózhì 名 生命を持つ物質．有機体の総称．

【活捉】huózhuō 動 生け捕りにする．¶～了罪犯 / 犯人を生け捕りにした．

【活字】huózì 名《印刷》活字．¶～版 / 活字版．活字版の本．

【活字典】huózìdiǎn 名 知識の広い人．生き字引．

【活字印刷】huózì yìnshuā 名《印刷》活版印刷．

【活罪】huózuì 名 生きながら受ける苦しみ．¶受～ / 生きながらつらい苦しみを受ける．

火 huǒ

火部 0 / 四 9080₀ / 全 4 画 常用

❶ 名 (～儿)〔圖 把 bǎ，团 tuán〕もえる火．¶～花 huǒhuā / 灯～ dēnghuǒ (灯さ) / 点～ diǎnhuǒ (火をつける). ❷ 名 火災．火事．¶救～ (火事を消す) / 远水救不了 liǎo 近～ (遠くの水は間近の火事を消すことができない). ❸ 名 鉄砲や弾薬．¶军～ jūnhuǒ (兵器) / ～器 huǒqì / 开～ kāihuǒ (開戦する．発砲する) / ～药 huǒyào / ～线 huǒxiàn. ❹ 名 赤い色．¶～狐 huǒhú (アカギツネ) / ～鸡 huǒjī / ～腿 huǒtuǐ. ❺ 旧 古代の軍隊の組織．¶～伴 huǒbàn (仲間). 圓 伙 huǒ ❻ 名《中医》体内にこもった熱．

症や腫(は)れ物,いらいらなどの症状を引きおこす. ¶上〜 shànghuǒ (のぼせる)/败〜 bàihuǒ (のぼせを鎮める). ❼(〜儿)怒り. ¶好大的〜儿(煮えくり返るほどの怒り)/别发〜 fāhuǒ (おこらないで)/气得直冒〜儿(怒ってずっとかっかしている). ❽ 動 怒りだす. ¶他〜儿了(彼は怒った). ❾ 形 盛んである. ¶买卖很〜(商売繁盛). ❿ 素 差し迫っている. ¶〜速 huǒsù /〜急 huǒjí. ⓫ (Huǒ)姓.

【火把】huǒbǎ 名〔個 个 ge〕たいまつ. ¶高举〜/たいまつを高く掲げる.

【火把节】Huǒbǎjié 名〔民族〕たいまつ祭. イ族・ペー族・リス族・ナシ族・ラフ族など,雲南省やその周辺に居住する少数民族の間で行われる伝統行事. 旧暦6月24日,夜間に松明を手に田畑を練り歩き,虫害の根絶を願う.

【火伴】huǒbàn 名 "伙 huǒ 伴"(仕事仲間)の旧称.

【火棒】huǒbàng 名 杂技 zájì(サーカス)で使う火の棒. トーチ.

【火暴〔爆〕】huǒbào 形 方 ❶(性格が)激しやすい. 怒りっぽい. ¶〜性子/怒りっぽい性格. ¶脾气〜/性格が激しやすい. ㊥ 暴躁 bàozào ❷にぎやかだ. 盛んだ. ¶牡丹 mǔdān 开得多〜/ボタンはとても元気よく咲いている. ㊥ 热闹 rènao 表現 ❷は,花の成長や場面などが盛んでにぎやかなことをいう.

【火并】huǒbìng 動 仲間割れして殺しあったり征服したりする. ¶双方发生了〜,结果两败俱伤/双方が仲間割れして,最後には共倒れとなる.

*【火柴】huǒchái 名〔個 包 bāo, 根 gēn, 盒 hé〕マッチ. ¶〜杆 gǎn /マッチの軸. ¶〜盒/マッチ箱. ¶划〜/マッチをする.

【火场】huǒchǎng 名 火災現場.

**【火车】huǒchē 名〔個 节 jié, 辆 liàng, 列 liè〕汽車. ¶〜票/汽車の乗車券. ¶〜站/汽車の駅. ¶坐〜/汽車に乗る.

【火车头】huǒchētóu 名 ❶〔個 台 tái〕機関車. ❷リーダー役をはたす人や物事.

【火成岩】huǒchéngyán 名〔地学〕火成岩.

【火炽】huǒchì 形 白熱した. 激しい勢いだ. ¶这场足球赛特别〜/このサッカーの試合は,とくに白熱していた.

【火地岛】Huǒdìdǎo〔地名〕フエゴ島. 参考 東半分はアルゼンチン領で,西半分はチリ領.

【火电】huǒdiàn 名 火力発電. "火力发电"の略.

【火电站】huǒdiànzhàn 名 火力発電所.

【火夫】huǒfū 名〔個 个〕❶(軍隊や学校などの)炊事係. ㊥ 伙 huǒ 夫〔伕〕 ❷ 釜炊き工.

【火攻】huǒgōng 名 火攻め. ¶采取〜/火攻めにする.

【火光】huǒguāng 名〔個 道 dào, 片 piàn〕火 炎. 火の手. ¶〜冲天/火が天を衝(つ)かんばかりに高く燃え上がる.

【火锅】huǒguō 名(〜儿)《料理》❶ 鍋の一種. しゃぶしゃぶ用などに使う. ¶涮〜/しゃぶしゃぶをする. ❷ ①で肉や野菜を煮ながら食べる鍋料理.

【火海】huǒhǎi 名〔個 片 piàn〕火の海. ¶冲进〜救孩子/火の海にとびこんで子供を救う.

【火海刀山】huǒ hǎi dāo shān 成 "刀山火海 dāo shān huǒ hǎi"に同じ.

【火红】huǒhóng 形 ❶火のように赤い. まっ赤だ. ¶〜的太阳/まっ赤な太陽. ❷活気や熱気に満ちた. ¶〜的岁月/熱く燃えた輝かしい日々.

【火候】huǒhou 名(〜儿)❶ 火加減や加熱時間. ¶看〜/火加減を見る. ❷ 小明的菜〜正好/ミンさんの料理は火の通し具合がちょうどいい. ❷(学問,技能などの)修得の度合. ¶还没到〜/まだ十分と言えるところまでは到達していない. ❸ 肝心なとき. ¶你说得正是〜/あなたが話をしたのは,グッドタイミングだった.

火 锅

【火狐】huǒhú 名《動物》アカギツネ.

【火花】huǒhuā 名 ❶炎. 火花. ¶冒出〜/火花が飛び散った. ❷(〜儿)マッチ箱の絵柄.

【火花塞】huǒhuāsāi 名《機械》点火プラグ. 点火栓. ㊥ 火星 xīng 塞,电嘴 diànzuǐ

【火化】huǒhuà 動 火葬する.

【火鸡】huǒjī 名《鳥》〔只 zhī〕シチメンチョウ.

【火急】huǒjí 形 大至急だ. ¶此事十万〜/この件は大至急だ. 表現 電報用語.

【火剪】huǒjiǎn 名 ❶火ばさみ. ㊥ 火钳 qián ❷髪にウェーブをつけるためのこて. ヘアアイロン.

【火碱】huǒjiǎn 名《化学》カセイソーダ.

【火箭】huǒjiàn 名〔枚 méi, 支 zhī〕ロケット. ¶发射〜/ロケットを発射する.

【火箭弹】huǒjiàndàn 名《軍事》ロケット弾. 参考 特に弾頭部分を指すときもある.

【火箭炮】huǒjiànpào 名《軍事》ロケット砲. ¶反坦克〜/バズーカ砲.

【火箭筒】huǒjiàntǒng 名《軍事》一人で使用する軽量のロケット弾発射筒.

【火井】huǒjǐng 名 天然ガス噴出坑.

【火警】huǒjǐng 名 ❶ 失火. 火災. ¶报〜/火災を通報する. ❷ 火災警報. "火警警报"の略.

【火酒】huǒjiǔ 名 方 エチルアルコール.

【火炬】huǒjù 名〔個 只 zhī〕たいまつ.

【火具】huǒjù 名 導火線・雷管などの起爆装置.

【火炕】huǒkàng 名〔個 只 zhī〕中国式のオンドル. ⇒ 炕 kàng

【火坑】huǒkēng 名 火の穴. 非常に悲惨な境遇をいう. ¶跳入〜/不幸な境遇に身を投じる.

【火筷子】huǒkuàizi 名〔個 双 shuāng〕火ばし.

【火辣辣】huǒlàlà 形(〜的)❶ 非常に熱い. じりじりする. ¶〜的太阳/じりじり照りつける太陽. ❷ 火傷やひりで打たれて,ひりひりと痛む. ¶伤口〜的,痛得要命/傷口がひりひり痛くてたまらない. ❸ 興奮・焦り・いらだち・恥ずかしさなどでいらいらする. じりじりする. ❹ 性格やことばがきびきびしている. ¶〜的性格/めりはりのついた性格.

【火力】huǒlì 名〔個 个〕❶ 石炭・石油・天然ガスなどの火力. ❷爆弾などの破壊力や殺傷力. ¶集中〜,全力攻击/武器

を総動員して全力で攻撃する.
【火力点】huǒlìdiǎn 名《軍事》銃砲を設置し発射する地点. 同 发射 fāshè 点
【火力发电】huǒlì fādiàn 名 火力発電.
【火力圈】huǒlìquān 名《軍事》銃砲などの火器の威力が及ぶ範囲.
【火亮】huǒliàng 名方 (～儿)小さな火の光.
【火烈鸟】huǒlièniǎo 名《鳥》フラミンゴ. 同 红鹳 hóngguàn
【火龙】huǒlóng 名 ❶〔条 tiáo〕火の龍. ¶大堤上的灯笼 dēnglong 火把像一条～/堤にかかる灯籠(ちう)やたいまつの明かりはまるで一匹の龍のようだ. ❷(かまどから煙突までの)煙道. 表現 ①は, ちょうちんなどの明かりが長く連なっている光景をいう.
【火笼】huǒlóng 名方 暖をとるための, 小さな火鉢を入れた竹かご.
【火炉】huǒlú 名 (～儿)こんろ, ストーブ, かまどなど. ¶烧～/ストーブをたく. 同 火炉子 huǒlúzi
【火轮】huǒlún 名方 汽船. 同 火轮船 chuán
【火冒三丈】huǒ mào sān zhàng 慣 烈火のごとく怒る. ¶父亲～,把我重重地训了一顿/父は烈火のごとく怒り, 私を厳しくしかった.
【火煤〖媒〗】huǒméi 名 (～儿)焚(た)きつけ.
【火苗】huǒmiáo 名 (～儿)炎のこと. ¶～窜 cuàn 上来了/炎が上がり始めた. 同 火苗子 huǒmiáozi
【火磨】huǒmò 名 動力で動く挽き臼(す).
【火鸟】Huǒniǎo 名《音楽》「火の鳥」(ストラビンスキー作曲のバレエ音楽).
【火奴鲁鲁】Huǒnúlǔlǔ《地名》ホノルル(米国).
【火炮】huǒpào 名 大砲.
【火盆】huǒpén 名 火鉢.
【火拼】huǒpīn 動 仲間割れして殺しあったり征服したりする. 同 火并 bìng
【火漆】huǒqī 名 ビンや封筒の密封に使うロウ. 封蠟(ろう). 同 封蜡 fēnglà
【火气】huǒqì 名 ❶怒り. すぐかっとなること. ¶～真大/ひどく怒っている. ¶先压一压～/ひとまず怒りをおさえる. ❷人体のもつ熱. ❸《中医》炎症・腫(は)れ・いらだちなどの原因. ほてり.
【火器】huǒqì 名 鉄砲など火薬を使った武器.
【火钳】huǒqián 名 火ばさみ. 同 火剪 jiǎn ①
【火枪】huǒqiāng 名〔条 tiáo, 枝 zhī〕火縄銃や火打ち石銃. 旧式のものをいう.
【火墙】huǒqiáng 名 ❶暖房のために熱気を通す管を埋め込んだ壁. ❷→火网 wǎng
【火情】huǒqíng 名 火事の状況.
【火热】huǒrè 形 ❶火のように熱い. ¶晒得～/太陽がかんかん照りつけている. ¶～的心/火のように熱い心. ❷親密だ. ¶谈得～/(恋人同士が)熱々の仲だ. 反 冰冷 bīnglěng ❸激しく, 緊迫している. ¶～的斗争/激しい戦い.
【火绒】huǒróng 名 火口(ぐち).
【火色】huǒsè 名方 火かげん. 同 火候 hòu
【火山】huǒshān 名〔座 zuò〕火山. ¶～口/噴火口. 火口.
【火山岛】huǒshāndǎo 名 火山島.
【火山地震】huǒshān dìzhèn 名《地学》火山性地震.
【火伤】huǒshāng 名 やけど. ¶受～后留下了伤疤 shāngbā/やけどをした所がきずになって残った.
【火上加[浇]油】huǒ shàng jiā [jiāo] yóu 慣 火に

油を注ぐ. 相手をさらに怒らせたり, 事態をさらに悪化させること. ¶爸爸已经生气了,你这么说简直是～/お父さんはもうさっきから怒っているのに, あなたがそんなことを言ったら火に油を注ぐようなものです.
【火烧火燎】huǒ shāo huǒ liǎo 句 ❶(～的)体がかっかと熱い. ❷焦ってやきもきする.
【火烧眉毛】huǒ shāo méi máo 慣 まゆ毛をこがすほど火が迫ってくる. 非常に切迫していること. ¶事情已经～了,他还一点儿也不着急/事態は差し迫っているというのに, 彼はすこしも焦っていない.
【火烧云】huǒshāoyún 名 朝焼け雲. 夕焼け雲.
【火烧】huǒshao 名 ❶《料理》ゴマをまぶさない"烧饼"(練った小麦粉を丸く延ばして焼いた食品). ❷名 火で焼く. 参考 ①は, 普通の"烧饼"と区別する呼び方.
【火舌】huǒshé 名 高く上がっている炎. 火の手. ¶喷出～/大きな炎が上がる.
【火绳】huǒshéng 名 ヨモギなどを縒(よ)って作った火縄. 蚊の駆除や点火に用いる.
【火石】huǒshí 名 ❶火打ち石. 同 燧石 suìshí ❷ライターの発火石に用いられる, セリウム・ランタン・鉄の合金.
【火势】huǒshì 名 火の勢い. ¶～凶猛 xiōngměng/火の勢いがすさまじい.
【火树银花】huǒ shù yín huā 慣 灯りや花火が明るく輝いているようす. 由来 唐の蘇味道の詩「正月十五夜」中の句から.
【火速】huǒsù 副 急速に. 至急に. ¶～前进/できるだけの速さで前進する.
【火炭】huǒtàn 名 燃えている炭や薪(まき).
【火塘】huǒtáng 名方 室内の土間に穴を掘ってつくった, 暖をとるための炉.
【火烫】huǒtàng ❶形 焼けるほど熱い. ¶姑娘的脸～ ～的/娘さんの顔はかーっと熱くなった. ❷動 こてをあてて調髪する.
【火头】huǒtóu 名 ❶(～儿)炎. ¶油灯的～儿太小/ランプの炎がとても小さい. ❷(～儿)火かげんと燃焼時間. ¶～儿不到,饼就烙 lào 不好/火かげんが悪く,お焼きは生焼けだ. ❸火事を出した家. 火元. 同 火主 huǒzhǔ ❹(～儿)怒り. ¶你先把～压一压/まずは怒りを鎮めて.
【火头军】huǒtóujūn 名 (もと小説や戯曲の中で)軍隊の炊事係を指したことば. 同 伙 huǒ 头军 表現 現在では, 炊事係をからかうことば.
【火头上】huǒtóushang 名 怒っている最中. ¶他正在～,等他消消气再跟他细说/彼は怒っている真っ最中だから, おさまるのを待ってからまた話そう.
【火腿】huǒtuǐ 名《料理》〔个 ge, 块 kuài, 只 zhī〕豚のもも肉を塩漬けにして作るハム. 浙江省の金華(きんか), 雲南省の宣威(せんい)のものが有名. 由来 "炎"のような赤い色をしていることから.
【火网】huǒwǎng 名《軍事》火網(かもう). 同 火力‖网, 火墙 qiáng 参考 各種の銃砲を縦横に発射して, 弾道の網を張りめぐらせた状態にすること.
【火险】huǒxiǎn 名 ❶ 火災保険. "火灾保险"の略. ❷失火の危険. "火灾危险"の略.
【火线】huǒxiàn 名 ❶《軍事》前線. ¶上～/戦線に参加する. 同 前线 qiánxiàn ❷〔根 gēn, 条 tiáo〕電気を送る電源線.
【火硝】huǒxiāo 名《化学》"硝酸钾 xiāosuānjiǎ"(硝酸カリウム)の俗称. 硝石.
【火星】huǒxīng 名 ❶《天文》火星. ❷(～儿)火

花．眼睛直冒～/ 目が怒りに燃えている．
【火性】huǒxìng 名 怒りっぽい性格．¶ 你啊,真是个～/ あなたったらまったく気が短いのね． 同 火性子 huǒxìngzi
【火眼】huǒyǎn 名《中医》急性結膜炎．
【火眼金睛】huǒ yǎn jīn jīng 成 すべてを見通す眼力． 由来 もとは『西遊記』で孫悟空が炉の中で鍛えられて眼が赤くなり,妖怪を見分けられるようになったことから．
【火焰】huǒyàn 名〔量 簇 cù,团 tuán〕炎．火炎．¶ 熊熊～/ ぼうぼうと燃え上がる炎．
【火焰喷射器】huǒyàn pēnshèqì 名《军事》火炎放射器．同 喷火器
【火药】huǒyào 名 火薬．
【火药味】huǒyàowèi 名〔～儿〕険悪な雰囲気．きな臭さ．¶ 充满～/ 険悪なムードでいっぱいだ．
【火印】huǒyìn 名 焼き印．
【火油】huǒyóu 名 方 灯油．煤油 méiyóu
【火源】huǒyuán 名 火災の出火原因となるもの．
【火灾】huǒzāi 名〔场 cháng,次 cì〕火災．¶ 发生～/ 火災が起きる．
【火葬】huǒzàng 动 火葬する．
【火纸】huǒzhǐ 名 方 ❶ 硝石を塗って燃えやすくした焚き付け用の紙．❷ 死者を弔うために燃やす紙．"纸钱"を作る．
【火中取栗】huǒ zhōng qǔ lì 成 火中の栗を拾う．
【火种】huǒzhǒng 名〔颗 kē〕火種．¶ 革命的～/ 革命の火種．
【火烛】huǒzhú 名 火災のもと．¶ 小心～/ 火のもとに注意．
【火主】huǒzhǔ 名 火事を出した家．失火元．同 火首 huǒshǒu
【火柱】huǒzhù 名 火柱(ばしら)．
【火砖】huǒzhuān 名〔量 块 kuài〕耐火れんが．同 耐火砖 nàihuǒzhuān

伙(夥) huǒ 亻部4 四 2928₀ 全6画 通用

❶ 素〔～儿〕仕事仲間．同僚．¶ 同～儿 tónghuǒr（同じ仲間）/～伴 huǒbàn．❷ 动 共同して仕事をする．¶ ～办 huǒbàn /～同 huǒtóng /～着用（共同で使う）．❸ 名 雇われ人．店員や農場労働者．¶ 店～ diànhuǒ（店員）．❹ 量 グループになった人を数えることば．¶ 他们是一～儿的(彼らは仲間だ)．❺ 名 共同でする食事．まかない．¶ 开～ kāihuǒ（食堂などが炊事をはじめる）/退～ tuìhuǒ（共同のまかないから抜ける）．❻（Huǒ）姓．
【伙办】huǒbàn 动 協力する．組んで仕事をする．
【伙伴】huǒbàn 名〔量 帮 bāng,个 ge〕同じ仕事や活動にかかわる仲間．¶ 贸易～/ 商売仲間． 同 同伴 tóngbàn 由来 もと古代の軍隊で,兵士10人を1"火"といい,その仲間を"火伴"と言ったことから,のちに"伙伴"を書くようになった．
【伙伴国】huǒbànguó 名 パートナー国．
【伙房】huǒfáng 名〔量 间 jiān〕学校や部隊などの炊事場．
【伙夫】huǒfū →火夫①
【伙计】huǒji 名 ❶〔量 个 ge,位 wèi〕相棒．仲間．¶ 老～/ 古くからの仲間．¶ ～,你上哪儿去？/ いい,どこへ行くの？ ❷ 店員や,作男などを指した．表现 ①は,友人などに向かっての呼びかけにも使われることが多い．
*【伙食】huǒshí[-shi] 名 学校・団体・部隊などのまかないの食事．¶ ～费 / 食費．
【伙同】huǒtóng 动 他の人と一緒にやる．
【伙头军】huǒtóujūn →火 huǒ 头军
【伙种】huǒzhòng 动 共同で耕作する．同 伙耕 gēng
【伙子】huǒzi 不良の群れやグループを数えることば．¶ 那～坏蛋 huàidàn / あのごろつき連中． 表现 数詞は "一"のみで,"一伙子"の形で使われる．

钬(鈥) huǒ 钅部4 四 8978₀ 全9画 通用

名《化学》ホルミウム．Ho．

夥 huǒ 夕部11 四 6792₇ 全14画

❶ 形 多い．¶ 获益 huòyì 甚 shèn～（利益は多大だ）．❷ "伙 huǒ"に同じ．

或 huò 戈部4 四 5310₉ 全8画 常用

❶ 接 あるいは．それとも．¶ 你来～我去都可以（君が来るかあるいは僕が行くかどちらでもいい）/ 这件事不管～～不成,我们都试试看（これは成功するかどうかにかかわらず試して見よう）/～多～少．❷ 副 おそらくは．たぶん．¶ 他们已经动身,明天～可到达（彼らはもう出発しているので,明日にはたぶん到着するだろう）．❸ 代 だれか．ある人．¶ ～告之曰 yuē（ある人が…と言った）．❹ 副 やや．いくらか．¶ 不可～缺 quē（少しも欠けてはならない）．
【或多或少】huòduō huòshǎo 多かれ少なかれ．¶ 他的话～有些水份 / 彼の話は,多少とも誇張が混じっている．
【或然】huòrán 形 たぶんありうる．¶ ～性 / 蓋然(がい)性．
【或然率】huòránlǜ 名《数学》"概率 gàilǜ"の古い言いかた．確率のこと．⇨ 概率 gàilǜ
【或是】huòshì 接 あるいは．¶ 星期六～星期天都可以 / 土曜日,あるいは日曜日のどちらでもいい．同 或者 huòzhě ②
【或许】huòxǔ 副 もしかしたら．¶ ～他已经爱上小明了 / もしかしたら,彼はもうミンさんに恋をしてしまったのかもしれない．同 也许 yěxǔ,或者 huòzhě ①
【或则】huòzé 接 文 あるいは．¶ ～到城外散步,～到河边钓鱼（郊外に散歩に行くか,または川へ釣りにいく．同 或者 huòzhě ② 表现 "或则…,或则…"のように,重ねて使うことが多い．
*【或者】huòzhě ❶ 副 もしかしたら．¶ 别放弃,～还有希望 / あきらめてはいけない,もしかしたらまだ希望はあるかもしれない． 同 或许 huòxǔ,也许 yěxǔ ❷ 接 あるいは．それとも．¶ 我想今年～明年去中国留学 / 私は今年か,あるいは来年に,中国に留学したい．¶ ～同意,～反对,总得 děi 表示个意见,/ 賛成でも反対でも,とにかく意見を言わなくてはならない．¶ 不论刮风～下雨,我每天上课 / 風が吹こうが雨が降ろうが,私は毎日授業に出る． 同 或则 huòzé,或是 huòshì

和 huò 禾部3 四 2690₀ 全8画 常用

❶ 动 粉や粒状のものを混ぜ合わせる．水を加えて練る．¶ ～药 huòyào（薬をとく）/ 搅～ jiǎohuo（混ぜ合わせる）/ 拌～ bànhuò（混ぜる）/ 豆沙里一些糖（小豆あんの中に砂糖を少々混ぜる）．❷ 量 洗濯の水を換える回数や,薬を煎じるときに加える水の回数を数えることば．¶ 衣服洗了两～了（服は二度洗いした）．
☞ 和 hé、hè、hú、huó

【和弄】huònong [動][方]❶かき混ぜる. ❷混乱させる. そそのかす. ¶这个乱子都是他～出来的 / この騒動はすべて彼がそそのかしたのだ.
【和稀泥】huò xīní [慣]いいかげんになだめる.(原則的なことをさしおいて)適当なところで妥協させる.

货(貨) huò 贝部 4 [四] 2480₂ 全 8 画 [常用]

❶[名]品物. 商品. ¶进～ jìnhuò (商品を仕入れる) / 订～ dìnghuò (商品を注文する). ❷[名]貨幣. ¶通～ tōnghuò (貨幣. 通貨) / 杀人越～ (人を殺して財貨を奪う). ❸[素]売る. あきなう. ¶～郎 huòláng. ❹[名]人を軽蔑したりののしるときのことば. ¶他不是个好～(あいつはろくなやつじゃない) / 笨～ bènhuò (ばかなやつ) / 蠢～ chǔnhuò (愚か者) / 不要脸的～(恥知らずなやつ).

【货比三家】huò bǐ sānjiā [慣]良い買い物をするためにあちこちの店を見比べる.
【货币】huòbì [名]〔[量]种 zhǒng〕通貨. ¶～市场 / 通貨市場.
【货币政策】huòbì zhèngcè [名]《経済》貨幣政策.
【货币资本】huòbì zīběn [名]《経済》貨幣資本.
【货舱】huòcāng [名]〔[量]间 jiān, 辆 liàng, 列 liè〕船や飛行機の貨物室.
【货场】huòchǎng [名]駅・商店・倉庫などの貨物置場.
【货车】huòchē [名]〔[量]辆 liàng, 列 liè〕荷物を運ぶ車. 貨物列車, トラック, ワゴン車など.
【货船】huòchuán [名]〔[量]艘 sōu, 条 tiáo, 只 zhī〕貨物船.
【货单】huòdān [名]積み荷リスト.
【货柜】huòguì [名]❶カウンター. ❷コンテナ.
【货机】huòjī [名]〔[量]架 jià〕貨物輸送機. エアカーゴ.
【货价】huòjià [名]商品価格.
【货架子】huòjiàzi [名]❶〔[量]个 ge, 排 pái〕商店の陳列棚. ショーケース. ❷自転車の荷台.
【货款】huòkuǎn [名]〔[量]笔 bǐ, 宗 zōng〕商品の代金. ¶交～ / 商品の代金を払う.
【货郎】huòláng [名]〔[量]个 ge〕(農村や山間部で)日用雑貨を売り歩く行商人. ¶～担 dàn / 行商人の担ぐ荷.
【货轮】huòlún [名]〔[量]艘 sōu, 只 zhī〕貨物船.
【货票】huòpiào [名]運送企業が荷送り人あてに発行する預り証. 船荷証券や貨物引換証など.
【货品】huòpǐn [名]商品. またその種類. ¶～丰富 / 品ぞろえが豊富.
【货色】huòsè [名]❶商品の種類や品質. ¶～齐全 / どんな品物でもそろっている. ¶～不错 / なかなか上等な品だ. ❷[貶]人物や作品などを, 物扱いしてけなすことば. ¶他那种～, 什么坏事都干得出来 / やつのような代物は, どんな悪事でもやりかねない.
【货损】huòsǔn [名]運送中に発生した貨物の破損.
【货摊】huòtān [名](～儿)露天. 屋台. ¶摆 bǎi～ / 露天を出す.
【货梯】huòtī [名]貨物運搬用のエレベーター.
【货位】huòwèi [名]❶鉄道輸送における貨物量の単位. 貨物列車1両に積める量が1"货位". ❷駅・商店・倉庫などの荷物置き場.
【货物】huòwù [名]〔[量]件 jiàn, 批 pī, 宗 zōng〕商品.
【货箱】huòxiāng [名]荷物の入った大箱. ¶搬～ / 荷箱を運ぶ.
【货样】huòyàng [名]商品サンプル. ¶去拿～ / サンプルを手に取る.
【货源】huòyuán [名]商品の仕入れ先. 供給元. ¶～充足 / 商品はいくらでも手に入る.
【货运】huòyùn [名]貨物輸送. ¶～码头 / 貨物用埠頭. ¶～公司 / 運送会社.
【货栈】huòzhàn [名]〔[量]个 ge, 家 jiā, 座 zuò〕倉庫や商品置場.
【货真价实】huò zhēn jià shí [成][貶]品物は確かで値段も合理的. ¶我们店里的东西, 可全都是～的 / 私どもの店の品はどれもみな品は確かで, 値段も良心的です. [表現]もともと商売用語だが,「一点のうそもない」という意で使われる.
【货主】huòzhǔ [名]貨物の持ち主. 荷主.

获(獲、穫❷) huò 艹部 7 [四] 4428₄ 全10画 [常用]

[動]❶捕らえる. 得る. 手に入れる. できる. ¶俘～ fúhuò (敵の捕虜や手に入れた戦利品) / 不～全胜, 决不收兵(すべて勝つまでは, 決して兵を退かず) / 不～面辞 cí (会えずに辞する). ❷作物を刈り入れる. ¶收～ shōuhuò (実った農作物を刈り取る. 田畑でとれたもの. 実り. ものごとの成果).

*【获得】huòdé [動](成果・評価・勝利などを)得る. ¶～大家的尊敬 / みんなの尊敬を勝ちとる. ¶～博士 bóshì 学位 / 博士号をとる. [同]取得 qǔdé
【获得性】huòdéxìng [名]《生物》後天性. 獲得形質. ¶～免疫 / 後天性免疫.
【获奖】huò//jiǎng [動]受賞する. ¶～作品 / 受賞作.
【获救】huòjiù [動](救済や救護などを受けて)助かる. ¶遭遇事故者全部～了 / 事故に遭った者は全員助かった.
【获利】huòlì [動]利益を手にする. ¶虽然～不多, 但他仍然干得很愉快 / 得られる利益は多くはないが, それでも彼は仕事を楽しんでいる.
【获取】huòqǔ [動]手に入れる. 獲得する. ¶～情报 / 情報を得る. ¶～人们的信任 xìnrèn / 人々の信任を得る.
【获胜】huòshèng [動]勝利を手にする. ¶这次比赛, 我们队～了 / 今回の試合は, 我々のチームが勝利を手にした.
【获释】huòshì [動]釈放される.
【获悉】huòxī [動][文](消息や情報を)知る. ¶～喜讯 xǐxùn, 非常高兴 / よい知らせをうかがい, たいへんうれしく存じます. ¶从来函 láihán 中～, 她已考取大学了 / 来信によれば, 彼女はもう大学に合格したとのことだ.
【获益匪浅】huò yì fěi qiǎn [句]得るところが多い. とても勉強になる.
【获知】huòzhī [動]"获悉 huòxī"に同じ. [同]得悉 déxī, 得知 dézhī [表現]手紙などで使われることば.
【获致】huòzhì [動](努力や行動の結果として)もたらされる.
【获准】huòzhǔn [動]許可を得る. ¶你的申请 shēnqǐng 已被～ / あなたの申請はすでに許可されました.

祸(禍) huò 礻部 7 [四] 3622₇ 全11画 [常用]

❶[名]〔[量]场 cháng〕災い. 災難. ¶大～临头(大きな災いがふりかかる) / 闯～ chuǎnghuò (間違いをしでかす) / 是～是福, 现在还不知道(災いなのか福なのか, 今はまだわからない). [反]福 fú ❷[素]やりそこなう. 災いをもたらす. ¶～国殃 yāng 民.

【祸不单行】huò bù dān xíng [成]災いは次々にやってくる.
【祸从口出】huò cóng kǒu chū [諺]災いは口から出る.

口は災いのもと．表現 後に"患[病]从口入"（病は口から入る．食べ物に気をつけないと病気になる）と続く．

【祸从天降】huò cóng tiān jiàng 成 災いは突然やってくる．

【祸端】huòduān 名 ⊗ 災いを起こす原因．祸根(gēn)．

【祸根】huògēn 名〔圈 个 ge, 条 tiáo〕災いを起こすもと．¶留下了～/祸根(gēn)を残した．

【祸国殃民】huò guó yāng mín 成 国と民に害をもたらす．

【祸害】huòhai ❶ 名〔圈 个 ge〕災害．被害や損失．¶铲除 chǎnchú～/害を取り除く．(同)祸患 huòhuàn ❷ 动 害を及ぼす．¶～百姓/人々を痛めつける．

【祸患】huòhuàn 名 災難．災い．(同)祸害 huòhai

【祸及】huòjí 动 災いが及ぶ．¶～全家/一家に災いが及ぶ．

【祸乱】huòluàn 名 災害と戦乱．¶～不断/災害と戦乱の絶え間がない．

【祸起萧墙】huò qǐ xiāo qiáng 成 内部でトラブルが起きる．参考 "萧墙"は, 古代の屋敷の奥の部屋に作られた低い塀．

【祸事】huòshì 名 大きな災いをもたらす出来事．

【祸首】huòshǒu 名 災難を引き起こした中心人物．¶罪魁 zuì kuí～/成 悪事の元凶．

【祸水】huòshuǐ 名 災いを引き起こす人や物．表現 旧時は, 多く女性を指した．

【祸祟】huòsuì 名 たたり．天罰．

【祸心】huòxīn 名 悪い考え．¶包藏 bāocáng～/悪心を抱く．

【祸殃】huòyāng 名 災禍．

惑 huò

心部8 四 5333₀
全12画 常用

素 ❶ 惑う．迷う．¶大～不解(成)疑問が残って理解できない．❷ 人を惑わす．¶～乱．

【惑乱】huòluàn 动 惑わす．¶～人心/人心を惑わす．

【惑众】huò//zhòng 动 多くの人を惑わす．¶造谣 zàoyáo～/(成)デマを流して大衆を惑わす．

霍 huò

雨部8 四 1021₅
全16画 次常用

❶ 素 すばやく．さっと．¶～然病愈 yù（たちまち病がいえた）/～huòhuò．❷ (Huò)姓．

【霍地】huòdì 副 いきなり…する．¶小李一站起来走了出去/李君はいきなり立ち上がると出ていった．

【霍尔木兹海峡】Huò'ěrmùzī hǎixiá《地名》ホルムズ海峡．

【霍霍】huòhuò ❶ 擬 刀を研ぐような音．シュッ, シュッ．¶磨刀～/シュッシュッと刀を研ぐ（戦争の準備をする）．❷ 形 すばやい．¶电光～/電光石火．

【霍乱】huòluàn 名 ❶《医学》コレラ．❷《中医》激しい嘔吐(tù)や腹痛をともなう胃腸の病気．

【霍去病】Huò Qùbìng《人名》霍去病(きょへい: 前140-前117). 匈奴(きょうど)の討伐で活躍した前漢の名将軍．

【霍然】huòrán ❶ 副 ふいに…する．¶手电筒～一亮/懐中電灯の明かりがさっとさした．❷ 形 ⊗ 病気がすみやかに治る．¶病体～/病気がけろりと治る．

豁 huò

谷部10 四 3866₈
全17画 次常用

❶ 素〔気持ちが〕通じる．ひらける．¶～达 huòdá/～然开朗．❷ 素 免除する．¶～免 huòmiǎn 钱粮（租金を免除する）．❸ (Huò)姓．
☞ 豁 huō

【豁达】huòdá 形 性格がのびのびしている．¶为人很～/人柄がとてもゆったりしている．

【豁达大度】huòdá dàdù 大らかで包容力がある．

【豁朗】huòlǎng 形〔心が〕はればれして明るい．¶心里觉得特别～/心がとくにはればれしている．

【豁亮】huòliàng 形 ❶〔部屋などが〕広々として明るい．❷〔声が〕よく通る．¶他的嗓子多么～/彼の声はとってもよく通る．

【豁免】huòmiǎn 动〔税金や労役などを〕免除する．¶～关税/関税を免除する．

【豁然】huòrán 副 目の前がぱっと開け, 通じるよう．¶～贯通/(成)目の前がぱっと開け, 通じること．

【豁然开朗】huò rán kāi lǎng 成 目の前がぱっと明るく開ける．¶他的一番话使我～/彼の話を聞いて, 私ははっとすべてを悟った．

镬（鑊）huò

钅部13 四 8474₇
全18画 通用

名 ❶〔方〕（～子）なべ．¶～盖 huògài（なべのふた）．❷ 古代の大きななべ．かま．¶～鼎 dǐnghuò（脚のない大なべ．古代でははくかまゆでの刑に使われた）．

藿 huò

艹部16 四 4421₅
全19画 通用

名 豆類の葉．

【藿香】huòxiāng 名《植物・薬》カワミドリ．

嚯 huò

口部16 四 6101₅
全19画

❶ 感 ほう．感心や驚きをあらわす．❷ 擬 さっと．すばやいことをあらわす．(同)霍 huò

蠖 huò

虫部13 四 5414₇
全19画 通用

名 ❶《虫》シャクトリムシ．¶～屈 qū不伸（人が志を得ないこと．シャクトリムシが身を屈し, 伸びないことから）．(同)尺蠖 chǐhuò ❷ (Huò)姓．

J

【9・11事件】Jiǔ-Yāoyāo shìjiàn 名 9・11テロ事件. 参考 2001年9月11日にニューヨークで発生した同時多発テロ事件.

jī ㄐㄧ〔tçi〕

几(幾) jī 几部0 四 7721₀ 全2画 常用
❶ 索（～儿）小さくて低いテーブル．¶茶～儿 chájīr（茶道具を置く小さなテーブル）．❷ 副 ある状態に非常に近いこと．ほとんど．¶与会 yùhuì 者～千人（会議の出席者はほぼ千人であった）．❸(Jī)姓．
☞ 几 jǐ

【几案】jī'àn 名 (置き物を飾るための細長い)机．①で行う手紙や文書の仕事．

*【几乎】jīhū 副 ❶…に近い．ほぼ…だ．¶该说的，~都说了／言うべきことは，ほぼ全て言った．❷ もう少しで…ところだった．¶~被他骗了／危うく彼に騙(ﾀﾞﾏ)されるところだった．回 几乎，差点儿 chàdiǎnr 用法 ②は,1)そうなって欲しくないことが幸いにして起こらなかった場合は，肯定形を用いても否定形を用いても意味は同じ．¶他脚下一滑，~摔倒 shuāidǎo（=没摔倒）／彼は足を滑らせて，危うく転ぶところだった．2)そうなって欲しいことが幸い実現した場合は，否定形のみを用いる．¶我九点才去餐厅，~没吃上饭／私は9時半にレストランに行ったので，時間が遅くて危うく食事にありつけないところだった．3)そうなって欲しいことが結局は実現しなくて残念だということをあらわす場合は，肯定形のみを用いる．"就"で呼応させる．¶我只错一道题扣了一分，~就是满分了／私は一問間違えただけで1点引かれた．もう少しで満点だったのに．

【几近】jījìn 副 今にも…しようとしている．…に瀕している．¶~崩溃 bēngkuì／崩壊寸前だ．

【几率】jīlǜ 名 確率．回 概 gài 率

【几内亚】Jīnèiyà《国名》ギニア．

【几内亚比绍】Jīnèiyàbǐshào《国名》ギニアビサウ(アフリカ)．

【几内亚湾】Jīnèiyàwān《地名》ギニア湾．

【几维鸟】jīwéiniǎo 名《鳥》キーウィ．

讥(譏) jī 讠部2 四 3771₀ 全4画 次常用
索 ばかにする．そしる．あてこする．¶~笑 jīxiào／~讽 jīfěng／冷～热嘲 cháo（嘲笑や悪口雑言を浴びせかける）．

【讥嘲】jīcháo 動 皮肉りあざける．回 讥讽 fěng

【讥刺】jīcì 動 皮肉る．¶不可～别人／人を皮肉ってはいけない．回 讥讽 fěng

【讥讽】jīfěng 動 皮肉る．いやみを言う．¶尖刻地／するどく皮肉る．¶他的话里隐含 yǐnhán 着巧妙的～／彼のことばには巧みな皮肉が込められていた．回 讥刺 jīcì，讥刺 fěngcì

【讥诮】jīqiào 動 文 痛烈に皮肉る．¶不要～对方／相手をひどく皮肉ってはいけない．

【讥笑】jīxiào 動 ばかにする．嘲笑する．¶不该那样～人／あんなふうに人をあざ笑うべきではない．回 嘲笑 cháoxiào，讪笑 shànxiào

击(擊) jī 凵部3 四 5077₂ 全5画 常用
索 ❶ 打つ．たたく．¶~鼓 jīgǔ(太鼓をたたく)／～掌 jīzhǎng／拳～ quánjī(ボクシング)．回 打 dǎ ❷ 攻撃する．¶袭～ xíjī(襲撃する)／声东～西(成) 口で東を撃つように言って，西を撃つ．奇計で虚をつく）／迎头痛～(成) 出鼻をくじく）．❸ ぶつかる．¶撞～ zhuàngjī(激しくぶつかる)／目～ mùjī(目撃する)／冲～ chōngjī(水が物に激しくぶつかる)／肩摩 mó 毂 gǔ～（肩が触れあい，車輪がぶつかりあう．ひどい混雑のたとえ）．

筆順 一 二 キ 击 击

【击败】jībài 動 (敵を)倒す．破る．¶以三比零～对手／3対1で相手を打ち負かした．回 打败 dǎbài

【击毙】jībì 動 銃で撃ち殺す．¶被当场～／その場で撃ち殺された．

【击沉】jīchén 動 撃沈する．¶～敌舰 díjiàn 三艘 sōu／敵艦3隻を撃沈した．

【击穿】jīchuān 名《電気》絶縁破壊．ブレークダウン．

【击发】jīfā ❶ 動 引き金を引く．❷ 名《軍事》(銃の)撃発．

【击毁】jīhuǐ 動 打ち壊す．¶军事设施被～了／軍事施設が破壊された．

【击剑】jījiàn 名《スポーツ》フェンシング(をする)．

【击节】jījié 動 拍子をとる．詩や歌などをほめる．¶～叹赏 tànshǎng／手を打ってほめたたえる．

【击溃】jīkuì 動 敵軍を潰滅(ｶｲﾒﾂ)させる．¶～敌军／敵を敗走させる．

【击落】jīluò 動 飛行機を撃ち落とす．¶～敌机五架／敵機5機を撃墜した．

【击破】jīpò 動 打ち破る．倒す．¶各个～／各個撃破する．

【击球】jīqiú《スポーツ》球技で球を打つこと．野球のバッティング，ゴルフやテニスのストローク，バレーボールのスパイクなど．¶～员／打者．

【击伤】jīshāng 動 敵軍に損害を与える．¶～敌兵二十人／敵兵20人を負傷させた．

【击赏】jīshǎng 動 詩文や音楽などを賞賛する．¶演出受到了专家们的～／舞台は専門家に絶賛された．

【击水】jīshuǐ ❶ 動 水面をたたく．¶用桨 jiǎng 轻轻～櫂(ｵｰﾙ)で水面を軽く打つ．❷ 動 泳ぐ．❸ 名 水泳．

【击退】jītuì 動 敵を追い払う．撃退する．¶～敌人的进攻／敵の侵攻を撃退した．

【击柝】jītuò 動 夜回りが拍子木をたたく．

【击掌】jīzhǎng 動 ❶ 拍手する．手を打つ．❷ (祈りのために)かしわ手を打つ．

【击中】jīzhòng 動 命中する．¶～目标／目標に当たる．¶你的话正～他的痛処／君の話はまさに彼の痛いところを突いている．

【击中要害】jīzhòng yàohài 句 急所を突く．

叽饥玑圾芨机 jī 495

叽(嘰) jī
口部 2 　四 6701。
全 5 画　次常用

㧑 小鳥がさえずる声. ¶小鸟～～叫(小鳥がチュッチュッとさえずる) / 他们俩一～咕咕 gūgū 地说什么?（あの人たちは、ひそひそと何を話しているのか.

【叽咕】jīgu 動 小声で話す. ひそひそ話す. ¶小张在王主任的耳边～了几句, 走出了办公室 / 張さんは、王主任の耳元で二言三言小声で何か言うと、オフィスを出ていった. ㊀ 唧咕 jīgu

【叽叽嘎嘎】jījigāgā しゃべったり、笑ったりする声. ペちゃくちゃ. わいわいがやがや. ¶屋里传出一阵～的谈笑声 / 部屋の中からひとしきり、わいわいがやがや談笑する声が聞こえてきた.

【叽叽喳喳】jījizhāzhā さわがしい声や音. ¶大家就～评论起来了 / みんなはがやがや議論しはじめた.

【叽里咕噜】jīligūlū 擬 ❶ 聞きとりにくい話し声. ひそひそ. むにゃむにゃ. ¶嘴里～, 像和尚 héshang 念经似的 shìde / ぶつぶつぶつ言って、まるでお坊さんがお経を唱えているようだ. ❷ 物が転がる音. ころころ. ごろごろ. ¶石头一往下滚 / 石は下の方へごろごろと転がった.

【叽里呱啦】jīligūālā 擬 大声でしゃべる声. ぺらぺら. ぺらぺら. ぺちゃくちゃ. ¶姑娘们～在议论什么 / 娘たちはぺちゃくちゃと何かを言い合っている.

饥(饑❷❸) jī
饣部 2 　四 2771。
全 5 画　常用

❶ 素 飢える. ¶～饿 jī'è / 不择 zé 食. ㊀ 饿 è ㊁ 饱 bǎo ❷ 素 飢饉(きん). ¶大～之年(飢饉の年). ❸ (Jī)姓.

【饥不择食】jī bù zé shí 成 飢えては食を択(えら)ばず.
[表現] 慌不择路 huāng bù zé lù（慌てては路を択ばず）と共に使われることが多い.

【饥肠】jīcháng 名 空腹. 飢え.

【饥肠辘辘】jīcháng lùlù 句 腹がぺこぺこだ. [参考]「辘辘」は、腹が「ぐうぐう」鳴る音.

【饥饿】jī'è 文 ❶ 形 飢餓. 空腹. ¶很多人还在～中挣扎 zhēngzhá / 多くの人々が依然として飢餓にあえいでいる. ❷ 形 飢えている. ひもじい. ¶富裕 fùyù 不忘～ / 豊かな時も飢えた時を忘れない.

【饥馑】jǐjǐn 文 飢餓状態.

【饥寒】jīhán 形 飢えて寒い. 反 饱暖 bǎonuǎn, 温饱 wēnbǎo

【饥寒交迫】jī hán jiāo pò 成 飢えと寒さにさいなまれる. ¶有钱人灯红酒绿, 无钱人～ / 金持ちはぜいたくを楽しみ、貧乏人は飢えと寒さに苦しむ. ㊀ 饥寒交切 qiè

【饥荒】jīhuang 名 ❶ 〔场 cháng〕 飢饉(きん). 凶作. ¶遇到～的年月, 树皮草根都会被吃光 / 飢饉の年には、木の皮も草の根もみな食べられてしまう. ¶饥馑 jǐjǐn ❷ ㊁ 火の車. 財政難. ¶家里闹～ / 家計が窮乏する. ❸ ㊁ 借財. ¶拉 lā～ / 借金をする.

【饥馑】jǐjǐn 飢饉. 凶作.

【饥渴】jīkě ❶ 飢えてのどがかわく. ❷ とても期待しているよう.

【饥民】jīmín 名 飢えに苦しむ人々. ¶赈济 zhènjì～ / 飢餓民を救済する.

【饥色】jīsè 名 栄養不良の顔色. ¶满脸～ / ひもじさで顔色がとても悪い.

玑(璣) jī
王部 2 　四 1711。
全 6 画　通用

素 ❶ 丸くない珠. ¶珠～ zhūjī (宝石). ❷ 古代の天文観測器. ㊀ 璇玑 xuánjī

圾 jī
土部 3 　四 4714₇
全 6 画　常用

→垃圾 lājī

芨 jī
艹部 3 　四 4424₇
全 6 画　通用

→芨芨草 jījīcǎo, 白及 báijí

【芨芨草】jījīcǎo 名《植物》ハネガヤ. ㊀ 枳机 zhǐjī 草

机(機) jī
木部 2 　四 4791。
全 6 画　常用

❶ 素 機械. 機器. ¶计算～ jìsuànjī (計算機) / 收音～ shōuyīnjī (ラジオ) / 飞行～ fēixíngjī / 客～ kèjī (旅客機) / 运输～ yùnshūjī (輸送機). ❷ 素 コンピュータ. ¶微～ wēijī (マイコン) / ～柜 jīguì (パソコン棚). ❸ 素 物事の起こる重要なきっかけ. ポイント. ¶事～ shìjī (物事を行う時機) / 转～ zhuǎnjī (転機). ❹ 素 重要な機密事項. ¶军～ jūnjī (軍事機密) / ～密 jīmì. ❺ 素 チャンス. 機会. ¶～会 jīhuì / 乘～ chéngjī (機に乗じる) / 随～应变 suíjīyìngbiàn ㊀ 临机应变) / 不可失 jī bù kě shī. ❻ 素 生物体の働き. ¶有～体 yǒujītǐ (有機体) / 无～化学 (無機化学). ❼ 素 考え. ¶～心 xīnjī (考え) / 动～ dòngjī (動機) / 动杀～ (殺意を起こす). ❽ 形 対応が機敏だ. ¶～智 jīzhì / ～警 jīǐng. ❿ (Jī)姓.

【机变】jībiàn 動 臨機応変に対応する. ¶善于～ / 臨機応変に対応するのがうまい.

【机播】jībō 名《農業》機械による種まき.

【机不可失】jī bù kě shī 成 チャンスを逃してはならない.

【机舱】jīcāng 名 〔个 ge, 间 jiān〕 ❶ 汽船の機関室. ❷ 飛行機の客室および貨物室. キャビン. ¶头等～ / 一等客室.

*【机场】jīchǎng 〔个 ge, 座 zuò〕 空港. 飛行場.

【机车】jīchē 名 〔辆 liàng, 台 tái〕 機関車. ¶内燃 nèirán～ / ディーゼル機関車. ¶蒸汽 zhēngqì～ / 蒸気機関車. [表現] 口語では "火车头 huǒchētóu" と言う. 台湾では小型オートバイを指す.

【机船】jīchuán 名 モーター船. 発動機船.

*【机床】jīchuáng 名《機械》〔台 tái〕 工作機械. 旋盤. ¶木工～ / 木工用機械. ¶金属 jīnshǔ 切削 qiēxiāo～ / 金属切削機. 旋盤.

【机电】jīdiàn 名 機械と電力設備の総称.

【机顶盒】jīdǐnghé 名《通信》デジタル画像信号受信装置. セット・トップ・ボックス. [由来] テレビの上に置いておくことが多いことから.

【机动】jīdòng 形 ❶ 動力駆動の. モーターの. ¶～自行车 / モペッド (ペダル付きオートバイ). ¶～船 / 発動機船. ❷ 臨機応変に. 融通がきく. ¶处理问题要～灵活一些 / 問題を解決するには臨機応変でないといけない. ¶工作时间～ / 働く時間の融通がよくきく. ❸ 急用に備えた. 予備の. ¶～费 / 予備費. ¶这些钱是～的 / この金は予備の分だ.

【机动车】jīdòngchē 名 機械で動く車.

【机动性】jīdòngxìng 名 融通性. 機動性.

【机断】jīduàn 動 機を逃して果敢に決断する.

【机帆船】jīfānchuán 名 発動機を備えた帆船. 機帆船.

【机房】jīfáng 名 〔个 ge, 间 jiān〕 ❶ (コンピュータや電話交換機などの) 機械を置いた部屋. ❷ (船の) 機関室.

【机锋】jīfēng 名《宗教》禅問答で相手を啓発するために発する語. ¶斗 dòu～ / 禅問答をする.

【机耕】jīgēng [動] 機械で耕す.¶～地/トラクターで耕した土地.
【机工】jīgōng [名] 機械工.
【机构】jīgòu ❶ 機関や団体.¶外交～/外交機関.❷ 政治‐台/政治機構.❷ ①の内部組織.¶調整～/内部組織を整える.¶改革/機構改革.❸ 機械のしくみや構造.¶传动 chuándòng～/伝動装置.¶液压 yèyā～/液圧装置.
*【机关】jīguān ❶ [名](特に事務処理をつかさどる)部門や組織.役所.官庁.¶行政 xíngzhèng～/行政部門.¶～工作/役所の仕事.¶文化～/文化部門.❷ [名]機械(のポイントとなる)しくみ.しばしばギアを指す.¶起动～/起動装置.スターティングギア.¶～失灵/起動装置が故障している.❸ [名]巧妙で周到な策略.¶他识破了对方的～/彼は相手の行わった策略を見破った.¶～用尽/術策を使い尽くす.❹ [形]機械じかけの.¶～布景/機械じかけの舞台装置.
【机关报】jīguānbào [名](国家や政党・団体の)機関紙.機関刊行物.
【机关刊物】jīguān kānwù [名](国家や政党・団体の)機関刊行物.
【机关枪】jīguānqiāng [名]機関銃.マシンガン.
【机灌】jīguàn [動]機械で水を吸い上げ灌漑(がい)する.
*【机会】jīhuì (ちょうどよい)頃合い.チャンス.機会.¶错过一～/チャンスを逃す.¶这种～很不容易得到/このようなチャンスはなかなか得られない.¶我愿借此～向你们表示衷心 zhōngxīn 的感谢/この機会を借り,皆さんに心から謝意を表したいと思います.便宜主義.同 机遇 jīyù,时机 shíjī
【机会主义】jīhuì zhǔyì [名]日和見(みより)主義.便宜主義.
【机件】jījiàn [名]部品.パーツ.
【机降】jījiàng [動]パラシュート降下する.¶～部队/パラシュート部隊.
【机井】jījǐng [名][口 kǒu,眼 yǎn]ポンプ式井戸.
【机警】jījǐng [形]するどく注意深い.鋭敏だ.¶这个年轻人很～/この若者は機敏だ.¶他监视 jiānshì 敌人的动静 dòngjing/注意深く敵の動静を見張る.同 机敏 jīmǐn
【机具】jījù [名]機械と道具の総称.機具.¶农～/農機具.
【机库】jīkù [名]格納庫.
【机理】jīlǐ [名]メカニズム.システム.同 机制 zhì
【机灵[伶]】jīling ❶ [形]機敏だ.利口だ.¶他办事挺 tǐng～的/彼はする事にそつがない.同 伶俐 línglì ⇔ 迟钝 chídùn ❷ [動]驚いて身震いする.¶吓得一～就醒了/びっくりして身震いし目が覚めた.同 激灵 jīling
【机灵鬼】jīlingguǐ [名](～儿)利口な人.¶这个～,竟猜透了我的心事/油断のならない奴だな,心中を見透かされてしまった.
【机米】jīmǐ [名] ❶ 機械で脱殻したうるち米.❷ うるち米の品種の一つ.同 籼米 xiānmǐ [参考]"大米"(うるち米)には"籼米"と"粳米 jīngmǐ"の区別がある.最近は"籼米"を"机米","粳米"を"好大米"と呼んでいる.
【机密】jīmì ❶ [形]機密の.¶～文件/機密書類.❷ [名][个 ge,件 jiàn]機密だ.¶国家～/国家機密.¶透露 tòulù～/秘密を漏らす.同 秘密 mìmì
【机敏】jīmǐn [形]するどく機転を働かせている.機敏だ.¶～过人/ひときわ機敏だ.¶她总是沉着 chénzhuó～/彼女はいつも冷静で機敏だ.

【机谋】jīmóu [名][文]略.計略.
【机能】jīnéng [名][个 ge,种 zhǒng]細胞や器官の働き.生体機能.¶人体～/人体機能.
【机票】jīpiào [名][张 zhāng]飛行機のチケット.同 飞机 fēijī 票
*【机器】jīqì[-qi] [名] ❶ [部 bù,台 tái]機械.器具.装置.¶～保养/機械のメンテナンス.❷ 政権の機構.¶国家～/国家機構.❸ 頭脳.¶开动～,独立思考/頭を使って自分で考える.
【机器翻译】jīqì fānyì [動]機械翻訳する.自動翻訳する.
【机器人】jīqìrén [名]ロボット.
【机枪】jīqiāng [名][架 jià,挺 tǐng]"机关枪 jīguānqiāng"(機関銃.マシンガン)の略称.
【机巧】jīqiǎo [形]機敏で巧みだ.¶他的回答很～/彼の受け答えは,とても上手だった.
【机群】jīqún [名]飛行機の編隊.
【机身】jīshēn [名]飛行機の機体.
【机师】jīshī [名] ❶ 機体技師.エンジニア.❷ [方]パイロット.
【机体】jītǐ [名]"有机体 yǒujītǐ"に同じ.
【机头】jītóu [名]機首.
*【机务】jīwù [名]機器の操作・保修の仕事.¶～段/機関区.¶～员/整備員.
*【机械】jīxiè [名] ❶ 機械.装置.¶农业～/農業機械.❷ (考え方や方法が)融通がきかない.¶他办事太～/彼のやり方は機械的で,あまりに融通性がない.¶别人的经验不能一地照搬/人の経験を機械的に当てはめることはできない.
【机械化】jīxièhuà [動]機械化する.
【机械化部队】jīxièhuà bùduì [名][軍事]機械化部隊.
【机械能】jīxiènéng [名][物理]機械運動のエネルギー.
【机械手】jīxièshǒu [名][機械]マジックハンド.マニピュレーター.遠隔操作機械.
【机械唯物主义】jīxiè wéiwù zhǔyì [名]機械的唯物論.同 机械论 lùn
【机械运动】jīxiè yùndòng [名][物理]運動.
【机心】jīxīn [名][文]ずるい下心.
【机型】jīxíng [名](機器の)モデル.¶先进～/最新モデル.
【机修】jīxiū [動]機器を補修する.¶～工/修理工.
【机要】jīyào ❶ [形]機要上重要だ.¶～工作/最重要プロジェクト.¶～部门/最高機密部門.❷ [名]重要な仕事.機関.
【机宜】jīyí [名]時機に当たってとるべき策略.¶面授～/直接に行動の指針を授ける.
【机翼】jīyì [名]飛行機の翼.
【机油】jīyóu [名]機械油.(車の)オイル."机器油 jīqìyóu"の略.[用法]潤滑油を指すことが多い.
【机遇】jīyù [名]よい機会.幸運な境遇.¶难得 nándé 的～/得がたい機会.
【机缘】jīyuán [名]幸運.好機.¶～凑巧 còuqiǎo/折りよく.偶然の好機にめぐまれて.
【机运】jīyùn [名]チャンス.時機.運.運命.同 时 shí 机
【机长】jīzhǎng [名][个 ge,名 míng,位 wèi]機長.キャプテン.
【机织】jīzhī [動]機械で織る.⇔ 手 shǒu 织
【机制】jīzhì ❶ [形](手作りではなく)機械製の.¶～水饺/機械製の水餃子.❷ [名]機械の装置や作用.¶

光印刷机的～/レーザープリンタのメカニズム. ❸ 名 有機的な関連性をもつ事象の動作原理. ¶市场～/市場メカニズム. ¶经营～/経営システム. ¶竞争～/競争原理.

【机智】jīzhì 形 頭の回転が早い. ¶英勇～/勇敢で機知に富む. ¶～的老人/機知に富んだ老人.

【机杼】jīzhù 名 ❶ 文 機織(^{はた}お)り機. ❷ 詩文の構成. ¶文章自由～/文章にとても独創性がある.

【机子】jīzi 名 ❶ 電話機や織り機など身近にある機器. ❷ 銃の引き金.

【机组】jīzǔ 名 ❶ セットになった機械設備. ユニット. ¶发电～/発電装置. ❷〔量 个 ge〕飛行機の乗員. クルー.

乩 jī →部5 四 2261₀ 全6画 通用

→扶乩 fújī

肌 jī 月部2 四 7721₀ 全6画 常用

名 ❶ 筋肉. ¶心～ xīnjī(心筋)/～肤 jīfū/平滑~ pínghuájī(平滑筋). ❷ 皮膚. ¶～如白雪(肌は白雪のようだ).

【肌肤】jīfū 名 筋肉と皮膚.
【肌腱】jījiàn 名《生理》腱(^{けん}). 同 腱
【肌理】jīlǐ 名 文 肌のきめ. ¶～细腻 xìnì/肌のきめが細かい.
【肌肉】jīròu 名 文 筋肉と皮膚.
【肌体】jītǐ 名 ❶ 体. ¶～健壮 jiànzhuàng/身体壮健. ❷ 機構. 組織. ¶党的～/党の組織.
【肌纤维】jīxiānwéi 名《生理》筋繊維.

矶(磯) jī 石部2 四 1761₀ 全7画 通用

❶ 名 水辺に突き出した岩. ¶钓～ diàojī(釣りをする磯). ❷ 素 地名用字. ¶燕子～ Yànzijī(江蘇省にある地名)/采石～ Cǎishíjī(安徽省にある地名).

鸡(鷄/異雞) jī 又部5 四 7742₇ 全7画 常用

名 ❶《鳥》〔量 只 zhī〕ニワトリ. ¶公～ gōngjī(オンドリ)/母～ mǔjī(メンドリ)/～蛋 jīdàn. ❷ (Jī)姓.

【鸡巴】jība 名 口 陰茎. ¶养不活儿女,做什么～人!/子供を養えないようで,それでも男か! 用法 人をののしる語としても用いる.

【鸡雏】jīchú 名《鳥》ニワトリのひな.
*【鸡蛋】jīdàn 名〔量 个 ge,枚 méi,只 zhī〕ニワトリの卵. ¶剥 bō～壳儿 kér/卵の殻をむく. ¶打～/卵を割る. 卵をほぐす. ¶～碰不过石头/弱い者は強い者にはかなわない.

【鸡蛋里挑[找]骨头】jīdàn lǐ tiāo [zhǎo] gǔtou [gútou] 慣 あら捜しをする.

【鸡飞蛋打】jī fēi dàn dǎ 成 ニワトリは逃げ,卵は割れる. 何もかもがだめになること. 同 鸡也 yě 飞 fēi le 蛋也了

【鸡公】jīgōng 名 方 オンドリ.
【鸡公车】jīgōngchē 名 方 手押しの一輪車.
【鸡冠】jīguān 名 鶏冠(^{とさか}). 同 鸡冠子 jīguānzi
【鸡冠花】jīguānhuā 名 ❶《植物》ケイトウ. ❷《薬》鶏冠花(^{けいとうか}).
【鸡冠石】jīguānshí 名《鉱物》鶏冠石(^{けいかんせき}). 同 雄黄 xiónghuáng
【鸡冠子】jīguānzi 名 ❶ 鶏冠(^{とさか}). 鸡冠 ❷《植物》ケイトウの種子.

【鸡奸】jījiān 名 ホモセクシャル. 男色. 同 娈奸 jījiān
【鸡精】jījīng 名 鶏肉を粉末状に加工したものを主材料とする調味料. 同 鸡粉 fēn
【鸡口牛后】jī kǒu niú hòu 成 鶏口となるも牛後となるなかれ. 同 鸡尸 shī 牛 从 cóng,宁 为 nìng wéi 鸡口,无为 wú wéi 牛后 由来『戦国策』韓策一に見えることば.

鸡冠花①

【鸡肋】jīlèi 名 文 ニワトリの肋骨. わざわざ手に入れるほどの値打ちはないが,捨てるには惜しいもののたとえ. 由来『三国志』武帝紀に見えることば. 曹操が漢中にいた劉備を攻めた時,漢中の地を指して「鶏肋」と言ったことから.

【鸡零狗碎】jī líng gǒu suì 成 こまごましたものが,雑然と散らかっている. ¶家什 jiāshi 被打得～/家財道具は粉々に壊されてがらくたになってしまった.

【鸡毛】jīmáo 名 ニワトリの羽毛. ¶～飞上天/小人が大事業をなしとげること. ¶～当令箭 lìngjiàn/上の人のなんでもないことばを,さも重大な命令であるかの如くみなして大騒ぎすること.

【鸡毛掸子】jīmáo dǎnzi 名 ニワトリの羽毛で作ったはたき. 同 鸡毛帚 zhǒu

【鸡毛蒜皮】jī máo suàn pí 成 ニワトリの羽毛やニンニクの皮のようにとるに足らないもの. ¶～的事就不要管了/些細なことには構わないでください. 同 鸡毛狗眼 gǒu yǎn

【鸡毛信】jīmáoxìn 名〔量 封 fēng〕火急を要する書簡や公文書. 由来 かつて,文書にニワトリの羽を差すことで緊急をあらわしたことから.

【鸡毛帚】jīmáozhǒu 名 "鸡毛掸子 jīmáo dǎnzi" に同じ.

【鸡鸣狗盗】jī míng gǒu dào 成 取るに足らない技能. 鸡鸣狗盗(^{けいめいこうとう}). ¶他们不过是一些～之徒 tú/彼らはどうせ大したことはできない人間です. 由来『史記』孟嘗君列伝に見えることば. もと「一芸の士」という意味であったが,のちにマイナスの意味に使われるようになった.

【鸡内金】jīnèijīn 名《中医》ニワトリの胃壁の内膜. 参考 俗称は "鸡肫皮 jīzhūnpí". 消化不良や嘔吐の治療に用いる.

【鸡皮疙瘩】jīpí gēda 名 鳥肌. ¶听了这些肉麻的奉承 fèngcheng 话,都快要起～了/こんなやらしいお世辞を聞くと,鳥肌が立ちそうだ. 同 鸡疙瘩

【鸡婆】jīpó 名 方 メンドリ.
【鸡犬不惊】jī quǎn bù jīng 成 軍隊の規律がよく保たれている. また,ニワトリやイヌさえ驚かないほど平穏無事の.

【鸡犬不留】jī quǎn bù liú 成 ニワトリやイヌさえ残さず殺戮に見えることば. ¶全村被杀得～/村中から,イヌ一匹,ニワトリ一羽も残らないほど徹底的に皆殺しにされた.

【鸡犬不宁】jī quǎn bù níng 成 ニワトリやイヌさえ不安にかられる. 治安が著しく乱れている. ¶家里闹得～/家中大騒ぎになり,気が休まらない. 同 鸡狗 gǒu 不宁,鸡犬不安 ān

【鸡犬升天】jī quǎn shēng tiān 成 貶 一人が権力を握ると,関係者もうまい汁を吸う. 由来 漢の淮南王劉安が仙人になった時,残りの仙薬を食べた犬や鶏も昇天したという,漢・王充の『論衡』道虚篇の文から.

【鸡犬相闻】jī quǎn xiāng wén 成 のんびりした村里が近くにあること. ¶～的理想乡 / のどかなニワトリやイヌの鳴き声が聞こえる理想郷. 由来『老子』に見えることば.

【鸡肉】jīròu 名 鶏肉.

【鸡尸牛从】jī shī niú cóng 成 "鸡口牛后 jī kǒu niú hòu"に同じ.

【鸡虱】jīshī 名《虫》ニワトリハジラミ. ニワトリの羽毛に寄生するシラミ.

【鸡头】jītóu 名 ❶ ニワトリの頭. ❷《植物》オニバス. ミズブキ. ¶～肉 / 女性の乳房を指す(形がオニバスの実に似ていることから). 同 芡 qiàn

【鸡头米】jītóumǐ 名《植物》"芡实 qiànshí"(オニバスの実)の俗称.

【鸡尾酒】jīwěijiǔ 名〔量 杯 bēi〕カクテル. ♦cocktail

【鸡尾酒会】jīwěijiǔhuì 名 カクテルパーティー.

【鸡瘟】jīwēn 名 ニワトリの急性伝染病. 特にニューカッスル病のこと.

【鸡窝】jīwō 名 鶏小屋. 鶏の巣. ¶屋子乱得像个～ / 部屋が散らかって, まるで鶏小屋だ.

【鸡心】jīxīn 名 ❶ ハート. ハート型. ¶～领 / V ネック. ❷ ハートのペンダント.

【鸡胸】jīxiōng 名《医学》鶏胸.

【鸡血石】jīxuèshí 名《鉱物》鶏血石(ケィケッ). 石に真紅の色が入っている. 高級印材として有名.

【鸡血藤】jīxuèténg 名《植物・薬》ムラサキナツフジ.

【鸡眼】jīyǎn 名《医学》ウオノメ. ¶脚上长 zhǎng 了个～ / 足にウオノメができた. 同 肉刺 ròucì

【鸡杂】jīzá 名 (～儿) 鳥のもつ.

【鸡子儿】jīzǐr 名〔量 个 ge〕鶏卵. ¶西红柿炒～ / トマト入り卵炒め.

【鸡子】jīzi 名 方〔量 只 zhī〕ニワトリ.

奇 jī

大部 5 4062₁
全 8 画 常用

素 ❶ 奇数の. ¶～数 jīshù / ～偶 jī'ǒu (奇数と偶数). 区 偶 ǒu ❷ 端数. ¶年四十有～ (年 40 あまり).
☞ 奇 qí

【奇零】jīlíng 名 又 端数. 畸零 jīlíng

【奇数】jīshù 名 奇数. 同 单数 dānshù 区 偶数 ǒushù, 双数 shuāngshù

咭 jī

口部 6 6406₁
全 9 画 通用

擬 "叽 jī"に同じ.

剞 jī

刂部 8 4260₀
全 10 画 通用

下記熟語を参照.

【剞劂】jījué ❶ 又 名 先の曲がった彫刻用の小刀. ❷ 動 版木に字を彫る.

唧 jī

口部 7 6702₀
全 10 画 次常用

❶ 動 液体を噴射する. ¶一筒 jītǒng. ❷ 擬 虫の声.

【唧咕】jīgu 動 小声で話す. ひそひそ話をする. ¶在老伴耳旁～了一阵 / つれあいの耳元でひそひそ話した. 同 叽咕 jīgu

【唧唧】jījī 擬 虫の鳴き声. ¶秋虫～地叫个不停 / 秋の虫が鳴き止まない.

【唧唧喳喳】jījizhāzhā 擬 鳥のさえずりや人の押しころした細い声. ¶喜鹊 xǐque 在树上～叫着 / カササギが木の上でチーチーと鳴いている. 同 叽叽 jījī 喳喳

【唧哝】jīnong 動 小声で話す. ¶她们俩一直从底下～什么 / 彼女たちは後で小声でずっとなにかひそひそやっていた.

【唧筒】jītǒng 名〔量 台 tái〕ポンプ. 同 泵 bèng

积 (積) jī

禾部 5 2698₀
全 10 画 常用

❶ 動 積み重ねる. ¶一木 jīmù / 累～ lěijī (累積する) / 蓄～ xùjī (蓄積する) / 堆～ duījī (堆積する) / 少成多 / 日～月累 成 (1日1日積み重ねる) / ～谷防荒 (穀物を蓄えて飢饉に備える). ❷ 素 長い年月のうちに積もり重なった. ¶～习 jíxí / ～劳 jīláo. ❸《数学》積. ❹ 乘～ chéngjī. 《中医》消化不良. ¶食～ shíjī (消化不良) / 奶～ nǎijī (乳児の消化不良).

【积案】jī'àn 名 積み重なった案件.

【积弊】jībì 名 長い間に積み重なった弊害. 積弊(セキヘィ). ¶清除～ / 年来の積弊をすっかり取り除く.

【积不相能】jī bù xiāng néng 成 日頃から仲が悪い. 参考 "能"は "仲がよい" の意.

【积储】jīchǔ 動 蓄える. 貯める. ¶～了一大笔钱 / かなりの金を貯めた. ¶每月～五十块钱 / 毎月50元貯金する. 同 积存 jīcún

【积存】jīcún 動 蓄える. 貯める. ¶库 kù 内～了大批物资 / 倉庫内には大量の物資がストックされている.

【积德】jī//dé 動 徳を積む. ¶～行善 xíngshàn / 徳を積む善を為す.

【积淀】jīdiàn 動 蓄積する. 堆積する. 表現 歴史・文化・思想などが蓄積されることによく使われる.

【积肥】jī//féi 動 堆肥を作る.

【积分】jīfēn ❶ 名《数学》積分. 区 微分 wēifēn. ❷ 動 得点を重ねる. ¶北京队二胜一平积五分 / 北京チームは2勝1引き分けで5点を重ねた. ❸ 名 累計得点. ¶中国队～最高 / 中国チームの累計点が一番高い.

【积分卡】jīfēnkǎ 名 (買い物などの) ポイントカード.

【积愤】jīfèn うっぷん. ¶发泄 fāxiè～ / うっぷんをぶちまける.

【积毁销骨】jī huǐ xiāo gǔ 成 たび重なる誹謗中傷は人を死に追いやる. 由来『史記』張儀列伝の語から.

*【积极】jījí 形 ❶ 積極的だ. 熱心だ. ¶他对工作非常～ / 彼は仕事に対してとても積極的だ. ❷ 主体的だ. 能動的だ. ¶～参加体育锻炼 / スポーツのトレーニングに主体的に参加する. ¶落后 luòhòu, 消极 xiāojí 已是正的, プラスの. ¶起着～的作用 / プラスの役割を果たしている. ¶这件事对大家有～影响 / この件はみんなにプラスの影響を与えている.

【积极分子】jījí fènzǐ 名 ❶ (政治上の) 積極分子. ❷ スポーツや文化活動に熱心な人. ¶体育～ / スポーツ愛好者.

【积极性】jījíxìng 名 積極性.

【积久】jījiǔ 動 長い時間が経過する.

【积聚】jījù 動 一ヶ所に寄せ集める. ¶～资金 / 資金を集める.

【积劳】jīláo 名 長い間の労苦.

【积劳成疾】jī láo chéng jí 成 苦労が重なって病気になる. ¶不注意休息会～的 / 休息が心がけないと, 疲れがたまって病気になってしまう. 同 积劳成瘁 cuì, 积劳致 zhì 病 bìng

*【积累】jīlěi ❶ 動 蓄積する. 積み重ねる. ¶～经验 / 経験を積む. ¶～资料 / 資料を集める. ¶知识是一点一点～起来的 / 知識は少しずつ蓄積されるものだ. 同 积蓄 jīxù, 积攒 jīzǎn ❷ 名《経済》国民所得の中で拡大再生産に用いられる部分. ¶～和消费的比率 / 蓄積と消費の比率. 区 消费 xiāofèi

【积木】jīmù [名]〔[量] 块 kuài,套 tào〕積み木. ¶ 搭 dā～ / 積み木遊びをする.
【积年】jīnián [名][文]長年. 永年. ¶～旧案 / 長年の懸案.
【积年累月】jī nián lěi yuè [成]長い月日が経つ.
【积欠】jīqiàn ❶[動]借りをためる. ¶～税款 shuìkuǎn / 税金を滞納する. ❷[名]たまった借金. ¶偿还 chánghuán～ / 積もった債務を返済する.
【积善】jī//shàn [動]善行の徳を積む.
【积少成多】jī shǎo chéng duō [成]塵も積もれば山となる. [同]积少成大 dà
【积食】jī//shí [動][方]未消化の食物が胃にたまっている. ¶这孩子积了食,当然就吃不下饭了 / この子は消化不良だから,もちろんご飯が食べられないんだ.
【积水】jīshuǐ ❶[動]水をためる. ❷[名]水たまり. 貯水. ¶～潭 tán / 積水潭(北京の地名).
【积习】jīxí [名]長年の悪い習慣やクセ. ¶～难改 / 陋習(ろうしゅう)は改め難い.
【积蓄】jīxù ❶[動]蓄える. ¶～力量 / 力を蓄える. ¶～钱财 qiáncái / 金を貯める. [同]积存 jīcún [反]消耗 xiāohào ❷[名]貯金. ¶我家月月有～ / うちは毎月いくらかの蓄えをする.
【积雪】jīxuě ❶[動]雪が積もる. ❷[名]積雪. 万年雪. ¶～有一尺厚 / 積雪は33センチだ.
【积压】jīyā ❶[動]手つかずのまま放置しておく. 滞らせる. ¶～着很多物资 / たくさんの物資が手つかずで寝かせられている. ❷[名]在庫. 滞貨. ¶～物资 / デッドストック.
【积羽沉舟】jī yǔ chén zhōu [成]積羽船を沈む. [由来]どんな小さな害物でも,量が増えると重大な被害を及ぼすという意.『戦国策』魏策から.
【积雨云】jīyǔyún [名]《気象》積乱雲.
【积郁】jīyù ❶[動](ストレスが)心の中にたまる. ❷[名]たまりたまったストレス.
【积怨】jīyuàn [名]長年にわたる恨み. 積怨. ¶～极深 / 積怨がきわめて深い. 恨み重なる.
【积云】jīyún [名]《気象》積雲.
【积攒】jīzǎn [動][口]少しずつ寄せ集める. ¶他把自己多年的钱都捐给 juāngěi 了灾区 zāiqū / 彼は自分が長年かけて貯めた金をすべて被災地区へ寄付した.
【积重难返】jī zhòng nán fǎn [成]積弊は改め難い. 状況や程度がひどくなりすぎると,簡単には向きを変えられない. [由来]もと,"极重难返 jí zhòngnán fǎn"と書いた.『国語』晋語のことば.
【积铢累寸】jī zhū lěi cùn [成]物事がなかなか完成しないこと. [同]铢积寸累 [参考]"铢"は古代の重量の単位.

笄 jī 竹部 4 [四] 8844₁ 全10画 [通用]
[名]昔,髪を束ねるために用いたかんざし. こうがい. ¶及～ jíjī (かんざしをする. 昔,女の子が年ごろになることを言った).

屐 jī 尸部 7 [四] 7724₇ 全10画 [通用]
[素]❶木のゲタ. ¶木～ mùjī (ゲタ). ❷はきもの. ¶～履 jīlǚ (はきもの) / 草～ cǎojī (ぞうり).

姬 jī 女部 7 [四] 4141₂ 全10画 [通用]
[名]❶古代,婦人に対する美称. ¶吴～ wújī (呉の国の女性). ❷昔の側女(そばめ). 妾(めかけ). ¶～妾 jīqiè (妾). ❸古代の歌舞を職業とする女性. ¶歌～ gējī (歌い女) / 舞～ wǔjī (舞姫). ❹(Jī)姓. [注意]つくりは"臣"ではなく,中が"口"になることに注意.

基 jī 土部 8 [四] 4410₄ 全11画 [常用]
❶[素]構築物の基礎. 土台. ¶房～ fángjī (家の土台) / 地～ dìjī (建物の基礎). ❷[素]最初の. 基本的な. ¶～层 jīcéng / ～数 jīshù. ❸[名]《化学》基. ¶氨～ ānjī (アミノ基) / 羟～ qiǎngjī (水酸基). ❹[素]基づく. ¶～于上述理由(上述の理由により). ❺(Jī)姓.

＊＊【基本】jīběn ❶[名]底辺を支えるもの. 基盤. 土台. ¶国家的～ / 国の基(もとい). [同]根本 gēnběn ❷[形]根本的な. 基礎的な. 主要な ¶最～的原则 / 基本的な原則. ❸[副]おおむね. ほぼ. 基本的に. ¶～合格 / ほぼ合格だ. ¶工程已经～完成 / 工事はもうあらかた終わっている. [比較]"根本 gēnběn"と"基本"副詞として使う時,"基本"は「おおむね」という意味だが,"根本"は,「すべて」という意味をあらわす. 1)问题已基本解决 / 問題はすでにおおむね解決した. 2)问题根本解决 / 問題はすっかり解決した.
【基本词汇】jīběn cíhuì [名]《言語》基本語彙.
【基本法】jīběnfǎ [名]《法律》憲法. 基本法律. [同]根 gēn 本法
【基本功】jīběngōng [名]基本技(能). 基礎訓練. ¶练好～ / 基本技をしっかり練習する.
【基本建设】jīběn jiànshè [名]❶基本建設. 総固定資産形成. ❷「重大な任務」の比喩. [表現]①は,"基建"とも言う.
【基本粒子】jīběn lìzǐ [名]《物理》"粒子"(素粒子)の旧称.
【基本矛盾】jīběn máodùn [名]基本矛盾. 事物の全過程をつらぬき規定する根本的矛盾. [同]根 gēn 本矛盾
【基本上】jīběnshàng [副]❶おおむね. 一応. ¶这部电影～是好的 / この映画は全体的によいと言える. ¶我～同意你的见解 / だいたいのところはあなたの見解と同意見です. ❷主に. ¶这项工作～由卫生部门派人完成,其他部门协助 xiézhù / この仕事はおもに衛生部門が人を派遣して完成させたのであり,その他の部門はこれに協力したのである. [表現]①は「100%ではない」というニュアンスを持つので注意.
【基层】jīcéng [名](組織や機能の)最も下部. 基層部. ¶～干部 / 現場や末端の幹部. ¶～组织 / 末端の組織・団体・機構. ¶这是一份来自～的报告 / これは現場からの報告書です.
＊＊【基础】jīchǔ [名]❶建築物を支える部分. ¶打好房屋的～ / 家の基礎をしっかり作る. ❷物事の基礎や前提. ¶～知识 / 基礎知識. ¶～不稳 wěn / 基礎がしっかりしていない. ¶先掌握好～理论 / まず基礎理論をしっかり理解する. [同]根底 gēndǐ,根基 gēnjī
【基础代谢】jīchǔ dàixiè [名]《生物》基礎代謝.
【基础教育】jīchǔ jiàoyù [名]初等教育. [参考]児童や少年に対する初等教育のほかに,識字学校などの青年や成人を対象とする教育も含む.
【基础科学】jīchǔ kēxué [名]基礎科学.
【基础课】jīchǔkè [名]大学の基礎科目. 教養科目.
【基础设施】jīchǔ shèshī [名]インフラストラクチャー.
【基地】jīdì [名]基地. 根拠地. ¶军事～ / 軍事基地. ¶原料～ / 原料供給地.
【基点】jīdiǎn [名]❶物事の基盤や中心. ¶分析问题是解决问题的～ / 問題分析は問題解決の糸口だ. ¶以教学 jiàoxué 为～ / 教育を重点とする. ❷測量の基点.

基準点.
【基调】 jīdiào 名 ❶《音楽》主旋律. ❷ 基本的な考え. ¶他讲话的～是团结／彼のスピーチの主旨は団結だ.
【基督】 Jīdū 名《宗教》救世主. ◆スペイン Cristo
【基督教】 Jīdūjiào 名《宗教》キリスト教.
【基肥】 jīféi 名《農業》基肥(もとごえ).
【基辅】 Jīfǔ 名《地名》キエフ（ウクライナ）.
【基干】 jīgàn 名 幹. 土台. 中核. ¶这个学校培养 péiyǎng 了大批科研～／この学校は、科学研究の主力となる多くの人員を養成した.
【基极】 jījí 名《電気》ベース.
【基价】 jījià 名《経済》基準価格.
【基建】 jījiàn 名 主要な建造物. インフラ. "基本建设 jīběn jiànshè"の略. ¶～工程／主要建造物の工事. ¶～投资／主要建造物への投資.
【基金】 jījīn 名 ❶ 基金. ファンド. ¶儿童教育～／児童教育基金. ❷ 投資ファンド.
【基金会】 jījīnhuì 名 基金を運用する特殊団体. 財団. 社会事業団.
【基里巴斯】 Jīlǐbāsī《国名》キリバス.
【基民】 jīmín 名 ファンドに投資する人びと.
【基尼系数】 Jīní xìshù 名《経済・数学》ジニ(Gini)係数. 社会における所得分配の不平等度を測る指標.
【基诺族】 Jīnuòzú 名《民族》ジノー(Jino)族. チベット系少数民族のひとつ. 雲南省に居住.
【基期】 jīqī 名 物価や税金などを比較する際の、対比の基礎となる期間. 基準期間.
【基色】 jīsè 名 原色. 回 原 yuán 色
【基石】 jīshí 名 ❶ 建造物の礎石. ❷ 基盤や中核となるもの. ¶他为航天科学的发展奠定 diàndìng 了～／彼は宇宙飛行科学発展のための礎石を築いた.
【基数】 jīshù 名 ❶《数学》基数. ❷ 統計や計算の基となる数. ¶以今年的产量为 wéi～,计算出明年的数字／今年の生産量を基準として来年の数字を算出する.
【基态】 jītài 名《物理》原子や原子核の、最小のエネルギーで最も安定した状態.
【基线】 jīxiàn 名 測量時の基準となる線. 基準線. 線.
【基业】 jīyè 名《国家》事業の基礎.
【基因】 jīyīn 名《生物》遺伝子. ¶遗传 yíchuán～／遺伝子. ◆gene
【基因工程】 jīyīn gōngchéng 名《生物》遺伝子工学. 遺伝子組み換え. 回 遗传 yíchuán 工程,基因重组 chóngzǔ 工程
【基因疗法】 jīyīn liáofǎ 名《医学》遺伝子治療.
【基因诊断】 jīyīn zhěnduàn 名 遺伝診断. DNA 診断.
【基因组】 jīyīnzǔ 名《生物》ゲノム. 回 染色体 rǎnsètǐ 组
【基因组学】 jīyīnzǔxué 名 ゲノム科学. ゲノミクス.
【基音】 jīyīn 名《音楽》基音. 基本音.
【基于】 jīyú 前 …によれば. …を前提とすると. ¶～以上理由,我不赞成他的意见／以上の理由から、彼の意見に賛成しない. 回 根据 gēnjù ①
【基站】 jīzhàn 名《通信機器の》ベースステーション.
【基质】 jīzhì 名 ❶ 植物や微生物に養分を与える物質. 培養土や液体肥料など. ❷《生物》基質. ❸《化学》混合物の中で溶剤の働きを担う成分.
【基准】 jīzhǔn 名 ❶ 調査や測量の基準となる数. 基準. ¶～点／基準点. ❷ 標準. 規準. ¶以法律为～／法

律を規準とする. 回 标准 biāozhǔn

期（異 朞）jī
月部 8 四 4782₀
全12画 常用

图 1年間. 1ヶ月. ¶～服 jīfú (1年間喪に服す)／～年 jīnián (1周年)／～月 jīyuè (1ヶ月).
☞ 期 qī

赍（賫／異 齎，賷）jī
贝部 8 全12画 四 4080₂ 通用
动 ❶ 心の中に抱く. ¶～志而殁 mò (志を抱いたまま死ぬ). ❷ 人にものを贈る. ¶～呈 jīchéng (贈呈する).

犄 jī
牛部 8 四 2452₁
全12画 通用
下記熟語を参照.

【犄角】 jījiǎo [～儿]〔量 个 ge〕 かど. 隅. ❶ 桌子～／テーブルのかど. ¶屋子～／部屋の隅. ❷ jījiao [对 duì,只 zhī] 動物の角. ¶鹿 lù～／シカの角.

嵇 jī
禾部 7 四 2397₂
全12画 通用
图 (JT)姓.

缉（緝）jī
纟部 9 四 2614₁
全12画 通用
图 捕まえる. ¶～拿 jīná／通～(指名手配する).
☞ 缉 qī

【缉捕】 jībǔ 動 逮捕する. 回 缉拿 jīná
【缉查】 jīchá 動《犯罪の》捜査をする. ¶挨户 āihù～／かたっぱしから捜査する.
【缉毒】 jīdú 動 麻薬や薬物犯罪を取り締まる.
【缉获】 jīhuò 動《捜査して》逮捕する. 押収する.
【缉拿】 jīná 動 逮捕する. 捕らえる. ¶～归案 guī'àn／犯人が捕まって事件は解決する. 表现 公文書などで"归案"とともに使われることが多い.
【缉私】 jīsī 動 密輸を取り締まる. ¶～船／密輸監視船.

畸 jī
田部 8 四 6402₃
全13画 次常用

图 ❶ 正常でない. 不規則だ. ¶～变 jībiàn／～形 jīxíng. ❷ かたよっている. ¶～轻～重. ❸ 名 端数. 回 奇 jī

【畸变】 jībiàn 名 ❶ 異常な変化. ❷《電気》(電気信号送達の際に)入出力にズレが生じ、音声や映像にひずみが生じること. 回 失真 shīzhēn
【畸零】 jīlíng "奇零 jīlíng"に同じ.
【畸轻畸重】 jī qīng jī zhòng 成 バランスがとれず、一方にかたよっている. 回 偏倚 piānyǐ 轻偏重
【畸人】 jīrén 名 ❶ 時流に合わない人. ❷ 風変わりな人.
【畸形】 jīxíng ❶ 名 奇形. 先天～／先天性の奇形. ❷ 形 不均衡な. 異常な. ¶～发展／いびつな発展. ¶～现象／異常現象.

跻（躋）jī
足部 6 四 6012₄
全13画 通用

动 登る. 上昇する. ¶～于世界文学家行列(世界の文学者のレベルに登る).

【跻身】 jīshēn 動 自分をあるレベルに押し上げる. ¶～前三名／前の三番以内に入る.

箕 jī
竹部 8 四 8880₁
全14画 次常用

图 ❶ 竹ひご・柳の枝・鉄板などを編んで作った箕(み). ちりとり. ¶～踞 jījù. 回 簸箕 bòji ❷ うずまき形になってい

ない(ひづめ状の)指紋. 反 斗 dǒu ❸ 星の名. みほし. 二十八宿の一つ. ❹ (JT)姓.

【箕踞】jījù 動 両足を前に投げ出して座る. 回 箕倨 jījù
参考 古人は、床にむしろなどを敷いて座った. ぞんざいな座り方.

稽 jī
禾部10　四 2396₁
全15画　次常用

❶素 検査する. 確かめる. ¶~查 jīchá / 有案可~(照合するよりどころがある). ❷素 逆らう. やり合う. ¶反唇 chún 相~(口をとがらして言い争う). ❸素 文 留まる. そのままにしている. ¶~留 jīliú /~迟 jīchí (引き延ばす). ❹ (JT)姓.

☞ 稽 qǐ

【稽查】jīchá ❶動 (密輸や脱税などの違法行為を)取り調べる. 調査・査察する. ¶~走私 / 密輸を捜査する. ❷名(働 个 ge, 名 míng) ①を行う役人. 税関の検査官なども指す.
【稽核】jīhé 動 (帳簿などの)勘定合わせをする. ¶~账目 zhàngmù / 帳簿を合わせる.
【稽考】jīkǎo 動 文 照合する. 確かめる. ¶此事无从~/ この事は確かめようがない.
【稽留】jīliú 動 文 とどまる. 遅れる. ¶~异国 / 異国の地にとどまる.

齑(齏) jī
齐部9　四 0022₄
全15画　通用

❶名 みじん切りにした薬味用のショウガ、ニンニク、ニラなど.
❷素 細かな. 砕いた. ¶~粉 jīfěn (粉. くず).

幾 jī
幺部12　四 2265₃
全15画　通用

❶素 都のまわりの地域. ¶京~ jīngjī (首都一帯) /~辅 jīfǔ (都のあたり). ❷ (JT)姓.

墼 jī
土部13　四 5710₄
全16画　通用

"炭墼 tànjī" (練炭)という語に用いられる.

激 jī
氵部13　四 3814₀
全16画　常用

❶動 水が勢いよくぶつかって飛び散る. ¶~起浪花 lànghuā (浪がしらがぶつかり、しぶきが上がる). ❷動 相手を刺激する. ¶拿话~人(ことばで人を怒らせる). ❸形 心を激しく揺り動かす. ¶感~ gǎnjī (感激する) / 刺~ cìjī (刺激する) /~于义愤 yìfèn (義憤にかられる). ❹素 激しく. ひどく. ¶~变 jībiàn (…战 jīzhàn (…动 jīdòng. ❺動 冷水で冷却する. ¶把西瓜用凉水~一阵子 (スイカを冷水でしばらく冷やす). ❻動 冷たい水の刺激で病気になる. ¶被雨水~病了 (雨にぬれて病気になった). ❼ (JT)姓.

【激昂】jī'áng 形 (気持ちや語調が)とても激しい. ¶声调~/ トーンが激しい. ¶~的歌声 / 気迫の込もった歌声. ¶~的调子 diàozi / 熱の入った調子.
【激昂慷慨】jī áng kāng kǎi 成 とても激しく気持ちを高ぶらせている. ¶辩论 biànlùn 双方都表现得~/ 議論して双方が激しく高ぶったようだった. 回 慷慨激昂.
【激变】jībiàn 動 激動する. 激変する. ¶形势~/ 形勢が激変する. ¶他的病情发生了~/ 彼の病状は激変した.
【激打】jīdǎ "激光打印机" (レーザープリンタ)の略称.
【激荡】jīdàng 動 揺れ動く. 揺さぶる. ¶感情~/ 心が揺れ動く. ¶~人心 / 人々の心を揺さぶる.
*【激动】jīdòng ❶動 感動する. 興奮する. ¶她~得一夜没睡着 shuìzháo / 彼女は興奮して一晩中眠れなかっ

た. 回 冲动 chōngdòng, 感动 gǎndòng ❷動 (相手を)感動させる. ¶~人心的故事 / 人々の心を打つストーリー. ❸形 感動している. ¶情绪很~/ 感情がとても高ぶっている.
【激发】jīfā ❶動 かき立てる. 駆り立てる. ¶~了运动员们的斗志 dòuzhì / 選手たちの闘志は増した. ❷名(物理)励起("").
【激奋】jīfèn 動 奮い立つ. ¶代表们心情~,争先发言 / 代表者たちは奮い立ち、先を争って発言した.
【激愤｜忿】jīfèn 形 激怒する. 憤激する. ¶为件小事,何必那样~呢？/ つまらないことで、そんなに怒ることはないじゃないか.
【激光】jīguāng 名 [束 shù] レーザー. 回 莱塞 láisè ◆laser 表現 台湾では"雷射 léishè"と言う.
【激光唱片】jīguāng chàngpiàn 名 CD.
【激光器】jīguāngqì 名 《機械》レーザー. 回 莱塞 láisè
【激光视盘】jīguāng shìpán 名 DVD. VCD.
【激光武器】jīguāng wǔqì 名 《軍事》レーザー兵器.
【激化】jīhuà 動 激化する. 激化させる. ¶矛盾~/ 矛盾の激化. ¶不能让战争~下去 / 戦争を激化させてはならない. 反 缓和 huǎnhé
【激活】jīhuó 動 (事物を刺激して)活性化させる.
【激将】jījiàng 動 わざと逆のことを言って、相手をけしかけてやらせる. ¶请将不如~/ まともに頼んでやってもらうよりも、わざとけしかけてやらせるほうがよい.
【激将法】jījiàngfǎ 名 相手を刺激する手立て. ¶你别用什么~,我决不会上你当 dàng 的 / なにやら小細工はやめなさい. その手には乗らないよ.
【激进】jījìn 形 急進的である. ¶~派 / 急進派. 過激派. ¶这个观点太~了 / この見方はひどく急進的だ. 反 保守 bǎoshǒu
【激剧】jījù 形 急激だ.
【激浪】jīlàng 名 荒波. 怒涛. ¶~翻滚 fāngǔn / 怒涛が逆巻く.
【激励】jīlì 動 励ます. 励みになる. ¶~全体队员 / 隊員全体を激励する. ¶相互~,相互帮助 / 互いに励まし合い、互いに助け合う. 回 鼓励 gǔlì,勉励 miǎnlì
*【激烈】jīliè 形 激烈だ. 激しい. 競争很~/ 競争がとても激烈だ. ¶双方进行了~的争论 / 双方は激論を行った. 比較 "激烈"は、行動や発言が激しいことを言う. "剧烈 jùliè"は、社会の変化や身体の痛みなどについて言う.
【激灵】jīlíng "机灵 jīlíng" ②と同じ.
【激流】jīliú 名 [股 gǔ] 激流. 急流.
【激酶】jīméi 名 《生理》刺激作用を持つ酵素. キナーゼ.
【激怒】jīnù 動 相手をひどく怒らせる. ¶别再说了,~他可不好办 / もうそれ以上言うな. 彼を怒らせると面倒だから.
【激起】jīqǐ 動 激しい反応を引き起こす. ¶他的一句话~了在场所有人的公愤 gōngfèn / 彼の一言はその場全員の怒りを買った. ¶因海底地震 dìzhèn~的海浪有十米之高 / 海底地震によって発生した波は、10メートルもの高さになった.
【激切】jīqiè 形 文 (話が)せっかちであわただしい. ¶说话太~,往往没有很好的效果 / 言い方がストレートだと、往々にして結果はよくない.
【激情】jīqíng 名 [股 gǔ] 強く押さえがたい思い. ¶从她的眼睛里看不到一点儿~/ 彼女の瞳には少しも情意は見て取れない. ¶对生活应该充满~/ 生きることには、情熱的であるべきだ.

【激赏】jīshǎng 动㊎絶賛する．¶他的勇敢行为受到了大家的～/彼の勇敢な行いは，皆に大いにほめそやされた．
【激素】jīsù 名〈生理〉ホルモン．¶雌～cí～/女性ホルモン．エストロゲン．¶雄～/男性ホルモン．アンドロゲン．◆"ゟHormon
【激扬】jīyáng ❶ "激浊扬清 jī zhuó yáng qīng" に同じ．❷动激励して奮い立たせる．¶～斗志/闘志を鼓舞する．❸动激昂している．¶～的欢呼声/沸き起こる歓呼の声．
【激越】jīyuè 形(気持ちや音調が)激しい．¶～的歌声/高く張りのある歌声．¶感情～/気分がひどく高ぶっている．
【激增】jīzēng 动激増する．¶发展中国家应该控制人口～的趋势 qūshì/開発途上国は人口急増傾向を抑制すべきである．
【激战】jīzhàn 名动〔量场 cháng，次 cì〕激戦．激戦する．¶经过一场～，夺得 duódé 了冠军/激戦の末，優勝した．¶鏖战 áozhàn，酣战 hānzhàn
【激浊扬清】jī zhuó yáng qīng 濁流を激して清波を揚げる．悪を退け善をたたえること．¶～一般是历史剧的主题/勧善懲悪が，一般に歴史劇のテーマである．回扬清激浊

羁(羈/羇) jī ⼀部12 四6052₇ 全17画 通用

❶动馬のおもがい．くつわ．¶无～之马(くつわのついていない馬．奔放なたとえ)．❷束拘束する．¶～押 jīyā/放荡 fàngdàng 不～(気ままで拘束されない性格)．❸束とどまる．とどめる．¶～留 jīliú/旅 jīmǎ(長く他郷に身を寄せる)．❹(Jī)姓．
【羁绊】jībàn 动束縛されて脱け出せない．¶挣脱 zhēngtuō～/束縛から脱する．¶久久为 wéi 旧家庭所～/長い間旧家のためにしばられる．
【羁留】jīliú 动㊎❶(よその土地に)滞在する．逗留する．¶在沪 Hù～三日/上海に3日間滞在する．❷拘留する．拘禁する．¶不宜 yí～太久/あまり長い間拘留すべきではない．
【羁旅】jīlǚ 动㊎他郷に長期滞在する．¶～异乡 yìxiāng/異郷に長逗留する．
【羁縻】jīmí ❶(属僚や属国などを)籠絡(ろうらく)する．丸め込む．❷"羁留 jīliú"に同じ．
【羁押】jīyā 动拘留する．¶～候审/拘留されて審判を持つ．
【羁滞】jīzhì 动他国に滞在する．¶～海外/海外に滞在する．

及 jí ノ部2 四1724₇ 全3画 常用

❶动到達する．届く．¶由表～里(表から裏まで)/将～十载 zǎi(やがて10年になる)．❷动追いつく．間に合う．¶来得～(間に合う)/赶不~(間に合わない)．❸动(否定形で)比べられる．¶我不～他/私は彼には及ばない．❹束…に乗じる．¶～时 jíshí/～早 jízǎo．❺援…と…．および．並びに．名詞・代名詞などを並べる時に用いる．主な語を"及"の前に置く．¶工农～其他人民(労働者・農民およびその他の人民)．❻(Jí)姓．
【及第】jídì 动❶試験に合格する．¶高考～/大学合格．❷科挙時代に試験に合格する．¶状元 zhuàngyuan～/主席で合格．回 中举 zhòngjǔ 落第 luòdì 参考②は，とくに会試に合格して進士となることをさした．明清の時代には，"殿试 diànshì"の合格成績が3番までのことを言った．

*【及格】jí/gé 动(試験に)合格する．¶不～/不合格．¶英语考试刚刚够～/英語の試験は及第ぎりぎりだった．¶英语及了格，但成绩不理想/英語は合格したものの，成績は芳しくなかった．用法最低点に達する，またはそれを超えるという意．
【及格赛】jígésài 名〈スポーツ〉予選．
【及冠】jíguàn 动㊎男子が満20歳になる．成年に達する．
【及龄儿童】jílíng értóng 名学齢期に達した児童．
【及门】jímén 名㊎正式に師について学ぶ者．¶～弟子 dìzǐ/正式に入門した弟子．門下生．¶～之士/門下生．
【及其】jíqí 接および．¶本人～家属 jiāshǔ/本人およびその家族．
*【及时】jíshí ❶形時宜にかなっている．¶这场 cháng 雨下得很～/この雨はちょうどよい時期に降る．❷副すぐに．時を移さず．¶～纠正了错误/すぐに間違いを正した．¶马上～måshang，立即 lìjí
【及时雨】jíshíyǔ 名恵みの雨．慈雨．困った時に助けてくれる人や物のたとえ．
【及物动词】jíwù dòngcí 名〈言語〉他動詞．
【及早】jízǎo 副早めに．早いうちに．速やかに．¶有病要～治/病気になったら早いうちに治療しなければならない．¶年货应当 yīngdāng～进货/正月用品は早めに入荷すべきである．
【及至】jízhì 接…に至るに及んで．…の時になると．¶～天黑了，才回家/暗くなってからやっと帰宅した．回 等到 děngdào

伋 jí 亻部3 四2724₇ 全5画 通用

❶束人名用字．¶孔～ Kǒng Jí(孔子の孫，字ぎは子思)．❷(Jí)姓．

吉 jí 土部3 四4060₁ 全6画 常用

❶动めでたい．縁起がよい．¶～日 jírì/万事大～(万事めでたし)/凶 xiōng 多～少(十中八九はよくない)．反凶 xiōng ❷束"吉林省 Jílínshěng"の略称．❸(Jí)姓．
【吉卜赛人】jíbǔsàirén 名ジプシー．回 茨冈人 cígāngrén ◆Gypsy
【吉布提】Jíbùtí ❶《国名》ジブチ．❷《地名》ジブチ(①の首都)．
【吉旦】jídàn 名(旧暦の)ついたち．¶正月～/正月元旦．¶菊月～/九月一日．
【吉尔吉斯斯坦】Jí'ěrjísīsītǎn《国名》キルギス．
【吉光片羽】jí guāng piàn yǔ 現存する貴重な文物．由来"吉光"は伝説の神獣．"片羽"はひと切れの毛皮．伝説では，この神獣の毛皮をまとえば水に沈まず火にも焼けないと言われる．
【吉剧】jíjù 名〔场 chǎng，出 chū，段 duàn〕吉林省で行われる地方劇の一種．
【吉利】jílì ❶形縁起がいい．めでたい．¶真不～/本当に縁起が悪い．回 吉祥 jíxiáng ❷名縁起．¶取～/縁起をかつぐ．¶兆头 zhàotou～/さい先がいい．
【吉林】Jílín《地名》吉林(ラシ)省．略称は"吉"．省都は长春．
【吉隆坡】Jílóngpō《地名》クアラルンプール(マレーシア)．
【吉尼斯纪录】jínísī jìlù 名ギネスブック．
【吉普(车)】jípǔ(-chē) 名〔辆 liàng〕ジープ．◆jeep

【吉期】jíqī 名 吉日．特に婚礼のこと．¶选定～成亲／婚礼の日取りを決める．
【吉庆】jíqìng ❶ 形 めでたい．縁起がいい．¶平安～／平安吉祥．㊂ 吉祥 jíxiáng ❷ 名 めでたいこと．慶事．
【吉人(自有)天相】jí rén (zì yǒu) tiān xiàng ㊍ 行いがよければ，神のご加護がある．㊂ 吉人天相，绝处逢生 jué chù féng shēng 由来『左伝』宣公三年に見えることば．用法 災難に遭ったときの慰めのことばとして使うことが多い．
【吉日】jírì 名〔量 个 ge〕吉日．めでたい日．¶～良辰 liángchén／黄道吉日．
【吉他】jítā〔量 把 bǎ〕ギター．¶弹～／ギターを弾く．◆guitar
【吉祥】jíxiáng 形 めでたい．縁起がいい．¶～话／めでたいことば．¶～如意／順調で意のままにありますように(賀状などの末尾に書かれるめでたいことば)．¶讨个～／縁起をかつぐ．
【吉祥物】jíxiángwù 名 マスコット．
【吉星】jíxīng 名 吉兆の星．「福・禄・寿」の三星．
【吉星高照】jíxīng gāozhào 名 吉兆の星が天上高くから照り輝く．参考 幸運がもたらされたり，万事順調にいく予兆．
【吉凶】jíxiōng 名 吉凶．¶～未卜 wèibǔ 吉か凶かまだ分からない．¶我算命的，问个～／占い師のところへ行って，吉か凶か聞いてみよう．
【吉兆】jízhào 名 よい事のある兆し．吉兆．㊂ 凶兆 xiōngzhào

岌 jí 山部3 四 2224₇ 全6画 通用
下記熟語を参照．
【岌岌】jíjí 形 ❶ 山が高くて険しい．❷ とても危険で，今にも滅亡しそうだ．¶～不可终日／眼前のともしび．
【岌岌可危】jí jí kě wēi きわめて危険だ．今にも倒れたり，滅びそうだ．¶公司～，濒临 bīnlín 破产／会社が危険な状態で，倒産の危機に瀕している．

汲 jí 氵部3 四 3714₇ 全6画 通用
❶ 動 井戸から水を汲む．❷ (Jí)姓．
【汲汲】jíjí 形 ❶ あくせくと追い求めるようす．❷ きわめて危険なようす．㊂ 岌岌 jíjí
【汲汲于】jíjíyú 形 ㊇…にあくせくする．¶～名利 mínglì／名利に汲汲(きゅうきゅう)とする．
【汲取】jíqǔ 動 吸収する．取り入れる．¶～经验／経験を吸収して自分のものとする．¶～营养 yíngyǎng／栄養をとる．¶～教训 jiàoxun／教訓をくみ取る．㊂ 吸取 xīqǔ

级(級) jí 纟部3 四 2714₇ 全6画 常用
❶ 名 階段．¶石～ shíjí (石段)．❷ 名 等級．¶高～ gāojí (高級)の／初～ chūjí (初級)の／下～ jí (下級)の．❸ 名 学年．¶三年～ (3年生)／同～不同班／学年は同じだが組はちがう．❹ 量 等級をあらわす．¶五～工资(5級の給料)．
【级别】jíbié 名〔職業や給料などの〕ランク．等級．¶按～发工资／等級に基づいて給与が支払われる．
【级差】jíchā 名 等級の差．¶工资的～／給料の等級差．
【级差地租】jíchā dìzū 名《経済》差額地代．
【级任】jírèn 名 小中学校の学年担任．¶～老师／学年担任の先生．
【级数】jíshù 名《数学》級数．

极(極) jí 木部3 四 4794₇ 全7画 常用
❶ 名 頂点．はて．¶南～ nánjí (南極)／登峰造～ dēng fēng zào jí (㊇ 山に登って頂上をきわめる)．❷ 表 地球の南北両極．磁気や回路のプラス・マイナス両場．¶南～ nánjí (南極)／阴～ (陰極)．❸ 表 きわまる．最高度に達する．¶穷奢 shē 侈 chǐ～ (ぜいたくのし放題をする)／穷凶 xiōng ～恶 è (悪態非道)．❹ 表 すべてし尽くす．尽くす．¶～力 jílì／～目 jímù．❺ 表 最高の．最終の．¶～端 jíduān／～限 jíxiàn．❻ 副 きわめて．もっとも．¶大～了(きわめて大きい)／～好く(とてもいい)．❼ (Jí)姓．❻は，動詞・形容詞の補語に用い，程度が最高であることをあらわす．この場合後に"了 le"をつけて"…极了"の形で用いる．¶好～了(特に良い)／漂亮～了(特に美しい)．
【极板】jíbǎn 名《電気》電極板．
【极大】jídà 名《数学》極大．極大値．マキシマム．
【极地】jídì 名 極地．
【极点】jídiǎn 名 極点．最高点．絶頂．¶他已经累到了～／彼の疲労は頂点に達した．
【极顶】jídǐng ❶ 名 山頂．❷ 名 最高点．絶頂．㊂ 极点 diǎn ❸ 形 最高の．
【极度】jídù ❶ 副 極度に．非常に．¶～兴奋／極度に興奮する．¶～疲劳／極度に疲労する．❷ 名 極点．最大点．㊂ 极点 jídiǎn
【极端】jíduān ❶ 名 極端．¶人处于兴奋状态，容易走～／人は興奮状態になると極端に走りやすい．❷ 形 格別の．極度の．¶～兴奋／極度に興奮する．¶～困难／きわめて困難である．❸ 副 絶対的な．制限なしの．¶～自由／絶対的自由．¶～行动／無制限の行動．
【极光】jíguāng 名《天文》オーロラ．◆aurora
【极化】jíhuà 名《電気》分極．¶电 diàn 极化
【极乐世界】jílè shìjiè《仏教》極楽世界．極楽浄土．㊂ 西天 xītiān
*【极了】jíle 副 きわめて…だ．非常に…だ．¶好～／きわめて良い．¶担心～／すごく心配だ．用法 動詞あるいは形容詞の後につけて，最高かそれに近い程度であることをあらわす．
【极力】jílì 副 力の限りを尽くして．極力．懸命に．¶～设法／できる限りの手だてを講じる．¶～控制自己的情绪／自分の気持ちを極力抑える．㊂ 竭力 jiélì
【极目】jímù 副 はるか遠くまで．目を凝して見る．
【极目远眺】jímù yuǎntiào ㊇ はるか遠くを見つめる．
【极品】jípǐn 名 ㊇ 極上品．最高級品．¶这些明代瓷器 cíqì，是～中的～／これらの明の時代の陶器は，極上品の中の極上品です．
*【极其】jíqí 副 ㊇ きわめて．非常に．¶这些言论，～荒谬 huāngmiù／これらの言論はまったくのでたらめだ．㊂ 极端 jíduān 用法 二音節の動詞・形容詞を修飾する．
【极圈】jíquān 名 極圏．¶北～／北極圏．
【极权】jíquán 名 強権．独裁．¶～统治／強権支配．
【极盛】jíshèng 形 最も盛んだ．全盛だ．¶～时代／黄金時代．
【极为】jíwéi 副 ㊇ 非常に．極めて．¶这项工作～重要／この仕事は極めて重要である．
【极限】jíxiàn 名 ❶ 最高限度．極限．¶他的体力已到了～／彼の体力はすでに極限に達した．❷《数学》極限．
【极限运动】jíxiàn yùndòng 名《スポーツ》ロッククライ

ミングやバンジージャンプなどのような,危険をともなうスポーツ.

【极刑】jíxíng 名 極刑. 死刑. ¶处以 chǔyǐ~/極刑に処する(死刑にすること). ¶~犯/死刑囚.

【极右】jíyòu 名 極右. ¶~分子 fènzǐ/極右分子.

【极值】jízhí 名《数学》極値.

【极昼】jízhòu 名 極地で終日太陽が沈まない現象. またはそれが続く期間. ⇨ 白夜 báiyè

【极左】jízuǒ 名 極左. ¶~派/極左派.

即 jí 冂部5 四 7772₀ 全7画 常用

❶ 動 すなわち…だ. つまり…である. ¶团结~力量(団結は力なり)/非此~彼(これでなければれだ). ❷ 動 就是 jiùshì 近寄る. 近づく. ¶不~不离(つかず離れず)/可望而不可~(遠くから眺めるだけで近づくことができない). ❸ 動 位に登る. ¶~位 jíwèi/~皇帝位(皇帝の位に登る). ❹ 動 乗じる. 着く. ¶~席 jíxí/~景生情(美い景色におもわず興が沸く). ❺ 素 その時. ¶~日 jírì/~时 jíshí/~期 jíqī. ❻ 副 したら. ¶知错~改/[間違いとわかれば改める]. ¶一触~发(一触即発). ㊀ 就 jiù,便 biàn ❼ 副 すぐに. ただちに. ¶请~派人前来(ただちに人を派遣されたい). ㊁ 立刻 lìkè ❽ 接 たとえ…でも. ¶~无支援,也能完成任务(たとえ支援がなくても,任務は達成できる)/~天下雨,我也去(たとえ雨でも私は行く). ㊂ 即使 jíshǐ ❾ (Jí)姓.

【即便】jíbiàn 接 …としても. ¶~不去,也得通知他一声才好/行かないにしろ,彼に一言言っておいたほうがいい. ㊂ 即使 jíshǐ

【即或】jíhuò 接 たとえ…としても. ¶~有困难,也不该用不义之财/たとえ困っても,不正な金を使うべきではない. ㊂ 即使 jíshǐ

【即将】jíjiāng 副 文 まさに…しようとしている. まもなく…する. ¶演出~结束/まもなく終演する. ¶元旦 Yuándàn 已经过去,春节~到来/元旦はもう過ぎて,まもなく旧正月になる. ㊂ 行将 xíngjiāng

【即景】jíjǐng 名 文 眼前の景物を見て,詩や絵を作る. ¶~诗/即興詩. ¶~谜 mí/即興クイズ.

【即景生情】jí jǐng shēng qíng 成 眼前の情景に触発されて,いい考えや情感が生まれる.

【即刻】jíkè 副 ただちに. 即刻. ¶命令双方~停火/双方に即時停戦を命じる.

【即令】jílìng 接 たとえ…だとしても. ¶~难以成功,也要努力争取/成功は困難だとしても,努力して勝ち取らなければならない. ㊂ 即使 jíshǐ

【即期】jíqī 形《经济》即時の. ¶~付现/即時現金払い. ¶~汇价/スポットレート. ¶~刊物/(定期刊行物の)最新号.

【即日】jírì 名 文 ❶ その日. 当日. ¶自~起施行 shīxíng/即日施行する. ❷ 近日. 近いうちに. ¶这套纪念邮票~发行/この記念切手は近日中に発行される.

【即若】jíruò 接 たとえ…としても.

【即时】jíshí 副 ただちに. すぐに. ¶~投产/ただちに生産を開始する. ¶~通知/すぐ連絡する. ㊂ 立时 lìshí

【即使】jíshǐ 接 たとえ…としても. ¶~再累,也不能不吃饭呀! /いくら疲れても,食事をしないのはよくないよ. ¶明天~下雪,我走要去/明日もし雪が降っても,僕は行く. ¶~当时~我在场,还不是一样没办法/その時私がその場にいても,やはり方法はなかっただろう. [表现]"即使"の示す条件は,まだ起こっていないことでもよく,既に起こった事実に反することでもいい. [用法]"也,还,又,仍 réng"などと呼応して用いられることが多い.

【即世】jíshì 動 死亡する.

【即事】jíshì 動(目の前の事物や風景を)即興で表現する. ¶山村~/山村の風景. [表现]古体詩の詩題として使われることが多い.

【即位】jí/wèi 動 ❶ 即位する. 帝王あるいは諸侯となる. ❷ 自分の席に着く. 着席する.

【即席】jíxí 文 ❶ 副(宴会や集会の)その場で. 即席で. ¶~赋诗 fùshī/その場で詩をつくる. ¶~发言,恐多有误,请原谅/即席の発言ですので,誤りも多かろうと思います. どうぞご容赦ください. ¶~面/インスタントラーメン. ❷ 動 席に着く. 着席する. ¶主宾~后,众人就座/主賓が席に着いた後,皆が着席する.

【即兴】jíxìng 動 即興で…する. ¶~之作/即興でつくった作品. ¶~演说/即興で演説する.

【即兴表演】jíxìng biǎoyǎn 名 アドリブ上演(する). 即興(で演じる).

佶 jí 亻部6 四 2426₁ 全8画 通用

形 文 壮健だ.

【佶屈聱牙】jí qū áo yá 成 文章がごつごつして読みにくい. ¶文中夹杂 jiāzá 许多不常用的字句,读来~/文中にあまり使わないことばがたくさん交じっているので,読みにくくて往生する. ㊂ 诘屈 jí 屈聱牙

诘(詰) jí 讠部6 四 3476₁ 全8画 通用

→佶屈聱牙 jí qū áo yá

▷诘 jié

亟 jí 一部7 四 1710₄ 全8画 通用

副 文 早急に. ただちに. ¶~待解决(早急に解決するべきだ).

▷亟 qì

革 jí 革部0 四 4450₆ 全9画 常用

素(病気が)急に重くなる. ¶病~ bìngjí(危篤だ).

▷革 gé

笈 jí 竹部3 四 8824₇ 全9画 通用

名 ❶ 昔,本を入れて背負った箱. ¶负~从师(遊学して師につく). ❷ 書籍. ¶秘~(貴重本).

急 jí 心部5 四 2733₇ 全9画 常用

❶ 動 焦る. いらいらさせる. 気をもませる ¶~着走(早く行こうと焦る)/这件事真~人(この事はとても気をもませる). ❷ 形 せっかちだ. 怒りっぽい. ¶他的性子很~/(彼はせっかちだ)/听完这话,他就~了(この話を聞くと,彼は腹を立てた). ㊉ 缓 huǎn,慢 màn ❸ 形 突発的だ. 速くて激しい. ¶~流 jíliú/~病 jíbìng/水流很~(水の流れがとても急だ). ❹ 形 差し迫った. 急を要する. ¶~事 jíshì/不~之务(不急の仕事)/时间紧~(仕事は急だが,時間がない). ❺ 素 急いで手助けする. ¶~难 jínàn/~公好 hào 义. ❻ 名 さし迫った事柄. ¶~救~(急を救う)/急人之所~(人の危急を救う). ❼(Jí)姓.

【急巴巴】jíbābā 形 差し迫っている. ¶~地到处找人/慌ててあちこち頼んで回る.

【急变】jíbiàn 動 急変.

【急病】jíbìng 名 突発性の激しい病気.

【急不可待】jí bù kě dài 成 一刻もがまんできない. 待ちきれない. ¶肚子饿极了,一到家就~地找吃的/お腹が

ぺこぺこだったので，家に帰るとすぐさま食べ物をさがした．

【急茬儿】 jíchár〔方〕急を要すること．急用．

【急赤白脸】 jíchìbáiliǎn 〔形〕(～的)血相を変える．⟨同⟩急扯 chě〔又 chā〕白脸

【急匆匆】 jícōngcōng 非常に慌ただしい．¶你干吗这么～的？／君はどうしてそんなにあたふたしているのか．

【急促】 jícù〔形〕❶(呼吸や音が)せわしない．¶呼吸～／呼吸が荒い．¶他被一阵的敲门声惊醒 jīngxǐng／慌ただしく戸をたたく音で，彼は目を覚ました．❷(時間が)差し迫っている．¶虽然～了点儿，但马上赶去，还来得及／時間が迫っているが，すぐ行けばまだ間にあう．⟨同⟩短促 duǎncù

【急电】 jídiàn 至急電報．¶打～到家里／家へ至急電報を打つ．

【急风暴雨】 jí fēng bào yǔ 急に襲ってくる激しい風雨．¶在革命的～中长大／革命の嵐の中で育つ．

【急腹症】 jífùzhèng〔名〕〖医学〗急性の腹痛．

【急公好义】 jí gōng hào yì 社会のために尽くし，進んで人助けをする．¶～的行为 xíngwéi／世のため人のために尽くす行為．⟨参考⟩"好"は，"このむ"の意で，"hào"と発音する．

【急功近利】 jí gōng jìn lì 焦って目先の利益を求める．¶由于～，匆忙 cōngmáng 进攻，结果大败／功を焦り，慌てて攻め込んだ結果，大敗した．

【急管繁弦】 jí guǎn fán xián (管弦楽の)演奏のテンポが速く，気迫がこもっている．

【急婚族】 jíhūnzú 就職難や親の催促が圧力となり，精神的安定を求めて焦って結婚しようとする人．とくに女子大学生に多い．

【急急风】 jíjífēng〔名〕〖芸能〗(演劇で緊迫感を表現するために)打楽器を速いスピードで連打すること．

【急急如律令】 jí jí rú lǜ lìng ただちに命令に従う．⟨由来⟩本来は漢代の公文書用語．後に，道士がお祓(はら)いの呪文の最後に唱える決まり文句となった．

【急急巴巴】 jíjíbābā〔形〕(～的)非常に急ぐようす．¶这样～的,到底出了什么事？／そんなに慌てて，いったい何があったのか．

【急件】 jíjiàn〔名〕〔量 份 fèn,个 ge〕緊急の文書や書簡．

【急进】 jíjìn〔形〕急進的だ．¶～派／急進派．¶他的思想很～／彼の思想はとても急進的だ．

【急惊风】 jíjīngfēng〔名〕〖中医〗小児の急性ひきつけ．

【急救】 jíjiù〔动〕救急手当てをする．¶～站／救急介護センター．¶幸亏及时～,病人才脱离了危险／幸い手遅れにならずに救急措置がとられたため，病人は危機を脱した．

【急救包】 jíjiùbāo〔名〕救急袋．救急かばん．

【急就章】 jíjiùzhāng〔名〕〔篇 piān〕急いで作った文章や事物．⟨参考⟩汉代の史游によって作られた児童に字を教えるための教科書『急就篇』をもじった言い方．

【急剧】 jíjù〔形〕急激だ．¶病情～恶化 èhuà／病状が急激に悪化した．

【急遽】 jíjù〔形〕非常に速い．⟨同⟩急速 sù

【急口令】 jíkǒulìng〔名〕〔方〕早口ことば．⟨同⟩绕口令 ràokǒulìng

【急流】 jíliú 急流．

【急流勇进】 jí liú yǒng jìn 進んで困難に立ち向かう．

【急流勇退】 jí liú yǒng tuì 先の見えないうちに将来の災いを避けるため，順風満帆のうちに身を引くこと．

***【急忙】** jímáng〔形〕急いでいて忙しい．¶由于～,他忘记带伞去／彼は慌てていたので傘を持って行くのを忘れた．¶～把门关上／慌ててドアを閉めた．⟨同⟩急急忙忙⟨同⟩赶紧 gǎnjǐn,赶忙 gǎnmáng,连忙 liánmáng

【急难】 ❶ jí/nàn〔动〕人が災難から逃れられるよう手助けする．¶急人之难／人を苦難から救う．❷ jínàn〔名〕危機と困難．¶救人于～之中／困った人を手助けする．

【急迫】 jípò〔形〕切迫している．差し迫っている．¶情况～／一刻の猶予も許さない情況．¶～的任务／差し迫った任務．⟨同⟩急切 jíqiè,紧急 jǐnjí,迫切 pòqiè ⟨反⟩从容 cóngróng

【急起直追】 jí qǐ zhí zhuī 追いつこうと，ただちに行動を起こす．¶～,赶超世界先进水平／すばやく行動を起こし，世界の先端水準を追い越す．

【急切】 jíqiè〔形〕❶とても差し迫っている．¶需要～／とても必要だ．¶～地盼望 pànwàng 成功／今か今かと成功を待ち望む．¶他拆开 chāikāi 信封／もどかしげに封筒を開く．❷ 慌ただしい．¶～间找不到合适的地方／すぐには適当な場所を見つけられない．⟨同⟩急迫 jípò,迫切 pòqiè〔表現〕①しいても実現したい希望のために焦っている気持ちを言うことが多い．

【急如星火】 jí rú xīng huǒ 非常に差し迫っている．¶听到母亲病危,他～地赶到医院／母が病気で危篤と聞き，彼は大急ぎで病院に駆けつけた．

【急刹车】 jíshāchē ❶〔名〕急ブレーキ．¶一个～,车停住了／急ブレーキをかけ，車は止まった．❷〔动〕急ブレーキをかける．

【急事】 jíshì〔名〕急用．急ぎの仕事．

【急速】 jísù〔形〕非常に速い．¶形势～变化,叫人难以捉摸 zhuōmō／情勢は急速に変化し，とてもつかみにくい．⟨同⟩急骤 jízhòu,迅急 xùnjí ⟨反⟩缓慢 huǎnmàn

【急湍】 jítuān〔名〕急流．

【急弯】 jíwān〔名〕❶道路の急カーブ．¶前有～／前方に急カーブあり．❷ 急転回．¶飞机拐了～,向东南飞去／飛行機は急旋回して，東南へ飛んでいった．

【急务】 jíwù〔名〕急ぎの仕事．急務．¶当前～／当面の急務．

【急先锋】 jíxiānfēng〔名〕〔个 ge,位 wèi〕率先して行動を起こす人．急先鋒．

【急行军】 jíxíngjūn〔名〕〖军事〗急行軍．他の軍より速く進むもの．⟨反⟩常 cháng 行军

【急性】 jíxìng ❶〔形〕急性の．¶～传染病／急性伝染病．❷〔形〕〔名〕(～儿)〔个 ge〕せっかち．短気な人．¶他是个～人,有事今天不等明天／彼はせっかちなので，何かあると次の日まで待ちきれない．⟨同⟩急性子 jíxìngzi ⟨反⟩慢性 mànxìng

【急性病】 jíxìngbìng ❶〖医学〗急性疾患．❷(比喩として)性急すぎて誤りや失敗をおかすこと．

【急性子】 jíxìngzi〔名〕〔个 ge,位 wèi〕短気な人．せっかちな人．¶～人／せっかちな人．

【急需】 jíxū ❶〔动〕すぐに必要だ．¶～办理／ただちに処理しなければならない．¶国家～科研人才／国は科学技術の人材を緊急に必要としている．❷〔名〕差し迫った必要．¶以应 yìng～／急場に備える．

【急眼】 jí/yǎn〔动〕〔方〕❶怒る．短気を起こす．❷急ぐ．差し迫る．⟨同⟩紧 jǐn 眼

【急用】 jíyòng ❶〔形〕急な必要．❷〔动〕急に必要となる．¶因父亲突然住院,家里一笔钱／父が突然入院したので，家では急に金が必要になった．〔表現〕金銭について言うことが多い．

【急于】 jíyú 早く…したい．¶他～完成任务,星期天也不休息／彼は仕事を早く終わらせようと，日曜日でも休まな

【急于求成】jíyú qiú chéng 〈成〉 あわてて目的を達しようとする.

【急躁】jízào 〈形〉 ❶ 焦って不安になる. いらいらする. ¶她~地打断了他的话 / 彼女は, 苛立たしげに彼の話を遮った. 反 耐心 nàixīn ❷ 焦りのあまり, 準備不足のまま行動を起こす. ¶~冒进 / 焦ってやみくもに進む.

【急诊】jízhěn 〈名〉急診. ¶~室 / 急診室. 救急治療室. ¶我去看 / 急診で診察してもらう.

【急症】jízhèng 〈名〉急に襲ってくる激しい症状. 急病.

【急智】jízhì 〈名〉機転.

【急中生智】jí zhōng shēng zhì 〈成〉差し迫った時にいい知恵が浮かぶ. ¶~, 想出了一个妙计 / とっさに良い知恵が浮かぶもので, いいアイデアを考えついた.

【急骤】jízhòu 〈形〉急速だ. 慌ただしい. ¶一阵~的马蹄 mǎtí 声 / 慌ただしいひづめの音.

【急转直下】jí zhuǎn zhí xià 〈成〉(形勢・ストーリー・筆使いなどが) 急に変わって, その後急速に展開する. 急転直下. ¶形势~, 甲队反败为胜 / 形勢が急に変わり, 甲チームが逆転した.

姞 Jí 女部 6 四 4446₁ 全9画 通用

〈名〉姓.

疾 jí 疒部 5 四 0018₄ 全10画 常用

❶〈素〉病気. 苦しみ. ¶~目 mùjì (眼病) / 积劳成~〈成〉過労続きで病気になる) / ~苦 jíkǔ. ❷〈素〉憎む. ¶~恶名如仇 chóu. ❸〈素〉痛む. ¶痛心~首〈成〉胸を痛め,頭を悩ます). ❹〈素〉速い. 激しい. ¶~走 jízǒu (疾走する) / 手~眼快 (動作がすばしっこい) / ~言厉日色. 反 缓 huǎn, 徐 xú ❺〈形〉激しい. ¶~风 jífēng / ~雷 jíléi (猛烈な雷). ❻ (Jí)姓.

【疾病】jíbìng 〈名〉疾病. 病気の総称. ¶预防 yùfáng ~ / 病気を予防する. / 驱除 qūchú ~ / 病気を撲滅する.

【疾步】jíbù 〈名〉早足. 急ぎ足. ¶~回家 / 急ぎ足で帰宅する.

【疾驰】jíchí 〈動〉(車馬が)飛ぶように速く走る. ¶火车而过 / 汽车が疾走して通り過ぎる. 回 奔驰 bēnchí, 飞驰 fēichí

【疾恶如仇】jí è rú chóu 〈成〉悪人や悪事をかたきのように憎む. 回 嫉 jí 恶如仇

【疾风】jífēng 〈名〉[阵 zhèn] ❶ 激しい風. 疾風. ¶~迅雨 xùnyǔ / 激しい風雨. ❷《気象》"7级风" (風力7の風)のこと. ⇨风级 fēngjí

【疾风(知)劲草】jí fēng (zhī) jìng cǎo 〈成〉疾風の中では, 強い草だけが吹き倒されない. 苦難や危険に際して, 立場や意志のしっかりした人だけが試練に耐えられることのたとえ.

【疾患】jíhuàn 〈名〉病気. 疾患.

【疾苦】jíkǔ 〈名〉生活の苦しみ. 困苦. ¶领导干部要关心群众的~ / 指導者は民衆の苦しみを心にかけなければならない.

【疾驶】jíshǐ 〈動〉(車などが)高速で走る. 疾走する. ¶汽车在雨中~ / 車は雨中を疾走した.

【疾首蹙额】jí shǒu cù é 〈成〉頭を痛め眉をひそめる. 嫌悪するようす. ¶他对新事物~ / 彼は新しいものに眉をひそめる.

【疾书】jíshū 〈動〉素早く書く. ¶奋笔~ / 筆をふるってさっと書き上げる.

【疾言厉色】jí yán lì sè 〈成〉ひどく怒っているようす. ¶他对人总是那么和气, 从来不~ / 彼は人に対していつもおだやかで, 厳しい顔を見せたことがない. 由来 きついことばや厳しい顔, という意から.

棘 jí 一部 11 四 5599₂ 全12画 次常用

❶〈名〉《植物》サネブトナツメ. ❷〈素〉針のようなとげ. ¶~皮动物 (棘皮ʰʲʰᵒの動物). ❸ (Jí)姓.

【棘刺】jícì ❶ ヤマアラシなどの背中の針. ❷ 動植物の体表に生える針状のもの.

【棘手】jíshǒu 〈形〉手を焼く. 困難で処理が難しい. ¶这个案子很~ / この件はとても手強い. ¶最~的是, 人员不足的问题 / 最も難しいのは人員不足の問題だ. 回 辣手 làshǒu 反 顺手 shùnshǒu

殛 jí 歹部 8 四 1721₄ 全12画 通用

〈動〉〈文〉殺す. ¶雷~ léijí (落雷で死ぬ).

戢 jí 戈部 8 四 6345₀ 全12画

❶〈動〉〈文〉収める. やめる. ¶~翼 jíyì (翼をたたむ) / ~怒 jínù (怒りを収める) / 载 zài~干戈 gāngē (武器を収める). ❷ (Jí)姓.

集 jí 佳部 4 四 2090₄ 全12画 常用

❶〈素〉集まる. ¶~聚 jùjí (集まる) / 惊喜交~ (驚きと喜びがこもごも至る). ❷〈散〉散 sàn ❷〈素〉集める. ¶~中 jízhōng / ~思广益. ❸〈名〉たくさんの作品を集めてできた本. ¶诗~ shījí (詩集) / 文~ wénjí (文集) / 全~ quánjí (全集). ❹〈名〉農村で定期的に開かれる市(৲). ¶赶~ (市へ行く). ❺〈量〉書籍・映画・テレビなどの作品を数えることば. ¶电视剧《红楼梦 Hónglóumèng》第23~ (テレビドラマ『紅楼夢』の第23回) / 一共五十一~ (全50巻). ❻〈名〉中国古代の図書分類の一つ, 集部. ¶经史子~ (経史子集). ❼〈動〉成就する. ¶大业未~ (大業いまだならず). ❽ (Jí)姓.

【集部】jíbù 〈名〉集部. 古代, 書籍を四部門に分類した"四部"(四部は:经部・史部・子部・集部)の一つ. 主に詩文を収める. 回 丁 dīng 部

【集成】jíchéng 〈名〉❶ 同種の著作を集めたもの. シリーズ. 叢書. ❷《電気》集積(化). ¶计算机~制造 / コンピュータによる統合生産. CIM. 用法 ①は, 多く書名に用いる.

【集成电路】jíchéng diànlù 《電気》IC. 集積回路.

【集成电路卡】jíchéng diànlùkǎ 〈名〉IC カード.

【集大成】❶ jídàchéng 〈名〉集大成. ❷ jí dàchéng 〈句〉集成する. 集大成する. ¶这套丛书 cóngshū 收集了古典文学的~之作 / この叢書は古典文学の集大成である.

【集电极】jídiànjí 〈名〉《電気》集電極. コレクター.

**【集合】jíhé ❶〈動〉集まる. 集合する. ¶上午十点, 在校门口~ / 午前10時に校門に集合する. 集中 jízhōng 反 解散 jiěsàn ❷〈動〉集める. ¶~各种材料 / いろいろな資料を集める. 回 汇合 huìhé, 会合 huìhé ❸〈名〉《数学》集合.

【集会】jíhuì ❶〈動〉集会をもつ. 集会を開く. ¶武林各门派~在一起比试 / 武術の各派が一堂に会して試合をする. ❷〈名〉集会. ¶举行了两次~ / 集会を2度開いた.

【集结】jíjié 〈動〉集結させる. 集める. ¶~待命 / 軍を集結させて命令を待つ. ¶~兵力 / 兵力を集結させる.

【集锦】jíjǐn 〈名〉絵画や文章などの名品を集めて編集したも

の. ¶图片～/図画や写真の傑作集. ¶邮票～/傑作切手集. 表現書名に用いることが多い.
【集句】jíjù 動先人の詩句を集めて詩をつくる.
【集聚】jíjù 動 ❶ 集める. ¶～钱财/お金をあちこちから集める. 同 汇萃 huìcuì ❷ 集まる. 集合する. 同 会聚 huìjù
【集刊】jíkān 名学術機関が発行する逐次刊行物または論文集.
【集录】jílù 動（資料や短編などを）集めて再編集する.
【集贸市场】jímào shìchǎng 名《経済》（都市や農村の）自由市場.
【集拢】jílǒng 動集めて収蔵する.
【集权】jíquán 名権力を中央に集めること. ¶～政治/中央集権政治.
【集日】jírì 名〔个 ge〕市のたつ日. ¶每到～,镇上摆满了各色各样的商品/市の日のたびに,町にはいろいろな商品が所狭しと並ぶ.
【集散地】jísàndì 名集散地.
【集市】jíshì 名〔个 ge〕"集 jí"④に同じ. ¶赶～/市に出かける.
【集市贸易】jíshì màoyì 名《経済》地方都市や農村でみられる定期市. 同 个体 gètǐ,个人 gèrén
【集束】jíshù 動複数のものを一つにまとめる. ¶罐头饮料～包装/缶入り飲料の数個入りパック.
【集束炸弾】jíshù zhàdàn 名《軍事》クラスター爆弾.
【集思广益】jí sī guǎng yì 成衆知を集め,有益な意見を広く吸収する. ¶只有～,才能不断丰富自己/大勢のすぐれた意見を吸収してこそ,自らを絶えず豊かにしてゆくことができる.
*【集体】jítǐ 名集団. 団体. グループ. ¶～生活/集団生活. ¶～领导/集団指導. ¶生活在一个～里/あるグループの中で生活している. 反个人 gèrén
【集体户】jítǐhù 名 ❶ 共同経営の企業. ❷ 複数の単身者で構成される生活単位. 参考②は,文化大革命の時期に,地方へ下放した知識青年が集団生活をした宿舎を指すことが多い.
【集体化】jítǐhuà 動集団化. 農業を個人経営から集団経営に変える.
【集体经济】jítǐ jīngjì 名《経済》集団経済.
【集体所有制】jítǐ suǒyǒuzhì 名《経済》集団所有制.
【集体舞】jítǐwǔ 名 ❶（スポーツ）マスゲームのダンス. 同 群 qún 舞 ❷（レクリエーションの）フォークダンス.
【集体主义】jítǐ zhǔyì 名集団主義.
【集团】jítuán 名集団. グループ. ¶～精神/集団の利益を第一とする精神. ¶～利益/集団の利益. 同 团体 tuántǐ 参考近年では,グループ企業の名に"○○集団"とつくことが多い.
【集团军】jítuánjūn 名《軍事》集団軍. 軍隊の編成単位の一つ. 複数の"军"や"师"から成る.
【集训】jíxùn 動 ❶ 集中的に訓練する. ¶轮流～/順番に集中訓練する. ❷ 集中訓練. 合宿訓練. ¶举行～/合宿訓練を行う.
【集训队】jíxùnduì 名《スポーツ》合同訓練を受けるチーム.
【集腋成裘】jí yè chéng qiú 成小さなものも寄せ集めれば大きなものとなる. ¶他一点一点地收集古钱,竟有一笔很可观的数目了/彼は少しずつ古銭を収拾し,積もり積もって,大した数になっている. 由来"狐のわきの下の毛皮も寄せ集めれば毛皮の上着になる"という意から.
【集邮】jíyóu ❶ jí//yóu 動切手を収集する. ❷ jíyóu 名切手収集. ¶～迷/切手マニア. ¶～热/切手収集ブーム.
【集邮册】jíyóucè 名切手アルバム. 同 插 chā 册
【集约】jíyuē ❶ 動《農業》集約化する. 集約農業を行う. 反 粗放 cūfàng ❷ 動《経済》合理化経営.
【集约化】jíyuēhuà 動集約化. 強化する. （経営を）合理化する.
【集约经营】jíyuē jīngyíng 名《農業・経済》集約農業. 合理化経営. 反 粗放 cūfàng 经营
【集运】jíyùn 動集めて一括して輸送する.
【集镇】jízhèn 名〔个 ge〕非農業人口が一定数に達した,都市よりも小さい居住単位.
*【集中】jízhōng ❶ 動集める. 集中する. ¶～资金 zījīn/資金を集める. ¶～精力写论文/論文執筆に精力を傾ける. 同 集合 jíhé 反 分散 fēnsàn, 民主 mínzhǔ ❷ 形 まとまっている. ¶这一带工厂很密/この辺りは工場が密集している. ¶注意力～/注意力が散漫だ.
【集中营】jízhōngyíng 名〔个 ge,座 zuò〕強制収容所.
【集注】jízhù 動 ❶（視線や精神を）一点に集中させる. ¶观众的目光都～在舞台上/観衆の視線はすべて舞台に注がれた. ❷ 前人の多くの注釈を総合する. またその作品. ¶《楚辞 Chǔcí ～》/『楚辞集注にちゅう』.
【集装箱】jízhuāngxiāng 名〔个 ge〕コンテナ.
【集资】jízī 動資金を集める. ¶四,五个人～办起了工厂/4,5人で共同出資して工場を始める.
【集资诈骗罪】jízī zhàpiànzuì 名資金募集詐欺罪. 参考詐欺的手段によって資金を集める犯罪.
【集子】jízi 名〔本 běn,部 bù,个 ge,套 tào〕作品集. ¶编～出版/集めて出版する.

蒺 jí

艸部10 四 4418₄
全13画 通用
下記熟語を参照.

【蒺藜[藜]】jíli[-li] 名《植物・薬》ハマビシ. またはその実.

楫(異 檝) jí

木部9 四 4694₁
全13画 通用
素船をこぐ櫂(かい). ¶舟～/ zhōují（櫂）.

辑(輯) jí

车部9 四 4654₁
全13画 次常用
❶ 素本や新聞などを編集する. ¶～录 jílù / 编～biānjí（編集する）. 纂～ zuǎnjí（編集する）. ❷ 名 叢書やシリーズの中の,内容や順序によって分けた部分. ¶特～ tèjí（特集）/ 专～ zhuānjí（専集）. ❸ 量書籍・雑誌・ビデオテープなどを数えることば. ¶共有二十一～（全部で20巻ある.

【辑录】jílù 動集録する. ¶这套丛书 cóngshū,～了二战中外国对中国的评论/このシリーズは,第二次世界大戦中の,外国の中国に対する評論を収録している.
【辑要】jíyào 名摘要. 要約. ¶新闻～/ニュースダイジェスト.

嵴 jí

山部10 四 2272₇
全13画 通用
名山の尾根.

嫉 jí

女部10 四 4048₄
全13画 次常用
素 ❶ うらやむ. ¶～妒 jídù. ❷ 非常に嫌う. ¶～恶è如仇 chóu（かたきのように憎む）.

【嫉妒】jídù 動 ねたむ. 嫉妬する. ¶她的才能,反而引起众人～/彼女の才能は,かえって皆の嫉妬を買った. 同 忌妒 jìdu,妒忌 dùjì
【嫉恨】jíhèn 動 ひどくねたむ. ¶她很～别人的成绩/彼

女は他人の成績をとてもねたんでいる.
【嫉贤妒能】jí xián dù néng 〈成〉自分より優れた人に嫉妬(シッ)の念を抱く.

戢 jí
疒部12　四 4445₃
全15画

〈名〉《植物·薬》ドクダミ. 〈同〉蕺菜 jícài, 鱼腥草 yúxīngcǎo

瘠 jí
疒部10　四 0012₇
全15画

〈形〉❶ (体が)やせていて, 弱々しい. ❷ (土地が)やせている. ¶～土 jítǔ (やせた土地) / ～田 jítián / 贫～ píngjí (土地がやせている). 〈反〉肥 féi

【瘠薄】jíbó〈形〉(土地が)やせている. ¶～的山坡地 / 山の斜面のやせた土地. ¶家中只有几亩～地 / 家では数ムーのやせた土地しか持っていない. 〈反〉肥沃 féiwò

【瘠田】jítián〈名〉やせた田畑.

鹡(鶺) jí
鸟部10　四 3722₇
全15画 通用

下記熟語を参照.

【鹡鸰】jílíng〈名〉《鳥》セキレイ.

藉 jí
艹部14　四 4496₁
全17画

❶ →狼藉 lángjí ❷ (Jí)姓.
☞ 藉 jiè

踖 jí
足部10　四 6212₇
全17画 通用

〈動〉〈文〉こまたで歩く.

籍 jí
竹部14　四 8896₁
全20画 通用

❶〈名〉書物. ¶书～ shūjí (書籍) / 六～ liùjí (六経) / 古～ gǔjí (古い書物). ❷〈名〉国家や組織への所属関係. ¶国～ guójí (国籍) / 党～ dǎngjí (党籍) / 学～ xuéjí (学籍). ❸〈名〉出生地. 生まれ故郷. ¶祖～ zǔjí (原籍) / 一贯 jíguàn ❹ (Jí)姓.

【籍贯】jíguàn〈名〉本籍地.

【籍没】jímò〈動〉〈旧〉(財産を)記録して没収する. 参考 古代, 犯罪者の財産を記録して没収した.

几(幾) jǐ
几部0　四 7721₀
全2画 常用

〈数〉❶ (数をたずねる疑問詞として用いられる)いくつ. ¶～个人 / 何人ですか. ¶来～天了 / ここに来てから何日になりますか. ¶～何 jǐhé. ¶～时 jǐshí.
❷ (不定の数を示し)いくつか. ～本书 / 何冊かの本. ¶十～岁 / 十数歳. ¶我有～个中国朋友 / 私は中国人の友達が数人います.
☞ 几 jī

"几" vs. "多少 duōshao"
1. "几"はおよその想像がつく数字をたずねる場合に用いられる. 典型的には, 日付や時刻, 子供の年齢など主に一桁の数をたずねる. "多少"は予想がつかない大きな数字をたずねるのに用いられる.
◇你家有几口人？/ ご家族は何人ですか？
中国有多少人口？/ 中国の人口はどれぐらいですか？
◇今天几月几号？星期几？/ 今日は何月何日何曜日？
这个多少钱？/ これはおいくらですか？
厳密に言えば"几月几号"は10以上の数字をたずねることにもなるが, 数の上限が決まっているので"几"が用いられる.
2. "几"は"亿, 万, 千, 百, 十"の前, "十"の後ろにつけて用いることができる.
◇我还有几百块钱 / まだ数百元ある.
3. "几"は量詞を伴うことが必須であるが, "多少"は直接名詞にかかることができる.

【几曾】jǐcéng〈副〉どうして…したことがあろうか. 〈同〉何 hé 曾 用法 反語文に用いる.

【几多】jǐduō〈代〉いくつ. 数量をたずねることば. ¶～人 / 何人? ¶这件行李有～重? / この荷物はどのくらいの重さがあるのか.

【几个】jǐge〈代〉❶ いくつ. いくつの. 個数をたずねることば. ¶有～人报名? / 何名が申し込んでいますか. ❷ 数個. いくつかの. ¶好～人都报名了 / 何人もの人が申し込んでいます.

【几何】jǐhé ❶〈代〉〈文〉どのくらい. "多少 duōshao"のかたい言い方. ¶～价值～? / どれくらいの値打ちですか. ¶曾～时 / ほどなく. すぐ. ¶你说爱情能值～? / 愛情にどれほどの価値があるというのか. ❷〈名〉《数学》幾何学.

【几何级数】jǐhé jíshù〈名〉《数学》❶ 等比級数. 〈同〉等比 děngbǐ 级数 ❷ "等比数列"(等比数列)の旧称.

【几何体】jǐhétǐ〈名〉《数学》立体. 〈同〉立 lì 体

【几何图形】jǐhé túxíng〈名〉《数学》幾何図形. 表現 "图形"とも言う.

【几何学】jǐhéxué〈名〉《数学》幾何学.

【几经】jǐjīng〈副〉何度も. ¶这件事～周折才办成 / この事は何度も曲折を経てやっと実現した.

【几儿】jǐr〈代〉〈方〉いつ. 何日. ¶今儿是～? / 今日は何日? ¶我～答应过你? / いつ約束したっけ.

【几时】jǐshí〈代〉❶ いつ. 時間をたずねることば. ¶你～回来的? / 君はいつ帰ってきたの? ❷ いつでも. どんな時でも.

【几许】jǐxǔ〈代〉どれだけ. "多少"のかたい言い方. ¶不知～ / どれほどか分からない.

己 jǐ
己部0　四 1771₇
全3画 常用

❶〈名〉自分. おのれ. ¶舍～为人 shě～wèi rén (おのれを捨て他人に尽くす) / 知～知彼 bǐ (自分を知り相手を知る). 〈反〉彼 bǐ, 人 rén ❷〈名〉十干の第六位. つちのと. ❸ (Jǐ)姓.

【己方】jǐfāng〈名〉〈文〉自分の側. 当方. ¶先提出～件 / まず当方の条件を提示いたします. 〈反〉对方 duìfāng

【己见】jǐjiàn〈名〉自分の意見. ¶各抒 shū～ / それぞれ自分の考えを述べる. ¶固执 gùzhí～ / 自分の考えに固執する.

【己任】jǐrèn〈名〉〈文〉自分の任務. ¶以天下为～ / 天下のことを自分の務めとする. 表現 "以～为～"の形で使い, おごそかな言い方.

纪(紀) Jǐ
纟部3　四 2711₇
全6画 常用

〈名〉姓. 参考 現在は"Jì"と発音されることが多い.
☞ 纪 jì

虮(蟣) jǐ
虫部2　四 5711₀
全8画 通用

【虮子】jǐzi〈名〉シラミの卵.

挤(擠) jǐ
扌部6　四 5002₄
全9画 常用

❶〈動〉圧力をかけて, しぼり出す. ¶～牛奶(牛の乳をしぼる) / ～牙膏. ❷〈形〉身動きがとれないほどギッシリだ. ❸〈動〉まわりの人や物を押しのけること. ¶排～ páijǐ (他を押しのける).

【挤兑】jǐduì《经济》取り付け騒ぎを起こす. ¶～现款 xiànkuǎn / 银行で取り付けを行う.
【挤对】jǐduì〔方〕無理に従わせる. 強制する.
【挤挤插插】jǐjichāchā〔形〕〔方〕(～的)混み合っているようす. ぎゅうぎゅうだ.
【挤眉弄眼】jǐ méi nòng yǎn〔成〕目くばせする. ¶两个人～, 互通信息 / 二人は目くばせして、情報をやりとりした.
【挤奶】jǐnǎi ❶〔动〕乳をしぼる. ¶给奶牛～ / ウシの乳しぼりをする. ❷〔名〕乳しぼり. 搾乳.
【挤压】jǐyā ❶〔动〕押し出す. 押しつぶす. ¶～汁 / 豆汁をしぼる. ¶～异己 yìjǐ / 自分と対立する者を集団から排除する. ❷〔名〕圧搾. 圧縮.
【挤牙膏】jǐ yágāo〔俗〕率直に話をしようとせず、人に問い詰められて少しずつ話すこと. 由来「練り歯磨きをチューブからしぼり出す」という意味から.
【挤眼】jǐ//yǎn〔动〕ウインクする. ⇨挤眉 méi 弄 nòng 眼
【挤占】jǐzhàn〔动〕本来の用途ではなく、別の用途に使う.

济(濟) jǐ 氵部6 四 30124 全9画 常用

❶〔素〕地名用字. 济水(ホォィ)のこと. 古代にあった河. ❷(JI)姓. 参考 源は今の河南省に発し、今の山東省を経て渤海湾に注いでいた. 現在の黄河下流は、もともと済水の川筋であった. 今日の"河南省济源 Jǐyuán", "山东省济南 Jǐnán", "济宁 Jǐníng", "济阳 Jǐyáng"などは、すべて济水から名付けられたもの.
☞ 济 jì

【济济】jǐjǐ〔形〕〔文〕すぐれた人が大勢いる. ¶人才～ / 人材多数. 人材輩出.
【济济一堂】jǐ jǐ yī táng〔成〕多くの人が一同に会するよう.
【济南】Jǐnán〔地名〕济南(ホォィ). 山東省の省都. "泉城 Quánchéng"とも呼ばれる.

给(給) jǐ 纟部6 四 28161 全9画 常用

〔素〕❶ 供給する. ¶自～自足(自給自足) / 补～ bǔjǐ (補給する) / ～养 jǐyǎng / 配～ pèijǐ (配給する). ❷ 豊富である. 満ち足りている. ¶家～人足(どの家も満ち足りて豊かだ).
☞ 给 gěi

【给付】jǐfù〔动〕給付する. (支払い義務のある金銭を)支払う. 回 交 jiāo 付
【给水】jǐshuǐ〔动〕水を供給する. ¶～站 / 給水ステーション. ¶停止～ / 給水を止める.
【给养】jǐyǎng〔名〕軍隊で人馬を養う物資. ¶补充～ / 給養物資を補充する.
【给予[与]】jǐyǔ〔动〕〔文〕与える. ¶～帮助 / 助ける. ～同情 / 同情する. ¶～我们很大的支持 / 私たちに多大な援助を与える. 反 索取 suǒqǔ 表现 口語の"给 gěi"に当たる.

脊 jǐ 月部6 四 32227 全10画 常用

❶〔素〕背骨. 脊椎(ゥォ). ¶～髓 jǐsuǐ / ～椎 jǐzhuī. ❷〔素〕❶ の形に似たもの. ¶屋～ wūjǐ (棟) / 山～ shānjǐ (山の尾根). ❸ (JI)姓.

【脊背】jǐbèi〔名〕背. 背中.
【脊梁】jǐliang〔名〕〔方〕背. 背中. 回 脊背 jǐbèi
【脊梁骨】jǐlianggǔ〔名〕背骨.
【脊神经】jǐshénjīng〔名〕《生理》脊髄神経.
【脊髓】jǐsuǐ〔名〕《生理》脊髄(ホォィ).
【脊髓灰质炎】jǐsuǐ huīzhìyán〔名〕《医学》ポリオ. 急性

灰白髓炎(ネャィ). 参考 通称は"小儿麻痹症 xiǎo'ér mábìzhèng"(小児麻痺).
【脊索】jǐsuǒ〔名〕《动物》脊索(ホォィ). ¶～动物 / 脊索動物.
【脊柱】jǐzhù〔名〕《生理》脊柱(ホォィ).
【脊椎】jǐzhuī〔名〕《生理》❶ 脊椎(ホォィ). ❷ 椎骨.
【脊椎动物】jǐzhuī dòngwù《生物》脊椎(ホォィ)動物.
【脊椎骨】jǐzhuīgǔ〔名〕《生理》"椎骨"(椎骨ホォィ)の通称.

掎 jǐ 扌部8 四 54021 全11画 通用

〔动〕❶ 引きとどめる. ❷ 持ちこたえる.

鱾(魢) jǐ 鱼部3 四 27117 全11画 通用

〔名〕《鱼》メジナ.

戟(戟) jǐ 卓部4 四 43450 全12画 通用

〔名〕戟(ホォィ). 古代の兵器の一種. 長い棒の先に青銅器製または鉄製の矢尻がついていて、その手前に三日月形の刃がついている.

麂 jǐ 鹿部2 四 00217 全13画 通用

〔名〕《动物》〔®只 zhī〕キョン. 小型のシカの一種. 通称は"麂子 jǐzi".
【麂皮】jǐpí〔名〕"麂子"(キョン. 小型のシカ)のなめし革. ¶"绒面革"(スエード)の俗称.
【麂子】jǐzi〔名〕《动物》〔®只 zhī〕キョン.

计(計) jì 讠部2 四 34700 全4画 常用

❶〔动〕計算する. ¶核～ héjì (見積もる) / 不～其 qí 数 shù (数えられないほど多い) / ～算 jìsuàn. ❷〔素〕温度・時間・分量などをはかる器具. ¶体温～ tǐwēnjì (体温計) / 血压～ xuèyājì (血圧計). ❸〔名〕❶ 条 tiáo 〕考えつかせかた. 計画. ¶妙～ miàojì (うまい考え) / 百年大～ (百年の大計). ❹〔动〕計画する. ¶设～ shèjì (設計する) / ～划 jìhuà. ❺〔动〕思案する, 思い巡らす. ¶～较 jìjiào / 不～成败 chéngbài (成功や失敗を考えない). ❻ (JI)姓. 表现 ❺は, "为 wèi … 计"の形で使われることが多い.

【计步器】jìbùqì〔名〕万歩計.
【计策】jìcè〔名〕〔®条 tiáo〕計略. ¶你有什么好～吗? / 何かよい手だてはありますか. 回 计谋 jìmóu
【计程表】jìchéngbiǎo〔名〕(タクシーの)メーター.
【计程车】jìchéngchē〔名〕〔®辆 liàng〕小型タクシー. 回 出租汽车 chūzūqìchē, 的士 díshì
【计酬】jìchóu〔动〕報酬を計算する. ¶按时间～ / 時間数で報酬を計算する.
【计划】jìhuà ❶〔名〕〔®个 ge, 项 xiàng〕計画. ¶做～ / 計画を立てる. ¶九五～ / 第9次五ヶ年計画. 回 方案 fāng'àn ❷〔动〕計画する. 回 筹划 chóuhuà, 打算 dǎsuàn
【计划单列市】jìhuà dānlièshì〔名〕計画単列市. 参考 国家計画の編成時に省と同等の計画単位として扱われ, 行政的には省の下に位置しながら省レベルの経済活動を行うことができる. 厦门(ホォィ)などがその例.
【计划经济】jìhuà jīngjì〔名〕《经济》計画経済.
【计划生育】jìhuà shēngyù〔名〕計画出産. "一人っ子政策"などが含まれる. 参考 少数民族は対象外. "计生"とも言う.
【计价】jìjià〔动〕価格を算出する.

【计件】jìjiàn 動 出来高で計算する.
【计件工资】jìjiàn gōngzī 名 出来高払いの給料. 反 计时 shí 工资
【计较】jìjiào ❶動(否) あれこれ計算して、こだわる. ¶斤斤 jīnjīn～/細かいことまでいちいちはかりにかける. ¶~个人恩怨 ēnyuàn / 個人的な恩や仇(を)を問題にしない. ❷動 言い争う. ¶我不同你～/ 私はあなたと言い争うたくはない. 同 争论 zhēnglùn 連 ¶以后再作～/後日計画を立て直す. 同 打算 dǎsuan
【计量】jìliàng 動 ❶ はかる. ¶～体温/ 体温を計る. ❷ 見積もる. ¶这个计划是否可行，请～一下/ この計画に見込みがあるかどうか，見積もってください. 同 计算 jìsuàn
【计量单位】jìliàng dānwèi 名 物理量を計る場合の基準となる一定量. 計量単位.
【计量经济学】jìliàng jīngjìxué 名 計量経済学.
【计谋】jìmóu 名 計略. ¶他很善于运用～/ 彼は策略を用いるのがうまい.
【计日程功】jì rì chéng gōng 成 進展が速く、短期間で成功できる. ¶这个举世瞩目 zhǔmù 的大工程可～/ 世界の注目を集めるこの大工事は，日ならずして竣工する.
【计生】jìshēng "计划生育"(計画出産)の略称.
【计生委】jìshēngwěi "计划生育委员会"(計画出産委员会)の略称.
【计时】jìshí 動 時間で計算する. ¶～工资/ 時間給.
【计数】jìshǔ 動 数える. 合計する.
【计数】jìshù 名 統計上の項目数. 計数.
*【计数器】jìshùqì 名《機械》カウンター. 計数器.
*【计算】jìsuàn 動 ❶ 計算する. ¶电子 diànzǐ~机/ コンピュータ. ¶~产值/ 生産高を計算する. ❷ 考える計画する. ¶做事没～/ 仕事をするのに計画がない. ❸ 人をひそかに傷つけようとする. ¶这个人很阴险 yīnxiǎn，老想着～人/ この人はとても険悪で，人を陥れることばかり考えている.
【计算尺】jìsuànchǐ 名 計算尺. 同 算尺
【计算机】jìsuànjī 名《機械》計算機. (特に)コンピュータ.
【计算机安全】jìsuànjī ānquán 名 コンピュータセキュリティ.
【计算机病毒】jìsuànjī bìngdú 名《コンピュータ》コンピュータウイルス. 同 电脑 diànnǎo 病毒
【计算机网络】jìsuànjī wǎngluò 名《コンピュータ》コンピュータネットワーク.
【计算器】jìsuànqì 名 電卓.
【计算中心】jìsuàn zhōngxīn 名 計算センター. コンピューティング・センター.
【计委】jìwěi 名 "计划委员会"(計画委员会)の略.
【计议】jìyì 動 協議する. ¶从长～/(成) 長期的な視点で協議する. ¶二人～已定/ 二人はすでに協議して取り決めた. 同 商议 shāngyì

记(記) jì 讠部3 四 3771₇ 全5画 常用

❶動 頭で覚える. ¶~忆 jìyì / ~性 jìxing / 牢~láojì (しっかりと覚える). 反 忘 wàng ❷動 書き記す. ¶~录 jìlù / ~帐 jìzhàng / 摘~ zhāijì (メモする) / 登~ dēngjì (登録する). ❸動 書き記した冊子または文章. ¶日~ rìjì (日記) / 游~ yóujì (旅行記) / 《岳阳楼 Yuèyánglóu~》/《岳陽楼の記》. ❹名(~儿)記号. 目じるし. ¶标~ biāojì (しるし) / 暗~儿 ànjìr (秘密の目じるし). ❺(Jì)姓. 用法 ❸は

主に，書名や作品名に用いられる.
【记仇】jì//chóu 動 恨みを抱く. ¶他心胸开阔 kāikuò, 从不~/ 彼は心が広く，決して恨に持ったりしない.
*【记得】jìde 動 覚えている. ¶你还~吧？/ あなたはまだ覚えているでしょう. ¶~那时，你才十岁/ たしか，君はあの時わずか10歳だったね. ⇒记着 jìzhe
【记分】jì//fēn 動 点数を記録する. ¶~牌/ スコアボード. ¶~员/ 点数記録係. スコアラー. ¶~交错上升/ 両者接戦となる.
【记工】jì//gōng 名 作業の時間や量を記録する.
【记功】jì//gōng 動 功績を記録して奨励する. ¶记一等功/ 第一等の功績を記す.
【记挂】jìguà 動 心配する. 気にかける. 同 挂念 niàn
【记过】jì//guò 動 過失を記録に残して処分する. ¶记了一次过/ 一度過失を犯し，記録された. ¶记大过/ 重大な過失として記録に留める.
【记号】jìhao 名〔(圈 处 chù, 个 ge〕目じるし. 記号. ¶给需要注意的地方做个~/ 注意が必要な所にしるしをつける.
【记恨】jìhèn 動 恨みに思う. ¶~在心/ 恨みを抱く. ¶还在为那事~人家呀？/ あのことでまだ人を恨んでいるのか.
*【记录】jìlù 動 ❶ 書き記す. 記録する. ¶~发言/ 発言を記録する. 同 纪录 jìlù ❷名 記録. ¶会议~/ 議事録. ¶~簿 bù / 記録簿. ノート. 同 纪录 jìlù ❸名 記録係. ¶当~/ 記録係になる. 同 纪录 jìlù ❹名〔(圈 个 ge, 项 xiàng〕スポーツなどの記録. レコード. ¶打破~/ 記録を破る. ¶创造新~/ 新記録をうち立てる. 同 纪录 jìlù
【记录片】jìlùpiàn 名(~儿) ドキュメンタリー映画. 同 纪 jì 录片
【记名】jìmíng 動 記名する. サインする. ¶~证券 zhèngquàn / 記名証券. ¶无~投票 tóupiào / 無記名投票.
【记取】jìqǔ (教訓などを)心に刻みつける.
【记认】jìrèn ❶動 見分ける. 思い出す. ❷名(方) 目じるし.
【记事】jì//shì 動 ❶ 記録する. メモを取る. ❷ 歴史上の出来事を記述する.
【记事儿】jìshìr 動 物心つく. ¶那时我只有五岁，才～/ 私がやっと物心ついたのは，5才のことだ.
【记述】jìshù 動 記述する. ¶这篇文章~了他留学的经验/ この文章には，彼の留学時代の経験が記されている. 同 记叙 jìxù
【记诵】jìsòng 動 暗誦する. 暗記する.
【记协】jìxié "新闻工作者[记者]协会"(新聞記者協会)の略.
【记性】jìxing 名 記憶力. ¶他~好/ 彼は記憶力がよい. ¶~比以前差多了/ 記憶力が以前に比べてめっきり衰えた. 同 记忆力 jìyìlì / 忘性 wàngxing
【记叙】jìxù 動 記叙する. ¶这篇回忆录~了他成功的一生/ この回顧録には，彼の成功の一生が書かれている. 同 记述 jìshù
【记叙文】jìxùwén 名 叙述文.
【记要】jìyào 名 要録. ¶研讨会~/ シンポジウム要録. 同 纪 jì 要
*【记忆】jìyì 動 記憶する. 記憶.
【记忆力】jìyìlì 名 記憶力.
【记忆犹新】jì yì yóu xīn 成 記憶にまだ新しい.
【记载】jìzǎi 動 記載する. 記載.
【记帐】jì//zhàng 動 ❶ 記帳する. ❷ 勘定につける. ¶

把这笔开支记我帐上 / この勘定は私につけておいてくれ.

【记账】jì/zhàng 动 ❶ 掛けで売り買いする. ¶要一瓶香槟, 记在我的账上 / シャンパンを1本頼むよ, おれの付けにしておいて.

*【记者】jìzhě [⑯ 个 ge, 名 míng, 位 wèi] 記者. レポーター. ¶～招待会 / 記者会見.

【记着】jìzhe 动 覚えている. ¶你以前说过的话, 我还～呢! / 君が以前言ったことを, 僕はまだ覚えているよ. ⓒ 记得 jìde 用法 "记着"は命令文として使えるが, "记得 jìde"は使えない.

【记住】jì//zhù 动 しっかり記憶する. ¶牢牢 láoláo～/ しっかり覚えておく. ¶我记不住这么多的数字 / こんなに多くの数字が覚えられない.

伎 jì 亻部4 全6画 [四] 2424₇ 通用

❶ 素 腕前. 本領. ¶～俩 jǐliǎng. ⓒ 技 jì ❷ 名 古代, 宮廷などで歌を歌い, 舞を舞う女性.

【伎俩】jìliǎng 名 手口. やり口. ¶骗人的～/ 人をだますやり口. ¶识破 shípò 他的～ / 彼の計略を見破る. ⓒ 手段 shǒuduàn, 手腕 shǒuwàn 表現 不正の手段について言う.

纪(紀) jì 纟部3 全6画 [四] 2711₇ 常用

❶ 素 書き記す. ¶～事 jìshì / ～元 jìyuán / ～传 jìzhuàn (伝記を書き残す). ⓒ 记 jì ❷ 素 長い年数のひと区切り. 紀. 古代では, 12年を1"纪"としていた. ¶世～ shìjì (世紀) / 侏罗～ Zhūluójì (ジュラ紀). ❸ 素 守るべき決まり. ¶军～ jūnjì (軍規) / 违法 wéifǎ 乱～ (法律に背き規律を乱す). ❹ (Jì)姓.

☞ 纪 Jǐ

【纪纲】jìgāng 名 ⊗ 法令. 法律制度. 綱紀.

【纪检】jìjiǎn "纪律检查"(規律検査) の略称.

【纪录】jìlù "记录 jìlù"に同じ.

【纪录片】jìlùpiàn → 记 jì 录片

*【纪律】jìlǜ 名 規律. ¶违反～ / 規律に違反する. ¶铁的～ / 鉄の規律.

【纪年】jìnián ❶ 动 年代を記す. ❷ 名 歴史書の形式の一つ. 年代順に史実を配列したもの. ¶《竹书～》/『竹书纪年』

*【纪念】jìniàn 动 名 記念する. 記念. ¶～邮戳 yóuchuō / 記念スタンプ. ¶这首诗是为～亡妻 wángqī 而做的 / この詩は亡き妻をしのんで作ったものだ. 表現 日本では"記"だが, 中国では"纪"を使うことに注意.

【纪念碑】jìniànbēi 名 記念碑.

【纪念币】jìniànbì 名 記念硬貨.

【纪念册】jìniàncè 名 記念アルバム. 記念ノート.

【纪念馆】jìniànguǎn 名 記念館.

【纪念品】jìniànpǐn 名 記念品.

【纪念日】jìniànrì 名 記念日.

【纪念邮票】jìniàn yóupiào 名 記念切手.

【纪念章】jìniànzhāng 名 記念バッジ.

【纪实】jìshí ❶ 动 真実を記録する. ❷ 名 事実の記録. ¶～文学 / ドキュメンタリー文学. 表現 ②は, 多く文章のタイトルなどに用いる.

【纪事】jìshì ❶ 动 事実を記録する. ❷ 名 [⑯ 篇 piān] 物事の経過や史実を記したもの. ¶～诗 / 叙事詩. 表現 ②は, 多く書名に用いる.

【纪委】jìwěi "纪律检查委员会"(規律検査委員会) の略. ¶中～ / 中国共产党中央纪律检查委员会. 参考 共産党員および党活動の監督組織.

【纪行】jìxíng 名 紀行. ¶黄山～ / 黄山紀行. 表現 多く標題に用いる.

【纪要】jìyào 要点を記したメモ. ¶会谈～ / 会談要録. ¶新闻～ / ニュースダイジェスト. ⓒ 记要 jìyào

【纪元】jìyuán 名 紀元.

【纪传体】jìzhuàntǐ 名 紀伝体. 反 编年体 biānniántǐ 参考 帝王の伝記の"本紀"と臣下の伝記の"列伝"を中心に, 史実を描く歴史書の体裁の一つ. 司馬遷の『史記』に始まる.

荠 jì ⺾部4 全7画 [四] 4440₇ 通用

《植物》荠(き)の古い呼び名.

技 jì 扌部4 全7画 [四] 5404₇ 常用

❶ 素 技能. 腕前. ¶～术 jìshù / ～艺 jìyì / 口～kǒujì (声帯模写) / 杂～ zájì (雑技) / 一～之 zhī 长 cháng (一芸に秀でる). ❷ (Jì)姓.

【技法】jìfǎ 名 芸術などの技法.

【技改】jìgǎi "技术改革"(技術改革) の略.

【技工】jìgōng [⑯ 个 ge, 名 míng] 専門技術をもった労働者.

【技工学校】jìgōng xuéxiào 名 技術労働者を養成する専門学校. 参考 二年制で, 働きながら学習する. "技校"とも言う.

【技击】jìjī 名 武術の技. ¶精于～ / 武術に長けている.

【技能】jìnéng 名 技能. 腕前. ¶～低下 / 技能が下がる. ¶需要一定的～ / ある程度の技能が要る. ¶～考试 / 技能試験. ⓒ 技艺 jìyì 比較 1) "技能"は基本的な能力を指し, "技艺 jìyì"は熟練したテクニックを指す. 2) "技能"は実際に何かを取り扱う場合の技術を指し, "技巧"は芸術・工芸・スポーツなどに用いる.

【技巧】jìqiǎo 名 ❶ 技巧. わざ. テクニック. ¶～很高 / わざのレベルが高い. ¶运用～ / 技巧を用いる. ❷《スポーツ》床運動. アクロバチックス. ¶～比赛 / アクロバチックス競技会. 表現 ②は, "技巧运动 yùndòng"とも言う. ⓒ 技能 jìnéng

【技巧运动】jìqiǎo yùndòng 名《スポーツ》床運動. アクロバチックス.

【技穷】jìqióng 动 手段が尽きる. ¶他花样儿多, 几乎没有～的时候 / 彼はいろんな手を使い, 手が尽きることはほとんどない.

【技师】jìshī [⑯ 个 ge, 名 míng, 位 wèi] 技術者. また, エンジニアの職階の一つ. 初級工程師または高級技術員に当たる.

【技士】jìshì 名 技術者. 技師. 参考 技術職の職名の一つで, "工程师"(エンジニア) よりランクは下.

*【技术】jìshù ❶ 名 [⑯ 门 mén, 项 xiàng] 技術. ¶钻研 zuānyán～ / 技術を研鑽する. ¶从国外引进新～ / 国外から新しい技術を導入する. ❷ 機械設備. ¶这个厂的～很先进 / この工場の生産設備は進んでいる.

【技术壁垒】jìshù bìlěi 名《貿易》技術障壁.

【技术革命】jìshù gémìng 名 技術革命.

【技术革新】jìshù géxīn 名 技術革新. ⓒ 技术改 gǎi 革

【技术科学】jìshù kēxué 名 応用科学. ⓒ 应用 yìngyòng 科学

【技术性】jìshùxìng ❶ 名 形 技術性. 技術的な. ❷ 形 枝葉末節の.

【技术学校】jìshù xuéxiào 名 技術者養成学校. 実業に従事するための知識や技術を授ける中等専門学校. 参考

技术移民・技术员・技术装备・技术学校・技痒・技艺・系・系上・忌・忌辰・忌惮・忌妒・忌讳・忌刻[克]・忌口・忌日・忌食・际・际会・际遇・际遇

【技术移民】jìshù yímín 动 文化・芸術・技術などの分野の特長を生かして移民する. また, その人.

*【技术员】jìshùyuán 名〔量 个 ge, 名 míng, 位 wèi〕熟練工. 熟達者. ¶农业~/農業技術の熟達者. 参考 技術職の職名の一つ. "工程师"(エンジニア)の指導監督の下で一定の技術を要する仕事をする.

【技术装备】jìshù zhuāngbèi 名 生産設備.

【技校】jìxiào 名 "技术学校"(技術者養成学校)または"技工学校"(技術工業成学校)の略.

【技痒】jìyǎng 动 腕前を発揮したくてうずうずする. ¶他不觉~/彼は思わず腕がむずむずした.

【技艺】jìyì 名 高度な技や腕前. ¶~高超/腕前が抜きん出ている. ¶连老师傅们都夸 他好~/ベテランたちさえも, みな彼の技術をほめる.

系(繫) jì

系部1 四 2090₃ 全7画 常用

动 結ぶ. しめる. ¶把鞋带 xiédài ~上 (靴ひもを結ぶ). ⇔ 解 jiě
☞ 系 xì

【系上】jìshang 动 ひもなどを結ぶ.

忌 jì

己部4 四 1733₁ 全7画 常用

❶ 素 ねたむ. 嫌う. ¶~刻 jìkè / 猜 ~ cāijì (疑い深い). ❷ 素 恐れる. ¶~惮 jìdàn / 顾 ~ gùjì (懸念する). ❸ 动 習慣や風俗などから, よくないとして避ける. いむ. ¶~讳 jìhuì / ~生冷 shēnglěng (生ものや冷えた食べ物を避ける). ❹ 动 (酒やタバコを)やめる. ¶~酒 jìjiǔ (禁酒する) / ~烟 jìyān (タバコをやめる) / ~口 jìkǒu. ❺ (Jì)姓.

【忌辰】jìchén 名 命日. 同 忌日 jìrì

【忌惮】jìdàn 动 恐れはばかる. ¶肆 sì 无~/ 成 少しもはばかることなく, やりたい放題にする.

【忌妒】jìdu 动 ねたむ. ¶~心/嫉妬心. 妒忌 dùjì, 嫉妒 jídù

【忌讳】jìhuì 动 ❶ 忌み避ける. ¶他很~说"死"字/彼は"死"ということばを口にしない心がけている. ❷ (不利になりそうなことを)極力避ける.

【忌刻[克]】jìkè 形 嫉妬深くて意地悪だ. ねたみと悪意に満ちている.

【忌口】jì/kǒu 动 病気の時など, 体に悪いものを食べない. ¶他只忌过一天口/彼は体にさわるものを一日ひかえただけだ. 同 忌嘴 jìzuǐ

【忌日】jìrì 名 命日.

【忌食】jìshí 动 (健康や宗教上の理由などから)特定の食べ物を避ける.

际(際) jì

阝部5 四 7129₁ 全7画 常用

❶ 素 へり. 境目. ¶边~ biānjì (果て) / 水~ shuǐjì (水辺) / 一望无~ (見渡すかぎり果てしない). ❷ 素 お互いの間. ¶国~ guójì (国際) / 校~比赛 (対抗試合). ❸ 名 ("…之际 zhījì"の形で) (…の)時. ¶临之~ (別れの時に). ❹ 前 …にあたって. ¶~此盛会 shènghuì (このように盛大な集まりに際して).

【际会】jìhuì 动 巡り会う. 出会う. 邂逅(ぎ)する. ¶风云~/ 成 情勢が有利になる.

【际涯】jìyá 名 際限. 果て. 同 边 biān 际

【际遇】jìyù 文 ❶ 动 (相手に)めぐり会う. ❷ 名 時の幸. めぐりあわせ.

妓 jì

女部4 四 4444₇ 全7画 次常用

名 娼妓. 遊女. ¶~女 jìnǚ / 娼~ chāngjì (娼妓).

【妓女】jìnǚ 名 娼妓.

【妓院】jìyuàn 名〔量 家 jiā〕妓楼.

季 jì

禾部3 四 2040₇ 全8画 常用

❶ 素 兄弟の序列で, 四番目または一番下. ¶伯 bó 仲 zhòng 叔 shū ~(兄弟の長幼の序列) / ~弟 jìdì (末弟). ❷ 素 ある期間のいちばん最後. ¶~世 jìshì / ~春 jìchūn / 清~ Qīngjì (清朝末期). ❸ 素 1年を春夏秋冬の4つに分けたもの. 一"季"は3ヶ月. ❹ 名 (~儿)盛んな時期. ¶雨~ yǔjì (雨季) / 旺~ wàngjì (最盛期) / 西瓜~儿(スイカの出盛り期). ❺ (Jì)姓.

【季春】jìchūn 名 春の最後の月. 旧暦3月.

【季冬】jìdōng 名 冬の最後の月. 旧暦12月.

【季度】jìdù 名〔量 个 ge〕3ヶ月をまとまりとする期間. 四半期. ¶~预算 yùsuàn / 四半期予算. ¶每~统计一次/四半期ごとに統計をとる.

【季风】jìfēng 名 季節風. 同 气候 jìhòu 风

【季风气候】jìfēng qìhòu 名〔气象〕季節風気候.

【季候】jìhòu 名 季節. 気候.

*【季节】jìjié 名〔量 个 ge〕季節. ¶农忙~/農繁期. ¶农闲~/農閑期. ¶~洄游 huíyóu /魚の季節回遊. ¶节令 jiélìng, 时节 shíjié, 时令 shílìng

【季节工】jìjiégōng 名 季節労働者.

【季节性】jìjiéxìng 形 季節的な. ¶~变化/季節変化.

【季军】jìjūn 名 (スポーツ競技や試験の)第3位.

【季刊】jìkān 名 (雑誌の)季刊. クォータリー.

【季母】jìmǔ 名 文 叔母. 婶 shěn 母, 叔 shū 母

【季秋】jìqiū 名 秋の最後の月. 旧暦9月.

【季世】jìshì 名 世紀末. ある時代の末期.

【季夏】jìxià 名 夏の最後の月. 陰暦6月.

剂(劑) jì

刂部6 四 0220₀ 全8画 常用

❶ 素 処方にもとづいて配合した薬. ¶药~ yàojì (薬剤) / 调~ tiáojì (薬物を調合する) / 针~ zhēnjì (注射剤) / 丸~ wánjì (丸薬). ❷ 量 せんじ薬を数えることば. ¶一~中药 (漢方薬一服).

【剂量】jìliàng 名〔医学〕薬品の使用量. 化学試薬や治療用の放射線などの量にも言う.

【剂型】jìxíng 名〔医学〕〔量 个 ge, 种 zhǒng〕薬品の形.

【剂子】jìzi 名〔料理〕饅頭や餃子の皮を作るとき, 小麦粉を練ってのばし, 一個分ずつ小分けにした物.

垍 jì

土部6 四 4610₂ 全9画 通用

名 文 硬い土.

荠(薺) jì

艹部6 四 4422₄ 全9画 次常用

❶ 下記熟語を参照. ❷ (Jì)姓.
☞ 荠 qí

【荠菜】jìcài 名〔植物・薬〕〔量 棵 kē〕ナズナ. 食用のほか, 解熱や止血などの薬用にする.

迹(蹟, 蹟) jì

辶部6 四 3030₃ 全9画 常用

素 ❶ 後に残されたしるし. ¶足~ zújì (足あと) / 笔~ bǐjì (筆跡) / 踪~ zōngjì (足どり). ❷ 昔の人が残し

洎济既觊继偈 jì

た建築物や器物. ¶古~ gǔjì (旧跡) / 陈~ chénjì (過去の事物) / 史~ shǐjì (史跡). ❸ 行いのあと. ¶ 事~ shìjì (事跡) / 行~ xíngjì (行跡).

【迹地】jìdì 名《林業》伐採後、まだ植林していない土地.
【迹象】jìxiàng 名形跡. 兆候. 可疑~ / 疑わしい形跡. ¶他的病没有一点儿好转的~ / 彼の病気は、少しも好転する兆しがない.

洎 jì
氵部6 四 3610₂
全9画 通用
动 (…に)至る. 及ぶ. ¶自古~今(昔から現在に至るまで).

济(濟) jì
氵部6 四 3012₄
全9画 常用
❶ 素 困っている人を助ける. ¶扶 fú 危~困(危難や危機から救う) / 救~金(救済金) / 接~ jiējì (二つの援助をする). ❷ 素 利益をもたらす. ¶无~于事(何の役にも立たない) / 假 jiǎ 公~私(公の名義を借りて、個人的な利益を得る). ❸ 素 川を渡る. ¶同舟 zhōu 共~(同じ舟で渡る). ❹ (Jì)姓.
☞ 济 jǐ

【济困扶危】jì kùn fú wēi 成 困難や危険に瀕した者を救う. 同扶危済困
【济贫】jìpín 动 貧しい人を救う. ¶劫富 jiéfù~ / 富める者から奪い、貧しい者を助ける.
【济世】jìshì 动 人々を救済する.
【济事】jìshì 动 役に立つ. ¶他太年轻,去了也不~ / 彼は若すぎて、行っても役には立たない. 用法 多く否定文で用いる.

既 jì
无部5 四 7171₂
全9画 常用
❶ 副 すでに…だ. ¶~成事实(既成事実) / ~往 wǎng 不咎 jiù / 食~ shíjì (皆既食). ❷ 接 …したからには. ¶~说就做(言ったからには実行する). ❸ 副 二つの事柄が並列していることをあらわす. ¶~高又大(高くて大きい). ❹ (Jì)姓. 用法 ❷は、文の前節の主語の後に置き、後節の "就 jiù"や"则 zé"と呼応させる. ❸は、"且 qiě"や"又 yòu"とともに用いる.

【既得利益】jìdé lìyì 名 すでに得た利益.
【既定】jìdìng 形 すでに確定している.
【既定方针】jìdìng fāngzhēn 名 すでに決まった方針. ¶按~实行 / 既定の方針に従って実施する.
【既而】jì'ér 文 やがて. ¶大家收拾好,上床睡下~鼾声 hānshēng 四起 / 皆は片付けをし、床に入って寝た. やがて、あちこちからいびきが聞こえてきた. 用法 文頭あるいは後半の句の初めに置く.
*【既然】jìrán 接 …である以上は. ¶答应了,就该去做 / 承諾したのだから、やるべきだ. 用法 多く、"就 jiù"、"也 yě"、"还 hái"などと呼応する.
【既是】jìshì 接 …である以上は. ¶~如此,就不必再说了 / それならば、もう言わなくていい. 同既然 jìrán
【既往】jìwǎng ❶ 过去. ¶一如~ / 今まで同じように. ¶我们将一如~支援 zhīyuán 贫困地区的发展 / 我々は引き続き貧困地域の発展を支援する. ❷ 过去のできごと. 昔やったこと.
【既往不咎】jì wǎng bù jiù 過ぎ去ったことは追求しない. 水に流す. ¶过去的一切~ / 今までのことはすべて水に流す. 同 不咎既往 由来 『論語』八佾篇に見えることば.
*【既…也…】jì…yě… 二つの事柄を累加的に並べる. …だけでなく…も. …であり、かつ…だ. (否定の場合は)…も

ないし…もない. ¶他既懂英语也懂日语 / 彼は英語も分かるし日本語も分かる. ¶他既不哭也不叫 / 彼は泣きもわめきもしない.
*【既…又…】jì…yòu… …であり、かつ…でもある. …であるかつ…でもある. ¶这家饭店的菜既好吃又便宜 / このレストランの料理は安くておいしい. ¶他干起活来既快又好 / 彼が仕事をすると、速いし、きちんとやる.

觊(覬) jì
见部6 四 2771₂
全10画 通用
素 文 手に入れたいと思う. ¶~幸 xìng 名位(名誉や地位を欲しがる) / ~觎 jìyú.
【觊觎】jìyú 动 文 分不相応なことを望む. 高望みする. ¶~非分 fēifèn / 分不相応なものを望む.

继(繼) jì
纟部7 四 2911₉
全10画 常用
❶ 素 前から受け継ぐ. 後に続ける. ¶~续 jìxù / ~任 jìrèn / ~承 jìchéng / 相~ xiāngjì (相継ぐ) / 前仆后 pū hòu~(前の人の屍骸を乗り越えて後から続く). ❷ 接 文 続いて. ❸ (Jì)姓.
【继承】jìchéng 动 ❶(遺産を)相続する. ¶~遗产 yíchǎn / 遺産を相続する. ❷(前人のすぐれたものを)受け継ぐ. ¶~前人的研究成果 / 先人の研究成果を受け継ぐ.
【继承法】jìchéngfǎ 名《法律》相続法.
【继承权】jìchéngquán 名《法律》相続権.
【继承人】jìchéngrén 名 ❶《法律》相続人. ❷(前人の事業の)継承者.
【继电器】jìdiànqì 名《電気》継電器. リレー.
【继而】jì'ér 副 続いて. ¶他先取得一项冠军,~打破一项世界纪录 / 彼はまず金メダルをとり、続いて世界記録を破った.
【继父】jìfù 名 継父. まま父.
【继进】jìjìn ❶ 动 (軍隊などが)引き続き前進する. ❷ 副 その後に. 同随后 suíhòu
【继母】jìmǔ 名 継母. まま母.
【继配】jìpèi 名 後添え. 後妻. 同继室 jìshì
【继任】jìrèn 动 任務を引き継ぐ. ¶~者 / 後継者. ¶他的工作由你~ / 彼の仕事はあなたに引き継がれる.
【继室】jìshì 名 继配. 同继配 jìpèi
【继嗣】jìsì ❶ 文 动 養子になる. ¶他二岁的时候,~给大伯 dàbó 了 / 彼は2歳の時、伯父の養子になった. 同过继 guòjì ❷ 名 後継者.
【继往开来】jì wǎng kāi lái 成 先人の業を継ぎ、前途を開く.
【继位】jì//wèi 动 王位を継承する.
【继武】jìwǔ 动 先人の事業を受け継ぐ. 由来 "武"は、"足跡"の意.
*【继续】jìxù ❶(活動を)継続する. ¶~不停 / 休まず続ける. ¶~工作 / 引き続き働く. ¶~我们的讨论吧! / 討論を続けよう. 同 持续 chíxù,接续 jiēxù 反 停止 tíngzhǐ,中断 zhōngduàn ❷ 名 継続.
【继续教育】jìxù jiàoyù 现職教育. 継続教育.
【继子】jìzǐ ❶ 養子に迎えた息子. ❷ 再婚した配偶者の息子. 連れ子.

偈 jì
亻部9 四 2622₇
全11画 通用
名《仏教》仏や、仏の教えをほめたたえる韻文体の経文. 四句からなる. 偈("). ♦ᵍᵃᵗʰᵃ gāthā.
☞ 偈 jié

祭 jì 示部6 四 2790₇ 全11画 次常用

❶[素] 葬儀．葬式．¶～奠 jìdiàn / ～坛 jìtán / 公～ gōngjì（公葬する）．❷[动] 祖先や神などを祭る．¶～祖 jìzǔ / ～天 jìtiān（天を祭る）．
【祭奠】jìdiàn [动] 死者を追悼する儀式を行う．
【祭礼】jìlǐ [名] ❶ 神や先祖，死者などを祭る儀式．❷ ①に用いる供え物．
【祭品】jìpǐn [名] 祭祀の供え物．
【祭器】jìqì [名] 祭器．
【祭扫】jìsǎo [动] 墓参りをする．
【祭祀】jìsì [动] 神仏や祖先を祭る．¶～祖宗 / 祖先を祭る．¶～山川 / 山川を祭る．
【祭坛】jìtán [名] 祭壇．
【祭文】jìwén [名]〔(量) 篇 piān〕神や死者に向かって読み上げる文．祭文．
【祭灶】jì//zào [动] 旧暦の12月23日または24日にかまどの神を祭る．
【祭祖】jìzǔ [动] 祖先を祭る．¶清明～是中国人的习俗 / 清明節に祖先を祭るのが中国人の習わしだ．

悸 jì 忄部8 四 9204₇ 全11画

[素] どきどきする．¶～栗 jìlì（恐れて震える）/ 惊～ jīngjì（驚いてどきどきする）/ 心有余 yú～（思い出すと今でも恐しい）．
【悸动】jìdòng [动] ❶ 不安で胸がどきどきする．❷ 胸が高鳴る．

寄 jì 宀部8 四 3062₁ 全11画 常用

❶[动]（物を）預ける．¶～放 jìfàng．❷[素] 何かに依存する．¶～居 jìjū / ～生 jìshēng / ～人篱 lí 下．❸ [动] 人に頼んで届けてもらう．現在では，郵便に用いられる．¶～信 jìxìn / ～包裹 bāoguǒ（小包を郵送する）．❹（Jì）姓．
【寄存】jìcún [动] 荷物を一時的に預ける．(同) 寄放 jìfàng, 存放 cúnfàng．
【寄存器】jìcúnqì [名]《コンピュータ》レジスタ．
【寄递】jìdì [动]（郵便物を）配達する．
【寄放】jìfàng [动] 荷物を一時的に預ける．(同) 寄存 jìcún.
【寄费】jìfèi [名] 郵便料金．
【寄给】jìgěi [动] …に送付する．¶通知已经～他了 / 通知はすでに彼に出した．
【寄件人】jìjiànrén [名] 郵便の差出人．(反) 收件人 shōujiànrén．
【寄居】jìjū [动] 長く он 郷あるいは他人の家に住む．¶～他乡 / 異郷に住む．(同) 客居 kèjū, 旅居 lǚjū．
【寄居蟹】jìjūxiè [名]《動物》ヤドカリ．(同) 寄居虾 xiā．
【寄卖】jìmài [动] 委託販売する．¶～商店 / 委託販売店．(同) 寄售 jìshòu．
【寄去】jìqù [动] 送付する．¶你要的资料明天就～/ ご希望の資料は，明日郵送します．
【寄人篱下】jì rén lí xià (成) 人に頼って生活する．居候する．¶～的酸甜苦辣只有自己知道 / 居候の身の気持ちは，自分にしか分からない．(由来)『南史』張融伝に見えることば．
【寄上】jìshàng [动](文) ご送付する．差し上げる．¶～拙稿 zhuōgǎo 一份, 请斧正 fǔzhèng / 拙稿を一部送らせていただきます．ご斧正のほど，よろしくお願いします．(反) 寄下 jìxià．
【寄身】jìshēn [动](文) 身を寄せる．(同) 托 tuō 身．
【寄生】jìshēng [动] ❶ 寄生する．❷ 自分は働かず，人に頼って生活する．
【寄生虫】jìshēngchóng [名] ❶ 寄生虫．❷ 自分で働かず，人に頼って生活する人のたとえ．
【寄生蜂】jìshēngfēng [名]《虫》ヤドリバチ．寄生バチ．
【寄售】jìshòu [动] 委託販売する．(同) 寄卖 jìmài．
【寄宿】jìsù [动] ❶ 宿を借りる．❷ 借宿 jièsù ❷ 学生が学校の宿舎に寄宿する．¶～学校 / 寄宿制の学校．(反) 走读 zǒudú．
【寄宿生】jìsùshēng [名] 寄宿生．
【寄托】jìtuō [动] ❶ 預ける．(同) 托付 tuōfù ❷（理想や希望などを）人や事物に托す．¶不要把希望．在别人身上 / 願いを他人に託してはならない．(同) 寄予 jìyǔ．
【寄信】jì//xìn [动] 手紙を出す．(同) 发信 fāxìn．
【寄信人】jìxìnrén [名] 差し出し人．
【寄养】jìyǎng [动] 他家へ里子に出す．¶把女儿～在朋友家 / 娘を友人の家に預け育ててもらう．
【寄予～于】jìyǔ [动] 希望や感情などを託す．¶他对儿子～了很大的希望 / 彼は息子に大いなる希望を抱いた．(同) 寄托 jìtuō ❷ 同情や関心などを寄せる．¶～无限同情 / 限りない同情を寄せる．(同) 给予 jǐyǔ．
【寄语】jìyǔ [名](相手に）言い伝える．❷ [名]（相手に）伝えたいことば．希望などを込めた文章．
【寄寓】jìyù [动](文) "寄居 jìjū"に同じ．
【寄主】jìzhǔ [名]《生物》寄生生物の宿主．(同) 宿主 sùzhǔ．

寂 jì 宀部8 四 3094₇ 全11画 次常用

[素] ❶ 静かでひっそりしている．¶～静 jìjìng / ～然 jìrán / 沉～ chénjì（静かだ）/ 万籁 lài 俱 jù～（静り返る）．❷ 孤独で寂しい．¶孤～ gūjì（寂しい）/ 寞 jìmò．
【寂静】jìjìng [形] 静まり返っている．¶会场突然～下来了 / 会場が突然しいんとした．¶深夜非常～ / 夜中は格別静かだ．(同) 沉寂 chénjì, 静寂 jìngjì, 幽静 yōujìng．
【寂寥】jìliáo [形] 閑散としている．うら寂しい．
【寂寞】jìmò [形] ❶ ひとりぼっちで寂しい．❷ 静まり返ってもの寂しい．¶～的原野 / ひっそりと静まり返った平原．
【寂然】jìrán [形] 静かでひっそりしている．¶公园里～无声 / 公園はひっそりとして声なし．

绩(績)(異) 勣❷) jì 纟部8 四 2518₂ 全11画 常用

❶[动] 麻をつむぐ．¶纺～ fǎngjì（紡績）/ ～麻（麻をつむぐ）．❷[素] 成果．¶成～ chéngjì（成績）/ 功～ gōngjì（功績）．
【绩差股】jìchàgǔ [名]《経済》投資対象として優良でない株式．低位株や無配当株など．(同) 绩劣 liè 股．
【绩效】jìxiào [名] 功績．成果．
【绩优股】jìyōugǔ [名]《経済》優良株．(同) 蓝筹 lánchóu 股．

塈 jì 土部9 四 7110₄ 全12画 通用

[动] ❶ 屋根に土を塗る．❷ 休む．❸ 取る．

蓟(薊) jì 艹部10 四 4412₀ 全13画 通用

[名] ❶《植物・薬》アザミ．(同) 大蓟 dàjì ❷ (Jì) 蓟（州）．古代の地名．周代から春秋戦国時代，燕の国の首都．現在の北京市街の西南部に当たる．❸ (Jì) 姓．

霁(霽) jì 雨部6 四 1022₄ 全14画 通用

❶ 動 文 雨や雪が上がる. ¶雪～(雪がやむ)／光风~月(雨がやんだ後の風と月. 気持ちがすがすがしいこと). ❷ 動 文 怒りがしずまる. ¶～颜 jìyán (怒りがしずまった顏)／色～ sèjì (怒りがしずまる). ❸《Jì》姓.

跽 jì
足部7 [四] 6713₁
全14画 通用

動 文 上半身をまっすぐに伸ばしてひざまずく.

鲚（鱭） jì
鱼部6 [四] 2012₄
全14画 通用

名《魚》エツ. 俗称は"凤尾鱼 fèngwěiyú".

暨 jì
无部10 [四] 7110₆
全14画 通用

❶ 接 および. …と…. ¶北京市～海淀 Hǎidiàn 区举办纪念活动(北京市と海淀区が共に記念の催しを開く). 同 和 hé, 及 jí, 与 yǔ ❷ 副 …まで. ¶～今 jìjīn (今まで). ❸《Jì》姓. 表現①は, 催し物の主催者などを連記する時に使われることが多い.

稷 jì
禾部10 [四] 2694₇
全15画 通用

名 ❶ 古代の穀物の一種. 一説には"黍 shǔ" (キビ)の一種, また一説には"粟 sù" (アワ)の一種とされる. ❷ 穀物の神. ¶社～ shèjì (国家). ❸《Jì》姓. 由来 ②は, 古代, "稷"はすべての穀物の中でいちばん尊いとされていたので, 皇帝や王は"稷"を穀物の神として祭ったことから.

鲫（鯽） jì
鱼部7 [四] 2712₀
全15画 次常用

名《魚》フナ.
【鲫鱼】jìyú 名《魚》フナ.

髻 jì
髟部6 [四] 7260₁
全16画 通用

名 結い上げたまげ. ¶高～ gāojì (結い上げたまげ)／发～ fàjì (まげ)／蝴蝶 húdié ～ (蝶の形に結い上げたまげ).

冀 jì
八部14 [四] 1280₁
全16画 次常用

❶ 動 文 こいねがう. ¶～求 jìqiú (手に入れたいと思う)／～盼 jìpàn (希望する)／希～ xījì (こいねがう). ❷ 名《Jì》河北省の別称. 冀(°). ❸《Jì》姓.
【冀望】jìwàng 動 文 希望する. 同 期望 qīwàng, 希冀 xījì, 希望 xīwàng

穄 jì
禾部11 [四] 2799₁
全16画 通用

名《植物》ウルチキビ. またその実. 同 穄子 jìzi

罽 jì
罒部12 [四] 6022₁
全17画 通用

名 文 フェルトのような毛織物. ¶～帐 jìzhàng (毛織のとばり).

檵 jì
木部14 [四] 4291₃
全18画 通用

下記熟語を参照.
【檵木】jìmù 名《植物》トキワマンサク.

骥（驥） jì
马部16 [四] 7218₁
全19画 通用

名 文 ❶ すぐれた馬. ❷ すぐれた人.

jiā ㄐㄧㄚ [tɕiA]

力部3 [四] 4600₀

加 jiā
全5画 常用

❶ 動 二つ以上の物や数をあわせる. 加える. ¶～法 jiāfǎ／二～三等于五(2たす3は5). 反 减 jiǎn ❷ 動 もとの数量よりも多くなる. または, 程度が高くなる. ¶～大 dà／～强 jiāqiáng／增～ zēngjiā (増加する). ❸ 動 付け足す. ¶～引号(引用符号を書き加える)／～注解 zhùjiě (注釈をつける). ❹ 動 処置をする. ¶以～解决(解決する)／严～管束 guǎnshù (厳しく拘束する). ❺《Jiā》姓.
【加班】jiā//bān 動 残業する. ¶～费／残業手当.
【加班加点】jiābān jiādiǎn 句 ❶ 残業する. ❷ (輸送機関などの)運行回数を特別に増便する.
【加倍】jiā//bèi 動 倍増する. もともとの分量と同じ分が増える. ¶产量～／生産高が倍増する. ❷ 比去年加了一倍／去年の2倍になった. ❷ jiābèi 形 さらにいっそう. ¶～努力／さらにいっそう努力する.
【加车】jiāchē 名 ❶ 臨時バス. 臨時電車. ❷ 動 臨時バスや臨時電車を出す. ¶春运期间, 都要～／旧正月の帰郷の時期には, 毎年臨時列車が出る.
【加成】jiāchéng 名《化学》付加反応. 添加反応. ¶～化合物／付加化合物.
【加大】jiādà 動 大きくする.
【加德满都】Jiādémǎndū《地名》カトマンズ(ネパール).
【加点】jiā//diǎn 動 残業する. ¶加班～／時間外労働をする. 残業する.
【加碘盐】jiādiǎnyán 名 ヨウ素添加食塩. 参考 大陸内部に多く見られるヨウ素欠乏症を防ぐのに使われる.
【加尔各答】Jiā'ěrgèdá《地名》カルカッタ(インド).
【加法】jiāfǎ 名《数学》足し算. 反 减法 jiǎnfǎ
【加分项】jiāfēnxiàng 名 プラス項目.
【加封】jiā//fēng 動 ❶ 封(家や部屋などを)封印する. ❷ jiāfēng 動 身分や領地を加増する.
【加高】jiāgāo 動 高くする.
*【加工】jiā//gōng 動 ❶ 加工する. ¶来料～／受託加工する. ¶～厂／加工工場. ❷ きれいに仕上げる. ¶请再～一下！／もっときれいに仕上げてください.
【加固】jiāgù 動 補強する. ¶～堤坝 dībà／堤防を補強する.
【加害】jiāhài 動 危害を加える.
【加号】jiāhào 名《数学》プラス記号(＋). 反 减号 jiǎnhào
【加急】jiājí 動 急ぐ.
【加急电报】jiājí diànbào 名 至急電報.
【加价】jiā//jià 動 値上げする.
【加紧】jiājǐn 動 スピードをあげる. 強化する. ¶～生产／生産に拍車をかける. ¶～脚步／足どりを速める. ¶～学习／勉強に力を入れる.
【加劲】jiā//jìn 動 (～儿)力を入れる. ¶～工作／仕事に力を入れる. ¶～干吧, 争取年底完成／がんばって, 年末完成を目指そう.
【加剧】jiājù 動 前よりひどくなる. ¶病势 bìngshì～／病状が悪化する. ¶矛盾～／矛盾が激化する. ¶～双方的对立／双方の対立を激化させる.
【加快】jiākuài 動 ❶ 速度を速める. ¶～步子／步调を速める. 反 放慢 fàngmàn ❷《交通》鉄道で切符を普通車から急行に変更する.
【加宽】jiākuān 動 広くする. ¶～路面／道幅を広げる.
【加拉加斯】Jiālājiāsī《地名》カラカス(ベネズエラ).
【加拉帕戈斯群岛】Jiālāpàgēsī qúndǎo《地名》ガラ

パゴス諸島. 回加拉巴哥 bāgē 斯群岛
- 【加勒比海】Jiālèbǐhǎi《地名》カリブ海.
- 【加里波第】Jiālǐbōdì《人名》ガリバルディ(1807-82). イタリア統一運動の指導者.
- 【加力】jiālì 動❶強化する. ❷(航空機エンジンの)推力増強を行う. アフターバーナーによる再燃焼を行う.
- 【加料】jiāliào 動❶原料を容器に入れる. ❷原料を増量する. 原料を多く使用して質を高める. ¶~果汁/果汁混合率の高いジュース. ❸家畜のエサに穀物や豆類を増やす.
- 【加仑】jiālún 量ガロン. 英米の容量の単位. ◆gallon
- 【加码】jiā//mǎ 動❶(~儿)値上げをする. ❷賭け金を増やす. ❸ノルマを増やす. ¶我的任务又加了码/私の仕事はいっそうノルマが増えた.
- 【加盟】jiāméng 動加盟する.
- 【加盟店】jiāméngdiàn 名加盟店. フランチャイズ・チェーン.
- 【加密】jiāmì 名《コンピュータ》暗号化.
- 【加冕】jiā//miǎn 動戴冠する. ¶~典礼/戴冠式.
- 【加拿大】Jiānádà《国名》カナダ.
- 【加纳】Jiānà《国名》ガーナ.
- 【加农炮】jiānóngpào 名《軍事》カノン砲. 由来"加农"は英語 cannon の音訳だ.
- 【加蓬】Jiāpéng《国名》ガボン.
- *【加强】jiāqiáng 動強める. ¶~领导/指導を強化する. ¶~语气/了/語気が強まった. ¶~控制/コントロールを強化する. 増強 zēngqiáng 反削弱 xuēruò
- 【加权】jiāquán 動加重する. ¶~平均法/加重平均法.
- 【加热】jiā//rè 動加熱する. ¶~炉 lú/加熱炉. ¶~器/ヒーター.
- 【加入】jiārù 動❶加える. ¶把佐料 zuǒliào~锅内/調味料をなべの中に入れる. ❷加入する. ¶~工会/組合に加入する. ¶~条约/条約に加盟する. ❸参加する cānjiā 反退出 tuìchū
- 【加塞儿】jiā//sāir 動回《口》列に割り込む. ¶大家都在排队,你为什么~?/みんな並んでいるのに、なぜ割り込むんだ?
- 【加上】jiāshàng[-shang] ❶動付け足す. ❷接そのうえ. 加えて.
- 【加深】jiāshēn 動深める. ¶~了解/理解を深める. ¶双方的友谊~了/双方の友情は深まった.
- 【加湿器】jiāshīqì 名加湿器.
- 【加时赛】jiāshísài 名《スポーツ》延長戦.
- 【加数】jiāshù 名(~儿)《数学》加数.
- 【加速】jiāsù 動速度を速める. ¶~发展/発展の速度を速める. ¶~现代化的进程/近代化の歩みを速める. 反減速 jiǎnsù
- 【加速度】jiāsùdù 名《物理》加速度.
- 【加速器】jiāsùqì 名《機械》加速器. アクセレレーター. 粒子加速装置.
- 【加泰罗尼亚】Jiātàiluóníyà《地名》カタルーニャ(スペイン).
- 【加添】jiātiān 動付け加える. ¶~说/付け加えて述べる.
- 【加委】jiāwěi 動(下部組織や民間団体から推薦された公職人員に対して)官庁が委任手続をとる.
- 【加温】jiāwēn 動❶加温する. 温める. ❷奨励する. 盛り上げる.
- 【加薪】jiā//xīn 動給料を上げる. ¶~晋级 jìnjí/昇級

し,給料が上がる.
- 【加压】jiāyā 動加圧する.
- 【加压釜】jiāyāfǔ 名《工業》加圧釜. 回高圧 gāoyā 釜,热压 rèyā 釜
- *【加以】jiāyǐ ❶動…をする. …を加える. ¶~判断/判断をする. ¶~讨论后,再做决定/討論してから決定する. ❷接そのうえ. ¶这种鞋结实 jiēshi 耐穿,~便宜/この靴は丈夫で、そのうえ値段も安い. 用法①は、二音節の動詞の前に置く. 比較"予以 yǔyǐ"は、一般名詞の前に置いて「与える」の意をあらわが、"加以"①にはこの用法はない.
- 【加意】jiāyì 副十分注意して. 特に気をつけて. ¶~保护/特に気を配って保護する. ¶~经营/気をつけて経営に当たる.
- 【加油】jiā//yóu 動❶給油する. ¶~站/ガソリンスタンド. ❷(~儿)がんばる. ¶~干!/がんばれ. ¶小王,~!/王くん、がんばれ. ¶这次没成功,下次加点油吧/今回はうまくいかなかったが、次回はもう少しがんばろう.
- 【加油添醋】jiā yóu tiān cù 成話に尾ひれをつける. 回加油加醋,添油加醋,添枝 zhī 加叶 yè
- 【加之】jiāzhī 接もう一歩進んだ条件や原因をあらわす. おまけに. さらに. ¶她很聪明,~又认真学习,所以成绩一直很好/彼女は頭がいい. その上まじめに勉強するので、今までずっと成績優秀だ.
- 【加重】jiāzhòng 動重くする. ¶责任~了/責任が重くなった. ¶~语气/語気を強める. ¶病势 bìngshì~/病状が重くなる. 反減軽 jiǎnqīng 表現抽象的なことについて言う場合が多い.
- 【加注】jiā//zhù 動注をつける.

夹(夾) jiā
大部3 四 5080。
全6画 常用

❶ 動(両側から)はさむ. ¶~菜(料理を取り分ける)/把相片 xiàngpiàn~在书里(写真を本にはさむ)/两山~一水(二つの山が一本の川をはさんでいる). ❷ 動二つの物の間にある. はさまれている. ¶~道 jiādào. ❸ 動脇の下に抱える. ¶~着书包(カバンをわきにはさんでいる). ❹ 動混じる. ¶~七杂八(話がとりとめもない)/~生 jiāshēng. ❺ 名(~儿)物をはさむ道具. 发~ fàjiā(ヘアピン)/纸~ zhǐjiā(クリップ).
☞ 夹 gā,jiá

- 【夹板】jiābǎn 名[❶副 fù,块 kuài](骨折用の)添え木.
- 【夹板气】jiābǎnqì 慣板ばさみになる. ¶受了不少~/板ばさみになってひどく困った.
- 【夹层】jiācéng 形間に空気や他の物をはさんだ. ¶这道墙是~的/この壁は二重だ.
- 【夹层玻璃】jiācéng bōli 名合わせガラス. 参考安全ガラスの一種で、破損しても破片が散乱しない. 多層の物は防弾用にも用いられる.
- 【夹带】jiādài ❶動こっそりと持つ(中に入れる). ¶严禁~禁运物品/輸出入禁止物品をひそかに持ち込むことを厳禁する. ¶将钱~在信里/金を手紙にしのばせる. ❷名カンニングペーパー.
- 【夹道】jiādào ❶名[❶条 tiáo]左右を壁だにはさまれた狭い道路. ❷動(たくさんの人や物が)道の両側に並ぶ. ¶~欢迎/沿道に立ち並んで歓迎する. ¶松竹~/左右に松や竹が植わっている.
- 【夹缝】jiāfèng 名(~儿)すきま. ¶老鼠钻 zuān 到~里去了/ネズミは壁のすきまに入っていった.
- 【夹攻】jiāgōng 動はさみ打ちにする. ¶受到左右~/

左右からはさみ打ちにされる.
【夹击】jiājī 動 はさみ打ちにする. 回 夹攻 jiāgōng
【夹剪】jiājiǎn 名《道具の》やっとこ.
【夹角】jiājiǎo 名《数学》夹角(ﾅｽｶｸ). ¶内 nèi 角
【夹具】jiājù 名《機械》加工・組み立て・取り付けなどの作業に用いる固定具. ジグ・ホールダー・クランプなど. 回卡 qiǎ 具
【夹克】jiākè 名〔個 件 jiàn〕上着. ¶皮~/皮のジャケット. 回 茄克 jiākè ◆jacket
【夹克衫】jiākèshān 名 "夹克"に同じ.
【夹七夹八】jiā qī jiā bā 成《話が》めちゃくちゃで,筋道が立っていない. ¶说话~,不得要領 / 話に筋道が立っておらず,要領を得ない.
【夹生】jiāshēng 形《食物が》生煮えだ. 転じて,中途半端な. 生半可な. ¶学的功課都是~的 / 取った科目はみんな中途半端だ.
【夹生饭】jiāshēngfàn 名 ❶生煮えで芯の残ったごはん. ❷《比喩として》中途半端なこと. 最後まで完遂できないこと.
【夹丝玻璃】jiāsī bōli 名網状の針金の入ったガラス. ワイヤーガラス.
【夹馅】jiāxiàn 形〈~儿〉あん入りの. ¶~馒头 / あん入りマントウ. ¶~儿饼 bǐng / 野菜などのあんをはさんだ "饼".
【夹心】jiāxīn 形〈~儿〉あん入りの. ¶~饼干 bǐnggān / クリームサンドビスケット. ¶~糖 / 中にジャムなどが入ったアメ. 回 夹馅 jiāxiàn
【夹杂】jiāzá 動混じる. 混ぜる. ¶叫声中~着哭声 / 叫び声の中に泣き声が入り混じっている. 回 掺杂 chānzá
【夹竹桃】jiāzhútáo 名《植物》〔棵 kē〕キョウチクトウ.
【夹注】jiāzhù 名割り注.
【夹子】jiāzi 名〔個 ge〕❶物をはさむ道具. ¶头发 tóufa~ / ヘアピン. ¶皮~ / 革製の紙ばさみ. ❷铁~ / クリップなど,鉄製の "夹子".

伽 jiā
亻部5　四 2620₀
全7画　通用
素外国語の音訳に用いる字.
¶~倻琴 jiāyēqín.
☞ 伽 gā, qié

【伽利略】Jiālìlüè《人名》ガリレオ・ガリレイ(1564-1642). イタリアの物理学者,天文学者.
【伽倻琴】jiāyēqín 名《音楽・民族》カヤグム. 朝鮮族の弦楽器で,形は筝(ｿｳ)に似ている.

茄 jiā
艹部5　四 4446₀
全8画　常用
❶名文 ハスの茎. ❷素音訳用字. ¶~克 jiākè / 雪~ xuějiā（葉巻）.
☞ 茄 qié

【茄克】jiākè 名〔個 件 jiàn〕上着. 回 夹克 jiākè ◆jacket
【茄克衫】jiākèshān 名 "茄克"に同じ.

佳 jiā
亻部6　四 2421₄
全8画　常用
❶形 よい. すばらしい. ¶~音 jiāyīn / ~句 jiājù / 身

体欠 qiàn~（体調がよくない）. 回 好 hǎo ❷素美しい. ¶~人 jiārén / ~丽 jiālì. 回 美 měi ❸《Jiā》姓.
【佳宾】jiābīn 名大事な賓客. 貴賓. 回 嘉 jiā 宾,贵客 guìkè
【佳话】jiāhuà 名美談. ¶传为~ / 美談として伝わる. ¶渐成~ / 次第に美談となる.
【佳绩】jiājì 名優秀な成績. 傑れた業績.
【佳节】jiājié 名美しく楽しい時節. ¶欢度~ / 祝日を楽しく過ごす. ¶祝新春~快乐! / 新春のお喜びを申し上げます.「初春のよき日を楽しくお過ごしください」の意から.
【佳境】jiājìng 名文 すばらしい境地. 佳境(ｶｷｮｳ). ¶渐入~. 成次第に佳境に入る.
【佳句】jiājù 名 よくできた詩句.
【佳丽】jiālì 文 ❶形《容貌や風景が》美しい. ❷名美しい女性.
【佳酿】jiāniàng 名美酒.
【佳偶】jiā'ǒu 名仲むつまじい夫婦. ¶真是一对~! / 実に似合いの夫婦だ.
【佳品】jiāpǐn 名名品. 一級品.
【佳期】jiāqī 名 ❶結婚の日. ❷恋人と会う約束の日や時間.
【佳人】jiārén 名文 美人. ¶才子 cái zǐ~ / 成才子佳人. 反才子 cáizǐ
【佳肴】jiāyáo 名文 うまい料理. ¶美酒~ / うまい酒うまい肴.
【佳音】jiāyīn 名 よい知らせ. ¶静候 jìnghòu~ / 落ち着いてよい知らせを待つ. ¶一有~,立即相告 / よい知らせがあったら,すぐにご報告します.
【佳作】jiāzuò 名〔部 bù,篇 piān〕よくできた作品.

迦 jiā
辶部5　四 3630₀
全8画　通用
素外国の固有名詞や人名の音訳に用いる字. ¶释~牟尼 Shìjiāmóuní（釈迦牟尼(ｼｬｶﾑﾆ)）.

珈 jiā
王部5　四 1610₀
全9画　通用
名古代女性がつけた髪飾りの一種.

枷 jiā
木部5　四 4690₀
全9画　次常用
名首かせ. ¶~锁 jiāsuǒ.

【枷锁】jiāsuǒ 名〔副 fù〕❶首かせと鎖. 回 桎梏 zhìgù ❷束縛と抑圧. 回 桎梏 zhìgù

浃(浹) jiā
氵部6　四 3518₀
全9画　通用
素文 浸みわたる. ¶汗流~背（背中にびっしょり汗をかく）.

痂 jiā
疒部5　四 0016₀
全10画　通用
名《生理》〔個 ge〕かさぶた. ¶结~ jiéjiā（かさぶたができる）.

家 jiā
宀部7　四 3023₂
全10画　常用
❶名家. 家庭. ¶~里 jiāshi / 持~ chíjiā（家事をとりしきる）/ 他~有五口人（彼の家は5人家族だ）. ❷名《住所としての》家. ¶回~（家に帰る）/ 上我~去吧（うちへいらっしゃい）. ❸素他人に対して,自分よりも年齢または世代が上の身内について言うときに用い,謙遜の気持ちをあらわす. ¶~兄 jiāxiōng / ~父 jiāfù（父）. ❹素人に飼われている. ¶~畜 jiāchù / ~禽 jiāqín. 反野

夹竹桃

yě ❺[素] ある職業に従事する人. ある身分の人. ¶农~ nóngjiā(農家) / 船~ chuánjiā(船乗り) / 东~ dōngjia(雇い主) / 行~ hángjiā(くろうと). ❻[素] 専門家. ¶科学~ kēxuéjiā(科学者) / 专~ zhuānjiā(専門家) / 文学~ wénxuéjiā(文学者). ❼[素] 学術の流派. ¶儒~ Rújiā(儒家) / 道~ Dàojiā(道家). ❽[量] 家庭・企業・店などを数えることば. ¶一~人家(ひと家族) / 两~饭馆(2軒のレストラン) / 三~企业(企業が3社). ❾[接尾] ある属性をもった人. ¶姑娘~ gūniángjia(娘) / 小孩子~ xiǎoháizijia(子供). ❿(Jiā)姓.
☞ 家 jie

【家财】jiācái [名] 家の財産. ¶万贯 wànguàn~ / 莫大な財産.
【家蚕】jiācán [名] 蚕. 回 桑蚕 sāngcán.
【家产】jiāchǎn [名] 家の財産. ¶继承~ / 財産を相続する.
【家常】jiācháng [名] 日常の家庭生活.
【家常便饭】jiācháng biànfàn [名] ❶ ふだんの食事. あり合わせの食事. 回 家常饭 ❷ 日常茶飯事. 回 家常饭.
【家常菜】jiāchángcài [名] 普段のおかず.
【家常话】jiāchánghuà [名] 日常の会話. 世間話.
【家长里短】jiā cháng lǐ duǎn [熟] (~儿)家の中のこまごましたこと.
【家丑】jiāchǒu [名] 家庭内のいざこざ. 家の恥.
【家丑不可外扬】jiāchǒu bù kě wàicháng [句] ❶ 家の恥を外で言いふらしてはいけない. ❷ 内部のもめごとを外に漏らしてはいけない.
【家畜】jiāchù [名] 家畜. 回 牲畜 shēngchù.
【家传】jiāchuán [名] 代々家に伝わるもの. ¶~秘方 mìfāng / 家に伝わる秘方.
【家慈】jiācí [名] 母. 回 家母 jiāmǔ. [表現] 他人に対して, 自分の母を謙遜して言うことば.
【家当】jiādàng [名] (~儿)家の財産.
【家道】jiādào [名] 暮らし向き. ¶~小康 / 暮らし向きはまあまあだ. ¶~败落 / 家が落ちぶれる. 回 家境 jiājìng.
【家底】jiādǐ [名] (~儿)家の財産. 会社の資産. ¶~厚 / 財産がとても多い.
【家电】jiādiàn [名] "家用电器"(家庭用電気製品)の略.
【家丁】jiādīng [名][旧] 下僕. 家来.
【家法】jiāfǎ [名] ❶ 代々, 師から弟子へと伝承される理論と方法. ¶~不外传 / 家伝の秘法は外へ漏らさない. ❷ 家のおきて. ❸ 一家の主人が子供や召使いをせっかんするときに用いた道具.
【家访】jiāfǎng [動] 家庭訪問をする. ¶老师每年要~一次 / 先生は年に一度, 家庭訪問をする.
【家风】jiāfēng [名] 家風.
【家父】jiāfù [名] 他人に対して自分の父親を指す謙譲語.
【家规】jiāguī [名] 家のおきて. ¶~很严 / 家のしきたりが大変厳しい. ¶违反~ / 家のしきたりに背く.
【家伙】jiāhuo [名][口] ❶[量 把 bǎ] 道具. 武器. ¶这把~挺好使 / この道具はとても使いやすい. ❷ 像伙 jiāhuo ❸ 家畜. 回 像伙 jiāhuo [表現] ❷は軽んじたり, からかう意味を含む.
【家计】jiājì [名] 家計. 生計. ¶靠父亲一个人维持~ / 父一人の働きで生計を立てている. ¶~艰难 jiānnán / 生計が苦しい.
【家家】jiājiā [名] 家々. ¶这个村~都有电视了 / この村はどの家にもテレビがある.
【家家户户】jiājiāhùhù [名] 家々. 各戸.
【家轿】jiājiào [名] マイカー.
【家教】jiājiào [名] ❶ 家庭のしつけ. ¶~严 / しつけが厳しい. ¶这孩子缺~ / この子はしつけが悪い. ❷ 名 míng, 位 wèi) "家庭教师 jiātíng jiāoshī"(家庭教師)の略称.
【家景】jiājǐng [名] 暮らし向き. 回 家境 jìng.
【家境】jiājìng [名] 暮らし向き. ¶~优裕 yōuyù / 暮らし向きが豊かだ. ¶~贫寒 pínhán / 家の暮らしが貧しく苦しい. ¶~一年比一年好 / 暮らし向きは年ごとによくなる.
【家居】jiājū [動] 仕事がなく, 家でぶらぶらしている.
*【家具】jiājù [名][量 件 jiàn, 堂 táng, 套 tào, 样 yàng] 家具. ¶豪华 háohuá~ / 豪華な家具. ¶添置~ / 家具を置く. 回 像具 jiājù.
【家眷】jiājuàn [名] 妻子. ¶携~南行 / 家族を連れて南へ行く. [表現] 妻だけを言うこともある.
【家君】jiājūn [名] 自分の父.
【家口】jiākǒu [名] 家族. 家族の人数. ¶养活~ / 一家を養う.
【家累】jiālèi [名] 生活の負担や責任. ¶因~太重, 不得不拼命工作 / 家族が多いので, 必死に働かざるを得ない.
【家里】jiālǐ [名] 家. うち. ¶~人 / 家族.
【家门】jiāmén [名] ❶ 家の門. 家. ❷ 自分の家族. 辱没 rǔmò~ / 家族を辱める. ❸ 同じ名字の人. ¶我们都姓张, 说不定是一~呢! / 我々はどちらも「張」だから, 同族かもしれませんよ. ❹ 身上. ¶自报~ / 自己紹介する.
【家母】jiāmǔ [名] 他人に対して自分の母親を指す謙譲語.
【家奴】jiānú [名] 召使い. 奴婢.
【家贫如洗】jiā pín rú xǐ [成] 非常に貧しいこと. 赤貧洗うがごとし.
【家破人亡】jiā pò rén wáng [成] 家も家族も失う. ¶战争使许多人~ / 戦争によって, 多くの人が家や家族を失った.
【家谱】jiāpǔ [名][量 本 běn, 部 bù] 家系図. ¶修 xiū~ / 家系図を作る.
【家雀儿】jiāqiǎor [名][方]《鳥》[量 只 zhī] スズメ. 回 麻雀 máquè.
【家禽】jiāqín [名] 家禽(きん).
【家人】jiārén [名] ❶ 家族. ¶~团聚 tuánjù / 家族はまる. ¶很久未与~联系 / ずいぶん長いこと家族と連絡をとっていない. ❷[旧] 使用人.
【家声】jiāshēng [名][文] 一族の名声.
【家史】jiāshǐ [名] 家の歴史.
【家事】jiāshì [名] ❶ 家事. ❷[方] 暮らし向き.
【家世】jiāshì [名][文] 家系. 家柄.
【家室】jiāshì [名] ❶ 家庭. 夫婦. 家族. ❷[文] 家屋. 住宅. [表現] ❶は, 特に妻を指すこともある.
【家什】jiāshi [量 件 jiàn] 家具や器材. 回 像什 jiāshi.
【家书】jiāshū [名][文][量 封 fēng] 家族からの手紙. 家族への手紙. ¶~抵 dǐ 万金 / 家からの手紙は, 千金に値するほどに嬉しいものだ(杜甫「春望」詩の句). ¶修 xiū~ / 家へ手紙を書く. 回 家信 jiāxìn.
【家属】jiāshǔ [名] (世帯主や労働者本人を除いた)家族. ¶死难者 sǐnánzhě~ / 遺族. [表現] 妻のみを言うこともある.
【家数】jiāshù [名] やりかた. 手法.

【家私】jiāsī 名 家の財産.
**【家庭】jiātíng 名 家庭. ¶〜作业／宿題. ¶温暖的〜／暖かい家庭.
【家庭暴力】jiātíng bàolì 名 家庭内暴力.
【家庭病床】jiātíng bìngchuáng 名 訪問介護. 訪問治療.
【家庭妇女】jiātíng fùnǚ 名 専業主婦.
【家庭影院】jiātíng yǐngyuàn 名 ホームシアター.
【家徒四壁】jiā tú sì bì 成 家が貧しくて家財道具が何一つない. ¶拼命工作了这么多年, 仍〜／何年も必死で働いてきたのに, いまだに貧乏なままだ. 同 家徒壁立 □
【家兔】jiātù 名《動物》飼いウサギ. 反 野 yě 兔
【家务】jiāwù 名 家事. ¶〜活／家事. 料理〜／家事を切り盛りする. ¶夫妻平均分担 fēndān 〜／夫婦で家事を平等に分担する.
*【家乡】jiāxiāng 名 ふるさと. ¶〜话／お国ことば. ¶〜菜／故郷の料理. 同 故乡 gùxiāng, 故土 gùtǔ 反 他乡 tāxiāng
【家小】jiāxiǎo 名 (口) 妻子. 妻だけを言うこともある. ¶把〜留在老家, 一人上京赴任 fùrèn ／妻子を実家に残し, 上京して単身赴任する.
【家信】jiāxìn 名〔封 fēng〕家族からの手紙. 家族への手紙. 同 家书 jiāshū
【家兄】jiāxiōng 名 兄. 表現 他人に対して, 自分の兄を謙遜して言うことば.
【家学】jiāxué 名 ❶ その家に代々伝えられてきた学問. 家学. ❷ 子弟のために家に教師を招いて教育を施す私塾. 同 家塾 shú
【家学渊源】jiā xué yuān yuán 家に伝わる学問の奥深いこと. 由来 『後漢書』孔尽(じん)伝に見えることば.
【家训】jiāxùn 名 家訓. 同 家诫 jiè
【家严】jiāyán 名 ⟨文⟩ 父. 同 家父 jiāfù 表現 他人に対して, 自分の父を謙遜して言うことば.
【家宴】jiāyàn 名 ❶ 個人として設ける宴席. ❷ 一族が内輪で開く宴会. 表現 ①は, "国宴"や"公宴"に対して言う.
【家燕】jiāyàn 名《鳥》(軒下に巣を作る)ツバメ. 表現 ふつうは"燕子"と言う.
【家养】jiāyǎng 形 人間に飼われている. 反 野生 yěshēng
【家业】jiāyè 名 ❶ 家の財産. ¶继承〜／財産を受け継ぐ. ❷ ⟨文⟩ 先祖代々伝えられている事業や学問.
【家蝇】jiāyíng 名《虫》イエバエ.
【家用】jiāyòng 名 ❶ 家庭の生活費. ¶贴补 tiēbǔ 〜／家計を補う. ¶所有一全雇父亲一人／家の生活費はすべて父一人に負っている. ❷ 形 家庭で使用する.
【家用电器】jiāyòng diànqì 名 家庭用電気製品. 表現 "家电"とも言う.
【家喻户晓】jiā yù hù xiǎo 成 広く世間に知れ渡っている. ¶这消息很快就〜了／この知らせは, 瞬く間に広まった.
【家园】jiāyuán 名 ❶ 家の庭. 広く故郷や家庭を言う. ¶返回〜／故郷へ帰る. ¶重建〜／家園を再建する. ❷ ⟨文⟩ 家の畑. "〜茶叶／自家製のお茶.
【家贼】jiāzéi 名 身内の財産を盗む者. (比喩として)内部で悪事を働く者.
【家宅】jiāzhái 名 住宅. 家庭. ¶〜电话／自宅電話.
【家长】jiāzhǎng 名 ❶〔个 ge, 位 wèi〕一家の主人. 主(ぬし). ❷〔个 ge, 名 míng, 位 wèi〕保護者. ¶〜会／保護者会. 父兄会.

【家长学校】jiāzhǎng xuéxiào 名 保護者学級. 園児や児童・生徒の保護者に対し, 家庭内での教育やしつけについて指導する家庭教育学級.
【家长制】jiāzhǎngzhì ❶ 名 家父長制. ❷ 形〔比喩として〕指導者がワンマンだ. ¶防止产生〜作风／ワンマンの傾向が生じるのを防ぐ.
【家珍】jiāzhēn 名 家宝.
【家政】jiāzhèng 名 家事や育児.
【家政服务】jiāzhèng fúwù 名 家事サービス. ハウスキーピングサービス.
【家种】jiāzhòng 動 ❶ 人工栽培する. ❷ 家庭栽培する.
【家装】jiāzhuāng 名 (部屋の)内装. インテリアコーディネイト.
【家子】jiāzi 名 □ 家庭. 他人の家.
【家族】jiāzú 〔个 ge〕家族.

笳 jiā
竹部 5 四 8846₃
全11画 通用
名《音楽》"胡笳 hújiā"のこと. 中国古代の北方民族の楽器.

袈 jiā
衣部 5 四 4673₂
全11画 通用
下記熟語を参照.
【袈裟】jiāshā 名《仏教》〔件 jiàn〕袈裟(けさ). ♦サンスクリット kasāya

葭 jiā
艹部 9 四 4424₇
全12画 通用
名 ❶ 生えたばかりの蘆(あし). ❷ (Jiā)姓.
【葭莩】jiāfú 名 ⟨文⟩ 蘆の薄膜. 疎遠な親戚のたとえ.

跏 jiā
足部 5 四 6610₀
全12画 通用
下記熟語を参照.
【跏趺】jiāfū 動《宗教》結跏趺坐(けっかふざ)をする. あぐらをかいて足の甲をももの上にのせる, 仏教徒の坐法の一種.

嘉 jiā
土部 11 四 4046₁
全14画 常用
❶ 素 すばらしい. けっこうな. ¶〜宾 jiābīn ／〜礼 jiālǐ (婚礼). ❷ 素 ほめたたえる. ¶〜许 jiāxǔ／〜奖 jiājiǎng. ❸ (Jiā)姓.
【嘉宾】jiābīn 名〔个 ge, 位 wèi〕りっぱな賓客. ¶迎〜／来賓を迎える. 同 佳宾 jiābīn
【嘉奖】jiājiǎng ❶ 動 指導者や上部組織が下の者をほめ, 励ます. ❷ 名 賞賛のことばやほうび. ¶得到老师的〜／先生に称賛を得る.
【嘉靖】Jiājìng 名《歴史》嘉靖(かせい). 明代の年号(1522-1566).
【嘉陵江】Jiālíngjiāng《地名》嘉陵(かりょう)江. 長江上流の支流. 陝西省の嘉陵谷に源を発し, 重慶で長江に合流する.
【嘉勉】jiāmiǎn 動 ほめて励ます. ¶记功一次, 以之〜／功績を記録に残し, 奨励する.
【嘉年华】jiāniánhuá 名 ⟨外⟩ カーニバル. ♦carnival 表現 "嘉年华会"とも言う.
【嘉许】jiāxǔ 動 ⟨文⟩ (上の者が下の者を)ほめる. ¶得到上级领导〜／上層部に称賛される.
【嘉言懿行】jiā yán yì xíng 成 よいことばとりっぱな行い.
【嘉峪关】Jiāyùguān《地名》嘉峪(かよく)関. 甘粛省, 嘉峪山の東南麓にある.

镓(鎵) jiā
钅部 10 四 8373₂
全15画 通用

名《化学》ガリウム．Ga．

夹(夾/異袷,袷) jiá
大部3　全6画　四 5080₀　常用
形 あわせの衣服や掛け布団．¶～袄 jiá'ǎo／～被 jiábèi．
☞ 夹 gā, jiā

【夹袄】jiá'ǎo 名〔量 件 jiàn〕あわせの上着．
【夹被】jiábèi 名〔量 条 tiáo〕あわせの掛け布団．
【夹袍】jiápáo 名 あわせの着物．

郏(郟) Jiá
阝部6　全8画　四 5782₇
❶素 地名用字．¶～县 Jiáxiàn（河南省の県名）．
❷姓．

荚(莢) jiá
艹部6　全9画　次常用
名 ❶ マメ科の植物の細長い果実．さや．¶～果 jiáguǒ／豆～ dòujiá（マメのさや）／皂～ zàojiá（サイカチ）／槐树 huáishù～（エンジュのさや）．❷（Jiá）姓．
【荚果】jiáguǒ 名《植物》マメなどのさや．

恝 jiá
心部6　全10画　通用
形 文 おろそかにしている．気にとめない．¶～置 jiázhì（放っておいて気にしない）．

戛(異戞) jiá
戈部7　全11画　四 1050₃
動 文 そっとたたく．¶～击 jiájī（軽くたたく）．
【戛戛】jiájiá ❶ 形 文 困難だ．❷ 形 文 独創的だ．❸ 擬 甲高く澄んだ鳥の鳴き声や，亡霊の声をあらわす．
【戛纳】Jiánà 地名 カンヌ（フランス）．
【戛然】jiárán 形 ❶ 鳥が澄んだ声で鳴くようす．¶～长鸣／澄んだよく通る声で鳴く．❷ 音が急に止むようす．¶～而止 jiárán ér zhǐ．
【戛然而止】jiárán ér zhǐ 句 （音）がぴたっと止む．

铗(鋏) jiá
钅部6　全11画　四 8578₀
名 文 ❶《冶金や鋳造に用いる》かなばさみ．¶铁～ tiějiá（やっとこ）．❷ 剣．つるぎ．¶长～ chángjiá（長剣）．（同 剑 jiàn ❸ 剣のつか．

颊(頰) jiá
页部6　全12画　次常用
名 顔のほほ．¶两～ liǎngjiá（両ほほ）．
【颊骨】jiágǔ 名《生理》ほお骨．頬骨（きょうこつ）．

蛱(蛺) jiá
虫部6　全12画　通用
下記熟語を参照．
【蛱蝶】jiádié 名《虫》タテハチョウ．

甲 jiǎ
丨部4　全5画　常用
❶ 名 十干（じっかん）の第一．きのえ．¶～子 jiǎzǐ．❷ 動 第一番目の．¶～等 jiǎděng（一等）／桂林山水～天下（桂林の山水は天下一）／～方和乙方（甲側と乙側）．❸ 素 よろい．かぶと．¶盔～ kuījiǎ（よろいかぶと）／装～车 zhuāngjiǎchē（装甲車）．❹ 動 動物の甲羅．つめ．¶龟～ guījiǎ（カメの甲羅）．❺ 素 手や足のつめ．¶指～ zhǐjia（つめ）．❻ 素 昔の戸籍．数戸をまとめて1"甲"とし，そのかしらの"甲"に"甲长 jiǎzhǎng"を置いた．⇨保甲 bǎojiǎ．❼（Jiǎ）姓．
【甲板】jiǎbǎn 名 甲板（こうはん）．デッキ．
【甲苯】jiǎběn 名《化学》トルエン．メチルベンゼン．

【甲兵】jiǎbīng 名 文 ❶ よろいと兵器．❷ 武装した兵士．軍隊．
【甲虫】jiǎchóng 名《虫》〔量 只 zhī〕甲虫．カミキリムシ，テントウムシなど．
【甲醇】jiǎchún 名《化学》メチルアルコール．
【甲方】jiǎfāng 名（契約書などの）甲側．
【甲酚】jiǎfēn 名《化学》クレゾール．
【甲肝】jiǎgān 名《医学》"甲型肝炎"（A型肝炎）の略称．
【甲沟炎】jiǎgōuyán 名《医学》癧疽（ひょうそ）．
【甲骨文】jiǎgǔwén 名 甲骨文．参考 内容は大多数が"卜辞 bǔcí"．
【甲基】jiǎjī 名《化学》メチル基．
【甲级】jiǎjí 名 一級の．¶～烟／一級品のタバコ．
【甲克】jiǎkè 名 ジャケット．ブルゾン．ジャンパー．（同 夹jiā 克．
【甲壳】jiǎqiào 名 エビやカニなどの甲羅．¶～动物／甲殻動物．
【甲醛】jiǎquán 名《化学》ホルムアルデヒド．
【甲酸】jiǎsuān 名《化学》ギ酸．蟻酸（ぎさん）．
【甲烷】jiǎwán 名《化学》メタン．
【甲午战争】Jiǎwǔ zhànzhēng 名《歴史》日清戦争．参考 1894年（甲午の年）から翌年にかけて戦われた日本と中国の戦争．
【甲癣】jiǎxuǎn 名《医学》爪にできる白癬．爪白癬（つめはくせん）．
【甲鱼】jiǎyú 名《動物》〔量 只 zhī〕スッポン．（同 鳖 biē, 水鱼 shuǐyú, 王八 wángba．
【甲种】jiǎzhǒng 名 ¶～射线 shèxiàn／アルファ線．¶～粒子 lìzi／アルファ粒子．
【甲胄】jiǎzhòu 名 よろいかぶと．
【甲状腺】jiǎzhuàngxiàn 名《生理》甲状腺．
【甲子】jiǎzǐ 名 ❶ 十干（じっかん）と十二支のこと．干支（かんし）．❷ 甲子（きのえね）．干支の第一番目．⇨干支 gānzhī．
【甲紫】jiǎzǐ 名《化学》メチルバイオレット．参考 これを使って"紫药水"を作る．

岬 jiǎ
山部5　全8画　通用
名 ❶ 岬（みさき）．地名に用いられることが多い．¶成山～ Chéngshānjiǎ（山東省にある地名）．（同 岬角 jiǎjiǎo．❷ 二つの山の間．
【岬角】jiǎjiǎo 名 岬．

胛 jiǎ
月部5　全9画　通用
素 肩のうしろの部分．¶肩～骨 jiānjiǎgǔ（肩胛骨（けんこうこつ））．
【胛骨】jiǎgǔ 名《生理》肩甲骨（けんこうこつ）．（同 肩 jiān 胛骨．

贾(賈) Jiǎ
贝部4　全10画　次常用
名 姓．
☞ 贾 gǔ

【贾宝玉】Jiǎ Bǎoyù 人名 賈宝玉（かほうぎょく）．清代の小説『紅楼夢』の主人公．

钾(鉀) jiǎ
钅部5　全10画　次常用
名《化学》カリウム．K．¶～肥 jiǎféi．
【钾肥】jiǎféi 名《農業》カリ肥料．
【钾盐】jiǎyán 名《鉱物》塩化カリウム．シルバイト．

假 斝 豭 檟 价　jiǎ - jià　521

假(叚) jiǎ　亻部9　四 2724₇　全11画　常用

❶ 形 本物でない．¶ ～腿 jiǎtuǐ（義足）／～话 jiǎhuà／～山 jiǎshān．反 真 zhēn　❷ 酉 仮定する．想像する．¶ ～说 jiǎshuō／～设 jiǎshè／～定 jiǎdìng．❸ 酉 仮に…だとすれば．¶ ～如 jiǎrú／～若 jiǎruò／～使 jiǎshǐ．❹ 動 借りて使う．¶ ～手 jiǎshǒu．❺公济 jì 私／久～不归（長い間借りっぱなしで返さない）．❺(Jiǎ)姓．
☞ 假 jià

【假案】jiǎ'àn 名（人を陥れるための）捏造（ねつぞう）事件．
【假扮】jiǎbàn 動 変装する．仮装する．
【假币】jiǎbì 名 偽造貨幣．にせ金．同 假钞 chāo
【假唱】jiǎchàng 動 口パクする．リップシンクする．参考 歌手が実際に歌わずに録音された歌声に合わせて口だけ動かすこと．
【假钞】jiǎchāo 名 にせ札．偽造貨幣．
【假充】jiǎchōng 動 ふりをする．¶ ～内行 nèiháng／玄人（くろうと）ぶる．
【假道】jiǎdào 動 経由する．¶ 从北京～日本去美国／北京から日本経由でアメリカへ行く．
【假道学】jiǎdàoxué 名 にせ君子．偽善者．
【假定】jiǎdìng ❶ 接 仮に…だとすれば．¶ ～这是真的，也影响不了大局／仮にこれが本当だとしても，大勢に影響はない．❷ 名 "假设 jiǎshè"の古い言い方．仮設．同 假设 jiǎshè
【假发】jiǎfà 名 かつら．
【假根】jiǎgēn 名〔植物〕仮根（こん）．
【假公济私】jiǎ gōng jì sī 成 公事にかこつけて私腹を肥やす．
【假话】jiǎhuà 名 うそ．¶ 说～／うそをつく．同 谎话 huǎnghuà　反 实话 shíhuà，真话 zhēnhuà
【假货】jiǎhuò 名 にせ物．にせ商品．
【假借】jiǎjiè ❶ 動 助けを借りる．¶ ～名义／名目を借りる．❷ 動 大目に見る．¶ 决不～／決して大目に見ない．❸ 名〔言語〕漢字の六書（りくしょ）の一つ．仮借（かしゃ）．表现 ①は，貶義で使う．
【假冒】jiǎmào 動 いつわる．¶ 谨防 jǐnfáng～にせものに注意．¶ ～商品／にせの商品．同 混充 hùnchōng，假充 jiǎchōng，冒充 màochōng
【假冒伪劣】jiǎmào wěiliè 名 にせものの品．劣悪商品．
【假寐】jiǎmèi 動 仮眠する．うたた寝する．¶ ～片刻 piànkè／しばしまどろむ．
【假面具】jiǎmiànjù 名〔量 副 fù，个 ge〕❶ お面．マスク．❷ 仮面．化けの皮．¶ 揭穿 jiēchuān～／化けの皮をはぐ．
【假面舞】jiǎmiànwǔ 名 仮面舞踊．
【假名】jiǎmíng 名 ❶ 仮の名．偽名．❷〔言語〕日本のかな文字．¶ 片～／カタカナ．¶ 平～／ひらがな．
【假模假式】jiǎ mo jiǎ shì 成 表面だけをとりつくろう．同 装模做样 zhuāng mó zuò yàng
【假球】jiǎqiú 名〈スポーツ〉（球技の）八百長．八百長試合．
【假仁假义】jiǎ rén jiǎ yì 成 善良で慈悲深いふりをする．
【假如】jiǎrú 接 もし…ならば．¶ ～参加的话，一定先联系／もし行くなら，必ずまず連絡します．同 如果 rúguǒ，假若 jiǎruò，假使 jiǎshǐ，假设 jiǎshè
【假嗓子】jiǎsǎngzi うら声．
【假山】jiǎshān 名〔座 zuò〕築山（つきやま）．参考 石は，"太湖石 Tàihúshí"を使うことが多い．
【假设】jiǎshè 接 ❶ 仮に…だとすれば．同 假定 jiǎdìng，假如 jiǎrú ❷ 仮設．仮説を提示する．同 假定 jiǎdìng，假说 jiǎshuō
【假使】jiǎshǐ 接 もし…ならば．¶ ～你不在意，星期天去你家玩／君がよければ，日曜日は君の家に遊びに行くよ．同 如果 rúguǒ，假如 jiǎrú，假若 jiǎruò，倘若 tǎngruò
【假释】jiǎshì 名 動〔法律〕仮釈放(する)．¶ 他因病获～／彼は病気で仮釈放となった．
【假手】jiǎ//shǒu 動 ❶ 他人の手を借りる．❷ 人を利用する．¶ ～于人／人を利用する．表现 "假～之手"（…の手を借りる）の形でも使われる．
【假说】jiǎshuō 名 仮説．同 假设 jiǎshè②
【假死】jiǎsǐ ❶ 名〔医学〕仮死．❷ 動 動物が死んだふりをする．
【假托】jiǎtuō 動 ❶ かこつける．¶ ～有病／病気にかこつける．¶ ～历史，讽刺 fěngcì 现实／歴史にことよせ，現実を風刺する．❷ いつわる．¶ ～家里有急事／家で急用だというころ．❸ …を利用する．仮託する．
【假戏真做】jiǎ xì zhēn zuò 句 ❶ にせの事実を本当のように見せかける．❷ 迫真の演技をする．
【假想】jiǎxiǎng 動 仮想する．¶ ～的对手／仮想の相手．同 设想 shèxiǎng
【假想敌】jiǎxiǎngdí 名 仮想敵．
【假象〔相〕】jiǎxiàng 名 見せかけ．¶ 弄些～迷惑 míhuò 人／見かけで人を惑わす．
【假象牙】jiǎxiàngyá 名 セルロイドの旧称．
【假惺惺】jiǎxīngxīng 形 わざとらしい．¶ ～地说／まことしやかに言う．
【假牙】jiǎyá 名〔颗 kē〕入れ歯．
【假眼】jiǎyǎn 名 義眼．
【假药】jiǎyào 名 にせ薬．
【假意】jiǎyì ❶ 名 いつわりの気持ち．¶ 虚情 xū qíng～／うわべだけの好意．❷ 副 わざと．¶ 他～装作不知道／彼はわざと知らないふりをした．
【假造】jiǎzào 動 ❶ 偽造する．¶ ～证件／証明書を偽造する．❷ 偽造 wěizào．でっちあげる．¶ ～理由／理由をつくる．同 编造 biānzào，捏造 niēzào
【假招子】jiǎzhāozi 名 みせかけ．から威張り．やせ我慢．
【假肢】jiǎzhī 名 義肢（ぎ）．昔もと"义肢"と呼んだ．
【假植】jiǎzhí 動〔農業〕仮植（かしょく）する．仮植えする．
【假装】jiǎzhuāng 動 ふりをする．¶ ～没听见／聞こえないふりをする．¶ ～不知道／知らないふりをする．同 伪装 wěizhuāng
【假座】jiǎzuò 動 文（催事や宴会などの場所を）借りる．

斝 jiǎ　斗部8　四 6640₂　全12画

名 古代の酒器の一種．三本足で，口は円形．

豭 jiǎ　豕部12　四 4764₇　全14画　通用

名 "豭 gǔ"に同じ．
☞ 豭 gǔ

檟(檟) jiǎ　木部10　四 4198₂　全14画

名〔植物〕古書で"楸"（キササゲ）または茶（の木）を言う．

价(價) jià　亻部4　四 2822₀　全6画　常用

❶[名] 商品の値段. ¶～格 jiàgé / 物～ wùjià (物価) / ～廉 lián 物美. ❷[素] ものの値打ち. ¶～值 jiàzhí / 等～ děngjià (等価). ❸[名]《化学》"原子价 yuánzǐjià" (原子価)の略称. ❹ (Jià)姓.
☞ 价 jiè,jie
【价差】jiàchā [名] 価格差.
*【价格】jiàgé [名] 価格. ¶零售 língshòu～ / 小売価格. ¶折扣 zhékòu～ / 割引価格. ¶～公平合理 / 価格が公平で理にかなっている.
【价款】jiàkuǎn [名] 代価. 代金.
【价廉物美】jià lián wù měi [成] 値段が安く,品質もいい. ¶这家老店,东西～,很受顾客欢迎 / この老舗は,物がよくて値段も安いので,とても人気がある. [同] 物美价廉
【价码】jiàmǎ [名][口] (～儿)値段. 定価. ¶标明 biāomíng～ / 価格を表示する. ¶先报个～,再谈 / まず値段を言ってから話し合う.
【价目】jiàmù [名] 値段. 価格. ¶～单 / 値段表.
【价钱】jiàqian [名][口] 値段. ¶～公道 / 値段は適正だ. ¶讲～ / 値段の駆け引きをする. [同] 价格 jiàgé
【价位】jiàwèi [名]《経済》ある商品の市場価格帯における位置.
J
*【价值】jiàzhí [名] 価値. 値打ち. ¶有～的作品 / 値打ちのある作品. ¶毫无～ / なんの値打ちもない.
【价值观】jiàzhíguān [名] 価値観.
【价值规律】jiàzhí guīlǜ [名]《経済》価値法則.
【价值连城】jià zhí lián chéng [成] 非常に価値がある. きわめて貴重だ. [由来]『史記』廉頗(れんぱ)藺相如(りんしょうじょ)列伝に見える表現から.
【价值量】jiàzhíliàng [名] (製品の)価値の程度. 価値の大きさ.

驾(駕) jià

马部 5 [四] 4612₇ 全8画 [常 用]

❶[動] ウマやウシなどに車や農具を付けて引かせる. ¶两匹马～着车(2頭のウマが車を引いている). ❷[素] 乗り物. ¶车～ chējià (天子の乗る馬車). ❸[素] ②から転じて,二人称の敬語. ¶大～ dàjià (貴下) / 劳～ láojià (恐れ入りますが). ❹[動] 車や機械を操縦して動かす. ¶～车 jiàchē / ～驶 jiàshǐ / ～御 jiàyù / 腾 téng 云～雾 wù (雲や霧に乗って空を飛ぶ). ❺ (Jià)姓.
【驾车】jiàchē [動] 車両を運転する. ¶～前往现场 / 車で現場へ向かう.
【驾临】jiàlín [動][文] ご光臨下さる. ご来席下さる. ¶敬备菲酌 fěizhuó,恭候～ / 粗酒をご用意し,謹んでご光臨をお待ちしています.
【驾凌】jiàlíng [動][文] 人をしのぐ. 凌駕する. ¶～于他人之上 / 他者を凌駕する. [同] 凌驾 língjià
【驾轻就熟】jià qīng jiù shú [成] よく知っているので,難なくこなせる. [由来]「軽い車でよく知った道を走る」という意から.
【驾驶】jiàshǐ [動] 運転する. 操縦する. ¶～执照 zhízhào / 運転免許証.
【驾驶员】jiàshǐyuán [名] (乗物や機械の)操縦士. パイロット.
【驾校】jiàxiào [名] "汽车驾驶技术学校" (自動車教習所)の略称.
【驾御[驭]】jiàyù [動] ❶ ウマなどを御(ぎょ)する. ❷ (人や物事を)コントロールする. ¶～自然 / 自然をコントロールする. ¶论点太多,反而难以～ / 論点が多すぎ,かえって収拾がつきにくい.
【驾辕】jià//yuán [動] 車の轅(ながえ)に馬などをつけて引かせる.
【驾照】jiàzhào [名] 運転免許証. [同] 驾驶证 jiàshǐzhèng

架 jià

木部 5 [四] 4690₄ 全9画 [常 用]

❶[素] (～儿)棚(たな). 支柱. 骨組み. ¶书～儿 shūjiàr (本棚) / 葡萄～ pútaojià (ブドウ棚) / 房～ fángjià (家の骨組み). ❷[動] ものを組み合わせて立てる. ¶～桥 jiàqiáo (橋を架ける) / ～枪 jiàqiāng (銃を組み合わせて立てる). ❸[動] (けが人などを)手でかかえて支える. ❹[動] (向かってくるものを)防ぎ支える. ¶～不住 jiàbuzhù / 拿枪～住砍 kǎn 过来的刀(振り下ろされた刀を銃で受ける). ❺[素] 殴り合う. 口争いをする. ¶打～ dǎjià (けんかをする) / 吵～ chǎojià (言い争う) / 劝～ quànjià (仲裁をする). ❻[量] 支えのあるものや機械などを数えることば. ¶～次 jiàcì / 一～葡萄(ブドウひと棚) / 一～机器(機械1台) / 三～钢琴(ピアノ3台).
【架不住】jiàbuzhù [動][方] かなわない. 持ちこたえられない. ¶好汉～人多 / 豪傑も大勢にはかなわない. [同] 禁 jìn 不住
【架次】jiàcì [量] (飛行の)延べ回数や延べ機数. ¶一天有多少～? / 1日のフライト回数は何回か.
【架得住】jiàdezhù [動][方] 耐えきれる. 支えきれる. [同] 禁 jīn 得住,受 shòu 得住
【架构】jiàgòu ❶[動] 建築する. 構築する. ❷[名]《建築》骨組み. 支柱. 構造. ❸[名] (物事の)構造. 枠組み. 構成.
【架空】jiàkōng [動] ❶ (柱などを支えに)空中に架けわたす. ❷ 基礎や根拠をもたない. 宙に浮く. ¶书中人物都是～的 / 本の中の人物はみな架空のものだ. ❸ 骨抜きにする. 飾り物にする. ¶有人～主席 / 議長を飾り物にしようとする者がいる.
【架设】jiàshè [動] 架けわたす. 架設する. ¶～桥梁 / 橋を架ける. ¶～电线 / 電線を架ける. ¶～友谊之桥 / 友情の橋を架ける.
【架势[式]】jiàshi [名][口]〔[量] 副 fù〕姿勢. 格好. ようす. ¶一看～不对,赶快溜走了 / 形勢がよくないと見てとると,大急ぎで逃げ出した.
【架子】jiàzi [名] ❶〔[量] 个 ge〕棚. わく. ¶书～ / 書棚. ¶骨头～ / 骨格. ❷〔[量] 个 ge〕骨組み. ¶写文章要先搭 dā 好～ / 文章を書くには,まず先に骨組みをつくることだ. ❸ 尊大でもったいぶった態度. ¶拿～ / 偉そうにする. ¶摆出一副官～ / 役人風を吹かせる. ❹ "架势 jiàshi" に同じ.
【架子车】jiàzichē [名]〔[量] 辆 liàng〕(リヤカーなど)二輪の手押し車.
【架子工】jiàzigōng [名] ❶《建築》足場を組む作業. ❷ 足場を組む作業員. とび職.
【架子花】jiàzihuā [名]《芸能》伝統劇の役柄の一つ. 顔に隈取りをし,荒々しい性格の人物を演じる.

假 jià

亻部 9 [四] 2724₇ 全11画 [常 用]

[名] 休みをとること. 休暇. ¶～期 jiàqī / 寒～ hánjià (冬休み) / 婚～ hūnjià (結婚休暇) / 请～ qǐngjià (休暇をとる).
☞ 假 jiǎ
【假期】jiàqī [名] 休暇の期間. ¶春节有三天～ / 旧正月は休みが3日ある.
【假日】jiàrì [名] 休日.
【假日经济】jiàrì jīngjì [名]《経済》休日経済. ホリデー

経済. 参考 近年,中国政府が提唱している経済論の一つ.長期の休暇は,観光・交通・サービスなどの業種を発展させ,多くの就業をもたらすとする経済政策論.

*【假条】jiàtiáo 名〔张 zhāng〕休暇届け.欠勤届け.欠席届け.¶打～/欠席届を出す.

嫁 jià 女部10 四 4343₂ 全13画 常用

❶ 動 (女性が)結婚する.¶出～ chūjià (嫁ぐ)/改～ gǎijià (女性が再婚する).反 娶 qǔ ❷ 素 (罪や責任を)人になすりつける.¶～祸 huò 于人/转～ zhuǎnjià (転嫁する).

【嫁祸】jiàhuò 動 災難や損害を人に押しつける.
【嫁祸于人】jià huò yú rén 成 災いや罪を人になすりつける.
【嫁鸡随鸡】jià jī suí jī 俗 鶏に嫁いだら鶏に従え.結婚したら,その家や夫がどんな者でも,それに従え,という意. 表現 "～,嫁狗随狗"と続く.
【嫁接】jiàjiē 名 接ぎ木する.¶将梨树～到苹果树上/ナシの枝をリンゴの木に接ぎ木する.
【嫁娶】jiàqǔ 文 結婚する.
【嫁人】jià//rén 動 口 嫁ぐ.嫁に行く.
【嫁妆〔装〕】jiàzhuang 名〔件 jiàn, 套 tào〕嫁入り道具.¶准备～/嫁入り道具をそろえる.

稼 jià 禾部10 四 2393₂ 全15画 常用

❶ 素 (穀物を)植える.種をまく.¶～穑 jiàsè/耕～ gēngjià (耕作する). ❷ 素 穀物.¶庄～ zhuāngjia (農作物.穀物). ❸ (Jià)姓.

【稼穑】jiàsè 名 文 種まきと収穫.広く農作業を指す.¶不事～,何来收获/農作業なしに収穫があるものか.

jian ㄐㄧㄢ 〔tɕien〕

戋(戔) jiān 戈部1 四 5300₀ 全5画 通用

下記熟語を参照.

【戋戋】jiānjiān 形 文 (数や量が)少ない.

尖 jiān 小部3 四 9080₄ 全6画 常用

❶ 名 (～儿)ものの先にあるとがった部分,または細い部分. ¶笔～儿 bǐjiānr (筆の先.ペン先)/针～儿 zhēnjiānr (針の先)/塔～儿 tǎjiānr (塔のてっぺん). ❷ 形 ものの先がとがっている. ¶～下巴颏儿 xiàbakēr (とがったあご)/把铅笔削 xiāo=(鉛筆をけずってとがらせた).反 秃 tū ❸ 形 音が高くて細く,耳障りだ. ¶～叫 jiānjiào (甲高い声で叫ぶ). ❹ 形 (耳・目・鼻などの感覚が)鋭い.鼻子～(鼻がよくきく). ❺ 名 (～儿)ずば抜けてよい人や物. ¶～儿货 jiānrhuò (特上品)/拔～儿 (群を抜いている). ❻ (Jiān)姓.

【尖兵】jiānbīng 名 ❶ 〔军事〕先兵.¶～班/先頭部隊.先遣隊. ❷ 先頭にたって道を開く人.先鋒.¶信息处理 chǔlǐ 方面的～/情報処理分野のパイオニア.
【尖刀】jiāndāo 名 ❶ 〔量 把〕bǎ 先の鋭い刃物. ❷ 〔军事〕突撃部隊.¶～部队/突撃部隊. ❸ 〔機械〕バイト.
【尖顶】jiāndǐng 名 先端.頂上.
【尖端】jiānduān ❶ 名 とがった先.¶铁塔的～/鉄塔の先端. ❷ 形 先端の.先進の.¶～技术/先端技術.

【尖叫】jiānjiào 名 激しい叫び声.悲鳴.歓声.
【尖刻】jiānkè 形 貶 辛辣(ら)だ.とげとげしい.¶～地批评/手ひどく批判する.¶说话很～/話が辛辣だ.
【尖利】jiānlì 形 鋭利だ.鋭利だ.¶笔锋 bǐfēng～/筆法が鋭い.¶～的叫声/鋭い叫び声.
【尖溜溜】jiānliūliū 形 方 (～的)(声)が甲高い.¶～的嗓子/甲高い声.¶说话～的/話し方がきつい.
【尖脐】jiānqí 名 方 カニのおすのこと.カニの雄の腹の部分がとがった三角の形をしていることから.雌のカニは丸い形で,"团脐 tuánqí"という.

*【尖锐】jiānruì 形 ❶ (物が)とがっていて鋭い. ❷ (考え方や認識などが)鋭い.鋭敏だ.¶眼光～/眼光が鋭い. ❸ (声や音などが)甲高くて鋭い.¶～的哨声 shàoshēng/鋭い呼び子の音. ❹ (言論や闘争などが)激烈だ.¶他很～地指出了问题所在/彼は問題の所在を鋭く指摘した. 同 锋利 fēnglì,尖利 jiānlì,锐利 ruìlì,犀利 xīlì

【尖酸】jiānsuān 形 とげとげしい.¶～刻薄 kè bó/ 貶 人への物言いが手厳しくとげとげしい.¶说话温和 wēnhé一点,别那么～好不好?/もう少し穏やかに話しなさい.そんなひどい言い方はいけません.

【尖团音】jiāntuányīn 名〔言語〕"尖音 jiānyīn"と"团音 tuányīn"をまとめた言い方. 参考 "尖音"とは,声母 z,c,s と韻母 i,ü (又は i,ü で始まる韻母)をつづり合わせた音."团音"とは,声母 j,q,x と i,ü (又は i,ü で始まる韻母)をつづり合わせた音."昆曲 kūnqǔ"でいう"尖音"は,その範囲が少し広く z,c,s と,zh,ch,sh の区別も"尖団音"という.たとえば"灾 zāi"は"尖音","斋 zhāi"は"団音","三 sān"は"尖音","山 shān"は"団音"である.普通話やいくつかの方言には"团音"はあるが"尖団"はなく,"尖団"を分けない.

【尖音】jiānyīn ⇒尖团音 jiāntuányīn
【尖子】jiānzi 名 ❶ とがった先端. ❷ 精鋭.秀才.エリート.¶他是我们班的～/彼は私たちのクラスの秀才だ.¶他很好强 hàoqiáng, 什么事都想当～/彼は大変な負けず嫌いで,何でも一番になりたがる. ❸ 戯曲などで,歌う調子が突然高くなる部分.

【尖嘴薄舌】jiān zuǐ bó shé 成 物言いが辛辣で,人情味に欠ける.¶小说中的地主婆 pó, 都是～的/小説の中に出てくる地主の女房は,きまって薄情で口が悪い.

【尖嘴猴腮】jiān zuǐ hóu sāi 成 貶 容貌がみにくい. 由来 "とがった口,こけた頰やあご"の意から.

奸(姦❸) jiān 女部3 四 4144₀ 全6画 常用

素 ❶ 悪がしこい.¶～雄 jiānxióng/～笑 jiānxiào/～计 jiānjì/老～巨猾 huá (成 老獪でずるがしこい). ❷ 君主や君主に忠実でない人.¶～臣 jiānchén/汉～ hànjiān (漢民族の裏切り者)/内～ nèijiān (裏切り者). ❸ 男女が,許されない性的関係をもつ.¶～淫 jiānyín/通～ tōngjiān (姦通する)/强～ qiángjiān (強姦する).

【奸臣】jiānchén 名 奸臣.姦臣.
【奸党】jiāndǎng 名 悪人のグループ.
【奸夫】jiānfū 名 姦夫.姦通者.
【奸妇】jiānfù 名 姦通(ぢ)した女性.姦婦(ぷ).
【奸宄】jiānguǐ 名 文 悪人. 由来 内通する悪人を"奸"といい,外部の悪人を"宄"という.
【奸滑〔猾〕】jiānhuá 形 ずるがしこい.狡猾(ぢう)だ.¶他太～, 你斗不过他的/彼は非常に狡猾ですから,あなたは勝てません.

【奸计】jiānjì [名]〔[量]个 ge,条 tiáo〕ずるい計略. ¶中 zhòng 了～ / 悪巧みにかかった.
【奸佞】jiānnìng [形][名][文]〔[量]个 ge〕悪がしこく人にへつらう(人). ¶～之徒 / 悪がしこい奴.
【奸情】jiānqíng [名] 不倫. 密通.
【奸人】jiānrén [名] 悪人. 狡猾(こうかつ)な人.
【奸杀】jiānshā [動] 強姦し,殺害する.
【奸商】jiānshāng [名]〔[量]个 ge〕悪徳商人.
【奸污】jiānwū ❶[動] 強姦する. てごめにする. ¶～妇女 / 女性をレイプする. ❷[形] みだらだ.
【奸细】jiānxi [名]〔[量]个 ge〕敵の回し者. スパイ.
【奸险】jiānxiǎn [形] 陰険で悪がしこい. ¶为人 wéirén ～狠毒 hěndú / 残忍で悪がしこい性格.
【奸笑】jiānxiào [動][名] あざ笑う. せせら笑い. ¶满脸～ / 顔じゅうにせせら笑いを浮かべる.
【奸邪】jiānxié ❶[形][文] 邪悪でよこしまだ. 腹黒い. ❷[名] ①の人.
【奸雄】jiānxióng [名] ずるい手口で強い権勢をうばった人物. 奸雄(かんゆう). [参考] 魏の曹操がその代表とされる.
【奸淫】jiānyín [動] 強姦する. 姦淫する. ¶～掳掠 lǔlüè / 強姦し略奪する.
【奸贼】jiānzéi [名]〔[量]个 ge〕裏切り者. ¶卖国～ / 売国奴.
【奸诈】jiānzhà [形] 悪がしこい. 腹黒い. ¶～诡谲 guǐjué / 人をあざむき,腹黒い.

歼(殲) jiān

歹部 3 [四] 1224_0 全7画 [常用]

[動] せんめつする. ¶～灭 jiānmiè / 围～ wéijiān (包囲せんめつする).
【歼击】jiānjī [動] 攻撃しせんめつする. ¶～敌人主力部队 / 敵の主力部隊をせんめつする.
【歼击机】jiānjījī [名]《軍事》戦闘機.
【歼灭】jiānmiè [動](敵を)せんめつする. 皆殺しにする.
【歼灭战】jiānmièzhàn [名] ❶ せんめつ戦. ¶打～ / せんめつ戦を行う. ❷ 総力戦.

坚(堅) jiān

土部 4 [四] 2710_4 全7画 [常用]

❶[素] かたく,丈夫でこわれにくい. ¶～冰 jiānbīng (かたい氷) / ～城 jiānchéng (堅固な城) / 披～执锐([成] よろいをつけ武器をとる). ❷[素](考え方や態度などが)しっかりして,揺るぎない. ¶～信 jiānxìn / ～强 jiānqiáng / ～决 jiānjué / ～持 jiānchí. ❸ (Jiān)姓.
【坚壁】jiānbì [動](敵の手に渡らないように)物資などを隠す.
【坚壁清野】jiān bì qīng yě [成] 戦争で,陣地の移動・撤退時に,物資を埋めたり畑の作物を刈り取って,敵に利することを防いだ戦法.
【坚不可摧】jiān bù kě cuī [成] とても堅固で崩せない. ¶～的堡垒 bǎolěi / 難攻不落のとりで. ¶建立了～的友谊 / かたい友情で結ばれる.
**【坚持】jiānchí [動] 堅持する. どうしても…しつづける. ¶～原则 / 原則を堅持する. ¶～到底 / 最後までがんばり抜く. [同] 保持 bǎochí
【坚持不懈】jiān chí bù xiè [成] たゆまず頑張り抜く.
*【坚定】jiāndìng ❶[形](立場・主張・意志などが)確固としている. 揺るがない. ¶～性 / 確固とした態度. [反] 动摇 dòngyáo ❷[動] 揺るぎないものにする. ¶～立场 / 立場を揺るぎないものにする. ¶～地走自己的路 / 自分の道を着実に歩む. [反] 动摇 dòngyáo
【坚定不移】jiān dìng bù yí [成] 確固として揺るがない.
【坚固】jiāngù ❶[形] 堅固だ. 丈夫だ. ¶阵地～ / 陣地がかたい. ¶～耐用 / 丈夫で長持ちする. [同] 结实 jiēshi, 牢固 láogù ❷[動] 揺るぎないものにする. ¶将大坝 bà～一下 / ダムを補強する. [同] 巩固 gǒnggù
【坚果】jiānguǒ [名] 殻の中に実のある果実. ナッツ類.
*【坚决】jiānjué [形](主張や態度などが)きっぱりしている. ¶态度～ / 態度がきっぱりしている. ¶～反对 / 断固反対する. ¶～主张和平解决争端 / 紛争を平和的に解決するとはっきり主張する. [反] 迟疑 chíyí ⇨坚强 jiānqiáng
【坚苦】jiānkǔ ❶[動] 苦しみに辛抱強く耐える. ❷[形] とても苦しい. ¶生活很～ / 生活が苦しい. ¶～度日 / 辛抱強く日々を送る.
【坚苦卓绝】jiān kǔ zhuó jué [成] 人並み以上に忍耐強い. 苦しみに耐える気概が非常にたくましい.
【坚牢】jiānláo [形] 丈夫でしっかりしている. 堅牢(けんろう)だ.
*【坚强】jiānqiáng ❶[形](組織や立場などが)強固だ. 揺るぎない. ¶意志～ / 意志が揺るぎない. ¶～不屈 qū / [成] 意志がかたく,くじけずにやりとげる. [反] 软弱 ruǎnruò ❷[動] 強固にする. ¶～党的组织 / 党の組織を強固にする. [比較] "坚强"は,信念や組織などについて言うことが多い. "坚决"は,態度や意志について言う. [同] 刚强 gāngqiáng, 顽强 wánqiáng [反] 脆弱 cuìruò, 软弱 ruǎnruò
【坚忍】jiānrěn [形] 困難を我慢強く耐えしのぶ.
【坚忍[韧]不拔】jiān rěn [rèn] bù bá [成] がまんづよく耐え,心を揺るがさない. 堅忍不抜(けんにんふばつ).
【坚韧】jiānrèn [形] ねばり強い. 強靭(きょうじん)だ. ¶质地～ / 性質がねばり強い.
【坚如磐石】jiān rú pán shí [成] 堅固で揺り動かすことができない.
【坚实】jiānshí [形] ❶ 堅実だ. ¶迈着～的步伐 bùfá / 着実に歩みを進める. ❷ 丈夫だ. ¶身体～ / 体が丈夫だ. [反] 松软 sōngruǎn
【坚守】jiānshǒu [動] かたく守る. ¶～岗位 gǎngwèi / 職場をしっかり守る.
【坚挺】jiāntǐng [形] ❶ 硬くてまっすぐだ. (身体が)屈強だ. ❷《経済》強含みだ. 堅調だ. [反] 疲软 píruǎn
【坚信】jiānxìn [動] かたく信じる. ¶～不移 / [成] かたく信じていささかも動揺しない.
【坚毅】jiānyì [形] 毅然としている. ¶性格～ / 毅然とした性格. [同] 刚毅 gāngyì
【坚硬】jiānyìng [形] かたく強い. ¶～的花岗岩 huāgāngyán / かたい花崗岩. [反] 柔软 róuruǎn, 松软 sōngruǎn
【坚贞】jiānzhēn [形][褒] 節操がかたい. 節を曲げない.
【坚贞不屈】jiān zhēn bù qū [成] 固く信念を守り,敵に屈しない.

间(間/[異]閒) jiān

门部 4 全7画 [四] 3760_1 [常用]

❶[名] 物と物の間. ¶彼此 bǐcǐ 之～ (お互いの間) / 两座山峰 shānfēng 之～ (二つの山の間). ❷[素] ある決まった空間または時間の中にあるもの. ¶晚～ wǎnjiān (夜) / 人～ rénjiān (世の中) / 田～ tiánjiān (田畑). ❸[素] 部屋. ¶房～ fángjiān (部屋) / 里～ lǐjiān (奥の部屋) / 车～ chējiān (工場の作業場). ❹[量] 部屋を数えることば. ¶一～卧室 wòshì (寝室ひと部屋). ❺ (Jiān)姓.
☞ 间 jiàn

【间不容发】jiān bù róng fà 成（危険や災害など）事態がきわめて緊迫している．¶事态～/事態が差し迫っている．

【间架】jiānjià 名 ❶家屋のフレーム．❷詩や文章の筋立て．漢字の骨格．枠組み．

【间距】jiānjù 名（両者の間の）距離．間隔．

【间量】jiānliang 名方（～儿）部屋の面積．

【间脑】jiānnǎo 名《生理》間脳．

【间奏曲】jiānzòuqǔ 名《音楽》間奏曲．

浅(淺) jiān

氵部5 四 3315₀
全8画 常用

下記熟語を参照．
☞ 浅 qiǎn

【浅浅】jiānjiān 擬 文 水が流れる音．¶流水～/水がさらさらと流れる．

肩 jiān

户部4 四 3022₇
全8画 常用

❶名肩．ふつうは"肩膀jiānbǎng"という．¶两～ liǎngjiān (两肩)/并～ bìngjiān (肩を並べる)．❷動（任務や責任を）背負う．¶身～重任(重責を担う)．

用法 ❶は、単音節語や方位をあらわす語と結びつくときは、"肩"のみで使う．

【肩膀】jiānbǎng 名（～儿）〔个 ge，双 shuāng，只 zhī〕❶肩．❷重い任務を引き受ける能力や気力．¶～儿硬/責務を果たす能力．¶溜 liū～/責任逃れをする．¶没～/責任を果す度量がない．

【肩负】jiānfù 動（肩に）担う．¶～重任/重責を担う．¶这个任务他定能～/この任務はきっと彼が引き受け全うするでしょう．

【肩胛】jiānjiǎ 名文 肩．

【肩胛骨】jiānjiǎgǔ 名《生理》肩甲骨．回 胛骨．

【肩摩毂击】jiān mó gǔ jī 成 雑踏をきわめているようす．参考「人の肩が触れ合い、車のこしきがぶつかり合う」という意から．

【肩头】jiāntóu 名 ❶肩口．肩先．肩の上．❷方 肩．¶两个～不一般高/両肩の高さが同じではない．

【肩章】jiānzhāng 名《軍事》〔副 fù，个 ge〕肩章．

【肩周炎】jiānzhōuyán 名"肩关节周围炎"(肩関節周囲炎)の略称．五十肩(ごじゅう)．

艰(艱) jiān

又部6 四 7743₂
全8画 常用

素 困難．¶～难 jiānnán /～辛 jiānxīn /～苦 jiānkǔ．

*【艰巨】jiānjù 形 困難が並大抵ではない．¶这个工程非常～/この工事は実に並大抵の困難ではとどまらない．¶～的任务 / 困難な任務．

*【艰苦】jiānkǔ 形 つらく苦しい．艱難(かん)辛苦だ．¶～的岁月/つらく苦しい年月．¶～度日/苦難に耐えて暮らす．回 艰辛 jiānxīn

【艰苦奋斗】jiān kǔ fèn dòu 成 刻苦奮闘する．

【艰苦朴素】jiān kǔ pǔ sù 成 質実な生活をし、苦労によく耐える．

【艰苦卓绝】jiān kǔ zhuó jué 成 この上なくつらく苦しい．言語に絶する辛さだ．

【艰难】jiānnán 形 困難だ．耐えがたい．¶生活～/生活がきびしく耐えがたい．¶～的岁月/苦難の日々．回 困难 kùnnan 反 轻易 qīngyì

【艰难曲折】jiān nán qū zhé 成 さまざまな困難や曲折．

【艰难险阻】jiān nán xiǎn zǔ 成 行く手にたちはだかる困難や障害．由来『左传』僖公二十八年の語から．

【艰涩】jiānsè 形 文章が入り組んで難解だ．¶文词～难懂/文が入り組んで分かりにくい．回 晦涩 huìsè

【艰深】jiānshēn 形（文章や考えなどが）奥深くて難解だ．¶～的哲理/深遠で難解な哲理．¶文字～/文字が意味深く難解だ．反 浅显 qiǎnxiǎn，通俗 tōngsú

【艰危】jiānwēi ❶形（国や民族などが）危機に瀕する．¶国事～，只好舍 shě 小家了/国家危急の際なので、やむなく家を捨てた．❷名 重大な困難．

【艰险】jiānxiǎn 形 困難で危険だ．¶路途～/道のりは困難で危険だ．¶明知～，决不退缩/危険で困難だと承知しながら、決して尻込みしない．回 艰危 jiānwēi

【艰辛】jiānxīn 動 "艰苦 jiānkǔ"に同じ．

监(監) jiān

皿部5 四 2810₂
全10画 常用

❶動 人の行動を見張る．¶～考 jiānkǎo /～察 jiānchá．❷名 牢獄．¶～牢 jiānláo /～狱 jiānyù / 收～ shōujiān (収監する) / 坐～ zuòjiān (牢に入る)．
☞ 监 jiàn

【监测】jiāncè 動 監視して継続して調べる．モニターする．¶～新药的副作用/新薬の副作用を継続調査する．¶加强环境～/環境のモニターを強化する．

【监测器】jiāncèqì 名 監視測定装置．モニター．

【监察】jiānchá 動 監察する．¶～人/監査人．¶受到～/監査を受ける．

【监场】jiān//chǎng 動 試験(場)を監督する．

【监督】jiāndū ❶動 監督する．❷名〔个 ge，名 míng，位 wèi〕監督．¶舞台～/舞台監督．

【监犯】jiānfàn 名 獄中の犯罪人．囚人．在監者．

【监工】jiāngōng ❶jiān//gōng 動 工事を監督する．❷jiāngōng 名〔个 ge，名 míng，位 wèi〕工事の現場監督．¶在工地当～/工事現場監督をする．

【监管】jiānguǎn 動 監視し，監督する．¶～犯人/犯罪者を管理・監督する．

【监护】jiānhù 動《法律》後見する．¶～人/後見人．

【监护人】jiānhùrén 名《法律》後見人．

【监禁】jiānjìn 動 監禁する．身柄を拘束する．反 开释 kāishì

【监考】jiānkǎo ❶jiān//kǎo 動 試験を監督する．❷jiānkǎo 名 試験監督官．

【监控】jiānkòng 動 ❶（物価などを）監視し制御する．❷（水位などを）モニターしてコントロールする．

【监牢】jiānláo 名回 監獄．

【监理】jiānlǐ ❶動 監督管理する．❷名 監理員．

【监票】jiānpiào 動 開票を検査する．¶～人/開票立会人．

【监视】jiānshì 動 監視する．¶跟踪 gēnzōng～/尾行して監視する．

【监事】jiānshì 名 監事．

【监事会】jiānshìhuì 名 監事会．

【监守】jiānshǒu 動 管理する．保管する．

【监守自盗】jiān shǒu zì dào 成 見張り役が盗む．職務上の横領をする．

【监听】jiāntīng 動（放送・会話・行動を）視聴し監視する．モニターする．

【监外执行】jiānwài zhíxíng 名《法律》法定理由(重病・妊娠・授乳など)により，犯罪者を収監せずに、一時的に特定の公安機関などが身柄を監視すること．

【监押】jiānyā 動 ❶拘禁する．❷（犯人を）護送する．

【监狱】jiānyù 名〔所 suǒ，座 zuò〕監獄．刑務

兼 jiān
八部8　四 8023₇　全10画　[常用]

❶ [索] 二倍となる．¶～程 jiānchéng ／～旬 jiānxún（20日）．❷ [索] 兼ね合わせる．¶～任 jiānrèn ／～并 jiānbìng ／～职 xù．❸ (Jiān)姓．

【兼爱】jiān'ài [動] 分け隔てなく，すべての人を愛する．[由来] 墨子(bǐ)の思想の一つ．

【兼备】jiānbèi [動] 兼ね備える．¶德才～／[成] 才能と品徳を兼備する．¶文武～／文武両道に兼備える．¶才貌～／才色兼備だ．

【兼并】jiānbìng [動] 併合する．合併する．¶这个公司被～了／この会社は合併された．

【兼差】jiān//chāi [動] 兼職する．[同] 兼职 zhí．

【兼程】jiānchéng [動] 二日分の行程を一日でこなす．二倍の速さで進む．¶日夜～／夜を日に継いで前進する．¶收到急电，～回国／至急の知らせを受けて，大急ぎで帰国する．

【兼而有之】jiān ér yǒu zhī [成] 兼ね備えている．¶细心与大胆，两者～／細心さと大胆さ，この両方を備えている．

【兼顾】jiāngù [動] 双方に気を配る．¶公私～／公私の両面に配慮する．¶工作与家务都要～／仕事と家事の両方に気を配らなければならない．

【兼管】jiānguǎn [動] 兼務する．¶他负责财务 cáiwù，～治安／彼は財務に責任を負うと同時に，治安の管轄にも兼務している．

【兼毫】jiānháo [名] 柔毛と剛毛(特にヒツジとオオカミの毛)を混ぜて作った筆．

【兼课】jiān//kè [動] (教師が)他の授業を兼ねて行う．¶在外面～／よその授業も兼任する．

【兼任】jiānrèn ❶ [動] 兼任する．¶会计 kuàijì 由副校长 fùxiàozhǎng～／会計は教頭が兼任する．[反] 专任 zhuānrèn ❷ [形] 専任でない．臨時の．¶～教员／臨時(非常勤)教員．

【兼容】jiānróng [動] あわせもつ．

【兼容并包[蓄]】jiān róng bìng bāo [xù] [句] 広く何でも受け入れる．

【兼容机】jiānróngjī 《コンピュータ》コンパチブルマシン．

【兼收并蓄】jiān shōu bìng xù [成] さまざまなものを取り込む．¶～各种长处／それぞれの長所を吸収してものにする．

【兼听则明】jiān tīng zé míng [成] 多くの意見を聴けば，確かなことが分かる．¶～，偏信则暗／広く意見を聴けば，正しいことが明らかになり，一方的に信じるだけでは判断を誤る．

【兼优】jiānyōu [形] 一人の人物が，複数の面に秀でている．¶品学～／人柄も勉学も優れている．

【兼之】jiānzhī [接] その上さらに．それに加えて．しかも．[同] 加以 jiāyǐ．

【兼职】jiān//zhí ❶ [動] 兼職する．¶他兼了三个职／彼は三つの職務を兼ねた．❷ jiānzhí [名] 兼職．❸ [形] 本職外の．¶～律师／兼職弁護士．

菅 jiān
艹部8　四 4477₁　全11画

❶ [名] 《植物》カルカヤ．❷ (Jiān)姓．

笺(箋/[異] 牋❷，椾❷) jiān
竹部5　四 8850₃　全11画　[通用]

[索] ❶ 古典の注釈．¶～注 jiānzhù．❷ 小ぶりの紙．メモや手紙などに使う．¶便～ biànjiān（便箋）／信～ xìnjiān（便箋）／华～ huájiān（貴信．お手紙）．❸ (Jiān)姓．

【笺注】jiānzhù [名] 古典の注釈．

渐(漸) jiān
氵部8　四 3212₁　全11画　[通用]

[索] ㊊ ❶ 浸みこむ．¶～染 jiānrǎn．❷ 流れこむ．¶东～于海(東は海にそそぐ)．

☞ 渐 jiàn

【渐染】jiānrǎn [動] ㊊ 感化される．

犍 jiān
牛部8　四 2554₀　全12画　[通用]

[名] 〔[量] 条 tiáo, 头 tóu〕雄ウシ．特に去勢した雄ウシ．¶～牛 jiānniú．

☞ 犍 qián

【犍牛】jiānniú [名] 〔头 tóu〕去勢した雄ウシ．

溅(濺) jiān
氵部9　四 3315₀　全12画　[通用]

[索] "浅 jiān"に同じ．

☞ 溅 jiàn

湔 jiān
氵部9　四 3812₁　全12画　[通用]

[動] 洗う．¶～洗(洗濯する．恥や汚点を除く)／～雪 jiānxuě(汚名をそそぐ)．

缄(緘) jiān
纟部9　四 2315₀　全12画　[通用]

❶ [動] ぴったりと閉じる．¶～默 jiānmò ／～口 jiānkǒu．❷ [動] 封をする．❸ (Jiān)姓．[表現] ❸は，封書で，差出人の姓名の後に"北京袁 Yuán 缄"(北京の袁より)といった形で書かれることが多い．

【缄口】jiānkǒu [動] ㊊ 口をつぐむ．¶～不语／黙ってものを言わない．

【缄默】jiānmò [動][名] 口を閉じて何も言わない．沈黙．¶始终保持～／徹頭徹尾，沈黙を守る．[同] 沉默 chénmò

蒹 jiān
艹部10　四 4423₇　全13画　[通用]

[名] 古書に見えるアシやヨシに似た草．

搛 jiān
扌部10　四 5803₇　全13画　[通用]

[動] (はしで料理などを)はさむ．¶～菜(料理をつまむ)．

煎 jiān
灬部9　四 8033₂　全13画　[常用]

❶ [動] 煎じる．¶～药(薬を入れて煎じる)／～茶(茶を入れる)．❷ 《料理》なべに油を少し入れて加熱してから，材料を入れ，表面がきつね色になるまで焼く．¶～鱼(魚を炒める)／～豆腐 jiāndòufu(炒り豆腐)．

【煎熬】jiān'áo ❶ [動] 苦しむ．さいなまれる．¶在困苦中～／苦しみにもがく．❷ [名] 苦痛．辛酸．¶受尽 shòujìn～／辛酸をつぶさになめる．

【煎饼】jiānbing [名] 〔块 kuài, 张 zhāng〕チェンピン．コーリャンや小麦，アワなどの粉を水でねり，平なべの上にのばしてパリッと焼きあげたもの．

【煎鸡蛋】jiānjīdàn [名] 目玉焼き．

缣(縑) jiān
纟部10　四 2813₃　全13画

[名] ㊊ 細い糸で織った，薄い絹．

【缣帛】jiānbó [名] 古代の薄い絹織物．[参考] 紙が発明さ

鰹 鵰 鞯 団 枧 拣 茧 柬 俭 捡 笕 检　jiān – jiǎn

鰹(鰹) jiān
魚部7　四 2711₄　全15画　通用
名《魚》カツオ.

鵰(鵰) jiān
鳥部10　四 8722₇　全15画　通用
下記熟語を参照.

【鵰鵰】jiānjiān 名 比翼の鳥. 参考 古代の伝説上の鳥. 二つの頭と一対の翼をもち、夫婦仲がよいことの象徴とされた.

鞯(韉) jiān
革部9　四 4454₇　全18画　通用
名 馬の鞍の下に敷くもの. ¶鞯～ ānjiān (鞍と下鞍).

団 jiǎn
囗部3　四 6040₇　全6画　通用
名 方 ❶息子. ❷娘. 同 囝 nān
☞ 囝 nān

枧(梘) jiǎn
木部4　四 4791₂　全8画　通用
名 ❶"笕 jiǎn"に同じ. ❷方 せっけん. 香～ xiāngjiǎn (化粧せっけん) / 番～ fānjiǎn (洗濯せっけん).

拣(揀) jiǎn
扌部5　四 5509₄　全8画　常用
動 口 ❶選び出す. ¶～选 jiǎnxuǎn /～择 jiǎnzé / 挑～ tiāojiǎn / ～了两个大西瓜 (二つの大きなスイカを選ぶ). ❷拾い上げる. 同 捡 jiǎn

筆順 　扌　扌　扌　扌　拣

【拣选】jiǎnxuǎn 動 選び出す. ¶～优良种子 / 優良な種子を選ぶ.
【拣择】jiǎnzé 動 選択する. 選ぶ. 同 挑选 tiāoxuǎn

茧(繭/異 綗❶) jiǎn
艹部6　全9画　四 4413₆　常用
名 ❶(～儿)まゆ. ❷(手や足などの)たこ. 同 趼 jiǎn
【茧子】jiǎnzi 名 ❶まゆ. 同 蚕茧 cánjiǎn ❷〔量 层 céng, 块 kuài〕(皮膚にできる)たこ. ¶脚底生了～ / 足の裏にたこができた.

柬 jiǎn
一部8　四 5090₆　全9画　次常用
名 手紙・名刺・カードなどの総称. ¶～帖 jiǎntiě / 请～ qǐngjiǎn (招待状) / 书～ shūjiǎn (手紙).
【柬埔寨】Jiǎnpǔzhài《国名》カンボジア.
【柬帖】jiǎntiě 名〔量 份 fèn, 张 zhāng〕メモ. 書き付け.

俭(儉) jiǎn
亻部7　四 2821₉　全9画　常用
❶素 倹約する. ¶朴～ jiǎnpǔ / 勤～ qínjiǎn (勤倹だ) / 节～ jiéjiǎn (倹約する) / 省吃～用 (食費をきりつめ、ものを節約する. 生活をきりつめる). 反 奢 shē ❷(Jiǎn)姓.
【俭朴】jiǎnpǔ 形 質素だ. ¶生活～ / 生活が質素だ. 陈设很～ / 装飾が非常に質素だ. 同 简朴 jiǎnpǔ 反 奢侈 shēchǐ
【俭省】jiǎnshěng 形 倹約している. ¶精打细算,过日子～ / 細かに切り盛りして、つつましく暮らす. 同 俭约 jiǎnyuē, 节省 jiéshěng, 节俭 jiéjiǎn, 节约 jiéyuē
【俭约】jiǎnyuē 又 "俭省 jiǎnshěng"に同じ.

捡(撿) jiǎn
扌部7　四 5801₉　全10画

動 地面にある物を拾いあげる. ¶～柴 (たきぎを拾う). 同 拣 jiǎn
【捡漏】jiǎn//lòu ❶屋根の雨漏りの部分を修理する. ❷(～儿)相手のミスに乗じる.
【捡拾】jiǎnshí 拾う.

笕(筧) jiǎn
竹部4　四 8821₂　全10画　通用
名 とい. かけひ.

检(檢) jiǎn
木部7　四 4891₉　全11画　常用
❶素 注意深く調べる. ¶～验 jiǎnyàn / ～阅 jiǎnyuè / ～察 jiǎnchá / 体～ tǐjiǎn (身体検査). ❷素 "捡 jiǎn"に同じ. ❸(Jiǎn)姓.
【检测】jiǎncè 動 検める. チェックする. ¶～质量 / 品質をチェックする. ¶取样 / 抜き取り検査.
**【检查】jiǎnchá ❶動 調べる. 検査する. ¶健康～ / 病ména 診断. ¶～工作 / 仕事をお検する. ❷動(書籍や文献など)を閲覧する. ¶～刊物 kānwù / 出版物を閲覧する. ❸動 自分の誤りを反省する. 同 反省 fǎnxǐng, 检讨 jiǎntǎo ❹名 ❸の文章. ¶他写了一份～ / 彼は自己反省文を書いた. 比較"检查"は"检讨"に比べて語感が軽く、人や物についての反省や検査をする.
【检察】jiǎnchá ❶動 (犯罪などを)取り調べて告発する. ❷動 検事.
【检察官】jiǎncháguān 名 検察官. 検事.
【检察院】jiǎncháyuàn 名 "人民检察院"(人民検察院)の略称. 参考 国家の検察権を行使する独立司法機関.
【检场】jiǎnchǎng ❶動 旧 芝居の大道具や小道具の設置や片付けをする. ❷名 ❶の作業をする人. 道具方.
【检点】jiǎndiǎn ❶動 点検する. ¶～行李 / 荷物を点検する. ¶～人数 / 人数を点検する. ¶对饮食 yǐnshí 多加～ / 食べ物に対して特に注意を払う. ❷適度につつしむ. ¶说话要～一点儿 / ことばには気を付けなければいけない.
【检定】jiǎndìng 動 検定する. 検査し裁定する.
【检校】jiǎnjiào 動 審査し, 詳しく照合する.
【检举】jiǎnjǔ 動 告発する. ¶～信 / 告発状. 同 告发 gàofā, 举报 jǔbào 派 包庇 bāobì
【检控】jiǎnkòng 動 ❶検挙して告発する. ❷検査して(犯罪を)押さえる.
【检漏】jiǎn//lòu 動《電気》漏電を調べる. ¶～器 / 漏電検知器.
【检录】jiǎnlù 動《スポーツ》試合に先立ち, 選手の点呼をとり, 競技場内に導く.
【检票】jiǎn//piào 動 改札する. 開票する. ¶～员 / 改札係.
【检视】jiǎnshì 動 検査する. ¶～现场 / 現場を調べる.
【检试】jiǎnshì 動 (機械や設備などを)検査する. 点検する.
【检索】jiǎnsuǒ 動 (本や資料などを)検索する. ¶数据 shùjù～ / データ検索.
【检讨】jiǎntǎo 動 ❶自ら欠点や過ちを見つけ出し反省する. ¶深刻～自己 / 厳しく自分を反省する. ¶～书 / 反省し総括したものを書面にしたもの. 始末書. 同 反省 fǎnxǐng, 检查 jiǎnchá ⇨ 检查 jiǎnchá ❷文 分析し研究する. 検討する.
【检修】jiǎnxiū 動 点検し修理する. ¶这台机器需要～一下 / この機械は点検修理が必要だ.
【检验】jiǎnyàn 動 検査する. テストする. ¶～合格 / 検

趼 jiǎn

⻊部4 [四] 6114₀
全11画 [通用]

[名] (手や足にできる)たこ. ¶老～ lǎojiǎn (たこ). 同 繭 jiǎn
【趼子】jiǎnzi [名] (手や足にできる)たこ. ¶手都磨出了～/手にたこができた. 同 繭子 jiǎnzi, 老繭 lǎojiǎn

减 (異 減) jiǎn

冫部9 [四] 3315₀
全11画 [常用]

❶ [動] 減らす. 減じる. ¶～价 jiǎnjià /～法 jiǎnfǎ/削～ xuējiǎn (削減する) /偷工～料 [成] 手抜きや原料のごまかしをする) /八－三是五(8ひく3は5). 反 增 zēng, 加 jiā ❷ [素] 衰える. あせる. ¶～色 jiǎnsè. ❸ (Jiǎn) 姓.

【减半】jiǎn//bàn [動] 半減する. 半分に減じる.
【减编】jiǎnbiān [動] 人員を削減する.
【减产】jiǎn//chǎn [動] 減産する. ¶粮食／食料が減産になった. ¶比上季度～百分之五／前四半期より5パーセント減産した. 反 增产 zēngchǎn
【减低】jiǎndī [動] 減らす. 下げる. ¶～物价／物価を下げる. ¶～速度／減速する.
【减法】jiǎnfǎ [名]《数学》引き算. 減法. 反 加法 jiāfǎ
【减肥】jiǎn//féi [動] ❶ ダイエットする. 痩身する. ❷ リストラする.
【减肥药】jiǎnféiyào [名] ダイエット薬. 痩身薬.
【减幅】jiǎnfú [名] 減少の幅や程度.
【减负】jiǎnfù [動] (過剰な負担を)軽減する.
【减号】jiǎnhào [名]《数学》マイナス記号(－). 反 加号 jiāhào
【减缓】jiǎnhuǎn [動] 減らす. 落とす. ¶～进程／進むペースを落とす.
【减价】❶ jiǎn//jià [動] 割引く. 値を下げる. ¶～抛售 pāoshòu ／値引きして投売りする. ¶～票／割引券. ¶一成／10%割引. ❷ jiǎnjià [名] 割引. 値引.
【减亏】jiǎnkuī [動] 赤字を減らす.
【减慢】jiǎnmàn [動] 遅くなる. ¶速度～了／速度が落ちた.
【减免】jiǎnmiǎn [動] 減免する. ¶～所得税 shuì ／所得税を減免する. ¶～学费／学費を減免する.
*【减轻】jiǎnqīng [動] 軽減する. 軽くなる. ¶～负担／負担を軽くする. ¶病势～／病状が軽くなった. 反 加重 jiāzhòng
【减去】jiǎnqù [動] 引き去る. マイナスする.
【减让】jiǎnràng [動] (関税を)削減する.
【减弱】jiǎnruò [動] 弱くなる. 弱くする. ¶风势～／風の勢いが弱まった. ¶体力明显比以前～了／体力が以前よりも明らかに落ちた. 同 削弱 xuēruò 反 加强 jiāqiáng, 增强 zēngqiáng
【减色】jiǎnsè [動] 精彩を欠く. 輝きを失う. つまらなくなる. ¶音响 yīnxiǎng 效果不好,使演出大为～／音響効果が今ひとつなので, パフォーマンスは精彩を欠いた. 反 增色 zēngsè
*【减少】jiǎnshǎo [動] 減らす. 減少する. ¶～人员／人員を減らす. ¶～麻烦／面倒を少なくする. 反 增加 zēngjiā

【减数】jiǎnshù [名] (～儿)《数学》減数. 参考 引き算で, 引く方の数字. 5－3=2の場合の3.
【减税】jiǎn//shuì [動] 減税する.
【减速】jiǎn//sù [動] スピードを落とす. ¶～行驶 xíngshǐ ／スピードを落として運転する.
【减损】jiǎnsǔn [動] 減る. 減らす.
【减缩】jiǎnsuō [動] 短縮する. 縮小する. ¶～课时／授業時間を短縮する. ¶～开支／支出を小さくする.
【减退】jiǎntuì [動] 減退する. 下がる. 落ちる. ¶视力 shìlì 有些～／視力がいくらか落ちた. ¶热情～了／熱意がうせた.
【减刑】jiǎn//xíng [動]《法律》減刑する.
【减削】jiǎnxuē [動] 削減する. ¶～经费／経費を削減する. ¶～人员／人員を削減する. 同 削減 xuējiǎn
【减压】jiǎnyā [動] 減圧する.
【减员】jiǎn//yuán [動] (軍隊や現場などで)人員が削減される. 人員が減る.
【减灾】jiǎnzāi [動] 災害による損失を減少させる.
【减震】jiǎnzhèn [動] 制動する. 免震する. 振動を吸収する.

剪 jiǎn

刀部9 [四] 8022₇
全11画 [常用]

❶ [名] はさみ. ¶～刀 jiǎndāo. ❷ [素] はさみに似た道具. ¶火～ huǒjiǎn (火ばさみ) /夹～ jiājiǎn (やっとこ). ❸ [動] はさみで物を断ちきる. ¶～裁 jiǎncái /～纸 jiǎnzhǐ /～影 jiǎnyǐng /修～ xiūjiǎn (枝などを切りそろえる). ❹ [素] 全体から, ある一部分を取り去る. ¶～灭 jiǎnmiè /～除 jiǎnchú. ❺ (Jiǎn) 姓.

【剪报】❶ jiǎn//bào [動] 新聞の記事を切り抜く. ❷ jiǎnbào [名] 新聞記事の切り抜き.
【剪裁】jiǎncái [動] ❶ (布や紙などを)裁つ. 裁断する. ¶这套衣服是我自己～的／この服は私が自分で裁断しました. ❷ (作文やフィルム編集などで)素材を取捨選択する.
【剪彩】jiǎn//cǎi [動] (式典などで)テープカットをする. ¶～仪式／テープカット式典. ¶小王剪了彩／王君がテープをカットした.
【剪草机】jiǎncǎojī [名] 草刈り機.
【剪除】jiǎnchú [動] (悪いものを)取り除く. 一掃する. ¶～奸究 jiānjiū ／邪悪を取り除く.
【剪刀】jiǎndāo [名] [把 bǎ] はさみ.
【剪刀差】jiǎndāochā [名] はさみ状になった価格差. 図表などで, 価格差によって二つの統計曲線がはさみの開口部の形をしたもの. 一般に工業製品と農産品との価格差をいう.
【剪辑】jiǎnjí [動] [名] (フィルムなどを)カットして編集する[したもの]. ¶录音～／録音編集.
【剪接】jiǎnjiē [動]"剪辑 jiǎnjí"に同じ.
【剪径】jiǎnjìng [動] 旧 文 追いはぎをする. 路上で強奪する.
【剪灭】jiǎnmiè [動] 滅ぼす. せんめつする. 同 歼 jiān 灭
【剪票】jiǎn//piào [動] 切符を切る. ¶开始～了／改札が始まった.
【剪票口】jiǎnpiàokǒu [名] 改札口. 参考 大人と子供の料金の区別は身長にあり, ふつう「1.3 m」を示す目盛りがあって, そこでチェックされる.
【剪切】jiǎnqiē [動]《機械》剪断する. 剪断変形させる.
【剪秋萝】jiǎnqiūluó [名]《植物》センノウ.
【剪贴】jiǎntiē [動] ❶ (新聞記事などの)切り抜きを集める. ¶～簿 bù ／スクラップ・ブック. ❷ [名] 切り絵. 切り紙. ¶～一匹马／馬の絵を切り紙で作る.

【剪影】jiǎnyǐng 名 ❶〔量 个 ge,张 zhāng〕影絵の切り抜き．シルエット．❷〈事物などの〉全体の輪郭．¶京华 jīnghuá～/ 首都の姿．¶亚运会 Yàyùnhuì～/ アジア大会ダイジェスト．表現 ❷は，番組や作品のタイトルとしてよく使われる．

【剪纸】jiǎnzhǐ 名〔量 幅 fú,张 zhāng〕切り紙細工．¶～片 / 切り紙を使ったアニメ映画．

【剪子】jiǎnzi 名〔量 把 bǎ〕はさみ．（じゃんけんの）はさみ．同 剪刀 jiǎndāo

硷 (鹼／異 鹻) jiǎn
石部 7 全12画 四 1861₉ 通 用
名 動 "碱 jiǎn"に同じ．

睑 (瞼) jiǎn
目部 7 四 6801₉ 全12画 通 用
名 まぶた．同 眼睑 yǎnjiǎn，眼皮 yǎnpí

锏 (鐧) jiǎn
钅部 7 四 8772₀ 全12画 通 用
名 古代の兵器．金属製の棒．棒の面には4つの角がある．刃はなく，角の部分で相手を打つ．
☞ 锏 jiàn

裥 (襇) jiǎn
衤部 7 四 3722₀ 全12画 通 用
名〈衣服の〉ひだ．プリーツ．同 褶 zhě

简 (簡) jiǎn
竹部 7 四 8822₇ 全13画 常 用
❶ 素 古代，字を書くために用いた竹の板．¶～册 jiǎncè（書籍）．❷ 素 手紙．¶书～ shūjiàn（手紙）/ 小～ xiǎojiǎn（簡単な手紙）．❸ 素 物事がこみいっていなくて，単純だ．¶～便 jiǎnbiàn / ～体 jiǎntǐ．反 繁 fán ❹ 素 単純にする．¶～化 jiǎnhuà / ～写 jiǎnxiě / 精兵～政（人員を減らし，機構を簡素化する）．❺ 素（人材を）選び出す．¶～拔 jiǎnbá（選抜する）/ ～任 jiǎnrèn．❻（Jiǎn）姓．

【简报】jiǎnbào ❶ 動 略称する．❷ 名 略称．¶"人大"是人民代表大会的～/ "人大"は人民代表大会の略称だ．

【简编】jiǎnbiān 名 簡略版．ダイジェスト版．用法 多く書名に用いる．

【简便】jiǎnbiàn 形 簡便だ．¶～手续 / 手続きが簡単だ．¶操作～/ 操作が簡単だ．反 繁琐 fánsuǒ，烦琐 fánsuǒ

【简称】jiǎnchēng ❶ 動 略称する．❷ 名 略称．¶"人大"是人民代表大会的～/ "人大"は人民代表大会の略称だ．

**【简单】jiǎndān 形 ❶ 簡単だ．単純だ．¶情节～/ ストーリーが簡単だ．¶～地说 / 簡単に言えば．圉 简单简单 反 复杂 fùzá ❷（経歴や能力などが）平凡だ．並だ．¶他的本领不～/ 彼の腕前はまったくたいしたもんだ．❸ いいかげんだ．粗雑だ．¶～从事 / いいかげんに事を片づける．表現 ❷は，多く否定文で使われる．"不简单"は，"了不起 liǎobuqǐ"と同じく，「すごい，非凡だ」という意味．

【简单化】jiǎndānhuà 動 簡略化する．簡素化する．反 复杂化 fùzá huà

【简单机械】jiǎndān jīxiè 名《機械》単一機械．

【简单劳动】jiǎndān láodòng 名 単純労働．

【简短】jiǎnduǎn 形 簡潔だ．¶文章要～生動 / 文章は簡潔で生き生きとしたものでなければならない．¶～的评论 / 簡潔な評論．反 冗长 róngcháng

【简而言之】jiǎn ér yán zhī 成 簡単に言えば．要するに．

【简化】jiǎnhuà 動 簡略化する．簡単にする．¶～手续 / 手続きを簡単にする．¶～不少汉字 / 多くの漢字を簡略化する．

【简化汉字】jiǎnhuà Hànzì《言語》❶ 動 漢字の筆画を簡略化し，同時に漢字の数を整理し，異体字は一つを選び，その他は使わないようにする．❷ 名 簡略化された漢字．同 简体字 jiǎntǐzì

【简化字】jiǎnhuàzì "简化汉字"②の略．

【简洁】jiǎnjié 形（ことばや文章などが）簡潔だ．¶文笔～/ 筆遣いが簡潔だ．同 简明 jiǎnmíng

【简捷】jiǎnjié 形 まわりくどくない．直截（ちょくせつ）的だ．¶～地说明了事情的来龙去脉 / 手短にことの経緯を説明した．

【简介】jiǎnjiè ❶ 名〔量 份 fèn,张 zhāng〕簡潔な紹介，説明．¶剧情～/ ドラマのあらすじ．¶《天坛 Tiāntán～》/『天壇ガイド』❷ 動 簡潔に紹介する．

【简况】jiǎnkuàng 名 概況．

【简括】jiǎnkuò 形 手短にまとまっている．¶把有关情况～地说一下 / 関連状況を手短に話す．

【简历】jiǎnlì 名〔量 份 fèn,个 ge〕略歴．¶填写～/ 略歴を書きこむ．

【简练】jiǎnliàn 形（ことばや文章などが）簡潔で練れている．¶用词～/ 語句の使い方がよく練れている．同 精练 jīngliàn

【简陋】jiǎnlòu 形（建物や設備などが）粗末だ．¶～的住房 / 粗末な家屋．同 粗陋 cūlòu 反 豪华 háohuá，完善 wánshàn

【简略】jiǎnlüè 形（ことばや文章などが）簡潔だ．¶～地说明 / 簡略に説明する．反 详尽 xiángjìn

【简明】jiǎnmíng 形 簡単明瞭だ．¶～的解释 / 簡明瞭な説明．

【简明扼要】jiǎn míng è yào 成（話や文章などが）簡潔明瞭で，要点を押さえている．¶～的文章 / 簡明でポイントを押さえた文章．

【简朴】jiǎnpǔ 形 質素だ．簡素だ．¶衣着 yīzhuó～/ 身なりが質素だ．¶～的生活 / 質素な生活．同 俭朴 jiǎnpǔ 反 华丽 huálì

【简谱】jiǎnpǔ《音楽》〔量 本 běn,份 fèn,个 ge〕略譜．楽譜の一つ．中国で，アラビア数字の1から7までを音符にあらわした楽譜．

【简任】jiǎnrèn 名 民国期(1912-1949)の文官の第二等位．

【简史】jiǎnshǐ 名 略史．歴史のダイジェスト版．

【简缩】jiǎnsuō 動 規模を小さくする．¶～机构 / 機構を縮小する．

【简体】jiǎntǐ 名《言語》❶ 筆画を簡略化した形．❷ 簡体字．反 繁体 fántǐ

【简体字】jiǎntǐzì《言語》筆画を簡略化した書体の漢字．同 简化字 jiǎnhuàzì 反 繁体字 fántǐzì

【简图】jiǎntú 名 略図．見取り図．スケッチ．

【简写】jiǎnxiě ❶ 動 漢字を簡略化して書く．¶这个字不能～/ この字は簡略化して書けない．❷ 名 漢字の簡略な書き方．

【简讯】jiǎnxùn 名〔量 条 tiáo,则 zé〕❶ 短い記事．❷ 囲み記事．コラム．¶时事～/ 時事コラム．

【简要】jiǎnyào 形 簡単で要を得ている．¶～的介绍 / 簡単で要を得た紹介．

【简易】jiǎnyì 形 ❶ 手軽で簡単だ．¶～办法 / 手軽にできる方法．反 繁难 fánnán ❷ 粗末だ．作り方が雑だ．¶～公路 / 簡易自動車道路．

【简约】jiǎnyuē ❶ 動 簡潔だ．¶文字～/表現が簡潔だ．図 繁复 fánfù ❷ 形 質素だ．¶生活～/暮らしが質素だ．
【简章】jiǎnzhāng 名〔份 fèn〕簡則．略則．¶招生～/生徒募集要項．
【简政放权】jiǎn zhèng fàng quán 成 行政を簡略化し，権限を下部に委譲する．
【简直】jiǎnzhí 副 ❶ まったく…だ．実に…だ．¶这～不像话！/これはまったく話にならない．¶她～是个小孩子/彼女はからっきし子供だ．❷ 方 いっそのこと，…なさい．¶你～别回去了/いっそのこと帰るのをやめなさい．同 索性 suǒxìng 表現①は，自分が力をこめて「まったく…だ」という気持ちをあらわす．"几乎 jīhū"は，"ほぼ…だ"という気持ちをあらわし，"简直"よりも弱い．
【简装】jiǎnzhuāng 名 簡易包装．図 精装 jīngzhuāng

谫 (譾/異 譛) jiǎn
讠部11 全13画 四 3872₇ 通 用
素 文 学問や知識が浅い．¶学识 xuéshí～陋 jiǎnlòu/(学問が浅薄だ)．

戬 jiǎn
戈部10 四 1365₀ 全14画 通 用
❶ 動 (ある一部分を)とり除く．消す．❷ 名 福．吉祥．

碱 (異 堿) jiǎn
石部9 四 1365₀ 全14画 次常用
❶ 名 ソーダ．❷ 名 (化学)アルカリ．❸ 動 アルカリで腐食する．¶围墙都～了(塀がアルカリでさびる)．
【碱地】jiǎndì 名〔⑥ 块 kuài，片 piàn〕アルカリ性土壌の田畑．¶把～改造为良田/アルカリ性の田畑を良田に改造する．
【碱化】jiǎnhuà 動 (化学)アルカリ化する．
【碱荒】jiǎnhuāng 名 アルカリ性土壌の荒地．
【碱金属】jiǎnjīnshǔ 名 (化学)アルカリ金属．
【碱土】jiǎntǔ 名 アルカリ性土類．¶～金属/アルカリ土類金属．
【碱性】jiǎnxìng 名 (化学)アルカリ性．図 酸性 suānxìng

翦 jiǎn
羽部9 四 8012₇ 全15画 通 用
❶ "剪 jiǎn"に同じ．❷ (Jiǎn)姓．

蹇 jiǎn
宀部14 四 3080₁ 全17画 通 用
❶ 形 文 びっこをひいている．❷ 形 順調でない．❸ 名 ロバ．足のおそい馬．❹ (Jiǎn)姓．

謇 jiǎn
宀部14 四 3060₁ 全17画 通 用
形 ❶ 文 どもっている．❷ 正義感が強い．正直だ．¶～谔 jiǎn'è (正直ではっきりと物を言う性格だ)．

见 (見) jiàn
见部0 四 7721₂ 全 4画 常 用
Ⅰ ❶ 動 見える．目に入る．¶～好就买/いいのをみつけたらすぐ買う．¶我的手机不～了/私の携帯電話がなくなった．¶我作天～到他了/私は昨日彼を見かけた．
❷ (物が光・火などに)触れる．当たる．¶这种药～光就失效了/この種の薬は光に当てると効果がなくなる．¶液化石油气不能～火/LPガスは火に近づけてはならない．
❸ あらわれる．¶～成效 chéngxiào/効果が現れる．¶～好转 hǎozhuǎn/好転の兆しが見られる．¶～进步/進歩がうかがえる．¶病～轻了/病状がよくなった．

❹ 会う．面会する．¶我要～经理/私はマネージャーに会いたい．¶我～过她一次/私は一度彼女に会ったことがある．¶明天～！/では明日また会いましょう．¶好久不～了，你好吗？/お元気でしたか．¶～到您很高兴/お会いできてとても嬉しいです．
❺ (参照すべき箇所を指示し) …に見える．¶～下图/下の図を見よ．¶详～第38页/詳しくは38ページを参照．
❻ 視覚・聴覚・嗅覚を表わす動詞に伴い結果補語として用いて，感覚が対象物をしっかりとらえることをあらわす．¶你看～小王了吗？/王さんを見かけましたか．¶望～/見える．¶听～/聞こえる．¶闻～/におう．¶梦～/夢に見る．
Ⅱ ❶ 素 見方．意見．¶高～/ご高見．¶卓 zhuó～/卓見．¶～地 jiàndì．¶～解 jiànjiě．
❷ (Jiàn)姓．
Ⅲ 助 文 ❶ 受け身をあらわす．¶～重于当时 dāngshí/当時の人々に重んじられた．¶～笑于人/人に笑われる．¶～怪/とがめられる．
❷ 私に対して…してくれる．¶～告 jiàngào．¶～示/見せてくれる．¶～教 jiànjiào．¶～谅 jiànliàng．
⇒ 见 xiàn

【见爱】jiàn'ài 動 (相手に)好まれる．好感をもたれる． 表現 手紙などで用いられるあいさつ表現．
【见报】jiàn//bào 動 新聞に載る．¶这事儿已经见报/この事はすでに新聞に載った．
【见背】jiànbèi 動 文 父母や目上の人が逝去する． 由来 晋・李密「陳情表」の語から．
【见不得】jiànbude 動 ❶ 出会うわけにいかない．¶～阳光/日光に晒(さ)せない．❷ 他人に知られると恥ずかしい．¶不做～人的事/人目をはばかることはしない．❸ 方 見たくない．¶她就～那个懒汉/彼女はあのなまけ者を見たくない．
【见财起意】jiàn cái qǐ yì 成 財宝を見て，悪心を起こす．
【见长】jiàncháng 形 得意とする．長じる．
【见称】jiànchēng 動 名を知られる．評判になる．¶以技艺精湛 jīngzhàn～/すぐれた技量で評判になる．
【见得】jiàndé[-de] 動 …だと分かる．¶明天～会下雨/あすは雨にはならないだろう．¶何以～？/なぜそうだと分かるのか． 用法 否定文，疑問文に用いられる．⇒不见得 bù jiàndé
【见地】jiàndì 名 見識．¶他在古典小说的研究方面，很有～/彼は古典小説研究に造詣が深い．¶～颇 pō 高/見識がたいへん高い．同 见解 jiànjiě
【见多识广】jiàn duō shí guǎng 成 経験が豊かで，博識だ．
【见方】jiànfāng 形 平方だ．四方形だ．¶有三米～/3メートル四方ある．
【见分晓】jiàn fēnxiǎo 句 (真相や結果が)明らかになる．決着がつく．⇒分晓
【见风使舵】jiàn fēng shǐ duò 成 貶 情勢の風向きを見て舵取りの方向を決める．日和見だ．上手に立ち回る．¶他这个人善于～/彼は日和見がうまい．同 见风转 zhuǎn 舵，看风使舵
【见缝插针】jiàn fèng chā zhēn 成 縫い目を見て針を通す．ちょっとした機会をも逃さずものにすること．
【见告】jiàngào 動 敬 (私に)お知らせ下さい．¶通知ください．¶会期确定后，请速～/会期が決まりしだい，早々にご連絡ください． 表現 手紙などでよく使うあいさつ表現．
【见功】jiàngōng 動 功績をあげる．手柄を立てる．

【见怪】jiànguài 动❶とがめる.悪く思う.¶请不要～/悪く思わないでくれ.同 怪罪 guàizuì ❷怪しむ. 表現 ①は,自分に対して「とがめないで欲しい」という意味で使われることが多い.

【见怪不怪】jiàn guài bù guài 成 怪しいものを見ても,驚いたり怪しんだりしない.何が起きても沈着冷静で,動じない.

【见鬼】jiàn//guǐ 口❶奇怪で理解しがたい.¶你见了鬼了!/そんなバカなことってあるか.❷死ぬ.あの世へ行く.表現 悪態をつく時に,"真 zhēn 见鬼,…"(くそっ,…)と言ったりする.

【见好】jiànhǎo 動❶(病人が)持ち直す.¶这几天他的病～多了/ここ数日で,彼の病は好転した.❷よく思われる.¶你帮他也不会～的/君が彼を手助けしても,彼によく思われるはずはない.

【见机】jiànjī 動 形勢を見る.チャンスをうかがう.¶～而行.成 機を見て行う.

【见机行事】jiàn jī xíng shì 成

【见教】jiànjiào 名 お教えいただく.¶老兄有何～?/あなたのお考えはいかがですか.表現 相手に教えを請う時のことば.

【见解】jiànjiě 名〔① 种 zhǒng〕見識.見解.¶～正确/見方が正しい.¶这个～值得 zhídé 重视 zhòngshì/この見解は重視するだけの価値がある.同 见地 jiàndì,看法 kànfǎ

【见老】jiànlǎo 動 老ける.年寄りじみる.

【见礼】jiàn//lǐ 動 会ってあいさつを交わす.

【见利忘义】jiàn lì wàng yì 成 利を見て義を忘れる.利益に目がくらみ,道理を顧みないこと.

【见谅】jiànliàng 動 許しを請う.¶未能及时复信,敬希～/すぐに返事を差し上げられず,どうかお許し下さい.表現 手紙や改まったあいさつに使う.

【见猎心喜】jiàn liè xīn xǐ 成(かつて習ったことのある芸やスポーツなどを目のあたりにして)昔の習慣や好みが急に思い出され,自分もやりたくなる.

*【见面】jiànmiàn 動❶会う.面会する.¶初次～,请多多关照/はじめまして,よろしくお願いします.❷(考えや情況を)相手に公開する.¶思想～/考えを互いに語り合う.

【见面礼】jiànmiànlǐ 名 初対面の人への贈り物.参考 目上から目下へ贈ることが多い.

【见钱眼开】jiàn qián yǎn kāi 成 金銭に貪欲(どん)なようす.由来 金を見て目を見開く,ということから.

【见俏】jiànqiào 形(商品の)売れ行きが良い.売れ筋だ.

【见轻】jiànqīng 名 軽くなる¶病情～/病状が好転する.

【见仁见智】jiàn rén jiàn zhì 成 仁者は仁を見,智者は智を見る.人はそれぞれ異なった考え方を持つということ.由来『易経』繋辞伝上に見えることば.

【见世面】jiàn shìmiàn 慣 経験を積んで世の中をよく知る.¶他是个见过世面的人/彼は世間のことに明るい人だ.

【见识】jiànshi ❶動 見聞を広める.❷名 知識.見識.¶增长 zēngzhǎng 了很多～/非常に見識が広くなった.

【见死不救】jiàn sǐ bù jiù 句 人が危険であっても救いの手を差し伸べない.見殺しにする.

【见所未见】jiàn suǒ wèi jiàn 句 今まで見たこともないことに出会う.とても珍しいこと.

【见天】jiàntiān 名(～儿)毎日.同 见天天

【见外】jiànwài 動 他人扱いする.よそよそしくする.¶都是自己人,不必～/みな身内同様だから,他人行儀にする必要はない.

【见旺】jiànwàng 動(商品の生産や売り上げが)伸びる.盛んになる.同 看 kàn 旺

【见危授命】jiàn wēi shòu mìng 成 危急存亡の時,勇敢に自分の生命を投げ出す.

【见微知著】jiàn wēi zhī zhù 成 芽を見れば将来の姿が分かる.些細な事から全体を見通すこと.

【见闻】jiànwén 名 見聞きしたこと.見聞.¶他～很广/彼は見聞が広い.

【见习】jiànxí 動 見習いをする.見習い.¶～生/見習生.実習生.¶～了半年/半年間実習した.

【见效】jiàn//xiào 動 効き目が現われる.¶～快/効き目が早く出る.¶这药吃了三天了,还不～/この薬を三日飲んだのに,まだ効き目がない.同 奏效 zòuxiào

【见笑】jiànxiào 動❶(相手が)自分を笑いものにする.¶您可别～!/お笑いにならないでください.❷(相手から)笑われる.¶～大方/識者の笑いを買う.表現 謙そんする時に使う.

【见新】jiàn//xīn 方(古い建物や飾りなどの)見かけを新しくする.

【见义勇为】jiàn yì yǒng wéi 成 正義のため,勇敢に事に当たる.

【见异思迁】jiàn yì sī qiān 成 意志が弱く移り気だ.別なものに出合うと,すぐに考えを変えようする.¶她不是～的人,感情很专一/彼女はころころ気の変わる人ではなく,ひたむきな人です.

【见于】jiànyú 動 …に見える.¶此事～《论语 Lúnyǔ》/これは『論語』に書かれている.表現 古典などの引用文や注釈によく使われる.

【见责】jiànzé 動 譴責(けんせき)される.責任をとらされる.

【见证】jiànzhèng ❶動(目撃して)証言できる.¶此事有人～/この事は証言できる人がいる.❷名 現場での証拠.証拠品.

【见证人】jiànzhèngrén 名 目撃者.証人.

件 jiàn

亻部4 ㊄ 2520₀
全6画 常用

❶ 量 個別のものごとや衣服などを数えることば.¶一～事(一つの事がら)/两～毛衣(セーター2枚)/三～行李(旅行の荷物3つ).❷ 素(～儿)一つ一つ数えられるものごと.¶零～儿 língjiànr(部品)/工～ gōngjiàn(機械加工の部品)/铸～ zhùjiàn(鋳物)/案～ ànjiàn(案件).❸ 素 文書.¶来～ láijiàn(来信.郵便物)/急～ jíjiàn(緊急の文書や案件)/密～ mìjiàn(秘密文書)/稿～ gǎojiàn(原稿).❹(Jiàn)姓.表現 ❸は,それを数えるのに,さらに助数詞"件"をつけることはない.つまり,"一件来件"とは言わず"一来件"となる.

间(間/異閒) jiān

门部4 全7画 ㊄ 3760₁ 常用

❶ 素(～儿)すきま.わだかまり.¶乘～ chéngjiān(すきに乗じる)/亲密无～(親密でみぞがない).❷ 素 隔てる.へだたり.¶一隔 jiàngé.❸ 素 仲を裂く.¶离～ líjiàn(仲たがいさせる).❹ 動(苗を)間引く.¶～苗 jiānmiáo.

☞ 间 jiān

【间壁】jiānbì 名❶隣.隣家.同 隔壁 gébì ❷部屋の仕切り.間仕切り.

【间道】jiàndào ❶ 名 わき道.近道.❷ 動 わき道をぬけ

る.

【间谍】jiàndié [名]〔[量]个 ge,名 míng〕スパイ．間諜．[同]特务 tèwu

【间断】jiànduàn [動]中断する．¶实验不能～ / 実験は中断できない．¶他坚持跑步,从不～ / 彼はずっとジョギングを続けていて,一度も中断したことがない．[反]连续 liánxù

【间断性】jiànduànxìng [名]《哲学》不連続性．

【间伐】jiànfá [動]《林業》間伐する．

【间隔】jiàngé ❶[名]間隔．¶每隔一定～袭击 xíjī 一次 / 一定間隔を置いて攻撃をかける．[同]距离 jùlí ❷[動]隔てる．

【间隔号】jiàngéhào [名]文章の区切り符号の一つ．中黒(・)．⇨付録「句読点・かっこなどの用法」

【间或】jiànhuò [副][文]たまに．時には．¶～他来 / 彼は時たま来る．¶顺利的事也～有之 / すらすら行くこともたまにはある．

【间接】jiànjiē [形]間接的だ．¶从别人那里～知道的 / 他の人から聞いて知りました．¶说话很～ / 話が遠回しだ．[反]直接 zhíjiē [注意]"间接的"という形では使わず,そのまま"间接"で使う．

【间接经验】jiànjiē jīngyàn [名](書籍などを通じて)間接的に得た経験．[反]直 zhí 接经验

【间接税】jiànjiēshuì [名]間接税．

【间接推理】jiànjiē tuīlǐ [名]間接推理．

【间接选举】jiànjiē xuǎnjǔ [名]間接選挙．[反]直 zhí 接选举

【间苗】jiàn//miáo [動]《農業》作物の苗を間引きする．

【间日】jiànrì [名][文]隔日．一日おき．

【间色】jiànsè [名]三原色のうちの二色を配合して作った色．だいだい(赤と黄)や緑(黄と青)など．

【间隙】jiànxì [名]すきま．合間．¶稍有～,就去锻炼身体 / 少しの空き時間があれば,体を鍛える．

【间歇】jiànxiē ❶[名]間欠．合間．❷[動]合間をおく．途切れる．¶～泉 quán / 間欠泉．

【间杂】jiànzá [動]間にまざる．入り混じる．

【间作】jiànzuò [名]《農業》間作(あいさく)．[同]间种 jiànzhòng

饯(餞) jiàn 饣部5 [四]2375$_0$ 全8画 [通用]

[素]❶送別の宴会をする．¶～行 jiànxíng / ～别 jiànbié．❷果物などを蜜や砂糖に漬ける．¶蜜～ mìjiàn (蜜漬けの果物)．

【饯别】jiànbié [動]別れの宴を設ける．[同]饯行 jiànxíng

【饯行】jiànxíng [動]"饯别 jiànbié"に同じ．

建 jiàn 廴部6 [四]1540$_0$ 全8画 [常用]

❶[動](家・道路・橋などを)建設する．¶～筑 jiànzhù / 新～ xīnjiàn (新築する) / 扩～ kuòjiàn (拡張する)．[同]修 xiū,筑 zhù ❷[動](組織や機構などを)設立する．¶～国 jiànguó / ～都 jiàndū / ～军 jiànjūn．❸[素](意見や具体案などを)出す．¶～议 jiànyì．❹(Jiàn)[名]福建省を指す．❺(Jiàn)姓．

【建白】jiànbái [動][文](国家の政策などに対して)意見や主張を申し述べる．建白する．

【建材】jiàncái [名]建材．建築材料．

【建成】jiànchéng [動]作り上げる．確立する．¶预计在今年年底～ / 今年の年末に完成の予定だ．

【建党】❶jiàn//dǎng [動]新党を結成する．❷jiàndǎng [名]党の建設．

【建都】jiàn//dū [動]都を定める．¶～北京 / 都を北京に定める．

【建工】jiàngōng [名]"建筑工程"(建設工事)の略称．

【建构】jiàngòu [動](考えや人間関係を)構築する．

【建国】jiàn//guó [動]建国する．¶～功臣 gōngchén / 建国の功労者．

【建行】Jiànháng [名]"中国建设银行"(中国建設銀行)の略称．

【建交】jiàn//jiāo [動]外交関係を樹立する．¶两国正式～ / 両国は正式に国交を樹立した．[反]断交 duànjiāo,绝交 juéjiāo

【建军】jiànjūn [動]軍隊を創設する．

【建军节】Jiànjūnjié [名](中国人民解放軍の)建軍記念日．8月1日．

【建兰】jiànlán [名]《植物》スルガラン．

*【建立】jiànlì [動]うち立てる．築く．確立する．¶～环境研究中心 / 環境研究センターを創設する．¶～美满幸福的家庭 / 円満で幸福な家庭を築く．[同]树立 shùlì [反]破除 pòchú,推翻 tuīfān [比較]"建立"は,友情・信頼・関係などについて言い,"成立 chénglì"は,理論や考えなどについて言う．

**【建设】jiànshè ❶[動]新しい事業を始める．新しい施設を作る．¶～铁路 / 鉄道を敷設する．[反]破坏 pòhuài ❷[名]建設．¶经济～ / 経済建設．¶加快～的速度 / 建設を急ぐ．[反]破坏 pòhuài

【建设性】jiànshèxìng [形](考えなどが)建設的だ．

【建树】jiànshù ❶[動]手柄を立てる．❷[名]〔[量]个 ge,项 xiàng〕功績．¶他在研究美学理论方面,颇 pō 有～ / 彼は美学理論研究の面で大きな功績を立てた．

【建文】Jiànwén [名]《歴史》建文(けんぶん：1399－1402)．明の恵帝時代の年号．

【建业[邺]】Jiànyè [名]建業(けんぎょう)．南京の古称．[参考]呉の時代は"建业",晋には"建邺"とした．

*【建议】jiànyì ❶[動]提案する．建議する．[同]倡议 chàngyì,提议 tíyì ❷[名]〔[量]条 tiáo,项 xiàng〕提案．建議．¶合理化～ / 合理化の提案．[同]倡议 chàngyì,提议 tíyì

【建造】jiànzào [動]建造する．¶～房屋 / 家をつくる．¶～防护林 / 防護林をつくる．

【建制】jiànzhì [名]機関や軍隊の組織・編成や,行政区画などの総称．

*【建筑】jiànzhù ❶[動]建築する．¶～高速公路 / 高速道路を造る．[同]修建 xiūjiàn,修筑 xiūzhù ❷[名]〔[量]个 ge,幢 zhuàng,座 zuò〕建築物．¶古老的～ / 古い建物．

【建筑面积】jiànzhù miànjī [名]《建築》建築面積．

【建筑学】jiànzhùxué [名]建築学．

荐(薦) jiàn 艹部6 [四]4424$_7$ 全9画 [常用]

❶[素]選んで薦める．¶～人(人を推薦する) / 举～ jǔjiàn (推挙する) / 推～ tuījiàn (推薦する)．❷[素]草やわらなどで編んだ敷物．¶草～ cǎojiàn (ベッドに敷くわら布団)．❸(Jiàn)姓．

【荐举】jiànjǔ [動]推挙する．推薦する．¶～人才 / 人材を推挙する．¶承蒙 chéngméng～,不胜感谢 / 推挙いただき感謝に絶えません．[同]推荐 tuījiàn

【荐任】jiànrèn [名]民国期(1912－1949)の文官の第三等位．

【荐头】jiàntou [名][方][旧]仕事の紹介を業とした人．口入れ屋．

【荐优】jiànyōu [動]優秀な人材や製品を推薦する．

贱 牮 剑 涧 监 健 舰　jiàn

贱(賤) jiàn
貝部5　四 7385₀
全9画　常用

❶ 形 値段が安い．¶～卖 jiànmài／～价 jiànjià（安値）．反 贵 guì　❷ 形 地位や身分が低い．¶贫～ pínjiàn（貧しく卑しい）／卑～ bēijiàn（卑しい）．反 贵 guì　❸ 形 卑しい．見苦しい．¶～骨头 jiàngǔtou．❹ 形 自分にかかわる物事の前につけて，謙遜する気持ちをあらわす．¶～姓 jiànxìng（私の姓）／～恙 jiànyàng（私の病気）．❺（Jiàn）姓．

【贱骨头】jiàngǔtou 貶 ろくでなし．卑屈な奴．表現 相手をののしることば．

【贱货】jiànhuò ❶ 安物．くず．❷ くず．用法 ②は，人（特に女性）をののしることば．

【贱卖】jiànmài 動 安売りする．¶～不赊 shē／感 安売りに掛売りしない．

【贱民】jiànmín 名 ❶ 旧 卑しい身分の人．❷（インドで）カーストに属さない最下層の人．

【贱内】jiànnèi 名 旧 謙 家内．自分の妻の謙称．

【贱人】jiànrén 名 貶 このあま．じゃじゃ馬．¶你这～！／このあま～！表現 昔の小説や戯曲の中で女性をののしるために使われたことば．

牮 jiàn
牛部5　四 2350₄
全9画　通用

動 ❶ 斜めに支える．¶打～拨正 bǒzhèng（斜めに柱をとりつけて支えにし，家の傾きを直す）．❷ 土や石で水をせき止める．

剑(劍／異 劒) jiàn
刂部7　全9画　四 8210₀　常用

名 ❶〔把 bǎ，口 kǒu〕剣．つるぎ．❷（Jiàn）姓．

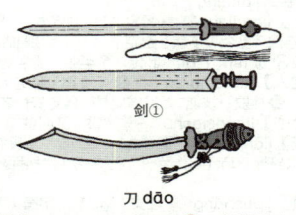

剑①

刀 dāo

【剑拔弩张】jiàn bá nǔ zhāng 成 一触即発だ．由来「剑は抜かれ，弓は引き絞られている」という意から．

【剑客】jiànkè 名 ❶ 剣客．剣士．❷《スポーツ》フェンシングの選手．フェンサー．

【剑麻】jiànmá 名《植物》サイザルアサ．

【剑眉】jiànméi 切れ長のきりっとした眉．¶两道浓黑的～／真っ黒できりっとした二本の眉．

【剑桥】Jiànqiáo《地名》ケンブリッジ（イギリス）．¶～大学／ケンブリッジ大学．

【剑术】jiànshù 名 剣術．

【剑侠】jiànxiá 名〔個 个 ge，名 míng，位 wèi〕剣客．剣術に長けた俠客．

涧(澗) jiàn
氵部7　四 3712₀
全10画　次常用

素 谷川．¶山～ shānjiàn（山合いの谷川）／溪～ xījiàn（谷川）．

监(監) jiàn
皿部5　四 2810₂
全10画　常用

名 ❶ 王朝時代の官名．¶太～ tàijiàn（宦官）．❷ 王朝時代の役所の名前．¶国子～ guózǐjiàn（国子監）／钦天～ qīntiānjiàn（欽天監）．❸（Jiàn）姓．
☞ 监 jiān

健 jiàn
亻部8　四 2524₀
全10画　常用

❶ 素 体が丈夫でたくましい．¶～康 jiànkāng／～全 jiànquán／强～ qiángjiàn（たくましい）．❷ 素 丈夫でたくましくする．¶～身 jiànshēn（体を鍛える）．❸ 素 …にすぐれている．よく…する．¶～忘 jiànwàng／～谈 jiàntán／～步 jiànbù．❹（Jiàn）姓．

【健步】jiànbù 形 健脚だ．

【健步如飞】jiànbù rú fēi 句 健脚で，まるで飛ぶように歩く．

【健儿】jiàn'ér 名 愛 健児．表現 勇士やスポーツ選手を指すことが多い．

【健将】jiànjiàng 名〔名 míng，位 wèi，员 yuán〕❶ その道の達人．❷ スポーツマンに対する最高の国家資格．称号．

**【健康】jiànkāng 形 ❶ 健康だ．¶～地成长 chéngzhǎng／健やかに成長する．¶祝您身体～！／ご健康をお祈りします．反 衰弱 shuāiruò　❷（状況が）健全だ．¶各种课外活动～地开展起来／各種の課外活動が健全に展開しはじめた．

【健力士】Jiànlìshì 名《商標》ギネス（ビール）．◆Guinness

【健美】jiànměi ❶ 形 健康で美しい．❷ 名《スポーツ》ボディービル．

【健美操】jiànměicāo 名《スポーツ》エクササイズ．エアロビクスダンス．同 健身 shēn 操

【健美裤】jiànměikù 名 スパッツ．レオタードパンツ．

【健美运动】jiànměi yùndòng 名《スポーツ》ボディビルディング．

【健全】jiànquán ❶ 形 健全だ．¶身心～／心身が健全だ．❷ 形 整っている．¶设施～／施設が整っている．❸ 動 完備する．¶～规章制度／規則や制度を完備する．

【健商】jiànshāng 名 健康指数．個人個人の健康意識や知識．

【健身】jiànshēn 動 健康な身体作りをする．フィットネスをする．

【健身房】jiànshēnfáng 名〔個 个 ge，间 jiān〕アスレチックジム．

【健身路径】jiànshēn lùjìng 名 健康器具などを設置し，市民に開放している公園や街々の一角．

【健谈】jiàntán 形 話好きだ．おしゃべりだ．¶他是个很～的人,你要注意时间／彼は話好きな人間だから，君時間に注意したほうがいいですよ．

【健忘】jiànwàng 形 忘れっぽい．¶～症 zhèng／健忘症．

【健旺】jiànwàng 形 健康で元気いっぱいだ．¶精神～／心身共に活力にあふれている．

【健在】jiànzài 動 健康に暮らしている．¶父母都～／父母ともに健在です．表現 年配の人について言うことが多い．

【健壮】jiànzhuàng 形 健康でたくましい．¶长得 zhǎngde～／丈夫に育った．同 强健 qiángjiàn，强壮 qiángzhuàng　反 虚弱 xūruò

舰(艦) jiàn
舟部4　四 2741₂
全10画　常用

素 軍艦．¶～队 jiànduì／巡洋～ xúnyángjiàn（巡洋艦）／航空母～ hángkōngmǔjiàn（航空母艦）．

【舰队】jiànduì 〔名〕支 zhī〕艦隊.
【舰艇】jiàntǐng 〔名〕〔艘 sōu, 只 zhī〕軍艦の総称.
【舰载】jiànzài《軍事》形 艦載の. ¶～导弹 / 艦載ミサイル.
【舰载机】jiànzàijī 〔名〕《軍事》艦載機.
【舰长】jiànzhǎng 〔名〕艦長.
【舰只】jiànzhī 〔名〕艦船の総称.

渐(漸) jiàn
氵部8 四 3212₁ 全11画 常用

❶ 副 次第に. 少しずつ. だんだんと. ¶～进 jiànjìn(～～ jiànjiàn) / 逐～ zhújiàn (次第に). ❷ (Jiàn)姓.
☞ 渐 jiān

【渐变】jiànbiàn 動 次第に変化する. ¶天气～ / 天気は次第に変化している. 反 突变 tūbiàn
【渐次】jiàncì 副 少しずつ. 次第に. ¶雨声～停息 tíngxī / 雨音が少しずつやむ. 同 渐渐 jiànjiàn
*【渐渐】jiànjiàn 副 次第に. だんだんと. ¶过了清明, 天气～暖起来了 / 清明節を過ぎると, 天気は次第に暖かくなってきた. ¶病情～好转了 / 病気はだんだんよくなってきた. 同 缓缓 huǎnhuǎn, 慢慢 mànmàn 表現 程度や数量が少しずつ増減することをあらわす.
【渐进】jiànjìn 動 次第に進む. ¶循序 xúnxù ～ / 順を追って次第に進む.
【渐强】jiànqiáng 名 ❶《音楽》クレッシェンド. ❷(放送などで)音をしだいに強めて, はっきりさせること. フェードイン.
【渐入佳境】jiàn rù jiā jìng 成 徐々に佳境に入る. 興味や関心が徐々に強くなったり, 状況や生活が徐々によくなること. 由来《晋书》顾恺之传に見える語.
【渐显】jiànxiǎn 名 (映画やテレビの)フェード・イン. 同 淡入 dànrù

谏(諫) jiàn
讠部9 四 3579₆ 全11画 通用

❶ 動 (君主や目上の人を)いさめる. ¶进～ jìnjiàn (いさめる). ❷ (Jiàn)姓.

【谏诤】jiànzhèng 動〈文〉直言していさめる. ¶魏征 Wèi Zhēng 成了敢于～皇帝的代名词 / 魏徵(唐代の政治家)は皇帝をいさめる勇気を持つ人の代名詞となった.

楗 jiàn
木部8 四 4594₀ 全12画 通用

名 ❶ かんぬきに縦に差し込む, 木の棒. ❷ 川や堤防が決壊した時に, 水をせき止めるための土砂や木材.

践(踐) jiàn
足部5 四 6315₀ 全12画 通用

素 ❶ 足で踏みつける. ¶～踏 jiàntà. ❷ 実行する. ¶～约 jiànyuē / 实～ shíjiàn (実践する).

【践诺】jiànnuò 動 約束通りに行う. 同 践言 jiànyán
【践踏】jiàntà 動 ❶ 踏む. 踏みつける. ¶不要～青苗 qīngmiáo / 作物の苗を踏みつけてはいけない. ❷ 踏みにじる. ぶち壊す.
【践言】jiànyán 動〈文〉言ったことを実行する.
【践约】jiànyuē / yuē 動 約束通りに行う.

锏(鐧) jiàn
钅部7 四 8772₀ 全12画 通用

名 車軸にはめる四角い鉄. 車軸を保護し, 摩擦を減らす.
☞ 锏 jiǎn

毽 jiàn
毛部8 四 2571₄ 全12画 通用

名(～儿) "毽子 jiànzi"に同じ.
【毽子】jiànzi 名〔个 ge,只 zhī〕遊び道具の一種. 銅銭や金属片を布で包み, ニワトリの羽根を数枚つけたもの. 地面に落とさないように蹴りあげて回数を競う. ¶踢～ / 羽根けりをして遊ぶ. ⇨踢毽子 tī jiànzi(図)

腱 jiàn
月部8 四 7524₀ 全12画 通用

名《生理》腱(けん). 同 肌腱 jījiàn
【腱鞘】jiànqiào 名《生理》腱鞘(けんしょう).
【腱鞘炎】jiànqiàoyán 名《医学》腱鞘炎(けんしょうえん).
【腱子】jiànzi 名(人・牛・羊などの)ふくらはぎの部分.

溅(濺) jiàn
氵部9 四 3315₀ 全12画 次常用

動 液体が飛び散る. ¶～落 jiànluò / 飞～ fēijiàn (飛散する) / 喷～ pēnjiàn (噴き出す).
☞ 溅 jiān

【溅落】jiànluò 動 重い物が空中から水中に落ちる. 表現 人工衛星や宇宙船などが地球に帰還するときに, 海に着水することを言う.

鉴(鑒/[異]鑑) jiàn
金部5 全13画 四 2810₀ 常用

❶ 名〈古代, 銅でつくられた〉鏡. ❷ 動 鏡などに影を映す. ¶水清可～ (姿を映せるほど水がきれい). ❸ 名 戒めや教訓. ¶～戒 jiànjiè / 前车之覆 fù, 后车之～ (前車の覆るは後車の鑒. 前人の失敗は後人の戒め). ❹ 素 細かく見て検討する. ¶～别 jiànbié / ～定 jiàndìng / 借～ jièjiàn (参考にする). ❺ (Jiàn)姓.

【鉴别】jiànbié 動 鑑別する. 鑑別する. ¶～力 / 真伪 zhēnwěi / 真贋(しんがん)を鑑別する. ¶～力 / 鑑別力. 同 鉴定 jiàndìng
【鉴定】jiàndìng 動 ❶ 鑑定する. 判定する. ¶～文物的年代 / 文物の年代を鑑定する. 同 鉴别 jiànbié ❷ 名〔份 fèn, 个 ge〕評定. ¶毕业～ / 卒業評定.
【鉴定人】jiàndìngrén 名 ❶《法律》鑑定人. 鑑識官. ❷ (技術・技能などの)鑑定員. 鑑定資格者.
【鉴定书】jiàndìngshū 名 鑑定書. 証明書.
【鉴戒】jiànjiè 動〈文〉警告する. 戒める. ¶我们应当把这次挫折 cuòzhé 作为～ / 我々は今回の挫折を戒めとすべきだ.
【鉴赏】jiànshǎng 動 鑑賞する. ¶～字画 / 書画を鑑賞する. ¶～力 / 鑑賞力.
【鉴往知来】jiàn wǎng zhī lái 成 過去の例や経験をふまえて, 将来を予測する.
【鉴于】jiànyú 接 前 …にかんがみて. …に照らして. ¶～上述情况, 我们提出以下建议 / こうした情況にかんがみ, 我々は次の提案をする.
【鉴真】Jiàn Zhēn《人名》鑑真(がんじん:688-763). 唐代の高僧.
【鉴证】jiànzhèng 動 ❶ 鑑定し評価する. ❷《法律》契約の内容について, 審査や確認を行う.

键(鍵) jiàn
钅部8 四 8574₀ 全13画 常用

名 ❶ 車軸にはめる鉄のくさび. ¶关～ guānjiàn (かなめ. キーポイント). 同 辖 xiá ❷ ❸ かんぬき. ❸ ピアノやタイプライターなどのキー. ¶盘 jiànpán / 琴～ qínjiàn (ピアノなどの鍵盤).

【键盘】jiànpán 名 ピアノやオルガンなどの鍵盤. キー.
【键盘乐器】jiànpán yuèqì 名《音楽》鍵盤楽器.

槛(檻) **jiàn** 木部10 [四] 4891_2 全14画 [通用]
[名]❶欄干．¶铁～ tiějiàn（鉄の手すり）．❷（動物や囚人を入れる）木製の囲い．¶兽～ shòujiàn（獣のおり）/ ～车 jiànchē（古代の囚人護送車）．❸（Jiàn）姓．
☞ 槛 kǎn

僭 **jiàn** 亻部12 [四] 2126_1 全14画 [通用]
[素]本分を越えたことをする．¶～越 jiànyuè / ～号 jiànhào（僭称(せんしょう)する）．
【僭越】jiànyuè [動][文]本分を越える．地位の上の者の，名義・儀礼・器物などを勝手に使う．

踺 **jiàn** 𧾷部8 [四] 6514_0 全15画 [通用]
下記熟語を参照．
【踺子】jiànzi [名]《スポーツ》〔[量]个 ge，组 zǔ〕体操や武術で体を回転させること．

箭 **jiàn** 竹部9 [四] 8822_1 全15画 [常用]
[名]〔[量]支 zhī，枝 zhī〕矢．¶～头 jiàntóu / ～步 jiànbù / 火～ huǒjiàn（ロケット）．
【箭靶子】jiànbǎzi [名]弓矢練習用の的．標的．ターゲット．
【箭步】jiànbù [名]さっと大きく踏み出す．¶他一个～蹿 cuān 上月台 / 彼はさっと大きく踏み出すと，プラットホームに跳び上がった．
【箭楼】jiànlóu [名]〔[量]个 ge，座 zuò〕城門の上に設けた楼閣．見張り用と矢を射るための小窓がある．
【箭头】jiàntóu [名]（～儿）❶矢じり．❷矢印．方向や道順などを示すもの．¶～指示的方向 / 矢印の示す方向．
【箭在弦上】jiàn zài xián shàng [成]抜き差しならない状態だ．後には引けない状態だ．[由来]「弓に矢がつがえてある」という意．三国・魏の曹操と陳琳の故事から．
【箭竹】jiànzhú [名]《植物》ヤダケ．

jiang ㄐㄧㄤ〔tɕiaŋ〕

江 **jiāng** 氵部3 [四] 3111_2 全6画 [常用]
[名]❶〔[量]道 dào，条 tiáo〕大きな川．¶～山 jiāngshān / ～岸 jiāng'àn / 黑龙～ Hēilóngjiāng（黒竜江）．❷（Jiāng）長江．揚子江．¶～南 Jiāngnán / ～淮 Jiānghuái（長江と淮河(わいが)）．❸（Jiāng）姓．
【江岸】jiāng'àn [名]大きな川の岸．
【江北】Jiāngběi [名]❶長江下流の北岸の地区．江蘇・安徽両省の長江北岸に沿った一帯．❷長江以北の地域．[反]江南 Jiāngnán
【江河日下】jiāng hé rì xià [成]川の水は，日に日に下流へ流れる．形勢が日に日に悪くなること．
【江湖】jiānghú [名][旧]世の中．国中の各地．¶走～ / 世間を渡り歩く．¶流落 liúluò～ / 落ちぶれて各地を流浪する．
【江湖骗子】jiānghú piànzi [名]いかさま師．詐欺師．[参考]もと，各地を渡り，にせ薬などを売り歩いたり，占いなどで人をだました者を指した．
【江郎才尽】jiāng láng cái jìn [成]文筆の能力が衰える．[由来]南朝の江淹(えん)は，若い頃から詩文の才で知られたが，晩年は詩文に佳作がなかったことから「才が尽きた」と言われた．『南史』江淹伝に見える話から．
【江蓠】jiānglí [名]❶《植物》オゴノリ．❷（古書に見える）香草．
【江轮】jiānglún [名]〔[量]艘 sōu，条 tiáo〕川を往来する汽船．
【江米】jiāngmǐ [名]もち米．[同]糯米 nuòmǐ
【江米酒】jiāngmǐjiǔ [名]みりん．もち米に麹を加えて醸造した酒．
【江南】Jiāngnán [名]❶長江下流の南岸の地区．江蘇・安徽両省の南部と浙江省の北部．❷長江以南の地域．[反]江北 Jiāngběi
【江南丝竹】Jiāngnán sīzhú [名]《音楽》江南絲竹曲．江南地方の伝統的な民間合奏音楽．
【江山】jiāngshān [名]天下の山河．¶打～ / 天下を平定する．[表現]国家または国家の支配権を指すことが多い．
【江山如画】jiāngshān rú huà [句]山河の景色が絵に描いたように美しい．
【江水】Jiāngshuǐ [名]長江の水．¶～滔滔 tāotāo / 長江がとうとうと流れる．
【江苏】Jiāngsū《地名》江蘇(こうそ)省．略称は"苏"（蘇(そ)）．省都は南京(なんきん)．
【江天】jiāngtiān [名]広々とした水面上の空．¶万里～ / 果てしなく広がる水面の上の空．
【江豚】jiāngtún [名]《動物》イルカ．スナメリ．[同]江猪 jiāngzhū
【江西】Jiāngxī《地名》江西(こうせい)省．略称は"赣 gàn"（贛(かん)）．省都は南昌(なんしょう)．
【江心】jiāngxīn [名]川の真ん中．¶～补漏 lòu / [成]船が川の真ん中で，水漏れを修理する．後の祭り．
【江洋大盗】jiāngyáng dàdào [名]天下に悪名高き大泥棒．
【江猪】jiāngzhū [名]《動物》イルカ．スナメリ．[同]江豚 jiāngtún

茳 **jiāng** 艹部6 [四] 4411_2 全9画 [通用]
下記熟語を参照．
【茳芏】jiāngdù [名]《植物》イグサの一種．茎を編んでむしろを作る．

将(將) **jiāng** 丬部6 [四] 3714_2 全9画 [常用]
❶[副]もうすぐ…する．¶～要 jiāngyào / ～近 jiāngjìn / 即～ jíjiāng（間もなく）．❷[前]…を．¶～他请来（彼を招く）．[同]把 bǎ ❸[動]（将棋で）王手をかける．❹[動]（ことばで）刺激する．¶别把他～急了（彼をいら立たせるようなことはいうな）．❺[素]率いる．手助けする．¶扶～ fújiāng（手を貸す）．❻[素]養う．¶～养 jiāngyǎng / ～息 jiāngxī．❼[動][方]動物が子を産む．¶～驹 jū（子ウマを産む）/ ～小猪 xiǎozhū（子ブタを産む）．❽[助]動詞と"出来 chūlái" "起来 qǐlái" "上去 shàngqù"などの間に置く．¶走～出来（出て来る）/ 叫～起来（叫び出す）/ 赶～上去（追っていく）．❾（Jiāng）姓．[用法]②は，目的語を動詞の前に出し，その目的語が後ろの動詞の動作，作用を受ける対象であることをあらわす．
☞ 将 jiàng
【将才】jiāngcái [副]たったいま．[同]刚才 gāngcái ☞ 将才 jiàngcái
【将次】jiāngcì [副][文]まもなく．もうすぐ．[同]将要 jiāngyào，刚刚 gānggāng

【将错就错】jiāng cuò jiù cuò 成 誤りを重ねる.
【将功补过】jiāng gōng bǔ guò 成 手柄を立てて過ちを償う. ¶这是一个~的好机会 / 手柄を立てて以前の過ちを償ういいチャンスだ.
【将功折[抵]罪】jiāng gōng shú [zhé] zuì 成 功績を立てて罪を償う. ¶给你一个机会,让你~ / あなたにチャンスをあげますから,功績を立てて罪を償いなさい.
【将计就计】jiāng jì jiù jì 成 相手の計略の裏をかく.
【将近】jiāngjìn 副 (数量や時間が)…に近い,ほとんど.間もなく. ¶该村人口~五百人 / その村の人口は500人近い. ¶这项工程~完成 / この工事はまもなく終わる.
【将就】jiāngjiu 動 我慢する. 間に合わせる. ¶找结婚对象是终身大事,~不得 / 結婚相手を捜すのは一生の大事ですから,適当なところで手を打つようなことはいけません. 類 凑合 còuhe, 对付 duìfu, 迁就 qiānjiù
【将军】jiāng//jūn 難題を吹きかける. 窮地に追い込む.
【将军】jiāngjūn ❶動 (中国将棋で)王手をかける. ❷名 个 ge, 名 míng, 位 wèi〕将官. 高級将校.
【将军肚】jiāngjūndù 名 太鼓腹.
【将来】jiānglái 名 将来. 未来. ¶以供~参考 / 将来の参考にする. 類 未来 wèilái ◎ 过去 guòqù 表现 話し終って,すぐ起こることについては言えない.
【将息】jiāngxī 動 休養する. 養生する. 類 将养 jiāngyǎng
【将心比心】jiāng xīn bǐ xīn 成 他人の身になって考える.
【将信将疑】jiāng xìn jiāng yí 成 半信半疑だ.
【将养】jiāngyǎng 動 休養を取る. 静養する. ¶手术后要注意静心~ / 手術後は心静かに休養をするように注意しなさい.
*【将要】jiāngyào 副 間もなく…する. ¶我们的研究工作~完成了 / 我々の研究は間もなく終了する.

姜 (薑) jiāng
羊部 3　全 9 画　四 8040₄　常 用
❶名〔植物·薬〕〔量 块 kuài〕ショウガ. ❷(Jiāng)姓.
【姜黄】jiānghuáng 名 ❶〔植物·薬〕ウコン. 根は薬や黄色の染料にする. ❷ショウガのような黄色.
【姜汤】jiāngtāng 名 ショウガ湯. ¶煎 jiān~ / ショウガ湯を煮る.

豇 jiāng
豆部 3　全 10 画　四 1111₂　通 用
下記熟語を参照.
【豇豆】jiāngdòu 名《植物》ササゲ.

浆 (漿) jiāng
水部 6　四 3790₂　全 10 画　常 用
❶名 どろっとした液体. ¶果 jiāngguǒ / 纸~ zhǐjiāng (パルプ) / 豆~ dòujiāng (豆乳). ❷動 布や衣服をのり付けする. ¶~洗 jiāngxǐ / 上~ shàngjiāng (のり付けする).
☞ 浆 jiāng
【浆果】jiāngguǒ 名《植物》漿果(ｼｮｳｶ). 液果(ｴｷｶ)の一種. ブドウ,トマト,ミカンなど.
【浆洗】jiāngxǐ 動 洗ってのり付けする. ¶衣服~得很干净 gānjìng / 衣服はきれいに洗ってのり付けされている.
【浆液】jiāngyè 名《生理》漿液(ｼｮｳｴｷ).

僵 (異 殭❶) jiāng
亻部 13　四 2121₆　全 15 画　常 用
形 ❶ 硬直している. ¶~硬 jiāngyìng / ~尸 jiāngshī / 冻~ dòngjiāng (冷えて硬直した). ❷ 膠着(ｺｳﾁｬｸ)している. ¶~持 jiāngchí / ~局 jiāngjú / 闹~ nàojiāng (にらみ合いになる).
【僵持】jiāngchí 動 互いに譲らない. にらみ合う. ¶双方~不下,互不相让 / 双方対立したまま互いに譲らない.
【僵化】jiānghuà 動 硬直する. 膠着(ｺｳﾁｬｸ)状態になる. ¶思维~ / 思考が停止している.
【僵局】jiāngjú 名 膠着(ｺｳﾁｬｸ)した局面. ¶陷入 xiànrù~ / にっちもさっちもいかなくなる. ¶打破~ / 行き詰まりを打破する.
【僵尸】jiāngshī 〔量 具 jù〕❶ 硬直した死体. ❷ 腐敗した事物.
【僵死】jiāngsǐ 動 硬直して生命力を失う.
【僵硬】jiāngyìng 形 ❶ 体がこわばっている. ❷ 堅苦しい. 融通がきかない. ¶工作方法~ / 仕事のやり方が融通がきかない.
【僵直】jiāngzhí 形 こわばって曲がらない. ¶他~地站着,一动也不动 / 彼はぴんとまっすぐ立ったまま身動き一つしない.

缰 (繮) (異 韁) jiāng
纟部 13　全 16 画　四 2111₆　次常用
名 手綱. ¶信马由~ / 馬の行くにまかせる. 成り行きまかせ).
【缰绳】jiāngshéng[-sheng] 名〔量 根 gēn, 条 tiáo〕手綱.

鳉 (鱂) jiāng
鱼部 9　四 2714₂　全 17 画　通 用
名《魚》メダカ.

礓 jiāng
石部 13　四 1161₆　全 18 画　通 用
❶ → 砂礓 shājiāng ❷ → 礓礤儿 jiāngcār
【礓礤儿】jiāngcār 名 階段.

疆 jiāng
弓部 16　四 1111₆　全 19 画　常 用
❶素 境界. ¶~界 jiāngjiè / ~域 jiāngyù / 边~ biānjiāng (辺境). ❷素 限界. ¶无~ wújiāng (限りない) / 万寿 shòu 无~ (いつまでも御長寿で). ❸ (Jiāng)地名用字. 新疆(ｼﾝｷｮｳ)のこと. ¶南~(天山以南の地区). ❹ (Jiāng)姓.
【疆场】jiāngchǎng 名 戦場. ¶驰骋 chíchěng~ / 戦場を駆ける. 類 沙场 shāchǎng, 战场 zhànchǎng, 战地 zhàndì
【疆界】jiāngjiè 名〔量 段 duàn, 条 tiáo〕境界. 国境.
【疆土】jiāngtǔ 名〔量 块 kuài, 片 piàn〕領土. 類 国土 guótǔ, 领土 lǐngtǔ
【疆域】jiāngyù 名 国の領土. ¶~辽阔 liáokuò / 領土は広大だ. 表现 面積の大小に重きをおいて言うことば. 類 版图 bǎntú, 幅员 fúyuán

讲 (講) jiǎng
讠部 4　四 3570₀　全 6 画　常 用
❶動 話す. ¶~话 jiǎnghuà / ~述 jiǎngshù / 演~ yǎnjiǎng (講演する) / 故事 (物語を話す). 類 说 shuō, 道 dào, 谈 tán, 叙 xù ❷動 説明する. ¶~

【讲解】jiǎngjiě|〜课 jiǎngkè|宣〜 xuānjiǎng（大衆に説いて聞かせる）.❸[動]話し合う.¶〜价钱（価格を交渉する）.❹[動]重んじる.¶〜究 jiǎngjiu／〜求 jiǎngqiú.❺[動]…について言えば.¶〜足球,数他踢得最好（サッカーについて言えば,彼が一番うまい）.❻(Jiǎng)姓.
【讲读】jiǎngdú[動]（詩文を）講読する.¶〜课文／教科书的文について講義する.
【讲法】jiǎngfa[名]❶話し方.ことば遣い.❷意見.解釈.
【讲稿】jiǎnggǎo[名]（〜儿）（講義や講演の）原稿.¶准备〜／講義用の原稿を準備する.¶看着〜念／原稿を見ながら読み上げる.
【讲和】jiǎng//hé[動]戦いやけんかをやめて,仲直りする.¶别吵了,〜吧／言い争いはもうやめて和解しなさい.
*【讲话】jiǎng//huà❶[動]話をする.発言する.¶他很会〜／彼はたいへん話が上手だ.¶上课时别随便〜／授業中におしゃべりしてはいけない.❷jiǎnghuà[名]講演.講話.発言.¶《现代汉语语法〜》/『現代中国語文法講話』.[用法]"…讲话"として書名に用いることが多い.
【讲价】jiǎng//jià[動]（〜儿）値段を掛け合う.駆け引きをする.
【讲解】jiǎngjiě[動]解説する.説明する.¶〜员／解説員.¶详细地〜语法／文法を詳しく説明する.[同]解说 jiěshuō
【讲究】jiǎngjiu❶[動]重んじる.気を使う.¶〜卫生／衛生に気を付ける.¶〜服装 fúzhuāng／衣装に凝る.[同]讲求 jiǎngqiú❷（〜儿）注意に値する内容.推敲に値する内容.❸[形]精巧で美しい.凝っている.[同]考究 kǎojiu
【讲课】jiǎng//kè[動]授業をする.
【讲理】jiǎng//lǐ[動]❶事の是非を論ずる.❷道理をわきまえる.不〜的人／道理をわきまえた人.
【讲论】jiǎnglùn[動]❶議論する.特に取り上げて話題にする.❷論述する.
【讲面子】jiǎng miànzi[句]体面を重んじる.面子（ミエン）にこだわる.
【讲明】jiǎngmíng[動]説明する.（話して）明確にする.
【讲排场】jiǎng páichǎng[-chang][動][口]派手にやる.見栄をはる.⇨排场
【讲评】jiǎngpíng[動]講評する.¶〜作文／作文を講評する.
【讲情】jiǎng//qíng[動]（人のために）取りなす.許しを請う.¶你去替她讲讲情吧／君が彼女のかわりにあやまってやりなさい.
【讲求】jiǎngqiú[動]重んずる.追求する.気を使う.
【讲师】jiǎngshī[名][個 ge,名 míng,位 wèi]（大学や高等専門学校の）講師.
【讲史】jiǎngshǐ[名]講談形式で書かれた歴史物語.[参考]『三国志平話』など.
【讲授】jiǎngshòu[動]講義する.¶〜文学史／文学史の講義をする.
【讲述】jiǎngshù[動]ことばで説明する.¶听了她的〜,大家都同情她了／彼女の話を聞くと,みんな彼女に同情した.
【讲台】jiǎngtái[名][個 ge]教壇.演壇.¶走上〜／演壇に上がる.
【讲坛】jiǎngtán[名]演壇.
【讲堂】jiǎngtáng[名]教室.講義室.[比較]日本の講堂に当たるのは"礼堂".

【讲题】jiǎngtí[名]討論や講演などのテーマ.
【讲卫生】jiǎng wèishēng[句]衛生によく気をくばる.[同]讲究 jiǎngjiu 卫生
【讲习】jiǎngxí[動]講習する.¶〜班／講習班.¶〜所／講習所.
【讲学】jiǎng//xué[動]招かれて講義をする.
【讲演】jiǎngyǎn[動]講演する.¶登台〜／演壇に上がって講演する.¶请名教授来〜／高名な教授に講演を依頼する.[同]演讲 yǎnjiǎng
【讲义】jiǎngyì[名]〔份 fèn,页 yè〕講義のプリント.教材.
*【讲座】jiǎngzuò[名][個]次 cì,个 ge]講座.¶电视〜／テレビ講座.¶外语〜／外国語講座.

奖（獎）jiǎng 大部6 四 3780₄ 全9画 [常用]

❶[動]励ます.ほめる.¶〜励 jiǎnglì／夸〜 kuājiǎng（ほめる）／褒〜 bāojiǎng（表彰する）.[反]惩 chéng,罚 fá ❷[名][個 ge,项 xiàng]賞金や賞品.¶〜状 jiǎngzhuàng／〜金 jiǎngjīn／发〜 fājiǎng（賞を与える）.❸[個]当りくじの賞金をさす.¶〜券 jiǎngquàn／中〜 zhòngjiǎng（くじに当る）.
【奖杯】jiǎngbēi[名][個 ge,只 zhī]優勝カップ.¶争夺〜／優勝カップを争う.
【奖惩】jiǎngchéng[動]賞罰を行う.¶〜制度／賞罰制度.¶〜分明／賞罰がはっきりしている.
【奖次】jiǎngcì[名]賞の等級.
【奖金】jiǎngjīn[名][個 笔 bǐ]賞金.奨励金.ボーナス.¶发〜／ボーナスを支給する.¶领〜／賞金を受け取る.
【奖励】jiǎnglì[動]奨励する.表彰する.¶〜节约／節約を奨励する.¶受到〜／表彰を受けた.[反]惩罚 chéngfá,处罚 chǔfá,处分 chǔfèn
【奖牌】jiǎngpái[名][個 块 kuài,枚 méi]（勝者に与えられる）メダル.トロフィー."金牌","银牌","铜牌"などがある.
【奖品】jiǎngpǐn[名]〔份 fèn,个 ge,件 jiàn〕賞品.
【奖勤罚懒】jiǎng qín fá lǎn[句]仕事に対して勤勉な者は奨励し,怠惰な者は罰する.[参考]"親方日の丸"の社会風潮を改善しようとした措置.
【奖券】jiǎngquàn[名]〔張 zhāng〕宝くじ.¶我只买了一张〜,却中 zhòng 了一等奖／私は宝くじを1枚買っただけなのに,一等に当った.
【奖骚扰】jiǎngsāorǎo[名]各種団体が主宰する,企業を対象とした表彰活動のこと.その氾濫ぶりや,参加費などの名目による経費徴収の多さを皮肉ったもの.
【奖赏】jiǎngshǎng[動]良い成績の者にほうびを与える.¶他一千块钱／彼に千元のほうびを与える.
【奖售】jiǎngshòu[動]褒賞を与えて販売を促進する.[参考]とくに政府などが農家に対して施す政策をいう.
【奖项】jiǎngxiàng[名]表彰項目.
*【奖学金】jiǎngxuéjīn[名][個 笔 bǐ]奨学金.¶因为学习成绩优异,得到了〜／成績が極めて優秀なので奨学金を獲得した.
【奖掖】jiǎngyè[動][文]（後進などを）奨励し,抜擢する.
【奖优罚劣】jiǎng yōu fá liè[句]優れた者は奨励し,劣る者は処罰する.
【奖章】jiǎngzhāng[名][個 枚 méi]メダル.¶颁发 bānfā〜／表彰メダルを授与する.
【奖状】jiǎngzhuàng[名][個 张 zhāng]賞状.¶发〜／賞状を授ける.

桨(槳) jiǎng
木部6 四 3790₄
全10画 常用
名 〔~ 根 gēn, 双 shuāng, 支 zhī〕舟のかい. オール.

蒋(蔣) Jiǎng
艹部9 四 4414₂
全12画 次常用
姓.

【蒋介石】Jiǎng Jièshí〈人名〉
蒋介石(しょうかいせき:1887-1975). またの名を中正(ちゅうせい). 国民党最高指導者. 日中戦争終了後の内戦に敗れ, 国民党員共々台湾へ撤退.

蒋介石

耩 jiǎng
耒部10 四 5594₇
全16画 通用
动 種まき用の農具"耧 lóu"を使って種をまく. ¶～地 jiǎngdì /～子 jiǎngzi（すじまき機）/～麦子 màizi（麦の種をまく）.

【耩地】jiǎngdì 动 "耧 lóu"(種まき用農具. すじまき機)を用いて種をまく. ⇨耧 lóu

膙 jiǎng
月部12 四 7623₆
全16画 通用
下記熟語を参照.

【膙子】jiǎngzi 名 〔口〕(手や足にできる)たこ. まめ. いぼ. ¶两手磨 mó 起了～/両手にまめができた. 同 趼子 jiǎnzi

匠 jiàng
匚部4 四 7171₂
全6画 常用
❶ 素 よい腕前の職人. ¶～人 jiàngrén /～心 jiàngxīn / 工～ gōngjiàng（職人）/ 能工巧～（腕のよい職人）. ❷（Jiàng）姓.

【匠人】jiàngrén 名 〔口〕〔个 ge, 名 míng〕職人.
【匠心】jiàngxīn 名 文 工夫. 考案. 技術者としての苦心. ¶独具～/成 独自の工夫がある.
【匠心独运】jiàng xīn dú yùn 成 独自の芸術性をもつ.

降 jiàng
阝部6 四 7725₄
全8画 常用
❶ 动 下に降りていく. ¶～水 jiàngshuǐ /～落 jiàngluò / 下～/ 霜～ xiàjiàng / 霜～ shuāngjiàng（霜降る. 二十四節気の一つ）. 同 落 luò 反 升 shēng ❷ 动 下げる. ¶～低 jiàngdī /～级 jiàngjí. 反 升 shēng ❸（Jiàng）姓.
☞ 降 xiáng

【降半旗】jiàng bànqí 句 半旗を掲げる. ¶～致哀 āi / 半旗を掲げて哀悼の意をあらわす.
【降到】jiàngdào ……まで下がる. ¶气温一下子～零下三度 / 気温が一気に零下3度まで下がった.
*【降低】jiàngdī 动 下がる. 下げる. ¶～物价 / 物価を下げる. 反 升高 shēnggāo, 提高 tígāo
【降调】jiàngdiào 动 〔言語〕下降調.
【降幅】jiàngfú 名 下降幅. 値下がり幅.
【降格】jiàng//gé 动（身分やレベルを）下げる. ¶～以求 / レベルを下げて望みを果たそうとする.
【降耗】jiànghào 动 消費量を減らす. 消耗率を下げる.
【降级】jiàng//jí 动 ❶ 下の階級におとす. ¶～处分 / 降格处分. 反 升级 shēngjí, 晋级 jìnjí ❷ 学生の身分を一学年下げて, 留級を果たさせる. ¶～处分 shēngjí
【降价】jiàng//jià 动 値下げする. ¶～出售 chūshòu / 値下げ販売する.
【降结肠】jiàngjiécháng 名〔生理〕下行結腸.
【降解】jiàngjiě 动〔化学〕デグラデーション.
【降临】jiànglín 动 訪れる. 降臨する. ¶夜色～/ 夜が訪れる. ¶大驾～/ ご光来いただく. 同 来临 láilín
【降落】jiàngluò 动 落下する. 着陸する. ¶飞机开始～了 / 飛行機は着陸体勢に入った. 同 下降 xiàjiàng 反 起飞 qǐfēi
【降落伞】jiàngluòsǎn 名〔只 zhī〕パラシュート.
【降旗】jiàng//qí 动 旗を下ろす.
【降生】jiàngshēng 动 降誕する. 同 出生 chūshēng, 出世 chūshì, 诞生 dànshēng 表現 教祖や革命家などの誕生をいうことば.
【降水】jiàngshuǐ 名 降水.
【降水量】jiàngshuǐliàng 名〔気象〕降水量. 降雨量.
【降温】jiàng//wēn 动 ❶（高温の作業場などの）温度を下げる. ❷～防暑 / 温度を下げて暑さを防ぐ. ❷（気温が）下がる. ❸（熱意やブームが）弱まる. 去る.
【降息】jiàngxī 动 利息が下がる.
【降下】jiàngxià 动 落下する.
【降香】jiàngxiāng 名 "降真香 jiàngzhēnxiāng"に同じ.
【降压】jiàngyā 动 ❶〔物理〕減圧する. ❷〔医学〕血圧を下げる. ❸〔電気〕電圧を下げる.
【降压片】jiàngyāpiàn 名〔薬〕降圧剤.
【降雨】jiàngyǔ 名 动 降雨. 雨が降る.
【降雨量】jiàngyǔliàng 名〔気象〕降水量. 降雨量.
【降真香】jiàngzhēnxiāng 名〔植物〕ラカ. 香木の一種. 同 降香 jiàngxiāng
【降职】jiàng//zhí 动（軍人や役人を）降格させる.

虹 jiàng
虫部3 四 5111₂
全9画 常用
名 〔口〕にじ. 参考 この発音になるのは, 一文字で用いる場合に限られる.
☞ 虹 hóng

将(將) jiàng
丬部6 四 3714₂
全9画 常用
❶ 名 軍隊の階級名. ¶～官 jiàngguān /～领 jiànglǐng / 大～ dàjiàng（大将）. ❷ 统率・指揮する. ¶～兵 jiàngbīng（兵を指揮する）.
☞ 将 jiāng

【将才】jiàngcái〔个 ge, 位 wèi〕大将としての器量. ☞ 将才 jiāngcái
【将官】jiàngguān 名 ❶〔个 ge, 名 míng, 位 wèi〕将官. 大将・上将・中将・少将の四級. ❷ jiāngguān 高級将校. 同 将领 jiānglǐng
【将领】jiànglǐng 名〔位 wèi, 员 yuán〕将軍. 高級将校.
【将令】jiànglìng 名 軍令. 由来「将軍などの命令」という意から.
【将门】jiàngmén 名 将軍の家. 代々武勇に秀でたものを出す家柄. ¶～虎子 hǔzǐ / 名家の子才.
【将士】jiàngshì 名 将校と兵士. ¶～用命 / 将校兵士ともに命令に従う.
【将帅】jiàngshuài 名 司令官.
【将校】jiàngxiào 名 将校. また, 広く上級の軍人のこと.

洚 jiàng
氵部6 四 3715₄
全9画
素 川が氾濫(はんらん)する. ¶～水 jiàngshuǐ（洪水）.

绛浆强酱犟糨艽交 jiàng – jiāo

绛(絳) jiàng
糸部6 全9画 四 2715₄ 通用
❶ 形 深紅. ¶~唇 jiàngchún（赤い唇）/ ~紅 jiànghóng / ~紫 jiàngzǐ. ❷（Jiàng）姓.
【绛红】 jiànghóng 形 深紅色だ. ¶~色 / 深紅.
【绛紫】 jiàngzǐ 形 紫紺色だ. ¶~色 / 紫紺. 同 酱紫 jiàngzǐ

浆(漿) jiāng
水部6 全10画 四 3790₂
形 "糨 jiàng"に同じ.
⇒ 浆 jiāng

强(異 彊、疆) jiàng
弓部9 全12画 四 1623₆ 常用
素 かたくなだ. ¶~嘴 jiàngzuǐ / 倔~ juéjiàng（強情だ）. 同 犟 jiàng 注意 つくりの上部が"ム"ではなく"口"であることに注意.
⇒ 强 qiáng, qiǎng
【强嘴】 jiàngzuǐ 動 口答えする. ¶以前很听话的, 现在却总~了 / 以前はとてもきき分けがよかったのに, 今ではいつも口答えするようになった. 同 顶嘴 dǐngzuǐ, 犟嘴 jiàngzuǐ

酱(醬) jiàng
酉部6 全13画 四 3760₄ 常用
❶ 名 みそ. ¶~红 jiànghóng / 黄~ huángjiàng（大豆などからつくる黄色いみそ）/ 甜面~ tiánmiànjiàng（麦からつくる甘いみそ）. ❷ 動 みそやしょうゆで野菜を漬ける. しょうゆで肉を煮る. ¶~菜 jiàngcài / ~豆腐 jiàngdòufu / ~肘子 jiàngzhǒuzi（豚もも肉のしょうゆ煮）. ❸ 名 みそのようなペースト状の食品. ¶芝麻~ zhīmajiàng（ゴマペースト）/ 果~ guǒjiàng（ジャム）/ 辣椒~ làjiāojiàng（とうがらしみそ）/ 番茄~ fānqiéjiàng（トマトケチャップ）.
【酱菜】 jiàngcài 名 みそまたはしょうゆ漬けの野菜.
【酱豆腐】 jiàngdòufu 名 豆腐を発酵させ, 食塩や麴をいれた漬け物. 腐乳 (fǔrǔ). 同 豆腐乳 dòufurǔ
【酱坊】 jiàngfáng 名 "酱园 jiàngyuán"に同じ.
【酱缸】 jiànggāng 名 みそ・醬油・みそ漬物などを製造したり, 保管するかめ.
【酱瓜】 jiàngguā 名 シロウリのみそ漬け.
【酱肉】 jiàngròu 名 しょうゆで煮た豚肉.
【酱色】 jiàngsè 名 濃褐色. 濃いあずき色.
*【酱油】 jiàngyóu 名〔瓶 píng〕しょうゆ.
【酱园】 jiàngyuán 名〔个 ge, 家 jiā〕みそ・しょうゆ・みそ漬けなどの製造元. または販売店. 同 酱坊 jiàngfáng
【酱紫】 jiàngzǐ 形 あかむらさきの. やや赤みを帯びた, 濃い紫色の. 同 绛紫 jiàngzǐ

犟(異 勥) jiàng
牛部12 全16画 四 1650₃ 通用
形 強情で忠告をきかない. ¶~嘴 jiàngzuǐ / 倔~ juéjiàng（強情だ）. 同 强 jiàng
【犟劲】 jiàngjìn 名 頑固さ. 強情ぶり. ¶看似文文静静的姑娘, 却有一股 gǔ~ / 見たところおしとやかな娘さんなのに, 強情なところがある.
【犟嘴】 jiàngzuǐ 動 口ごたえする. 言い張る. 同 强嘴 jiàngzuǐ

糨(異 糡) jiàng
米部12 全18画 四 9693₆ 通用
形 (のりやかゆなどが)濃くてねばりがある. ¶粥 zhōu 太~（かゆが濃すぎる）.
【糨糊】 jiànghu 名〔层 céng, 瓶 píng〕糊 (hù). 参考 "糨子 jiàngzi"とも言う.
【糨子】 jiàngzi 名 糊 (hù). ¶打~/ 糊をつくる.

jiāo ㄐㄧㄠ [tɕiau]

艽 jiāo
艹部2 全5画 四 4441₇ 通用
→秦艽 qínjiāo

交 jiāo
亠部4 全6画 四 0040₈ 通用
❶ 動（相手に）渡す. ¶~代 jiāodài / 提~ tíjiāo（提出する）/ 转~ zhuǎnjiāo（人を介して渡す）. 反 接 jiē ❷ 動 交わる. ¶~叉 jiāochā / ~错 jiāocuò / 相~ xiāngjiāo（交差する）. ❸ 動 つきあう. ¶结~ jiéjiāo（友好関係をもつ）/ ~个好朋友（仲良しになる）/ 忘年~（年齢にこだわらないつきあい）. ❹ 名 時間や期が接しているところ. ¶~界 jiāojiè / 春夏之~（春から夏への変わり目）. ❺ 名 外交関係. ¶~流 jiāoliú / ~往 jiāowǎng / 建~ jiànjiāo（国交を樹立する）/ 绝~（絶交する. 国交を絶つ）. ❻ 素 同時に. こもごも. ¶~加 jiāojiā / 贫 pín 病~迫 (pò)（貧乏と病気に同時に見舞われる）. ❼ 素 "跤 jiāo"に同じ. ❽（Jiāo）姓. 表現 ①は, "交给"の形で使うと, "我交给他一本书"（私は彼に1冊の本をわたす）のように, 二つの目的語が必要になる. "我交给一本书"とは言えない. ただ, "这本书交给他吧"（この本を彼にわたして下さいのように, 直接目的語を前に出して言うことは可能.
【交白卷】 jiāo báijuàn 句（~儿）❶ 白紙の答案を出す. ❷ 仕事をまったくしない.
【交班】 jiāo//bān 動 次の担当者に仕事を引き継ぐ. 交替する. 反 接班 jiēbān
【交杯酒】 jiāobēijiǔ 名 婚礼の時, 新郎新婦が飲む酒. 参考 2つの杯が赤い絹糸でつないであり, 新郎新婦がそれぞれ1つの杯の酒を同時に飲む. 飲み終わったら, 互いに杯を取り替え, また同じように飲む.
【交臂】 jiāobì 動 ひじとひじが接する. 非常に近いこと. ⇒ 失之交臂 shī zhī jiāo bì
【交兵】 jiāobīng 動 交戦する.
【交叉】 jiāochā ❶ 交差する. 交錯する. ¶~点 / 交差点. ❶ 立体~桥 / 立体交差橋. ¶公路和铁路~/ 道路と鉄道が交差する. 同 穿插 chuānchā ❷ 一部が重なり合う. ¶~的意见 / 重なり合う意見. ¶~科学 / 学際科学.
【交叉路口】 jiāochā lùkǒu 名 交差点. 十字路.
【交差】 jiāo//chāi 動 任務完了後, 上司に報告する. ¶事情搞成这样,怎样~呢? / こんなことになってしまって上司に何と報告すればいいだろう? 注意 "差"は, chāi と読む.
【交出】 jiāochū 動 手渡す. 引き渡す. ¶~武器 / 武器を引き渡す.
【交存】 jiāocún 動（批准書などを）寄託する.
【交错】 jiāocuò 動交 交差する. 交錯する. 入り混じる. ¶犬 quǎn 牙~.（成）境界線がイヌの歯のようにジグザグになっている. 形勢が複雑に入り組んでいる. 同 交织 jiāozhī

【交代[待]】jiāodài [動] ❶ 次の者に引き継ぐ. ¶～工作 / 仕事の引き継ぎをする. ❷ 言い聞かせる. 言いつける. ¶老师～我们要注意安全 / 先生は私たちに安全であるよう注意しなさいと言いつけた. ❸ 関係者に説明する. 報告する. ¶～政策 / 政策を説明する. ¶～任务 / 仕事の内容を説明する. ❹ 間違いや罪を自白する. ¶老实～ / 正直に告白する.
【交道】jiāodào [名]〔[量] 次 cì, 回 huí〕交際する. 行き来がある. ¶打～ / つきあう. ¶我没跟他打过～ / 彼とはつきあいがない. ¶跟他很难打～ / 彼とはつきあいづらい.
【交底】jiāo//dǐ [動]（～儿）話の委細や裏の事情などを説明する. ¶向你交个底吧 / あなたに詳しい内情をお話ししましょう.
【交点】jiāodiǎn [名]《数学·天文》交点.
【交锋】jiāo//fēng [動] 交戦する. 戦う.
【交付】jiāofù [動] 払う. 納める. 引き渡す. ¶～定金 / 手付けを打つ. ¶～任务 / 任務を与える. ¶～租金 / 賃料を払う.
【交感神经】jiāogǎn shénjīng [名]《生理》交感神経.
【交割】jiāogē [動] ❶《経済》決済する.（取り引きを）履行する. ❷ "交代 jiāodài"①に同じ.
【交工】jiāo//gōng [動] 完成したプロジェクトを引き渡す. ¶这工程到年底一定要～ / このプロジェクトは必ず年末までに引き渡さなければならない.
【交公】jiāo//gōng [動] 個人の物を集団や国に渡す. ¶查获 cháhuò 的非法物资全部～ / 押収した不法物資をすべて国に引き渡す.
【交媾】jiāogòu [動] 性交する. 交尾する.
【交关】jiāoguān ❶ [動] 相互に関連する. 深く関わる. ❷ [副] [方] 非常に. とても. ❸ [形] [方] とても多い.
【交好】jiāohǎo [動] つき合う. 仲良くする.
【交互】jiāohù [副] ❶ 互いに. ¶～检查 / 互いに検査する. [同] 互相 hùxiāng ❷ 交互に.
【交互式电视】jiāohùshì diànshì [名] 双方向テレビ. インタラクティブテレビ.
【交还】jiāohuán [動] 返却する. ¶把借的书～给图书馆 / 借りた本を図書館に返却する.
*【交换】jiāohuàn [動] ❶ 交換する. ¶～纪念品 / 記念品を交換する. ¶～意见 / 意見を交換する. ❷ 商品を売買する. 商品を物々交換する. ¶外币～ / 外貨両替.
【交换机】jiāohuànjī [名]〔[量] 架 jià〕電話交換機.
【交换价值】jiāohuàn jiàzhí [名] 交換価値.
【交汇】jiāohuì [動] ❶（水流や気流が）合流する. ぶつかる. ❷（人が）出会う.
【交会】jiāohuì [動] 交わる. 合流する.
【交火】jiāo//huǒ [動] 交戦する. 戦いの火ぶたを切る. ¶尽量避免～ / できる限り戦いを避ける. ¶做好～准备 / 交戦の準備を整える.
【交货】jiāo//huò [動] 品物を引き渡す. ¶～期限到了 / 納品期限が来た. ¶一手交钱,一手～ / 金と交換で物を渡す. [反] 提货 tíhuò
【交集】jiāojí [動]（異なる感情や物事が）同時にあらわれる. ¶百感～ / [成] 様々な感情が入り乱れる. ¶悲喜～ / 悲喜こもごも.
*【交际】jiāojì [動][名] 交際(する). 社交. コミュニケーション. ¶～很广 / 交際が広い.
【交际花】jiāojìhuā [名]（～儿）〔[量] 个 ge, 位 wèi〕社交界の花.
【交际舞】jiāojìwǔ [名] 社交ダンス.
【交加】jiāojiā [動] [文] 二つの物事が同時に起こる. または襲ってくる. ¶悲喜～ / 悲しみと喜びが同時にわきあがる. ¶风雨～的夜晚 / 風と雨の激しい夜.
【交角】jiāojiǎo [名]《数学》交角.
【交接】jiāojiē [動] ❶ つなぐ. つながる. ❷ 引き継ぐ. ¶～手续 / 引き継ぎの手続き. ❸ 交際する. つきあう. ¶他～了很多朋友 / 彼は多くの友人とつきあっている.
【交接班】jiāojiēbān [動]（交替勤務の人員が）勤務を交替する. ¶工人～的时候 / 工員の勤務交替の時間.
【交结】jiāojié [動] ❶ 交際する. つきあう. ¶～朋友 / 友達づきあいをする. ❷ [文] 互いにつながる.
【交睫】jiāojié [動] [文] まつげを合わせる. 眠る. ¶目不～ / 少しも眠ることができない.
【交界】jiāojiè [動] 境を接する. ¶～处 chù / 境界の場所. ¶河北省和北京市在这一带～ / 河北省と北京市はこの一帯で境を接する. [同] 接壤 jiērǎng
【交警】jiāojǐng [名] "交通警察"(交通警察)の略称.
【交卷】jiāo//juàn [動]（～儿）❶ 答案を提出する. ❷ 与えられた任務を完了する.
【交口】jiāokǒu ❶ [副] 皆で一斉に口をそろえて言う. 異口同音に言う. ❷ [動] 話をする. ¶他俩互不～ / あの二人は互いに口をきかない.
【交口称誉】jiāo kǒu chēng yù [成] 口をそろえて褒めたたえる.
【交困】jiāokùn [動] さまざまな困難が同時にあらわれる. ¶内外～ / [成] 内憂外患こもごも至る.
*【交流】jiāoliú [動] ❶ 交流する. 交流. ¶中日学术～ / 中日学術交流. ❷ 同時に流れる. ¶涕 tì 泪 lèi～ / 鼻水と涙がともに流れる.
【交流电】jiāoliúdiàn [名]《電気》交流電流.
【交纳】jiāonà [動] 政府や団体に規定の金や物を納める. ¶～税金 / 税金を納める. [同] 缴纳 jiǎonà
【交配】jiāopèi [動] 交配する. 交尾する.
【交朋友】jiāo péngyou [句] 友達になる. 友達づきあいをする. ¶他很会～ / 彼は友達づきあいがうまい.
【交迫】jiāopò [動]（困難が）同時に迫ってくる. ¶饥 jī 寒～ / [成] 飢えと寒さが同時に襲ってくる.
【交强险】jiāoqiángxiǎn [名] 交通事故責任強制保険. "机动车交通事故责任强制保险"の略.
【交情】jiāoqing [名] 友情. 交情. ¶讲～ / 友情にあつい. 友達がいがある. ¶看在过去的～上,这次就饶 ráo 了你 / 今までのつきあいのよしみで,今回は大目に見ましょう.
【交融】jiāoróng [動] 融合する. 溶けて一つになる.
【交涉】jiāoshè [動] 交渉する. ¶与对方～ / 交渉する. かけあう. ¶这事要好好儿～,不能无原则地妥协 tuǒxié / この件はしっかり交渉し,むやみに妥協してはいけません.
【交手】jiāo//shǒu [動] 組み合って闘う. 格闘する. ¶双方一～,就分出了胜负 / 格闘が始まるとすぐに勝敗が決まった.
【交售】jiāoshòu [動]（農民が）農産物などを国に売却する.
【交谈】jiāotán [動] 語り合う. 話をする. ¶亲切地～ / 親しく語り合う. ¶我们之间已经没有什么可～了 / 我々の間にはもう話すべきことは何もない.
【交替】jiāotì ❶ [動] 交替する. 入れ替わる. ¶新旧～ / 新旧交替する. ❷ [副] かわるがわる. 交替で. ¶～进行 / 交替で行う.
*【交通】jiāotōng ❶ [動] [文] 行き来する道が通じている. ¶阡陌 qiānmò～,鸡犬 jīquǎn 相闻 / 畑のあぜ道が縦横に通じ,ニワトリや犬の鳴き声が聞こえる. ❷ [動] [文] 関係を

結ぶ. ¶～权贵 quánguì / 権力者とつながりをもつ. ❸ 名 交通. 運輸・通信業の総称. ¶～要道 / 交通の要路. ¶市内～很方便 / 市内は交通がとても便利だ. ❹ 名 抗日戦争時, 中国内革命戦争期における通信や連絡の仕事. または通信員, 連絡員.

【交通部】jiāotōngbù 名 交通部. 日本の国土交通省に当たる役所.
【交通车】jiāotōngchē 名 〔輌 liàng〕機関や団体などの送迎専用のバス.
【交通岛】jiāotōngdǎo 名 〔个 ge〕大通りの車道の中に作られた交通整理用の台.
【交通干道】jiāotōng gàndào 名 幹線道路.
【交通工具】jiāotōng gōngjù 名 交通機関. 交通手段.
【交通壕】jiāotōngháo 名 《軍事》連絡通路用の塹壕(ざんごう). 同 交通沟 gōu
【交通枢纽】jiāotōng shūniǔ 名 交通の要衝(地).
【交通图】jiāotōngtú 名 市街の交通図. 道路や鉄道・バス路線などが詳しく書かれていて便利.
【交通线】jiāotōngxiàn 名 交通網. 輸送路線.
【交通员】jiāotōngyuán 名 通信工作員. 参考 日中戦争や解放戦争期に, 通信や連絡を担当した人員.
【交头接耳】jiāo tóu jiē ěr 成 ひそひそ話をする. ¶上课时不准～ / 授業中にひそひそ話をしてはいけない.
【交往】jiāowǎng ❶ 動 行き来する. 交際する. ¶你怎么和那种人～呢? / あなたはなぜあんな人とつきあうのですか. ❷ 名 行き来. 交際. ¶中日两国人民的～ / 日中両国人民の行き来.
【交尾】jiāowěi 動 交尾する.
【交相辉映】jiāo xiāng huī yìng 成 光や色が互いに照り映えている. ¶湖光山色,～ / 湖の水面と山の緑が互いに照り映えている.
【交响曲】jiāoxiǎngqǔ 名 《音楽》交響曲. シンフォニー.
【交响诗】jiāoxiǎngshī 名 《音楽》交響詩.
【交响乐】jiāoxiǎngyuè 名 《音楽》交響楽. シンフォニー.
【交响乐队】jiāoxiǎng yuèduì 名 《音楽》交響楽団. シンフォニー・オーケストラ.
【交心】jiāo//xīn 動 心を打ち明ける. ¶和老朋友～之后, 心里畅快 chàngkuài 多了 / 古い友人に打ち明けたら, 気持ちがとてもすっきりした.
【交椅】jiāoyǐ 名 ❶ 古代の折りたたみ椅子. ❷ 方 〔把 bǎ〕椅子. 多くは, ひじ掛け椅子のこと. ❸ 管理職の座. 高級な地位.
【交易】jiāoyì ❶ 動 商品を取り引きする. ¶～市场 / 取引市場. ❷ 名 〔笔 bǐ,宗 zōng〕商売上の取り引き. ¶～额 é / 取引額. ❸ 名 (相手との)交渉. 取り引き. ¶肮脏 āngzang 的～ / 卑劣な取り引き. ¶政治～ / 政治的な取引き.
【交易会】jiāoyìhuì 名 交易会. 見本市. ¶出口商品～ / 輸出商品交易会.
【交易所】jiāoyìsuǒ 名 〔处 chù, 家 jiā〕証券や商品の取引所. ¶证券 zhèngquàn～ / 証券取引所.
【交谊】jiāoyì 名 交情. 友情. つきあい. 同 交情 jiāoqing
【交谊舞】jiāoyìwǔ 名 社交ダンス. ソシアルダンス. 同 交际 jì 舞
【交游】jiāoyóu 動 名 文 交遊する. 交遊. 交友. ¶他～甚 shèn 广 / 彼は交友関係が広い.

【交友】jiāoyǒu 動 文 友人とつきあう.
【交战】jiāo//zhàn 動 交戦する. 同 交兵 jiāobīng, 交锋 jiāofēng 反 休战 xiūzhàn
【交战国】jiāozhànguó 名 交戦国. 反 中立 zhōnglì
【交账】jiāo//zhàng 動 ❶ 帳簿や決算書を引き渡す. ❷ 自分の立場を説明する. 言い訳する. ¶把你冻坏了, 我怎么向你哥哥～呢 / 君を凍えさせたら, 私は君の兄さんになんて言い訳したらいいんだ.
【交织】jiāozhī ❶ 動 複雑に入り混じる. ¶江南水乡, 河渠 héqú 如网纵横 zònghéng～ / 江南地方は水郷であり, 水路が網の目のように交錯している. ❷ 名 交織. 異なる材質や色を交ぜて織ったもの. ¶绵麻～ / 綿と麻の交織.

郊 jiāo

阝部6 四 0742₇ 全8画 常用

❶ 索 都市の周辺地区. ¶～外 jiāowài /～区 jiāoqū / 市.～市郊 shìjiāo / 四～地区 sìjiāo (都市の周辺) /远～ yuǎnjiāo (遠い郊外). ❷ (Jiāo) 姓.

*【郊区】jiāoqū 名 郊外地区. ¶住在～ / 郊外に住む. 反 市区 shìqū 参考 地理的には市に含まれないが, 行政などは市が管轄する.
【郊外】jiāowài 名 市の周辺の地域. ¶北京～ / 北京の郊外.
【郊县】jiāoxiàn 名 郊外県. 参考「市」の郊外にある県で, 行政権は「市」に属する.
【郊野】jiāoyě 名 郊外の広い野原.
【郊游】jiāoyóu 動 ピクニックする. ¶去～ / ピクニックに出かける.

茭 jiāo

艹部6 四 4440₈ 全9画 通用

下記熟語を参照.

【茭白】jiāobái 名 《植物》マコモダケ.

峧 jiāo

山部6 四 2074₈ 全9画 通用

索 地名用字.

浇(澆) jiāo

氵部6 四 3511₂ 全9画 常用

❶ 動 花や木などに水をかける. ¶～地 jiāodì (田畑に水をやる) /～花 jiāohuā (花に水をやる). ❷ 動 水などをかける. ¶～洒 jiāosǎ (水をかける) /～头 jiāotou. ❸ 動 型に流し込む. ¶～注 jiāozhù /～铸 jiāozhù. ❹ 形 薄情だ. 軽薄だ. ¶～ jiāobó (薄情だ. 軽薄だ) /～漓 jiāolí.
【浇灌】jiāoguàn 動 ❶ 液体の原料を鋳型に流し込む. ¶～混凝土 hùnníngtǔ / コンクリートを流し込む. ❷ 水をやる. ¶～菜园 / 野菜畑に水をやる.
【浇冷水】jiāo lěngshuǐ 成 冷水をかける. ¶你不鼓励他, 反而给他～, 真不应该 / 君は彼を励ますどころか, 冷たくあしらったりして, 実にけしからん.
【浇漓】jiāolí 形 文 (世の中の)人間関係が冷淡だ. 人情味がない.
【浇头】jiāotou 名 方 《料理》麺やご飯の上にかける具.
【浇注】jiāozhù 動 《建築》コンクリートなどを型枠に流し込む.
【浇铸】jiāozhù 動 溶かした金属を型に流して鋳造する.
【浇筑】jiāozhù 動 土木工事でコンクリートなどを流し込んで作る.

娇(嬌) jiāo

女部6 四 4242₈ 全9画 常用

❶素 美しくかわいらしい．¶～嫩 jiāonen／～艳 jiāoyàn／撒～ sājiāo（甘える）／江山多～（川や山はなんと美しいことか）．❷動 甘やかす．¶～纵 jiāozòng／～生惯养．❸形 いくじがない．¶～气 jiāoqì．❹(Jiāo)姓．

【娇宠】jiāochǒng 動 甘やかす．猫かわいがりする．回 宠爱 ài

【娇滴滴】jiāodīdī 形 かわいく甘えるようす．¶～的声音／かわいく甘えるような声．

【娇惯】jiāoguàn 動（子供を）ひどくかわいがる．¶对孩子太～没有好处 hǎochu／子供を甘やかしすぎるとろくなことはない．

【娇贵】jiāogui 形 ❶ 大切にしすぎる．❷（ものが）壊れやすい．¶～的东西／壊れやすい物．

【娇憨】jiāohān 形（小さな子供が）あどけない．¶这孩子笑得多么～,真可爱／この子のあどけない笑い方がとてもかわいい．

【娇媚】jiāomèi 形 あでやかで美しい．¶～的声音／甘え声．¶舞姿 wǔzī～／舞い姿があでやかだ．

【娇嫩】jiāonen 形 壊れやすい．きゃしゃだ．¶～的花朵／傷みやすい花．繊細な花．回 柔嫩 róunèn

【娇娜】jiāonuó 形（女性の姿態が）лに柔らしくしなやかで美しい．¶体态～／体つきが女らしく美しい．

【娇气】jiāoqì[-qi] 形 医 ひよわで，だめになりやすい．¶她太～了,一点苦都吃不了 liǎo／彼女はお嬢様育ちで，ちょっとした苦労にも耐えられない． ¶ 娇里娇气

【娇柔】jiāoróu 形 医 なよなよしている．¶～的体态／なまめかしい姿態．

【娇弱】jiāoruò 形 きゃしゃだ．かよわい．回 柔弱 róuruò

【娇生惯养】jiāo shēng guàn yǎng 成 小さいころから甘やかされて育つ．¶这孩子从小就～／この子は小さい時から甘やかされて育った．

【娇娃】jiāowá 名 ❶ 美少女．❷（ガ）甘やかされた子．

【娇小】jiāoxiǎo 形 小さくてかわいらしい．¶～的女孩子／かわいい女の子．

【娇小玲珑】jiāo xiǎo líng lóng 成 かわいくて，きゃしゃだ．¶小妹身材～／下の妹は小柄できゃしゃだ．

【娇羞】jiāoxiū 形 少女がはじらうようす．

【娇艳】jiāoyàn 形 美しくあでやかだ．¶～的玫瑰 méigui／美しくあでやかなバラの花．

【娇养】jiāoyǎng 動（子供を）甘やかして育てる．

【娇纵】jiāozòng 動（子供を）わがままにさせる．¶对独生子女也不能～放任 fàngrèn／一人っ子だからと甘やかし放題に育ててはいけない．

姣 jiāo
女部 6　四 4044₈　全9画　通用

❶形 医（女性や子供の容貌が美しい．¶～好 jiāohǎo／～美 jiāoměi（美しい）．❷(Jiāo)姓．参考 もと，"jiáo"と発音した．

【姣好】jiāohǎo 形 医（容貌が）美しい．

骄(驕) jiāo
马部 6　四 7212₈　全9画　常用

素 ❶ おごり高ぶる．¶～傲 jiāo'ào／～气 jiāoqì／虚～ xūjiāo（うぬぼれる）／戒 jiè～戒躁 zāo（いつもおだやかな態度を心がける）．❷ 激しい．¶～阳 jiāoyáng．

*【骄傲】jiāo'ào ❶形 おごり高ぶる．¶有了一点点成绩,就～起来／ちょっとばかり成績がいいと,すぐい気になる．回 高傲 gāo'ào 反 谦虚 qiānxū,虚心 xūxīn ❷名 自慢．誇り．¶感到～／誇りに思う．¶长城是中国的～／万里の長城は中国の誇りだ．

【骄傲自满】jiāo ào zì mǎn 成 おごり高ぶり，自己満足する．

【骄兵必败】jiāo bīng bì bài 成 自分たちは強いとうぬぼれている軍隊は必ず敗れる．

【骄横】jiāohèng 形 自分勝手でいばっている．¶作风～／仕事の仕方が勝手でわがままだ．

【骄矜】jiāojīn 形 傲慢(ぎ)でプライドが高い．¶面带～之色／傲慢でプライドが高いようすが顔に出る．

【骄气】jiāoqì[-qi] 名 傲慢(ぎ)な気持ち．¶这孩子太～／この子は傲慢で．¶十足／いばりくさっている．

【骄人】jiāorén 動 ❶ 他人を蔑視する．威張る．❷ 自慢する．誇りとする．

【骄奢淫逸】jiāo shē yín yì 成 自分勝手でぜいたく三昧のだらしのない生活を送る．

【骄阳】jiāoyáng 名 医 夏の焼けつくような強い日差し．¶～似火／焼けつくような強い日差し．¶～当头／焼けるような夏の日差しが頭から照りつける．

【骄子】jiāozǐ 名 とても大切にかわいがられて育った子供．¶时代的～／時代の寵児．

【骄纵】jiāozòng 形 自分勝手でわがままだ．¶～的孩子／わがままな子供．

胶(膠) jiāo
月部 6　四 7024₈　全10画　常用

❶名 にかわ．¶鳔 biàojiāo（魚の浮き袋でつくったにかわ）／桃～ táojiāo（桃の木の樹脂）／万能～ wànnéngjiāo（万能接着剤）．❷名 ゴム．¶～皮 jiāopí／～鞋 jiāoxié／橡～ xiàngjiāo（ゴム）．❸形 にかわのように粘着力のあるもの．¶～泥 jiāoní．❹動 はり合わせる．¶～合 jiāohé／～粘 jiāozhān（接着する）／～柱 zhù 鼓瑟 sè．❺(Jiāo)姓．

【胶版】jiāobǎn 名《印刷》オフセット・プレート．¶～印刷／オフセット印刷．

【胶布】jiāobù 名〔卷 juǎn,块 kuài〕❶ ゴム引きした布．❷回 ばんそうこう．回 橡皮膏 xiàngpígāo

【胶带】jiāodài 名 録音・録画用のテープ．

【胶合】jiāohé 動 り付ける．

【胶合板】jiāohébǎn 名 ベニヤ板．

【胶结】jiāojié 動（糊にかわ・ボンドなどが）乾いて接着する．¶～剂 jì／接着剤．

【胶卷】jiāojuǎn 名（～儿）〔盒 hé,卷 juǎn〕撮影用のフィルム．黑白～／モノクロフィルム．¶彩色～／カラーフィルム．

【胶轮】jiāolún 名 ゴムのタイヤ．

【胶木】jiāomù 名《化学》ベークライト．

【胶囊】jiāonáng 名 カプセル．

【胶泥】jiāoní 名〔块 kuài〕土．

【胶皮】jiāopí 名 ❶〔块 kuài〕"硫化橡胶 liúhuà xiàngjiāo"（加硫ゴム）の通称．❷方 人力車．参考 ❷ は,主に中国北方の方言．ゴムタイヤを使っていたことから．

【胶片】jiāopiàn 名〔盒 hé,卷 juǎn〕撮影用のフィルム．回 软片 ruǎnpiàn

【胶乳】jiāorǔ 名《化学》ラテックス．

【胶水】jiāoshuǐ 名（～儿）〔瓶 píng〕液状のり．¶用～粘 zhān 信封／のりで封筒の封をする．

【胶体】jiāotǐ 名《化学》コロイド．膠質(こう)．

【胶鞋】jiāoxié 名〔双 shuāng,只 zhī〕ゴム靴またはゴム底の靴．

【胶靴】jiāoxuē 名〔双 shuāng,只 zhī〕ゴム長靴．

【胶印】jiāoyìn 名《印刷》オフセット印刷．"胶版

jiāobǎn yìnshuā"の略.
【胶柱鼓瑟】jiāo zhù gǔ sè 〈成〉琴柱(ごと)に膠(にかわ)す.もとのやり方にこだわり,新しい変化を受け入れようとしないこと. 由来 琴柱をにわかで固めると,調弦することができなくなる,という意から.
【胶着】jiāozhuó 動 膠着(こうちゃく)している. ¶～状态 / 膠着状態.

教 jiāo
攵部7 四 4844₀
全11画 常用
動 (知識または技能を人に)教える. ¶陈老师～我们汉语 (陳先生は私たちに中国語を教える) / 他～我开汽车(彼は私に自動車の運転を教える).
☞ 教 jiào

【教课】jiāo//kè 動 授業する. ¶张老师教英语课 / 張先生は英語を教えている.
【教书】jiāo//shū 動 勉強を教える. ¶他在小学～ / 彼は小学校で教鞭をとっている. 同 教学 jiāoxué
【教书匠】jiāoshūjiàng 名 教師ふぜい. 先公.
【教书育人】jiāoshū yùrén 教育を与え,人を育てる.
【教学】jiāo//xué 動 学校で勉強を教える. ☞教书 jiāoshū ☞教学 jiàoxué

椒 jiāo
木部8 四 4794₀
全12画 常用
❶素 カラシやサンショウなどの香辛料の総称. ¶～盐 jiāoyán / 花～ huājiāo (サンショウ) / 辣～ làjiāo (トウガラシ). ❷ (Jiāo)姓.
【椒盐】jiāoyán 名 (～儿)ひいて粉にしたサンショウの実と塩をまぜた調味料. ¶～瓜子 guāzǐ / 塩ザンショウ味の"瓜子". ¶点～ / 塩ザンショウをふりかける. 同 花 huā 椒盐

蛟 jiāo
虫部6 四 5014₈
全12画 常用
名 "蛟龙 jiāolóng"に同じ.
【蛟龙】jiāolóng 名〔条 tiáo〕みずち. 風波を起こし洪水を起こす竜.

焦 jiāo
隹部4 四 2033₁
全12画 常用
❶ 動 焦げる. ¶～黑 jiāohēi / ～头烂额 làn é. ❷ 形 (焼いたり揚げたりした食べ物が)かりかりになる. ¶～脆 jiāocuì / ～黄 jiāohuáng. ❸ 形 からからに乾く. ¶～渴 jiāokě / ～枯 jiāokū. ❹ 名 コークス. ¶～炭 jiāotàn / 煤～ méijiāo (コークス) / 炼～ liànjiāo (コークスをつくる). ❺ 素 焦っていらだつ. ¶～急 jiāojí / ～躁 jiāozào / 心～ xīnjiāo (いらだつ). ❻ (Jiāo)姓.
【焦比】jiāobǐ 名《冶金》コークス比. 参考 単位は"吨dūn"(トン).
【焦脆】jiāocuì 形 ぱりぱりと歯ざわりがいい.
【焦点】jiāodiǎn 〔个 ge〕❶ 焦点. ¶对准～ / 焦点を合わせる. ❷ 注意や関心が集まる点. 焦点. ¶争论的～ / 論争の焦点.
【焦耳】❶ jiāo'ěr 量《物理》ジュール. 記号はJ. ❷ Jiāo'ěr《人名》ジュール(1818-1889). イギリスの物理学者. 参考 ①は,②の名をとった.
【焦黑】jiāohēi 動形 物体が燃えて,黒くこげる. また,その色をしている.
【焦化】jiāohuà 動《化学》コークス化.
【焦黄】jiāohuáng 形 干からびて,生気がない黄色の. ¶面色～ / 顔が土気色だ.
【焦急】jiāojí 気が気でない. 焦っている. ¶心里～ /

心中,気が気でない. ¶～万分 / 非常にいらだっている. 同 着急 zháojí
【焦距】jiāojù 名《物理》焦点距離.
【焦渴】jiāokě 形 のどがからからに渇く. ¶～难耐 / のどが渇いてたまらない.
【焦枯】jiāokū 動 植物が枯れる. ¶～的麦苗 màimiáo / 枯れた麦の苗.
【焦雷】jiāoléi 名 大音響の雷. 激しい雷.
【焦炉】jiāolú 名《工業》コークス(製造)炉.
【焦虑】jiāolǜ 動 気をもむ. 気が気でない. ¶～不安 / 心配で気が休まらない. ¶心中十分～ / 心配でしかたがない.
【焦煤】jiāoméi 名《工業》コークス用炭. 強粘結炭.
【焦炭】jiāotàn 名 コークス.
【焦头烂额】jiāo tóu làn é 〈成〉頭を焦がし,額を焼く. 追いつめられ,慌てふためくこと.
【焦土】jiāotǔ 名 焦土. 烈火に焼き尽くされた土地. ¶化为～ / 焦土と化す.
【焦心】jiāoxīn 動 気をもむ. 焦る.
【焦油】jiāoyóu 名《化学》タール. "煤 méi 焦油"(コールタール)と"木焦油"(木タール)の総称がある.
【焦裕禄】Jiāo Yùlù《人名》焦 裕 禄(しょうろく: 1922-1964). 山東省淄博(しはく)出身の政治家. 中国共産党の模範幹部.
【焦躁】jiāozào 形 気をもんで,いらだつ. ¶～不安 / 気がもめて,いらいらと落ち着かない. 同 烦躁 fánzào
【焦灼】jiāozhuó 動〈文〉とても心配で,じりじりする. ¶他～地等待着升学考试的结果 / 彼は進級試験の結果をじりじりして待っている.

跤 jiāo
⻊部6 四 6014₃
全13画 通用
素 ころぶ. ¶跌～ diējiāo (つまずく) / 摔～ shuāijiāo (ころぶ). 同 交 jiāo

僬 jiāo
亻部12 四 2023₁
全14画 通用
下記熟語を参照.
【僬侥】jiāoyáo 伝説中のこびと. ¶～国 / 小人国.

鲛(鮫) jiāo
鱼部6 四 2014₈
全14画 通用
名《魚》サメ. 同 鲨鱼 shāyú

蕉 jiāo
艹部12 四 4433₁
全15画 常用
❶素 バショウのような大きな葉をもつ植物. ¶～麻 jiāomá (マニラ麻) / 芭～ bājiāo (バショウ) / 香～ xiāngjiāo (バナナ) / 美人～ měirénjiāo (カンナ). ❷ (Jiāo)姓.

礁 jiāo
石部12 四 1063₁
全17画 次常用
名 ❶ 海や川の中にある岩石. ¶～石 jiāoshí / 暗～ ànjiāo (暗礁) / 珊瑚～ shānhújiāo (サンゴ礁). ❷ (Jiāo)姓.
【礁石】jiāoshí 名 暗礁.

鹪(鷦) jiāo
鸟部12 四 2732₇
全17画 通用
下記熟語を参照.
【鹪鹩】jiāoliáo〔鳥〕(群 qún, 只 zhī) ミソサザイ.

矫(矯) jiáo
矢部6 四 8282₈
全11画 次常用
下記熟語を参照.

☞ 矫 jiǎo

【矫情】jiáoqing [形] 強情だ. わがままだ. ¶他太～/あいつはほんとうに強情だ. [表現]この発音は北京の方言で、普通は"jiǎoqíng"となることに注意.

嚼 jiáo
口部17　6204₆
全20画　[常用]

[動] 歯で食物をかみ砕く. ¶～舌 jiáoshé / ～子 jiáozi.

☞ 嚼 jiào, jué

【嚼裹儿】jiáoguor [名][方] 生活費. 回 缴裹儿 jiǎoguor
【嚼舌】jiáoshé [動] あれこれと出まかせを言う. ¶这事与你无关,不用你～/これはあなたとは関係ないから、余計なことを言わないで.
【嚼子】jiáozi [名][圏 副 fù, 个 ge] 馬のくつわ.

角 jiǎo
角部0　2722₇
全7画　[常用]

❶[名][圏 对 duì, 只 zhī] ウシやヒツジ、シカなどのつの. ❷[素] つのの形をした物. ¶菱～ língjiǎo (ヒシの実). ❸[名]《数学》1点から発した2本の直線が作る形. 角. ¶直～ zhíjiǎo (直角). ❹[名] (～儿) 物の縁や端のとがった部分. ¶桌子～儿 (机のかど) / 西北～ (西北の端). ❺[名] (～儿) 眼や口の、両端. ¶眼～ yǎnjiǎo (目じり). ❻[名] 角度. ¶视～ shìjiǎo (視角). ❼[名] 海の中に突き出した陸地. 岬. 多く地名に用いられる. ¶成山～ Chéngshānjiǎo (山東省の地名) / 好望～ Hǎowàngjiǎo (喜望峰). ❽[名] 星の名前. 二十八宿の一つ. 角(ﾎﾞｼ). ❾[量] 貨幣の単位. 一"角"は一"元"の十分の一. 会話では"毛 máo"という. ❿[量] 四分の一. ¶一～月饼 (四分の一切れの月餅(ﾂｷﾐ)).

☞ 角 jué

【角尺】jiǎochǐ [名] かねじゃく. 回 矩尺 jǔchǐ, 曲尺 qūchǐ
【角动量】jiǎodòngliàng [名]《物理》角(ｶｸ)運動量.
【角度】jiǎodù [名] ❶視点. 見方. ¶从自己的～来看 / 自分の立場から見る.
【角钢】jiǎogāng [名]《機械》断面がL字型の鉄鋼材. 回 三角铁 sānjiǎotiě
【角弓反张】jiǎogōng fǎnzhāng [名]《中医》反弓緊張. 参考 全身が後方に弓状に反り返り、緊張する. 脳膜炎や破傷風などに見られる症状.
【角楼】jiǎolóu [名]〔圏 座 zuò〕城壁の四隅にある見張りやぐら. 参考 北京の故宫の"角楼"が有名.
【角落】jiǎoluò [名] ❶〔个 ge〕片隅. ¶院子的～ / 庭の隅. ❷〔处 chù, 个 ge〕人の目につかないところ. 忘れ去られた一隅.
【角马】jiǎomǎ [名][回]《動物》ヌー. 牛カモシカ.
【角门】jiǎomén [名] 正門のわきにある小さな出入り口. 回 脚门 jiǎomén
【角膜】jiǎomó [名]〔个 ge, 只 zhī〕眼の角膜. ¶～炎 / 角膜炎.
【角票】jiǎopiào [名] "角"の紙幣. 参考 一"角"は一"元"の十分の一. 一、二角, 五角の三種類がある. 回 毛票 máopiào
【角球】jiǎoqiú [名]《スポーツ》❶(サッカーの)コーナーキック. ❷(水球などの)コーナースロー.
【角速度】jiǎosùdù [名]《物理》角速度.
【角铁】jiǎotiě [名] 山形鋼. 回 角钢 gāng
【角质】jiǎozhì [名]《生理》皮膚の角質. ¶～层 / 角質層.

【角子】jiǎozi [名][旧][方] ❶(一角や二角の)小額銀貨. ❷餃子.

侥(僥)[異 傲] jiǎo
亻部6　全8画　[四] 2521₂ [次常用]
下記熟語を参照.

☞ 侥 yáo

【侥幸】jiǎoxìng [形] 思いがけない幸運に恵まれたり、あやうく難をのがれる. 僥幸(ｷﾞｮｳｺｳ)に恵まれる. ¶心存～, 往往失败 / 運に頼ろうとする気持ちがあると、往々にして失敗する. 回 幸运 xìngyùn

佼 jiǎo
亻部6　[四] 2024₈
全8画　[通用]

❶[形] 美しい. ¶～～ jiǎojiǎo. ❷ (Jiǎo)姓.
【佼佼】jiǎojiǎo [形] 人並外れて優れている. ¶无论成绩, 还是人品,她都是班上的～者 / 成績にしても人格にしても、彼女はクラスの中で抜きん出た人だ.

挢(撟) jiǎo
扌部6　5202₈
全9画　[通用]

❶[動][文] 高く持ち上げる. 挙げる. ¶舌～不下 (驚きのあまりことばが出ない. 舌を巻く). ❷[素] "矫 jiǎo" ①に同じ.

狡 jiǎo
犭部6　4024₈
全9画　[常用]

[素] ずる賢い. ¶～计 jiǎojì / ～兔死, 走狗烹 pēng (狡猾(ｺｳｶﾂ)なウサギがいなくなれば、不要になった猟犬も食べられてしまう).
【狡辩】jiǎobiàn [動] ずる賢く言い訳をする. 詭弁(ｷﾍﾞﾝ)を弄(ﾛｳ)する. ¶再～也改变不了事实 / さらに言い逃れをしても、事実を変えることはできない.
【狡猾[滑]】jiǎohuá [形] 非常に悪賢い. 狡猾(ｺｳｶﾂ)だ. ¶～的狐狸 húli / ずる賢い狐. 回 刁滑 diāohuá, 狡诈 jiǎozhà 回 老实 lǎoshí
【狡计】jiǎojì [名] 悪巧み.
【狡狯】jiǎokuài [形] 狡猾だ. ずる賢い. 回 狡诈 zhà
【狡赖】jiǎolài [動] 事実に言い逃れる. ¶在铁的证据面前, 你还能～吗? / 確固たる証拠を前にして、それでも君はしらを切るつもりか.
【狡兔三窟】jiǎo tù sān kū [成] 困ったときの逃げ場がたくさんあること. また、計略が周到なこと. [由来] ずる賢いウサギは逃げ込む穴を三つ用意している、という意から. 『戦国策』齐策に見えることば.
【狡黠】jiǎoxiá [形][文] 悪賢い. 回 狡诈 jiǎozhà
【狡诈】jiǎozhà [形] ずる賢い. ¶那家伙脸上露出一丝～的笑容 / あいつの顔にはうっすらとずるそうな笑みが浮かんだ. 回 狡黠 jiǎoxiá

饺(餃) jiǎo
饣部6　2074₁
全9画　[常用]

[名] (～儿) ギョーザ. ¶水～儿 shuǐjiǎor (水ギョーザ) / 蒸～儿 zhēngjiǎor (蒸しギョーザ).

*【饺子】jiǎozi [名]〔个 ge〕ギョーザ. ¶包～ / ギョーザを作る. ¶水～ / 水ギョーザ ¶～皮儿 / ギョーザの皮. ¶～馅儿 xiànr / ギョーザのあん. ¶煎～ / ギョーザを焼く. [表現] 中国では蒸したりゆでたりして食べるギョーザを"饺子"といい、焼いて食べるギョーザを"锅贴儿 guōtiēr"という. ギョーザの皮に包むことを"包～"という. "做～"は皮に包んだギョーザを調理すること.

绞(絞) jiǎo
纟部6　[四] 2014₆
全9画　[常用]

❶[動] 何本かのひもをより合わせる. ¶用细线～成绳索

shéngsuǒ（細いひもをより合わせて太い綱にする）. ❷ 動 絞る. ¶把毛巾~干/タオルをかたく絞る. ❸ 動 からみ合う. ❹ 素 縄でしめ殺す. ¶~杀 jiāoshā /~死 jiǎo-sǐ. ❺ 動 滑車を使って動かす. ¶~车 jiǎochē /~着辘轳 lúlu 打水（ろくろで水を汲む）. ❻ 量 糸や毛糸などを数えることば. かせ. ¶一~毛线（毛糸ひとかせ）. ❼ （Jiǎo）姓.

【绞车】jiǎochē 名《機械》ウインチ.
【绞刀】jiǎodāo 名《機械》リーマー.
【绞架】jiǎojià 名 絞首台. ¶上~/絞首台に上る.
【绞尽脑汁】jiǎo jìn nǎo zhī 成 懸命に考える. 知恵を絞る.
【绞脑汁】jiǎo nǎozhī 慣 知恵をしぼって考える.
【绞盘】jiǎopán 名《機械》キャプスタン. 絞盤（ぎぬ）.
【绞肉机】jiǎoròujī 名 ひき肉機. ミンチャー.
【绞杀】jiǎoshā 動 縄などで首をしめて殺す.
【绞死】jiǎosǐ 動 ❶ 首をしめて殺す. ❷ 首を吊って自殺する.
【绞索】jiǎosuǒ 名〔個 根 gēn〕絞首刑用の縄.
【绞痛】jiǎotòng 動 内臓がはげしく痛む. ¶肚子~/おなかがひどく痛む. ¶心里一阵~/心臓がきりきり痛む.
【绞刑】jiǎoxíng 名 絞首刑. 同 绞决 jiǎojué

铰（鉸） jiǎo   钅部6 全11画 四 8074₅ 通用

動 ❶ はさみで切る. ¶~两半（はさみで半分に切る）. ❷《機械》リーマーで削る. ¶~三个孔 kǒng（三つ穴をあける）.

【铰接】jiǎojiē 動 ヒンジで連結する. ¶~式大客车/連結式大型バス.
【铰链】jiǎoliàn 名 ちょうつがい. ヒンジ.

矫（矯） jiǎo   矢部6 全11画 四 8282₈ 次常用

❶ 素 曲がったものを真っすぐにする. 間違いを正しく直す. ¶~正 jiǎozhèng /~枉 wǎng 过正. ❷ 素 何かにかこつけて人をだます. ¶~命 jiǎomìng（上からの命令だと偽る）. ❸ 動 強くて勇ましい. ¶~健的步伐 bùfá（力強い足どり）. ❹（Jiǎo）姓.

☞ 矫 jiáo

【矫健】jiǎojiàn 形 たくましくて力強い. ¶迈着~的步伐 bùfá /勇ましい足どりで進む. 同 强健 qiángjiàn
【矫捷】jiǎojié 形 力強く, 動きも素早い. ¶动作~/動作が機敏で力強い.
【矫揉造作】jiāo róu zào zuò 成 わざと大げさにする. ¶他那~的样子, 真令人恶心 ěxin /彼のあのわざとらしいようすは, まったく胸くそが悪くなる.
【矫饰】jiǎoshì 動 故意につくろって真相をかくす. うわべを装う.
【矫枉过正】jiǎo wǎng guò zhèng 成 正しくしようと思ってかえってやりすぎてしまう. 角（の）を矯（た）めて牛を殺す.
【矫形】jiǎoxíng 動《医学》整形する. ¶牙齿 yáchǐ ~/歯並びを矯正する. ¶~外科/整形外科.
【矫正】jiǎozhèng 動 正しく直す. ¶~视力/視力を矯正する. 同 改正 gǎizhèng, 纠正 jiūzhèng, 匡正 kuāngzhèng 比較 "矫正"は, 具体的な事物のゆがみや傾きなどを正しくすること. "纠正 jiūzhèng"は, 上記以外に思想や政策などの誤りやのがれを正すことをいう.
【矫治】jiǎozhì 動《医学》矯正（治療）する.

皎 jiǎo   白部6 全11画 四 2064₈ 通用

❶ 素 真っ白に光って明るい. ¶~~白驹 báijū（輝くように真っ白な馬）. ❷（Jiǎo）姓.
【皎皎】jiǎojiāo 形 白く輝いている. ¶~的月光/皎皎（ぎっ）たる月の光り.
【皎洁】jiǎojié 形（月などが）白く光って明るい. ¶~如明月/白く輝くこと名月のごとし.

脚（異 腳） jiǎo   月部7 全11画 四 7722₀ 常用

❶ 名〔個 双 shuāng, 只 zhī〕人や動物の足でかかとからつま先までの部分. ¶~背 jiǎobèi /~面 jiǎomiàn. 同 足 zú 反 手 shǒu, 头 tóu ❷ 名 物の一番下の部分. ¶山~ shānjiǎo（山すそ. 山のふもと）. ❸ 名 物を担いだり, 荷車で引いたりして運搬する. ¶~夫 jiǎo-fū. ❹ 名 本文に付けた注. また, 詩文の句末の韻. ¶注~ zhùjiǎo（脚注）/韵~ yùnjiǎo（脚韻）. ❺ 名 サッカー選手. ¶国~ guójiǎo（ナショナルチームのサッカー選手）.

☞ 脚 jué

【脚板】jiǎobǎn 名〔個 副 fù〕足のうら. ¶一副铁~/よく歩くじょうぶな二本の足. 同 脚掌 jiǎozhǎng, 脚底板 jiǎodǐbǎn
【脚背】jiǎobèi 名 足の甲. 同 脚面 jiǎomiàn
【脚本】jiǎoběn 名〔個 本 běn, 个 ge〕演劇や映画などの台本. 脚本.
【脚脖子】jiǎobózi 名 足首.
【脚步】jiǎobù 名 ❶ 歩幅. ¶~大/歩幅が大きい. ❷ 歩き方. 足どり. ¶加快~/足どりを速める.
【脚步声】jiǎobùshēng 名 足音.
【脚灯】jiǎodēng 名〔個 盏 zhǎn〕フットライト.
【脚蹬子】jiǎodēngzi 名《機械》ペダル.
【脚底】jiǎodǐ 名 足のうら.
【脚底板】jiǎodǐbǎn 名 足のうら. 同 脚底 jiǎodǐ, 脚板 jiǎobǎn
【脚法】jiǎofǎ 名《スポーツ》足わざ. サッカーなどのキックの技巧.
【脚夫】jiǎofū 名 旧 ❶〔個 个 ge, 群 qún〕運搬人夫. ❷ 人に雇われてウマやロバをひく人.
【脚跟［根］】jiǎogēn 名 かかと. ¶立定~/しっかりと立つ. ¶~上磨出 móchū 了一个老茧 lǎojiǎn /かかとにたこができた. 同 脚后跟 jiǎohòugēn
【脚行】jiǎoháng 名 旧 運搬業. 運搬人夫.
【脚后跟】jiǎohòugēn 名 かかと.
【脚环鸡】jiǎohuánjī 名 検疫に合格し, 目印の足輪を付けたニワトリ.
【脚迹】jiǎojì 名 足跡.
【脚尖】jiǎojiān 名（~儿）つま先. ¶踮起 diǎnqǐ~看热闹/つま先立ちになって見物する.
【脚劲】jiǎojìn 名 方（~儿）脚力.
【脚扣】jiǎokòu 名 靴金具. 電柱に登るとき, 靴に取り付けて使用する金具.
【脚力】jiǎolì 名 ❶ 足の力. ¶~很好/脚力がすばらしい. ❷ 旧 荷役の人夫. またそれに支払う駄賃（ちん）.
【脚镣】jiǎoliào 名〔個 副 fù〕（犯罪人にかける足かせ）. ¶戴~/足かせをはめる. 同 手铐 shǒukào /手かせ足かせ.
【脚炉】jiǎolú 名 足もとを温めるあんか. ¶铜~/銅製の足あぶり.
【脚门】jiǎomén 名 通用門. 脇門. 同 角 jiǎo 门
【脚面】jiǎomiàn 名 足の甲. 同 脚背 jiǎobèi
【脚盆】jiǎopén 名 足洗い用のたらいおけ. 参考 現在で

は,洗濯用の大きな金だらいをさすこともある.
【脚蹼】jiǎopǔ 名 〔潜水用具的〕足ひれ.フィン.
【脚气】jiǎoqì 名 ❶《医学》脚気(ホッケ).¶~很重 / 脚気がひどい.❷⇔ 水虫.¶他有~ / 彼は水虫だ.⇨脚癣 jiǎoxuǎn
【脚手架】jiǎoshǒujià 名 〔副 fù〕建築現場の足場.¶搭~ / 足場を組む.
【脚踏车】jiǎotàchē 名 方〔辆 liàng〕自転車.⇨自行车 zìxíngchē 表现 中国の西南地方でよく使われる.
【脚踏两只船】jiǎo tà liǎng zhī chuán 成 二またをかける.二足のわらじをはく.⇨脚踩 cǎi 两只船
【脚踏实地】jiǎo tà shí dì 成〔行いや態度が〕落ち着いてしっかりしている.¶搞科学研究需要有~的精神 / 科学研究には,地道に続ける粘り強い精神が必要だ.
【脚腕子】jiǎowànzi 名〔个 ge,只 zhī〕足首.くるぶし.⇨脚腕儿 jiǎowànr
【脚下】jiǎoxià 名 ❶足もと.¶留心~ / 足もとに注意.❷方 今.現在.近ごろ.
【脚心】jiǎoxīn 名 土踏まず.¶搔 sāo~,痒 yǎng 吗? / 土踏まずを掻いたら,くすぐったい?
【脚癣】jiǎoxuǎn 名 水虫.⇨脚气 jiǎoqì
【脚丫(鸭)子】jiǎoyāzi 名 方〔ⅰ只 zhī〕足.
【脚印】jiǎoyìn 名〔~儿〕〔个 ge〕足あと.⇨足迹 zújì
【脚掌】jiǎozhǎng 名〔副 fù,双 shuāng〕足のうら.⇨脚板 jiǎobǎn
【脚爪】jiǎozhǎo 名 方 動物のつめ.
【脚指甲】jiǎozhǐjia 名 足のつめ.¶剪~ / 足のつめを切る.
【脚指头】jiǎozhǐtou 名 口 足の指.⇨脚趾 jiǎozhǐ
【脚趾】jiǎozhǐ 名 足の指.⇨脚指头 jiǎozhǐtou
【脚注】jiǎozhù 名〔条 tiáo〕ページごとに本文の一番下につけた注釈.脚注(キャッホ).
【脚镯】jiǎozhuó 名 アンクレット.足首にする装飾品.

搅(攪) jiǎo
扌部9 5901₂ 全12画 常用

動 ❶かき混ぜる.¶~匀 jiǎoyún / 把锅里的菜——~ /〔鍋の料理をかき混ぜる〕.❷かき乱す.じゃまする.¶他睡着 shuìzháo 了,不要~他〔彼は寝たところだ,起こさないように〕/ 打一了(おじゃましました).

【搅拌】jiǎobàn 動 攪拌(ネミミ)する.¶~水泥 / セメントをかき混ぜる.
【搅拌机】jiǎobànjī 名 攪拌(ネミミ)機.ミキサー.
【搅缠】jiǎochán うるさく人にまとわりつく.じゃまをする.¶她在工作,别一她 / 彼女は仕事中だからうるさくまとわりついてはいけない.
【搅动】jiǎo//dòng 動 液体をかき混ぜる.¶~牛奶 / 牛乳をかき混ぜる.
【搅浑】jiǎo//hún かき混ぜて液体を濁らせる.¶别把金鱼缸 gāng 里的水~ / 金魚鉢の水をかきまわしてはいけません.
【搅混】jiǎohun 動 混じり合う.いっしょになる.
【搅和】jiǎohuo 動 ❶いっしょにする.混同する.❷かき乱す.じゃまをする.¶你别~,我正忙着呢 / じゃまをしないでくれ,私は今忙しいんだ.
【搅局】jiǎo//jú 動 途中でじゃまをする.混ぜ返す.
【搅乱】jiǎoluàn 動 じゃまをして混乱させる.¶突然来了朋友,一个星期的计划都被~了 / 突然友人が来て,一週間の計画をすべてひっかきまわされた.
【搅扰】jiǎorǎo 動〔他人の〕じゃまをする.¶姐姐在练字,别去~她 / お姉さんはお習字をしているから,じゃまをしてはいけません.⇨烦扰 fánrǎo,干扰 gānrǎo,扰乱 rǎoluàn
【搅匀】jiǎoyún 動 全体にまんべんなく混ぜ合わせる.¶菜里放了盐以后,要把它~ / 料理に塩を入れたら,まんべんなく混ぜ合わせて下さい.

湫 jiǎo
氵部9 3918₀ 全12画 通用

素 文 周囲より低く,くぼんだ土地.¶街巷 jiēxiàng~隘 jiǎo'ài(通りが狭い).
☞ 湫 qiū

敫 Jiǎo
攵部9 2824₀ 全13画 通用

名 姓.

剿(異 勦) jiǎo
刂部11 2290₀ 全13画 次常用

動 討伐する.滅ぼす.¶~匪 jiǎofěi / ~灭 jiǎomiè / 围~ wéijiǎo(包囲討伐する).
☞ 剿 chāo

【剿除】jiǎochú〔悪者を〕退治する.討伐する.
【剿匪】jiǎofěi 匪賊(ヒゾク)を討伐する.
【剿灭】jiǎomiè 悪人たちを攻め滅ぼす.¶~匪徒 fěitú / 悪党を殲(セン)滅する.

徼 jiǎo
彳部13 2824₀ 全16画 通用

❶ 素 文 求める.❷ →徼幸 jiǎoxìng
☞ 徼 jiào

【徼幸】jiǎoxìng 形 "侥幸 jiǎoxìng"に同じ.

缴(繳) jiǎo
纟部13 2814₀ 全16画 常用

❶動〔金銭を〕支払う.¶上~ shàngjiǎo(上納する)/ ~税 jiǎoshuì(税金を納める).❷動 納める.¶~纳 / ~获.❸(Jiǎo)姓.表现 ①は,義務としてまたは強制されて支払うことをいう.
☞ 缴 zhuó

【缴付】jiǎofù 動 お金を払う.¶~房租 / 家賃を払う.⇨缴纳 jiǎonà
【缴获】jiǎohuò ❶動 敗者や犯罪者から没収する.❷名 奪い取った物.¶一切~要归公 / すべてのぶんどった品は公の所有に帰す.
【缴纳】jiǎonà 動 お金を納める.¶向国家~税款 / 国に税を納める.¶~会费 / 会費を納める.⇨缴付 jiǎofù,交纳 jiāonà
【缴枪】jiǎo//qiāng 動 ❶武器を引き渡す.投降する.❷敵の武器を取り上げる.武装解除する.
【缴销】jiǎoxiāo 動〔登録や免許などを〕取り消して返納する.¶~营业执照 zhízhào / 営業ライセンスを返す.
【缴械】jiǎo//xiè 動 ❶武装を解除する.❷敵に武器を渡す.¶~投降 tóuxiáng / 武器を捨てて投降する.

叫¹(異 呌) jiào
口部2 6200₀ 全5画 常用

動 ❶叫ぶ.鳴く.ほえる.¶大声~ / 大きな声で叫ぶ.¶不停地~ / 鳴き続ける.
❷呼ぶ.呼びかける.¶我没~过你 / 私はあなたを呼んでいません.¶楼下有人~你 / 下で誰かがあなたを呼んでいる.
❸〔タクシーなどを〕呼ぶ.〔料理を〕注文する.〔品物を〕配達させる.¶打电话~出租车 / 電話をしてタクシーを呼ぶ.¶~了一个红烧鲤鱼 / "红烧鲤鱼"を一つとった.¶~煤 / 石炭を注文する.

❹（名前を）…という．…と呼ぶ．¶你～什么名字／名前はなんといいますか．¶这个东西汉语～什么？／これは中国語でどういいますか．¶我姓王，就～我小王吧／私は王です，小王とでも呼んでください．¶北京人把端午节叫～五月节／北京の人は端午の節句を"五月节"と呼んでいる．

叫² (叫) jiào 口部5画 四 6200₀ 全5画

❶ 動 （"A＋叫＋B＋動詞句"の形式で）使役表現をつくり）AがBに…させる．AがBに…するようにいう．¶老师～我七点来／先生が私に7時に来るようにいった．¶医生～我做深呼吸／医者が私に深呼吸するようにいった．¶您帮了不少忙，～我怎么感谢您呢？／あなたにはたいへんお世話になり，なんとお礼をいったらよいでしょうか．¶～他等我一会儿／しばらく私を待つよう彼に言ってください．¶很～人生气／ほんとうに腹が立つ．

❷ 前 ① "N₁（受動者）＋叫 ＋ N₂（行為者）＋動詞句"の形式で，行為者を導き，受身文をつくる．…に…される．⇨教 jiào ¶杯子～孩子摔破了／コップは，子供にぶつけられ割られてしまった．¶自行车～弟弟骑走了／自転車は弟に乗って行かれた．¶电影票～我弄丢了／映画のチケットをなくしてしまった．📝 "被"による受身文より口語的．

② "N₁＋叫＋ N₂＋给＋動詞句"の形式で，①よりさらに口語的な受身文をつくる．¶那些书他～给卖了／それらの本は彼に売られてしまった．

③ "N₁＋叫＋ N₂＋把＋ N₃ ＋動詞句"の形式による受身文．N₃はN₁の付属要素であるか，同一要素である．¶那只蝴蝶 húdié～他把一只翅膀 chìbǎng 弄坏了／その蝶は彼に羽を片方折られてしまった．¶你爸～大叔把他喊走了／君のお父さんはおじさんに呼ばれて行ってしまった．（你爸＝他）．

❸ 助動 （受け身をあらわし）…される．⇨教 jiào ¶衣服～淋透了／服がぐっしょりぬれてしまった．

【叫板】jiàobǎn ❶ 芝居で，せりふの最後の語尾を長くひき，次の調子につなげていく．❷ jiào// bǎn 挑戦する．けんかを売る．
【叫菜】jiào//cài 動 料理を注文する．メニューから料理を選ぶ．
【叫哥哥】jiàogēge 名 方 〈虫〉キリギリス．回 蝈蝈儿 guōguor
【叫喊】jiàohǎn 動 大声を出して叫ぶ．¶高声～／大声で叫ぶ．¶～的声音／大きな叫び声．回 叫嚷 jiàorǎng．
【叫好】jiào//hǎo 動 （～儿）すばらしい演技に大声で"好！"と叫んで，感嘆の気持ちをあらわす．喝さいする．¶一片～声／満場の喝さい．¶叫倒 dào 好儿／やじをとばす．
【叫号】jiào//hào 動 （～儿）❶（順番の）番号を呼ぶ．❷ 掛け声をかける．❸ 方 ことばで挑発する．言いがかりをつける．
【叫花[化]子】jiàohuāzi 名 口 〔個 个 ge, 名 míng, 群 qún〕こじき．
【叫唤】jiàohuan 動 ❶ 大声で叫ぶ．¶痛得直～／痛くて叫び続ける．❷ 動物などが鳴く．¶小鸟叽叽 jījī 地～／小鳥がピイチクさえずる．
【叫魂】jiào//hún 動 （～儿）魂を呼びもどす．参考 病人が出るとその人の魂がさまよい出たと考え，二人で小～（…ちゃん）跟我回来！""回来了！"などと掛け合いをして，病人の魂を呼びもどせば病気がなおると信じられていた．

【叫鸡】jiàojī 名 方 おんどり．回 公 gōng 鸡
【叫价】jiào//jià ❶（入札や競売で）価格を示す．❷ 値を決める．
【叫绝】jiào//jué 動 絶賛する．喝さいする．¶拍案 àn ～／ 成 机をたたいて絶賛する．
【叫苦】jiào//kǔ 苦しさやつらさを声に出して叫ぶ．
【叫苦不迭】jiào kǔ bù dié 苦しみを訴え続ける．
【叫苦连天】jiào kǔ lián tiān 成 なげきや苦しみを訴え続ける．
【叫驴】jiàolǘ 名 〈動物〉オスのロバ．
【叫骂】jiàomà 動 大声で怒なりつける．¶～不止／いつまでもどなり続ける．表現 この語は，目的語をとらない．
【叫卖】jiàomài 動 大声で客を呼びこみ品物を売る．¶自由市场上一片～声／自由市場は売り声に満ちている．
【叫门】jiào//mén 動 玄関の外から家の人に呼びかける．¶～了几次都叫不开／門口から何度も声をかけたが，開けてもらえなかった．
【叫名】jiàomíng ❶ 名 （～儿）名称．呼称．❷ 動 方 （立前上や名義上）…だと言う．
【叫屈】jiào//qū 動 ぬれぎぬや不当な扱いに対して抗議する．¶鸣冤 míng yuān～／ 成 冤罪 (鈴 tǒng) を訴える．¶上哪儿去～呢？／どこに不平を述べたらいいのだ．
【叫嚷】jiàorǎng 動 大声で叫ぶ．¶那个病人痛得直～／その患者は痛みに叫びつづけた．回 叫喊 jiàohǎn．
【叫痛】jiào//tòng 動 痛みを訴える．¶打了麻醉针 mázuìzhēn 后,他就不再～了／麻酔注射をすると，彼はもう痛みを訴えなくなった．
【叫嚣】jiàoxiāo 動 大声で騒ぎたてる．ガーガーがなる．
【叫醒】jiàoxǐng 動 眠っている人に声をかけて起こす．モーニングコールする．¶明天六点钟～我／明日6時にに起こしてください．
【叫真】jiào//zhēn →较真 jiàozhēn
【叫阵】jiào//zhèn 動 敵軍のまえで大声を出して戦いを挑む．
【叫子】jiàozi 名 小さな笛．呼び子．
【叫座】jiàozuò 形 （～儿）（演劇や講義などが）とても人気がある．¶这出戏非常～／この芝居はとても人気がある．
*【叫做】jiàozuò 動 …と言うあらわす．¶日本人把棒球～野球／日本では"棒球"のことを野球と言う．回 称为 chēngwéi

峤 (嶠) jiào 山部6画 四 2272₈ 全9画 通用

名 文 山道．
☞ 峤 qiáo

觉 (覺) jiào 见部5画 四 9021₂ 全9画 常

名 （～儿）眠ってから起きるまで．睡眠．¶睡了一～（ひと眠りした）／睡懒 lǎn～（惰眠をむさぼる）．表現 "一觉 yījiào"（ひと眠り）の形で用いられることが多い．
☞ 觉 jué

校 jiào 木部6画 四 4094₈ 全10画 常

❶ 動 校訂する．¶～订 jiàodìng／～稿子 gǎozi （原稿を校正する）／～长条样 chángtiáoyàng（棒組みのゲラを校正する）／四～ sìjiào（四回目の校正）．❷ 形 比較する．¶～场 jiàochǎng（武術の演習場）．
☞ 校 xiào

【校点】jiàodiǎn 動 古典資料を校点し，句読点などをつける．¶～古籍 gǔjí／古典を校点する．¶仔细～／細か

【校订】jiàodìng 校訂する.
【校对】jiàoduì ❶ 校対する. ❷ 名 [個 个 ge, 名 míng, 位 wèi] 校正する人. ¶在一家出版社当～/出版社で校正の仕事をしている.
【校改】jiàogǎi 動 文章をつきあわせて訂正する. ¶～错误/誤りを訂正する.
【校勘】jiàokān 動 同一書の異なる版本や関係資料を比較して、文字の異同などを研究する. 校勘する. ¶～学/校勘学.
【校样】jiàoyàng 名 [個 份 fèn, 篇 piān] 校正刷り. ゲラ刷り. ¶退还 tuìhuán～/校正刷りを返す.
【校阅】jiàoyuè 動 [書籍や新聞の内容を]校閲する.
【校正】jiàozhèng 動 照合し訂正する. ¶～错字/誤字を訂正する.
【校准】jiào//zhǔn 動 [機械]計器などの目盛りを検査し、修正する.

轿(轎) jiào 车部 6 四 4252₈ 全10画 常用

名 [個 顶 dǐng, 乘 shèng] かご. 輿こし. ¶抬 tái～[かごを担ぐ]/花～ huājiào[婚礼のとき新婦を乗せるための輿]. 同 轿子 jiàozi
【轿车】jiàochē 名 [辆 liàng] ❶ 乗用車. セダン. ❷ 昔"轿子"に両輪をつけた車. ロバやウマにひかせた.
【轿夫】jiàofū 名 旧 [個 个 ge, 名 míng] かごを担ぐ人. かごかき.
【轿子】jiàozi 名 旧 [個 顶 dǐng, 乘 shèng, 抬 tái] 箱型のかご. おみこしのように棒をわたし、その前後を人が担ぐ. ¶坐～/かごに乗る. ¶抬～/かごを担ぐ.

较(較) jiào 车部 6 四 4054₈ 全10画 常用

❶ 動 比べる. ¶～一～劲儿(力比べをする)/计～ jìjiào (損得を勘定する)/～量 jiàoliàng. 同 比较 bǐjiào ❷ 副 わりと…だ. なかなか…だ. ¶今天天气～好(今日はわりと天気がいい). ❸ 前 …より. ¶工作～前更为努力(以前より一層の努力をして仕事をする). ❹ 形 はっきりしている. ¶～然不同(明らかに異なっている).

【较劲】jiào//jìn 動 (～儿) ❶ 腕だべをする. ❷ 意地を張る. （かになる. ❸ 特に体力などを必要とする.
【较量】jiàoliàng 動 実力を比べる. ¶跟他～/彼と勝負する. ¶～武术/武術の腕前をきそう. ¶～的结果、我胜了/力比べの結果、私が勝った.
【较为】jiàowéi 副 比較的…だ. どちらかといえば…だ.
【较真】jiàozhēn 形 方 (～儿) 真剣でまじめだ. 同 叫真 jiàozhēn, 认真 rènzhēn

教 jiào 攵部 7 四 4844₀ 全11画 常用

❶ 名 教え. 指導. ¶请～(教えを請う)/因材施 shī～(成) その人の能力に応じて教育を施す)/言传身～(成 自らのことばと行いで教導する). ❷ 名 宗教. ¶～徒 jiàotú/信～(宗教を信じる)/基督～ Jīdūjiào (キリスト教). ❸ 前 助動 "叫² jiào"❷❸に同じ. ❹ (Jiào)姓.

☞ 姊妹篇

【教案】jiào'àn 名 ❶ [個 份 fèn] (授業のための)指導計画. 指導案. ¶预先写好～/あらかじめ指導案をたてておく. ❷ [個 件 jiàn] 清代末期にキリスト教の教会と中国人が衝突しておきた事件. ¶天津～/天津教案(天津のキリスト教会事件).
【教本】jiàoběn 名 教科書. テキスト.
【教鞭】jiàobiān 名 教鞭(きょうべん). 授業時に教師が持つ指し棒.
*【教材】jiàocái 名 [個 本 běn, 份 fèn] 教材. テキスト. ¶编写～/教材を執筆・編集する.
【教程】jiàochéng 名 専門教科の授業内容. ¶《近代史～》/『近代史讲義』書名に用いられることが多い.
【教导】jiàodǎo 動 教える. 指導する. ¶～主任/教務主任. ¶我永远不会忘记您的～/あなたの教えは、いつまでも忘れません. 同 教诲 jiàohuì, 教育 jiàoyù
【教导员】jiàodǎoyuán 名 [個 个 ge, 名 míng, 位 wèi] "政治教导员"のこと. 参考 中国人民解放軍で政治工作にたずさわる幹部のうち、"营 yíng"(大隊)級の長をいう. "连 lián"(中隊)級の長は、"指导员 zhǐdǎoyuán"という.
【教法】jiàofǎ 名 教え方. 指導法.
【教父】jiàofù 名 (キリスト教の)教父.
【教改】jiàogǎi 名 "教学改革"(教育改革)の略称.
【教工】jiàogōng 名 学校内の、教員・職員・用務員の総称. 学校関係者.
【教官】jiàoguān 名 [個 个 ge, 名 míng, 位 wèi] 軍事を教える教官.
【教规】jiàoguī 名 宗教上のきまり. 教規. 教範. ¶违反～/教規に背く. ¶遵守～/教規を守る.
【教化】jiàohuà 動 教え導く. 同 感化 gǎnhuà
【教皇】jiàohuáng 名 [宗教] [個 位 wèi] ローマ法王. 教皇.
【教会】jiàohuì 名 教会.
【教诲】jiàohuì 動 文 教え諭す. ¶谆谆 zhūnzhūn～/ていねいにわかりやすく教え諭す.
【教具】jiàojù 名 [個 个 ge, 件 jiàn, 套 tào] 教育用の器具や資材.
【教科书】jiàokēshū 名 [個 本 běn, 套 tào] 正規のテキスト. 教科書. 同 课本 kèběn 参考 "教材"は、正規のテキストのほか、副教材なども含む.
【教练】jiàoliàn ❶ 動 技術の指導や訓練をする. ¶～驾驶 jiàshǐ/運転技術を指導する. ¶～车/教習車. ¶～员/指導員. ❷ 名 [個 个 ge, 名 míng, 位 wèi] コーチ. ¶足球～/サッカーのコーチ.
【教龄】jiàolíng 名 教師としての勤続年数. ¶李老师已经有三十五年～了/李先生はもう教員生活35年だ.
【教派】jiàopài 名 (宗教の)教派. 宗派.
【教区】jiàoqū 名 [宗教]教区.
*【教师】jiàoshī 名 [個 个 ge, 名 míng, 位 wèi] 学校の先生. 小学～/小学校の先生. ¶大学～/大学の先生. ⓓ 教员 jiàoyuán, 老师 lǎoshī, 先生 xiānsheng 反 学生 xuésheng 表現 "教师"は、職業を呼ぶことばなので、呼びかけには使えない. 呼びかける時には、"王老师，你好！"のように、"老师 lǎoshī"を使う.
【教师节】Jiàoshījié 名 教師の日. 9月10日にあたる. 1985年1月に制定された.
【教士】jiàoshì 名 [宗教] (キリスト教の)聖職者.
*【教室】jiàoshì 名 [個 个 ge, 间 jiān] 教室. ¶进～/教室に入る.
*【教授】jiàoshòu ❶ 動 学問や技術を教える. ❷ 名 [個 名 míng, 位 wèi] 大学などの教授. ¶正～/教授. ¶副～/助教授. ¶客座～/客員教授. ¶名誉 míngyù～/名誉教授.
【教唆】jiàosuō 動 相手をそそのかして悪事をさせる. 教

【教唆犯】jiàosuōfàn 名《法律》教唆犯.
【教堂】jiàotáng 名〔座 zuò〕教会の礼拝堂. カテドラル.
【教条】jiàotiáo ❶名 宗教上の教えや決まり. 信徒に批判をゆるさないもの. ドグマ. ❷形 教条主義的だ. ¶他很～,缺乏 quēfá 灵活性 / 彼はとても教条主義的で,融通がきかない.
【教条主义】jiàotiáo zhǔyì 名 教条主義.
【教廷】jiàotíng 名《宗教》ローマ教皇庁. 法王庁.
【教头】jiàotóu ❶名（軍隊で武芸を伝授する）師匠. ❷《スポーツ》コーチ.
【教徒】jiàotú 名《宗教》〔個 个 ge〕信者. 信徒. ¶基督 Jīdū～/ キリスト教徒.
【教委】jiàowěi 名 教育委員会.
【教务】jiàowù 名 教育上の任務. 教務. ¶～处长 / 教務責任者. ¶他在学校管～工作 / 彼は学校で教務に携わっている.
【教习】jiàoxí ❶名 文 教える. 伝授する. 教授する. ❷名 教師. 明代・清代の学官名.
*【教学】jiàoxué 名 教育. ¶～方法 / 教育方法. ¶～大纲 / 教育大綱. 同 教学 jiāoxué.
【教学法】jiàoxuéfǎ 名 教育方法論. 教育メソッド.
【教学相长】jiào xué xiāng zhǎng 成 教える側と学ぶ側がともに成長すること. 由来『礼记』学记に見えることば.
*【教训】jiàoxùn ❶动 教え諭す. ❷名〔個 个 ge〕間違いや失敗をすることで得た知恵. ¶吸取～/ 教訓をくみとる. 同 经验 jīngyàn.
【教研室】jiàoyánshì 名 研究室. 教員室. ¶古典文学～/ 古典文学研究室.
【教研组】jiàoyánzǔ 名 "教学研究组"（各教科研究グループ）の略称. 参考 "教研室"より小さな単位.
【教养】jiàoyǎng ❶名 社会人にとって必要な知識や考え方. ¶很有～/ 教養が高い. ¶没～/ 無教養である. ❷动 子供たちを教えしつける. ¶～子女 / 子女を教育する.
【教义】jiàoyì 名《宗教》教義. ドグマ.
【教益】jiàoyì 名 教わって知恵、知識. ¶从大家的批评中得到～/ 皆さんの批評から教えを受ける.
【教友】jiàoyǒu 名《宗教》（多く,キリスト教の）信者仲間.
**【教育】jiàoyù ❶动 教え導く. ¶我们要～孩子从小热爱劳动 / 私たちは子供を,幼い頃から労働を愛するように教育すべきだ. ❷名 教育. ¶我受到了一次很生动的～/ 私は生きた教訓を得た.
【教育部】jiàoyùbù 名 教育部. 日本の文部科学省にあたる.
【教育贷款】jiàoyù dàikuǎn 名 教育ローン.
*【教员】jiàoyuán 名〔個 个 ge,名 míng,位 wèi〕（小学校・中学校・高校の）先生. 教員. 同 教师 jiàoshī.
【教正】jiàozhèng 动 文 誤りなどを正しく直す. ¶敬请～/ ご批正を願います. 表現 自分の書いたものなどを相手に送って読んでもらうときによく使われることば. 同 斧正 fǔzhèng,指正 zhǐzhèng,斧削 fǔxuē
【教职员】jiàozhíyuán 名 教職員.
【教主】jiàozhǔ 名《宗教》教祖.

窖 jiào
穴部7 四 3060₁
全12画 次常用
❶名〔個 个 ge〕物を収蔵するために地面に掘った穴蔵. ¶挖了一个～（貯蔵用の穴を一掘つ掘る）/ 花～ huājiào（温室）/ 白菜～ báicàijiào（白菜を入れる穴蔵）. ❷动 物を貯蔵するため穴蔵にしまう. ¶～冰（氷を氷室にしまう）/ 把白薯 báishǔ～起来（サツマイモを穴蔵に蓄える）.
【窖肥】jiàoféi 名 方 たい肥. 肥(え).

滘 jiào
氵部10 四 3716₁
全13画 通 用
名 方 川の支流. ¶双～ Shuāngjiào（広東省にある地名）/ 沙～ Shājiào（広東省にある地名）. 用法 地名に用いられることが多い.

酵 jiào
酉部7 四 1464₇
全14画 次常用
素 発酵すること. ¶发～ fājiào（発酵する）/ ～母 jiàomǔ.
【酵母】jiàomǔ 名 酵母.
【酵母（菌）】jiàomǔ(-jūn) 名 酵母菌. イースト菌.
【酵素】jiàosù 名《化学》酵素. ❷ 物事の発展を促進するもの. 参考 ①は,"酶 méi"の旧称.

噍 jiào
口部12 四 6003₁
全15画 通 用
动 かむ. 食べる. ¶～类 jiàolèi / 倒～ dǎojiào（反すうする）.
【噍类】jiàolèi 名 文 ものを食べる動物. 生きている人間のこと.

徼 jiào
彳部13 四 2824₀
全16画 通 用
名 ❶ 文 境界線. 国境. ❷ 动 巡回して視察する. ❸（Jiào）姓.
☞ 徼 jiǎo

藠 jiào
艹部15 四 4466₂
全18画 通 用
下記熟語を参照.
【藠头】jiàotou 名《植物》ラッキョウ. 同 薤 xiè.
【藠子】jiàozi 名 "藠头 jiàotou"に同じ.

醮 jiào
酉部12 四 1063₁
全19画 通 用
素 ❶ 古代,婚礼のとき,酒を用いて神を祭る儀式. ¶再～ zàijiào（再び嫁ぐ. 再婚する）. ❷ 道師が祭壇を設けて神をまつる. ¶打～ dǎjiào（祭壇を設けて神をまつる）/ ～坛 jiàotán（祭壇）.

嚼 jiào
口部17 四 6204₆
全20画 通 用
→倒嚼 dǎojiào
☞ 嚼 jiáo, jué

jie ㄐㄧㄝ [tɕiɛ]

节（節）jiē
艹部2 四 4422₇
全5画 常 用
下記熟語を参照.
☞ 节 jié
【节骨眼】jiēguyǎn 名 方 差し迫って大切な時. 瀬戸際.
【节子】jiēzi 名 材木のふし.

阶（階／異 堦）jiē
阝部4 四 7822₀
全6画 常 用
素 ❶ 階段やはしご. ステップ. ¶～梯 jiētī / ～下囚 jiē-

xiàqiú / 石～ shíjié (石段) / 台～ táijiē (玄関の上り段). ❷ 等級. 段階. ¶官～ guānjiē (役人の等級) / 音～ yīnjiē (音階).

【阶层】jiēcéng 名〔⓺ 个 ge〕同じ階級の中での順序. 階層. ¶社会～ / 社会階層. [参考] たとえば、地主階級は上・中・下、農民階級は貧農・中農・富農などに分かれる.

*【阶段】jiēduàn 名〔⓺ 个 ge〕段階. ステップ.

【阶级】jiējí 名〔⓺ 个 ge〕階級. ¶工人～ / 労働者階級. ¶资产～ / 資本家階級.

【阶级斗争】jiējí dòuzhēng 名 階級闘争.

【阶级性】jiējíxìng 名 階級性. 階級における特性.

【阶梯】jiētī 名 階段. はしご. ¶～教室 / 階段教室. ¶进身～ / 出世の階段.

【阶下囚】jiēxiàqiú 名〔⓺ 个 ge〕罪人. 捕虜(ほりょ). 反 座上客 zuòshàngkè

疖 (癤) jiē 疒部2 四 0012₇ 全7画 通用

名 "疖子 jiēzi"に同じ.

【疖子】jiēzi 名《医学》〔⓺ 个 ge〕癤(せつ). 疖(ちょう). 小さなできもの.

皆 jiē 比部5 四 2260₂ 全9画 常用

副 文 すべて. すっかり. ¶～大欢喜 / 尽人～知 (誰もが知っている). ⓺ 都 dōu, 全 quán

【皆大欢喜】jiē dà huān xǐ 成 すべての人が大いに喜んでいる.

结 (結) jié 纟部6 四 2416₁ 全9画 常用

動 植物が実を結ぶ. ¶树上～了许多李子 (木にはたくさんのスモモの実がなっている).

☞ 结 jié

【结巴】jiēba 形 どもっている. どもる人. ¶他说话有点结结巴巴 / 彼の話はちょっとどもりがちだ.

【结果】jiē//guǒ 動 植物が実をつける. ¶开花～ / 花が咲いて実がなった. 同音词 结实 jiēshí / 结果 jiéguǒ

*【结实】❶ jiēshi 形 (物が) しっかりしていて丈夫だ. ¶这幢 zhuàng 房子结构十分～ / この家は作りがとてもしっかりしている. ❷ jiēshi 形 (体が) 健康だ. 丈夫だ. ¶身体～强健 / 体はとても健康だ. ¶肌肉～ / 筋肉隆々. 重 结结实实 副 坚固 jiāngù, 牢固 láogù ❸ jiē//shí 植物が実をつける. ⓺ 结果 jiēguǒ

接 jiē 扌部8 四 5004₄ 全11画 常用

❶ 動 接続する. つなげる. ¶～电线 (電線をつなぐ) / 上句不～下句 (前の文と後の文がつながらない). ❷ 動 継続する. 続ける. ¶～着说 (続けて話す) / 我一下去看 (私はそのまま見続ける). ❸ 動 引き継ぐ. 受け継ぐ. ¶～好父亲的班 (父の仕事を受け継いだ). ❹ 素 近づく. 接近する. ¶～近 jiējìn / 交头～耳 (ひそひそ話をする). ❺ 動 受け取る. 取得する. ¶～到一封信 (手紙を一通受け取った) / ～电话 (電話を受ける). 反 交 jiāo ❻ 動 迎える. ¶～待宾客 (来客を接待する) / 到车站～朋友 (駅に友達を迎えに行く). 反 送 sòng ⓺ (Jiē)姓.

【接班】jiē//bān (～儿) ❶ 勤務を交替する. 仕事を引き継ぐ. ¶接晚班 / 遅番に入る. ¶我明天早上七点～ / 私は明日朝7時に交替する. ❷ 仕事を受け継ぐ. 反 交班 jiāobān

【接班人】jiēbānrén 名〔⓺ 个 ge, 名 míng, 批 pī〕後継者. ¶培养～ / 後継者を育てる.

【接办】jiēbàn 動 後を引き継いで仕事をする.

【接茬儿】jiēchár 方 ❶ 動 人の話に続けて話す. 話の穂をつぐ. ❷ 副 (ひとつの事が終わった後に) 続けて (次の事をする). ⓺ 继续 jìxù

*【接触】jiēchù 動 接触する. 出会う. ¶我没有～过这样的事情 / 私はこんなことに出会ったことがない. ❷ つき合う. ¶我和他只～过再三次 / 私は彼とは2,3度会っただけだ. ❸ 軍事上で衝突する.

*【接待】jiēdài 動 客をもてなす. ¶～室 / 応接室. ¶热情地～客人 / 心を込めて客をもてなす.

【接待日】jiēdàirì 名 接待日. 政治家が一般人との面会をする日.

*【接到】jiēdào 動 受け取る. ¶～来信 / 手紙を受け取る. ¶～通知,他马上就出发了 / 通知を受け取ると、彼はすぐに出発した.

【接地】jiē//dì 動《電気》アースを取り付ける. ❷ jiē/dì 動 (航空機などが) 着陸する. ❸ jiēdì 名《電気》アース.

【接点】jiēdiǎn 名《電気》接点.

【接二连三】jiē èr lián sān 立て続けに次から次へと起こるよう. ¶～地传来喜讯 xǐxùn / 次から次へと吉報が伝わってくる.

【接防】jiē//fáng 動《軍事》(部隊が) 防衛任務を交替する.

【接风】jiēfēng 動 遠くからやって来た人を迎えて、宴をする. ¶今天为您～洗尘 xǐchén, 请让我敬 jìng 您一杯 / 今日はあなたの歓迎会なので、どうか一献お受けください.

【接羔】jiē//gāo 動《畜産》ヒツジやシカの出産を手助けする.

【接骨】jiēgǔ 動《中医》接骨する.

【接管】jiēguǎn 動 没収して管理する. ¶～工作 / 没収作業.

【接轨】jiē//guǐ ❶ 鉄道の軌道を連結させる. ❷ (体制・方法・形式などで二つの事物を) 同調させる. 連動させる.

【接合】jiēhé 動 接合する. 連結する. ¶～器 / アダプター.

【接合部】jiēhébù 名 ❶ 接合部. ❷《軍事》隣接する防衛地区の、境目の部分.

【接火】jiē//huǒ 動 (～儿) ❶ 銃で撃ち合いをする. 交戦する. ❷《電気》通電する.

【接济】jiējì 動 物質上・経済上の援助をする. ¶～粮食 liángshi / 食糧を援助する. ¶上大学时,伯伯常常～我 / 大学時代,伯父がよく援助してくれた. [表现] 個人の個人に対する援助を言う. 国家や集団の場合は、"救济 jiùjì"を用いる.

*【接见】jiējiàn 動 (上の者が下の者に) 面会する. 会見する. ¶总统 zǒngtǒng～外宾 / 大統領が外国の賓客と会見する. ⇨会见 huìjiàn

【接壤】jiē/jiǎng 動 境を接する. ¶江苏省和上海市～ / 江蘇省は上海市に隣接している. ❷ jiējiè 名 境界 (線).

*【接近】jiējìn ❶ 動 近づく. 親しくなる. ¶～半夜 / もうすぐ真夜中だ. ❷ 形 近い. ¶双方的意见其实很～ / 双方の意見は、実はとても近い.

【接境】jiējìng 動 境を接する.

【接口】jiē//kǒu 動 人のことばをすぐに引き継いで話す. ¶王主任还没把话说完,而老李一说 / 王主任がまだ話し終わらないうちに、李さんが話を継いだ.

【接力】jiēlì 動 (スポーツ) リレーする. ¶～赛跑 / リレー

競走.
【接力棒】jiēlìbàng 名 ❶〈スポーツ〉リレーのバトン. ❷ 前人の残した仕事.
【接连】jiēlián 副 次々と続いて. ¶~不断／たえず. ¶大雨一下了十几天／大雨は十数日も降り続いた.
【接龙】jiē//lóng トランプの七並べのようなドミノゲームをする. 同 顶牛儿 dǐngniúr
【接木】jiēmù 動 接ぎ木する. 接ぎ木.
【接纳】jiēnà 動 組織や団体への参加を認める. ¶~新会员／新しい会员を迎え入れる. 同 接收 jiēshōu
【接气】jiē//qì 動 文章の内容がつながっている.
【接洽】jiēqià 動 問題を解決するためにあちこちと連絡をとる. ¶~工作／商談.
【接壤】jiērǎng 動〈文〉境を接する. 同 交界 jiāojiè
【接任】jiērèn 動 任務や仕事を引き継ぐ. ¶他的工作由谁~呢？／彼の仕事は誰が引き継ぐの？
【接生】jiē//shēng 動 お産を助ける. ¶~婆／助産婦.
【接事】jiēshì 動 職務を引き継ぎ、仕事を始める.
【接收】jiēshōu 動 ❶ 受け取る. ¶~来稿／投稿原稿を受け取る. ❷ 接収する. ¶~敌人的武器／敵の武器を接収する. ❸ 受け入れる. 同 接纳 jiēnà
【接手】jiē//shǒu 動 他人の仕事を引き継ぐ. ¶这项工作我接不上手／このプロジェクトは私には引き受けきれない. 同 接替 jiētì
*【接受】jiēshòu 動 引き受ける. 受け入れる. ¶~批评／批判を受け入れる. ¶~礼物／プレゼントをいただく. 同 承受 chéngshòu 反 拒绝 jùjué, 推却 tuīquè
【接送】jiēsòng 動 送り迎えをする. ¶上下班有厂车~／通勤には，工場の車の送迎がある.
【接穗】jiēsuì 名〈植物〉接ぎ穂.
【接谈】jiētán 動 会って話をする.
【接替】jiētì 動 仕事を交替する. ¶~老王的工作／王さんの仕事を引き継ぐ.
【接通】jiētōng 動 電話や電気がつながる. ¶电话~了／電話が通じた.
【接头】jiē//tóu 動 ❶ 打ち合わせる. 同 接洽 jiēqià ❷ 事情をよく知っている. ¶这件事我不~／この件はよく知らない.
【接头儿】jiētour 名 つなぎ目. ¶电线的~松开了／電線の接続部分がゆるんだ.
【接吻】jiē//wěn 動〈文〉キスをする. ¶接了一个吻／キスをした. 表現 口語では，"亲嘴（儿）qīnzuǐ(-r)"と言う.
【接线】jiēxiàn ❶ 動 電線をつなぐ. ¶~图／配線図. ❷ jiē//xiàn 交換手で電話をつなぐ. ¶ jiēxiàn 電化製品の電源コードや配線コード.
【接线员】jiēxiànyuán 名 電話交換手.
【接续】jiēxù 動 継続する. ¶~香火／子孫が代々続いていく. ¶今天~昨天的话题 huàtí 讲／今日は昨日のテーマを続けて話す. 同 继续 jìxù
【接应】jiēyìng ❶〈軍〉（戦いの時）味方といっしょに行動する. ¶里外~／内外が呼応する. ❷ とぎれなく続く. 同 接续 jiēxù
【接援】jiēyuán 動（続いて）応援に加わる. 参考 多く軍隊で用いる.
**【接着】jiēzhe ❶ 動 手でつかまえる. 受け取る. ¶他把球扔给我,我没~／彼はボールを投げてよこしたが,私は受け止めなかった. ❷ 副 続く. ¶一个~一个／一つまた一つと続く. ❸ 副 続けて. ¶请你~讲下去吧／続いて今度はあなたが話してください.
【接诊】jiēzhěn 動 診察する. 問診する.
【接踵】jiēzhǒng 動 踵(かかと)を接して. 絶え間なく次々と現れるようす. ¶摩 mó 肩~／肩が擦れあい,踵を接する. 人々が混み合っているようす. ¶水旱 shuǐhàn 灾害 zāihài~而至／水害や干ばつが次々と襲ってくる.
【接踵而来】jiē zhǒng ér lái 成 次から次へとやってくる. ¶来访者~／訪れる人が引きも切らない.
【接种】jiēzhòng 動〈医学〉接種する. ¶~预防霍乱 huòluàn 疫苗 yìmiáo／コレラの予防接種をする. ¶~牛痘 niúdòu 疫苗／種痘する.

秸(异 稭) jiē 禾部6 2496₁ 全11画 次常用

名 ❶ 農作物を収穫した後の茎. ¶麦~ màijiē（麦わら）／豆~ dòujiē（豆がら）. ❷（Jiē）姓.
【秸秆】jiēgǎn 名 脱穀した後の茎.

揭(异 楬⑤) jiē 扌部9 5602₇ 全12画 常用

❶ 動 ふたを取る. おおいを取る. ¶~锅盖 guōgài（鍋のふたを取る）／~幕 jiēmù（除幕する）／~帘子 liánzi（カーテンを開ける）. 同 掀 xiān 反 盖 gài, 捂 wǔ ❷ 動 はがす. めくり取る. ¶~膏药 gāoyào（膏薬をはがす）／一页一页地~下去（一ページずつめくっていく）. 貼 tiē ❸ 動 暴(ぎ)く. 白日の下にさらす. ¶~短 jiēduǎn／~内幕 nèimù（内幕を暴く）. ❹ 動 高く挙げる. ¶~竿 gān 而起. ❺ 素 掲示する. 表示する. ❻ （Jiē）姓.
【揭榜】jiē//bǎng 動 ❶ 試験の合格者名を掲示する. ❷ 求人募集などを掲示する.
【揭标】jiēbiāo 動〈経済〉開札する.
【揭穿】jiēchuān 動 暴露する. ¶~谎言 huǎngyán／うそをばらす. ¶他的老底被~了／彼の旧悪が暴露された. 同 戳穿 chuōchuān
【揭底】jiē//dǐ 動（~儿）内情を明らかにする.
【揭短】jiē//duǎn 動（~儿）人の欠点や弱みを明るみにさらす. ¶你怎么当着大家的面揭他的短呢？／どうして皆の前で彼の弱みをばらすの？
【揭发】jiēfā 動（悪人や悪事を）暴き出す. ¶向警察~他的罪行／警察に彼の罪を暴いた. 同 揭露 jiēlù 反 包庇 bāobì
【揭盖子】jiē gàizi 句（矛盾や問題を）暴露する. 反 捂 wǔ 盖子
【揭竿而起】jiē gān ér qǐ 成 人々が武器を持って立ち上がり,支配者に反抗する. 一揆を起こす. 由来 "竿"は「竹ざお」のこと. 一揆の旗のかわりにした. 漢代の陳勝,呉広の反乱を言ったことに由来することば.
【揭开】jiēkāi 動 ❶ ふたやおおいを取り去る. ¶全国足球锦标赛 jǐnbiāosài 于昨天在北京~战幕／全国サッカー選手権は,昨日北京で開幕した. ❷ 新しいページを開く.
【揭老底】jiē lǎodǐ 動（~儿）内幕をあばく.
【揭露】jiēlù 動（隠されていた物を）公開する. 暴露する. ¶~矛盾／矛盾を暴く. ¶他的贪污 tānwū 问题被~出来了／彼の汚職問題が暴き出された. 同 揭发 jiēfā 反 掩盖 yǎngài 比较 "揭发"は,悪事や悪人を暴くことだが,"揭露"は,さらに矛盾・内情・真相などを暴露することにも使われる.
【揭秘】jiēmì 動 秘密を明らかにする.
【揭幕】jiēmù 動 ❶ 除幕する. ¶~式／除幕式. ❷ 開幕する.
【揭牌】jiē//pái 動 開幕する.（企業などが）設立する. 由来 店や会社などの看板にかけられた赤い布をとり去る,という意から.
【揭批】jiēpī 悪行を暴き,批判する.

【揭破】jiēpò 動 真相を明るみに出す. ¶～阴谋 yīnmóu 诡计 guǐjì / 悪巧みを暴き立てる.
【揭示】jiēshì 動 ❶〔文書などを〕公示する. ❷ 明らかに示す. 分かりやすく示す. ¶～真理 / 真理を分かりやすく示す.
【揭晓】jiēxiǎo 動〔テストや選挙などの結果を〕発表する. ¶选举 xuǎnjǔ 结果还没有～ / 選挙の結果はまだ発表されていない. ¶合格者名单明天～ / 合格者名簿は明日公表される.

嗟 jiē 口部9 四 6206₂ 全12画 通用

下記熟語を参照.

【嗟嗟】jiējiē ❶ 形 音声の調和がとれて美しい. ¶鼓钟 gǔzhōng～/ 鐘や太鼓の音が心地よく鳴り響く. ❷ 擬 鳥の鳴き声. ¶鸡鸣～/ ニワトリがコッコッと鳴く.

嗟 jiē 口部9 四 6801₂ 全12画 通用

素 嘆息する. 嘆く. ¶～叹 jiētàn / ～呼 jiēhū(ああ! おお!)

【嗟来之食】jiē lái zhī shí 成 侮辱的な施し. ¶有志者不吃～/ 志ある者は侮辱的な施しは受けない. 由来『礼记』の"檀弓(ダン)下"に見えることば.「おい、来て食え」と無礼な態度で与える食べ物, の意から.

【嗟叹】jiētàn 動 嘆息する. ¶～不已 bùyǐ / しきりに嘆息する.

街 jiē 彳部9 四 2122₁ 全12画 常用

❶ 名 〔㊥ 条 tiáo〕大通り. ¶大～小巷 xiàng(大通りと路地裏). ❷ 方 店が集まる市場. マーケット. ¶赶～ gǎnjiē(市に行く). ❸(Jiē)姓.

*【街道】jiēdào 名 ❶〔㊥ 条 tiáo〕通り. ¶打扫～/ 通りを掃除する. ¶～上挤满了车 / 通りは車でいっぱいだ. ❷ 町内. ¶～消息 / 町内のニュース.

【街道办事处】jiēdào bànshìchù 名 "城市街道办事处"の略. (市や区の)出張所.

【街灯】jiēdēng 名 街灯. ¶～亮了 / 街灯に灯がともった.

【街坊】jiēfang 名 ㊥〔㊥ 个 ge, 位 wèi〕隣近所の人. ¶我们是～/ 私たちは隣同士だ. ¶～邻舍 línshè / 隣近所. ㊥ 邻居 línjū.

【街景】jiējǐng 名 街角の景観. 街の風景.

【街门】jiēmén 名〔㊥ 扇 shàn〕通りに面している出入り口. ¶把～关好 / 通りの戸をしっかり閉める.

【街面儿上】jiēmiànrshang ㊥ 界隈(ワイ). 町中. 漠然と町全体をとらえて言う. ¶一到春天,～很热闹 / 春になると街じゅうにぎやかになる. ¶～都知道他 / このあたりの人はみんな彼を知っている.

【街区】jiēqū 名 町の一区画. 特に特徴的な地区のこと.

【街上】jiēshang 名 町中. 通りのあたり. ¶在～摆 bǎi 摊子 tānzi / 街頭に露店を出す.

【街市】jiēshì 名 商店がたくさん集まっている通り.

【街谈巷议】jiē tán xiàng yì 成 世間のいろいろなうわさや評判.

【街头】jiētóu 名 人通りの多い通り. ¶十字～/ 十字路.

【街头剧】jiētóujù 名 大道芸. ストリートパフォーマンス.

【街头巷尾】jiē tóu xiàng wěi 成 街のあちこち. ¶一到星期天,～到处都是人潮 rénchāo / 日曜ともなると, 街角から路地まで, すっかり人の波だ.

【街舞】jiēwǔ 名 ヒップホップダンス.

【街心】jiēxīn 名 ❶ 町の中心部. ❷ 通りの真ん中.

湝 jiē 氵部9 四 3216₂ 全12画 通用

下記熟語を参照.

【湝湝】jiējiē 形 文 水が流れるようす. ¶江水 Jiāngshuǐ～/ 長江がとうとうと流れる.

楷 jiē 木部9 四 4296₂ 全13画 次常用

名 方《植物》ハゼノキの一種. ㊥ 黄连木 huángliánmù

☞ 楷 kǎi

子 jié 子部0 四 1740₇ 全3画 通用

❶ 素 一人ぼっちだ. 孤立している. ¶～立 jiélì(立っている). ¶～然 jiérán. ❷(Jié)姓.

【孑孓】jiéjué 名〈虫〉ボウフラ. 参考 通称は"跟头虫 gēntouchóng".

【孑然】jiérán 形 孤独だ. ¶～独处 dúchǔ / 一人きりで過ごす.

【孑遗】jiéyí 名 戦災や大事故で生き残った少数の人.

节(節) jié 艹部2 四 4422₇ 全5画 常用

❶ 名(～儿)植物の節(ド). ¶竹～ zhújié(タケのし). ❷ 名 物の区切り. 物のつなぎ目. ¶骨～ gǔjié(関節) / 两～火车(2両連結の汽車). ❸ 名 ひと区切り. ¶季～ jìjié(季節) / 一拍 jiépāi(拍). ❹ 名 節句. 記念日. 祝祭日. ¶春～ Chūnjié(旧正月) / 五一国际劳动～(メーデー). ❺ 素 節度. 礼儀. ¶礼～ lǐjié(礼節) / ～操 jiécāo. ❻ 動 節約する. ¶～制 jiézhì / ～衣缩食 jié yī suō shí. ❼ 素 操(ミッ). 節操. ¶守～ shǒujié(操を守る. 夫の死後再婚しないこと). ❽ 名 古代, 外地派遣されるとき所持した, 使者としてのしるし. ¶使～ shǐjié(使節). ❾ 量 区切られたものを数えることば. ❿(Jié)姓.

☞ 节 jiē

【节哀】jié'āi 動 文〔亡くなった人に対する〕悲しみを抑える. ¶～保重 bǎozhòng / お気を落とさず, ご自愛下さい. ¶～顺变 / 悲しみを抑えて, 変化に対処する. 表現 遺族への弔意を表すことば.

【节本】jiéběn 名 抄本. ダイジェスト.

【节操】jiécāo 名 文 節操. ¶守住～/ 節操を守り続ける.

【节点】jiédiǎn 名《機械・電気・物理》ノード. 結節点. 節. 節点.

【节电】jiédiàn 動 節電する.

【节度使】jiédùshǐ 名《歴史》節度使. 唐代に置かれ, 元代に廃止された官名. 参考 一道や数州の軍・民・財政を管轄し, 地方で大きな勢力をもった. 安禄山などが有名.

【节假日】jiéjiàrì 名 祝日と休日. 祝祭日.

【节俭】jiéjiǎn 形《生活の》質素だ. ¶生活～/ 暮らしがつつましい. ⇨节减 jiéjiǎn.

【节减】jiéjiǎn 動 減らす. ¶～开支 / 費用を節減する. 表現 "节俭 jiéjiǎn"は形容詞で, 金や物を浪費しないことで, 個人について言うことが多い. "节减"は動詞で, もとの見積りより節減すること. "节省 jiéshěng"は動詞で, 節約すること.

【节节】jiéjié 副 逐一. 次々と.

【节理】jiélǐ 名《地学》節理.

【节烈】jiéliè 動 ㊥ 婦人が節操を守り, 殉ずること.

【节令】jiélìng 名 時候. 気候. ¶～不正 / 気候が不順.

评劫杰诘拮洁 jié

だ．⇨ 季节 jìjié, 时令 shílìng, 时节 shíjié
【节流】jiéliú ❶ 动 支出を切り詰める．❷ 名《機械》絞り弁．スロットル．
【节录】jiélù ❶ 动 要点だけを抜き出す．¶～发表／要点をまとめて発表する．❷ 名 抜き書き．
【节律】jiélǜ 名 ❶ (物体の)律動．運動のリズム．❷ (詩歌)のリズムと韻律．
【节略】jièlüè ❶ 名 概要．要約．❷ 动 省略する．❸ 名 口上書．外交文書の形式の一つ．
*【节目】jiémù 名〔個 个 ge, 台 tái, 套 tào〕(テレビやラジオの)番組．¶～单／プログラム．¶电视～／テレビ番組．
【节能】jiénéng 动 エネルギーを節約する．¶～措施／省エネ対策．
【节奴】jiénú 名 祭日のたびに交際費や娯楽費がかさみ、負担になっている人．
【节拍】jiépāi 名《音楽》リズム．
【节拍器】jiépāiqì 名《音楽》メトロノーム．
【节气】jiéqi 名 一年を二十四季に分けたひと区切り．節気．⇨ 二十四节气 èrshísì jiéqi
【节庆】jiéqìng 名 祝日．慶祝日．⇨ 节日
**【节日】jiérì 名〔個 个 ge〕記念日．祝日．
*【节省】jiéshěng 动 (時間やお金などを)節約する．¶～劳动力／むだな労力をはぶく．¶～时间／時間を節約する．⇨ 节约 jiéyuē, 节俭 jiéjiǎn, 俭省 jiǎnshěng, 俭约 jiǎnyuē 反 浪费 làngfèi ⇨ 节减 jiéjiǎn
【节食】jiéshí 动 食事制限する．ダイエットする．¶～过度,影响健康／ダイエットの度が過ぎると、健康に悪い影響を及ぼす．
【节水】jiéshuǐ 动 節水する．
【节外生枝】jié wài shēng zhī 成 よけいな問題を起こす．由来「節以外の所から枝が生える」という意から．
【节下】jiéxià 名 回 節句の日．また、その前の数日間．
【节选】jiéxuǎn 动 著作や文章の一部分を抜き出す．
【节衣缩食】jié yī suō shí 成 生活を切り詰める．¶父母亲～,供我上大学／両親は生活を切り詰めて、私を大学にやってくれた．
【节油】jiéyóu 动 石油(類)を節約する．
【节油器】jiéyóuqì 名《機械》エコマイザー．燃料節約機．
【节余】jiéyú ❶ 动 節約して残す．❷ 名 節約して残った金や物．
【节育】jiéyù 动 産児制限する．バースコントロールする．
*【节约】jiéyuē 动 節約する．¶～能源 néngyuán ／省エネルギー．回 节省 jiéshěng
【节支】jiézhī 动 支出を節約する．切り詰める．
【节肢动物】jiézhī dòngwù 名《動物》節足動物．
【节制】jiézhì ❶ 动 指揮する．¶所有的部门全归李先生～／すべての部門は、李さんの指揮下にある．❷ 制限する．¶～生育／産児制限する．¶起居饮食要有～／生活態度には節度がなくてはならない．反 放纵 fàngzòng
【节奏】jiézòu 名 ❶《音楽》リズム．¶～感／リズム感．❷ (仕事の)テンポよく進むようす．¶有～地安排工作／てきぱきと仕事を処理する．

讦 (訐) jié 讠部3 四 3174₀ 全5画 通用
素 ㊁ 人の秘密を暴く．人の過失を責める．¶攻～ gōngjié (悪事を暴いて攻撃する)．

劫 (異 刧、刦、刼) jié 力部5 全7画 四 4472₇ 常用
❶ 素 強奪する．略奪する．¶抢～ qiǎngjié (強奪する)／趁火打～ 成 火事に乗じて物を盗む)／～富济 jì 贫．❷ 素 脅迫する．無理やり何かをさせる．¶～持 jiéchí ／～机 jiéjī．❸ 素 災難．大災害．¶遭～ zāojié (災難に遭う)／浩～ hàojié (大災害)／～后余生．❹ (Jié)姓．参考 ③は、もと仏教用語から．
【劫持】jiéchí 动 暴力で拘束する．¶～飞机／飛行機をハイジャックする．¶～小孩当做 dàngzuò 人质／子供をつかまえて人質にする．
【劫道】jiédào ❶ (jié/dào 追いはぎをする．¶～行凶 xíngxiōng ／追いはぎや人殺しをする．¶为 wéi 匪 fěi ～／強盗や追いはぎをする．❷ jiédào 追いはぎ．
【劫夺】jiéduó 动 武力で、むりやり奪い取る．¶～案件／強奪事件．
【劫匪】jiéfěi 名 追いはぎ．強盗．
【劫富济贫】jié fù jì pín 成 金持ちから金や財産を奪い、貧しい人に分け与える．
【劫后余生】jié hòu yú shēng 成 災難を逃れて助かった人．生存者．
【劫机】jiéjī 动 飛行機をハイジャックする．¶～犯／ハイジャック犯．
【劫掠】jiélüè 动 力ずくでむりやり奪い取る．
【劫难】jiénàn 名〔場 chǎng〕災難．¶历经 lìjīng ～／災難に遭う．回 灾难 zāinàn
【劫数】jiéshù 名《仏教》劫(ś)．厄運．避けられない災難．
【劫狱】jié/yù 动 刑務所から囚人を逃がす．回 劫牢 jiéláo

杰 (異 傑) jié 木部4 全8画 四 4033₉ 常用
❶ 素 才能の抜きん出た人．¶英雄豪～ háojié (英雄豪傑)．❷ 素 ひときわ優れた．秀でた．¶～作 jiézuò ／～出的人材(優れた人材)．❸ (Jié)姓．
【杰出】jiéchū 形 (才能などが)とびぬけて優れている．傑出した．¶～人物／傑出した人物．¶～的贡献／優れた貢献．回 卓越 zhuóyuè 反 平凡 píngfán 比較 "杰出"はほめことばで、"出色 chūsè"より強い表現．"出色"は、"なかなかいい"意味で広く使われる．
【杰作】jiézuò 名 優れた作品．傑作．

诘 (詰) jié 讠部6 全8画 四 3476₁ 通用
素 問い詰める．¶～问 jiéwèn／反～ fǎnjié (問い返す)．
☞ 诘 jí
【诘问】jiéwèn 动 问い詰める．¶连珠炮 liánzhūpào 似地～对方／矢継ぎ早に相手を詰問する．回 追问 zhuīwèn
【诘责】jiézé 动 ㊁ 譴責(ʓ̧)する．なじる．回 责问 zéwèn

拮 jié 扌部6 全9画 四 5406₁ 通用
下記熟語を参照．
【拮据】jiéjū 形 金が足りず、困っている．¶手头～／手元が不如意(ちゅ)だ．¶过着～的生活／金にゆとりのない生活を送っている．反 宽裕 kuānyù

洁 (潔) jié 氵部6 全9画 四 3416₁ 常用
素 ❶ 清潔だ．¶街道清～ (通りは清潔だ)／整～ zhěngjié (きちんと整っている)．回 净 jìng ❷ 汚職など

をしていない. ¶廉〜 liánjié（潔白である. 汚職などをしていない).
【洁白】jiébái [形] まじりけがなく真っ白い. ¶〜的雪花 純白の雪. ¶〜的心灵 xīnlíng / 汚(ホ)れのない心. ¶皮肤 / 肌が真っ白だ.
【洁净】jiéjìng [形] きれいで汚れていない. ¶打扫得很〜 / とてもきれいに掃除してある. 同 干净 gānjìng, 清洁 qīngjié 反 肮脏 āngzāng
【洁具】jiéjù [名] 衛生設備. サニタリーユニット.
【洁癖】jiépǐ [名] 潔癖性.
【洁身自好】jié shēn zì hào [成] ❶身を清く保ち, 悪に染まらない. ¶做人要〜, 不能随波逐 zhú 流 / 身を処すには自分を正しく持つべきで, 流されてはいけない. ❷自分の事だけを考え, まわりのことに関心を持たない. 注意 "好 hǎo" と読まない. 現在では, ❷の意味がよく使われる.
【洁治】jiézhì [动] [医学] 歯をみがいて口の中をきれいにする.

结(結) jié

纟部6　四 2416₁　全9画　常用

❶[动] 結んだり編んだりして何かを作る. ¶〜绳 shéng（縄を結んで記録する）/ 鱼网 yúwǎng / 好了（網ができ上がった). ❷[动] 結び目を作る. ¶打〜 dǎjié（結び目を作る）/ 活〜 huójié（蝶結び）/ 死〜 sǐjié（こま結び). ❸[离] 集まる. 結集する. ¶〜冰 jiébīng / 〜晶 jiéjīng / 〜婚 jiéhūn. ❹ [动] おしまいになる. 完了する. ¶归根～底（つまる所. 結局）. ❺ [名] 借金の証文. ¶具〜 jùjié（借金するために一筆いれる). ❻ (Jié)姓.
☞结 jiē
【结案】jié//àn [动] 判決が出て審理が終了する. ¶今天结过案了 / 今日判決が下った.
【结疤】jiébā 傷やかさぶたが残る.
【结拜】jiébài [动] (旧) 義兄弟の契りを結ぶ. 同 结义 jiéyì
【结伴】jié//bàn [动] (〜儿) 一緒に行動する. ¶我们两个人结个伴儿吧 / 二人で連れだって行きましょう. ご一緒しましょう.
【结冰】jié//bīng [动] 氷が張る.
【结彩】jié//cǎi [动] きれいな色紙や布などで華やかに飾る. ¶张灯〜 / ちょうちんをつるし華やかに飾る. 表現 "元宵节 Yuánxiāojié" などのめでたい時に, 飾り付けをすること.
【结肠】jiécháng [名] [生理] 結腸.
【结成】jiéchéng [动] 集まって一つにまとまる. ¶水〜冰 / 水が氷になる. ¶〜友谊 / 友情を結ぶ.
【结仇】jié//chóu [动] 互いに恨みを抱く. 同 结怨 jiéyuàn
【结存】jiécún [经济] ❶[动] 決算後に資金や品物が残る. ❷[名] 決算後の残高. 借方(ネネヘ)残高. また, 決算後に残った品物.
【结党】jié//dǎng [动] 手を結んで仲間になる.
【结党营私】jié dǎng yíng sī [成] 徒党を組んで私利をむさぼる.
【结缔组织】jiédì zǔzhī [生理] 結合組織.
【结点】jiédiǎn [名] 結節点. つなぎ目. アクセスポイント.
【结队】jié duì [动] 隊列を組む. ¶成群 chéngqún / 群をなして列を組む.
【结发夫妻】jiéfà fūqī [名] [对 duì] 初婚の夫婦. 参考 もと, 成人したばかりで結婚した夫婦のことを言った.
*【结构】jiégòu [名] 構造. 構成. ¶文章的〜完整 / 文章の組み立てが整っている. ¶钢筋 gāngjīn 混凝土 hùnníngtǔ〜 / 鉄筋コンクリート構造. 同 构造 gòuzào
【结构式】jiégòushì [名] [化学] 構造式.

【结构主义】jiégòu zhǔyì [名] [哲学] 構造主義.
*【结果】jiéguǒ ❶[名] 結果. ¶考试的〜 / 試験の結果. ¶经过一番争论, 〜他还是让步了 / 言い争いをしていたが, 最終的にやはり彼が折れた. 反 原因 yuányīn ❷[动] 人を殺す. ¶〜了他的性命 / 彼の命を奪った. ☞ 结果 jiēguǒ
*【结合】jiéhé [动] ❶結び合わせる. ¶〜成一个整体 / 結びついて一つのまとまりにする. ❷夫婦になる. ¶他们在上个月〜成为夫妻 / 彼らは先月夫婦になって結ばれた. 反 分离 fēnlí
【结合能】jiéhénéng [名] [物理] 結合エネルギー.
【结核】jiéhé [名] [医学] 結核. ¶〜疫苗 yìmiáo / BCGワクチン.
【结核病】jiéhébìng [名] [医学] 結核症. 結核.
【结汇】jiéhuì [动] 外貨を決済する.
*【结婚】jié//hūn [动] 結婚する. ¶举行〜典礼 / 結婚式を挙げる. ¶结过三次婚 / 3度結婚した.
【结伙】jié//huǒ [动] 仲間を作ってかたまる. 徒党を組む. ¶成群 chéngqún〜 / 群をなす. ¶〜犯罪 / 徒党を組んで罪を犯す. ¶不要和不三不四的人〜 / ろくでもない連中と仲間になってはいけない. ❷ jiéhuǒ [名] [法律] 二人以上の共犯. 共謀犯. 組織的犯罪者.
【结集】jié//jí ❶いくつかの作品を併せて本にする. ¶〜付印 / まとめて出版する. ❷jiéjí 軍隊が一ヶ所に集まる. 集める.
【结痂】jié//jiā [动] かさぶたになる.
【结交】jiéjiāo [动] 友人として親しく交際する. ¶来日本以后〜了不少朋友 / 日本に来てから, たくさんの友達ができた.
【结节】jiéjié [名] [生理] 骨などにあるこぶ. 結節.
【结晶】jiéjīng ❶[动] 結晶する. ❷[名] 価値ある成果. 結晶. ¶爱情的〜 / 愛の結晶.
【结晶体】jiéjīngtǐ [名] 結晶. 結晶体.
【结局】jiéjú [名] 結末. ¶令人感动的〜 / 感動的な結末. 同 终局 zhōngjú
【结块】jiékuài ❶[动] 固まる. 凝結する. ❷[名] 固まり.
*【结论】jiélùn [名] 最終的な判断. 結論. ¶终于下了一个〜 / とうとう結論を出した.
【结盟】jié//méng [动] 同盟を結ぶ. ¶结了盟 / 同盟を結んだ.
【结膜】jiémó [名] [生理] 結膜.
【结膜炎】jiémóyán [名] [医学] 結膜炎.
【结幕】jiémù [名] 演劇などの最後の場面.
【结欠】jiéqiàn [名] [会计] (支払うべき) 不足額.
【结亲】jié//qīn [动] ❶結婚する. ¶已结过亲了 / すでに結婚している. ❷結婚で両家が親戚となる. ¶结了一门亲 / 結婚でご親戚になりました.
【结清】jiéqīng [动] 帳簿を締める. 決算をする.
【结球甘蓝】jiéqiú gānlán [名] [植物] キャベツ. 参考 通称"圆白菜 yuánbáicài", "洋白菜 yángbáicài", 地域によっては"卷心菜 juǎnxīncài", "包心菜 bāoxīncài"等の名がある.
【结舌】jiéshé [动] 舌がもつれる. ¶瞠目 chēng mù〜 / 目を見開いたままことばもない. ¶张口 / 〜開いた口がふさがらない.
【结社】jiéshè [动] 団体を組織する.
【结石】jiéshí [名] [医学] [块 kuài] 結石. ¶胆 dǎn〜 / 胆(ξ)結石.
【结识】jiéshí [动] 知り合いになる. ¶〜了不少朋友 / たくさんの友達と知り合った.

桔 桀 捷 偈 婕 颉 睫 截 碣 jié

【结束】 jiéshù 動 終わる．¶今天的演出快要～了／今日のプログラムはもうすぐ終わる．回 完毕 wánbì, 完结 wánjié, 终了 zhōngliǎo 反 开始 kāishǐ

【结束语】 jiéshùyǔ 名 ❶（文章の）結語．❷ 閉会の辞．結びのことば．

【结算】 jiésuàn 動 決算する．

【结为】 jiéwéi 動 知り合って…になる．結ばれて…になる．¶～夫妻／夫婦になる．

【结尾】 jiéwěi 名 最終的な段階．¶小说的～／小説の結末．反 开头 kāitóu 動 終わる．

【结业】 jié//yè 動（短期の）訓練や研修を終える．¶～式／修了式．¶他在培训 péixùn 班结业了／彼は養成訓練クラスを修了した．

【结义】 jiéyì 動 義兄弟の契りを結ぶ．回 结拜 jiébài

【结余】 jiéyú ❶ 動 清算して残る．¶一些钱／いくらかのお金が残った．❷ 名 清算後に残ったお金や商品．¶把上年度的～捐 juān 给孤儿院／前年度の剰余金を孤児院に寄付する．

【结语】 jiéyǔ 名 文章の結びのことば．

【结缘】 jié//yuán 動 縁を結ぶ．関係を築く．由来 本来は，仏教用語で仏法との縁を言う．

【结怨】 jié//yuàn 動 互いに恨みを抱く．¶结下很深的怨／深い恨みを抱く．回 结仇 jiéchóu

【结扎】 jiézā 動《医学》手術で血管や精管などを縛る．結紮（けっさつ）する．

【结账[帐]】 jié//zhàng 動 決算する．会計をする．¶请～吧！／お勘定（かんじょう）お願いします．¶年终～／年末の総決算をする．

【结转】 jiézhuǎn 動 ❶《会計》繰越しする．❷（商品などを）持ち越す．

【结子】 jiézi 名〔个 ge〕結び目．¶打～／結び目を作る．

桔（異 橘❷） jié

木部 6　四 4496₁
全10画　通用

下記熟語を参照．

☞ 桔 jú

【桔槔】 jiégāo 名 井戸水をくみ上げる装置．はねつるべ．

【桔梗】 jiégěng 名《植物》〔棵 kē, 株 zhū〕キキョウ．

桀 jié

木部 6　四 2590₄
全10画　通用

❶ 名（Jié）桀（けつ）．夏王朝末代の君主の名前．暴君だったと伝えられる．❷ 形 凶暴だ．"杰 jié"に同じ．¶豪～ háojié（豪傑）．❸（Jié）姓．

【桀骜不驯】 jié ào bù xùn 成 粗暴であつかいにくい．

【桀犬吠尧】 Jié quǎn fèi Yáo 成 悪人である主人に忠義を尽くして働く．由来 暴君桀（けつ）の犬は，主人のために名君尭（ぎょう）にさえほえる，という意から．

捷（異 捷） jié

扌部 8　四 5508₁
全11画　通用

❶ 素 戦いに勝つ．¶大～（大勝利を収める）／～报 jiébào．❷ 素 素早い．¶动作敏～（動作がすばしこい）／～足先登．❸（Jié）姓．

【捷报】 jiébào 名 勝利の知らせ．¶～频 pín 传／勝利の知らせが次々と入ってくる．

【捷径】 jiéjìng 名〔⑯ 条 tiáo〕❶ 近道．¶走～的话，很快就可以到达车站／近道すれば，すぐに駅に着く．❷ 手っ取り早い方法．

【捷克】 Jiékè《国名》チェコ．

【捷足先登】 jié zú xiān dēng 成 早く行動した者が先に目的を達成する．早い者勝ち．先手必勝．

偈 jié

亻部 9　四 2622₇
全11画　通用

形 ❶ 勇ましい．❷ 走るのが速い．

☞ 偈 jì

婕 jié

女部 8　四 4548₁
全11画　通用

下記熟語を参照．

【婕妤】 jiéyú 古代の女官の名．婕妤（しょうよ）．回 倢好 jiéyú

颉（頡） jié

页部 6　四 4168₂
全12画　通用

❶→仓颉 Cāngjié ❷（Jié）姓．

☞ 颉 xié

睫 jié

目部 8　四 6508₁
全13画　通用

名 まつ毛．¶目不交～（一睡もしないこと）．

【睫毛】 jiémáo 名〔根 gēn〕まつ毛．

截 jié

戈部 10　四 4325₀
全14画　常用

❶ 動 細長いものを切り離す．¶～断 jiéduàn／～成两段（二つに切る）．❷ 動 さえぎる．¶～留 jiéliú／～拦 jiélán．❸ 動 締め切る．¶～至十二月底（12月末で締め切る）．❹ 量（～儿）区切ったものを数えることば．¶上半～儿（上半分）／一～儿木头（ひときれの木片）．❺（Jié）姓．

【截长补短】 jié cháng bǔ duǎn 成 長所を生かして短所をカバーする．¶彼此～／互いに長所を生かし短所を補い合う．

【截断】 jié//duàn 動 ❶ 切り離す．¶～电线／電線を切断する．❷ 途中でやめさせる．¶～他的话／彼の話を中断する．

【截稿】 jiégǎo 動 原稿を締め切る．¶～日期／原稿締切日．

【截获】 jiéhuò 動 中途で押収する．捕獲する．

【截击】 jiéjī 動 敵を途中で待伏せして攻撃する．

【截拦】 jiélán 動 途中でさえぎる．

【截流】 jiéliú（堤防工事などのために）水流を遮断する．せき止める．

【截留】 jiéliú 動 ❶（他所に納めるべき金品を）流用する．私用する．❷（金品を）差し押さえる．

【截门】 jiémén 名〔个 ge〕バルブ．

【截面】 jiémiàn 名 断面．回 剖 pōu 面

【截取】 jiéqǔ 動 中からひと区切りを取り出す．¶～十分之一／10分の1を取り出す．

【截然】 jiérán 副 明らかに…だ．はっきりと．

【截然不同】 jiérán bùtóng 成 明らかに異なる．¶我的看法和你～／私の見方は，君とはまるで違う．

【截瘫】 jiétān 動《医学》下肢がマヒする．

【截肢】 jié//zhī 動《医学》病気などの原因で手や足を手術して切断する．

【截止】 jiézhǐ 動（申し込みなどを）締め切る．¶报名在三月底已经～／申し込みは3月末日で締め切った．

【截至】 jiézhì 動 …までで締め切る．¶报到日期～九月一日／申し込みの期間は9月1日までだ．

碣 jié

石部 9　四 1662₇
全14画　通用

素 頭部が丸みがかった石碑．¶墓～ mùjié（墓石）／残碑 cánbēi 断～（傷み壊れた石碑）．参考 石碑で，頭部の丸いものを"碣"，四角いものを"碑 bēi"という．

竭 jié

立部9 全14画 [四]0612₇ [常用]

❶ [素] 使い尽くす. ¶～力 jiélì /～誠 jiéchéng / 力～声竭 sī（力が尽き声がかれる）. ❷（Jié）姓.

【竭诚】jiéchéng [副] 真心を尽くして. ¶～帮助 / 親身になって手助けをする. ¶～招待 / 真心込めてもてなす.
【竭尽】jiéjìn [动] 力を尽くす. ¶～所能 / できる限りのことをする.
【竭尽全力】jié jìn quán lì [成] 全力を尽くす.
【竭力】jiélì [副] 力を尽くして. ¶尽心～ [成] できる限りのことをする. [同] 极力 jílì, 尽力 jìnlì.
【竭泽而渔】jié zé ér yú ❶ 目先の利益ばかりにとらわれ、先の事を考える. ❷ 徹底的に搾取（さく）する. [由来]「池を干して魚を捕らえる」という意から.

羯 jié

羊部9 全15画 [四]8652₇

[名] ❶ 去勢した雄のヒツジ. ❷ 羯（け）. 古代の民族名. 現在の山西省の東南部に住んでいた. 匈奴（きょうど）の一部族. 東晋時代、黄河流域に後趙（こうちょう）国を建てた（311-334）. ～鼓 jiégǔ.
【羯鼓】jiégǔ [名]〔⓿个 ge〕かっこ. 両面に皮を張り、腰がくびれた形の鼓の一種. 羯族から伝わると言われる.
【羯羊】jiéyáng [名] 去勢した雄のヒツジ.

姐 jiě

女部5 全8画 [四]4741₂ [常用]

[名] ❶ 姉. ふつう"姐姐"と重ねることが多い. ¶大～ dàjiě（一番上の姉）／二～ èrjiě（二番目の姉）／～夫 jiěfu. [反] 妹 mèi ❷ 同じ世代で、自分より年上の女性. ¶表～ biǎojiě（母方の従姉〈いとこ〉）／张大～（張ねえさん）. ❸ 若い女性. ¶空～（スチュワーデス）. ❹（Jiě）姓.
【姐弟】jiědì [名] 姉と弟.
【姐夫】jiěfu [名] 姉の夫. [同] 姐丈 jiězhàng
*【姐姐】jiějie [名] ❶ 姉. ❷ 同世代の親戚で自分より年上の女性. ¶远方～ / 遠縁のおねえさん. [表現] ①は姉を順序で呼ぶ時は、ふつう"大姐"、"二姐"と呼び、"大姐姐"、"二姐姐"とは言わないし、一番下の姉は、"小姐姐"とも"小姐"とも呼ぶ. ②は親戚の年上の女性は、ふつう"表姐 biǎojiě"、"堂姐 tángjiě"などと言い、"表姐姐"、"堂姐姐"とは言わない.
【姐妹】jiěmèi [名] ❶ 姉妹. ¶～们 / 姉妹たち. ❷ 篇 piān /（作品の）姉妹作. ❸ 兄弟. ¶你们～几个？ / あなたたち兄弟は何人いるの？
【姐儿】jiěr [名] ❶ 姉. ❷ 若い女性. ❸ [旧] 妓女.
【姐儿俩】jiěrliǎ [名] 姉と妹. または姉と弟.
【姐儿们】jiěrmen [名] [口] ❶ 姉妹たち. ❷ 女性の友人同士の呼び名. 姐们儿.
【姐丈】jiězhàng [名] 姉の夫. [同] 姐夫 jiěfu.

解（異 觧）jiě

角部6 全13画 [四]2725₂ [常用]

❶ [素] ばらばらに分ける. ¶～剖 jiěpōu / 分～ fēnjiě（分解する）/ 瓦～ wǎjiě（崩壊する）. ❷ [动]（結んでいる物を）ほどく. ¶～开 jiěkāi /～扣儿 kòur（結び目を解く）/～鞋带 xiédài（靴のひもをほどく）. [反] 系 jì ❸ [动] 取り除く. ¶～根 jiěhèn /～渴 jiěkě /～热 jièrè /～职 jiězhí. ❹ [素] 分かりやすく説明する. ¶～说 jiěshuō /～答 jiědá /～释 jiěshì / 注～ zhùjiě（注釈する）. ❺ [动] 理解する. ¶费～ fèijiě（分かりにくい）/ 令人不～（理解に苦しむ）/ 通俗 tōngsú 易～

（かみくだいていて分かりやすい）. ❻ [素] 大便や小便をする. ¶大～ dàjiě（大便をする）/ 小～ xiǎojiě（小便をする）. ❼ [动] 式に沿って計算する. ¶～方程式 fāngchéngshì（方程式を解く）. ❽ [名] 方程式の答え.
→ 解 jiè, xiè

【解饱】jiěbǎo [形] 腹もちがいい. ¶～的东西 / 腹もちのいい食べ物. ¶大饼很～ / タービンはとても腹もちがいい.
【解馋】jiě//chán [动] 食欲を満足させる. ¶这一顿饺子真～ / このギョーザは実にうまく、たらふく食べた.
【解嘲】jiě//cháo [动]（他人から嘲笑されたことに対して）上べを取り繕う. 言い訳をする. ¶自我～ / 自己弁護の言い訳をする.
【解愁】jiě//chóu [动] 心配事や悩みをふり払う. ¶借酒～ / 酒の力で悩みを忘れる.
【解除】jiěchú [动] 取り除く. 解除する. ¶～武装 / 武装を解除する. ¶～职务 / 職務を解く. ¶～顾虑 gùlǜ / 心配事を取り除く. ¶～合同 / 契約を解消する. [同] 消除 xiāochú.
*【解答】jiědá [动] 質問に答える. ¶～我的问题 / 私の質問に答える. ¶做～ / 解答する.
【解冻】jiě//dòng [动] ❶ 氷がとける. ¶大地～了 / 大地の水がとけた. ❷ 冻结 dòngjié の政治・経済・外交などの関係が回復する. ¶东西方关系～了 / 東側と西側の関係が回復した. ❸ 資金の凍結を解除する. [反] 冻结 dòngjié.
【解毒】jiě//dú [动] ❶ 解毒する. ¶～剂 / 解毒剤. ¶中毒 zhòngdú. ❷《中医》のぼせたり発熱した時に熱を下げる.
【解读】jiědú [动] ❶ 解読する. 読みとる. ❷ 分析する. 研究する. ❸ 理解する. 体得する.
【解饿】jiě//è [动] 空腹をしのぐ. ¶饼干 bǐnggān 不～ / ビスケットでは腹の足しにならない.
【解乏】jiě//fá [动] 疲れをいやし体を回復させる. ¶你先去洗个澡解解乏吧！ / まずひと風呂浴びて疲れをとりなさい.
【解法】jiěfǎ [名] ❶《数学》解法. ❷ 解毒の方法.
*【解放】jiěfàng [动] ❶ 自由にし、発展させる. ¶～生产力 / 生産活動を自由にする. ¶～思想 / 考えを自由にする. [反] 束缚 shùfù ❷（圧迫や搾取から）解放する. ¶打倒地主,农民～了 / 地主を打倒し、農民は解放された. ❸ 1949年10月1日に中華人民共和国が成立したことを言う. ¶～以出生 / 中華人民共和国成立後に生まれる. ¶～前 / 中華人民共和国成立以前. 建国以前. ¶～后 / 中華人民共和国成立以後. 建国後.
【解放军】jiěfàngjūn [名]"中国人民解放军 Zhōngguó Rénmín Jiěfàngjūn"のこと.
【解放区】jiěfàngqū [名] 解放区. 抗日戦争や解放戦争の時期に中国共産党がその軍隊が統治していた地域.
【解放战争】jiěfàng zhànzhēng [名] ❶ 解放戦争. ❷ 第三次国内革命戦争（1946-1949）のこと.
【解构】jiěgòu [动]（構成や内容を）解析する. 詳細に分析する. ¶～文学作品 / 文学作品を分析する.
【解雇】jiě//gù [动] 解雇（かいこ）する. クビにする. [同] 辞退 cítuì.
【解恨】jiě//hèn [动] 憎しみや怒りがやわらぐ.
【解惑】jiě//huò [动]《文》疑問を解く. 疑惑を晴らす.
【解甲归田】jiě jiǎ guī tián [成] 軍隊をやめ故郷に帰る.
【解禁】jiě//jìn [动] 解禁する.
【解救】jiějiù [动] 人を危機や困難から救う. ¶～危难 wēinàn / 危機を救う. ¶这个病还有～没有？ / この病気はまだ治す方法があるのか. [同] 拯救 zhěngjiù, 救

wǎnjiù,拯救 yuánjiù

【解决】jiějué 动 ❶ 円満に片付ける.解決する.¶~困难/困难を解決する.¶~问题/問題を解決する.¶和平~国家纠纷 jiūfēn/国家間の紛争を平和的に解決する.❷ 相手をやっつける.¶残余 cányú 匪徒 fěitú 全被我们~了/残りの悪党もみな片付けた.

【解开】jiě//kāi 动 ❶ ボタンをはずす.¶~上衣/上着のボタンをはずす.❷ 結ばれている物をほどく.¶~这个谜 mí/この謎を解く.¶~疙瘩 gēda/わだかまりを解く.¶永远解不开的结/永遠に解けないしこり.

【解渴】jiě//kě 动 のどの渇きをいやす.¶喝杯茶解解渴/お茶を飲んでちょっと渇きをいやす.

【解困】jiěkùn 动 ❶ 難題や困難を解決する.❷ 疲れをいやす.同 解乏 fá 表现 ①は,とくに「住宅難を解決する」という禅のことばから.

【解铃系铃】jiě líng xì líng 成 問題を引き起こした人が,問題を解決すべきだ.同 解铃还 hái 须 xū 系铃人 rén 由来 虎の首に鈴をつけた人がその虎から鈴をはずすことができる,という禅のことばから.

【解码】jiěmǎ 动 ❶（暗号などを）解読する.❷（電気）復号する.

【解闷】jiě//mèn 动（~儿）退屈をまぎらわす.気晴らしをする.¶看小说解解闷儿/小説を読んで退屈しのぎをする.

【解密】jiě//mì 动 秘密規定を解除して公開する.暗証コードをなくす.

【解难】jiě//nán 动 疑問や難題を解決する.☞ 解难 jiěnàn

【解难】jiě//nàn 动 危険をとり除く.☞ 解难 jiěnán

【解囊】jiěnáng 动 お金を援助する.¶慷慨 kāngkǎi ~/気前よく金を出して援助する.

【解囊相助】jiě náng xiāng zhù 成（財布のひもをゆるめ）金銭を提供して困っている人を助ける.

【解聘】jiě//pìn 动（人員を）解雇する.¶学校~了王老师/学校は王先生を解雇した.反 招聘 zhāopìn

【解剖】jiěpōu 动 ❶ 解剖する.¶~尸体 shītǐ/死体を解剖する.❷ 細かく調べる.¶要严于~自己/自分自身について細かく分析しなければならない.

【解气】jiě//qì 动 ❶ うさ晴らしをする.気を晴らす.❷ スカッとする.いい気分になる.

【解劝】jiěquàn 动（人を）なだめたり,慰める.

【解热】jiěrè 动（医学）解熱する.

【解散】jiěsàn 动 ❶ 解散する.反 集合 jíhé ❷ 団体や集会の活動を解散する.¶~组织/組織を解散する.

*【解释】jiěshì 动 ❶ 言い訳をする.釈明する.¶~误会/誤解の釈明をする.❷ 説明する.解釈する.¶~词句 cíjù/ことばを解釈する.¶做了详细的~/詳しい説明をする.表现 "解释"には,"弁解する"という意味があることに注意.

【解手】jiě//shǒu 动（~儿）大便や小便をする.¶请等一下,我去解个手/ちょっと待ってください,私ちょっとトイレに行ってきますので.❷ 別れる.別れを告げる.

【解说】jiěshuō 动 解説する.¶~员/ナレーター.¶~这架机器的性能/この機械の性能を説明する.

【解说词】jiěshuōcí 名 映画やラジオ・テレビ番組のナレーション.同 讲解 jiǎngjiě

【解套】jiě//tào 动（経済）（株式を）損切りする.

【解题】jiětí ❶ 名 解題（だい）.詩文についての簡潔な解説.❷（学習の際の）問題を解く.

【解体】jiětǐ 动 ❶ バラバラにする.❷（体制などが）崩壊する.¶封建社会~/封建社会が崩壊した.同 崩溃 bēngkuì,瓦解 wǎjiě

【解调】jiětiáo 名（電気）復調.

【解脱】jiětuō 动 ❶（仏教）悟りを開く.解脱(ᵍᵉᵗᵘ)する.❷ 抜け出す.¶不可~的危机/逃れられない危機.同 摆脱 bǎituō,开脱 kāituō

【解围】jiě//wéi 动 ❶ 敵の包囲を解く.同 突围 tūwéi 反 包围 bāowéi ❷ 困っている人を助ける.

【解析】jiěxī 动（化学）脱着する.脱離する.溶離する.

【解析几何】jiěxī jǐhé（数学）解析幾何学.

【解严】jiě//yán 动 戒厳令を解く.反 戒严 jièyán

【解颐】jiěyí 动 文 頤（ᵃᵍᵉ）を解く.大笑いする.参考"颐",は,下あごのこと.

【解忧】jiě//yōu 动 心配事を取り除く.憂いを解く.

【解约】jiě//yuē 动 契約を解消する.

【解职】jiě//zhí 动 仕事をやめさせる.クビにする.¶他因为工作不认真而被解了职/彼は仕事がいいかげんなので解雇された.

介 jiè

人部2 四 8022₀ 全4画 常用

❶ 素 二つのものの間に立つ.¶~绍 jièshào/媒~ méijiè（媒介）/~乎 hū 两国之 zhī 间（両国の間にある）.❷ 素 気にかける.¶~意 jièyì/~怀 jièhuái（心にかける）.❸ 素 信念を守る強い心がある.¶耿~ gěngjiè（気骨がある）.❹ 素 よろい.¶~胄 lièzhòu（よろいかぶと）/~虫 jièchóng（甲殻類）.❺ 量 一人の.¶~书生 shūsheng（一介の書生）.❻ 素 昔の京劇の脚本で,役者のしぐさを指示することば.¶打~ dǎjiè（たたくしぐさ）/饮酒 yǐnjiǔ~（酒を飲むしぐさ）.❼（Jiè）姓.

【介词】jiècí 名〔言語〕〔数 个 ge〕前置詞.名詞や代名詞などの前に置き,後に続く動詞に対して対象,場所,時間などを示す.参考"被 bèi","叫 jiào","把 bǎ","到 dào","从 cóng","用 yòng","比 bǐ","跟 gēn","同 tóng"など.

【介入】jièrù 动 介入する.¶千万不要~他们两人之 zhī 间的争端 zhēngduān/彼ら二人の争いには,決して口を挟むな.

【介入疗法】jièrù liáofǎ 名〔医学〕❶ 内視鏡による手術や医療.❷ カテーテルによる手術や医療.比較 日本語の「介入療法」（精神障害者に対して行う治療法の一つ）とは意味が異なるので注意.

**【介绍】jièshào 动 ❶ 紹介する.¶自我~/自己紹介する.❷（新しい人やものを）すすめる.¶京剧已被~到许多国家/京劇は,すでに多くの国家に紹介された.❸ 分かりやすく説明する.¶~情况/状況を説明する.¶我来~一下这本书的内容/この本の内容を紹介しましょう.

【介绍贿赂罪】jièshào huìlùzuì 名〔法律〕賄賂仲介罪.参考 公務員に賄賂を仲介した第三者に対して課される罪名.

【介绍人】jièshàorén 名 紹介者.媒酌人.

【介绍信】jièshàoxìn 名 紹介状.

【介意】jiè//yì 动 不快な気持ちをもつ.気にとめる.¶我不是故意的,请你别~/他意はありません,お気になさらずに.表现"不介意"（意に介さない）,"别介意"（気にしないで下さい）といった否定形で使われることが多い.

【介音】jièyīn 名〔言語〕韻母の中で,主母音の前にある母音."普通话"では"i,u,ü"の3つの"介音"がある.参考"天 tiān"の"i","专 zhuān"の"u","略 lüè"の"ü"がそれにあたる.

jiè 价戒芥玠届界疥诫

【介质】jièzhì 名《物理》媒体.
【介子】jièzǐ 名《物理》中間子.

价 jiè
亻部4　四 2822₀
全6画　常用
名旧 使いの者.
☞ 价 jià, jie

戒 jiè
戈部3　四 5340₀
全7画　常用

❶ 素 警戒する. ¶～心 jièxīn / ～备 jièbèi. ❷ 素 戒める. ¶～骄 jiāo～躁. ❸ 動 好きなものをきっぱりやめる. ¶～烟 jièyān / ～酒 jièjiǔ. ❹ 素 宗教上のおきて, 戒律. ¶五～ wǔjiè / 受～ shòujiè (戒を受ける. 僧になる) / 清规～律 (仏教徒が守るべき規則や戒律). ❺ 素 指輪. ¶～指 jièzhi / 钻～ zuànjiè (ダイヤの指輪). ❻ (Jiè)姓.

【戒备】jièbèi 動 戒める. 警戒する. 警備する. ¶～森严 sēnyán / 严重に警備する. ¶加强～ / 警備を強化する. 表現 "加强 jiāqiáng, 加以 jiāyǐ, 严加 yánjiā"とともに使われる. 同警戒 jǐngjiè
【戒尺】jièchǐ 名旧 教師が学生をしかる時に使った木の板.
【戒除】jièchú 動 悪い嗜好や習慣をやめる. ¶～烟酒, 烟酒を断つ. ¶～恶习 èxí / 悪癖を改める.
【戒刀】jièdāo 名 僧侶が身につけていた刀. 参考 袈裟 (か)を裁断するために使うもので, 殺生に使ってはいけないので "戒刀"という.
【戒毒】jiè//dú 動 (麻薬などの)毒物を断つ.
【戒忌】jièjì 動 ❶ 忌み避ける. 同 禁忌 jìnjì ❷ タブーに対して注意を払う.
【戒骄戒躁】jiè jiāo jiè zào 成 おごり高ぶったり, あわてたりしないように気をつける.
【戒酒】jiè jiǔ 動 お酒をやめる. 禁酒する. 同 止酒 zhǐjiǔ
【戒律】jièlǜ 名〔条 tiáo, 項 xiàng〕戒律. ¶犯～ / 戒律を犯す. ¶清规 qīngguī～ / 細かく厳しいきまり. 同 戒条 jiètiáo
【戒条】jiètiáo 名 "戒律 jièlǜ"に同じ.
【戒心】jièxīn 名 警戒心. ¶提高～ / 警戒心を強める.
【戒烟】jiè yān 慣 タバコをやめる.
【戒严】jiè//yán 動 戒厳令をしく. ¶～令 / 戒厳令. 外面正戒着严 / 戸外には戒厳令がしかれている. 反 解严 jiěyán
【戒指】jièzhi 名 (～儿)〔个 ge, 枚 méi, 只 zhī〕指輪. ¶定婚 dìnghūn～ / 婚約指輪. 同 指环 zhǐhuán

芥 jiè
艹部4　四 4422₈
全7画　次常用

名 ❶《植物》カラシナ. ¶～菜 jiècài. ❷ (Jiè)姓.
☞ 芥 gài
【芥菜】jiècài 名《植物》カラシナ. ☞ 芥菜 gàicài
【芥蒂】jièdì 名 心の中のわだかまり.
【芥末】jièmo 名 からしの粉末.
【芥子气】jièzǐqì 名《化学・軍事》マスタードガス.
【芥子】jièzi 名 カラシナのたね.

玠 jiè
王部4　四 1812₀
全8画　通用

名 大きな"圭 guī"は古代の玉器. 参考 "圭"は古代の玉器. 天子が諸侯に領土を与えたとしに用いた.

届(届)jiè
尸部5　四 7726₅
全8画　常用

❶ 動 時期が至る. ¶～期 jièqī / ～时 jièshí. ❷ 量 回. 期. 定期的な会議や卒業の年数などを数えることば. ¶第二～全国大会(第二期全国大会) / 本～毕业生(今期の卒業生). 表現 ①は, "届日""届月""届年"とは言わない.
【届满】jièmǎn 動 (任期)が満了になる. ¶～离任 lírèn / 任期満了になって任を退く.
【届期】jièqī 名 予定の日時が至る. 同 届时 jièshí
【届时】jièshí 名 (予定の)時期が来る. ¶～务请 wùqǐng 出席 / 当日はつとめてご出席下さい. 同 届期 jièqī

界 jiè
田部4　四 6022₈
全9画　常用

❶ 名 境. ¶～边～ biānjiè(境界) / 国～ guójiè(国境) / 省～ shěngjiè(省界) / 地～ dìjiè(土地の境). ❷ 素 特定の範囲. ¶眼～ yǎnjiè(視界) / 管～ guǎnjiè(管轄範囲). ❸ 素 職業や性別などが同じ社会. ¶教育～ jiàoyùjiè(教育界) / 文芸～ wényìjiè(文芸界) / 妇女～ fùnǚjiè(婦人の世界) / 新闻～ xīnwénjiè(マスコミ業界). ❹ (Jiè)姓.
【界碑】jièbēi 名〔块 kuài, 座 zuò〕土地の境界を示す石碑. 同 界石 jièshí
【界标】jièbiāo 名〔立て札など〕境界を示す標識.
【界别】jièbié 名 ❶ 業界. 産業別区分. ❷ 区別.
【界尺】jièchǐ 名〔把 bǎ, 根 gēn〕まっすぐに線を引くためのものさし.
【界定】jièdìng 動 境界線を引く. 範囲を決める.
【界河】jièhé 名〔条 tiáo〕国や地区の境界を流れる河川. ¶鸭绿江 Yālùjiāng 是中国, 朝鲜 Cháoxiān 两国的～ / 鸭绿江(おうりょっこう)は中国と朝鲜の国境を流れる河だ.
【界面】jièmiàn 名 二つの物体の接触面.
【界石】jièshí 名〔块 kuài〕土地の境界を示す石の標識. 同 界碑 jièbēi
【界说】jièshuō 名旧 定義. 同 定义 dìngyì
【界外球】jièwàiqiú 名《スポーツ》ライン外に出た球. 参考 ファウンズボール(野球), ボールアウト(テニスなど), アウトオブプレイス(バスケットボール)など.
【界限】jièxiàn 名 ❶ 物と物との境. ¶分清敌我的～ / 敵味方をはっきり区別する. 同 界线 jièxiàn ❷ (物事の)限界. ¶生命的～似乎就要到了 / 死がもうじき訪れそうだ.
【界线】jièxiàn 名〔条 tiáo〕❶ (土地の)境界線. ¶重新与邻国划分 huàfēn～ / 改めて隣国との境界線を引き直す. ❷ (物事の)境目. 同 界限 jièxiàn
【界桩】jièzhuāng 名〔个 ge〕土地の境界を示す杭(くい).

疥 jiè
疒部4　四 0012₈
全9画　通用

名 疥癬(かいせん). 皮膚病の一つ. ¶～疮 jièchuāng / ～虫 jièchóng.
【疥虫】jièchóng 名《虫》かいせんの原因となるカイセンダニ. ヒゼンダニ.
【疥疮】jièchuāng 名《医学》かいせん. 皮膚病の一つ. 同 疥癣 jièxuǎn
【疥蛤蟆】jièháma 名《動物》ヒキガエル. 同 癞蛤蟆 làiháma
【疥癣】jièxuǎn 名《医学》かいせん. 同 疥疮 jièchuāng

诫(誡)jiè
讠部7　四 3375₀
全9画　次常用

蚧 jiè
虫部 4　四 5812₀　全10画　通用
→蚧蚧 géjiè

借(藉③④) jiè
亻部 8　四 2426₁　全10画　常用
❶ 动 借りる．¶~钱(金を借りる) / ~车(車を借りる) / ~用 jièyòng / 从图书馆~过两本书(図書館から本を2冊借りた)．反 还 huán　❷ 动 貸す．¶~一本书(本を貸し出す) / ~给他三百块钱(彼に300元貸す)．❸ 动 かこつける．¶~一端 jièduān (言いがかりをつける) / ~故 jiègù / ~题发挥．❹ 动 頼る．¶~一手(人を頼る) / ~着灯光看书(明かりを頼りに本を読む) / ~此机会向各位表示感谢(この機会を借りて皆さんにお礼を申し上げる)．❺ (Jiè) 姓．
【借词】jiècí 名〔个 ge〕外来語．
【借贷】jièdài 动 ❶ (金や物の)貸し借りをする．¶靠~生活 / 借金で生活する．¶~无门 / 借金のあてがない．❷ 名 帳簿上の借方と貸方．
【借刀杀人】jiè dāo shā rén 成 自分はおもてに出ず，他人をそそのかして悪い事をさせる．
【借调】jièdiào 动 所属はそのままで，別の仕事場で働く．¶~出去已经快一年了 / 出向してもう1年になる．
【借东风】jiè dōngfēng 惯 他のすぐれた経験を活用して仕事をすすめる．追い風に乗る．由来『三国演義』第49回の故事から．
【借读】jièdú 动 (小・中学生が)越境入学して勉強する．
【借方】jièfāng 名 借方．反 贷方 dàifāng　参考 帳簿の左側に書く．
【借风使船】jiè fēng shǐ chuán 成 他人の力に頼って自分の目的を達する．同 借水行舟 jiè shuǐ xíng zhōu　由来 風を使うて船を進める，という意から．
【借古讽今】jiè gǔ fěng jīn 成 昔の人やできごとについて批評しながら，現代のことを風刺する．
【借故】jiègù 动 口実を設ける．¶~拖延 tuōyán / 口実を設けて延期する．¶~推辞 tuīcí / 何かと理由をつけて辞退する．同 托故 tuōgù
【借光】jiè//guāng 动 ❶ ❶「すみません」など，相手に何かをしてもらいたいときに言うことば．¶~，让我过去 / すみません，ちょっと通して下さい．❷ おかげをこうむる．¶借了他父親的光 / 彼の父親のおかげをこうむる．
【借花献佛】jiè huā xiàn fó 成 他人を利用して自分に都合のよいことをする．由来 他人から借りた花を仏壇に供える，という意から．
【借火】jiè//huǒ 动 (~儿) (タバコなどの)火を借りる．
【借鸡生蛋】jiè jī shēng dàn 成 他人の設備や資金を借用して自分が利益を上げる．由来「借りた鶏に卵を産ませる」という意から．
【借记卡】jièjìkǎ 名 デビットカード．
【借鉴】jièjiàn 动 他人の行いや物事を手本とする．¶可资~ / 教訓にする．¶~外国的经验 / 外国の経験に学ぶ．同 借镜 jièjìng
【借镜】jièjìng 动 手本とする．鏡とする．同 借鉴 jiàn
【借酒浇愁】jiè jiǔ jiāo chóu 句 酒で憂さ晴らしをする．表现 詩文を作って愁いをはらす意味にも使う．
【借酒消愁】jiè jiǔ xiāo chóu → 借酒浇愁 jiāo chóu
【借据】jièjù 名〔❶ 张 zhāng〕借用書．¶立一张~ / 借用書を1枚書く．
【借壳上市】jièké shàngshì 成《経済》ヤドカリ式の上場．株式市場への上場を希望するものの上場枠の与えられない企業が，上場権を持つ企業を買収して，親子企業関係となり，間接的に上場を果たそうとする上場方式．⇒ 买卖 mǎi mài 卖上市

【借口】jièkǒu ❶ 动 言い訳や口実にする．¶~有病不去上课 / 病気を口実にして授業をさぼる．❷ 名 言い訳や口実．
【借款】❶ jiè//kuǎn 动 お金を借りる．¶向银行~ / 銀行から金を借りる．❷ jiè//kuǎn 动 お金を貸す．¶借他们一笔款 / 彼らに何がしかのお金を貸す．❸ jièkuǎn 名〔❶ 笔 bǐ〕借金．¶偿还 chánghuán~ / 借金を返す．
【借脑】jiènǎo 动 外部の人材を導入または登用する．
【借尸还魂】jiè shī huán hún 成 消滅したものが，また息を吹き返すこと．由来 古く，人が死んだ後，その人の魂が他人の体に乗り移って生き返ると考えられたことから．
【借书处】jièshūchù 名 図書館などの貸し出しカウンター．
【借书证】jièshūzhèng 名 図書館の貸出証．
【借宿】jiè//sù 动 他人の家に泊まる．¶去关帝庙 Guāndìmiào 里~ / 関帝廟で一夜を明かす．
【借题发挥】jiè tí fā huī 成 他の話題を借りて，自分の本当の気持ちや行動をあらわす．
【借条】jiètiáo 名 (~儿)〔❶ 张 zhāng〕メモや覚え書き程度の簡単な借用書．
【借位】jiè//wèi 动《数学》引き算で，1桁上から借りること．
【借问】jièwèn 动 人にものを尋ねたい時，相手に話しかけることば．¶~，哪儿有医院？ / ちょっとお尋ねしますが，病院はどこですか．
【借以】jièyǐ 动 (何かを)手がかりにして．
【借用】jièyòng 动 ❶ 借用する．¶~一下你的词典 / あなたの辞典をちょっと貸して下さい．❷ 本来の用途，目的とは別のことに使う．
【借喻】jièyù 名 比喩の一つ．直喩．
【借阅】jièyuè 动 (図書や資料を)借りて読む．
【借债】jiè/zhài 动 借金をする．
【借支】jièzhī 动 給料の前借りをする．¶~三个月的工资 gōngzī / 月給3ヶ月分を前借りする．
【借重】jièzhòng 动 敬 (相手の)お力をお借りする．表现 手紙やあいさつの語．
【借助】jièzhù 动 他の人や物の助けを借りる．
【借住】jièzhù 动 (他人の家に)居候(いそうろう)をする．

解(异 觧) jiè
角部 6　四 2725₂　全13画　常用
动 現金や犯人を護送する．¶起~ qǐjiè (護送する) / 押~ yājiè (罪人を護送する) / ~款 jièkuǎn (金を護送する)．
☞ 解 jiě, xiè
【解送】jièsòng 动 (財物や犯人を)護送する．¶把罪犯 zuìfàn~到北京 / 犯人を北京まで護送する．

藉 jiè
艹部14　四 4496₁　全17画　通用
❶ 名 敷き物．❷ 素 下に敷く．¶枕~ zhěnjiè (ざこ寝する)．❸ 同"借 jiè"に同じ．
☞ 藉 jí

价(價) jie
亻部 4　四 2822₀　全6画　通用
接尾 連用修飾語の後に置き，ことばのリズムを整えることば．¶震天~ zhèntiānjie (天にもとどろくほどに) / 成天~ chéngtiānjie (一日中)．同 家 jie

☞ 价 jià, jiè

家 jiē
宀部7　四 3023₂　全10画　常用

接尾 一部の連用修飾語につく. ¶整天～ zhěngtiānjie (一日中) / 成年～ chéngniánjiē (一年中). 回
价 jie
☞ 家 jiā

jīn ㄐㄧㄣ 〔tɕin〕

巾 jīn
巾部0　四 4022₇　全3画　常用

素 巾(芹). ふいたり包んだりする小さめの布. ハンカチやタオルなど. ¶手～ shǒujīn (手ぬぐい) / 头～ tóujīn (ずきん. スカーフ) / 红领～ hónglǐngjīn (赤いネッカチーフ. ピオニール) / 枕～ zhěnjīn (まくらカバー).

【巾帼】jīnguó 名 ⟨文⟩ 婦人. 女性. ¶～英雄 / 知恵や勇気を兼ねそなえた男まさりの女性. ¶～丈夫 / 男性のように勇ましい女性. 由来 "帼"は古代の女性が髪をおおった布を指すことから.

斤（異 觔❶）jīn
斤部0　四 7222₁　全4画　常用

❶ 量 斤(芹). 重さの単位. 一"斤"は500グラム. ¶～量 jīnliàng (目方) / 公～ gōngjīn (キログラム) / 半～八两 成 五分五分. 似たり寄ったり. 旧制で半斤は8両であることから). ❷ 素 木を切る斧(漪). ¶斧～ fǔjīn (斧. ちょうな). ❸ (Jīn)姓.

【斤斗】jīndǒu 名 ⟨方⟩ とんぼ返り. 回 筋 jīn 斗,跟头 gēntóu
【斤斤】jīnjīn 形 細かいことや重要でないことを気にする. こだわる.
【斤斤计较】jīn jīn jì jiào 成 細かいことや取るに足らないことまでを問題にする. 重箱のすみをつつく.
【斤两】jīnliǎng 名 重さ. 重み. ¶他说的话很有～ / 彼の話はたいへん重みを持つ.

今 jīn
人部2　四 8020₇　全4画　常用

名 ❶ こんにち. 現代. ¶当～ dāngjīn (今) / ～人 jīnrén / 厚～薄 bó gǔ (今のものを重視して,昔のものを軽視する). 反 古 gǔ,昔 xī ❷ 今現在. (年や日など). ¶～天 jīntiān / ～年 jīnnián / ～ 春 jīnchūn (この春) / ～晨 jīnchén (今朝). 参考 ②は,時間をあらわす単音節の名詞の前に置く.

【今不如昔】jīn bù rú xī 句 今は昔と違う. 時代は変わった. 表現 往昔の感を強くする気分を表す.
【今非昔比】jīn fēi xī bǐ 成 昔と今は比べ物にならない. 変化が非常に大きいようす.
*【今后】jīnhòu 名 これから先.
**【今年】jīnnián 名 今年.
【今儿】jīnr 名 ⟨方⟩ 今日(貁). 回 今天 jīntiān
【今儿个】jīnrge 名 ⟨方⟩ 今日. 回 今儿
【今人】jīnrén 名 現代の人. 今時の人.
【今日】jīnrì 名 ⟨文⟩ 今日(貁). 回 今天 jīntiān 反 昔日 xīrì,往日 wǎngrì,当初 dāngchū
【今生】jīnshēng 名 この一生. 回 这一辈子 zhèyībèizi
【今世】jīnshì 名 ❶ 現代. ❷ この一生. 回 今生 jīnshēng

【今是昨非】jīn shì zuó fēi 成 今が正しくて,過去が誤っていたこと. 今にして初めて分かったという気持ちをあらわす. 由来 陶淵明「帰去来兮辞」の句から.
**【今天】jīntiān 名 ❶ 今日(貁). ¶～的事,～做 / 今日のことは,今日のうちにやる. ❷ 今. 現在.
【今晚】jīnwǎn 名 今夜. 今晚. 回 今夜 jīnyè
【今文】jīnwén 名 今文(貁). 漢代に通行した隷書. 反 古 gǔ 文
【今昔】jīnxī 名 今と昔. ¶～对比 / 現在と過去を比べる. ¶～之 zhī 感 / 今昔の感.
【今夜】jīnyè 名 今夜. 回 今晚 jīnwǎn
【今译】jīnyì 名 古典の現代語訳. ¶古籍 gǔjí～ / 古籍の現代語訳.
【今音】jīnyīn 名 ❶ 現代の語音. ❷ ⟨言語⟩ 隋唐音. 参考 ②は,"古音"(先秦音) に対して言う.
【今朝】jīnzhāo 名 ⟨文⟩ 今日(貁). ❷ 今. 現在.

金 jīn
金部0　四 8010₉　全8画　常用

❶ 素 金. ¶～币 jīnbì / ～牙 jīnyá (金歯) / 箔 jīnbó. 回 金子 jīnzi,黄金 huángjīn ❷ 素 金属. 金・銀・銅・鉄・錫(ⱼ)などを指す. ¶五～ wǔjīn (金属) / 合～ héjīn (合金). ❸ 素 お金. ¶现～ xiànjīn (現金) / 奖～ jiǎngjīn (奨励金) / 基～ jījīn (基金). ❹ (Jīn)姓.

【金榜】jīnbǎng 名 科挙の殿試の合格者を発表する掲示板. ¶～题名「金榜」に名を連ねる.
【金杯】jīnbēi 名 金杯. 優勝カップ.
【金本位】jīnběnwèi 名 ⟨経済⟩ 金本位. 金本位制.
【金笔】jīnbǐ 名 ペン先に金の合金を使った万年筆.
【金币】jīnbì 名 ⟨⑪ 枚 méi〕金貨.
【金碧辉煌】jīn bì huī huáng 成 建物がまばゆく輝いて美しい. ¶泰国 Tàiguó 的寺院～,美丽极了 / タイの寺院はきらびやかで,とてもきれいだ.
【金边】Jīnbiān 地名 プノンペン(カンボジア).
【金边债券】jīnbiān zhàiquàn 名 ⟨経済⟩ 優良債券.
【金箔】jīnbó 名 金箔.
【金不换】jīnbuhuàn ❶ 形 お金には換えられないほど貴重で得がたい. ❷ 名 ⟨薬⟩ "三七 sānqī"に同じ.
【金灿灿】jīncàncàn 形 〔～的〕きらきらと輝いている. ¶一片～的菜花 / 一面黄金色の菜の花畑.
【金蝉脱壳】jīn chán tuō qiào 成 計略を用いてこっそりと逃げ出す. もぬけのから. 由来「セミが殻を脱ぐ」という意から.
【金城汤池】jīn chéng tāng chí 成 難攻不落の城. 金属で造った堅固な城郭,熱湯をたたえた外堀の意.
【金额】jīn'é 名 金額. 回 钱数 qiánshù
【金发】jīnfà 名 金髪.
【金刚】jīngāng 名 ❶ ⟨仏教⟩ 金剛力士. 仁王. ❷ (昆虫の)さなぎ. ❸ 金剛. ダイヤモンド. 回 金刚石
【金刚砂】jīngāngshā 名 ⟨鉱物・工業⟩ 金剛砂(ⱼ). エメリー. カーボランダム.
【金刚石】jīngāngshí 名 ⟨鉱物⟩〔颗 kē,块 kuài,粒 lì〕ダイヤモンド. 回 金刚钻 jīngāngzuàn
【金刚钻】jīngāngzuàn 名 ❶ ⟨鉱物⟩ ダイヤモンド. 回 金刚石 ❷ ⟨機械⟩ ダイヤビット. ダイヤモンドドリル. 表現 困難をおそれず,難題を解決する精神や人物の比喩としても使われる.
【金戈铁马】jīn gē tiě mǎ 成 兵共の勇ましい姿.
【金工】jīngōng 名 金属加工作業の総称.
【金箍棒】jīngūbàng 名 孫悟空の持っている如意棒.

【金瓜】jīnguā 名 ❶古代の武器の一種. 棒の先が金色のウリの形をしている. 後に儀式用となった. ❷《植物》アンナンカラスウリ. 金色をした,カボチャの一種.
【金光】jīnguāng 名 黄金色の輝き.
【金龟】jīnguī 名《動物》カメ. 同 乌 wū 龟
【金龟子】jīnguīzǐ 名《虫》〔量 只 zhī〕コガネムシ. 同 金壳郎 jīnkéláng, 金虫 jīnchóng, 金蜣 jīnqiāng 参考 幼虫は"蛴螬 qícáo"という害虫.
【金贵】jīnguì 形 貴重だ. ¶这里的水比油还~/この辺では水は油よりも貴重だ.
【金合欢】jīnhéhuān 名《植物》キンゴウカン. アカシアの一種.
【金红】jīnhóng 形 少し黄みを帯びた赤色の.
【金花菜】jīnhuācài 名《植物》ウマゴヤシ.
【金环蛇】jīnhuánshé 名《動物》キイロアマガサ. 毒蛇の一種.
【金黄】jīnhuáng 形 黄金(ã)色だ. オレンジ色だ. ¶一片~的麦浪 màilàng / 一面黄金色の麦の波. 同 金黄色 jīnhuángsè
【金煌煌】jīnhuánghuáng 形 (~的) 金色に輝いている.
【金晃晃】jīnhuǎnghuǎng 形 "金煌煌 jīnhuánghuáng"に同じ.
【金婚】jīnhūn 名 金婚. 結婚50周年.
【金鸡】jīnjī 名《鳥》キンケイ.
【金鸡独立】jīnjī dúlì (武術などで)片方の足だけで立つ姿勢.
【金鸡奖】jīnjījiǎng 名 金鶏賞. 中国の映画界で優秀な作品や俳優などに与えられる賞.
【金奖】jīnjiǎng 名 金賞.
【金橘】jīnjú 名《植物》キンカン. 同 金柑 jīngān
【金卡】jīnkǎ 名 (クレジットカードの)ゴールドカード.
【金科玉律】jīn kē yù lǜ 成 絶対に変わらない信念や決まり. 金科玉条.
【金壳郎】jīnkéláng 名 "金龟子 jīnguīzǐ"に同じ.
【金口玉言】jīn kǒu yù yán 成 改めることができない,権威のあることば. 由来 もと,「皇帝の御言葉」という意から.
【金库】jīnkù 名 国庫.
【金块】jīnkuài 名 金塊.
*【金矿】jīnkuàng 名 金鉱.
【金莲】jīnlián 名 (~儿) 纏足(ã)をした女性の小さな足. ¶三寸~/三寸(約10センチ)の小さな足. 纏足の理想とされた.
【金莲花】jīnliánhuā 名《植物》ノウゼンハレン. キンレンカ.
【金陵】Jīnlíng 名 金陵(ã). 現在の江蘇省南京市の別称.
【金领】jīnlǐng 名 ゴールドカラー. 高い専門技術を持ち,高収入の会社員. 参考 ホワイトカラー,ブルーカラーなどに対して言う.
【金缕玉衣】jīnlǚ yùyī 名《歴史》〔量 件 jiàn〕短冊形の玉片を金の糸で綴った古代の衣服. 王侯貴族の埋葬時に,死者に着せた.
【金銮殿】Jīnluándiàn 名 宮殿. 皇帝が謁見する正殿. 参考 もと,唐代の宮殿の名. 文人や学士がひかえていた.
【金霉素】jīnméisù 名《薬》オーレオマイシン.
【金迷纸醉】jīn mí zhǐ zuì 成 ぜいたく三昧(ã)の生活. 同 纸醉金迷
【金牛座】jīnniúzuò 名《天文》おうし座.
【金瓯】jīn'ōu 名 ❶金の盆や皿. ❷完全で堅牢な国土.

【金牌】jīnpái 名 〔量 块 kuài, 枚 méi〕 金メダル. 転じて,第一位. ¶荣获 rónghuò ~/金メダルを獲得した.
【金瓶梅】Jīnpíngméi 《書名》『金瓶梅(ãã)』. 明代の長編小説.
【金钱】jīnqián 名 金銭.
【金钱豹】jīnqiánbào 名《動物》ヒョウ. 由来 身体に銅銭形の模様があることから.
【金枪鱼】jīnqiāngyú 名《魚》〔量 条 tiáo〕マグロ.
【金秋】jīnqiū 名 秋.
【金球制胜法】jīnqiú zhìshèngfǎ 名《スポーツ》(サッカーの) V ゴール. ゴールデンゴール.
【金曲】jīnqǔ 名 ヒット曲. 多くの人に愛される曲.
【金融】jīnróng 名 金融. ¶~机关/金融機関.
【金融寡头】jīnróng guǎtóu 名《経済》金融資本. 同 金融资本 zīběn
【金融市场】jīnróng shìchǎng 名《経済》金融市場.
【金融投资】jīnróng tóuzī 名《経済》金融投資.
【金融危机】jīnróng wēijī 名《経済》金融危機.
【金融资本】jīnróng zīběn 名《経済》金融資本.
【金三角】jīnsānjiǎo 名 ゴールデントライアングル. 参考 ミャンマー・タイ・ラオスの国境にまたがる,ケシの栽培地帯の通称.
【金色】jīnsè 名 金色.
【金沙江】Jīnshājiāng 《地名》金沙江(ãã). 長江上流部の河川名.
【金沙萨】Jīnshāsà 《地名》キンシャサ(コンゴ).
【金闪闪】jīnshǎnshǎn 形 (~的) きらきら光っている. 金色に輝いている.
【金哨】jīnshào 名《スポーツ》(サッカーの)ゴールデンホイッスル賞を得た審判.
【金石】jīnshí 名 ❶ 喩 金属と石. 硬いもののたとえ. ❷銅器や石碑などに残された文字や文章. ¶~学/金石文を研究する学問.
【金石为开】jīn shí wéi kāi 思う念力岩をも通す. 意志が強ければ,どんな困難も克服できる. 同 金石可 kě 开
【金饰】jīnshì 名 金の装飾.
*【金属】jīnshǔ 名 金属.
【金属探伤】jīnshǔ tànshāng 名 非破壊検査.
【金丝猴】jīnsīhóu 名《動物》〔量 群 qún, 只 zhī〕 キンシコウ. 参考 体が黄色の毛でおおわれている,中国特産の珍しいサル.
【金丝鸟】jīnsīniǎo 名 "金丝雀 jīnsīquè"に同じ.
【金丝雀】jīnsīquè 名《鳥》〔量 只 zhī〕カナリア. 同 金丝鸟 niǎo, 黄鸟 huángniǎo

金丝猴

【金丝燕】jīnsīyàn 名《鳥》〔量 只 zhī〕アナツバメ. 参考 南洋の海辺の絶壁に巣をつくるツバメ. 巣は中国料理の珍味の一つ.
【金汤】jīntāng 名 難攻不落の城. "金城汤池 jīn chéng tāng chí"の略. ¶固若 gù ruò 金汤/ 喩 この上なく堅固な城.
【金条】jīntiáo 名 〔量 根 gēn, 块 kuài〕金ののべ棒.
【金童玉女】jīntóng yùnǚ 名 仙人の両脇に侍る少年と少女. 参考 道教で信仰されるもの.

【金文】jīnwén 名 中国古代の青銅器に記されている文字．¶钟鼎文 zhōngdǐngwén ⇨钟鼎文(図)
【金乌】jīnwū 名 太陽の別称．由来 古代，太陽には三本足の烏が住むといわれたことから．
【金屋藏娇】jīn wū cáng jiāo 成 美女を御殿に住まわせる．愛人を囲う．同 金屋贮 zhù 娇 由来『漢武故事』にある，漢の武帝が金屋に阿嬌という女性を囲った話から．
【金星】jīnxīng 名 ❶《天文》金星．❷〔量 颗 kē〕金色の星形．¶～奖章 jiǎngzhāng / 金星記章．❸ めまいを起こした時，目の前にちらつく星に似た小さな光．
【金钥匙】jīnyàoshi 名〔把 bǎ〕金のカギ．転じて，難問を解くための良い方法，アイデア．¶找到了解决问题的～/ 問題を解決する良い方法が見つかった．
【金银财宝】jīnyín cáibǎo 名 金銀財宝．
【金银花】jīnyínhuā 名《植物》スイカズラ．同 忍冬 rěndōng
【金鱼】jīnyú 名〔条 tiáo, 尾 wěi〕金魚．¶养～/ 金魚を飼う．¶喂 wèi～/ 金魚に餌をやる．
【金鱼缸】jīnyúgāng 名 金魚鉢．
【金玉】jīnyù 名 文 貴重で大切なもの．
【金玉良言】jīn yù liáng yán 成 貴重な助言や忠告．
【金玉满堂】jīn yù mǎn táng 成 財宝が部屋に満ちあふれる．
【金元】jīnyuán 名 米国ドルの別称．同 美 Měi 元, 美金
【金圆券】jīnyuánquàn 名 1948年に当時の国民党政府が発行した紙幣．
【金盏花】jīnzhǎnhuā 名《植物》キンセンカ．
【金针】jīnzhēn 名 ❶ 文 裁縫や刺繡用の針．❷〔根 gēn〕针灸(しんきゅう)用の針．❸ "金针菜 jīnzhēncài" の花．
【金针菜】jīnzhēncài 名 ユリ科のキスゲ，ワスレグサ，カンゾウ類の総称．同 黄花 huánghuā, 黄花菜 huánghuācài 参考 つぼみを干して乾燥させ，食用にする．
【金枝玉叶】jīn zhī yù yè 成 皇族の子孫や高貴な家柄の子女．
【金字塔】jīnzìtǎ 名〔座 zuò〕ピラミッド．参考 遠くから見たとき，漢字の「金」の形に似ていることから．
【金字招牌】jīnzì zhāopái 名〔块 kuài〕金塗りの看板．他人に見せびらかすための肩書きなど．
【金子】jīnzi 名〔锭 dìng, 块 kuài〕ゴールド．金．

津 jīn
氵部6 四 3510₇
全9画 [常用]

素 ❶ 川の渡し場．¶～渡 jīndù (渡し場) / 问～ wènjīn (渡し場をたずねる．価格や情況などを聞き出す)．❷ つば．¶～液 jīnyè / 生～止渴 zhǐkě (だ液を分泌して渇きをいやす)．❸ 汗．¶遍体生～(全身に汗をかく)．❹ うるおす．¶～贴 jīntiē．❺ (Jīn) "天津 Tiānjīn" の略称．
【津巴布韦】Jīnbābùwéi《国名》ジンバブエ．
【津津】jīnjīn 形 ❶ 味わいや面白味にあふれているようす．❷ 汗や少量の水が流れ出るようす．¶汗～/ 汗がだらだら流れる．¶口水～/ よだれが出る．
【津津乐道】jīn jīn lè dào 成 興に乗って，楽しげに語る．
【津津有味】jīn jīn yǒu wèi 成 特別に味わいがある．興味津々だ．
【津梁】jīnliáng 名 文 ❶ 渡し場と橋．❷ 重要な役割を果たす人やもの．手引き．
【津贴】jīntiē 名 特別手当(を支給する)．¶拿～/ 手当をもらう．¶每月～他一些钱 / 毎月彼には少しずつ手当を出している．

【津液】jīnyè 名 ❶《中医》体内のすべての液体の総称．❷ だ液．

衿 jīn
衤部4 四 3822₇
全9画 [通用]

❶ "襟 jīn"に同じ．¶青～ qīngjīn (昔の書生が着る服)．❷ 動 文 (帯やひもを)結ぶ．

矜 jīn
矛部4 四 1822₇
全9画 [通用]

❶ あわれむ．¶～恤 jīnxù (あわれみ恵む) / ～怜 jīnlián (あわれむ)．❷ 誇る．うぬぼれる．¶骄～ jiāojīn (おごり高ぶっている) / 自～其 qí 功(手柄を誇る)．❸ 緊張して，うちとけない．ひかえ目だ．¶～持 jīnchí / ～重 jīnzhòng (ひかえ目で慎重だ)．
☞ 矜 guān, qín
【矜持】jīnchí 形 堅苦しい．ぎこちない．¶态度～/ 態度が堅苦しい．¶第一次见面，大家有些～/ 初対面なので，皆少し堅くなっている．
【矜夸】jīnkuā 動 おごり高ぶる．傲慢になる．

筋(異勛) jīn
竹部6 四 8822₇
全12画 [常用]

❶ 素 筋肉．"肌肉 jīròu"の旧称．❷ 名 (～儿)〔根 gēn, 条 tiáo〕 靱帯(じんたい)．腱．¶筋～ tíjīn (牛や羊などのアキレス腱)．❸ 名 〔根 gēn, 条 tiáo〕皮膚に透けて見える静脈．¶青～ qīngjīn (青筋)．❹ 名 (～儿) すじ状で弾力のあるもの．¶叶～ yèjīn (葉脈) / 铁～ tiějīn (鉄筋) / 钢～ gāngjīn (鉄筋)．
【筋斗】jīndǒu 名〔个 ge〕とんぼ返り．¶翻个～ / とんぼ返りをする．同 跟头 gēntou
【筋骨】jīngǔ 名 筋肉と骨．体のこと．¶锻练～/ 体をきたえる．
【筋络】jīnluò 名 ❶《中医》気血の流れのすじ．❷ 静脈管．❸ 植物の網目状繊維．
【筋疲力尽[竭]】jīn pí lì jìn [jié] 成 疲れ切ってまったく力が出ない．同 精 jīng 疲力竭
【筋肉】jīnròu 名 筋肉．同 肌肉 jīròu 表現 現在では，"肌肉 jīròu"と言うのが普通．

禁 jīn
示部8 四 4490₁
全13画 [常用]

❶ 動 耐える．¶～得起考验(試練にたえうる)．❷ 素 こらえる．¶他不～笑起来(彼はこらえきれずに笑い出した)．
☞ 禁 jìn
【禁不起】jīnbuqǐ 動 持ちこたえられない．しっかりと受け止められない．¶～考验 / 試練に耐えられない．表現 人について言うことが多い．
【禁不住】jīnbuzhù 動 ❶ 持ちこたえられない．¶～风吹雨打 / 風雨に耐えられない．❷ 思わず…する．¶～笑起来了 / 思わず笑ってしまった．同 不由得 bùyóude 表現 ①は，人や物について言うことが多い．
【禁得起】jīndeqǐ 動 持ちこたえられる．¶～艰难困苦 / 若い人は困難や苦労に耐えられねばならない．表現 人について言うことが多い．
【禁得住】jīndezhù 動 (人や物が)持ちこたえられる．¶那座大楼～七级地震 dìzhèn / あのビルはマグニチュード7の地震でもだいじょうぶだ．
【禁受】jīnshòu 動 耐える．¶～不住打击 / 打たれることに耐えられない．同 忍受 rěnshòu, 经受 jīngshòu

襟 jīn
衤部13 四 3429₁
全18画 [次常用]

素 ❶ 服の胸前の部分．¶大～ dàjīn (中国服で，前右

あわせのもの) / 对~ duìjīn (中国服で,前中央あわせのもの). ❷ 姉妹の夫同士の間柄.あいむこ. ¶~兄 jīnxiōng (妻の姉の夫) / ~弟 jīndì (妻の妹の夫). [比較] ①で,日本語の「襟ᇙ」は"领子 lǐngzi"と言う.

【襟怀】jīnhuái 名 心の中.胸のうち. 回 胸怀 xiōnghuái,胸襟 xiōngjīn

【襟怀坦白】jīn huái tǎn bái 成 心が純粋無垢(ᡬ)だ.まったく邪心がない.

【襟翼】jīnyì 名 (飛行機の)下げ翼(ᡠ).フラップ.

仅(僅/異 廑) jǐn
亻部2　四 2724₀　全4画 [常用]

❶ 副 ただ.だけ. ¶不~如此(ただこのようであるばかりではない) / 绝不~有(めったにない). ❷ (Jǐn)姓.

☞ 只 jǐn

【仅供参考】jǐn gōng cānkǎo 句 ご参考まで. [表現] 相手に資料などを送る場合などの添えことば. [注意] "供"は一声で読む.

【仅见】jǐnjiàn 動 ❶ めったに見ることができない. ❷ …に見えるだけ. ¶这些字~于《文选》/ これらの字は『文選』の中でしかあらわれない.

*【仅仅】jǐnjǐn 副 …ただけだ.わずかに…だ. ¶~出产这两种商品 / わずか2種類の商品のみを生産している. ¶~够用的生活费 / 何とかまかなえる程度の生活費. 回 仅只 jǐnzhǐ [表現] "只 zhǐ"よりさらに強調した表現.

【仅只】jǐnzhǐ 副 わずかに….ただ…だ. ¶~会说几句中文 / わずかに片言の中国語ができるだけだ. 回 仅只 jǐnjīn

尽(儘) jǐn
尸部3　四 7730₃　全6画 [常用]

❶ 副 (方位をあらわす語の前につけて)いちばん.もっとも. ¶~底下 jǐndǐxià (いちばん下) / ~里头 jǐnlǐtou (いちばん奥). 同 最 zuì ❷ 動 できるだけ…する.全力で…する. ¶量 jǐnliàng / ~早 jǐnzǎo / ~着力气做(全力を尽くしてやる). ❸ 動 まっさきに…させる. ¶~着年纪大的坐(老人から先に座らせる) / ~熟的先吃(熟したものから先に食べる).

☞ 尽 jìn

*【尽管】jǐnguǎn ❶ 副 かまわず.どんどん. ¶想吃什么你就~吃,不要见外 / 食べたいと思ったらどんどん食べなさい,遠慮しないで. 同 尽 jǐn ❷ 副 方 いつも.たいてい. ¶你一天到晚~玩不行,快考试了 / 1日中遊んでばかりいてはだめ.もうすぐ試験になる. ❸ 接 確かに…だけれども(しかし…). ¶~身体不舒服,他还是参加了比赛 / 体調はすぐれなかったが,それでも彼は試合に出た. [用法] ❸は,いったん事実を肯定しておいて,あとに逆接の表現が続く.文の後半は"但是 dànshì,然而 rán'ér,还是 háishi"などで呼応することが多い.

【尽后头】jǐnhòutou 名 いちばん後ろ. 反 尽前头 jǐnqiántou

【尽可能】jǐnkěnéng 副 できるだけ. ¶我会~来帮你搬家 / できる限り,引っ越しの手伝いをしますよ. 同 尽其所有 jǐn qí suǒyǒu

【尽快】jǐnkuài 副 できるだけ早く. ¶希望~回信 / できるだけ早くお返事をください. [表現] 話しことばでは,"尽快 jìnkuài"と言うこともある.

*【尽量】jǐnliàng 副 できるだけ. ¶你~来吧！/ できるだけ来て下さい. ☞ 尽量 jìnliàng

【尽前头】jǐnqiántou 名 いちばん前. 反 尽后头 jǐnhòutou

【尽让】jǐnràng 動 方 …に任せる. …の自由にさせる.

回 任凭 rènpíng

【尽上头】jǐnshàngtou 名 いちばん上. ¶把~的拿下来 / いちばん上のものを下ろす. 反 尽下头 jǐnxiàtou

【尽外头】jǐnwàitou 名 いちばん外側.

【尽下头】jǐnxiàtou 名 いちばん下. 反 尽上头 jǐnshàngtou

【尽先】jǐnxiān 副 優先的に. ¶~照顾老人和小孩儿 / まず初めに老人と子供の面倒を見る.

【尽右边】jǐnyòubiān 名 いちばん右. 反 尽左边 jǐnzuǒbiān

【尽早】jǐnzǎo 副 できるだけ早く.早急に. ¶用完了,请~送回 / 使い終わったら,早く返して下さい. ¶今天你太累了,请~休息吧 / あなたは今日とても疲れているのですから,なるべく早くお休み下さい.

【尽自】jǐnzi 副 方 ❶ いつも. ¶她~笑着 / 彼女はいつもにこにこしている. ❷ 勝手に.意のままに. ¶你~去做,绝没问题 / あなたの思う通りにやっても,決して問題はありません.

【尽左边】jǐnzuǒbiān 名 いちばん左. 反 尽右边 jǐnyòubiān

荃 jǐn
艹部6　四 1771₂　全8画 [通用]

表 古代,婚礼のとき用いた,ユウガオの実を縦二つに割ったさかずき. ¶合~ héjǐn (婚礼のとき新郎新婦が,ユウガオで作ったさかずきを酌み交わす儀式.転じて結婚すること).

紧(緊) jǐn
糸部4　四 2790₃　全10画 [常用]

❶ 形 しっかりと固定している. ❷ 動 捆~ kǔnjǐn (きつく縛る). 反 松 sōng ❷ 形 ぴったりとくっついている. ¶~邻 jǐnlín / ~跟 jīngēn / ~接着(ぴったりくっついている). 反 松 sōng ❸ 形 ぴんと張っている. ¶拉~ lājǐn (ぴんと張る). 反 松 sōng ❹ 動 きつく締める. ¶把弦 xián ~一~ (楽器の弦をぎゅっと締める) / ~一下腰带 yāodài (ベルトをきつく締める). ❺ 形 絶え間なく続いている.ひっきりなしだ. ¶催 jǐncuī (しきりに催促する) / 风刮得~ (風がしきりに吹く) / 功课很~ (勉強が忙しい) / 抓~时间(時間をむだにしない). ❻ 形 (時間や事態が)差し迫っている. ¶~走 jǐnzǒu (急いで歩く) / ~要关头(せとぎわ) / 事情很~,情は急を要する). ❼ 形 金に余裕がない. ¶手头~ (金がない) / 银根 yíngēn~ (資金が窮屈である).

【紧巴巴】jǐnbābā 形 (~的) ❶ (服が小さくて)きつい. ¶衣服太小~地贴在身上 / 服が小さくて,体にぴっちりしている. ❷ (皮膚が)つっぱっている. ¶刚洗过的脸,脸上~ / 洗ったばかりだと,顔がつっぱる. ❸ 暮しに困っている. ¶日子过得总是~的 / 生活がいつも苦しい.

【紧绷绷】jǐnbēngbēng 形 (~的) ❶ (縛り方が)きつい. ¶鞋带系 ĵ 得~的 / 靴の紐をしっかり結ぶ. ❷ (心が)緊張している.(表情が)こわばっている. ¶脸~的 / 顔がこわばっている.

【紧逼】jǐnbī ❶ (相手に)ぐっと近づく. ❷ (相手に)迫る.強く要求する.

【紧闭】jǐnbì 動 ぴたりと閉じる. ¶~着嘴 / 口をかたく閉じている. ¶门窗~ / 門や窓が閉まっている.

【紧凑】jǐncòu 形 きっちりつまっている. ¶这次的旅程安排得很~ / 今回の旅行スケジュールはびっしりとして隙がない. 反 松散 sōngsǎn

【紧跟】jǐngēn 動 ぴったり後につく.

【紧箍咒】jǐngūzhòu 名〔趣 道 dào,个 ge〕(人の行動を)おさえ縛るもの. ¶要给这个孩子念念~,否则他太

放纵 fàngzòng 自己了／しっかり監督しないと、この子は勝手きままになりすぎる. 由来『西遊記』の中で、三蔵法師が孫悟空を従わせるときの呪文(咒文). これを唱えると、孫悟空の頭の金環が締まって激痛がおこる. 用法 常に"念"の目的語となる.
【紧急】jǐnjí 形 緊急の. ¶～电话／緊急電話. 同 急迫 jípò 比较 "紧急"はとても差し迫った情勢を言い、"要紧 yàojǐn"は、重要でおろそかにできない事を言う.
【紧急状态】jǐnjí zhuàngtài 名《国家の》緊急事態.
【紧紧】jǐnjǐn 形 ❶ 固くしまっている. ゆるくない. 同 牢固 láogu ❷ しっかりと固定している. きつい. ❸ はりつめている.
【紧邻】jǐnlín ❶ 名 すぐ隣. ¶我家的～／わが家のすぐ隣. ❷ 動 すぐ隣にある. ¶中国～越南／中国はベトナムのすぐ隣にある.
【紧锣密鼓】jǐn luó mì gǔ 成 配 鳴り物入り. 由来 ドラや太鼓をはげしく鳴らす、という意から. 同 密锣紧鼓
【紧密】jǐnmì 形 ❶ 密接だ. ¶～联系／密接に連絡する. 同 严紧 yánjǐn, 严密 yánmì ❷ 松散 sōngsǎn ❷ 絶えず続いている. ひっきりなしだ. ¶～的锣鼓 luógǔ ／ ひっきりなしに鳴るドラや太鼓の音.
【紧迫】jǐnpò 形 差し迫っている. ¶～感／差し迫った雰囲気. ¶形势非常～／状況がとても緊迫している.
【紧俏】jǐnqiào 形 売れ行きがよい. 人気があって、品不足だ. ¶～货／人気商品. ¶～产品／売れ筋製品.
【紧缺】jǐnquē 形《物資などが》非常に欠乏している.
【紧身衣】jǐnshēnyī レオタード.
【紧缩】jǐnsuō 動《規模を》小さくする. ¶～开支／支出を切りつめる. ¶～机构／機構を簡素化する.
【紧要】jǐnyào 形 大切な. 重要な. ¶～关头／大事な時. ¶无关～／大したことではない.
**【紧张】jǐnzhāng 形 ❶《精神的に》緊張している. 反 缓和 huǎnhé, 松懈 sōngxiè ❷ 激しい. 緊迫している. ¶～局势 júshì ／緊迫した局面. ¶工作很～／仕事がとても忙しい. 反 轻松 qīngsōng ❸《物が》不足している. ¶大城市的电力很～／大都市の電力はひっぱしている. 反 宽裕 kuānyù
【紧着】jǐnzhāo 動 "象棋"の用語. 対手に圧力をかける戦術の一つ. ⇒ 紧着 jǐnzhe
【紧着】jǐnzhe 動 口 スピードを上げる. 強化する. ⇒ 紧着 jǐnzhāo

堇 jǐn

艹部8　四 4410₅　全11画

名《植物·薬》スミレ. ¶～色 jǐnsè. ⇒ 堇菜 jǐncài
【堇色】jǐnsè 薄むらさき. スミレ色.

锦(錦) jǐn

钅部8　四 8672₇　全13画　常用

❶ 名 色鮮やかな絹織物. 錦(にしき). ¶～旗 jǐnqí ／～缎 jǐnduàn. ¶～上添花. ❷ 形 色鮮やかで美しい. ¶～霞 jǐnxiá《五色の霞》／～绣.
【锦标】jǐnbiāo 名 優勝カップ. 優勝旗. ¶日本队夺得 duódé～／日本チームは優勝を勝ち取った.
【锦标赛】jǐnbiāosài 名《スポーツ》選手権大会.
【锦城】Jǐnchéng 四川省成都市の別称. 由来 "锦官城"の略. 三国時代に錦織物を管理する役人が駐在していたことから.
【锦缎】jǐnduàn 名 錦の織物.
【锦鸡】jǐnjī 名《鳥》キンケイ. 同 金鸡 jīnjī
【锦葵】jǐnkuí 名《植物》ゼニアオイ.
【锦纶】jǐnlún ナイロン. 同 尼龙 nílóng, 耐纶 nàilún

参考 "尼龙"は、古い言い方.
【锦囊妙计】jǐn náng miào jì 成 いざという時に問題を解決できるうまいやり方. 由来『三国演義』第54回に見えることば.
【锦旗】jǐnqí 名 優勝旗.
【锦上添花】jǐn shàng tiān huā 成 美しいものにさらに美しいもので飾る. ¶真是～,好事成双／本当に錦に花を添えるように、めでたい事が重なった.
【锦绣】jǐnxiù ❶ 形 美しい. 輝かしい. ❷ 名 美しい絹織物. ¶五彩的～鲜丽 xiānlì 夺目 duómù ／色とりどりの美しい絹織物が、目を奪うほどの鮮やかさだ.
【锦绣河[江]山】jǐn xiù hé [jiāng] shān 成 美しい国土.
【锦绣前程】jǐnxiù qiánchéng 名 輝かしい前途. ¶努力开创～／すばらしい未来を切り開く.
【锦衣卫】jǐnyīwèi 名《歴史》明代の役所名. 参考 もとは皇帝の近衛(このえ)軍. 罪人の逮捕や処罰などを兼務し、のちに特務組織となった.
【锦衣玉食】jǐn yī yù shí 成 きれいな着物を着て珍しいものを食べる. ぜいたくな生活をするたとえ.
【锦州】Jǐnzhōu《地名》錦州(きんしゅう). 遼寧省中部にある市で、交通や軍事上の要衝.

谨(謹) jǐn

讠部11　四 3471₅　全13画　常用

❶ 形 慎重にする. 慎む. ¶～慎 jǐnshèn ／～守规章 guīchéng (規則をかたく守る). ❷ 副 謹んで. うやうやしく. ¶～启 jǐnqǐ (敬具) ／～领 jǐnlǐng (謹んで頂戴する) ／～向您表示祝贺 zhùhè (謹んでお祝い申し上げます).
【谨饬】jǐnchì 形 文 慎重だ. 慎み深い. 同 谨慎 jǐnshèn
【谨防】jǐnfáng 動 しっかりと身を守る. ¶～小偷／こそドロにご用心. ¶～假冒 jiǎmào ／にせものに注意. ¶～上当 shàngdàng ／だまされるな.
【谨慎】jǐnshèn 形便《何事に対しても》慎重だ. 慎み深い. ¶他做事一向小心～／彼は何をするにも細心で、慎重だ. 同 慎重 shènzhòng 反 疏忽 shūhu 比较 "谨慎"は人柄や言行がひかえ目で、慎み深いこと. "慎重 shènzhòng"は、広く行いや態度が軽率でないことを言う.
【谨小慎微】jǐn xiǎo shèn wēi 成 贬《小さなことばかり気にしすぎて》びくびくする. ¶他做事总是～／彼は何をするにもいつも小心でびくびくしている.
【谨严】jǐnyán 形 慎重で厳密だ. ¶他的老师治学态度很～／彼の先生の研究態度はとても厳密だ. 同 严谨 yánjǐn
【谨言慎行】jǐn yán shèn xíng 成 ことばや行いを慎み深くする.

馑(饉) jǐn

饣部11　四 2471₅　全14画　通用

名《天災による》凶作. 天災. ¶饥～ jījǐn (飢饉).

瑾 jǐn

王部11　四 1411₅　全15画　通用

名 美しい玉(ぎょく). ¶～瑜 jǐnyú (美しい玉).

槿 jǐn

木部11　四 4491₅　全15画　通用

名《植物》ムクゲ. 同 木槿 mùjǐn

仅(僅) jǐn

亻部2　四 2724₀　全4画　常用

副 文《数が》…に近い. わずかに…だ. ¶士卒 shìzú～万人 (士兵が1万人に近い).

☞ 仅 jǐn

尽(盡) jìn
尸部 3　四 7730₃
全6画 [常用]

❶ [動] 尽きる. 終わる. ¶ 无穷无~(成) 尽きることがない / 取之不~(成) いくら取っても尽きない / 油~了,灯灭 miè 了 (油がきれると, 灯が消えた). ❷ [素] ぎりぎりまで達する. ¶ ~善~美 / ~头 jìntóu. ❸ [動] すべて使う. ¶ ~心 jìnxīn / ~力 jìnlì / ~其 qí 所有. ❹ [動] ~を尽くしてなしとげる. ¶ ~职 jìnzhí / ~责(責任を果たす). ❺ [副] すべて. ¶ ~人皆 jiē 知 / ~数 shù 收回 (すべてを取り戻す).

☞ 尽 用

【尽力】jìn//lì 尽力する. 力を尽くす. ¶尽过力 / 全力を出し尽くす. ¶尽不了力 / 力を十分出せない. [同] 竭力 jiélì.

【尽力而为】jìn lì ér wéi (成) 精一杯やる.

【尽量】jǐnliàng [動] 限界までやる. ¶喝酒不敢~ / 酒をとことん飲むことができない. ¶最近胃 wèi 不好,饭不敢~ / このごろ胃の調子がよくないので,お腹いっぱい食べる気になれない. [表現] 酒や食事について言うことが多い. ☞ 尽量 jǐnliàng.

【尽其所有】jìn qí suǒyǒu (句) できるだけのことをする. [同] 尽(其)可能 kěnéng, 尽其在 zài 我 wǒ.

【尽情】jìnqíng [副] 思う存分. 心ゆくまで. ¶~唱歌 / 存分に歌う. ¶~欢笑 / 思う存分に笑い楽しむ. ¶~说理 / 情理を尽くす. 人情と義理を果たすこと. [同] 纵情 zòngqíng.

【尽人皆知】jìn rén jiē zhī (成) 皆が知っている. ¶他们俩在谈恋爱,已是~的事了 / あの二人がつきあっていることは,もう皆に知れわたっている.

【尽人事】jìn rénshì (句) やるべきことをすべてやる. ¶~,听天命 / 人事を尽くして天命を待つ.

【尽如人意】jìn rú rén yì (成) すべてが自分の思いのままだ.

【尽善尽美】jìn shàn jìn měi (成) 完ぺきで非の打ち所がない. ¶做任何事情,都应该力求~ / いかなる事をするにも,完全無欠を目指すよう努力するべきだ. [由来] 『論語』八佾(いつ)に見えることば.

【尽是】jìnshì [副] ことごとく…だ. …だらけだ. ¶这儿有的~木头 / ここにあるのは~木材だ.

【尽收眼底】jìn shōu yǎn dǐ (成) 全景を見渡せる. 一望できる.

【尽数】jìnshù [副] すべて. ¶欠款 qiànkuǎn~归还 guīhuán / 借金はすべて返済した. ¶~用掉了 / すべて使い切った.

【尽头】jìntóu [名] 果て. 終わり. ¶马路的~有一所医院 / この通りのいちばん奥に病院がある. ¶学习是没有~的 / 勉強に終わりはない. [同] 止境 zhǐjìng.

【尽孝】jìn//xiào 孝行を尽くす.

【尽心】jìn//xīn [動] 心を尽くす. ¶~尽力 / 全力を尽くす. ¶我也对他尽了一点心 / 私も彼には気を遣った.

【尽心竭力】jìn xīn jié lì (成) 全力を尽くす.

【尽兴】jìnxìng ❶ [動] 興(きょう)を尽くす. ¶~而返 / 十分満足してもどる. ¶今天要喝今~ / 今日は心ゆくまで飲みましょう. ❷ [副] 心ゆくまで.

【尽义务】jìn yìwù (句) ❶ 任務を果たす. 本分を尽くす. ❷ 無償で働く.

【尽责】jìn//zé [動] 全力で責任を果たす.

【尽职】jìn//zhí [動] 忠実に職務を果たす. ¶~尽责 / 職責を果たす. ¶大家已尽到职了 / 皆さんは職務をりっぱに遂行されました.

【尽忠】jìn//zhōng [動] ❶ 忠誠を尽くす. ¶~报国 bàoguó / 忠誠を尽くして国に報いる(国の役に立つことをする). ❷ 正義の戦いの犠牲になる. ¶为国~ / 国のために命を捨てる.

进(進) jìn
辶部 4　四 3530₀
全7画 [常用]

Ⅰ ❶ [動] 入る. (2) 退 tuì ¶ 请 chū / 请~ / お入りください. ¶ 列车~站,请注意 / 列車がホームに入ります,お気をつけ下さい. ¶ 你怎么不~屋,站在这儿? / なぜ部屋に入らないで,ここに立っているのですか. ¶ ~监狱 jiānyù / 監獄に入る. ¶ 从外边~来一股 gǔ 冷风 / 外から冷たい風が入ってきた.

❷ 進む. (2) 退 tuì ¶ 两国关系更~了一步 / 両国の関係には一段と前進した. ¶ 只能向前~,不能往后退 / 前進あるのみ, 後退してはならない.

❸ (金や商品が)入る. (人員を)受け入れる. ¶ ~款 jìnkuǎn. ¶ 昨天商店里刚~了一批货 / 昨日店で品物が入ったところだ. ¶ 我们厂最近~了好多新设备 / 最近私たちの工場には新しい設備がたくさん入った. ¶ 我们单位去年没~过人 / うちの職場は去年人を入れなかった.

❹ 呈上する. 献上する. ¶ ~奉 jìnfèng / 進呈する. ¶ ~言 jìnyán.

❺ 方向補語として. ¶ 走~教室 / 教室に入る. ¶ 调 diào~不少技术人员 / たくさんの技術人員を入れる. ¶ 引~国外的新技术 / 国外の新しい技術を導入する.

Ⅱ [量] 中国の伝統的家屋において,中庭を中心とするユニットを"进"と呼び,奥に向かって中庭群を重層させる構造を数える際に用いる.

Ⅲ (Jìn)姓.

【进逼】jìnbī [動] (軍隊が)前に進んで敵地に迫る.

【进兵】jìnbīng [動] 兵を進める. ¶ ~中原 Zhōngyuán / 中原に兵を進める.

*【进步】jìnbù ❶ [動] 進歩する. ¶虚心 xūxīn 使人~,骄傲使人落后 / 虚心は人を進歩させ, 傲慢(ごう)は人をだめにする. ¶小妹的成绩比去年~了很多 / 妹の成績は去年よりとても向上した. [同] 提高 tígāo (2) 落后 luòhòu,退步 tuìbù ❷ [形] 進歩的だ. ¶ ~人士 rénshì / 進歩的な人士. (2) 落后 luòhòu,保守 bǎoshǒu.

【进餐】jìn//cān [動] [按时~ / 時間通りに食事をとる. [参考] "吃饭 chīfàn"のあらたまった言い方.

【进场】jìnchǎng [動] ❶ (芝居などで)役者が舞台に出てくる. ❷ 受験する. [由来] ❷は科挙の試験で試験会場に入ることを指したことから.

【进城】jìn//chéng [動] 町に入る. 町へ行く.

【进程】jìnchéng [名] ものごとが変化していくプロセス. ¶ 历史发展的~ / 歴史の発展過程.

【进尺】jìnchǐ [名] (鉱業) 採掘や掘削作業の進度. [参考] 単位は"米" (メートル).

【进出】jìnchū ❶ [動] 出たり入ったりする. ¶ 由这个门~ / この門から出入りする. ❷ [名] 収入と支出. ¶ 每天都有好几万元的~ / 毎日数万元もの取り引きがある.

【进出口】jìnchūkǒu [名] 輸出入. ¶ ~平衡 pínghéng / 輸出入のバランス. ¶ ~公司 / 貿易会社.

【进抵】jìndǐ [動] (軍隊が)ある場所に到達する.

【进度】jìndù [名] (仕事や勉強の)進みぐあい. ¶ ~表 / 作業進行表. ¶ 工程的~太慢,可能无法按时完工 / 工事の進行が遅すぎて,おそらく予定通りには完成できないだろう.

【进而】jìn'ér [接] さらに一歩進んで. そのうえで. ¶ 先行经济改革,~政治改革 / 経済の改革を先行させ,そのうえ

で政治改革を行う．比較"进而"は，さらに一歩進めて行うことを強調するが，"从而 cóng'ér"は前の文を受けて，「その結果…だ」という因果関係をあらわすこともある．

【进犯】jìnfàn 動（敵軍が他国の領土を）侵犯する．⇔侵犯 qīnfàn

*【进攻】jìngōng 動 ❶（軍隊が）攻め込む．進攻する．¶向敌人～／敵に向かって攻め込む．⇔防守 fángshǒu, 防御 fángyù, 退却 tuìquè ❷（スポーツなどで）攻め込む．⇔防守 fángshǒu

【进贡】jìn/gòng 動 朝貢する．¶进了三回贡／3回朝貢する．

*【进化】jìnhuà 動 進化する．¶人是从类人猿 lèirényuán—而来的／人は類人猿から進化した．⇔退化 tuìhuà

【进化论】jìnhuàlùn 名《生物》進化論．

【进货】jìn/huò 動 商品を仕入れる．¶～价格／仕入れ価格．~帐／商品仕入れ帳．

【进击】jìnjī 動 進撃する．⇔进攻 jìngōng

【进见】jìnjiàn 動 出かけていってお会いする．¶新大使明天～首相 shǒuxiàng／新しい大使は明日首相に会う．

【进军】jìnjūn 動 進軍する．¶目標に向かって進む．

*【进口】jìn//kǒu 動 ❶ 船が入港する．❷ 輸入する．¶～货／輸入品．⇔出口 chūkǒu

【进口】jìnkǒu 名（～儿）〔处 chù,个 ge〕建物などの入り口．¶请你从那边的～进来／向こうの入り口からお入り下さい．

【进款】jìnkuǎn 名 収入．¶増加～／収入を増やす．表现 個人・家庭・団体など，比較的小規模な組織の収入を言う．

*【进来】jìn//lái 動 ❶ 入ってくる．¶进教室里来／教室に入ってくる．¶请～（请～）／どうぞお入り下さい．⇔出来 chūlái,出去 chūqù ❷ 動詞の後に置いて，動作が外から中に向かって行われることをあらわす．¶从外面走进～／外から一人入ってきた．

【进门】jìn//mén 動 ❶ 門を入る．❷（学問などの）初歩を学ぶ．❸ 嫁入りする．

【进取】jìnqǔ 動 ものごとに積極的に取り組む．¶～心／積極性．¶不思～／前向きの姿勢ではない．

*【进去】jìn//qù 動 ❶ 入っていく．¶明天我进城去／あす私は街に出かける．⇔出去 chūqù,出来 chūlái ❷ 動詞の後に置いて，動作が外から中に向かって行われることをあらわす．¶把桌子搬进楼去／テーブルを建物に運び入れる．¶走～／入っていく．

*【进人】jìnrù 動（ある場所・時期・段階）に至る．入る．¶～学校／学校に入学する．¶～新阶段／新しい段階に進む．¶他一躺 tǎng 下来就～了梦乡 mèngxiāng／彼は横になったかと思うとすぐに夢の世界へと入ってしまった．

【进身】jìnshēn 動 立身出世する．¶～之阶 zhī jiē／出世の道．

【进深】jìnshēn[-shen] 名 庭や部屋の奥行き．

【进食】jìnshí 動 ご飯を食べる．

【进士】jìnshì 名〔歴史〕〔個 个 ge,名 míng,位 wèi〕進士．科挙の殿試に合格した者に与えられた資格．

【进水闸】jìnshuǐzhá 動 水門．取水口．

【进退】jìntuì 動 ❶ 進むことと退くこと．¶～自如／進退は思いのままである．❷ 立ち居振舞い．¶不知～／身の程をわきまえない．

【进退两难】jìn tuì liǎng nán 成 にっちもさっちもいかない．⇔进退维谷 wéi gǔ

【进退失据】jìn tuì shī jù 成 行動のよりどころをなくす．

【进退维谷】jìn tuì wéi gǔ 成 万事休す．⇔进退两难 liǎng nán

【进位】jìnwèi 動《数学》位を上げる．繰り上げる．

【进香】jìn/xiāng 動《宗教》仏教や道教の聖地・名山・寺院に参拝する．由来 「線香を上げる」という意味から．表现 特に遠方から訪れる場合にいう．

【进项】jìnxiang 名〔個 笔 bǐ〕収入．現金収入．¶农民的～有了増加／農民の収入は増加している．

*【进行】jìnxíng 動 行う．¶～讨论／討論する．¶工作～得很顺利／仕事が順調に進んでいる．⇔停止 tíngzhǐ

【进行曲】jìnxíngqǔ 名〔支 zhī〕行進曲．マーチ．

*【进修】jìnxiū 動（在職の人が技術を高めたり資格を取るために，しばらくの間休職して）研修する．¶～班／研修クラス．¶哥哥将在夏天出国～／兄は夏に外国へ研修留学する予定だ．

【进言】jìn//yán 動 進言する．目上の人に意見を申し上げる．¶大胆 dàdǎn～／大胆に進言する．¶向您进一言／ひとこと申し上げます．

*【进一步】jìnyíbù 副 さらに．いっそう．¶～发展友好关系／友好関係をいっそう深める．¶～具体研究／より具体的に検討する．

【进展】jìnzhǎn 動 進展する．¶谈判有了很大的～／交渉は大きな進展をみせた．¶高速公路的工程～得很快／高速道路の建設工事は順調に進んでいる．⇔停顿 tíngdùn

【进占】jìnzhàn 動《軍事》進軍して占領する．

【进站】jìnzhàn 動（列車が）ホームに入る．（バスが）停留所に止まる．¶火车～了／汽車が駅に入った．

【进账】【帐】jìnzhàng 名 収入．収益．

【进驻】jìnzhù 動 進駐する．¶部队已～该市／部隊がすでにその町に進駐した．

近 jìn

辶部 4　四 3230₂
全 7 画　常用

❶形（距離や時間が）近い．¶～郊 jìnjiāo／附～ fùjìn（付近）／～来 jìnlái／～百年史（近百年史）／东京离横滨 Héngbīn 很～（東京は横浜にとても近い）．⇔远 yuǎn ❷ 親しい．¶～亲～ qīnjìn（親しい．親しくする）／～亲 jìnqīn／平易～人（人柄がきさくで近づきやすい）．⇔远 yuǎn ❸ 分かりやすい．¶浅～ qiǎnjìn（分かりやすい）／言～旨 zhǐ 远（ことばは分かりやすく，意味は深い）．❹ 殆 ほぼ…だ．…に近い．¶～似 jìnsì／相～ xiāngjìn（ほぼ同じだ）／本市的人口～十万（本市の人口は10万人に近い）．

【近便】jìnbiàn 近くて便利だ．¶从这条小路走～些／この路地を行った方が近道だ．

【近程】jìnchéng 名 近距離．¶～导弹／近距離ミサイル．

【近处】jìnchù 名 近所．¶把车停在～／車を近くにとめる．

【近代】jìndài 名 ❶ 近代．❷ 資本主義時代．表现 ① は，中国では1840年のアヘン戦争から1919年の五四運動までを指すことが多い．日本語の「近代的な」「モダンな」という意味ではふつう"现代 xiàndài"を用いる．

【近道】jìndào 名〔条 tiáo〕近道．¶走～／近道をする．¶抄 chāo～をする．⇔近路 jìnlù

【近东】Jìndōng 名《地名》近東．

【近古】jìngǔ 名 近古．近世．参考 中国の歴史区分では，宋から元・明・清までを指す．

【近海】jìnhǎi 名 近海. 反 远海 yuǎnhǎi, 远洋 yuǎnyáng
【近乎】jìnhu ❶ 動 …に近い. ¶他的看法～幼稚 yòuzhì / 彼の考えは幼稚だと言っていい. ❷ 名 方 (～儿) 親しい間柄.
【近郊】jìnjiāo 名 近郊. ¶上海～的农村 / 上海近郊の農村. 反 远郊 yuǎnjiāo
【近景】jìnjǐng 名 ❶近景. 反 远景 yuǎnjǐng ❷現在の状況. 反 远景 yuǎnjǐng
【近距离】jìnjùlí 名 近距離.
【近况】jìnkuàng 名 近況. ¶你知道他的～如何？/ 彼の近況を知りませんか.
*【近来】jìnlái 名 このごろ. 現在までの最近. ¶～她身体健康 / 近ごろ彼女はとても健康だ.
【近邻】jìnlín 名 となり近所. ¶他家和我家是～ / 彼の家と私の家はすぐ近くにあります. ¶远亲 yuǎnqīn 不如～ / 遠くの親戚は近くの隣人に及ばない.
【近路】jìnlù 名 近道. 同 近道 jìndào
【近年】jìnnián 名 近年. ¶～来他的生意都很顺利 / ここ数年, 彼の商売はとても順調だ.
【近旁】jìnpáng 名 そば. 近く. ¶学校～有个商店 / 学校のわきに売店がある. 同 附近 fùjìn, 旁边 pángbiān
【近期】jìnqī 名 近いうち. ¶～内可以给你答复 dáfù / 近いうちに回答いたします.
【近前】jìnqián ❶ 動 近づく. ❷ 名 方 近く. 目の前.
【近亲】jìnqīn 名 血のつながりの近い親族. 反 远亲 yuǎnqīn
【近亲繁殖】jìnqīn fánzhí 名 ❶近親交配. ❷人員の養成や採用の際, 縁故のある者ばかりが集中すること.
【近人】jìnrén 名 ❶近年の人. ❷自分と関係が近い人. 表現 ①は, 中華民国の時代の人について言うことが多い.
【近日】jìnrì 名 このごろ. ¶～来 / このごろ. 同 近来 jìnlái 表現 すでに過ぎ去った数日を言い, これから来る日々については言わない.
【近世】jìnshì 名 近世. 近代.
【近视】jìnshì 形 ❶近視だ. ¶～镜 / 近視めがね. ～眼 / 近眼. 反 远视 yuǎnshì ❷見識がせまい. ¶他看这个问题太～ / 彼はこの問題の見方がとても近視眼的だ.
【近水楼台】jìn shuǐ lóu tái 成 喩 関係の近い人が先に得をすること. 由来 宋の蘇麟の詩 "近水楼台先得月, 向阳花木易为春" (水に近き楼台は先に月を得, 陽に向う花木は春になり易し) から. 水辺の楼台は真っ先に月が照らし, 日向(ひなた)の花や木は春になるのが早いという意.
【近水楼台先得月】jìn shuǐ lóu tái xiān dé yuè → 近水楼台
【近似】jìnsì 動 よく似ている. ¶他们的口音有些～ / 彼らの発音はよく似ている.
【近似值】jìnsìzhí 名《数学》近似值.
【近卫军】jìnwèijūn 名 近衛(このえ)軍.
【近义词】jìnyìcí 名《言语》類義詞.
【近因】jìnyīn 名 直接の原因. 反 远因 yuǎnyīn
【近于】jìnyú 動 …に近い. ¶他的话～误解 wùjiě / 彼の話はほとんど誤解だ.
【近在咫尺】jìn zài zhǐ chǐ 成 すぐ近くにある. 同 近在眉睫 méi jié
【近战】jìnzhàn 名《军事》接近戦.
【近朱者赤, 近墨者黑】jìn zhū zhě chì, jìn mò zhě hēi 成 朱に交われば赤くなる.

妗 jìn

女部4 四 4842₇ 全7画 通用

素 ❶ 母の兄弟の妻. おば. ¶～母 jìnmǔ (おば). ❷ 妻の兄弟の妻. ¶～子 jìnzi.
【妗子】jìnzi 名 ❶ 母の兄弟の妻. おばさん. ❷ 妻の兄弟の妻. ¶大～ / 妻の兄嫁. ¶小～ / 妻の弟の嫁.

劲(勁) jìn

力部5 四 1412₇ 全7画 通用

名 ❶ (～儿) 〔量 把 bǎ, 股 gǔ〕力. ¶用～ yòngjìn (力を入れる) / 有多大～, 使多大～ (ありったけの力を出す) / 全身没～ (体に元気がない). ❷ (～儿) 〔量 股 gǔ〕意欲. ¶干活儿起～ (仕事に張り切る) / 鼓足干～ gǔ zú gàn jìn 成 大いに意気込む. ❸ おもしろみ. ¶下棋没～ (将棋はおもしろくない). ❹ (～儿) …さ. …なようす. ¶白～儿 báijìnr (白さ) / 香～儿 xiāngjìnr (香りのよさ) / 咸～儿 xiánjìnr (塩からさ加減) / 傲慢～ (儿) àomànjìn(-r) (いばったようす).
☞ 劲 jìng
【劲头】jìntóu 名 (～儿) 〔量 股 gǔ〕❶ 力. ¶他身体好, ～大 / 彼は体が丈夫で力もある. ❷ 意気込み. 気合い. ¶～不足 / 意気込みが足りない. ¶～十足 / 意気込みが十分にある.

荩(藎) jìn

艹部6 四 4430₃ 全9画 通用

❶《植物》コブナグサ. 同 荩草 jìncǎo ❷ 素 文 忠实だ. ¶～臣 jìnchén (忠臣).

浕(濜) Jìn

氵部6 四 3713₃ 全9画 通用

素 地名用字. ¶～水 Jìnshuǐ (湖北省を流れる川の名).

晋(晉) jìn

日部6 四 1060₁ 全10画 常用

❶ 素 前に進む. ¶～见 jìnjiàn / ～级 jìnjí. ❷ (Jìn) 名 晋. 周代の国の名. 現在の山西省を中心とする地. ❸ (Jìn) 山西省の別称. ❹ (Jìn) 名 晋. 司馬炎の建てた国 (265-420). 前半を "西晋", 後半を "东晋" と言う. ❺ (Jìn) 名 後晋. 五代の一つ. 石敬瑭(せきけいとう)の建てた国 (936-946). ❻ (Jìn) 姓.
【晋级】jìn//jí 動 (給料や地位が) 上がる. ¶又晋了一级 / また一つ昇格した. 同 升级 shēngjí 反 降级 jiàngjí
【晋见】jìnjiàn 動 文 出向いて (目上の人に) お目にかかる. 同 进见
【晋剧】jìnjù 名《芸能》晋劇(きょく). 山西省の地方劇. 同 山西梆子 Shānxī bāngzi, 中路 zhōnglù 梆子
【晋升】jìnshēng 動 文 昇進する. ¶～一级工资 / 給料が一ランク上がる. 同 晋级 jìnjí, 提升 tíshēng
【晋谒】jìnyè 動 文 謁見する. 拝謁する. ¶～老太爷 / ご尊父に拝謁つかまつる. 同 进见 jìnjiàn

赆(贐/异賮) jìn

贝部6 四 7783₅ 全10画 通用

名 ❶ 別れる人への贈り物. 餞別(せんべつ). ¶～仪 jìnyí (餞別). ❷ 外国からの朝貢品.

烬(燼) jìn

火部6 四 9783₃ 全10画 通用

素 燃えかす. ¶灰～ huījìn (灰燼(かいじん)) / 余～ yújìn (燃えかす).

浸 jìn

氵部7 四 3714₇ 全10画 常用

❶ 動 液体にひたす. ¶～种 jìnzhǒng / 把豆腐～在凉

水里(豆腐を冷水にひたす). ❷[動] 染み込む. ¶~透 jìntòu. ❸[副][文] しだいに…する. ¶~渐 jìnjiàn (しだいに) / 友情~厚(友情がだんだんと厚くなる).
【浸沉】jìnchén [動](ある境地や考えに)ひたる. どっぷりつかる. 同沉浸
【浸膏】jìngāo [名][薬]エキス剤.
【浸没】jìnmò [動] ❶水没する. 水びたしになる. ❷(ある境地や考えに)ひたる. 同 chén 浸
【浸泡】jìnpào [動] 液体にひたす. ¶~稻种 dàozhǒng / イネの種子を水にひたす.
【浸染】jìnrǎn [動] ❶(観念や思想などが)染み込む. 徐々に浸透する. ❷(液体が)染み込む. 染まる. ¶血液 xuèyè~了白衬衣 / 血液が白いシャツを染めた.
【浸润】jìnrùn [動](液体が)少しずつ染み込む. ¶墨水 mòshuǐ 在纸上~开来 / インクが紙に染み込む.
【浸蚀】jìnshí [動] 浸食する. ¶岩石 yánshí 受到风雨的~ / 岩石が風雨に浸食される.
【浸透】jìntòu [動] ❶ 染み込む. ❷(考えや気持ちが)すみずみまで行きわたる. ¶~封建思想 / 封建思想が浸透する. [表現]❷は, よくない思想や感情について言うことが多い.
【浸种】jìn/zhǒng [動][農業] 種子を発芽しやすくするためにあらかじめ水や温水にしばらくひたす.
【浸渍】jìnzì [動] ぬらす. 漬(つ)ける. ¶放在盐水 yánshuǐ 里~ / 塩水に漬ける.

瑾(瑾) jǐn 王部7 全11画 [四] 1513₀ [通用]
[名] 玉(ぎょく)のように美しい石. 同 瑾 jǐn [用法] 人名に用いられることが多い.

祲 jìn ネ部7 全11画 [四] 3724₇ [通用]
[名] 不吉な気配.

靳 jìn 革部4 全13画 [四] 4252₁
❶ [動] 物惜しみする. ❷(Jìn)姓.

禁 jìn 示部8 全13画 [四] 4490₁ [常用]
❶ [動] 禁止する. ¶~赌 jìndǔ / ~烟 jìnyān. ❷[索] 法律や慣習で許されない事項. ¶犯~ fànjìn (タブーを犯す) / 违~品 wéijìnpǐn (禁制品). ❸[表] 無理に閉じ込める. ¶~闭 jìnbì / 监~ jiānjìn (監禁する). ❹[索] 皇帝の住むところ. ¶~中 jìnzhōng (禁中) / 紫~城 Zǐjìnchéng (紫禁城) / 宫~ gōngjìn (宮殿). ❺[動] 縁起(えんぎ)の悪いことを避ける. ¶~忌 jìnjì. ❻(Jìn)姓.
☞ 禁 jīn
【禁闭】jìnbì [名][動] 禁固処分(にする). ¶关~ / 監禁する. ¶~三天 / 3日間監禁する.
【禁地】jìndì [名] 立ち入り禁止区域. ¶军事 jūnshì~不准进出 / 軍の立ち入り禁止地区につき, 出入りを禁止する. 同 禁区 jìnqū
【禁电】jìndiàn [名] "禁止电动自行车"(電動自転車禁止)の略. [参考] 2006年11月に, 広州市で電動自転車での走行禁止令が公布され, 一部の都市でも導入が検討されている.
【禁毒】jìn/dú [動] 麻薬の使用・販売・製造を禁じる.
【禁赌】jìn//dǔ [動] ばくちを禁じる.
【禁放】jìnfàng [動](花火や爆竹の)点火や打ち上げを禁止する.
【禁飞区】jìnfēiqū [名] 飛行禁止区域.
【禁锢】jìngù [動] ❶ 牢に監禁する. ¶~犯人 / 犯人を投

獄する. ❷ 束縛する. ¶~人们的思想 / 人々の思想を束縛する.
【禁忌】jìnjì [動] ❶ 忌み嫌う. ¶百无~ / 忌み嫌うものは何もない. ❷[名] タブー. ¶在乡村里还有许多~和迷信存在 / 田舎の方にはまだたくさんのタブーや迷信が残っている.
【禁酒】jìn/jiǔ [動] 飲酒を禁じる.
【禁绝】jìnjué [動] 禁止して根絶する.
【禁例】jìnlì [名] 禁止条例. ¶违反~ / 禁止条例に違反する.
【禁猎】jìnliè [動] 狩猟を禁じる.
【禁令】jìnlìng [名][動] 道 dào, 条 tiáo, 项 xiàng〕 禁止令. 禁止条例. ¶解除~ / 禁止令を解除する. ¶违反~ / 禁止令に違反する.
【禁脔】jìnluán [名] 誰にも分け与えず, 独り占めにする大事なもの. [由来] "脔"はこま切れにした肉の意. 『晋書』謝混伝の語.
【禁鸣】jìnmíng [動] クラクション禁止にする.
【禁区】jìnqū [名] 〔个 处 chù, 个 ge〕 ❶(関係者以外)立ち入り禁止区域. ¶军事 jūnshì~ / 軍の立ち入り禁止地区. 同 禁地 jìndì ❷ 動植物の保護や科学実験などのための立ち入り禁止区域. ¶这里一带是水鸟生态保护的~ / このあたり一帯は水鳥の生態保護地区である. ❸[医学] 生命に危険を及ぼす可能性があるため, 手術や鍼灸(しんきゅう)をしてはいけない部位. ❹(スポーツ)(サッカーなどの)ペナルティーエリア.
【禁赛】jìn//sài (スポーツ)(ペナルティーとして)出場停止にする.
【禁食】jìnshí [動][名] 一定時間内は, 食事をとらない(こと). 絶食(する). 断食(する). [参考] 古代では, 養生術の一つ. 現代では, 胃カメラの前に食事をとらないことなど.
【禁书】jìnshū [名] 〔本 běn, 部 bù, 套 tào〕 禁書. 出版したり読んではいけない本.
【禁烟】jìnyān [動] 禁煙にする. ¶几乎所有的班机都~ / ほとんどすべての飛行機が禁煙である. [用法] アヘンの禁止という意味でも用いる. 「禁煙する」は"戒烟 jièyān"を使うことが多い.
【禁渔】jìnyú [動] 禁漁する.
【禁欲】jìnyù [動] 禁欲する.
【禁欲主义】jìnyù zhǔyì [名] 禁欲主義.
【禁苑】jìnyuàn [名] 皇帝の御苑(ぎょえん). 禁苑(きんえん).
【禁运】jìnyùn ❶[動] 禁輸. ¶~品类 pǐnlèi / 禁輸品目. ❷[動] 運輸禁止する. ¶~黄色杂志 / ポルノ雑誌の輸入を禁じる.
*【禁止】jìnzhǐ [動] 禁止する. ¶~吸烟 / 喫煙禁止. ¶~车辆通行 / 車両通行止め. 同 禁阻 jìnzǔ [反] 允许 yǔnxǔ
【禁制品】jìnzhìpǐn [名] 禁制品.
【禁阻】jìnzǔ [動] 禁止する. 阻止する. 同 禁止 jìnzhǐ

缙(縉)(異 搢) jìn 纟部10 全13画 [四] 2116₁ [通用]
❶[名][文] 赤い色の絹織物. ❷→缙绅 jìnshēn
【缙绅】jìnshēn [名] ❶ 古代の高官の衣装. ❷〔名 míng, 位 wèi〕高官. 同 搢绅 jìnshēn

觐(覲) jìn 见部11 全15画 [四] 4711₂ [通用]
[表] ❶(君主に)まみえる. ¶~见 jìnjiàn / 朝~ cháojìn (拝謁する). ❷(聖地に)お参りする.
【觐见】jìnjiàn [動][文] 君主に拝謁(はいえつ)する. ¶~天子 tiānzǐ / 天子に朝見する.

殣嗪茎京泾经　jìn - jīng　569

殣 jìn
歹部11　四 1421₅
全15画　通用

[動] ❶ 埋める. ❷ 飢え死にする.

噤 jìn
口部13　四 6409₁
全16画　通用

[素] ❶ 口を閉じて何も言わない. ¶~声 jìnshēng（押し黙る）/ ~若寒蝉 jìn ruò hán chán. ❷ 寒くてぶるぶる震える. ¶寒~ hánjìn（寒さによる身震い）.

【噤若寒蝉】jìn ruò hán chán **[成]** 秋の蝉のように口をつぐんでいる. 声を立てられないようす. ¶在严厉的检阅 jiǎnyuè 制度下, 新闻舆论 yúlùn 都~ / 厳しい検閲制度のもとでは, ジャーナリズムも世論もみな口をつぐむ. **[由来]** 『後漢書』杜密(ﾐﾂ)伝に見えることば.

---

jīng　ㄐㄧㄥ [tɕiəŋ]

茎(莖) jīng
艹部5　四 4410₂
全8画　常用

❶ **[名]** 植物のくき. ¶地下~ dìxiàjīng（地下茎）. ❷ **[量]** 細長いものを数えることば. ¶几~小草（数本の小さな草）/ 数~白发 báifà（数本の白髪）/ 千~修竹（たくさんの長い竹）. ❸（Jīng）姓. **[用法]** ②は, 具体的な数量をあらわす語としては用いることはできない. "茎"の前には"数 shù", "几 jǐ"など概数をあらわす語を用いる. **[注意]** つくりが"圣"ではなく"巠"であることに注意.

京 jīng
亠部6　四 0090₆
全8画　通用

❶ **[素]** 首都. ¶~城 jīngchéng / ~师 jīngshī. ❷（Jīng）**[素]** 北京の略称. ¶~剧 jīngjù / ~腔 jīngqiāng / ~味儿 jīngwèir. ❸ **[数]** 古代の数の単位. 京(ｹｲ). 一千万. ❹（Jīng）姓.

【京白】jīngbái **[名]** 京劇の中で使われる北京語のセリフ.
【京城】jīngchéng **[名]** **[旧]** 国の首都. **[同]** 京都 jīngdū, 京师 jīngshī
【京都】jīngdū **[名]** **[文]** 国都. 都. **[同]** 京师 shī
【京都议定书】Jīngdū yìdìngshū **[名]** (国连の)京都議定書.
【京二胡】jīng'èrhú **[名]** 《音楽・芸能》胡琴(ｷﾝ)の一種. "京胡"と"二胡"の間の音域をカバーする. **[同]** 嗡子 wēngzi **[参考]** 京劇の伴奏用に開発された新しい楽器.
【京官】jīngguān **[名]** **[旧]** 中央の役人. **[反]** 地方 dìfāng 官
【京胡】jīnghú **[名]** 《音楽・芸能》胡琴(ｷﾝ)の一種. 京胡(ｷﾝｺ). **[参考]** 胴が竹でできていて, "二胡"より小型で音が高い. 京劇の伴奏に用いるため"京胡"と呼ばれる.
【京华】jīnghuá **[名]** **[文]** 首都.
【京郊】jīngjiāo **[名]** 首都の郊外. とくに, 北京の郊外.
*【京剧】jīngjù **[名]** 《芸能》京劇. **[同]** 京戏 jīngxì, 平剧 píngjù ⇨付録「京剧入門」
【京骂】jīngmà **[名]** (競技場で飛ばされる)北京方言のやじ.
【京派】jīngpài **[名]** 《芸能》北京地方を中心とした京劇のスタイル. **[反]** 海派 hǎipài
【京腔】jīngqiāng **[名]** 北京語音. 北京なまり.
【京师】jīngshī **[名]** **[文]** 首都. **[同]** 京城 jīngchéng, 京都 jīngdū
【京味】jīngwèi **[名]** (~儿)北京風味. 北京の地方色.
【京戏】jīngxì **[名]** 《芸能》京劇. ¶唱~ / 京劇を演じる.

¶听~ / 京劇を聞く. **[同]** 京剧 jīngjù
【京韵大鼓】jīngyùn dàgǔ **[名]** 《芸能》太鼓と三味線のようなものを持って歌い歩く"大道芸"大鼓儿 dàgǔr"の一種. 北京地方で始まり, しだいに各地に広まった.
【京族】Jīngzú **[名]** 《民族》キン族. 広西チワン族自治区に居住する少数民族.

泾(涇) Jīng
氵部5　四 3711₂
全8画　通用

❶ **[素]** 地名用字. ¶~河 Jīnghé（甘粛省, 陝西省を通って渭河 Wèihé に合流する川の名）/ ~渭 Wèi 分明. ❷姓.
【泾渭分明】Jīng Wèi fēn míng **[成]** 区別がはっきりしている. **[由来]** 『詩経』邶風(ﾍｲ)"谷風(ｺｸ)"に見えることば. 泾水(ｹｲ)の水は澄んでおり, 渭水(ｲ)の水は濁っている. 泾水が渭水に流れ込む所では, 清濁が混じり合わず, はっきりと分かれていることから.

经(經) jīng
纟部5　四 2711₂
全8画　通用

❶ **[素]** （織物の）たて糸. ¶~线 jīngxiàn / ~纱 jīngshā（たて糸）. **[反]** 纬 wěi ❷ **[素]** 経度(ｹｲﾄﾞ). ¶东~ dōngjīng（東経）/ 西~ xījīng（西経）. ❸ **[素]** 経典. 教典. ¶~典 jīngdiǎn / ~书 jīngshū / 佛~ Fójīng（仏教の経典）/ 圣~ Shèngjīng（聖書）/ 古兰~ Gǔlánjīng（コーラン）. ❹ **[素]** 運営する. ¶~商 jīngshāng / 整军~武（軍備を整える）. ❺ **[動]** 持ちこたえる. ¶~受 jīngshòu / ~不起 jīngbuqǐ / ~风雨（風雨に耐える）. ❻ **[素]** 経(ｹｲ)る. ¶~手 jīngshǒu / 身~百战（数々の戦いを経験している）/ ~年累月 jīng nián lěi yuè. ❼ **[副]** すでに…した. 以前に…ったことがある. "已 yǐ", "曾 céng" の後につける. ¶曾~说过（以前に話したことがある）/ 他已~是个很好的老师（彼はもうちゃんとした先生になっている）. ❽ **[素]** 《中医》経(ｹｲ). 体内を流れる気・血の主要な通路. ¶~络 jīngluò / ~脉 jīngmài. ❾ **[名]** 女性の, 毎月の生理. ¶~期 jīngqī / 停~ tíngjīng（月経がとまる）/ 行~ xíngjīng（生理になる）. ❿ **[素]** 首をつる. ¶自~ zìjīng（自ら首をつる）/ 缢~ zhìjīng（首をつって死ぬ）. ⓫（Jīng）姓. **[参考]** ①は, もと"jìng"と発音した.

【经办】jīngbàn **[動]** (物事を)取り扱う.
【经不起】jīngbuqǐ 耐えられない. ¶~诱惑 yòuhuò / 誘惑に耐えられない. **[同]** 禁不起 jīnbuqǐ
【经常】jīngcháng ❶ **[形] ふだんの. 平常の. ¶~工作 / ふだんの仕事. **[同]** ~费用 / 平常経費. ❷ **[副]** いつも. しょっちゅう. ¶他们俩~保持联系 / 彼らはいつも連絡を取り合っている. **[同]** 时常 shícháng, 常常 chángcháng **[反]** 偶尔 ǒu'ěr **[比較]** "经常", "时常", "常常" 1) "经常" には形容詞としての使い方があるが, "时常", "常常" にはない. 2) "经常は副詞として使う時, "~地" をつけることができるが, "时常", "常常" はつけない. 3) 否定の時には, "经常" は "不经常" とするが, "时常", "常常" は "不常" となり, "不时常", "不常常" と言わない.
【经幢】jīngchuáng **[名]** 《仏教》仏の名や経文を刻んだ石柱.
【经得起】jīngdeqǐ **[動]** 耐えられる. ¶~困难的生活 / 苦しい生活に耐えられる. ¶~考验 / 試練に耐えられる. **[同]** 禁得起 jīndeqǐ
【经典】jīngdiǎn ❶ **[名]** 権威がある書物. 古典. ¶博览~ / 古典を広く読む. ❷ **[名]** 経典. ¶佛教 Fójiào~ / 仏教経典. ❸ **[形]** 権威がある. ¶~著作 zhùzuò / 権威がある著作.

【经度】 jīngdù 名 経度.

【经费】 jīngfèi 名〔⬜ 笔 bǐ〕経費. ¶～不足 / 経費が不足している. ¶～活动 / 活動経費.

【经管】 jīngguǎn 動 管理する. ¶家里的金钱出入都由妈妈～ / 家計の収支はすべてお母さんが管理している.

*【经过】** jīngguò ❶ 動 (場所·時間·動作·手続きなどを)通過する. 経(へ)る. ¶从北京～武汉到广州 / 北京から武漢を経て広州へ行く. ¶～父母的同意,我才决定与他结婚 / 両親が同意してくれたので,彼との結婚を決めた. ¶～这几个月的训练,小朋友们已经适应 shìyìng 了 / 数ヶ月の訓練を経て,子供たちはすでにすっかり順応した. ❷ 名 過程. ¶说说建校的～ / 学校創立のようすを話して下さい.

【经籍】 jīngjí 名 ❶(儒家の)経書. ❷(古代の)図書.

【经纪】 jīngjì ❶ 動 ⟨文⟩企業の経営·管理をする. ❷ 動 ⟨文⟩家事の切り盛りをする. ❸ 名 仲介人. 仲買人. ⇒ 经纪人 rén

【经纪人】 jīngjìrén 名〔⬜ 个 ge, 名 míng, 位 wèi〕仲介人. ¶房地产 fángdìchǎn ～ / 不動産ブローカー.

*【经济】** jīngjì ❶ 名 経済. ¶～封锁 fēngsuǒ / 経済封鎖. ¶～恐慌 kǒnghuāng / 経済恐慌. ¶～建设 / 経済建設. ❷ 名 生活の費用. ¶～宽裕 kuānyù / 生活は豊かである. ❸ 形 経済的だ. ¶这种东西十分～ / この手の物はたいへん経済的だ. ¶这样的作法太不～ / 君のようなやり方はたいへん不経済だ.

【经济法】 jīngjìfǎ 名 経済法.

【经济核算】 jīngjì hésuàn 名 独立採算.

【经济基础】 jīngjì jīchǔ 名 経済基盤. ⇄ 上层建筑 shàngcéng jiànzhù 表現"基础"とも言う.

【经济林】 jīngjìlín 名 経済林. 参考 木材·植物油の原料·乾果などの林産品を生産する林をいうが,狭義には木材生産林を含まない.

【经济区】 jīngjìqū 名 経済圏.

【经济全球化】 jīngjì quánqiúhuà 名 経済のグローバル化.

【经济人】 jīngjìrén 名《経済》経済人.

【经济适用房】 jīngjì shìyòngfáng 名 経済適用住宅. 都市や郊外地区の低所得層を対象に,安価で分譲される住宅.

【经济特区】 jīngjì tèqū 名 経済特区. 参考 外資や先進技術の導入を目的に特別な経済政策を実施している地区. 深圳(シン)·珠海·汕頭(スワトウ)·厦門(アモイ)·海南の5地区. "特区"とも言う.

【经济体制】 jīngjì tǐzhì 名 経済体制.

【经济危机】 jīngjì wēijī 名 経済危機. ⇔ 经济恐慌 kǒnghuāng

【经济效益】 jīngjì xiàoyì 名 経済効果. 経済効率. ⇔ 经济效果 guǒ

【经济学】 jīngjìxué 名 経済学. ¶～家 / 経済学者.

【经济秩序】 jīngjì zhìxù 名 経済秩序.

【经济作物】 jīngjì zuòwù 名 工芸作物. 経済作物. ⇔ 农 jìshù 作物 参考 綿花やタバコなど,工業原料となる農作物.

【经久】 jīngjiǔ 形 長い間にわたっている. ¶～耐用 / 長持ちする.

【经久不息】 jīng jiǔ bù xī 成 (拍手などが)長い時間たっても止まらない. ¶演唱会的掌声～ / コンサートの拍手がいつまでも鳴り止まない.

*【经理】** jīnglǐ ❶ 名〔⬜ 个 ge, 名 míng, 位 wèi〕担当の責任者. ¶总～ / 社長. ¶张先生是我们公司的业务～ / 張さんは我が社の業務担当マネージャーです. ❷ 動 ⟨文⟩経営する. ¶～一家小面馆 / 小さなラーメン屋を経営する.

*【经历】** jīnglì ❶ 動 体験する. ¶他曾～过很多困难,才有今天的成就 / 彼はこれまで多くの困難を経験したからこそ,今日の業績がある. ¶～了两次考验 / 2度の試練を経験した. ❷ 名 経験. ¶革命～ / 革命の経験. ⇔ 阅历 yuèlì

【经略】 jīnglüè ❶ 動(軍事や政治の重要事項を)計画し処理する. ❷ 名《歴史》古代の官名. "经略使"(経略使(けいりゃくし))の略.

【经纶】 jīnglún ❶ 名 政治の才. ¶～满腹 mǎnfù / 政策や見識が豊富だ. ¶大展～ / 治世政策を大々的に展開する. ❷ 名 国家の大事をとり行う.

【经络】 jīngluò ❶ 名《中医》経絡(けいらく). 体内の気や血の通り道"经脉 jīngmài"と"络脉 luòmài"を指す. "经脉"は縦に伸び,"络脉"は横に広がる. ❷ 名 経路.

【经脉】 jīngmài 名《中医》体内の気や血の通り道. ⇔ 络脉 luòmài ⇒ 经络 jīngluò

【经贸】 jīngmào 名 "经济贸易"の略.

【经年累月】 jīng nián lěi yuè 成 とても長い間にわたって. ¶～的劳累 láolèi / 長年の仕事疲れ.

【经期】 jīngqī 名《生理》女性の生理期間.

【经商】 jīng//shāng 動 商売をする. ¶弃农 qínóng ～ / 農業をやめて商売をする. ¶李先生经过三年商,背了许多债务 zhàiwù / 李さんは3年商売をして,たくさんの債務を負った.

【经师】 jīngshī ❶ 経典を教授する学者. ❷《仏教》仏典に精通した僧. ❸《宗教》(チベット仏教やイスラム教の)経典や教えを説く師. 参考 ①は,もと漢代の官職で,儒教を講義·教授した.

【经史子集】 jīng shǐ zǐ jí 名 経史子集(けいしいしゅう). 漢籍の伝統的な分類法. 経部(経書)·史部(歴史書)·子部(諸子百家の書や技術書)·集部(詩文集)の四部に分類するので,四部分類とも言う.

【经手】 jīng//shǒu 動 取り扱う. ¶～人 / 担当者. ¶公司里多少大事都是他～的 / 社内では,多くの大事をみな彼が手がけてきた.

【经受】 jīngshòu 動 耐える. (負担を)引き受ける. ¶～考验 / 試練に耐える. ¶他怎么能～得起如此严格的训练 / 彼はどうしてこのようなきびしい訓練に耐えうるだろうか. 用法 否定形は"不～"ではなく,"不住 buzhù","不了 buliǎo","~不起 buqǐ"の形をとる. ¶他～不住这么大的打击 / 彼はこんなに大きなショックには耐えられない.

【经售】 jīngshòu 動 取り次ぎ販売する. ⇔ 经销 jīngxiāo

【经书】 jīngshū 名〔⬜ 部 bù〕経書(けいしょ). 儒学の経典.

【经天纬地】 jīng tiān wěi dì 成(才能が)飛び抜けている. ¶～之才 zhī cái / 飛び抜けた才能.

【经痛】 jīngtòng 名 生理痛. ⇔ 痛经 tòngjīng

【经纬】 jīngwěi 名 ❶(織物の)縦糸と横糸. ❷(論文などの)筋道. 脈絡. ❸ はかりごと. 考え. ❹ 経度·緯度また経線·緯線の略.

【经纬度】 jīngwěidù 名 経度と緯度.

【经纬仪】 jīngwěiyí 名 セオドライト. 経緯儀.

【经文】 jīngwén 名 ❶ 経籍の文章. 経文(きょうもん). ❷《仏教》経文(きょうもん).

【经线】 jīngxiàn 名 ❶〔⬜ 根 gēn, 条 tiáo〕布の縦

糸. ❷ 子午線.

【经销】jīngxiāo 动 取り次ぎ販売する. ¶~处／代理店. ¶本店～外国烟酒／当店では外国の酒とタバコを取り扱っております. 同 经售 jīngshòu

【经心】jīngxīn 动 気にかける. 注意する. ¶漫 màn 不~／まったく無頓着だ. ¶无论做什么事都得 děi 多~／何をするのでも十分に注意しなければならない.

【经学】jīngxué 名 経学(がく). 儒家の経典を研究対象とする学問.

【经血】jīngxuè 名《中医》生理.

*【经验】jīngyàn ❶ 名 経験. ¶~少／経験が浅い. ¶他对恋爱～丰富／彼は恋愛経験が豊富だ. ¶获得许多宝贵的~／多くの貴重な経験を得る. 同 教训 jiàoxùn ❷ 动 経験する. ¶这件事从来没～过／こんなことは今まで経験したことがない.

【经验之谈】jīngyàn zhī tán 名 経験にもとづくことば. 体験談.

【经验主义】jīngyàn zhǔyì 名 経験主義.

【经意】jīngyì 动 気にかける. 注意する.

【经营】jīngyíng 动 ❶ あれこれ工夫する. ¶苦心～国画展览／苦労して中国画展をプロデュースする. ❷ 経営する. 営む. ¶张先生在上海～两间日本餐厅／張さんは上海で日本料理店を2軒経営している.

【经用】jīngyòng 形 長持ちする. 役に立つ. ¶这东西既便宜,又～／この品は安いうえに,とても長持ちする. ¶这种铁锅不太～／この鉄鍋はあまり長持ちしない.

【经由】jīngyóu 动 経由する. ¶从北京出发～上海到福州／北京を出発して上海を経由して福州に至る.

【经援】jīngyuán 名 経済援助.

【经传】jīngzhuàn 名 昔の主要な書物. ¶不见～／根拠がない. 参考 もとは儒家の"经典 jīngdiǎn"と,その"传 zhuàn"(注釈)を指した.

荆 jīng
刂部7　四 4240₆
全9画　次常用

❶ 素《植物》イバラ. 古代では,刑罰で人をむち打つ時に用いた. ¶～棘 jīngjí／负～请罪(成) あやまちを認めて謝罪する. ❷ (Jīng)春秋時代の楚国の別称. ¶～楚 Jīngchǔ(楚の国). ❸ (Jīng)姓.

【荆棘】jīngjí 名《植物》イバラ. ¶路上遍布 biànbù～／前途には険しい道が至る所にある.

【荆棘载途】jīng jí zài tú 成 イバラのみち. 困難や障害の多い道のり.

【荆芥】jīngjiè 名 ❶《植物》ケイガイ. アリタソウ. ❷《薬》荆芥(かい).

【荆轲】Jīng Kē (人名) 荆轲(かい:?-227). 戦国末期の衛国の人. 燕の太子丹の命で秦王政(後の始皇帝)の暗殺をくわだてたが失敗し,処刑される.

【荆条】jīngtiáo 名 (かごなどを編む材料としての)イバラの枝.

菁 jīng
艹部8　四 4422₇
全11画　通用

下記熟語を参照.

【菁华】jīnghuá 名 "精华 jīnghuá"に同じ.

【菁菁】jīngjīng 形 草木がおい茂っている. ¶绿草～／草が青々と茂っている.

猄 jīng
犭部8　四 4029₆
全11画　通用

→黄猄 huángjīng

旌 jīng
方部7　四 0821₅
全11画　通用

❶ 素 旗竿の先に色とりどりの羽を飾った古代の旗. ¶～旗 jīngqí. ❷ 名 旗. ❸ 动 表彰する. ¶～表 jīngbiǎo／以～其 qí 功(その功を表彰する).

【旌表】jīngbiǎo 动 牌坊(ぼう)を立てたり匾额(がく)を掲げて,忠孝節義にあつい人を表彰する.

【旌旗】jīngqí 名 さまざまな旗. ¶战场上～招展／戦場には,色とりどりの旗が翻っている.

惊(驚) jīng
忄部8　四 9009₆
全11画　常用

动 ❶ びっくりする. ¶～喜 jīngxǐ／～慌 jīnghuāng／受～ shòujīng (驚かされる) 吃～ chījīng (びっくりする)／胆 dǎn 战心～ (成) 肝がっぷるえるほどびっくりする)／吃了一～(びっくりする). ❷ びっくりさせる. ¶～一动 jīngdòng／打草～蛇 (成) 軽率に行動して相手にさとられる. ある人を罰して,他の人の戒めとする. ❸ 馬などが驚いて走り出す. ¶马～了／馬が驚いて走り出した.

【惊爆】jīngbào ❶ 形 びっくりするほどの. 驚くべき. ¶～价／驚くべき高値. ❷ 动 内情が突然公表されたり,暴露されて,ひどく驚く.

【惊诧】jīngchà 形 おかしいと思う. ¶发生这一事件,令人～／こんな事件が起こるのは,おかしいと思う.

【惊动】jīngdòng 动 驚かしてしまう. じゃまをしてしまう. ¶小孩子睡着了,别～她／子供が眠ったばかりだから,起こさないように. 同 惊人 jīngrén,惊扰 jīngrǎo

【惊愕】jīng'è 形 ⾵ あっけにとられている. ¶他～地站在那里／彼はあっけにとられてその場に立ちつくしている.

【惊风】jīngfēng 名《中医》ひきつけ. 同 惊厥 juéꝶ①

【惊弓之鸟】jīng gōng zhī niǎo 成 かつて恐い思いをしたために,ちょっとのことにもひどく恐がる人. ¶被吓 xià 得如～,四处逃散／あまりにもびっくりして,クモの子を散らすように逃げていった. 由来 弓を見ただけで震えあがっている鳥,という意から.

【惊骇】jīnghài 形 ⾵ 驚きおびえる. ¶她用～的眼光望着我／彼女はおびえた眼差しで私を見つめている. 同 惊恐 jīngkǒng

【惊呼】jīnghū 动 驚いて叫ぶ. 同 惊叫 jīngjiào

【惊慌】jīnghuāng 形 驚き慌てている. 同 惊惶 jīnghuáng ⾵ 镇定 zhèndìng

【惊慌失措】jīng huāng shī cuò 驚き慌てて何をしてよいかわからない. ¶突然发生大地震,大家都～／突然の大地震で,皆パニック状態になっている. 同 惊惶 huáng 失措

【惊惶】jīnghuáng 形 驚き慌てる. ¶～失色／驚いて顔面蒼白になる. ¶～无措 cuò／驚きのあまりなすすべがない. 同 惊慌 jīnghuāng

【惊魂】jīnghún 形 慌てふためくようす.

【惊魂未定】jīng hún wèi dìng 成 慌てふためいて何をしてよいか分からない. 同 惊魂稍 shāo 定

【惊悸】jīngjì 形 ⾵ 驚いて胸がドキドキする.

【惊叫】jīngjiào 动 悲鳴をあげる.

【惊惧】jīngjù 动 驚き恐れる.

【惊厥】jīngjué ❶ 名《中医》ひきつけ. ❷ 动 ショックや恐ろしさのあまり気絶する.

【惊恐】jīngkǒng 形 慌てふためいている. ¶～失色／驚きのあまり色を失う. 同 惊骇 jīnghài,害怕 hàipà

【惊恐万状】jīng kǒng wàn zhuàng 成 恐れおののき,さんざんに慌てふためく.

【惊奇】jīngqí 形 (予想外のことに)驚いている. とまどっている. ¶感到～／とても驚く.

【惊扰】jīngrǎo 动 迷惑をかける. かき乱す. 混乱させる.

¶夜已深了,别去~邻居/夜も遅いんだから、お隣に迷惑をかけないようにね。(同)惊动jīngdòng,惊人jīngrén

【惊人】jīngrén [形] びっくりするような. ¶~的消息/びっくりするようなニュース. ¶一鸣 míng~ (成)一度着手すると、人を驚かすほどの腕前を発揮する. ¶他的饭量非常~/彼の食べる量といったら、目をみはるほどに. (同)惊动jīngdòng,惊扰jīngrǎo

【惊人之举】jīngrén zhī jǔ [名] 驚くべき行動.
【惊蛇入草】jīng shé rù cǎo 草書の筆致に勢いがあること.
【惊世骇俗】jīng shì hài sú 言動が並みはずれていて世間を驚かせる. (同)惊世震zhèn俗
【惊悚片】jīngsǒngpiàn [名] ホラー映画. サスペンス映画. スリラー映画.
【惊叹】jīngtàn [動] 驚嘆する. ¶他的作品令人~不已 bùyǐ / 彼の作品は、見る者を感嘆させずにはおかない.
【惊叹号】jīngtànhào [名]《言語》感嘆符(!). (同)叹号,感 gǎn 叹号
【惊堂木】jīngtángmù [名][旧] 裁判官が机をたたいて静粛にさせるための木片. (同)惊堂,惊堂板 bǎn
【惊涛骇浪】jīng tāo hài làng ❶ 激しく恐ろしい荒波. ¶船在~中前进/船は激しい荒波の中を進んでいく. ❷ 危険で不安定な状態. ¶他一生中经历过无数~/彼は一生の間に、数限りなく危険な目にあってきた.
【惊天动地】jīng tiān dòng dì (成) ❶ 音がよく響きわたる. ❷(事業が)偉大だ. ¶我一定要干出 gànchū 一番~的事业/世間をあっと言わせるような事業をやってやる.
【惊悉】jīngxī [動][文] 知らせを聞いて驚く. (参考) 手紙などで使うことば.
【惊喜】jīngxǐ [動] 驚き喜ぶ.
【惊吓】jīngxià [動] 驚かせ、おびえさせる. ¶别小孩子/小さな子をどかく驚かせ、おびえさせてはいけない.
【惊险】jīngxiǎn [形] はらはらどきどきする. ¶~小说/サスペンス小説. ¶这部电影非常~刺激 cìjī / この映画は恐ろしくてショッキングだ.
【惊险片】jīngxiǎnpiàn [名] サスペンス映画.
【惊心动魄】jīng xīn dòng pò (成) ひどく驚いて恐れる. 大きな衝撃を受ける. ¶发生的连环车祸 chēhuò 令人~/発生した玉突き事故は、信じられないほどひどい.
【惊醒】jīngxǐng ❶ [動] 驚いて目を覚ます. ¶她忽然从梦中~了/彼女は驚いて突然、夢から覚めた. ¶他突然~,痛改前非/彼は奮然と自覚し、これまでの過ちをすっかり改めた. ❷ [形] 眠りが浅い. ¶爸爸最近睡觉很~/お父さんは最近眠りが浅い.
【惊讶】jīngyà [動] わけが分からないと感じる. ¶他的突然出现,令大家感到很~/彼が突然あらわれたことで、皆はとても驚いた. (同)诧异 chàyì,惊诧 jīngchà,惊异 jīngyì
【惊疑】jīngyí [動] 疑念を抱く. ¶他~地说/彼はあやしんで言った.
【惊异】jīngyì [動] 不思議に思う. いぶかる. ¶令人~的举动/おかしな行動.
【惊蛰】jīngzhé [名] 啓蟄(けいちつ). (参考) 二十四節気の1つ. 寒い冬を地中で過ごした虫たちが、春暖かくなって地上に出てくる時節を指して言う. だいたい三月の初旬ごろ.

晶 jīng
日部8 [四] 6066₀
全12画 [常用]

[素] ❶ きらきらと明るい. ¶~莹 jīngyíng / 亮~~ liàngjīngjīng (きらきら光る). ❷ 水晶. ¶茶~ chájīng (褐色の水晶) / 墨~ mòjīng (黒水晶). ❸ 結晶体. ¶结~ jiéjīng (結晶) / 一体 jīngtǐ.
【晶粒】jīnglì [名]《物理》結晶粒子. 結晶粒(りゅう).
【晶亮】jīngliàng [形] きらきら光る. 輝く. ¶~的宝石/きらきら光る宝石.
【晶体】jīngtǐ [名] 結晶. 結晶体. クリスタル. ¶~玻璃 / クリスタルガラス. (同) 结晶 jiéjīng,结晶体
【晶体管】jīngtǐguǎn [名]《電気》[量] 个 ge,只 zhī トランジスタ. 半導体ダイオード. ¶~收音机/トランジスタラジオ.
【晶莹】jīngyíng [形] 透き通るようにきらきらと輝いている.
【晶莹剔透】jīng yíng tī tòu (成)(水珠などが)透明できらきら光る.
【晶状体】jīngzhuàngtǐ [名]《生理》水晶体. (同) 水shuǐ 晶体

腈 jīng
月部8 [四] 7522₇
全12画 [通用]

[名]《化学》ニトリル.
【腈纶】jīnglún [名]《紡織》アクリル. ¶~衫 / アクリルのシャツ. ◆与 Acryl

睛 jīng
目部8 [四] 6502₇
全13画 [常用]

[素] 眼球. ¶目不转 zhuǎn~ (成) まばたきもしないで、じっと見る) / 画龙点~ (成) ものごとの最後の大切な仕上げ).

粳(異 稉、秔) jīng
米部7 [四] 9194₅
全13画 [通用]

[名] うるち. 日本でご飯にするお米. ¶~稻 jīngdào / 米 jīngmǐ.
【粳稻】jīngdào [名] うるち米のイネ.
【粳米】jīngmǐ [名] うるち米.

兢 jīng
十部12 [四] 4421₂
全14画 [次常用]

下記熟語を参照.
【兢兢业业】jīng jīng yè yè (成) まじめで着実だ. ¶他工作一向~/彼はひたすらまじめに仕事をしている. ¶~,克服困难/こつこつと努力し、困難を乗り越える.

精 jīng
米部8 [四] 9592₇
全14画 [常用]

❶ [形] 細かい. ¶~制 jīngzhì / ~选 jīngxuǎn / ~密 jīngmì / ~读 jīngdú. ❷ [形] 粗 cū (形) 粗がよい. ¶~明 jīngmíng / 他太~(彼はとても抜け目ない). (反) 傻 shǎ ❸ [素] 少しも混じりけのない部分. エキス. ¶酒~ jiǔjīng(アルコール) / 人参~ rénshēnjīng (人参エキス) / 鱼肝油~ yúgānyóujīng (肝油エッセンス). ❹ [素] こころ. ¶聚 jù~会神 (成) 精神を集中する) / ~疲 pí 力尽 (成) 精根尽き果てる). ❺ [素] 精液. ¶受~ shòujīng (受精する). ❻ [素] 精通している. ¶~通 jīngtōng / 博 bó 而不~ (広く知ってはいるが詳しくない). ❼ [素] 非常に. ¶~湿 jīngshī (ひどく濡れている) / ~瘦 jīngshòu (ひどくやせている). ❽ [素] 化け物. ¶妖~ yāojīng (妖怪) / 狐狸~ húlijīng (キツネのお化け). ❾ (Jīng) 姓.
【精兵简政】jīng bīng jiǎn zhèng (成) 組織や人員を削減して簡素化する.
**【精彩】jīngcǎi [形] (演技・出し物・展示・言論・文章などが) 秀でている. すばらしい. ¶欢迎会的节目很~/歓迎会の出し物はとてもすばらしい. ¶迪斯尼乐园 Dísíní lèyuán 的~表演 / ディズニーランドのアトラクション. ¶他越剧唱得非常~/彼女は越劇(中国の伝統演劇の一つ)を演じるとすばらしい.

【精诚】jīngchéng 形 文 心の込もった. ¶～团结／心から団结する. 同 真诚 zhēnchéng.
【精虫】jīngchóng 名 口《生理》ヒトの精子.
【精醇】jīngchún 形 まじりけがなくておいしい.
【精粹】jīngcuì ❶ 形（文章などが）簡潔でだがない. ❷ 名 精粋. ¶中国传统文化的～／中国の伝統文化の精粋.
【精打细算】jīng dǎ xì suàn 成（人や物を使う時に）細かく計算したり計画を立てたりする. ¶买东西都～／買物でいつも細かく計算をする.
【精当】jīngdàng 形（意见・见解・ことば遣いなどが）非常に適切だ. ¶用词～／ことばの用い方がまさにぴったりだ.
【精到】jīngdào 形 すみずみまで行届いている. ¶他安排得非常～／彼の手配はとても行届いている. ¶～的见解／万全を尽くした见解.
【精雕细刻［镂・琢］】jīng diāo xì kè [lòu·zhuó] 成 腕によりをかけて刻み込む. ¶小说中的人物都经过～,栩栩 xǔxǔ 如生／小説の中の人物はとても巧みに描写されていて,真に迫っている.
【精读】jīngdú 动 熟读する.
【精度】jīngdù 名 精度. 同 精密度 jīngmìdù
【精干】jīnggàn 形 頭がきれて仕事もよくできる. ¶～的人员／仕事がよくできる人々. 同 精悍 jīnghàn
【精耕细作】jīng gēng xì zuò 成 ていねいに耕作する.
【精怪】jīngguài 名（动物や植物の）精霊. 妖怪. 同 精灵 jīnglíng
【精光】jīngguāng 形 ❶ すっかりなくなる. きれいさっぱりなくなる. ¶身上带的钱用得～／持っていた金をすっからかんに使い果たした. ❷ ぴかぴかする.
【精悍】jīnghàn 形 ❶ 頭がきれて仕事もよくできる. 同 精干 jīnggàn ❷（文章が）簡潔で鋭い. ¶笔力～／文章が簡潔で鋭い.
【精华】jīnghuá 名 精华(ガ). 粋(ホン). 同 精髓 jīngsuǐ 反 糟粕 zāopò
【精加工】jīngjiāgōng 名《機械》仕上げ.
【精简】jīngjiǎn 动 むだを除く. ¶～开支／支出のむだを減らす. ¶～机构／機構改革をする. ¶～节约／簡素化し節約する.
【精矿】jīngkuàng 名《鉱物》精鉱.
*【精力】jīnglì 名 精力. ¶耗费 hàofèi～／精力を消耗する.
【精力充沛】jīnglì chōngpèi 句 精力が全身にみなぎっている.
【精练】jīngliàn 形（文章や話が）簡潔だ. ¶～的致词 zhìcí／簡潔なスピーチ. 同 精炼 jīngliàn, 简练 jiǎnliàn 反 烦琐 fánsuǒ, 啰唆 luōsuō
【精炼】jīngliàn ❶ 动 いちばんすぐれた所を抽出する. ❷ 形"精练 jīngliàn"に同じ.
【精良】jīngliáng 形（物が）よくできている. ¶～的武器／よくできた武器. ¶装备～／装備は万全だ.
【精灵】jīngling ❶ 名 お化け. ❷ 形 かしこい. ¶这个孩子真～／この子は本当にかしこい. 同 聪明 cōngmíng
【精美】jīngměi 形 精緻(チ)で美しい. ¶包装～／包装に手が込んでいる. ¶～的工艺品／よくできた工芸品. 同 精巧 jīngqiǎo, 精致 jīngzhì 反 粗陋 cūlòu
【精密】jīngmì 形 精密だ. ¶～仪器 yíqì／精密な計器. 反 粗疏 cūshū
【精密度】jīngmìdù 名 精度. 同 精度 jīngdù
【精妙】jīngmiào 形 細やかで味わいがある. ¶书法～／书写がよく书けている. 同 精巧 jīngqiǎo, 精致 jīngzhì
【精明】jīngmíng 形 頭がきれる. ¶～的年青人／聪明な若者.
【精明强［能］干】jīng míng qiáng [néng] gàn 成 頭がきれて仕事もよくできる.
【精疲力竭】jīng pí lì jié 成 精も根も尽き果てる. ¶每天下班回家都感到～／毎日仕事を終えて家に帰ると,精根尽き果ててしまう. 同 精疲力尽 jìn, 筋 jīn 疲力尽 jìn
【精辟】jīngpì 形（见方や理論などが）すぐれている. 透徹している. ¶～的分析／鋭い分析. ¶论述 lùnshù 十分～／論述がとてもはっきりしている.
【精品】jīngpǐn 名 特に念入りに作られた製品. ¶工艺～／高級工芸品.
【精气神】jīngqìshén 名（口）（～儿）精力. 元気.
【精巧】jīngqiǎo 形（技術・構造・構想などが）精巧だ. ¶构思 gòusī～／構成がよく練られている. ¶中国的工艺品做得很～／中国の工芸品はとても精巧に作られている. 同 精美 jīngměi, 精妙 jīngmiào, 精致 jīngzhì 反 粗劣 cūliè
【精确】jīngquè 形 きわめて正確だ. ¶～度／精度. ¶计算～／計算が正確だ. ¶～地分析／正確に分析する. 同 准确 zhǔnquè 反 粗略 cūlüè
【精确打击】jīngquè dǎjī《军事》精查攻撃. ピンポイント攻撃.
【精确制导武器】jīngquè zhìdǎo wǔqì《军事》精密誘導兵器.
【精肉】jīngròu 名 方（多く豚の）赤身肉. 同 瘦 shòu 肉
【精锐】jīngruì 形 精鋭の. ¶～部队／精锐部队.
【精深】jīngshēn 形（学問や研究に）深く精通している. ¶博大～／成 学識が広くて深い. ¶学识 xuéshí～／学識が広く,深い. 反 粗浅 cūqiǎn
**【精神】jīngshén ❶ 名 こころ. 精神. ¶～上的负担／こころの重荷. ¶～面貌／心構え. 反 肉体 ròutǐ, 物质 wùzhì ❷（文章や理論の）主旨. ¶领会 lǐnghuì 文件的～／文書の主旨を理解する.
【精神病】jīngshénbìng 名《医学》精神病. ¶患上～／精神病になる.
【精神分裂症】jīngshén fēnlièzhèng 名《医学》統合失調症. 精神分裂病.
【精神分析】jīngshén fēnxī 名 精神分析.
【精神衰弱】jīngshén shuāiruò 名《医学》神経衰弱.
【精神损害赔偿】jīngshén sǔnhài péicháng 名 精神損害賠償.
【精神文明】jīngshén wénmíng 名 精神文明. 思想・道徳・文化・教育・科学などを指す. 反 物质 wùzhì 文明
【精审】jīngshěn 形（考えや表现が）綿密で周到だ.
【精神】jīngshen ❶ 名 元気. 活力. ¶～百倍／元気百倍. ¶～旺盛 wàngshèng／元気いっぱいだ. ¶打起～,快点做功课／やる気を出して,早く勉強しなさい. ❷ 形 元気だ. はつらつとしている. ¶别看他年纪大了,却很～／彼を年寄り扱いしてはいけません,とてもはつらつとしていますよ.
【精神抖擞】jīngshen dǒusǒu 句 元気がみなぎっている.
【精神焕发】jīngshen huànfā 句 元気がみなぎっている.
【精瘦】jīngshòu 形 やせこけている.
【精算】jīngsuàn ❶ 动 きっちりと計算する. ❷ 名 保険数理. ¶～师／アクチュアリー.
【精髓】jīngsuǐ 名 真髄(ガ). エッセンス. ¶思想、文化

【精通】jīngtōng 動 (技術・学問・業務などに)精通する. ¶一医理 / 医学に精通している. ¶她一三国语言 / 彼女は3ヶ国語に精通している. 反 粗通 cūtōng
【精微】jīngwēi 形 すみずみまで精通している. ¶博大～ / 博識だ.
【精卫填海】jīng wèi tián hǎi 成 ❶恨みが非常に深いこと. 仇をとろうとすること. ❷困難を顧myz努力奮闘すること. 由来 炎帝の娘が海で溺死し,その後"精卫"という鸟に生まれ変わって,石や木屑をこつこつ運んで海を埋めようとした古代神話から.
【精细】jīngxì 形 ❶緻密(ち)だ. ¶这件工艺品,手工十分～ / この工芸品は細部まで手が込んでいる. 同 精密 jīngmì, 細膩 xìnì 反 粗糙 cūcāo ❷細かく気を配る. ¶为人 wéirén～ / 思慮深い性格だ.
【精心】jīngxīn 形 心が込もっている. ¶～照料 / 心を込めてお世話をする. ¶～制作的蛋糕 / 真心込めて作ったケーキ.
【精选】jīngxuǎn 動 念入りに選ぶ.
【精盐】jīngyán 名 精製塩.
【精液】jīngyè 名《生理》精液.
【精益求精】jīng yì qiú jīng 成 さらによいものを求める. 表現 学業・技術・製品などについて言う.
【精英】jīngyīng 名 ❶精華. エッセンス. ¶艺术～ / 芸術の精華. ❷〔量 个 ge, 名 míng, 位 wèi〕すぐれた人物. ¶体坛 tǐtán～ / スポーツ界の精鋭.
【精湛】jīngzhàn 形 (学問・研究・技術に)深く精通している. ¶～的论述 lùnshù / 透徹した論述. ¶技艺～ / わざが卓越している. 同 精深 jīngshēn 反 粗浅 cūqiǎn
【精制】jīngzhì 動 精製する. 丹念に作る.
【精致】jīngzhì 形 手が込んでいる. ¶～的花纹 huāwén / 精密な模様. 同 精美 jīngměi, 精妙 jīngmiào, 精巧 jīngqiǎo
【精装】jīngzhuāng 名 ❶(本の)ハードカバー. ¶～本 / ハードカバーの本. 上製本. 反 平装 píngzhuāng, 简装 jiǎnzhuāng ❷(商品の)上等な包装. 反 简装 jiǎnzhuāng
【精壮】jīngzhuàng 形 たくましい. ¶～有力的小伙子 / たくましくて元気な若い男.
【精准农业】jīngzhǔn nóngyè 名 中国の目指す現代的農法の一つ. 参考 自動制御技術などを使用し,異なる気候や土地条件に適した確実な農業生産を行う生産方式.
【精子】jīngzǐ 名《生理》精子.
【精子库】jīngzǐkù 名 精子バンク.

鲸(鯨) jīng
鱼部8 四 2019₆ 全16画 次常用

名《動物》〔量 条 tiáo, 头 tóu〕クジラ. "鲸鱼 jīngyú"とも言う. ¶～油 jīngyóu(鯨油)/～须 jīngxū /～吞 jīngtūn.
【鲸吞】jīngtūn 動 (クジラのように)丸呑みにする. 他国の領土を併呑(にう)する. ¶～蚕食 cánshí / 他国の領土を侵略する. 反 蚕食 cánshí
【鲸须】jīngxū 名 クジラのひげ.
【鲸鱼】jīngyú 名《動物》〔量 条 tiáo, 头 tóu〕クジラ.

䴖 jīng
鼠部8 四 7572₇ 全21画 通用

→䴗䴖 qújīng

井 jǐng
一部3 四 5500₀ 全4画 常用

名 ❶〔量 个 ge, 口 kǒu, 眼 yǎn〕井戸. ¶水～ shuǐjǐng(井戸)/ 打～ dǎjǐng(井戸を掘る)/～底之蛙 zhī wā. ❷素〔量 口 kǒu〕井戸の形をしたもの. ¶天～ tiānjǐng(中庭. 天窓)/ 盐～ yánjǐng(塩井)/ 油～ yóujǐng(油井). ❸素 きちんと整っている. ¶～然 jǐngrán /～～有条. ❹名 ちちり星. 二十八宿の一つ. ❺(Jǐng)姓.
【井场】jǐngchǎng 名 (油田の)井戸元. ウェルサイト.
【井底】jǐngdǐ 名 ❶井戸の底. ❷坑底.
【井底之蛙】jǐng dǐ zhī wā 成 井の中の蛙(ホマシ). 見識が狭い人. ¶像～什么都不知道 / 井の中の蛙のように何も分からない.
【井冈山】Jǐnggāngshān 《地名》井岡山(カカシミサン). 第一次国共内戦の際に毛沢東がここに革命の根拠地を置いた.
【井灌】jǐngguàn 名《農業》井戸水による灌漑(ホシン).
【井架】jǐngjià 名 油井(ホシン)やぐら.
【井井有条】jǐng jǐng yǒu tiáo 成 秩序立ってきちんとしている. ¶他处理事情～ / 彼は仕事の処理がきっちりしている. 由来 『荀子』儒效(シンシサ)篇に見えることば.
【井口】jǐngkǒu 名 井戸の汲(ʿ)み上げ口.
【井喷】jǐngpēn 動 (石油や天然ガスなどが)パイプの口から噴き出す.
【井然】jǐngrán 形 文 整然としている.
【井然有序】jǐngrán yǒu xù 成 整然としている. 秩序だっている. ¶乘客们一地排队上车 / 乗客たちは整然と並んで乗車している.
【井绳】jǐngshéng 名 井戸のつるべ縄.
【井水不犯河水】jǐng shuǐ bù fàn hé shuǐ 成 互いに相手の領分を侵さない. 由来 井戸の水と川の水は互いに混じり合わない,という意から.
【井台】jǐngtái 名 (～儿)〔量 个 ge〕地面より少し高くしてある井戸のわく.
【井田】jǐngtián 名《歷史》殷・周代の土地制度. 井田(セセメ)法. 由来 農地を「井」の字形に区画したことから.
【井筒】jǐngtǒng 名 ❶井戸内部の側壁または空間. 井戸側(ワ). ❷坑道. 作業用トンネル.
【井下】jǐngxià 名 坑内.
【井盐】jǐngyán 名 濃い塩分を含む井戸水から精製した塩. 参考 四川省や雲南省で産出される良質の塩.

阱(穽) jǐng
阝部4 四 7520₀ 全6画 次常用

素 けものを捕らえる落とし穴. ¶陷～ xiànjǐng(落とし穴).

刭(剄) jǐng
刂部5 四 1210₀ 全7画 通用

素 文 刀で首を切る. ¶自～ zìjǐng(首を切って自害する).

肼 jǐng
月部4 四 7520₀ 全8画 通用

名《化学》ヒドラジン.

颈(頸) jǐng
页部5 四 1118₂ 全11画 常用

名 首. ¶～项 jǐngxiàng /～椎 jǐngzhuī / 长～鹿 chángjǐnglù(キリン).
☞ 颈 gěng
【颈动脉】jǐngdòngmài 名《生理》頸(ʿ)動脈.
【颈项】jǐngxiàng 名 首.
【颈椎】jǐngzhuī 名《生理》頸椎(ケイツイ).

景 jǐng
日部8 [四] 6090₆
全12画 [常用]

❶ [名] 風景. ¶～色 jǐngsè / ～致 jǐngzhì / 雪～ xuějǐng（雪景色）/ 美～ měijǐng（美しい景色）. ❷ [素] 状況. ¶～况 jǐngkuàng / 盛～ shèngjǐng（盛況）/ 晚～ wǎnjǐng（夕景色. 晚年の状況）/ 远～ yuǎnjǐng（遠景. 未来への見通し）. ❸ [名]（映画や劇の）背景. セット. ¶内～ nèijǐng（スタジオ内のセット）/ 外～ wàijǐng（オープンセット）. ❹ [动] 敬慕する. ¶～慕 jǐngmù / ～仰 jǐngyǎng. ❺ [文]"影 yǐng"に同じ. ❻（Jǐng）姓.

【景德镇】Jǐngdézhèn〈地名〉景德鎮（けいとくちん）. 江西省にある市. [参考] 古くから有名な磁器の産地で，"瓷都 cídū"と呼ばれる.

【景点】jǐngdiǎn [名] 景勝地. 観光スポット.
【景观】jǐngguān [名] 自然の風景や名勝古跡. 景観. ¶草原～ / 草原の景色.
【景观水】jǐngguānshuǐ [名]（住宅地に作られる）景観用の人造池や噴水など.
【景况】jǐngkuàng [名] 暮らし向き.
【景慕】jǐngmù [动][文] 敬慕する. ¶我特別～老师的为人 wéirén / 私は先生の人柄をとても慕っている. [同] 景仰 jǐngyǎng.
【景片】jǐngpiàn [名] 舞台背景の書き割り.
【景颇族】Jǐngpōzú [名]《民族》チンポー族. 雲南省に居住する少数民族.
【景气】jǐngqì [形] 景気がいい. ¶经济（市场）不～ / 景気が悪い. [表现] 否定形の"不景气"で使うことが多い.
【景区】jǐngqū [名] 景勝地. 観光地.
【景色】jǐngsè [名] 景色. 風景. ¶～优美 / 美しい景色. ¶～宜人 yírén / 気持ちの良い景色. [同] 风光 fēngguāng, 风景 fēngjǐng, 景致 jǐngzhì. [参考] ふつう美しい景色を言う.
【景深】jǐngshēn [名]（写真の）奥行き. 焦点深度.
【景泰】Jǐngtài [名]《历史》明の代宗（朱祁钰（しゅきぎょく））の年号. 景泰（けいたい）: 1450-1456.
【景泰蓝】jǐngtàilán [名] 景泰藍（けいたいらん）. 七宝焼きに似た銅製の焼き物. [参考] 中国の伝統工芸品の一つ. 明の景泰年間に多く作られ，藍色を用いることから.
【景天】jǐngtiān [名]《植物》ベンケイソウ.
【景物】jǐngwù [名] 景物. 風物. ¶～全非 / 景物がすっかり変化する. [同] 风物 fēngwù
【景象】jǐngxiàng [名] 光景. ありさま. ¶太平～ / 天下太平のさま. ¶凄凉 qīliáng 的～ / 凄惨な光景. ¶社会新～ / 世の中の新しい現象. [同] 景色 jǐngsè, 现象 xiànxiàng.
【景仰】jǐngyǎng [动] 敬慕する. ¶人们都很～鲁迅 Lǔ Xùn 先生 / 人々は皆，魯迅先生を敬慕している. [同] 景慕 jǐngmù.
【景遇】jǐngyù [名][文] 境遇. ¶～不佳 jiā / 不幸な境遇.
【景致】jǐngzhì [名] 景色. 風景. ¶我们饱览 bǎolǎn 了西湖的～ / 私たちは西湖の景色をこころゆくまで満喫した.

儆 jǐng
亻部12 [四] 2824₀
全14画 [通用]

[素] 戒める. ¶～戒 jǐngjiè / 惩 chéng 一～百（或）一人を罰して多くの人の戒めとする）.

【儆戒】jǐngjiè [动]（他人を）戒める. [同] 警 jǐng 戒

憬 jǐng
忄部12 [四] 9609₆
全15画 [通用]

[素] 悟る. ¶～悟 jǐngwù / 闻之 zhī～然（人の話を聞いて，はっと気がつく）.

【憬悟】jǐngwù [动][文] はっと悟る.

璟 jǐng
王部12 [四] 1619₆
全16画 [通用]

[名][文] 玉（ぎょく）の色と輝き.

警 jǐng
言部12 [四] 4860₁
全19画 [常用]

❶ [素] 用心する. ¶～戒 jǐngjiè / ～备 jǐngbèi / ～惕 jǐngtì. ❷ [素] 緊急の知らせ. ¶火～ huǒjǐng（火事）/ 告～ gàojǐng（危急を知らせる）/ 报～ bàojǐng（危急を知らせる）. ❸ [素] 反応が鋭い. ¶～觉 jué / ～醒 xǐng / 机～ jījǐng（機敏だ）. ❹ [素] 警察. ¶民～ mínjǐng（人民警察）/ 交通～ jiāotōngjǐng（交通警官）. ❺（Jǐng）姓.

【警报】jǐngbào [名] 警報. ¶～器 / 警報機. ¶拉～ / 警報を鳴らす. ¶发出紧急～ / 緊急警報を発する.
【警备】jǐngbèi [动] 警備する. ¶～森严 sēnyán / 警備が厳重だ. ¶加强～ / 警備を強化する.
【警备区】jǐngbèiqū [名] 警備地区.
【警策】jǐngcè ❶ [动] いましむ，励ます. ❷ [名] 文章中の全体を活かすすぐれた短句. 警句.
*【警察】jǐngchá ❶ 警察. ¶～局 / 警察署. ❷〔个 ge, 名 míng, 位 wèi〕警察官. 巡查. ¶交通～ / 交通巡查.
【警车】jǐngchē [名]〔辆 liàng〕パトロールカー. パトカー.
【警笛】jǐngdí [名]（～儿）❶ 警笛. ¶吹～ / 警笛を吹く. ❷ サイレン.
【警风】jǐngfēng [名] 警察の気風.
【警服】jǐngfú [名] 警察の制服.
【警告】jǐnggào ❶ [动] 警告する. ¶～有关人员 / 関係者に警告する. ¶我～你, 不可以再与我妹妹来往！/ 警告しておくが, 二度と俺の妹ときあってはならん. [同] 正告 zhènggào ❷ [名]（行政処分としての）警告.
【警官】jǐngguān [名] 警官.
【警棍】jǐnggùn [名]〔根 gēn, 支 zhī〕警棒.
【警号】jǐnghào ❶ [名] 警鐘. ❷ 警察官の身分を表すバッジ. 番号が打ってあり, 制服につける.
【警花】jǐnghuā [名] 若い女性警察官に対する呼称.
【警戒】jǐngjiè ❶ [动] 戒める. [同] 儆诫 jǐngjiè, 儆戒 jǐngjiè ❷ [动] 警戒する（こと）. ¶施行～ / 警戒措置をとる. ¶严密 yánmì～ / 厳戒態勢をとる. [同] 戒备 jièbèi.
【警戒色】jǐngjièsè [名]《生物》警戒色.
【警句】jǐngjù [名] 警句. ¶书中有不少～ / 書中に多くの警句が記されている.
【警觉】jǐngjué ❶ [动] 敏感に感じとる. ¶～性 / 警戒心. ❷ [名] 警戒心. ¶提高～, 预防小偷 xiǎotōu / 泥棒を予防する警戒心を高める.
【警力】jǐnglì [名]（人員や装備面の）警察の力量.
【警铃】jǐnglíng [名] 非常ベル.
【警民】jǐngmín [名] 警察と市民.
【警区】jǐngqū [名] 警察の各所管の管轄区.
【警犬】jǐngquǎn [名]〔条 tiáo〕警察犬. [注意] "警狗 jǐnggǒu"とは言わない.
【警容】jǐngróng [名] 警察の様相. 警察の威容.
【警嫂】jǐngsǎo [名] 警察官の妻に対する尊称.
【警示】jǐngshì ❶ 警告. 啓示. ❷（製品の）取り扱

い標示. 注意書き.
【警探】jǐngtàn 名旧 スパイなどをする特務警察.
【警惕】jǐngtì 動 用心する. 警戒する. ¶～性／警戒心. ¶放松～／警戒心をゆるめる. ¶提高～,保卫祖国／警戒を強め,祖国を守ろう. 回警觉 jǐngjué
【警卫】jǐngwèi 1動 警備する. 警護する. ¶日夜～着长江大桥／昼夜を分かたず長江大橋を警備している. 2名 〔个 ge.名 míng〕警備員. ボディガード. ¶～室／警備室. ¶他是总统的～／彼は大統領のボディガードだ.
【警务】jǐngwù 名 警察業務.
【警衔】jǐngxián 名 警察官の階級.
【警械】jǐngxiè 名 (警棒・催涙弾・手錠など)警官が使う道具.
【警醒】jǐngxǐng 1形 眠りが浅い. ¶我最近睡觉很～／私は近頃とても眠りが浅い. 2動 悟る. 回警省 jǐngxǐng
【警钟】jǐngzhōng 名 警鐘(けいしょう). ¶敲 qiāo～／警鐘を鳴らす. 参考 比喩的に用いられることが多い.
【警钟长鸣】jǐngzhōng cháng míng 句 高度な警戒態勢を敷く.
【警种】jǐngzhǒng 名 警察の職務上の分類. 参考 戸籍・交通・消防・治安・刑事・司法・鉄道・国境防備・外事・経済・武装などがある.

劲(勁) jìn 力部5 四 1412[7] 全7画 常用
素 力強い. ¶～旅 jìnglǚ ／～敌 jìngdí ／强～ qiángjìn (强力だ)／疾风 jífēng 知～草(疾風に勁草(けいそう)を知る. 困難に直面して初めてその人の真価が分かる).
☞ 劲 jìn.
【劲拔】jìngbá 形文 (松の木などが)力強くまっすぐにのびている.
【劲爆】jìngbào 1形 激烈な. 驚くべき. ¶～的新闻／世界をゆるがすようなニュース. 2動 予想外の驚くべき大ニュースが発表される.
【劲敌】jìngdí 名 強敵.
【劲风】jìngfēng 名 強風.
【劲减】jìngjiǎn 動 (価格や指数が)急激に低下する. 下落する.
【劲旅】jìnglǚ 名文〔支 zhī〕精鋭部隊. 強豪.
【劲射】jìngshè 動 (スポーツ)(サッカーで)素早くシュートする.
【劲升】jìngshēng 動《経済》(証券市場の価格や指数などが)急激に上昇する.
【劲松】jìngsōng 名 力強くそびえ立つ松. 勁松(けいしょう).
【劲舞】jìngwǔ 名 力強いリズムのダンス. ストリートダンス.
【劲扬】jìngyáng 動 (価格などが)急騰する.

径(徑)(異)迳①~③ jìng
彳部5 全8画 四 2721[2] 常用
1素 細い道. ¶山～ shānjìng (山道)／曲～ qūjìng (曲がりくねった小道). 2素 目的解決のための方法. ¶捷～ jiéjìng (手っ取り早い方法. 近道)／门～ ménjìng (解決の手がかり). 3副 ただちに. じかに. ¶～行 xíng 办理(すぐに処理する). 4素《数学》直径. ¶口～ kǒujìng (口径)／半～ bànjìng (半径). 注意 つくりが"圣"ではなく"圣"であることに注意.
【径流】jìngliú 名 地面に吸収されずに流れる水. 流去水.
【径赛】jìngsài 名《スポーツ》トラック競技.
【径庭】jìngtíng 名文 大きな隔たり. 参考 旧読は"jìngtìng". ⇒ 大相 dàxiāng 径庭.

【径向】jìngxiàng 名《物理》半径方向. ラジアル.
【径直】jìngzhí 1副 (途中に立ち寄らずまっすぐに. ¶我这次～去北京／私は今回まっすぐ北京へ行く. ¶～走到老人面前／老人の前にまっすぐ歩み出る. 2じかに. そのまま. ¶你如有问题,～提出／もし問題があれば,どんどん出て下さい.
【径自】jìngzì 副 自分の思い通りに. ¶～离去／勝手に立ち去る.

净(異)浄 jìng 冫部6 四 3715[7] 全8画 常用
1形 汚れていない. きれいだ. ¶～水 jìngshuǐ ／干～ gānjìng (清潔だ). 回洁 jié 反脏 zāng 2動 洗ってきれいにする. ¶～手 jìngshǒu ／～面 jìngmiàn (顔を洗う). 3形 何も残っていない. 空っぽだ. ¶钱用～了(懐がすっからかんになった). 4形 純粋な. 正味だ. ¶～重 jìngzhòng ／～利 jìnglì. 5動 ただその一つだけ. ¶～说不干(口先だけで何もしない). 回只 zhǐ,仅 jǐn 6副 すべて…ばかり. ¶沟地～是树叶(地上は一面,木の葉だ). 7名《芸能》京劇などで,かたき役や荒々しい人物の役. 顔にくまどりをするので"花脸 huāliǎn"とも言う. ⇒ 付録「京劇入門」
【净产值】jìngchǎnzhí 名《経済》純生産額.
【净额】jìng'é 名《経済》正味額.
【净高】jìnggāo 名《建築》正味高度.
【净化】jìnghuà 動 浄化する. きれいにする. ¶～污水 wūshuǐ ／汚水を浄化する. ¶～心灵 xīnlíng ／心を洗う. ¶～环境／環境をクリーンにする. ¶～语言／ことばを美しくする. 反 污染 wūrǎn.
【净化器】jìnghuàqì 名 浄化器. ¶空气～／空気清浄器.
【净价】jìngjià 名《経済》正味価格. 正価.
【净街】jìngjiē 動 古代,帝王や高貴な人物の人が外出する時に,通行人を追い払い,道を開ける. 回清道 qīngdào.
【净尽】jìngjìn 形 少しも残っていない. ¶消灭 xiāomiè ～／少しも残さず,きれいに退治する.
【净角】jìngjué 名 (～儿)《芸能》古典劇で,気性が激しい,または粗暴な男性の役どころ. 通称は"花脸 huāliǎn".
【净口】jìngkǒu 名《芸能》(演芸で)下品な話題を払拭することで. 口直しのことば. 回 荤 hūn 口.
【净利】jìnglì 名 純益. 反 毛利 máolì.
【净利润】jìnglìrùn 名《経済》純利益. 回净利.
【净身】jìngshēn 動 1身を清める. 2男子が(宦官になるために)去勢する.
【净胜球】jìngshèngqiú 名《スポーツ》(球技での)純得点数. 得失点差.
【净是】jìngshì 副 すっかり. …ばかり. ¶满屋子～书／部屋の中は本だらけだ.
【净手】jìng//shǒu 動 1手を洗う. 回 洗手 xǐshǒu. 2手洗いに行く. 表現②は,大小便をすることの婉曲な言い回し. "方便 fāngbiàn"もよく使われる.
【净水】jìngshuǐ 名 きれいな水. 浄水. ¶～厂／浄水場.
【净桶】jìngtǒng 名旧 おまる. 便器. 回 马 mǎ 桶.
【净土】jìngtǔ 名 1《仏教》浄土. 回 秽 huì 土 2汚れていない場所.
【净心】jìngxīn 1形 心配事がない. 2名 安らかな心.
【净余】jìngyú 動 (金や物が)使った分を除いて残る. ¶除去所有开支,还～几百元／すべての支出を除いても,まだ数百元残る.

【净园】jìng//yuán →静园 jìngyuán
【净增】jìngzēng 名 純増.
【净值】jìngzhí 名〈経済〉純価格. 正味価額.
【净重】jìngzhòng 名 ❶（商品の）正味重量. 反 皮重 pízhòng ❷（食肉などの）毛や皮を除いた正味重量. 反 毛重 máozhòng
【净赚】jìngzhuàn 動（経費などを除き）正味の利益を得る.
【净资产】jìngzīchǎn 名〈経済〉純資産.
【净资产值】jìngzīchǎnzhí 名〈経済〉純資産額.

胫（脛/<異>踁）jìng
月部5 全9画 四 7721₂ 通 用
名〈生理〉ひざからかとまでの部分. すね. はぎ.
【胫骨】jìnggǔ 名〈生理〉〔<簡>块 kuài〕脛骨(けいこつ).

俍 jìng
亻部8 四 2029₆
全10画
形〈文〉強い.
➡ 俍 liàng

痉（痙）jìng
疒部5 四 0011₂
全10画 通 用
下記熟語を参照.
【痉挛】jìngluán 動〈生理〉痙攣(けいれん)する.

竞（競）jìng
立部5 四 0021₂
全10画 常 用
❶ <素> 勝ちを争う. ¶～走 jìngzǒu / ～技 jìngjì / ～赛 jìngsài. ❷（Jìng）姓.
【竞标】jìng//biāo 動（入札者などが）落札を競う.
【竞猜】jìngcāi 動（クイズなどの）答えの速さを競う.
【竞渡】jìngdù 名動 ❶ 競漕(する). ボートレース(をする). ¶龙舟 lóngzhōu～／ 竜舟レース. 端午の節句に行われる. ❷ 競泳(をする).
【竞岗】jìnggǎng 動 競争により、ポストや業務をかちとる.
【竞技】jìngjì 名 スポーツ競技. ¶～场／競技場.
【竞技体操】jìngjì tǐcāo 名〈スポーツ〉体操競技.
【竞价】jìng//jià 動 価格を競(せ)る. ¶开最後には、いくら, ］
【竞买】jìngmǎi 動 競(せ)りで買う. 競り落とす.
【竞拍】jìngpāi 動 ❶ 競売にかける. 同 拍卖 mài ❷ 競(せ)り落とす.
【竞聘】jìngpìn 動 競争により、地位や企業などに採用される.
*【竞赛】jìngsài ❶ 名 競争. 競技. ¶体育～／スポーツ競技. ¶劳动～／労働競争. ¶开展技术～／技術コンテストを開く. 同 比赛 bǐsài ❷ 動 競争する. 競技する.
【竞相】jìngxiāng 副 先を争って（…する）.
【竞选】jìngxuǎn 動 選挙活動を行う. ¶～演说 yǎnshuō／選挙演説. ¶在～中获胜 huòshèng／選挙戦で勝利を得る.
【竞争】jìngzhēng 動（利益をめぐって）争う. 競争する. ¶～激烈 jīliè／競争が激しい. ¶贸易～／貿易競争. ¶公平～／公平な競争.
【竞争性】jìngzhēngxìng 名 競争性. 競争力.
【竞走】jìngzǒu 名〈スポーツ〉競歩.

竟 jìng
立部6 四 0021₂
全11画 常 用
❶ 動 終わる. ¶读～ dújìng（読み終える）／ 未～的事业（まだ完成していない事業）. ¶最後には. ついに. ¶有志者事～成（志があれば何事も最後には成功する）. ❸ <素> まるまる全部. ¶一日 jìngrì ／ ～夜 jìngyè（一晩中）. ❹ 副 意外にも. ¶半年～完成了一年的任务（一

年分の仕事をなんと半年でやり終えた）／ 没想到～如此简单（こんなに易しいとは思いもよらなかった）. ❺（Jìng）姓.
【竟敢】jìnggǎn 副 こともあろうに. なんと大胆にも. ¶他～跟上司吵架！／彼はよくも大胆に上司とけんかしたねぇ.
【竟然】jìngrán 副 なんと意外にも. ¶许多中国人～不知道他／中国人の多くが意外なことに彼を知らない. 同 居然 jūrán
【竟日】jìngrì 名〈文〉終日. 一日. 同 终 zhōng 日
【竟是】jìngshì 副 ❶ なんと意外にも. ¶没想到得 dé 第一名的～他 ／ 一位になるのがなんと彼だとは思いもよらなかった. ❷ ただ…だけである.
【竟至】jìngzhì 副 意外にも…（の程度）まで至る. ¶听说他家里穷,没想到～如此地步／彼の家は貧しいとは聞いていたが,それほどまでのひどさとは思いもよらなかった.
【竟自】jìngzi 副 なんと意外にも. <表現> 竟然 jìngrán.

婧 jìng
女部8 四 4542₇
全11画 通 用
形〈文〉女性の能力があって賢いこと.

靓（靚）jìng
青部4 四 5721₂
全12画 通 用
<素> 化粧する. ¶～妆 jìngzhuāng.
➡ 靓 liàng
【靓妆】jìngzhuāng 名〈文〉美しい化粧.

敬 jìng
攵部8 四 4864₀
全12画 常 用
❶ <素> 敬う. ¶～重 jìngzhòng ／ ～爱 jìng'ài ／ ～仰 jìngyǎng ／ ～老 jìnglǎo（お年寄りを敬う）／ 致～ zhìjìng（敬意を表する）／ 尊～ zūnjìng（尊敬する）. ❷ <素> 敬意をあらわす贈り物. ¶喜～ xǐjìng（結婚のお祝い）. ❸ 動（飲み物や品物を）うやうやしく差し上げる. ¶～酒 jìngjiǔ ／ ～茶 jìngchá（お茶を勧める）. ❹ （Jìng）姓. <同>3）は,"酒"や"茶"を勧める時に用い,その他の物("饭"，"礼物"など）には使わない.
*【敬爱】jìng'ài 動 敬愛する. ¶～父母／父母を敬愛する. ¶～的李老师／敬愛する李先生. 亲爱 qīn'ài.
【敬称】jìngchēng ❶ 動 敬意を込めて…と呼ぶ. ❷ 名 敬称.
【敬辞】jìngcí 名 敬語. <参考>"贵体 guìtǐ"（お体），"光临 guānglín"（おいでいただく），"请问 qǐngwèn"（ちょっとうかがいます），"借光 jièguāng"（すみません. 呼びかけの語）などがある.
【敬而远之】jìng ér yuǎn zhī 成 敬 敬遠する. 表面的には敬意を示しながら実際は遠ざける. ¶他的那种高高在上的態度,让人～／彼のあのような高飛車な態度は,人に敬遠される. 由来『論語』雍也(ようや)篇に見えることば.
【敬奉】jìngfèng 動 ❶ うやうやしく献上する. ❷（神仏に対して）供物(くもつ)をお供えする.
【敬服】jìngfú 動 敬服する.
【敬告】jìnggào 動〈文〉敬 申し上げる.
【敬候】jìnghòu 動 ❶ <表現> お待ち申し上げる. ¶～回音／お返事をお待ちいたしております. ¶～光临 guānglín ／ ご光来をお待ちいたしております. ❷ おたずねする. ¶～起居 qǐjū ／ ご機嫌をうかがう. <表現> 手紙やあいさつ文で使われる.
【敬酒】jìng//jiǔ 動（宴会で）酒を勧める. 乾杯の音頭をとる. ¶给客人～／お客に酒を勧める. ¶敬了三杯酒／酒を3杯お勧めした.
【敬酒不吃,吃罚酒】jìng jiǔ bù chī, chī fá jiǔ 成 ていねいに勧められたときは聞き入れずに,おどしには従うこと.
【敬老院】jìnglǎoyuàn 名〔<簡>个 ge,所 suǒ,座 zuò〕

老人ホーム.⇒养老院 yǎnglǎoyuàn

*【敬礼】❶ jìng/lǐ 動 敬礼する.¶敬了一个礼/1回敬礼をする.❷ jìnglǐ 名 敬礼.手紙の結語に用いる敬語.¶致以～/ここに敬意を表します(手紙の最後に慣用的に用いる).

【敬慕】jìngmù 動 敬慕する.¶～他的为人 wéirén/彼の人柄を心から尊敬する.

【敬佩】jìngpèi 動 敬服する.¶他的学识 xuéshí 人品,令人～/彼の学識と人品には敬服する.⇒钦佩 qīnpèi

【敬请】jìngqǐng 動 謹んでお願い申し上げる.¶～光临 guānglín/ご光臨のほど,謹んでお願い申し上げます.¶～斧正 fǔzhèng/謹んで斧正を願います(自分の著書などを贈呈する時の常套句.斧正は「添削する」の意).¶～批评指正 zhǐzhèng/謹んで批評,ご教示のほどお願い申し上げます.表現 手紙やあいさつ文によく用いる.

敬礼①

【敬若神明】jìng ruò shén míng 成 神仏のごとくあがめ尊敬する.

【敬挽】jìngwǎn 動 謹んで弔意を表する.

【敬畏】jìngwèi 動 長敬(いけい)する.¶年轻人都很～他/若い人たちは皆,彼を畏敬している.

【敬献】jìngxiàn 動 うやうやしく献上する.

【敬谢不敏】jìng xiè bù mǐn 成 自分にはとても務まらないので,謹んでお断りいたします.表現 婉曲に辞退することば.

【敬仰】jìngyǎng 動 敬慕する.

【敬业】jìngyè 動 学業や仕事に専念する.

【敬意】jìngyì 名 敬意.¶向您表示深深的～/あなたに心からの敬意を表します.

【敬语】jìngyǔ 名 敬語.

【敬赠】jìngzèng 動 贈呈する.

【敬重】jìngzhòng 動 敬う.大切にする.¶老人应受到全社会的～/老人は社会全体から敬われるべきだ.⇒尊敬,尊重 zūnzhòng,尊崇 zūnchóng,崇敬 chóngjìng ⇔ 轻蔑 qīngmiè

【敬祝】jìngzhù 動 謹 謹んでお祈りする.¶～全家幸福/謹んでご家族のご多幸をお祈りします.用法 手紙の文末のことばに用いる.

靖 jìng 立部8 四 0512₇ 全13画 次常用

❶ 形〈戦いなどがなく〉穏やかだ.❷ 動 平定する.¶～乱 jìngluàn/～边 jìngbiān(国境地帯を鎮める)/绥～ suíjìng(平定する).❸(Jìng)姓.

【靖康】Jìngkāng 名《歴史》北宋の欽宗(趙桓)の年号.靖康(せいこう):1126-1127).参考 靖康二年に金軍が都の開封を陥落させ,北宋が滅びた.これを「靖康の変」という.

【靖乱】jìngluàn 動 動乱を平定する.

静 jìng 青部6 四 5725₇ 全14画 常用

❶ 動 静かになる.¶～止 jìngzhǐ/安～ ānjìng(静かだ.落ち着いている)/风平浪～(成 風がやみ波も静まる).⇔动 dòng ❷ 形 静かだ.寂～ jìjìng(もの静かだ)/清～ qīngjìng(環境が静かだ)/夜～更 gēng 深(夜がふけて静まり返っている).⇔闹 nào ❸(Jìng)

姓.

【静场】jìng//chǎng 動 ❶(映画や劇の上演が終わって)観客が会場から出る.❷(効果をねらって)少しの間,静寂にする.沈黙する.

【静电】jìngdiàn 名 静電気.

【静电感应】jìngdiàn gǎnyìng 名《物理》静電感応.静電誘導.

【静观】jìngguān 動 冷静に観察する.

【静候】jìnghòu 動 じっと待つ.¶～佳音 jiāyīn/じっと吉報を待つ.

【静脉】jìngmài 名《生理》[条 tiáo]静脈(じょうみゃく).⇔ 动脉 dòngmài

【静脉曲张】jìngmài qūzhāng 名《医学》静脈瘤(りゅう).

【静脉注射】jìngmài zhùshè 名《医学》静脈注射.

【静谧】jìngmì 形 文 静かだ.¶～的山村/静かな山里.⇒ 安谧 ānmì ⇔ 喧闹 xuānnào

【静默】jìngmò 動 ❶ 沈黙する.静まり返る.¶暴风雨前的～/嵐の前の静けさ.❷ 黙祷(もくとう)する.¶致 zhì 哀 āi/黙祷をささげる.¶～三分钟/3分間黙祷をする.

【静穆】jìngmù 形 静かでおごそかだ.¶～的气氛 qìfēn/厳粛な雰囲気.¶会场上一片～/会場全体が厳粛な雰囲気だ.

【静悄悄】jìngqiāoqiāo 形(～的)物音ひとつしない.¶～的阅览室 yuèlǎnshì/しんと静まり返った閲覧室.¶～地站在门前/ひっそりと門の前に立っている.

【静态】jìngtài 名 止まったままで動かない状態.静態.¶～分析/静態分析.⇔ 动态 dòngtài

【静听】jìngtīng 動 静かに耳を傾ける.¶～山谷的回声/山のこだまに耳をすます.

【静物】jìngwù 名 静物.¶～画/静物画.

【静心】jìng//xīn 動 心を鎮める.

【静养】jìngyǎng 動 静養する.

【静园】jìng//yuán 動(閉園時間になり)入場者が公園を出る.⇒ 净园

【静止】jìngzhǐ 動 静止する.⇔ 运动 yùndòng

【静坐】jìngzuò 動 ❶ 静座する.目を閉じて,何も考えずにただじっと座る.気功療法の一つ.❷ 座り込みをする.¶～示威 shìwēi/座り込みストライキをする.

境 jìng 土部11 四 4011₂ 全14画 常用

素 ❶ 境界.境.¶～内 jìngnèi(境界内)/越～ yuèjìng(越境する)/国～ guójìng(国境)/入～ rùjìng(入国する).❷(特定の)場所.¶敌～ díjìng(敵地)/如入无人之~/～(無人の境へ入るがごとし).❸ 学問などが身についている度合い.¶学有进～(学問が進歩した).❹ 置かれている情況.¶困～ kùnjìng(苦境)/家～ jiājìng(暮らし向き)/处～ chǔjìng(境遇).

【境地】jìngdì 名(多く,本人にとって不利な)境地.境地.¶处于孤立 gūlì 的～/孤立した立場にある.¶陷入穷困 qióngkùn 的～/困窮状態に陥った.⇒ 地步 dìbù,田地 tiándì

【境界】jìngjiè 名 ❶ 土地の境界.❷ 境地.域.程度.¶达到了艺术家的～/芸術家の域に達した.

【境况】jìngkuàng 名 暮らし向き.¶我家今年的～很好/わが家の今年の家計はとてもよい.

【境域】jìngyù 名 ❷ 境界内の領域.¶加强～内的治安/境界内の治安維持を強化する.

【境遇】jìngyù 名 境遇.¶窘迫 jiǒngpò 的～/きわめ

て困難した境地. 表現 よくない方向に用いる. "幸福的境遇"などとは言わない.

猗 jìng

犭部11 四 4021₂
全14画 通用

名 文 古い書物に見える、トラやヒョウに似た獣. 参考 生まれるとすぐに母親を食い殺すといわれる.

镜(鏡) jìng

钅部11 四 8071₂
全16画 常用

❶ 名 (～子)鏡. ¶一台 jìngtái／穿衣～ chuānyī-jìng (姿見)／湖平如～(湖は鏡のように波一つなく穏やかだ). ❷ 素 レンズ. ¶花～ huājìng (老眼鏡)／显微～ xiǎnwēijìng (顕微鏡)／墨～ mòjìng (サングラス)／放大～ fàngdàjìng (拡大鏡)／凸～ tūjìng (凸レンズ). ❸ 名 手本. ¶以人为～ wéi～(人を鏡とする). ❹ (Jìng)姓. 参考 ①は、古代では銅を磨いて作った.

【镜花水月】jìng huā shuǐ yuè 成 鏡に映った花、水に映った月. 実体のないもの.

【镜框】jìngkuàng 名 ❶ (～儿)〔量 个 ge〕(ガラスをはめ込んだ)額ぶち. フレーム. ❷ メガネのフレーム. ¶配～ pèi～／フレームを作る.

【镜片】jìngpiàn 名〔量 块 kuài, 片 piàn〕(光学機器や眼鏡の)レンズ.

【镜台】jìngtái 名 鏡台.

【镜头】jìngtóu 名 ❶ (カメラや映写機の)レンズ. ❷ (写真の)シーン. ショット. ❸〔量 个 ge, 组 zǔ〕(映画やテレビ撮影の)カット. シーン. ¶影片中离别的～很感人／映画の中の別れのシーンは、とても感動的だ.

【镜像】jìngxiàng 名《コンピュータ》ミラーイメージ. ¶～站点／ミラーサイト.

*【镜子】jìngzi 名 ❶〔量 个 ge, 块 kuài, 面 miàn〕鏡. ❷〔量 副 fù〕眼鏡.

jiong ㄐㄩㄥ [tɕyuŋ]

扃 jiōng

户部5 四 3022₇
全9画 通用

❶ 名 旧 外側から扉を閉めるかんぬきや鍵. ❷ 名 旧 門の扉. ❸ 動 門を閉める.

炅 jiǒng

日部4 四 6080₉
全8画 通用

文 ❶ 名 日光. ❷ 形 明るい.
☞ 炅 Guì

迥 jiǒng

辶部5 四 3730₂
全8画 通用

文 ❶ 形 遠い. ¶山高路～(山は高く道は遠い). ❷ 副 はるかに…だ. ¶～异 jiǒngyì／～然 jiǒngrán.

【迥然】jiǒngrán 副 はるかに…だ.

【迥然不同】jiǒngrán bù tóng 句 はるかに異なっている. 遠くかけ離れている.

【迥异】jiǒngyì 形 はるかに異なる.

炯 jiǒng

火部5 四 9782₀
全9画 通用

❶ 素 きらきらと輝いている. ¶～然 jiǒngrán (明らかだ. 明るい)／目光～～(目つきがきらきらと輝いている). ❷ (Jiǒng)姓.

【炯炯】jiǒngjiǒng 形 文 瞳(ひとみ)などがきらりと輝くようす.

【炯炯有神】jiǒngjiǒng yǒu shén 句 (まなざしが)炯々(けいけい)として、生気に満ちている. ¶目光～／まなざしが生き生きとしている.

窘 jiǒng

穴部7 四 3060₇
全12画 次常用

❶ 形 貧しい. 生活が苦しい. ¶～困 jiǒngkùn／～迫 jiǒngpò. ❷ 動 困る. 困らせる. ¶受～ shòujiǒng (困る)／用一句话来～他(一言で彼を困らせる).

【窘促】jiǒngcù 形 文 窘迫している. せっぱつまっている. 同 窘迫 jiǒngpò.

【窘境】jiǒngjìng 名 大変な苦境. ¶陷入 xiànrù～／苦境に陥る. ¶摆脱了～／苦境から脱した.

【窘况】jiǒngkuàng 名 逃れる術のない苦しい状況. 窘状. ¶他不想把自己的～告诉父母／彼は自分の窘状を両親に知らせたくない.

【窘困】jiǒngkùn 動 ❶ (生活が)困窮する. ❷ (立場に)窮する.

【窘迫】jiǒngpò 形 ❶ 窘迫している. ¶生活～／生活が非常に苦しい. ❷ せっぱつまっている. ¶事态很～／事態は逼迫している.

【窘态】jiǒngtài 名〔量 副 fù〕とても困って、あわてた顔つき. ¶他被大家笑得不知所措,一脸～／彼はみんなに笑われてどうしてよいかわからず、とても困った顔をした.

【窘相】jiǒngxiàng 名 ❶ 貧しく、困窮したようす. ❷ あわてふためくようす. ¶露出 lùchū 一副～／醜態をさらしている.

jiu ㄐ丨ㄡ [tɕiou]

纠(糾) jiū

纟部2 四 2210₀
全5画 常用

❶ 素 まといつく. ¶～缠 jiūchán／～纷 jiūfēn. ❷ 素 悪いところを直して、正しくする. ¶～偏 jiūpiān／有错必～(まちがいがあれば必ず直す). ❸ 素 集める. ¶～合 jiūhé／～集 jiūjí. ❹ (Jiū)姓.

【纠察】jiūchá 動 名 大衆運動の秩序を維持する(人). ¶～队／ピケ隊.

【纠葛】jiūgé 名 ❶ こんがらかる. ¶事情～不清／事情がもつれあってはっきりしない. ¶枝条 zhītiáo～／枝がからみあう. 同 纠结 jiūjié ❷ つきまとう. こだわる. ¶~不休／しつこくつきまとう. ¶不要老在这个问题上～／いつもこの問題でこだわるのはやめて下さい.

【纠错】jiū//cuò 動 誤りを正す.

【纠纷】jiūfēn 名〔量 场 cháng〕もめごと. ¶调解 tiáojiě～／もめごとを仲裁する. ¶财产 cáichǎn～／財産争い. ¶产生～／もめごとになる.

【纠风】jiūfēng 動 業界内の乱れた風紀を正す.

【纠葛】jiūgé 名 もめごと. ¶爱情～／色恋沙汰. 男女のもめごと. ¶许多人与她有～／多くの人が彼女といざこざをおこした.

【纠合】jiūhé 動 貶 人を寄せ集める. ¶～党羽／徒党を組む. 同 鸠合 jiūhé

【纠集】jiūjí 動 貶 人を寄せ集める. ¶～打手／手下をかき集める. ¶～人马／スタッフをかき集める. 同 纠合 jiūhé, 鸠集 jiūjí

【纠结】jiūjié 動 からみあう. ¶藤蔓 téngwàn～／つるがからみあう.

【纠偏】jiū//piān 動 ❶ 偏りを改める. ¶及时纠了偏

すぎまぎ偏りを改めた．❷建物の傾きを直す．

*【纠正】jiūzhèng 動 欠点やまちがいを直す．¶～错误 / まちがいを直す．¶～姿势 zīshì / 姿勢を正す． 同 改正 gǎizhèng, 更正 gēngzhèng, 匡正 kuāngzhèng ⇨ 矫正 jiǎozhèng

鸠（鳩）jiū
鸟部2　四 4702₇　全7画　次常用

❶ 名（鳥）ハト類の総称．～鸽 ～ bāngjiū（ジュズカケバト）/ 山～ shānjiū（ヤマバト）．❷ 素 集まる．集める．¶～集 jiūjí（糾合する）/ ～合 jiūhé（糾合する）．

【鸠形鹄面】jiū xíng hú miàn 成 飢えてひどくやせ，やつれている．参考 "鸠形"は，腹がへこみ胸の骨が突き出ていること．"鹄面"は，やせこけて顔に肉がないこと．

究 jiū
穴部2　四 3041₇　全7画

❶ 素 追究する．¶～办 jiūbàn / 研～ yánjiū（研究する）/ 追～ zhuījiū（つきつめる）/ 深～ shēnjiū（深く追求する）．❷ 副 つまりは．¶～当如何办理（結局どう処理すべきか）．囧 究竟 jiūjìng, 到底 dàodǐ 参考 もと，"jiù"と発音した．

【究办】jiūbàn 動 よく取り調べて処罰する．¶依法～ / 法に基づき，取り調べて処罰する．

【究诘】jiūjié 動 文（結果や事の顛末を）問いつめる．

*【究竟】jiūjìng ❶ 副 いったい．¶～是怎么回事？ / いったいどういうことなんだ．¶～为什么打起来了呢？ / いったいどうしてけんかになったんだ．同 到底 dàodǐ, 终究 zhōngjiū ❷ 副 つまりは．何といっても．結局のところ．¶他～经验丰富,让他负责 fùzé 这项工作最合适 / 彼は何といっても経験が豊富だから，この仕事を任せるにふさわしいけれど．同 到底 dàodǐ, 终究 zhōngjiū ❸ 名 結果．¶他知道事情的～ / 彼は事の次第を知っている．¶让他说个～ / 彼に一部始終を話させよう．用法 ①は疑問文に用い，問いつめる気持ちをあらわす．"吗 ma"のつく疑問文には"究竟"は使えない．

【究问】jiūwèn 動 問いつめる．¶不予 yǔ～ / 尋問を拒否する．¶事情都过去了,不必～了 / もう終わったことだ，問いつめる必要はない．

赳 jiū
走部2　四 4280₀　全9画　通用

下記熟語を参照．

【赳赳】jiūjiū 形 文 雄々しく勇ましい．¶雄～,气昂昂 áng'áng / 雄々しく意気軒昂としている．勇ましく意気盛んだ．

阄（鬮）jiū
门部7　四 3771₆　全10画　通用

名（～儿）くじ．¶抓～儿（くじをひく）/ 拈 niān～决定（くじを引いて決める）．

揪（♻擎）jiū
扌部9　四 5908₀　全12画　常用

動 手でぎゅっとつかむ．つかんでひっぱる．¶～着绳子往上爬（ロープをつかんで上に登る）/ 把他～过来（やつをつかまえてこい）．

【揪辫子】jiū biànzi 動 弱みを握る．¶说话稍不留神,就被人～了 / 話にほんの少し気を抜いたら，すぐにあげ足を取られた．同 抓 zhuā 辫子 由来 "弁髪をつかむ"という意から．

【揪揪】jiūjiu 形 方 ❶ 衣服などにしわがよっている．のびのびしていない．

【揪痧】jiū//shā 動 指で首や喉，額などをつまんで充血させ，炎症を軽くする．民間療法の一つ．

【揪心】jiū//xīn ❶ 方 心配する．¶我没有为这些小事揪过心 / 私はこんなささいな事で気をもんだことなどない．¶又在揪什么心？ / また何を心配しているの．❷ ずきずき痛んでたまらない．

啾 jiū
口部9　四 6908₀　全12画　通用

下記熟語を参照．

【啾啾】jiūjiū ❶ 擬 小鳥や小動物のか細い鳴き声．❷ ロバやウマなどのはげしい鳴き声．表現 常に"啾啾"という形で使われる．

鬏 jiū
髟部9　四 7298₉　全19画　通用

名（～儿）まげ．

九 jiǔ
丿部1　四 4001₇

❶ 数 9．❷ 素 数の多いことをあらわす．¶～霄 jiǔxiāo / ～泉 jiǔquán / 三弯～转（曲がりくねっているよう）/ ～死一生．❸ 素 冬至からの81日間を9日ずつ区切り，それぞれの9日間を"九 jiǔ"という．¶一～（冬至の日から数えて初めの9日間のこと）．❹（Jiǔ）姓．

【九鼎】jiǔdǐng 名 ❶ 九鼎（ｷｭｳﾃｲ）．伝説で夏の禹（ｳ）王が鋳造したという9つの鼎（ｶﾅｴ）．❷ 重み．一言～ / 一言の重み．参考 ①は，九州（中国全土）を象徴する宝として夏・商・周3王朝にわたり伝えられた．

【九宫】jiǔgōng 名《音楽》❶ 古代音楽のモード．音階．❷ 元の雑劇の楽曲の調子．由来 正宮・中呂宮・南呂宮・仙呂宮・黄鐘宮・大石調・双調・商調・越調の9つあったことから．

【九宫格儿】jiǔgōnggér 名 漢字を練習するための，ます目の入った用紙．参考 1文字分のますには井桁状などの罫が入っている．

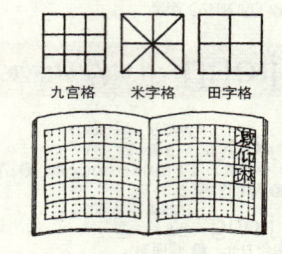

九宫格　米字格　田字格

九宫格儿

【九归】jiǔguī 名《数学》珠算で1から9までの一桁の数を除数にする割り算．

【九华山】Jiǔhuáshān 地名 九華山（ｷｭｳｶｻﾞﾝ）．参考 安徽省にある山．中国の仏教四大名山の一つ．旧称は"九子山"．

【九九归一】jiǔ jiǔ guī yī 慣 結局のところ．とどのつまり．同 九九归原 yuán

【九龙】Jiǔlóng 地名 九龍（ｷｭｳﾘｭｳ・ｶﾞｳﾛﾝ）．香港にある半島の名．

【九龙壁】jiǔlóngbì 名 九龍壁（ｷｭｳﾘｭｳﾍﾟｷ）．九匹の龍が彫刻または塑造されている壁．参考 山西省大同市，北京市北海公園，北京市故宮内にあるものが特に有名．⇨ 次ページ図

【九牛二虎之力】jiǔ niú èr hǔ zhī lì 成 非常に大きな力．¶费了～,才找到这些材料 / これ以上ないような大変な

九龍壁

力をして,やっとこの材料を入手れた. 由来「牛9頭と虎2頭の力」という意味.

【九牛一毛】jiǔ niú yī máo 成 九牛の一毛. とるに足らない小さなこと. ¶这点开支,对你这个百万富翁fùwēng 来说,如～／この程度の出費は,あなたのような大富豪には物の数ではありませんよ. 由来 漢の司馬遷「報任少卿書」に見えることば.

【九曲回肠】jiǔ qū huí cháng 慣 腸がねじまがるほどの苦しみやあせり. 断腸の思い. 回肠九转 zhuǎn

【九泉】jiǔquán 名 文 冥土(めいど). あの世. ¶～之下／冥土. 含笑～／草葉のかげで喜んでいる.

【九三学社】Jiǔsān xuéshè 名 九三学社(きゅうさんがくしゃ). "民主党派"(民主諸派. 建国に協力した中国共産党以外の政党)の一つ. 表现 "九三"とも言う.

【九死一生】jiǔ sǐ yī shēng 成 九死に一生を得る.

【九天】jiǔtiān 名 空のもっとも高いところ. ¶～九地／天地の差.

【九头鸟】jiǔtóuniǎo 名 ❶ 頭が9つある伝説上の怪鳥. ❷ ずる賢い人. 参考 ①は,不祥の鳥とされた.

【九五】jiǔwǔ 名 天子の位. 皇位. 由来『易経』で,九五("九"は陽の爻(こう),"五"は下から五つ目の位(くらい)をさす)は君主の位に当たることから.

【九五之尊】jiǔ wǔ zhī zūn 成 帝王の位. 帝王の特権. ⇨九五

【九霄】jiǔxiāo 名 ❶ 空のもっとも高いところ. 九霄(きゅうしょう). ¶～之外／空のはるかかなた. ❷ 極めて高いところや極めて遠いところのたとえ.

【九霄云外】jiǔ xiāo yún wài 成 空のはるかかなた. 遠くて影も形もないところ. ¶经他一说,那些顾虑都跑到～了／彼の一言で,それらの心配は全部空のかなたに飛んでいってしまった. 用法 "在", "到"の後につけて用いる.

【九·一八】Jiǔ-Yībā 名 歴史 "九·一八事変 shìbiàn"(満州事変)の略. 参考 1931年9月18日,日本軍が中国の東北部の侵略を開始した事件.

【九·一八事变】Jiǔ-Yībā shìbiàn →九·一八

【九州】jiǔzhōu 名 中国の別称. 由来 上古の時代,全国を九つの州に分けていたことから.

【九族】jiǔzú 名 ❶ 高祖父から玄孫(やしゃご)まで9世代の直系の親族. 九族. ❷ 父方4世代,母方3世代,妻方2世代の親族.

久 jiǔ ノ部2 四 2780₀ 全3画 常用

❶ 形 時間が長い. ¶～经锻炼(長い間鍛えている)／天长地～ 成 天は長く,地は久し. 反 暂 zàn ❷ 名 時間の長さ. ¶来了有多～了？(こちらに来てどのくらいになりますか) 他们工作了三十年之～（彼らは30年にわたって仕事を行った). ❸ (Jiǔ)姓.

【久别】jiǔbié 動 長期間離別する. 長らく別れる.

【久别重逢】jiǔbié chóngféng 句 久方ぶりで再会する.

【久病成医】jiǔ bìng chéng yī 成 長患いをした人は(病気に詳しくなるので)すぐれた医者になれる.

【久等】jiǔděng 動 長らく待つ. ¶让你～,实在对不起／長らくお待たせして本当に申し訳ありません. ¶～不来,我们先走吧／長く待ったのに来ないから,我々は先に行きましょう.

【久而久之】jiǔ ér jiǔ zhī 成 長い時間がたつと. ¶～,渐成习惯了／長い時間がたち,しだいに習慣になった.

【久负盛名】jiǔfù shèngmíng 句 長期に渡って名声を博す.

【久旱逢甘雨】jiǔhàn féng gānyǔ 慣 日照り続きに恵みの雨が降る. 干天に慈雨. 表现 待ち望んでいたことが一瞬のうちにかなうたとえ.

【久后】jiǔhòu 名 しばらくのち. 将来. 回 以 yǐ 后

【久经】jiǔjīng ❶ 動 長い時間を経る. ❷ 副 ずっと以前に.

【久经考验】jiǔ jīng kǎo yàn 成 長年試練に耐える.

【久经沙场】jiǔjīng shāchǎng 句 多くの戦いをくぐり抜ける. ¶～的老将 lǎojiàng／戦場の経験豊かな老将軍.

【久久】jiǔjiǔ 副 長い間. ¶热烈的掌声,～回荡 huídàng 在大厅／熱狂的な拍手が,いつまでもホールにこだまする. 表现 "的"の後につけることが多い.

【久留】jiǔliú 動 長い間とどまる. ¶～在此,给你添了许多麻烦了！／いつまでも長居して,大変ご迷惑をおかけしました.

【久违】jiǔwéi 動 謙 お久しぶりです. ごぶさたしております. ¶～了,一向可好？／お久しぶりです. お元気でしたか？ ¶与朋友畅饮 chàngyǐn,是～之事了／友人とこころゆくまで酒を飲むのは,久しぶりのことだ. 用法 あいさつや手紙で使うことば.

【久闻】jiǔwén 動 以前から聞いている.

【久闻大名】jiǔwén dàmíng 句 お名前はかねてから伺っております. ¶～,如雷贯耳／ご高名はかねがね伺っております. 表现 初対面のときの挨拶ことば.

【久仰】jiǔyǎng 動 以前からお伺っております. ¶早听朋友说过,～～,万幸万幸／かねがね友人から伺っておりましたが,お会いすることができ,非常に嬉しく存じます. 用法 初対面のときのあいさつのことば. "久仰!久仰!"のようにくり返して使うことが多い.

【久仰大名】jiǔyǎng dàmíng 句 謙 初対面者とのあいさつのことば. ご高名はかねがねうかがっています.

【久已】jiǔyǐ 副 とっくの昔に.

【久远】jiǔyuǎn 形 ずっと昔. 現在から遠く離れていること. ¶年代～／年代が古い. ¶时间并不～／それほど前のことではない. 回 长远 chángyuǎn

【久治不愈】jiǔ zhì bù yù 句 病がなかなか治らない. 長わずらいをする.

玖 jiǔ 王部3 四 1718₀ 全7画

名 ❶ 文 玉に似た黒い石. ❷ 数字の"九"の大字. 用法 領収書などに使う. ❸ (Jiǔ)姓.

灸 jiǔ 火部3 四 2780₀ 全7画 次常用

動《中医》灸をする.

韭（異 韮）jiǔ 韭部0 四 1110₁ 全9画 次常用

❶ 葉 ニラ. ¶～菜 jiǔcài. ❷ (Jiǔ)姓.

【韭菜】jiǔcài 名《植物》〔棵 kē〕ニラ. ¶～馅 xiàn 的饺子／ニラの具が入ったギョーザ. ¶～花儿／ニラ

の花.

【韭黄】jiǔhuáng [名]《植物》〔[量] 棵 kē〕キニラ. [参考]冬に育てた黄色いニラで,やわらかくて美味.

酒 jiǔ
氵部7 [四] 3116₀
全10画 [常用]

[名]❶酒. ¶葡萄～ pútáojiǔ（ワイン）/ 老～ lǎojiǔ（老酒）/ 啤～ píjiǔ（ビール）. ❷（Jiǔ）姓.

【酒吧】jiǔbā [名]〔[量] 家 jiā, 间 jiān〕バー. [同] 酒吧间 jiān ♦bar

【酒吧间】jiǔbājiān [名]バー. [同] 酒吧

【酒吧台】jiǔbātái [名]バーのカウンター. [同] 吧台

【酒保】jiǔbǎo [名][旧]〔[量] 个 ge〕酒屋の店員. [参考]古代の戯曲や白話小説に多く見えることば.

【酒杯】jiǔbēi [名]グラス. ¶红～ / ワイングラス. ¶啤～ / ビールのジョッキ.

【酒菜】jiǔcài [名]❶酒のさかな. つまみ. ❷酒と料理. ¶精心准备了一桌～ / 心をこめてテーブル一杯の酒と料理を準備した.

【酒厂】jiǔchǎng [名]酒造所. 醸造所.

【酒池肉林】jiǔ chí ròu lín [成]ぜいたくの限りを尽くした酒宴. [由来]『史記』殷本紀に見えることば.

【酒刺】jiǔcì [名][俗]にきび. [同] 痤疮 cuóchuāng

【酒店】jiǔdiàn [名]❶〔[量] 家 jiā〕居酒屋. ❷〔[量] 家 jiā, 座 zuò〕ホテル. ¶城市～ / シティーホテル. ¶扬子江大～ / 揚子江ホテル. [参考]②はもと南方のホテル名に多い. "…（大）酒店"の形でホテルの名前に用いられる.

【酒饭】jiǔfàn [名]酒と食事. ¶一顿～少说也要一百来块 / 一回の酒と食事で,少なくとも100元くらいはする.

【酒馆】jiǔguǎn [名]〔[量] 家 jiā〕酒場. 居酒屋. ¶去～喝酒 / 居酒屋へ飲みに行く.

【酒鬼】jiǔguǐ [名][贬]〔[量] 个 ge〕飲んべえ. 飲んだくれ. ¶变成～ / 飲んだくれになる.

【酒酣耳热】jiǔ hān ěr rè [成]酒を飲んで上気しているようす. 酔って興が乗ってきたようす.

【酒后】jiǔhòu [名]酒を飲んだあと. ¶～失言 / 酒の勢いで失言する.

【酒后开车】jiǔhòu kāichē [名]飲酒運転.

【酒壶】jiǔhú [名]とっくり. 銚子(ちょうし).

【酒花】jiǔhuā [名]❶酒やビールの泡. ❷《植物》ホップ. [同] 啤酒 píjiǔ 花, 蛇麻 shémá

【酒会】jiǔhuì [名]簡単な宴会. 立食の小パーティー. ¶告别～ / お別れパーティー. ¶鸡尾～ / カクテルパーティー.

【酒家】jiǔjiā [名]居酒屋. 料理店. レストラン. ¶梅龙镇 Méilóngzhèn～ / 梅竜鎮酒家(上海の四川料理店). ¶成吉思汗 Chéngjísīhàn～ / チンギスハン酒家(北京のモンゴル料理店). [参考]現在では多くレストランの名称に用いる.

【酒浆】jiǔjiāng [名][文]酒.

【酒窖】jiǔjiào [名]酒を醸造・貯蔵する穴蔵.

【酒精】jiǔjīng [名]アルコール. ¶～灯 / アルコールランプ.

【酒具】jiǔjù [名]（とっくりや杯などの）酒器.

【酒力】jiǔlì [名]❶酒量. ¶他没有～ / 彼は酒が弱い. ❷酒の力. アルコールの作用.

【酒量】jiǔliàng [名]その人の酒量. ¶～很大 / 酒量が多い. ¶我没有～,不能喝 / 私はまったく酒が飲めない(下戸だ).

【酒令】jiǔlìng [名]（～儿）酒令(しゅれい). 酒席での遊びで,負けた人は罰として酒を飲む. ¶行 xíng～ / 酒令をする.

【酒楼】jiǔlóu [名]居酒屋. レストラン.

【酒囊饭袋】jiǔ náng fàn dài [成]酒を飲み,飯を食っているだけの,何の能力もない人.

【酒酿】jiǔniàng [名]甘酒. [同] 酒娘 jiǔniáng, 江米酒 jiāngmǐjiǔ

【酒器】jiǔqì [名]〔[量] 件 jiàn〕酒器. 酒だる,お銚子,杯など.

【酒钱】jiǔqian [名][旧]チップ. さかて. ¶拿些～给随从 / 随行員に心づけをわたす.

【酒曲】jiǔqū [名]（酒をつくるための）こうじ.

【酒肉朋友】jiǔ ròu péng yǒu [成]飲み食いして遊ぶだけの仲間. ¶都是些～,没一个真心的 / みんな酒の上だけの付き合いで,本当の友は一人もいない.

【酒色】jiǔsè [名]酒と女色. ¶沉湎 chénmiǎn～ / 酒と女におぼれる.

【酒色财气】jiǔ sè cái qì [名]酒・色事・金銭・怒り. [参考]旧時,人生を誤らせる4つのこととして戒めた.

【酒食】jiǔshí [名]酒と食事.

【酒石酸】jiǔshísuān [名]《化学》酒石酸.

【酒肆】jiǔsì [名][文]居酒屋.

【酒徒】jiǔtú [名][贬]酒飲み.

【酒窝[涡]】jiǔwō [名]（～儿）〔[量] 对 duì, 个 ge〕えくぼ. ¶脸上一对～,很迷人 / 両頬にえくぼができて,とてもかわいい.

【酒席】jiǔxí [名]〔[量] 桌 zhuō〕宴席. ¶内设雅座 yǎzuò, 承办～ / 奥に特別室あり. 宴会にお使いいただけます. ¶摆一桌～ / 宴席を一卓設ける.

【酒醒】jiǔxǐng [動]酔いが醒める. ¶等～后,已不知身在何处了 / 酔いが醒めてみると,もうどこにいるのかわからなかった.

【酒兴】jiǔxìng [名]酒の興趣. おもむき.

【酒宴】jiǔyàn [名]酒宴. 宴席.

【酒肴】jiǔyáo [名]酒とさかな. 酒肴(しゅこう).

【酒药】jiǔyào [名]酒や甘酒を造るこうじ.

【酒意】jiǔyì [名]ほろ酔い気分. ¶已经有了几分～ / もうほろ酔い気分だ.

【酒糟】jiǔzāo [名]酒かす.

【酒糟鼻】jiǔzāobí [名]《医学》慢性皮膚病の一種. ざくろ鼻. 赤鼻. [同] 酒渣病 zhābìng, 酒渣鼻

【酒渣鼻】jiǔzhābí [名]ざくろ鼻. 赤鼻. [同] 酒糟 zāo 鼻

【酒盅[钟]】jiǔzhōng [名]（～儿）〔[量] 只 zhī〕小さな杯. [注意]陶磁の杯をいい,ガラスなどにはいわない.

【酒足饭饱】jiǔ zú fàn bǎo [成]酒も料理も十分だ. 十分に飲み食いしたようす.

【酒醉】jiǔzuì [動]酒に酔う. ¶～失言 / 酔って失言する.

旧(舊) jiù
日部1 [四] 2600₀
全5画 [常用]

❶[形]古い. 時代遅れだ. ¶～时代 jiùshídài（昔）/ ～社会 jiùshèhuì. [反] 新 xīn ❷[形]長い時間を経て色や形が変わってしまっている. 古びた. ¶～书 jiùshū / ～衣服 jiùyīfu（古着）. [反] 新 xīn ❸[素]古い友情. 古くからの友人. ¶怀～ huáijiù（昔のことや人々のことを思う）/ 念～ niànjiù（昔の友情を憶えている）. ❹（Jiù）姓.

【旧案】jiù'àn [名]〔[量] 件 jiàn, 桩 zhuāng〕❶久しく解決のついていない案件. ¶清理～ / 懸案を片付ける. ❷過去の条例や事例.

【旧病】jiùbìng [名]持病. 既往症.

【旧病复发】jiù bìng fù fā [成]持病が再発する. ¶他戒 jiè 烟戒了一年多,最近～,又开始抽了 / 彼は一年以上も禁煙できていたんだが,最近持病が再発して,また吸うように

J

なった.
【旧部】jiùbù 名 昔の部下.
【旧地】jiùdì 名 かつて行ったことがある土地. かつて住んでいた土地.
【旧地重游】jiù dì chóng yóu 成 以前に住んでいたり, 訪れたことのある場所を再び訪れる. ¶他～,不禁 bùjīn 感慨 gǎnkǎi 万千 / 彼は懐かしい場所を再び訪れて,万感の思いを禁じえなかった.
【旧调重弹】jiù diào chóng tán 成 古くなった理論や主張を蒸し返す. 同 老 lǎo 调重弹 由来 古いメロディを繰り返し奏でるという意から.
【旧都】jiùdū 名 旧都.
【旧恶】jiù'è 名 昔の過ちや悪事. ¶劾暴 hébào～/ 昔の悪事を暴く.
【旧交】jiùjiāo 名 古くからの友人.
【旧观】jiùguān 名 もとのよう. 旧観. 反 新 xīn 观 ➡旧观 jiùguàn
【旧观】jiùguàn 名 古い寺や廟. ➡旧观 jiùguān
【旧国】jiùguó 名 古都. 由来 昔は都のことを"国"と呼んでいたから.
【旧好】jiùhǎo 名 文 ❶ 昔のよしみ. 旧交. ❷ 古くからの友人. 同 旧交 jiùjiāo
【旧恨新仇】jiù hèn xīn chóu 成 恨みが積み重なる. ¶～,一起清算 / 積もり積もった恨みを,まとめて返してやる.
【旧货】jiùhuò 名 中古の品物. ¶～市场 / のみの市. ¶～店 / リサイクルショップ.
【旧交】jiùjiāo 名〔量 位 wèi〕古くからの友人. 同 旧友 jiùyǒu,老朋友 lǎopéngyou
【旧教】jiùjiào 名 天主教. カトリック.
【旧金山】Jiùjīnshān 名〈地名〉サンフランシスコ(米国). 参考 華僑が多く住み,"唐人街 Tángrénjiē"(チャイナタウン)がある.
【旧居】jiùjū 名〔量 所 suǒ,座 zuò〕以前に住んでいたところ. 同 故居 gùjū 反 新居 xīnjū 比較 "旧居"は広く使われ,一般人のものと有名人のもののいずれもいうが,"故居"は,"鲁迅 Lǔ Xùn 故居"や"老舍 Lǎo Shě 故居"のように,有名人のものをさす.
【旧历】jiùlì 名 旧暦. 陰暦. ¶～年 / 旧暦の正月. 春節. 同 夏历 xiàlì,农历 nónglì
【旧梦】jiùmèng 名 以前に見た夢. 過ぎ去った美しい思い出. ¶～难圆 / 昔の夢は実現しがたい(多く成就しなかった恋愛を懐かしんでいう).
【旧梦重温】jiù mèng chóng wēn 成 過ぎ去ったことをしのぶ. 同 重温旧梦
【旧年】jiùnián 名 ❶ 方 去年. ❷ 陰暦の新年. 春節.
【旧瓶装新酒】jiù píng zhuāng xīn jiǔ 成 古い形式に新しい内容を盛り込む.
【旧情】jiùqíng 名 昔からのよしみ. ¶他不会不念～的 / 彼は昔からの友情を忘れるはずない. ¶～再续 / 古いよしみがまた復活する.
【旧日】jiùrì 名 文 過ぎ去った日々. ¶～的情景 / 過ぎ去った日々の情景. ¶～的欢乐,已一去不复返 fùfǎn 了 / ありし日々の楽しい思い出は,すでに過ぎ去ってもどらない.
【旧社会】jiùshèhuì 名 旧社会. 表现 一般に,1949年(中華人民共和国成立)以前の社会をいう.
【旧诗】jiùshī 名〈文学〉〔首 shǒu〕文語体と伝統の格律で作られた詩. 古体詩と近体詩がある.
【旧时】jiùshí 名 昔. 以前. ¶～的穿戴 / 昔の服装.
【旧石器时代】jiùshíqì shídài 名〈歴史〉旧石器時代.

【旧式】jiùshì 形 旧式の. ¶～家具 / 旧式の家具. ¶～婚姻 / 昔ながらの結婚. ¶～礼节 / 昔風の礼儀作法. 反 新式 xīnshì
【旧事】jiùshì 名〔件 jiàn,桩 zhuāng〕過去の事. ¶～重提 chóngtí / 過去の事をふたたび持ち出す. ¶虽是～,对今天仍有借鉴 jièjiàn 作用 / 昔のことではあるが,今日でも手本となる働きはある.
【旧书】jiùshū 名〔本 běn〕❶ 昔の書物. 古書. ¶～店 / 古本屋. ¶收购～/ 古書を買い入れる. ❷ 古くなった本.
【旧俗】jiùsú 名 伝統的な風俗習慣. 古くからのしきたり. ¶按照～/しきたりどおりにする. 反 新风 xīnfēng
【旧套】jiùtào 名 旧套(きゅうとう). 古くからのしきたり.
【旧闻】jiùwén 名〔则 zé〕昔の話. 古いエピソードなど. 同 新闻 xīnwén
【旧物】jiùwù 名 ❶ 先人の残した文物や制度. ❷ もとの国土. ¶光复～ 成 国土を奪い返す.
【旧习】jiùxí 名 古いしきたりや風俗. ¶～难改 / 古いしきたりは改まりにくい.
【旧学】jiùxué 名 訓詁学や考証学などの旧来の学問.
【旧业】jiùyè 名 ❶ 以前の仕事. 前人の事業. ❷ 昔からの資産. 先代の残した資産. ❸ もともとの職業. かつて従事していた学業や学術のこと.
【旧雨】jiùyǔ 名 文 古くからの友人. ¶～重逢 chóngféng / 旧友と再会する. ¶～今雨 / 古くからの友と新しい友. 由来 杜甫"秋述"に"旧雨来,今雨不来"(旧友は雨の日でも来てくれたが,新しい友は雨が降るとやって来ない)から. 後の人が,"旧"と"雨"を続けて"旧雨"と称するようになった.
【旧约】jiùyuē 名 ❶〈宗教〉旧約. 旧約聖書. 《旧约全书》の略. ❷ 以前からの約束や盟約.
【旧宅】jiùzhái 名 前に住んでいた家. 旧宅. 故居.
【旧章】jiùzhāng 名 過去の法令制度. 古いきまり.
【旧账】jiùzhàng 名 過去の借り. 昔のつけ. 表现 過去に犯した過失などのたとえ.
【旧址】jiùzhǐ 名〔处 chù〕以前に,記念すべき組織や建物のあった場所. ¶庐山 Lúshān 会议～/ 廬山会議の旧址. 同 原址 yuánzhǐ 反 新址 xīnzhǐ
【旧制】jiùzhì 名 ❶(度量衡の)旧制度. ❷ 古い制度.

臼 jiù
口部 5 四 7777₀ 全6画 次常用
❶ 名 うす. ❷ 素 中央がくぼんでいて,うすに形が似たもの. ¶~ 臼齿. ❸ 素 骨のつなぎ目. ¶脱~ tuōjiù(脱臼する). ❹(Jiù)姓.
【臼齿】jiùchǐ 名〔颗 kē〕臼歯(きゅうし). 参考 俗に,"槽牙 cáoyá"という.

咎 jiù
口部 5 四 2360₄ 全8画 通用
❶ 名 過失. 過ち. ¶引～ yǐnjiù(引責する) / ～有应得. ❷ 动 とがめる. ¶既往不～ 成 過ぎたことはとがめない. 水に流す. ❸ 素 凶злさい. 災い. ¶休～ xiūjiù(吉凶). ❹(Jiù)姓.
【咎由自取】jiù yóu zì qǔ 成 身から出たさび. 自業自得. ¶这次次失败,可以说是～/ 君の今回の失敗は,自業自得といえよう.
【咎有应得】jiù yǒu yīng dé 成 当然のむくい.

疚 jiù
疒部 3 四 0018₇ 全8画 次常用
素 ❶ 長期間にわたる病気. ❷ 心の中にある疾しさ,やましさ. ¶负~ fùjiù(申し訳なく思う) / 感到内~(内心

枢 jiù
木部 5　四 4191₈
全9画　通用
素 棺おけ．ひつぎ．¶灵～ língjiù（ひつぎ）．

柏 jiù
木部 6　四 4797₀
全10画　通用
名《植物》トウハゼ．ナンキンハゼ．回 乌桕 wūjiù 参考 種から油をとり，種の外皮はせっけんやろうそくの原料となる．

厩（异 廐）jiù
厂部 9　四 7121₂
全11画　通用
❶馬小屋．広く家畜小屋のこともいう．❷(Jiù)姓．
【厩肥】jiùféi 名《農業》厩肥（きゅうひ）．家畜の糞尿や敷きわらなどを腐らせた肥料．回 圏肥 juànféi

救（异 捄）jiù
攵部 7　四 4894₀
全11画　常用
❶動困難な状況や危険な状態から救い出す．救う．¶～命 jiùmìng／挽～ wǎnjiù（助け出す）／～灾 jiùzāi／～出来（助け出す）．❷(Jiù)姓．
【救兵】jiùbīng 名援軍．注意"救军 jiùjūn"とは言えない．
【救国】jiù//guó 動国を苦難から救う．¶～救民／国を救い民を救う．
【救护】jiùhù 動救護する．¶～队／救護隊．¶～车／救急車．¶病人得到及时～／病人はタイミングよく救護された．
【救荒】jiù//huāng 動飢饉（ききん）を切り抜けるための手を打つ．¶～运动／飢饉救済運動．¶～作物／救荒作物．
【救活】jiùhuó 動死にそうになっている人の命を救う．
【救火】jiù//huǒ 動消火する．¶～车／消防車．
【救急】jiù//jí 動急場を救う．¶～包／救急カバン．¶这些物品是留着～用的／これらの品は救急用に保存している．¶救了他的急／彼のあぶないところを助けた．
【救济】jiùjì 動《被災者や生活に窮した人を金銭や物資で》助ける．救済する．¶～款／救済金．¶～粮／救済食糧．¶要自力更生 gēngshēng,不能光等～／自力更生すべきだ．ただ救済を待っていてはならない．
【救济金】jiùjìjīn 名救済金．
【救苦救难】jiù kǔ jiù nàn 成苦難にあっている人を救う．
【救命】jiù//mìng 動人の命を救う．¶～恩人 ēnrén／命の恩人．¶听到～的叫声,赶紧跑来／「助けて！」という声をきいて，急いで駆けつけた．¶救了三条命／3人の命を助けた．
【救命稻草】jiùmìng dàocǎo 慣成溺れる者のつかもうとするわら．はかないよりどころのたとえ．
【救难】jiù//nàn 動災難から救う．
【救难船】jiùnànchuán 名救助船．回 救生 jiùshēng 船
【救生】jiùshēng 動人の命を救う．
【救生船】jiùshēngchuán 名救助船．回 救难 nànchuán 船
【救生圈】jiùshēngquān 名救命用の浮き輪．救命ブイ．
【救生艇】jiùshēngtǐng 名救命艇．救命ボート．
【救生衣】jiùshēngyī 名救命胴衣．ライフジャケット．回 救生服 fú
【救世主】Jiùshìzhǔ 名救世主．イエス・キリスト．
【救死扶伤】jiù sǐ fú shāng 成死にかかっている人を助け,負傷者を手当てする.

【救亡】jiùwáng 動祖国を滅亡から救う．¶～运动／救国活動．
【救亡图存】jiù wáng tú cún 成祖国を救い,民族の生存を求める．
【救险】jiùxiǎn 動危険が生じたときに,迅速に対処する．回 抢 qiǎng 险
【救险车】jiùxiǎnchē 名救難車．レッカー車．
【救星】jiùxīng 名救いの星．苦難から救ってくれた人や団体をいう．
【救药】jiùyào 動 ❶薬で治療する．❷救う．¶不可～／救いようがない．用法 ❷は,多く否定文に用いる．
【救应】jiùyìng 動救援する．回 接应 jiēyìng
【救援】jiùyuán 動救援する．¶～车／レスキュー車．¶再派一些人去～／再び数人を救援に行かせる．
【救灾】jiù//zāi 動 ❶被災者を助ける．¶放赈～／食糧を放出して被災者を助ける．❷災害を防ぐ，防ぐ．¶防洪 fánghóng ～／洪水を防いで災害をなくす．
【救治】jiùzhì 動手当てをして救う．¶～伤员／負傷者に手当てをする．
【救助】jiùzhù 動救助する．¶～难民 nànmín／難民を救助する．

就 jiù
亠部10　四 0391₂
全12画　常用

📙 "就"のキーポイント

◇素 近づく．（職や席に）つく．⇨ I ❶, II ❶
¶～着碗吃／お椀に近づいて食べる．
¶～职 jiùzhí／就任する．
◇介 …について．⇨III ❶
¶～这个问题来说,…／この問題について言えば…．
◇接 たとえ…でも．⇨IV
¶他～不说我们也知道／たとえ彼がいわなくても私たちは知っている．
◇副 時間の限定．⇨V ❶
¶马上～来／すぐに行きます．
◇副 数量の限定．⇨V ❹
¶一次～买了一百斤／一度に50キログラム買った．
◇副 範囲の限定．⇨V ❺
¶我～头疼,别处哪儿也不疼／私は頭が痛いだけで,ほかはどこも痛くない．
◇副 意思または肯定の強調．⇨V ❻
¶不去也～不去！／行かない，絶対行かない．
¶这儿～是我们的学校／ここが私たちの学校です．

I 動 ❶近寄る．¶一群孩子～着路灯玩扑克 pūkè／ひと群れの子供が街灯の下でトランプをやっている．¶～着碗吃,别洒 sǎ 了／こぼさないように,お椀に近づいて食べなさい．
❷いっしょにする．あわせる．¶中国人吃饺子时喜欢～蒜 suàn／中国人はギョウザを食べる時よくニンニクと一緒に食べる．¶～着花生喝酒／ピーナッツをつまみにして酒を飲む．
II 素 ❶（職や席に）つく．¶～学 jiùxué．¶～职 jiùzhí．¶～业 jiùyè．¶～寝 jiùqǐn．¶各～各位／銘々が銘々の位置につく．
❷成し遂げる．¶高不成,低不～／帯に短し,襷（たすき）に長し．¶功成名～／成 功成り,名遂げる．
❸受ける．被（ご）る．¶～歼 jiùjiān．¶～擒 jiùqín．
III 介 ❶（行為の対象・範囲を導く）…について．…にもとづいて．¶～这个问题,我发表点看法／この問題について,私はいささか見解を発表した．

❷ (多く"着"を伴い) …に乗じて. …によって. ⇨趁 chèn ¶~着出城的机会, 买一件好衣服 / 町に出る折についでに服を買おう. ¶请你~空来一下 / 暇を利用してお出かけください.

Ⅳ 接 ("也"と呼応し, 仮定と譲歩をあらわす)たとえ…でも. ⇨就是 jiùshì, 即使 jíshǐ ¶你~在说他也不会同意 / たとえあなたがこれ以上彼を説いても, 同意しないだろう. ¶你~自己去也没有用 / たとえあなたが自分で行ったとしても役に立たない.

Ⅴ 副 ❶ 時間を限定する.

① (短時間のうちであることを示し)すぐに. ただちに. ¶你先走, 我~来 / あなたは先に行ってください, 私はすぐに行きますから. ¶立刻~要吃饭了 / すぐにご飯ですよ. ¶明天我~到上海去了 / 明日私は上海に行く. ¶你等一会儿, 他~回来 / 少々お待ち下さい, 彼はすぐに戻ります. ¶走五分钟~到 / 歩いて5分で着く.

② (ことがすでにそうなっていることを示し)もう. すでに. とっくに. ⇨早就 zǎojiù ¶他学开车, 只用了十来天~学会了 / 彼は運転を習って, たった10日足らずでもうマスターした. ¶他中学时代~开始写小说 / 彼は中学時代から小説を書き始めた. ¶大雨早上~停了 / 大雨は朝にはやんだ.

③ (2つの動作行為が間をおかず, 立て続けに現れることを示し) …するとすぐ. ¶打完球, ~回家了 / 野球が終わるとすぐに家へ帰った. ¶洗了澡, ~舒服了 / お風呂に入ったら気持ちよくなった. ¶每到考试前, ~紧张得吃不下饭 / 試験の前になると, いつも緊張してご飯が喉を通らない. ¶听了一遍~听懂了 / 一度聞いてすぐ聞き取れた.

📖 ③には次のような慣用文型がある.

◇ 一…就…

¶他每天天一亮就起床锻炼身体 / 彼は毎日夜が明けるとすぐに起きて体を鍛える.

¶我一到大阪, 就给你打电话 / 大阪に行ったらあなたに電話をします.

◇ 刚…就…

¶刚吃完饭就睡觉, 对身体不好 / 食べてすぐ寝るのは体に悪い.

◇ 等…就…

¶等大家来齐了, 我们就出发 / 全員揃ったら出発する.

◇ 才…就…

¶他才来就走, 忙什么 ! / 来たばかりですぐ帰るなんて, 彼はなにを急いでいるんだ.

❷ (ある条件や状況を受けてその帰結をあらわし) …ならば…だ. ¶他不来, 我~去找他 / 彼が来ないのなら, 私が彼を訪ねて行こう. ¶你比你小, 我~叫你哥哥吧 / 私はあなたより年下だから, あなたのことを兄さんと呼ぶわな.

📖 ❷ には次のような慣用文型がある.

◇ 如果(要是)…就…

¶如果明天下雨, 我就不去了 / 明日雨が降れば行かない.

¶要是大家都同意的话, 就这么办吧 / もしみんなが賛成してくれるなら, そうしましょう.

◇ 因为(为了)…就…

¶因为大家想办法, 问题就解决了 / みんなで方法を考えたので, 問題はすぐ解決した.

◇ 只要…就…

¶只要有信心, 有决心, 就能办好一切 / 信念があり, 決心があればすべてはうまくやれる.

◇ 既然…就…

¶既然不了解情况, 就不要随便发表意见 / 状況がよく分からない以上, かってに意見を言ってはいけない.

◇ 疑問詞の連用

¶你想什么时候打电话, 就什么时候打 / 電話をかけたいときにはいつでもかけてください.

¶谁愿意去, 谁就去 / 行きたい人が行きなさい.

❸ 同一語の間に置かれ, 容認をあらわす. ¶讲一讲, 只是讲不好 / 話すことは話すが, うまく説明できないだけだ. ¶五块一五块吧 / 五元なら五元でいいよ. ¶丢一丢了, 以后小心点儿 / 失くしたものは仕方がない, これから気をつけなさい. ¶输 shū 一输 / 負けは負けだ.

❹ 数量を限定する. ① (数量の多いこと, 能力が高いこと, 速度が速いことを示す. ¶你一次~买十斤白菜, 吃得了 chīdeliǎo 吗？ / あなたは一度に5キロもの白菜を買って, 食べ切れるんですか. ¶一百公尺~跑了十二秒, 男生也跑不了 pǎobuliǎo 这么快 / 100メートルを12秒で走ったなんて, 男子学生でもそんなに速くは走れない.

② (数量が少ないことを示し)たった…だけ. ⇨ 仅 jǐn, 只 zhǐ ¶你~买一百斤大白菜, 一冬天够吃吗？/ あなたはたった50キロ白菜を買っただけで, 一冬十分食べ足りますか. ¶我~会唱一支歌 / 私は1曲しか歌えるものがない. ¶教室里~剩下他一个人 / 教室に残っているのは彼一人だけだ.

❺ (範囲を限定し)ただ…だけ. ¶~你一个人没交作业了 / 君一人だけが宿題を提出していない. ¶~头疼, 别处哪儿也不疼 / 頭が痛いだけで, ほかのところはどこも痛くない. ¶这孩子~喜欢邮票, 不喜欢别的 / この子は切手だけが好きで, ほかのものは好きではない. ¶不买什么, ~闲逛逛 / 何も買わないで, ぶらぶらするだけ.

❻ 意思または肯定を強調する. ① (断固とした態度を示し)絶対に…だ. ¶不去, 我~不去 / 行かない, 私は絶対行かない.

② (強く肯定し)ほかでもなく. …にほかならない. ¶这~是我家 / これがうちの家です. ¶我说的~是这个 / 私が言っていたのはまさしくこのことだ. ¶邮局~在前边 / 郵便局はちょうどこの先です. ¶我姐姐~在这个公司工作 / 姉ならこの会社に勤めいます.

【就伴】jiù//bàn 動 (~儿)道連れになる. ¶这次旅行, 我跟你就个伴儿 / 今度の旅は, 私は君と一緒だ.

【就便】jiù//biàn 動 (~儿)ついでに…する. ¶~也替我买一本词典 / ついでに, 私にも辞書を一冊買ってきてください. ¶~去朋友家看看 / ついでに友達の家に寄ってみる. ¶就个便 / ついでに. ¶就你的便 / 君が…するついでに. 🔁 顺便 shùnbiàn

【就餐】jiùcān 動 🗡 食事をとる. ¶正准备~, 来了两位客人 / ちょうど食事をとろうとした時, 客が二人やってきた. ¶各位老师请到餐厅~ / 先生がたはレストランで召し上がって下さい.

【就此】jiùcǐ 副 ここで. これで. ¶会议~结束 / 会議はここまでにする. ¶~告辞 gàocí / では失礼いたします.

【就道】jiùdào 動 🗡 旅立つ. 出発する.

【就得】jiù děi 句 …であるする…しなければならない. ¶要干, ~干好 / やるからには, ちゃんとやらねば.

【就地】jiùdì 副 その場. 現地で. ¶~生产, ~消费 / 現地で生産し, 現地で消費する.

【就地取材】jiùdì qǔcái 句 その場で材料を集める. 材料を現地で調達する.

【就地正法】jiùdì zhèngfǎ その場で死刑にする.
【就读】jiùdú 動 学校で学ぶ. 就学する. 回 就学 xué
【就范】jiùfàn 動 服従する. ¶迫使～ / むりやり服従させられる. ¶得 děi 想个办法,使他～ / 何とか方法を考えて,彼を服従させなければ.
【就合】jiùhe 動 方 ❶ 我慢する. 妥協する. ❷ 体を曲げる. ちぢこまる.
【就歼】jiùjiān 動 殲滅(ﾂﾞﾝ)させられる.
【就教】jiùjiào 動 敬 教えを請う. ご教示いただく. ⇨移樽 yízūn 就教
【就近】jiùjìn 副 近くで. ¶～买菜 / 近くで野菜を買う. ¶孩子们可以～入学 / 子供たちは近所の学校に入学してよい.
【就里】jiùlǐ 名 内部の状況. 内情.
【就木】jiùmù 動 敬 棺に収まる. 死ぬ.
【就擒】[禽] jiùqín 動 捕まる. ¶束手～ / 成 おとなしく捕まる.
【就寝】jiùqǐn 動 眠りにつく. ¶按时～ / 時間どおりに眠りにつく. ¶～前,请熄灯 xīdēng / 寝る前に明かりを消して下さい.
【就让】jiùràng 接 口 たとえ…であっても. ¶～他来说,也晚了 / たとえ彼が来ても,もう手遅れだ. ¶～他干,也干不了 gànbuliǎo / たとえ彼がやっても,やはり不可能だ.
【就任】jiùrèn 動 就任する. ¶～总统 / 大統領に就任する. 回 到任 dàorèn, 就职 jiùzhí, 上任 shàngrèn 反 离任 lírèn
【就事】jiùshì 動 文 就職する. 就任する.
【就事论事】jiù shì lùn shì 成 事柄の肝心なところについて論じる. ¶请大家不要离题,～地发表自己的意见 / みんなテーマから離れないで,この件そのものについて自分の意見を出して下さい.
【就势】jiùshì ❶ そのはずみで. 勢いのままに. ¶刚做完大扫除,她～又把脏 zāng 衣服洗了 / 大掃除が終わるとその勢いで彼女は汚れた服を洗濯した. ❷ ついでに. 回 顺便 shùnbiàn
*【就是】jiùshì ❶ 助 文末において肯定をあらわす. "了"をともなうことが多い. ¶放心吧,我照你说的办～了 / 安心したまえ,君の言うとおりにするから. ❷ 副 そのとおり. 単独で用い,同意をあらわす. ¶～,～,你说得太对了 / ごもっともです,まったくあなたのおっしゃるとおりです. ❸ 接 たとえ…であっても. 後によく"也"を用いて呼応する. ¶～皇帝老子,我也不怕! / たとえ皇帝さまだって,俺は恐れないぞ.
【就是说】jiùshì shuō つまり. すなわち.
【就是…也…】jiùshì…yě… (仮説と譲歩をあらわす)たとえ…であろうと…だ. ¶就是生活水平提高了,也不能铺张 pūzhāng 浪费 / 生活にゆとりができたとしても,派手な金の使いかたをしてはいけない. ¶他学习非常刻苦认真,就是星期天,也不放松学习 / 彼は非常に勤勉で,日曜日でも気を抜かずに勉強する.
【就手】jiù//shǒu 副 (～儿)ついでに…する. ¶出去～儿把门关上吧 / 出るときについでにドアを閉めてくれよ. ¶下班回家～儿在菜市场上买了点儿菜 / 勤め帰りに食品マーケットへ寄っておかずを少し買った.
【就算】jiùsuàn 接 口 たとえ…であっても. ¶～他考得不好,也不应该嘲笑 cháoxiào 他呀! / たとえ試験の結果が悪くても,彼をからかってはいけませんよ. 回 即使 jíshǐ 用法 "也","还","又"などと呼応する.
【就位】jiù//wèi 動 ❶ 席に着く. ¶请各位～/ 皆様ご着席ください. ❷ 就任する.
【就席】jiù//xí 動 席に着く. ¶请来宾～ / ご来賓の皆様ご着席ください.
【就绪】jiùxù 動 準備が整う. ¶大致～ / あらかたの準備が整う. ¶一切 yīqiè 准备～ / すべての準備が整った.
【就学】jiùxué 動 入学する. 就学する. ¶～于南开大学 / 南開大学に入学する. ¶他曾在中山大学～ / 彼はかつて中山大学の卒業生でも,就職は難しい. 反 失业 shīyè 表现 "就職待ち"は"待业 dàiyè"という.
【就要】jiùyào 副 すぐに. ¶火车～开了 / 列車はすぐに発車します. 用法 "就要…了"の形で使われることが多い.
【就业】jiù//yè 動 職に就く. ¶他已经～了 / 彼はすでに就職した. ¶近年,即使大学毕业生,也很难～ / 近年は,たとえ大学の卒業生でも,就職は難しい. 反 失业 shīyè 表现 "就職待ち"は"待业 dàiyè"という.
【就医】jiù//yī 動 医者にかかる. ¶他曾到上海就过医,但仍然没有治好 / 彼は上海まで出かけて医者に診てもらったこともあるが,依然としてよくならなかった.
【就义】jiùyì 動 正義のために死ぬ. ¶英勇～ / 正義のために雄々しく死ぬ.
【就诊】jiù//zhěn 動 医者にかかる. 回 就医 yī
【就正】jiùzhèng 動 敬 叱正(ﾂｾｲ)を請う. 由来 『論語』学而篇の語から.
【就职】jiù//zhí 動 就任する. ¶～演说 / 就任演説. ¶新首相 shǒuxiàng 刚就了职,马上提出了改革计划 / 新しい首相は就任するとすぐに,改革の青写真を示した. 回 到职 dàozhí, 就任 jiùrèn, 上任 shàngrèn 反 辞职 cízhí, 离职 lízhí 表现 多くは高い職位に就くことをいう.
【就中】jiùzhōng 副 ❶ 中に立って. ¶～调停 tiáotíng / 中に立って調停する. ¶如果没有他～做工作,事情不会这么顺利 / もし彼が間に立って仕事をしなかったら,こんなに順調にはすすまなかった. ❷ 方 その中でも. とりわけ.
【就坐】[座] jiù//zuò 動 席に着く. ¶依次～ / 順番に席に着く.

舅 jiù

臼部7 四 7742₇ 全13画 常用

❶ 名 母方のおじ. ¶～舅 jiùjiu / 大～ dàjiù (一番上のおじ) / 二～ èrjiù (二番目のおじ). ❷ 名 妻の兄弟. ¶妻～ qījiù (妻の兄弟). ❸ 名 文 夫の父. しゅうと. ¶～姑 jiùgū (しゅうととしゅうとめ). ❹ 名 文 妻の父. "外舅 wàijiù"ともいう. ❺ (Jiù)姓.

【舅父】jiùfù 名 文 母方のおじ. 表现 口語では,"舅舅 jiùjiu"という.
【舅舅】jiùjiu 名 母方のおじ. 回 舅父 jiùfù
【舅妈】jiùmā 名 口 母方のおじの妻. 回 舅母 jiùmu
【舅母】jiùmu 名 母方のおじの妻.
【舅嫂】jiùsǎo 名 口 妻の兄弟の妻.
【舅子】jiùzi 名 口 妻の兄弟. ¶大～ / 妻の兄. ¶小～ / 妻の弟. 注意 これは,相手に呼びかけるのには使えない. その場合は,自分の子供の立場になって"舅舅"を使う.

僦 jiù

亻部12 四 2321₂ 全14画 通用

❶ 動 文 賃借り[貸し]する. ¶～屋 jiùwū (家を借りる). ❷ (Jiù)姓.

鹫(鷲) jiù

鸟部12 四 0312₇ 全17画 通用

名 〔鸟〕ワシ. 回 雕 diāo

ju ㄐㄩ [tɕy]

车(車) jū 车部0 四4050₀ 全4画 常用

名 "象棋 xiàngqí"(中国将棋)のこまの一つ.

☞ 车 chē

且 jū 丨部4 四7710₂ 全5画 通用

❶ 助 口語の"啊 a"にあたる. ❷ 名 人名用字.

☞ 且 qiě

苴 jū ⺾部5 四4410₂ 全8画 通用

❶ 下記熟語を参照. ❷ (Jū)姓.

【苴麻】jūmá 名〔植物〕〘棵 kē〙 大麻の雌株. 同种麻 zhòngmá 反 枲麻 xǐmá, 花麻 huāmá

拘 jū 扌部5 四5702₀ 全8画 常用

❶ 動 逮捕する. 拘留する. ¶~捕 jūbǔ / ~押 jūyā. ❷ 動 制限する. ¶~束 jūshù. ❸ 素 こだわる. ¶~谨 jūjǐn / 不~小节(些末なことにこだわらない.

【拘捕】jūbǔ 動 逮捕する. 同 逮捕 dàibǔ
【拘传】jūchuán 動〔法律〕(裁判所·検察·公安が被告人を)強制出頭させる.
【拘谨】jūjǐn 形 堅苦しい. ぎこちない. ¶态度~ / 態度がぎこちない. ¶大家都是朋友, 不必~ / みんな友達だから, 堅苦しくすることはない. 同 拘束 jūshù
【拘禁】jūjìn 動 拘禁する.
【拘礼】jūlǐ 動 礼儀や作法にこだわる.
【拘留】jūliú 名 動 拘留(する). 拘置(する). ¶~所 / 拘留所. 参考 ふつう, 半日以上, 10日以内. 重いものでも, 15日を超えない.
【拘留证】jūliúzhèng 名 拘留状.
【拘拿】jūná 動 逮捕する.
【拘泥】jūnì[-ni] 動 形 こだわる. ¶~成说 / 定説にこだわる. ¶不必~于老一套 / 古いしきたりにこだわる必要はない.
【拘票】jūpiào 名 勾引(だ)状.
【拘束】jūshù ❶ 動 束縛する. ¶~力 / 拘束力. ¶家里从不~我, 让我自由 / 家ではこれまでずっと束縛されたことはなく, 自由にさせてくれた. ❷ 形 堅苦しい. ぎこちない. ¶你不要~ / 堅くならないで. 同 拘谨 jūjǐn 反 洒脱 sǎtuo 比較 "拘束"と"约束 yuēshù" "拘束"は, 人の発言や行動を制限し, 自由にさせないことに重点がある. "约束"は, ある一定の範囲からはみ出さないように制限すること. 2)"拘束"と"约谨" "拘束"は口語的で"约谨"よりも軽い意味.
【拘押】jūyā 動 拘禁する. 同 拘禁 jūjìn
【拘役】jūyì 名 拘留して労役に服させる刑. 参考 ふつう, 15日以上1ヶ月以下. 最も重いものでも1年を超えない.

狙 jū 犭部5 四4721₂ 全8画 通用

❶ 名 古代のサルの一種. ❷ 素 様子をうかがう. すきをねらう. ¶~击 jūjī.

【狙击】jūjī 動 (自分がかくれて)敵をねらい撃つ. ¶~手 / 狙撃手. ¶~敌人 / 敵をねらい撃つ.

沮 Jū 氵部5 四3712₀ 全8画 通用

素 地名用字. ¶~河 Jūhé (河北省にある川の名).

居 jū 尸部5 四7726₄ 全8画 常用

❶ 素 住む. ¶~民 jūmín / 分~ fēnjū (別居する). ❷ 素 住居. ¶迁~ qiānjū (転居) / 鲁迅 Lǔ Xùn 故~ (鲁迅の旧居). ❸ 素 …にある. …にいる. ¶~左 zuǒ (左にある) / ~首 jūshǒu. ❹ 素 持っている. ¶是何~心 (どんな心づもりなのか). ❺ 素 蓄える. ¶~积 jūjī (財物を蓄積する) / 奇货可~ (成 奇貨居くべし. 商人が珍品を手元においておくを待つ). ❻ 素 とどまる. 固定する. ¶岁月不~ (月日が流れていく) / 变动不~ (移り変わって固定しない). ❼ 素 商店の屋号. レストランなどにつけることが多い. ¶六必~ Liùbìjū (六必居. 北京の味噌·つけもの専門店) / 沙锅~ Shāguōjū (砂鍋居. 北京の土鍋料理専門店). ❽ (Jū)姓.

【居安思危】jū ān sī wēi 成 平安のときも万一に備え油断しない. 治にいて乱を忘れず. 同 于安思危 yú ān sī wēi 由来《左传》襄公二十一年に見えることば.
【居多】jūduō 動 多数を占める. 非常に多い. ¶我大学时代星期天上街闲逛或看电影的时候~ / 私は大学時代, 日曜日に街をぶらついたり映画を見たりすることが多かった.
【居高临下】jū gāo lín xià 成 高い所から見下ろす. 有利な位置にいる. ¶你采取这种~的态度, 人家怎么跟你对话呢? / こんな人を見下すような態度を取っていたら, どうしてあなたに話しかけられましょうか.
【居功】jūgōng 動 自分の手柄だと思い込む.
【居功自傲】jū gōng zì ào 成 手柄をたてたとうぬぼれる.
【居官】jūguān 動 文 役人として働く. ¶~任职 / 官職を務める.
【居积】jūjī 動 文 (財物を)蓄える. 投機目的でとっておく.
【居家】jūjiā 家にいる. ¶~赋闲 fùxián, 想找点事情做 / 家にいて暇でいることがないので, 何か仕事を見つけたい.
【居家办公】jūjiā bàngōng 句 在宅勤務する.
【居间】jūjiān 副 間に立って. ¶~调停 tiáotíng / 紛争を仲裁する. ¶~人 / 仲介者. 仲立ちも.
【居里】❶ Jūlǐ 《人名》ピエール·キュリー(1859-1906). フランスの物理学者. また, 夫人のマリー·キュリー(1867-1934). ❷ jūlǐ 名《物理》放射能の単位. キュリー. ❸ jūlǐ 名 住んでいる郷里.
【居里夫人】Jūlǐ fūrén《人名》キュリー夫人. フランスの物理および化学者. ⇨居里①
【居留】jūliú 動 居留する. 在留する.
【居留权】jūliúquán 名 居留権. 在留資格.
【居留证】jūliúzhèng 名 在留許可証.
【居民】jūmín 名 (ある地区の)住民. 居民. ¶街道~ / 商工業地区の住民. ¶城镇 chéngzhèn~ / 大小都市の住民.
【居民点】jūmíndiǎn 名 人々が集中して住むところ. 居住区.
【居民委员会】jūmín wěiyuánhuì 名 居民委員会. 参考 "街道办事处 jiēdào bànshìchù"の監督下に置かれる. 自治会組織で, ふつう150戸から600戸の規模で置かれる. "居委会 jūwěihuì"ともいう.
【居奇】jūqí 動 (希少な品物を)値上がりするまで売らずにとっておく.
【居然】jūrán 副 ❶ 意外にも. あろうことか. ¶他~动手打人 / 彼はあろうことか手をあげて人を殴った. ❷ 文 明らかに. はっきりと. ¶~可知 / はっきりとわかる.
【居丧】jūsāng 動 喪に服する. 同 居哀 jū'āi, 居忧 jūyōu 用法 年輩または同輩の親類の死に対して用いる.
【居士】jūshì 名 ❶《仏教》在家の信者. ❷ 文人の別号につける語.「青莲居士(唐·李白)」「东坡居士(宋·苏

【居室】jūshì 〈名〉居室. 台所や洗面所以外の部屋.
【居首】jū//shǒu 〈動〉首位に立つ. 首位を占める.
【居所】jūsuǒ 〈名〉住んでいる所. 住まい.
【居停】jūtíng ❶〈動〉逗留する. 滞在する. ❷〈名〉〈文〉寄宿先の主人. 参考 ②は, もと"居停主人"と言った.
【居心】jū//xīn 〈動〉心づもりがある. 魂胆がある. ¶谁知他居心何在！／彼がどんな腹づもりなのか誰もわからない. 同 用心 yòngxīn, 存心 cúnxīn
【居心不良】jūxīn bùliáng 〈句〉了見がよくない.
【居心叵測】jū xīn pǒ cè 〈成〉腹の底で何を考えているのかわからない. 同 心怀 huái 叵测 参考 "叵"は"不可"(…できない)の意.
【居庸関】Jūyōngguān 〈地名〉居庸関(ｷｮﾖｳｶﾝ). 明代の洪武元年に関城が建築され, 万里の長城の主要な拠点の一つとなる.
【居于】jūyú 〈動〉(ある地位や順位)にいる. ¶～领导地位／指導者の地位にいる. ¶每次考试,他都～首位／試験のたびに, 彼はいつもトップだ.
【居中】jūzhōng ❶〈動〉中に立つ. ¶～调停 tiáotíng／紛争を仲裁する. ¶～斡旋 wòxuán／両者の間をとりなす. ❷〈名〉真ん中. 中間.
【居住】jūzhù 〈動〉居住する. 長く住む. ¶他家一直～在南京／彼の一家はずっと南京に住んでいる. 同 寓居 yùjū
比較 "居住"は長く短いところに住むこと. "住"は, 長い場合も短い場合にも使える.
【居住区】jūzhùqū 〈名〉居住区.

驹(駒) jū 马部5 全8画 四7712₀ 次常用

〈名〉❶ 若くて力のあるウマ. ¶千里～ qiānlǐjū (千里を駆けるウマ). ❷ (～儿·～子) 生まれてから一年未満の子ウマ. ロバやラバの子のこともいう. ¶驴～ lǘjū (ロバの子). ❸ (Jū)姓.
【驹子】jūzi 〈名〉一歳未満のウマやロバ, ラバ. ¶马～／子ウマ.

疽 jū 疒部5 全10画 四0011₂ 通用

〈名〉《中医》身体にできる悪性のできもの.

掬 jū 扌部8 全11画 四5702₀ 通用

❶〈素〉两手ですくいとる. ❷〈素〉表情があらわれる. ¶笑容可～ (成)こぼれんばかりの笑顔). ❸ (Jū)姓.

据 jū 扌部8 全11画 四5706₄ 通用

→拮据 jiéjū
☞ 据 jù

琚 jū 王部8 全12画 四1716₄ 通用

〈名〉❶〈旧〉《服飾》佩玉(ﾊｲｷﾞｮｸ)を組みたてる玉の一つ. ❷ (Jū)姓.

趄 jū 走部5 全12画 四4780₁ 通用

→趑趄 zījū
☞ 趄 qiè

椐 jū 木部8 全12画 四4796₅ 通用

〈名〉ヘビノキ. 参考 昔の書物に出てくる小さな木. 枝はふとく, 杖にする.

锔(鋦) jū 钅部7 全12画 四8776₄ 通用

❶〈動〉割れた器をかすがいでつなげて修繕する. ¶～盆 jūpén (さらをつぐ)／～锅 jūguō (なべをつぐ)／～碗儿的 jūwǎnrde (割れた器の修繕を職業とする人)／～子 jūzǐ (銅あるいは鉄のかすがい). ❷ (Jū)姓.
☞ 锔 jú

腒 jū 月部8 全12画 四7726₄ 通用

〈名〉〈旧〉鳥肉を干して塩漬けにしたもの.

雎 jū 佳部5 全13画 四7011₅ 通用

下記熟語を参照.
【雎鸠】jūjiū 〈名〉古書にある鳥の名. ミサゴ. ¶关关～, 在河之洲 zhōu／関々たる雎鳩(ｼｮｷｭｳ)は, 河の洲(ﾅｶｽ)に在り (『詩経』周南).

锯(鋸) jū 钅部8 全13画 四8776₄ 通用

〈動〉 "锔 jū"に同じ.
☞ 锯 jù

裾 jū 衤部8 全13画 四3726₄ 通用

〈名〉《服飾》❶ 伝統的な中国服で, 前あわせの上になる部分. 同 大襟 dàjīn. ❷ 伝統的な中国服で, 袖を除いた前後の部分.

鞠 jū 革部8 全17画 四4752₀ 通用

❶〈素〉育てる. ¶～养 jūyǎng (養う)／～育 jūyù (育てる). ❷〈素〉古代のボール. まり. ¶蹴～ cùjū (蹴まりをする). ❸ (Jū)姓.
【鞠躬】jūgōng ❶ jū//gōng 〈動〉深くおじぎをする. ¶～致谢／おじぎをして礼を述べる. ¶向遗像～／遺影に向かっておじぎをする. ❷ jūgōng 〈文〉敬い慎む.
【鞠躬尽瘁】jū gōng jìn cuì 〈成〉深く慎み, ひたすら力を尽くす. ¶～,死而后已／全力を尽くして行い, 死ぬまで止めることはありません. 由来 諸葛亮"後出師表"に見えることば.

鞫 jū 革部9 全18画 四4752₀ 通用

〈素〉❶ 取り調べる. 審問する. ❷ 深く研究する.

局(異 跼❻❽、侷❻) jú 尸部4 全7画 四7722₇ 常用

❶〈素〉将棋盤. 碁盤. ¶棋～ qíjú (碁盤). ❷〈素〉形勢. 状況. ¶结～ jiéjú (結局)／战～ zhànjú (戦局)／骗～ piànjú (わな. ペテン). ❸〈素〉一部分. ¶～部麻醉 (局部麻酔). ❹〈名〉機関や団体などの一部門. ¶教育～ jiàoyùjú (教育局)／商业～ shāngyèjú (商業局). ❺〈名〉〈旧〉商店. ¶书～ shūjú (書店)／鲜果～ xiānguǒjú (果物屋). ❻〈素〉拘束する. ¶～促 júcù／～限 júxiàn. ❼〈量〉将棋や囲碁の試合を数えることば. ¶下了一～棋 qí (一局指した). ❽〈動〉身体や腰をまげる. ¶～蹐 jújí. ❾ (Jú)姓. 参考 ④は, ふつう"部 bù"より小さく"处 chù"より大きい.
【局部】júbù 〈名〉局部. ¶不能只顾～而丢了全局／一部分だけを見て, 大局を見失ってはいけない. 同 部分 bùfen ⟨反⟩ 全部 quánbù, 整体 zhěngtǐ
【局促】júcù 〈形〉❶ (空間が)狭い. ❷〈方〉(時間的に)余裕がない. 慌ただしい. ¶一阵～的敲门声／慌ただしくドアをノックする音. ❸ 気詰まりだ. ぎこちない. 同 侷促 júcù, 跼促 júcù
【局促不安】jú cù bù ān 〈成〉気詰まりで落ち着かない.

【局級】jújí 名〔行政上の等級の〕局クラス．局長クラス．
【局蹐】jújí 動〈文〉腰をかがめ，小またで歩く．注意深く，かしこまっているようす．
【局面】júmiàn 名 ❶ 局面．情勢．¶ 稳定的~／落ち着いた情勢．¶ 打开~／局面を打開する．¶ ~难以收拾／事態の収拾が難しい．回 场面 chǎngmiàn ❷〔方〕規模．範囲．
【局内人】júnèirén 名 当事者．関係者．回 居中 jūzhōng 人 参考 もとは将棋の対局者を指した．
【局骗】júpiàn 動 わなを仕掛けてだます．
【局势】júshì 名〔政治や軍事などの〕局面．状況．¶ 国际~／国際情勢．¶ 最近~一直不稳／最近の情勢はずっと不安定だ．
【局外】júwài 名 局外．関係外．
【局外人】júwàirén 名 部外者．¶ ~不得而知／部外者のあずかり知らぬこと．反 当事者 dāngjúzhě．
【局限】júxiàn 動 制約する．範囲を限る．¶ 这个内容不~于教学问题／この内容は，教育問題に限定されない．¶ 他的建议虽有~，但有许多可取之处／彼の提案には限界があるが，しかし採用できる部分はたくさんある．用法 "于 yú"や"在 zài"を伴うことが多い．
【局限性】júxiànxìng 名 制約性．限定性．
【局域网】júyùwǎng 名〔コンピュータ〕ローカルエリアネットワーク．LAN．
*【局长】júzhǎng 名 局長．
【局子】júzi 名 ❶ 公安局．かつては警察署のことをいった．❷〔旧〕〔旅客や貨物の〕用心棒あっせん所．

桔 jú 木部6 四4496₁ 全10画 通用

名 "橘 jú"の俗字．
☞ 桔 jié

菊 jú ⺾部8 四4492₃ 全11画 常用

名 ❶ キク．¶ 赏~／shǎngjú（キクをめでる）．❷〔Jú〕姓．
【菊花】júhuā 名 ❶〔植物〕〔株 zhū〕キク．❷〔朵 duǒ，束 shù，枝 zhī〕キクの花．参考 ❷は薬用にしたり，茶として飲んだりする．
【菊科】júkē 名〔植物〕キク科．

锔（鋦）jú 钅部7 四8772₇ 全12画 通用

名 キュリウム．Cm．
☞ 锔 jū

淯 Jú 氵部9 四3618₄ 全12画 通用

素 地名用字．¶ ~水 Júshuǐ（河南省にある川の名）．

橘 jú 木部12 四4792₇ 全16画

名 ❶〔植物〕ミカン．¶ 柑~ gānjú（かんきつ類）．❷〔Jú〕姓．
【橘红】júhóng ❶ 名〔薬〕ミカンの皮を干したもの．漢方薬として用いる．❷ 形 赤みがかったオレンジ色の．¶ ~的火焰 huǒyàn／オレンジ色の炎．
【橘黄】júhuáng 形 オレンジ色の．
【橘汁】júzhī 名 オレンジジュース．
**【橘子】júzi 名 ❶〔棵 kē，株 zhū〕ミカンの木．❷〔瓣 bàn，个 ge〕ミカンの実．¶ ~汁 zhī／オレンジジュース．

柜 jǔ 木部4 四4191₇ 全8画 通用

下記熟語を参照．
☞ 柜 guì
【柜柳】jǔliǔ 名〔植物〕〔棵 kē，株 zhū〕カワヤナギ．ネコヤナギ．回 元宝枫 yuánbǎofēng，杞柳 qǐliǔ

咀 jǔ 口部5 四6701₂ 全8画 通用

素 よくかむ．¶ 含英～华 成 文章の精粋を味わう）／～嚼 jǔjué．
☞ 咀 zuǐ
【咀嚼】jǔjué 動 ❶ 咀嚼（そしゃく）する．❷ 繰り返し考え味わう．¶ 文章的含意，得 děi 慢慢～才能领会／文章の内容は，ゆっくり何度も読み直すことでやっと理解できるようになる．

沮 jǔ 氵部5 四3711₂ 全8画 次常用

素 ❶ 阻む．❷ こわれる．くじける．¶ ~丧 jǔsàng．
☞ 沮 jù
【沮丧】jǔsàng ❶ 形 気落ちした．がっかりした．¶ 神情～／意気消沈の面もち．❷ 動 がっかりさせる．落胆させる．

莒 Jǔ ⺾部6 四4460₆ 全8画 通用

❶ 素 地名用字．¶ ~县 Jǔxiàn（山东省にある県名）．❷ 姓．

枸 jǔ 木部5 四4792₆ 全9画 通用

下記熟語を参照．
☞ 枸 gōu, gǒu
【枸橼】jǔyuán 名〔植物〕〔棵 kē，株 zhū〕マルブシュカン，柑橘類の一種．回 香橼 xiāngyuán

矩（叓）jǔ 矢部4 四8181₇ 全9画 通用

❶ 素 定規．¶ ~尺 jǔchǐ．❷ 素 規則．法則．¶ 七十而从心所欲，不逾 yú～（七十にして心の欲するところに従い，矩をこえず．『論語』のことば）．❸〔Jǔ〕姓．
【矩尺】jǔchǐ 名〔把 bǎ〕曲尺（かね~）．直角定規．回 曲尺 qūchǐ，角尺 jiǎochǐ
【矩形】jǔxíng 名 長方形．回 长方形 chángfāngxíng
【矩阵】jǔzhèn 名〔数学〕行列．マトリックス．

举（舉／叓）jǔ ⺁部8 四9050₈ 全9画 常用

❶ 動 上にあげる．かかげる．¶ ~重 jǔzhòng／~手 jǔshǒu／~杯 jǔbēi．❷ 動 提示する．¶ ~例 jǔlì．❸ 動 推薦する．¶ 推~ tuījǔ（推挙する）／~代表（代表に推薦する）．❹ 素 全部．すべて．¶ ~世闻名 jǔ shì wén míng．❺ 素 行い．¶ 一~ yījǔ（すぐれた行い）／善~ shànjǔ（善行）．❻〔Jǔ〕姓．
【举哀】jǔ'āi 動 ❶ 葬儀を行う．❷〔旧〕死者をいたみ号泣する．参考 ❷は，葬式で遺族が死者への哀悼をあらわす儀式の一つ．
【举案齐眉】jǔ àn qí méi 成 夫婦が互いに尊敬しあうこと．由来『後漢書』梁鸿（こ`ぅ）伝に見えることば．"案"は食事をのせるお盆のこと．梁鸿の妻はお盆を目の高さにかかげて運び，夫への敬意をあらわしたことから．
【举办】jǔbàn 動 行う．開催する．¶ ~展览会／展示会を催す．¶ 这次会议是文化部~的／この会議は文化部の主催である．⇒用 jǔxíng
【举报】jǔbào 動 ❶ 通報する．❷（悪人や悪事を）検挙して報告する．

【举报信】jǔbàoxìn 告発文.
【举杯】jǔ/bēi 動 杯を挙げる. 酒を相手に勧める. ¶～庆贺 qìnghè / 杯を挙げて祝う.
【举不胜举】jǔ bù shèng jǔ 成 枚挙にいとまがない. 数が多くて数え切れない. ¶像这样的事,真是～/ このようなことは,枚挙にいとまがない.
【举步】jǔbù 文 歩く. 歩行する. ¶～艰难 / 歩み続けるのは難しい.
【举步维艰】jǔ bù wéi jiān 句 (物事が)なかなか進展しない. 足取りが遅い.
【举措】jǔcuò 名 措置. 挙止. ¶这种～有失当 shīdàng 之处 / このような措置は適当でない.
【举措失当】jǔ cuò shī dàng 成 対応が当を得ていない. ¶因紧张而～/ 緊張していたので,おかしな振る舞いばかりしてしまった. 由来 『史記』秦始皇本紀に見えることば.
【举动】jǔdòng 名 挙動. 行動. ¶～缓慢 huǎnmàn / 動作が緩慢だ. 同 动作 dòngzuò, 举措 jǔcuò, 行动 xíngdòng.
【举发】jǔfā 動 摘発する. 検挙する. ¶犯罪 fànzuì 行为被～了 / 犯罪行為は摘発された.
【举凡】jǔfán 副 およそ. 概ね. ¶凡是 fánshì
【举国】jǔguó 名 全国. ¶～欢腾 huānténg / 国中が喜びにわく. ¶～一致 / 挙国一致.
【举国上下】jǔ guó shàng xià 成 国を挙げてみな. 国中の誰もが.
【举火】jǔhuǒ 文 ❶火をつける. 同 点 diǎn 火 ❷火をおこして炊事する. 煮炊きする. 表現 ❷から,「生活する. その日をしのぐ」という意にも使われる.
【举家】jǔjiā 家族全員. 家中.
【举架】jǔjià 名 方 家屋の高さ.
【举荐】jǔjiàn 動 推薦する. 推挙する. ¶～贤能 xiánnéng / 有能な人を推薦する. 同 推荐 tuījiàn, 引荐 yǐnjiàn.
【举例】jǔ//lì 例を挙げる. ¶～说明 / 例を挙げて説明する. ¶抽象说明不如举个例 / 抽象的説明するより,例を挙げた方がよい.
【举目】jǔmù 文 目を上げて見渡す. ¶～远眺 yuǎntiào / 遠くを挙げて見渡す.
【举目无亲】jǔ mù wú qīn 成 まわりに肉親が誰もいない. 寄る辺がない.
【举棋不定】jǔ qí bù dìng 成 態度を決めかねる. ためらって決定できない. ¶～,左右为难 / 打つべき手が決まらず退却に窮する. 由来 『左伝』襄公二十五年に見えることば. 「碁石を手にして次の手に迷う」の意から.
【举人】jǔrén 名 《歴史》〔 個 〕个 gè, 名 míng, 位 wèi〕挙人(じん)。漢代では官僚に推挙された者を,隋・宋代では進士の受験者を,明・清代では郷試に合格した者をいった.
【举世】jǔshì 名 世界中. 全世界. ¶～公认 / 世界中が認める.
【举世闻名】jǔ shì wén míng 成 世界的に有名だ. 世界に名だたる.
【举世无双】jǔ shì wú shuāng 成 右に出るものがない. 比類ない.
【举世瞩目】jǔ shì zhǔ mù 成 世間の注目を集める. ¶取得了～的伟大成果 / 世間に注目されるすばらしい成果をあげた.
【举事】jǔshì 動 ❶事を行う. ❷文 武装蜂起する.
【举手】jǔ//shǒu 動 手を挙げる. 挙手する. ¶～投足 / 一举手一投足. ¶～表决 / 挙手で表決をとる. ¶～欢迎 / もろ手を挙げて歓迎する. 表現 中国の小学校などでは,手を挙げる時ひじを机につけて直角に立てるのがふつう.

【举手之劳】jǔ shǒu zhī láo 成 わずかな手間. 少しの労力.
【举坛】jǔtán 名 《スポーツ》ウェイトリフティング界.

举手

*【举行】jǔxíng 動 (儀式・集会・ゲームなどを)挙行する. 実行する. ¶～会谈 / 会談を執り行う. ¶～球赛 / 球技大会を開催する. 比較 "举行"は進行させることに重点があり,"举办 jǔbàn"は企画開催することに重点がある.
【举要】jǔyào 動 要点を挙げる. ¶《唐宋诗 Táng-Sòngshī～》/ 『唐宋詩挙要』用法 書物のタイトルに多く用いられる.
【举一反三】jǔ yī fǎn sān 成 一を聞いて三を知る. 推察力に富む. ¶他很聪明,能～/ 彼はとても聡明で,一を聞いて三を知ることができる. 由来 『論語』述而(じゅつじ)篇に見えることば. 用法 通常, "触类旁通 chù lèi páng tōng"と連用される.
【举义】jǔyì 動 蜂起する. 同 起义 qǐyì.
【举债】jǔzhài 動 文 借金する.
【举证责任倒置】jǔzhèng zérèn dàozhì 名 《法律》証拠責任の転倒. 参考 行政訴訟や一部の民事訴訟において,被告側が証拠を差し出す責任を負う制度.
【举止】jǔzhǐ 名 挙止. 立ち居振る舞い. ¶～大方 / 動作がゆったりしている. ¶言談 / 話し振りや振る舞い.
【举重】jǔzhòng 名 《スポーツ》ウェイト・リフティング. 重量挙げ.
【举重若轻】jǔ zhòng ruò qīng 成 大事をいとも簡単にこなす. 由来 「重いものを軽々と持ち上げる」という意から.
【举足轻重】jǔ zú qīng zhòng 成 重大なカギを握っている. 一举手一投足が重要な役割を果たす. ¶他是目前政界への人物之一 / 彼は現在の政界のカギを握る重要人物の一人だ. 同 举足重轻 jǔ zú zhòng qīng 由来 『後漢書』窦融(とうゆう)伝に見えることば.
【举座不欢】jǔzuò bùhuān 成 満座が白ける. ¶这些不愉快的事就别提了,何必闹得～呢! / そういう不愉快な話を切り出すのはやめよう. 座を白けさせる必要はないだろう.

蒟 jǔ
⻀⻀部10　四 4412₇
全13画　通用
下記熟語を参照.

【蒟酱】jǔjiàng 名 キンマの実でつくった辛い調味料.
【蒟蒻】jǔruò 名 《植物》コンニャクイモ. ¶魔芋 móyù

榉(櫸) jǔ
木部9　四 4995₈
全13画　通用
名 《植物》❶ケヤキ. ❷ブナ.

龃(齟) jǔ
齿部5　四 2771₂
全13画　通用
下記熟語を参照.

【龃龉】jǔyǔ 動 文 上下の歯がかみ合わない. 意見が合わないこと. 龃龉(そ)する. ¶为小孩的事,夫妻间常有～/ 子供のことで,夫婦間でいつも意見が食い違う. 同 龃龉 jǔyǔ

踽 jǔ
足部9　四 6212₇
全16画　通用
下記熟語を参照.

【跙跙】jǔjǔ 形 文 ひとりさびしく. ¶～独行 / ひとりきりで進んでいく.

巨(異鉅) jù 匚部2 四 7171₇ 全4画 常用

❶素 非常に大きい. ¶～人 jùrén / ～款 jùkuǎn. ❷素 大変にすぐれている. ¶～匠 jùjiàng / ～星 jùxīng. ❸ (Jù)姓.

【巨变】jùbiàn 動 大きく変化する. ¶亲眼目睹 mùdǔ 了山乡～ / 村山の目をみはる変化を目のあたりにした.
【巨擘】jùbò 名 文 ❶ 親指. ❷ ある一つのことに傑出した人. ¶商界～ / 商業界の大立物.
*【巨大】jùdà 形 非常に大きい. 莫大だ. 膨大だ. ¶耗资 hàozī～ / 資源の無駄が膨大だ. ¶～的工程 / 巨大プロジェクト. ¶～的成绩 / 大きな功績. 同庞大 pángdà, 宏大 hóngdà 反 微小 wēixiǎo
【巨额】jù'é 形 巨額の. ¶～贷款 dàikuǎn / 巨額の借款. ¶～资金 / 巨額の資金.
【巨额财产来源不明罪】jù'é cáichǎn láiyuán bùmíngzuì 名《法律》巨額財産の出所不明罪. 参考 公務員が巨額の財産を有したり, 収入をはるかに上回る支出をしたり, その財源の説明ができない場合に科される罪.
【巨幅】jùfú 名 大型の書や絵画. 大幅. ¶～画像 / 大型の肖像画. ¶～标语 / 大きな紙や布に書かれた標題.
【巨富】jùfù 名 巨万の富. ¶一夜之间成了～ / 一夜で巨万の富を得た.
【巨猾】jùhuá 名 文 非常にずる賢い人.
【巨祸】jùhuò 名 大きな災難. 大禍. ¶虽遭～,却不气馁 qīněi / 大きな災難にみまわれたけれども, 落胆はしていない.
【巨匠】jùjiàng 名 文 巨匠. 大家. ¶文坛 wéntán ～ / 文壇の巨匠. 同大师 dàshī
【巨款】jùkuǎn 名 大金. 多額の金銭. ¶投入～ / 巨費を投じる.
【巨浪】jùlàng 名 大波.
【巨流】jùliú 名 大河. 巨大な流れ. 大きな時代の流れ. ¶历史～ / 歴史の大きなうねり. ¶谁也难挡 dǎng 时代～ / 誰も時代の大きな流れには逆らえない.
【巨轮】jùlún 名 ❶ (多く比喩的に)巨大な車輪. ¶历史的～隆隆 lónglóng 向前 / 歴史の大きな車輪は大きな音をたてて進む. ❷ (量 艘 sōu) 巨大な船舶. ¶万吨～ / 万トン級の大型船.
【巨人】jùrén 名 ❶ 大人. 大男. 反 侏儒 zhūrú. ❷ (神話に登場する)巨人. ❸ 偉大な人物. 大物. ¶时代～ / 当代の大人物. ¶历史～ / 歴史上の偉大な人物. 同 伟人 wěirén
【巨商】jùshāng 名 大商人. 豪商.
【巨头】jùtóu 名 巨頭. 大きな組織のボス.
【巨无霸】jùwúbà 名 巨人. 怪物. 表現 同類の中で, ほかより規模が大きく, 実力や技術がすぐれているもの.
【巨细】jùxì 形 (事の)大小. 細大.
【巨响】jùxiǎng 名 大きな音. 巨大な響き. ¶一声～ / 一発の巨大な音.
【巨蟹座】jùxièzuò 名《天文》❶ 巨蟹宮(きゅう). 黄道十二宮の一つ. ❷ 蟹(かに)座.
【巨星】jùxīng 名 ❶《天文》巨星. ❷ ビッグスター. 超重要人物. ¶影坛 yǐngtán ～ / 映画界の巨星. ¶～陨落 yǔnluò / 大物界が人鬼界.
【巨型】jùxíng 形 大型の. ¶～计算机 / スーパーコンピュータ.
【巨制】jùzhì 名 偉大な作品. 大作.
【巨著】jùzhù 名〔量 部 bù〕大著. ¶文学～ / 文学上の大作.
【巨子】jùzǐ 名 ❶ 大物. 巨頭. ❷《哲学》墨家で重要な成果をあげた人物.

句 jù 勹部3 四 2762₀ 全5画 常用

❶ 名 文. センテンス. ¶语～ yǔjù (語句) / 词～ cíjù (語句) / 造～ zàojù (作文する). ❷ 量 (ひとまとまりのことばを数えることば. ¶三一话不离本行 běnháng (三言話せば本業の話になる) / 写了两～诗(詩を二句書いた).
☞ 句 gōu
【句读】[句逗] jùdòu 名 句読(とう). 書面では"句号 jùhào"(。または.)と"逗号 dòuhào"(,)である.
【句法】jùfǎ 名 ❶ 文の構成法. 「主語+述語」の構造や, 「修飾+被修飾」などの構造をいう. ❷《言語》構文論. シンタックス. 同造句法 zàojùfǎ
【句号】jùhào 名 句点. 。(または.). ピリオド. ¶这件事总算划上～了 / この件にはなんとかピリオドをうった. 参考 原則として, 漢字で書いた文章には"。"を使い, ピンインで書いたものは"."を使う. ⇨ 付録「句读点・かっこなどの用法」
【句型】jùxíng 名《言語》文型.
*【句子】jùzi 名《言語》文. センテンス.

讵(詎) jù 讠部4 四 3171₇ 全6画 通用

副 文 どうして…だろうか. 反語をあらわす. ¶～料 jùliào (どうして予想できるだろうか) / ～知 jùzhī (どうして分かるだろうか) / 目前尚且 shàngqiě 不知, ～料日后之事? (現在のことも分からないのに, これからのことがどうして予測できるだろうか) / ～敢作犯法事? (どうして法に触れるようなことができましょうか).

苣 jù 艹部4 四 4471₇ 全7画 通用

❶→莴苣 wōjù [-jù] ❷ (Jù)姓.
☞ 苣 qǔ

拒 jù 扌部4 四 5101₇ 全7画 常用

素 ❶ 抵抗する. ¶抗～ kàngjù (逆らう) / ～敌 jùdí (敵に抵抗する). ❷ 拒絶する. こばむ. ¶来者不～ 成(来る者はこばまず).
【拒捕】jùbǔ 動 逮捕されまいとして抵抗する.
【拒付】jùfù 動 支払いを拒否する. ¶以与合同 hétong 有出入为由, ～贷款 / 契約との食い違いを理由に, 品物の支払いを拒否する.
*【拒绝】jùjué 動 拒否する. 断る. ¶～在合同上签字 / 契約書にサインすることを拒否する. ¶～谈判 / 交渉を拒否する. 同 回绝 huíjué 反 答应 dāying, 接受 jiēshòu
【拒聘】jùpìn 動 (企業などの)採用を拒否する.
【拒却】jùquè 動 文 拒絶する. ¶他～了我的建议 / 彼は私の提案を拒絶した.
【拒收】jùshōu 動 受け取りを拒否する.
【拒载】jùzài 動 (タクシーが)乗車拒否をする.

具 jù 八部6 四 7780₁ 全8画 常用

❶ 名 道具. 器具. ¶工～ gōngjù (道具) / 家～ jiājù (家具) / 文～ wénjù (文房具) / 农～ nóngjù (農具). ❷ 動 備えもっている. ¶～备 jùbèi / ～有 jùyǒu. ❸ 量 死体・棺おけ・一部の器物を数えることば. ¶一～尸体 shītǐ (一体のなきがら). ❹ (Jù)姓.

【具保】jùbǎo 動 保証人を立てる.

*【具备】jùbèi 動 備える. 完備する. ¶~各项条件 / 各種の条件を備える. ¶他已~了当教授的资格 / 彼は教授になる資格をすでに備えている. 同 具有 jùyǒu.

【具结】jù//jié 動 役所に保証書や誓約書を提出する.

【具领】jùlǐng 動 書類をそろえて(支給や発給されたものを)受け取る.

【具名】jù//míng 動 文書などに署名する. ¶他在申请书 shēnqǐngshū 上具了名 / 彼は申請書にサインした.

*【具体】jùtǐ ❶ 形 具体的だ. ¶~化 / 具体化する. ¶~计划 / 具体的な計画. ❷ 地了解 liǎojiě 情况 / 具体的な状況を理解する. ¶请说一一点 / もう少し具体的に話して下さい. 同 详细 xiángxì 反 抽象 chōuxiàng, 概括 gàikuò, 笼统 lǒngtǒng ❷ 形 特定の. ¶~的人 / 特定の人物. 反 一般 yībān ❸ 動 具体化する. ¶保护环境, ~到中国,该怎么做呢? / 環境保護は、具体的なところ中国ではどうすべきだろうか. 用法 ❸ は、"具体到 jùtǐdào" の形で用いる. 表現 ❸ は、"不具体到"とは言えるが、"具体不到"とは言えない.

【具体而微】jù tǐ ér wēi 內容はおおむねそろっているが規模や形が小さい. 由来『孟子』公孙丑上に見えること.

【具文】jùwén 名 形だけの規則や制度. 空文.

*【具有】jùyǒu 動 (抽象的なもの)を備えている. 持っている. ¶~说服力 / 説得力がある. ¶~研究价值 / 研究してみる価値がある.

炬 jù 火部 4 四 9181₇ 全8画 次常用

素 たいまつ. ¶火~ huǒjù (たいまつ) / 目光如~ (成 眼光が鋭い. 見識が高い).

沮 jù 氵部 5 四 3711₂ 全8画 次常用

下記熟語を参照.

☞ 沮 jǔ

【沮洳】jùrù 名 腐乱した植物が堆積してできた沼地.

【沮泽】jùzé 名 文 低湿地帯.

俱 jù 亻部 8 四 2728₁ 全10画 常用

副 すべて. ¶~全 jùquán / 百废 fèi~兴 成 すたれたものがすべて復興する). 用法 "在", "到", "全"などの単音節の語の前に用いることが多い.

*【俱乐部】jùlèbù 名 [量 个 ge] クラブ. ¶国际~ / 国際クラブ. ◆club

【俱全】jùquán 動 すべてそろう. 完備する. ¶一应~ / 成 すべてみなそろっている. ¶样样~ / 各種とりそろえている. ¶准备都~了, 还等什么呢? / 準備はすべて整ったよ、まだ何を待つの.

倨 jù 亻部 8 四 2726₄ 全10画 通用

形 文 傲慢だ. ¶前~后恭 gōng (成 はじめ傲慢な態度がのちに丁寧になる).

【倨傲】jù'ào 形 傲慢だ.

剧(劇) jù 刂部 8 四 7220₀ 全10画 常用

❶ 素 激しい. ¶~烈 jùliè / ~痛 jùtòng / ~变 jùbiàn / ~暑 jùshǔ (ひどい暑さ). ❷ 名 劇. 芝居. ¶ 演~ yǎnjù (芝居をする) / 话~ huàjù (新劇) / 惨~ cǎnjù (惨劇). ❸ (Jù)姓.

【剧本】jùběn 名 脚本. シナリオ. ¶~作家 / シナリオライター. ¶写~ / シナリオを書く.

【剧变】jùbiàn 名 激変. 急転.

*【剧场】jùchǎng 名 〔量 家 jiā, 座 zuò〕劇場. 芝居小屋. ¶露天 lùtiān~ / 野外劇場. 同 戏院 xìyuàn, 戏园 xìyuán.

【剧毒】jùdú 名 劇毒. 猛毒.

【剧烈】jùliè 形 (争い・運動・変革などが)激しい. 猛烈だ. ¶文章发表后,受到~攻击 / 文章の発表後、猛烈な攻撃を受けた. 同 猛烈 měngliè 反 平和 pínghé.

【剧目】jùmù 名 芝居のレパートリー. 演目. ¶传统~ / 伝統の演目. ¶保留~ / レパートリーを持つ.

【剧评】jùpíng 名 〔量 篇 piān〕演劇の批評.

【剧情】jùqíng 名 (芝居の)筋書き. ストーリー. ¶~简介 / あらすじ紹介のパンフレット.

【剧坛】jùtán 名 演劇界.

【剧痛】jùtòng 名 激痛. ¶一阵~袭来 xílái / 一波の激痛に襲われた.

【剧团】jùtuán 名 〔量 个 ge〕劇団.

【剧务】jùwù 名 ❶ 芝居の稽古や上演など)制作に関する実務. ❷ (芝居などの)制作スタッフ. 激務.

【剧协】Jùxié 名 "中国戏剧家协会"(中国戯劇家協会)の略称. 中国の演劇関係者の職業団体.

【剧院】jùyuàn 名 ❶ 〔量 家 jiā, 座 zuò〕劇場. ❷ 劇団. 名称に用いる. ¶北京人民艺术~ / 北京人民艺术剧団. ¶青年艺术~ / 青年艺术剧団.

【剧增】jùzēng 動 急激に増加する. 激増する.

【剧照】jùzhào 名 〔量 张 zhāng, 幀 zhēn〕スチール. 舞台写真.

【剧中人】jùzhōngrén 名 (劇中の)登場人物.

【剧终】jùzhōng 名 (演劇などの)終末. 大詰め. 表現 映画などの最後に「完(the end)」という意味で映し出されることが多い.

【剧种】jùzhǒng 名 ❶ (中国の伝統的な)演劇の種類. "京剧 jīngjù", "越剧 yuèjù", "汉剧 hànjù" など. ❷ 演劇芸术の种类. "歌剧 gējù", "话剧 huàjù" など.

【剧组】jùzǔ 名 芝居の制作チーム. 参考 スタッフ, 出演者を含む.

【剧作】jùzuò 名 劇作. 脚本.

【剧作家】jùzuòjiā 名 〔量 个 ge, 名 míng, 位 wèi〕劇作家. シナリオライター.

据(據 / 异 攄) jù 扌部 8 四 5706₄ 全11画 常用

❶ 介 ~にもとづいて. ~によれば. ¶~专家说,今年冬天气温会比往年高(専門家によれば、今年の冬の気温は平年より高いそうだ). ❷ 素 占拠する. ¶盘~ pánjù (不法に占拠する). ❸ 素 根拠とする. ¶~理力争 / 实报告~の略称. ❹ 名 証明するもの. 証拠. ¶~证据 zhèngjù (証拠) / 收~ shōujù (レシート) / 字~ zìjù (証文). ❺ (Jù)姓.

☞ 据 jū

【据称】jùchēng 副 話によると. 言うところによると. ¶~报名人数已超定员 / 話によると、申し込み者数はすでに定員を上回ったそうだ. 表現 文頭に置かれる.

【据传】jùchuán 副 伝えるところによると. ¶~连总经理也参与 cānyù 了此事 / うわさによると、社長までこの件に関与しているそうだ. 表現 文頭に置かれる.

【据此】jùcǐ 接 これによって. これによれば.

【据点】jùdiǎn 名 〔量 处 chù, 个 ge〕(戦略上の)拠点. より所. ¶以养殖业 yǎngzhíyè 为~,开展多种经营 / 養殖業をベースに、多角経営を展開する.

【据理力争】jù lǐ lì zhēng 成 道理にもとづいて論争する.

¶多亏 duōkuī 老李～,才分得这套房子 / 李さんが道理を説いて懸命に話してくれたおかげで,やっとこの部屋を割り当ててもらえた.

【据守】jùshǒu 動（軍事攻撃を）防ぐ.防禦する.¶凭险 píngxiǎn～/ 険要の地をたのみに防禦する.¶～阵地 / 陣地を守り固める.比較 "据守"は,軍事上のもののみを言う."防守 fángshǒu"は,軍事上のほかスポーツの試合などでの防禦の意味にも用いる.

*【据说】jùshuō 動 …だそうだ.話によると…とのことだ.¶～小王要结婚了 / 王さんはうわさでは結婚するらしい.表現 "据说"は,文頭によく使われるが,挿入句としても使われる.

【据为己有】jù wéi jǐ yǒu 成 他者のものを自分のものにしてしまう.¶把办公室的东西～/ 事務室の品を私物にしてしまう.

【据悉】jùxī 副（情報により）知るところでは….…とのことだ.¶～今年外国旅游者的人数已超过一千万 / 知るところでは,今年の外国人観光客の人数はすでに一千万人を突破した.¶～今年大学将扩大招生 / 今年大学は入学募集の枠を拡大するということだ.

【据以】jùyǐ 接 …によって.…にもとづいて.

【据有】jùyǒu 動 占拠する.占有する.

距 jù

⻊部4　四 6111₇　全11画　常用

❶ 動（場所や時間が）離れる.¶行～ hángjù（あぜ幅）/ 株～ zhūjù（株間）/ 两地相～不远（二つの場所は離れていない）/ ～今已有五十年（今からすでに50年も前）.❷ 名（ニワトリやキジなどの）けづめ.

*【距离】jùlí ❶ 動 離れる.隔たる.❷ 名 距離.¶等～ / 等間隔.¶缩短与先进国的～ / 先進国との距離を縮める.回 间隔 jiàngé.

惧（懼）jù

忄部8　四 9708₁　全11画　常用

素 恐れる.畏～ wèijù（恐れる）/ 毫无所～ 成 少しも恐れない / 勇者不～ / 勇者は恐れない.

【惧内】jùnèi 動 妻を恐れる.由来 昔,妻を"内"または"内子"と言ったことから.

【惧怕】jùpà 動 恐れる.怖がる.¶～困难 / 困難を恐れだ.¶他不过说说而已不必～ / 彼は単に言っているだけだ.怖えることはない.同 害怕 hàipà,恐惧 kǒngjù,畏惧 wèijù 比較 "惧怕"は書きことばでよく使われ,対象とする範囲が狭い."害怕"は意味も使用範囲も広く,「恐れる」意の他に「心配する」「気にする」という意味もある.

【惧色】jùsè 名 怯えた顔つき.おどおどした様子.¶面无～地走上讲台 / 緊張した様子もなく演壇に上がった.

犋 jù

牛部8　四 2758₁　全12画

量 畜力の単位.車一台,あるいは農耕具（すき,まぐわなど）を引くことのできる,一頭から数頭（多くは二頭）の家畜を"一犋 yíjù"とする.

飓（颶）jù

风部8　四 7721₈　全12画　通用

下記熟語を参照.

【飓风】jùfēng 名 ❶ ハリケーン.❷ 風力12の風.

锯（鋸）jù

钅部8　四 8776₄　全13画　常用

❶ 名（⓶把 bǎ）のこぎり.¶拉～ lājù（のこぎりをひく）/ 电～ diànjù（電動のこぎり）/ 手～ shǒujù（片手用のこぎり）.❷ 動 のこぎりを使って切る.¶～树 jùshù（のこぎりで木を切り倒す）/ ～木头（木で木を切る）.

☞ 锯 jū

【锯齿】jùchǐ 名（～儿）のこぎりの歯.

【锯末】jùmò 名 おがくず.のこくず.

【锯条】jùtiáo 名 のこぎりの歯がある鋼板部分.

【锯子】jùzi 名 のこぎり.

锯①

聚 jù

耳部8　全14画　四 1723₂　常用

❶ 動 集まる.¶～会 jùhuì.反 散 sàn ❷ 動 つみ重ねる.¶钱越～越多（お金がどんどんふえる）/ 把落叶～成一堆儿（落ち葉を集めて一山にする）.❸（Jù）姓.

【聚氨酯】jù'ānzhǐ 名《化学》ポリウレタン.回 聚氨基甲酸 jiǎsuān zhǐ

【聚宝盆】jùbǎopén 名〔⓶个 ge,只 zhī〕宝の山.資源豊かな土地.また,財力のあふれる"单位 dānwèi"や人をいう.

【聚苯乙烯】jùběnyǐxī 名《化学》ポリスチレン.ポリスチロール.

【聚变】jùbiàn 名《物理》原子核の結合.核聚合.

【聚丙烯】jùbǐngxī 名《化学》ポリプロピレン.

【聚丙烯腈】jùbǐngxījīng 名《化学》ポリアクリロニトリル.

【聚餐】jù//cān 動（親交を深めたり,お祝いのために）会食する.¶～会 / 会食会.¶每年国庆节,学校都会～/ 毎年国慶節には,学校ではいつもお祝いの食事会がある.

【聚赌】jùdǔ 人を集めてばくちをする.集まってばくちをする.

【聚光灯】jùguāngdēng 名 スポットライト.

【聚光镜】jùguāngjìng 名《物理》集光レンズ.コンデンサー.

【聚合】jùhé ❶ 集める.集まる.❷《化学》重合する.

【聚合物】jùhéwù 名《化学》重合体.ポリマー.

【聚会】jùhuì ❶ 動 集まる.¶下个月,召集同乡,～一次吧！ / 来月,同郷人を集めて会合をしよう.❷ 名 会合.集い.

【聚伙】jùhuǒ 動 徒党を組む.グループを作る.

【聚积】jùjī 動 少しずつ集める.積み重ねる.

【聚集】jùjí 動（人やものを）一ヶ所に集める.集まる.¶～力量 / 力を結集する.¶～资金 / 資金を集める.¶他的街头演说,每次都～许多人 / 彼の街頭演説は,毎回大勢の人を呼び集める.回 汇集 huìjí,会集 huìjí 反 分散 fēnsàn

【聚歼】jùjiān 動（敵を）包囲して殲滅（ぜつ）する.

【聚焦】jùjiāo 動《物理》焦点に集める.集光する.¶～成像 / 集光して像を作る.

【聚精会神】jù jīng huì shén 成 精神を集中する.一心に…する.¶他干什么事情,从不分心 / 彼は何をする時でもいつも精神を集中させていて,気を散らしたことは一度もない.

【聚居】jùjū 集落を作る.集まって居住する.¶所有家族几十口人都～在这个大院子里 / すべての家族数十人が,皆この敷地の中に住んでいる.反 散居 sǎnjū

【聚敛】jùliǎn 動 租税をきびしく取り立てる.¶～民财 míncái / 人々の財産を搾り取る.

【聚拢】jùlǒng 動 (人や動物を)寄せ集める．集まる．¶时间太紧，一下子要～这么多人，怕不容易 / 時間がないのに、いっぺんにこんなに大勢の人を集めるのは、おそらく難しいだろう．➩ 散开 sànkāi
【聚氯乙烯】jùlǜyǐxī 名《化学》ポリ塩化ビニル．
【聚落】jùluò 名 集落．村落．¶原始～ / 原始集落．
【聚齐】jù/qí 動 決めた場所に集合する．¶参观的人九点在博物馆 bówùguǎn 门口～ / 参観者は9時に博物館の入り口に集合する．¶人都～了，正式开始吧 / 全員集まりましたから、正式に始めましょう．
【聚散】jùsàn 名 集合と離散．集散．
【聚沙成塔】jù shā chéng tǎ 成 塵(ちり)も積もれば山となる．¶聚沙可以成塔，涓流 juānliú 可以大河 / 塵も積もれば山となる．小川も集まれば大河となる．回 积 jī 沙成塔
【聚少成多】jù shǎo chéng duō 成 塵(ちり)も積もれば山となる．由来『戦国策』秦田に見えることば．
【聚首】jùshǒu 動 会合する．集う．
【聚四氟乙烯】jùsìfúyǐxī 名《化学》ポリテトラフルオロエチレン．四フッ化樹脂．表現 俗称は"塑料王 sùliàowáng"．"テフロン"はその商標名．
【聚讼纷纭】jù sòng fēn yún 諸説紛々．議論百出．¶对这个决定，说是说非，～ / この決定に対しては、意見がまちまちで議論百出となった．由来『後漢書』曹褒(そう)伝に見えることば．
【聚碳酸酯】jùtànsuānzhǐ 名《化学》ポリカーボネート．
【聚星】jùxīng 名《天文》重星．多重星．
【聚乙烯】jùyǐxī 名《化学》ポリエチレン．
【聚义】jùyì 動 旧 正義のために決起して集まる．表現 多く、統治に対する武装闘争を起こすことに使われる．
【聚酯】jùzhǐ 名《化学》ポリエステル．
【聚众】jùzhòng 動 大勢の人を集める．

窭(窶) jù
穴部9 全14画 3040₇ 通用
形 文 貧しい．

踞 jù
足部8 全15画 6716₄ 通用
素 ❶しゃがむ．座る．¶龙盘虎～ (成 要害堅固)．❷占拠する．

屦(屨) jù
尸部12 全15画 7724₄ 通用
名 旧 麻や葛などで作った靴．

遽 jù
辶部13 全16画 3130₃ 通用
❶ 副 にわかに．❷ 素 驚きあわてる．¶惶～ huángjù (驚きあわてる)．❸ (Jù)姓．
【遽然】jùrán 副 にわかに．突然．¶～离去 / 突然立ち去る．

醵 jù
酉部13 全20画 1163₂ 通用
動 文 ❶ 金を出しあって酒を飲む．❷ みんなで金を出しあう．¶～金 jùjīn (金を出しあう) / ～资 jùzī (資本を出しあう)．

juan ㄐㄩㄢ〔tɕyen〕

捐 juān
扌部7 全10画 5602₇ 常用
❶ 動 捨てる．¶～弃 juānqì / ～生 juānshēng (命をなげうつ) / ～躯 juānqū．❷ 動 寄付する．¶募～ mùjuān (寄付を募る) / ～献 juānxiàn / ～钱 juānqián / ～十万人民币 rénmínbì (十万元寄付する)．❸ 名 税金．¶车～ chējuān (車税) / 上了一笔～ (税金を納めた)．❹ 名 寄付．¶募～ mùjuān (募金)．
【捐建】juānjiàn 寄付金で建設する．
【捐款】❶ juān//kuǎn 動 寄付する．¶～给失学儿童 / 貧しくて学校に行けない子供たちに寄付をする．❷ juānkuǎn 名〔笔 bǐ, 项 xiàng〕寄付金．
【捐弃】juānqì 動 文 捨てる．¶～旧习 / 古い習慣を捨てる．
【捐弃前嫌】juānqì qiánxián 成 過去のわだかまりを捨てる．
【捐钱】❶ juān//qián 動 金を寄付する．❷ juānqián 名 寄付金．¶～捐物均可 / 金銭の寄付でも物資の寄付でも共に可．
【捐躯】juānqū 動 (りっぱな目的のために)命をなげうつ．¶为祖国～ / 祖国のために身をささげる．回 舍身 shěshēn, 牺牲 xīshēng
【捐输】juānshū 動 文 寄付する．回 捐献 juānxiàn
【捐税】juānshuì 名 各種の税金と寄付の総称．
【捐献】juānxiàn 動 寄付する．¶为了兴办 xīngbàn 教育，他向国家～过一笔巨款 jùkuǎn / 教育の振興のために、彼は国に巨額の寄付をしたことがある．
【捐赠】juānzèng 動 寄贈する．¶～图书 / 図書を寄贈する．¶～人 / 寄贈者．
【捐助】juānzhù 動 財物を寄付して援助する．¶乡亲们的无私～ / 同郷の人達の私心のない援助．
【捐资】juān//zī 動 資金を寄付する．

涓 juān
氵部7 全10画 3612₇ 通用
❶ 素 細く小さな水の流れ．¶～滴 juāndī．❷ (Juān)姓．
【涓滴】juāndī 名 文 ❶ 水や酒のひとしずく．¶～不漏 lòu / 一滴ももらさない．❷ わずかな財物．¶～归公 / わずかなものも公のものとする．
【涓涓】juānjuān 形 文 水が細くゆっくりと流れるようす．¶～细流终成大河 / 小川の流れも最後には大河となる．

娟 juān
女部7 全10画 4642₇ 通用
❶ 素 美しい．¶婵～ chánjuān (容姿が美しい) / ～秀 juānxiù．❷ (Juān)姓．
【娟娟】juānjuān 形 文 ❶ (女性の姿やしぐさが)美しい．❷ (月光などが)清らかで美しい．
【娟秀】juānxiù 形 文 (女性の容姿、書かれた文字などが)きれいで美しい．秀麗だ．¶字迹 zìjì～ / 筆跡が美しい．¶眉目 méimù～ / 眉目秀麗．回 清秀 qīngxiù, 秀丽 xiùlì, 秀美 xiùměi

圈 juān
囗部8 全11画 6071₂ 常用
動 (家畜や犯人などを)とじ込める．囲いの中に入れる．¶把小鸡～起来 (ヒヨコを囲いに入れる)．
➩ 圈 juàn, quān

朘 juān
月部7 全11画 7324₇ 通用
動 文 ❶ 搾取する．❷ 減る．縮む．

鵑 鎸 蠲 卷 錈 巻 隽 倦 狷 桊 绢 juān - juàn

鹃(鵑) juān
鸟部7 [四] 6722₇ 全12画 [次常用]
→杜鹃 dùjuān

鎸(鎸)/[異]鐫 juān
钅部10 全15画 [四] 8072₇ [通用]
[素] 彫刻する. ¶～刻 juānkè / ～石 juānshí (石を彫る) / ～碑 juānbēi (碑を彫る).
【镌刻】juānkè [動][文] 彫る. 彫り刻む. ¶～印章 yìnzhāng / 印鑑を彫る. ¶石上～着三个大字 / 岩には三つの大きな字が彫られている.

蠲 juān
八部21 [四] 8612₇ 全23画 [通用]
[素] 免除する. ¶～除 juānchú / ～免 juānmiǎn.
【蠲除】juānchú [動][文] 免除される. ¶～酷刑 kùxíng / 酷刑を免れる.
【蠲免】juānmiǎn [動][文] (租税・罰金・労役などを)免除する.

卷(捲) juǎn
冂部6 [四] 9071₂ 全8画 [常用]
❶[動] 巻く. ¶～起袖子 xiùzi (袖を巻き上げる). [反] 舒 shū / ❷[動] 巻き込む. 巻き込む. ❸[名] (～儿) 巻いたもの. ¶花～儿 huājuǎnr (ねじりマントウ). ❹[量] 巻かれたものを数えることば. ¶一～纸(ひとまきの紙) / 一～铺盖 pūgai (布団ひとまき).
☞ 卷 juàn
【卷尺】juǎnchǐ [名] 〔[量] 把 bǎ, 个 ge〕巻き尺.
【卷发】juǎnfà ❶[動] 髪をカールする. ウェーブをつける. ❷[名] ウェーブヘアー.
【卷进】juǎnjìn [動] 巻き込む. 巻き込まれる.
【卷铺盖】juǎn pūgai [慣][旧] (ふとんを丸めてたたむことから)解雇される. 辞職する. ¶因怕～,大家有意见也不说 / クビになることがこわくて,みんな文句があっても言わない. [由来] かつて,臨時やといや住み込みなどの仕事では,ふとんを丸めて背負って出かけ,帰るときにはまた丸めて背負ったことから.
【卷入】juǎnrù [動] 巻き込む. 巻き込まれる. ¶他年纪轻,不知不觉地～了党派斗争中 / 彼は若いために,気がつかないうちに派閥闘争に巻き込まれている.
【卷逃】juǎntáo [動] 金めのものを持ち逃げする. ¶深夜～被抓获 zhuāhuò / 深夜に持ち逃げをして,捕った.
【卷筒】juǎntǒng [名] (糸・テープ・紙などの)巻きわく. リール.
【卷土重来】juǎn tǔ chóng lái [成] 捲土重来(けんどじゅうらい). 失敗の後,再び力を盛りかえす. ¶反动势力～/ 反動勢力が巻き返している. [由来] 唐,杜牧の"乌江亭に题す"詩の句から.
【卷尾猴】juǎnwěihóu [名] 《動物》オマキザル.
【卷心菜】juǎnxīncài [名][方] キャベツ. 〖同〗结球甘蓝 jiéqiúgānlán, 洋白菜 yángbáicài, 圆心菜 yuánxīncài
【卷须】juǎnxū [名] 《植物》巻きひげ. つる.
【卷烟】juǎnyān [名] ❶〔[量] 包 bāo, 根 gēn, 支 zhī〕巻きたばこ. ¶～纸 / 巻きたばこ用の紙. ❷〔[量] 根 gēn, 支 zhī〕葉巻. 同 雪茄 xuějiā.
【卷扬机】juǎnyángjī [名] 《機械》〔[量] 台 tái〕巻き上げ機. ウインチ.
【卷云】juǎnyún [名] 《気象》卷雲(けんうん). 絹雲(けんうん). すじ雲.
【卷子】juǎnzi [名] 小麦粉をねって平らにのばし,油や塩をぬった後くるくる巻いて蒸しあげた食品. 同 馉子 juànzi

錈(錈) juǎn
钅部8 [四] 8971₂ 全13画 [通用]
[動] 刀剣の刃が曲がる.

卷 juàn
冂部6 [四] 9071₂ 全8画 [常用]
❶[素] 書物. 巻き物の書画. ¶～帙 juànzhì / 手不释～ [成] 書物を手から離さず,絶えず勉学に励む. ❷[量] 書籍を数えることば. ¶一～ juànyī (巻一) / 第一～ dìyījuàn (第一巻) / 上～ shàngjuàn (上巻). ❸[名] (～儿. ～子) 試験の答案用紙. ¶答～ dájuàn (答案) / 交～ jiāojuàn (答案用紙を提出する). ❹[素] 役所に保存されている文書. ¶～宗 juànzōng / 查～ chájuàn (文書を調べる). ❺(Juàn)姓.
☞ 卷 juǎn
【卷帙】juànzhì [名] (巻き物や線装の)書籍. 書物. ¶～浩繁 hàofán / 書物が豊富だ.
【卷轴】juànzhóu [名][文] 巻き物にした書画. 巻子(かんす). ¶～装 / 巻き物の装丁.
【卷子】juànzi [名] ❶〔[量] 份 fèn, 张 zhāng〕試験の答案. ❷ 巻き物式の古い写本.
【卷宗】juànzōng [名] ❶ 役所に分類保存されている文書. ❷ 書類ばさみ. ファイル.

隽(雋) juàn
隹部2 [四] 2022₇ 全10画 [通用]
❶[素] 味わい深くおいしい. ❷[素] (ことばや文章に)味わいがある. 意味深長だ. ¶～永 juànyǒng. ❸(Juàn)姓.
☞ 隽 jùn
【隽永】juànyǒng [形] [文] (ことばや詩文が)意味深長だ. 含蓄がある. ¶语言～ / ことばが味わい深い. ¶她的诗～秀丽 xiùlì, 才气溢人 yìrén / 彼女の詩は味わいがあり秀麗で,才気があふれている.

倦 juàn
亻部8 [四] 2921₂ 全10画 [常用]
[素] ❶ 疲れている. ¶疲～ píjuàn (疲れている) / 困～ kùnjuàn (ひどく疲れている). ❷ 飽きる. ¶孜孜 zīzī 不～(たゆむことなく努力する) / 诲 huì 人不～ (うまずたゆまず指導する).
【倦怠】juàndài [形] 疲れてだるい. ¶～无力 / 疲れて気力がない. ¶感到失望和～ / 失望と倦怠(けんたい)を感じる.
【倦容】juànróng [名] 疲れた表情. ¶面带～ / 顔に疲労の色が浮かぶ.
【倦色】juànsè [名] 疲れた表情. 疲れの色. 同 倦容 róng
【倦态】juàntài [名] だるそうなようす. ¶看你一幅～,不如出去散散心吧! / だいぶお疲れのようですから,外に出て気晴らしでもしたほうがいいですよ.
【倦意】juànyì [名] 倦怠(けんたい)感.
【倦游】juànyóu [動][文] ❶ 心ゆくまで遊ぶ. ¶～归来 / 十分に遊覧して帰る. ❷ 官人生活にいや気がさす.
【倦于】juànyú [動] …に疲れる. ¶～读书 / 読書に疲れる.

狷(猏) juàn
犭部7 [四] 4622₇ 全10画 [通用]
[素] ❶ 短気だ. ❷ 気性が強く,簡単に人と妥協しない.

桊 juàn
木部6 [四] 9090₄ 全10画
[名] (～儿) ウシの鼻にとおす鉄の輪や木の棒. はながい.

绢(絹) juàn
纟部7 [四] 2612₇ 全10画 [常用]
[名] うすくてつややかな絹織物. また,粗い生糸で織られた絹

織物.
【绢本】juànběn 名 絹に描かれた書画. 絹本.
【绢纺】juànfǎng 名〔紡織〕絹糸(ホンシ)紡績. 絹紡.
【绢花】juànhuā 名（～儿）絹製の造花. 表現 北京が主産地なので"京花 jīnghuā"ともいう.
【绢画】juànhuà 名〔美術〕絹絵.
【绢丝】juànsī 名〔紡織〕絹糸.
【绢子】juànzi 名 ハンカチ. 同 手帕 shǒupà

鄄 Juàn
阝部 9　四 1712₇
全11画　通用
❶ 素 地名用字. ¶ ～城 Juànchéng（山東省にある県）. ❷姓.

圈 juàn
口部 8　四 6071₂
全11画　常用
名 ❶ 家畜を飼うための棚や小屋. ¶ 猪～ zhūjuàn（ブタ小屋）/ 羊～ yángjuàn（ヒツジ小屋）. ❷（Juàn）姓.
☞ 圈 juān, quān
【圈肥】juànféi 名〔農業〕家畜の糞尿とわらや土を混ぜてつくった肥料. 厩肥(キュウヒ). 同 厩肥 jiùféi
【圈养】juànyǎng 動 動物を囲いの中で飼育する.

眷(異 睠❷) juàn
目部 6　四 9060₈
全11画　次常用
❶ 素 親族. ¶ ～属 juànshǔ / 家～ jiājuàn（家族）/ 亲～ qīnjuàn（親類）. ❷ 素 気にかける. 思う. ¶ ～顾 juàngù / ～注 juànzhù（心にかける）. ❸（Juàn）姓.
【眷顾】juàngù 動 関心を寄せる. ¶ 蒙 méng 您～, 多谢！/ ご厚情にあずかり，感謝いたします.
【眷眷】juànjuàn 形 しきりに気にかけている. 心ひかれている.
【眷恋】juànliàn 動〈文〉しきりに心がひかれる. ¶ ～旧物 / 昔のものを懐かしむ. ¶ 心中无时不～那片生我养我的故土 / 心の中で，私を生み，はぐくんでくれた故郷を懐かしく思わない時はない. 同 留恋 liúliàn, 依恋 yīliàn
【眷念】juànniàn 動 気にかける. ¶ ～故土 / 故郷を思う. ¶ 唯有 wéiyǒu 家中老母让他～ / 家にいる老いた母だけが彼の気がかりだ. 同 想念 xiǎngniàn
【眷属】juànshǔ 名 ❶ 家族. ❷ 夫婦. ¶ 有情人终成～ / 愛しあう者はついに結ばれ夫婦となる.

jue ㅕㅗㅔ [tɕye]

撅(異 噘❶、撧❷) juē
扌部12　全15画　四 5108₂　通用
動 ❶ ぴんと立てる. ¶ ～嘴 juēzuǐ / ～着尾巴（しっぽを立てる）. ❷ 切断する.
【撅嘴】juēzuǐ 動 口をとがらす.

孑 jué
子部 0　四 1740₇
全 3画　通用
→孑孓 jiéjué

夬 jué
一部 3　四 5080₀
全 4画　通用
〈文〉❶ 名 指にはめるつめ. 琵琶(ビワ)などの弦楽器を弾くときに使う. ❷ 動（勝敗を）決める.
☞ 夬 guài

决(異 決) jué
冫部 4　四 3518₀
全 6画　常用
❶ 素 決定する. 決断する. ¶ 表～ biǎojué（表決する）/ 判～ pànjué（判決する）/ 犹豫 yóu yù 不～（成）踌躇(チュウチョ)～（なかなか決心がつかない）. ❷ 副（否定詞の前に置いて）決して. ¶ ～不退缩 tuìsuō（決してしりごみしない）/ ～无异言 yìyán（決して異存はない）. ❸ 素 最終的な勝負を決する. ¶ ～赛 juésài / ～战 juézhàn. ❹ 形 心がしっかりしている. ¶ ～然 juérán / ～心 juéxīn / ～意 juéyì. ❺ 素 死刑を執行する. ¶ 枪～ qiāngjué（銃殺する）/ 处～ chǔjué（死刑に処す）. ❻ 動（堤などが）決壊する. ¶ 溃～ kuìjué（決壊する）/ ～口 juékǒu.
【决标】juébiāo 動〔經濟〕落札者を決定する. 開札の後，入札募集者が最終的な決定者を決定する.
【决不】juébù 副 決して…しない. ¶ ～低头 / 決して屈服しない. ¶ ～反悔 / 決して後悔しない.
【决策】juécè ❶ 動 政策や戦略を決定する. ¶ 运筹 yùnchóu～ / はかりごとをめぐらし戦略を定める. ❷ 名〔項 xiàng〕決定した策略や戦略. ¶ 服从领导～ / リーダーの決定に従う.
【决策层】juécèceng 名（政府や企業内の）政策・戦略・方策の決定者層.
【决雌雄】jué cíxióng 句 勝敗を決める. 雌雄を決する. ¶ 他尤不甘心这次的失败，决定再～ / 彼は今回の敗北に満足できず, 再挑戦することを決めた.
【决堤】juédī 動 堤が破れる. 堤防が決壊する.
**【决定】juédìng ❶ 動 決める. ¶ ～派他去学习 / 彼を研修に派遣することに決める. ¶ 由大家～. / みんなで決める. ¶ ～因素 yīnsù / 決定要素. ❷ 名〔項 xiàng〕決定.
【决定论】juédìnglùn 名〔哲學〕決定論.
【决定权】juédìngquán 名 決定権.
【决定性】juédìngxìng 形 決定的. ¶ ～的胜利 / 決定的な勝利. ¶ 具有～的作用 / 決定的な影響がある.
【决斗】juédòu ❶ 動 決闘する. ❷ 命がけで戦う. ¶ 展开生死～ / 生死をかけた戦闘をくりひろげる.
【决断】juéduàn ❶ 動 決断する. ❷ 名 決断. ¶ 做出重大的～ / 重大な決断をする. ¶ 这是个很英明的～的 gǎn 的 / これはとても勇気ある決断だ. ❸ 名 決断力.
【决计】juéjì ❶ 動 …することに決める. ¶ 他～离开家乡, 到外面闯闯 chuǎngchuǎng 看 / 彼は郷里を離れ, 外の世界で経験を積んでみることを決めた. ❷ 副 きっと.
【决绝】juéjué ❶ 動 決別する. ¶ ～一切来往 lái wang / これまでのすべてのつきあいを絶つ. ❷ 形 きっぱりとしている. ¶ ～态度～ / 態度がはっきりしている.
【决口】jué/kǒu 動 堤防が決壊する.
【决裂】juéliè 動（交渉・関係・感情などが）決裂する. ¶ 和议 héyì～了 / 和平会議は決裂した. ¶ 关系一旦 yīdàn～, 就难以再恢复了 / 関係がいったん決裂してしまうと, 回復するのはむずかしい. 同 破裂 pòliè
【决没有】juéméiyǒu 句 決してない. ¶ ～骗你之意 / あなたをだますつもりは決してない.
【决明】juémíng 名〔植物〕エビスグサ. ロッカクソウ.
参考 種子は"决明子"（决明子ジャン）と呼ばれ, 薬用.
【决然】juérán 副〈文〉❶ 決然と. ¶ ～返回 fǎnhuí / きっぱりと引き返す. ¶ 知道他的真面目 zhēnmiànmù 后, ～离开了他 / 彼の真の姿を知ってしまってからは, きっぱりと彼と決別した. 同 毅然 yìrán ❷ かならず…だ. ¶ 这种样子～没有好结果 / こんなようすではまずい結果になる

诀抉角玦珏觉绝 jué

【决赛】juésài 名 決勝戦. ¶进行～/決勝戦を行う. ¶半～/準決勝. ¶～时常见高低/決勝戦で優劣が決まる.
【决胜】juéshèng 動 最後の勝敗を決める.
【决胜局】juéshèngjú 名《スポーツ》決勝ゲーム. 決勝セット.
【决胜盘】juéshèngpán 名（囲碁や将棋などの）決勝局.
【决胜千里之外】jué shèng qiān lǐ zhī wài 成 遠くからの命令で勝利する. 後方司令部の指揮で前線部隊の勝利が決まる. 由来『史記』高祖本紀の語から.
【决死】juésǐ 形 決死の. ¶～战/決死の戦い. ¶～的斗争/決死の闘争.
【决算】juésuàn 名 決算. 反 預算 yùsuàn
*【决心】juéxīn ❶ 名 決心. ¶下～/決心する. ❷ 副 決意して…する. ¶～改变这些不好的习惯/決意して悪い習慣を変える. 同 决计juéjì, 决意juéyì
【决心书】juéxīnshū 名 決意書.
【决一雌雄】jué yī cí xióng 成 勝敗を決める. 雌雄を決する. ¶两国队～/両チームはまもなく交戦して雌雄を決する. 由来『史記』項羽本紀に見えることば.
【决一胜负】jué yī shèng fù 成 勝敗を決める. 勝負を決める.
【决一死战】jué yī sǐ zhàn 成 犠牲を恐れず, 生死をかけて戦いをする. ¶这场比赛很关键guānjiàn, 只有～了/この試合が決め手となるので, 決死の覚悟で戦うしかない.
【决疑】juéyí 動 疑いを解く.
【决议】juéyì 名〔個 个 ge, 项 xiàng〕決議. ¶～案/決議案. ¶会议通过～/会議で決議する.
【决意】juéyì 動 決意する. ¶～难改/決意は変えにくい. ¶他～亲自过问这件事/彼はこの問題に自ら取り組む決意をした.
【决战】juézhàn ❶ 名 決戦. ¶这是一次～/今回は決戦だ. ❷ 動 決戦する.

诀(訣) jué　讠部4 全6画 4 3578₀ 次常用

素 ❶秘訣(ひ). ～法/秘密の方法. ¶秘～ — mìjué (こつ) / 妙～ — miàojué (うまい手). ❷仕事や勉強のこつや要領を, 口ずさみやすく覚えやすいように並べたことば. かけ算の九九もこの一種. ¶口～ kǒujué (おぼえうた) / 歌～ gējué (おぼえうた). ❸（永遠に）別れる. ¶永～ yǒngjué (永遠の別れ) / ～别 juébié.
【诀别】juébié 動 別れる. ¶谁知离别竟成～/別れが永遠の別れになってしまうとは, 誰も思わなかった.
【诀窍】juéqiào 名（～儿）秘訣(ひ). ¶找～/こつをさがす. ¶写文章的～在于多练/文章を書く秘訣は, たくさん書くことにある. 同 窍门 qiàomén

抉 jué　扌部4 全7画 通用 5508₀

動 ほじくり出す. かき出す. ¶～择 juézé / ～摘 juézhāi (より分ける).
【抉择】juézé 動 選択する. ¶面临继续上学还是工作的～/引き続き学校に行くか, 仕事につくかの選択を迫られている. 用法 人生の方向の選択など, 重大なことがらに用いることが多い.

角 jué　角部0 全7画 常用 2722₇

❶ 素 争う. 闘う. ¶～斗 juédòu / ～逐 juézhú. ¶口～ kǒujué（口げんかする. 言い争う）. ❷ 名（～儿）役者. 俳優. またそのふんする役柄, 登場人物. "脚jué"とも書く. ¶主～ zhǔjué（主役）/ 配～ pèijué（わき役）. ❸ 名 古代の五音, 宮・商・角・徵・羽のうちのひとつ. 現在の「ミ」にあたる. ❹ (Jué)姓.
☞ 角 jiǎo
【角斗】juédòu 動 とっくみ合う. 格闘する.
【角力】juélì 動 素で力比べをする.
【角色】juésè 名 ❶ 演劇や映画のキャスト. 配役. ❷ 役割り. 立場. ¶正面～/正しく前向きな役割.
【角逐】juézhú 動 力をきそいあう. たたかう. ¶群雄～/多くの英雄たちが力をきそいあう. ¶两队选手进行了激烈的～/両チームの選手は激しく力を競い合った.

玦 jué　王部4 全8画 通用 1518₀

名 旧《服飾》古代人が身につけた○型のおび玉. 参考"决"と音が通じるので, 相手の決断をうながすときに見せた.

珏 jué　王部4 全9画 通用 1111₃

名 旧 一対の玉.

觉(覺) jué　見部5 全9画 常用 9021₂

❶ 動 感じる. ¶不知不～（知らず知らずのうちに）. ❷ 名 感覚. ¶听～ — tīngjué（聴覚）/ 触～ — chùjué（触覚）/ 幻～ — huànjué（幻覚）. ❸ 動 眠りから覚める. ¶大梦初～（ちょうど夢から覚めた）. ❹ 素 自覚する. ¶～醒 juéxǐng / 自～自愿（自発的に）. ❺ (Jué)姓.
☞ 觉 jiào
【觉察】juéchá 動 気付く. ¶看书看得入神, 没～有人进来了/読書に没頭していたので, 人が入ってきたことに気づかなかった. 同 察觉 chájué, 发觉 fājué
*【觉得】juéde 動 ❶ 感じる. …という気がする. ¶～很冷/寒い. ¶一点儿也不～疲倦 píjuàn / 少しも疲れを感じない. ❷ …と思う. ¶你～这个计划怎么样？/あなたはこの計画をどう思いますか. ¶我～你还是先回家的好/あなたはやはり先に家に帰ったほうがいいと思う. 表現"认为 rènwéi"よりも軽い感じで, 必ずしも十分な肯定ではない.
*【觉悟】juéwù ❶ 動 はっきりする. はっきりとわかる. ¶～到事情的严重性/事の重大さに気がつく. ❷ 名 理想をひとつ実現しようという前向きの意志. 自覚. ¶大家的～提高了/人々の自覚が高まった. ⇒ 醒悟 xǐngwù
【觉悟社】Juéwùshè 名《歴史》覚悟社("ﾞ~"). 1919年に周恩来等が天津で組織した青年革命団体.
【觉醒】juéxǐng 動 目覚める. 自覚する. ¶～了的群众/目覚めた大衆. 同 醒悟 xǐngwù, 觉悟 juéwù 反 沉睡 chénshuì

绝(絕) jué　纟部6 全9画 常用 2711₇

❶ 動 断つ. ¶～交 juéjiāo / ～缘 juéyuán / 拒～ jùjué（拒否する）. 反 续 xù ❷ 動 尽きる. 完全になくなる. ❸ 副 きわめて. 最も. ¶～大多数（圧倒的多数）/ ～大部分（ほとんどすべて）. ❹ 副（否定詞の前に置いて）決して. ¶～无此意（決してそんな意味はない）. ❺ 名 詩のスタイル. "绝句 juéjù"の略. ¶五～ — wǔjué（五言絶句）/ 七～ — qījué（七言絶句）.
【绝版】jué/bǎn 動（書物を）絶版にする. ¶～书/絶版書.
【绝笔】juébǐ 名 ❶ 絶筆. ¶这封信成了他的～/この手紙が彼の絶筆となった. ❷ とてもすぐれた書画.

【絶壁】juébì 名 絶壁. ¶悬崖 xuányá~ / 懸崖(≌)絶壁.
【絶不】juébù 副 決して…しない. ¶~答应他的无理要求 / 彼の無茶な要求には決して応じない.
【絶唱】juéchàng 名 ❶詩文の最高傑作. ¶千古~ / 千古の絶唱. ❷生前最後の歌唱.
【絶处逢生】jué chù féng shēng 成 絶体絶命の時に活路が開ける.
【絶代】juédài 形 文 当代に比類ない.
【絶代佳人】juédài jiārén 名 絶世の美人.
【絶倒】juédǎo 動 大笑いする. ¶使众人捧腹 pěngfù~ / みんなを抱腹絶倒にさせる.
【絶地】juédì ❶きわめて危険で逃げ道のない場所. ❷ 窮地. 同 絶境 jìng.
【絶顶】juédǐng ❶副 この上なく. ¶~聪明 / この上なく賢い. ❷名 文 最高峰.
*【絶対】juéduì ❶形 絶対だ. ¶~服从 / 絶対に服従する. ¶不要说得太~了 / 断定的すぎる言い方はするな. 反 相対 xiāngduì ❷形《物理》絶対的な. 反 相対 xiāngduì ❸副 絶対に. ¶~没错儿 méicuò~ / まったく誤りがない. ¶~保险 / 絶対に大丈夫. ❹副 もっとも. ¶~多数 / 絶対多数.
【絶対高度】juéduì gāodù 名 平均海水面を基準とした高度. 絶対高度.
【絶対零度】juéduì língdù 名《物理》絶対零度. 参考 絶対温度の零度. −273.15℃.
【絶対湿度】juéduì shīdù 名《物理》絶対湿度.
【絶対数】juéduìshù 名 絶対数.
【絶対温度】juéduì wēndù 名《物理》絶対温度. 熱力学的温度. ケルビン温度.
【絶対真理】juéduì zhēnlǐ 名《哲学》絶対的真理.
【絶対値】juéduìzhí 名《数学》絶対値.
【絶好】juéhǎo 形 絶好だ. ¶~机会不要错过 / 絶好の機会を逃すな.
【絶后】jué//hòu ❶跡継ぎが絶える. ¶絶了后 / 跡継ぎが絶えた. ❷今後二度とあり得ない. ¶空前~ / 空前絶後. 反 空前 kōngqián.
【絶活】juéhuó 名(~儿)特別な技能. 特技. 同 絶招〔着〕zhāo.
【絶技】juéjì 名 特別な技能, 技芸. ¶人虽不显眼 xiǎnyǎn, 却有一身~ / 目立つ人ではないけれども, 特別な技能を持っている.
【絶迹】jué//jì[-jī] 動 根絶する. 絶滅する. ¶这种植物早已~了 / この植物はとっくに絶滅した.
【絶佳】juéjiā 形 非常によい.
【絶交】jué//jiāo 動 関係を絶つ. 絶交する. ¶跟他~了 / 彼と絶交した. 同 断交 duànjiāo. 反 建交 jiànjiāo.
【絶境】juéjìng ❶名 文 秘境. ❷窮地. ¶濒于 bīnyú~ / 窮地に瀕(≌)する.
【絶句】juéjù 名《文学》〔圖 首 shǒu〕絶句(≌). 中国の詩の形式の一つ. 参考 4句からなり, 1句が5字のものを"五言絶句", 1句が7字のものを"七言絶句"という. 平仄(≌)と押韻に決まりがある.
【絶口】juékǒu 動 ❶口に出して言うのをやめる. ¶骂 mà 不~ / ののしるのをやめない. ❷口を開かない. ¶~不讲 / 何も語らない. 表現 常に"不"を伴った否定形で使われる.
【絶口不提】juékǒu bùtí 口をつぐんで言わない. ¶他~自己的功劳 gōngláo / 彼は自分の功労を一言も口にしない.

【絶路】juélù ❶[圖 条 tiáo] 行き止り. ¶灵活一点, 不要给自己找一~ / 臨機応変にしなさい, 自らを袋小路に追いこまないように. 同 死路 sǐlù ❷jué//lù 出口を失う.
【絶伦】juélún 形 文 比類ない. ¶荒谬 huāngmiù~ / でたらめが甚だしい. ¶聪颖 cōngyǐng~ / この上なく聡明だ.
【絶门】juémén ❶名 跡継ぎのいない人. ❷名(~儿)担い手のいない仕事や事業. ❸名(~儿)特技. 妙技. 同 絶招〔着〕zhāo ❹形(~儿)思いもよらない. まねできない.
【絶密】juémì 形《文書やニュースが》極秘だ. ¶~消息 / 極秘ニュース. ¶~文件 / 極秘文書.
【絶妙】juémiào 形 絶妙だ. ¶~的讽刺 fěngcì / 絶妙な風刺. ¶~的回答 / 絶妙な回答.
【絶灭】juémiè ❶動 絶滅する. ¶很多稀有 xīyǒu 动物~了 / 多くの希少動物が絶滅した. ❷名 絶滅. ¶面临~的危险 / 絶滅の危機に瀕(≌)する.
【絶命书】juémìngshū 名《自殺者の》遺書.
【絶品】juépǐn 名《芸術上の》絶品.
【絶情】jué//qíng ❶動 友情や人情を絶つ. ❷juéqíng 形 人情味がない.
【絶热】juérè 名動 断熱(する).
【絶色】juésè 形《女性の》きわめて美しい容貌. ¶天姿 tiānzī~ / 絶世の美貌.
【絶食】jué//shí 動 ❶《抗議や自殺のために》絶食する. ¶静坐~ / 座り込んでハンストする. ¶他絶了三天食 / 彼は3日間食を断った. ❷食糧が絶たれる.
【絶世】juéshì 形 この世に比類ない. 絶世の. 表現 よいもの・すぐれたものについて言うことが多い.
【絶收】juéshōu 動 収穫がまったくない.
【絶望】jué//wàng 動 絶望する. ¶~的呼唤 hūhuàn / 絶望の叫び. ¶他对一切都~了 / 彼はすべてに絶望した.
【絶无仅有】jué wú jǐn yǒu 成 きわめてまれだ. ¶这种闹剧 nàojù 恐怕~了 / こんな茶番劇はおそらく二つとないだろう.
【絶响】juéxiǎng 名 文 とだえてしまった技術や技能. 由来 もとは「とだえてしまった音楽」の意. 魏の嵇康が刑死して, 琴の秘曲「広陵散」の音色が失われたことから.
【絶续】juéxù 名 断絶と継続.
【絶学】juéxué ❶名〔圖 门 mén〕とだえてしまった学問. ❷他で見られないすぐれた学問.
【絶艺】juéyì 名 きわめてすぐれた技芸.
【絶育】jué//yù 動 不妊手術をする. 参考 男女のいずれにもいう.
【絶域】juéyù 名 文 遠く離れたところ. 隔絶した場所. 表現 多く国外を指す.
【絶縁】juéyuán 動 ❶《他の人や物との》接触を断つ. ¶与香烟 xiāngyān 都~了 / タバコとは縁を切った. ❷《物理》絶縁する.
【絶縁体】juéyuántǐ 名《電気》絶縁体. 同 非导 fēidǎo 体.
【絶早】juézǎo 名《朝などの》きわめて早いころ. 同 极 jí 早.
【絶招〔着〕】juézhāo 名(~儿) ❶超美技. 同 絶技 juéjì ❷奥の手. うまい方法. ¶他很会在关键 guānjiàn 时刻想出~来 / 彼は最も肝心なときにうまい方法を思いつくことが得意だ.

【绝症】juézhèng 名 不治の病.
【绝种】jué/zhǒng 动 (生物が)絶滅する. ¶这种植物已经绝了种 / この種の植物はすでに絶滅した.

倔 jué 亻部8 全10画 2727₂ 次常用

❶ 下記熟語を参照. ❷ (Jué)姓.
☞ 倔 juè

【倔强】juéjiàng 形 ❶ 庶 強情だ. ¶性格～ / 強情な性格だ. ❷ 庚 (性格や意志が)強い. くじけない. ¶搞研究, 就要这股 gǔ～劲儿 / 研究するには, こうした強固な気概が必要だ. 注意"强"は"jiàng"と発音する.

桷 jué 木部7 全11画 4792₁ 通用

名 文 角材のたる木.

掘 jué 扌部8 全11画 5707₂ 常用

动 掘る. ¶～井 juéjǐng (井戸を掘る) / ～土 juétǔ (土を掘る) / 发～ fājué (発掘する). 同 挖 wā
【掘进】juéjìn 动 鉱道を掘り進める.
【掘客】Juékè 名 《コンピュータ》ディグ. ネットユーザーの集めた情報を掲載する参加型サイトの一つ. ◆Digg
【掘墓人】juémùrén 名 古い事物や制度を葬り去る)新しい力. ¶旧制度的～ / 古い体制を打倒する勢力. 由来 「墓掘り人」という意から.
【掘土机】juétǔjī 名〔台 tái〕掘削(ᴿ)機. パワーショベル. 同 电铲 diànchǎn

崛 jué 山部8 全11画 2777₂ 通用

形 高く盛り上がる. ¶～起 juéqǐ.
【崛起】juéqǐ 动 ❶ 山や峰がそびえ立つ. ❷ にわかに立ち上がる. ¶在困境 kùnjìng 中～ / 苦境の中から奮い立つ.

脚(異脚) jué 月部7 全11画 7722₀ 常用

名 役者. 俳優. またその扮(ᴿ)する登場人物. 同 角 jué ②.
☞ 脚 jiǎo

觖 jué 角部4 全11画 2528₀ 通用

形 文 不満足だ. ¶～望 juéwàng (希望どおりにならずにうらむ. つよく希望すること).

厥 jué 厂部10 全12画 7128₂ 通用

❶ 素 昏(ᴿ)倒する. ¶痰～ tánjué (痰がつまって気絶する) / 昏～ hūnjué (気絶する). ❷ 代 文 その. 彼の. ¶～父 juéfù (彼の父) / ～后 juéhòu (その後). ❸ (Jué)姓.

剐 jué 刂部12 全14画 7220₀ 通用

→ 剞剐 jījué

谲(譎) jué 讠部12 全14画 3772₇ 通用

名 文 だます. ¶诡～ guǐjué (悪賢い) / ～诈 juézhà.
【谲诈】juézhà 形 ずる賢い. ¶生性～ / 天性のうそつき. ¶～小人 / 狡猾(ᴿᴿ)な小人物.

蕨 jué 艹部11 全15画 4428₂ 通用

名《植物·薬》ワラビ.
【蕨类植物】juélèi zhíwù 名《植物》シダ植物.

獗 jué 犭部12 全15画 4128₂ 通用

→ 猖獗 chāngjué

橛 jué 木部12 全16画 4198₂ 通用

名 (～儿) 小さな杭(ᴿ). くひび. ¶土墙 tǔqiáng 上钉 dìng 个小木～儿 (土塀に小さな木の杭を打ち込む).
【橛子】juézi 名〔個 个 ge, 根 gēn〕短い杭(ᴿ). くひび.

噱 jué 口部13 全16画 6103₂ 通用

动 方 おかしくて大笑いする.
☞ 噱 xué

锸(鐝) jué 钅部12 全17画 8178₂ 通用

名《農業》くわ. 同 镢 jué
【锸头】juétou 名 方 くわ. 土を掘る農具の一種で, "镐 gǎo"に似たもの. 同 镢头 juétou

爵 jué 爪部13 全17画 2074₆ 次常用

名 ❶ 古代の酒器. 青銅製で三本の脚がある. ❷ 爵位. ¶公～ gōngjué (公爵) / 封～ fēngjué (爵位を授ける). ❸ (Jué)姓. 参考 上は, 上から, 公·侯·伯·子·男の五階級があった.
【爵士】juéshì 名 ナイト. イギリスの爵位の一つ.
【爵士舞】juéshìwǔ 名 外 ジャズダンス.
【爵士乐】juéshìyuè 名《音楽》ジャズ. ◆jazz
【爵位】juéwèi 名 爵位. ¶授予 shòuyǔ～ / 爵位を授ける.

蹶(異蹙) jué 足部12 全19画 6118₂ 通用

❶ 素 つまずく. 転じて, 挫折する. ¶一～不振 zhèn (つまずいて再起不能となる). ❷ (Jué)姓.
☞ 蹶 juě

矍 jué 又部18 全20画 6640₇ 通用

❶ 素 文 驚いてあたりを見まわすよう. ¶～然 juérán (驚いて見まわすよう). ❷ (Jué)姓.
【矍铄】juéshuò 形 文 年をとっても元気だ. 矍鑠(ᴿᴿ)としている. ¶～老人 / 矍鑠とした老人.

嚼 jué 口部17 全20画 6204₆ 常用

素 "嚼 jiáo"に同じ. 文語の複合語に用いられる. ¶咀～ jǔjué (咀嚼ᴿᴿᴿする) / 过屠 tú门而大～ (肉屋の前を通ってかむまねをする. 自ら空しく慰めをするたとえ).
☞ 嚼 jiáo, jiào

爝 jué 火部17 全21画 9284₆ 通用

下記熟語を参照. 参考 "jiào"とも発音する.
【爝火】juéhuǒ 名 文 たいまつ.

攫 jué 扌部20 全23画 5604₂ 通用

动 奪い取る. ¶～取 juéqǔ.
【攫取】juéqǔ 动 奪い取る. ¶～钱财 / 財産を強奪する.

镬(鑊) jué 钅部20 全25画 8674₇ 通用

名 くわ. "镢头 juétou"ともいう.

蹶 juě 足部12 全19画 6118₂

下記熟語を参照.
☞ 蹶 jué
【蹶子】juězi [名] ロバやウマが後ろ足で蹴り上げる動作. ¶ 尥 liào～ / ロバやウマが後ろ足で蹴る.

倔 juè 亻部 8 [四] 2727₂ 全10画 [次常用]
[形] 偏屈だ. がんこだ. ¶ 那老头子真～（あのじいさんは本当に偏屈だ).
☞ 倔 jué
【倔头倔脑】juè tóu juè nǎo [成]（話し方や態度が）ぶっきらぼうだ. かたくなだ.

jun ㄐㄩㄣ〔tɕyn〕

军（軍）jūn 冖部 4 [四] 3750₄ 全 6 画 [常用]
❶ [名] 軍隊. ¶ 陆～ lùjūn（陸軍）/ 解放～ jiěfàngjūn（解放軍）/ 参～ cānjūn（従軍する）/ ～费 jūnfèi / ～籍 jūnjí. ❷ [量] 軍隊の編成単位. 一つの“军”はいくつかの“师 shī”を統括する. ¶ 第一～（第一軍). ❸ [素] 組織された集団. ¶ 劳动大～（労働者組織). ❹（Jūn）姓.
[筆順] 
【军备】jūnbèi [名] 軍備. ¶ ～竞赛 / 軍備競争. ¶ 削减 xuējiǎn～ / 軍備を削減する.
【军兵种】jūnbīngzhǒng [名] 軍隊と兵の種別. “军种”と“兵种”の総称.
【军部】jūnbù [名] ❶ 軍司令部. 軍部. ❷ 軍の指揮官.
【军操】jūncāo [名] 軍事訓練. ¶ 做～ / 軍事訓練をする.
【军车】jūnchē [名]（自動車や列車などの）軍用車両.
【军刀】jūndāo [名] [旧] 軍刀.
【军地】jūndì [名] 軍隊と地方・民間.
*【军队】jūnduì [名]〔[量] 支 zhī〕軍隊.
【军阀】jūnfá [名] 軍閥. ¶ 北洋 Běiyáng～ / 北洋軍閥.
【军法】jūnfǎ [名] 軍法.
【军方】jūnfāng [名] 軍の側.
【军费】jūnfèi [名] 軍事費. ¶ 紧缩～ / 軍事費を緊縮する.
【军分区】jūnfēnqū [名] 軍の区分. 分割された軍事区域.
【军服】jūnfú [名]〔[量] 件 jiàn, 套 tào〕軍服.
【军港】jūngǎng [名]〔[量] 座 zuò〕軍港.
【军歌】jūngē [名]〔[量] 首 shǒu, 支 zhī〕軍歌.
【军工】jūngōng [名] ❶ 軍需工業. ❷ 軍需工事.
【军功】jūngōng [名] 軍事上の功績. 軍功.
【军官】jūnguān [名]〔[量] 个 ge, 名 míng, 位 wèi〕将校. 士官. または軍隊で“排长 páizhǎng”（小隊長）以上の幹部.
【军管】jūnguǎn [名]“军事管制”（軍事管制）の略.
【军管会】jūnguǎnhuì [名]“军事管制委员会”（軍事統制委員会）の略.
【军国主义】jūnguó zhǔyì [名] 軍国主義.
【军号】jūnhào [名] 軍用ラッパ.
【军徽】jūnhuī [名] 軍隊の徽章.
【军婚】jūnhūn [名]（夫婦のどちらか一方が）現役軍人の婚姻.
【军火】jūnhuǒ [名]〔[量] 批 pī〕武器や弾薬の総称. ¶ ～库 / 武器弾薬庫. ¶ ～商 / 武器商人.
【军机】jūnjī [名] ❶ 軍事計画. 軍事方針. ¶ 贻误 yíwù～ / 軍事方針をあやまる. ❷ 軍事機密. ¶ 泄露 xièlòu～ / 軍事機密を漏らす.

军徽（人民解放軍）

【军机处】jūnjīchù [名]《歴史》軍機処（ぐんきしょ）. 清代の皇帝の軍政（のちに国政全体）を補佐した機関.
【军籍】jūnjí [名] 軍籍. 軍人としての身分.
【军纪】jūnjì [名]〔[量] 条 tiáo, 项 xiàng〕軍隊の規律. 軍紀.
【军舰】jūnjiàn [名]〔[量] 艘 sōu, 条 tiáo, 只 zhī〕軍艦. [同] 兵舰 bīngjiàn
【军阶】jūnjiē [名] 軍人の階級.
【军界】jūnjiè [名] 軍事分野.
【军警】jūnjǐng [名] 軍隊と警察.
【军垦】jūnkěn [動] 軍隊が荒れ地を開墾する. ¶ ～农场 / 軍隊が開墾した農場.
【军礼】jūnlǐ [名] 軍人の礼節. また, それを示すしぐさ. ¶ 行～ / 軍隊式の敬礼をする.
【军力】jūnlì [名] 軍事力.
【军粮】jūnliáng [名] 軍隊用の食糧.
【军烈属】jūnlièshǔ [名] 軍人の家族. “军属”（現役軍人の家族）と“烈属”（殉職者の遺族）の総称.
【军龄】jūnlíng [名] 軍隊での勤務年数.
【军令】jūnlìng [名] 軍事命令.
【军令如山】jūnlìng rú shān [句] 軍事命令は絶対で, 動かすことができない.
【军令状】jūnlìngzhuàng [名]（戯曲や旧小説で）軍事命令を受けた後に書く誓約書. [参考] 任務を果たせなかった場合, 処罰を受けることを表明するもの.
【军旅】jūnlǚ [名] [文] ❶ 軍隊. ¶ ～生涯 / 軍人としての一生. ❷ 軍事.
【军马】jūnmǎ [名] ❶ 軍馬. ❷ [文] 兵馬. 軍隊.
【军帽】jūnmào [名] 軍帽.
【军民】jūnmín [名] 軍隊と民衆. ¶ ～鱼水情 / 軍隊と人民は魚と水のように一体である.
【军民共建】jūn mín gòng jiàn [句] 軍隊と地方（自治体）が共同で建設する.
【军品】jūnpǐn [名] 軍用品. 軍需品. [反] 民 mín 品
【军棋】jūnqí [名] 将棋の一種. 軍人将棋.
【军旗】jūnqí [名]〔[量] 面 miàn〕軍旗.
【军情】jūnqíng [名] 軍事情勢. ¶ 刺探 cìtàn～ / 軍事情勢をひそかにさぐる.
【军区】jūnqū [名] 戦略のためにもうけた軍事区域. 軍区. ¶ 北京～ / 北京軍区.
【军权】jūnquán [名] 軍を指揮する権限. 兵権.
【军犬】jūnquǎn [名] 軍用犬.
【军人】jūnrén [名]〔[量] 个 ge, 名 míng, 位 wèi〕軍人.
【军容】jūnróng [名] 軍隊や軍人の外観・規律・威儀など. 軍容. ¶ 整顿～ / 軍容を整備する.
【军嫂】jūnsǎo [名] 軍人の妻に対する尊称.
【军师】jūnshī[-shi] [名] ❶ 古代の官名. 軍師. ❷ 参謀. 顧問役. [参考] ②は, 旧小説や戯曲の中で, 主役を助けて知恵を授ける役柄から.
【军士】jūnshì [名] 下士官.

均龟君 jūn

*【军事】 jūnshì 名 軍事. ¶～工作／軍事活動. ¶～训练／軍事訓練.

【军事法庭】 jūnshì fǎtíng 名 軍事法廷.

【军事管制】 jūnshì guǎnzhì 名 軍事管制.

【军事基地】 jūnshì jīdì 名 軍事基地.

【军事科学】 jūnshì kēxué 名 軍事科学.

【军事体育】 jūnshì tǐyù 名 軍事体育. 表現 "军体" とも言う.

【军事学】 jūnshìxué 名 軍事学.

【军属】 jūnshǔ 名 現役軍人の家族. ¶优待 yōudài～／軍人の家族を優遇する.

【军体】 jūntǐ → 军事体育 jūnshì tǐyù

【军统】 jūntǒng 名 国民党の特务機関の一つ. "国民政府军事委员会调查统计局" の略称.

【军团】 jūntuán 名 軍団. 参考 "红军" 時代の "集团军" (集団軍) に相当する軍の編成単位.

【军威】 jūnwēi 名 軍隊の威信.

【军委】 jūnwěi 名 "军事委员会" (軍事委員会) の略称. 参考 中国共産党中央軍事委員会と政府の中央軍事委員会がある.

【军务】 jūnwù 名 軍務. ¶～繁忙 fánmáng ／軍務が忙しい.

【军衔】 jūnxián 名 軍人の等級別の称号.

【军饷】 jūnxiǎng 名 軍人の俸給や配給物資.

【军校】 jūnxiào 名〔所 suǒ〕軍の幹部を養成する学校. ¶黄埔 Huángpǔ～／黄埔士官学校.

【军械】 jūnxiè 名 兵器の総称.

【军心】 jūnxīn 名 軍隊の士気. ¶～动摇／軍隊の士気が揺らぐ.

【军需】 jūnxū 名 ❶ 軍需. 軍隊に必要なすべてのもの. ¶～品／軍需品. 軍需物資. ❷ 旧 軍隊の軍需官.

【军宣队】 jūnxuānduì 名 (文革期の)軍の(毛沢東思想)宣伝隊.

【军训】 jūnxùn 名 軍事訓練. ¶参加～／軍事訓練に参加する.

【军演】 jūnyǎn 名 軍事演習.

【军衣】 jūnyī 名 軍服.

【军医】 jūnyī 名〔个 ge,名 míng,位 wèi〕軍医.

【军营】 jūnyíng 名〔个 ge,座 zuò〕兵営.

【军用】 jūnyòng 形 軍用の. ¶～物资／軍用物資.

【军邮】 jūnyóu 名 軍事郵便.

【军语】 jūnyǔ 名 "军事术语" (軍事用語) の略.

【军援】 jūnyuán 名 軍事援助.

【军乐】 jūnyuè 名 ❶ 吹奏楽の俗称. ❷ 軍楽.

【军乐队】 jūnyuèduì 名 軍楽隊.

【军运】 jūnyùn 名 "军事运输" (軍事輸送) の略.

【军长】 jūnzhǎng 名 軍の司令官.

【军政】 jūnzhèng 名 ❶ 軍事と政治. ❷ 軍事上の行政任務. ❸ 軍隊と政府.

【军政府】 jūnzhèngfǔ 名 軍事政府.

【军职】 jūnzhí 名 軍人としての職務. 軍職.

【军种】 jūnzhǒng 名 軍隊の基本的な種別. 参考 ふつう, 陸・海・空の3軍. 各軍はさらにいくつかの "兵种 bīngzhǒng" に分かれる.

【军转民】 jūn zhuǎn mín 動 軍需から民需へ転換する.

【军装】 jūnzhuāng 名〔件 jiàn,套 tào〕軍服. ¶身穿～／軍服を身につける.

均 jūn

土部4 四 4712₀
全7画 常用

❶ 形 均等だ. ¶平～ píngjūn (平均) ／～摊 jūn-

tān. ❷ 副 すべて. ¶老幼 yòu～安(老人も子供もみな安泰だ). ❸ 副 等しく. 平等に. ¶～分 jūnfēn. ❹ 名 古く "韵 yùn" に通用する. ❺ (Jūn) 姓.

【均等】 jūnděng 形 均等だ. ¶机会～／チャンスは平等だ. ¶～分割／均等に分割する.

【均分】 jūnfēn 動 均等に分ける. ¶～财产／財産を均等に分ける.

【均衡】 jūnhéng 形 つり合っている. 均衡している. ¶保持 bǎochí～／バランスを保つ. ¶双方势力～,难分 nánfēn 胜负 shèngfù ／双方の勢力は均衡を保っているので, 勝敗は決しがたい. 類 平衡 pínghéng

【均价】 jūnjià 名 平均価格.

【均势】 jūnshì 名 力がつり合った状態. ¶保持～／勢力の均衡を保つ. ¶打破 dǎpò～／均衡を破る.

【均摊】 jūntān 動 均等に分担する. ¶～费用／費用を割り勘にする.

【均线】 jūnxiàn 名《経済》移動平均線.

【均一】 jūnyī 形 均一の. ¶～性／均質性.

【均匀】 jūnyún 形 (分配した数量や時間の間隔などが)均等だ. ¶将盐～地撒 sǎ 在上面／表面にまんべんなく塩を撒(*)く. 圓 均均匀匀 反 平均 píngjūn,匀称 yún-chèn

【均沾】 jūnzhān 動 (利益を)均等に受ける.

【均值】 jūnzhí 名 平均値.

龟(龜) jūn

龟部0 四 2771₆
全7画 常用

下記熟語を参照.

☞ 龟 guī,qiū

【龟裂】 jūnliè 動 ❶ "皲裂 jūnliè" に同じ. ❷ 地面がひび割れる.

君 jūn

口部4 四 1760₇
全7画 常用

名 ❶ 君主. ¶国～ guójūn (君主). 反 臣 chén ❷ 人に対する尊称. ¶李～ Lǐjūn (李さん) ／诸～ zhū-jūn (みなさん). ❸ (Jūn) 姓.

【君临】 jūnlín 動 文 君臨する.

【君权】 jūnquán 名 君主の権力.

【君士坦丁堡】 Jūnshìtǎndīngbǎo 《地名》コンスタンチノープル. 参考 イスタンブールの旧称.

【君王】 jūnwáng 名 帝王.

【君主】 jūnzhǔ 名〔位 wèi〕君主.

【君主国】 jūnzhǔguó 名 君主国.

【君主立宪(制)】 jūnzhǔ lìxiàn(-zhì) 名 立憲君主制. 有限君子 yǒuxiàn jūnzǐ 制

【君主制】 jūnzhǔzhì 名 君主制.

【君主专制】 jūnzhǔ zhuānzhì 名 専制君主制.

【君子】 jūnzǐ 名〔位 wèi〕君子. 古代では地位の高い人をいい, 後に, すぐれた人格の人をいうようになった. ¶正人～／成 人格者. ¶～一言,驷 sì 马难追／君子の一言は, 四頭立ての馬車でも追いつかない(一度発したことばは取り返しがつかない, ことばは慎まなければいけない, という意). 反 小人 xiǎorén

【君子国】 jūnzǐguó 名 君子の国. 人々がみな高い徳をそなえているという伝説上の国. 参考 『山海経 Shānhǎijīng』海外東経に見える. のちに, うわべは君子でも内

君子兰

実は小人の国を風刺した語.
【君子兰】jūnzǐlán 名《植物》クンシラン. ⇨前ページ図
【君子协定】jūnzǐ xiédìng 名 紳士協定.

钧(鈞) jūn
钅部4　四 8772₇
全9画　次常用

❶量 古代の重さの単位. 三十斤を"一钧"とした. ¶千～一发 fà（威 一髪千钧を引く. 非常に危険なようす）/ 雷霆 léitíng ～之势（勢いのさかんなようす）. ❷名 陶器をつくるための）ろくろ. ¶陶～ táojūn（ろくろ. 人材を育てることを比喩する）. ❸形 目上の人や上司の持ち物, 行動に対する敬語. ¶～座 jūnzuò（閣下）/ ～鉴 jūnjiàn（ご高覧願います）/ ～启 jūnqǐ（謹啓）. ❹（Jūn）姓.

莙 jūn
艹部7　四 4460₇
全10画　通用

下記熟語を参照.
【莙荙菜】jūndácài 名《植物》フダンソウ. 同 厚皮 hòupí 菜, 牛皮 niúpí 菜

菌 jūn
艹部8　四 4460₀
全11画　常用

名 菌類. ¶细～ xìjūn（細菌）/ 真～ zhēnjūn（菌類）.
☞ 菌 jùn

【菌肥】jūnféi 名 バクテリア肥料. "细菌肥料 xìjūn féiliào"の略.
【菌类】jūnlèi 名《植物》菌類.
【菌落】jūnluò 名《生物》（カビや細菌などの）群落. コロニー.
【菌苗】jūnmiáo 名《医学》ワクチン.
【菌丝】jūnsī 名《植物》菌糸.

皲(皸) jūn
皮部6　四 3454₇
全11画　通用

下記熟語を参照.
【皲裂】jūnliè 形〈文〉あかぎれが切れる. 同 龟裂 jūnliè

筠 jūn
竹部7　四 8812₇
全13画　通用

素 地名用字. ¶～连 Jūnlián（四川省にある県）.
☞ 筠 yún

鲪(鮶) jūn
鱼部7　四 2716₇
全15画　通用

名《魚》カサゴ.

麇 jūn
鹿部5　四 0029₄
全16画　通用

名《動物》（古書に見える）キバノロ.
☞ 麇 qún

俊 jùn
亻部7　四 2324₇
全9画　通用

❶素 才能や知力がとび抜けている. ¶～杰 jùnjié / 英～ yīngjùn（才能が傑出した）/ ～士 jùnshì（知のすぐれた人）. ❷形 容姿が美しい. ¶～秀 jùnxiù / ～俏 jùnqiào. 反 丑 chǒu ❸（Jùn）姓.

【俊杰】jùnjié 名 知識や才能の卓越した人. ¶识时务者为～ / 時勢を知る者は俊傑だ. ¶一代 / 時代の英雄. 同 英杰 yīngjié, 英豪 yīngháo, 英雄 yīngxióng, 豪杰 háojié.
【俊美】jùnměi 形（容姿が）上品で美しい. ¶容姿 róngzī～ / 容姿がとても美しい. 同 俊俏 jùnqiào, 俊秀 jùnxiù 反 丑陋 chǒulòu
【俊俏】jùnqiào 形〈口〉（容貌が）きれいだ. ¶一位长得～的姑娘 / 美しく成長した娘さん. 表現 "俊俏"は女性にも男性にも使用できるが, "美丽 měilì"は, 女性にしか使えない.
【俊秀】jùnxiù 形（容貌が）知的で美しい. ¶不仅容貌～,而且多才多艺 / 容姿が美しい上に, 多才である. ❷素 才能などが傑出している人.
【俊雅】jùnyǎ 形〈文〉美しく上品だ.
【俊逸】jùnyì 形（人格などが）とび抜けて洒脱だ. あかぬけている.

郡 jùn
阝部7　四 1762₇
全9画　通用

名 ❶《歴史》行政区画の一つ. 参考 秦代以前は"县 xiàn"より小さかったが, 秦漢以降は"县"より大の行政単位を指すようになった. 宋代に"府"と改めた. ❷（Jùn）姓.
【郡主】jùnzhǔ 名《歴史》郡主（ぐんしゅ）. 郡の公主. 参考 唐代には皇太子の娘を, 宋代は皇族の娘を, 明・清代は親王の娘をその位についた.

捃 jùn
扌部7　四 5706₇
全10画　通用

動〈文〉拾う.

峻 jùn
山部7　四 2374₇
全10画　通用

❶素 山が高く険しい. ¶险～ xiǎnjùn（高くて険しい）/ ～岭 jùnlǐng. ❷素 激しく厳しい. ¶严～ yánjùn（厳しい）/ 严刑 xíng～法（厳しい刑罰と法律）. ❸（Jùn）姓.
【峻拔】jùnbá 形 ❶（山が）高く険しい. ❷（筆力が）力強い.
【峻急】jùnjí 形〈文〉 ❶（水の流れが）速く急だ. ❷（性格が）激しく短気だ.
【峻岭】jùnlǐng 名 高く険しい山. ¶高山～ / 高い山と険しい峰.
【峻峭】jùnqiào 形（山が）高く険しい.

隽(雋) jùn
隹部2　四 2022₇
全10画　通用

素 "俊 jùn"❶に同じ.
☞ 隽 juàn

浚(濬) jùn
氵部7　四 3314₇
全10画　通用

❶動 深く掘る. 水道, 川の流れをよくする. ¶疏～ shūjùn（さらう）/ ～河 jùnhé（川をさらう）/ ～渠 jùnqú（溝をさらう）. ❷（Jùn）姓.
☞ 浚 Xùn

骏(駿) jùn
马部7　四 7314₇
全10画　次常用

❶素 良馬. ¶～马 jùnmǎ. ❷（Jùn）姓.
【骏马】jùnmǎ 名〔匹 pǐ〕駿馬（しゅんめ）.

菌 jùn
艹部8　四 4460₀
全11画　常用

名 ❶キノコ類の総称. 同 蕈 xùn ❷（Jùn）姓.
【菌子】jùnzi 名〈方〉キノコ. 同 蕈 xùn
☞ 菌 jūn

焌 jùn
火部7　四 9384₇
全11画　通用

動〈文〉火で焼く.
☞ 焌 qū

畯 jùn
田部7　四 6304₇
全11画　通用

名《歴史》西周時代に農業をつかさどった役人.

竣 jùn
立部7　四 0314₇
全12画　次常用

書(仕事などが)終わる．¶完～ wánjùn（完了する）/ 告～ gàojùn（完成する）/ ～工 jùngōng / ～事 jùnshì.

【竣工】jùngōng 動 工事が完成する．竣工する．¶～验收 yànshōu / 竣工し検査のうえ引き渡す．¶～典礼 / 竣工式．¶工程提前～了 / 工事は予定前に完成した．同 完工 wángōng 反 开工 kāigōng,动工 dònggōng

【竣事】jùnshì 動 仕事を完成させる[終える]．仕事が終わる．

K

kā ㄎㄚ [kʻA]

咖 kā 口部5 （四）6600₀ 全8画 次常用

下記熟語を参照.
☞ 咖 gā

**【咖啡】 kāfēi 名 ❶《植物》コーヒー. ¶～豆 / コーヒーの実. ❷《飲み物》コーヒー. ¶速溶 sùróng～ / インスタントコーヒー. ¶煮 zhǔ～ / コーヒーを沸かす. ¶冲 chōng～ / コーヒーをいれる. ¶我喝～不放糖 / 私はコーヒーに砂糖を入れない. ◆coffee

【咖啡吧】 kāfēibā 名 コーヒーショップ. 喫茶店.
【咖啡杯】 kāfēibēi 名 コーヒーカップ.
【咖啡馆】 kāfēiguǎn 名 喫茶店. カフェ.
【咖啡壶】 kāfēihú 名 コーヒーポット.
【咖啡碱】 kāfēijiǎn 名《薬》カフェイン. 回 咖啡因 yīn, 咖啡素 sù, 茶素 chásù
【咖啡色】 kāfēisè 名 こげ茶色. コーヒーブラウン.
【咖啡厅】 kāfēitīng 名 コーヒーラウンジ. 喫茶店.
【咖啡因】 kāfēiyīn →咖啡碱 kāfēijiǎn

咔 kā 口部5 （四）6103₁ 全8画 通用

下記熟語を参照.
☞ 咔 kǎ

【咔嚓】 kāchā 擬 ものが折れたり、割れたりする音. ばりっ. がちゃん. 回 喀 kā 嚓
【咔哒】 kādā 擬 硬いものどうしが当たる音. がちゃっ. がちゃん. ぴしゃり. 回 喀 kā 哒

喀 kā 口部9 （四）6306₄ 全12画 通用

擬 ❶嘔吐(おう)やせきの音. ごほん. かっ. ❷折れたり割れたりする音. ばりっ.

【喀吧】 kābā 擬 ものが折れる音. ぽきっ. ¶关节～～响 / 関節がぽきぽき鳴る.
【喀布尔】 Kābù'ěr《地名》カブール(アフガニスタン).
【喀嚓】 kāchā 擬 ものが折れたり、割れたりする音. ばりっ. がちゃん. ¶～一声,他把树枝砍 kǎn 了下来 / ばさっと音をたてて、彼が木の枝を払い落とした.
【喀哒】 kādā 擬 がちゃっ. がちゃん. ぴしゃり.
【喀麦隆】 Kāmàilóng《国名》カメルーン.
【喀秋莎】 kāqiūshā《軍事》カチューシャ砲. 由来 ソ連軍で使われたロケット砲で、「カチューシャ」の愛称で呼ばれたことから.
【喀斯特】 kāsītè《地学》カルスト.

卡 kǎ 卜部3 （四）2123₁ 全5画 常用

❶名 カロリー. "卡路里 kǎlùlǐ"の略. ❷素 カード. "卡片 kǎpiàn"の略. ¶信用～ xìnyòngkǎ（クレジットカード）/ 资料～ zīliàokǎ（資料カード）. ◆card ❸素 トラック. "卡车 kǎchē"の略. ¶十轮～ shílúnkǎ（十輪トラック）. ◆car ❹ カセット. ◆cassette
☞ 卡 qiǎ

【卡宾枪】 kǎbīnqiāng 名《軍事》カービン銃.
**【卡车】 kǎchē 名〔部 bù, 辆 liàng, 台 tái〕トラック. 回 载重汽车 zàizhòngqìchē
【卡尺】 kǎchǐ 名 "游标卡尺 yóubiāo kǎchǐ"（ノギス）の略.
【卡带】 kǎdài 名 カセットテープ. 回 盒 hé 带
【卡丁车】 kǎdīngchē 名 ゴーカート.
【卡尔门】 Kǎ'ěrmén《人名》カルメン. オペラで有名なメリメの小説中の女主人公. 回 卡门 Kǎmén
【卡规】 kǎguī 名《機械》スナップゲージ. はさみゲージ.
【卡介苗】 kǎjièmiáo 名《医学》BCGワクチン. ¶接种 jiēzhòng～ / BCGを接種する.
【卡拉OK】 kǎlā'ōukèi 名 カラオケ. 由来 日本語の「カラオケ」の音訳.
【卡路里】 kǎlùlǐ 量 カロリー. 略称"卡 kǎ". 参考 キロカロリーは"大卡 dàkǎ". ◆ calorie
【卡那霉素】 kǎnàméisù 名《薬》カナマイシン. ◆ kanamycin
【卡奴】 kǎnú 名 カード奴隷. 参考 クレジットカードやキャッシングカードで借金をし、その返済に苦しむ人のこと.
【卡片】 kǎpiàn 名〔张 zhāng〕カード. ¶～目录 mùlù / カード目録. ¶～柜 guì / カードケース. カードキャビネット. ¶订货 dìnghuò～ / 注文カード. ¶登记在～上 / カードに記載する.
【卡其】 kǎqí 名《紡織》カーキ. 回 咔叽 kǎjī 参考 軍服などに使う目の細かい厚手の布地.
【卡钳】 kǎqián 名《機械》キャリパス.
【卡萨布兰卡】 Kǎsàbùlánkǎ《地名》カサブランカ(モロッコ).
【卡神】 kǎshén 名 クレジットカードのポイントやマイル、懸賞などのサービスを巧みに利用し、利益を得る人.
【卡斯楚】 Kǎsīchǔ《人名》"卡斯特罗 Kǎsītèluó"に同じ.
【卡斯特罗】 Kǎsītèluó《人名》カストロ(1926-). キューバの革命家・政治家. 回 卡斯楚 Kǎsīchǔ
【卡塔尔】 Kǎtǎ'ěr《国名》カタル.
【卡特尔】 kǎtè'ěr 名《経済》カルテル. ◆cartel
【卡通】 kǎtōng 名 ❶アニメーション. 回 动画片 dònghuàpiàn ❷漫画. ◆cartoon

咔 kǎ 口部5 （四）6103₁ 全8画 通用

下記熟語を参照.
☞ 咔 kā

【咔叽】 kǎjī 名〔幅 fú, 匹 pǐ〕カーキ. 軍服によく使われる目の細かい厚手の布地. ¶我这件衣服是～布做的 / 私のこの服は、カーキで作ったものだ. 回 卡其 kǎqí ◆ khaki

咯 kǎ 口部6 （四）6706₄ 全9画 通用

動 のどにひっかかっているものをかーっと力をいれて吐き出す. ¶～痰 kǎtán / ～血 kǎxiě.
☞ 咯 gē

【咯痰】 kǎ//tán 動 咳とともに痰を吐く. 喀痰する.
【咯血】 kǎ//xiě 動《医学》喀血(かっけつ)する.

胩 kǎ 月部5 (四) 7123₁ 全9画 通用

名《化学》カルビルアミン. ♦carbylamine

kāi ㄎㄞ [kʻae]

开(開) kāi 廾部1 (四) 1044₀ 全4画 常用

Ⅰ 動 ❶ (戸,窓,かぎ,ふたなど閉まっているものを)開ける. 開く. ¶～窗户透透风 / 窓を開けて風を通そう. ¶抽屉 chōuti 太紧不好～ / 引き出しがきつくて開けにくい. ¶他老不～口 / 彼はいつも口を開かない.

❷ (結び目などが)解ける. ほころぶ. (花が)咲く. (氷が)融ける. ¶鞋带儿～了 / くつひもがほどけた. ¶扣子 kòuzi～了 / ボタンがとれた. ¶樱花～了 / 桜が咲いた. ¶河～冻了 / 川の氷がとけた.

❸ (封鎖,禁令,制限などを)解除する. ¶～戒 kāijiè. ¶～禁 kāijìn.

❹ (車,船,飛行機,機械を)運転する. 操作する. (銃を)うつ. ¶他～的三年汽车 / 彼は車を運転して三年になる. ¶把汽车～过来 / 車を回してくる. ¶～枪 kāiqiāng. ¶～炮 kāipào.

❺ (電灯,電気機器のスイッチなどを)つける. 入れる. ¶屋里～着灯呢 / 部屋には明かりがついている. ¶～电视机看看 / テレビをつけて見る. ¶由于电脑染上病毒,一直未能～机使用 / パソコンがウイルスに感染し,使用することができなかった.

❻ (部隊が)出発する. (列車が)発車する. ¶部队～走了 / 部隊が移動した. ¶～拔 kāibá. ¶火车几点～? / 汽車は何時に出ますか. ¶汽车要～了 / バスはもうすぐ出る.

❼ (学校,工場,商店,病院などを)創設する. 開設する. ¶～工厂 / 工場を開く. ¶～医院 / 病院を開く. ¶～饭馆 / レストランを開く. ¶～个汉语课 / 中国語のクラスをひとクラス開く. ¶～了个户口 / 口座を開く.

❽ 開始する. ¶～头 kāitóu. ¶～学 kāixué. ¶～业 kāiyè. ¶～演 kāiyǎn. ¶～始 kāishǐ. ¶～饭了 / ご飯だよ.

❾ (会議,展覧会,競技会などを)開催する. ¶～讨论会 / 討論会を開く. ¶～音乐会 / 音楽会を開く. ¶～运动会 / 運動会を開く.

❿ (書類などを)作成する. 発行する. ¶～药方 / 処方箋を出す. ¶～发票 / 領収書を書く. ¶～证明书 / 証明書を出す. ¶你感冒了. 我给你～点儿药吧 / 風邪ですね. 薬を出しましょう.

⓫ (賃金,交通費などを)支払う. 支給する. ¶～工资 / 給料を出す. ¶～工钱 / 賃金を支払う. ¶～交通费 / 交通費を出す.

⓬ (液体が)沸騰する. 沸く. ¶～水 / お湯が沸いた.

⓭ (道,土地などを)切り開く. 通す. ¶墙上～一个窗口 / 壁にひとつ窓を開ける. ¶开个洞 dòng / 穴を開ける. ¶～路 kāilù. ¶～山 kāishān. ¶～矿 kāikuàng.

⓮ 除名する. やめさせる. ¶～除 kāichú. ¶～掉工人 / 労働者をくびにする.

⓯ …の割合になる. ¶三七开 / 3対7.

💡 結果補語"开"

① (動作の結果,対象に空間ができて)開く. 分かれる. 離れる.
◇你把窗户开～ / 窓を開けて下さい.
◇请大家打～书 / みなさん,本を開けて下さい.
◇请张～嘴, ～口 / 口を開けてください.
◇风大,睁 zhēng 不～眼睛 / 風が強くて目を開けていられない.
◇把西瓜切 qiē～ / スイカを切り分ける.
◇我的裤子划～了一个口子 / ズボンを引っかけて穴を開けてしまった.
◇让～! 让～! / どいた,どいた.
◇车来了,赶快躲～ / 車が来たよ,早くよけて.
◇家里有病人,她实在离不～ / 家に病人がいるので,彼女は家を開けることができない.

② …し始める.
◇大家都笑～了 / みんな笑い出した.

③ 広がる.
◇这个消息很快就传～了 / その情報はすぐに広まった.
◇流行性感冒蔓延 mànyán～了 / インフルエンザが蔓延している.

④ 開けっ広げに…する.
◇这点小事说～了就好了 / こんな些細なこと,あけすけに言ってしまえばいいさ.
◇你想～了吧 / もうあきらめなさいよ.

Ⅱ 量 ❶ 全紙の何分の1に当たるかをあらわすことば. ¶三十二～纸 / 全紙の32分の1の紙. ¶四～ / 四つ折り. ¶对～ / 半截の紙.

❷ カラット. ¶十四～金的笔尖 / 14金のペン先. ♦karat

Ⅲ (Kāi)姓.

【开拔】 kāibá 動 軍隊が出発する. ¶部队已经～了 / 部隊はすでに出発した. 反 进抵 jìndǐ
【开办】 kāibàn 動 (工場·商店·学校·病院などを)開設する. ¶～训练班 / トレーニングクラスを開設する. ¶新～的医院 / 開業したばかりの病院. 同 创办 chuàngbàn, 兴办 xīngbàn
【开本】 kāiběn 名 書籍のサイズをあらわすことば. 全紙(ほぼ新聞紙を広げた大きさ)を基準として,その何分の1かで大きさを示す. ¶十六～ / 全紙の16分の1の大きさ.
【开笔】 kāi//bǐ 動 ❶ 詩文を作ることを学び始める. ❷ 書き初めをする. ❸ 執筆を始める.
【开标】 kāi//biāo 動 開札する.
【开播】 kāibō 動 ❶ (ラジオ局やテレビ局が)放送を始める. 開局する. ❷ 番組の放送を始める. ❸《農業》作付けを始める.
【开采】 kāicǎi 動 採掘する. ¶～石油 / 石油を採掘する. ¶～权 / 採掘権.
【开衩】 kāichà 名動 (～儿)《服飾》スカートのスリット (を入れる). 上衣のベンツ(を入れる).
【开场】 kāichǎng 動 ❶ (催しや演劇が)始まる. ¶他们到剧院时,已～很久了 / 彼らが劇場に着いたときには,幕が開いてからだいぶたっていた. 反 终场 zhōngchǎng ❷ (活動が)始まる. ¶一年一次的闹剧又～了 / 年に1度のお祭り騒ぎがまた始まった. 反 收场 shōuchǎng
【开场白】 kāichǎngbái 名 ❶ 芝居の前口上. 反 收场白 shōuchǎngbái ❷ (文章や講演などの)前置き. 前書き.
【开车】 kāi//chē 動 ❶ 車を運転する. ¶开飞车 / 車を飛ばす. ¶～的时候,精神要集中 / 車を運転する時は,精

神を集中しなくてはいけない. ❷発車する. ¶～表 / 発車時刻表. ¶～时间 / 発車時間. ¶快～了,大家上车吧 / もうすぐ発車です,皆さん御乗車ください. ❸機械を動かす.

【开诚布公】 kāi chéng bù gōng 成 私心をはさまず,誠心誠意を尽くす. 由来『三国志』蜀書·諸葛亮伝の評に見えることば.

【开诚相见】 kāi chéng xiāng jiàn 成 誠意をもって人に接する. ¶讨论问题必须～ / 問題を討論するには,お互い胸襟を開かなければならない.

【开秤】 kāi//chèng 動 取り引きを始める. 買い付けを始める. ¶收购站已经～收购西瓜了 / 市場ではもうスイカの買い付けを始めた. 表現 季節性の品物に用いることが多い.

【开初】 kāichū 名方 最初.

【开除】 kāichú 動 (機関·団体·学校などから)除名する. ¶他被公司～了 / 彼は会社を首になった. ¶～党籍 dǎngjí / 党籍を剝奪 (はく) する. ¶～两名学生 / 二名の学生を退学処分にする.

【开锄】 kāi//chú 春 春になって初めて畑にくわを入れる.

【开船】 kāi//chuán 動 ❶船を操縦する. ❷船が出る. 出航する. ¶按期～ / 予定どおりに船が出る.

【开创】 kāichuàng 動 新しく切り開く. ¶～新局面 / 新しい局面を切り開く. ¶创始する. ¶前辈～的事业 / 先輩が始めた事業.

【开春】 ❶ kāi//chūn 動 (～儿)春になる. ¶一～,农活就忙起来 / 春になると,農作業はとたんに忙しくなる. ❷ kāichūn 名 (～儿)旧正月または立春のころ.

【开打】 kāidǎ 動『芸能』立ち回りをする. 同 起 qǐ 打

【开裆裤】 kāidāngkù 名〔動 条 tiáo〕幼児の股間にズボン. 参考 内股を縫い合わせていないズボンで,幼児が用便をしやすいよう,しゃがむと尻が出るようになっている.

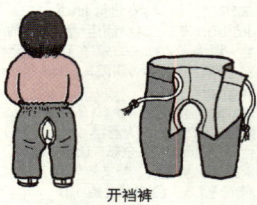

开裆裤

【开刀】 kāi//dāo 動 ❶ 手術をする. 手術を受ける. ¶这个肿瘤 zhǒngliú 要～ / この腫瘍 (は) は手術しなければならない. ¶他开过三次刀 / 彼は3回手術を受けた. ❷ (余分なものを)取り除く. 処分する. ¶公司只好先拿他～ / 会社は仕方なく,まず彼を首にした. ¶向错误的东西～ / 誤ったものを取り除く.

【开导】 kāidǎo 動 教え導く. ¶孩子有缺点,应该耐心～ / 子供に欠点があれば,忍耐強く教え導かなければならない. 同 劝导 quàndǎo

【开倒车】 kāi dàochē 句 逆さまに進む. ¶开历史的倒车 / 歴史に逆行する.

【开道】 kāi//dào 動 ❶ 先導する. ¶鸣锣 míng luó ～ / 成 鳴り物入りで露払いをする. ❷方 道をあける.

【开道车】 kāidàochē 名〔輌 liàng〕先導車.

【开顶风船】 kāi dǐngfēngchuán 俗 困難があっても真っ向からとりくむ.

【开动】 kāidòng 動 ❶機械などを動かす. ¶火车一～,送行的人影渐渐模糊 móhu 了 / 汽車が動き出し, 見送りの人影がしだいに遠く見えなくなった. ❷頭を働かす. ¶～脑筋 / 頭を働かせる. ❸(軍隊が)移動する.

【开冻】 kāi//dòng 動 (河川や地面の)氷が解ける.

【开端】 kāiduān 名 始まり. ¶良好的～ / 良好なすべりだし. ¶两国关系新的～ / 両国関係の新たな出発. 同 结尾 jiéwěi

【开恩】 kāi//ēn 許しや恩恵を請い求める. ¶请开开恩吧 / どうかお許しください.

【开发】 kāifā 動 ❶ (自然を)開発する. ¶～黄河水利资源 / 黄河の水資源を開発する. ¶～边疆 biānjiāng / 辺境を開発する. ❷ (人材や技術を)開発する. ¶～先进技术 / 先進技術を開発する. ¶～人才 / 人材を発掘する.

【开发区】 kāifāqū 名 開発区.

【开发】 kāifā 動 支払う. ¶～车钱 / 交通費を払う. ¶～喜钱 / 祝儀を包む. 同 支付 zhīfù

【开饭】 kāi//fàn 動 ❶ 食事を並べる. 食事の仕度ができる. ¶～时间到了 / 食事の時間です. ❷ (職場や学校などの公共の)食堂が開く. 食事のサービスを始める.

【开方】 kāi//fāng 動 ❶ (～儿)処方を書く. ¶中医～ / 漢方医が処方する. 同 开方子 kāi fāngzi ❷『数学』累乗根を求める.

【开房间】 kāi fángjiān 句方 ホテルの部屋を取る.

*【开放】 kāifàng ❶ 花が咲く. ¶百花相继～ / 色々な花卉が次々と開く. 反 凋谢 diāoxiè ❷ (封鎖·制限·禁止を)解く. ¶思想～ / 思想が自由になる. ¶対外～的城市 / 対外的に開かれた都市. 反 封锁 fēngsuǒ ❸ (施設などを)一般に公開する. ¶图书馆～的时间 / 図書館の開館時間. ¶国庆节期间,全市公园免费～两天 / 国慶節の期間は,市内すべての公園が無料で2日間開放される. 反 关闭 guānbì

【开放型】 kāifàngxíng 形 開放型の.

【开封】 Kāifēng 〔地名〕開封 (ぢう). 河南省東北部にある都市. 北宋·金などの王朝の都となった.

【开缝】 ❶ kāi//fèng ひびが入る. 裂ける. ❷ kāifèng 形方 物わかりがよい.

【开赴】 kāifù 動 (部隊などが)出発する. 赴く. ¶～前线 / 前線に赴く.

【开革】 kāigé 動 除名する. 同 开除 chú

【开工】 kāi//gōng 動 ❶ 操業する. ¶～不足 / 操業短縮. ¶～率 / 稼働率. ¶新厂～了 / 新工場が操業を始めた. ❷ 着工する. ¶～典礼 / 起工式. 同 动工 dònggōng ¶竣工 jùngōng,完工 wángōng

【开关】 kāiguān 名 ❶スイッチ. 〔箱 / スイッチボックス. ¶开～ / スイッチを入れる. ¶关～ / スイッチを切る. 同 电门 diànmén ❷バルブ. ¶气门～ / 空気バルブ.

【开馆】 kāiguǎn 動 (記念館や図書館などを)開館する. ❷ 学館(学校や塾)を開設する.

【开罐器】 kāiguànqì 名 缶切り.

【开光】 kāi//guāng 動 ❶『仏教』開眼供養をする. ❷ 散髪する. 顔を剃る. 表現 ❷は,ユーモアをこめた言いかた.

【开锅】 kāi//guō 動 ❶ 鍋が煮え立つ. ¶烧了半天还没有～ / 火をつけてだいぶたつが,まだ沸騰しない. ❷ ひどくさわぎ立てる.

【开国】 kāiguó 動 新国家を建てる. ¶～大典 / 建国式典.

【开航】 kāi//háng 動 ❶ (船や飛行機が)運行を開始した. ¶运河～了 / 運河が開通した. ¶～以来,还没有出过事故 / 運行開始以来, まだ事故が発生していない. 反 停航 tíngháng ❷ 出航する. ¶～日 / 出航日. ¶去武

汉的船上午八点～ / 武漢行きの船は午前8時に出航する. 同 停航 tínghǎng

【开河】kāi//hé 动 ❶ 河の氷が解けて流れ始める. ❷ 新しく川筋を切り開く.

【开后门】kāi hòumén 惯 (～儿)職権を利用して便宜をはかる. ¶他靠了才找到了工作 / 彼はつてを頼って、ようやく仕事を見つけた.

【开户】kāi//hù 动 銀行に口座を開く. 同 开个户头 kāi ge hùtóu

【开花】kāi//huā (～儿) ❶ 花が開く. ¶～结果 / 花が開いて実を結ぶ. 良い結果が現れる. ¶木兰花 mùlánhuā 要～了 / モクレンがもうすぐ咲く. ❷ はじけるように割れる. ¶～儿馒头 / 上部がはじけた甘いマントウ. ¶袜底 wàdǐ～了 / 靴下に穴があいた. ❸ うれしくて顔がほころぶ. ¶心里乐开了花 / 心がうきうきして思わず笑みがこぼれる. ❹ ものごとが順調に運ぶ. ¶遍地～ 成 至る所で成果が現れる.

【开化】kāihuà 动 ❶ 開化する. ¶由于文字的出现, 人类逐渐～了 / 文字の出現で、人類はしだいに開化した. 反 野蛮 yěmán ❷ (説得して)道理をわからせる. ❸ 方 河川や大地の氷が解ける. ❹ 方 (食物を)消化する.

【开怀】kāi//huái 动 ❶ 初めて子供を産む. ¶没开过怀 / 子どもを産んだことがない.

【开怀】kāihuái 动 胸襟(きょうきん)を開く. ¶～畅饮 chàngyǐn / うち解けて思う存分酒を飲む. ¶宾主都笑得开心～ / 客と主人はうち解けて心のそこから笑った.

【开荒】kāi//huāng 动 荒地を開墾する. ¶～种粮 zhòngliáng / 開墾して穀物を栽培する. 同 垦荒 kěnhuāng,拓荒 tuòhuāng

*【开会】kāi//huì 动 ❶ 会議をする. ¶他正在～ / 彼は今ちょうど会議中です. ¶开了三天会 / 3日間会議を行った. ❷ 会を始める. ¶准时～ / 時間どおりに開会する. ¶～了,请不要随便讲话 / 会が始まりますので, 私語は慎しんでください. 反 闭会 bìhuì,散会 sànhuì,休会 xiūhuì

【开荤】kāi//hūn 动 ❶ (仏教)精進落としをする. ¶いつも菜食の人が、珍しく肉類を食べる. ❷ 武器で敵を殺傷する.

【开火】kāi//huǒ 动 (～儿)戦いを始める. 火ぶたをきる. ¶两军～ / 両軍は戦闘を開始した. ¶不要见诸都～ / だれ彼かまわず食ってかかってはいけない. 同 开战 kāizhàn 反 停火 tínghuǒ

【开伙】kāi//huǒ 动 ❶ (食堂やカフェテリアを)運営する. ❷ "伙食 huǒshí" (給食)を提供する. ¶按时～ / 時間通りに給食する.

【开豁】kāihuò 形 ❶ 広々としていて気持ちがいい. ¶周围的环境十分～ / あたりの環境はとても広々として気持ちがいい. ❷ (気持ちが)ゆったりする. 落ち着く. ¶听了报告,他的心里更～了 / 報告を聞いて、彼の気持ちはさらにすっきりして落ち着いた.

【开机】kāi//jī 动 ❶ 機械を動かす. ❷ (映画やテレビドラマの)撮影を開始する.

【开价】kāi//jià 动 (～儿) ❶ (売り手が)値段をつける. ❷ 最低価格を読み上げ、競りを始める.

【开架】kāijià 动 利用者や客が、閲覧する本や商品を棚から自由に選ぶ.

【开架式】kāijiàshì 名 開架式. ¶～书店 / 開架式の書店.

【开间】kāijiān ❶ 量 方 (旧式家屋の)間口の単位. 桁(けた). 1桁は約3.3メートル. ❷ 名 部屋の広さ. 間口.

【开讲】kāijiǎng 动 講義や講演を始める. ¶讲演已经～半个小时了 / 講演が始まってもう30分になる.

【开奖】kāi//jiǎng 动 抽選する.

【开交】kāijiāo 动 解決する. ¶忙得不可～ / 忙しくてどうにもならない. ¶老是打得不可～ / いつもけんかばかりでらちが明かない. 用法 否定文でのみ用いられる.

【开胶】kāi//jiāo 动 (はり合わせていたものが)はがれる.

【开解】kāijiě 动 (教えさとすようにして)慰める. 釈明する.

【开戒】kāi//jiè ❶ (宗教)戒律を解く. 反 受戒 shòujiè ❷ (禁酒や禁煙などの)禁を解く.

【开金】kāijīn 名 金を含む合金. ¶十四～ / 14金.

【开禁】kāijìn 动 禁令を解く.

【开镜】kāijìng 动 テレビドラマや映画の撮影を開始する. クランクイン.

【开局】kāijú ❶ 动 (将棋や球技などが)始まる. ❷ 名 ① の開始段階. 序盤戦. ❸ 动 賭場を開く.

【开具】kāijù ❶ 动 文 (項目別の証票などを)作成する. 列記する. ❷ 名 栓抜き. オープナー.

【开卷】kāijuàn ❶ 动 文 本を開く. 本を読む. ❷ (～儿)テストの時,自由に本を開いて読む. ¶～考试 / 本の持ち込みが許可された試験. 反 闭卷 bìjuàn

【开卷有益】kāi juàn yǒu yì 本を開いて読み,利益を得る.

【开掘】kāijué 动 ❶ 掘る. ¶～新的矿井 / 新しい立て坑を掘る. 同 挖掘 wājué ❷ (文学や芸術で)深く掘り下げて表現する.

*【开课】kāi//kè 动 ❶ 授業が始まる. ¶九月二日正式～ / 9月2日に正式に授業が始まる. ❷ (大学などで)講義する. 開講する. ¶下学期开哪几门课,教研室正在研究 / 来学期はどんな講義を開設するか,研究室ではただ今考慮中です.

【开垦】kāikěn 动 開墾する. ¶他们～出大片荒地 / 彼らは広大な荒地を開墾した.

【开口】kāi//kǒu 动 ❶ 口を開く. 話す. ¶开一句口 / ひとこと話す. ¶～骂人 / 人をののしる. ¶他沉默了半天, 终于开了口 / 彼はしばらく黙っていたが、ついに口を開いた. 反 闭口 bìkǒu,住口 zhùkǒu ❷ 刃物に刃をつける. 同 开刃儿 kāirènr ❸ (～儿)破れて中身が出る.

【开口】kāikǒu 名 口を開いているように見えるもの. ¶～笑 / 上部がはじけた形の肉まん. ¶～跳 道化役. "武丑 wǔchǒu"の別称.

【开口子】kāi kǒuzi ❶ 堤防が決壊する. ❷ 貶 (上層部などがルールを破り)便宜をはかる.

【开快车】kāi kuàichē 惯 ❶ (車が)スピードを上げて走る. ❷ (仕事や学習などの)スピードを上げる. ¶又要～,又要保证质量 / スピードアップもし,なおかつ品質も保つ必要がある.

【开矿】kāi//kuàng 动 鉱物を採掘する. ¶～机械 jīxiè / 鉱山用機械. ¶～工人 / 鉱山労働者.

【开阔】kāikuò ❶ 形 (面積・空間・範囲などが)とても広い. ¶～的广场 / 広々とした広場. ¶～的天空 / 広い大空. ¶～视野 / 視野が広い. ❷ 形 心がゆったりしている. ¶～心胸 / 気持ちがおおらかだ. ❸ 思想・考え方が自由でこだわりがない. 反 狭隘 xiá'ài,狭窄 xiázhǎi ❸ 动 広げる. ¶～思路 / 思考の幅を広げる. ¶～视野 / 視野を広げる. ¶～路面 / 道幅を広げる.

【开阔地】kāikuòdì 名 (軍事)開豁(かいかつ)地. 広々としている土地.

【开朗】kāilǎng 形 ❶ (空間が)明るく開けている. ¶豁

然 huò rán〜/⑤視界がぱっと開けて広々する.¶我忽然觉得天地都更加〜了/私は突然世界が一段と開けたような気がした.❷(考え方や性格が)明るい.¶表情〜/表情が晴れやかだ.¶性情 xìngqíng〜/気立てが明るい.⑤阴郁 yīnyù

【开例】kāi//lì 動 先例をつくる.
【开镰】kāi//lián 動 刈り入れをする.
【开脸】kāi//liǎn 動 ❶(旧)(嫁ぐ前の女性が)顔や首のぶ毛を抜き,髪の生え際や髪型を整える.❷《美術》人物の顔を彫る.
【开列】kāiliè 動 (一つ一つ)書き出す.列記する.
【开裂】kāiliè 動 裂け目ができる.ひびが入る.
【开溜】kāiliū 動 こっそり逃げ出す.
【开路】kāilù ❶動 道を切り開く.❷動 先導する.❸名《電気》開放回路.
【开路先锋】kāi lù xiān fēng 成 先導者.先駆者.
【开绿灯】kāi lǜdēng 句 ゴーサインを出す.許可する.¶各行 gèháng 各业闻风而动,为抗灾 kàngzāi 一路〜/各業界はすばやく対応し,災害に立ち向かうために一斉に動き出した.
【开罗】Kāiluó 《地名》カイロ(エジプト).
【开锣】kāi//luó 動 ❶芝居を始める.❷(スポーツなどの)試合を始める.由来「開幕のドラをたたく」意から.
【开门】kāi//mén 動 ❶戸を開ける.¶有人敲门,快去/誰かノックしているから,早くドアを開けなさい.⑤关门 guānmén ❷(比喩的に)門戸を開く.¶向外国学生〜/外国人学生に門戸を開く.❸営業を始める.¶想去银行取钱,但还没〜/銀行に行ってお金をおろしたいが,まだ開店していない.⑤关门 guānmén
【开门红】kāiménhóng 慣 喩 華々しいスタート.
【开门见山】kāi mén jiàn shān 成 単刀直入で明解だ.¶他说话一向〜/彼の話はいつも単刀直入で明解だ.
【开门七件事】kāimén qījiànshì 生活に必要な七つのもの.「柴,米,油,盐,酱,醋,茶」.
【开门揖盗】kāi mén yī dào 自ら災いを招く.由来「戸を開けて盗人を招き入れる」意から.
【开蒙】kāi//méng 動 旧 児童に読み書きを教え始める.
*【开明】kāimíng 形 思想が開けている.¶〜人士/進歩的な人物.¶他的思想很〜/彼の考えはとても進んでいる.⑤顽固 wángù,守旧 shǒujiù
【开幕】kāi//mù 動 ❶幕が開く.¶戏已经〜半小时了/劇が始まってもう30分たつ.⑤落幕 luòmù ❷会議や式典が始まる.¶世界妇女大会在北京隆重 lóngzhòng〜/世界婦人大会が北京で厳かに始まった.¶〜式/開会式.¶〜词/開会のあいさつ.⑤闭幕 bìmù
【开拍】kāipāi 動 ❶(映画やテレビドラマを)クランクインする.❷(卓球やバドミントンの)試合を始める.
【开盘】kāi//pán (〜儿)《経済》寄り付く.⑤收盘 shōupán
【开炮】kāi//pào 動 ❶砲撃する.❷相手を激しく攻撃する.¶大家一齐向他〜/皆が一斉に彼を批判した.
*【开辟】kāipì 動 ❶新しい道を切り開く.¶〜航线/新しい航路を開く.¶〜光辉灿烂 cànlàn 的未来/明るく輝かしい未来を切り開く.❷新しく開拓する.¶〜边疆 biānjiāng/辺境を開拓する.¶〜新的贸易市场/新しい貿易市場を開拓する.同 开拓 kāituò
【开篇】kāipiān ❶名《芸能》語り物のまくら.❷名 著作の冒頭.発端.❸動(作品を)書き始める.
【开票】kāi//piào 動 ❶領収書などを発行する.同 开发票 kāi fāpiào,开单据 kāi dānjù ❷開票する.
【开屏】kāipíng 動(オスの)クジャクが尾羽を扇形に広げる.
【开普敦】Kāipǔdūn 《地名》ケープタウン(南アフリカ共和国).
【开启】kāiqǐ 動 ❶開く.開ける.¶〜闸门 zhámén/水門を開ける.⑤封闭 fēngbì ❷新たに開く.¶〜新世纪/新しい時代を開く.
【开枪】kāi//qiāng 動 発砲する.¶开了三枪/3発撃った.
【开腔】kāi//qiāng 動 口を開く.意見を言う.¶他半天不〜/彼は長い時間口をきかなかった.
【开窍】kāi//qiào(〜儿)動 ❶納得がいく.¶经你这么一说,我就〜了/あなたがこう話してくださったので,すぐに納得いきました.❷(子供に)物心がつく.¶这孩子〜得很早/この子は物心がつくのが早かった.
【开球】kāi//qiú《スポーツ》(サッカーで)キックオフする.(球技を)始める.
【开赛】kāisài 動 試合を開始する.
【开山】kāi//shān 動 ❶山を切り開く.¶〜劈岭 pīlǐng/山や峰を切り開く.❷山開きをする.⑤闭山 bìshān ❸《仏教》寺院を建立する.
【开山】kāishān 名 学派の開祖.
【开山祖师】kāi shān zǔ shī 成 名山に最初に寺院を建立した人.学問・技術・芸術などの分野における創始者.同 开山祖,开山始祖 shǐzǔ,开山鼻祖 bízǔ
【开衫】kāishān 名(〜儿)カーディガン.
【开哨】kāishào 動 笛を鳴らす.(スポーツの)試合が始まる.同 鸣哨 míng shào
【开设】kāishè 動 ❶(工場や店などを)開設する.¶〜分店/支店を開設する.❷(課程を)設置する.¶〜专业/専門学科を設置する.¶〜汉语讲座/中国語講座を開設する.
【开审】kāishěn 動《法律》裁判の審問を始める.
**【开始】kāishǐ ❶動 始まる.始める.¶新的一年〜了/新たな一年が始まった.今日から第三课〜吧/今日は第3課から始めよう.⑤结束 jiéshù ❷動 着手する.始める.¶我们刚〜学习汉语/私たちは中国語を学習し始めたところだ.¶下周〜报名/来週から参加申込を受け付ける.⑤结束 jiéshù ❸名 初めの段階.¶〜的时候,我没注意,后来觉得问题很严重/最初の頃は注意していなかったが,あとになって問題はとても深刻だと感じた.同 开端 kāiduān ⑤结束 jiéshù
【开士米】kāishìmǐ 名《紡織》カシミヤ.同 开司米 kāisīmǐ
【开市】kāi//shì 動 ❶営業する.¶照常〜/いつものように営業を開始する.⑤收市 shōushì ❷新規に開店する.
【开释】kāishì 釈放する.解き放つ.
【开首】kāishǒu (方)最初.はじめ.
【开涮】kāishuàn(口) からかう.冗談を言う.
【开水】kāishuǐ 名 お湯.¶〜桶/給湯器.¶热〜/熱湯.¶凉〜/湯冷まし.¶烧〜/お湯を沸かす.同 生水 shēngshuǐ
【开司米】kāisīmǐ 名《紡織》カシミヤ.同 开士米 kāishìmǐ 表現 ふつうは"羊绒 yángróng"という.
【开台】kāi//tái 動 芝居が始まる.¶〜锣鼓 luógǔ/開幕前のドラや太鼓.
【开膛】kāi//táng 動(ブタやニワトリなどの)胸や腹を割く.
【开天窗】kāi tiānchuāng 句 ❶梅毒で鼻がくずれてい

る．❷旧 新聞の記事が検閲で削られたため，紙面に空白部分ができる．
【开天辟地】kāi tiān pì dì 成 世界ができて以来．開闢(かいびゃく)以来．有史以来．
【开庭】kāi//tíng 動《法律》開廷する．反 闭庭 bìtíng, 休庭 xiūtíng
【开通】kāitōng 動 ❶(閉鎖的なものを)打ち破る．切り開く．¶～风气 / 气风を新たにする．¶～河道 / しゅんせつをして河川の流れをよくする．反 堵塞 dǔsè ❷(交通や通信が)開通する．¶国内卫星通信网昨天～ / 国内衛星通信網が昨日開通した．
【开通】kāitong 形 (考え方が)開けている．¶思想～ / 考えが自由でさばけている．反 守旧 shǒujiù ❸ 気前がいい．
【开头】kāi//tóu (～儿) ❶ 始まる．¶我们讨论刚～,欢迎你参加 / 我々の討議はたった今始まったところで，あなたの参加を歓迎します．反 结束 jiéshù ❷ 最初に始める．¶你能先开个头的话最好 / あなたがまず手をつけられれば，それが一番だ．反 收尾 shōuwěi
【开头】kāitóu 名 (～儿) 最初．¶万事～难 / 万事初めが難しい．反 结尾 jiéwěi
【开脱】kāituō 動 (罪や過失の責任から)逃れる．¶～罪责 zuìzé / 罪を犯した責任を逃れる．同 解脱 jiětuō
【开拓】kāituò ❶動 切り開く．広げる．¶在荒原上～出大片农田 / 荒野で一面田畑を切り開いた．¶～知识面 / 知識の幅を広げる．❷名 本格的な採掘前にする工事の総称．
【开拓型】kāituòxíng 名 パイオニア型．¶～的人才 / パイオニア型の人材．反 保守 bǎoshǒu 型
【开挖】kāiwā 動 掘る．¶～机械 / 掘削機．¶～河道 / 地面を掘って川をつくる．
【开外】kāiwài 方 (…)以上．¶他看起来有四十～ / 彼は見たところ40歳以上だ．¶漫天大雾 dàwù, 五步～什么都看不见 / 濃霧におおわれて，5歩先はまったく何も見えない．用法 数量詞の後ろにつけ，その数より多いことをあらわす．年齢と距離に用いられる．年齢は20以上の10の倍数，距離は10の倍数や5に限る．
*【开玩笑】kāi wánxiào 慣 ❶からかう．冗談を言う．¶她是跟你～ / 彼女は君をからかっているのだ．¶开儿句玩笑 / ちょっと冗談をいう．¶谁都знает你爱～ / 君の冗談好きは誰でも知っている．❷ いいかげんにあしらう．¶这可不是～的事情 / これは決して冗談ではすまされないことだ．
【开往】kāiwǎng …に向けて出発する．¶～福州的特快 / 福州行きの特急列車．¶这班车～天津 / この列車は天津行きです．
【开胃】kāiwèi 動 ❶ 食欲を増す．¶～酒 / 食前酒．¶～药 / 食欲増進剤．❷ からかう．¶别拿我～了 / 私をからかわないでくれ．同 开玩笑 wánxiào
【开戏】kāi//xì 動 芝居を始める．反 散 sàn 戏
【开线】kāi//xiàn 動 縫い目がほどける．
【开销】kāixiāo [-xiao] ❶ 動 (費用を)支払う．同 开支 kāizhī ❷ 名 笔 bǐ, 项 xiàng] 出費．費用．¶营业～ / 営業諸経費．¶两个孩子都在上大学,～很大 / 二人の子供が大学に通っているので，とても費用がかさむ．❸ 动 开支 kāizhī ❸ (部下や職員を)解雇する．クビにする．
【开小差】kāi xiǎochāi 慣 (～儿) ❶ こっそり抜け出し逃げ出す．❷ 気が散る．¶思想～ / 考えがまとまらない．¶上课时别～ / 授業中に気が散ってはいけない．
【开小会】kāi xiǎohuì 慣 (授業や会議で)こそこそおしゃべりする．私語をする．
【开小灶】kāi xiǎozào 慣 (特定の人やグループに)特別待遇を与える．
【开心】kāixīn ❶ 動 気晴らしをする．¶～丸儿 wánr / 気休めや慰めのことば．¶～ / 人をからかう．¶你别拿他～啦 / 君は彼をからかってはいけないぞ．❸ 形 愉快だ．¶十分～ / とても楽しい．¶他们去长城玩得很～ / 彼らは万里の長城へ行ってとても楽しんだ．
【开行】kāixíng 動 (車や船が)動き出す．
*【开学】kāi//xué 動 学期が始まる．¶～典礼 / 始业式．¶九月一日～了 / 9月1日から新学期が始まった．
【开言】kāi//yán 動 話し出す．口を開く．
【开颜】kāiyán 動 (喜びで)顔をほころばす．
【开眼】kāi//yǎn 動 (珍しい事物を見て)見識を広める．¶这个展览会真叫人～ / この展覧会は本当に目を開かせてくれる．
*【开演】kāiyǎn 動 (芝居や映画の)開演する．¶准时～ / 定刻に開演する．
【开洋】kāiyáng 名 方 (大きめの)干しエビ．同 虾米 xiāmi ①
【开洋荤】kāi yánghūn 慣 ❶ 初めて外国の事物に触れる．❷ 初めて体験する．
【开业】kāi//yè 動 開業する．¶～已经十年了 / 開業して10年たった．¶祝贺～ / 開業を祝う．反 停业 tíngyè
【开夜车】kāi yèchē 動 徹夜で仕事する．¶～准备台词 / 夜なべしてせりふを覚えた．¶天天～,身体受不了 / 毎日徹夜していたら，身体がもたない．
【开印】kāiyìn 動 (新聞・雑誌などの)印刷を始める．
【开映】kāiyìng 動 (映画などの)上映を開始する．
【开园】kāiyuán 動 熟した果菜や果実を収穫し始める．
【开源节流】kāi yuán jié liú 成 財源を開拓し，支出を節約する．
【开凿】kāizáo 動 (水路やトンネルなどを)掘る．¶这条隧道 suìdào ～了两年 / このトンネルは2年かかって掘った．
【开斋】kāi//zhāi 動 ❶ 精進落とをする．❷ 《宗教》(イスラム教徒の)ラマダン(断食)期間が終わる．
【开斋节】Kāizhāijié 名《宗教》イスラム教徒のラマダン(断食)明けの祭日．
*【开展】kāizhǎn ❶動 (運動や活動を)繰り広げる．¶学校～互帮互学运动 / 学校は，互いに助け合って学ぶ運動を繰り広げている．❷ 形 のびのびしている．¶思想～ / 考え方がおおらかだ．¶她的心灵马上～了 / 彼女はすぐに朗らかになった．同 开朗 kāilǎng
【开战】kāi//zhàn 動 戦いを始める．反 停战 tíngzhàn
【开绽】kāizhàn 動 縫い目がさける．¶靴の縫い目がほつれた．¶我实在太胖了,连裤子都～了 / すっかり太ってしまい，ズボンまで裂けてしまった．
【开张】kāi//zhāng 動 ❶ 営業を始める．¶选日～ / 日を選んで開店する．¶倒闭 dǎobì,关张 guānzhāng ❷ 一日の商売を始める．開店する．❸ 物事を始める．¶重 chóng 打锣鼓 luógǔ,另～ / 新規まき直しをする．
【开张】kāizhāng 形 文 ❶ 開放的だ．❷ 雄大だ．堂々としている．
【开仗】kāi//zhàng 動 ❶ 開戦する．¶起兵～ / 挙兵し開戦する．同 开战 kāizhàn ❷ 方 けんかをする．
【开帐】kāi//zhàng 動 ❶ 出納伝票をきる．❷ (ホテルや飲食店で)支払いをする．勘定を払う．
【开征】kāizhēng 動 (税の)徴収を始める．
【开支】kāizhī ❶ 動 支出する．¶咱们不能随便乱～ /

勝手に浪費することは許されない. ❷ 動方 給料を支払う. ¶我们公司每月五号～ / 我社は毎月5日が給料日です. ❸ 名 (書 笔 bǐ, 项 xiàng] 支出. ¶军费～ / 軍事支出. ¶节省～ / 支出を切り詰める.
【开宗明义】kāi zōng míng yì 成 話や文の冒頭で, その主旨を明らかにする.
【开足马力】kāizú mǎlì 句 全速力をだす.
【开罪】kāizuì 動 人の気持ちを害する. 同 得 dé 罪

揩 kāi
扌部9 四 5206₂ 全12画 次常用

動 ぬぐう. こする. ¶～汗 kāihàn (汗をぬぐう) / 把地板～干净 (床をきれいにふく). 同 擦 cā, 抹 mǒ, 拭 shì
【揩拭】kāishì 動 拭(ふ)く. ぬぐい去る.
【揩油】kāi//yóu 動 (公共の)利益をかすめとる.

锎(鐦) kāi
钅部7 四 8772₀ 全12画 通用

名《化学》カリホルニウム. Cf.

剀(剴) kǎi
刂部6 四 2270₀ 全8画 常用

下記熟語を参照.
【剀切】kǎiqiè 形文 ❶ 理にかなっている. ¶～中理 zhònglǐ / 適切で理にかなっている. ❷ 詳明 / 細かい点まではっきりして, わかりやすい. ❷ 懇切で. 丁寧だ. ¶～教导 jiàodǎo / 懇切に指導する.

凯(凱) kǎi
几部6 四 2771₀ 全8画 常用

❶ 素 勝利の楽曲. 凱歌(がいか). ¶～歌 kǎigē / 一旋 kǎixuán. ❷ (Kǎi)姓.
【凯恩斯】Kǎi'ēnsī《人名》ケインズ(1883-1946). イギリスの経済学者.
【凯歌】kǎigē〔書 首 shǒu, 支 zhī〕凱歌(がいか). ¶高唱～而归 / 高らかに勝利の歌を歌って帰る.
【凯旋】kǎixuán 動 凱旋(がいせん)する. ¶大军～归来 / 大軍が凱旋して帰ってくる.
【凯旋门】kǎixuánmén 名 凱旋(がいせん)門.

垲(塏) kǎi
土部6 四 4211₇ 全9画 通用

形文 地勢が高く乾燥している. ¶爽～ shuǎngkǎi (地勢が高く乾燥していてすがすがしい).

闿(闓) kǎi
门部6 四 3771₇ 全9画 通用

動 開く. ¶一门 (門を開く).

恺(愷) kǎi
忄部6 四 9201₇ 全9画 通用

形文 楽しい. 睦まじい.
【恺悌】kǎitì 形文 (顔つきなどが)ゆったりしてなごやかだ.

铠(鎧) kǎi
钅部6 四 8271₇ 全11画 通用

素 よろい. ¶铁～ tiěkǎi (鉄のよろい) / 首～ shǒukǎi (かぶと) / 甲 kǎijiǎ.
【铠甲】kǎijiǎ 名〔書 副 fù〕よろいかぶと. ¶～生虮虱 jǐshī / よろいやかぶとにシラミがわく. 兵士が長い戦いで辛苦をなめること.

蒈 kǎi
艹部9 四 4460₂ 全12画 通用

名《化学》カラン. ♦carane

慨(異 嘅₂) kǎi
忄部9 四 9101₂ 全12画 常用

素 ❶ 憤る. ¶愤～ fènkǎi (憤慨する). ❷ 心に深く感じる. ¶～叹 kǎitàn. ❸ 物惜しみしない. 豪放だ.

¶～允 kǎiyǔn (快諾する).
【慨然】kǎirán 副 ❶ 心に深く感じて. ¶～长叹 chángtàn / 感慨深くため息をつく. ❷ 気前よく. 快く. ¶～相赠 xiāngzèng / 気前よく贈る. ¶～应允 yīngyǔn / 快く承諾する.
【慨叹】kǎitàn 動 感慨をこめてため息をつく. 慨嘆する. ¶不胜～ / 慨嘆に堪えない. ¶～不已 bùyǐ / 慨嘆してやまない.

楷 kǎi
木部9 四 4296₂ 全13画 次常用

❶ 素 規準. 模範. ¶～模 kǎimó. ❷ 素 楷書. ¶小～ xiǎokǎi (手書きの小さな楷書体) / 正～ zhèngkǎi (楷書). ❸ (Kǎi)姓.
☞ 楷 jiē
【楷模】kǎimó 名 手本. 模範. 同 模范 mófàn, 榜样 bǎngyàng, 典范 diǎnfàn
【楷书】kǎishū 名 楷書. 同 正楷 zhèngkǎi, 正书 zhèngshū, 真书 zhēnshū
【楷体】kǎitǐ 名 ❶ 楷書. 楷書体. ❷ (ローマ字の)ブロック体.

锴(鍇) kǎi
钅部9 四 8276₂ 全14画 通用

名 純度の高い銑鉄. 用法 人名によく用いる.

忾(愾) kài
忄部4 四 9801₇ 全7画 通用

素 憤る. 恨む. ¶敌～ díkài (敵に対する怒りや恨み).

kan ㄎㄢ [k'an]

刊(異 栞) kān
干部2 四 1240₀ 全5画 常用

素 ❶ 版木や石碑に彫る. ❷ 印刷出版する. ¶～行 kānxíng / 创～ chuàngkān (創刊する) / 停～ tíngkān (発行を停止する). ❸ (定期的な)刊行物. (新聞の)特集欄. ¶周～ zhōukān (週刊) / 副～ fùkān (新聞の文芸・学術欄). ❹ 削除する. 訂正する. ¶～误 kānwù / ～补缺(誤りを正し不足を補う).
【刊本】kānběn 名 木版印刷の書物. 刊本. 版本.
【刊布】kānbù 動文 掲載して公表する.
【刊大】kāndà 名 "刊授大学" (刊行物指導を中心とした通信教育大学)の略.
【刊登】kāndēng 動 掲載する. ¶～广告 / 広告を載せる. ¶～消息 / ニュースを掲載する. ¶～在报纸的第一版上 / 新聞の第一面に掲載する. 同 登载 dēngzǎi, 刊载 kānzǎi
【刊发】kānfā 動 (雑誌などに)掲載する. 発表する.
【刊刻】kānkè 動《印刷》(木版本の)版木を彫って刊行する.
【刊落】kānluò 動文 削除する. ¶～文字 / 字句を削る. 同 删除 shānchú
【刊头】kāntóu 名 発行人欄. 刊行物の名称や号数, 刊行年月日を載せるところ.
【刊物】kānwù 名〔書 份 fèn, 期 qī〕刊行物. ¶定期～ / 定期刊行物. ¶内部～ / 内部刊行物. ¶订阅～ / 定期刊行物を購読する.
【刊误】kānwù ❶ 動 誤りを正す. ¶～表 / 正誤表. ❷ 名 印刷物のミス. 誤植.
【刊行】kānxíng 動 (書物や雑誌を)刊行する.

看 kān

目部 4　四 2060₅　全9画　常用

动 ❶ 面倒をみる. 世話をやく. ¶她~孩子~得真好(彼女は子供の面倒をよくみる) / 我一个人~不了十台机器(私一人で十台の機械は見きれない) / 你给我~一下我的书包(ぼくのバッグをちょっと見ていて下さい) / ~着病人(病人の世話をしている). ❷ 拘留する. 監視する. ¶我一大街,你一小胡同 hútòng(私は通りを見張るから、お前は横町を見張れ) / ~着犯人干活(犯人を拘禁して働かせる).

☞ 看 kàn

【看财奴】kāncáinú **名** 守銭奴. 同 守財奴 shǒucáinú, 看钱奴 kānqiánnú

【看场】kān chǎng 刈り入れた農作物の番をする. ¶跟爹爹 diēdie 一起到打谷场上去~ / 父ちゃんと一緒に脱穀場へ行って番をする.

【看管】kānguǎn **动** ❶ 監視する. ¶~犯人 / 犯人を監視する. ¶把他~起来 / 彼を監視する. 同 看守 kānshǒu ❷ 見守る. ¶请你代我~一下行李 / 私に代わってちょっと荷物を見ていていただけますか. 同 照管 zhàoguǎn

【看护】kānhù ❶ **动** 看護する. ¶~病人 / 病人の看護をする. ❷ **名** 看護婦.

【看家】kān//jiā ❶ **动** 留守番をする. ¶叫她回来~ / 彼女を呼び戻して留守番をさせる. ❷ **形** 人より優れている. 得意の.

【看家本领［事］】kānjiā běnlǐng[-shi] **名** お家芸. 奥の手. ¶她的~都拿出来了 / 彼女の得意技がすっかり披露された.

【看家狗】kānjiāgǒu ❶ **名** 番犬. 同 看门狗 kānméngǒu ❷ **名** 官僚や地主などの手下. ¶有钱人的~ / 金持ちのとりまき.

【看家戏】kānjiāxì **名** (役者の)得意な出し物. おはこ. 十八番.

【看门】kān//mén **动** 門番をする. ¶~人 / 門番.

【看青】kān//qīng **动** 収穫間近の農作物を見張る.

【看守】kānshǒu ❶ **动** 番をする. ¶~门户 / 門番をする. ¶~仓库 cāngkù / 倉庫の管理をする. ❷ **动** 監視する. ¶~犯人 / 犯人を監視する. ❸ **名** 〔個 个 ge, 名 míng〕刑務所の看守.

【看守内阁】kānshǒu nèigé **名** 暫定内閣. 同 看守政府 zhèngfǔ, 过渡 guòdù 内阁

【看守所】kānshǒusuǒ **名** 留置場.

【看押】kānyā **动** 臨時に留置する. ¶~俘虏 fúlǔ / 捕虜を拘留する.

勘 kān

力部 9　四 4472₇　全11画　次常用

❶ **素** (誤字を)訂正する. 校訂する. ¶~误 kānwù / 校~ jiàokān (校勘する). ❷ **素** 調査をする. 視察する. ¶~探 kāntàn / ~察 kānchá / ~验 kānyàn. ❸ (Kān)姓.

【勘测】kāncè **动** (地形や水文を)調査し測量する. ¶~地形 dìxíng / 地形を調査測量する.

【勘察［查］】kānchá **动** (採鉱や工事の前に)実地調査をする. ¶~队 / 調査隊. ¶~现场 / 現地調査をする.

【勘探】kāntàn **动** (地下資源を)探査する. ¶~铁矿 / 鉄鉱石を探査する.

【勘误】kānwù **动** 校正する. 誤字を正す. ¶~表 / 正誤表. 同 刊误 kānwù

【勘验】kānyàn **动** 《法律》(司法関係者が)現場検証をする.

【勘正】kānzhèng **动** (文字を)校訂する. ¶这本书是经过专家~后才付印的 / この本は専門家の校訂を経てようやく印刷に回された.

龛(龕) kān

龙部 6　四 8041₄　全11画　通用

素 神や仏を祭る小さな入れもの. ¶佛~ / fókān (仏像をおさめる厨子).

【龛影】kānyǐng **名** 《医学》レントゲン写真に映った潰瘍(かいよう)の陰影.

堪 kān

土部 9　四 4411₈　全12画　常用

❶ **动** …に耐える. …するのに十分だ. ¶~当重任 zhòngrèn (重い任務を果たせる) / 不~设想 (**成** 想像するに堪えない). ❷ **素** 耐える. 持ちこたえる. ¶难~ nánkān (耐え難い) / 狼狈 láng bèi 不~ (**成** ひどく狼狽する). ❸ (Kān)姓.

【堪称】kānchēng **动** …と称するに足る. ¶~中国现代史上的奇迹 qíjì / 中国現代史における奇跡と呼ぶことができる.

【堪培拉】Kānpéilā 《地名》キャンベラ(オーストラリア).

【堪忧】kānyōu 懸念を持つ. 憂える.

戡 kān

戈部 9　四 4375₀　全13画　通用

素 反乱を平定する. ¶~乱 kānluàn / ~平叛乱 pànluàn (反乱を平定する).

【戡乱】kānluàn 反乱を平定する.

坎(異 埳❸) kǎn

土部 4　四 4718₂　全7画　次常用

❶ **名** 易の八卦(はっか·はっけ)の一つ. 坎(かん). ☵ であらわし, 水を意味する. ❷ **名** (~儿)階段状の土地. ¶田~(あぜ). ❸ **素** 窪地. 穴. ¶~坷 kǎnkě. ❹ **素** 門や戸のしきい. 同 槛 kǎn ❺ **量** カンデラ. 光度の単位. "坎德拉 kǎndélā"の略称. ❻ (Kǎn)姓.

【坎德拉】kǎndélā **量** 光度の単位. カンデラ. **表現** "坎"とも言う.

【坎肩】kǎnjiān (~儿)〔件 jiàn〕チョッキ. ベスト.

【坎坷】kǎnkě **形** ❶ 道がでこぼこだ. ¶~不平的道路 / でこぼこした道. ¶山村小道~难行 / 山村の小道はでこぼこして歩きにくい. 同 崎岖 qíqū **文** 平坦 píngtǎn ❷ **文** 不遇で. 志を得ない. ¶一生~ / 一生失意のまま終わる. 同 梗坷 kǎnkě

【坎儿】kǎnr **名** ❶ 隠語. ¶调 diào~ / (同業者の)隠語を使う. 同 侃儿 kǎnr ❷ 肝心かなめの時. 同 槛儿 kǎnr ❸ 不運. 挫折.

【坎儿井】kǎnrjǐng **名** 〔道 口 kǒu〕カレーズ. **参考** 新疆ウイグル地区などの雪解け水を利用する灌漑(かんがい)用地下水路.

【坎子】kǎnzi **名** マウンド. 盛り土.

侃(異 偘) kǎn

亻部 6　四 2621₂　全8画　通用

❶ **形** **文** 剛直だ. ¶~~而谈 kǎn kǎn ér tán. ❷ **形** **文** 穏やかでゆったりしている. ❸ **动** **方** おしゃべりする. ¶~大山 / ~了半天(長いことしゃべりする).

【侃大山】kǎn dàshān 句方 おしゃべりをする. ¶跟他～了半天 / 彼と長い時間しゃべった. 同 砍 kǎn 大山, 聊天儿 liáotiānr
【侃价】kǎnjià →砍价 kǎnjià
【侃侃】kǎnkǎn 形义 (話しぶりが)率直で堂々としている. ¶言谈～, 风度翩翩 piānpiān / 話しぶりが堂々として, 容貌や身のこなしもスマートだ.
【侃侃而谈】kǎn kǎn ér tán 成 堂々と率直に話す.
【侃儿】kǎnr 名方 隠語. 同 坎儿 kǎnr
【侃爷】kǎnyé 名方 口達者な人. 一言居士(ごじ). 話し好きな人. 参考 中国北方地区のことば.

砍 kǎn
石部4 四 1768₂
全9画 常用
❶ 動 (刀や斧などで)たたき切る. ¶柴 chái (たきぎを切る) / 把树枝～下来(木の枝を切り落とす). ❷ 動 投げつける. ¶拿砖头 zhuāntou ～狗(れんがを犬に投げつける). ❸ (Kǎn)姓.

【砍大山】kǎn dàshān 句 "侃大山 kǎn dàshān"に同じ.
【砍刀】kǎndāo 名 〔把 bǎ〕なた.
【砍伐】kǎnfá 伐採する. ¶保护森林, 严禁～ / 森林保護のため, 伐採を厳禁する.
【砍价】kǎn//jià 動日 (大きく)値切る. 値段を交渉する. ¶他很会～ / 彼は値切るのがうまい. 同 侃 kǎn 价

莰 kǎn
艹部7 四 4418₂
全10画
名 (化学) カンフェン. ◆camphane

槛(檻) kǎn
木部10 四 4891₂
全14画 通用
素 門や戸のしきい. 同 坎 kǎn
☞ 槛 jiàn

看 kàn
目部4 四 2060₅
全9画 常用
Ⅰ 動 ❶ 見る. ¶给我～～ / 見せて. ¶你喜欢～棒球吗? / 野球観戦は好きですか. ¶刚才我～了场电影 / さっき映画を見てきた. ¶我去～一下 / ちょっと見てきましょう. ¶天气好的话, 可以～到富士山 / 天気がよければ富士山が見える. ¶你～见我的钱包了吗? / 私の財布見えませんでしたか. ¶这个戏你～得懂吗? / この芝居は見て分かりましたか.
❷ (本などを声を出さずに)読む. ¶他把那封信～了又～ / 彼はその手紙を繰り返し読んだ. ¶弟弟在～漫画呢 / 弟はマンガを読んでいるところだ. ¶这本小说我还没～完 / この小説はまだ読み終えていない.
❸ (情勢や人を)見て判断する. ¶～问题要全面 / 問題は全体的に見なければならない. ¶这个人是什么身份我～不出来 / この人がどういう身分なのか私には判断できない. ¶你～得出她今年多大吗? / 彼女が今年いくつになったか分かりますか. ¶～～情况再说吧 / 様子を見てまた考えよう. ¶需要准备什么, 你～着 zhe 办吧 / 何が必要かは君が見計らって準備しなさい.
❹ 訪問する. 見舞う. ¶我想明天去～老李 / 私は明日李さんを訪ねようと思う. ¶有空 kòng, 我会来～你 / 暇なときにあなたに会いに来ます. ¶听说你病了, 我来～你 / あなたが病気だと聞いて, お見舞いに来ました.
❺ (医者が)診察する. (患者が)診察を受ける. ¶王大夫～了三年外科了 / 王先生は3年間外科で勤務している. ¶她的病～了两个月就好好了 / 彼女の病気は2ヶ月医者にかかって全快した. ¶去医院～了没有? / 病院で診てもらったかい? ¶"你～什么科?""我～内科" / "何科

を受診されますか""内科です"
❻ ～と思う. ⊘ 主語は一人称か二人称のみ. ¶我～不会下雨, 你～呢? / 私は雨は降らないと思うが, 君はどう思う. ¶我～, 这是个好办法 / これはいい方法だと思う. ¶你～他会来吗? / 彼は来ると思うかい. ¶你～我应该怎么办好呢? / どうすればいいでしょうか. ¶大家～怎样才能解决这个问题? / みなさん, どうすればこの問題を解決することができるでしょうか.
❼ …によって決まる. …にかかっている. ¶明天去不去香山, 就～下雨不下雨了 / あした香山へ行くかどうかは, 雨が降るかどうかによる. ¶谈得成谈不成就～运气了 / 話がまとまるかどうか, それは運次第だ.
❽ (命令文を作り)気をつけて! 注意して! ¶别跑, ～摔着 zháo / 走ると転ぶよ. ¶～, 有狗! / イヌに気をつけて. ¶嘿, 你～着 zhe 点儿! / ほら, どこ見てるんだ!
❾ 世話する. 面倒を見る. ¶～ / 気をつける. ¶衣帽自～ / 服と帽子はお預かりできません.
❿ 取り扱う. 対処する. ¶ ～待 kàndài. 另眼相～ / 特別待遇する.
⓫ 人に注意を促したり, 警告する時のことば. ¶你～! / ほら. ¶ ～你! / ほら. ¶ ～他累得 / 彼の疲れようったら.
Ⅱ 動詞の後ろに置かれて, 試してみることを表す. この場合, 動詞は重ね型形式であるか, 動作を数える量詞または時間をあらわす語を伴う. ¶听听～ / 聞いてみる. ¶做做～ / やってみる. ¶先住几天～ / まず数日泊まってみる. ¶问一声～ / ちょっと尋ねてみる.
☞ 看 kān

【看扁】kànbiǎn 動 (相手を)見くびる. ¶别把人～ / 他人を見くびってはいけない.
*【看病】kàn//bìng 動 ❶ 診察する. ¶张大夫给患者～ / 張先生が患者を診察する. ❷ 診察を受ける. ¶我上午到医院～去 / 私は午前中に病院へ診察を受けに行く. ¶病人要按挂号 guàhào 順序～ / 患者は受付順に診察を受けなければならない. ❸ 病人を見舞う. ¶儿女们来看父亲的病了 / 子どもたちは父親を見舞った.
【看不惯】kànbuguàn 動 見慣れない. ¶我～她那种娇滴滴 jiāodīdī の様子 / 彼女のあの甘ったれた振るまいはどうにもいやだ. 反 看得惯 kàndeguàn
【看不过】kànbuguò 動 見ていられない. 見かねる. 同 看不过去
*【看不起】kànbuqǐ 動日 軽く見る. ばかにする. ¶别～人 / 人をばかにするな. ¶他～任何人 / 彼は誰であろうと見くびる. 反 看得起 kàndeqǐ
【看菜吃饭, 量体裁衣】kàn cài chī fàn, liàng tǐ cái yī 成 自分を環境に適応させる. 実際の状況に合わせて事を処理する.
【看茶】kànchá 動旧 客にお茶を出すよう, 召使いに言いつけることば.
【看成】kànchéng 動 …と見なす. ¶你把我～什么了 / 私をいったい何者だと思っているの. ¶把"已 yǐ"字～了"己 jǐ"字 / "已"の字を"己"の字に見てしまった. 同 看做 kànzuò
【看承】kànchéng 動义 世話する. 面倒を見る. 同 照顾 zhàogù
【看出】kàn//chū はっきり見分ける. 見抜く. ¶一眼就～是他 / ひと目で彼だとわかった. ¶看不出真假 zhēnjiǎ / 真偽の見分けがつけられない.
【看穿】kàn//chuān 動 見抜く. 見破る. ¶群众立即～了他的诡计 guǐjì / 大衆はすぐに彼の悪だくみを見破った.

た. 回 看透 kàntòu, 看破 kànpò
【看待】kàndài 動 (人を)取り扱う. 待遇する. ¶一律地~/一律に扱う. ¶公平地~/公平に扱う. 回 対待 duìdài
【看淡】kàndàn 動 ❶《経済》市場相場などが不況傾向に向かう. 弱含みになる. ❷①と見なす.
【看到】kàn//dào 目が届く. 見る. ¶很多好东西我没~/多くのよいものを私は見ていない. ¶我已经很久没~他了/もう長いこと彼に会っていない.
【看得起】kàndeqǐ 動 回 重視する. ¶他能~我吗?/彼は私を認めてくれるでしょうか. 反 看不起 kànbuqǐ
【看低】kàndī 動 市場価格の下落を予想する.
【看点】kàndiǎn 名 見どころ. ハイライト.
【看跌】kàndiē 動《経済》(株価や物価が)下落の傾向にある.
【看懂】kàn//dǒng 動 見てわかる. ¶这段内容是什么意思? 你能~吗?/この部分はどういう意味? あなたはわかりますか.
*【看法】kànfǎ[-fa] 名 見方. ¶~尖锐 jiānruì/見方が鋭い. ¶接受别人的~/他人の意見を受け入れる. ¶两人~一致/二人の見方が一致する. ¶你的~怎么样?/あなたはどう考えますか. ¶大家都对你有~/皆君に対して意見を持っている. 回 见地 jiàndì, 见解 jiànjiě
【看风使舵】kàn fēng shǐ duò 成 情勢を見て有利な方へつく. 同 见 jiàn 风使舵,看风使帆 fān
【看顾】kàngù 動 世話をする. ¶~病人/病人を看護する.
【看好】kànhǎo 動 ❶ 見通しが明るい. ¶经济前途~/経済の先行きは明るい. ❷(試合などでどちらかを)優勢だと見なす. ❸ しっかりと見きわめる. ¶~了再买/よく見てから買う.
【看见】kàn//jiàn[-jian] 見える. 見かける. ¶看得见 kàndejiàn/見える. ¶看不见 kànbujiàn/見えない. ¶你干的事被他~了/あなたのやったことは彼に見られていた. ¶弟弟~我,笑了/弟は私を見つけて笑った.
【看开】kàn//kāi 動 ❶ 見破る. ❷ 気にかけない.
【看看】kànkan 動 ❶ よく見る. 調べる. ❷ 副 もうすぐ…する. ¶~天色已晚/もうすぐ暗くなる. 参考 ①は,"看"の重ね型. ②は,"kānkān"とも発音する.
【看客】kànkè 名 方 観衆. 見物人. 読者.
*【看来】kànlái 見たところ…らしい. ¶他还没有拿定主意/彼はどうもまだ考えを決めかねているようだ. ¶~明天会下雨/どうやら明日は雨のようだ.
【看破】kàn//pò 動 ❶ 見破る. ¶~那些卑劣 bēiliè 勾当 gòudàng/それらの卑怯な手口を見ぬく. ❷ 見限る.
【看破红尘】kàn pò hóng chén 成 この世のむなしさを悟る. 俗世に見切りをつける.
【看齐】kànqí 動 ❶ まっすぐに並ぶ. ¶向右~!/右にならえ. ❷ 見習う. ¶向先进工作者~/先駆者に見習う.
【看起来】kànqilai 副 見たところ(…のようだ). ¶~这件事不象你说的那么简单/この件は,どうも君が言うほど簡単ではなさそうだ.
【看轻】kànqīng 動 軽視する. ¶别~自己/自分を過小評価するな. 同 看不起 kànbuqǐ 反 看重 kànzhòng
【看清】kàn//qīng 動 はっきり見る. 見てはっきりさせる.

¶~是非/是非をはっきりさせる.
【看热闹】kàn rènao 慣 騒ぎを傍観する.
【看人下菜】kàn rén xià cài 成 人を見て態度を変える. 回 看人端 duān 菜,看人下菜碟儿 diér
【看上】kàn//shàng[-shang] 気に入る. ¶他一眼就~了她/彼は一目見て彼女を気に入った.
【看上去】kànshàngqu[-shangqu] ❶ 見上げる. ¶从山脚 shānjiǎo~,山顶上好象有个小亭子/山のふもとから見上げると, 山頂に小さなあずまやがあるようだ. ❷ 見た目から推測する. ¶这位老妈妈一也数是七十出头儿/この年配の奥さんは見たところ70少し過ぎのようだ.
【看死】kànsǐ 動 (人や事物が永久に変わらないと思い込む.
【看台】kàntái 名 観覧席. スタンド.
【看透】kàn//tòu 動 ❶ (相手の手のうちや思惑を)見抜く. 見通す. ¶看不透 kànbutòu/見抜けない. ¶我早就~了他的心事/私はとっくに彼の心配事を見抜いていた. ❷ 見切りをつける. ¶我把这个人~了/私はこいつをもう見限った.
【看头】kàntou 名 回 (~儿)見る価値. ¶这个展览会没什么~/この展覧会は少しも見どころがない. ¶这部小说很有~/この小説は読みごたえがある.
【看图识字】kàn tú shí zì ❶ 句 絵を見て字を覚える. ❷ 名 児童書の書名.
【看旺】kànwàng 動 見旺 jiànwàng
【看望】kànwàng[-wang] 動 (年長者や親しい人を)訪ねる. ¶~父母/両親のご機嫌をうかがう. ¶~老朋友/旧友を訪ねる. ¶~病人/病人を見舞う.
【看相】kàn//xiàng 動 人相や手相などを見る. 回 相面 xiàngmiàn
【看笑话】kàn xiàohua 慣 (他人のしぐさなどを)物笑いの種にする.
*【看样子】kàn yàngzi 句 見たところ…だ. ¶~她是一个泼辣 pōlà 的女子/見たところ彼女は,はきはきした女性のようだ. ¶~,雨马上要停了/見たところ,雨はまもなく止みそうだ. 同 看来 kànlái
【看涨】kànzhǎng 動 相場が強気だ. 先高の見込みだ. ¶股票~/株価は先高が見込まれる.
【看中】kàn//zhòng 気に入る. ¶~这本书/この本を気に入る. ¶他为什么会~我呢?/彼はどうして私を気に入ったのだろう.
【看重】kànzhòng 動 重視する. ¶~知识/知識を重んじる. ¶~友谊 yǒuyì/友情を重んじる. 反 看轻 kànqīng
【看走眼】kànzǒu yǎn 句 見誤る. 見間違う.
【看座】kàn//zuò 動 回 客に席を用意するよう,召使いや給仕に言いつけることば.
【看做[作]】kànzuò 動 …と見なす. …と考える. ¶老爷爷一直把他的小孙子~是自己的命根子/おじいさんはこれまでずっと幼い孫を,自分の命として大切にしてきた.

墈 kàn
土部11 四 4412₇
全14画 通用
名 高い堤防. 用法 多く地名に用いる.

阚(闞) Kàn
门部11 四 3744₈
全14画 通用
名 姓.
🔄 阚 hǎn

瞰(异 瞷) kàn
目部11 四 6804₀
全16画 通用
素 ❶ 高いところから見下ろす. ¶鸟~ niǎokà(鸟瞰

kang ㄎㄤ [kʻaŋ]

闶(閌) kāng
门部4 全7画 [四]3721₇ [通用]
下記熟語を参照.
☞ 闶 kàng
【闶阆】kānglàng 名 建物のなかの何もない広い空間. 同 闶阆子 kānglángzi

康 kāng
广部8 全11画 [四]0029₉ [常用]
❶素 健康だ. ¶~宁 kāngníng / ~强 kāngqiáng / 健~ jiànkāng (健康だ). ❷素 安らかだ. ¶~乐 kānglè. ❸素 ㊂ 空だ. すかすかだ. ¶萝卜~了(大根にすが入っている). 同 糠 kāng ❹ 名 (Kāng)姓.

【康拜因】kāngbàiyīn 名《機械》(量 台 tái) コンバイン. ♦combine
【康复】kāngfù 動 健康を回復する. ¶病体~ / 体が回復する. ¶祝您早日~ / 一日も早いご回復をお祈りいたします.
【康复训练】kāngfù xùnliàn 名《医学》リハビリテーション.
【康健】kāngjiàn 形 健康だ. 身体~ / 体が健康だ. 同 健康 jiànkāng
【康乐】kānglè 形 安らかで楽しい. ¶~的生活 / 安楽な生活.
【康乃馨】kāngnǎixīn 名《植物》カーネーション. ♦carnation
【康宁】kāngníng 形 心安らかだ. ¶海内~ / 国内が安定している. ¶年八十五六,极~ / 年は85,6だが,すこぶる健康だ.
【康强】kāngqiáng 形 健康だ. 壮健だ. 反 虚弱 xūruò
【康泰】kāngtài 形㊅ 健康だ. 安らかだ.
【康熙】Kāngxī 名《歴史》康熙(ౕ ౕ:1661-1722). 清(ʒ)の聖祖(愛新覚羅・玄燁(ʃౕ))の年号.
【康熙字典】Kāngxī zìdiǎn 名《書名》『康熙字典』. 清朝の康熙帝の命により,張玉書たちが編纂した大型の漢字字典. 1716年刊行. 47,035字を収録.
【康庄大道】kāng zhuāng dà dào ㊂[量 条 tiáo] 広々とした平らな道. 輝かしい前途. ¶走社会主义~ / 社会主義の輝かしい大道を進む.

慷(異 忼) kāng
忄部11 全14画 [四]9009₉ [次常用]
下記熟語を参照.
【慷慨】kāngkǎi 形 ❶ 気持ちが高ぶっている. ❷ 物惜しみしない. ¶慷他人之慨 kǎi / ㊅㊂ 他人の金でほどこしをする. 反 吝啬 lìnsè
【慷慨悲歌】kāng kǎi bēi gē ㊂ 感極まって悲壮な気持ちで歌う.
【慷慨陈词】kāng kǎi chén cí ㊂ 激しい調子で意見を述べる.
【慷慨激昂】kāng kǎi jī áng ㊂ 意気盛んで,気持ちが高ぶっている. 同 激昂慷慨
【慷慨解囊】kāng kǎi jiě náng ㊂ 意気に感じ,惜しげもなく金を出して援助する.
【慷慨就义】kāng kǎi jiù yì ㊂ 大義のために,意気軒昂(ఢ)として犠牲になる.

糠(異 穅、粇) kāng
米部11 全17画 [四]9099₉ [常用]
❶ 名 稲,麦などの穂から取った皮や殻. ぬか. ❷ 形 中がすかすかだ. ¶~心儿(中がすかすかだ) / 这萝卜~了(この大根はすが入っている). 同 康 kāng
【糠秕】kāngbǐ 名 ❶ ぬかともみがら. ❷ つまらないもの.
【糠菜半年粮】kāngcài bànnián liáng ㊅ ぬかや菜っぱで半年暮らす. とても貧困なようす.
【糠油】kāngyóu 名 ぬか油.

扛 káng
扌部3 全6画 [四]5101₂ [常用]
動 ❶ 肩にのせて担ぐ. ¶~枪 kángqiāng (銃を担ぐ) / ~着锄头 chútou (すきを担ぐ). ❷ (任務や責任などを)担う. 負う. ¶这个任务你一定要~起来(この任務は君が責任を負わねばならない).
☞ 扛 gāng
【扛长工】káng chánggōng ㊁㊅ (年間を通じて)作男として働く. 同 扛长活 káng chánghuó
【扛大个儿】káng dàgèr ㊅㊆ (波止場や駅で)重い荷物を運搬する. ¶~的 de / 運搬人. 人夫.
【扛活】káng/huó 動 作男をする. ¶他扛了五年活 / 彼は5年間作男として働いた. 同 扛长活 káng chánghuó

亢 kàng
亠部2 全4画 [四]0021₇ [通用]
❶素 高い. ¶高~ gāokàng (声が響く). ❷素 傲慢(ఢ)だ. 不~不卑 bēi (いばらずへつらわず). 反 卑 bēi ❸素 程度がはなはだしい. ¶~奋 kànghèn / ~早 kànghàn. ❹ 名 あみぼし. 二十八宿の一つ. ❺ (Kàng)姓.
【亢奋】kàngfèn 形 極度に興奮している. ¶精神~ / 気持ちがひどく高ぶっている.
【亢旱】kànghàn 形 日照りがひどい. 大干ばつ. ¶夏逢~ / 夏に干ばつにあう.
【亢进】kàngjìn 動《医学》生理機能が異常に高まる. 亢进(ʒ)する. ¶甲状腺机能~ / 甲状腺機能亢進症.

伉 kàng
亻部4 全6画 [四]2021₇ [通用]
❶素 (夫婦が)つり合いのとれた. 対等の. ¶~俪 kànglì. ❷素 剛直だ. ❸ (Kàng)姓.
【伉俪】kànglì 名㊅ 夫婦. ¶~之情 / 夫婦の情. ¶~情深 / 夫婦が深い愛情で結ばれている. 表現 手紙や書画の賛に"○○先生伉俪"(○○先生御夫妻)などと使われる.

抗 kàng
扌部4 全7画 [四]5001₇ [常用]
動 ❶ 抵抗する. ¶~灾 kàngzāi / 他那么有权有势,你~得了吗？(彼にはあんなに力や勢いがあるのに,君は手向かえるのか). ❷ 拒絶する. ¶~命 kàngmìng / ~租 kàngzū (小作料の支払いを拒否する). ❸ 対抗する. ¶~衡 kànghéng / 分庭~礼(ౕ) それぞれ独立して対等にふるまう.
【抗癌】kàng'ái 動 癌を防ぐ. ¶~药 / 抗癌剤.
【抗暴】kàngbào 動 暴力に抵抗する.
【抗辩】kàngbiàn 動 抗弁する. 反論する.
【抗病】kàngbìng 動 病害を防ぐ. ¶~性很强 / 耐病性が極めて強い.
【抗大】Kàngdà 名 "中国人民抗日军事政治大学"

(抗日軍政大学)の略. 参考 抗日戦争期に中国共産党が設立した軍幹部養成学校.

【抗毒素】kàngdúsù 名《医学》抗毒素. アンチトキシン.

【抗毒血清】kàngdú xuěqīng 名《医学》抗毒血清.

【抗寒】kànghán 形 耐寒の. ¶~性／耐寒性. ¶~耐涝 nàilào 的作物／寒さと冠水に強い作物. 同 御寒 yùhán

【抗旱】kàng//hàn 動 干ばつに対抗する. 日照りに耐える. ¶~措施／干ばつ対策. ¶~品种／日照りに強い品種.

【抗衡】kànghéng 動 対抗してゆずらない. ¶双方相互~／双方対抗してゆずらない. ¶无法与之~／これに対抗する方法がない. 同 对抗 duìkàng

【抗洪】kàng//hóng 動 洪水と闘う. 洪水を防ぐ.

【抗坏血酸】kànghuàixuèsuān 名《薬》アスコルビン酸. 参考 ビタミンCの別称.

【抗击】kàngjī 動 反撃する. ¶~敌人／敵に反撃する.

【抗拒】kàngjù 動 抵抗する. こばむ. ¶奋力 fènlì ~／力の限り抵抗する. ¶~命令／命令に背く. ¶船身~着波浪／船体は波に逆らっている. 同 顺从 shùncóng

【抗菌素】kàngjūnsù 名《薬》抗生物質. 同 抗生素 kàngshēngsù

【抗拉强度】kànglā qiángdù 名《物理》抗張力. 張力. 同 抗张 zhāng 强度

【抗命】kàngmìng 動 命令を拒絶する. ¶不准~／命令に背くことは許されない. 反 受命 shòumìng, 遵命 zūnmìng

【抗逆性】kàngnìxìng 名《農業》植物の冷害や病虫害などに対する抵抗力.

【抗日战争】Kàng Rì zhànzhēng 名《歴史》1937年－1945年の抗日戦争. 日中戦争. 同 抗战 kàngzhàn ①

【抗生素】kàngshēngsù 名《医学》抗生物質.

【抗属】kàngshǔ 名 抗日戦争で戦った軍人や幹部の家族.

【抗税】kàng//shuì 動 納税を拒否する.

【抗诉】kàngsù 動《法律》抗訴する.

【抗体】kàngtǐ 名《医学》抗体.

【抗压强度】kàngyā qiángdù 名《機械》圧縮強度.

【抗药性】kàngyàoxìng 名《医学》薬物に対する抵抗性.

【抗议】kàngyì 動 抗議する. ¶学生们~这种暴行 bàoxíng／学生たちはこの暴行に抗議した. ¶提出~／異議を申し立てる. ¶~书／異議申し立て書.

【抗御】kàngyù 動 抵抗し防御する. ¶~外侮 wàiwǔ／外国の侵略や圧力に抵抗する. ¶~灾害／災害を防ぐ.

【抗原】kàngyuán 名《医学》抗原.

【抗灾】kàngzāi 災害と闘う. 災害を防ぐ.

【抗战】kàngzhàn ❶ 動 抵抗戦争. 特に抗日戦争(1937-1945)をさす. ❷ 動 戦う.

【抗张强度】kàngzhāng qiángdù →抗拉 lā 强度

【抗震】kàngzhèn ❶ 動 地震災害を防ぐ. ¶~救灾 jiùzāi 工作／震災救援活動. ❷ 耐震. ¶~结构／耐震構造.

【抗争】kàngzhēng 動 抗争する. ¶据理 jùlǐ ~／理に基づいて論争する. ¶与自己的命运~／自分の運命と戦う.

闶炕钪尻考 kàng–kǎo 615

闶(閌) kàng
门部4　四 3721₇
全7画　通用
形 ❌ 高く大きい.
☞ 闶 kāng

炕 kàng
火部4　四 9081₇
全8画　常用

❶ 名〔铺个 ge, 铺 pū〕オンドル. ❷ 動 方 あぶる. 焼く. ❸（Kàng）姓.

炕①

【炕洞】kàngdòng 名 オンドルの煙道.
【炕头】kàngtóu 名 (~儿) オンドルの端.
【炕席】kàngxí 名〔铺 领 lǐng, 张 zhāng〕オンドルの上に敷くござ.
【炕沿】kàngyán 名 (~儿) オンドルのへり.
【炕桌儿】kàngzhuōr 名〔铺 张 zhāng〕オンドルの上で用いる座卓.

钪(鈧) kàng
钅部4　四 8071₇
全9画　通用
名《化学》スカンジウム. Sc.

---

kao ㄎㄠ [k'aʊ]

尻 kāo
尸部2　四 7721₇
全5画　通用
名 しり. ¶~子 kāozi (しり).

考(異 攷 ❶~❸) kǎo
耂部2　全6画　四 4402₇　常用

❶ 動 試験する. 試験を受ける. ¶期~ qīkǎo (期末試験)／他~上大学了 (彼は大学に合格した). ❷ 素 検査する. チェックする. ¶~察 kǎochá ／~勤 kǎoqín. ❸ 素 探求する. 研究する. ¶思~ sīkǎo (思考する)／~古 kǎogǔ. ❹ 素 長い. とても長生きだ. ¶寿~ shòukǎo (長寿). ❺ 名 ❌ 父. 亡くなった父親. ¶先~ xiānkǎo (亡父)／妣 kǎobǐ. ❻（Kǎo）姓.

【考霸】kǎobà 名 (大学入試や公務員試験などで)同じ試験を合格するまで何度も受ける人. また, 何種類もの試験を受ける人.

【考妣】kǎobǐ 名 ❌ 亡くなった父母. ¶如丧 sàng ~／まるで父母を亡くしたかのように心を痛める.

【考查】kǎochá ❶ テストする. ¶~学业成绩／学業成績をテストする. ❷ チェックする. ¶严格~干部的工作能力／管理職の仕事の能力をきびしくチェックする.

【考察】kǎochá 動 ❶ 実地に調査する. ¶~团／視察団. ¶~了这里的天然气资源／ここの天然ガス資源を実地調査した. ❷ 詳しく観察する. ¶从一个全新的角度

～了这种社会制度を細かく観察した / 全く新しい角度からこの社会制度を細かく観察した.

【考场】kǎochǎng 名〔個 处 chù,个 ge〕試験場.
【考点】kǎodiǎn 名 (统一テストの)試験地点.
【考订】kǎodìng 動 考订する.
【考分】kǎofēn 名 (～儿) テストの点数.
【考古】kǎogǔ ❶ 動 考古学に従事する. ❷ 名 考古学. ¶～学家 / 考古学者.
【考古学】kǎogǔxué 名 考古学.
【考官】kǎoguān 名(旧) 科挙の試験官.
【考核】kǎohé 動 審査する. ¶定期～ / 定期審査. ¶～干部 / 幹部を審査する. ¶～飞行 fēixíng / テスト飛行をする.
【考级】kǎojí (能力や技能の)検定試験で合格したレベル. また,それに応じた職務.
【考绩】kǎojì 動 (上司の)勤務評定する.
【考进】kǎojìn 動 試験を受けて入る. ¶他是去年～来的 / 彼は去年合格して入ってきた.
【考究】kǎojiu ❶ 動 詳しく研究する. ❷ 動 重んじる. 凝る. ¶她吃东西过于～了 / 彼女は食べる物にこだわりすぎる. 囲 讲究 jiǎngjiu ❸ 形 精緻(ﾁ)で美しい. ¶这本画册装订得很～ / この画集の装丁は凝っていて美しい. 囲 讲究 jiǎngjiu ❹ 名 学問. 考究.
【考据】kǎojù 動 考証する. ¶～学 / 考証学. 囲 考证 kǎozhèng
【考卷】kǎojuàn 〔個 份 fèn,张 zhāng〕試験の答案. ¶出～ / 試験問題をつくる.
【考量】kǎoliáng[-liang] 動 考慮する. 思案する.
*【考虑】kǎolǜ 動 あれこれ考える. 検討する. ¶～不周的计划 / 十分配慮されていない計画. ¶不～个人得失 déshī / 個人の得失を考慮しない. ¶你提的问题我回去～～ / あなたが出した問題は,帰ってよく考えます. 囲 思考 sīkǎo,思索 sīsuǒ
【考聘】kǎopìn 動 試験に合格した後,採用や雇用をする.
【考评】kǎopíng 動 (職務成績などを)審査評定する.
【考期】kǎoqī 名 試験の期日.
【考勤】kǎoqín 動 出勤または出席の状況を調べて記録する. ¶～簿 bù / 出勤簿. ¶～钟 zhōng / タイムレコーダー. ¶～机 / タイムレコーダー.
【考区】kǎoqū 名 统一試験で試験場を設ける地区. 試験区.
【考取】kǎo//qǔ 試験に受かって採用される. ¶考得取 / 合格する. ¶考不取 / 合格しない. ¶～了国立大学 / 国立大学に合格した.
【考生】kǎoshēng 名〔個 个 ge,名 míng,位 wèi〕受験生. 試験を受ける人.
*【考试】kǎoshì 動 口頭で質問する. ❷ 名 テスト. 試験. ¶毕业～ / 卒業試験. ¶你们～了吗？ / 君たちはテストを受けましたか. ❷ 名 テスト. 試験. ¶全国高等教育统一～ / 全国大学入試統一テスト. ¶这次语文～他考了一百分 / 今回の国語のテストで彼は百点をとった.
【考题】kǎotí 名〔個 道 dào,份 fèn〕試験問題. ¶出一份～ / 試験問題を出す. 囲 试题 shìtí
【考问】kǎowèn 動 口頭で質問する. 口述試験をする. ¶被他～住了 / 彼から質問攻めにあった. ¶我来～～你 / 私があなたの面接をしますよ.
【考学】kǎo//xué 試験に合格して上級学校へ進学する資格を得る.
【考研】kǎo//yán 試験に合格して,"研究生"(大学院生)の修士課程に進学する資格を得る.

【考验】kǎoyàn 動 試練を与えて試す. ¶～我们的决心 / 我々の決心を試す. ¶这些战士都通过了～ / これらの戦士たちはみな試練を乗り越えてきた.
【考语】kǎoyǔ 名(旧) 官吏の仕事ぶりなどに対する評語.
【考证】kǎozhèng 動 考証する. ¶～籍贯 jíguàn / 出身地を考証する. ¶～得细致 / 考証が綿密だ. ¶～很荒谬 huāngmiù / 考証がでたらめだ. ¶目前无法～ / 目下のところ考証できない.
【考中】kǎo//zhòng 動 試験に合格する. ¶考不中 / 合格できない. ¶考上 kǎoshàng

拷 kǎo
扌部6 5402₇
全9画 (次常用)
素 ❶ (刑罰として)たたく. ❷ コピーをとる.
【拷贝】kǎobèi ❶ 名 (文書の)コピー. 囲 复印件 fùyìnjiàn ❷ 名 映画フィルムのプリント. コピー. 囲 正片 zhèngpiàn ❸ 動 (ソフトを)コピーする. 囲 复制 fùzhì ◆copy
【拷打】kǎodǎ 動 (こん棒などで)なぐる. ¶敌人对他严刑 yánxíng / 敵は彼に残酷な拷問を加えた.
【拷问】kǎowèn 動 拷問(ﾓﾝ)する.

栲 kǎo
木部6 4492₇
全10画
名《植物》ツブラジイ. 囲 栲树 kǎoshù
【栲胶】kǎojiāo 名 タンニンエキス.
【栲栳】kǎolǎo 名 柳の枝を編んで作った升(ﾏｽ)形の容器. 囲 笭筌 kǎolǎo,笆斗 bādǒu

烤 kǎo
火部6 9482₇
全10画 [常用]
❶ 動 あぶる. ¶～肉 kǎoròu / 把湿衣裳 yīshang ～干(湿った服を火にかざして乾かす) / ～白薯 báishǔ / イモを焼く). ❷ 火にあたって暖をとる. ¶围炉 wéilú～火 (ストーブを囲んで火にあたる).
【烤电】kǎo//diàn ❶ 動 電気治療をする. ❷ kǎodiàn 名《医学》ジアテルミー. 透熱療法.
【烤火】kǎo//huǒ 動 火にあたって暖まる. ¶伸出两只手去～ / 両手を伸ばして火にあたる. ¶～费 / 職場から支給される暖房費.
【烤炉】kǎolú 名〔個 只 zhī〕天火. オーブン.
【烤面包】kǎomiànbāo 名〔個 个 ge,块 kuài,片 piàn〕トースト.
【烤肉】❶ kǎo//ròu 動 肉をあぶる. ❷ kǎoròu 名 あぶった肉.
【烤肉季】Kǎoròu Jì 名 北京の焼羊肉の老舗.
【烤箱】kǎoxiāng 名〔個 台 tái,只 zhī〕オーブン.
【烤鸭】kǎoyā 名《料理》〔個 客 kè,只 zhī〕アヒルの丸焼き. ¶北京～ / 北京ダック.
【烤烟】kǎoyān 名 特別に乾燥させた葉たばこ.
【烤羊肉串儿】kǎoyángròuchuànr 名《料理》シシカバブ.

铐(銬) kào
钅部6 8472₇
全11画 (次常用)
❶ 名〔個 副 fù〕手錠. 囲 铐子 kàozi ❷ 動 手錠をかける. ¶～把犯人一起来(犯人に手錠をかける).

犒 kào
牛部10 2052₇
全14画 [通用]
素 酒食や財物でねぎらう. ¶～劳 kàoláo / ～赏 kàoshǎng.
【犒劳】kàoláo[-lao] ❶ 動 酒やごちそうなどでねぎらう. ¶给伙计们 huǒjimen～～ / 従業員たちを酒やごちそうでねぎらう. ❷ 名 ねぎらいのごちそう. ¶吃～ / ねぎらいのごち

そうを食べる.
【犒赏】kàoshǎng 動 文 ごちそうやほうびを与える. ¶～全军 / 全軍に報賞を与える.

靠 kào
非部 7　四 2411₁
全15画 常用

❶動 寄りかかる. ¶～枕 kàozhěn / ～垫 kàodiàn. ❷動 立てかける. もたせかける. ¶把梯子～在墙上(はしごを壁に立てかける). ❸動 近づける. ¶～拢 kàolǒng / ～岸 kào'àn. ❹動 頼る. …による. ¶～劳动生活(労働によって生活する) / 学习～自己的努力(勉強は全部自分の努力にかかっている). ❺素 信頼する. 可～ kěkào (信頼できる) / 他很～得住 kàodezhù (彼は信頼できる). ❻〖芸能〗(京劇などで)武将がつけるよろい.

【靠岸】kào//àn 動 船を岸につける. ¶客轮靠了岸 / 客船が接岸した. 因为风大, 小船靠不了岸 / 風が強くて小船は岸に寄りつけない.

【靠把】kàobǎ 形 〖芸能〗(京劇で武将が)よろいをつけている. ¶～戏 / よろいをつけた武将が立ち回る劇. ¶～武生 wǔshēng / よろいをまとって武将を演じる役者.

【靠背】kàobèi ❶ 名 いすの背. ¶～椅 yǐ / 背もたれのあるいす. ❷ 形 "靠把 kàobǎ"に同じ.

【靠边】kào//biān ❶(～儿)動 端に寄る. ¶行人～走 / 通行人は道の端を歩く. ❷方 ほぼ人情, 道理にかなう. ¶这话说得还～儿 / この話はおおむね情理にかなっている.

【靠边儿站】kàobiānrzhàn 慣 (職場などで)窓際においやられる. 地位や権力を失う.

【靠不住】kàobuzhù 動 あてにならない. ¶这个人办事～ / この人のする仕事はあてにならない. 反 靠得住 kàodezhù

【靠得住】kàodezhù 動 頼りになる. ¶这个消息～吗? / このニュースは信頼できますか. ¶他这个人很忠厚老实, ～ / 彼は正直で誠実な人で, 信頼できる. 反 靠不住 kàobuzhù

【靠垫】kàodiàn 名 〔個 个 ge, 只 zhī〕背中にあてるクッション. 反 坐垫 zuòdiàn

【靠近】kàojìn ❶ 形 接近している. ¶～咱们厂有一家百货公司 / 我々の工場のすぐそばにデパートがある. ❷動 距離が近づく. ¶同事们都不愿～他 / 同僚たちは皆彼に近づきたがらない. 同 凑进 còujìn, 接近 jiējìn

【靠拢】kàolǒng 動 近寄る. ¶向前～ / 前の方につめてください.

【靠旗】kàoqí 名 〖芸能〗伝統劇で, 武将のよろいの背に差す三角形の旗.

【靠山】kàoshān 名 頼りになるもの. ¶他没有～, 全靠自己一个人努力 / 彼には後ろ盾がないので, 自分一人の努力に頼るしかない.

【靠山吃山, 靠海吃海】kào shān chī shān, kào hǎi chī hǎi 慣 置かれた環境によって生きる道を考える.

【靠手】kàoshǒu 名 いすのひじ掛け. ¶～椅 / ひじ掛けいす. 同 扶手 fúshǒu

【靠头儿】kàotóur 名 頼りになるもの.

【靠椅】kàoyǐ 名 背もたれのあるいす. 同 靠背椅 kàobèiyǐ

【靠枕】kàozhěn 名 クッション.

【靠准】kào//zhǔn 形 方 (～儿)確かだ. 信頼できる. ¶这个消息很～ / この情報はとても確かだ.

ke ㄎㄜ [kʻɤ]

坷 kē
土部 5　四 4112₀
全8画 次常用

下記熟語を参照.
☞ 坷 kě

【坷垃[拉]】kēlā[-la] 名 方 土の塊. ¶打～ / 土くれを砕く.

苛 kē
艹部 5　四 4462₁
全8画 次常用

❶ 形 ひどく厳しい. 苛酷(ｺｸ)だ. ¶～求 kēqiú / 他们提出的条件太～了(彼らの出した条件は厳しすぎる). ❷ 素 煩わしい. ¶～细 kēxì (ひどく煩わしい). ❸ (Kē)姓.

【苛待】kēdài 動 虐待する. ¶～下级 / 部下にひどい扱いをする.

【苛捐杂税】kē juān zá shuì 成 過酷で雑多な税.

【苛刻】kēkè 形 過酷だ. ¶租税 zūshuì～ / 租税が過酷だ. ¶这样～的要求 yāoqiú 无法满足 / こんなにきつい要求にはこたえられない. 同 刻薄 kèbó

【苛求】kēqiú 動 厳しく要求する. ¶不要～于人 / 他人に厳しく要求してはいけない.

【苛责】kēzé 動 容赦なく責める.

【苛政】kēzhèng 名 重い税と苛酷な政治. ¶～猛 měng 于虎 / 重い税と苛酷な政治は虎よりも恐ろしい.

珂 kē
王部 5　四 1112₀
全9画 通用

名 ❶ 文 玉(ｷﾞｮｸ)に似た石. ❷ 文 馬のくつわの装飾. ❸ (Kē)姓.

【珂罗[珞]版】kēluóbǎn 名 〖印刷〗コロタイプ. 写真製版の一つ. 同 玻璃版 bōlibǎn ◆collotype

柯 kē
木部 5　四 4192₀
全9画 通用

名 ❶ 文 木の枝. ¶～叶 kēyè (枝や葉). ❷ 文 斧の柄. ❸ (Kē)姓.

【柯尔克孜族】Kē'ěrkèzīzú 名 〖民族〗キルギス族. 新疆ウイグル自治区に多く住む少数民族.

轲(軻) kē
车部 5　四 4152₀
全9画 通用

❶ 素 人名用字. ¶孟～ Mèng Kē (孟軻ｺ. 孟子の名). ❷ (Kē)姓.

科 kē
禾部 4　四 2490₀
全9画 常用

❶ 名 学術や業務を分ける単位. 科. 課. ¶～目 kēmù / 文～ wénkē (文科) / 牙～ yákē (歯科) / 秘书～ mìshūkē (秘書課) / 财务～ cáiwùkē (会計課) / 松～ sōngkē (マツ科) / 雉～ zhìkē (キジ科). ❷ 名 法律. 規則. ¶金~玉律(金科玉条). ❸ 動 刑罰を定める. 科する. ¶～处 kēchǔ / ～以罚金 fájīn (罰金を科する). ❹ 名 伝統劇のしぐさ. ¶笑～ xiàokē (笑うしぐさ) / 饮酒～ yǐnjiǔkē (酒を飲むしぐさ). ❺ (Kē)姓.

【科白】kēbái 名 伝統劇のしぐさとせりふ.

【科班】kēbān 名 (～儿) ❶ 旧 伝統劇役者養成所. ❷ 正規の教育や訓練.

【科班出身】kēbān chūshēn 名 正規の教育や訓練を受けた人. ⇨科班

【科场】kēchǎng 名 旧 科挙の試験場.

kē

【科处】 kēchǔ 动《法律》判決を下し処罰する. ¶～徒刑 tú xíng / 懲役を科す.

【科第】 kēdì 名旧 科挙試験の成績順序. また, 科挙試験や科挙合格のことも言う.

【科幻】 kēhuàn 名 "科学幻想 kēxué huànxiǎng" (SF)の略. ¶～小説 / SF 小説. ¶～片 / SF 映画.

【科技】 kējì 名 "科学技术 kēxué jìshù" の略. ¶高～ / 高度な科学技術. ¶～立国 / 科学技術立国.

【科技奥运】 kējì Àoyùn 名 ハイテクオリンピック. 参考 2008年北京オリンピックのスローガンの一つ. 最新の科学技術を取り入れ, オリンピックの組織管理や設備・サービス・情報システムなどを効率的に実施しようというもの.

【科技成果】 kējì chéngguǒ 名 科学技術の成果.

【科技馆】 kējìguǎn 名 科学技術館.

【科教】 kējiào 名 科学教育.

【科教片】 kējiàopiàn 名 (～儿) 〔部 bù〕 "科学教育影片 yǐngpiàn" (科学教育映画)の略.

【科教兴国】 kējiào xīngguó 句 科学と教育の発展により国を振興させる.

【科举】 kējǔ 名 隋から清末までつづいた官吏登用試験制度. 科挙. 参考 1905年に廃止された.

【科伦坡】 Kēlúnpō《地名》コロンボ(スリランカ).

【科盲】 kēmáng 名 科学知識のひどく乏しい人.

【科摩罗】 Kēmóluó《国名》コモロ.

【科目】 kēmù 名 (学術や帳簿の)科目.

【科普】 kēpǔ 名 "科学普及 kēxué pǔjí" (科学の普及)の略. ¶～读物 / (一般向け)科学読み物.

【科室】 kēshì 名 (企業や機関の)管理部門の各課および各室の総称.

【科特迪瓦】 Kētèdíwǎ《国名》コートジボワール(アフリカ).

【科威特】 Kēwēitè《国名》クウェート.

【科协】 kēxié 名 "科学技术协会" (科学技術協会)の略.

***【科学】** kēxué ❶名 科学. サイエンス. ¶社会～ / 社会科学. ❷形 科学的だ. 合理的だ. ¶这种说法不～ / この言い方は科学的でない. ¶多么精细, 多么～ / なんと精密で, なんと科学的だ.

【科学城】 kēxuéchéng 名 科学研究センター. 科学研究都市.

【科学共产主义】 kēxué gòngchǎn zhǔyì →科学社会 shèhuì 主义

【科学技术】 kēxué jìshù 名 科学技術. 表现 "科技" とも言う.

【科学家】 kēxuéjiā 名 科学者.

【科学社会主义】 kēxué shèhuì zhǔyì 名 科学的社会主義. 同 科学共产 gòngchǎn 主义

【科学性】 kēxuéxìng 名 科学性.

【科学学】 kēxuéxué 名 科学を社会現象の一つとして研究する学問. 参考 科学情報学や科学経済学など.

【科学院】 kēxuéyuàn 名 科学院. アカデミー.

***【科研】** kēyán 名 "科学研究 kēxué yánjiū" の略. 科学研究. ¶重视 zhòngshì ～工作 / 科学研究活動を重視する.

【科研包工头】 kēyán bāogōngtóu 名 「科学技術研究請負の親方」の意. (多く名声や地位などを利用して)国から科学技術研究費を受け取りながら, 自分では研究を行わず, 部下や学生任せにしている研究者.

【科员】 kēyuán 名 "科"や"室"で働く上級職員.

***【科长】** kēzhǎng 名 課長.

牁 kē
爿部 5 四 2122₀ 全9画
专 地名用字. ¶牂～ Zāngkē (古代の川の名. また古代の郡名. 現在の貴州省にあった).

疴(痾) kē
疒部 5 四 0012₁ 全10画 通用
名 ❶文 病気. ¶沉～ chénkē (重病) / 养～ yǎngkē (療養する). ❷(Kē)姓. 参考 古くは"ē"と発音した.

棵 kē
木部 8 四 4699₄ 全12画 常用
量 植物を数えることば. ¶一～树 (1株の木) / 三～草 (3本の草).

【棵儿】 kēr 名 植物の一株の大きさ.

【棵子】 kēzi 名 方 ❶ 農作物の茎. ❷ 灌木(ぼく).

颏(頦) kē
页部 8 四 0188₂ 全12画 通用
名 (～儿)あご. ¶下巴～儿 xiàbakēr (下あご).

稞 kē
禾部 8 四 2699₄ 全13画 通用
专《植物》ハダカムギ. 同 麦 kēmài.

【稞麦】 kēmài 名《植物》ハダカムギ. 同 青 qīng 稞

窠 kē
穴部 8 四 3090₄ 全13画 通用
名 鳥獣や昆虫の巣. 巣穴.

【窠臼】 kējiù 名 文 (既存の)型. ¶不落～ / 感 型にとらわれない. マンネリに陥らない. 表现 文章や芸術作品について言うことが多い.

颗(顆) kē
页部 8 四 6198₂ 全14画 常用
量 粒状のものを数えることば. ¶一～珠子 zhūzi (1粒の真珠) / 一～黄豆 (1粒の大豆).

【颗粒】 kēlì 名 ❶ 粒. ～肥料 / 顆粒肥料. ❷ (穀物の)一粒. ¶～无收 / 一粒も収穫がない.

【颗粒物】 kēlìwù 名 顆粒状の物.

磕 kē
石部 10 四 1461₂ 全15画 次常用
动 ❶ 硬い物にゴンとぶつける. ¶脸上～破了块皮 (顔をつけて皮がちょっとむけた). ❷ コンコンと打ちつける. ¶～打 kēdǎ / ～头 kētóu / ～鸡蛋 (たまごをコンコンと打ちつけて割る).

【磕巴】 kēba 形 方 どもっている(人). 同 磕巴巴

【磕打】 kēda 动 (付着しているものを落とすため)勢いよくたたく. ¶～烟袋锅儿 / キセルをポンとたたく. ¶把鞋拿到外面去～ / 靴を外へもって行って土をはたき落としなさい.

【磕碰碰碰】 kēkepèngpèng ❶ 拟 物がぶつかり合う音. ガチャガチャ. ❷ (仕事や家庭で)人間関係がぶつかり合うこと. 人間関係の摩擦.

【磕磕绊绊】 kēkebànbàn 形 (～的) ❶ (道ででこぼこで, または足が不自由で)足元がおぼつかない. ¶屋里摆满了东西, 走路中にものが置かれていて歩きにくい. ❷ (仕事が)順調にいかない.

【磕磕撞撞】 kēkezhuàngzhuàng 形 (～的)よろけながら歩くようす. ¶他喝醉了酒, 走路～的 / 彼は酔っぱらって足元がふらふらしている.

【磕碰】 kēpèng 动 ❶ 物と物がぶつかりあう. ¶这箱瓷器 cíqí 一路上磕磕碰碰的, 碎了不少 / この箱の陶器は来る途中でぶつかりあって, だいぶ割れてしまった. 同 磕磕碰碰 ❷ 人と人が衝突する. 仲たがいする.

【磕碰儿】 kēpèngr 名 ❶ 器物のきずや欠け. ¶茶杯

有个~ / 茶碗が欠けている. ❷挫折.
【磕头】kē/tóu 動(旧)ひざまずいて地面に頭をつける. 正式なお辞儀の仕方. ¶他连磕了三个头 / 彼は続けて三回叩頭した.

磕 头

【磕头虫】kētóuchóng 名 ❶(虫)コメツキムシ. (同)叩头虫 kòutóuchóng ❷昔の小役人をからかった言い方. 上司にペこぺこする人.
【磕头碰脑】kē tóu pèng nǎo 成 ❶人やものが多くてぶつかりあう. 押しあいへしあいする. ❷しばしば顔をあわせる. ❸もめごとがおきる.

瞌 kē
目部10 四 6401₂
全15画 通用
下記熟語を参照.

【瞌睡】kēshuì 名❶居眠り. ¶打一会儿~ / ちょっと居眠りする. ¶上课时,不要打~ / 授業中は居眠りをしてはいけない. ❷動眠くなる. ¶~得很 / 眠くてたまらない.
【瞌睡虫】kēshuìchóng 名 ❶(伝説で)人を居眠りさせる虫. ❷居眠りばかりする人. 表現②は,皮肉をこめて言うことば.

蝌 kē
虫部9 四 5410₀
全15画 次常用
下記熟語を参照.

【蝌蚪】kēdǒu 名〔(量) 条 tiáo, 只 zhī〕オタマジャクシ. (同) 蝌子 kēzi, 科斗 kēdǒu
【蝌蚪文】kēdǒuwén 名 科斗(を)文字. 中国古代の文字. (同) 科斗书 kēdǒushū 由来 木や竹の棒の先に漆をつけて文字を書いたため, 点画の頭が太く, 先が細くなり, オタマジャクシのような形になったことから.

髁 kē
骨部8 四 7629₄
全17画 通用
名 骨の両端の突起した部分.

壳(殼) ké
土部4 四 4021₇
全7画 常用
名 (口)(~儿)かたい外皮や殻(る). ¶ 贝~ bèiké (貝殻) / 脑~ nǎoké (頭) / 鸡蛋~ jīdànké (卵の殻) / 子弹~儿 zǐdànkér (弾薬の薬莢****) / 核桃~儿 hétáokér (くるみの殻).
☞ 壳 qiào

咳(欬) ké
口部6 四 6008₂
全9画 常用
動 せきをする. ¶百日~ bǎiriké (百日ぜき) / 他病得很厉害, 一个不停(彼の病気は悪いようだ. せきがずっととまらない) / ~嗽 késou.
☞ 咳 hāi
【咳嗽】késou 動 せきをする. ¶~了几声 / ゴホンゴホンと何回かせきをする. ¶~得喘 chuǎn 不过气儿来 / せきこんで息ができないくらいだ.

可 kě
口部2 四 1062₀
全5画 常用

Ⅰ 助動 ❶〔許可・可能を表わし〕…できる. …してよい. …するべきだ. ¶我们只有这条路~走 / 我々にはこれしか行くべき道はない. ¶~去~不去 / 行っても行かなくてもよい. ¶~大~小 / 大きくても小さくてもよい. ¶记不住, ~多读几遍 / 覚えられなければ, 何回か余計に読むべきだ.
❷…する値打ちがある. ¶北京~游览的地方不少 / 北京には見物すべき所がたくさんある. ¶这场比赛~一看, 非常精彩 / この試合はとても素晴らしいから見るに値する.

Ⅱ 副 ❶(平叙文に用い強調のムードを表わし)確かに. まちがいなく. ¶生活上的问题, 我~从来不计较 / 生活上の問題には, 私はまったくこだわらない. ¶人一多, 办法~就多了 / 人間が増えると, やり方も増えるものだ. ¶外面雨~不小, 等会儿再走吧 / 外は雨がひどいから, もう少ししてから行こう. ¶别问我, 我~不知道 / 私に聞かないでよ, 私は本当に知らないの. ¶当时 dāngshí 的情形, 我~是记得清清楚楚的 / その時の状況なら私ははっきりと覚えている. ¶我~是乒乓球高手啊! / 卓球の名人ですよ, 私は. ¶这么贵东西, 我~买不起 / こんな高価な品物, 私なんか買えません. ¶这酒太厉害, 我~喝不下 liǎo / このお酒は強くて私にはとても飲めません.
❷(命令文に用いられ, 要求・希望を強調するムードを表わし) ぜひ…して下さい. ❷多く"要", "能", "应该"などを伴う. ¶以后~常来啊! / ちょくちょく遊びにいらして下さいね. ¶这个公式很重要, ~千万要记住! / この公式はとても重要だから, ぜひ覚えておきなさい. ¶您~要多注意身体! / くれぐれも体に気をつけて下さいね. ¶他嘴甜, 你~千万别被他骗了 / 彼は口がうまいから絶対に騙されてはいけない. ¶你~不能再喝酒了 / もうそれ以上酒を飲んではいけない.
❸感嘆文に用いられ, 驚嘆・感動のムードを表わす. ❷多く"可…了!", "可…呢!", "可…啊!"の形を取る. ¶他汉语说得~好啦! / 彼は中国語がほんとにうまいよ. ¶那个电影~有意思了! / あの映画はすっごくおもしろいよ. ¶你~来了, 快急死我了 / やっと来た, まったく気をもませるんだから. ¶~盼来了! / 待ってました! ¶~把我吓坏了! / 本当にびっくりしたよ. ¶坐飞机~危险呢! / 飛行機なんて危ないよ. ¶那~是个大问题啊! / それは大問題ですね. ¶别动, 弄坏了, ~不得了啊! / 触ったらダメよ, こわしたらそれこそたいへんよ. ¶你消息~真快啊! / あなたは情報通ですね.
❹反語文に用いられる. ¶都说那儿好, ~谁去过呢? / みんなあそこはいいというけれど, いったい誰が行ったんだい?
❺疑問文に用いられる. ¶这话~是真的? / その話は本当のことですか. ¶你~曾去过八达岭? / あなたは八達嶺へ行ったことがありますか. ¶你近来~好? / お元気でしたか?
❻(文)およそ. ¶长~八尺 / 長さおよそ八尺. ¶年~三十 / 歳はおよそ30位.

副詞の"可是"も"可"と同じように用いられるが, "可是"の方が語気が強い. また, "可是"は反語文には用いられない.

Ⅲ 接 (逆説を表わし)しかし. 逆に. ❷主語の前にも後にも置くことができる. ¶别看他年纪不大, ~志气不小 / 彼は年は若いが, 志は高い. ¶我嘴里不说, 心里~高兴极了 / 私は口には出さないが, 内心とてもうれしい. ¶这套茶具漂亮是漂亮, ~质量不太好 / この茶器はきれいだが質はもうひとつだ.

IV 接頭 "可+動"で形容詞を作る. ❶ …できる. …すべき. ¶~愛 kě'ài. ¶~悲 kěbēi. ¶~观 kěguān. ¶~靠 kěkào. ¶~怜 kělián. ¶~怕 kěpà. ¶~恶 kěwù. ¶~惜 kěxī. ¶~喜 kěxǐ. ¶~笑 kěxiào. ❷ 適する. ぴったりする. ¶~口 kěkǒu. ¶~脚/靴が足にぴったり合う. ¶~体 kětǐ. ¶~心 kěxīn. ¶~意 kěyì.
V 動 方 …にあわせて. …ぎりぎりに. ⇨可着 kězhe 疼着他~地打滚儿/彼は痛みのあまり床をころげまわった.
VI (Kě) 姓.
可 kè

*【可爱】kě'ài 形 かわいい. 好感が持てる. ¶~的孩子/かわいい子供. ¶~的祖国/いとしい祖国. 愛すべき祖国. 反 可恨 kěhèn, 可恶 kěwù, 可憎 kězēng
【可悲】kěbēi 形 痛ましい. 悲しい. ¶~的结局/悲しい結末.
【可比】kěbǐ 形 比較できる.
【可比价格】kěbǐ jiàgé 名《経済》不変価格. 同 不变 bùbiàn 价格
【可鄙】kěbǐ 形 軽蔑に値する. 恥ずべき. ¶行为~/やり方が汚い. ¶~的动机/卑劣な動機.
【可变】kěbiàn 形 可変の. ¶~电容器/可変コンデンサー.
【可不】kěbù 副 もちろん. そのとおり. ⇨可不是
【可不是】kěbushì 句 もちろん. そのとおり. 返答に用いることば. ¶"最近天气真热啊!""~,热得真要命"/「このところほんとに暑いですね」「まったくね,暑くてたまらないですよ」同 可不 kěbu, 可不是嘛 kěbushìma
【可操作性】kěcāozuòxìng 名 実現性. 実施できる可能性.
【可撤消婚姻】kěchèxiāo hūnyīn 名 取り消し可能な婚姻. 脅迫などにより,不本意に結ばれた婚姻は法的に解消できること.
【可乘之机】kě chéng zhī jī 成 乗ずべきチャンス. つけいる隙(すき). ¶他一直等待着~/彼はつけいる隙をずっとうかがっている.
【可持续发展】kěchíxù fāzhǎn 持続可能な発展.
【可耻】kěchǐ 形 恥ずべき. 不名誉だ. ¶~的行为/恥ずべき行為. 反 光荣 guāngróng
【可的松】kědìsōng 名 外《薬》副腎皮質ホルモンの一種. コーチゾン.
【可读性】kědúxìng 名 読む価値.
【可否】kěfǒu 名 可否. 善し悪し. ¶不加~/可否を明言しない.
【可歌可泣】kě gē kě qì 成 称賛や感動に値する. 悲壮な事跡が人を感動させる. ¶~的英雄事迹/称賛に値する英雄的な行為.
【可更新资源】kěgēngxīn zīyuán 名 再生可能資源.
【可耕地】kěgēngdì 耕作できる土地.
【可观】kěguān 形 ❶ 見るべき価値がある. ¶这本小说大有~/この小説は大いに読む価値がある. ❷ (数量が)相当だ. 大したものだ. ¶损失~/損失はかなり大きい. ¶~规模/規模は相当大きい.
【可贵】kěguì 形 貴重だ. 尊ぶべき. ¶难能~/得難く貴重だ. ¶人与人乐的精神是十分~/人助けを喜びとする精神はとても尊い.
【可好】kěhǎo 副 折よく. たまたま. タイミングよく. 同 正好 zhènghǎo,恰好 qiàhǎo

【可恨】kěhèn ❶ 形 いやなやつだ. ¶他真~/あいつは本当にいやなやつだ. ❷ 動 残念がる. ¶时间不够,太~了/時間が足りず,とても残念だ.
【可嘉】kějiā 形 称賛に値する.
【可见】kějiàn 接 見て…ということがわかる. …であることは明らかだ. ¶他没发表意见,~他同意这样做/彼は意見を出さなかったが,こうするのに賛成であるのは明らかだ.
【可见度】kějiàndù 名 可視度. 見えかた.
【可见光】kějiànguāng 名《物理》可視光線.
【可见一斑】kě jiàn yī bān 成 一部分から全体を推しはかることができる. 同 窥豹 kuī bào 一斑 = 管中窥豹 guǎn zhōng kuī bào
【可惊】kějīng 形 驚くべきだ. ¶~可喜/驚くやらうれしいやら.
【可敬】kějìng 形 尊敬に値する. ¶~的老人/尊敬すべき老人. ¶他的所作所为丝毫不~/彼のすることなこと,まったく敬うべきところがない.
【可卡因】kěkǎyīn 名《薬》コカイン. ◆cocaine
*【可靠】kěkào ❶ 形 信頼できる. 頼りがいがある. ¶他为人 wéirén 很~/彼はとても頼りになる人だ. ¶~性 信頼性. 同 牢靠 láokao ❷ 確かだ. 信用のおける. ¶这个消息~不~?/このニュースは確かですか.
【可可】kěkě 名 ❶《植物》カカオ. 同 蔻蔻 kòukòu = cacao ❷ ココア. ¶~粉/ココアパウダー. ¶~脂 zhī /ココアバター. 同 蔻蔻 kòukòu ◆cocoa
【可可儿的】kěkěrde 副 方 ちょうどよく. ちょうどその時. 同 恰巧 qiàqiǎo
【可口】kěkǒu 形 (~儿)おいしい. 口に合う. ¶~的菜肴 càiyáo /おいしい料理.
【可口可乐】Kěkǒu kèlè 名《商標》コカコーラ.
【可兰经】Kělánjīng "古兰经 Gǔlánjīng"に同じ.
【可乐】kělè ❶ 形 (話やしぐさが)おかしい. 面白い. ❷ 名 コーラ. ¶百事~/《商標》ペプシ・コーラ. ¶~瓶/ペットボトル.
*【可怜】kělián ❶ 形 かわいそうだ. あわれだ. ¶~的孩子/かわいそうな子供. ¶一副~相 xiàng /あわれた顔つき. ❷ 動 気の毒がる. あわれむ. ¶他这种人没有人~/彼のような人には誰も同情しない. 同 怜悯 liánmǐn ❸ 形 質が悪く,量も少なくて話にならない. ¶每月的收入少得~/毎月の収入は,少なすぎてお話にならない.
【可怜巴巴】kěliánbābā 形 (~的)とてもかわいそうだ. ひどくあわれだ.
【可怜虫】kěliánchóng 名 気の毒なやつ. 情けないやつ. 表現 人を見下していうことば.
*【可能】kěnéng ❶ 形 起こりうる. あり得る. ¶只要努力,考上大学是完全~的/努力すれば,大学合格は十分にあり得る. ❷ 副 …かもしれない. たぶん…だろう. ¶她~在教室里/彼女はたぶん教室にいる. ¶这么晚不来,他~不会来了/こんなに遅くなっても来ていないのなら,おそらく来ないのだろう.
【可能性】kěnéngxìng 名 可能性. ¶~很大/可能性がとても大きい.
【可逆】kěnì 形 可逆の. 元に戻れる. ¶~反应 fǎnyìng /可逆反応.
*【可怕】kěpà 形 恐ろしい. 恐るべき. ¶~的灾难 zāinàn /恐ろしい災難. ¶并不~的事情/まったく恐るるに足らない事柄.
【可欺】kěqī 形 ❶ いじめられやすい. ¶软弱~/軟弱でいじめられやすい. ❷ だまされやすい. かつがれやすい.
【可气】kěqì 形 腹が立つ. むかっとなる. ¶这个小孩

刚换的衣服就弄脏了，真～！/ この子ったら、換えたばかりの服をもう汚してしまって、まったく腹が立つね.

【可巧】kěqiǎo 副 ちょうどよく. うまい具合に. 折よく. ¶我正要找你，～你就来了 / 君を探しに行こうとしたら、ちょうど君が来た. 同 恰好 qiàhǎo、凑巧 còuqiǎo

【可亲】kěqīn 形（人柄などが）親しみやすい.

【可取】kěqǔ 採用する価値がある. 見習うべきだ. ¶一无～/ 一顧の価値もない. ¶他的建议有～之处 / 彼の意见には採るべき点がある. ¶这种态度不～/ このような態度は望ましくない.

【可圈可点】kě quān kě diǎn 句（文章・演技・试合内容などの）出来栄えが素晴らしく、賞賛に値する. 参考 "圈点"は、詩文のよい箇所につける符号.

【可燃冰】kěránbīng 名《鉱物》メタンハイドレート. 同 甲烷水合物 jiǎwán shuǐhéwù

【可燃垃圾】kěrán lājī 名 燃えるゴミ. 可燃ゴミ. 反 不可燃垃圾

【可燃性】kěránxìng 名 可燃性.

【可人】kěrén 文 ❶ 名 りっぱな人. ❷ 形（味や見栄えが）よい. いける.

【可溶性】kěróngxìng 名 可溶性.

【可视电话】kěshì diànhuà 名 テレビ電話.

*【可是】kěshì ❶ 接 しかし. ¶大家虽然很累，～都很愉快 / みんなは疲れているが、とても愉快だ. ¶叫他别去，～他偏要去 / 行かせないようにしているが、彼は頑として行こうと言っている. ❷ 副 本当に. 実に. ¶那里风景之美，～天下无双 / あそこの景色の美しさには、まったく並ぶものがない. ⇨可 kě (囲み) 用法 ①は"虽然 suīrán"などと呼応して使うことが多い.

【可塑性】kěsùxìng 名 ❶《物理》可塑性. ❷《生物》順応性. 適応性.

【可叹】kětàn 形 嘆かわしい.

【可体】kětǐ（服のサイズが）身体に合っている. 同 合身 héshēn

【可望而不可即[及]】kě wàng ér bù kě jí 成 見えるけれども近づけない. 実現しそうでなかなか実現できない.

【可谓】kěwèi 動 文 ～といえる. ～というべき. ¶他的人品真～英雄本色 / 彼は正に英雄と呼べる人だ.

【可恶】kěwù 形 いやらしい. 憎らしい. ¶他这种无耻 wúchǐ 小人真～/ 彼のような恥知らずの小人物は本当にしゃくにさわる.

【可吸入颗粒物】kěxīrù kēlìwù 浮遊粒子状物質.

【可惜】kěxī ❶ 形 惜しい. 残念だ. ¶错过这个机会真～/ このチャンスを逃したのは、かえすがえすも残念だ. ¶毫不～/ 少しも惜しくない. ❷ 副 惜しいことには. 残念ながら. ¶～我帮不了你的忙 / 残念ながらお手伝いできません. ¶他是个天才，～死得太早了 / 彼は天才だが、惜しいことに早死にした. 同 惋惜 wǎnxī

【可喜】kěxǐ 形 とても喜ぶべき. うれしい. ¶～可贺 hè / おめでとう. ¶获得了～的成功 / 喜ばしい成功を手にする. 反 可悲 kěbēi

【可想而知】kě xiǎng ér zhī 成 想像して理解できる. 推して知るべし. ¶～，我当时是多么难过 / 当時私がどのにつらい思いをしたか、よくわかるでしょう.

【可笑】kěxiào 形 ❶ 面白おかしい. 滑稽(jī)で笑える. ¶滑稽 huájī～/ ひょうきんでおかしい. ¶这个笑话并不～/ この笑话はちっとも面白くない. ❷ ばかげている. ¶幼稚 yòuzhì～/ 子供っぽくてばかげている. ¶～的想法 / ばかげた考え.

【可心】kě//xīn 動 気に入る. 意にかなう. ¶～如意 /

願ったりかなったり. ¶买了一双～的皮鞋 / 気に入った皮靴を一足買った.

【可心人】kěxīnrén 名 自分が気に入った人.

【可信】kěxìn 形 信用できる. 信じられる. ¶～性 / 信憑 (bǐng) 性.

【可信度】kěxìndù 名 与信度. 信頼度.

【可行】kěxíng 形 実行できる. 実現可能だ. ¶唯一wéiyī～的办法 / 唯一実行可能な方法.

【可行性】kěxíngxìng 名 実行可能性. ¶～报告 / フィージビリティリポート.

【可疑】kěyí 形 疑わしい. 怪しい. ¶形迹～ / 挙動不審だ. ¶他的行动很～/ 彼の行動は怪しい. ¶～分子 fènzǐ / 容疑者.

*【可以】kěyǐ ❶ 助動 …できる. ¶这个房间～住五个人 / この部屋は5人入宿泊できる. ❷ 形 やってもよい. ¶我～在这儿吸烟吗？/ ここでたばこを吸ってもいいですか. ¶我～回家吗？/ 家に帰ってもいいですか. ¶你不吃也～/ 君は食べなくてもよろしい. ❸ 形 価値がある. ¶这个画展～看看 / この絵画展は一見の価値がある. ❹ 形 口 まあよい. 悪くない. ¶她的英语还～/ 彼女の英語はまあまあだ. ❺ 形 口 すごい. ひどい. ¶今天忙得真～/ 今日はひどく忙しい. 比較 まだ実現していない自然現象の推測には"能 néng"を使い、"可以"は使わない. ¶这雨能下长么？/ この雨は長引くだろうか. 比較 "可以"は、通常ではなかなかできないことを力量や能力で実現することを言い、"会 huì"は学習や練習によってできるようになることを言う.

【可意】kěyì 気に入っている. 満足している.

【可有可无】kě yǒu kě wú 特に重要ではない. あってもなくてもよい. ¶他在公司里不是个～的人 / 彼は会社ではなくてはならない人だ.

【可憎】kězēng 形 憎むべき. 憎々しい. ¶面目～/ 憎らしい面構え.

【可着】kězhe ❶ 動 口 精一杯がんばって行う. ¶～劲儿干活 / 力の及ぶかぎりがんばって仕事をする. ❷ 副 精一杯がんばって. ¶他家太穷了，～地也挑不出一件值钱的东西 / 彼の家はあまりに貧しく、懸命に選ぼうとしても金目のものは1つもなかった.

【可知性】kězhīxìng 名《哲学》知ることのできる性質. 認識しうる性質. 反 不 bù 可知性

坷 kě

土部 5
全 8 画
四 4112₀
次常用

→坎坷 kǎnkě
☞ 坷 kē

岢 kě

山部 5
全 8 画
四 2262₁

素 地名用字. ¶～岚 Kělán (山西省の県名).

渴 kě

氵部 9
全12画
四 3612₇
常用

❶ 形 のどがかわいている. ¶解～ jiěkě (のどのかわきをいやす) /～死了 (のどがひどくかわいた). ❷ 素 切実に. ¶～望 kěwàng /～念 kěniàn (しきりに思う). ❸ (Kě)姓.

【渴慕】kěmù 動 恋い慕う. ¶～已久 / 長い間思いをつのらせる. ¶心怀～ / 切なる思いをいだく.

【渴盼】kěpàn 動 切に待ち望む.

【渴求】kěqiú 動 切実に求める. ¶～进步 / 進步を切に願う. ¶～自由 / 自由を渴望する.

【渴望】kěwàng 動 切に願う. 心から望む. ¶～和平 / 平和を切望する. ¶～见面的人 / どうしても会いたい人.

【渴想】kěxiǎng 切に思う．心から懐かしむ．¶今天见到了～多年的老朋友了 / 長年にわたり心にかけていた旧友に，今日会えた．

可 kě
口部2　四 1062。
全5画　常用
下記熟語を参照．
☞ 可 kě

【可汗】kèhán 图 ハーン．古代の鮮卑・突厥・ウイグル・蒙古族などの最高統治者の称号．

克(剋③～⑤ / 尅③～⑤) kè
十部5　全7画　四 4021₂ 常用

❶素 よく…し得る．…できる．¶～勤～俭 kè qín kè jiǎn．❷素 克服する．¶～己 kèjǐ / 以柔 róu 刚（柔よく剛を制す）．❸素 攻め落とす．¶～复 kèfù / 攻め～（攻めれば必ず勝つ）．❹素 消化する．¶～食 kèshí．❺素 期日を厳格に限る．¶～期动工（期日を限って着工する）／～日完成（日限を決めて完成させる）．❻量 刻 kè ❶ 量 グラム．❻ 公分 gōngfēn ❼ 量 チベット語の容量・地積単位．❽ (Kè)姓．参考 ⑦は1"克"のハダカムギは約13–14 kg．1"克"の種をまける土地を1"克地 kèdì"といい，およそ1"市亩 shìmǔ"にあたる．

【克敌制胜】kè dí zhì shèng 成 敵を打ち負かして勝利する．

*【克服】kèfú ❶ （欠点や不利な条件などを）克服する．¶～困难 / 困難を乗り越える．¶～千难万险 / 数々の危険や困難を克服する．❷ (回) 我慢する．耐える．¶这儿生活条件不太好,咱们一～下吧 / ここでの生活条件はあまりよくないですが，ちょっと我慢しましょう．

【克复】kèfù （失地を）奪回する．奪還する．(同) 光复 guāngfù, 收复 shōufù

【克格勃】Kègébó 名 ❶ KGB．旧ソ連の国家保安委員会．❷ ①の要員．

【克化】kèhuà 動 〈方〉（食べ物を）消化する．

【克己】kèjǐ ❶ 私欲に打ち勝つ．自分にきびしくする．❷ 形 値段を安く抑えている．¶本店货品甚～ / 当店の品はどれもお安くなっております．❸ 形 倹約する．節約する．表現 ②は，店の側から客に対する言い方．

【克己奉公】kè jǐ fèng gōng 成 滅私奉公．私情を抑えて公務にはげむ．由来 『漢書』王嘉伝に見えることば．

【克扣】kèkòu 動 上前をはねる．ピンはねする．¶～分量 / 量をごまかす．¶～粮饷 liángxiǎng / 兵士の給与をピンはねする．

【克拉】kèlā 量 カラット．宝石の重さの単位．♦ carat, karat

【克赖斯特彻奇】Kèlàisītèchèqí《地名》クライストチャーチ（ニュージーランド）．

【克朗】kèlǎng 名 クローネ．クローナ．参考 スウェーデン，ノルウェー，アイスランド，デンマークなどの通貨単位．

【克劳塞维茨】Kèláosāiwéicí《人名》クラウゼビッツ（1780–1831）．プロイセンの将軍で軍事理論家．

【克里奥尔语】Kèlǐ'ào'ěryǔ 名《言語》クレオール．♦ Creole

【克里姆林宫】Kèlǐmǔlíngōng 名 クレムリン宮殿．旧ソ連の政府所在地．

【克隆】kèlóng 外 ❶ 名 クローン．❷ 動 複製する．♦ clone

【克罗地亚】Kèluódìyà《国名》クロアチア．

【克勤克俭】kè qín kè jiǎn 成 よく働きよく倹約する．

【克山病】kèshānbìng 名《医学》克山病．参考 黑龙江省克山県で発見された風土病．

【克什米尔】Kèshímǐ'ěr《地名》カシミール（インド）．

【克食】kèshí 動 食物の消化を促す．¶山楂 shānzhā 能～ / サンザシは消化を助ける．

【克星】kèxīng 名 かなわない相手．天敵．由来 五行（ぎょう）の相生（そうしょう）相克の道理から．

【克原子】kèyuánzǐ 名《化学》原子量の単位．グラム原子．

【克制】kèzhì 動 （欲望や感情を）抑える．自制する．¶～感情 / 感情を抑制する．¶无法～自己 / 自分自身をコントロールできない．¶难以～的欲望 yùwàng / 抑えがたい欲望．(同) 抑制 yìzhì

刻 kè
刂部6　四 0280。
全8画　常用

❶ 動 刻む．¶雕～ diāokè（彫刻する）／～石 kèshí（石に彫りつける）／～字 / ～图章（印鑑を彫る）．❷ 量 （時間の）15分．¶下午五点一～开车（午後5時15分に発車する）．❸ 素 短い時刻．¶顷～ qīngkè（一瞬）／立～ lìkè（すぐに）／即～ jíkè（ただちに）．❹ 素 程度がはなはだしい．¶深～ shēnkè（とても深い）／～苦 kèkǔ．❺ 素 薄情だ．冷酷だ．¶尖～ jiānkè（しんらつだ）／苛～ kēkè（きびしすぎる）．❻ 素 期日を厳格に限る．(同) 克 kè

【刻板】kèbǎn ❶ 動 版木や金属板に彫る．(同) 刻版 kèbǎn ❷ 名 板木．版下．❸ 形 型どおりだ．融通がきかない．¶一地照抄 / 機械的に丸写しする．¶他做事很～ / 彼はやり方が型通りで融通がきかない．(同) 呆板 dāibǎn, 古板 gǔbǎn, 死板 sǐbǎn, 板滞 bǎnzhì

【刻本】kèběn 名 木板印刷の書物．(反) 活字本 huózìběn

【刻薄】kèbó 形 薄情だ．¶待人～ / 冷たく人を扱う．¶说一话 / とげとげしい話し方をする．¶尖酸 jiānsuān～ / しんらつだ．(同) 苛刻 kēkè (反) 厚道 hòudao, 宽厚 kuānhòu

【刻不容缓】kè bù róng huǎn 成 一刻を争う．非常にさし迫っている．¶～的任务 / 一刻の猶予も許さない任務．

【刻刀】kèdāo 名〔把 bǎ〕彫刻刀．のみ．

【刻毒】kèdú 形 毒を含んだ．しんらつだ．¶为人 wéirén～ / 人柄が意地悪だ．¶～的语言 / しんらつなことば．

【刻度】kèdù 名 （計器やメーターの）目盛り．

【刻骨】kègǔ 形 （ことばやうらみが）深く胸の奥に刻み込まれている．死んでも忘れない．¶～仇恨 chóuhèn / 骨に徹する恨み．

【刻骨铭心】kè gǔ míng xīn 成 心に留めて忘れない．(同) 镂 lòu 骨铭心 表現 多く他人への強い感謝の気持ちをあらわすときに用いる．

【刻花】kèhuā ❶ 動 模様を刻み込む．❷ kèhuā 名 彫りの入ったデザイン．¶～玻璃 / カットグラス．

【刻画】kèhuà 動 （人物の姿や性格を）浮き彫りにする．¶～人微 / 微に入り細にわたる表現．¶这篇小说的人物～得特别成功 / この小説の人物描写はとてもみごとだ．

*【刻苦】kèkǔ ❶ 形 労苦をいとわない．骨身をけずって努力する．¶～钻研 zuānyán / 労苦をいとわず研鑽する．¶他学习非常～认真 / 彼は骨身を惜しまずまじめに勉強している．❷ 倹約している．質素だ．つつましい．¶他生活很～ / 彼の生活はたいへんつつましい．

【刻录机】kèlùjī 名 デュプリケーター．

【刻下】kèxià 名 文 目下. 今のところ.
【刻写】kèxiě《印刷》ガリ版を切る.
【刻意】kèyì 副 骨身を惜しまず. 勤勉に. ¶～求工／工夫して意匠を凝らす. ¶～求精／最高の技量を尽くす.
【刻印】kè//yìn 動 ❶印章を彫る. ❷版木に彫って印刷する. ❸心に刻む.
【刻舟求剣】kè zhōu qiú jiàn 成 型どおりで状況の変化に対応できない. 融通がきかない. 由来『呂氏春秋』察今篇に見えることば. 楚の国の人が,誤って剣を船から水中に落したため,船のへりに印をつけ,船が岸に着いてから印の下の水中を捜した,という故事から.
【刻字】kèzì 動 文字を刻む. 印鑑を作る. ¶～工人／印鑑や版を彫る職人.

恪 kè ⾐部6 四9706₄ 全9画 通用

❶ 素 謹しみ深い. ¶～守 kèshǒu ／～遵 kèzūn（謹しんで従う）. ❷(Kè)姓.

【恪守】kèshǒu 動 厳格に守りぬく. ¶～中立／中立を固持する. ¶～不渝 yú／成 変わることなく守り通す. 同 遵守 zūnshǒu

客 kè ⾐部6 四3060₄ 全9画 常用

❶ 名 [⽇ 位 wèi] 客. 客人. ¶宾～ bīnkè（賓客）／会～ huìkè（客に会う）. 反 主 zhǔ ❷ 名 [⽇位 wèi] 旅客. 顧客. ¶～车 kèchē ／～店 kèdiàn／～满 kèmǎn. ❸ 名 よその土地の. ¶～籍 kèjí. ❹ 名 各地をまわって活動をする人. ¶说～ shuōkè（遊説家）／政～ zhèngkè（政客）. ❺ 素 人間の意識の外に独立して存在する. ¶～观 kèguān／～体 kètǐ. 反 主 zhǔ ❻ 量 ⽇ 一人分の食品や飲料を数えることば. ¶一～客饭（定食一人前）／三～冰激凌 bīngjīlíng（三人分のアイスクリーム）. ❼(Kè)姓.

【客帮】kèbāng 名 ❶よそから来た行商人の一行. ❷よそ者たちのグループ.
【客舱】kècāng 名（船や飛行機の）客室. キャビン.
【客场】kèchǎng 名《スポーツ》試合会場が相手チームの本拠地であること. アウェー. 反 主场 zhǔchǎng
【客车】kèchē 名〔节 jié,辆 liàng,列 liè〕客を運ぶための車両. 列車のバスなど.
【客船】kèchuán 名〔条 tiáo,只 zhī〕客船.
【客串】kèchuàn 動 (～儿) ❶ しろうとの役者が,臨時にプロの劇団に出演する. 役者が,別の劇団の舞台に特別出演する. ❷一時的に別の仕事をする.
【客店】kèdiàn 名 [⽇ 家 jiā] 設備の粗末な小規模の旅館. ¶在一家～投宿／とある安宿に泊まる.
【客队】kèduì 名《スポーツ》ビジターチーム. 反 主队 zhǔduì
【客饭】kèfàn 名 ❶（食堂で）臨時に来客のために出す料理. ❷（旅館や汽車·汽船で売られる）定食.
【客房】kèfáng 名 [⽇ 间 jiān] ❶来客用の部屋. ❷（ホテルなどの）客室.
【客观】kèguān ❶ 名《哲学》客観. ¶～存在／客観存在. ¶～规律／客観的規範. ¶～事物／客観的事象,物体. 反 主观 zhǔguān ❷ 形 客観的である. 偏見がない. ¶～条件／客観的条件. ¶～性／客観性. 反 主观 zhǔguān
【客官】kèguān 名 ⽇ お客様. 表现 旅館などの客に対する尊称.
【客户】kèhù 名 ❶ ⽇ 小作農家. 反 主户 zhǔhù ❷ ⽇ [⽇ 家 jiā] 他の土地から移住して住み着いた家族. ❸〔家 jiā,位 wèi〕取引先. 得意先.
【客货船】kèhuòchuán 名 [⽇ 艘 sōu,只 zhī] 貨客船. フェリー.
【客机】kèjī 名〔架 jià〕旅客機.
【客籍】kèjí 名 ❶（原籍に対する）現住所. 反 原籍 yuánjí ❷外地出身者. 反 土著 tǔzhù
【客家】Kèjiā 客家（ﾊｯｶ）. ¶～话／客家語. 中国語方言の一つ. 由来4世紀初頭から13世紀初頭にかけて,黄河流域から南下して住み着いた漢民族. 原住民と区別するため,「客家」と呼ばれる. 現在では広東·福建·広西·江西·湖南·台湾などの省に居住している.
【客居】kèjū 動 異郷に住む. 海外に居留する. ¶～他乡／異郷に身を寄せる. 同 寄居 jìjū,旅居 lǚjū
【客流】kèliú 名 乗客の流れ.
【客轮】kèlún 名 [⽇ 艘 sōu,条 tiáo] 客船. 反 货轮 huòlún
【客满】kèmǎn 形 お客でいっぱいだ. 満員だ. ¶剧场经常～／劇場はいつもお客であふれている. ¶这家饭店天天～,生意兴隆 xīnglóng ／このホテルは毎日満室で,商売繁盛だ.
【客票】kèpiào 名〔张 zhāng〕乗車券. ¶～窗口／乗車券売場窓口. 反 货票 huòpiào
*【客气】kèqi ❶ 形 礼儀正しい. 控え目だ. 遠慮している. ¶～话／遠慮がちのことば. ¶您太～了／あなたを気を遣いすぎですよ. ❷ 動 遠慮する. 気を使う. ¶您坐,别～／遠慮せずにおかけなさい. ¶都是自己人,不用～／内輪の者ばかりだから,遠慮はいらない.
*【客人】kèrén[-ren] 名 ❶ [⽇ 个 ge,位 wèi] 客. ゲスト. ¶今天要陪～吃饭／今日はお客さんと一緒に食事だ. 反 主人 zhǔrén ❷ [⽇ 位 wèi] 旅行者. 乗客. ❸ [⽇ 位 wèi] 旅商人. 同 客商 kèshāng
【客商】kèshāng 名 [⽇ 名 míng,位 wèi] 旅商人.
【客死】kèsǐ 動 文 客死する. ¶～异域 yìyù ／異郷で客死する.
【客岁】kèsuì 名 文 去年.
【客室】kèshì 名 ⽇ 客間. 応接間.
【客套】kètào ❶ 名 挨拶(ｱｲｻﾂ)の常套句. 社交辞令. ¶他很会说～话／彼は外交辞令が得意だ. ❷ 動 ❶を言う.
【客套话】kètàohuà 名〔句 jù〕紋切り型の挨拶. 場面ごとの決った言い方. 表現 "劳驾 láojià"（すみませんが）,"借光 jièguāng"（すみませんが. ちょっといいですか）,"慢走 mànzǒu"（お気をつけて）,"留步 liúbù"（お見送りは結構です）など.
【客体】kètǐ 名《哲学》客体. 反 主体 zhǔtǐ
【客厅】kètīng 名 [⽇ 间 jiān] 客間. 応接間.
【客土】kètǔ 名 ❶《農業》土壌改良のために他所から運びこんだ土. ❷ 文 異郷の地. ¶滞留 zhìliú ／異郷にとどまる.
【客乡】kèxiāng 名 異郷.
【客星】kèxīng 名 古代に天空に新しく出現した星の総称. 新星や彗星など.
【客姓】kèxìng 名 同姓の一族の村に来たよそ者の姓. 参考 例えば,王家庄にやって来た张姓や李姓など.
【客源】kèyuán 名 旅客の供給源. 旅客と見込める人. 参考 観光業や交通運輸業についていう.
【客运】kèyùn 名 旅客運輸業務. ¶～列车／客車. 反 货运 huòyùn
【客栈】kèzhàn 名 ⽇ [⽇ 家 jiā] 規模の小さい旅館. 同 客店 kèdiàn

【客座】kèzuò ❶[名]客の座席. ❷[形]客員の. [反]专任 zhuānrèn

【客座教授】kèzuò jiàoshòu [名]客員教授.

课(課) kè 讠部 8 [四] 3679₄ 全10画 [常用]

❶[名]〔[量]节 jié,堂 táng〕授業.（教材の)課. ¶上～ shàngkè（授業をする)/一节～（授業1コマ)/第三～（第3課). ❷[名]〔[量]门 mén〕科目. ¶五门～（5科目の授業)/语文～（科目としての国語). ❸[名][旧]（国家機関や学校などの)課. ¶秘书～（秘書課)/会计 kuàijì～（会計課). ❹[動]税を徴収する. ¶～税 kèshuì. ❺[量]教材の一区切りを数えることば. ¶默写了六～生字(6課分の新出字を空で書いた). ❻[素][旧]租税. ¶国～ guókè（国税). ❼[素]占いの一種. ¶起～ qǐkè（占いをする). [表現]③は,現在では"科 kē"を使うことが多い.

**【课本】kèběn [名]（～儿)〔[量]本 běn,册 cè〕教科書. ¶数学～/数学の教科書. ¶把～翻到五十页/テキストの50ページを開く.

【课表】kèbiǎo [名]学校の時間割.

*【课程】kèchéng [名]〔[量]门 mén〕授業のカリキュラム. 授業コース. ¶安排～/カリキュラムを組む. 授業のコースを組む. ¶学校的～很紧张/学校のカリキュラムがいっぱいできつい.

【课间】kèjiān [名]授業と授業の間.

【课间餐】kèjiāncān [名]（一部の学校や幼稚園で)午前10時頃に出すおやつ.

【课间操】kèjiāncāo [名]授業と授業の間に行う体操.

【课件】kèjiàn [名]《コンピュータ》コースウェア. 教育用ソフトウェア.

【课目】kèmù [名]❶（学校の)授業科目. ❷（軍事訓練の)内容. 項目.

【课时】kèshí [名]授業時間の一単位. 一コマ. ¶每周授课十二～/一週間に12コマ授業する.

【课税】kèshuì [動]課税する.

【课堂】kètáng [名]教室. 授業したり教育活動をする場所. ¶～讨论/クラスディスカッション. 演習授業. ¶～作业/授業時間中に解く練習問題. ¶～教学/授業. 教室での指導.

【课题】kètí [名]❶（研究や討論の)主要なテーマ. ¶科研～/科学研究のテーマ. ❷解決すべき問題点. 課題. ¶提出新的～/新たな課題を提起する.

【课外】kèwài [名]授業以外の時間. ¶～作业/宿題. ¶～活动/課外活動. ¶～辅导/補習授業. 補講. ¶～读物/課外読み物. [反]课内 kènèi

**【课文】kèwén [名]（～儿)〔[量]篇 piān〕教科書の本文. ¶朗读～/教科書を朗読する. ¶讲解～/教科書の内容を説明する. ¶背诵 bèisòng～/テキストを暗唱する.

【课业】kèyè [名]学業. 勉強.

【课余】kèyú [名]授業以外の時間. 休み時間,放課後など. ¶～做义务劳动/放課後に進んでボランティアをする.

【课桌】kèzhuō [名]〔[量]张 zhāng〕学生机. ¶把～排得整整齐齐/生徒の机を整然と並べる.

氪 kè 气部 7 [四] 8021₇ 全11画 [通用]

[名]《化学》クリプトン. Kr. ♦krypton

骒(騍) kè 马部 8 [四] 7619₄ 全11画 [通用]

下記熟語を参照.

【骒马】kèmǎ [名]〔[量]匹 pǐ〕めすウマ.

缂(緙) kè 纟部 9 [四] 2415₆ 全12画 [通用]

下記熟語を参照.

【缂丝】kèsī [名]❶伝統工芸の一つ. 絹糸や金糸を用い,模様を織り出すタペストリー. ❷①の方法で作った衣装や工芸品. [同]刻丝 kèsī

嗑([異]齣) kè 口部10 [四] 6401₂ 全13画 [通用]

[動]歯でかみわる. ¶～瓜子儿(スイカやカボチャなどの種をかみわって食べる).

锞(錁) kè 钅部 8 [四] 8679₄ 全13画 [通用]

[名][旧]通貨として使われた金や銀のつぶ. ¶金～ jīnkè（つぶ金). [同]锞子 kèzi

溘 kè 氵部10 [四] 3411₂ 全13画 [通用]

[副][文]突然に. ¶～逝 kèshì（急逝する).

【溘然长逝】kè rán cháng shì [成]急逝する.

ken ㄎㄣ〔k'ən〕

肯([異]肎❸❹) kěn 止部 4 [四] 2122₇ 全 8 画 [常用]

❶[助動]自分で…する. 喜んで…する. ¶我请她去,她怎么也不～去(彼女に行くよう頼んだが,どうしても行こうとしなかった). ❷[動]要望を受け入れる. 承諾する. ¶首～ shǒukěn（うなずいて同意する). ❸[素]骨と骨をつなぐ筋肉. ¶～綮 kěnqìng. ❹[素]急所. ポイント. ¶中～ zhòngkěn（的を射ている). ❺(Kěn)姓.

【肯德基】Kěndéjī《商標》ケンタッキーフライドチキン.

*【肯定】kěndìng ❶[動]肯定する. 承認する. ¶～成果/成果を承認する. [反]否定 fǒudìng ❷[形]肯定的だ. 積極的だ. 前向きだ. ¶他的答案是～的/彼の答えは前向きなものだった. [反]否定 fǒudìng ❸[形]明確だ. 確定的だ. ¶～的答复 dáfù/明確な答え. [反]含糊 hánhu ❹[副]必ず. 疑いなく. ¶我不说,你～忘记了/僕が言わなければ,君はきっと忘れていた. ¶我们～能按时完成任务/私たちは必ず予定通りに任務をやりとげられる. [反]未必 wèibì

【肯尼迪】Kěnnídí《人名》ケネディ(1917-1963). 米国第35代大統領.

【肯尼亚】Kěnníyà《国名》ケニア.

【肯綮】kěnqìng [名][文]骨と骨をつなぐ部分. 物事の大事な部分. キーポイント. ¶深中 zhòng～/肯綮(ｺｳｹｲ)に当たる.

【肯塔基】Kěntǎjī《地名》ケンタッキー州(米国).

【肯于】kěnyú [動]すすんで…する. ¶～吃苦/すすんで苦労に耐える.

垦(墾) kěn 艮部 3 [四] 7710₄ 全 9 画 [常用]

[素]土を掘り起こす. 開墾する. ¶～地 kěndì（開墾する)/～区 kěnqū/～荒 kěnhuāng.

【垦荒】kěnhuāng [動]荒地を開墾する. ¶积极～,改造成良田/すすんで荒地を開墾し,良田を作り上げよう. [同]开荒 kāihuāng,拓荒 tuòhuāng

【垦区】kěnqū [名]開墾地区.

【垦殖】kěnzhí [動]開拓して耕作する. ¶～场/開拓農

恳(懇) kěn
艮部4 全10画 四 7733₃ 常用
素 ❶誠実だ．ねんごろだ．¶~求 kěnqiú / ~谈 kěntán / 勤~ qínkěn (仕事がまじめで着実だ)．❷お願いする．¶转~ zhuǎnkěn (人を介してお願いする) / 敬~ jìngkěn 大力支持 (大いなる力添えをつつしんでお願いする)

【恳切】kěnqiè 形 親切で細やかな気配りがある．¶言词~/ことばがていねいで心がこもっている．¶他用~的目光望着我 / 彼は親身な眼差しで私を見つめている．同 诚恳 chéngkěn

【恳请】kěnqǐng 動 ねんごろにお願いする．¶~出席 / 心よりご出席をお願いする．¶~大家光临 / 皆様のお越しを心よりお願い申し上げます．

【恳求】kěnqiú 動 切に願う．懇願する．¶我再三~，她就是不答应 dāying / 再三懇願したが，彼女はまったく承諾してくれなかった．同 请求 qǐngqiú, 央求 yāngqiú

【恳谈】kěntán 動 懇談する．
【恳谈会】kěntánhuì 名 懇談会．

啃(異 齦) kěn
口部8 全11画 四 6102₇ 次常用
動 (力を入れて)かじる．¶~玉米 (トウモロコシをかじる) / ~书本 kěn shūběn

【啃青】kěnqīng 動方 ❶作物が青いうちに刈り取って食べる．❷家畜が作物の苗を食べる．
【啃书本】kěn shūběn 句 (~儿)書物にかじりつく．¶他只会死~/ 彼ははがりがんばり勉強してばかりいる．
【啃椅族】kěnyǐzú 名 ファーストフード店などで長居する客．多く，飲み物だけ注文して何時間も居座るカップルや若者をいう．

龈(齦) kěn
齿部6 全14画 四 2773₂ 通用
動 かじる．¶老鼠 lǎoshǔ 把抽屉 chōuti~坏了 (ネズミが引き出しをかじって壊した)．同 啃 kěn
☞ 龈 yín

裉(異 褃) kèn
衤部6 全11画 四 3723₂ 通用
名 上着わきの下の縫い合わせ部分．¶煞~ shākèn (そでつけをする) / 抬~ táikèn (衣服の肩からわき下までの寸法)．

---

keng ㄎㄥ [k'əŋ]

坑(異 阬) kēng
土部4 全7画 四 4011₇ 常用
❶ 名 (~儿)地面の穴．くぼみ．¶泥~ níkēng (泥沼)．❷ 名 地下道．¶一道 kēngdào / 矿~ kuàngkēng (鉱坑)．❸ 動 生き埋めにする．¶~杀 kēngshā (生き埋めにして殺す) / 焚书 fénshū ~儒 kēngrú (焚書坑儒をおこなう)．❹ 動 だます．陥れる．¶~人 kēngrén．❺ (Kēng)姓．

【坑道】kēngdào 名〔量 道 dào, 条 tiáo〕 ❶ 坑道．❷ (軍事) 塹壕(ざんごう)．地下道．
【坑害】kēnghài 動 (人を)陥れる．ペテンにかける．¶~了别人，也~了自己 / 人を陥れると，自分もひどい目にあう．
【坑坑洼洼】kēngkengwāwā 形 (~的) 表面がでこぼこしている．
【坑木】kēngmù 名 坑道を支える支柱．坑木．
【坑农】kēngnóng 動 (悪辣な手段で)農民を苦しめる．農民に損害を与える．
【坑骗】kēngpiàn 動 巧みなことばでだます．¶~顾客 / 客をペテンにかける．
【坑人】kēng//rén 動 (不法な手段を使い)人を陥れる．
【坑子】kēngzi 名 穴．くぼみ．

吭 kēng
口部4 全7画 四 6001₇ 次常用
動 声を出す．しゃべる．¶这么半天,他都没~一声 (こんなに長い間，彼は一言も発しなかった)．用法 否定文で "一声 yīshēng" (一言)とともに用いられることが多い．
☞ háng

【吭哧】kēngchi 擬 ❶ ウーン．ヨイショ．力を入れる時に出る声．¶他一个人~~地把东西搬到楼上去了 / 彼は一人でウンウン言いながら，荷物を上の階へ運んだ．重 吭吭哧哧 qīngqīngchīchī．❷ ぐずぐず．ぐずぐず．口ごもっているようす．¶他~~了半天,我一句也没听清 / 彼は長いこと口をもぐもぐさせていたが，私には何一つはっきり聞こえなかった．
【吭气】kēng//qì (~儿)声に出す．ものを言う．¶她一生气,就一天不~/ 彼女はいったん怒ると,一日中口をきかない．
【吭声】kēng//shēng 動 (~儿)声に出す．ものを言う．¶你不~,怎么知道你在想什么呢？/ 何も言わなかったら,何を考えているのか知りようがありません．同 吭气 kēngqì 用法 否定文で用いられることが多い．

硁(硜/異 硻) kēng
石部5 全10画 四 1761₂ 通用
〔文〕 ❶ 擬 石をたたく音．❷ 形 考えが浅はかで，かたくなだ．¶~~之见 (自己の拙い考え)．

铿(鏗) kēng
钅部7 全12画 四 8771₄ 通用
擬 カーン．コーン．金属や楽器をたたいたり，打ちつけて響く音．

【铿铿】kēngkēng 擬 カーン．カラーン．楽器や金属のよく響く音．¶~地响 / カーンカーンと鳴る．
【铿锵】kēngqiāng 形 (音や声が)リズミカルでよく響く．¶~悦耳 yuè'ěr / リズミカルで響きもよく，聞いていて気持ちがいい．¶~有力的歌声 / 澄んだ力強い歌声．
【铿锵玫瑰】kēngqiāng méiguì 名 女子サッカー中国代表チームの愛称．参考 《铿锵玫瑰》はもともとは流行歌の題名．1999年の女子サッカーワールドカップ以降，この愛称で呼称されるようになった．
【铿然】kēngrán 形〔文〕音が力強く響いて心地よい．

---

kong ㄎㄨㄥ [k'uŋ]

空 kōng
穴部3 全8画 四 3010₂ 常用
❶ 名 空．¶高~ gāokōng (高空) / 半~ bànkōng (空中) / 领~ lǐngkōng (領空) / ~中 kōngzhōng．❷ 形 空の．内容のない．¶~想 kōngxiǎng / ~谈 kōngtán / ~箱子 kōngxiāngzi (空き箱)．❸ 副 むだに．空しく．¶~忙 kōngmáng (ムダ骨を折る) / 落~ luòkōng (当てがはずれる)．❹ (Kōng)姓．

☞ 空 kòng

【空靶】kōngbǎ 名（射撃の）空中標的.
【空肠】kōngcháng 名《生理》空腸.
【空巢家庭】kōngcháo jiātíng 名（子供が独立した）老い世帯.
【空城计】kōngchéngjì 名 自分の力の無さを隠し、相手をだます策略. 空城の計. 由来『三国演義』に見える故事から. 諸葛孔明は兵を空にした城内で敵を迎えると, 城門を開け, 自ら城楼で落ち着きはらって楽器を奏でた. これを見た敵軍は, 深い計略が隠されていると思い, 退却した.
【空挡】kōngdǎng 名《交通》（車の）ニュートラルギア.
【空荡荡】kōngdàngdàng 形（～的）がらんとしたようす. ¶商场里顾客稀少 xīshǎo, 显得～的 / デパートには客がまばらで, がらんとしている.
【空洞】kōngdòng ❶ 形（文章や話などの）内容がない. 中身がない. ¶这篇论文文辞～, 没有什么内容 / この論文は中身が何もなく, 空っぽだ. 圍 空洞洞洞 同 空泛 kōngfàn ❷ 名 空洞. ¶肺部 fèibù 有～ / 肺に穴があいている.
【空洞无物】kōng dòng wú wù 成（話や文章に）内容がない.
【空对地导弹】kōngduìdì dǎodàn 名《军事》空対地ミサイル.
【空对空】kōngduìkōng 慣（理論などの）内容がなく実情にそぐわない.
【空对空导弹】kōngduìkōng dǎodàn 名《军事》空対空ミサイル. 同 空空导弹
【空乏】kōngfá 形 ❶ 困窮している. ❷ むなしくて味気ない. ¶～的生活 / むなしい生活.
【空翻】kōngfān 動（スポーツ）宙返りをする.
【空泛】kōngfàn 形（文章や話が）漠然としていて, つかみどころのない. ¶～的议论 / つかみどころのない議論. ¶内容～ / 内容が漠然としている.
【空防】kōngfáng 名 防空.
【空房】kōngfáng ❶ がらんとした家. 空き家. ❷ 夫が出張などで不在の家で, 妻は一人住むこと. 表現 ②は, "守 shǒu 空房" と言う.
【空腹】kōngfù 名 空腹（の状態）. ¶不要～喝酒 / すき腹で酒を飲んではいけない.
【空港】kōnggǎng "航空港"（空港）の略.
【空谷足音】kōng gǔ zú yīn 得難い事物や貴重な情報. 由来『荘子』徐無鬼篇に見えることば.
【空喊】kōnghǎn いたずらに叫ぶ. 口先だけで実行しない. ¶～口号 kǒuhào / スローガンを叫ぶだけで実行が伴わない.
【空耗】kōnghào 動 むだに費やす. ¶～时间 / 時間をむだにする. ¶～精力 / 精力をむだに費やす.
【空话】kōnghuà〔量 句 jù, 篇 piān〕空論. 絵事. ¶～连篇 / 空論がとめどなく続く. ¶少说～, 多办实事 / 空論は控え, 実質的なことをもっとやりなさい.
【空怀】kōnghuái 雌の家畜が孕まないこと.
【空幻】kōnghuàn 形 架空だ. 非現実的だ. ¶～无凭 / 根拠がなく非現実的だ. 同 虚幻 xūhuàn
【空际】kōngjì 名 空中. 中.
【空寂】kōngjì ❶ 広々として静まり返っている. ¶～的原野 / 寂々静まり返った平原. ❷ むなしくてさびしげだ. ¶～的眼神 / うつろなまなざし.
【空架子】kōngjiàzi 名（文章・機構・組織などの）形だけで中身がないもの. 見かけ倒し.
*【空间】kōngjiān 名 ❶ 空間. ¶三维～ / 三次元空間. ¶这里有你发挥才能的～ / ここには, 君が才能を発揮する空間がある. ❷ 宇宙空間. ¶～技术 / 宇宙開発技術.
【空间探测器】kōngjiān tàncèqì 名 宇宙探査機.
【空间站】kōngjiānzhàn 名 ❶ 宇宙ステーション. 同 航天 hángtiān 站 ❷（宇宙船などに設置する）衛星通信施設. 同 航天站
【空降】kōngjiàng 動 落下傘を使って降りる. ¶～部队 / 落下傘部隊.
【空降兵】kōngjiàngbīng 名《军事》落下傘兵. パラシュート兵. 同 伞 sǎn 兵
【空姐】kōngjiě 名 女性キャビンアテンダント. スチュワーデス. "空中小姐 kōngzhōng xiǎojiě" の略.
【空警】kōngjǐng 航空警察.
【空军】kōngjūn 名〔量 支 zhī〕空軍.
【空军基地】kōngjūn jīdì 名《军事》空軍基地.
【空空导弹】kōngkōng dǎodàn 名《军事》空対空ミサイル.
【空空如也】kōng kōng rú yě 空っぽだ. 何もない. 由来『論語』子罕篇に見えることば.
【空口】kōngkǒu 副 ❶ 何もそえず, ごはんだけ, またはおかずだけ（を食べる）（を飲む）. ¶～喝酒（不吃菜）/ つまみなしで酒を飲む. ❷ 口先だけで（実を伴わない）. ¶～说 / 口先だけで言う.
【空口说白话】kōng kǒu shuō bái huà 成 口から出まかせをいう. ¶眼下需要的不是～, 而是实际行动 / 必要なのは, 口先だけのことばではなく, 実際の行動です.
【空口无凭】kōng kǒu wú píng 口 口で言うだけで, 根拠にならものがない. ¶～, 请你立字为据 / 口で言うばかりでなく, 証文をいただきたい.
【空旷】kōngkuàng 形（さえぎるものがなく）広々としている. ¶～的原野 / 広々とした原野. ¶～的运动场上, 一个人也没有 / 広々としたグラウンドには人っ子一人いない.
【空阔】kōngkuò 形 広々としてどこまでも続く. ¶～的大草原 / 果てしなく広い大草原. 同 空旷 kōngkuàng, 空廓 kōngkuò
【空廓】kōngkuò 形 だだっ広い. ¶～的大厅 / 広々としたロビー. 同 空阔 kōngkuò
【空灵】kōnglíng ❶ 自由でのびのびしている. ❷ 型にはまらず典雅だ.
【空论】kōnglùn 空論. ¶少发～, 多做实事 / 空論を少なくし, 実際の仕事を多くやりなさい.
【空落落】kōngluòluò 形 ❶（～的）がらんとしてもの寂しい. ❷ 空しい気分だ.
【空门】kōngmén 名 ❶ 仏教. 仏門. ❷（～儿）《スポーツ》無し守てもいないゴール.
【空难】kōngnàn 名 飛行機事故.
【空炮】kōngpào 名 ❶ 空砲. ❷ 実効のない空論. ほら話.
**【空气】kōngqì 名 ❶ 空気. ¶新鲜的～ / 新鮮な空気. ❷ 気分. 雰囲気. ¶学术～十分活跃 / 学術界は, 活発な空気に満ちている. ¶政治～非常紧张 / 政治の場での空気は非常に緊迫している.
【空气污染】kōngqì wūrǎn 名 大気汚染. 同 大气污染
【空气污染指数】kōngqì wūrǎn zhǐshù 名 大気汚染指数.
【空气质量】kōngqì zhìliàng 名 大気の清浄度.
【空气质量预报】kōngqì zhìliàng yùbào 名 大気汚染予報.

崆箜 kōng

【空前】 kōngqián 形 これまで例のない. 空前の. ¶盛况 shèngkuàng~ / 空前の盛況だ. ¶~未有的发展 / 未曾有の発展. ¶热情~高涨 gāozhǎng / かつてないほどに意欲が高まる.

【空前绝后】 kōng qián jué hòu 成 これまで例がなく,これからもありえない. 空前絶後だ.

【空勤】 kōngqín 名〈航空〉機内での勤務. 乗務. ¶~人员 / 機内乗務員. 反 地勤 dìqín

【空情】 kōngqíng 名〈空中戦や航空に関する〉空中の情況.

【空嫂】 kōngsǎo 名 既婚(または中年)の女性キャビンアテンダント.

【空身】 kōngshēn 名 (~儿)手ぶら. 身一つ. ¶小李~去了北京 / 李君は身一つで北京へ行った.

【空手】 kōng/shǒu 動(~儿)手に何ももたない. ¶~而归 / 成 手ぶらで帰る. 成果が得られない. ¶你怎么能空着手去见岳父母 yuèfùmǔ 呢? / 奥さんの両親に会うのに,手ぶらで行ってはいけない.

【空手道】 kōngshǒudào 名〈スポーツ〉空手道.

【空疏】 kōngshū 形 中身がない. (内容が)空疎(そ)だ. ¶~之论 / 空疎な議論.

【空谈】 kōngtán ❶ 動 言うだけで何もしない. ¶~理论 / 理論を口にするばかりで実行しない. ¶提倡实干,反对~ / 実行を奨励し,空談に反対する. ❷ 名 空論. 絵空事. ¶纸上~ / 机上の空論.

【空天飞机】 kōngtiān fēijī 名 航空宇宙船.

【空天战】 kōngtiānzhàn 名 空中戦.

【空调】 kōngtiáo 名 ❶ [台 tái] エアコン. ¶安装 ānzhuāng~ / エアコンを設置する. ¶天这么热,为什么不开~呢? / こんなに暑いのに,どうしてエアコンを入れないの. ❷ 政府の政策が空振りに終わること.

【空调病】 kōngtiáobìng 名 クーラー病.

【空头】 kōngtóu ❶ 名〈経済〉(株式取引の)空売り. 反 多头 duōtóu ❷ 形 名ばかりで実質がない. 見かけ倒しだ. ¶~人情 / うわべだけの人情. ¶~政治家 / 口先だけで実行の伴わない政治家.

【空头支票】 kōngtóu zhīpiào 名 ❶〈経済〉不渡り小切手. ❷ 空手形. 実行されない約束.

【空投】 kōngtóu 動 空中から投下する. ¶~物资 / 物資を空中投下する. ¶~伞兵 / 落下傘部隊を投下する.

【空文】 kōngwén 名 ❶ 中身のない文章. 空文(くうぶん). ❷ 有名無実の規則や条文.

【空吸】 kōngxī 動〈物理〉吸引. ¶~抽机 / 吸い上げポンプ.

【空袭】 kōngxí 動 空襲する. ¶~警报 / 空襲警報.

【空想】 kōngxiǎng ❶ 動 空想する. ¶整天~,什么也干不成 gànbuchéng / 一日中空想していても,何事も成しえない. 同 幻想 huànxiǎng ❷ 名 空想. 同 幻想 huànxiǎng

【空想社会主义】 kōngxiǎng shèhuì zhǔyì 名 空想的社会主義.

【空心】 ❶ kōng//xīn 動 (樹木や野菜の)芯が空洞になる. ¶大白菜空了心了 / ハクサイの芯にすが入った. ❷ kōngxīn 形 (~儿)ものの中が空の. ¶~面 / マカロニ. ¶~砖 zhuān / 中空のレンガ. ⇨ 空心 kòngxīn

【空心菜】 kōngxīncài 名〈植物〉"蕹菜 wèngcài"の別名. 茎が中空のカラシナの一種.

【空心砖】 kōngxīnzhuān 名〈建築〉中空レンガ. 空洞レンガ.

【空虚】 kōngxū 形 空虚で. 充実していない. ¶敌军后方~ / 敵軍は後方が手薄だ. ¶内心~而孤独 / 心がうつろで寂しい. 反 充实 chōngshí

【空穴】 kōngxué 名〈物理〉空孔. (半導体の)正孔. ホール.

【空穴来风】 kōng xué lái fēng 成 火のないところに煙は立たぬ. 由来 "穴があるから風が吹き込む"という意から.

【空言】 kōngyán 名 中身を伴わない話. 空言. 虚言.

【空域】 kōngyù 名 空域.

【空运】 kōngyùn 動 空輸する. ¶~物资 / 物資を空輸する. ¶这包裹 bāoguǒ 要~,还是要海运? / この小包は航空便にしますか,それとも船便にしますか.

【空战】 kōngzhàn 名〈軍事〉空中戦.

【空置】 kōngzhì 動 (家が)空いている. ¶~了两年 / 2年間空き家だ.

【空中】 kōngzhōng 名 空中. ¶~信箱 / ラジオ郵便箱.

【空中楼阁】 kōng zhōng lóu gé 成 まぼろしや現実離れした空想. 空中楼閣.

【空中小姐】 kōngzhōng xiǎojiě 名 スチュワーデス. 表現 現在では,"空姐"と言うのがふつう.

【空中走廊】 kōngzhōng zǒuláng 名 [条 tiáo] ビルとビルの間にかかっている渡り廊下.

【空钟】 kōngzhong 名 口 唐独楽(どくらく). 同 空竹 kōngzhú

【空竹】 kōngzhú 名 [只 zhī] 唐独楽(どくらく). ¶抖 dǒu~ / 唐独楽をまわす.

空竹

【空转】 kōngzhuàn 動 ❶ (モーターやエンジンを)空回しする. アイドリングする. ❷ (車などが)スピンする.

崆 kōng

山部8 四 2371₂
全11画 通用
名 地名用字. ¶~峒 Kōngtóng.

【崆峒】 Kōngtóng《地名》甘粛省にある山. または山東省煙台市にある島.

箜 kōng

竹部8 四 8810₂
全14画 通用
下記熟語を参照.

【箜篌】 kōnghóu 名《音楽》

空心菜

箜篌

箜篌(ミシ・シ).ハープと箏(ミ)を合わせたような中国の民族楽器の1つ.[参考]横型と縦型の二種類があり,古代の弦の数は大きさによって5本から25本まであった.現代では30本以上のものが使われている.

孔 kǒng
子部1 [四] 1241₀
全4画 [常用]

❶[名]小さな穴.¶鼻～ bíkǒng(鼻の穴)/ 毛～ máokǒng(毛穴).❷[名]洞窟やトンネルなどを数えることば.¶一～土窑 tǔyáo(土の洞窟ひとつ).❸[副]とても.非常に.¶需款～急(現金が至急必要になる).❹[動][文]通じる.¶交通～道(交通要路).❺(Kǒng)姓.
【孔道】kǒngdào [名]〔回〕条 tiáo〕要路.幹線道路.
【孔洞】kǒngdòng [名](器物につけた)穴.
【孔繁森】Kǒng Fánsēn〔人名〕孔繁森(ほんしん:1944-1994).共産党の模範幹部.
【孔方兄】kǒngfāngxiōng [名][俗]銭(ホヒ).[回]方兄,孔兄)旧時の銅銭は外が丸く,中に四角い穴があいていたことから.ユーモアも含んだ言いかた.
【孔径】kǒngjìng 穴の直径.口径.
【孔孟之道】Kǒng Mèng zhī dào [名]孔(子)・孟(子)の教え.儒学.
【孔庙】Kǒngmiào [名]〔座 zuò〕孔子廟.孔子の故郷,山東省曲阜市内にあるものが最古.
【孔明灯】kǒngmíngdēng [名]紙製の熱気球.[由来]諸葛孔明の発明と伝えられることから.
【孔雀】kǒngquè [名](鳥)〔回〕个 ge,只 zhī〕クジャク.¶～开屏 kāipíng / クジャクが尾羽を扇形に広げる.もったいぶること.
【孔雀蓝】kǒngquèlán [形]ピーコックブルーの.孔雀の羽のような藍色の.
【孔雀绿】kǒngquèlǜ [形]ピーコックグリーンの.マラカイトグリーンの.
【孔隙】kǒngxì [名](空気が吹きぬける)すき間.裂け目.小さな穴.
【孔型】kǒngxíng [名]〔冶金〕孔型.
【孔穴】kǒngxué [名]穴.すき間.¶这座山上有很多天然的～/ この山には自然に形成された穴がたくさんある.
【孔子】Kǒngzǐ〔人名〕孔子(ミネ:前551頃ー前479頃).春秋時代末期の魯国の思想家.名は丘,字は仲尼(ポト).儒家思想の創始者.仁という徳目を核とした思想体系を確立した.その人となりと考えは『論語』に見える.[参考]中国語では『論語』は"Lúnyǔ"と発音する.
【孔子学院】Kǒngzǐ xuéyuàn 孔子学院.[参考]中国政府が中国語普及のために世界中で開いている中国語教育施設.

恐 kǒng
心部6 [四] 1733₁
全10画 [常用]

❶[素]恐れる.不安に感じる.¶惊～ jīngkǒng(驚き恐れる)/ 惶～ huángkǒng(おののき恐れる).❷[動]恐れさせる.おびやかす.¶～吓 kǒnghè.❸[副][文]おそらく.¶～另有问题(たぶん他に問題があるのだろう)/ 此言～不可靠(このことばは恐らくあてにならない).❹(Kǒng)姓.
【恐怖】kǒngbù ❶[名]恐怖.¶心里感到～万分 / 非常な恐ろしさを感じる.❷[動]恐れる.こわがる.❸[名]人に恐怖を与えるもの.テロ.¶白色～ / 白色テロ.¶～分子 fènzǐ / テロリスト.
【恐吓】kǒnghè [動]脅迫(キネ)する.¶～信 / 脅迫状.[回]恫吓 dònghè,威吓 wēihè

【恐慌】kǒnghuāng ❶[動]恐慌をきたしている.パニック状態の.¶～万状 / 極度のパニック状態.❷[名]パニック.恐慌.¶经济～ / 経済恐慌.
【恐惧】kǒngjù [動]恐れる.おののく.¶～不安 / 不安でびくびくする.¶令人～的场面 / 恐ろしい場面.[回]害怕 hàipà
【恐龙】kǒnglóng [名]〔只 zhī〕恐竜.
*【恐怕】kǒngpà ❶[副]おそらく.多分.¶明天～会下雨 / 明日はたぶん雨が降るだろう.¶～他不会答应 dāying 你的要求 yāoqiú / おそらく,彼は君の求めに応じないだろう.❷[動]心配する.恐れる.¶我～他不来,一连打了几次电话 / 私は彼が来ないことを心配し,続けて数回電話した.

倥 kǒng
亻部8 [四] 2321₂
全10画 [通用]
下記熟語を参照.
【倥偬】zǒngmǎng [形][文]❶慌ただしい.切迫している.¶戎马 róngmǎ～ / 戦いに明け暮れる.❷困窮している.

空 kòng
穴部3 [四] 3010₂
全8画 [常用]

❶[動]空にする.空ける.¶把前面一排座位～出来(前の一列を空けて下さい)/ 文章每段开头要～两格(原稿は段落のはじめを二マス空けなければならない).❷[形]利用されていない.¶～地 kòngdì / ～房 kòngfáng(空き家).❸[名](～儿)〔块 kuài,片 piàn〕空き時間.ひま.¶你明天下午有～吗?(明日の午後,ひまがありますか).❹[素]借金をする.
☞ 空 kōng
【空白】kòngbái [名]〔处 chù,块 kuài〕(ページや紙などの)空白.余白.¶～支票 / 金額未記入の小切手.
【空白点】kòngbáidiǎn 未開拓の領域や分野.
【空出】kòngchū [名]からにすること.放出.
【空当】kòngdāng [名](~儿)すき間.空いた時間.[回]空当子 kòngdāngzi
【空地】kòngdì [名]❶〔块 kuài,片 piàn〕空き地.❷(~儿)〔块 kuài〕空きスペース.すき間.
【空额】kòng'é [名]欠員.定員の空き.
【空格】❶kòng/gé [動](原稿用紙などで)マスを空ける.¶每一段头一行 háng 要空两格 / 各段落の始めの一行は,二マス空けて書く.❷kònggé [名]空欄.¶填～ / 空欄をうめる.
【空缺】kòngquē ❶[名]空きポスト.欠員.¶填补～ / 欠員を補充する.❷[動]欠ける.
【空隙】kòngxì [名]すき間.時間の合間.すき.
【空暇】kòngxiá [名]ひま.¶我一点儿～的时间都没有 / 私には少しもひまがない.
【空闲】kòngxián ❶[名]ひま.空いた時間.¶利用～,练习书法 / ひまを利用して,書道を練習する.❷[形]使っていない.空いている.ひまだ.¶～的机器 / 使われていない機械.¶他总是那么～,无所事事 / 彼はいつもひまでぶらぶらしている.[回]闲暇 xiánxiá
【空心】kòngxīn [形][口](~儿)空腹だ.すきっ腹だ.¶～吃药 / 空腹時に薬を飲む.¶别～喝酒 / すきっ腹で酒を飲むな.☞ 空心 kōngxīn
【空余】kòngyú [形]空いている.¶～的时间 / 空き時間.¶～的房间 / 空室.
【空子】kòngzi [名][口]❶すき間.空き.空き時間.❷

㉒ すき.乗ずる機会.¶会钻 zuān～/弱味につけこむのがうまい.

控 kòng
扌部8 四 5301₂ 全11画 常用

❶[素] 告発する.告訴する.¶指～ zhǐkòng（起訴する）/被～ bèikòng（告訴される）/上～ shàngkòng（上訴する）. ❷[素] コントロールする.¶遥～ yáokòng（リモートコントロール）. ❸[素]（身体の一部分を）同じ姿勢でしておく.¶坐了十几个小时飞机,脚也一肿 zhǒng 了（十数時間飛行機に乗ったままの姿勢でいたら,足がむくんでしまった）. ¶把瓶里的水～干净 gānjìng（瓶をさかさまにして中の水をきれいに出す）.

【控告】kònggào 動 告訴する.告発する.¶～信/告訴状.告発文.¶有人～他贪污 tānwū/彼の汚職を告発した人がいる.

【控股】kònggǔ 動《経済》支配できる一定量の株式を保有する.

【控股公司】kònggǔ gōngsī《経済》持株会社.

【控诉】kòngsù 動 糾弾する.弾劾する.告発する.¶～大会/告発集会.

*【控制】kòngzhì 動 コントロールする.抑える.¶～数字/統制数値.目標数値.¶自动～/自動制御.¶～台/コントロール・センター.¶～自己的感情/自分の感情を抑える.（同 掌握 zhǎngwò

【控制论】kòngzhìlùn 名 サイバネティクス.

kou ㄎㄡ [k'oʊ]

抠(摳) kōu
扌部4 四 5101₄ 全7画 次常用

❶動（指などで）ほじる.¶～出一个小洞儿（ほじくって小さい穴を作る）. ❷動 彫る.¶～花儿（模様を彫る）. ❸動 あれこれ考える.¶～字眼儿 zìyánr. ❹形 ㋥ (～儿) けちだ.

【抠门儿】kōuménr 形 けちくさい.けちだ.¶这人真～,几块钱也舍不得 shěbude 出/こいつはまったくけちで,わずかな銭も出し惜しむ.

【抠搜】kōusou ㋥ ❶動 ほじくりだす. ❷形 けちだ.¶他真～/あいつは本当にけちだ. ❸動 もたもたする.¶这么抠抠搜搜的,什么时候才办完？/そんなにもたもたして,いつになったら終わるの.

【抠字眼儿】kōu zìyǎnr 句㋥字や語句のあらさがしをする.¶读诗需要想像,不要死～/詩の鑑賞には想像力を働かせるべきで,字面の意味ばかりとらわれてはいけない.

眍(瞘) kōu
目部4 四 6101₄ 全9画 通用

動 目が落ちくぼむ.¶～睺 kōulou.

【眍䁖】kōulou 動 目が落ちくぼむ.

口 kǒu
口部0 四 6000₀ 全3画 常用

❶名〔量 张 zhāng〕人や動物の口.¶开～说话（口を開いてしゃべる）. 同 嘴 zuǐ ❷名 (～儿)容器の口.¶瓶子～儿 píngzikǒur（ビンの口）/碗～儿 wǎnkǒur（お椀の口）. ❸名 (～儿)出入りするところ.¶出入～ chūrùkǒu（出入り口）/门～儿 ménkǒur（玄関）/胡同～儿 hútongkǒur（路地の入り口）/关～ guānkǒu（関所）. ❹名 (～儿)〔量 条 tiáo〕裂け目.切れ目.¶伤～ shāngkǒu（傷口）/决～ juékǒu（決壊する）. ❺㋥ 刃物の刃.¶刀～ dāokǒu（刃）. ❻㋥ ウマやロバなどの年齢.¶五岁～（5歳馬）. ❼[量]家族·家畜·丸い口を持つ物·一部の刃物·口に含まれる分量などを数えることば.¶一家五～人（一家5人）/三～猪（豚3頭）/一～井（井戸が1つ）/一～缸 gāng（かめが1つ）/一～水（一口分の水）/一～气（一息）. ❽ (Kǒu)姓.

【口岸】kǒu'àn 名 港.¶通商～/貿易港.通商港.¶～城市/港湾都市.

【口白】kǒubái ㋥（芝居の）せりふ.

【口碑】kǒubēi 名 人々が口々にほめ称えること.¶～载道 zàidào/賞賛の声があふれる.¶此人的～不太好/この人の評判はあまり良くない.

【口北】kǒuběi 名 長城以北の地域. 同 口外 参考 张家口（zhāngjiākǒu）以北の河北省北部と内モンゴル中部を指す.

【口才】kǒucái 名 弁舌の才.¶有～/弁舌の才がある. ⊗ 文才 wéncái

【口沉】kǒuchén 形 "口重 kǒuzhòng"に同じ.

【口称】kǒuchēng 動 口で言う.宣告する.

【口吃】kǒuchī 名 どもり.¶他说起话来有点儿～/彼は話すときすこしどもる. 同 结巴 jiēba

【口齿】kǒuchǐ 名 ❶ 歯切れ.話し方.¶播音员要求 yāoqiú～清楚/アナウンサーには歯切れよい話し方が求められる.¶～伶俐 línglì/弁舌がさわやかだ. ❷ 家畜の年齢.

【口臭】kǒuchòu 名 口臭.

【口传】kǒuchuán 動（技芸などを）ことばで教え伝える.口伝（㋥）する. ㋥ 心授/口で伝え,心で悟らせる.

【口疮】kǒuchuāng 名《医学》口に起こった炎症. 参考"口炎""口角炎"などの総称.

【口袋书】kǒudàishū 名 ポケットブック.文庫や新書など,ポケットサイズの本.

*【口袋】kǒudai 名 (～儿) ❶〔量 个 ge, 条 tiáo〕袋.¶纸～/紙袋. ❷〔量 个 ge, 只 zhī〕ポケット.¶两手插在～里/両手をポケットに入れる.

【口风[-feng]】kǒufēng 名 口ぶり.話しぶり.¶他嘴真紧,不肯透一点儿～/彼はまったく口が固くて,ちょっとほのめかすことすらしない.

【口服】kǒufú 動 ❶ 口先で承服する.¶～心不服/口先では承諾しながら,腹の中では承諾しない.¶心服～/心から敬服する. ⊗ 心服 xīnfú ❷ 薬を内服する.¶这药外用,不能～/これは外用薬なので,飲んではいけません.

【口服液】kǒufúyè 名 内服液.

【口福】kǒufú 名 運よくごちそうを口にすること.¶我们～不浅/私たちはごちそう運がよい（おかげで美味しい物を食べられた）. 表现 ユーモアのこもった言い方.

【口腹】kǒufù 名 飲食のこと.¶不贪 tān～/食べ物に執着しない.

【口腹之欲】kǒu fù zhī yù 成 飲食に対する欲.

【口感】kǒugǎn 名 口あたり.味わい.

【口供】kǒugòng 名〔量 份 fèn, 句 jù〕（容疑者の）供述.自供.¶问～/供述を問う.¶不轻信～/供述を軽々しく信用しない.¶录～/供述を記録する. ⊗ 笔供 bǐgòng

*【口号】kǒuhào 名〔量 个 ge, 句 jù〕スローガン.¶高喊 hǎn～/声高らかにスローガンを叫ぶ.

【口红】kǒuhóng 名〔量 管 guǎn, 支 zhī〕口紅.¶抹 mǒ～/口紅をぬる. 同 唇膏 chúngāo

【口惠】kǒuhuì 動㋥ 口先だけで調子のいいことを言う.

¶~而实不至 / 口先だけで実行しない.

【口技】kǒujì 名 こわいろ. 声帯模写.

【口角】kǒujiǎo 名 口もと. 口角(こうかく). ¶~流涎 xián / 口もとからよだれを流す. ¶~生风 / 弁舌がさわやかでよどみない. ⇨口角 kǒujué

【口角炎】kǒujiǎoyán 名《医学》口角炎. 口角びらん.

【口紧】kǒujǐn 形 やみくもに語らない. 口が固い. ¶谁都知道他~ / 彼の口が固いのは誰でも知っている. 反 口松 kǒusōng

【口径】kǒujìng 名 ❶ 開口部の直径. 口径. ❷ 要求される規格や性能. ❸ 考えや話の中身. ¶他俩说的~不一致 / 彼らの発言内容は一致しない. ¶统一~ / 口裏を合わせる.

【口诀】kǒujué 名〔個 句 jù〕暗記しやすいように調子をととのえた語句. 口訣(く けつ). ¶乘法~ / かけ算の九九. ¶背~ / 暗記用の歌をおぼえる.

【口角】kǒujué 動 口争いをする. 口論する. ¶婆媳 póxí 之间总不免发生~ / 嫁姑の間では結局言い争いは避けられない. ⇨口角 kǒujiǎo

【口渴】kǒukě 動 のどが渇く.

【口口声声】kǒu kǒu shēng shēng 成 一度ならず言う. 口をひらけば言う.

【口粮】kǒuliáng 名 くいぶち. 食糧. 由来 もとは軍隊での一人分の食糧の配給量を言った.

【口令】kǒulìng 名 ❶〔喊~ / 号令をかける. ❷ 合いことば. ¶问~ / 合いことばを尋ねる.

【口马】kǒumǎ 名《動物》"口北"産のウマ.

【口蜜腹剑】kǒu mì fù jiàn 成 口には甘いことをいうが, 腹の中は悪辣(あくらつ)だ. 狡猾(こうかつ)で陰険だ.

【口蘑】kǒumó 名《植物》モウコシメジ. 参考 食用キノコで, 張家口一帯のものが有名.

【口气】kǒuqì[-qi] 名 ❶ 話しぶり. 口調. 語気. ¶严肃的~ / 厳かな口調. ¶埋怨 mányuàn 的~ / 怨みをふくんだ口調. 同 口吻 kǒuwěn ❷ 言外の意. 含み. 口ぶり. ¶从他的~里,听出有不满的意思 / 彼の口ぶりからは不満がうかがえる.

【口器】kǒuqì 名《生物》(節足動物の)口器.

【口腔】kǒuqiāng 名《生 理》口腔(こうくう・こうこう). ¶~科 / 口腔外科. ¶~医院 / 口腔病院.

【口琴】kǒuqín 名《音楽》❶〔個 把 bǎ〕ハーモニカ. ¶吹~ / ハーモニカを吹く. ❷ ジューズハープ. 同 口簧 kǒuhuáng 参考 ❷ は, 口にくわえ指でリードをはじいて音を出す.

【口轻】kǒuqīng 形 ❶ 味付けが薄い. 薄味だ. ¶她喜欢吃~一点的 / 彼女は少し薄味のものが好きだ. 反 口重 kǒuzhòng ❷ 薄味好みだ. ❸(ウマやロバなどが)若い. ¶~的骡子 luózi / 若いラバ. 反 口小 kǒuxiǎo

【口若悬河】kǒu ruò xuán hé 成 立て板に水だ. 弁舌がよどみない.

【口哨儿】kǒushàor 名 口笛. ¶吹~ / 口笛をふく.

【口舌】kǒushé 名 ❶(おしゃべりや話の行き違いなどから起きる)いざこざ. いさかい. ¶~是非 / おしゃべりから生じたいさかい. ❷ 勧告・論争・交渉などで費やすことば. ¶跟你说也是白费~ / あなたには言うだけ無駄です. ¶我不知费了多少~ / 何度口をすっぱくして言ったか知れない.

【口实】kǒushí 名〈文〉(うわさやいいがかりの)口実.

【口试】kǒushì 名 口述試験. 口頭試問. 反 笔试 bǐshì

【口是心非】kǒu shì xīn fēi 成 口で言っていることと, 内心で考えていることが異なる. 面従腹背(めんじゅうふくはい). ¶不能 跟~的人打交道 / 口と腹が違う人間と付き合うことはできない.

【口授】kǒushòu 動 ❶ 口伝えで教える. 口伝する. ❷ 口述したものを別の人に記録させる.

【口述】kǒushù 動 口述する.

【口水】kǒushuǐ 名 つば. 唾液. ¶流~ / よだれを流す.

【口水战】kǒushuǐzhàn 名 論争. 法律紛争.

【口算】kǒusuàn 動 暗算しながら, 計算過程をとなえる. 反 笔算 bǐsuàn, 珠算 zhūsuàn

【口谈】kǒután 動 口頭で述べる. 口先で言う.

【口蹄疫】kǒutíyì 名《畜産》口蹄疫(こうていえき).

【口条】kǒutiáo[-tiao] 名(食用にする)ブタやウシの舌. タン.

【口头】kǒutóu 名 ❶ 口先. うわべだけのもの言い. ¶他只是~上答应 dāying 你 / 彼はただ口先で了承しただけだ. ❷ 口頭. ¶~汇报 huìbào / 口頭で報告する. ¶~表决 / 口頭で表決する. ¶~翻译 / 通訳する. 反 书面 shūmiàn

【口头禅】kǒutóuchán〔個 句 jù〕口先だけのことば. 口頭禅(こうとうぜん). ¶ "研究研究"已经成了某些领导人的~ /「検討しよう」はもはや指導者たちのきまり文句となっている.

【口头文学】kǒutóu wénxué 名 口承文学.

【口头语】kǒutóuyǔ 名(~儿)〔個 句 jù〕口ぐせ.

【口头】kǒutou 名(果物の)味. 味わい. ¶这个西瓜的~很好 / このスイカは味がいい.

【口外】Kǒuwài → 口北 Kǒuběi

【口味】kǒuwèi 名(~儿)❶ 味わい. おいしさ. ¶广东~ / 広東風味. ¶这个菜的~特别好 / この料理の味は抜群だ. ❷ 好み. 嗜好. ¶京剧最合我的~ / 京劇は私の好みにぴったりだ.

【口吻】kǒuwěn 名 ❶(動物や魚の)口先. くちばし. 口ぶり. ¶严肃的~ / おごそかな口ぶり. ¶开玩笑的~ / 冗談めかした言いかた.

【口误】kǒuwù ❶ 動 言いちがえる. 読みちがえる. ❷ 名 言いちがえたことばや字. 読みちがえたことばや字.

【口香糖】kǒuxiāngtáng 名〔個 块 kuài, 片 piàn〕チューインガム.

【口小】kǒuxiǎo 形(ロバやウマなどの)年が若い. ¶~的骡子 luózi / 若いラバ. 反 口轻 kǒuqīng

【口信】kǒuxìn 名(~儿)〔個 个 ge, 句 jù〕ことづけ. 伝言. 反 书信 shūxìn

【口形】kǒuxíng 名《言語》発声する時の上下の唇の形. 口形.

【口型】kǒuxíng 名 話や発音する時の両唇の形.

【口炎】kǒuyán 名《医学》口内炎.

【口译】kǒuyì 動 通訳する. 同 口头翻译 kǒutóu fānyì 反 笔译 bǐyì

【口音】kǒuyīn 名《言語》口腔から発する音. 口音. 参考 鼻音などと区別している.

【口音】kǒuyin 名 ❶ 発音. 声. ¶听他的~,好像是山西人 / 彼の発音を聞くと, どうも山西の人のようだ. ❷ なまり. ¶有~ / なまりがある. ¶~很重 / なまりが強い.

*【口语】kǒuyǔ 名 話しことば. 口語. 反 书面语 shūmiànyǔ

【口占】kǒuzhàn 名〈文〉口述したもの. (詩文の)草稿. 即興の作品. ¶~三绝 / 絶句三首. 用法 ❷ は, 自作へりくだって言う時に使う.

【口罩】kǒuzhào 名(~儿)マスク. ¶带上了~ / マスクをかけた.

【口中】kǒuzhōng 名 口の中．¶～虱 shī／袋の中のネズミ．¶～雌黄 cí huáng／言いながら取り消す．でたらめをいう．

【口重】kǒuzhòng 形 ❶塩からい．味が濃い．反 口轻 kǒuqīng ❷塩からい味を好む．¶我～／私は塩からいのが好きだ．反 口轻 kǒuqīng

【口诛笔伐】kǒu zhū bǐ fá 成（ことばや文章などで）容赦なく悪事を暴露し，非難をあびせる．

【口子】kǒuzi ❶ 量 家族を数えることば．¶你们家有几～？／家族は何人？ ¶你俩～的小日子过得不错啊／あなたがた夫婦はいい暮らしをしてますね．❷ 名（多く"那口子 nàkǒuzi"の形で）配偶者．夫・妻．¶我们那～欢迎你来／うちの妻[夫]はあなたの来訪をたのしみにしています．❸ 名（谷合いや川沿いにある）大きな裂け目．ぽっとあいた所．❹ 名 きず．裂け目．

叩（異 敲❶）kòu 口部2 全5画 四 6702₀ 通用

❶ 動（コツコツと）たたく．打つ．¶～门 kòumén（ドアをたたく）／～壁 kòubì（壁をたたく）．❷ 動 叩頭（コウトウ）する．昔，頭を地面に打ちつけてする礼．¶～首 kòushǒu／～谢 kòuxiè．❸ 動 文 尋ねる．¶～问 kòuwèn／～以文义（文の意味を問う）．❹（Kòu）姓．

【叩拜】kòubài 動（ひざまずき）頭を地につけておじぎをする．¶～天地／天地に叩頭する．

【叩击】kòujī 動（心などを）打つ．たたく．同 敲 qiāo 击

【叩见】kòujiàn 動 文 お目にかかる．

【叩首】kòushǒu 動 "叩头 kòutóu"に同じ．

【叩头】kòu/tóu 動 頭を地につけて礼をする．¶三跪 guì 九～／ひざまずいて3回叩頭する礼を3回くり返すこと．同 磕头 kētóu

【叩问】kòuwèn 動 文 教えを請う．¶上前～／前へ進み出て教えを請う．

【叩谢】kòuxiè 動 心から謝意を表する．¶登门～／相手のもとに出向いて丁重に謝意を表する．

【叩诊】kòuzhěn 動《医学》打診する．

扣（異 釦❷）kòu 扌部3 全6画 四 5600₀ 常用

❶ 動（ボタンや留め金などを）かける．¶把门～上（ドアに留め金をかける）／～扣子（ボタンをかける）．❷ 名（～儿）ボタン．¶衣～儿 yīkòur（衣服のボタン）．❸ 名（～儿）ひもの結び目．¶活～儿 huókòur（ちょう結び）．❹ 動 器を伏せる．物をかぶせる．¶把碗～在桌上（茶碗をテーブルに伏せる）／用盆把鱼～上（魚に鉢をかぶせる）．❺ 動 留めおく．おさえる．¶～留 kòuliú／～押 kòuyā．❻ 動 もとの数から一部分を差し引く．¶～除 kòuchú／～分 kòufēn（減点する）／九～ jiǔkòu（一割引き）／不折不～地办事（きちんと仕事をする）．❼ 動《スポーツ》（球技で）スマッシュする．¶～球 kòuqiú．

【扣除】kòuchú 動 差し引く．天引きする．¶～损耗 sǔnhào／消耗を差し引く．¶从工资中～借款／給料から貸し金を差し引く．

【扣篮】kòulán 名 動《スポーツ》（バスケットボールで）ダンクシュート（する）．

【扣留】kòuliú 動（人や財物を）取り押さえる．差し押さえる．¶～驾驶证 jiàshǐzhèng／運転免許証を取り上げる．

【扣帽子】kòu màozi 慣（他人に）レッテルをはる．

【扣球】kòuqiú 動《スポーツ》（球技で）スマッシュする．強く打ち込む．

【扣人心弦】kòu rén xīn xián 成 衷 心に深い感動を起こさせる．¶一场～的比赛／感動を与える試合．同 动 dòng 人心弦

【扣杀】kòushā 名 動《スポーツ》（球技で）スマッシュ(する)．スパイク(を打つ)．¶一个有力的～，球扣中了／力強いスマッシュをみごとに決めた．

【扣题】kòutí 動《問題や作文の》題意に沿う．

【扣头】kòutou 名 値引きした金額．

【扣压】kòuyā 動（文書や意見などを）おさえておく．留めておく．¶稿件被～了三年／原稿は三年間公表されなかった．

【扣押】kòuyā 動（人や物品を）留めおく．勾留する．

【扣眼】kòuyǎn 名（～儿）ボタン穴．

【扣子】kòuzi 名 ❶ ひもなどの結び目．¶解～／結び目をほどく．❷ ❶〔粒儿〕衣服のボタン．❸（小説や講談などの）やま場．クライマックス．

寇（異 寇, 宼）kòu 宀部8 全11画 四 30214 常用

❶ 素 強盗．¶海～ hǎikòu（海賊）／贼～ zéikòu（強盗）．❷ 素 侵略者．¶仇 kòuchóu／外～ wàikòu（侵略者）／敌～ díkòu（外敵）．❸ 素 侵略する．¶～边 kòubiān（国境を侵略する）／入～ rùkòu（敵が侵入する）．❹（Kòu）姓．

【寇仇】kòuchóu 名 文 仇敵．かたき．同 仇敌 chóudí, 仇人 chóurén

筘（異 篦）kòu 竹部6 全12画 四 8856₃ 通用

名（はた織り用具の）筬（おさ）．同 杼 zhù

蔻 kòu 艹部11 全14画 四 4421₄ 通用

下記熟語を参照．

【蔻丹】kòudān 名 マニキュア．同 指甲油 zhǐjiayóu 由来 マニキュアのメーカー"Cutex"の名から．

【蔻蔻】kòukòu 名 ココア．同 可可 kěkě ♦ cocoa

ku ㄎㄨ [kʻu]

刳 kū 刂部6 全8画 四 4220₀ 通用

動 文 くり抜く．¶～木为舟 zhōu（木をくり抜いて丸木舟をつくる）．

矻 kū 石部3 全8画 四 1861₇ 通用

下記熟語を参照．

【矻矻】kūkū 形 文 怠げず，せっせと働くようす．¶终日～／一日中せっせと働いている．

枯 kū 木部5 全9画 四 4496₀ 常用

❶ 形（植物が）枯れている．¶～干 kūgān／～树 kūshù／～草 kūcǎo（枯れ草）／干～ gānkū（枯れた）．反 荣 róng ❷ 形（井戸や川の水が）干上がっている．¶～井 kūjǐng／海～石烂 làn（成 海が涸れ石が砕ける．長い年月をさす）．❸ 形 面白味がない．¶～燥 kūzào／～坐 kūzuò．❹ 名 油をしぼったカス．❺（Kū）姓．

【枯肠】kūcháng 名 文 文才が貧しいこと．

【枯干】kūgān 形 枯れた．干からびた．¶河流～／川の流れが涸（かわ）れている．¶～的树枝／枯れた枝．

【枯槁】kūgǎo 形 文 ❶（草木が）枯れている．¶禾苗

hémiáo～／苗が枯れている．❷ やつれている．¶～的面容／やつれた容貌．回 干枯 gānkū
【枯骨】kūgǔ 名〈死者の〉白骨．
【枯涸】kūhé 形〈水が〉涸(か)れている．
【枯黄】kūhuáng 形 枯れて黄色くなった．¶院子里落满了～的树叶／庭は黄色の落ち葉でいっぱいだ．
【枯寂】kūjì 形 もの寂しい．¶～的生活／わびしい生活．
【枯竭】kūjié 形 枯渇(こっ)している．¶水源～／水源が枯渇している．精力／精力を使い果たす．¶资源 zīyuán～／資源が枯渇している．¶海水不会～／海の水は枯れることがない．
【枯井】kūjǐng〔量 口 kǒu, 眼 yǎn〕枯れ井戸．
【枯木逢春】kū mù féng chūn 成 枯木に花が咲く．衰えたものが、再び勢いをとりもどす．
【枯涩】kūsè 形 ❶〈文章が〉さえない．ぎこちない．¶文字～／文章がぎこちない．❷〈表情などが〉生気がない．
【枯瘦】kūshòu 形 痩せこけている．¶～的手／痩せ細った手．¶～如柴／柴のように痩せこけている．
【枯树】kūshù 名 枯れ木．¶～生花 成 枯れ木に花が咲く．
【枯水】kūshuǐ 動 渇水する．
【枯水期】kūshuǐqī 名 渇水期．
【枯水位】kūshuǐwèi 名 渇水位．
【枯萎】kūwěi 形 枯れている．しおれている．¶～的蔷薇 qiángwēi 花／枯れたバラの花．反 繁茂 fánmào
【枯朽】kūxiǔ 動〈樹木が〉枯れてくさる．
【枯燥】kūzào 形〈文章・ことば・生活などが〉味気ない．¶生活～／生活が味気ない．¶～无味 成 無味乾燥だ．回 枯燥 shēngdòng
【枯坐】kūzuò 動〈所在なげに〉ぽつんと座っている．

哭 kū 犬部6 四 6680₄ 全10画 常用
動 声をあげて泣く．¶～啼 kūtí（声をあげて泣く）／～诉 kūsù／痛～ tòngkū（激しく泣く）．同 泣 qì 笑 xiào
【哭鼻子】kū bízi 句 口 泣きべそをかく．めそめそする．
【哭叫】kūjiào 動 泣き叫ぶ．¶孩子～着喊妈妈／子供が大声で泣きながら母親を呼んでいる．
【哭哭啼啼】kūkutítí 形（～的）いつまでも泣き続ける．¶一点儿小事，～的，像什么样子？／些細なことでいつまでもめそめそ泣いて、みっともないでしょ？
【哭泣】kūqì 動 しくしく泣く．さめざめ泣く．¶低声～／声を押しころして、しくしく泣く．
【哭穷】kū//qióng 動 貧しさを訴える．口先で貧乏を装う．¶～叫苦 成 苦しさや貧しさの泣き言を並べる．
【哭丧】kū//sāng 動 ❶ 葬儀で弔問客や喪主が大声をあげて泣く．回 号 háo 丧
【哭丧棒】kūsāngbàng 名 旧 出棺の時に死者の息子が持つ杖．回 哭丧棍 gùn
【哭丧着脸】kūsāngzhe liǎn 句 泣きべそをかいている．しけた顔をしている．¶干什么整天～啊／何だって一日中お通夜みたいな顔をしているんだ．
【哭声】kūshēng 名 泣き声．¶～幽咽 yōuyè／すすり泣きの声が止まない．
【哭诉】kūsù 動 泣きつく．泣いて訴える．¶～自己的冤屈 yuānqū／自分の無実を泣いて訴える．
【哭天抹泪】kū tiān mǒ lèi 成 貶 いつまでも泣き続ける．¶～的，一点男子汉的样子也没有／いつまでもめそめそとして、ちっとも男らしくないよ．
【哭笑不得】kū xiào bù dé 成 泣くも笑うもかなわず．

（つらくてなすすべを知らないようす）．

窟 kū 穴部8 四 3027₂ 全13画 次常用
素 ❶ ほら穴．¶石～＝shíkū（石窟）／狡兔 jiǎo tù 三～（ずるい兎は三つの穴をもつ．狡猾な人は上手に多くもっている）．❷ 盗賊などが住みついている所．¶盗～ dàokū（盗賊のすみか）／匪～ fěikū（匪賊のすみか）／赌～ dǔkū（賭場）／贫民～ pínmínkū（貧民窟）．
【窟窿】kūlong 名 ❶ 穴．¶他差点儿掉进冰～里去了／彼は危うく氷の穴に落ちるところだった．❷ 損失．赤字．
【窟窿眼儿】kūlongyǎnr 名 口 小さな穴．

骷 kū 骨部5 四 7426₀ 全14画 通用
下記熟語を参照．
【骷髅】kūlóu 名〔具 jù〕がい骨．どくろ．¶简直瘦得 shòude 像～！／ほんとにがい骨のように痩せてしまった．

苦 kǔ ⺾部5 四 4460₄ 全8画 常用
❶ 形 苦い．¶～胆 kǔdǎn／良药 liáng yào～口 成 良薬は口に苦し．反 甜 tián ❷ 形 つらい．¶～境 kǔjìng／～笑 kǔxiào／愁眉 chóuméi～脸（心を痛めている表情）．反 乐 lè ❸ 素 …に苦しむ．¶～雨 kǔyǔ／～夏 kǔxià／～于不识字（文字を知らないことに苦しむ）．❹ 動 しきりに．¶～劝 kǔquàn（何度となく忠告する）／～干 kǔgàn／～思 kǔsī／～求 kǔqiú（しきりに頼む）．❺ 動 苦しめる．¶这件事～了他（このことが彼を苦しめた）．❻ (Kǔ)姓．
【苦熬】kǔ'áo 動 苦しみに耐えて暮らす．
【苦不堪言】kǔ bù kān yán 成 口に出して言えないほどの苦しみを味わう．
【苦差】kǔchāi 名 つらい役目．苦労ばかりで実入りがない仕事．¶谁都不愿意干这样的～／こんなつらい仕事は誰もやりたがらない．反 美差 měichāi
【苦楚】kǔchǔ 名〈生活上の〉苦しみ．つらさ．¶妈妈心中有许多不为人知的～／母の胸には、人知れぬ苦しみが数多く秘められていた．回 痛楚 tòngchǔ，痛苦 tòngkǔ
【苦处】kǔchu 名 苦しみ．痛み．¶他根本都不了解我的～！／彼の私の苦しみを全く分かっていない．
【苦大仇深】kǔ dà chóu shēn 成 苦しみが大きく恨みも深い．表現 多くは旧社会で受けた苦難や抑圧に対して言う．
【苦胆】kǔdǎn 名〈生理〉❶ 胆のう．"胆囊 dǎnnáng"の総称．❷ 胆汁．
【苦迭打】kǔdiédǎ 名 外 クーデター．
【苦干】kǔgàn 動 ひたむきにする．一心不乱に行う．¶埋头 mái tóu～／骨身を惜しまず一心に仕事をする．
【苦工】kǔgōng 名 旧 ❶ 苦しい肉体労働．¶靠做～过活／きつい労働で生計をたてる．❷ ① を強いられる人．
【苦功】kǔgōng 名 ひたむきな努力．¶学习外语，非下～不可／外国語をマスターするには、ひたむきな努力が必要だ．
【苦瓜】kǔguā 名 ❶〈植物〉ニガウリ．同 凉瓜 liángguā ❷ 苦しい人生を送る．
【苦果】kǔguǒ 名 ❶ 苦い果実．❷ 苦い結果や経験．自食～／自ら苦い経験を味わう．
【苦海】kǔhǎi 名 苦しみに満ちた人の世．苦海．¶脱离～／苦海から抜け出す．¶～无边,回头是岸／この果てしない苦しみの世も、改心さえすれば救われる．由来 もとは仏教用語．

【苦寒】kǔhán 形 ひどく寒い. 反 酷热 kùrè
【苦尽甘来】kǔ jìn gān lái 辛い時が過ぎて安穏な日々が訪れる. 苦あれば楽あり. 同 苦尽甜 tián 来
【苦境】kǔjìng 名 苦しい境遇. 苦しい立場. ¶陷 xiàn 入～/苦境に陥る.
【苦口】kǔkǒu 形 ❶繰り返し説く. 口をすっぱくして言う. ¶亲友们对他～相劝,他就是不听/親戚や友人たちに諄々(ﾂﾞｭﾝ)とさとされても,彼は聞き入れようとしない. ❷苦い. ¶良药 liángyào～,忠言逆耳 nì'ěr/良薬は口に苦く,諫言は耳に逆らう. 忠告はとかく聞き入れにくい.
【苦口婆心】kǔ kǒu pó xīn 成 親身になって何度も説いて勧める.
【苦苦】kǔkǔ ❶副 一生懸命に. 必死に. ¶～思索/熟慮する. ❷形 ひどく苦痛だ.
【苦苦哀求】kǔkǔ āiqiú 句 くどくどと哀願する.
【苦劳】kǔláo 苦労. 同 劳苦
【苦乐】kǔlè 名 苦楽.
【苦力】kǔlì 名 ❶旧 クーリー. ❷多大な労力. ¶卖～/多大の労力を使う.
【苦脸】kǔliǎn 名 つらそうな顔つき.
【苦练】kǔliàn 刻苦勉励(ﾍﾞﾝﾚｲ)する. ¶他～出一身过硬本领/彼はひたすら技術を身につけた.
【苦闷】kǔmèn 形 悩み苦しんでいる. 苦悶している. ¶最近他很～/このごろ彼はとても悩んでいる.
【苦命】kǔmìng 名 薄幸. つらい運命. ¶～人/薄幸の人.
【苦难】kǔnàn 名 苦しみやつらさ. 苦難. ¶～的日子终于过去了/苦しい日々はついに過ぎ去った. 反 幸福 xìngfú
【苦恼】kǔnǎo ❶動 苦悩する. ¶离婚的事正～着他/離婚のことが彼を苦しめている. ¶自寻 xún～/自ら面倒を招く. ❷形 つらく苦しい. ¶他久病不愈 yù,十分～/彼はなかなか病気が治らず,とても苦しんでいる. 反 愉快 yúkuài
【苦肉计】kǔròujì 苦肉の策.
【苦涩】kǔsè 形 ❶苦くて渋い. ❷甜甜 tiántián ❷つらく苦しい. 苦渋に満ちている. ¶～的表情/苦渋に満ちた表情. 反 甜蜜 tiánmì, 甜美 tiánměi
【苦水】kǔshuǐ 名 ❶苦味のある硬水. 飲めない水. 反 甜水 tiánshuǐ ❷胃液などに吐きもどした胃液など. ❸積年のつらい苦しみ. 苦汁. ¶把～都倒 dào 出来/積年の苦しみをすべてぶちまける. 反 甜水 tiánshuǐ
【苦思】kǔsī 動 しきりに考える.
【苦思冥想】kǔ sī míng xiǎng 成 深く思索をめぐらす.
【苦痛】kǔtòng 形 とても痛い. 同 痛苦 tòngkǔ
【苦头】名〔～儿〕❶kǔtóu 弱い苦味. 反 甜头 tiántou ❷kǔtou 苦しみ. つらさ. 不幸. ¶他吃了不少的～,才有今天的成就/彼は大変な苦労をしたからこそ,今日の成功がある. ¶吃够～/辛酸をなめつくす. 反 甜头 tiántou
【苦味】kǔwèi 名 苦味. ¶～酸/ピクリン酸.
【苦夏】kǔxià 名 夏負けする. 夏痩せする.
【苦想】kǔxiǎng 動 思い悩む. 苦慮する. 同 苦思 kǔsī
【苦笑】kǔxiào 〔副 fù〕苦しい表情.
【苦笑】kǔxiào 動 苦笑する.
【苦心】kǔxīn ❶名 苦心. 苦労. ¶千万不要辜负 gūfù 父母的一片～/親の苦労を決して無にしてはならない. ¶煞费 shà fèi～/成 苦心惨憺(ﾀﾝ)する. ❷副 苦心して.
【苦心孤诣】kǔ xīn gū yì (研究·運営·問題解決のために)苦心を重ねる. 由来 "孤诣"は,他人が達することのできない境地,という意.
【苦心经营】kǔ xīn jīng yíng 成 (事業などを)苦心して準備し行う.
【苦行】kǔxíng 名〔宗教〕苦行(ｷﾞｮｳ).
【苦行僧】kǔxíngsēng 名〔仏教〕苦行僧.
【苦役】kǔyì 名 苦役(ｴｷ). 同 苦工 kǔgōng
【苦于】kǔyú ❶動 …に苦しむ. ¶～力不从心/思うように力を出せず苦しむ. ❷…よりもっと苦しい. ¶那时我家的生活～同村的其他人家/当時わが家の生活は同じ村の人たちよりもっと苦しかった.
【苦雨】kǔyǔ 名 長雨.
【苦战】kǔzhàn 動 苦戦する. ¶通宵 tōngxiāo～/夜を徹して苦しい戦いをする.
【苦衷】kǔzhōng 名 つらく苦しい胸の内. 苦衷(ﾁｭｳ). ¶做丈夫的应该多体谅 tǐliàng 妻子的～/夫たるもの,妻の苦しみをよく理解すべきだ.
【苦竹】kǔzhú 名〔植物〕マダケ.
【苦主】kǔzhǔ 名 殺人事件の被害者の遺族.

库(庫) kù 广部4 四 0025₄ 全7画 常用

名 ❶大量の物を蓄える建築物. 倉. ¶仓～ cāngkù(倉庫)/水～ shuǐkù(ダム)/材料～ cáiliàokù(材料倉庫)/入～ rùkù(倉庫に入れる). ❷(Kù)姓.
【库藏】kùcáng 動 倉庫にしまう. 収める. ¶本校一图书共三十万余册/本校の収蔵図書は総計30万冊余りだ. ☞ 库藏 kùzàng
【库存】kùcún 名 在庫. ストック. ¶清点～/在庫数を点検する. ¶销路 xiāolù 日增,～日增/売れ行きは日増しに落ち,在庫がどんどん増える. ～货物/在庫品.
【库房】kùfáng 名〔間 jiān,座 zuò〕倉庫. 貯蔵室. 表現"仓库 cāngkù"より小さなものを言う.
【库克群岛】Kùkè qúndǎo〔地名〕クック諸島.
【库仑】kùlún 量 電気量の単位. クーロン. ¶～定律/クーロンの法則. ¶～计/クーロンメーター. ♦ 英 Coulomb 表現 略称は"库 kù".
【库伦】kùlún 名 柵で囲われた牧草地. 同 围圈 kūluè 参考 モンゴル語. 現在は多く地名に用いる.
【库区】kùqū 名 ダム周辺地区.
【库券】kùquàn 名"国库券"(国債)の略称.
【库容】kùróng 名 (ダムの)貯水量. (倉庫などの)貯蔵量.
【库蚊】kùwén 名〔虫〕イエカ. 同 家 jiā 蚊
【库藏】kùzàng 名 ⊗ 倉庫. ☞ 库藏 kùcáng

绔(絝) kù 纟部6 四 2412₇ 全9画 通用

❶"裤 kù"に同じ. ❷ → 纨绔 wánkù

喾(嚳) Kù 口部9 四 9060₁ 全12画 通用

裏 人名用字. 伝説上の古代の帝王,帝喾(ｺｸ). 尧(ｷﾞｮｳ)·舜(ｼｭﾝ)の前といわれる.

裤(褲) / 异 绔 kù ネ部7 四 3025₄ 全12画 常用

名〔条 tiáo〕ズボン. ¶短～ duǎnkù(半ズボン)/棉～ miánkù(綿入れのズボン)/毛～ máokù(毛糸のももひき).
【裤衩】kùchǎ 名〔～儿〕〔件 jiàn,条 tiáo〕ショーツ. トランクス. ¶三角～/ブリーフ.
【裤带】kùdài 名 腰ひも. ベルト. ¶勒紧 lēijǐn～/ベルトをギュッと締める. ふんどしを締めなおす.

【裤袋】kùdài 图ズボンのポケット.¶把手帕放进～里/ハンカチをズボンのポケットに入れる.
【裤裆】kùdāng 图ズボンの両股部分の合わせ目.まち.
【裤兜】kùdōu 图(～儿)〔圖只zhī〕ズボンのポケット.
【裤脚】kùjiǎo 图❶(～儿)ズボンのすそ.¶～太长了/ズボンが長すぎる.❷方ズボンの筒.
【裤腿】kùtuǐ 图(～儿)〔圖条tiáo〕ズボンの筒.
【裤袜】kùwà 图〔圖只zhī〕パンティストッキング.同袜裤 wàkù
【裤线】kùxiàn 图ズボンの折り目.
【裤腰】kùyāo 图ズボンの腰回り.ウエスト.¶～带/ズボンのベルト.¶～太宽/ズボンのウエストが大きすぎる.
*【裤子】kùzi 图(～儿)〔圖条tiáo〕ズボン.スラックス.パンツ.¶穿chuān～/ズボンをはく.

酷 kù 酉部7 四1466₁ 全14画

❶厦むごい.¶～刑 kùxíng/～待 kùdài(むごい扱いをする)/苛～ kēkù(苛酷だ).❷厦程度が甚だしい.ひどい.¶～暑 kùshǔ/～似 kùsì/～爱 kù'ài.❸形外クールだ.かっこいい.❹(Kù)姓.由来❸は,coolの音訳から.

【酷爱】kù'ài 動非常に好む.熱愛する.¶他～音乐/彼は音楽に夢中だ.¶～读书/読書が大好きだ.比較"热爱rè'ài"よりも程度が甚だしい.
【酷寒】kùhán 形ひどく寒い.同严寒 yánhán
【酷吏】kùlì 图残酷な下級役人.
【酷烈】kùliè 形❶ひどく残酷だ.❷強烈だ.¶～的太阳/じりじり照りつける太陽.❸(香りが)ひどく強い.
【酷虐】kùnüè 形残酷だ.残虐だ.
【酷评】kùpíng 图酷評.
【酷热】kùrè 形ひどく暑い.¶～的盛夏 shèngxià/灼熱の盛夏.¶～的天气容易使人中暑 zhòngshǔ/猛暑だと,暑気にあたりやすい.反严寒 yánhán 比較"炎热 yánrè"よりもっと暑い.
【酷暑】kùshǔ 图酷暑.同盛暑 shèngshǔ 反严冬 yándōng
【酷似】kùsì 動そっくりだ.酷似する.¶她长得～母亲/彼女は成長して母親そっくりになった.
【酷刑】kùxíng 图残酷な刑.

kua ㄎㄨㄚ [kʰuA]

夸(誇)kuā 大部3 四4002₇ 全6画 常用

❶動大げさに言う.¶～大 kuādà/～口 kuākǒu/～张 kuāzhāng.❷動ほめる.¶～奖 kuājiǎng/～赞 kuāzàn.❸(Kuā)姓.

筆順 一 ナ 大 杏 夸

【夸大】kuādà 動貶大げさに言う.誇張する.¶～缺点 quēdiǎn/欠点を大げさに言う.¶一些商品的广告～不实/いくつかの商品の広告は,大げさでウソだ.同夸张 kuāzhāng 反缩小 suōxiǎo
【夸大其词】kuā dà qí cí 成話を誇張する.¶小李说話往往～/李君の話は誇張が多い.
【夸父追日】Kuā fù zhuī rì 成自分の力を量らずに大事を企てる.身の程知らずだ.由来『山海経"ざぁん』海外北経に見えることば."夸父"は神話の人物で,太陽を追いかけるうちにのどが渇き,黄河と渭水の水をすべて飲み尽くしたが足りず,ついに死んだ,という話から.
【夸海口】kuā hǎikǒu 句際限なくほらを吹く.
【夸奖】kuājiǎng 動愛ほめる.称賛する.¶～了她几句/彼女をほめそやす.¶你太过于～了/過分のおほめをいただきまして.(謙遜して)とんでもない.同称赞 chēngzàn 反责备 zébèi
【夸口/kǒu】 動 ほらを吹く.大きな事を言う.¶你夸什么口!/ほらばかり吹くな.
【夸夸其谈】kuā kuā qí tán 成大ぶろしきを広げる.大言壮語する.
【夸示】kuāshì 動見せつける.誇示する.¶他喜欢～自己的长处/彼は自分の長所をひけらかすのが好きだ.
【夸饰】kuāshì 動誇張して描く.¶此文词藻 cízǎo 太～而内容贫乏 pínfá/この文はことばを派手に飾っているが,内容は貧弱だ.
【夸耀】kuāyào 動(ことばによって)ひけらかす.自慢する.¶老奶奶老是～她的孙子很聪明/おばあさんはいつも孫が利口だと自慢している.同炫耀 xuànyào
【夸赞】kuāzàn 動ほめる.たたえる.
【夸张】kuāzhāng ❶動(事実を曲げたり程度に)大げさに言う.誇張する.¶小朱说话有时报～/朱さんの話は時に大げさだ.同夸大 kuādà ❷图《言語》(レトリック上の)誇張.
【夸嘴】kuā//zuǐ 動口ほらを吹く.¶～的大夫 dàifu没好药/ほら吹き医者に良薬なし.同夸口 kuākǒu

侉(咵)kuǎ 亻部6 四2422₇ 全8画 通用

形❶なまりがある.¶～子 kuǎzi.❷方ばかでかい.¶～大个儿 kuǎdàgèr(ばかでかい人).❸野暮だ.あかぬけない.

【侉子】kuǎzi 图ことばになまりがある人.

垮 kuǎ 土部6 四4412₇ 全9画 常用

動❶崩れる.倒れる.¶房子～了(家が倒れた).❷壊れる.だめになる.¶这件事让他搞～了(彼のせいでこの件は台なしになった).

【垮塌】kuǎtā 動(橋や堤防などが)崩壊する.崩れる.
【垮台】kuǎ//tái 動つぶれる.崩壊する.¶内阁 nèigè又～了/内閣がまたつぶれた.同倒台 dǎotái,塌台 tātái,坍台 tāntái

挎 kuǎ 扌部6 四5402₇ 全9画 常用

動❶腕を曲げて物をかける.¶～着篮子 lánzi(腕にかごを下げている)/～着胳膊 gēbo(腕を組む).❷(物を)肩にかけたり腰にぶら下げたりする.¶～着照相机(カメラを肩にぶら下げている).

【挎包】kuàbāo 图(～儿)ショルダーバッグ.

胯 kuà 月部6 四7422₇ 全10画 次常用

图また.¶～下 kuàxià(また の下).

【胯骨】kuàgǔ 图《生理》寛骨.参考"髋骨 kuāngǔ"の通称.
【胯下之辱】kuà xià zhī rǔ 成苦しい環境の下で,敢えて屈辱を耐え忍び,将来の大事を期す.由来漢の淮陰侯韓信が,少年の頃,無頼の連中のまた下をくぐった故事から.

跨 kuà 足部6 四6412₇ 全13画

動❶またぐ.¶一步～过去(ひとまたぎで越える)/～进大门(正門を入る).❷上にまたがる.¶～在马上(馬にま

たがる)/横~ héngkuà 长江的大桥(長江をまたぐ大橋). ❸ そばに付け加える. ¶~院 kuàyuàn(母屋の両側にある庭)/标题旁边~着一行 háng 小字(タイトルのそばに小さな文字で1行付け加えてある). ❹ 時間や地域の境界を越える. ¶~年度/~两省(2省にまたがる).

【跨度】kuàdù 名 ❶《建築》(建物やアーチなどの)支柱と支柱の間の幅. スパン. ❷ 時間の隔たり. ¶时间~大/时间的隔たりが大きい.

【跨国】kuàguó 形 2ヶ国以上にまたがる.

【跨国公司】kuàguó gōngsī 名 多国籍企業. 同 多国公司 duōguó gōngsī

【跨过】kuàguò 句 越える. またいで越す.

【跨行业】kuà hángyè 動 業界の壁を超える.

【跨栏(赛跑)】kuàlán (sàipǎo) 名《スポーツ》ハードル競技.

【跨年度】kuà niándù 句 年度をまたぐ.

【跨越】kuàyuè 動 (時間や空間を)越える. ¶~障碍 zhàng'ài / 障害を越える. ¶~了几个世纪 / 何世紀かを超える.

kuai ㄎㄨㄞ 〔k'uae〕

蒯 kuǎi 刂部11 全13画 四 4220₀ 通用

名 ❶《植物》アブラガヤ. 茎でござを編んだり, 紙や縄の原料となる. ❷ (Kuǎi)姓.

【蒯草】kuǎicǎo 名"蒯 kuǎi"①に同じ.

会(會) kuài 人部4 全6画 四 8073₂ 常用

❶ 繁 合計する. ¶~计 kuàijì / 财~ cáikuài (財務会計). ❷ (Kuài)姓.

☞ 会 huì

【会计】kuàijì[-ji] 名 ❶ 会計の仕事. ¶~年度/会計年度. ❷ 量 个 ge, 名 míng, 位 wèi 会計係.

【会计师】kuàijìshī 名 会計士.

块(塊) kuài 土部4 全7画 四 4518₀ 常用

❶ 名 (~儿) かたまり. 塊. ¶一~儿糖 tángkuàir (あめ玉) / 地~ dìkuài (断層地塊) / ~根 kuàigēn. ❷ 量 かたまりを数えることば. ¶一~香皂 xiāngzào (石鹸一つ) / 一~面包(パン一個). ❸ 量 広く平らなものを数えることば. ¶一~桌布(テーブルクロス1枚) / 一~试验田 shìyàntián (試験田一つ). ❹ 量 口 貨幣の単位. "元 yuán"⑥, "圆 yuán"⑤に同じ. ¶一~钱(1元).

【块根】kuàigēn 名《植物》塊根.

【块规】kuàiguī 名《機械》スリップゲージ. ゲージブロック. 同 量 liáng kuài

【块茎】kuàijīng 名《植物》塊茎. 球茎.

【块垒】kuàilěi 名 胸中にうっ積している怒りや悩み.

【块儿】kuàir 名〔方〕❶ ところ. 場所. ❷ 体つき.

【块儿八毛】kuàirbāmáo 名 1元そこそこの金. 同 块儿八角 bājiǎo, 块儿八毛 bāqī.

【块头】kuàitóu 名〔方〕体つき. 図体(認). ¶大~/大きな図体. ¶那个人~真小/あの人は本当に小柄だ.

【块状岩】kuàizhuàngyán 名《鉱物》火成岩.

快 kuài 忄部4 全7画 四 9508₀ 常用

❶ 形 速度が速い. ¶~车 kuàichē / ~步 kuàibù / ~餐 kuàicān. 反 慢 màn ❷ 形 急ぐ. ¶~来帮忙吧!(急いで手伝いなさい) / ~去上学!(早く学校へ行きなさい). 同 速 sù ❸ 副 もうすぐ. ¶天~亮了(もうすぐ夜が明ける) / 他~五十岁了(彼はもうすぐ50歳になる). ❹ 形 刃物がよく切れる. ¶刀不~了(刃物が切れなくなった) / ~刀斩 zhǎn 乱麻. ❺ 药 はきはきしている. ¶~人一语. ❻ 药 楽しくて気持ちがよい. ¶~乐 kuàilè / ~活 kuàihuo / ~事 kuàishì / 大~人心(成) 人を大いに喜ばせる). ❼ (Kuài)姓. 用法 ③は, 文末に"了 le"を伴うことが多い.

【快班】kuàibān 名 (バスなどの)快速. 急行. ¶~车 / 快速車. 反 慢班 mànbān ❷ 進度の速いクラス. ¶上~ / 特別クラスに入る. 反 中班 zhōngbān, 慢班 mànbān

【快板儿】kuàibǎnr 名《芸能》〔段 duàn〕民間芸能の一つ. 竹板をカスタネットのように鳴らして拍子をとり, 韻を踏んだ口語の語りと歌謡を織り交ぜたもの.

【快报】kuàibào 名〔曲 期 qī, 张 zhāng〕速報.

【快步】kuàibù 名 急ぎ足. 早足. ¶~走! / 早く歩け! (早足!) ¶~离去 / 早足に立ち去る.

【快步流星】kuài bù liú xīng 成 大またでさっさと歩く. 同 大 dà 步流星

【快步舞】kuàibùwǔ 名 (社交ダンスの)クイック・ステップ.

【快餐】kuàicān 名〔份 fèn〕ファーストフード.

【快餐店】kuàicāndiàn 名 ファーストフード店.

【快餐文化】kuàicān wénhuà 名 ファーストフード・カルチャー. 参考 内容の深みを重視せず, 速成効果のみを求める文化をいう.

【快车】kuàichē 名〔曲 辆 liàng, 列 liè〕急行列車. 急行バス. ¶特别~ / 特別急行列車. ¶一天有几班~呢？/ 1日に急行は何本ありますか. 反 慢车 mànchē

【快当】kuàidang 形 (行動が)迅速だ.

【快刀斩乱麻】kuài dāo zhǎn luàn má 快刀乱麻を断つ. もつれた話を手際よく解決する. ¶这么复杂的问题, 他却~解决了 / これほど複雑な問題を, 彼は手際よく解決した.

【快递】kuàidì 動 速く渡す. ¶~邮件 / 速達郵便.

【快感】kuàigǎn 名 快感.

【快攻】kuàigōng 動《スポーツ》(球技で)速攻する.

【快货】kuàihuò 名 売れ行きのよい商品.

【快活】kuàihuo 形 楽しい. 快活だ. ¶今天心里觉得很~ / 今日はとてもすっきりした気分だ. 同 快快活活

【快件】kuàijiàn 名 (~儿) ❶ 速達郵便物. ❷ 急送貨物.

【快捷】kuàijié 形 機敏だ. 迅速だ.

*【快乐】kuàilè 形 (幸福感が満足感があって)楽しい. うれしい. ¶~的微笑 / 楽しげな微笑. ¶~的日子终于开始了！/ 楽しい毎日がやっと始まった. ¶祝你新年~！/ 楽しいお年を(手紙などのあいさつ文で使う). 同 高兴 gāoxìng, 快活 kuàihuo, 愉快 yúkuài 反 痛苦 tòngkǔ, 伤心 shāngxīn

【快马加鞭】kuài mǎ jiā biān 成 速度をいっそう速める. ¶我们必须~完成目前的工作 / 我々はいっそうスピードアップして, 今の仕事を早く完成させなければならない. 由来 「早馬にむちを当てる」という意から.

【快慢】kuàimàn 名 速さ. 速度.

【快门】kuàimén 名 カメラのシャッター. ¶按~ / シャッターを押す.

【快人】kuàirén 名〔文〕はきはきした人. さっぱりした人.

【快人快语】kuài rén kuài yǔ 成 喩 てきぱきした人はてきぱきと話す.
【快事】kuàishì 名〔量 件 jiàn〕愉快なこと. 反 憾事 hànshì
【快手】kuàishǒu 名(～儿) てきぱきした人. 機敏な人.
【快书】kuàishū 名《芸能》〔量 段 duàn〕語り物の一つ. 語りと韻を踏んだ歌からなり、語りのリズムはやや速い. 銅板や竹板を使って伴奏する. 参考 "山东 Shāndōng 快书", "竹板 zhúbǎn 快书"などがある.
【快速】kuàisù 形 速度が速い. 迅速だ. ¶～照相机 / インスタントカメラ. ¶～前进 / 急速に進む. ¶～地通过 / 猛スピードで通過する. 同 疾速 jísù, 迅速 xùnsù 反 迟缓 chíhuǎn
【快速反应部队】kuàisù fǎnyìng bùduì 名 高速対応部隊.
【快艇】kuàitǐng 名〔量 艘 sōu, 只 zhī〕モーターボート. 同 汽艇 qìtǐng
【快慰】kuàiwèi 形 文 ほっとする. 気持が慰められる. ¶得知 dézhī 近况,不胜～ / 近況を知ってとても安心した. 比较 "欣慰 xīnwèi" よりも快い状態をいう.
【快相】kuàixiàng 名 ❶ スナップ写真. 同 快拍 kuàipāi ❷ 仕上げの速い写真.
【快信】kuàixìn 名〔量 封 fēng〕速達郵便. ¶寄～ / 速達を出す. 反 平信 píngxìn
【快讯】kuàixùn 名 ニュース速報.
【快要】kuàiyào 副 もうすぐ. 間もなく. ¶春节 Chūnjié～到了 / 春節が間もなくやって来る. ¶姐姐～生孩子了 / 姉にもうすぐ子供が生まれる. ¶天～黑了 / もうすぐ日が暮れる. 表现 文末に"了 le"が付くことが多い.
【快译通】Kuàiyìtōng 名《商標》電子辞書や PDA の商品名.
【快意】kuàiyì 形 爽快だ. すがすがしい. ¶感到十分～ / とてもすがすがしい気分だ.
【快鱼】kuàiyú →鲙鱼 kuàiyú
【快照】kuàizhào ❶ 動 スナップ写真を撮る. ❷ 名 スナップ写真. 同 快相 ／ スナップ写真を撮る.
【快中子】kuàizhōngzǐ 名《物理》高速中性子.
【快嘴】kuàizuǐ 名 ❶ 口の軽い人. おしゃべり. ¶～快舌 / おしゃべりだ. ❷ 口ばかり達者で考えの浅い人.

侩(儈) kuài
亻部6 四 2823$_{2}$
全8画 通用

❶ 素 旧 仲買人. ¶市～ shìkuài (私利をむさぼるいやなやつ) / 牙～ yákuài (ブローカー). ❷ (Kuài)姓.

邹(鄶) Kuài
阝部6 四 8772$_{7}$
全8画 通用

名 ❶ 文 郐(ᅟ). 周代の小国の名. 現在の河南省密県のあたり. ¶自～以下 (郐より以下. 語るに足りないこと). ❷ 姓.

哙(噲) kuài
口部6 四 6803$_{2}$
全9画 通用

動 飲み込む.

狯(獪) kuài
犭部6 四 4823$_{2}$
全9画 通用

素 ずるがしこい. ¶狡～ jiǎokuài (狡猾ᅟだ).

浍(澮) kuài
氵部6 四 3813$_{2}$
全9画 通用

名 田の細い溝. ¶田浍 tiánkuài, 沟浍 gōukuài 参考 異読 "浍 Huì" は川の名.

脍(膾) kuài
月部6 四 7823$_{2}$
全10画 通用

動 名 文 魚や肉を薄くそぎ切る. またその魚や肉. なます. ¶～炙 zhì 人口.

【脍炙人口】kuài zhì rén kǒu 成 人口に脍炙(ᅟ)する. 誰もがよく知っている. ¶"学而时习之,不亦 yì 乐 lè 乎" 是《论语 Lúnyǔ》里～的名句 / 「学んで時にこれを習う、また楽しからずや」は、『論語』中のよく知られた名句である. 由来 "脍" は、薄くそいだ肉や魚、"炙" は、火であぶった肉のかたまり. これらは、人々が好んで口にする美味であることから.

筷 kuài
竹部7 四 8898$_{5}$
全13画 次常用

名 箸(ᅟ). ¶牙～ yákuài (象牙ᅟの箸) / 碗～ wǎnkuài (茶わんと箸).

*【筷子】kuàizi 名〔量 把 bǎ, 根 gēn, 双 shuāng, 支 zhī, 枝 zhī〕箸(ᅟ). ¶一双～ / 一ぜんの箸. ¶竹～ / 竹の箸.

鲙(鱠) kuài
鱼部6 四 2813$_{2}$
全14画 通用

下記熟語を参照.

【鲙鱼】kuàiyú 名《魚》ヒラ 同 快鱼 kuàiyú, 鳓鱼 lèyú

kuan ㄎㄨㄢ [kʻuan]

宽(寬) kuān
宀部7 四 3021$_{2}$
全10画 常用

❶ 形 面積や幅が広い. ¶～广 kuānguǎng / ～阔 kuānkuò. 反 窄 zhǎi ❷ 名 幅. ¶这条河有五百米～ / (この河は幅が500メートルある). ❸ 動 ゆるくする. ¶～心 kuānxīn / ～怀 kuānhuái. ❹ 形 寛大だ. ¶～容 kuānróng / 从～处理(寛大に処理する). 反 严 yán 形 文 ❺ ゆとりがある. ¶他手头比过去～多了(彼の懐ᅟ具合は以前よりずっとよくなった). ❻ (Kuān)姓.

【宽畅】kuānchàng 形 (気持ちが)のびのびしている. ゆったりしている. ¶胸怀 xiōnghuái～ / 気持ちがゆったりしている.

【宽敞】kuānchang 形 (建物の内部が)広々としている. ゆったりしている. ¶这间屋子很～ / この部屋はとても広々としている. 同 宽绰 kuānchuo, 宽阔 kuānkuò 反 狭窄 xiázhǎi

【宽绰】kuānchuo 形 ❶ 広々としている. ¶～的礼堂 lǐtáng / 広々とした講堂. 同 宽敞 kuānchang, 宽阔 kuānkuò 反 狭窄 xiázhǎi ❷ (気持ちが)ゆったりとしている. ¶心里～多了 / とても気が楽になった. ❸ 豊かだ. 余裕がある. ¶生活越来越～了 / 暮らしは徐々に豊かになってきた. 反 穷困 qióngkùn, 拮据 jiéjū

【宽大】kuāndà ❶ 形 (面積や容積が)大きい. ¶袍袖 páoxiù～ / (中国式の)長衣がだぶだぶだ. 反 狭小 xiáxiǎo, 窄小 zhǎixiǎo ❷ 形 寛大だ. 寛容だ. ¶心怀 xīnhuái～ / 心が広い. ¶～政策 / 寛大な政策. ❸ 動 (犯罪や犯人を)寛大に扱う. ¶～处理 / 寛大に処理する. 反 严惩 yánchéng

【宽待】kuāndài 動 寛大に取り扱う. ¶～俘虏 fúlǔ / 捕虜を寛大に扱う.

【宽带】kuāndài 名《通信》広帯域. ブロードバンド. BB.

【宽贷】kuāndài 動 大目に見てゆるす.

【宽度】kuāndù 名 広さ. 幅. 用法 長方形では短い方の辺を指すことが多い. 反 长度 chángdù

【宽泛】kuānfàn 形 (内容や意味が)広い. 広範囲だ.

¶演讲的内容太~ / 講演の内容は広すぎる. 同 广泛 guǎngfàn

【宽广】kuānguǎng 形 ❶(面積や範囲が)大きい. 広い. ¶~的原野 yuányě / 広大な原野. 同 广大 guǎngdà,广阔 guǎngkuò,辽阔 liáokuò 区 狭窄 xiázhǎi ❷(心が)広い. ¶他的胸襟 xiōngjīn 是那么~ / 彼の度量はあんなにも広い. 同 广大 guǎngdà,广阔 guǎngkuò 区 狭隘 xiá'ài,狭窄 xiázhǎi

【宽宏[洪]】kuānhóng 形 度量が大きい. 寛容だ.

【宽宏[洪]大量】kuān hóng dà liàng 成 度量が大きい. ¶~的人 / ふところの深い人. 同 宽宏大度 dù

【宽厚】kuānhòu 形 ❶広くて厚い. ¶~的胸膛 xiōngtáng / 広くて厚い胸. ❷寛大で思いやりがある. ¶待人~ / 人に親切で思いやりがある. 区 刻薄 kèbó

【宽解】kuānjiě 動 気持ちをときほぐす. 気持ちを落ち着かせる.

【宽阔】kuānkuò 形 ❶幅が広い. 広大だ. ¶~无垠 wúyín / 広大で果てしがない. ¶~的马路 / 広い大通り. 区 狭窄 xiázhǎi ❷心が広い. 度量が大きい. ¶心胸~ / 心が広い. ¶眼界~ / 視野が広い. 区 狭隘 xiá'ài

【宽让】kuānràng 形 (相手に)譲り,争わない.

【宽饶】kuānráo 動 許す. 大目に見る. 同 宽恕 kuānshù

【宽容】kuānróng 動 寛大に接する. 大目に見る. ¶父亲对我的这些缺点,从不~ / 父は私のこの欠点を許してくれない.

【宽舒】kuānshū 形 ❶気持ちがゆったりしている. ¶心里~ / 気持ちがゆったりしている. ❷(道や川などが)広々としている. ¶这条街道平整~ / この通りは平らで広々している.

【宽恕】kuānshù 動 (罪と誤りを)寛大に許す. とがめない. ¶请~我吧! / どうか許して下さい.

【宽松】kuānsōng[-song] 形 ❶きつくない. ゆったりしている. ¶这件衣服比较~ / この服はかなりゆったりしている. ❷(経済的に)豊かだ. ¶这几年手头很~ / ここ数年は生活に余裕がある. ❸のんびりしている. ¶特别~的环境 / 格別のんびりした環境.

【宽慰】kuānwèi 動 なだめる. 気を落ち着かせる. ¶他事业的成功,让家人感到~ / 彼の事業がうまくいったので,家族はほっとした.

【宽限】kuān//xiàn 動 期限を延ばす. ¶已经~了两个星期了,不能再~了 / すでに期限を2週間延ばしたから,これ以上延ばせない.

【宽心】kuān//xīn 動 心をなごませる. 安心させる. ¶请大家~,孩子们一定会平安回来 / 子供たちはきっと無事に帰ってきますから,皆さんどうぞ安心して下さい.

【宽心丸儿】kuānxīnwánr 名 慰めのことば. ¶给他吃~ / 彼に慰めのことばをかける. 同 开心丸儿 kāixīnwánr

【宽衣】kuān//yī 動 上着を脱ぐ. 衣服をゆるめて楽にする. ¶请宽一下衣 / どうぞ(衣服をゆるめて)お楽にして下さい.

【宽银幕】kuānyínmù 名 ワイドスクリーン.

【宽银幕电影】kuānyínmù diànyǐng 名 シネマスコープ.

【宽宥】kuānyòu 形 寛恕(かんじょ)する. 許す. 同 宽恕 kuānshù,饶恕 ráoshù

【宽余】kuānyú 形 ❶生活に余裕がある. 区 紧张 jǐnzhāng ❷のんびりする. 区 紧迫 jǐnpò

【宽裕】kuānyù 形 (経済的・時間的に)ゆとりがある. 余裕がある. ¶时间很~ / 時間にとても余裕がある. ¶家里这几年,经济比较~了 / 家の経済はここ数年で,どうにかゆとりができた. 同 充裕 chōngyù,富余 fùyu,富裕 fùyù,宽余 kuānyú 区 拮据 jiéjū,紧张 jǐnzhāng,窘迫 jiǒngpò

【宽窄】kuānzhǎi 名 広さ. 幅.

【宽展】kuānzhǎn 形 方 ❶(気持ちが)ゆったりしている. ❷(場所が)広々としている. ❸ゆとりがある. ¶手头不~ / 手元不如意. ❹太っている. ❺衣服がだぶだぶしている.

【宽纵】kuānzòng 動 放任する.

髋(髖) kuān 骨部10 四 7321₂ 全19画 通用

下記熟語を参照.

【髋骨】kuāngǔ 名 《生理》寛骨(かんこつ). 同 胯骨 kuàgǔ

款(異 欵) kuǎn 欠部8 四 4798₂ 全12画 通用

❶ 名 条文の中の項. "条 tiáo"(条)の下, "项 xiàng"(号)の上の区分. ¶条~ tiáokuǎn(条项)/第一条第一~(第一条第一项). ❷ 名 費用. 経費. ¶~项 kuǎnxiàng(常項)/存~ cúnkuǎn(預金)/公~ gōngkuǎn(公金)/拨~ bōkuǎn(予算を支出する). ❸ 素 器物に刻まれた文字. ¶~识 kuǎnzhì. ❹ 素 (~儿)書画や手紙の冒頭や末尾に記す名前. ¶上~ shàngkuǎn(揮毫きごう依頼者の名前)/下~ xiàkuǎn(揮毫者の名前)/落~ luòkuǎn(落款). ❺ 素 心を込めて. ていねいで. ¶~待 kuǎndài / ~留 kuǎnliú. ❻ 素 (門などを)たたく. ¶~门 kuǎnmén(門をたたく)/~关 kuǎnguān(関所の門をたたく). ❼ 素 ゆっくりと. ¶~步 kuǎnbù(ゆっくりと歩く).

【款待】kuǎndài 動 厚くもてなす. ¶~客人 / お客を歓待する. ¶盛情 shèngqíng / 心からのもてなしをする. 同 招待 zhāodài

【款额】kuǎn'é 名 (経費や資金の)金額.

【款款】kuǎnkuǎn 形 文 ゆったりしている. ¶~而行 / ゆったり歩いて行く. ¶~站了起来 / おもむろに立ち上がった.

【款留】kuǎnliú 動 (客に)ねんごろに引き止める.

【款曲】kuǎnqū 名 ❶ 動 誠意をもってつきあう. ❷ 名 好意.

【款式】kuǎnshì 名 様式. 形式. スタイル. ¶~新颖 xīnyǐng / スタイルが斬新だ.

【款项】kuǎnxiàng 名 ❶〔笔 bǐ,宗 zōng〕経費. 費用. ❷(法令・规約・条約などの)項目. 表現 ①は多く機関・企業・団体などの金額の大きいものを言う.

【款型】kuǎnxíng 名 (服装などの)デザイン.

【款爷】kuǎnyé 名 方 金持ち親父. 成金.

【款识】kuǎnzhì 名 ❶ 鐘や鼎(かなえ)などに刻まれた文字. 款識(かんし). ❷書画などに作者の姓名や字(あざな)・年月日・依頼者などを記したもの.

【款子】kuǎnzi 名 回〔笔 bǐ〕金. 費用. ¶汇来 huìlái 一笔~ / まとまった金を為替で送ってくる. ¶一大笔~ / 大金. 同 款项 kuǎnxiàng

kuang ㄎㄨㄤ [kʻuaŋ]

匡 kuāng 匚部4 四 7171₁ 全6画 通用

❶ 素 正す. ¶~谬 kuāngmiù(誤りを正す)/~正 kuāngzhèng. ❷ 素 助ける. 補佐する. ¶~救

kuāngjiù（正しい道へ救い入れる）/ ～助 kuāngzhù（助ける）. ❸動 おおまかに計算する. ¶～算 kuāngsuàn / ～计 kuāngjì（見積る）. ❹（Kuāng）姓.

【匡算】kuāngsuàn 動 だいたいの計算をする. 見積る. ¶初步～ / さしあたりの見積もり. ¶这项工程需投资多少, 请你～～ / このプロジェクトにはどれくらいの投資が必要か, ざっと見積もって下さい.

【匡正】kuāngzhèng 動 ⟨文⟩ 正す. ¶～时弊 shíbì / 時弊を正す. ⓒ 改正 gǎizhèng, 矫正 jiǎozhèng, 纠正 jiūzhèng

诓（誆）kuāng 讠部6 四3171₁ 全8画 通用

動 だます. ¶～骗 kuāngpiàn / ～人 kuāngrén（人をだます）.

【诓骗】kuāngpiàn 動 人をだます. ¶你别再～她了 / もうこれ以上彼女をだますのはやめなさい.

哐 kuāng 口部6 四6101₁ 全9画 通用

擬 がらん. ぱたん. 物がぶつかる音. ¶～的一声脸盆 liǎnpén 掉在地上了（がらんと音をたてて, 洗面器が地面に落ちた）/ ～啷 kuānglāng / ～当 kuāngdāng（器物がぶつかる音. ごとん）.

【哐啷】kuānglāng 擬 がらん. ぱたん. 物がぶつかったり, 震動する大きな音. ¶～一声把门关上 / ぱたんと大きな音をさせてドアを閉めた.

筐 kuāng 竹部6 四8871₁ 全12画 常用

名（～儿）副 fù, 个 ge, 只 zhī）かご. ¶抬～ tái-kuāng（もっこ）/ 粪～ fènkuāng（糞尿を入れるかご）.

【筐子】kuāngzi 名（个 ge, 只 zhī）（小さめの）かご. ¶菜～ / 野菜かご.

狂 kuáng 犭部4 四4121₄ 全7画 常用

❶素 気が狂っている. ¶～人 kuángrén / 发～ fākuáng（発狂する）/ 疯～ fēngkuáng（気が狂っている）. ❷素 思う存分に. ¶～欢 kuánghuān / ～喜 kuángxǐ / ～笑 kuángxiào. ❸素 勢いがすさまじい. ¶～风 kuángfēng / ～澜 kuánglán. ❹（Kuáng）姓.

【狂暴】kuángbào 形 狂暴だ. ¶性情～ / 性格が凶暴だ.

【狂奔】kuángbēn 動 猛烈な勢いで走る. ¶洪水 hóngshuǐ～而来 / 洪水が猛然と押し寄せる. ¶他马上～回家 / 彼はすぐ大急ぎで帰宅した.

【狂飙】kuángbiāo 名 すさまじい暴風. 潮や世のすさまじい流れ.

【狂飙运动】kuángbiāo yùndòng 名 疾風怒濤. シュトゥルム・ウント・ドランク. 参考 18世紀ドイツの文学運動.

【狂草】kuángcǎo 名 草書の一種. 狂草.

【狂潮】kuángcháo 名 ❶ 荒れ狂う潮. ❷ すさまじい勢いの情勢.

【狂放】kuángfàng 形 わがまま放題だ. ¶～不羁 jī / 奔放で何物にもしばられない.

【狂吠】kuángfèi 動（犬が）狂ったようにほえたてる.（人が）あたりかまわずわめきたてる.

【狂风】kuángfēng 名 ❶ 暴風. ¶～巨浪 / 激しい風と波. ¶～怒号 nùháo, 大雨倾盆 qīngpén 而下 / 激しい風うなり, バケツをひっくりかえしたような雨が降る. ❷《气象》"风级 fēngjí"が10の風. 参考 ②は, 秒速24.5－28.4メートルで, 木や建て物をなぎ倒すほどの風をいう.

【狂风暴雨】kuáng fēng bào yǔ 成 激しい嵐. 危険な立場やすさまじい勢いのたとえ.

【狂呼】kuánghū 動 大声でわめきたてる. ¶～大叫 / 大声でわめきたてる.

【狂欢】kuánghuān 動 お祭り騒ぎをする. ¶～节 / カーニバル.

【狂澜】kuánglán 名 荒れ狂う大波. ¶力挽 wǎn～ / 成 情勢の鎮静化につとめる. 表現 変動の激しい情勢, すさまじい時代の流れをたとえる.

【狂怒】kuángnù 形 怒り狂っている.

【狂气】kuángqi 形 思い上がったようす.

【狂犬病】kuángquǎnbìng 名 狂犬病. 同 恐水病 kǒngshuǐbìng

【狂热】kuángrè 形 熱狂している. ¶～的信徒 xìntú / 狂信者.

【狂人】kuángrén 名 ❶ 狂人. ❷ 貶 ひどく思い上がった人.

【狂妄】kuángwàng 形 思い上がっている. ¶他态度～ / 彼は態度が傲慢（謷）だ.

【狂妄自大】kuáng wàng zì dà 成 尊大だ. 夜郎自大（やろうじだい）だ.

【狂喜】kuángxǐ 形 狂喜している. ¶～地欢呼, 拥抱 yōngbào / 大喜びで叫び, 抱きあった.

【狂想曲】kuángxiǎngqǔ 名《音楽》狂想曲. カプリッチオ.

【狂笑】kuángxiào 動 笑いころげる. ¶～起来 / 大声で笑い出す.

【狂言】kuángyán 名 思い上がったことば. ¶口出～ / 思い上がった言い方をする.

【狂野】kuángyě 形（性格が）狂暴で粗野だ.

【狂躁】kuángzào 形 ❶ 軽はずみで狂暴だ. ❷ ひどくいらだっている. ひどく焦っている.

诳（誑）kuáng 讠部7 四3171₄ 全9画 通用

素 だます. うそをつく. ¶～语 kuángyǔ / ～话 kuánghuà（うそ）.

【诳语】kuángyǔ 名 うそ. 同 诳话 kuánghuà

夼 kuǎng 大部3 四4022₈ 全6画 通用

素 ❶〔方〕くぼ地. ❷ 地名用字. ¶刘家～ / Liújiākuǎng（山東省にある地名）.

邝（鄺）Kuàng 阝部2 四0722₇ 全5画 通用

名 姓.

圹（壙）kuàng 土部3 四4010₀ 全6画 通用

名 ❶ 墓穴. ¶～穴 kuàngxué（墓穴）/ 打～ dǎkuàng（墓穴を掘る）. ❷ 広野. 原野.

【圹埌】kuànglàng 形 原野がどこまでも果てしないようす. ¶～之 zhī 野 / どこまでも続く原野.

纩（纊）kuàng 纟部3 四2010₀ 全6画 通用

名 ⟨文⟩ 真 綿（まわた）. ¶～絮 kuàngxù（綿）/ ～衣 kuàngyī（綿入れ）.

旷（曠）kuàng 日部3 四6000₀ 全7画 常用

❶形 広々としている. ¶～野 kuàngyě / 地～人稀 xī 成 土地が広くて人口が少ない）/ 空～ kōngkuàng（広々としている）. ❷素 心がゆったりしている. ¶～达 kuàngdá / 心～神怡 yí 成 心がゆったりとしていい気

【旷达】kuàngdá 形㊊ 気持ちがゆったりしていて物事にこだわらない. ¶～的心胸 xīnxiōng 和气度 / 広い心と度量.
【旷代】kuàngdài 形㊊ ❶ 当代に並ぶものがいない. ¶～文豪 / 当代に並びない文豪. ❷ 長い時間を経ている.
【旷废】kuàngfèi 動 ほったらかす. ¶～学业 / 学業をほったらかす. 同 荒废 huāngfèi.
【旷费】kuàngfèi 動 (時間を)むだにする. ¶～时光 / 時間を浪費する.
【旷工】kuàng//gōng 動 仕事をさぼる. ¶不得 bùdé 无故 / 理由なく仕事をさぼってはならない.
【旷古】kuànggǔ 遠い昔. ¶～未闻 wèiwén / 前代未聞.
【旷课】kuàng//kè 動 授業をさぼる. ¶他今天又～了 / 彼は今日, また授業をさぼった.
【旷日持久】kuàng rì chí jiǔ 成㊊ 無駄に長い月日を費やす. ¶～的谈判 / 長々と引き伸ばされる交渉.
【旷世】kuàngshì 形㊊ ❶ 世に二つとない. ¶～奇才 / 類まれな優れた才能. ❷ 久しく時を経た. 同 旷代 dài.
【旷野】kuàngyě 荒涼たる原野. ¶茫茫 mángmáng ～ / どこまでも広がる荒野.

况(異況) kuàng 冫部5 四 3611₂ 全7画 常用

❶ 素 ようす. 状況. ¶近～ jìnkuàng (近況) / 情～ qíngkuàng (ようす) / 概～ gàikuàng (概況). ❷ 素 たとえ. ¶比～ bǐkuàng (たとえる) / 以古～今 (昔を今になぞらえる). ❸ 接 まして…を や. ¶～且 kuàngqiě / 此事成人尚 shàng 不能为, ～幼童 yòutóng 乎 hū ? (この事は大人でもできないのに, まして子供になどできようか). ❹ (Kuàng) 姓.

【况且】kuàngqiě 接 なおかつ. そのうえ. ¶奶奶平常都很少出门, ～外边下着大雨 / 祖母はふだんほとんど外出しないし, さらに大雨だからなおのこと. 用法 さらに理由を重ねて述べる時に用いる. "又,也,还"を伴うことが多い.
【况味】kuàngwèi 名 情况と趣.

矿(礦 / 異 鑛) kuàng 石部3 全8画 四 1060₀ 常用

名 ❶ 鉱石. 鉱床. ¶探～ tànkuàng (鉱脈を探す) / 采～ cǎikuàng (採掘)する / 黄铁～ huángtiěkuàng (黄鉄鉱). ❷ 鉱山. ¶～山 kuàngshān / ～井 kuàngjǐng / ～坑 kuàngkēng / 下～ xiàkuàng (採掘現場に行く). 参考 もと "gōng" と発音した.

【矿藏】kuàngcáng 名 鉱物資源. ¶～量 / 鉱物資源の埋蔵量.
【矿层】kuàngcéng 名 《鉱業》鉱層.
【矿产】kuàngchǎn 名 鉱石と鉱物資源.
【矿车】kuàngchē 名 トロッコ.
【矿床】kuàngchuáng 名《鉱業》鉱床. 同 矿体 kuàngtǐ.
【矿灯】kuàngdēng 名〔㊐ 盏 zhǎn〕坑道内で用いるランプ. カンテラ.
【矿工】kuànggōng 名 鉱夫.
【矿井】kuàngjǐng 名〔㊐〔座 zuò〕鉱物採掘のための立て坑や坑道.
【矿坑】kuàngkēng 名《鉱業》鉱坑. 坑道.
【矿脉】kuàngmài 名《鉱業》鉱脈.
【矿棉】kuàngmián 名《建築》鉱物綿. ミネラルウール.
【矿难】kuàngnàn 名 炭鉱事故. 鉱山事故.
【矿区】kuàngqū 名《鉱業》鉱区.
【矿泉】kuàngquán 名〔㊐ 处 chù〕鉱泉.
【矿泉水】kuàngquánshuǐ 名 ミネラルウォーター.
【矿砂】kuàngshā 名 砂状の鉱石.
【矿山】kuàngshān 名〔㊐ 处 chù, 个 ge, 座 zuò〕鉱山.
【矿石】kuàngshí 名 鉱石. ¶～收音机 / 鉱石ラジオ. ¶开采～ / 鉱石を採掘する.
【矿物】kuàngwù 名 鉱物. ¶～学 / 鉱物学.
【矿物质】kuàngwùzhì 名 (食品中の)鉱物質. ミネラル.
【矿业】kuàngyè 名 鉱業.
【矿渣】kuàngzhā 名《鉱業》鉱滓(ざい). スラグ.
【矿长】kuàngzhǎng 名 鉱山の総責任者.
【矿种】kuàngzhǒng 名 鉱物資源の種類. 参考 エネルギー・金属・非金属・水とガスの4種.
【矿柱】kuàngzhù 名《鉱業》鉱柱. 坑道を支える柱として掘り残しておく鉱床.

贶(貺) kuàng 贝部5 四 7681₂ 全9画 通用

❶ 動 下賜する. プレゼントする. ❷ 名 いただき物. ¶厚～ hòukuàng (いただいたりっぱな品物).

框 kuàng 木部4 四 4191₁ 全10画 通用

❶ 名 窓やドアの枠. ¶窗～ chuāngkuàng (窓枠) / 门～ ménkuàng (門の枠). ❷ (～儿) 縁(も). ¶镜～儿 jìngkuàngr (ガラスのはまった額縁) / 眼镜～儿 yǎnjìngkuàngr (眼鏡のフレーム). ❸ 周囲の囲み. ¶～～ kuàngkuang. ❹ 動 文字や図を線で囲む. ¶把这几个字～起来 (これらの文字を線で囲みなさい). ❺ 動 制限する. ¶～得太死 (制限が厳しすぎる). 参考 もと "kuāng" と発音した.

【框架】kuàngjià 名 ❶《建築》の骨組み. フレーム. ❷ (プラン・作品・書籍などの)輪郭や骨組みにあたる部分.
【框框】kuàngkuang 名 ❶ (文字や絵の)周囲の囲み. ¶他在图片周围画上三个～ / 彼は写真の周りを三重に囲った. ❷ 古くさい規則やしきたり. ¶打破旧～ / 古くさいしきたりを打ち破る.
【框儿】kuàngr 名 "框 kuàng" ❷ に同じ.
【框算】kuàngsuàn 動 見積る. 概算する. 参考 もと, "匡算"と書き, "kuāngsuàn" と発音した.
【框图】kuàngtú 名 "方框图 fāngkuàngtú" (フローチャート)の略.
【框子】kuàngzi 名 枠. フレーム. ¶用～框起来 / 枠で囲う.

眶 kuàng 目部6 四 6101₁ 全11画 次常用

素 目のふち. ¶眼～子 yǎnkuàngzi (目のふち) / 热泪盈 yíng ～ (目に熱い涙があふれる).

kui ㄎㄨㄟ [kʻuei]

亏(虧) kuī 一部2 四 1002₇ 全3画 常用

❶ 動 不足する. ¶血～ xuèkuī (貧血) / 理～ lǐkuī

（筋が通らない）/ 功一簣 kuī（あと一息のところで失敗に終わる）. ❷動 損をする. ¶一本 kuīběn／〜损 kuīsǔn／把老本一光了（元手をすっかりきった）. 反 盈 yíng ❸動 背く. ¶〜心 kuīxīn／人不〜地,地不〜人（人が大地を大切にすれば、大地は人に背かない）. ❹動 …のおかげだ. ¶〜你提醒 tíxǐng 我,我才想起来（君が注意してくれたおかげで、やっと思い出した）. ❺副 ずうずうしくも…だ. よくまあ…だ. ¶〜你还学过算术,连这么简单的帐都不会算（よくもまあ算数を学んだなんて言えたものだ、こんな簡単な勘定もできないのに）. ❻名 損失. 損害. 用法❸は、否定文で用いられることが多い.

【亏本】kuī/běn 動（〜儿）元手を割り込む. ¶亏了一些本 kuī/běn／いくらか損をした. ¶〜的生意,别做了！／損をする商売は、やめなさい. 同 赔本 péiběn,折本 shéběn, 蚀本 shíběn 反 赢利 yínglì

【亏待】kuīdài 動 不公平に扱う. いいかげんに扱う. ¶继母从来都没有〜过我／まま母は今まで,私につらく当たったことはありません.

【亏得】kuīdé 副 ❶ おかげで. ¶〜早上出门带了雨伞,不然就被雨淋了／朝,傘を持って出たおかげで,雨にぬれずにすんだ. 同 多亏 duōkuī ❷ よくまあ…だ. ¶〜你还记得／よくまあ覚えていてくれたもんだ. 表现 ❷は、皮肉をこめた言い方.

【亏短】kuīduǎn 動（数や分量が）足りない. ¶帐上 zhàngshang 〜三万元／帳簿上,3万元足りない. ¶分量 fènliàng 〜／量が足りない.

【亏负】kuīfù 動 ❶ 背く. ¶我从来没有〜过他／私は彼に不義理をしたことなど一度もない. 同 辜负 gūfù ❷ 損をさせる.

【亏耗】kuīhào 動 消耗する. 目減りする. ¶〜率 lǜ ／損失率. ¶货物在运输中的〜／貨物輸送中の目減り.

【亏空】kuīkong ❶動 欠損を埋めるために金や物を借りる. ¶上月一了一千元／先月は欠損を埋めるために1,000元借り越した. ❷名 借りた金や物. ¶弥补 míbǔ 〜／借財を返す. ¶拉〜／借金をする.

【亏累】kuīlěi 欠損が積み重なる.

【亏欠】kuīqiàn ❶動（欠損を埋めるために）人から金や物を借りる. ¶〜他五十斤米／彼から米を25キロ借りた. 同 亏空 kuīkong ❷名 借りている物や金. ¶他的〜不少／彼は多額の借金を抱えている. ❸動（他人の）同情をなどひく.

【亏折】kuīshé 動 欠損を出す. 元手を損ねる. ¶没赚 zhuàn 到钱,还一了老本／もうけがたいばかりか元手も損ねてしまった. ¶这一次生意一了五千块／今回の商売は5,000元も赤字を出した.

【亏蚀】kuīshí ❶動 日食や月食. ❷動 赤字を出す. 元手を割る. ¶连年〜／毎年赤字. ❸名 ロス. 損失. 欠損.

【亏损】kuīsǔn 動 ❶ 損失を出す. 赤字になる. ¶今年〜八万元／今年は8万元の赤字だ. 反 盈余 yíngyú ❷（重病や障害で）体が弱る.

【亏心】kuī/xīn 動 良心に背く. 後ろめたい. ¶你说这话,〜不〜吗？／こんな話をするなんて,後ろめたくはないかい？

【亏心事】kuīxīnshì 名 うしろめたい事. 良心に恥じる行為.

岿（巋） kuī 山部5 四 2227₇ 全8画 通用

素 高くそびえている. ¶一然 kuīrán.

【岿然】kuīrán 形 文（塔などが）独り高くそびえ立っている. ¶〜不动 / 成 高くそびえ立ってびくともしない.

悝 kuī ↑部7 9601₅ 全10画 通用

素 人名用字. ¶李〜 Lǐ Kuī (戦国時代の政治家).

盔 kuī 皿部6 四 4010₂ 全11画 次常用

❶素 かぶと. ¶一甲 kuījiǎ／钢〜 gāngkuī（鉄かぶと）. ❷素（〜儿）〔顶 dǐng〕半球形の帽子. ¶头〜 tóukuī（ヘルメット）／白〜 báikuī（白いヘルメット）／帽〜儿 màokuīr（おわん型の帽子）. ❸名 鉢. ¶瓦〜 wǎkuī（素焼きの鉢）.

【盔甲】kuījiǎ 名（副 fù）よろいかぶと.

窥（窺／異 闚） kuī 穴部8 四 3081₂ 全13画 次常用

素 物かげやすきまからこっそりのぞく. ¶〜探 kuītàn／〜伺 kuīsì／〜见 kuījiàn／管〜蠡 lí 测 cè （成 竹の管で天をのぞき,貝殻で海水を測る. 見識が狭いこと）.

【窥豹一斑】kuī bào yī bān ❶（物事の一部分だけが見えるので）部分的なことしか分からない. ❷（部分から）全体像がイメージできる. 同 管中 guǎn zhōng 窥豹 kuī bào 由来 ❶はヒョウを見る時,その一部分の皮の模様しか見ない,という意. ❷は、「一部分の模様を見れば、全体がヒョウだと分かる」という意.

【窥测】kuīcè 動 ひそかに探る. うかがう. ¶〜时期／良い時機をうかがう. 同 窥伺 kuīsì,窥探 kuītàn

【窥见】kuījiàn 動 ひそかに知る. ¶从这封信里,可以〜她目前的心情／この手紙から、彼女の現在の気持ちがうかがい知れる.

【窥视】kuīshì 動 貶 うかがう. こっそり見る. ¶敌人一直在〜我方动静／敵はばっと,こちらのようすをうかがっている.

【窥伺】kuīsì 動 貶 チャンスをうかがう.

【窥探】kuītàn 動 ひそかに探る. ¶〜对方的动静／相手の動静を探る.

【窥望】kuīwàng 動（暗がりや窓などから）遠くをそっとうかがう.

奎 kuí 大部6 四 4010₄ 全9画 通用

名 ❶ 二十八宿の一つ. 文運をつかさどる星. ¶〜星 kuíxīng（とかきぼし）. ❷ (Kuí)姓.

【奎宁】kuíníng 名《薬》キニーネ. ♦quinine

逵 kuí 辶部8 四 3430₁ 全11画 通用

名 ❶ 文 各地に通じている大きな道路. ¶〜路 kuílù (道路)／大〜 dàkuí (大通り). ❷ (Kuí)姓.

馗 kuí 首部2 四 4801₆ 全11画 通用

❶名 "逵 kuí"に同じ. ❷素 人名用字. ¶钟〜 Zhōngkuí（鍾馗 しょうき）.

隗 Kuí ⻖部9 四 7621₃ 全11画 通用

名 姓.

☞ 隗 Wěi

葵 kuí ⺾部9 四 4480₄ 全12画 常用

❶名 大きな花が咲く草本植物. ¶向日〜 xiàngrìkuí（ヒマワリ）／锦〜 jǐnkuí（ゼニアオイ）／蜀〜 shǔkuí（タチアオイ）／秋〜 qiūkuí（オクラ）. ❷素 "蒲葵 púkuí"（ビロウ）の略称. 葉でうちわを作る. ¶〜扇 kuíshàn. ❸ (Kuí)姓.

【葵花】kuíhuā 名《植物》〔棵 kē,株 zhū〕ヒマ

ワリ. 向日葵 xiàngrìkuí ❷〔朵 duǒ〕①の花.
【葵花子】kuíhuāzǐ 名（～儿）ヒマワリの種. 参考いったものをお茶請けなどによく食べる. 前歯で殻を割って中身を食べる.
【葵扇】kuíshàn 名〔把 bǎ〕ビロウの葉でつくったうちわ. 同 芭蕉扇 bājiāoshàn.

揆 kuí 扌部9 四 5208₄ 全12画 通用

❶ 動 文 推し量る. ¶～情度 duó 理（情理を推し量る）/～其 qí 本意（本当の気持ちを推し量る）. ❷ 名 文 道理. ¶古今同一（昔も今も同じ道理だ）. ❸ 名 管理する. ¶以～百事（万事をとりしきる）. ❹ 素 首相. ¶首～ shǒukuí（首相）/阁～ gékuí（内閣総理）.
【揆度】kuíduó 動 文 推し量る. ¶～时势 shíshì / 時勢を予測する. ¶～优劣 yōuliè / 優劣を推し量る. 同 揆測 kuícè.

喹 kuí 口部9 四 6401₄ 全12画 通用

下記熟語を参照.
【喹啉】kuílín 名《化学》キノリン. ♦quinoline

骙（騤）kuí 马部9 四 7218₄ 全12画 通用

下記熟語を参照.
【骙骙】kuíkuí 形 馬が強壮だ.

暌 kuí 日部9 四 6208₈ 全13画

素 離れる. 別れる. ¶～违 kuíwéi / ～离 kuílí / ～隔 kuígé. 同 睽 kuí.
【暌隔】kuígé 動 文 遠く離れる. 別れる.
【暌离】kuílí 動 文 離れる. 別れる.
【暌违】kuíwéi 動 文 遠方に離ればなれになる. ¶～数载 shùzǎi / 数年来ごぶさたをしている. ¶～万里 / 万里のかなたに離れている. 表現 旧時の手紙で使われたことば.

魁 kuí 鬼部4 四 2451₀ 全13画 次常用

❶ 素 第一位の. 中心となる. ¶～首 kuíshǒu / 罪～ zuìkuí（首犯）/花～ huākuí（花の王. 梅）. ❷ 素 体が大きい. ¶～梧 kuíwú / ～伟 kuíwěi. ❸ 素 魁星（ない）. 北斗七星の, ひしゃくの柄にあたる部分の四つの星. または, 北斗七星の第一星. ❹（Kuí）姓.
【魁北克】Kuíběikè《地名》ケベック（カナダ）.
【魁首】kuíshǒu 名 ❶ 第一人者. トップ. ¶文章～/文学の第一人者. ❷ ボス. リーダー.
【魁伟】kuíwěi 形 背が高くたくましい. ¶身材～/体格が立派でたくましい.
【魁梧】kuíwú 形 背が高く, がっしりしている. ¶他有一副～的身材 / 彼は背も高く, たくましい. 同 魁伟 kuíwěi. 反 矮小 ǎixiǎo, 瘦小 shòuxiǎo.
【魁星】kuíxīng 名 ❶ 魁星（ない）. 北斗七星の, ひしゃくの器を形づくる四つの星. または北斗七星の第一星. ❷ 文運を司る神.

睽 kuí 目部9 四 6208₄ 全14画 通用

素 ❶ 文 "暌 kuí"に同じ. ¶～离 kuílí（別れる）/辞 kuící（別れのことば）. ❷ 文 背く. ¶～异 kuíyì（意見が食い違う）. ❸ 目を見張る. ¶～～ kuíkuí.
【睽睽】kuíkuí 形 じっと見つめるよう. ¶众目～/ 成 皆が注目している.

蝰 kuí 虫部9 四 5411₄ 全15画 通用

下記熟語を参照.
【蝰蛇】kuíshé 名《動物》クサリヘビ.

夔 kuí 八部19 四 8040₇ 全21画 通用

❶ 名 伝説上の, 竜に似た一本足の怪獣. ❷ 素 地名用字. ¶～州 Kuízhōu（昔の地名. 現在の四川省奉節県）. ❸（Kuí）姓.
【夔纹】kuíwén 名 青銅器に見られる文様の一つ. "夔"①を図案化したもの.

傀 kuǐ 亻部9 四 2621₃ 全11画 次常用

❶ 下記熟語を参照. ❷（Kuǐ）姓.
【傀儡】kuǐlěi 名〔個 个 ge〕❶ 人形劇の人形. ❷ 傀儡（ない）. ¶～政权 zhèngquán / 傀儡政権.
【傀儡戏】kuǐlěixì 名 "木偶 mù'ǒu 戏"（人形劇）の旧称.

跬 kuǐ 足部6 四 6411₄ 全13画 通用

名 一歩（分の距離）. ¶～步 kuǐbù（一, 二歩）/～步不离（ぴったりと寄り添って離れない）. 参考 古代では, 現在の"一步"を"跬"といい, 現在の"二步"を"步 bù"と言った. 古代の"五十步"は, 現在の"百步"に当たる.

匮（匱）kuì 匚部9 四 7171₈ 全11画 通用

❶ 素 欠乏する. ¶～乏 kuìfá / ～竭 kuìjié（枯渇する）. ❷ 名 文 "柜 guì"に同じ. ❸（Kuì）姓.
【匮乏】kuìfá 形（物資が）欠乏する. ¶药品～/ 医薬品が欠乏する. ¶不虞 yú～/ 貧乏を苦にしない. 反 充裕 chōngyù
【匮缺】kuìquē 動 文 欠乏する. 同 缺乏 fá

蒉（蕢）kuì 艹部9 四 4480₂ 全12画 通用

名 ❶ 土を運ぶ, わらで編んだかご. もっこ. ❷（Kuì）姓.

喟 kuì 口部9 四 6602₇ 全12画 通用

素 ため息をつく. ¶～叹 kuìtàn / 感～ gǎnkuì（感嘆する）/～然 kuìrán.
【喟然】kuìrán 形「ふっ」と深くため息をつくよう. ¶～长叹 chángtàn / 深くため息をつく.
【喟叹】kuìtàn 動 文 感慨をこめてため息をつく. ¶～无已 wúyǐ / 感嘆してやまない.

馈（饋 / 異 餽）kuì 饣部9 四 2578₂ 全12画 通用

素 贈り物をする. ¶～送 kuìsòng / ～赠 kuìzèng.
【馈送】kuìsòng 動 贈り物をする.
【馈线】kuìxiàn 名《電気》フィーダー線. 給電線.
【馈赠】kuìzèng 動 贈り物をする. ¶～亲友 / 身内の人や友人に贈り物をする.

溃（潰）kuì 氵部9 四 3518₂ 全12画 通用

素 ❶ 堤防が決壊する. ¶～决 kuìjué. ❷ 突破する. ¶～围 kuìwéi（包囲を突き破る）. ❸ 敗れてばらばらになる. ¶崩～ bēngkuì（崩壊する）/～不成军. ❹ 体の組織が腐る. ¶～烂 kuìlàn.
☞ 溃 huì
【溃败】kuìbài 動 打ち負かされる. ¶～的敌军四散奔逃 / 敗れた敵軍の兵は散り散りになって逃げた.
【溃不成军】kuì bù chéng jūn 成 さんざんに打ち負かされる.
【溃决】kuìjué 動 決壊する. ¶江河～成灾 chéng-

【溃烂】kuìlàn 動 傷口が化膿(ぁぅ)する。¶伤口没有消毒,所以～了/傷口を消毒しなかったので,化膿した.
【溃灭】kuìmiè 動 壊滅する.
【溃散】kuìsàn 動 軍隊が負けて散り散りになる.
【溃逃】kuìtáo 動 敗走する.¶闻风～/うわさを聞いただけで逃げ出す.
【溃退】kuìtuì 動 負けて退却する。囫 敗退 bàituì
【溃疡】kuìyáng 名《医学》潰瘍(ょぅ)。¶胃～/胃潰瘍.¶形成了～/潰瘍ができた.

愦(憒) kuì
心部9 全12画 [四] 9508₂ 通用
索 頭が混乱している。¶内心～乱(心中混乱している)/昏～ hūnkuì(頭がごちゃごちゃだ).

愧(異 媿) kuì
心部9 全12画 [四] 9601₃ 常用
索 恥ずかしく思う。¶～色 kuìsè/羞～ xiūkuì(恥じる)/惭～ cánkuì(恥じいる)/问心无～ 慣 心に問うて恥じる所がない.
【愧恨】kuìhèn 動 恥ずかしく悔やまれる。¶～交集/恥ずかしさと後悔でいたまれない.
【愧悔】kuìhuǐ 動 恥じて悔やむ。¶～不及/恥じても悔やんでも,手後れだ。¶～之情/恥と後悔.
【愧疚】kuìjiù 動 恥ずかしくて心が痛む。¶～的心情/恥ずかしい気持ち。¶深感～/深く恥じ入るばかりだ.
【愧色】kuìsè 名 慙愧(ぎ)の面持ち。恥じ入っている表情。¶面无～/表情に恥じ入っているようすがない。¶脸上露出 lùchū 了～/慙愧の表情を浮かべた.
【愧于】kuìyú 動 …に恥じる。¶不～天/天に恥じない。何もやましい所はない.
【愧怍】kuìzuò 形 ひどく恥ずかしい。囫 惭 cán

聩(聵) kuì
耳部9 全15画 [四] 1548₂ 通用
索 ❶ 〈文〉耳が聞こえない。❷ 物事の道理が分からない。¶昏～ hūnkuì(目がかすみ耳が遠い。物事の是非が分からない)/～ kuìkuì(ぼんやりしているようす)。发聋 lóng 振 zhèn～ 慣 耳の遠い人にも聞こえるように,大きな声を出す。他人の耳目を驚かす発言をして,愚鈍な人の目をさます).

篑(簣) kuì
竹部9 全15画 [四] 8880₂ 通用
名 土を運ぶ竹かご。¶功亏 kuī 一～ 慣 高い山を築くのに,あと一かごの土が足りないために完成しない。あと一息の所で力が足りず,失敗に終わる).

kun ㄎㄨㄣ [kʻuən]

坤(異 堃) kūn
土部5 全8画 [四] 4510₆ 次常用
❶ 易の八卦(ゖ・ゖ)の一つ。坤(ん)。☷ であらわし,地を意味する。¶乾～ qiánkūn(天地)。⃞ 乾 qián ❷ 索 女性の。¶～表 kūnbiǎo/～车 kūnchē/～宅 kūnzhái(嫁の実家)/～鞋 kūnxié(女性用の靴)。❸ (Kūn)姓。参考「堃」は人名に用いることが多い.
【坤表】kūnbiǎo 名〔块 kuài,只 zhī〕女性用の腕時計.
【坤车】kūnchē 名〔輛 liàng〕婦人用の自転車.

昆(異 崑❹,崐❹) kūn
日部4 全8画 [四] 6071₂ 常用
❶ 索 非常に多い。¶～虫 kūnchóng。❷ 索 兄。¶～仲 kūnzhòng/～季 kūnjì(兄弟)/～弟(兄弟)。❸ 索 子孫。¶后～ hòukūn(後継ぎ)。❹ 索 地名用字。¶～仑 Kūnlún。❺ (Kūn)姓.
【昆布】kūnbù 名 昆布(ぶ)。囫 黑菜 hēicài
【昆虫】kūnchóng 名 昆虫.
【昆虫学】kūnchóngxué 名 昆虫学.
【昆剧】kūnjù 名《芸能》昆劇。"昆曲"の別称。⇒昆曲 kūnqǔ
【昆仑】Kūnlún〈地名〉崑崙(ん)山脈。西はパミール高原から東は青海省の端まで東西に伸びる大山脈。参考 もと"崑崙"と書いた.
【昆仑山】Kūnlúnshān〈地名〉崑崙(ん)山。⇨昆仑
【昆明】Kūnmíng〈地名〉昆明(ん)。雲南省の省都.
【昆腔】Kūnqiāng《芸能》江蘇省昆山一帯で元代に生まれた戯曲,"昆曲 kūnqǔ"の曲調。囫 昆山腔 kūnshānqiāng,昆曲 kūnqǔ 参考 明代の嘉靖年間(1522-1566)に発展し,多くの地方劇に影響を与えた.
【昆曲】kūnqǔ《芸能》❶ "昆腔 kūnqiāng"で演ぜられる戯曲。江蘇省南部(南昆)や北京・河北(北昆)で流行。囫 昆剧 kūnjù ❷ "昆腔"に同じ.
【昆仲】kūnzhòng 名〈文〉ご兄弟。表現 他人の兄弟に対する呼称。"昆"は(長)兄,"仲"は二番目の弟.

裈(褌) kūn
衤部6 全11画 [四] 3725₄ 通用
名〈文〉ズボン。¶～衣 kūnyī(ズボン。はかま)/～裆 kūndāng(ズボンの股).

琨 kūn
王部8 全12画 [四] 1611₂ 通用
名〈文〉玉(ぎょく)に似た美しい石.

焜 kūn
火部8 全12画 [四] 9681₂
形〈文〉明るく輝いている。¶～耀 kūnyào(きらきら輝く)/～煌 kūnhuáng(明るく輝く).

髡(異 髠) kūn
髟部3 全13画 [四] 7221₂ 通用
名〈文〉男子の頭髪をそり落とす昔の刑罰。¶～钳 kūnqián(頭をそり,首に鉄の輪をはめる古代の刑罰).

锟(錕) kūn
钅部8 全13画 [四] 8671₂ 通用
下記熟語を参照.
【锟铻】Kūnwú 名 古書に記載されている山の名。参考 ここで採れる鉄で刀剣をつくったことから,宝剣を指すこともある.

醌 kūn
酉部8 全15画 [四] 1661₂ 通用
名《化学》キノン。♦quinone

鲲(鯤) kūn
鱼部8 全16画 [四] 2611₂
名 伝説上の大きな魚.
【鲲鹏】kūnpéng 名 鯤(ん)と鵬(ぅ)。伝説上の巨大な魚と鳥。また,鯤が姿を変えた鵬(ぅ)。由来『荘子』逍遥遊篇に見えることば.

捆(異 綑) kǔn
扌部7 全10画 [四] 5600₀ 常用
❶ 動 しばる。梱包する。¶～行李(荷物をしばる)/把这堆书～成两包(この本の山を梱包して二包にする)。❷

囷悃困扩括 kǔn - kuò **643**

（～儿）束にしたものを数えることば．¶一一儿柴火 cháihuǒ（一把のたきぎ）/ 一一报纸（一束の新聞紙）．
【捆绑】kǔnbǎng 動（人を）しばりあげる．¶把盗贼 dàozéi～起来 / 盗賊をしばりあげる．
【捆扎】kǔnzā 動 しばって一つにまとめる．¶～行李 / 荷物にひもをかける．
【捆子】kǔnzi 名 束．¶扎 zā 成～/ くくって束にする．

囷（闉）kǔn

门部 7　四 3760₁
全10画　通用

名 ❶ 門の敷居．❷ 囡 女性の住む奥まった部屋．¶～闱 kǔnwéi（女性の部屋．奥の院）/ ❸ 囡 妻，また広く女性のこと．❹（Kǔn）姓．

悃 kǔn

忄部 7　四 9600₀
全10画　通用

名 囡 偽りのない気持ち．¶一诚 kǔnchéng（真心）/ 谢～ xièkǔn（感謝の気持ち）．
【悃忱】kǔnchén 名 囡 真摯な気持ち．

困（睏❹❺）kùn

囗部 4　四 6090₄
全 7 画　常用

❶ 動 苦しむ．¶为 wéi 病所～（病に苦しむ）．❷ 動 取り囲む．¶围～ wéikùn（びっしり取り囲む）．❸ 形 生活が苦しい．¶穷～ qióngkùn（貧しい）/ ～境 kùnjìng．❹ 形 疲れて眠くなる．¶～乏 kùnfá / ～顿 kùndùn / 我～了,你回家吧（眠くなった，君は家へ帰りなさい）．❺ 動 眠る．¶～觉 kùnjiào（眠る）．
【困惫】kùnbèi 形 囡 疲れ果てている．¶～不堪 bùkān, 无法再行走 xíngzǒu 了 / 疲れ切って，もう歩けない．
【困处】kùnchǔ 動 苦境に陥る．¶～于深山之中 / 山奥で立ち往生する．
【困顿】kùndùn 形 ❶ 疲れてへとへとだ．¶～极了 / 疲労困憊（ぱい）だ．❷ 生活が窮迫している．境遇が苦難に満ちている．
【困厄】kùn'è 形 追いつめられている．
【困乏】kùnfá 形 ❶（大病などで）体に力がなく，何もできない．同 疲惫 píbèi, 疲劳 píláo ❷ 経済的に困っている．
【困惑】kùnhuò 形 困惑する．¶～不解 / 何が何だか分からない．
【困境】kùnjìng 名 苦境．¶自从父亲失业后,家境就陷入 xiànrù 了～ / 父が失業してから，家の暮らしはひどく苦しくなった．¶摆脱 bǎituō～/ 苦境を脱する．
【困窘】kùnjiǒng 形 ❶ 囡 困りはてる．❷ 貧しく苦しい．¶～的日子 / 困窮した日々．
【困倦】kùnjuàn 形 疲れて眠い．¶～得睁 zhēng 不开眼 / とても疲れて，すぐにまぶたが閉じる．同 疲倦 píjuàn
【困苦】kùnkǔ 形（生活が）苦難に満ちている．¶～的生活 / 苦しみに満ちた生活．
＊【困难】kùnnan ❶ 名 困難．¶克服眼前的～ / 目の前の困難を克服する．❷ 形 困難だ．やっかいだ．¶走路很～/ 歩行がとても難しい．¶感到十分～/ とても難しいと思う．反 顺利 shùnlì, 便利 biànlì, 容易 róngyì ❸ 形 生活が苦しい．¶失业太久了,过着十分～的日子 / 長いこと失業したままで，非常に苦しい生活をしている．同 艰难 jiānnán
【困扰】kùnrǎo 動 悩ませる．困惑させる．¶工作中的问题,一直～着我 / 仕事上の問題で，私はずっと悩んでいる．
【困人】kùnrén 形（天気などで）頭がぼうっとして眠くなる．¶～的天气 / けだるい天気．
【困守】kùnshǒu 動 包囲されながら守り通す．¶～孤城

gūchéng / 孤立して援軍のない城に立てこもり，守り抜く．孤軍奮闘する．
【困兽犹斗】kùn shòu yóu dòu 成 囲 悪人は，逃げ場がなくなってもまだ悪あがきをする．由来『左伝』に見えることば．もと，「追いつめられた野獣は，それでも最後の抵抗をする」という意味だが，現在そしる意味で使うことが多い．

kuo ㄎㄨㄛ〔k'uo〕

扩（擴）kuò

扌部 3　四 5000₀
全 6 画　常用

素 拡大する．¶～充 kuòchōng / ～音器 kuòyīnqì / ～建 kuòjiàn / ～散 kuòsàn / 彩～ cǎikuò（カラー写真引き伸ばし）．
【扩编】kuòbiān 動（多く軍隊の）編成を拡大する．反 缩 suō 编
【扩充】kuòchōng 動 拡充する．¶～学校的设备 / 学校の設備を拡充する．反 裁减 cáijiǎn, 缩减 suōjiǎn, 压缩 yāsuō
＊【扩大】kuòdà 動 拡大する．広げる．¶～眼界 yǎnjiè / 視野を広げる．¶～范围 / 範囲を拡大する．¶～面积 / 面積を拡大する．同 扩展 kuòzhǎn, 扩张 kuòzhāng. 反 缩小 suōxiǎo 比较"放大 fàngdà"は写真・図面・音声・機能などを大きくすること．"扩大"は規模・範囲・生産・視野・影響などを大きくすること．"扩张 kuòzhāng"は，野心や勢力などを外へ向かって伸張することで，そしる意味で使われることが多い．
【扩大化】kuòdàhuà 動 拡大化する．
【扩大再生产】kuòdà zàishēngchǎn 名《経済》拡大再生産．
【扩股】kuògǔ 動《経済》増資する．
【扩建】kuòjiàn 動 規模を拡張する．¶～住宅 zhùzhái / 住まいを増築する．
【扩军】kuòjūn 動 軍備を拡張する．反 裁军 cáijūn
【扩军备战】kuò jūn bèi zhàn 成 軍備を拡張し，戦争の準備をする．
【扩权】kuòquán 動 権限を拡大する．
【扩容】kuòróng 動 ❶ 通信設備の容量を拡大する．❷（規模・範囲・数量などを）拡大する．
【扩散】kuòsàn 動 拡散する．¶～影响 / 影響を広げる．
【扩胸器】kuòxiōngqì 名《スポーツ》エキスパンダー．同 拉力器 lālìqì
【扩音机】kuòyīnjī 名 拡声器．ラウドスピーカー．
【扩音器】kuòyīnqì 名 ⟨ 台 tái, 只 zhī⟩ メガホン・ラウドスピーカー・アンプなど，音を拡大する装置．
【扩印】kuòyìn 動 写真を引き伸ばす．
【扩展】kuòzhǎn 動 範囲を広げる．¶～马路 / 道路を拡張する．¶～营业范围 / 営業範囲を拡大する．¶到世界各地旅行,～自己的知识面 / 世界各地に旅行し，見聞を広める．
【扩张】kuòzhāng 動 ❶ 勢力や領土を広げる．¶对外～/ 対外進出．❷《医学》血管や臓器などが拡張する．反 收缩 shōusuō ⇨扩大 kuòdà
【扩招】kuòzhāo 動 入学者や採用者の数を増やす．

括 kuò

扌部 6　四 5206₄
全 9 画　常用

❶ 素 囡 束ねる．¶～发 kuòfà（喪中の人が麻ひもで髪

をくくる)／～约肌 kuòyuējī. ❷ まとめる. ¶包～ bāokuò(包括する)／总～ zǒngkuò(総括する)／概～ gàikuò(概括する). ❸ かっこでくくる. ¶～号 kuòhào／～弧 kuòhú. ❹（Kuò)姓.
☞ 括 guā

【括号】kuòhào 名《数学・言語》かっこ."括弧 kuòhú（ ）","方括号 fāngkuòhào ［ ］","大括号 dàkuòhào ｛ ｝"がある. 参考 中国語では,引用文は" "でくくる(縦書きでは「 」『 』を使う). 書名は《 》でくくる. ⇨付録「句読点・かっこなどの用法」
【括弧】kuòhú 名 ❶ 丸かっこ.（ ）. 回 小括号 xiǎokuòhào,圆括号 yuánkuòhào ❷《言語》かっこ. ❸《言語》引用符号. ⇨括号 kuòhào
【括约肌】kuòyuējī 名《生理》括約筋.

适 kuò
辶部6 四 3230₆
全9画 常用
形 文 速い. 用法 人名に用いられることが多い.
☞ 适 shì

蛞 kuò
虫部6 四 5216₄
全12画 通用
下記熟語を参照.

【蛞蝓】kuòlóu 名《虫》オケラ. 回 蝼蛄 lóugū
【蛞蝓】kuòyú 名《⑪ 只 zhī》ナメクジ. 回 鼻涕虫 bítìchóng,蜒蚰 yányóu

阔（闊／异 濶）kuò
门部9 全12画 四 3716₄ 常用
❶ 素 面積が広い. ¶广～ guǎngkuò(広々としている)／辽～ liáokuò(果てしなく広い)／海～天空（成）大自然が広々としているようす). ❷ 素 時間や距離が大きく隔たっている. ¶～别 kuòbié. ❸ 形 暮らしぶりがぜいたくだ. 派手だ. ¶～气 kuòqi／～人 kuòrén／摆～ bǎikuò(派手にふるまう). ❹ 形 大げさだ. ¶高谈～论（成）空理空論. 大げさな議論).

【阔别】kuòbié 動 文 長い間会わずにいる. ¶～故乡／故郷を長く離れる. ¶碰到 pèngdào～多年的老朋友／昔別れたきりの旧友にばったり会う.
【阔步】kuòbù 動 大またで歩く. 濶歩（文語）する. ¶～向前／大またで前進する.
【阔绰】kuòchuò 形 暮らしぶりがぜいたくで派手だ. ¶老张出手～,从不吝啬 lìnsè／張さんは金離れがよく,けちったことがない. 回 阔气 kuòqi
【阔老［佬］】kuòlǎo 名 金持ちのだんな. 金離れのいい人.
【阔气】kuòqi 形 豪華でぜいたくだ. ¶他爱摆～／彼は羽振りのいい所を見せたがる.
【阔人】kuòrén 名 金持ち. 反 穷 qióng 人
【阔少】kuòshào 名 裕福な家の坊ちゃん. 回 阔少爷 kuòshàoye
【阔小姐】kuòxiǎojiě 名 金持ちのお嬢様.
【阔叶林】kuòyèlín 名 広葉樹林.
【阔叶树】kuòyèshù 名《植物》広葉樹. 反 针 zhēn 叶树

廓 kuò
广部10 四 0022₇
全13画 次常用
❶ 素 物体の外に面した部分. ¶轮～ lúnkuò(輪郭)／耳～ ěrkuò(耳殻ᵏᵒ). ❷ 素 がらんとしている. ¶寥～ liáokuò(広くてがらんとしている)／～落 kuòluò(広々として静まり返っている). ❸ 素 拡大する. ¶～大 kuòdà(拡大する)／～张 kuòzhāng／～地 kuòdì(土地を開拓する). 回 扩 kuò ❹ 素 整理する. 安定をはかる. ¶～清 kuòqīng. ❺ (Kuò)姓.

【廓清】kuòqīng ❶ 動 混乱を鎮める. 回 澄清 chéngqīng ❷ きれいにする. ¶～障碍 zhàng'ài／障害を取り除く. 回 清除 qīngchú
【廓张】kuòzhāng 動 文 拡張する. 拡大する. 回 扩 kuò 张

L

la ㄌㄚ〔lA〕

垃 lā
土部 5　四 4011₈
全 8 画　常用

下記熟語を参照.

- *【垃圾】lājī 名 ゴミ. ¶倒 dào～ / ゴミを捨てる.
- 【垃圾堆】lājīduī 名 ゴミの山.
- 【垃圾分类】lājī fēnlèi 熟 ゴミの分別.
- 【垃圾股】lājīgǔ 名《経済》屑物株. ジャンク株.
- 【垃圾时间】lājī shíjiān 名 無駄な時間. サバータイム. 参考 スポーツ試合などで,明らかに勝敗が決まった後の,試合終了時間までの時間.
- 【垃圾箱】lājīxiāng 名 ゴミ箱.
- 【垃圾邮件】lājī yóujiàn 名《コンピュータ》スパムメール. ジャンクメール. 迷惑メール.
- 【垃圾债券】lājī zhàiquàn 名《経済》不良債券. ジャンク債券.

拉 lā
扌部 5　四 5001₈
全 8 画　常用

- ❶ 動 引く. ¶～车(车を引く) / 把鱼网 yúwǎng～上来(魚網をたぐり寄せる). ❷ 動 推 tuī ❷ 動 (音や距離を)長く伸ばす. ¶～长声儿(声を長く引っ張る). ❸ 動 コネをつくる. ぐるになる. ¶～关系 lāguānxi. ❹ 動 他人をまきぞえにする. 一人做事一人当,不要～上别人(自分のことは自分でやり,他人をまきこんではいけない). ❺ 動 弦楽器などを弾く. ¶～小提琴 xiǎotíqín(バイオリンを弾く) /～手风琴 shǒufēngqín(アコーディオンを弾く). ❻ 動 排便する. ¶～稀 lāxī /～肚子. ❼ 動 車に載せて運ぶ. ¶～肥料 féiliào(肥料を運ぶ) /～货(荷を運ぶ). ❽ 動 援助する. ¶她有困难,应该～她一把(あの子は困っているので,助けてあげなくては). ❾ (la) 接尾 いくつかの動詞の後ろに置いて複合詞を構成する. 扒～ pála(はしでかき込む) / 趿～ tāla(靴をつっかけて履く). ❿ 動方 雑談をする. ¶～话(おしゃべりする) /～家常. 用法 ⑧は,かならず"一把 yìbǎ", "一下 yīxià" とともに用いられる.
- ☞ 拉 lá,lǎ

- 【拉巴】lāba 動方 ❶ 苦労して育てる. ¶把孩子～大 / 子供をりっぱに育てる. ❷ めんどうをみる. 手助けする. ¶求大哥～一把 / 兄貴に助けを求める. 同 拉扯 lāche.
- 【拉帮结伙［派］】lā bāng jié huǒ [pài] 成 徒党を組む. 派閥をつくる.
- 【拉长】lācháng 動 長くのばす. ¶～声音说话 / 語尾を伸ばしながら話す. ¶～着脸,一声不吭 kēng / 仏頂面をして,だまっている.
- 【拉场子】lā chǎngzi 句 ❶ 芸人が街の広場で人を寄せ,演技をする. ❷ ごうまんして,コネをつける.
- 【拉扯】lāche 動 口 ❶ ひっぱる. ひきとめる. ¶别～他,让他出去 / 彼をひきとめず,行かせなさい. ❷ めんどうを見る. 育てる. 同 拉巴 lāba. ❸ 巻きこむ. ¶不要把别人～进去 / 他人を巻きこんではいけない. ❹ おしゃべりをする. ❺ 結託する. コネをつくる. ¶～生意 / ぐるになって商売する.

- ¶～交情 jiāoqing / コネをつくる. ❻ 手助けする. ¶我很想～你,可ami有心无力 / 君を助けたいとは思うが,その力がない.
- 【拉床】lāchuáng 名《機械》ブローチ盤.
- 【拉倒】lādǎo 動 やめにする. ¶你不想去就～ / 君が行きたくないのならやめにしよう. 同 算了 suànle.
- 【拉丁】Lādīng 名 ラテン.
- 【拉丁美洲】Lādīng Měizhōu 地名 ラテンアメリカ.
- 【拉丁文】Lādīngwén 名 ❶ ラテン語. ❷ ローマ字.
- 【拉丁字母】Lādīng zìmǔ 名 アルファベット. ラテン文字.
- 【拉动】lādòng 動 (市場などに)てこ入れして向上・発展させる.
- 【拉肚子】lā dùzi 句 おなかを下す. ¶吃错了东西,一直在～ / 変なものを食べて,おなかを下しっぱなしだ. 同 拉稀 lāxī.
- 【拉斐尔】Lāfěi'ěr 人名 ラファエロ(1483-1520). ルネサンス期イタリアの大画家,建築家.
- 【拉夫】lā//fū 動 ❶ 旧 軍隊が人夫を徴発する. ❷ 人を無理やり集めて(何かを)やらせる.
- 【拉杆】lāgān 名〈～儿〉❶ 上に引っぱり上げるための棒. ❷ まっすぐで伸縮可能な棒. ¶～天线 / ロッドアンテナ.
- 【拉钩】lā//gōu 名〈～儿〉(小指どうしをひっかけて)指切りする.
- 【拉呱儿】lā//guǎr 動方 おしゃべりをする. ¶拉了半天呱儿 / 長いことおしゃべりをした. 同 拉家常 lā jiācháng.
- 【拉关系】lā guānxi 句 口 コネをつかう. ¶拉亲戚关系 / 親戚のコネを使う. ¶～,走后门 / コネを使い,裏の手口を用いる.
- 【拉后腿】lā hòutuǐ 句 口 人の足をひっぱる. ¶不要拉他的后腿 / 彼の邪魔をするな. 同 扯后腿 chě hòutuǐ.
- 【拉祜族】Lāhùzú 名《民族》ラフ族. 少数民族の一つで,主に雲南省に住む.
- 【拉花】lāhuā 名〈～儿〉(紙で作った)花飾り.
- 【拉环】lāhuán 名 (缶のフタについている)プルタブ.
- 【拉饥荒】lā jīhuang 句 借金をする. 同 拉账 lāzhàng.
- 【拉家常】lā jiācháng 句 口 世間話をする. 同 拉呱儿 lāguǎr.
- 【拉家带口】lā jiā dài kǒu 俗 ❶ 一家を引き連れる. ❷ 〈～的〉家族を抱えている.
- 【拉架】lā//jià 動 けんかを止めに入る. ¶我跑上去～ / 私が駆けつけてけんかの仲裁をした. ¶我拉不了这个架 / 私にはこのけんかは止められない.
- 【拉交情】lā jiāoqing 句 口 人にとりいる. ¶他和总经理～,希望能升级 shēngjí / 彼は社長に取り入り,出世をねらっている.
- 【拉脚】lā//jiǎo 動〈～儿〉荷車で荷物を運ぶ. 人力車で旅行者を運ぶ. ¶这是我～挣 zhèng 的钱 / これは私が車を引いて稼いだ金だ.
- 【拉锯】lā//jù 動 行ったり来たりして休まない. ¶这次谈判拉了好长时间的锯 / 今回の交渉は,ずいぶん長い間やりとりしている. 参考 二人で大きなノコギリをひくという意から.
- 【拉锯战】lājùzhàn 名 一進一退の戦い. シーソーゲーム.

【拉开】lākāi 動 ❶ 引いて開ける. ¶～抽屉 chōuti / 引き出しを開ける. ❷ 間をあける. 距離をおく. ¶他们在打架,快去把他们～ / あの人達がけんかしている. はやく止めなさい. ¶～距离 / 距離をおく.
【拉客】lā/kè 動 ❶ (旅館などの)客引きをする. ❷ (タクシーなどが)客を乗せる. ❸ (娼婦が)客を取る.
【拉亏空】lā kuīkong 句 借金をする. 赤字を出す. ¶由于经济不景气,很多公司开始～/ 不景気のため,多くの会社が赤字になりはじめている. 同 拉饥荒 lā jīhuang, 拉帐 lāzhàng
【拉拉队】lāladuì 名〔〔⑳ 支 zhī〕スポーツなどの応援団.
【拉扯扯】lālachěchě 動 ❶ 引っぱりまわす. ¶别～的,让他走吧 / 彼を引っぱりまわさず行かせてやりなさい. ❷ 肩を組んだり,手をとり合って,仲のよいふりをする. ❸ (悪事のために)ひそかに手を組む.
【拉郎配】lā láng pèi 慣 二種類の事物を無理やりいっしょにする.
【拉力】lālì 名 ものを引きよせる力.
【拉力器】lālìqì 名《スポーツ》エキスパンダー. 同 扩胸 kuòxiōng 器
【拉力赛】lālìsài 名 外〔〔⑳ 场 chǎng〕(自動車などの)ラリー. ◆rally
【拉练】lāliàn 動 (軍隊などの)野外訓練をする.
【拉链】lāliàn 名 ❶ (～儿)〔〔⑳ 条 tiáo〕ファスナー. ジッパー. ¶拉上～ / ファスナーを閉じる. ¶拉开～ / ファスナーを開ける. ❷〔〔⑳ 根 gēn〕(懐中時計などの)鎖. 表現 ①は,話しことばでは"拉锁 lāsuǒ"を用いることが多い.
【拉拢】lālǒng 動 相手を自分の味方にまるめこむ. ¶他一直喜欢～有权有势的人 / 彼は権力のある人にとりいってばかりいる. 同 笼络 lǒngluò 反 排斥 páichì, 排挤 páijǐ
【拉毛】lāmáo 名《紡織》起毛. 同 拉绒 róng
【拉美】Lā Měi 〔地名〕"拉丁美洲"(ラテンアメリカ)の略.
【拉面】lāmiàn 名 方 手延べうどん. 同 抻面 chēnmiàn 参考 日本の「ラーメン」とは違い,手でのばした細いうどんのようなもの.
【拉模】lāmú 名《機械》ダイス.
【拉尼娜现象】Lāníná xiànxiàng 名《気象》ラニーニャ現象.
【拉皮条】lā pítiáo 慣 方 売春を斡旋(あっせん)する.
【拉平】lā/píng 動 互角にする. ¶A队在失利的情况下,奋力拼搏 pīnbó, 终于 zhōngyú 把比分～ / Aチームは形勢不利だったが,奮気でついに同点にした. ¶拉不平 / 平らにならない.
【拉阮】lāruǎn 名《音楽》チェロのように弓でひく"阮咸 ruǎnxián"②のこと.
【拉萨】Lāsà 〔地名〕拉薩. チベット自治区の区都.
【拉山头】lā shāntóu 慣 (私利を図るために)派閥や党派を作る.
【拉屎】lā//shǐ 動 口 大便をする.
【拉手】lā//shǒu 動 ❶ 握手する. 手を結ぶ. ¶我们拉拉手,讲和吧 / 私たちは握手をして仲直りしよう. ❷ 手と手をつなぐ. ¶拉着手跳舞 / 手と手をつないで踊る.
【拉手】lāshou 名〔⑳ 个 ge〕ドアノブ. ドアの取っ手.
【拉丝】lāsī 動 金属を伸ばし糸状にする.
【拉斯维加斯】Lāsīwéijiāsī 〔地名〕ラスベガス(米国).
【拉锁】lāsuǒ 名 (～儿)〔⑳ 根 gēn, 条 tiáo〕ファスナー. 同 拉链 lāliàn

【拉脱维亚】Lātuōwéiyà 〔国名〕ラトビア.
【拉晚儿】lāwǎnr 動 方 ❶ 夜中になっても帰ってこない. ❷ (車引きが)夕方から翌朝まで仕事をする.
【拉稀】lā//xī 動 ❶ おなかを下す. 同 拉肚子 lā dùzi ❷ おくびょうになる.
【拉下脸】lāxià liǎn ❶ 口 情実にとらわれない. ¶他秉公 bǐnggōng 办事,对谁都能～来 / 彼は仕事が公正で,誰に対しても情実にとらわれない. ❷ 不愉快な顔をする. ¶她听了这句话,立刻 lìkè～来 / 彼女はこの話を聞くと,たちまち不機嫌になった.
【拉下马】lāxià mǎ 慣 ❶ (相手を高い地位から)ひきずり下ろす. ❷ 思い切り言う通りにさせる.
【拉下水】lāxià shuǐ 慣 人を悪事に誘いこむ.
【拉线】lā//xiàn 動 仲を取り持つ.
【拉洋片】lā yángpiàn 句 のぞき眼鏡を見せる. 同 拉大片
【拉杂】lāzá 形 (話や文章の)筋がとおらない. まとまりがない. ¶这篇文章写得太～了 / この文章はまったくまとまりがない.
【拉账】lā//zhàng 動 借金をする. ¶拉一大笔账 / 巨額の借金をする. 同 拉饥荒 lā jīhuang, 拉亏空 lā kuīkong

啦 lā
口部 8　6001₈
全11画　常用
下記熟語を参照.
☞ 啦 la

【啦啦队】lāladuì 名《スポーツ》応援団. 同 拉拉 lālā 队

邋 lā
辶部 15　3230₁
全18画　通用
下記熟語を参照.

【邋里邋遢】lālilātā 形 (身なりなどが)不潔でだらしない. きたない.
【邋遢】lātā[-ta] 形 方 だらしがない. 薄汚い. ¶～鬼 guǐ / だらしない奴. ¶家里～得不成样子 / 家の中はゴタゴタしていてみっともない. 重邋遢邋遢邋,邋里邋遢

旯 lá
日部 2　6041₇
全6画　通用
→旮旯儿 gālár.

拉 lá
扌部 5　5001₁
全8画　常用
動 切りさく. ¶～下一块肉(肉を切る) / 裤子上～了一个大口子(ズボンに大きな穴をあけた).
☞ 拉 lā, lǎ

【拉开】lákāi 動 切って開く. ¶把西瓜～ / スイカを切る.

刺 lá
刂部 7　5290₀
全9画　通用
動 切る. 切り開く. 同 拉 lá
☞ 刺 là

拉 lǎ
扌部 5　5001₁
全8画　常用
下記熟語を参照.
☞ 拉 lā, lá

【拉忽】lǎhu 形 方 いいかげんだ. 同 马虎 mǎhu

喇 lǎ
口部 9　6200₀
全12画　常用
下記熟語を参照.

【喇叭】lǎba 名 ❶〔⑳ 个 ge, 支 zhī〕ラッパ. ¶～口 / ラッパの口. ¶吹～ / ラッパを吹く. ❷ ラッパの音や

形に似たもの.¶汽车～/自動車のクラクション.
【喇叭花】lǎbahuā 名(～儿)《植物》〔朵 duǒ,棵 kē〕アサガオ.同牵牛花 qiānniúhuā
【喇叭裤】lǎbakù 名《服飾》ラッパズボン.パンタロン.
【喇嘛】lǎma 名《宗教》〔个 ge,名 míng,位 wèi〕ラマ教の僧侶.
【喇嘛教】Lǎmajiào 名《宗教》ラマ教.

剌 là
刂部7 四5290₀
全9画 通用

素 情理や常識に合わない.¶乖～ guāilà(異常だ)/～謬 làmiù(常軌を逸する).

☞ 剌 lá

落 là
艹部9 四4416₄
全12画 常用

動 ❶不注意で忘れる.もらす.¶～了一个字(一文字かいた)/我忙着出来,把ност～在家里了(あわてて出て来たのでキップを家に忘れた).❷遅れをとる.¶他～了一个星期的课(彼は授業を一週間の遅れをとっている)/大家走得快,把他～下了(皆が速く歩いたので,彼をおいてきてしまった).

☞ 落 lào, luò

【落下】làxià 動 ❶(未処理のまま)残す.忘れる.もらす.落とす.¶年轻时,就～这毛病/若い時に,この癖がついた.❷あとに残る.落伍する.☞落下 luòxia

腊(臘) là
月部8 四7426₁
全12画 常用

❶素 旧暦の12月のこと.¶～八 làbā /～八粥 làbāzhōu.❷素"腊月"のころ,塩漬けにした魚や肉を薫製や陰干しにする.¶～肠 làcháng /～肉 làròu.❸(Là)姓.由来 ①は,古代,旧暦の12月の,神々を祭る行事を"做腊 zuòlà"といったことから.

☞ 腊 xī

【腊八】Làbā 名(～儿)旧暦の12月8日.参考 釈迦(しゃか)が悟りをひらいた日で,この日に"腊八粥 làbāzhōu"を食べる習慣がある.⇨付録「祝祭日一覧」
【腊八粥】làbāzhōu 名 旧暦の12月8日に食べるお粥.参考 コメやマメ類と,干したクリやナツメなどを煮て作ったもの.
【腊肠】làcháng 名(～儿)〔根 gēn〕腸詰め.ソーセージ.
【腊梅】làméi 名《植物》❶〔棵 kē,株 zhū〕ロウバイ.❷〔朵 duǒ,束 shù,枝 zhī〕ロウバイの花.
【腊肉】làròu 名〔块 kuài,条 tiáo〕塩漬けにした動物の干し肉.ベーコン.
【腊味】làwèi 名 肉や魚を干物や薫製にした食品.
【腊月】làyuè 名 旧暦の12月.

蜡(蠟) là
虫部8 四5416₁
全14画 常用

名 ❶ろう.ワックス.¶蜂～ fēnglà(蜜ろう)/石～ shílà(パラフィン).❷〔支 zhī〕ロウソク.

☞ 蜡 zhà

【蜡板】làbǎn 名"蜡版"に同じ.
【蜡版】làbǎn 名(鉄筆などで刻字した)謄写版の原紙.
【蜡笔】làbǐ 名〔根 gēn,盒 hé,支 zhī〕クレヨン.¶～画/クレヨン画.
【蜡虫】làchóng 名《虫》イボタロウムシ.同 白蜡虫 参考 ろうを分泌する.
【蜡花】làhuā 名(～儿)ろうそくの燃えさしの頭にできたかたまり.丁子頭(ちょうじがしら).灯花.
【蜡黄】làhuáng 形 ❶(顔)土気色だ.¶脸～/顔色が土気色だ.❷黄ばんだ.¶～的布料/黄ばんだ布.
【蜡炬】làjù 名《文》ろうそく.同 蜡烛 zhú
【蜡疗】làliáo 名《医学》温めたパラフィンを使って湿布する治療法.
【蜡扦】làqiān 名(～儿)ろうそく立て.
【蜡染】làrǎn 名 ろうけつ染め.
【蜡像】làxiàng 名 ろう人形.
【蜡纸】làzhǐ 名 ❶ロウ紙.
【蜡烛】làzhú 名〔根 gēn,支 zhī,枝 zhī〕ろうそく.¶点～/ロウソクに火をともす.

瘌(異 鬎) là
疒部9 四0012₀
全14画 通用

下記熟語を参照.

【瘌痢】làlì[-li] 名《方》《医学》皮膚病の一つ.黄癬(おうせん).同 鬎鬁 làlì
【瘌痢头】làlìtóu[-litou] 名《方》黄癬(おうせん)にかかった人.またはその頭.

辣 là
辛部7 四0549₅
全14画 常用

❶形(味が)ぴりっと辛い.¶酸甜苦～(酸味・甘味・苦味・辛味).❷形 腹黒い.悪らつだ.¶手段毒～ dúlà(手口が悪らつである)/口甜心～(口ではうまいことを言うが心は陰険だ).❸動(口・眼・鼻などに)ぴりっとくる.つんとくる.¶切洋葱 yángcōng～眼睛(玉ネギを切ると目につんとくる).❹(Là)姓.

【辣乎乎】làhūhū 形(～的)❶ ヒリヒリと辛い.¶豆瓣酱 dòubànjiàng～的/トウバンジャンはヒリヒリ辛い.❷ つらくてたまらない.
【辣酱】làjiàng 名 トウガラシみそ.¶四川～/四川省特産のトウガラシみそ.
【辣酱油】làjiàngyóu 名(辛みのある)ソース.⇨辣酱
【辣椒】làjiāo 名 トウガラシ.¶甜～/ピーマン/辣椒～面儿/チリパウダー.¶～油/ラー油.
【辣妹子】làmèizi 名 湖南省・四川省・重慶市一帯の,大胆で気の強い若い女性をからかって呼ぶ呼称.由来 この地域では"辣"(辛い味付け)が好まれ,女性の性格が"辣"(大胆)であることから.
【辣手】làshǒu ❶名 悪らつなやり方.¶下～(施～)/悪らつな手段を使う.❷形 手に負えない.やりにくい.¶这件事真～/これには本当に手を焼く.同 棘手 jíshǒu
【辣丝丝】làsīsī 形(～儿的)ちょっと辛い.¶面里放了一点儿辣椒油,～的很好吃/うどんにラー油を入れたので,ぴりっと辛くておいしい.同 辣酥酥 làsūsū
【辣酥酥】làsūsū 形(～的)ちょっぴり辛い.同 辣丝丝 làsīsī
【辣味】làwèi 名(～儿)辛い味.
【辣子】làzi 名 ❶ トウガラシ.同 辣椒 làjiāo ❷(性格が)きつくて,やり手の女性.

癞(癩) là
疒部13 四0018₂
全18画 次常用

下記熟語を参照.

☞ 癞 lài

【癞痢】làlì[-li] →瘌痢 làlì

镴(鑞) là
钅部15 四8271₂
全20画 通用

名《工業》はんだ.同 白镴 báilà,锡镴 xīlà,焊锡 hànxī

啦 la
口部8 四6001₈
全11画 常用

助 ❶ 文末に置いて、喜び・驚き・怒り・禁止・警告・疑問などの語気をあらわす. ¶女排又夺得冠军~（女子バレーはまた金メダルを取ったぞ）/别再说话~!（もうしゃべるのはやめなよ!）❷ 列挙をあらわす. 列挙する項目が多いときに、項目ごとの後ろにつける. ¶书~,报纸~,杂志~,摆满了阅览室（本や新聞や雑誌が閲覧室いっぱいにならんでいる）.
参考 "了 le"と"啊 a"を合わせた音.

啦 lā

靸 lā

革部 8　④ 4051₈
全17画　通用

→靸鞡 wùla

lái ㄌㄞ 〔lae〕

来（來）lái

木部 3　四 5090₀
全7画　常用

I 動 ❶（ある場所から話し手のいる場所へ）来る. 反 去 qù. ¶你~了,请进请进!/いらっしゃい,さぁさぁ中へ!¶他不~,我就去找他/彼が来ないのなら、こっちから出かけていこう. ¶到我家玩儿吧/遊びに来てくださいね. ¶对不起,我~晚了/遅刻してごめんなさい. ¶你~得正好/ちょうどいいところに来てくれた.

📖 予想していなかった事物がやってきた時、動作の主体は"来"の後に置かれる.
◇来客人了 /（思いがけない）客が来た.
比較: 客人来了 /（約束の）客が来た.
◇前面来了一辆车 / 前から車が一台やってきた.
比較: 车来了,快上车吧 /（待っていた）バスが来たよ，さぁ乗ろう.
◇传说一年冬天,某村附近来了一只大老虎 / 伝説によるとある年の冬、ある村の近くに一匹の大きなトラが出たという.

❷（話し手が自分を相手の位置に置きかえて）行く. ¶"快~吧""马上就~"/「早く来いよ」「すぐ行くよ」¶"小姐!点菜""好,~了"/「すみません、注文します」「はい、ただいま参ります」¶我一会儿就~/ すぐに伺います.

❸（手紙や電話などを）よこす. 送ってくる. ¶小李~电话了,说他今天没空儿/ 李くんが電話をしてきて、今日は時間がないといっていた. ¶没事儿别~电话!/ 用事がないなら電話をしてこないで. ¶你可要常给家里~信啊 / ちょくちょく家に手紙を出すように.

❹（問題・事象などが）生じる. 現れる. 起きる. ¶问题~了,先别着急 zháojí / 問題が起きても、あわてないように. ¶事情~了,要冷静 / 事件が起きても、落ち着いて. ¶这种病~得快,去得也快 / この病気は症状が出るのも早いが、引くのも早い. ¶冬天一~,我老感冒 / 冬になると私はいつも風邪を引く.

❺（ある具体的な動作の代わりに用いられる）やる. ¶我自己~吧!/ 自分でやりますから. ¶慢慢儿~/ あせらずやろう. ¶~一盘棋 / 将棋を一番さす. ¶你唱得真好,再~一个!/ 歌がうまいな、アンコール. ¶先别动,我~一张 / まだ動かないで、もう一枚（写真を）撮る. ¶我累了,你~吧 / わたしは疲れたから、あなたどうぞ.

❻（注文して）とる. 買う. ¶"你~点儿什么？""我~一杯咖啡吧"/「何になさいますか」「コーヒーでももらおうか」¶再~一个冰淇淋 / あと、アイスクリームひとつ. ¶~两张大人票,一张儿童票 / 大人1枚，子供2枚ください. ¶~二两吧 / 2斤（100g）下さい.

❼ 他の動詞の前に置かれ、積極的な気持ちを表わす. ¶我~试试 / 私が試してみましょう. ¶我~做吧 / 私がやりましょう. ¶我~介绍一下 / 私からちょっとご紹介しましょう. ¶我~念一遍 / あなたがいっぺん読んで下さい. ¶大家~想办法解决 / みんなでなんとかして解決しよう. ¶我~帮你 / お手伝いしましょう.

❽ 他の動詞の後に置かれ、何の目的で来るのかを示す. ¶他们到北京旅行~了 / 彼らは北京へ旅行にやって来た. ¶看你~了 / あなたに会いに来た.

❾（食べ物をすすめる時）召し上がれ. ¶~根烟吧 / たばこをどうぞ. ¶再~点儿茶吧 / お茶、もう1杯いかが.

❿ 人を呼ぶ時、促す時の掛け声. さぁ! ¶~,坐一会儿 / まあ、おかけなさいな. ¶~,干杯! / さぁ、乾杯! ¶~,吃糖 / どうぞ、キャンディー食べて.

📖 方向補語 "来"

① 動作の方向を示す.
◇上~ / 上がってくる.
◇下~ / 降りてくる.
◇出~ / 出てくる.
◇进~ / 入ってくる.
◇回~ / 帰ってくる.
◇过~ /（あちらからこちらへ）来る.
◇起~ / 起きる.
◇跑~ / 駆けてくる.
◇寄~ / 送ってくる.
◇买~ / 買ってくる.
◇我带照相机~了 / 私はカメラを持ってきた.
◇给我拿一杯水~ / 水を一杯もってきてくれ.

②"看・说・想・听・算"の後で挿入句として用い、その結論に至るまでの判断方法を示す.
◇看~明天要下雨 / この様子では明日は降りそうです.
◇想~ / 考えてみると.
◇算~已有十几年了 / 勘定すればもう十数年たっている.

③"V 得来 / V 不来"の形で、
ⓐ融合可能・不可能を表わす.
◇合得~ / 気が合う.
◇我跟他谈不~ / 私は彼と気が合わない.
◇他们俩处不~ / 彼らは馬が合わない.
ⓑ習慣上または経験上に慣れてできる・できないを表わす.
◇这种菜你吃得~吗？/ この料理はあなたは食べられますか.
◇白酒我喝不~ / パイチューは飲めません.
◇这点儿事他们做得~ / これぐらいのこと彼らにはできます.

④"V 来 V 去"の形で、動作が繰り返し行われることを表わす.
◇走~走去 / 行ったり来たり.
◇想~想去 / あれこれ考える.
◇说~说去 / どうのこうの言う.
◇写~写去 / 書いては消し….

II 助 ❶ 概数を表わす. ①"十,百,千,万+来+量"の形で用いる. ¶十~天 / 10日ほど. ¶三十~人 / 30人ほど. ¶大约五十~岁 / およそ50歳ぐらい. ¶一千五百~公里 / およそ1,500キロ.
②"数+量+来+形+名"の形で用いる. ¶一斤~重

1斤ほどの重さ．¶三米～高 / 3メートルほどの高さ．¶四米～宽 / 4メートルほどの広さ．¶五尺～长 / 5尺ほどの長さ．¶六点～钟 / 6時間前後．¶七块～钱 / 7元前後．¶十里～路 / 10里ほどの道．

❷（過去から現在までの時間の経過を表わし）…このかた．…以来．¶两天～不吃不喝 / 二日間というもの飲まず食わずだ．¶几年～ / 数年来．¶近～ / 近頃．¶向～ / これまで．

❸ 数詞"一，二，三"などの後に用い，列挙を示す．¶我这次来北京，一一是观光旅游，二一是买些图书 / 私がこんど北京へ来たのは、ひとつは観光旅行、もうひとつはいくらか書籍を買うためである．

❹ 文末に用い，回想を表わす．⇨来着 láizhe ¶他刚才说什么～？/ 彼、さっきなんて言ったっけ．

Ⅲ〘接〙"動詞句＋来＋動詞句"の形で用い、前の動詞句は方法や態度を表わし、後の動詞句は行為の目的を表わす．¶他拿了一片荷叶～当雨伞 / 彼はハスの葉を一枚とって傘にした．¶我们开个联欢会～欢迎新同学 / コンパを開いて新入生を歓迎する．¶看看电影～消磨 xiāomó 时间 / 映画でも見て時間をつぶす．¶我们好好儿研究一下，～安排一个不太勉强的日程吧 / よく検討して、あまり無理のない日程を組むようにしましょう．

Ⅳ〘助〙現在以降の時間をあらわす．¶～年 láinián．¶将～ jiānglái / 将来．¶未～ wèilái / 未来．

Ⅴ〘助〙歌謡、動物、物売りの声で、音調をととのえるために用いられる．¶二月里～好风光，家家户户种田忙 / 二月はよい季節、どの家も田植えに忙しい．¶磨 mó 剪子～抢菜刀 / ハサミ、包丁とぎー．

Ⅵ〘姓〙(Lái)姓．

【来宾】láibīn〘名〙〘❽位 wèi〙お客さま．来賓．¶接待 jiēdài～/ 来賓をお迎えする．¶各位～，请坐 / 来賓の皆さま、どうぞご着席ください．

【来不得】láibude …してはいけない．あってはならない．¶～半点的虚伪 xūwěi 和骄傲 jiāo'ào / 少しのうそもおごりもあってはいけない．

*【来不及】láibují〘動〙(時間がたりなくて)間に合わない．已经～了 / もう間に合わない．¶时间紧，～参观工厂 / 時間がせまっているので、工場を見学する余裕がない．反 来得及 láidejí．

【来潮】lái//cháo〘動〙❶ 潮が満ちてくる．¶心血～ /〘成〙ある考えがふと心にうかぶ．❷ 女性の月経がはじまる．

【来到】láidào〘動〙到着する．やってくる．¶我们终于 zhōngyú～了万里长城 / 私たちはようやく万里の長城にやって来た．反 离开 líkāi．

【来得】láide〘口〙❶〘副〙(両者を比べると)明らかに…だ．ずっと…だ．❷〘動〙できる．こなせる．

*【来得及】láidejí〘動〙(時間に)余裕がある．間に合う．¶这次时间仓促 cāngcù，没～去拜访您．下次一定去 / 今回は時間の余裕がなくお伺いできませんが、次は必ずまいります．¶时间还～，不必慌张 huāngzhāng / 時間はまだあるから、あわてなくていい．反 来不及 láibují〘用法〙前に"还"、"都"、"也"を用いる．〘表現〙"来得及"の否定形には、"来不及"と"没来得及"がある．"来不及"は「間に合わない」という意．"没来得及"は、「今は間に合わないが、あとでしてもかまわない(何とかなる)」の意味をあらわす．過去の事については、"没来得及"を使うが、連続して起こったことを言う場合は、"来不及"を使うこともできる．

【来电】❶ lái// diàn〘動〙電話や電報がくる．¶各界～祝贺 zhùhè / 各界の士から祝電が届いた．反 复电 fùdiàn，回电 huídiàn ❷ láidiàn〘名〙〘❽封 fēng〙届いた電報．¶4月30日～收悉 shōuxī，非常感谢 / 4月30日の電報、拝受しました、深く感謝致します．

【来电显示】láidiàn xiǎnshì〘名〙〘通信〙電話番号表示．ナンバーディスプレイ．

【来犯】láifàn〘動〙(敵が)侵犯してくる．

【来访】láifǎng〘動〙訪ねてくる．¶谢绝 xièjué～/ 来客お断わり．

【来复】láifù〘動〙❶ 回復する．❷ →来复线

【来复枪】láifùqiāng〘名〙〘❽枝 zhī〙ライフル銃．◆rifle

【来复线】láifùxiàn〘名〙〘外〙ライフル線条．回 膛 táng 线

【来稿】❶ lái// gǎo〘動〙投稿して来る．❷ láigǎo〘名〙①の原稿．

【来归】láiguī〘動〙❶ 嫁がくる．嫁をとる．❷（軍隊が）帰順する．❸〘文〙嫁が離縁されて実家へもどされる(実家の側から言うことば)．

【来函】láihán〘文〙❶〘名〙〘❽封 fēng〙いただいた手紙．回 来信 láixìn ❷〘動〙手紙を下さる．回 来信 láixìn

【来亨鸡】láihēngjī〘名〙〘外〙〘鳥〙〘❽只 zhī〙レグホン種のニワトリ．◆leghorn

【来回】láihuí ❶〘動〙往復する．¶从大学到宿舍～有一公里 / 大学から宿舎まで往復すると1キロある．❷〘名〙(～儿)往復の距離，またその時間．¶打个～儿得 děi 十天 / 往復に10日かかる．¶得了三个～也不累 / 三回もやりつつ，小麦一边～走着，一边思索 sīsuǒ 着什么 / メイちゃんは行きつもどりつしながら、何か考えこんでいる．❹〘副〙たびたび．しょっちゅう．¶他的主意～变 / 彼の考えは、たびたび変わる．

【来回来去】lái huí lái qù〘副〙何度もくり返す．¶～地介绍产品的性能 / 製品の性能をくり返し説明する．

【来火】lái//huǒ（～儿）腹を立てる．

【来件】láijiàn〘名〙(～儿)送られてきた手紙や品物．

【来劲】láijìn〘方〙❶（láijìn〘動〙（～儿）元気がわく．¶他越干越～/ 彼はやればやるほど元気がわく．❷ láijìn〘形〙わくわくするほどすばらしい．¶这样宏伟 xióngwěi 的工程 gōngchéng，可真～/ こんな大がかりなプロジェクトは、本当にすごい．

【…来看】lái kàn（"从…来看"の形で）…からみれば、…からいえば．¶从今年的情况～，公司的经营状况比较好 / 今年の状況から見ると、会社の経営状態は比較的よい．

【来客】láikè〘名〙〘❽位 wèi〙来客．

【来历】láilì〘名〙ものの由来．人の生まれや育ち．¶查明 chámíng～/ 由来を調査する．回 来路 láilu

【来历不明】láilì bùmíng〘句〙素性がはっきりしない．¶那个人～/ あいつは素性が知れない．

【来料加工】láiliào jiāgōng〘経済〙原材料を受託して加工する．

【来临】láilín〘動〙やってくる．¶雨季即将 jíjiāng～/ 雨期がちかづいてくる．¶降临 jiànglín

【来龙去脉】lái lóng qù mài〘成〙ものごとのいきさつ．原因と結果．¶弄清 nòngqīng 事情的～/ 事の経過をはっきりさせる．〘由来〙山々の地形が龍のように連なって続いているという意から．〘参考〙風水師が墓地を選ぶ時の用語．

【来路】〘名〙❶ láilù こちらへ来る道筋．¶挡住 dǎngzhù～/ 進路がさえぎられる．反 去路 qùlù ❷ láilu 人や物品の来源，/ 金銭の出元．財源．❸ ～不明的人 / 素性のよく分からない人．回 来历 láilì

【来年】láinián〘名〙来年．回 明年 míngnián

【来去】láiqù〘動〙❶ 往復する．❷ 行き来する．

【来人】láirén ❶ 名 使いとしてやってきた人. ¶收据 shōujù 请交～带回 / 受け取り証を使いのものに持たせて下さい. ❷ 動 (使用人などを)呼びよせる. ¶快～啊！送客！/ お〜い，誰か．お客様をお送りしなさい．
【来日】láirì 名 将来. 反 往日 wǎngrì, 昔日 xīrī
【来日方长】lái rì fāng cháng これから先の人生は長い. 事をやり遂げる時間がたっぷりあることをあらわす.
【来生】láishēng 来世(ﾗｲｾ). ¶等～再报答你 / 生まれ変わってあなたに恩返しをします. 同 来世 láishì
【来使】láishǐ (相手からの)使者.
【来世】láishì 来世. 後世. 同 来生 láishēng
【来事】láishì ❶ 形 (～儿) 有能だ. ❷ 形 よろしい. かまわない. ¶这样做不～/ そうするのはまずい. ❸ 名 反 将来のこと. 表現 ①は，人づきあいやもてなしについて言う．
【来势】láishì 名 (こちらへ来る)勢い. ¶他～汹汹 xiōngxiōng, 大家都很害怕 / 彼がすごい勢いで現れたので，みな恐れをなした．
【来书】láishū 名 反 来書. 来信.
【…来说】lái shuō ("对…来说"の形で) …にとって. …としては. ¶这次任务,对我～比较难完成 / 今回の任務は，私には少々やりにくい．¶对他～，这种题目太简单了 / 彼にとってはこの手のテーマは簡単すぎる．
【来苏】láisū 名 外 (薬) リゾール．クレゾールせっけん液の通称．同 来沙儿 shār
【来头】láitou ❶ 名 (～儿) 人の経歴や資格. ¶弄清这个人的～/ この人物の来歴を明らかにする．❷ わけ．原因．¶他这些话是很有～的 / 彼がそう言ったのには深いわけがある．❸ 名 (～儿) おもしろみ．興味．¶没什么～儿 / ちっともおもしろみがない．
【来往】❶ láiwǎng 動 (道を)行き来する．¶禁止 jìnzhǐ 车辆 chēliàng～/ 車両通行禁止．❷ láiwang つき合う．交際する．¶我已经很久没跟他～了 / もう彼とは長いことつきあいがない．
【来文】láiwén 名 送られてきた文書．
【来项】láixiang 名 反 収入. 反 进 jìn 项
*【来信】❶ lái//xìn 動 手紙が来る．手紙をよこす．¶姐姐～了 / 姉さんから手紙が来た．❷ láixin 名［ 封 fēng］送られてきた手紙．整理～/ もらった手紙を整理する．¶～收到了 / 手紙を受け取りました．
【来意】láiyì 名 たずねてきた理由．来意．¶说明～/ 来意を告げる．¶弄清～/ 訪問の理由をはっきりさせる．
【来由】láiyóu 名 わけ．わけ．¶没有～的话 / いわれのない話．¶他取这名字的～/ 彼がこの名前を付けたわけ．同 因由 yīnyóu, 原因 yuányīn, 缘故 yuángù, 缘由 yuányóu
【来源】láiyuán ❶ 名 来源．生産元．¶经济 jīngjì ～/ お金の出どころ．❷ 動 ("来源于"の形で) …から始まる．…から生まれる．¶神话是～于生活的 / 神話は生活の中から生まれたものだ．同 起源 qǐyuán
【来者】láizhě 名 ❶ やって来る人や事物．❷ 将来の物事や人．¶～犹可追 / 今後の事は改めることができる．
【来者不拒】lái zhě bù jù 成 来る者は拒まない. ¶～, 往者不追 / 来る者は拒まず, 去る者は追わない. 表現 贿赂(ﾛ)やっけ届けを拒まないで, 何でも受け取ることをいう.
【来者不善，善者不来】lái zhě bù shàn, shàn zhě bù lái 成 来る者は善くない人は，よからぬ心を抱いている．良い人は自分から近付いてはこない．
【来着】láizhe 助 同 …していた．…であった．¶你刚才看什么～？/ あなたはさっき何を見ていたの．表現 過去の

ことを回想するときに用いる．"了"や"过"はいっしょに使わない．
【来之不易】lái zhī bù yì 成 成功や入手が非常に困難である．¶今天的成就～/ 今日の成果を手にするのは生易しいことではなかった．
*【来自】láizì 動 …から生じる．…から来る．¶～中国的食品 / 中国からやって来た食品．

莱(萊) lái
艹部7 四 4490₅
全10画 次常用
名 反 ❶《植物》アカザ．¶藜 lí ❷ 郊外の休耕地や荒れ地．

【莱菔】láifú《植物》ダイコン．同 萝卜 luóbo
【莱塞】láisè 名 外 レーザー．◆laser 表現 現在では，"激光 jīguāng"というのがふつう．
【莱索托《国名》】Láisuǒtuō《国名》レソト(アフリカ)．
【莱茵河】Láiyīnhé《地名》ライン川．

崃(崍) lái
山部7 四 2579₀
全10画 通用
艺 地名用字．¶邛～ Qiónglái (四川省にある山の名)．

徕(徠) lái
彳部7 四 2529₀
全10画 通用
→招徕 zhāolái

涞(淶) lái
氵部7 四 3519₀
全10画 通用
艺 地名用字. ¶～源县 Láiyuánxiàn (河北省にある県名)/～水 Láishuǐ (河北省にある河の名).

梾(梾) lái
木部7 四 4599₀
全11画 通用
下記熟語を参照．

【梾木】láimù 名《植物》ミズキ．同 灯台树 dēngtáishù

铼(錸) lái
钅部7 四 8579₀
全12画 通用
名《化学》レニウム．Re.

赉(賚) lài
贝部7 四 5080₂
全11画 通用
動 反 目上の者が目下の者に金品を与える．賜る．¶赏～ shǎnglài (金品を賜る)．

睐(睞) lài
目部7 四 6509₀
全12画 通用
艺 相手を見る．また，横目で見る．¶青～ qīnglài (好意や期待のまなざしで見る)．

赖(賴) lài
刀部11 四 5798₂
全13画 常用
❶ 艺 頼る．頼みにする．¶依～ yīlài (依存する) / 信～ xìnlài (信頼する) / 任务的提前完成有～于大家的共同努力(任务が予定より早く完成するかどうかは，みんなの協力にかかっている)．❷ 動 自分の罪や間違いを認めない．言い逃れをする．¶事実俱 jù 在，～是～不掉的(事実は出そろっている．言い逃れようにも逃れられない)．❸ 動 人に罪をなすりつける．¶自己做错了,不能～別人(自分で間違えたのだから, 人のせいにしてはいけない)．❹ 動 責める．とがめる．¶学习不进步只能～自己不努力(勉強がはかどらないのは，ひとえに自分の責任だ)．❺ 形 图 悪い．劣っている．¶今年收成真不～(今年の収穫はとてもよい)．同 坏 huài, 差 chà ❻ 好 hǎo ❻ (Lài)姓．

【赖婚】lài//hūn 婚約を解消する．
【赖皮】làipí ❶ 形 ずうずうしい．恥知らずだ．❶ 要 shuǎ ～/ ずうずうしくふるまう．¶借钱不还,真～/ お金を返さ

て返さない、ほんとうにずうずうしい。❷ 名 恥知らずのやつ.
【赖校族】làixiàozú 名 卒業後も就職せず、親からの仕送りを受けて学校の寮に居残る人.
【赖学】lài//xué 動 方 学校をさぼる. 同 逃 táo 学
【赖账】lài//zhàng 動 借金を踏みたおす. ¶你又想～? / お前はまた借金を踏みたおすつもりか. ¶说过的话, 不能～ / 口に出したことは、反故(き)にしてはいけない. 反 认账 rènzhàng
【赖子】làizi ごろつき. 無頼漢.

濑(瀨) lài
氵部13 四 3718₂ 全16画 通用

名 ⊗ 急な流れ. ¶急～ jílài (早瀬).

癞(癩) lài
疒部13 四 0018₂ 全18画 次常用

❶ 名 《医学》ハンセン氏病. ❷ 麻风 máfēng ❷ 方 疥癣(蒸)などの皮膚病で頭髪が抜け落ちること. ¶～狗 làigǒu (疥癬かきの犬. 恥知らずのたとえ). ❸ 名 皮膚の表面がでこぼこのもの. 斑点があるもの. ¶～蛤蟆 làihámɑ / ～瓜 làiguā (ニガウリ).
☞ 癞 là

【癞蛤蟆】làihámɑ 名《動物》〔群 qún, 只 zhī〕ヒキガエル. ガマ. ¶～想吃天鹅 tiān'é 肉 / ガマが白鳥の肉を食べたがる(身のほどを知らない).
【癞皮狗】làipígǒu 名 〔条 tiáo, 只 zhī〕恥知らず. ¶像像条～ / 本当に下劣なやつだ.
【癣子】làizi ❶ 名《医学》黄癣(蒜). ¶长了一头～ / 頭中に黄癬ができた. ❷ 名 黄癬にかかった人.

籁(籟) lài
竹部13 四 8898₂ 全19画 通用

❶ 名 《音楽》古代の簫(や)の一種. ❷ 素 (穴から出る)音. ¶天～ tiānlài (自然の音, 天籟蒸) / 万～无声 (成)音もなく静まり返っている).

lan カラ〔lan〕

兰(蘭) lán
八部3 四 8010₁ 全5画 常用

名 ❶ 《植物》ラン. 草. ¶草～ cǎolán (シュンラン) / 春～ chūnlán (シュンラン) / 玉～ yùlán (ハクモクレン) / ～月 lányuè (旧暦の七月). ❷ (Lán)姓.
【兰艾】lán'ài 名 ❶ 《植物》ランとヨモギ. ❷ 君子と小人(紫).
【兰草】láncǎo 名《植物》❶ フジバカマ. ❷ ラン. 表現 ②は, "兰花"の俗称.
【兰花】lánhuā 名《植 物》〔朵 duǒ, 盆 pén, 株 zhū〕❶ シュンラン. ❷ スルガラン.
【兰花指】lánhuāzhǐ 親指と中指を触れ合わせるように曲げ、他の3本の指を立てる手つき. 同 兰花手 shǒu 参考 多く伝統劇のしぐさで言う.
【兰州】Lánzhōu 《地名》蘭州(は). 甘粛省の省都.

岚(嵐) lán
山部4 四 2221₇ 全7画 通用

素 山中にたちこめる霧. もや. ¶晓～ xiǎolán (朝もや) / 瘴 lánzhàng (瘴気いき). 毒気を含んだ, 山の湿気).

拦(攔) lán
扌部5 四 5801₁ 全8画 常用

動 阻む. さえぎる. 止める. ¶～挡 lándǎng / 阻～

zǔlán (さえぎる. 阻む) / 遮～ zhēlán (さえぎって)～住他,不要让他进来 (彼を引き留めておいて, 入って来させないでくれ) / 前面有一条河～住了去路 (前には一本の河があって, 行く手をさえぎっている) / 你走吧, 我决不～你 (行くがよい, 私は決してお前を引きとめない) / 别～着弟弟说话 (弟が話すのをじゃまするな).
【拦挡】lándǎng 動 行く手をはばむ. 同 拦截 lánjié, 拦阻 lánzǔ, 阻挡 zǔdǎng, 阻拦 zǔlán
【拦道木】lándàomù 名 踏み切りの遮断棒.
【拦柜】lánguì 名 "柜台 guìtái" (カウンター)の古い言いかた. 同 栏柜 lánguì
【拦河坝】lánhébà〔個 道 dào, 条 tiáo, 座 zuò〕ダム.
【拦洪坝】lánhóngbà 名 堤防. 土手.
【拦击】lánjī 動 迎え撃つ. ¶敵を迎え撃つ.
【拦劫】lánjié 動 待ち伏せして強奪する.
【拦截】lánjié 動 (途中で)くいとめる. 阻止する. ¶～洪水 hóngshuǐ / 洪水をくいとめる. ¶～过往 guòwǎng 车辆 / 車両の通行をさえぎる.
【拦路】lán//lù 動 道をふさぐ. ¶～抢劫 qiāngjié / 追いはぎをする.
【拦路虎】lánlùhǔ 名 ❶ 追いはぎ. ❷ (前進や発展を阻む)障害物. ¶技术落后成了我们发展工业的～ / 技術の遅れが我々の工業発展の障害になっている.
【拦网】lánwǎng 名《スポーツ》(バレーボールの)ブロック. ブロッキング. ¶～成功 / ブロックが成功する.
【拦蓄】lánxù 動 (水などを)せき止めてたくわえる. ¶把洪水 hóngshuǐ～起来 / 洪水をせき止めてたくわえる.
【拦腰】lányāo 副 ❶ 腰に...する. ¶～抱住 bàozhù / 腰に抱きつく. ❷ 中ほどのところから...する. ¶三峡 Sānxiá 水库 shuǐkù 把长江～截断 jiéduàn / 三峡ダムは長江を中流で切断する.
【拦鱼栅】lányúzhà 魚を捕るために川などにしかける囲い.
【拦住】lánzhù 動 さえぎってとめる. ¶大坝 bà～了洪水 hóngshuǐ / 大きな堤防が洪水を防いだ.
【拦阻】lánzǔ 動 前でさえぎる. じゃまをする. ¶他不顾大家的～, 跑了出去 / まわりの人が止めるのも聞かず, 彼は走って出て行った.

栏(欄) lán
木部5 四 4891₁ 全9画 常用

❶ 素 (家畜を囲う)柵(き). 囲い. ¶牛～ niúlán (牛を囲う柵). ❷ 名 栏干(蒸). 手すり. ¶桥 qiáo～ (橋の欄干) / 木～ mùlán (木の手すり) / 凭 píng～远望 (欄干にもたれ遠くを望む). ❸ 名 新聞・雑誌・書籍などの欄. コラム. ¶广告～ (広告欄) / 每页分两～ (各ページを二段に分ける). ❹ 名 表や用紙の書き込み欄. ¶出生年月～ (生年月日の欄). ❺ 名 《スポーツ》ハードル. ¶跨～赛跑 sàipǎo (ハードル競走).
【栏杆】lángān 名 〔個 道 dào, 根 fú, 排 pái〕手すり. 欄干(蒸). ¶桥～ / 橋の欄干. ¶在窗户上装了一道铁～ / 窓に鉄の手すりをつけた. 同 阑干 lángān
【栏目】lánmù 名 新聞や雑誌の欄. コーナー. ¶小说～ / 小説欄. ¶经济～ / 経済欄.
【栏栅】lánzhà 名 (竹や鉄材などで作った)柵(き).

婪 lán
女部8 四 4440₄ 全11画 通用

素 財物に対して意地きたない. むさぼる. ¶贪～ tānlán (食欲ばだ).

lán - lǎn 阑蓝谰澜褴篮斓襕镧览揽

阑(闌) lán
門部9 四 3790₆ 全12画 通用

❶ 素 欄干(おお). 回 栏 lán ❷ 動 "拦 lán"に同じ. ❸ 素 文 終わりに近づいている. 尽きようとしている. ¶岁～ suìlán(年が押し詰まる)/夜～人静 yè gēng rén jì jìng(夜も更け人も寝静まる)/～珊 lánshān. ❹ 副 文 勝手に. ¶～入 lánrù(勝手に入る).

【阑干】lángān 名 ❶ 手すり. 回 栏杆 lángān ❷ 形 文 入り乱れているようす. ¶星斗 xīngdǒu～/星が散らばっている. ¶泪 lèi～/涙ポロポロ.
【阑珊】lánshān 形 文 盛りを過ぎて衰えようとしている. ¶春意～/春が終わろうとしている.
【阑尾】lánwěi 名 〔医学〕〔量 段 duàn, 截 jié〕虫垂.
【阑尾炎】lánwěiyán 名 〔医学〕虫垂炎. 盲腸炎. 参考 俗称は"盲肠 mángcháng 炎".

蓝(藍) lán
艹部10 四 4410₂ 全13画 常用

❶ 形 青色の. あい色の. ¶蔚～ wèilán 的天空(紺碧の空)/～晶晶 lánjīngjīng/碧～ bìlán(紺青緑色). ❷ 名 〔植物〕アイ. 回 蓼蓝 liǎolán ❸ (Lán)姓.

【蓝宝石】lánbǎoshí 名 〔鉱物〕〔量 块 kuài〕サファイア. 回 青玉 qīngyù
【蓝本】lánběn 名 〔文学〕〔量 个 ge, 种 zhǒng〕(小説・文章・絵画などの)底本. 原本. 回 底本 dǐběn, 原本 yuánběn
【蓝筹股】lánchóugǔ 名 《経済》(株式の)ブルーチップ. 参考 米国市場での優良株の呼称. 収益性や成長性に優れ, 財務的基盤もしっかりとした企業の株をいう.
【蓝靛】lándiàn 名 濃いあい色の染料. また, その色. 参考 "靛蓝 diànlán"の通称.
【蓝晶晶】lánjīngjīng 形 (～的)(水や宝石が)青く光っている. ¶～的宝石 lánjīngjīng 的宝石/青く輝く宝石.
【蓝鲸】lánjīng 名 〔動物〕シロナガスクジラ.
【蓝客】lánkè 名 《コンピュータ》(純粋的な技術的興味からの)ハッカー. 参考 ハッカーの中国語は"黑客". システムを混乱させる意図は無く, 純粋に技術的興味からハッカー行為をする者の, "黑"の字を嫌って用いる自称.
【蓝领】lánlǐng 名 ブルーカラー. 労働者層. 反 白领 báilǐng
【蓝领工人】lánlǐng gōngrén 名 ブルーカラー. 肉体労働者.
【蓝缕】lánlǚ → 褴褛 lánlǚ
【蓝皮书】lánpíshū 名 政府や委員会の公式報告書. 白書. 参考 表紙の色は国により違うため, 他に"白皮书", "黄皮书"などの言い方がある.
【蓝色】lánsè 名 青色の. ブルー. ¶～的天空/青い空. ¶～的大海/青い海.
【蓝色国土】lánsè guótǔ → 海洋国土 hǎiyáng guótǔ
【蓝色农业】lánsè nóngyè 名 (近海の)水産業や養殖業. 由来 海水が青色なことから.
【蓝田猿人】Lántián yuánrén 名 《考古》藍田(らん)原人. 回 蓝田人 参考 陕西省藍田県で発見された60万年前の原人.
【蓝图】lántú 〔量 份 fèn, 幅 fú, 张 zhāng〕❶ 青写真. ❷ 長期計画. ¶描绘 miáohuì 国家建设的～/国家建設の青写真を描く.
【蓝牙技术】lányá jìshù 名 《通信》ブルートゥース. ピコネット. 由来 blue tooth の訳語.
【蓝莹莹 [盈盈]】lányíngyíng 形 方 (～的)青々としていいる. ¶～的湖水/青くかがやく湖水.
【蓝藻】lánzǎo 名 〔植物〕藍藻.

谰(讕) lán
讠部12 四 3772₀ 全14画 通用

素 ❶ 言い逃れをする. ❷ 無実の人を罪に陥れる. ¶～言 lányán.

【谰言】lányán 名 でたらめなことば. 中傷. ¶这些无耻 wúchǐ～, 不值一驳 bó/これらの恥知らずのでたらめは言い返す価値もない. ¶散布～/悪いうわさを言いふらす.

澜(瀾) lán
氵部12 四 3712₀ 全15画 通用

素 大波. ¶波～ bōlán(大波)/力挽 wǎn 狂 kuáng～ 成 荒れ狂う波をおしとどめる.

【澜沧江】Láncāngjiāng 名 《地名》瀾滄江(らんそうこう). 中国南西部を流れる川で, 雲南省を越えるとメコン川と呼ばれる.

褴(襤) lán
衤部10 四 3821₂ 全15画 通用

下記熟語を参照.

【褴褛】lánlǚ 形 (衣服が)ぼろぼろだ. ¶衣衫 yīshān～/みすぼらしい身なりだ. ¶穿得～不堪 bùkān/ひどいなりをる着ている. 回 蓝缕 lánlǚ

篮(籃) lán
竹部10 四 8810₂ 全16画 常用

名 ❶ (～儿)かご. ざる. ¶竹～ zhúlán(竹ざる)/菜～ càilán(買い物かご). ❷ (～儿)バスケットボールのバスケット. ¶投～儿 tóulánr(シュートする). ❸ (～儿)バスケットのチーム. ¶女～ nǚlán(女子バスケットチーム). ❹ (Lán)姓.

【篮板】lánbǎn 名 《スポーツ》(バスケットボールの)バックボード.
【篮板球】lánbǎnqiú 名 《スポーツ》(バスケットボールの)リバウンドボール.
*【篮球】lánqiú 名 《スポーツ》❶ 〔量 个 ge, 只 zhī〕バスケットボール. ¶打～/バスケットボールをする. ❷ 〔量 场 chǎng〕バスケットボール競技. また, その試合.
【篮坛】lántán 名 《スポーツ》バスケットボール界.
【篮子】lánzi 名 〔量 个 ge, 只 zhī〕手さげかご. ¶菜～/買い物かご.

斓(斕) lán
文部12 四 0742₀ 全16画 通用

→ 斑斓 bānlán

襕(襴) lán
衤部12 四 3722₀ 全17画 通用

名 文 ❶ 古代の, 上下がつながっている服装. ❷ 袖の短い単衣(ひとえ)の衣.

镧(鑭) lán
钅部12 四 8772₀ 全17画 通用

名 《化学》ランタン. La.

览(覽) lǎn
见部5 四 2821₂ 全9画 常用

素 見る. 全体に目を通す. ¶游～ yóulǎn(観光する)/书报阅～室(図書閲覧室)/一～表 yīlǎnbiǎo(一覧表).

【览古】lǎngǔ 動 遺跡を遊覧する.
【览胜】lǎnshèng 動 名勝旧跡を鑑賞, 遊覧する. ¶三峡 Sānxiá～/三峡遊覧(案内). 表現 ガイドブックなどの書名として使われることが多い.

揽(攬)[摸] lǎn
扌部9 四 5801₂ 全12画 次常用

缆 榄 罱 漤 懒 烂 滥　lǎn–làn　653

動 ❶ 抱きかかえる．❷ 母亲～着孩子睡觉(母親が子供を抱いて眠る)．❷ くくる．縛る．¶ 用绳子把柴火 cháihuo～上点儿(縄で薪を縛る)．❸ 自分の方へ引き寄せる．引き受ける．¶～买卖(仕事の注文を取る) / 招～游客(旅行客の客引きをする) / 她把责任都～到自己身上了(彼女は一切の責任を自ら引き受けた)．❹ 名 (権力などを)一手に握る．¶ 大权 dàquán 独～ dúlǎn(権力を一手に握る)．

【揽储】lǎnchǔ 動 預金の勧誘をする．預金者を増やすための活動を行う．同 揽存 cún
【揽工】lǎngōng 動 方 常雇いの作男をする．同 做长工 zuò chánggōng
【揽活】lǎn//huó (～儿) ❶ (生活のために)仕事をこなす．❷ "揽工"に同じ．
【揽客】lǎn//kè 動 (店員などが)客引きをする．
【揽权】lǎn//quán 動 権力を握る．¶～纳贿 nàhuì / 権力をたてに賄賂(ʳ)をとる．
【揽胜】lǎnshèng 動 名所旧跡を観光する．
【揽总】lǎnzǒng 動 (～儿)(仕事を)全体的にとりしきる．

缆(纜) lǎn 纟部9 28112 全12画 次常用

❶ 名 (量 根 gēn, 条 tiáo)(船の)ともづな．¶～绠 jiélǎn(ともづなを解く．出帆する)．❷ 素 何本もの縄や鉄線をより合わせて作った綱．ロープ．¶ 海底电～(海底ケーブル) / 光～通讯 tōngxùn(光ケーブル通信)．❸ 動 (船を)ともづなでつなぎとめる．¶～舟 lǎnzhōu(舟をつなぐ)．

【缆车】lǎnchē 名〔量 辆 liàng〕ケーブルカー．¶ 空中～ / ロープウェイ．
【缆绳】lǎnshéng 名〔量 根 gēn, 条 tiáo〕何本もねじってたばねた丈夫なロープ．同 缆索 lǎnsuǒ
【缆索】lǎnsuǒ "缆绳 lǎnshéng"に同じ．

榄(欖) lǎn 木部9 48912 全13画 次常用

→橄榄 gǎnlǎn

罱 lǎn 罒部9 四 60227 全14画 通用

❶ 名 魚を捕ったり，水草や川底の泥をすくったりする道具．❷ 動 "罱"ですくう．¶～河泥肥田 féitián(川底の泥をすくって土地を肥やす)．

漤(異 灠) lǎn 氵部11 四 34144 全14画 通用

動 ❶ (料理)生の野菜・魚・肉などに調味料をふってよくまぜ，漬けこむ．❷ 柿をお湯や石灰水に数日間漬けて渋抜きをする．
【漤柿子】lǎn shìzi 句 柿を熱湯や石灰水に数日間漬けて渋抜きをする．

懒(懒/異 嬾) lǎn 忄部13 四 97082 全16画 通用

形 ❶ 怠惰だ．ぶしょうだ．¶～腿 tuǐlǎn(出しょう) /～惰 lǎnduò / 好 hào 吃～做(食いしん坊の怠け者)．❷ 勤 qín だるい．元気がでない．¶ 全身发～，大概是感冒 gǎnmào 了(体がだるい，きっと風邪をひいたのだろう)．

【懒虫】lǎnchóng 名 回 なまけもの．ものぐさ．¶ 他是一条大～ / 彼はたいへんなものぐさだ．同 懒骨头 lǎngǔtou
【懒怠】lǎndai ❶ 形 怠けた．怠惰だ．¶ 看你这副～的样子 / なんだその怠け格好は．❷ 動 …したくない．おっくうになる．¶ 身不好，话也～说了 / 体の具合が悪いで，しゃべりもおっくうだ．参考 ❷ は，動詞の前におく．
【懒得】lǎnde 動 …するのがおっくうになる．¶～动笔 / 書くのがめんどうだ．¶～一个人出差 chūchāi / 一人で出張なんかしたくない．用法 これだけで述語になることができず，後ろに動詞(句)をとる．
【懒惰】lǎnduò 形 怠け者だ．¶ 这人太～了 / この人はひどくぐうたらだ．反 勤快 qínkuai, 勤劳 qínláo
【懒骨头】lǎngǔtou 形 怠け者．¶ 你这～! / この怠け者め! 同 懒虫 lǎnchóng 表現"懒虫","懒骨头","懒鬼"の中で，"懒骨头"は最もひどい怠け者をいう．
【懒鬼】lǎnguǐ 名 怠け者．
【懒人】lǎnrén 名〔量 个 ge, 群 qún〕怠け者．
【懒汉鞋】lǎnhànxié 名 簡単にはける，甲の部分にゴムの入っている布靴．同 懒鞋
【懒散】lǎnsǎn 形 (気分や生活態度などが)だらけている．¶ 做事～ / 仕事ぶりがだらけている．重 懒懒散散
【懒洋洋】lǎnyángyáng 形 (～的)だらけてしまらない．¶ 小猫～地躺在阳台上晒 shài 太阳 / 子猫がバルコニーでけだるげに日なたぼっこをしている．
【懒腰】lǎnyāo 名 疲れてだるくなった腰．¶ 伸了一个～ / 疲れた腰を伸ばした．

烂(爛) làn 火部5 四 98811 全9画 常用

❶ 形 熟したり煮えたりして柔らかい．¶ 蚕豆 cándòu 煮得～(ソラマメがよく煮えた)．❷ 形 程度が深い．¶ 台词背得～熟(せりふはすっかり頭に入った)．❸ 形 腐る．腐～(腐る) / 桃和葡萄 pútáo 容易～(モモやブドウは腐りやすい)．❹ 形 ぼろぼろだ．くずの．破～ pòlàn(おんぼろだ) / 破铜～铁(くず鉄とくずの銅) / 衣服穿～了(服を着古してぼろぼろになった)．❺ 形 乱れた．でたらめな．¶～醉 lànzuì /～摊子 làntānzi.
❻ 形 ❺ はっきりしている．くっきりしている．¶ 灿～ cànlàn(光り輝いて明るい)．

【烂糊】lànhu 形 (食物が)とろけるようにやわらかい．¶ 把肉煨 wēi 得～一点儿才好吃 / 肉をもう少し柔らかく煮込まないとおいしくならない．重 烂烂糊糊
【烂漫(爛-缦)】lànmàn 形 ❶ 色があざやかで美しい．¶ 山花～ / 山々の花が色とりどりで美しい．❷ 素直で飾り気がない．¶ 天真～ / 天真らんまんだ．
【烂泥】lànní 名〔量 堆 duī, 摊 tān〕どろ．¶～塘 táng / 泥池．醉得一摊～ / 泥のように酔いつぶれる．
【烂熟】lànshú ❶ 肉や野菜がとろけるほど煮えている．¶～的牛肉 / よく煮えた牛肉．重 烂熟烂熟 ❷ しっかり覚えている．¶ 这篇课文我背得～了 / この教科書の本文はすっかり覚えてしまった．¶ 滚瓜 guā～(よく練習していて)すらすらと読める，または暗唱できる．重 烂熟烂熟
【烂摊子】làntānzi 名 手のほどこしようがないほど混乱した状態．¶ 收拾～ / 混乱した事態を収拾する．由来 "がらくたを並べた出店"という意から．
【烂尾楼】lànwěilóu 名 未完成ビル．資金不足などの原因により，工事が止まっている建築物．
【烂账】lànzhàng 名 ❶ でたらめな帳簿．❷ 回 回収しにくい古い貸付金．¶ 陈年 chénnián～ / 長年たまった勘定．
【烂醉】lànzuì 形 ひどく酔っている．¶～如泥 / へべれけに酔っぱらう．重 烂醉烂醉

滥(濫) làn 氵部10 四 38112 全13画 常用

❶ 素 (川の水が)あふれる．泛滥(ʥ)する．¶ 泛～ fànlàn（氾濫する）．❷ 副 度を越えている．無制限の．むやみな．¶～用 lànyòng．❸ 形 浮わついていて実際にそぐわない．¶～调 làndiào／宁 nìng 缺毋 wú～（成 量より質）．

【滥调】làndiào 名（～儿）中味のない，ばかげた話．¶陈 chén 词～／～空疎でありきたりの論議．

【滥发】lànfā 動 紙幣などをむやみに発行する．¶～纸币 zhǐbì／紙幣を乱発する．

【滥伐】lànfá 動（木材を）乱伐する．

【滥交】lànjiāo 動 見さかいなしに付き合う．

【滥觞】lànshāng 文 ❶ 名 ものごとの始まり．嚆矢（こうし）．（"滥觞于"の形で）…に起源する．¶词～于唐代／詞は唐代に始まる．参考 ①は，大河も水源は酒杯を浮かべるほどの水量しかないことから．"滥"は"浮かべる"という意．

【滥套子】làntàozi 名〈文章の〉陳腐な表現．紋切り型．

【滥用】lànyòng 動 むやみやたらに使う．濫用する．¶～职权 zhíquán／職権を濫用する．¶～农药／手当たりしだいに農薬をまく．¶别～新名词／むやみに新語を使ってはならない．

【滥竽充数】làn yú chōng shù 成 貶 能力もないのに実力以上の地位につく．能力のない人や不良品を加えて数をそろえる．¶～地混日子／無能をごまかして日々を過ごす．由来『韓非子』内儲説上にある「斉の宣王が集めた300人の竽の奏者の中に，竽の吹けない南郭先生がまぎれこんでいた」という故事から．表現 自分を謙遜して言う場合にも使われる．

lang ㄌㄤ〔laŋ〕

啷 lāng
口部 8 四 6702₇ 全11画 通用

下記熟語を参照．

【啷当】lāngdāng 助 方（年齢が）…前後．…ぐらい．¶三十～岁／30歳前後．

郎 láng
阝部 6 四 3772₇ 全 8 画 常用

❶ 名 若い男性．また男の人．¶放牛～ fàngniúláng（牛飼い）／货～ huòláng（物売り）．❷ 名 若い男や女．¶女～ nǚláng（若い娘）．❸ 名 旧 妻が夫を呼ぶことば．¶情～ qíngláng（あなた）．❹ 名 封建時代の官名．¶侍～ shìláng（侍郎）／员外～ yuánwàiláng（員外郎）．❺（Láng）姓．
▶ 旧 郎 lang

【郎才女貌】láng cái nǚ mào 成 男性は有能で，女性は美しい．似合いのカップル．

【郎当】lángdāng ❶ 形 服がだぶだぶだ．身なりがきちんとしていない．¶衣冠～／服装がだらしない．圃 郎郎当当，郎里郎当 ❷ 形 くたびれたり，こわれている．¶屋顶～／屋根がこわれている．❸ 形 落ちこんで元気がない．❹ 名 趣 "锒铛 lángdāng"に同じ．

【郎君】lángjūn 名 旧 妻が夫を呼ぶときの言い方．参考 昔の小説や戯曲によく見られることば．

【郎中】lángzhōng 名 ❶ 中国古代の官職．郎中（ろうちゅう）．❷ 方 漢方医．

狼 láng
犭部 7 四 4323₂ 全10画 常用

名 ❶ 《動物》 〘 群 qún，条 tiáo，窝 wō，只 zhī〕オオカミ．❷（Láng）姓．

【狼狈】lángbèi 形 ひどく困り，苦しんでいる．¶～而逃／困り果てて逃げ出す．参考 "狈"は，伝説では前足が極端に短いもので，オオカミの背に乗ってしか行動できないといわれている．

【狼狈不堪】láng bèi bù kān 成 ❶ さんざん苦労する．❷（家屋などが）ボロボロだ．ひどい有様だ．

【狼狈为奸】láng bèi wéi jiān 成 徒党を組んで悪事をする．

【狼奔豕突】láng bēn shǐ tū 成 悪い連中が暴れまわる．

【狼疮】lángchuāng 名《医学》狼瘡（ろうそう）．皮膚結核．

【狼狗】lánggǒu 名《動物》〘 群 qún，条 tiáo，只 zhī〕シェパード．

【狼孩】lángháir オオカミに育てられた人間の子ども．

【狼毫】lángháo 名〘管 guǎn，只 zhī〕イタチの毛で作った硬い毛先の筆．参考 茶褐色をしていて硬い．白くやわらかいものは，"羊毫 yángháo"といい羊の毛を使う．

【狼藉［籍］】lángjí 形 文 ❶ ものが雑然とちらかっている．¶杯盘～／食器がちちかしほうだいになっている．囲 乱七八糟 luàn qī bā zāo ❷ すっかりダメになる．❶ 声名～／評判が悪い．

【狼头】lángtou → 榔头 lángtou

【狼吞虎咽】láng tūn hǔ yàn 成 食べものをすごい勢いでかきこむ．

【狼心狗肺】láng xīn gǒu fèi 成 性格が残忍だ．また，恩知らずだ．

【狼牙棒】lángyábàng 名 古代の武器．狼牙（ろうが）棒．参考 上端に多数のくぎをはめこんだ棍棒．

【狼牙山】Lángyáshān《地名》狼牙山（ろうがさん）．河北省易県の西にある山．

【狼烟】lángyān 名 ❶ のろし．❷ 戦火．戦争．

【狼烟四起】láng yān sì qǐ 成 各地の情勢が不安定で，戦争が起こる．由来「四方からのろしが上がる」という意から．

【狼子野心】láng zǐ yě xīn 成 凶暴な人間の本性は改まらない．由来「オオカミは子供でも野獣の本性を持つ」という意から．

阆（閬） láng
门部 7 四 3773₂ 全10画 通用

→阆阆 kāngláng
☞ 阆 làng

琅（異 瑯） láng
王部 7 四 1313₂ 全11画 次常用

下記熟語を参照．

【琅玕】lánggān 名 文 ❶ 真珠のような美しい石．❷ 伝説上の宝樹．❸ 美しい竹．❹ 竹筒．

【琅琅】lángláng 擬 玉石のふれあう明るく澄んだ音．本を読む声が朗々とひびくようす．¶书声～／本を読む声が響く．

【琅琅上口】lángláng shàngkǒu 句（文章が）読みやすい．朗読しやすい．

【琅玡】Lángyá《地名》琅玡（ろうが）．山東省にある山の名．

廊 láng
广部 8 四 0022₇ 全11画 常用

名 ❶ 屋根付きの渡り廊下．¶游～ yóuláng（回廊）／长～ chángláng（長い廊下）．❷ 画廊や美容院，理髪店など．またその店名に使う．¶画～ huàláng（画廊）／发～ fàláng（美容院．理髪店）．

【廊檐】lángyán 名 ひさし．¶在～下避雨／軒下で雨

宿りする.

【廊子】lángzi 名❶廊下. 縁側. ❷アーケード.

榔 láng
木部8 四4792₇ 全12画 次常用

下記熟語を参照.

【榔头】lángtou 名〔働把bǎ〕大きな木づち. ハンマー. 回 锤子 chuízi

银（銀） láng
钅部7 四8373₂ 全12画 通用

下記熟語を参照.

【银铛】lángdāng ❶ 名 ✕ 鉄の鎖. 回 郎当 lángdāng ❷ 擬 ガチャン. ガチャン. 金属が固い物に当たる音. ¶铁索 tiěsuǒ～/鉄の鎖がジャラジャラと音を立てる. 回 郎当 lángdāng

【银铛入狱】láng dāng rù yù 成 鎖で縛られ投獄される.

稂 láng
禾部7 四2393₂ 全12画

名 ❶古書で"狼尾草 lángwěicǎo"（ネコジャラシ）をいう. ❷（Láng）姓.

螂（異 蜋）láng
虫部8 四5712₇ 全14画 通用

→ 螳 螂 tángláng, 蟑 螂 zhāngláng, 蜣 螂 qiāngláng, 蚂螂 mālang

朗 lǎng
月部6 四3772₀ 全10画 常用

❶ 素 明るい. ¶晴～ qínglǎng（よく晴れている）/豁 huò 然开～（心が晴ればれとしている）/天～气清（空が晴れわたっている）. ❷ 声がはっきりしている. ¶～诵 lǎngsòng / ～读 lǎngdú. ❸（Lǎng）姓.

*【朗读】lǎngdú 動朗読する. ¶～课文/教科書の本文を朗読する. 回 朗诵 lǎngsòng, 诵读 sòngdú 反 默读 mòdú

【朗朗】lǎnglǎng 形本を読む声が明るく澄んでいる. ¶书声～/本を読む声が朗々としている.

【朗姆酒】lǎngmǔjiǔ 名 ラム酒.

【朗生】lǎngshēng 名 チベットの奴隷. 回 囊 náng 生

【朗声】lǎngshēng 名大きな声. ¶～大笑/大声で笑う.

【朗诵】lǎngsòng 動 うたうように朗読する. ¶～诗歌/詩歌を朗読（ろうどく）する. 回 朗读 lǎngdú, 诵读 sòngdú

烺 lǎng
火部7 四9383₂ 全11画

名 ✕ 光が明るい. 表現 人名に用いられることが多い.

郎 làng
阝部6 四3772₇ 全8画

→ 屎壳郎 shǐkelàng

☞ 郎 láng

莨 làng
艹部7 四4473₂ 全10画

下記熟語を参照.

【莨菪】làngdàng 名《植物》ヒヨス.

阆（閬） làng
门部7 四3773₂ 全10画 通用

素 地名用字. ¶～中 Làngzhōng（四川省にある県名）.

☞ 阆 láng

【阆苑】làngyuàn 名 ✕仙人の住むところ. 表現 詩文では宮殿などにたとえられる.

浪 làng
氵部7 四3313₂ 全10画 常用

❶ 名 大きな波. ¶波～ bōlàng（波）/海～拍打着岩石 yánshí（波が岩を打つ）. ❷ 素 波に似たもの. ¶声～ shēnglàng（音波. どよめき）/麦～ màiláng（麦の穂波）. ❸ 素 ✕ 束縛がない. 勝手気ままな. ¶～游 làngyóu / ～费 làngfèi. ❹（Làng）姓. 注意 "沧浪 cānglàng"は、"浪 láng"と読む.

【浪潮】làngcháo 名 ❶ 大きな波. 潮（うしお）. ¶～汹涌 xiōngyǒng / 大波がわき立つ. ❷ 大規模な社会運動. 掀起 xiānqǐ 罢工 bàgōng～/ 大規模なストライキを起こす. ❸ 時代の大きな変化. ¶技术革命的～席卷 xíjuǎn 全球/技術革命の波が全世界を席巻（せっけん）した.

【浪船】làngchuán 名 船型のブランコ. 遊具の一種.

【浪荡】làngdàng ❶ 動 働かずにぶらぶらしている. ¶终日～/一日中ぶらぶらして遊んでいる. ❷ 形 勝手気ままだ. 出世の見込みがない. ¶～公子/放荡（ほうとう）息子. 他はきままな一的生活/彼はきままな日々を送っている. 回 放荡 fàngdàng

*【浪费】làngfèi 動（お金や時間を）むだについやす. ¶～得太多/むだ遣いがひどい. ¶～时间/時間を浪費する. 反 节省 jiéshěng, 节约 jiéyuē, 珍惜 zhēnxī

【浪花】lànghuā 名 ❶ 波しぶき. ¶～飞溅 fēijiàn / 波しぶきが飛び散る. ❷ 一生の中のできごと.

【浪迹】làngjì 動 放浪する.

【浪迹天涯】làng jì tiān yá 成 天下を放浪する.

【浪漫】làngmàn ❶ 形 ロマンチックだ. ¶～的人/夢見がちな人. ❷ 動 男女関係がふしだらだ.

【浪漫史】làngmànshǐ 名 ロマンス.

【浪漫主义】làngmàn zhǔyì 名 ロマンチズム.

【浪木】làngmù 名 遊動円木. 回 浪桥 làngqiáo

【浪桥】làngqiáo 名 "浪木 làngmù"に同じ.

【浪人】làngrén 名 ❶ 各地を放浪して歩く人. ❷ 旧（日本の）大陸浪人.

【浪涛】làngtāo 名 大波. 波濤（はとう）. ¶～滚滚 gǔngǔn / 大波が逆巻く.

【浪头】làngtou 名 ❶ 口 波. ¶风大～高/風が強く波が高い. ❷ 時代の流れ. 風潮. ¶别赶 gǎn～/時代を追いかけてばかりいるな.

【浪游】làngyóu 動 ぶらぶら見物する. 漫遊する. ¶～四方/各地を漫遊する.

【浪子】làngzǐ 名 道楽息子. 放蕩（ほうとう）者. ¶～回头/道楽息子が改心する.

【浪子回头金不换】làngzǐ huítóu jīn bù huàn 句 放蕩息子の改心は黄金に換えがたいほどうれしいことだ.

蒗 làng
艹部10 四4413₂ 全13画 通用

素 地名用字. ¶宁～ Nínglàng（雲南省の彝族自治県）.

lao ㄌㄠ〔lau〕

捞（撈） lāo
扌部7 四5402₇ 全10画 常用

動 ❶（液体の中から物を）すくう. ¶打～ dǎlāo（すくい上げる）/ 在河里～水草（川の中から水草をすくいとる）/ 水中～月（成）水の中から月をすくいとる. むだ骨を折る）. ❷ 俗（不当な手段で）手に入れる. ¶～一把 lāo yībǎ

【捞本】lāo//běn 動（～儿）ばくちで損をした元手を取り戻す．
【捞稻草】lāo dàocǎo 慣貶 土壇場でむだなあがきをする．由来「おぼれるものは藁をもつかむ」の意から．
【捞饭】lāofàn 名 半炊きですくいあげて，せいろうで蒸した米飯．
【捞摸】lāomo 動 水中でものを探す．不当な方法で利益を得る．由来「水面下でいろいろと物色する」という意から．
【捞钱】lāo//qián 動（不当な手段で）金をかせぐ．
【捞取】lāoqǔ ❶ 水の中からすくい取る．¶～海带／コンブをとる．❷ 不当な方法で利益を得る．暴利をむさぼる．¶～政治资本／政治的利益を得る．¶～好处／うまい汁を吸う．
【捞一把】lāo yībǎ 慣 うまい汁を吸う．¶趁机 chènjī～／どさくさに紛れてうまい汁を吸う．
【捞着】lāozháo 動 機会に恵まれる．¶这次没～什么好处／今回まったくチャンスに恵まれなかった．
【捞政治资本】lāo zhèngzhì zīběn 句（不当な手段で）自分の政治的利益や経済的利益を得る．

劳（勞）láo

艹部4 四4442r 全7画 常用

❶ 素 働く．¶按～分配（労働に応じて分配する）／脑力～动（頭脳労働）．❷ 素 疲れ．骨折り．苦労．¶积～成疾 jí（成 苦労が重なり，病気になる）．反 逸 yì ❸ 動 面倒，手数をかける．¶～驾开门（すみませんが，戸を開けてください）．❹ 素 ねぎらう．慰労する．¶～军 láojūn．❺ 素 手柄．功労．¶汗马之～（戦功）．❻ (Láo) 姓．

【劳保】láobǎo ❶ "劳动保险 láodòng bǎoxiǎn"の略．¶领取～津贴 jīntiē／労働保険手当を受け取る．❷ "劳动保护 láodòng bǎohù"の略．¶～条例／労働保護条例．
【劳步】láobù 動 わざわざおいでいただく．ご足労をかける．¶你公事繁忙，不敢～／お忙しいでしょうから，わざわざおいでいただかなくとも結構です．表現 人にわざわざ来てもらうことを感謝することば．
【劳瘁】láocuì 形文 苦労して疲れはてる．¶不辞 bùcí～／苦労をいとわず．
*【劳动】láodòng 動 労働（する）．肉体労働（をする）．¶体力～／肉体労働．¶他～去了／彼は働きにいった．反 休息 xiūxi．
【劳动保护】láodòng bǎohù 名 労働保護．表現 "劳保"とも言う．
【劳动保险】láodòng bǎoxiǎn 名 労働保険．表現 "劳保"とも言う．
【劳动布】láodòngbù 名〔紡織〕デニム．
【劳动对象】láodòng duìxiàng 名《経済》労働対象．参考 天然資源と加工を加えた原材料を指す．
【劳动改造】láodòng gǎizào 動 強制労働によって思想を改めさせる．略して"劳改 láogǎi"ともいう．
【劳动合同】láodòng hétong 名 労働契約．
【劳动价值论】láodòng jiàzhílùn 名 労働価値論．
【劳动教养】láodòng jiàoyǎng 名 軽犯罪者に科する強制的な教育改造措置．"劳教"とも言う．
【劳动节】Láodòngjié 名 5月1日のメーデー．"五一国际劳动节 Wǔ-Yī guójì láodòngjié"の略．参考 この日は，半日ないし一日休みになる．⇨付録「祝祭日一覧」．
【劳动力】láodònglì ❶ 名 労働力．労働能力．❷ 労働者．
【劳动密集型】láodòng mìjíxíng 形《経済》労働集約型の．¶～产品／労働集約型製品．
【劳动模范】láodòng mófàn 名 模範労働者．表現 "劳模"とも言う．
【劳动强度】láodòng qiángdù 名 労働の激しさ．
【劳动日】láodòngrì ❶ 労働時間をと計算する単位．一般に1労働日は8時間．❷ 農村で労働報酬を分配する際の単位．一般に労働点数10点を1労働日に換算する．
【劳动生产率】láodòng shēngchǎnlǜ 名《経済》労働生産性．回 生产率,劳动生产力 II
【劳动手段】láodòng shǒuduàn →劳动资料 zīliào
【劳动条件】láodòng tiáojiàn 名 労働条件．
【劳动者】láodòngzhě 名 労働者．勤労者．
【劳动资料】láodòng zīliào 名《経済》労 働 手 段．参考 旧称は"劳动手段"．
【劳动】láodòng 動 わずらわす．面倒をかける．¶又得 děi～您了／またお手数をおかけします．いつもすみません．表現 人に用事をたのむときのていねいなことば．
【劳顿】láodùn 形文 疲れている．
【劳而无功】láo ér wú gōng 成 むだ骨をおる．
【劳乏】láofá 形 疲れている．
【劳烦】láofán 動方 面倒をかける．¶～尊驾 zūnjià／ご面倒をおかけします．
【劳方】láofāng 名 労働者側．反 资方 zīfāng
【劳改】láogǎi 名 "劳动改造 láodòng gǎizào"の略．
【劳改犯】láogǎifàn 名 強制労働の刑に服している受刑者．
【劳工】láogōng 名 "工人 gōngrén"（労働者）の古い言いかた．¶～运动／労働運動．¶～神圣 shénshèng／労働者は神聖なり．
**【劳驾】láo//jià おそれいります．すみません．¶～你到银行跑一趟／すみませんが，銀行までひとっ走り行って来てください．表現 人に用事をたのむときなどのきまり文句．
【劳教】láojiào →劳动教养 láodòng jiàoyǎng
【劳教所】láojiàosuǒ 名 "劳动教养所"（労働教育所）の略称．労働を通じて思想教育を行う施設．
【劳金】láojīn ❶ 旧 労賃．❷ "长工 chánggōng"に同じ．
【劳倦】láojuàn 形 疲れている．回 疲 pí 劳
【劳军】láo//jūn 動 軍隊を慰問する．
【劳苦】láokǔ 形 苦労してつらい．¶不辞 bùcí～／労苦をいとわない．
【劳苦功高】láo kǔ gōng gāo 成 苦労を重ね，大きな功績をあげる．
【劳累】láolèi 形 働きすぎて疲れる．¶感到十分～／ひどく疲れた．¶过度的～／過労．
【劳力】láolì ❶ 労力．労働力．¶花～／労力をつかう．¶出卖～挣 zhèng 钱／他人のために働いて，金をかせぐ．❷〔量 个 ge〕労働者．働き手．
【劳碌】láolù 動 せっせと働く．苦労する．¶终日～／一日中朝に汗して働く．¶～了一生／一生あくせく働いた．¶奔波 bēnbō～／東奔西走して働く．反 安逸 ānyì
【劳伦斯・奥利弗】Láolúnsī·Àolìfú《人名》ローレンス・オリビエ(1907-1989)．イギリスの俳優，演出家．
【劳民伤财】láo mín shāng cái 人民を疲れさせた上に，財貨を浪費する．¶造成～的后果／人とお金を浪費する結果を招く．
【劳模】láomó 名 "劳动模范 láodòng mófàn"（模範労働者）の略．
【劳伤】láoshāng 名《中医》過労が原因の内臓の病気．
【劳神】láo//shén ❶ 気をつかう．¶～的工作／神経

をつかう仕事. ❷ 費神 fèishén ❷ すみません. お手数をかけますが…. 回 费心 fèixīn 表現 ②は,用事を頼むときのことば.
【劳师】 láoshī 動文 ❶ 軍隊を慰問する. ❷ 軍隊を疲労させる.
【劳师动众】 láo shī dòng zhòng 成 (大げさに)大勢の人を動員する. 回 兴 xīng 师动众
【劳什子】 láoshízi 方破 ❶ いやなもの. やっかいなもの. ❷ 句 (人を)いやな気分にさせる. 表現 "牢 láo 什子"とも書く.
【劳损】 láosǔn 動 過労で体や心を傷める.
【劳务】 láowù 名 労務.
【劳务费】 láowùfèi 名 労務費.
【劳务市场】 láowù shìchǎng 名《経済》労働市場. 回 劳动市场
【劳心】 láoxīn 動 頭をつかう. 気をもむ. ¶～费力 / あれこれと世話をやく. ¶不要为小事～ / つまらぬことであれこれ考えるな.
【劳燕分飞】 láo yàn fēn fēi 成 夫婦や恋人どうしが離ればなれになる. 由来 『楽府詩集』の「東飛伯労歌」"东飞伯劳 bóláo 西飞燕"(モズとツバメがそれぞれ東と西へ分かれて飛んでいく)から.
【劳役】 láoyì 名 強制的にさせられる労働. 労役. ¶服～ / 労役に服する.
【劳逸】 láoyì 名 労働と休息.
【劳逸结合】 láo yì jié hé 句 仕事と休息のバランスをとる. ¶忙的时候,要注意～ / 忙しいときは,仕事と休息のバランスに注意しなければ.
【劳资】 láozī 名 ❶ 労働者と資本家. 労資. ¶～双方 / 労資双方. ¶～纠纷 jiūfēn 労資紛争. ❷ 労働と給料.
【劳作】 láozuò ❶ 動 仕事をする. ¶农民们终年在野外~,十分辛苦 / 農民たちは一年中野外で力仕事をする,ほんとにたいへんだ. ❷ 名 旧 小中学校の科目の一つで,工作や作業をするもの. 現在の"手工 shǒugōng"などにあたる.

牢 láo
宀部4 四 3050₂
全7画 常用
❶ 累 家畜を飼うための囲い. 柵(さく). ¶虎～ hǔláo (虎のおり) / 亡羊补~ wáng yáng bǔ láo 成 失敗のあとで対策をねって再発を防ぐ). ❷ 累 古代,祭りに用いた生けにえの家畜. ¶太~ tàiláo (生けにえのウシ) / 少~ shàoláo (生けにえのヒツジ). ❸ 累 監獄. 牢屋. ¶监~ jiānláo (牢屋) / 坐~ zuòláo (牢屋に入る). ❹ 形 しっかりして堅く,ぐらつかない. ¶～不可破 / 記得～くと覚える). ❺ 累 姓.
【牢不可破】 láo bù kě pò 成 頑丈で壊すことができない. 表現 考えや習慣などについて言うことが多い.
【牢房】 láofáng 名 (间 jiàn,座 zuò) 監房. 牢屋. ¶把犯人关进~ / 犯人たちを刑務所に入れる.
【牢固】 láogù 形 堅固だ. しっかりしている. ¶基础~ / 土台がきちんとしている. ¶建立~的联盟 liánméng / 強固な同盟関係を打ち立てる. 回 坚固 jiāngù, 强固 qiánggù, 巩固 gǒnggù
【牢记】 láojì 動 しっかり覚える. ¶～在心 / 心に焼きつける. ¶这次失败的教训 / 今回の失敗の教訓をしっかりと心に刻む.
【牢靠】 láokao 形 ❶(器物が)丈夫だ. 頑丈だ. ¶这张桌子做得挺~ / この机はとても丈夫にできている. ❷(仕事ぶりが)確かだ. 危なげない. ¶办事~ / 仕事ぶりが

確かだ. 回 牢靠靠靠 回 可靠 kěkào
【牢牢】 láoláo 副 しっかりと. ¶～记在心里 / 心に刻み込む.
【牢笼】 láolóng ❶ 名 鳥かご. おり. ¶她像一只被关进~里的小鸟,失去了自由 / 彼女はかごの中に閉じ込められた鳥のように自由を失った. ❷ 名 (因習や古い考え方など)人を束縛するもの. ¶打破重男轻女思想的~ / 男尊女卑にとらわれた考えを打破する. ❸ 名 わな. ¶堕入~ duòrù~ / わなにはまる. ❹ 動 束縛する.
【牢骚】 láosāo[-sɑo] 名 累 [堆 duī, 句 jù] 不平や不満(を言う). ¶发～ / 不平を言う. ¶满腹～,无处可发 / 腹ふくれる思いだが,発散のしようがない.
【牢什子】 láoshízi → 劳 láo 什子
【牢实】 láoshí[-shi] 形 (つくりが)頑丈だ. 丈夫だ. ¶～的铁门 / 頑丈な鉄の門. 回 牢固 láogù
【牢头】 láotóu 名 旧 獄卒. 看守.
【牢稳】 ❶ láowěn しっかりしている. 確かだ. 安心だ. ¶他办事稳~,你尽可放心 / 彼は仕事がしっかりしているから,安心していいよ. ❷ láowen (物体が)しっかりと固定されている.
【牢狱】 láoyù 名 [所 suǒ, 座 zuò] 牢星. 刑務所. 回 监狱 jiānyù

唠(嘮) láo
口部7 四 6402₇
全10画 次常用
下記熟語を参照.
☞ 唠 lào
【唠叨】 láodao 動 くどくどと話す. いつまでも話す. ¶唠唠叨叨说个没完 / だらだらといつ果てるともなくしゃべり続ける.

崂(嶗) láo
山部7 四 2472₇
全10画 通用
累 地名用字. ¶～山 Láoshān ～山(山東省青島市の東にある山の名). 参考 "崂山"は"劳山 Láoshān"とも書く. 水がおいしいことで有名.

铹(鐒) láo
钅部7 四 8472₇
全12画 通用
名《化学》ローレンシウム. Lr.

痨(癆) láo
疒部7 四 0012₇
全12画 通用
累《医学》肺病. とくに肺結核を指すことが多い. ¶～病 láobìng.
【痨病】 láobìng 名《中医》結核. とくに,肺結核のこと.

醪 láo
酉部11 四 1762₂
全18画 通用
名文 ❶ 濁り酒. ❷ こくのある酒.
【醪糟】 láozāo 名 (~儿) もち米でつくった酒. 甘くて薄口. 回 江米酒 jiāngmǐjiǔ

老 lǎo
老部0 四 4471₂
全6画 常用
Ⅰ 形 ❶ 年をとっている. 老いた. 反 少 shào, 小 xiǎo, 年轻 niánqīng ¶他又~了许多 / 彼はまただいぶ老けてしまった.
❷ 古くさい. 時代遅れの. すたれた. 反 新 xīn ¶样式~ / スタイルが古い. ¶～房子都拆 chāi 了 / 古い建物はみんな取り壊された.
❸ 古くからの. 経験のある. 反 新 xīn ¶~朋友 / 古い友人. ¶~干部 lǎogànbù. ¶~牌子 / 老舗. ¶~工人 / 熟練労働者. ¶他的资格比我~ / 彼は私より古株である.
❹ 昔からの. いつもの. ¶明天我们在～地方见面 / 明日

いつもの場所で会いましょう. ¶～毛病又犯了／いつもの悪い癖がまた出た. ¶"你最近怎么样？""我还是～样子"／「最近どう」「相変わらずですよ」
❺(野菜が)ひねている. とうが立っている. 反 嫩 nèn ¶～笋 sǔn／大きくなりすぎたタケノコ.
❻(特定の色に用い)色が濃い. ¶～绿 lǜ／深緑.
Ⅱ 副 ❶(多く否定文に用い)長い間. ずっと. ⇨总是 zǒngshì ¶～没见面了／ずっと会っていなかった.
❷いつも. 常に. ⇨经常 jīngcháng ¶我几次约她,她～说没空儿／何度も彼女を誘ったが彼女はいつも時間がないという. ¶爸爸～发脾气／父はよくかんしゃくを起こす. ¶我一直想去看她,～是没时间／彼女に会いに行きたいと思っているのだが,いつも時間がなくて.
❸とても. 非常に. ¶～早 lǎozǎo. ¶～远／非常に遠い. ¶～大／とても大きい. ¶～高／とても高い. ¶～长／とても長い. ¶～深／とても深い.

> ❸は程度の高い形容詞のみ修飾可.
> ✗老短,老小,老浅…

Ⅲ ❶ 接頭 (姓の前につけ親愛の意を表し)…さん. ¶～张／張さん.
❷ 接頭 兄弟姉妹の順序に用いる. ¶～大 lǎodà. ¶～二／2番目の子. ¶～幺 yāo／末っ子.
❸ 接尾 (姓の後につけ敬称として用い)…老. …翁. ¶吴～／呉先生.
❹ 接頭 兄弟姉妹の末っ子である. ¶～儿子／末の息子. ¶～妹子／末の妹.
❺ 接頭 特定の動植物に用いる. 🖉「年老いた」という意味はない. ¶～虎 lǎohǔ. ¶～鼠 lǎoshǔ. ¶～鹰 lǎoyīng. ¶～百姓 lǎobǎixìng. ¶～玉米 lǎoyùmi. ¶～倭瓜 lǎowōguā.
Ⅳ (Lǎo)姓.

【老八板儿】lǎobābǎnr ❶ 名 方 昔かたぎの人. ❷ 形 がんこだ. へんくつだ.
【老辈子】lǎobèizi 形 古くさい. 陳腐だ.
【老把戏】lǎobǎxì 名 昔ながらのだましの手口.
【老白干儿】lǎobáigānr 名 俗 白酒(jiǔ).
*【老百姓】lǎobǎixìng 名 日 [量 个 ge,群 qún]一般の人々. 庶民. 表現 軍人や政府の職員・幹部と区別していう.
*【老板】[闆]lǎobǎn 名 [位 wèi] ❶店の主人. 社長. ❷著名な京劇役者の尊称. ¶梅～／梅先生(梅蘭芳メイランファンのこと).
【老板娘】lǎobǎnniáng 名 (店の)おかみさん.
【老半天】lǎobàntiān 名 長い間. ¶说了～,没说出什么名堂来／長いこと話したが,なんの成果もなかった.
【老伴】lǎobàn 名 (～儿)[量 个 ge]老夫婦の)つれあい. 表現 現在では,中年や若い夫婦どうしでもユーモアをこめて"老伴儿"と呼び合うことがある.
【老鸨】lǎobǎo 名 やり手ばばあ. 妓楼(lóu)の女主人. 同 老鸨子 lǎobǎozi.
【老辈】lǎobèi 名 ❶(～儿)年長者. 先輩. ❷先祖. 同 老辈子 lǎobèizi.
【老本】lǎoběn 名 (～儿)元手. 元金. ¶钱没赚到 zhuàndào,反把～儿蚀 shí 了／もうけはなく,反対に元手をすってしまった. ¶保住～儿／元本を確保する.
【老表】lǎobiǎo 名 ❶いとこ. ❷面識のない同年輩の男性に対する呼び方. ❸俗に,江西省出身者を呼ぶことば. 表現 ①は,父の姉妹の子や,母の兄弟姉妹の子をさす.
【老兵】lǎobīng 名 古参兵.

【老病】lǎobìng ❶ 名 (～儿)持病. ❷ 動 老いて病気がちになる.
【老伯】lǎobó 名 [位 wèi]おじさん. 友人の父や,父の友人に対する敬称. 表現 広く中年以上の男性に対しても用いることができる.
【老伯伯】lǎobóbo 名 おじいさん. 面識のない老人に対する敬称.
【老布】lǎobù 名 方 手織りの布.
【老财】lǎocái 名 方 旧 大金持ち. 大地主.
【老苍】lǎocāng 形 (顔つきが)老けている.
【老巢】lǎocháo 名 ❶ [量 个 ge]鳥の古巣. ❷ 賊などの根城. ¶捣毁 dǎohuǐ 敌军的～／敵のアジトをたたきつぶす.
【老成】lǎochéng 形 経験が豊富で落ち着いている. ¶少年～／若いのにしっかりしている.
【老成持重】lǎo chéng chí zhòng 成 老練で落ち着いている.
【老诚】lǎochéng 形 まじめで誠実だ.
【老处女】lǎochǔnǚ 名 婚期を過ぎた未婚の女性. オールドミス. 同 老姑娘 gūniang.
【老粗】lǎocū 名 (～儿)無学な人物. ¶我是个～,说话错了,请原谅／無学ですので,失礼なことを申し上げたら,どうぞご容赦ください. 表現 自分をへりくだって言うことが多い.
【老搭档】lǎodādàng 名 長年の仕事仲間. ¶我和他是～了／彼とは古くからの仕事仲間だ.
【老大】lǎodà ❶ 形 文 年をとっている. ¶少壮 shàozhuàng 不努力,～徒 tú 伤悲／若い頃努力しないと,年とって後悔するだけである. ❷ 名 長男. 長女. ¶～是儿子,老二是女儿／一番上は息子で,二番目は娘です. ❸ 名 方 小船の船長や水夫. ¶船～／船長. ❹ 名 先進的な位置にいる人や企業. リーダー. ❺ 副 とても. 非常に. ¶～不高兴／とてもがっかりした. 同 很 hěn,非常 fēicháng. 表現 ❺は,否定を強める表現で,"老大舒服"とか"老大高兴"とは言えない.
【老大不小】lǎo dà bù xiǎo 成 成長してまもなく大人だ.
【老大哥】lǎodàgē 兄さん. 兄貴. 同年代の年上の男性に対する呼び名.
【老大姐】lǎodàjiě 姉さん. 同年代の年上の女性に対する呼び名.
*【老大妈】lǎodàmā 名 おばさま. 年配の女性を丁寧に呼ぶことば. 同 大妈 dàmā.
【老大难】lǎodànán 名 ❶長い間,未解決のやっかいな問題. ❷[量 个 ge]組織内で未解決のやっかいな問題をかかえている部署.
*【老大娘】lǎodàniáng[-niang] 名 日 [位 wèi]おばあさん. 面識のない老婦人に対する尊称. 表現 姓の後につけても呼ばない. もし,知人であれば"李大娘"のように,"老"をつけずに呼ぶ.
*【老大爷】lǎodàyé[-ye] 名 日 [位 wèi]おじいさん. 面識のない老いた男性に対する尊称. 表現 "老大娘"と同じ.
【老旦】lǎodàn 名 《芸能》[量 个 ge,名 míng]京劇で,老女に扮(ふん)する役.
【老当益壮】lǎo dāng yì zhuàng 成 老いてますます盛んだ. 由来 『後漢書』馬援伝に見えることば.
【老道】lǎodao 名 [量 个 ge,位 wèi]道士.
【老到】lǎodao 形 (仕事が)手慣れていて抜かりない. ¶做事很～／しっかりした仕事ぶりだ.

老 lǎo 659

【老等】lǎoděng ❶動 長い間待つ. ¶让你～,真对不起 / 長らくお待たせして,すみません. ❷名《鸟》〔量 只 zhī〕サギ.

【老底】lǎodǐ 名(～儿)❶内部のくわしい事情. ¶揭jiē～ / 内幕をあばく. ❷先祖の遺産. ¶他家有～,用不完,吃不完 / 彼の家には先代からの財産があり,どんなに使っても使い切れない. ❸家柄.

【老弟】lǎodì 名年下の男友だちに対する呼び方.

【老调】lǎodiào 名 決まり文句. 言い古された言いかた. 回 老调子 lǎodiàozi

【老调重弹】lǎo diào chóng tán 成 古い理論や主張を再び持ち出す. 表現 "旧调重弹 jiù diào chóng tán" がよく使われる.

【老掉牙】lǎodiàoyá 慣 ポンコツだ. 古くさい. ¶这个机器已经～了 / この機械はもう旧式だ. 由来 年老いて歯がぬけおちる,という意から.

【老爹】lǎodiē 名 おじいさん. 年老いた男性に対する尊称.

【老豆腐】lǎodòufu 名〔碗 wǎn〕豆腐. 参考 "老豆腐"は日本でいうふつうの豆腐にあたる. 中国語の"豆腐"は,圧力を少し加えて水分をとり除いたもので,"嫩 nèn 豆腐"ともいう.

【老佛爷】lǎofóye 名❶釈迦に対する尊称. 回 佛爷 ❷清代の皇帝の父や皇太后に対する敬称. とくに西太后に対する敬称.

【老夫】lǎofū 名文書 老生. 老人の自称.

【老夫子】lǎofūzi 名❶旧 先生. 昔の家庭教師や塾の先生に対する呼び名. ❷世慣れない知識人.

【老干部】lǎogànbù 名古参の幹部. 表現 特に中華人民共和国成立(1949年)以前から,中国共産党の幹部だった人をさす. 彼らが停年で職を辞することを"离休 líxiū"といい,ふつうの人の退職"退休 tuìxiū"と区別する.

【老疙瘩】lǎogēda 名方 末っ子.

【老哥】lǎogē 名兄さん. 親しい男性間の呼び名.

【老革命】lǎogémìng 名〔位 wèi〕長い間革命にかかわってきた人.

【老公】名❶lǎogōng 方夫. ¶你～是干什么的? / ご主人はどんな仕事をしているの? 回 丈夫 zhàngfu ❷lǎogōng 宦官(&).

【老公公】lǎogōnggong 名方 ❶ おじいさん. おじいちゃん. 子供が老人を呼ぶことば. ❷ 夫の父. しゅうと.

【老姑娘】lǎogūniang 名❶婚期を過ぎた未婚の女性. 回 老处女 lǎochǔnǚ ❷末の娘.

【老古董】lǎogǔdǒng 名❶骨董品. 回 古玩 gǔwán ❷考えの古くさい人. 時代おくれの物品.

【老鸹】lǎoguā[-gua] 名〔只 zhī〕カラス.

【老光】lǎoguāng 名老眼. ¶～眼镜 / 老眼用メガネ. 回 老花眼 huāyǎn,老视 shì 眼

【老规矩】lǎoguīju 名古いしきたり. ¶按～办 / しきたりどおりにとり行う.

【老汉】lǎohàn 名〔位 wèi〕❶ 年老いた男性. ❷ 年老いた男性の自称. ¶～今年八十 / わしは今年80じゃ.

【老好人】lǎohǎorén 名回(～儿)〔个 ge〕親切なお人好し. ¶他是个地道的～ / 彼は絵にかいたようなお人好だ.

【老狐狸】lǎohúli 名 非常にずるがしこい人. ¶～也有露出尾巴的时候 / 古狸でもしっぽを出すことがある.

【老虎】lǎohǔ 名❶〔群 qún,头 tóu,只 zhī〕トラ. ¶纸～ zhǐlǎohǔ / 張り子のトラ. ❷燃料をたくさん消耗する機器や設備. ¶电～ / 電気ばかり浪費する機械. ❸権力を利用して大悪事をはたらく人物. ❹利かん気の強い人. ¶他老婆是头母～ / 彼のかみさんは,とても気の強い人だ. ⇨秋老虎 qiūlǎohǔ

【老虎凳】lǎohǔdèng 名旧 (拷問に用いた)長イス. 参考 長イスの上に伸ばした足の膝をイスにしばりつけ,かかとの下にレンガを積み重ねていく刑具.

【老虎机】lǎohǔjī スロットマシン.

【老虎皮】lǎohǔpí 名軍服.

【老虎屁股摸不得】lǎohǔ pìgu mōbùdé 俗 事態が危険で手を出しにくいようす. 由来「トラの尻は,誰もさわろうとしない」という意から.

【老虎钳】lǎohǔqián 名❶《機械》〔台 tái〕万力(ボ). ❷〔把 bǎ〕ペンチ.

【老虎灶】lǎohǔzào 名❶湯を沸かすための大きなかまど. ❷飲料用の湯を売る店.

【老花】lǎohuā 形老眼の. ¶～眼镜 / 老眼鏡.

【老花眼】lǎohuāyǎn 名老眼.

【老化】lǎohuà 動 ❶ (ゴムやプラスチックが)劣化する. ¶自行车的车胎～了 / 自転車のタイヤが劣化した. ❷ 老齢化する. ¶城市人口～了 / 都市の人口が老齢化した. ❸ (技術や知識などが)古くなる. ¶知识～ / 知識・情報が古くなる.

【老话】lǎohuà 名〔句 jù〕❶ 昔から言い伝えられてきたことば. ¶～不会错 / 古くからの言い伝えに間違いない. ❷(～儿)昔の話題.

【老皇历】lǎohuánglì 名古い決まりややり方. 由来「古い暦」という意から.

【老黄牛】lǎohuángniú 名まじめにこつこつと仕事をする人. ¶他是头～,一年到头只知道干活 / 彼は働き者で,年じゅう仕事ばかりしている.

【老几】lǎojǐ ❶(疑問文に用いて)兄弟の何番目. ¶你是～? / あなたは兄弟の何番目ですか. ❷ どれほどのもの. ¶你算～? / おまえ,何様だと思ってるんだ? 表現 ❷は,反語に用いて,ものの数に入らないことをあらわす.

【老记】lǎojì 名記者. ブンキさん. 表現 ユーモアを交えた言い方.

【老骥伏枥】lǎo jì fú lì 成 年老いてもまだ雄壮な志をもっている. 由来 曹操「步出夏門行」"老骥伏枥,志在千里"(老いた駿馬が馬小屋に伏せながらも,千里を駆ける志をすてていない)から.

【老家】lǎojiā 名生まれ育った家や故郷. 原籍地. ¶回～探亲 tànqīn / 故郷に帰って,親兄弟をたずねる. ¶我的～是广州 / 私の生まれは広州です. 表現 "回老家"の形で,「あの世へ行く. 世を去る」の意味に使うことがある.

【老家儿】lǎojiār 名両親や親族.

【老家贼】lǎojiāzéi 名スズメ.

【老奸巨猾】lǎo jiān jù huá 成 老獪(ホン)だ. ¶那家伙～,决不会轻易上钩 shànggōu 的 / あいつは老獪だから,なかなかのねらいはまらないでいる.

【老趼[蠒]】lǎojiǎn 名〔块 kuài〕(手や足にできる)たこ. ¶长满 zhǎngmǎn～的双手 / たこだらけの両手.

【老江湖】lǎojiānghu 名長年他郷で苦労し,世慣れた人.

【老将】lǎojiàng 名老将軍. 老練な将軍. ¶～出马,一个顶俩 / 老練の将軍がわりがせば,二人分の働きをする.

【老交情】lǎojiāoqíng 名長いつきあいがあり,交友の情も深い間柄.

【老街坊】lǎojiēfang 名回長い付き合いの近所の人.

【老景】lǎojǐng 名 晩年になってからの暮らし向き.

【老九】lǎojiǔ 名 "臭chòu老九"の略称. 参考 文革期に知識人を指して呼んだ蔑称.

【老酒】lǎojiǔ 名 ❶〘瓶píng,坛tán〙長年貯蔵した良い酒. 特に紹興酒をさす.

【老辣】lǎolà 形 ❶(やり方が)手慣れていて悪どい. ¶手段～/やり方が老獪(老獪)だ. ❷(仕事に関して)やり手だ. 大胆だ. ¶办事～得很/仕事をてきぱきとこなす. ¶画风～苍劲 cāngjìng/画風が大胆で力強い.

【老来俏】lǎoláiqiào 慣 口 名 中年の女性が若作りすること. 参考 多く貶意を含む. 中国では,これまで中年以降に女性が化粧をすることが一般的でなかったことから.

【老来少】lǎoláishào 名 ❶《植物》ハゲイトウ. ❷老いても気持ちは若いこと. 若作りをすること.

【老老实实】lǎolǎoshíshí 形 正直だ. 誠実だ. ⇨老实

【老老】lǎolao 名 ❶母方の祖母. 姥姥 lǎolao ❷方 産婆. 姥姥

【老泪纵横】lǎolèi zònghéng 句 老人が悲嘆の涙にくれるようす.

【老例】lǎolì 名 (～儿)古いしきたり. 旧例.

【老脸】lǎoliǎn 名〘张zhāng〙❶老人が自分のメンツを謙遜して言うことば. ¶请看在我这张～上,饶ráo了他这一次吧/この年寄りの顔に免じて今回だけは彼を許してやってくだされ. ❷厚顔.

【老脸皮】lǎoliǎnpí 名 厚顔な人. 同 厚 hòu 脸皮.

【老练】lǎoliàn 形 経験が豊富で手慣れている. 老練だ. ¶待人处事～多了/人あしらいや物事の処理がずいぶん手慣れてきた. 反 幼稚 yòuzhì

【老林】lǎolín 名 原始林. ¶深山～/山奥の原始林.

【老龄】lǎolíng 名 高齢(者). ¶～化/高齢化する.

【老龄化社会】lǎolínghuà shèhuì 名 高齢化社会.

【老路】lǎolù 名 ❶〘条tiáo〙以前に通ったことのある道. ❷古いやり方. ¶走～/旧式のやり方で行う.

【老妈儿】lǎomār 名 "老妈子 lǎomāzi"に同じ.

【老妈子】lǎomāzi 名〘个 ge,位 wèi〙女性の召使い. 同 老妈儿

【老马识途】lǎo mǎ shí tú 経験を積んだ者はよく指導することができる. 由来『韓非子』説林上に見えることば.「道に迷ったとき,馬を先に歩かせて道を見つけた」という意から.

【老迈】lǎomài 形 老いて体がおとろえている.

【老毛病】lǎomáobìng 名 口 昔からの悪いくせ. 持病.

【老米】lǎomǐ 名 方 古米. 同 陈米 chénmǐ

【老面】lǎomiàn 名 ❶年寄りの顔つき. ❷パン種.

【老谋深算】lǎo móu shēn suàn 成 先々まで見通して細かく計画する.

【老衲】lǎonà 名 年老いた僧侶. 自分をさして言うこともある.

【老奶奶】lǎonǎinai 名 ❶ひいおばあさん. ❷おばあちゃん. 表现 ❷は,子供が老婦人に呼びかけることば.

【老脑筋】lǎonǎojīn 名 時代遅れの考え. 頭が古い人.

【老年】lǎonián 名 老年. 老齢. ¶～人/おとしより.

【老年斑】lǎoniánbān 名 老齢による(顔の)しみ. 同 寿 shòu 斑

【老年大学】lǎonián dàxué 名 高齢者のための学習機関. 参考 生涯教育の一環として設置され,専門的な課程を持つものもある.

【老年公寓】lǎonián gōngyù 名 高齢者用マンション. 参考 健康管理や娯楽などのケアが備わった総合管理型のもの.

【老年间】lǎoniánjiān 昔. かつて.

【老年性痴呆】lǎoniánxìng chīdāi《医学》老人性痴呆(呆).

【老娘】lǎoniáng 名 ❶年老いた母親. ❷方 中年以上の負けん気の強い女性が自分のことをさしていうことば.

【老娘】lǎoniang 名 口 ❶産婆さん. ❷方 母方の祖母.

【老牛破车】lǎo niú pò chē 成 仕事のしかたが,のんべんだらりとしている. 由来「老いた牛がおんぼろの車をひく」という意から.

【老牛舐犊】lǎo niú shì dú 成 親が子供をかわいがる. 由来『後漢書』楊彪(biāo)伝に見えることば.「親牛が子牛をなめる」という意から.

【老农】lǎonóng〘个 ge,位 wèi〙経験豊かな老農夫. また,広く農民をさす.

【老牌】lǎopái (～儿) ❶古くからよく知られて信用のあるブランド. ¶～产品/ブランド品. ❷形 古くから存在する. 旧来の. ¶～大学/伝統ある大学. ¶～店铺/老舗(しにせ).

【老派】lǎopài 形 昔風だ. 古いタイプの. ¶你的思想太～,跟不上时代发展了/君の考えは古すぎて,時代の移り変わりについていけない.

【老脾气】lǎopíqi いつもの癖. 昔からの性分. ¶又发了/またいつもの悪い癖が出た.

【老婆婆】lǎopópo 名〘个 ge,位 wèi〙おばあさん. おばあちゃん. 子どもが老婦人を呼ぶときのことば. ❷方 夫の母親. しゅうとめ.

【老婆儿】lǎopór 名〘个 ge〙おばあちゃん. 親しみをこめた呼びかた.

【老婆子】lǎopózi ❶〘个 ge〙(嫌悪の意をこめて)ばばあ. ばあさん. ❷ばあさん. 夫が老妻を呼ぶときの言い方.

【老婆】lǎopo 名 口 妻. ¶我的～/私の家内. ¶怕～/妻の尻にしかれている. 恐妻家だ.

【老气】lǎoqi[-qì] 形 ❶落ち着いてしっかりしている. 大人びている. ¶他虽然年轻,但办事很～/彼は若いが,仕事よりはベテラン並みだ. ❷服装や家具などの色あいが,暗くて古めかしい. 同 老里老气

【老气横秋】lǎo qi héng qiū 成 ❶老練で自信に満ちたようす. ❷年寄りじみて元気がない. 由来 ①は,南朝・孔稚珪「北山移文」に見えることば.

【老前辈】lǎoqiánbèi 名〘位 wèi〙大先輩. ¶他是学术上的～/彼は学術上の大先輩だ.

【老亲】lǎoqīn 名 ❶(年老いた)両親. ❷昔からの親戚. ¶～旧邻/昔からの親戚や長くつきあっている隣人.

【老区】lǎoqū 名 "老解放区"の略. 抗日戦争時期の解放区をいう.

【老拳】lǎoquán 名 強力なこぶし. げんこつ. ¶对敌人饱以～/敵をこてんぱんにたたきのめす.

*【老人】lǎorén[-ren] 名〘个 ge,位 wèi〙❶お年寄り. 老人. ❷年老いた親. ❸昔の同僚や部下. 表现 中国語の"老人"には,尊敬のニュアンスがこめられていて,姓の後につけて,"○○老人"という形で手紙などに使われる.

【老人斑】lǎorénbān 名 老人性のシミ.

【老人星】lǎorénxīng 名《天文》カノープス. 同 南极 nánjí 老人星,寿 shòu 星

【老人家】lǎorenjia 名 口 ❶老人に対する敬称. ¶你～/あなたさま. ❷自分や相手の親.

【老弱病残】lǎo ruò bìng cán 名 年をとったり病気になったりして,思うように生活できない人.「老人・子供・病

【老弱病残孕】lǎo ruò bìng cán yùn "老弱病残"に妊婦を含めた言いかた.

【老弱残兵】lǎo ruò cán bīng 成 年をとり,体が弱って,仕事ができない人.

【老三届】lǎosānjiè 名 1966,67,68年に中学や高校を卒業するはずだった生徒. 参考 文革の影響で充分な教育を受けられなかった世代をいう.

【老少边穷】lǎo shǎo biān qióng 名 経済未発達地区. 参考 "革命老根据地、少数民族地区、边远地区、穷困地区"(旧革命根拠地・少数民族地区・辺境地区・貧困地区)の総称.

【老少】lǎoshào 名 老人と子供. ¶这种补品~皆 jiē 宜 yí / この栄養補助食品は,お年寄りにも子供にもよい.

【老舍】Lǎo Shě《人名》老舍(さきつ:1899-1966). 北京生まれの小説家.『骆驼祥子』など,民衆の生活をよく描写した作品を多く残した.

【老身】lǎoshēn 名 年老いた女性の自称.

【老生】lǎoshēng 名《演芸》〔個 个 ge,位 wèi〕京劇でひげをつけて中年以上の男性を演じる役柄. 同 须生 xūshēng

老 舍

【老生常谈】lǎo shēng cháng tán 成 ごくありふれた話. ¶~,没人想听 / ありきたりの話など,誰も聞きたがらない.

【老师】lǎoshī 名〔個 名 míng,位 wèi〕先生. ¶~,你好 / 先生,こんにちは. ¶那位是我的~ / あの方は私の先生です. 同 教师 jiàoshī,教员 jiàoyuán,先生 xiānsheng 反 学生 xuésheng 表現 学校では,先生の他に,事務の人にも"李老师"などのように"老师"をつけて呼ぶのがふつう.

【老师傅】lǎoshīfu 名 ❶ 技能を持つ年配の人に対する尊称. 親方. 師匠. ❷ 年長者の男性に対する敬称.

【老式】lǎoshì 形 旧式だ. 時代おくれだ. ¶~汽车 / 旧式の自動車. 反 新式 xīnshì

【老视眼】lǎoshìyǎn 名 老眼. 同 老花眼 lǎohuāyǎn

【老是】lǎoshì 副 いつも…だ. ¶这几天~下雨 / このところいつも雨ばかりだ. ¶你~迟到,不能早点儿来吗? / 君はいつも遅刻するけど,もう少し早く来られないの.

【老实】lǎoshí 形 ❶ まじめだ. 誠実だ. ¶为人~ / 性格がまじめである. ¶一告诉你吧 / あなたにちゃんと話しましょう. 重 老老实实 ❷ きちんとして行儀がいい. ¶这个孩子很~ / この子は行儀がいい. 重 老老实实 同 诚实 chéngshí 反 狡猾 jiǎohuá バカまじめだ. ¶他太~,经常上人家的当 / 彼はまじめすぎて,よく人にだまされる.

【老实巴交】lǎoshibājiāo 形 方 クソまじめだ.

【老手】lǎoshǒu 名 (~儿)〔位 wèi〕経験を積んだ人. ベテラン. ¶开车的~ / 熟練ドライバー. 反 新手 xīnshǒu

【老寿星】lǎoshòuxing 名 ❶ 高齢者に対する尊称. ❷ 長寿の祝いを受ける老人. 由来 伝説上の長寿のシンボルとなる星から.

【老鼠】lǎoshǔ[-shu] 名《動物》〔個 群 qún,窝 wō,只 zhī〕(イエ)ネズミ.

【老帅】lǎoshuài 名 高齢の元帥. 参考 特に新中国成立後に元帥の肩書きを授けられた将校を指す.

【老死】lǎosǐ 動 老衰で死ぬ. 反 病 bìng 死

【老死不相往来】lǎo sǐ bù xiāng wǎng lái 成 互いに全く関係を持たないこと. 由来 "老いて死ぬまで往来はしない"の意から.

【老太婆】lǎotàipó 名 ❶〔個 个 ge,位 wèi〕おばあさま. 老婦人. ❷ 方 ばばあ. 老婦人をののしることば.

*【老太太】lǎotàitai 名 ❶〔個 个 ge,位 wèi〕おばあさま. 老婦人に対する尊称. ❷ 老婦人に対して,自分の母親やしゅうとめに対する尊称. ❸ 他人に対して,自分の母親やしゅうとめを呼ぶ言い方.

【老太爷】lǎotàiyé 名 ❶〔個 个 ge,位 wèi〕おじいさま. 年老いた男性に対する尊称. ❷ 他人の父親に対する尊称. ❸ 他人に対して,自分の父親やしゅうとを呼ぶ言い方.

【老态】lǎotài 名 老いた姿. 年老いたようす.

【老态龙钟】lǎo tài lóng zhōng 成 年をとって体が弱り,思うように体が動かないようす.

【老汤】lǎotāng 名《料理》❶ 鶏・アヒル・豚肉などを繰り返しとろ火で煮込んだスープ. ❷ 何回も繰り返し漬物をつけた漬け汁.

【老饕】lǎotāo 名 文 食いしん坊. グルメ.

【老套子】lǎotàozi 名 古くさいやり方. 常套(じょ)手段.

【老天】lǎotiān ❶ 天. ¶~不作美 / 天は味方してくれない. ❷ 天の神様. ¶这难道是~的安排吗? / これはまさか神様のお導きかしら.

【老天爷】lǎotiānyé 名 天の父なる神. ¶~,怎么还不下雨呢? / 神さま,どうして雨を降らせてくださらないのですか. 表現 現在では驚嘆して叫ぶ場合に多く用いられる.

*【老头儿】lǎotóur 名 ❶〔個 个 ge,位 wèi〕おじいさん. じいちゃん. ❷ 父親. 表現 ともに親しみをこめた言いかた.

【老头儿乐】lǎotóurlè 名 背中をかく道具. 孫の手.

【老头子】lǎotóuzi 名 ❶〔個 个 ge〕(嫌悪の意をこめて)じじい. じいさん. ❷ じいさん. 妻が老いた夫を呼ぶときの言い方. ¶~,今天想吃点儿什么呀? / あんた,今日は何を食べたい?

【老外】lǎowài 名 口 ❶ しろうと. ❷ 外国人. 表現 ❷ は,ユーモラスで親近感のある呼び方. 外国人が自分を指して言うこともある.

【老顽固】lǎowángù[-gu] 名〔個 个 ge〕頑固者. 石あたま. ¶爷爷是个~ / 祖父は頑固者だ.

【老王卖瓜,自卖自夸】lǎowáng mài guā,zì mài zì kuā 成 自画自賛する. 由来 "王さんが自分のウリをほめながら売る"という意から.

【老翁】lǎowēng 名〔個 个 ge,位 wèi〕年老いた男性. 老人.

【老挝】Lǎowō《国名》ラオス.

【老倭瓜】lǎowōguā 名 方 カボチャ.

【老窝】lǎowō 名 (~儿) ❶ 鳥獣や昆虫の古巣. ❷ (比喩として)悪人のねぐら.

【老先生】lǎoxiānsheng 名 ❶ 先生. ❷ 大先輩.

【老乡】lǎoxiāng 名 ❶〔個 个 ge,位 wèi〕自分と同じ故郷の人. 同 同乡 tóngxiāng ❷ 面識のない農民への呼びかけ. 用法 ① は呼びかけにも用いることができる.

【老相】lǎoxiàng 古くからの知人.

【老相识】lǎoxiàng[-xiang] 形 実際より老けて見える. 老顔だ.

【老小】lǎoxiǎo 名 ❶ 老人と子供. 家族. ¶一家~七口人 / 一家全員は七人です. ❷ 妻(古い言いかた). ¶娶 qǔ了~ / 妻をめとる.

【老兄】lǎoxiōng 名〔個 位 wèi〕親しい男性間の尊称.

【老羞成怒】lǎo xiū chéng nù 感 恥ずかしさのあまり、かえって怒りだす.
【老朽】lǎoxiǔ ❶形 年老いてダメになる. ¶～无能／老いぼれて役に立たない. ❷名 老人が自分を謙遜(けんそん)して呼ぶ言い方.
【老鸦】lǎoyā 名方〔量 群 qún, 只 zhī〕カラス. 同 乌鸦 wūyā
【老腌儿】lǎoyānr 形 長く塩漬けにした. ¶～鸡蛋／塩漬け卵. ¶～咸菜 xiáncài／野菜の古漬け.
【老眼光】lǎoyǎnguāng 名 古い見方. ¶不能用～看新事物／古い物差しで新しいものを判断してはならない.
【老样儿】lǎoyàngr ❶名 昔のままの姿. ¶几年不见,你还是～,一点儿没变／数年ぶりだが,君は昔のまま,少しも変わっていない. ❷古い型. ¶～的衣服／流行おくれの服.
【老爷们儿】lǎoyémenr 名方 ❶成人の男性. ❷夫.
【老爷爷】lǎoyéye 名 ❶〔量 位 wèi〕おじいさん. 子供の,年老いた男性に対する尊称. ❷會 曾祖父.
【老爷子】lǎoyézi 名 ❶年輩の男性に対する敬称. ❷自分の父,または相手の父.
【老爷】lǎoye ❶名旧 だんなさま. 官吏や権力者に対し用いた呼称. 現在は風刺的に用いる. ❷名 ご主人さま. 昔,官僚や地主の家で,男主人に対して用いた呼称. ❸名方 母方の祖父. 同 外祖父 wàizǔfù ❹形（船や車などが）旧式だ. 古い.
【老爷车】lǎoyechē 名 古くなった車. 旧型の車.
【老一辈】lǎoyībèi 名 一世代上の人々. ¶不辜负 gūfù～的期望／前の世代の期待に背かない.
【老一套】lǎoyītào 名 使い古された方法. 変化しない習俗ややりかた. 同 老套 lǎotào.
【老鹰】lǎoyīng 名〔鳥〕〔量 只 zhī〕トビ. タカ.
【老营】lǎoyíng 名 ❶軍隊が長期にわたり駐屯した場所. ❷悪人の古巣や根城.
【老油条】lǎoyóutiáo 名 "老油子 lǎoyóuzi"に同じ.
【老油子】lǎoyóuzi 名貶〔量 个 ge〕世知にたけた人. 海千山千. 同 老油条 lǎoyóutiáo.
【老友】lǎoyǒu 名 古くからの友人. ¶～重逢／旧友どうしが再会する.
【老于世故】lǎo yú shì gù 感 世慣れている.
【老玉米】lǎoyùmi 名方 トウモロコシ.
【老妪】lǎoyù 名文 老婦人.
【老早】lǎozǎo ❶副 ずっと以前に. とっくに. ¶小明～就结婚了／ミンさんはとうに結婚していた. ❷名 早朝. ¶～起来, 锻炼身体／朝早く起きて, 体を鍛える.
【老丈】lǎozhàng 名文 高齢の男性に対する尊称.
【老丈人】lǎozhàngren 名 妻の父. 岳父.
【老账】lǎozhàng 名 ❶〔量 笔 bǐ〕古い借金. ¶还有一笔～没还清 huánqīng／昔からの借りをまだ返し終わっていない. ❷古い事柄. 長い間未解決の問題. ¶翻～／古い事を蒸しかえす.
【老者】lǎozhě 名文 年配の男性.
【老着脸皮】lǎozhe liǎnpí 慣 厚かましく. ずうずうしく. ¶～向人借钱／臆面もなくまた金を借りに来る.
【老中青】lǎozhōngqīng 名 "老年・中年・青年"を一括した言いかた. 表現 "老中青三结合"（老・中・青三世代の結合・協力）という表現で使われることが多い.
【老主顾】lǎozhǔgù 名古 永年のお得意様.
【老资格】lǎozīgé 名 古参. ベテラン. ¶～的外交官／経験豊富な外交官. ¶摆～／先輩風を吹かす.
【老子】Lǎozǐ（人名・書名）老子(ろうし). 春秋戦国時代の思想家. 道家の開祖. また,その著作. ⇨道家 Dàojiā
【老字号】lǎozìhào 名 老舗(しにせ).
【老子】lǎozi 名合 ❶父. ❷おれさま. 怒ったり, 冗談を言ったりする場合によく用いる.
【老总】lǎozǒng 名 ❶旧 軍人や警察官のこと. ❷〔量 位 wèi〕中国人民解放軍の司令官に対する尊称. 近年では, "总工程师", "总编辑", "总经理"などにも使う.
【老祖宗】lǎozǔzōng 名 先祖. 祖先.

佬 lǎo
亻部 6　四 2421₂
全8画　通用

素(贬) 成人の男性. 阔～ kuòlǎo（金持ち）／乡巴儿 xiāngbalǎor（田舎者）. 表現 軽蔑の意味を含むことば.

姥 lǎo
女部 6　四 4441₂
全9画　常用

下記熟語を参照.
☞ 姥 mǔ

【姥姥】lǎolao 名 ❶口 母方の祖母. 同 老姥 lǎolao ❷方 産婆. 同 老姥 lǎolao 表現 ①は,都市では"外婆 wàipó"ということが多い.
【姥爷】lǎoye 名方 外祖父. 同 老姥 爷

栲 lǎo
木部 6　四 4491₂
全10画　通用

→栲栳 kǎolǎo

铑（銠）lǎo
钅部 6　四 8471₂
全11画　通用

名《化学》ロジウム. Rh.

潦 lǎo
氵部 12　四 3419₆
全15画　次常用

❶形 雨量が多い. ❷名 路上を流れる水. 水たまり.
参考 "潦"は, "liáo"とも発音する.
☞ 潦 liáo

络（絡）lào
纟部 6　四 2716₄
全9画　常用

名 意味は"络 luò"に同じ. 一部の口語に用いられる発音.
☞ 络 luò

【络子】làozi 名 ❶網状の小袋. ❷糸巻き.

唠（嘮）lào
口部 7　四 6402₇
全10画　次常用

動方 はなしをする. 雑談をする. ¶咱们～一～（ちょっとおしゃべりしましょうよ）.
☞ 唠 láo

【唠扯】làochě[-che] 動方 おしゃべりする. 世間話をする.
【唠嗑】lào//kē 動方（～儿）おしゃべりする. 世間話をする.

烙 lào
火部 6　四 9786₄
全10画　次常用

動 ❶こてを当てる. アイロンをかける. ¶～衣服(服にアイロンをかける)／～印 làoyìn 给马～上印记（馬に焼印を押す）. ❷（こねた小麦粉などを）鉄板などの上で焼く. ¶～饼／～两张大饼（大きな"烧饼"を二枚焼く）.
☞ 烙 luò

【烙饼】làobǐng 名《料理》〔量 个 ge, 块 kuài, 张 zhāng〕小麦粉に油や塩を加えてこね, 丸くのばして鍋や鉄板で焼いたもの.
【烙花】lào//huā 動 焼き絵をつける. 同 烫花 tànghuā
【烙铁】làotie 名 ❶〔量 只 zhī〕火のし. アイロン. ❷

〔[量] 把 bǎ〕はんだごて.

【烙印】làoyìn [名] ❶〔[量] 道 dào,个 ge〕焼き印. ¶打上～ / 焼き印をおす. ❷ 消し難い痕跡や印象.

涝(澇) lào 氵部 7 [四] 3412_7 全10画 [常用]

[形] (作物が)大雨で水につかっている. ¶防旱 hàn 防～(干ばつや水害を防ぐ) / 庄稼～了(農作物が冠水した). [反] 旱 hàn

【涝害】làohài [名] 冠水による農作物の被害.

【涝灾】làozāi [名]〔[量] 场 cháng〕水害による不作.

落 lào 艹部 9 [四] 4416_4 全12画 [常用]

[素] [動] 意味は"落 luò"に同じ. 一部の口語に用いられる. ¶～不是 làobùshi / ～炕 làokàng / ～色 làoshǎi / ～枕 làozhěn.

☞ 落 là,luò

【落不是】lào bùshi [句] (誤っているとして相手から)とがめられる. 非難される. ¶好心好意劝他,却落了不是 / 親切心から彼に忠告したのに,逆に反感を買ってしまった. [反] 落好(儿) luòhǎo(-r)

【落价】lào//jià [動] (～儿) 価格が下がる. 値引きする. ¶电视机最近～了 / テレビは最近値下がりした.

【落炕】lào//kàng [動] [方] 病気で寝たきりになる. 床に伏せる.

【落儿】làor [名] [口] 生活する上での金銭のあて. ¶有～ / 生活のあてがある. 裕福だ. ¶没～ / 生活のあてがない. 貧しい. [同] 落子 làozi

【落忍】làorěn [動] [方] それでいいと思う. [用法] 否定形にして「申しわけなく思う」の意で用いる.

【落色】lào//shǎi [動] 色がさめる. 色が落ちる. ¶这件衣服～,得 děi 单独洗 / この服は色落ちするので,単独で洗わなければいけない. [同] 退色 tuìshǎi

【落照】làozhào [名] 夕陽. 落日の輝き.

【落枕】lào//zhěn [動] 寝違える. ¶不小心～了,今天脖子 bózi 还痛 / うっかり寝違えて,今日もまだ首が痛む. [同] 失枕 shīzhěn

【落子】làozi [名] ❶ [方] "莲花落 liánhuālào"などの民間芸能を指す. ¶～馆 / 芝居小屋. ❷ "评剧 píngjù"(華北・東北地方などで行われている芝居の一種)の旧称. ❸ [口] 生活していく上でのよりどころ. ¶有～ / 生活にゆとりがある. ¶没有～ / 生活に困窮する. [同] 落儿 làor

耢(耮) lào 耒部 7 [四] 5492_7 全13画 [通用]

❶ [名] イバラや藤のつるなどで作った,土をならす農具. 用途はほぼ"耙 bà"(まぐわ)と同じ. [同] 盖 gài,盖擦 gàicā ❷ [動] "耢"で土をならす.

酪 lào 酉部 6 [四] 1766_4 全13画 [次常用]

[名] ❶ 牛・馬・羊などの乳を半凝固させた食品. ¶奶～ nǎilào (チーズやヨーグルトなど半凝固の乳製品). ❷ 果物で作ったゼリー. ¶杏仁～ xìngrénlào (杏仁ゼリー) / 核桃～ hétaolào (くるみのゼリー).

【酪素】làosù [名]《化学》カゼイン.

嫪 lào 女部11 [四] 4742_2 全14画 [通用]

(Lào)姓.

le ㄌㄜ〔lɤ〕

肋 lē 月部 2 [四] 7422_7 全 6 画 [次常用]

下記熟語を参照.

☞ 肋 lèi

【肋脦】lēde [形] [方] 身なりがだらしない. ¶瞧你穿得这个～! / あなたのこのだらしない身なりときたら! [同] 邋遢 lāta [参考] "lēte"とも読む.

仂 lè 亻部 2 [四] 2422_7 全 4 画 [通用]

[名] [文] 余りの数. 端数.

【仂语】lèyǔ [名]《言語》連語. [同] 词组 cízǔ

叻 lè 口部 2 [四] 6402_7 全 5 画 [通用]

[素] 地名用字. シンガポール. ¶～币 Lèbì (シンガポール・ドル). [参考] 華僑がシンガポールを"石叻 Shílè","叻埠 Lèbù"と呼んだことから.

乐(樂) lè 丿部 4 [四] 7290_4 全 5 画 [常用]

❶ [形] 楽しい. うれしい. 愉快な. ¶～趣 lèqù / ～事 lèshì / 快～ kuàilè (楽しい). [反] 哀 āi,苦 kǔ ❷ [動] 好む. 喜んで…する. ¶～得这样做(喜んでこうする). ❸ [名] (～儿) 人を楽しませること. ¶取～ qǔlè (楽しむ). ❹ [動] [口] 笑う. ¶可～ kělè (おもしろい) / ～呵呵 lèhēhē / 把一屋人都逗～ dòulè 了(部屋にいた人みんなを笑わせた) / 你～什么? (何を笑ってるんだ). ❺ (Lè) 姓. [注意] ❺は,"乐 Yuè"とは別姓.

☞ 乐 yuè

[筆順] 一 ㇓ 乍 乐

【乐不可支】lè bù kě zhī [成] このうえなく楽しい.

【乐不思蜀】lè bù sī Shǔ [成] 安楽におぼれて,本来の使命を忘れる. [由来] 蜀の滅亡後,魏に連れてこられた後主劉禅が,楽しさのあまり蜀を忘れた,という故事から.

【乐此不疲】lè cǐ bù pí [成] 好きでやっているため,疲れを感じない. 好きなことに心から打ち込むようす. [同] 乐此不倦 juàn

【乐道】lèdào [動] ❶ 楽しんで話す. ¶津津 jīnjīn～ / 興が乗って楽しく話す. ❷ 自己の信念のままに生きる. ¶安贫 pín～ / 貧乏を気にせず,信念をつらぬく.

【乐得】lèdé [動] …のままに生きる. 喜んで…する. ¶我还～清闲 / 私はやはりのんびりなのにこしたことはない. [注意] "乐得"は,疑問文や否定文を作らない.

*【乐观】lèguān [形] 楽観的だ. ¶～的看法 / 楽観的な見方. ¶人活着要～点儿 / 生きていくには多少楽観的なほうがいい. [反] 悲观 bēiguān

【乐观主义】lèguān zhǔyì [名] 楽観主義.

【乐果】Lèguǒ [名] [外]《農業・商標》ロゴール. ♦Rogor [参考] 農薬として用いられる有機リン系殺虫剤ジメトエートの商品名の一つ.

【乐呵呵】lèhēhē [形] (～的) うれしくてたまらない. ¶～地向这边走来 / ニコニコしながらこちらへ向かって歩いてくる.

【乐和】lèhe [形] [方] (生活が)楽しい. 快適だ.

【乐活】lèhuó [名] [外] ロハス. 健康や環境問題を意識したライフスタイル. ♦LOHAS,Lifestyle of health and sustainability

【乐极生悲】lè jí shēng bēi [成] 楽しみが極度になるとかえって悲しみが生ずる. [由来]『淮南子(えなんじ)』道応訓に見えることば.

【乐趣】lèqù [名] 面白さ. 楽しみ. ¶钓鱼是我的一种

～/釣りは私の楽しみの一つだ.
【乐儿】lèr 名 方 ❶楽しいこと. なぐさみ. ❷物笑いの種. 同 乐子
【乐山】Lèshān《地名》楽山(らくざん). 四川省にある市. 楽山大仏と峨眉山があることで有名.
【乐山大佛】Lèshān dàfó 名 川の岩壁に彫られた世界最大の仏像. 峨眉山と共に四川省の名勝の一つ.
【乐善好施】lè shàn hào shī 成 善行や喜捨を好むこと.
【乐事】lèshì 名 楽しいこと.
【乐陶陶】lètáotáo 形 たいへん楽しそうなようす.
【乐天】lètiān 形 楽天的だ.
【乐天派】lètiānpài 名 楽天家.
【乐天知命】lè tiān zhī mìng 成 天命に任せ思い悩まない. 由来『易経』繫辞伝上に見えることば.
【乐土】lètǔ 名 安楽の地. 楽園.
【乐业】lèyè 動 楽しく仕事をする.
【乐意】lèyì ❶動 喜んで…する. ¶～帮忙/喜んで手伝う. ❷形 満足だ. うれしい. ¶他听了这话有些不～/彼はその話を聞いて少し不満だった.
【乐于】lèyú 動 喜んで…する. …するのを楽しむ. ¶～助人/すすんで人を助ける.
【乐园】lèyuán 名 ❶〔量 处 chù,座 zuò〕遊園地. ¶儿童～/児童遊園地. ❷楽園. ¶人间～/地上の楽園.
【乐滋滋】lèzīzī 形 口 (～的)心から満足しているようす. ¶他听了这话心里～的/彼はその話を聞いて,とてもうれしかった.
【乐子】lèzi 名 方 ❶楽しい事. なぐさみ. ❷物笑いの種.

泐 lè
氵部4 四 3412₇ 全7画 通用

動 ❶文 岩がすじめにそって裂ける. ❷刻む. 同 勒 lè ❸書く. ¶手～ shǒulè (自筆. 旧時の書簡用語).

勒 lè
革部2 四 4452₇ 全11画 常用

❶素 くつわのついたおもがい. ¶马～ mǎlè (おもがい). ❷動 家畜の手綱を引く. ¶悬崖 xuán yá～马(成 断崖絶壁で馬の手綱を引く. 危険の手前で踏みとどまる). ❸素 強いる. 無理に…させる. ¶～令 lèlìng/～索 lèsuǒ. ❹動 文 彫刻する. ¶～石(石に字を刻む)/～碑(石碑を彫る). ❺(Lè)姓.
☞ 勒 lēi
【勒逼】lèbī 動 強制する. 強要する.
【勒克斯】lèkèsī 名《物理》照度の単位. ルクス. 参考 "勒"とも言う.
【勒令】lèlìng 動 命じて…させる. 強制的にやらせる. ¶～停业/営業停止を命ずる. ¶～搬迁 bānqiān/移転を命ずる.
【勒派】lèpài 動 (負担を)強制的に割り当てる.
【勒索】lèsuǒ 動 金品をおどし取る. ゆする. ¶敲诈 qiāozhà～/言いがかりをつけて金品をゆする. ¶～百姓/人民から金品をゆすり取る. 同 讹诈 ézhà
【勒抑】lèyì 動 ❶強制的に値段をまけさせる. ❷人をゆすり,抑えつける.

鳓(鰳) lè
鱼部11 四 2412₇ 全19画 通用

名《魚》ヒラ. 同 曹白鱼 cáobáiyú, 鲙鱼 kuàiyú, 白鳞鱼 báilínyú

了 le
→部1 四 1720₇ 全2画 常用

助 "了"には性格の異なる2つの"了"があり,大まかに言ってまずひとつは動詞の直後に付く"了"で,動詞の表わす動作行為が発生・実現した段階(アスペクト)にあることを表わす(Ⅰ). もうひとつは,文末に付く"了"で,その文で述べてあることが既に現実の事態であること(已然)や,その文で述べてある状態になったこと(変化)を話し手が気付き確認するムードを表わす(Ⅱ).
Ⅰ❶(動詞の後に置いて,動作や状態の実現・完了を表わし)…した. ¶我喝～两瓶啤酒/ビールを2本飲んだ. ¶她交～很多朋友/彼女はたくさん友達を作った. ¶他看～看表/彼は腕時計をちらっと見た. ¶大会已经讨论并且通过～这项决议/大会はすでにこの決議を討論し通過させた. ¶他学到～不少东西/彼は多くのことを学んだ. ¶我把信寄～出去/私は手紙を出した.
❷(動詞・形容詞の後に置いて,未来における動作や状態の実現・完了を表わし)…してから. …したら. ¶你下～课就来找我/授業が終わったら私に会いに来てください. ¶时间还早,咱们吃～饭再走吧/時間がまだ早いから,食事を済ませてから出かけよう. ¶他要知道～这个消息,一定很高兴/彼がもしこの知らせを知ったら,きっと喜びます. ¶咱们等人齐～马上出发/みんな揃ったらすぐに出発しよう.
❸形容詞の後に置いて,状態の変化がどの程度になるか,どの程度基準から外れるかを示す. ✎目的語に数量詞を伴う. ¶屋里干净～许多/部屋はずっときれいになっている. ¶水位比昨天低～3米/水位は昨日より3メートル下がった. ¶这双鞋大～一点儿/この靴はサイズが少し大きい. ¶东西是不错,可是价钱贵～点儿/物は申し分ないが,値段がちょっと高い.
❹(動詞の後に置いて,消失を表わし)…てしまう. ✎結果補語"掉 diào"に近い. ¶快把它喝～吧/早くそれを飲んでしまいなさい. ¶差点儿 chàdiǎnr 忘～/もう少しで忘れてしまうところだった.
Ⅱ❶文末に置いて,文で述べてあることが既に現実の事態であること(已然)を表わす.
¶你中午吃什么～?/お昼に何を食べましたか. ¶麻烦您～/お手数おかけしました. ¶他已经回日本～/彼はもう日本に帰りました. ¶我最近改行 háng～/最近転職しました. ¶你变样儿～/あなた,変わってしまいましたね. ¶这道题我懂～/この問題は私はわかった. ¶我打过电话～/私は電話をした. ¶让你受累～/お疲れさまでした.
✎反復疑問文は"…了没有?"を用いる. ◇去医院～没有?/病院へ行きましたか.
❷文末に置いて,文で述べてある状態に変化したことを話し手が気づき確認するムードを表わす. ¶下雨～/雨が降ってきた. ¶妈妈病～/お母さんが病気になった. ¶小王有女朋友～/王さんに彼女ができた. ¶我的钱包没～/財布がなくなった. ¶树叶红～/木の葉が色づいた. ¶已经老～,头发也白～/年をとって髪の毛も白くなった. ¶唱歌把嗓子唱哑 yǎ～/歌を歌って喉がかれた. ¶你长 zhǎng 高～/君,大きくなったね. ¶我会说汉语～/私は中国語を話せるようになった. ¶十二点～,该吃饭～/12時になった,ごはん食べなくちゃ. ¶他来东京一年～/彼は東京に来て1年になる. ¶春天～/春が来た. ¶现在去,来不及～/今から行っても間に合わない. ¶小曹快要毕业～/曹くんはもうすぐ卒業だ. ¶这么晚～,他不会来～/こんなに遅くなっては,彼が来るはずはない. ¶孩子不哭～/子供が泣きやんだ. ¶他父亲已经不在～/彼の父

L

親はもういない(亡くなった).
❸ 動詞・形容詞の後に置き,命令や制止を表わす. ¶別客气~ / 遠慮しないで. ¶算~,不要再提这件事~ / もういい,そのことはもう言うな.
❹ 副詞"太,可,够"と呼応し,程度のはなはだしさを感嘆する ¶你喝得太多~ / 君,飲みすぎだよ. ¶太谢谢你们~ / 本当にありがとう. ¶豆浆 dòujiāng 已经够甜~,你还要放糖？ / 豆乳は充分甘いのに,まだ砂糖を入れる気？ ¶你可回来~ / 君,よくまぁ帰ってきたね.
☞ 了 liǎo

📖 "了Ⅰ"と"了Ⅱ"

■ "了Ⅰ"使用上の注意
1. "了Ⅰ"を用いて文を言い切るには,目的語に数量詞か修飾語を伴う必要がある.
   ¶昨天我上<u>一两节课</u> / 昨日私は2コマ授業に出た.
   ¶我吃<u>地道的北京烤鸭</u> / 本場の北京ダックを食べた.
   裸の目的語である時,文はそこで切れずに,条件を提示するようなおもむきで後文に続くことになる. ⇨Ⅰ❷
   ¶我下~课就回家 / 授業が終わったら,すぐ家に帰る.
   ¶来~北京,就应该爬长城 / 北京に来たら,万里の長城に登らなくちゃ.
2. 連動文・兼語文では一般に後ろの動詞の後ろに"了Ⅰ"を置く.
   ¶我们坐火车来到~上海 / 私たちは汽車に乗って上海に来た.
3. "了Ⅰ"がいないケース
   ①恒常的な動作行為:
   ¶✖以前,黄河经常发生~大洪水 / 昔,黄河はしばしば大洪水を起こした.
   ¶✖在实习期间,我一直在门诊部给病人看~病 / インターンの頃,私はずっと外来で患者の診察をしていた.
   ②目的語に動詞(句)や主述句を取る動詞:
   ¶✖我同意~他参加会议 / 私は彼が会議に出ることに同意した.
   ¶✖他决定~明年去中国留学 / 彼は来年中国に留学することを決めた.
   ¶✖她拒绝~去见他 / 彼女は彼に会いに行くことを拒んだ.

■ "了Ⅰ"と"了Ⅱ"の併用
"動+了Ⅰ+目的語+了Ⅱ"のように,ひとつの文の中に"了Ⅰ"と"了Ⅱ"が併用されることがある. この時,目的語は数量詞を伴わなくても文は強制的に成立するようになる.
¶我吃了₁午饭了₂ / 私は昼食を食べた.
¶北京的不少胡同都修成了₁大马路了₂ / 北京のたくさんのフートンが大道路にされてしまった.
比較 "了Ⅰ"と"了Ⅱ"が併用されると,述べられている事態が現在までのところどれだけ経過しているかを表わし,今後もなおそれが継続していく含みをもつ.
◇我在北京住了₁五年了₂ / 私は北京に住んで5年になる(まだ住んでいる).
我在北京住了₁五年 / 私は北京に5年住んだ(今は住んでいない).
◇我学了₁一年汉语了₂,还想再学一年 / 私は中国語を1年勉強したが,もう1年勉強したいと思っている.
我学了₁一年汉语 / 私は中国語を1年勉強した(今はしていない).

■ "了"の否定
否定詞"没"あるいは"没有"を用い,"了"を取り去る.
¶"你看了杂志没有？""我没看" /「雑誌見た？」「いや見てない」

络(絡) le ⺼部6 四 2776₄ 全9画 通用
→络络 héle

lei ㄌㄟ [lei]

勒 lēi 革部2 四 4452₇ 全11画 常用
動 縄などできつく縛る. ¶~紧点,免得散了(散らばらないようにしっかり縛りなさい) / ~紧裤带 kùdài.
☞ 勒 lè
【勒紧裤带】lēijǐn kùdài 慣 空腹にたえる. 苦しみにたえる. 由来 「ベルトをきつくしめる」という意から.
【勒掯】lēikèn[-ken] 動 方 強要する. わざと意地悪をする.

累(纍) léi 田部6 四 6090₃ 全11画 常用
❶ 動 つなぎ合わさる. ¶~~ / léiléi. ❷ 素 わずらわしい. ¶~赘 léizhui. ❸ (Léi)姓.
☞ 累 lěi, lèi
【累累】léiléi 形 文 ❶ 気を落とし,やつれている. 倒 儽儽 léiléi ❷ 数珠つなぎになっている. ¶果实~ / 果実が枝もたわわに実っている. ¶成果~ / 大いに成果があがっている.
☞ 累累 lěilěi
【累赘〖坠〗】léizhui ❶ 形 (文章が)くどい. 余分だ. ¶行文 xíngwén~ / 文章に無駄が多い. ❷ 形 面倒がかかる. わずらわしい. 倒 麻烦 máfan ❸ 名 面倒. 足手まとい. ¶所带行李根本没有用,反成了~ / 持っていった荷物はまるで役に立たず,かえってじゃまになった.

雷 léi 雨部5 四 1060₁ 全13画 常用
❶ 名 雷. ¶打~ dǎléi (雷が鳴る) / 春~ chūnléi (春雷) / ~霆 léitíng / ~同 léitóng. ❷ 素 軍事用の爆破兵器. ¶地~ dìléi (地雷) / 鱼~ yúléi (魚雷). ❸ (Léi)姓.
【雷暴】léibào 名 雷. ¶~雨 / 雷雨.
【雷池】❶ Léichí《地名》雷池(ち). 古代の川の名. 現在の湖北省から安徽省に流れる. ¶不敢越~一步 / 一定の範囲を越えようとしない.
【雷达】léidá 名 外〔座 zuò〕レーダー. ◆radar
【雷达兵】léidábīng 名《軍事》レーダーを基本装備とする部隊. またはその隊員.
【雷打不动】léi dǎ bù dòng 成 意志が固く決して揺るがないこと.
【雷电】léidiàn 名 雷鳴と稲光. ¶~交加 / 雷鳴と稲光が入り交じる.
【雷动】léidòng 形 音が雷鳴のようだ. ¶掌声 zhǎngshēng~ / 拍手の音が雷鳴のように響いた.
【雷锋】Léi Fēng《人名》雷鋒(ほう):1940-1962). 中国における模範的共産党員の偶像. 事故で殉死したのち"向雷锋同志学习"(雷鋒に学べ)というキャッチフレーズで全国的にそのイメージが定着した. ⇨次ページ図

【雷公】léigōng [名] 雷神.
【雷汞】léigǒng [名]《化学》雷酸(さん)水銀. [同] 雷酸 suān 汞 [参考] 起爆剤として用いる.
【雷管】léiguǎn [名](～儿)《工業》〔[量] 个 ge, 根 gēn〕雷管.
【雷击】léijī [動] 落雷で死傷または破損する.

雷 锋

【雷厉风行】léi lì fēng xíng [成] 政策や法令の執行が厳格で迅速だ. [由来]「雷のように激しく,風のように素早い」という意から.
【雷鸣】léimíng [動] ❶ 雷が鳴る. ¶ 电闪 shǎn～ / 稲光りが走り,雷がとどろく. ❷ (拍手が)雷のようにとどろく. ¶～般的欢呼声 / 嵐のような歓声.
【雷鸟】léiniǎo [名]《鳥》ライチョウ.
【雷声】léishēng [名] 雷の音.
【雷声大,雨点小】léi shēng dà,yǔ diǎn xiǎo [成] かけ声や計画は大きかったが,実際の行動が伴わない. [由来]「雷鳴は大きかったが,雨は小降り」という意から.
【雷霆】léitíng [名] ❶ かみなり. ❷ 威力や怒り. ¶ 老师大发～了 / 先生は激怒した.
【雷霆万钧】léi tíng wàn jūn [成] 威力がきわめて大きく,何者も阻止できない. [由来]"钧"は古代の重量単位.『漢書』賈山伝に見えることば.
【雷同】léitóng [動] ❶ (調子よく)人に合わせる. 雷同する. ¶ 盲目 mángmù～ / 盲目的な雷同. ¶ 附和 fùhè～ / 付和雷同する. ❷ [貶] (文章などが他のものと)同じになる. 類似する.
【雷雨】léiyǔ [名]《気象》〔[量] 场 cháng,阵 zhèn〕雷雨.
【雷雨云】léiyǔyún [名]《気象》雷雲. [同] 积 jī 雨云
【雷阵雨】léizhènyǔ [名]《気象》〔[量] 场 cháng,阵 zhèn〕ときに雷を伴うにわか雨.

嫘 léi
女部11 [四] 4649_3 全14画 [通用]
下記熟語を参照.
【嫘祖】Léizǔ [名] 黄帝の妃で,養蚕を始めたとされる伝説上の人物.

缧(縲) léi
纟部11 [四] 2619_3 全14画 [通用]
下記熟語を参照.
【缧绁】léixiè [名] [文] 犯人を縛るための縄. また監獄のこと.

擂 léi
扌部13 [四] 5106_1 全16画 [次常用]
[動] ❶ すりつぶす. ¶～钵 léibō. ❷ (手で)たたく. ¶～鼓 léigǔ (太鼓をたたく).
☞ 擂 lèi
【擂钵】léibō [名] すり鉢. 乳鉢.

檑 léi
木部13 [四] 4196_1 全17画 [通用]
[名] 古代,城を防御するのに用いた丸太. 城壁の上から落として敵を防いだ. [同] 檑木 léimù,滚木 gǔnmù
【檑木】léimù [名] "檑 léi"に同じ.

礌 léi
石部13 [四] 1166_1 全18画 [通用]
[名] 古代の戦争で用いた石. 高い所から落として,登ってくる敵を攻撃した. [同] 礌石 léishí
【礌石】léishí [名] "礌 léi"に同じ.

镭(鐳) léi
钅部13 [四] 8176_1 全18画 [通用]
[名]《化学》ラジウム. Ra.

羸 léi
月部15 [四] 0021_7 全19画 [通用]
❶ [素] やせている. ¶ 身体～弱(身体がやせて弱々しい). ❷ (Léi)姓.
【羸顿】léidùn [形] [文] ひ弱でへたばっている. くたびれ果てている. ¶ 他显得～极了 / 彼は疲れ切っているようだ.
【羸弱】léiruò [形] [文] ひ弱だ. ¶～的身体 / ひ弱な体. [同] 瘦弱 shòuruò

耒 lěi
耒部0 [四] 5090_0 全6画 [通用]
[名] ❶ 木製で三つ叉のような形をした古代の農具. ¶～耜 lěisì. ❷ "耒耜 lěisì"の柄の部分.
【耒耜】lěisì [名] 犂(すき)に似た古代の農具. または農具の総称.

诔(誄) lěi
讠部6 [四] 3579_0 全8画 [通用]
❶ [動] [文] 弔辞を述べる. ❷ [名] 弔辞. [表現] ①は,多く目上の者が目下の者に対して行うことをいう.

垒(壘) lěi
土部6 [四] 2310_4 全9画 [常用]
❶ [素] とりで. 堡塁(ほうるい). ¶ 两军对～ (両軍が対峙(たいじ)する) / 深沟 gōu 高～ (深い堀と高い塀. 守りが堅いこと). ❷ [動] レンガや石などを積み上げる. 築く. ¶～墙 lěiqiáng (塀を築く) / 把井口 jǐngkǒu～高一些(井戸の口を少し高く積み上げる). ❸ [名]《スポーツ》野球やソフトボールの塁. ¶～球 lěiqiú.
【垒球】lěiqiú [名]《スポーツ》❶ ソフトボール. ¶～比赛 / ソフトボールの試合. ❷〔[量] 个 ge,只 zhī〕ソフトボール用の球.

累(纍❶❷) lěi
田部6 [四] 6090_3 全11画 [常用]
❶ [素] 積み重ねる. ¶～积 lěijī / ～～ lěilěi / 日积月～ ([成] 長い年月かかってこつこつ積み上げる) / 成千～万 (何千何万という数え切れない数) / ～卵 lěiluǎn / 欢聚 jù～日(何日も楽しく集う). ❷ [素] 何度もくり返す. ¶～戒 jiè 不改(くり返し忠告しても改めない) / 连篇～牍 dú ([成] あきあきするほど長い文章). ❸ [動] 人をわずらわす. 巻き添えにする. ¶ 连～ liánlěi (巻き添えにする) / 牵～ qiānlěi (巻き添えにする) / ～及 lěijí / 受～ shòulěi (巻き添えをくう) / ～你操心 cāoxīn (ご心配をおかけします).
☞ 累 léi,lèi
【累次】lěicì [副] 何回も…する. たびたび…する. ¶ 三番～ / 何度もくりかえし. たびたび.
【累犯】lěifàn [名] 常習犯. 累犯.
【累积】lěijī [動] 累積する. 積み重ねる. ¶～财富 cáifù / 財産をためこむ. ¶ 知识是一点点～起来的 / 知識は少しずつ蓄えるものだ.
【累及】lěijí [動] 巻き添えにする. ¶～无辜 wúgū / 無実の人を巻き添えにする.
【累计】lěijì ❶ [動] 累計する. 総計する. ¶～为115万元 / トータルで115万元になる. ❷ [名] 累計. 総計.
【累进】lěijìn [動] 累進する.
【累进税】lěijìnshuì [名] 累進税.
【累累】lěilěi ❶ [副] 何度も. たびたび. ¶～失误 shīwù / 何度もミスを犯す. [同] 屡屡 lǚlǚ ❷ [形] 積み重なっている. ¶ 罪行 zuìxíng～ / 犯罪行為が度重なる. ☞

累累 léiléi
【累卵】lěiluǎn 名 積み重ねた卵. ¶危ない～/威 累卵の危うきにある. 表現 崩壊寸前の危険な状態をあらわす比喩.
【累年】lěinián 名 何年も続くこと. 毎年. ¶～丰收 fēngshōu / 何年も続けて豊作である.
【累世】lěishì 名 代々. 歴代. ¶～之功 / 代々の功績. 回 累代 lěidài

磊 lěi 石部10 四 1066₂ 全15画 通用

下記熟語を参照.

【磊落】lěiluò 形 ❶ 私心がない. 気持ちがさっぱりしている. ¶光明～ / 公明正大だ. ❷ 义 多くて複雑だ. ¶山岳 shānyuè～ / 高い山々が幾重にも連なっている. ¶～交错 jiāocuò / あれこれ入り交じっている.

蕾 lěi 艹部13 四 4460₁ 全16画 次常用

❶ 素 つぼみ. ¶花～ huālěi (花のつぼみ) / 蓓～ bèilěi (つぼみ) / ~铃 lěilíng (綿のつぼみと開く前の綿の実). ❷ (Lěi)姓.

儡 lěi 亻部15 四 2626₀ 全17画 次常用

→傀儡 kuǐlěi

肋 lèi 月部2 四 7422₇ 全6画 次常用

名 胸の両わき. あばら. ¶两～ liǎnglèi (胸の両わき) / 左～ zuǒlèi (左のあばら) / 右～ yòulèi (右のあばら) / ~骨 lèigǔ / ~木 lèimù / ~间神经 (肋間神経).
☞ 肋 lē

【肋骨】lèigǔ 名《生理》〔圈 对 duì, 根 gēn, 条 tiáo〕ろっ骨. あばら骨. ¶肋巴骨 lèibagǔ, 肋条 lèitiáo
【肋膜】lèimó 名《生理》胸膜.
【肋膜炎】lèimóyán 名《医学》肋膜炎(ろくまくえん). 回 胸膜炎 xiōngmóyán
【肋木】lèimù 名《スポーツ》肋木(ろくぼく).

泪(涙) lèi 氵部5 四 3610₀ 全8画 常用

名 ❶ 〔滴 dī, 行 háng〕涙. ¶眼～ yǎnlèi (涙) / ~液 lèiyè / ~痕 lèihén / ~囊 lèináng (涙囊) / ~腺 lèixiàn / ~如雨下 lèi rú yǔ xià / 烛～ zhúlèi (ろうそくからしたたり落ちるろう). ❷ (Lèi)姓.

【泪痕】lèihén 名〔圈 道 dào〕涙の流れたあと. ¶脸 ~ / 顔中に涙のあとが残っている. ¶～未干 / 涙がまだ乾かない.
【泪花】lèihuā 名 (~儿)目にたまった, こぼれそうな涙. ¶激动的～ / 感動の涙.
【泪人儿】lèirénr 名 ひどく泣いている人.
【泪如泉涌】lèi rú quán yǒng 旬 涙が泉のように流れ出す.
【泪如雨下】lèi rú yǔ xià 旬 涙が雨のように流れ落ちる.
【泪水】lèishuǐ 名〔圈 滴 dī〕涙. 回 眼泪 yǎnlèi
【泪汪汪】lèiwāngwāng 形 (~的)目に涙をいっぱいにためている.
【泪腺】lèixiàn 名《生理》涙腺(るいせん).
【泪眼】lèiyǎn 名 涙でうるんだ目. ¶～相对 / 涙を浮かべて見つめ合う.
【泪液】lèiyè 名《生理》涙液. 涙. 表現 ふつうは"眼泪"と言う.
【泪珠】lèizhū 名 (~儿)〔圈 串 chuàn, 滴 dī, 行 háng〕大粒の涙. ¶流下一串～ / 大粒の涙がこぼれる.

类(類) lèi 米部3 四 9080₄ 全9画 常用

❶ 名 種類. ¶种～ zhǒnglèi (種類) / 分～ fēnlèi (分類. 分類する) / ~型 lèixíng / 同～ tónglèi (同類) / 诸 zhū 如此... (これに類した色々なもの) / 以此~推 (この事から類推する). ❷ 素 似ている. ¶~似 lèisì / ~人猿 lèirényuán / 画虎 hǔ 不成反~犬 quǎn (威虎を描きそこなって犬のようになった). ❸ (Lèi)姓.

【类比】lèibǐ 動 名 類推すること. ¶～推理 tuīlǐ / 類推して考える.
【类别】lèibié 名 別種. 別の類. ¶分成不同的～ / 別の種類に分類する.
【类地行星】lèidì xíngxīng 名《天文》地球型惑星. 庞 类木 mù 行星 参考 地球・水星・金星・火星を含む.
【类毒素】lèidúsù 名《薬》類毒素. トキソイド.
【类固醇】lèigùchún 名《化学》ステロイド. 回 甾族化合物 zāizú huàhéwù
【类乎】lèihu 動 …に類する. …に似ている. ¶～神话 / 神話に近い.
【类群】lèiqún 名《生物》動植物の分類で, 共通する特性を持つ個体群. 参考 "种"を細分する段階に用いることが多い.
【类人猿】lèirényuán 名《動物》類人猿.
【类书】lèishū 名 中国古代の百科事典, 備用書. 唐代の『芸文类聚 yìwénlèijù』『初学记 chūxuéjì』などがそれにあたる.
【类似】lèisì 形 似ている. 同じようだ. ¶父子俩の性格が很～ / 父と子は性格がそっくりだ.
【类同】lèitóng 形 似ている.
【类推】lèituī 動 類推する. ¶照此～ / これにもとづいて類推する.
【类星体】lèixīngtǐ 名《天文》恒星状天体. クェーサー.
【类型】lèixíng 名〔圈 个 ge, 种 zhǒng〕類型. ¶~化 / 類型化.

累 lèi 田部6 四 6090₃ 全11画 常用

❶ 形 疲れている. ¶～死了(疲れきった) / ~坏(疲れはてる) / 不怕苦, 不怕~ (苦難も疲れも恐れない). 回 乏 fá ❷ 動 疲れさせる. 苦労をかける. ¶～人 lèirén / ~心 lèixīn (悩む) / 这件事, 还得～你(この事はやはり君に骨をおってもらうしかない). ❸ 動 あくせく働く. ¶～死～活 (死にものぐるいで働く) / ~了一天, 该休息了 (一日中よく働いた, 休息しなさい).
☞ 累 léi, lěi

【累活儿】lèihuór 名 疲れる仕事. つらい仕事. ¶不怕干～, 脏活儿 / きつい仕事や汚れる仕事もいとわない.
【累垮】lèikuǎ 動 疲れて身体をこわす. ¶你要注意休息, ~了身体不好 / 休息を心がけなさい. 身体をこわしてはいけないから.
【累人】lèirén ❶ 動 疲れさせる. 苦労をかける. ❷ 形 骨の折れる. 面倒だ. ¶这活儿看起来容易, 做起来真～ / この仕事は, 見かけは簡単そうだが, やってみるとまったく骨が折れる.
【累死】lèisǐ 動 ❶ 疲れて死ぬ. ¶他不是病死的, 而是~的 / 彼は病死したのではなく, 過労で死んだのだ. ❷ 疲れはてる. へとへとになる. ¶啊!~我了, 我走不动了 / ああ, 疲れた. もう歩けない.
【累死累活】lèisǐ lèihuó 慣 ⑫ 死にもの狂いで.

酹 lèi 酉部7 四 1264₉ 全14画 通用

擂 **lèi** 扌部13 全16画 次常用 5106₁

名 武術の試合をするための台. ¶一台 lèitái / 摆～摆 bǎilèi（競技会などを開催する）.

☞ 擂 léi

【擂台】lèitái 名〔座 zuò〕武術の試合をするための台. 現在では,競技や競争の場をいう. ¶摆 bǎi～ / 人に挑戦する. ¶打～ / 試合に出る. または,挑戦に応ずる.

【擂台赛】lèitáisài 名《スポーツ》挑戦試合.

嘞 **lei** 口部11 全14画 通用 6402₇

助 句の終わりに置いて,軽い催促や注意をあらわす."喽 lou"より少し軽い感じに使う. ¶好～,我就去（よし,すぐ行こう）/ 雨不下了,走～!（雨がやんだ,出かけよう）.

leng ヵ∠ 〔ləŋ〕

塄 **léng** 土部9 全12画 通用 4612₇

名 方 田畑のまわりの土手. 回 地塄 dìléng

棱（異 稜） **léng** 木部8 全12画 次常用 4494₇

名（～儿）〔量 道 dào, 条 tiáo〕❶物のかどやへり. ¶木头～子（材木のかど）/ 桌子～儿（テーブルのふち）/ ～角 léngjiǎo / ～镜 léngjìng / ～锥 léngzhuī / 见～见角（四角四面. 人柄も言う）. ❷物の表面に盛り上がった帯状の筋. ¶瓦～ wǎléng（瓦のうねり）/ 搓板 cuōbǎn 的～儿（洗濯板の凸凹）.

☞ 棱 líng

【棱缝】léngfèng 名 方 ❶（～儿）レンガなどのつぎ目. ❷手抜かり. すき.

【棱角】léngjiǎo 名 ❶（物の）かど. ¶这块石头几乎没有～ / この石にはほとんどかどがない. ❷あふれる才能や才気. ¶表面不露 lòu～ / 才気を表に出さない.

【棱镜】léngjìng 名 プリズム. 回 三 sān 棱镜

【棱台】léngtái 名《数学》角錐台.

【棱柱体】léngzhùtǐ 名《数学》角柱.

【棱锥】léngzhuī 名《数学》角錐（˚）.

【棱子】léngzi 名 方（物の）かど.

楞 **léng** 木部9 全13画 次常用 4692₇

名 ❶"棱 léng"に同じ. ❷（Léng）姓.

冷 **lěng** 冫部5 全7画 常用 3813₂

❶形 寒い. 冷たい. ¶寒～ hánlěng（寒い）/ ～水 lěngshuǐ / 今天天气很～（今日は寒い）/ 你～不～？（寒くないですか）. 反 热 rè, 暖 nuǎn ❷ 動 ❸（食べ物などを）冷ます. 冷やす. ¶太烫了,一下再吃（熱すぎるので少し冷ましてから食べよう）. 反 热 rè ❸ 素 温かみがない. 冷淡だ. ¶～静 lěngjìng / ～淡 lěngdàn / ～脸子 lěngliǎnzi / ～言～语 / ～眼旁观. ❹ 素 ひっそりともの寂しい. ¶～落 lěngluò / ～清清 lěngqīngqīng. ❺ 素 なじみがない. ¶～僻 lěngpì / ～字 lěngzì（めったに使われない字）. ❻ 素 人気がない. ¶～货 lěnghuò / ～门 lěngmén. ❼ 素 不意の. ¶～箭 lěngjiàn / ～枪 lěngqiāng / ～不防 lěngbùfáng. ❽

【冷板凳】lěngbǎndèng 名 冷遇. 閑職. ¶坐～ / 冷遇される. 窓際にされる.

【冷冰冰】lěngbīngbīng 形（～的）❶態度や表情が冷たい. ¶～的脸色 / 氷のように冷たい表情. ¶你的态度太～了 / 君の態度は冷淡すぎる. ❷ものが冷たい. ¶～的石凳 shídèng / ひんやりと冷たい石の腰掛け. 反 热腾腾 rètēngtēng

【冷兵器】lěngbīngqì 名《军事》刀・矛・剑などの,火薬を使用しない武器.

【冷布】lěngbù 名 寒冷紗（がんじゃ）. 蚊帳などに用いる目の粗い布.

【冷不丁】lěngbudīng 副 方 思いがけず. 突然. 回 冷丁,冷不防 fáng

【冷不防】lěngbùfáng 副 思いがけず. 突然. ¶～被狗叫声吓了一跳 / 突然イヌにほえられびっくりした.

【冷菜】lěngcài 名《料理》冷製の料理. コールドディッシュ.

【冷餐】lěngcān 名 立食式の食事. ビュッフェ.

【冷藏】lěngcáng 動 冷蔵する. ¶这食品要～ / この食品は冷蔵しないといけない.

【冷藏车】lěngcángchē 名 冷蔵車. 保冷車.

【冷场】lěng//chǎng 動 ❶（芝居などで）動作やせりふを忘れたために間があく. ❷（会議などで）発言がなく,しんとする. 白ける.

【冷嘲热讽】lěng cháo rè fěng 成 冷ややかな嘲笑と辛辣（しんらつ）な皮肉. ¶对自己人不要～ / 身内に対して冷ややかな態度をとってはいけない.

【冷处理】lěngchǔlǐ 動 ❶《工業》サブゼロ処理を行う. 金属部品の強度と規格を安定させるため,焼き入れを行った後にさらに冷却処理を施す. ❷（事件や紛争などの後に）冷却期間をおく.

【冷淡】lěngdàn ❶ 形 ひっそりとしている. さびれている. ¶生意 / 商売が不景気だ. ❷ 形 冷淡だ. ¶表面上很热情,心里却很～ / 表面は親切だが,心の中は冷たい. 回 冷冷淡淡 ❸ 動 亲切 qīnqiè, 热情 rèqíng ❸ 動 冷たくあしらう. ¶～朋友 / 友達に冷たくする. ¶～客人 / お客を冷遇する.

【冷岛】lěngdǎo 名 クールアイランド（現象）.

【冷点】lěngdiǎn 名 ❶《生理》冷点. ❷人々に注目されない事柄や場所. 反 热 rè 点

【冷碟儿】lěngdiér 名 方 小皿に盛った冷菜. ¶先上～,后上热炒 / まずオードブルを出し,その後で炒め物を出す. 回 凉 liáng 碟儿

【冷丁】lěngdīng →冷不丁 lěngbùdīng

【冷冻】lěngdòng 動 冷凍する. ¶～食品 / 冷凍食品. ¶把鲜菜～起来 / 新鮮な野菜を冷凍する.

【冷冻机】lěngdòngjī 名 フリーザー.

【冷风】lěngfēng 名 ❶〔量 股 gǔ, 阵 zhèn〕寒風. ❷陰口. ¶吹～ / 陰口をたたく.

【冷锋】lěngfēng 名《气象》寒冷前線. 回 冷锋面 miàn

【冷敷】lěngfū 動《医学》氷嚢や冷湿布で患部を冷やす.

【冷宫】lěnggōng 名 ❶君主の寵愛（ちょうあい）を失った妃を住まわせる場所. ❷用のない物を置いておく場所. ¶打入～ / お蔵入りする.

【冷光】lěngguāng 名 ❶《物理》冷光. 熱を伴わない光. 蛍光や燐光（りんこう）など. ❷冷たい視線.

【冷柜】lěngguì 名 方 冷蔵庫. 回 冰 bīng 柜

【冷害】lěnghài 名 冷害.

冷 lěng

【冷汗】 lěnghàn 名 冷や汗．¶吓得我出了～／どきりとして冷や汗が出た．¶一直在冒～／冷や汗ばかり出る．

【冷和平】 lěnghépíng 冷たい平和．◆cold peace

【冷荤】 lěnghūn 名《料理》肉や魚を使った前菜．

【冷货】 lěnghuò 名 売れ行きの悪い品物．同 背货 bèihuò 俏货 qiàohuò

【冷寂】 lěngjì 形 人けがなく静かだ．¶～的秋夜／ひっそりと静かな秋の夜．

【冷箭】 lěngjiàn 名 ❶〔支 zhī〕不意をつく矢．¶放～／やみ討ちをしかける．❷ひそかに人を陥れる手段．¶明枪易躲 duǒ，～难防／正面攻撃なら防ぎようがあるが，だまし討ちには手の打ちようがない．

【冷静】 lěngjìng 形 ❶[方] 人が少なくて静かだ．¶清晨的公园，人不多，显得很～／朝の公園は人が少なくて静かだ．冷静だ．¶遇到急事要～，别着慌 zháohuāng／緊急事態には，慌てずに落ち着くことだ．重 冷冷静静 沉着 chénzhuó 反 激动 jīdòng

【冷峻】 lěngjùn 形 ❶冷ややかで厳しい．❷沈着で謹厳だ．

【冷库】 lěngkù 名〔座 zuò〕冷蔵倉庫．冷凍庫．同 冷藏库 lěngcángkù 表現 家庭の冷蔵庫には，(电)冰箱(diàn-)bīngxiāng を使うことが多い．

【冷酷】 lěngkù 形 冷酷だ．¶～无情／冷酷非情だ．态度～／態度が冷酷だ．

【冷冷清清】 lěnglěngqīngqīng →冷清

【冷脸】 lěngliǎn 名（～子）〔副 fù〕冷たい表情．無愛想な顔．

【冷落】 lěngluò ❶形 さびれている．ひっそりしている．¶冷冷落落的院子／閑散とした中庭．¶门庭～／門前に訪れる人もなく，ひっそりとしている．家がさびれている．重 冷冷落落 反 热闹 rènao ❷動 冷遇される．¶～了客人／お客を粗末に扱う．¶受到～／冷遇される．

【冷门】 lěngmén 名（～儿）人気のないところ．穴場．大穴．また，人気のない分野や仕事についても言う．¶这次比赛中爆 bào 了个～儿／この試合では番狂わせがあった．反 热门 rèmén 表現 もと，賭けの時に，人々が注目しないところを言った．

【冷门货】 lěngménhuò 名"冷货 lěnghuò"に同じ．

【冷面】 lěngmiàn 名《料理》冷麺．同 凉 liáng 面

【冷漠】 lěngmò 形（人や物事に対し）無関心だ．冷淡だ．¶～的眼神／冷たいまなざし．

【冷漠无情】 lěng mò wú qíng 成 冷淡なようす．無関心なようす．

【冷凝】 lěngníng 動《物理》冷却によって凝結する．

【冷暖】 lěngnuǎn 名 ❶寒さと暖かさ．¶天这么冷，毛衣都不穿，真不知～／こんな寒いのに，セーターを着ないなんて，寒暖にはとんちゃくだ．❷人の暮らし．¶人间～／世間の鬼と仏．

【冷暖自知】 lěngnuǎn zì zhī 句 経験したことは当人が一番よく分かる．由来"寒いか暖かいかは人に教えられなくても分かる"の意から．

【冷盘】 lěngpán 名（～儿）《料理》〔个 ge，样 yàng，种 zhǒng〕大皿に盛り合わせた前菜．

【冷僻】 lěngpì 形 ❶へんぴでもの寂しい．¶～的山区／へんぴな山里．❷（字・名称・典故・書籍などを）あまり見かけない．¶～字／見かけない字．同 生僻 shēngpì

【冷气】 lěngqì 名 ❶[股 gǔ，团 tuán] 冷えた空気．❷冷房設備．クーラー．また，その風．¶～机／クーラー．

【冷气团】 lěngqìtuán 名《气象》寒気団．

【冷枪】 lěngqiāng 名 不意をつく弾丸．流れ玉．¶打～／不意打ちをする．¶躲避 duǒbì／流れ玉を避ける．

【冷峭】 lěngqiào 形 ❶寒さが身にしみる．¶北风～／北風が身にしみる．❷態度が厳しく，ことばが辛辣(là)だ．

【冷清清】 lěngqīngqīng 形（～的）ひっそりとものの寂しい．¶～的小巷 xiǎoxiàng／ひっそりとうら寂しい小路．

【冷清】 lěngqīng 形 ❶さびれている．閑散としている．¶商店里顾客稀少，冷冷清清／店には客がまばらで，閑散としている．重 冷冷清清 同 冷落 lěngluò，清冷 qīnglěng 反 热闹 rènao ❷ 冷淡だ．¶对朋友不能冷清清，漠不关心／友人に対し冷たく無関心でいることはできない．

【冷泉】 lěngquán 名 冷泉．反 温 wēn 泉

【冷却】 lěngquè 動 冷やす．熱を冷ます．

【冷却剂】 lěngquèjì 名 冷却剤．冷媒．

【冷热病】 lěngrèbìng 名 ❶《医》マラリア．❷ 気持ちが不安定なこと．¶～是他的最大的缺点／熱しやすく冷めやすいことが，彼の最大の欠点だ．

【冷若冰霜】 lěng ruò bīng shuāng 成 態度が冷ややかだ．冷淡で近寄りがたい．

【冷色】 lěngsè 名 寒色．

【冷森森】 lěngsēnsēn 形（～的）寒さや冷気が身にしみる．¶这房子长久不住人，叫人觉得～的／この家は長いこと人が住んでいないので，冷え冷えとしている．

【冷杉】 lěngshān 名《植物》モミ．同 枞 cōng

【冷食】 lěngshí 名〔样 yàng，种 zhǒng〕冷たい食べもの．¶～部／冷たい食べものと飲みものを売っているコーナー．参考 多くアイスクリームなどの甘いもの．冷たい飲みものは，"冷饮 lěngyǐn"という．

【冷水】 lěngshuǐ 名 ❶冷たい水．¶泼 pō～／冷や水を浴びせる．¶～浇 jiāo 头／冷や水を浴びせられる．水をさされる．同 凉水 liángshuǐ ❷ 生水．¶这是～，不能喝／これは生水ですから，飲めません．参考 日本語の「お冷や」は"凉开水 liángkāishuǐ"という．

【冷水浴】 lěngshuǐyù 名 冷水浴．

【冷丝丝】 lěngsīsī 形（～的）少し肌寒い．同 冷丝丝儿的 lěngsīsīrde

【冷飕飕】 lěngsōusōu 形（～的）風がとても冷たい．肌寒い．反 暖烘烘 nuǎnhōnghōng

【冷烫】 lěngtàng 動 コールドパーマ（をかける）．

【冷天】 lěngtiān 名 寒い天気．冬の寒い日．

【冷线】 lěngxiàn 名（観光などの）不人気コース．乗客数の少ない路線．

【冷销】 lěngxiāo 形（商品の）売れ行きが悪い．

【冷笑】 lěngxiào 動 冷笑する．¶他～着摇了摇头／彼はにが笑いしながら首を振った．

【冷血动物】 lěngxuè dòngwù 名 ❶《動物》冷血動物．変温動物．❷ 冷血な人．冷酷な人．

【冷言冷语】 lěng yán lěng yǔ 成 皮肉をこめた冷たいことば．¶～我都 zhōu 冷饭好吃，～难受／冷や飯は食えるが，いやみなことばは耐え難い．

【冷眼】 lěngyǎn 名 ❶冷静で客観的な態度．❷冷たい眼差(ざ)し．¶～相待／冷たい扱いをする．❸ 自分には関係ないという傍観的な態度．

【冷眼旁观】 lěng yǎn páng guān 成 冷静または冷淡な態度で傍観する．表現 参与すべきことに参与しようとしない場合についていう．

【冷艳】 lěngyàn 形（容姿などが）冷たい感じで，美しい．

【冷饮】 lěngyǐn 名〔样 yàng，种 zhǒng〕冷たい飲みもの．¶天热口渴，喝杯～吧／暑くてのどが渇いたから，

冷たいものを飲もう. 反 热饮 rèyǐn 参考 多く炭酸飲料や"酸梅汤 suānméitāng"などの甘いものをいう.
【冷遇】lěngyù 名 冷遇. ◊ 遭受～ / 冷遇される. 反 礼遇 lǐyù
【冷战】名 ❶ lěngzhan 口 寒さや恐怖による身震い. 同 冷颤 lěngzhan ❷ lěngzhàn 冷戦. とくに, 第二次大戦後のものをいう. 反 热战 rèzhàn

愣 lèng ↑部9 9602₇ 全12画 通用

❶ 動 ぼんやりする. ¶ 发～ fālèng (ぼんやりする) / ～神儿 lèngshénr / ～住 lèngzhù (ぽかんとする) / 吓得他一～ (驚いて彼はぽかんとした). ❷ 形 口 軽率だ. 先を考えない. ¶ ～人 lèngrén (むちゃをする人) / ～小子 lèngxiǎozi / ～头一脑 lèngtóu lèngnǎo. ❸ 形 方 かたくなだ. ¶ ～干 lènggàn (強引にやる) / ～说 lèngshuō (むやみに言い張る) / 明知不对, 他～那么做 (間違いとわかっているのに, 彼はそれでもあのようにやる).
【愣神儿】lèng//shénr 動 方 ぼうっとする. ぼんやりする. ¶晚上没睡好, 起来半天了, 还在那里～ / 夜よく眠れなかったので, 起きて随分経つのに, まだぼうっとしている.
【愣头愣脑】lèngtóu lèngnǎo 形 無鉄砲だ. そそっかしい. ¶～的, 怎能干这种细活呢! / そんなにそそっかしくて, こんな細かい作業ができるわけがない.
【愣头儿青】lèngtóurqīng 名 方 おっちょこちょい. うっかり者. がさつな人.
【愣小子】lèngxiǎozi 名 無鉄砲な若者.
【愣怔】lèngzheng 動 ❶ ぼんやりと見つめている. ¶ ～着眼睛 / きょとんとした目をしている. ❷ ぼかんとする. 同 睖睁 lèngzheng

lí ㄌㄧ〔li〕

哩 lī 口部7 6601₅ 全10画 次常用

下記熟語を参照.
☞ 哩 lǐ, li
【哩哩啦啦】līlilālā 形 口 とぎれとぎれだ. ばらばらだ. ¶米～撒 sǎ 了一地 / 米を床いっぱいにばらまいた. ¶雨～下了好多天了 / 雨は何日も降ったりやんだりしている.
【哩哩啰啰】līliluōluō 形 くどくどと話すようす. ¶他～地说了半天 / 彼は長い間くどくどとしゃべった.

丽(麗) lí 一部6 四 1022₇ 全7画 常用

素 地名用字. ¶ ～水 Líshuǐ (浙江省の地名) / 高～ Gāolí (高麗恕. 朝鮮半島にあった国の名. 918－1392).
☞ 丽 lì

厘(釐)_異 lí 厂部7 四 7121₅ 全9画 常用

❶ 量 長さの単位. 1"尺 chǐ"の1000分の1. ❷ 量 重さの単位. 1"两 liǎng"の1000分の1. ❸ 量 土地の面積の単位. 1"亩 mǔ"の100分の1. ❹ 量 少数の位をあらわすことば. 1の100分の1. 厘(兄). ❺ 量 利率の単位. 年利率1"厘"は元金の100分の1, 月利率1"厘"は元金の1000分の1をいう. ❻ 動 文 整理する. ¶ ～定 líding / ～正 lízhèng (改正する).
【厘定】líding 動 文 整理し, 規定する. ¶重新 chóngxīn ～规章制度 / 規則制度を新たに整理し, 規定する.

*【厘米】límǐ 量 センチメートル. 同 公分 gōngfēn

狸 lí 犭部7 四 4621₅ 全10画 常用

名 ❶ ムジナ. タヌキ. ¶ 貉 hé ❷ ヤマネコ. 同 狸子 lízi, 狸猫 límāo, 豹猫 bàomāo, 山猫 shānmāo 表現 ①はふつう"貉子 háozi"という.
【狸猫】límāo 名 (● 只 zhī) ヤマネコ. 同 狸 lí
【狸子】lízi 名 〔● 只 zhī〕ヤマネコ. 同 狸 lí

离(離) lí 一部8 四 0022₇ 全10画 常用

I 前 2点間の距離の基点を示す. ❶ (空間的隔たりを示し) …から. ¶ 宿舍～食堂很近, ～操场很远 / 宿舍は食堂からは近いが, グラウンドからは遠い. ¶我家～车站不到一公里 / 私の家は駅から1キロ足らずだ.
❷ (時間的隔たりを示し) …から. ¶ ～生日还早呢 / 誕生日までまだ間がある. ¶ ～开车只有半小时 / 発車まであと30分しかない. ¶ ～开学还有五天 / あと5日で学校が始まる.
❸ (抽象的隔たりを示し) …から. ¶ ～你自己订的目标不远了 / 君が自分で決めた目標までもうすぐだ. ¶我存的钱～买房子还差得 de 远呢 / 私の貯めた金では家を買うにはまだまだだ.

> ☝ "从 cóng"が出発点・経過点を表わすのに対し, "离"は2点間の距離の基点を表わす.
> ¶ ✗ 邮局从这儿不远
> → 邮局离这儿不远 / 郵便局はここから遠くない.
> 比较 ◊他家离我家很近 / 彼の家は私の家から近い.
> ◊从我家到彼家很近 / 私の家から彼の家までは近い.

II 動 ❶ 離れる. 分かれる. ¶他俩～着两三步 / 彼ら二人は二三歩離れている. ¶我昨天傍晚～家, 今天早上才到 / 私は昨日の夕方家を出て, 今日の朝やっと着いた.
❷ 遠く隔たっている. ¶这里跟我家乡～着五百多公里 / ここは私の故郷から500キロも離れている.
❸ 欠ける. ¶庄稼～不了 liǎo 水 / 農作物には水が欠かせない. ¶ ～了你不行 / あなたでなくてはだめなの.
III 名 ❶ 易の八卦(^{"は"}・^{"か"})の一つ. 離(^{"り"}). ☰であらわし, 火を意味する.
❷ (Lí)姓.
【离别】líbié 動 離れる. 別れる. ¶ ～故乡 / 故郷を離れる. 同 別离 biélí, 分别 fēnbié, 分离 fēnlí, 分手 fēnshǒu 反 团聚 tuánjù 表現 長期にわたって親しい人や場所から離れることをいう.
【离不开】líbukāi 動 離れられない. 切り離せない. ¶ ～手 / 忙しくて手がはなせない. ¶这次成功～他的大力帮助 / 今回の成功は彼の多大な力なしには考えられない. 反 离得开 lídekāi
【离不了】líbuliǎo 動 離れることはありえない. 欠かせない. ¶鱼～水 / 魚は水と離れられない. ¶学习外语～词典 / 外国語の学習に辞書は欠かせない. 反 离得了 lídeliǎo
【离愁】líchóu 名 別れのつらさ.
【离愁别绪】líchóu biéxù 熟 別れの悲しみ.
【离队】lí//duì 動 ❶ 持ち場を離れる. 反 归队 guīduì ❷ 軍隊やチームをやめる. 反 归队 guīduì
【离格儿】lí//gér (ことばや行動が)常軌を逸する. ¶这事太～了 / あまりにもはずれ過ぎて. ¶照你该这样做就离不了 liǎo 格儿了 / 君のようにやれば, まちがいない.
【离宮】lígōng 名 〔● 座 zuò〕離宮. 皇帝の巡幸時の宿泊所.

【离合】líhé 動 別れたり出会ったりする．離れたり結びついたりする．
【离合器】líhéqì 名（自動車の）クラッチ．
*【离婚】lí//hūn 動 離婚する．¶这个男子离过几次婚／その男性は何度か離婚の経験がある．
【离婚赔偿】líhūn péicháng 名 離婚賠償．離婚の慰謝料．
【离间】líjiàn 動 仲を引き離す．¶挑拨 tiǎobō～／双方をそそのかし，間を裂く．
【离解】líjiě 名《化学》解離．
【离经叛道】lí jīng pàn dào 成 経典から離れ，正統に背く．主導的な思想や伝統に逆らう．
【离境】líjìng 動 国境を出る．出国する．¶～手续／出国手続き．
*【离开】lí//kāi 動（人・もの・場所から）離れる．¶～主题／主題を離れる．¶～北京去上海／北京を離れて上海へ行く．¶孩子长大 zhǎngdà 后，迟早要～父母的／子供は大きくなったら，遅かれ早かれ親から離れていくものだ．反 到来 dàolái
【离乱】líluàn 名（戦争による）動乱．戦乱により離散すること．
【离叛】lípàn 動 離反する．
【离谱】lí//pǔ 動（～儿）常軌を逸する．バカげている．¶他说越～了／彼の話はどんどん常識をはずれていく．
【离奇】líqí 形（話の筋やことばが）奇怪だ．とっぴだ．¶情节～／ストーリーが奇抜だ．反 平淡 píngdàn
【离弃】líqì 動（仕事・場所・人などを）離れる．放り出す．¶我什么时候～过你？／私がいつ君を見捨てたというんだい．
【离情】líqíng 名 別離の情．
【离去】líqù 動 離れる．立ち去る．¶久久不能～／いつまでも立ち去ることができない．
【离群索居】lí qún suǒ jū 成 仲間と別れ，孤独な生活をする．由来『礼記』檀弓(ごん)上に見えることば．
【离任】lírèn 動 任務や役職を離れる．¶即将～的大使．退任間近の大使．同 离职 lízhí 反 到任 dàorèn，就任 jiùrèn，上任 shàngrèn
【离散】lísàn 動（親族から）離散する．¶家人～／一家が離散する．反 团聚 tuánjù
【离骚】Lísāo 名《文学》離騒(しょう)．屈原による，『楚辞』巻頭を飾る編名．
【离题】lí//tí 動（文章や議論が）主題をはずれる．¶话离了题了／話が脱線した．¶～万里／話や文章が主題を遠くはずれる．反 切题 qiètí
【离退休】lítuìxiū 動 退職する．由来 "离休"（高級幹部の退職）と"退休"（一般の退職）を合わせたことば．
【离析】líxī 動 ❶ 別れる．離散する．¶分崩 bēng～／国や集団が崩壊し，ばらばらになる．❷ 分析する．識別する．
【离弦走板儿】lí xián zǒu bǎnr 俚 基準とかけ離れていう．¶他说着说着就～了／彼は話すほど，主題からそれてしまった．
【离乡背井】lí xiāng bèi jǐng 成（やむなく）ふるさとを離れて暮らす．¶～的难民 nànmín／故郷を離れて暮す難民．同 背井离乡
【离心】líxīn ❶（集団や指導者から）心が離れる．❷ 中心から遠ざかる．反 向心 xiàngxīn
【离心泵】líxīnbèng 名《機械》渦巻ポンプ．遠心ポンプ．
【离心离德】lí xīn lí dé 成 集団内が一つにならず，ばらばらなようす．反 同心同德 tóng xīn tóng dé 由来『尚書』泰誓(ない)に見えることば．
【离心力】líxīnlì 名《物理》遠心力．反 向 xiàng 心力
【离休】líxiū 動 定年退職する．¶他父亲是一干部／彼の父は定年退職した高級幹部だ．¶建国に功績のある幹部や高級幹部についていう．退職後も現役時代とほぼ同等の待遇を受けられ，一般人の定年退職"退休 tuìxiū"とは異なる．
【离异】líyì 動 文 離婚する．
【离辙】lí//zhé 動 口 正しい道や本題からそれる．"辙 zhé"は，車のわだち．¶你这种行为离了辙／君のその行為は常識はずれだ．
【离职】lí//zhí 動 ❶ 一時的に職務を離れる．¶～进修／休職して研修する．❷ 退職する．同 离任 lírèn 反 到职 dàozhí，就职 jiùzhí
【离子】lízǐ 名《化学》イオン．¶正～（阳～）／陽イオン．¶负～（阴～）／陰イオン．
【离子交换树脂】lízǐ jiāohuàn shùzhī 名《化学》イオン交換樹脂．

骊（驪）lí

马部7 四 7112₇
全10画 通用

名 文 真っ黒なウマ．

梨（異 棃）lí

木部7 四 2290₄
全11画 常用

名 ❶《植物》〔梨树 ～树〕〔梨树 líshù（ナシの木）〕〔～花 líhuā（ナシの花）〕．❷〔个 ge,只 zhī〕ナシの実．¶～子 lízi／鸭儿～ yārlí（洋ナシの一種）／白～ báilí（ナシの一種）／～膏 lígāo．❸（Lí）姓．

【梨膏】lígāo 名（～儿）（薬）ナシの汁に蜜を加えて煮めたもの．咳止め薬．同 秋梨膏 qiūlígāo
【梨花体】líhuātǐ 名 インターネットを通じて若者や女性の間に広まった，新しい口語詩体．参考 雑誌『詩ической』の編集者で女性詩人の趙麗華が始めたとされ，「梨花」の名に由来する．
【梨园】Líyuán 名 梨園(えん)．劇場または伝統演劇界の別称．¶～传奇 chuánqí／芝居世界の裏話．¶～弟子／役者．由来 唐の玄宗がナシの木のある園で楽人や女官たちに音楽や舞踊を習わせたという故事から．
【梨园戏】líyuánxì 名《芸能》福建省や台湾に伝わる伝統劇．
【梨枣】lízǎo 名 版木．由来 旧時，ナシやナツメの木を版木に用いたことから．
【梨子】lízi 名 方 ナシの実．

犁（異 犂）lí

牛部7 四 2250₀
全11画 常用

❶ 名〔把 bǎ,张 zhāng〕すき．¶～锋 líhuá／镜 líjìng（すきべら）／～杖 lízhang．❷ 動 "犁"で田畑を耕す．¶～田 lítián（田畑を耕す）／～牛 líniú．❸（Lí）姓．

【犁铧】líhuá 名《農業》すきの刃．同 锋
【犁牛】líniú 名 方 役牛(ぎゅう)．
【犁庭扫闾】lí tíng sǎo lǘ 成 敵を徹底的に滅亡させること．同 犁庭扫穴 xué 由来「宮廷に鋤を入れて田畑にし，村落を一掃して廃墟にする」意から．
【犁杖】lízhang 名 方 すき．

鹂（鸝）lí

鸟部7 四 1722₇
全12画 通用

→黄鹂 huánglí

喱 lí

口部9 四 6101₅
全12画 通用

→咖喱 gālí

蓠(蘺) lí ⺾部10 四 4422₇ 全13画 通用
→江蓠 jiānglí

蛎 lí 虫部7 四 5210₀ 全13画 通用
→蛤蛎 gélí

漓(灕❷) lí 氵部10 四 3012₇ 全13画 次常用
❶→淋漓 línlí ❷[素] 地名用字. ¶～江 Líjiāng.
【漓江】Líjiāng《地名》漓江(ﾘｺｳ). 広西チワン族自治区を流れる川の名. [圖] 桂林からの川下りは、山水画のような美しい景観で有名.

缡(縭/𣀇褵) lí 纟部10 四 2012₇ 全13画 通用
[素] 古代,女性が装飾用に身に着けたスカーフ. ¶䌙～ lín-lí (盛装したようす) / 结～ jiélí (嫁ぐ).

璃(𣀇瓈) lí 王部10 四 1012₇ 全14画 常用
❶→玻璃 bōli [-lí] ❷→琉璃 liúlí

嫠 lí 女部11 四 5824₄ 全14画
[名][文] 寡婦(ﾔﾓﾒ).

黎 lí 水部10 四 2790₉ 全15画 通用
❶[素][文] 多くの人. ¶群～ qúnlí (大衆) / ～民 lí-mín. ❷[素][文] 黒い. ¶～黑 líhēi / ～明 límíng. ❸→黎族 Lízú ❹(Lí)姓.
【黎巴嫩】Líbānèn《国名》レバノン.
【黎黑】líhēi [形][文] (顔の色が)黒い. ¶面目～ / 顔が黒い. [同] 黧黑 líhēi
【黎民】límín [名] 庶民. 民衆. ¶～百姓 / 庶民. 大衆. [同] 黎庶 líshù
【黎明】límíng [名] 夜明け. 黎明(ﾚｲﾒｲ). ¶～时分就出发了 / 明け方に出発した. ¶～的曙光 shǔguāng / 夜明けの光. [同] 拂晓 fúxiǎo [反] 黄昏 huánghūn
【黎庶】líshù [名] 庶民. 民衆. ¶百姓 bǎixìng
【黎元】líyuán [名][文] 庶民. [同] 黎民 mín
【黎族】Lízú《民族》リー族. 少数民族の一つで,主に海南省に居住する.

鲡(鱺) lí 鱼部7 四 2112₇ 全15画 通用
→鳗鲡 mánlí

罹 lí 罒部11 四 6091₅ 全16画 通用
❶[動] 災難に遭う. ¶～病 líbìng (病気になる) / ～难 línàn / ～祸 líhuò (災いに遭う). ❷[素] 心配ごと. 苦難. ¶百～ bǎilí (たくさんの苦難) / 民～ mínlí (人々の憂い).
【罹难】línàn [動] 不慮の死を遂げる. ¶二人不幸～ / 二人は不幸にして不慮の死を遂げた.

篱(籬❶) lí 竹部10 四 8822₇ 全16画 次常用
❶[名] 柴や竹などを編んだ垣根. まがき. ¶～笆 líba / 樊～ fánlí (垣根) / 竹～茅舍 máoshè (竹垣を巡らした茅葺きの小さな家). ❷→笊篱 zhàolí
【篱笆】líba [名] 道 dào, 围 圈 quān] まがき.
【篱壁间物】líbìjiānwù [名] 自分の家の畑でとれた物.
【篱落】líluò [名][文] まがき.

藜(𣀇藜❷) lí ⺾部15 四 4490₉ 全18画 通用
❶[名]《植物》アカザ. シロザ. ¶～藿 líhuò (粗末なおかず). [同] 灰菜 huīcài ❷→蒺藜 jílí

黧 lí 黑部8 四 2733₁ 全20画
[素][文] 黄みをおびた黒い色.
【黧黑】líhēi [形][文] (日に焼けて)顔色が黒い. [同] 黎黑 líhēi

蠡 lí 虫部15 四 2713₆ 全21画 通用
[名][文] ❶ ひょうたんで作ったひしゃく. ひさご. ¶～测 lícè. ❷貝がら.
☞ 蠡 lǐ
【蠡测】lícè [文] 不十分な知識で物事を推し測る. "以蠡测海 yǐ lǐ cè hǎi"の略称. ¶管窥 guǎn kuī～ / [成] 視野が狭く見識が浅いこと.

礼(禮) lǐ 礻部1 四 3221₀ 全5画 常用
❶[素] 儀式. ¶典～ diǎnlǐ (儀式) / 婚～ hūnlǐ (婚礼) / 丧～ sānglǐ (喪礼). ❷[名] 礼儀. ¶～节 lǐ-jié / 敬～ jìnglǐ (敬礼. 敬礼する) / 行～ xínglǐ (敬礼する) / 有礼(礼儀正しい) / 彬彬 bīn bīn 有～ / 品のある物腰 / 敬贤 xián～士(賢者を敬い,士に礼をつくす). ❸[名][圙 份 fèn] 贈り物. ¶～物 lǐwù / 送～ sònglǐ (贈り物をする) / 献～ xiànlǐ (お祝いの贈り物をする) / ～轻情意重(戚] 贈り物はたいしたものでなくても,気持ちがこもっている. ❹(Lǐ)姓.
【礼拜】lǐbài ❶[名][動] 礼拝(する). ¶做～ / 礼拝に行く. 教会へ行く. ❷[名] 週. ¶下～ / 来週. ¶三个～ / 三週間. ❸[名] 曜日. ¶～一 / 月曜日. ❹ [日] "礼拜天 lǐbàitiān"の略.
*【礼拜日】lǐbàirì [名][圙 个 ge] 日曜日. [同] 礼拜天 lǐ-bàitiān
【礼拜寺】lǐbàisì [名] イスラム教の寺院. モスク. [同] 清真寺 qīngzhēnsì
【礼拜堂】lǐbàitáng [名] キリスト教の礼拝堂. 教会. [同] 教堂 jiàotáng
*【礼拜天】lǐbàitiān [名][圙 个 ge] 日曜日. [同] 礼拜日 lǐbàirì
【礼宾】lǐbīn [動] 賓客を外交的にもてなす. ¶～司 / 儀典局.
【礼成】lǐchéng [動] 儀式が終了する.
【礼单】lǐdān [名] 贈り物の目録. [同] 礼帖 lǐ tiě
【礼法】lǐfǎ [名] 礼儀やしきたり. ¶遵守～ / 礼儀正しくする. ¶打破封建～ / 封建的なしきたりを取り払う.
【礼佛】lǐ/fó [動] 仏を拝む. [同] 拜 bài 佛
【礼服】lǐfú [名][圙 件 jiàn, 身 shēn, 套 tào] 礼服. 式服.
【礼服呢】lǐfúní [名] 燕尾服などに用いる毛織地. ベネシャン.
【礼花】lǐhuā [名][圙 串 chuàn] 祝典で打ち上げる花火. ¶放～ / 祝いの花火を打ち上げる.
【礼教】lǐjiào [名][圙] (封建社会における)礼節や道徳. [参考] 五四新文化運動で激しく批判された.
【礼节】lǐjié [名] 礼儀. ¶不懂～ / 作法をわきまえない.
【礼金】lǐjīn [名] 謝礼·祝儀·香典などの金.
【礼帽】lǐmào [名][圙 顶 dǐng] 礼装用の帽子.
*【礼貌】lǐmào [名][形] 礼儀. マナー. ¶有～ / 礼儀正しい. ¶讲～ / 礼儀を重んじる. ¶不懂～ / マナーを知らない.
【礼炮】lǐpào [名][圙 响 xiǎng] 礼砲. ¶放～ / 礼

【礼品】lǐpǐn 名〔份 fèn, 件 jiàn, 样 yàng〕贈り物. 金銭も含まれる. ¶赠送 zèngsòng～/贈り物をする.
【礼聘】lǐpìn 動礼をつくして招聘(しょうへい)する.
【礼器】lǐqì 名祭礼に用いる器や道具.
【礼让】lǐràng 動礼儀をもって相手に譲る. ¶互相～/互いに礼をもって譲り合う.
【礼尚往来】lǐ shàng wǎng lái 成❶礼を受けたら礼をもって返さねばならない. ❷相手の出方によって出方を決める. 由来『礼記』曲礼上に見えることば.
【礼数】lǐshù 名礼節. ¶～不到,人家要笑话/礼儀を欠くと皆の笑いものになる.
【礼俗】lǐsú 名冠婚葬祭における付き合いなどのしきたり. ¶不拘 jū～/しきたりにとらわれない.
【礼堂】lǐtáng 名〔⓯ 座 zuò〕講堂. ホール.
【礼物】lǐwù 名〔份 fèn, 件 jiàn〕贈り物. ¶相互交换～/互いにプレゼントを交換しあう.
【礼贤下士】lǐ xián xià shì 成王や大臣が学識のある者を尊重して交わる.
【礼仪】lǐyí 名礼節と儀式. 礼儀. ¶外交～/外交儀礼. ¶衣食足,知～/衣食足りて礼節を知る.
【礼仪先生】lǐyí xiānsheng 名(男性の)エスコート. セレモニーなどで,エスコート役をつとめる男性. ⇨礼仪小姐 xiǎojiě
【礼仪小姐】lǐyí xiǎojiě 名(女性の)エスコート. セレモニーなどで,エスコート役をつとめる女性. ⇨礼仪先生 xiānsheng
【礼义廉耻】lǐ yì lián chǐ 成礼・義・廉・恥の四つの道徳. 参考古代,国を治めるために必要な四つの大綱とされた.
【礼遇】lǐyù 動礼遇(する). ¶受到～/厚いもてなしを受ける. 反冷遇 lěngyù
【礼赞】lǐzàn 動礼賛する. ⓫《仏教》三宝をうやまい,仏の功徳をたたえる.
【礼制】lǐzhì 名社会の規範となった礼儀制度.

李 lǐ 木部3 四 4040₇ 全7画 常用

名❶《植物》スモモ. ¶～树 lǐshù (スモモの木) / ～子 lǐzi / ～代桃 táo 僵 jiāng / 桃～ táolǐ (モモやスモモ). ❷ (LI)姓.
【李白】Lǐ Bái《人名》李白(ぴ:701-762). 盛唐の詩人. 字は太白. 詩聖杜甫に対し,詩仙と称される.
【李大钊】Lǐ Dàzhāo《人名》李大钊(ぎょう:1889-1927). 河北省出身の思想家. 中国共産党の創立者の一人.
【李代桃僵】lǐ dài táo jiāng 成人れかわる. 身代わりになる. 由来古楽府詩「鶏鳴」に見えることば. 「スモモがモモに代わって枯れる」という意から,もとは兄弟が仲むつまじいことを言った.

李大钊

【李富春】Lǐ Fùchūn《人名》李富春(ぷしゅん:1900-1975). 革命第一世代の指導者.
【李鸿章】Lǐ Hóngzhāng《人名》李鸿章(ぴしょう:1823-1901). 清代末の政治家. 洋務運動を推進した. 日清戦争の下関条約では,清国側全権.
【李逵】Lǐ Kuí《人名》李逵(き).『水浒伝』に登場する豪傑の一人.
【李时珍】Lǐ Shízhēn《人名》李时珍(ちん:1518-1593). 明代末の博物学者・医者. 『本草綱目』を著し,中国本草学を確立した.
【李斯】Lǐ Sī《人名》李斯(ぴ:?-前210). 秦の政治家. 始皇帝に仕えて宰相となった.
【李四光】Lǐ Sìguāng《人名》李四光(こう:1889-1971). 中国の地質学の創設者. 油田の発見や地震予知に貢献した.
【李娅空翻】Lǐ Yà kōngfān 名《スポーツ》李娅宙返り. 中国女子体操の李娅選手の段違い平行棒の技で,世界体操連盟に正式名称として登録された.
【李自成】Lǐ Zìchéng《人名》李自成(ぴせん:1606?-1645). 明末の農民反乱指導者. 北京を攻略し明を滅ぼしたが,清軍に攻撃され自殺. ⇨李自成起义 qǐyì
【李自成起义】Lǐ Zìchéng qǐyì 名《歴史》明末,李自成が指導した農民蜂起.
【李子】lǐzi 名❶〔⓯ 棵 kē〕スモモの木. ❷スモモの実.

里(裏I)(裡I) lǐ 里部0 四 6010₅ 全7画 常用

I 方❶なか. 内. 反外 wài ①"外"などと共に成語の形で. ¶～应外合 II yìng wài hé.
② "⓯+里"の形で. ❷前置詞は"往,朝,从,由,向"などに限る. ¶往～走 / 中へ行く. ¶朝 cháo～看 / 中の方を見る. ¶从～到外 / 中から外へ.
❷("⓯"+里"の形で時間名詞・場所名詞を作る)…の中. 反外 wài ❷軽声で発音
①場所をさす. ¶屋子～ / 部屋の中. ¶城～ / 市内. ¶屋～谈! / 中でお話ししましょう. ¶相机忘在亭子～了 / カメラをあずまやに忘れてしまった. ¶冰箱～有啤酒吗? / 冷蔵庫にビールあるか?
②時間をさす. ¶夜～三点 / 深夜3時. ¶上个月～ / 先月中.
③範囲をさす. ¶话～有话 / ことばの中にことばがある. 言外に意味がある.
④所属機関・家族をさす. ¶县～ / 県で. 県に. ¶厂～ / 工場で. 工場に. ¶请你到家～来修理好吗? / 家へ修理に来てもらえますか. ¶我经常给家～打电话 / よく家(族)に電話をかける.
⑤人体の部分をさす. ¶手～拿着一束花 / 手に花束を持っている. ¶嘴～ / 口に. 口に.
❸ "指示词+里"の形で場所語を作る. ❷軽声で発音
¶这～ / ここ. ¶那～ / あそこ. ¶哪～ / どこ.
❹ "⓯+里"の形で形容詞を場所語にする. ❷軽声で発音. ¶朝 cháo 斜 xié～啦 / 斜めの方向にひっぱる. ¶往好～想 / 良い方に考える. ¶横～看,竖 shù～看 / 横から見たり,縦から見たりする.
❺奥の. 中の. 反外 wài ¶～屋 / lǐwū. ¶～院 / 中庭.
❻ (～ル)衣服などの内側を指す. 裏. ¶～ル lǐr / 裏側. ¶被～ル / 布団の裏. ¶鞋～子 / 靴の内側. ¶衣裳～ル / 着物の裏.
II 末❶故郷. ¶同～ / 同郷. ¶故～ / ふるさと. ¶返～ / 帰郷する.
❷隣近所(古代には5家を隣,5隣を里としたので,25家が1里となる). 隣人. ¶～弄 lǐlòng / 裏通りや路地,転じて隣近所. ¶～巷 lǐxiàng / 邻～ / línlǐ / 隣近所.
III 量市制の長さの単位. 1里は500メートル.
IV (LI)姓.
【里昂】Lǐ'áng《地名》リヨン(フランス).
【里边】lǐbian 方(～ル)(時間・空間・範囲の)中. 内側. ¶柜子 guìzi～ / 戸棚の中.

【里程】lǐchéng 名 ❶ 道のり. 道程. ¶往返 wǎngfǎn~ / 往復の道のり. ¶~表 / 走行距離計. ❷ 発展の過程. ¶革命的~ / 革命の歩み.
【里程碑】lǐchéngbēi 名 ❶ 〔個 个 ge, 块 kuài, 座 zuò〕一里塚. 里程標. ❷ 歴史上の大きな節目となる出来事.
【里出外进】lǐ chū wài jìn 句 でこぼこしている. ふぞろいだ. ¶砌得 qìde~ / (レンガの)積み方がそろわない.
【里带】lǐdài 名〔條 条 tiáo〕タイヤのチューブ. 表現 "内胎 nèitāi"の通称.
【里海】Lǐhǎi 地名 カスピ海.
【里脊】lǐji 名 ウシ・ヒツジ・ブタのヒレ肉. ¶~丝 / ヒレ肉の細切り.
【里间】lǐjiān 名〔~儿〕部屋と部屋にはさまれ、直接外へ通じていない部屋. 奥の部屋. 同 里间屋 lǐjiānwū 反 外间 wàijiān.
【里居】lǐjū 文 動 ❶〔官職を辞し〕郷里に住む. ❷ 名 住所や本籍.
【里拉】lǐlā 名 外 ❶ リラ(イタリアやトルコなどの通貨単位). ◆lira ❷〔音楽〕リラ. 古代ギリシャなどで用いられた竪琴(たてごと). 同 诗琴 shīqín ◆lyre
【里里外外】lǐlǐwàiwài 名 内も外も. 一切合切. すっかり. ¶~都打扫得很干净 gānjìng / 内も外もすっかりきれいに掃除されている. ¶一把手 / 外の仕事も家の仕事も一手にひきうける有能な人.
【里弄】lǐlòng 名〔条〕路地. 横丁. 同 胡同 hútòng 注意 南方の方言で、この場合"弄"は"nòng"と発音しない.
*【里面】lǐmiàn 方 中. 内側. 同 里边 lǐbian
【里圈】lǐquān 名〔スポーツ〕トラック競技の内側のコース.
【里手】lǐshǒu 名 ❶〔~儿〕運転している車の機械の左側. ❷ 方 玄人. 専門家. 同 行家 hángjia, 内行 nèiháng
【里首】lǐshǒu 方 中. 内. 同 里头 lǐtou
【里斯本】Lǐsīběn 地名 リスボン(ポルトガル).
【里通外国】lǐ tōng wài guó 成 外国と内通して国を裏切る.
【里头】lǐtou 方 口 中. 内. ¶会堂~坐满了人 / ホールの中はぎっしりと人が座っている. 同 里边 lǐbian
【里外】lǐwài 方 ❶ 内と外. ❷〔およそ…〕くらい. ¶三十岁~ / 30歳くらい. 表現 ②は数の後につけて、概数をあらわす.
【里外里】lǐwàilǐ 方〔~儿〕名 ❶ 両方の合計. ❷ 副 どう計算しても、結局(同じことだ). 表現 ①は、収入が増えた場合、支出が減り収入が増えた場合、予定の収入に予定外の収入が加わった場合、予定の支出に予定外の支出が加わった場合の差し引きをあらわす.
【里屋】lǐwū 名 奥の部屋. 同 里间 lǐjiān
【里巷】lǐxiàng 名〔条〕路地. 横丁.
【里应外合】lǐ yìng wài hé 成 外からの攻撃に応じて、内側から協力する. 同 内外呼応する.
【里约热内卢】Lǐyuērènèilú《地名》リオデジャネイロ(ブラジル).
【里子】lǐzi 名 衣服などの裏地.

俚
亻部7 四 2621₅
全9画 通用

素 庶民の. 通俗の. ¶~语 lǐyǔ / ~歌 lǐgē (民間の俗謡).
【俚俗】lǐsú 形 通俗的だ. 俗悪だ.
【俚语】lǐyǔ 名〔句 jù〕俗語. スラング. 参考 北京ことばの、"撒丫子 sā yāzi" (大股で走る)や、"打飘儿 dǎpiāor" (頭がぶちわる)など.

逦(邐)
辶部7 四 3130₂
全10画 通用

→迤逦 yǐlǐ

哩
口部7 四 6601₅
全10画 次常用

量 長さの単位. マイル. 参考 かつては一字で "yīnglǐ" とも読んだが、現在は "英里 yīnglǐ" と表記する.
☞ 哩 li, li

娌
女部7 四 4641₅
全10画 通用

→妯娌 zhóulǐ

理
王部7 四 1611₅
全11画 常用

❶ 素 すじめ. きめ. ¶纹~ wénlǐ (すじめ) / 肌~ jīlǐ (肌のきめ) / 木~ mùlǐ (木目). ❷ 名 すじみち. 道理. ¶道~ dàolǐ (道理) / 事~ shìlǐ (事の道理) / 合~ hélǐ (合理) / 讲~ jiǎnglǐ (道理をわきまえる) / ~所当然 ~ 当 lǐdāng. ❸ 名 自然科学. 物理学. ¶~科 lǐkē / ~学 lǐxué / ~疗 lǐliáo. ❹ 素 管理する. 処理する. ¶~财 lǐcái / ~事 lǐshì / 办~ bànlǐ (とりしきる). ❺ 動 整える. ¶整~ zhěnglǐ (整理する) / ~发 lǐfà. ❻ 動 (他人のことばや行動に)かまう. ¶~睬 lǐcǎi / ~答 lǐdā (相手にする) / 置之不~ 成 取り合わない. ❼ (L)姓. 同 ⑥は多く否定で用いる.
【理财】lǐ//cái 動 財産または財務を管理する. ¶当家 dāngjiā~ / 家を切り盛りする.
【理睬】lǐcǎi 動 相手にする. かまう. ¶不予~ / 取り合わない. ¶他俩关系不好, 互不~ / 彼らは仲が悪く、無視しあっている. 用法 多く否定で用いる.
【理当】lǐdāng 助動 当然…すべきだ. ¶~如此 / そうであるべきだ. ¶你~那样做, 一点儿没错 / 当然そうすべきで、君は少しも間違っていない. 同 应当 yīngdāng, 理应 lǐyīng
【理短】lǐduǎn 形 理由が不十分だ. 行いが道理に合わない.
*【理发】lǐ//fà 動 散髪する. 理髪する. ¶去理个发 / 散髪に行く. 表現 男性の調髪に用いる. 女性には、"剪发 jiǎnfà, 美发 měifà"などを用いる.
【理发师】lǐfàshī 名 理髪師. 理容師.
【理该】lǐgāi 助動 当然…すべきだ.
【理工】lǐgōng 名 理工. 理工系. ¶~科大学 / 理工系大学.
【理合】lǐhé 助動 理に照らせば, 当然…すべきだ. ¶~备文呈报 chéngbào / 文書で報告してしかるべきだ. 表現 昔の公文書用語.
【理化】lǐhuà 名 物理学と化学.
【理会】lǐhuì 動 ❶ わかる. 理解する. ¶不难~ / 理解しやすい. 同 领会 lǐnghuì ❷ 気がつく. 注意する. ¶叫了他好几声, 他都没~ / 何度も呼んだが、彼は気付かなかった. ❸ かまう. 相手にする. ¶谁也没~他 / 誰も彼を相手にしなかった. 同 理睬 lǐcǎi 用法 ②と③は多く否定で用いる.
*【理解】lǐjiě 動 理解する. ¶加深~ / 理解を深める. ¶难以~ / 理解しがたい. 同 了解 liǎojiě
【理解力】lǐjiělì 名 理解力.
【理科】lǐkē 名 理数科. 物理・化学・数学の学科の総称. 反 文科 wénkē
【理亏】lǐkuī 形 理由が不十分だ. 行いが道理に合わない. ¶自知~ / 道理に合わないと自覚している.

【理疗】lǐliáo ❶《医学》"物理疗法 wùlǐ liáofǎ"の略. ❷ 動 物理療法で治療する.
【理路】lǐlù 名 ❶ 思想や文章の筋道. ¶~不清 / 筋道がはっきりしない. ❷ 方 道理. ¶不分~ / 道理をわきまえない.
*【理论】lǐlùn ❶ 名 〔个 ge, 套 tào, 种 zhǒng〕理論. 反 实际 shíjì, 实践 shíjiàn ❷ 名 □〔个 ge, 套 tào, 种 zhǒng〕理由. 言い分. ❸ 動 議論する. 是非を論じる. ¶不想和他多~ / 彼とはあまり議論したくない.
【理念】lǐniàn 名《哲学》理念.
【理赔】lǐpéi 動《商取引で》賠償金を支払う.
【理气】lǐqì ❶ 名 精神と物質. ❷《中医》薬を用いて気の流れを正常に戻す. 由来 ①は,中国古代哲学の概念で"理"は精神,"气"は物質を意味していたことから.
【理屈】lǐqū ❶ 形 理由に乏しい. 道理に合わない. 同 理亏 kuī ❷ 動 理屈で説得する. 説き伏せる.
【理屈词[辞]穷】lǐ qū cí qióng 成 言い返されて,返答に窮する. 筋道が通らず,ことばに詰まる.
【理事】❶ lǐ/shì 動 処理する. 関与する. ❷ lǐshì[-shi] 名〔个 ge, 名 míng, 位 wèi〕理事. ¶常务~ / 常任理事.
【理顺】lǐshùn ❶ 形 道理にかなっている. ❷ 動 (不適切な関係や問題を)あるべき姿に調整する.
【理所当然】lǐ suǒ dāng rán 成 当然のことだ. ¶多劳多得,是~的事 / 多く働いたものが多く報酬を得るのは当然だ.
*【理想】lǐxiǎng ❶ 名〔个 ge, 种 zhǒng〕理想. 夢. ¶我的~ / 私の夢. ¶当一名教师是我的~ / 教師になるのが私の夢です. 反 现实 xiànshí ❷ 形 理想的だ. ¶不够~ / 理想的でない. ¶这天气出去郊游太~了 / この天気はピクニックにはもってこいだ.
【理性】lǐxìng ❶ 名 理性. ¶失去~ / 理性を失う. ❷ 形 理性的だ. 反 感性 gǎnxìng
【理性认识】lǐxìng rènshi 名《哲学》理性的認識. 反 感 gǎn 性认识
【理学】lǐxué 名 理学. 宋・明代の哲学思想. 同 道学 dàoxué, 宋学 sòngxué 参考「理」は万物の根源であるという考え方.
【理应】lǐyīng 助動 道理にもとづけば,当然…すべきだ. ¶违反规定,~受到处罚 chǔfá / 規則に違反したら,罰を受けるべきだ.
*【理由】lǐyóu 名〔个 ge, 点 diǎn, 条 tiáo〕理由. 道理. ¶~充足 / 理由が充分だ. ¶这不成~ / それでは言い訳にならない.
【理喻】lǐyù 動 道理から説明してわからせる.
【理直气壮】lǐ zhí qì zhuàng 成 筋道が通っているため,ことばや行動が堂々としている. ¶~地说 / 堂々と話す.
【理智】lǐzhì 名 理性. 理知. ¶丧失 sàngshī~ / 理性を失う.

锂(鋰) lǐ
钅部7 四 8671₅ 全12画 通用
名《化学》リチウム. Li.
【锂离子电池】lǐlízǐ diànchí 名《化学》リチウムイオン電池.

鲤(鯉) lǐ
鱼部7 四 2611₅ 全15画 次常用
名《魚》コイ. 回 鲤鱼 lǐyú, 鲤子 lǐzi
【鲤鱼】lǐyú ❶〔条 tiáo〕コイ. ¶~跳龙门 / コイが竜門へ跳ぶ. 科挙の試験に合格する. ❷ 文 手紙. 遠くからの便り.

澧 Lǐ
氵部13 四 3511₈ 全16画 通用
素 地名用字. ¶~水 Lǐshuǐ (湖南省北部を流れる川で洞庭湖に注ぐ).

醴 lǐ
酉部13 四 1561₈ 全20画 通用
名 文 甘酒.

鳢(鱧) lǐ
鱼部13 四 2511₈ 全21画 通用
名《魚》ライギョ. 同 黑鱼 hēiyú, 乌鱼 wūyú 参考 日本語読みの「はも」とは別の魚.

蠡 lǐ
虫部15 四 2713₆ 全21画 通用
❶ 素 地名用字. ¶~县 Lǐxiàn (河北省の県名). ❷ 人名用字. ¶范~ Fàn Lǐ (范蠡. 春秋時代の越王勾践に仕えた).
☞ 蠡 lí

力 lì
力部0 四 4002₇ 全2画 常用
❶ 名 力. 肉体的エネルギー. ¶能~ nénglì (能力) / ~量 lìliàng / ~气 lìqi / 身强~壮 zhuàng (体が丈夫でやる気がみなぎっている). ❷ 素 身体器官の働き. 体~ tǐlì (体力) / 目~ mùlì (視力) / 脑~ nǎolì (脑の働き) / 视~ shìlì (視力) / 握~ wòlì (握力) / 听~ tīnglì (聴力) / 四肢 sìzhī 无~ (体中から力がぬける). ❸ 素 作用. 能力. ¶物~ wùlì (物力) / 财~ cáilì (財力) / 电~ diànlì (電力) / 药~ yàolì (薬の作用) / 浮~ fúlì (浮力) / 说服~ shuōfúlì (説得力) / 理解~ lǐjiělì (理解力) / 购买~ gòumǎilì (購買力) / 战斗~ zhàndòulì (戦闘力) / 生产~ shēngchǎnlì (生産力). ❹ 素 努力する. 努力する. ¶努~ nǔlì (努力する) / 尽~ jìnlì (力をつくす) / 争 lìzhēng. ❺ 名《物理》力. ¶~矩 lìjǔ / ~偶 lì'ǒu. ❻ (Lǐ)姓.
【力巴】lìba ❶ 形 素人だ. 未熟だ. 同 外行 wàiháng ❷ 名 素人. 同 力巴头 lìbatóu
【力避】lìbì 動 努めて避ける. ¶~事故发生 / 事故が発生しないよう努める.
【力臂】lìbì 名《物理》てこの作用が働く時の,力点と支点間の距離.
【力不从心】lì bù cóng xīn 成 やる気はあるが実力が伴わない.
【力不胜任】lì bù shèng rèn 成 能力がその任に堪えきれない. 荷が重い. ¶这么重要的事让他干,恐怕他~吧 / こんな重要なことを彼にやらせるのは,いささか荷が重すぎますよ.
【力持】lìchí 動 堅持する. ¶~正义 / 正義を堅持する. ¶~异议 / あくまでも異議を唱える.
【力促】lìcù 動 力を尽くして促進する.
【力挫】lìcuò 動 力を振るって相手を打ち負かす.
【力道】lìdào 名 方 ❶ 効能. 作用. ❷ (人の) 力. 力量.
【力度】lìdù 名 ❶ 力の強さ. ❷《音楽》(フォルテやピアニッシモなどであらわす)音の強弱. ❸ 文学や芸術などの内容の深さ.
【力竭声嘶】lì jié shēng sī 成 力尽きて声もかれる. 同 声嘶力竭
【力戒】lìjiè 動 極力戒める. ¶~浪费 / 浪費をしないよう努める.
【力矩】lìjǔ 名《物理》力のモメント.

【力克】lìkè 動 激戦を経て勝利を得る.
*【力量】lìliang 名 ❶〔働 股 gǔ〕力. ❷ 能力. ¶尽 jìn 一切～/完成任务/全力を尽くして任務を全うする. ❸ 作用. 効き目. ¶十分发挥科技～/科学技術の力を十分に発揮する. 表現 人や動物の力のほか、抽象的な事柄についても用いる.
【力偶】lì'ǒu 名《物理》偶力(ぐうりょく).
【力排众议】lì pái zhòng yì 成 多くの意見を退けて自分の主張を通す.
*【力气】lìqi 名〔把 bǎ, 股 gǔ〕力. ¶他的～很大/彼は力が強い. 表現 人や動物の肉体的な力をいう.
【力气活】lìqìhuó 名 (～儿)力仕事.
【力钱】lìqian 名 俗 運搬人夫に払う手間賃. 同 脚 jiǎo 钱
【力求】lìqiú 動 極力…するよう努める. できるだけ…しようとする. ¶～事成/事を実現するようできる限り努めるとする. ¶～完善/完璧を求めて努力する. 同 力图 lìtú 表現 好ましい結果や状況に対して努力することをいう.
【力士】lìshì 名 力の強い人.
【力所能及】lì suǒ néng jí 成 自分の力でできること. ¶让孩子做一些～的家务事/子供にできる範囲で家事をさせる.
【力透纸背】lì tòu zhǐ bèi 成 ❶〔書道〕文字が力強い. ❷ 文章の内容が深く、着想がすぐれていること.
【力图】lìtú 動 努めて…しようとする. ¶～否认/極力否定しようとする. ¶～尽快解决问题/問題の速やかな解決に向けて極力努力する.
【力挽狂澜】lì wǎn kuáng lán 成 危険な局面を必死で挽回しようとすること. 由来「荒れ狂う波を必死に押しとどめようとする」意から. 唐・韓愈『進学解』の語より.
【力行】lìxíng 動 ❶ 努力して行う. ¶身体～/自ら体験して行って.
【力学】lìxué 名 ❶《物理》力学. ❷ 動 文 努力して学ぶ. ¶～不倦 juàn / 努力して学び、倦(う)むことを知らない.
【力邀】lìyāo 動 強く招請する.
【力战】lìzhàn 動 奮戦する.
【力争】lìzhēng 動 ❶ 目的を達成するためにがんばる. ¶～早日完成任务/一日も早く任務を完成させるよう頑張る. ❷ あくまで論争する. ¶据理～/理に基づいてあくまで論争する.
【力争上游】lì zhēng shàng yóu 成 努めて高いところを目指す. 参考「鼓足干劲,～」の形でよくスローガンとして使われた.
【力证】lìzhèng 名 有力な証拠.
【力主】lìzhǔ 動 強く主張する.
【力作】lìzuò 名〔働 部 bù〕力作.

历(歷❶~❸⑥, 曆❹⑤/异 厤❹⑤) lì

厂部2 全4画 四 7122r 常用
❶ 動 ⑧ 経過する. 経験する. ¶经～ jīnglì (経歴) / 来～ láilì (来歴) / ～程 lìchéng / ～时半年(半年経過する) / ～尽 lìjìn. ❷ 素 これまで経てきたものの全て. ¶～年 lìnián / ～代 lìdài / ～次 lìshǐ / 履～ lǚlì (履歴) / ～届 lìjiè. ❸ 副 ⑧ 一つ一つ. あまねく. ¶～历 lìlì / ～览 lìlǎn (一つ一つ見てまわる) / ～访各有关部门(各関係部門を歴訪する) / ～试诸方 zhūfāng,均无成效(一つ一つ色々試したが、効き目がない). ❹ 素 こよみ. ¶阴～ yīnlì (旧暦) / 阳～ yánglì (新暦) / 农～ nónglì (旧暦). ❺ 素 こよみを記したもの. ¶年～
niánlì (カレンダー) / 日～ rìlì (日めくり) / 挂～ guàlì (壁かけ式カレンダー) / 天文～ tiānwénlì (天文暦) / 航海～ hánghǎilì (航海暦) / ～书 lìshū. ❻ (Lì) 姓.
【历本】lìběn 名 暦書. こよみ. 同 历书 shū
【历朝】lìcháo 名 ❶ 歴代の王朝. 同 历代 dài ❷ 一王朝の各代皇帝の統治期間.
【历程】lìchéng 名〔働 段 duàn, 个 ge〕経てきた過程. ¶光辉 guānghuī 的～/輝かしい過去の歩み. ¶走过了艰难的～/困難な道のりを歩いてきた.
【历次】lìcì 名 これまでの各回. ¶～外语考试,小美在班上总得第一/外国語のテストのたびに、メイちゃんはクラスで一番をとっていた.
【历代】lìdài 名 歴代. 歴代王朝. ¶～名画/歴代の名画.
【历法】lìfǎ 名 暦法.
【历届】lìjiè 名 これまでの各回. ¶～毕业生/歴代の卒業生.
【历尽】lìjìn 動 何度も経験する. 繰り返し被害を蒙る. ¶～甘苦/苦楽をなめ尽くす.
【历尽沧桑】lìjìn cāngsāng 成 大きな変化をたびたび受ける.
【历经】lìjīng 動 何度も経験する.
【历久】lìjiǔ 副 長い間. ¶～不变/長い間変わらない.
【历来】lìlái 副 これまで. 一貫して. ¶～如此/ずっとこうだ. ¶我们～反对战争,主张和平/我々はこれまで一貫して戦争に反対し、平和を主張してきた.
【历历】lìlì 形 一つ一つはっきりと.
【历历在目】lìlì zài mù 成 ありありと目に浮かぶ.
【历练】lìliàn 動 ❶ 経験し鍛錬する. ❷ 名 経験と鍛練.
【历年】lìnián 名 過去の何年間. ¶～的积蓄 jīxù / 過去数年の蓄積.
【历任】lìrèn 動 ❶ 歴任する. ¶～要职/要職を歴任する. ❷ 歴代. ¶该厂的～厂长 chǎngzhǎng,都是总公司委派的/この工場の工場長は、歴代本社が任命してきた.
【历时】lìshí ❶ 動 (時間が)経過する. (時間を)費やす. ¶～五天的会议今天闭幕 bìmù 了/5日間続いた会議が今日閉会した. ❷ 名 通時. ¶从～的角度来看/通時的角度から見る. 反 共时 gòngshí
*【历史】lìshǐ 名 ❶〔働 段 duàn〕歴史. ¶人类的～/人類の歴史. ❷ 個人の経歴. ¶～清白/履歴にきずがない. ❸ 過去の事実やその記録. ❹〔働 门 mén〕歴史(学). ¶专攻～/歴史を専攻する. ❺〔働 部 bù〕歴史書.
【历史观】lìshǐguān 名《哲学》歴史観.
【历史剧】lìshǐjù 名《芸能》歴史劇.
【历史唯物主义】lìshǐ wéiwù zhǔyì 名《哲学》史的唯物論(ゆいぶつろん). 同 唯物史观 shǐguān
【历史唯心主义】lìshǐ wéixīn zhǔyì 名《哲学》史的唯心論. 同 唯心史观 shǐguān
【历史小说】lìshǐ xiǎoshuō 名《文学》歴史小説.
【历史性】lìshǐxìng 名 形 歴史的(な). ¶～一步/歴史的な一歩.
【历史学】lìshǐxué 名 歴史学.
【历书】lìshū 名 小冊子のこよみ. 暦書.
【历数】lìshǔ 動 一つ一つ数えあげる.
【历险】lìxiǎn 動 さまざまな危険にあう. ¶南海～记/南海冒険記.

厉 立 lì

厉（厲）lì 厂部3 四 7122₇ 全5画 常用

❶素 厳格だ．厳しい．¶～行 lìxíng / ～禁 lìjìn（厳禁する）/ 严～ yánlì（厳しい）．❷素 厳粛だ．いかめしい．¶～色 lìsè / 声色俱～（戚 声も顔つきも険しい）．❸素 激しい．¶～害 lìhai / 雷～风行（戚 雷が激しく突風が吹き荒れる）．❹素 "砺 lì"に同じ．¶～兵 lìbīng（武器をみがく）．❺素 "癞 lài"に同じ．¶～疾 lìjí（疫病）．❻（Lì）姓．

【厉兵秣马】lì bīng mò mǎ →秣马厉兵
【厉鬼】lìguǐ 名 悪鬼．
*【厉害】lìhai 形 ひどい．激しい．すごい．¶他这个人很～/ 彼はとてもやり手だ．¶这几天热得～/ この何日かひどい暑さだ．同 利害 lìhài
【厉色】lìsè 名 厳しい表情．怒りの顔つき．¶正言～/ 厳粛なことばと厳しい顔つき．
【厉声】lìshēng 副 激しい声で．厳しい声で．¶～斥责 chìzé / 罵声をあげて責めたてる．
【厉行】lìxíng 動 厳格に実行する．¶～节约 / 戚 倹約を励行する．

立 lì 立部0 四 0010₈ 全5画 常用

❶動 立つ．¶～正 lìzhèng / 站～ zhànlì（立つ）/ 坐~不安（戚 居ても立ってもいられない）．❷動 縦にする．立てる．¶把梯子～起来（はしごを立てかける）/ ~竿 gǎn 见影．❸動 打ち出する．作り出す．¶建～ jiànlì（建設する）/ 树～ shùlì（樹立する）/ 创～ chuànglì（創立する）/ 设～ shèlì（設立する）/ ~功 lìgōng / ~志 lìzhì．❹動 定める．取り決める．~法 lìfǎ / 订～ dìnglì（締結する）/ ~约 lìyuē / ~合同（契約を結ぶ）．❺素 存在する．生存する．¶自～ zìlì（自立する）/ 独～ dúlì（独立する）．❻素 直立の．縦の．¶~体 lìtǐ / ~柜 lìguì / ~镜 lìjìng（姿見）/ ~领 lǐlǐng（スタンドカラー）．❼素 直ちに．¶～即 lìjí / ～刻 lìkè / ~行停止（直ちに停止する）/ ~见功效（たちどころに効果が現れる）．❽（Lì）姓．

【立案】lì//àn 動 ❶登録する．登記する．¶申请 shēnqǐng～/ 申請書を登録する．❷捜査・訴追すべき案件とする．¶~搜查 sōuchá / 捜査案件とする．
【立逼】lìbī 動 せき立てる．否応なしに迫る．
*【立场】lìchǎng 名 立場．観点．¶～坚定 / 立場がしっかりしている．¶坚持正确的～ / 正しい立場をしっかり守る．¶特に階級的・政治的立場をいう場合もある．
【立春】❶lì//chūn 動 立春になる．春が始まる．❷lìchūn 名 立春．二十四節気の一つ．2月3日から5日ごろにあたる．
【立此存照】lì cǐ cún zhào 旬旧 これを締結し，後日の調査に備え保管する．用法 旧時，契約書や証文で用いられた常套語．
【立等】lìděng 動 すぐに…するのを待つ．¶～回信 / すぐにお返事を下さい．
【立等可取】lì děng kě qǔ 旬（ほとんど待たずに）すぐに手に入る．
【立地】lìdì ❶副 すぐに．直ちに．¶放下屠刀 tú dāo，~成佛 chéng fó / 悪人も悔い改めれば，すぐに善人に立ち返る．❷動 立っている．地に立っている．¶~书橱 shūchú / 生き字引の様な人．❸名 立っている場所．立地．
【立定】lìdìng 動 止まれ．¶～! / 向右看齐! / 止まれ! 右へならえ! 参考 軍隊や体操で使う号令．
【立冬】❶lì//dōng 動 立冬になる．冬が始まる．❷lìdōng 名 立冬．二十四節気の一つ．11月7日または8日．
【立法】lì//fǎ 動 法律を制定する．
【立法权】lìfǎquán 名《法律》立法権．
*【立方】lìfāng ❶名《数学》立方．三乘．❷名 "立方体 lìfāngtǐ"（立方体）の略．❸量 立方メートル．
【立方体】lìfāngtǐ 名《数学》立方体．同 正 zhèng 方体 参考 略称は"立方"．
【立竿见影】lì gān jiàn yǐng 戚 すぐに効果があらわれる．¶用这药，疗效 liáoxiào 显著～ / この薬を用いれば，速効性は明らかだ．由来「竿を立てれば影ができる」という意から．
【立功】lì//gōng 動 功績を上げる．手柄を立てる．¶他为我们工厂立了大功 / 彼は我々の工場のために大きな功績を上げた．❷ 犯罪 fànzuì
【立功赎罪】lì gōng shú zuì 戚 手柄を立てて，以前に犯した罪の埋め合わせをする．同 立功自 zì 赎
【立柜】lìguì 名（个 ge）洋服だんす．衣装戸棚．
【立国】lìguó 動 建国する．国家を建設する．
【立候】lìhòu 動 急いで返事を待つ．¶～回音 / すぐお返事を下さい．同 立等 lìděng
【立户】lì//hù 動 ❶家庭をつくる．兄弟が独立する．❷銀行に口座を開く．¶去银行 yínháng 立了个户 / 銀行へ行って口座を作った．
*【立即】lìjí 副 直ちに．即刻．¶接到命令，~出发 / 命令があり次第，直ちに出発する．
【立交】lìjiāo ❶名 立体交差する．❷名 "立交桥"のこと．
【立交桥】lìjiāoqiáo 名〔座 zuò〕立体交差橋．
【立脚】lì//jiǎo 動 ❶立脚する．拠どころとする．❷（比喩として）しっかり立つ．同 立足 zú
【立脚点】lìjiǎodiǎn 名 立場．拠り所．同 立足点 lìzúdiǎn
【立井】lìjǐng 名〔口〕立て坑．同 竖 shù 井
【立决】lìjué 動〔旧〕ただちに死刑を執行する．
【立克次体】lìkècìtǐ 名〔外〕《医学》リケッチア．細菌より小さく，ウイルスより大きい微生物の一群．
**【立刻】lìkè 副 すぐ．¶老师让你～去他办公室 / 先生が君にすぐ研究室に来るようにと言っている．同 立即 lìjí，马上 mǎshàng 表現 "立即 lìjí"，"马上 mǎshàng"と意味はほぼ同じだが，"立即"は書きことばに，"马上"は話しことばに使われることが多い．"立刻"はどちらも使われる．
【立论】lì//lùn 動 問題に対して自分の考えを示す．¶这篇论文～精当 jīngdàng / この論文の考えは，緻密で的確だ．
【立马】lìmǎ 副（～儿）すぐに．同 立刻 kè
【立米】lìmǐ 名 "立方米"（立方メートル）の略称．
【立秋】❶lì//qiū 動 立秋になる．秋が始まる．❷lìqiū 名 立秋．二十四節気の一つ．8月8日から9日ごろにあたる．
【立射】lìshè 名《軍事》射撃の基本姿勢の一つ．立ち撃ち．
【立身处世】lì shēn chǔ shì 戚 世渡り．処世．
【立时】lìshí 副 直ちに．たちどころに．同 即时 jíshí, 立刻 lìkè
【立式】lìshì 形 直立型の．スタンド型の．
【立誓】lì//shì 動 誓いを立てる．¶～戒酒 / 禁酒の誓いを立てる．¶对天～ / 神かけて誓う．

吏坜苈丽励呖利

- 【立陶宛】Lìtáowǎn《国名》リトアニア.
- 【立体】lìtǐ 名立体. 反平面 píngmiàn
- 【立体电视】lìtǐ diànshì 名立体テレビ. 3Dテレビ.
- 【立体电影】lìtǐ diànyǐng 名立体映画. シネラマ.
- 【立体感】lìtǐgǎn 名立体感.
- 【立体几何】lìtǐ jǐhé 名《数学》立体幾何学.
- 【立体交叉】lìtǐ jiāochā 名立体交差する. 参考 "立交"ともいう.
- 【立体角】lìtǐjiǎo 名《数学》立体角.
- 【立体派】lìtǐpài 名《美術》立体派. キュビスム. 同立体主义 zhǔyì
- 【立体声】lìtǐshēng 名ステレオ音声.
- 【立体图】lìtǐtú 名立体図.
- 【立夏】❶ lì//xià 動立夏になる. 夏に入る. ❷ lìxià 名立夏. 二十四節気の一つ. 5月5日から7日ごろにあたる.
- 【立下】lìxia 動 ❶ 立てる. ¶~大功 / 大功を立てる. ❷ 締結する. ¶~合同 / 契約を結ぶ.
- 【立宪】❶ lì//xiàn 動憲法を制定する. ❷ lìxiàn 名立憲制.
- 【立项】lì//xiàng 動(当局の認可を受けて)工事や研究のプロジェクトが実施可能な状態になる.
- 【立言】lì//yán 動(学説や言説を)立てる. 叙述する.
- 【立业】lì//yè 動 ❶ 事業をはじめる. ❷ 財産を築く. 資産をもつ. ¶成家 / 成男子が結婚して一家を構える.
- 【立异】lìyì 動異を唱える. ¶标新~ / 新機軸を出す.
- 【立意】❶ lì//yì 動決心する. ❷ lìyì 名(作品の)構想や着想. ¶这首诗~很深刻 / この詩はモチーフが奥深い.
- 【立于不败之地】lìyú bù bài zhī dì 不敗の地に立つ.
- 【立约】lì//yuē 動契約する. ¶~签字 / 契約に署名する.
- 【立正】lìzhèng 動気を付け. 表現軍隊や体操の号令.
- 【立志】lì//zhì 動志を立てる. 決心する. ¶~继承父业 / 家業を継ぐ決心をする. ¶立下大志 / 大志を抱く.
- 【立轴】lìzhóu 名(縦長の掛け軸. ¶山水~ / 山水画の掛け軸. 参考 "中堂 zhōngtáng"(ホールなどに掛ける大型作品)よりも小さい.
- 【立锥之地】lì zhuī zhī dì 成錐(^{り})を立てるほどのきわめて小さな場所. ¶无~ / 立錐(^{う})の余地もない. 由来『史記』留侯世家に見えることば. 用法多く例のような否定形で用いる.
- 【立字】lì//zì 動(~儿)証文を書く.
- 【立足】lìzú 動 ❶ (立場や条件に)立つ. ¶~现实生活 / 現実生活に立脚する. ❷ 立っていられる. 踏みとどまれる. 生きている.
- 【立足点】lìzúdiǎn 名立脚点. 拠り所. 同立脚 jiǎo 点
- 【立足之地】lì zú zhī dì 成安心立脚の地.

吏 lì

一部5 四 5000$_6$ 全6画 非常用

❶ 名下級役人. ¶胥~ xūlì (公文書を司る小役人). ❷ 素官吏. 役人. ¶大~ dàlì (大官) / 酷~ kùlì (酷吏) / 贪官 tānguān 污~ (汚職官吏). ❸ (Lì)姓.

- 【吏治】lìzhì 名地方役人の行動と実績.

坜(壢)lì

土部4 四 4112$_7$ 全7画 通用

❶ 名くぼ地. 畑のうね. ¶麦~ màilì (麦畑のうね). ❷ 素地名用字. ¶中~ Zhōnglì (台北市の西南にある地名).

苈(藶)lì

艹部4 四 4422$_7$ 全7画 通用

→葶苈 tínglì

丽(麗)lì

一部6 四 1022$_7$ 全7画 常用

❶ 素(人・風景・建物などが)美しい. ¶~人 lìrén / 美~ měilì (美しい) / 壮~ zhuànglì (壮麗だ). ❷ 文(小さいものが大きいものの表面に)付着する. ¶附~ fùlì (付く. 頼る). ❸ (Lì)姓.
■ 丽 lí

- 【丽江】Lìjiāng《地名》麗江(ナシ族自治県. 雲南省西北部にある県. 参考 美しい景観に恵まれ,観光業が発展しつつある. 世界遺産に登録された.
- 【丽人】lìrén 名美女. 麗人. 表現女性に使う.
- 【丽日】lìrì 名文輝く太陽. ¶和风~ / 風はそよふき,太陽は明るく輝く. うららかなよう.
- 【丽质】lìzhì 名(女性の)美貌. ¶天生~ / 天成の美貌.

励(勵)lì

力部5 四 7422$_7$ 全7画 常用

❶ 素励ます. 奮い立たせる. ¶~志 lìzhì (気持ちを奮い立たせる) / 勉~ miǎnlì (励ます) / 鼓~ gǔlì (激励する). ❷ (Lì)姓.

- 【励磁】lìcí 名《物理》励磁(^{じ}).
- 【励精图治】lì jīng tú zhì 成一生懸命に国をよく治めようとする.

呖(嚦)lì

口部4 四 6102$_7$ 全7画 通用

下記熟語を参照.

- 【呖呖】lìlì 擬鳥の澄んだ美しい鳴き声. ¶~莺声 yīngshēng / ウグイスのさえずり.

利 lì

禾部2 四 2290$_0$ 全7画 常用

❶ 名利益. ¶~益 lìyì / ~弊 lìbì / 有~ yǒulì (有利だ). 反 害 hài,弊 bì ❷ 動 利益をもたらす. ¶~于 lìyóng / 己 lìjǐ (利己的だ). ❸ 素 思いどおりにうまく運ぶ. ¶顺~ shùnlì (順調な) / 不~ búlì (不利だ). ❹ 名 利子. 利息. ¶~息 lìxī / 本~ běnlì (元金と利息). ❺ 名 もうけ. 利潤. ¶暴~ bàolì (暴利) / 薄~ bólì (薄利). ❻ 素 (刃物などが)鋭い. よく切れる. ¶~刃 lìrèn / ~剑 lìjiàn (鋭利な刀) / ~爪 lìzhǎo (鋭い爪). 反 钝 dùn ❼ 素 弁舌が鋭い. 動きがなめらかだ. ¶~落 lìluo / ~索 lìsuo / ~口 lìkǒu. ❽ (Lì)姓.

- 【利比里亚】Lìbǐlǐyà《国名》リベリア(アフリカ).
- 【利比亚】Lìbǐyà《国名》リビア.
- 【利弊】lìbì 名よい点と悪い点. 長所と短所. ¶~得失 déshī / 利害得失. 同利害 lìhài
- 【利导】lìdǎo 動 ¶因势利导 yīn shì lì dǎo"に同じ.
- 【利钝】lìdùn 名 ❶ 刃物など鋭利なものの切れ具合. ❷ 事業などの進み具合. ❸ ものごとの吉凶. ❹ 敏感と鈍感.
- 【利多】lìduō 名《経済》(株価などの)値上がり要素. 値上がりを促す情報. 同利好 hǎo
- 【利福平】lìfúpíng 名《薬》リファンピシン.
- 【利改税】lìgǎishuì 名利潤上納制を納税制に改めること.
- 【利滚利】lì gǔn lì 慣(高利貸しで)利子が利子を生む. 複利で利子が増える. 同利上滚利
- *【利害】❶ lìhài 名利益と損害. ¶不计~ / 利害にこだ

わらない．¶分清～关系／利害関係をはっきりさせる．❷【lìhai】[形]"厉害 lìhai"に同じ．
【利己】lìjǐ [動]自分の利益のみをはかる．⇨利己主义
【利己主义】lìjǐ zhǔyì [名]利己主義．
【利空】lìkōng [名]《経済》株価下落を促すような情報．⇨ 利淡 dàn
【利口】lìkǒu ❶[名]話がうまいこと．¶他有一张～／あの人は口が達者だ．⇨ 利嘴 lìzuǐ ❷[形][方](口あたりが)さっぱりしている．
【利令智昏】lì lìng zhì hūn (成)私利をむさぼり理性を失う．利に目がくらむ． [由来]『史記』平原君虞卿列伝に見えることば．
【利禄】lìlù [名][文](官吏の)財産と地位．俸禄(ﾎﾞｳ)と位階．
【利率】lìlǜ [名]利率．¶降低～／利率を下げる．¶调整 tiáozhěng 存款～／預金利率を調整する．
【利落】lìluo [形]❶(ことばや動作が)素早い．敏捷だ．¶说话～／はきはきと話す．¶他办起事来利利落落的／彼は何をするにも手際が良い．重 利利落落 lìsuosuo (反)拖拉 tuōlā ❷きちんとしている．整っている．(同)利索 lìsuo ❸きちんと始末がついている．¶工作已经安排～了／仕事はすっかり手配が整った．(同)利索 lìsuo ❹気がかりがない．
【利马】Lìmǎ [地名]リマ(ペルー)．
【利玛窦】Lì Mǎdòu [人名]マテオ・リッチ(1552-1611)．イタリアのイエズス会士．中国イエズス会の基礎を築いた一方，中国へ西洋の科学思想を紹介した．
【利尿】lìniào [動]尿の出を促す．
【利器】lìqì [名]❶鋭利な武器．❷よくできた道具．❸[文]英才．
【利钱】lìqian [名]利息．
【利权】lìquán [名][文](国家の)経済上の権益．¶～外溢 wàiyì ／権益が国外へ流出する．
【利刃】lìrèn [名]鋭利な刃物．
【利润】lìrùn [名]利潤．¶追求～／利潤を追求する．(反)成本 chéngběn
【利润率】lìrùnlǜ [名]《経済》利潤率．
【利市】lìshì ❶[名][文]もうけ．利潤．¶～三倍／3倍のもうけがある．大もうけする．❷[形][方]商売繁盛の兆し．¶发个～／商売運がよくなる．縁起がよい．
【利税】lìshuì [名]《経済》利潤と税金．
【利索】lìsuo [動]動作が活発だ．きびきびしている．¶手脚～／手足がきびきびしている．¶收拾得利利索索／てきぱきと片付ける．重 利利索索 lìsuosuo (同)利落 lìluo
【利物浦】Lìwùpǔ [地名]リバプール(イギリス)．
【利息】lìxī [名][量 笔 bǐ]利息．利子．(反)本钱 běnqián
【利血平】lìxuèpíng [名][薬]レセルピン．降圧剤の一つ．(同) 血安 xuè'ān 平,蛇根碱 shégēnjiǎn
【利雅得】Lìyǎdé [地名]リヤド(サウジアラビア)．
*【利益】lìyì [名]利益．¶保护消费者的～／消費者の利益を守る．
【利益均沾】lìyì jūnzhān (成)利益の均霑(ｷﾝ)．利益の平等分配．
*【利用】lìyòng [動]利用する．活用する．応用する．¶被人～／人に利用される．¶他很会～时间／彼は時間の活用が上手だ．
【利诱】lìyòu [動]利益で誘う．¶威逼 wēibī～／脅したりすかしたりする．(反)威逼 wēibī
【利于】lìyú [動]…に有利だ．¶忠言 zhōngyán 逆耳 nì'ěr～行／忠言は耳に痛いが行動にとっては利益となる．¶制定～经济发展的政策／経済発展にプラスとなる政策を制定する．
【利欲熏心】lì yù xūn xīn (成)利益や欲望に目がくらむ．
【利嘴】lìzuǐ [名]"利口 lìkǒu"に同じ．

沥 (瀝) lì

氵部4　[四] 3112₇　[次常用]
全7画

❶[動]液体がぽたぽたと落ちる．¶～血 lìxuè (血が滴る)．❷[素]しずく．¶余～ yúlì (余滴)／竹～ zhúlì (竹からあぶりだした液)．
【沥胆】lìdǎn [動]忠誠を尽くす．
【沥涝】lìlào [動]作物が水浸しになる．冠水する．¶～成灾／作物が冠水して災害となる．
【沥沥】lìlì [擬]風や水の音．¶小雨～／小雨がしとしと(と降る)．
【沥青】lìqīng [名]アスファルト．(同) 柏油 bǎiyóu
【沥水】lìshuǐ [名]雨の後の水たまり．

枥 (櫪) lì

木部4　[四] 4192₇
全8画　[通用]

❶[名][文]かいばおけ．❷"栎 lì"に同じ．

例 lì

亻部6　[四] 2220₀
全8画　[常用]

❶[名]例．¶举～ jǔlì (例を挙げる)／～证 lìzhèng ／先～ xiānlì (前例)／史无前～／(成)史上前例がない)．❷前例．¶援～ yuánlì (前例によって～する)／下不为～／(成)以後は前例としない)．❸[素]きまり．規定．¶条～ tiáolì (条例)／旧～ jiùlì (旧例)．❹定例の．¶～会 lìhuì ／～行公事
【例规】lìguī [名]❶慣例によってできた決まりごと．(旧)慣例によって与える金銭や物．❸法令規則．
【例会】lìhuì [名][量 次 cì]例会．
【例假】lìjià [名]❶定例の休暇．元旦・春節・メーデー・国慶節など．❷月経．[表現]❷は婉曲な言いかた．
【例句】lìjù [名][量 个 ge,组 zǔ]例文．
*【例如】lìrú [動]例えば(…のとおり)．¶汉语里除了普通话之外还有很多方言之～．上海话、广东话、四川 Sìchuān 话等等／中国語には、共通語以外に上海語・広東語・四川語などのたくさんの方言がある．[用法]例を挙げるときに用い、以下が例であることをあらわす．
【例题】lìtí [名][量 道 dào]例題．¶先看懂～,然后做练习／まず例題を理解してから、練習問題をやる．
【例外】lìwài ❶[名][量 个 ge]例外．¶毫无～／例外なく．❷[動]例外にする．¶任何人都不得～／いかなる人をも例外にしてはならない．
【例行公事】lì xíng gōng shì (成)恒例の行事．
【例言】lìyán [名]例言．凡例．
【例证】lìzhèng [名]例証．¶可以举出很多～／多くの例証を挙げることができる．
*【例子】lìzi [名][口][量 个 ge]❶例．¶举个～／例を挙げる．❷代表例．

疠 (癘) lì

疒部3　[四] 0012₇
全8画　[通用]

[名][文]❶流行性の急性伝染病．¶～疫 lìyì．❷"癞 lài"に同じ．
【疠疫】lìyì [名]疫病(ｴｷﾋﾞｮｳ)．伝染病．

戾 lì

户部4　[四] 3028₄
全8画　[通用]

[素][文]❶あやまち．失敗．¶罪～ zuìlì (罪,とが)．❷ひねくれる．狂暴だ．¶暴～ bàolì (暴虐な)／乖～ guāilì (性格がひねくれている)．

隶(隸/异隸) lì
隶部 0　四 5090₉　全8画　常用

素 ❶ 従属する. ¶~属 lìshǔ. ❷ 奴隷. ¶奴~ núlì (奴隷) / 仆~ púlì (下僕). ❸ 旧 役所で走り使いをする小役人. ¶~卒 lìzú (こっぱ役人) / 皂~ zàolì (下級役人, 首切り役人). ❹ 隷書(次次). ¶~体 lìtǐ (隷書体).

【隶书】lìshū 图 隷書体(次次). 参考 漢字の書体の一つで, 篆書(次次)が簡易化されたもの. 秦の程邈(次次)が考案したとされ, 漢代に広まった.

【隶属】lìshǔ 動 (区域や機構などが)管轄下に置かれる. 従属する. ¶直辖市 zhíxiáshì は直辖~国务院的市 / 直辖市とは, 直接国務院の管轄をうける市をいう. 同 从属 cóngshǔ, 附属 fùshǔ

荔(异茘) lì
艹部 6　四 4442₇　全9画　次常用

❶ 下記熟語を参照. ❷ (Lì)姓.

【荔枝】lìzhī 图 ❶〔植物〕〔棵 kē, 株 zhū〕レイシ. ライチ. ❷〔圃 颗 kē〕レイシの実.

栎(櫟) lì
木部 5　四 4299₄　全9画　通用

图〔植物〕クヌギ. 同 麻栎 málì, 橡 xiàng 表現 ふつうは, "栎树 zuòshù" と言う.

☞ 栎 yuè

郦(酈) Lì
阝部 7　四 1722₇　全9画　通用

图 姓.

轹(轢) lì
车部 5　四 4259₄　全9画　通用

⚔ ❶ 動 車でひく. 素 圧迫する. いじめる. ¶陵~ línglì (いじめる).

俪(儷) lì
亻部 7　四 2122₇　全9画　通用

素 ❶ 対(次)の. ¶~词 lící (対になった語句) / ~句 lìjù (対句) / 骈~ piánlì (対になっている文章作法). ❷ 夫婦. ¶~影 lìyǐng (夫婦並んで写した写真) / 伉~ kànglì (夫婦).

俐 lì
亻部 7　四 2220₀　全9画　次常用

→伶俐 línglì

疬(癧) lì
疒部 4　四 0012₇　全9画　通用

→瘰疬 luǒlì

莉 lì
艹部 7　四 4492₀　全10画　次常用

→茉莉 mòlì

莅(异涖, 涖) lì
艹部 7　四 4421₈　全10画　通用

動 文 ある場所へ至る. ¶~临 lìlín / ~会 lìhuì (会に出席する) / ~任 lìrèn.

【莅临】lìlín 動 文 お越しになる. 来臨される. ¶敬请~指导 / ご来席の上ご指導賜りたくお願い申し上げます. ¶欢迎~ / ご来臨を歓迎申し上げます. 同 光临 guānglín 表現 手紙やあいさつに用いられることば.

【莅任】lìrèn 動 文 (官吏が)着任する.

鬲(异鬲) lì
鬲部 0　四 1022₇　全10画　通用

图 鬲(次). 鼎(次)に似た古代の蒸し器.

☞ 鬲 Gé

栗(异慄❸) lì
西部 4　四 1090₄　全10画　常用

❶ 图〔植物〕クリ. ❷ 图 クリの実. ❸ 素 (恐怖や寒さで)体が震える. ¶战~ zhànlì (ぶるぶる震える) / 不寒而~ (成) 思わず身震いする. ❹ (Lì)姓.

【栗暴】lìbào 图〔頭に食らわす〕げんこつ. ¶打~ (凿 záo~) / げんこつを食らわす. 同 栗凿 lìzáo

【栗然】lìrán 形 身震いするよう.

【栗色】lìsè 图 栗色.

【栗子】lìzi 图 ❶〔植物〕〔棵 kē, 株 zhū〕クリ. ❷〔圃 颗 kē〕クリの実. ¶糖炒 tángchǎo~ / 甘い焼きグリ.

砺(礪) lì
石部 5　四 1162₇　全10画　通用

素 ❶ 砥石. ¶~石 lìshí. ❷〔刃物を〕研ぐ. ¶~剑 lìjiàn (剣を研ぐ).

【砺石】lìshí 图 ❶ 砥石. ❷ まだ加工していない大粒の石.

砾(礫) lì
石部 5　四 1269₄　全10画　次常用

素 小さな石. 砕けた岩のかけら. ¶~石 lìshí / ~岩 lìyán / 砂~ shālì (砂や小石) / 瓦~ wǎlì (瓦礫(次)).

【砾石】lìshí 图 水の流れで角がとれた小石.

【砾岩】lìyán 图 礫岩(次).

猁 lì
犭部 7　四 4220₀　全10画　通用

→猞猁 shēlì

蛎(蠣) lì
虫部 5　四 5112₇　全11画　通用

→牡蛎 mǔlì

唳 lì
口部 8　四 6308₄　全11画　通用

動 文 (鸟が)鳴く. ¶鹤~ hèlì (鶴が鳴く).

笠 lì
竹部 5　四 8810₈　全11画　通用

素 (竹や草で編んだ)笠. ¶戴~ dàilì (笠をかぶる).

粝(糲) lì
米部 5　四 9192₇　全11画　通用

图 玄米. ¶粗~ cūlì (玄米).

粒 lì
米部 5　四 9091₈　全11画　常用

❶ 图 (~儿) 粒(次). ¶豆~儿 dòulìr (マメ粒) / 米~儿 mǐlìr (米粒) / 盐~儿 yánlìr (塩の粒). ❷ 量 粒状のものを数えることば. ¶一~米 (一粒の米) / 两~药丸 yàowán (丸薬2粒) / 三~子弹 zǐdàn (弾丸3個).

【粒度】lìdù 图〔冶金〕金属の粒の大きさ. 粒度(次).

【粒肥】lìféi 图 顆粒状の肥料.

【粒选】lìxuǎn 動〔農業〕種子を粒よりする.

【粒状】lìzhuàng 图 粒状.

【粒子】lì zǐ 图 ❶ lìzǐ〔物理〕素粒子. ❷ lìzi〔圃 颗 kē〕粒. 粒状のもの. 同 粒 lì ①

【粒子束武器】lìzǐshù wǔqì 图《軍事》粒子ビーム兵器.

雳(靂) lì
雨部 4　四 1022₇　全12画　次常用

→霹雳 pīlì

跞(躒) lì
足部 5　四 6219₄　全12画　通用

動 文 歩む. またぐ. ¶骐骥 qíjì 一~, 不能千里(駿馬

もひとつとびに千里を行くことはできない).
☞ 跞 luò

詈 lì 罒部7 四6060₁ 全12画 通用

[素] ののしる.責める.¶～骂 lìmà (ののしる) / ～辞 lìcí (ののしることば).

傈 lì 亻部10 四2129₄ 全12画 通用

下記熟語を参照.

【傈僳族】Lìsùzú 名(民族) リス(Lisu)族.中国の少数民族の一つ.主に雲南省西北部に居住.

痢(異 鬁②) lì 疒部7 0012₀ 全12画 次常用

❶ 名 下痢を伴う伝染病の一種.¶～疾 lìjí / 赤～ chìlì (赤痢) / 白～ báilì (粘液まじりの下痢を伴う伝染病). ❷→ 痢痢 làlì

【痢疾】lìji 名 悪性の下痢を伴う伝染病.

溧 lì 氵部10 四3119₄ 全13画 通用

❶ 素 地名用字.¶～水 Lìshuǐ (江蘇省にある県の名) / ～阳 Lìyáng (江蘇省にある市の名). ❷ (Lì)姓.

篥 lì 竹部10 四8890₄ 全16画 通用

→ 觱篥 bìlì

哩 li 口部7 四6601₅ 全10画 次常用

[助](方) ❶ 確認の語気をあらわす.¶山上的雪还没有化～(山の雪はまだとけていないよ). ❷ 列挙をするときに用いる.¶历史～,地理～,哲学～,还有各种参考书都在书架上放着 (歴史やら,地理やら,哲学やら各々の参考書が書棚に置いてある). 同 啦 la, 啊 a 用法 ①は"呢 ne"にほぼ同じだが,疑問文には用いない.
☞ 哩 lǐ, lǐ

lia カlㄚ [liA]

俩(倆) liǎ 亻部7 四2122₇ 全9画 通用

[数](口) ❶ 二つ.二人.¶咱们～(私たち二人) / 你们～ (あなたたち二人). ❷ 少しばかり.いくつか.¶给他～钱儿 (彼に少し金をやる). 表現 ①の"俩"の後には,"个"その他の量詞は使わない.
☞ 俩 liǎng

lian カlㄢ [lien]

奁(奩/異 匲、匳) lián 大部4 全7画 四4071₄ 通用

[素] 古代の女性の鏡つきの化粧箱.¶妆～ zhuānglián (嫁入り道具) / 镜～ jìnglián (鏡が中に入った化粧箱).

连(連) lián 辶部4 四3430₅ 全7画 常用

Ⅰ [動] つなぐ.¶街头的烘 hōng 山芋 shānyù～着儿时的美好记忆 / 街头のヤキイモ売りは子供の頃の懐かしい記憶につながっている.¶五个吉祥物的名字～起来是"北京欢迎你!" / 五つのマスコットの名前をつなげると「ようこそ北京へ」となる.¶两个人的心紧紧地～在一起 / ふたりの心はしっかりとひとつに結ばれている.

Ⅱ [副] 続けて.続けざまに.¶～打几枪 / 続けざまに何発か撃つ.¶他一口气～喝了三杯啤酒 / 彼は一気に3杯のビールを飲んだ.¶最近～热了三四天,实在难受 / 最近3,4日続けて暑く,ほんとうにやりきれない.

> 副詞の"连"は一般に単音節動詞を修飾する.二音節動詞の場合には"连着"や"一连"を用いる.
> ✗我们连讨论了三天.
> →我们一连讨论了三天 / 私たちは3日連続で議論した.

Ⅲ 名 ❶ (軍隊の)中隊.¶～长 liánzhǎng.
❷ (Lián)姓.

Ⅳ [前] ❶ …を含めて.…も入れて.…もいっしょに.¶苹果洗干净,可以～皮吃 / リンゴはきれいに洗えば,皮までたべられる.¶这本书～目录和索引 suǒyǐn 共有三百多页 / この本は目次と索引を入れて300数ページある.

❷ …さえも.…までも. ① 副詞"也","都"と呼応して動作行為を強調する.¶工作太忙,最近～一天也没休息过 / 仕事が忙しくて,この所1日も休んでいない.¶我～老陈是哪里人都忘了 / 私は陳さんがどこの出身かも忘れてしまった.¶～看都不看 / 見もしない.
② 主語の前に置いて主語を強調する.¶～我都知道了,她当然知道 / 私でさえ知っているのだから,当然彼女も知っているはずだ.¶天实在太冷,～河里也结冰了 / ほんとうに寒くて,川さえも凍ってしまった.

❸ ("连…带…"の形で両方を包括することを表わし) ひっくるめて.合わせて.…から…まで.¶～本带利一共一千元 / 元出と利益をあわせて千元だ.¶～吃的带喝的买回来一大堆 / 食べものから飲み物まで山盛り買ってきた.

【连比】liánbǐ 名 (数学) 連比.

【连鬓胡子】liánbìn húzi 名(口) ほおひげ. 同 络腮胡子 luòsāi húzi

【连播】liánbō 動 連続放送する.

【连茬】liánchá 動 "连作 liánzuò"に同じ.

【连词】liáncí 名(言語) 接続詞. 参考 "和 hé","而且 érqiě","但是 dànshì","因为 yīnwèi"など.

【连带】liándài 動 ❶ 互いに関連する.¶这两件事之间有一定的～关系 / この二つの事柄にはある程度関連がある. ❷ 巻き添えにする.¶我做的事情我负责,不会～别人 / 自分がしたことには責任を持つ.他人を巻き添えにはしない. ❸ 含める.ついでに…する.¶你去买东西的时候,～把信寄出去 / 買物に行く時に,ついでに手紙も出してよ.

【连…带…】lián…dài… ❶ A (名詞)と B (名詞)をいっしょに…する.¶连老带小一块儿去 / 老いも若きもともに行く. ❷ A (動詞)と B (動詞)を同時に行う.¶连说带唱 / 話したりも歌ったりする.

【连裆裤】liándāngkù 名 ❶ [圕条 tiáo] 股の開いていない,子供のズボン. 反 开裆裤 kāidāngkù ❷ 方 ぐるになってかばい合うこと.¶穿～ / ぐるになってかばい合う.

*【连…都…】lián…dōu… (強調して) …ですら….さえ….…までもが….¶实在太忙了,连看报纸的时间都没有 / 忙しすぎて新聞を読むひまさえない.¶连小孩子都懂的道理难道你不懂吗? / 子供でさえわかる理屈なのに,まさかおまえはわからないのかい. 同 连…也 yě…

【连队】liánduì 名(軍事) [圕 个 ge] 軍の中隊.

【连发】liánfā 名 連発.¶～枪 / 連発銃.

lián 连

【连杆】liángǎn 名《機械》連接棒. コネクティング・ロッド.

【连根拔】liángēnbá 動❶ 徹底的に取り除く. ❷ 徹底的に暴く.

【连亘】liángèn 形《山脈などが》とぎれることなく続く. ¶山岭 shānlǐng～/ 山の峰がどこまでも連なる. 同 绵亘 miángèn, 绵延 miányán

【连拱坝】liángǒngbà 名《建築》アーチを横に連ねた形のダム.

【连拱桥】liángǒngqiáo 名《建築》アーチを連ねた形の橋.

【连贯】liánguàn 動 つなぐ. ひとつながりになる. ¶长江 Chángjiāng 大桥把南北交通～起来了 / 長江大橋は南北の交通をつないだ. ¶保持政策～/ 政策の一貫性を保つ. 同 联贯 liánguàn

【连锅端】liánguōduān 慣 徹底的に取り除く. 由来「なべさえも持ち去る」という意から.

【连环】liánhuán ❶ 名 つながっている輪. ❷ 動 たがいに関連している.

【连环保】liánhuánbǎo 名 旧 連帯保証. 参考 近隣同士で連帯責任を負わせ, 互いに監視させる制度.

【连环画】liánhuánhuà 名〔册 本 běn〕子供向けの絵物語. 同 小人儿书 xiǎorénrshū 参考 一つの物語を連続する絵であらわしたもの. 各コマには簡単なストーリーが付されている.

【连环计】liánhuánjì 名 ❶ 次々と仕掛けを張りめぐらした一連の計略. ❷ 元雑劇の演目の一つ. 連環計. 参考 ②は, 漢末の王允が美女貂蝉(ﾁｮｳｾﾝ)を呂布に嫁がせ, その後に董卓に献じて, 呂布が董卓を殺すようにしむけた故事.

【连击】liánjī ❶ 動 連続して攻撃する. ❷ 名動《スポーツ》バレーボールのドリブル(をする).

【连脚裤】liánjiǎokù 名〔条 tiáo〕足先までおおう赤ん坊のズボン. レギンス.

【连接】liánjiē 動 つながる. つなぐ. ¶山岭 shānlǐng～不断 / 山の峰がどこまでも連なる. ¶～两地的线路 / 二つの路線をつなぐ. 同 衔接 xiánjiē

【连接号】liánjiēhào 名 ハイフン(-). ⇨ 付録「句読点·かっこなどの用法」

【连接线】liánjiēxiàn 名《音楽》タイ. 同 连线

【连结】liánjié 動 一つに結びつける. 同 联结 lián jié

【连襟】liánjīn 名（～儿）相婿(ｱｲﾑｺ). 姉妹の夫同士.

【连裤袜】liánkùwà 名 パンティーストッキング.

【连累】liánlèi[-lei] 動 巻き添えにする. ¶这件事～您了,实在对不起 / この件ではあなたを巻き添えにしてしまって,本当に申し訳ありません. 同 牵累 qiānlèi, 拖累 tuōlěi.

【连类而及】lián lèi ér jí 成 類推する.

【连理】liánlǐ ❶ 文〕動 別々の木の幹や枝が同体化し,木理(ﾓｸﾒ)を通じ合う. ❷ 名《比喩として》仲むつまじい夫婦. 参考 は, 昔は吉兆とされた.

【连连】liánlián 副 続けざまに. 絶えず. ¶～点头 / 何度もうなずく. ¶～称好 / しきりに褒める.

*【连忙】liánmáng 副 急いで. あわてて. ¶他一道歉 dàoqiàn / 彼は急いであやまった. 同 赶紧 gǎnjǐn, 赶忙 gǎnmáng, 急忙 jímáng

【连袂】liánmèi →联袂 liánmèi

【连绵】liánmián 形《山脈·川の流れ·雨や雪などが》途切れることなく続いている. ¶梅雨 méiyǔ～/ 梅雨が降り続く. ¶沙丘 shāqiū～不绝 / 砂丘が連綿とどこまでも続く. 同 联绵 liánmián

【连年】liánnián 名 たて続けの数年. 連年. ¶～大丰收 / 連年, 大豊作だ. ¶物价～上涨 shàngzhǎng / 物価は数年間上昇を続けている.

【连篇】liánpiān 動 ❶ 一編一編と続く. ❷ 全編にわたっている. ¶白字～/ 誤字だらけだ.

【连篇累牍】lián piān lěi dú 成 文章がだらだらと長い. 由来 『隋書』李諤伝に見えることば. 「牍」は木簡のこと.

【连翩】liánpiān →联翩 liánpiān

【连翘】liánqiáo 名《植物·薬》レンギョウ.

【连任】liánrèn 動 ❶《選挙などで》再任する. ¶～首相 shǒuxiàng / 首相に再任する. ❷ 続けてそのポストにつく.

【连日】liánrì 名 連日. 毎日. ¶～高温,注意中暑 zhòngshǔ / 毎日高温が続いているので, 暑気あたりに注意して下さい.

【连声】liánshēng 副 続けざまに(声を出す). ¶～呼唤 hūhuàn / 大声で連呼する.

【连手】liánshǒu ❶ 動 手と手をつなぐ. 一緒に仕事をする. ❷ 名 共同作業者.

【连锁】liánsuǒ 形 いくつもつながっている. 連続している.

【连锁反应】liánsuǒ fǎnyìng 名 ❶《物理·化学》連鎖反応. 同 链式 liànshì 反应 ❷ 一つの出来事がきっかけとなり, 同種のことが次々に起こること. 連鎖反応.

【连锁(商)店】liánsuǒ (shāng-)diàn 名 チェーンストア.

【连台本戏】liántái běnxì 名《芸能》数回に分けて上演する長い芝居. 同 连台戏

【连天】liántiān ❶ 名 連日. ¶～大雨 / 連日の大雨. ❷ 副 絶え間ない. ¶叫苦～/ しきりに苦しみを訴える. ❸ 形 遠くまで続いて空とつながっているように見える. 天に達する. ¶湖水～/ 湖と空が遠くつながっている. 表現 ③は遠くの景色やたちのぼる炎をさすについていう.

【连通】liántōng 動 通じている. 同 联通 liántōng

【连通器】liántōngqì 名《物理》連通管.

【连同】liántóng 連 …と一緒に. ¶商品～清单一起送去 / 商品を明細書と一緒に送る.

【连写】liánxiě 動 ❶《言語》連写する. 中国語を"拼音字母 pīnyīn zìmǔ"で表記するとき, いくつかの音節を続けて書く. たとえば"中国"を"Zhōngguó", "图书馆"を"túshūguǎn"と書くこと. ❷ 書道で, 字画を続けて書くこと. 同 连笔 liánbǐ

*【连续】liánxù 動 連続する. ¶～不断地出问题 / たて続けに問題が出る. 同 持续 chíxù 反 间断 jiànduàn

【连续剧】liánxùjù 名〔部 bù,集 jí〕連続ドラマ. ¶电视～/ テレビの連続ドラマ.

【连续性】liánxùxìng 名 連続性.
【连选】liánxuǎn 動 再選する. ¶～连任 / 再選再任する.
【连夜】liányè 名 ❶ その夜. ¶他接到通知,～开会 / 彼は知らせを受けると,その夜のうちに会議を開いた. ❷ 毎晩. ¶连天～ / 連日連夜.
【连衣裙】liányīqún 名〔量 件 jiàn,套 tào,条 tiáo〕ワンピース.
【连阴天】liányīntiān くもりや雨の続く天気.
【连阴雨】liányīnyǔ 名 長雨.
【连用】liányòng 動 ❶ (いくつかのものを)連用する. ¶"俩"和"个"这两个字不能～ /"俩"と"个"の2文字は連用できない. ❷ (同じものを)続けて使用する.
【连云港】Liányúngǎng〈地名〉連雲港(ﾚﾝｳﾝｺｳ). 江蘇省にある市. 内陸水運の起点. 参考 旧称は"海州".
【连载】liánzǎi 動 連載する. ¶在晚报上～ / 夕刊に連載する.
【连长】liánzhǎng 名〔量 个 ge,名 míng,位 wèi〕軍の中隊長.
【连着】liánzhe 副 続けて. 続けざまに.
【连种】liánzhòng 動 "连作 liánzuò"に同じ.
【连轴转】liánzhóuzhuàn 慣 昼も夜もなく,休まないで働く.
【连珠】liánzhū 名 連ねた玉. 絶え間ない音などにたとえる.
【连珠炮】liánzhūpào 名 ❶〈軍事〉連続集中砲撃. ❷ (比喩として)立て続けに発すること. ¶放～ / 続けざまに言う.
【连属】liánzhǔ 動 文 一つにつながる. 一つに結びつける. 同 联 lián 属.
【连缀】liánzhuì 動 一つに結びつける. 同 联 lián 缀.
【连作】liánzuò 動〈農業〉連作する. 同 连种 liánzhòng,连茬 liánchá 反 轮作 lúnzuò.
【连坐】liánzuò 動 旧 (罪に)連座する.

怜(憐) lián 忄部5 四 9803₂ 全8画

索 ❶ あわれむ. 同情する. ¶可～ kělián (かわいそうだ) /～惜 liánxī. ❷ (子供などを)愛する. いつくしむ. ¶～爱 lián'ài.
【怜爱】lián'ài 動 かわいがる. いとおしむ.
【怜悯】liánmǐn 動 かわいそうに思う. ¶这是自作自受,不值得～ / これは自業自得だから,同情するようなことではない. 同 可怜 kělián
【怜惜】liánxī 動 情をかけていたわる. ¶不要～坏人 / 悪人に情けをかけてはいけない.
【怜香惜玉】lián xiāng xī yù 成 (男性が)女性を優しく思いやる.
【怜恤】liánxù 動 哀れに思って気づかう. 同情していたわる.

帘(簾❷) lián 穴部3 四 3022₇ 全8画 常用

名 ❶(～儿)商店などの店先にかかる目印の旗. ❷(～儿)〔量 挂 guà,张 zhāng〕すだれ. カーテン. ¶竹～ zhúlián (竹のすだれ) / 门～儿 ménliánr (入口にかける防寒用のカーテン) / 窗～儿 chuāngliánr (カーテン) / 纱～ shālián (レースのカーテン). ❸ (Lián)姓.
【帘布】liánbù 名 タイヤコード(タイヤの裏につける補強用繊維). 同 帘子布
【帘幕】liánmù 名 カーテン.
【帘子】liánzi 名〔量 个 ge,挂 guà,张 zhāng〕すだれ. カーテン. 同 帘儿 liánr
【帘子布】liánzibù →帘布 liánbù

莲(蓮) lián ⺾部7 四 4430₅ 全10画 常用

名 ❶〈植物〉ハス. ¶荷 hé,芙蕖 fúqú,菡萏 hàndàn,芙蓉 fúróng ❷(Lián)姓. 参考 地下茎"藕 ǒu"(レンコン)と種子"莲子 liánzǐ"は食用にする.
【莲步】liánbù 名 美女の足どり.
【莲菜】liáncài 名 方 レンコン. 同 藕 ǒu
【莲花】liánhuā 名〔量 朵 duǒ〕ハス. ハスの花. ¶～座 / 仏座. 同 荷花 héhuā
【莲花落】liánhuāiào 名〈芸能〉〔量 段 duàn,句 jù〕蓮花落. 俗曲の一種. 竹の2枚の板を打ち鳴らしながら,"莲花落,莲花落"と合いの手を入れて歌う.
【莲藕】lián'ǒu 名〔量 个 ge〕レンコン.
【莲蓬】liánpeng 名〔量 个 ge〕ハスの花托. 中に実がある. ¶～子儿 / ハスの実.
【莲蓬头】liánpengtóu 名 シャワーのノズル(出水口).
【莲台】liántái 名〈仏教〉仏座. 蓮台. 同 莲座 zuò
【莲心】liánxīn 名 ❶〈薬〉ハスの実の胚芽. ❷ ハスの実. 同 莲子
【莲子】liánzǐ 名〔量 颗 kē,粒 lì〕ハスの実. 同 莲蓬子儿 liánpengzǐr 参考 おかゆ,スープ料理や漢方薬に用いられる.

涟(漣) lián 氵部7 四 3413₅ 全10画 通用

索 ❶ さざ波. ¶～漪 liányī. ❷ 涙がとまらないようす. ¶～洏 lián'ér.
【涟洏】lián'ér 形 文 涙と鼻水が共に流れるようす.
【涟涟】liánlián 形 文 ❶ 涙がとめどなく流れるようす. ¶涕泪～ / 涙がとめどなく流れる. ❷ 雨などが続けて降るようす.
【涟漪】liányī 名 さざ波. ¶微风吹动,池中荡 dàng 起层层～ / かすかな風が吹き,池に幾重ものさざ波が起きた.

联(聯) lián 耳部6 四 1848₄ 全12画 常用

❶ 索 つなぎ合わせる. つながる. ¶～盟 liánméng / ～系 liánxì / ～名 liánmíng / 三～单(3枚つづりの伝票). ❷ 名 紙などに書いて家の入り口や柱などに張る対句. 对联(ﾄﾞｩｲﾘｪﾝ). ¶春～ chūnlián (春節に張る対聯) / 上～ shànglián (対聯の前半部) / 下～ xiàlián (対聯の後半部) / 挽～ wǎnlián (死者を哀悼する対聯). 同 对联 duìlián ❸ (Lián)姓.
【联邦】liánbāng 名 連邦. ¶～调查局 diàochájú / 連邦調査局. FBI. ¶～共和国 / 連邦共和国.
【联邦制】liánbāngzhì 名 連邦制.
【联播】liánbō 動 ネットワークで放送する. ¶新闻～ / ニュース・ネットワーク放送.
【联唱】liánchàng ❶ 動 同一テーマの一連の曲を,歌手から歌手へ送りながら連続して歌う. ❷ 名 同じ歌手によるメドレー.
【联大】liándà 名 ❶ Liándà "联合大学"(聯合大学)の略称. ❷ Liándà "联合国大会"(国連総会)の略称. 参考 ① は,抗日戦争期には,西北聯合大学と西南聯合大学が知られる. 近年では,北京のいくつかの大学が連合してできた北京聯合大学などがある.
【联电】liándiàn 名 (政治上の主張などを)連名で打つ電報.
【联动】liándòng 動 連動する.
【联队】liánduì 名 ❶〈スポーツ〉連合チーム. ❷〈軍事〉

(空軍の)翼側部隊.

【联防】liánfáng ❶ 共同で防衛する. ¶军民～/軍と民兵の共同防衛. ❷ 名《スポーツ》球technique技の連係ガード.

【联贯】liánguàn 動 "连贯 liánguàn"に同じ.

*【联合】liánhé 連合する. 結合する. 共同する. ¶我们要～世界上一切 yīqiè 爱好 àihào 和平的人们/世界中の平和を愛するすべての人と提携しなければならない. ❷ 形 連合の. 共同の. ¶～声明/共同声明. 表現 ②は,人・国家・企业・組織などについていう.

【联合公报】liánhé gōngbào 名 共同コミュニケ.

【联合国】Liánhéguó 名 国際連合. 国連.

【联合会】liánhéhuì 名 連合会. 連盟. 協会.

【联合机】liánhéjī 名《機械》二種の作業を同時に行う機械. コンバインなど.

【联合企业】liánhé qǐyè 名《経済》(旧ソ連の)コンビナート. ¶康平纳 kāngpíngnà

【联合收割机】liánhé shōugējī 名《農業》コンバイン.

【联合体】liánhétǐ 名《経済》異なる業界や部門どうしの連合組織.

【联合战线】liánhé zhànxiàn 名 統一戦線.

【联合政府】liánhé zhèngfǔ 名 連合政府. 連立内閣.

【联合制】liánhézhì 名 連合制.

*【联欢】liánhuān 動 (お祝いや親睦のために)人々が集う. ¶春节～会/春節の交歓会.

【联机】liánjī 動《コンピュータ》オンライン接続する. ¶～服务/オンラインサービス. 同 在线 zàixiàn

【联接】liánjiē 動 (互いに)つながる. つなぐ. 同 连 liánjiē

【联结】liánjié 動 一つに結びつける. ¶～三条铁路/3本の鉄道を結びつける. ¶～友情/友情を結ぶ. 同 连结 liánjié

【联军】liánjūn 名 連合軍.

【联络】liánluò 動 連絡をとる. つながりをつける. ¶～网/連絡網. ¶对外～/対外連絡係. ¶我们要多多接触 jiēchù, ～～感情/我々には付き合いを深め,心を通わせることが必要だ.

【联络员】liánluòyuán 名 (上部部門から下部部門へ情報を伝達する)連絡員.

【联袂】liánmèi 動 文 一緒に行動する. ¶～而来/一緒に来る. 同 连袂 liánmèi

【联盟】liánméng 名 連盟. ¶国际～/国際連盟. ¶结成～/同盟を結ぶ.

【联绵字】liánmiánzì 名《言語》聯綿字(れんめんじ). 二つの字からなる単純語. "参差 cēncī, 窈窕 yǎotiǎo, 辗转 zhǎnzhuǎn, 鹦鹉 yīngwǔ" など.

【联名】liánmíng 連名する. ¶～写信/連名で手紙を書く. ¶～发起/連名で発起する.

【联翩】liánpiān 形 とぎれることなく続く. ¶浮想～/(成)思いが次から次へと浮かぶ. ¶～而至/(成)次々とやって来る. 同 连翩 liánpiān 由来 鸟が連なって飛ぶようすから.

【联赛】liánsài 名 リーグ戦. ¶足球～/サッカーのリーグ戦.

【联手】liánshǒu ❶ 動 共同で作業する. ❷ 名 ①をする相手.

【联署】liánshǔ 動 連署する. 同 连署 liánshǔ

【联网】liánwǎng 名 ネットワーク.

【联席会议】liánxí huìyì 名 合同会議.

*【联系】liánxì 動 連絡する. 結びつく. つながりをもつ. ¶～人/連絡係. ¶保持～/つながりを保つ. ¶理论要～实际/理論は実際と結びつけねばならない. 同 联络 liánluò 反 分割 fēngē

【联系汇率】liánxì huìlǜ 名《金融》ペッグ為替相場. 参考 米ドルなど,他国の通貨に連動する固定為替相場.

【联系汇率制】liánxì huìlǜzhì 名《金融》ペッグ制.

【联想】liánxiǎng 動 連想する. ¶～起当时的情景/当時の情景を連想する. ¶～游戏/連想ゲーム.

【联谊】liányì 名 交誼を深める.

【联谊会】liányìhuì 名 親睦会. 交流会.

【联姻】liányīn 動 ❶ 姻戚関係を結ぶ. ❷ 緊密な連係や友好関係をもつ.

【联营】liányíng 動 共同経営する. ¶～公司/合弁会社.

【联运】liányùn 名 連絡輸送. ¶国际～/国際間の連絡輸送. ¶～票/連絡の切符. 连络切符.

【联展】liánzhǎn 動 合同で展覧会や展示即売会を開く.

【联属】liánzhǔ → 连属 liánzhǔ

【联缀】liánzhuì → 连缀 liánzhuì

裢(褳) lián
扌部7 四3423₅ 全12画 通用
→褡裢 dālián 参考 "裢",熟語の中では軽声となることもある.

廉 lián
广部10 四0023₇ 全13画 常用
❶ 素 清く正しい. 清廉だ. ¶～耻 liánchǐ/清～qīngliān (清廉だ). ❷ 素 値段が安い. ¶～价 liánjià/低～ dīlián (安い)/价～物美(成) 安いし,物がよい). ❸ (Lián)姓.

【廉耻】liánchǐ 名 廉潔な行いと恥を知る心. ¶不顾～/破廉恥だ.

【廉价】liánjià 形 値段が安い. ¶～品/バーゲン品. ¶～出售 chūshòu/安売りする. 同 低价 dījià 反 高价 gāojià

【廉洁】liánjié 形 私欲がなく,公正だ. 清廉だ. ¶～的干部/清廉な公務員.

【廉洁奉公】liánjié fènggōng 句 清廉に公務を勤める.

【廉明】liánmíng 形 (役人などが)清廉で公正だ.

【廉内助】liánnèizhù 名 (特に金銭面で)清廉潔白な妻.

【廉正】liánzhèng 形 清く正しい. ¶～无私/廉潔で私心がない.

【廉政】liánzhèng ❶ 動 政治を清廉にする. ¶～措施/政治を浄化する措置. ❷ 名 清廉な政治.

鲢(鰱) lián
鱼部7 四2413₅ 全15画 通用
名《魚》レンギョ. 同 鲋 xù

【鲢鱼】liányú 名《魚》レンギョ.

濂 Lián
氵部13 四3013₇ 全16画 通用
素 地名用字. ¶～江 Liánjiāng (江西省にある川の名).

臁 lián
月部13 四7023₇ 全17画 通用
名 すねの両側. ¶～骨 liángǔ (脛骨)/～疮 liánchuāng (すねの両側にできる皮膚病).

镰(鐮/異鎌) lián
钅部13 四8073₇ 全18画 常用
名 ❶ かま. ¶～刀 liándāo/钐～ shànlián (柄の長い大がま)/开～ kāilián (かま入れをする). ❷ (Lián)姓.

【镰刀】liándāo 名〔把 bǎ〕かま.

蠊 lián
虫部13 四 5013₇ 全19画 通用
→ 蜚蠊 fěilián

琏(璉) liǎn
王部7 四 1413₅ 全11画 通用
名 古代,宗廟にそなえるための穀物を盛るうつわ.

敛(斂) liǎn
攵部7 四 8814₀ 全11画 次常用
动 ❶ 中へおさめる. ¶～容 liǎnróng / ～足 liǎnzú / 收～ shōuliǎn（弱まる.ひかえめにする）. ❷ とどめる.拘束する. ¶～迹 liǎnjì. ❸ 金や物をかき集める. ¶～钱 liǎnqián / 横 héng 征暴 bào～（咸 重税をしぼり取る）.
【敛财】liǎn//cái 財貨をうばいとる.
【敛迹】liǎnjì 动② 姿をかくす. ¶盗匪 dàofěi～/ 賊が鳴りをひそめる.
【敛钱】liǎn/qián 动 みんなから金を集める.
【敛衽】liǎnrèn 动② ❶ 襟を正す.相手への敬意をあらわす. ¶～而拜 / 襟を正してあいさつする. ❷ 女性があいさつする. 回 袷衽 liǎnrèn
【敛容】liǎnróng 动② 笑いを消す.顔をひきしめる. ¶～正色 / 笑いを消して真顔になる.
【敛足】liǎnzú 动 歩みを止める. ¶～不前 / 歩みを止めて進まない.

脸(臉) liǎn
月部7 四 7821₉ 全11画 常用
名 ❶ 〔张 zhāng〕顔. ¶圆～ yuánliǎn（丸顔）/ 洗～ xǐliǎn（顔をあらう）. ❷ （～儿）もの前面. ¶门～儿 ménliǎnr（門や店の表側）/ 鞋～儿 xiéliǎnr（靴の甲）. ❸ 体面.メンツ. ¶丢～ diūliǎn（面目をなくす）/ 不要～（恥知らず）. ❹ （～儿）顔つき.表情. ¶～红 liǎnhóng / 笑～儿 xiàoliǎnr（笑顔）/ 把～一变（顔色をさっと変える）.
【脸蛋儿】liǎndànr 名〔個 个 ge,张 zhāng〕ほっぺた.ほお. 表现 "脸蛋儿"は,かわいいという気持ちをあらわし,"脸蛋子 liǎndànzi"は,にくたらしいという気持ちをあらわす.
【脸红】liǎnhóng 形 顔が赤くなる.興奮している.恥ずかしい. ¶你为什么要～呢？ / あなたどうして顔を赤らめるの.
【脸红脖子粗】liǎn hóng bózi cū 俗 あわてたり,いきり立って,顔や首が赤くはれるようす.
【脸颊】liǎnjiá 名 ほお.また顔のよう. ¶红晕 hóngyùn 的～ / ほんのりと赤みのさしたほお.
【脸孔】liǎnkǒng 名 顔. 顔つき. ¶他的～长得 zhǎngde 很像他父亲 / 彼の顔つきは父親そっくりだ. 回 面孔 miànkǒng
【脸面】liǎnmiàn 名 ❶ 顔. ¶～消瘦 / 顔がやつれている. ❷ 面目.メンツ. ¶丢失～ / 面目を失う.
【脸盘儿】liǎnpánr 名 ⓓ 顔のりんかく.顔だち. 回 脸庞 liǎnpáng
【脸庞】liǎnpáng 名 顔だち. 回 脸盘儿 liǎnpánr
【脸盆】liǎnpén 名〔个 ge,只 zhī〕洗面器.
【脸皮】liǎnpí 名 ❶ 顔の皮膚. ¶白净～ / 白い顔. ❷ メンツ.顔. ¶撕不破 sībùpò～ / 顔をつぶすことができない. ¶我没有～去见他了 / 彼に合わせる顔なんてありません. ❸ 羞恥心. ¶～厚 / 面の皮が厚い. ¶～薄 / すぐにはにかむ.シャイだ. ¶真不要～！ / まったく厚かましい.
【脸谱】liǎnpǔ 名〔芸能〕〔個 个 ge,种 zhǒng〕（伝統劇の役者の）くまどり. ¶京剧～ / 京劇役者の顔のくまどり. 参考 図柄によって,登場人物の性格や特徴をあらわす. ⇨付録「京劇入門」
【脸谱化】liǎnpǔhuà 名 没個性化.固定化. ¶文学作品で,登場人物をありきたりな枠にはめて,没個性的に描く傾向をいう.
【脸软】liǎnruǎn 形 情にもろい.気が弱い.
【脸色】liǎnsè 名 ❶ 顔の色.血色. ¶～微红 / 顔がほんのりと赤い. ¶～发青 / 顔面蒼白になる. ❷ 顔の表情. ¶～温和 / 表情が穏やかだ. ¶看～说话 / 顔色をうかがいながら話す.
【脸上无光】liǎnshang wúguāng 慣 面目をなくす.
【脸水】liǎnshuǐ 名 顔を洗う水.
【脸膛儿】liǎntángr 名 方 ¶四方～ / 四角い顔.
【脸形】[型] liǎnxíng 名 顔かたち.
【脸硬】liǎnyìng 形（仕事上などで）情に流されない.
【脸子】liǎnzi 名 方 ❶ 容貌. ❷ 不愉快な顔つき. ¶给人～看 / 不愉快な顔つきをする. ❸ メンツ.面目. 表现 ① は美貌を指すことが多いが,軽い口調で用いる.

裣(襝) liǎn
衤部7 四 3821₉ 全12画 通用
下記熟語を参照.
【裣衽】liǎnrèn 动 "敛衽 liǎnrèn"②に同じ.

蔹(蘞) liǎn
艹部11 四 4414₈ 全14画 通用
名〔植物・薬〕ビャクレン.

练(練) liàn
纟部5 四 2519₄ 全8画 常用
❶ 名② 白いねり絹. ¶澄 chéng 江静如～（澄んだ川面が静かなようすは,ねり絹のようだ）. ❷ 动 生糸をよく煮てやわらかく白くする.練る. ¶～丝 liànsī（生糸を練る）. ❸ 动 練習する.訓練する. ¶～习 liànxí / ～兵 liànbīng / ～工夫 / 操～ cāoliàn（訓練する）/ 教～ jiàoliàn（コーチする）. ❹ 形 熟練している. ¶～达 liàndá / 老～ lǎoliàn（老練だ）/ 熟～ shúliàn（熟練している）. ❺（Liàn）姓.

筆順: 纟 纟 纩 纩 练 练

孙悟空　　项羽　　关羽

脸谱

【练笔】liàn//bǐ 動 ❶作文の練習をする。❷字を書く練習をする。
【练兵】liàn//bīng 動 ❶兵士を訓練する。¶～场 / 练兵场。❷選手や役者などを訓練する。
【练操】liàncāo 動〈軍隊〉を操練する。
【练达】liàndá 形文 経験豊富で世故に長じている。
【练队】liàn//duì 動 行進や行列の練習をする。
【练工夫】liàn gōngfu 動 修業を積む。腕を磨く。
【练功】liàn//gōng 動 武術のけいこをする。¶～房 / けいこ部屋。
【练球】liànqiú 動〈スポーツ〉ボール競技の練習をする。
【练手】liàn//shǒu 動 (～儿)手慣らしのために試してみる。練習のためにやってみる。
【练摊】liàntān 動方 (～儿)露店を出して商売する。
【练武】liàn//wǔ 動 ❶武芸の修業をする。¶～强身 / 武芸の修業をして身体を強くする。❷軍事訓練する。
**【练习】liànxí ❶動 練習する。¶～书法 / 書道を練習する。❷名[量 个 ge,项 xiàng] 練習問題。¶～本 / ワークブック。¶～题 / 練習問題。
【练习曲】liànxíqǔ 名〈音楽〉練習曲。
【练习生】liànxíshēng 名旧 銀行や企業の見習い職員。

炼(煉 / 異 鍊) liàn
火部5 全9画 四 9589₄ 常用

❶動 加熱して純化または強化する。¶～铁 liàntiě / ～乳 liànrǔ / 精～ jīngliàn（精錬する）/ 冶～ yěliàn（製錬する）/ 真金不怕火～ 成 本物はいかなる試練をもおそれない。❷動 焼く。¶～山 liànshān。❸索（ことばを）練る。¶～字 liànzì / ～句 liànjù / 锤～ chuíliàn（文や芸にみがきをかける）。❹(Liàn)姓。
【炼丹】liàn//dān 動 方術の一種。道教の道士が辰砂(しんしゃ)などで不老長寿の薬を作る。参考 後に、心体の「精・気・神」を鍛えることを「内丹」といい、薬物を煮ることを「外丹」というようになった。
【炼钢】liàn//gāng 動〈冶金〉製鋼する。鋼鉄を作る。
【炼焦】liàn//jiāo 動〈冶金〉コークスを作る。¶～炉 lú / コークス炉。
【炼金术】liànjīnshù 名 錬金術。
【炼句】liànjù 動 詩句や文章を練る。
【炼乳】liànrǔ 名 練乳。コンデンスミルク。
【炼山】liàn//shān 動 (造林などのために)山焼きをする。
【炼铁】liàn//tiě 動〈冶金〉銑鉄(せんてつ)を作る。¶～炉 lú / 高炉。溶鉱炉。¶～厂 / 製鉄所。
【炼油】liàn//yóu 動 ❶石油を分別蒸留する。❷精油する。¶～厂 / 精油所。❸動植物の油を加熱して食用油にする。
【炼狱】liànyù 名 ❶〈仏教〉煉獄(れんごく)。浄罪界。❷人を鍛える苦しい環境。
【炼制】liànzhì 動 精錬する。
【炼字】liànzì 動 文章中の用字を推敲する。

恋(戀) liàn
心部6 四 0033₃ 全10画 常用

索 ❶恋する。¶～歌 liàngē / ～人 liànrén / 初～ chūliàn（初恋）/ 失～ shīliàn（失恋する）。❷心に残って忘れられない。別れがたい。¶留～ liúliàn（名残おしく思う）/ ～家 liànjiā / ～～不舍 shě。
*【恋爱】liàn'ài ❶名 恋愛。¶自由～ / 自由恋愛する。❷動 恋愛する。¶～谈 / 谈～ / 恋愛する。
【恋爱观】liàn'àiguān 名 恋愛観。
【恋歌】liàngē 名〔首 shǒu,支 zhī〕恋の歌。
【恋家】liàn//jiā 動 家を恋しがる。ホームシックになる。
【恋旧】liànjiù 動 故人や故郷を懐かしむ。昔を懐かしむ。
【恋恋不舍】liàn liàn bù shě 成 名残おしくて離れられないようす。
【恋情】liànqíng 名 ❶名残おしい気持ち。❷恋心。愛情。
【恋群】liànqún 動 (人が)仲間を恋しがる。(動物が)群れたがる。¶孩子具有～性 / 子供は仲間と一緒にいたがるものだ。
【恋人】liànrén 名〔对 duì〕恋人。¶年青的～ / 若いカップル。
【恋栈】liànzhàn 動 役人が自分のポストに、いつまでもしがみつく。由来「ウマがウマ小屋から離れたがらない」という意から。
【恋战】liànzhàn 動 あくまでも勝利を求め、撤退しない。¶不敢～ / 戦い続ける勇気がない。用法 多く否定形で用いる。

殓(殮) liàn
歹部7 全11画 通用 1821₉

素 死者を納棺する。¶入～ rùliàn（死者を棺に入れる）/ 装～ zhuāngliàn（納棺する）。

链(鏈 / 異 鍊) liàn
钅部7 全12画 四 8473₅ 常用

❶名 (～儿)[量 根 gēn,条 tiáo] 鎖。¶锁～ suǒliàn（鎖）/ 项～ xiàngliàn（ネックレス）/ 拉～ lāliàn（ファスナー）。❷量 海上で距離を計る単位。1"链"は10分の1"海里 hǎilǐ"。185.2メートル。
【链轨】liànguǐ 名 キャタピラー。
【链带】liàndài 名 履帯 lǚdài
【链接】liànjiē 名動〈コンピュータ〉リンク(する)。
【链锯】liànjù 名 チェーンソー。= 油锯 yóujù。
【链霉素】liànméisù 名〈薬〉ストレプトマイシン。
【链球】liànqiú 名〈スポーツ〉❶ハンマー投げ。❷ハンマー投げのハンマー。
【链球菌】liànqiújūn 名〈医学〉連鎖球菌。
【链式反应】liànshì fǎnyìng 名〈化学〉連鎖反応。同 支链 zhīliàn 反应,连锁 liánsuǒ 反应
【链条】liàntiáo 名[量 根 gēn,条 tiáo] 鎖。チェーン。ベルト。¶～锁 suǒ / チェーンロック。
【链子】liànzi 名[量 根 gēn,条 tiáo] 鎖。チェーン。¶自行车～断了 / 自転車のチェーンが切れた。

楝 liàn
木部9 四 4599₆ 全13画 通用

名〈植物・薬〉センダン。
【楝树】liànshù 名〈植物〉センダンの木。参考 種子・皮・根などは薬用となる。

潋(瀲) liàn
氵部11 四 3814₀ 全14画 通用

下記熟語を参照。
【潋滟】liànyàn 形文 ❶水がいっぱいだ。あふれている。¶金樽 jīnzūn～ / 黄金の酒樽には酒がなみなみとしている。❷さざ波が立っている。¶湖光～ / 湖面にさざ波が立って美しい。

liang ㄌㄧㄤ〔liaŋ〕

良 liáng
艮部1 四 3073₂ 全7画 常用

❶[素] よい．立派だ．¶优～ yōuliáng（すぐれている）/ ～好 liánghǎo / 消化 xiāohuà 不～（消化不良）．❷[素] 善良な人．良民．¶除暴 bào 安～（悪者を除き良民を安んずる）．❸[素] 非常に．はなはだ．¶～久 liángjiǔ / 获益 huòyì ～多（得た利益は，本当に大きい）．❹（Liáng）姓．

【良策】 liángcè [名] 良策．¶别无～ / ほかに良策がない．¶献～ / よいアイデアを出す．

【良辰美景】 liáng chén měi jǐng [成] よい時節と美しい風景．

【良方】 liángfāng [名] ❶〔⓺ 张 zhāng〕治療効果のある処方．❷よい手立て．妙案．

*【良好】 liánghǎo [形] ❶好ましい．よい．¶印象～ / 印象がよい．/ ～的成绩 / よい成績．/ 身体恢复～ / 体の回復がよい．❷学校の成績で，"优秀 yōuxiù"（優秀）と"及格 jígé"（合格）の間にあるもの．"A,B,C"の評点の「B」に当たる．

【良机】 liángjī [名][文] よい機会．¶莫 mò 失～ / チャンスを逃すな．¶～难再 / よい機会はなかなか来ない．¶错过～ / 良チャンスを逃す．

【良家】 liángjiā [名][旧] ¶～妇女 / 良家の女性．

【良久】 liángjiǔ [形] 久しい．長い間．¶沉思 chénsī ～ / 長い間考え込む．⇨好久 hǎojiǔ，许久 xǔjiǔ

【良民】 liángmín [名][旧] ❶平民．❷おきてをよく守る人民．[表现] ①は"贱民 jiànmín"，"奴隶 núlí"と区別して言う．

【良人】 liángrén [名][文] 夫．

【良师益友】 liáng shī yì yǒu [成] よき師よき友．

【良田】 liángtián [名]〔⓺ 块 kuài，片 piàn〕肥沃な田畑．¶荒山变成～ / 荒山が良田に変わる．

【良宵】 liángxiāo [名] 美しい夜．よい夜．¶中秋佳节，阖家 héjiā 团圆，欢度～ / 中秋節には一家がだんらんし，楽しく夕べを過ごす．

【良心】 liángxīn [名] 良心．¶有～ / 良心がある．¶～发现 / 良心がめざめる．

【良性】 liángxìng [形]《医学》良性の．[反] 恶性 èxìng

【良性肿瘤】 liángxìng zhǒngliú 《医学》良性腫瘍（よう）．

【良言】 liángyán [名] 有益で心温まる話．

【良药】 liángyào [名]〔⓺ 剂 jì〕よく効く薬．良薬．[表现] 比喩にもよく用いられる．

【良药苦口】 liáng yào kǔ kǒu [成] 良薬は口に苦し．

【良医】 liángyī [名] 名医．[反] 庸医 yōngyī

【良友】 liángyǒu [名] よい友人．

【良莠不齐】 liáng yǒu bù qí [成] 玉石混淆（こう）だ．善人もいれば悪人もいる．[参考]"莠"はエノコログサのことで，悪人のたとえ．

【良缘】 liángyuán [名] 良縁．¶喜结 xǐjié ～ / 良縁を結ぶ．

【良知】 liángzhī [名] ❶《哲学》良知（りょうち）．人が生まれながらに具えている，是非や善悪を誤らない本能．❷良心．❸知識．

【良知良能】 liáng zhī liáng néng [成] 人が生まれながらにして持っている，是非や善悪を判断する本能．[由来]『孟子』尽心上に見えることば．

【良种】 liángzhǒng [名] 優良品種．¶水稻 shuǐdào ～ / イネの優良品種．¶～马 / 血統のいいウマ．

【良渚文化】 Liángzhǔ wénhuà [名]《历史》良渚文化．四千年前の新石器文化．1936年に浙江省余杭の良渚鎮で発見された．これにより，中国文明が黄河以外に多くの文明発生地があったことが分かった．

凉（异 涼） liáng

冫部8 四 3019₆ 全10画 常用

❶[形] 涼しい．冷たい．¶阴～ yīnliáng（日陰で涼しい）/ ～水 liángshuǐ / 饭～了（ご飯が冷めた）/ 过了秋分 qiūfēn 天就～了（秋分を過ぎると涼しくなった）．[反] 热 rè ❷[形] 失望する．がっかりする．興ざめる．¶一听到这消息，他心里就～了（その知らせを聞いたとたん，彼はがっかりした）．❸（Liáng）姓．
☞ 凉 liàng

【凉白开】 liángbáikāi [名] 湯ざまし．[同] 凉开水 shuǐ

【凉拌】 liángbàn [动]《料理》冷たい食品に味をつけて混ぜる．¶～黄瓜 / キュウリあえ．¶～面 / 冷しうどん．

【凉菜】 liángcài [名]《料理》〔⓺ 盘 pán，样 yàng〕冷たいまま食べる小料理．前菜．

【凉碟】 liángdié [名]（～儿）《料理》小皿に盛った冷たい料理．前菜．

【凉粉】 liángfěn [名]（～儿）《料理》緑豆などの粉で作った，"ところてん"に似た食べ物．[参考] ニンニクやカラシなどで作ったたれをかけて食べる．

【凉风】 liángfēng [名] 涼しい風．¶～习习 xíxí / そよそよと風が吹く．¶～送爽 shuǎng / 涼風がわたり，さわやかだ．

【凉开水】 liángkāishuǐ [名] 湯冷まし．

*【凉快】 liángkuai ❶[形] 涼しい．¶今天比昨天～一点儿 / 今日は昨日よりいくらか涼しい．❷[动] 涼む．¶走，出去～～ / ちょっと外へ涼みに行こう．

【凉帽】 liángmào [名] 日よけ帽．

【凉面】 liángmiàn [名]《料理》冷麺．

【凉棚】 liángpéng [名] ❶〔⓺ 座 zuò〕アンペラなどを張った日覆（おお）い．日よけ．❷かざした手．小手．¶手搭 dā ～看远处 / 手をかざして遠くを見る．

【凉气】 liángqì [名]（～儿）涼しい空気．¶～袭 xí 人 / 冷気で体の芯まで冷える．

【凉伞】 liángsǎn [名] 日よけ．パラソル．

【凉爽】 liángshuǎng [形] 涼しく，さわやかだ．¶这衣服穿着很～ / この服はとても涼しい．[同] 凉快 liángkuai

【凉水】 liángshuǐ [名] ❶冷たい水．❷なま水．¶少喝～ / なま水を控える．

【凉丝丝】 liángsīsī [形]（～的）肌寒い．ひんやりする．¶清晨 qīngchén 的空气～的，特别舒服 / 早朝の空気はひんやりしていて，とても気持ちがいい．

【凉飕飕】 liángsōusōu [形]（～的）うすら寒い．¶～的秋风 / うすら寒い秋風．

【凉台】 liángtái [名] ベランダ．テラス．バルコニー．

【凉亭】 liángtíng [名]〔⓺ 个 ge，座 zuò〕あずまや．

【凉席】 liángxí [名]〔⓺ 领 lǐng，张 zhāng〕（竹やイグサなどで編んだ）夏の寝ござ．

【凉鞋】 liángxié [名]〔⓺ 双 shuāng，只 zhī〕サンダル．

【凉药】 liángyào [名]《中医》〔⓺ 副 fù，剂 jì〕漢方薬の一つ．牛黄や黄連など，"败火"，"解热"の働きをするもの．

【凉意】 liángyì [名]〔⓺ 点 diǎn，丝 sī，些 xiē〕涼しい気配．涼しさ．¶早晚已有些～了 / 朝晩はもういくらか涼しく感じる．

【凉枕】 liángzhěn [名] 夏に用いる籐や竹，陶器などの枕．

梁（异 樑❶~❹） liáng

木部7 全11画 四 3390₄ 常用

❶[名]〔⓺ 根 gēn〕はり．¶上～ shàngliáng（はりを渡す）．❷[素] 橋．¶桥～ qiáoliáng（橋梁）/ 津～

jīnliáng（橋渡し）. ❸[素]器具の上に，弓形にさし渡した取っ手. ¶茶壶～儿 cháhúliángr（どびんの取っ手）. ❹[素]物の中央に背骨のように高くなっている部分. ¶鼻～ bíliáng（鼻筋）／山～ shānliáng（尾根）. ❺（Liáng）[名]戦国時代の国名. 梁（りょう）. 魏は"大梁"（河南省開封）に遷都してから，国名を"梁"に改めた. ❻（Liáng）[名]王朝の名. 梁（りょう）. 南朝の一つ. 蕭衍が建てた国（502–557）. ❼（Liáng）[名]王朝の名. 後梁（こうりょう）. 五代の一つ. 朱温が建てた国（907–923）．（回）后梁 Hòu Liáng ❽（Liáng）[名]姓.

【梁启超】Liáng Qǐchāo《人名》梁 啓 超（りょうけいちょう）：1873–1929. 清代末の学者，政治家.

【梁山伯与祝英台】Liáng Shānbó yǔ Zhù Yīngtái [名]「梁山伯（りょうざんぱく）と祝英台（しゅくえいだい）」. [参考]民間故事. 題名は主人公の男女の名. 2人は愛し合っていたが結婚できずに死んで蝶となる. 劇化・映画化されたほか，バイオリン協奏曲も作られた.

梁启超

【梁上君子】liáng shàng jūn zǐ〔成〕どろぼう. [由来]『後漢書』陳寔（ちんしょく）伝に見えることば. 漢の陳寔が，梁（はり）の上に隠れているどろぼうを「梁上の君子」と呼んだことから.

【梁子】liángzi ❶山の尾根.（回）山脊 shānjǐ ❷《芸能》"评书"（講談）などの演芸で，語る内容の要約.

椋 liáng 木部 8 四 4099₆ 全12画 通用

下記熟語を参照.

【椋鸟】liángniǎo《鳥》ムクドリ.
【椋子木】liángzimù《植物》ムクノキ.

辌 (輬) liáng 车部 8 四 4059₆ 全12画

→辒辌 wēnliáng

量 liáng 日部 8 四 6010₅ 全12画 常用

❶[動]計測する. はかる. ¶～地（土地を測量する）／体温（体温をはかる）／測～ cèliáng（測量する）／用斗 dǒu～米（ますで米をはかる）. ❷[素]見積もる. 推し量る. ¶思～ sīliáng（考える）／打～ dǎliáng（推し量る）. ☞ 量 liàng

【量杯】liángbēi [名]メートルグラス.
【量程】liángchéng [名]計器の測定できる範囲.
【量度】liángdù [名]測定. 計測. ¶～仪器 yíqì（測定器）.
【量规】liángguī《機械》限界ゲージ.
【量角器】liángjiǎoqì [名]分度器.
【量具】liángjù [名]計測器.
【量块】liángkuài [名]《機械》ブロックゲージ. 標準寸法どおりに精密加工した直方体の鋼片で，精密工作や精密測定の基準とする.（回）块规 guī
【量瓶】liángpíng [名]計量フラスコ.
【量热器】liángrèqì [名]熱量計. カロリーメーター.
【量筒】liángtǒng [名]メスシリンダー.
【量雨筒】liángyǔtǒng [名]雨量計.

粮 (糧) liáng 米部 7 四 9393₂ 全13画

❶[素]食糧. 穀類・マメ類・イモ類の総称. ¶杂～ záliáng（雑穀）／口～ kǒuliáng（食糧. 食べもの）／～仓 liángcāng（～食 liángshi. ❷[素]農業税として納める穀物. ¶钱～ qiánliáng（地租）／公～ gōngliáng（税として納める穀物）. ❸（Liáng）姓.

【粮仓】liángcāng [名]❶〔座 zuò〕穀物倉庫. ❷穀倉地帯.
【粮草】liángcǎo [名]軍隊の食糧と飼料.
【粮店】liángdiàn [名]〔家 jiā〕食料品店. とくに穀物を扱う店.
【粮荒】liánghuāng [名]食糧不足. ¶闹 nào～／食糧不足が起こる.
【粮库】liángkù [名]〔座 zuò〕食料（穀物）倉庫.
【粮秣】liángmò [名]軍隊の食糧と飼料.（回）粮草 liángcǎo
【粮农】liángnóng [名]主に穀物を栽培する農民.
【粮票】liángpiào [名]〔张 zhāng〕食糧切符. 食料の配給を受け取るのに必要な切符. 1950–70年代，主食や油などを手に入れるために不可欠であったが，最近では現金でも買えるようになったため，あまり見かけなくなった.
*【粮食】liángshi [名]❶〔包 bāo, 袋 dài, 颗 kē, 粒 lì〕食糧. 主食となる穀物・マメ類・イモ類の総称.

粮食作物 liángshi zuòwù [名]《農業》イネ・コムギ・雑穀などの作物の総称.

【粮饷】liángxiǎng [名](旧)将校や兵士に支給する食糧と金銭.
【粮油】liángyóu [名]植物油.
【粮援】liángyuán [名]食糧援助.
【粮栈】liángzhàn [名]❶〔个 ge, 家 jiā〕穀物問屋. ❷食糧貯蔵倉庫.
【粮站】liángzhàn [名]〔个 ge, 家 jiā〕食糧管理センター.

梁 liáng 米部 7 四 3390₄ 全13画 常用

❶[素]穀物の一種の食物. ¶膏～ gāoliáng（脂身のある肉と白いご飯. ごちそう）. ❸（Liáng）姓. [表現]①は，ふつうは"谷子 gǔzi"と言い，殻を取ったものを"小米 xiǎomǐ"と言う. 古くは優良な品種を"梁"と言った.

跟 liáng ⻊部 7 四 6313₂ 全14画 通用

→跳跟 tiàoliáng
☞ 跟 liàng

两 (兩) liǎng 一部 6 四 1022₇ 全7画 常用

❶[数]2.
❷[数]（双数をあらわし）双方. 両方. ¶～便 liǎngbiàn. ¶～可 liǎngkě. ¶～全其美 liǎng quán qí měi.
❸[数]10以下の不定の数をあらわす. ⌦"几 jǐ"とほぼ同じ. ¶多住～天吧／もう2,3日泊まっていきなさい. ¶我说～句／私がちょっと話します.
❹[量]重さの単位. 1"两"は1"斤 jīn"の10分の1. 50グラム.
❺（Liǎng）姓.

> ✎ "二èr"と"两"
>
> 1．"两"を使う場合
> ①量詞の前.
>   ◇两本书／2冊の本.
>   ◇两张纸／2枚の紙.
>   ◇两点钟／2時.
>   ◇两块钱／2元.

◇两天 / 2日間.
◇两年 / 2日間.
◇两次 / 2回.
◇两倍 / 2倍.
🖉 10以上の場合,量詞のあるなしに関わらず"二".
◇十二个学生 / 学生12人.
◇二十把椅子 / 椅子20脚.
◇二十二块钱 / 22元.
🖉 量詞"位"は"两","二"共に可.
◇二位 / おふたり様.
②新しい度量衡の単位の前.
◇两吨 dūn / 2トン.
◇两公里 / 2キロメートル.
2."二"を使う場合
①数を読む時.
◇一,二,三,四 / 1,2,3,4.
②小数.分数.
◇零点二 / 0.2.
◇三分之二 / 3分の2.
③序数.
◇第二 / 第2.
◇二哥 / 2番目の兄.
◇二月二号 / 2月2日.
④伝統的な度量衡("丈,尺,寸,亩,斤,……")の単位の前では"两","二"共に用いるが,"两"が一般的の.
🖉 ただし"两"の場合はかならず"二两"(100ɡ).
◇来二两酒 / 酒を2両下さい.
3.大きな数の数え方
①"百,千,万"が大きな数の中で用いられている場合ふつう"二".
◇3,200 / 三千二百.
◇32,000 / 三万二千.
◇3,020,000 / 三百零二万.
②数の頭に来る場合はふつう"两".
◇200 / 二百(两百).
◇2,000 / 两千.
◇20,000 / 两万.
◇2億 / 两亿 yì.
◇22,200 / 两万二千二百.
🖉 ただし200は"二百"と読むことが多い.

【两岸】liǎng'àn 名 ❶ 川や海峡などの両岸. ❷ 中国大陸と台湾. 台湾海峡の両岸にあることから.

【两败俱伤】liǎng bài jù shāng 成 争った双方ともに痛手を受ける.

【两半儿】liǎngbànr 名 半分に分けた両方. ¶把苹果切成 qiēchéng~ / リンゴを半分に切る.

【两边】liǎngbiān 名 ❶ 両側. 両端. ¶柜子的~ / タンスの両端. ❷ 二方向. 二ヶ所. ¶这间屋子~有窗户 / この部屋には二ヶ所に窓がある. ❸ 当事者の双方. ¶~都说好了 / 双方とも話がついた.

【两边倒】liǎngbiāndǎo 慣 はっきりとした立場や意見がなく,どっちつかずだ. ¶他做事常是~ / 彼は何をするにもどっちつかずだ.

【两便】liǎngbiàn 形 ❶ 双方にとって都合がよい. ¶您不用等我了,咱们~吧 / 私を待つには及びません. 別々に行動しましょう. ❷ ~之 zhī 法 / 互いに利する方法. ¶公私 gōngsī~ / 公私ともに利がある. 表現 ①は多く途中で人と別れて行動する時の決まり文句.

【两不找】liǎng bù zhǎo 慣 ❶ (品物の値段と同額を支払い)釣り銭がない. ❷ (物々交換で)品物の価値が釣り合っている.

【两曹】liǎngcáo 名 文 原告と被告. 同 两造 liǎngzào

【两重】liǎngchóng 形 二重の. ¶~意义 / 二重の意味.

【两重性】liǎngchóngxìng 名 二重性. 二面性. ¶他的性格具有~ / 彼は性格に二面性がある. 同 二重性 èrchóngxìng

【两次三番】liǎng cì sān fān 成 何度も何度も. 同 三番两次

【两弹一星】liǎngdànyīxīng 名《軍事》原子爆弾・ミサイル・人工衛星を指すことば. 参考 後に水素爆弾も含めた.

【两党制】liǎngdǎngzhì 名 二大政党制.

【两抵】liǎngdǐ 动 相殺(ﾋ)する. ¶收支 shōuzhī~ / 収支が差し引きゼロになる.

【两地】liǎngdì 名 二ヶ所. ¶他们夫妻分居 fēnjū~多年了 / 彼ら夫婦は別々に分かれて長年暮らした.

【两点论】liǎngdiǎnlùn 名《哲学》二点論. 対立する二つの視点から物事を観察すべきだとする理論. 参考 唯物弁証法に関する観点を,毛沢東が簡明に表現したもの.

【两端】liǎngduān 名 ❶ 両方の端. ❷ 始めと終わり. ❸ 両極端.

【两个凡是】liǎng ge fánshì 句 二つの"凡是"(すべて). 参考 1977年2月に共産党系新聞や雑誌に掲載された二つの"凡是"のつくことば. "凡是毛主席作出的决策,我们都坚决维护"(毛主席の決めた決策はすべて,断固として擁護する),"凡是毛主席的指示,我们都始终不渝地遵循"(毛主席のすべての指示に,最後まで変わらずに従う). 当時の共産党内極左勢力が,改革開放路線への転換を阻止しようとして掲載した.

【两广】Liǎng Guǎng 名 広東(ﾄﾝ)省と広西チワン族自治区の並称.

【两汉】Liǎng Hàn 名《歴史》前漢と後漢の並称. 参考 中国では前漢を"西汉 Xī Hàn",後漢を"东汉 Dōng Hàn"と言う.

【两湖】Liǎng Hú 名 湖南省と湖北省の並称.

【两回事】liǎng huí shì 名 関係のない二つのこと. ¶我说的和你说的完全是~ / 彼の話と君の話は全く別のことだ. 同 两码 mǎ 事

【两会】liǎnghuì 名 "全国人民代表大会"(全国人民代表大会)と"中国人民政治协商会议全国委员会"(中国人民政治協商会議全国委員会).

【两极】liǎngjí 名 ❶ 地球の南極と北極. ❷ 電池のプラス極とマイナス極. ❸ 両極端. ¶贫富 pínfù~ / 貧富の両極端.

【两极分化】liǎngjí fēnhuà 动 両極化する.

【两脚规】liǎngjiǎoguī 名 コンパス. デバイダ.

【两晋】Liǎng Jìn 名《歴史》西晋(ﾋ)と東晋(ﾋ).

【两居室】liǎngjūshì 名 二間の住居. 2Kの住居.

【两可】liǎngkě 形 どちらでもよい. ¶模棱 mó léng~ / どっちつかず. ¶你去不去~ / あなたは行っても行かなくても,どちらでもよい.

【两口儿】liǎngkǒur 名 夫婦. カップル. ¶小~ / 若夫婦. ⇨两口子

【两口子】liǎngkǒuzi 名 口 夫婦. 同 两口儿 liǎngkǒur 表現 "两口儿"の前には"老","小"を付けることができるが,"两口子"の前には付けないのが普通.

【两肋插刀】liǎng lèi chā dāo 成 肋骨に刀を刺す. 人

のために命をかけて尽力する.
【两立】liǎnglì 動 両立する. 並存する.
【两利】liǎnglì 動 双方が利益を得る.
【两码事】liǎng mǎ shì 名 "两回事 liǎng huí shì"に同じ.
【两面】liǎngmiàn 名 ❶ 両面. 表と裏. ¶这张纸只能用一面,不能用～ / この紙は片面だけで,両面を使うことはできない. ❷ 両側. 二つの方向. ¶～夹攻 jiāgōng / 両側からはさみ打ちする. ❸ 事物の相対する二面
【两面光】liǎngmiànguāng 慣 比 双方におべっかを使う. ¶他说话总是～ / 彼は口先で誰にでもおべっかばかり使っている.
【两面派】liǎngmiànpài 名 裏表を使いわける人. 二股をかける人.
【两面三刀】liǎng miàn sān dāo 成 裏表のある手口. ¶对人～ / 人との接し方に裏表がある.
【两面性】liǎngmiànxìng 名 二面性. 両面性.
【两难】liǎngnán 形 どちらを選ぶのも難しい. ¶进退 jìntuì～ / 進退きわまる.
【两旁】liǎngpáng 名 両側. ¶大路～,绿树成阴 / 大通りの両側は,緑の樹々が木陰を作っている.
【两栖】liǎngqī 動 水中でも陸上でも生活できる. ¶～部队 / 水陸両用部隊.
【两栖动物】liǎngqī dòngwù 名《動物》両棲(りょうせい)動物.
【两歧】liǎngqí 動 文 真二つに分かれる. ¶～的意见 / 真二つに分かれた意見.
【两讫】liǎngqì 動《経済》商品の引き渡しと代金の支払いが完了する.
【两清】liǎngqīng 動 (貸借や売買で)双方の清算がすべて完了する.
【两全】liǎngquán 動 両方とも万全にする. ¶忠孝 zhōngxiào～ / 忠義と孝行が十分に備わっている.
【两全其美】liǎng quán qí měi 成 双方ともうまくいくようにする.
【两人世界】liǎngrén shìjiè → 二人 èrrén 世界
【两手】liǎngshǒu 名 ❶ (～儿)腕前. 技能. ¶有一儿 / 腕がある. ¶露 lòu～儿 / 腕前を見せる. ❷ 二つの手段や方法. ¶做好～准备 / どっちに転んでもいいように二通りの準備をする.
【两手抓】liǎngshǒuzhuā 動 対立する二つの面の双方に力を注ぐ. 参考 物質と精神,経済発展と法制度の整備など.
【两条腿走路】liǎng tiáo tuǐ zǒulù 俗 2本の足で歩く. 二つの方法や手段を同時に使うこと. 参考 1958年の大躍進政策で使われたスローガン. 工業と農業,重工業と軽工業,中央の工業と地方の工業,在来の方式による生産と現代的な方式による生産などを同時に発展させる方針のこと.
【两条心】liǎng tiáo xīn 慣 考えが別々だ. 見解が一致しない.
【两头】liǎngtóu 名 (～儿)❶ 両方の端. 二つの場所. ¶分～去找吧 / 二手に分かれて捜しに行こう. ❷ 双方. ¶～儿都很满意 / 双方とも大満足だ.
【两下里】liǎngxiàlǐ 名 ❶ 双方. ¶他们一早就商量好了 / 彼ら双方はとうに話がまとまっている. ❷ 2ヶ所. ¶分在～住 / 別々に分かれて住んだ. 同 两下 liǎngxià
【两下子】liǎngxiàzi ❶ 名 腕前. 能力. ¶你真有～ / 君は本当に腕がいい. ¶他只会这～ / 彼はこれしかできない. ❷ 量 何回かの動作を数えることば. ¶他敲了～ / 彼は数度ノックした.

【两相[厢]情愿】liǎng xiāng qíng yuàn 成 双方が望んでいる. ¶结婚是～的事儿 / 結婚は双方ともに望んだことだ.
【两厢】liǎngxiāng 名 ❶ "四合院 sìhéyuàn"で,母屋の東西両側にある棟. ❷ 両側. ¶站立～ / 両側に立つ.
【两小无猜】liǎng xiǎo wú cāi 成 幼い男女は,相手を疑うこともなく無邪気に遊ぶ. ¶他俩青梅竹马,～ / 彼ら二人は幼なじみで,無邪気に遊んだ仲だ.
【两性】liǎngxìng 名 ❶ オスとメス. 男性と女性. 両性. ¶～花 / 両性花. ❷ 異なった二つの性質. 両性. ¶～化合物 / 両性化合物.
【两袖清风】liǎng xiù qīng fēng 成 役人が清廉である. 由来 両袖に賄賂(わいろ)が入らず,風が吹くと長い袖が軽くさわやかに舞うことから.
【两样】liǎngyàng 形 異なる. 二通りだ. ¶没什么～ / 何も異なるところはない. 反 一样 yīyàng
【两伊战争】Liǎng Yī zhànzhēng イラン・イラク戦争.
【两姨】liǎngyí いとこ. ¶～姐妹 / 母の姉妹の娘. ¶～兄弟 / 母の姉妹の息子.
【两翼】liǎngyì 名 ❶ (鳥や飛行機の)両翼. ¶振动 zhèndòng～ / 両翼をはばたかせる. ❷ 飞机的～ / 飛行機の両翼. ❷ 軍隊で,正面部隊の両側の部隊. 両翼. ¶从～包抄 bāochāo / 両翼から包囲して攻める. ❸ 大きな建築物の両端.
【两用】liǎngyòng 形 二通りの使い道を持つ. 両用する. ¶～雨衣 / リバーシブルのレインコート. ¶晴雨 qíngyǔ～伞 / 晴雨兼用のかさ.
【两用衫】liǎngyòngshān 名〔件 jiàn〕春秋両用のジャケット. 同 春秋衫 chūnqiūshān
【两院制】liǎngyuànzhì 名 二院制.
【两造】liǎngzào 名 原告と被告. 同 两曹 liǎngcáo
【两纵两横】liǎng zòng liǎng héng 略 4本の幹線国道. 南北2本と東西2本の幹線国道. 参考 南北2本は,北京－珠海(広東省)と同江(黒竜江省)－三亜(海南省). 東西2本は,連雲港(江蘇省)－ホルゴス(新疆ウイグル自治区)と上海－成都(四川省).

俩(倆) liǎng
亻部7 四 2122₇
全9画 常用
→伎俩 jìliǎng
俩 liǎ

魉(魎) liǎng
鬼部7 四 2151₂
全16画 通用
→魍魉 wǎngliǎng

亮 liàng
亠部7 四 0021₇
全9画 常用
❶ 動 光る. 明るくなる. ¶天～了(夜が明けた). ❷ 形 光っている. 明るい. ¶那个灯泡 dēngpào 很～(あの電球はとても明るい) / 皮鞋擦～了(革靴がみがいてぴかぴかになった). 同 明 míng 反 黑 hēi ❸ 形 (声が)明るい. すっきりしている. ¶你这一说,我心里头～了(あなたがそう言ってくれたので,心が晴れ晴れしました). ❹ 形 (声が)大きい,よく通る. ¶洪～ hóngliàng (声がよく通る) / ～起嗓子 sǎngzi (声を張り上げる). ❺ 動 はっきり見せる. 明らかに示す. ¶～底 liàngdǐ / ～思想(恐れずに自分の考えをありのままにさらけ出す) / 他把工作证～了一下就进去了(彼は身分証明書を見せて中へ入っていった). ❻ (Liàng)姓.
【亮底】liàng//dǐ ❶ 動 底をさらけ出す. ¶你给大家亮个底吧 / みんなに洗いざらい話しなさい. ❷ 結末をはっ

【亮底牌】liàng dǐpái 切り札を出す.奥の手を使う.
【亮点】liàngdiǎn 名 ❶ 人々の注目を集める人や事物. ❷ とくに優れた点.特質.
【亮度】liàngdù 名《物理》光度.明るさ. ¶这盏zhǎn灯的～不够／この電灯は明るさが足りない.
【亮儿】liàngr 名〔～儿〕❶〔通〕道 dào, 束 shù, 丝 sī〕暗闇の中の明かりや光線. ¶路灯的～儿／街灯の明かり. ❷ 光沢.つや.
【亮光光】liàngguāngguāng 形（～的）ぴかぴかひっている. ¶把地板擦得～的／床をぴかぴかにみがいた.
【亮晶晶】liàngjīngjīng 形（～的）（星・露・宝石・目などが）きらきら光っている. ¶天上的星星～／空の星がきらきらと輝いている. ¶小美有一双～的眼睛／メイちゃんは澄んだ目をしている.
【亮丽】liànglì 形（女性が）明るく美しい.きれいだ.
【亮牌】liàng/pái 動 ❶ トランプのカードを並べて見せる. ❷ 自分の名前や身分を明らかにする. 同 亮牌子 liàng páizi
【亮儿】liàngr 名 明かり. ¶快去找个～／早く明かりをさがしに行って. ¶远处有一点～／遠くにかすかな明かりが見える.
【亮色】liàngsè 名 明るい色.明るい気分.
【亮闪闪】liàngshǎnshǎn 形（～的）（眼などが）きらきら輝いている.
【亮堂堂】liàngtángtáng 形（～的）（建物の中などが）明々としている. ¶灯光照得舞台～的／ライトが舞台をぱっと明るく照らしている. 反 黑糊糊 hēihūhū 参考 口語では "liàngtāngtāng" となる.
【亮堂】liàngtang 形 ❶（建物の中などが）明るい. ¶向阳的房子真～／日当たりのよい部屋はまことに明るい. 同 亮亮堂堂 míngliàng. ❷ 気持ちがすっきりしている.考えがはっきりする. ¶经过学习,心里～多了／学習を通じて,考えがずいぶんはっきりしてきた. ❸ 声や音が大きい. ¶嗓门 sǎngmén～了／声が大きい.
【亮相】liàng/xiàng 動 ❶ 役者が見得(え)を切る. ❷ 公の前に初めて姿をあらわす.お目見えする. ¶息影十五年之后,她又在银幕上～了／15年のブランクの後,彼女は再びスクリーンに姿を現した. ❸ 自分の立場や考えを明らかにする. ¶大家都说完了,他才～,说出了自己的看法／皆が話し終ってから,彼はやっと自分の考えを述べた.
【亮眼人】liàngyǎnrén 名 盲人が目の見える人を指して言うことば.目明き.
【亮锃锃】liàngzèngzèng 形（～的）ぴかぴか光っている.
【亮铮铮】liàngzhēngzhēng 形（～的）（金属製の物が）きらきら光ってまばゆい. ¶这只铜盆擦得～的／この銅製のたらいはぴかぴかに磨いてある.

倞 liàng

亻部8　全10画　四 2029₆　通 用

動 文 求める.
☞ 倞 jìng

凉(異涼) liàng

冫部8　全10画　四 3019₆　常 用

動 熱いものを冷ます. ¶开水太烫 tàng,～一～再喝（お湯が熱すぎるので,冷ましてから飲もう）. 反 热 rè
☞ 凉 liáng

悢 liàng

忄部7　全10画　四 9303₂　通 用

素 文 悲しむ.ふさぎ込む. ¶～然 liàngrán（とても悲しいようす）.

谅(諒) liàng

讠部8　全10画　四 3079₆　常 用

❶ 動 許す.了承する. ¶～解 liàngjiě／体～ tǐliàng（思いやる）／请多原～ yuánliàng（どうぞご了承ください）. ❷ 動 思うに…のようだ. ¶～不见怪（おそらく私をとがめたりされないでしょう）／～你不敢（あなたにはできないだろう）.
【谅必如此】liàngbì rúcǐ 句 きっとそのようだ. 表現 手紙やあいさつ文などでよく使う言い方.
【谅察】liàngchá 動（相手に対して）自分の立場を察して許してほしい,ということば. ¶尚希 shàngxī～／ご了察を請う. ¶乞 qǐ～／何卒ご賢察下さい. 表現 手紙でよく使う言い方.
【谅解】liàngjiě 動（相手に対して）了解する.了承する. ¶得到～／了解を得る. ¶双方应该互相～／双方が相手を分かってやるべきだ. ¶两国之间达成了～／二国間が共通の理解に達した. 同 体谅 tǐliàng, 原谅 yuánliàng

辆(輛) liàng

车部7　全11画　四 4152₇　常 用

量 車を数えることば. ¶一～汽车（自動車1台）.

靓(靚) liàng

青部4　全12画　四 5721₂　通 用

形 方 美しい. ¶～女 liàngnǚ／～仔 liàngzǎi.
☞ 靓 jìng
【靓女】liàngnǚ 名 方 美しい娘.
【靓仔】liàngzǎi 名 方 美少年.

量 liàng

日部8　全12画　四 6010₅　常 用

❶ 名 体積をはかる器具の総称. ❷ 素（容量やがまんの）限度. 酒～ jiǔliàng（酒量）／饭～ fànliàng（1回の食事の量）／力～ lìliàng（力）／胆～ dǎnliàng（度胸）. ❸ 名 数量.数. ¶词～ cíliàng／流～ liúliàng（流量）／肺活～ fèihuóliàng（肺活量）／降雨～ jiàngyǔliàng（降雨量）／质～并重 bìng zhòng（質量ともに重んじる）. ❹ 質 zhì ❺ 動 見積もる.推し量る. ¶～力 liànglì／～人为 wéi 出／才录用／～刑 liàngxíng.
☞ 量 liáng
【量变】liàngbiàn 名《哲学》量的な変化. ¶事物从～发展到质变／物事は量的変化から質的変化に発展する. 反 质变 zhìbiàn
【量才录用】liàng cái lù yòng 成 才能に応じて任用する.
【量词】liàngcí 名《言語》量詞.助数詞. "三个人"（3人の人）の"个 ge"や,"念三遍"（3回読むの"遍 biàn"がその例. 参考 数量を数えるもの ("个"など) と動作を数えるもの ("遍"など)に大別される.
【量贩店】liàngfàndiàn 名 量販店.
【量化】liànghuà 動 数量化する.
【量力】liànglì 動 自分の力量や能力をはかる. ¶自不～／身の程を知らない.
【量力而行 [为]】liàng lì ér xíng [wéi] 句 自己の力量に応じて行う. ¶你要～／君は自分のできる範囲でやるべきだ. 由来『左传』昭公15年の語から.
【量入为出】liàng rù wéi chū 成 収入に応じて支出を決める. 由来『礼記』王制に見えることば.
【量体裁衣】liàng tǐ cái yī 成 実際の情況にもとづいて事を行う. 表現 "看菜吃饭,～"（おかずに合わせて飯を食べ,体に合わせて服を作る）と対にして用いることもある.

【量刑】liàngxíng 動《法律》裁判所が犯罪の程度によって刑罰を決めること. 量刑する.
【量子】liàngzǐ 名《物理》量子.
【量子化学】liàngzǐ huàxué 名《化学》量子化学.
【量子力学】liàngzǐ lìxué 名《物理》量子力学.

晾 liàng 日部8 四6009₆ 全12画 次常用

❶ 動 風通しのよい場所や日陰で干す. ¶ 把烟叶儿摊开 tān开来~~（タバコの葉を広げて陰干しにする）. ❷ 動 日にさらす. ¶ ~衣服（衣服を干す）/ 渔网 yúwǎng~在屋顶上（漁網は屋根の上に干してある）. ❸ 動 "凉 liàng"に同じ. ❹ (Liàng)姓.
【晾干】liànggān 動 陰干しにして乾かす. ¶下雨天,把衣服挂在室内~/ 雨の日は,洗濯物を室内にさげて乾かす.
【晾晒】liàngshài 動 日に当てて乾かす. ¶被褥 bèirù 要经常~/ ふとんはまめに干さなければならない.
【晾台】liàngtái 名 屋上の物干し台.

踉 liàng 足部7 四6313₂ 全14画 通用

下記熟語を参照.
☞ 踉 liáng
【踉跄】liàngqiàng 形 歩き方がよろよろしている. ¶踉踉跄跄地走着/ あっちへよろよろ,こっちへよろよろと歩いている.

liao カ丨ㄠ [liɑʊ]

撩 liāo 扌部12 四5409₆ 全15画 通用

動 ❶（垂れ下がっているものを）まくり上げる. からげる. ¶~裙子（スカートのすそをからげる）/ 把头发~上去（髪の毛をかき上げる）/ ~起帘子（カーテンをまくる）. ❷（手ですくって）水をまく. ¶扫地要先~点儿水（床掃除はまず水を少し打つものだ）.
☞ 撩 liáo

蹽 liāo 足部12 四6419₆ 全19画 通用

動 方 ❶ とても速く歩く. 走る. ¶他一气~了二十多里路（彼は一気に20数里を歩いた）. ❷ こっそり立ち去る.

辽(遼) liáo 辶部2 四3730₂ 全5画 常用

❶ 素 はるかに遠い. ¶~远 liáoyuǎn / ~阔 liáokuò. ❷ (Liáo) 王朝の名. 这 (契丹 Qìdān: 907-1125). 耶律阿保机によって建てられ契丹（キッタン）と称したが, 938年（一説には947年）に改号した. ❸ (Liáo)姓.
【辽东】Liáodōng 名 遼河以東の地域. 遼寧省の南東部.
【辽河】Liáohé《地名》遼河（リャオホー）. 中国東北地区南部を流れる大河.
【辽阔】liáokuò 形（大地や大海が）果てしなく広い. ¶~的原野 / 果てしなく広い原野. ¶幅员~/ 領域面積が広い. 同 广大 guǎngdà, 广阔 guǎngkuò, 宽广 kuānguǎng.
【辽宁】Liáoníng《地名》遼寧（リャオニン）省. 略称は"辽"（遼リャオ）, 省都は瀋陽（シェンヤン）.
【辽沈战役】Liáo Shěn zhànyì《歷史》遼瀋戰役. 参考 第3次国内革命戦争期に起きた三大戦役の一つ.

1948年9月から11月,人民解放軍と国民党軍が遼寧省西部・瀋陽・長春で戦い,国民党が大敗し東北全域が解放された.
【辽西】Liáoxī 名 遼河以西の地域. 遼寧省西部.
【辽远】liáoyuǎn 形 はるかに遠い. ¶~的边疆 biānjiāng / はるかかなたの辺境. ¶~的未来 / 果てしなく遠い未来. 同 距离 / はるかかなた.

疗(療) liáo 疒部2 四0012₇ 全7画 常用

素 ❶ 治療する. ¶~病 liáobìng（病気をいやす）/ ~法 liáofǎ / 医~ yīliáo（医療）/ 诊~ zhěnliáo（診療する）/ ~伤 liáoshāng（傷をいやす）/ 电~ diànliáo（電気療法）/ 化~ huàliáo（化学療法）. ❷ 苦しみや困難などを取り除く. ¶~饥 liáojī / ~贫 liáopín（貧困を救う）.
【疗程】liáochéng 名〔个 ge〕一通りの治療に要する期間. ¶十天一个~/ 10日で1クールの治療.
【疗法】liáofǎ 名 療法. ¶针灸 zhēnjiǔ~ / 針灸治療.
【疗饥】liáojī 動 文 空腹を満たす.
【疗效】liáoxiào 名 治療の効果. ¶~显著 xiǎnzhù / 治療効果が目覚ましい.
【疗养】liáoyǎng 動 療養する. ¶他去~了一段时间 / 彼はしばらく療養しに行っていた.
【疗养院】liáoyǎngyuàn 名 療養所. サナトリウム. 参考 多く風光明媚な地区に建てられる.
【疗治】liáozhì 動（病院で）治療する.

聊 liáo 耳部5 四1742₆ 全11画 次常用

❶ 素 さしあたって. いささか. ¶~表谢意（いささか感謝の気持ちをあらわす）/ ~备一格 gé. ❷ 素 文 よりどころとする. ¶民不~生（成 人々の生活のよりどころがない）. ❸ 動 口 世間話をする. ¶闲~ xiánliáo（むだ話をする）/ ~天儿 liáotiānr / 咱们出去一会儿（ちょっと外へ出ておしゃべりしましょう）. ❹ (Liáo)姓.
【聊备一格】liáo bèi yī gé 句 とりあえず形が整う. とりあえず数がそろう.
【聊复尔耳】liáo fù ěr ěr 成 とりあえずこのようにしておこう. 由来《世説新語》任誕篇に見えることば. もと"聊复尔耳"に作るが, 現在では"聊复尔尔"と書かれることが多い.
【聊赖】liáolài よりどころとする. ¶整天呆 dāi 在家里,百无~/ 一日中家にいて,退屈で仕方がない. 用法 多く否定で用いる.
【聊且】liáoqiě 副 さしあたり. とりあえず. 同 姑且 gūqiě.
【聊胜于无】liáo shèng yú wú 成 全く無いよりはましだ.
*【聊天儿】liáo//tiānr 動 口 世間話をする. ¶明天有空咱们聊聊天儿 / 明日はひまなので,世間話でもしましょう.
【聊天室】liáotiānshì 名《コンピュータ》チャットルーム.
【聊以解嘲】liáo yǐ jiě cháo 成 他人のあざけりに対して,ひとまず取りつくろってく.
【聊以自慰】liáo yǐ zì wèi 成 いささか自分を慰める. ¶偶尔写写诗,~/ ときたま詩など書いて自分の慰めとしている.
【聊以卒岁】liáo yǐ zú suì 成 どうにか1年を過ごす. 生活が苦しいこと.

僚 liáo 亻部12 四2429₆ 全14画 常用

寥 liáo
宀部11 四 3020₂
全14画 次常用

❶ 素 少ない. まばらだ. ¶~落 liáoluò / ~若 ruò 晨星 chénxīng. ¶寂~ jìliáo (もの寂しい) / 廓~ liáokuò. ❷ 動 ひっそりとして寂しい. ¶寂~ jìliáo. ❸ (Liáo)姓.

【寥廓】liáokuò 形文 (空や視界が)果てしなく広い. ¶~的天空 / どこまでも続く空.

【寥寥】liáoliáo 形文 非常に少ない. ¶为数 wéishù~ / 数はごくわずかだ.

【寥寥可数】liáo liáo kě shǔ 成 きわめて少ない. 数えるほどしかない. ¶到会者~ / 参加者はごくわずかだ.

【寥寥无几】liáo liáo wú jǐ 成 ごくわずかだ.

【寥落】liáoluò 形 ❶ まばらだ. ¶晨星 chénxīng~ / 明け方の星がまばらにまたたいている. ❷ ひっそりとして, もの寂しい. ¶~的山村 / ひっそりとした山村.

【寥若晨星】liáo ruò chén xīng 成 明け方の星のようにまばらだ.

撩 liáo
扌部12 四 5409₆
全15画 次常用

動 挑発する. かきたてる. からかう. ¶~拨 liáobō / ~逗 liáodòu (そそのかす) / 春色~人 (春景色が人の心をそわそわとさせる).
☞ 撩 liǎo

【撩拨】liáobō 動 挑発する. そそのかす. ¶你别再~他了 / もう彼をそそのかすのはおやめなさい. 回 挑逗 tiǎodòu

【撩动】liáodòng 動 揺り動かす. 震わせる. はじく. ¶~心弦 / 心の琴線に触れる.

嘹 liáo
口部12 四 6409₆
全15画 次常用

→嘹亮 liáoliàng

【嘹亮[喨]】liáoliàng 形 音が澄んでよく響く. 朗々たる. ¶~的号角 hàojiǎo / 高らかに響く軍隊ラッパ. 回 洪亮 hóngliàng, 响亮 xiǎngliàng

獠 liáo
犭部12 四 4429₆
全15画 通用

素 顔つきが凶悪だ. ¶~面 liáomiàn (凶悪な面構え) / ~牙 liáoyá.

【獠牙】liáoyá 名 口からはみ出した牙(きば). ¶青面~ / 凶悪な面構え. ¶长 zhǎng 着两颗~ / 2本の牙が生えている.

潦 liáo
氵部12 四 3419₆
全15画 次常用

下記熟語を参照. 参考 "潦"は, "lǎo"とも発音する.
☞ 潦 lǎo

【潦草】liáocǎo 形 ❶ 文字がきちんと整っていない. ¶他字写得潦潦草草 / 彼の書く字はぐちゃぐちゃだ. 回 潦潦草草 反 工整 gōngzhěng ❷ やり方がおおざっぱだ. いいかげんだ. ¶工作不能~ / 仕事はいいかげんではいけない. 回 潦潦草草 回 草率 cǎoshuài, 粗率 cūshuài

【潦倒】liáodǎo 形 意気消沈している. ¶他失业后十分~ / 彼は失業してからすっかり落ち込んでいる.

寮 liáo
宀部12 四 3090₆
全15画 通用

名方 小さな部屋. 小屋. ¶茅~ máoliáo (茅ぶきの小屋) / 僧~ sēngliáo (僧房) / 茶~酒肆 jiǔsì (茶店酒屋).

缭(繚) liáo
纟部12 四 2419₆
全15画 次常用

❶ 素 からみつく. まつわりつく. ¶~乱 liáoluàn / ~绕 liáorǎo. ❷ 動 糸でかがる. ¶~缝 liáofèng (かがる. まつる).

【缭乱】liáoluàn 形文 入り乱れている. ¶眼花~ / 成 目もくらむばかりだ. ¶心绪 xīnxù~ / 心がかき乱れる. 回 撩乱 liáoluàn, 纷乱 fēnluàn

【缭绕】liáorào 動 渦巻いて上昇する. ぐるぐる回る. ¶笛声~ / 笛の音がこだまする. ¶山顶上云雾 yúnwù~ / 山頂に雲が湧いている. 回 回绕 huírào, 旋绕 xuánrào ❷ からみつく.

燎 liáo
火部12 四 9489₅
全16画 次常用

❶ 素 焼く. 延焼する. ¶~原 liáoyuán. ❷ 動 やけどをする.
☞ 燎 liǎo

【燎泡】liáopào 名 やけどの水ぶくれ. 回 燎浆泡 liáojiāngpào

【燎原】liáoyuán 動 火が野原に燃え広がる. ¶星星之火, 可以~ / 小さな火でも, 野原を焼き尽くすことができる.

鹩(鷯) liáo
鸟部12 四 4792₇
全17画 通用

→鹪鹩 jiāoliáo

了(瞭Ⅱ) liǎo
丨部1 四 1720₇
全2画 常用

Ⅰ 動 ❶ 終わる. 完結する. ¶~结 liǎojié / ~账 liǎozhàng. ¶没完没~ / きりがない.

❷ ("…了", "…得了"の形で, 量的に可能・不可能, または可能性の有無を表わす)…しきれる[しきれない]. …し終えることができる[できない]. ¶菜太多了, 我吃不~ / 料理が多すぎて食べきれない. ¶一个小时完得~吗？ / 1時間でやり終えることができますか. ¶明天我有事去不~了 / 明日用事があり行けません. ¶要是八点我来不~, 你们就别等我了 / もし8時に私が来られなかったら, もう私を待たないで下さい. ¶我忘不~, 一定转告他 / 忘れっこないよ, きっと彼女に伝えるよ. ¶看来, 雨停不~ / この分では雨はやまない. ¶我可真受不~ / まったくやりきれない.

❸文 (否定に用い)少しも. 全く. ¶~不相涉 xiāngshè / 全くかかわりを持たない. ¶~无惧色 jùsè / 少しも恐れる様子がない.

Ⅱ 素 はっきりする. わかる. ¶明~ / 瞭然である. ¶~然 liǎorán. ⇨瞭 liào

Ⅲ (Liǎo)姓.
☞ 了 le

【了不得】liǎobudé[-de] 形 ❶ 並々ならぬ. ずば抜けている. ¶~的大事 / 大変な大事件. ¶没什么~的 / 別に大したことではない. ❷ ("…得"の補語として)程度がすごい. きわめて…だ. ¶冷得~ / 寒くてたまらない. ¶多得~ / 非常に多い. ❸ 情況が厳しい. 大変だ. ¶可~, 全市停电了 / 大変だ, 全市が停電した.

*【了不起】liǎoqǐ 形 大したものだ. 非凡だ. ¶他真~ / 彼はたいそう大したものだ. ¶取得了~的成就 / すばらしい成果を得た. ¶自以为~ / うぬぼれて鼻高々になる.

【了当】liǎodàng 形 ❶ 率直だ. きっぱりしている. ❷ 完了している. すっかり整っている. ❸ 旧 けりをつける. 解決する.

liǎo – liào 钌蓼燎尥钌料撂

【了得】liǎode 形 ❶ 情况が厳しい.大変だ.¶你居然辱骂 rǔmà 老师,这还～！/君ともあろう人が先生に悪態をつくなんて,とんでもないことだ.❷ 大したものだ.すばらしい.¶这个人功夫十分～/この人の腕前は大したものだ.用法 ①は驚きや詰問などをあらわす文の文末に用いる.前に"还 hái"を伴うことが多い.

【了断】liǎoduàn 動 終える.解決する.回 了结 jié

【了结】liǎojié 動 解決する.終える.¶案子 ànzi ～/事件が解決する.¶一生/一生を終える.回 了却 liǎoquè

**【了解】liǎojiě 動 ❶ よく知る.¶我很～他/私は彼のことをよく分かっている.¶～状况 zhuàngkuàng / 状況をのみこむ.回 理解 lǐjiě ❷ 調べる.¶你先～情况,然后再说/まずは君が情況を調べてみて,それからにしましょう.

【了局】liǎojú ❶ 結末.終わり.¶这就是故事的～/これが物語の結末です.❷ 解決の方法.¶拖 tuō 下去不是个～/放っておいても何の解決策にもならない.表現 ❷ は否定形で使うことが多い.

【了了】liǎoliǎo 形〈文〉はっきりしている.¶不甚 shèn ～/あまりはっきりしていない.¶心中～/気持ちは明瞭だ.❷ 賢い.聡明だ.¶他小时～,却老大无成/彼は小さい時は賢かったが,大人になってからさほどでもない.

【了清】liǎoqīng 動 ❶ 終わる.終わらせる.❷ 清算する.¶～帐目 zhàngmù / 勘定を清算する.

【了却】liǎoquè 動 解決する.¶～宿愿 / 宿願を果たす.

【了儿】liǎor ❶ 名 最後.¶从头到～/最初から最後まで.❷ 助 惜しい語気をあらわす.¶可惜 kěxī～的/もったいない.惜しくてたまらない.

【了然】liǎorán 形 明らかだ.¶一目～/成 一目瞭然.¶虽然大家嘴上不说,但心中～/みんな口に出しはしないけれども,心の中は明らかだ.

【了如指掌】liǎo rú zhǐ zhǎng 成 自分の手のひらを指し示すように,事情をよく知っている.¶她对村里的一切情况都～/彼女は村のあらゆることをよく知っている.由来『論語』八佾(いつ)に見えることば.

【了事】liǎo//shì 動 事を終える.¶一走～/いいかげんに事を済ませる.¶应付 yìngfù ～/場当たりで事を済ませる.¶他想尽快了 liǎole 这件事/彼はできるだけ早くこの件を片付けてしまいたいと思っている.表現 いいかげんに,あるいはやむを得ずに,の意味を含むことが多い.

【了手】liǎo//shǒu 動〈方〉仕事をやり終える.仕事を済ませる.

【了账】liǎo//zhàng 動 ❶ 勘定を清算する.❷ 事を終える.¶合作之事,就此～/提携の件は,これでけりをつけましょう.

钌(釕) liǎo 釒部2 四 8772₇ 全7画 通用

名《化学》ルテニウム.Ru.
☞ 钌 liào

蓼 liǎo 艹部11 四 4420₂ 全14画 通用

名 ❶《植物・薬》タデ.回 水蓼 shuǐliǎo ❷ (Liǎo)姓.

【蓼科】liǎokē 名《植物》タデ科.

燎 liǎo 火部12 四 9489₆ 全16画 次常用

動 (毛を)焦がす.¶把头发～了(髪の毛を焦がしてしまった).
☞ 燎 liáo

尥 liào 尢部3 四 4701₂ 全6画 通用

下記熟語を参照.

【尥蹶子】liào juězi 句 ❶ ウマやラバが後ろ足を蹴り上げる.❷ (子供などが)反抗する.キレる.

钌(釕) liào 釒部2 四 8772₇ 全7画 通用

下記熟語を参照.
☞ 钌 liǎo

【钌铞儿】liàodiàor 名 ドアや窓の掛け金.

料 liào 米部4 四 9490₀ 全10画 常用

❶ 動 予想する.推測する.¶预～ yùliào (予測する)/不出所～ (予想した通り)/～事如神/～到他不来(彼が結局来ないとは思わなかった)/～他也不敢这么做(彼だってこんなふうにやる勇気はないだろう).❷ 名 材料.原料.¶木～ mùliào (木材)/资～ zīliào (資料).❸ 名 家畜の飼料にする穀物.¶～豆 liàodòur / 草～ cǎoliào (飼料).❹ 量《中医》薬剤を調合して丸薬をつくる時の1回分の調剤量.❺ 量〈旧〉木材を計る単位.切り口が1平方尺で,長さ7尺の木材を1"料"とした.❻ (Liào)姓.

【料到】liàodào 動 予想がつく.¶这件事,我早～了/このことは,私にとっくに分かっていた.

【料定】liàodìng 動 見当をつける.推定する.¶我～票不好买/切符は手に入りにくいはずだ.

【料豆儿】liàodòur 名 家畜の飼料用の豆類(黒大豆など).

【料及】liàojí 動〈文〉予想する.考えが及ぶ.¶情况有变,未曾～/状況が変わることは想定していなかった.

【料酒】liàojiǔ 名 料理酒.参考 紹興酒などの"黄酒 huángjiǔ"が多く用いられる.

【料理】liàolǐ 動 ❶ 物事をうまく処理する.¶～家务/家事を切り盛りする.¶～丧事 sàngshì / 葬儀を取り仕切る.¶各项工作都～得很好/それぞれの仕事をとても上手に処理してある.回 办理 bànlǐ,操持 cāochí ❷ 面倒をみる.世話をする.¶～孩子/子供の世話をする.比較 日本語の「料理する」はふつう"烹调 pēngtiáo","做菜 zuòcài"などを用いる.

【料器】liàoqì 名 ガラス工芸品.

【料峭】liàoqiào 形〈文〉肌寒い.うすら寒い.¶春寒～/成 春はまだ肌寒い.表現 春風の冷たさを指すことが多い.

【料事如神】liào shì rú shén 成 予測が的確だ.

【料想】liàoxiǎng 動 予測する.¶这事儿实在～不到/このことはまったく予測できない.回 意想 yìxiǎng,预想 yùxiǎng

【料子】liàozi 名 ❶〔量 段 duàn,块 kuài〕衣服の生地.❷〈方〉毛織物.ウール.¶～裤/ウールのズボン.❸〈口〉〔块 kuài〕ある仕事に向いている人.適任者.¶他是搞科研的～/彼は科学の研究に向いている.

撂 liào 扌部11 四 5606₄ 全14画 通用

動 ❶ 置く.放っておく.¶把书～在桌上(本を机の上に置く)/～不开家务事(家事をほったらかしにはできない).回 放 fàng ❷ 投げる.捨てる.¶把砖头 zhuāntou 石子～得远远的(れんがや石を遠くへ放った).回 扔 rēng ❸ 倒す.¶一下子就把他～倒了(あっという間に彼を投げ倒した).

【撂地】liàodì 動 (～儿)《芸能》大道芸をする.回 撂

地摊 tān, 拉场子 lā chǎngzi

【撩荒】liào//huāng 动 田畑を荒れるにまかせる. ¶这地再不种,就～了 / このまま種をまかなければ, この土地は荒れるがままになってしまう.

【撩跤】liào//jiāo 动 方 相撲をとる. 同 摔跤 shuāijiāo

【撩手】liào//shǒu 动 (～儿) ほったらかしにする. 手を放す. ¶～不管 / ほったらかしにして, かまわない. ¶撩不下手 / 放っておけない. ¶工作还没做完,不能中途～ / まだ仕事が終わっていないのに, 途中で手を引くことはできない.

【撩挑子】liào tiāozi 俗 仕事を放り出す. ¶决不能～ / 決して仕事を放り出すことはできない. 由来 かついでいた荷を放り出す, という意から.

廖 Liào
广部11 四 0022₂
全14画 通用

名 姓.

【廖承志】Liào Chéngzhì《人名》廖承志(りょうしょうし:1908 -1983). 東京生まれの中国共産党の政治家.

瞭 liào
目部12 四 6409₆
全17画 次常用

动 遠くを眺める. ¶～望 liàowàng.

【瞭望】liàowàng 动 ❶ 高い所から眺める. ¶～台 / 展望台. 同 眺望 tiàowàng ❷ 高い所, または遠くから敵の動きを監視する.

镣(鐐) liào
钅部12 四 8479₆
全17画 次常用

名 足かせ. ¶脚～ jiǎoliào / ～铐 liàokào.

【镣铐】liàokào 名 足かせと手かせ. ¶戴 dài～ / 手かせ足かせをはめる.

lie カ丨せ [liE]

咧 liē
口部6 四 6200₀
全9画 次常用

下記熟語を参照.

☞ 咧 liě, lie

【咧咧】liēlie 接尾 形容詞や名詞の後について「甚だしい」「いいかげんな」ようすをあらわす. ¶大大～ / 大ざっぱでぞんざいだ. ☞ 咧咧 liělie

【咧咧】liēlie 动 方 ❶ やたらにしゃべる. ¶瞎 xiā～ / やたらにしゃべりまくる. ❷ 子供が泣く. ¶别～了 / 泣くのはやめなさい. ☞ 咧咧 liēliē

咧 liě
口部6 四 6200₀
全9画 次常用

动 ❶ 口を左右に引く. ❷ 方 吴 話す. 言う. ¶胡～ húliě (でたらめを言う).

☞ 咧 liē, lie

【咧嘴】liě//zuǐ 动 口を左右に引く. ¶一～, 就露出两颗虎牙 / 口を開けると, 2本の八重歯が見える.

裂 liě
衣部6 四 1273₂
全12画 常用

动 両側に分けて間をあける. ¶把衣服扣子扣好,别～着怀 huái / 服のボタンをちゃんととめなさい, 胸をはだけてはいけません).

☞ 裂 liè

列 liè
歹部2 四 1220₀
全6画 常用

❶ 素 列. 並び. ¶行～ hángliè (行列) / 前排～

(最前列). ❷ 动 並べる. 配列する. ¶～队 lièduì / 开～ kāiliè (書き並べる) / ～出名单 (名簿をつくる) / 罗～ luóliè (羅列する) / 排～ páiliè (並べる) / 姓名～后 (姓名は後記のとおり) / ～入议程 yìchéng (議事日程に入れる). ❸ 名 部類. 範囲. ¶不在讨论之 zhī～ (討論の枠内にない). ❹ 代 それぞれの. ¶～国 lièguó / ～位 lièwèi. ❺ 量 列になっているものを数えること ば. ¶一~火车 (1列車). ❻ (Liè)姓.

【列兵】lièbīng 名 军 〔個 个 ge, 名 míng〕 兵卒. 兵士.

【列车】lièchē 名 〔個 次 cì, 趟 tàng〕 列車. ¶～长 zhǎng / 列車の専務車掌.

【列车员】lièchēyuán 名 列車乗務員. 同 乘务员 chéngwù yuán

【列当】lièdāng 名 ❶《植物》ハマウツボ. ❷《植物・薬》オニク(別名キムラタケ). ハマウツボ科の多年草. 強壮剤として用いる. 同 草苁蓉 cǎocōngróng

【列岛】lièdǎo 名 列島.

【列队】liè//duì 动 列をつくる. ¶～游行 yóuxíng / 列を組んでデモをする. ¶～欢迎 / 列をつくって出迎える.

【列国】lièguó 名 諸国. 列国.

【列举】lièjǔ 动 列挙する. ¶～事实 / 事実を列挙する.

【列宁】Lièníng《人名》レーニン(1870-1924). ロシアの革命家,政治家.

【列宁主义】Lièníng zhǔyì 名《哲学》レーニン主義.

【列强】lièqiáng 名 旧 強い国々. 列強.

【列位】lièwèi 代 みなさん. 各位. ¶～请坐 / みなさん, お坐りください.

【列席】liè//xí 动 オブザーバーとして会議に出席する. ¶～代表 / オブザーバー. ¶～会议 / 会議に列席する.

【列支敦士登】Lièzhīdūnshìdēng《国名》リヒテンシュタイン.

【列传】lièzhuàn 名《歴史》〔個 篇 piān〕 列伝. 参考 紀伝体の史書で, 皇帝や諸侯以外の人物の伝記. たとえば, 『史記』廉颇蔺相如(れんぱりんしょうじょ)列伝など.

【列子】❶ Lièzǐ《人名・書名》列子(れっし). 名 は 御寇 (ぎょこう). 戦国時代の道家の思想家. また, その著作. ❷ lièzi 名 方 隊列.

劣 liè
力部4 四 9042₇
全6画 常用

形 ❶ 悪い. 劣っている. ¶～等 lièděng / ～势 lièshì / 卑～ bēiliè (卑劣だ) / 难分优～ (優劣をつけがたい) / 品质恶 èliè (品, 品質が悪い) / 服务态度恶～ (店員などの接客態度が悪い). 反 优 yōu ❷ 標準より小さい. ¶～弧 liěhú.

【劣等】lièděng 形 劣等の. 下等の. ¶～货 / 劣等品. 反 优等 yōuděng

【劣根性】liègēnxìng 名 身についた悪い習性. ¶民族～ / 民族特有の悪習.

【劣弧】lièhú 名 円周の半分より小さな弧. 反 优弧 yōuhú

【劣迹】lièjì 名 悪行. ¶～昭彰 zhāozhāng / 悪行が明白である.

【劣马】lièmǎ 名 ❶ 〔個 匹 pǐ〕 駄馬. ❷ 手に負えない暴馬. ¶制伏 zhìfú～ / 暴れ馬をおとなしくさせる.

【劣绅】lièshēn 名 旧 地方の, 悪質な有力者. ¶土豪 tǔháo～ / 土地の顔役や悪徳地主.

【劣势】lièshì 名 劣勢. ¶处于～ / 劣勢に置かれる. ¶变～为优势 / 劣勢を優勢に転じる. 反 优势 yōushì

【劣质】lièzhì 形 品質が劣っている. ¶～煤 méi / 品質の悪い石炭. ¶～商品 / 不良品.

冽 liè
氵部6 四3210₀ 全8画 通用
[素][又] 寒い．冷たい．¶凛~ línliè（刺すように寒い）．

洌 liè
氵部6 四3210₀ 全9画 通用
[形][文]（水や酒が）澄んでいる．¶泉 quán 香洌~（泉の水がいいので酒は澄むてうまい）/ 清~ qīngliè（澄んでいる）．

埒 liè
土部7 四4214₉ 全10画 通用
[文] ❶[名] 堤防．田の畔(ぐろ)．低い垣根．¶河~ héliè（堤防）．❷[動]（力などが）同等だ．等しい．¶兄妹才力相~（兄と妹の才能は相等しい）．

烈 liè
灬部6 四1233₀ 全10画 常用
❶[形] 強く激しい．¶~日 lièrì / ~火 lièhuǒ / 暴~ bàoliè（荒々しい）/ 激~ jīliè（激しい）．❷[素] 気骨があり節操を守る．¶~性 lièxìng / 刚~ gāngliè（剛直だ）．❸[素] 正義のために身を犠牲にした人．¶~女 liènǚ / ~士 lièshì / 先~ xiānliè（烈士に対する尊称）．❹[素] 功績．¶遗~ yíliè（遗した功績）．

【烈度】lièdù "地震烈度 dìzhèn lièdù"の略．
【烈风】lièfēng [名] 激しい風．暴風．《気象》9级（秒速20.8-24.4 m）の風．
【烈火】lièhuǒ [名] 激しく燃えさかる火．烈火．¶心中的~ / 胸の内の激しい炎．¶燃起~ / 激しい炎が燃え上がる．
【烈酒】lièjiǔ [名] きつい酒．
【烈女】liènǚ [名][旧] 烈女．[参考] 節操を重んじ死を選んだ貞女をさす．
【烈日】lièrì [名] 激しく照りつける太陽．¶~当空 dāngkōng / 太陽が激しく照りつける．¶~炎炎 yányán / 太陽がじりじりと照りつける．
【烈士】lièshì [名] ❶ 正義のために犠牲になった人．烈士．¶革命~ / 革命の烈士．❷[文] 気骨があり，大志を抱いている人．烈士．¶~暮年 mùnián,壮心 zhuàngxīn 不已 bùyǐ / 烈士は晩年になっても大志を失わない．
【烈属】lièshǔ [名][⦿ 户 hù, 位 wèi] 革命犠牲者の家族．
【烈性】lièxìng [形] ❶ 気性が激しい．¶~汉子 hànzǐ / 気性の激しい男．熱血漢．¶~女子 nǚzǐ / 気性の激しい女．烈女．❷ 物の性質が激しく，ききめが強い．¶~酒 / きつい酒．¶~炸药 zhàyào / 強力な爆薬．
【烈焰】lièyàn [名] 激しい炎．¶~腾空 téngkōng 而起 / 激しい炎が空に舞い上がる．¶熊熊~ / ぼうぼうと燃えさかる炎．[表現] 激しい気性についても言う．

捩 liè
扌部8 四5308₄ 全11画 通用
[素] ねじり回す．向きを変える．¶~转 lièzhuǎn（反向転換する）/ 转~点 zhuǎnlièdiǎn（転換点）．

猎（獵） liè
犭部8 四4426₁ 全11画 常用
[素] ❶ 狩りをする．¶~场 lièchǎng / ~虎 lièhǔ（虎狩り）/ 狩~ shòuliè（狩りをする）/ ~头 liètóu．❷ 狩りをするための．¶~人 lièrén / ~狗 lièɡǒu / ~枪 lièqiāng．❸ 追い求める．¶~奇 lièqí．

【猎豹】lièbào [名]《動物》チーター．
【猎捕】lièbǔ [動] 捕らえる．
【猎场】lièchǎng [名] 狩り場．
【猎刀】lièdāo [名] ハンティング・ナイフ．
【猎狗】lièɡǒu [名][⦿ 条 tiáo,只 zhī] 猟犬．[⦿] 猎犬 lièquǎn．
【猎户】lièhù [名] 猟師．狩りをする人．[⦿] 猎人 lièrén．
【猎户座】lièhùzuò [名]《天文》オリオン座．
【猎获】lièhuò [動] 狩りをして捕らえる．¶~物 / 獲物．¶~了几头野猪 / イノシシを数頭捕らえた．
【猎猎】lièliè [擬] 風の音．旗のはためく音．¶北风~ / 北風がビュービューと吹く．¶战旗 zhànqí~ / 戦旗がバタバタとはためく．
【猎奇】liè/qí [動] 新奇なものを求める．
【猎潜艇】lièqiántǐng [名]《軍事》駆潜艇．
【猎枪】lièqiāng [名][⦿ 杆 ɡǎn,条 tiáo,枝 zhī] 猟銃．
【猎取】lièqǔ [動] ❶ 狩りをして捕らえる．¶~野兽 yěshòu / 獣を捕らえる．❷[名] 名利をあさる．¶~名利 / 名利を奪い取る．¶非法~暴利 bàolì / 不法なやり方で暴利を手にする．
【猎犬】lièquǎn [名] "猎狗 lièɡǒu"に同じ．
【猎人】lièrén [名][⦿ 个 ɡe, 位 wèi] 猟師．
【猎杀】lièshā [動] 狩猟で捕らえた動物を殺す．
【猎手】lièshǒu [名][⦿ 个 ɡe, 位 wèi]（腕のいい）猟師．
【猎头】liètóu ❶[動] 優秀な人材を引き抜く．ヘッドハンティングする．❷[名] ① を専門に行う人．
【猎物】lièwù [名] 獲物．
【猎艳】lièyàn [動] ❶ ことばを好んで飾る．文飾を好む．❷ 女色をあさる．
【猎鹰】lièyīng [名] 狩りに使うタカ．
【猎装】lièzhuāng [名]《服飾》ハンティング・ジャケット．サファリ・ルック．

裂 liè
衣部6 四1273₂ 全12画 常用
[動] 裂ける．割れる．裂く．¶爆~ bàoliè（はじける）/ 破~pòliè（破裂する）/ 天太冷,手上都~口子了（あまりの寒さに,手にひび割れができた）/ 茶杯从架子上掉下来,摔~了（湯のみは棚から落ちて割れてしまった）．

▷ 裂'liě

【裂变】lièbiàn [動] ❶《物理》核分裂する．¶自然~ / 核の自然分裂．❷ 分裂する．
【裂缝】liè/fèng（~儿）❶ 裂け目ができる．ひびが入る．¶桌面裂了一条缝儿 / テーブルにひびが入った．❷ lièfèng（~儿）[⦿ 道 dào, 条 tiáo] 裂け目．ひび．¶修补 xiūbǔ~ / 裂け目を修理する．[⦿] 裂痕 lièhén [表現] は人間関係についても言う．
【裂痕】lièhén [名][⦿ 处 chù, 道 dào] 器物のひび．¶碗上 wǎnshang 的~ / 茶碗のひび．❷ 感情のひび．¶他俩之间有了~ / 彼ら二人の間にひびが入った．
【裂化】lièhuà [動]《化学》石油を分留する．分解する．¶催化 cuīhuà~ / 接触分解．¶~炉 lú / 分解炉．
【裂解】lièjiě [動]《化学》石油のクラッキング方法の一つ．700度以上の条件下で行う高熱分解．
【裂开】lièkāi [動] 裂ける．¶干旱 gānhàn 时节,土地都干得~了 / 乾季になると,地面はすっかりひび割れしてしまう．
【裂口】❶ liè/kǒu（~儿）（~口）¶手冻得~儿了 / 寒さで手にあかぎれが切れた．¶西瓜裂了口儿 / スイカに裂け目が入った．❷ lièkǒu（~儿）[⦿ 道 dào, 个 ɡe] 裂け目．¶鞋上有一个~ / 靴に穴が出いた．

あいている.
【裂片】lièpiàn 名《植物》葉や花びらのふちの切れ込みが裂けて分かれた小片.
【裂纹】lièwén 名 ❶〔量 道 dào, 条 tiáo〕ひび. 同 裂璺 lièwèn ❷ 陶磁器の装飾用のひび.
【裂璺】❶ liè//wèn 動 ひびが入る. ¶〜的砂锅 / ひびの入った土鍋. ❷ lièwèn 名〔量 道 dào, 条 tiáo〕ひび.
【裂隙】lièxì 名 割れ目.

趔 liè
走部 6 四 4280₀
全13画 通用
下記熟語を参照.
【趔趄】lièqie 形 よろける. ¶他趔趔趄趄地走进来 / 彼はよろよろしながら入ってきた. ¶他打了个〜, 差点儿摔倒 shuāidǎo / 彼はぐらっとよろけてあやうく転げそうになった. 同 趔趔趄趄

躐 liè
足部15 四 6211₂
全22画 通用
動 ❶ 飛びこえる. ¶〜等 lièděng / 〜级 lièjí (等級を飛びこえる) / 〜进 lièjìn (一足飛びに進む). ❷ 踏みつける.
【躐等】lièděng 動 通常の手順をとばす. スキップする. ¶〜求进 qiújìn / 必要な手順を踏まずに先に行こうとする.

鬣 liè
髟部15 四 7271₂
全25画 通用
名 たてがみ. ¶〜狗 liègǒu.
【鬣狗】liègǒu 名《動物》〔量 群 qún, 条 tiáo, 只 zhī〕ハイエナ.

咧 lie
口部 6 四 6200₀
全 9 画 次常用
動 用法は "了 le", "啦 la", "哩 li" に近いが, 軽く言う場合に用いる. ¶好〜! (いいですよ) / 他来〜! (彼が来た).
☞ 咧 liē, liě

---

lin カ | ㄣ [lin]

拎 līn
扌部 5 四 5803₂
全 8 画 通用
動 方 手に提げて持つ. ¶〜着饭盒 fànhé 上班 (弁当箱を提げて出勤する).
【拎包】līnbāo 名 方 手提げカバン. 同 提包 tíbāo

邻 (鄰 / 异 隣) lín
阝部 5 四 8732₇
全 7 画 常用
素 ❶ 近所に住む人. ¶〜居 línjū / 比〜 bǐlín (近所. 隣人) / 四〜 sìlín (隣近所) / 远亲不如近〜 (遠くの親戚より近くの他人). ❷ 隣の. 近くの. ¶〜邦 línbāng / 〜近 línjìn / 〜国 língúo. ❸ 周代の地方行政単位. 五 "家" を "邻", 五 "邻" を "里" とした.
【邻邦】línbāng 名 隣国. ¶友好〜 / よき隣国. ¶中国和日本是一衣带水的〜 / 中国と日本は一衣帯水の隣国です.
【邻国】línguó 名 隣国.
【邻家】línjiā 名 隣家. 隣家の人々.
【邻接】línjiē 動 隣り合う. 隣接する.
【邻近】línjìn ❶ 動 隣接する. すぐそばだ. ¶〜市区 / 市街地のすぐそばだ. ❷ 名 付近. 近所. ¶学校〜就有动物园 / 学校のすぐ近所に動物園がある.

*【邻居】línjū 〔量 个 ge, 户 hù, 家 jiā, 位 wèi〕隣近所. 隣人. 同 街坊 jiēfang
【邻里】línlǐ 名 ❶ 隣近所. ¶〜服务站 / 町内のサービスステーション. ❷ 隣近所に住む人. ¶〜关系很好 / 隣近所の人たちと仲がいい.
【邻人】línrén 名 隣人. 近所の人.
【邻舍】línshè 名 方 隣. 隣人. ¶街坊 jiēfang〜 / 隣近所. ¶左右〜 / 向こう三軒両隣.

林 lín
木部 4 四 4499₆
全 8 画 常用
❶ 名 林. ¶〜地 líndì / 〜泉 línquán / 园〜 yuánlín (庭園) / 独木不成〜 (一本の木では林にはならない). ❷ 素 同類の人や物が多く集まっていること. ¶儒〜 rúlín (儒者の集まる所. 学界) / 碑〜 bēilín (石碑が林立している所). ❸ 形 多い. ¶〜立 línlì. ❹ 名 林業. ¶〜场 línchǎng / 〜农 línnóng / 农〜 nónglín (農業と林業). ❺ (Lín)姓.
【林彪】Lín Biāo《人名》林彪 (ひょう): 1906-1971). 軍人で政治家. 毛沢東の後継者とされたが, 政治に失敗し国外逃亡を図って墜落死した.
【林产】línchǎn 名 山林でとれるもの. ¶〜品 / 林产物.
【林场】línchǎng 名 ❶ 営林局[署]. ❷ 営林場.

林彪

【林丛】líncóng 名 樹木が密生しているところ. 林. 同 树 shù 林子
【林带】líndài 名 帯状の防護林. ¶防风〜 / 防風林.
【林黛玉】Lín Dàiyù《人名》林黛玉 (たいぎょく). 小説『紅楼夢』の悲運のヒロイン.
【林地】líndì 名《林業》(木材を産出する) 森林地.
【林分】línfèn 名《林業》林分 (ぶん). 参考 森林を構成する最小単位. 樹木の種類・樹齢・生育状態がほぼ一様であり, 隣接する森林と区別できるような条件を備えた森林のひとまとまり. 林業経営上の単位となる. 注意 "分" は "fēn" と読まない.
【林冠】línguān 名《林業》林冠 (かん). 森林の上部の繁った枝々がつくる屋根のような覆い.
【林海】línhǎi 名〔量 片 piàn〕樹海.
【林壑】línhè 名 文 森林や峡谷.
【林吉特】línjítè 名 リンギット. マレーシアの貨幣単位.
【林肯】Línkěn《人名》リンカーン(1802-1865). 米国の第16代大統領.
【林垦】línkěn 動 開墾と造林. ¶〜事业 / 開墾と造林事業.
【林立】línlì 動 林立する. ¶高楼 / ビルが立ち並ぶ. ¶工厂的烟囱 yāncōng〜 / 工場の煙突が林立する.
【林林总总】línlínzǒngzǒng 形 雑多だ. おびただしい. 由来 唐・柳宗元『貞符』の語から.
【林莽】línmǎng 名 繁茂した林や草むら.
【林木】línmù 名 ❶ 林. ¶一片〜 / 一面に広がる林. ❷ 森林に生えている木. 表現 ❷ は "孤立木 gūlìmù" と区別して言う.
【林农】línnóng 名 森林の仕事をする農民.
【林檎】línqín 名《植物》ワリンゴ. 同 花红 huāhóng
【林区】línqū 名 ❶ 森林地帯.
【林泉】línquán 名 文 ❶ 木立や泉. ❷ 隠棲の地.
【林涛】líntāo 名 森林が風に吹かれて発する波濤 (とう) のような音.

lín 临

【林网】 línwǎng 縦横に入りくんだ森林帯.
【林下】 línxià 图⊗ 山林と田野. 隠棲の地を指すことば.
【林相】 línxiàng 图《林業》林相. 森林を構成する樹種・林齢・林木の成長状態により示される森林の全体像.
【林业】 línyè 图 林業. ¶～工人 / 林業労働者.
【林阴】 línyīn 图 木陰. ¶～道 / 並木道. ¶～路 / 並木道.
【林语堂】 Lín Yǔtáng《人名》林語堂(ぞん):1895-1976. 福建省出身の文学者. 1936年に渡米し英文で中国文化を紹介した. 作品に"Moment in Peking"(『北京好日』)など.
【林苑】 línyuàn 图 古代の皇帝専用の猟場.
【林则徐】 Lín Zéxú《人名》林則徐(ぞじょ:1785-1850). 清代末の政治家.
【林子】 línzi 图〇[量片 piàn]林. 🔄 树林 shùlín.

临(臨) lín Ⅰ部8 四 2806₃ 全9画 常用

❶ 动 来る. 訪れる. 到着する. ¶～门 línmén / 来～láilín (ご来臨くださる) / 欢迎光～ (ようこそおいでくださいました) / 面～ miànlín (直面する). ❷ 动《場所や物に》面している. ¶～街 línjiē / 登～ dēnglín (山に登り水に臨む) / ～月 línyuè. ❸ 副 …しようとする. ¶～动员前,将军向兵士们发出了几项指示(出発に当って,将軍は兵隊たちにいくつかの指示を出した) / ～上课,老师才宣布现在开考试(授業の時になって,先生は今から試験をすると宣言した). ❹ 动《字や絵の手本を》模写する. ¶～帖 líntiē / ～画 línhuà (絵を模写する) / ～摹 línmó. ❺ (Lín)姓.

【临安】 Lín'ān《地名》❶ 臨安(<ぁん). 浙江省北部にある市. ❷ 南宋の首都. 現在の杭州市にあたる.
【临本】 línběn 图 書画を模写したもの.
【临别】 línbié 动 別れに臨む. ¶～纪念 / 別れ際の記念. ¶～赠言 zèngyán / 別れに臨んで贈ることば. 送辞.
【临产】 línchǎn 动 出産を間近にひかえる. ¶小李的妻子～前一直坚持工作 / 李さんの奥さんは出産間近まで仕事を続けていた.
【临场】 línchǎng 动 会場で試験や試合に臨む.
【临朝】 líncháo 动 朝廷に出て政務を執る.
【临池】 línchí 动 習字の練習をする. 由来 漢代の有名な書家,張芝が池のほとりで手習いをして,池の水が黒くなるほど硯を洗ったという故事から.
【临床】 línchuáng 动《医学》臨床にたずさわる. 実際に診察する. ¶～经验 / 臨床経験. ¶他～多年,积累了丰富的经验 / 彼は長年臨床にたずさわり,豊富な経験を積んでいる.
【临到】 líndào 动 ❶ …の間際になる. ¶～考试,才看书 / 試験の間際になってようやく勉強を始める. ❷ (…の身)にふりかかる. 起こる. ¶事情～头上了,总得 zǒngděi 想法儿解决 / 事が起こった以上,ともかく何とかして解決しなくては立つ.
【临风】 línfēng 动⊗ 風に向かう. 風に吹かれる.
【临机】 línjī 动 その場に臨む. ¶～制胜 zhìshèng / 機に乗じて勝つ. ¶～应变 yìngbiàn / 臨機応変.
【临街】 línjiē 动 通りに面する.
【临界】 línjiè 图《物理》臨界. ¶～温度 / 臨界温度.
【临界点】 línjièdiǎn 图《物理》臨界点.

【临近】 línjìn 动 (時間や場所に)近づく. ¶暑假～了 / 夏休みが近い. ¶我们学校～车站 / 私たちの学校は駅から近い.
【临渴掘井】 lín kě jué jǐng 成 必要が生じてから初めて準備をする. 泥棒を捕らえてから縄をなう. 由来 のどが渇いてから井戸を掘る,という意から.
【临了】 línliǎo 副〇 (～儿)最後になって初めて. ¶还是我们赢了,～最後はやはり私たちが勝った. 🔄 临末了儿 línmòliǎor
【临门】 línmén ❶ 家にやって来る. ¶贵客～ / お客様がお越しになる. ¶双喜～ / 祝い事が重なってやって来る. ❷《スポーツ》(サッカーやラグビーで)ゴールに迫る. ¶～一脚 / ゴール前の一蹴り.
【临摹】 línmó 动 書画の手本にならって練習する. 臨摹する.
【临盆】 línpén 动"临产 línchǎn"に同じ.
【临蓐】 línrù "临产 línchǎn"に同じ.
* **【临时】** línshí Ⅰ 形 その場に臨んで. 一時的に. ¶他每次考试都是～抱佛脚 fójiǎo / 彼は試験のたびにいつも苦しい時の神頼みをしている. ¶业务由副主任～负责 / 業務は副主任が一時的に責任を負う. 🔄 暂时 zànshí ❷ 形 一時的な. 仮の. ¶这只是个～的住処 / ここはあくまでも仮の住まいです. 🔄 暂时 zànshí
【临时代办】 línshí dàibàn 图 臨時代理大使. 臨時代理公使.
【临时工】 línshígōng 图[量 个 ge, 名 míng, 位 wèi] 臨時雇い. アルバイト.
【临死】 línsǐ 动 死に臨む.
【临帖】 líntiè 动 手本を見ながら習字をする.
【临头】 líntóu 动 ❶ (不幸や災難が)身にふりかかる. ¶大难～ / 大きな災難がふりかかる. ❷ "临近 línjìn"に同じ.
【临危】 línwēi 动 ❶ 危篤に陥る. ❷ 生命の危険にさらされる.
【临危不惧】 lín wēi bù jù 成 命の危険があっても少しもたじろがない.
【临危受命】 lín wēi shòu mìng 成 存亡の危機にあって,進んで命を投げ出す.
【临刑】 línxíng 动 死刑執行に臨む.
【临行】 línxíng 动 出発の時を迎える. まもなく出発する. ¶～匆匆 cōngcōng, 不及告别 / 出発間際には慌ただしくて,別れを言う暇もなかった.
【临渊羡鱼】 lín yuān xiàn yú 成 願望するだけで何もしなければ,成果は得られない. 由来 水のほとりで魚を欲しがる,という意から. 『漢書』董仲舒(とうちゅうじょ)伝に見えることば.
【临月】 línyuè 动 (～儿)臨月に入る. 産み月に入る.
【临战】 línzhàn 动 戦闘や試合に臨む.
【临阵】 línzhèn 动 ❶ 戦いに臨む. 出陣の時が迫る. ❷ 戦闘に参加する. ¶～指挥 / 陣頭指揮. ¶～经验 / 実戦経験.
【临阵磨枪】 lín zhèn mó qiāng 成 戦いの直前になってやりを磨く. 一夜漬け. ¶～,不快也光 / 戦いの直前にやりを磨くく,切れないけれども光っている(にわか仕込みだが少しは役に立つ).
【临阵脱逃】 lín zhèn tuō táo 成 肝心な時に逃げ出すこと. 敵前逃亡.
【临终】 línzhōng 动 臨終を迎える. ¶～嘱托 zhǔtuō / 臨終の際に事を託す. 遺言する.
【临终关怀】 línzhōng guānhuái 图 ターミナルケア.
【临终关怀医院】 línzhōng guānhuái yīyuàn 图 ホス

lín – lǐn

啉 lín
口部8 [四] 6409₀
全11画 [通 用]
→喹啉 kuílín

淋 lín
氵部8 [四] 3419₀
全11画 [常 用]
[動] 注ぐ.（水を）かける.ぬらす.¶往花上～点水（花に水をやる）/～了雨（雨にぬれる）.
☞ 淋 lìn

【淋巴】línbā [名]《生理》リンパ.（同）淋巴液 yè ♦リンパ lympha
【淋巴管】línbāguǎn [名]《生理》リンパ管.
【淋巴结】línbājié [名]《生理》リンパ節.（同）淋巴腺 xiàn
【淋巴细胞】línbā xìbāo [名]《生理》リンパ細胞.
【淋漓】línlí [形] ❶ぽたぽたと滴るようす.¶大汗～/汗がほたぽたと落ちる.¶鲜血 xiānxuè～/赤い血が滴る. ❷（文章や発言が）思いのたけを尽くすようす.¶痛快～/痛快至極だ.
【淋漓尽致】lín lí jìn zhì [成] ❶"淋漓 línlí"②に同じ. ❷真相を徹底的にあばいている.
【淋淋】línlín [形]（雨や汗などが）滴るようす.¶秋雨～/秋雨がしとしと降る.¶湿 shī～/じっとりぬれる.
【淋浴】línyù [名] シャワー.［洗～/シャワーを浴びる.

琳 lín
王部8 [四] 1419₀
全12画 [次常用]
[名][文] 青緑色の美しい玉. ¶～琅 láng 满目.
【琳琅】línláng [名] 美しい玉. 美しく貴重なもののたとえ.
【琳琅满目】lín láng mǎn mù [成] すばらしい物が数多くある. ¶商店里商品～,应有尽有/お店の中にはよい品がズラリと並び,何でもそろっている. [表現] 書籍や美術品を指すことが多い.

粼 lín
米部8 [四] 9223₀
全14画 [通 用]
下記熟語を参照.
【粼粼】línlín [形][文] 水が澄み,石がつやつやしている. ¶～碧波 bìbō / 澄んださざ波がゆらゆらと揺れている. ¶白石～/白い石がつやつやしている.

嶙 lín
山部12 [四] 2975₉
全15画 [通 用]
下記熟語を参照.
【嶙嶙】línlín [形] "嶙峋 línxún"に同じ.
【嶙峋】línxún [形] ❶岩がでこぼこしている. ¶怪石～/変わった形の岩が重なり合っている. ¶～的山路/険しい山道. ❷がりがりに痩せる. ¶瘦骨 shòugǔ～/瘦せて骨と皮になっている. ❸人が一本気で気骨がある. ¶气节 qìjié～/気概がある. ¶傲骨 àogǔ～/硬骨漢だ.

遴 lín
辶部12 [四] 3930₅
全15画 [通 用]
[素] 慎重に選ぶ. ¶～选 línxuǎn / ～派 línpài（選んで派遣する）.
【遴选】línxuǎn [動][文] 慎重に人材を選抜する. ¶～德才兼备的人 / 徳と才能を兼ね備えた人を選ぶ.

璘 lín
王部12 [四] 1915₀
全16画 [次常用]
[名][文] 玉の輝き,色つや. [表現] 人名に用いることが多い.

霖 lín
雨部8 [四] 1094₄
全16画 [通 用]
[素] 長いこと降り続く雨. ¶～雨 línyǔ / 甘～ gānlín（慈雨）/秋～ qiūlín（秋の長雨）.

霖雨 línyǔ [名] ❶長雨. ❷恩沢.

辚（轔）lín
车部12 [四] 4955₉
全16画 [通 用]
下記熟語を参照.
【辚辚】línlín [形] がらがら. 馬車などが走る音. ¶车～,马萧萧 xiāoxiāo / 車はがらがらと音を立て,馬はいななく.

磷（異 燐、粦）lín
石部12 [四] 1965₀
全17画 [次常用]
[名]《化学》リン. P. ¶～肥 línféi / ～火 línhuǒ / 白～ báilín（黄燐）.
【磷肥】línféi [名]《農業》リン酸肥料.
【磷光】línguāng [名]《物理》燐光.
【磷灰石】línhuīshí [名]《鉱物》燐灰石.
【磷火】línhuǒ [名] リンの燃える火. 火の玉. 鬼火. [表現] 俗に"鬼火 guǐhuǒ"と言う.
【磷磷】línlín [形][文] 水が澄み,石が清らかなようす.
【磷酸】línsuān [名]《化学》リン酸. ¶～盐 yán / リン酸塩. / ～铵 ǎn / リン酸アンモニウム.
【磷虾】línxiā [名]《魚》オキアミ.
【磷脂】línzhī [名]《化学》リン脂質. ホスファチド.

瞵 lín
目部12 [四] 6905₉
全17画 [通 用]
[動] 注視する. じっと見る. ¶鹰 yīng～鹗 è 视 [成]（鷹やミサゴのように獲物をねらう. つけ入るすきをねらうようす）.

鳞（鱗）lín
鱼部12 [四] 2915₆
全20画 [次常用]
❶[名][⊕片 piàn] うろこ. ¶～爪 línzhǎo / 鱼～yúlín（魚のうろこ）/～甲 línjiǎ. ❷[素] うろこに似たもの. ¶～波 línbō（うろこのような波. さざ波）/～茎 línjīng.
【鳞翅目】línchìmù [名]《虫》鱗翅(ˡ)目.
【鳞次栉比】lín cì zhì bǐ [成] 家や船などが密集して並んでいる. ¶高楼大厦～/高層ビルが林立している.（同）栉比鳞次 zhì bǐ lín cì [由来] 魚の鱗が櫛の歯のように,列をなしてびっしりと並んでいる,という意味.
【鳞甲】línjiǎ [名] うろこと甲殻. 魚介類のこと.
【鳞茎】línjīng [名]《植物》鱗茎(ˡ).
【鳞片】línpiàn [名] ❶（魚の）うろこの一片. ❷（蝶などの）鱗粉. ❸植物の芽を保護するうろこ状の葉. 鱗片葉(ˡ). 芽鱗(ˡ).
【鳞伤】línshāng [形]（魚のうろこのように）体中が傷だらけだ. ¶遍体 biàntǐ～/全身傷だらけだ.
【鳞屑】línxiè [名]《医学》鱗屑(ˡ). 皮膚の障害によって脱落する乾燥した表皮.
【鳞爪】línzhǎo [名][文] うろことつめ. 物事の一部分. [表現] "一鳞半爪 yī lín bàn zhǎo"の形で使うことが多い.

麟（異 麐）lín
鹿部12 [四] 0925₉
全23画 [通 用]
❶[素] 麒麟のこと. 古代の想像上の動物. "麒 qí"が雄で"麟 lín"が雌と言う. ¶～凤 fèng 龟 guī 龙 / 凤凤毛～角 jiǎo（鳳凰の毛と麒麟の角. 珍しく貴重なもの）/麒～qílín（麒麟）. ❷(Lín)姓.
【麟凤龟龙】lín fèng guī lóng [成] 行いや人格が優れた人. また,珍しく貴重な動物. ¶～式の人物 / 人格が優れ人々に仰がれるような人物.

凛（異 凜）lǐn
冫部13 [四] 3019₁
全15画 [次常用]
[素] ❶寒い. 冷たい. ¶～冽 lǐnliè. ❷厳粛だ. 厳しい. ¶～然 lǐnrán.

lǐn – líng 廩檁吝赁淋蔺膦躏令伶灵

【凛冽】lǐnliè 形 骨身にしみるほど寒い．¶北风～/ 北風が身を切るようだ．

【凛凛】lǐnlǐn 形 ❶寒い．冷たい．¶寒风～/ 寒風に身も凍る．❷おごそかだ．¶威风～/ 威風堂々．❸〈文〉恐れおののくようす．

【凛然】lǐnrán 形 おごそかだ．厳然としている．¶～不可侵犯 qīnfàn / 厳然として犯すべからず．¶正气～/ 正気に満ちて凛としている．¶大义～/ 正義の姿に威厳を感じさせる．

廩(異廪) lǐn
广部13 四 0029₁ 全16画 通用
素 穀物貯蔵庫．米倉．¶～生 lǐnshēng / 倉～ cānglǐn (貯蔵庫)．

【廪生】lǐnshēng 名 明清时代の給付学生．

檁(異檩) lǐn
木部13 四 4099₁ 全17画 次常用
名〈建築〉〔栋 根 gēn, 条 tiáo〕屋根の棟木(ﾑﾈｷﾞ)．房～ fánglǐn (棟木)．⇔ 桁 héng, 檩条 lǐntiáo ⇨ 房子 fángzi (図)

【檁条】lǐntiáo "檁 lǐn"に同じ．
【檁子】lǐnzi 名〈方〉屋根の桁(ｹﾀ)．

吝(異悋) lìn
文部3 四 0060₄ 全7画 次常用
❶素 けちだ．物惜しみする．¶～啬 lìnsè / 悭～ qiānlìn (けちだ)．❷動 惜しむ．出ししぶる．¶～惜 lìnxī / 不～赐教 cìjiào (お教えを惜しまないで下さい) / 不～气力(気力を惜しまない)．❸(Lìn)姓．表現 ❷は，否定形で使うことが多い．

【吝啬】lìnsè 形 けちけちしている．¶他很～/ 彼はけちだ．¶～成性 / けちが身にしみつく．回 怪吝 qiānlìn 反 大方 dàfang, 慷慨 kāngkǎi ⇔吝惜 lìnxī

【吝啬鬼】lìnsèguǐ 名 けちんぼ．

【吝惜】lìnxī 動(力や才能，また財産や時間などを)出し惜しむ．¶写文章要一笔属,尽可能精练 / 文章を書く時はむだなことばをはぶいて，できるだけ簡潔にするべきだ．¶～生命 / 命を惜しむ．比較 "吝啬 lìnsè"には「使うべきものを使わない」と非難する意味があるが，"吝惜"は「使うことを惜しむ」方に重点があり，非難する意味はない．

赁(賃) lìn
贝部6 四 2280₂ 全10画 通用
❶動 賃借する．賃貸する．¶租～ zūlìn (賃借する) / 出～ chūlìn (賃貸する)．❷(Lìn)姓．

淋(異痳❷) lìn
氵部8 四 3419₀ 全11画 通用
❶動 液体を濾(ｺ)す．¶过～ guòlìn (ろ過する) / 把渣子 zhāzi～出来(おりを濾す)．❷素〈医学〉淋(ﾘﾝ)病．¶～病 lìnbìng．回 白浊 báizhuó
☞ 淋 lín

【淋病】lìnbìng 名〈医学〉淋病．

蔺(藺) lìn
艹部11 四 4422₇ 全14画 通用
❶ → 马蔺 mǎlìn ❷(Lìn)姓．

膦 lìn
月部12 四 7925₉ 全16画 通用
名〈化学〉ホスフィン．

躏(躪) lìn
𧾷部14 四 6412₇ 全21画 次常用
→ 蹂躏 róulìn

---

líng ㄌㄧㄥ〔liəŋ〕

令 líng
人部3 四 8030₂ 全5画 常用
下記熟語を参照．
☞ 令 lìng, líng

【令狐】Línghú ❶〈地名〉令狐(ﾅﾄﾞ)．古代の地名．現在の山西省臨猗(ﾘﾝｲ)一帯にあった．❷《複姓》令狐(ﾅﾄﾞ)．

伶 líng
亻部5 四 2823₂ 全7画 常用

❶素 役者．¶～人 língrén / 坤～ kūnlíng (女優) / 优～ yōulíng (役者)．❷→ 伶仃 língdīng ❸→ 伶俐 línglì

【伶仃】língdīng 形 ❶孤独だ．頼るものがない．¶他少年漂泊 piāobó, 孤苦～/ 彼は若くして放浪し，孤独な身の上だ．❷弱々しくやせている．¶瘦骨～/ やせてひょろひょろだ．回 零仃 língdīng

【伶俐】línglì[-li] 形 利発だ．賢い．¶聪明～/ 聪明で利発．¶手脚～/ 動作が機敏だ．回 伶伶俐俐 回 机灵 jīlíng

【伶俜】língpīng 形〈文〉孤独なようす．回 伶仃 língdīng
【伶人】língrén 名 旧 役者．
【伶牙俐齿】líng yá lì chǐ 弁がたつ．弁舌さわやかだ．¶那孩子～，聪明过人 / あの子はとても弁がたって，人並みはずれて賢い．

灵(靈) líng
彐部4 四 1780₉ 全7画 常用

❶形 利発だ．器用だ．機能がよく働く．¶机～ jīlíng (すばしこい) / 他脑子很～ (彼は頭の回転がはやい) / 人老了,脚不～了(年をとって,足が不自由になった)．❷笨 bèn ❷形 よく効く．¶这种药挺～的(この薬はとてもよく効く) / 这个办法很～ (このやり方は有効だ)．❸素 (神や妖精など)不可思議なもの．¶～异 língyì / 神～ shénlíng (神の総称)．❹素 精神．魂．¶心～ xīnlíng (心霊) / 亡～ wánglíng (亡霊) / 英～ yīnglíng (英霊)．❺名 ひつぎ．¶守～ shǒulíng (ひつぎを守る) / 移～ yílíng (ひつぎを移す)．❻(Líng)姓．

【灵便】língbian 形 ❶(手足や五官が)よく機能する．¶手脚不大～了 / 手足があまり利かなくなった．¶耳朵不～/ 耳がよく聞こえない．❷(道具などが)使いやすい．¶这小推车挺～的 / この小型カート［台車］はとても使いやすい．

【灵车】língchē 名〔辆 liàng〕霊柩(ｷｭｳ)車．
【灵床】língchuáng 名 遺体を横たえるための台や寝台．
【灵丹妙药】líng dān miào yào 成 霊験あらたかな妙薬．一切の問題を解決するとっておきの手段．回 灵丹圣 shèng 药
【灵动】língdòng 形 機敏だ．変化に富む．
【灵符】língfú 名《宗教》護符・守り札．魔よけなどの総称．
【灵府】língfǔ 名〈文〉❶思索を行う器官．心．❷神仙の住む場所．
【灵感】línggǎn 名 インスピレーション．ひらめき．¶来～/ インスピレーションがわく．¶创作～/ 創作のインスピレーション．
【灵怪】língguài ❶名 精霊や妖怪．❷形〈文〉神秘的だ．不思議だ．

【灵光】língguāng ❶ 名《仏教》人々に個有の霊妙なる光. ❷ 名《神仏の頭部に描かれる》後光. ❸ 形 方 優れている. 効果がある. ¶这种药治头疼~得很 / この薬は頭痛によく効く.
【灵慧】línghuì 形 鋭敏で賢い.
【灵魂】línghún 名 ❶ 魂. ¶~离开躯体 qūtǐ / 魂が肉体を離れる. ❷ 心. 精神. ¶~深处 / 心の奥底. ❸ 肝心かなめのもの. ¶文章的~ / 文章のかなめ. ❹ 人格. 良心. ¶为了钱不惜 bùxī 出卖~ / 金のためなら平気で良心を捨てる.
*【灵活】línghuó 形 ❶ 機敏だ. すばしこい. ¶头脑~ / 頭の回転が早い. ❶ 動作が機敏だ. 同 灵便 língbian, 灵敏 língmǐn ❷ (対応が)柔軟だ. ¶手法~ / 融通のきくやり方だ. ¶~安排 / 段取りに柔軟性をもたせる. 反 呆板 dāibǎn, 死板 sǐbǎn
【灵机】língjī 名 (アイディアなどの)ひらめき.
【灵机一动】líng jī yī dòng 成 とっさに妙案を思いつく. ¶~, 想出一个好办法 / ぱっとひらめいて, 良い方法を思いついた.
【灵柩】língjiù 名〔具 jù, 口 kǒu〕死者を納めた棺 (ひつぎ).
【灵猫】língmāo 名《動物》ジャコウネコ.
【灵妙】língmiào 形 霊妙だ. 同 神 shén 妙
【灵敏】língmǐn 形 鋭敏だ. 機敏だ. ¶反应~ / 反応が鋭敏だ. ¶~的感觉 / 鋭い感覚.
【灵敏度】língmǐndù 名《電気》(受信機や測定器などの)感度.
【灵牌】língpái 名 位牌(いはい). 同 灵位 língwèi
【灵气】língqì 名 ❶ インスピレーションや機転に富む利発な性格. ❷ 霊妙な気質. 霊魂.
【灵巧】língqiǎo 形 気が利く. 機転が利く. ¶心思~ / 考えがさえている. ¶他的手挺~ / 彼は手がとても器用だ. 他脑筋十分~ / 筋立てがたいへん巧みだ. 同 乖巧 guāiqiǎo 反 笨拙 bènzhuō
【灵寝】língqǐn 名 柩(ひつぎ)を安置するところ.
【灵台】língtái 名 ❶ 遺骨や位牌・柩・遺影を置く台. ❷ 文 心. 精神.
【灵堂】língtáng 名 遺体や遺骨, 位牌(いはい)などを安置した部屋.
【灵通】língtōng 形 ❶ (消息が)よく通じている. 耳が早い. ¶消息~ / 消息通だ. ¶耳目~ / 耳が早い. ❷ 方 役に立つ. ¶他的话果然~ / 彼のことばは本当に役立った. ❸ 方 敏捷(びんしょう)だ. 機敏だ. ¶他办事很~ / 彼はてきぱきと仕事をする.
【灵童】língtóng 名 ❶ 神童. 仙童. ❷《宗教》ラマ教で活仏の後継者となる子供.
【灵透】língtou 形 方 利口だ. 聡明だ. ¶好~的孩子 / 利口な子供.
【灵位】língwèi 名 位牌(いはい). ¶摆放~ / 位牌を安置する. 同 灵牌 língpái
【灵犀】língxī 名 霊犀(れいさい). 心が通じ合うことのたとえ. ¶心有~一点通 / 互いに心が通じ合っている. 由来 昔, 犀(さい)は角に白い筋をもつ神秘な動物とされたため.
【灵性】língxìng 名 ❶ 天賦の優れた知恵や才覚. ¶他具有艺术家的~ / 彼は芸術家としての才能がある. ❷ (訓練された動物の)賢さ. ¶狗有~ / 犬は頭がいい.
【灵秀】língxiù 形 清らかで美しい.
【灵验】língyàn 形 ❶ (薬や手段が)よく効く. ¶这种药治心脏病很~ / この薬は心臓病にたいへんよく効く. ❷ (予言や予報が)ぴたりと当たる. ¶他的预言~ / あの人の予言はよく当たる.
【灵异】língyì ❶ 名 神仙と妖怪. ❷ 形 怪異だ. 不可思議だ. ❸ 形 霊験あらたかだ.
【灵长目】língzhǎngmù 名《動物》霊長目.
【灵芝】língzhī 名〔棵 kē, 株 zhū〕マンネンタケ. レイシ.

苓 líng
艹部5 4430₂
全8画 通用
❶ → 茯苓 fúlíng ❷ (Líng)姓.

图 líng
口部5 6030₂
全8画 通用
下記熟語を参照.
【囹圄[圉]】língyǔ 名 文 牢屋(ろうや). 監獄. ¶身陷~ xiàn~ / 監獄に入れられる. ¶十年~生涯 / 10年の獄中生活.

泠 líng
氵部5 3813₂
全8画 通用
❶ 素 文 涼しい. さわやか. ¶~~ línglíng / ~然 língrán (音が澄んでいる). ❷ (Líng)姓. 参考 浙江省杭州市の西湖畔にある"西泠印社"は, 篆刻(てんこく)で有名. "泠"を"冷 lěng"と間違えないよう注意.
【泠泠】línglíng 形 文 ❶ (風などが)さわやかだ. ❷ 澄んだ音が響くようす.

玲 líng
王部5 1813₂
全9画 次常用
❶ 素 玉(ぎょく)のぶつかりあう音. ¶~~ línglíng / ~珑 línglóng / 叮~ dīnglíng (ちりんちりん). ❷ (Líng)姓.
【玲玲】línglíng 擬 文 玉(ぎょく)のぶつかり合うかそけき音.
【玲珑】línglóng 形 ❶ (細工が)精巧緻密(ちみつ)だ. ❷ 頭がよく, 気が利く. 利発だ. ¶八面~ / すべてにおいてそつがない (八方美人だ).
【玲珑剔透】líng lóng tī tòu 成 ❶ 細工がみごとですばらしい出来ぐあいだ. ¶~的象牙球 / 細かく巧みに彫られた象牙の球. ❷ "玲珑 línglóng"に同じ.

柃 líng
木部5 4893₂
全9画 通用
下記熟語を参照.
【柃木】língmù 名《植物・薬》ヒサカキ.

瓴 líng
瓦部5 8131₇
全9画 通用
名 ❶ 文 水を入れるかめ. ¶高屋建~ / 成 高い屋根から水を注ぐ. 優勢な地位にあって相手を見下す). ❷ (Líng)姓.

铃(鈴) líng
钅部5 8873₂
全10画 常用
❶ 名 (~儿)鈴. ベル. ¶一铎 língduó (宮殿などの軒下につるした鈴) / 电~ diànlíng (電動式のベル) / 车~ chēlíng (自転車のベル). ❷ 形 形状が鈴に似たもの. ¶哑~ yǎlíng (ダンベル) / 棉~ miánlíng (ワタの実) / 蕾~ lěilíng (ワタの実). ❸ (Líng)姓.
【铃铛】língdang 名〔串 chuàn, 挂 guà, 只 zhī〕鈴. ベル.
【铃鼓】línggǔ 名《音楽》タンバリン.
【铃兰】línglán 名《植物》スズラン.

【铃声】língshēng 名 鈴の音. ベルの音. ¶上课～响 xiǎng 了／授業のベルがなった.

鸰(鴒) líng
鸟部5 四8732₇ 全10画 通用
→鹡鸰 jílíng

凌(異凌❶❷) líng
冫部8 四3414₇ 全10画 次常用
❶ 素 侮る. 辱める. ¶欺～ qīlíng（虐げる）／侵～ qīnlíng（侮り侵す）. ❷ 素 高く上る. 上がる. ¶～空 língkōng ／～云 língyún. ❸ 素 近づく. 迫る. ¶～晨 língchén. ❹ 素 氷. ¶～汛 língxùn ／～锥 língzhuī（つらら）／防～ fánglíng（流氷から守る）. ❺（Líng）姓.
【凌波】língbō 動 水上を行く. ¶～舟／サーフボート.
【凌晨】língchén 名 夜の明けかかる頃. 反 傍晚 bàngwǎn.
【凌迟】língchí 動 古代の極刑. 死刑囚の体を生きながら切り刻んだあと, 最後にのどを切りさく. 同 陵迟 língchí
【凌驾】língjià 動（他に）勝る. 凌駕（ﾘｮｳｶﾞ）する. ¶～于他人之上／他人を凌駕する.
【凌空】língkōng 動 天高く浮かぶ. 天をしのぐ. ¶大雁 dàyàn～飞过／雁（ｶﾘ）が大空高く飛んで行く.
【凌厉】línglì 形 勢いが激しい. 猛烈だ. ¶朔风 shuòfēng～／北風が激しく吹く. ¶目光～／眼差しが鋭い.
【凌辱】língrǔ 動 ❶ 虐げる. 同 陵 líng 轹 lì ❷ 排除する. 排斥する. 同 陵辱
【凌乱】língluàn 形 雑然としている. まばらだ. ¶书房～不堪 bùkān ／書斎がひどく散らかっている. 重 凌凌乱乱 同 零乱 língluàn
【凌虐】língnüè 動 文 虐げる. 虐待する. ¶保护儿童不受～／子供を虐待から守る.
【凌辱】língrǔ 動 侮辱する. いじめる. ¶她不堪 bùkān～, 奋起反抗／彼女は侮辱に耐えられず, 反撃のため立ち上がった. 同 欺侮 qīwǔ, 侮辱 wǔrǔ
【凌霄(花)】língxiāo(-huā) 名《植物》ノウゼンカズラ. 同 紫葳 zǐwēi, 鬼目 guǐmù
【凌汛】língxùn 解氷した上流の水が下流の氷塊にさえぎられるために起こる洪水.
【凌云】língyún 形 雲にとどくほど高い. ¶～壮志／雲にとどかんばかりの高い志. ¶～之志／非常に高い志.
【凌锥】língzhuī 名 方 つらら.

陵 líng
阝部8 四7424₇ 全10画 常用
❶ 素 丘. 丘陵. ¶冈～ gānglíng（丘陵）／丘～ qiūlíng（丘陵）／山～ shānlíng（山岳）. ❷ 素 陵. 墓. ¶~~墓 língmù ／~~园 língyuán ／中山～ Zhōngshānlíng（中山陵. 南京にある孫文の陵墓）／十三～ Shísānlíng（十三陵. 北京郊外にある明代皇帝の陵墓）. ❸ 素 文 あなどる. 辱める. ¶～轹 línglì ／～压 língyā（虐げる）. 同 凌 líng ❹（Líng）姓.
【陵轹】línglì →凌轹 línglì
【陵庙】língmiào 名 陵墓と宗廟（ｿｳﾋﾞｮｳ）.
【陵墓】língmù 名〔量 座 zuò〕皇帝や諸侯の墓. 国家の指導者や"革命烈士"（革命のために命をおとした人）の墓.
【陵寝】língqǐn 名 文 天子の墓所. 皇帝の陵墓.
【陵园】língyuán 名〔量 处 chù, 座 zuò〕陵墓を園林. ¶烈士～／烈士の霊園.

聆 líng
耳部5 四1843₂ 全11画
素 聞く. ¶～教 língjiào（教えを拝聴する）／～听língtīng ／～取 língqǔ（聴取する）.
【聆听】língtīng 動 文 注意して聞く. ¶凝神 níngshén～／精神を集中して聞く.

菱 líng
艹部8 四4440₇ 全11画 次常用
名《植物》ヒシ. 果実は, 二つまたは四つの角のある特徴的な固い殻をもち, 食用にされる. ¶～角 língjiao ／～形 língxíng.
【菱角】língjiao 名〔～儿〕〔量 个 ge, 只 zhī〕ヒシの実の通称.
【菱形】língxíng 名〔量 个 ge, 种 zhǒng〕ひし形.

棂(欞 異 櫺) líng
木部7 四4798₉ 全11画 通用
素 家の窓格子. れんじ. ¶窗～ chuānglíng（窓格子）.

菱

蛉 líng
虫部5 四5813₂ 全11画 次常用
→螟蛉 mínglíng

翎 líng
羽部5 四8732₇ 全11画 次常用
名（～儿）鸟の翼や尾羽にある, 長く丈夫な羽. ¶孔雀～ kǒngquèlíng（クジャクの羽）／鹃～ élíngshàn（ガチョウの羽のうちわ）. 参考 美しいものは装飾に用いられる. また, 清朝では役人の帽子につけて等級をあらわした.
【翎毛】língmáo 名 ❶〔量 根 gēn〕羽毛. ¶～扇／羽根の扇. ❷〔量 幅 fú〕鳥類を題材にしている中国画.
【翎子】língzi 名 ❶ 清代の官吏が礼帽に飾りつけた, 等級をあらわす羽毛. ❷《芸能》中国の伝統劇の中で, 武将や英雄が帽子に挿した雉（ｷｼﾞ）の尾羽.

羚 líng
羊部5 四8853₂ 全11画 通用
名 ❶《動物》羚羊（ﾚｲﾖｳ）. アンテロープ. ¶～牛 língniú ／～羊 língyáng. ❷《中医・薬》羚羊角（ﾚｲﾖｳｶｸ）.
【羚牛】língniú 名《動物》ターキン. 同 扭角羚 niǔjiǎoling, 牛羚 niúlíng.
【羚羊】língyáng 名《動物》〔量 群 qún, 头 tóu, 只 zhī〕羚羊（ﾚｲﾖｳ）. アンテロープ. ¶～角 língyángjiǎo ／羚羊角（ﾚｲﾖｳｶｸ）.

绫(綾) líng
纟部8 四2414₇ 全11画 通用
下記熟語を参照.
【绫罗绸缎】língluó chóuduàn 名 シルクとサテン. 絹織物.
【绫子】língzi 名《紡織》つやのある絹織物で,"缎子 duànzi"より薄いもの. りんず.

棱(異稜) líng
木部8 四4494₇ 全12画 次常用
素 地名用字. ¶穆～ Mùlíng（黒竜江省にある県名）.
☞ 棱 léng

祾 líng
礻部8 四3424₇ 全12画 通用
素 文 福.（神の）加護. 表現 人名に使われることが多い.

零 líng
雨部5 四1030₂ 全13画 常用
❶ 形 こまごました. 小さな部分の. ¶～件 língjiàn ／～钱 língqián ／～售 língshòu. 反 整 zhěng ❷

（～儿）端数．¶～头 língtóu / ～数 língshù / 挂～ guàling（端数がある．…あまり）¶年已七十有～儿（も う七十歳あまりになる）．❸ 数 2つの数の間において，端数の 追加をあらわす．¶一个月～十天（1ヶ月と10日）/ 一岁～五个月（1歳5ヶ月）/ 一斤～一两（1斤と1両）．❹ 数 数のけたが空位であることをあらわす．¶一百～八（108. 百とんで八）/ 两点～五分（2時5分すぎ）/ 二〇〇一年（2001年）．❺ 数 ゼロ．無．¶三减三等于～（3ひく3 は0）．❻ 数（温度計で）ゼロ．¶～下五度（マイナス5度）．❼ 数 落ちる．衰える．¶～落 língluò / 凋～ diāolíng（枯れる）/ 飘～ piāolíng（枯れて落ちる）．❽（Líng）姓．表現 ❹は数字では"0"であらわす．また，数字の中に0がいくつかある場合，口語では，"零 líng"を一つだけですませますが，年号の時は，すべて読む．たとえば，20001は，"两万零一"だが，2001年は，例のように読む．

【零部件】língbùjiàn 名《機械》部品．パーツ．由来 "零件"と"部件"を合わせた言い方．"零件"は最小単位の部品．"部件"はいくつかの"零件"から構成される部品．
【零吃】língchī 名 回（～儿）スナック．間食．回 零食 língshí
【零打碎敲】líng dǎ suì qiāo 成 "零敲碎打 líng qiāo suì dǎ"に同じ．
【零蛋】língdàn 名 零点．¶这次考试我得了个～ / こんどの試験で零点をとっちゃった．
【零点】língdiǎn 名 午前零時．回 零时 língshí
【零丁】língdīng 形 孤独でよるべない．回 伶仃 língdīng ❷ 弱弱しく痩せている．回 伶仃
【零度】língdù 名（温度が）零度．
【零工】línggōng 名 ❶ アルバイト．¶打～ / アルバイトをする．¶～的人 / アルバイトの人．¶招～ / アルバイトを募集する．
【零花】línghuā ❶ 動 こまごましたことにお金を使う．¶你留着这点钱在路上～吧！/ この金はとっておいて道中の小遣いにしよ．❷ 名（～儿）小遣銭．❸ 名 回（～儿）なにがしかの臨時収入．
【零活儿】línghuór 名〔回 件 jiàn〕こまごました仕事．雑用．
【零件】língjiàn 名〔个 ge, 种 zhǒng〕部品．¶更换 gēnghuàn～ / 部品を交換する．反 整机 zhěngjī
【零距离】língjùlí 名 ゼロ間隔．非常に近いこと．
【零口供】língkǒugòng 名 供述しないこと．自白しないこと．
【零库存】língkùcún 名 在庫ゼロ．可能な限り在庫をもたず行う商業．
【零利率】línglìlǜ 名 ゼロ利率．
【零零散散】línglingsǎnsǎn 形 ばらばらだ．ばらばらしている．¶货物堆放得～ / 货物がばらばらに置かれている．⇨ 散散 língsǎn
【零乱】língluàn 形 雑然としている．¶房间里很～ / 部屋の中がとても散らかっている．回 零零乱乱 língling luànluàn 反 整齐 zhěngqí
【零落】língluò ❶ 動（花や葉が）散り落ちる．¶草木～ / 草はしおれ木は葉を落としている．❷ 動 衰える．寂れる．¶家境～ / 家が没落している．❸ 形 まばらだ．¶湖边零零落落地住着几户人家 / 湖のほとりにぼつりぼつりと数家族が暮らしている．回 零零落落
【零买】língmǎi 動 少しずつ買う．ばらで買う．
【零卖】língmài 動 ❶ 小売する．❷ ばら売りする．¶这套餐具不～ / この食器セットはばら売りしない．
【零配件】língpèijiàn 名《機械》部品．パーツ．付属品．由来 "零件"と"配件"を合わせた言い方．"配件"は外部から調達する"零件"や"部件"．⇨ 零部件

【零七八碎】língqībāsuì ❶ 形（～的）こまごましたものが雑然と散らかっている．¶～的杂物堆满了整个院子 / ごちゃごちゃした雑多なものが庭に積まれている．❷ 名（～儿）雑事．小用．¶这些天老是在忙一些～儿 / ここ数日，どうでもいいようなことでずっと忙しい．

*【零钱】língqián 名 ❶ 小銭．¶我没有～，找不开 / 小銭がないから釣りが渡せない．❷ 小遣い銭．¶妈妈每月给我10块钱～ / お母さんは毎月お小遣いを10元くれる．
【零敲碎打】líng qiāo suì dǎ 成 少しずつ，断続的に行う［処理する］．¶每天～的，总算把这本书写完了 / 毎日こつこつ続けって，なんとかこの本を書き終えた．回 零打碎敲
【零散】língsǎn[-san] 形 ばらばらだ．まとまりがない．¶研究资料非常～ / 居住得零零散散 / 散在して住んでいる．回 零零散散
【零时】língshí 名 "零点 língdiǎn"に同じ．
【零食】língshí 名 間食．スナック．おやつ．¶吃～不是好习惯 / 間食するのはいい習慣ではない．¶买～ / おやつを買う．
【零售】língshòu 動 小売する．¶～店 / 小売り店．¶～价格 / 小売価格．反 批发 pīfā
【零数】língshù 名（～儿）端数．あまりの数．
【零碎】língsuì ❶ 形 こまごましている．¶零零碎碎的事 / こまごまとした事．回 零零碎碎 ❷ 名（～儿）まとまりのないことまごましたもの．¶我只能干点儿～儿 / 私にはこまごましたことができるだけです．
【零头】língtóu 名（～儿）❶ 端数．半端．¶一共三十元，没有～了 / ちょうど三十元，端数はなしだ．❷ 材料の余り．¶～布 / 端切れ．
【零星】língxīng 形 こまごました．わずかばかりの．¶做了一些～的工作 / わずかばかりの仕事をした．❷ まばらな．¶～地开着几朵小花 / 小さな花がぽつりぽつりと咲いている．¶看见远处零零星星的几处灯光 / 遠くにまばらな灯かりが見える．回 零零星星
【零讯】língxùn 名《ニュースの）短信．余滴．表現 新聞・雑誌のコラム名によく使われる．
【零用】língyòng ❶ 動（お金を）こまごまと使う．¶路上～ / 道中の小遣いにする．¶～钱 / 小遣い銭．❷ 名 小遣い銭．回 零花 línghuā
【零增长】língzēngzhǎng 名《経済》ゼロ成長．
【零嘴】língzuǐ 名 方（～儿）"零食 língshí"に同じ．

龄（齡） líng

齿部5 四 2873₂
全13画 常 用

素 ❶ 年齢．¶学～ xuélíng（小学校入学年齢）/ 高～ gāolíng（高齢）/ 婚～ hūnlíng（結婚年齢）．❷ 年数．¶党～ dǎnglíng（党歴）/ 军～ jūnlíng（軍隊の在職年数）/ 艺～ yìlíng（芸歴）/ 炉～ lùlíng（溶鉱炉の耐久年数）．

鲮（鯪）líng

鱼部8 四 2414₇
全16画 通 用

下記熟語を参照．

【鲮鲤】línglǐ 名《動物》センザンコウ．回 穿山甲 chuānshānjiǎ
【鲮鱼】língyú 名《魚》コイ．回 土鲮鱼 tǔlíngyú

酃 Líng

阝部17 四 1762₇
全19画 通 用

素 地名用字．¶～县 Língxiàn（湖南省にあった県の名．現在は"炎陵县 Yánlíngxiàn"）．

令 lǐng

人部3 四 8030₂ 全5画 常用

[量]《印刷》(新聞や印刷用の)用紙500枚を一単位として数えることば．連．♦ream

⇨ lǐng, lìng

岭(嶺) lǐng

山部5 四 2873₂ 全8画 常用

[名] ❶峰．尾根．¶山～ shānlíng（連峰）/ 分水～ fēnshuǐlǐng（分水嶺）．❷ 高い山脈．¶秦～ Qínlǐng（秦嶺山脈）．❸ 特に"五岭"（越城嶺, 都龐嶺, 萌渚嶺, 騎田嶺, 大庾嶺. 湖南から江西南部と, 広西から広東北部を隔てる山脈の峰）を指す．¶～南 Lǐngnán．❹（Lǐng）姓．

【岭南】Lǐngnán [名] 嶺南(ポッ)．中国の五嶺以南の地域で, 広東(ポン)省・広西省省の一帯をさつす．

领(領) lǐng

页部5 四 8138₂ 全11画 常用

❶[素] 首．¶～巾 lǐngjīn / 引～而望（首を長くして待ち望む）．❷（～儿）襟．¶章 lǐngzhāng / 衣～ yīlǐng(襟) / ～口 lǐngkǒu / 翻～ fānlǐng（折り襟）．❸[素] ものごとの中心的な部分．要点．かなめ．¶～袖 lǐngxiù（綱）/ 纲～ gānglǐng（綱領）/ 要～ yàolǐng（要領）．❹[動] 率いる．導く．¶我～你们去（私があなたがたを連れて行く）/ 手里～着一个小孩儿（子供をひとつ連れている）．❺[動] 領有する．¶～有 lǐngyǒu / ～土 lǐngtǔ / 占～ zhànlǐng（占領する）．❻[動] 受け取る．¶～薪水（給料を受け取る）/ 制服我们只～过一次（制服は我々は一回支給を受けただけだ）．反 发 fā ❼（気持ちを）いただく．受け入れる．¶你的厚意我一定～（あなたの好意はいただきました）/ ～情 lǐngqíng．❽[素] 理解する．わかる．悟る．¶～略 lǐnglüè / ～会 lǐnghuì / ～悟 lǐngwù / 心～神会（以心伝心でわかる）．❾[量] 敷物を数えることば．¶一～席（1枚のむしろ）．❿[量] 襟のある上着などを数えることば．¶一～上衣（1着の上着）．

【领班】lǐngbān ❶[動]（工場や鉱山で）作業班を指導する．❷[名]〔圖 个 ge, 名 míng, 位 wèi〕作業班のリーダー．班長．

【领唱】lǐngchàng [動] 合唱をリードする（こと, またその人）．

【领带】lǐngdài [名]〔条 tiáo〕ネクタイ．¶打～/ ネクタイをつける．

**【领导】lǐngdǎo ❶[動] 指導する．¶～国民 / 国民を指導する．❷[名]〔圖 个 ge, 位 wèi〕指導者．¶国家～ / 国家の指導者．同 领导人 rén．

【领导班子】lǐngdǎo bānzi [名] 指導部．

【领道】lǐng//dào [動](同) 道案内する．

【领地】lǐngdì [名] ❶ 領地．❷ 領土．❸（研究や社会活動の）フィールド．分野．

【领读】lǐngdú 朗読のときに教師やリーダーが読みあげてあとに続いて読む．

【领队】lǐngduì ❶[動] 隊やグループを率いる．❷[名]〔圖 个 ge, 位 wèi〕隊長．引率者．チームのリーダー．

【领港】lǐnggǎng ❶[動] 水先案内する．❷[名] 水先案内人．パイロット．同 引港 yǐngǎng．

【领钩】lǐnggōu [名]（～儿）《服飾》襟ホック．

【领海】lǐnghǎi [名] 領海．

【领航】lǐngháng ❶[動] 船または飛行機を案内する．❷[名] ナビゲーター．パイロット．同 领航员 yuán．

【领会】lǐnghuì [動]《意味を》把握する．理解する．¶还没有～对方的意图 / 相手の意図をまだよく理解していない．¶～了文章的含意 / 文章の意味するところがよくわかった．同 理会 lǐhuì, 体会 tǐhuì．

【领江】lǐngjiāng [動] 河川で水先案内をする(人)．

【领教】lǐngjiào [動] ❶ ご教示いただく．¶你说得很对，～～！/ おっしゃるとおりです．勉強になりました．❷ 教えを請う．¶向您～ / あなたに教えを請います．[表现] 相手を賞賛したり, 教えを請う場合の敬語表現．

【领结】lǐngjié [名] 蝶ネクタイ．

【领巾】lǐngjīn [名]〔圖 块 kuài, 条 tiáo〕三角形のネッカチーフ．¶红～ / 紅いネッカチーフ．ピオニール．

【领军】lǐngjūn [動] ❶ 軍を率いる．❷ 特定の産業や集団の中で, リーダーの役割を果たす．

【领空】lǐngkōng [名] 領空．

【领口】lǐngkǒu [名]（～儿）❶ 衣服の襟ぐり．❷ 襟の合わせ目．

【领扣】lǐngkòu [名] 襟もとのボタン．

【领款】lǐng//kuǎn [動] 金を受け取る．¶～人 / 受取人．

【领陆】lǐnglù [名] 領土となる陆地．

【领路】lǐnglù [動] 道案内する．¶～错了路 / 間違ったところへ案内した．同 带路 dàilù, 引路 yǐnlù．

【领略】lǐnglüè [動] 認識する．¶～诗中的意境 / 詩にこめられた境地がわかる．

【领情】lǐng//qíng [動]（相手の好意を）ありがたいと思う．¶他根本不～ / 彼は少しもありがたがらない．

【领取】lǐngqǔ [動]（支給・発給されるものを）受け取る．¶～工资 / 給料を受け取る．¶～毕业证 / 卒業証書を受け取る．同 支付 zhīfù．

【领事】lǐngshì [名]〔位 wèi〕領事．¶总～ / 総領事．

【领事裁判权】lǐngshì cáipànquán [名]《法律》領事裁判権．

【领事馆】lǐngshìguǎn [名] 領事館．

【领受】lǐngshòu [動]（好意などを）受け取る．

【领属】lǐngshǔ [動] 隸属（する）．従属（する）．¶～关系 / 従属関係．

【领水】lǐngshuǐ [名] ❶ 河川・湖沼・運河・港湾など, 国家の領域に属する水域．領水．❷ 領海．❸(方) 水先案内人．

【领头】lǐng//tóu [動]（口）（～儿）先頭を切る．¶～干了起来 / 率先してやり始めた．

【领土】lǐngtǔ [名]〔圖 块 kuài, 片 piàn〕領土．

【领悟】lǐngwù [動] 理解する．経験してわかる．¶他终于～到人生の价值 / 彼はついに人生の価値を理解した．

【领洗】lǐng//xǐ [動]《宗教》(キリスト教の)洗礼を受ける．¶她已经～了 / 彼女はもう洗礼を受けている．

【领先】lǐng//xiān [動] ❶ 先頭に立つ．反 落后 luòhòu ❷ リードする．¶北京队一直～ / 北京チームがリードし続けた．❸ 他都～一步 / 彼はいつも一歩先を行く．反 落后 luòhòu．

【领衔】lǐngxián（連署のなかや映画などの配役リストで）筆頭になる．¶～主演 / 映画などの主役．

*【领袖】lǐngxiù [名]〔圖 位 wèi〕指導者．同 首領 shǒulǐng, 首脑 shǒunǎo．

【领养】lǐngyǎng [動] ❶ 他人の子を引き取って育てる．養子〔養女〕をとる．¶夫妻～了一个男孩 / 夫妻は男の子を引き取って育てた．❷ 受けついで育てる．¶～树木 / 樹木を受けついで育てる．

【领有】lǐngyǒu [動]（人口を）擁する．（土地を）領有する．

【领域】lǐngyù [名] ❶ 国の主権のおよぶ範囲．領域．❷（社会や思想の）分野．¶科学～ / 科学の領域．同 畛

【领章】língzhāng 名〔働 副 fù〕襟につける徽章(きしょう).
【领主】língzhǔ 名 領主.
【领子】língzi 名 襟（カラー）.
【领罪】língzuì 動（自分の）罪を認める.

另 lìng
口部2 四 6042₇
全5画 常用

❶ 形 別の. 他の. ¶一本送给你,~一本送给他（一冊はあなたに,もう一冊はあの人に差し上げます）/他说的是一回事,我说的是一回事（彼の言っていることと私の言っていることは別のことだ）. ❷ 副 ほかに. 別に. ¶我一有事情（私はほかに用事がある）/这个办法不好,我们~想办法吧（このやり方は良くないから,ほかに方法を考えよう）. ❸（Lìng）姓.

【另案】lìng'àn 名 もうひとつの案件. 別件.
【另册】lìngcè 名 旧 清代の"非良民"用戸籍簿. ブラックリスト. 反 正册 zhèngcè 参考「良民」用には"正册""非良民"用には, "另册"として区別した.
【另寄】lìngjì 動 別便で送る. 働 另邮 lìngyóu.
【另类】lìnglèi 形 名 独特の考えやスタイルを持っている(人). 個性的で特徴がある.
【另起炉灶】lìng qǐ lú zào 成 ❶ もう一度やり直す. ¶不必~重 chóng 做／改めて一から作り直す必要はない. ❷ 独立して一家を構える. ¶脱离这个集体~／このグループを抜けて, 独立して一家を構える.
【另请高明】lìng qǐng gāo míng 成（自分にはできないから）他の有能な人に頼む. ¶这件事我干不了,你最好~／この仕事は私には勤まらない,できればもっと優れた人に頼むのがいい.
*【另外】lìngwài ❶ 形 その他の. ¶~的事情／別の事情. ¶这套不行,用~一套吧！／これはダメだ. 別のセットを使おう. ❷ 副 その他に. ¶~买一个东西／別にもう一品物を買う. ❸ 接 さらに. 加えて. ¶昨天我去看了一个电影,~又去书店买了两本书／昨日は映画を1本見て,さらに本屋で本を2冊買った.
【另行】lìngxíng 動 別に…する. ¶~安排／別途手配する.
【另眼看待】lìng yǎn kàndài 句 今までと違う目で見る.
【另眼相看】lìng yǎn xiāng kàn 成 違う目で見る. ¶大家都对他~／みんな彼を違う目で見る. 用法 人に対する見方を変えるときに用いる.
【另议】lìngyì 動 別々に相談する.

令 lìng
人部3 四 8030₂
全5画 常用

❶ 名（組織や体制のなかで, 上部から下される）指示. 命令. ¶法~ fǎlìng（法令）／军~ jūnlìng（軍事命令）／出法随（命令が出たら, それに従う）／~行禁止. ❷ 動 命令する. ¶~你们前往上海执行任务（君たちに上海へ行って任務を執行するよう命ずる）. ¶ 以"人"的前面において）…をさせる. ¶~人起敬（尊敬の念を起こさせる）／大家生气（皆を怒らせる）. ❹ 名 時節. ¶时~ shílìng（季節）／月~ yuèlìng（旧暦の各月々における気候と生物の季節関係）／夏~ xiàlìng（夏季）／当~ dānglìng（時節に合う）. ❺ 敬称.「立派な」という意味で,相手の親族や関係のあるものごとの上につけて. ¶堂~ tánglìng／~尊 língzūn. ❻ 名 古代の官名. 地方や部署の長.¶县~ xiànlìng（県令）／太史~ tàishǐlìng（太史令）. ❼ 名 詞の形式の一つで,短いもの. 小令. ❽ 素 素晴い. 立派な. ¶~德 lìngdé（立派な徳行）/~名 lìngmíng. ❾ 素 酒令. 酒席の遊びの名称. ¶行~（酒令を行う）.
☞ 令 líng, lǐng

【令爱〔嫒〕】ling'ài 名 相手の娘に対する敬称. ご令嬢. お嬢様.
【令箭】lìngjiàn 名〔働 支 zhī〕昔, 軍中で発令の印として用いた小旗. 旗ざおが矢じりの形をしていた.
【令郎】lìngláng 名 相手の息子に対する敬称. ご令息.
【令名】lìngmíng 名 文 名声. 表現 相手の評判や名声を敬って言うことば.
【令亲】lìngqīn 名 ご親戚.
【令人齿冷】lìngrén chǐlěng 句 文 人からあざけりを受ける.
【令人发指】lìng rén fà zhǐ 成 髪が逆立つほど腹立たしい. ¶这种罪行~／この犯罪行為は言語道断だ.
【令人寒心】lìng rén hánxīn 句 がっかりする. 残念に思う. 参考 "人"は, 自分のこと.
【令人捧腹】lìng rén pěngfù 句 大笑いさせる.
【令人钦佩】lìng rén qīnpèi 句 敬服する. 尊敬する.
【令人神往】lìng rén shénwǎng 句 人に憧れを抱かせる. うっとりさせる.
【令人作呕】lìng rén zuò'ǒu 句 吐き気を催させる.
【令堂】lìngtáng 名 ご母堂.
【令行禁止】lìng xíng jìn zhǐ 成 命令があれば必ず行い, 禁令が出れば必ず止める. 法令を厳格に守ること.
【令尊】lìngzūn 名 ご尊父.

吟 lìng
口部5 四 6803₂
全8画 通用

→嘌吟 piàolíng

liu カ丨ㄡ〔liou〕

溜 liū
氵部10 四 3716₂
全13画

❶ 動（坂や氷の上などを）滑る. ¶~冰 liūbīng／~滑梯（滑り台を滑る）. ❷ 素 滑らかだ. すべすべしている. ¶~光 liūguāng／~平 liūpíng／滑~ huáliū（つるしている）／顺口~ shùnkǒuliū（口語による韻文）. ❸ 動 こっそり逃げ去る. ¶~走 liūzǒu／一眼不见他就~了（ちょっと目を離したすきに彼は姿をくらました）. ❹ 前 …に沿って. ¶~边 liūbiān／~墙根儿走（壁に沿って歩く）. ❺ 副 方 非常に. ¶~直 liūzhí（まっすぐだ）／~净 liūjìng（きれいさっぱりだ）. ❻ 動 方 ちらっと見る. ¶~了一眼（ちらっと一目見た）. ❼ 動 "溜 liù"に同じ. 表現 ❺は, 後に単音節の語がくる. 二音節語〈"干净"など〉はつかない.
☞ 溜 liù

【溜边】liūbiān 名 口（~儿）❶ 端のほうにいる. わきに寄る. ❷ わきに立つ. 何もせず傍観する.
【溜冰】❶ liū//bīng 動 スケートをする. 働 滑冰 huábīng. ❷ liū//bīng 動 ローラースケートをする. 働 溜旱冰 liūhànbīng, 滑旱冰 huáhànbīng. ❸ liūbīng 名 スケート. また, ローラースケート.
【溜槽】liūcáo 名 高い所から物を滑らせて運ぶ, 竹や木などで作られた樋や管. シューター.
【溜达】liūda 動 ぶらぶら歩く. ¶我到外边~／ちょっとぶらぶらしてくる. 働 蹓跶 liūda.
【溜光】liūguāng 形 ❶ つるつると滑らかだ. ¶家俱擦

得～/家具はぴかぴかに磨いてある. 回溜光溜光 ❷ 何一つ残っていない. きれいさっぱりだ. ¶菜吃得～/料理はすっかり食べてしまった.

【溜号】liū//hào 動 (～儿)そっとその場を抜け出す. ¶他一听说开会就～/彼は会議と聞くと, すぐにその場を抜け出した.

【溜滑】liūhuá 形 (口) ❶ つるつる滑る. ¶路上结了冰以后～/道路が凍りつくとつるつるになる. ❷ 恥ずかしがり屋だ. シャイだ.

【溜肩膀】liūjiānbǎng 名 (～儿) ❶ なで肩. ❷ (方) 無責任さ.

【溜溜儿】liūliūr 形 (方) (～的)まるまる全部. ¶～等了一天/まる一日待った.

【溜溜转】liūliūzhuàn 形 くるくる, ころころ転がる.

【溜门】liūmén 動 (～儿)空き巣に入る.

【溜平】liūpíng 形 (方) (でこぼこがなく)平らだ.

【溜须拍马】liū xū pāi mǎ 成 恥ずかしげもなくお追従(ﾂｲｼｮｳ)する.

【溜圆】liūyuán 形 (方) まんまるい. ¶这个西瓜～/このスイカはまん丸だ. 回溜圆溜圆

【溜之大吉】liū zhī dà jí こっそり逃げ出す. 逃げるが勝ち.

【溜之乎也】liū zhī hū yě 感 こっそり逃げる. 表現「そっと立ち去る」意のユーモラスな言い方.

【溜走】liūzǒu 動 こっそり逃げ出す. ¶他趁大家不注意的时候～了/彼はみんなが気を緩めたすきにこっそり逃げ出した.

熘 liū
火部10 四 9786₀
全14画
動 (料理)あんかけにする. ¶～肝尖 liūgānjiān (炒めたレバーのあんかけ)/醋～白菜 cùliū báicài (炒めた白菜のあんかけ). 回溜 liū 参考 "熘"は, "liù" とも発音する.

蹓 liū
足部10 四 6716₂
全17画
❶ 動 ぶらぶら歩く. ¶～跶 liūda. ❷ 素 そっと離れる.
→ 蹓liù

【蹓跶】liūda 動 ぶらぶら歩く.

刘(劉) liú
文部2 四 0240₀
全6画
❶ 名 古代の斧(ｵﾉ)などの武器. ❷ 動 (文) 殺す. ❸ (Liú)姓. 参考 ③を説明するときは, 字形を分解して "文刀刘 wéndāo Liú" という.

【刘邦】Liú Bāng《人名》劉邦(ｼﾞｭｳﾎｳ: 前247-前195). 前漢初代皇帝. 廟号は高祖. 前202年に垓下(ｶｲｶ)の戦いで項羽を破り, 天下を統一した.

【刘备】Liú Bèi《人名》劉備(ﾘｭｳﾋﾞ: 161-223). 三国の蜀漢の初代皇帝. 前漢の景帝の子孫. 黄巾の乱で関羽, 張飛を伴って活躍し, 諸葛亮をブレーンとして呉, 魏と天下を争った.

【刘伯承】Liú Bóchéng《人名》劉伯承(ﾘｭｳﾊｸｼｮｳ: 1892-1986). 革命家. 人民解放軍の指導者. 近代的軍事教育を指向し, 多くの軍人を養成した.

【刘海儿】❶ Liú Hǎir 名 伝説中の仙童. 額に短い前髪を垂らし, ひきがえるに乗る. ❷ liúhǎir 名 (女性や子供の)額で短く切り揃えた前髪. ¶留～/前髪を垂らして残す.

刘海儿

【刘少奇】Liú Shàoqí《人名》劉少奇(ﾘｭｳｼｮｳｷ: 1898-1969). 湖南省出身の政治家. 中国共産党生え抜きの革命家で, 指導者の一人. 文化大革命で批判され党籍を剥奪されるが, 死後名誉回復された.

浏(瀏) liú
水部6 四 3210₀
全9画 通用
形 (文) 水の流れが澄みきっている.

【浏览】liúlǎn 動 大まかに見る. ざっと見る. ¶～市容街的样子をざっと見る. ¶～报纸上的大标题/新聞の大見出しにさっと目を通す.

【浏览器】liúlǎnqì 名 (コンピュータ)ブラウザ.

留 liú
田部5 四 7760₂
全10画 常用
❶ 動 長い間一ヶ所に止まる. とどまる. 残る. ¶毕业后, 他一在日本(卒業後, 彼は日本にとどまっている)/你打算在这儿～几天? (あなたはここに何日滞在するつもりですか). ❷ 動 心にとめる. ¶～心 liúxīn/～意 liúyì/～恋 liúliàn. ❸ 動 引き止めておく. ¶把她一在我们村里(彼女を我々の村に引き止めておく)/你有事情, 我就不～你(用事があるのなら, お引き止めしません). ❹ 動 (自分の手元に)置いておく. ¶客～ róngliú (収容する)/收～ shōuliú (収める)/我只～了一千块, 其他都送给母亲了(私は自分に千元だけ残して, ほかはみんな母にプレゼントした). ❺ 動 (確保して)残しておく. ¶～成 liúchéng/保～ bǎoliú (保留する)/～饭 liúfàn. ❻ 動 (立ち去ったあとに)残していく. ¶～言 liúyán/～传 liúchuán/遗～ yíliú (残す)/父亲死了以后, 给他～了一笔财产(父は死んだあと, 彼にかなりの財産を残した). ❼ 動 留学する. ¶～日(日本へ留学する)/～美学生(米国への留学生). ❽ (Liú)姓.

【留班】liú//bān 動 留年する. ¶他已经留了一班/彼はすでに一回留年している. 回 蹲班 dūnbān, 留级 liújí.

【留别】liúbié 動 (文) 別れに際して, 記念の品や詩を友人に残す.

【留步】liúbù 動 お見送りには及びません. ¶王老师, 不用送, 请～/王先生, ここで結構です, どうぞお戻り下さい. 表現 客を見送る主人に対して, 客が遠慮して言うことば.

【留成】liú//chéng 動 (～儿) 収益や利益の総額から一定割合を残す. ¶利润～/利益の一定割合を留保する.

【留传】liúchuán 動 後の世代に伝える. 今に残る. ¶～至今/現代まで伝わる. ¶这件东西是他祖先～下来的/この品物は彼の祖先から伝わってきた.

【留存】liúcún 動 ❶ 保管する. ¶把这些资料～备查/これらの資料を, 先生の調査に備え保管する. ❷ 保存する. 残る.

【留待】liúdài 動 (処理を)保留にする.

【留党察看】liú dǎng chákàn 句 党籍を保留し、党内に留めて行動を観察する. 参考 中国共産党の処分の一つ.

【留得青山在,不怕没柴烧】liú dé qīng shān zài,bù pà méi chái shāo 成 人材や実力を残しておきさえすれば、将来の回復や発展につながる. 由来 木々の茂った山がある限り、薪の心配はない、という意から.

【留底】liú//dǐ 動 (〜儿・〜子)控えを残す. ¶那篇文章已经寄给报社了,他自己没〜 / あの文章はもう新聞社に郵送しており、彼は控えを残していない.

【留地步】liú dìbu 慣 余地を残す.

【留都】liúdū 名 古代、遷都したのちに、もとの都を呼ぶことば.

【留饭】liú//fàn 動 ❶客を食事に引き止める. ❷遅く帰る人のために食事をとっておく. ¶请给我〜 / ごはんをとっておいてください.

【留后路】liú hòulù 慣 (〜儿)(万一に備えて)逃げ道を残しておく.

【留后手】liú hòushǒu 慣 (〜儿)(何かあったら別の手を打てるように)ゆとりを残しておく. ¶每月的工资要留一点后手 / 毎月の給料は後で困らないように少し残しておくべきだ.

【留话】liú//huà 動 メッセージを残す. 伝言を残す. ¶他临走的时候,〜了没有？ / 彼は出かけるとき、何か言ってなかったかい.

【留级】liú//jí 動 留年する. ¶〜生 / 留年生. ¶连留两级 / 二年連続して留年する. 回 留班 liúbān

【留连】liúlián →流连 liúlián

【留恋】liúliàn 動 名残を惜しむ. 捨て去りがたい. ¶这个家已经没有什么可以〜的了 / この家にはもう何も惜しむものはない. ¶〜过去 / 過去に未練を残す. 同 眷恋 juànliàn, 依恋 yīliàn

【留门】liú//mén 動 夜遅く帰る人のために、入り口のドアを閉めないでおく. ¶他打电话让家里给他〜 / 彼は玄関のカギを開けておくように家族に電話した.

【留难】liúnàn 動 邪魔だてする. わざと困らせる. ¶你不要故意拿〜人家 / わざわざ人を困らせるようなことをするな.

【留念】liúniàn 動 (写真や贈り物などで)記念に残す. ¶拍照〜 / 記念に写真を撮る. ¶大家互相签名〜 / 皆お互いに寄せ書きをして記念にした. 表現 別れの時に使うことが多い. また、写真などに "〇〇君留念" と書いて送ったりする.

【留鸟】liúniǎo 名〔鳥〕留鳥(リュウチョウ). 一年中生息地をかえずに生活する鳥. 反 候鸟 hòu bǎo

【留情】liú//qíng 動 (相手の事情を思いやって)手かげんする. ¶手下〜 / 手かげんして行う. ¶毫不〜 / まったく容赦しない.

【留任】liúrèn 動 留任する.

【留神】liú//shén 動 (危険や過ちに)注意する. ¶过马路要〜 / 大通りを渡るときは注意しなさい. 同 当心 dāngxīn, 当心 liúxīn, 留意 liúyì, 注意 zhùyì

【留声机】liúshēngjī 名〔台 tái, 架 jià〕レコードプレーヤー. 同 话匣子 huàxiázi

【留守】liúshǒu 動 ❶古代の皇帝が都を離れている間、大臣が留守を預かる. ❷軍隊や機関などの主戦力が去ったあと、小人数が残って守備や連絡にあたる. ¶〜部队 / 残留守備部隊. ❸(夫または妻が長く留守をして、その一方が家にいる)¶丈夫为到美国留学去,妻子在家〜 / 夫が米国へ留学したので、妻は留守宅を守っている.

【留宿】liúsù 動 ❶客を泊める. ¶这儿是单身宿舍,不能让外人〜 / ここは独身寮だから外部の人は泊められない.

❷泊まる. ¶〜客舍 / 宿舎に泊まる.

【留题】liútí ❶ 動 景勝地などを訪れて、意見や感想を書き残す. 同 留言 liúyán ❷ 名文 名勝古跡を訪れたときの印象を書き記した詩.

【留头】liú//tóu 動 髪の毛を伸ばしたままにする.

【留尾巴】liú wěiba 慣 やり方が徹底しておらず、(問題を)やり残す.

【留下】liúxià 動 ❶残しておく. ¶〜衣物 / 衣類と身の回りの品を残す. ❷手元に留める. ¶这些东西请您〜吧 / これらの物はあなたがとっておいて下さい. ❸居残る. ¶我、你们都走吧 / 私が残りますから、皆さん行って下さい.

【留校】liúxiào 動 ❶(教職員として)卒業後、学校に留まる. ❷(休みの期間、帰省しないで)学校に留まる.

【留心】liú//xīn 動 注意する. 気をつける. ¶〜观察 / 注意して観察する.

【留学】liú//xué 動 留学する. ¶他早年〜日本 / 彼は若い頃日本に留学した.

【留学生】liúxuéshēng 名 留学生.

【留言】❶liú//yán 動 伝言する. ¶〜条 / 伝言メモ. ¶在电话里〜 / 留守番電話にメッセージを残す. ❷liú//yán (お客の)意見や感想を書く. ❸ liúyán 名 ❷の内容. ¶〜簿 / 意見ノート.

【留洋】liú//yáng 動 旧 留学する. ¶他以前出过洋,喝过洋墨水 / 彼はかつて留学し、外国で学問を修めた.

【留一手】liú yìshǒu 動 (〜儿)技能や知識を伝授するとき、全部は教えない. 奥の手を明かさない. ¶他传授技术时从来不会〜 / 彼は技術を伝えるときは、いつでも出し惜しみせずにすべて教える.

【留意】liú//yì 動 気をつける. ¶请你〜一下出席的人数 / 出席者の数を気にとめておいて下さい.

【留影】❶liú//yǐng 動 記念写真を撮る. ¶我们大家在这儿〜 / みんなでここで記念写真を撮りましょう. ❷liúyǐng 名 記念写真.

【留用】liúyòng 動 引き続き雇用する. ¶降职 jiàngzhí〜 / 降格にされつつも継続雇用する.

【留余地】liú yúdì 句 (方向転換できる)余裕をもたせる. ¶话不要说得太过分,要〜 / 何もかも言いすぎずに、含みを残しておきたい. 同 留地步 dìbu

【留职】liú//zhí 動 (地位や職務を)変えない. ¶〜停薪 xīn / 職務は保留して給料を差し止める.

【留滞】liúzhì 動 留まる. 停留する.

【留置】liúzhì 動 文 留めておく. ¶〜权 quán / 留置権.

【留驻】liúzhù 動 駐在させる. 駐在させる. 在留させる.

流 liú 氵部7 画 30112
全10画 常用

❶動 (液体が)流れる. ¶〜了一滴血 xiě (血が一滴流れた) / 〜汗 liúhàn (汗が流れる) / 〜泪 liúlèi (涙が流れる). ❷名 液体の流れ. 水の流れ. ¶河〜 héliú (川の流れ) / 〜域 liúyù / 气〜 qìliú (気流) / 电〜 diànliú (電流). 反 源 yuán ❸動 移動する. 流動する. ¶〜动 liúdòng / 〜星 liúxīng / 〜通 liútōng / 〜浪 liúlàng. ❹動 伝える. 伝わる. ¶〜传 liúchuán / 〜行 liúxíng / 〜毒 liúdú. ❺動 悪い方向にむかう. 流れる. ¶〜于形式 (形式に流れる) / 放任自〜 (成り行きに任せる). ❻名 等級や位. ¶三教 jiào 九〜 (成 学術・宗教上の諸流派) / 一〜产品 (一級品) / 女〜 nǚliú (女流). ❼動 旧 流刑. 刑罰の一つ. 罪人を辺境の地に送り、軍隊に編入する. ¶〜放

liúfàng. ❽(Liú)姓. 表現 ⑥は、しばしば軽蔑の意を含む。たとえば、"女流"は、"女流之輩 bèi"（女ども）のように使われ、日本語とはかなり異なる。

【流弊】liúbì 名 社会に広まっている悪習．流弊．悪弊．¶清除～/悪弊を取り除く．

【流标】liúbiāo 動 入札不成立になる．競売不成立になる．

【流别】liúbié 名 ❶河川の支流．❷（文章や学術面での）流派．

【流播】liúbō 文 ❶伝わる．伝播(ﾊ)する．❷流浪する．

【流布】liúbù 動 流布する．¶～四海/天下に流布する．¶这个故事在民间广为～/この物語は民間に広く流布している．同 传布 chuánbù

【流产】liú//chǎn 動 ❶流産する．同 小月 xiǎoyuè，小产 xiǎochǎn ❷（物事が途中で）挫折する．¶这个计划～了/この計画はお流れになった．

【流畅】liúchàng 形（文章などが）なめらかだ．¶文字～/文章がなめらかだ．¶读得很～/すらすらと読める．¶线条～/（絵画の）線がなめらかだ．同 流利 liúlì 反 晦涩 huìsè

【流程】liúchéng 名 ❶水流の距離．❷（工業生産の）工程．プロセス．

【流传】liúchuán 動 伝わる．広がる．¶当地～着很多神话故事／この地には多くの神話や物語が伝わっている．

【流窜】liúcuàn 動（盗賊や敵が）逃げまわる．

【流窜犯】liúcuànfàn 名 移動犯．参考 各地を転々としながら窃盗などの犯罪を行う者．

【流弹】liúdàn 名 流れ弾．

【流荡】liúdàng 動 ❶流動する．漂う．❷流浪する．さすらう．¶四处～/あちこちを放浪する．

【流动】liúdòng 動 ❶（液体や気体が）流動する．反 凝固 nínggù ❷移動する．巡回する．¶～红旗/勝者が持ち回りで受ける優勝旗．反 固定 gùdìng

【流动人口】liúdòng rénkǒu 名 流動人口．参考 出生地を離れて、別の街、別の都会で仕事などに従事する者．

【流动资产】liúdòng zīchǎn 名《会計》流動資産．

【流动资金】liúdòng zījīn 名《会計》流動資金．

【流毒】liúdú 動 毒をのこす．悪影響を及ぼす．¶～甚广/悪影響が広範囲に及ぶ．名 害毒．悪影響．

【流芳】liúfāng 動 名声が伝わる．¶万古～/成 永遠に名声を残す．

【流芳百世】liú fāng bǎi shì 成 永く後世に名をとどめる．似 似水流年

【流放】liúfàng 動 ❶旧 流刑にする．同 放逐 fàngzhú ❷木材を河に流して運ぶ．

【流风】liúfēng 名 文 ❶前の代から伝わった（良い）風習．遺風．❷流行．社会風潮．

【流感】liúgǎn 名《医学》インフルエンザ．"流行性感冒 liúxíngxìng gǎnmào"の略．

【流光】liúguāng 名 文 ❶（月の）揺れ動く光．❷光陰．歳月．

【流光溢彩】liúguāng yìcǎi 句 スポットライトなどの光がきらめく．

【流会】liúhuì 動 出席者が法定人数に満たないために、会議をとりやめる．流会する．

【流火】liúhuǒ 名 ❶方《医学》フィラリア．❷《中医》すねにできる丹毒．

【流浸膏】liújìngāo 名《薬》液状のエキス．流エキス．

【流寇】liúkòu 名 あちこちをさすらう盗賊．山賊．

【流浪】liúlàng 動 流浪する．¶～汉/流浪者．¶～街头/街をさすらう．同 漂泊 piāobó

【流离】liúlí 文（天災や戦乱のために）離散しさまよう．

【流离失所】liú lí shī suǒ 成（天災や戦乱のために）流浪の身となる．

【流里流气】liúlǐ[-li-]liúqì 形 悪党じみている．不良っぽい．

【流丽】liúlì 形（詩文や書が）なめらかで美しい．流麗だ．¶文笔～/文章が流麗だ．

*【流利】liúlì 形 ❶（ことばや文章が）なめらかでわかりやすい．¶文章写得很～/文章がとても流暢でわかりやすい．¶他的英语很～/彼の英語はとても流暢だ．❷動きがなめらかだ．¶运笔～/筆使いがなめらかだ．

【流连】liúlián 動 名残りを惜しむ．同 留连 liúlián

【流连忘返】liúlián wàng fǎn 成 名残惜しく立ち去りがたい．¶这儿的湖光山色令我们～/ここの湖と山々の美しい景色は、いつまでも眺めていたくなる．

【流量】liúliàng 名 ❶（川などの）流量．❷交通量．¶车辆～/車の交通量．

【流露】liúlù 動（考えや感情が）外にあらわれる．¶真心～/本心があらわになる．同 表露 biǎolù

【流落】liúluò 動 落ちぶれて流浪する．¶～他乡/他郷に流浪する．

【流氓】liúmáng 名 ❶〔个 ge, 群 qún〕ごろつき．ならず者．¶抓～/ちんぴらを捕まえる．❷ふてぶてしい態度．下品な行為．¶要 shuǎ～/ごろつきのような態度をとる．

【流氓兔】liúmángtù 名 ❶（コンピュータ）マシマロ(mashimaro)．インターネット上のウサギのキャラクター．❷①から転じて、表面的にはかわいいが、やや小賢しい性格の人．ちゃっかりした人．

【流媒体】liúméitǐ 名《コンピュータ》ストリーミングメディア．

【流民】liúmín 名 流民．難民．

【流明】liúmíng 名《物理》光束の国際単位．ルーメン．lumen 表現 "流"とも言う．

【流脑】liúnǎo 名《医学》流行性脳膜炎．"流行性脑脊髓膜炎 liúxíngxìng nǎojǐsuǐmóyán"の略．同 脑膜炎 nǎomóyán

【流年】liúnián 名 ❶文（流れ去る）歳月．❷（算命術での）一年間の運勢．

【流年似水】liú nián sì shuǐ 成 水が流れるように時が過ぎていく．似 似水流年

【流拍】liúpāi 動 競売流れする．オークション流れする．参考 競売で買い手のつかないこと．

【流派】liúpài 名（学術や芸術などの）流派．¶京剧有很多～/京劇にはたくさんの流派がある．

【流盼】liúpàn 動（左右に）視線を移す．流し目で見る．

【流品】liúpǐn 名 旧 ❶役人の位階．官階．❷家柄や社会的地位．

【流气】liúqì ❶形 不良っぽい．不まじめだ．同 流里流气 ❷名 ならず者の風気．不良じみた雰囲気．

【流散】liúsàn 動 散り散りになる．¶许多文物在战乱中～到民间/多くの文化財が戦乱の中で民間に四散した．

【流沙】liúshā 名 ❶砂漠の流砂．❷川底や河口にたまる流れやすい砂．❸地下水に伴って地層の中を移動する砂．

【流生】liúshēng 名（やむなく途中で）学業をやめる児童や学生．同 流失 shī 生

【流失】liúshī 動 流失する．流出する．¶水土～/水土

の流失. ¶资金～/ 資金流失. 同 丧失 sàngshī 反 保持 bǎochí

【流食】liúshí 名 流動食.
【流矢】liúshǐ 名 流れ矢. 同 流箭 liújiàn
【流势】liúshì 名 水流の勢い.
【流逝】liúshì 動（流れる水のようにあっという間に）消え去る. ¶岁月～/ 歲月がすみやかに過ぎ去る.
【流水】liúshuǐ 名 ❶ 流れる水. ❷ 絶え間なく続くこと. ❸ 同 商店の売上高.
【流水不腐, 户枢不蠹】liú shuǐ bù fǔ,hù shū bù dù 成 流水は腐らず, 戸の軸は虫に食われない. つねに動いているものはいつまでも悪くならない. ことばの意味. 由来『呂氏春秋』盡数に見えることば.
【流水席】liúshuǐxí 名 席を定めない宴会形式. 参考 中国式の宴会では席順が決まっているのが一般的. "流水席"では, 客人は随時空いている席に座って飲食し, 食べ終わったものから去っていく.
【流水线】liúshuǐxiàn 名 流れ作業による生産ライン.
【流水账】liúshuǐzhàng 名〔量 本 běn,部 bù〕金銭出納簿. 表現 ただ事柄が羅列されているだけの記述のたとえとしても使う.
【流水作业】liúshuǐ zuòyè 名 流れ作業.
【流苏】liúsū 名 （馬車やカーテンなどにつける）房飾り.
【流俗】liúsú 貶 俗世間の風俗習慣.
【流速】liúsù 名 流れる速さ.
【流淌】liútǎng 動（液体が）流れ出す. ¶热血 rèxuè ～/ 熱い血潮が流れ出す.
【流体】liútǐ 名 液体. 液体と気体. ¶～力学 / 流体力学.
【流通】liútōng 動 ❶ 流通する. ¶空气～/ 空気が通る. 反 呆滞 dāizhì ❷（商品や貨幣が）流通する. ¶货币～/ 貨幣流通. ¶～渠道 qúdào / 流通ルート. 反 呆滞 dāizhì
【流亡】liúwáng 動（災害や政治上の理由で）故郷や祖国を離れる. ¶～海外 / 海外へ亡命する. ¶～政府 / 亡命政府. 同 逃亡 táowáng
【流网】liúwǎng 名 流し網.
【流徙】liúxǐ 動 文 ❶ 流浪する. ¶～多年 / 長年流浪する. ❷ 流罪になる. ¶～边远 / 辺境の地に流される.
【流线型】liúxiànxíng 形 流線型.
【流向】liúxiàng 名 ❶ 水の流れる方向. ❷ 人や物資の流れ（の方向）.
【流泻】liúxiè 動（液体や光が）あふれ出る.
【流星】liúxīng 名 ❶〔量 颗 kē〕流星. 同 贼星 zéixīng ❷ 古代の武器の一種, 金の両端に鉄錘がついたもの. ❸ 雑技の一種. 長い縄の両端に水の入った碗や火のついた球をつけ, 縄を操り, 碗や球が空中に舞っているように見せる芸.
【流星赶月】liú xīng gǎn yuè 成 流星のごとき速さだ. 猛スピードで.
【流星雨】liúxīngyǔ 名《天文》流星雨.
【流刑】liúxíng 名 流刑.
【流行】liúxíng ❶ 動 流行する. ¶街上～红裙子 / 街では赤いスカートがはやっている. 同 风行 fēngxíng,盛行 shèngxíng ❷ 形 流行している. はやっている.
【流行病】liúxíngbìng 名 急性伝染病. 流行病. 疫病.
【流行歌曲】liúxíng gēqǔ 名 流行歌. 流行歌曲. ポピュラーソング.
【流行色】liúxíngsè 名 流行色.

【流行性】liúxíngxìng 形 伝染性（の）. 流行性（の）.
【流行性感冒】liúxíngxìng gǎnmào 名《医学》流行性感冒. インフルエンザ.
【流血】liúxuè 動 ❶ 血を流す. ¶～不止 / 血が流れて止まらない. ❷ 傷を負ったり,命を犠牲にする. ¶～牺牲 / 流血の犠牲.
【流言】liúyán 名 流言. デマ. ¶散布 sànbù ～/ デマをばらまく. 同 谣言 yáoyán
【流言蜚语】[飞语] liú yán fēi yǔ 成 流言蜚語. デマ.
【流溢】liúyì 動 あふれ出る. 満ちあふれる.
【流萤】liúyíng 名 空を舞うホタル.
【流域】liúyù 名 流域. ¶黄河～/ 黄河の流域.
【流质】liúzhì 名 流動食. 液状の食べ物.
【流转】liúzhuǎn 動 ❶（あちこちを）転々とする. ¶～四方 / 各地を流転する. ❷（商品や資金が）回転する.
【流转税】liúzhuǎnshuì 名《経済》物流課税. 参考 商品の流通と非商品の流通に対して課す税.

琉 liú
王部7 四 1011₂
全11画 [次常用]

下記熟語を参照.

【琉璃】liúlí[-li] 名 瑠璃(るり). 陶器の仕上げに使う上薬.
【琉璃厂】Liúlíchǎng 名《地名》琉璃廠（ﾘｭｳﾘｼｮｳ）. 北京にある通りで, 古い街並みを再現したところ. 文房具・書籍・骨董などの店が並ぶ.
【琉璃瓦】liúliwǎ 名〔量 块 kuài〕"琉璃"を使って焼いた瓦. 瑠璃瓦（るりがわら）. 宮殿や廟などに用いられた.

硫 liú
石部7 四 1061₂
全12画 [次常用]

名《化学》硫黄. S.

【硫化】liúhuà 動《化学》（生ゴムを）硫化する.
【硫磺】[黄] liúhuáng 名《化学》硫黄の通称.
【硫酸】liúsuān 名《化学》硫酸.
【硫酸亚铁】liúsuān yàtiě 名《化学・薬》硫酸第一鉄. 増血剤として利用される. 同 硫酸低 dī 铁

馏（餾）liú
食部10 四 2776₂
全13画 [次常用]

素 蒸留する. ¶～分 liúfēn（留分）/ 分～ fēnliú（分留する）/ 干～ gānliú（乾留する）/ 蒸～ zhēngliú（蒸留する）.
☞ 馏 liù

旒 liú
方部9 四 0821₂
全13画 [通 用]

名 文 ❶ 旗の上につける吹流し. ❷ 古代, 帝王の礼帽の前後につけた玉飾り. ¶冕～ miǎnliú（古代の帝王の礼帽と,礼帽の玉飾り）.

骝（騮）liú
马部10 四 7716₂
全13画 [通 用]

名 たてがみと尾が黒い栗毛の馬.

榴 liú
木部10 四 4796₂
全14画 [常 用]

名《植物》ザクロ. ¶～弹 liúdànpào / ～莲 liúlián / ～火 liúhuǒ / ～霰弹 liúxiàndàn. 同 石榴 shíliu

【榴弹】liúdàn 名《軍事》❶ 榴弾. ❷ 手榴弾や榴弾砲など,弾丸を爆発させて破壊力を得る砲弾の総称. 参考 ① は, 旧称"开花 kāihuā 弹".
【榴弹炮】liúdànpào 名《軍事》〔量 门 mén〕榴弾砲（りゅうだんほう）.
【榴火】liúhuǒ 名 ザクロの花のように赤い色.

【榴莲】liúlián 名《植物》ドリアン.
【榴霰弹】liúxiàndàn 名《軍事》榴散弾. 同 霰弾, 子母 zǐmǔ 弾, 群子 qúnzǐ 弾

飗(飀) liú 风部10 四 7721₆
 全14画 通用
下記熟語を参照.
【飗飗】liúliú 形② 微風がそよそよと吹くようす.

镏(鎦) liú 钅部10 四 8776₂
 全15画 通用
下記熟語を参照.
☞ 镏 liù
【镏金】liújīn 動 金めっきする. ¶~银器 yínqí / 金めっきした銀食器. ¶~戒指 jièzhi / 金めっきの指輪.

鹠(鶹) liú 鸟部10 四 7762₇
 全15画 通用
→鸺鹠 xiūliú

瘤 liú 疒部10 四 0016₂
 全15画 次常用
名〔圏 个 ge, 颗 kē〕こぶ. はれもの. ¶~胃 liúwèi / ~子 liúzǐ / 肉~ ròuliú (肉瘤) / 恶性 èxìng 肿~ zhǒngliú (悪性腫瘍).
【瘤胃】liúwèi 名《動物》こぶ胃. 瘤胃(りゅうい). 反芻(はんすう)動物の第一胃.
【瘤子】liúzi 名 はれもの. こぶ.

镠(鏐) liú 钅部11 四 8772₂
 全16画 通用
名 ❶ 質のよい金. ❷ (Liú)姓.

鎏 liú 金部10 四 3010₉
 全18画 通用
文 ❶ 質のよい黄金. ❷ →镏 liú

柳 liǔ 木部5 四 4792₀
 全9画 常用
名 ❶ ヤナギ. ¶~眉 liǔméi / ~絮 liǔxù / 垂~ chuíliǔ (シダレヤナギ) / 旱~ hànliǔ (ペキンヤナギ) / 杨~ yángliǔ (ヤナギ). ❷ 二十八宿の一つ. 今のうみへび座のあたり. ❸ (Liǔ)姓.
【柳暗花明】liǔ àn huā míng 成 ❶ 春のうららかな景色. ❷ 苦境の中に明るい兆しが見えてくるたとえ.
【柳编】liǔbiān 名 ザルやカゴなど柳の枝で編んだ工芸品.
【柳眉】liǔméi 名 美しい女性の細くて長いまゆ毛. 柳眉(りゅうび). 同 柳叶眉 liǔyèméi.
【柳木】liǔmù 名 柳の木材. ⇨柳树 liǔshù
【柳琴】liǔqín 名《音楽》〔量 把 bǎ〕柳琴(りゅうきん). 四弦で, 形は小型の琵琶(びわ)に似ている. 参考 近代に合奏用の高音部楽器として開発された.
【柳杉】liǔshān 名 スギ. ニッポンスギ.
【柳树】liǔshù 名 柳の木. 表現 柳の木材は"柳木"で, 立っている樹木としての柳は"柳树"という.
【柳丝】liǔsī 名 シダレヤナギの枝.
【柳体】Liǔtǐ 名 書の書体の一つ. 唐代の柳公権の書体. 柳体.
【柳条】liǔtiáo 名 (~儿)〔量 根 gēn, 支 zhī〕❶ 柳の枝. ¶ "杞柳 qǐliǔ" (カワヤナギ)や柳でかごなどをつくる. ¶~帽 / 柳の枝を編んでつくった帽子. 安全帽の一種. ¶~筐 kuāng / 柳の枝で編んだかご.
【柳絮】liǔxù 名 (~儿)白いわた毛で包まれた柳の種子. 参考 風に舞って漂うようすを"柳絮飞"(柳絮が飛ぶ)といい, 中国における春の風物詩である. 北京などでも, 雪のように大量の柳絮が飛ぶようすや, 吹きだまりに綿のように白く積もっているようすを目にすることができる.
【柳腰】liǔyāo 名 女性のしなやかな腰つき. 柳腰(りゅうよう).
【柳州】Liǔzhōu 地名 柳州(りゅうしゅう). 広西チワン族自治区中央部にある市.
【柳子戏】liǔzixì 名《芸能》山東地方の伝統的な芝居の一つ.
【柳宗元】Liǔ Zōngyuán 人名 柳宗元(りゅうそうげん: 773-819)中唐の文人, 唐宋八大家の一人. 韓愈とともに古文復興を主張した.

绺(綹) liǔ 纟部8 四 2316₄
 全11画 通用
量 (~儿)糸や髪などの束を数えることば.

六 liù 一部2 四 0080₀
 全4画 常用
❶ 数 六. ¶~书 liùshū / ~弦琴 liùxiánqín. ❷ 名 中国の伝統音楽の階名のひとつ. 音階"工尺 gōngchě"の八番目の音. 西洋音楽の「ソ」の音にあたる.
☞ 六 lù
【六必居】Liùbìjū 名 六必居. 北京前門にある老舗の漬物屋. 参考 "六必居的酱菜 —— 另个味儿"(六必居の漬物だ —— ひと味違う)という"歇后语"(かけことばの一種)のもとになった店.
【六边形】liùbiānxíng 名《数学》六角形. ヘキサゴン.
【六朝】Liùcháo ❶ 名 六朝(りくちょう). 3世紀から6世紀ごろ, 建康(今の南京)に都を置いた呉·東晋·宋·斉·梁·陳の六王朝の総称. ❷ 名 南北朝時代. ¶~文 / 六朝期の文章. ¶~书法 / 六朝期の書道.
【六畜】liùchù 名 6種の家畜. 豚·牛·羊·馬·鶏·犬. ¶~兴旺 xīngwàng / どの家畜もよく育っている.
【六腑】liùfǔ 名《中医》六腑(ろっぷ). 胃·胆·三焦(舌の下部から胸部·腹部にかけてを三分した「上焦·中焦·下焦」のこと)·膀胱·大腸·小腸をいう. ¶五脏 zàng~ / 五臓六腑.
【六根】liùgēn 名《仏教》六根(ろっこん). 参考 眼·耳·鼻·舌·身·意の六つ. これらから, けがれや罪が生じるとされた.
【六合】liùhé 名 上·下·東·西·南·北の六つの方向. 広く, 天下や宇宙をいう.
【六合彩】liùhécǎi 名 宝くじの一つ. 6つの数字をあてる. 参考 日本の「ロト6」に相当.
【六甲】liùjiǎ ❶ 名 十干十二支の組み合わせのうち, "甲 jiǎ"で始まる六組. "甲子 jiǎzǐ", "甲戌 jiǎxū", "甲申 jiǎshēn", "甲午 jiǎwǔ", "甲辰 jiǎchén", "甲寅 jiǎyín". ❷ 名 昔, 女性が妊娠することを"身怀 huái 六甲"といった. 参考 ①は筆画が少ないので, 子供の習字の手本として使う.
【六角形】liùjiǎoxíng 名 六角形. ヘキサゴン.
【六经】liùjīng 名 六経(りっけい). 儒教の6つの経典, 『詩経』『書経』『礼記』『楽記』『易経』『春秋』の総称. 参考 漢代に『楽記』が失われ, 「五経」となった.
【六○六】liù○liù 名 サルバルサン. 参考 梅毒·ワイル病·回帰熱などの治療に用いる.
【六六六】liùliùliù 名《薬》BHC. ヘキサクロロシクロヘキサン. 参考 殺虫剤に用いる.
【六轮】liùlún 名 ❶ 6つの車輪. ¶~车辆 / 六輪車. ❷《軍事》6連発銃.
【六面体】liùmiàntǐ 名 六面体.
【六亲】liùqīn 名 ❶ 6種の親族. 父·母·兄·弟·妻·子. ❷ ひろく親戚や親族を指す.
【六亲不认】liù qīn bù rèn 成 義理や人情を少しも考えない. 冷酷だ. ¶他为了金钱地位可以~ / 彼はお金のため

位のためなら義理人情すら顧みない. 参考 "六亲"は父母・兄弟姉妹・妻子などです.

【六神无主】liù shén wú zhǔ 慨 慌てふためく. びっくり仰天する. 驚いたり慌てたりして思案の定まらないようす. ¶紧张得～,不知怎么办好 / 気がひどく動転して,どうしていいかわからなかった. 参考 "六神"は道教で心・肺・肝・腎・脾・胆をつかさどる神をいう. また,広く心の神をいう.

【六十四开】liùshísì kāi 名《印刷》64折り判. 64折りの紙. ⇨开本 kāiběn

【六书】liùshū 名 六書(りくしょ). 参考 漢字の成り立ちや使用法についての六つの区別."象形 xiàngxíng","指事 zhǐshì","形声 xíngshēng","会意 huìyì","转注 zhuǎnzhù","假借 jiǎjiè".

【六仙桌】liùxiānzhuō 名〔圕 张 zhāng〕6人掛けの長方形のテーブル.

【六弦琴】liùxiánqín 名《音楽》〔架 jià〕ギター. 同 吉他 jítā

【六一(国际)儿童节】Liù-Yī (guójì) értóngjié 名 6月1日. 国際児童節で祝日ではないが,各地の小・中学校などでは,さまざまな活動が催される. ⇨付録"祝祭日一覧』

【六艺】liùyì 名 六芸(りくげい). 参考 儒家の"六経"をさす場合と,「礼・楽・射・御・書・数」の六つの技芸をさす場合がある.

【六指儿】liùzhǐr 名 ❶ 指が6本ある手や足. ❷ 6本の指の人.

陆(陸) liù
阝部5 全7画 四 7527₂ 常用

数 "六"の大字. 領収書などに用いる.
☞ 陆 lù

碌(碌) liù
石部8 全13画 四 1769₉ 常用

下記熟語を参照.
☞ 碌 lù

【碌碡】liùzhou 名 農業用の石のローラー. 同 石磙 shígǔn

遛 liù
辶部10 全13画 四 3730₆ 通用

動 ❶ ぶらぶら歩く. ¶～弯儿 liùwānr / ～早儿 liùzǎor / 一气一趟(ぶらぶら一回した). ❷ 家畜や鳥をつれてぶらぶら歩く. ¶～马 liùmǎ / ～鸟 liùniǎo.

【遛马】liù//mǎ 動 馬を散歩させて体調をととのえさせる.

【遛鸟】liù//niǎo 動(～儿)鳥かごを下げて静かなところを散歩する. ¶公園里,到处都有～的老人 / 公園のあちこちに,鳥かごを下げて散歩する老人がいる.

【遛弯儿】liùwānr 動(~) 散歩する. 同 遛 liù 弯儿

【遛早儿】liùzǎor 動(口) 早朝散歩をする.

馏(餾) liù
饣部10 全13画 四 2776₂ 次常用

動(食べ物を)蒸して温める. ふかし直す. ¶把馒头～一～(マントウをちょっと温める).
☞ 馏 liú

溜(霤❸❹) liù
氵部10 全13画 四 3716₂

❶ 名 急流. ¶大～ dàliù (川の流れの速い流れ) / 随大～ suídàliù (大勢に従う). ❷ 形(方) 迅速. 速い. ❸ 素 軒先から落ちる水滴. ¶檐～ yánliù (雨だれ) / ～ chéngliù ❹ 素 雨どい. ¶水～ shuǐliù (雨どい). ❺ 量(~) 一続きのものを数えることば. 並び. ¶一～儿三间房(三部屋からなる一棟の家). ❻ 名

(~儿)付近. あたり. ¶这一～儿果树很多(このあたりには果樹が多い). ❼ 動 方(しっくいやセメントを塗ったり,紙を貼ったりなどして)壁のすき間をふさぐ. ¶～窗户缝(窓のすき間をふさぐ).
☞ 溜 liū

【溜子】liùzi 名 ❶ 鉱物の採掘場で土を運び出す,おけのコンベヤー. ❷ 方 盗賊の手先.

镏(鎦) liù
钅部10 全15画 四 8776₂ 通用

下記熟語を参照.
☞ 镏 liú

【镏子】liùzi 名(方) 指輪.

鹨(鷚) liù
鸟部11 全16画 四 1722₇ 通用

名《鳥》セキレイ科のタヒバリ.

蹓 liù
足部10 全17画 四 6716₂ 通用

動 ぶらぶら歩く. ¶～大街(大通りをぶらぶら歩く) / ～早儿 liùzǎor (朝の散歩). 同 遛 liù
☞ 蹓 liū

【蹓弯儿】liùwānr →遛弯儿 liùwānr

lo ㄌㄛ [lo]

咯 lo
口部6 全9画 四 6706₄ 通用

助 文末において,変化や新しい状況の出現を示す. 語気は"了 le"より少し強い. ¶当然～!(もちろんだ).
☞ 咯 gē,kǎ

long ㄌㄨㄥ [luŋ]

龙(龍) lóng
龙部0 全5画 四 4301₄ 常用

名 ❶〔条 tiáo〕竜. 想像上の動物. 体は蛇,顔は麒麟(きりん)に似て四本の足をもち,大空を駆けめぐり,水をつかさどる. 皇帝の象徴とされ,優れたものや力強いものを形容する. ¶～王 Lóngwáng / ～马精神 lóng mǎ jīng shén / ～颜 lóngyán (皇帝の顔) / 青～ qīnglóng (東方の神). ❷ 竜の図案を用いたもの. 竜をイメージするもの. ¶～船 lóngchuán / ～灯 lóngdēng / ～头 lóngtóu / 一条～ yītiáolóng (細長く続く行列や生産工程). ❸ 一部の爬虫類を指す. ¶恐～ kǒnglóng (恐竜) / 翼手～ yìshǒulóng (翼竜) / 变色～ biànsèlóng (カメレオン). (Lóng)姓.

筆順 一ナ九龙龙

【龙船】lóngchuán 名〔圕 艘 sōu, 条 tiáo, 只 zhī〕竜の頭を船首に飾った船. ¶赛 sài～ / ドラゴンボートレース. 同 龙舟 lóngzhōu 参考 旧暦5月5日の"端午节 Duānwǔjié"には竞渡(きょうと)が行われる. 汨羅江(べきらこう)に身を投げて自殺した屈原の霊を慰めるために行うようになったと伝えられている.

【龙胆】lóngdǎn 名《植物・薬》リンドウ.

【龙胆紫】lóngdǎnzǐ 名《薬》ゲンチアナバイオレット. 参考 これを水やアルコールに溶かしたものは,"紫药水 zǐyàoshuǐ"と呼ばれ,殺菌薬や火傷薬などとして親しまれている. 回 甲紫 jiǎzǐ

【龙灯】 lóngdēng 名 竜をかたどった張り子. ¶要 shuǎ～ / 竜灯踊り. 参考 旧暦1月15日の"元宵节 Yuánxiāojié"の際の踊りに用いる. たくさんの丸い輪を骨組みにし,紙や布を貼ってつくる. 骨組みについている棒を数人で掲げ持ち,ドラの音などにあわせて踊る.

龙 灯

【龙洞】 lóngdòng 名 山の洞穴. 鍾乳洞.

【龙飞凤舞】 lóng fēi fèng wǔ 成 ❶ 山の峰が延々と続いて勇壮なようす. ❷ 書道で,筆勢が生き生きとしているようす. ¶他的草书写得～ / 彼の草書は筆に勢いがある.

【龙凤】 lóngfèng 名 ❶ 龍と鳳(凰). ❷ 能力のある優秀な人材.

【龙凤呈祥】 lóngfèng chéng xiáng 句 龍と鳳が吉祥を運ぶ. 用法 富や幸せの象徴として,結婚などの祝い事によくこの文字を用いる. 由来『孔丛子 こうそうし』記問篇の語から.

【龙宫】 lónggōng 名〔座 zuò〕伝説上の"龙王 Lóngwáng"(竜王)の宮殿.

【龙骨】 lónggǔ 名 ❶ 古代の大型ほ乳類の骨の化石. 竜骨(りゅうこつ). ❷〈生物〉竜骨突起. ❸〈船舶の〉竜骨. キール. 参考 ❶ は,漢方薬の強精剤として用いる.

【龙骨车】 lónggǔchē 名 竜骨車. 水田に水を引くため,人力や家畜の力で動かす水車.

龙骨车

【龙睛鱼】 lóngjīngyú 名《魚》出目金.

【龙井】 lóngjǐng 名 ロンジン(竜井)茶. 浙江省杭州市竜井付近で産する緑茶. ¶～茶 / 竜井茶. 参考 緑茶の中で最も知られた銘柄の一つ.

【龙驹】 lóngjū 名 ❶ 駿馬(しゅんめ). ❷ 優れた才能を持つ子供.

【龙卷风】 lóngjuǎnfēng 名〔场 cháng,次 cì〕竜巻.

【龙葵】 lóngkuí 名《植物》イヌホウズキ.

【龙马精神】 lóng mǎ jīng shén 成(老いても)健康ではつらつとしている. 元気旺盛だ. 由来 唐・李郢「上裴晋公」詩の語から.

【龙门】 lóngmén 名 登竜門. ¶鲤鱼 lǐyú 跳～ / (コイが竜門に踊り上がり竜になるという意から)立身出世する.

【龙门吊】 lóngméndiào 名《機械》門の字の形をした橋形クレーン. ガントリークレーン.

【龙门阵】 lóngménzhèn 名 方 おしゃべり. 世間話. ⇒ 摆 bǎi 龙门阵

【龙脑】 lóngnǎo 名 ❶〈化学〉ボルネオール. ❷《植物》リュウノウ.

【龙盘虎踞】 lóng pán hǔ jù 成 地形が雄大で険しいようす. 参考 竜がとぐろを巻き,虎がうずくまっているような地形,特に南京の地形をさす. 同 龙蟠 pán 虎踞,虎踞龙盘

【龙山文化】 Lóngshān wénhuà 名《歴史》竜山文化. 由来 中国新石器時代後期の文化で,山東省済南の竜山鎮から最初に発掘されたのが名前の由来. 出土品の中に黒く輝く陶器がよく見られたので"黑陶文化 hēitáo wénhuà"ともいう.

【龙舌兰】 lóngshélán 名《植物》リュウゼツラン.

【龙蛇混杂】 lóng shé hùn zá 成 善人も悪人も一緒になっているようす. 玉石混淆(ミホョシ).

【龙生九子】 lóng shēng jiǔ zǐ 血のつながった兄弟姉妹でも,性格や嗜好が異なること. 由来 龍の9匹の子供は,姿や性格などがみな違っていたという伝説から.

【龙潭虎穴】 lóng tán hǔ xué 成 非常に危険なところ. 竜のすむ淵(ち)や虎の巣穴のようなところ.

【龙套】 lóngtào 名《芸能》❶ 京劇などで,集団で登場する従者や兵士役が着る衣装. 竜の刺しゅうがあることからいう. ❷①の衣装を着ている役者. 端役. ¶他只是个跑～的 / 彼は単なる端役だ.

【龙腾虎跃】 lóng téng hǔ yuè 成 活力に満ち,勇ましいようす.

【龙头】 lóngtóu 名 ❶ 水道の蛇口. 回 水龙头 shuǐlóngtóu,水嘴儿 shuǐzuǐr ❷ 方 自転車のハンドル.

【龙王】 Lóngwáng 名 竜王. 水をつかさどる神. 雲をおこし雨をふらせるといわれる.

【龙虾】 lóngxiā 名《動物》〔只 zhī〕イセエビ.

【龙须菜】 lóngxūcài 名《植物》❶ 回 キリンサイ. 回 麒麟菜 qílíncài ❷ 方 アスパラガス. 回 石刁柏 shídiāobái,芦笋 lúsǔn

【龙须面】 lóngxūmiàn 名《料理》極細めん. そうめん.

【龙眼】 lóngyǎn 名 ❶ リュウガン. ❷ リュウガンの果実. 回 桂圆 guìyuán 参考 黄褐色の球形で,竜の眼に似ていることに由来する. 食用にするほか,滋養強壮剤などの薬用にする. 福建や広東などが主な産地.

龙眼

【龙爪槐】lóngzhǎohuái 名《植物》エンジュの変種.
参考 枝が下に垂れていて,優美な姿をしているため,園芸でよく用いられる.

【龙争虎斗】lóng zhēng hǔ dòu 成 激しい闘いのたとえ.竜虎相争う.

【龙钟】lóngzhōng 形文 ❶ 年を取って動作がおぼつかない.¶老态～/ 成 老いてよぼよぼだ. ❷ 失意のようす. ❸ 涙にぬれるようす.

【龙舟】lóngzhōu 名〔❶ 条 tiáo,只 zhī〕竜の頭を船首に飾った船.同 龙船 lóngchuán

茏(蘢) lóng
艹部5 四 4441₄
全8画 通用

下記熟語を参照.

【茏葱】lóngcōng 形 草木が青々と茂っているようす.同 葱茏 cōnglóng

咙(嚨) lóng
口部5 四 6301₄
全8画 次常用

→喉咙 hóulóng

泷(瀧) lóng
氵部5 四 3311₄
全8画 通用

名方 流れの急な川.¶七里～ Qīlǐlóng(浙江省にある地名). 参考 地名に用いられることが多い.
☞ 泷 Shuāng

珑(瓏) lóng
王部5 四 1311₄
全9画 通用

下記熟語を参照.

【珑璁】lóngcōng 文(又) 擬 金属や玉などが軽やかにふれあう音.かちん. ❷ 形 "茏葱 lóngcōng"に同じ.

【珑玲】lónglíng 文(又) 擬 ちーん.かちん.金属や玉がぶつかった時にたてる音. ❷ 形 光輝いている.¶～珊瑚 shānhú / つややかに輝くサンゴ.

栊(櫳) lóng
木部5 四 4391₄
全9画 通用

名文 ❶ 窓.¶帘～ liánlóng(すだれのある窓). ❷ 部屋.¶房～ fánglóng(部屋). ❸ 動物を飼育する囲い.

昽(曨) lóng
日部5 四 6301₄
全9画 通用

素 "曚昽 ménglóng"(薄暗い)という語に用いられる.

胧(朧) lóng
月部5 四 7321₄
全9画 次常用

→朦胧 ménglóng

砻(礱) lóng
龙部5 四 4360₂
全10画

❶ 名〔❶ 副 fù〕磨臼(うす). 臼に似た形の,穀物のもみがらをすり落とす農具. ❷ 動 ①を使ってもみすりをする.¶～谷 lónggǔ 舂米 chōngmǐ(もみをすり,米をつく).

【砻谷机】lónggǔjī 名 もみの外皮を取り去る機械.
【砻糠】lóngkāng 名 もみがらやぬか.

眬(矓) lóng
目部5 四 6301₄
全10画 通用

→蒙眬 ménglóng

聋(聾) lóng
龙部6 四 4340₁
全11画 通用

❶ 形 耳が聞こえない.耳が遠い.¶～子 lóngzi / 耳～眼花 ěr lóng yǎn huā(耳が遠くなり目がかすむ). ❷ (Lóng)姓.

【聋哑】lóngyǎ 名 聾唖(ろうあ).¶～人 / ろうあ者.¶～学校 / 聾学校.
【聋子】lóngzi 名 耳がきこえない人.

笼(籠) lóng
竹部5 四 8841₄
全11画 常用

❶ 名(鳥や虫などを飼うための)かご.¶～中鸟 lóngzhōngniǎo(かごの中の鳥.自由を奪われたこと)/ 竹～ zhúlóng(竹かご)/ 手提鸟～ / 手にさげる鳥かご. ❷ 名旧 囚人を護送する際に閉じこめておくもの.¶囚～ qiúlóng(囚人を入れる檻). ❸ 名 せいろう.¶一屉～ lóngtì / 蒸～ zhēnglóng(せいろう)/ 一～小笼包(一せいろうの小籠包). ❹ 動(手を袖のなかに)入れる.¶～着手(両手をそれぞれ他方の袖の中に差し入れる).
☞ 笼 lǒng

【笼火】lóng//huǒ 動(薪などで)火をおこす.
【笼屉】lóngtì 名〔❶ 副 fù,格 gé〕せいろう.

笼 屉

【笼头】lóngtou 名 馬などのくつわ.おもがい.
【笼子】lóngzi 名〔❶ 个 ge,只 zhī〕かご.¶鸟～ / 鳥かご. ☞ 笼子 lǒngzi
【笼嘴】lóngzuǐ 名 えさを食べさせないように家畜の口にはめるもの.

隆 lóng
阝部9 四 7721₅
全11画 常用

❶ 素 厳かだ.気持ちがこもっている.¶～重 lóngzhòng / ～情 lóngqíng. ❷ 素 勢いがよい.栄えている.¶～盛 lóngshèng / 兴～ xīnglóng(繁盛している). ❸ 素 高い.盛り上がっている.¶～起 lóngqǐ / 穹～ qiónglóng(空が高い). ❹(Lóng)姓.

【隆鼻】lóngbí 動 鼻を人工的に高くする.隆鼻術を行う.
【隆冬】lóngdōng 名 厳冬.真冬. 反 盛夏 shèngxià
【隆隆】lónglóng 擬 がらがら.ごろごろ.ごうごう.大きな音がとどろいたり,激しく振動するときの音.¶雷声～ / 雷がごろごろ鳴る.¶～的机器声 / ごうごうという機械の音.
【隆起】lóngqǐ 動 隆起する.盛り上がる.¶高高～的胸脯 xiōngpú / たくましく盛り上がった胸板.
【隆情】lóngqíng 名文 ご厚情. 表現 相手の自分に対する心遣いに対して言う.
【隆盛】lóngshèng 形 ❶ 隆盛だ. ❷ 盛大だ.
【隆替】lóngtì 動 繁栄と没落.興隆と衰退.
【隆胸】lóngxiōng 動 乳房を人工的にふくよかにする.豊胸術を行う.
【隆重】lóngzhòng 形 盛大で厳かだ.¶大会～开幕 kāimù le / 大会は盛大に開幕した.¶不用这么～吧 / こんなに大げさにしないでいいよ.
【隆准】lóngzhǔn 名 鼻筋の通った鼻.高い鼻梁. 表現 帝王の面相として知られ,漢の高祖劉邦は"～而龙颜"と記される.

癃 lóng
疒部11 四 0011₅
全16画 通用

❶ 形文 年老いて病気がちだ.¶疲～ pílóng(年をとって病気がちになる). ❷ 名《中医》尿が出にくくなる病気.

¶～闭 lóngbì（尿が出にくくなる病気）.

窿 lóng
穴部11 全16画 [四]3021₅ [次常用]

[名][方]炭鉱の坑道．¶～工 lónggōng（炭坑夫）/ 窟～ kūlong（穴）．

陇（隴）lǒng
阝部5 全7画 [四]7321₄ [通用]

❶[素]地名用字．¶～山 Lǒngshān（甘粛省と陝西省の境にある山の名）．❷[名]甘粛省の別称．¶～剧 lǒngjù（甘粛地方の影絵芝居）．

垄（壟）lǒng
龙部3 全8画 [四]4310₄ [通用]

❶[名]田や畑の畦（𦥑）．❷[名]畝（𦥑）．¶宽～密植（畝を広くとり，苗と苗の間は狭く植える）．❸[素]畦（𦥑）や畝（𦥑）に似た形のもの．¶瓦～ wǎlǒng（屋根瓦のうね）．❹（Lǒng）姓．

【垄断】lǒngduàn [動] 独占する．[由来]『孟子』公孙丑篇に見えることば.
【垄断价格】lǒngduàn jiàgé [名]《経済》独占価格.
【垄断资本】lǒngduàn zīběn [名]《経済》独占資本.
【垄断资本主义】lǒngduàn zīběn zhǔyì [名]《経済》独占资本主义.
【垄沟】lǒnggōu [名]〔量条 tiáo〕畑のうねとうねの間の溝.
【垄奴】lǒngnú [名]❶独占企业の末端で働く，待遇のあまりよくない非正规社員や契約社員のこと．❷特定の企業によって市場が独占され，選択の余地がない消費者のこと．[参考]"垄"は"垄断"（独占）の意．

垅（壠）lǒng
土部5 全8画 [四]4311₄ [通用]

[名][素]"垄 lǒng"に同じ．

拢（攏）lǒng
扌部5 全8画 [四]5301₄ [通用]

❶[動]寄せ集める. 合計する. ¶～共 lǒnggòng / ～总 lǒngzǒng / 把帳～一～（合計を出す）. ❷[動]船が岸につく. ¶～岸 lǒng'àn. ❸[動]（動詞の後で補語のように）折り合いをつける. ¶～拉～ lālǒng（引き寄せる）/ 靠～组织（近寄りあって組み立てる）/ 他们俩总谈不～（二人はいくら話し合っても折り合いがつかない）. ❹[動]束ねる. しばる. ¶把这些绳子一到一起（これらのひもを一緒に束ねる）/ ～紧（しっかり束ねる）. ❺[動]髪をとかす. 梳(𨋣)く. ¶～一～头发（髪をとかす）. ❻（Lǒng）姓.

【拢岸】lǒng//àn [動]（船を）岸に着ける.
【拢共】lǒnggòng [副]合計して. ¶☞拢总 lǒngzǒng.
【拢子】lǒngzi [名]〔量把 bǎ,只 zhī〕目の細かい櫛(𨋣).
【拢总】lǒngzǒng [副]合計して. ¶～五十个人 / 合計五十人. ¶～花了两千多块钱 / あわせて2千元以上を使った. [回]拢共 lǒnggòng.

笼（籠）lǒng
竹部5 全11画 [四]8841₄ [常用]

❶[動]すっぽりと覆う. 立ち込める. ¶～罩 lǒngzhào / 烟～雾罩 zhào（煙と霧が立ち込める）. ❷[素]大きな箱やかご. ¶箱～ xiānglǒng（衣装箱. つづら）.
☞ 笼 lóng
【笼括】lǒngkuò [動]抱括する. ¶～天下 / 天下を我が物にする. [回]囊括 nángkuò.
【笼络】lǒngluò [動][心]人をまるめこむ. 籠絡(𨋣)する. ¶～人心 / 人心をまるめこむ. [回]拉拢 lālǒng.
【笼统】lǒngtǒng [形]具体的でない. 細部があいまいだ. [重]笼笼统统 [反]具体 jùtǐ.

【笼罩】lǒngzhào [動]（上からすっぽりと）覆う．包む．¶会场～在一片沉闷 chénmèn 的气氛之中 / 会場は重苦しい空気にすっぽり包まれた．¶乌云 wūyún～大地 / 黒雲が大地を覆う.
【笼子】lǒngzi [名]（舞台衣装を入れる）大きな箱. ☞笼子 lóngzi

弄（衖）lòng
王部3 全7画 [四]1044₁ [常用]

[名][方]路地．横丁．¶～堂 lòngtáng.
☞ 弄 nòng
【弄堂】lòngtáng [名]〔量条 tiáo〕路地．横町．裏通り．¶～口 / 路地の入り口 / ～门 / 路地の入り口の門．[回]弄 lòng [表現]"小巷 xiǎoxiàng"，"胡同 hútòng"の，上海地方での呼び方．

lou カヌ［loʊ］

搂（摟）lōu
扌部9 全12画 [四]5904₄ [常用]

❶[動]（手や道具で）かき集める．¶～柴火 cháihuo（薪を集める）．❷[動]手前に引く．¶～动扳机 bānjī（銃の引き金を引く）．❸（そでやすそを）上にたくし上げる．¶～起袖子 xiùzi（そでをたくしあげる）．❹[動]勘定する．計算する．¶～算 lōusuàn（勘定する）/ ～帐 zhàng（帳簿を調べる）．❺（金銭を不法に）かき集める．¶～钱（金銭を着服する）．
☞ 搂 lǒu
【搂草打兔子】lōu cǎo dǎ tùzi [慣]草刈りのついでにウサギを捕る. 作業に無駄が無いこと．
【搂头】lōutóu [動][方]頭をめがける. まっ向からぶつかる.

剅（剫）lóu
豆部2 全9画 [四]1210₀ [通用]

[名][方]堤防の注水口や排水口．堤防を横切る水路．¶～口 lóukǒu（堤防の注水口・排水口）．

娄（婁）lóu
米部3 全9画 [四]9040₄ [次常用]

❶[形]身体が弱い. ¶他身体很～（彼は体が弱い）. ❷[形]腕前がよくない．へただ．¶这幅画儿画得很～（この絵は描き方がまずい）. ❸[動]方（ウリ類が）熟しすぎて中がだめになっている．¶西瓜～了（スイカは熟れすぎでだめになってしまった）．❹[名]《天文》二十八宿の一つ．❺（Lóu）姓.
【娄子】lóuzi [名][口]騒ぎ．もめごと．¶惹～ / 面倒を起こす．¶别给我捅 tǒng～ / トラブルで私をわずらわせないでくれ.

偻（僂）lóu
亻部9 全11画 [四]2924₄ [通用]

❶～偻佝 lóulú ❷→佝偻 gōulóu
☞ 偻 lǚ
【偻佝】lóulú[-luo] [名][旧]強盗の部下．悪人に追随する人．[回]喽啰 lóuluó.

蒌（蔞）lóu
艹部9 全12画 [四]4440₄ [通用]

下記熟語を参照.
【蒌蒿】lóuhāo [名]《植物》〔量棵 kē〕ヤマヨモギ．

喽（嘍）lóu
口部9 全12画 [四]6904₄ [通用]

下記熟語を参照.

☞ 喽 lou

【喽啰[罗]】lóuluo[-luó] [名]〔[量] 个 ge, 名 míng〕手下．共犯者．[同] 偻啰 lóuluo [反] 头目 tóumù [参考]もとは「強盗の部下」の意．

溇(漊) Lóu 氵部 9 [四] 3914₄ 全12画 [通用]

[素] 地名用字．¶～水 Lóushuǐ (湖南省を流れる川の名)．

楼(樓) lóu 木部 9 [四] 4994₄ 全13画 [常用]

❶ [名]〔[量] 层 céng, 栋 dòng, 座 zuò〕(二階建て以上の)建物．ビル．¶～房 lóufáng / 办公～ bàngōnglóu (オフィスビル)．❷ [名] ビルの一つ一つの階．フロア．¶去三～ (三階に行く) / ～上 lóushàng / ～下 lóuxià．❸ [素] (～儿) 建物の上に作った建築物．やぐら．¶城～ chénglóu (城楼) / 角～ jiǎolóu (故宮にある角楼)．❹ [素] 店やレジャー施設．¶戏～ xìlóu (劇場) / 酒～ jiǔlóu (酒場)．❺ [名] (～儿) アーケード．¶牌～ páilou (装飾したアーケード．牌楼(はいろう))．❻ (Lóu)姓．

【楼板】lóubǎn [名]〔[量] 块 kuài〕上の階と下の階を仕切っている床．床板．

【楼层】lóucéng [名] 二階建て以上の建物の各階．

【楼船】lóuchuán [名]〔[量] 条 tiáo〕やぐらのある大きな船．

【楼道】lóudào [名] 大きな建物の中の廊下．

【楼顶】lóudǐng [名] 二階建て以上の建物の屋根．屋上．

【楼房】lóufáng [名]〔[量] 栋 dòng, 所 suǒ, 幢 zhuàng, 座 zuò〕二階建て以上の家屋．

【楼阁】lóugé [名] 楼閣．ビル．

【楼花】lóuhuā [名] 竣工前や建設中に販売開始されている分譲マンション．[参考] 中国では，住宅は完成後に販売されることが一般的で，日本のように完成前から売り出されることは少ない．

【楼面】lóumiàn [名]《建築》床面．フロア．

【楼盘】lóupán [名] (現在売出し中の)分譲住宅．

【楼群】lóuqún [名] ビル群．建物群．

【楼上】lóushàng [名] 階上．¶我想住～的房间 / 2階から上に住みたい．

【楼市】lóushì [名] 住宅市場．不動産市場．

【楼台】lóutái [名] ❶ [方] 涼み台．バルコニー．[同] 凉台 liángtái ❷ 高楼．[参考] ②は，多く詩歌や戯曲の中で用いる．

【楼堂馆所】lóu táng guǎn suǒ [名] 豪華な建築物．[参考]"大楼、礼堂、宾馆、招待所"(ビル・教会・ホテル・招待所)の総称．

*【楼梯】lóutī [名]〔[量] 层 céng, 级 jí〕階段．¶上～ / 階段をのぼる．

【楼下】lóuxià [名] 階下．¶～开了一间餐厅 / 階下にレストランがオープンした．

耧(耬) lóu 耒部 9 [四] 5994₄ 全15画 [通用]

[名] 家畜に引かせて，溝をつけながら種をまく農具．"耩子 jiǎngzi"と呼ぶ地方もある．

【耧播】lóubō [動]《農業》"耧车"を使って種をまく．

【耧车】lóuchē [名]《農業》種まき用の農具．役畜に引かせ，後ろを人間が支えて，みぞ切りと種まきを同時に行う．

蝼(螻) lóu 虫部 9 [四] 5914₄ 全15画 [通用]

下記熟語を参照．

【蝼蛄】lóugū [名]《虫》〔[量] 只 zhī〕ケラ．¶～负山 / ケラが山を背負う(まったく不可能だ)．[表現] 通称は"蝲蝲蛄 làlàgǔ"，方言では"土狗子 tǔgǒuzi"ともいう．

【蝼蚁】lóuyǐ [名] ケラとアリ．ごく小さな生き物．取るに足らない人．¶～之辈 / 取るに足らないやつ．

髅(髏) lóu 骨部 9 [四] 7924₄ 全18画 [通用]

→骷髅 kūlóu

搂(摟) lǒu 扌部 9 [四] 5904₄ 全12画 [常用]

❶ [動] 抱く．抱き着く．¶～抱 lǒubàn / 把孩子～在怀里(子供を胸に抱く) / 小孩子～着妈妈的脖子(子供はお母さんの首に抱き着いている)．❷ [量] (樹木などの)ひと抱えを数えることば．¶两～粗的大柏树(ふた抱えほどもある大きなイトスギの木)．

☞ 搂 lōu

【搂抱】lǒubào [動] (両腕で)抱きかかえる．¶小姑娘～着小猫 / 少女は子猫を抱いている．

嵝(嶁) lǒu 山部 9 [四] 2974₄ 全12画 [通用]

→岣嵝 Gǒulǒu

篓(簍) lǒu 竹部 9 [四] 8840₄ 全15画 [次常用]

[名] (～儿) かご．¶背～ bēilǒu (背負いかご) / 字纸～儿(昔，書き損じ専用に用いた紙くずかご) / 油～ yóulǒu (油を入れるかご)．

【篓子】lǒuzi [名]〔[量] 个 ge, 只 zhī〕深めのかご．

陋 lòu 阝部 6 [四] 7121₂ 全 8 画 [次常用]

[素] ❶ 見栄えがよくない．醜い．¶丑～ chǒulòu (醜い)．❷ 野蛮な．卑俗な．¶～俗 lòusú / ～习 lòuxí．❸ 住んでいる所が狭くて見栄えがしない．むさくるしい．¶～室 lòushì / ～巷 lòuxiàng．❹ (学識や見識が)狭く，浅い．¶浅～ qiǎnlòu (見識が浅い) / 孤 gū～寡闻 guǎ ([成] 見聞が狭い)．

【陋规】lòuguī [名] 悪い慣習．

【陋见】lòujiàn [名] [謙] 浅薄な見解．おろかな意見．[表現] 自分の考えについてへりくだった言いかた．

【陋室】lòushì [名] 狭い家．[表現] 自分の家の謙称として使われる．

【陋俗】lòusú [名] よくない風習．¶改～而树新风 / 悪習を改めて新しい気風を打ち立てる．

【陋习】lòuxí [名] 悪い習慣．陋習(ろうしゅう)．¶～难改 / 陋習は改めにくい．¶陈规 chénguī～ / [成] 古くさいしきたりや習慣．

【陋巷】lòuxiàng [名] 狭い路地．路地裏．

镂(鏤) lòu 钅部 9 [四] 8974₄ 全14画 [通用]

[素] 文字や模様を刻みつける．彫刻する．¶～花 lòuhuā / ～刻 lòukè / ～骨铭心 lòu gǔ míng xīn．

【镂骨铭心】lòu gǔ míng xīn [成] 心に刻みつけて永遠に忘れない．¶您的教诲 jiàohuì～ / あなたの教えは決して忘れません．[同] 刻骨铭心，铭心刻 kè 骨 [用法] 他人に対する感謝の気持ちに用いられることが多い．

【镂花】lòuhuā [名] 透かし彫り．¶～木床 / 透かし彫りの木製ベッド．

【镂刻】lòukè [動] ❶ 彫る．¶～花纹 huāwén / 模様を彫る．❷ 心に刻み込む．¶老师的话语～在她的心上 / 先生のことばが彼女の心に刻み込まれた．

【镂空】lòukōng [動] 透かし彫りをする．

L

lòu – lou 瘘漏露喽

瘘(瘻/異瘺) lòu
疒部9 四 0014₄ 全14画 通用

下記熟語を参照.

【瘘管】lòuguǎn 名《生理》瘘管(ろうかん).

漏 lòu
氵部11 四 3712₇ 全14画 常用

❶ 動 しみ出す. 漏る. ¶水壶~了(やかんが漏れている) / ~雨了(雨が漏っている) / 那个管子~煤气(あの管はガス漏れしている) / 油~得到处都是(油がいたるところにしみ出している). ❷ 動(秘密の事柄を)漏らす.(情報が)漏れる. ¶~了风声(うわさが漏れた) / ~走=消息(情報を漏らす). ❸ 動あるべきものが抜け落ちている. 抜ける. ¶~了一行 yīháng(1行抜けている) / 这一项可千万不能~掉(これは絶対にはずせない). ❹ 名 "漏壶 lòuhú"の略称. ¶~尽 lòujìn 更残 gēngcán(夜が明けつつある).

【漏疮】lòuchuāng 名《中医》痔瘘(ぢろう).
【漏电】lòu//diàn 動 漏電する. 回 跑电 pǎodiàn
【漏洞】lòudòng 名 ❶(ものが漏れる)すき間. ❷(話・仕事・方法などの)漏れ. 手抜かり. ¶他的话里有不少~ / 彼の話は漏れが多い. 回 破绽 pòzhàn
【漏洞百出】lòu dòng bǎi chū 成 ミスだらけだ. ぼろが続出する.
【漏兜】lòu//dōu 方 隠し事が思わず露見する. 秘密がばれる.
【漏斗】lòudǒu 名(~儿)〔量 个 ge,只 zhī〕じょうご.
【漏风】lòu//fēng 動 ❶(ものにすき間があって)風が出入りする. ❷(歯が抜けて話すときに)息が漏れる. ❸(情報や秘密が)漏れる. ¶这件事千万不要~ / この件は絶対に他人に漏らしてはいけません.
【漏缝】lòu//fèng 動(~儿)すき間や割れ目ができる.
【漏光】lòu//guāng 動(フィルムや感光紙などが)感光する.
【漏壶】lòuhú 名 古代の水時計. 漏刻(ろうこく). 回 漏刻 lòukè, 漏 lòu
【漏孔】lòukǒng 名 割れ目. 漏れ穴.
【漏气】lòu//qì 動 空気が漏れる. ¶车胎 chētāi ~了 / タイヤの空気がぬけた.
【漏勺】lòusháo 名〔量 把 bǎ〕穴あき玉じゃくし.

漏 勺

【漏水】lòu//shuǐ 動 水が漏れる. ¶这水壶~了 / このやかんは水漏れしている.
【漏税】lòu//shuì 動 脱税する. 回 偷税 tōushuì
【漏网】lòu//wǎng 動(犯人や敵を)取り逃がす.
【漏网之鱼】lòu wǎng zhī yú 成 網から漏れた魚. うまく逃げおおせた犯人や敵のこと.
【漏夜】lòuyè 名 夊 深夜.
【漏子】lòuzi 名 ❶ 口 じょうご. 回 漏斗 lòudǒu ❷ 手抜かり. ¶他在工作上从没出过一点儿~ / 彼は仕事では, これまでどんな手抜かりもなかった. 回 漏洞 lòudòng
【漏嘴】lòu//zuǐ 動(秘密などを)うっかりしゃべる.

露 lòu
雨部13 四 1016₄ 全21画 常用

動 口 外へ現れる. あらわになる. ¶~一丑 lòuchǒu / 袜子破了,脚指头都~出来了(靴下が破れて, 足の指が顔を出してしまった).
☞ 露 lù
【露白】lòu//bái 自分の持っている金や物がすりや盗人に見つかる.
【露丑】lòu//chǒu 動 醜態をさらす. 回 丢 diū 丑
【露底】lòu//dǐ 動 内情や秘密が明らかになる. ばれる. ¶他想隐瞒 yǐnmán 真相, 反而露了底 / 彼は真相を隠そうとしたが, かえってばれてしまった.
【露风】lòu//fēng 動 秘密が漏れる. うわさが広まる.
【露富】lòu//fù 動 金持ちであることを人に知られる. ¶他虽有钱, 但不~ / 彼はお金持ちだが, おくびにも出さない.
【露脸】lòu//liǎn 動 ❶ 面目をほどこす. ¶比赛中得了第一名, 这下你可~了 / 試合で優勝でき, 今回は面目をほどこしたね. ❷ 方(~儿)顔を出す. ¶他已经一连几天没~了 / 彼はもう何日も顔を出していない.
【露马脚】lòu mǎjiǎo 慣 馬脚をあらわす. ぼろが出る. ¶罪犯终于露出了马脚 / 犯人はついに馬脚をあらわした.
【露面】lòu//miàn 動(~儿)姿を現す. ¶他最近经常在公开场合露个面儿 / 彼は最近公の場によく姿を見せる. ¶抛 pāo 头~ / 公然と人前に出る.
【露苗】lòu//miáo 動(~儿)芽が出る. 回 出苗 chūmiáo
【露怯】lòu//qiè 動(知らないために)失敗する. ぼろを出す. ¶不懂装懂,说话时难免 nánmiǎn ~ / 知ったかぶりをしていても, 話すとどうしてもぼろがでる.
【露脐装】lòuqízhuāng 名《服飾》へそだしルック. へその見える短い上着を着たスタイル.
【露头】lòu//tóu 動 ❶(~儿)頭を出す. ❷ ちょっと姿を現わす.
【露馅儿】lòu//xiànr 動 中身がでる. ぼろが出る. ¶谎言 huǎngyán 迟早会~ / うそは遅かれ早かればれてしまう.
【露相】lòu//xiàng 動(~儿)正体があらわれる. ぼろが出る.
【露一手】lòu yīshǒu 慣 方(~儿)腕前を披露する. ¶今天我来炒 chǎo 几个好菜, ~给你们看看 / 今日は私がおいしい料理を何品かつくって腕前を披露しましょう.

喽(嘍) lou
口部9 四 6904₄ 全12画 通用

助 ❶ 仮定の動作に用いる. ¶等我们走~, 你再睡觉吧(私たちが帰ったらお休みなさい). ❷ 注意を喚起する語気をあらわす. ¶开饭~!(ご飯ですよ) / 够~, 别说~!(いいよもう言うな). ❸ 当然のことだという語気をあらわす. ¶那当然是可以的~(それはもちろんオーケーですよ). 注意 用法は"了 le"にほぼ同じ. "喽"が使える所は"了"も使えるが, "了"が使える所は必ずしも"喽"に置き換えることはできない.

☞ 喽 lóu

lu　ㄌㄨ〔lu〕

撸噜卢芦庐垆炉泸栌轳胪 lū-lú

撸(擼) lū
扌部12 全15画 [通用] 四 5706₁
動[方] ❶ しごく．こく．¶把树叶~下来(木の葉をしごき落とす)．同 捋 luō ❷ 職を解く取り消す．免職にする．¶他的职务都给~了(彼はもう免職になってしまった)． ❸ 責め立てる．しかりつける．¶挨 ái 了一顿~(こってり絞られた)．

【撸子】lūzi [名]〔個 把 bǎ, 只 zhī〕小型拳銃.

噜(嚕) lū
口部12 全15画 [通用] 四 6706₁
下記熟語を参照．

【噜苏】lūsū[-su] [形方] "啰唆 luōsuō"に同じ．

卢(盧) lú
卜部3 全5画 [次常用] 四 2120₇
(Lú)姓.

【卢比】lúbǐ [名] ルピー．インド，パキスタンなどの通貨単位．♦rupee
【卢布】lúbù [名] ルーブル．ロシアの通貨単位．♦рубль
【卢浮[夫]宫】Lúfúgōng [名] ルーヴル宮殿(フランス)．同 罗 Luó 浮宮
【卢沟桥】Lúgōuqiáo (地名)盧溝橋(ﾌﾟﾁｮｳ)．北京市郊外の永定河にかかる橋．1937年7月7日に日中両軍が衝突し，日中戦争の発端となった．
【卢瑟福】Lúsèfú ❶ [量] (物理)放射単位．ラザフォード． ❷ Lúsèfú 〈人名〉オーネスト・ラザフォード(1871-1937)．イギリスの化学者で物理学者．
【卢森堡】Lúsēnbǎo 〈国名〉ルクセンブルク．
【卢梭】Lúsuō 〈人名〉ルソー(1712-1778)．フランス啓蒙期の思想家，小説家．
【卢旺达】Lúwàngdá 〈国名〉ルワンダ．

芦(蘆) lú
艹部4 全7画 [常用] 四 4420₇
[名] ❶ 《植物・薬》アシ．ヨシ．¶~苇 lúwěi．同 苇子 wěizi ❷ (Lú)姓.

【芦柴】lúchái [名] アシの茎．[参考] 燃料にする．
【芦荡】lúdàng [名] アシの茂った原．
【芦根】lúgēn [名]《薬》[個 根 gēn] アシの地下茎．蘆根(ﾛｺﾝ)．
【芦花】lúhuā [名] アシの穂に生えている白いわた毛．
【芦荟】lúhuì [名]《植物》[個 棵 kē] アロエ．
【芦笙】lúshēng [名]《音楽・民族》[個 只 zhī] 蘆笙(ﾛｼｮｳ)．ミャオ族やトン族などの使う"笙"．
【芦笋】lúsǔn [名]《植物》アスパラガス．同 石刁柏 shídiāobǎi
【芦苇】lúwěi [名]《植物》[個 根 gēn, 株 zhū] アシ．ヨシ．同 苇 wěi, 苇子 wěizi
【芦席】lúxí [名]〔個 领 lǐng, 张 zhāng〕アシで編んだ敷物．

庐(廬) lú
广部4 全7画 [通用] 四 0020₇
❶ [素] 粗末な小屋．いおり．¶茅~ máolú (草ぶきの家)． ❷ (Lú) [名] 盧州のこと．安徽省合肥を中心とする地域． ❸ (Lú)姓．

【庐山】Lúshān〈地名〉盧山(ﾛｻﾞﾝ)．江西省北部，長江の南岸近くで鄱陽湖に接してそびえる高山．多くの観光スポットを含む一大景勝地．
【庐山真面(目)】lú shān zhēn miàn(mù) [成] ものごとの真相や真価．人の本当の姿．[由来] 宋の蘇軾(ｿｼｮｸ)の"题西林壁"詩〔廬山の本当の姿がわからないのは，自分が廬山に身をおいているからだ〕から．[表現] 「灯台もと暗し」という意で使われることも多い．

垆(壚/[異]罏❷) lú
土部5 全8画 [通用] 四 4110₇
❶ [素] 黒色の堅い土． ❷ [素] 昔，居酒屋で酒がめを置いた土台．転じて，居酒屋．¶~酒 ~ jiǔlú (居酒屋) / 当~ dānglú (酒を売る)． ❸ [名] "炉 lú"に同じ．

炉(爐/[異]罏) lú
火部4 全8画 [通用] 四 9380₇
[名] ❶ こんろ．ストーブ．炉(ﾛ)．¶电~ diànlú (電気コンロ) / 煤气~ méiqìlú (ガスコンロ) / 微波~ wēibōlú (電子レンジ) / 炼钢~ liàngānglú (溶鉱炉)． ❷ (Lú)姓．

【炉灰】lúhuī [名] ストーブの灰．石炭の燃えがら．
【炉火】lúhuǒ [名] ストーブやコンロの火．
【炉火纯青】lú huǒ chún qīng [成] 学問や芸術，技術などが最高の域に達すること．[由来] 道家が練丹をつくる時，炉の火が青くなると成功と見なしたことから．
【炉料】lúliào [動]《機械・冶金》チャージ．
【炉龄】lúlíng [名]《冶金》溶鉱炉(内壁部)の寿命．
【炉门】lúmén [名] 炉やストーブの焚き口．
【炉盘】lúpán [名] (防火用に)ストーブの下に敷く鉄製や石製の盤．
【炉前工】lúqiángōng [名]《冶金》溶鉱炉作業員．炉まえ工．
【炉台】lútái [名]〔~儿〕ストーブやかまど上部の，ものを置くための平らな部分．
【炉膛】lútáng [名] ストーブやかまどの内部の，火をたく空洞部分．
【炉条】lútiáo [名] 炉やストーブのロストル．火格子．
【炉温】lúwēn [名] 溶鉱炉などの温度．炉内温度．
【炉灶】lúzào [名] かまど．へっつい．レンジ．¶另起~ / (新しくかまどをおこす意味から)新規まきなおしをする．
【炉渣】lúzhā [名] ❶《冶金》鉱滓．からみ．スラグ． ❷ 石炭の燃えかす．¶倒~ / ストーブの燃えかすを捨てる．
【炉子】lúzi [名]〔個 个 ge, 座 zuò〕かまど．こんろ．ストーブ．炉．¶点~ / かまどを焚く．ストーブをつける．¶电~ / 電気こんろ．

泸(瀘) lú
氵部5 全8画 [通用] 四 3110₇
[素] 地名用字．¶~州 Lúzhōu．

【泸州】Lúzhōu〈地名〉瀘州(ﾛｼｭｳ)．四川省東南部にある市．

栌(櫨) lú
木部5 全9画 [通用] 四 4190₇
→黄栌 huánglú

轳(轤) lú
车部5 全9画 [通用] 四 4150₇
→辘轳 lùlu [参考] "轳"は，熟語の中では軽声となる．

胪(臚) lú
月部5 全7画 [通用] 四 7120₇
[素][文] 陳列する．述べる．¶~列 lúliè ~情 lúqíng (気持ちを述べる)．

【胪陈】lúchén [動文] 一つ一つ陳述する．¶~如左 / 以下のように一つ一つ申し上げます．¶~愚见 yújiàn / 愚見を申し上げます．[参考] 旧時の公文書や書簡などに用いられたことば．
【胪列】lúliè [動文] ❶ 列挙する．¶~三种方案 / 3種類の方案を列挙する． ❷ 並べる．¶珍馐 zhēnxiū~ / 珍しいごちそうが並ぶ．

鸬 颅 舻 鲈 卤 虏 掳 鲁 橹 氆 镥 六 甪

鸬（鸕）lú
鸟部5　全10画　四 2722₇　通用
下記熟語を参照.
【鸬鹚】lúcí 名《鸟》⦅動⦆只 zhī 鹈(²). 表現通称"鱼鹰 yúyīng"、地方によっては"墨鸦 mòyā"と言う.

颅（顱）lú
页部5　全11画　四 2128₂　次常用
名《生理》頭蓋骨(ぼ). 身体全体を指すこともある. ¶ ～骨 lúgǔ. ／颅脑 lúnǎo、脑颅 nǎolú
【颅骨】lúgǔ〔⦅動⦆块 kuài〕頭蓋骨(ずがい). 同 头骨 tóugǔ

舻（艫）lú
舟部5　全11画　通用
→舳舻 zhúlú

鲈（鱸）lú
鱼部5　全13画　四 2110₇　通用
名《魚》スズキ. ～脸 lúkuài (スズキのなます). 同 鲈鱼 lúyú.
【鲈鱼】lúyú 名《魚》スズキ.

卤（鹵、滷）lǔ
卤部0　全7画　四 2160₀　次常用
❶ 名 にがり. ¶盐～ yánlǔ (にがり). 同 苦汁 kǔzhī ❷ 名 ハロゲン族元素. ハロゲン. ¶ ～素 lǔsù. ❸ 動《料理》塩水に薬味を加えて煮たり、しょうゆで煮る. よく、丸ごとの鶏や豚肉の大きな固まりなどが使われる. ¶ ～鸡 lǔjī (とりの丸煮). ／～鸭 lǔyā (カモの丸煮). ／～煮 zhǔ 豆腐(塩煮豆腐). ❹ 名《料理》肉や卵のスープに片栗粉をまぜて、とろみをつけたもの. 麺などにかける. ¶打～面 dǎlǔmiàn (あんかけ麺). ❺ 名〔～儿〕飲料の濃いもの. ¶茶～儿 chálǔr (濃く出した茶).
【卤菜】lǔcài 名《料理》塩水や醤油に五香を使って煮た肉などの料理.
【卤化】lǔhuà 名《化学》ハロゲン化.
【卤化物】lǔhuàwù 名《化学》ハロゲン化物.
【卤莽】lǔmǎng 形 そそっかしい. 同 鲁莽 lǔmǎng
【卤水】lǔshuǐ 名 ❶ にがり. ❷ 塩井(えんせい)から汲み上げた塩水.
【卤水鸭】lǔshuǐyā 名《料理》香料を入れた塩水でアヒルを煮た料理.
【卤素】lǔsù 名《化学》ハロゲン族元素. "卤族元素 lǔzú yuánsù"とも言う.
【卤味】lǔwèi 名《料理》肉などを固まりのまま香料やしょうゆで煮込んだ後、冷したれ料理.
【卤虾】lǔxiā 名 エビをすりつぶしたペーストに塩を加えた食品.
【卤虾油】lǔxiāyóu 名《料理》調味料の一つ. エビをすり潰して塩漬けにしたものの上ずみ. ⇨虾油
【卤质】lǔzhì 名 土壌に含まれるアルカリ分.
【卤族】lǔzú 名《化学》ハロゲン族.

虏（虜）lǔ
虍部2　全8画　四 2122₇　常用
❶ 素 捕虜にする. ¶俘～ fúlǔ (捕虜にする) ／ 获 lǔhuò. ❷ 素 捕虜. とりこ. ¶俘～ fúlǔ (捕虜). ❸ 名 古代、異民族や奴隷に対して用いた蔑称.
【虏获】lǔhuò 動 敵を捕らえて武器を奪い取る. ¶ ～了不少敌人和大量武器 ／ 多くの敵と大量の武器を捕獲した.

掳（擄）lǔ
扌部8　全11画　四 5102₇　通用
素（人や物を）無理やり奪う. さらう. ¶ ～掠 lǔlüè. 同

虏 lǔ
【掳掠】lǔlüè 動 人をさらい、金品を略奪する.

鲁（魯）lǔ
鱼部4　全12画　四 2760₁　常用
❶ 素 頭が悪い. 愚かだ. ¶ ～钝 lǔdùn ／愚～ yúlǔ (愚かだ). ❷ 素 せっかちだ. おおざっぱだ. そそっかしい. ¶ ～莽 lǔmǎng ／粗～ cūlǔ (がさつだ). ❸ (Lǔ) 名 魯(ろ). 周代の国の一つ. 今の山東省の南部一帯に位置した. ❹ (Lǔ) 名 山東省の別名. ❺ (Lǔ) 姓.
【鲁班】Lǔ Bān 《人名》魯班(る). 公輸(しゅ)班とも言う. 春秋戦国時代、魯の国の名工. 後に大工の神様として祭られるようになった.
【鲁班尺】lǔbānchǐ 名〔把 bǎ〕大工の用いる曲尺(さし).
【鲁菜】lǔcài 名 山東風味の料理.
【鲁钝】lǔdùn 形 愚鈍だ.
【鲁莽】lǔmǎng 形 そそっかしい. 軽率だ. ¶他说话做事太～ ／彼は話も行動もひどく軽率だ. 同 卤莽 lǔmǎng、莽撞 mǎngzhuàng、冒失 màoshi
【鲁莽灭裂】lǔ mǎng miè liè 成 行動が粗暴で無責任だ.
【鲁米那】Lǔmǐnà 名《薬・商標》ルミナール. 参考 フェノバルビタールの商標名.
【鲁迅】Lǔ Xùn《人名》魯迅(じん；1881-1936). 浙江省出身の文学者. 本名は周樹人. 『狂人日記』、『阿Q正伝』など数々の小説・詩・散文を発表して社会諸生の根源を暴き出した.
【鲁鱼亥豕】lǔ yú hài shǐ 成 文字をうっかり書き間違えること. 由来 魯を魚と、亥を豕と書き間違えやすいため.
【鲁直】lǔzhí 形 愚かだが素直だ.

鲁迅

【鲁智深】Lǔ Zhìshēn 《人名》魯智深(しん). 智深は法名で、俗名は魯達. 水滸伝の主要登場人物の一人.

橹（櫓／⦅異⦆樐、艪、艣）lǔ
木部12　全16画　四 4796₁　通用
名 櫓(ろ). ¶摇～ yáolǔ (櫓をこぐ).

氆 lǔ
毛部12　全16画　四 2771₆
→氆氇 pǔlu 参考 "氆"は、熟語の中では軽声となる.

镥（鑥）lǔ
钅部12　全17画　四 8776₁　通用
名《化学》ルテチウム. Lu.

六 liù
→部2　全4画　四 0080₀　常用
❶ 素 地名用字. ¶ ～安 Lù'ān (安徽省中西部にある市名、また山名). ／～合 Lùhé (江蘇省の県名). ❷ (Lù)姓.
☞ 六 liù

甪（⦅異⦆角）lù
丿部5　全6画　四 2722₀　通用
素 地名用字. ¶ ～直 Lùzhí (江蘇省蘇州市にある地名) ／～里堰 Lùlǐyàn (浙江省海塩県にあった地名. 1965年に"六里堰"にもどった).
【甪里】Lùlǐ ❶ 古地名. 現在の江蘇省呉県の西南にあった. ❷《複姓》甪里(ろ).

陆(陸) lù

阝部5 四 7527₂
全7画 常用

❶ 素 陆地. ¶~路 lùlù / 登~ dēnglù (上陸する) / 水~交通 (水陸交通). ❷ (Lù)姓.
☞ 陆 liù

笔顺 阝 阝一 阡 陆 陆

【陆沉】lùchén 动 ❶ 陸が沈む. ❷ 国土が侵略される.
【陆稻】lùdào 名 陸稲(ミゼ). 同 旱稻 hàndào
【陆地】lùdì 名〔◉ 块 kuài, 片 piàn〕陸地. 陸. 反 海洋 hǎiyáng
【陆风】lùfēng 《气象》陸風(ミッ).
【陆海空】lùhǎikōng 名 陸海空.
【陆架】lùjià 名 大陸棚. 同 大陆架 dàlùjià
【陆军】lùjūn 名〔◉ 支 zhī〕陸軍.
【陆军航空兵】lùjūn hángkōngbīng 名《军事》陸軍航空兵. 陸軍航空兵士.
【陆离】lùlí 形 色彩が入りまじり, 多種多様だ. ¶光怪 guānɡguài~ / 色とりどりで奇妙な形をしている.
【陆路】lùlù 名 陸路. ¶~比水路快得多 / 陸路は水路よりずっと早い.
【陆桥】lùqiáo 名 ❶ ランドブリッジ. 水運と水運の間に通過する陸運部分. ❷《地学》地峡. 地塹(ネン). 比較 日本語の「陸橋」にあたる語は"高架桥""天桥"など.
【陆相】lùxiàng 名《地学》大陸相. 陸成相.
*【陆续】lùxù 副 次々に. 続々と. ¶这套丛书已经~出版 / この叢書はすでに陸続と出版されている. 重 陆陆续续
【陆游】Lù Yóu《人名》陸游(ミネフ:1125-1210). 南宋の詩人.
【陆运】lùyùn 名 陸運. 陸上運輸. 反 水运 shuǐyùn, 空运 kōngyùn
【陆战队】lùzhànduì 名《军事》陸戦部隊.

录(錄) lù

彐部5 四 1790₉
全8画 常用

❶ 动 記錄する. 書き写す. ¶抄~ chāolù (書き写す) / 笔~ bǐlù (筆記する). ❷ 动 音や映像を写す. ¶~音 lùyīn / ~像机 lùxiànɡjī / 发言报告已经~下来了(スピーチはテープに採った). ❸ 名 人を採用する. 雇う. ¶~用 lùyònɡ / 收~ shōulù (人員を受け入れる). ❹ 名 書き記したもの. ¶语~ yǔlù (語録) / 回忆~ huíyìlù (回想録). ❺ (Lù)姓.

【录播】lùbō 动 録画して放送する.
【录放】lùfànɡ 动 録音や録画をして再生[放送]する.
【录取】lùqǔ 动 (試験に合格した人を)採用する. ¶择优 zéyōu~ / 優秀な人を選んで採用する. ¶~通知书 / 採用通知.
【录入】lùrù 动《コンピュータ》(文字などを)打ち込む. ⇒ 输入 shūrù③
【录事】lùshì 名 旧 (役所の)書記役. 記録係.
*【录像】❶ lù//xiànɡ 动 録画する. ¶~设备 / 録画設備. ❷ lùxiànɡ 名 録画映像. 録画. ¶放~ / ビデオを再生する. ¶看~ / ビデオを見る. 参考 台湾では"录影 lùyǐnɡ"と言う.
【录像带】lùxiànɡdài 名〔◉ 盒 hé〕ビデオテープ.
【录像机】lùxiànɡjī 名〔◉ 台 tái〕ビデオレコーダー.
【录像片】lùxiànɡpiàn 名 ビデオ映像. ビデオ作品. 表现 口語では, "录像片儿 piānr"と言う.
*【录音】❶ lù//yīn 动 録音する. ¶~棚 pénɡ / 録音室. ❷ lùyīn 名 録音した内容. ¶放~ / 録音を再生する. ¶听~ / 録音を聞く.
【录音带】lùyīndài 名〔◉ 盒 hé〕録音テープ. ¶盒式 héshì~ / カセットテープ.
*【录音机】lùyīnjī 名〔◉ 台 tái〕テープレコーダー. 録音機.
【录用】lùyònɡ 动 採用する. 任用する. ¶量材 liànɡcái~ / 能力をはかって採用する. ¶优先 yōuxiān~ / 優先的に採用する.
【录制】lùzhì 动 録音製作する. 録画製作する.

辂(輅) lù

车部6 四 4756₄
全10画 通用

名 ❶ 古代, 車を引くために轅(ゲン)にわたした横木. ❷ 古代の大きな車.

赂(賂) lù

贝部6 四 7786₄
全10画 次常用

❶ 素 賄賂(ワィロ)をつかう. ¶贿~ huìlù (賄賂を贈る).
❷ 名 贈られた金や物.

鹿 lù

鹿部0 四 0021₂
全11画 常用

名 ❶《动物》〔◉ 头 tóu, 只 zhī〕シカ. ❷ (Lù)姓.

【鹿角】lùjiǎo 名〔只 zhī〕❶ 雄ジカの角. 漢方薬として使用する. ❷ "鹿砦 lùzhài"に同じ.
【鹿皮】lùpí 名 シカの皮. ¶~手套 shǒutào / シカ皮の手袋.
【鹿茸】lùrónɡ 名《药》鹿茸(ロクジョウ). 参考 雄ジカの生えたばかりの角を切りとったもの. 漢方薬として珍重される.
【鹿肉】lùròu 名 (食用の)シカ肉.
【鹿死谁手】lù sǐ shuí shǒu 成 獲物は誰の手に落ちるか分からない. 勝敗は誰の手に落ちるか分からない.
【鹿特丹】Lùtèdān《地名》ロッテルダム(オランダ).
【鹿苑】lùyuàn 名 ❶ 鹿公園. ❷《仏教》鹿野苑(ろくやおん).
【鹿砦[寨]】lùzhài 名 鹿砦(ろくさい). 敵の侵入を防ぐために, とがった木を路上に並べて築いたバリケード. 逆茂木(さかもぎ).

渌 Lù

氵部8 四 3719₉
全11画 通用

素 地名用字. ¶~水 Lùshuǐ (江西省に発し, 湖南省に流れ込む川の名).

逯 Lù

辶部8 四 3730₉
全11画 通用

名 姓.

绿(綠) lù

纟部8 四 2719₉
全11画 常用

形 "绿 lǜ"に同じ. 参考 "绿林 lùlín", "鸭绿江 Yālùjiānɡ" (中国と朝鮮との境をなす河)などにこの音を用いる.
☞ 绿 lǜ

【绿林】lùlín 名 緑林(ロクリン). 山中に集まって権力に反抗したり, 強盗をはたらく集団. ¶~好汉 / 緑林の英雄. (政府に反抗する)匪賊の中の英雄.

禄 lù

礻部8 四 3729₉
全12画 通用

名 ❶ 古代, 官吏に支払われた給料. 禄(ロク). ¶俸~ fènɡlù (俸給) / 高官厚~ (高い官位と高い禄高). ❷ (Lù)姓.

【禄蠹】lùdù 名 贬 高い官位や俸ばかりを追い求める人.
【禄米】lùmǐ 名 禄米(ろくまい). 扶持米(ふちまい).
【禄位】lùwèi 名 旧 俸禄と官位.

碌 lù

石部8 四 1769₉
全13画 常用

素 ❶ 平凡だ. ¶庸~ yōnɡlù (凡庸だ). ❷ 忙しい.

¶忙〜 mánglù（忙い）．
☞ 碌 liù

【碌碌】lùlù 形 ❶ 凡庸で無能だ．¶庸庸 yōngyōng 〜／平々凡々．❷ あれこれ忙しく苦労するようす．¶〜半生／繁忙のうちに半生を送る．

【碌碌无为】lù lù wú wéi 成 ぶらぶらして何もしない．凡庸でこれといった取り柄がない．

路 lù
⻊部6　6716₄　全13画　常用

❶ 名〔圃 条 tiáo〕道．道路．¶〜途 lùtú／〜径 lùjìng（道）－ dàolù（道）／公〜 gōnglù（自動車道路）．同 道 dào, 途 tú ❷ 名 順路．ルート．¶十一公共汽车(10番のバス)／三〜进军(3つのルートから進軍する)．❸ 名 距離．道のり．¶走很远的〜（長い距離を歩く）／八千里〜（8000里の道）．¶〜（〜儿）方法．手段．¶活〜儿 huólùr（活路）／门〜 ménlù（秘訣．コネ）／生〜 shēnglù（生きる道）．❺ 素（思考の）筋道．¶理〜 lǐlù（理路）／思〜 sīlù（考えの筋道）．❻ 名 (人や物の来た)方向．方面．¶南〜货(南方の産物)／外〜人(外地の人)．❼ 名 種類．等級．¶头〜货(一級品)／一〜货(一つ穴のむじな)／他和我不是一〜人(彼と僕とは同じ種類の人間ではない)．❽ (Lù)姓．

【路标】lùbiāo 名 ❶ 道路標識．道しるべ．❷〘軍事〙行軍の際，沿道に残していく連絡用の標識．

【路不拾遗】lù bù shí yí 成 道に物が落ちていても，誰もそれを自分のものにしない．同 道 dào 不拾遗 表現 社会の秩序が守られていることのたとえして使われる．

【路程】lùchéng 名〔圃 段 duàn〕道のり．行程．¶五百公里〜／500キロの道のり．¶三天〜／3日間の行程．同 路途 lùtú, 途程 túchéng, 途径 tújìng

【路道】lùdào 名 方 ❶ つて．コネ．¶〜粗／つてが多い．同 门路 ménlù ❷ 人の行い．品行．¶〜不正／行いがよくない．

【路灯】lùdēng 名〔圃 排 pái, 盏 zhǎn〕街灯．

【路堤】lùdī 名 地面よりも高い路床．低地に道路・鉄路を作る時に，盛り土をして作ったもの．

【路段】lùduàn 名 道路や鉄道の区間．¶郊区有些〜，正在施工／郊外の何ヶ所かは只今工事中だ．

【路费】lùfèi 名〔圃 笔 bǐ〕旅費．¶你多带点儿〜／旅費を少し多めに持っていきなさい．

【路风】lùfēng 名 交通部門職員(特に鉄道員)の業務態度や気風．

【路规】lùguī 名 ❶ 交通規定．❷ 列車運行規定．

【路轨】lùguǐ 名 レール．軌道．

【路过】lùguò 動 経由する．通過する．通る．¶办事正好〜这里／仕事でちょうどここを通った．

【路基】lùjī 名 (鉄道や道路の)路床．路盤．参考 一般に地面より高い"路堤 lùdī"と低い"路堑 lùqiàn"に分けられる．

【路检】lùjiǎn 動 交通一斉取り締まりをする．

【路劫】lùjié 動 追いはぎをする．¶回家路上,遭到〜／家に帰る途中で強盗に遭う．

【路警】lùjǐng 名 鉄道警察．

【路径】lùjìng 名 ❶ (目標に通じる)道．道路．¶〜不熟／道をよく知らない．¶迷失 míshī〜／道に迷う．同 路途 lùtú, 道路 dàolù ❷ 方法．手だて．道筋．¶终于找到了研究的〜／ついに研究の道筋を見い出した．同 门道 méndao,门路 ménlù,途径 tújìng,门径 ménjīng

【路局】lùjú 名 鉄道や道路の管理局．

【路口】lùkǒu 名（〜儿）道の交差する所．¶三岔 chà 〜／三叉路．¶十字〜／十字路．¶丁 dīng 字〜／T字路．¶到前面〜往右转,就到了／前の角を右に曲がれば着く．

【路况】lùkuàng 名 道路状況．

【路矿】lùkuàng 名 鉄道と鉱山．

【路面】lùmiàn 名 ❶ 路面．¶〜平整 píngzhěng／路面が平らだ．¶〜坑洼 kēngwā 不平／路面がでこぼこだ．

【路牌】lùpái 名 通りの名前や地名を示す標識．道しるべ．¶按〜找,一会儿就找到了／道路標識どおりに探したら,すぐに見つかった．

【路签】lùqiān 名 タブレット．通票．参考 単線鉄道で駅長が機関士に渡すもの．

【路堑】lùqiàn 名 道路や鉄道を通すために地面に掘った通路．切り通し．

【路人】lùrén 名 道行く人．通行人．¶〜皆 jiē 知／道行く人も皆知っている．誰でも知っている．¶视若 shìruò 〜／まるで通りすがりの人のように扱う．表現「見慣れない人．赤の他人」というニュアンスで使うことが多い．

*【路上】lùshang 名 ❶ 道路の上．¶〜停着一辆车／道に車が1台止まっている．❷ 途中．道中．¶〜多加小心吧／道中十分に気を付けてね．

【路数】lùshù 名 ❶ 道筋．手段．手順．同 路子 lùzi ❷ (碁・将棋・武術の)手．策略．❸ 着数 zhāoshù ❸ 内情．素性．

【路条】lùtiáo 名 簡易通行証．

【路透社】Lùtòushè 名 ロイター通信社．◆Reuters

【路途】lùtú 名 ❶ 道．道路．❷ 道程．道のり．¶〜遥远 yáoyuán／道のりがとても遠い．¶四天的〜／4日間の行路．

【路网】lùwǎng 名 道路網．

*【路线】lùxiàn 名〔圃 个 ge,条 tiáo〕❶ 路筋．路線．ルート．¶汽车〜／バス路線．❷ (思想・政治・仕事上の)方針．方向．¶外交〜／外交方針．

【路向】lùxiàng 名 方 ❶ 道路の方向．道筋．❷ (人生などや計画などの)経路．方向性．

【路演】lùyǎn 名〘経済〙株式会社による投資家向け株式発行説明会．由来 英語の road show からの訳語．

【路障】lùzhàng 名 路上の障害物．バリケード．¶清除〜／路上の障害物を取り除く．¶设置〜／バリケードを築く．

【路政】lùzhèng 名 道路や鉄道の管理行政．

【路子】lùzi 名 ❶ 方法．手段．手だて．¶找出一条新的〜来／新しい方法を見つけ出す．❷ 手づる．コネ．¶〜广／つてがある．交際が広い．¶走〜／つてを頼る．コネを使う．同 路数 lùshù

僇 lù
亻部11　四 2722₂　全13画

❶ 動 文 侮辱する．❷ 素 "戮 lù"に同じ．

篆(籙) lù
竹部8　8890₉　全14画

❶ 名 文 帳簿．ノート．❷ → 符箓 fúlù

潞 lù
氵部11　四 3011₂　全14画

動 ❶ "滤 lǜ"に同じ．❷ 水がゆっくりとしみ出す．¶雨水〜出(雨水がしみ出す)．

【潞网】lùwǎng 名 製紙用の漉(こ)し網．

辘 戮 潞 璐 簏 鹭 麓 露 驴 闾 榈 吕　lù – lǚ　721

辘(轆) lù
车部11　四 4051₂
全15画　通用
下記熟語を参照.

【辘轳】lùlu 名〔械〕架 jià〕井戸の水を汲むのに用いる滑車. 機械の巻き上げ機. ウィンチ.

【辘辘】lùlù[-lu] 擬 ギーギー. ギシギシ. 車輪などの回る音. ¶风车~而动 / 風車がギーギーと回る. ¶饥肠 jī-cháng~ / 腹が減ってグーグー鳴る.

戮(異 剹❷、剹❶) lù
戈部11　全15画　四 1325₀
索 ❶ 殺す. ¶杀~ shālù (殺す). ❷ 文 一つ所に合わせる. 集める. ¶~力同心.

【戮力同心】lù lì tóng xīn 成 心を一つにして力を合わせる. 一致協力する. ¶希望大家~,共渡难关 / 一致団結し,ともに難関を乗り越えて欲しい.

潞 Lù
氵部13　四 3716₄
全16画
❶ 索 地名用字. ¶~水 Lùshuǐ (山西省を流れる川の名. 現在は"浊漳河 Zhuózhānghé"と言う) / ~江 Lùjiāng (雲南省を流れる川の名. "怒江 Nùjiāng"とも言う) / ~西 Lùxī (雲南省にある県の名). ❷ 姓.

璐 lù
王部13　四 1716₄
全17画　通用
美しい玉(ぎょく).

簏 lù
竹部11　四 8821₂
全17画　通用
名 ❶ 竹製の箱. ¶书~ shūlù (竹製の書物入れ). ❷ 竹や柳で編んだ,小さな筒状の入れ物. 回 篓子 lǒuzi
表現 "书簏"は,本を読んでいても内容を理解しない人「論語読みの論語知らず」をあざけって言うことばとしても使われる.

鹭(鷺) lù
鸟部13　四 6712₇
全18画　通用

【鹭鸶】lùsī 名〔鸟〕群 qún, 只 zhī〕シラサギ.

麓 lù
鹿部8　四 4421₂
全19画　通用
名 文 山や丘のふもと. ¶秦山 Tàishān 之~ (泰山のふもと).

露 lù
雨部13　四 1016₄
全21画　常用
❶ 名 露(つゆ). ¶朝~ zhāolù (朝露) / ~水 lùshuǐ.
❷ 形 屋根の覆いのない. 屋外にある. ¶~天 lùtiān / ~营 lùyíng. ❸ 索 シロップ. ジュース. ¶枇杷~ pípalù (びわのシロップ. のどの薬) / 玫瑰~ méiguìlù (ハマナス酒). ❹ 動 あらわになる. ¶暴~ bàolù (現れる) / 揭~ jiēlù (あばき出す) / 显~ xiǎnlù (現れる). 表現 ❶は,ふつうは"露水 lùshuǐ"と言う.
☞ 露 lòu

【露点】lùdiǎn 名《物理·气象》露点(温度).

【露骨】lùgǔ 形 露骨だ. ¶他的话说得太~ / 彼の話し方はとてもあからさまずぎる.

【露脊鲸】lùjǐjīng 名《动物》セミクジラ.

【露酒】lùjiǔ 名 果汁を含む酒. または花の香りのする酒. ¶杏 xìng~ / アンズ酒.

【露珠】lùzhū 名 〔滴 dī, 颗 kē〕❶ 回 露. ¶~珠儿 zhūr / 露. 露のしずく. ❷ (~儿) つかの間の,あるいは消えやすいものごとのたとえ. ¶~夫妻 / 同棲中の男女. 内縁の夫婦.

【露宿】lùsù 動 野宿する. ¶~街头 / 街角で野宿する. ¶风餐~ / 成 長旅や野宿がつらく苦しいこと.

【露天】lùtiān 名 屋天(の). 露天(の). ¶~剧场 / 野外劇場. ¶~开采 kāicǎi / 露天掘り.

【露头】lùtóu 名《矿业》上に露出している鉱脈. 回 矿苗 kuàngmiáo

【露头角】lù tóujiǎo 句 (若い人が)頭角をあらわす.

【露营】lù//yíng 動 野営する. ¶去郊外~ / 郊外にキャンプに行く.

【露珠】lùzhū (~儿)〔滴 dī, 颗 kē〕露. 露のしずく. 回 露水珠儿 lùshuǐzhūr

---

lǜ　カ凵〔ly〕

驴(驢) lǘ
马部4　四 7310₇
全7画　通用
名《动物》〔条 tiáo, 头 tóu〕ロバ.

【驴唇不对马嘴】lǘ chún bù duì mǎ zuǐ 成〔質問と答えが〕かみ合わない. (物事が)ちぐはぐだ. つじつまが合わない. 回 牛头 niútóu 不对马嘴

【驴打滚】lǘdǎgǔn 名 (~儿) ❶ 高利貸しの一種. 利息に利息がついて雪ダルマ式に増えるもの. ❷ 食品の一つ. モチアワの粉に砂糖をまぶして蒸し,きなこをまぶしたもの. 表現 ① は ロバがころげ回って,泥だらけになるようすから.

【驴肝肺】lǘgānfèi 名 悪だくみ. 腹黒い考え.

【驴骡】lǘluó 名《动物》〔匹 头 tóu〕駃騠(けってい). 雄のウマと雌のロバとの雑種. 回 駃騠 juétí

【驴年马月】lǘ nián mǎ yuè 成 数え切れないほど長い年月. 回 猴 hóu 年马月 表現 実現の可能性がないことのたとえ. 由来 十二支にロバ年はないから.

【驴皮胶】lǘpíjiāo 名《中医》阿膠(ぎょう). ロバやウシの皮を煮て作った膠(にかわ). 回 阿胶 ējiāo 参考 強壮や止血の効果がある.

【驴皮影】lǘpíyǐng 名 方 影絵芝居. 回 皮影戏 xì
由来 ロバの皮で作った人形を使ったことから.

【驴子】lǘzi 名 方 ロバ.

闾(閭) lǘ
门部6　四 3760₆
全9画　通用
名 ❶ 古 村や町の入り口にある門. ¶倚 yǐ~而望(村の門にもたれて眺める. 息子の帰りを待ちわびること). ❷ 横丁. 隣り近所. ¶~里 lǘlǐ / 乡~ xiānglǘ (ふるさと). ❸ 古代, 二十五戸を一"闾"と呼んだ. ❹ (Lǘ)姓.

【闾里】lǘlǐ 名 文 故郷. ふるさと. 田舎. 回 乡里 xiānglǐ

【闾巷】lǘxiàng 名 文 路地. 狭い道. 表現 "闾里", "闾巷"はともに,役人生活に対して民間の生活や立場を言うことが多い.

榈(櫚) lǘ
木部9　四 4792₀
全13画　通用
→棕榈 zōnglǘ

吕 Lǚ
口部3　四 6060₀
全6画　次常用
名 ❶ 呂(りょ). 中国伝統音楽の十二律のうち,陰とされる六律, "六吕 liùlǜ"と総称する. ⇨律吕 lǜlǜ ❷ (Lǚ)姓.

【吕洞宾】Lǚ Dòngbīn 名《人名》呂洞賓(どうひん). 八仙の一人. ⇨八仙 bāxiān

【吕剧】lǚjù 名《芸能》〔出 chū, 段 duàn〕呂劇(げき). 山東省を中心とする地方劇の一つ.

【吕宋烟】lǚsòngyān 名 葉卷. シガー. 同 雪茄烟 xuějiāyān 参考 "吕宋"はフィリピンのルソン島.

侣 lǚ 亻部6 四 2626₀ 全8画 次常用

❶ 索 仲間. パートナー. つれあい. ¶伴～ bànlǚ (伴侣) / 旧～ jiùlǚ (前のつれあい). ❷ (Lǚ)姓.

挦 lǚ 扌部7 四 5204₉ 全10画 通用

動 ❶ 手でなでつける. しごく. ¶～胡子 húzi / ～麻绳 máshéng (麻縄をしごく) / 把纸一平 (紙を平らになでつける). ❷ 考えを整理することのたとえ. ¶～出个头绪 (手がかりが見えて来る).

☞ 挦 luō

【挦胡子】lǚ húzi 句 ひげをしごく. ひげをなでる. ¶老爷爷一边～,一边给小孩讲故事 / おじいさんはひげをなでながら,子供に物語を話す.

旅 lǚ 方部6 四 0823₂ 全10画 通用

❶ 索 旅行する. ¶～馆 lǚguǎn / ～途 lǚtú / 商～ shānglǚ (旅商人) / 行～ xínglǚ (旅人). ❷ 量 軍隊の編成単位の一つ. 旅団. ¶兵～ bīnglǚ / 骑兵～ qíbīnglǚ (騎兵旅団). ❸ 索 軍隊. ¶军～ zhī jūn (軍事) / 劲～ jìnglǚ (精鋭部隊). ❹ 索 囡 ともにする. ¶～进～退. ❺ 囡 "稆 lǚ"に同じ. 参考 ②は, "师 shī"(師団)と"团 tuán"(連隊)の間の規模を言う.

【旅伴】lǚbàn 名 旅の道連れ.
【旅差费】lǚchāifèi 名 出張旅費. 出張経費.
【旅程】lǚchéng 名 旅の道のり. ¶万里の～/遥かな道のり. ¶踏上 tàshàng～/旅行に出かける.
【旅次】lǚcì 名 囡 旅先の宿.
【旅店】lǚdiàn 名〔家 jiā〕旅館. 宿屋. ¶投宿 tóusù～/宿屋に泊まる. 同 旅馆 lǚguǎn
【旅费】lǚfèi 名 ⟨筆 bǐ⟩ 旅費. 同 路费 lùfèi
【旅馆】lǚguǎn 名〔个 ge,家 jiā,座 zuò〕旅館. 参考 "旅馆","旅店","旅社"などは国内旅客を中心とした一般の宿. 外国人用や高級なホテルは "饭店 fàndiàn","宾馆 bīnguǎn","酒店 jiǔdiàn"と言う. また,さまざまなランクの"招待所 zhāodàisuǒ"があり,機関の職員が出張した時に使うことが多い.
【旅进旅退】lǚ jìn lǚ tuì 成 皆と共に進み共に退く. 自分自身に主張がなく,他人に追随すること.
【旅居】lǚjū 動 他郷に滞在する. 逗留(とうりゅう)する. ¶他一直～海外 / 彼はずっと海外で生活している. 同 寄居 jìjū,客居 kèjū
*【旅客】lǚkè 名〔位 wèi〕旅客. 旅行者. ¶～服务台 / 旅行者案内所. ¶～登记簿 dēngjìbù / 旅客登記簿. 宿帳.
【旅社】lǚshè 名〔家 jiā〕旅館. 表现 "…旅社"という形で旅館名に用いられることが多い. ⇨旅馆 lǚguǎn
【旅舍】lǚshè 名 旅館. ホテル. 同 旅馆 guǎn
*【旅途】lǚtú 名 旅行の途中. 道中. ¶～风光 / 道中の景色. ¶祝你～愉快 / 楽しい旅でありますように.
*【旅行】lǚxíng 動 旅行する. ¶～团 / 旅行団. 旅行グループ. ¶～车 / 観光バス. 旅行用ワゴン. ¶～袋 / 旅行かばん. リュックサック. ¶～支票 / トラベラーズチェック. 同 旅游 lǚyóu,游览 yóulǎn
【旅行社】lǚxíngshè 名 旅行社.
【旅游】lǚyóu ❶ 動 観光する. 旅行する. ❷ 名 観光. 観光旅行. ¶～胜地 / 景色のいい観光地. ¶～旺季 wàngjì / 旅行シーズン. ¶～热线 / 人気旅行ルート.
【旅游车】lǚyóuchē 名 観光バス.
【旅游鞋】lǚyóuxié 名 スニーカー.
【旅游业】lǚyóuyè 名 旅行業. 観光事業.
【旅长】lǚzhǎng 名 旧《軍事》旅団長.
【旅资】lǚzī 名 旅行費用. 同 路费 lùfèi

铝(鋁) lǚ 钅部6 四 8676₀ 全11画 次常用

名《化学》アルミニウム. Al. ◆aluminium
【铝箔】lǚbó 名 アルミ箔.
【铝合金】lǚhéjīn 名 アルミニウム合金.
【铝土矿】lǚtǔkuàng 名《鉱物》ボーキサイト.

稆(異 穭) lǚ 禾部6 四 2696₀ 全11画 通用

名 囡 穀物などの自生したもの. ¶～生 lǚshēng (自生する) / ～瓜 lǚguā (野生の瓜). 同 旅 lǚ ⑤

偻(僂) lǚ 亻部9 四 2924₄ 全11画 通用

❶ 動 背骨が曲がる. ¶佝～ yǔlǚ (腰と背中が曲がっている). ❷ 副 囡 すぐに. ¶不能～指(とっさにそれと示せない).

☞ 偻 lóu

屡(屢) lǚ 尸部9 四 7724₄ 全12画 常用

副 たびたび. しばしば. ¶～次 lǚcì / ～见不鲜 / ～战胜(連戦連勝).

【屡次】lǚcì 副 たびたび. しばしば. 何度も. ¶～失败 / 何度も失敗する. ¶～取得好成绩 / しばしば好成績をおさめる. 同 屡次 duōcì
【屡次三番】lǚ cì sān fān 成 再三再四. 何度も何度も. ¶我一地提醒他 / 私は彼に再三再四注意を促した.
【屡见不鲜】lǚ jiàn bù xiān 成 よく見かける. 常に目にする. ¶现在百万富翁 fùwēng 已经～ / 今では百万長者が珍しくない. 同 数 shuò 见不鲜 参考 "鲜 xiān"は,「少ない」という意.
【屡教不改】lǚ jiào bù gǎi 成 何度教え諭しても改めない. 同 累 lěi 教不改
【屡屡】lǚlǚ 副 たびたび. しばしば. 何度も. ¶～犯规 / たびたびファウルをする. 同 屡次 lǚcì
【屡试不爽】lǚ shì bù shuǎng 成 何度試しても良い結果がでる.

缕(縷) lǚ 纟部9 四 2914₄ 全12画 次常用

❶ 索 糸. ふつう四字熟語に用いる. ¶千丝 sī 万～ (関係が密接で複雑なようす) / 不绝如～ (糸のように細々とつながっている). ❷ 副 囡 (糸の一筋一筋をたぐるように)細かく. 丁寧に. ¶～析 lǚxī / ～述 lǚshù. ❸ 量 糸状のものを数えることば. ¶一～头发(1本の髪の毛) / 一～炊烟 chuīyān (一筋のかまどの煙).
【缕陈】lǚchén 動 囡 事細かに述べる. (目上の人に)理路整然と意見を申し述べる. ¶具函 jùhán / 書簡で意見を申し述べる.
【缕缕】lǚlǚ 形 細く長く続くようす. ¶丝丝 sīsī～ / 細く長くどこまでも続く. ¶～炊烟 chuīyān / 一筋のかまどの煙. ¶～情绪 / 断ち切れない思い.
【缕述】lǚshù 動 事細かに述べる.
【缕析】lǚxī 動 囡 細かく分析する. ¶条分～ / 成 一つ一つきちんと説明する.

膂 lǚ 月部10 四 0822₇ 全14画 通用

名 囡 背骨(せぼね).

【膂力】lǚlì 名 体力. ¶～过人／人並はずれた体力を持つ.

褛(褸) lǚ
衤部9 四 3924₄
全14画 通用

→褴褛 lánlǚ

履 lǚ
尸部12 四 7724₇
全15画 次常用

素 ❶ 靴. はきもの. ¶ 革～ gélǚ（皮靴）／衣～ yīlǚ（身なり）／削 xuē 足适～（足をけずって靴に合わせる. 無理やり行うこと）. ❷ 足で踏む. 歩く. ¶ 如～薄冰 bóbīng（薄水を踏むがごとし）. ❸ 実行する. 行う. ¶～行 lǚxíng／～约 lǚyuē.

【履带】lǚdài 名〔個 条 tiáo〕キャタピラ. 同 链轨 liànguǐ.

【履历】lǚlì 名 ❶ 履歴. 経歴. ¶ 个人的～必须写清楚／個人の履歴ははっきりと書かなければならない. ❷〔個 份 fèn〕履歴書. 経歴書. ¶ 请填 tián 一份～／履歴書を書いてください.

【履历表】lǚlìbiǎo 名 履歴書. 経歴書.

【履新】lǚxīn 動 ❶ 新年を祝う. ❷ 新しい任務や職につく.

【履行】lǚxíng 動（約束やなすべきことを）履行する. 実行する. ¶～诺言 nuòyán／約束を果たす. ¶～合同 hétong／契約を履行する. ¶～职责 zhízé／職務を遂行する.

【履约】lǚ//yuē 動（文）約束を果たす. 契約を履行する. ¶ 请放心,明天我一定按时～／どうぞ安心してください,明日私は必ず時間通りに約束を果たします.

律 lǜ
彳部6 四 2520₇
全9画 常用

❶ 素 規則. きまり. ¶～师 lǜshī／法～ fǎlǜ（法律）／军～ guīlǜ（規則）. ❷ 素（文）制約する. 律する. ¶ 严以～己（自らを厳しく律する）. ❸ 素 律（2）. 伝統音楽で,楽音の高低の基準. 楽音を,"六律"(陽律)と"六吕 lǚ"(陰律)に分け,合わせて"十二律"と言う. ❹ 素 古体詩のスタイルの一種. ¶ 五～ wǔlǜ（五言律詩）／七～ qīlǜ（七言律詩）. ❺ 素 （Lǜ）姓.

【律动】lǜdòng 名 律動. リズム. 規則的な動き.

【律己】lǜjǐ 動 自己を律する. 自分に対して厳しくする.

【律令】lǜlìng 名 法令. 法律と条例.

【律吕】lǜlǚ 名《音楽》昔の,竹管でできた音律を調整する器具. 管の長短によって音の高低を決める. 低い方から奇数の6つの管を"律",偶数の6つの管を"吕"とした. 後には,"律吕"は音律の総称となった.

【律师】lǜshī 名〔個 个 ge, 名 míng, 位 wèi〕弁護士.

【律师袍】lǜshīpáo 名 弁護士が法廷で着る制服.

【律诗】lǜshī 名《文学》〔個 首 shǒu〕律詩. 参考 唐代初期に完成された近体詩の一種で,1首が8句からなる定型詩. "平仄""对句"など格律が厳密であることから「律詩」と呼ばれた. 1句が5字の五言律詩と7字の七言律詩がある. 8句を超えるものは,「排律」と言う.

【律条】lǜtiáo 名 ❶ 法令の条文. ❷（守るべき）規則. 規範.

虑(慮) lǜ
虍部4 四 2123₁
全10画 常用

❶ 素 あれこれよく考える. ¶ 考～ kǎolǜ（考慮する）／深思远～（深く思いを巡らす）. ❷ 素 心配する. ¶ 顾～ gùlǜ（懸念する. 気がねする）／过～ guòlǜ（取り越し苦労する）／不足为 wéi～（心配するには及ばない）.

率 lǜ
亠部9 四 0040₃
全11画 常用

素 比率. 率(2). ¶ 人口增长 zēngzhǎng～（人口増加率）.

☞ 率 shuài

绿(綠) lǜ
纟部8 四 2719₉
全11画 常用

形 緑の. 緑色の. ¶～色 lǜsè／红花～叶（赤い花の緑の葉）／春天到了,草～了,树也～了（春が来て,草も木も緑になった）.

☞ 绿 lù

【绿宝石】lǜbǎoshí 名《鉱物》エメラルド.

【绿标】lǜbiāo 名 自動車の排気ガスの環境汚染度指標. 参考 "绿色环保专用标识"の略. 国Ⅰ・国Ⅱ・国Ⅲの等級に分けられる.

【绿菜花】lǜcàihuā 名 "西蓝花 xīlánhuā"の通称.

【绿茶】lǜchá 名 緑茶. 参考 "龙井 Lóngjǐng","碧螺春 Bìluóchūn"など多くの種類がある.

【绿带】lǜdài 名 緑地帯.

【绿灯】lǜdēng 名 青信号. 青ランプ. ¶ 开～／ゴーサインを出す.

【绿地】lǜdì 名 緑地.

【绿豆】lǜdòu 名〔個 颗 kē, 粒 lì〕リョクトウ. 緑豆. ¶～粥 zhōu 在夏天最受欢迎／緑豆のおかゆは,夏場に最も好まれるものだ. 参考 緑豆を原料とする春雨は良質. モヤシの多くは緑豆の芽.

【绿豆糕】lǜdòugāo 名 リョクトウの粉で作った菓子.

【绿豆蝇】lǜdòuyíng 名《虫》アオバエ. ギンバエ.

【绿矾】lǜfán 名《化学》緑礬(9an).

【绿肥】lǜféi 名 緑肥. ¶～作物／緑肥作物.

【绿肺】lǜfèi 名 緑地公園. 参考 二酸化炭素を吸って,酸素を出すところから.

【绿化】lǜhuà 動 緑化する. ¶～区／緑地. ¶～城市／都市を緑化する. ¶～街道／街路を緑化する.

【绿卡】lǜkǎ 名 〔個〕グリーンカード. 参考 米国の永住許可証など.

【绿篱】lǜlí 名〔個 道 dào, 排 pái〕生け垣.

【绿帽子】lǜmàozi 名〔個〕妻を寝取られた男. 妻に浮気された男. 绿头巾 tóujīn 由来 元・明の時代に,妓楼の男性が緑色の頭巾をしていたことから.

【绿茸茸】lǜróngróng 形 (～的) 青々と緑豊かなようす. ¶ 一到春天,山坡上就变成～的草地了／春になると,山の斜面は青々とした草地になる.

【绿色】lǜsè ❶ 名 緑色. ❷ 形 環境に関する.

【绿色奥运】lǜsè Àoyùn 名 グリーンオリンピック. ◆ Green Olympic 参考 2008年の北京オリンピックのスローガンの一つ. 北京オリンピックを環境に配慮した方法で実施することを目指すもの.

【绿色包装】lǜsè bāozhuāng 名 地球や環境にやさしい包装. エコ包装.

【绿色壁垒】lǜsè bìlěi →环境 huánjìng 壁垒

【绿色标志】lǜsè biāozhì →环境 huánjìng 标志

【绿色产房】lǜsè chǎnfáng 名 人体に無害の建材や塗料を使うなど,空気清浄に配慮した分娩室や産科の病室.

【绿色产品】lǜsè chǎnpǐn 名 地球や環境にやさしい製品. グリーンプロダクツ.

【绿色和平组织】Lǜsè hépíng zǔzhī 名 グリーンピース. 国際的な環境保護団体.

【绿色建筑】lǜsè jiànzhù 名 環境基準に適合した住宅. エコ住宅.

【绿色食品】lǜsè shípǐn 名 安全で栄養に富み、無公害の食品.
【绿色通道】lǜsè tōngdào 名 グリーンゲート. 事前申請や手続きの不要な入り口. 参考 本義は中国の入国検査場に設置されている, 税関申請の必要な荷物を持たない入国者用に設置されたゲート.
【绿色网站】lǜsè wǎngzhàn 名《コンピュータ》❶ テキストサイト. ❷ 健康や生活に有益な知識を掲載したサイト.
【绿色消费】lǜsè xiāofèi 名 グリーン購入. 再生品や省エネ品など, 環境にやさしい商品を購入すること. ¶～者／グリーン・コンシューマー(上記の商品を消費する消費者).
【绿色营销】lǜsè yíngxiāo 名《経済》エコロジカルマーケティング.
【绿色植物】lǜsè zhíwù 名《植物》緑色植物.
【绿视率】lǜshìlǜ 名 視界に占める緑化の割合.
【绿头巾】lǜtóujīn →绿帽子 lǜmàozi
【绿头鸭】lǜtóuyā 名《鸟》マガモ. 同 野鸭 yěyā, 凫 fú
【绿叶】lǜyè 名 緑の葉. 青葉. ¶红花还须～扶 fú／赤い花は青葉が引き立てるからこそ美しい.
【绿衣使者】lǜyī shǐzhě ❶ 郵便配達員. ❷《鸟》オウムの別称. 由来 ❶は, 緑色の制服を着ていることから. ❷は,『開元天宝遺事』にある唐の事件と玄宗のエピソードから.
【绿阴】lǜyīn〔量 片 piàn〕綠陰. 木陰. ¶～蔽日 bìrì／木陰で日光を避ける. ¶～大道／木陰の道.
【绿茵】lǜyīn ❶ 緑草が一面に生えた草地. ❷ サッカー場.
【绿茵场】lǜyīnchǎng 名 サッカーグラウンド. ピッチ.
【绿莹莹】lǜyīngyīng 形 (～的)緑色に輝き, 透明感のあるようす. ¶～的宝石／緑に輝く宝石.
【绿油油】lǜyóuyóu 形 (～的)緑濃くつややかだ. ¶～的麦苗 màimiáo／緑つややかな麦の苗. 参考 口語では"lòuyōuyōu"とも読む.
【绿藻】lǜzǎo 名《植物》緑藻(ぞう)類. 緑色藻類.
【绿洲】lǜzhōu 名〔处 chù, 块 kuài, 片 piàn〕オアシス. 同 沃州 wòzhōu

氯 lǜ 气部8 四 8091₇ 全12画

名《化学》塩素. Cl. 表現 普通は"氯气 lǜqì"と言う.
【氯丁橡胶】lǜdīng xiàngjiāo 名《化学》クロロプレンゴム.
【氯仿】lǜfǎng 名《化学》クロロホルム.
【氯化钾】lǜhuàjiǎ 名《化学》塩化カリウム.
【氯化钠】lǜhuànà 名《化学》塩化ナトリウム.
【氯化物】lǜhuàwù 名《化学》塩化物.
【氯纶】lǜlún 名《化学》ポリ塩化ビニール繊維.
【氯霉素】lǜméisù 名《薬》クロラムフェニコール. クロロマイセチン.
【氯气】lǜqì 名 塩素. 塩素ガス.

滤(濾) lǜ 氵部10 四 3113₁ 全13画 常用

動 こす. 濾過(ろか)する. ¶过～ guòlǜ(こす)／～纸 lǜzhǐ／～油 lǜyóu(油をこす).
【滤波】lǜbō 名《電気》特定の周波数の電波をふるい分ける.
【滤波器】lǜbōqì 名《電気》ウェーブフィルター.
【滤过性病毒】lǜguòxìng bìngdú《医学》濾過性病原体. ウイルス. 同 病毒 bìngdú
【滤器】lǜqì 名 フィルター. 濾過器.

【滤色镜】lǜsèjìng 名 カラーフィルター.
【滤液】lǜyè 名 濾過液.
【滤纸】lǜzhǐ〔量 张 zhāng〕フィルターペーパー. 濾紙(ろ).

luan カメラ〔luan〕

峦(巒) luán 山部6 四 0077₂ 全9画 次常用

素 ❶ 小さくてとがった山. ❷ 連なった山々. ¶岗～ gǎngluán(丘の連なり)／峰～ fēngluán(連山)／山～起伏 qǐfú(山並みがうねうねと続く).

娈(孌) luán 女部6 四 0040₄ 全9画 通用

形 ❷ 容貌が美しい. ¶～童 luántóng(美少年).

孪(攣) luán 子部6 四 0040₇ 全9画 通用

素 双子(ふたご). ¶～生 luánshēng.
【孪生】luánshēng 名 形 ❷ 双子(の). 双生児(の). ¶～兄弟／双子の兄弟. ¶～子／双子. 表現 ふだんの会話では"双生 shuāngshēng"と言う.

栾(欒) luán 木部6 四 0090₄ 全10画 通用

名 ❶《植物》モクゲンジ. ❷ (Luán)姓.

挛(攣) luán 手部6 四 0050₂ 全10画 通用

素 手足が曲がって伸ばすことができない. ひきつる. ¶～缩 luánsuō／拘～ jūluán(けいれんする)／痉～ jìngluán(けいれん).
【挛缩】luánsuō 動 ひきつる. こわばる.

鸾(鸞) luán 鸟部6 四 0012₃ 全11画 通用

名 "凤凰 fènghuáng" (鳳凰(緊))に似た, 古代の伝説上の鳥.
【鸾凤】luánfèng 名 ❷ ❶ 伝説中の鳳凰などの鳥. ❷ 夫婦.
【鸾凤和鸣】luán fèng hé míng 成 夫婦の仲がむつまじい. ¶一对～的夫妇／とても仲むつまじい夫婦.

脔(臠) luán 肉部6 四 0022₇ 全12画 通用

名 こま切れにした肉. ¶～割 luángē.
【脔割】luángē 動 ❷ 分割する. ばらばらにする.

滦(灤) Luán 氵部10 四 3019₄ 全13画 通用

❶ 素 地名用字. ¶～河 Luánhé(河北省を流れる川の名). ❷ 姓.

銮(鑾) luán 金部6 四 0010₉ 全14画 通用

名 ❶ 古代の鈴(ず). 帝王の乗り物に付けた. ❷ 帝王の乗り物. ¶～舆 luányú(帝王の乗り物). ❸ (Luán)姓.
【銮铃】luánlíng 名 馬や馬車などにつけた鈴.

卵 luǎn 丿部6 四 7772₀ 全7画 常用

名 卵子. 表現 日本語の「卵, 玉子」は, "蛋 dàn"と言うのが普通. ニワトリのタマゴは, "鸡蛋 jīdàn".
【卵白】luǎnbái 名 卵白. 卵の白身. 同 蛋白 dànbái
【卵巢】luǎncháo 名 卵巢.
【卵黄】luǎnhuáng 名 卵黄. 卵の黄身. 同 蛋黄 dàn-

【卵块】luǎnkuài 名《生物》卵块(らん).
【卵磷脂】luǎnlínzhī 名《生理》レシチン.
【卵胞】luǎnpāo 名《生理》卵胞(らん).
【卵生】luǎnshēng 名《生物》卵生.
【卵石】luǎnshí 名《建築》(① 块 kuài] 栗石(ぐり). 玉石. ¶~路 / 玉石を敷きつめた道. (同) 鹅卵石 éluǎnshí
【卵胎生】luǎntāishēng 名《生物》卵胎生.
【卵细胞】luǎnxìbāo 名《生物》卵細胞.
【卵翼】luǎnyì 動 庇護(ひご)する. 育てる. ¶~之 zhī 下 / 庇護の下. 由来 鳥が卵を抱いてひなをかえす, の意から.
【卵子】luǎnzi 名〔颗 个 ge〕卵子.

乱(亂) luàn 舌部 1 四 2261₀ 全7画 常用

❶ 形 無秩序だ. 乱れている. ¶屋里很～(部屋がとても ちらかっている) / 这篇稿子写得太～(この原稿は内容がむ ちゃくちゃだ) / 我心里很～(私は心が乱れている). ❷ 素 戦乱. ¶避～ bìluàn (混乱を避ける) / 战～ zhànluàn (戦乱) / 叛～ pànluàn (武装して反乱を起こ す). (反) 治 zhì ❸ 副 やたらに. むやみに. ¶~吃 chī (やたらに食べる) / ~跑 luànpǎo (むやみに走り回 る). ❹ 動 ごちゃまぜにする. かき乱す. ¶各种木料一堆 duī 在一起(いろいろな丸太や木材を一緒くたに積み上げ てしまう) / 自～阵脚(自ら陣形を乱してしまう. 自ら浮き足立 つ). ❺ 素 みだらな男女関係. ¶淫～ yínluàn (みだら な行為をする).
【乱兵】luànbīng 名 ❶ 反乱兵. ❷ 敗走兵.
【乱臣】luànchén 名乱臣.
【乱点鸳鸯(谱)】luàn diǎn yuān yāng (pǔ) 成 ❶ (似合わない, または意中の)男女を無理やり縁組みする. ❷ 人材の配置が不適切なたとえ.
【乱纷纷】luànfēnfēn 形 (～的) 入り乱れている. ごちゃ ごちゃだ. ¶~的人群 / 行き交う人の群れ.
【乱坟岗】luànféngǎng 名 無縁墓地. (同) 乱葬岗子 luànzàng gǎngzi
【乱哄哄】luànhōnghōng 形 (～的)騒然としている. 騒がしい.
【乱砍滥伐】luànkǎn lànfá 句《林業》乱伐する. 不法または無計画な伐採をする.
【乱来】luànlái 動 無理やりやる. やみくもにやる. ¶什么 也不懂,只知～ / 何も分からず,ただやみくもにやるしか能が ない.
【乱伦】luànlún 動 近親相姦をする.
【乱麻麻】luànmámá 形 (～的) 入り乱れている. ごちゃ ごちゃしている.
【乱码】luànmǎ 名《コンピュータ》文字化け.
【乱民】luànmín 名 謀反(むほん)人.
【乱蓬蓬】luànpéngpéng 形 (～的)(髪の毛やひげ,草 木が)ぼうぼうに伸びている. ¶头发～的 / 髪の毛がぼさぼさ だ. ¶~的杂草 / ぼうぼうに茂った雑草. 参考 口語では "luànpēngpēng"とも読む.
【乱七八糟】luàn qī bā zāo 成 めちゃくちゃだ. 非常に 乱れている. ¶屋子里～ / 部屋の中がとり散らかっている. ¶这个问题弄得我脑子里～ / この問題のせいで私の頭 はごちゃごちゃだ. (同) 乱糟糟
【乱世】luànshì 名 動乱の時代. 乱世. ¶~出英雄 / 乱 世は英雄を輩出する. (反) 盛世 shèngshì
【乱弹】luàntán ❶ 名《芸能》清代の乾隆(けんりゅう:1736-1795)期や嘉慶(かけい:1796-1820)期に, 昆曲と弋陽曲以 外の戯曲を総称したもの. ❷ 動 でたらめを言う. (同) 乱弹 琴 qín
【乱弹琴】luàn tánqín 慣 でたらめなことをする. でたらめ だ.
【乱套】luàn//tào 動 混乱する. ¶生产要有计划, 否 则就～了 / 生産は計画的でなければならず, さもないと混乱 を来たすことになる.
【乱腾腾】luàntēngtēng 形 (～的)混乱している. 騒が しい. ¶院子里～的,不知出了什么事 / 庭の方が騒々し いが, いったい何が起きたというんだ? 参考 口語では"luàntēngtēng"とも読む.
【乱腾】luànteng 形 混乱している. 騒がしい. ¶没人维 持秩序 zhìxù, ～着呢! / 誰も秩序を守らずに,めちゃく ちゃをやっている.
【乱营】luàn//yíng 動 秩序が乱れる. 大騒ぎになる.
【乱杂】luànzá 形 乱雑だ. 雑然としている. ¶屋子里～地 堆满了旧书报 / 部屋の中は乱雑に積み上げられた古本や 古新聞でいっぱいだ.
【乱葬岗子】luànzàng gǎngzi 名 "乱坟岗 luànféngǎng"に同じ.
【乱糟糟】luànzāozāo 形 (～的)物事が雑然としてい る. 気持ちが混乱している. ¶她心里～的 / 彼女の心は 千々に乱れている.
【乱真】luànzhēn 動 (骨董品や書画などが)本物と見分 けがつかない. ¶以假～ / 偽物を本物に見せる. ¶这些假 货几乎可以～ / これらの偽物はほとんど本物と見分けがつか ない. 由来 本物を混乱させるほどよくできている, の意から.
【乱子】luànzi 名 災い. 騒ぎ. 悶着. 間違い. ¶闹 nào～ / 騒ぎを起こす. ¶出～ / 間違いが起きる.

lüe カリせ〔lye〕

掠 lüè 扌部8 四 5009₆ 全11画 常用

❶ 素 奪い取る. ¶~夺 lüèduó / ~取 lüèqǔ. ❷ 動 さっとかすめて過ぎる. ¶燕子 yànzi～檐 yán 而过(ツバ メが軒端をかすめて行った) / 凉风一面(そよ风が顔に吹く).
【掠地飞行】lüèdì fēixíng 動 超低空飛行.
【掠夺】lüèduó 動 略奪する. 収奪する. ¶~财物 / 財 産を略奪する. ¶经济～ / 経済収奪.
【掠美】lüè//měi 動 他人の手柄や功績を横取りする. ¶ 岂敢 qīgǎn～ / とても私の手柄などではありません.
【掠取】lüèqǔ 動 略奪する. ¶~资源 / 資源を略奪す る. ¶~财物 / 財産を略奪する.
【掠人之美】lüè rén zhī měi 他人の手柄を横取りす る. (同) 掠美 lüèměi
【掠影】lüèyǐng 名 ざっと見て得た印象や感想. 用法 文 章のタイトルに用いることが多い.

略(畧) lüè 田部6 四 6706₄ 全11画 常用

❶ 形 簡単だ. おおまかだ. ¶~表 lüèbiǎo (簡単な 表) / ~图 lüètú. (反) 详 xiáng ❷ 動 はぶく. 簡略化す る. ¶从～ cónglüè (省略する). ❸ 名 要点を述べた もの. ¶史～ shǐlüè (歴史の概略) / 要～ yàolüè (概要). ❹ 名 計略. 策略. ¶方～ fānglüè (はかり ごと) / 策～ cèlüè (策略) / 战～ zhànlüè (戦略) / 雄才 xióngcái 大～(成)すぐれた才能と遠大な戦略).

❺[素](土地を)奪い取る. ¶侵～ qīnlüè (侵略する) / 攻 gōng 城～地([成]街を攻め領地を奪い取る). ❻[副] ざっと. おおまかに. ¶～加修改(ざっと修正を加える) / ～述大意(おおまかに意味を述べる).

【略称】lüèchēng [動]略称する. [同]简 jiǎn 称

【略读】lüèdú [動]ざっと読む. 流し読みする.

【略而不谈】lüè ér bù tán [句]省略して言及しない. ¶大家都知道的事,就～了 / みんなが知っていることは,省略して述べないことにする.

【略见一斑】lüè jiàn yī bān [成]その一端がうかがえる. ¶从这个例子中,可～ / この例から,その一端がうかがえる.

【略略】lüèlüè [副]少し. いくぶん. わずか. ¶～知道一些内情 / 内情について,多少知っている. [同]稍微 shāowēi

【略去】lüèqù [動]取り去る. 省略する. 簡略化する. ¶～这段,会显得更紧凑 jǐncòu / この部分をなくしたら,よりしまった感じになる. ¶中间的话都～了 / 途中の話は全部割愛した.

【略胜一筹】lüè shèng yī chóu [成]比べてみて少しだけ勝(まさ)っている.

【略图】lüètú [名]〔[量]张 zhāng〕略図. ¶书后附 fù～ / 巻末に略図を付す.

【略微】lüèwēi [副]少し. わずかに. いくらか. ¶～做了些修改 / 少しだけ手を加えた. [同]稍微 shāowēi

【略为】lüèwéi [副]いくらか. いささか. やや. [同]稍微 shāowēi

【略逊一筹】lüè xùn yī chóu [成][文](比較すると)やや劣る.

【略语】lüèyǔ [名]略語. "土地改革 tǔdì gǎigé"を指す"土改 tǔgǎi", "扫除文盲 sǎochú wénmáng"を指す"扫盲 sǎománg", "节制生育 jiézhì shēngyù"を指す"节育 jiéyù"などのこと.

【略知一二】lüè zhī yī èr [成]わずかであるが知っている. 多少は知っている. ¶我只是～罢了 / 私はわずかに知っているだけだ. [表現]自分のことについて謙そんして言うことが多い.

锊(鋝) lüè
钅部 7 [四] 8274₉ 全12画 [通 用]

[量]古代の重さの単位. 約6"两 liǎng"に当たる.

lun カメㄣ〔luən〕

抡(掄) lūn
扌部 4 [四] 5801₂ 全7画 [次常用]

[動]力を入れて振りまわす. ¶～大刀(大きな刀を振りまわす) / ～起大铁锤 dàtiěchuí (大ハンマーを振るう).

☞ 抡 lún

仑(侖 / [異]崙❷) lún
人部 2 全 4 画 [四] 8071₂ [次常用]

❶[素][方]自分で考える. 自省する. ¶你肚里～一～(反省しなさい). ❷→昆仑 Kūnlún ❸(Lún)姓.

伦(倫) lún
亻部 4 [四] 2821₂ 全 6 画 [次常用]

❶[素]儒教道徳における,人と人との関係. 人倫(じんりん). ¶～常 lúncháng / 五～ wǔlún (五倫) / 天～ tiānlún (父子,兄弟などの関係). ❷[素]同等. 同類. たぐい. ¶无与～比(比類がない) / 英勇绝～ (並みはずれて勇敢な). ❸(Lún)姓.

【伦巴】lúnbā [名]《音楽》ルンバ. ◆ｽﾍﾟｲﾝ rumba

【伦比】lúnbǐ [動][文]匹敵する. 同等だ.

【伦常】lúncháng [名]儒教の倫理の中心をなすもの. [参考]君臣・父子・夫婦・兄弟・友人の尊卑や長幼の序を言う.

【伦次】lúncì [名]ことばや文章の順序. ¶语无～ / 混乱したことば. ¶～井然 / ことばや文章の首尾が一貫している.

【伦敦】Lúndūn《地名》ロンドン(イギリス).

【伦敦金融时报指数】Lúndūn jīnróng shíbào zhǐshù [名]《経済》フィナンシャルタイムス指数. FTSE.

【伦理】lúnlǐ [名]倫理. ¶违反～ / 倫理に反する.

【伦理学】lúnlǐxué [名]倫理学.

【伦琴】❶lúnqín [量]《物理》エックス線の単位. レントゲン. 記号はR. ❷Lúnqín《人名》ウイルヘルム・レントゲン(1845－1923). ドイツの実験物理学者. エックス線の発明者.

【伦琴射线】lúnqín shèxiàn [名]《物理》エックス線. レントゲン線.

论(論) Lún
讠部 4 [四] 3871₂ 全 6 画 [常 用]

[素]『論語』のこと. 書名『論語』は, "论语 Lúnyǔ"と発音する.

☞ 论 lùn

抡(掄) lún
扌部 4 [四] 5801₂ 全 7 画 [次常用]

[動][文]選ぶ. ¶～材 lúncái (人材を選ぶ).

☞ 抡 lūn

囵(圇) lún
囗部 4 [四] 6071₂ 全 7 画 [通 用]

→囫囵 húlún

沦(淪) lún
氵部 4 [四] 3811₂ 全 7 画 [次常用]

[素]❶しずむ. ¶沉～ chénlún (沈没する). ❷不利な状況に陥る. ¶～落 lúnluò / ～丧 lúnsàng / ～陷 lúnxiàn / ～于敌手(敵の手に落ちる) / ～为 wéi 殖民地 zhímíndì (植民地になりはてる). ❸水面の波紋.

【沦落】lúnluò [動]❶さまよう. 流浪する. ❷落ちぶれる. 没落する. ¶道德～ / モラルが低下する. ¶家境～ / 家が没落する.

【沦落街头】lún luò jiē tóu [成]路頭に迷う.

【沦丧】lúnsàng [動][文]消滅する. 失われる. ¶国土～ / 国土が失われる. ¶道德～ / モラルが失われる.

【沦亡】lúnwáng [動](国家が)滅亡する. 滅びる. ¶民族～之际,应奋起自救 / 民族が滅亡の際には,自らを救うために立ち上がるべきだ. [同]灭亡 mièwáng, 消亡 xiāowáng

【沦陷】lúnxiàn [動]❶占領される. 陥落する. ¶～于敌手 / 敵の手に落ちる. [同]失陷 shīxiàn, 陷落 xiànluò [反]收复 shōufù ❷[文]埋もれる.

【沦陷区】lúnxiànqū [名]陥落区. [参考]中国で抗日戦争時代に,日本に占領された地区.

纶(綸) lún
纟部 4 [四] 2811₂ 全 7 画 [通 用]

❶[名][文]釣り糸. ¶垂～ chuílún (つり糸を垂れる). ❷[素]合成繊維. ¶锦～ jǐnlún (ポリアミド繊維) / 涤～ dílún (ポリエステル繊維).

☞ 纶 guān

轮(輪) lún
车部 4 [四] 4851₂ 全 8 画 [常 用]

❶[名](～儿)車輪. ¶齿～ chǐlún (歯車) / 三～车 sānlúnchē (三輪車). ❷[素]車輪に似た形のもの. ¶

日～ rìlún（太陽）/月～ yuèlún（月）/光～ guānglún（光輪）. ❸ 素 蒸気船. 汽船. ¶江～ jiānglún（河川を航行する汽船）/～渡 lúndù /～埠 lúnbù（埠頭）. ❹ 動 順番に担当する. ¶～班 lúnbān /～值 lúnzhí /～流 lúnliú / 这回～到我了（今度は私の番だ）. ❺ 量 太陽や月を数えることば. かならず"一～"の形で用いられる. ¶一～红日（赤い太陽）. ❻ 量 循環するものを数えることば. ¶我比他大一～（私は彼より一まわり年上だ）/第一～比赛（第1回戦）.

【轮班】lún//bān 動（～儿）順番に担当する. ¶～看护 kānhù 病人 / 交代で病人を看護する.
【轮唱】lúnchàng 名《音楽》輪唱.
【轮齿】lúnchǐ 名《機械》歯車の歯.
*【轮船】lúnchuán 名〔艘 sōu, 条 tiáo, 只 zhī〕汽船. ¶坐～去 / 汽船に乗って行く.
【轮次】lúncì ❶ 動 順番に行う. ¶～上场 / 順番に舞台に上がる. ❷ 名 一まわり.
【轮带】lúndài 名 タイヤ. 同 轮胎 lúntāi
【轮到】lúndào 動 …の番になる. ¶～你了, 快去吧 / 君の番だ, 早く行きなさい.
【轮渡】lúndù 名 フェリー. 連絡船. 渡し船.
【轮番】lúnfān 副 順番に. 代わる代わる. ¶～上阵 shàngzhèn / 順番に出陣する.（試合などに）順番に出場する. ¶～值班 / 交代で当直する. 同 轮流 lúnliú
【轮辐】lúnfú 名 スポーク.
【轮毂】lúngǔ 名 ❶（车輪の）ハブ. 轂 (こしき). ❷ 車両.
【轮换】lúnhuàn 動 交代する. 交代で…する. ¶～休息 / 交代で休憩をとる. ¶兄弟们～着照顾父母 / 兄弟が交代で両親の面倒を見る.
【轮回】lúnhuí ❶ 名《仏教》輪廻 (りんね). ❷ 動 循環する. ¶四季 sìjì～／四季がめぐる. ¶～演出 / 巡回公演.
【轮机】lúnjī 名 ❶《機械》タービン. "涡轮机 wōlúnjī"の略語. ❷ 汽船のエンジン.
【轮奸】lúnjiān 動 輪姦する.
【轮空】lúnkōng ❶ 動 シード. 不戦勝. ❷ 動 不戦勝になる. シードになる. ¶这回, 我～了 / 今回, 私は不戦勝だ.
【轮廓】lúnkuò 名 ❶ 輪郭. ¶他画了一个动物的～/彼はある動物の輪郭を描いた. ❷ 概況. 概要. アウトライン. ¶没时间了, 只说个～/ 時間がありませんから, 概要のみお話しします.
【轮流】lúnliú 副 順番に. ¶～值日 / 順番に当直する. ¶～坐庄 zuòzhuāng / 順番にゲームの親になる. 同 轮换 lúnhuàn
【轮牧】lúnmù 名《畜産》循環式の放牧法. 参考 草原をいくつかに区切り, 場所を交代しながら放牧する.
【轮生】lúnshēng 動《植物》輪生する. ¶～叶 / 輪生葉.
【轮胎】lúntāi 名〔个 ge, 只 zhī〕タイヤ. 同 车胎 chētāi, 轮带 lúndài
【轮辋】lúnwǎng 名（車輪の）リム.
【轮系】lúnxì 名《機械》ギヤ・トレーン.
【轮休】lúnxiū 動 ❶ 順々に休耕する. ¶这块地～一年 / この土地は1年間休ませる. ❷ 交代で休む. ¶每两天～一次 / 2日ごとに交代で1回休む.
【轮训】lúnxùn 動 順番に研修する. ¶干部 gànbù～/ 幹部が交代で研修する.
【轮养】lúnyǎng 動《漁業で》循環式の養魚法. 参考 養魚場で, 交代で異なった種類の魚を養殖する.
【轮椅】lúnyǐ 名〔个 ge, 只 zhī〕車椅子.
【轮值】lúnzhí 動 順番に当番を務める. ¶具体工作由三位负责人～/ 実際の仕事は, 3人の担当者が交代で当たっている.
【轮轴】lúnzhóu 名《機械》❶ 巻き上げ機. ウインチ. ❷ 車軸.
【轮转】lúnzhuàn 動 ❶ ぐるぐる回る. 循環する. ¶四时～/四季がめぐる. ❷ ～了一圈 quān / ぐるっとひと回りした. ❷ 方 順番にする. 順ぐりにする.
【轮子】lúnzi 名〔个 ge, 只 zhī〕車輪. 歯車.
【轮作】lúnzuò 動《農業》輪作する. 同 轮栽 lúnzāi, 轮种 lúnzhòng 反 连作 liánzuò

论 (論) lùn

i 部4 四 3871₂ 全6画 常用

❶ 動 論じる. ¶～是非を論ずる) / 就事～事（事実に即して論じる). ❷ 素 論述する. 理論. ¶～文 lùnwén / 立～ lìlùn（立論する）/ 與～ yúlùn（世論）/ 进化～ jìnhuàlùn（進化論). ❸ 動 …について言う. …によって決める. ¶鸡蛋～斤 jīn 卖（卵は斤単位で売られる) / ～业务,她比组里其他同志要强（仕事については彼女はグループ内の誰よりもできる) / 按成绩～（成績によって判定する) / 是～次数还是～小时?（回数によって決めるのか, それとも時間によって決めるのか). ❹ 素 評定する. 判定する. ¶一概而～（同じ基準でものごとを判定する) / ～罪 lùnzuì. ❺（Lùn）姓.
☞ 论 Lún

【论辩】lùnbiàn 動 反駁する. 弁論する.
【论处】lùnchǔ 動 処罰を定める. 処分を決める. ¶依法～/ 法律に基づいて処罰を決める.
【论敌】lùndí 名 論敵. 議論の相手.
【论点】lùndiǎn 名〔个 ge, 种 zhǒng〕論点. 論旨.
【论调】lùndiào 名 貶（～儿）〔种 zhǒng〕論調. 意見. ¶悲观 bēiguān 的～/悲観的な意見.
【论断】lùnduàn 名 論断. ¶科学～/ 科学の論断.
【论功行赏】lùn gōng xíng shǎng 成 論功行賞. 功績の程度に応じて褒賞を与える.
【论据】lùnjù 名 論拠. 立論の根拠. ¶～不足 / 論拠が足りない. ¶有力的～/ 有力な論拠.
【论理】lùnlǐ ❶ 動//離 道理を説く. ¶当面～/ 面と向かって道理を説く. ¶让大家来论论这个～/ みんなでこの道理を考えてみよう. ❷ lùnlǐ 副 道理から言うと. 本来ならば. ¶～我早该回家了 / 本来ならとっくに帰宅すべきだ. ❸ lùnlǐ 名 論理. 理屈. 道理. ¶合乎 héhū～/ 理屈に合う.
【论列】lùnliè 動 一つずつ議論する.
【论难】lùnnàn 動 論難する. 批判する.
【论述】lùnshù ❶ 動 論述する. ¶文章～了生产与消费的关系 / 本文では生産と消費の関係が述べられている. 同 阐述 chǎnshù ❷ 名 論述.
【论说】lùnshuō ❶ 名 論説.（文章による）議論. ❷ 副 口 理屈から言うと. 本来ならば. ¶～这个会你应该参加 / 本来なら君はこの会に出席すべきだ. 同 论理 lùnlǐ ❸ 動 議論する. ¶～一番 fān / 一頻議論をぶつ.
【论说文】lùnshuōwén 名 論説文.
【论坛】lùntán 名 論壇. ¶文艺～/ 文学・芸術の論壇. 表現 "经济论坛", "体育论坛"などの形で, 新聞や雑誌のコラムの名として使われることが多い.
【论题】lùntí 名 ❶ 論題. ❷ 命題.
*【论文】lùnwén 名〔篇 piān〕論文. ¶学术 xué-

shù~ / 学術論文. ❶毕业~ / 卒業論文.

【论战】lùnzhàn 名〔動 场 cháng, 次 cì〕論戦. 論争. ¶经过~, 明确了问题所在 / 互いの議論を通じて, 問題点が明らかになった. 同 论争 lùnzhēng

【论争】lùnzhēng 名 動 論争. ¶~的焦点 jiāodiǎn / 論争の焦点. 同 论战 lùnzhàn

【论证】lùnzhèng ❶ 動 論証する. ¶这个问题, 还需进一步~ / この問題は, もう少し突っ込んだ論証が必要だ. ❷ 名 論拠. ¶有力的~ / 有力な論拠.

【论著】lùnzhù 名〔本 běn, 部 bù〕学術的な著作. 論文と著作.

【论资排辈】lùn zī pái bèi 熟 年功序列.

【论罪】lùn//zuì 動 判決する. 断罪する. ¶依法~ / 法に基づいて断罪する.

luo ㄌㄨㄛ〔luo〕

捋 luō ⻖7 四 5204₉ 全10画 通用

動 袖をたくし上げる. 枝の葉をしごく. ¶~起袖子 xiùzi (袖をたくし上げる) / ~榆钱 yúqián (ニレの実をしごく).
☞ 捋 lǚ

【捋胳膊】luō gēbo 動 腕まくりする. 袖をたくし上げる.

【捋虎须】luō hǔxū 慣 非常に危険なことに手を出す. 由来「虎のひげをしごく」という意から.

啰(囉) luō �口8 四 6602₇ 全11画 次常用

❶ 下記熟語を参照. ❷→哩哩啰啰 līliluōluō
☞ 啰 luó, luo

【啰唆】〔嗦〕luōsuō[-suo] ❶ 形 話がくどい. ¶他的话说得太~了 / 彼の話はくどすぎる. ¶她~起来, 没完没了 liǎo / 彼女はぐだぐだ話し出して, いつまでもやめなかった. ¶她说话啰啰唆唆的 / 彼女の話し方はくどくどしい. 重 啰啰唆唆 xùxù ❷ 形 干脆 gāncuì ❷ 面倒だ. 煩わしい. ¶登记手续挺~ / 登録手続きがとても面倒だ. ¶公司里啰啰唆唆的事真多 / 会社は面倒なことが本当に多い.

罗(羅) luó ⻌部3 四 6020₇ 全8画 通用

❶ 素 鳥を捕まえる網. ¶~网 luówǎng / 天~地网 (逃げ道のないこと). ❷ 素 招き寄せる. 集める. ¶~致 luózhì / ~搜 sōuluó (広く捜し集める). ❸ 素 ばらばらに置く, 並べる. ¶~列 luóliè / 星~棋布 qíbù (星や碁石のように, たくさん散りばめられている). ❹ 名 濾過 (ろ) 膜. ふるい. ¶绢~ juànluó (絹糸の濾過膜) / 铜丝~ tóngsīluó (銅製のふるい). ❺ 動 ふるいにかける. ¶~面 luómiàn (小麦粉をふるいにかける). ❻ 名 ガーゼ状の薄手の絹. ¶~衣 luóyī (うす絹の服) / ~扇 shàn (うす絹のせんす) / 轻~ qīngluó (うす絹の) . ❼ 量 グロス (12ダース, 144個). ♦gross ❽ (Luó)姓.

【罗布】luóbù ❶ 動 分布する. 並ぶ. ❷ 名 ルーブルの旧名. ⇨卢布 lúbù

【罗布麻】luóbùmá 名《植物》キョウチクトウアサ.

【罗尔斯·罗伊斯】Luó'ěrsī·Luóyīsī《商標》ロールスロイス (自動車).

【罗贯中】Luó Guànzhōng《人名》羅貫中 (ふぁんちゅう). 元代末の小説家. 生没年や経歴は不明. 著書に『三国演義』『水滸伝』『平妖伝』など.

【罗锅】luóguō ❶ 形 (~儿) ねこ背だ. ¶他有点~ / 彼はちょっとねこ背だ. ❷ 名 (~儿) ねこ背の人. 同 罗锅子 luóguōzi ❸ 形 アーチ形の. ¶~桥 / アーチ橋.

【罗汉】luóhàn 名 《仏教》羅漢. "阿罗汉 āluóhàn"の略. ♦ サンスクリット arhat

【罗汉豆】luóhàndòu 名 方 ソラマメ. 同 蚕 cán 豆

【罗汉果】luóhànguǒ 名 (~儿) 《植物・薬》羅漢果 (ちゃんか). のどの薬などに使われる.

罗汉果

【罗汉松】luóhànsōng 名《植物》イヌマキ. クサマキ.

【罗经】luójīng 名 羅針盤. 同 罗盘 pán

【罗掘俱穷】luó jué jù qióng 句 食べ物にも事欠くほど困窮している. ¶还没到~的地步 dìbù / まだ食べる物に困るというほどではない.

【罗口】luókǒu 名 ニットやセーターの袖口などの, 伸縮性のある部分.

【罗拉】luólā 名 名 《機械》ローラー.

【罗勒】luólè 名 《植物》バジル. メボウキ. 同 萝芳 luólè

【罗列】luóliè 動 ❶ 分布する. 並ぶ. ¶展品~ / 展覧品目がずらりと並ぶ. ❷ 列挙する. 並べ立てる. ¶~罪名 / 罪名を列挙する.

【罗马】Luómǎ《地名》ローマ (イタリア).

【罗马帝国】Luómǎ dìguó 名 《歴史》ローマ帝国.

【罗马法】Luómǎfǎ 名 《歴史》ローマ法.

【罗马尼亚】Luómǎníyà《国名》ルーマニア.

【罗马式】Luómǎshì 名 《美術》ロマネスク.

【罗马数字】Luómǎ shùzì 名 ローマ数字.

【罗曼蒂克】luómàndìkè 形 ロマンティック. 同 浪漫 làngmàn ♦romantic

【罗曼·罗兰】Luómàn·Luólán《人名》ロマン・ロラン (1866-1944). フランスの小説家・劇作家・思想家.

【罗曼司】luómànsī 名 ロマンス. 同 罗曼史 luómànshǐ ♦romance

【罗盘】luópán 名 方位磁石. ¶~仪 yí / 羅針盤. コンパス. 同 指南针 zhǐnánzhēn

【罗圈】luóquān 名 (~儿) ❶ 円形の篩 (ふる) の枠 (わ). ❷ (人などが) ぐるっととり囲むこと.

【罗圈儿揖】luóquānryī 名 周囲の人々に供手 (きょうしゅ) の礼をする. ⇨揖 yī

【罗圈腿】luóquāntuǐ 名 O脚 (おーきゃく).

【罗荣桓】Luó Rónghuán 《人名》羅栄桓 (えいかん): 1902 -1963. 湖南省出身の革命家で軍事家. 人民解放軍の創設者.

【罗斯福】Luósīfú《人名》❶ (西奥多·~) セオドア・ルーズベルト (1858-1919). 米国第26代大統領. ❷ (富兰克林·~) フランクリン・ルーズベルト (1882-1945). 米国第32代大統領.

【罗网】luówǎng 名〔張 zhāng〕❶ 魚や鳥などを捕まえる網. ❷ 人を束縛する環境や世界. ¶自投~ / 自分から網にかかる. 墓穴を掘る.

【罗纹】luówén 名 指纹. 螺纹 luówén
【罗唣】luózào 名 "啰唣 luózào"に同じ.
【罗织】luózhī 動 罪のない人を陥れる. ぬれぎぬを着せる. ¶~诬陷 wūxiàn / ありもしないことを言い立てて無実の人を陥れる.
【罗织罪名】luózhī zuìmíng 句 罪名をでっち上げ,（無実の人に）罪を着せる.
【罗致】luózhì 動 招き寄せる. ¶~人才 / すぐれた人材を招く.

萝(蘿) luó ⁺⁺部8 四 4420₇ 全11画 常用

❶ 素 つる植物の総称. ¶藤~ téngluó (フジ) / 茑~ niǎoluó (ルコウソウ). ❷ →萝卜 luóbo

*【萝卜[蔔]】luóbo 名 《植物》[働 个 ge] ダイコン. 同 莱菔 láifú
【萝卜干】luóbogān 名 (~儿) ダイコンの塩漬け干し.
【萝卜花】luóbohuā 名 角膜の潰瘍(ǎi)が治ったあとに残った白斑.

啰(囉) luó 口部8 四 6602₇ 全11画 次常用

下記熟語を参照.
☞ luō, luo
【啰唣】luózào 動 騒ぎ立てる. 同 罗唣 luózào 参考 明・清の小説や戯曲などに多く使われることば.

逻(邏) luó 辶部8 四 3630₂ 全11画 常用

素 見回りをする. パトロールする. ¶巡~ xúnluó (パトロールをする).
【逻辑】luójí[-ji] 名 ❶ ロジック. 論理. ¶这几句话不合~ / これらのことばは論理的でない. ❷ 論理学. ◆logic
【逻辑思维】luóji sīwéi 名 論理的な思考. 抽象的な思考.
【逻辑学】luójixué 名 論理学.

脶(腡) luó 月部7 四 7622₇ 全11画 通用

名 うず巻き状の指紋.

猡(玀) luó 犭部8 四 4622₇ 全11画 通用

→猪猡 zhūluó

椤(欏) luó 木部8 四 4692₇ 全12画 通用

→桫椤 suōluó

锣(鑼) luó 钅部8 四 8672₇ 全13画 常用

名 《音楽》[働 个 ge, 面 miàn] 銅鑼(ó). ¶~鼓 luógǔ.
【锣鼓】luógǔ 名 どらと太鼓. 打楽器類. またはその合奏. ¶敲~ / どらや太鼓を打つ.
【锣鼓喧天】luó gǔ xuān tiān 成 銅鑼や太鼓の音が高らかに響く. 表現 旧時は戦いの始まりを意味したが,現在では祝い事や式典の開始の形容に使われる.

箩(籮) luó 竹部8 四 8820₇ 全14画 常用

名 [働 只 zhī] 竹で編んだかご. ふつう底は四角で口が丸く,穀物や豆類などを入れる. ¶~筐 luókuāng / ~筛 luóshāi (竹のふるい).
【箩筐】luókuāng 名 [働 副 fù, 只 zhī] 竹や柳を編んで作った,食品を入れるかご.

骡(騾)(異 贏) luó 马部11 四 7619₃ 全14画 常用

名 《動物》ラバ. ¶~马 luómǎ / ~子 luózi. 骡子 luózi
【骡马】luómǎ 名 ラバとウマ.
【骡子】luózi 名 《動物》[匹 pǐ, 头 tóu] ラバ.

螺 luó 虫部11 四 5619₃ 全17画 常用

❶ 名 サザエやタニシなど,巻き貝をもつ軟体動物の総称. ¶海~ hǎiluó (サザエ) / 田~ tiánluó (タニシ). 同 螺蛳 luósī ❷ "脶 luó"に同じ.
【螺钿】[甸] luódiàn 名 螺鈿(ᵃ).
【螺钉】luódīng 名 [働 个 ge, 根 gēn, 颗 kē, 只 zhī] ねじ. ねじ釘. ボルト. 同 螺丝钉 luósīdīng, 螺丝 luósī
【螺号】luóhào 名 [貝] ほら貝.
【螺母】luómǔ 名 (ボルトを受ける)ナット. 螺帽 luómào, 螺丝母 luósīmǔ, 螺丝帽 luósīmào
【螺栓】luóshuān 名 ボルト.
【螺丝】luósī "螺钉 luódīng"に同じ.
【螺丝刀】luósīdāo 名 [働 把 bǎ] ねじ回し. ドライバー. 同 改锥 gǎizhuī
【螺丝钉】luósīdīng 名 [働 个 ge, 颗 kē, 枚 méi, 只 zhī] ねじ. ねじ釘. ボルト. 同 螺钉 luódīng
【螺丝扣】luósīkòu 名 ねじ山. 螺纹 wén
【螺丝帽】luósīmào 名 "螺母 luómǔ"に同じ.
【螺丝母】luósīmǔ 名 "螺母 luómǔ"に同じ.
【螺丝起子】luósī qǐzi 名 句 ねじ回し. ドライバー. 同 螺丝刀 dāo, 改锥 gǎizhuī
【螺蛳】luósī 名 [貝] 淡水のマキガイの通称.
【螺纹】luówén 名 ❶ 手足の指紋. 罗纹 luówén ❷ ねじ山. 同 螺丝扣 luósīkòu
【螺旋】luóxuán 名 螺旋(ᵃ). ¶阳 yáng~ / ボルト. ¶阴 yīn~ / ナット. ¶~式上升 / らせん形に上昇する. ¶~状楼梯 / らせん階段.
【螺旋桨】luóxuánjiǎng 名 スクリュー. プロペラ.
【螺旋体】luóxuántǐ 名 《生物》スピロヘータ.

裸(贏) luǒ 衤部8 四 3629₄ 全13画 次常用

素 露出する. ¶~露 luǒlù / ~体 luǒtǐ / ~线 luǒxiàn / 赤~~的(むき出しだ) / ~子 luǒzǐ 植物(裸子植物).
【裸奔】luǒbēn 動 (試合に興奮した観客などが)裸で走り回る.
【裸机】luǒjī 名 ❶ 通信会社に未加入の携帯電話やポケベルの本体. ❷ オペレーションシステムやソフトウエアが搭載されていないコンピュータ.
【裸考】luǒkǎo 名 ❶ 優遇措置を受けられず,実力のみで大学受験すること. ❷ (定期試験などで)勉強せずにテストを受けること. 参考 ①は,少数民族,芸術・スポーツの特待生,"三好学生"などへの優遇措置の対象にならない学生をいう.
【裸露】luǒlù 動 露出する. むき出しにする. ¶岩石 yánshí~ / 岩石が露出している. ¶~全身 / 全身を露出する. 全裸. 同 袒露 tǎnlù 反 遮盖 zhēgài
【裸麦】luǒmài 名 《植物》オオムギ. カワムギ. ハダカムギ. 同 裸大麦 luǒdàmài, 青稞麦 qīngkēmài
【裸体】luǒtǐ 名 [画 / 裸体画. ¶赤身 chìshēn~ / 身に一糸もまとわない.
【裸替】luǒtì 名 (映画やテレビドラマの)ヌードシーンの吹き替え役.
【裸线】luǒxiàn 名 [働 根 gēn] むき出しの電線. 裸線.

瘰 luǒ
疒部11　四 0019₃
全16画　通用
下記熟語を参照.
【瘰疬】luǒlì 图《医学》瘰癧(ホムネネキ).

蠃 luǒ
虫部15　四 0021₇
全19画　通用
→螺蠃 guǒluǒ

泺(濼) Luò
氵部5　四 3219₄
全8画　通用
素 地名用字. ¶～水 Luòshuǐ（山東省にある川の名）.

荦(犖) luò
艹部6　四 4450₂
全9画　通用
素 際立っている. はっきりしている. ¶～～ luòluò・卓～ zhuōluò（ずばぬけている）.
【荦荦】luòluò 形 文 明らかだ. 目立っている. ¶～大端 dàduān／明らかな要点. ¶～大者 dàzhě／きわめて重要なポイント.

洛 Luò
氵部6　四 3716₄
全9画　次常用
❶素 地名用字. ¶～河 Luòhé（陝西省にある川の名）／～水 Luòshuǐ（陝西省洛南県に発し, 東流して河南省を経て黄河に合流する川の名. 昔は「雒水」と書いた）. ❷姓.
【洛杉矶】Luòshānjī 地名 ロサンゼルス（米国）.
【洛阳】Luòyáng 地名 洛陽(ロヨ). 河南省西北部の市. 古代の都で, 旧跡が多い.
【洛阳花】luòyánghuā 名 牡丹(ボォ)のこと. 由来 唐・宋以来, 洛陽が美しい牡丹の花で有名だったことから.
【洛阳纸贵】Luò yáng zhǐ guì 成 愛 文学作品や書物が評判になること. 由来 晋の左思が「三都賦」を書くと, 書き写す人が非常に多かったので, 洛陽の紙の値段が暴騰したことから. 『晋書』左思伝に見えることば.

骆(駱) luò
马部6　四 7716₄
全9画　常用
❶下記熟語を参照. ❷[又]姓.
【骆驼】luòtuo 名《動物》[圖 峰 fēng, 个 ge, 匹 pǐ] ラクダ. ¶单峰 fēng～／一こぶラクダ. ¶双峰～／二こぶラクダ.
【骆驼刺】luòtuocì 名《植物》ラクダソウ. ラクダイバラ.
【骆驼绒】luòtuoróng 名《紡織》ラクダの毛の織物. キャメル地. 同 骆绒 luòróng.

络(絡) luò
纟部6　四 2716₄
全9画　常用
❶素 網状のもの. ¶橘～ júluò（ミカンの皮の内側のわた）／丝瓜～ sīguāluò（ヘチマの網状繊維）. ❷素 網状のもので覆う. ¶她头上～着一个发网 fāwǎng（彼女は頭にネットをかぶっている）. ❸動 ぐるぐる巻き付ける. からみ付ける. ¶～纱 luòshā（糸を巻く）／～线 luòxiàn（糸を巻く）. ❹素《中医》人体の络(ラァ). ¶经～ jīngluò（経絡分）／脉～ màiluò（脈絡）.
☞ 络 lào
【络合物】luòhéwù 名《化学》錯体(ざふ). 複合物.
【络腮胡子】luòsāi húzi あごからもみあげまでつながったひげ. ¶满脸～／顔中ひげだらけ. 同 落腮胡子 luòsāi húzi.
【络绎】luòyì 形 文 途切れない. つながっている. 用法 人・馬・車・船などに用いることが多い.
【络绎不绝】luò yì bù jué 成 交通量が多くて人馬の往来が引きも切らない. ¶这条中心街, 终年行人～／このメインストリートは, 一年中人通りが絶えない.

珞 luò
王部6　四 1716₄
全10画　通用
→璎珞 yīngluò
【珞巴族】Luòbāzú 名《民族》ロッパ（Lhoba）族. チベット系少数民族. チベットに居住.

烙 luò
火部6　四 9786₄
全10画　次常用
→炮烙 páoluò
☞ 烙 lào

硌 luò
石部6　四 1766₄
全11画　通用
名 文 山にある岩.
☞ 硌 gè

落 luò
艹部9　四 4416₄
全12画　常用
❶動 落ちる. 下がる. ¶～泪 luòlèi／飞机降 jiàngluò（飛行機が降下する）／太阳～了（太陽が沈んだ）／树叶都～了（木の葉はみな落ちた）. 同 降 jiàng／升 shēng, 涨 zhǎng ❷素 衰える. おちぶれる. ¶没～ mòluò（おちぶれる）／破～户 pòluòhù（没落した家）. ❸動 遅れをとる. ¶我的成绩～在同学的后面了（私の成績はクラスメートに遅れをとってしまった）. ❹動 ある場所に落ち着く. とどまる. ¶～脚 luòjiǎo／～户 luòhù／小鸟在树上～着（小鳥が木にとまっている）. ❺素 住んでいる所. とどまっている所. ¶村～ cūnluò（村落）／下～ xiàluò（行方）／部～ bùluò（部落）／着～ zhuóluò（行方. ありか）. ❻動 帰属する. ¶今天权利～在我们手里了（今日権利は私たちの手の中にある）／任务～在他的肩上（任務は彼の肩にかかっている）. ❼動 手に入れる. 受け取る. ¶～了个好名声（よい評判をとる）／就这么办吧, 我不怕～埋怨 mányuàn（こうすることにしよう, 恨まれたってかまうものか）. ❽素 建物が完成する. ¶新屋～成（新しい家が完成する）. ❾動 書きつける. ¶～款 luòkuǎn／～了一笔账 zhàng（帳簿につけた）. ❿素 せまい区域. ¶角～ jiǎoluò（一隅ら）／段～ duànluò（段落）. ⓫(Luò)姓.
☞ 落 là, lào
【落榜】luòbǎng 動 試験に落第する.
【落笔】luòbǐ 動 文字や絵を書く. 筆をおろす. ¶不知从何处～／どこから書き始めたらいいか分からない. ¶～写小说／小説を書き始める.
【落膘】luò//biāo 動（～儿）（家畜が）やせる. ¶天气很热, 连栏 lán 里的猪都～了／猛暑で, 柵の中のブタまでやせてしまった.
【落泊】luòbó 形 ❶意気消沈している. 気力がない. 同 落魄 luòpò ¶他失业之后十分～／彼は失業してから, すっかり気力をなくしている. ❷豪放だ. 同 落魄 luòpò.
【落魄】luòbó 形 "落泊 luòbó"に同じ. ☞ 落魄 luòpò, luòtuò
【落槽】luò//cáo 動 ❶水が引く. ¶河水～了／川の水が引いた. ❷家が没落する. ❸（～儿）ほぞとほぞ穴をきっちはめ込む. ❹心が安らぐ. 落ち着く.
【落草】luòcǎo 動 ❶山賊になる. ¶～为 wéi 寇 kòu／落ちのびて山賊になる. ❷方（～儿）子供が生まれる.
【落差】luòchā 名 ❶落差. 高低の差. ❷ギャップ. 隔たり. 開き. ¶三个公司的工资之间有较大的～／3社の給与にはかなり大きな開きがある.
【落潮】luò//cháo 動 潮が引く. 同 退潮 tuìcháo 反

涨潮 zhǎngcháo

【落成】luòchéng（建築物が）完成する．落成する．¶～典礼 / 落成式典．

【落得】luòde 悪い結果に終わる．¶早听了别人的劝说 quànshuō，也不会～这样的结果 / 早くから人の忠告を聞いていれば，このような結果に陥ることはなかった．

【落地】luò//dì ❶ 地面に落ちる．地面に下りる．¶花轿 huājiào～ / 花嫁の乗った輿(こし)が地面に下ろされる．❷ 子供が生まれる．¶呱呱 guāguā～ / 産声をあげる．❸（飛行機が）着陸する．

【落地窗】luòdìchuāng 名《建築》床の高さまで開口部のあるドア状の窓．掃き出し窓．

【落地灯】luòdìdēng 名床置き式の電気スタンド．フロアスタンド．

【落地签】luòdìqiān 名現地（発行）ビザ．

【落地扇】luòdìshàn 名床置き式の扇風機．

【落地生根】luò dì shēng gēn 成生活の根をはる．¶他早年留美，就在那里～了 / 彼は若い頃アメリカに留学し，そこに落ち着いて生活の根を下ろした．

【落第】luò//dì 動落第する．不合格になる．¶他又落了第 / 彼はまた試験に落ちた．（同 下第 xiàdì，及第 jídì，及格 jígé，中举 zhòngjǔ 参考 もとは郷試以上の科挙の試験に落第することを言った．

【落点】luòdiǎn 名 ❶（ボールなどの）落ち下点．❷《軍事》着弾点．

【落发】luò//fà 動出家する．¶～为 wéi 僧 sēng / 髪をそって僧侶になる．

【落果】luòguǒ ❶ 動《農業》落果する．❷ 名《農業》落ちた果実．

*【落后】❶ luò//hòu 動遅れる．遅れをとる．¶虚心 xūxīn 使人进步，骄傲使人～ / 謙虚は人を進歩させ，傲慢は人を後退させる．❷ luòhòu 形立ち遅れている．時代遅れだ．¶我们的技术太～了 / 我々の技術は非常に遅れている．¶～的设备 / 旧式の設備．（同 落伍 luòwǔ 反 发达 fādá，进步 jìnbù，领先 lǐngxiān，先进 xiānjìn，积极 jījí

【落户】luò//hù 動 ❶ 住み着く．¶扎根 zhāgēn～ / その地に深く根付き・住み着く．¶安家～ / 家をかまえて定住する．❷ 戸籍に登録する．

【落花流水】luò huā liú shuǐ 成大敗を喫する．打ちのめされる．¶我们把对方打得～ / 我々は相手をこてんぱんにやっつけた．由来 もとは，散り落ちた花が水に流れること，すなわち晩春の廃れゆく風景を言った．

【落花生】luòhuāshēng 名《植物》〔棵 kē，粒 lì，株 zhū〕ラッカセイ．ナンキンマメ．その実は"花生 huāshēng"とも言う．（同 仁果 rénguǒ，长生果 chángshēngguǒ

【落荒】luòhuāng 動人里を離れて荒野へ向かう．¶～而逃．（成 荒野へ逃げのびる．

【落基山脉】Luòjī Shānmài《地名》ロッキー山脈（米国）．

【落脚】luò//jiǎo 動 (～儿)足を休める．一時的にとどまる．¶～点 / 宿場．¶天晚了，就在这里～吧 / 時間も遅くなったから，ここに泊まろう．

【落脚处】luòjiǎochù 名滞在先．逗留先．

【落井[阱]下石】luò jǐng xià shí 成 反 人の弱みにつけこむ．¶乘人之危～，太缺德 quēdé 了 / 人の困っている時につけこむなんて，なんて意地が悪いんだ．（同 投 tóu 井下石，投石下井 由来 穴に落ちた人に石を投げ込む，の意から．

【落空】luò//kōng 動目標を達成できずに終わる．空振りに終わる．¶希望～ / 当てが外れる．

【落款】(～儿) ❶ luò//kuǎn 動落款(款)を入れる．¶请在这幅画的下面落个款 / この絵の下の方に落款を入れて下さい．❷ luòkuǎn 名落款．

【落雷】luòléi 名雷．落雷．（同 霹雳 pīlì

【落泪】luòlèi 動涙を流す．¶暗自～ / 一人ひっそりと涙を流す．

【落落】luòluò 形 ❶ 立ち居振る舞いが洗練されている．❷ 他人としっくりいかない．

【落落大方】luò luò dà fāng 成おおらかでゆったりしている．気楽で気取らない．

【落落寡合】luò luò guǎ hé 成人と折り合いが悪い．孤立している．

【落马】luò//mǎ 動落馬する．表現戦いや試合に負けることのたとえとして使われる．

【落寞[漠·莫]】luòmò 形静まり返っている．しーんとしている．¶一片～凄凉 qīliáng 景象 / あたり一面ひっそり静まり返り，うら寂しい光景だ．

【落墨】luòmò 動字や画を筆で書き始める．筆をおろす．¶思绪 sīxù 万千，无从～ / あれこれ考えたが，何から書き始めたらいいか分からない．（同 落笔 luòbǐ

【落幕】luò//mù 動閉幕する．終了する．

【落难】luò//nàn 動災難に遭い，苦況に陥る．¶在战乱中～了 / 戦乱の中で苦難に遭った．

【落聘】luòpìn 動不採用になる．選考から落ちる．

【落魄】luòpò 形 反 ❶ 意気消沈している．気力がない．¶～江湖 jiānghú / 失意のうちに各地を流浪する．¶十分～ / すっかり意気消沈している．❷ 豪放だ．（同 落泊 luòbó ひどく慌てる．¶失魂～ / 驚いて慌てふためく．☞ 落魄 luòbó,luòtuò

【落日】luòrì 名 ❶ 夕日．落日．¶～的余晖 yúhuī / 夕日の残照．（同 夕阳 xīyáng

【落山】luòshān 動太陽が山に沈む．¶太阳～了 / 太陽が山に沈んだ．

【落生】luòshēng 動方出生する．¶～于书香门第 / 読書人の家に生まれる．

【落实】luòshí 動 ❶ はっきりさせる．確定する．¶～人数 / 人数を確定する．❷ 実現させる．確底させる．¶～政策 / 政策を実現させる．¶把安全措施～到每个人 / 安全措置を各人に徹底させる．❸（計画や措置が）具体的で，実情に合っている．¶他们订出的计划十分～ / 彼らが作った計画は，大いに実現性がある．❹ 心が落ち着く．¶我心里很不～ / 私は気持ちが落ち着かない．

【落水】luò//shuǐ 動水に落ちる．堕落する．

【落水狗】luòshuǐgǒu 名〔條 tiáo，只 zhī〕勢力を失った悪人．¶痛打～ / 追いつめた悪人を叩く．悪人を徹底的に打ちのめす．

【落水管】luòshuǐguǎn 名《建築》縦樋(だて)．垂直方向の雨どい．（同 水落管

【落俗】luòsú 形俗っぽい．高尚でない．

【落汤鸡】luòtāngjī 名〔只 zhī〕ずぶぬれ．ぬれねずみ．¶让雨给淋 lín 了个～ / 雨に降られてずぶぬれになった．

【落套】luòtào 動（文学作品が）マンネリにおちいる．方法や内容に斬新さがなくなる．

【落体】luòtǐ 名《物理》落体．

【落拓[魄]】luòtuò 形 反 ❶ 意気消沈している．気力がない．❷ 豪放だ．¶～不羁 jī / 成 おおらかで小事にこだわらない．（同 落泊 luòbó,落托 luòtuō ☞ 落魄 luò-

bó, luòpò
- 【落网】luò//wǎng 動 犯人が捕まる.
- 【落伍】luò//wǔ 動 ❶〈行進や進軍から〉落伍する. 脱落する. 同 掉队 diàoduì ❷ 時代遅れになる. ¶你的想法～了 / 君の考え方は時代遅れだ. 同 落后 luòhòu
- 【落下】luòxia 動 ❶ 落ちる. ¶行市 hángshi～ / 相場が下落する. ❷ 手に入る. 得る. ¶一年才～这点收成 shōuchéng / 一年でやっとこれだけの収穫があった. ☞ 落下 làxià
- 【落乡】luòxiāng 形 方 町からやや遠い.
- 【落选】luò//xuǎn 動 落選する. 反 当选 dāngxuǎn, 入选 rùxuǎn, 中选 zhòngxuǎn
- 【落叶】luòyè 名〔量 片 piàn〕落ち葉. 落葉. ¶～林 / 落葉樹林.
- 【落叶归根】luò yè guī gēn 成 何事にも帰着点がある. ¶老人们都有～的想法 / 老人は誰しも、最後には生まれ故郷に帰って落ち着くという気持ちを持っている. 同 叶落归根 由来 葉落ちて根に帰る、という意から.
- 【落叶树】luòyèshù 名《植物》落葉樹.
- 【落音】luò//yīn 動〔～儿〕〈話し声や歌声が〉止む.
- 【落英】luòyīng 名 文 ❶ 散りゆく花. 散った花. ❷ 咲いたばかりの花.
- 【落英缤纷】luò yīng bīn fēn 成 はらはらと花びらが舞い散る. ¶两岸桃树,～ / 両岸の桃の木は花びらがはらはら舞い散っている.
- 【落账】luòzhàng 動 帳簿につける.
- 【落座】luò//zuò 動 席に着く. 着席する. ¶刚～,火车就开了 / 席に着いたら、すぐに汽車が発車した.

跞(躒) luò

⻊部5 四 6219₄ 全12画 通用

→卓跞 zhuóluò
☞ 跞 lì

雒 Luò

隹部6 四 2061₅ 全14画 通用

❶ 固 古い地名用字. "洛 Luò"に同じ. ❷ 姓.

摞 luò

扌部11 四 5609₃ 全14画 通用

❶ 動 物を重ねて置く. ¶把书～起来(本を積み重ねる).
❷ 量 積み重ねた物を数えることば. ¶一～砖 zhuān (ひと山のれんが).

漯 luò

氵部11 四 3619₃ 全14画 通用

固 地名用字. ¶～河 Luòhé (河南省にある市の名).
☞ 漯 Tà

啰(囉) luo

口部8 四 6602₇ 全11画 次常用

❶ 助 文末に置いて肯定的な語気をあらわす. ¶你去就成～ (君が行きさえすればいいのだ). ❷ →喽啰 lóuluo
☞ 啰 luō, luó

M

【M型社会】M xíng shèhuì 名 中間階層が少なく,高所得層と低所得層が膨らんだ社会構造をいう.

m ㄇ [m]

姆 m̄ 女部5 全8画 四 4745₀ 次常用

下記熟語を参照.
☞ 姆 mǔ

【姆妈】m̄mā 名 ❶ 口 お母さん. ≆ 母亲 mǔqīn ❷ おばさん. 年長の既婚女性に対する尊称.

ma ㄇㄚ [mA]

妈(媽) mā 女部3 全6画 四 4742₇ 常用

❶ 名 口 お母さん. ❷ 素 年上の女性に対する呼びかけのことば. ¶ 大~ dàmā (おばさん) / 姑~ gūmā (父方のおばさん). 用法 他の親族名称と同じく"妈妈 māma"と重ねるが,呼びかけるときは"妈!"と単独で用いることが多い.

**【妈妈】māma 名 ❶ 口 ≆ 母亲 mǔqīn 母親. お母さん. ❷ 方 年長の女性に対する尊称.

【妈祖】māzǔ 名 媽祖(ばそ). 参考 中国南方の沿海地区を中心とする民間信仰中の女性神. 航海安全を祈願する. "天妃 tiānfēi","天后 tiānhòu"とも呼ばれる.

抹(異 搽❷) mā 扌部5 全8画 四 5509₀ 常用

動 ❶ ふく. ぬぐう. ¶~桌子(テーブルをふく). ≆ 擦 cā, 拭 shì ❷ (帽子やスカーフなどを)手でおさえて下にずらす.
☞ 抹 mǒ, mò

【抹布】mābù 名 [块 kuài, 条 tiáo] ふきん. ぞうきん. ¶ 灶 zào~ / 台所用ふきん.

【抹脸】mā//liǎn 動 口 急に表情を変える. 顔をこわばらせる.

蚂(螞) mā 虫部3 全9画 四 5712₇

下記熟語を参照.
☞ 蚂 mǎ, mà

【蚂螂】mālang 名 方 [只 zhī] トンボ. ≆ 蜻蜓 qīngtíng

麻 mā 麻部0 全11画 四 0029₄

下記熟語を参照.
☞ 麻 má

【麻黑】māmahēi 形 夕暮れて薄暗くなったよう. ¶天~,村头一带灰色的砖墙 zhuānqiáng 逐渐模糊 móhu 起来 / 空が暮れて,村外れの灰色のれんが塀の辺りが次第にぼんやりしてきた.

【麻麻亮】māmaliàng 形 空が白んでいるよう. ¶ 天刚~他就起来了 / 空がちょうど白むころ,彼は起きてきた.

摩 mā 麻部4 全15画 四 0025₂ 常用

下記熟語を参照.
☞ 摩 mó

【摩挲】māsā[-sa] 動 方 なでる. さする. ☞ 摩挲 mósuō

吗(嗎) má 口部3 全6画 四 6702₇ 常用

代 方 何. どんな. ¶ 干~ gànmá ? (何をするんだ) / ~事 máshì ? (何の用か) / 你说~? (何と言ったのか). 同 什么 shénme
☞ 吗 mǎ, ma

麻(異 蔴❶) má 麻部0 全11画 四 0029₄ 常用

❶ 名 【植物】[棵 kē, 株 zhū] アサ. ¶ 大~ dàmá (タイマ) / 亚~ yàmá (アマ) / ~袋 mádài. ❷ 形 感覚がない. 軽くしびれ(痺)ている. ¶ ~痹 mábì / ~木 mámù / ~醉 mázuì / 腿~了(足がしびれた). ❸ 形 表面が滑らかでない. ざらざらした. ❹ 形 小さな斑点のある. あばたの. ¶~子 mázi. ❺ (Má)姓.
☞ 麻 mā

【麻包】mábāo 名 [个 ge,条 tiáo] 麻袋. 同 麻袋 mádài

【麻痹】mábì ❶ 名 麻痺. 麻木 mámù ❷ 動 油断する. うっかりする. ¶ 考试时太~了,本来很简单的都做错了 / 試験ではすっかり油断して,簡単なものまでみな間違えた.

【麻痹大意】má bì dà yì 成 警戒をおこたる. 油断する.

【麻布】mábù 名 麻布.

【麻袋】mádài 名 [个 ge, 条 tiáo] 麻袋.

【麻捣】mádǎo 名 荒(あら)苆(すさ). 壁土に混ぜて補強用にするすさ. 同 麻刀 mádao

【麻刀】mádao 名 すさ. つた. 麻くずと石灰を混ぜてつくったもの. 壁などに塗り亀裂を防ぐ.

【麻豆腐】mádòufu 名 緑豆(りょくとう:はるさめの材料)のおから. 参考 淀粉(ぎん)をとった残りかす. 料理して食べられる.

**【麻烦】máfan ❶ 形 面倒だ. ¶ 服务周到,不怕~/面倒さをいとわず,行き届いたサービスをする. ⇄ 便当 biàndang, 方便 fāngbiàn ❷ 動 面倒をかける. 迷惑する. ¶ 添~/迷惑をかける. ¶ 有件事想~你 / 一つお願いしたいことがあります. ⇄ 方便 fāngbiàn

【麻纺】máfǎng ❶ 動 麻糸で織る. ❷ 名 アサ紡績.

【麻风】máfēng 名 《医学》ハンセン病. らい病. 同 癞 lài, 大麻风 dàmáfēng, 麻风 máfēng

【麻花】máhuā(~儿) 名 [根 gēn] ❶ 小麦粉をこねて縄により合わせ,かりんとうのように油で揚げた食品. ⇨ 点心 diǎnxin (図) ❷ 方 生地がこすれてけば立つようす. ¶ 两只袖子 xiùzi 都~了 / 袖が両方ともけば立ってきた.

【麻黄】máhuáng 名 【植物・薬】麻黄(まおう). エフェドリン(喘息などに効く)の原料をとる.

【麻将】májiàng 名 [副 fù] マージャン. ¶ 打~ / マ

—ジャンをする．¶搓 cuō～／マージャンを打つ．同 麻雀 máquè

【麻酱】májiàng 名 ごまみそ．同 芝麻 zhīmá 酱

【麻秸】májiē 名(穀) アサの皮をはいだ茎．

【麻利】máli 形 ❶ 素早い．手早い．¶手脚～／手足が敏捷(びんしょう)だ．同 敏捷 mǐnjié ❷ 方 急ぐ．速度を早める．¶她～地收拾好屋子／彼女は手早く部屋を片づけた．

【麻脸】máliǎn 名 あばた面．

【麻乱】máluàn 形 (気持ちが)とても乱れている．落ち着かない．

【麻木】mámù 形 ❶ しびれる．感覚がなくなる．¶浑身～／全身が無感覚になる．¶手脚～／手足がしびれる．❷ 反応が鈍い．無関心だ．無感動だ．¶思想～／無関心だ．

【麻木不仁】má mù bù rén 成 反応が鈍いようす．感覚を失っているようす．

【麻雀】máquè 名 ❶ 〈鳥〉〔量 个 ge, 群 qún, 只 zhī〕スズメ．同 家雀儿 jiāquèr ❷ 方 マージャン．同 麻将 májiàng

【麻纱】máshā 名 ❶ 麻糸．❷ 綿糸，または綿糸と麻糸を混紡して作った布地．

【麻绳】máshéng 名〔量 根 gēn, 条 tiáo〕麻縄．

【麻石】máshí 名 ❶ 花崗岩．同 花岗 huāgāng 石 ❷ (建材や道路舗装用に)切り出した石．

【麻酥酥】másūsū 形 (～的)軽くしびれるようす．¶蹲 dūn 着干活儿时间久了,腿～的／しゃがんだまま長い時間仕事をしていたら足がしびれた．

【麻线】máxiàn 名 (～儿)麻糸．

【麻药】máyào 名〈薬〉麻酔薬．

【麻衣】máyī 名 ❶ 麻布で仕立てた粗末な服．❷ 旧 喪服．参考 昔から占い師などが着たことから，占いや人相見などの略称としても使われる．

【麻油】máyóu 名 ごま油．

【麻疹】mázhěn 名〈医学〉はしか．¶我得过～／私ははしかにかかったことがある．同 麻疹 mázhěn, 疹子 zhěnzi

【麻织品】mázhīpǐn 名〈紡織〉麻織物．リネン．

【麻子】mázi 名 あばた．あばたのある人．¶他脸上有几点～／彼の顔にあばたが少しある．

【麻醉】mázuì 動〈医学〉麻酔をかける．¶施行 shīxíng 全身～／全身麻酔をする．❷ 意識がもうろうとする．

【麻醉剂】mázuìjì 名〈医学〉麻酔薬．麻酔剤．

蟆 má
虫部10 四 5418₄
全16画 次常用

→蛤蟆 háma

马(馬) mǎ
马部0 四 7712₇
全3画 常用

❶〈動物〉〔量 匹 pǐ〕ウマ．¶母～ mǔmǎ (雌ウマ)／赛～ sàimǎ (競馬)．❷ 大きい．¶～蜂 mǎfēng．❸ 束 外来語の音訳に用いる字．¶～赫 mǎhè／～克 mǎkè／～克思 mǎkèsī／～赛克 mǎsàikè．❹ (Mǎ)姓．

筆順 フ 马 马

【马鞍】mǎ'ān 名 (～子)ウマの鞍．転じて,両端が盛り上がり,真ん中がへこんだ形のものをたとえる．¶～山／安徽省にある山名．

【马帮】mǎbāng 名 (貨物を輸送する)荷馬隊．

【马鞭】mǎbiān 名 馬のむち．¶挥舞～／むちをふるう．同 马鞭子 mǎbiānzi

【马表】mǎbiǎo 名 ストップウォッチ．同 停表 tíngbiǎo, 跑表 pǎobiǎo

【马鳖】mǎbiē 名〈動物〉〔量 只 zhī〕ヒルの通称．同 水蛭 shuǐzhì

【马勃】Mǎbó 名〈商標〉マルボロ(タバコ)．同 万宝路 Wànbǎolù ♦Marlboro

【马不停蹄】mǎ bù tíng tí 成 歩みを止めない．休まずに前進する．¶听到消息后,便～地赶了回来／知らせを聞いて,急ぎに急いで帰って来た．

【马车】mǎchē 名〔量 辆 liàng〕馬車．(ラバなどが引く)荷馬車．¶赶～／馬車を駆る．

【马齿苋】mǎchǐxiàn 名〈植物〉スベリヒユ．同 酱板草 jiàngbǎncǎo 参考 解熱や解毒の効果があり,漢方薬の材料となる．

【马刺】mǎcì 名 拍車(はくしゃ)．乗馬靴のかかとにつける金具．

【马达】mǎdá 名〈機械〉〔量 个 ge, 台 tái〕モーター．電動機．♦motor

【马达加斯加】Mǎdájiāsījiā《国名》マダガスカル．

【马大哈】mǎdàhā 同 ❶ 形 間が抜けている．大ざっぱだ．いいかげんだ．❷〔量 个 ge〕間抜けな人．大ざっぱな人．¶他是个～,做事总是丢三落 là 四的／彼は大ざっぱな人で,何をするにも間違いだらけだ．由来 "马马虎虎 hūhū", "大大咧咧 dàdàliēliē", "嘻嘻 xīxī 哈哈"から．

【马刀】mǎdāo 名 騎兵が使う刀．軍刀．同 战刀 zhàndāo

【马到成功】mǎ dào chéng gōng 成 (仕事や活動で)すみやかに成果を得る．¶只愿你～,奏凯 zòukǎi 而还 huán／君がたちまち戦果をあげ,勝利して戻ってくることを願うのみだ．表現 成功を祈ることば．由来「馬で乗りつけ,素早く勝利を収める」という意に．

【马道】mǎdào 名 ❶ 大通り．❷ 練兵場や城壁の上に設けられた,馬を走らせる通路．

【马德里】Mǎdélǐ《地名》マドリード(スペイン)．

【马灯】mǎdēng 名〔量 盏 zhǎn〕(馬につける風よけ付きの)手提げ式石油ランプ．カンテラ．

【马镫】mǎdèng 名〔量 副 fù〕あぶみ．

【马店】mǎdiàn 名 隊商や馬方を連れた客を泊める宿．

【马兜铃】mǎdōulíng 名〈植物〉ウマノスズクサ．ウマノスズカケ．同 青木香 qīngmùxiāng 参考 鎮咳効果があり,漢方薬の材料となる．

【马队】mǎduì 名 ❶ ウマで荷を運ぶ隊列．隊商．キャラバン．❷ 騎馬隊．騎兵隊．

【马尔代夫】Mǎ'ěrdàifū《国名》モルディブ．

【马尔萨斯】Mǎ'ěrsàsī《人名》トーマス・ロバート・マルサス(1766-1834)．イギリスの経済学者．『人口論』の著者．

【马尔维纳斯群岛】Mǎ'ěrwéinàsī qúndǎo《地名》マルビナス諸島．参考 フォークランド諸島(イギリス領)の,アルゼンチンでの呼称．

【马耳他】Mǎ'ěrtā《国名》マルタ．

【马放南山】mǎ fàng nán shān 成 戦闘体制を解く．警戒態勢を解く．由来「馬を山に放つ」という意で, "马"は軍馬のこと．『書経』に見えることば．表現「刀枪入库」(武器を倉庫にしまう)と共に使われる．

【马粪纸】mǎfènzhǐ 名〔量 张 zhāng〕ボール紙．ふん紙．同 黄板纸 huángbǎnzhǐ

【马蜂】mǎfēng 名〈虫〉〔量 群 qún, 窝 wō, 只 zhī〕

スズメバチ. 回 胡蜂 húfēng, 蚂蜂 mǎfēng
【马蜂窝】mǎfēngwō 名 ❶ スズメバチの巣. ¶捅 tǒng～/スズメバチの巣をつつく. ❷扱いにくい人物や物事.
【马夫】mǎfū 名 回 ウマを飼育する人. 馬方. 馬丁.
【马竿】mǎgān 名 (～儿)盲人用のつえ.
【马革裹尸】mǎ gé guǒ shī 成 軍人が戦場で勇壮に戦死すること. 由来 馬の皮で屍(しかばね)を包む,という意から.
【马褂】mǎguà 名(～儿)《服饰》〔量 件 jiàn〕男性が合わせの長着の上に着る袖の長い上着. 中国式の羽織. ふつう黒色を礼服とする. 由来 もとは満州族の騎馬服から. ⇨褂 guà (図)
【马关条约】Mǎguān tiáoyuē 名《历史》下関条約(1895). 日清戦争の講和条約.
【马倌】mǎguān 名(～儿)馬飼い. 回 牧 mù 马人
【马锅头】mǎguōtóu 名 隊商の親方. 隊長.
【马海德】Mǎ Hǎidé 《人名》馬海徳(ば かいとく:1910-1988). 米国生まれの医師. 1937年に中国共産党に入党し,医学関連の顧問を中心に重職を歴任した. 英語名は George Hatem.
【马海毛】mǎhǎimáo 名《纺织》モヘア.
【马号】mǎhào 名 ❶ 回 役所でウマを飼育する場所. ❷騎兵隊が使うラッパ.
【马赫】mǎhè 名《物理》マッハ数. マッハ. 由来 物理学者マッハ(Ernst Mach) (1838-1916)の名から. ♦ 略 mach
【马赫数】mǎhèshù 名《物理》マッハ数. ♦ 略 Mach
【马后炮】mǎhòupào 名 手遅れ. 後の祭り. ¶现在说这话已经是～了,你怎么不早点儿说呢?/今の話をしてももう手遅れだ,なぜもっと早く言わなかったのか. 回 马后课 kè 由来 中国将棋"象棋 xiàngqí"で,"马"の後に"炮"が控える手のこと.
*【马虎[糊]】mǎhu 形 いいかげんだ. なおざりだ. ¶学习可不能～/勉強をいいかげんにやってはいけない. 回 马马虎虎 回 粗心 cūxīn,大意 dàyì 反 认真 rènzhēn,仔细 zǐxì ⇨马马虎虎 mǎmǎhūhū
【马甲】mǎjiǎ 名 方《服饰》〔量 件 jiàn〕チョッキ. ベスト. 袖なしの胴着. 回 背心 bèixīn
【马架】mǎjià 名 ❶(～子) ❶掘建て小屋. ❷(北方の人が用いる)背負子(しょいこ).
【马架子】mǎjiàzi 名 ❶掘建て小屋. バラック. ❷しょいこ.
【马脚】mǎjiǎo 名 回 馬脚. ぼろ. 破綻のたとえ. ¶露出 lùchū～/馬脚をあらわす.
【马厩】mǎjiù 名 ウマ小屋.
【马驹】mǎjū 名 回(～儿・～子)(三歳以下の)子ウマ.
【马驹子】mǎjūzi 名〔量 匹 pǐ〕子ウマ.
【马具】mǎjù 名 馬具.
【马可·波罗】Mǎkě·Bōluó《人名》マルコ·ポーロ(1254-1324). イタリアの商人·旅行家.『東方見聞録』を口述した.
*【马克】mǎkè 名 マルク. ドイツの貨幣単位. ♦ 略 Mark
【马克思】Mǎkèsī《人名》マルクス(1818-1883). ドイツの経済学者·哲学者·革命家. エンゲルスとともに科学的社会主義の創始者で,『資本論』を共に著した.
【马克思列宁主义】Mǎkèsī-Lièníng zhǔyì 名 マルクス·レーニン主義. 回 马列主义
【马克思主义】Mǎkèsī zhǔyì 名 マルクス主義.
【马口铁】mǎkǒutiě 名 ブリキ. 回 镀锡铁 dùxītiě
【马裤】mǎkù 名〔量 条 tiáo〕乗馬ズボン.
【马裤呢】mǎkùní 名《纺织》斜紋織りの厚地の毛織物.

オーバーコートなどの生地. 由来 多く乗馬ズボンに使われたことから名づけられた.
【马拉糕】mǎlāgāo 名《料理》蒸しパン.
【马拉松】mǎlāsōng 名 ❶《スポーツ》マラソン競技. "马拉松赛跑 sàipǎo"の略. ♦marathon ❷ 喻 時間が長くかかるたとえ. ¶～会议/長時間にわたる会議.
【马拉松赛跑】mǎlāsōng sàipǎo 名《スポーツ》マラソン. マラソン競技. ⇨马拉松①
【马拉维】Mǎlāwéi《国名》マラウイ(アフリカ).
【马来半岛】Mǎlái bàndǎo《地名》マレー半島.
【马来西亚】Mǎláixīyà《国名》マレーシア.
【马兰】mǎlán 名《植物》❶ ヨメナ. ❷ ネジアヤメ. 回 马蔺 mǎlìn
【马蓝】mǎlán 名《植物》リュウキュウアイ.
【马里】Mǎlǐ《国名》マリ(アフリカ).
【马力】mǎlì 量 馬力. 仕事率の単位. ¶他加足了～追上去/彼は,全速力で追いかける.
【马列主义】Mǎ-Liè zhǔyì 名 "马克思列宁主义 Mǎkèsī-Lièníng zhǔyì"の略称.
【马蔺】mǎlìn 名《植物》ネジアヤメ.
【马铃薯】mǎlíngshǔ 名《植物》〔量 个 ge,棵 kē〕ジャガイモ. 回 山药蛋 shānyàodàn,土豆儿 tǔdòur,洋芋 yángyù
【马陆】mǎlù 名《虫》ヤスデ.
【马鹿】mǎlù 名《动物》アカシカ. 参考 袋角"鹿茸 lùróng"は薬用になる.
*【马路】mǎlù 名〔量 条 tiáo〕大通り. (自動車などが通る)道路. ¶～上人来人往,非常热闹/大通りは人の往来でとてもにぎやかだ. ¶逛～/通りをぶらつく.
【马骡】mǎluó 名 回〔量 匹 pǐ〕ラバの俗称.
【马虎虎】mǎmǎhūhū ❶ いいかげんだ. なおざりだ. ¶他办事老是～/彼のやることはいつもいいかげんである. ❷ まあまあだ. なんとかなだ. ¶近来身体还～/このところ体の方はまあまあだ. ⇨马虎 mǎhu
【马奶】mǎnǎi 名 馬乳.
【马尼拉】Mǎnílā《地名》マニラ(フィリピン).
【马趴】mǎpā 名(身体が前に)つんのめった姿勢. 前のめり.
【马爬】mǎpá 名 "马趴 mǎpā"に同じ.
【马匹】mǎpǐ 名 ウマ. ¶照管好～/ウマの面倒をよく見る.
【马屁】mǎpì 形 お世辞を使う. おべんちゃらをいう. ¶～精/おべんちゃらの好きな人. ¶～鬼/ごますり. たいこもち. ¶拍～/お世辞を言う.
【马其顿】Mǎqídùn《国名》マケドニア.
【马前卒】mǎqiánzú 名 喻 お先棒. 露払い. ¶他不过是一名～而已/彼はお先棒にすぎない.
【马钱子】mǎqiánzǐ 名《植物》マチン.
【马枪】mǎqiāng 名 騎兵銃. 回 骑枪 qíqiāng
【马球】mǎqiú 名《スポーツ》❶ ポロ. ❷ ポロに使うボール.
【马赛】Mǎsài《地名》マルセイユ(フランス).
【马赛克】mǎsàikè 名 ❶ モザイクタイル. ❷ モザイク模様. ♦mosaic
【马赛曲】Mǎsàiqǔ「ラ·マルセイエーズ」. フランスの国歌.
*【马上】mǎshàng 副 ただちに. すぐに. ¶～办好了/すぐにやります. ¶听到这个消息,他～就赶来了/この知らせを聞くと,彼はすぐとんできた. ¶电影～就要开演了/映画はもうすぐ始まる. 回 立即 lìjí,立刻 lìkè

【马勺】mǎsháo 名 おかゆやご飯をよそう道具. 杓子(しゃくし).
【马绍尔群岛】Mǎshào'ěr qúndǎo《国名》マーシャル諸島.
【马失前蹄】mǎ shī qián tí 成 不慮の出来事やアクシデントによって挫折(ざせつ)する.
【马首是瞻】mǎ shǒu shì zhān 成 他人の行動や指示に喜んで従う. 由来 古代の戦闘では, 兵士が指揮官の馬の向きを見て, 前進・後退を決めたことから.
【马术】mǎshù 名 馬術.
【马蹄】mǎtí 名 ❶〔圈 只 zhī〕ウマの蹄(ひづめ). 馬蹄(ばてい). ❷《植物》クロクワイ. 同 荸荠 bíqí, 乌芋 wūyù.
【马蹄表】mǎtíbiǎo 名 円形や馬蹄形の置時計. 参考 多くは目覚まし時計をいう.
【马蹄莲】mǎtílián 名《植物》オランダカイウ. カラー.
【马蹄铁】mǎtítiě 名 ❶ 蹄鉄. ❷ U 字形の磁石.
【马蹄形】mǎtíxíng 名 馬蹄形. U 字形.
【马蹄袖】mǎtíxiù 名《服飾》清代の役人服の袖口. 由来 馬蹄形に開いていたことから.
【马桶】mǎtǒng 名 〔圈 个 ge, 只 zhī〕(ふたのついた)おまる. 便器. ¶抽水～/水洗式便器. ¶倒 dào～/おまるをあける. 同 马子 mǎzi.
【马头琴】mǎtóuqín 名《音楽・民族》〔圈 把 bǎ〕馬頭琴(ばとうきん). モンゴル族の最も代表的な弦楽器. ¶拉～/馬頭琴を弾く. 参考 2本の弦を弓で弾いて演奏する. サイズは大小2種類. 台形の本体の先に馬の頭を彫刻した飾りがあることからこの名がある.
【马尾松】mǎwěisōng 名《植物》タイワンアカマツ.
【马戏】mǎxì 名〔圈 场 chǎng〕曲馬. サーカス. ¶～团/曲馬団. サーカス. ¶看～/サーカスを見る.
【马熊】mǎxióng 名《動物》ヒグマ.
【马靴】mǎxuē 名〔圈 双 shuāng, 只 zhī〕乗馬靴. ブーツ.
【马寅初】Mǎ Yínchū《人名》馬寅初(ばいんしょ): 1882-1982)経済学者.
【马缨花】mǎyīnghuā 名《植物》ネムノキ. 同 合欢 héhuān, 马英花 mǎyīnghuā.
【马蝇】mǎyíng 名《虫》ウマバエ.
【马贼】mǎzéi 名 馬賊.
【马扎[劄]】mǎzhá 名 (～儿)携帯用の折り畳み式腰掛け. ¶～凳 mǎzhádèng/折り畳み式の腰掛け. 床几(しょうぎ).
【马掌】mǎzhǎng 名 ❶ ウマの蹄(ひづめ). ❷ 蹄鉄(ていてつ)の通称.
【马桩】mǎzhuāng 名 ウマをつなぐくい.
【马子】mǎzi 名 方 ❶(ふたのついた)おまる. 便器. ¶马桶 mǎtǒng. ❷ 馬賊. 土匪(ど).
【马子盖儿】mǎzigàir 名 小さい男の子の髪型. 前髪だけ残して, 他の部分は坊主刈りにする.
【马鬃】mǎzōng 名 ウマのたてがみ.

吗（嗎） mǎ
口部3 全6画 四 6702₇ 常用

下記熟語を参照.
☞ 吗 má, ma

【吗啡】mǎfēi 名《薬》モルヒネ. ◆morphine

犸（獁） mǎ
犭部3 全6画 四 4722₇ 通用

→猛犸 měngmǎ

玛（瑪） mǎ
王部3 全7画 四 1712₇ 次常用

❶→玛瑙 mǎnǎo ❷ 圈 音訳用の字.
【玛钢】mǎgāng 名《冶金》可鍛鋳鉄(かたんちゅうてつ).
【玛丽莲・梦露】Mǎlìlián・Mènglù《人名》マリリン・モンロー(1926-1962). 米国の映画女優.
【玛琳・黛德丽】Mǎlín・Dàidélì《人名》マレーネ・ディートリッヒ(1901-1992). ドイツ生まれの米国の映画女優.
【玛瑙】mǎnǎo 名《鉱物》〔块 kuài〕めのう. ¶～石/めのう.
【玛雅文化】Mǎyǎ wénhuà マヤ文明.

码（碼） mǎ
石部3 全8画 四 1762₇ 常用

❶ 圈 (～儿)数字をあらわす記号や物. ¶号～ hàomǎ(数字)/页～ yèmǎ(ページ数)/筹～ chóumǎ(ゲームの数取り棒). ❷ 圈 事柄の種類を数えることば. ¶一～事(同じ事)/两～事(別の事). ❸ 圈 長さの単位. ヤード(1ヤードは約0.914メートル). ❹ 動 ロ 積み上げる. ¶～砖头 zhuāntou(れんがを積む)/小孩儿～积木(子供が積み木をする). 用法 ❷は"一"か"两"を伴なって, 同じか違うかを示す.
【码放】mǎfàng 動 順序良く並べる. 一定の位置に積み重ねる.
*【码头】mǎtou 名 ❶〔圈 个 ge, 座 zuò〕波止場. 埠頭(ふとう). ¶～费/埠頭使用料. ¶～工人/港湾労働者. ¶～交货/埠頭渡し. ❷ 方 埠頭市場. ¶水陆～/埠頭市場.
【码子】mǎzi 名 ❶ 数字をあらわす記号. ¶洋～/アラビア数字. ¶苏州 Sūzhōu～/蘇州で商取引に使った数字. 符号. ❷ 円形の算木. 点棒. ❸ 侵 金融市場で, 自己調達できた現金.

蚂（螞） mǎ
虫部3 全9画 四 5712₇ 常用

下記熟語を参照.
☞ 蚂 mā, mà

【蚂蟥】mǎhuáng 名《動物》〔条 tiáo, 只 zhī〕ヒル. ¶～钉 dīng/かすがいのように食いつく.
【蚂蚁】mǎyǐ 名《虫》〔圈 群 qún, 窝 wō, 只 zhī〕アリ. ¶～窝 wō/アリの巣. ¶～搬泰山 Tàishān 成 アリが泰山(たい)を移す. 力を合わせれば大きな仕事ができる.
【蚂蚁啃骨头】mǎyǐ kěn gǔ [gú] tou 慣 力を合わせて, こつこつと仕事を完成させる. 参考 大型設備がなくても, 小型機械を活用して大型機械の製造や大型部品の加工をすること.

祃（禡） mà
衤部3 全7画 四 3722₇ 通用

名 ❶ 昔, 軍隊が駐屯地で行った祭礼. ❷(Mà)姓.

蚂（螞） mà
虫部3 全9画 四 5712₇ 常用

下記熟語を参照.
☞ 蚂 mā, mǎ

【蚂蚱】màzha 名 方《虫》〔圈 只 zhī〕イナゴ. バッタ. ¶～腿/バッタの足.「眼鏡のつる」をいう. 同 蝗虫

骂 (罵/<異>罵) mà

huángchóng

马部6 <四>6612₇ 全9画 <常用>

[動]❶ことばで人を侮辱したり、傷つけたりする．ののしる．¶不要~人(人をののしるな)／~人话(悪口)．❷[方]落ち度を責める．しかる．¶把孩子~了一顿(子供をひとしきりしかる)．

【骂架】mà//jià [動]ののしり合いのけんかをする．¶她们俩~,骂了大半天／彼女たち二人はののしり合い,長いこと騒いだ．

【骂街】mà//jiē [動]表へ出て人前で悪口をいう．¶泼妇pōfù~／きかん気の女が,家の前で悪口を言い散らす．¶动不动就~,太不文明了／なにかというと表へ出てわめき散らすのは、野蛮なことだ．<参考>表へ出て道行く人に相手の非を訴え,評定してもらう．集まってきた見物人は,好き勝手な意見をはさみながら成り行きを見ているが,中国のけんかは手を出したら負けで,見物人が止めにはいる．

【骂骂咧咧】màmaliēliē [形]口汚くののしる．悪態をつく．¶他总是这样~的,谁敢惹他／彼はいつもこんなふうに悪態をつくので,誰も逆らえない．

【骂名】màmíng [名](人々のののしりを買う)悪名．汚名．悪罵．¶留下千古~／後世まで悪名をとどろかす．

【骂娘】màniáng [動]きたいことばでののしる．罵倒する．<由来>相手の母親を汚すことばをつかってののしる,という意から．

【骂山门】mà shānmén [句]やたらにののしる．

【骂阵】mà//zhèn [動]❶敵陣の前でののしり,敵を挑発する．❷相手の目の前でののしる．<参考>①は,多く古い小説に見える．

么 ma

ム部1 <四>2073₂ 全3画 <常用>

[助] "吗ma"に同じ．

☞ 么 me,yāo

吗(嗎) ma

口部3 <四>6702₇ 全6画 <常用>

[助]文末に添えて,問いかけのムードを示す．❶ YesかNoかの問いかけに用いる．

①(肯定文+"吗"の形で)…か．¶"你是中国人~?""是[不是]了""/「あなたは中国人ですか」「はい[いいえ]」．¶"你知道~?""知道[不知道]"/「君は知っているか」「知っています[知りません]」．¶"你去过桂林~?""去过[没去过]"/「桂林へ行ったことがありますか」「あります[ありません]」．¶"你忙~?""忙[不忙]"/「忙しいですか」「はい[いいえ]」．

<注> "吗"疑問文はイエスかノーかを問うためのものであるから,疑問詞を伴うことはできない．
◇✗你这次回去,什么时候再来吗？
→你这次回去,什么时候再来？/君は今度帰ったら,いつまた来るのですか．
ただし,疑問詞が不定を表わしている場合はその限りではない．
◇你吃点儿什么吗？/何か食べますか．
◇你打算去哪儿吗？/どこかに行く予定ですか．

②(否定文+"吗"の形で,質問者はイエスの答えを期待する)…ないか．¶你不认识小王~?／王さんを知らないのですか(→知っているでしょう)．¶他不会说日语~?／彼は日本語が話せないのですか(→話せるでしょう)．¶你没收到我的电子邮件~?／私のメール受け取ってなかったの．¶你不是要买词典~?／那边有一家书店／君,辞書を欲しがっていたんじゃないのか．あそこに本屋があるよ．

③相手が質問したときに,いったい何を質問しているのかを確かめる．¶"今天星期几啊？""今天星期几~?"／「今日は何曜日ですか」「今日は何曜日かって？」

❷反語文に用いて,非難,詰問のムードを表わす．多く"难道","还"と呼応する．
①肯定形で否定の意味を表わす．¶这像话~?／まったくなっちゃいない．¶他还没来,难道是忘了~?／彼はまだ来ないが,忘れたのだろうか→そんなはずはないのに．¶《白蛇传zhuàn》是她的拿手戏,还错得了liǎo~?／《白蛇伝》は彼女の十八番ですよ,悪かろうはずがない．
②否定形で肯定の意味を表わす．多く"不是…吗?","岂 qǐ 不…吗？"の形で用いられる．¶你难道连这点事儿都不懂~?／まさかこれくらいの事も分からないことはなかろう．¶你这样做岂 qǐ 不让妈妈伤心~?／そんなことをすれば母親を哀しませることになるよ．¶你怎么不是有~?／ほら,ここにあるじゃないか．¶我不是再三提醒过你~?／あれほど言ったじゃないか．

📖 **"不是…吗?"の疑問と反語**

"不是…吗?"には疑問と反語の2通りの場合がある．
■疑問の場合
◇你不是爱吃辣的吗？今天我请你吃正宗zhèngzōng川菜／辛いものがお好きでしたね．今日は本場の四川料理をご馳走しましょう．
◇你不是喜欢他吗？／彼のこと好きなんでしょ？
一応疑問ではあるが,話し手が自分の見方や考え方の当否を確かめる程度で,"吧"を用いた推量による念押しに近い．
■反語の場合
◇你不是唱得挺好吗？再来一个！/君は歌がうまいじゃないか．もう1曲アンコール．
◇我不是跟你们说了吗？/君たちに言ったでしょうが．
この場合,話し手に相手の回答を期待する気持ちはなく,文末の"吗"はむしろ自明のことを言う場合の"嘛 ma"がふさわしい．

☞ 吗 má, mǎ

嘛(<異>么) ma

口部11 <四>6009₄ 全14画 <通用>

[助]❶(話し手と聞き手にとって問うまでもない当然のことから「自明の理」であるというムードを表わし)…ではないか．🖉時に高圧的な口調にもなる．¶我们是老朋友~,别这样客气／僕たち親友じゃないか,そんなに遠慮するな．¶你挺tǐng开心的~／おや案外元気じゃないか．¶你别灰心~／しょんぼりするなよ．¶我不是跟你们说了~！／君たちに言ったでしょうが．¶你有什么话就直说~！／言いたいことがあるなら率直に言いなよ．

❷「ぜひ…したい」という希望を表わす．🖉時に甘えた口調にもなる．¶最好你也一起去~／君もぜひ一緒に行こうよ．

❸文中に用いて停頓を示し,聞き手の注意を喚起する．¶留学的事~,等大学毕业以后再说吧／留学の事は,大学を卒業してからまた相談しよう．

mái ㄇㄞ 〔mae〕

埋 mái

土部7 <四>4611₅ 全10画 <常用>

❶ 動 土にうずめる．埋める．¶～藏 máicáng / 掩～yǎnmái（埋蔵する．埋葬する）．❷ 素 人の目に触れないようにする．隠す．¶～伏 máifú /～名 máimíng．
☞ 埋 mán

【埋藏】máicáng ❶（地下に）埋蔵している．❷（心中に）隠し持つ．❸（薬剤などを皮下組織に）注入する．¶～疗法 liáofǎ / 埋蔵療法．

【埋单】máidān 動（飲食店などで）会計をする．同 买mǎi 单,结账 jiézhàng ❷（比喩的に用いて）責任をもつ．

【埋伏】máifú[-fu] ❶ 動 待ち伏せする．¶四方／あちこちで待ち伏せをする．同 潜伏 qiánfú ❷ 名 待ち伏せ．¶中 zhòng～/ 待ち伏せをくう．❸ 動 潜む．潜伏する．¶打～/ 待ち伏せする．隠し持つ．

【埋名】máimíng 動 名を隠す．名を伏せる．¶ 隐姓～/ 成 氏名を伏せる．

【埋没】máimò ❶ 動 埋もれる．埋没する．❷ 軽視する．¶～人才 / 人材を埋もれさせる．同 湮没 yānmò

【埋设】máishè 動（地面に）埋設する．

【埋汰】máitai 方 ❶ 形 汚い．けがらわしい．❷ 動 口汚くあしをけなす．¶别拿话～人 / 人をけなす話をしてはならない．

【埋头】mái//tóu 動 没頭する．専念する．¶～工作／仕事に没頭する．¶他正～学英语呢 / 彼は今英語の勉強に没頭している．

【埋头苦干】mái tóu kǔ gàn わき目もふらず懸命にやる．

【埋葬】máizàng 動 埋葬する．同 掩埋 yǎnmái

霾 mái
雨部14　四 1021₅　全22画　通用

名 煙やもり，ほこりなどで大気がかすんで見える現象．もや．同 阴霾 yīnmái

买（買）mǎi
一部5　四 1780₄　全6画　常用

❶ 動 金を渡して品物を受け取る．買う．¶～卖 mǎimai / 购～ gòumǎi（購入する）/～了一头牛（ウシを一頭買った）．同 购 gòu 反 卖 mài ❷（Mǎi）姓．

筆順 一 ⊂ ⊇ 买 买

【买办】mǎibàn 名 買弁．コンプラドール．外国の出資者に対して,自国市場での金融や商工業,運輸関係の仕事を代理する仲介者．¶～资本 / 買弁で蓄積された資本．参考 かつて,外国商社が中国国内での商売を円滑に行うため中国人を雇ったことから発展した．

【买办资产阶级】mǎibàn zīchǎn jiējí 買弁(%)ブルジョアジー．⇨买办

【买单】mǎidān ❶ 名《经济》売掛金の請求書．勘定書き．会計明細．❷→埋单 máidān ①

【买点】mǎidiǎn ❶ 名 消費者が商品やサービスを購入する決め手．購入ポイント．❷《经济》株式や先物の購入における,理想的な購入金額．

【买椟还珠】mǎi dú huán zhū 成 眼識がないために,いいものと悪いものを見分けられない．

【买断】mǎiduàn 動（財産や権利の）所有権を買い取る．

【买方】mǎifāng 名 買い手．買い主．

【买方市场】mǎifāng shìchǎng 名 買い手市場．反 卖 mài 方市场

【买关节】mǎi guānjié わいろを贈って買収する．

【买好】mǎi//hǎo 動（～儿）ご機嫌をとる．おべっかを使う．¶献媚 xiànmèi～/ こびへつらってご機嫌をとる．

【买家】mǎijiā 名 購買者．顧客．同 买主 zhǔ

【买价】mǎijià 名 買値．買価．

【买进】mǎijìn 動 買い入れる．仕入れる．

【买壳上市】mǎiké shàngshì 名《经济》企業買収による上場．非上場企業が上場企業の株式を購入し,株式支配することによって間接的に上場を果たすこと．⇨借 jiè 壳上市

【买空卖空】mǎi kōng mài kōng 成 ❶ 空売り空買いをする．空取り引きをする．¶他尽 jǐn 干些～的投机生意 / 彼は投機目的の空取り引きばかりやっている．❷（政治）で駆け引きをする．

*【买卖】❶ mǎimài 動 売り買いをする．取り引きをする．¶～股票 gǔpiào / 株を売買する．❷ mǎimai 名〔笔 bǐ〕商売．¶～兴隆 xīnglóng / 商売が繁盛する．¶做小～为生 / 小商いをして生計をたてる．注意 日本語の"売買(%)"と語順が逆になる．

【买卖人】mǎimàirén 名 同 商人．

【买通】mǎitōng わいろを贈って買収する．¶～关节 / 買収する．

【买一送一】mǎi yī sòng yī 俗 おまけをつける．品物の購入時に,別の品をひとつプレゼントする．

【买账】mǎi//zhàng 動（相手を）認める．評価する．心服する．¶他不～,我也没办法 / 彼は認めないので,どうすることもできない．同 买 多否定形で用いる．

【买主】mǎizhǔ 名〔个 ge,位 wèi〕買い主．

【买醉】mǎizuì 動 酒を買い,痛飲する．

荬（蕒）mǎi
艹部6　四 4480₄　全9画　通用

→苣荬菜 qǔmǎicài

劢（勱）mài
力部3　四 1422₅　全5画　通用

形 努力する．励む．

迈（邁）mài
辶部3　四 3130₂　全6画　常用

❶ 動 大またに踏み出す．またぐ．¶～步 màibù /～过门槛 ménkǎn（敷居をまたぐ）/ 向前～进（前に向かって突き進む）．❷ 素 年をとる．老いる．¶年～（年老いている）/ 老～ lǎomài（老い衰えている）．❸ 量 長さの単位．マイル．時速などを示すのに用いる．（1マイルは約1.6キロメートル）．♦ mile ❹（Mài）姓．

【迈阿密】Mài'āmì（地名）マイアミ（米国）．

【迈步】mài//bù 動 歩を進める．踏み出す．¶向前～/ 前に歩を進める．

【迈方步】mài fāngbù 俗（～儿）ゆっくり落ち着いたかっこうで歩く．¶老先生迈着方步,慢慢地走过来 / 老先生は,おうような足取りでゆっくり歩いてきた．同 迈四方步 sìfāngbù

【迈进】màijìn 動 まい進する．¶向目标～/ 目標に向かってまい進する．

麦（麥）mài
麦部0　四 5040₇　全7画　常用

名 ❶《植物》ムギ．とくに,コムギ．同 麦子 màizi ❷（Mài）姓．

【麦草】màicǎo 名 方 麦わら．同 麦秸 jiē

【麦茬】màichá 名 ❶ ムギの刈り株．❷ ムギを収穫した後の畑や作物．¶～地／ムギを刈った後の畑．¶～白薯 báishǔ ／ムギの後作のサツマイモ．

【麦当劳】Màidāngláo 名《商标》マクドナルド．♦ McDonald's

【麦地那】Màidìnà〔地名〕メディナ(サウジアラビア).
【麦冬】màidōng〔植物〕ヤブラン. ユリ科の植物. 球根は薬用となる.
【麦蛾】mài'é〔虫〕バクガ. 穀類につく虫.
【麦粉】màifěn 小麦粉.
【麦麸】màifū ふすま. ムギかす.
【麦加】Màijiā〔地名〕メッカ. イスラム教の聖地.
【麦角】màijiǎo❶麦角(ばっ). ❷〔薬〕麦角. 劇薬の一種.
【麦秸】màijiē ムギわら.
【麦精】màijīng 麦芽エキス.
【麦卡锡主义】Màikǎxī zhǔyì マッカーシズム. 参考 米国共和党上院議員マッカーシーの行った反共活動.
【麦糠】màikāng 麦ぬか. 麩(ふ).
【麦克风】màikèfēng〔量 个 ge, 只 zhī〕マイクロホン. 同 话筒 huàtǒng ◆microphone
【麦克斯韦】❶ màikèsīwéi〔量〕〔物理〕磁束のCGS電磁単位. マクスウェル. 記号は Mx. 略称は"麦". ❷ Màikèsīwéi〔人名〕ジェイムズ・クラーク・マクスウェル(1831−1879). イギリスの物理学者.
【麦浪】màilàng ムギの穂波. ¶〜滚滚 / ムギの穂が風にざわざわ揺れる.
【麦芒】màimáng〔~儿〕ムギの穂の芒(のぎ). ¶针尖对〜 / 真っ向から対立する.
【麦苗】màimiáo ムギの苗.
【麦片】màipiàn オオムギ, エンバクなどのひきわり. ¶〜粥 zhōu / オートミール.
【麦秋】màiqiū 麦秋. 参考 ムギの刈り入れ時で, 初夏のころ.
【麦乳精】màirǔjīng 麦芽入り飲料. 参考 消化吸収がよいので, 栄養補給に用いられる.
【麦收】màishōu ムギの収穫. ¶〜季节 / ムギの収穫期.
【麦穗】màisuì ムギの穂.
【麦芽】màiyá 麦芽. モルト.
【麦芽糖】màiyátáng 麦芽糖. 同 饴 yí 糖.
【麦子】màizi❶〔植物〕ムギ. ❷〔量 棵 kē, 株 zhū〕コムギの通称.

卖(賣) mài 十部6 四 4080₄ 全8画 常用

❶動 品物を渡して金を受け取る. 売る. ¶〜价 màijià / 〜得快(よく売れる) / 〜不出去(売れない). 同 销 xiāo, 售 shòu 反 买 mǎi ❷動 自分の利益と引き替えに友人や国を裏切る. ¶〜国 màiguó / 〜友 màiyǒu (友を売る). ❸動 力などを出し尽くす. 精一杯やる. ¶〜力 màilì / 〜劲 màijìn. ❹素 わざと人に見せる. ひけらかす. ¶〜功 màigōng / 〜乖 màiguāi / 〜弄 màinong. ❺(Mài) 姓.

筆順 十 ‡ 声 吉 壶 卖

【卖场】màichǎng〔名〕〔方〕(大型の)販売店. 量販店. 大型スーパー.
【卖唱】mài//chàng 街角などで歌を歌って生活する. ¶靠街头〜为生 / 街頭で歌を歌うことで生計を立てる.
【卖春】màichūn 売春する.
【卖呆】mài//dāi〔方〕〔~儿〕❶ぼんやりする. ぼんやり眺める. ❷見物する.
【卖底】mài//dǐ〔方〕秘密を漏らす. 内情を明かす. ¶这必是有人〜 / これはきっと誰かが漏らした.
【卖点】màidiǎn〔名〕❶セールスポイント. ❷〔経済〕株式や先物の購入における, 理想的な売り金額.
【卖方】màifāng〔名〕売り手. 売り主.
【卖方市场】màifāng shìchǎng 売り手市場. 反 买 mǎi 方市场
【卖工夫】mài gōngfu 人に雇われて仕事をする. ¶他以前靠〜维持生活 / 彼は以前日雇い労働で生活していた.
【卖功】mài//gōng 動 功績をひけらかす. ¶〜邀赏 yāoshǎng / 褒賞をひけらかす.
【卖狗皮膏药】mài gǒupí gāoyao いんちきで人をだます. 手前みそをならべる. ¶做人要踏踏实实 tātāshíshí, 别象那些〜的 / 身を持するには実直であるべきで, あんなインチキみたいなのになってはだめだ.
【卖乖】mài//guāi 動 利口ぶる. ¶两边〜讨好 tǎohǎo / 両方に利口ぶることを言い, 歓心を買おうとする.
【卖关子】mài guānzi 慣 わいろをもらって人に有利に取りはからう. ¶故意〜, 以求私利 / わいろをもらって人に便宜をはかり, 私腹を肥やす.
【卖关子】mài guānzi 慣 もったいぶる. 思わせぶりをする. ¶说到紧要关头, 却一 / 話が肝心なところにさしかかったら, 今度はもったいをつけてなかなか言わない. 参考 長編物語などで, 語り手が山場にさしかかったところで語りを止め, 聞き手の興味を次回または以後につなぐ手法.
【卖官鬻爵】mài guān yù jué 成 旧 権力者が官職や爵位を売って金儲けする.
【卖光】màiguāng 残らず売ってしまう. ¶一下子就〜了 / あっという間に売り切れた.
【卖国】mài//guó 国を売る. 祖国を裏切る. 反 爱国 àiguó
【卖国求荣】mài guó qiú róng 成 個人の栄誉や利益のために国を裏切る.
【卖国贼】màiguózéi 売国奴.
【卖好】mài//hǎo 動〔~儿〕人に取り入る. おべっかを使う. ¶〜讨俏 tǎoqiào / おべっかを使ってご機嫌をとる. ¶他这样在你面前〜, 必有所求 / 彼がそんなふうに君の前で親切ぶるのは, きっと下心があるのだ.
【卖假】màijiǎ にせ商品を売る.
【卖价】màijià〔名〕売値. 売価.
【卖劲】mài//jìn〔~儿〕力いっぱい働く. ありったけの力を出す. ¶他干活很〜 / 彼は骨惜しみをしないで働く.
【卖老】mài//lǎo 動 経験の深そうなそぶりをする. ¶倚 yǐ 老〜 / 成 年寄り風を吹かせる.
【卖力】mài//lì 動 精を出す. 骨身を惜しまず働く. ¶只要你肯〜, 不会亏待 kuīdài 你的 / 一生懸命やってくれさえすれば, 君の悪いようにはしない.
【卖力气】mài lìqi 慣 ❶ 精を出す. 骨身を惜しまず働く. 同 卖力 màilì ❷ 力仕事をして生計を立てる.
【卖命】mài//mìng 動 死に物狂いで働く. 命懸けで事にあたる. ¶〜地干活 / 死に物狂いで働く.
【卖弄】màinong 動 ひけらかす. 鼻にかける. ¶〜小聪明 / 小利口ぶる.
【卖俏】mài//qiào 動 こびを売る. なまめかしく誘う.
【卖人情】mài rénqíng 慣 情にからめる. 恩着せがましくする. ¶她挺 tǐng 会〜的 / 彼女は人に恩を着せるのがとてもうまい.
【卖身】mài//shēn 動 ❶ 身売りする. ¶〜为 wéi 妓 jì / 身を売り, 娼妓(しょうぎ)となる. ❷ 売春する.
【卖身契】màishēnqì〔名〕〔旧〕身売りの証文.
【卖身投靠】mài shēn tóu kào 成 金のために権力者の手先となる. 悪人の手下に甘んじる.
【卖相】màixiàng〔名〕〔方〕人や物の外観.

740 mài – mán 脉唛颠埋蛮谩蔓馒瞒鳗

【卖笑】mài//xiào 动 こびを売る. 芸や色気で客の興味をひく. ¶靠~为生／芸や色気を売って生活を立てる.
【卖解】màixiè 动旧 曲芸などをして金を稼ぐ. 芸能を生業とする.
【卖艺】mài/yì 动 芸を売る. 武芸や曲芸などを演じて生計を立てる. ¶街头~／街頭で芸を演じて生計を立てる.
【卖淫】mài/yín 动 売春する.
【卖友】mài/yǒu 动 友を売る. 友人を裏切る.
【卖友求荣】mài yǒu qiú róng 成 友を売って自分の栄達をはかる.
【卖主】màizhǔ 名 売り手. 売り主.
【卖嘴】mài/zuǐ 动 口先だけうまいことを言う. 口先で自分を売り込む.
【卖座】màizuò 动形 (~儿)(映画館・劇場・料亭などの)客の入りが(よい). ¶香港电影在中国很~／香港映画は中国で客の入りがとてもよい.

脉(䘑脈, 衇) mài 月部5 四 7329₂ 全9画 常用

❶ 名 血管. ¶动~ dòngmài (動脈) / 静~ jìngmài (静脈). ❷ 名 脈拍. ¶诊~ zhěnmài (脈をみる) / 号~ hàomài (脈をとる). ❸ 喻 血管のように連なった形のもの. ¶山~ shānmài (山脈) / 矿~ kuàngmài (鉱脈) / 叶~ yèmài (葉脈). ❹ (Mài)姓.
☞ 脉 mò
【脉案】mài'àn 名《中医》処方箋に書く中医師の診断内容.
【脉搏】màibó 名 脈拍. ¶量 liáng~／脈拍をはかる.
【脉冲】màichōng 名《電気》パルス.
【脉冲星】màichōngxīng 名《天文》パルサー.
【脉动】màidòng 动 脈動する. ¶~电流／パルス電流.
【脉金】màijīn 名 ❶《中医》診察代. ❷ (鉱物)石英に含有する粒状の金. 同 山 shān 金
【脉络】màiluò 名 ❶ (文章などの)脈絡. 筋道. ¶~分明／脈絡がはっきりしている. ¶摸不清文章的~／文章の脈絡がつかめない. ❷《中医》動脈と静脈の総称.
【脉络膜】màiluòmó 名《生理》脈絡膜(みゃくらくまく). 参考 強膜と網膜の間にある.
【脉息】màixī 名 "脉搏 màibó"に同じ.
【脉象】màixiàng 名《中医》脈拍の速度や強弱などの状態.

唛(嘜) mài 口部7 四 6504₇ 全10画 通用

名 商標. マーク. ♦mark

man ㄇㄢ [man]

颠(顢) mān 页部10 四 4128₂ 全16画 通用

下記熟語を参照.
【颠顸】mānhān[-han] 形 いいかげんだ. 間抜けだ. ¶~无能／間抜けで無能だ. 圖 颠颠预预

埋 mán 土部7 四 4611₅ 全10画 常用

下記熟語を参照.
☞ 埋 mái
【埋怨】mányuàn 动 恨み言を言う. 不平不満をもらす. ¶互相~／互いに文句を言う. ¶这事是你自己做的, 怎能~别人呢？／これは君が自分でやったことなのに, どうして他人を恨むことができるんだ. 同 报怨 bàoyuàn

蛮(蠻) mán 虫部6 四 0013₆ 全12画 常用

❶ 形 荒っぽく下品だ. 粗野だ. 無作法だ. ¶~横 mánhèng / 野~ yěmán (野蛮だ) / 不讲理. ❷ 名 古代南方の異民族に対する総称. ❸ 副 方 とても. きわめて. ¶~好 mánhǎo (とてもよい) / ~快 mánkuài (非常に速い). 同 很 hěn ❹ (Mán)姓.
【蛮不讲理】mán bù jiǎng lǐ 成 強引で道理をわきまえない.
【蛮缠】mánchán 动 理不尽なことで相手にからむ.
【蛮干】mángàn 动 やみくもに行う. ¶~不行, 得 děi 动脑筋找窍门 qiàomén／やみくもではいけない, 頭を使って切り抜けないと.
【蛮横】mánhèng 形 横暴だ. ¶态度~／態度が横柄だ. ¶~的要求 yāoqiú／身勝手な要求. 同 强横 qiánghèng 反 和气 héqi
【蛮横无理】mán hèng wú lǐ 成 横暴で, 理不尽だ.
【蛮荒】mánhuāng ❶ 名文 (都会から離れた)野蛮で未開な地域. ❷ 形 野蛮で荒廃した. ¶~时代／野蛮な時代.
【蛮劲】mánjìn 名 (~儿)ばか力.
【蛮子】mánzi 名旧 南方人. 蛮人. 表現 南方の人に対する差別的な言いかた.

谩(謾) mán 讠部11 四 3674₇ 全13画 通用

动文 だます. ごまかす.
☞ 谩 màn

蔓 mán 艹部11 四 4440₇ 全14画 常用

下記熟語を参照.
☞ 蔓 màn, wàn
【蔓菁】mánjing 名《植物》カブ. 同 芜菁 wújīng

馒(饅) mán 饣部11 四 2674₇ 全14画 常用

下記熟語を参照.
【馒首】mánshǒu 名旧 饅頭(まんじゅう).
*【馒头】mántou 名[个 ge] マントウ. 小麦粉でつくる蒸しパンの一つ. ¶肉~／肉マントウ. 参考 北方の人の常食. "馅 xiàn"(あん)が入っていない. 南方ではあん入りもいう.

瞒(瞞) mán 目部10 四 6402₇ 全15画 常用

❶ 动 本当のところを言わない. 隠す. ¶这事不必~他(の事は彼に隠す必要はない) / 不~你说(君には隠さず言うが). ❷ (Mán)姓.
【瞒报】mánbào 动 報告すべき事を隠蔽して虚偽の報告をする.
【瞒哄】mánhǒng 动 だます. あざむく. ¶这个办法只能~一时／このやり方は, しばらくの間しかごまかせない. 同 欺骗 qīpiàn
【瞒上欺下】mán shàng qī xià 成 上の者には都合の悪いことを隠して追従し, 下の者には圧制する.
【瞒天过海】mán tiān guò hǎi 成 世間の目をごまかし欺瞞(まん)行為をはたらく. ¶~的手法／人の目をごまかすおといやり方.

鳗(鰻) mán 鱼部11 四 2614₇ 全19画 通用

名《魚》ウナギ. 同 鳗鲡 mánlí, 白鳝 báishàn

【鳗鲡】mánlí 名《鱼》[条 tiáo] ウナギ. 同 白鳝 báishàn, 白鳗 báimán
【鳗鱼】mányú 名 "鳗鲡 mánlí"に同じ.

满(滿) mǎn 冫部10 四 3412₇ 全13画 常用

❶ 形 容量いっぱいに入っている. 満ちる. ¶～足 mǎnzú /～座 mǎnzuò / 会场里人都～了(会场は人でいっぱいになった) / 装一了车(车いっぱいに積む). ❷ 形 一定的期限に達する. ¶假期 jiàqī 已～(休暇が終わる) /～了一年(一年になる) / 年～十八的青年(18になる青年). ❸ 副 完全に. まったく. ¶～不在乎 /～以为 /～不是那么回事(まったくそういう事ではない) / 我一以为他会同意的(てっきり彼は賛成するものと思い込んでいた). ❹ (Mǎn) 名 中国の少数民族. 満州族. ⇨满族 Mǎnzú
❺ (Mǎn)姓.

【满不在乎】mǎn bù zài hu 成 全く気に留めない. ¶别看他装出～的样子,其实心里惦着急 zháojí 着呢! / 彼は平気なふりをしているが,内心は焦っているのだ.
【满城风雨】mǎn chéng fēng yǔ 成 風雨城に満つ. 悪いうわさが広がる. ¶闹得～ / うわさが飛びかう. ¶这件事,第二天就～了 / この件は,翌日にはもうすっかり広まっていた.
【满打满算】mǎn dǎ mǎn suàn 成 あらゆる要因や可能性を入れて計算する. 一切合切(がっさい)見積もる.
【满当当】mǎndāngdāng 形(～的)満ちあふれているよう. いっぱいに詰まっているさま.
【满登登】mǎndēngdēng 形 口(～的)たっぷりある. いっぱいだ.
【满点】mǎndiǎn 动 規定の時間になる. 予定時間に達する.
【满额】mǎn//é 动(定员などが)いっぱいになる. ¶我校今年招生已经～ / 我が校の今年の生徒募集は定員に達した.
【满分】mǎnfēn 名(～儿)最高得点. 満点. ¶打～ / 満点を取る. ¶得～ / 満点を取る.
【满服】mǎn//fú 动 服喪期間が終わる. 同 满孝 xiào
【满负荷】mǎnfùhè 名 全負荷. フル荷重.
【满腹】mǎnfù 动 腹が…でいっぱいだ. 頭の中が…でいっぱい. ¶～心事 / 心配で胸がふさがる. ¶～文章 / 文章力にたける. ¶牢骚 láosāo～ / 不満で腹がふさがる.
【满腹经纶】mǎn fù jīng lún 成 高い学識があり,大事業を仕切る優れた才能がある.
【满共】mǎngòng 副 方 合計で. 全部で. 同 一共, 总 zǒng 共
【满贯】mǎnguàn ❶ 动(罪悪などが)極限に達する. ❷ 名(マージャンの)満貫.(ブリッジの)グランドスラム. 由来 "贯"は,昔,銅銭の穴に通してしばった縄. 銭が縄いっぱいになった,という意から.
【满怀】mǎnhuái ❶ 动 心の中が…でいっぱいだ. ¶～信心 / 確信に満ちる. ¶他～希望に等着回音 / 彼は期待に胸をふくらませて返事を待った. ❷ 名 胸全体. ¶跟她撞了个～ / 彼女と正面からどんとぶつかった. ❸ 名 飼育している家畜が全部妊娠する.
【满江红】mǎnjiānghóng 名 ❶《植物》アカウキクサ. ❷ "词牌"や"曲牌"の一つ. 参考 ❷は,南宋の岳飛や毛沢東の詞などが有名.
【满坑满谷】mǎn kēng mǎn gǔ 成 多くのものがぎっしりつまっているよう. 由来『荘子』天運篇の語だが,もとは「道」が天下に行きわたる意.
【满口】mǎnkǒu ❶ 名 口の中全体. ¶～假牙 jiǎyá / 歯という歯がすべて義歯だ. ❷ 名(内容や発音など)話すことのすべて. ¶～谎言 huǎngyán / まったくのでたらめ. ¶～之乎者也 / 何かと言えば「かく」「こそ」「しからんや」だ. ❸ 副 率直に. 惜しみなく. ¶～答应 dāying / 二つ返事で引き受ける.
【满脸】mǎnliǎn 名 顔全体. ¶～笑容 / 満面の笑み. ¶～通红 / 顔中を真っ赤にする.
【满满当当】mǎnmǎndāngdāng 形(～的)あふれるほどたくさんだ. ¶秋后的仓库 cāngkù 都装得～的 / 秋になって倉庫は,あふれんばかりにいっぱいになった.
【满门】mǎnmén 名 家じゅう. 一家全員. 同 全家 quánjiā
【满面】mǎnmiàn 名 顔全体. ¶笑容～ / 満面の笑み. ¶～愁容 / 愁いでいっぱいの顔.
【满面春风】mǎn miàn chūn fēng 成 喜びにあふれ,笑みがこぼれるよう.
【满目】mǎnmù 动 ❶ 目の前にあふれている. ¶琳琅 línláng～ /(書籍や工芸品など)美しいものが色とりどりだ. ❷ 見渡すかぎり…だ. ¶～凄凉 qīliáng / 見渡すかぎり荒凉としている.
【满目疮痍】mǎn mù chuāng yí 成 いたるところ傷跡だらけだ. いたるところ破壊しつくされているよう.
【满脑子】mǎn nǎozi 句 頭の中が…でいっぱいだ. ¶～生意经 / 商売のことで頭がいっぱいだ.
【满期】mǎn//qī 动 満期になる. ¶合同到二月底～ / 契約は2月末に満期になる. ¶～复员 / 期限になって復員する.
【满腔】mǎnqiāng 动 胸にいっぱいの. ¶～热情地接待顾客 / あふれる熱意をもって顧客にサービスする. ¶听到这话,不由得怒火～ / その話を聞いて,思わず怒りでいっぱいになった.
【满腔热忱[情]】mǎn qiāng rè chén [qíng] 成 あふれんばかりの熱意があるよう.
【满勤】mǎnqín 动 皆勤する. 無欠勤だ.
【满山遍野】mǎn shān biàn yě 成 野山に満ちあふれている. 極めて多いさま.
【满山红】mǎnshānhóng 名《植物》ツツジの一種. 同 杜鹃 dùjuān
【满身】mǎnshēn 名 体中. ¶～油泥 / 体中油や泥にまみれる. ¶～是汗 / 体中汗びっしょり.
【满世界】mǎnshìjie 名 方 いたるところ. あっちこっち. 同 到处 dàochù
【满堂】mǎntáng ❶ 动 場内いっぱいになる. ❷ 名 満席. 満員.
【满堂彩】mǎntángcǎi 満場の拍手喝采.
【满堂灌】mǎntángguàn (贬)(知識偏重の)詰め込み式教育法.
【满堂红】mǎntánghóng 名 ❶ 全面的な勝利,成功. ¶今年我们厂是～,样样指标都提前完成了 / 今年の我が工場は大成功で,さまざまな目標は提前期限内に達成した. ❷《植物》"紫薇 zǐwēi"(サルスベリ)の通称.
【满天】mǎntiān 动 空いっぱいになる. 空一面に…する. ¶～斗 xīngdǒu / 空一面の星. ¶鹅毛大雪～飞 / ぼたん雪が空一面に飛ぶ.
【满天飞】mǎntiānfēi 惯 ❶ どこにでもある. 非常に多い. ❷ どこへでも行く. あちこちに出かける.
【满头】mǎntóu 名 頭全体. ¶～银发 yínfà / 白髪頭.
【满头大汗】mǎn tóu dà hàn 成 顔中汗だらけだ. 一生懸命なようす.

【满文】Mǎnwén 图满州族の使用している文字.
【满心】mǎnxīn 图胸いっぱい. ¶～欢喜／喜びで胸がいっぱいになる. ¶～愿意／希望にあふれる.
【满眼】mǎnyǎn 图❶眼いっぱい. ¶～泪花／目に大粒の涙をためている. ❷見渡すかぎり. ¶～的樱花／見渡すかぎりの桜の花.
**【满意】mǎnyì 動満足する. 喜ぶ. ¶对这桩 zhuāng 婚事,两家都很～／その結婚に,両家とも満足だった. 回称心 chènxīn,中意 zhòngyì
【满员】mǎn//yuán 動満席になる. 満員になる. ¶二号车厢 chēxiāng 已经～／2号車は,もう満席だ.
【满园春色】mǎn yuán chūn sè 成庭が春の光にあふれる. ますます事業が発展するよう.
【满月】❶ mǎnyuè 图満月. ❷ mǎn//yuè 動乳児が生後満1ヵ月になる. ¶孩子明天就～了／子供が明日で生後満1ヵ月になる. ¶喝～酒／生後1ヵ月のお祝いで,祝杯をあげる.
【满载】mǎnzài 動❶(トラックなどの)貨物を満載する. ¶～着胜利的果实归来／りっぱな成果を満載して帰る. ❷機械や設備などの負担が限度に達する.
【满载而归】mǎn zài ér guī 成（船などに)多くの物を積み込んで帰るよう. 収穫が多いことを言う.
【满招损,谦受益】mǎn zhāo sǔn,qiān shòu yì 成傲慢な者は必ず損失を招き,謙虚な者は益を受ける. 表現成功した者が勝利した者をいましめることば.
【满州】Mǎnzhōu 图①❶"满族 Mǎnzú"に同じ. ❷中国の東北地区の一帯の旧称.
【满洲国】Mǎnzhōuguó 图《歴史》満州国. 中国の東北地区に日本が作り上げた傀儡(ぐい)国家(1932－1945). 注意中国語では"洲 zhōu"であることに注意.
*【满足】mǎnzú 動❶満足する. ❷満足させる. ¶～顾客的要求 yāoqiú／客の求めに応じる.
【满族】Mǎnzú 图《民族》満州族. 中国の少数民族. 主に東北や華北,内蒙古などに居住している.
【满嘴】mǎnzuǐ 图❶唇と口(の中)全体. 回満口① ❷口から出ることばすべて. 言うことすべて. 回満口②
【满座】mǎn//zuò 動（～儿)(劇場などで)満席になる. チケットが売り切れる. ¶～皆 jiē 惊／居合わせた全員が驚いた. ¶高朋～／満員御礼.

螨(蟎) mǎn
虫部10　四 5412₇
全16画　通用

图《虫》ダニ.

曼 màn
日部7　四 6040₇
全11画　次常用

❶形長くのびている. 長い. ¶～延 mànyán／一声而歌(声を長くのばして歌う). ❷形ゆったりと長い. 優雅な. ¶轻歌～舞 成軽やかな歌と優雅な舞い). ❸（Màn)姓.
【曼彻斯特】Mànchèsītè 图地名マンチェスター(英国).
【曼德琳】màndélín 图外《音楽》マンドリン. 回曼陀铃 màntuólíng ♦mandolin(e)
【曼谷】Màngǔ 图地名バンコク(タイ).
【曼哈顿】Mànhādùn 图地名マンハッタン(米国).
【曼妙】mànmiào 形文《音楽や舞踏などが)美しい. あでやかだ.
【曼声】mànshēng 图ゆったりと長くのびた音や声. ¶～吟哦 yín'é／声を長くのばして詠じる. ¶～低语／ゆったりとした低い声.
【曼陀铃[林]】màntuólíng[-lín] 图外《音楽》マンドリン. 回曼德琳 màndélín ♦mandolin(e)
【曼延】mànyán 形どこまでも続く. ¶～曲折 qūzhé

的羊肠小道／延々と続く曲りくねった小道.

谩(謾) màn
讠部11　四 3674₇
全13画　通用

素無作法だ. 粗野だ. ¶～骂 mànmà.
☞ 谩 mán
【谩骂】mànmà 動どなり散らす. ¶不能随意～／ところ構わずどなり散らしてはいけない.

墁 màn
土部11　四 4614₇
全14画　通用

❶動石やレンガを敷き詰める. ❷動土塀を塗る. ❸图白く塗った壁.

蔓 màn
艹部11　四 4440₇
全14画　次常用

素茎が細くからみつく植物. つる草. ¶～草 màncǎo.
☞ 蔓 mán,wàn
【蔓草】màncǎo 图つる草.
【蔓生植物】mànshēng zhíwù 图《植物》蔓性(まんせい)植物. 蔓(まん)植物.
【蔓延】mànyán 動はびこる. 蔓延(まんえん)する. ¶～滋长 zīzhǎng／どんどん成長する. ¶火势～／火の勢いが広がる.

幔 màn
巾部11　四 4624₇
全14画　次常用

图カーテン. たれ幕. スクリーン. ¶～帐 mànzhàng／布～ bùmàn（木綿のカーテン).
【幔帐】mànzhàng 图〔条 tiáo〕まん幕. カーテン.
【幔子】mànzi 图方幕. カーテン.

漫 màn
氵部11　四 3614₇
全14画　常用

❶動水がいっぱいになってあふれる. 水浸しにする. ¶河水～出来了(川があふれた)／水不深,只～过我脚面(水は深くない,私のくるぶしぐらいだ). ❷图あたり一面. 至るところ. ¶～山遍野／大雾～天(濃い霧がたちこめる). ❸形自由気ままだ. 際限がない. ¶～步 mànbù／～谈 màntán／～无目标(あてのない)／～无边际.
【漫笔】mànbǐ 图エッセイ. 雑文. ¶访日～／訪日雑記. 用法文章の題名や書名に用いられることが多い.
【漫不经心】màn bù jīng xīn 成図むとんちゃくで,気にかけない. ¶他一张答了一句,就又埋头看书了／彼は上の空で一言答えると,また本に顔を埋めた. 回漫不经意 yì
【漫步】mànbù ❶動散歩する. そぞろ歩く. ¶～江岸／川岸をそぞろ歩く. ❷散步 sànbù ❷图散步. 漫步. ¶东京～／東京散步. 回散步 sànbù
【漫长】màncháng 形(時間や道のりが)果てしなく長い. ¶～的岁月／長く果てしない年月. ¶～的海岸线／果てしない海岸線. ⇔短暂 duǎnzàn
【漫道】màndào → 慢说 mànshuō
【漫反射】mànfǎnshè 图《物理》乱反射.
【漫灌】mànguàn 图《農業》溢流(いつりゅう)灌漑. 越境灌漑. 自然流入による灌漑.
【漫画】mànhuà 图〔幅 fú,张 zhāng〕漫画.
【漫话】mànhuà 動とりとめのない話をする. ¶～家常／あれこれ世間話をする. ¶～长江／だらだらと,際限なくしゃべる.
【漫漶】mànhuàn 形（文字や絵などが)はっきりせず,識別しがたい.
【漫卷】mànjuǎn 動❶(旗が)風にひるがえる. ❷(風で砂が)一面に舞い上がり,おおいつくす.
【漫流】mànliú 動あふれ流れる. 溢流(いつりゅう)する.
【漫骂】mànmà 動やたらにけなす. ¶～和攻击,都不是

文艺批评者应有的态度 / やたらけなしたり攻撃したりするのは, 文芸評論家のとるべき態度ではない.

【漫漫】mànmàn 形 (時間が)長い. (距離が)果てしない. ¶~长夜 / とても長い夜. ¶路途~ / 道は果てしない. ¶望不到头的~白雪 / 見渡す限りどこまでも白く降り積もった雪.

【漫山遍野】màn shān biàn yě 成 野にも山にも. 至るところにあり, 数が多い. ¶~的映山红 / 一面の野山が赤く染まる.

【漫说】mànshuō 接 …は言うまでもなく. …はもちろんのこと. ¶这种动物, ~国内少有, 全世界也不多 / この動物は, 国内で少ないのはもちろん, 全世界でも多くはない. 同 慢说 mànshuō

【漫谈】màntán ❶ 動 (あるテーマについて)自由に話し合う. ¶~形势 / 情勢について自由に話し合う. ❷ 名 自由討論. フリートーキング. ¶影视~ / 映像をめぐる自由討論.

【漫天】màntiān ❶ 空いっぱいの, 空をおおう. ¶~大雪 / 空をおおう大雪. ❷ 際限のない. 途方もない. ¶~大谎 dàhuǎng / 途方もない大うそ. ¶柳絮 liǔxù~飞扬 / 柳の綿があたり一面に飛びかう.

【漫天要价】màn tiān yào jià 成 途方もない金額をふっかける. また, 無条件.

【漫无边际】màn wú biān jì 成 ❶ 果てまで見渡せないほど広い. ¶~的草原 / 見渡す限りの草原. ❷ 話や文章が本題を離れ, まとまりがない.

【漫无止境】màn wú zhǐ jìng 成 果てしない. 尽きるところがないようす.

【漫延】mànyán 動 ❶ (水があふれて)四方へ拡散する. ❷ (号令などが)四方へ広がる.

【漫溢】mànyì 動 ❀ 水があふれる. ¶洪水四处~ / 洪水でどこもかしこも水があふれた.

【漫游】mànyóu ❶ 動 気ままに歩き回って見物する. ¶~西湖 / 西湖を気ままにぶらつく. ¶~世界 / 世界を漫遊する. 同 遨游 áoyóu ❷ 名 漫遊. 同 遨游 áoyóu

慢 màn
忄部11 四 9604₇ 全14画 常用

❶ 形 速度が遅い. ゆっくりした. ¶~车 mànchē / ~~地走(ゆっくり歩く) / 我的表—五分钟(私の時計は5分遅れている). 同 缓 huǎn 反 快 kuài, 急 jí ❷ 素 おごりたかぶっている. 傲慢(ǎo)な. ¶~待 màndài / 怠~dàimàn (冷あしらう) / 傲~ àomàn (傲慢だ). ❸ (Màn)姓.

【慢车】mànchē 名〔量 次 cì, 辆 liàng, 列 liè, 趟 tàng〕各駅に停車する汽車・電車・バス. 普通の列車・バス. 反 快车 kuàichē

【慢待】màndài 動 ❶ 謙 (接待が)行き届かない. ¶今天太~了, 实在不好意思 / 今日は行き届きませず, 大変失礼しました. ❷ (相手を)冷たくあしらう. 表現 ①は, あいさつことば.

【慢道】màndào → 慢说 mànshuō

【慢动作】màndòngzuò 名 スローモーション.

【慢活】mànhuó 名 スローライフ.

【慢火】mànhuǒ 名 とろ火. 弱火. 同 文 wén 火, 微 wēi 火

【慢镜头】mànjìngtóu 名 (撮影の)スローモーション.

【慢慢】mànmàn 副 (~儿・~的) ❶ ゆっくりと. ¶~讲 / ゆっくりと話す. ¶别急, ~走 / 慌てるな, のんびり行こう. 同 缓缓 huǎnhuǎn ❷ 次第に. 徐々に. ¶~积累 jīléi / 徐々に積み重なる. 同 渐渐 jiànjiàn 注意 "~儿"

とするときは, "mànmānr"と発音する.

【慢慢腾腾】mànmantēngtēng 形 (~的) のろのろしている. ゆっくりだ. ¶~地走 / のろのろと歩く. 同 慢腾腾, 慢吞吞 tūntūn, 慢慢吞吞

【慢慢吞吞】mànmàntūntūn 形 (~的) のろのろしている. ゆっくりだ. ¶说话~的 / 話すのがゆっくりしている. 同 慢慢腾腾 tēngtēng, 慢腾腾, 慢吞吞

【慢慢悠悠】mànmanyōuyōu → 慢悠悠

【慢跑】mànpǎo 名〈スポーツ〉ジョギング.

【慢坡】mànpō 名 だらだら坂. 反 陡坡 dǒupō

【慢说】mànshuō 接 …はいうまでもなく. …どころか. ⇒ 漫说 mànshuō

【慢腾腾】mànténgténg 形 (~的) のろのろしている. ゆっくりだ. ¶一字一句~地念着 / 一字一句ゆっくり読んでいる. 同 慢吞吞 tūntūn 参考 口語では"mànténgtēng"とも読む.

【慢条斯理】màn tiáo sī lǐ 成 (動作が)ゆったりしている. のろのろしている. ¶不管什么情况, 他都~的 / どのような状況にあっても, 彼はゆったり落ち着いている.

【慢吞吞】màntūntūn 形 (~的) ゆったりしている. のろのろしている. ¶~地来开门 / ゆっくり立ち上がり, 戸を開ける.

【慢性】mànxìng ❶ 形 慢性の. ¶~中毒 zhòngdú / 慢性中毒. 反 急性 jíxìng ❷ 名 (~儿) "慢性子 mànxìngzi"に同じ. 反 急性 jíxìng

【慢性病】mànxìngbìng 名〈医学〉慢性疾患. 慢性病. 表現 仕事や生活の上で立ちおくれていることの比喩としても使う.

【慢性子】mànxìngzi ❶ 形 のろまだ. ❷ 名 のろまな人. のんびり屋. ¶她是个~, 你急也没用 / 彼女はのんびり屋だから, 君がじれても無駄だ. 反 急性子 jíxìngzi

【慢悠悠】mànyōuyōu 形 (~的) ゆっくりだ. ¶~地踱 duó 着方步 / ゆったりと歩を運ぶ. 同 慢慢悠悠 反 急冲冲 jíchōngchōng

【慢中子】mànzhōngzǐ 名〈物理〉低速中性子. 熟中性子. 同 热 rè 中子

【慢走】mànzǒu 動 ❶ ゆっくり行く. 反 快走 kuàizǒu ❷ (命令文で)ちょっと待て. ❸ お気をつけて. ¶请~! / どうぞお気をつけて. 表現 ③は人を見送るときのあいさつことば.

嫚 màn
女部11 四 4644₇ 全14画 通用

動 文 ❶ ばかにする. 侮辱する. ❷ なまける.

缦 (縵) màn
糹部11 四 2614₇ 全14画 通用

名 文 色や模様のない絹織物.

镘 (鏝) màn
钅部11 四 8674₇ 全16画 通用

名 文 壁塗り用のこて. 同 抹子 mòzi

mang ㄇㄤ [maŋ]

邙 máng
阝部3 四 0772₇ 全5画 通用

素 地名用字. ¶北~山 Běimángshān (河南省洛阳市の北部にある山の名).

芒 máng
艹部3 四 4471₀ 全6画 常用

❶ 图 イネやムギなどの実の先に出た細い毛. のぎ. ❷ 素 のぎ状のもの. ¶光～ guāngmáng（光. 光線）. ❸ 图 ススキ. ❹（Máng）姓.

【芒刺在背】máng cì zài bèi 成 居ても立ってもいられない. ¶听到点名批评,有如～,坐立不安 / 名指しの批判を受け,背にとげが刺さったように,居ても立ってもいられなかった. 由来「背中にとげが刺さっている」という意から.

【芒果】mángguǒ 图《植物》マンゴー. 同 杧果 mángguǒ.

【芒硝】mángxiāo 图《化学》芒硝(ぼうしょう).

【芒种】mángzhòng 图 芒種(ぼうしゅ). 二十四節気の一つ. 6月5日から7日頃.

忙 máng

忄部3 四 9001₁
全6画 常用

❶ 形 忙しい. ¶白天黑夜工作～（朝から晩まで仕事でする）/ ～～碌碌 lùlù（とても忙しい）. 反 闲 xián ❷ 动 急いで…する. 懸命にする. ¶大家都～生产（皆懸命に働いている）/ 从屋里出来（慌てて部屋から飛び出す）. ❸（Máng）姓.

【忙不迭】mángbùdié 副 あわただしく. あたふたと.

【忙叨】mángdao 形 方 あわただしい. せわしない. 同 匆 cōng 忙

【忙乎】mánghu 动 口 忙しく働く.

【忙活】❶ máng//huó 动（～儿）忙しく仕事をする. ❷ mánghuó 图（～儿）急ぎの仕事. ¶这是件～,要先做 / これは急ぎの仕事だから,先にやらなければ. ❸ mánghuo 动 方 忙しく仕事をする. ¶正为论文的事～ / ちょうど論文のことで忙しくしている.

【忙里偷闲】máng lǐ tōu xián 成 忙しい中でひまを見つける. ¶昨天,～去看了一场电影 / 昨日,ほんの少しのひまを見つけて映画を見に行った.

【忙碌】mánglù 形 色々なことをして忙しい. ¶从早到晚～着 / 朝から晩までずっと忙しくしている. ¶忙忙碌碌的工作人员 / あれこれ忙しい職員. 重 忙忙碌碌 同 繁忙 fánmáng 反 安闲 ānxián,清闲 qīngxián

【忙乱】mángluàn 形 することが多く,ごたごたしている. ¶工作～ / 仕事が多くてごたごたしている. ¶前些天～了一阵 / ここしばらく忙しい日が続いた.

【忙人】mángrén 图〚个 ge,位 wèi〛忙しい人. ¶你这个大～,今天怎么有空 kòng？ / 君のような大忙しの人間が,どうして今日はひまがあるんだい.

【忙音】mángyīn 图（電話）の通話中を示す「ツー, ツー」という音.

【忙于】mángyú 动 …に忙しい. ¶整天～家务 / 一日中家事に忙しい.

杧 máng

木部3 四 4091₀
全7画 通用

下記熟語を参照.

【杧果】mángguǒ 图《植物》❶〚棵 kē,株 zhū〛マンゴーの木. 同 芒果 mángguǒ ❷〚个 ge,只 zhī〛マンゴー.

盲 máng

目部3 四 0060₁
全8画 常用

❶ 素 目が見えない. 盲目. ¶～人 mángrén / ～文 mángwén. ❷ 素 是非の判断がつかない. 盲目的だ. ¶ ～ 从 mángcóng / ～ 动 mángdòng. ❸（Máng）姓.

【盲肠】mángcháng 图《生理》盲腸.

【盲肠炎】mángchángyán 图 俗 虫垂炎. 盲腸炎. 参考 現代医学用語では"阑尾炎 lánwěiyán".

【盲从】mángcóng 动 盲従する. ¶要有自己的主见,不要～别人 / 自分自身の見方が必要で,他人の言うなりになってはいけない.

【盲点】mángdiǎn 图《生理》盲点. 表现「見落としているところ」という意で,比喩としても使う.

【盲动】mángdòng 动 無分別かつ無目的に行動する. ¶办事要谨慎 jǐnshèn,不要～ / ものごとは慎重にやらなければいけない. やたらにやるのだめだ.

【盲干】mánggàn 动 盲目的にやる.

【盲谷】mánggǔ 图 一端が切り立った崖状の谷. 参考 石灰岩地質の土地に多い.

【盲流】mángliú 动 口（農村や僻地から仕事を求めて）人が都会に流入すること. また,その人.

【盲聋哑】mánglóngyǎ 图 盲人とろうあ者. ¶～学校 / 盲ろうあ学校. 由来"盲人 mángrén","聋哑人 lóngyǎrén"の略.

【盲鳗】mángmán 图《魚》メクラウナギ.

【盲目】mángmù 形 盲目的だ. ¶～崇拜 / 盲目的に崇拝する. ¶～乐观 / 現実を認識せず,楽観的だ. ¶～服从 / 盲目的に服従する.

【盲目性】mángmùxìng 图 盲目的なこと. やみくもなようす. 無計画.

【盲棋】mángqí 图 めくら将棋. 参考 将棋盤を使わず,口頭で指し手を言って指す将棋.

【盲区】mángqū 图 ❶ レーダーや胃カメラなどの届かない場所. ❷ 明確に認識や定義がされていない研究領域や分野.

【盲人】mángrén 图〚个 ge,位 wèi〛盲人.

【盲人摸象】máng rén mō xiàng 成 群盲象を撫(ぶ)づ. 全体を理解せず,断片的な判断して推測する. 由来 仏典に見えることば.

【盲人瞎马】máng rén xiā mǎ 成 盲人が目の見えない馬に乗る. 状況が極めて危険だ. ¶盲人瞎马——乱闯瞎撞 / 盲人が目の見えない馬に乗ることく,めくらめっぽうに乱入して暴れる. 由来《世説新語》排調篇に見えることば. "盲人瞎马,夜半临深池（盲人が目の見えない馬に乗り,夜中に深い池に近づく）から.

【盲文】mángwén 图 ❶ 点字. ❷ 点字文.

【盲字】mángzì 图 点字.

氓 máng

→部6 四 0774₇
全8画 次常用

→流氓 liúmáng

☞ 氓 méng

茫 máng

艹部6 四 4411₀
全9画 常用

❶ 素 わけがわからず,ぼうっとしている. ¶～然 mángrán / ～ 无 头 绪. ❷ → 茫茫 mángmáng ❸（Máng）姓.

【茫茫】mángmáng 形 果てしなく,はっきりと見えない. ¶～大海 / 果てしなく広がる海. ¶前途～ / 将来の見通しがつかない. ¶～人海,何处寻觅 xúnmì / 果てしない人の海の,どこを探せばいいのか. 表现 水の形容に用いることが多い.

【茫昧】mángmèi 形 文（記憶や印象などが）はっきりしない. 曖昧だ.

【茫然】mángrán 形 ❶ さっぱりわからない. ¶～不知所措 / どうすればよいか,さっぱりわからない. ❷ 失意のあまり,ぼうぜんとしている. ¶～若失 ruòshī / ぼう然自失する.

【茫无头绪】máng wú tóu xù 成 何の手がかりもない. ¶这项工作直到现在还是～ / この仕事は,今になってもまだどこから手をつけていいのかわからない.

硭 máng
石部6 四 1461₀
全11画 通用

下записа熟語を参照.

【硭硝】mángxiāo 名《化学》硫酸ナトリウム. 回 芒硝 mángxiāo

莽 mǎng
艹部7 四 4444₈
全10画 次常用

❶素 ぼうぼうに生えた草. ¶原 mǎngyuán／草～ cǎomǎng（草むら．また，「民間」をさす）／丛～ cóngmǎng（草むら）. ❷素 大ざっぱで軽はずみだ．粗忽(そっ)だ. ¶～汉 mǎnghàn／这人太～（この人は粗忽すぎる）. ❸（Mǎng）姓.

【莽苍】mǎngcāng ❶形 景色がぼんやりとしている．広々してはっきり見えない. ¶烟雨～／霧雨にぼうっと煙っている．回 莽苍苍 ❷名 原野.

【莽汉】mǎnghàn 名〔個 ge, 条 tiáo〕粗野な男．がさつな男.

【莽莽】mǎngmǎng 形 ❶ 草木が生い茂っている. ❷ 原野が見渡す限り広がっている. ¶～无限的草原／果てしなく広がる草原.

【莽原】mǎngyuán 名 草の生い茂った原野.

【莽撞】mǎngzhuàng 形 向こう見ずだ．無鉄砲だ. ¶～的小伙子／向こう見ずな若者. ¶行为 xíngwéi～／行動が無鉄砲だ. 回 莽莽撞撞 回 鲁莽 lǔmǎng, 冒失 màoshi

漭 mǎng
氵部10 四 3414₈
全13画 通用

下記熟語を参照.

【漭漭】mǎngmǎng 形(文)（海や湖が）果てしなく広い.

蟒 mǎng
虫部10 四 5414₈
全16画 通用

❶名《動物》〔個 条 tiáo〕ウワバミ．ニシキヘビ. ¶～蛇 mǎngshé. ❷→蟒袍 mǎngpáo

【蟒袍】mǎngpáo 名 明清時代に重臣が着用した礼服．金糸で大蛇の刺しゅうが施してある.

【蟒蛇】mǎngshé 名《動物》〔個 条 tiáo〕大蛇．ニシキヘビ. 回 蚺蛇 ránshé

---

mao ㄇㄠ [mau]

猫(異 貓) māo
犭部8 四 4426₀
全11画 常用

名《動物》〔個 个 ge, 只 zhī〕ネコ.
☞ 猫 máo

【猫耳洞】māo'ěrdòng 名《軍事》一人用の塹壕(ざんごう).

【猫睛石】māojīngshí 名《鉱物》猫目石．キャッツアイ.

【猫儿溺［匿·膩］】māonì 名方 ❶ 隠しごと．悪だくみ．(不正や秘密など)公明でないこと. ¶他们之间的～，我早就看出来了／彼らの怪しい関係には，私はとっくに気付いていた. ❷ トリック．いんちき.

【猫儿眼】māoryǎn 名 キャッツアイ. 表現 "猫睛石 māojīngshí"の通称.

【猫头鹰】māotóuyīng 名《鳥》〔個 只 zhī〕フクロウ. 回 鸱鸺 chīxiū, 夜猫子 yèmāozi

【猫熊】māoxióng 名〔個 只 zhī〕ジャイアントパンダ. 回 熊猫 xióngmāo, 大 dà 熊猫, 大猫熊

【猫眼】māoyǎn 名 ❶回 ドアにつけられた覗きレンズ. 回 门镜 ménjìng ❷ →猫儿眼 māoryǎn

【猫眼石】māoyǎnshí 名 "猫睛石 māojīngshí"に同じ.

【猫鱼】māoyú 名（～儿）（猫のエサ用の）小魚.

毛 máo
毛部0 四 2071₄
全4画 常用

❶名〔個 根 gēn, 绺 liǔ, 撮 zuǒ〕動植物の毛．ひろく毛状のもの. ¶羽～ yǔmáo（鳥の羽）／羊～ yángmáo（羊毛）／细管 máoxìguǎn／桃下 táozi上的～（モモの生えた産毛）. ❷素 未加工の．荒削りの. ¶～铁 máotiě（銑鉄）. ❸素 概略の．おおまかな. ¶～利 máolì／～重十斤（総重量10斤）. ❹形 小さな. ¶～孩子 máoháizi／～雨 máoyǔ. ❺名 貨幣価値が下がる. ¶钱～了（貨幣価値が下がる）. ❻素 落ち着きがない．そそっかしい. ¶～～腾腾 máomaotēngtēng／～手～脚／～头～脑（そそっかしい）. ❼名 ひどく驚いて恐ろしがる．たまげる．おじけづく. ¶把他吓～了（彼をおどかした）／心里直发～（ひどくおじけづく）. ❽回回 貨幣単位. 1"元 yuán"の10分の1. 回 角 jiǎo ❾（Máo）姓.

【毛白杨】máobáiyáng 名《植物》ハクヨウ．ポプラ.

【毛笔】máobǐ 名〔個 管 guǎn, 枝 zhī〕筆．毛筆. ¶在北京买了两枝～／北京で二本の筆を買った.

【毛边】máobiān 名 ❶《服飾》裁断したまま，縁かがりをしていない布の縁. ❷ "毛边纸"の略称.

【毛边纸】máobiānzhǐ 名 竹の繊維で作った紙. 参考 色は淡黄色で，書道や印刷に適するので，広く使われもいる.

*【毛病】máobìng[-bing] 名 ❶ きず．故障. ¶发动机出了～／発動機が故障した. ❷ 欠点．悪いくせ. ¶他的～是性急／彼の欠点はせっかちなところだ. ❸方 病気. ¶她有胃疼的～／彼女は時々胃が痛む.

【毛玻璃】máobōli[-li] 名 すりガラス. 回 磨砂 móshā 玻璃

【毛布】máobù 名 太い綿糸で織った布. 比較 日本語の「毛布」は"毛毯 tǎn"と言う.

【毛糙】máocao 形 いいかげんだ．雑だ. ¶～的做工／雑な仕事. 回 毛毛糙糙 回 粗糙 cūcāo

【毛茶】máochá 名 一次加工をした茶葉．再加工して紅茶や緑茶となる. 回 毛条 máotiáo

【毛虫】máochóng 名〔個 条 tiáo〕毛虫. 回 毛毛虫 máomaochóng

【毛刺】máocì 名 ❶ 動植物のトゲ. ❷（～儿）《工業》金属や木材加工などで，ふちや表面に生じた目の粗い部分．バリ.

【毛豆】máodòu 名 エダマメ.

【毛发】máofà 名 人の体毛と頭髪. ¶～直立／毛が逆立つ（極度の恐怖や驚きの形容）.

【毛纺】máofǎng 動《紡織》毛紡績．毛織(物).

【毛茛】máogèn 名《植物》キンポウゲ.

【毛估】máogū 動 大まかに見積もる．ざっと計算する.

【毛骨悚然】máo gǔ sǒng rán 形 身の毛がよだつ．怖れおののくよう. ¶看到树上的毛毛虫，令我～／木の上の毛虫を見て，ぞっとした. ¶吓得～／びっくりして身の毛がよだった.

【毛孩】máohái 名（～儿）全身に濃い体毛のある子供.

【毛孩子】máoháizi 名 子供．経験不足の若者．青二才. 表現 若者をあざけって言うことば.

【毛蚶】máohān 名《貝》サルボオガイ.

【毛烘烘】máohōnghōng 形（～的）毛がふさふさした．毛むくじゃらな.

【毛活】máohuó 名（～儿）（毛糸での）編み物の仕事.

【毛尖】máojiān 名 毛尖茶. 緑茶の一種. 同 毛峰 fēng 参考 新芽の先端を採って加工したもので、高級とされる. 信陽毛尖(河南省)、都勻毛尖(貴州)などが有名.
*【毛巾】máojīn 名 〔块 kuài, 条 tiáo〕タオル.
【毛巾被】máojīnbèi 名 〔条 tiáo〕タオルケット. 同 毛巾毯 tǎn
【毛举细故】máo jǔ xì gù 成 些細な事をいちいち挙げること. 重箱の隅をつつく. ¶你不必～了／君,些細なことをいちいちあげつらうのはやめてくれ. 同 毛举细务 wù
【毛孔】máokǒng 名 毛穴. 同 汗孔 hànkǒng
【毛裤】máokù 名 〔条 tiáo〕毛糸のズボンやズボン下.
【毛拉】máolā 名《宗教》モーラ. ムーラ. イスラム教で、学者の呼称. 由来 アラビア語 maulā(先生,主人の意)より.
【毛蓝】máolán 形 紺色より少しうすい. 深いブルーの.
【毛里求斯】Máolǐqiúsī《国名》モーリシャス.
【毛里塔尼亚】Máolǐtǎníyà《国名》モーリタニア(アフリカ).
【毛利】máolì 名《会计》粗利益. ¶公司今年的～比去年上升了百分之八／会社の今年の粗利益は、去年に比べ8％上昇した.
【毛利率】máolìlǜ 名《会计》粗利率.
【毛利人】Máolìrén 名 マオリ人(ニュージーランドの先住民族).
【毛料】máoliào 名 〔块 kuài〕毛織物.
【毛驴】máolǘ 名 (～儿)《动物》〔匹 pǐ, 头 tóu〕ロバ. 参考 多く小さなロバを指す.
【毛毛】máomao 名 ❶方 赤ちゃん. 赤ん坊. ❷ 細かい毛. ❸ ぼさぼさの髪.
【毛毛虫】máomaochóng 名 毛虫.
【毛毛腾腾】máomaoténgténg 形 あわてふためいている. ¶你别～的样子／君,あたふたするのはやめたまえ.
【毛毛雨】máomaoyǔ 名 こぬか雨. 霧雨. 同 毛毛细雨 xìyǔ 表现 消息を事前に人の耳に入れておくことを"下毛毛雨 xià máomaoyǔ"という.
【毛南族】Máonánzú 名《民族》マオナン族. 中国の少数民族. 広西省に居住.
【毛囊】máonáng 名《生理》毛囊(のう).
【毛囊炎】máonángyán 名《医学》毛囊(のう)炎.
【毛呢】máoní 名《纺织》厚手の毛織り地.
【毛坯】máopī 名 ❶ 半製品. ❷ 未加工品. 同 坯料 pīliào
【毛皮】máopí 名 〔张 zhāng〕毛皮.
【毛片】máopiàn 名《映画》❶ 撮影しただけで、カットなどの加工が未処理の映画フィルム. ❷ ポルノフィルム. アダルトフィルム.
【毛票】máopiào 名 口 (～儿) 一角・二角・五角の紙幣. 由来 "角"は口語では"毛"と呼ばれるため.
【毛茸茸】máoróngróng 形 (～的) 毛がふさふさだ. ¶～的小白兔／毛がふかふかの白いウサギ.
【毛入学率】máorùxuélǜ 名 就学率.
【毛石】máoshí 名《建筑》割石. 割栗(ぐり)石.
【毛收入】máoshōurù 名 総収入. 支出分を差し引く前の収入総額.
【毛手毛脚】máo shǒu máo jiǎo 成 そそっかしいこと. ¶每当遇到重要关头时,他都～的／いつも重要な局面になると、彼はそそっかしくなる.
【毛遂自荐】Máo Suì zì jiàn 成 毛遂(すい)自薦する. 自己推薦すること. ¶他向上司～参加这项工作／彼はその仕事に加わるため、上司に自己推薦した. 由来『史記』平原君伝に見えることば. 戦国時代、趙国の平原君の食客、毛遂が自ら進んで楚国へ行き、援軍の許可を請い、ついに秦国の攻撃から趙国を守ったことから.

【毛毯】máotǎn 名 〔床 chuáng, 条 tiáo〕毛布.
【毛桃】máotáo 名《植物》(野生の)モモ. また、その果実. 表現 まだ熟していない実のこともいう.
【毛条】máotiáo 名 ❶→毛茶 máochá ❷ 毛織用の原料糸.
【毛细管】máoxìguǎn 名 ❶《生理》毛細血管. ❷《物理》毛細管.
【毛细现象】máoxì xiànxiàng 名《物理》毛細管現象.
【毛细血管】máoxì xuèguǎn 名《生理》毛細血管.
【毛线】máoxiàn 名 口 根 gēn, 股 gǔ, 团 tuán, 支 zhī〕毛糸. ¶用～织毛衣／毛糸でセーターを編む.
【毛象】máoxiàng 名 マンモス.
【毛丫头】máoyātou 名 小娘.
【毛样】máoyàng 名《印刷》棒組みのゲラ刷り.
【毛腰】máo//yāo 动 ❶ 腰をかがめる. ¶～钻进 zuānjìn 山洞／腰をかがめ、洞穴へ入る. 同 猫腰 máoyāo
*【毛衣】máoyī 名 〔件 jiàn〕セーター.
【毛蚴】máoyòu 名 毛の生えている幼虫の総称.
【毛躁】máozao 形 ❶ 短気だ. ¶脾气～／性格が短気だ. ❷ せっかちで、そそっかしい. ¶做事有些～／やることが少しそそっかしい. 同 毛毛躁躁
【毛泽东】Máo Zédōng《人名》毛沢東(たくとう): 1893-1976. 湖南省出身の政治家、思想家、軍事家、文学者. 1921年の創立以来中国共産党に参加し、最高指導者として革命を指導、中華人民共和国を創立した.
【毛泽东思想】Máo Zédōng sīxiǎng 名 毛沢東思想.
【毛毡】máozhān 名《纺织》フェルト.
【毛织品】máozhīpǐn 名《纺织》毛織物.
【毛痣】máozhì 名 皮膚にある、長毛の生えている痣.
【毛重】máozhòng 名 総重量. 風袋込み重量. 反 净重 jìngzhòng
【毛猪】máozhū 名 生きているブタ. 参考 多く交易用のものを指す.
【毛竹】máozhú 名《植物》〔竿 gān, 根 gēn, 片 piàn〕モウソウチク. 同 南竹 nánzhú
【毛装】máozhuāng 名 (書籍で)化粧断ちをしない装丁.
【毛子】máozi 名 ❶ 口 毛唐. ❷ 方 土匪(ひ). ❸ 方 細い毛や糸くず.

矛 máo
矛部 0 四 1722₂ 全5画 常用

名 長い柄の先に両刃の剣をつけた武器. ほこ. 反 盾 dùn
*【矛盾】máodùn ❶ 名 矛盾. ¶解决～／矛盾を解決する. ¶～百出／矛盾が続出する. 同 冲突 chōngtū, 抵触 dǐchù, 抵牾 dǐwǔ ❷ 形 対立した. 食い違った. ¶我心里很～／私はとても迷っている. 同 抵触 dǐchù
【矛头】máotóu 名 矛先. ¶批判的～／批判の矛先. ¶～所向／矛先の向かうところ. 用法 多く比喩に用いる.

毛泽东

@ 锋芒 fēngmáng

茆 máo 艹部5 全8画 四4472₇ 通用
名 ❶ "茅 máo"に同じ. ❷ (Máo)姓.

茅 máo 艹部5 全8画 四4422₂ 常用
名 ❶《植物》チガヤ. ❷ (Máo)姓.
【茅草】máocǎo 名 チガヤ. ¶~房／カヤぶきの小屋.
【茅厕】máocè[-ce] 名 口 便所. トイレ. 回 厕所 suǒ
【茅盾】Máo Dùn《人名》茅盾(ぼうじゅん：1896-1981). 小説家. 処女作『蚀(しょく)』三部作など著書多数.
【茅房】máofáng 名 口 便所.
【茅坑】máokēng ❶方 便所の糞(ふん)だめ. ❷ 口 粗末な便所.
【茅庐】máolú 名 文 草ぶきの屋根の家. 茅屋(ぼうおく). ¶三顾~／成 三顾の礼を尽くす. 非常に丁重に人を招く. 三国時代, 蜀の劉備が諸葛亮を招請するため, その庵を三度訪ねたという故事から.

茅 盾

【茅棚】máopéng 名 カヤぶきの小屋.
【茅塞顿开】máo sè dùn kāi 目の前をふさいでいた茅(ち)が急に開け, 目の前が明るくなる. 今まで分からなかったことが急に分かること. ¶你的话, 使我~／君の話は, 私には目からうろこだった. 回 顿开茅塞.
【茅舍】máoshè 名 文 カヤぶきやワラぶきの簡素な小屋. 表現 自分の家をへりくだって言う場合によく使われる.
【茅台酒】máotáijiǔ 名 回 杯 bēi, 瓶 píng〕マオタイ酒. 茅台 máotái 参考 贵州省仁怀县茅台镇产の焼酎(しょうちゅう). "白酒"の名酒として有名.
【茅屋】máowū 名 〔回 间 jiān〕草ぶきの屋根の家. 茅屋(ぼうおく). 用法 粗末で小さいものをさす. また, 自分の家をへりくだって言う.

牦(異 犛、氂) máo 牛部4 全8画 四2251₄ 通用
下記熟語を参照.
【牦牛】máoniú 名《動物》〔回 头 tóu〕ヤク.

牦 牛

旄 máo 方部6 全10画 四0821₄ 通用
❶ 名 昔, ヤクのしっぽを飾りにつけた旗. ❷ 素 "耄 mào"に同じ.

猫(異 貓) máo 犭部8 全11画 四4426₀ 常用
下記熟語を参照.
☞ 猫 māo
【猫腰】máoyāo 动 方 腰をまげる. 回 毛腰 máoyāo

锚(錨) máo 钅部8 全13画 四8476₀ 常用
名 錨(いかり). ¶抛~ pāomáo (錨を下ろす)／起~ qǐmáo (錨を上げる).
【锚泊】máobó 动 (船が)錨を下ろして停泊する. 投錨(とうびょう)する.
【锚地】máodì 名 投錨(とうびょう)地. 停泊地. 回 泊 bó 地
【锚固】máogù 动《建築》アンカーボルトで固定する.
【锚位】máowèi 名 投錨地点.

髦 máo 髟部4 全14画 四7271₄ 通用
❶ 名 古代の子供の前髪. ❷ →时髦 shímáo

蝥 máo 虫部9 全15画 四1813₆ 通用
→斑蝥 bānmáo

蟊 máo 矛部12 全17画 四1713₆ 通用
名 イネなどの苗の根を食べる害虫. ¶~贼 máozéi.
【蟊贼】máozéi 名 文 国民や国家に危害をもたらす人物.

卯(異 夘、夗) mǎo 卩部3 全5画 四7772₀ 通用
名 ❶ 十二支の4番目. 卯(う). ❷ 木工で木と木をつなぐ時, 一方につけるへこみ. ほぞ穴. ¶~眼 mǎoyǎn. ❸ (Mǎo)姓.
【卯时】mǎoshí 名 旧 卯(う)の時. 午前5時から7時まで.
【卯榫】mǎosǔn 名 ほぞ穴とほぞ.
【卯眼】mǎoyǎn 名 ほぞ穴.

峁 mǎo 山部5 全8画 四2272₇ 通用
名 方 丘の頂. 特に, 中国西北部の黄土地帯の丘陵.

泖 mǎo 氵部5 全8画 四3712₀ 通用
❶ 名 静かな池. ❷ 素 地名用字. ¶~桥 Mǎoqiáo (上海市の地名).

昴 mǎo 日部5 全9画 四6072₇ 通用
名 すばる. 星の名. 二十八宿の一つ.

铆(鉚) mǎo 钅部5 全10画 四8772₀ 次常用
动《工業・機械》金属板に穴をあけ鋲(びょう)で締めてつなぐ. リベットで留める. ¶~钉 mǎodīng ／~接 mǎojiē ／~眼 mǎoyǎn.
【铆钉】mǎodīng 名 〔回 个 ge, 只 zhī〕リベット.
【铆工】mǎogōng 名 ❶ リベット締めの作業. ❷ リベット工.
【铆接】mǎojiē 动 リベット締めする.
【铆劲儿】mǎo//jìnr 动 ぐっと力をこめる. ¶铆着劲儿干／力をこめてやる.
【铆眼】mǎoyǎn 名 リベット締め用の穴.

芼 mào 艹部4 全7画 四4471₄ 通用
动 文 草を摘む.

茂 mào 艹部5 全8画 四4425₃ 通用
❶ 素 草木が生い茂る. ¶~盛 màoshèng ／根深叶~ (勢いが盛んなことのたとえ). ❷ 素 華麗だ. ¶图文并~ (挿し絵も文章も内容が豊かで立派だ). ❸ 名《化学》シクロペンタジェンの旧称. ❹ (Mào)姓.

【茂密】màomì 形 草木が密生している。¶树木～/草木がうっそうと茂っている。¶～的竹林/うっそうとした竹林。同 浓密 nóngmì 反 稀疏 xīshū

【茂盛】màoshèng 形 ❶植物がよく茂っている。¶庄稼长得 zhǎngde 很～/作物がとてもよく育っている。同 繁茂 fánmào ❷繁盛・繁栄している。¶财源 cáiyuán ～/商売が繁盛している。

眊 mào
日部4 四 6201₄ 全9画 通用
形 文 眼がかすんでいる。

冒 mào
日部5 四 6060₀ 全9画 常用
❶ 动 煙や蒸気などが外に噴き出す。¶～烟 màoyān /～火 màohuǒ /～汗 màohàn 热气直往外～(熱気が外に噴き出す）。❷ 动 危険や悪条件をものともしない。勇敢に…する。¶～险 màoxiǎn /～雨 màoyǔ /～着风浪出海(荒海に乗り出す）。❸ 素 無鉄砲に押し切る。がむしゃらに…する。¶～昧 màomèi /～犯 màofàn /～进 màojìn。❹ 素 偽物を使ってだます。偽の。¶～名 màomíng /～牌 màopái。❺ (Mào)姓.
☞ 冒 Mò

【冒充】màochōng 动 …のふりをする。本物に見せかける。¶～内行 nèiháng /専門家のふりをする。同 混充 hùnchōng, 假充 jiǎchōng, 假冒 jiǎmào

【冒顶】mào//dǐng 动 落盤する。¶煤矿～了/炭鉱が落盤した。

【冒渎】màodú 动 冒瀆(とく)する。

【冒犯】màofàn 动 失礼な言動をする。¶～尊严/尊厳を冒す。¶你竟然～了上级!/君、よりによって上司に逆らうなんて!

【冒汗】mào//hàn 动 汗だくになる。汗もふかずに…する。

【冒号】màohào 名《语言》句読点の「:」(コロン). 参考 詳しい内容を提示するときに用いる。⇒付録「句読点・かっこなどの用法」

【冒火】mào//huǒ 动 (～儿) ❶怒る。かっとする。¶他气得直～/彼はかっとして怒った。❷ 炎が燃え上がる。火花が散る。

【冒尖】mào//jiān 动 (～儿) ❶容器に山盛りになる。❷一定量をわずかに超える。¶妹妹十岁刚～/妹は十歳ちょっとだ。❸突出している。¶他在班上学习～/彼はクラスで飛び抜けている。❹きざしが現れる。

【冒尖户】màojiānhù 名 突出農家。参考 販売経営や手工業などを営み、収入が急増した優良農家。

【冒金星】mào jīnxīng 目から火花が出る。目がチカチカする。同 冒金花

【冒进】màojìn 动 むやみに事を進める。¶决不能盲目 mángmù～/決して事を焦ってはいけない。

【冒领】màolǐng 动 人の名をかたって受け取る。¶请你在此签名确认,以防这份文件被～/この書類が他人に取られないように、ここに確認の署名をしてください。

【冒昧】màomèi 形 言動が地位・能力・場所柄をわきまえない。¶不揣 chuǎi～/ぶしつけを顧みず。僭越(せん)とは存じますが。¶恕 shù 我～地请问您今年多大岁数了?/ぶしつけとは存じますが、今年いくつにおなりですか? 用法 謙遜表現に多く用いる。

【冒名】mào//míng 动 他人の名前をかたる。¶～骗 piàn 钱/名前をかたってだましとる。

【冒名顶替】mào míng dǐng tì 成 他人の名前をかたり、替え玉になる。

【冒牌】mào//pái 动 (～儿)商標を盗用する。

【冒牌货】màopáihuò 偽ブランド品。¶这件西装是～货/この洋服は偽ブランド品だ。

【冒傻气】mào shǎqì 旬 口 ばかなことを言ったり、やったりする。

【冒失】màoshī 形 軽率だ。そそっかしい。¶～的行为/軽率な行為。重 冒冒失失 同 鲁莽 lǔmǎng, 莽撞 mǎngzhuàng

【冒失鬼】màoshīguǐ 名 おっちょこちょい。¶你这个～,竟然问人家离婚了没有!/君もおっちょこちょいだね、ことも人に離婚したかどうか聞くなんて。

【冒天下之大不韪】mào tiān xià zhī dà bù wěi 成 多くの反対を押し切り、敢えて天下の大悪を犯す。

【冒头】mào//tóu 动 ❶きざしが現れる。¶骄傲情绪～了/うぬぼれの気持ちが頭をもたげた。❷一定量をすこし超える。¶他的年龄三十～/彼の年齢は三十過ぎだ。

【冒险】mào//xiǎn 危険を冒す。冒険する。¶～运动/危険なスポーツ。

【冒险家】màoxiǎnjiā 冒険家。

【冒险主义】màoxiǎn zhǔyì 名 冒険主義。

【冒烟】mào//yān 动 煙が立ち上る。¶烟囱 yāncōng ～了/煙突から煙が上っている。

【冒雨】mào//yǔ 动 雨をものともしない。雨をついて…する。¶～回家/雨の中を帰る。¶妈妈～来接我/母は雨の中、私を迎えに来てくれた。

贸(貿) mào
贝部5 四 7780₂ 全9画 常用
❶ 素 商業的な取り引きをする。貿易する。¶外～ wàimào (対外貿易）/抱布～丝(布と生糸を交換する)。❷ 素 軽率に。¶～然 màorán /～～然来(軽々しくやって来る)。❸ (Mào)姓.

【贸促会】màocùhuì 名 "贸易促进会"(貿易促進会）の略称。

【贸然】màorán 副 軽率に。¶～下结论/軽率に結論を下す。¶～改变计划/軽々しく計画を変える。

*【贸易】màoyì 名 貿易。¶对外～/対外貿易。¶～公司/貿易会社。

【贸易壁垒】màoyì bìlěi 名《贸易》貿易障壁。

【贸易风】màoyìfēng 名《气象》貿易風。同 信风 xìnfēng

耄 mào
老部4 四 4471₄ 全10画 通用
素 老人。80～90歳ぐらいの人。¶老～ lǎomào (高齢だ)/～耋 màodié 之年(老年)。

袤 mào
亠部9 四 0073₂ 全11画 通用
素 文 南北の長さ。¶广～ guǎngmào (土地のたてよこの長さ)。⇨ 广 guǎng

帽 mào
巾部9 四 4626₀ 全12画 常用
名 ❶ 帽子。¶草～ cǎomào (麦わら帽子)/军～ jūnmào (軍帽)/安全～ ānquán mào (作業用のヘルメット)。❷ (～儿)帽子のような働き、または形のもの。¶螺丝～儿 luósīmàor (ナット)/～钉 màodīng (リベット)/笔～儿 bǐmàor (ペンのキャップ)。

【帽顶】màodǐng 名 冠。王冠。

【帽耳】mào'ěr 名 防寒帽の耳覆い。

【帽徽】màohuī 名〔一枚 méi〕制帽の正面につける徽章。

【帽盔儿】màokuīr 名 半球形のつば無しの帽子。スカラキャップ。ヘルメット。

【帽舌】màoshé 名 帽子のひさし. ¶我喜欢戴有～的帽子 / 私はまびさしのある帽子が好きだ. 同 帽舌头 mào-shétou

【帽檐】màoyán 名 (～儿) 帽子のつば.

*【帽子】màozi 名 ❶ 〔顶 dǐng, 个 ge〕帽子. ❷ 罪名. レッテル. ¶扣 kòu～/ レッテルを貼る.

瑁 mào 王部9 四 1616₀ 全13画 通用

→玳瑁 dàimào

貌 (異 皃) mào 豸部7 四 2621₂ 全14画 常用

❶ 素 顔 かたち. 見栄え. ¶面～ miànmào (面つき) / 容～ róngmào (容貌) / 不能以～取人 (見かけで人を選んではいけない). ❷ 素 外にあらわれたようす. 見かけ. ¶山村新～ (山村の新しいすがた) / 工厂全～ (工場の全景) / ～合神离. ❸ (Mào) 姓.

【貌合神离】mào hé shén lí うわべは親しそうだが, 内心では離れている. ¶他们夫妻～, 终于分手了 / 彼らは仮面夫婦だったが, ついに別れた.

【貌似】màosì 副 見たところ. あたかも. ¶你这样的决定～公允, 其实是偏袒 piāntǎn 对方 / 君のこの決定はいかにも公平そうだが, 実は相手に肩入れしている. ¶～强大 / 強大そうに見える.

【貌相】màoxiàng ❶ 動 (人を)外見で判断する. ❷ 名 容貌. 顔立ち.

瞀 mào 目部9 四 1860₄ 全14画 通用

形 文 ❶ かすんでいる. ぼやけている. ¶眼～ yǎnmào (目がかすんでいる). ❷ 心が乱れている. ¶～乱 mào-luàn (心が乱れている). ❸ 愚鈍だ.

懋 mào 心部13 四 4433₉ 全17画 通用

文 ❶ 形 盛大だ. ¶～绩 màojì (立派な業績). ❷ 素 勤勉だ.

me ㄇㄜ [mɤ]

么 (麼) me 丿部1 四 2073₂ 全3画 常用

❶ 接尾 疑問や驚きの気分を添える. ¶怎～ zěnme (どのように) / 那～ nàme (あのように) / 多～ duōme (どれくらい) / 这～ zhème (このように) / 什～ shén-me (なに). ❷ 助 含みを持たせた語気をあらわす. 文中の切れ目に置かれる. ¶不让你去～, 你又要去 (君は行かせまいとすると, 行きたがる).

☞ 么 ma, yāo

mei ㄇㄟ [mei]

没 méi 氵部4 四 3714₇ 全7画 常用

Ⅰ 動 ❶ 持っていない. ない. ¶我～钱 / 私はお金を持っていない.

❷ 存在しない. いない. ¶这里～人 / ここには誰もいない. ¶那里～什么东西 / そこには何もない. ¶我的钱包～了 / 財布がなくなった.

❸ (その数量に)達しない. ¶那座山～一千米 / あの山は千メートルもない.

❹ (程度が) …に及ばない. 同 没有 méiyǒu ¶我～她成绩好 / 私は彼女ほど成績がよくない. ¶平时～那么便宜 / 普段はあんなに安くない.

Ⅱ 副 …しなかった. まだ…していない. 同 没有 méiyǒu ¶我～搬家 / 私は引っ越さなかった. ¶天还～亮呢 / まだ夜は明けていない. ¶好久～接到信了 / 久しく便りがない. *&* 単用も可. ◇ "做饭了没？" "没呢"/「食事を作った？」「いいえ」

☞ 没 mò

【没边儿】méibiānr 形 終わりがない. ¶说话～ / だらだらしゃべる.

【没吃没穿】méi chī méi chuān 句 衣食に事欠く. 生活が苦しい.

【没出息】méi chūxi 見込みがない.

【没词儿】méi//cír 動 ❶ 話すべきことがない. ❷ ことばにつまる. 返事に窮する. ¶她伶牙俐齿 língyá lìchǐ 的, 说得我都～ / 彼女は口が達者なので, 私はことばにつまってしまった.

*【没错儿】méicuòr 形 間違いない. 確かだ. ¶你说的话一点儿也～ / 君の言うことは少しも間違っていない.

【没大没小】méidà méixiǎo 句 年上に対して礼儀をわきまえない. ¶你不可以这样～地跟爷爷讲话 / あなたはおじいさんにそんな礼儀をわきまえない口のきき方をしてはいけない. 表现 "没 A 没 B" の形で AB に反対の意味の形容詞を置いて, 「AB の区別をわきまえない, いいかげんにする」という意味の表現を作ることができる.

【没法儿】méi//fǎr[-fār·-fár] 動 ❶ 方 …できない. ¶～去旅行 / 旅行に行けない. ¶～回答 / 返事のしようがない. ❷ 方 それ以上のものはない. ❸ "没法子 méi fǎzi" に同じ.

【没法子】méi fǎ[fá-]zi 句 仕方がない. 方法がない. ¶真是拿他～ / まったく彼はどうしようもない. 同 没法儿 fǎr

【没骨头】méi gǔ[gú-]tou 句 意気地がない. 軟弱だ. 骨無しだ.

**【没关系】méi guānxi 句 ❶ 差し支えない. 大丈夫だ. かまわない. ¶你有急事不能来, 这～ / 急用ができて来られないならかまいません. ❷ "对不起" "～" / 「ごめんなさい」「大丈夫です」同 不要紧 bùyàojǐn ❷ (あいさつ語として)どういたしまして. ¶ "谢谢" "～" / 「ありがとう」「どういたして」

【没劲】méi//jìn ❶ (～儿) 元気がない. ¶觉得浑身 húnshēn～/ 全身がだるい. ❷ 面白くない.

【没精打采】méi jīng dǎ cǎi 成 元気がない. しょげている. 同 无 wú 精打采

【没救】méijiù 形 不治の. 直る見込みがない.

【没空】méikòng (～儿) ひまがない. 時間がない.

【没来由】méi láiyóu 句 いわれがない. 理由がない. わけもない. 同 无端 wúduān

【没老没少】méilǎo méishào 句 年上に対し, 礼儀をわきまえない. ¶你不能这样～的 / そんなふうに年上に対して友達のような態度をとってはいけません.

【没落子】méi làozi 句 方 生活のあてがない. 暮らしが貧しい. 同 没落儿 méi làor

【没脸】méi//liǎn 動 面目ない. 顔向けできない. ¶～见人 / 人に合わせる顔がない. ¶～出门 / 面目なくて外へ出られない.

【没良心】méi liángxīn 句 良心がない. 恩知らずだ.

【没…没…】méi…méi… ❶(類義の名詞·動詞·形容詞の前に置いて)"没有 méiyǒu"を強調する. ¶～羞 xiū～臊 sào / 恥ずかしげもない. ¶～着 zhuó～落 luò / 落ち着かない. ¶～皮～脸 / 厚顔だ. ❷(反義の形容詞の前に置いて)当然していないことをあらわす. ¶～日～夜地埋头工作 / 昼も夜もなく仕事に没頭する.

【没门儿】méi//ménr 動❶方法がない. ❷承知しない. 許さない. ¶这几天你想请假？～! / 2,3日休暇をとりたいって？だめだね!

【没命】méimìng ❶動死ぬ. ❷形必死だ. 懸命だ. ¶敌军 díjūn～地逃跑 táopǎo / 敵軍は必死で逃げていった. ❸形運が悪い. 薄幸だ.

【没跑儿】méipǎor 動 間違いない. 絶対に合う.

【没皮没脸】méipí méiliǎn 厚顔無恥だ. ¶今天他还～地来借钱 / 今日彼は恥ずかしげもなく金を借りに来た. 回 没脸没皮

【没谱儿】méi//pǔr 動(方)見通しが立たない. 見込みがない. ¶心里～ / 目算が立たない.

【没趣】méiqù 形(～儿)メンツが立たない. 体裁が悪い. ¶自讨～ / わざわざ恥をさらす. ¶给他一个～ / 彼に恥をかかせる.

【没深没浅】méishēn méiqiǎn 句 程度をわきまえない. 回 没轻 qīng 没重 zhòng

*【没什么】méi shénme 句 ❶何でもない. 差し支えない. ❷(あいさつ語として)かまいません. 大丈夫だ. ¶"真对不起！""～"/「本当にごめんなさい」「大丈夫です」

*【没事】méi//shì 動(～儿) ❶用事がない. 暇だ. ¶这儿～了,你可以下班了 / もう用事はないから,君は帰っていいでよ. ❷もめ事がない. 太平だ. ¶我们俩已经～了,请大家放心 / 私達二人はもう大丈夫なので,皆さんどうぞご安心ください. ❸(あいさつ語として)大丈夫だ. 大したことはない. ¶"唷 yō,踩 cǎi 了您的脚了！""～,～"/「おっ,あなたの足を踏んじゃった」「大丈夫,大丈夫」

【没事人】méishìrén 名(～儿) ❶部外者. 無関係な人. ❷無関心な人.

【没说的】méishuōde 慣 ❶欠点がない. 申し分ない. ¶这小伙真～ / この若者はほんとうに申し分ない. ❷話し合いの余地がない. ¶违反规定,理当受罚 fá, ～ / 規定に反したのだから,罰を受けてしかるべきで,議論の余地はない. ❸問題にならない. 言うまでもない. ¶这点儿小事交给我办吧, ～ / そんな事は私に任せなさい, 何でもないよ. 回 没有说的 méiyǒu shuōde, 没的说 méideshuō

【没挑儿】méitiāor 動 申し分ない. 非の打ちどころがない.

【没头没脑】méitóu méinǎo 句 いわれがない. 見当がつかない. ¶～的话 / やぶから棒な話.

【没头没尾】méitóu méiwěi 句 ❶話に脈絡がない. ❷何を言いたいのか分からない. ❸やみくもだ.

【没完】méi//wán 動 終わらない. 決着がつかない.

【没完没了】méiwán méiliǎo 句(仕事や話などが)終わらない. 果てがない.

【没戏】méi//xì 動 望みがない. 見込みがない. ¶看来工作～了 / どうやら就職は絶望だ.

【没心没肺】méixīn méifèi 慣 ❶ 単純で,才覚がない. 愚鈍だ. ❷良心のかけらもないようす. 回 没心没肺 méixīndeshuō

【没臊】méixiū 恥知らずだ. 厚かましい. 回 没羞没臊 sào

*【没意思】méi yìsi 句 ❶ 退屈だ. ¶整天学习,不觉得～吗？/ 一日中勉強ばかりで,つまらないとは思わないの.
❷面白みがない. ¶这个电影真～！/ この映画は本当につまらない.

【没影儿】méiyǐngr ❶ 影も形もない. ❷ 証拠や根拠がない.

*【没用】méiyòng 動 役に立たない. 何にもならない. ¶打也～ / 殴っても何にもならない. ¶你真～,在女朋友面前一句话也不会说 / 君はまったくだめだね. ガールフレンドの前で一言も話せないなんて.

**【没有】méiyǒu[-you] ❶ 動 持っていない. ない. ¶～票 / 切符がない. ¶～理由 / 理由がない. ❷ 動 存在しない. ない. ¶屋里～人 / 部屋の中に誰もいない. ❸ 動 …に及ばない. …ほど…でない. ¶你～小李高 / 君は李さんほど背が高くない(李さんより低い). ❹ 動 ある数量に達しない. ⇨没 méi Ⅰ ❸ ❺ 副 まだ…していない. ¶他还～回来 / 彼はまだ帰ってきていない. ❻ 副 …しなかった. ¶老王上个星期～回来过 / 王さんは先週帰ってこなかった. 表現 ❷は"谁 shuí","哪个 nǎge","什么 shénme"の前に用いて,「誰も…ない」「何も…がない」という意味をあらわす.

【没有规矩,不成方圆】méiyǒu guīju, bùchéng fāngyuán 句 定規がなければ図形は描けない. 物事を行うには規則や法律が必要だ.

【没有说的】méiyǒu shuōde →说的

【没缘】méiyuán 動 縁がない.

【没辙】méi//zhé 動 どうしようもない. お手上げだ. ¶调动 diàodòng 工作的事,我是～了 / 配置転換のことは,私にはどうにもならないね. 由来 "辙"は,"办法 bànfǎ"(方法)の意味.

【没治】méizhì 動 方 ❶ 救いようがないほど悪い. 処置なし. ¶情况不好,看来～了 / 状況はおもわしくなく,この分ではどうしようもないな. ❷ 方 (人や物事が)すばらしい. すごい. ¶这样精致漂亮的丝绸 sīchóu,真是～了 / このシルクの布,こんなに上等できれいで,本当にすばらしい.

【没准儿】méi//zhǔnr 動 …とは限らない. 回 说不定,不一定

玫 méi
王部 4 四 1814₀
全 8 画 次常用

下記熟語を参照.

【玫瑰】méiguì 名《植物》〔量 棵 kē, 株 zhū〕ハマナス. バラ. ¶～茶 / ローズティー.

【玫瑰红】méiguìhóng 形 ローズレッドの.

【玫瑰花】méiguìhuā 名《植物》〔量 朵 duǒ, 束 shù, 支 zhī〕ハマナスの花. バラの花.

【玫瑰紫】méiguìzǐ 形 ローズレッドの. 回 玫瑰红

枚 méi
木部 4 四 4894₀
全 8 画 次常用

❶ 量 主に小さい物を数えることば. ¶三～纪念章(三枚の記念章) / 一～古币 gǔbì (一枚の古銭). ❷ (Méi)姓.

【枚举】méijǔ 動 いちいち数えあげる. ¶奶奶所作的善事不胜～ / 祖母の善行は枚挙にいとまがない.

眉 méi
目部 4 四 7726₇
全 9 画 常用

❶ 名 文 まゆげ. ¶～毛 méimao / 画～ huàméi (眉を描く) / 火烧～毛(焦眉しょうびの急). ❷ 術 書籍のページ上部の余白. ¶～批 méipī / 书～ shūméi (ページ上部の余白).

【眉笔】méibǐ 名 (ペンシル状の)眉墨.

【眉端】méiduān 名 ❶ (生理)眉間. ❷ 書籍のページの上端の空白部.

【眉飞色舞】méi fēi sè wǔ 〈成〉喜色満面だ．得意満面だ．¶~地述说 / 喜々として語る．〈反〉愁眉苦脸 chóu méi kǔ liǎn

【眉峰】méifēng 〈名〉眉毛．
【眉睫】méijié 〈名〉❶ 眉毛とまつ毛．❷ 目の前．¶失之~ / 目前のチャンスをのがす．¶迫在~ / 目前に迫っている．
【眉开眼笑】méi kāi yǎn xiào 〈成〉にこにことうれしそうだ．
【眉来眼去】méi lái yǎn qù 〈成〉互いに目くばせをする．〈表现〉男女の間についていうことが多い．
【眉毛】méimao 〈名〉〔➀ 道 dào,对 duì,双 shuāng〕眉毛．
【眉毛胡子一把抓】méimao húzi yī bǎ zhuā 〈惯〉(緊急性や重要度をわきまえず)手当たり次第に物事を進めようとする．
【眉目】méimù 〈名〉❶ 眉毛と目．❷ 顔立ち．容貌(ボウ)．¶小女孩长得~清秀 / その女の子は端正な顔だちをしている．❸ (文章などの)筋道．脈絡．¶~不清 / 脈絡がはっきりしない．☞ 眉目 méimu
【眉目传情】méi mù chuán qíng (男女が)目で気持ちを伝える．色目を使う．流し目を送る．
【眉目】méimu 〈名〉手がかり．糸口．¶弄出~ / 糸口をつける．¶这件案子终于有些~了 / この事件はついに多少の目鼻がついた．〈同〉头绪 tóuxù ☞ 眉目 méimù
【眉批】méipī 〈名〉〔➀ 个 ge,行 háng〕本や原稿の上部余白に書きこんだ評語や注釈．
【眉清目秀】méi qīng mù xiù 〈成〉眉目(ボク)秀麗．
【眉梢】méishāo 〈名〉(~儿)眉じり．¶喜上~ / 喜んで眉じりを上げる．
【眉头】méitóu 〈名〉眉根．¶皱 zhòu~ / 眉をしかめる．¶~紧锁 jǐnsuǒ / 眉根をぎゅっと寄せる．
【眉心】méixīn 〈名〉眉間(ケン)．
【眉眼】méiyǎn 〈名〉❶ 眉毛と目．❷ 容貌(ボウ)．表情．¶她~长得很俊 jùn / 彼女はとても器量よしだ．
【眉眼高低】méi yǎn gāo dī 〈名〉顔に表れた表情．顔色．〈同〉眉高眼低
【眉宇】méiyǔ 〈文〉眉の上．¶~不凡 / 美しい目鼻立ち．¶~间有一股灵气 / 眉間(ケン)にオーラが出ている．〈表现〉広く容貌(ボウ)のこともいう．

莓 méi
艹部7 〈四〉4475₇ 全10画 〈通用〉
〈名〉《植物》イチゴ．¶草~ cǎoméi (イチゴ) / 蛇~ shéméi (ヘビイチゴ)．

梅花桩

梅(異)楳,槑) méi
木部7 〈四〉4895₇ 全11画 〈常用〉
〈名〉❶《植物》ウメ．¶~花 méihuā / ~树 méishù (ウメの木) / ~子 méizi / 青~ qīngméi (青梅) / 酸~ suānméi (からからに干した梅干し)．❷ (Méi)姓．
【梅毒】méidú 〈名〉《医学》梅毒．〈同〉杨梅 yángméi
【梅花】méihuā 〈名〉〔朵 duǒ,枝 zhī〕❶ ウメの花．❷《植物》ロウバイ(蠟梅)．
【梅花鹿】méihuālù 〈名〉《動物》ニホンジカ．
【梅花桩】méihuāzhuāng 〈名〉武術の練習に使う用具．¶足の動きの練習用に，杭を並べ，その上を歩く．並んだ杭を上から見たところが梅の花の形に似ていることから．
【梅兰芳】Méi Lánfāng《人名》梅 蘭 芳(メイランファン：1894-1961)．京劇の名女形．
【梅雨】méiyǔ 〈名〉梅雨．〈同〉霉雨 méiyǔ
【梅子】méizi 〈名〉〔➀ 棵 kē,株 zhū〕 ❶ ウメの木．❷ 〔个 ge,只 zhī〕ウメの実．

梅兰芳

郿 Méi
阝部9 〈四〉7722₇ 全11画 〈通用〉
〈名〉地名用字．¶~县 Méixiàn (陕西省にある県の名．今は"眉县 Méixiàn"と表記する)．

嵋 méi
山部9 〈四〉2776₇ 全12画 〈通用〉
〈名〉地名用字．¶峨~山 Éméishān (峨嵋(ビ)山．四川省にある山の名)．〈参考〉"峨眉"とも表記する．

猸 méi
犭部9 〈四〉4726₇ 全12画 〈通用〉
下記熟語を参照．
【猸子】méizi 《動物》カニクイマングース．〈同〉蟹獴 xièměng

湄 méi
氵部9 〈四〉3716₇ 全12画 〈通用〉
〈名〉〈文〉川や海などのほとり．岸辺．
【湄公河】Méigōnghé《地名》メコン川(タイ)．

媒 méi
女部9 〈四〉4449₄ 全12画 〈次常用〉
〈素〉❶ 仲人．¶~人 méiren / ~妁 méishuò / 做~ zuòméi (仲人をする)．❷ 間にたって取り持つ．媒介する．¶~介 méijiè / ~体 méitǐ / 触~ chùméi (触媒)．
【媒介】méijiè 〈名〉❶ 媒介する人や物．¶传染疾病 jíbìng 的~ / 病気を伝染させる媒介者．❷ メディア．¶传播~ / 伝達メディア．
【媒婆】méipó 〈名〉〈旧〉〈貶〉(~儿)結婚の仲介を業とする女．やりてばばあ．
【媒人】méiren 〈名〉〔➀ 个 ge,位 wèi〕結婚相手の紹介者．仲人．
【媒妁】méishuò 〈名〉〈文〉仲人．
【媒体】méitǐ 〈名〉メディア．媒体．¶多~ / マルチメディア．
【媒质】méizhì 〈名〉《物理》媒質．〈同〉介 jiè 质

楣 méi
木部9 〈四〉4796₇ 全13画 〈次常用〉
〈名〉戸や窓などの上の横木．楣(ビ)．¶门~ ménméi (門の横木)．

煤 méi
火部9 全13画 [四] 9489₄ [常用]

名 〔▣块 kuài〕石炭. ¶~炭 méitàn / ~矿 méikuàng / 粉~ fěnméi (粉炭).

【煤层】méicéng 名 炭層.
【煤场】méichǎng 名 (鉱業)貯炭場. 石炭置き場.
【煤尘】méichén 名 煤塵(ੈ).
【煤矸石】méigānshí 名 (鉱業)石炭ボタ.
【煤耗】méihào 名 (機械)(機械駆動における)石炭消費量.
【煤黑子】méihēizi 名 俚 炭鉱夫.
【煤核儿】méihúr 名 石炭がら.
【煤化】méihuà 動 炭化する.
【煤灰】méihuī 名 石炭灰.
【煤焦油】méijiāoyóu 名 コールタール. 同 煤溜 méitǎ, 煤黑油 méihēiyóu.
【煤斤】méijīn 名 石炭の総称.
【煤矿】méikuàng 名 〔▣个 ge,座 zuò〕炭坑.
【煤炉】méilú 名 石炭ストーブ.
【煤末】méimò 名 (~儿/~子)(鉱業)粉炭. 石炭の粉末.
*【煤气】méiqì 名 ❶ 石炭ガス. ❷ 不完全燃焼による一酸化炭素. ¶~中毒 zhòngdú / ガス中毒. 同 煤毒 méidú ❸ "液化石油气 yèhuà shíyóuqì"(LPガス)の俗称.
【煤气灯】méiqìdēng 名 ❶ ガス灯. ❷ "本生灯 běnshēngdēng"(ブンゼン灯)の通称.
【煤气罐】méiqìguàn 名 ガスボンベ.
【煤气灶】méiqìzào 名 ガスコンロ. ガスレンジ.
【煤球】méiqiú 名 (~儿)石炭の粉に水と土を加えて丸めたもの. たどん. 豆炭. 参考 昔は,これを台所の煮たき用の燃料として使った.
【煤炭】méitàn 名 〔▣块 kuài〕石炭.
【煤田】méitián 名 〔▣处 chù,片 piàn〕炭田.
【煤屑】méixiè 名 石炭くず. 石炭殻(ੈ).
【煤烟】méiyān 名 すす. 煤煙(ੈ).
【煤烟型污染】méiyānxíng wūrǎn 名 煤煙型大気汚染.
【煤窑】méiyáo 名 (鉱業)(手掘り)の小規模な炭鉱.
【煤油】méiyóu 名 灯油. ¶~灯 / 石油ランプ. ¶~炉 lú / 石油ストーブ. 同 火油 huǒyóu, 洋油 yángyóu.
【煤渣】méizhā 名 (~儿)石炭の燃えがら. ¶拣 jiǎn ~ / 石炭ガラをひろう.
【煤砟子】méizhǎzi 名 石炭のかけら.
【煤砖】méizhuān 名 レンガ形状に作った炭団(ਨ).

酶 méi
西部7 全14画 [四] 1865₇ [通用]

名《生物·化学》酵素(ੈ). ¶消化~ xiāohuàméi (消化酵素) / ~原 méiyuán. 同 酵素 jiàosù

【酶原】méiyuán 名《生物》酵素原. チモーゲン.

镅 (鎇) méi
钅部9 全14画 [四] 8776₇ [通用]

名《化学》アメリシウム. Am.

鹛 (鶥) méi
鸟部9 全14画 [四] 7722₇ [通用]

名《鳥》ツグミやホオジロ類. 同 画眉 huàméi.

霉 (黴❶) méi
雨部7 全15画 [四] 1075₇ [常用]

❶ 名 かび. ¶~菌 méijūn / 发~ fāméi (かびが生える). ❷ 動 かびる. ¶~烂 méilàn / 衣服~了(服がかびた). ❸ (Méi)姓.

【霉变】méibiàn 動 食品にカビが生えて変質する.
【霉菌】méijūn 名 かび. 糸状菌.
【霉烂】méilàn 動 かびて腐る. ¶食物~了 / 食べ物がかびた.
【霉气】méiqì[-qi] ❶ 名 かび臭いにおい. ❷ 動 方 運が悪い. ついてない. 同 倒 dǎo 霉
【霉天】méitiān 名 梅雨. 同 黄梅天 huángméitiān.
【霉头】méitóu 名 方 不運.
【霉雨】méiyǔ 名 "梅雨 méiyǔ"に同じ.

糜 (異 蘪) méi
麻部6 全17画 [四] 0029₄ [次常用]

下記熟語を参照.
☞ 糜 mí

【糜子】méizi 名《植物》ウルチキビ. 同 穄子 jìzi

每 měi
毋部2 全7画 [四] 8075₇ [常用]

❶ 代 各々. 一つ一つ. ¶~人 měirén / ~次 měicì / ~年 měinián / ~一个同学(同級生一人一人).
❷ 副 …ごとに. …のたびに. ¶~四小时服一次(4時間ごとに一回服用する) / ~逢 féng 十五日出版的杂志(毎月15日に出版される雑誌) / ~战必胜(戦えば必ず勝つ).
❸ 副 しばしば. ¶~~ měiměi.

【每常】měicháng 副 いつも. しばしば.
【每次】měicì 名 毎回. 毎度.
【每当】měidāng 動 …するたびに. …すると必ず. ¶~下起毛毛雨时,我就会想起家乡的深秋 / 小ぬか雨が降ってくると,いつも私は故郷の晩秋を思う.
【每逢】měiféng 動 …のたびに. …のときはいつも. ¶~佳节 jiājié 倍思亲 / 節句が来るたび,遠くの家族への想いがつのる.
【每个】měige 副 一つ一つ. 一人一人. ¶~人都应为保护大自然尽一份力 / 一人一人が自然保護のために自分なりの力を尽くすべきだ.
【每况愈下】měi kuàng yù xià 成 俚 状況がますます悪くなる. ¶经济不景气,股市 gǔshì ~ / 不景気で株式市場はますます低迷している. 由来 『荘子』知北遊篇に見える "每下愈况 měi xià yù kuàng"から.
【每每】měiměi 副 いつも. よく. ¶孩子们一一放暑假 shǔjià,就整天玩 / 子供たちは夏休みになると,いつも一日中遊ぶ. 同 往往 wǎngwǎng.
【每年】měinián 名 ❶ 毎年. ¶~春节,我们都回家乡过年 / 毎年の春節には,私達はいつも郷里に帰って正月を迎える. ❷ 方 いつもの年. 例年. 同 往年 wǎngnián.
【每人】měirén 名 一人一人. 各人.
【每时每刻】měishí měikè 句 いつでも. 常に.
【每月】měiyuè 名 毎月.

美 měi
羊部3 全9画 [四] 8080₄ [常用]

❶ 形 美しい. ¶~观 měiguān / ~貌 měimào / 风景多~啊!(なんて美しい景色だろう). 反 丑 chǒu ❷ 形 満足のいく. よい. ¶~酒 měijiǔ / 物~价廉 lián (品物がよく値段が安い) / 日子过得挺 tǐng ~ / 良い日々を過ごす). 同 好 hǎo, 佳 jiā ❸ 形 方 得意だ. 意気揚々としている. ¶~滋滋 zīzī / ~劲儿 měijìnr. ❹ (Měi) 略 アメリカ. ¶~国 Měiguó / 南~ Nánměi / ~金 Měijīn / 元 Měiyuán. ❺ (Měi)姓.

【美不胜收】měi bù shèng shōu 成 すばらしいものが多すぎて見きれない. 表現 景色や芸術品について言うことが多い.

【美餐】měicān ❶ 名〔量 顿 dùn〕おいしいごちそう. 美味佳肴(ぎょう). ❷ 動 思いっきり食べる.
【美差】měichāi 名 実入りのよい仕事. 役得のある仕事.
【美钞】měichāo 名 米国ドル紙幣.
【美称】měichēng 名 美称. 美名. ¶香港有东方之珠 zhū 的～ / 香港には東方の真珠という美称がある.
【美传】měichuán 名 良いうわさ. 美談.
【美德】měidé 名 美徳. ¶乐于助人的～ / 喜んで人助けをする美徳.
【美发】měifà ❶ 動 美髪する. ヘアスタイリングする. ❷ 名 美しい髪.
【美发厅】měifàtīng 名 美容院. ヘアサロン.
【美感】měigǎn 名 美感. 審美眼.
【美工】měigōng 名 ❶（映画などの）美術の仕事. ❷〔量 个 ge, 位 wèi〕美術スタッフ.
【美观】měiguān 形（形やスタイルが）美しい. ¶这套房间布置得～大方 / このスイートルームは、インテリアが美しく見栄えがする. 用法 服飾や道具などについて言うことが多い.
【美国】Měiguó《国名》米国. アメリカ合衆国.
【美国运通卡】Měiguó yùntōngkǎ 名《商標》アメックス. American Express 社発行のクレジットカード. ◆ Amex
【美国之音】Měiguó zhī yīn 名 ボイス・オブ・アメリカ. 参考 米国の海外向けラジオ放送.
【美国中央情报局】Měiguó zhōngyāng qíngbàojú 名（米国）中央情報局. CIA.
*【美好】měihǎo 形 すばらしい. ¶～的日子 / すばらしい日々. ¶～的将来 / すばらしい未来. 反 丑恶 chǒu'è 用法 生活·前途·願望など抽象的なものに用いる.
【美化】měihuà 動 ❶ 美しくする. 美化する. ¶～环境 / 環境を美化する. ❷（故意に）美しくかざる. ¶～自己 / 自己を美化する. 反 丑化 chǒuhuà
【美金】měijīn 名 米ドル. 同 美元 měiyuán
【美劲儿】měijìnr 名 ❶ 得意げなようす. ¶瞧他那～ / 彼のあの得意そうなようすを見てごらん. ❷ 楽しみ. 気持ちよさ.
【美景】měijǐng 名 美しい景色.
【美酒】měijiǔ 名 美酒.
【美拉尼西亚】Měilāníxīyà《地名》メラネシア. 参考 オセアニア南西部の赤道以南、経線180°以西の地域.
*【美丽】měilì 形（容姿や風景などが）美しい. 麗しい. ¶～的桃花 / 美しい桃の花. ¶杭州 Hángzhōu 的风景很～ / 杭州は風景がとても美しい. 同 漂亮 piàoliang 反 丑陋 chǒulòu 比較 "美丽"は、女性や風景などの美しさをいう. "漂亮"は、男女ともに使われ、服飾·用具·建築物などにも用いられる. "美丽"は文語的なのに対して、"漂亮"は口語的で、"漂漂亮亮的"の形でも使われる.
【美丽垃圾】měilì lājī 贈答品や商品の過剰包装によって生じるゴミ.
【美联储】Měiliánchǔ "美国联邦储备委员会"（アメリカ連邦準備制度理事会）の略称.
【美联社】Měiliánshè 名 エーピー. 米国連合通信社. ◆AP(Associated Press)
【美轮美奂】měi lún měi huàn 成 家屋が堂々として豪華なようす. 由来『礼記』檀弓(だん)下篇のことばから.
【美满】měimǎn 形 幸せだ. 満ち足りている. ¶～婚姻 / 幸せな結婚. ¶生活～幸福 / 暮らしは満ち足りて幸福だ.
【美貌】měimào ❶ 名 美貌(ぼう). ❷ 形 容貌(ぼう)が美しい. ¶她是一个年轻～的女孩 / 彼女は若くてきれいな女性だ.
【美美】měiměi 副（～的）思う存分に. 十分に. ¶～吃 / 存分に食べつくす.
【美梦】měimèng 名 ❶ よい夢. ¶～成真 / 夢が実現する. ❷ 喩 甘い夢. 非現実的な考え. ¶～破灭 pòmiè / 甘い夢は破れた.
【美妙】měimiào 形 美しい. みごとだ. ¶～的歌声 / 美しい歌声. ¶～的诗句 / 美しい詩句.
【美名】měimíng 名 名声や美名.
【美男子】měinánzǐ 名 美男子. ハンサム.
【美女】měinǚ 名 美女.
【美其名曰】měi qí míng yuē 成 聞こえの良いように…と称する. ¶～参观学习,其实是去旅游 / 聞こえのいいように、勉強のための見学だと言っているが、本当は観光に行くんだ.
【美气】měiqi 方 快適だ. 平穏でのんびりしている.
【美人】měirén（～儿）名〔量 个 ge, 位 wèi〕美人.
【美人计】měirénjì 名 美女で相手を誘惑し、だます計略. 美人局(つつもたせ).
【美人蕉】měirénjiāo 名《植物》〔量 棵 kē, 株 zhū〕カンナ.
【美人鱼】měirényú 名 人魚. マーメイド.
【美容】měiróng 動 容貌(ぼう)を美しくする. ¶～院 / 美容院. ¶～手术 / 美容整形手術.
【美容美发店】měiróng měifàdiàn 名 ビューティーサロン.
【美声】měishēng 名《音楽》ベルカント(唱法).
【美食】měishí 名 美味な料理.
【美食城】měishíchéng 名 グルメタウン. 食料品店や飲食店が集中している場所. 参考 大型レストランの店名につけることもある.
【美食家】měishíjiā 名 美食家. グルメ.
【美事】měishì 名 すばらしい事柄. 喜ばしい事柄.
*【美术】měishù 名 ❶ 美術. ¶～馆 / 美術館. ❷ 絵画.
【美术片】měishùpiàn 名 アニメーション. パペットムービー.
【美术字】měishùzì 名 装飾文字. デザイン文字. カリグラフィー.
【美谈】měitán 名 美談. ¶传为 chuánwéi～ / 美談として語り伝えられる.
【美体】měitǐ 動 美しい体型を作る. 参考 スポーツやダイエットによって、健康的で美しい体型にすること.
【美味】měiwèi 名 おいしい食べ物. ¶珍馐 zhēnxiū～ / 珍しいごちそう. 山海の珍味. ¶品尝 pǐncháng～ / 美味を味わう.
【美协】měixié 名 "美术工作者协会"（美術家協会）の略称.
【美学】měixué 名 美学.
【美言】měiyán ❶ 動 うまくとりなす. よしなに言う. ¶请～几句话 / ちょっとお口添え下さい. ❷ 名 ⇒ 聞こえのよいことば. 縁起のよいことば.
【美艳】měiyàn 形 あでやかだ. ひときわ美しい. ¶～少女 / 美しい少女.
【美意】měiyì 名 好意. ¶谢谢您的～ / ご好意に感謝します.
【美育】měiyù 名 情操教育. 芸術教育.
【美誉】měiyù 名 高い評判. 名誉.
*【美元［圆］】měiyuán 名 米ドル. 同 美金 měijīn

měi – mén 浼镁妹昧袂寐媚魅闷门

【美展】 měizhǎn 名"美术作品展览"(美術作品展覧会)の略称.
【美制】 měizhì 名 ヤード・ポンド法. 長さや重さの単位.
【美中不足】 měi zhōng bù zú 成 玉にきず.
【美洲】 Měizhōu《地名》アメリカ大陸. 南北アメリカ大陸の総称.
【美洲国家组织】 Měizhōu guójiā zǔzhī 名 米州機構 (OAS).
【美洲虎】 měizhōuhǔ 名《動物》ジャガー.
【美洲狮】 měizhōushī 名《動物》ピューマ. クーガー.
【美滋滋】 měizīzī 形 (～的) とても気持ちよく,うれしい. ¶～地喝着酒 / いかにもおいしそうに酒を飲んでいる.

浼 měi
氵部7 四 3711_2 全10画 通用
动 ❶ 汚す. ❷ ていねいに頼る.

镁(鎂) měi
钅部9 四 8878_4 全14画 通用
名 ❶《化学》マグネシウム. Mg. ❷ (Měi)姓.
【镁光】 měiguāng 名 マグネシウム光. 撮影用のフラッシュ.

妹 mèi
女部5 四 4549_0 全8画 常用
名 ❶ 妹. ¶兄弟姐～(兄弟姉妹). 反 姐 jiě, 姊 zǐ ❷ 親戚で同世代の中の年下の女性. ¶表～ biǎomèi (母方の従妹). / 堂～ tángmèi (父方の従妹). ❸ (Mèi)姓. 用法 ❶ は"小妹 xiǎomèi"(下の妹), "二妹 èrmèi"(二番目の妹)などと言う以外に, 単独で「妹」という場合は, "妹妹 mèimei"というのがふつう.
【妹夫】 mèifu 名 妹の夫.
*【妹妹】** mèimei 名 ❶ 妹. ❷ 同世代の親戚の中で, 自分よりも年下の女性. ¶叔伯～ shūbaimèi / 父方の従妹("ミ). / 远方～ / 父方の遠縁にあたる女子. 比較 日本語で妹を呼ぶ時は, 名前や愛称を直接呼び,「妹!」と呼びかけないが,中国語では妹に向かって "妹妹!" と直接呼ぶ.「弟」("弟弟 dìdi") も同じ.
【妹婿】 mèixù 名 妹の夫.
【妹子】 mèizi 名 方 ❶ 妹. ❷ 女の子.

昧 mèi
日部5 四 6509_0 全9画 次常用
素 ❶ 頭がぼんやりしている. わけのわからない. ¶愚～ yúmèi (愚かだ) / 蒙～ méngmèi (蒙昧認む) / 冒～ màomèi (礼をわきまえない) / 素 sù～平生(成 一面識もない). ❷ かくす. ¶拾金不～ (拾った金を差し出す) / ～良心 mèi liángxīn.
【昧良心】 mèi liángxīn 句 良心にそむく(悪事をはたらく). ¶昧着良心说话 / 良心にそむいて話す.
【昧心】 mèixīn 形 良心に背いている. 不当だ. ¶不说～话 / 良心に背くことは言わない.

袂 mèi
衤部4 四 3528_0 全9画 通用
素 衣服のそで. たもと. ¶分～ fēnmèi (たもとを分かつ) / 联～而往(連れ立って行く).

寐 mèi
宀部9 四 3029_5 全12画
❶ 素 寝る. 眠る. ¶夜不能～ (夜寝つけない) / 夙 sù 兴 xīng 夜～(成 早く起き,おそく寝る. 仕事にいそしむよう) / 梦～以求(成 夢で願う). ❷ (Mèi)姓.

媚 mèi
女部9 四 4746_7 全12画 次常用
素 ❶ こびへつらう. ¶～外 mèiwài. ❷ 美しい. 愛らしい. ¶春光明～(美しい春景色).
【媚骨】 mèigǔ 名 卑屈な態度. こびへつらうよう. ¶奴颜 núyán～的样子 / 卑屈な態度. 同 奴颜媚骨 反 傲骨 àogǔ
【媚世】 mèishì 动 世間に媚びる. 迎合する.
【媚俗】 mèisú 动 世俗に媚びる. 世の中に迎合する.
【媚态】 mèitài 名 ❶ 人に取り入るよう. ❷ あでやかな姿.
【媚外】 mèiwài 动 外国にこびへつらう. ¶崇洋～ / 外国を崇拝し, こびへつらう.
【媚笑】 mèixiào 名 ❶ 魅惑的な微笑み. ❷ 追従(ごぬ)笑い.
【媚眼】 mèiyǎn 名 (～儿) ❶ 魅惑的な瞳. 魅惑的な目差し. ❷ 媚びたような目つき.

魅(鬽) mèi
鬼部5 四 2551_9 全14画 通用
素 妖怪. もののけ. ¶鬼～ guǐmèi (妖怪. もののけ) / ～力 mèilì / 魑～ chīmèi (山中の怪物).
【魅惑】 mèihuò 动 魅惑する. 誘惑する. 同 诱 yòu 惑
【魅力】 mèilì 名 动〔動 股 gǔ, 种 zhǒng〕魅力. ¶富有～ / 魅力にあふれる.
【魅人】 mèirén 动 人をひきつける. うっとりさせる.

men ㄇㄣ〔mən〕

闷(悶) mēn
门部4 四 3733_1 全7画 常用
❶ 形 空気がよどんでいる. うっとうしい. ¶天气～热(むし暑い) / 这屋子矮, 又没有窗子, 太～了(この部屋は天井が低いうえ, 窓もないので, とてもむっとする). ❷ 动 家に閉じこもる. ¶一个人总～在家里, 心胸会越来越狭窄 xiázhǎi (一人で家に閉じこもっていたら, 胸のうちもますます暗くなる). ❸ 动 密閉する. ❹ 形 方 声がはっきりしない. ¶～声～气.
☞ 闷 mèn
【闷气】 mēnqì 形 風通しが悪く, むっとしている. ¶又～又潮湿 cháoshī / むっとしているうえ, じめじめしている.
☞ 闷气 mènqì
【闷热】 mēnrè 形 むし暑い. ¶这几天的天气非常～ / ここ数日とてもむし暑い.
【闷声不响】 mēn shēng bù xiǎng 成 黙りこくっている.
【闷声闷气】 mēnshēng mēnqì 声が低くこもっている.
【闷头儿】 mēn//tóur 副 黙々と. せっせと. ¶～干活 / 黙々と仕事をする.

门(門) mén
门部0 四 3700_1 全3画 常用
❶ 名 (～儿)〔道 dào, 个 ge, 扇 shàn〕門. 出入り口. ¶正～ zhèngmén (正門) / ～口 ménkǒu. ❷ 名 こつ. 秘かつ. ¶摸不着～儿(こつがつかめない) / 找窍～儿 qiàoménr (秘けつを見いだす). ❸ 名 (～儿) 門の役目をするもの. ¶电～ diànmén (電気のスイッチ) / 水～ shuǐmén (水門). ❹ 素 一族. 家庭. ¶名～ míngmén (名門) / ～风 ménfēng / ～老小(一族全員) / 长～ zhǎngmén 长子 zhǎngzǐ (本家の嫡男). ❺ 素 ものごとの類別. 仕分け. ¶分～别类(成 基準にしたがって分類する) / 专～ zhuānmén

門 mén

(專門). ❻ 名(学問や宗教の)流派. 分野. ¶佛~ fómén (仏門) / 教~ jiàomén (イスラム教). ❼ 量 大砲, 学科, 技術などを数えることば. ¶一~炮(1門の大砲) / 一~功课 gōngkè (1科目). ❽ (Mén)姓.

筆順 `、`・`冫`・`门`

【门巴】 ménbā 名医師. 由来チベット語より.
【门巴族】 Ménbāzú 名《民族》メンパ族. 中国の少数民族. チベットに居住する.
【门把儿】 ménbàr 名 ドアの取っ手. ドアノブ.
【门板】 ménbǎn 名 (~儿) 〔働 块 kuài〕(商店などの)戸板. ¶上~ / 戸板をはめる.
【门插关儿】 ménchāguanr 名戸のかんぬき.
【门齿】 ménchǐ 名《生理》門歯. 参考通称"门牙 ményá". 地方によって"板牙 bǎnyá"とも.
【门当户对】 mén dāng hù duì 成 縁談で, 男女双方の家柄や経済状況が釣り合っている. ¶一桩 zhuāng~的婚姻 / 釣り合いのとれた結婚.
【门道】 méndào 名"门洞儿 méndòngr"に同じ.
【门道】 méndao 名(口)❶ こつ. 秘けつ. ¶增产的~ / 増産の秘けつ. ❷ コネ. ずるいやりかた. 同 门路 ménlu
【门第】 méndì 名家柄. ¶书香~ / 読書人の家柄.
【门丁】 méndīng 名(旧)門番.
【门洞儿】 méndòngr 名表門の出入り口の通路.
【门对】 ménduì 名(~儿) 入り口に張った"对联 duìlián". ¶门口贴 tiē 上红色的~ / 門口に赤い対聯が張られた.
【门墩】 méndūn 名 (~儿) 門扉の回転軸を支える土台. 木や石で作る.
【门阀】 ménfá 名名門の一族. 門閥.
【门房】 ménfáng 名 (~儿) ❶門番の詰め所. 門番小屋. ❷ 門番.
【门风】 ménfēng 名家風. 同 家 jiā 风
【门缝】 ménfèng 名 (~儿) 戸のすきま. ¶从~儿塞 sāi 进一封信来 / ドアのすきまから一通の手紙が差し込まれた.
【门岗】 méngǎng 名❶ 表門の守衛所. ❷ 門番.
【门户】 ménhù 名❶ 出入り口. ドア. ¶小心~ / 戸締まりに注意. ❷ 出入りの際, 必ず通過する要所. ¶天津 Tiānjīn 是北京的~ / 天津は北京への要衝だ. ❸ 家. 家庭. ¶孩子们都大了, 应该让他们自立~了 / 子供たちは皆大きくなったのだから, それぞれ独立させるべきだ. ❹ 派閥. 一派. ❺ 家柄. ¶~相当 xiāngdāng / 家柄がつり合っている.
【门户之见】 mén hù zhī jiàn 成 遐派閥にとらわれた見解. ¶不应该有~ / 派閥にとらわれた狭い見方を持ってはいけない. 表現学術や芸術について言うことが多い.
【门环】 ménhuán 名 ドアに取り付けたノック用の金輪. ドアノッカー.
【门环子】 ménhuánzi 名 〔对 duì, 副 fù〕 扉のノッカー. 金属で左右一対のものをとりつけることが多い. 同 门环 ménhuán
【门将】 ménjiàng 名《スポーツ》ゴールキーパー. 同 守门员 shǒuményuán
【门禁】 ménjìn 名 (重要な機関や大邸宅などの)入り口の警備. ¶~森严 sēnyán / 入り口の警備が厳重だ.
【门警】 ménjǐng 名 〔働 个 ge, 名 míng〕門衛. 入り口の警備をする警官.
【门径】 ménjìng 名❶ うまい方法. こつ. ¶做事有~, ~不对, 做不好事 / ものにはやり方というのがあって, アプロー

チを間違うと事をし損じる. 同 门路 ménlu ❷ 学問の手だて. やり方.
【门镜】 ménjìng 名 ドアにつけたのぞき穴のガラス. 同 猫眼 māoyǎn
【门坎[槛]】 ménkǎn 名❶ (~儿) 〔働 道 dào〕 入り口の敷居. ❷ 方 こつ. 要領.
【门可罗雀】 mén kě luó què 成 訪れる人が少なく, さびれている. 反 门庭若市 mén tíng ruò shì 由来「門の前に網を張ればスズメが捕れるほど人の出入りがない」という意から.
【门客】 ménkè 名 旧 食客. 居候.
*【门口】 ménkǒu 名 (~儿) 入り口. 玄関口. ¶学校~ / 学校の前. ¶饭店的大~ / ホテルの正面玄関.
【门框】 ménkuàng 名戸や門の周囲の枠木. ドアフレーム.
【门廊】 ménláng 名玄関前のポーチ.
【门类】 ménlèi 名部類. カテゴリー.
【门帘】 ménlián 名 (~儿) 〔働 挂 guà〕 入り口にかけた垂れ幕やすだれ. ¶把~拉开 / 入り口のカーテンを開ける. ¶把~拉上 / 入り口のカーテンを閉める. 同 门帘子 ménliánzi 参考 デパートなどの人の出入りの多いところでは, 夏には厚いビニールの帯状のもの, 冬には分厚い布団状のものをかける.

門 帘

【门联】 ménlián 名 (~儿) 〔働 对 duì, 副 fù〕 入り口にはる"对联 duìlián".
【门脸儿】 ménliǎnr 名 方❶ 城門の付近. ❷ 商店の店先. ❸ 人の顔.
【门铃】 ménlíng 名 (~儿) (門や玄関の)呼び鈴. チャイム.
【门楼】 ménlóu 名 (~儿) 表門の上のアーチ.
【门路】 ménlù 名❶ こつ. 秘けつ. 方法. ¶摸到一些~ / 少しこつをつかんだ. 同 门道 méndao, 途径 tújìng ❷ 区 コネ. つて. ¶走~ / コネをつかう. 同 后门儿 hòuménr
【门楣】 ménméi 名❶ 戸の上の横木. ❷家柄. 同 门第 méndì
【门面房】 ménmiànfáng 名商店街の表通りに面した家.
【门面】 ménmian 名❶ 商店の通りに面した部分. ❷ うわべ. 外見. ¶支撑 zhīchēng~ / うわべをとりつくろう.
【门面话】 ménmianhuà 名 口先だけの話. うわべだけのことば.
【门牌】 ménpái 名 〔働 块 kuài〕 入り口に打ち付ける住居表示札. ¶请问, 你家的~是几号? / お尋ねしますが, おたくの番地は何号ですか. 参考 町名, 通りの名前, 番地などを記す.
【门票】 ménpiào 名 〔働 张 zhāng〕 (公園や博物館などの)入場券. ¶买三张大人的~ / 大人の入場券を3枚

買う.

【门前三包】mén qián sān bāo 〔成〕機関・商店・住宅では,家の前の「衛生・緑化・秩序」の三つをしっかり管理しなければならないこと.

【门球】ménqiú 〔名〕《スポーツ》ゲートボール.

【门儿清】ménrqīng 〔形〕〔方〕はっきり分かっている.精通している.

【门人】ménrén 〔名〕❶門下生.弟子.❷食客.⇨门客 kè

【门扇】ménshàn 〔名〕門やドアの扉.

【门神】ménshén[-shen] 〔名〕"春节 chūnjié"(陰曆の元旦)に門の扉にはる魔よけの神像.¶贴上~,保护家人平安/魔よけをはって家内安全を守る.⇨对联 duìlián(図)

门 神

【门生】ménshēng 〔名〕門下生.教え子.¶得意 déyì ~/自慢の教え子.

【门市】ménshì 〔名〕小売り.

【门市部】ménshìbù 〔名〕小売り部.購買部.¶报刊 bàokān ~/新聞雑誌の小売り店.

【门闩〔栓〕】ménshuān 〔名〕門のかんぬき.

【门厅】méntīng 〔名〕エントランスホール.玄関.

【门庭】méntīng 〔名〕❶玄関口と庭.❷家柄.

【门庭冷落】mén tíng lěng luò 〔成〕来訪客が少ない.⇨门庭若市 ruò shì

【门庭若市】mén tíng ruò shì 〔成〕訪れる人が多くにぎわっている.門前市(%)を成す.¶~,热闹极了/大ぜいの人が来て,たいへんなにぎわいだ.⇨门可罗雀 mén kě luó què

【门徒】méntú 〔名〕門弟.弟子.

【门外汉】ménwàihàn 〔名〕〔圖 个 ge〕門外漢.素人.¶对于电脑,我仍然是个~/コンピュータに関しては,私はいまだに門外漢です.

【门卫】ménwèi 〔名〕〔圖 个 ge,名 míng〕門衛.守衛.

【门下】ménxià 〔名〕❶(有力者の)勢力下.❷食客.㊀门客 kè ❸門下生.弟子.

【门限】ménxiàn 〔名〕〔文〕入り口の敷居.㊀门槛 kǎn

【门牙】ményá 〔名〕〔圖 颗 kē〕前歯.前歯.〔表现〕"门齿 ménchǐ"の通称.

【门诊】ménzhěn 〔動〕外来の診療をする.¶~病人/外来患者.

【门诊部】ménzhěnbù 〔名〕外来診療部門.⇨住院部 zhùyuànbù

【门柱】ménzhù 〔名〕門柱.ゴールポスト.

【门子】ménzi 〔名〕❶〔旧〕門衛.門番.❷〔貶〕コネ.つて.㊀门路 ménlu

扪(捫) mén
扌部3 全6画 〔四〕5702₀ 〔通用〕

〔動〕〔文〕手でなでてさぐる.手を当てる.

【扪心】ménxīn 〔動〕〔文〕胸に手を当てる.〔表现〕反省の態度をあらわす.

【扪心自问】mén xīn zì wèn 〔成〕胸に手を当てて自問する.

钔(鍆) mén
钅部3 全8画 〔四〕8772₀ 〔通用〕

〔名〕《化学》メンデレビウム.Md.

闷(悶) mèn
门部4 全7画 〔四〕3733₁ 〔常用〕

❶〔形〕くさくさする.気がふさぐ.¶~得慌 mèndehuang/~~不乐.❷〔動〕閉めきった.空気を通さない.¶~子车 mènzichē.❸(Mèn)姓.
☞ 闷 mēn

【闷得慌】mèndehuang 〔形〕退屈でたまらない.¶这几天没事干,真~/ここ数日することがなくて退屈でたまらない.

【闷罐车】mèngùanchē 〔名〕〔方〕"闷子车 mènzichē"に同じ.

【闷棍】mèngùn 〔名〕不意打ち.¶听了这个消息,象挨 ái 了一~/このニュースを聞いて,不意打ちを食らったようだった.

【闷葫芦】mènhúlu 〔名〕❶不可解なこと.なぞ.¶没法打开这个~/このなぞを解くすべがない.❷無口な人.¶他是个半天不说一句话的~/彼は半日の間ひとことも話さない無口な人間だ.

【闷葫芦罐儿】mènhúluguànr 〔名〕貯金箱.㊀扑满 pūmǎn 〔参考〕いっぱいになったら壊してお金を取り出すものをいう.

【闷酒】mènjiǔ 〔名〕憂さ晴らしのために飲む酒.やけ酒.¶他最近心情不好,老一个人喝~/彼は最近くさくさして,いつも一人でやけ酒を飲んでいる.

【闷倦】mènjuàn 〔形〕退屈だ.つまらない.¶~难耐 nánnài/退屈でたまらない.

【闷雷】mènléi 〔名〕❶〔圖 声 shēng〕音の小さな雷.❷不意の精神的な打撃.

【闷闷不乐】mèn mèn bù lè 〔成〕鬱々(%)として楽しまない.¶别呆 dāi 在家里~/出去走走/家でふさいでいないで,ちょっとは外へ出かけなさい.

【闷气】mènqì 〔名〕胸にためた怒りや恨み.憂さ.¶生~/怒りを爆発させる.☞ 闷气 mēnqì

【闷子车】mènzichē 〔名〕有蓋(#)貨車.㊀闷罐 guàn 车

焖(燜) mèn
火部7 全11画 〔四〕9782₀ 〔通用〕

〔動〕《料理》ふたをして,とろ火で煮る.¶~饭 mènfàn/とろ火で飯をたく.¶~牛肉(牛肉をとろ火でじっくり煮こむ).

懑(懣) mèn
心部13 全17画 〔四〕3433₂ 〔通用〕

〔素〕〔文〕❶もだえる.苦しむ.¶~烦 ~ fánmèn(心中もだえ苦しむ).❷怒る.¶愤 ~ fènmèn(憤慨する)/忿 ~ fènmèn(憤慨する).

们(們) men
亻部3 全5画 〔四〕2722₀ 〔常用〕

〔接尾〕人をあらわすことばにつけて複数をあらわす.¶你~ nǐmen(君たち.あなたがた)/咱~ zánmen(わたくしたち,私たち)/他~的(彼らの)/学生~(学生たち)/老师~(先生がた).〔用法〕数詞で複数をあらわす場合には用いない.たとえば,「3人の学生」は"三个学生"といい,"三个学生们"とは言わない.

meng ㄇㄥ [məŋ]

蒙(矇❶❸) mēng
⺾部10 全13画 [四] 4423₂ [常用]

[動] ❶ あざむく。/ 別へ人(ひとをあざむくな) / 谁也~不住他(だれも彼をだましきれない)。❷ ぼんやりする。ぼうっとなる。¶他被球打了一下(彼はボールにあたってぼうっとなった)。❸ 根拠なく推量する。あてずっぽうで言う。¶这回叫你~对了(今度は君のあてずっぽうがあたった)。
☞ 蒙 méng, Měng

【蒙蒙亮】mēngmēngliàng [形] 夜がわずかに白んでいる。¶天刚~,他就起床了 / 空が白み始めたばかりなのに、彼はもう起き出した。

【蒙骗】mēngpiàn [動] だます。あざむく。¶受~ / だまされる。

【蒙事】mēngshì [方] (うそをついて)ごまかす。

【蒙头转向】mēngtóu zhuànxiàng [慣] 頭がぼんやりして方向がわからなくなる。¶转来转去,真有点~了 / 行ったり来たりしていたら、頭が混乱して方向がわからなくなってしまった。

氓(𫟹) méng
氏部6 全8画 [四] 0774₇ [次常用]

[名] [文] よその土地から流れて来た者.
☞ 氓 máng

虻(𧉟 蝱) méng
虫部3 全9画 [四] 5011₀ [通用]

[名] [虫] アブ.

萌 méng
⺾部8 全11画 [四] 4462₇ [常用]

❶ [動] 草木が芽をだす。芽生える。❷ [動] ことが起こる。始まる。¶知者见于未~(知者はことの起こりを予見する) / 故态复~(昔の悪いくせがまた出る)。❸ "氓 méng"に同じ。❹ (Méng)姓。

【萌动】méngdòng [動] ❶ 芽吹く。¶草木~ / 草木が芽吹く。❷ (物事が)動き始める。¶春意~ / 春めいてくる。

【萌发】méngfā [動] ❶ 種や胞子が芽を出す。発芽する。¶杂草~ / 雑草が芽を出す。❷ (感情や物事が)発生する。あらわれ始める。

【萌生】méngshēng [文] 生じる。生まれる。¶~邪念 xiénián / 邪念が生じる。¶~一线希望 / 一縷(いちる)の望みが生まれる。[表現] 考え・意識などの抽象的なものに用いることが多い。

【萌芽】méngyá ❶ [動] 芽生える。¶豆子~了 / 豆が芽を出した。❷ [名] 芽生え。萌芽(ほうが)。¶新思潮 sīcháo 的~ / 新しい思潮の芽生え。

蒙(濛❹ 曚❺ 懞❻) méng
⺾部10 全13画 [四] 4423₂ [常用]

❶ [素] 愚昧(ぐまい)。無知。¶启~ qǐméng (啓蒙する) / 发~ fāméng (啓蒙する) / ~昧 méngmèi。❷ [動] 覆(おお)いかぶせる。¶~一头盖脑(頭からすっぽり覆う) / ~上一张纸(紙で覆いかぶせる) / ~蔽 méngbì。❸ [動] 受ける。こうむる。¶承~ chéngméng 招待,感谢之至(ご招待いただき感謝にたえません) / ~难 méngnàn。❹ [素] 小雨がしとしと降るようす。¶~~ méngméng。❺ [素] 目が見えない。¶~胧 ménglóng。❻ [素] まじめだ。❼ (Méng)姓。

☞ 蒙 mēng, Měng

【蒙蔽】méngbì [動] (真相をかくして相手を)あざむく。だます。

【蒙尘】méngchén [動] [文] 君主が戦乱で都から逃亡する。

【蒙得维的亚】Méngdéwéidìyà 《地名》モンテビデオ(ウルグアイ).

【蒙垢】ménggòu [動] [文] 恥辱を受ける.

【蒙馆】méngguǎn [名] [旧] 児童に啓蒙教育をした私塾。
⇨ 蒙学 xué

【蒙汗药】ménghànyào [名] しびれ薬。[参考] 芝居や小説で道具立てとして用いられるもの。[表現] 人の考えを麻痺させるもののたとえとしても使われる。

【蒙哄】ménghōng [動] あざむく。だます。¶用假货 jiǎhuò ~顾客 / ニセモノで客をだます。

【蒙混】ménghùn [動] (検査や取り締まりの目を)ごまかす。あざむく。¶~过关 / ごまかして難関をきりぬける。

【蒙眬】ménglóng [形] うつらうつらしている。もうろうとしている。¶睡眼~ / 眠たくて、うつらうつらしている。

【蒙昧】méngmèi [形] ❶ 未開だ。野蛮だ。¶~时代 / 未開時代。❷ おろかだ。蒙昧(もうまい)だ。¶~无知 / 無知蒙昧。

【蒙昧主义】méngmèi zhǔyì 反文明主義。反文化主義。

【蒙蒙】méngméng [形] (雨・霧・雪などが)細かく降り、あたりがけむっている。¶~细雨 / こぬか雨。

【蒙难】méng//nàn [動] (有名人や地位の高い人が)災難に遭う。¶牺牲 xīshēng / 難にあって命を落とす。

【蒙师】méngshī [名] [旧] 学童に学問の手ほどきをする先生。❷ 啓蒙教育を行う先生。

【蒙受】méngshòu [動] 受ける。こうむる。¶~耻辱 chǐrǔ / 恥辱を受ける。¶~恩惠 ēnhuì / 恩恵を受ける。
⇨ 遭受 zāoshòu

【蒙太奇】méngtàiqí [名] モンタージュ。◆[フランス] montage

【蒙特利尔】Méngtèlì'ěr 《地名》モントリオール(カナダ).

【蒙学】méngxué →蒙馆 méngguǎn

【蒙药】méngyào [名] 麻酔薬の通称.

【蒙冤】méng//yuān 無実の罪を着せられる.

【蒙在鼓里】méng zài gǔlǐ[-li] [慣] 必要なことや真相を教えてもらえない立場にある。

盟 méng
皿部8 全13画 [四] 6710₂ [常用]

❶ [動] [旧] 盟約する。❷ [素] (国や団体などの)連合。同盟。¶工农联~(労働者と農民の連合) / 同~国 tóngménggguó (同盟国)。❸ [名] 内モンゴル自治区の行政単位。❹ [動] 誓う。❺ (Méng)姓。[参考] ❹はもと "míng" と発音した。

【盟邦】méngbāng [名] 同盟国。⇨ 盟国 méngguó

【盟国】méngguó [名] 同盟国.

【盟军】méngjūn [名] 同盟軍.

【盟誓】❶ méngshì [名] 盟約。誓約。❷ méng//shì [動] [旧] 誓う。¶盟个誓 / 誓いをたてる。⇨ 明誓 míngshì

【盟兄弟】méngxiōngdì [名] 義兄弟.

【盟友】méngyǒu [名] ❶ 盟友。❷ 同盟国.

【盟员】méngyuán [名] 同盟員.

【盟约】méngyuē [名] 盟約。誓約。¶遵守 zūnshǒu ~ / 盟約を守る。

【盟主】méngzhǔ [名] 盟主。¶争当~ / 盟主の地位を争う。[表現] 古代には、諸侯同盟の首領のことをいったが、今では広くリーダーや指導者をいう。

薨 méng
⺾部11 四 4471₇ 全14画 通用
名 文 屋根のいちばん高いところの棟(ﾑﾈ). 回 屋脊 wūjǐ

瞢 méng
⺾部12 四 4460₂ 全15画 通用
❶ 素 真っ暗だ. ¶～暗 méng'àn（真っ暗やみだ). ❷ 素 ぼんやりしてよく見えない. ¶～然 méngrán（ぼんやりしている). ❸ (Méng)姓.

幪 méng
巾部13 四 4423₂ 全16画 通用
→ 缾幪 píngméng

獴 méng
犭部13 四 4423₂ 全16画 通用
名 "獴 méng"に同じ.
☞ 獴 měng

檬 méng
木部13 四 4493₂ 全17画 次常用
→ 柠檬 níngméng

朦 méng
月部13 四 7423₂ 全17画 次常用
下記熟語を参照.

【朦胧】ménglóng 形 ❶ 月光がぼんやりしている. ¶月色～/月明かりがおぼろだ. ❷ かすんではっきりしない. もうろうとしている. ¶这是几十年前的事了, 还朦朦胧胧地记得一点儿/これは数十年前のことだが, まだうっすらといくらか覚えている. 重 朦朦胧胧 ⇔ 清晰 qīngxī
【朦胧诗】ménglóngshī〈文学〉朦胧(ﾓｳﾛｳ)詩. 参考 1970年代末に出現した新しい形式の象徴詩.

鹲 (鸏) méng
鸟部13 四 4722₇ 全18画 通用
名 ネッタイチョウ (熱帯鳥) 科の鳥の総称.

礞 méng
石部13 四 1463₂ 全18画 通用
下記熟語を参照.

【礞石】méngshí 名〈薬〉鉱物の名. "青礞石"と"白礞石"があり, 漢方薬の薬材になる.

艨 méng
舟部13 四 2443₂ 全19画 通用
下記熟語を参照.

【艨艟】méngchōng 名 古代のいくさ船. 回 蒙艟 méngchōng

勐 měng
力部8 四 1412₇ 全10画 通用
❶ 形 文 勇敢だ. ❷ 名 "傣族 Dǎizú"のことばで「小さな平地」の意. 地名に使われることが多い.

猛 měng
犭部8 四 4721₂ 全11画 常用
❶ 形 激しい. 猛烈だ. ¶～将 měngjiàng /～虎 měnghǔ / 用力过～(力を入れ過ぎた) / 药力～（薬効が大だ）/ 火力～（火力が強い）. ❷ 副 突然に. ¶～醒 měngxǐng /～然 měngrán. ❸ (Měng) 姓.

【猛不防】měngbufáng 副 突然に. ふいに. ¶～背后有人推了他 / ふいに後ろから誰かが彼をぐいっと押した.
【猛地】měngde 副 突然. 急に.
【猛攻】měnggōng 動 猛攻する.
【猛孤丁】měnggūdīng 副 方 突然に. ¶卡车 kǎchē ～停了 / トラックはふいに止った.
【猛虎】měnghǔ 名 トラ. 猛虎. ¶～扑羊 / トラがヒツジに飛びかかる.
【猛火】měnghuǒ 名 強火. ⇔ 文火 wénhuǒ
【猛将】měngjiàng 名 ❶ 猛将. ❷ 困難や危険にあっても勇敢に前進する人.
【猛进】měngjìn 動 勇敢に前進する. 猛進する. ¶高歌～/ 高らかに歌いつつ勇敢に前進する. ¶突飞～/ 飛躍的に発展, 進歩する.
【猛劲儿】měngjìnr ㊀ 動 力を一気に出す. ぐっと力を込める. ㊁ 名 ❶ 集中された力. ❷ 旺盛(ｵｳｾｲ)な力. 強い精神力. ¶他真有股子 gǔzi ～ / 彼はすごく精力的だ.
【猛可】měngkě 副 突然に. 出し抜けに. ¶～窜 cuàn出一条狗 / 突然, 犬が一匹とび出した.
【猛力】měnglì 副 力を込めて. 全力で. ¶～一拉 / 力いっぱい引く.
【猛料】měngliào 名 センセーショナルなニュースや情報.
【猛烈】měngliè 形 激しい. 猛烈だ. ¶～的炮火 pàohuǒ / 激しい砲火. ¶风势 fēngshì ～ / 風の勢いが激しい. 参考 剧烈 jùliè 〈表現〉砲火・攻撃・風雨などについて言うことが多い.
【猛犸】měngmǎ 名 マンモス. 回 毛象 máoxiàng
【猛禽】měngqín 名〔只 zhī, 种 zhǒng〕猛禽(ﾓｳｷﾝ). 鷹や鷲など.
【猛犬债券】měngquǎn zhàiquàn 名〈経済〉ボンド債券. 外国投資家向けに, イギリスポンド建てで発行される債券. 由来 "猛犬"はブルドッグのことで, ブルドッグはイギリスの国犬であることから.
【猛然】měngrán 副 突然に. にわかに. ¶～回首 / 急に振りかえる. ～一惊 / はっと驚く.
【猛士】měngshì 名 勇士.
【猛兽】měngshòu 名 猛獣.
【猛醒】[省]měngxǐng 動 はっと気がつく.
【猛增】měngzēng 動 急増する.
【猛追】měngzhuī 動 急迫する.
【猛子】měngzi 名 水泳で, 頭から飛び込むこと. ¶扎 zhā～ / 頭から水に飛び込む.

蒙 Měng
⺾部10 四 4423₂ 全13画 常用
名 モンゴル族. "蒙古族 Měnggǔzú"の略. ¶～古 Měnggǔ / 内～古 Nèiměnggǔ (内モンゴル自治区).
☞ 蒙 mēng, méng

【蒙古】Měnggǔ〈国名〉モンゴル.
【蒙古包】měnggǔbāo 名〔● 个 ge, 座 zuò〕パオ. ゲル. 参考 モンゴル族の住むフェルト製の丸テント.

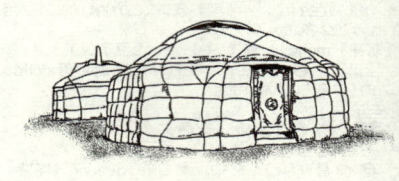

蒙古包

【蒙古人种】Měnggǔ rénzhǒng 名 黄色人種. モンゴロイド. 回 黄 Huáng 种
【蒙古族】Měnggǔzú 名〈民族〉❶ モンゴル族. ❷ モンゴル民族. 参考 ① は中国の少数民族. 内モンゴルを中心に東北, 河北, 西北地方に多く居住. ② はモンゴル人民共和国の最多数民族.

【蒙族】Měngzú 名 "蒙古族"(モンゴル族)の略称.

锰(錳) měng 钅部8 四 8771₂ 全13画 次常用

名[化学]マンガン.Mn.

【锰钢】měnggāng 名[冶金]マンガン鋼.

【锰矿】měngkuàng 名[鉱物]マンガン鉱石.

蜢 měng 虫部8 四 5711₂ 全14画 通用

→蚱蜢 zhàměng

艋 měng 舟部8 四 2741₂ 全14画 通用

→舴艋 zéměng

獴 měng 犭部13 四 4423₂ 全16画 通用

名 マングース属の総称. ☞ 獴 méng

懵(異懜) měng 忄部15 四 9406₂ 全18画 通用

下記熟語を参照.

【懵懂】měngdǒng 形 無知蒙昧(もうまい)だ.

蠓 měng 虫部13 四 5413₂ 全19画 通用

名[虫]ヌカカ(糠蚊). ¶蠓虫 měngchóng

孟 mèng 子部5 四 1710₂ 全8画 常用

❶ 系 兄弟姉妹の生まれた順序でいちばん上. ¶~兄 mèngxiōng (長兄). ❷ 系 旧暦で,四季の初めの月. ¶~春 mèngchūn. ❸(Mèng)姓. 表現①の兄弟姉妹の呼び分けは,上から順に"孟","仲 zhòng","叔 shū","季 jì"であらわし,②の各季節の月は,"孟","仲","季"の順であらわす.

【孟春】mèngchūn 名 春の最初の月. 旧暦1月.

【孟加拉】Mèngjiālā《地名》ベンガル. 参考 東部はバングラデシュ,西部はインドに分かれている.

【孟加拉国】Mèngjiālāguó《国名》バングラデシュ.

【孟加拉湾】Mèngjiālāwān《地名》ベンガル湾.

【孟姜女】Mèng Jiāngnǚ《人名》孟姜女(もうきょうじょ). 秦の始皇帝の時代,万里の長城建設中に夫が殉死したため,悲しんで泣き止まず,そのあまりの激しさに長城も崩れたという伝説上の人物.

【孟浪】mènglàng 形 軽率だ. がさつだ. そそっかしい. ¶不可~行事 / 軽率に事を行ってはいけない. ¶话语~ / ことばが軽率である.

【孟买】Mèngmǎi《地名》ボンベイ(インド).

【孟秋】mèngqiū 名 秋の最初の月. 旧暦7月.

【孟子】Mèngzǐ《人名》孟子(もうし;前372-前289). 名は,軻(か). 戦国時代の魯(ろ)の思想家. 孔子の思想を継承し『孟子』を残す. 性善説にもとづいた王道政治を主張した.

梦(夢) mèng 夕部8 四 4420₇ 全11画 常用

❶ 名[量 场 cháng] 夢. ¶~游 mèngyóu (夢遊する) / 做~ zuòmèng (夢を見る). ¶~话 mènghuà. ❷ 動 夢を見る. ¶~见 mèngjiàn. ❸ 名 空想. まぼろし. ¶~想 mèngxiǎng. ❹(Mèng)姓.

【梦话】mènghuà 名 ❶ 寝言. ¶说~ / 寝言を言う. ¶梦呓 mèngyì,呓语 yìyǔ ❷ 非現実的な話. 夢のような話.

【梦幻】mènghuàn 名 夢まぼろし. 同 梦境 mèngjìng

【梦幻泡影】mèng huàn pào yǐng 成 むなしく消える幻想. ¶他的设想成了~ / 彼の構想は水の泡となった.

【梦见】mèngjiàn 動 夢に見る. ¶~自己又回到了家乡 / 自分が再び故郷にもどる夢を見た.

【梦境】mèngjìng 名 夢の世界. ¶犹如 yóurú~一般的景色 / 夢のような景色だ.

【梦寐】mèngmèi 名 眠り. 夢寐(む). ¶~难忘 / 夢の中でも忘れがたい.

【梦寐以求】mèng mèi yǐ qiú 成 夢の中でも追い求める. しきりに待ち望むようす. ¶到美国留学是我一直~的愿望 / 米国留学は,私が片時も忘れたことのない夢です.

【梦乡】mèngxiāng 名 夢の世界. ¶太累了,很快就进入~ / とても疲れていたので,すぐに深い眠りについた.

【梦想】mèngxiǎng ❶ 動 褒 熱望する. 渴望する. 夢見る. ❷ 動 貶 空想する. 妄想する. ¶~发财 / 金もうけの夢を見る. 同 妄想 wàngxiǎng,妄图 wàngtú ❸ 名 夢. ¶~变成了现实 / 夢が現実になる.

【梦行症】mèngxíngzhèng 名 夢遊病. 同 梦游症 mèngyóuzhèng

【梦魇】mèngyǎn 名 悪夢. ¶最近常受到~的困扰 kùnrǎo / 近頃悪い夢に悩まされる.

【梦遗】mèngyí 動 夢精する.

【梦呓】mèngyì 名 文 寝言. 同 梦话 mènghuà

【梦游症】mèngyóuzhèng 名 夢遊病. 同 梦行 xíng 症

mi ㄇㄧ[mi]

咪 mī 口部6 四 6909₄ 全9画 次常用

下記熟語を参照.

【咪咪】mīmī ❶ 擬 猫の鳴き声をあらわす. ¶小猫~叫 / 子猫がミーミー鳴く. ❷ 形 そっとほほえむようす. ¶笑~ / そっとほほえむ.

眯(異瞇) mī 目部6 四 6909₄ 全11画 常用

動 ❶ 目を細める. ¶~着眼笑(目を細めて笑う). ❷ 方 うとうとする. ¶他在床上~了一会儿(彼はベッドでしばしまどろんだ). ☞ 眯 mí

【眯瞪】mīdeng 動 方 一眠りする. 同 小睡 xiǎoshuì

【眯盹儿】mīdǔnr 動 方 うたたねする. まどろむ.

【眯眼】mīyǎn 動 目 目を細める. ¶老奶奶看到孙子们就~着眼睛笑 / おばあさんは,孫たちを見ると目を細めて笑う.

弥(彌,瀰❹) mí 弓部5 四 1729₂ 全8画 次常用

❶ 形 満ちる. いっぱいに広がる. ¶~月 míyuè / ~天大罪 zuì. ❷ 動 補う. 埋めあわせる. ¶~补 míbǔ. ❸ 副 ますます. いよいよ. ¶~坚(ますます堅い) / 欲 yù 盖~彰 zhāng (成 隠そうとすると,ますます現われる). ❹ →弥漫 mímàn ❺(Mí)姓.

【弥补】míbǔ 動 (欠陥・損失・不足などを)補う. 埋め合わせる. ¶不可~的损失 / 取り返しのつかない損失.

【弥封】mífēng 動 試験答案の氏名が書かれた部分を折り曲げた後,糊づけして封印をする. 参考 受験者の氏名が採点者にわからないようにして不正を防ぐ方法.

【弥缝】míféng 動 (欠点や間違いを)とりつくろう. 埋め合わせる.

【弥合】míhé 動〈裂け目を〉縫い合わせる. ¶～伤口 / 伤口をふさぐ. 同 缝 féng 合 表現 心の傷などにも用いる.

【弥勒】Mílè 名《仏教》弥勒(ぇ). 参考 ふつう"弥勒佛 fó"と言う.

【弥留】míliú 動 ❶〈重病の末〉死を迎えようとしている. ¶～之际 / いまわの際. ❷〈思い出などが〉長く残る.

【弥漫】mímàn 動〈煙・霧・水などが〉一面に満ちる. 立ちこめる. ¶乌云 wūyún～了天空 / 黒雲が空を覆った.

【弥撒】mísa 名《宗教》ミサ. ♦ラ missa

【弥散】mísàn 動〈光線・気体・音などが〉四方に拡散する. ¶～香味 / 芳香をまわりに漂わす.

【弥天】mítiān 形 ❶ 空に充満している. ❷〈罪などが〉きわめて大きい.

【弥天大谎】mí tiān dà huǎng 成 うそ八百. 真っ赤なうそ. ¶谁信你的～？ / おまえのうそ八百を誰が信じるというんだい.

【弥天大罪】mí tiān dà zuì 成 とてつもなく大きな罪.

【弥陀】Mítuó 名《仏》"阿弥陀佛 Ēmítuófó"(阿弥陀仏)の略称. 同 弥陀佛

【弥望】míwàng 動文 見渡すかぎり…だ. 满眼 mǎn-yǎn

【弥月】míyuè 名文 ❶ 赤ん坊が生まれて満1ヶ月. ¶摆～酒 / 生後1ヶ月のお祝いの席を設ける. 同 满月 mǎn-yuè ❷ 満1ヶ月. ¶新婚～! / 新婚満1ヶ月になる.

迷 mí
辶部 6　全 9 画　3930₆　常用

❶動 迷う. 判断力を失う. ¶～了路(道に迷う) / ～信 míxìn. ❷動 熱中してやみつきになる. ¶～恋 míliàn. ❸迷 ファン. マニア. ¶棋～ qímí (将棋マニア) / 球～ qiúmí (野球狂) / 戏～ xìmí (演劇ファン) / 红～ Hóngmí (『红楼梦』ファン). ❹動 惑わす. 陶酔させる. ¶景色～人(景色が魅力的だ).

【迷彩】mícǎi 名 迷彩.

【迷彩服】mícǎifú 名 迷彩服. 参考 日本と同様に, 軍隊や警察で用いられる.

【迷瞪】mídeng 形方 まぬけだ. うっかりしている.

【迷宫】mígōng 名[➀ 座 zuò] 迷宫. ¶进入～ / 迷宫に入る.

【迷航】míháng 動〈飛行機や船などが〉方向を見失う.

【迷糊】míhu 形〈意識などが〉ぼんやりしている. 重 迷糊糊

【迷幻】míhuàn 形 幻の. 幻想の.

【迷幻药】míhuànyào 名 回 幻覚剤. LSD.

【迷魂汤】míhúntāng 名 人を惑わせることばや行為. ¶他因为喝了贼人 zéirén 的～, 财物全失了 / 彼は悪い口車にのせられて, 財産をすべて失った. 同 迷魂药 míhúnyào

【迷魂阵】míhúnzhèn 名 人を惑わせる計略や場面.

【迷惑】míhuò 動 ❶ 迷う. 惑う. ¶～不解 / 当惑してよくわからない. 同 迷惘 míwǎng ❷ 惑わせる. 同 蛊惑 gǔhuò

【迷津】míjīn 名文《仏教》誤った道や方向. 由来 "津"のもとの意は「渡し場」.

【迷卡】míkǎ 名外 次世代型名刺といわれる minicards の中国名.

【迷离】mílí 形〈境界などが〉ぼんやりしている. はっきりしない. ¶～恍惚 huǎnghū / ぼんやりとしか見えない. ¶睡眼～ / 寝ぼけた目がとろんとしている. ¶扑朔 pūshuò～ / 事情が複雑で何が何だかわからない.

【迷恋】míliàn 動 夢中になる. やみつきになる. ¶～酒色 / 酒色にうつつをぬかす. 表現「度がすぎている」というマイナスのニュアンスで使われることがある.

【迷路】mí//lù 動 ❶ 道に迷う. ¶容易～ / 道に迷いやすい. ¶迷了路 / 道に迷った. ❷ 正しい方向を見失う.

【迷路】mílù 名《生理》内耳. 同 内耳 nèi'ěr

【迷乱】míluàn 動 ❶ とまどい乱れる. ❷〈相手を〉とまどわせ, 乱れさせる.

【迷漫】mímàn 動〈霧・煙・ほこりなどが〉一面に立ちこめる. ¶烟雾 yānwù～ / 霧が立ちこめている. ¶风雪～ / 風と雪であたりが白くかすんでいる.

【迷茫】mímáng 形 ❶ ぼんやりして果てしない. ¶迷迷茫茫的原野 / 茫漠(ばく)とした原野. 重 迷迷茫茫 (表現がぼんやりしている. うっとりしている. ❷～的神情 / ぼうっとした表情.

【迷蒙[濛]】míméng 形 ❶ 暗くてはっきりとわからない. 同 迷茫 máng ❷〈意識が〉ぼんやりしている.

【迷梦】mímèng 名貶 夢想. ¶终于从～中觉醒 jué-xǐng 过来 / ついに夢想から覚めた.

【迷迷糊糊】mímihūhū 形〈意識や目が〉ぼんやりしている. ¶～地睡着 shuìzháo 了 / 意識がぼんやりして眠ってしまった. 表現 "迷糊"の重ね型.

【迷你】mínǐ 形外 小型の. ミニの. ¶～计算机 / 小型計算機. ◆mini

【迷你裙】mínǐqún 名外 ミニスカート.

【迷人】mírén 形 ❶ 魅力的だ. ¶～的歌声 / うっとりするような歌声. ¶她的眼睛很～ / 彼女のひとみは魅力的だ. ❷ 人を惑わす. ¶～眼目 成 人の目を惑わす.

【迷失】míshī 動〈方向や道を〉見失う. まちがえる. ¶～方向 / 方向を見失う.

【迷途】mítú 動 道に迷う. ¶～的羔羊 gāoyáng / 迷える小羊. 同 迷路 mílù ❷ 名 誤った道. ¶走入～ / 誤った道に入る.

【迷途知返】mí tú zhī fǎn 成 過ちに気づいて正しい道に立ち返る.

【迷惘】míwǎng 形 困惑している. 途方に暮れている. ¶一副～的神情 / 途方に暮れた顔つき. 同 怅惘 chàng-wǎng, 迷惑 míhuò

【迷雾】míwù 名 ❶ 濃霧. ❷ 人の進むべき道を惑わす事物.

【迷信】míxìn ❶動名 盲信する. ¶～鬼神 / 鬼神を信じる. ❷名 迷信. ¶破除 pòchú～ / 成 迷信を打破する. 反 科学 kēxué

【迷住】mízhù 動 夢中にする. とりこになる.

【迷走神经】mízǒu shénjīng 名《生理》迷走神経.

【迷醉】mízuì 動 陶酔する. 夢中になる.

祢(禰) Mí
礻部 6　全 9 画　3729₂　通用

名 姓. 参考 古くは"nǐ"と発音した.

眯(瞇) mí
目部 6　全 11 画　6909₄　常用

動 目にほこりが入って見えなくなる. ¶沙土～了眼睛(砂ぼこりが目に入って前が見えなくなった).

☞ 眯 mī

猕(獼) mí
犭部 8　全 11 画　4729₂　通用

下記熟語を参照.

【猕猴】míhóu 名《動物》[➀ 群 qún, 只 zhī] アカゲザル.

【猕猴桃】míhóutáo 名《植物》キウイフルーツ. 同 羊桃 yángtáo, 杨桃 yángtáo ⇨次ページ図

猕猴桃

谜(謎/^異詅) mí
讠部9 [四] 3973₉
全11画 [常用]

[名] ❶〔量 道 dào, 条 tiáo〕なぞなぞ. クイズ. ¶～底 mídǐ / 猜一条～ (なぞなぞに答えよう). ❷〔量 个 ge〕不可解なこと. なぞ. ¶他的失踪 shīzōng 真是个～(彼の失踪はまったくのなぞだ). [参考]"谜"は, "mèi"とも発音する.

【谜底】mídǐ [名] ❶ なぞなぞの答え. [反] 谜面 mímiàn ❷ 事の真相. ¶揭开 jiēkāi～ / 事の真相を明らかにする.
【谜面】mímiàn [名] なぞなぞの問題. [反] 谜底 mídǐ
【谜团】mítuán [名] 疑惑. 疑念. [同] 疑 yí 团
【谜语】míyǔ〔量 道 dào, 个 ge, 条 tiáo〕なぞなぞ. ¶猜～/ なぞなぞを当てる. [参考] たとえば, "麻屋子,红帐子 zhàngzi,里头住着白胖子" (麻のお部屋に赤いカーテン,中には白い太っちゃが住んでいる)は, "花生"(落花生)が答え.

醚 mí
酉部9 [四] 1963₉
全16画 [通用]

[名]《化学》エーテル. ¶乙～ yǐmí (エチルエーテル).

糜 mí
麻部6 [四] 0029₄
全17画 [次常用]

❶ [素] かゆ. ¶～粥 mízhōu (かゆ) / 肉～ ròumí (ペースト状の肉). ❷ [素] ただれる. くずれる. ¶～烂不堪 bùkān (ひどくただれている). ❸ [素] 浪費する. ¶～费钱财 (財産をむだにする). ❹ (Mí)姓.
☞ 糜 méi

【糜费】mífèi [動] 浪費する. ¶防止～ / 浪費を防ぐ. [同] 靡费 mǐfèi, 浪费 làngfèi
【糜烂】mílàn [動] くさってぐずぐずになる. 腐敗する. ただれる. ¶～的生活 / 腐敗しきった生活. [同] 腐败 fǔbài, 烂 fǔlàn

縻 mí
糸部6 [四] 0029₃
全17画 [通用]

[文] ❶ [名] 牛を引くためのひも. ❷ [動] 結びつける. つなぎとめる. ¶羁～ jīmí (言いくるめる).

麋 mí
鹿部6 [四] 0029₄
全17画 [通用]

下記熟語を参照.

【麋鹿】mílù [名]《動物》〔量 头 tóu〕シフゾウ. シカの一種. [同] 四不像 sìbùxiàng

靡 mí
麻部8 [四] 0021₁
全19画 [次常用]

[素] 浪費する. ¶不要～费公共财物 (公共の財物を浪費してはいけない).
☞ 靡 mǐ

蘼 mí
艹部19 [四] 4421₁
全22画 [通用]

下記熟語を参照.

【蘼芜】míwú [名] 香草の一つ. 古い書物で, "芎劳 xiōngqióng" (センキュウ) の苗を指した.

醾 mí
酉部17 [四] 1069₄
全24画 [通用]

→酴醾 túmí

米 mǐ
米部0 [四] 9090₄
全6画 [常用]

❶ [素] 脱穀した穀物. 外皮をとった実. ¶玉～ yùmǐ (トウモロコシの実) / 小～ xiǎomǐ (アワ) / 花生～ huāshēngmǐ (落花生) / 虾～ xiāmi (むきエビ). ❷ [名]〔量 粒 lì〕米. ¶～饭 mǐfàn / 买20公斤～ (20キロの米を買う). ❸ [量] メートル. [同] 公尺 gōngchǐ ❹ (Mǐ)姓. [表現] 日本で言う「米」は, "大米 dàmǐ" と言う. "小米" は「粟」のこと.

【米波】mǐbō [名]《電気》メートル波. 超短波.
【米醋】mǐcù [名] 米酢(コメず).
【米袋子】mǐdàizi [名] ❶ コメ袋. ❷ 穀物の市場への供給.
*【米饭】mǐfàn [名] ご飯. めし. [表現] ふつうは, "大米饭 dàmǐfàn" (米のめし) をさす. アワのめしは, "小米饭 xiǎomǐfàn" という.
【米粉】mǐfěn [名] ❶ 米の粉. ❷ ビーフン. ¶炒～ / 炒めビーフン. [同] 米面 mǐmiàn
【米粉肉】mǐfěnròu [名]《料理》豚肉にコメの粉と調味料を加えて蒸したもの. [同] 粉蒸 zhēng 肉
【米柑水】mǐgānshuǐ [名] 米のとぎ汁.
【米糕】mǐgāo [名]《料理》ライスプディング.
【米黄】mǐhuáng [形] 黄色がかったクリーム色の. ¶～色 / 黄色がかったクリーム色.
【米价】mǐjià [名] 米の値段. 米価.
【米酒】mǐjiǔ [名] もち米, もちアワで作った酒.
【米开朗琪罗】Mǐkāilǎngqíluó《人名》ミケランジェロ (1475-1564). イタリア盛期ルネッサンスの彫刻家・画家・建築家.
【米糠】mǐkāng [名] ぬか.
【米兰】Mǐlán《地名》ミラノ (イタリア).
【米老鼠】Mǐlǎoshǔ [名] ミッキーマウス.
【米粒】mǐlì [名] (～儿) 米つぶ.
【米粮川】mǐliángchuān〔量 块 kuài, 片 piàn〕穀倉地帯. 米どころ.
【米面】mǐmiàn [名] ❶ 米と小麦粉. ❷ (～儿) 米の粉. ❸ [方] ビーフン.
【米色】mǐsè [名] クリーム色.
【米寿】mǐshòu [名] 88歳の誕生日. [由来]「米」が「八, 十, 八」の形に分解できることから. 近年, 日本語から輸入されたと思われることば.
【米汤】mǐtāng [名] ❶ おも湯. ❷ うすい粥.
【米突】mǐtū [量][外]「メートル」の旧称.
【米线】mǐxiàn [名][方] ビーフン. [同] 米粉② [参考] 雲南省の料理「过桥米线」などが有名.
【米象】mǐxiàng [名]《虫》コクゾウムシ.
【米制】mǐzhì [名] メートル法. [同] 国际公制 guójì gōngzhì
【米粥】mǐzhōu [名] コメ粥.
【米珠薪桂】mǐ zhū xīn guì [成] 米や薪(たきぎ)が真珠や桂の木のように高価になること. 物価が暴騰して, 庶民の生活が困窮すること. [由来]《戦国策》に見えることば.
【米猪】mǐzhū [名] サナダムシの幼虫が寄生しているブタ. [同] 豆 dòu 猪

芈 mǐ
丨部6 [四] 1150₀
全7画 [通用]

❶ 擬 メー. ヒツジなどの鳴き声. ❷（Mǐ）姓.

咪 Mǐ
氵部6 四 3919₄
全9画 通用
素 地名用字. ¶～水 Mǐshuǐ（湖南省にある川の名）.

弭 mǐ
弓部6 四 1124₀
全9画
❶ 素 ㊎ 停止する. やむ. なくす. ¶～战 mǐzhàn（戦いをやめる）/水患 huàn 消～（水害が消える）. ❷（Mǐ）姓.
【弭谤】mǐbàng 動 ㊎ 中傷をやめる.
【弭兵】mǐbīng 動 ㊎ 戦争をやめる.
【弭患】mǐhuàn 動 ㊎ 災いを取り除く. 災害をなくす. ¶除害～/害悪を取り除く.

脒 mǐ
月部6 四 7929₄
全10画
名《化学》アミジン. ♦amidine

籹 mǐ
米部4 四 9894₀
全9画
素 ㊎ 鎮める. 治める. ¶乱世～平（世の乱れを治める）.

靡 mǐ
麻部8 四 0021₁
全19画 次常用
❶ 動 ㊎ ない. ¶～日不思（一日として思わない日はない）. 同 无 wú ❷ 動 ㊎（体が）倒れる.（草木が）なびく. ¶望风披～（成）軍隊が相手方の威勢におそれをなして、戦わずして潰走する）. ❸ 副 …でない. 否定をあらわすことば. ¶其详～闻（詳しいことは、聞いたことがない）.
☞ 糜 mí
【靡丽】mǐlì 形 ㊎ 豪奢(ごうしゃ)だ. 華麗だ. ¶～的服饰 fúshì / 華麗な衣装.
【靡靡】mǐmǐ 形 退廃的でみだらだ. 悪趣味だ.
【靡靡之音】mǐ mǐ zhī yīn 成 軟弱で退廃的な音楽.
【靡然】mǐrán 形 一方になびくようす.

汨 Mì
氵部4 四 3610₀
全7画 通用
素 地名用字. ¶～罗江 Mìluójiāng. 注意 "汨 gǔ"は別の字.
【汨罗江】Mìluójiāng《地名》汨羅江(べきらこう). 湖南省北東部を西流し、湘江下流に注ぐ川.『楚辞』の作者、屈原がここに投身したとされている.

觅 (覓/異 覔) mì
爪部4 四 2021₂
全8画 次常用
動 たずねる. 捜し求める. ¶～食 mìshí / ～路 mìlù（道を捜す）. ¶寻 xún, 找 zhǎo
【觅食】mì//shí 動（鳥や獣が）えさをさがす. ¶到处～/あちこち餌をあさる.

泌 mì
氵部5 四 3310₄
全8画 次常用
素 分泌する. ¶～尿器 mìniàoqì.
☞ 泌 Bì
【泌尿器】mìniàoqì 名《生理》泌尿器(ひにょうき).
【泌尿学】mìniàoxué 名 泌尿器学.

宓 mì
宀部5 四 3033₄
全8画
❶ 形 ㊎ 安静だ. ❷（Mì）姓.

秘 (異 祕) mì
禾部5 四 2390₄
全10画 常用
❶ 素 秘密の. 公開しない. ¶～方 mìfāng / ～密 mìmì / ～诀 mìjué / ～书 mìshū. ❷ 動 秘密にする. ¶～而不宣. ❸（Mì）姓.
☞ 秘 bì

【秘宝】mìbǎo 名 秘宝.
【秘传】mìchuán 名 秘伝.
【秘而不宣】mì ér bù xuān 句 秘して公にしない.
【秘方】mìfāng 名 秘密の処方. ¶祖传～/先祖伝来の秘方.
【秘籍】mìjí 名 貴重な本. 珍しい書物.
【秘诀】mìjué 名 秘訣(ひけつ). こつ. ¶成功的～/成功の秘訣.
*【秘密】mìmì ❶ 形 秘密だ. ¶～文件 / 秘密文書. ～会议 / 秘密会議. 反 公开 gōngkāi ❷ 名 秘密. 神秘. ¶探索 tànsuǒ 宇宙 yǔzhòu～ / 宇宙の神秘をさぐる. ¶揭开 jiēkāi～ / 秘密をあばく. 同 机密 jīmì
【秘史】mìshǐ 名 秘密の歴史. 秘史.
【秘事】mìshì 名 秘事.
【秘书】mìshū 名 秘書. ¶～处 mìshūchù / 秘書局. 事務局. 由来 古代は、宮廷内の書物や重要文書をさした.
【秘书长】mìshūzhǎng 名 秘書長. 事務総長.
【秘闻】mìwén 名 逸聞. 秘話.

密 mì
宀部8 四 3077₂
全11画 常用
❶ 形 すき間がない. 密だ. ¶～林 mìlín / 小株～植 zhí（小さな株を密植する）. 反 稀 xī, 疏 shū ❷ 素 緻密(ちみつ)だ. きめ細かい. ¶精～ jīngmì（精密だ）/ 细～ xìmì（綿密だ）. ❸ 素 親しい. ¶～友 mìyǒu / 亲～ qīnmì（仲がよい）. ❹ 素 秘密の. ¶～谋 mìmóu / ～码 mìmǎ / 保～ bǎomì（秘密を保つ）. ❺（Mì）姓.
【密报】mìbào 名 動 密告（する）.
【密闭】mìbì 動 ぴったりと閉じる. 密閉する. ¶门窗 / 戸や窓がぴったりと閉めてある. ¶～的容器 / 密閉された容器.
【密布】mìbù 動 すきまなく分布している. ¶繁星 / 夜空いちめんの星. ¶乌云 wūyún～ / 暗雲が空を覆う.
【密电】mìdiàn ❶ 名〔量 份 fèn, 封 fēng〕暗号電報. ❷ 動 ①を打つ.
【密度】mìdù 名 密度. ¶人口～ / 人口密度. ¶～很大 / 密度がとても高い.
【密访】mìfǎng 動 ひそかに訪問する.
【密封】mìfēng 動 ぴったりと閉じる. 密封する. ¶～的文件 / 密封された書類. ¶用白蜡 báilà～瓶口 / ロウでビンの口を密封する.
【密告】mìgào 動 密告する. ¶有人～ / 誰かが密告した. ¶查找～者 / 密告者を探し出す.
【密会】mìhuì ❶ 動 密会する. ❷ 名 秘密の会議.
【密级】mìjí 名（国務の）秘密保持ランク. 参考 "绝密,机密,秘密"の3ランクに分けられる.
【密集】mìjí 動 密集する. ¶人群～在商店里 / 人が大勢店の中に集まっている. ¶东京人口～ / 東京は人口が密集している.
【密集型】mìjíxíng 名 密集型.
【密件】mìjiàn 名〔量 份 fèn, 个 ge〕機密文書.
【密接】mìjiē 動 密接だ.
【密克罗尼西亚】Mìkèluóníxīyà《国名》ミクロネシア.
【密林】mìlín 名〔量 片 piàn〕密林. ジャングル. ¶～深处 / 密林の奥.
【密令】mìlìng ❶ 動 ひそかに命令・指令する. ❷ 名 秘密の指令. ¶下达～ / 密令をくだす.
【密码】mìmǎ 名〔量 份 fèn, 副 fù〕暗号符号. 暗号コード. ¶～电报 / 暗号電報. ¶破译 pòyì～ / 暗号を解読する. ¶输 shū 进～ / パスワードを入力する. 反 明码 míngmǎ

【密码箱】mìmǎxiāng 名(暗号ロック付きの)アタッシュケース.
【密码子】mìmǎzǐ 名《生物》コドン. 参考 ヌクレオチドが3個配列した遺伝情報の最小単位.
【密密层层】mìmìcéngcéng 形(〜的)ぎっしりとつまっている. 密集している. ¶〜的人群 / ぎっしり重なり合った人の群れ. 用法 草木・群衆・建物などについて言う.
【密密丛丛】mìmìcóngcóng 形(〜的)草木が生い茂っている. ¶〜的树林 / うっそうと茂った林.
【密密麻麻】mìmimámá 形(口)(〜的)(小さなもの)がぎっしりつまっている. ¶信上写着〜的小字 / 手紙には、小さな字がびっしり書かれている.
【密密匝匝】mìmizāzā 形(〜的)と密集している. 同 密密匝匝
【密谋】mìmóu ❶動 ひそかにたくらむ. ¶〜叛乱 pànluàn / 反乱をたくらむ. ❷名 秘密の陰謀.
*【密切】mìqiè ❶形 密接だ. ¶关系很〜 / 関係が密接だ. 同 亲密 qīnmì 反 疏远 shūyuǎn ❷動 密接にする. ¶进一步〜两国关系 / 両国関係をさらに密接にする. ❸副 周到に. 入念に. ¶〜配合 / しっかりと協力しあう.
【密商】mìshāng 動 ひそかに相談する.
【密使】mìshǐ 名 密使.
【密室】mìshì 名 密室.
【密实】mìshi 形 すきまなく詰まっている. 目が細かい. ¶缝 féng 得密实实 / とても細かく縫ってある. 重 密密实实
【密斯】mìsī 名(外)(旧) ミス. お嬢さん. 同 密司 sī
【密苏里河】Mìsūlǐhé 《地名》ミズーリ川(米国).
【密谈】mìtán 動 密談する.
【密探】mìtàn 名(吃)〔個 个 ge, 名 míng〕スパイ.
【密西西比河】Mìxīxībǐhé 《地名》ミシシッピ川(米国).
【密歇根】Mìxiēgēn 《地名》ミシガン州(米国). 同 密执安 Mìzhí'ān
【密写】mìxiě 動(秘密を保つため)あぶり出しインクで書く.
【密信】mìxìn 名 密書.
【密友】mìyǒu 名 親友.
【密语】mìyǔ ❶名 暗号. ¶暗语 ànyǔ ❷名動 密談(する).
【密约】mìyuē ❶動 密かに約束する. ❷名 密約.
【密钥】mìyuè 名 暗号解読の制御に用いるパラメーター. 秘密鍵.
【密云不雨】mì yún bù yǔ 成 事件がいまにも起こりそうだ. 由来 「雲が重くたれこめているが、まだ雨が降らない」という意から.
【密匝匝】mìzāzā 形(口)(〜的)と密集している. 同 密密匝匝 mìmìzāzā
【密召】mìzhào 動 ひそかに呼び寄せる.
【密诏】mìzhào 名 秘密の詔書.
【密植】mìzhí 動 密植する.
【密旨】mìzhǐ 名 秘密の勅命.
【密致】mìzhì 形(物質の構造が)緊密だ. ¶质地〜 / きめが細かい.

幂(冪) mì
一部10 全12画 四 3722₇ 通用
❶ 名(文) 酒器を覆う布きれ. ❷ 動(文) 覆う. 覆いかぶす. ❸ 名《数学》冪(べき). 累乗.

谧(謐) mì
讠部10 全12画 四 3371₂ 通用
素 静かでおだやかだ. ¶安〜 ānmì(平穏だ)/ 静〜 jìngmì(静謐むうだ).

【谧静】mìjìng 形(文) 静かでおだやかだ. 同 宁 níng 静

蓂 mì
艹部10 全13画 通用
→蓂荚 xīmì
蓂 míng

嘧 mì
口部11 全14画 63072 通用
下記熟語を参照.

【嘧啶】mìdìng 名《化学》ピリミジン. ◆pyrimidine

蜜 mì
宀部11 全14画 3013₆ 常用
❶ 名 ハチミツ. みつ. ¶〜渍 mìzì. ❷ 素 甘い. 甘美な. ¶甜言〜语(甘いことば).

*【蜜蜂】mìfēng 名(虫)〔個 群 qún, 只 zhī〕ミツバチ.
【蜜柑】mìgān 名《植物》ミカンの一種. マンダリンオレンジ. ❷ ①の実.
【蜜供】mìgòng 名 神仏や祖先に供える菓子.
【蜜罐】mìguàn 名 ❶蜜つぼ. ❷何不自由しない暮らし.
【蜜饯】mìjiàn ❶動 果物をシロップ漬けにする. ¶〜果脯 guǒfǔ / ドライフルーツをシロップ漬けにする. ❷ 名 シロップ漬けにした果物.
【蜜橘】mìjú 名《植物》ミカンの一種. ¶温州 Wēnzhōu〜 / 温州(うんしゅう)ミカン. 参考 "柑 gān"と"橘 jú"の俗称.
【蜜腊】mìlà 名 蜜蠟(みつろう).
【蜜色】mìsè 形 はちみつに似た色. 淡い黄色.
【蜜甜】mìtián 形 とても甘くておいしい.
【蜜腺】mìxiàn 名《植物》蜜腺(みつせん).
【蜜源】mìyuán 名 蜜を出すもの. ¶〜植物 / (蜂などに)大量に蜜を取らせる植物.
【蜜月】mìyuè 名 新婚一ヶ月. ハネムーン. ¶〜旅行 / 新婚旅行. ¶去法国度〜 / ハネムーンでフランスへ行く.
【蜜月保姆】mìyuè bǎomǔ 名 新婚夫婦のためのお手伝いさん. 経験豊かな40〜50代の女性が家事全般を伝授するもの.
【蜜枣】mìzǎo 名(〜儿)シロップ漬けのナツメ.
【蜜渍】mìzì ハチミツや砂糖で漬けたもの. シロップ漬け.

mian ㄇㄧㄢ [miεn]

眠 mián
目部5 全10画 四 6704₇ 常用
❶ 素 眠る. ¶安〜 ānmián(安眠)/ 失〜 shīmián(眠れない. 不眠になる)/ 长〜 chángmián(永眠する). ❷ 素 生物が休眠する. ¶初〜 chūmián(生物の休眠)/ 蚕 cán 三了(カイコは3度休眠をした)/ 冬〜 dōngmián(冬眠する). ❸(Mián)姓.

绵(綿/異緜) mián
纟部8 全11画 四 2612₇ 常用
素 ❶ 真綿(まわた). ¶丝绵 sīmián ❷(性質が)やわらかい. 弱々しい. ¶薄 mián bó. ❸ 切れずに長くつながっている. ¶〜延 miányán.

【绵白糖】miánbáitáng 名 粉砂糖. 同 绵糖
【绵薄】miánbó 形 非力. 微力. ¶微力を尽くす. 同 菲薄 fěibó, 微薄 wēibó 用法 自分の力についての謙譲語として使われる.
【绵长】miáncháng 形 長く続いて絶えない. ¶〜岁

月／長い年月．¶福寿 fúshòu～／幸せと長寿がいつまでも続きますように(老人に対する祝いのことば)．
- 【绵绸】miánchóu 名 くず糸を原料として織った織物．つむぎ．
- 【绵亘】miángèn 動 (山脈などが)長く連なる．¶～数千里／数千里にわたって連なる．
- 【绵和】miánhé 形 方 (性質が)穏やかだ．温和だ．
- 【绵里藏针】mián lǐ cáng zhēn 成 ❶ 見かけは柔らかだが、芯はしっかりしている．❷ 吃 見かけは穏やかだが、内心は冷酷だ．ことばつきは穏やかだが、毒を含んでいる．¶她外表和善 héshàn，其实是个～的人／彼女は優しそうに見えるが、本当は冷たい人だ．
- 【绵力】miánlì 名 微力．表現 自分の能力をへりくだった言いかた．
- 【绵密】miánmì 形 (言行や思慮が)周到だ．綿密だ．¶文思／文章の構想が緻密だ．
- 【绵绵】miánmián 形 文 ずっと続いていて、絶えない．¶秋雨／秋雨がいつまでも降り続く．
- 【绵软】miánruǎn 形 ❶ 柔らかい．¶～的羊毛／柔らかい羊毛．❷ 身体がだるい．¶觉得浑身～／全身だるく感じられる．用法 ①は毛髪・衣服・かけ布団・紙などについて．
- 【绵延】miányán 動 どこまでも長く続く．¶～的山脉 shānmài／千里もはてしなく続く山脈．同 连亘 liángèn、绵亘 miángèn
- 【绵延不断】miányán búduàn 句 (山並みや川が)どこまでも続く．(雨や雪が)降り続く．同 连 lián 绵不断
- 【绵羊】miányáng 名 (動物)〔圃 群 qún，只 zhī〕綿羊(ﾒﾝ)．¶温顺 wēnshùn 得像小～／小羊のようにおとなしい．
- 【绵阳】Miányáng 地名 綿陽(ﾒﾝﾔﾝ)．四川省にある市．参考 唐の李白の出生地のひとつとされる．
- 【绵纸】miánzhǐ 名〔张 zhāng〕薄葉紙．
- 【绵子】miánzi 名 方 真綿．

棉 mián 木部8 四 4692₇ 全12画 常用

名 ❶ ワタ．綿．"草棉 cǎomián" と "木棉 mùmián" の総称．❷ 綿花．¶～衣 miányī／～线 miánxiàn．❸ ワタに似たもの．¶石～ shímián (アスベスト)．❹ (Mián)姓．
- 【棉袄】mián'ǎo 名〔圃 件 jiàn〕綿入れの上着．¶真丝～／真綿の綿入れ．
- 【棉被】miánbèi 名〔圃 床 chuáng，条 tiáo〕綿入りのかけ布団．¶盖 gài～／綿布団をかける．
- 【棉布】miánbù 名〔圃 块 kuài，匹 pǐ〕木綿．木綿の布．
- 【棉纺】miánfǎng 名 綿の紡績．¶～厂／綿の紡績工場．
- 【棉猴儿】miánhóur 名〔圃 件 jiàn〕フードが付いた綿入れのコート．
- 【棉花糖】miánhuātáng 名 綿菓子．
- *【棉花】miánhua 名 ❶〔圃 棵 kē，株 zhū〕ワタの通称．綿花．❷〔圃 朵 duǒ，团 tuán〕ワタの実の繊維．綿(ﾜﾀ)．
- 【棉花套】miánhuātào 名 方 布団綿．同 棉絮 miánxù
- 【棉裤】miánkù 名〔圃 条 tiáo〕綿入れのズボン．
- 【棉铃】miánlíng 名 《植物》ワタの実．棉桃 táo．由来 実がつき始めたばかりの頃は、鈴の形に似ていることから．
- 【棉铃虫】miánlíngchóng 名 《虫》ワタミムシ．参考 ワタの害虫．
- 【棉毛】miánmáo 名 《紡織》メリヤス．
- 【棉毛裤】miánmáokù 名 メリヤスのズボン下．
- 【棉毛衫】miánmáoshān 名 メリヤスのシャツ．
- 【棉帽】miánmào 名 綿入れの帽子．
- 【棉农】miánnóng 名〔个 ge，位 wèi〕綿作りの農家．綿作りの農民．
- 【棉袍】miánpáo 名(～儿)綿入れの長い中国服．同 棉袍子 miánpáozi
- 【棉绒】miánróng 名 《紡織》綿ビロード．別珍．
- 【棉纱】miánshā 名 《紡織》〔圃 根 gēn，团 tuán〕綿ヤーン．綿の紡ぎ糸．
- 【棉毯】miántǎn 名 綿毛布．
- 【棉桃】miántáo 名 ワタの実．
- 【棉套】miántào 名 (ポットや飯びつを保温するための)綿入れのカバー．
- 【棉田】miántián 名 ワタ畑．
- 【棉线】miánxiàn 名〔圃 根 gēn，条 tiáo〕木綿糸．
- 【棉鞋】miánxié 名〔圃 双 shuāng〕綿入れの布で作った靴．
- 【棉絮】miánxù 名 ❶ 綿花の繊維．❷〔床 chuáng，条 tiáo〕布団綿．
- *【棉衣】miányī 名〔件 jiàn，套 tào〕綿入れの衣服．
- 【棉织品】miánzhīpǐn 名 綿織物．綿製品．
- 【棉籽[子]】miánzǐ 名 ワタの種．¶～油／綿実油．

免 miǎn 刀部5 四 2741₂ 全7画 常用

動 ❶ 免除する．取り除く．¶～职 miǎnzhí／～费 miǎnfèi／～税 miǎnshuì．❷ 任 rèn ～ …を免じる．…しないですむ．¶～疫 miǎnyì．❸ 禁じる．…するなかれ．¶闲人 xiánrén ～进(無用の者の立ち入りを禁ず)．
- 【免不得】miǎnbude 動 避けられない．¶一场争论 zhēnglùn／争論を避けられない．同 免不了 miǎnbuliǎo
- 【免不了】miǎnbuliǎo 動 避けられない．避けがたい．¶困难是～的／困難は避けられないものだ．
- 【免除】miǎnchú 動 ❶ 取り除く．¶～水旱 shuǐhàn 灾害 zāihài／水害や干害をなくす．❷ 免除する．¶～职务／職務を免除する．
- 【免得】miǎnde 接続 (好ましくない情況が)…ないように．…するといけないから．¶快点去吧，～迟到／遅れないように急ごう．¶天冷了，多穿点衣服，～感冒／寒くなったから、風邪をひかないように多目に着よう．同 以 yǐ～miǎn，省得 shěngde 用法 二つの文の前文に具体的な行為を述べ、後文の冒頭に"免得"を用いて、前文の行為をしないために予想される好ましくない情況を示す．
- 【免费】miǎn//fèi 動 無料にする．¶～医疗 yīliáo／無料診療．¶～参观／入場無料．反 收费 shōufèi
- 【免官】miǎn//guān 動 免官する．官職を罷免する．
- 【免冠】miǎnguān 動 ❶ 帽子を脱ぐ．脱帽する．❷ (写真撮影などで)帽子をかぶらない．参考 ①は、昔は謝罪をあらわし、現在では敬意をあらわす動作とされる．
- 【免检】miǎnjiǎn 動 検査を免除する．
- 【免开尊口】miǎn kāi zūn kǒu 成 (患者などを制止しておっしゃらないでください．口をはさまないでください．表現 多く風刺やからかいの気分が含まれる．
- 【免票】miǎnpiào 名 ❶〔张 zhāng〕入場や乗車などの無料券．無料パス．❷ 動 入場や乗車などにあたり、切符がいらない．無料だ．
- 【免试】miǎnshì 動 試験や測定検査を免除する．

【免税】miǎn//shuì 動 免税する. ¶～货物 / 免税商品. ¶申请～ / 免税を申請する.
【免税店】miǎnshuìdiàn 名 免税店.
【免刑】miǎnxíng 動《法律》刑を免除する. ¶他的罪行 zuìxíng 得以 déyǐ～ / 彼の罪には刑を免じられた.
【免修】miǎnxiū 動《ある科目の》履修を免除する.
【免验】miǎnyàn 動 検査を免除する. ¶～证 / 検査免除証.
【免役】miǎnyì 動 兵役や労役などを免除する. ¶～当兵 / 兵役を免除される.
【免疫】miǎnyì 名《医学》免疫.
【免疫力】miǎnyìlì 名《医学》免疫力.
【免疫球蛋白】miǎnyì qiúdànbái 名《生物》免疫グロブリン (Ig).
【免于】miǎnyú 動 …を免れる. ¶～受灾 shòuzāi / 被災を免れる.
【免战牌】miǎnzhànpái 名《相手の》挑戦に応じないことを示す札. 表現 戦いや論戦の停止を求める要求の比喩としても使われる.
【免征】miǎnzhēng 動 徴収を免除する.
【免职】miǎn//zhí 免職する. 同 罢职 bàzhí, 撤职 chèzhí 反 复职 fùzhí
【免罪】miǎn//zuì 法律処分を免ずる. 免罪する. ¶～释放 shìfàng / 免罪し, 釈放する.

沔 Miǎn

氵部4 全7画 四 3112₇ 通用

❶素 地名用字. ¶～水 Miǎnshuǐ (陝西省にある川の名. "汉水 Hànshuǐ" の上流). ❷姓.

勉 miǎn

力部7 全9画 四 2441₂ 常用

❶素 努力する. はげむ. ¶奋～ fènmiǎn (奮闘する) / 勤～ qínmiǎn (勤勉に) / 有则改之,无则加～ (欠点や誤りがあればそれを改め, なければいよいよ自ら努め励む). ❷素 人を励まして…させる. ¶～励 miǎnlì / 劝～ quànmiǎn (励ます) / 互～ hùmiǎn (互いに励まし合う). ❸素 (力が及ばないことを) 努力してやる. (やりたくないことを) あえてやる. ¶～强 miǎnqiǎng / ～为 wéi 其难. ❹ (Miǎn) 姓.
【勉力】miǎnlì 動 努力する. 尽力する. ¶～为 wéi 之 / 全力を尽くしてやる.
【勉励】miǎnlì 動 励ます. 激励する. ¶互相～ / 互いに励まし合う. 同 鼓励 gǔlì, 激励 jīlì
【勉强】miǎnqiǎng ❶ 副 無理をしてどうにか. やっと. ¶～坚持下来 / どうにか持ちこたえる. ❷ 副 いやいやながら. ¶～答应 dāying 下来了 / しぶしぶ承知した. ❸ 動 無理強いする. ¶要是他不愿意去, 就不要～他 / 彼が行きたがらないのなら, 無理強いするな. ❹ 動 不満はあるが仕方ないとする. 間に合わせる. ❺ 形 無理がある. こじつけだ. ¶你的理由很～ / 君の理由は非常に無理がある.
【勉为其难】miǎn wéi qí nán 成 手に余ることを無理にやる. ¶如果你办不到, 就别～了 / できなければ無理しないように.

娩 miǎn

女部7 全10画 四 4741₂ 次常用

素 子供を産む. ¶分～ fēnmiǎn (分娩する).
【娩出】miǎnchū 動《医学》胎児や胎盤が母胎から出る.

冕 miǎn

曰部7 全11画 四 6041₂ 次常用

名 ❶ 冠 (かんむり). 同 礼帽 lǐmào ❷ (Miǎn) 姓. 参考 ① は, もともと "大夫 dàfū" より上位の人がかぶる冠を指したが, のちに皇帝の冠だけを指すようになった.

渑（澠）Miǎn

氵部8 全11画 四 3611₆ 通用

素 地名用字. ¶～池 Miǎnchí (河南省西部にある県の名).
☞ 渑 Shéng

湎 miǎn

氵部9 全12画 四 3116₂ 通用

素 酒などにおぼれる. 同 沉酒 chénjiǔ

缅（緬）miǎn

纟部9 全12画 四 2116₂ 通用

❶ 素 はるかに遠い. ¶～怀 miǎnhuái. 同 缅想 miǎnxiǎng ❷ →缅甸 Miǎndiàn ❸ (Miǎn) 姓.
【缅甸】Miǎndiàn《国名》ミャンマー.
【缅怀】miǎnhuái 動 回想する. ¶看着旧照,～往事 / 古い写真を見て, 昔をしのぶ.
【缅想】miǎnxiǎng 動 追想する. 同 缅怀 miǎnhuái

腼 miǎn

月部9 全13画 四 7126₂ 通用

下記熟語を参照.
【腼腆】miǎntiǎn[-tian] 形 内気だ. はにかんでいる. ¶这么大的孩子了, 还那么腼腼腆腆的 / こんな大きいなりをして, まだそんな人見知りをして. 同 觍觍 miǎntiǎn 反 大方 dàfang

面（麵 ❽～❿ / 異 靣 ❶～❼, 麪 ❽～❿）miàn

面部0 全9画 四 1060₂ 常用

❶ 素 顔. ¶～前 miànqián / ～带笑容 (顔に笑みを浮かべる). ❷ 素 メンツ. 情実. 義理人情. ¶爱～子 (体面を重んじる. メンツにこだわる. 負けずぎらい) / 丢 diū～子 (面子をつぶす. メンツをなくす) / 大公无私, 不讲～不～ (私心なく公のことを考え, 情実に走らない). ❸ 素 …に顔を向ける. …に面する. ¶背 bèi 山～水 (山を背にして, 水に向かう). ❹ 素 面と向かって. じかに. 直接. ¶～谈 miàntán / ～议 miànyì. ❺ 名（～儿）おもて. 表面. ¶地～ dìmiàn (地面) / 水～ shuǐmiàn (みなも. 水面) / 被～儿 bèimiànr (布団のおもて). 反 里儿 ❻ 名《数学》幾何学上で図形の平面. ¶平～ píngmiàn (平面) / ～积 miànjī. 反 点 diǎn ❼ 素 方面. がわ. ¶正～ zhèngmiàn (正面) / 反～ fǎnmiàn (反対の方の面. 裏がわ) / 上～ shàngmian (上の方. 前の方) / 下～ xiàmian (下の方. 後の方) / ～俱 jù 到. ❽ 量 平らなもの, 広がったものを数えることば. ¶一～旗 qí (一枚の旗) / 一～镜子 (一面の鏡) / 一～锣 luó (一丁のドラ). ❾ 名（～儿）穀物を粉にしたもの. 中麦子～ màizimiàn (小麦粉) / 小米～ xiǎomǐmiàn (アワ粉) / 玉米～ yùmǐmiàn (トウモロコシの粉) / ～子 miànzi / 药～儿 yàomiànr (粉薬) / 粉笔～儿 (チョークの粉). ❿ 名 うどん. 麺類. ¶炸酱～ zhájiàngmiàn (ブタ肉などの具を油で炒め, みそで味付けしてゆでたうどんにかけたもの) / 一碗～ (一杯のうどん) / 杂～ zámiàn (緑豆の粉などでつくったうどん. 麺). ⓫ 形 ふわふわで, 歯ごたえが悪い. ¶这种瓜很～ (このウリはふわふわで, 歯ごたえが悪い).
【面案】miàn'àn 名《炊事分担で》主食を作る作業. 同 白 bái 案
*【面包】miànbāo 名[個 个 ge, 块 kuài, 片 piàn] パン. ¶烤 kǎo～ / パンを焼く. トースト.
【面包车】miànbāochē 名[個 辆 liàng] マイクロバス.

由来 外形が長方形のパンに似ていることから.
【面包圈】miànbāoquān 名（～儿）ドーナツ.
【面壁】miànbì 動 ❶意に介さない. 関心がない. ❷《仏教》壁に向かって座禅を組む. ❸学業に専念する. ❹（体罰で）壁に向かって立たせる.
【面不改色】miàn bù gǎi sè 成 顔色一つ変えず，落ち着き払っている. ¶～地指挥抢救 qiǎngjiù / 落ち着いて緊急措置の指揮をとる.
【面茶】miànchá 名 ウルチキビ粉を糊状にした食品. ごまみそや塩サンショウをかけて食べる. 参考 "北京小吃"（北京の伝統的な軽食）の一つ.
【面陈】miànchén 動 面と向かって話す.
【面呈】miànchéng 動 じかに渡す.
【面斥】miànchì 動 面と向かって叱責する.
【面辞】miàncí 動 別れのあいさつをする.
【面的】miàndí 名 マイクロバスを用いたタクシー. 由来 "面包车"の"的士"という意から.
【面点】miàndiǎn 名 小麦粉やコメの粉で作った点心.
【面对】miànduì 動 向き合う. 直面する. ¶你必须鼓起勇气,～现实 / あなたはぜひ勇気を出して現実に向き合うべきだ.
【面对面】miànduìmiàn 副 面と向かって. 向かい合って. ¶～坐着 / 向かい合って座っている. 反 背靠背 bèikàobèi.
【面额】miàn'é 名 額面. ¶～十元 / 額面10元.
【面坊】miànfáng 名 粉ひき場.
【面肥】miànféi 名 パン種. "老面 lǎomiàn", "面头 miàntóu"とも言う.
【面粉】miànfěn 名〔量 袋 dài〕小麦粉. ¶买两斤～ / 小麦粉を2斤買う.
【面疙瘩】miàngēda 名 ❶にきび. ❷《料理》小麦粉をこねて,小さくちぎったもの. すいとんのように食べる.
【面馆】miànguǎn 名（～儿）麺やワンタンなどを売る飲食店.
【面红耳赤】miàn hóng ěr chì 成（いらだちや恥ずかしさのために）顔が赤くなる. ¶为些小事争得 zhēngde ～ / ささいな事のために顔を真っ赤にして言い争う. ¶羞得 xiūde～ / 恥ずかしさのあまり耳まで赤くなる.
【面糊】❶miànhù 名 小麦粉を水でといたもの. ❷ miànhù 名 方 のり. 同 糨糊 jiànghu ❸ miànhu 形 繊維が少なくて軟らかい. ほくほくしている. 表現 ❸は,サツマイモなどの食品について言う.
【面黄肌瘦】miàn huáng jī shòu 成 栄養不良や病気のため,やせ顔に生気のないよう.
*【面积】miànjī 名 面積. ¶中国陆地～约为九百六十万平方公里 / 中国の陸地面積は約960万平方キロだ. ¶建筑～ / 建築面積.
【面颊】miànjiá 名 ほほ. ¶～红润 hóngrùn / ほほが紅々やつやをしている. ¶小妹妹～红润 hóngrùn 得像个红苹果 / 妹のほっぺは,赤いりんごのようにつやつやしている.
【面交】miànjiāo 動 直接に渡す. 手渡す. ¶～校长 xiàozhǎng / 校長にじかに渡す.
【面巾】miànjīn 名 タオル.
【面巾纸】miànjīnzhǐ 名 ペーパータオル.
【面筋】miànjīn 名 グルテン.
【面具】miànjù 名〔量 副 fù〕❶顔面を保護する面. マスク. ¶防毒 fángdú～ / 防毒マスク. ❷仮面. ¶戴上～演戏 / 仮面をかぶって演じる. 同 假 jiǎ 面具
【面孔】miànkǒng 名 顔. 顔つき. ¶和蔼 hé'ǎi 的～ / おだやかな顔. ¶在昨晚的舞会上,我碰到了许多熟悉的～ / 昨夜のダンスパーティーでは,多くのよく知った顔に出会った. 同 脸孔 liǎnkǒng

【面料】miànliào 名 ❶（服や帽子などの）表地. ❷家具の表面などに貼る材料.
【面临】miànlín 動（問題や情勢などに）直面する. ¶公司正～一场 cháng 严重的危机 / 会社は今まさに,重大な危機に直面している.
【面聆】miànlíng 動 じかに聞く.
【面码儿】miànmǎr 名《料理》麺に混ぜて食べる野菜. 炒めずにさっと湯がいたもの.
*【面貌】miànmào 名 ❶ 顔かたち. 同 面容 miànróng,相貌 xiàngmào ❷物事の様相や状態. ¶城市的～一直不停地在改变中 / 都市の様相は一刻もとどまることなく変貌している. ¶精神～ / 精神状態.
【面面观】miàn miàn guān 名 多方面からの観察. 諸相. 用法 多く見出しや書名に用いる.
【面面俱到】miàn miàn jù dào 成 各方面にまんべんなく注意を払っていること. または各方面に気を配りすぎて,かえっておざなりになること.
【面面相觑】miàn miàn xiāng qù 成 どうしたらよいか分からず,顔を見合わせる.
【面目】miànmù 名 ❶ 顔かたち. 顔つき. ¶～狰狞 zhēngníng / 顔つきが凶悪だ. ❷ 物事の様相や状態. ¶不见庐山 Lúshān 真～ / 盧山の真の姿はなかなか見えない. 物事の真相はなかなか分からないものだ. 灯台も暗し. ❸ メンツ. 顔. ¶愧 kuì 无～见人 / 恥ずかしくて人に合わせる顔がない.
【面目皆非】miàn mù jiē fēi 成 様相ががらりと変わってしまっている. ¶这个渔村已～了 / この漁村は様相ががらりと変わってしまった. 同 面目全 quán 非
【面目可憎】miàn mù kě zēng 成 顔つきが憎たらしい.
【面目全非】miàn mù quán fēi 成 様相ががらりと変わる. 表現 多く否定的なニュアンスで使われる.
【面目一新】miàn mù yī xīn 成 様相ががらりと変わる. ¶小乡村经过改建,已经～了 / 小さな村は,改造工事ですでに面目を一新した.
【面庞】miànpáng 名 顔の輪郭. 顔だち. ¶圆圆的～ / まん丸い顔.
【面盆】miànpén 名 ❶ 方 洗面器. 同 脸盆 liǎnpén ❷小麦粉をこねるためのボール.
【面皮】miànpí 名 方 ❶ 顔の皮膚. 顔. 同 脸 liǎn ❷メンツ. ❸羞恥心. つらの皮. ❹（～儿）《料理》パオズやギョーザの皮.
【面洽】miànqià 動 交 会って相談する. 面談する. 同 面商 miànshāng
*【面前】miànqián 名 目の前. 前. ¶我们～ / 我々の目の前. ¶困难～不动摇 dòngyáo / 困難の前でひるまない. 反 背后 bèihòu
【面人儿】miànrénr 名 もち米の粉を練り,色を染めて作った人形.
【面容】miànróng 名〔量 副 fù〕顔かたち. 顔つき. ¶～消瘦 xiāoshòu / 顔がやせこけている. ¶最近～显得很憔悴 qiáocuì / この頃顔つきが目に見えて憔悴している.
【面如土色】miàn rú tǔ sè 成 恐怖や驚きで顔に血の気がないよう. 同 面色如土
【面色】miànsè 名〔量 副 fù〕顔色. ¶～苍白 cāngbái / 顔が青白い. ¶～红润 hóngrùn / 顔が赤くつやつやしている.
【面纱】miànshā 名〔量 层 céng,块 kuài〕❶婦人が

顔を隠すヴェール. ❷ 真相を覆い隠しているもの. ヴェール. ¶披 pī 上神秘的~ / 神秘のヴェールをまとう.

【面善】 miànshàn 形 ❶ 顔に見覚えがある. ¶这人好~,我似乎在哪儿见过他 / この人は顔に見覚えがある. かつてどこかで彼女に会った気がする. ❷ 顔つきが穏やかで優しい. ¶~心恶 è / 顔立ちは優しいが、心は凶悪だ.

【面商】 miànshāng 動 文 対面して相談する. 面談する. ¶改日再~吧 / 日を改めてお会いし、相談しましょう. 同 面洽 miànqià

【面上】 miànshang 名 ❶ (仕事の)方面. 一定の範囲. ❷ メンツ. 顔.

【面神经】 miànshénjīng 名《生理》顔面神経.

【面生】 miànshēng 形 顔に見覚えのない. ¶~的人 / 面識のない人. 反 面熟 miànshú

【面食】 miànshí 名 小麦粉でつくった食品の総称. ¶喜欢吃~ / パンや麺類などが好きだ.

【面世】 miànshì 動 (著作や製品などが)世に出る. 世に問う. 同 问 wèn 世

【面市】 miànshì 動 (製品が)市場に出る. 発売される.

【面试】 miànshì 動 面接試験をする. 口頭試問をする.

【面首】 miànshǒu 名 貴婦人に愛玩される美男子. 若いつばめ. 由来 "面"は顔、"首"は頭髪がともに美しいことを指す.

【面授】 miànshòu ❶ 動 面と向かって伝授する. ❷ 名 教室での授業. スクーリング. ¶由哪位先生~这门课? / この科目はどの先生が授業をするのですか. 反 函授 hánshòu

【面授机宜】 miàn shòu jī yí 成 直接に指示を与える. ¶教练 jiàoliàn 正在给运动员~呢! / コーチは、今選手に指示を与えているところですよ.

【面熟】 miànshú 形 名前は思い出せないが、顔に見覚えがある. 同 面善 miànshàn 反 面生 miànshēng

【面塑】 miànsù 名 しんこ細工. 参考 民間工芸の一つ. 色づけた上新粉をひねっていろいろな人や物を形作る.

【面谈】 miàntán 動 面と向かって話し合う. 面談する. ¶改日~ / 日を改めて、面談する.

【面汤】 miàntāng 名 ❶ 方 洗顔用の湯. ¶端 duān 盆 pén ~来! / 洗面器でお湯を持って来て. ❷ 麺のゆで汁. ¶喝~ / 麺のゆで汁を飲む.

【面汤】 miàntang 名 スープに入った麺. 同 汤面 tāngmiàn

*【面条】 miàntiáo 名 (~儿) 麺. ¶中午煮些~吃吧 / 昼はうどんでもゆでて食べよう.

【面团】 miàntuán 名 (~儿) 小麦粉をこねたかたまり. 生地.

【面团团】 miàntuántuán 形 (~的) 顔がまるまるとしている.

【面无人色】 miàn wú rén sè 成 恐怖のために顔に血の気がない. ¶她遭受到匪徒 fěitú 抢劫 qiǎngjié, 吓 xià 得~ / 彼女は強盗にあって恐ろしさで血の気が引いてしまった.

【面向】 miànxiàng 動 ❶ …の方へ顔を向ける. …の方を向く. ¶~国旗庄严 zhuāngyán 宣誓 xuānshì / 国旗に向かって厳かに誓う. ❷ …に配慮する. 注意を向ける. ¶~广大顾客 / 多くの顧客のニーズに合わせる.

【面相】 miànxiàng 名 ❶ 顔つき. 容貌. ❷ (事物の)ようす. 全体の感じ.

【面谢】 miànxiè 動 会ってお礼を言う.

【面叙】 miànxù 動 直接会って話し合う. ¶详情容~ / 詳しくは拝眉の折に. 表現 手紙などに使う、やや改まったこ

とば.

【面议】 miànyì 動 文 対面して協議する.

【面影】 miànyǐng 記憶にある顔かたち. 面影.

【面谕】 miànyù 動 (目上の人が)直接指示する.

【面誉背毁】 miàn yù bèi huǐ 成 面と向かっては褒めちぎるが、陰にまわってけなす.

【面罩】 miànzhào 名 マスク. ¶因为患上花粉症 huāfěnzhèng,在春天必须戴着~出门 / 花粉症なので、春は外出に必ずマスクが必要だ.

【面值】 miànzhí 名 額面金額.

【面砖】 miànzhuān 名《建築》化粧レンガ.

【面子】 miànzi 名 ❶ 物の表面. ¶被~ / 掛け布団のおもて. ❷ メンツ. 体面. ¶爱~ / 体面を気にする. ¶丢 diū~ / 体面を損なう. ¶伤了他的~ / 彼のメンツを傷つけた. ❸ 情実. 義理. ¶给~ / 義理を立てる. ❹ 方 粉末. ¶药~ / 薬の粉末. 同 粉末 fěnmò

眄 miàn

目部4 四 6102₇
全9画 通用

繁 文 横目で見る. ¶顾~ gùmiàn (顧みる). 参考 "眄 miǎn" とも発音する.

【眄视】 miànshì 動 文 横目で見る.

miao ㄇㄧㄠ [miau]

喵 miāo

口部8 四 6406₀
全11画 通用

擬 ニャーオ. ネコの鳴き声. 同 喵喵 miāomiāo

苗 miáo

艹部5 四 4460₀
全8画 通用

❶ 名 (~儿) 苗. 新芽. ¶蒜~ suànmiáo (ニンニクの芽) / 麦~ màimiáo (麦の苗) / 树~ shùmiáo (樹木の苗). ❷ 繁 (~儿) 形が苗に似たもの. ¶笤帚~儿 tiáozhoumiáor (ほうきの穂) / 火~儿 huǒmiáor (ほのお) / 矿~ kuàngmiáo (地上に露出した鉱脈). ❸ 繁 生まれたばかりの飼育動物. ¶鱼~ yúmiáo (稚魚) / 猪~ zhūmiáo (子ブタ). ❹ 繁 ワクチン. ¶牛痘~ niúdòumiáo (種痘ワクチン). ❺ 名 子孫. → 苗族 Miáozú ❼ (Miáo)姓.

【苗床】 miáochuáng 名《農業》苗床.

【苗而不秀】 miáo ér bù xiù 成 ❶ 資質はあるが、ものになっていない. ¶养尊处 chǔ 优 yōu 的年轻人往往~ / ぜいたくに育った若者は、素質があってもなかなかものにはならないものだ. ❷ 見かけ倒しだ. 由来 『論語』子罕篇に見えることば. "苗が育っても穂をつけない"ことから.

【苗木】 miáomù 名 苗木. 同 树 shù 苗

【苗圃】 miáopǔ 名《農業》苗圃(びょうほ).

【苗期】 miáoqī 名《農業》苗の時期.

【苗情】 miáoqíng 名《農作物の》苗の生育状況.

【苗儿】 miáor 名 方 きざし. 兆候. ¶露 lòu~儿 / きざしを見せる. 同 苗头 miáotou

【苗条】 miáotiao 形 (大人の女性が)ほっそりとして美しい. すらりとしてプロポーションがよい. 重 苗苗条条

【苗头】 miáotou 名 (~儿) きざし. 兆候. ¶事故 shìgù 的~ / 事故の予兆.

【苗裔】 miáoyì 名 文 子孫. ¶炎黄 Yán Huáng~ / 炎帝と黄帝の子孫. 中華民族のこと.

【苗子】 miáozi 名 ❶ 苗. 芽. ❷ 若い後継者. 継承者. ❸ きざし. 兆候.

【苗族】Miáozú 名《民族》ミャオ族.中国の少数民族.貴州・湖南・雲南・広州・四川・湖北に居住.

描 miáo 扌部8 全11画 四 5406₀ 常用

動 模写する.写し書きする.なぞる.¶~花 miáohuā(模様を模写する)/~写 miáoxiě/~图 miáotú/~红 miáohóng/扫~ sǎomiáo(スキャニングする).

【描红】miáohóng ❶ 赤で印刷した習字の手本. ❷ 動 ①をなぞって書写の練習をする.
【描画】miáohuà 動 描く.描写する.¶~出美好的前景/すばらしい前途を描き出す.
【描绘】miáohuì (絵・ことば・文字で)描く.描写する.同 描画 miáohuà,描摹 miáomó,描写 miáoxiě
【描金】miáojīn 動 (器物や壁などに)金泥で描く.
【描摹】miáomó 動 ❶手本通りに書く.臨摹(ǐnmó)する.❷人の特長などを,ことばでくっきりと表現する.
【描述】miáoshù (ことばで)描写する.叙述する.¶详细地~事故 shìgù の经过/事故のいきさつを詳しく書き記す.同 描写 miáoxiě
【描图】miáo//tú 動 トレースする.
*【描写】miáoxiě 動 描写する.¶~风景/風景を描写する.¶~观众的心理/観衆の心理を描写する.

鹋(鶓) miáo 鸟部8 全13画 四 4762₇ 通用

❶→鸸鹋 érmiáo ❷ 名 (Miáo)姓.

瞄 miáo 目部8 全13画 四 6406₀ 次常用

動 一点をじっと見る.ねらう.¶枪~得特别准(銃のねらいがとても正確だ)/~准 miáozhǔn.

【瞄准】miáo//zhǔn 動 (~儿)❶射撃でねらいを定める.¶~靶子 bǎzi/的に照準を合わせる.❷ねらいを定める.¶~市场的需求 xūqiú/市場の需要にねらいを定める.

杪 miǎo 木部4 全8画 四 4992₀ 通用

❶ 名 文 木の枝の先.こずえ.¶树~ shùmiǎo(こずえ).❷ 書 年や月の終わり.¶岁~ suìmiǎo(年末)/月~ yuèmiǎo(月末)/~末 miǎomò(終わり)

眇 miǎo 目部4 全9画 四 6902₀ 通用

文 ❶ 動 片目(または両目)が見えなくなる.¶左目~(左目が見えない).❷ 形 ごく小さい.¶~小 miǎoxiǎo(微小だ).

秒 miǎo 禾部4 全9画 四 2992₀ 常用

量 時間・角度・緯度・経度などの単位.秒.1"分 fēn"の60分の1.

【秒表】miǎobiǎo 名〔量 块 kuài,只 zhī〕ストップウォッチ.
【秒针】miǎozhēn 〔量 根 gēn〕秒針.

渺(異淼❷) miǎo 氵部9 全12画 四 3912₀ 次常用

形 ❶微小だ.¶~小 miǎoxiǎo/~不足道(小さすぎて取るに足らない).❷ はるかに広がっている.¶浩~ hàomiǎo(水面が広く果てしない)/~茫 miǎománg.用法 "淼 miǎo"は人名によく使われる.

【渺茫】miǎománg 形 ❶はるか遠く,ぼんやりしている.¶音信~/杳(yǎo)として消息がつかめない.¶往事~/ずっと昔の遠い思い出.❷見通しがつかない.¶前途~/前途の見通しがつかない.重 渺渺茫茫
【渺然】miǎorán 形 はるか遠くまで何も見えない.¶踪迹 zōngjì~/あとかたもない.
【渺无人烟】miǎo wú rén yān 成 茫漠(ぼ)として人家もない.荒涼としているようす.
【渺小】miǎoxiǎo 形 小さい.取るに足らない.反 伟大 wěidà
【渺远】miǎoyuǎn 形 文 はるかに遠い.同 邈 miǎo 远,遥 yáo 远

缈(緲) miǎo 纟部9 全12画 四 2912₀ 通用

→缥缈 piāomiǎo

藐 miǎo 艹部14 全17画 四 4421₂ 次常用

書 ❶小さい.¶~小 miǎoxiǎo(とても小さい).❷ さげすむ.軽視する.¶~视 miǎoshì/~法 miǎofǎ(法をないがしろにする).

【藐视】miǎoshì 動 軽視する.ばかにする.¶不要~他们的能力/彼らの能力を軽く見てはいけない.同 看不起 kànbuqǐ,轻视 qīngshì,小视 xiǎoshì 反 重视 zhòngshì

邈 miǎo 辶部14 全17画 四 3630₁ 通用

形 文 遠い.¶~远 miǎoyuǎn.

【邈远】miǎoyuǎn 形 文 はるかに遠い.同 渺 miǎo 远,遥 yáo 远

妙(異玅) miào 女部4 全7画 四 4942₀ 通用

❶ 形 よい.美しい.¶~姿 miàozī(美しい姿)/~不可言 yán.❷ 形 巧妙だ.奇抜だ.¶~计 miàojì/~诀 miàojué/~用 miàoyòng.❸ (Miào)姓.

【妙笔】miàobǐ 名 巧みな筆づかい.すぐれた文章.
【妙笔生花】miào bǐ shēng huā 成 すぐれた文筆の才能を発揮する.
【妙不可言】miào bù kě yán 成 ことばで言いあらわせないほどすばらしい.
【妙处】miàochù 名 すばらしい点.¶这首诗的~就在于此/この詩のおもしろさはここにある.
【妙计】miàojì 名〔量 条 tiáo〕巧妙な計略.妙計.
【妙境】miàojìng 名 美しく妙(たえ)なる境地.
【妙诀】miàojué 名 秘訣.こつ.¶保持年轻的~/若さを保つ秘訣.
【妙龄】miàolíng 名 褒 妙齢.よい年ごろ.表現 女性について言う.
【妙论】miàolùn 名 すぐれた理論や言論.
【妙品】miàopǐn 名 すぐれた芸術作品.
【妙趣】miàoqù 名 妙趣.
【妙趣横生】miào qù héng shēng 成 妙趣に満ちている.¶他的笔法~/彼の書は実に味わい深い.表現 多くことば・文章・美術品について言う.
【妙手】miàoshǒu 名 ❶名人.妙手.❷ すぐれた技術や手法.
【妙手回春】miào shǒu huí chūn 成 名医が重病人を治す.用法 医師を賞賛する時に使う.
【妙算】miàosuàn 名 妙計.妙案.
【妙药】miàoyào 名 妙薬.よく効く薬.¶灵丹 língdān~/成 霊験あらたかな妙薬.
【妙用】miàoyòng 名 ふしぎな働き.すぐれた効力.
【妙语】miàoyǔ 名 気の利いたことば.妙句.
【妙语如珠】miào yǔ rú zhū 成 妙句を連発する.同

妙语连 lián 珠

庙(廟) miào
广部5 四 0026₅ 全8画 常用

❶ 名〔⓶ 座 zuò〕祖先や神仏,偉人を祭る場所. 廟(びょう). ¶家～ jiāmiào (一族のみたまや)/ 城隍～ chénghuángmiào (城隍廟 じょうこう)/ 孔～ Kǒngmiào (孔子廟)/～宇 miàoyǔ /～会 miàohuì. ❷ 素 缘日."庙会 miàohuì"の略. ¶赶～ gǎnmiào (縁日に行く). ❸ 素 朝廷. ¶～堂 miàotáng. ❹ (Miào)姓.

【庙号】miàohào 名 古代の皇帝の死後におくられる尊号."太祖 tàizǔ","文宗 wénzōng"など.
【庙会】miàohuì 名 寺や廟の縁日. 参考 現在では,"春节 Chūnjié"の期間に開かれる祭りを言うことが多く,寺や廟の付近で開かれるとは限らない.
【庙堂】miàotáng 名 朝廷. また,朝廷に祭られた宗廟.
【庙宇】miàoyǔ 名〔⓶ 座 zuò〕廟.
【庙主】miàozhǔ 名 ❶ 廟(びょう)の住職. ❷ 文 宗廟内の位牌.

缪(繆) Miào
纟部11 四 2712₂ 全14画 通用

名 姓.
☞ 缪 miù, móu

mie ㄇㄧㄝ [miē]

乜 miē
丿部1 四 4071₂ 全2画 通用

下記熟語を参照.
☞ 乜 Niè

【乜斜】miēxie 動 ❶ 目を細めて斜めに見る. 横目で見る. ❷ 眠たくて目を細める. ¶～的睡眼 / 眠そうな目. 表現 ①は,不満や軽蔑の意をあらわす.

咩(䍃,哶) miē
口部6 四 6805₁ 全9画 通用

擬 メェー. ヒツジの鳴き声. ¶小羊～～地叫(小ヒツジがメェメェと鳴いている).

灭(滅) miè
火部1 四 1080₆ 全5画 常用

❶ 動 火が消える. 火を消す. ¶～火 mièhuǒ /～灯 mièdēng (灯を消す)/火～了(火が消えた). ❷ 動 消滅させる. 滅ぼす. ¶～虫 mièchóng (虫を退治する). ❸ 素 水につかる. ¶～顶 mièdǐng. ❹ 素 消滅する. 滅びる. ¶自生自～(成)自然に発生し,自然に消滅する)/物质不～(物質は消えてなくならない).

【灭此朝食】miè cǐ zhāo shí 成 敵を心から憎み,一刻も早く滅ぼそうとする. 由来『左传』成公二年に見えることば."敵を滅ぼしてから朝飯を食べない"という意から.
【灭顶】miè/dǐng 動 頭のてっぺんまで水につかる. 災いで死ぬ.
【灭顶之灾】miè dǐng zhī zāi 成 致命的な災害や悲運.
【灭火】miè//huǒ 動 ❶ 火を消す. ❷ 火を落とす. 運転をやめる.
【灭火器】mièhuǒqì 名 消火器. 同 灭火机 jī.
【灭迹】miè//jì 動 悪事の痕跡を消す. ¶销赃 xiāozāng～/盗品を売り,痕跡を消す.
【灭绝】mièjué 動 ❶ 絶滅する. ❷ 完全に喪失する.

【灭绝人性】miè jué rén xìng 成 貶 理性のかけらもなく,狂暴で残忍だ.
【灭口】miè//kǒu 動 口封じのために殺す. ¶杀人～/人を殺しては口封じをする.
【灭门】mièmén 動 一家が皆殺しにされる. 一族が死に絶える.
【灭失】mièshī 動『法律』自然災害や盗難などで物品が失われる.
【灭亡】mièwáng 動 (国家や種族が)滅亡する. 滅亡させる. ¶自取～/自ら滅亡を招く. ¶～的命运 / 滅亡する運命. ¶沦亡 lúnwáng,消亡 xiāowáng
【灭种】mièzhǒng 動 ❶ 種族を絶滅させる. ¶亡国 wángguó～/国を滅ぼし,民族を絶滅させる. ❷ 種が絶滅する.
【灭族】mièzú 動 一族皆殺しの刑にする.

蔑(衊❸) miè
艹部11 四 4425₃ 全14画 常用

素 ❶ ない. ¶～以复加(これ以上加えるものがない). ❷ 軽んじる. ¶～视 mièshì. ❸ 汚す. 泥を塗る. ¶诬～ wūmiè (中傷する)/污～ wūmiè (名誉を汚す).

【蔑视】mièshì 動 軽視する. ばかにする. ¶～困难 / 困難をものともしない. ¶不能～他们的工作能力 / 彼らの仕事の能力を軽視してはならない. 同 轻视 qīngshì, 小视 xiǎoshì 反 重视 zhòngshì

篾 miè
竹部11 四 8825₃ 全17画 通用

名 (～儿)竹やアシなどの皮を細く裂いたもの. ¶～条 miètiáo /苇～儿 wěimièr (アシを細く裂いたもの).

【篾黄】mièhuáng 名 竹皮の内側の部分. ¶这竹篮子 zhúlánzi 是～做的 / この竹かごは,竹の内側の部分でできている. 同 篾白 mièbái 反 篾青 mièqīng
【篾匠】mièjiàng 名 竹細工の職人.
【篾片】mièpiàn 名 ❶ 竹ひご. ❷ 旧 金持ちの家のたいこ持ち.
【篾青】mièqīng 名 竹の外皮. ¶～做的篾席 mièxí / 竹の外皮でつくったござ. 反 篾黄 mièhuáng
【篾条】mièxí 名 竹やアシなどを細く裂いたもの. 器を編む材料にする.
【篾席】mièxí 名〔⓶ 领 lǐng, 张 zhāng〕竹で編んだござ.

min ㄇㄧㄣ [mín]

民 mín
一部4 四 7774₇ 全5画 常用

❶ 素 民. 人民. ¶～主 mínzhǔ / 公～ gōngmín (公民)/国～ guómín (国民). ❷ 素 人. 人の集団. ¶～族 mínzú / 居～ jūmín (住民). ❸ 素 民間の. ¶～间 mínjiān /～歌 míngē. 反 官 guān ❹ 素 ある職業に従事する人. ¶农～ nóngmín (農民)/牧～ mùmín (牧畜民)/渔～ yúmín (漁民). ❺ 素 軍用ではない. 民間の. ¶～用 mínyòng /～航 mínháng. 反 军 jūn ❻ (Mín)姓.

【民办】mínbàn 動 民間が経営する. ¶～小学 / 民営の小学校. ¶～企业 / 民営企業. 反 公办 gōngbàn
【民办教师】mínbàn jiàoshī 名 (農村で)民営の学校の教師.

【民变】mínbiàn 名旧 民衆の蜂起.
【民兵】mínbīng 名 ❶民兵組織. ❷民兵.
【民不聊生】mín bù liáo shēng 成 民衆が生きていくすべがない.
【民船】mínchuán 名 民間用の船.
【民粹主义】míncuì zhǔyì 名 人民主義. ポピュリズム.
【民法】mínfǎ 名《法律》民法.
【民防】mínfáng 名 民間防衛.
【民房】mínfáng 名〔量 栋 dòng, 间 jiān, 幢 zhuàng〕民家.
【民愤】mínfèn 名 民衆の怒り. ¶招致 zhāozhì～/民衆の怒りをかう.
【民风】mínfēng 名 社会の風潮. 民間の風習.
【民夫】mínfū 名旧 官庁や軍隊の労役に服した人.
【民富国强】mín fù guó qiáng 民衆が豊かで国力が強大だ.
【民歌】míngē 名〔量 首 shǒu〕民間に伝わる詩や歌. "山歌 shāngē", "号子 hàozi"など.
【民工】míngōng 名 ❶道路や堤防の建設,軍隊の運送補助などに動員される臨時労働者. ❷ 都市で出稼ぎをする農民.
【民工潮】míngōngcháo 名 大量の出稼ぎ労働者.
【民国】Mínguó 名 "中华民国 Zhōnghuá Mínguó"(中華民国)の略.
【民航】mínháng 名 "民用航空 mínyòng hángkōng"の略.
【民航机】mínhángjī 名 ❶民間航空機. ❷特に中国国際航空(もと"民航"と略称した)の航空機.
【民间】mínjiān 名 ❶民衆の中. 民間. ¶～故事/民話. ¶在～流传/民間で伝承されている. ❷ 非政府. 民間. ¶～交流/民間交流. 反 官方 guānfāng
【民间文学】mínjiān wénxué 名 民間で伝承されている口承文学. 民間文学.
【民间艺术】mínjiān yìshù 名 民間で伝承されている芸術. 民間芸術.
【民警】mínjǐng 名 人民警察.
【民居】mínjū 名 一般人の住居.
【民康物阜】mín kāng wù fù 成 民衆は平和に暮らし,物産も豊かだ.
【民力】mínlì 名 人民の財力. ¶增强～/民力を増強する.
【民命】mínmìng 名 人民の生命.
【民瘼】mínmò 名文 人民の苦しみ. 由来『詩経』大雅・皇矣に見えることば.
【民女】mínnǚ 名 民間の女性.
【民品】mínpǐn 名 民間用の製品. 反 军品 jūnpǐn
【民企】mínqǐ 名 "民营企业"(民営企業)の略称.
【民气】mínqì 名 国や民族の危機に際し,民衆が示す意気. ¶～旺盛 wàngshèng/民衆の意気が上がる.
【民情】mínqíng 名 ❶民衆の生産活動や風俗習慣. 民情. ¶熟悉 shúxī～/民情をよく知る. ❷民衆の心情や願い. ¶体恤 tǐxù～/民衆の心情を思いやる.
【民权】mínquán 名 民権.
【民生】mínshēng 名 民衆の生活. ¶国计～/国家の経済と国民の生活.
【民事】mínshì 名《法律》民事. 反 刑事 xíngshì
【民事法庭】mínshì fǎtíng 名《法律》民事法廷. 表现 "民庭"と略称する.
【民事权利】mínshì quánlì 名《法律》民法上の権利.
【民事诉讼】mínshì sùsòng 名《法律》民事訴訟.

【民俗】mínsú 名 民間の風俗や習慣. 民俗.
【民俗学】mínsúxué 名 民俗学.
【民庭】míntíng →民事法庭 mínshì fǎtíng
【民团】míntuán 名旧 地主などが組織した自衛組織. 自警団.
【民校】mínxiào 名〔量 所 suǒ〕❶成人学校. ❷民間の学校. 反 公办学校 gōngbàn xuéxiào
【民心】mínxīn 名 民心. 人心. ¶深得 dé～/よく人心をつかむ.
【民心工程】Mínxīn gōngchéng 名 民心プロジェクト. 参考 中国政府のプロジェクトの一つ. 一般市民の生活改善のために施策や開発建設を行うプロジェクト.
【民选】mínxuǎn 動 民衆が選挙で選ぶ. ¶～代表/民衆が選挙で代表を選ぶ.
【民谚】mínyàn 名 民間のことわざ.
【民谣】mínyáo 名〔量 首 shǒu〕民間歌謡. 参考 多く政治や時事に関するものを言う. 日本の「民謡」は"民歌 míngē".
【民以食为天】mín yǐ shí wéi tiān 成 食糧は人々の生活で何よりも大切だ.
【民意】mínyì 名 民衆共通の意見や願い. 民意. ¶～测验 cèyàn/世論調査.
【民营】mínyíng 形 民営の. 反 国 guó 营
【民营经济】mínyíng jīngjì 名 民営経済(資本). 中国の,国有以外の経済資本の総称. 参考 現在,中国の民営経済には, "集体经济"(集団資本), "合作经济"(提携資本), "个体经济"(個人資本), "私营经济"(私営資本)がある.
【民营企业】mínyíng qǐyè 名 民営企業. 民間投資の企業.
【民用】mínyòng 形 人々の生活に使われる. 民用の. 民... ¶～航空/民用航空. 反 军用 jūnyòng
【民怨】mínyuàn 名 支配者への民衆の恨み.
【民怨沸腾】mín yuàn fèi téng 成 支配者への民衆の恨みが頂点に達する.
【民乐】mínyuè 名 民間の音楽. ¶～合奏 hézòu/民間音楽の合奏.
【民运】mínyùn 名 ❶民衆の生活物資の輸送. ❷旧 私営運送業. ❸ 大衆運動. "民众运动 mínzhòng yùndòng"の略.
【民宅】mínzhái 名 民家.
【民政】mínzhèng 名 民政. ¶～局/民政局. 参考 その対象は,選挙・行政区画・地方行政・戸籍・国籍・"民工 míngōng"の動員・結婚登記・社団登記・慰問救済活動など.
【民脂民膏】mín zhī mín gāo 成 民衆の血と汗の結晶. 人民の膏血(こうけつ). ¶不能搜刮 sōuguā～/人民の血と汗を搾取してはならない.
【民智】mínzhì 名 国民の持つすぐれた智恵.
【民众】mínzhòng 名 民衆. 大衆. ¶唤起 huànqǐ～/民衆を目覚めさせる. 同 大众 dàzhòng,公众 gōngzhòng,群众 qúnzhòng
*【民主】mínzhǔ 名 ❶民主. デモクラシー. ¶～化/民主化. 反 独裁 dúcái,集中 jízhōng,专制 zhuānzhì ❷ 形 民主的だ. ¶作风很～/やり方がとても民主的だ. 反 独裁 dúcái,专制 zhuānzhì
【民主党派】mínzhǔ dǎngpài 名 民主諸党派. 参考 建国に協力した,中国共産党以外の政党の総称. 中国国民党革命委員会,中国民主同盟,中国民主建国会,中国民主促进会,中国農工民主党,中国致公党,台湾民主自

治同盟,九三学社など.

【民主改革】mínzhǔ gǎigé 名 民主的改革.

【民主革命】mínzhǔ gémìng 名 民主主義革命. ブルジョア革命.

【民主国】mínzhǔguó 名 民主主義の国.

【民主集中制】mínzhǔ jízhōngzhì 名 民主集中制. 民主主義的中央集権制.

【民主人士】mínzhǔ rénshì 名〔个 ge,位 wèi〕中国共産党の主張を擁護し,新民主主義革命に参加した"民主党派 mínzhǔ dǎngpài"の人々.

**【民族】mínzú 名 民族. ¶中华~ / 中華民族. ¶少数 shǎoshù~ / 少数民族. 参考 中国は,"汉族 Hànzú"の他に50以上の民族から成るとされる.

【民族共同语】mínzú gòngtóngyǔ 名 民族共通語. 参考 漢民族の共通語は"普通话 pǔtōnghuà".

【民族魂】mínzúhún 名 民族の魂. 民族の精神.

【民族解放运动】mínzú jiěfàng yùndòng 名 民族解放運動.

【民族区域自治】mínzú qūyù zìzhì 名 少数民族居住区域の自治. 参考 自治区域には自治区・自治州・自治県などがある.

【民族融合】mínzú rónghé 名 民族の融合. ある民族が他民族と自然に一体となる現象.

【民族形式】mínzú xíngshì 名 民族特有の表現形式.

【民族学】mínzúxué 名 民族学.

【民族英雄】mínzú yīngxióng 名 民族の英雄.

【民族运动】mínzú yùndòng 名 民族運動.

【民族主义】mínzú zhǔyì 名 ❶民族主義. ナショナリズム. ❷孫文の唱えた三民主義の一つ.

【民族资本】mínzú zīběn 名 民族資本. 土着の資本.

【民族资产阶级】mínzú zīchǎn jiējí 名 民族ブルジョアジー.

【民族自决】mínzú zìjué 名 民族自決.

苠 mín 艹部5 四 4474₇ 全8画 常用

形 方(農作物が)おくてだ. ¶~穄子 míncǎnzi(おくてのシコクビエ) / ~高粱 míngāoliang(おくてのコーリャン).

旻 mín 日部4 四 6040₀ 全8画 常用

名 文 ❶空. 天空. ¶~天 míntiān(天) / 苍~ cāngmín(青空). ❷秋. 秋の空.

岷 Mín 山部5 四 2774₇ 全8画 常用

素 地名用字. ¶~山 Mínshān / ~江 Mínjiāng.

【岷江】Mínjiāng《地名》岷江(みん). 四川省を流れる川.

【岷山】Mínshān《地名》岷山(みん). 四川省北部に位置する海抜4000メートル級の山.

珉 mín 王部5 四 1714₇ 全9画 常用

名 文 玉に似た美しい石.

缗(緡) mín 纟部9 四 2716₄ 全12画 常用

❶名 古代,銅銭を通したひも. ❷量 文 通貨の単位. ひもに通した1,000文の銅銭を"1缗"とした.

皿 mǐn 皿部0 四 7710₂ 全5画 次常用

素 古代の食器の総称. うつわ. ¶器~ qìmǐn(盛りつけ用のうつわ). 表現 日本語の"皿"と言う時は"盘子 pánzi"(大皿)や"碟子 diézi"(小皿)を使う.

闵(閔) mǐn 门部4 四 3740₀ 全7画 通用

❶素 形"悯 mǐn"に同じ. ❷名(Mǐn)姓.

抿 mǐn 扌部5 四 5704₇ 全8画 通用

動 ❶(髪を)なでつける. ¶~头发(髪をなでつける). ❷(口・耳・つばさなどを)すぼめる. ¶~嘴(口をすぼめる) / 水鸟一~翅 chì,往水里一扎 zhā(水鳥は羽をすぼめると,水の中にサッともぐった). ❸口をすぼめて少し飲む. すする.

【抿子】mǐnzi 名 女性が髪に,油などを塗り付けるための小さなハケ. 同 笢子 mǐnzi

黾(黽) mǐn 黾部0 四 6071₆ 全8画 通用

下記熟語を参照.

【黾勉】mǐnmiǎn 動 文 努力する. 懸命に励む. ¶~学习科学知识 / 科学の知識を懸命に学ぶ. 同 僶俛 mǐnmiǎn

泯 mǐn 氵部5 四 3714₇ 全8画 通用

素 消える. 喪失する. ¶~灭 mǐnmiè / ~绝 mǐnjué(滅亡する).

【泯灭】mǐnmiè 動(痕跡や印象が)消えてなくなる. ¶永不~ / 永遠に不滅だ.

【泯没】mǐnmò 動(痕跡や功績が)消え失せる. 表現 古くは,"死"の婉曲表現としてよく使われた.

闽(閩) Mǐn 门部6 四 3713₆ 全9画 次常用

名 ❶福建省の別称. ¶~语 Mǐnyǔ(福建語). ❷姓.

【闽江】Mǐnjiāng《地名》閩江(みん). 福建省を流れる川.

【闽剧】mǐnjù 名《芸能》福建東北部の地方劇. 同 福州戏 Fúzhōuxì

悯(憫) mǐn 忄部7 四 9702₀ 全10画 次常用

❶素 あわれむ. いとおしむ. ¶怜~ liánmǐn(あわれに思う). ❷形 文 憂いに満ちている. ¶~默 mǐnmò(うっ屈してものを言わない).

敏 mǐn 攵部7 四 8874₀ 全11画 常用

❶素 すばしこい. 敏捷だ. ¶~感 mǐngǎn / ~锐 mǐnruì / 感觉灵~ língmǐn(感覚が鋭い) / 敬谢 jìngxiè 不~(能力不足だとして丁重に辞退する). ❷素 力を尽くす. ¶勤~ qínmǐn(ひたむきに努力する) / ~以求之 zhī(しきりに求める). ❸名(Mǐn)姓.

【敏感】mǐngǎn 形 敏感だ. ¶对天气的变化很~ / 天候の変化にとても敏感だ. ¶~的问题 / 扱いが難しい問題. 反 迟钝 chídùn

【敏慧】mǐnhuì 形 聡明だ. 賢い.

【敏捷】mǐnjié 形(動作などが)速い. 機敏だ. ¶思维 sīwéi~ / 頭の回転が速い. 同 麻利 máli 反 迟缓 chíhuǎn

【敏锐】mǐnruì 形(感覚や眼光が)鋭い. ¶目光~ / 眼光が鋭い. ¶~的洞察力 dòngchálì / 鋭い洞察力. 同 尖锐 jiānruì,灵敏 língmǐn,锐利 ruìlì,锐敏 ruìmǐn 反 迟钝 chídùn

鳘(鰵) mǐn 鱼部11 四 8810₆ 全19画 通用

下記熟語を参照.

【鳑鱼】mǐnyú 名《魚》ニベ. 表現 "鮸鱼 miǎnyú"の通称.

ming ㄇㄧㄥ〔miəŋ〕

名 míng 夕部3 四 2760₂ 全6画 常用

❶名(〜儿)名前. 名称. ¶报~ bàomíng に登録する. エントリーする)/ 一片 míngpiàn / 给他起个~儿(彼に名前をつける)/ 一词 míngcí. ❷素言いあらわす. ¶无以~之 zhī (言いあらわすことができない)/ 莫名 mò~其妙 miào (わけが分からない). ❸名名誉. 評判. ¶有 〜 yǒumíng (有名だ)/ 出〜 chūmíng (有名になる)/ 〜利 mínglì. 反 实 shí ❹素評判が高い. よく知られている. ¶〜医 míngyī / 〜将 míngjiàng / 〜胜 míngshèng / 〜言 míngyán / 〜产 míngchǎn. ❺量人を数えることば. ¶四〜教师 (4名の教师). ❻量順位をあらわすことば. ¶这次比赛,我们得了第一〜(今回の大会で私たちは1位をとった). ❼ (Míng)姓.

【名不副实】míng bù fù shí 成 名実伴わない. 有名無実だ. 同 名不符 fú 实 ⊗ 名副其 qí 实
【名不虚传】míng bù xū chuán 成 評判どおりすばらしい. 名実共に立派だ.
【名菜】míngcài 名 有名な料理.
【名册】míngcè 名(個 本 běn) 名簿.
【名茶】míngchá 名 有名な茶. 銘茶.
【名产】míngchǎn 名 名産品.
【名车】míngchē 名 名車. 高級車.
【名称】míngchēng 名 事物や組織の名前.
【名城】míngchéng 名〔圃 座 zuò〕有名な都市. ¶洛阳 Luòyáng 是历史〜/ 洛阳は歴史的に名高い都市だ.
【名厨】míngchú 名 有名な料理人.
【名垂千古】míng chuí qiān gǔ 成 名声が永遠に伝わる. 同 名垂千秋 qiū ⊗ 遗臭万年 yí chòu wàn nián
【名垂青史】míng chuí qīng shǐ 成 名や業績を歴史に残す. 由来 "青史"は歴史の意. 古代,竹簡を用いていたことから.
【名词】míngcí 名 ❶〔言語〕名詞. ❷(〜儿)術語. 用語. ¶化学〜 / 化学用語. ¶新〜儿 / 新語. ❸〔論理学の〕名辞.
【名次】míngcì 名 名前や名称の順序. 順位.
【名刺】míngcì 名(圃 张) 名刺. 表現 現在では,"名片 piàn"と言うのがふつう.
【名存实亡】míng cún shí wáng 成 名ばかりで実質がない. 有名無実だ.
【名单】míngdān 名(〜儿)(圃 份 fèn, 张 zhāng) 名簿. 人名リスト. ¶候选 hòuxuǎn 人〜 / 候補者名簿. ¶黑〜 / ブラックリスト.
【名额】míng'é 名 定員. ¶〜有限,报名从速 cóngsù / 定員に限りがありますので,申し込みはお早めに.
【名分】míngfèn 名⊗ 人の地位や身分. 立場に応じた役割.
【名副其实】míng fù qí shí 成 名実相伴う. 評判どおりだ. 同 名符 fú 实
【名贵】míngguì 形 名高くて貴重だ. ¶这种药材极为〜,不易入手 / この薬種はきわめて貴重で,手に入れにくい.

【名号】mínghào 名 人の名と雅号.
【名讳】mínghuì 名 目上の人や尊敬する人の名前. 由来 昔は,生存中に"名"を用い,死後は"讳"(諱ぃ)を用いたことから.
【名记】míngjì 名 著名な記者.
【名家】míngjiā 名 ❶ míngjiā 著名人. 名家. ¶到底是〜的作品 / さすがは名のある人の作品だ. ❷ Míngjiā 名家(ぷぇ). 諸子百家の一つ.
【名缰利锁】míng jiāng lì suǒ 成 名利に束縛される.
【名将】míngjiàng 名 ❶ 名将. ❷ 花形選手.
【名教】míngjiào 名 儒教道徳.
【名节】míngjié 名 名誉と節操.
【名酒】míngjiǔ 名 名酒. 銘酒.
【名句】míngjù 名 名句. ¶咏 yǒng 梅花的〜/ 梅の花を詠んだ名句.
【名角】míngjué 名(〜儿)名優.
【名款】míngkuǎn 名 書画に書かれた作者の姓名. 落款.
【名利】mínglì 名 名声と利益. 名利(ぷぇぅ).
【名利场】mínglìchǎng 名 名利を争う場所.
【名利双收】míng lì shuāng shōu 成 名利ともに手にする.
【名列前茅】míng liè qián máo 成(試験や競技などの順位が)上位にある. ¶每次考试,他的成绩总是〜/ テストのたびに彼の成績はつねにトップクラスだ. 由来 春秋時代の楚の軍隊が行軍の際,旗印として茅(ぶぁ)を先頭にたてた故事から.
【名伶】mínglíng 名 旧 名優.
【名流】míngliú 名 著名人. 名士. ¶学界〜 / 学会の名士. ¶〜会聚 huìjù 一堂 / 著名人が一堂に会する.
【名录】mínglù 名 名簿.
【落孙山】míng luò Sūn Shān 成 試験に落第する. 選にもれる. 同 孙山之外 Sūn Shān zhī wài 由来 "孙山"は科挙に最下位で合格した人の名. "孙山"よりも下だった,という意から.
【名门】míngmén 名 名門. 名家.
【名模】míngmó 名 有名なファッションモデル.
【名目】míngmù 名 名目. ¶巧立〜 成 巧みに名目をつける.
【名目繁多】míngmù fánduō 句 名目(事物の名称)が非常に多い.
【名牌】míngpái 名 ❶(〜儿)有名な商標や銘柄. ブランド. ¶〜产品 / ブランド品. ¶〜大学 / 名門大学. ❷人名や商品名を書いた札. ラベル.
【名片】míngpiàn 名(〜儿)〔圃 张 zhāng〕名刺.
【名票】míngpiào 名《芸能》有名な"票友 piàoyǒu"(アマチュアの役者).
【名品】míngpǐn 名 名品. 逸品.
【名气】míngqì 名⊕ 名声. よい評判. ¶很有〜的医生 / とても評判の高い医者. 同 名望 míngwàng, 声望 shēngwàng 用法 "名气"は,"大,小"で形容し,"好,坏"は使わない.
【名曲】míngqǔ 名 名曲.
【名人】míngrén 名〔圃 位 wèi〕著名人. 有名人. ¶〜墨迹 mòjì / 著名人の筆跡.
【名山】míngshān 名 名山.
【名山大川】míng shān dà chuān 成 名山大河.
【名山事业】míng shān shì yè 成 書物を著す. 由来 『史記』太史公自序に見えることば. その書を名山に隠したことから.

【名声】míngshēng [名]世間の評判. ¶～很坏 / 評判が悪い. ¶留下一个好～ / よい評判を残す.
*【名胜】míngshèng [名]〔[量]处 chù〕名勝.
【名胜古迹】míngshèng gǔjì [名]名所旧跡. ¶游览～ / 名所旧跡を観光する.
【名师】míngshī [名]名高い師. [表現]教師や師匠をいう.
【名实】míngshí [名]名と実. ¶～相副 / 名実相伴う.
【名士】míngshì [名][旧]〔[量]位 wèi〕名声のある隠者. または詩文などにすぐれた人.
【名氏】míngshì [名]姓名.
【名手】míngshǒu [名]名手. 名人.
【名数】míngshù [名]《数学》名数.
【名宿】míngsù [名]高名な先達. 経験豊かな年長者.
【名堂】míngtang [名]❶種類. 名目. ¶演出的～可多 / 演目がとても多い. ❷成果. ¶没商量出个～来 / 話し合いの成果が何もない. ❸道理. 内実. いわく. ¶这里面肯定有～ / これにはきっとわけがある. [表現]①は貶意を含むこともある.
【名特优新】míng tè yōu xīn [句]名が知られ, 特色があり, 品質が優れ, 斬新だ. [参考]商品のキャッチコピーの一つ.
【名帖】míngtiě [名]名刺. [同]名片 piàn
【名头】míngtou [名][方]❶名声. よい評判. ❷名義. ❸名前. 名称.
【名望】míngwàng [名]❶よい評判. 声望. ¶她很有～ / 彼女はとても評判が高い. ❷①のある人. [表現]①は個人の名声を言う.
【名位】míngwèi [名]名声と地位.
【名物】míngwù [名]事物とその名称.
【名下】míngxià [名]ある人の名義. ¶这笔帐就记在我～吧 / この勘定は僕のところにつけておいてくれ.
【名衔】míngxián [名]肩書き. [同]头 tóu 衔
【名星】míngxīng [名](芸能界やスポーツ界の)スター. [同]明 míng 星
【名姓】míngxìng [名]姓名.
【名学】míngxué [名]"逻辑 luóji 学"(論理学)の旧称.
【名烟】míngyān [名]有名ブランドのタバコ.
【名言】míngyán [名]名言. ¶至理 zhìlǐ～ / [成]りっぱな道理や名言.
【名扬四海】míng yáng sì hǎi [成]世界的に有名になる.
【名医】míngyī [名]著名な医師. 名医.
【名义】míngyì [名]❶名目. 名義. ¶个人～ / 個人の名. 個人の名義. ¶～工资 / 名目賃金. ❷表面上. 形式上. ¶～上裁军 cáijūn, 实际上扩军 kuòjūn / 表面的には軍縮と言うが, 実際には軍備拡張している. [用法]②は一般に"～上"の形で用いる.
【名优】míngyōu ❶[名]名優. [同]名伶 líng ❷[形](商品が)有名で品質がよい. ¶～产品 / トップブランドの商品.
【名誉】míngyù ❶[名]名声. 名誉. ¶爱惜 àixī～ / 名誉を大切にする. ¶损坏～ / 名誉を傷つける. [同]声誉 shēngyù ❷[形]名義上の. ¶～教授 jiàoshòu / 名誉教授.
【名誉权】míngyùquán [名]《法律》名誉権. [参考]人格権の一つ.
【名媛】míngyuàn [名][文]名家の才媛. 有名な美女.
【名噪一时】míng zào yī shí [成]名が世間に知れわたっている.
【名章】míngzhāng [名]人名を彫った印章.
【名正言顺】míng zhèng yán shùn [成]言動に正当で十分な理由がある. [由来]『論語』子路篇に見えることばから.
【名著】míngzhù [名]〔[量]本 běn, 部 bù〕名著. ¶文学～ / 文学の名著. ¶多读～ / 名著を多く読む.
【名状】míngzhuàng [動]名状する. 形容する. ¶不可～ / 名状しがたい. [用法]多く否定詞を伴って用いる.
**【名字】míngzi [名]❶(姓に対する)名. ¶起～ / 名前をつける. ❷名前. 名称. ¶你叫什么～? / あなたのお名前は?
【名嘴】míngzuǐ [名](テレビやラジオの)有名なキャスター.
【名作】míngzuò [名]名作.

明 míng

日部4 [四]6702₀
全8画 [常用]

❶[形]明るい. ¶天～了(夜が明けた). [同]亮 liàng [反]暗 àn, 灭 miè ❷[形]明らかだ. はっきりしている. ¶说～ shuōmíng (説明する) / 表～ biǎomíng (表明する) / 黑白分～ (白黒がはっきりしている) / 情况不～ (情况がはっきりしない) / ～～是他搞的(彼がやったことは明らかだ). ❸[素]理解する. わきまえる. ¶深～大义(大義をよくわきまえる). ❹[形]あからさまな. 公開の. ¶～码 míngmǎ / 有话～说(話があれば, 率直に言う) / ～讲 míngjiǎng (隠さずに話す) / ～枪 míngqiāng 易躲 duǒ, 暗箭 ànjiàn 难防(正面からの攻撃は対処しやすいが, 不意打ちは避けがたい). [反]暗 àn ❺[素](年・季節・日が)次の. ¶～天 míngtiān / ～年 míngnián / ～春 míngchūn (来年の春). ❻[素]視覚. 視力. ¶失～ shīmíng (失明する) / 复～ fùmíng (視力を回復する). ❼[素]目がきく. 事物を見分ける力がある. ¶眼～手快(目がきき, 動作も機敏だ) / 英～ yīngmíng (英明だ) / 聪～ cōngmíng (利口だ) / 精～ jīngmíng (明敏だ). ❽(Míng)[名]王朝の名. 明(ᵐⁱⁿ): 1368-1644). ❾(Míng)姓.

【明摆着】míngbǎizhe [動]目に見えて明らかだ. 分かりきっている. ¶这是～的事实 / これは明らかな事実だ.
【明白】míngbai ❶[形]はっきりしている. ¶他讲得很～ / 彼はとてもはっきりと説明した. ¶他把事情的经过交代得明明白白 / 彼は事の経過をはっきりと説明した. [同]清楚 qīngchu ❷[形]物分かりがよい. 道理をわきまえている. ❸[副]公然と. はっきりと. ¶有意见就～提出来 / 意見があるなら, はっきりと言いなさい. ❹[動]理解する. 分かる. ¶～其中的奥妙 àomiào / その奥深い意味を理解する.
【明白人】míngbairén [名]物分かりのよい人. 利口な人. ¶他是个～, 不用多说 / 彼は話のわかる人だから, あれこれ言う必要がない.
【明辨是非】míng biàn shì fēi [成]是非をはっきりさせる. [反]是非不 bù 分 fēn
【明察】míngchá [動]明察する. 見抜く.
【明察[查]暗访】míng chá àn fǎng [成]状況などを知るために手をつくす. ¶经过一番～, 事情的真相 zhēnxiàng 终于搞清了 / 徹底的に調査したので, ついに真相がはっきりした.
【明察秋毫】míng chá qiū háo [成][褒]ささいなことも見逃さない. 洞察力がある. [由来]『孟子』梁恵王上に見えることば. "秋毫"は, 秋, 鳥や獣の体に生える細い毛.
【明畅】míngchàng [形](ことばや文章などが)明瞭だ.
【明朝】Míngcháo [名]《歴史》明(ᵐⁱⁿ)王朝. 明朝. ☞明朝 míngzhāo
【明澈】míngchè [形](水やひとみが)明るく澄みきっている. ¶一双～的眼睛 / 明るく澄んだひとみ. ¶～见底的池塘

chítáng / 底まで明るく澄んだ池. 回 清澈 qīngchè 反 浑浊 húnzhuó

【明处】míngchù ❶ 明るい場所. ¶身左〜/难防暗箭 ànjiàn / 明るい場所にいると, 物陰から放たれる矢(陰謀)を避けにくい. ❷ 公の場.

【明达】míngdá ❶ 動 道理をしっかりとわきまえる. ❷ 形 (人情や道理に)通じている. 回 通 tōng 达

【明灯】míngdēng 名 明るい灯. また, 人々を正しい方向に導く人や事物. ¶指路〜/人々を正しい方向に導く道しるべ.

【明断】míngduàn 動 文 (事件やもめごとなどを)明快に裁く. 公正に判断する. ¶〜是非 / 明快に是非を判断する.

【明矾】míngfán 名《化学》❶ 块 kuài みょうばん. 参考 通称は"白矾 báifán"、"明石 míngshí".

【明沟】mínggōu 名〔量 条 tiáo〕ふたのないどぶ. 反 暗沟 ànɡōu

【明河】mínghé 名《天文》天の川. 銀河.

【明后天】mínghòutiān 名 明日か明後日. ¶〜可能下雪 / 一, 両日中に雪が降りそうだ.

【明晃晃】mínghuǎnghuǎng 形 ぴかぴか光っている. ¶〜的刺刀 cìdāo / ぴかぴか光る銃剣.

【明慧】mínghuì 形 文 聡明だ. 利発だ. 回 聡 cōng 明

【明火】mínghuǒ ❶ 名 古代, 銅鏡で太陽の光を集め採った火. ❷ 名 炎を上げている火. 反 暗 àn 火 ❸ 動 たいまつをつけ, 堂々と略奪する. ¶〜抢劫 qiǎng jié 成 堂々と悪事をはたらく.

【明火执仗】míng huǒ zhí zhàng 成 堂々と悪事をはたらく. 由来 「たいまつを灯し, 武器を持って行動する」という意から.

【明间儿】míngjiānr 名 直接外に通じた部屋. 反 暗间儿 ànjiānr

【明鉴】míngjiàn ❶ 名 明鏡. ❷ 名 (教訓となる)明らかな前例. ❸ 動 (的)明察する. 高察する. 表現 ❸ は, 相手の見識の高さに対する敬意表現.

【明胶】míngjiāo 名 ゼラチン.

【明教】míngjiào 名 文 (相手からの)ご教示. お教え. ¶敬聆 jìnglíng 〜 / ご教示を賜る. 用法 手紙で用いることが多い.

【明净】míngjìng 形 明るく澄んでいる. ¶〜的橱窗 chúchuāng / 明るいショーウインドウ. ¶湖水〜 / 湖水が澄んでいる. ¶天空分外 fènwài 〜 / 空はとりわけ明るく澄みわたっている. ¶〜的秋月 / 明るく冴えた秋の月. 反 混浊 hùnzhuó 用法 具体的なものについて言う. 人には用いない.

【明镜】míngjìng 名 明鏡. くもりのない鏡.

【明镜高悬】míng jìng gāo xuán 成 官吏の執務が厳正で, 判決が公正だ. 回 秦 qín 镜高悬 由来 秦の始皇帝が宮女の邪心を映し出す鏡を持っていたという伝説から.

【明快】míngkuài 形 ❶ (ことば・文字・曲調などが)明解で分かりやすい. ¶笔法 bǐfǎ 〜 / 筆の運びがはっきりしている. ¶晦涩 huìsè 〜 / (性格や仕事が)明朗できっぱりしている. ¶他的性格〜直爽 zhíshuǎng / 彼の性格は明るくさわやかだ.

【明来暗往】mínglái ànwǎng 成 陰に陽に通ずる. 密接な関係にある. ¶他俩〜, 影形不离 / 彼ら二人は陰となりひなたとなり, 寄り添いあっている.

【明朗】mínglǎng 形 ❶ (空などが)光の量が充分に明るい. ¶〜的天空 / 明るく晴れわたった空. 反 阴暗 yīn'àn ❷ 明らかだ. はっきりしている. ¶态度〜/態度がはっきりしている. 反 暧昧 àimèi ❸ ほがらかだ. さっぱりしている. ¶〜的性格 / ほがらかな性格. ¶〜的色調 sèdiào / 明るい色調. 表現 ❷は考え・立場・態度など, 人について言う. ❸も人の性格などを言うことが多い.

【明里】mínglǐ[-li] 名 人前. 表面. 回 明处 chù ❷ 反 暗 àn 里

【明理】mínglǐ ❶ 動 道理をわきまえる. ¶〜的人 / 道理をわきまえた人. ❷ 名 (〜儿)明白な道理.

【明丽】mínglì 形 (景色などが)光に満ちて美しい. ¶山川〜/山河が光に満ちて美しい.

*【明亮】míngliàng 形 ❶ 明るい. ¶灯光〜 / 照明が明るい. ¶〜的大厅 / 明るいホール. 回 亮堂 liàngtang 反 黑暗 hēi'àn, 昏暗 hūn'àn, 阴暗 yīn'àn ❷ (ひとみが)輝いている. ¶一双〜的眼睛 / きらきら輝くひとみ. ❸ はっきりしている. 明白だ. ¶心里〜了 / 心がすっきりした. 回 明白 míngbai, 亮堂 liàngtang ❹ 音がはっきりとよく通る. ¶歌声〜 / 歌声がよく響いている. 表現 ❶ は光線・照明・炎, または窓・室内などの明るさを言うことが多い.

【明了】míngliǎo ❶ 動 はっきりと分かる. ¶〜实际情况 / 実際の状況がはっきり分かる. ❷ 形 (ことばの意味が)明瞭だ. ¶簡单〜的道理 / 簡明瞭な道理. 表現 ❶ は具体的な問題・意図・主張などについて言うことが多い.

【明令】mínglìng 名 通達文. ¶〜禁止 / 禁止の通達を出す.

【明码】míngmǎ ❶ 公用の電報コード. 反 密码 mìmǎ ❷ 表示価格. ¶〜售货 shòuhuò / 正札で販売する. 反 暗码 ànmǎ

【明码标价】míngmǎ biāojià 名 正札価格.

【明媒正娶】míngméi zhèngqǔ 名旧 仲人を立てた正式の婚姻.

【明媚】míngmèi 形 ❶ (景色などが)美しい. 風光明媚だ. ¶春光〜/春うらら. ¶河山〜/風光明媚だ. 回 明朗 mínglǎng ❷ (ひとみが)輝いて魅力的だ. ¶一双〜的大眼睛 / 輝くつぶらなひとみ. 表現 ❷ は若い女性や子どものひとみについて言う.

【明面】míngmiàn 名 (〜儿)人前. 表面. 公の場.

【明灭】míngmiè 動 (灯火などが)明滅する.

【明明】míngmíng 副 明らかに. ¶他〜知道, 却说不知道 / 彼は明らかに知っているが, 知らないと言う. 用法 後に逆接や反語の表現が置かれることが多い. また, 文頭に置くこともできる.

【明眸】míngmóu 名 明るく輝く瞳.

【明眸皓齿】míng móu hào chǐ 成 明眸皓歯(めいぼうこうし). (多く女性の)輝く瞳と白く美しい歯.

【明目张胆】míng mù zhāng dǎn 成 おおっぴらに悪事をはたらく.

*【明年】míngnián 名 来年.

【明盘】míngpán 名 (〜儿)公開協定価格.

【明器】míngqì 名 古代の副葬品. 冥器(めいき). 回 冥器 míngqì

【明前】míngqián 名 緑茶の一種. 参考 "清明 Qīngmíng"(清明節. 4月5日前後)の前につみとった若芽からつくる高級茶.

【明枪暗箭】míng qiāng àn jiàn 成貶 陰にひなたに攻撃する.

【明抢】míngqiǎng 動 公然と略奪する.

【明渠】míngqú 名 ふたのない用水路.

*【明确】míngquè ❶ 形 明確だ. ¶〜的目标 / 明確な

目標．¶我們的方針十分～／我々の方針はきわめて明確だ．⊗含糊 hánhu，模糊 móhu ❷動 明確にする．¶～学习的目的 mùdì／学習の目的をはっきりさせる．

【明儿】míngr 名日 ❶明日．¶～见／明日会いましょう．回明儿个 míngrge ❷近い将来．¶等～你长大了，一定要当个教师／そのうち君が大きくなったら，必ず教師になりなさい．

【明人】míngrén 名 ❶目が見える人．⊗盲人 mángrén ❷公明正大な人．¶～不说瞎话 xiāhuà／公明正大な人はうそ，でたらめを言わない．

【明日】míngrì 名 明日．用法 文章によく用いられる．口語では"明天 míngtiān"がふつう．

【明日黄花】míng rì huáng huā 成 時機を逸し，価値を失った事物やニュース．由来 宋の蘇軾の詩などに見えることば．"明日"は，ここでは重陽節(9月9日)の翌日．"黄花"は菊．重陽の節句を過ぎ，「盛りを過ぎて枯れかかった菊」という意味から．

【明锐】míngruì 形 ❶光っていて鋭い．¶目光～／眼光が鋭い．❷⊘賢くて機敏な．

【明睿】míngruì 形 (湖水などが)透き通っている．回清澈 qīngchè

【明示】míngshì 動 明示する．はっきりと指示する．¶敬请～／明瞭なる指示をお願いします．

【明誓】míng//shì 動 誓う．回盟誓 méngshì

【明说】míngshuō 動 はっきり言う．¶不便～／はっきりとは言いにくい．

【明太鱼】míngtàiyú 名〈魚〉スケトウダラ．メンタイ．

【明堂[唐]】míngtáng 名方 ❶穀物の干し場．❷中庭．

【明天】míngtiān 名 ❶明日．❷近い将来．

【明文】míngwén 名 (法令や規則などの)通達．明文．

【明晰】míngxī 形 はっきりしている．明晰(おき)だ．¶～的图像 túxiàng／はっきりした画像．¶印象还很～／印象は今でもとても鮮明だ．回清晰 qīngxī，清楚 qīngchu ⊗模糊 móhu

【明细】míngxì 形 明確で細かだ．

【明细账】míngxìzhàng 名《会计》(取引先別の)補助元帳．

【明虾】míngxiā 名 "对虾 duìxiā"に同じ．

*【明显】míngxiǎn 形 はっきりと見てとれる．¶成绩有了～的提高／成績は目に見えて向上した．回分明 fēnmíng ⊗隐晦 yǐnhuì

【明线】míngxiàn 名《文学作品の》筋書き．

【明效大验】míng xiào dà yàn 成 はっきりと目に見える効果．

【明信片】míngxìnpiàn 名〔张 zhāng〕はがき．¶美术～／絵はがき．

【明星】míngxīng 名 ❶(古书で)金星．❷〔个 ge，位 wèi〕スター．¶电影～／映画スター．

【明星枪手】míngxīng qiāngshǒu 名 インターネットへの書き込みなどによって，タレントの話題づくりを専門に行う人．

【明秀】míngxiù 形 (風光)明媚だ．秀麗だ．

【明眼人】míngyǎnrén 名 洞察力のある人．¶～是不会做这种蠢事 chǔnshì的／見識ある人ならこんなばかなまねをするはずがない．

【明艳】míngyàn 形 色鮮やかで美しい．

【明喻】míngyù 名《言語》直喩．⊗暗 àn 喩 参考 "如""像"などを用いて「…のようだ」と直接的にたとえることと．

【明早】míngzǎo 名 ❶明日の朝．❷方 明日．

【明朝】míngzhāo 名方 明日．⊯ 明朝 Míngcháo

【明哲保身】míng zhé bǎo shēn 成 貶 わが身のことだけを考え，行動や思想に一貫性がない．由来『詩經』大雅・蒸民に見えることば．もとは，賢人が保身の術にたけていることを言った．

【明争暗斗】míng zhēng àn dòu 成 表でも裏でも闘いを繰り広げる．

【明证】míngzhèng 名 明らかな証拠．

【明知】míngzhī 明らかに知っている．¶你～自己有病，就得 děi 好好休息／自分が病気なのをよく知っているのだから，よく休まなくてはだめだ．

【明知故犯】míng zhī gù fàn 成 悪いと知りつつ罪をおかす．

【明志】míngzhì 動 意志や考えを明確に示す．

【明智】míngzhì 形 (対処の仕方が)賢明だ．思慮深い．¶这个决定很～／この決定はとても賢明だ．

【明珠】míngzhū 名〔顆 kē〕美しい真珠．大切な物．¶掌上～／成 掌中の珠．目の中に入れても痛くない愛娘．

【明珠暗投】míng zhū àn tóu 成 ❶才能のある人や価値ある物が認められない．❷善人が道を踏みはずす．由来『史記』魯仲連・鄒陽伝の語から．

【明子】míngzi 名 たいまつ．回松 sōng 明

鸣(鳴) míng
口部 5 ⑥ 6702₇
全8画 常用

❶動 (鸟・けもの・虫などが)鳴く．¶鸟～(鸟が鳴く)／驴 lú～(ロバが鳴く)／蝉 chán～(セミが鳴く)．❷素 音が出る．音を立てる．¶自～钟 zìmíngzhōng(時報つき時計)／孤掌 gūzhǎng 难～(片手では音を出せない．一人では行えない)／～炮 pào(爆竹を鳴らす)／～笛 míngdí．❸素 述べる．表明する．¶～谢 míngxiè．

【鸣鞭】míngbiān ❶動 むちを振り鳴らす．❷名(むちの形をした)儀仗(ぎょう)．回静鞭 jìngbiān 参考 ❷は，振り鳴らしてあたりを静粛にさせる．

【鸣不平】míng bùpíng 慣 不公平なことに憤慨し，公平な意見を述べる．

【鸣笛】míng//dí 汽笛やサイレンなどを鳴らす．

【鸣镝】míngdí 名 飛ぶ時にブーンと音がする矢．かぶら矢．回嚆矢 hāoshǐ

【鸣放】míngfàng 動 ❶(銃砲や爆竹などを)鳴らす．❷人々が意見を大いに公表する．

【鸣鼓而攻之】míng gǔ ér gōng zhī 成 罪状を公にして糾弾する．由来『論語』先進篇に見えることば．

【鸣叫】míngjiào 動 (鳥や虫などが)鳴く．(汽笛などが)鳴る．¶秋蝉 qiūchán～于高树间／ヒグラシは高い木のこずえで鳴く．

【鸣金】míngjīn どらを鳴らす．参考 古代では，軍隊を撤退させる合図とされた．

【鸣金收兵】míng jīn shōu bīng 試合や仕事を終える．

【鸣锣开道】míng luó kāi dào 成 事前に世論作りをする．回鸣锣喝 hè 道 由来「どらや太鼓を鳴らして，道をあけさせる」という意から．

【鸣枪】míngqiāng 動 ❶(警告のため)銃を発射する．❷(空砲を鳴らして)スポーツ競技を開始する．

【鸣禽】míngqín ❶美しくさえずる鳥．❷鳥の類別．ウグイス，モズ，ガビチョウなど．

【鸣哨】míng//shào 笛を鳴らす．スポーツ競技を開始する．

【鸣谢】míngxiè 動（公の場で）感謝の意をあらわす. ¶～启事 qǐshì / 感謝の公告. ¶～赞助 zànzhù 单位 / スポンサーに感謝する. 用法 あいさつ文やポスター、映画の末尾によく見られる.
【鸣冤】míngyuān 動 無実を訴える.
【鸣冤叫屈】míng yuān jiào qū 無実を訴える.
【鸣啭】míngzhuàn 動（鳥が）美しくさえずる.

茗 míng ⺿部6 四4460₂ 全9画 通用
素 文 ❶ 茶の柔らかな若芽. ❷ 茶. ¶香～ xiāngmíng（香りのよい上等なお茶）/ 品～ pǐnmíng（茶を賞味する）.

洺 Míng 氵部6 四3716₂ 全9画 通用
素 地名用字. ¶～河 Mínghé（河北省を流れる川の名）.

冥 míng 冖部8 四3780₀ 全10画 通用
❶ 素 暗い. ¶晦～ huìmíng（暗くて重苦しい）. ❷ 素 暗愚だ. にぶい. ¶顽～ míngwán. ❸ 素 奥深い. ¶～思苦索. ❹ 素 冥土. 死後の世界. ¶～府 míngfǔ. ❺（Míng）姓.
【冥币】míngbì 名 紙銭. 紙幣を真似て印刷した紙. 参考 死者があの世で使えるよう、葬式や墓前で燃やす.
【冥钞】míngchāo 名 死者のために焼く紙銭.
【冥府】míngfǔ 名 死後に死者が行くと考えられていた所. 冥府（ミネッ）. あの世. 黄泉（ミョウ）の国.
【冥供】mínggòng 名 御供物.
【冥寿】míngshòu 名 亡くなった人の誕生日.
【冥思苦想】míng sī kǔ xiǎng [suǒ] 成 あれこれ一生懸命考える. 知恵をふりしぼる. ¶他～了老半天,还是没有想出什么好办法来 / 彼はずいぶん長い時間じっと考えたが,ちっともよい方法が思い浮かばなかった. 同 瞑 míng 思苦想
【冥顽】míngwán 形 愚かで頑迷だ. ¶～不灵 líng / かたくなで無知だ.
【冥王星】míngwángxīng 名〖天文〗冥王星.
【冥想】míngxiǎng 動 ❶ 思いにふける. ¶终夜～ / 夜通し思いにふける. ❷ 遠いこと、昔のことを空想する.
【冥衣】míngyī〔量 身 shēn,套 tào〕死者のために焼く紙の服.

铭（銘）míng 钅部6 四8776₂ 全11画 次常用
❶ 素 石碑などに刻んだことば. 銘. ¶墓志～ mùzhìmíng（墓誌銘. 墓碑銘）/ 座右～ zuòyòumíng（座右の銘）. ❷ 素 器物に文字を刻む. ¶～刻 míngkè / ～功 mínggōng（功績を刻む）. ❸ 素 心に刻む. 銘ずる. ¶～记 míngjì / ～诸 zhū 肺腑 fèifǔ（心に深く刻みつける）. ❹（Míng）姓.
【铭感】mínggǎn 動 文 深く心に刻む. 銘感する. ¶终身 zhōngshēn～ / 生涯忘れない.
【铭记】míngjì 動 深く心に刻む. 銘記する. ¶～在心 / 深く心に刻む. 同 铭刻 míngkè
【铭刻】míngkè ❶ 名 銘文. ❷ 動 "铭记 míngjì"に同じ. ❸ 名 古代の器物や碑碣（ビケッ）などに刻んだ文字や図.
【铭牌】míngpái 名（機械や車などの）名称や型番号・製造月日などを記したプレート.
【铭文】míngwén 名（金石などに刻まれた）銘文.
【铭心】míngxīn 動 深く心に刻む. 銘記する. ¶刻骨～ / 成 深く心に刻んで忘れない.

冀 míng 冖部10 四4480₀ 全13画 通用
下記熟語を参照.
☞ 冪 mì
【冀荚】míngjiá 名 伝説で、縁起がよいとされる草.

溟 míng 氵部10 四3718₀ 全13画 通用
❶ 名 海. ¶北～（北方の海）. ❷ →溟濛 míngméng. ❸ 形 どこまでも広がっている. ¶～～无涯 yá（広大無辺だ）.
【溟濛】míngméng 形 文 煙や霧が立ち込めて、景色がほんやりしている. ¶烟霭 yān'ǎi 笼罩 lǒngzhào,山色～ / もやにおおわれ、かすむ山々. 同 冥蒙 míngméng

暝 míng 日部10 四6708₀ 全14画 通用
文 ❶ 動 日が暮れる. 空が暗くなる. ¶天已～（もう日が暮れた）. ❷ 名 たそがれ. ¶～色（夕色）/ ～雪（夕方の雪）.

瞑 míng 目部10 四6708₀ 全15画 通用
素 目を閉じる. ¶～目 míngmù.
【瞑目】míngmù 動 ❶ 目を閉じる. ¶～静思 / 瞑想する. ❷ 死んでも悔いが残らない. ¶死不～ / 成 死んでも死にきれない.

螟 míng 虫部10 四5718₀ 全16画 次常用
名〖虫〗メイチュウ. ズイムシ.
【螟虫】míngchóng 名〖虫〗メイチュウ. ズイムシ.
【螟蛾】míng'é 名〖虫〗メイガ.
【螟害】mínghài 名 農作物へのメイチュウの被害.
【螟蛉】mínglíng 名 文 養子. 由来 "蜾蠃 guǒluǒ"という寄生バチが、"螟蛉"（アオムシ）をつかまえて巣におき、その体に卵を産み付ける. かえった幼虫は、"螟蛉"を餌にして成長する. 古代ではこれを誤って、"蜾蠃"が"螟蛉"を養っていると考えていたことから.

酩 mǐng 酉部6 四1766₂ 全13画 通用
下記熟語を参照.
【酩酊】mǐngdǐng 形 酩酊（ミメテネ）している.
【酩酊大醉】mǐng dǐng dà zuì 成 ぐでんぐでんに酔う.

命 mìng 人部6 四8062₇ 全8画 常用
❶ 名〖量 条 tiáo〗命（ぷ）. ¶救～ jiùmìng（命を救う）/ 拼～ pīnmìng（一生懸命行う）. ❷ 名 運命. ¶～运 mìngyùn / 算～ suànmìng（占いをする）/ 很苦（運がひどく悪い）. ❸ 素 命令. ¶奉～ fèngmìng（命令をいただく）/ 遵～ zūnmìng（命令に従う）. ❹ 素（名称などを）与える. ¶～名 mìngmíng / ～题 mìngtí. ❺ 動 命令する. ¶～驾 mìngjià / ～笔 mìngbǐ.
【命案】mìng'àn 名〖量 件 jiàn,起 qǐ,桩 zhuāng〗殺人事件. 同 人命案子 rénmìng ànzi
【命笔】mìngbǐ 動 文 筆を執り,詩文や書画を書く.
【命大】mìngdà 形 運がいい. 幸運だ. 同 幸运 xìngyùn
【命定】mìngdìng 動 宿命として定まっている.（…する）運命だ.
【命根】mìnggēn 名（～儿）最愛の人. 最も大切なもの. 同 命根子 mìnggēnzi
【命官】mìngguān 名 朝廷が任命した役人. 由来 古代

では，一命から九命の別があったことから．

【命驾】mìngjià 動 ❶乗り物を用意させる．❷出発する．

【命苦】mìngkǔ 形 ⓞ運が悪い．不運だ．

*【命令】mìnglìng ❶動命令する．¶～的口气 / 命令口調．❷名⓿道 dào，个 ge，条 tiáo〕命令．¶下～ / 命令を下す．¶服从～ / 命令に従う．

【命脉】mìngmài 名命脈．要(かなめ)．¶经济～ / 経済の要(かなめ)．

【命名】mìng//míng 動名付ける．命名する．¶～典礼 / 命名式典．

【命数】mìngshù 名運命．天命．同命运 mìngyùn ①

【命题】❶mìng//tí 動テーマを出す．出題する．¶～作文 / 課題を出して作文させる．❷mìngtí 名（論理学の）命題．

【命途】mìngtú 名 ⓞ一生の間のめぐり合わせや経験．¶～坎坷 kǎnkě / 成一生を不遇のうちに終える．

【命相】mìngxiàng 名⓿相性などを占う運勢と観相．参考 生まれた年·月·日·時に干支を合わせ"八字"と称し，それで運勢を占う．

【命意】mìngyì ❶動（作文や絵画などの）主題を決める．❷名含まれる意味．趣旨．

*【命运】mìngyùn 名 ❶運命．¶不甘听凭 tīngpíng～的摆布 bǎibu / 運命に翻弄されることをよしとしない．❷発展や変化のなりゆき．¶国家的前途和～ / 国の前途と運命．

【命在旦夕】mìng zài dàn xī 成 死に瀕(ひん)している．同 危 wēi 在旦夕

【命中】mìngzhòng 動命中する．¶～目标 / 目標に命中する．¶～率 lǜ / 命中率．

miu ㄇㄧㄡ [miou]

谬（謬）miù 讠部11 四 3772₂ 全13画 次常用

❶素 誤っている．¶～论 miùlùn / 荒～ huāngmiù（でたらめだ）．❷素誤る．¶失之毫厘，～以千里(㋒)ずかな違いが，やがて大きな過ちをひきおこす）．❸（Miù）姓．

【谬传】miùchuán 名誤報．

【谬见】miùjiàn 名誤った見解．

【谬奖】miùjiǎng 動ⓞほめすぎる．¶多承～，实在不敢当 / 過大なおほめにあずかり，恐れ入ります．表現 謙遜をあらわす文に用いることが多い．

【谬论】miùlùn 名まちがった議論．¶批驳 pībó～ / 謬論(ジュョヘ)に反論する．

【谬说】miùshuō 名まちがった議論．同谬论 lùn．

【谬误】miùwù 名 ⓞまちがい．誤り．¶这篇文章～百出 / この文章はまちがいだらけだ．同 舛误 chuǎnwù 反真理 zhēnlǐ．

【谬种】miùzhǒng 名 ❶まちがった言論や学派．❷ろくでなし．表現❷は人をののしることば．

【谬种流传】miù zhǒng liú chuán 成まちがった論説や学風などが代々伝わる．

缪（繆）miù 纟部11 四 2712₂ 全14画 通 用

→纰缪 pīmiù

☞ 缪 Miào,móu

mo ㄇㄛ [mo]

摸 mō 扌部10 四 5408₄ 全13画 常 用

動 ❶手を触れる．手でなでる．¶～小孩儿的头发 tóufa（子供の髪をなでる）．❷手探りする．探りだす．¶由口袋里～出十块钱（ポケットから10元札を探りだす）/～鱼 mōyú（魚を手探りでつかみとる）．❸推し測る．探りをいれる．¶～底 mōdǐ /～不清他是什么意思他がどう思っているのかがよくわからない）．❹暗やみの中を進む．知らない道を歩く．¶～营 mōyíng /～黑儿 mōhēir /～了半夜，才到家(夜更けの道を歩いて，ようやく家にたどりついた)．

【摸彩】mō/cǎi 動くじを引く．

【摸底】mō/dǐ 動内情を詳しく知る．¶你能不能去摸摸他的底儿？/ 彼の内情をちょっと探ってくれないか．

【摸黑儿】mō/hēir 動ⓞ暗やみの中，手探りで行動する．¶起早～地干 gàn / 朝早くから夜おそくまで働く．

【摸门儿】mō//ménr 動こつを覚える．¶摸着了门儿吗？/ こつがわかってきたかい？

【摸爬滚打】mō pá gǔn dǎ 句はいずり，転がりまわる．困難に満ちた挑戦や実践のこと．

【摸索】mōsuǒ[-suo] 動 ❶手探りで進む．¶～着去开灯 / 手探りであかりをつけに行く．❷（方向·方法·経験などを）探り求める．¶这方法是他们自己在实践中～出来的 / この方法は彼ら自身の実践の中から探し当てたものだ．

【摸头】mō//tóu 動ⓞ（～儿）事情が多少わかる．用法 否定形で使われることが多い．

【摸透】mōtòu 動詳しく知る．

【摸瞎】mōxiā 動ⓞ暗やみの中，手探りで行動する．

【摸营】mō//yíng 動（敵の陣営に）やみうちをかける．

谟（謨）mó 讠部10 四 3478₄ 全12画 通 用

名 ❶⓿はかりごと．計画．¶宏～ hóngmó（大きな計画）．❷（Mó）姓．

馍（饃/异饝）mó 饣部10 四 2478₄ 全13画 次常用

名⓿〔⓿个 ge〕マントウ．¶蒸 zhēng～（マントウをふかす）．

【馍馍】mómo 名⓿マントウ．同馒头 mántou

嫫 mó 女部10 四 4448₄ 全13画 通 用

素醜い．¶～母 Mómǔ（黄帝の第四の妃といわれた伝説上の醜い女性）．

摹 mó 艹部11 四 4450₂ 全14画 次常用

動（手本などを）まねる．写す．¶～仿 mófǎng / 临～linmó（臨摹(ﾘﾝﾎﾞ)する）/ 把这个字～下来（この字をまねて書きなさい）．

【摹本】móběn 名模写本．復刻本．同模本 móběn

【摹仿】mófǎng 動"模仿 mófǎng"に同じ．

【摹绘】móhuì 動ⓞ模写する．

【摹刻】mókè ❶動書画を模写して彫る．❷名模刻した書画．

【摹拟】mónǐ 動"模拟 mónǐ"に同じ．

【摹效】móxiào 動模倣する．同 模效 móxiào，模仿 mófǎng

【摹写】móxiě 動 ❶ 模写する. 🔁 模写 móxiě ❷ 描写する. ¶~人物情状/人物の表情や様子を描写する.
【摹印】móyìn ❶ 名 古代の印璽(いんじ)に用いられた字体. ❷ 動 書画を模写して印刷する.

模 mó
木部10 四 4498₄ 全14画 常用

❶ 素 規範. 型. ¶楷~ kǎimó(模範. 手本)/~型 móxíng/~范 mófàn/~式 móshì. ❷ 素 まねる. ¶~仿 mófǎng/~拟 mónǐ. ❸ 素 "模范 mófàn"の略. ¶劳~ láomó(模範労働者)/英~ yīngmó(すぐれた英雄). ❹ 名 "模特儿 mótèr"の略. ¶名~ míngmó(有名なモデル). ❺ (Mó)姓. 注意 「模型」という意味の"模子"は, "múzi"と発音する.
☞ 模 mú

【模本】móběn 名 "摹本 móběn"に同じ.
【模范】mófàn 名 手本. ¶~事迹/模範となる事跡. ¶劳动~/労働模範. 🔁 榜样 bǎngyàng, 典范 diǎnfàn, 楷模 kǎimó
*【模仿】mófǎng 動 まねをする. ¶这字~柳体~得很逼真/柳体(柳公権の書風)をまねたこの字は本物そっくりだ. 🔁 摹仿 mófǎng
【模仿秀】mófǎngxiù 動 物まねや人まねを披露する. 参考 "秀"は show の音訳.
【模糊】[胡] móhu ❶ 形 ぼんやりしている. ¶字迹~/筆跡がはっきりしない. ¶眼睛模模糊糊的/目がかすんではっきり見えない. ¶~不清/ぼんやりして不鮮明. 🔁 模糊糊 🔁 隐约 yǐnyuē 反 分明 fēnmíng, 清楚 qīngchu, 清晰 qīngxī, 明确 míngquè ❷ 動 混同する. あいまいにする. ¶这样说~了是非界限/そのような言い方をすると, 是非の境をあいまいにしてしまう. 反 明确 míngquè, 分明 fēnmíng
【模块】mókuài 名 (コンピュータや通信システムなどの)モジュール.
【模棱】móléng 形 (態度や意見などが)はっきりしない.
【模棱两可】mó léng liǎng kě 成 (態度や議論が)あいまいだ. どっちつかずの. ¶~的态度/どっちつかずの態度. 由来『旧唐書』蘇味道伝に見えることば.
【模拟】mónǐ 動 まねる. にせる. ¶~考试/模擬テスト. ¶艺术创作排斥 páichì~/芸術作品は模倣を嫌う. 🔁 摹拟 mónǐ, 模仿 mófǎng
【模拟移动电话】mónǐ yídòng diànhuà 名 アナログ式携帯電話. 参考 中国では1987年から始まった.
【模式】móshì 名〔個 个 ge, 种 zhǒng〕モデル. ¶作为~/モデルとする. ¶经济~/経済のモデル.
【模特儿】mótèr 名〔個 个 ge, 名 míng, 位 wèi〕(絵画・彫刻・ファッションなどの)モデル. ¶时装~/ファッションモデル. ♦model
【模效】móxiào 動 模倣する. 🔁 摹效 móxiào
【模写】móxiě 動 ❶ 模写する. 🔁 摹写 móxiě ❷ 描写する.
【模型】móxíng 名 ❶ 模型. ¶飞机~/飛行機の模型. ❷ 鋳型(いがた). 🔁 模子 múzi
【模压】móyā 名《機械》型打ち. 型プレス.

膜 mó
月部10 四 7428₄ 全14画 常用

名(~儿) ❶《生理》〔個 层 céng〕膜(まく). ¶肋~ lèimó(ろく膜)/耳~ ěrmó(鼓膜)/横膈~ hénggémó(横隔膜)/苇~ wěimó(アシの皮膜). ❷ 膜のようにうすい皮. ¶橡皮 xiàngpí~儿(ゴム製の皮膜).

【膜拜】móbài 動〈文〉ひれ伏す. ぬかずく. ¶顶礼~. 成 権力などの前にひれ伏す.

麽 mó
麻部3 四 0023₂ 全14画 通用

❶ →幺麼 yāomó ❷ (Mó)姓.

摩 mó
麻部4 四 0025₂ 全15画 常用

素 ❶ こする. 触る. 迫る. ¶~拳 quán 擦掌/~挲 mósuō/~天 mótiān. ❷ 手でなでる. さする. ¶按~ ànmó(マッサージする). ❸ 研究し合う. ¶观~ guānmó(たがいに見学しながら, 研究を深める)/揣~ chuǎimó(推し測る).
☞ 摩 mā

【摩擦】mócā ❶ 動 摩擦する. ¶~生热/摩擦で熱を出す. 🔁 磨擦 mócā ❷ 名 (個人または集団の間の)あつれき. 争い. ¶闹~/あつれきを生じる. 🔁 冲突 chōngtū, 磨擦 mócā ❸ 名《物理》摩擦.
【摩擦力】mócālì 名《物理》摩擦力.
【摩登】módēng 形 モダンだ. ¶~家具 jiājù/モダンな家具. ♦modern
【摩尔】mó'ěr 量〈外〉《物理・化学》モル. グラム分子. ♦mole 表現 "摩"とも言う.
【摩尔定律】Mó'ěr dìnglǜ ムーアの法則. 参考 インテル社の創設者の一人である Moore 氏が1965年に発表した"半導体の集積密度は18-24ヶ月で倍增する"とする法則.
【摩尔多瓦】Mó'ěrduōwǎ《国名》モルドバ(東欧).
【摩肩接踵】mó jiān jiē zhǒng 成 人が多く, 押し合いへし合いしているようす. 🔁 肩摩踵接 由来「肩をふれ合い, かかとを接する」という意味.
【摩羯座】mójiézuò《天文》山羊座. 磨羯宫(きゅう).
【摩洛哥】Móluògē《国名》モロッコ.
【摩纳哥】Mónàgē《国名》モナコ.
【摩拳擦掌】mó quán cā zhǎng 成 手ぐすね引く. 戦闘や仕事の前に, 心が奮い立つようす.
【摩挲】mósuō 動 なでさする. ☞ 摩挲 māsā[-sa]
【摩天】mótiān 形 天にとどくほど高い.
【摩天(大)楼】mótiān(dà-)lóu 摩天楼. 超高層ビル.
【摩托】mótuō 名〈外〉モーター. ♦motor
【摩托车】mótuōchē 名〈外〉オートバイ. 参考 かつて"机器脚踏车"と言う地方もあった.
【摩托艇】mótuōtǐng 名 モーターボート. 🔁 汽 qì 艇
【摩崖】móyá 名 崖に刻まれた文字や仏像.

磨 mó
麻部5 四 0026₂ 全16画 常用

動 ❶ こする. 研ぐ. 磨く. ¶~刀 módāo(刃物を研ぐ)/~墨 mómò(墨をする). ❷ さまたげる. まとわりつく. ¶好事多~(いいことにはじゃまが入りやすい. 好事魔多し)/孩子~爸爸(子供が父親にまとわりつく). ❸ (時間をつぶして)~工夫 gōngfu(時間がかかる)/消~时间(時間をつぶす). ¶磨灭する. 消滅する. ¶百世不~(永遠に滅びない).
☞ 磨 mò

【磨擦】mócā 動 名 "摩擦 mócā"に同じ.
【磨蹭】móceng ❶ 動 何度もこすりつける. ❷ 形 のろのろと歩く. ¶他不管做什么事, 都是磨磨蹭蹭的/彼は何をするのも, のろのろしている. ❸ 形 行動がのろい. ❹ 動 しつこくせがむ.
【磨杵成针】mó chǔ chéng zhēn 成 何事も忍耐強く行えば, 成し遂げることができる. "杵 chǔ"は太い棒.

磨杵作 zuò 针 由来 幼い頃,学問に熱心でなかった李白が,鉄の棒を磨いて針にしようとしている老婆の姿を見て,心をいれかえ学問に励んだ,という故事から.
【磨床】móchuáng 名〔機械〕〔量 台 tái〕研磨機.グラインダー.
【磨刀不误砍柴工】mó dāo bù wù kǎn chái gōng 諺 きちんと準備をしていれば,仕事がてきぱきと進む.
【磨刀石】módāoshí 名〔量 块 kuài〕砥石(といし).
【磨工】mógōng 名 ❶ 研磨の作業. ❷ 研磨工.
【磨光】mó//guāng 動 磨いてぴかぴかにする.
【磨耗】móhào 摩耗する.すり減る.
【磨合】móhé ❶ 新しい機械の摩擦面の加工傷を磨きならす. 同 走 zǒu 合 ❷ (考えを)すり合わせる. ❸ しだいに適応する.
【磨砺】mólì 動 文(刃物を)鋭く研ぐ.(意志や気力など)を鍛える.錬磨する. ¶在艰苦的环境中~自己 / 苦難な情況の中で,自分を鍛える.
【磨练〔炼〕】móliàn 動 鍛練する. ¶经得起~/ 試練に耐えられる. ¶~坚强的意志 / 強靭な意志を鍛え上げる. 同 锤炼 chuíliàn,锻炼 duànliàn
【磨料】móliào 名 工業用の研磨材.
【磨灭】mómiè 動(痕跡や印象などが)しだいに消える. ¶不可~的功绩 / 不滅の功績. ¶~不了的伤痕 shānghén / 消えることのない傷跡.
【磨难】mónàn 名〔量 场 cháng,次 cì〕苦しみ.苦難. ¶历尽 lìjìn~/ 苦しみをなめ尽くす. 同 魔难 mónàn 注意 "难 nàn"を"nán"と発音しない.
【磨漆画】móqīhuà 名〔美術〕蒔絵(まきえ).
【磨砂玻璃】móshā bōli[-lí] 名〔量 块 kuài〕すりガラス. 同 毛 máo 玻璃
【磨舌头】mó shétou 句 むだ話をする.無意味な言い争いをする.
【磨蚀】móshí 動 ❶ 浸食する.海食する. ❷ 徐々に失わせる.
【磨损】mósǔn 動 すり減る.摩耗する. ¶~很严重 yánzhòng / ひどく摩耗する.
【磨洗】móxǐ 動 こすり流す.浸食する. 表現 心中の事を洗い流すという比喩にも使われる.
【磨削】móxiāo 動 研摩(する).研削(する).
【磨牙】mó//yá 動 ❶ 歯ぎしりをする. ❷ 方 無駄口をきく.無意味な言い争いをする. ¶我不跟你~斗嘴 / 君と無意味な言い争いはしない.
【磨洋工】mó yánggōng 句 だらだらと仕事をする.仕事をさぼる.
【磨折】mózhé 動 "折磨 zhémó"に同じ.
【磨嘴】mó//zuǐ 動 方"磨牙 móyá"②に同じ. 同 磨嘴皮子 zuǐpízi ①
【磨嘴皮子】mó zuǐpízi 句 ❶ ぺちゃくちゃしゃべる.無駄口をきく. ¶老~不干活 / おしゃべりばかりしていて,仕事をしない. 同 磨牙 móyá,磨嘴 ❷ しきりに言い争う.かけひきをする.

嬷 mó 女部14 四 4043₂ 全17画

下記熟語を参照. 参考 もと, "mā"と発音した.
【嬷嬷】mómo 名 ❶ "妈妈 māma"の旧称. ❷ 方 老婦人.

蘑 mó ⺾部16 四 4426₂ 全19画 次常用

素 きのこ. ¶~菇 mógu / 口~ kǒumó（モウコシメジ）/ 松~ sōngmó（マツタケ）.

【蘑菇】mógu ❶ 名 食用のきのこ. ¶采~ / きのこ狩りをする. ❷ 動 方 人にからむ.じゃまをする. ¶你别跟我~ / 私にからまないでくれ. ❸ 動 方 ぐずぐずする.時間をひきのばす. 参考 ①は特に"口蘑 kǒumó"（モウコシメジ）をいうこともある.
【蘑菇云】móguyún きのこ雲.

魔 mó 麻部9 四 0021₃ 全20画 常用

❶ 素 悪魔.魔物. ¶妖~鬼怪 yāomó guǐguài（妖怪変化）/ 恶~ èmó（悪魔）. ❷ 素 神秘的だ.ふしぎだ. ¶~力 mólì / ~术 móshù. ❸ 名 魔術.妖術. ¶入~ rùmó（とりこになる）.
【魔法】mófǎ 名 魔法.
【魔方】mófāng 名 ルービックキューブ.
【魔怪】móguài 名 ❶ ばけもの.妖怪. ❷ 邪悪な人や勢力.
【魔鬼】móguǐ 名 ❶ (神話や伝説中の)悪魔. ❷ 邪悪な人や勢力.
【魔窟】mókū 名 悪魔の住みか.悪人の巣窟.
【魔力】mólì 名 魔力.魅力.
【魔难】mónàn 名 "磨难 mónàn"に同じ.
【魔术】móshù 名 奇術.手品. ¶~表演 / マジックショー. 同 幻术 huànshù,戏法 xìfǎ
【魔头】mótou 名 ❶ 悪魔.邪悪な人. ❷ 方 祈祷(きとう)師.
【魔王】mówáng 名 ❶〔宗教〕魔王. ❷ 暴君.凶暴な悪人.
【魔影】móyǐng 名 悪魔の影.潜在する悪人や悪の力.
【魔芋】móyù 名〔植物〕コンニャクイモ. 同 蒟蒻 jǔruò
【魔掌】mózhǎng 名 魔の手. ¶陷入 xiànrù~/ 魔の手中に落ちる.
【魔杖】mózhàng 名 魔法の杖.手品師が使う杖.
【魔爪】mózhǎo 名 魔の手. ¶斩断 zhǎnduàn 侵略者的~ / 侵略者の魔の手を断ち切る.
【魔怔】mózheng 形 気ちがいじみている.気がどうかしている.

抹 mǒ 扌部5 四 5509₀ 全8画 常用

動 ❶ 塗る. ¶~了子 mǒzi / 伤口上~上点药(傷口に少しくすりを塗る) 同 涂 tú,擦 cā ❷ こする.ぬぐう. ¶~一~手上的灰(手の灰をこすって落とす)/ ~眼泪(涙をぬぐう). 同 揩 kāi,拭 shì ❸ 消す.取りのぞく. ¶~零(端数を切り捨てる)/ ~杀 mǒshā.
☞ 抹 mā,mò
【抹脖子】mǒ bózi 動 刀で首を切る.自殺する.
【抹彩】mǒ//cǎi 芝居の役柄のメーキャップをする.
【抹掉】mǒdiào 動 削除する.消す.
【抹粉】mǒ//fěn ❶ おしろいをつける. ❷ うわべを飾る.美化する.
【抹黑】mǒ//hēi 動 人を中傷する.人の顔に泥を塗る. ¶往自己脸上~ / 自分の顔に泥を塗る. 反 争光 zhēngguāng
【抹零】mǒ//líng 動(~儿)金を払うとき,端数を切り捨てる.
【抹杀〔煞〕】mǒshā 抹殺する. ¶一笔~ / 一筆で抹殺する.
【抹稀泥】mǒ xīní 慣 方 いいかげんになだめる.適当なところで妥協させる. 同 和 huò 稀泥
【抹香鲸】mǒxiāngjīng 名〔動物〕マッコウクジラ.
【抹子】mǒzi 名〔量 把 bǎ〕（左官が使う）こて. 同 抹

刀 mòdāo

万 mò
一部2 四 1022₇
全3画 常用

下記熟語を参照.
☞ 万 wàn

【万宝路】Mòbǎolù 名《商標》マルボロ(タバコ). 回 马勃 Mǎbó ◆Marlboro
【万俟】Mòqí《複姓》複姓の一つ. 中年の男役. ⑤ (Mò)姓.

末 mò
木部1 四 5090₀
全5画 常用

❶ 素 さき. 末. 末端. ¶本倒置 dàozhì (成 本末転倒) / 秋毫之~(微細なもの) / 细枝 zhī~节(成 ささいな事がら). 反 本 běn ❷ 名 終わり. 最後. ¶~日 mòrì / ~世 mòshì / 周~ zhōumò (週末) / 月~ yuèmò (月末). 回 终 zhōng 反 初 chū,始 shǐ ❸ 名(~儿)砕け. 粉末. ¶粉笔~儿(チョークの粉) / 茶叶~儿(粉茶) / 把草药研成~(薬材をひいて粉にする). ❹ 名(芸能)伝統演劇で,中年の男役. ❺ 名(Mò)姓.
【末班车】mòbānchē 名 ❶〔辆 liàng,趟 tàng〕終列車. 終電. 終バス. 回 末车 mòchē 反 头班车 tóubānchē ❷ 最後のチャンス. ¶赶上~ / 最後のチャンスをつかむ.
【末代】mòdài 名王朝の最後. ¶~皇帝 / 最後の皇帝.
【末端】mòduān 名末端. 末尾.
【末伏】mòfú 名末伏(まっぷく). 立秋のあとの,最初の庚(かのえ)の日. または,この日から次の庚の前日までの10日間を指す. 回 中伏 zhōngfú,三伏 sānfú 参考 北方では,この頃から涼しくなりはじめる.
【末后】mòhòu 名最後. 終わり. 後ろ.
【末技】mòjì 名取るに足らない技術. つまらない技.
【末节】mòjié 名末節. ちょっとぬきこと.
【末了】mòliǎo(~儿)❶ 最後. 後ろ. ¶站在~ / 後ろに立っている. ❷ おしまいの頃. 最後. ¶他~同意了我的意见 / 彼は最後には,みんなの意見に賛成した. ☞ 末了儿 mòliǎor
【末流】mòliú ❶ 名川の下流. ❷ 形 レベルの低い. 低級な. ¶~作家 / 低俗な作家.
【末路】mòlù 名末路. 窮途. 成 なれの果て. ¶走向~ / 末路をたどる.
【末年】mònián 名(王朝や君主の在位期間の)末期. 末年. ¶宋朝 Sòngcháo~ / 宋代末期. ¶康熙 Kāngxī~ / 康熙帝治世の末期. 反 初年 chūnián
【末期】mòqī 名末期. 終期. ¶七十年代~ / 70年代末期. ¶癌症 áizhèng~ / ガン症状の末期. 反 初期 chūqī
【末日】mòrì 名 ❶ キリスト教の,世界終末の日. ¶~来临 / 終末の日がやってくる. ❷ 喩 死亡・滅亡の日. ¶敌人的~ / 敵の最期.
【末梢】mòshāo 名末. 末尾. 先. ¶树枝 shùzhī 的~ / 枝の先っぽ.
【末梢神经】mòshāo shénjīng 名《生理》末梢神経.
【末世】mòshì 名一生涯. 終生. ¶~不忘 / 終生忘れない.
【末尾】mòwěi 名 ❶ 末尾. 最後. ¶排在队伍的~ / 列の最後に並ぶこと. ❷ 最後の段階. 反 开端 kāiduān
【末席】mòxí 名末席.
【末药】mòyào 名"没药 mòyào"に同じ.
【末叶】mòyè 名(一世紀・一王朝の)末期. 末葉. ¶十九世纪~ / 19世紀末葉. ¶清朝~ / 清朝末期. 用法 論文などで用いられることが多い.
【末业】mòyè 名古代の手工業や商業. 参考 "本业"(農業)に対していう.
【末制导】mòzhìdǎo 名《軍事》終端(しゅうたん)誘導. ターミナル誘導. 回 末端 duān 制导
【末制导炮弹】mòzhìdǎo pàodàn 名《軍事》終末誘導子爆弾.
【末子】mòzi 名粉末. ¶煤~ / 粉炭. ¶辣椒 làjiāo~ / トウガラシ粉.
【末座】mòzuò 名末席. 末座.

没 mò
氵部4 四 3714₇
全7画 常用

動 ❶ (人または物が)もぐる. しずむ. ¶沉~ chénmò (沈没する) / 潜水艇 qiánshuǐtǐng 很快就~入水中(潜水艇は素早く水中にもぐっていった). ❷ (水などがある線を越える. 没する. ¶洪水 hóngshuǐ 几乎~过了大坝 dàbà (大水はほとんどダムを越えそうになっている) / 庄稼 zhuāngjia 都长得 zhǎngde ~人了(作物はもう人の頭を越えるほどに育っている). ❸ かくれる. ¶出~ chūmò (出没する). ❹ 財物を差し押える. ¶~收 mòshōu. ❺ 終わる. 尽きる. ¶~世 mòshì / ~齿 chǐ 不忘.
☞ 没 méi

【没齿不忘】mò chǐ bù wàng 成 生涯忘れられない. ¶您的大恩大德,我~ / あなたからの深いご恩は,わたくし生涯忘れられません. 回 没世 shì 不忘
【没顶】mòdǐng 動水没する.
【没落】mòluò 動 没落する. ¶日趋 qū~ / 日に日に没落する. 回 败落 bàiluò,衰败 shuāibài
【没奈何】mò nàihé 句 どうしようもない. 回 无可 wú kě 奈何
【没世】mòshì 名一生涯. 終生. ¶~不忘 / 一生忘れない.
【没收】mòshōu 動 没収する.
【没药】mòyào 名《薬》没薬(もつやく). ミルラ. 回 末 mò 药

茉 mò
艹部5 四 4490₅
全8画 次常用

下記熟語を参照.
【茉莉】mòlì[-li] 名《植物》〔棵 kē,株 zhū〕ジャスミン.
【茉莉花】mòlì[-li-]huā 名《植物》ジャスミン. ¶~茶 / ジャスミン茶. ❷ Mòlì[-li-]huā(男女の愛を歌った)民間歌謡の曲名.

茉 莉

抹 mò
扌部5 四 5509₀
全8画

動 セメントなどを塗ったあと,こてで平らにする. ¶在墙上~石灰(塀に石灰を塗りこめる).
☞ 抹 mā,mǒ

【抹不开】mòbukāi "磨不开 mòbukāi"に同じ.
【抹得开】mòdekāi "磨得开 mòdekāi"に同じ.
【抹灰】mò//huī しっくいを塗る.
【抹面】mòmiàn 動 建物の表面に泥や石灰,セメントなどを塗る.

殁 mò
歹部4 四 1724₇
全8画 通用

沫陌冒脉莫秣蓦貊漠 mò

沫 mò
氵部5　四 3519₀
全8画　常用

[名] ❶(~儿)小さな泡．泡沫．¶肥皂~儿(石けんの泡)/唾~ tuòmò (つば)．❷(Mò)姓．

【沫子】mòzi [名] 泡．

陌 mò
阝部6　四 7126₂
全8画　次常用

❶[素] 田畑のあぜ道．¶~头杨柳 yángliǔ (あぜ道に立つ柳)/~生 mòshēng．❷(Mò)姓．

【陌路】mòlù [名] 道で出会った見知らぬ人．¶視同~/路傍の人と見なす．回 陌路人 rén

【陌生】mòshēng [形] よく知らない．見慣れない．¶~人/見知らぬ人．赤の他人．¶这孩子就是怕~/この子は人見知りをする．回 生疏 shēngshū 反 熟悉 shúxī

冒 Mò
日部5　四 6060₀
全9画　常用

下記熟語を参照．
☞ 冒 mào

【冒顿】Mòdú《複姓》冒頓(ぼくとつ)．漢代初期の匈奴の首長の名．

脉 (異 脈、眽) mò
月部5　四 7329₂
全9画　常用

下記熟語を参照．
☞ 脉 mài

【脉脉】mòmò [形] 目で気持ちを伝える．¶温情~/ [成] まなざしに愛情がこもっている．

【脉脉含情】mòmò hánqíng [句] まなざしや態度で愛情表現する．思う相手に秋波を送ること．

莫 mò
艹部7　四 4480₄
全10画　常用

❶[副] …してはいけない．¶闲人~入(用なき者は入るべからず)/切 qiè ~忘记(決して忘れてはならない)．❷[素][文] 一つもない．…しないものはない．¶~不欣喜 xīnxǐ (喜は ない人はいない)/~大的光荣(この上ない光栄)．❸[素][文] でない．[変化~測(変化をはかり知ることはできない)．❹ [素][文] "暮mù"に同じ．❺(Mò)姓．参考 ④は，本来 "莫"と書いたが，後に"日"を加えるようになった．

【莫泊桑】Mòbósāng《人名》モーパッサン(1850-1893)．フランスの小説家．

【莫不】mòbù [副] …しないものはない．¶~为 wèi 之感动/これに感動しないものはない．

【莫不是】mòbùshì [副] 口 "莫非 mòfēi"に同じ．

【莫测高深】mò cè gāo shēn [成] むずかしくて理解できない．"~的术语/難解な術語．回 高深莫测 [表現] 学問・ことば・表現などについていうが，ペダンチックな人を風刺する時にも用いる．

【莫大】mòdà [形] きわめて大きい．無上の．¶~的光荣/無上の光栄．¶~的幸福/この上ない幸せ．

【莫非】mòfēi ❶[副] …ではないだろうか．…にちがいない．¶你这样高兴，~有什么喜事? / 君がこんなに嬉しそうなのは，きっと良い事があるにちがいない．回 莫不是 mòbùshì ❷[副] まさか…ではなかろう．¶这么多工作,~让他一个人干 gàn 不成? / こんな沢山の仕事を，まさか彼一人にやらせるなんて．回 难道 nándào [用法] ②は，反語に用いて，"不成 bùchéng"と呼応させることが多い．

【莫高窟】Mògāokū [名] 莫高窟(ばっこうくつ)．"千佛洞 Qiānfódòng"とも言う．敦煌にある，岩壁を掘り抜いて造った石窟寺院群．

【莫过于】mòguòyú [動] …にすぎすものなし．¶乐事~读书/読書に勝る楽しみなし．

【莫可名状】mò kě míng zhuàng [成] 名状しがたい．ことばに尽くせない．

【莫里哀】Mòlǐ'āi《人名》モリエール(1622-1673)．フランスの劇作家・俳優．

【莫名】mòmíng [動] ことばで言い表せない．

【莫名[明]其妙】mò míng qí miào [成] わけがわからない．不思議な．¶真是~! / まったくわけがわからない．

【莫逆】mònì [形] うちとけて親密だ．[由来]『荘子』大宗師篇のことばより．

【莫逆之交】mò nì zhī jiāo [成] 気心のしれた親密な間柄．莫逆(ばくぎゃく)の交わり．¶他俩一见如故,遂 suì 成~/彼ら二人は会うなり意気投合し，親密な友人となった．

【莫如】mòrú [接] (多く"与其"の形で) …という方がよい．…のほうがまだましだ．¶与其多而滥，~少而精/量より質だ．回 不如 bùrú [比较] "不如"は事の得失を比べるほかに，"这个办法不如那个好"(この方法は，あれほどよくない)のように，優劣も比較できる．"莫如 mòrú""莫若 mòruò"にはこの用法はない．

【莫若】mòruò [接] "莫如 mòrú"に同じ．

【莫桑比克】Mòsāngbǐkè《国名》モザンビーク(アフリカ)．

【莫斯科】Mòsīkē《地名》モスクワ(ロシア)．

【莫须有】mò xū yǒu [成] (本当は何とも言えないが)たぶんあるだろう．¶~的罪名 zuìmíng / でっちあげの罪名．[由来]『宋史』岳飛伝のことば．宋代の奸臣秦檜(しんかい)が，岳飛を陥れようとして謀反を企んでいると言った時，韓世忠が納得せず，証拠を示せと秦檜に迫った．そこで秦檜が"莫须有"(たぶんあるだろう)と答えたことから．

【莫邪】mòyé [名] 古代の宝剣の名．回 镆铘 mòyé

【莫扎特】Mòzhātè《人名》モーツァルト(1756-1791)．オーストリアの作曲家．18世紀のウィーン古典派を代表する巨匠．

【莫衷一是】mò zhōng yī shì [成] どれがよいと決められない．¶对于这个问题，大家~/この問題については一致した結論が出ない．

秣 mò
禾部5　四 2599₀
全10画　通用

[素] ❶牛馬のえさ．まぐさ．¶粮~ liángmò (兵士の食料とまぐさ)．❷[名] 家畜にえさをあたえる．¶~马厉 lì 兵．

【秣马厉兵】mò mǎ lì bīng [成] 馬にえさをやり，武器を磨く．戦いの準備を整える．回 厉兵秣马

蓦 (驀) mò
艹部10　四 4412₇
全13画　通用

[素] 不意に．突然．¶~地 mòdì / ~然 mòrán．

【蓦地】mòdì [副] 急に．突然．¶~一声枪响 / 突如，銃声が響いた．

【蓦然】mòrán [副] ふと．不意に．¶~醒悟 xǐngwù / はっと我に返る．

貊 Mò
豸部6　四 2126₂
全13画　通用

[名] 古代中国の東北地方に住んでいた民族．回 貉 Mò

漠 mò
氵部10　四 3418₄
全13画　常用

[素] ❶砂漠．¶大~ dàmò (大砂漠) / 沙~ shāmò (砂漠)．❷ 冷ややかに．関心なくさばさばと．¶~然 mòrán / ~视 mòshì / ~不关心．

【漠不关心】mò bù guān xīn [成] 全く無関心で．¶他

对孩子的事情～ / 彼は子供のことに全く無関心だ.

【漠漠】mòmò [形][文] ❶雲や煙が濃くたちこめている. ¶～的烟雾 / あたり一面の深い霧. ❷広々として寂しい. ¶～的平原 / 広漠たる平原.

【漠然】mòrán [形][文] 冷淡だ. ¶～置之 / [成] 知らぬ顔をして放っておく. ¶处 chǔ 之～ / 冷淡に対処する. [同] 淡然 dànrán

【漠视】mòshì [動] 冷淡にあしらう. 軽視する. ¶不能～群众的意见 / 人々の意見を軽視してはいけない. [同] 忽视 hūshì, 无视 wúshì

寞 mò
宀部10 [四] 3080₄ 全13画 [次常用]

[素] さびしい. ひっそりしている. ¶寂～ jìmò (さびしい) / ～～ mòmò (静かでさびしい) / ～然 mòrán (さびしく, ひっそりしている).

鞨 Mò
革部5 [四] 4559₀ 全14画 [通用]

下記熟語を参照.

【鞨鞨】Mòhé [名] 靺鞨(まつ). 古代, 中国の東北地方に住んでいた民族.

嘿 mò
口部12 [四] 6603₁ 全15画 [次常用]

[素] "默 mò"に同じ.
☞ 嘿 hēi

墨 mò
黒部3 [四] 6010₄ 全15画 [常用]

❶[名]〔[量] 锭 dìng, 块 kuài〕墨. ¶磨～ mómò (墨をする) / ～汁 mòzhī. ❷[素] インク. ¶红～ hóngmò (赤インク) / 蓝～ lánmò (青インク). ❸[素] 書画. ¶～宝 mòbǎo. ❹[素] 黒色, または黒色に近い色. ¶～晶 mòjīng (黒水晶) / ～菊 mòjú. [反] 朱 zhū ❺[素][文] 汚職をする. ¶～吏 mòlì (汚職官僚). ❻[名] 古代の, 顔に入れ墨をする刑. ❼(Mò)[素] "墨西哥 Mòxīgē" (メキシコ)の略. ❽(Mò)[素] 戦国時代の"墨家 Mòjiā"の略. ❾(Mò)姓.

【墨宝】mòbǎo [名]〔[量] 件 jiàn〕❶貴重な書画. ¶名家～ / 名人の傑作. ❷他人の書いた書画に対する敬称.

【墨斗】mòdǒu [名]〔[量] 个 ge, 架 jià〕大工が使う墨つぼ. [同] 黑线斗子 hēixiàn dǒuzi

【墨斗鱼】mòdǒuyú [名]《動物》〔[量] 条 tiáo, 只 zhī〕イカ. [同] 墨鱼 mòyú, 乌贼 wūzéi

【墨尔本】Mò'ěrběn《地名》メルボルン(オーストラリア).

【墨海】mòhǎi [名] 盆の形をした大きなすずり.

【墨盒】mòhé [名](～儿)〔[量] 个 ge, 只 zhī〕毛筆用の墨つぼ. [同] 墨盒子 mòhézi

【墨黑】mòhēi [形] 真っ黒だ. 真っ暗だ. [表現] 夜の形容として使われることが多い.

【墨迹】mòjì [名] ❶墨跡. ❷筆跡. 直筆の書画.

【墨迹未干】mò jì wèi gān [成] 書いた字の墨がまだ乾かないうちに. 「すぐに. まもなく」の意.

【墨家】Mòjiā [名] 戦国時代の学派. ⇨墨子 Mòzǐ

【墨镜】mòjìng [名]〔[量] 副 fù〕サングラス.

【墨菊】mòjú [名]《植物》花弁が暗紫色のキク.

【墨客】mòkè [名][文] 文人. ¶文人～ / 文人墨客(ぼっかく). 知識人.

【墨绿】mòlǜ [形] 黒みを帯びた深い緑色の. ¶～牡丹 mǔdan / 墨緑のぼたん.

【墨守成规】mò shǒu chéng guī [成][貶] 古いしきたりを守って, 変えようとしない. ¶～, 不求上进 / 古いしきたりにこだわって, 進歩向上を求めない. [由来] 戦国時代, 墨子が城を守ることに長じていたことから.

*【墨水】mòshuǐ [名](～儿) ❶〔[量] 瓶 píng〕墨汁. インク. ¶～用完了 / インクが切れた. ❷学問. 知識. ¶喝了点儿～了 / 少し学問をかじった.

【墨西哥】Mòxīgē《国名》メキシコ.

【墨西哥城】Mòxīgēchéng《地名》メキシコシティ(メキシコ).

【墨西哥湾】Mòxīgēwān《地名》メキシコ湾.

【墨线】mòxiàn [名] ❶〔[量] 根 gēn〕墨糸. 墨縄. ❷〔[量] 条 tiáo〕墨打ちして引いた線.

【墨鱼】mòyú [名]《動物》〔[量] 条 tiáo, 只 zhī〕イカ. [同] 墨斗鱼 mòdǒuyú, 乌贼 wūzéi

【墨汁】mòzhī [名](～儿)〔[量] 瓶 píng〕墨汁. 墨液.

【墨子】Mòzǐ《人名》墨子(ぼくし). 戦国時代の思想家. 無差別的博愛の兼愛を説き, 平和論を唱え, 儒家と並ぶ新しい学派をうち立てた.

【墨渍】mòzì [名] 墨やインクのしみ.

镆(鏌) mò
钅部10 [四] 8478₄ 全15画 [通用]

下記熟語を参照.

【镆铘】mòyé [名] 古代の名剣. [同] 莫邪 mòyé

瘼 mò
疒部10 [四] 0018₄ 全15画 [通用]

[素] 病の痛み. 苦しみ. ¶民～ mínmò (人民の苦しみ).

默 mò
黒部4 [四] 6338₄ 全16画 [常用]

❶[素] だまって声をださない. ¶沉～ chénmò (沈黙する) / ～～不语(黙々として何も語らない) / ～读 mòdú / ～认 mòrèn. ❷(Mò)姓.

【默哀】mò'āi [動] 黙とうする. ¶全体起立～ / 全員起立して黙とうする. ¶～三分钟 / 3分間黙とうをささげる.

【默不作声】mò bù zuò shēng [成] 黙ったままでいる. うんともすんとも言わない. ¶她坐在那里～ / 彼女はあそこに座って沈黙している.

【默祷】mòdǎo [動] 心の中で祈る. ¶～你一路平安 / 道中のご無事を心よりお祈りします.

【默读】mòdú [動] 黙読する. ¶～课文 / テキストの本文を黙読する. [反] 朗读 lǎngdú

【默记】mòjì [動] 暗記する.

【默剧】mòjù [名] パントマイム. [同] 哑 yǎ 剧

【默默】mòmò [形] 何もしゃべらない. ¶～无言 / 黙々として何も言わない.

【默默无闻】mò mò wú wén [成] 無名だ. 人の注意をひかない. ¶他一生～ / 彼は一生無名のままだった. [反] 赫赫有名 hè hè yǒu míng

【默念】mòniàn [動] ❶黙読する. ❷ひそかに思う.

【默片】mòpiàn [名] 無声映画. [同] 无声影片 wúshēng yǐngpiàn [反] 声片

【默契】mòqì ❶[形] ひそかに了解している. ¶配合～ / 暗黙の了解がある. ❷[名] 密約. 口頭での協定. ¶严守 yánshǒu～ / 密約を厳守する.

【默然】mòrán [形] 押し黙っている. ¶～不悦 bùyuè / 押し黙ってむっとしている.

【默认】mòrèn [動] 黙認する.

【默诵】mòsòng [動] ❶暗唱する. ❷黙読する.

【默算】mòsuàn [動] ❶胸算用する. ❷暗算する. [同] 心 xīn 算

【默想】mòxiǎng [動] 黙考する. 黙想する.

【默写】mòxiě [動] 覚えたことばや文を書き出す. ¶～词语 / 覚えた単語を書く. ¶～课文 / 教科書の本文を暗記

磨 mò 麻部5 四 0026₂ 全16画 常用

❶ 名〔量 个 ge, 盘 pán, 眼 yǎn〕ひきうす. ¶石~ shímò (石うす) / 电~ diànmò (電動製粉機) / ~坊 mòfáng. ❷ 动 うすでひく. ¶~豆腐 mò dòufu / ~面 mòmiàn (粉をひく). ❸ 动 向きを変える. ¶小胡同 hútòng 不能~车 (小さな路地では車のUターンができない). ❹ (Mò)姓.
☞ 磨 mó

【磨不开】mòbukāi 动 ❶ きまりが悪い. 気がひける. ❷ 方 行き詰る. 回 抹不开 mòbukāi
【磨叨】mòdao 动 回 くどくど言う. ¶奶奶整天~,没完没了 liǎo / 祖母は一日中ぶつぶつ愚痴ばかりだ. 重 磨磨叨叨
【磨得开】mòdekāi 动 ❶ いやな思いをしないですむ. ❷ 平気だ. 気がとがめない. ❸ 納得する. 回 抹得开 mòdekāi ⊠ 磨不开 mòbukāi
【磨豆腐】mò dòufu ❶ 句 大豆をひいて豆腐にする. ❷ 慣 方 くどくど言う. ぐずぐずとこだわる.
【磨烦】mòfan 动 ❶ しつこくせびる. まとわりついてねだる. ❷ 時間をのばす. 遅らせる.
【磨坊［房］】mòfáng 名〔量 个 ge, 家 jiā, 间 jiān〕粉ひき場.
【磨盘】mòpán 名 ❶ ひきうす. ❷ ひきうすの下部の回転しない表面.
【磨扇】mòshàn 名 ひきうすの上下の石.
【磨子】mòzi 名 方 ひきうす. 回 磨 mò ①

貘 mò 豸部10 四 2428₄ 全17画 通用

名《動物》バク.

磩 Mò 石部16 四 1066₂ 全21画 通用

素 地名用字. ¶~石渠 Mòshíqú (山西省にある地名).

耱 mò 耒部16 四 5096₂ 全22画 通用

名 平らに土のかたまりを砕いてならす農具の一つ. 回 耢 lào

mou ㄇㄡ〔moʊ〕

哞 mōu 口部6 四 6305₀ 全 9画 通用

擬 モー. 牛の鳴き声. 重 哞哞

牟 móu 厶部4 四 2350₀ 全 6画 通用

❶ 素 求める. むさぼる. ¶~利 móulì. ❷ (Móu)姓.
☞ 牟 mù

【牟利】móu//lì 动 私利をむさぼる. ¶非法~ / 不当に利益をむさぼる.
【牟取】móuqǔ 动 つかみとる. 得る. ¶~大利 / 大利をつかむ.

侔 móu 亻部6 四 2325₀ 全 8画 通用

形 文 等しい. 同じだ.

眸 móu 目部6 四 6305₀ 全11画 通用

名 ⊗ 眼中の瞳(ひとみ). ¶~子 móuzi / 明~皓齿 hàochǐ (大きな瞳に白い歯. 美人の形容).
【眸子】móuzi 名 瞳. 目. ¶明亮的~ / 明るい瞳.

谋(謀) móu 讠部9 四 3479₄ 全11画 常用

❶ 素 はかりごと. 計略. ¶有勇无~ (成) 勇気はあるけれども, 知謀がない). ❷ 动 図る. 求める. ¶~生 móushēng / 自~职业(自ら仕事を求める). ❸ 素 相談する. 協議する. ¶不~而合(お互いの意見や行動が図らずも一致する).

【谋财害命】móu cái hài mìng 成 財物を奪おうとして人を殺す.
【谋反】móufǎn 动 反逆をたくらむ.
【谋害】móuhài 动 人を殺そうとたくらむ. 陥れようとたくらむ. ¶~忠良 zhōngliáng / 忠臣を亡きものにしようとする.
【谋和】móuhé 动 平和を請い求める.
【谋划】móuhuà 动 計画する. 手だてを考える. ¶~赈灾 zhènzāi 义演 / 罹災者救済チャリティーショーを計画する. 回 策划 cèhuà, 筹划 chóuhuà
【谋利】móulì 动 利益を求める.
【谋略】móulüè 名 知謀. 方策. ¶胸有~ / 胸中に方策がある. ¶~非凡 / 知謀にたける. 参考 日本語のようなマイナスの語感はなく, むしろプラスのイメージをもつことば.
【谋面】móumiàn 动 ⊗ 知り合う. 面識を得る.
【谋篇】móupiān 动 文章の構成を考える.
【谋求】móuqiú 动 さがし求める. 追求する. ¶~解决办法 / 解決の方法をさぐる. ¶为 wèi 大家~利益 / 皆のために利益をはかる.
【谋取】móuqǔ 动 手に入れようと手だてを講じる. ¶~利益 / 利益を得ようとする.
【谋杀】móushā 动 謀殺する. ¶~证人 / 証人を謀殺する.
【谋生】móushēng 动 生計の手だてを講じる. ¶出外~ / よその土地へ行って生計を立てる. 回 营生 yíngshēng
【谋士】móushì 名 策士.
【谋事】móushì 动 ❶ 事を計画する. ¶~在人,成事在天 / 成 事を計画するのは人だが, 成功するかどうかは天命だ. ❷ (~儿) 職をさがす.
【谋私】móusī 动 私利を図る. ¶以权 yīquán~ / 権力をたのんで私利を図る.
【谋算】móusuàn ❶ 动 見積もる. 計画する. ❷ 动 人を陥れようとたくらむ. ❸ 名 方策. 手だて.
【谋议】móuyì 动 ⊗ 協議する.
【谋职】móuzhí 动 仕事を探す. 地位やポストを得ようとする.
【谋主】móuzhǔ 名 首謀者.

蛑 móu 虫部6 四 5315₀ 全12画 通用

→蝤蛑 yóumóu

缪(繆) móu 纟部11 四 2712₂ 全14画 通用

→绸缪 chóumóu
☞ 缪 Miào, miù

鍪 móu 金部9 四 1810₉ 全17画 通用

→兜鍪 dōumóu

某 mǒu 甘部 4 [四] 4490₄ 全 9 画 [常用]
[代] ❶ ある…. 某…. なにがし. ¶～人 mǒurén / ～国 mǒuguó (ある国) / ～天 mǒutiān (ある日) / 张～ Zhāngmǒu (張なにがし) / ～～学校(ある学校). ❷ 昔, 自分をへりくだって言う時に使ったことば. それがし.
【某某】mǒumǒu [代] ある…. ¶～人 / ある人. ¶～工厂 / ある工場. ¶杨 Yáng～ / 楊なにがし.
【某人】mǒurén [代] ❶ ある人. ❷ 話している本人. 自分. ¶我朱 Zhū～应该做这事 / 私こと朱が, この事をやらねばなりません.
【某些】mǒuxiē [代] あるいくつかの. 一部の. ¶～人 / 何人かの人々. ¶～事情 / 何らかの事情.

mu ㄇㄨ〔mu〕

毪 mú 毛部 6 [四] 2371₅ 全10画 [通用]
下記熟語を参照.
【毪子】múzi [名] チベット産の厚地の毛織物.

模 mú 木部10 [四] 4498₄ 全14画 [常用]
[素] (～儿) 型. ¶字～儿 zìmúr (活字の母型) / 铜～儿 tóngmúr (活字の母型) / ～子 múzi / ～样 múyàng.
☞ 模 mó
【模板】múbǎn [名]《建築》コンクリート打ちに用いる型枠の板. 堰板(せきいた).
【模具】mújù [名]〔[量] 个 ge, 套 tào〕(工業製品の製造に用いる)型.
*【模样】múyàng [名] (～儿) ❶ 顔かたち. 身なり. ¶看你像个什么～, 人不人, 鬼不鬼的 / 君のかっこうはどんなかというと, 人とも幽霊ともつかないものだ. ❷ (時間や年齢が)そのくらい. その程度. ¶五十岁～的人 / 50歳くらいの人. ¶谈了半个小时～ / 30分ほどしゃべった. ❸ 形勢. 情況. ¶看～, 天快下雨了 / このようすでは, もう雨が降りそうだ.
【模子】múzi [名][口]〔[量] 个 ge, 套 tào〕鋳型(いがた). [同] 模型 móxíng

母 mǔ 毋部 0 [四] 7775₀ 全 5 画 [常用]
❶ [名][文] 母. 母親. ¶父～ fùmǔ (父母) / ～女 mǔnǚ / ～性 mǔxìng / ～系 mǔxì / ～亲 mǔqīn. [反] 父 fù, 女 nǚ, 子 zǐ ❷ [素] (家族や親せきの中の)年長の女性. ¶姑～ gūmǔ (父の姉妹) / 祖～ zǔmǔ (父方の祖母) / 姨～ yímǔ (母方のおば) / 乳～ rǔmǔ (乳母). ❸ [形] (動物の)めすの. ¶～鸡 mǔjī. [反] 公 gōng ❹ [素] 事物をつくりだすもと. ¶～校 mǔxiào / ～株 mǔzhū (親株) / 工作～机(工作機械) / 失败为 wéi 成功之～ ([成] 失敗は成功の母). ❺ [素] (組みになった凸と凹の)凹の方. ¶子～环 zǐmǔhuán (大きな環で小さな環をつらぬき, 組み合わせたもの) / 子～扣 zǐmǔkòu (スナップ. ホック) / 螺丝～ luósīmǔ (めねじ. ナット). ❻ (Mǔ) 姓.
【母爱】mǔ'ài [名] 母性愛. 母の愛.
【母本】mǔběn [名]《植物》母株. 親株. [同] 母株 zhū
【母畜】mǔchù [名] (子を生ませるための)雌の家畜.
【母蜂】mǔfēng [名] 女王バチ. [同] 蜂王 fēngwáng
【母公司】mǔgōngsī [名] 親会社.
【母机】mǔjī [名]〔[量] 台 tái〕工作機械.
【母鸡】mǔjī [名] めんどり.
【母舰】mǔjiàn [名]《軍事》母艦. [参考] "供应 gōngyìng 舰"の旧称.
【母老虎】mǔlǎohǔ [名] ❶〔[量] 头 tóu, 只 zhī〕めすのトラ. ❷ 気性の激しい女性.
【母女】mǔnǚ [名] 母と娘.
**【母亲】mǔqīn [名]〔[量] 个 ge, 位 wèi〕母. 母親. ¶祖国啊, 我的～ / 祖国, 我が母よ. [参考] よびかけには"母亲"は用いず, "妈 mā"か"妈妈 māma", "娘 niáng"を使う.
【母亲河】mǔqīnhé [名] 母なる河. [参考] 中国における"长江"や"黄河"にあたるもの.
【母亲节】Mǔqīnjié [名] 母の日. [参考] 毎年5月の第2日曜日.
【母乳】mǔrǔ [名] 母乳.
【母体】mǔtǐ [名] (人や動物の)母体.
【母系】mǔxì [形] 母系の. ¶～社会 / 母系社会. [反] 父系 fùxì
【母线】mǔxiàn [名]《電気・数学》母線.
【母校】mǔxiào [名] 母校.
【母性】mǔxìng [名] 母性.
【母音】mǔyīn [名]《言語》"元音" (母音)の旧称. [反] 子音 zǐyīn
【母语】mǔyǔ [名] ❶ 母語. ❷ 祖語. 基語.
【母质】mǔzhì [名] (何かを生み出す)母体となる物質.
【母钟】mǔzhōng [名] 親時計.
【母子】mǔzǐ [名] 母と子. ¶～俩相依为命 / 母子二人は, たがいを頼りに生きる.

牡 mǔ 牛部 3 [四] 2451₀ 全 7 画 [次常用]
[素] 鳥やけものの雄(おす). 植物の雄株. ¶～牛 mǔniú (雄ウシ). [反] 牝 pìn
【牡丹】mǔdan [名]《植物》〔[量] 棵 kē, 株 zhū〕ボタン. [参考] 中国の"国花 guóhuā"とされることが多い. とくに, 5月の洛陽のボタンは有名.
【牡蛎】mǔlì [名]《貝》カキ. [同] 蚝 háo, 海蛎子 hǎilìzi

亩(畝) mǔ 亠部 5 [四] 0060₀ 全 7 画 [常用]
❶ [量] ムー. 土地の面積の単位. 1"亩"は6,667アール. 現在は"市亩 shìmǔ"を用いる. ❷ (Mǔ) 姓.
【亩产】mǔchǎn [名] 1ムー当たりの生産量. ¶今年的水稻～可望达一千斤 / 今年の水稲のムー当たり出来高は, 500キロにものぼる見込みだ.

拇 mǔ 扌部 5 [四] 5705₀ 全 8 画 [次常用]
[素] 手足の親指. ¶～指 mǔzhǐ.
【拇指】mǔzhǐ [名] (手や足の)親指. ¶他翘 qiáo 着～夸奖 kuājiǎng 说 / 彼は親指をつき上げ, 褒めて言った. [同] 大拇指 dàmǔzhǐ [表現] 手の親指を上に向けるしぐさは, "很好" (とてもよい)という意味をあらわす.

姆 mǔ 女部 5 [四] 4745₀ 全 8 画 [次常用]
❶ →保姆 bǎomǔ ❷ (Mǔ) 姓.
☞ 姆 m̄
【姆欧】mǔ'ōu [量][外]《電気》電気伝導率の単位. モー. ♦mho [参考] ohm を逆に綴ったもの.

姥 mǔ 女部 6 [四] 4441₂ 全 9 画 [常用]

M

[名] [文] 年を取った女性.
☞ 姥 lǎo

木 mù 木部 0 [四] 4090. 全4画 [常用]

❶ [素] 木. 樹木. ¶~本 mùběn／果~ guǒmù (果樹)／树~ shùmù (樹木). ❷ [名] 器物や工芸品, 建築材料などに使う木材. ¶~材 mùcái／枣~ zǎomù (ナツメ材)／杉~ shānmù (スギ材)／~头 mùtou. ❸ [素] 木からつくったもの. ¶~器 mùqì／~犁 mùlí (木製のすき)／棺~ guānmù (棺おけ)／行将就~ (もうすぐ棺おけに入る. 余命いくばくもない). ❹ [形] しびれる. 感覚がなくなる. ¶手脚麻~ (手足がしびれて感覚がなくなる)／舌头发~ (舌がしびれる). ❺ [形] 質朴だ. ¶~讷 mùnè. ❻ (Mù)姓.

【木板】mùbǎn [名] (~儿)[量 块 kuài] 木の板. パネル.

【木版】mùbǎn [名] 《美術》木の板に字や絵を彫ったもの. ¶~印刷／木版印刷.

【木版画】mùbǎnhuà [名] 木版画. 木刻.

【木本】mùběn [名] 《植物》木本. ¶~植物／木本植物.

【木本水源】mù běn shuǐ yuán [成] 物事の根本. [由来] 木の根と水の源という意から.

【木笔】mùbǐ [名] 《植物》モクレン. また, その花. 木兰 lán.

【木材】mùcái [名] 木材. 材木. ¶~商／材木商.

【木柴】mùchái [名] [堆 duī, 块 kuài, 捆 kǔn] たきぎ. まき.

【木船】mùchuán [名] 木造船.

【木醇】mùchún [名] 《化学》メチルアルコール. メタノール. [同] 木精 jīng, 甲 jiǎ 醇.

【木呆呆】mùdāidāi [形] (~的) 呆然としている.

【木雕】mùdiāo [名] 木彫り.

【木雕泥塑】mù diāo ní sù [成] 表情が死んだようで動作がぎこちない. [同] 泥塑木雕 [由来] 「木彫りの人形と泥人形」という意から.

【木耳】mù'ěr [名] キクラゲ. ¶黑~／黒キクラゲ. ¶白~／白キクラゲ.

【木筏】mùfá [名] [只 zhī] いかだ. [同] 木筏子 mùfázi.

【木芙蓉】mùfúróng [名] 《植物》フヨウ. [表現] 文章語では, "芙蓉"がハスの花をさしたので, 区別するために"木"を前につけて"木芙蓉"とした.

【木工】mùgōng [名] [個 ge, 名 míng, 位 wèi] 木材を加工したり, 組み立てる人. 指物師・建具師・大工など. また, その仕事.

【木瓜】mùguā [名] 《植物》❶ カリン. ❷ ボケ.

【木管乐器】mùguǎn yuèqì [名] 《音楽》木管楽器.

【木棍】mùgùn [名] 棍棒.

【木盒】mùhé [名] 木箱.

【木化石】mùhuàshí [名] 樹木の化石. [同] 木变 biàn 石.

【木屐】mùjī [名] [双 shuāng, 只 zhī] ❶ 木製のサンダル. ❷ 古代の木底の履.

【木简】mùjiǎn [名] 《考古》古代の文字を記した木片. 木简.

【木浆】mùjiāng [名] 木材パルプ.

【木僵】mùjiāng [形] (身体の)感覚がなくこわばっている.

【木匠】mùjiang [名] [個 ge, 位 wèi] 大工. 指物師. 建具師.

【木结构】mùjiégòu [名] 《建築》木造.

【木槿】mùjǐn [名] 《植物》[棵 kē, 株 zhū] ムクゲ.

【木精】mùjīng →木醇 mùchún

【木刻】mùkè [名] [幅 fú] 木刻. 木版画. [同] 木版画 mùbǎnhuà

【木兰】mùlán [名] 《植物》[棵 kē, 株 zhū] モクレン. [同] 杜兰 dùlán, 林兰 línlán, 辛夷 xīnyí, 木笔 mùbǐ

【木立】mùlì [動] 呆然と立ちつくす.

【木料】mùliào [名] [块 kuài] 材木. 板材. 角材.

【木笼】mùlóng [名] 木のつるや枝で編んだかご.

【木马】mùmǎ [名] ❶ 木馬. ❷《スポーツ》鞍馬. 跳馬.

【木马计】mùmǎjì [名] トロイの木馬. また, その作戦.

【木棉】mùmián [名] ❶《植物》[棵 kē, 株 zhū] キワタ. インドワタノキ. [同] 红棉 hóngmián, 攀枝花 pānzhīhuā ❷ パンヤ. カポック.

【木乃伊】mùnǎiyī [名] ❶ [個 具 jù] ミイラ. ❷ [喩] 硬直した事物.

【木讷】mùnè [名] [文] (人柄が)ぼくとつだ.

【木偶】mù'ǒu [名] ❶ 木製の人形. ❷ 間のぬけた表情. 生気のない表情.

【木偶片】mù'ǒupiàn [名] (~儿) 人形を使ったアニメーション.

【木偶戏】mù'ǒuxì [名] 人形劇. [同] 傀儡戏 kuǐlěixì

【木排】mùpái [名] [只 zhī] いかだ.

【木器】mùqì [名] [件 jiàn] 木製の器具. ¶~家具／木製の家具.

【木琴】mùqín [名] 《音楽》木琴. シロホン.

【木然】mùrán [形] あっけにとられて動かない. ¶一双~无神的眼睛／あっけにとられた二つの目.

【木石】mùshí [名] ❶ 樹木と石. ❷ 感覚や感情のないもの. ¶~心肠 cháng／[喩] 無情な性格だ.

【木梳】mùshū [名] 木製のくし.

【木薯】mùshǔ [名] ❶《植物》キャッサバ(の塊根). [同] 树 shù 薯 ❷ タピオカ.

【木栓层】mùshuāncéng [名] コルク.

【木炭】mùtàn [名] [块 kuài] 木炭. 炭.

【木通】mùtōng [名] 《植物》アケビ.

【木头木脑】mù tóu mù nǎo [成] 愚鈍だ. 無感覚だ.

*【木头】mùtou [名] [個 根 gēn, 块 kuài] 材木. 材木. 丸太. ¶~桌子／1本, 1枚の木, 木板を言う場合は, ただ"木"とだけ言うことはできず, 名詞語尾"头"をつけて, "木头"と言わなければならない.

【木头人儿】mùtourénr [名] 気の利かない人. ¶你啊, 真是个~, 一点儿都不灵活 línghuó／おまえは本当にでくのぼうだ, 少しも気が利かない. [同] 木头 mùtou

【木屋】mùwū [名] 《建築》ログハウス. 丸太小屋.

【木犀[樨]】mùxi [名] ❶《植物》モクセイ. 桂花 guìhuā ❷《料理》鶏卵をといて炒めた料理. ¶~肉／豚肉・キクラゲ・青菜などと卵の炒めもの. ¶~汤／卵スープ. [由来] ②は, 炒めた形がモクセイの花に似ていることから. [表現] ②は, "木须 mùxū"と言うことも多い.

【木香】mùxiāng [名] 《植物・薬》モッコウ.

【木箱】mùxiāng [名] 木箱.

【木星】mùxīng [名] 《天文》木星. [参考] 古代の中国では"岁星 suìxīng"と呼んだ.

【木已成舟】mù yǐ chéng zhōu [成] 後戻りできない. 後の祭り. [由来] 「木はすでに船になった」という意から.

【木鱼】mùyú [名] (~儿) 木魚. ¶敲~／木魚をたたく. [表現] "天老爷, 别下雨, 明天给您敲木鱼"(お天道様, 雨を降らさないで, 明日木魚をたたいてあげるから). これは, 梅雨時に晴天を願う子供の歌.

【木枕】mùzhěn 名 ❶ 枕木. ❷ 木製の枕.
【木质部】mùzhìbù 名〖植物〗木質部.
【木质素】mùzhìsù 名〖植物・化学〗リグニン. 木質素.
【木桩】mùzhuāng 名〔根 gēn〕木の杭. ¶打～/杭を打つ.

目 mù 目部 0 四 6010₁ 全 5 画 常用

❶ 名 目. ¶～瞪 dèng 口呆 dāi /～空一切 yīqiè. ❷ 動 文 見る. みなす. ¶一～了然 liǎorán（一目瞭然）. ❸ 素 項目. 細目. ¶大纲 dàgāng 细～（大綱と細目）. ❹ 素 綱 gāng ❹ 文〖生物〗目(1). "纲 gāng"以下で"科 kē"以上のもの. ❺ 素 目録. カタログ. ¶书～ shūmù（書籍目録）/剧～ jùmù（プログラム）. ❻ 素 網目. マス目. ❼ 文（Mù）姓.
*【目标】mùbiāo 名 ❶ 標的. 対象. ¶攻击～/攻擊の的. ❷ 目標. ¶奋斗～/奮闘目標.
【目标管理】mùbiāo guǎnlǐ 名（企業の経営目標の達成度などについての）目標管理.
【目不见睫】mù bù jiàn jié 成 自分を知る力がない. 身近なものほどわからない. 由来 自分のまつげは見えないことから.
【目不交睫】mù bù jiāo jié 成 まんじりともしない. 一睡もしない. ¶期末 qīmò 大考期间, 学生们几乎每天～/期末試験の期間中, 学生たちはほとんど毎日一睡もしない.
【目不窥园】mù bù kuī yuán 成 わき目をふらずに勉学にいそしむ. 由来『漢書』董仲舒(とう ちゅうじょ)伝に見えることば.
【目不忍睹】mù bù rěn dǔ 成 あまりにも悲惨で見るに耐えない. 中国 目不忍视 shì
【目不识丁】mù bù shí dīng 成 目に一丁字(いってい)なし. 文盲のこと. 回 不识一 yī 丁
【目不暇接】mù bù xiá jiē 成〈物が多くて〉いちいち目を通すことができない. 回 目不暇给 jǐ
【目不斜[邪]视】mù bù xié shì 成 わき目をふらない. 気をとられない. 表現 人柄がしっかりしているたとえとしても使う.
【目不转睛】mù bù zhuǎn jīng 成 まばたきもしないで見る. じっと目をこらして見つめる. ¶孩子们～地听老师讲故事 / 子供たちはまばたきもせず, 先生が物語を話すのに聞き入っている.
【目测】mùcè 動 目測する.
【目次】mùcì 名〈本の〉目次. 回 目录 lù
【目瞪口呆】mù dèng kǒu dāi 成 目を見開き, 口をぽかんとあける. 驚きや恐怖にあっけにとられる.
*【目的】mùdì 名 目的. ¶～地 / 目的地. 反 手段 shǒuduàn
【目睹】mùdǔ 動 目の当たりにする. 目撃する. ¶耳闻～/成 自身で見聞きする. ¶亲眼～/ 私が目でしっかり見る.
【目光】mùguāng 名 ❶ 視線. まなざし. 目の表情. ¶～炯炯 jiǒngjiǒng / 目が炯々(けいけい)と輝く. ❷ 見識. 眼光. 回 眼光 yǎnguāng
【目光短浅】mù guāng duǎn qiǎn 成 先見の明がない. 視野が狭い.
【目光如豆】mù guāng rú dòu 成 視野が狭い. 見識が浅い.
【目光如炬】mù guāng rú jù 成 視野が広い. 見識が深い.
【目击】mùjī 動 目撃する. ¶～者 / 目撃者. 回 目睹 mùdǔ
【目见】mùjiàn 動 目の当たりにする. ¶耳闻为虚 xū,

～为实 / 百聞は一見にしかず.
【目今】mùjīn 名 現在. 今. ¶～正是大忙季节 / 今はまさに大忙しのシーズンだ.
【目镜】mùjìng 名 接眼レンズ. 回 接 jiē 目镜
【目空一切】mù kōng yī qiè 成 眼中に何もない. ひどく高慢だ.
【目力】mùlì 名 文 ❶ 視力. ¶～表 / 視力検査表. ¶测试～/ 視力をはかる. ❷ 眼力. 回 眼力 yǎnlì
【目莲】Mù Lián〈人名〉目蓮(もくれん). 旧劇中の登場人物. 仏教の信心にあつく, 地獄に落ちた母を仏にすがって救い出す.
【目录】mùlù 名 ❶ 目録. ¶图书～/ 图书目録. ¶查～/ 目録を調べる. ¶～学 / 目録学. ❷ 見出し. 目次.
【目论】mùlùn 名 文 浅薄な見解. 身の程知らず.
【目迷五色】mù mí wǔ sè 成 色彩が複雑で目がくらむ. 事物が錯綜していて見分けがつかない. 由来『老子』に見えることばから.
*【目前】mùqián 名 目下. 現在. ¶～形势 / 目下の情勢. ¶到～为止 / 現在まで. 反 先前 xiānqián, 以后 yǐhòu
【目送】mùsòng 動 目で見送る.
【目无法纪】mù wú fǎ jì 成 法や秩序を無視する. 傍若無人だ. ¶～的行为 / 法を無視した行為.
【目无全牛】mù wú quán niú 成 技芸が非常に熟練している. 回 目牛无全 由来『莊子』養生主篇に見えることば.「ウシを解体するとき, 初心者はウシ全体を見るが, 熟練すると刃物を入れる皮と骨の間だけを見てウシ全体は見なくなる」との意から.
【目无余子】mù wú yú zǐ 成 眼中に人なし. 傍若無人なようす.
【目下】mùxià 名 目下. 現在. ¶～我还不能作出明确的回答 / 今のところまだはっきりした答えは出せない. 回 目前 mùqián
【目眩】mùxuàn 動 目がくらむ. ¶头晕 yūn～/ 頭がくらくらし, 目がくらむ.
【目语】mùyǔ 動 文 目で意志を伝える. 目くばせする.
【目中无人】mù zhōng wú rén 成 眼中に人なし. 傲慢で他人を見下すよう. ¶这小子～/ この若造は人を見下している.

仫 mù 亻部 3 四 2223₂ 全 5 画 通用

下記熟語を参照.
【仫佬族】Mùlǎozú 名〖民族〗ムーラオ族. 少数民族の一つ. 主に広西チワン族自治区に居住する.

牟 mù 厶部 4 四 2350₀ 全 6 画 通用

素 地名用字. ¶～平 Mùpíng（山東省にある県の名）.
☞ 牟 móu

沐 mù 氵部 4 四 3419₀ 全 7 画 次常用

❶ 素 髪を洗う. ¶栉 zhì 风～雨（成 風で髪をとかし, 雨で頭を洗う. 奔走して苦労をかさねるようす）/ ～浴 mù-yù. ❷（Mù）姓.
【沐猴而冠】mù hóu ér guàn 成 貌 外見はりっぱでも, 内実が伴わない. 注意 "冠 guàn"を "guān"と発音しない. 由来「サルが冠をかぶる」の意から.
【沐浴】mùyù 動 ❶ 文 入浴する. ¶焚香 fénxiāng ～/ 香をたき, 沐浴する. ❷〈独特の雰囲気に〉ひたる. ❸〈日ざしなどを〉受ける.

苜 mù ⺿部5 全8画 [四] 4460₀ [通用]

下記熟語を参照.

【苜蓿】mùxu 名《植物》〔棵 kē〕ムラサキウマゴヤシ. アルファルファ. 🔁 紫花苜蓿 zǐhuāmùxu [参考]漢の武帝の時代に, 張騫(ｷﾝ)が西域から持ち帰ったとされ, 良質の牧草や緑肥になる.

苜 蓿

牧 mù 牛部4 全8画 [四] 2854₀ [常用]

❶ 动 家畜を放牧する. ¶~羊 mùyáng (ヒツジを放牧する) / ~童 mùtóng / ~场 mùchǎng / ~畜业 mùxùyè (牧畜業) / 游~ yóumù (遊牧する) / ~师 mùshī. ❷ (Mù)姓.

【牧草】mùcǎo 名 牧草.
【牧场】mùchǎng 名 ❶ 〔片 piàn, 座 zuò〕牧場. 🔁 牧地 mùdì ❷ 牧畜業者.
【牧笛】mùdí 名 牧笛. また, その音.
【牧放】mùfàng 动 放牧する. 🔁 放牧 fàngmù
【牧歌】mùgē 名〔首 shǒu〕牧歌. パストラル.
【牧工】mùgōng 名 雇いの牧夫.
【牧马人】mùmǎrén 名 馬を放牧する人. 牧人.
【牧民】mùmín 名 牧畜民.
【牧区】mùqū 名 ❶ 放牧区域. ❷ 牧畜業を行う地域.
【牧人】mùrén 名 牧人. 牧者.
【牧师】mùshī 名〔个 ge, 名 míng, 位 wèi〕(プロテスタントの)牧師.
【牧童】mùtóng 名 牧童.
【牧畜】mùxù 名 牧畜. 畜産.
【牧羊人】mùyángrén 名 ヒツジ飼い.
【牧业】mùyè 名 牧畜業. 畜産業. 🔁 畜牧业 xùmùyè
【牧主】mùzhǔ 名 牧場主.

钼(鉬) mù 钅部5 全10画 [八] 8670₀ [通用]

名《化学》モリブデン. Mo.

募 mù ⺿部9 全12画 [四] 4442₇ [次常用]

素 広く集める. 募(ﾂﾉ)る. ¶~捐 mùjuān / ~了一笔款(寄付を一口集めた).

【募兵】mù//bīng 动 兵士を募集する.
【募股】mù//gǔ 动《経済》株式を募集する. 出資金を募る.
【募化】mùhuà 动 布施を請う. ¶四方~ / 四方を托鉢(ﾊﾂ)してまわる.
【募集】mùjí 动 広く募る. 募集する. ¶~资金 / 资金を広く集める.
【募捐】mù//juān 动 寄付を募る. ¶~赈灾 zhèn-zāi / 寄付を募って罹災者を救済する.

墓 mù ⺿部10 全13画 [四] 4410₄ [常用]

名 ❶ 〔個 ge, 座 zuò〕墓. ¶公~ gōngmù (共同墓地) / 烈士~ lièshìmù (烈士の墓) / ~碑 mùbēi / ~道 mùdào. ❷ (Mù)姓.
【墓碑】mùbēi 名〔块 kuài, 座 zuò〕墓碑. 墓石.
【墓表】mùbiǎo 名 ❶ 墓碑. ❷ ①に刻まれた死者の生前の事跡.
【墓产经济】mùchǎn jīngjì 名 墓地や葬儀などを扱う業界や産業.
【墓道】mùdào 名 墓地や墓室の参道.
【墓地】mùdì 名〔处 chù, 块 kuài, 片 piàn〕墓地. 墓場. 🔁 坟地 féndì
【墓奴】mùnú 名 葬儀代や墓地代がかさみ, 経済的に圧迫されている人.
【墓室】mùshì 名 墓室. 🔁 墓穴 xué
【墓穴】mùxué 名 墓穴.
【墓葬】mùzàng 名《考古学上の》墓. 古墳.
【墓志】mùzhì 名 墓誌銘. 🔁 墓志铭 míng [参考]墓に上下二層の石版をかぶせ, 上を"盖"といい, 下を"底"という. "盖"には墓主の官や名を書き, "底"には銘(その人の事蹟)を誌す.
【墓志铭】mùzhìmíng 名〔個 ge, 篇 piān, 首 shǒu〕墓誌銘. [参考]"志"は散文, "铭"は韻文(句)を用いて書く.

幕 mù ⺿部10 全13画 [四] 4422₇ [常用]

❶ 素 とばり. 天幕. テント. ¶帐~ zhàngmù (天幕) / 夜~ yèmù (夜のとばり). ❷ 名 幕. 緞帳 (ﾄﾞﾝﾁｮｳ). ¶银~ yínmù (映画のスクリーン) / 开~ kāimù (開幕する). ❸ 素 古代, 戦時に将軍が作戦指揮をとった本営. ¶~府 mùfǔ. ❹ 量 芝居やオペラのひとくぎりを数えることば. ¶独一剧 dúmùjù (一幕ものの劇や芝居) / 第一~ (第1幕). ❺ (Mù)姓.
【幕布】mùbù 名〔块 kuài〕幕. 緞帳(ﾄﾞﾝﾁｮｳ).
【幕府】mùfǔ 名 ❶ 古代の戦時の本営. ❷ 幕僚. 参謀. ❸《日本の》幕府.
【幕后】mùhòu 名 舞台裏. ¶~交易 / 裏取引.
【幕僚】mùliáo 名 幕僚.

睦 mù 目部8 全13画 [四] 6401₄ [次常用]

❶ 素 むつまじい. 親しい. ¶~邻 mùlín. ❷ (Mù)姓.
【睦邻】mùlín 动 隣家や隣国と仲よくする. ¶~友好关系 / 善隣友好関係.

慕 mù ⺗部11 全14画 [四] 4433₈ [常用]

❶ 动 あこがれる. 仰ぎ慕う. ¶~名 mùmíng / 羨~ xiànmù (うらやむ). ❷ 素 なつかしく思う. ¶思~ sīmù (なつかしく思う). ❸ (Mù)姓.
【慕名】mù//míng 动 名を慕う. ¶~而来 / 名を慕ってやってくる.
【慕尼黑】Mùníhēi《地名》ミュンヘン(ドイツ).
【慕容】Mùróng 名《複姓》慕容(ﾎﾞｳ).

暮 mù ⺿部11 全14画 [四] 4460₈ [常用]

素 ❶ 夕暮れ. たそがれ. ¶朝~ zhāomù (朝夕) / ~色 mùsè. ⇔ 朝 zhāo, 晨 chén ❷ おそい. 終わりが近い. ¶~春 mùchūn / ~年 mùnián / 岁~ suìmù (年の暮れ). 🔁 晚 wǎn
【暮霭】mù'ǎi 名 夕もや. ¶~沉沉 / 夕もやが深い.
【暮春】mùchūn 名 晩春. 旧暦の3月.

【暮鼓晨钟】mù gǔ chén zhōng 〈成〉人をさとらせる文章やことば. 同 晨钟暮鼓 由来 昔,寺で朝には鐘を打ち,夕方には太鼓を打って時刻を知らせたことから.
【暮年】mùnián 〈名〉〈文〉晚年. 老年. ¶～多病 / 年老いて病多し. 同 晚年 wǎnnián
【暮气】mùqì 〈名〉❶ 夕暮れの気配. ❷ 無気力. ¶～沉沉 / 精気が全くない. 反 朝气 zhāoqì
【暮秋】mùqiū 〈名〉秋の終わり. 旧暦の9月.
【暮色】mùsè 〈名〉暮色. 夕方の薄暗さ. ¶～苍茫 cāngmáng / 暮色蒼然たり.
【暮生儿】mùshengr 〈名〉父親の死後に生まれた子.
【暮岁】mùsuì 〈名〉❶ 年の暮れ. 旧暦の12月. ❷ 晚年. 老年.

穆 mù

禾部11 四 2692₂
全16画 次常用

❶〈形〉うやうやしい. ていねいで礼儀正しい. ¶静～ jìngmù（物静かでうやうやしい）/ 肃～ sùmù（おごそかでうやうやしい）. ❷〈形〉〈文〉温和だ. おだやかだ. ❸（Mù）姓.

【穆桂英】Mù Guìyīng《人名》穆桂英(ぼくぇぃ). 小说や芝居の「楊家将」に出てくる重要人物. 若い英雄的な女性の代表として知られる.
【穆罕默德】Mùhǎnmòdé《人名》ムハンマド. モハメット（570頃-632）. イスラム教の開祖.
【穆斯林】mùsīlín 〈名〉《宗教》ムスリム. イスラム教徒. ♦ Muslim

N

n ㄋ [n]

唔 ń
口部 7 四 6106₁
全10画 通用
感 "嗯 ńg"に同じ.
☞ 唔 ńg, wú

na ㄋㄚ [nA]

那 Nā
阝部 4 四 1752₇
全6画 常用
名 姓.
☞ 那 nà, nèi

南 nā
十部 7 四 4022₇
全9画 常用
下記熟語を参照.
☞ 南 nán

【南无】nāmó 《仏教》南無(な). 三宝への帰依をあらわすことば. 注意 "nánwú"と読まない.

拿(異)挐 ná
手部 6 四 8050₂
全10画 常用

I 動 ❶ 手に持つ. 手に取る. ¶ 我帮你~行李 / 荷物をお持ちしましょう. ¶ 你~着什么？ / 何を手にしているのですか. ¶ ~住了,别掉了 / 落とさないようにしっかり持って. ¶ 我~不了 liǎo 这么多东西 / こんなにたくさんの荷物は持ちきれない. ¶ 他怀里~出了一封信 / 彼はふところから手紙を取り出した.
❷ (それまであったところから自分の側に移すことを表わし)取る. もらう. ¶ 请~咖啡和红茶 / コーヒーと紅茶を下さい. ¶ 给我~条毯子吧 / 毛布を1枚下さい. ¶ 请你把那本书~给我看看 / その本を取って見せて下さい. ¶ 等一下,我这就给你 / ちょっと待って,すぐに取ってくるよ. ¶ 你要的书,我正好有,你来~吧 / 君のいる本,私がちょうど持っているから取りに来なさい. ¶ 劳驾,我来~房间钥匙,305号 / すみません,ルームキーください,305号室です. ¶ 我什么时候来~护照？ / パスポートはいつ取りに来ましょうか.
❸ 捕らえる. ¶ 狗~耗子 hàozi (,多管闲事) / 犬がねずみをつかまえる ("おせっかいをやく"に続く). ¶ 那个犯人马上叫警察~住了 / その犯人はすぐ警察に捕まった.
❹ (成績,給料,資格などを)得る. ¶ ~一学分 / 成績[単位]をとる. ¶ ~工资 / 給料をもらう. ¶ ~头奖 jiǎng / 一等賞をとる. ¶ 除了工资,每月还一到一些奖金 / 給料以外に毎月奨励金をもらう. ¶ 多少时间能~到驾照？ / どれぐらいで免許が取れるでしょうか.
❺ 掌握する. 支配する. ¶ ~权 náquán. ¶ 这样的工作我可~不起来 / このような仕事は私には手におえない. ¶ 把敌人的据点~下来了 / 敵の拠点を押さえた.
❻ 難癖をつけて人を困らせる. ¶ 他~了我一把 / 彼には参った. ¶ 我可没~过别人 / 私は人を困らせたことはない.
¶ 新鞋~脚 / 新しい靴が足をしめつけて痛い.
❼ 強い作用を加えて物を悪くする. ¶ 农药把这些秧苗 yāngmiáo ~蔫 niān 了 / 農薬のためにイネの苗がしおれてしまった. ¶ 碱 jiǎn 放多了,把馒头~黄了 / 重曹を入れすぎて,マントウが黄色くなってしまった. ¶ ~坏 / 壊してしまう.
❽ (金などを)出す. 支払う. ¶ ~钱 / 金を出す. ¶ "请您收下这钱" "不用了,上次是你~的钱" /「このお金をとってください」「いいですよ,この前はあなたが出してくれたから」

II 前 ❶ (道具などで)でもって. 同 用 yòng. ¶ ~放大镜看东西 / 虫眼鏡で物を見る. ¶ ~毛笔写字 / 毛筆で字を書く. ¶ 你不要~他们做榜样 / 彼らを手本にしてはいけない.
❷ …を. …に対して. 同 把 bǎ, 对 duì. ¶ 别~我开心 / からかわないでよ.
❸ (多く"拿~来看","拿~来说"などの形で) …についていうと. …の点からいうと. ⇨ 以 yǐ. ¶ 就~生产技术来讲,老李也算得上一把好手 / 生産技術から言うと,李さんは名人と言ってもかまわない. ¶ ~全校各班级情况来看,三乙班成绩最突出 / 全校各クラスの中で,3年B組が目立って成績が良い. ¶ ~今年摆去年比,雨水减少了一半 / 今年と去年を比べると,雨量は半分に減っている.

【拿办】nábàn 動 (犯罪者を)逮捕し法で裁く.
【拿不准】nábuzhǔn 動 決心がつかない. 明確な予想が出来ない. ¶ ~的事情别随便答应人家 / 確実でないことを安請け合いするな.
【拿大】ná//dà 動方 うぬぼれて偉そうな態度をとる. ¶ 他这个人太~ / 彼はひどいうぬぼれ屋だ.
【拿大顶】ná dàdǐng → 拿顶 nádǐng
【拿大头】ná dàtóu 慣 人をいいカモにする.
【拿顶】ná//dǐng 動 逆立ちする. 同 拿大顶 dàdǐng
【拿获】náhuò 動 (犯人を)捕らえる. ¶ ~逃犯被~了 / 手配中の犯人は捕まった. 同 捕获 bǔhuò
【拿架子】ná jiàzi 句 えらぶる. お高くとまる. ¶ 你还拿什么架子？ / 何をえらぶってるんだ. 同 摆 bǎi 架子
【拿…来说】ná…lái shuō …を例にあげると. …について言うと. ¶ 拿音乐来说,我比较喜欢西洋古典音乐 / 音楽については,私は西洋のクラシックが割に好きだ.
【拿摩温】námówēn → 那摩温 nàmówēn
【拿捏】nánie 動 ❶ 方 もじもじする. ❷ 意地悪く人を困らせる. 嫌がらせをする. ¶ 你别~我 / 私を困らせるんじゃない.
【拿破仑】Nápòlún 《人名》ナポレオン(1769-1821). フランスの軍人・政治家.
【拿腔拿调】ná qiāng ná diào 慣 もったいぶった口調で話す. 同 拿腔捏 niē [作 zuò]调
【拿腔作势】ná qiāng zuò shì 虚勢を張る. もったいぶる. ¶ 别~了,有话快说吧！ / もったいぶらないで,早く言えよ. 同 装 zhuāng 腔作势
【拿乔】ná//qiáo 動 もったいぶる. 同 拿糖 nátáng
【拿权】ná//quán 動 権力を握る. ¶ 他这个人喜欢~ / 彼は自分で取り仕切りたがる男だ.
【拿人】ná//rén 動 ❶ 人を捕まえる. ❷ 意地悪く人を

困らせる．脅迫する．¶别～了 / 脅かすなよ．❸ 人を引き付ける．

【拿事】ná//shì 動 責任を持ってさい配を振るう．¶ 我不是～的人,等主任回来后再说吧 / 私は決定できる立場にないので,主任が戻ってからにしましょう．

【拿手】náshǒu ❶ 形 長じている．得意な．¶ 弹钢琴他很～ / ピアノなら彼は非常にうまい．¶ ～好菜 / 得意料理．自慢の料理．❷ 名 成功する自信．確信．¶ 有～ / 自信がある．

【拿手好戏】ná shǒu hǎo xì 成 ❶ 十八番の芸．得意な出し物．❷ 得意技．

【拿糖】ná//táng 口 もったいぶる．偉ぶる．同 拿乔 náqiáo．

【拿问】náwèn 動 逮捕し取り調べる．

【拿下】ná//xià 奪う．手中に収める．

【拿印把儿】ná yìnbàr 句 権力を握る．¶ 他拿了印把儿后,好像变了个人似的 shìde / 彼は権力を握ってから,人が変わったようだ．同 拿印把子 yìnbàzi．

【拿主意】ná zhǔyi（方法や対策を）決める．¶ 事情很急,快～吧 / 急を要することだから,早く決めよう．

【拿住】názhù 動 ❶ 捕まえる．¶ ～两个歹徒 dǎitú / 悪人を二人捕まえた．❷ しっかり持つ．¶ 花瓶没～,打破了 / 花瓶をちゃんと持っていなかったので,割ってしまった．

镎（鎿）ná 钅部10 四 8875₂
全15画 通用
名《化学》ネプツニウム．Np.

哪 nǎ 口部6 四 6702₇
全9画 常用

Ⅰ代 ❶（"哪+（数）+量+名"の形で）どの．❷ 数詞"一"はふつう省略される．¶ ～个好 ? / どれがいいですか．¶ 您是～位 ? / どなた様ですか．¶ 他是～国人 / 彼はどこの国の人ですか．¶ 您要～种 ? / どれにいたしましょうか．¶ ～位老师教你们 ? / あなた方はどの先生から習っていますか．

❷（単独で）どれ．¶ 这里边～是你的 ? / この中でどれがあなたのですか．¶ ～是对,～是错,现在还说不准 / どれが正しくてどれが間違っているかは,今の段階では正確には言えない．

❸（不特定のものを指し）いずれかの．¶ 我～天带你去吧 / いつか連れて行ってあげるよ．

❹（任意の1つを指し）どれか．❷ 多く "哪…哪…"の連鎖文や "哪…也[都]"の形式で．¶ ～件干净穿～件 / きれいなのがあったらなんでもそれを着る．¶ ～种颜色都行 / 何色でもよい．

Ⅱ副（反語文に用い）どうして．¶ 我～知道 / 私が知っているはずないでしょ．¶ ～有这种事 ? / こんなことがあるわけないさ．

✍ 発音：後ろに量詞や数量詞を伴う場合は, "něi"と発音される．"něi"は"哪一 nǎ yī"に由来する．

☞ 哪 na, né, něi

【哪边】nǎbiān 代 どこ．どの辺．¶ 请问,～是东边 ? / あの,どちらが東ですか．参考 "něibiān"とも発音する．

【哪个】nǎge 代 ❶ どれ．¶ 他们是～学校的 ? / 彼らはどこの学校ですか．¶ 这两个任 rèn 你挑选,你要～ ? / この二つの中からお選びください,どちらがいいですか．❷ 方 誰．¶ ～在外面说话 ? / 誰が外で話しているのだろう．参考 "něige"とも発音する．

【哪会儿】nǎhuìr 代 ❶ いつ．いつ頃．¶ ～回到东京的 ? / 君はいつ東京に帰って来たのかい．同 哪会子 nǎ-huìzi ❷ いつ．いつでも．（広く不確定の時間を指す）．¶ 说不定～要下雨 / いつ雨が降るかわからない．同 哪会子 nǎhuizi 参考 "něihuìr"とも発音する．

*【哪里】nǎli 代 ❶ どこ．¶ 你住在～ ? / どちらにお住まいですか．¶ 你是～人 ? / ご出身はどちらですか．¶ ～不舒服 ? / どこが具合悪いのですか．❷ どこか．どこでも．¶ 我昨天～也没去,一直在家里 / 昨日はどこへも行かず,ずっと家にいた．❸ …であるものか．…であるはずがない．¶ 这点儿东西～吃得饱 ? / これっぽっちのもので腹がいっぱいになるわけないでしょう．❹ どういたしまして．¶ "你辛苦了 !" "～,这是应该的" / 「お疲れさまでしたね」「いいえ,当然のことですよ」同 哪里哪里

【哪门子】nǎménzi 代 方 なに（反語に用い,何の理由もないことをあらわす）．参考 "něiménzi"とも発音する．

【哪能】nǎnéng 副 どうして…できようか．できるわけがない．¶ 这事和我有关,我～不管呢 ? / これは私に関わる事だから,捨て置くわけにはいかない．

*【哪怕】nǎpà 連 たとえ…ても．¶ ～父母反对,我也要和他结婚 / たとえ両親が反対しても,私は彼と結婚する．表現 後に"都", "也", "还hái"などが呼応する．

*【哪儿】nǎr 代 ❶ どこ．¶ 你上～去 ? / どこへ行くのですか．❷ どうして…であるものか．¶ ～会想到事情会弄成这个样子呢 ? / こんな事態になろうと予想できようか．

*【哪些】nǎxiē 代 どれ．どれら．どの．どれとどれ．（複数のものをたずねる）¶ 你到过过～地方 ? / あなたはどこへ行きましたか．同 哪一些 nǎyìxiē 表現 時間をたずねる時,後には"天,年,日子,月份"がつくが"日,月,星期"はつかない．参考 "něixiē"とも発音する．

【哪样】nǎyàng（～儿）代 どんな．どのような．¶ ～儿颜色好 ? / どんな色がいいですか．❷ どんな…でも．¶ 你要～的就有～的 / あなたが欲しいものは何でもあります．参考 "něiyàng"とも発音する．

那 nà 阝部4 四 1752₇
全6画 常用

Ⅰ代 相対的に遠い物や人を指示する．あれ．それ．あの．その．反 这 zhè ❶ 名詞に直接つく場合と,後らに量詞や数量詞を伴う場合がある．¶ ～个人 / あの人．¶ ～两个人 / あのふたり．¶ ～本书 / あの本．¶ ～座楼 / あのビル．¶ ～时候 / あの頃．¶ ～地方 / あの場所．

❷ 単用される場合．¶ ～是谁 ? / あれは誰ですか．¶ ～不是我的 / それ私のものではない．

✍ 注意："那"はふつう単独では目的語になれない．その場合,少なくとも量詞を伴う必要がある．
✗ 我要那．
→ 我要那个（东西）/ 私はあれ（あの品物）がほしい．

✍ 発音：後ろに量詞や数量詞を伴う場合は "nèi"と発音することが多い．"nèi"は"那一 nà yī"に由来する．

Ⅱ接（前文を受けて）それでは．じゃぁ．同 那么 nàme ③ ¶ 你去,我不去了 / 君が行くなら,僕は行かないことにする．¶ 没事啦 ? ～你走吧 ! / 用はないの ? それなら帰りなさい．¶ 如果她不同意,～你怎么办呢 ? / もし彼女が賛成しなかったら,君はどうするの．

☞ 那 Nà, nèi

*【那边】nàbiān 代（～儿）そこ．その辺り．あそこ．あの辺り．¶ "你～情况怎么样 ?" "我这边一切正常" / 「そちらの様子はいかがですか」「こちらは異常ありません」¶ 看,～聚着很多人 / ほら,あそこに人がたくさん集まってるよ．参考 "nèibiān"とも発音する．

【那波利】Nàbōlì《地名》ナポリ(イタリア).
【那不勒斯】Nàbùlèsī《地名》ナポリ(イタリア).
【那程子】nàchéngzi 〈方〉あの頃. その頃. 参考 "nèichéngzi"とも発音する.
【那达慕】nàdámù 〈名〉《民族》ナーダム. 参考 モンゴル族の伝統的な祭り. 毎年夏に競馬・弓射・相撲などの競技や交易会を行う.

【那个】nàge 〈代〉❶ それ. その. あれ. あの. ¶我要～,不要这个 / あれが欲しいんです、これはいりません. ¶一问题很重要 / あの問題は重大だ. ❷ その物. そのこと. あれ. あのこと. ¶你要～干什么？ / そんな物を欲しがって何をするの. ❸ 〈口〉動詞・形容詞の前に置いて誇張をあらわす. ¶他～高兴啊,真没法形容 / 彼のあの喜びようといったら、たとえようもないほどだ. ❹ 〈口〉直接言うのが具合の悪いことの代わりに用いる. ¶你刚才的态度真有点儿～ / 君のさっきの態度はちょっとどうかと思うね. 参考 "nèige"とも発音する.
【那会儿】nàhuìr 〈代〉〈口〉あの時. その時. (過去又は未来のある時間を指す) ¶一正失恋,很痛苦 / あの時は失恋したばかりの頃で、つらかった. 同 那会子 nàhuìzi 参考 "nèihuìr"とも発音する.
【那里】nàli 〈代〉そこ. あそこ. …のところ. ¶一是香山 / あそこが香山です. ¶父母一我去说,你别担心 / 両親のところには私が話しに行くから、心配するな.

【那么[末]】nàme ❶ 〈代〉そんな. そのような. あんな. あのような. ¶既然～喜欢小明,你为什么不直接向她表白呢! / それほどミンさんが好きなら、どうして直接彼女に告白しないんだ. ❷ 〈代〉数量詞の前に置き、見積りと強調を示す. ¶有～三四人帮助, 这件事在今天就可以完成 / 3,4人ばかりで手伝えば、この仕事は今日中に終わるだろう. ❸ 〈接〉それなら. それでは. ¶～,今天会议就开到这儿吧 / それでは今日の会議はここにしましょう. 参考 "nàme"は、"nème"とも発音する. ③は前置に"如果"、"既然"などを用いることが多い. ⇨那样 nàyàng
【那么点儿】nàmediǎnr 〈代〉それっぽっち. たったそれだけの. ¶一不够,再多要一些 / そんなちょっぴじゃ足りません、もっと要ります. ¶就为～小事,值得生那么大的气吗？ / そんなささいなことにそんなに怒ることないだろう.
【那么些】nàmexiē 〈代〉そんなにたくさんの. あんなに多くの. ¶～客人,我一个人怎么招待得过来？ / そんなに大勢のお客様を私ひとりでおもてなしできましょうか.
【那么着】nàmezhe 〈代〉そんなうに. ああいうふうにする. (行動や方式を示す) ¶你不要～ / そんなやりかたをしてはいけない. ¶一看问题就好办了 / そんなふうに問題を考えればうまくいく.
【那摩温】nàmówēn 〈名〉〈旧〉上海で労働者の監督のこと. 同 拿摩温 námówēn ◆number one
【那儿】nàr 〈代〉❶ そこ. あそこ. 同 那里 nàli ❷ その時. あの時. ¶打～起,他就每天早上学习中文 / あれ以来、彼は毎朝中国語の勉強をしている. 用法 ②は、前置詞"打,从,由"の後に用いる.
【那时】nàshí 〈代〉その時. あの時. ¶～,我高兴得流下了眼泪 / あの時、私はうれしくて涙がでた.
【那些】nàxiē 〈代〉それら(の). あれら(の). ¶一姑娘在采茶 / あの娘たちは茶摘みをしている. 参考 "nèixiē"とも発音する.
【那样】nàyàng 〈代〉(～儿)そんな. そんなふうに. あんな. あんなふうに. ¶如果是～儿的话,问题就好解决了 / もしそういうことなら、話ははやい. 比較 "那样"は名詞・形容詞・動詞を修飾できると同時に補語にもなれるが、"那么"は

補語になることができない. たとえば"高兴得那样儿"とは言えるが、"高兴得那么"とは言えない. 参考 "nèiyàng"とも発音する.
【那阵儿】nàzhènr 〈代〉その時. あの時. 同 那阵子 ¶当初刚结婚～,租住郊区农民房 / 結婚当初は、郊外の農家を借りていた.

呐 nà 口部4 〈四〉6402₇ 全7画 〈次常用〉

下記熟語を参照.
【呐喊】nàhǎn 〈動〉〈文〉大声で叫ぶ. 大声をあげて応援する. ¶摇旗～ / 〈成〉旗を振り、ときの声を上げる.

纳(納) nà 纟部4 〈四〉2412₇ 全7画 〈常用〉

❶ 〈素〉中に入れる. ¶～入 nàrù / 出— chūnà (出納する). 〈口〉出 chū,吐 tǔ) 〈素〉受け入れる. ¶～降 nàxiáng / 采— cǎinà (採用する). ❸ 〈素〉享受する. ¶～凉 nàliáng / ～福 nàfú. ❹ 〈素〉税金などを納める. ¶～税 nàshuì / 交— jiǎonà (納める). 同 缴 jiǎo ❺ 〈動〉細かく縫う. 刺し縫いする. ¶～鞋底(布靴の底を刺し縫いする). ❻ 〈Nà〉姓.
【纳彩】nàcǎi 〈動〉(男性側が女性側に)結納を贈る.
【纳粹】Nàcuì 〈名〉ナチス. ナチ. ♦ Nazi
【纳粹主义】Nàcuì zhǔyì 〈名〉ナチズム.
【纳福】nàfú 〈動〉〈旧〉老後を安楽に暮らす.
【纳贡】nà//gòng 〈動〉(臣下が君主に)貢物をささげる. 同 进贡 jìn gòng
【纳罕】nàhǎn 〈動〉ひどくびっくりする. ¶见此情景,他很～ / このありさまを見て、彼は驚いた.
【纳贿】nàhuì 〈動〉❶ わいろを受ける. 同 受贿 shòuhuì ❷ わいろを贈る. 同 行贿 xínghuì
【纳谏】nàjiàn 〈動〉〈文〉(君主や目上の者が)諫言(かん)を聞き入れる.
【纳款】nàkuǎn 〈動〉❶ 〈文〉降服する. ❷ 金銭を納める.
【纳凉】nàliáng 〈動〉涼をとる. ¶～晚会 / 納涼の夕べ. 同 乘涼 chéngliáng
【纳闷】nà//mèn 〈動〉(～儿)いぶかしく思う. 納得がいかない. ¶这件事让他～了一个星期 / このことで彼は一週間悩み続けた.
【纳米】nàmǐ 〈量〉ナノメートル. 10億分の1メートル.
【纳米比亚】Nàmǐbǐyà 《国名》ナミビア.
【纳米材料】nàmǐ cáiliào 〈名〉ナノマテリアル. 参考 ナノ粒子・ナノ結晶・ナノ薄膜など、ナノレベルの超微粒子で組成された集合体.
【纳米技术】nàmǐ jìshù 〈名〉ナノテクノロジー.
【纳米科学】nàmǐ kēxué 〈名〉ナノサイエンス.
【纳妾】nà//qiè 〈動〉妾(しょう)をもつ.
【纳入】nàrù 〈動〉中に入れる. ¶～正轨 zhèngguǐ / 正規の軌道にのせる. ¶～预算 / 予算に入れる.
【纳税】nà//shuì 〈動〉税金を納める. 反 征税 zhēngshuì
【纳税人】nàshuìrén 〈名〉納税者.
【纳头】nàtóu 〈動〉(あいさつで)頭を下げる. 同 低 dī 头
【纳西族】Nàxīzú 〈名〉《民族》ナシ族. 中国少数民族の一つ. 雲南省北部から四川省南部にかけて居住する.
【纳降】nàxiáng 〈動〉敵の投降を受け入れる.
【纳新】nàxīn 〈動〉❶ 新しい空気を吸う. ¶吐故 gù～ / 〈成〉古きを捨て新しきを取り入れる. ❷ 新しい党員を入れる.

肭 nà 月部4 〈四〉7422₇ 全8画 〈通用〉

→腽肭 wànà

衲 nà
扌部4 全9画 四 3422₇ 通用
素 ❶継ぎはぎする．¶百〜衣 bǎinàyī（継ぎはぎだらけの服．僧衣）／百〜本 bǎinàběn（ひゃくとつぼん．いくつかの版本を集めて，一冊にまとめた書物）．同 纳 nà ❷ 僧衣．❸ 僧侶の自称．¶老〜 lǎonà（拙僧）．

钠（鈉）nà
钅部4 全9画 四 8472₇ 次常用
名《化学》ナトリウム．Na．¶〜钙玻璃 nàgài bōli（ソーダガラス）／硝酸〜 xiāosuānnà（硝酸ナトリウム）．

【钠灯】nàdēng 名 ナトリウム灯．

娜 nà
女部6 全9画 四 4742₇ 次常用
❶ 素 人名用字．女性に使う．❷（Nà）姓．
☞ 娜 nuó

捺 nà
扌部8 全11画 四 5409₁ 次常用
❶ 動 抑える．¶〜着性子 xìngzi（感情を抑える．こらえる）／按〜 ànnà（感情を抑える）．❷ 名（〜儿）右はらい（\）．漢字の筆画の一つ．

哪 na
口部6 全9画 四 6702₇ 常用
前の一字が "n" で終わるときに助詞"啊 a"の発音が変化したもの．¶谢谢您〜（ありがとうございます）．
☞ 哪 nǎ, né, něi

nai ㄋㄞ〔nae〕

乃（廼、迺）nǎi
丿部1 全2画 四 1722₇ 常用
❶ 代 文 汝（˙ㄖ）．汝の．¶〜父 nǎifù（汝の父）／〜兄 nǎixiōng（汝の兄）．❷ 副 文 そこで初めて．¶今〜知之（今初めてこれを知った）．❸ 副 文 ついに．なんと．¶〜至如此（ついにここに至った）．❹ 副 文 すなわち．¶失败〜成功之母（失敗はすなわち成功の母だ）．❺（Nǎi）姓．

【乃尔】nǎi'ěr 代 文 このように．このようである．同 如此 rúcǐ
【乃是】nǎishì 動 文 すなわち…だ．同 乃 nǎi
【乃至】nǎizhì 接 文 ひいては．さらには．¶这项技术在国内〜在国际上也是最先进的／この技術は国内の，ひいては世界の最先端をいくものだ．同 乃至于 yú

芿 nǎi
艹部2 全5画 四 4422₇ 通用
→芋芿 yùnǎi

奶（嬭、嬭）nǎi
女部2 全5画 四 4742₇ 常用
❶ 名 乳房．¶〜头 nǎitóu．❷ 名 乳．ミルク．¶〜茶 nǎichá／〜油 nǎiyóu／牛〜 niúnǎi（牛乳）／酸〜 suānnǎi（ヨーグルト）．❸ 動 乳を飲ませる．¶〜孩子（子供に乳を飲ませる）．

【奶茶】nǎichá 名 ❶ ミルク茶．❷ ミルクティー．同 牛奶红茶 niúnǎi hóngchá 参考 ❶は，茶の葉を蒸して固めた"砖茶 zhuānchá"をヤギなどの乳に削り入れ，煮出したお茶．モンゴル族などの遊牧民が好んで飲む．
【奶疮】nǎichuāng 名 乳腺炎の通称．
【奶粉】nǎifěn 名〔袋 dài〕粉ミルク．
【奶糕】nǎigāo 名 米の粉や砂糖などでつくった乳児の食品．
【奶积】nǎijī 名《中医》乳児の（母乳やミルクの）消化不良．
【奶酒】nǎijiǔ 名 ウシ・ウマ・ヒツジなどの乳を発酵させてつくる酒．同 奶子酒 nǎizijiǔ
【奶酪】nǎilào 名〔块 kuài, 片 piàn〕チーズ．ヨーグルト．
【奶妈】nǎimā 名〔个 ge, 位 wèi〕乳母．
【奶毛】nǎimáo 名（〜儿）生まれたばかりの赤ん坊の髪の毛．
【奶名】nǎimíng 名（〜儿）幼名．¶他〜叫阿宝／彼の幼名は阿宝といった．同 小名 xiǎomíng
*【奶奶】nǎinai 名 ❶ 父方の祖母．同 祖母 zǔmǔ ❷ 同 祖母と同年代の女性に対する呼称．おばあさん．❸ 方 若奥さん．同 少 shào 奶奶
【奶娘】nǎiniáng 名 乳母．同 奶妈 nǎimā
【奶牛】nǎiniú 名〔头 tóu〕乳牛．同 乳牛 rǔniú
【奶皮】nǎipí 名（〜儿）ウシやヤギなどの乳を温めたときに表面にできる膜．
【奶品】nǎipǐn 名 乳製品．
【奶瓶】nǎipíng 名 哺乳瓶（ほにゅう）．
【奶声奶气】nǎishēng nǎiqì 成（〜的）（子供のような）甘え声だ．甘ったれた話しぶりだ．
【奶水】nǎishuǐ 名 乳．同 乳汁 rǔzhī
【奶糖】nǎitáng 名〔块 kuài〕トフィー．キャラメル．
【奶头】nǎitóu 名（〜儿）❶ 乳首．乳头 rǔtóu ❷ 哺乳瓶，乳嘴 nǎizuǐ
【奶牙】nǎiyá 名〔颗 kē〕乳歯．同 乳齿 rǔchǐ
【奶羊】nǎiyáng 名 乳を搾るためのヒツジ．
【奶油】nǎiyóu 名 ❶ 食用のクリーム．❷ バター．¶〜蛋糕／ショートケーキ．同 黄油 huángyóu
【奶油色】nǎiyóusè 名 乳白色．クリーム色．
【奶罩】nǎizhào 名 ブラジャー．同 乳罩 rǔzhào
【奶汁】nǎizhī 名 乳汁．
【奶子】nǎizi 名 ❶ 同 ミルク．❷ 方 乳房．同 乳房 rǔfáng ❸ 方 乳母．同 奶妈 nǎimā
【奶嘴】nǎizuǐ 名（〜儿）哺乳瓶（ほにゅう）の乳首．

氖 nǎi
气部2 全6画 四 8021₇ 通用
名《化学》ネオン．Ne．¶〜灯 nǎidēng／〜管 nǎiguǎn（ネオン管）．同 氖气 nǎiqì
【氖灯】nǎidēng 名 ネオン灯．同 霓虹灯 níhóngdēng

奈 nài
大部5 全8画 四 4090₁ 次常用
素 どのように．¶〜何 nàihé／无〜 wúnài（いかんともしがたい）／怎〜 zěnnài（いかんともしがたい）．

【奈比多】Nàibǐduō 地名 ネーピードー（ミャンマー）．
【奈何】nài/hé ❶ 同 / 文 どうにかする．¶无可〜／无〜 wúnài（どうしようもない．¶〜不得／どうしようもない）．❷ 代（反語）でなぜ．❸ 動（間に代詞を置いて）…をどのようにするか．¶你奈他何？／あなたは彼をどうするつもりなのだ．¶这种病就目前的医疗水平无奈它何／この病気は現在の医療ではどうすることもできない．用法 ❶は，反語に用いて，うまい手だてがないことをあらわす．

佴 Nài
亻部6 全8画 四 2124₀ 通用
名 姓．
☞ 佴 èr

奈 nài

木部5 全9画 四 4090₁ 通用

下記熟語を参照.

【奈子】nàizi 名 リンゴの一種. 回 花红 huāhóng, 沙果儿 shāguǒr

耐 nài

而部3 全9画 四 1420₀ 常用

動 耐える. もちこたえる. ¶～劳 nàiláo / ～用 nàiyòng / 忍～ rěnnài (耐える).

【耐穿】nàichuān 形 (衣服や履物が)丈夫で長持ちする. ¶这种袜子不太～ / この手の靴下はあまり丈夫でない.

【耐烦】nàifán 動 めんどうや煩わしさに耐える. ¶听他的话已经听得不～了 / 彼の話はもう聞き飽きた. 用法 多く "不耐烦" と否定で用いる.

【耐寒】nàihán ❶ 動 寒さに耐える. ❷ 形 寒さに強い. ¶这种小麦品种很～ / この種の小麦はとても寒さに強い.

【耐火】 ❶ nàihuǒ 形 耐火の. 燃えにくい. ¶～砖 zhuān / 耐火れんが. ❷ nài//huǒ 動 火に耐える. ¶这种建筑材料耐不耐火？/ この建築資材は耐火性か.

【耐火材料】nàihuǒ cáiliào 名 耐火材料.

【耐久】nàijiǔ 形 長持ちする. ¶～力 / 耐久力. ¶这种建筑材料坚固～ / この建材は丈夫で長持ちだ.

【耐看】nàikàn 形 (景色や芸術作品が)見飽きない.

【耐苦】nàikǔ 動 苦しみや困難に耐える.

【耐劳】nài/láo 動 労苦に耐える. ¶吃苦～ / 苦労を耐え忍ぶ.

【耐力】nàilì 名 耐久力. スタミナ.

【耐磨】nàimó 形 磨耗に強い.

【耐热】nàirè 形 熱に強い. ¶～合金 / 耐熱合金.

【耐人寻味】nài rén xún wèi 成 (文章やことばに)含蓄があり, 味わいがある.

【耐受】nàishòu 動 耐える.

【耐酸】nàisuān 形 酸に強い.

*【耐心】nàixīn 形 辛抱強い. ¶学习外语要～, 不能急躁 jízào / 外国語の勉強は根気が大切で, あせりは禁物だ. 回 耐烦 nàifán 反 急躁 jízào

【耐性】nàixìng 名 我慢強い性格. ¶这件事很复杂, 没有～可处理不好 / この件は複雑なので, 我慢強くないとうまく処理できない.

【耐药性】nàiyàoxìng 名 薬物に強い特性. 回 抗kàng 药性

*【耐用】nàiyòng 形 耐久性があり, 長持ちのする. 丈夫だ. ¶既美观又～的瓷砖 cízhuān / 見た目もよく長持ちするタイル.

萘 nài

艹部8 全11画 四 4490₁ 通用

名 ❶《化学》ナフタリン. ◆naphthalene ❷(Nài)姓.

鼐 nài

鼎部2 全14画 四 1722₇

名 文 大きな鼎(ŏnɡ).

nan ㄋㄢ [nan]

囝 nān

囗部3 全6画 四 6040₄ 通用

名 方 子供. ¶小～ xiǎonān (子供) / 男小～ nánxiǎonān (男の子) / 女小～ nǚxiǎonān (女の子) / ～～ nānnān. 表現 "囝" のみでは女の子を言うことが多い.

【囝囝】nānnān 名 方 子供に対する親しい呼び方. ¶给～一个鸡蛋 / いい子ちゃんに卵を一つあげましょうね. 回 小孩子 xiǎoháizi

囡 nān

囗部3 全6画 四 6040₇ 通用

名 "囝 nān" に同じ.
☞ 囝 jiǎn

男 nán

田部2 全7画 四 6042₇

❶ 名 男性(の). ¶～子汉 nánzǐhàn. 反 女 nǚ ❷ 名 息子. ¶长～ zhǎngnán (長男). ❸ 名 古代5つ(公・侯・伯・子・男)に分かれた爵位の第5位. ¶～爵 nánjué (男爵). ❹ (Nán)姓.

【男傧相】nánbīnxiàng 名 伝統的な結婚式における, 新郎の介添人. 回 伴郎 bànláng 反 女 nǚ 傧相

【男厕(所)】náncè(-suǒ) 名 男性用トイレ.

【男单】nándān 名《スポーツ》"男子单打"(男子シングルス)の略称.

【男盗女娼】nán dào nǚ chāng 成 男も女ももろくでなしばかりだ.

【男低音】nándīyīn 名《音楽》バス. バス歌手.

【男丁】nándīng 名 成年男子.

【男儿】nán'ér 名 ひとかどの男. ¶好～ / 好漢. ¶～志在四方 / 男たるもの天下に志あり. 回 男子汉 nánzǐhàn

【男方】nánfāng 名 男性側. 新郎側. 反 女方 nǚfāng

【男高音】nángāoyīn 名《音楽》テノール. テノール歌手.

【男工】nángōng 名 男性の労働者.

【男孩】nánhái 名 (～儿, ～子) 男の子. 反 女孩 nǚhái 表現 "男孩" "女孩" ともに, 小さな子から青年までをさす.

【男婚女嫁】nán hūn nǚ jià 成 男は妻を娶り, 女は嫁に行く. 人生における大事をいう. 由来 『后漢書』向長伝のことばから.

【男家】nánjiā 名 新郎または夫の実家.

【男角】nánjué 名 男性俳優.

【男爵】nánjué 名 男爵.

【男科】nánkē 名《医学》男性特有の疾病を治療する医学. また, その診療科.

【男篮】nánlán 名《スポーツ》"男子篮球"(男子バスケットボール)の略称.

【男男女女】nánnánnǚnǚ 名 おおぜいの男女.

【男女】nánnǚ 名 ❶〔動 对 duì, 群 qún〕男性と女性. ¶不论～, 都可报名参加 / 男女を問わず, 参加申し込みできる. ❷ 方 息子と娘. ❸ 性生活. セックス. ¶饮食～ / 飲食とセックス.

【男女老少】nánnǚlǎoshào 名 老若男女. 注意 "少 shào" を "shǎo" と発音しない.

【男排】nánpái 名《スポーツ》"男子排球"(男子バレーボール)の略称.

【男朋友】nánpéngyǒu 名 ボーイフレンド. 男の恋人.

*【男人】❶ nánrén 名 成人男性. ❷ nánren 名 口 夫. 回 丈夫 zhàngfu

【男生】nánshēng 名〔名 míng, 位 wèi〕男子学生. 反 女生 nǚshēng

【男声】nánshēng 名《音楽》男声.

【男士】nánshì 名 (成年の)男性に対する尊称.

【男双】nánshuāng [名]《スポーツ》"男子双打"(男子ダブルス)の略称.
【男童】nántóng [名] 男の子.
【男相】nánxiàng [名](女性の)男っぽい顔つき.
【男性】nánxìng [名] 男性. [反] 女性 nǚxìng
【男中音】nánzhōngyīn [名]《音楽》バリトン. バリトン歌手.
【男装】nánzhuāng [名] ❶ 紳士服. 男性用の衣服. ❷ 男装.
【男子】nánzǐ [名]〔[量] 个 ge,名 míng,位 wèi〕男の人.
【男子汉】nánzǐhàn [名] [褒]〔[量] 个 ge,名 míng,位 wèi〕いっぱしの男. ¶不像个～ / 男らしくない. [表現] 男性のたくましさを強調した言い方.

南 nán
十部 7 [四] 4022₇
全 9 画 [常用]

❶ [方] 南. ¶～北 nánběi / ～方 nánfāng / 江～ Jiāngnán (江南) / 指～针 zhǐnánzhēn (羅針盤). [反] 北 běi ❷ (Nán)姓.
☞ 南 nā

【南半球】nánbànqiú [名] 南半球.
【南北】nánběi [方] ❶ 南と北. ❷ 南から北まで(の距離). ¶这条路,～两里多 / この道は南北に1キロあまりの長さだ.
【南北朝】Nán-Běicháo [名]《歴史》南北朝. 5-6世紀,漢民族の南朝と鮮卑族を中心とした北朝とが対立した時代. 589年に隋により統一された.
**【南边】nánbiān ❶ [方](～儿)南. 南側. ❷ [名] [口] 中国の南部. [同] 南方 nánfāng
*【南部】nánbù [名] 南部.
【南昌】Nánchāng《地名》南昌(なんしょう). 江西省の省都.
【南昌起义】Nánchāng qǐyì [名]《歴史》南昌蜂起. 1927年8月1日,周恩来・賀竜・葉挺・朱徳などが率いて中国共産党が江西省南昌で行った武装蜂起. [同] 八一 Bā-Yī 南昌起义
【南朝】Náncháo [名]《歴史》南朝. [参考] 南北朝時代に,江南地方を支配した宋・斉・梁・陳の四王朝(420-589)の総称.
*【南方】nánfāng ❶ [方] 南. ❷ [名] 中国の南部. ¶你是～人吗？/ あなたは南方の出身ですか. [表現] ②は,長江流域及び長江以南の地域.
【南方古猿】nánfāng gǔyuán [名] アウストラロピテクス. 猿人.
【南非】Nánfēi《国名》南アフリカ.
【南风】nánfēng [名] 南風.
【南宫】Nángōng ❶《地名》南宮(なんきゅう). 河北省南部の市. ❷《複姓》南宮.
【南瓜】nánguā [名]《植物》カボチャ. ¶～子 / カボチャの種. [同] 倭瓜 wōguā,老倭瓜 lǎowōguā,北瓜 běiguā,番瓜 fānguā
【南管】nánguǎn [名]《音楽》福建地方の伝統的な合奏音楽. 歌詞を伴う場合もある. [同] 南音
【南国】nánguó [名] [文] 中国の南方地区の総称.
【南海】Nánhǎi《地名》南シナ海.
【南胡】nánhú [名]《音楽》❶ 江南地方の伝統的な"胡琴 húqin". "二胡 èrhú"の前身. ❷ "二胡"のこと.
【南回归线】nánhuíguīxiàn [名] 南回帰線.
【南货】nánhuò [名] 南方地域特産の食品. [参考] 干しタケノコ,ハムなど.
【南极】nánjí [名] ❶ 南極. [反] 北极 běijí ❷ 磁石のS極. [反] 北极 běijí
【南极圈】nánjíquān [名] 南極圏.
【南极洲】Nánjízhōu《地名》南極州. 南極地方.
【南京】Nánjīng《地名》南京(なんきん). 江蘇省の省都.
【南京大屠杀】Nánjīng dàtúshā [名]《歴史》南京大虐殺.
【南京条约】Nánjīng tiáoyuē [名]《歴史》南京条約. 1842年にイギリスと清(しん)との間に締結された阿片戦争の講和条約.
【南柯一梦】nán kē yī mèng [成] はかない夢やぬか喜び. 南柯(なんか)の夢. [由来] 唐・李公佐「南柯太守伝」に見えることば. 淳于棼(じゅんうふん)は夢の中で大槐安国の南柯太守になり,富や栄華をきわめるが,夢からさめてみると,大槐安国とは,家の南側にある槐(えんじゅ)の木の下のアリの穴のことであったという故事から.
【南来北往】nán lái běi wǎng [成] 南北に行きかう. 往来が盛んだ.
【南岭】Nánlǐng《地名》南嶺(なんれい)山脈. [参考] 湖南省南部・江西省南部・広東省北部・広西チワン族自治区東北部にまたがる山地の総称.
【南美洲】Nán Měizhōu《地名》南アメリカ.
*【南面】nánmiàn ❶ [動] 南を向く. ❷ [動] 君主の位につく. ¶～为王 / 南面して王となる. ¶～称孤 gū / 南面して孤(王の自称)と称す. ❸ [方](～儿)南側. [由来] ②は,古代,南を向くものが高貴であるとされ,君主は南向きに座っていたことから.
【南明】Nán Míng [名]《歴史》明朝の滅亡後,明皇室の子孫が中国南方地区に打ち建てた地方諸国.
【南泥湾】Nánníwān《地名》南泥湾(なんでいわん). 陝西省延安市東南部にある重要史跡地区. [参考] かつては荒地であったが,1941－1944年に当時の八路軍(現在の人民解放軍)が開墾し,大面積の耕作地帯になった. 経済発展の先駆けの地と称される.
【南宁】Nánníng《地名》南寧(なんねい). 広西チワン族自治区の区都.
【南欧】Nán Ōu [名] 南ヨーロッパ. 南欧.
【南齐】Nán Qí [名]《歴史》南斉(なんせい:479-502). 南北朝時代の南朝の一つ.
【南腔北调】nán qiāng běi diào [成] 各地の方言が混ざっている. ことばがなまっている.
【南曲】nánqǔ [名] ❶《芸能》宋から明にかけて流行した南方の曲調の総称. 南曲. ❷《文学》南曲を用いた戯曲.
【南拳】nánquán [名]《武術》南拳. 中国南方地区に伝わる拳法の一つ.
【南式】nánshì [形] 南方風の. ¶～盆景 pénjǐng / 南方式の盆栽. ¶～糕点 / 南方風の菓子. [表現] 北京一帯で,南方の手工芸品や食品のスタイルや製法についていう.
【南水北调】nán shuǐ běi diào [名]「南の水資源を北に運ぶ」プロジェクト. 中国の国家大プロジェクトの一つ. [参考] 乾燥地帯である中国北部に,南部の豊かな水資源を送水する計画. 1950年代にすでに提起され,研究を重ねて,現在は徐々に工事が進行中.
【南斯拉夫】Nánsīlāfū《国名》ユーゴスラビア.
【南宋】Nán Sòng [名]《歴史》南宋(なんそう:1127-1279). [参考] 宋王朝(960-1279)のうち,1127年に都を江南地方に移して以降を指す.
【南唐】Nán Táng [名]《歴史》南唐(なんとう:937-975). 五代十国の一つ.
【南天门】nántiānmén [名] ❶ 伝説中の,天空にある門の一つ. ❷ 泰山・五台山・華山・雁蕩山・衡山などの山にある門の一つ. 多くが名所旧跡になっている.
【南通】Nántōng《地名》南通(なんつう). 江蘇省にある長江

北岸の都市.
【南纬】nánwěi 名 南緯. 赤道以南の緯度と緯線.
【南味】nánwèi 形 (〜儿) 南方風味の. ¶〜糕点／南方風味の菓子.
【南戏】nánxì 名《芸能》古代の地方劇の一つ. 南宋の初め頃, 浙江の温州一帯に興った. 同 戏文 wén
【南下】nánxià 動 南に行く. 南下する. 反 北上 běishàng 由来 中国では昔, 北へ行くことを"上"と言い, 南へ行くことを"下"と言ったことから.
【南巡】nánxún 動 (皇帝や政府首脳などが)南方を巡行し, 視察する.
【南亚】Nán Yà《地名》南アジア.
【南洋】Nányáng 名 ❶ 南洋諸島. ❷ 清朝末期, 江蘇・浙江・福建・広東などの沿海地域を指した.
【南音】nányīn 名 ❶《芸能》広東省の珠江デルタ地帯で歌い継がれている演芸. ❷ 福建省地域の古典音楽.
【南辕北辙】nán yuán běi zhé 成 行動と目的が反対である. 由来《戦国策》魏策四に見えることば. 南に行こうとして車の轅(ながえ)を南にしながら, 車を北へ走らせてしまった, という意から.
【南乐】nányuè 名 ❶《芸能》広東省の珠江デルタ地帯で歌い継がれている演芸. ❷ 福建省地域の古典音楽. 同 南音 yīn
【南粤】Nán Yuè 名 広東と広西の総称.
【南针】nánzhēn 名 "指南针"(方位磁石)の略. 表現 正しい方向性や指針の比喩として使われる.
【南征北战】nán zhēng běi zhàn 成 各地に転戦する.
【南竹】nánzhú 名《植物》モウソウチク. 同 毛竹 máozhú

难 (難) nán
又部 8　四 7041₅
全10画　常用

❶ 形 難しい. ¶〜过 nánguò ／〜说 nánshuō ／艰〜 jiānnán (苦難に満ちた). 反 易 yì ❷ 素 ほぼ不可能に. ¶〜免 nánmiǎn ／〜保 nánbǎo ／〜道 nándào. ❸ 動 困らせる. ¶〜为 nánwei. ❹ 形 感じが悪い. ¶〜看 nánkàn ／〜听 nàntīng ／〜吃 nánchī.
☞ 难 nàn

【难熬】nán'áo 形 (苦しい日々を)過しがたい. 耐えがたい. ¶〜的年月／耐えがたい年月.
【难办】nánbàn 形 処理しにくい. やりにくい. ¶这件事不〜／これはわけなく処理できる. ¶〜的事情／厄介なこと. 反 好办 hǎobàn
【难保】nánbǎo 形 保証しがたい. ¶不讲卫生, 〜不生病／清潔を心がけないと, 病気になりかねないよ. ¶这门课能否考及格, 这就〜了／この学科の試験に合格できるかどうか, 保証しかねる.
【难缠】nánchán 形 人がうるさくて扱いにくい. 手に負えない. ¶他是个一〜的家伙／彼は扱いにくいやつだ.
【难产】nánchǎn 動 ❶ 難産する. ❷ (著作や計画などが)なかなか完成しない. ¶看来那个计划要〜了／どうやらあの計画は達成が難しそうだ.
【难吃】nánchī 形 まずい. のどを通りにくい. ¶这药真〜／この薬は本当に飲みにくい.
【难处】① nánchǔ 形 つきあいにくい. ¶这个人很〜／この人はつきあいにくい. ❷ nánchu 名 困難なところ. ¶如果有〜, 就直说吧／何かやっかいなことがあったら, はっきり言てね.
【难当】nándāng ❶ 動 引き受けかねる. ❷ 形 堪えがたい.
【难倒】nán//dǎo 動 (問題などを起こして)困らせる.

*【难道】nándào 副 まさか…ではあるまい. ¶这〜还不明白吗？／まさかまだこれがわからないのではないでしょうね. ¶〜小李病了不成？／まさか李さんは病気ではあるまい. 同 难道说 shuō 用法 反語の語気を強調する. 多く文末に"吗 ma"か"不成 bùchéng"を置く.
【难得】nándé ❶ 形 得難い. ¶〜的好机会／めったにないチャンス. ¶这种草药很〜／この薬草は貴重だ. ❷ 副 めったに…ない. ¶〜见面, 好好儿聊聊／めったに会えないのだから, ゆっくり話をしよう.
【难点】nándiǎn 名 難点. 困難. ¶攻克 gōngkè 〜／難点を克服する.
【难度】nándù 名 作業や技術の難度. ¶〜大／難度が高い.
【难分难解】nán fēn nán jiě 成 ❶ なかなか勝負がつかない. ¶双方吵得〜／双方が激しく争って決着がつかない. ❷ 親密で離れられない. ¶他俩要好得〜／あの二人は引き裂くことができない仲だ. 同 难解难分
【难怪】nánguài ❶ 副 どうりで…だ. ¶他在英国留学两年学, 〜英语说得那么好／彼はイギリスに二年間留学していたから, 英語がうまいはずだ. 同 怪不得 guàibude ❷ 動 責められない. 無理もない. ¶这也〜, 她是女孩子嘛／まあ無理もない, 女の子なんだから.
【难关】nánguān 名〔動 道 dào〕難関. ¶突破〜／難関を突破する. ¶过得了这道〜吗？／この難関を越えられますか.
*【难过】nánguò 形 ❶ 生活が苦しい. ¶日子很〜／暮らし向きが苦しい. ❷ つらい. ¶心里很〜／悲しい. ¶事已如此, 别太〜了／こうなった以上, ひどく嘆き悲しまないように. 反 难受 nánshòu 反 高兴 gāoxìng
【难乎为继】nán hū wéi jì 成 続けていくことが難しい.
【难解难分】nán jiě nán fēn 成 "难分难解 nán fēn nán jiě"に同じ.
【难堪】nánkān ❶ 形 耐えがたい. ¶〜的话／耐えがたい話. ¶〜的处境／忍びがたい境遇. ❷ 動 困る. 令人〜／人に恥をかかせる. ¶感到〜／困りはてる. 同 尴尬 gāngà
*【难看】nánkàn 形 ❶ 醜い. 反 好看 hǎokàn ❷ 体裁が悪い. ❸ 表情や顔色がよくない. ¶脸色很〜／顔色がよくない.
【难免】nánmiǎn 形 避けがたい. ¶人总〜犯错误／人はどうしても間違いを犯すものだ.
【难耐】nánnài 形 耐えがたい.
【难能可贵】nán néng kě guì 成 なかなかできないことで, 尊敬に値する.
【难人】nánrén ❶ 動 人を困らせる. ¶你别故意〜／わざと人を困らせるな. ❷ 名 やりにくい仕事を担当する人. 憎まれ役. ¶这件事我决不叫你做〜／この件では私は決してあなたにやっかいな事をおしつけたりはしません.
【难色】nánsè 名 難色. ¶面有〜／難色を示す.
【难上难】nánshàngnán 句 難しい上にも難しい. 同 难上加 jiā 难
【难舍难分】nán shě nán fēn 成 離れがたい. 同 难分难解 jiě, 难解难分
【难事】nánshì 名〔件 jiàn, 桩 zhuāng〕難しい事柄.
*【难受】nánshòu 形 ❶ (体調が悪く)つらい. 苦しい. ¶肚子疼得很〜／腹が痛くてとてもつらい. 反 好受 hǎoshòu, 舒服 shūfu ❷ (精神的に)つらい. ¶我知道你心里很〜／君がつらいのはわかっている. 反 好受 hǎoshòu, 舒服 shūfu

nán

【难说】nánshuō 形 ❶ なんとも言えない. 明言できない. ¶谁对谁不对很～/誰が正しく誰が間違っているのか、はっきり言えない. ❷ 言いにくい. ¶没什么～的/言いにくいことなど何もない.

【难说话】nánshuōhuà（～儿）話がしにくい. とっつきにくい. ¶他父亲很～/彼の父親は声のかけにくい人だ.

【难题】nántí 名〔量 道 dào〕難題. ¶你不要给我出～了/私を困らせないでくれ.

【难听】nántīng 形 ❶ 音声が聞き苦しい. ¶这首歌真～/この歌はとても聞きづらい. 反 好听 hǎotīng ❷ ことばの内容が耳障りだ. ¶说话～/話が下品で聞くに耐えない. ❸ 人に聞かれると体裁が悪い. ¶这种事情说出去～/こんな事を口にするのはとても恥ずかしいことだ.

【难忘】nánwàng 形 忘れがたい. ¶～的岁月 suìyuè/忘れられない年月.

【难为情】nánwéiqíng 形 ❶ 恥ずかしい. ¶说这种话，你不觉得～吗？/こんなことを言って、君は恥ずかしくないのか. ❷ すまない. 申し訳ない.

【难为】nánwei ❶ 人を困らせる. ¶请你别～我了/どうか私を困らせないでください. ❷ 苦労をかける. 同 多亏 duōkuī ❸ 人が自分にしてくれたことに対して感謝をあらわすことば. ¶～您帮我做了这么多事/こんなにたくさんお手伝いしていただき恐縮です.

【难闻】nánwén 形 いやなにおいだ. ¶这种药味很～/この薬はひどいやなにおいがする.

【难兄难弟】nán xiōng nán dì 成 貶 お互いさま. ¶这一对～相互指责/この2人はどっちもどっちで、互いに非難し合っている. 由来『世説新語』徳行篇に見えることば. 兄弟がともに優れていて優劣がつけにくい、という意味から. 表現 現在では、逆に悪い点ではどちらも同じという意味で用いられることが多い. ☞ 难兄难弟 nàn xiōng nàn dì

【难言之隐】nán yán zhī yǐn 口に出しては言いにくい事柄.

【难以】nányǐ 動 …するのが難しい. ¶～相信/信じがたい. ¶他的心思真～捉摸 zhuōmō/彼の気持ちはつかみがたい.

【难以为继】nán yǐ wéi jì 成 続けていくことが難しい. 行き詰まる.

【难以言表】nán yǐ yán biǎo 句 ことばでは言い表せない.

【难以置信】nán yǐ zhì xìn 成 信じがたい.

【难于】nányú 動 …するのが難しい. ¶～开口/言い出しにくい. ¶～说服/説得しがたい.

【难于启齿】nán yú qǐ chǐ 成 口に出すのが難しい. 言いがたい.

【难住】nánzhù 動 困る. 困らせる. ¶老师被学生的提问～了/先生は生徒の質問に困りはててしまった.

【难字】nánzì 名 難字. 通常あまり使用しない難解な字.

喃 nán
口部9 四 64027 通用
全12画
下記熟語を参照.

【喃喃】nánnán 擬 ぶつぶつ. ひそひそ. 小声で話すよう
す. ¶～自语/ぶつぶつと独り言をいう.

楠 (㭴, 枏) nán
木部9 四 44927
全13画
下記熟語を参照.

【楠木】nánmù 名〈植物〉クスノキ.
【楠竹】nánzhú 名〈植物〉モウソウチク. 同 南 nán 竹，毛 máo 竹.

赧 nǎn
赤部4 四 47247
全11画 通用
釈 恥ずかしさで顔を赤らめる. ¶～颜 nǎnyán /～然 nǎnrán.

【赧然】nǎnrán 形 ❶ 恥ずかしそうなようす. ¶～一笑/恥ずかしさに笑いを浮かべる.
【赧颜】nǎnyán 動 文 顔を赤らめる. ¶～汗下/顔を赤らめて恥じ入る.

腩 nǎn
月部9 四 74227
全13画 通用
→牛腩 niúnǎn

蝻 nǎn
虫部9 四 54127
全15画
下記熟語を参照.

【蝻子】nǎnzi 名〈虫〉イナゴの幼虫. 同 蝗蝻 huángnǎn.

难 (難) nàn
又部8 四 70415
全10画 常用
釈 ❶ 災い. ¶～民 nànmín /～兄～弟/患～ huànnàn（危機や困難）/遇～ yùnàn（事故などで死ぬ）. ❷ 非難する. ¶非～ fēinàn（非難する）/责～ zénàn（指摘して非難する）/问～ wènnàn（論を戦わせる）.
☞ 难 nán

【难胞】nànbāo 名 自国の難民. 表現 多くは他国で迫害を受ける華僑を指す.
【难民】nànmín 名 難民. ¶～营 yíng /難民キャンプ.
【难侨】nànqiáo 名 外国で迫害されている華僑.
【难兄难弟】nàn xiōng nàn dì 成 苦難を共にした人. 共に困難な状況にいる人. ¶我俩是～/私たちは苦労をともにした仲だ. ☞ 难兄难弟 nán xiōng nán dì
【难友】nànyǒu 名〔量 个 ge, 位 wèi〕苦難を共にした人.

nang ㄋㄤ〔naŋ〕

囊 nāng
一部21 四 50732
全22画 常用
下記熟語を参照.
☞ 囊 náng

【囊揣】nāngchuài ❶ 形 虚弱だ. 軟弱だ. ❷ 名 "囊膪 nāngchuài"に同じ.
【囊膪】nāngchuài 名 豚の胸腹部の脂ののった柔らかい肉.

囔 nāng
口部22 四 65032
全25画 通用
下記熟語を参照.

【囔囔】nāngnang 動 ひそひそと話す.

囊 náng
一部21 四 50732
全22画 常用
❶ 名 袋. ¶胆～（胆のう）/探～取物（袋に手を入れて物を探り出すがごとく容易だ）. ❷ 動 袋につめる. ¶～括 nángkuò /～沙 nángshā（砂を袋につめる）.
☞ 囊 nāng

【囊虫】nángchóng 名 寄生虫. "绦虫 tāochóng"（サナダムシ）の幼虫.
【囊空如洗】náng kōng rú xǐ 成 お金がまったくない.

財布がすっからかんだ.

【囊括】nángkuò 動 すべてを含む. ¶我队~了这次乒乓球赛所有项目的冠军 / わがチームは今回の卓球大会の全種目で優勝した.

【囊生】nángshēng 名 (旧時のチベットの) 農奴. 奴隷. 同 朗 lǎng 生

【囊尾蚴】nángwěiyòu 名 囊虫(ちゅう). サナダムシの幼虫. 同 囊虫 chóng

【囊中物】nángzhōngwù 名 まったく簡単に手に入れられるもの. ¶他已是~, 逃不了 táobuliǎo 了 / 彼はもはや袋のねずみで, 逃げられない.

【囊肿】nángzhǒng 名《医学》〔⽚ 个 ge, 块 kuài〕囊腫(しゅ).

馕(饢) náng
饣部22 四 2573₂ 全25画 通用

名 ナン. 参考 小麦粉をこねて, かまどで焼いたもので, ウイグル族やカザフ族の主食.
☞ 馕 náng

曩 nǎng
日部17 四 6073₂ 全21画 通用

素 以前の. ¶~日 nǎngrì (昔日) / ~者 nǎngzhě (昔) / ~时 nǎngshí (かつて. 往時).

攮 nǎng
扌部22 四 5503₂ 全25画 通用

動 刃物で刺す. ¶~了一刀 (刃物でひと刺しした) / ~子 nǎngzi.

【攮子】nǎngzi 名〔⽚ 把 bǎ, 个 ge〕あいくち. 短刀.

馕(饢) nǎng
饣部22 四 2573₂ 全25画 通用

動方 食べ物を口につめこむ.
☞ 馕 náng

齉(齈) nàng
鼻部22 四 2523₂ 全36画 通用

形 鼻がつまって, 発音がはっきりしない. ¶鼻子发~ (鼻がつまる).

【齉鼻儿】nàngbír ❶ 形 鼻声だ. ¶你说话有点儿~ / 君ちょっと鼻声だね. ❷ 名 鼻声の人.

nao ㄋㄠ [nau]

孬 nāo
女部7 四 1044₇ 全10画 通用

方 ❶ 形 悪い. よくない. ¶~主意 nāozhǔyì (悪知恵). ¶坏 huài 好 hǎo 不分~ / 良いのと悪いのを分けない. ❷ 形 臆病だ. ¶这人太~ / (この人はひどく小心だ). ❸ 動 人をだます.

【孬种】nāozhǒng 名方 ❶ 臆病者. 意気地なし. ¶天生的~ / 根っからの臆病者. ❷〔⽚ 个 ge〕ばか者. 同 坏蛋 huàidàn

呶 náo
口部5 四 6704₀ 全8画 通用

下記熟語を参照.

【呶呶】náonáo 形文 話がくどいようす. ¶~不休 / くどくどしゃべりつづける.

挠(撓) náo
扌部6 四 5501₂ 全9画 常用

❶ 動 かく. ¶~头 náotóu / ~痒痒 yǎngyang (かゆい所をかく). ❷ 形 屈する. ¶一度 náodù (たわみ) / 百折不~ (反 何度挫折 ちょくもけくもけない) / 不屈不~ (反 不挠不屈. ぜったいへこたれない). ❸ 素 かき乱す. ¶阻 ~ zǔnáo (妨害する).

【挠钩】náogōu 名〔把 bǎ〕とび口. かぎ棒.

【挠头】náotóu ❶ 動 頭をかく. 焦ってじりじりする. ❷ やっかい事で悩む. ¶你是不是遇上了什么~的事? / 何か困った事でもあったのですか.

【挠秧】náoyāng 動 水田の雑草をとる.

硇(䃥, 硇) náo
石部6 四 1660₂ 全11画 通用

下記熟語を参照.

【硇砂】náoshā 名 天然の塩化アンモニウム. 痰を取り除く薬に用いられる.

【硇洲】Náozhōu《地名》広東省湛江市近海の島の名.

铙(鐃) náo
钅部6 四 8571₂ 全11画 通用

名 ❶《音楽》シンバルに似た銅製の打楽器. "钹 bó"より大きいもの. ❷ 古代, 軍隊で使われていた楽器. 鈴に似ているが舌はなく, たたいて鳴らす. ❸(Náo)姓.

【铙钹】náobó 名《音楽》鐃鈸(ちょうはつ). シンバルに似た銅製の打楽器. "铙"と"钹"の総称.

蛲(蟯) náo
虫部6 四 5511₂ 全12画 通用

下記熟語を参照.

【蛲虫】náochóng 名〔条 tiáo〕ギョウチュウ.

猱 náo
犭部9 四 4729₄ 全12画

名 古書に見えるサルの一種.

恼(惱) nǎo
忄部6 四 9007₂ 全9画 常用

❶ 動 怒る. ¶~恨 nǎohèn / ~火 nǎohuǒ / 气~ qìnǎo (怒る). ❷ 素 悩む. ¶~人 nǎorén / 烦~ fánnǎo (思い悩む) / 苦~ kǔnǎo (苦悩する) / 懊~ àonǎo (思い煩う).

【恼恨】nǎohèn 動 怒り恨む. ¶你别~她 / 彼女を恨まないでね.

【恼火】nǎohuǒ 形 腹が立つ. ¶发生这种事, 真~ / こんなことが起こって本当に腹が立つ.

【恼怒】nǎonù 動 怒る. ¶这件事使经理十分~ / この件は社長をひどく怒らせた. 反 嬉笑 xīxiào

【恼人】nǎorén 形 いらいらさせる.

【恼羞成怒】nǎo xiū chéng nù 恥ずかしさのあまり, かっとなる. 同 老 lǎo 羞成怒

脑(腦) nǎo
月部6 四 7027₂ 全10画 常用

❶ 名《生理》脳. ¶~袋 nǎodai / 大~ dànǎo (大脳). ❷ 思考や記憶などの能力. ¶~筋 nǎojīn / ~子 nǎozi / 电~ diànnǎo (コンピュータ). ❸ 素 形や色が脳に似ているもの. ❹ 素 エッセンス. ¶樟~ zhāngnǎo (樟脳ぬしょう) / 薄荷~ bòhenǎo (メントール).

【脑垂体】nǎochuítǐ 名《生理》脳下垂体. 同 垂体

*【脑袋】nǎodai 名 口 ❶〔⽚ 个 ge, 顆 kē〕頭. ❷ 頭の働き. 同 脑筋 nǎojīn

【脑袋瓜儿】nǎodaiguār 名 口 ❶ 頭. ❷ 頭の働き. ¶他~真灵 / 彼は本当に頭が切れる. 同 脑袋 表现 "脑袋瓜子"ともいう.

【脑电波】nǎodiànbō 名《医学》脳波. EEG.

【脑电图】nǎodiàntú 名《医学》脳波(を記録したもの).

【脑瓜儿】nǎoguār 名 口 頭. 同 脑瓜 表现 "脑瓜子"ともいう.

【脑海】nǎohǎi 名⊗頭．脳裏．¶他～里浮现出童年的往事／彼の脳裏に少年時代のできごとが浮かんだ．同 脑际 nǎojì
【脑积水】nǎojīshuǐ《医学》水頭症．脳水腫．
【脑脊液】nǎojǐyè 名《生理》脳脊髄(せき)液．
【脑际】nǎojì 名 脳裏．¶他和蔼 hé'ǎi 的面容又出现在我的～／彼の穏やかな顔が脳裏をよぎった．同 脑海 nǎohǎi
【脑浆】nǎojiāng《生理》脳漿(しょう)．
【脑筋】nǎojīn 名 ❶頭．頭脳．¶动～／頭をつかう．这孩子～好／この子は頭がよい． ❷意識．¶老～／古い考え．¶换～／頭を切り換える．
【脑壳】nǎoké 名〔方〕頭．
【脑库】nǎokù 名 頭脳集団．シンクタンク．
【脑力】nǎolì 名 記憶や理解，想像する力．¶～衰退／記憶力が衰える．反 体力 tǐlì
【脑力劳动】nǎolì láodòng 名 頭脳労働．精神労働．
【脑磷脂】nǎolínzhī 名《生理》脳リン脂質．ケファリン．
【脑瘤】nǎoliú 名《医学》脳腫瘍．
【脑颅】nǎolú 名《生理》頭蓋(がい)．
【脑满肠肥】nǎo mǎn cháng féi 成 働かず食べてばかりで太っているようす．
【脑门儿】nǎoménr 名⊕ひたい．おでこ．¶～胀痛 zhàngtòng／ひたいが腫れて痛む．表現"脑门子"ともいう．
【脑膜】nǎomó 名《生理》脳膜．
【脑膜炎】nǎomóyán 名《医学》脳脊髄膜炎の通称．脳膜炎．
【脑贫血】nǎopínxuè 名《医学》脳貧血．
【脑儿】nǎor 名《料理》❶食用にする動物の脳髄．❷（豆腐など）脳髄に似た食品．¶豆腐～／豆乳を少し固めた柔らかい豆腐．
【脑上体】nǎoshàngtǐ 名《生理》松果体．松果腺．
【脑勺子】nǎosháozi 名〔方〕後頭部．
【脑神经】nǎoshénjīng 名《生理》脳神経．
【脑室】nǎoshì 名《生理》脳室．
【脑死亡】nǎosǐwáng 名《医学》脳死．
【脑髓】nǎosuǐ 名《生理》脳髄．
【脑瘫】nǎotān 名《医学》脳性マヒ．
【脑下垂体】nǎoxiàchuítǐ 名《生理》脳下垂体．
【脑炎】nǎoyán 名《医学》脳炎．同 大脑炎 dànǎoyán
【脑溢血】nǎoyìxuè 名《医学》脳出血．脳溢血．
【脑震荡】nǎozhèndàng 名《医学》脳震盪(とう)．
【脑汁】nǎozhī 名 頭．脳力．¶绞 jiǎo 尽～／知恵を絞る．
*【脑子】nǎozi 名 ❶⊕脳．❷頭の働き．¶～好／頭がよい．¶没有～／頭が悪い．同 脑筋 nǎojīn

瑙 nǎo

王部9 四 1216₂ 全13画 通用

❶→玛瑙 mǎnǎo ❷音訳字．

【瑙鲁】Nǎolǔ《国名》ナウル．

闹(鬧) nào

门部5 四 3722₇ 全8画 常用

❶形 騒がしい．¶～市 nàoshì／热～ rènào（にぎやかだ）．❷動～哄 nàohong／吵～ chǎo-nào（大声で言い争う）．❸動 ふざける．¶～着玩儿．❹動（病気や災害など）悪いことが起こる．¶～病 nàobìng／眼睛（眼を患う）／～水灾（水害が起こる）．❺動 不満を発散させる．¶～脾气／～情绪．❻動 する．

行う．¶～生产(生産する)／～清楚(はっきりさせる)．
同 干 gàn，搞 gǎo
【闹别扭】nào bièniu 句 意見が合わず衝突する．¶你别跟他～了／君，彼とけんかするなよ．
【闹病】nào//bìng 病気になる．
【闹洞房】nào dòngfáng 句 "闹房 nàofáng"に同じ．
【闹肚子】nào dùzi 句⊕腹を下す．
【闹翻】nàofān 動 仲たがいをする．¶两人终于～了／二人はついに衝突した．
【闹翻身】nào fān//shēn 句 抑圧からの解放のために戦う．
【闹翻天】nào fān//tiān 句 てんやわんやの大騒ぎをする．¶课室里乱哄哄的,闹翻了天／教室はやがやと上を下への大騒ぎだ．
【闹房】nào//fáng 動 婚礼の晩,友人たちが新婚夫婦の部屋に押しかけてからかう．同 闹洞房 dòngfáng
【闹风潮】nào fēngcháo 句（ストライキやデモなどの）騒を起こす．
【闹革命】nào gémìng 句 革命を起こす．
【闹鬼】nào//guǐ ❶お化けがでる．¶听说那座空房子里常～／あの空き家にはよくお化けがでるらしい．❷隠れて悪事をはたらく．¶是不是你在其中～？／こそこそ画策してるのは君か．
【闹哄哄】nàohōnghōng 形（～的）人の声と雑音が入り交じって騒がしい．¶老师走进教室,～的教室里马上静了下来／先生が入ってくると,騒がしい教室がたちどころに静かになった．
【闹哄】nàohong 動 ❶騒ぐ．¶有话一个一个地说,别～／順番に話しなさい,騒ぎたてないで．❷おおぜいの人が忙しく立ち働く．
【闹荒】nào//huāng 動 農民が騒動を起こす．
【闹饥荒】nào jīhuang 句 ❶凶作に遭う．❷〔方〕暮らしに困る．
【闹架】nào//jià 動〔方〕けんかをする．
【闹纠纷】nào jiūfēn 句 もめごとを起こす．¶夫妻之间～,谁也管不了／夫婦げんかは,誰にも口出しできない．
【闹剧】nàojù 名〔⊕场 chǎng,出 chū〕❶喜劇の一種．どたばた劇．¶趣剧 qùjù,笑剧 xiàojù ❷⊗滑稽な事情．喜劇もどき．
【闹乱子】nào luànzi 句 事件を引き起こす．¶他这个人到哪儿都～／彼はどこでももめごとを起こす．
【闹猛】nàoměng 形〔方〕にぎやかだ．人でごったがえしている．繁盛している．
【闹脾气】nào píqi 句 かんしゃくを起こす．¶有话好好儿说,别～就是ちゃんと言いなさい,感情的にならずに．
【闹气】nào//qì 動⊕（～儿）腹を立ててけんかする．
【闹嚷嚷】nàorāngrāng 形（～的）人の声がやかましい．
【闹嚷】nàorǎng 動 大騒ぎする．大声で騒ぐ．
【闹热】nàorè 形〔方〕にぎやか．にぎわっている．同 热闹
【闹市】nàoshì 名 繁華街．
【闹事】nào//shì 動（～儿）おおぜいで騒ぎを起こし,社会秩序を乱す．¶聚众～／おおぜいが集まって騒ぐ．
【闹腾】nàoteng 動 ❶騒ぎ立てる．¶～了一阵子／ひとしきり騒ぐ．❷ふざける．はしゃぐ．
【闹天儿】nào//tiānr 動〔方〕天気がぐずつく．雨や雪が降る．

【闹戏】nàoxì 名 (～ル) 昔の道化芝居.
【闹笑话】nào xiàohua 句 (～ル) 未熟さや不注意のため失態を演ずる. ¶那时候年轻无知,常～ / あの頃は若気の至りで,よく笑われるようなことをした.
【闹心】nàoxīn 回 ❶ 形 いらいらしている. 気に病んでいる. ❷ 動 胃がムカムカする.
【闹新房】nào xīnfáng 句 "闹房 nàofáng"に同じ.
【闹玄虚】nào xuánxū 句 手練手管で人をだます.
【闹意见】nào yìjiàn 句 意見が合わず互いに不満に思う.
【闹灾】nàozāi 動 災害が起こる. 同 闹灾荒 huāng
【闹灾荒】nào zāihuāng 句 災害が発生する.
【闹着玩儿】nàozhe wánr 句 ❶ 遊ぶ. ❷ ことばや態度で人をからかう. ¶我是～的,千万别当真 / 私はふざけていただけだよ,絶対に真に受けないでね. ❸ 軽率な態度で事にあたる. ¶这可不是～的 / これは冗談ごとではない.
【闹钟】nàozhōng 名〔个 ge,只 zhī,座 zuò〕目覚まし時計.

淖 nào
氵部8 四 3114₆
全11画 通用
素 水気の多い泥.
【淖尔】nào'ěr 名 湖. ¶罗布 Luóbù～ / ロプノール(新疆ウイグル自治区にある塩湖). 参考 モンゴル語の音訳で,多く地名に用いる.

臑 nào
月部14 四 7122₇
全18画 通用
名 家畜の前足.

ne ㄋㄜ [nʏ]

哪 né
口部6 四 6702₇
全9画 常用
下記熟語を参照.
☞ 哪 nǎ,na,něi
【哪吒】Nézhā[-zha] 名 神話に出てくる神の名前. 毘沙門天(びしゃもん)の王子.

讷(訥) nè
讠部4 四 3472₇
全6画 通用
素 口が重い. ¶木～ mùnè (朴訥(ぼくとつ)だ) / 口～ kǒunè (口が重い) / ～～ nènè.
【讷讷】nènè 形 皮 口が重い. 話し方がなめらかでない. ¶～于言而敏 mǐn 于行 / 口べただが行動は機敏だ.

呢 ne
口部5 四 6701₂
全8画 常用
助 ❶ 疑問文の文末に置き,聞き手に問いかけるムードを示す. ①特殊疑問文に用いる. ¶你和谁一起去～? / 君は誰と一緒に行くの. ¶你为什么不去～? / なぜ行かないの?
②選択疑問文に用いる. ◎ "呢"は前文だけでも,後文だけでも,あるいは両方つけてもかまわない. ¶这个好～,还是那个好～? / これがいい,それともあれがいい? ¶是他去合适还是我去合适～? / 彼が行くのがふさわしいのか,それとも私が行くのがふさわしいのか.
③反復疑問文に用いる. ¶这话对不对～? / このことばは正しいかしら. ¶今天会不会下雨～? / 今日は雨が降るかな. ¶你说可恶 kěwù 不可恶～? / 君はしゃくに障らないのかい.
▲ ❶ の"呢"はなくても疑問文の成立には影響しない. つけない方が疑問の語気が直接的に出て,ずばりと問いただす感じになる.

❷ 名詞(句)の後に置き,全文を言わずにすませる「はしょり疑問文」を作る. 「…は?」¶我的钢笔～? / 僕の万年筆は? ¶大家都来了,小陈～? / みんな来たけど,陳君は? ¶我打算明天走,你～? / 私はあす出発するつもりですが,君は?
❸ 平叙文の文末に置いて,事実を相手に確認させたり,誇張の含みをもたせたりする. ◎ 多く"可","还","才"などの副詞と呼応する. ¶别着急,还早着～ / 慌てなくてもいいよ,まだ早いんだから. ¶她打球的本领可高～ / 彼女の球技の腕はすごいよ. ¶我才不怕～ / 怖いもんか.
❹ 平叙文の文末に置いて,動作の進行,状態の持続を表わす. ◎ "正","在","着"などと共に用いる. ¶他正跟老王说话～ / 彼はいま王さんと話している. ¶别吵,孩子在睡觉～ / 静かに,子供が寝ているんだから. ¶快走吧,人家在外面等着～ / 早く行こう,みんな外で待っているよ. ¶这件事他还不知道～ / この件について彼はまだ知らない.
❺ 文の中で停頓を示す. 話題を転換する働きがある. ¶要是他不同意～,你打算怎么办? / もしも彼が賛成しなかったら,君はどうするつもりだい. ¶这件事看起来很容易办,其实～,并不那么简单 / この仕事は一見やりやすいようだが,実際はね,そんなに簡単じゃないんだよ.
☞ 呢 ní

nei ㄋㄟ [neɪ]

哪 něi
口部6 四 6702₇
全9画 通用
代 "哪一 nǎyī"がつまったもの. "哪 nǎ"に量詞や数量詞がついたとき,口語ではよく"něi"と発音する. ¶～个 něige (どの) / ～年 něinián (どの年).
☞ 哪 nǎ,na,né

馁(餒) něi
饣部7 四 2274₄
全10画 次常用
素 ❶ 皮 飢える. ¶冻～ dòngněi (寒さと飢え). ❷ 気がなえる. ¶气～ qìněi (気が弱くなる). ❸ 皮 魚が腐る.

内 nèi
冂部2 四 4022₇
全4画 常用
❶ 方 中. ¶～部 nèibù / ～行 nèiháng / ～国 guónèi (国内). 反 外 wài ❷ 素 妻や妻の親族. ¶～人 nèirén / ～兄 nèixiōng. ❸ 素 "纳 nà"に同じ.
【内宾】nèibīn 名〔位 wèi〕国内からの客. 反 外宾 wàibīn
*【内部】nèibù 名 内部. ¶～联系 / 内部連絡. ¶～消息 / 内部情報. ¶～刊物 kānwù / 非公開の刊行物. 反 外部 wàibù
【内部职工股】nèibù zhígōnggǔ 名《経済》社員持株. 従業員持株.
【内参】nèicān 名 "内部参考资料"(内部文書)の略称.
【内查外调】nèichá wàidiào 句 内外から徹底的に調査する. 表現 公務員の違法行為や重大事件などについて言うことが多い.
【内场】nèichǎng 名 ❶《スポーツ》野球やソフトボールの

内野. 反 外场 wàichǎng ❷ 芝居の舞台上のテーブルの奥. 反 外场 wàichǎng
【内城】nèichéng 名 二重に囲んだ城壁の,内側の城壁.また,その城壁の内側の地域.
【内出血】nèichūxuè 名《医学》内出血.
【内存】nèicún 名《コンピュータ》❶ 内部メモリ. RAM. ❷ 内部メモリ容量.
【内当家】nèidāngjiā 名 方 ❶ 妻. 奥さん. ❷ 雇い主の妻. 主人の妻. 同 内当家的 表现 呼びかけ語としても使う.
【内地】nèidì 名 国境や海岸から遠く離れた地域. 反 边疆 biānjiāng, 沿海 yánhǎi
【内弟】nèidì 〔个 ge, 位 wèi〕妻の弟.
【内定】nèidìng 動 人事などが内定する.
【内毒素】nèidúsù《生物・医学》内毒素. エンドトキシン.
【内耳】nèi'ěr 《生理》内耳.
【内分泌】nèifēnmì 名 内分泌.
【内封】nèifēng 《書籍》の扉. タイトルページ.
【内服】nèifú 動 薬を内服する. 反 外敷 wàifū
【内服药】nèifúyào 《薬》内服薬. 経口薬.
【内阁】nèigé 名 内閣.
【内阁制】nèigézhì 名 内閣制度.
【内功】nèigōng 名 内功(ゔ). 参考 身体の内部器官を鍛錬する武術などの気功のこと. 反 外功 wàigōng
【内海】nèihǎi 名 ❶ 内海. 入り海. ❷ 領海.
【内涵】nèihán 名 ❶《哲学》内包. 反 外延 wàiyán ❷ 含蓄. 内蕴.
【内行】nèiháng ❶ 形 その道に精通している. ¶ 他对音乐很~ / 彼は音楽に精通している. 反 外行 wàiháng ❷ 名〔个 ge, 位 wèi〕その道に詳しい人. 玄人. ¶ 请~指点 / 専門家に批評を請う. 同 行家 hángjia, 里手 lǐshǒu
【内耗】nèihào 名 ❶ 機械などの内減. ❷ 組織内部の不和や矛盾によるむだな消耗. ¶ 互相协调合作, 消除~ / 互いに協力しあい,内部のトラブルをとり除く.
【内河】nèihé 〔条 tiáo〕国内を流れる河川.
【内核】nèihé 名 ❶ 事件や問題の核心. ❷《地学》地核の内部. 地表下 5,000メートルから中心までの.
【内讧[訌]】nèihòng 集団内部での衝突や争い.
【内急】nèijí 動 急に便意をもよおす.
【内寄生】nèijìshēng《生物》内部寄生.
【内奸】nèijiān 名〔个 ge, 名 míng〕内部に隠れている敵のまわし者. スパイ. 反 外敌 wàidí
【内间】nèijiān 名 方 奥の部屋.
【内艰】nèijiān 名 文 母親が亡くなる. ¶ 丁~ / 母の死にあう.
【内角】nèijiǎo 名《数学》内角.
【内景】nèijǐng《芸能》室内を表現した舞台のセット. (映画やテレビの)スタジオ内のセット. 反 外景 wàijǐng
【内径】nèijìng 名《数学》内径.
【内疚】nèijiù 申し訳ない. 恥ずかしい. ¶ ~于心 / 申し訳ない気持ちだ. ¶ 感到~ / 気がとがめる.
【内聚力】nèijùlì 名 ❶《物理》凝集力. ❷ (グループ内部の)親和力. 凝集力.
【内眷】nèijuàn 名 家族の中の女性. 同 女眷 nǚjuàn
【内科】nèikē 名《医学》内科.
【内控】nèikòng 動 (組織内で)内部コントロールする.
【内裤】nèikù 名 ブリーフやパンティなどの股間部を覆う下着.

【内窥镜】nèikuījìng 名《医学》内視鏡.
【内涝】nèilào 名 大量の雨により低地の田畑などが冠水すること.
【内里】nèilǐ 内部. 内実.
【内力】nèilì 名《物理》内力. 反 外力 wàilì
【内敛】nèiliǎn 形 ❶ (感情や考えを)顔や態度に出さない. ❷ (芸術作品などの)含蓄がある. 深みがある.
【内流】nèiliú 名 内陸流.
【内陆国】nèilùguó 名 内陸国. 国境を海岸線に接しない国.
【内陆河】nèilùhé 名 内陸河川.
【内陆湖】nèilùhú 名 内陸湖.
【内乱】nèiluàn 名〔场 chǎng, 次 cì〕内乱. ¶ 发生~ / 内乱が起きる. ¶ 平定~ / 内乱を鎮める. 反 外患 wàihuàn
【内罗毕】Nèiluóbì《地名》ナイロビ(ケニア).
【内码】nèimǎ 名《コンピュータ》"内部文字編码"(内部変換コード)の略称.
【内蒙古】Nèi Měnggǔ《地名》"内蒙古自治区"(内モンゴル自治区)の略称.
【内蒙古自治区】Nèi Měnggǔ zìzhìqū《地名》内蒙古(?????). 内モンゴル自治区. 略称が"内蒙", 区都が"呼和浩特 Hūhéhàotè"(フフホト).
【内幕】nèimù 名 内情. 内幕. ¶ 揭开 jiēkāi~ / 内情を暴く. 同 内情 nèiqíng
【内难】nèinàn 名 国内の災害や動乱. 内憂.
【内能】nèinéng 名《物理》内部エネルギー.
【内皮】nèipí 名《生理》内皮.
【内亲】nèiqīn 名 妻方の親族の総称.
【内勤】nèiqín 名 ❶ 内勤. 反 外勤 wàiqín ❷〔个 ge, 名 míng, 位 wèi〕内勤者.
【内情】nèiqíng 名 内情. ¶ 熟悉~ / 事情に詳しい. ¶ 公开~ / 内情を公開する.
【内燃机】nèiránjī 名〔台 tái〕内燃機関.
【内燃机车】nèiránjīchē 名 内燃動車. ディーゼル車. ディーゼル機関車.
【内热】nèirè 名《中医》体内に生じる熱. いらいらや口渇,便秘などの症状が出る.
【内人】nèirén[-ren] 名 旧 第三者に対して自分の妻を言うことば. 家内.
*【内容】nèiróng 名 内容. ¶ ~贫乏 pínfá / 内容が乏しい. ¶ ~丰富 / 内容が豊かだ. 反 形式 xíngshì
【内伤】nèishāng 名 ❶《中医》飲食の不適当や過労・心労などが原因で起こる病状. ❷《医学》内傷. 反 外伤 wàishāng ❸ 心や事物の内部にできた傷や損傷.
【内室】nèishì 名 奥の部屋. 多く寝室をいう.
【内水】nèishuǐ 名 国内の水域. 内水(?????).
【内胎】nèitāi 名〔条 tiáo〕車輪のチューブ. 同 里带 lǐdài, 里胎 lǐtāi
【内廷】nèitíng 名 旧 内廷. 宮廷.
【内退】nèituì 動 早期退職する. 参考 定年前に, 定年退職の待遇を受ける手続きをして退職すること.
【内外】nèiwài ❶〔…〕くらい. …前後. ¶ 两个月~ / 約二ヶ月 / ¶ 十公里~ / 10キロ前後. 同 左右 zuǒyòu ❷ 中と外. ¶ ~有别 / 内外の区別をつける(内部の情報を外へ漏らさない). 用法 ①は,数詞や数量のあとに置いて概数を表わす.
【内外夹攻】nèi wài jiā gōng 成 内側と外側から攻め込む. はさみうちする.
【内外交困】nèi wài jiāo kùn 国内政治も外交もど

那恁嫩能　nèi－néng　801

【内务】nèiwù 名 ❶ 国内の事務．多く民政をいう．❷ 室内の整理整頓など，集団生活における日常の仕事．
【内线】nèixiàn 名 ❶〔個 个 ge,名 míng〕相手方に潜り込んで情報を探る人．またはその仕事．❷《軍事》敵包囲下の作戦ライン．❸〔条 tiáo〕電話の内線．反 外线 wàixiàn ❹ 内部のつて．¶走～/ってやコネを使う．
【内详】nèixiáng 名 又 詳細は中に．参考 手紙を出すとき，封筒に"内详"または"名内详"と書いて，差出人の住所氏名に代えた．詳しくは中に記したという意味．
【内向】nèixiàng 形 ❶ 国内向きの．❷ 性格や考え方が内向的だ．¶～人/内気な人．¶性格／性格が内向的だ．
【内向型】nèixiàngxíng 名《経済》内向型．反 外向型 参考 国内市場や系列内部を対象とする経済活動．
【内项】nèixiàng 名《数学》内項．
【内销】nèixiāo 動《経済》自国の製品を国内市場で販売する．¶这是出口转～的产品/これは輸出品を国内向けにした製品だ．反 外销 wàixiāo
【内心】nèixīn 名 ❶ 心の中．～深处／心の奥底．¶抑制 yìzhì 不住～的高兴/心中の喜びを抑えきれない．反 表面 biǎomiàn，外表 wàibiǎo ❷《数学》三角形の内心．
【内省】nèixǐng 動 内省する．
【内兄】nèixiōng 名 妻の兄．表現 "内兄""内弟"などは，直接の呼びかけには使えない．
【内秀】nèixiù 形 見かけによらず聡明だ．
【内需】nèixū 名《経済》内需．反 外需
【内衣】nèiyī 名〔個 件 jiàn,套 tào〕下着．
【内因】nèiyīn 名《哲学》内因．反 外因 wàiyīn
【内引外联】nèi yǐn wài lián 句 国内から導入し，外国と連携する．参考 国内の資金や技術・人材を用い，外国との連携を強化して資金・技術・人材の調達ルートや製品の販売ルートを開拓する．
【内应】nèiyìng ❶ 動 内通する．❷ 名〔個 个 ge,名 míng〕内通者．スパイ．
【内忧外患】nèi yōu wài huàn 成 内憂外患．¶面临～/内憂外患に直面する．
【内在】nèizài 形 内在する．¶～规律／内在法則．¶～因素／内在要因．¶～美／精神的な美．反 外在 wàizài
【内脏】nèizàng 名 内臓．
【内宅】nèizhái 名 伝統的な屋敷内で，女性が住むところ．
【内债】nèizhài 名《経済》内債．内国債．反 外债
【内战】nèizhàn 名 ❶〔個 场 cháng,次 cì〕国内戦争．¶爆发～／内戦が勃発する．❷ 内紛．
【内掌柜的】nèizhǎngguìde 名 慣 商家のおかみさん．同 内掌柜
【内障】nèizhàng 名《医学》内障(ﾅｲｼｮｳ)．底翳(ｿｺﾋ)．
【内争】nèizhēng 動 内部で争う．内部闘争する．¶消除～／内部の争いをなくす．
【内政】nèizhèng 名《国家》の内政．¶干涉 gānshè ～／内政に干渉する．¶独揽 dúlǎn ～外交大权／内外交を一手に握る．反 外交 wàijiāo
【内侄】nèizhí 名 妻の兄弟の息子．
【内侄女】nèizhínǚ 名 妻の兄弟の娘．めい．
【内痔】nèizhì 名《医学》内痔核．
【内中】nèizhōng 名 内部．¶～矛盾重重 chóngchóng／内部の矛盾が絶えない．¶～理由／裏の理由．表現 多く抽象的なものについていう．
【内助】nèizhù 名 又〔個 个 ge,位 wèi〕妻．¶贤 xián～／賢妻．
【内传】nèizhuàn 名 ❶ 伝記物語の一つ．人物の逸聞を主として書かれた書．❷ 国 経典を解釈した書物．
【内资】nèizī 名《経済》国内資本．反 外资
【内子】nèizǐ 名 家内．(人に対して称する自分の)妻．同 内人
【内阻】nèizǔ 名《電氣》内部抵抗．

那 nèi
阝部 4　1752₇
全6画　常用

代 "那一"nàyī がつまったもの．"那 nǎ"に量詞や数量詞がついたとき，口語ではよく"nèi"と発音する．¶～个 nèige (あれ)／～些 nèixiē (あれら)／～年 nèinián (あの年)．
☞ 那 Nā,nà

nen ㄋㄣˋ [nən]

恁 nèn
心部 6　四 2233₁
全10画　通用

代 方 ❶ その．あの．¶～时 nènshí (あのとき)．同 那 nà ❷ そのような．¶～大 nèndà (あんなに大きい)／～高 nènɡāo (あんなに高い)．同 那么 nàme 表現 ❷は，"这么"(こんな)という意味で使うこともある．

嫩 nèn
女部 11　四 4844₀
全14画　常用

❶ 形 若くて柔らかい．¶～芽 nènyá ／～叶 nènyè ／娇～ jiāonèn (きゃしゃである)／～肉 ～ róunèn (みずみずしい)．反 老 lǎo ❷ 形 さっと火を通して，柔らかい．¶鱼片炒得很～ (魚が柔らかく炒めてある)．反 老 lǎo ❸ 素 淡い．¶～黄 nènhuáng／～绿 nènlǜ．❹ 形 方 経験が浅い．¶她脸皮儿～，一说话脸就红 (あの娘はうぶで，話とすぐに顔が赤くなる)．
【嫩红】nènhóng 形 やわらかいピンクの．アプリコットピンクの．
【嫩黄】nènhuáng 形 淡い黄色の．
【嫩绿】nènlǜ 形 黄緑色の．
【嫩气】nènqì 形 若くみずみずしい．柔らかい．表現 若い女性の肌などについて言う．
【嫩生】nènshēng 形 方 ❶(植物が)みずみずしい．❷ 未熟だ．弱々しい．
【嫩手】nènshǒu 名 初心者．未熟者．
【嫩芽】nènyá 名 新芽．
【嫩叶】nènyè 名 若葉．

neng ㄋㄥˊ [nəŋ]

能 néng
厶部 8　四 2221₂
全10画　常用

I 素 ❶ 能力．¶技～ jìnéng／技能．手腕．¶本～ běnnéng／本能．¶无～ wúnéng／無能である．❷ 才能がある．¶～人 néngrén．¶～手 néngshǒu．¶～工巧匠 nénggōng qiǎojiàng．¶～者多劳 néng zhě duō láo．
II 助動 ❶(肉体,生理,知能に能力があって)…できる．

¶我会游泳，～游一千米 / 私は泳げます，1キロ泳げます．¶他～解决问题 / 彼は問題を解決できる．¶小刘～当翻译 / 劉さんは通訳ができる．¶她一天～看完一本小说 / 彼女は1日に小説を1冊読むことができる．¶他病好了，～走路了 / 彼は病気が治って歩けるようになった．
❷ …するのが上手である．"很"，"最"，"真"などの程度副詞に修飾される．¶她～交际 / 彼女は人付き合いがうまい．¶他很～喝 / 彼はかなり飲めるくちだ．¶五个人中他最～跑了 / 5人の中で彼は一番足が早い．
❸（状況，条件，材質などから）…できる．¶他今天有事，不～来 / 彼は今日用事があって来られない．¶这次没见到您，太遗憾 yíhàn 了 / 今回はお会いできなくて誠に残念でした．¶这儿～不～用日元? / ここは日本円が使えますか．¶一个小时～到吗? / 1時間で着きますか．¶要是～那样，那就太理想了 / もしそうできたらそれが最も理想的です．¶西瓜子也～吃 / スイカの種も食べられる．¶大蒜 dàsuàn～杀死细菌 xìjūn / ニンニクには殺菌力がある．¶猪肉不～生吃 / 豚肉は生では食べられない．
❹（否定形で習慣，規則，道義的に許されないことを表わし）…できない．…してはならない．肯定には"可以"を用いる．¶这儿不～抽烟 / ここでは禁煙です．¶你不～这么说 / そんな風に言っちゃいけない．
❺（可能性を表わし）…するはずだ．見込みである．¶这么晚，他还～来吗? / こんな遅くなっても彼は来るだろうか．
Ⅲ 名 エネルギー．¶原子～ / 原子力エネルギー．¶～源 néngyuán.

【能不能】néngbunéng 助 …してもいいですか．…させてもらえませんか．¶"这儿～照像？""不行" / 「ここで写真を撮ってもいいですか？」「だめです」¶～让我看看？ / 私に見せてくれませんか．用法 周囲の状況に照らして許されるかどうかを聞くときに用いる．

【能动】néngdòng 形 主体的だ．積極的だ．¶凡要事～些 / 何事にも積極的であれ．

【能动性】néngdòngxìng ❶形 能動的だ．❷名 能動的性質．能動的機能．

*【能干】nénggàn 形 有能だ．やり手だ．¶小明很～ / ミンさんはとても有能だ．

【能歌善舞】néng gē shàn wǔ 成 歌も踊りも上手だ．

【能工巧匠】nénggōng qiǎojiàng 成 工芸技術に秀でた人．名工．名匠．

**【能够】nénggòu 助动 ❶ …できる．ある種の能力を備えていることやある程度にまで達していることをあらわす．¶他～胜任 shèngrèn 这项工作 / 彼ならこの仕事を十分こなせる．❷ …できる．ある条件や道理，人情から見て許されることをあらわす．¶这个会学生也～参加吗？ / この会は学生も参加できますか．

【能耗】nénghào 名 エネルギー消費．

【能级】néngjí 名《物理》エネルギー準位．

【能见度】néngjiàndù 名 視界．視程．

*【能力】nénglì 名 能力．力量．¶工作～强 / 仕事がよくできる．¶生产～ / 生産能力．¶谁有～，就让谁干 / 能力のある人にやらせる．

【能量】néngliàng 名 ❶ エネルギー．¶把所有～都释放 shīfàng 出来 / すべてのエネルギーを放出した．❷ エネルギー．バイタリティ．¶他～很大 / 彼はとてもエネルギッシュだ．

【能耐】néngnai 名 (口) 能力．腕前．¶他的～真不小 / 彼の能力は大したものだ．

【能掐会算】néng qiā huì suàn 成 占いが巧みだ．将来を予測したり予見できる力がある．

【能屈能伸】néng qū néng shēn 成 つらい時はじっと耐えて，いざというときに能力を発揮する．

【能人】néngrén 名〔個 个 ge, 位 wèi〕名人．達人．¶～辈出 bèichū / 名人が続々と現れる．¶～背后有能人 / 上には上がいるもの．

【能上能下】néng shàng néng xià 句 高い地位にも，低い地位にもつく用意がある．

【能事】néngshì 名 自分が得意としている技能．長じている能力．¶～已尽 / ベストを尽くした．¶极尽狡辩 jiǎobiàn 之～ / あらゆる手をつくして言い訳をする．

【能手】néngshǒu 名〔個 个 ge, 位 wèi〕名手．エキスパート．¶谈判～ / 協議のエキスパート．¶木刻～ / 木彫の名人．

【能说会道】néng shuō huì dào 成 ことばが巧みで話がうまい．

【能为】néngwéi 名 (方) 技量．腕前．

【能文能武】néng wén néng wǔ 成 文武両道に優れている．

【能言善辩】néng yán shàn biàn 成 能弁だ．口達者だ．

*【能源】néngyuán 名〔种 zhǒng〕エネルギー源．¶～危机 / エネルギー危機．¶～开发 / エネルギーを開発する．

【能者多劳】néng zhě duō láo 能力のある人は，仕事がたくさん回ってくる．表現 相手を褒めたり，ねぎらう時に使うことば．

ng π〔ŋ〕

唔 ńg 口部7 四 6106₀ 全10画 通用
叹 "嗯 ńg"に同じ．
☞ 唔 ń, wú

嗯 ńg 口部10 四 6603₀ 全13画 通用
叹 疑問をあらわす．¶～! 这是怎么回事？（あれ，これはどういうことだい）．参考 "ń"とも発音する．
☞ 嗯 ňg, ǹg

嗯（異 吰） ňg 口部10 四 6603₀ 全13画 通用
叹 同意しないことや，意外な感じをあらわす．¶～! 你还不懂？（あら，まだわからないの？）参考 "ň"とも発音する．
☞ 嗯 ńg, ǹg

嗯（異 吰） ǹg 口部10 四 6603₀ 全13画 通用
叹 承諾の意をあらわす．¶～，这样就行了（うん，これでいいよ）．参考 "ǹ"とも発音する．
☞ 嗯 ńg, ňg

ni 3l〔ni〕

妮 nī 女部5 四 4741₂ 全8画 通用
名 ❶ (方)（～儿）女の子．❷（Nī）姓．

【妮子】nīzi 名 (方) 女の子．同 妮儿 nīr

尼坭呢泥 ní 803

尼 ní
尸部2 四 7721₂
全5画 常用

❶ 素 尼. サンスクリット語が語源の"比丘尼 bǐqiūní"の略称. ¶~姑 nígū /~庵 ní'ān (尼寺) / 僧 — sēngní (僧と尼). 反 僧 sēng ❷ 素 音訳字. ❸ (N|)姓.

【尼安德特人】Ní'āndétèrén 名《考古》ネアンデルタール人.
【尼泊尔】Níbó'ěr《国名》ネパール.
【尼采】Nícǎi《人名》ニーチェ(1844-1900). ドイツの哲学者.
【尼姑】nígū〔四 个 ge, 位 wèi〕尼. 尼僧.
【尼姑庵】nígū'ān 名 尼寺. 同 尼庵
【尼古丁】nígǔdīng 名 外 ニコチン. 同 烟碱 yānjiǎn ◆nicotine
【尼加拉瓜】Níjiālāguā《国名》ニカラグア.
【尼龙】nílóng 名 外《紡織》ナイロン. ¶~袜 / ナイロン靴下. 同 锦纶 jǐnlún ◆nylon
【尼罗河】Níluóhé《地名》ナイル川.
【尼日尔】Nírì'ěr《国名》ニジェール.
【尼日利亚】Nírìlìyà《国名》ナイジェリア.
【尼亚加拉瀑布】Níyàjiālā pùbù ナイアガラの滝.

坭 ní
土部5 四 4711₂
全8画 通用

素 ❶ "泥 ní"に同じ. ¶红毛~ hóngmáoní (セメントの古い言い方). ❷ 地名用字. ¶白~ Báiní (広東省にある地名).

呢 ní
口部5 四 6701₂
全8画 常用

❶ 素《紡織》厚手の毛織物. ラシャ. ¶毛~ máoní (毛織物) / 线~ xiànní (綿ラシャ) / 制服~ zhìfúní (厚手のラシャ) / ~绒 níróng. ❷ ⇒呢喃 nínán
☞ 呢 ne

【呢料】níliào 名〔四 块 kuài〕毛織物の服地.
【呢喃】nínán 擬 ツバメの鳴き声.
【呢绒】níróng 名〔四 块 kuài〕毛織物の総称.
【呢子】nízi 名《紡織》〔四 块 kuài〕ラシャ. 厚いウールのコート地.

泥 ní
氵部5 四 3711₂
全8画 常用

❶ 名〔块 kuài, 滩 tān, 坨 tuó〕泥. ¶~坑 níkēng / ~人 nírén / ~墙 níqiáng (土塀) / 烂~ lànní (べとべとした泥). ❷ 素 どろどろしたもの. ¶~炭 nítàn / 印~ yìnní (印泥) / 枣~ zǎoní (ナツメのあん) / 土豆~ tǔdòuní (マッシュポテト). ❸ (N|)姓.
☞ 泥 nì

【泥巴】níbā 名〔四 块 kuài〕泥. ¶腿上尽是~ / 足がすっかり泥まみれだ.
【泥饭碗】nífànwǎn 名 泥でできた碗. 不安定な職業. 反 铁 tiě 饭碗
【泥封】nífēng 名 封泥(ほうでい).
【泥工】nígōng 名 动 左官. 同 瓦工 wǎgōng
【泥垢】nígòu 名 泥や垢(あか). ¶一身~ / 全身泥まみれ.
【泥浆】níjiāng 名 ❶《機械》スラリー. ¶~泵 bèng / スラリーポンプ. ❷ 泥水.
【泥坑】níkēng 名〔四 处 chù, 个 ge〕泥だまり. ぬかるみ. 泥沼. ¶把人往~里推 / 人を泥沼へ追い込む. 同 泥塘 nítáng
【泥疗】níliáo《医学》泥療法.
【泥煤】níméi 名 泥炭. 同 泥炭 nítàn
【泥淖】nínào 名 又 ぬかるみ. 泥沼. 沼地. 同 泥坑 níkēng 表現 比喻として用いることが多い.
【泥泞】níníng ❶ 形 泥でぬかるんでいる. ¶这段路很~/ このあたりの道はぬかるんでいる. ❷ 名 ぬかるみ. ¶陷入~ xiànrù~ / ぬかるみにはまる.
【泥牛入海】ní niú rù hǎi 成 行ったきり, 二度と帰って来ない. ¶派去打听消息的人都如~ / ようすを見にやった者が, 皆もどってこない. 由来 泥で作った牛が海に入ると溶けてしまう, という意から.
【泥菩萨过河】nípúsà guò hé 俗 自分の身を守るのに精いっぱいで, 他人の事などかまっていられない. 同 泥菩萨落水 luòshuǐ 由来 泥でできた菩薩が河を渡る, という意から. 後に"自身难保 zìshēn nánbǎo"が続く.
【泥墙】níqiáng 名 土塀.
【泥鳅】níqiū[-qiu] 名〔四《魚》〕〔四 条 tiáo〕ドジョウ.
【泥人】nírén 名(~儿)泥人形. ¶捏 niē 个~ / 泥人形をつくる.
【泥沙】níshā 名 土砂. 泥と砂.
【泥沙俱下】ní shā jù xià 成 いいものと悪いものが混ざり合って区別できない. 玉石混淆(ぎょくせきこんこう). 由来 泥と砂が一緒に流れて来る, という意から.
【泥石流】níshíliú 名 土石流.
【泥水匠】níshuǐjiàng 名〔四 个 ge, 名 míng, 位 wèi〕左官. 同 瓦匠 wǎjiàng, 泥瓦 níwǎ 匠
【泥塑】nísù 名〔四 个 ge, 尊 zūn〕土人形. 泥人形.
【泥塑木雕】ní sù mù diāo 成 無表情で, 反応の鈍い人. 同 泥人形と木彫りの人形, という意から. 同 木雕泥塑
【泥胎】nítāi 名 ❶ 彩色を施していない土人形. 土偶. ❷(~儿)焼く前の陶器.
【泥潭】nítán 名 ぬかるみ. 泥沼. 同 泥坑 níkēng
【泥炭】nítàn 名 泥炭. 同 泥煤 níméi
【泥塘】nítáng 名〔四 处 chù, 个 ge〕ぬかるみ. 泥沼. 同 泥潭 nítán, 泥坑 níkēng
【泥土】nítǔ 名 ❶ 土. 土壌. ¶~气 / 土の香り. ❷ 粘土.
【泥腿】nítuǐ 名 俚(~子)農民の蔑称(べっしょう). 土百姓. どん百姓.
【泥洼】níwā 名 湿地. 沼地. 沼.
【泥娃娃】níwáwa 名 泥人形.

芝麻官　　骑鸡娃娃

泥娃娃

【泥瓦匠】níwǎjiàng 名〔四 个 ge, 名 míng, 位 wèi〕左官. 同 泥水 níshuǐ 匠, 泥工 gōng
【泥丸】níwán 名 ❶ 小さな泥の球. ❷《宗教》道教で, 人間の頭または眉間をいう.
【泥雨】níyǔ 名 雨粒にほこりを多く含んだ雨.
【泥沼】nízhǎo 名 ぬかるみ. 泥沼.
【泥足巨人】nízú jùrén 成 見かけ倒し. 由来 泥の足の巨人という意味で, ロシア語からの訳語.
【泥醉】nízuì 动 泥酔する. 酩酊(めいてい)する.

怩 铌 倪 猊 霓 鲵 拟 你 旎 泥 昵 逆

怩 ní
忄部5 全8画 四 9701₂ 通用
→忸怩 niǔní

铌（鈮）ní
钅部5 全10画 四 8771₂ 通用
[名] ニオブ．Nb．[参考] 以前は"钶 kē"といった．

倪 ní
亻部8 全10画 四 2721₂ 通用
❶[素] 端(は)．際(きは)．¶端~ duānní（手がかり）／天端地~（天の端，地の際）．❷(Ní)姓．

猊 ní
犭部8 全11画 四 4721₂
→狻猊 suānní

霓 ní
雨部8 全16画 四 1021₂ 通用
[名] 副虹(ミき)．虹と同時に現れる現象．配色が虹と逆で，虹よりも色が薄い．¶~虹灯 níhóngdēng．◉ 副虹 fùhóng

【霓虹灯】níhóngdēng [名] ネオンサイン．¶五光十色的~／色とりどりのネオンサイン．[参考]"霓红 níhóng"は英語 neon の音訳．

鲵（鯢）ní
鱼部8 全16画 四 2711₂ 通用
[名]《動物》サンショウウオ．[参考]"大鲵 dàní"（俗称"娃娃鱼 wáwayú"）と"小鲵 xiǎoní"の2種類がある．

拟（擬）nǐ
扌部4 全7画 四 5800₀ 次常用
❶[動]…するつもりだ．¶~乘飞机往广州（飛行機で広州に行くつもりだ）／~于明年出发（来年出発する予定だ）．❷[動]起草する．¶~稿 nǐgǎo／~议 nǐyì／草~ cǎonǐ（草稿を作る）．❸[素]まねる．なぞらえる．¶~作 nǐzuò／~态 nǐtài／模~ mónǐ（模倣する）．

【拟订】nǐdìng [動] 起草する．¶~计划／計画を立てる．¶~方案／立案する．

【拟定】nǐdìng [動]（起草して）制定する．定める．¶具体措施，还没有最后~／具体的な措置は，まだ最終的に決定していない．

【拟稿】nǐ//gǎo [動]（~儿）(公文書を)起草する．下書きを作る．¶他亲自~／彼は自分で下書きをする．

【拟古】nǐgǔ [動] 古代の作風をまねる．擬古する．¶~文／擬古文．¶~之风／擬古の風潮．

【拟人】nǐrén [名] 擬人法．擬人化．

【拟声词】nǐshēngcí [名]《言語》擬音語．オノマトペ．囧 象声词 xiàngshēngcí

【拟态】nǐtài [名] 擬態．

【拟议】nǐyì ❶[名]〔(動) 个 ge〕見通し．予想．案．❷[動] 起草する．立案する．

【拟音】nǐyīn [名]（映画や芝居の）擬音．効果音．

【拟于不伦】nǐ yú bù lún [成][貶] 例えに用いたものが適切でない．

【拟作】nǐzuò [名]〔部 bù,篇 piān〕模作．模倣．

你 nǐ
亻部5 全7画 四 2729₂
❶[代] 君．あなた．¶~爸爸(あなたのお父さん)．❷[代] あなたたち．¶~校(あなた方の学校)／~单位 dānwèi（そちらの職場）．❸[代] 広く人をさす．¶她的表演,~不得不佩服(彼女の演技には敬服せざるを得ない)．❹(Nǐ)姓．[表现]②は,所属する団体や組織の前につく．④は,実際には自分のことをさす．

【你来我往】nǐ lái wǒ wǎng [句] 相互に行き来する．付き合いや関係が親密だ．

【你们】nǐmen [代] 二人称の複数．あなた方．あなた達．君達．¶~的意见／あなた方の意見．¶~爷爷／あなた方のおじいさん．¶~单位／君たちの勤め先．¶~先走,我随后来／君たちお先に,私は後から行きます．

【你死我活】nǐ sǐ wǒ huó [成] 生きる死ぬか．食うか食われるか．¶为分家之事,争得~／分家のことで,食うか食われるかの争いになった．

【你争我夺】nǐ zhēng wǒ duó [句] 争奪戦をする．激しい奪い合いだ．

【你追我赶】nǐ zhuī wǒ gǎn [成] 皆で激しく競い合うように．追いつ追われつ．

旎 nǐ
方部7 全11画 四 0821₂ 通用
→旖旎 yǐnǐ

泥 ní
氵部5 全8画 四 3711₂ 常用
❶[動] 土や石灰などを塗る．¶~墙 níqiáng．❷[名] 固執する．¶~古 nígǔ／拘~ jūnì（とらわれる）／执~ zhíní（固執する）．
◉ 泥 ní

【泥古】nígǔ [動] 古いしきたりに固執する．¶~不化／昔のしきたりを改めようとしない．

【泥墙】níqiáng [動] 壁を塗る．

【泥子】nizi [名]《建築》膩子（パテ）．

昵（暱）nì
日部5 全9画 四 6701₂ 次常用
[素] 親しい．¶亲~ qīnnì（親密)／狎~ xiánì（なれなれしい）／~友 nìyǒu（親友）／~称 nìchēng．

【昵称】nìchēng [名] 愛称．

逆 nì
辶部6 全9画 四 3830₄
❶[動] 反対方向に向かっていく．¶~风 nìfēng／~水行舟／~境 nìjìng．囧 顺 shùn ❷[素] 逆らう．¶忤~ wǔnì（親不孝）．囧 顺 shùn ❸[名] 反逆者．¶~产 nìchǎn／~贼 nìzéi（反逆者）．❹[動] 迎える．¶~旅 nìlǚ．❺[素] あらかじめ．¶~料 nìliào．

【逆差】nìchā [名] 対外貿易での赤字．入超．¶由~变为 wéi 顺差／赤字から黒字に転じる．囧 顺差 shùnchā

【逆产】nìchǎn ❶[名] 国に対する反逆者や売国奴の財産．¶没收 mòshōu~／反逆者の財産を没収する．❷[動] 逆子を生む．囧 倒产 dàochǎn

【逆耳】nì'ěr [形] 聞くのがつらい．¶忠 zhōng 言~．囧 [成] 忠言は耳に逆らう．¶~之言／苦言．¶这话听着~，可句句在理／このことばは耳が痛いが,いちいち理にかなっている．囧 顺耳 shùn'ěr

【逆反心理】nìfǎn xīnlǐ [名] 反抗心．反感．

【逆风】❶nì//fēng [動] 風に逆らう．¶~而行／風に逆らって進む．囧 顺风 shùnfēng ❷nìfēng [名] 股 gǔ,阵 zhèn] 逆風．向かい風．囧 顺风 shùnfēng

【逆光】nìguāng [名] 逆光．¶~拍摄 pāishè／逆光撮影．

【逆价】nìjià [名]《経済》小売りや卸売業において,商品の仕入れ値が販売額より高くなる状態．価格の逆鞘(さや)．囧 顺 shùn 价

【逆经】nìjīng [名]《中医》代償（性）月経．月経出血が鼻血などになって現れること．囧 倒 dào 经

【逆境】nìjìng [名] 逆境．¶在~中奋起／逆境の中で立ち上がる．囧 顺境 shùnjìng

匿 腻 睨 溺 拈 蔫 年　nì – nián　**805**

【逆来顺受】nì lái shùn shòu 〔成〕劣悪な環境や理不尽な待遇に甘んじる.
【逆料】nìliào 動 予測する. 予想する. 回 预料 yùliào.
【逆流】nìliú 動 ❶ 流れに逆らう. ¶〜而上 / 川をさかのぼる. 反 顺流 shùnliú 又〔股 gǔ〕逆流. ¶顶住. / 反動的な流れを抑える.
【逆旅】nìlǚ 名 宿. 旅館.
【逆伦】nìlún 動 人道に反する. 人倫にもとる.
【逆市】nìshì 動 市場の傾向に逆行する. 反 顺市 shùn shì
【逆水】nì//shuǐ 動 流れに逆らう. 反 顺水 shùnshuǐ
【逆水行舟】nì shuǐ xíng zhōu 〔成〕学問や仕事は努力しなければ後退する. 由来 流れに逆らって船を進める,という意から.
【逆温】nìwēn 動《気象》気温の逆転(現象).
【逆温层】nìwēncéng 名《気象》逆転層.
【逆向】nìxiàng 動 逆行する. 逆方向に進む.
【逆向思维】nìxiàng sīwéi 句 反対の角度から考える. 視点を変えて考える.
【逆行】nìxíng 動 (人や車が)逆行する.
【逆转】nìzhuǎn 動 ❶ 逆転する. ¶历史车轮不可〜 / 歴史の車輪は逆には回せない. ❷ 悪化する. ¶局势 júshì〜 / 情勢が悪化する.
【逆子】nìzǐ 名〔個 个 ge〕親不孝な息子. ¶你这个不孝的〜! / この親不孝者! 反 孝子 xiàozǐ

匿 nì 匚部8　全10画〔次常用〕　四 7171₆

素 隠す. 隠れる. ¶〜名 nìmíng /〜影藏形 / 藏〜 cángnì (人にわからないように隠す) / 隐〜 yǐnnì (隠匿する). 回 藏 cáng, 躲 duǒ.
【匿报】nìbào 動 隠して知らせない.
【匿藏】nìcáng 動 隠匿(ひとく)する. 隠し持つ.
【匿伏】nìfú 動 潜伏する. ¶无处〜 / 身を隠すところがない.
【匿迹】nìjì 動 文 行方をくらます. 姿を隠す. ¶〜销 xiāo 声 / 鳴りをひそめ姿を消す.
【匿名】nìmíng 動 匿名にする.
【匿名信】nìmíngxìn 名 匿名の書簡.
【匿影藏形】nì yǐng cáng xíng 〔成〕姿を消す. 正体を現さない. 回 匿影潜 qián 形

腻(膩) nì 月部9　全13画〔次常用〕　四 7324₀

❶ 形 食べ物が油っこい. ¶肥〜 féinì (油っこい. しつこい) / 油〜 yóunì (油っこい. くどい). ❷ 素 細やかだ. ¶细〜 xìnì (きめが細かい) / 滑〜 huánì (皮膚がすべすべしてきめが細かい). ❸ 形 飽きる. 嫌になる. ¶〜烦 nìfán / 玩〜了(遊び飽きた) / 听〜了(聞き飽きた). ❹ 素 垢, 〜 chénnì (垢).
【腻虫】nìchóng 名《虫》アブラムシ. アリマキ. 回 蚜虫 yáchóng
【腻烦】nìfan 回 ❶ 形 飽き飽きする. 多すぎでいやだ. ¶老吃这菜, 都〜了 / いつもこの料理ばかりで, すっかり飽きた. 回 厌烦 yànfán ❷ 動 嫌う. うんざりする. ¶他真叫人〜 / あいつはほんとうにうんざりする. 回 厌烦 yànfán
【腻人】nìrén 形 ❶ うんざりだ. 飽き飽きさせる. ❷(食べ物の油や味がしつこくて)気持ちが悪い. むかむかする. ❸(子供が)つきまとって大人をよく困らせる.
【腻味】nìwei 形 方 "腻烦 nìfan"に同じ.
【腻子】nìzi 名 パテ. 回 泥子 nìzi

睨 nì 目部8　全13画 通 用　四 6701₂

素 文 横目でにらむ. ¶睥〜 pìnì (横目でじろりと見る).
【睨视】nìshì 動 にらむ. 回 睥睨 pìnì

溺 nì 氵部10　全13画〔次常用〕　四 3712₇

素 ❶(水に)おぼれる. ¶〜死 nìsǐ. ❷ 夢中になって度を越す. ¶沉〜于酒色 jiǔsè (酒色におぼれる) /〜爱 nì'ài /〜信 nìxìn (迷信する).
☞ 溺 niào
【溺爱】nì'ài 動 でき愛する. ¶不能过分〜孩子 / 子供をでき愛しすぎてはならない.
【溺水】nìshuǐ 動 おぼれる. ¶〜而死 / おぼれて死ぬ.
【溺死】nìsǐ 動 おぼれ死ぬ.
【溺婴】nìyīng 動 (間引くために)生まれたばかりの子を溺死させる.
【溺职】nìzhí (能力が低くて)任にたえない. 職務を怠る. ¶〜行为 xíngwéi / 職務怠慢行為.

nian ㄋㄧㄢ [nien]

拈 niān 扌部5　全8画 通 用　四 5106₀

❶ 動 指先でつまんだりひねったりする. ¶〜须 xū (ひげをつまむ) /〜花(花を摘む) /〜阄儿 niānjiūr /〜轻怕重 /〜香 niānxiāng. ❷ (Niān)姓.
【拈花惹草】niān huā rě cǎo 〔成〕男性が次々と女性に手を出す. 女性をもてあそぶ. 回 惹草拈花
【拈阄儿】niān//jiūr くじを引く. 回 抓阄儿 zhuājiūr
【拈轻怕重】niān qīng pà zhòng 〔成〕楽な仕事をしたがる. 嫌な仕事を避ける.
【拈香】niānxiāng 動 (神や仏に)線香をあげる. 焼香する.

蔫 niān 艹部11　全14画〔次常用〕　四 4432₇

❶ 動 しおれる. しなびる. ¶萎〜 wěiniān (植物がしおれる) / 花都〜了(花がすべておれた) / 菜〜了(野菜がしなびた). ❷ 形 元気がない. ¶〜不唧 niānbùjī. ❸ 副 そっと. 気づかれないように.
【蔫巴】niānba 動 回 ❶ しおれる. ❷ 気持ちがなえる.
【蔫不唧】niānbujī 形 回 ❶ 元気がない. めいっている. ¶别那么〜的, 打起精神来! / そんなに落ち込まないで, 元気を出せ. ❷ こっそり. ¶他〜地走了 / 彼はこっそり行ってしまった. 回 悄悄 qiāoqiāo
【蔫呼呼】niānhūhū 形 (〜的) ぐずぐずしている. はきはきしない. ¶〜的性格 / はっきりしない性格.
【蔫蔫】niānniān 形 方 ❶ 悶々としている. 回 闷闷 mènmen ❷ 元気がなく, ぐったりしている. しおれている. 回 恹恹 yānyān
【蔫儿坏】niānrhuài 形 腹黒い. 根性がよくない.
【蔫头耷脑】niān tóu dā nǎo 〔成〕精気がなく, ぐったりしているようす.

年(秊) nián 丿部5　全6画 常 用　四 8050₀

❶ 名 年. ¶〜份 niánfèn /〜今〜 jīnnián (今年) / 周〜 zhōunián (満1年) /〜会 niánhuì. ❷ 素 正月. ¶〜糕 niángāo /〜画 niánhuà / 过〜 guònián (新年を迎える). ❸ 素 時期. ¶〜代 niándài /〜头儿 niántóur / 末〜 mònián (末年). ❹ 素 年

齢. ¶~纪 niánjì / ~轻 niánqīng / 享~ xiǎngnián (享年). ❺ 圏 年齢で分けた生涯のある期間. ¶青~ qīngnián (青年) / 老~ lǎonián (老年) / 晚~ wǎnnián (晚年). ❻ 圏 年間の作物の収穫. ¶~成 niánchéng / ~景 niánjǐng / 丰~ fēngnián (豊年) / 欠~ qiànnián (不作の年). ❼ (Nián)姓.
用法 "年 nián"には, 直接数詞をつけて "一年 yīnián", "每年 měinián"などとし, 前置詞("个 ge"など)をつけない.

【年报】niánbào 名 年報. 年鑑.
【年辈】niánbèi 名 年かっこう. 年齢と世代.
【年表】niánbiǎo 名 年表.
【年菜】niáncài 名 正月料理.
【年产量】niánchǎnliàng 名 年間生産量. 年間産出量.
【年辰】niánchén 名 年月. 歲月.
【年成[程]】niánchéng 名 (農作物の)作柄. 1年間の収穫. ¶~不好 / 作柄が悪い.
【年初】niánchū 名 年初.
*【年代】niándài 名 ❶ 年代. 時代. 時期. ¶~久远 / 年代が古い. ❷1世紀を10年間で区切った年代. …年代. ¶九十~ / 90年代.
【年底】niándǐ 名 年末. ¶~结帐 jiézhàng / 年末に帳簿をしめる.
【年度】niándù 名 年度. ¶会计 kuàijì~ / 会計年度. ¶~计划 / 年度計画.
【年饭】niánfàn 名 旧暦の大みそかに一家そろってとる食事. ¶吃~ / 家族そろって大みそかのごちそうを食べる. 同 年夜饭 niányèfàn
【年份】niánfèn 名 ❶ 年. 年度. ❷ 経過した時間の長さ. ¶这件家具的~比那件久 / この家具の年代はあれよりも古い.
【年富力强】nián fù lì qiáng 成 年が若く活力がある.
【年高德劭】nián gāo dé shào 成 年をとり人徳がある.
【年糕】niángāo 名〔块 kuài〕もち米または米の粉をこね, 蒸して作ったもち菓子. 旧正月に食べる.
【年根】niángēn 名 方 (~儿)年末. 年の暮れ. 同 年底 niándǐ
【年庚】niángēng 名 人が生まれた年·月·日·時刻. ¶~八字 / 生年月日·時刻を干支であらわした8文字. 占いに用いられる.
【年关】niánguān 名 旧 年末. 年の瀬. 由来 かつては旧暦の年末に貸し借りを精算したので, 未払いや借金がある人にとっては, 年越しは関所を越すように難しく思われたことから.
【年光】niánguāng 名 ❶ 年月. 歲月. ¶~易逝 shì / 歲月は過ぎ去りやすい. 同 年华 niánhuá ❷ 作柄. 同 年成 niánchéng, 年景 niánjǐng ❸ 方 時代. 時世. 同 年头儿 niántóur
【年号】niánhào 名〔个 ge〕年号. 元号. 参考 漢の武帝建元元年(前140)から始まる. 一人の皇帝でいくつかの年号を建てることもあるが, 明·清時代に一人の皇帝に一つの年号となった.
【年后饭】niánhòufàn "春节"を迎えて, 新年を祝う家族や親戚, 親しい友人などとする会食. とくにこの期間の外食を指す.
【年华】niánhuá 名 ❶ 歲月. 年月. ¶虚 xū 度~ / 歲月をむだに過ごす. ❷ 年齢.
【年画】niánhuà 名 (~儿)〔幅 fú, 张 zhāng〕年画(⚲). 旧正月に門扉や窓などに貼る, めでたい情景を描いた吉祥をあらわす絵画.

年 画

【年会】niánhuì 名〔次 cì, 届 jiè〕年次例会. 年次総会. 表現 何年かおきに行う大会についても言う.
【年货】niánhuò 名 正月用品. "年糕 niángāo", "年画 niánhuà", "花炮 huāpào"など.
*【年级】niánjí 名〔个 ge〕学年. ¶小学二~学生 / 小学校の二年生.
【年集】niánjí 名 年末の市. 年の市.
*【年纪】niánjì 名 人の年齢. 同 年岁 niánsuì 表現 相手の年齢をたずねる時に, "你多大年纪?"と言うことが多い.
【年假】niánjià 名 ❶ 冬休み. ¶放~ / 冬休みになる. 同 寒假 hánjià ❷ 旧正月の休暇. 正月休みの三日間.
【年间】niánjiān 名 (ある)時代. (ある)年代. (ある朝廷の)年間.
【年检】niánjiǎn 動 年一度の定期検査をする. ¶汽车~ / 毎年の車検.
【年鉴】niánjiàn 名〔本 běn, 部 bù, 册 cè〕年鑑. イヤーブック.
【年节】niánjié 名 旧正月. 同 春节 chūnjié
【年金】niánjīn 名 年金. 一定期間を基準として定めた金額を定期的に支給する形式の給付金. 比较 日本語の老齢年金は, "退休金", "养老金"という.
【年景】niánjǐng 名 ❶ 作柄. ¶好~ / いい作柄. ¶正常~ / 普通の作柄. 同 年成 niánchéng ❷ 正月の風景.
【年久失修】niánjiǔ shīxiū 句 長年修理されていない.
【年均】niánjūn 動 年平均で計算する.
【年刊】niánkān 名 年刊.
【年来】niánlái 名 ここ数年.
【年历】niánlì 名〔本 běn, 张 zhāng〕暦. カレンダー.
【年利】niánlì 名 《金融》年利. 同 年息 xī
*【年龄】niánlíng 名 (人または動植物の)年齢. ¶入学 rùxué~ / 入学する年齢.
【年龄组】niánlíngzǔ 名 世代. (ある)年齢群. (ある)年代群.
【年轮】niánlún 名 《植物》〔圈 quān〕年輪. 表現 比喩的に, 時代の積み重ねという意味にも用いる.
【年迈】niánmài 形 高齢の. 年老いた. ¶~力衰 shuāi / 年老いて力が衰える.
【年貌】niánmào 名 年齢と容貌. 年かっこう. ¶两人~相当 / 二人は年かっこうがつり合っている.
【年命】niánmìng 名 文 寿命.
【年末】niánmò 名 年末. 同 年底 dǐ
【年年】niánnián 名 毎年. 年々. ¶~提高水平 / 年々

【年譜】niánpǔ 名〔量 本 běn, 册 cè〕年譜. ¶杜甫 Dù Fǔ～/杜甫の年譜.

*【年青】niánqīng 形（青少年期にあって）若い. ¶正正～,应该好好儿学习/君は若いんだから,一生懸命勉強しなければならない.

*【年轻】niánqīng 形 年が若い. ¶～人/若い人. 若者. ¶～有为 yǒuwéi/若くて有望だ.

【年轻化】niánqīnghuà 動 若返る. 若者化する.

【年轻力壮】nián qīng lì zhuàng 成 年も若く,精力があふれている. 若く,たくましい.

【年少】niánshào ❶ 形 若者. 青少年. ¶翩翩 piānpiān～/あか抜けた若者. ¶英俊 yīngjùn～/才能のすぐれた若者. ❷ 形 年が若い. 同 年轻 niánqīng 注意 ①は男子を指すことが多い.

【年深日久】nián shēn rì jiǔ 成 長い年月が経つ. 長い年月を経る. ¶～的事/長い年月を経たこと. 同 年深月久 yuè jiǔ,年深岁 suì 久

【年时】niánshí 名 方 長年. 多年. 同 年头儿 niántóur ❷ 名 往年. 昔. 同 往年 wǎngnián

【年事】niánshì 名 〈書〉年齢. 同 年纪 jì

【年时】niánshí 名 去年. 同 去年 qùnián

【年寿】niánshòu 名 寿命.

【年岁】niánsuì 名 ❶ 年. 年齢. ¶这人看上去有些～了/この人は年は少し年がいっている. 同 年纪 niánjì ❷ 時代. 時期. 同 年代 niándài ❸ 名 作柄. 同 年成 niáncheng

【年头】niántóu 名 一年の初め. 年頭. 反 年尾 wěi

【年头儿】niántóur ❶ 名〈足かけ…〉年. 同 年份 niánfèn ❷ 多年. 長年. ❸ 時代. ¶你算遇上好～了/あなたはいい時代に生まれついたと言える. 同 时代 shídài ❹ 作柄. 収穫. 同 年成 niáncheng

【年尾】niánwěi 名 年末. 年底 dǐ ~ 年头 tóu

【年息】niánxī 名 年利. 同 年利 niánlì

【年下】niánxia 名 旧暦の年末年始.

【年限】niánxiàn 名 年限. ¶使用～/使用年限. 有效～/有効期限.

【年薪】niánxīn 名 1年間の給料. 年俸.

【年夜】niányè 名 旧暦の大みそかの夜. 旧暦の除夜. 同 除夕 chúxī

【年夜饭】niányèfàn →年饭

【年幼】niányòu 形 若年の. 未成年の. 経験の浅い.

【年月】niányuè ❶ 名 時代. ¶这～,解决温饱 wēnbǎo 就满足了/その時代は,衣食さえ足りれば十分だった. 同 时代 shídài,年头儿 niántóur ❷ 年月. 月日. ¶漫长 màncháng 的～/長い年月. 同 日子 rìzi,岁月 suìyuè

【年长】niánzhǎng 形 年長だ. 年上だ. ¶对～者,要有礼貌/年上には礼儀正しくすべきだ.

【年终】niánzhōng 名 年末. 年の暮れ. ¶～结帐 jiézhàng/年末決算. ¶～奖金 jiǎngjīn/年末のボーナス.

【年资】niánzī 名 年齢と経歴. キャリア.

【年尊】niánzūn 形〈文〉年輩だ. 年かさだ.

粘 nián
米部5 四 9196₀ 全11画 常用

❶ →黏 nián ❷ (Nián) 姓.
☞ 粘 zhān

鲇(鮎) nián
鱼部5 四 2116₀ 全13画 通用

下記熟語を参照.

【鲇鱼】niányú 名《魚》ナマズ.

黏 nián
黍部5 四 2196₀ 全17画 通用

形 粘りけがある. ¶～液 niányè/～米 niánmǐ. 同 粘 nián

【黏虫】niánchóng 名《虫》ヨトウムシ. ヤトウムシ.

【黏度】niándù 名 粘り. 粘度.

【黏附】niánfù 動 粘着する. 粘着させる.

【黏合】niánhé 動 接着する. 貼り合わせる. 表現 いくつかのものを寄せ集めるという意で使い.

【黏合剂】niánhéjì 名〔量 种 zhǒng〕接着剤.

【黏糊】niánhu 形 ❶ 粘っこい. 粘りけがある. ¶又～又好吃/粘りけもあり味もよい. 重 黏黏糊糊 黏糊糊 niánhuhu,黏糊糊的 niánhūhūde ❷（動作が）のろい. しまりがない. ¶你办事怎么那么～？/君の仕事ぶりはどうしてそう愚図なんだ？ 重 黏黏糊糊 同 黏糊糊 niánhuhu,黏糊糊的 niánhūhūde

【黏结】niánjié 動 接着する.

【黏米】niánmǐ 名 方 もち米. もち粟(あ).

【黏膜】niánmó 名《生理》〔量 层 céng〕粘膜(ねんまく).

【黏土】niántǔ 名 粘土.

【黏性】niánxìng 名 粘り. 粘着性.

【黏液】niányè 名 粘液.

【黏着】niánzhuó 動 のりづけする. 接着する. ¶～剂 jì/接着剤. ¶不容易～/接着しにくい.

【黏着力】niánzhuólì 名 粘着力.

捻(異撚) niǎn
手部8 四 5803₂ 全11画 次常用

❶ 動 指先をこすり合わせてよじる. ¶～线（糸をよる）/条绳子 shéngzi（縄をなう）. ❷ 名（～儿）紙や布をよって作った縄状のもの. ¶纸～儿 zhǐniǎnr/药～儿 yàoniǎnr（花火の口火）/灯～儿 dēngniǎnr（灯心）. 同 捻子 niǎnzi

【捻度】niǎndù 名《紡織》捻度(ねんど). 紡績用の綿糸や麻糸の繊維によったかけた回数.

【捻军】Niǎnjūn 名《歴史》捻軍. 参考 清朝末期(1851-1874)に安徽省北部と河南一帯の農民が蜂起した反政府軍. 1886年に清朝の軍隊に鎮圧された.

【捻捻转儿】niǎnniǎnzhuànr 名 指先でひねって回すこま. 玩具の一つ.

【捻子】niǎnzi 名 ❶〔量 个 ge,根 gēn〕こより. こより状の物. ¶药～/薬を付けたこより. 傷口に差し込む. ¶纸～/こより. ❷ 灯心. ¶灯～/灯心.

辇(輦) niǎn
车部8 四 5550₄ 全12画

❶ 名 古代,人が引いた車. 皇帝が乗る車. ❷ 動 乗る. 参考 古くは "liǎn" と発音した.

碾 niǎn
石部10 四 1763₂ 全15画 次常用

❶ 名 砕いたりつぶしたりする道具. ひきうすやローラーなど. ¶石～ shíniǎn（石うす）/汽～ qìniǎn（蒸気ローラー）. 同 碾子 niǎnzi ❷ 動 うすやローラーなどで押しつぶす. ¶～米（精米する）/～碎 niǎnsuì.

【碾坊[房]】niǎnfáng 名〔量 间 jiān〕精米所. 製粉所.

【碾砣子】niǎngtuózi 名 ひきうすの可動部分. ローラー. 同 碾砣 niǎntuó

【碾米机】niǎnmǐjī 名 精米器.

【碾盘】niǎnpán 名 ひきうすの台の部分.

niǎn - niàng 撵廿念捻娘酿

【碾碎】niǎnsuì 動 ひき砕く. ひきつぶす.
【碾压】niǎnyā 動 圧搾ローラーにかける.
【碾子】niǎnzi 名 ❶〔個 个 ge,盘 pán〕石うす. ❷ うす. ローラー. ¶汽～/蒸気で回す挽きうす. ¶药～/やげん.

撵(撵) niǎn
扌部12 四 5505₄ 全15画 次常用
動 ❶追い出す. ¶～出去(追い払う). ❷ 方 追いつく. ¶你～不上我(君は私に追いつけない).
【撵跑】niǎn//pǎo 動 追い払う. ¶把鸽子 gēzi～了/ハトを追い払った.
【撵走】niǎn//zǒu 動 追い払う. 追いかける. ¶刚来就被～了/来たばかりなのに追い立てられた.

廿 niàn
一部3 四 4477₀ 全4画 通用
数 方 二十. ¶～四史 niànsìshǐ (二十四史).

念(异 唸₃) niàn
心部4 四 8033₂ 全8画 常用
❶ 動 心にかける. ¶～旧 niànjiù/～不忘・惦 diànniàn (気にかける)/怀～ huáiniàn (懐しく思う). 同 思 sī,想 xiǎng. ❷ 素 考え. ¶～头 niàntou/杂～ zániàn (雑念). ❸ 動 声に出して読む. ¶～书 niànshū/～诗 shī (詩を朗読する)/～经 niànjīng. ❹ 数 "廿 niàn"の代わりに用いる. ¶七月～三日(7月23日). ❺ (Niàn)姓. 表現 ❹は,"念 niàn"と"廿 niàn"の発音が同じことから.
【念白】niànbái 名 劇中のせりふ. ¶练习～/せりふのけいこする.
【念叨[道]】niàndao 動 ❶思い出してはよく話題にする. ¶我们常～的校长/いつも話題にする校長先生. ❷ 方 言う. 話し合う. ¶跟大家～～/みんなと話し合う.
【念佛】niàn//fó 動 念仏を唱える. ¶吃斋 chīzhāi～/精進して念仏を唱える. ¶诵 sòng 经～/お経を上げる.
【念经】niàn//jīng 動 お経を唱える. ¶和尚 héshang 正在～/和尚は読経の最中だ.
【念旧】niànjiù 動 昔の友情や友人を忘れない. ¶他很～,不会不来的/彼は義理堅いから,きっと来るだろう.
【念念不忘】niàn niàn bù wàng 成 胸に深く刻みこんで片時も忘れない.
【念念有词】niàn niàn yǒu cí 成 ❶ 旧 まじないを唱える. ❷ぶつぶつ言い続ける. ¶口中～/口の中でぶつぶつ言う.
【念书】niàn//shū 動 ❶本を読む. ¶学生都在～/学生たちは皆読書中だ. ❷勉学に励む. ¶姐姐在北京师范大学～/姉さんは北京師範大学で勉強している. 同 读书 dúshū
【念头】niàntou 名〔個 个 ge,种 zhǒng〕考え. 胸の内. ¶转 zhuǎn～/ある気持ちになる.
【念物】niànwù 名 方 記念品.
【念心儿】niànxinr 名 方 記念品. 同 念信儿 niànxinr,念想儿 niànxiǎngr
【念咒】niànzhòu 動 呪文を唱える.
【念珠】niànzhū 名〔～儿〕〔串 chuàn,挂 guà,颗 kē〕じゅず. 同 数珠 shùzhū

捻 niàn
土部8 四 4813₂ 全11画 通用
名〔個 道 dào〕土で築いた小さな堤.

niang ㄋㄧㄤ〔nian〕

娘(异 孃) niáng
女部7 四 4343₂ 全10画 常用
❶ 素 若い女性. ¶新～ xīnniáng (花嫁. 新婦)/姑～ gūniang (娘さん. 若い女性). ❷ 素 母親. ¶爹～ diēniáng (父と母). ❸ 素 一世代上,あるいは年上の女性. ¶大～ dàniáng (おばさん)/婶～ shěnniáng (叔母).
【娘家】niángjia 名 ❶嫁の実家. ¶回～/実家に帰る. 里帰りする. 反 婆家 pójiā ❷かつて生活したり,学んだりした所. 学校や劇団などを指すこともある.
【娘舅】niángjiù 名 方 母方のおじさん. 同 男父 jiùfù
【娘娘】niángniang 名 ❶〔位 wèi〕皇后または第二婦人. ¶正宫 zhènggōng～/皇后陛下. ❷ニャンニャン. 子授けなどの女神. ¶～庙 miào/子授け女神の祠(ほこら). 地母神の廟(びょう). 参考 泰山の頂上にある"娘娘庙"が有名.
【娘娘腔】niángniangqiāng 名 おねえことば. 男性が女性のような口調で話すようす.
【娘亲】niángqīn 名 母様. お母さん. 参考 京劇のせりふで使う,母の呼称.
【娘儿】niángr 名 回 目上の女性と目下の男女. ¶～五个/母と4人の子. 同 娘儿们 niángrmen 用法 母と子たち,叔母と甥や姪たち,先輩の女性と若手たちなどを言い,後ろに量詞をともなう.
【娘儿俩】niángrliǎ 名 年長の女性と若い世代の二人. 母と子. おばと甥(びょう)または姪(めい). ¶～相依为 wéi 命/母子二人,互いに寄りそって暮らす.
【娘儿们】niángrmen 名 回 ❶年長の女性と若い世代の男女. ❷ 方 女. ¶这些～,尽 jìn 多嘴/この女どもは,みんなおしゃべりだ. ❸ 方 妻. 用法 ❷は,軽い軽蔑の気持ちを含む. また,単数・複数のどちらに用いてもよい.
【娘胎】niángtāi 名 胎盤. ¶从～带来的/母親の腹の中から持って来た. 生まれながらに備えている.
【娘姨】niángyí 名 方 メイド.
【娘子】niángzǐ 名 ❶ 古 妻. ❷〔位 wèi〕青年から中年の女性に対する尊称. 参考 ❷は,戯曲や小説に多く見られる.
【娘子军】niángzǐjūn 名〔隊 duì,支 zhī〕女性だけで組織した部隊. 由来 隋末に唐の高祖李淵の娘が統率した軍隊を"娘子军"と呼んだことから.

酿(酿) niàng
酉部7 四 1363₂ 全14画 常用
❶ 動 発酵させて酒などをつくる. ¶～酒 niàngjiǔ/～造 niàngzào/酝～ yùnniàng (酒をつくる時の発酵の過程). ❷ 動 ミツバチが蜜をつくる. ¶～蜜 mì (蜜をつくる). ❸ 動 次第に形成される. ¶～成 niàngchéng. ❹ 素 酒. ¶佳～ jiāniàng (美酒).
【酿成】niàngchéng 動 しだいに…を引き起こす. ¶～大祸 dàhuò/大災害を引き起こす. ¶～争端 zhēngduān/紛争を引き起こす.
【酿祸】niàng//huò 動 問題が生じる. トラブルを起こす.
【酿酒】niàngjiǔ 動 酒を醸造する. ¶～厂/酒の醸造所. ¶～技术/酒造技術.
【酿母菌】niàngmǔjūn 名 酵母菌. 同 酵母 jiàomǔ
【酿造】niàngzào 動 醸造する.

niǎo ㄋㄧㄠˇ [niɑʊ]

鸟(鳥) niǎo
鸟部 0　四 2712₇
全5画　常用

名 ❶〔❀个 ge, 只 zhī〕鸟．¶~尽 jìn 弓 gōng 藏／~语花香／比翼~ bǐyìniǎo（仲むつまじい夫妻）／惊 jīng 弓之~（ささいなことに恐れおののく人）．**❷**(Niǎo)姓．

筆順　′　勹　鸟　鸟

【鸟巢】niǎocháo 名 ❶ 鸟の巣．❷ 国立体育場．2008年北京オリンピックの競技場の一つ．由来 ②は鸟の巣に似ていることから．
【鸟道】niǎodào 名 鸟道．鸟のみが通り抜けられる険しい山道．
【鸟粪】niǎofèn 名 ❶ 鸟の糞．❷ 鸟糞(ふん)石．グアノ．
【鸟害】niǎohài 名 鸟害．
【鸟尽弓藏】niǎo jìn gōng cáng 成 事が成功すると，尽力した人たちは不用になって退けられる．由来『史記』越王勾践世家に見えることば．鸟がいなくなると，弓は使わなくなってしまわれる，という意から．⇨ 兔死狗烹 tù sǐ gǒu pēng
【鸟瞰】niǎokàn ❶ 動 高い所から見渡す．鸟瞰(かん)する．¶~全市／市内全体を見渡す．❷ 名 事物の大まかな描写．鸟瞰．¶~图／鸟瞰図．
【鸟类】niǎolèi 名 鸟類．
【鸟笼】niǎolóng 名〔❀个 ge, 只 zhī〕鸟かご．
【鸟枪】niǎoqiāng 名〔❀杆 gǎn, 枝 zhī〕❶ 鸟撃ち用の銃．❷ 空気銃．エアガン．
【鸟枪换炮】niǎo qiāng huàn pào 成 銃を大砲に換える．状況がすばらしく好転したり，条件が格段によくなること．
【鸟雀】niǎoquè 名 小鸟．鸟類．
【鸟儿】niǎor 名〔❀个 ge, 只 zhī〕小鸟．
【鸟兽】niǎoshòu 名 鸟獣．
【鸟兽散】niǎoshòusàn 慣用 (敵や悪人が)散り散りになる．¶如~／クモの子を散らすようだ．¶作~／雲散霧消する．
【鸟窝】niǎowō 名 鸟の巣．
【鸟语花香】niǎo yǔ huā xiāng 成 鸟が鳴き，花の香りが漂う．うららかな春の日のようす．¶公园里~，一派春色／公園は鸟がさえずり花はかぐわしく，春らんまんだ．
【鸟葬】niǎozàng 名 鸟葬．同 天葬 tiānzàng

茑(蔦) niǎo
艹部5　四 4412₇
全8画　通用

名《植物》ヤシャビシャク．

【茑萝】niǎoluó 名 ❶《植物》ルコウソウ．❷ ヤシャビシャクとツタ．親しいものが寄り添うようすにたとえる．

袅(裊/異嫋、嬝) niǎo
衣部4　四 2773₂
全10画　通用

形 細長くて柔らかい．¶~~ niǎoniǎo／~娜 niǎonuó．

茑萝

【袅袅】niǎoniǎo 形 ❶ (煙や湯気が)ゆらゆらと立ち上るようす．¶炊烟 chuīyān~／かまどの煙がゆらゆらと立ち上る．❷ 細長くしなやかなものが風に揺れめくようす．¶垂柳 chuíliǔ~／シダレヤナギがしなやかに風になびく．❸ 音声がいつまでも響くようす．¶余音 yúyīn~／余韻がいつまでも漂っている．
【袅袅婷婷】niǎoniǎotíngtíng 形 文 (女性の歩く姿が)しなやかなようす．たおやかなようす．
【袅娜】niǎonuó 形 ❶ 枝や草が細く柔らかい．❷ 女性の姿が美しい．¶~多姿 zī／女らしくしなやかな姿．参考 もと"niǎonuò"と発音した．
【袅绕】niǎorào 形 文 いつまでも途切れない．¶余音 yúyīn~／余韻がいつまでも残っている．

尿 niào
尸部4　四 7729₂
全7画　常用

❶名〔❀泡 pāo〕小便．¶~布 niàobù／撒 sā~（おしっこをする）．**❷**動 小便をする．¶~床 niàochuáng／~尿 niàosuī（小便をする）．
☞ 尿 suī

【尿崩症】niàobēngzhèng 名《医学》尿崩(ほう)症．
【尿布】niàobù 名〔❀块 kuài〕おむつ．¶换~／おむつを換える．同 褯子 jièzi
【尿池子】niàochízi 名 尿瓶(びん)．小便用のおまる．
【尿床】niào//chuáng 動 寝小便をする．
【尿道】niàodào 名《生理》尿道．
【尿毒症】niàodúzhèng 名《医学》尿毒症．
【尿检】niàojiǎn 名 動 尿検査(をする)．ドーピング検査(をする)．
【尿炕】niào//kàng 動 オンドルの上で寝小便をする．
【尿盆】niàopén 名 寝室用のおまる．
【尿频】niàopín 名《医学》頻尿．
【尿素】niàosù 名《化学》尿素．同 脲 niào
【尿酸】niàosuān 名《化学》尿酸．
【尿血】niào//xiě 動《医学》血尿が出る．☞ 尿血 niàoxuè
【尿血】niàoxuè 名《医学》血尿．☞ 尿血 niàoxiě
【尿潴留】niàozhūliú 名《医学》尿閉(へい)．

脲 niào
月部7　四 7729₂
全11画　通用

名《化学》尿素．同 尿素 niàosù

溺 niào
氵部10　四 3712₇
全13画　次常用

名 動 "尿 niào"に同じ．
☞ 溺 nì

nie ㄋㄧㄝ [niE]

捏(異揑) niē
扌部7　四 5601₄
全10画　常用

❶動 指でつまむ．¶~着一粒糖（アメを一つつまむ）／~铅笔（エンピツをもつ）．**❷**動 柔らかいものを指でこねて形をつくる．¶~饺子（餃子をつくる）／~泥人儿（泥人形をつくる）．**❸**素 でたらめにつくる．でっち上げる．¶~造 niēzào／~报 niēbào．

【捏报】niēbào 動 偽りの報告をする．¶~产量／生産高を偽って報告する．
【捏合】niēhé 動 ❶ 人や物をむりやり一つに合わせる．¶你去~一下／あなたがちょっと仲をとりもってやりなさい．❷

捏造(ねつ)する.
【捏合机】niēhéjī 名 こね合わせ機.
【捏弄】niēnong 動 ❶ 手でいじくり回す. ¶几块不同颜色的橡皮泥,经他一～,就变成了几只可爱的小动物 / 何色かのゴム粘土を彼がちょっといじくると,すぐ何匹かのかわいい小動物になった. ❷ 人を操る. ¶自己的事,应该自己做主,不能任人～ / 自分のことは自分でしなくちゃ. 他人に操られてはだめだ. ❸ ひそかに相談する. ¶这事应该由大家来决定,不能由少数几个人一～就决定了 / これは皆で決めるべきことだ,わずか数人でひそかに相談して決めてはならない. ❹ 捏造(ねつ)する.
【捏一把汗】niē yī bǎ hàn 慣 手に汗を握る. ¶他第一次开车出门了,大家都为他～ / 彼が初めて車を運転して出かけるというので,みんなはらはらして手に汗を握った. 同 捏把汗
【捏造】niēzào 動 捏造(ねつ)する. でっち上げる. ¶～罪名 zuìmíng / 罪名をでっち上げる. ¶～事实 / 事実を捏造する. 同 编造 biānzào, 假造 jiǎzào
【捏闸】niē//zhá 動 手動ブレーキをかける. ハンドブレーキを握る.

乜 Niè
刀部1 四 4071₂
全2画 通用
名 姓.
☞ 乜 miē

陧 niè
阝部7 四 7621₄
全9画 通用
→杌陧 wùniè

聂(聶) Niè
耳部4 四 1044₇
全10画 次常用
名 姓.
【聂荣臻】Niè Róngzhēn《人名》聶栄臻(じょうしん:1899-1992). 参考 中国のプロレタリア革命家で軍事家. 中国人民解放軍の創設者であり指導者の一人.

臬 niè
自部4 四 2690₄
全10画 通用
名 ❶ 文 矢のまと. ❷ おきて. 規準. ¶圭～ guīniè(日時計. 標準). ❸(Niè)姓.

涅 niè
氵部7 四 3611₄
全10画 通用
❶ 名 黒の染料になるミョウバン石. ¶～白 nièbái. ❷ 動 文 黒く染める. ¶～齿 chǐ(歯を黒く染める).
【涅白】nièbái 形 乳白色の.
【涅槃】nièpán 名《仏教》涅槃(ねはん). ◆サンスクリット nirvāna

啮(嚙)〈異 齧、囓〉 niè
口部8 四 6107₂
全11画 通用
動 文 かじる. かむ. ¶～齿 chǐ 动物(齧歯(げっし)動物) / ～合 nièhé. 表現 ネズミやウサギ,蛇などの動物に用いる.
【啮合】nièhé 動 歯と歯がぴったりかみ合う.

嗫(囁) niè
口部10 四 6104₇
全13画 通用
下記熟語を参照.
【嗫嚅】nièrú 形 文 口ごもるようす.

镊(鑷) niè
钅部10 四 8174₇
全15画 次常用
❶ 素 ピンセット. 毛抜き. ¶～子 nièzi. ❷ 動 ピンセットや毛抜きではさんで引っ張る. ¶把掉进瓶子里的塞子sāizi一~出来(瓶の中に落ちた栓をピンセットで取り出す).
【镊子】nièzi 名〔個 把 bǎ〕毛抜き. ピンセット.

镍(鎳) niè
钅部10 四 8679₄
全15画 通用
名《化学》ニッケル. Ni.
【镍币】nièbì 名 ニッケル硬貨.

颞(顳) niè
页部10 四 1148₂
全16画 通用
下記熟語を参照.
【颞骨】niègǔ 名《生理》こめかみの部分にある骨. 側頭骨.
【颞颥】nièrú 名《生理》こめかみ.

蹑(躡) niè
𧾷部10 四 6114₇
全17画 通用
❶ 動 文 忍び足で歩く. ¶～手～脚. ❷ 素 踏み込む. ¶～足其间(深く関わる). ❸ 素 追跡する. ¶～踪 nièzōng. ❹ 動 文(高い地位に)つく. ¶～高位(高い地位につく).
【蹑手蹑脚】niè shǒu niè jiǎo 成(～的)ぬき足さし足. ¶他～地进来 / 彼はぬき足さし足で入って来た.
【蹑踪】nièzōng 動 後をつける. 尾行する.
【蹑足】nièzú 動 ❶ 忍び足で歩く. 足音を立てずに歩く. ❷ 文 立ち入る. 参加する.

孽(異 孼) niè
艹部16 四 4440₇
全19画 次常用
素 ❶ 邪悪なもの. ¶妖～ yāoniè(妖怪). ❷ 罪悪. ¶造～ zàoniè(罰当たりをする). ¶罪～ zuìniè(罪業). ❸ 不孝. 不忠. ¶～臣 nièchén(不忠の家臣) / ～子 nièzǐ(妾腹の子. 親不孝者).
【孽海】nièhǎi 名《仏教》果てることのない悪の業(ごう). 同 业 yè 海 由来 海のように人をおぼれさせる,という意から.
【孽障】nièzhàng 名 ❶《仏教》罪業(ざいごう). 同 业障 yèzhàng ❷ 旧〔個 个 ge〕できそこない. 息子をののしることば. 同 业障 yèzhàng

蘖(異 櫱) niè
艹部17 四 4490₄
全20画 通用
素 木を切ったあとから出てくる新芽. ひこばえ.
【蘖枝】nièzhī 名《植物》植物が分蘖(ぶんげつ)したときに出てくる新しい枝.

糵(異 糱) niè
艹部19 四 4490₄
全22画 通用
名 酒をつくるための麹(こうじ).

nín ニㄣ〔nin〕

您 nín
心部7 四 2733₉
全11画 常用
代 ❶ "你 nǐ"の敬称. あなた. ¶老师,～早!(先生お早うございます). ❷(後に数量詞を伴って)あなた方. ¶～几位里面请一下(あなた方へどうぞ) / ～二位想吃点儿什么?(おふたかたは何を召し上がりますか). 表現 ふつう複数形"您们 nínmen"は使わない. 文章の中でたまに使われることがあるが,会話では使わない.

ning ㄋㄧㄥ〔niəŋ〕

宁(寧/異 甯 ❶~❺) níng

宀部2　全5画　四 3020₁　常用

❶ 形 安らかだ。¶~静 níngjìng / 坐卧不~(成座っても寝ても落ち着かない)。❷ 動 ⽂ 安らかにする。¶~边(辺境を侵入から守る) / 息 xī 事~人(成争いをまるくおさめる)。❸ 動 ⽂ 訪問する。¶~亲(里帰りする) / 归~ guīníng(嫁が里帰りする)。❹ 素 地名用字。"南京 Nánjīng"の別称。¶沪 Hù~铁路(上海·南京間の鉄道)。❺ 素 地名用字。"宁夏回族自治区 Níngxià Huízú zìzhìqū"の略称.
☞ 宁 nìng

【宁波】Níngbō《地名》寧波(ﾆﾝ·ﾎﾟｰ)．浙江省にある市．同省東部沿海地区最大の工業都市．

【宁静】Níngjìng 形 静かだ。落ち着いている。¶屋子里格外~ / 室内はことのほか静かだ。¶~的心情 / 平静な気持ち。回 安静 ānjìng, 恬静 tiánjìng

【宁日】níngrì 名 ⽂ 平穏な日々．

【宁帖〔貼〕】níngtiē 形 ⽂ 心静かだ。安らかだ．

【宁夏回族自治区】Níngxià Huízú zìzhìqū《地名》寧夏(ﾆﾝｶ)回族自治区．略称は"宁"(寧史)．区都は"银川 Yínchuān"．

【宁馨儿】níngxīn'ér 名 ⽂ 褒 よい子．参考 もとの意味は"このような子供"．のちに子供をほめることばとして用いられるようになった．

拧(擰) níng

扌部5　四 5302₁　全8画　次常用

動 ❶ しぼる。よる。¶~手巾 shǒujīn(てぬぐいをしぼる)．❷ つねる。¶~了小李一把(李くんをギュッとつねってやった)．⇨拧 nǐng(図)
☞ 拧 nǐng, nìng

咛(嚀) níng

口部5　四 6302₁　全8画　通用

→叮咛 dīngníng

狞(獰) níng

犭部5　四 4322₁　全8画　次常用

素 凶悪だ．¶~恶 níng'è(凶悪だ) / ~笑 níngxiào．

【狞笑】níngxiào 動 恐ろしげに笑う．

柠(檸) níng

木部5　四 4392₁　全9画　次常用

下記熟語を参照．

【柠檬】níngméng 名《植物》レモン．¶~汁 zhī / レモンジュース．

【柠檬水】níngméngshuǐ 名 レモネード．レモンジュース．
【柠檬酸】níngméngsuān 名 クエン酸．
【柠檬油】níngméngyóu 名 レモン油(ﾕ)．

聍(聹) níng

耳部5　四 1342₁　全11画　通用

→耵聍 dīngníng

凝 níng

冫部14　四 3718₁　全16画　常用

❶ 動 固まる。凝結する．¶~固 nínggù / ~冻 níngdòng．❷ 素 気持ちを集中する．¶~思 níngsī / ~视 níngshì．

【凝成】níngchéng 動 凝結する．凝縮して…になる．
【凝冻】níngdòng 動 凍結する．¶河水~ / 河川が凍結する．
【凝固】nínggù 動 ❶ 凝固する．¶血液 xuèyè~了 / 血液が凝固した．¶~凝结 níngjié ❷ 固まって動かない．¶思想~ / 考え方が硬直化している．
【凝固汽油弹】nínggù qìyóudàn 名《軍事》ナパーム弾．

【凝华】nínghuá 動《化学》昇華する．
【凝集】níngjí 動 凝集する．ぎっしり詰まる．
【凝结】níngjié 動 ❶ 凝結する．¶山林中~着薄薄的晨雾 / 山林の中は薄い朝霧が凝結している．❷ ぎゅっと固まる．一つになる．
【凝结核】níngjiéhé 名《化学》凝結核(ｷﾞｮｳｹﾂｶｸ)．
【凝聚】níngjù 動 凝集する．¶他把所有精力都~在工作上 / 彼は持てるエネルギーをすべて仕事に注ぎ込んだ．
【凝聚力】níngjùlì 名 ❶《物理》凝集力．❷ 結束力．団結力．
【凝练〔煉〕】níngliàn 形《文章が》簡潔でよくまとまっている．¶文笔~ / 書きぶりがよく練れている．¶~的语言 / 簡潔なことば．
【凝眸】níngmóu 動 ⽂ ひとみを凝らす．¶~远望 / ひとみを凝らして遠くを見る．¶~沉思 chénsī / じっと一点を見つめ考えにふける．
【凝神】níngshén 動 精神を集中する．¶~思索 / 精神を集中して考える．¶~静听 / 一言も聞きもらすまいと、じっと耳を傾ける．
【凝视】níngshì 動 見つめる．凝視する．回 凝望 níngwàng, 注视 zhùshì
【凝思】níngsī 動 じっと考える．
【凝望】níngwàng 動 じっと遠くを眺める．
【凝血酶】níngxuèméi 名《生理》トロンビン．
【凝脂】níngzhī 名 白くつやのある肌．
【凝滞】níngzhì 動 動きがにぶる．ぼんやりする．¶~的目光 / うつろなまなざし．回 呆滞 dāizhì, 僵滞 jiāngzhì
【凝重】níngzhòng 形 荘重だ．重々しい．¶~深沉 shēnchén 的乐曲 yuèqǔ / 荘重で重厚な音楽．
【凝重感】níngzhònggǎn 名 重厚感．荘厳な感覚．

拧(擰) nǐng

扌部5　四 5302₁　全8画　次常用

❶ 動 ねじる．ひねる．¶~螺丝 luósī(ネジをしめる)．❷ 動《動詞の補語として》あべこべになる．間違う．ぶつかる．¶他把话听~了(彼はことばを聞き違えた) / 别把事情弄~(事をあべこべにやってはいけない)．❸ 形 ⽅ 意見などが食い違っている．¶他们越说越~(彼らは話せば話すほど食い違う)．
☞ 拧 níng, nìng

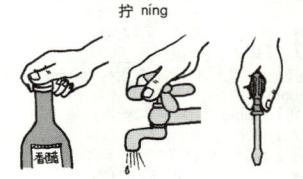

拧 níng

拧 nǐng

宁(寧/甯 異/甯❸) nìng

宀部2 全5画 四 3020₁ 常用

❶ 副 むしろ…だ。いっそ…の方がましだ。¶〜可 nìng-kě / 〜死不屈 qū。❷ 副 ⊗ まさか…ではあるまい。¶山之险峻 xiǎnjùn，〜有逾 yú 此？(まさかここより険しい山があるはずはなかろう)。同 难道 nándào，岂 qǐ ❸ (Nìng)姓。

☞ 宁 níng

【宁可】nìngkě 副 ❶ むしろ。いっそのこと。"与其 yǔqí A，〜 B"の形で「A するくらいなら B する方がよい」の意。¶有了困难，与其等他人帮助，〜自己克服 / 困難にぶつかっても、人の助けを借りるくらいなら自分で克服する方がよい。❷ むしろ。いっそのこと。"〜 A，(也)不 B"の形で「A しても B はしない」の意。¶我〜退学，也不肯向他借钱 / 私は退学になっても、彼に金は借りない。❸ "〜 A，也要 B"の形で「A しても B する」の意。¶〜自己吃亏，也要帮助别人 / 自分が損をしたって、他人を助ける。とりわけ…がいい。①の形から"与其 A"の部分を省略して"〜 B 的 de 好 hǎo"，"〜 B 为 wéi 好 hǎo"とする。¶为了 wèile 不出错，〜写完多检查几遍为 wéi 好 / 間違いを犯さないように、書き終わってから何回も点検するのが良い。¶还是〜小心一点的好 / やはり少し用心した方がよい。

【宁肯】nìngkěn 副 "宁 可 nìngkě"，"宁 愿 nìngyuàn"に同じ。

【宁缺毋滥】nìng quē wú làn 成 むやみに数をそろえるよりは少な目でよい。同 宁缺勿 wù 滥。

【宁死不屈】nìng sǐ bù qū 成 死んでも敵には屈しない。

【宁愿】nìngyuàn 副 "宁 可 nìngkě"，"宁 肯 nìngkěn"に同じ。¶妈妈〜自己不吃，也要让孩子吃好 / お母さんは自分が食べなくても、子供にはちゃんと食べさせる。注意 希望や願望をあらわす場合は、多く"宁愿"を用いる。

佞 nìng
亻部5 四 2124₄
全7画 通用

素 ❶ 口がうまい。こびへつらう。¶奸〜 jiānnìng(奸佞 nìng) / 〜人 nìngrén(ごまをする人)。❷ 才知にたけている。¶不〜 bùníng(自分を謙そんしていうことば)。

拧(擰) nìng
扌部5 四 5302₁
全8画 次常用

形 方 強情だ。¶这孩子真〜(この子は本当に強情だ)。

☞ 拧 níng, nǐng

泞(濘) nìng
氵部5 四 3312₁
全8画 不常用

名 ぬかるみ。泥。¶泥〜 nìníng(ぬかるんでいる。ぬかるみ) / 路〜难行(道がぬかるんでいて歩きにくい)。

niu ㄋㄧㄡ [niou]

妞 niū
女部4 四 4741₂
全7画 通用

名 ⊙ (〜儿)女の子。¶大〜 dàniū(長女) / 〜〜 niūniū。

【妞妞】niūniū 名 方 小さな女の子。
【妞儿】niūr 名 方 女の子。
【妞子】niūzi 名 方 女の子。

牛 niú
牛部0 四 2500₀
全4画 通用

❶ 名 ⊙ 条 tiáo，头 tóu〕牛。❷ 素 頑固だ。傲慢だ。¶〜气 niúqi / 〜脾气 niúpíqi。❸ 名 二十八宿の一つ。❹ (Niú)姓。

【牛蒡】niúbàng 名《植物・薬》ゴボウ。
【牛鼻子】niúbízi 名 牛の鼻。ポイントや急所のことを指す。¶学习数学 shùxué 的〜 / 数学を勉強する勘所。
【牛脖子】niúbózi 名 方 強情。¶犯〜 / 強情をはる。同 牛脾气 niúpíqi。
【牛车】niúchē 名 牛車(ぎっしゃ・ぎゅうしゃ)。
【牛刀小试】niú dāo xiǎo shì 成 小手調べをする。大きな才能や高い能力をもつ人も、まず小さな事で腕試しをするということ。¶是个〜的机会 / 腕試しのいいチャンスだ。
【牛痘】niúdòu 名 ❶《畜産》牛痘(ぎゅうとう)。❷《医学》痘苗(とうびょう)。天然痘ワクチン。¶种 zhòng〜 / 種痘をする。
【牛痘苗】niúdòumiáo 名《医学》天然痘ワクチン。
【牛犊】niúdú 名〔个 头 tóu〕子ウシ。同 牛犊子 niúdúzi。
【牛顿】Niúdùn《人名》ニュートン(1642-1727)。イギリスの物理学者・数学者・天文学者。
【牛轭湖】niú'èhú 名 河跡(かせき)湖。三日月湖。
【牛耳】niú'ěr 名 牛の耳。参考 "执〜"(牛耳る)の語源。⇒执 zhí 牛耳
【牛粪】niúfèn 名 牛糞。肥料。
【牛肝菌】niúgānjùn 名 イグチ類のキノコ。
【牛倌】niúguān 名 牛飼い。カウボーイ。
【牛鬼蛇神】niú guǐ shé shén 成 世の中のさまざまな悪人や醜悪なことがら。⇒牛棚 niúpéng
【牛黄】niúhuáng 名《薬》牛黄(ごおう)。参考 ウシの胆嚢結石でつくった強心・解熱剤。
【牛角】niújiǎo 名 ウシの角。
【牛角尖】niújiǎojiān 名 (〜儿)解決できない問題。考える価値のない問題。¶钻 zuān〜 / 成 要らぬことに頭を悩ます。
【牛津】Niújīn《地名》オックスフォード(イギリス)。
【牛津大学】Niújīn dàxué 名 オックスフォード大学(イギリス)。
【牛劲】niújìn 名 (〜儿)〔股 gǔ〕❶ 怪力。ばか力。¶费 fèi 了〜 / ばか力を出す。❷ 強情。頑固。¶犯〜 / 強情をはる。
【牛栏】niúlán 名 ウシを飼うための囲い。
【牛郎】niúláng 名 ❶《七夕伝説の》牽牛(けんぎゅう)。❷ → 牛郎星 xīng。
【牛郎星】niúlángxīng 名 ⊙《天文》牽牛星(けんぎゅうせい)。彦星(ひこぼし)。同 牵 qiān 牛星。
【牛郎织女】niú láng zhī nǚ 成 牽牛織女。表現 遠く離れて暮らしている夫婦のたとえとして使われることもある。
【牛马】niúmǎ 名 ❶ 牛馬。❷ 苦役にこき使われる人。
【牛毛】niúmáo 名〔根 gēn〕ウシの毛。¶〜细雨 / 霧雨。表現 たくさんあるもの、びっしりしたもののたとえとしても使う。
【牛毛雨】niúmáoyǔ 名〔场 cháng〕こぬか雨。同 毛毛雨。
【牛虻】niúméng 名《虫》〔只 zhī〕アブ。
*【牛奶】niúnǎi 名 牛乳。ミルク。¶〜糖 / トフィー。¶挤 jī〜 / ウシの乳をしぼる。
【牛腩】niúnǎn 名 牛の腰肉の一部、サーロイン。
【牛排】niúpái 名〔块 kuài〕厚切りの牛肉。¶炸 zhá〜 / ビーフカツレツ。¶烤 kǎo〜 / ビーフステーキ。
【牛棚】niúpéng 名 ⊙ ウシ小屋。牛舎。⊗ 文化大革命中に、"牛鬼蛇神"と呼んで批判した人たちを押し込めた場所を言った。
【牛皮】niúpí 名 ❶〔张 zhāng〕ウシの皮。多くなめ

したもの. ¶～胶 jiāo / にかわ. ¶～箱 / 牛皮のトランク. ❷ 丈夫でしっかりしたもの. ❸ 大ぼら. ¶吹～ / 大ぼらを吹く.

【牛皮癣】niúpíxuǎn 名《医学》乾癬(がん).
【牛皮纸】niúpízhǐ 名 クラフト紙.
【牛脾气】niúpíqi 名〔働 股 gǔ〕頑固. 強情. ¶发～ / 強情をはる.
【牛气】niúqi 形 ① 傲慢だ. 尊大だ. ¶又不是你的功劳,～什么！/ 君の功績でもないのに,何を偉そうな顔をしているんだ！
【牛肉】niúròu 名 牛肉. ¶～干儿 gānr / ビーフジャーキー. ¶～脯 fǔ / 薫製の干し牛肉. ¶～松 sōng / 牛肉でんぶ.
【牛市】niúshì 名《経済》(株式の)上げ相場. 反 熊 xióng 市
【牛溲马勃】niú sōu mǎ bó 成 見向きもされないけれど,実は役に立つもの. 由来 "牛溲"は牛の尿,また"车前草"(オオバコ)のこと. "马勃"は菌類の一種で,ともに薬の原料になることから.
【牛头不对马嘴】niú tóu bù duì mǎ zuǐ 成 話のつじつまが合わない. 双方の意見が合わない. ¶答非所问,～ / 質問したことの答えになっていない. 話がちぐはぐだ.
【牛头马面】niú tóu mǎ miàn 成 凶悪な顔つきの人. 由来 地獄の閻魔(えんま)大王には二人の手下の鬼がいて,一人は牛頭,もう一人は馬面をしているとの伝説から.
【牛蛙】niúwā 名《動物》ウシガエル.
【牛瘟】niúwēn 名《畜産》牛疫(えき). 参考 家畜法定伝染病の一種.
【牛膝】niúxī 名 ❶《植物》イノコズチ. ❷《薬》牛膝(ごっ). 利尿・強精・堕胎などに用いる.
【牛性】niúxìng 名 頑固な性格. 同 牛脾气 niúpíqi,牛心 niúxīn.
【牛轭】niúyàng 名 牛が荷を引く時に首にかけるくびき.
【牛饮】niúyǐn 動 牛飲(ぎょう)する. (ウシのように)大量に飲む.
【牛油】niúyóu 名 ❶ 牛脂. ❷ グリス. ¶涂～ / グリスを塗る. 同 滑脂 huázhī ❸ バター. ¶～面包 / バター付きパン.
【牛仔［意］】niúzǎi 名 カウボーイ.
【牛仔［意］服】niúzǎifú 名《服飾》ジーンズ地の衣服.
【牛仔［意］裤】niúzǎikù 名《服飾》〔働 条 tiáo〕ジーパン. 由来 "牛仔"(カウボーイ)と"裤"(ズボン)で,カウボーイがはくズボンの意.

扭 niǔ
扌部4 四 5701₂
全7画 常用

動 ❶ 向きを変える. ぐるっと回す. ¶～过头来向后看 (振り向いて後ろを見る). ❷ ねじる. ひねる. ¶把树枝子～断(木の枝をねじり折る) / ～开瓶盖 pínggài (ビンのフタをひねってあける). 同 拧 nǐng ❸ 身体をひねって痛める. くじく. ¶～了腰 yāo (腰をひねった). ❹ 身体を左右に揺らす. ¶一～一～地走(ゆらゆら歩く). ❺ つかむ. ¶～打 niǔdǎ / 两人～在一起(二人はつかみ合いのけんかをしている).

【扭摆】niǔbǎi 動 身体を左右にひねる. ツイストする.
【扭打】niǔdǎ 動 つかみ合いのけんかをする. ¶为一点小事就～起来了 / ほんのささいな事でつかみ合いのけんかを始めた.
【扭搭】niǔda 動 □ 肩を揺すって歩く.
【扭动】niǔ//dòng 動 腰や身体をよじる. ひねる.
【扭角羚】niǔjiǎolíng 名《動物》ターキン. 同 羚牛 niú
【扭结】niǔjié 動 からまる. もつれる. ¶千头万绪 xù 都～在一起 / さまざまな事情が複雑に絡み合っている.
【扭亏】niǔkuī 動 赤字(状態)を転換する.
【扭亏为盈】niǔkuī wéi yíng 句 赤字を改善し,黒字に転換する.
【扭亏增盈】niǔkuī zēngyíng 句 赤字から転換し,利益を増やす(黒字にする).
【扭力】niǔlì 名《物理》ねじり力. トルク.
【扭捏】niǔnie ❶ 動 身体をくねらせながら歩く. ❷ 形 話しぶりや振る舞いがこせこせしている. もじもじしている. 重 扭扭捏捏
【扭扭捏捏】niǔniǔniēniē 形 もじもじしているようす. ¶有话快说,不要～的 / 話があるなら早く言いなさい,もじもじするんじゃないよ. ⇨扭捏
【扭曲】niǔqū 動 ❶ (大きな力を受けて)ねじまがる. 曲がって変形する. ❷ (事実やイメージを)ねじまげる. 歪曲する.
【扭伤】niǔshāng 動 くじく. 筋を違える. ねんざする. ¶腰～了 / 腰の筋を違えた.
【扭送】niǔsòng 動 (犯人を捕らえて)警察機関に突き出す.
【扭头】niǔ//tóu (～儿) ❶ 顔をそむける. ❷ 背を向ける. 身を翻す. 同 转身 zhuǎnshēn
【扭秧歌】niǔ yāngge 句 田植え踊りをする. ¶～的队伍 duìwu / 田植え踊りのグループ.
【扭转】niǔzhuǎn 動 ❶ ぐるりと回す. 向きを変える. ¶他～了身子 / 彼は振り向いた. ❷ 方向を変える. ¶～局面 júmiàn / 局面を転換する.
【扭转乾坤】niǔ zhuǎn qián kūn 成 天地がひっくり返る. 天下を一変させる.

狃 niǔ
犭部4 四 4721₂
全7画 通用

動 こだわる. ¶～于习俗 xísú (しきたりにこだわる) / ～于成见(先入観にとらわれる).

忸 niǔ
忄部4 四 9701₂
全7画 通用

下記熟語を参照.

【忸怩】niǔní 形 きまりが悪い. 恥ずかしい. 重 忸忸怩怩
【忸怩作态】niǔní zuòtài 句 (わざとらしい)恥ずかしげな態度を見せる. わざとはにかむようなそぶりをする.

纽(紐) niǔ
纟部4 四 2711₂
全7画 常用

❶ 素 つまみ. とって. ¶秤～ chèngniǔ (竿ばかりのひも) / 印～ yìnniǔ (印章のつまみ). ❷ 素 ボタン. ¶衣～ yīniǔ (衣服のボタン) / ～襻 niǔpàn / ～扣 niǔkòu. ❸ 素 重要な部分. かなめ. ¶枢～ shūniǔ (かなめ). ❹ (～儿) 結実したばかりのウリの実.

【纽带】niǔdài 名〔働 条 tiáo〕ものごとを結びつける重要なもの. 紐帯(ちゅうたい).
【纽扣】niǔkòu 名 (～儿)《服飾》〔働 副 fù, 个 ge, 颗 kē, 粒 lì〕(衣服の)ボタン. ¶扣上 kòushang～ / ボタンをかける. ¶解开～ / ボタンをはずす.
【纽伦堡】Niǔlúnbǎo《地名》ニュルンベルク(ドイツ).
【纽襻】niǔpàn 名 (～儿)《服飾》(中国服などの)ボタンのかけひも.
【纽约】Niǔyuē《地名》ニューヨーク(米国).
【纽约时报】Niǔyuē shíbào 名 ニューヨークタイムズ. ♦ New York Times
【纽子】niǔzi 名《服飾》ボタン. 同 纽扣 niǔkòu 表現 もとは,ひもを固く結んだ中国服のボタンを言ったが,現在では

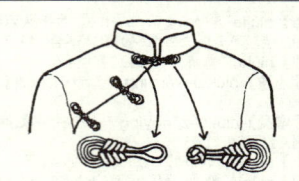

中式纽扣

広くボタンの意味に使われる.

杻 niǔ
木部4 四4791₂
全8画 通用

名《植物》モチノキ.『詩経』唐風などに記されている樹木の名.
☞ 杻 chǒu

钮(鈕) niǔ
钅部4 四8771₂
全9画 次常用

❶素ボタン. ❷素スイッチ. ㊥电钮 diànniǔ ❸(Niǔ)姓.

拗(異扭) niù
扌部5 四5402₇
全8画 次常用

形強情だ. 従順でない. ¶〜不过 niùbuguò.
☞ 拗 ǎo, ào

【拗不过】niùbuguò 動（相手の力や考えを）変えることができない.

nong ㄋㄨㄥ〔nuŋ〕

农(農/異晨) nóng
丶部5 全6画 四4073₂ 常用

❶素農業. ¶务〜 wùnóng（農業に従事する）/ 〜具 nóngjù. ❷素農民. ¶老〜 lǎonóng（熟練した農民）/ 茶〜 chánóng（茶をつくる農民）/ 贫〜 pínnóng（貧農）. ❸(Nóng)姓.

筆順 一 ナ 宀 农 农

【农产】nóngchǎn 名 ❶ 農業生産. ❷ 農業生産品.
【农产品】nóngchǎnpǐn 名〔种 zhǒng〕農産物.
【农场】nóngchǎng 名〔个 ge, 家 jiā,所 suǒ〕農場. ¶国营 guóyíng〜 / 国営農場.
*【农村】nóngcūn 名 農村. ㊥ 乡村 xiāngcūn 反 城市 chéngshì
【农大】nóngdà "农业大学"（農業大学）の略称.
【农贷】nóngdài "农业贷款"（農業融資）の略称.
【农夫】nóngfū 名旧（男性の）農民.（男性の）農業従事者.
【农妇】nóngfù 名旧〔个 ge, 位 wèi〕農婦.
【农副产品】nóngfùchǎnpǐn 名 農業の副生産品. 参考 例えば,小麦は農産物であり,農家が麦わらで作った帽子は農業副生産品にあたる.
【农工】nónggōng 名 ❶ 農民と工場労働者. ❷ 農業と工業. ❸ "农业工人 nóngyè gōngrén"（農業労働者）の略.
【农行】Nóngháng 名 "中国农业银行"（中国農業銀行）の略称.
【农户】nónghù 名〔户 hù,家 jiā〕農家.

【农会】nónghuì 名 "农民协会 nóngmín xiéhuì"の略.
【农活】nónghuó 名（〜儿）農作業. 野良仕事.
【农机】nóngjī 名 "农业机械 nóngyè jīxiè"の略. ¶〜修理配件厂 / 農業機械修理工場.
【农技】nóngjì 名 "农业技术"（農業技術）の略称.
【农家】nóngjiā 名 ❶ 農家. ¶〜乐 lè / 農家の楽しみ. ❷ Nóngjiā 農家. 諸子百家の一つ. 農業技術を説くだけでなく,君臣ともに耕作に従事すべきと主張した.
【农家肥】nóngjiāféi 名 農家の自給肥料.
【农具】nóngjù 名〔件 jiàn, 种 zhǒng〕農具.
【农科所】nóngkēsuǒ 名 "农业科学研究所"（農業科学研究所）の略称.
【农垦】nóngkěn "农业垦殖 zhí"（農業開拓）の略称.
【农口】nóngkǒu 名 農業分野を担当する部門や組織の総称.
【农历】nónglì 名 ❶ 旧暦. 陰暦. ❷ 農作業用のこよみ.
【农林】nónglín 名 農業と林業の総称.
【农林牧副渔】nóng lín mù fù yú 名 農業・林業・畜産業・副業・漁業のこと.
【农忙】nóngmáng 農作業が忙しいこと. ¶〜季节 / 農繁期.
【农贸市场】nóngmào shìchǎng 名〔处 chù,个 ge〕農業交易市場. 参考 主に農業副産物を扱う. 俗に,"自由 zìyóu 市场"と言う.
**【农民】nóngmín 名〔个 ge, 户 hù, 位 wèi〕農民.
【农民起义】nóngmín qǐyì 名 農民蜂起. 農民一揆.
【农民协会】nóngmín xiéhuì 名 農民協会. 参考 国民革命期に共産党の指導下にあった農民組織.
【农民战争】nóngmín zhànzhēng 名 農民戦争.
【农膜】nóngmó 名《農業》農業用プラスチックフィルム. 農業用ビニールシート. 参考 "农用塑料 sùliào 薄膜 báomó"の略称.
【农奴】nóngnú 名〔个 ge, 群 qún〕農奴.
【农奴主】nóngnúzhǔ 名 農奴を有する領主.
【农人】nóngrén 名 農民.
【农桑】nóngsāng 名 農業と養蚕業の総称.
【农舍】nóngshè 名（家屋としての）農家. 農民の家屋.
【农时】nóngshí 名 農作業に適した時期. 作付けなどのタイミング. ¶不误 wù〜 / 農作業の適時を誤らない.
【农事】nóngshì 名 農作業. ¶〜繁忙 fánmáng / 農作業が忙しい.
【农田】nóngtián 名〔块 kuài, 片 piàn〕農地. 田畑.
【农田水利】nóngtián shuǐlì 名 農業生産に直結する水利事業. 耕田水利.
【农闲】nóngxián 名 農閑期.
【农学】nóngxué 名 農学. 農業学.
【农谚】nóngyàn 名〔句 jù〕農事に関することわざ.
【农药】nóngyào 名 農薬. ¶打〜 / 農薬をまく.
【农药残留】nóngyào cánliú ❶ 句 農薬が残留する. ❷ 名 農薬の残留. 残留農薬.
**【农业】nóngyè 名 農業. ¶〜人口 / 農業人口.
【农业工人】nóngyè gōngrén 名 農場で働く労働者.
【农业国】nóngyèguó 名 農業国.
【农业合作化】nóngyè hézuòhuà 動 小規模農業を共同化・集団化し,社会主義の農業経営にする. ㊥ 农业集

体 jǐtǐ 化
【农业税】nóngyèshuì 名 農業税．農業に対して課す税．
【农艺】nóngyì 名 農芸．農事に関する技術．
【农艺师】nóngyìshī 名 農学者．農芸技術者．
【农艺学】nóngyìxué 名 農学．
【农用】nóngyòng 区 農業用(の)．農用(の)．¶～塑料 / 農業用プラスチック．
【农转非】nóng zhuǎn fēi 句 農業戸籍から非農業戸籍に移る．
【农作物】nóngzuòwù 名〔量 类 lèi, 种 zhǒng〕農作物．同 作物 zuòwù

侬(儂) nóng
亻部6 四 2423₂ 全8画 通用
❶代 方 あなた．你 nǐ ❷代 旧 わたし．同 我 wǒ ❸ (Nóng)姓．
【侬人】Nóngrén 名《民族》広西チワン族自治区と雲南省の境界地域に住む壮(チワン)族．

哝(噥) nóng
口部6 四 6403₂ 全9画 通用
下記熟語を参照．
【哝哝】nóngnong 動 つぶやく．小声で話す．

浓(濃) nóng
氵部6 四 3413₂ 全9画 常用
❶形 濃い．¶～茶 nóngchá (濃いお茶) / 茶太～了(お茶が濃すぎる) / ～墨 nóngmò (濃い墨汁) / ～云 nóngyún．反 淡 dàn, 薄 bó ❷形 程度が深い．¶兴趣很～(関心が深い) / 睡意 shuìyì 正～(非常に眠い)．❸ (Nóng)姓．
【浓淡】nóngdàn 名 (色や味の)濃さ．濃淡．¶～适宜 shìyí / 濃さがちょうどよい．¶调节 tiáojié～/ 濃さを調節する．
【浓度】nóngdù 名 濃度．¶～为 wéi 百分之二十 / 濃度は20%だ．
【浓厚】nónghòu 形 ❶(煙・霧・雲などが)濃い．¶～的黑烟 / 濃くたちこめる黒煙．❷(色彩・味・雰囲気・意識などが)強い．濃厚だ．¶～的地方色彩 sècǎi / 濃い地方色．¶封建意识非常～/ 封建意識が非常に濃厚である．同 浓重 nóngzhòng 反 淡薄 dànbó, 稀薄 xībó ❸(興味や関心が)強い．¶～的兴趣 / 強い関心．
【浓和云】nóngjīyún 名《气象》積雲．
【浓烈】nóngliè 形 濃密で強烈だ．濃厚だ．
【浓眉】nóngméi 名〔量 道 dào〕黒くて濃い眉毛．¶～大眼 / 濃い眉に大きなひとみ．
【浓密】nóngmì 形 濃密だ．密集している．¶一头～的黑发 hēifà / ふさふさした黒髪．¶～的雾 / 深い霧．同 稠密 chóumì, 茂密 màomì 反 稀疏 xīshū 表现 枝や葉、髪やひげ、煙や霧について言うことが多い．
【浓墨重彩】nóng mò zhòng cǎi 成 (絵画などの)濃い墨色と色彩．(文章などの)濃密な描写．
【浓缩】nóngsuō 動 ❶濃縮する．凝縮する．❷(文章や美術の粋を)凝縮させる．反 稀释 xīshì
【浓缩铀】nóngsuōyóu 名《化学》濃縮ウラン．
【浓香】nóngxiāng 名 濃厚な香り．鼻を突くにおい．
【浓艳】nóngyàn 形 (色が)濃くてあでやかだ．派手だ．¶化妆 huàzhuāng 得很～/ 化粧がとても派手だ．反 淡雅 dànyǎ
【浓荫】nóngyīn 名 (葉の繁った)木陰(ホタ)．
【浓郁】nóngyù 形 ❶(花などの香りが)強い．濃い．¶～的花香 / かぐわしい花の香り．❷(作品などの風格や特色が)強く盛んだ．¶春意 chūnyì～/ 春が盛りだ．❸ 植物が生い茂っている．¶～的松林 / 生い茂った松林．
【浓云】nóngyún 名 黒い雲．厚い雲．¶～密布 mìbù / 暗雲が広がる．
【浓重】nóngzhòng 形 濃い．強い．¶～的香味 / 濃厚な香り．¶他说话带有～的乡音 xiāngyīn / 彼の話し方には強いなまりがある．同 浓厚 nónghòu 反 淡薄 dànbó, 清淡 qīngdàn 表现 煙・霧・におい・色・なまりなどについて言うことが多い．
【浓妆】nóngzhuāng 名 厚化粧．
【浓妆[装]艳抹】nóng zhuāng yàn mǒ 成 厚化粧．

脓(膿) nóng
月部6 四 7423₂ 全10画 次常用
名《生理》膿(ぁ)．
【脓包】nóngbāo 名 ❶ できもの．おでき．❷ 能なし．いくじなし．¶他可真是个～/ 彼は本当に能なしだ．
【脓疮】nóngchuāng 名 化膿したできもの．はれもの．
【脓水】nóngshuǐ 名 膿(ぁ)．膿汁(ぎゅう)．
【脓肿】nóngzhǒng 名《医学》膿腫(%).

秾(穠) nóng
禾部6 四 2493₂ 全11画 通用
形 文 草木が生い茂っている．¶夭 yāo～桃～李(生い茂っている桃やスモモ)．

弄 nòng
廾部3 四 1044₁ 全7画 常用
動 ❶ 手で遊ぶ．いじる．¶你别～闹钟 nàozhōng 了 (目覚まし時計で遊ぶのはやめなさい)．❷ する．つくる．¶～饭(ご飯をつくる) / 你来不及了,我替你～吧(君はもう時間に合わないから,僕が代わりにやりましょう)．❸ どうにかして手に入れる．¶你去～点水来(水を都合してきなさい)．❹ 運用する．弄(ろ)する．¶～手段(手段を弄する)．
☞ 另 lòng
【弄潮儿】nòngcháo'ér 名 ❶ 水遊びや海水浴をする人．❷ 危険に立ち向かう人．
【弄臣】nòngchén 名 主人にかわいがられる家臣．寵臣．
【弄鬼】nòng/guǐ 動 方 ごまかす．いんちきをする．¶～弄神 / こそこそと策を巡らす．
【弄假】nòngjiǎ 動 だます．詐欺をはたらく．⇨弄假成真
【弄假成真】nòng jiǎ chéng zhēn 成 うそが本当になる．うそから出たまこと．
【弄僵】nòng/jiāng 動 行き詰まる．膠着する．こじれる．
【弄巧成拙】nòng qiǎo chéng zhuō 成 うまく立ち回ろうとして,かえってへまをしでかす．墓穴を掘る．
【弄清(楚)】nòng//qīng(-chu) 動 明白にする．はっきりさせる．
【弄权】nòng//quán 動 権力を乱用する．¶奸臣 jiānchén～/ 奸臣が権力をほしいままにする．
【弄死】nòngsǐ 動 殺す．死なす．¶别把小虫～了 / 小さな虫をやたらに殺してはいけない．
【弄瓦】nòngwǎ 動 文 女児を出産する．反 弄璋 zhāng 由来《诗经》小雅・斯干の詩句で「瓦」は糸巻き機の部品で,女の子をこれで遊ばせたことから．『詩経』小雅・斯干の詩句から．
【弄虚作假】nòng xū zuò jiǎ 成 真実のように思わせてごまかす．ペテンにかける．
【弄璋】nòngzhāng 動 文 男児を出産する．反 弄瓦 wǎ 由来「璋」は玉の器で,男の子をこれで遊ばせたことから．『詩経』小雅・斯干の詩句から．

nou ㄋㄡ [nou]

耨(異 鎒) **nòu** 耒部10 四 5194₃ 全16画 通用
❶ 名 古代の除草するための農具. ❷ 動 文 除草する.

nu ㄋㄨ [nu]

奴 **nú** 女部2 四 4744₀ 全5画 常用
❶ 素 奴隷. しもべ. ¶农～ nóngnú (農奴) / ～隶 núlì. ❷ 動 奴隷のように扱う. こき使う. ¶～役 núyì. ❸ 名 旧 若い女性の自称. わたくし. 表現 ③は、戯曲や小説に多く見られる.

【奴婢】núbì 名 ❶ 〔量 个 ge, 群 qún〕下男や下女. しもべ. ❷ 旧 皇帝や后妃に対する宦官(欤)の自称. 表現 もと、男の下僕を"奴"、女の下僕を"婢"と言った. 女の下僕が主人に対して自分を呼ぶのに"奴婢"を使うこともあった.

【奴才】núcái[-cai] 名 〔量 个 ge, 群 qún〕❶ 明・清代, 皇帝にする宦官(欤)や満人, 武官などの自称. やつがれ. ❷ 悪の手先.

【奴化】núhuà 動 奴隷化する. ¶～教育 / 奴隷化教育. ¶～政策 / 奴隷化政策.

【奴家】nújiā 名 若い女性の自称. 回 nú nú, 奴奴 núnú

【奴隶】núlì 名 〔量 个 ge, 群 qún〕奴隷. ¶～制 zhì / 奴隷制度.

【奴隶社会】núlì shèhuì 名 奴隷制社会.

【奴隶主】núlìzhǔ 名 奴隷制社会の支配階級層. 奴隷の主人.

【奴仆】núpú 名 旧 〔量 个 ge, 群 qún〕下僕. しもべ.

【奴性】núxìng 名 奴隷根性. ¶～十足 shízú / 奴隷根性にみちみちている.

【奴颜婢膝】nú yán bì xī 成 貶 ぺこぺこして人に取り入ろうとする. こびへつらう.

【奴颜媚骨】nú yán mèi gǔ 成 貶 人に取り入ろうとする. こびへつらう.

【奴役】núyì 動 奴隷のようにこき使う.

孥 **nú** 子部5 四 4740₇ 全8画 通用
名 文 ❶ 子供. ¶妻～ qīnú (妻子). ❷ 妻と子供.

驽(駑) **nú** 马部5 四 4712₇ 全8画 通用
❶ 足の遅いウマ. 駑馬(ば). ❷ 骏 jùn ❷ 形 無能だ. ¶～钝 núdùn / ～才 núcái (鈍才).

【驽钝】núdùn 形 文 鈍い. 愚鈍だ. 表現 自分をへりくだっていう時に使う.

【驽马】númǎ 名 文 足の遅いウマ. 駑馬(ば). ❷ 骏马 jùnmǎ

努(異 㧢) **nǔ** 力部5 四 4742₇ 全7画 常用
❶ 素 できる限りの力を出す. ¶～力 nǔlì / ～劲儿 nǔjìnr. ❷ 動 (目や口を)突き出す. ¶～着眼睛 (目を見張る) / ～着嘴 (口をとがらす). ❸ 動 力を入れすぎて体を痛める. ¶箱子太重,你不能搬,别一伤了(トランクは重すぎて君には運べないよ. 無理をして体を痛めないように).

【努尔哈赤】Nǔ'ěrhàchì 《人名》ヌルハチ(1559-1626). 清朝の創始者. その基礎となる後金を建国した. 姓は愛新覚羅(あいしん),廟号は太祖.

【努劲儿】nǔ//jìnr 動 がんばる. 一所懸命にやる.
**【努力】nǔ//lì 動 努める. 努力する. ¶～学习 / 勉強に精を出す. ¶他做工作很～ / 彼は仕事を精一杯やっている.

【努嘴】nǔ//zuǐ (～儿) 口をとがらせて合図する. ¶见他～,赶緊停住话头 / 彼が口をとがらせて合図しているので、すぐに話を止めた. 重 努努嘴

弩 **nǔ** 弓部5 四 4702₇ 全8画 通用
名 弩(ど). 弓の一種. ¶～弓 nǔgōng / ～箭 nǔjiàn ("弩弓 nǔgōng"を用いて放つ矢).

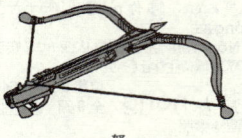

弩

【弩弓】nǔgōng 名 弩(ど). バネを利用して矢を放つ仕掛けの弓. 古代の兵器の一つ.

砮 **nǔ** 石部5 四 4760₂ 全10画 通用
素 やじりを作るための石.

胬 **nǔ** 肉部5 四 4722₇ 全11画 通用
下記熟語を参照.

【胬肉】nǔròu 名 《中医》眼病の一種. 眼球の結膜が増殖してできる突起物.

怒 **nù** 心部5 四 4733₄ 全9画 常用
素 ❶ 怒る. ¶恼～ nǎonù (怒る) / 发～ fānù (腹を立てる) / ～容 nùróng. ❷ 勢いが盛んだ. ¶～涛 nùtāo / ～号 nùháo / 百花～放 (様々な花が咲き乱れる).

【怒不可遏】nù bù kě è 成 怒りを抑えることができない.

【怒潮】nùcháo 名 ❶ 激しい波濤(ぼう). 怒濤. ❷ 激しい勢い. 表現 ②は、革命や抵抗運動の高まりをたとえる.

【怒斥】nùchì 動 激しく叱責(しっ)する. ¶～敌人 / 敵を激しく叱責する.

【怒冲冲】nùchōngchōng 形 (～的) かんかんに怒っている.

【怒发冲冠】nù fà chōng guān 成 怒り心頭に発する. 激怒する. 由来 『史記』廉颇藺相如列伝に見えることば. 怒りで髪が逆立ち,冠を突き上げる,という意から.

【怒放】nùfàng 動 いっせいに花開く. 満開になる. ¶百花～ / 百花繚乱(びう). ¶心花～ / 成 喜びにあふれるようす.

【怒号】nùháo 動 怒号する. 大きなうなり声をあげる. ¶狂风～ / 狂風が激しく吹く.

【怒吼】nùhǒu 動 ほえる. 怒号する. 回 咆哮 páoxiào

【怒火】nùhuǒ 名 〔量 股 gǔ, 团 tuán〕怒りの炎. 激しい怒り. ¶～胸中烧 / 激しい怒りが胸の中で渦巻く.

【怒火中烧】nù huǒ zhōng shāo 成 胸のうちに激しい怒りがある. はらわたが煮えりかえる.

【怒骂】nùmà 動 ひどく怒り,ののしる.

【怒目】nùmù 動 怒って目を見開く. ¶横眉 héngméi

～ / 険しい顔つきをする.
【怒目而视】nù mù ér shì 成 怒りの目でにらむ. 怒りをこめてにらみつける.
【怒气】nùqì 名〔股 gǔ〕怒気. 怒りの気持ち.
【怒气冲冲】nù qì chōng chōng 成 ひどく怒っているようす. かんかんに怒るようす.
【怒气冲天】nù qì chōng tiān 成 怒りが天をつく. 激怒する.
【怒容】nùróng 名〔副 fù〕怒りに満ちた顔. ¶～满面 / 怒りが顔中に満ちる.
【怒色】nùsè 名 怒りの表情. ¶面带～ / 怒りが顔にあらわれる.
【怒视】nùshì 動 怒りの目で見る.
【怒涛】nùtāo 名 怒濤(ど). ¶～澎湃 péngpài / 怒濤が逆巻く. 勢いが激しく止められない.
【怒形于色】nù xíng yú sè 成 怒りが顔にあらわれる.
【怒族】Nùzú 名《民族》ヌー族. 中国少数民族の一つ. 雲南省西北部に居住する.

nü ㄋㄩ〔ny〕

女 nǚ 女部0 四 4040₀ 全3画 常用

❶ 形 女性の. ¶～工 nǚgōng / ～学生 nǚxuéshēng（女学生）. 反 男 nán ❷ 名 女性. 娘. ¶他们有一男一～（彼らには一男一女がある）/ 长～ zhǎngnǚ（長女）/ 少～ shàonǚ（少女）/ 生儿育～（子供を生み育てる）. ❸ 名 二十八宿の一つ. うるき.

【女伴】nǚbàn 名 女性の同伴者.
【女厕(所)】nǚcè(-suǒ) 名 女性用トイレ. 表現 男女用を区別する標識に使う.
【女车】nǚchē 名 婦人用自転車.
【女大十八变】nǚ dà shíbā biàn 諺 女の子は成長とともに何度も変わり, 美しく成長していく.
【女单】nǚdān 名《スポーツ》"女子单打"（女子シングル）の略称.
【女低音】nǚdīyīn 名《音楽》アルト. アルト歌手.
*【女儿】nǚ'ér 名 ❶（父母に対する）娘. ¶嫁 jià～ / 娘を嫁がせる. ¶大～ / 长女. ¶二～ / 次女. ❷ 女の子. 同 姑娘 gūniang
【女儿墙】nǚ'érqiáng →女墙
【女方】nǚfāng 名（婚礼の）女の方. 新婦側.
【女高音】nǚgāoyīn 名《音楽》ソプラノ. ソプラノ歌手. ¶花腔 huāqiāng～ / コロラチュラソプラノ.
【女工［红］】nǚgōng 名 ❶ 女性労働者. ❷ 旧 女中. ❸ 旧（裁縫や刺繍など）女性のする仕事. またその製品. ¶做～ / 針仕事をする.
【女公子】nǚgōngzǐ 名〔个 ge, 位 wèi〕お嬢さん. 表現 他人の娘に対する尊称.
【女孩】nǚhái 名（～儿・～子）❶ 女の子. 少女. ¶我有两个～ / 私には女の子が2人ある. ❷ 若い娘.
【女皇】nǚhuáng 名 女帝.
【女家】nǚjiā 名 "女方 nǚfāng"に同じ.
【女监】nǚjiān 名 "女子监狱"（女子刑務所）の略称.
【女将】nǚjiàng 名 女性将校. 女傑.
【女眷】nǚjuàn 名〔群 qún, 位 wèi〕身内の女性.
【女角】nǚjué 名 女優.
【女篮】nǚlán 名《スポーツ》"女子篮球"（女子バスケットボール）の略称.
【女郎】nǚláng 名〔位 wèi〕若い女性. ¶妙龄 miàolíng～ / 年ごろの女性. ¶摩登 módēng～ / モダンな女性. 表現 良いイメージで使われる.
【女伶】nǚlíng 名 女優.
【女流】nǚliú 名 貶 女. ¶～之辈 bèi / 女のやつら. 表現 ののしったり, 軽蔑したニュアンスをあらわす.
【女排】nǚpái 名 "女子排球 nǚzǐ páiqiú"（女子バレーボール）の略.
【女朋友】nǚpéngyou 名 ❶ 女友だち. ガールフレンド. ❷ 彼女. 恋愛の対象となる特定の女性.
【女仆】nǚpú 名〔个 ge, 名 míng〕下女. 女中.
【女气】nǚqì 形（男性が）女っぽい. めめしい.
【女强人】nǚqiángrén 名 スーパーウーマン. 才媛.
【女墙】nǚqiáng 名《建築》城壁の上につくられた凹凸形の小さな壁. ひめがき. 同 女儿墙 nǚ'érqiáng
【女权】nǚquán 名 女権. 女性の権利.
【女权运动】nǚquán yùndòng 名 女権運動.
*【女人】 ❶ nǚrén 名〔个 ge, 群 qún〕（成人の）女性. ¶～家 / 女性. ❷ nǚren 名 妻. 女房. 同 老婆 lǎopo
【女色】nǚsè 名 女性の美しさ. 色香. ¶沉溺 chénnì于～ / 色香におぼれる.
【女神】nǚshén 名〔位 wèi〕女神.
【女生】nǚshēng 名〔个 ge, 名 míng〕女子学生.
【女声】nǚshēng 名《音楽》女声.
【女史】nǚshǐ 名 教養のある女性に対する敬称. 女史. 由来 古代の官職名から. 参考 現代では, 女性の敬称には"女士 shì"を用いる.
*【女士】nǚshì 名〔位 wèi〕女史. 女性に対する敬称. ¶～优先 / レディーファースト. ¶～们, 先生们 / みなさん. 表現 "女士们,先生们"は, 演説などを始める時の呼びかけに用いる. 英語 "Ladies and gentlemen"の訳語.
【女式】nǚshì 形《服飾》婦人物の. 女性用(の).
【女双】nǚshuāng 名《スポーツ》"女子双打"（女子ダブルス）の略称.
【女童】nǚtóng 名 女の子. 女児.
【女娲】Nǚwā《人名》女媧(ペー). 伝説上の女帝で, 三皇の一人. 五色の石を練って, 天の欠けているところを補修したと言われる.
【女王】nǚwáng 名〔位 wèi〕女王.
【女巫】nǚwū 名〔个 ge〕巫女(ピー). 同 巫婆 wūpó, 神婆 shénpó
【女性】nǚxìng 名〔个 ge, 名 míng, 位 wèi〕女性. 婦人. ¶～作家 / 女性作家.
【女婿】nǚxu 名〔个 ge, 位 wèi〕❶ 娘の夫. 娘むこ. ❷ 口 夫. 同 丈夫 zhàngfu
【女佣】nǚyōng 名 下女. 女の召使い.
【女优】nǚyōu 名（伝統劇の）女優. 同 女伶 nǚlíng
【女招待】nǚzhāodài 名〔个 ge, 名 míng〕女給. ホステス.
【女贞】nǚzhēn 名 ❶《植物》トウネズミモチ. ❷《中医》女贞(ペー). ①の果実で作る漢方薬. 強壮作用を持つ.
【女真】Nǚzhēn 名《歴史》女真(ピー). 中国古代の民族名. 参考 宋代に「金」を建てた. 明末にヌルハチが「後金」を建て, その子ホンタイジが「清」に改称し, 「女真(族)」を「満州(族)」に改めた.

【女中音】nǚzhōngyīn 名《音楽》メゾソプラノ．メゾソプラノ歌手．
【女主角】nǚzhǔjué 名 主演女優．
【女士】nǚshìrén 名〔位 wèi〕奥様．
【女装】nǚzhuāng 名 ❶〔件 jiàn, 套 tào〕婦人服．❷ 女性の衣装．
【女子】nǚzǐ 名〔个 ge, 名 míng〕女子．¶～单打／シングルス．反 男子 nánzǐ
【女足】nǚzú 名《スポーツ》"女子足球"（女子サッカー）の略称．

钕(釹) nǚ

日部3 四 8474₀
全8画 通用

名《化学》ネオジム．Nd．

恧 nǜ

而部4 四 1033₂
全10画 通用

形 ⽂ 恥ずかしい．¶ 惭～ cánnǜ (恥じ入る)．

衄(衂,鈕) nǜ

血部4 四 2711₂
全10画 通用

動 鼻血を出す．出血する．¶ 鼻～ bínǜ (鼻血が出る) ／ 齿～ chīnǜ (歯ぐきから血が出る)．

nuan ㄋㄨㄢ〔nuan〕

暖(異煖) nuǎn

日部9 四 6204₇
全13画 常用

❶ 形 暖かい．¶ 风和日～ (風がおだやかで日が暖かい) ／ 春～花开(春うららかに花が咲く)．同 温 wēn 反 寒 hán, 冷 lěng ❷ 動 暖める．¶～酒 nuǎnjiǔ (酒のかんをする) ／～一～手(手をちょっと暖める)．
【暖巢管家】nuǎncháo guǎnjiā 名 "空巢 kōngcháo 老人"(子供が独立し，一人あるいは老夫婦のみで暮らす高齢者)の生活の世話や訪問介護を行うサービス．
【暖冬】nuǎndōng 名《気象》暖冬．
【暖房】nuǎn//fáng 動 ❶ 結婚式の前日に，友人などが新居を訪ねて祝う．❷ 転居の祝いをする．同 温居 wēnjū
【暖房】nuǎnfáng 名 方 温室．
【暖锋】nuǎnfēng 名《気象》温暖前線．同 暖锋面 miàn
【暖烘烘】nuǎnhōnghōng 形 (～的) ほかほかと暖かい．暖かくて心地よい．反 冷飕飕 lěngsōusōu
【暖呼呼】nuǎnhūhū 形 (～的) 暖かい．ぽかぽかだ．ぬくぬくだ．同 暖忽忽 hūhū
【暖壶】nuǎnhú 名 ❶ "暖水瓶 nuǎnshuǐpíng"に同じ．❷ 飲み物の保温カバーのついた水筒．❸ 湯たんぽ．
**【暖和】nuǎnhuo ❶ 形 暖かい．¶ 这几天很～／ここ数日はとても暖かだ．同 暖暖和和 ・温暖 wēnnuǎn ❷ 動 暖める．¶ 外边很冷，你快进屋来～～吧／外は寒いから，早く部屋へ入って暖まりなさい．表現 ①は気候・環境・日差し・体などに用いる．
【暖帘】nuǎnlián 名 家の入口や窓にかける，綿入れの防寒用カーテン．同 棉门帘 miánménlián
【暖流】nuǎnliú 名 ❶《地》股 gǔ ❶ 暖流．反 寒流 hánliú ❷ 心に感じる温かみ．¶ 一股～涌上 yǒngshàng 心头 ／ 熱いものが胸にこみ上げる．
【暖棚】nuǎnpéng 名《農業》(ヒナを育てたりする, 小規模の)温室．
【暖瓶】nuǎnpíng 名 "暖水瓶 nuǎnshuǐpíng"に同じ．
*【暖气】nuǎnqì 名 ❶ (蒸気や温水による)暖房．スチーム．¶ 打开～／スチームを入れる．¶～片／ラジエーター．❷《気象》暖気．
【暖气儿】nuǎnqìr 名 暖かい気体．暖気．
【暖气团】nuǎnqìtuán 名《気象》暖気団．
【暖融融】nuǎnróngróng 形 (～的) ほかほかと暖かい．¶～的毛毯 máotǎn ／ ほかほかと暖かい毛布．
【暖色】nuǎnsè 名 ❶《美術》暖色．❷ 温和な表情．
【暖寿】nuǎnshòu 動 誕生日の前日に，家族や友人が集まって祝いをする．
*【暖水瓶】nuǎnshuǐpíng 名〔个 ge, 只 zhī〕魔法ビン．同 暖壶 nuǎnhú, 暖瓶 nuǎnpíng 表現 地方によっては"热水瓶 rèshuǐpíng"とも言う．
【暖洋洋】nuǎnyángyáng 形 (～的) 暖かく心地よい．

nüe ㄋㄩㄝ〔nye〕

疟(瘧) nüè

疒部3 四 0011₄
全8画 次常用

下記熟語を参照．
☞ 疟 yào
【疟疾】nüèji 名《医学》マラリア．¶ 患 huàn～／マラリアにかかる．表現 通称は"疟子 yàozi"．
【疟蚊】nüèwén 名〔个 ge, 群 qún, 只 zhī〕アノフェレス．ハマダラカ．同 按蚊 ànwén
【疟原虫】nüèyuánchóng 名 マラリア原虫．

虐 nüè

虍部3 四 2121₄
全9画 次常用

形 ❶ 残虐だ．むごい．¶ 暴～ bàonüè (暴虐だ) ／ 待 nüèdài ／ ～政 nüèzhèng．❷ 災害．
【虐待】nüèdài 動 いためつける．虐待する．¶ 不能～妇女儿童 ／ 女性や子供を虐待してはならない．反 优待 yōudài
【虐杀】nüèshā 動 虐殺する．
【虐政】nüèzhèng 名 暴虐な政治．

nuo ㄋㄨㄛ〔nuo〕

挪 nuó

扌部6 四 5702₇
全9画 常用

動 ❶ (近くへ)動かす．ずらす．¶～用 nuóyòng ／ 把桌子～一下(テーブルを少し動かしてください) ／ 委员会～到后天了(委員会はきょうから明後日に延期された)．❷ 移る．¶ 从乡下～到城里来(田舎から町へ移る)．
【挪动】nuódong 動 近くに位置を変える．ちょっと移動する．¶ 把这张桌子～一下 ／ このテーブルをちょっと動かしてくれ．同 挪动 ・ 移动 yídòng
【挪借】nuójiè 動 (金を)一時的に借用する．¶ 暂时 zànshí～了一笔钱 ／ しばらくの間, 金をいくらか借りた．
【挪威】Nuówēi《国名》ノルウェー．
【挪窝儿】nuó//wōr 動 ❶ 引っ越す．❷ "挪动 nuódong"に同じ．❸ 仕事を変える．他に仕事をさがす．
【挪移】nuóyí 動 ❶ (金を)一時的に借用する．同 挪借 nuójiè ❷ 位置を変える．同 挪动 nuódong
【挪用】nuóyòng 動 ❶ (金を)流用する．転用する．¶～了买房子的钱 ／ 家を買う金をほかの用途に使ってしまった．❷ 貶 (公金を)横領する．私用する．¶～公款

娜 nuó 女部6 [四] 4742₇ 全9画 [次常用]
→婀娜 ēnuó, 袅娜 niǎonuó
☞ 娜 nà

傩(儺) nuó 亻部10 [四] 2021₅ 全12画 [通用]
[動]〈文〉神を迎え，疫病(えきびょう)や鬼を追い払う．¶～神 nuóshén.
【傩神】nuóshén 名 悪鬼を払い疫病を防ぐ神．

诺(諾) nuò 讠部8 [四] 3476₄ 全10画 [次常用]
[素] ❶ 同意する．許可する．¶一言 nuòyán / 许～ xǔnuò（承知する）/ 承～ chéngnuò（承諾する）．❷ 同意をあらわす返事．はい．¶唯 wěi 唯～～（はいはいと人の言いなりになる）/ ～～连声．
【诺贝尔】Nuòbèi'ěr《人名》ノーベル(1833-1896)．スウェーデンの化学技術者・事業家．遺言によりノーベル賞が創設された．
【诺贝尔奖金】Nuòbèi'ěr jiǎngjīn 名 ノーベル賞．
【诺奖】Nuòjiǎng 名 "诺贝尔奖金"（ノーベル賞）の略称．
【诺诺连声】nuònuò liánshēng 句 はいはいと引き受ける．言いなりになる．
【诺言】nuòyán 名 (事前の)口約束．承諾．¶信守～ / 約束のことばを忠実に守る．

喏 nuò 口部8 [四] 6406₄ 全11画 [通用]
[感]〈方〉ほら．ねえ．相手に注意を促すことば．¶～, 这不就是你的雨伞？（ほら，これが君の傘じゃないの？）
☞ 喏 rě

搦 nuò 扌部10 [四] 5702₇ 全13画 [通用]
[動]〈文〉❶ 持つ．握る．¶～管 nuòguǎn（筆を執る）．❷ 挑む．¶～战 nuòzhàn.
【搦战】nuòzhàn 動 挑む．挑戦する．¶几个士兵,在对岸 duì'àn～ / 数人の兵士が向こう岸でこちらを挑発している．

锘(鍩) nuò 钅部8 [四] 8476₄ 全13画 [通用]
[名]《化学》ノーベリウム．No.

懦 nuò 忄部14 [四] 9102₇ 全17画 [次常用]
[素] 気が弱い．軟弱だ．¶怯～ qiènuò（臆病だ）/ ～夫 nuòfū / ～弱 nuòruò.
【懦夫】nuòfū 名 [量][個 ge, 群 qún] 軟弱で無能な人．意気地なし．¶～懒汉 lǎnhàn / 意気地なしやなまけ者．反 勇士 yǒngshì.
【懦弱】nuòruò 形 意気地がない．気が弱い．

糯(異 稬, 稬) nuò 米部14 [四] 9192₇ 全20画 [次常用]
[素] もち米．¶～米 nuòmǐ.
【糯稻】nuòdào 名《植物》モチイネ．
【糯米】nuòmǐ 名 もち米．¶～酒 / 甘酒．¶～纸 / オブラート．¶～团子 tuánzi / もち米だんご．同 江米 jiāngmǐ

O

o ㄛ [o]

噢 ō
口部12 全15画 [四]6708₄ [通用]
感 ああ、そうかと納得したときに使うことば. ¶～，原来是他!(おや，彼だったのか).

哦 ó
口部7 全10画 [四]6305₀ [通用]
感 えっ. へえ. 疑問や驚きをあらわす. ¶～，是这样的吗?(え，そうなんですか) / ～，是那么一回事(へえ，そういうことでしたか).
☞ 哦 é,ò

嚄 ǒ
口部13 全16画 [四]6404₇
感 へえー. 驚きをあらわす.
☞ 嚄 huō

哦 ò
口部7 全10画 [四]6305₀ [通用]
感 ああ. おお. 理解や納得をあらわす. ¶～，我明白了(ああ，よくわかりました).
☞ 哦 é,ó

ou ㄡ [oʊ]

区(區) ōu
匚部2 全4画 [四]7171₄ [常用]
名 姓.
☞ 区 qū

讴(謳) ōu
讠部4 全6画 [四]3171₄ [通用]
素 ❶ 歌う. ¶～歌 ōugē / ～吟 ōuyín (歌を歌う. 詩を吟ずる). ❷ 民謡. ¶吴～ Wú'ōu (蘇州の民謡) / 越～ Yuè'ōu (浙江の民謡).
【讴歌】 ōugē 動 ㊥ ほめたたえる. 謳歌(ホラホ)する. ㊿ 歌颂 gēsòng

沤(漚) ōu
氵部4 全7画 [四]3111₄ [通用]
素 あぶく. 泡. ¶浮～ fú'ōu (あぶく).
☞ 沤 òu

瓯(甌) ōu
瓦部4 全8画 [四]7171₇ [通用]
名 ❶ ㊔ 取っ手のない茶わん. 杯. ¶茶～ chá'ōu (湯のみ茶わん) / 酒～ jiǔ'ōu (杯) / ～子 ōuzi (茶わん). ❷ (Ōu) "温州 Wēnzhōu"(浙江省温州)の別称.
【瓯绣】 ōuxiù 名 浙江省温州で作られる刺繍.

欧(歐) ōu
欠部4 全8画 [四]7778₂ [常用]
名 ❶ "欧罗巴 Ōuluóbā"(ヨーロッパ)の略. ❷ 姓.
【欧黛利・赫本】 Ōudàilì Hèběn《人名》オードリー・ヘップバーン(1929-1993). 米国の女優.
【欧共体】 Ōugòngtǐ 名 "欧洲共同体"(欧州共同体. EC)の略称.
【欧化】 ōuhuà 動 西洋をまねる. ¶～现象,到处可见 / 西洋かぶれがいたる所で見られる.
【欧罗巴洲】 Ōuluóbāzhōu《地名》ヨーロッパ. 欧洲.
【欧美】 Ōu Měi 名 欧米.
【欧盟】 Ōuméng 名 "欧洲联盟"(欧州連合. EU)の略称.
【欧姆】 ōumǔ 量《物理》電気抵抗の単位. オーム. Ω. ¶～表 / オーム計. 参考 ドイツ物理学者 Georg Simon Ohm の名から. 略称"欧 ōu".
【欧姆定律】 Ōumǔ dìnglǜ 名《物理》オーム(Ohm)の法則.
【欧佩克】 Ōupèikè 名 OPEC. 石油輸出国機構.
【欧体】 Ōutǐ 名 書体の一つ. 唐代の欧陽詢(ホラホ:ネネ)の書体.
【欧亚】 Ōu Yà 名 ユーラシア. 欧州とアジア.
【欧阳】 Ōuyáng《複姓》欧陽(ホラネネ).
【欧阳修】 Ōuyáng Xiū《人名》欧陽修(ホラホ:ネネ:1007-1072). 北宋の政治家・知識人. 唐宋八大家の一人. 主著に『新唐書』『新五代史』など.

欧体(「冠」)

【欧元】 ōuyuán 名 ユーロ. EU(欧州連合)の貨幣単位.
【欧洲】 Ōuzhōu《地名》ヨーロッパ. 欧州.
【欧洲共同体】 Ōuzhōu gòngtóngtǐ 名 欧州共同体. EC.
【欧洲债券】 Ōuzhōu zhàiquàn 名《経済》欧州債券. ユーロボンド.
【欧洲中央银行】 Ōuzhōu zhōngyāng yínháng 名 欧州中央銀行. ECB.

殴(毆) ōu
殳部4 全8画 [四]7774₇ [次常用]
素 (人を)なぐる. ¶斗～ dòu'ōu (なぐり合いをする) / ～伤 ōushāng / ～打 ōudǎ.
【殴打】 ōudǎ 動 (人を)なぐる. ¶～致死 zhìsǐ / なぐって殺す.
【殴斗】 ōudòu 動 なぐり合いのけんかをする. ㊿ 斗殴
【殴伤】 ōushāng 動 なぐって傷つける.

鸥(鷗) ōu
鸟部4 全9画 [四]7772₇ [次常用]
名《鳥》カモメ.

呕(嘔) ǒu
口部4 全7画 [四]6101₄ [次常用]
素 吐く. ¶～吐 ǒutù / ～血 ǒuxuè / 作～ zuò'ǒu (吐き気をもよおす).
【呕吐】 ǒutù 動 嘔吐(ホラホ)する. 吐き出す.
【呕心】 ǒuxīn 動 (文芸創作において)心血を注ぐ. ¶～之作 / 苦心の作.
【呕心沥血】 ǒu xīn lì xuè 成 血のにじむような苦労をかさねる. ¶这本小说,是他一写出来的 / この小説は彼が心血を注いで書き上げたものだ.

【呕血】ǒu//xuè 动《医学》吐血する.

偶 ǒu
亻部9 四 2622₇
全11画 常用

❶素偶数の．対になった．¶〜数 ǒushù / 蹄类 ǒutílèi（蹄蹄类）/ 无独有〜（一人ではなく相棒がいる）．反 奇 jī ❷素配偶者．¶佳〜 jiā'ǒu（よい伴侶（はん））．❸素木や土で作った人形．偶像．¶木〜 mù'ǒu（木の人形）/ 〜像 ǒuxiàng. ❹副偶然に．思いがけず．¶中途一遇 yù（途中で偶然出会う）/ 〜一为之（たまたまやってみる）．❺(Ǒu)姓．

【偶尔】ǒu'ěr ❶副たまに．ときどき．¶我们〜见面 / 我々はたまに顔を合わせる．反 经常 jīngcháng ❷形たまの．まれな．¶〜的事 / まれな出来事．同 偶而 ǒu'ér,偶然 ǒurán
【偶发】ǒufā 形偶然発生した．¶〜之事,防不胜防 / 偶発的なことは防ぎようがない．
【偶合】ǒuhé 动偶然に一致する．
【偶然】ǒurán ❶形偶然の．¶〜事件 / 偶然の出来事．¶〜现象 / 偶然の現象．¶〜的巧合 qiǎohé / 偶然の一致．反 必然 bìrán ❷副偶然に．思いがけなく．¶〜见面 / 偶然出会う．
【偶然性】ǒuránxìng 名《哲学》偶然性．
【偶人】ǒurén 名土や木などで作った人形．
【偶数】ǒushù 名偶数．同 双数 shuāngshù 反 奇数 jīshù
【偶像】ǒuxiàng 名偶像．¶〜崇拜 chóngbài / 偶像崇拝．¶〜化 / 偶像化．

耦 ǒu
耒部9 四 5692₇
全15画 通用

❶动〈文〉二人で並んで畑を耕す．❷素"偶 ǒu"①②に同じ．

【耦合】ǒuhé 名《物理》結合．カップリング．¶〜电路 / 結合回路．¶〜系数 xìshù / 結合係数．

藕（異 蕅） ǒu
艹部15 四 4492₇
全18画 次常用

名 ❶《植物》〔量 根 gēn,节 jié〕レンコン．❷(Ǒu)姓．

【藕断丝连】ǒu duàn sī lián 成 表面的には関係を断ったように見えても，実際にはつながっている．別れても未練がまだある．同 藕断丝不断 bù duàn 由来 レンコンを切りはなしても，細い糸はまだつながっている，という意から．表現 男女の情愛をいう．
【藕粉】ǒufěn 名 レンコンからとった澱粉（淀）．お湯でといて飲み物にする．
【藕荷[合]】ǒuhé 形 赤みがかった薄紫の．
【藕色】ǒusè 形 やや赤みを帯びた薄い灰色．

沤（漚） òu
氵部4 四 3111₄
全7画 通用

动 長時間水にひたす．¶〜麻 òumá（麻を水につける）/ 〜粪 òufèn（家畜の糞を水にひたす）/ 〜烂 òulàn（水にひたして腐らせる）/ 〜肥 òufèi.
【沤肥】òufèi ❶动 水肥を作る．¶用河泥〜 / 河底の泥で水肥を作る．❷名 水肥．表現 地方によっては"窖肥 jiàoféi"ともいう．
☞ 沤 ōu

怄（慪） òu
忄部4 四 9101₄
全7画 通用

动〈方〉❶腹を立てる．¶〜气 òuqì. ❷からかって怒らせる．不愉快にさせる．¶你别故意〜我（わざと怒らせないでくれ）.
【怄气】òu//qì 动 いらだつ．腹を立てる．¶你还在为昨天的事〜呀！/ あなたったら昨日のことでまだ怒ってるの．

pa ㄆㄚ [pʻA]

趴 pā
足部2 四 6810₀
全9画 常用

動 ❶ うつ伏せになる．¶～在床上(ベッドにうつぶせになる)．**❷** 前にかがみこんでもたれる．うつ伏す．¶～在桌子上写信(机にかがみこんで手紙を書く)．

【趴伏】pāfú **動**(胸や腹を何かの上へのせて)伏せる．腹ばいになる．

【趴架】pā//jià **動**〔方〕つぶれる．¶公司～/会社がつぶれる．

【趴窝】pā//wō **動**〔方〕**❶**(メスの動物が)産卵や出産でうずくまる．**❷**(人や馬などが)疲れ果てて動けない．**❸**(機械が)こわれて動かない．

【趴下】pāxià **動** 身を伏せる．¶赶快～/急いで伏せる．

派 pā
氵部6 四 3213₂
全9画 常用

下記熟語を参照．
☞ 派 pài

【派司】pāsi **名 ❶** 通行許可証．身分証．パス．**❷** 通過する．パスする．**❸ 動**〔方〕ボールをパスする．◆pass

啪 pā
口部8 四 6600₂
全11画 通用

擬 バン．パチン．ピストル・拍手・ムチなどの音．¶～嚓 pāchā/劈～ pīpā(パチン．パチパチ)．

【啪嚓】pāchā **擬** ガチャン．パチャッ．物が落ちたりぶつかったりして割れる音．物が倒れる音．¶一声,大树被锯 jù 倒了/バサッと音がして,大木が切り倒された．

【啪嗒】pādā **擬** パタッ．パチッ．ポッ．物が落ちたり,ぶつかったりする音．¶～一声,电灯开关开了/パチンと電灯のスイッチが入った．¶水～～往下滴/しずくがポタポタたれる．**重** 啪嗒啪嗒

【啪唧】pājī **擬**(足音などの)物が当たる音．パタパタ．バタバタ．

【啪啦】pālā **擬** ポクッ．パシッ．ひびが入るにぶい音．¶铜钱大的雨点儿～～地落下来/銅銭ぐらいの大粒の雨がバシャバシャと降ってきた．**重** 啪啦啪啦

葩 pā
艹部9 四 4461₇
全12画 通用

術〔文〕花．美しいもの．¶奇～异草(珍しい草や花)．

扒 pá
扌部2 四 5800₀
全5画 通用

動 ❶(手や熊手で)かき集める．¶～草 pácǎo(草をかき集める)．**❷**〔方〕手で皮膚をかく．¶～痒 páyǎng(かゆいところをかく)．**❸** すりを働く．**❹**〔料理〕とろ火で煮む．¶～羊肉(羊肉を煮こむ)．
☞ 扒 bā

【扒糕】págāo **名**〔料理〕細切りそばを,大根やキュウリの千切りと和え,ゴマ油のたれをかけた冷菜．

【扒鸡】pájī **名**〔料理〕油でいためて,煮こんだトリ肉．

【扒拉】pála **動**〔方〕はしでご飯をかき込む．☞ 扒拉 bālā

【扒搂】pálou **動 ❶** かき集める．¶～柴草 cháicǎo/柴草をかき集める．**❷** ご飯をかき込む．

【扒窃】páqiè **動** すりとる．

【扒手】páshǒu **名**〔個 个 ge,伙 huǒ〕すり．¶谨防 jǐnfáng～/すりにご用心．**回** 弄手 páshǒu

杷 pá
木部4 四 4791₇
全8画 通用

→ 枇杷 pípá

爬 pá
爪部4 四 7723₁
全8画 通用

動 ❶ はう．¶这孩子会～了(この子ははいはいできるようになった)．**❷** 物をつかんでよじ上る．¶～树 páshù(木に登る)／～山 páshān．

【爬虫】páchóng **名**〈動物〉〔個 条 tiáo,种 zhǒng〕爬(は)虫類．"爬行动物 páxíng dòngwù"の俗称．

【爬高】págāo **動 ❶** よじ登る．**❷** 高い地位に就こうとする．**❸**(飛行機が)上昇する．

【爬格子】pá gézi **句** 文章を書く．**参考** "格子"は原稿用紙のます目．

【爬犁】páli **名**〔方〕〔個 副 fù〕そり．**回** 雪橇 xuěqiāo,扒犁 pálí

【爬山】**❶** pá//shān 山登りをする．¶～涉水 shèshuǐ/山を登り川を渡る．**❷** páshān **名** 登山．¶～电车/登山電車．¶～队/登山隊．

【爬山虎】páshānhǔ **名 ❶**〈植物〉〔個 棵 kē,株 zhū〕つた．**❷**〔方〕山で客をかつぎ上げるカゴ．**❸**〈動物〉〔個 只 zhī〕ヤモリ．

【爬升】páshēng **動 ❶**(飛行機やロケットが)上昇する．**回** 上升 **❷**(売り上げなどが)徐々に向上する．次第に増加する．

【爬梯】pátī **名 ❶** 角度が急で,手すりのある階段．**❷** はしご．縄ばしご．

【爬行】páxíng **動 ❶** はう．**回** 匍匐 púfú **❷** のろのろ動く．¶～主义/慎重で因循がたなやり方．

【爬行动物】páxíng dòngwù **名**〈動物〉爬行類．

【爬泳】páyǒng **名**《スポーツ》水泳のクロール．自由形．**回** 自由泳 zìyóuyǒng **参考** 水泳にはこのほか,"蛙泳 wāyǒng"(平泳ぎ),"蝶泳 diéyǒng"(バタフライ),"仰泳 yǎngyǒng"(背泳ぎ)がある．

钯(鈀) pá
钅部4 四 8771₇
全9画 通用

名動 "耙 pá"に同じ．
☞ 钯 bǎ

耙 pá
耒部4 四 5791₇
全10画 次常用

❶ 名〔把 bǎ〕熊手(て)．¶～子 pázi．**❷ 動** 熊手でならす．かき集める．
☞ 耙 bà

【耙子】pázi **名**〔個 把 bǎ〕熊手(て)．¶用～收拢 shōulǒng 稻草 dàocǎo/熊手でわらをかき集める．

琶 pá
王部8 四 1171₇
全12画 通用

→ 琵琶 pípá

筢 pá
竹部7 四 8851₇
全13画 通用

下記熟語を参照.

【笆子】pázi 名〔働 把 bǎ〕（タケや針金製の）熊手（くま）.

帕 pà 巾部5 四 4620₂ 全8画 次常用

❶ 量〔働 个 ge, 块 kuài〕ハンカチ．スカーフ．¶ 手~ shǒupà（ハンカチ）/ 首~ shǒupà（スカーフ）. ❷ 名 "帕斯卡 pàsīkǎ"の略．

【帕劳】Pàláo 国名 パラオ．

【帕斯卡】pàsīkǎ 量 圧力の単位．パスカル．♦ pascal

怕 pà 忄部5 四 9600₂ 全8画 常用

I 動 ❶ 恐れる．怖がる．¶ 我最~打针 / 私は注射が大嫌いだ．¶ 不~麻烦 / 面倒ではない．¶ 要想会话有进步,不要~说错 / 会話がうまくなりたいなら間違いを恐れてはいけない．

❷ 心配する．気にかける．¶ 我~他会出事 / 彼の身に何かあったのではないかと心配だ．¶ 我很想学英语,可是总~学不会 / 英語を習いたいのだが,できないのではないかと気になる．¶ 我~赶不上,就跑来了 / 間に合わなかったらたいへんだと思い,飛んできました．¶ 她~胖,不敢多吃饭 / 彼女は太るといけないので,食べ過ぎないようにしている．

❸ 耐えられない．弱い．¶ 这种植物~霜冻 shuāngdòng / この植物は霜を嫌う．¶ 竹器~晒 shài / 竹製品は陽を嫌う．¶ 孩子就~发高烧 gāoshāo / 子供は高熱に弱い．¶ 我非常~热 / 私はたいへんな暑がりだ．
📝 荷印に多用される．◇怕光 / 暗所保管．◇怕火 / 火気厳禁．◇怕热 / 熱気注意．◇怕压 yā / 不積厳禁．◇不怕水 / 防水．

II 副 恐らく．たぶん．⇔ 恐怕 kǒngpà ¶ 这个问题,我~不能简单地解决吧 / この問題はおそらく簡単には解決しないだろう．¶ 你妈妈这时~在想你呢 / 君のお母さんは今頃君のことを思っているだろう．¶ 这么晚了,他~不会来了吧 / こんなに遅いのだから,彼はたぶん来られないのだろう．¶ 这个西瓜~有十多斤吧 / このスイカは5キロ以上あるかも．

【怕人】pàrén 動 ❶ 人を恐れる．❷ 人を怖がらせる．怖い．¶ 夜晚一人行走,还真有些~ / 夜一人で歩くのはやはりちょっと怖いものです．

【怕生】pàshēng 動 人見知りをする．¶ 这孩子有点~ / この子はちょっと人見知りをする．

【怕事】pà//shì 動 いざこざを恐れる．臆（ぉく）病だ．¶ 胆 dǎn 小~ / 気が小さくて臆病だ．

【怕死】pà//sǐ 動 死を恐れる．¶~鬼 / 意気地なし．臆（ぉく）病者．¶一不怕苦,二不~ / 苦しみも死も恐れない．¶~贪生 tān shēng / 成 死を恐れて生に執着する．

【怕头】pàtou 名 方 恐れるもの．恐れること．

【怕羞】pà//xiū 動 恥ずかしがる．¶ 小姑娘~不去 / 娘は恥ずかしがって行かない．⇔ 害羞 hàixiū

pai ㄆㄞ〔pʻae〕

拍 pāi 扌部5 四 5600₂ 全8画 常用

❶ 動 手のひらでたたく．¶~球 pāiqiú（まりをつく）/~手 pāishǒu（掉身上的土（身体についた土をはたき落とす）．❷ 名（~儿）ラケットやハエたたき．たたいて用いる道具．¶ 蝇~儿 yíngpāir（ハエたたき）/ 乒乓球~（卓球のラケット）. ❸ 量 音楽の拍子．¶ 合~ hépāi（調子が合っている）/ 二分之一~（2分の1拍子）. ❹ 動 撮影する．¶~电影 pāizhào / ~电影儿（映画を撮影する）. ❺ 動 電報を打つ．¶~贺电 hèdiàn（祝電を打つ）. ❻ 動 口 おべっかを使う．¶ 吹吹~~（ほらを吹いたり,おべっかを使う）/~马屁 mǎpì. ❼ 動 競売にかける．¶~卖 pāimài.

【拍案】pāi//àn 動 机をたたく．強い怒り・驚き・称賛の気持ちをあらわす．¶ 这出戏妙趣横生,令人~ / この芝居は見どころが多く,大向うをうならせる．

【拍案而起】pāi àn ér qǐ 成 机をたたいて立ち上がる．表現 激怒しているよう．

【拍案叫绝】pāi àn jiào jué 成 机をたたいて絶賛する．

【拍巴掌】pāi bāzhang 動 拍手する．⇔ 拍手 pāishǒu,鼓掌 gǔzhǎng

【拍板】pāi//bǎn 動 ❶ "拍板"を打ち鳴らす．拍子をとる．❷ 商談が成立する．¶ 两人一商议,立刻~了 / 二人が協議を始めるとすぐに話がついた．❸ 責任者が最終決定する．¶~定案 dìng'àn / 最終決定をくだす．

【拍板】pāibǎn 名《音楽》3枚の木片をひもに通した打楽器．カスタネットのように打ち鳴らす．⇔ 鼓板 gǔbǎn,檀板 tánbǎn

【拍打】pāida 動 ❶ はたく．❷ ぱたぱたと打ち鳴らす．

【拍档】pāidàng 方 ❶ 動 協力する．共演する．❷ 名 協力者．パートナー．♦ partner

【拍发】pāifā 動（電報を）打つ．

【拍抚】pāifǔ 動（子供をあやすように）軽くたたいたり,なでたりする．

【拍击】pāijī 動（船底などを）波打つ．波がたたく．

【拍价】pāijià 名 競売価格．オークション価格．

【拍马】pāimǎ 動 おべっかを言う．ゴマをする．⇔ 拍马屁 pāi mǎpì

【拍马屁】pāi mǎpì 慣 ごまをする．おべっかを使う．¶ 拍领导的马屁 / リーダーにごまをする．⇔ 拍马 pāimǎ

【拍卖】pāimài 動 ❶ 競売にかける．❷ 投げ売りする．¶ 大~ / バーゲンセール．

【拍卖会】pāimàihuì 名 競売会．オークション．

【拍卖师】pāimàishī 名 競売の仲介人．オークションの進行役．

【拍片】pāi//piàn 映画を撮影制作する．

【拍品】pāipǐn 名 競売品．オークション品．

【拍摄】pāishè 動 撮影する．¶~一部电视剧 / テレビドラマを撮る．¶~特写镜头 / クローズアップを撮る．

【拍手】pāi//shǒu 動 拍手する．¶ 观众~叫好 / 観衆は拍手して賞賛の声をあげた．⇔ 鼓掌 gǔzhǎng

【拍手称快】pāi shǒu chēng kuài 成 手をたたいて「やったぞ！」と叫ぶ．

【拍拖】pāituō 動 方 恋愛する．

【拍戏】pāi//xì 動 映画やテレビドラマを撮影制作する．

【拍掌】pāi//zhǎng 動 拍手する．¶~欢迎 / 拍手で迎える．

【拍照】pāi//zhào 動 写真を撮る．¶~留念 / 記念に写真を撮る．¶ 禁止~ / 撮影禁止．⇔ 照相 zhàoxiàng

【拍纸簿】pāizhǐbù 名 1枚1枚切り離せるノート．由来 "拍"は英語の pad の意．

【拍子】pāizi 名 ❶〔働 副 fù, 只 zhī〕物をたたく道具．¶ 苍蝇 cāngying~ / ハエたたき．¶ 网球~ / テニスラケット．❷《音楽》拍子．リズム．¶ 打~ / 拍子をとる．

俳 pái

亻部8　四 2121₁
全10画　通用

❶ 古代の道化芝居．またその役者．❷文 諧謔(かいぎゃく)．おどけ．

【俳句】páijù 名（日本の）俳句．
【俳諧】páixié 形文 おどけた．こっけいな．¶～句／戯作文．
【俳優】páiyōu 名 古代の道化役者．参考 日本語の「俳優」は"演员 yǎnyuán"という．

排 pái

扌部8　四 5101₁
全11画　常用

❶動 一列に並ぶ．並べる．¶～队 páiduì／一字 páizì．❷名 列．¶他坐在前～（彼は前列に坐っている）．❸名《軍事》小隊．"班 bān"の一つ上の単位．¶～长 páizhǎng．❹動 演奏・演劇などのリハーサルをする．¶～戏 páixì／彩～ cǎipái（最終リハーサル）．❺量 列になったものを数えることば．¶一～椅子（一列に並んだイス）．❻名 いかだ．簿 pái ❼動 取り除く．押しのける．¶～除 páichú／～挤 páijǐ／～灌 páiguàn／～门而出（ドアを押し開けて出て行く）．

☞ 排 pái

【排班】pái//bān 動 クラスやグループに分けて整列させる．班編成する．
【排版】pái//bǎn 動《印刷》活字を組む．¶照相～／写真製版．¶书稿已～了／原稿は既に組み版が終わった．
【排比】páibǐ 名《言語》修辞法の一つ．構造が同じで内容に関連のある句や文を三つ以上続けて，意味や感情を強める．たとえば"时间就是生命，时间就是速度，时间就是力量"（時間は生命であり，スピードであり，力である）のようなもの．¶一连串 yīliánchuàn～／反復による修辞．
【排笔】páibǐ 名 数本の筆を平らに並べてまとめた，はけ状の筆．参考 書画のほか，ペンキや壁塗りに用いる．
【排查】páichá 動 事件や不法行為などの関係者を順々に調査する．
【排场】páichǎng[-chang] 名 体裁．見栄え．¶不讲~不摆阔 bǎikuò／見栄を張らず金持ちぶることもない．
【排斥】páichì 動 排除する．排斥する．¶～异己 yìjǐ／考えが異なる者を排除する．¶相互～／互いに排斥しあう．同 排挤 páijǐ

排笔

【排除】páichú 動 取り除く．排除する．¶～故障 gùzhàng／故障を取り除く．¶～困难／困難を取り除く．
【排除万难】pái chú wàn nán 成 万難を排する．
【排挡】páidǎng 名 車の変速機．ギア．同 挡 dǎng
【排调】páidiào 名 手配し調整すること．☞ 排调 páitiáo
【排队】pái//duì 動 ❶ 列を作る．列に並ぶ．¶～买票／並んで切符を買う．¶我排了两个小时队／私は2時間も行列した．❷ 物事を整理する．
【排筏】páifá 名 木や竹で作ったいかだ．¶撑 chēng～／いかだをさおでこぐ．
【排放】páifàng 動 ❶（廃棄物を）排出する．¶～污水／汚水を排出する．¶～瓦斯 wǎsī／ガスを排出する．❷ 動物が射精または排卵する．
【排风扇】páifēngshàn 名 換気扇．同 排气扇 páiqìshàn
【排骨】páigǔ 名《料理》〔量 块 kuài〕（豚・牛・羊などの）スペアリブ．¶～面／あばら肉入りうどん．¶糖醋～／甘酢あんかけスペアリブ．
【排鼓】páigǔ 名《音楽》トムトム．参考 4個から6個の音程の違う太鼓を連ねた打楽器．
【排灌】páiguàn 動 排水・灌漑(かんがい)する．¶～站／排水灌漑施設．
【排行】páiháng 名 同世代の親族における，兄弟姉妹の順番．¶他～第三／彼は3番目だ．¶你在家～老几？／あなたは兄弟の中で何番目ですか．参考 "排行"には"小排行"（一家の兄弟姉妹の順序）と"大排行"（一族の順序）とがある．
【排行榜】páihángbǎng 名 ランキング．¶流行歌曲 gēqǔ～／ヒットチャート．
【排号】páihào 動 ❶口 番号札で，順番を決める．¶～第三／整理券の3番．❷方 列を作る．
【排洪】páihóng 動 洪水(の水)を排水する．
【排击】páijī 動 排撃する．
【排挤】páijǐ 動 排除する．排斥する．¶互相～／互いに排除しあう．¶拉拢 lālǒng 一些人,～一些人／何人かを抱き込み,何人かを締め出す．同 排斥 páichì 反 拉拢 lālǒng
【排解】páijiě 動 ❶ 和解させる．¶～纠纷 jiūfēn／紛争を調停する．❷ 憂さをまぎらわす．¶无法～／気晴らしのしようがない．¶借酒～忧愁 yōuchóu／酒の力で憂いをはらす．同 排遣 páiqiǎn
【排涝】pái//lào 動 田畑の余分な水を排出する．
【排雷】pái//léi 動《軍事》地雷や水雷を撤去する．
【排练】páiliàn 動 リハーサルをする．けいこをする．¶～场／けいこ場．リハーサル場．
【排列】páiliè 動 ❶ 順番に並べる．¶同等条件的都～在一起／同じ条件のものはみな同列に並べる．❷ 名《数学》順列．
【排律】páilǜ 名《文学》〔量 首 shǒu〕俳律(はいりつ)．長編の五言律詩．同 长律 chánglǜ
【排卵】pái//luǎn 動《生理》排卵する．
【排卵期】páiluǎnqī 名《生理》排卵期．
【排名】pái//míng 動 順位をつける．¶～第三／三位になる．
【排难解纷】pái nàn jiě fēn 成 困難を取り除いてトラブルを丸くおさめる．
【排偶】pái'ǒu 名《言語》"排比 páibǐ"（同形式のことばのくり返し）と"对偶 duì'ǒu"（対句）．⇨排比 páibǐ, 对偶 duì'ǒu
【排炮】páipào 名 ❶ 一斉砲撃する．同 排子炮 ❷（土木工事などで）一斉爆破する．
【排气】páiqì 動 排気する．¶～阀 fá／排気弁．¶～扇 shàn／換気扇．
【排遣】páiqiǎn 動 憂さをはらす．¶想～～这几天的不快／ここ数日の嫌な気分をはらしたい．同 消遣 xiāoqiǎn
【排枪】páiqiāng 名 一斉射撃．
**【排球】páiqiú 名 ❶《スポーツ》バレーボール．¶打～／バレーボールをする．¶～比赛／バレーボールの試合．❷〔量 个 ge, 只 zhī〕バレーボール用のボール．
【排山倒海】pái shān dǎo hǎi 成（勢いや力が）圧倒的だ．¶～之力／すべてを流す力．
【排射】páishè 動 一斉射撃する．
【排水】pái//shuǐ 動 排水する．¶～管／排水管．¶～泵 bèng／排水ポンプ．
【排水量】páishuǐliàng 名 ❶（船舶の）排水量．❷（河川や水路の）排水量．

【排酸肉】páisuānròu 名 加工肉の一つ.参考 食用獣の屠殺後,温度・湿度・時間を管理して酵素の発生を抑え,蛋白質の一部をアミノ酸に変え,有害物質の含有量を減らした肉.
【排他性】páitāxìng 名 排他性.
【排坛】páitán 名《スポーツ》バレーボール界.
【排调】páitiáo 動 嘲笑する.からかう.☞ 排调 páidiào
【排头】páitóu 名 列の先頭.¶向~看齐 / 前へならえ.¶个子 gèzi 矮 ǎi 的站~ / 背の低い者が列の先頭に立つ.反 排尾 páiwěi
【排头兵】páitóubīng 名 手本になる人.
【排外】páiwài 動 外のものを排除する.¶~主义 zhǔyì / 排外主義.
【排尾】páiwěi 名 列の最後尾.¶由~的负责点 diǎn 人数 / 最後尾の者が人数確認を受け持つ.反 排头 páitóu
【排位】páiwèi 名 席順.席次.
【排污】pái//wū 動 ❶ 汚染物質を排出する.❷ 汚染物質を除去する.
【排污权】páiwūquán 名 (法に基づいた)汚染物質の排出権.
【排污收费制度】páiwū shōufèi zhìdù 名 汚染物質排出税制度.参考 許可された以上の汚染物質を廃棄する際に費用を徴収する制度.
【排戏】pái/xì 動 芝居のけいこをする.
【排险】pái//xiǎn 動 危険な状況を排除する.
【排泄】páixiè 動 ❶ 汚水や雨水を排出する.¶~出来的废液 fèiyè / 排出された廃液.¶体外に排泄(はいせつ)する.¶~物 / 排泄物.¶找个地方~一下 / どこかで用を足す.
【排序】páixù 動《コンピュータ》ソートする.
【排揎】páixuan 動(方)一つ一つ並べ立てて非難する.
【排演】páiyǎn ❶ 動 本番前のリハーサルをする.¶安排~ / リハーサルの手はずを整える.❷ 名〔次 cì〕リハーサル.¶最后一次~ / 最終リハーサル.
【排椅】páiyǐ 名 (映画館やホールなどの)きちんと配列された椅子.
【排印】páiyìn 動《印刷》組版と印刷をする.
【排忧解难】pái yōu jiě nàn 成 心配事を排除し,困難を解決する.難問に取り組む.
【排运】páiyùn 動 いかだで輸送する.
【排长】páizhǎng 名《軍事》小隊長.参考 "连长 liánzhǎng"の下で,"班长 bānzhǎng"の上.
【排钟】páizhōng 名《音楽》チャイム.カリヨン.
【排字】pái/zì 動《印刷》活字を組む.¶~工人 / 植字工.¶~车间 / 植字室.組版室.

徘 pái

亻部8 四 2121₁
全11画 次常用

下記熟語を参照.

【徘徊】páihuái 動 ❶ 行きつもどりつする.¶烦躁 fánzào 地~ / いらだちながら行ったり来たりする.❷ あれこれ迷う.躊躇(ちゅうちょ)する.¶~左右 / あれこれ躊躇する.¶心理~,拿不定主意 / あれこれ迷って決まらない.同 彷徨 pánghuáng ❸ 停滞する.足踏みする.¶产量一直在二百万吨 dūn 左右 / 生産高はずっと200万トンあたりを上下している.

牌 pái

片部8 四 2604₀
全12画 常用

名 ❶ (~儿)看板.札.¶广告~(广告看板) / 标语~(標語を書いた看板) / 门~号码儿(番地) / 车~ chēpái(ナンバープレート). ❷ (~儿)ブランド.商標.¶冒~ màopái(にせブランド) / 名~ míngpái(有名ブランド). ❸〔副 fù,张 zhāng〕トランプ.かるた.¶マージャンパイ.足踏みする.¶纸~ zhǐpái(カルタ) / 扑克~ pūkèpái(トランプ) / 打~(マージャンをする). ❹ "词 cí"や"曲 qǔ"の調子の名称.¶词~ cípái(詞牌) / 曲~ qǔpái(曲牌). ❺ (Pái)姓.
【牌匾】páibiǎn 名〔块 kuài〕扁額(へんがく). 建物の入り口などに掛ける,字を書いた大きな板.
【牌额】pái'é 名 横額.扁額(へんがく).
【牌坊】páifāng 名〔座 zuò〕人物の功績をたたえるために建てる鳥居形の門.
【牌号】páihào 名 (~儿)❶ 商店の屋号.¶老~ / しにせ.❷ 商標.ブランド.¶买同一~的化妆品 / おなじブランドの化粧品を買う.
【牌价】páijià 名 標準価格.¶批发 pīfā~ / 卸売り価格.¶零售 língshòu~ / 小売価格.¶外汇 wàihuì~ / 為替レート.
【牌九】páijiǔ 名 カードゲームの一種.参考 ばくちに用いる.
【牌局】páijú 名 ❶ 賭博の集会.また,その場所.❷ (カードゲームなどの)局面.
【牌楼】páilou 名〔座 zuò〕街の中心や名勝地に建てられた装飾用の建物.
【牌品】páipǐn 名 マージャンやトランプゲームをするときの個性や態度.
【牌示】páishì 名 旧 掲示板に貼った告示.
【牌手】páishǒu 名 トランプゲームの参加者.
【牌头】páitóu 名 名望.有力者.
【牌位】páiwèi 名 位牌.¶祖先的~ / 先祖の位牌.
【牌照】páizhào 名 ❶ 運転免許証.¶摩托车 mótuōchē~ / バイクの免許証.¶领~ / 免許証を受け取る.¶扣下 kòuxià~ / 免許証を差し押さえる.❷ 営業許

黑桃

红桃・红心

扑克牌　方块　梅花　传统纸牌

牌③

可証．¶经商～／営業許可証．
【牌子】páizi [名] ❶〔[量]个 ge, 块 kuài〕看板．札．¶广告～／広告の看板．❷ブランド．¶老～／しにせのブランド．❸昔の"词 cí"や"曲 qǔ"の名称．
【牌子货】páizihuò [名] ブランド品．
【牌子曲】páiziqǔ [名]《音楽》俗曲．俗謡や民謡などを次々に連ねて歌う音楽．[参考] 北方では三弦で伴奏し，南方では揚琴・琵琶・二胡などを用いる．

迫（[異]廹）pǎi
辶部 5 [四] 3630₀ 全 8 画 [常 用]

下記熟語を参照．
☞ 迫 pò
【迫击炮】pǎijīpào [名]《軍事》〔[量]门 mén〕迫撃砲．臼砲(きゅうほう)．

排 pǎi
扌部 8 [四] 5101₁ 全11画 [常 用]

[動][方] 新しい靴に木型を入れて形を整える．
☞ 排 pái
【排子车】pǎizichē [名]〔[量]辆 liàng〕大八車．[同] 大板车 dàbǎnchē

哌 pài
口部 6 [四] 6203₂ 全 9 画 [通 用]

下記熟語を参照．
【哌嗪】pàiqín [名]《薬》ピペラジン．

派 pài
氵部 6 [四] 3213₂ 全 9 画 [常 用]

❶[名] 立場・見解・思想・方法などが同じ人々のグループ．派．¶党～ dǎngpài (党派) / 学～ xuépài (学派) / 宗～ zōngpài (宗派)．❷[素] 態度．風格．¶气～ qìpài (風格) / ～头 pàitóu．❸[量] 流派を数えることば．¶两～学者(両派の学者)．❹[量] 景色・情景・音・ことばなどを数えることば．ひとまとまりの．¶一～新气象(まったく新しい姿) / 一～胡言 húyán (でたらめなことば)．❺[素][文] 河川の支流．❻[動] 割り当てる．派遣する．¶分～ fēnpài (割り当てる) / 调～ diàopài (配置転換する)．❼[外]《料理》パイ．¶苹果～ (アップルパイ)．♦pie [用法] ④の前に置かれる数詞は"一 yī"に限られる．
☞ 派 pā
【派别】pàibié [名]〔[量]个 ge, 种 zhǒng〕派閥．党派．¶～斗争 / 派閥争い．[同] 派系 pàixì
【派不是】pài bùshi [句] 他人のミスを責める．¶我才不牵这个头呢，免得～ / この件では私は音頭取りなんかしません．責められるのはいやですから．
【派出所】pàichūsuǒ [名]〔[量]个 ge〕公安局の派出機関．警察分署．[参考] 日本の派出所より規模が大きく，警察官も多い．
【派对】pàiduì [名][外] パーティ．♦party
【派发】pàifā [動] ❶(ビラなどを)配る．配布する．❷(株を)売り抜く．
【派饭】pài//fàn [動] (農家が)農村に派遣された役人に食事を提供する．
【派购】pàigòu [動] (農産物などを)国が規定量を買いあげる．割り当て買い付けする．
【派活】pài//huó [動] (～儿)仕事を割り当てる．¶根据各人的能力～ / 各人の能力に応じて仕事を割り振る．[表現] 肉体労働や作業についていうことが多い．
【派款】pài//kuǎn [動] 分担金を割り当てる．
【派遣】pàiqiǎn [動] 派遣する．¶～了一个代表团 / 代表団を派遣した．[同] 差遣 chāiqiǎn
【派生】pàishēng [動] 派生する．¶～词 / 派生語．
【派势】pàishì [名] 態度．羽振り．[同] 派头
【派送】pàisòng [動] ❶贈り物をする．❷選抜し，派遣する．
【派头】pàitóu [名][貶] (～儿)偉そうな態度．気取ったようす．¶～很大 / もったいぶっている．¶胜利者的～ / 勝利者のおごったようす．
【派系】pàixì [名]〔[量]个 ge, 种 zhǒng〕派閥．
【派性】pàixìng [名] 党派性．¶闹～ / 派閥行動をとる．¶卷入～斗争 / 派閥争いに巻き込まれる．
【派驻】pàizhù [動] 派遣し駐在させる．¶～国外 / 海外に派遣駐在させる．

蒎 pài
艹部 9 [四] 4413₂ 全12画 [通 用]

[名]《化学》ピナン．

湃 pài
氵部 9 [四] 3115₀ 全12画 [次常用]

→滂湃 pāngpài, 澎湃 péngpài

pan ㄆㄢ〔pʻan〕

番 pān
釆部 5 [四] 2060₉ 全12画 [常 用]

[素] 地名用字．¶～禺 Pānyú．
☞ 番 fān
【番禺】Pānyú《地名》番禺(はんぐう)．広東省にある市．

潘 Pān
氵部12 [四] 3216₉ 全15画 [次常用]

[名] 姓．
【潘多拉】Pānduōlā [名] (ギリシャ神話の)パンドラ．

攀 pān
手部15 [四] 4450₂ 全19画 [常 用]

❶[動] よじ登る．¶～登 pāndēng / ～树 pānshù (木に登る)．❷[動] ギュッとつかむ．つかんで引っ張る．¶～折 pānzhé / ～缘 pānyuán．❸[動] (自分より地位の高い人と)姻戚関係を結ぶ．取り入る．¶高～ gāopān (地位の高い人と結婚する) / ～亲 pānqīn / ～龙附凤 pān lóng fù fèng．❹[素] 引きこむ．巻きこむ．¶～谈 pāntán / ～供 pāngòng (自供で他人を巻き添えにする)．❺(Pān)姓．
【攀比】pānbǐ [動] 実情を顧みずにやたらと高水準のものと比較する．高望みする．
【攀冰】pānbīng [名]《スポーツ》アイスクライミング．氷壁登山．
【攀缠】pānchán [動] からみ合う．もつれ合う．¶葡萄 pútáo 架上密密地～着葡萄藤 téng / ブドウ棚にはびっしりとブドウのつるがからみ合っている．
【攀扯】pānchě [動] 巻き添えにする．
【攀登】pāndēng [動] ❶よじ登る．¶～悬崖 xuányá 峭壁 qiàobì / 断崖(だんがい)絶壁をよじ登る．❷高いレベルに達する．¶～科学技术高峰 / 科学技術の最高レベルに到達する．
【攀附】pānfù [動] ❶しがみついて登る．¶青藤～树木 / フジのつるが木にからんではい登る．❷[貶] 有力者に取り入る．¶～权贵 / 権勢のある人に取り入る．
【攀高】pāngāo [動] ❶(価格や数値が)上昇する．❷高望みする．
【攀高枝儿】pān gāo zhīr [成] 有力者に取り入って親し

P

くする。または姻戚関係を結ぶ。表現 地方によっては"巴 bā 高枝儿"とも言う。

【攀龙附凤】pān lóng fù fèng 成 有力者に取り入って出世をねらう。同 附凤攀龙

【攀亲】pān//qīn 動 ❶ 親戚になる。¶ ～道故／親戚や親友として関係をつくる。❷ 婚約する。縁組みをする。

【攀升】pānshēng 動 (価格や数値が)上昇する。

【攀谈】pāntán 動 おしゃべりする。雑談する。¶ 随便 ～／気ままにしゃべる。

【攀岩】pānyán 名《スポーツ》ロッククライミング。

【攀缘［援］】pānyuán 動 ❶ よじ登る。❷ 喩 権力者に取り入る。

【攀越】pānyuè 動 (よじ登って)乗り越える。

【攀折】pānzhé 動 (花や木を)引っ張って折る。¶ 爱护花木,禁止～／花や木を大切に,折るべからず。

【攀枝花】pānzhīhuā 名《植物》キワタ。インドワタノキ。同 木棉树 mùmiánshù

爿 pán

爿部 0 四 2220₀
全 4 画 通用

❶ 名 斧や刀で割った木や竹。¶ 竹～ zhúpán (竹の板)。❷ 量 区切られた土地,商店や工場などを数えることば。

胖 pán

月部 5 四 7925₀
全 9 画 常用

素 叉 ゆったりして心地よい。¶ 心广体～(身も心もゆったりしている)。

☞ 胖 pàng

盘(盤) pán

舟部 5 四 2710₂
全 11 画 常用

❶ 名 (～儿)〔量 只 zhī〕大皿。盆。¶ 茶～儿 chápánr (茶盆)／托～ tuōpán (お盆)。❷ 素 形や用途が盆に似たもの。¶ 磨～ mòpán (ひきうす)／算～ suànpán (そろばん)／棋～ qípán (碁盤)。❸ 素《経済》市況。相場。¶ 开～ kāipán (一日の最初の取引値)／收～ shōupán (一日の最後の取引値)／平～ píngpán (もちあい相場)。❹ 動 ぐるぐる回る。¶ ～旋 pánxuán ～ 杠子 gàngzi ～ 马弯弓 gōng (格好だけですぐには行動しない)。❺ 動 (オンドルやかまどを)作る。尋ねる。¶ ～炉灶 lúzào (かまどを作る)。❻ 動 詳しく調べる。尋ねる。¶ ～问 pánwèn (～を問う)／～根究底 (とことん追究する)。❼ 動 (店や会社などを)譲る。¶ 出～ chūpán (店を売りに出す)／招～ zhāopán (店の買手を募る)／受～ shòupán (店を買いとる)。❽ 動 運ぶ。¶ ～运 pányùn。❾ 量 機械・皿に盛った物・試合・うすなどを数えることば。¶ 一～机器 (1台の機械)／一～磨 mò (一つのひきうす)／下一～棋 (碁を一局打つ)。❿ (Pán)姓。

【盘剥】pánbō 動 旧 (高利貸しで)暴利をむさぼる。¶ 重～／高利でしぼり取る。

【盘查】pánchá 動 細かく検査・尋問する。¶ ～过路行人／通行人を検問する。

【盘缠】pánchán 動 くるくる巻きつける。¶ 辫子 biànzi ～在头上／お下げをくるくる頭に巻きつける。

【盘缠】pánchan 名 ❶〔量 旅费〕旅費。¶ 打点去京的～／北京へ行く旅費を用意する。❷ 生活費。

【盘秤】pánchèng 名《量 杆 gǎn》皿ばかり。

【盘存】páncún 動 棚卸し。¶ 月底～／月末の棚卸し。

【盘错】páncuò 動 叉 物事が複雑に入り組む。由来 根や枝が入り組む,という意から。

【盘道】pándào 名〔量 条 tiáo〕曲がりくねった道。¶ 汽车沿着 yánzhe ～而上／自動車は曲がりくねった道に沿って上る。

【盘点】pándiǎn 動 棚卸しをする。在庫を調べる。¶ ～库存／棚卸しをする。

【盘费】pánfei 名 旧 旅費。

【盘杠子】pán gàngzi 句《スポーツ》鉄棒で回転や宙返りをする。

【盘根错节】pán gēn cuò jié 成 事柄が複雑で,容易に解決できない。¶ ～,一時难以说清／非常に込み入っているので,短い時間ですべてを話すことは難しい。由来 木の根がからみつき,枝が交錯している,という意から。

【盘亘】pángèn 動 (山々が)連なる。

【盘古】Pángǔ《人名》盤古 (ばん)。天地を開いたという神話上の人物。¶ 自从～开天地／この世界ができてから。天地開闢 (さい) 以来。

【盘桓】pánhuán 叉 ❶ (離れがたくて)とどまる。居続ける。逗留する。¶ 在苏州～了几天／蘇州では数日滞在した。❷ うずを巻く。¶ ～髻 jì ／ぐるぐる巻いたまげ。

【盘簧】pánhuáng 名《機械》つる巻きばね。

【盘活】pánhuó 動 手立てを講じて,流動していない資産や資金を活性化させる。

【盘货】pán//huò 動 (店などが)棚卸しをする。¶ 清仓 cāng ～／在庫品の棚卸しをする。

【盘诘】pánjié 動 叉 詰問する。¶ 遭 zāo ～／厳しい尋問にあう。同 盘问 pánwèn

【盘结】pánjié 動 ❶ 巻きつく。¶ 葛藤 géténg ～／クズのつるがからみつく。❷ (悪い連中が)グルになる。

【盘究】pánjiū 動 突き詰める。追究する。

【盘踞［据］】pánjù 動 旧 不法占拠する。占領する。

【盘库】pán//kù 動 在庫を調べる。

【盘面】pánmiàn 名《経済》市況。商品市況。

【盘尼西林】pánníxīlín 名 外《薬》"青霉素 qīngméisù" (ペニシリン) の音訳。◆penicillin

【盘弄】pánnòng 動 (手でもてあそぶ。いじくる。¶ 老爷爷手里～着两个钢球／おじいさんは手の中で2個の鉄の玉をもてあそんでいる。

【盘曲】pánqū 形 うねる。曲がりくねる。

【盘儿】pánr ❶ 名 小さな皿。❷ 名 人の顔。¶ 烧～／顔を赤くする。❸ 量 小皿に盛った料理を数えることば。¶ 一～凉菜／前菜一皿。

【盘儿菜】pánrcài 名〔量 份 fèn〕すぐに調理できるよう,盛り合わせて売られる料理の材料。

【盘绕】pánrào 動 (別の物に)巻きつく。からみつく。

【盘山】pánshān 形 山の上をぐるぐるとめぐる。¶ ～路／山中の道。

【盘升】pánshēng 動 (株価などが)ゆっくり小幅に上昇する。

【盘石】pánshí → 磐石 pánshí

【盘算】pánsuan 動 (頭の中で)計算する。計画する。¶ 心里～着这笔交易的得失／腹の中で取り引きの損得を計算している。同 合计 héji

【盘头】pántóu 名 ❶ お団子に結った髪型。お団子頭。❷ (織機の)巻き棒。

【盘腿】pán//tuǐ 動 あぐらをかく。¶ ～而坐／あぐらをかいてすわる。同 盘坐 zuò

【盘问】pánwèn 動 問い詰める。¶ 妈妈～儿子／お母さんは息子を問い詰めた。同 盘诘 pánjié

【盘膝】pánxī 動 あぐらをかく。同 盘腿 tuǐ

【盘香】pánxiāng 名 らせん型の線香。

【盘旋】pánxuán ❶ 動 ぐるぐる巡る。旋回する。¶ 老鹰

lǎoyīng 在空中～着 / タカが空を旋回している. 回 回旋 huíxuán ❷ あれこれ考える.

【盘羊】pányáng 名《動物》アルガリ.
【盘运】pányùn 動 運送する. 輸送する.
【盘账[帐]】pán/zhàng 動 帳簿をチェックする.
【盘整】pánzhěng 動 ❶ (株式や先物商品の価格を)小幅に調整する. ❷ (製品の)市場を整備する.
*【盘子】pánzi 名 ❶ [〔个 ge, 撂 luò〕] 大皿. 盆. 旧《経済》商品相場. 市場価格. ¶收～ / 大引け. 参考 ①は"碟子 diézi"より大きいものをいう.
【盘坐】pánzuò 動 あぐらをかく. 同 盘腿 tuǐ

磐 pán 石部10 四 2760₂ 全15画 通用

索 大きな石. ¶～石 pánshí.
【磐石】pánshí 名 巨大な岩. ¶坚如～ / 巨岩のように堅固だ. 同 盘石 pánshí

蹒(蹣) pán 足部10 四 6412₇ 全17画 通用

下記熟語を参照.
【蹒跚】pánshān 形 足もとがよろよろしている. ¶步履 bùlǚ～ / よろよろと歩く. 同 盘跚 pánshān

蟠 pán 虫部12 四 5216₉ 全18画 通用

索 曲がりくねる. とぐろを巻く.
【蟠螭纹】pánchīwén 名 蟠螭文(きゃくん). 青銅器の文様の一つ.
【蟠曲】pánqū 形"盘曲 pánqū"に同じ.
【蟠桃】pántáo 名〔个 ge〕
❶《植物》平たい形をした, 果汁の少ないモモ. 甘くて美味. ❷ 神話の中の仙桃. 参考 ①は, 地方によって"扁桃 biǎntáo"ともいう. ②は, 3千年に一度実を結び, これを食べると不老長寿になるという. 孫悟空が天宮で食べ尽くした話が有名.

蟠桃①

判 pàn 刂部5 四 9250₀ 全7画 常用

❶ 動 分ける. 区別する. ¶～别 pànbié / ～断 pànduàn / ～明 pànmíng. ❷ 動 判断する. 判定する. ¶裁～ cáipàn (裁く) / 评～ píngpàn (審査判定する) / ～分数 fēnshù (点数をつける). ❸ 動 判決を下す. ¶审～ shěnpàn (審判する) / ～案 pàn'àn / 公～ gōngpàn (公判). ❹ 形 明らかに違う. ¶～若两人 pàn ruò liǎng rén.
【判案】pàn//àn ❶ 動《法律》裁く. 裁判をする. ❷ 名 結論. 判决.
【判别】pànbié 動 判別する. 識別する. ¶～真假 zhēnjiǎ / 真贋(称)を判別する.
【判处】pànchǔ 動《法律》刑を言いわたす. 有罪の判決を下す. ¶～有期徒刑 túxíng 三年 / 懲役3年の判決を下す.
【判词】páncí 名《法律》判决文. ¶宣读～ / 判决文を読み上げる.
【判定】pàndìng 動 判定する. ¶～优劣 / 優劣を判定する.
【判读】pàndú 動 判読する.
*【判断】pànduàn ❶ 名《哲学》判断. ¶～力 / 判断力. 同 判别 pànbié ❷ 動 判断する. 決める. ¶～是否正确 / 正しいかどうかを判断する. 同 判别 pànbié

【判罚】pànfá 動 処罰する. ペナルティを課す. ¶～黄牌警告 / イエローカードを出す.
【判官】pànguān 名 ❶《歴史》唐代・宋代・明代の, 地方長官の補佐役. ❷ (伝説で)閻魔(ﾔﾝﾏ)大王の下で, 寿命簿を管理するとされる官.
【判据】pànjù 名 (批判や判断の)基準. 標準.
【判决】pànjué 動《法律》判決を下す.
【判决书】pànjuéshū 名《法律》判決書.
【判例】pànlì 名《法律》判例.
【判明】pànmíng 動 明らかにする. ¶～是非 / 是非を明らかにする.
【判然】pànrán 形 判然としている. 明白だ.
【判若两人】pàn ruò liǎng rén 成 まるで別人のようだ. 表現 同一人物の変わりようについて言うことば.
【判若云泥】pàn ruò yún ní 成 雲泥の差がある. ¶两者～, 一眼便知 / 两者の差は歴然としていて, 一目でわかる. 同 判若天渊 tiānyuān
【判刑】pàn//xíng 動《法律》刑を宣告する.
【判罪】pàn//zuì 動 (裁判所が)罪を裁く. ¶等～ / 裁判の結果を待つ.

拚 pàn 扌部5 四 5304₀ 全8画 通用

索 捨てる. 顧みない. ¶～命 pànmìng / ～弃 pànqì (捨てる).
▶ 拚 pīn
【拚命】pàn//mìng 動方"拼命 pīnmìng"に同じ.

泮 pàn 氵部5 四 3915₀ 全8画 通用

❶ 動 ⟨文⟩ 氷などが溶ける. ばらばらになる. ❷ 名 ⟨文⟩"泮宫 pàngōng"のこと. 古代の学校. ❸ (Pàn)姓. 参考 清代では, 科挙に合格して"秀才 xiùcái"になることを, "入泮 rùpàn"と言った.
【泮宫】pàngōng 名 古代の天子や諸侯が宴会や謝礼をした宮殿. のちに学校を指すようになった.

盼 pàn 目部4 四 6802₇ 全9画 常用

❶ 動 切望する. 待ち望む. ¶切～ qièpàn (切望する) / ～回信 (返信を待ち望む). ❷ 索 見る. ¶左顾右～ (右顧左眄(ｻﾃﾝ)する). ❸ (Pàn)姓.
【盼头】pàntou 名 (～儿) (実現しそうな)希望. 望み. ¶没～的事, 谁也不会做 / うまくいく見込みのないことは, 誰だってやるわけない.
*【盼望】pànwàng 動 心待ちにする. ¶～早日见面 / 近いうちにお目にかかれますように. 比較 "盼望"は, "希望 xīwàng"より重々しい言いかたで, 他人への要望に使う. "盼望"は動詞のみだが, "希望"は, 動詞・名詞のどちらにも使うことができる.

叛 pàn 八部7 四 9254₇ 全9画 常用

索 裏切る. 背く. ¶～贼 pànzéi (裏切り者) / ～匪 pànfěi.
【叛变】pànbiàn 動 敵方に寝返る. ¶～投敌 tóudí / 敵方に寝返る. 同 反叛 fǎnpàn
【叛党】pàn//dǎng 動 党に背く. 党を裏切る. 表現"党"はふつう中国共産党をさす.
【叛匪】pànfěi 名 反逆者.
【叛国】pàn//guó 動 祖国を裏切る. ¶～罪 / 国家反逆罪.
【叛军】pànjūn 名 反乱軍.
【叛离】pànlí 動 裏切る. 背く. ¶～祖国 / 祖国を裏切

【叛乱】pànluàn 名〔量 场 chǎng〕反乱. ¶煽动 shāndòng~/反乱を煽動(だう)する. ¶平息~/反乱を鎮める.
【叛卖】pànmài 動背いて売り渡す. ¶~民族利益/民族の利益を売り渡す.
【叛逆】pànnì ❶動反逆する. 背く. ¶~行为 xíngwéi/反逆行為. ❷名反逆者.
【叛逃】pàntáo 動裏切って逃げる.
【叛徒】pàntú 名〔量 个 ge〕叛(そむ)徒. 反逆者.

畔 pàn
田部5 全10画 四 6905₀ 次常用

❶名ほとり. わき. ¶湖~ húpàn(湖畔)/路~ lùpàn(道ばた)/桥~ qiáopàn(橋のわき)/枕~ zhěnpàn(枕もと). ❷名田畑のあぜ. ❸ 义 "叛 pàn"に同じ.

袢 pàn
衤部5 全10画 四 3925₀ 次常用

❶名動 "襻 pàn"に同じ. ❷名 "袷袢 qiāpàn"(ウイグル族やタジク族の民族衣装)という語に用いる.

襻 pàn
衤部19 全24画 四 3425₂

❶名(~儿)〔服飾〕ボタンをかける布製のループ. ¶纽~儿 niǔpànr(中国服のループ状のボタンかけ). ❷名(~儿)形や用途が似たもの. ¶车~ chēpàn(車を引くとき肩にかける縄)/鞋~儿 xiépànr(くつひも)/篮子~儿 lánzipànr(かごの取っ手). ❸動(ひもや糸などで)結わえつける. 縫いつける.

pang ㄆㄤ [p'aŋ]

乓 pāng
丿部5 全6画 四 7203₁ 常用

擬バーン. 銃声・ドアを閉める音・器物が割れる音などをあらわす. ¶听到~的一声枪响(バンと一つ銃声が聞こえた).

滂 pāng
氵部10 全13画 四 3012₇ 通用

素水が湧き出るようす. ¶~湃 pāngpài/~沱 pāngtuó.

【滂湃】pāngpài 形雨などが激しく降るようす.
【滂沛】pāngpèi 形文❶水の流れや波が激しい. ¶汹涌 xiōngyǒng~/怒涛(どう)のような勢い. ❷雨がたっぷり降るようす. 恩沢が厚いことにたとえる. 同 滂霈 pāngpèi ❸元気なようす.
【滂沱】pāngtuó 形❶雨が激しく降るようす. ¶大雨~/どしゃ降り. ❷涙がたくさん流れるようす. ¶涕 tì 泗 sì~/涙と鼻水がとめどもなく流れる. 激しく泣きじゃくる.

膀(異 髈) pāng
月部10 全14画 四 7022₇ 常用

形むくんでいる. ¶~肿 pāngzhǒng. 同 浮肿 fúzhǒng

☞ 膀 bǎng, bàng, páng

【膀肿】pāngzhǒng 動むくむ. ¶双脚都~了/両足がむくんだ.

彷(異 徬) páng
彳部4 全7画 四 2022₇ 通用

下記熟語を参照.

☞ 彷 fǎng

【彷徨[皇]】pánghuáng 動さまよう. ためらう. ¶~歧途 qítú/分かれ道でためらう. ¶~不定/迷って決断できない. 同 徘徊 páihuái

庞(龐/異 龎) páng
广部5 全8画 四 0021₄ 次常用

❶形非常に大きい. ¶~大 pángdà/~然大物. ❷素ごちゃごちゃ入り乱れている. ¶~杂 pángzá. ❸素(~儿)顔かたち. ¶面~ miànpáng(顔かたち). ❹(Páng)姓.

【庞大】pángdà 形ばく大だ. 巨大だ. ¶开支~/ばく大な出費. ¶~的建筑工程/大規模な建築工事.
【庞然大物】páng rán dà wù 成見た目が大きくて立派だが, 内容が伴わない人や物.
【庞杂】pángzá 形繁雑だ. ¶内容~/内容が繁雑だ. 同 繁杂 fánzá

逄 Páng
辶部6 全9画 四 3730₅ 通用

名姓. "逄门 Pángmén"という複姓でも使われる.

旁 páng
方部8 全10画 四 0022₇ 常用

❶素かたわら. そば. ¶路~ lùpáng(道端)/~观 pángguān/~门 pángmén. ❷形そのほかの. 別の. ¶~人 pángrén/~的工作(他の仕事). ❸名(~儿)漢字の偏. ¶单人~儿 dānrénpángr(にんべん).

【旁白】pángbái 名《芸能》〔量 段 duàn, 句 jù〕傍白(はく). 舞台で, 相手には聞こえないことにして, 観客だけに聞かせるせりふ.
【旁边】pángbiān 名(~儿)わき. 近く. ¶美术馆就在火车站~/美術館は駅のすぐ隣にある.
【旁侧】pángcè 名傍ら. わき. サイド.
【旁出】pángchū 動(支脈や枝が)枝分かれして伸びる.
【旁观】pángguān 動傍観する. ¶袖手 xiùshǒu~/手をつかねて見ている. ¶冷眼~/冷たく傍観する.
【旁观者清】páng guān zhě qīng 成第三者の方が物事がよく見える. 岡目八目(なまく). 表現"当局者迷 dāng jú zhě mí"(当事者が目がくらむ)と対にして用いられることが多い.
【旁皇】pánghuáng 動彷徨(ほう)する. 同 彷徨 pánghuáng
【旁及】pángjí 動(本題のほか)…にも及ぶ.
【旁路】pánglù 名バイパス.
【旁落】pángluò 動(権力や名誉が)他人の手中に落ちる.
【旁门】pángmén 名(~儿)正門のわき, または建物の側面にある門. 通用門.
【旁门左道】páng mén zuǒ dào 成(宗教や学術における)異端. 異説. 同 左道旁门
【旁敲侧击】páng qiāo cè jī 成(話や文章で)持って回った言い方をする.
【旁人】pángrén 名その他の人. 別の人.
【旁若无人】páng ruò wú rén 成そばに人がいないかのように, かって気ままにふるまう. 傍若無人だ. ¶~地大声说话/傍若無人に大声でしゃべる.
【旁听】pángtīng 動❶傍聴する. ¶~答辩 dábiàn/答弁を傍聴する. ❷授業を聴講する. ¶~生/聴講生.
【旁听席】pángtīngxí 名傍聴席.

【旁鹜】 pángwù 動 文 本業をおろそかにして、他に目移りする.

【旁系亲属】 pángxì qīnshǔ 名《法律》傍系親族.

【旁征博引】 páng zhēng bó yǐn 博например引証する. ¶这篇论文,～/ この論文は、広範な資料を引用している.

【旁证】 pángzhèng 名 ❶ 傍証. ❷ 目撃者.

【旁支】 pángzhī 名（血統などの）傍系.

膀 páng
月部10 四 7022₂ 全14画 常用

下記熟語を参照.
☞ 膀 bǎng, bàng, pāng

【膀胱】 pángguāng 名《生理》膀胱（ぼう）. 表現 俗に、"尿脬 suīpāo"ともいう.

【膀胱癌】 pángguāng'ái 名《医学》膀胱癌（ぼうこうがん）.

磅 páng
石部10 四 1062₇ 全15画 次常用

下記熟語を参照.
☞ 磅 bàng

【磅礴】 pángbó ❶ 形 勢いが盛んだ. ¶气势 qìshì～/ 気力がみなぎっている. ¶～的生命力 / はつらつとした生命力. ❷ 動 広がる. ¶日益 rìyì～于全国 / 日増しに全国に広まる.

螃 páng
虫部10 四 5012₇ 全16画 次常用

下記熟語を参照.

【螃蟹】 pángxiè 名《動物》[個 个 ge, 只 zhī] カニ.

鳑(鰟) páng
鱼部10 四 2012₇ 全18画 通用

下記熟語を参照.

【鳑鲏】 pángpí 名《魚》フナを少し小型にした魚. タナゴの一種.

耪 pǎng
耒部10 四 5092₇ 全16画 通用

動 鍬（くわ）で耕す. ¶～地 pǎngdì (地面を耕す).

胖(異 胖) pàng
月部5 四 7925₀ 全9画 常用

形（人が）太っている. ¶肥～ féipàng (太っている).
反 瘦 shòu
☞ 胖 pán

【胖大海】 pàngdàhǎi 名《植物》アオギリ科の樹木. 参考 乾燥させた種子を漢方薬にする.

【胖嘟嘟】 pàngdūdū 形（～的）よく太っている. まるまるとしている.

【胖墩墩】 pàngdūndūn 形（～的）（人が）ずんぐりしている. 背が低く、太ってがっしりしている.

【胖墩儿】 pàngdūnr 名 回 ずんぐりむっくり. 背が低くて太った人. 表現 多く子供についていう.

【胖乎乎】 pànghūhū 形（～的）（人が）まるまると太っている. ¶脸蛋～的 / 顔がぽっちゃりしている. 表現 "pànghūhū"と読むと、「太りすぎている」というニュアンスがあるが、"pànghūhū"と軽声に読んだり、"pànghūhūr"とr化すると、「かわいい」というニュアンスになる.

【胖头鱼】 pàngtóuyú 名《魚》レンギョのたぐい. コクレン（黒鰱）. 同 鳙 yōng

【胖子】 pàngzi 名 でぶ. ふとっちょ. ¶小～,你几岁了？/ ふとっちょさん、年はいくつだい.

pao 夂ㄠ [p'au]

抛(異 拋) pāo
扌部4 四 5401₂ 全7画 常用

動 ❶ 投げる. ¶～球（球を投げる）/ ～物线 pāowùxiàn / ～砖 zhuān 引玉. 同 扔 rēng ❷ 捨てる. 置き去りにする. ¶～妻别子（妻を捨て子供と別れる）. ❸ 現れる. 現す. ¶～头露 lù 面. ❹ 投げ売りをする.

【抛费】 pāofèi 動 方 浪費する.

【抛光】 pāo//guāng 動 研磨する. ¶把这个零件 língjiàn 抛一抛光 / この部品をちょっと磨いてくれ.

【抛荒】 pāo//huāng 動 ❶ 田畑が荒れるに任せる. ¶轮休 lúnxiū / 土地を順番に休ませる. ❷（勉強や仕事を）なおざりにする. ¶本业～了 / 本業がおろそかになった.

【抛离】 pāolí 動 放棄する. 見捨てる.

【抛锚】 pāo//máo 動 ❶ 船が錨（いかり）を下ろす. ❷ 車が故障して止まる. ¶汽车中途～了 / 車が途中でえんこした. ❸（何かの理由で）中止になる.

【抛弃】 pāoqì 動 捨て去る. ¶～家园 / 故郷や家庭を捨てる. 同 丢弃 diūqì

【抛却】 pāoquè 動 捨て去る. ¶～私心杂念 / 私心や雑念を捨て去る.

【抛洒［撒］】 pāosǎ 動（あたりに）撒き散らす.

【抛射】 pāoshè 動 弾き飛ばす. 発射する. 飛ばす.

【抛售】 pāoshòu 動 投げ売りする. ¶～手中的股票 gǔpiào / 手持ちの株を投げ売りする.

【抛头露面】 pāo tóu lù miàn 成 貶 公然と人前に現れる. 参考 もとは、婦人が人前に現れることをいった. 封建的な道徳では、恥ずべきこととされた.

【抛物面】 pāowùmiàn 名《数学・物理》放物面.

【抛物线】 pāowùxiàn 名《数学・物理》[個 条 tiáo] 放物線.

【抛掷】 pāozhì 動 文 ❶ 投げる. ¶～雪球 / 雪玉を投げる. ❷ 捨て去って顧みない.

【抛砖引玉】 pāo zhuān yǐn yù 成 浅薄な意見を述べて、他人の優れた意見を引き出す. 由来 れんがを投げて玉（ぎょく）を引き出す、という意から. 謙遜（けんそん）のことば.

泡 pāo
氵部5 四 3711₂ 全8画 常用

❶ 名（～儿）軟らかくふくれたもの. ¶豆腐～儿 dòufupāor（豆腐揚げ）/ 眼～ yǎnpāo（上まぶた）. ❷ 形 ふわふわして丈夫でない. ¶～线 pāoxiàn（切れやすい糸）. ❸ 名 方 小さな湖. ¶月亮～ Yuèliangpāo（吉林省にある湖）/ 莲花～ Liánhuāpāo（黒竜江省にある地名）. ❹ 量 大小便の回数を数えることば. 同 脬 pāo

☞ 泡 pào

【泡桐】 pāotóng 名《植物》キリ. 同 桐

脬 pāo
月部7 四 7224₇ 全11画 通用

❶ →尿脬 suīpāo ❷ 量 大小便の回数を数えることば. 同 泡 pāo

刨 páo
刂部5 四 2270₀ 全7画 次常用

動 ❶ 掘る. ¶～花生（落花生を掘る）/ ～坑 kēng（穴を掘る）. ❷ 回 差し引く. 減らす. ¶～除 páochú.

☞ 刨 bào

【刨除】 páochú 動（数を）引く. 減らす.

【刨根儿】 páo//gēnr 動 徹底的に追求する.

【刨根问底儿】 páo gēn wèn dǐr 句 とことん突き詰める.

咆 páo
口部5 全8画 四 6701₂ 次常用

素 猛獣がほえる. ¶~哮 páoxiào.

【咆哮】páoxiào 動 ❶〔猛獣が〕ほえる. ❷ 水がゴーゴーと音を立てて流れる. ¶洪水 hóngshuǐ~而来（洪水がうなりをあげて押し寄せた. ❸㐷 どなり声をあげる.

狍(麅) páo
犭部5 全8画 四 4721₂ 通用

名 "狍子 páozi"に同じ.

【狍子】páozi 名《動物》〔量 个 ge, 只 zhī〕ノロ. ノロジカ. シカの一種.

庖 páo
广部5 全8画 四 0021₂ 通用

❶ 素 厨房(ᵏ⁰ᵘᵖᵉ). ¶~厨 páochú. ❷ 文 料理人. ¶名~ míngpáo（有名な料理人). ❸(Páo)姓.

【庖厨】páochú 名 文 ❶ 厨房(ᵏ⁰ᵘᵖᵉ). 台所. ❷ 料理人. コック.

【庖代】páodài 動 文 人に代わって事を処理する. ¶此事不宜 bùyí~ / この件は代理で行うべきではない. 用法 否定文に用いることが多い. "代庖 dàipáo"とも言う.

炮 páo
火部5 全9画 四 9781₂ 常用

動 ❶《中医》漢方薬を焙(เ⁾じる. あぶる. ❷ 食物を焼く. あぶる.

☞ 炮 bāo, pào

【炮烙】páoluò 名 炮烙(キ⁰ᵁ). 古代の火あぶりの刑罰の一つ. 炭火の上に油を塗った銅柱を渡し, 上を歩かせて落ちれば炭火の中で焼け死ぬ.

【炮制】páozhì 動 ❶《中医》薬材を加工して漢方薬にする. ¶如法~ / 処方どおり調製する. ❷㐷 でっちあげる. ¶~诬蔑 wūmiè 别人的文章 / 人を中傷する文章をでっちあげる. 参考 ①, "烘 hōng"（火であぶる), "炮 páo"（焦げるまで炒める), "炒"（炒める), "洗"（洗う), "泡 pào"（お湯にひたす), "漂 piǎo"（水でさらす), "蒸 zhēng"（蒸す), "煮"（煮る),などの方法で製剤すること.

袍 páo
衤部5 全10画 四 3721₂ 常用

名 (~儿)《服飾》中国式の長衣. ¶皮~ pípáo（毛皮の裏のついた長衣) / 长~ chángpáo（男性用の長衣) / 旗~儿 qípáor（チャイナドレス) / 棉~儿 miánpáor（綿入れの長い上着).

【袍泽】páozé 名 文 軍隊での同僚. 戦友. 由来 "袍"（長い上着. 軍衣)と"泽"（下着)はともに衣服の意. 『詩経』秦風・無衣の句から.

【袍罩儿】páozhàor 名《服飾》〔量 件 jiàn〕 "袍子 páozi"の上にはおる, 膝まであるうわっぱり. 回 單袍 zhàopáo

【袍子】páozi 名《服飾》〔量 个 ge, 件 jiàn〕 中国式の長衣. ¶羊皮 yángpí~ / ヒツジの皮でできた長衣.

匏 páo
大部8 全11画 四 4721₂ 通用

下記熟語を参照.

【匏瓜】páoguā 名《植物》ヒサゴ. フクベ. 参考 果実を二つに割り,ひしゃくを作る. 回 瓢葫芦 piáohúlu

跑 páo
足部5 全12画 四 6711₂

動 動物が足で地面をかく. ¶~地（地面をかく) / 虎~泉 Hǔpáoquán（杭州にある名泉. トラが足で探しあてたと伝えられる).

☞ 跑 pǎo

跑 pǎo
足部5 全12画 四 6711₂ 常用

動 ❶ 走る. ¶赛~ sàipǎo（競走). ❷ 逃げる. ¶别让小鸟儿~了（小鳥を逃がすな). ❸ 奔走する. ¶~车票（切符を手に入れるために奔走する) / ~买卖. ❹ もれる. 揮発する. ¶~电 pǎodiàn / ~油 pǎoyóu（油がもれる) / ~气 pǎoqì（空気・蒸気が抜ける).

☞ 跑 páo

【跑表】pǎobiǎo 名〔量 块 kuài, 只 zhī〕ストップウォッチ. ¶按~ / ストップウォッチを押す. 回 马表 mǎbiǎo

**【跑步】pǎo//bù 動 駆け足をする. ジョギングする.

【跑车】pǎo//chē 動 ❶ トロッコやエレベーターがすべり下りる. ❷ 回〔列車の乗務員が〕乗務する.

【跑车】pǎochē 名〔量 辆 liàng〕競争用の車両. 回 赛车 sàichē

【跑单帮】pǎo dānbāng 句 物を売り歩く. 行商する.

【跑刀】pǎodāo 名《スポーツ》スピードスケート用のブレード.

【跑道】pǎodào 名 ❶〔量 条 tiáo〕滑走路. ¶飞机已降落 jiàngluò 在~上 / 飛行機が滑走路に降りている. ❷（運動場の)トラック. 参考 区画されたコースは, "分道 fēndào"という.

【跑电】pǎo//diàn 動 漏電する. 回 漏电 lòudiàn

【跑调儿】pǎo//diàor 動（歌などの)調子がはずれる. 回 走调儿 zǒudiàor

【跑肚】pǎo//dù 回 下痢をする.

【跑反】pǎo//fǎn 動 戦乱や匪賊の害を避けてよその土地に逃れる.

【跑光】pǎo//guāng 動（フィルムや感光紙が)密封不良で感光する.

【跑旱船】pǎo hànchuán 句《芸能》民間舞踊の一つ. 竹や布で船を作り,女性役と船頭役が中に入って歌ったり踊ったりしながらねり歩く. 参考 地方によっては"采莲船 cǎiliánchuán"という.

跑旱船

【跑合儿】pǎohér 動回 商売の仲立ちをする.

【跑江湖】pǎo jiānghú 句 大道芸・占い・人相見などで各地を渡り歩く.

【跑街】pǎojiē ❶ 動（買い付け・回収・引き合いなどの)外回りの仕事をする. 回 跑外 pǎowài ❷ 名 渉外担当者. やり手.

【跑警报】pǎo jǐngbào 句 空襲警報を聞いて防空壕へと走る.

【跑酷】pǎokù 名 外 パルクール. フリーランニング. 道具を使わずに,壁や屋根などの障害を越えて移動すること. ◆プラスparcour

【跑龙套】pǎo lóngtào 句 ❶《芸能》随員や兵士の役を演じる. 端役を演じる. ¶扮演 bànyǎn~的角色 juésè / 端役を演じる. ❷ 人の手下になって雑事をする.

【跑马】pǎo//mǎ 動 ❶ 馬に乗って走る. 馬を駆る. ❷ 競馬をする. ¶ 一场／競馬場. ❸ 夢精する.

【跑马观花】pǎo mǎ guān huā 成"走马观花 zǒu mǎ guān huā"に同じ.

【跑码头】pǎo mǎtou 句 港町を行き来して商売をする.

【跑买卖】pǎo mǎimai 句 あちこち行き来して商売をする. ¶ 他跑了三年买卖, 发了大财／彼は3年間商売に出かけ, 一財産作った.

【跑跑颠颠】pǎopǎodiāndiān 形 (〜的) あたふたと走り回る. ¶ 她一天到晚〜／彼女は一日中あちこち走り回っている.

【跑跑跳跳】pǎopǎotiàotiào 形 (〜的) 飛んだりはねたり. 活発なようす.

【跑生意】pǎo shēngyi 句 各地を渡り歩いて商売する. 売り歩く.

【跑堂儿】pǎotángr 動 旧 (飲食店で) 給仕をする.

【跑堂儿的】pǎotángrde 名 旧 レストランの給仕.

【跑题】pǎo//tí 動 テーマから外れる.

【跑腿儿】❶ pǎo//tuǐr 動 旧 他人の雑事のために走り回る. ❷ pǎotuǐr 名 使い走り.

【跑外】pǎowài 動 (買い付け・回収・引き合いなどの)外回りの仕事をする. ¶ 负责〜的工作／涉外担当の仕事. 反 内勤 nèiqín

【跑鞋】pǎoxié 名《スポーツ》[量 双 shuāng, 只 zhī] スパイク.

【跑辙】pǎo//zhé 動 方 ❶ 車が轍(わだち)からはずれる. ❷ 話が横道にそれる.

泡 pào 氵部5 四 3711₂ 全8画 常用

❶ 名 (〜儿) あぶく. 泡. ¶ 水〜 shuǐpào (水泡). ❷ 名 (〜儿) 泡に似たもの. ¶ 灯〜儿 dēngpàor (電球) / 肥皂〜儿 féizàopàor (シャボン玉). ❸ 動 水につけたままにする. ¶ 〜茶 pàochá. ❹ 動 ぐずぐずする. 時間をつぶす.
☞ 泡 pāo

【泡吧】pàobā 動 バーやカフェで長時間過ごす.

【泡病号】pào bìnghào 句 (〜儿) 仮病で仕事を休む. 軽い病気なのに重病人のように振る舞う.

【泡菜】pàocài 名《料理》漬け物の一種. 参考 キャベツやダイコンなどを, 塩・酒・山椒などを入れた水に漬け込んだ, 酸味のある漬け物. 四川省のものが有名.

【泡茶】pào//chá 動 茶を入れる. 器に入れた茶葉にお湯を注ぐ.

【泡饭】pàofàn 名《料理》お湯で煮たり, お湯をかけた飯.

【泡蘑菇】pào mógu 慣 わざと時間を引き延ばす.

【泡沫】pàomò 名 (〜儿) 泡. ¶ 啤酒〜／ビールの泡.

【泡沫经济】pàomò jīngjì 名《経済》バブル経済.

【泡沫塑料】pàomò sùliào 名 フォームプラスチック. ウレタンフォーム.

【泡沫橡胶】pàomò xiàngjiāo 名 フォームラバー. スポンジ.

【泡妞】pàoniū 動 若い女性を追いかけまわす. ナンパする.

【泡泡糖】pàopaotáng 名 フーセンガム.

【泡汤】pào//tāng 動 (方) (目的や目標を) 達成せずに終わる. ¶ 这次面试又〜了／今回の面接試験にまた落ちた.

【泡影】pàoyǐng 名 達成せずに終わった事柄や希望. 水の泡. ¶ 梦幻 mènghuàn〜／むなしい幻想.

【泡子】pàozi 名 方 電球. 灯泡 dēngpào.

炮(異砲、礮) pào 火部5 四 9781₂ 全9画 常用

名 ❶ 〔量 门 mén, 尊 zūn〕大砲. ¶ 〜眼 pàoyǎn / 高射〜 gāoshèpào (高射砲). ❷ 爆竹. ¶ 鞭〜 biānpào (爆竹) / 〜仗 pàozhang. ❸ 発破. ¶ 放〜 fàngpào (発破をかける).
☞ 炮 bāo, páo

【炮兵】pàobīng 名《軍事》[量 队 duì, 个 ge, 名 míng, 群 qún] 砲兵.

【炮车】pàochē 名《軍事》砲車.

【炮弹】pàodàn 名《軍事》[量 发 fā, 个 ge, 颗 kē, 枚 méi] 砲弾. 同 炮子儿 pàozǐr.

【炮轰】pàohōng 動《軍事》砲撃する.

【炮灰】pàohuī 名 砲火のえじき. 表現 むだな戦争で命を落とした兵士をたとえていう.

【炮火】pàohuǒ 名 砲火. ¶ 〜连天／砲火がとぎれない.

【炮击】pàojī 動《軍事》砲撃する. ¶ 停止〜／砲撃をやめる.

【炮舰】pàojiàn 名《軍事》[量 艘 sōu, 只 zhī] 砲艦.

【炮舰外交】pàojiàn wàijiāo 名 武力外交.

【炮楼】pàolóu 名 (〜儿)《軍事》[量 个 ge, 座 zuò] トーチカ.

【炮声】pàoshēng 名 [量 阵 zhèn] 銃声. 砲声. ¶ 〜隆隆 lónglóng / 砲声が響きわたる.

【炮手】pàoshǒu 名《軍事》[量 个 ge, 名 míng, 位 wèi] 砲手. 兵成.

【炮塔】pàotǎ 名《軍事》砲塔.

【炮台】pàotái 名《軍事》[量 座 zuò] 砲台.

【炮膛】pàotáng 名《軍事》砲腔.

【炮艇】pàotǐng 名《軍事》[量 艘 sōu, 只 zhī] 砲艇. 小型の砲艦.

【炮筒】pàotǒng 名《軍事》砲身.

【炮筒子】pàotǒngzi 名 ❶《軍事》砲身. ❷ 歯に衣(きぬ)着せない人.

【炮位】pàowèi 名《軍事》❶ 砲座. ❷ 爆破ポイント.

【炮眼】pàoyǎn 名 ❶《軍事》(カモフラージュされた)大砲の砲門. 砲眼. ❷ ダイナマイトをしかけるための穴.

【炮衣】pàoyī 名《軍事》砲衣. 大砲の覆い.

【炮仗】pàozhang 名 爆竹. ¶ 放〜／爆竹を鳴らす. 同 爆竹 bàozhú.

【炮座】pàozuò 名《軍事》砲座.

疱(異皰) pào 疒部5 四 0011₂ 全10画 通用

名 (〜儿) 水ぶくれ. 水疱. 同 泡 pào.

【疱疹】pàozhěn 名《医学》❶ 水疱. 水ぶくれ. ❷ 疱疹(ほうしん). ヘルペス. ¶ 带状 dàizhuàng〜／帯状疱疹.

pei ㄆㄟ〔pʻei〕

呸 pēi 口部5 四 6101₉ 全8画 通用

感 ヘッ. フン. 軽蔑(けいべつ)や叱責(しっせき)をあらわす.

胚 pēi 月部5 四 7121₉ 全9画 次常用

名《生物》胚(はい). 胚子(はいし). 胚芽(はいが). ¶ 〜芽 pēiyá.

【胚胎】pēitāi 名 ❶《生物》胎芽(たいが). 胎児. ❷ (物

事の)兆し. 萌芽(ガ).
【胚芽】pēiyá 名 ❶《生物》胚芽(ガ). ❷(物事の)萌芽(ガ). 発端. ¶灾祸 zāihuò 的~/災禍の萌芽.
【胚叶】pēiyè 名《生物》胚葉(ヨウ).
【胚子】pēizi 名 ❶ pēizǐ《生物》胚子(シ). ❷ pēizi 人の気質や才能. ¶好~/いいやつ. ❸ pēizi 原料. もと. 表現 ②は, 貶義を含むことが多い.

醅 pēi 酉部8 四 1066₁ 全15画 通用
名 滤(ロ)していない酒. どぶろく.

陪 péi 阝部8 四 7026₁ 全10画 常用
❶ 動 付き添う. お供をする. ¶~客人(客の相手をする)/~病人(病人に付き添う)/我失~了(お先に失礼します). ❷ 側面から協力する. ¶~审 péishěn.
【陪伴】péibàn 動 付き添う. 供をする. ¶~客人参观/お客さんに付き添って見学する.
【陪绑】péibǎng 動 ❶ 見せしめや供述を促す目的で, 死刑囚でない囚人を死刑囚とともに処刑場に連れて行く. ❷ ともに苦しみを味わわせる. 巻き添えを食わせる.
【陪衬】péichèn 動 ❶(中心のものに添えて)引き立たせる. ❷ 名 引き立て役. わき役. ¶谁当 dāng~?/誰が引き立て役になるの.
【陪床】péichuáng 動(病院で)付き添い看護をする.
【陪都】péidū 名 戦時の危急などに備えた第二の首都. 副首都. 参考 抗日戦争時代の重慶をさすことが多い.
【陪读】péidú 動 ❶(親が子供の勉強を見る. 一緒に勉強する. ❷ 外国の留学先に配偶者が同伴する.
【陪嫁】péijià 名 方 嫁入り道具.
【陪酒】péi//jiǔ 動(酒席で)客に同伴する.
【陪酒女】péijiǔnǚ 名(酒場やカラオケで客の相手をする)ホステス.
【陪客】❶ péi//kè 客の相手をする. ❷ péike 名[❶位 wèi]主賓の相手をするために招かれた客.
【陪老】péilǎo 動 老人をサポートする. 高齢者の介護をする.
【陪奁】péilián 名 方 嫁入り道具.
【陪练】péiliàn 名《スポーツ》練習相手(になる). トレーニングパートナー(となる).
【陪拼族】péipīnzú 名 女性の買い物につき合う男性のこと. 参考 "拼"は"血拼 xuèpīn"(shopping)の意.
【陪审】péishěn 動《法律》陪審をする.
【陪审员】péishěnyuán 名《法律》陪審員.
【陪侍】péishì 動 付き添って仕える. (病人などの)世話をする.
【陪送】❶ péisòng 動 見送る. ¶~他去火车站/彼を駅まで見送る. ❷ péisong 名 嫁入り道具.
【陪同】péitóng ❶ 動 同行する. 随行する. ¶~前往 qiánwǎng 参观/見学に同行する. ❷ 名 旅行のガイド. ツアーコンダクター. 参考 全行程を同行する人を"全陪 quánpéi"といい, 各地で案内する人を, "地陪 dìpéi"と呼ぶ.
【陪葬】péizàng 動 陪葬する. 殉葬する. 死者の正室・側室・臣下・奴婢・俑(ヨウ)・副葬品などを, 強制的に死者と一緒に埋葬する. ¶~品/副葬品. 同 殉葬 xùnzàng.
【陪住】péizhù 動(病院に泊まって)付き添い看護をする.

培 péi 土部8 四 4016₁ 全11画 常用
❶ 素(人材を)育てる. 養成する. ¶~训 péixùn/~养 péiyǎng. ❷ 動(植物・塀・堤などを保護するために)根元に土を盛る. ¶多~点儿土(多めに土を盛る). ❸(Péi)姓.
【培土】péi/tǔ 動《農業》土寄せする.
【培修】péixiū 動 土を盛り固めて補強する. ¶~堤坝 dībà/堤防を補強する.
【培训】péixùn 動 訓練養成する.
【培训班】péixùnbān 名 養成クラス. トレーニングコース. 研修班.
【培养】péiyǎng 動 ❶ 育成する. 長期にわたって教育, 訓練する. ¶~人才/人材を育成する. ¶~师资 shīzī/教員を養成する. ❷ 培養する. ¶~细菌 xìjūn/細菌を培養する.
【培养基】péiyǎngjī 名《生物》培地(チ). 培養基.
【培育】péiyù 動 育てる. 育成する. ¶~树苗 shùmiáo/苗木を育てる. ¶好好地~下一代/次の世代をしっかり育てる.
【培植】péizhí 動 ❶(植物を)育てる. 栽培する. ¶人工~/人工栽培. ❷(人材を)育成する. ¶~新生力量/新しい力を育てる. 同 培养 péiyǎng.
【培智】péizhì 動(心身障害児に)養護教育をする. ¶~学校/養護学校. 参考 "智"は"弱智"(知的障害)の略.

赔(賠) péi 贝部8 四 7086₁ 全12画 常用
❶ 動 弁償する. ¶~款 péikuǎn/我 你十块钱(君に10元弁償しよう). ❷ 素 謝罪する. 悪かったと認める. ¶~礼 péilǐ/~罪 péizuì/~不是 péibùshi. ❸ 動 商売で損をする. ¶~本 péiběn/~钱 péiqián. 反 赚 zhuàn.
【赔本】péi//běn 商売で損をする. 元手を割り込む. ¶我不想再做~生意/赤字の商売は二度としたくない. 同 亏本 kuīběn.
【赔补】péibǔ 動 弁償する. 穴埋めする. ¶~损失/損失を埋め合わせる. 弁償する.
【赔不是】péi bùshi 句 謝る. わびる. ¶快给他赔个不是/早く彼に謝りなさい.
【赔偿】péicháng 動 賠償する. ¶照价/実費で弁償する. ¶~损失/損失を賠償する.
【赔偿费】péichángfèi 名《法律》賠償金.
【赔垫】péidiàn 動 金を立て替える.
【赔付】péifù 動 賠償金を支払う. 保険金を支払う.
【赔话】péi//huà 動 謝る. 謝る.
【赔款】❶ péi//kuǎn 動 賠償金を払う. 弁償する. ❷ péikuǎn 名[笔 bǐ]賠償金. 弁償金. ¶出了大笔~/ばく大な弁償金を支払った.
【赔了夫人又折兵】péi le fū ren yòu zhé bīng 成 利益を得ようとして得られず, かえって損をする. ¶没想到~/元も子もなくすとは思いもよらなかった. 由来 呉の孫権が妹を娶(メト)ろうとして劉備をおびき出したが, 妹を連れ去られた上, 追っ手の兵まで打ち破られた, という『三国演義』の故事から.
【赔礼】péi//lǐ 動 謝る. わびる. ¶~道歉 dàoqiàn/正式に謝罪する.
【赔钱】péi//qián 動 ❶ 商売で損をする. ¶~的买卖/赤字の商売. ❷ 弁償する.
【赔钱货】péiqiánhuò 動 旧 貶 ごくつぶし. 表現 昔, 金ばかりかかって役に立たないことから, 女の子をさして言ったことば.
【赔情】péi//qíng 動 方 謝る. わびる. 同 赔罪 zuì
【赔小心】péi xiǎoxīn 慣(相手の好感を得たり, 怒りを

しずめるために)こびた態度をとる.
【賠笑】péi//xiào 動 愛想笑いをする. 回 赔笑脸 xiào-liǎn
【赔账】péi//zhàng 動 ❶(過失で生じた損失を)弁償する. ¶吃~/損をかぶる. ❷方商売で損をする.
【赔罪】péi//zuì 謝る. わびる. ¶我应该向你~/君に謝らなければ.

锫(錇) péi
金部8 四8076₁ 全13画 通用
名(化学)バークリウム. BK.

裴 Péi
非部6 四1173₂ 全14画 通用
名姓.

沛 pèi
氵部4 四3512₇ 全7画 次常用
❶素満ち満ちている. ¶~然降临(激しく雨が降る)/精力充~(気力が充実している). ❷(Pèi)姓.

帔 pèi
巾部5 四4424₇ 全8画 通用
名古代の女性が身につけた肩掛け.

佩(異珮₃) pèi
亻部6 四2721₀ 全8画 常用
❶動身につける. ¶~刀 pèidāo/~玉 pèiyù(玉を身につける). ❷素敬服する. 感心する. ¶钦~ qīnpèi(感服する)/~服 pèifú. ❸名昔,帯に付けた装身具.
【佩带】pèidài 動 ❶(拳銃や剣などを)腰に差す. ¶~武器/銃器を腰に差す. ❷(バッジや記章を)つける. ¶~校徽 xiàohuī/校章をつける.
【佩戴】pèidài 動(胸や腕に)つける. 回佩带dài.
【佩刀】pèidāo 動帯刀する.
【佩服】pèifú 動敬服する. ¶令人~/とても敬服する. ¶我非常~你刻苦耐劳的精神/君の刻苦勉励の精神には心から敬服する.
【佩剑】pèijiàn 名《スポーツ》フェンシングの種目の一つ. サーブル.
【佩兰】pèilán 名《植物》フジバカマ.

配 pèi
酉部3 四1761₇ 全10画 常用
❶動男女が結びつく. 結婚する. ¶~偶 pèiǒu/婚~ hūnpèi(結婚している). ❷動(家畜を)交配させる. ¶~马 pèimǎ(馬を交配する)/~种 pèizhǒng. ❸動割合よく配合する. 取り合わせる. ¶~颜色(色を組み合わせる)/~药 pèiyào/~眼镜(メガネを作る)/搭~ dāpèi(組み合わせる). ❹動計画的に割り振る. ¶~售 pèishòu/支~ zhīpèi(割り振る)/分~ fēnpèi(割り当てる). ❺動不足を補う. ¶~零件(部品をとりつける)/~钥匙 yàoshi(スペアキーをつくる). ❻動際だたせる. 引き立てる. ¶~角 pèijué/红花~绿叶(赤い花が緑の葉に映える). ❼助(…するに)ふさわしい. ¶只有这样的人,才~称为老师(このような人こそ先生と呼ばれるにふさわしい). ❽素旧流刑にして労役や兵役につかせる. ¶发~ fāpèi(流刑にして労役につかせる)/~军 pèijūn.
【配备】pèibèi ❶動(人やものを)配置する. 割り当てる. ¶~四辆大巴 dàbā/大型バス4台を配置する. ❷動(軍備を)配置する. ❸名設備. 装備. 回装备 zhuāngbèi.
【配餐】pèicān ❶動食品を組み合わせる. ❷名セットメニュー. 組み合わせの食事.
【配搭】pèidā 動(大事なものを)際立たせる.
【配搭儿】pèidar 名[量个 ge]わき役. 引き立て役.
【配电】pèidiàn 動《電気》配電する.
【配电盘】pèidiànpán 名《電気》配電盤.
【配殿】pèidiàn 名(宮殿や寺・廟の)正殿の両脇の建物.
【配对】pèi//duì 動(~儿)ペアになる. ¶~参加双打比赛/ペアを組んでダブルスの試合に出場する. ❷回(動物が)交尾する.
【配额】pèi'é 名割当て量. 割当て数.
【配发】pèifā 動 ❶割当てる. 分配する. ❷(新聞などで)記事に関する文章や写真を掲載する.
【配方】pèi//fāng 動 ❶《数学》不完全平方を完全平方にする. ❷(~儿)《薬》処方箋(せん)にもとづいて薬を処方する. ¶重新 chóngxīn~/もう一度薬を処方し直す.
【配方】pèifāng 名(~儿)[量个 ge]化学製品や冶金(きん)製品の調合法. 表現通称"方子 fāngzi".
【配房】pèifáng 名"厢房 xiāngfáng"に同じ.
【配购】pèigòu 動(割当てで)購入する. セットで購入する.
【配股】pèigǔ 動《経済》株主割当てする.
*【配合】pèihé 動 ❶協力して達成する. ¶我会~你,这项工作完成/私が君に協力して,この仕事をやり遂げよう. ❷(機械の部品などが)かみ合う.
【配合】pèihé 形似合っている. つり合っている. ¶这件衣服和这条裙子挺 tǐng~/この服はこのスカートにとても良く合っている.
【配给】pèijǐ 配給する. ¶~证/配給証. 回配售 pèishòu
【配件】pèijiàn 名[量个 ge,套 tào,种 zhǒng](機械などの)部品. パーツ. ¶汽车~/自動車の部品.
【配角】pèijué (~儿)[量个 ge,名 míng,位 wèi] ❶《芸能》(劇や映画などの)わき役. ⇔主角 zhǔjué ❷アシスタント. サブ. ⇔主角 zhǔjué
【配军】pèijūn 名旧(流刑により)辺境を守っている兵士.
【配料】pèi//liào 原料を配合する. 調合する.
【配偶】pèi'ǒu 名夫または妻. 配偶者. 表現多く法律文書に用いる.
【配偶权】pèi'ǒuquán 名《法律》夫婦の双方が平等に所有する相互協力の権利.
【配平】pèipíng 動《化学》均衡にする. 化学反応式で,反応物質と生成物質の各原子の数が同等になるよう,係数を当てはめていくこと. ❷《化学》未定係数法. ❸動(飛行機が)バランスをとる.
【配器】pèiqì 名《音楽》器楽の編成. 管弦楽法.
【配色】pèisè 動配色する. カラーコーディネイトする.
【配售】pèishòu 動(生活必需品などを)配給販売する. 供給する.
【配属】pèishǔ 動(主として軍内部で)配属する.
【配送】pèisòng 動(生産品などを)セット組みして輸送や配達をする.
【配套】pèi//tào 動組み合わせてセットにする. ¶~工程/組み立て工事.
【配套成龙】pèitào chéng lóng 成完全な形に組み上げる. 回成龙配套
【配伍】pèiwǔ 動《医学》(2種類以上の薬品を)配合する.
【配戏】pèi//xì 動《芸能》劇でわき役を演じる.
【配系】pèixì 名《軍事》(火力や防御の)配置系統.

【配演】pèiyǎn 动 助演(する). 脇役(を演じる).
【配药】pèi//yào《医学》調剤する. 薬を調合する.
【配音】❶ pèi//yīn 动 吹き替える. アフレコをする. ¶给外国电影〜/ 外国映画を吹き替える. ❷ pèiyīn 名 声優. 吹き替え者.
【配乐】pèi/yuè 动 (映画や芸able などに)音楽をつける.
【配制】pèizhì 动 調合して作る. 混ぜ合わせて作る. ¶〜药剂 yàojì / 薬剤を調合する.
【配置】pèizhì 动 配置する. ¶〜兵力 / 兵力を配置する.
【配种】pèi//zhǒng 动 (動物に)種つけをする.
【配子】pèizǐ 名《生物・生理》配偶子.

旆 pèi
方部 6 四 0822₇
全10画 通用
名 文 ❶ 旗の周りについた, ツバメの尾のような形の飾りもの. ❷ ①をつけた, 大旗.

辔 (轡) pèi
口部 10 四 2260₁
素 くつわと手綱. ¶鞍〜 ānpèi (鞍と手綱) / 按〜徐行 xúxíng (手綱を引いてゆっくり行く).
【辔头】pèitóu 名 くつわと手綱.

霈 pèi
雨部 7 四 1012₇
全15画 通用
❶ 名 文 大雨. ¶甘〜 gānpèi (恵みの雨). ❷ 形 雨が多い.

pen ㄆㄣ [p'ən]

喷 (噴) pēn
口部 9 四 6408₂
全12画 常用
动 (液体・気体・粉末などが)噴き出る. 噴き出す. ¶〜泉 pēnquán / 火山〜火 (火山が噴火する) / 〜气式飞机.
☞ pèn

【喷薄】pēnbó 形 (水や太陽が)勢いよく上昇している. ¶〜欲 yù 出的太阳 / いままさに昇りつつある太陽.
【喷灯】pēndēng 名《機械》バーナー.
【喷发】pēnfā 动 噴射する. 噴き出す. (火山が)爆発する.
【喷饭】pēnfàn 动 ご飯を吹き出す. (おかしくて)吹き出す. ¶你这样的动作令人〜 / 君のそんな行いは, 失笑をかう.
【喷放】pēnfàng 动 噴出する. 噴き出る.
【喷灌】pēnguàn 动《農業》スプリンクラーなどで散水して灌漑する.
【喷壶】pēnhú 名〔把 bǎ, 个 ge〕 じょうろ. ¶用〜浇花 jiāohuā / じょうろで花に水をまく. 同 喷桶 pēntǒng.
【喷火器】pēnhuǒqì 火炎噴射機.
【喷溅】pēnjiàn 动 (水などが)飛び散る. はね飛ぶ.
【喷墨打印机】pēnmò dǎyìnjī インクジェットプリンタ.
【喷漆】❶ pēn//qī 动 吹き付け塗装する. ❷ pēnqī 名 ラッカー.
【喷气发动机】pēnqì fādòngjī 名《機械》ジェットエンジン.
【喷气式】pēnqìshì 形 ジェット駆動の. ジェット推進の.
【喷气式飞机】pēnqìshì fēijī 名〔架 jià, 台 tái〕 ジェット機.

【喷枪】pēnqiāng 名 (ペンキなどの)吹き付け器. スプレーガン. エアブラシ.
【喷泉】pēnquán 名〔个 ge, 口 kǒu, 眼 yǎn〕噴水. (自然に)噴き出す泉.
【喷洒】pēnsǎ 动 噴射して散布する. ¶〜农药 / 農薬を散布する.
【喷射】pēnshè 动 (液体や気体を)噴出する. 噴射する. ¶〜火焰 huǒyàn / 炎を噴き出す.
【喷水池】pēnshuǐchí 名 噴水の設置してある池.
【喷嚏】pēntì 名〔个 ge, 声 shēng〕くしゃみ. ¶打〜 / くしゃみをする. 同 嚏喷 tìpen 参考 くしゃみの音は, "阿嚏 ātì" という.
【喷头】pēntóu 名 (じょうろ・シャワーなどの)ノズル. ヘッド. 表现 "莲蓬头 liánpengtóu" ともいう.
【喷涂】pēntú 动 吹き付ける. 吹き付けて塗る.
【喷吐】pēntǔ 动 (光・火・空気などを)噴出する. ¶烟囱 yāncōng〜着浓烟 / 煙突が黒煙を噴き出している.
【喷雾器】pēnwùqì 名 噴霧器. 霧吹き.
【喷泻】pēnxiè 动 噴き出す. 噴き出すように降りそそぐ.
【喷涌】pēnyǒng 动 ❶ (液体が)噴き出す. ❷ (考えなどが)湧き出る.
【喷云吐雾】pēn yún tǔ wù 成 ❶ (煙突などから)もうもうと煙が立つ. ❷ (タバコの煙が)もうもうと立つ.
【喷子】pēnzi 名〔把 bǎ, 个 ge〕噴霧器.
【喷嘴】pēnzuǐ 名 (〜儿)〔个 ge, 只 zhī〕(スプレーの)ノズル. ヘッド.

盆 pén
皿部 4 四 8010₂
全9画 常用
❶ 名 (〜儿)〔个 ge, 只 zhī〕鉢. たらい. ¶花儿 huāpénr (植木鉢) / 脸〜 liǎnpén (洗面器) / 澡〜 zǎopén (たらい) / 骨〜 gǔpén (骨盤) / 〜地 péndì. ❷ 量 (〜儿) たらいや鉢に入れたものを数えることば. ¶一〜儿花 (一鉢の花) / 一〜儿水 (たらい一杯の水). ❸ (Pén) 姓.
【盆地】péndì 名 盆地.
【盆花】pénhuā 名 (〜儿) 鉢植え.
【盆景】pénjǐng 名 (〜儿)〔盆 pén〕盆景. 盆栽.
【盆盆罐罐】pénpénguànguàn 名 家庭にある雑多な日用品.
【盆腔】pénqiāng 名《生理》骨盤内部の空腔(くう).
【盆腔炎】pénqiāngyán 名《医学》骨盤内炎症性疾患. 子宮など, 骨盤内にある女性器官の炎症の総称.
【盆汤】péntāng 名 (公衆浴場で) バスタブのある一人用の浴室. 同 盆塘 péntáng, 盆堂 péntáng 表现 "池汤 chítāng" (大浴槽) に対していう.
【盆堂】péntáng 名 "盆汤 péntāng" に同じ.
【盆浴】pényù 动 (風呂桶に浸かって)入浴する. 反 淋浴 línyù.
【盆栽】pénzāi ❶ 动 植木鉢に植える. ¶〜花卉 huāhuì / 花を鉢植えにする. ❷ 名 鉢植え. 盆栽.
【盆子】pénzi 名(口) 鉢. 盆. たらい.

喷 (噴) pèn
口部 9 四 6408₂
全12画 常用
❶ 名 方 (〜儿) (果物・野菜・魚などの)旬. ¶西瓜正在〜儿上 (スイカは今がまさに旬だ). ❷ 量 花が咲いて実がなる回数, 成熟して収穫する回数を数えることば. ¶头〜棉花 (今年はじめての綿花) / 绿豆结 jiē 二〜儿角了(リョクトウが二回目の実をならせた).
☞ 喷 pēn

【喷红】pènhóng 动 赤くなる. (顔を)赤らめる.

【喷喷香】pènpènxiāng 形 口 とても香りがよい. とても味がよくておいしい.
【喷香】pènxiāng 形 強い香りがする. ¶~扑鼻 pū bí / いい香りが鼻をつく. ¶~的爆米花儿 bào-mǐhuār / 香ばしいポップコーン. 同喷喷香

peng ㄆㄥ 〔p'əŋ〕

抨 pēng
扌部5 四 5104₉ 全8画 通用
素 強く批判する. 弾劾(だんがい)する. ¶~击 pēngjī / ~弾 pēngtán.

【抨击】pēngjī 動 文 論駁(ろんばく)する. 非難攻撃する. ¶~时亊 shíbì / 社会の悪弊を非難する. ¶遭到~ / 非難を受ける. 同 鞭挞 biāntà

【抨弾】pēngtán 動 文 弾劾(だんがい)する.

怦 pēng
忄部5 四 9104₉ 全8画 通用
擬 ドキドキ. 心臓の鼓動をあらわす.

砰 pēng
石部5 四 1164₉ 全10画 次常用
擬 ドーン. ドシン. 物がぶつかったり, 落ちる音をあらわす.

烹 pēng
灬部7 四 0033₂ 全11画 次常用
❶ 素 煮る. ¶~调 pēngtiáo / ~饪 pēngrèn. ❷ 動《料理》油でさっと炒めてから, 調味料を加えて混ぜ合わせる. ¶~虾 xiā (クルマエビの炒めもの).

【烹茶】pēngchá 動 茶を入れる.
【烹饪】pēngrèn 動《料理》をつくる. 調理する. ¶擅长 shàncháng~ / 料理が得意だ. 表現 料理をつくることも ごはんをつくることも広くいう.
【烹饪法】pēngrènfǎ 名 調理法. レシピ.
【烹调】pēngtiáo 動 調理する. 料理する. ¶~技术 / 料理の技能. ¶~菜肴 càiyáo / 料理をつくる. 表現 おかずや一品料理をつくることを言い, ご飯をつくることは含まれない.

嘭 pēng
口部12 四 6202₂ 全15画 通用
擬 コンコン. ノックの音をあらわす. ¶~~的敲门 qiāo-mén 声(コンコンというドアをノックする音). 表現 "嘭~"という重ねた形で使われる.

澎 pēng
氵部12 四 3212₂ 全15画 次常用
動 方 水がはねる. ¶~湿 shī 了上衣(上着に水がはねて濡れた).
☞ 澎 péng

朋 péng
月部4 四 7722₀ 全8画 通用
❶ 素 友達. ¶~友 péngyou / 良~ liángpéng(良友) / 宾~满座(賓客も友人でいっぱいになる). 同 友 yǒu ❷ 動 仲間になる. 結託する. ¶~比为奸 wéi jiān. ❸ (Péng)姓.

【朋比为奸】péng bǐ wéi jiān 成 結託して悪事を働く. ¶他们~, 结党 jiédǎng 营私 / 彼らは結託して私利をはかった.
【朋党】péngdǎng 名 派閥. 党派. ¶组织~ / 派閥を組む. ¶~相争 xiāngzhēng / 派閥争い.
【朋克】péngkè 名 外《音乐》パンク. ♦punk

【朋友】péngyou 名 ❶〔量 帯 bāng, 个 ge, 伙 huǒ, 位 wèi〕友達. ¶大家都是老~ / みんな古い友人だ. 同 友人 yǒurén 反 敌人 dírén ❷〔量 个 ge, 位 wèi〕恋人. ¶男~ / ボーイフレンド. 彼氏. ¶女~ / ガールフレンド. 彼女. ¶他已经有~了 / 彼にはもう恋人がいる.

堋 péng
土部8 四 4712₂ 全11画 通用
名 分水堰(えん).

彭 Péng
彡部9 四 4212₂ 全12画 次常用
名 姓.

棚 péng
木部8 四 4792₅ 全12画 常用
名 ❶ (~儿) 日光や風雨を避けるためのたな. ¶天~ tiānpéng (日よけ) / 凉~ liángpéng (日よけ). ❷ (~儿) 粗末な小屋. ¶工~ gōngpéng(工事現場な どの小屋) / 牲口~ shēngkoupéng(家畜小屋). ❸ (~儿) 天井. ¶顶~ dǐngpéng (天井) / 糊 hú~ (天井に紙をはる). ❹ (Péng)姓.

【棚车】péngchē →篷车 péngchē
【棚户】pénghù 名 方 バラック住まいの住人.
【棚户区】pénghùqū 名 スラム街.
【棚架】péngjià 名 ❶ 小屋の骨組み. ❷ 植物のつるを這わせる棚.
【棚圈】péngjuàn 名 家畜小屋.
【棚子】péngzi 名 口〔量 个 ge, 间 jiān〕小屋. ¶牲口 shēngkou~ / 家畜小屋. ¶搭 dā 个~养鸡 / 小屋を建てて鶏を飼う.

蓬 péng
艹部10 四 4430₅ 全13画 常用
❶ 名《植物》ヨモギ. ❷ 形 (草·葉·毛髪などが)ばらばらに乱れている. ¶头发~着(髪がぼさぼさだ). ❸ 量 生い茂った草花などを数えることば. ¶一~竹(ひとむらの竹). ❹ (Péng)姓.

【蓬勃】péngbó 形 勢いが盛んだ. 活気に満ちている. ¶~发展 / 勢いよく発展する. ¶朝气 zhāoqì~的年轻一代 / 元気みなぎる若い世代. 重 蓬蓬勃勃
【蓬蒿】pénghāo 名《植物》シュンギク. 同 茼蒿 tónghāo
【蓬莱】Pénglái 名 ❶ 蓬莱(ほうらい). 中国の神話で, 渤海にあって仙人が住むという山. ❷《地名》山东省の東部にある県名.
【蓬乱】péngluàn 形 (草や髪が)伸び放題だ. ¶头发~ / 髪がぼさぼさだ.
【蓬门荜户】péng mén bì hù 成 粗末なあばらや. 由来 「草や木でつくった扉」という意から. 表現 自分の家をへりくだって言うことば.
【蓬蓬】péngpéng 形 ❶ (草や髪などが)ぼうぼうに乱れている. ¶乱~ / ぼうぼうとしている. ❷ 勢いが盛んだ. ¶香气~ / 香気が立ちこめている.
【蓬松】péngsōng 形 (草·葉·髪などが)ふわっとして, 柔らかだ. ¶~的头发 / ふわっとした髪. 重 蓬蓬松松
【蓬头垢面】péng tóu gòu miàn 成 髪が乱れ, 顔が汚れている. 不潔で落ちぶれたよう.

硼 péng
石部8 四 1762₀ 全13画 次常用
名《化学》ホウ素. B.

【硼砂】péngshā 名《化学·薬》硼砂(ほうしゃ). 表現 漢方薬としては,"月石 yuèshí"とも言う.

【硼酸】péngsuān 名《化学》ホウ酸.

搒 péng
扌部10 四 5002₇ 全13画 通用
動〈文〉棒や拍子木でたたく.
☞ 搒 bàng

鹏(鵬) péng
鸟部8 四 7722₇ 全13画 次常用
名 ❶ 伝説で最大の鳥. おおとり. ¶～程万里. ❷ (Péng)姓.
【鹏程万里】péng chéng wàn lǐ 成 前途洋々だ. ¶祝您～/君の洋々たらんことを祈る. 由来『荘子』逍遥遊篇の逸話から.

澎 péng
氵部12 四 3212₂ 全15画 次常用
下記熟語を参照.
☞ 澎 pēng
【澎湖列岛】Pénghú lièdǎo《地名》澎湖(ㄏㄨˊ)列島. 台湾海峡にある64の島々の総称.
【澎湃】péngpài 形 ❶ 波が激しくぶつかり合っている. ❷ 気勢が大いに上がっている. ¶气势 qìshì ～的诗篇/激情あふれる詩篇.

篷 péng
竹部10 四 8830₅ 全16画 次常用
名 ❶ (～儿)(船などに使う)日よけ. 覆い. ¶船～ chuánpéng(舟の日よけ). ～窗 péngchuāng(とま舟の窓). ❷ 船の帆. ¶落～(帆を下ろす).
【篷布】péngbù 名 防水シート. ¶用～把货物盖 gài 上/防水シートで貨物を覆う.
【篷车】péngchē 名〔辆 liàng〕❶ 屋根付きの貨車. 回 棚车 péngchē ❷ 旧 幌付きの馬車. 回 棚车 péngchē
【篷子】péngzi 名(窓や入り口の)日よけ. 雨覆い. 回 篷①

膨 péng
月部12 四 7222₂ 全16画 常用
素 ふくらむ. ふくれる. ¶～胀 péngzhàng/～大 péngdà.
【膨大】péngdà 動 ふくらむ. 膨張(ぼうちょう)する.
【膨化】pénghuà 動 (穀類などに)加熱・加圧してふくらませる. はじけさせる.
【膨体纱】péngtǐshā 名《纺织》バルキーヤーン.
【膨胀】péngzhàng 動 ❶《物理》膨張(ぼうちょう)する. ¶空气 kōngqì 受了热就会～/空気は熱を受けると膨張する. 反 收缩 shōusuō ❷ (事物が)拡大する. 増大する. ¶通货～/インフレーション.
【膨胀系数】péngzhàng xìshù 名《物理》膨張率. 膨張係数.

蟛 péng
虫部12 四 5212₂ 全18画 通用
下記熟語を参照.
【蟛蜞】péngqí 名《动物》ベンケイガニ.

捧 pěng
扌部8 四 5505₈ 全11画 常用
❶ 動 両手でささげ持つ. すくう. ¶～着酒杯(杯を両手でもつ). ⇨端 duān(図) ❷ 動 人を持ち上げる. おだてる. ¶～场 pěngchǎng/吹～ chuīpěng(おだてる). ❸ 量 両手ですくった量を数えることば. ¶一～核桃(両手一杯のクルミ).
【捧杯】pěng//bēi 動 優勝杯を掲げる. 試合で優勝する.
【捧场】pěng//chǎng 動 ほめそやす. にぎわす. ¶我们

捧①

去捧捧场/にぎわしに行こう.
【捧车族】pěngchēzú 名(ガソリン代や維持費が高いため)マイカーを自由に乗り回せず, 遊ばせている人.
【捧臭脚】pěng chòujiǎo 旬 おせじを言ってへつらう.
【捧腹】pěngfù 動 腹をかかえ(て大笑いす)る. ¶令人～/大笑いさせる.
【捧腹大笑】pěng fù dà xiào 旬 腹をかかえて大笑いする.
【捧哏】pěng//gén 動 (かけあい漫才で)つっこみ役を引き立てて聴衆を笑わせる. ぼける.

碰(異 掽) pèng
石部8 四 1861₂ 全13画 常用
動 ❶ ぶつかる. ぶつける. ¶～杯 pèngbēi / 头在门上～了一下(頭をドアにぶつけてしまった). 回 撞 zhuàng ❷ 出会う. ¶一面 pèngmiàn / ～见 pèngjiàn / 在路上～到一个朋友(道ばったり友人に会った). ❸ 試してみる. ¶～～机会(チャンスを試してみる).
【碰杯】pèng//bēi 動(乾杯の時)グラスをぶつける.
【碰壁】pèng//bì 動 壁にぶつかる. 行き詰まる. ¶到处～,已是心灰意冷/至る所で壁に突き当たって, すっかり意気消沈した.
【碰瓷】pèngcí 名 当たり屋詐欺. 参考 他人の身体や車などにわざとぶつかり, けがの治療費や破損品の損害賠償などを脅しとる詐欺行為.
【碰钉子】pèng dīngzi 慣 拒否される. 断られる. 邪魔される. ¶碰了个软钉子/やんわりと断られた.
*【碰见】pèng//jiàn[-jian] 動 ばったり出会う. ¶昨天我在王府井 Wángfǔjǐng ～他了/昨日王府井でばったり彼と会った.
【碰劲儿】pèng//jìnr 方 "碰巧 pèngqiǎo"に同じ.
【碰铃】pènglíng 名《音乐》打楽器の一種. 銅製で, 掌に収まるくらいの大きさのお椀の形をしており, 両手にひとつずつ持ち, 打ち合わせて鳴らす. 中国の多くの地域で使用される. 回 碰钟 zhōng, 双星 shuāngxīng, 双磬 pán

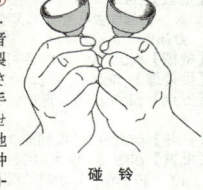

碰 铃

【碰面】pèng//miàn 動 顔を合わせる. 出会う. ¶那时我们～的机会很多/当時私たちは顔を合わせる機会が多かった.
【碰碰车】pèngpengchē 名 バンパーカー. 電動車をぶつけあって遊ぶ, 遊園地の遊具.
【碰碰船】pèngpengchuán 名 バンパーボート. 電動船をぶつけあって遊ぶ, 遊園地の遊具.
【碰巧】pèngqiǎo 副 タイミングよく. 折よく. ¶我正好有事要跟你说, ～你打电话来/君に言いたいことがあった

んだが, 折よく君から電話がきた.
【碰锁】pèngsuǒ 名 (バネ式の)扉のオートロック. 同 碰簧锁 pènghuángsuǒ
【碰头】pèng//tóu 動 会う. 顔を合わせる. ¶他们每天～/彼らは毎日顔を合わせる.
【碰头会】pèngtóuhuì 名 (情報交換のための手短な)ミーティング. 打ち合わせ.
【碰一鼻子灰】pèng yī bízi huī 冷たく断られる. ひじ鉄を食う. ¶没想到碰了一鼻子灰/すげなく断られるとは思ってもみなかった.
【碰硬】pèngyìng 動 強敵や難題に立ち向かう.
【碰运气】pèng yùnqi 句 ①運を試す. ②幸運に恵まれる.
【碰撞】pèngzhuàng 動 ❶衝突する. ぶつかり合う. ❷相手に失礼な言動をする.

pi ㄆㄧ [pʻi]

丕 pī 一部4 四 1010₉ 全5画 通用
素文 偉大な. ¶～业 pīyè (偉業) / ～变 pībiàn (巨大な変化).

邳 Pī ⻏部5 四 1712₇ 全7画 通用
❶名 地名用字. ¶～县 Pīxiàn (江蘇省の県名. 現在の"邳州市 Pīzhōushì"). ❷姓.

批 pī 扌部4 四 5201₀ 全7画 常用
❶素 手のひらでたたく. ¶～颊 jiá (ほおを打つ). ❷動 (下級からの意見に)意見や批評を加える. ¶～示 pīshì / ～改 pīgǎi / ～注 pīzhù / ～语 pīyǔ / ～准 pīzhǔn. ❸動 批判する. 批評する. ¶～斗 pīdòu. ❹素 大量に売買する. ¶～发 pīfā / ～购 pīgòu (まとめて購入する). ❺量 大量の荷物や人をまとまりにして数えることば. ¶一～纸张 (一たばの紙) / 一大～新工人来了 (たくさんの新人労働者がやって来た). ❻名 (～儿) まだよっていない麻や綿の繊維.
【批办】pībàn 動 (上級機関が)審査し, 処理する.
【批驳】pībó 動 (他人の意見や要求を)拒否する. 批判する. ¶他的意见遭 zāo 到公司上下的～/彼の意見は会社じゅうから批判された. 同 驳斥 bóchì
【批捕】pībǔ 動 逮捕を許可する. 逮捕状を発行する.
【批处理】pīchǔlǐ 名《コンピュータ》バッチ処理.
【批点】pīdiǎn 動 (書物や文章に)コメントやしるしをつける.
【批斗】pīdòu 動 批判闘争をする. ¶～会 / 批判大会.
【批发】pīfā 動 ❶大口で販売する. 卸売りする. ¶～价 jià / 卸し値. ❷～商 / 卸売り商人. 反 零售 língshòu ❷上司が文書などの発送を許可する.
【批复】pīfù 動 下部からの報告にコメントを書き加えて返す. ¶等待上级的～ / 上司のコメントを待つ. 反 报请 bàoqǐng
【批改】pīgǎi 動 (文章や宿題を)添削する. ¶～作业 / 宿題を添削する.
【批号】pīhào 名 ❶ロット番号. ❷《コンピュータ》バッチナンバー.
【批件】pījiàn 名 申請許可書類. 上級機関の承認を経た文書.
【批量】pīliàng ❶副 大量に. ❷名 ロット.
【批零】pīlíng 名 "批发"(卸売り)と"零售"(小売り)の略称.
*【批判】pīpàn 動 ❶批判する. ¶～虚无 xūwú 主义 / 虚無主義を批判する. ❷(～地) 批判的に行う. ¶～地继承文学遗产 / 文学遺産を批判的に継承する.
【批判现实主义】pīpàn xiànshí zhǔyì《歴史》批判的リアリズム.
*【批评】pīpíng ❶動 批判する. 欠点や誤りに対して意見を述べる. ¶自我～ / 自己批判する. ❷名 批評. ¶文艺～ / 文芸批評. 表現 ①は, 日本語の「批評」より非難するというニュアンスがある.
【批示】pīshì ❶動 (下部組織からの公文書に)指示を出す. ¶这个计划, 等～下来就动手 / この計画は, 指示が出たらすぐに着手しよう. ❷名 [量 段 duàn, 个 ge, 条 tiáo] 指示. コメント. ¶外交部长的～ / 外務大臣の指示.
【批条】pītiáo 名 (～儿)(組織の長や主管者が出す)指示書. 命令書.
【批文】pīwén 名 ❶上級機関の承認を経た書類や文書. ❷①に書かれた指示.
【批销】pīxiāo 動 卸売りする.
【批语】pīyǔ 名 [量 段 duàn, 句 jù, 条 tiáo] ❶(文章や宿題に対する)コメント. 講評. ❷(公文書に対する上部組織からの)指示のことば.
【批阅】pīyuè 動 文書や手紙を読んで指示や訂正を加える. ¶～文件 / 書類を読んで指示を与える.
【批注】pīzhù ❶動 講評や注釈を加える. ¶～古文 / 古文に注解を加える. ❷名 [量 段 duàn, 句 jù, 条 tiáo] 批評. 注釈.
【批转】pīzhuǎn 動 下級機関から報告・申請された文書に, 上級機関が指示を加え, 他の関係機関にまわす.
*【批准】pī//zhǔn 動 ❶批准する. ¶条约 tiáoyuē～了 / 条約が批准された. ❷(上部組織が下部組織からの意見・提案・請求に)同意する. 許可する. ¶经国务院～, 教育部召开了会议 / 国務院の批准を経て, 教育部は会議を開いた.
【批准书】pīzhǔnshū 名 批准書. 許可書.
【批租】pīzū 動 (土地の)賃借を許可する.

伾 pī 亻部5 四 2121₉ 全7画 通用
下記熟語を参照.
【伾伾】pīpī 形 文 力強い.

纰(紕) pī 纟部4 四 2211₀ 全7画 通用
動 布や糸がほころびる. ほつれる.
【纰漏】pīlòu 名 [量 处 chù, 个 ge] 不注意による過ち. 小さな事故. ¶出了～ / ささいなミスを犯した. ¶这个～可不小啊 / このミスは重大だな.
【纰缪】pīmiù 名 [量 处 chù, 个 ge] 誤り. 間違い. ¶纠正 jiūzhèng～ / 間違いを正す. ¶～百出 / 間違いがたくさん出る.

坯 pī 土部5 四 4111₉ 全8画 次常用
❶名 (レンガ・瓦・陶磁器の)白地(じ). ¶砖～ zhuānpī (レンガの生地). ❷名 日干しレンガ. ¶打～ (日干しレンガを作る) / 脱～ tuōpī (型抜きした日干しレンガ). ❸素 半加工品. ¶酱～儿 jiàngpīr (生みそ) / 面～ miànpī (ゆでうどん. まだ味をつけていないもの) / ～布 pībù.

披 狉 砒 劈 噼 霹 皮　pī - pí

【坏布】pībù 名《服飾》白地(じ). 染色加工していない布.
【坏料】pīliào 名 未加工品. 半製品.
【坏胎】pītāi 名《瓦や陶磁器などの》物の原型. 白地(じ).
【坏子】pīzi 名 ❶《成形済みで》窯に入れる前のレンガ・陶器・七宝焼など. 白地(じ). ¶砖 zhuān～/ 焼き入れ前のレンガ. ❷《～儿》半製品. ¶酱～/ 発酵前の味噌. ❸方子供. ¶坏 huài～/ 悪ガキ.

披 pī 扌部5 四 5404₇ 全8画 常用

❶動肩にかける. はおる. ¶～着棉大衣(綿入れのコートをはおっている). ❷素開く. ¶～卷 juàn（書物を開く）/～肝沥胆. ❸動 《竹や木などが》裂ける.
【披发左衽】pī fà zuǒ rèn 成古代,東方や北方にいた少数民族の服装. 髪も結わず,衣の合わせ方も漢民族と逆であった. 由来『論語』憲問篇,管仲がいなかったら,「披髮左衽」の野蛮な人々に征服されていただろう,という話から.
【披风】pīfēng 名〔圖 件 jiàn〕マント. ¶披上～/ マントをはおる. 同 斗篷 dǒupeng
【披肝沥胆】pī gān lì dǎn 成 お互いに心を開く. 忠誠を尽くす. ¶他俩～地畅谈 chàngtán 了半天/ ふたりは腹を割って長い時間話し込んだ. 表現「披肝」,「披胆」とも言う.
【披挂】pīguà ❶動鎧甲(よろい)を身にまとう. ❷動衣装を身にまとう. ❸名《身につけた》鎧甲.
【披红】pīhóng 動《祝賀や栄誉の印として》紅い絹を首からかける.
【披红戴花】pī hóng dài huā 成赤い絹を肩に掛け,花を胸につけて栄誉をたたえる. ¶给有功之人～/ 功績のあった人をたたえる.
【披肩】pījiān 名《服飾》〔圖 件 jiàn〕ショール. ケープ.
【披荆斩棘】pī jīng zhǎn jí 成困難や障害を克服して事を始める. いばらの道を切り開く. ¶前辈们 qiánbèimen～,才创立 chuàngli 了这样大公司/ 先輩たちはあらゆる困難を乗り越えこの大企業を設立した.
【披沥】pīlì 動文 心中を明らかにする. ⇨披肝沥胆 pī gān lì dǎn
【披露】pīlù ❶公表する. ¶～内幕 / 内幕を公表する. ❷～姓名 / 名前を公表する. ❷あらわにする. 開示する. ¶～肝胆 gāndǎn / 心を開く.
【披麻戴[带]孝】pī má dài xiào 成アサの服とアサの帯を身にまとう. 子が親の喪に服すこと.
【披靡】pīmǐ 動文 ❶《草木が》風に吹き倒される. ❷《軍隊が》敗走する.
【披散】pīsan 動《毛髪や枝などが》ばらばらに垂れ下がる.
【披沙拣金】pī shā jiǎn jīn 成選り抜く. 精選する. 由来砂の中から金を探す,という意から.
【披头散发】pī tóu sàn fà 成長い髪の毛がぼさぼさに乱れるようす.
【披星戴月】pī xīng dài yuè ❶朝から晩まで仕事に励む. ❷昼夜兼行で道を急ぐ. 同 戴月披星
【披阅】pīyuè 動書物をひもとく. 同 披览 pīlǎn

狉 pī 犭部5 四 4121₉ 全8画 通用

下記熟語を参照.
【狉狉】pīpī 形文 野獣がうごめいている. ¶鹿豕 lùshǐ～/ ブタやシカがうごめいている.

砒 pī 石部4 四 1261₀ 全9画 通用

名 ❶ "砷 shēn"（ヒ素）の旧称. ❷ "砒霜 pīshuāng"に同じ.
【砒霜】pīshuāng 名《化学》亜ヒ酸. 同 白砒 báipī, 红砒 hóngpī, 信石 xìnshí 表現 地方によっては"红矾 hóngfán"とも呼ぶ.

劈 pī 刀部13 四 7022₇ 全15画 常用

❶動刀や斧などで縦に割る,切る. ¶～木柴(薪を割る)/～开 pīkāi. ❷向《人の顔や胸などに》向かって. ¶～脸 pīliǎn. ❸動 落雷で壊れる,死ぬ. ❹名断面がくさび形のもの. 刀や斧など. 同 尖劈 jiānpī ❺→劈里啪啦 pīlipālā, 劈啪 pīpā
　劈 pǐ
【劈柴刀】pīcháidāo 名 なた.
【劈刺】pīcì 動《軍事》"刀劈"（剣で斬る）と"刺杀"（剣で刺し殺す）の総称.
【劈刀】pīdāo 名 ❶《竹や木を切る》なた. ❷《軍事》剣術.
【劈开】pīkāi 切り裂く. たち割る. ¶把木柴～/ まきを割る.
【劈里啪啦】pīlipālā 擬 バンバン. パチパチ. 破裂や手をたたく連続する音. 同 噼 里啪啦
【劈脸】pīliǎn 動 面と向かって…する. 真正面から…する.
【劈面】pīmiàn 動"劈脸 pīliǎn"に同じ.
【劈啪】pīpā 擬 バン,バチン. 破裂やたたく時の音. ¶～的枪声 qiāngshēng / バンという銃声. 重劈劈啪啪 同 噼啪 pīpā
【劈杀】pīshā 動《剣や軍刀で》切り殺す.
【劈山】pīshān 動 山を切り開く. ¶～引水 / 山を切り開いて水を引く.
【劈手】pīshǒu 動 素早く手をサッと動かす.
【劈头】pītóu 副 ❶ 出会いがしらに. ¶走到门口～碰见奶奶 / 入り口までくると,おばあちゃんに出くわした. ❷ いきなり初めに. ¶他进来为第一句就问明天的天气 / 彼は入ってくるなり,明日の日程をたずねた. 同 开头 kāitóu
【劈头盖脸】pī tóu gài liǎn 成 真っ向から押し寄せてくること. ¶大雨～地浇 jiāo 了下来 / 大雨が真っ向から降ってきた. 同 劈头盖脑 nǎo, 劈头盖顶 dǐng

噼 pī 口部13 四 6004₁ 全16画 通用

下記熟語を参照.
【噼里啪啦】pīlipālā 擬 "劈里啪啦 pīlipālā"に同じ.
【噼啪】pīpā →劈啪 pīpā

霹 pī 雨部13 四 1024₁ 全21画 次常用

下記熟語を参照.
【霹雷】pīléi 名口"霹雳 pīlì"に同じ.
【霹雳】pīlì 名〔圖 个 ge, 声 shēng〕ふいに落ちた雷. ¶晴[青]天 qíng[qīng]tiān～/ 成青天の霹靂(きき). 予期せぬ事件のたとえ. ¶一声震 zhèn 天响 / 突然,雷の轟音が天を揺るがした.
【霹雳舞】pīlìwǔ 名 ブレイクダンス.

皮 pí 皮部0 四 4024₇ 全5画 常用

❶ 名〔圖 层 céng, 块 kuài, 张 zhāng〕皮膚. 表皮. ¶牛～（牛の皮）/ 荞麦 qiáomài～（ソバがら）/ 碰掉了一块～（ぶつかって擦りむいた）. ❷ 名《～儿》なめした革. 皮革. 毛皮. ¶～箱 píxiāng /～鞋 píxié

～茄克 jiākè（革ジャンパー）．❸ 名（～儿）包んだり囲んだりするもの．¶包袱～儿 bāofupír（ふろしき）/ 书～儿 shūpír（ブックカバー）．❹ 名（～儿）表面．¶地～ dìpí（地面）/ 水～儿 shuǐpír（水面）．❺ 素（～儿）薄くて平たいもの．¶铅～ qiānpí（トタン板）/ 粉～儿 fěnpír（でんぷんから作るゆば状のもの）/ 豆腐～儿 dòufupír（ゆば）．❻ 素 ねばねばしている．¶～糖 pítáng（ヌガー状のあめ）．❼ 形 しける．¶花生～了（ピーナツがしけった）．❽ 形 腕白だ．¶调～ tiáopí（腕白だ）．❾ 素 ゴム状のもの．¶橡～ xiàngpí（消しゴム）/ ～筋儿 píjīnr．❿ 形 何度となく叱られたり非難され，慣れっこになる．⓫（Pí）姓．

【皮袄】pí'ǎo 名《服饰》〔量 个 ge, 件 jiàn, 领 lǐng〕毛皮で作った中国式の上着．毛皮の裏地を付けた上着．参考 羊の毛皮を使うことが多い．
【皮包】píbāo 名〔量 个 ge, 只 zhī〕革製の手提げかばん．革のハンドバッグ．
【皮包公司】píbāo gōngsī 名《经济》事業所や資産を持たず，コンサルティングや販促活動などを行う個人企業もしくは小規模の企業．
【皮包骨(头)】pí bāo gǔ(-tou) 慣 ひどくやせている．¶她瘦得～/ 彼女はがりがりにやせ細っている．
【皮鞭】píbiān 革ひもで作ったむち．同 皮鞭子 píbiānzi.
【皮草】pícǎo 名方 毛皮や革革．毛皮・皮革製品．
【皮层】pícéng 名《生理》❶ 皮層．皮質．❷ "大脑皮层 dànǎo pícéng"（大脑皮层）の略．
【皮尺】píchǐ〔量 个 ge, 根 gēn, 条 tiáo〕漆塗りの布やビニールの巻尺．
【皮带】pídài 名〔量 根 gēn, 条 tiáo〕❶ 革ベルト．特にズボンのベルト．❷ 機械のベルト．同 传动带 chuándòngdài 表现 "皮带"が，ベルトを広く指すのに対して，「本革のベルト」の場合は，"真皮 zhēnpí 皮带"という．
【皮带轮】pídàilún 名《机械》ベルト車（ぐるま）．調車（ととのえぐるま）．
【皮蛋】pídàn 名《料理》ピータン．石灰・粘土・食塩・もみがらなどを水でこね，アヒルやニワトリの卵を包んで凝固させた食品．同 松花蛋 sōnghuādàn.
【皮筏】pífá 名 牛や羊の皮を縫い合わせて作るいかだ．
*【皮肤】pífū 名〔量 种 zhǒng〕皮膚．❷ 形 义 浅薄．¶～之 zhī 见 / 浅薄な考え．皮相な見解．
【皮肤病】pífūbìng 名《医学》皮膚病．
【皮革】pígé 名 皮革．革．
【皮猴儿】píhóur 名《服饰》〔量 件 jiàn〕フード付きの毛皮のコート．毛皮のパーカー．
【皮花】píhuā 名《纺织》原綿．同 皮棉 mián.
【皮划艇】píhuátǐng 名《スポーツ》カヌー競技．カヤック競技．
【皮黄[簧]】píhuáng 名《芸能》❶ 伝統劇の節回しの"西皮 xīpí"と"二黄 èrhuáng"の総称．❷ 京劇．
【皮货】píhuò 名〔量 件 jiàn〕毛皮製品の総称．¶～店 / 毛皮店．
【皮夹子】píjiāzi 名〔量 个 ge, 只 zhī〕革製の小物入れ，札入れ．同 皮夹儿 píjiār.
【皮匠】píjiang 名〔量 个 ge, 位 wèi〕❶ 靴職人．❷ 皮細工の職人．
【皮筋儿】píjīnr 名〔量 根 gēn〕ゴムひも．¶跳～ / ゴム飛びをする．同 猴 hóu 皮筋儿．
【皮具】píjù 名 革製品．
【皮开肉绽】pí kāi ròu zhàn 成 ひどく打たれて，皮が破れ肉が裂ける．

【皮里阳秋】pí lǐ Yáng qiū 成 心の中にしまって口に出さない批判．由来 "阳秋"は五経の『春秋』のことで，ここでは批判の意．晋の簡文帝（司馬昱）の母の名が「阿春」であったため，「春」字を避けて「陽秋」とした．
【皮脸】píliǎn 形方 ❶ いたずらで聞き分けがない．腕白だ．同 顽皮 wánpí ❷ 恥知らずだ．
【皮毛】pímáo 名 ❶ 毛皮．❷ 上っ面の知識．
【皮棉】pímián 名 種子を除いて，まだ加工してない綿花．同 皮花 píhuā.
【皮面】pímiàn 名 ❶ 表面．❷ 皮の表紙．皮のカバー．
【皮囊】pínáng 名 皮の袋．比 人の体．
【皮球】píqiú 名〔量 个 ge, 只 zhī〕ボール．¶踢～ / ボールをける．
【皮肉】pīròu 名 皮と肉．肉体や皮膚．比较 日本語の「皮肉」にあたる語は，"讽刺 fěngcì"や"挖苦 wāku"．
【皮实】píshi 形 ❶（体）が丈夫だ．¶这孩子真～ / この子は本当に丈夫だ．❷（器物が）長持ちする．丈夫だ．
【皮糖】pítáng 名《砂糖に澱粉を加えて煮詰めた》弾力のある飴．グミ．
【皮条】pítiáo 名 皮製のストラップ．
【皮艇】pítǐng 名 ❶ カヤック．❷《スポーツ》カヤック競技．
【皮下组织】píxià zǔzhī 名《生理》皮下組織．
【皮线】píxiàn 名《机械・电气》絶縁線．カバードワイヤ．
【皮箱】píxiāng 名〔量 个 ge, 口 kǒu, 只 zhī〕革製のトランク．スーツケース．
【皮相】píxiàng 形文 表面的だ．浅薄だ．¶～之 zhī 谈 / 浅薄な話．
【皮笑肉不笑】pí xiào ròu bù xiào 慣 陰険な笑い．不自然な笑い．作り笑い．
【皮鞋】píxié 名〔量 双 shuāng, 只 zhī〕革靴．
【皮靴】píxuē 名 革のブーツ．
【皮炎】píyán 名《医学》皮膚炎．
【皮衣】píyī 名《服饰》〔量 件 jiàn, 领 lǐng〕毛皮や革の服．
【皮影戏】píyǐngxì 名《芸能》〔量 场 chǎng, 次 cì〕影絵芝居．動物の皮やボール紙製の人形を用いる．同 影戏 yǐngxì 参考 "驴 lú 皮影"（河北省滦さ県）と"牛 niú 皮影"（中国の西北地方）が有名．
【皮张】pízhāng 名 皮革製品の原料となる動物の皮．
【皮掌儿】pízhǎngr 名 靴底の前後に打ち付ける革．
【皮疹】pízhěn 名《医学》湿疹．
【皮脂腺】pízhīxiàn 名《生理》皮脂腺．脂腺．
【皮纸】pízhǐ 名 クワやコウゾの樹皮や，タケノコの皮から作る薄くて丈夫な紙．参考 拓本や雨傘などに用いられる．
【皮质】pízhì 名《生理》皮質．
【皮重】pízhòng 名 容器や包装の重さ．風袋（ふうたい）．
【皮子】pízi 名〔量 块 kuài〕皮革．毛皮．

陂 pí

阜部 5 / 7424₇
全 7 画 通用

素 地名用字．¶黄～ Huángpí（湖北省にある地名）．
☞ 陂 bēi, pō

枇 pí

木部 4 / 4291₀
全 8 画 通用

下記熟語を参照．
【枇杷】pípá[-pa] 名《植物》ビワ．

毗（異 毘）pí

田部 4 / 6201₀
全 9 画 通用

素 ❶ 連なっている．隣接する．¶～邻 pílín / 连 pí-

蚍 pí
虫部4　四 5211₀
全10画　通用
下記熟語を参照.
【蚍蜉】pífú 名〔虫〕〔量 只 zhī〕大アリ.
【蚍蜉撼大树】pí fú hàn dà shù 成 身の程を知らない.
由来「アリが大木を揺り動かす」という意から.

铍(鈹) pí
钅部5　四 8474₇
全10画　通用
名〔化学〕ベリリウム. Be.

郫 pí
阝部8　四 2742₇
全10画　通用
素 地名用字. ¶～县 Píxiàn（四川省にある県の名. "豆瓣儿酱 dòubànrjiàng"で有名）.

疲 pí
疒部5　四 0014₇
全10画　常用
素 疲れる. ¶～劳 píláo／精～力尽 jìn 成 精魂尽き果てる)／～于奔 bēn 命.
【疲惫】píbèi 形 疲れ果てている. ¶连续工作了一天一夜,我已经～不堪 kān／一昼夜働き続けて,もうへとへとだ.
【疲敝】píbì 形 疲弊している. 消耗している.
【疲顿】pídùn 形 疲れきっている. 疲労困憊(ぱ)している.
【疲乏】pífá 形 疲れている. くたびれている. ¶感到～／疲れを覚える. ／身体～不支 bùzhī／ぐったり疲れる. 同 困乏 kùnfá
【疲倦】píjuàn 動 疲れてぐったりする. ¶一天到晚在外奔波 bēnbō,我觉得很～／夜遅くまであちこち奔走したので,疲れてぐったりだ. 同 困倦 kùnjuàn
【疲困】píkùn 形 ❶疲労困憊している. 疲れている. ❷《经济》(市況が)伸び悩みだ.
* 【疲劳】píláo ❶ 形 疲れている. 疲労している. ¶身心～／心身ともに疲れている. ❷ 名（劣化による)疲労. ¶金属 jīnshǔ～／金属疲労.
【疲劳综合症】píláo zōnghézhèng 名《医学》慢性疲労症候群.
【疲软】píruǎn 形 ❶疲れて力が入らない. ¶两腿 liǎngtuǐ～／両足がへとへとだ. ❷《经济》市場が低調だ. ¶价格～／価格が低迷している. 反 坚挺 jiāntǐng
【疲弱】píruò 形 疲れて力がない. 弱っている.
【疲塌［沓］】píta だらだらしている. ¶工作～／仕事がだらだらしている.
【疲态】pítài 名 ❶疲れているよう. ❷《经济》(株式や為替市場の)弱含み.
【疲于奔命】pí yú bēn mìng 用事が多すぎて対応しきれない. ¶为了完成这项工作,他整天～／この仕事を完成させるために,彼は一日中駆けずり回っている.

陴 pí
阝部8　四 7624₀
全10画
名 文 城壁の上にある凸凹形の小さな壁. 同 女墙 nǚqiáng

啤 pí
口部8　四 6604₀
全11画　次常用
下記熟語を参照.

筆順　口　叩　呷　唧　啤

* 【啤酒】píjiǔ 名 ビール. ¶生[鲜]～／生ビール. 回 麦酒 ◆beer
【啤酒肚】píjiǔdù 名 ビール腹.
【啤酒花】píjiǔhuā 名《植物》ホップ.

琵 pí
比部8　四 1171₂
全12画
下記熟語を参照.
【琵琶】pípá[-pa] 名《音乐》〔量 个 ge,面 miàn〕琵琶(ぷ). 四弦の弦楽器で,バチを用いずにピックをはめた指で弾く. ¶弹～／琵琶を弾く.

琵琶

脾 pí
月部8　四 7624₀
全12画　常用
名《生理》脾臓(ポ). 同 脾脏 pízàng
* 【脾气】píqi 名 ❶気性. 性格. ¶她的～愈 yù 来愈好／彼女の性格はだんだん良くなった. 同 脾性 píxìng ❷ かんしゃく. ¶发～／かんしゃくを起こす. ¶～很大／彼はひどいかんしゃく持ちだ. ❸(牛・馬・犬・虎などの)気性. ¶牛～／人の気性ががんこだ. ¶这匹马的～很暴躁 bàozào／この馬はちょっと気が荒い.
【脾胃】píwèi 名（物事の)好み. ¶他们两个人～相投 xiāngtóu／彼ら二人は好みが近い.
【脾性】píxìng 名 方 性格. 習性.
【脾脏】pízàng 名《生理》脾臓.

鲏(鮍) pí
鱼部5　四 2414₇
全13画　通用
→鳑鲏 pángpí

裨 pí
衤部8　四 3624₀
全13画　通用
素 副の. 補佐の. ¶～将 píjiàng（副将).
☞ 裨 bì

蜱 pí
虫部8　四 5614₀
全14画　通用
名〔虫〕ダニ. 同 壁虱 bìshī

罴(羆) pí
罒部9　四 6033₃
全14画　通用
名《动物》ヒグマ. 同 马熊 mǎxióng 表現 "熊罴 xióngpí"の形で使われることが多い.

貔 pí
豸部10　四 2621₂
全17画　通用
素 古代の伝説中の,熊に似た猛獣の名前.
【貔虎】píhǔ 名 勇猛な軍隊や将兵.
【貔貅】píxiū 名 ❶貔貅(ぷ). 中国の伝説上の猛獣. トラあるいはクマに似て,戦争に用いたという. ❷ 勇猛な軍隊.

鼙 pí
鼓部8　四 4440₆
全21画　通用
下記熟語を参照.
【鼙鼓】pígǔ 名 古代,軍隊で攻撃の時に鳴らした小さな鼓. 鼙鼓(^と).

匹(異 疋❸❹) pǐ 匚部2 四 7171₁ 全4画 常用

❶素 つり合う. 匹敵する. ¶~配 pǐpèi / ~敵 pǐdí.
❷素 一人きりの. ¶~夫 pǐfū. ❸量 馬・ロバ・ラバ・ラクダなどを数えることば. ¶三~马(三頭の馬) / 两~骡子 luózi(二頭のラバ). ❹量 反物(たんもの)を数えることば. ¶一~绸子 chóuzi(絹一匹) / 两~布(木綿二反).

【匹敌】pǐdí 動 つり合う. 匹敵する. ¶双方势力 shìlì~ / 双方の勢力は伯仲している. ¶对方的实力雄大,我们无法与之~ / 相手の実力は強大で,我々は対抗しようがない.
【匹夫】pǐfū ❶ ふつうの人. ただの人. ❷貶 学識や知謀のない人. ¶~之辈 bèi / 無知なやつ.
【匹夫有责】pǐ fū yǒu zé 国 国家の興亡のような大事でも,一人一人の人民がその責任を負っている. 由来 顾炎武『日知録』正始篇の語から.
【匹夫之勇】pǐ fū zhī yǒng 國 向こうみずな勇気. ¶光凭 píng~,恐怕难以取胜 qǔshèng / やみくもに勇気をふるうだけでは,勝利を収めるのは難しい.
【匹马单枪】pǐ mǎ dān qiāng 國 単独で敵陣に切り込む. 同 单枪匹马
【匹配】pǐpèi ❶動 婚姻する. 結婚する. ¶~良缘 liángyuán / 良縁を結ぶ. ❷《電気》整合. ¶阻抗 zǔkàng~ / インピーダンス整合.

庀 pǐ 广部2 四 0021₂ 全5画

動 文 ❶ 具備する. ❷ 治める.

圮 pǐ 土部3 四 4711₇ 全6画

動 文 壊れる. 倒れる. ¶倾~ qīngpǐ(傾き,倒れる).

仳 pǐ 亻部4 四 2221₁ 全6画 通用

下記熟語を参照.
【仳离】pǐlí 動 文 夫婦が別れる. 表現 特に妻に離縁されることを言う.

否 pǐ 口部4 四 1060₉ 全7画 常用

❶名 易の卦(か)の一つ. 天地が交わらず閉塞する情況をあらわす. ❷形 よくない. ❸形 非難する. そしる. ¶臧~ zāngpǐ 人物(人の良し悪しを論評する).
☞ 否 fǒu

【否极泰来】pǐ jí tài lái 國 不運が極に達すれば,その後には幸運が巡ってくる. 落ちる所まで落ちたら,後は浮かぶだけだ. ¶乐极生悲 bēi,~ / 楽しみきわまって悲しみ生じ,災いきわまって安らぎ生ず. 由来 "否"と"泰"は『周易』の六十四卦の名称の一つで,「否」は事がうまくいかないこと,「泰」は事が順調に運ぶことをあらわす.

痞 pǐ 疒部7 四 0016₉ 全12画 通用

名 ❶ ごろつき. ¶地~ dìpǐ(土地のよたもの). 同 痞子 pǐzi ❷ 《中医》腹部に硬いかたまりがあること. 脾臓の肥大による.
【痞子】pǐzi 名 ごろつき. 無頼漢. ならず者. 同 流氓 liúmáng

劈 pī 刀部13 四 7022₇ 全15画 常用

動 ❶ 分ける. ¶把绳子 shéngzi~成三股 gǔ(縄を三つに分ける). ❷ もぎ取る. ¶~白菜帮子 bāngzi(白菜の外側の葉をはぎ取る). ❸ 脚や手の指を過度に開く.
☞ 劈 pī

【劈叉】pī//chà 動《スポーツ》股割りする. 開脚する. 体操や武術の,床の上で両足を直線状に広げる動作をさす.
【劈柴】pīchái[-chai] 名〔块 kuài〕まき. 焚(た)きつけ. ¶劈 pī~ / まきを割る.
【劈开】pīkāi 動 ❶(手で二つに)割る. 裂く. ¶把线头 / 糸の端を二つに裂く. ❷(股を)広げる. ¶~腿 / 股を裂く.

癖 pǐ 疒部13 四 0014₁ 全18画 通用

名 くせ. 偏愛. 性癖. ¶酒~ (アルコール中毒) / 洁~ (潔癖) / 他吸烟已经成~ (彼の喫煙はすでにくせになっている).
【癖好】pǐhào 名〔个 ge,种 zhǒng〕(夢中になる)趣味. (特別に)好み. ¶你有什么~? / あなたの趣味は何ですか. 同 嗜好 shìhào
【癖性】pǐxìng 名 くせ. 好み.

屁 pì 尸部4 四 7721₂ 全7画 次常用

❶名 屁. ¶放~ fàngpì(屁をひる) / ~也不敢放(屁も出せない. 一言もない). ❷素 役に立たない. 取るに足らない. ¶~话 pìhuà / ~事 pìshì. ❸素 否定や叱責をあらわす文の中で,"什么~…" という意味をあらわす. "什么 shénme"に相当する. ¶你懂个~ (お前に何が分かるか).
【屁股】pìgu 名 ❶ 尻. 臀部. ¶你再不听话,就要打~了! / これ以上言うことを聞かないと,お尻をぶつよ. ❷ 動物の体の肛門に近い部分. ❸ 事物の末尾. ¶香烟~ / 煙草の吸い口.
【屁股蛋儿】pìgudànr 名 方 尻.
【屁股蹲儿】pìgudūnr 名 方 尻もち. ¶摔 shuāi 了个~ / 尻もちをついた.
【屁滚尿流】pì gǔn niào liú 國 非常に恐れている. 狼狙している. ¶小狗被鞭炮 biānpào 声吓得~ / 小犬は爆竹の音に腰を抜かすほど驚いた.
【屁话】pìhuà 名 くだらない話. でたらめな話.
【屁事】pìshì 名 些細なことがら. 取るに足らない問題.

淠 pì 氵部8 四 3612₁ 全11画 通用

素 地名用字. ¶~河 Pìhé(安徽省を流れる川の名).

睥 pì 目部8 四 6604₀ 全13画 通用

下記熟語を参照.
【睥睨】pìnì 動 文 横目でじろりと見る. 睥睨(へいげい)する. ¶~人世,目空一切 / 世の中を斜めに見て,何物にもない. 表現 傲慢なようす.

辟(闢❶~❸) pì 辛部6 四 7024₁ 全13画 常用

❶動 開拓する. ¶开天~地(有史以来初めてだ). ❷素 排斥する. ¶~谣 pìyáo / ~邪说 xiéshuō(邪説を退ける). ❸素 徹底している. ¶精~ jīngpì(理解が洞察が深い). ❹素 法律. ¶大~ dàpì(古代の死刑).
☞ 辟 bì

【辟谣】pì/yáo 動 真相を説明してデマを打ち消す. ¶通过电视~ / テレビを通じてデマを打ち消す.

媲 pì 女部10 四 4641₂ 全13画 通用

素 匹敵する. 同じ. ¶~美 pìměi.
【媲美】pìměi 動 (美しさや良さが)肩をならべる. 同じくらい優れる. ¶这种食品可以和世界名牌产品~ / この食品は世界のブランド品にひけをとらない.

僻 pì 亻部13 四 2024₁ 全15画 常用

素 ❶ 辺鄙(ﾍﾝﾋﾟ)な. ¶～巷 pìxiàng (寂しい路地) / ～静 pìjìng / ～壤 pìrǎng. ❷ 性格が一風変わった. ¶怪～ guàipì (偏屈だ) / 孤～ gūpì (ひねくれている). ❸ めったに見ない. 珍しい. 文字について言うことが多い. ¶生～ shēngpì (めったに見ない) / 冷～字 lěngpìzì (まれにしか使わない字).

【僻静】pìjìng 形 人通りがなく静かだ. ¶我们选了个～的地方坐下来谈了谈 / 私たちは静かな場所で語り合った. 反 喧闹 xuānnào.

【僻壤】pìrǎng 名 辺鄙(ﾍﾝﾋﾟ)な所. 僻地. 片田舎. ¶穷乡～ / 貧しく荒れ果てた辺鄙な土地.

【僻性】pìxìng 名 偏屈な性格.

【僻远】pìyuǎn 形 遠くて辺鄙(ﾍﾝﾋﾟ)だ.

澼 pì 氵部13 四 3014₁ 全16画 通用

→洴澼 píngpì

甓 pì 瓦部13 四 7071₁ 全17画 通用

名 ⟨文⟩ レンガ.

譬 pì 言部13 四 7060₁ 全20画 次常用

❶ 名 比喩. たとえ. ¶设～ shèpì (たとえ話をする) / 取～ qǔpì (たとえる). ❷ 動 たとえる. ¶～如 pìrú / ～喻 pìyù.

【譬如】pìrú 動 たとえば. ¶乌龙茶就有好 hǎo 几种,～冻顶乌龙,文山包种等 / 烏龍茶もいろいろで,たとえば凍頂烏龍,文山ポーチョンなどがある. 同 比如 bǐrú, 比方说 bǐfangshuō.

【譬喻】pìyù ❶ 動 たとえる. ❷ 名 〔個 个 ge〕. 同 比喻 bǐyù.

pian ㄆㄧㄢ〔pʻiɛn〕

片 piān 片部0 四 2202₇ 全4画 常用

下記熟語を参照.
☞ 片 piàn

【片儿】piānr 名 □ 平たく薄いもの. ¶相～ xiàngpiānr / 写真. ¶画～ / 絵はがき. 絵入りカード. ¶唱～ / レコード. 注意 r 化しない場合は"piàn"と第4声になる.

【片子】piānzi 名 ❶ 〔個 部 bù〕映画のフィルム. 映画. ¶老～ / 昔の映画. ❷ 〔個 个 ge, 张 zhāng〕エックス線写真の原板. ¶拍～ / エックス線写真をとる. ❸ 〔個 个 ge, 张 zhāng〕レコード. CD. ☞ 片子 piànzi.

扁 piān 户部5 四 3022₇ 全9画 常用

下記熟語を参照.
☞ 扁 biǎn

【扁舟】piānzhōu 名 小舟.

偏 piān 亻部9 四 2322₇ 全11画 常用

❶ 形 傾いている. ¶～锋 piānfēng / 太阳～西了(太陽が西に傾いた). 反 正 zhèng ❷ 素 偏っている. ¶体温～高(体温が高すぎる) / 工资～低(給料が低すぎる) / ～重 piānzhòng / ～爱 piān'ài. ❸ 副 どうしても. あくまでも. ❹ 副 あいにく. ❺ 動 あいさつ表現の一つ. 食事や茶などを自分が先にいただいた場合に使う. ¶谢谢,我先～了,您请吃吧(ありがとう. 先にいただきました. あなたもお召し上がり下さい). ❻ (Piān)姓. 表現 ❹は,通常は"偏偏 piānpiān"の形で使い,動詞の前でのみ,"偏"を使う.

【偏爱】piān'ài 動 特にかわいがる. 特に好む. ¶小妹妹特别～甜食 / 妹は甘いものばかり食べたがる.

【偏安】piān'ān 動 封建時代の王朝が,全国の統治権を失って一地方の統治のみに甘んずる.

【偏才】piāncái 名 狭い分野の能力. 小才.

【偏差】piānchā 名 ❶ 仕事上の行き過ぎや不足. ¶小张时常在工作上出～ / 張君はよく仕事でミスをする. ❷ 偏差. ずれ. ¶～减到一毫米 / ずれが1ミリまで減った.

【偏饭】piānfàn 名 特別な食事や待遇. ¶吃～ / 特別待遇を受ける.

【偏方】piānfāng 名 〔～儿〕〈中医〉〔個 个 ge, 种 zhǒng〕民間に伝わる中国医学の処方. 同 单方 dānfāng, 丹方 dānfāng.

【偏房】piānfáng 名 ❶ 四合院(ｼｺﾞｳｲﾝ)の東西の棟. 同 厢房 xiāngfáng ⇨ 四合院 sìhéyuàn ❷ 妾(ﾒｶｹ). 反 正房 zhèngfáng.

【偏废】piānfèi 動 片方をおろそかにする.

【偏锋】piānfēng 名 ❶ 書道で,筆の先を斜めにして書くこと. ❷ 間接的に話題を取り上げること.

【偏航】piānháng 動 航路をそれる.

【偏好】piānhǎo 副 ⟨方⟩ ちょうど. タイミングよく. 同 恰巧 qiàqiǎo ☞ 偏好 piānhào.

【偏好】piānhào 動 特別に好む. 愛好する. 凝る. 同 偏爱 piān'ài ☞ 偏好 piānhǎo.

【偏激】piānjī 形 (主張が)過激だ. 極端だ. ¶言词～ / ことばが過激だ. ¶～情绪 qíngxù / 感情が激しい.

【偏见】piānjiàn 名〔個 种 zhǒng〕偏見. 先入観. ¶消除～ / 偏見をなくす. ¶我对他没有～ / 私は彼に対して偏見はない.

【偏口鱼】piānkǒuyú 名 《魚》 ヒラメ・カレイ類の総称. 同 比目鱼 bǐmùyú.

【偏枯】piānkū ❶ 名〈中医〉半身不随. ❷ 形 (考えや気持ちが)一方に偏っている. アンバランスだ.

【偏劳】piānláo 動 □ 世話をかける. ご苦労をかける. ¶一再～您,真不好意思 / 何度もお世話になり,誠に申し訳ありません. 表現 手伝いを頼む時,あるいは骨折りに感謝する時に言うことば.

【偏离】piānlí 動 (正しい道から)それる. ずれる. 逸脱する. ¶～正确路线 / 正しい道をはずれる.

【偏盲】piānmáng 名 片眼の失明. また,片眼の半分の視野が失われること.

【偏旁】piānpáng 名 〔～儿〕〈言語〉漢字の偏(ﾍﾝ)と旁(ﾂｸﾘ). 偏旁(ﾍﾝﾎﾞｳ). ¶"偏"字的～是单人旁 dānrénpáng /「偏」のへんはにんべんです.

【偏僻】piānpì 形 辺鄙(ﾍﾝﾋﾟ)だ. ¶～的山村 / へき地の山村. ¶地点～,交通很不方便 / 場所が辺鄙で交通の便が悪い.

【偏偏】piānpiān 副 ❶ どうしても. あくまでも. ¶他明知自己错了,却～不认错 / 彼は自分が悪いと知りながら,あくまでも認めない. ❷ あいにく. 折あしく. ¶约好星期天去郊游,～下雨了 / 日曜日にピクニックに行く約束をしたが,折あしく雨になってしまった. ❸ …だけ. ¶别人都能做到的事,为什么～你做不到？ / 他の人ができることを,どうして君だけできないのか. 同 单单 dāndān

【偏颇】piānpō 形 文 不公平だ．一方に偏っている．¶这种看法未免 wèimiǎn ~ / このような見方はどうも偏っているようだ．

【偏巧】piānqiǎo 副 ❶ ちょうど．折よく．同 恰巧 qiàqiǎo ❷ あいにく．¶我太想看这场电影了,票~卖完了 / 私はこの映画をとても見たかったのに,切符はあいにく売り切れていた．同 偏偏 piānpiān

【偏生】piānshēng 副 方 "偏偏 piānpiān" ① ② に同じ．

【偏师】piānshī 名 文 主力部隊の両翼で,協力作戦を行う部隊．

【偏食】piānshí ❶ 名《天文》(太陽や月の)部分食．部分日食と部分月食の総称．¶日~/部分日食．¶月~/部分月食．⇨ 日食 rìshí, 月食 yuèshí ❷ 動 偏食する．好き嫌いがある．¶小孩一直~,造成发育 fāyù 不良 / 子供がずっと偏食していると,発育不良になる．

【偏私】piānsī 動 私心を持ち,公正でない行いをする．私情にかたよる．

【偏瘫】piāntān 動 半身不随になる．¶爷爷中风 zhòngfēng 之后,左半身已~了 / おじいさんは脳卒中で,左半身不随になった．

【偏袒】piāntǎn 動 一方の肩を持つ．えこひいきする．⇨ 左袒 zuǒtǎn

【偏疼】piānténg (年下の個人やある特定の人々を)偏愛する．えこひいきする．

【偏题】piāntí 名 (同 道 dào) めったに見かけない試験問題．ひねくれた出題．¶出~/くせのある問題を出す．

【偏听偏信】piān tīng piān xìn 成 一方の話だけを信じる．¶至于这件事谁是谁非,我们不能~/この事に誰が正しく誰が間違っているかについては,一方の言い分だけを聞いてはいけない．

【偏头痛】piāntóutòng 名《医学》偏頭痛．

【偏西】piānxī 動 (船や風などが)西に向かう．

【偏狭】piānxiá 形 偏狭だ．度量が狭い．

【偏向】piānxiàng ❶ 名〔量 个 ge, 种 zhǒng〕(政策などの)偏向．偏り．¶纠正~/偏向をただす．¶反对~/偏った傾向に反対する．❷ 動 把 一方の肩を持つ．¶妈妈~哥哥 / 母は兄をえこひいきしている．同 偏祖 piāntǎn

【偏心】piānxīn 動 えこひいきする．不公平にする．¶说~话 / 不公平なことを言う．¶对待孩子不能~/子供をえこひいきしてはいけない．

【偏心眼儿】piānxīnyǎnr ❶ 名 不公平な心．えこひいきする感情．❷ 形 えこひいきだ．

【偏压】piānyā 名《物理・電気》バイアス．

【偏远】piānyuǎn 形 辺鄙(へき)で遠い．¶~地区 / へき地．

【偏振光】piānzhènguāng 名《物理》偏光．

【偏执】piānzhí 形 偏狭で頑固だ．¶~的见解 jiànjiě / 偏狭で頑固な見方．

【偏重】piānzhòng ❶ 動 一方を重視する．偏重する．❷ 形 片方が重い．

【偏转】piānzhuǎn 名《物理・数学》偏差．偏向．偏り．

犏 piān

牛部9 四 2352₇
全13画 通用

下記熟語を参照．

【犏牛】piānniú 名《動物》雄の"黃牛 huángniú"(アカウシ)と雌の"牦牛 máoniú"(ヤク)との間に生まれた牛の一種．

篇 piān

竹部9 四 8822₇
全15画 常用

❶ 名 まとまった文章．¶~章 piānzhāng / 名~míngpiān (名作)．❷ 名 (~儿)文字が書かれた一枚ずつの紙．¶歌~儿 gēpiānr (楽譜)．❸ 量 (~儿)文章・紙・ページを数えることば．¶一~论文 (1編の論文) / 三~儿纸 (3枚の紙)．

【篇幅】piānfu ❶ 名 文章の長さ．¶这篇文章~不太长 / この文章はあまり長くない．❷ 名 書籍・新聞・雑誌などのスペース．¶~有限 xiàn / 紙幅が限られている．

【篇目】piānmù ❶ 名 書物や文章の標題．❷ 名 目録．目次．

【篇章】piānzhāng 名 篇と章．文章．¶~结构 / 文章の構成．¶写下光辉 guānghuī 的~/ 輝かしい一章を書き記す．

【篇子】piānzi 名 文字の書いてある紙．印刷してある紙．

翩 piān

羽部9 四 3722₀
全15画 次常用

素 軽やかに飛ぶ．速く飛ぶ．¶~若 ruò 惊鸿 jīnghóng (動作が軽やかな美女のたとえ)．

【翩翩】piānpiān ❶ 形 ❶ 軽やかに舞っている．(鳥やチョウが)ひらひらと飛んでいる．¶蝴蝶 húdié 在花丛 huācóng 中~飞舞 / チョウが花畑の中をひらひらと舞う．❷ 文 (青年男子のふるまいが)あか抜けている．¶风度~的少年 / スマートであか抜けている青年．

【翩然】piānrán 形 文 動作が軽やかだ．¶~飞舞 / 軽やかに飛び舞う．¶~而至 / 足取り軽やかにやって来る．

【翩跹】piānxiān 形 文 軽やかに踊っている．¶~起舞 / ひらひらと舞い出す．

便 pián

亻部7 四 2124₆
全9画 常用

❶ 下記熟語を参照．❷ (Pián)姓．
☞ 便 biàn

【便便】piánpián 形 太っている．¶大腹 fù~/ 成 便々たる太鼓腹．

**【便宜】piányi ❶ 形 値段が安い．¶这双皮鞋很~/この靴はとても安い．¶~货 / バーゲン品．反 贵 guì ❷ 動 値引きする．¶这个价格能再~一点儿吗？/ この値段はもう少し安くなりますか．❸ 名 労せずして得た利益．得．好都合．¶占~/ うまい汁を吸う．¶讨~/ 自己の利をはかる．¶得~/ 好都合となる．❹ 形 甘っちょろい．いいかげんな．¶没那么~/ そんな甘いものではない．¶哪儿有那么~的事 / どこにそんなうまい話があるものか．❺ 動 (人に)得をさせてやる．見逃してやる．¶这次~了你,下次可不行 / 今回は見逃してやるが,次はないと思え．

骈(駢) pián

马部6 四 7814₁
全9画 通用

❶ 素 二つ並んでいる．対になっている．¶~句 piánjù (対句) / ~肩 piánjiān (肩が並ぶ．混みあっている)．❷ (Pián)姓．由来 ① は,「馬を2頭並べて走らせる」という意から．

【骈俪】piánlì《言語》文章の対偶法．駢儷(から).

【骈体】piántǐ 名《文学》駢体(かたい).参考 文章に四字と六字の対句を用いた美文調の文体．

【骈文】piánwén 名《文学》[同 篇 piān] 駢文(がえ).四六駢儷文．参考 四字と六字からなる対句を用い,音調を整え,典故を多用し,修辞の美を競う文章．六朝(か)時代に最も流行した．

【骈枝】piánzhī 名 文 余計な(もの)．不必要な(もの)．¶~部门 / 不要な部門．参考 "骈拇枝指

mǔ zhī zhǐ”の略．“骈拇”は足の親指と第二指がくっついていること．“枝指”は手の親指あるいは小指の横に生えた余分な指のこと．

胼 pián 月部 6 [四] 7824₁ 全10画 [通用]
下記熟語を参照．
【胼胝[䏲]】piánzhī [名]（手足にできる）たこ．[同] 趼子 jiǎnzi
【胼胝体】piánzhītǐ [名]《生理》胼胝体(べんちたい)．脳梁(のうりょう)．

缏（緶）pián 纟部 9 [四] 2114₆ 全12画 [通用]
[動] 針で縫う．
☞ 缏 biàn

蹁 pián ⻊部 9 [四] 6312₇ 全16画 [通用]
[素][文] 足元がおぼつかない．
【蹁跹】piánxiān [形][文] くるくると舞っている．¶ 羽毛～ / 羽根がくるくると舞う．

谝（諞）piǎn 讠部 9 [四] 3372₇ 全11画 [通用]
[動][方] ❶ ひけらかす．見せびらかす．¶ ～能 piǎnnéng（才能をひけらかす）．❷ おしゃべりをする．

片 piàn 片部 0 [四] 2202₇ 全 4 画 [常用]
❶ [名]（～儿）平たくて薄いもの．¶ 布～儿（布きれ）/ 玻璃～儿（ガラス片）/ 纸～儿（紙きれ）/ 牛肉～儿（牛肉の薄切り）/ 药～儿（錠剤）/ 眼镜～儿（メガネのレンズ）．❷ [名] 区分けしてできた小さな区域．¶ 分～传达 chuándá（小さな区域に分けて伝達する）．❸ [動]《料理》薄くそぎ切る．¶ ～肉片儿（肉を薄切りにする）．❹ [素] そろっていない．ばらばらの．¶ ～面 piànmiàn / ～刻 piànkè / ～言 piànyán．❺ [量] 平たくて薄いもの，かけらになっているものを数えることば．¶ 两～儿药（2錠の薬）/ 一～面包（一切れのパン）．❻ [量] 面積・範囲の広い土地や水面を数えることば．¶ 一～草地（広々とした草原）/ 一～汪洋 wāngyáng（見渡す限りの水）．❼ [量] 景色・状況・音声・ことば・気持ちなどを数えることば．前に置かれる数詞は“一”に限られる．¶ 一～新气象 qìxiàng（新しい気風に満ちている）/ 一～脚步声（あたり一面の足音）/ 一～真心（いつわりのない真心）．❽（Piàn）姓．
☞ 片 piān
【片酬】piànchóu [名] 映画やドラマへの出演料．ギャラ．
【片段】piànduàn [名]〔[量] 个 ge〕（文章・小説・演劇・生活・経歴などの）一部分．一くぎり．断片．¶ 谈话的～ / 談話の一部分．¶ 小说中的一些～ / 小説の数節．
【片断】piànduàn ❶ [名] “片段 piànduàn”に同じ．❷ [形] 断片的だ．不完全だ．¶ 只留下～的回忆 huíyì / 断片的な記憶を残すにすぎない．
【片花】piànhuā [名]（映画などの）宣伝フィルム．フィルムクリップ．
【片剂】piànjì [名]《薬》錠剤．
【片刻】piànkè [名] ほんのわずかの時間．しばらくの間．¶ 他们俩～不离 / 彼ら二人は片時も離れない．¶ 请你稍等～ / しばらくお待ちください．
【片流】piànliú [名]《物理》層流．
【片麻岩】piànmáyán [名]《鉱物》片麻岩．
*【片面】piànmiàn ❶ [名] 片方．一方．一面．¶ 不可以只听～之词就做出决定 / 一方的な言い分だけを聞いて決めてはいけない．❷ [形] 一面的だ．偏っている．¶ ～观点 / 一面的な見方．¶ ～地强调 / ある一面のみを強調する．[反] 全面 quánmiàn
【片面性】piànmiànxìng [名] 一面性．一面的なこと．
【片儿警】piànrjǐng [名][口] 限られた地域を担当する警官．
【片儿汤】piànrtāng [名]《料理》水で練って伸ばした小麦粉を小さくちぎり，ゆでて，ゆで汁とともに食べるもの．野菜や肉を入れて煮ることもある．すいとん．
【片时】piànshí [名] わずかな時間．¶ ～的安宁 ānníng / つかの間の静けさ．[同] 片刻 piànkè
【片石】piànshí [名] 敷石．板石(いたいし)．
【片头】piàntóu [名]（映画やテレビドラマの）はじまりのタイトルや出演者名などを表示する部分．クレジットタイトル．
【片瓦无存】piàn wǎ wú cún [成]（災害で）家屋が完全に破壊されたようす．[同] 片瓦不 bù 存，片瓦不留 liú [由来] まともな瓦が1枚も残っていない，という意から．
【片言】piànyán [名] わずかなことば．¶ ～可决 jué / 一言で解決できる．
【片言只语】piàn yán zhī yǔ [成] ほんのわずかなことば．¶ 我是从别人那儿听来的～，详细情况我也不清楚 / 他の人から聞いた話なので，詳しいようすは私にもはっきりしない．[同] 片言只字 zì
【片言只字】piàn yán zhī zì [成] ちょっとしたことばや文字．
【片岩】piànyán [名]《鉱物》片岩．結晶片岩．
【片医】piànyī [名] 地域医療の医師．[参考]“片”は，（住宅地などの）区分けされた一地域をさす．
【片子】piànzi [名] ❶ 平たくて薄いもの．¶ 铁～ / 鉄板のかけら．❷ [口]〔[量] 张 zhāng〕名刺．☞ 片子 piānzi

骗（騙）piàn 马部 9 [四] 7312₇ 全12画 [常用]
❶ [動] だます．¶ ～人 piànrén / 受～ shòupiàn（だまされる）．❷ [動] だまして手に入れる．¶ ～钱（金をまき上げる）．❸ [素] またいで飛び乗る．¶ 一～右腿骑上了车（ひらりと右足をあげて自転車に飛び乗った）．
【骗保】piànbǎo [動] 保険金詐欺をする．
【骗贷】piàndài [動] ローン詐欺をする．
【骗汇】piànhuì [動] 虚偽の貿易書類を使って，不法に外貨を獲得する．
【骗局】piànjú [名]〔[量] 个 ge〕人をだます策略．¶ 对方设下～，可别上当 shàngdàng / 相手はペテンをしかけているから，ひっかかってはいけない．
【骗赔】piànpéi [動] 保険金詐欺をはたらく．
【骗取】piànqǔ [動] だまし取る．¶ ～钱财 / 金品をだまし取る．
【骗人】piàn//rén [動]（人を）だます．
【骗术】piànshù [名]〔[量] 个 ge，种 zhǒng〕人をだますやり口．ペテン．¶ 施行 shīxíng～ / 詐欺(さぎ)をはたらく．
【骗子】piànzi [名]〔[量] 个 ge，伙 huǒ〕詐欺(さぎ)師．ペテン師．¶ 政治～ / 政治上のペテン師．

piao ㄆㄧㄠ〔pʻiaʊ〕

剽（[異] 慓❷）piāo 刂部11 [四] 1290₀ 全13画 [通用]
[素] ❶ 奪い取る．¶ ～掠 piāolüè（略奪する）/ ～窃 piāoqiè．❷ 動作がすばやい．¶ ～悍 piāohàn．
【剽悍】piāohàn [形] 敏しょうで勇敢だ．[同] 慓悍 piāohàn

【剽窃】piāoqiè 動(人の文章や著作を)盗用する. 剽窃(ひょうせつ)する.
【剽取】piāoqǔ 動 "剽窃 piāoqiè"に同じ.

漂 piāo
氵部11 四 3119₁ 全14画 常用

❶動浮かぶ. ¶树枝在水面上～着(木の枝が水面に浮いている). ❷動漂う. ❸動漂流して探険する. ❹名(～儿)釣りの浮き.
☞ 漂 piǎo, piào
【漂泊】piāobó 動 ❶水面に漂う. 同 飘泊 piāobó ❷流浪する. さすらう. ¶～异乡 yìxiāng / 異郷をさすらう. 同 飘泊 piāobó
【漂浮】piāofú ❶動浮かぶ. 漂う. 同 飘浮 piāofú ❷形着実でない. 浮わついている. ¶作风～ / 仕事ぶりが着実でない. 同 飘浮 piāofú ❸動目に浮かぶ. 心に浮かぶ.
【漂流】piāoliú 動 ❶漂い流れる. 漂流する. 同 飘流 piāoliú ❷流浪する. さすらう. ¶～四海 / 各地を流浪する. 同 漂泊 piāobó, 飘流 piāoliú
【漂一代】piāoyīdài →飘 piāo 一代
【漂移】piāoyí ❶動漂って移動する. ❷名(電気)ドリフト.
【漂游】piāoyóu ❶水の流れのままに動いていく. ❷居住地が不定で,各地を移動する. 同 漂泊 bó
【漂族】piāozú →飘一代 piāoyīdài

缥(縹) piāo
纟部11 四 2119₁ 全14画 通用

下記熟語を参照.
☞ 缥 piǎo
【缥缈】piāomiǎo 形ぼんやりとして,はっきり見えない. ¶虚无～ / 國 ぼんやりとかすんでいる. 同 飘渺 piāomiǎo

飘(飄/飃) piāo
风部11 四 1791₀ 全15画 常用

❶動風に乗って舞う. ¶～摇 piāoyáo / 红旗～～(赤旗がはためく) / 随风～来了一阵阵花香(風に乗って花の香が運ばれてきた). ❷(Piāo)姓.
【飘泊】piāobó →漂泊 piāobó
【飘尘】piāochén 名(大気汚染のもととなる)浮遊微粒子.
【飘带】piāodài[-dai] 名(～儿) 量 根 gēn, 条 tiáo) 旗や帽子の飾りひも. リボン.
【飘荡】piāodàng ❶動風で揺れ動く. 波間に漂う. ¶彩旗 cǎiqí 在风中～ / 色とりどりの旗が風にひるがえる. 同 浮荡 fúdàng ❷さすらう. 流浪する. ¶弃 qì 家避难 bìnàn, 四处～ / 家を捨てて難を逃れ, あちこち流浪する. 同 漂泊 piāobó
【飘动】piāodòng 動 (風に)はためく. (波に)ゆらめく. (空中で)ただよう.
【飘拂】piāofú 動 (風や波によって)軽やかに揺れ動く. ¶白云～ / 白雲が空に漂う. ¶垂柳 chuíliǔ 随风～ / しだれ柳が風になびく.
【飘浮】piāofú →漂浮 piāofú
【飘红】piāohóng 動 (経済)株価が全面高になる. 反 飘绿 lǜ ⇒飘绿
【飘忽】piāohū 動 ❶軽やかにすばやく動く. ❷揺れ動く. 漂う. ¶～不定 / 揺れ動いて定まらない.
【飘零】piāolíng 動 ❶(花や葉などが)舞い落ちる. ひらひらと落ちる. ¶秋风一吹, 黄叶～ / 秋風が吹いて枯葉が舞い散る. ¶雪花～ / 雪が舞い落ちる. 同 飘落 piāo-luò ❷さすらう. 流浪する. ¶为了谋生 móushēng, 他四处～ / 生活のため彼はあちこちをさすらう.
【飘流】piāoliú →漂流 piāoliú
【飘绿】piāolǜ 動 (経済)株価が全面安になる. 反 飘红 hóng 参考 現在,中国の証券取引所の株価表示板では, 株価の値上がり時は赤色で, 値下がり時は緑色で表示される. 全面安のときには表示板が緑一色になることから.
【飘落】piāoluò 動 ゆらゆら漂いながら落ちる. 舞い落ちる.
【飘渺】piāomiǎo 形ぼんやりとかすかだ. 重 飘飘渺渺 同 缥缈 piāomiǎo
【飘飘然】piāopiāorán 形 慶 うわついている. 舞い上がっている. ¶老师一表扬他, 他就～了 / 先生にほめられて彼はたちまち有頂天になった.
【飘然】piāorán ❶動風に揺れている. ¶浮云 fúyún～而过 / 浮き雲がふわふわと流れ去る. ❷敏しょうだ. すばやい. ❸気楽で楽しい. ¶～自在 / 自由気ままだ.
【飘洒】piāosǎ ❶動風に舞い落ちる. 舞い散る. ¶细雨～ / こぬか雨が舞っている. ❷piāosa 形 (態度・様子が)自然だ. すっきりしている. ¶他写的行书 xíngshū 飘～ / 彼の書く行書は流麗だ. ¶表矛仪态 yítài～ / いとこはとてもあか抜けていてスマートだ.
【飘散】piāosàn 動 (気体や香りが)風に乗って広がる. 漂う.
【飘舞】piāowǔ 動風に舞う.
【飘扬[颺]】piāoyáng 動風にひるがえる.
【飘摇[飖]】piāoyáo 動風に吹かれ揺れる.
【飘曳】piāoyè 動 (風で)ゆれる. ゆれ動く.
【飘一代】piāoyīdài 名専門知識や技術を持ちながら, 固定した職場に留まらずにチャンスを求めてあちらこちらと渡り歩く若者層. 同 漂 piāo 一代, 飘[漂]族 zú
【飘移】piāoyí →漂移 piāoyí ①
【飘逸】piāoyì ❶形文軽妙であか抜けている. ¶神采 shéncǎi～ / 風采があか抜けている. ¶这字写得很～ / この字はとてもしゃれている. ❷動漂う. 浮かぶ. ¶白云～ / 白い雲が浮かんでいる.
【飘溢】piāoyì 動 漂いあふれる. ¶年轻人身上～着青春的气息 / 若い人には青春の息吹があふれている.
【飘游】piāoyóu 動 ❶(雲などが)ゆったりと流れる. ❷目的地を定めず, あちこち漫遊する. 同 漂泊 piāobó
【飘悠】piāoyou 動 空や水面にゆったりと漂う. ¶小船～在湖面上 / 小船が湖にゆったりと漂っている. ¶风筝 fēngzheng 在天空～着 / 凧(たこ)が空にゆらゆらと浮かんでいる.
【飘族】piāozú →飘一代 piāoyīdài

螵 piāo
虫部11 四 5119₁ 全17画 通用

下記熟語を参照.
【螵蛸】piāoxiāo 名 カマキリの卵. 参考 乾燥させて薬にする.

朴 Piáo
木部2 四 4390₀ 全6画 常用

名姓.
☞ 朴 pō, pò, pǔ

嫖(異闞) piáo
女部11 四 4149₁ 全14画 通用

動 娼婦で女遊びをする. ～ piáokè.
【嫖客】piáokè 名遊女遊びをする客.

瓢 piáo
瓜部11 四 1293₀ 全16画 次常用

【瓢虫】piáochóng 名《虫》テントウムシ.

【瓢泼】piáopō 形《雨》がどしゃ降りだ. 表现「ひしゃくで水をまいたようだ」という意と。

【瓢泼大雨】piáo pō dà yǔ 成 どしゃ降りになる. ¶一场~把我们的帐篷 zhàngpéng 都淋湿了／どしゃ降りの雨で, 私たちのテントはみなずぶ濡れだ.

莩 piǎo

艹部7 四4440₇ 全10画 通用

素 "殍 piǎo"に同じ.
☞ 莩 fú

殍 piǎo

歹部7 四1224₇ 全11画 通用

→饿殍 èpiǎo

漂 piǎo

氵部11 四3119₁ 全14画 常用

动 ❶漂白する. さらす. ¶~过的布真白(漂白した布はまっ白だ). ❷水ですすぐ. 洗い落とす.
☞ 漂 piāo, piào

【漂白】piǎobái 动 漂白する. さらす. ¶~棉布／さらし木綿.
【漂白粉】piǎobáifěn 名 漂白粉. さらし粉.
【漂染】piǎorǎn 动 (布を)漂白して染色する.
【漂洗】piǎoxǐ 动 水で念入りに洗う. ¶~衣服／服を水洗いする.

缥(縹) piǎo

纟部11 四2119₁ 全14画 通用

名 ❶青白い色. ¶~烟(うす青い煙). ❷うすい青色の絹織物.
☞ 缥 piāo

瞟 piǎo

目部11 四6109₁ 全16画 通用

动 横目でちらっと見る. ¶他一边说话,一边用眼~老朱(彼は話をしながら横目で朱さんをちらっと見た)／~了他一眼(彼の方をちらっと見た).

票 piào

覀部5 四1090₁ 全11画 常用

❶ 名〔张 zhāng〕チケット. 切符. ¶戏~ xìpiào(芝居の切符)／车~ chēpiào(乗車券)／投~ tóupiào(投票する)／邮~ yóupiào(切手). ❷ 名(~儿)紙幣. ¶大~ dàpiào(高額紙幣)／零~儿 língpiào(小額紙幣)／人民~ rénmínpiào(人民紙幣). ❸ 名(~儿)人質. ¶绑~儿 bǎngpiàor(誘拐する)／赎~儿 shúpiàor(身代金を払って人質を取り返す). ❹ 名 アマチュアの演劇. ¶玩儿~(素人芝居を楽しむ). ❺ 量(貨物や商売など)伝票で一口にするものを数えることば. ¶一~货(一口の貨物)／一~买卖(一口の取引). ❻ (Piào)姓.

【票额】piào'é 名 額面金額. ¶~一百元的人民币／額面が100元の人民幣.
【票贩子】piàofànzi 名 チケットなどを転売して不当利益を得る者. ダフ屋.
【票房】piàofáng 名(~儿) ❶〔个 口 kǒu〕(劇場・駅・船着き場などの)切符売り場. ❷ 旧 "票友 piàoyǒu"(芝居愛好者)が集まってけいこした場所.
【票房价值】piàofáng jiàzhí 興行成績. 切符の売上げ. ¶这部电影的~很高／この映画は興業成績がいい.
【票根】piàogēn 名 ❶ (手形や領収書などの)控え. 同 存根 cúngēn ❷ (入場券などの)半券.
【票号】piàohào 名 旧 旧式の銀行. 両替商. 同 票庄 zhuāng 参考 山西商人が経営し,清代末期には全国の金融を左右するほどの勢力を持ったが,銀行の発達で急速に衰えた.
【票价】piàojià 名 切符の値段. ¶~五元／入場料5元.
【票据】piàojù 名《经济》〔张 zhāng〕❶ 手形. ¶应付 yīngfù~／支払手形. ¶应收 yīngshōu~／受取手形. ❷ 出納あるいは商品の発送の証書. ¶凭 píng~提货／証書と引き換えに品物を受け取る.
【票面】piàomiàn 名 表記された金額. 額面価格.
【票箱】piàoxiāng 名 投票箱.
【票选】piàoxuǎn 动 投票で選ぶ. ¶在下午一点进行~／午後1時に投票を行う.
【票友】piàoyǒu 名(~儿)〔个 ge,群 qún,位 wèi〕中国の伝統劇の愛好者. アマチュアの役者.
【票证】piàozhèng 名 (配給制度下での)配給切符の総称.
【票子】piàozi 名〔沓 dá,张 zhāng〕紙幣. 札(さつ). 同 钞票 chāopiào.

嘌 piào

口部11 四6109₁ 全14画 通用

❶ 形 速い. ❷→嘌呤 piàolìng
【嘌呤】piàolìng 名《化学》プリン. ♦purine

漂 piào

氵部11 四3119₁ 全14画 常用

动 方 だめになる. ふいにする.
☞ 漂 piāo, piǎo

*【漂亮】piàoliang 形 ❶ 美しい. きれいだ. ¶她长得 zhǎngde 很~／美女はとても美しい. ¶~的衣服／美しい衣服. 圆 漂漂亮亮 ❷ みごとだ. ¶事情办得~／事をみごとに処理する. ¶守门员 shǒuményuán 这个球救得真~／ゴールキーパーはそのシュートをみごとに防いだ. 圆 漂漂亮亮 ❸ 口先がいの. きこえの良い.
【漂亮话】piàolianghuà 名 口先だけの話. きれいごと.

骠(驃) piào

马部11 四7119₁ 全14画 通用

形 文 ❶ 馬が軽快に走る. ❷ 勇猛だ. ¶~勇 piàoyǒng (勇猛だ).
☞ 骠 biāo

【骠骑】piàoqí 名 漢代の将軍の名称. ¶~将军／骠騎(ぴょうき)将軍. 参考 旧読は piàojì.

pie ㄆㄧㄝ [pʰiɛ]

氕 piē

气部1 四8021₇ 全5画 通用

名《化学》軽水素. プロチウム. ¹H.

撇 piē

扌部11 四5804₀ 全14画 常用

动 ❶ 投げ捨てて顧みない. ¶你怎么把朋友~在一边,在里屋看着电视呢?(あなたはどうして友達をほうりっぱなしにしておいて,奥でテレビを見ているの)／~开 piēkāi／~

弃 piēqì. ❷ 液体の表面をすくい取る. ¶～沫子 mòzi（あわをすくう）.
☞ 撇 piē

【撇开】piē//kāi 動 わきに置いておく. ほうっておく. ¶撇不开的工作 / ほうっておけない仕事. ¶这个问题必须马上解决,不能～不管 / この問題はすぐ解決する必要がある. ほうっておいてはいけない.

【撇弃】piēqì 動 捨てる. ほうっておく. ¶～不顾 / 捨てて顾みない. ¶他竟然把小孩～了 / 彼はあろうことか子供を捨ててしまった.

【撇清】piēqīng 動 潔白を装う.

【撇脱】piētuō 形〔方〕❶ のびのびしている. 屈託がない. ¶他真～！ / 彼はまったく屈託がない. ❷（仕事が）てきぱきしている. ¶做事蛮 mán ～ / 仕事ぶりがてきぱきしている.

【撇油】piē//yóu（～儿）❶ 油をすくう. ¶把肉汤上面的一层油～去 / 肉汁の表面の油をすくい取る. ❷ 油をする. 中に立ってちょっとした利益を得る. 少しうまい汁を吸う.

瞥 piē
目部11　四 9860₄　全16画　通用

動 ちらっと見る. ¶一～ yīpiē（一瞥いっする）/ 哥哥一了弟弟一眼（兄は弟をちらっと一目見た）. 同 瞅 chǒu, 顾 gù, 观 guān, 看 kàn, 瞧 qiáo, 视 shì, 望 wàng

【瞥见】piējiàn 動 ちらっと見る. ¶在街上,偶然～了老朋友 / 街でたまたま旧友を見かけた.

苤 piě
艹部5　四 4410₀　全8画　通用

下記熟語を参照.

【苤蓝】piělan 名《植物》キュウケイカンラン. 同 球茎甘蓝 qiújīng gānlan

撇 piě
扌部11　四 5804₀　全14画　常用

❶ 動 水平に投げる. ¶～砖头 zhuāntou（レンガを投げる）/ ～手榴弹 shǒuliúdàn（手榴弾を投げる）. ❷（～儿）漢字の筆画, ひだりはらい（丿）. ❸ 量 ひげやまゆなどを数えることば. ¶两～儿胡子 húzi（八の字のひげ）.
☞ 撇 piē

【撇嘴】piě//zuǐ 下唇を突き出して口をへの字に曲げる. ¶～摇头 / 口をへの字に曲げて首を振る. ¶小孩儿撇着嘴快哭了 / 子供は口をゆがめて泣き出しそうだ. 表現 軽蔑・不同意・不信・不快・失望をあらわす動作.

pin ㄆㄧㄣ〔p'in〕

拚 pīn
扌部5　四 5304₀　全8画　通用

動 "拼 pīn"に同じ.
☞ 拚 pàn

拼 pīn
扌部6　四 5804₁　全9画　通用

動 ❶ つなぎ合わせる. くっつけ合わせる. ¶把这块木头～在这里正好（この木をここに組み合わせればちょうどいい）/ 这个图案～得很好看（この模様は組み合わせ方がとてもきれいだ）/ ～版 pīnbǎn. ❷ 一切を顾みずにやる. ¶我跟他～了（私は彼とわたりあってやるぞ）/ 和敌人～到底（敌と徹底的にやりあう）/ ～命 pīnmìng / 敢 gǎn 打敢～（徹底的に戦う）.

【拼版】pīn//bǎn 動《印刷》（版面の）割り付けをする. 組版する.

【拼搏】pīnbó 動 全力で戦う. 必死に取り組む. ¶发扬～精神 / 奮闘精神を発揚する.

【拼刺】pīncì 動 銃剣で刺す.

【拼刺刀】pīncìdāo 名 銃剣.

【拼凑】pīncòu 動 寄せ集める. ¶孩子们把零用钱～起来付学费 / 子供たちはお小遣いを出し合って学費を払った.

【拼接】pīnjiē 動（バラバラのものを）寄せ集めてつなぐ. 接合する.

【拼卡】pīnkǎ 動（ポイントカードや VIP カードなど）1枚のカードを数人で共有する.

【拼客】pīnkè 名 複数の人で経費を分担して一つの事をすること. "拼房"（ルームシェア）,"拼饭"（人を誘い, 割り勘でする食事）,"拼车"（車の相乗り）,"拼购"（共同購入）などをいう.

*【拼命】pīn//mìng ❶ 動 命を投げ出す. 命を捨てる. ¶跟歹徒 dǎitú～ / 悪人と命がけで戦う. ❷ 副 死に物狂いで. 必死に. ¶～地工作 / 死に物狂いで働く. ¶～学习 / 必死に勉強する.

【拼命三郎】pīnmìng sānláng 名 性格が豪快で無鉄砲な人物. また, 働きすぎの人. 由来 『水滸伝』中の石秀のあだ名から.

【拼盘】pīnpán 名（～儿）《料理》〔量〕个 ge〕盛り合わせ. オードブル.

【拼抢】pīnqiǎng 動 全力で奪い取る.

【拼杀】pīnshā 動 命をかけて戦う. 全力を尽くして争う.

【拼死】pīnsǐ 副 必死に. ¶～也要干完 / 死んでもやり遂げなければならない. 同 拼命 pīnmìng

【拼死拼活】pīn sǐ pīn huó 成 ❶ 必死に戦う. ❷ 全精力を使い果たす.

【拼写】pīnxiě 動《言語》表音文字でつづる.

【拼音】pīnyīn 動《言語》音素を組み合わせて音節をつづる.

【拼音文字】pīnyīn wénzì 名《言語》表音文字.

【拼音字母】pīnyīn zìmǔ 名《言語》❶ 表音文字. ❷ 中国式表音ローマ字. ピンイン.

【拼争】pīnzhēng 動 全力を尽くして戦う.

【拼缀】pīnzhuì 動 つなぎ合わせる. 組み合わせる.

姘 pīn
女部6　四 4844₁　全9画　通用

素 正式に結婚をせずに男女関係をもつ. ¶～夫 pīnfū / ～妇 pīnfù.

【姘夫】pīnfū 名 同棲（どうせい）している男. 内縁の夫.

【姘妇】pīnfù 名 同棲している女. 内縁の妻.

【姘居】pīnjū 動 同棲する.

【姘头】pīntou 名 内縁関係の男. またその男女のそれぞれ. ¶她是陈先生的～ / 彼女は陳さんの内縁の奥さんです.

贫(貧) pín
贝部4　四 8080₂　全8画　常用

❶ 素 貧しい. ¶～农 pínnóng / ～民 pínmín / ～苦 pínkǔ. 同 穷 qióng 反 富有 fùyǒu ❷ 素 不足している. ¶～血 pínxuè. ❸ 形〔方〕くどくどしい. 同 频 pín ❹ 形〔方〕けちくさい. みみっちい. ❺（Pín）姓.

【贫病交迫】pín bìng jiāo pò 成 貧困と病気に同時に悩まされる.

【贫乏】pínfá 形 ❶ 貧しい. ¶家境 jiājìng～ / 家が貧しい. 同 穷劳 pínqióng ❷ 乏しい. 不足している. ¶内容～ / 内容が乏しい. ¶经验～ / 経験不足だ. 同 贫

【贫富悬殊】pínfù xuánshū 〔句〕貧富の差が非常にかけ離れている.
【贫骨头】píngǔtou 〔名〕〔方〕❶けち. けちくさいやつ. ❷おしゃべりの嫌われ者.
【贫寒】pínhán 〔形〕(家や出身が)貧しい. ¶家境 jiājìng ～ / 家が貧しい. ¶出身于～人家 / 貧しい家の出身. 〔同〕pínqióng, 清贫 qīngpín, 清寒 qīnghán
【贫化铀】pínhuàyóu 〔名〕劣化ウラン. 〔同〕贫铀
【贫瘠】pínjí 〔形〕(土地が)やせている. ¶～的土壤 tǔrǎng / やせた土壌. 〔同〕瘠薄 jíbó 〔反〕肥沃 féiwò
【贫贱】pínjiàn 〔形〕家が貧しく身分も低い. ¶～之交不可忘 / 貧しくて身分の低いころに結んだ交情は,いつまでも忘れない. 〔反〕富贵 fùguì
【贫贱不移】pín jiàn bù yí 〔成〕貧しくても志を変えない. ¶～,富贵不能淫 yín / 貧しくても志を変えず,富や地位もそれを惑わすことはできない.
【贫苦】pínkǔ 〔形〕(家や生活が)貧しい. 貧困だ. ¶从小就认惯了～的生活 / 小さいころから貧しい暮しに慣れている. 〔同〕穷苦 qióngkǔ
【贫矿】pínkuàng 〔名〕(鉱業)貧鉱(½%).
【贫困】pínkùn 〔形〕貧しい. 貧困だ. ¶～的山区 / 貧しい山間地域. ¶～潦倒 liáodǎo 的人 / 貧しく落ちぶれている人. 〔同〕贫穷 pínqióng, 穷困 qióngkùn 〔反〕富裕 fùyù
【贫困线】pínkùnxiàn 〔名〕《经济》貧困線. 貧困ライン.
【贫民】pínmín 〔[量] 个 ge, 户 hù, 群 qún〕貧民.
【贫民窟】pínmínkū 〔名〕貧民窟.
【贫农】pínnóng 〔名〕〔[量] 个 ge, 户 hù〕貧農.
【贫气】pínqi 〔形〕❶けちだ. みみっちい. ¶他算账精, 很～ / 彼は金勘定が非常に細かく,みみっちい. ❷話がくどい. ¶一句话说了又说, 真～ / 同じことばを繰返して,本当に話がくどい.
【贫穷】pínqióng 〔形〕貧しい. 貧困だ. ¶～落后的农村 / 貧しくて立ち後れた農村. 〔同〕贫困 pínkùn 〔反〕富饶 fùráo
【贫弱】pínruò 〔形〕(国家や民族が)貧しい. 弱体化している. 〔反〕富强 fùqiáng
【贫水】pínshuǐ 〔动〕水不足になる.
【贫下中农】pínxiàzhōngnóng 〔名〕貧農と下層中農. "贫农和下中农 pínnóng hé xiàzhōngnóng" の略.
【贫血】pínxuè 〔名〕《医学》貧血.
【贫油】pínyóu 〔形〕石油资源が乏しい.
【贫铀弹】pínyóudàn 〔名〕《军事》劣化ウラン弾.
【贫嘴】pínzuǐ 〔形〕〔方〕おしゃべりだ. ¶你别在这儿～了 / ここでくだらないおしゃべりばかりするな. ¶要 shuǎ ～ / くだらないことをしゃべる.
【贫嘴薄舌】pín zuǐ bó shé 〔成〕ひどい事を平気でしゃべる. やたらと憎まれ口をたたく. ¶跟谁学得这样～的? / そんな憎まれ口を誰に習ったんだい. 〔同〕贫嘴贱 jiàn 舌

频(頻) pín
页部7 〔四〕 2128₂
全13画 〔次常用〕

❶〔副〕続けて何度も. ¶～繁 pínfán / ～仍 pínréng / ～来～往(しきりに行き来する). ❷〔名〕《物理》周波数. ¶高～ gāopín (高周波) / 宽～ kuānpín (ブロード・バンド).
【频传】pínchuán 〔动〕ひっきりなしに伝わってくる. ¶捷报 jiébào ～ / 勝利の知らせがひっきりなしに届く. ¶～喜讯 xǐxùn / 吉报が次々と伝えられる. 〔表现〕多く良い知らせについて言う.
【频带】píndài 〔名〕《物理》周波数带. 周波数带域.
【频道】píndào 〔名〕テレビや無線のチャンネル. ¶调整～ / チャンネルを調整する. ¶选择～ / チャンネルを選ぶ.
【频度】píndù 〔名〕频度. 〔同〕频次 pínci
【频段】pínduàn 〔名〕周波数の種類.
【频繁】pínfán 〔形〕頻繁だ. ¶他们的交往 jiāowǎng ～ / 彼らはしょっちゅう行き来している. 〔同〕频仍 pínréng
【频率】pínlǜ 〔名〕❶《物理》周波数. 周率 zhōulǜ ❷頻度.
【频频】pínpín 〔副〕しきりに. 頻繁に. ¶～举杯 jǔbēi / 何度も乾杯をする. ¶～点头 / 頻りにうなずく. ¶交通事故～发生 / 交通事故がしきりに起こる.
【频谱】pínpǔ 〔名〕《物理》周波数スペクトル.
【频仍】pínréng 〔形〕途切れることがない. 頻繁だ. 〔表现〕よくない事が続く場合によく使われる.
【频数】pínshù 〔名〕サンプルデータを分類した後の,1グループ内のデータの個数. ⇨ 频数 shuò
【频数】pínshuò 〔形〕〔文〕続けざまだ. よく起こる. ⇨ 频数 shù

嫔(嬪) pín
女部10 〔四〕 4348₁
全13画 〔通用〕

〔名〕〔文〕皇帝の側室. 宮廷の女官. ¶妃～ fēipín (妃やそれに次ぐ地位の側女ば).

颦(顰) pín
页部15 〔四〕 2140₆
全21画 〔通用〕

〔素〕〔文〕眉をひそめる. ¶一颦 pínméi (眉をひそめる) / 一～一笑(眉をひそめたり笑ったり).
【颦蹙】píncù 〔动〕〔文〕❶双眉～ / 眉をひそめる. 〔表现〕憂いに満ちたようすをあらわす.

品 pǐn
口部6 〔四〕 6066₀
全9画 〔常用〕

❶〔素〕もの. ¶商～ shāngpǐn (商品) / 产～ chǎnpǐn (製品) / 非卖～ fēimàipǐn (非売品) / 食～ shípǐn (食品). ❷〔素〕等级. ¶上～ shàngpǐn (上等) / 下～ xiàpǐn (下等) / 精品 jīngpǐn (逸品) / 极～ jípǐn (極上品). ❸〔素〕種類. ¶一种品种 pǐnzhǒng / ～类 pǐnlèi. ❹〔素〕人の資質. ¶人～ rénpǐn (人柄) / ～德 pǐndé / 棋～ qípǐn (棋風). ❺〔动〕善し悪しを見きわめる. 品定めをする. ¶～尝 pǐncháng / ～茗 pǐnmíng / 细～诗意(詩境を細かく味わう). ❻〔动〕《音楽》(箫)を吹く. ¶～箫 xiāo (箫˚を吹く). ❼(Pǐn)姓.
【品茶】pǐnchá 〔动〕❶茶の品定めをする. ❷茶を飲む.
【品尝】pǐncháng 〔动〕吟味する. 味わう. ¶～名酒 / 铭酒を味わう. ¶让我们来～一下她的拿手好菜 / 彼女の得意料理を味わってみよう. 〔同〕品味 pǐnwèi
【品德】pǐndé 〔名〕品性と道德. 品格. ¶～高尚 gāoshàng / 品格がある. 〔参考〕小学校の科目に"思想 sīxiǎng 品德"があり,日本の「道徳」に当たる.
【品读】pǐndú 〔动〕(書物を)じっくりと味わいながら読む.
【品格】pǐngé 〔名〕❶品行. 品格. ¶张老师的～高尚, 学生都尊敬他 / 張先生は品格があり,学生はみな尊敬している. ¶～低下 / 品格が劣る. ❷文学・芸術作品の質や作風.
【品红】pǐnhóng ❶〔形〕深紅よりやや薄い赤色. 桃色がかった赤の. ❷〔名〕アニリン染料の一種. フクシン. マゼンタ.
【品级】pǐnjí ❶〔名〕商品の等级. ¶～很高 / 等級が高い. ❷古代の官吏の階級.
【品节】pǐnjié 〔名〕品行と節操.

【品酒】pǐnjiǔ 動 利き酒をする.
【品藍】pǐnlán 形 やや赤みを帯びた藍色の. ラディッシュブルーの.
【品类】pǐnlèi 名 種類. ¶商品～繁多 fánduō / 商品の種類がとても多い.
【品绿】pǐnlǜ 形 青タケ色の. ライトグリーンの.
【品貌】pǐnmào ❶ 顔立ち. 容貌. ¶～俊俏 jùnqiào / 容貌があか抜けていて美しい. ❷ 人品と容貌. ¶～兼 jiān 优 yōu / 人品・骨柄(がら)ともに優れている.
【品名】pǐnmíng 名 品物の名.
【品尝】pǐncháng 動 食べ物(の味)を味わう.
【品目】pǐnmù 名 品目.
【品牌】pǐnpái 名 ブランド. ブランド品.
【品牌机】pǐnpáijī 名 有名メーカーのフルセットパソコン. 同 原装机 yuánzhuāngjī
【品评】pǐnpíng 動 品評する. 品定めする. ¶～产品质量 / 製品の質を品評する.
【品题】pǐntí 動 (人物や作品を)論じる. 評定する.
【品头论足】pǐn tóu lùn zú 成 ❶ 女性の容姿について品定めをする. ❷ 人や物についてあれこれあげつらう. ¶别人的事不要随便～ / 他人のことをとやかく言ってはいけない. 同 评 píng 头论足.
【品脱】pǐntuō 量 パイント(pt). ◆pint
【品位】pǐnwèi 名 ❶ (鉱物)品位. グレード. ❷ 文学・芸術作品のレベル. 価値. ¶高～的学术丛书 cóngshū / 高品位の学術叢書(そうしょ).
【品味】pǐnwèi ❶ 動 味見する. 味わう. ¶～新茶 / 新茶を味見する. ❷ 名 人柄や趣味.
【品系】pǐnxì 名 (人や動植物の)系統. 血統.
【品行】pǐnxíng 名 品行. ¶～端正 duānzhèng / 品行方正だ. 同 操行 cāoxíng
【品性】pǐnxìng 名 人柄. 人品. ¶～敦厚 dūnhòu / 篤実な人柄.
【品学兼优】pǐn xué jiān yōu 成 品行・学業ともに優れている.
【品质】pǐnzhì 名 ❶ 人の資質. ¶工人的优秀～ / 労働者の優れた資質. ❷ 品質. ¶景德镇 Jǐngdézhèn 的瓷器 cíqì～优良 / 景德鎮(けいとくちん)の磁器は品質がよい.
*【品种】pǐnzhǒng 名 ❶〔量 个 ge〕植物や家畜の品種. ¶小麦的优良～ / 小麦の優良品種. ❷ 製品の種類. ¶～齐全 qíquán / 種類がそろっている. 同 种类 zhǒnglèi

榀 pǐn
木部9　四 4696₀　全13画　通用
量《建築》家の骨組みを数えることば.

牝 pìn
牛部2　四 2251₀　全6画　通用
形 雌の. ¶～牛 pìnniú (めうし) / ～鸡 pìnjī (めんどり). 反 牡 mǔ

【牝鸡司晨】pìn jī sī chén 成 ⑭ 女性が権力を握ることをののしった言い方. 由来 「めんどりが時を告げる」という意から.

聘 pìn
耳部7　四 1542₇　全13画　次常用
❶ 動 頼んでやっていただく. ¶招～ zhāopìn (招聘(しょうへい)する) / ～客座教授(客員教授)を招く). ❷ 名 ⑯ 訪問する. ¶报～ bàopìn (招聘や訪問に対する答礼) / ～使往来 wǎnglái (国使が往来する). ❸ 名 婚約する. ¶～礼 pìnlǐ. ❹ 動 ⑯ 嫁入りする. ¶～闺女 guīnǚ (娘を嫁がせる) / 出～ chūpìn (嫁入りする).

【聘金】pìnjīn 名 ❶ ⑯ 結納金. ❷ 招聘した人に支払う報酬や礼金.
【聘礼】pìnlǐ 名 ❶〔份 fèn〕人を招聘(しょうへい)する際のお礼. ❷ 結納.
【聘请】pìnqǐng 動 招聘(しょうへい)する. ¶～李老师当 dāng 顾问 gùwèn / 李先生を顧問に迎える. 同 延聘 yánpìn 反 辞退 cítuì
【聘任】pìnrèn 動 職務を担当してもらう. 招聘(しょうへい)する. ¶～书 / 任命書. ¶～外国专家为 wéi 总工程师 / 外国の専門家を技師長に招聘する.
【聘书】pìnshū 名〔份 fèn〕招聘(しょうへい)状. 任命書.
【聘用】pìnyòng 動 招聘(しょうへい)して任用する. ¶～专业技术人员 / 専門技術者を招聘・任用する.

ping ㄆㄧㄥ [p'iəŋ]

乒 pīng
丿部5　四 7220₁　全6画　常用
❶ 擬 バン. パン. 銃声や2つの物がぶつかる音をあらわす. ¶～乓 pīngpāng. ❷ 略 卓球. ¶～坛 pīngtán / ～赛 pīngsài.
【乒乓】pīngpāng ❶ 擬 バンバン. パラパラ. 銃声や物がぶつかる音. ❷ 名《スポーツ》卓球. 同 乒乓球 qiú ①
*【乒乓球】pīngpāngqiú《スポーツ》❶ 卓球. ピンポン. ¶打～ / 卓球をする. ❷ ～拍 / 卓球のラケット. ❷〔⑮ 个 ge, 只 zhī〕ピンポン球.
【乒赛】pīngsài 名 "乒乓球比赛"(卓球試合)の略称.
【乒坛】pīngtán 名 卓球界.

俜 pīng
亻部7　四 2522₇　全9画　通用
→伶俜 língpīng

娉 pīng
女部7　四 4542₇　全10画　通用
下記熟語を参照.
【娉婷】pīngtíng 形 ⓧ 女性の姿やふるまいが美しい.

平 píng
一部4　四 1040₉　全5画　常用
❶ 形 平らだ. ¶～坦 píngtǎn / 道路很～(道が平らだ). ❷ 形 他方と高さが同じである. ¶两队的比分现在是～了(両チームのスコアは今のところ同じである) / ～局 píngjú. ❸ 形 均等だ. 公平だ. ¶～分 píngfēn / 持～之论(公正な論議). ❹ 形 安定している. ¶风～浪静(風はなく波も静かで平穏だ) / 心～气和(心穏やかに気持ちもなごむ). ❺ 動 平らにする. ¶～地 píngdì. ❻ 名 武力で鎮圧する. ¶～叛 píngpàn / ～乱 píngluàn. ❼ 形 ふつうの. ありふれた. ¶～时 píngshí / ～淡 píngdàn. ❽ 動 (怒りを)おさえる. 静める. ¶把气～下去了(腹立ちを静めた). ❾ 名 声調の一つ. 平声(ひょうしょう). ¶～仄 píngzè / ～上去入. 反 仄 zè ❿ 名 "北平 Běipíng"(北京の旧称)の略称. ¶～剧 píngjù (京劇). ⓫ (Píng)姓.
*【平安】píng'ān 形 平穏無事だ. ¶～的日子 / 平穏な日々. ¶一路～ / 道中ご無事で. ¶平平安安地到达北京 / 無事に北京に到着した. 重 平平安安 同 安全 ānquán
【平安无事】píng ān wú shì 成 平穏無事. ¶一路上～ / 道中なにごともない.

【平白】píngbái ❶副 なんのいわれもなく.¶~挨 ái 一顿骂／いわれなくののしられる.❷形 詩や文章の表現が平易でわかりやすい.

【平白无故】píng bái wú gù なんの理由もなく.なんのいわれもなく.¶干吗 gànmá~地向我发脾气？／どうして理由もなく私に癇癪(かんしゃく)をぶつけるのだ.

【平板】píngbǎn ❶形 単調だ.¶样式~／様式が単調だ.¶文章写得太~,不生动／文章があまりにも単調で生き生きとしていない.❷名《機械》板.定盤(じょうばん).平板(ばん).❸名(~儿)〔量 辆 liàng〕"平板车 píngbǎnchē","平板三轮儿 píngbǎn sānlúnr"の略称.

【平板车】píngbǎnchē 名〔量 辆 liàng〕❶ リヤカー式三輪車.荷台が平らな板になっている三輪自転車.同 平板三轮儿 sānlúnr ❷ 荷台の囲いがないトラック.

平板车①

【平版】píngbǎn 名《印刷》平版(ばん).
【平辈】píngbèi 名 同じ世代の家族や親戚.兄弟やいとこなど.
【平步青云】píng bù qīng yún 成 一気に高い地位にのぼる.¶小李大学毕业后~,还没到三十岁就当上总经理／李君は大学を出てからスピード出世で,まだ30にもならないのに社長になった.同 平步登 dēng 天 tiān
【平产】píngchǎn 動《農業》作柄が平年並みだ.
【平常】píngcháng ❶形 ふつうだ.ありふれている.¶他的工作能力太~了／彼は仕事にはごく並の能力しかない.重 平平常常 同 一般 yībān ❷名 ふだん.¶~我很少吃肉／私はふだんあまり肉を食べない.¶这个词儿~很少用／このことばはふだんほとんど用いられない.同 平时 píngshí,往常 wǎngcháng 反 非常 fēicháng,特殊 tèshū
【平车】píngchē 名 ❶ 屋根や側面のない,平台型の鉄道貨車.❷(家畜や人力で動かす)台車.リヤカー.❸(病院などで使用する)車輪つきの担架.
【平川】píngchuān 名〔量 片 piàn〕平地.平野.¶一马~／広大な平野.同 平川地 dì
【平淡】píngdàn 形(物事や文章が)平板だ.¶语调~／語調に抑揚がない.重 平平淡淡 反 离奇 líqí
【平淡无奇】píng dàn wú qí 成 平板でありきたりだ.
【平淡无味】píng dàn wú wèi 成 平板でつまらない.たいくじ.¶台上的演讲~,有些听众开始打瞌睡 kēshuì 了／講演がたいくつなので,聴衆の一部は居眠りを始めた.
【平等】píngděng 形 平等だ.対等だ.¶提倡男女~／男女平等を提唱する.¶地位~／地位が平等だ.
【平等互利】píng děng hù lì 成 平等互恵.
【平底】píngdǐ 名 平底.
【平地】❶ píng//dì 動 土地をならす.¶用推土机~／ブルドーザーで地面をならす.¶我们平了一亩地／我々は1ムーの畑をならした.❷ píngdì 名〔量 块 kuài,片 piàn〕平地.
【平地风波】píng dì fēng bō 成 突然起こった事故やもめごと.
【平地楼台】píng dì lóu tái 成 無一物から築き上げた事業.¶他本来没什么才华,却一,发了大財 dàcái／彼はこれといった才能もない人間だったが,無一文から事業を始めて大金持ちになった.
【平地一声雷】píng dì yī shēng léi 成 名声や地位が急に上がること.めでたいことが突然起こること.
【平调】píngdiào 動 ❶ 個人や下級機関の物品や人材を,無償で使用する.❷ 公務員が,同レベルの役職で他の部門に異動する.
【平定】píngdìng ❶形 安定している.¶局势~／情勢は安定している.¶小杨 Yáng 的情绪逐渐~下来了／楊君の気持ちはだんだんと落ち着いてきた.❷動 平定する.¶~叛乱 pànluàn／反乱を平定する.
【平凡】píngfán 形 平凡だ.ありふれている.¶做出不~的成绩／非凡な成果をあげる.¶~的地位／平凡な地位.同 平庸 píngyōng
【平反】píngfǎn 動 誤った判決や政治決定を破棄する.¶~昭雪 zhāoxuě／冤罪をそそぐ.¶~冤案 yuān'àn／冤罪事件を正しく無罪にする.

*【平方】píngfāng ❶名《数学》自乗.平方.❷量 平方メートル.同 平方米 mǐ
【平方米】píngfāngmǐ 量 平方メートル.
【平房】píngfáng 名 ❶〔量 间 jiān,排 pái〕平屋.反 楼房 lóufáng ❷方 平屋根の家屋.
【平分】píngfēn 動 平等に分ける.¶~奖金／ボーナスを平等に分配する.
【平分秋色】píng fēn qiū sè 成 半分ずつ分ける.¶这局棋两人~,下了个平局／この囲碁の対局では両者の実力が伯仲し勝負がつかなかった.
【平服】píngfú 動 ❶ 気持ちが落ち着く.¶心情难以~／気持ちがなかなか落ち着かない.❷ 心服する.
【平复】píngfù[-fu] 動 ❶ 落ち着きを取りもどす.¶事态渐渐地~／事態はしだいに落ち着きをとりもどした.❷ 病気や傷が回復する.¶日渐~／日ましに回復する.¶伤口~了／傷は治癒した.
【平光】píngguāng 形(眼鏡のレンズの)度がない.¶~眼镜／だて眼鏡.
【平和】pínghé 形 ❶(性格や言行が)穏やかだ.温和だ.¶语气~／口調が穏やかだ.¶态度~／物腰が柔らかい.❷(薬物の作用が)穏やかだ.同 温和 wēnhé 反 剧烈 jùliè
【平衡】pínghéng ❶形 つり合っている.バランスがとれている.¶产销 chǎnxiāo~／生産と販売のバランスがとれている.¶收支~／収支のバランスがとれている.同 均衡 jūnhéng 反 失调 shītiáo ❷動 つり合わせる.¶把双方的人数~一下／双方の人数をつり合わせてくれ.同 均衡 jūnhéng
【平衡木】pínghéngmù 名《スポーツ》平均台.平均台競技.
【平滑】pínghuá 形 平らでなめらかだ.
【平滑肌】pínghuájī 名《生理》平滑筋(へいかつきん).不随意筋.
【平话】pínghuà 名《文学》平話.主に歴史を題材にした語り物で,宋代に最も流行した.同 评话 pínghuà
【平缓】pínghuǎn 形 ❶ 地勢が平坦だ.¶地势~／地勢が平坦だ.反 陡峭 dǒuqiào ❷ ゆるやかだ.¶水流~／流れがゆるやかだ.❸ 気持ちや声が穏やかだ.¶语调

〜 / 語調が穏やかだ.
【平价】píngjià ❶動 物価の上昇をおさえる. インフレを抑制する. ❷名 上昇をおさえた価格. 公定価格. ¶〜米 / 公定価格米. 反 议价 yìjià ❸名 通常の価格. ❹名《経済》平価.
【平角】píngjiǎo 名《数学》平角(?).
【平金】píngjīn 名 刺繡の一種. 緞子(³ć)の上に金糸銀糸をあしらったもの.
【平津战役】Píngjīn zhànyì 名《歴史》平津戦役(1948年11月–1949年1月). 参考 解放戦争時の三大戦役の一つ.
*【平静】píngjìng 形 静かで落ち着いている. ¶她的心情十分〜 / 彼女の心は非常に落ち着いている. ¶天空的明月倒映 dàoyìng 在〜的湖面上 / 空にかかる月が静かな湖面に映っている. 重 平平静静 反 动荡 dòngdàng
【平局】píngjú 名 引き分け. ¶比赛最后打成〜 / 試合は引き分けに終わった. 同 和局 héjú
*【平均】píngjūn ❶動 平均する. ¶把这些东西〜一下 / これらの品物を均等に分けて下さい. ❷形 平均の. 平均している. ¶〜分数 / 平均点. ¶〜每年增长 zēngzhǎng 百分之三 / 平均で毎年3％増加する. ¶〜分摊 fēntān / 平均に分ける. 同 均匀 jūnyún
【平均利润】píngjūn lìrùn 名《経済》(平均利潤率に基づいて算出された)利潤.
【平均数】píngjūnshù 名《数学》平均値.
【平均主义】píngjūn zhǔyì 名 平均主義.
【平空】píngkōng 副 突然に. 根拠もなく. 同 凭空 píngkōng
【平列】pínglìè 動 平等に並べる. 同等にあつかう.
【平乱】píngluàn 動 反乱や暴動を(武力で)鎮圧する.
【平米】píngmǐ 量 "平方米"(平方メートル)の略称. 平米.
【平面】píngmiàn 名《数学》〔量 个 ge〕平面. 反 立体 lìtǐ
【平面几何】píngmiàn jǐhé 名《数学》平面幾何学.
【平面人】píngmiànrén 名 平面的な人物. 知識が乏しく、考えの浅はかな人. 由来 西洋の社会学者のことばから. two-dimentional person の訳語.
【平面图】píngmiàntú 名 平面図.
【平民】píngmín 名〔量 个 ge〕一般民衆. ふつうの人々. ¶〜百姓 / 一般庶民.
【平年】píngnián 名 ❶〔量 个 ge〕閏(う)日や閏月のない年. 平年. 反 闰年 rùnnián ❷《農業》農作物の収穫が例年並みの年. 平年. 表現 ❷でない年は、"丰年 fēngnián"(豊作の年)、"灾年 zāinián"(凶作の年)という.
【平叛】píngpàn 動 反乱を鎮圧する.
【平疲】píngpí 動《経済》市場相場が弱い. 相場が冷え込む.
【平平】píngpíng 形 並みだ. 良くも悪くもない. ¶成绩〜 / 成績は中くらいだ.
【平平当当】píngpíngdāngdāng 形 順調だ. ¶〜地完成了任务 / 順調に任務を終えた.
【平铺直叙】píng pū zhí xù 成 話す時や文章を書く時に、修辞にこだわりがありのままに述べる. 表現「簡潔でさっぱりしている」というプラス評価の場合と、「生のままあまり配慮や工夫がない」というマイナス評価に使われる場合がある.
【平起平坐】píng qǐ píng zuò 成 地位や権力が対等だ.
【平壤】Píngrǎng《地名》ピョンヤン(北朝鮮).

【平日】píngrì 名 平日. ふつうの日. ¶〜很少人会来探望老爷爷 / ふだんはおじいちゃんを訪ねてくる人はめったにいない. 同 素日 sùrì
【平绒】píngróng 名《紡織》ビロード. ベルベット.
【平上去入】píng shǎng qù rù 名《言語》平上去入(?????). 古代中国語の声調で、平声(?ょう)・上声(?ょう)・去声(?ょう)・入声(?ょう)の4種類があった. ⇨ 平声 píngshēng, 上声 shàngshēng, 去声 qùshēng, 入声 rùshēng
【平射炮】píngshèpào 名《軍事》平射砲.
【平身】píngshēn 動 身体を起こす. (皇帝などの前で)ひざまずいて礼をしたあと、立ち上がる.
【平生】píngshēng ❶名 終生. 一生. ¶〜的志愿 / 終生の願い. ❷副 ふだん. 平素. ¶老王〜艰苦朴素 / 王さんは、いつもつましい生活をしている.
【平声】píngshēng 名《言語》平声(?ょう・?ょう). 参考 古代の声調の一つ. のちに現代中国語の一声と二声に変化した.
*【平时】píngshí 名 ❶ いつも. ふだん. ¶她〜不爱讲话 / 彼女はふだんから無口だ. 同 平常 píngcháng、往常 wǎngcháng ❷平時. 平和な時期.
【平实】píngshí 形 親しみやすく、質実だ. 表現 人への応対や文章の書きぶりについて言う.
【平视】píngshì 動 真正面を見る.
【平手】píngshǒu 名 引き分け. ¶双方打了个〜 / 両者は引き分けた.
【平顺】píngshùn 形 平穏だ. 順調だ.
【平素】píngsù 名 平素. 日頃. ¶李老〜不好说话 / 李さんは日頃から口数が少ない. 同 素常 sùcháng
【平台】píngtái 名 ❶ ベランダ. テラス. ¶去〜乘凉 / ベランダに涼みに出る. 同 晒台 shàitái ❷方 平屋根の家. 平房 píngfáng ❸《工業》移動や昇降の可能な作業台. ❹《コンピュータ》プラットフォーム.
【平坦】píngtǎn 形 平坦だ. ¶宽阔〜的道路 / 広くて平らな道路. ¶这儿地势非常〜 / ここは地形が非常に平坦だ. 重 平平坦坦 反 坎坷 kǎnkě, 崎岖 qíqū
【平添】píngtiān 動(顔のしわなどが)自然に増す. いつの間にか増える.
【平头】píngtóu ❶名 角刈り. ¶留着〜 / 頭を角刈りにしている. ❷形〔〜儿〕ふつう. ¶〜百姓 / ふつうの人. ❸形 方(数字の前に置いて)ちょうど. ¶〜六十岁 / ちょうど60歳.
【平纹】píngwén 名《紡織》平織り.
【平稳】píngwěn 形 安定している. ぐらぐらしない. ¶物价〜 / 物価が安定している. ¶病情〜 / 病状が安定している. ¶飞机飞得很〜 / 飛行機は静かで飛行した. 重 平平稳稳 同 安稳 ānwěn 反 颠簸 diānbǒ
【平西】píngxī 動 太陽が西に傾く.
【平昔】píngxī 名 かつて. 元来. 以前. いままで. 同 往常 wǎngcháng, 往昔
【平息】píngxī 動 ❶ おさまる. 静まる. ¶风〜了下来 / 風はおさまって来た. ❷武力で鎮圧する. ¶〜叛乱 pànluàn / 反乱を武力で鎮圧する.
【平心而论】píng xīn ér lùn 成 公平に見る. ¶〜, 这出戏还算不错 / 冷静に言えば、この芝居はなかなかよい出来だ.
【平心静气】píng xīn jìng qì 成 落ち着いて冷静に. ¶〜地讨论 / 冷静に討論する.
【平信】píngxìn 名〔量 封 fēng〕普通郵便. "平常信件 píngcháng xìnjiàn"の略. ¶寄〜 / 普通郵便で出

す.

【平行】píngxíng ❶[形] 同等の. 同級の. ¶～机关 / 同級機関. ❷[动] 互いに平行だ. ¶电车的轨道 guǐdào 是～的 / 電車のレールは平行だ. ¶～四边形 / 平行四辺形. ❸[形] 同時進行の. ¶～作业 / 同時作業. ¶～发展 / 並行して発展させる.

【平行四边形】píngxíng sìbiānxíng [名]《数学》平行四辺形.

【平行线】píngxíngxiàn [名] 平行線.

【平移】píngyí [名]《数学》平行移動. 回 平动 dòng.

【平抑】píngyì [动]（物価を）おさえて安定させる. 落ち着かせる. ¶～物价 / 物価を安定させる.

【平易】píngyì [形] ❶（性格や態度が）控えめで親しみぶかい. ❷（文章が）平易でわかりやすい.

【平易近人】píng yì jìn rén [成] ❶（地位などが高い人が）温厚で親しみやすい. ¶现任的总经理～ / 現在の社長は気さくな人だ. ❷ 文やことばが平易で分かりやすい. ¶语言～ / ことばが平易で分かりやすい.

【平庸】píngyōng [形][贬] ありきたりだ. 平凡だ. ¶～的作家 / 凡庸な作家. ¶才能～ / 才能がありきたりだ. 重 平平庸庸 回 平凡 píngfán, 庸碌 yōnglù.

【平庸无奇】píng yōng wú qí [成] ごくふつうだ. ¶～的故事 / ありふれた物語.

【平鱼】píngyú [名]《魚》マナガツオ. 回 鲳 chāng 鱼.

【平原】píngyuán [名][片 piàn] 平原. 平野.

【平月】píngyuè [名] 平年の2月. [表现] 閏(ゔん)年の2月と区別していう.

【平仄】píngzè [名]《言語》平仄(ごっ). 古代中国語の声調. 古代の詩文のリズム. [参考] 平声と仄声（上声・去声・入声）をいう. ⇒平上去入 píng shǎng qù rù

【平展】píngzhǎn [形] ❶（地勢が）平坦で広々としている. ¶地势～ / 地形が広く平らだ. ❷（布地などが）ぴんとしている. しわのない.

【平展展】píngzhǎnzhǎn [形] （～的）（土地が）平坦で広々としている. ¶～的土地 / どこまでも平らな土地.

【平整】píngzhěng ❶[动] 土地を平坦にする. ¶～土地三百亩 / 土地300ムーをならす. ❷[形] 平らに整っている. ¶衣服叠得非常～ / 服はぴんときれいに折り畳まれている. ¶把衣服熨 yùn 得平平整整的 / 服にぴんときれいにアイロンをかける.

【平正】píngzheng [形] 平らでゆがみがない. ¶砌 qì 的砖 zhuān 又～又密合 / 積みあげられたレンガが, まっすぐきれいにそろっている. 重 平平正正

【平装】píngzhuāng [名] 並製. ペーパーバック. ¶～本 / 並製本. 反 精装 jīngzhuāng.

【平足】píngzú [名] 扁平足(^{へん})(^{そく}). 回 扁平足 biǎnpíngzú.

评（評）píng 讠部5 [四] 3174[9]
全7画 [常用]

❶[名] 批判. 評論. ¶短～ duǎnpíng（寸評）/ 书～ shūpíng（書評）/ 获得 huòdé 好～（好評を博した）. ❷[动] 判定する. 決定する. ¶分数 fēnshù～得不很公平（点数のつけ方があまり公平でない）/ ～选 píngxuǎn. ❸[动] 批判する. ¶～当代小说（現代小説を批評する）.

【评比】píngbǐ [动] 審査して優劣を定める. ¶～出优劣 yōuliè / 優劣を定める. ¶产品质量 zhìliàng～ / 製品品質の評定. ¶参加～ / 審査に応募する. 回 评选 píngxuǎn

【评点】píngdiǎn ❶[动] 詩や文を評論し, 妙所や要点にしるしをつける. ❷[名] 圈点(びん). 古代の詩文を読んだ時に, 優れた部分などに付けた印.

【评定】píngdìng [动] 審査して決める. 評定する. ¶～成绩 / 成績を評定する. ¶～质量 / 品質を審査決定する.

【评断】píngduàn [动] 論断する. ¶事情复杂, 不要妄 wàng 加～ / 事情が複雑なので, 勝手に論断してはいけない.

【评分】 ❶ píng//fēn（～儿）点数をつける. ¶给参赛者～ / コンテスト参加者に点をつける. ❷ píngfēn [名] 採点. 得点. ¶最高的～ / 最高の得点.

【评改】pínggǎi [动]（答案や文章を見て）評価し, 手直しする.

【评工】píng//gōng [动] 労働を評定する. ¶～记分 / 労働成績を評定して点数をつける.

【评功】pínggōng [动] 功績を評定して表彰する. ¶～授奖 / 功績を評定して表彰する.

【评估】pínggū ❶[动] 目安をもとに評価を下す. ¶～资产 / 資産を評価する. ❷[名] 評価. ¶公正的～ / 公正な評価.

【评话】pínghuà [名] ❶ "平话 pínghuà"に同じ. ❷《芸能》伝統芸能の一つで, 方言による講談.

【评级】píngjí [名]（給料や待遇の）等級.

【评价】píngjià ❶[动] 評価する. ¶～得十分公正 / 評価の仕方がとても公正だ. ❷[名] 評価. ¶专家对他的作品～很高 / 専門家の彼の作品に対する評価はとても高い. ¶给予 jǐyǔ 很低的～ / とても低い評価を与える.

【评奖】píng//jiǎng [动] 成績優秀な人や事物を表彰する. ¶年终～ / 年末の表彰.

【评介】píngjiè [动] 論評を加えて紹介する. ¶新书～ / 新刊紹介.

【评剧】píngjù [名]《芸能》[场 chǎng, 出 chū, 段 duàn] 華北や東北地方などで行われる地方劇. [参考] 河北東部の滦県一帯で起こり, "河北梆子 Héběi bāngzi"や京劇などを取り入れて形成された. 初期には"蹦蹦儿戏 bèngbèngrxì""落子 làozi"などと呼ばれていた.

【评理】pínglǐ [动] 是非を判断する. ¶谁是谁非, 让大家来评个理 / だれが正しいか, みんなに決めてもらおう.

【评劣】pínglüè [动] 低品質品の評定や査定をする.

【评论】pínglùn ❶[动] 評論する. ¶～好坏 / よしあしを論評する. ¶～作品 / 作品を論評する. ❷[名][篇 piān] 評論. ¶《文学～》/『文学評論』（雑誌名）¶发表～ / 評論を発表する.

【评论家】pínglùnjiā [名] 評論家.

【评论员】pínglùnyuán [名] 評論員. 報道機関で評論文を書く個人または部門.

【评判】píngpàn [动] 勝負や優劣を判定する. ¶～胜负 / 勝敗を判定する. ¶～员 / 審判員. アンパイア.

【评聘】píngpìn [动] 評価し, 任命する.

【评审】píngshěn [动] 評議し審査する. ¶～文艺作品 / 文芸作品を評議・審査する. ¶～委员 / 審査委員.

【评书】píngshū [名][段 duàn, 回 huí] 講談. ¶说～ / 講談を語る. 回 评话 pínghuà

【评述】píngshù [动] 論評する. コメントする.

【评说】píngshuō [动] 論評する. 解説する.

【评弹】píngtán [名]《芸能》[出 chū, 段 duàn] 江蘇省・浙江省一帯で行われている, 歌を交えた語り物演芸. ¶听～ / "評弾"を聞く.

【评头论[品]足】píng tóu lùn [pǐn] zú [成] 女性の容貌の品定めをする. 細かい事にけちをつける. ¶不要在人背后～ / 陰にまわって人のことをあれこれあげつらってはいけない. 回 品头论足

【评委】píngwěi 名"评选委员会委员"(選考委員会委員)の略称.
【评析】píngxī 動論評し,分析する.
【评薪】píng//xīn 動給料を査定する. ¶开始~ / 給料の査定を始める.
【评选】píngxuǎn 動選出する. ¶~优秀作品 / 優秀な作品を選ぶ.
【评议】píngyì 動正式な会合で評議する.
【评优】píngyōu 動優れたものを評価し,選出する.
【评语】píngyǔ 名〔段 duàn, 句 jù, 条 tiáo〕コメント. 評語. ¶老师的~甚佳 shènjiā / 先生のコメントがとてもよかった. ¶写成绩的~ / 成績のコメントを書く. ¶~恰当 qiàdàng / コメントが適切だ.
【评阅】píngyuè 動答案や作品を読んで評価を下す. ¶~试卷 / 答案を採点する.
【评注】píngzhù 動評注する. ¶王老师写了《聊斋志异 Liáozhāi zhìyì~》/ 王先生は『聊斎志異評注』を書いた. 表現注意をよく使われる.
【评传】píngzhuàn 名〔篇 piān〕評伝. ¶《托尔斯泰 Tuō'ěrsītài~》/『トルストイ評伝』

坪 píng

土部5 四4114₉
全8画 次常用

❶ 名平地. 草~ cǎopíng(芝生)/ 停机~ tíngjīpíng(空港の駐機場)/~坝 píngbà. ❷ 名山地や黄土地帯の平地. 地名によく使われる. ¶茨~ Cípíng(茨坪. 江西省井岡山市にある地名). ❸ 量台湾では土地の面積の単位として,「坪」の意で用いられる. ¶四~的房间(4坪の広さの部屋).
【坪坝】píngbà 名方平坦な空き地.

苹(蘋) píng

艹部5 四4440₉
全8画 常用

下記熟語を参照.
**【苹果】píngguǒ 名《植物》リンゴ. ¶~酱 / リンゴジャム. ¶~汁 zhī / リンゴジュース. ¶~排 pái / アップルパイ.
【苹果绿】píngguǒlǜ 形浅緑色の. アップルグリーンの.

凭(憑/⟨異⟩ 憑) píng

几部6 全8画 四2221₇ 常用

❶ 動寄りかかる. もたれる. ¶~几 píngjī(机に寄りかかる)/~栏 pínglán. ❷ 動頼る. ¶~你们的力量(あなた方の力に頼る)/ 我从来不~个人关系(私は個人的関係に頼ったことはない). ❸ 名証拠. ¶~据 píngjù / 文~ wénpíng(卒業証書). ❹ 前…によって. …に基づいて. …を根拠として. ¶~事实作出判断(事実に基づいて判断する)/ 你~什么这么说? (君は何によってそう言うのか)/~票付款(切符とひきかえにお金を払う). ❺ 接…にかかわらず. どんなに…でも. ¶~你有多少钱,我都不会欺你借钱(あなたにどんなにお金があっても,私はあなたからは借りない)/~你说得多好听,我也不相信你的话(あなたがどんな口調のいいことを言っても,私はあなたのことばを信用しない). (同)无论 wúlùn ❻ (Píng)姓. 用法 ④は,動詞句又は文を目的語にとることもある. ¶光~你说不行,还得 děi 听听别人的意见(君が言っていることだけではだめだ. ほかの人の意見も聞いてみなければ). ⑤は,"都","也"などと呼応する. 後うちに打ち消し文の場合が多い.
【凭单】píngdān 名証明書. 控え. バウチャー. ¶以~取货 / 控えで品物を受け取る.
【凭吊】píngdiào 動遺跡や墓の前で古人や往時のしのぶ. ¶~古战场 / 古戦場で往時をしのぶ.
【凭借】píngjiè 動頼りにする. ¶~想像力 / 想像力を働かせる. ¶~自己的力量,一定能取得好成绩 / 自分の力を頼りに,必ずいい成績をとれる.
【凭据】píngjù ❶ 名〔个 ge, 种 zhǒng〕証拠. ¶~齐全 / 証拠がそろっている. ¶重要~ / 重要な証拠. ❷ 動根拠とする.
【凭空】píngkōng 副根拠もなく. わけもなく. (同)平空 píngkōng
【凭空捏造】píngkōng niēzào 句根拠なしに捏造(好)する.
【凭栏】píng//lán 動文欄干や手すりにもたれる. ¶~远眺 yuǎntiào 思念着故乡与家人 / 手すりにもたれて遠くを眺め,故郷や家族を思う.
【凭险】píngxiǎn 動要害の地を頼みとする. ¶~抵抗 dǐkàng / 要害の地を頼んで抵抗する. ¶~据守 jùshǒu / 要害の地に頼って防備する.
【凭信】píngxìn 動信頼する. 信じる. ¶证据不足,难以~/ 証拠が足りないので,信じがたい.
【凭依】píngyī 動根拠とする. ¶无所~ / よりどころがない.
【凭仗】píngzhàng 動頼みとする. ¶他~家势,在镇 zhèn 上横行 héngxíng 霸道 bàdào / 彼は家の威勢をかさに着て,村ではやりたい放題だ.
【凭照】píngzhào 名証明書. 許可証.
【凭证】píngzhèng 名〔个 ge, 张 zhāng, 种 zhǒng〕証明書. 証拠. ¶完税 wánshuì~ / 納税証明書. ¶~ / 身分証明書.
【凭证式国债】píngzhèngshì guózhài 名《経済》証書式国債. 参考購入時に証書が交付される国債で,証券市場での売買や満期前の償還はできない.

枰 píng

木部5 四4194₉
全9画 通用

名文将棋盤. 碁盤. ¶棋~ qípíng(将棋盤. 碁盤).

帡 píng

巾部6 四4824₁
全9画 通用

下記熟語を参照.
【帡幪】píngméng ❶ 名古代のテント. ❷ 動文庇護する. 参考①は上にかぶせるものを"幪 méng"といい,周りを覆うものを"帡 píng"といった.

洴 píng

氵部6 四3814₁
全9画 通用

下記熟語を参照.
【洴澼】píngpì 動文真綿をすすぎ洗いする.

屏 píng

尸部6 四7724₁
全9画 次常用

❶ 名(~儿)びょうぶ. 画~ huàpíng(絵びょうぶ)/ 四扇~儿(4枚組みのびょうぶ). ❷ 名さえぎる. ¶~蔽 píngbì.
☞ 屏 bǐng
【屏蔽】píngbì ❶ 名障壁. 囲い. ¶小屋周围竹林林立,形成一道天然的~ / 小さな家の周りには竹林があって,天然の障壁となっている. ❷ 動びょうぶのようにさえぎる.
【屏风】píngfēng 名〔架 jià, 扇 shàn〕びょうぶ. ついたて.
【屏极】píngjí 名《電気》(真空管の)陽極.
【屏门】píngmén 名中国の伝統家屋で,中庭と外とを仕切る門.
【屏幕】píngmù ❶ 名映像スクリーン. ¶电视~ / テレ

píng – pó

ビの画面. ❷ 上にかぶせる大きな布. 覆い.

【屏条】píngtiáo 名 (~ル) 組になった縦長の絵や書. 参考 通常, 4幅で一組. ⇨ 单条 dāntiáo

【屏障】píngzhàng ❶ 名 文 〔圖 道 dào, 个 ge〕障壁. ❷ 動 さえぎる. ¶～中原 / 中原をさえぎる.

瓶 (異 缾) píng 瓦部6 四 8141₇ 全10画 常用

❶ (~ル) 瓶. ¶～胆 píngdǎn (魔法瓶の内側の瓶) / 花～ル huāpíngr (花瓶). ❷ 量 瓶に入ったものを数えることば. ¶两～牛奶 (牛乳が2本) / 三～雪碧 Xuěbì (スプライト3本).

【瓶颈】píngjǐng 名 ❶ ボトルネック. ❷ 一連の流れの中で, トラブルが起きやすいところ.

【瓶塞】píngsāi 名 (~ル) 瓶の栓 (ﾋ). ¶用～ル塞好 / 栓で瓶の口をきっちりふさぐ.

【瓶装】píngzhuāng 形 瓶詰めの. ¶～汽水 / 瓶入りのジュース.

*【瓶子】píngzi 〔圖 个 ge, 只 zhī〕瓶. ¶药～ / 薬の瓶.

【瓶嘴】píngzuǐ 名 (~ル) 瓶の口. 同 瓶子口ル píngzikǒur

萍 píng 艹部8 四 4414₉ 全11画 常用

❶ 素 〔植物〕浮き草. 同 浮萍 fúpíng ❷ (Píng) 姓.

【萍水相逢】píng shuǐ xiāng féng 成 知らない者どうしが偶然知り合う. 由来 唐の王勃「滕王閣序」に見えること.

【萍踪】píngzōng 名 文 浮き草のように不安定で落ち着きがないこと. ¶～浪迹 / 浮き草のようにさまよう.

鲆 (鮃) píng 鱼部5 四 2114₉ 全13画 通用

名 《魚》ヒラメ.

---

po ㄆㄛ [pʻo]

朴 pō 木部2 四 4390₀ 全6画 常用

下記熟語を参照.
☞ 朴 Piáo, pò, pǔ

【朴刀】pōdāo 名 旧 〔圖 把 bǎ〕武器. 刀身が細くて長く, 柄も長い. 両手に持って使う.

钋 (釙) pō 钅部2 四 8370₀ 全7画 通用

名 《化学》ポロニウム. Po.

陂 pō 阝部5 四 7424₇ 全7画 通用

下記熟語を参照.
☞ 陂 bēi, pí

【陂陀】pōtuó 文 平坦でない.

坡 pō 土部5 四 4414₇ 全8画 常用

❶ 名 (~ル) 〔圖 道 dào, 个 ge〕坂. 斜面. ¶上了个~ル, 又下了个~ル (坂を上って, また坂を下った) / 山～ shānpō (山の斜面) / 高～ gāopō (高地の斜面). ❷ 形 傾いている. ¶梯子～着点ル (はしごをちょっと傾けて) / 一度 pōdù.

【坡道】pōdào 名 坂道. 同 坡路 pōlù

【坡地】pōdì 名 〔圖 块 kuài, 片 piàn〕山の斜面に作られた田畑. 段々畑. ¶在~上种 zhòng 茶 / 段々畑に茶を植える.

【坡度】pōdù 名 勾配 (ぷい). ¶有十五度～的一段山路 / 勾配15度のけわしい山道. ¶～标 / 勾配標.

【坡子】pōzi 名 四 3610₂ 坡ル pōr

泊 pō 氵部5 四 3610₂ 全8画 常用

素 湖. ¶血～ xuèpō (血の海) / 梁山～ Liángshānpō (梁山泊 ゙゙ﾙ゙ヨシ. 現在の山東省にある, 『水滸伝』で知られた場所) / 罗布～ Luóbùpō (新疆ウイグル自治区にあるロブノール湖). 用法 湖名に多く用いられる.
☞ 泊 bó

泺 (濼) pō 氵部5 四 3219₄ 全8画 通用

素 "泊 pō"に同じ.
☞ 泺 Luò

泼 (潑) pō 氵部5 四 3314₇ 全8画 常用

❶ 動 (水を) 勢いよくかける. まく. ¶～ル水 (水を少しまく). ❷ 素 理不尽だ. 野蛮だ. ¶撒～ sāpō (むちゃをする).

筆順 氵 氵 泛 泛 泼 泼

【泼妇】pōfù 〔圖 个 ge〕あばずれ女.

【泼刺】pōlà 擬 ばしゃん. 魚が水面ではねる音. ¶～一声, 一条鱼跃出水面 / ばしゃんと音をたてて, 魚が1匹水面をはねた. 同 泼刺刺

【泼辣】pōlà 形 ❶ 素 乱暴だ. あばれだ. ¶～货 / あばずれ女. ¶这个人不讲道理, 很～ / こいつは道理をわきまえない乱暴なやつだ. ❷ 褒 気迫がこもっている. 果敢だ. ¶大胆～ / 大胆で気迫がある.

【泼冷水】pō lěngshuǐ 慣 水をさす. 気勢をそぐ. ¶你老是～, 令我没有自信把事情作好 / 君はいつも水をさして, 私にやり遂げる自信をなくさせる.

【泼墨】pōmò 名 《美術》撥墨 (‰?). 参考 山水画の技法の一つ. 筆に墨をたっぷり含ませてかく.

【泼皮】pōpí やくざ者. ごろつき. 無頼漢.

【泼洒】pōsǎ 動 (液体が) こぼれてあちこちへ広がる.

【泼水节】Pōshuǐjié 名 《民族》水かけ祭. 参考 タイ族などの民族の祭. 陽暦4月 (清明節の10日後ごろ)に行われる. 盛装して水をかけあう.

颇 (頗) pō 皮部6 四 4128₂ 全11画 次常用

文 ❶ 素 かたよっている. 不公平だ. ¶偏～ piānpō (かたよっている). ❷ 副 非常に. とても. ¶～佳 pōjiā (とてもよい) / ～有道理 (実に道理にかなっている). ❸ 副 やや. いくぶんか. ¶虽～能, 未尝也 (少しはできるが, 完璧ではない).

【颇为】pōwéi 副 文 なかなか…だ. かなり…だ. ¶～费解 / なかなか難解だ.

酦 (醱) pō 酉部5 四 1364₇ 全12画 通用

動 (酒を) 醸造する. ¶～醅 pōpēi (醸造する).
☞ 酦 fā

婆 pó 女部8 四 3440₄ 全11画 常用

素 ❶ 年をとった女性. おばあさん. ¶老太～ lǎotàipó (おばあさん). ❷ 旧 (~ル) 特定の職業に従事する女性. ¶媒～ル méipór (仲人) / 收生～ shōushēngpó (産婆). ❸ しゅうとめ. ¶公～ gōngpó (夫の両

親) / ～媳 póxí. 反 公 gōng ❹ 祖母の世代の女性. ¶外～ wàipó (母方の祖母) / 姑～ gūpó (夫のおば).

【婆家】pójia 名 夫の家. 婚家. ¶找～ / 娘の結婚相手をさがす. 反 婆婆家 pópojiā 反 娘家 niángjia
【婆罗门】Póluómén 名〈宗教〉❶ バラモン教. ❷ (インドの)バラモン階級.
【婆母】pómǔ 名 しゅうとめ. 夫の母.
【婆娘】póniáng 名 方 ❶ 若い既婚の女性. 嫁. ❷ 女房. 妻.
【婆婆】pópo 名 ❶ 夫の母. しゅうとめ. ¶～家 / 婚家. ❷ 方 祖母の意. 外祖母. 表现 ⑴は、直属の上司や機関のたとえに用いることもある. ¶现在～太多了,事情很难办 / いまは小うるさいのが多くて、仕事がやりにくい.
【婆婆妈妈】pópomāmā 形 (～的) ❶ 行動がのろく、話がくどい. ¶～的说个没完 / くどくどといつまでも話し続ける. ❷ 情にもろい. 涙もろい. ¶我最受不了的就是他那～的性格 / 何より我慢できないのは、彼のあのめそめそした性格だ.
【婆娑】pósuō 形 文 旋回しながら舞うようす. 揺れるようす. ¶～起舞 / くるくると舞い始める. ¶树影～ / 木の影がゆれる.
【婆媳】póxí 名 しゅうとめと嫁.
【婆姨】póyí 名 方 ❶ 既婚の女性. ❷ 妻.
【婆子】pózi 名 ❶ 女. ばばあ. ❷ 妻. 同 老婆 ❸ (年輩の)女使用人.

鄱 pó
阝部12 四 2762₇
全14画 通用

❶ 素 地名用字. ¶～阳湖 Póyánghú. ❷ (Pó)姓.
【鄱阳湖】Póyánghú 〈地名〉鄱陽(は・ぎん)湖. 江西省北部にある湖.

繁 pó
糸部11 四 8890₃
全17画 常用

❶ 素 建築物の名前に用いる. ¶～塔 Pótǎ (河南省開封市の郊外にある). ❷ (Pó)姓.
☞ 繁 fán

皤 pó
白部12 四 2266₉
全17画 通用

形 文 ❶ (髪やひげなどが)白い. ❷ 腹が大きい.

叵 pǒ
匚部2 四 7171₆
全5画

副 文 ❶ …できない. ¶～测 pǒcè. ❷ すぐに. そこで. ¶诸国因此～平边地(諸国はそのために辺地を平定した). 参考 "不可 bùkě"の音が縮まって"pǒ"となった.
【叵测】pǒcè 动 はかり知れない. ¶居心～ 成 魂胆がはかり知れない. ¶心怀 xīn huái～ / 何を考えているのかわからない.

钷(鉕) pǒ
钅部5 四 8171₆
全10画 通用

名〈化学〉プロメチウム. Pm.

筲 pǒ
竹部5 四 8871₆
全11画

下记熟语を参照.
【筲篮】pǒlán 名 ヤナギの枝やタケの皮で編んだかご.
【筲箩】pǒluo 名 ⟨圈 个 ge, 只 zhī⟩ ヤナギやタケで編んだ、浅めのざる.

朴 pò
木部2 四 4390₀
全6画 常用

名〈植物〉エノキの一種. 同 朴树 pòshù
☞ 朴 Piáo, pō, pǔ

迫(異 廹) pò
辶部5 四 3630₀
全8画 常用

❶ 动 追いつめる. 圧迫する. ¶压～ yāpò (押さえつける) / ～害 pòhài. ❷ 素 切迫している. ¶急～ jípò (切迫している) / 窘～ jiǒngpò (困りきっている). ❸ 素 近づく. ¶～近 pòjìn.
☞ 迫 pǎi

【迫不得已】pò bù dé yǐ 成 …しないわけにはいかない. やむを得ない. ¶我这么做,是～ / 私がこうするのもやむを得ないのだ.
【迫不及待】pò bù jí dài 成 これ以上待てないほど心待ちにしている. ¶十年没见,我～地想见你 / 10年ぶりだから、君に会いたくて待ちきれないほどだ. 同 刻不容缓 kè bù róng huǎn
【迫促】pòcù ❶ 形 差し迫っている. ¶期限～,请尽快 jǐnkuài 交出工程计划书 / 期限が差し迫っているので、できるかぎり早くプロジェクトの計画書を出してください. ❷ 动 催促する.
【迫害】pòhài 动 迫害する. ¶残酷 cánkù ～了一大民主活动家 / たくさんの民主活動家を残酷に迫害した. ¶遭受～ / 迫害を受ける. ¶～致死 / 迫害して死なせる. 表现 政治上の迫害を指すことが多い.
【迫降】pòjiàng 动 ❶ 不時着する. ❷ 強制着陸させる. ☞ 迫降 pòxiáng
【迫近】pòjìn 动 間近に迫る. ¶考试～了 / 試験が近づいた. ¶～胜利 / 勝利に近づく. 同 逼近 bījìn
*【迫切】pòqiè 形 差し迫っている. 切実だ. ¶～的心情 / せっぱつまった気持ち. ¶他们的要求十分～ / 彼らの要求は大変切実だ. ¶～的要求 yāoqiú / 差し迫った要望. ¶急迫 jípò, 急切 jíqiè
【迫使】pòshǐ 动 無理に…させる. ¶统治者的压迫～民众一次次起来反抗 / 支配者の圧迫により、民衆はやむなく次から次へと反抗に立ちあがった.
【迫降】pòxiáng 动 敵にせまられて投降する. ☞ 迫降 pòjiàng
【迫于】pòyú 动 …に迫られる. ¶～形势 / 情勢に迫られる.
【迫在眉睫】pò zài méi jié 成 すぐ目の前に迫っている. ¶～的问题 / 焦眉の急を告げる問題.

珀 pò
王部5 四 1610₂
全9画 通用

→琥珀 hǔpò

破 pò
石部5 四 1464₇
全10画 常用

Ⅰ 动 ❶ 壊れる. 穴が開く. 割れる. 破れる. ¶衣服～了 / 服が破れた. ¶鞋都～成这个样子了 / 靴が破れてこんなになってしまった.
❷ 壊す. 穴を開ける. 割る. 破る. ¶～釜沉舟 pò fǔ chén zhōu. ¶～开西瓜 / スイカを割る.
❸ (記録を)破る. 突破する. (規則,習慣,古い思想など)を打ち崩す. ¶这次成绩～了全国纪录 / このたびの成績は全国記録を破った. ¶～例 pòlì. ¶～格 pògé. ¶～旧俗 jiùsú / 古いしきたりを改める.
❹ 攻め落とす. 打ち勝つ. ¶连～敌军 / 続けざまに敵軍を打ち負かした.
❺ (メンツ,命などを)打ち捨てる. 套 "着 zhe" を伴う. ¶他～着性命把孩子们救出来的 / 彼は命がけで子供たちを救い出した. ¶～着脸皮跟他借钱 / メンツを捨てて彼に金を借りる.
❻ (お金などを)細かくくずす. ¶请您帮我～一点儿零钱好

吗？/ 小銭にくずしてもらえますか. ¶一百元的票子～成十张十元的 / 100元紙幣を10元紙幣10枚にくずす.

❼（お金や時間を）費やす. ¶～费 pòfèi. ¶～功夫 / 手間をとらせる.

❽真相を明らかにする. ¶～案 pò'àn. ¶～谜儿 pò mèir. ¶道～/喝破(ｶ^っ)する. ¶看～/見破る. ¶揭～ jiēpò / 暴露する. ¶说～/ 言いあてる. はっきり言う.

❾補語として用い、壊れること、また誇張を表わす. ¶我划～了手 / 手を切った. ¶嗓子都喊 hǎn～了 / 大声をあげて声がかれてしまった.

Ⅱ [形] つまらない. おんぼろの. ¶书皮很～了 / 本のカバーがぼろぼろになってしまった. ¶～衣服 / ぼろぼろの服. ¶～戏 / つまらない芝居.

【破案】pò//àn [动] 刑事事件を解決する. ¶那桩 zhuāng 杀人案还没～/ あの殺人事件はまだ解決していない.

【破败】pòbài [形] (建物などが)おんぼろだ. 荒れ果てている. ¶～的寺院 sìyuàn 已修复一新 / 荒れ果てていた寺院はすっかり修復された.

【破冰船】pòbīngchuán [名] 〔量 艘 sōu, 条 tiáo〕砕氷船.

【破财】pòcái [动] 散財する. ¶～消灾 / 財布をはたいて災いを防ぐ. [表現] 多くは思いがけない損失を受けることをいう.

【破产】pò//chǎn [动] ❶破産する. ¶银行 yínháng～/ 銀行が破産する. ¶法院裁定 cáidìng 并宣告 A 公司～/ 裁判所は A 社の破産を認め宣告をした. ❷ [喩] 完全に失敗する. 破綻(ﾀﾝ)する. ¶敌人的阴谋 yīnmóu～了 / 敵の陰謀は全く失敗に終わった.

【破钞】pòchāo [动] 散財する. [表現] 多く、相手の散財に対し、お礼の意味をこめて言う.

【破除】pòchú [动] (迷信や旧習などを)打破する. 除き去る. ¶～迷信 / 迷信を除く. ¶～情面 / 情実を捨てる. [反] 建立 jiànlì [比較] "破除"は、古い信仰やしきたりなどの抽象的・精神的なものを取り除くことに使う. "扫除 sǎochú"は、文言や障害物など、より具体的なものを取り除いてきれいにするという点に重きがある.

【破读】pòdú [名] 《语言》破読. ⇨读破

【破费】pòfèi [动] (金銭や時間を)費やす. ¶您别～啦！/ どうか散財なさらず. [表現] ごちそうしてもらった時には、"让您～了, 真不好意思"(散財をかけました. おそれいります)とよく言うとよい.

【破釜沉舟】pò fǔ chén zhōu [成] 最後までやりぬく決意を固める. 背水の陣をしく. ¶～,一战 / 背水の陣をしいて一戦を交える. ¶他决定～,赌 dǔ 一回 / 彼は一か八(ﾊﾞ)かやってみようと意を決した. [由来]『史记』项羽本纪に見えることば. 項羽が秦軍と戦った時, 河を渡り終えると、鍋をたたき割り, 舟を沈めて決死の覚悟を固めたことから.

【破格】pògé [动] 前例や制限を破って行う. ¶～提升 / 破格の昇進. ¶～录用 / 異例の任用.

【破罐(子)破摔】pòguàn(-zi) pòshuāi [俗] 自分の欠点や誤りのために失敗や挫折をしてしまう欠点を改めようとせず、落伍者に甘んじること. 自暴自棄になる. すてばちになる.

*【破坏】pòhuài [动] ❶壊す. 傷つける. ¶～桥梁 / 橋を壊す. ¶～名誉 míngyù / 名誉を傷つける. ¶不要～他们夫妻俩的感情 / 彼ら夫婦の間の愛情を壊してはいけない. ❷ (古い制度や風俗習慣を)変える. ¶～旧习惯 / 古い習慣を変え改める. ❸ (規約や条約などに)違反する. ¶～协定 xiédìng / 協定を破る.

【破坏环境资源保护罪】pòhuài huánjìng zīyuán bǎohùzuì [名] 《法律》環境資源破壊罪. [参考] 環境や自然・天然資源を破壊する行為に対する罪名.

【破坏选举罪】pòhuài xuǎnjǔzuì [名] 《法律》選挙妨害罪. [参考] 暴力・賄賂・文書偽造・選挙妨害など、不法な手段で選挙に悪影響を及ぼす行為に対する罪名.

【破货】pòhuò [名] [貶] ❶きずもの. ❷ 身持ちの悪い女. [同] 破烂 làn 货

【破获】pòhuò [动] 押収する. 摘発・逮捕する. ¶海关一批走私香烟 / 税関は多量の密輸タバコを押収した.

【破解】pòjiě [动] (謎を)解明する. (難題を解かれる.

【破戒】pò//jiè [动] ❶ 《宗教》戒律を破る. ❷ (禁酒や禁煙などの)誓いを破る.

【破镜重圆】pò jìng chóng yuán [成] 別れた夫婦が再びめぐり合う. ¶在亲人的劝说下，他们夫妻俩终于～了 / 家族の勧めで、彼ら夫婦はよりをもどした. [由来] 南朝の陳が滅びようとした時, 皇帝の女婿・徐德言は鏡を割って妻の楽昌公主の分け持ち, 再会の証とした. 後にこれが手掛かりになって二人は再会したことから.

【破旧】pòjiù [形] 古ぼけている. ぼろぼろだ. ¶这鞋子太～了,不能穿了 / この靴はほろぼろになりすぎて, もう履けない.

【破旧立新】pò jiù lì xīn [成] 古いものを捨てて, 新しいものを確立する. ¶～,移风易俗 / 古いものを捨てて新しいものを確立し, 風俗習慣を変える.

【破口】pòkǒu [动] ❶ (衣類などが)破れる. 穴が開く. (身体に)傷ができる. ❷ 悪口を言う.

【破口大骂】pò kǒu dà mà [成] 口汚くののしる. ¶有意见可以慢慢说,别～/ 意見があったら言ってくださって結構ですが、わめき散らすのはやめて下さい.

【破烂】pòlàn ❶ [形] ぼろぼろになっている. ¶衣服～/ 服がぼろぼろである. ¶房子～不堪 bùkān / 家がひどく傷んでいる. ¶他总是穿得破破烂烂的 / 彼はいつもぼろぼろの服を着ている. [重] 破破烂烂 ❷ [名] [口] (～儿) 〔量 堆 duī, 件 jiàn〕ぼろ. くず. ¶捡 jiǎn～/ くず拾いをする. ¶收～/ 廃品を回収する.

【破浪】pòlàng [动] ❶ (船が)波をけたてて進む. ❷ (①のように)困難を恐れず前に進む.

【破例】pò//lì [动] 前例を破る. ¶～放行 / 例外的に通行を許可する.

【破脸】pò//liǎn [动] 体面を考えず, 面と向かって言い争う. ¶听说那家媳妇 xífù 过门没几月就和婆婆 pópo～了 / あの家の嫁は、嫁いで何ヶ月もしないうちに、もう姑と大げんかだそうだ.

【破裂】pòliè [动] ❶ 破裂する. ¶血管 xuèguǎn～了 / 血管が破れた. ❷ 決裂する. うまくいかなくなる. ¶谈判～了 / 話し合いが物別れになった. ¶我们之间的感情～, 只好分手了！/ 私たちの間に亀裂ができてしまった以上、別れるしかない. [同] 决裂 juélliè

【破陋】pòlòu [形] (建物などが)古くて傷んでいる. 荒廃している.

【破落】pòluò [动] (家が)落ちぶれる. ¶～地主 / 没落地主. ¶家业早已～了 / 身代はとっくに傾いた.

【破落户】pòluòhù [名] 落ちぶれた家. 没落した家.

【破谜儿】pò//mèir [动] ❶ なぞを解く. ¶你会破个谜儿吗？/ なぞの答えがわかりますか. ❷ [方] なぞをかける.

【破门】pòmén [动] ❶ 戸・ドアを壊して押し入る. ❷ 《スポーツ》(サッカーやハンドボールなどで)シュートする. ¶～得分 défēn / シュートして得点する. ❸ 《宗教》破門する.

【破灭】pòmiè 動(幻想や希望が)消えうせる.¶希望～了/希望が消え去った.¶幻想 huànxiǎng～了/幻想から覚めた. 同 幻灭 huànmiè
【破伤风】pòshāngfēng 名《医学》破傷風.
【破碎】pòsuì ❶ 形 ばらばらだ.粉々だ.¶这张画已经～了/この絵はもうばらばらだ.¶～的玻璃/粉々になったガラス.¶这颗～的心,有谁来安慰呢?/この打ちのめされた心を,誰が慰めてくれるだろう. ❷ 動 砕く.粉々にする.¶把大石块～成小块/大きな石を砕いて小石にする.
【破损】pòsǔn 動 破損する.¶木箱有些～/木の大箱がすこし壊れている.¶严重的～/ひどい破損. 反 完整 wánzhěng
【破题】pòtí 動 第一歩をふみ出す.新たにはじめる.¶～儿第一遭/はじめての経験. 由来 もと,八股文(ネネシミネシ)の最初の二句のこと.与えられた題目について,その字面意味を説明する.
【破涕】pòtì 動 涙を流すのをやめる.
【破涕为笑】pò tì wéi xiào 成 泣きやんで笑顔を見せる.悲しみを転じ,喜びとする. 同 破涕成 chéng 笑
【破天荒】pò tiān huāng 成 前代未聞だ.破天荒だ.¶～的事情/前代未聞の出来事. 由来 唐代,荆州(ネキラ)は進士の合格者を出さず,"天荒"(未開の地)と呼ばれていたが,後に刘蛻(ネキヘ)が合格して"破天荒"と称されたことから.
【破土】pòtǔ 動 ❶(建築や埋葬のために)くわを入れる.¶～典礼/くわ入れの儀式. ❷ 春の耕作を始める. ❸ 土の下から芽を出す.¶麦种 màizhǒng～出芽 chūyá 了/麦の種が芽を出した.
【破网】pòwǎng 動(スポーツ)ゴールに成功する.得点をあげる. 表現 特に,サッカーなどの球技について言う.
【破五】pòwǔ 名 旧(～儿)旧暦の1月5日. 参考 旧時,商店はこの日から店を明けた.
【破袭战】pòxízhàn 名《軍事》破壊作戦.
【破相】pò/xiàng 動(けがなどで)人相が変わる.¶他被火烧破破了相/彼はやけどで人相が変わった.
【破晓】pòxiǎo 動 夜が明ける.¶天色～/空が白む.¶～时分出发/夜明けごろ出発する.
【破鞋】pòxié 名 ❶(量 双 shuāng,只 zhī)ぼろぼろの靴. ❷ 斥 貶(量 个 ge)浮気女.身持ちの悪い女.
【破颜】pòyán 動 にっこり笑う.¶～一笑/破顔一笑する.
【破衣烂衫】pò yī làn shān 成 ぼろぼろの衣服.
【破译】pòyì 動(暗号や古代の文字などを)解読する.¶这种暗号目前还无法～/この暗号は今のところ解読のしようがない.
【破约】pò/yuē 動 約束を破る.¶～失信/約束を破り信用を失う.
【破绽】pòzhàn 名 ❶ 衣服のほころび. ❷(言動の)ぼろ.弱み.¶他的话～百出,令人难以相信/彼の話はぼろが次々に出て,とても信用できない. 同 漏洞 lòudòng
【破折号】pòzhéhào 名《言語》ダッシュ(一). ⇒付録「句読点・かっこなどの用法」
【破竹之势】pò zhú zhī shì 成 破竹の勢い.

粕 pò
米部 5 9690₂
全11画 通 用
素 文 かす.¶糟～ zāopò(かす)/豆～ dòupò(豆のしぼりかす).

魄 pò
白部 9 2661₃
全14画 常 用
素 ❶ 魂.¶魂～ húnpò(魂)/三魂 hún 七～(三

魂七魄 ㄐㄧˇ). ❷ 気力.活力.¶气～ qìpò(気迫)/体～ tǐpò(心身)/～力 pòlì.
☞ 魄 bó,tuò
【魄力】pòlì[-li] 名 気迫.胆力.¶工作有～/仕事に気迫がこもる.¶老朱 Zhū 很有～/朱さんの胆力は大したものだ. 同 气魄 qìpò

pou ㄆㄡ〔p'ou〕

剖 pōu
刂部 8 四 0260₀
全10画 常 用
❶ 動 切り開く.¶～开 pōukāi/解～ jiěpōu(解剖する)/～腹 pōufù. ❷ 動 分析する.識別する.¶～析 pōuxī/～明事理(事理を明らかにする).
【剖白】pōubái 動 弁明する.¶～心迹/胸の内をさらけ出す.¶向她～几句/彼女に対して心を打ちあける.
【剖腹】pōufù 動 腹を切開する.¶～手术/腹の切開手術.
【剖腹产】pōufùchǎn 名《医学》帝王切開.
【剖腹自杀】pōufù zìshā 名 割腹自殺.切腹.
【剖解】pōujiě 動 分析する.¶细密的～/細かい分析.
【剖开】pōukāi 動 切り開く.¶把西瓜～/スイカを二つに割る.¶剖鱼肚子/魚の腹を切り開く.
【剖面】pōumiàn 名 切断面.¶横～/横断面. 同 截面 jiémiàn,切面 qiēmiàn,断面 duànmiàn
【剖面图】pōumiàntú 名 断面図.
【剖尸】pōushī 動 死体を解剖する.¶要求 yāoqiú 请法医～,调查 diàochá 死因/司法解剖して死因を調査するよう求める.
【剖析】pōuxī 動 分析する.¶～问题的实质/問題の本質を分析する.¶～最近发表的散文/最近発表された散文を分析する. 同 分析 fēnxī 表現《…剖析》として,書名などにも使われる.

抔 póu
扌部 4 5109₀
全7画 通 用
動 文 両手ですくう.¶一～土(一すくいの土). 同 掊 póu

掊 póu
扌部 8 5006₁
全11画 通 用
文 ❶ 動 手で土を掘る. ❷ 量 両手ですくうほどの量をあらわすことば.¶一～土(一すくいの土). 同 捧 pěng
☞ 掊 pǒu

裒 póu
→部10 0073₂
全12画 通 用
素 文 ❶ 集める.¶～辑 póují/～然成集(集められて1冊の本になる). ❷ 減らす.¶～多益寡 guǎ(多い所を削って少ない所に足りる).
【裒辑】póují 動 文 資料を集めて本を編集する. 同 辑录 jílù

掊 pǒu
扌部 8 5006₁
全11画 通 用
動 文 打つ.打ちやぶる.¶～击 pǒujī.
☞ 掊 póu
【掊击】pǒujī 動(言論で)攻撃する.¶～时弊 shíbì/現代の病弊を批判する. 同 抨击 pēngjī

pu ㄆㄨ [p'u]

仆 pū 亻部2 全4画 [四]2320₀ [常用]
[素] 前に倒れる。転ぶ。¶前～后继(先に行った者が倒れても、すぐ後の者が継いで進む).
☞ 仆 pú

扑(撲) pū 扌部2 全5画 [四]5300₀ [常用]
❶ 突進する。飛びつく。¶孩子高兴得一下～到妈妈的怀里(子供は喜びのあまり母のふところに飛び込んできた). ❷[動]（仕事や事業などに)全力でぶつかる。¶老张一心～在教育事业上(張さんは一心に教育事業に全力を傾けている). ❸[動]打つ。殴る。進攻する。¶向敌人的阵地～(敵の陣地めがけて進攻する)/～蝴蝶 húdié(チョウをとる)/～苍蝇 cāngying(ハエをたたく). ❹[動]（風や香りが)顔に当たる。¶～面 pūmiàn/～鼻 pūbí. ❺[動] ばたばたはたく。¶在脸上～了点儿粉(顔に粉おしろいをばたばたはたく)/小鸟儿～着翅膀飞走了(小鳥は羽をはばたかせて飛んで行った). ❻[動] うつむく、ふせる。¶～在书桌上打瞌睡(机につっぷしていねむりをする). ❼[動][文] 投げ捨てる。❽[名] 粉をはたくためのもの。¶粉～ fěnpū(パフ). ❾(Pū)姓。

【扑鼻】pūbí [動] 香りが鼻をうつ。¶芳香 fāngxiāng～/よい香りがする。
【扑哧】pūchī [擬] ぷっ。ぷしゅっ。笑い声や空気の漏れる音など。¶～一笑/ぷっと笑いだす。[同] 噗嗤 pūchī
【扑打】❶ pūdǎ [動] 平らなものでピシッとたたく。¶～蟑螂 zhāngláng/ゴキブリをピシッとたたく. ❷ pūda [動] 軽くはたく。¶～身上的尘土 chéntǔ 后,才可进来/体のほこりを払って、それから入ってらっしゃい。[表現] 台湾では"扑掉 pūdiào"という。
【扑跌】pūdiē ❶[名] 中国式の相撲やレスリング。❷[動] 前に倒れる。
【扑冬】pūdōng [擬] "扑通 pūtōng"に同じ。
【扑粉】❶ pū//fěn おしろいやパウダーをはたく。¶坐在化妆台 huàzhuāngtái 前～/化粧台の前に座っておしろいをはたく. ❷ pūfěn [名] 粉おしろい. ❸ pūfěn [名] シッカロール.
【扑救】pūjiù 消火して人や家財を救う。¶消防人员正在～这场火灾/消防士はこの火事場で救急作業中だ。[同] 救火 jiùhuǒ
【扑克】pūkè [名]（～儿)[圖 副 fù] トランプ。¶打～/トランプをする。♦poker
【扑克牌】pūkèpái [名] トランプ。
【扑空】pū//kōng むだ足を踏む。¶今天我去新华书店买书,扑了一个空/今日新華書店に本を買いに行ったが、むだ足だった。
【扑棱】❶ pūlēng [擬] ばたばた。ばさっ。羽ばたく音. ❷ pūleng [動]（翼などを)ばたばたさせる。
【扑脸】pūliǎn [動][口]（～儿)顔にあたる。¶热气～/熱気が顔にあたる。
【扑满】pūmǎn [名][圖 个 ge] 貯金箱。[同] 攒钱罐 zǎnqiánguàn [参考] 割らないとお金を取り出せない素焼きの貯金箱。
【扑面】pūmiàn [動] 顔にあたる。¶清风～/そよ風がほほをなでる。[同] 扑脸 pūliǎn
【扑灭】pū//miè [動] 撲滅(ばく)する。消滅させる。¶～蚊蝇 wényíng/カやハエを撲滅する。¶～大火/大火を消し止める。[反] 点燃 diǎnrán
【扑闪】pūshǎn [動] まばたきする。
【扑朔迷离】pū shuò mí lí [成] 複雑に入り組んで見分けがつかない。¶案情～/事件の経緯は複雑に入り組んでいる. [由来] 古楽府「木蘭辞」に見えることば。ウサギの耳をつかみ上げると、雄は脚をばたばたさせる("扑朔")、雌は目がうつろになる("迷离")が、走っている時には雌雄の区別がつかない、という意から。
【扑腾】pūtēng [擬] ドスン。ドボン。重い物が落ちる音。¶一声,袋子掉了下来/ドスンと音がして、袋が落ちてきた。
【扑腾】pūteng [動] ❶（泳ぐ時に)足で水を打つ。ばた足をする。[同] 打扑腾 dǎpūteng ❷ とび跳ねる。¶他心里直～/彼の胸はドキドキしつづけている。¶鱼在网里乱～/魚が網の中であちこちにとび跳ねている。[同] 跳动 tiàodòng ❸[方] 活動する。動き回る。❹ 使いはたす。
【扑通】pūtōng [擬] どすん。どぼん。重い物が地面や水中に落ちる音。[重] 扑由扑通 [同] 噗通 pūtōng,扑冬 pū-dōng

铺(鋪) pū 钅部7 全12画 [四]8372₇ [常用]
❶[動] 広げる。平らに敷く。¶～床 pūchuáng/～轨 pūguǐ/～被褥 bèirù(ふとんを敷く). ❷[量][方] オンドルやベッドを数えることば。¶一～炕 kàng(オンドル一つ).
☞ 铺 pù

【铺陈】pūchén ❶[動][方] 並べる。陳列する。¶～餐具/食器を並べる. ❷[動] 文章で詳しく述べる。¶一切 yīqiè 经过／すべての経過を詳しく述べる。[同] 铺叙 pūxù ❸[名][方] 寝具.
【铺衬】pūchen [名] 継ぎあてや布靴の底に用いるためのぼろぎれや古布。
【铺床】pū//chuáng [動] ベッドにふとんを敷く。
【铺垫】pūdiàn [名] ❶（～儿)ふとんなどの寝具. ❷ 前書き。伏線。兆候。[同] 陪衬 péichèn
【铺轨】pū//guǐ [動] レールを敷く。
【铺盖】❶ pūgài [動] 一面にかぶせる。覆う。¶用稲草～在幼苗 yòumiáo 上／わらで苗を覆う. ❷ pūgai [名] [圖 套 tào] ふとん。¶打点～,外出干活／ふとんをまとめて、出稼ぎに行く。
【铺盖卷儿】pūgaijuǎnr [名] 運びやすいように巻いてしばったふとん。[同] 行李 xíngli 卷儿
【铺开】pūkāi [動] くり広げる。¶运动已经全面～/運動はすでに全面的な展開を見せている。
【铺炕】pūkàng [動] オンドルの上にふとんを敷く。
【铺路】pū//lù ❶[動] 道路を舗装する. ❷ お膳立てをする。
【铺路石】pūlùshí [名] 礎(いしずえ). 土台。
【铺排】pūpái [動] ❶ 段取りをつける。¶所有的事都～得停停当当／すべてをきちんと段取りをする. ❷[方] 派手にする。大げさにする。¶办婚事不要过于～浪费／結婚式では派手にお金をつかいすぎないように。
【铺平】pūpíng [動] 平らに敷く。¶～床单／シーツを平らに敷く。
【铺砌】pūqì [動]〈建築〉レンガや石を敷きつめる。
【铺设】pūshè [動] 敷設する。¶～电缆 diànlǎn／ケーブルを敷設する／铁道を敷設する。
【铺天盖地】pū tiān gài dì [成] 天地を覆い隠すほどだ。勢いがすさまじいよう。¶暴风雪 bàofēngxuě～而来／猛吹雪がすさまじい勢いで襲ってきた。

【铺叙】pūxù 動 詳しく述べる．¶～事実 / 事実を詳述する．¶这一段～过于烦琐 fánsuǒ / このあたりの記述は，とてもくどい．
【铺展】pūzhǎn 動 四方へ伸び広げる．¶～地毯 / じゅうたんを敷きつめる．
【铺张】pūzhāng ❶動 派手だ．大げさだ．❷動 誇張する．¶描写太～ / 描写が誇張されすぎている．
【铺张浪费】pūzhāng làngfèi 句 見栄を張り，派手に金を使う．

噗 pū
口部12 四 6208₅
全15画 通用

擬 ❶ ふっ．しゅっ．息などを強く吹き出す音．¶～，一口气把灯吹灭了 / ふっと一息であかりを吹き消した．❷ ぱっ．ほこりや煙などが舞うようす．

【噗嗤】pūchī 擬"扑哧 pūchī"に同じ．
【噗噜噜[碌碌]】pūlūlū[-lulu] 形 涙などが続けて落ちるよう．ほろほろ．

潽 pū
氵部12 四 3816₁
全15画 通用

動 ⑤ 液体が沸騰してあふれる．¶牛奶～了 / 牛乳がふきこぼれた．

仆(僕) pú
亻部2 四 2320₀
全4画 常用

❶ 图 召使い．¶男～ nánpú（男の召使い）/ 女～ nǚpú（女の召使い）/ 公～ gōngpú（公僕）．同 奴 nú 反 主 zhǔ ❷ 图 僕．わたくし．自分を謙遜していうことば．❸（Pú）姓．

☞ 仆 pū

【仆从】púcóng 图〔⑪ 个 ge，群 qún〕❶ お供の召使い．従僕．❷ 従属する人や集団．¶～国家 / 従属国．
【仆人】púrén 图〔⑪ 个 ge，群 qún〕召使い．同 佣人 yōngrén
【仆役】púyì 图 召使い．使用人．

匍 pú
勹部7 四 2722₀
全9画 通用

下記熟語を参照．

【匍匐[伏]】púfú 動 ❶ はう．はって進む．¶～前进 / 匍匐(ほふく)前進する．¶～奔丧 bēnsāng / 急いで親の喪にかけつける．同 爬行 páxíng ❷ 腹ばいになる．地面にぴったりとくっつく．¶红薯 hóngshǔ 秧 yāng～在地上 / サツマイモのつるが地面にはっている．
【匍匐茎】púfújīng 图《植物》匍匐(ほふく)茎．ストロン．

莆 Pú
艹部7 四 4422₇
全10画 通用

❶ 图 地名用字．¶～田 Pútián（福建省にある県の名）．❷ 姓．

【莆仙戏】púxiānxì 图《芸能》福建地方の芝居の一つ．莆田・仙遊一帯で行われる．同 兴化戏 xīnghuàxì

菩 pú
艹部8 四 4460₁
全11画 次常用

下記熟語を参照．

【菩萨】púsà 图 ❶《仏教》菩薩(ぼさつ)．"菩提萨埵 pútísàduǒ"の略．❷ 仏や神．¶供奉 gòngfèng 弥勒 Mílè～/ 弥勒(みろく)菩薩を祭る．❸ 慈悲深い人．
【菩萨心肠】púsà xīncháng 图 菩薩のようにやさしい心．慈悲深い心．
【菩提】pútí 图 ❶《仏教》菩提(ぼだい)．❷ 菩提樹．
【菩提树】pútíshù 图《植物》ボダイジュ．

脯 pú
月部7 四 7322₇
全11画 次常用

图（～儿）胸．¶～子 púzi．

☞ 脯 fǔ

【脯子】púzi 图 胸．胸肉．¶挺着～坐 / 胸をはって座る．¶鸡～ / 鶏の胸肉．

葡 pú
艹部9 四 4422₇
全12画 常用

❶ 下記熟語を参照．❷（Pú）图 "葡萄牙 Pútáoyá"（ポルトガル）の略．

【葡萄】pútáo[-tao] 图〔⑪ 串 儿 chuànr，架 jià，棵 kē，颗 kē，株 zhū〕ブドウ．
【葡萄干】pútáo[-tao] gān 图 干しブドウ．
【葡萄酒】pútáo[-tao] jiǔ 图 ブドウ酒．ワイン．
【葡萄球菌】pútáo[-tao] qiújūn 图《医学》葡萄球菌．葡萄状球菌．
【葡萄糖】pútáo[-tao] táng 图 ブドウ糖．
【葡萄牙】Pútáoyá《国名》ポルトガル．
【葡萄柚】pútáo[-tao] yòu 图 グレープフルーツ．

蒲 pú
艹部10 四 4412₇
全13画 次常用

图 ❶《植物》ガマ．¶～棒 púbàng / ～草 púcǎo．❷（Pú）蒲州．昔の府の名．山西省永済県にあった．❸（Pú）姓．

【蒲棒】púbàng 图（～儿）ガマの穂．
【蒲包】púbāo 图（～儿）❶ ガマの葉で編んだカゴ．❷ 旧 ①に入れた果物やお菓子の贈り物．¶点心～ / 菓子折り．
【蒲草】púcǎo 图《植物》❶ ガマの茎と葉．❷ 方 リュウノヒゲ．ジャノヒゲ．
【蒲公英】púgōngyīng 图《植物・薬》〔⑪ 棵 kē，株 zhū〕タンポポ．同 黄花地丁 huánghuā dìdīng
【蒲节】Pújié 图 旧暦5月5日の端午の節句．参考 端午の節句に，菖蒲(しょうぶ)を軒に挿して邪気を払ったことから．
⇒端午 Duānwǔ
【蒲葵】púkuí 图《植物》ビロウ．
【蒲柳】púliǔ 图 ❶《植物》〔⑪ 棵 kē〕カワヤナギ．❷ 弱い体質．¶～之姿 / ひ弱な体．表現 ②は，カワヤナギは秋早くから落葉するので，自分の体の弱いことや地位の低いことを謙遜していう．
【蒲绒[茸]】púróng 图 ガマの穂の白い綿毛．枕に詰める．
【蒲扇】púshàn 图（～儿）〔⑪ 把 bǎ, 个 ge〕ガマの葉で作ったうちわ．
【蒲松龄】Pú Sōnglíng《人名》蒲松齢(ほしょうれい：1640-1715)．清代の文人．怪異小説集『聊斎志異(りょうさいしい)』の著者として有名．
【蒲团】pútuán 图 ガマの葉や麦わらなどで編んだ丸い敷物．円座．

蒲葵

璞 pú
王部12 四 1218₅
全16画 通用

图 ❶ 玉(ぎょく)を含んだ石．❷ 磨かれていない玉(ぎょく)．

【璞玉浑金】pú yù hún jīn 成 自然のままの美しさ．素朴で飾らない人柄．同 浑金璞玉 由来『世説新語』賞誉篇に見えることば．「磨いていない玉と精錬していない金」という意から．

镤 濮 朴 埔 圃 浦 普 溥 pú-pǔ

镤(鏷) pú 金部12 四 8278₅ 全17画 通用
[名]〈化学〉プロトアクチニウム．Pa．

濮 Pú 氵部14 四 3218₅ 全17画 通用
❶[名]地名用字．¶~阳县 Púyángxiàn（河南省の県名）．❷姓．

【濮阳】Púyáng〈複姓〉濮陽（ぼう）．

朴(樸) pǔ 木部2 四 4390₀ 全6画 常用
[素]素朴だ．飾り気がない．¶俭~ jiǎnpǔ（質素だ）／诚~ chéngpǔ（誠実で素朴だ）／~素 pǔsù．
☞ 朴 Piáo, pō, pò

【朴厚】pǔhòu [形]まじめで情があつい．¶心地~／まじめで情があつい．¶~的民风／実直で人情にあつい土地の気風．

【朴陋】pǔlòu 粗末だ．¶陈设 chénshè~／飾りつけが粗末だ．

【朴实】pǔshí [形] ❶ 地味だ．素朴だ．¶色调 sèdiào ~／色合いが地味だ．回朴朴实实 回朴素 pǔsù 反华丽 huálì, 浮华 fúhuá ❷ 着実だ．まじめだ．¶性格~／性格が誠実だ．¶朴朴实实的工作作风／ごくまじめな仕事ぶり．回朴朴实实 回质朴 zhìpǔ, 朴素 pǔsù 反浮华 fúhuá

【朴实无华】pǔshí wúhuá〈句〉(人柄が)質素で簡素だ．飾り気がなくまじめだ．

*【朴素】pǔsù [形] ❶ (色や格好が)地味だ．素朴だ．¶衣着 yīzhuó~／服装が地味だ．¶~大方的衣着／質素ですっきりした身なり．回朴实 pǔshí 反华丽 huálì ❷ 質素だ．¶生活~／生活が質素だ．回质朴 zhìpǔ 反浮华 fúhuá

【朴直】pǔzhí [形] (ことばや性格が)飾り気がない．実直だ．¶文笔~／書きぶりが率直だ．¶言行~／ことばや行いが率直だ．

【朴质】pǔzhì 純朴で飾り気がない．実直だ．¶语言~／ことばが実直だ．¶为人 wéirén~／人柄が実直だ．

埔 pǔ 土部7 四 4312₇ 全10画 通用
[素]地名用字．¶黄~ Huángpǔ（広東省広州市にある地名）．
☞ 埔 bù

圃 pǔ 口部7 四 6022₇ 全10画 次常用
[素](野菜·花·果樹を植える)畑．¶菜~ càipǔ（菜園）／苗~ miáopǔ（苗木畑）／花~ huāpǔ（花畑）．

浦 pǔ 氵部7 四 3312₇ 全10画 次常用
❶[素]水辺．河口．地名に用いることが多い．¶黄~江 Huángpǔjiāng（上海市内を流れる川の名）／乍~ Zhàpǔ（浙江省にある地名）／~口 Pǔkǒu（江蘇省にある地名）．❷(Pú)姓．

【浦东新区】Pǔdōng xīnqū〈地名〉浦东(ぼう)新区．上海市の黄浦江の東岸に位置する区．参考1992年に新設されて以来, 経済·金融·貿易の中心地として, 外資導入による大規模な開発が進められている．

普 pǔ 日部8 四 8060₁ 全12画 常用
❶[素]普遍的だ．全面的な．¶~选 pǔxuǎn／~查 pǔchá／~照 pǔzhào．❷(Pǔ)姓．

*【普遍】pǔbiàn [形]普遍的だ．全体に広まる．¶~真理／普遍的な真理．¶~流行／広く流行する．¶这样的现象在市内很~／こうした現象は, 市内ではどこでも見られる．

【普遍服务】pǔbiàn fúwù [名]ユニバーサル·サービス．郵便や通信など, 地域を問わずに同等の内容が確保されるサービス．

【普遍性】pǔbiànxìng [名]普遍性．

【普查】pǔchá [動]全面的な調査をする．¶人口~／国勢調査．¶地质~／地質の全面調査．

【普洱茶】pǔ'ěrchá プーアル茶．参考雲南省西南部で産する茶．蒸した茶を圧縮して固めたものが多い．産地の中心地が清代の普洱府に属していたので名付けられた．酔い醒ましや消化を助けるなどの効能がある．

【普法】pǔfǎ [動]法律知識を普及させる．

【普高】pǔgāo [名]"普通高级中学"（普通高校）の略称．

【普惠制】pǔhuìzhì [名]〈経済〉"普遍优惠制"（一般特恵制度）の略称．

【普及】pǔjí ❶ [動]普及する．普及させる．¶大力~科学知识／科学知識を大いに広める．❷ [名]普及させるための．¶科技~读物／科学読物．

【普及本】pǔjíběn [名]〈書籍の〉普及版．

【普九】pǔjiǔ "普及九年义务教育"（九年制義務教育の普及）の略称．

【普罗旺斯】Pǔluówàngsī〈地名〉プロヴァンス地方（フランス）．

【普米族】Pǔmǐzú〈民族〉プミ族．中国少数民族の一つ．雲南省に居住する．

【普特】pǔtè [量]プード．ロシアの旧重量単位．参考1プードは16.38kg．

【普天同庆】pǔ tiān tóng qìng〈成〉国中または世界中で祝う．

【普天之下】pǔ tiān zhī xià〈成〉世の中．天下．回普天下

*【普通】pǔtōng [形]普通の．一般的な．¶~人／平凡な人．¶这栋房的设计很~／この家の設計はごくありふれている．回普普通通 回一般 yībān 反特殊 tèshū, 特别 tèbié [比較]"普通"は, ごく普通にどこでも見られるという意味で, "一般 yībān"は, 良くも悪くもない, というニュアンスが強い．"普通", "普普通通"の形で重ねて使うことができるが, "一般"はできない．

【普通股】pǔtōnggǔ [名]〈経済〉普通株．

【普通话】pǔtōnghuà [名]〈言語〉現代中国の共通語．参考北京語音を標準音とし, 北方の方言を基礎の方言とし, 現代の口語文の作品を文法の規範としたもの．

【普陀山】Pǔtuóshān〈地名〉普陀山(ぼう)．浙江省沖の小島の名．仏教四大名山の一つ．

【普希金】Pǔxījīn〈人名〉プーシキン（1799-1837）．ロシアの詩人·小説家．

【普选】pǔxuǎn [動]普通選挙で選ぶ．¶进行~／普通選挙を行う．

【普照】pǔzhào (光が)あまねく照らす．

溥 pǔ 氵部10 四 3314₂ 全13画 通用
❶ [素]〈文〉広大な．¶~原 pǔyuán（広い野原）．❷ [素]〈文〉普遍的な．❸ (Pǔ)姓．

【溥仪】Pǔyí〈人名〉溥儀(ぼう)(1906-1967)．清朝最後の皇帝, 第12代皇帝宣統帝の名．⇨次ページ図

溥仪

谱(譜) pǔ
⺨部12　全14画　常用　3876₁

❶ 名 類別や系統によってまとめた表や本.¶年~ niánpǔ (年譜) / 食~ shípǔ (料理の材料や調理法を分類したもの).❷ 名 練習用の手本や図.マニュアル.¶画~ huàpǔ (絵の手本) / 棋~ qípǔ (棋譜).❸ 名《音楽》楽譜.¶歌~ gēpǔ (歌の楽譜) / 乐~ yuèpǔ (楽譜) / 五线~ wǔxiànpǔ (五線譜).❹ 动 歌詞に曲をつける.¶把这首诗~成歌曲 gēqǔ (この詩にメロディーをつける).❺ 名 (~儿) だいたいの目安.見込み.心積り.¶离~儿 lípǔr (見当はずれ).❻ 名 (~儿) 見栄.¶摆~儿 bǎi pǔr (見栄を張る.格好をつける).

【谱表】pǔbiǎo 名《音楽》五線譜.
【谱号】pǔhào 名《音楽》音部記号.¶卜音記号,ハ音記号,ヘ音記号など.
【谱架】pǔjià 名《音楽》譜面台.
【谱曲】pǔ//qǔ 动 詩にメロディーをつける.曲をつくる.¶他既会唱歌,又会~ / 彼は歌もうたえるし,作曲もできる.
【谱系】pǔxì 名 ❶ 家族の系統.血統.系譜.❷ 事物の変化・発展の系統.
【谱写】pǔxiě 动 ❶ 作曲する.曲をつける.¶这支曲子 qǔzi 是老张~的 / この曲は張さんが作曲したものだ.(同)谱制 pǔzhì (輝かしい事跡などを)つづる.歌いあげる.
【谱子】pǔzi 名《楽譜》楽譜.

氆 pǔ
毛部12　全16画　通用　2871₆

下記熟語を参照.

【氆氇】pǔlu 名 プル.チベット産の毛織物.毛布や衣服に用いる.参考 チベット語の音訳語.

镨(鐠) pǔ
钅部12　全17画　通用　8876₂

名《化学》プラセオジム.Pr.

蹼 pǔ
足部12　全19画　通用　6218₅

名 (カエル・カメ・水鳥などの)水かき.

【蹼泳】pǔyǒng 名《スポーツ》足ひれをつけて泳ぐ水泳.フリッパー・スイミング.
【蹼趾】pǔzhǐ 名 水かきのある足.

铺(鋪/異舖) pù
钅部7　全12画　常用　8372₁

名 ❶ (~儿)〔量 家 jiā〕店.¶肉~ ròupù (肉屋) / 杂货~儿 záhuòpùr (雜貨屋) / 书~儿 shūpùr (本屋).❷ ベッド.¶床~ chuángpù (ベッド) / 卧~ wòpù (寝台).❸ 旧時の宿場.駅.¶五里~ Wǔlǐpù (五里舖).表現 ❸ は,地名としてよく使われる.

☞ 铺 pū

【铺板】pùbǎn 名 ❶〔量 副 fù, 块 kuài〕寝台用の板.❷〔量 块 kuài, 扇 shàn〕店の板戸.¶上~ / 戸をおろして閉店する.
【铺底】pùdǐ 名 ❶ 商店や作業場などの備品.❷ 店舗の権利金.
【铺户】pùhù 名 商店.
【铺面】pùmiàn 名 商店の店先.
【铺面房】pùmiànfáng 名〔量 间 jiān〕大通りに面した商店向きの家.
【铺位】pùwèi 名〔量 个 ge〕(列車や客船などの)寝台.寝台席.¶我想预订两个软卧 ruǎnwò 的~,有吗？/ 一等寝台を二人分予約したいのですが,ありますか.
【铺子】pùzi 名〔量 家 jiā〕商店.¶杂货~ / 雑貨店.

堡 pù
土部9　全12画　通用　2610₄

索 地名用字.参考 地方によって,"五里铺 Wǔlǐpù"や"十里铺 Shílǐpù"などの"铺"の代わりに"堡"と書く.

☞ 堡 bǎo, bǔ

暴 pù
日部11　全15画　常用　6090₉

索 日にさらす.¶一~十寒 (成) 一日だけ太陽があたり,十日間冷える.仕事や勉強が長続きしないたとえ).参考 後に"曝 pù"とも書くようになった.

☞ 暴 bào

瀑 pù
氵部15　全18画　次常用　3619₉

索 滝.¶飞~ fēipù (滝).

☞ 瀑 bào

【瀑布】pùbù 名〔量 道 dào, 个 ge〕滝.瀑布.¶壮观 zhuàngguān 的~ / 壮観な滝.¶尼亚加拉 Níyàjiālā ~ / ナイアガラの滝.

曝 pù
日部15　全19画　通用　6609₉

索 (文) 日にさらす.¶一~十寒 (成) 一日だけ太陽があたり十日間冷える.長続きしないたとえ) / ~露 pùlù / ~晒 pùshài.

☞ 曝 bào

【曝光】pù//guāng 动 感光する.露出する.参考 もと"pùguāng"と発音したが,現在は"bàoguāng"と発音する.☞ 曝光 bàoguāng
【曝露】pùlù 动(風雨に)さらす.野ざらしにする.¶不用的农具不能~在外 / 使わない農具を外に出しっぱなしにしてはいけない.
【曝晒】pùshài 动 強い日ざしにさらす.

Q

【7时代】qī shídài 名《经济》人民元の対米ドルレートが「7:1」の時代. 人民元の切り上げにより, それまでの8元台を割り("破8"), 2007年に1ドル7元台になったことをいう.

qi くl [tɕʻi]

七 qī 一部1 四 4071₀ 全2画 常用
❶数 数字の7. ❷名 昔人の死後四十九日まで七日ごとに法事を行ったが, この七日ごとの日を"七qī"と言った. ❸(Qī)姓. 参考 "七"が第4声の字の前にある時は, 第2声で発音することもある.

【七…八…】qī…bā… (…に単音の名詞・動詞などを用いて)多いこと, 入り乱れることなどをあらわす. ¶七折zhé八扣kòu / おおいに割り引く.

【七颠八倒】qī diān bā dǎo 成 ひどく混乱しているようす. ¶～的局面 / ひどく混乱した局面.

【七古】qīgǔ 名《文学》"七言古诗"(七言の古体詩)の略称.

【七绝】qījué 名《文学》[量 句 jù, 首 shǒu] 七言絶句.

【七老八十】qī lǎo bā shí 成 とても高齢だ. 由来 70か80歳に達している, という意から.

【七零八落】qī líng bā luò 成 ばらばらに散らばる. ¶几个小岛～地分布在大岛的周围 / いくつかの小島が大きな島の周りに点在している.

【七律】qīlǜ 名《文学》[量 句 jù, 首 shǒu] 七言律詩.

【七拼八凑】qī pīn bā còu 成 あちこちから寄せ集める. ¶～的, 弄到了五十块钱 / あちこちからかき集めて50元を手にした.

【七七】qīqī 名 四十九日. ¶尽七 jìnqī, 满七 mǎnqī, 断七 duànqī

【七七八八】qīqībābā 慣 ❶ こまごましているようす. ばらばらなようす. ❷ 七, 八割方だいじょうぶだ.

【七七事变】Qīqī-Qī shìbiàn 名《歴史》蘆溝橋事変. 同 芦沟桥 Lúgōuqiáo 事変

【七巧板】qīqiǎobǎn 名 タングラム. 正方形の板を7つの形に切り分けた玩具. 並べかえて遊ぶ.

【七窍】qīqiào 名 頭部の7つの穴. 両眼・両耳・鼻・口の穴のこと.

【七窍里冒火,五脏里生烟】qīqiàolǐ màohuǒ,wǔzànglǐ shēngyān 慣 頭から湯気を立てて, かんかんに怒る. 同 七窍生烟 由来 "七窍"(頭部の7つの穴)から火を吹き, "五脏"(五臓)から煙を出す, という意から.

【七窍生烟】qī qiào shēng yān 成 頭部の穴という穴から火を噴き出すぐらいにかんかんに怒る.

【七情】qīqíng 名 ❶ 人間の持つ七つの感情. 喜・怒・哀・惧・愛・悪・欲. ❷《中医》人間の精神状態を七つに分類したもの. 喜・怒・忧・思・悲・恐・惊. 参考 このバランスが崩れると, 病気になるとされる.

【七情六欲】qī qíng liù yù 成 人間のさまざまな感情と欲望. "六欲"は生・耳・目・口・鼻.

【七上八下】qī shàng bā xià 成 気持ちが落ち着かない. ¶心里一的,放不下心来/ああでもないこうでもないと, どうにも落ち着かない. 同 七上八落 luò

【七十二行】qīshí'èr háng 名 あらゆる職業. ¶～, 行行 hángháng 出状元 zhuàngyuan / どんな職業にも, それぞれに優れた人材が世に輩出するものである.

【七手八脚】qī shǒu bā jiǎo 成 多くの人がいっせいに手を貸して助ける. ¶大家～地把他送到了医院 / みんなは手を尽くして彼を病院へ運び込んだ.

【七夕】qīxī 名 七夕(たなばた). 旧暦7月7日. 参考 かつては七夕の夜に女子が庭に果物などを供え, 織女星に針仕事の上達を願う"乞巧 qǐqiǎo"という風習があった. ⇨付録「祝祭日一覧」

【七弦琴】qīxiánqín 名《音楽》7本の弦のある琴(こと). "古琴 gǔqín"に同じ.

【七言诗】qīyánshī 名《文学》[量 句 jù, 首 shǒu] 七言詩. 参考 1句7文字の詩で, 七言古詩・七言律詩・七言絶句を言う.

【七叶树】qīyèshù 名《植物》トチノキ.

【七一】Qī-Yī 名 中国共産党の創立記念日. 参考 1921年7月23日に第1回代表大会が上海で召集され, 中国共産党が成立した. その後, 1941年に7月1日を創立記念日とすることが決められた.

【七嘴八舌】qī zuǐ bā shé 成 多くの人が口々にしゃべる. ¶大家～地发表了自己的意见 / みんなは口々に自分の考えを述べた.

沏 qī 氵部4 四 3712₀ 全7画 通用
动 熱湯を注いでひたす.

【沏茶】qī chá 句 茶を入れる. ¶我来～ / 私がお茶を入れます.

妻 qī 女部5 四 5040₄ 全8画 常用
名 妻. ¶夫～ fūqī (夫婦) / 未婚～ wèihūnqī (フィアンセ). 反 夫 fū
☞ 妻 qì

【妻弟】qīdì 名 妻の弟.

【妻儿老小】qī ér lǎo xiǎo 熟 夫を除く家族全員. ¶～靠 kào 他生活 / 家中が彼に頼って生活している. 同 妻儿老少 shào

【妻管严】qīguǎnyán 句 妻の管理が厳しい. 恐妻家だ. 表現 発音が近いことから, しゃれことばとして"气管炎"(気管支炎)で代替される.

【妻舅】qījiù 名 妻の兄弟.

【妻离子散】qī lí zǐ sàn 成 一家が離散する.

【妻室】qīshì 名(文) 妻.

【妻小】qīxiǎo 名(文) 妻と子供.

*【妻子】❶ qīzǐ 名 妻と子供. 妻子. ❷ qīzi 名 妻. 丈夫 zhàngfu

柒 qī 木部5 四 3490₄ 全9画 次常用
❶数 "七qī"の大字. 領収書などに用いる. ❷(Qī)姓.

栖(異 棲) qī 木部6 四 4196₄ 全10画 次常用

栖 ❶鳥が木に止まる. ❷住む. 逗留する. ¶~息 qī-xī / 两~动物(両棲動物).
☞ 栖 xī
【栖居】qījū 動(動物が)棲む. 棲息する.
【栖身】qīshēn 動 文 一時身を寄せる. ¶无处~ / 身を寄せる所がない.
【栖息】qīxī 動(鳥が)止まる. 休む. ¶几只燕子 yànzi 在屋檐 wūyán 下~ / 数羽のツバメが軒先で羽を休めている.

桤(榿) qī
木部6 四 4291₇ 全10画 通用
桤 (植物)ハンノキ. ¶~林(ハンノキの林).
【桤木】qīmù 名(植物)ハンノキ.

凄(異 淒❶❷、悽❸) qī
冫部8 全10画 四 3514₄ 次常用
凄 ❶寒い. ¶风雨~~(冷たい雨風). ❷ もの寂しい. ¶~凉 qīliáng / 清 qīqīng. ❸悲しい. ¶~然 qī-rán / 一切 qīqiè.
【凄惨】qīcǎn 形 悲惨だ. 痛ましい. ¶哭声~ / 泣き声が痛ましい. ¶生活更加~ / 生活はいっそう悲惨になった. 重 凄惨凄惨
【凄恻】qīcè 形 文 悲しく痛ましい. ¶~动人的故事 / 胸に迫る悲しい物語.
【凄楚】qīchǔ 形 文 悲しくつらい. ¶内心的~,无法形容 / 心の中の悲しさはことばにできない.
【凄怆】qīchuàng 形 文 痛ましい. ¶~之情,油然而生 / 悲痛な思いがおのずと沸き起こる.
【凄风苦雨】qī fēng kǔ yǔ 成 悲惨な境遇にある. ¶他走过了三十多年的~的人生道路 / 彼は三十数年に及ぶ辛苦の人生を歩んできた. 同 凄风冷 lěng 雨 由来 寒風と長雨,天候がひどく悪いという意味から.
【凄风冷雨】qī fēng lěng yǔ 成 ❶ 天候が非常に悪い. ❷ →凄风苦雨
【凄惶】qīhuáng 形 心悲しく困りはて,不安なようす.
【凄厉】qīlì 形 ❶ (音声が)すさまじい. 甲高い. ❷ 寒風が激しく吹くようす.
【凄凉】qīliáng 形 ❶ (風景が)もの寂しい. ¶秋风落叶, 一片~景色 / 秋風に葉が落ち,あたり一面寂しい景色だ. ¶暮色 mùsè~ / 夕暮れはもの寂しい. 同 凄冷 qīlěng, 苍凉 cāngliáng. ❷ 痛ましい. ¶处境 chǔjìng~ / 境遇が悲惨だ. 同 凄惨 qīcǎn
【凄迷】qīmí 形 文 ❶(景色や光景が)物寂しくぼんやりしている. ❷(気持ちが)もの悲しい. 茫然とする.
【凄切】qīqiè 形(声や音が)寂しくもの悲しい. ¶寒蝉 hánchán~ / 寒々としてセミの声がもの悲しい. 重 凄凄切切
【凄清】qīqīng 形 ❶ ひんやりしている. ¶~的月光 / 寒々とした月光. ❷ もの寂しい. ¶笛声 díshēng~ / 笛の音がもの寂しい.
【凄然】qīrán 形 文 つらく悲しい. ¶~泪下 / 悲しみに涙を流す.
【凄婉】qīwǎn 形 ❶ 悲しみ,なげくようす. ❷(音声が)か細く悲しい. 同 凄惋 wǎn

萋 qī
艹部8 四 4440₄ 全11画 通用
❶ 下記熟語を参照. ❷ (Qī)姓.
【萋萋】qīqī 形 文 草が生い茂っている. ¶芳草 fāng-cǎo~ / かおりのよい草が生い茂っている.

戚(異 慼❷) qī
戈部7 四 5320₀ 全11画 常用
❶ 親戚. ¶~谊 qīyì(親族のよしみ) / ~友 qīyǒu(親族と友人). ❷ 悲しむ. ¶哀~ āiqī(悲しみ). ❸ 名 斧に似た古代の兵器. ❹(Qī)姓.

期 qī
月部8 四 4782₀ 全12画 常用
❶ 前もって決めた時期. 期限. ¶定~ dìngqī(期日を定める) / 到~ dàoqī(期限になる) / 限~ xiànqī(期限を切る) / 过~作废 zuòfèi(期限切れ無効). ❷ ある一定の期間. ¶学~ xuéqī(学期) / 假~ jiàqī(休暇期間) / 潜伏~ qiánfúqī(潜伏期). ❸ 量 定期的な活動の回数や定期刊行物の号数などを数えることば. ¶培训班 péixùnbān 先后办了三~(研修コースは前後三期にわたって行われた). ❹ 約東する. 约東する. ¶不~而遇 yù(期せずして会う). ❺ 待つ. 待ち望む. ¶~待 qīdài / ~望 qīwàng.
☞ 期 jī
【期待】qīdài 動名 期待(する). 待ち望む(こと). ¶不辜负 gūfù 大家的~ / みんなの期待を裏切らない. ¶~春天的到来 / 春が来るのが待ち遠しい. 同 期望 qīwàng
【期房】qīfáng 名 先物住宅. 竣工前や建設中に売買される分譲住宅やマンション. 反 现 xiàn 房 参考 中国では, 住宅は完成後に販売されることが一般的で,日本のように完成前から売り出されることは少ない.
【期股】qīgǔ 名 オプション株.
【期货】qīhuò 名《经济》先物(誌). ¶~价格 / 先物価格. ¶~交易 jiāoyì / 先物取引. 反 现货 xiàn-huò
【期价】qījià 名《经济》先物(誌)の価格.
*【期间】qījiān 名 期間. ¶展销 zhǎnxiāo~ / 展示即売期間. ¶休假 xiūjià~ / 休みの間.
【期刊】qīkān 名[量 本 běn, 份 fèn] 定期刊行物. ¶发行~ / 定期刊行物を発行する. ¶~门市部 ménshìbù / 定期刊行物販売所.
【期考】qīkǎo 名〔量 次 cì〕期末試験.
【期满】qīmǎn 動 満期になる. ¶合同~ / 契約期間が満了する.
【期盼】qīpàn 動 期待する. 待ち望む.
【期票】qīpiào 名〔量 张 zhāng〕約束手形.
【期期艾艾】qī qī ài ài 成 どもりながら話す. 由来 漢の周昌"期期",魏の鄧艾"艾艾"の故事から.
【期求】qīqiú 動 手に入れたいと願う. ¶~幸福的生活 / 幸せな生活を望む. 同 祈求 qíqiú, 企求 qǐqiú 表现 抽象的な事物を願い求める時に使うことが多い.
【期权】qīquán 名《经济》選択売買権. オプション.
【期市】qīshì 名《经济》❶ 先物取引市場. ❷ 先物取引市場の相場.
【期望】qīwàng 動 期待する. ¶~这条铁路早日开通 / この鉄道が一日も早く開通することを期待する. 同 期望 jìwàng, 希冀 xījì, 希望 xīwàng, 期待 qīdài 比较 "期望"は文章によく使われ,重いニュアンスをもつ. "希望 xīwàng"は,口語でも文語でも使われ,要望の度合いもやや軽い. "期望"が他人に対して期待するのに対して, "希望"は自分自身に対しても言える.
【期望值】qīwàngzhí 名 期待度.
【期限】qīxiàn 名 期限. ¶给你三天~ / 君に3日の期限をやる. ¶延长~ / 期限を延長する.
【期许】qīxǔ 動 文(多く年下の者に対して)期待する.
【期于】qīyú 動 文 達成することを期待する. 目的は…

ある。¶日夜兼程 jiānchéng，〜早日到达目的地 / 昼夜行で行くのは，一日も早く目的地に到着せんがためである。

欺 qī 欠部8 四 4788₂ 全12画 常用

素 ❶ だます。¶〜哄 qīhǒng / 〜骗 qīpiàn。❷ いじめる。侮辱する。¶仗势 zhàngshì〜人（力をたのんで人をいじめる）/ 〜侮 qīwǔ。

【欺负】qīfu 动 あなどる。いじめる。¶不能〜弱者 ruòzhě / 弱い者いじめをしてはならない。¶被人〜 / ばかにされる。同 欺侮 qīwǔ ⇨欺侮 qīwǔ

【欺行霸市】qī háng bà shì 句 同業者を欺いて商売をし，市場を独占する。

【欺哄】qīhǒng 动 人をだます。¶〜顾客 / 客をだます。

【欺凌】qīlíng 动 いじめる。はずかしめる。同 欺负 qīfu ⇨欺侮 qīwǔ

【欺瞒】qīmán 动 うそをついてだます。¶虚报情况，〜领导 / 虚偽の報告をして，責任者をだます。

【欺蒙】qīméng 动 真相を隠して人をだます。ごまかす。

*【欺骗】qīpiàn 动 うそをついて人をだます。欺く。¶〜社会舆论 yúlùn / 社会の世論を欺く。

【欺人】qīrén 动 だます。ばかにする。

【欺人太甚】qī rén tài shèn 成 人をひどくばかにする。人をなめてかかる。

【欺人之谈】qī rén zhī tán 成 うそ話。偽りの話。人をだますような話。

【欺辱】qīrǔ 动 侮辱する。ばかにする。

【欺软怕硬】qī ruǎn pà yìng 成 弱い者をいじめ，強い者にはぺこぺこする。

【欺上瞒下】qī shàng mán xià 成 上の者も下の者もだます。¶他〜，企图蒙混 ménghùn 过关 / 彼は上司も部下もだまして責任逃れしようとしている。

【欺生】qīshēng 动 ❶ 新参者をいじめる。❷（ウマやロバなどが）飼い主以外の言うことを聞かない。

【欺世盗名】qī shì dào míng 成 世間をだまして不当な名声を得る。

【欺侮】qīwǔ 动 あなどる。いじめる。¶受尽〜 / あらゆるいじめを受ける。同 欺凌 qīlíng，侮辱 wǔrǔ，欺负 qīfu
比較 "欺侮"は人をばかにした態度をとることを言い，ニュアンスは軽く口語でよく使われる。"欺凌 qīlíng"は文語で，他国の侵犯や他人への侮辱などの重い意味に使われる。"欺负 qīfu"は，広い範囲のものに使うことができる。

【欺压】qīyā 动 あなどり抑圧する。虐げる。

【欺诈】qīzhà 动 ずる賢い手を使って人をだます。¶〜行为 / 詐欺(ぎ)行為。

缉（緝）qī 纟部9 四 2614₁ 全12画 通用

动 返し縫いをする。¶〜边（衣服の縁を返し縫いする）。

☞ 缉 jī

喊 qī 口部11 四 6305₀ 全14画 次常用

下記熟語を参照。

【喊哩咔嚓[嚓]】qīlikāchā 形 動作や話し方がきびきびしているさま。てきぱき。

【喊喳喳[嚓嚓]】qīchāchā 形 ひそひそ。こそこそ。¶〜地说话 / ひそひそ話す。¶〜的鸟叫声 / かすかに聞こえる鳥のさえずり。参考 "qīgīzhāzhā"とも発音する。

漆 qī 氵部11 四 3419₉ 全14画 常用

❶ 名〔层 céng，道 dào，桶 tǒng〕うるし。❷ 动
（うるしや塗料を）塗る。❸（Qī）姓。

【漆包线】qībāoxiàn 名〔電気〕エナメル線。

【漆布】qībù 名 塗料を塗った布。レザークロス，リノリウムなど。

【漆雕】qīdiāo 名 ❶ 堆朱(ついしゅ)。漆工芸の一種。同 雕漆 diāoqī。❷ Qīdiāo（複姓）漆雕(ちょう)。

【漆工】qīgōng 名 うるしやペンキを塗る仕事。❷〔個 个 ge，位 wèi〕塗装工。

【漆黑】qīhēi 形 真っ黒だ。真っ暗だ。¶〜的头发 / 黒々とした髪。みどりの黒髪。¶没有月光的晚上，到处一片〜 / 月のない夜は，一面の真っ暗闇(やみ)。同 漆黑漆黑 同 乌黑 wūhēi

【漆黑一团】qī hēi yī tuán 成 ❶ 真っ暗闇だ。¶屋子里へ，什么都看不见 / 部屋の中は真っ暗で，何も見えない。❷〜的年代。暗黒の時代。同 一团漆黑 ❸ さっぱり分からない。¶无论老师怎么讲解，他脑子里还是〜 / 先生がどんなに説明しても，やはり彼にはさっぱり分からない。同 一团漆黑

【漆匠】qījiang 名〔個 个 ge，位 wèi〕❶ 塗物師。❷ 塗装工。ペンキ職人。

【漆皮】qīpí 名（〜儿）うるしやワニスなどをぬった部分。セラック。

【漆片】qīpiàn 名 シェラック。参考 アルコールなどに溶かし塗料とする。

【漆器】qīqì 名〔件 jiàn，套 tào〕漆器(しっき)。

【漆树】qīshù 名《植物》〔棵 kē，株 zhū〕ウルシ。

蹊 qī 足部10 四 6218₄ 全17画 通用

下記熟語を参照。
☞ 蹊 xī

【蹊跷】qīqiāo 形 変だ。おかしい。¶事情很〜 / 事情がどうも怪しい。

亓 Qí 一部3 四 1022₁ 全4画 通用

名 姓。

齐（齊）qí 齐部0 四 0022₄ 全6画 常用

❶ 形 整っている。そろっている。¶他们站得很〜（彼らはきちんと並んで立っている）/ 长短不〜（長短さまざまだ）。❷ 动 同じ高さになる。¶水深〜腰（水の深さが腰まである）。❸ 素 等しい。等しくする。¶〜名 qímíng。❹ 素 一緒に。同時に。¶百花〜放（あらゆる芸術が百花のごとく一斉に咲き競う）/ 并驾 jià〜驱 qū（肩を並べて進む）。❺ 形 欠けていない。完全だ。¶资料都〜了（資料は皆揃っている）/ 开会的人都到〜了（会に出る人は皆揃った）。❻ 介 全 quán 部。〜点より上はー続きの線にそろえる。¶〜着边儿画一条直线（縁に沿い直線を一本引く）。❼（Qí）名 齐(せい)。周代の国名。現在の山東省北部から河北省南東部のあたりにあった。❽（Qí）名 南齐(479-502)。南朝の王朝名。❾（Qí）名 北齐(550-577)。北朝の王朝名。❿（Qí）名 齐。唐末に黄巣が建てた国。⓫（Qí）姓。

【齐白石】Qí Báishí《人名》齐白石(はくせき：1864-1957)。中国画家・篆刻家。

【齐备】qíbèi 形（物が）すべてそろっている。完備している。¶货色 huòsè〜 / 品物がそろっている。¶万事〜 / 万事取りそろえてある。同 完备 wánbèi

【齐步】qíbù 动 歩調をそろえる。

【齐步走】qíbù zǒu 句〔整列して〕前へ進め。表现 行進時の号令。

【齐唱】qíchàng 名動 斉唱(する).
【齐楚】qíchǔ 形文 きちんと整っている. ¶衣冠 yīguān～/身なりがきちんとしている. 表現 服装や身なりについて言うことが多い.
【齐集】qíjí 動 一斉に集まる. 参集する.
【齐家治国平天下】qí jiā zhì guó píng tiān xià 成 家庭を整え治めてこそ,国を治め,天下を治めることができる. 大事を成すには,まず身辺を治めるべし.
【齐名】qímíng 動 同じように有名だ. ¶她们两人～于体坛 tǐtán / 彼女たち二人は体育界ではともに知られている.
【齐齐哈尔】Qíqíhā'ěr 地名 チチハル. 黒竜江省西部の都市.
【齐全】qíquán 形 (必要なもの)すべてそろっている. 欠けるものがない. ¶尺码 chǐmǎ～/ サイズがすべてそろっている. ¶准备～/ 用意周到だ. 同 完全 wánquán 表現 物について言うことが多いが,人にも用いることができる.
【齐声】qíshēng 副 声をそろえて. ¶～欢呼 huānhū / 一斉に歓声をあげる.
【齐刷刷】qíshuāshuā 形 (～的)(動作が)整然としている. きちんと揃っている.
【齐头并进】qí tóu bìng jìn 成 足並みをそろえてともに進む.
【齐心】qíxīn 動 心を一つにする. ¶只要我们～,就一定能完成任务 / 心を一つにしさえすれば,きっと任務を果たすことができる.
【齐心协力】qí xīn xié lì 成 皆が気持ちをひとつにし,力を合わせて努力する.
【齐整】qízhěng 形 きちんと整っている. ¶衣服齐齐整整地放在箱子里 / 服が箱の中にきちんとおさめられている. 同 齐齐整整 同 整齐 zhěngqí
【齐奏】qízòu 動《音楽》斉奏する.

祁 Qí
礻部2 四 3722₇
全6画 通用
❶ 安徽省「祁门 Qímén」のこと. ¶～红 qíhóng.
❷ 素 湖南省「祁阳 Qíyáng」のこと. ¶～剧 qíjù. ❸ 姓.

【祁红】qíhóng 名 安徽省祁門(キーマン)産の紅茶. 独特の香りと味わいで有名.
【祁剧】qíjù 名《芸能》湖南省の祁陽などで行われている伝統劇.
【祁连山】Qíliánshān 地名 祁連(ﾚﾝ)山脈. 甘粛省西部から青海省東北部に伸びる山脈. 河西回廊の南に位置することから「南山」とも呼ばれる.

圻 qí
土部4 四 4212₁
全7画 通用
❶ 素 文 境界. 同 垠 yín ❷ (Qí)姓.

芪 qí
艹部4 四 4474₂
全7画 通用
→ 黄芪 huángqí

岐 qí
山部4 四 2474₇
全7画 通用
❶ 素 地名用字. ¶～山县 Qíshānxiàn (陝西省の県名). ❷ 素「歧 qí」に同じ. ❸ (Qí)姓.

其 qí
八部6 四 4480₁
全8画 通用
❶ 代 彼(ら)の. 彼女(ら)の. それ(ら)の. ¶各得～所(成 おのおのその所を得たり. 適材適所だ) / 自圆 yuán～说(成 自説のつじつまを合わせる). ❷ 代 彼(ら). 彼女(ら). それ(ら). ¶促 cù～早日实现(早い実現を促す) / 不要任～自流(成行きに任せてはならない). ❸ 代 その. そのような. ¶查无～事(調べた結果その様な事はない) / 不厌 yàn～烦 fán(煩をいとわない). ❹ 助 リズムや語調を整えるために動詞の後に用いる. ¶忘～所以(我を忘れる). 表現 どうして…であろうか. 推量や反語をあらわす. ¶岂 qǐ～然乎 hū？(どうしてそんなことがあろうか) / ～奈 nài 我何？(いったい私をどうしようというのか). ❺ 助 …せよ. 命令をあらわす. ¶子～勉 miǎn 之 zhī！(大いに努力せよ). ❼ 接尾 特定の副詞の後に用いる. ¶极～ jíqí(極めて) / 尤～ yóuqí(とりわけ) / 如～ rúqí (もしも). ❽ (Qí)姓.

*【其次】qícì ❶ 代 順序が二番目の. その次. ¶作品主要是思想内容,一才是艺术形式 / 作品に重要なのは思想であり,その次が芸術スタイルだ. ❷ 名 二次的な地位. 二の次. ¶首要的问题已解决了,～的问题就好办了 / 主要な問題が解決すれば,副次的な問題は処理しやすい.
【其后】qíhòu 历文 その後.
【其间】qíjiān ❶ その中. その間. ¶这山上有很多果树,～有一些桃树 / この山には数多くの果樹があるが,中に桃の木が何本かある. ¶我在北京呆了四年,～有两年是在念大学 / 私は北京で4年になるが,そのうちの2年は大学で学んだ. 表現 場所・範囲・時間について言う.
【其乐无穷】qí lè wú qióng 成 楽しみが尽きることがない.
【其貌不扬】qí mào bù yáng 成 容貌がぱっとしない.
【其实】qíshí 副 実際には. 実は. ¶天气预报说今天有雨,～根本没有 / 天気予報では今日雨が降ると言っていたが,実際には全く降らなかった. ¶大家都知道他英语说得很好,～他汉语说得更好 / 皆は,彼が英会話が得意だとしか知らなかったのだが,実は中国語会話はもっとできるのだ.
*【其他】qítā 代 その他(のもの). ¶除了他以外,～(的)人都知道 / 彼を除いて,他の人はみんな知っている. ¶你管扫地,一切我来弄 / 君は掃除をしてくれ,そのほかはすべて私がやるから. 比較 "其他"は「別のもの」に,"其余 qíyú"は「残り物」に重点があるので,"其余"の方が範囲や数量をはっきり指示す.
【其它】qítā 代 その他のもの. 同 其他 qítā 用法 事物にのみ使う.
【其余】qíyú 代 残りの人や事物. ¶～的人马上就来 / あとの人たちはすぐに来ます. ⇨ 其他 qítā
*【其中】qízhōng 历 その中. ¶一共去了五个人,～三个是女的 / 全部で5人行ったが,そのうち3人は女性だった. ¶我也是～的一个人 / 私もその中の1人です. ¶乐 lè 在～ / 楽しみはその中にあり. 用法 場所や範囲について言う. 名詞の後に置いて「…の中」とすることはできない.

奇 qí
大部5 四 4062₁
全8画 常用
❶ 素 めったにない. 特殊な. ¶～事 qíshì / ～闻 qíwén / ～志 qízhì / ～才 qícái. ❷ 素 予想外の. 思いがけない. ¶～兵 qíbīng / ～袭 qíxí / 出～制 zhì 胜(成 意表をついて勝ちを制する). ❸ 素 驚く. ¶惊~ jīngqí(驚異だ) / 不足为~ wéi~(成 驚くには及ばない). ❹ 副 非常に. きわめて. ¶～痒难忍(かゆくて我慢できない). ❺ (Qí)姓.
☞ 奇 jī

【奇兵】qíbīng 名《軍事》敵の不意を襲う兵隊. 奇兵.
【奇才[材]】qícái ❶ 優れた才能. ❷〔一个 ge, 位 wèi〕優れた才能の持ち主.
【奇耻大辱】qí chǐ dà rǔ この上ない恥辱.
【奇峰】qífēng 名 奇峰(ﾎｳ). 珍しい形の峰.

歧祈荠俟耆 qí 867

【奇功】qígōng 名〔🅑件 jiàn〕特別な功績．大手柄．¶屡 lǚ 建～／たびたび大手柄をたてる．
*【奇怪】qíguài ❶ 形 おかしい．不思議だ．¶～的动物／不思議な動物．¶那件事情很～／あの出来事はとても妙だ．🅒 奇奇怪怪 ❷ 動 おかしいと思う．不思議に思う．¶我们都～这个怎么这么贵／私たちはみんなこれがどうしてこんなに高いのか不思議だ．
【奇观】qíguān 名 珍しい風景．奇観．¶天下～／天下の奇観．
【奇花异草】qí huā yì cǎo [huì] 成 珍しい花や草．¶植物园里栽种 zāizhòng 了很多～／植物園には多くの珍しい草花が植えられている．
【奇幻】qíhuàn 形 ❶（景色などが）奇異で幻想的だ．❷（考えなどが）奇妙でありえない．
【奇货可居】qí huò kě jū 成 希少商品を買い占め，値上がりを待つ．また，自分の技能や成果を鼻にかけ，地位や利益を要求すること．比較 日本語の「奇貨居くべし」の用法とはニュアンスが異なり異なり良くない意味で使われる．
【奇祸】qíhuò 名 思いがけない災難．奇禍．¶险遭 xiǎnzāo ～／奇禍にあう．
【奇计】qíjì 名 奇策．奇計．¶筹谋 chóumóu ～／奇計を巡らす．
【奇迹】qíjì 名〔🅑个 ge〕奇跡．¶简直 jiǎnzhí 是个医学上的～／まことに医学上の奇跡だ．
【奇景】qíjǐng 名 奇景．絶景．¶海市蜃 shèn 楼真是一种～的～壮观 zhuàngguān／蜃気楼は本当に大自然の壮大な奇観だ．
【奇绝】qíjué 形 非常に珍しい．絶妙だ．
【奇崛】qíjué 形 卓抜だ．奇抜だ．
【奇妙】qímiào 形 珍しくて興味をそそる．みごとだ．¶构思 gòusī ～／構想が凡庸でない．¶极光——一种～的自然现象／オーロラ，それはみごとな自然現象である．
【奇谋】qímóu 名 奇策．
【奇葩】qípā 名 ❶ 珍しい花．❷ 傑出した作品．
【奇葩异草】qí pā yì cǎo 成 珍しい花や草．¶万博花展上有许多～／花博には多くの珍しい草花が展示されている．
【奇巧】qíqiǎo 形 精巧だ．¶馆内的工艺品造型～／館内の工芸品はみごとな作りだ．表现 美術品や工芸品などについて言うことが多い．
【奇缺】qíquē 形 ひどく不足している．¶灾区 zāiqū 粮食～，需要紧急援助 yuánzhù／被災地は食料がひどく欠乏しており，緊急援助を要する．
【奇人】qírén 名 独特の能力や価値を持つ人．表现 よい意味で使われることが多い．
【奇事】qíshì 名 珍しい事件．不思議な現象．
【奇谈】qítán 名 珍しくて不思議な話．奇談．¶海外～／外国の奇異な話．
【奇谈怪论】qí tán guài lùn 成 とっぴな話．つじつまの合わないような議論．
【奇特】qítè 形 不思議だ．奇怪で独特だ．¶～的现象／風変わりな現象．¶服装～／服装が独特だ．
【奇伟】qíwěi 形 ❶（物などが）すばらしくて雄大だ．壮大だ．❷（人柄が）格別立派だ．
【奇文共赏】qí wén gòng shǎng 成 新奇な文章を多くの人々と共に鑑賞する．由来 晋·陶淵明「移居」詩に見えることば．表现 もとは広い意味で使われたが，現在では珍しい考えと反動的な作品を大衆の批判にさらす，という意味に使われる．
【奇闻】qíwén 名〔🅑件 jiàn〕不思議な話．¶千古～／世にも不思議な話．¶～趣事 qùshì／奇談珍事．
【奇袭】qíxí 動 敵に不意打ちをかける．¶～匪窝 fěiwō／盗賊のアジトを奇襲する．
【奇想】qíxiǎng 名 尋常ではない考え方．妙案．
【奇形怪状】qí xíng guài zhuàng 成 風変わりな形状．¶～的钟乳石 zhōngrǔshí／不思議な形の鍾乳石．
【奇勋】qíxūn 名 卓越した功績．殊勲．
【奇异】qíyì 形 ❶ 通常とは違う．特別の．珍しい．¶～的海底世界／不思議な海底の世界．🅒 奇怪 qíguài, 奇特 qítè ❷ 驚いていぶかるような．¶～的眼光／いぶかるような目つき．
【奇遇】qíyù 名 ❶ 思いがけないめぐり合い．奇遇．¶在一次偶然的～中，认识了我现在的妻子／偶然の出会いで，今の妻と知り合った．❷ 驚くべき体験．数奇な事件．表现 ❶ は，良い出会いを言うことが多い．
【奇冤】qíyuān 名 ひどいぬれぎぬ．重大な冤罪．
【奇珍异宝】qí zhēn yì bǎo 成 珍しい宝物．
【奇志】qízhì 名 高い理想．大望（tàimǒ）．¶胸怀 xiōnghuái～／胸に大志を抱く．
【奇装异服】qí zhuāng yì fú 成 奇抜な服装．¶我不喜欢穿～／私は奇抜なかっこうをするのは好きじゃない．

歧 qí
止部4 四 2414₇
全8画 非常用

素 ❶ 分かれた道．二股に分かれたもの．¶～途 qítú．❷ 異なる．一致しない．¶～义 qíyì／～视 qíshì．
【歧路】qílù 名 分かれ道．横道．¶误入～／間違って横道にそれる．
【歧路亡羊】qí lù wáng yáng 成 情況が複雑多岐にわたると方向を見失って道を誤る．多岐亡羊（たきぼうよう）．由来『列子』説符に見えることば．楊子の隣家の羊が枝道に逃げ込んだため，ついに見失ったという故事から．
【歧视】qíshì 動 差別する．¶种族 zhǒngzú～／人種差別．¶不能～妇女／女性を差別してはならない．
【歧途】qítú 名 ❶ 分かれた道．🅒 歧路 qílù ❷ 誤った道．¶把青年人引向～／若者を誤った道に引き込む．
【歧义】qíyì 名 複数の解釈ができる字義や語義．¶这句话有～／このことばはいろいろな意味にとれる．
【歧异】qíyì 形 同じでない．¶～的看法／異なる見方．

祈 qí
礻部4 四 3222₁
全8画 次常用

❶ 素 祈る．¶～福 qífú（幸福を祈る）．❷ 素 願う．求める．¶～求 qíqiú／～望 qíwàng．❸ (QD)姓．
【祈祷】qídǎo 動（神仏に）祈る．¶向上帝～／世界和平／世界平和を祈る．🅒 祷告 dǎogào．
【祈求】qíqiú 動 心から願う．¶～理解／理解を請う．🅒 期求 qīqiú, 企求 qǐqiú．
【祈使句】qíshǐjù 名《言語》命令文．祈願文．
【祈望】qíwàng 動 望む．¶～找到理想的工作／希望どおりの仕事につけるよう願う．

荠（薺） qí
艹部6 四 4422₄
全9画 次常用

→荸荠 bíqí
☞ 荠 jì

俟 qí
亻部7 四 2328₄
全9画 通用

→万俟 Mòqí
☞ 俟 sì

耆 qí
老部4 四 4460₁
全10画 通用

顑脐埼萁畦崎淇骐骑琪琦棋蛴祺䱷

❶ 素 六十歳以上の人. ¶～年 qínián (老年) ／～老 qǐlǎo ／～宿 qísù (徳を積み, 名声のある老人). ❷ (Qí)姓.
【耆老】qǐlǎo 名 文 〔量 位 wèi〕老人. 表現 特に人々から尊敬されている高齢の人を指す.

顑(顑) qí 斤部6 四 7128₂ 全10画 通用
素 文 (背が)すらりと高い. ¶～长 qícháng ／～伟 qíwěi (背が高くたくましい).
【顑长】qícháng 形 文 背が高い. ¶身材～／長身だ.

脐(臍) qí 月部6 四 7022₄ 全10画 次常用
名 ❶《生理》へそ. ¶肚～ dùqí (へそ) ／～带 qídài. ❷ カニの腹部の甲羅. ¶尖～ jiānqí (雄ガニ) ／団～ tuánqí (雌ガニ).
【脐带】qídài 名《生理》〔量 根 gēn, 截 jié, 条 tiáo〕へその緒.

埼(異 碕) qí 土部8 四 4412₁ 全11画 通用
素 曲がりくねった岸.

萁 qí ⁺⁺部8 四 4480₁ 全11画
名 方 マメの茎. マメがら. ¶煮豆燃 rán～ (成 マメを煮るのにマメがらを燃やす. 兄弟同士が傷つけ合う).

畦 qí 田部6 四 6401₄ 全11画
名 あぜで区画された田畑. ¶～田 qítián ／菜～ càiqí (野菜畑).
【畦灌】qíguàn 動《農業》灌漑(然)の方法の一つ. あぜで田畑を小さく区切り, 区画ごとに順々に灌漑する.
【畦田】qítián 名 あぜで仕切られた田畑.

崎 qí 山部8 四 2472₁ 全11画 次常用
下記熟語を参照.
【崎岖】qíqū 形 ❶ 山道が険しい. ¶山路～／山路が険しい. ❷ 境遇が苦しい. ¶～坎坷 kǎnkě 的一生／困難ばかりの一生. 回 坎坷 kǎnkě ⇔平坦 píngtǎn

淇 Qí ⺡部8 四 3418₁ 全11画
素 地名用字. ¶～河 Qíhé (河南省にある川の名).

骐(騏) qí 马部8 四 7418₁ 全11画 通用
素 文 青黒色のウマ. ¶～骥 qíjì.
【骐骥】qíjì 名 文 駿馬(⁾ᵘ). 千里馬.

骑(騎) qí 马部8 四 7412₁ 全11画 常用
❶ 動 またがる. またがって乗る. ¶～马 (ウマに乗る) ／～自行车 (自転車に乗る). ❷ 素 両方にまたがる. ¶～缝 qífèng. ❸ 素 乗用のウマ. 乗用の動物. ¶坐～ zuòqí (乗馬) ／轻～ qīngqí (バイク). ❹ 素 騎兵. ウマに乗る人. ¶铁～ tiěqí (精鋭の騎兵).
【骑兵】qíbīng 名 〔量 队 duì, 名 míng, 支 zhī〕騎兵. ¶～部队／騎兵部隊.
【骑缝】qífèng 名 証書. 切符などの切り取り部分. 割印などを押す所.
【骑虎难下】qí hǔ nán xià 成 途中で困難になっても, やめることができない. 已已～了／ここまで来てしまったら, もういかんともしがたい. 由来 トラにまたがると途中で降りることができない, という意から.
【骑警】qíjǐng 名 騎馬警官. また, オートバイで警備する警官.
【骑楼】qílóu 名 建物の二階から上が歩道に突き出ている所. 参考 その下の歩道を"骑楼底 dǐ"と言う.
【骑马找马】qí mǎ zhǎo mǎ 成 ❶ 自分の手元にあるものを探し回る. ❷ 仕事を続けながら, 他のもっとよい仕事を探す. 回 骑驴觅驴 qí lǘ mì lǘ 由来 ウマに乗ってウマを探す, という意から.
【骑墙】qí//qiáng 動 二股をかける. 日和見(ᵇⁱ²)をする. ¶～派／二股派. 日和見主義者.
【骑士】qíshì 名 〔量 个 ge, 名 míng, 位 wèi〕騎士. ナイト.
【骑手】qíshǒu 名 〔量 个 ge, 名 míng〕騎手.
【骑术】qíshù 名 馬術.

琪 qí 王部8 四 1418₁ 全12画
❶ 素 文 美しい玉. ❷ (Qí)姓.

琦 qí 王部8 四 1412₁ 全12画
素 ❶ 美しい玉. ❷ 美しい. 非凡な. ¶～行 qíxíng (美しい行い).

棋(異 棊, 碁) qí 木部8 四 4498₁ 全12画 常用
名 〔量 副 fù, 局 jú, 盘 pán〕囲碁. 将棋.
【棋布】qíbù 動 密集している. (碁盤の石のように)一面に散らばっている.
【棋逢对手】qí féng duì shǒu 成 好敵手を得る. 回 棋逢敌 dí 手
【棋局】qíjú ❶ 碁盤. 将棋盤. ❷ 碁や将棋の局面. 棋局.
【棋路】qílù 囲碁や将棋(を指すとき)の作戦や棋風.
【棋迷】qímí 名 〔量 个 ge, 位 wèi〕碁や将棋のマニア.
【棋盘】qípán 名 〔量 副 fù, 张 zhāng〕碁盤. 将棋盤. ¶棋枰 qípíng.
【棋谱】qípǔ 名 〔量 本 běn, 套 tào〕棋譜(ᶠᵘ).
【棋圣】qíshèng 名 棋聖. 囲碁や将棋で最高級の技量を持つ人.
【棋手】qíshǒu 名 囲碁や将棋の打ち手. 棋士.
【棋坛】qítán 名 囲碁や将棋界. 将棋界.
【棋艺】qíyì 名 囲碁や将棋の技術. 囲碁や将棋のテクニック.
【棋友】qíyǒu 名 囲碁や将棋をさす仲間.
【棋苑】qíyuàn 名 囲碁や将棋の集まり. 囲碁や将棋のサークル.
【棋子】qízǐ 名 〔～儿〕〔量 副 fù, 个 ge, 颗 kē, 枚 méi〕碁石. 将棋の駒.

蛴(蠐) qí 虫部6 四 5012₄ 全12画 通用
下記熟語を参照.
【蛴螬】qícáo 名《虫》〔量 只 zhī〕コガネムシの幼虫. ジムシ. 回 地蚕 dìcán, 土 蚕 tǔcán, 核桃 虫 hétaochóng

祺 qí ⺬部8 四 3428₁ 全12画
素 文 めでたい兆し. 吉祥. 表現 現在では, 手紙の終わりに, "敬颂 jìngsòng 秋祺 qiūqí" (よい秋でありますようお祈り致します) などと使う.

䱷(鎎) qí 钅部8 四 8472₁ 全13画 通用
名 ❶ 古代に煮炊きに使った器. 三本の脚がついている. ❷ 古代の工具. のこぎり.

綦 qí 〔糸部8 四4490₃ 全14画 通用〕

❶[素][文] きわめて. 非常に. ¶～詳 xiáng（非常に詳しい）/～切 qiè（とてもさし迫っている）. ❷[素][文] 青みがかった黒. ¶～巾 jīn（青黒い布）. ❸（Qí）姓.

蜞 qí 〔虫部8 五418₁ 全14画 通用〕

→蟛蜞 péngqí

旗(異 旂❶) qí 〔方部10 四0828₁ 全14画 常用〕

❶[名]（～儿）旗. ¶～杆 gǎn, 面 miàn］旗. ／国～ guóqí（国旗）/ 红～ hóngqí（赤旗）/ 挂 guà～（旗を立てる）. ❷[名] 清代における満州族の軍隊および戸籍の編組単位. 8つの"旗"に分かれていた. 同 八旗 bāqí ❸[名]"八旗"の. 満州族の. ¶～人 Qírén / ～袍 qí-páo. ❹[名] 内蒙古自治区の行政区画. 他の地域の"县 xiàn"に相当する. ❺（Qí）姓.

【旗杆】qígān [名] 根 gēn］旗ざお.
【旗鼓相当】qí gǔ xiāng dāng [成] 双方の力が互角だ. ¶～的对手 duìshǒu / 互角の相手.
【旗号】qíhào [名] ❶[旧] 紋をつけた旗. 軍隊の旗じるし. ❷[貶]（悪事を働くための）名目. ¶打着救灾的～来骗钱/灾害救助を名目にして金を騙し取る. [表現] ②を目的語とする動詞には, "打"を用いる.
【旗舰】qíjiàn [名] ❶[軍事] 旗艦（きかん）. ❷ 特定の産業や分野におけるリーダー的存在. [参考]①は, 人民解放軍海軍での正式名称は"指挥 zhǐhuī 舰".
【旗舰店】qíjiàndiàn [名] 旗艦店（きかんてん）. フラッグ・ショップ.
【旗开得胜】qí kāi dé shèng [成] 事を始めてすぐによい成績を収める. [由来] 軍旗を挙げたとたんに勝利する, という意から.
【旗袍】qípáo [名]（～儿）[服飾]〔件 jiàn］チーパオ. チャイナドレス. [参考] えりが高く, 裾にスリットの入ったワンピース. もとは満州族の女性の服装.
【旗人】Qírén [名] 旗人（きじん）. [参考] 清代の"八旗 bāqí"に属する人. 特に満州族を言う.
【旗手】qíshǒu [名]〔个 ge, 名 míng, 位 wèi］旗手. [表現] 指導者や先達者のたとえに用いることもある.
【旗鱼】qíyú [名]〔魚〕〔条 tiáo］カジキ.
【旗语】qíyǔ [名]〔套 tào, 种 zhǒng］手旗信号. ¶打～/ 手旗信号を送る.
【旗帜】qízhì [名] ❶[旧] 旗. ¶～飘扬 piāoyáng / 旗が風にひるがえる. ❷ 手本. 模範. ¶树立 shùlì～/ 手本をつくる. ❸ 主張. 立場. ¶高举爱国主义的～/ 愛国主義の旗じるしを高々と掲げる.
【旗帜鲜明】qízhì xiānmíng [成]（観点・立場・態度などが）非常に明確だ. 旗帜（きしき）鲜明だ.
【旗装】qízhuāng [名] 旧時の満州族女性の服装.
*【旗子】qízi [名]〔面 miàn］旗. ¶打～/ 旗を掲げる.

蕲(蘄) qí 〔艹部12 四4452₁ 全15画 通用〕

❶[素][文] 求める. ¶～生（求生）. ❷[素] 地名用字. ¶～春 Qíchūn（湖北省の県名. 古くは"蕲州 Qí-zhōu"と言った）. ❸（Qí）姓.

鲯(鯕) qí 〔鱼部8 四2418₁ 全16画 通用〕

下記熟語を参照.
【鲯鳅】qíqiū [名]《魚》シイラ.

鳍(鰭) qí 〔鱼部10 四2416₁ 全18画 次常用〕

[素] 魚のひれ.

麒 qí 〔鹿部8 四0428₁ 全19画 通用〕

❶ 下記熟語を参照. ❷（Qí）姓.
【麒麟】qílín [名] 麒麟（きりん）. 伝説上の動物. 同 麟 lín [参考] 形はシカに似て, 頭に角があり, 全身が鱗で覆われている. 聖人が世にあらわれる前兆に姿を見せると言い, 吉祥とされた. 動物のキリンは, "长颈鹿 chángjǐnglù" と言う.

麒麟

乞 qǐ 〔丿部2 八8071₇ 全3画 常用〕

❶[素] しきりに求める. 乞(う). ¶～怜 qǐlián / ～食 qǐshí / ～援 yuán（援助を請う）. ❷（Qǐ）姓.
【乞哀告怜】qǐ āi gào lián [成] 哀れみや助けを請う.
【乞丐】qǐgài [名] 乞食（こじき）.
【乞力马扎罗山】Qǐlìmǎzhāluóshān [地名] キリマンジャロ峰（アフリカ）.
【乞怜】qǐlián [動][貶] 哀れみを請う. ¶摇尾～/ 尾を振って哀れみを請う. 人にこびへつらう.
【乞灵】qǐlíng [動] 神だのみをする.
【乞巧】qǐqiǎo [名] 乞巧奠（きっこうでん）. 女子の手芸が巧みになることを祈る伝統行事. 旧暦七月七日に行う.
【乞求】qǐqiú [動] 他人に請い求める. ¶～帮助 / 助けを請う. ¶～宽恕 kuānshù / どうかお許し下さい. 同 哀求 āiqiú.
【乞食】qǐshí [動][文] 食べ物を乞う. 物乞いする.
【乞讨】qǐtǎo [動] 物乞いする. ¶沿 yán 街～/ 家々を物乞いして歩く.
【乞降】qǐxiáng [動] 敵に投降を申し出る.

芑 qǐ 〔艹部3 四4471₇ 全6画 通用〕

[名][文] 古書に見える穀物.

屺 qǐ 〔山部3 四2771₇ 全6画 通用〕

[名][文] 草や木が生えていない山. 禿（はげ）げ山.

岂(豈) qǐ 〔山部3 四2771₇ 全6画 常用〕

❶[副][文] どうして～. 反語を表わす. ¶如此而已, ～有他哉 zāi ?（それだけのことだ. 他に何がありえようか）. 同 难道 nándào, 哪里 nǎli. ❷[素] "恺 kǎi", "剀 kǎi" に同じ. ❸（Qǐ）姓.
【岂不】qǐbù [副] ～でないわけがなかろう. …であろうはずがな

い. ¶你说这话一违背 wéibèi 你的良心了 / このことは君の良心に背かないとでも言うのかね. ¶我的建议你一点儿也没听,一是不重视我？/ 私の提案をあなたはちっとも聞いてくれない. 私のことを軽く見ているのではありませんか. 回 难道不 nándàobù 用法 反語の形をとって,強い肯定をあらわす. 後ろに"是"を置いて,"岂不是"としてもよい.

【岂但】qǐdàn 接 …ばかりでなく. ¶出国留学～我一人想去,很多人也想去 / 外国留学は私ばかりではなく,多くの人が行きたがっている. ¶不但 bùdàn 用法 "也","而且"などと呼応することが多い.

【岂非】qǐfēi 副 …ではないだろうか. ¶～怪事？/ おかしな事じゃないか. 表現 反問の語気を強め,肯定をあらわす.

【岂敢】qǐgǎn 動 ❶ どうして…できようか. ¶我～随便发表意见 / 勝手に意見など言えるものか. ❷ どういたしまして. とんでもありません. ¶～,这点儿小事,不值一提 / どういたしまして. こんなささいなこと,とりたてて話題にするまでもありません. 表現 ❷は相手の好意や謝意に対して言う常套語. 二度重ねて使う.

【岂可】qǐkě 文 どうして…できようか(いや,できない). 表現 反語として用い,"不可以"という気持ちを表す.

【岂能】qǐnéng 動 どうして…できようか(いや,できない). ¶～不辞 cí 而别？/ どうしてあいさつなしで帰れましょうか. 回 岂可 qǐkě

【岂有此理】qǐ yǒu cǐ lǐ とんでもないことだ. 冗談ではない. ¶一点儿礼貌都不懂 / 少しも礼儀をわきまえない. 全くけしからん. 表現 どうしてそんな道理があろうか,という意. 不合理なことに驚いたり,怒ったりする時のことば.

【岂止】qǐzhǐ 副 どうして…にとどまろうか. …のみではない. ¶想去的～我一个人？/ 行きたいのは私一人じゃないはずだ.

企 Qǐ 人部4 全6画 四 8010₁ 通用

素 ❶ つま先立って見る. ❷ 待ち望む. ¶～盼 qǐpàn / ～望 qīwàng.

【企待】qǐdài しきりに待ち望む.
【企鹅】qǐ'é 〔⑥ 群 qún, 只 zhī〕ペンギン.
【企管】qǐguǎn "企业管理"(企業管理)の略称.
【企划】qǐhuà 名 企画. プランニング.
【企及】qǐjí 動 文 (目標などの)達成をめざす. ¶这决不是一个不可～的目标 / これは,決して達成不可能な目標ではない.
【企盼】qǐpàn 動 待ち望む. 回 盼望 wàng
【企求】qǐqiú 動 手に入れたいと願う. ¶我们只～能有一个良好的学习环境 / 私たちには学習環境を望んでいるだけだ. 回 期求 qíqiú, 祈求 qíqiú
【企事业】qǐshìyè 企業と事業体の総称.
*【企图】qǐtú 動 貶 企てる. もくろむ. ¶卑劣 bēiliè 的～ / 卑劣なもくろみ. ¶～逃税 táoshuì / 脱税をたくらむ. 回 希图 xītú
【企望】qǐwàng 動 文 待ち望む. ¶翘首 qiáoshǒu ～ / 首を長くして待ち望む.
*【企业】qǐyè 名 〔⑥ 个 ge, 家 jiā〕企業. 企業体. ¶～管理 / 企業管理. ¶外资 wàizī～ / 外資企業.
【企业法人】qǐyè fǎrén 名 (经济)企業法人.
【企业化】qǐyèhuà 動 企業化する. 参考 国有企業や国営部門で,国の予算に頼らずに独立採算化すること.
【企业家】qǐyèjiā 名 企業家.
【企业文化】qǐyè wénhuà 名 企業文化.

杞 Qǐ 木部3 全7画 四 4791₇ 通用

名 ❶ 杞(*). 周代の国名. 現在の河南省杞県にあった. ¶～柳 qǐliǔ(カワヤナギ. コリヤナギ) / ～忧 qǐyōu (杞憂. 無用な心配). ❷ 姓.

【杞人忧天】Qǐ rén yōu tiān 成 必要のない心配をすること. 取り越し苦労. 回 杞忧 qǐyōu 由来 『列子』天瑞篇に見えることば.

启(啟/異啟) qǐ 户部3 全7画 四 3026₇ 常用

❶ 素 開ける. ¶～封 qǐfēng / ～门(門を開く) / 王老师～(王先生親展) ❷ 素 开封 kāi fēng ❷ 素 启发する. 啓蒙する. ¶～发 qǐfā / ～蒙 qǐméng. ❸ 素 始める. ¶～行 xíng (出発する) / ～用 qǐyòng. ❹ 素 述べる. ¶敬～者 jìngqǐzhě (拝啓) / 李平～ (李平拝). ❺ 名 簡単な手紙. 古代の文体の一つ. ¶谢～ xièqǐ (礼状). ❻ (Qǐ)姓. 表現 "…启"は手紙に用いることば. 封筒の宛名に用い,相手の名につけて"朱力教授(台)启"(朱力教授親展)としたり,手紙の署名の後につけ,"李平启"(李平拝)とする. また,改まった手紙では,"敬启者"(拝啓)が使われた.

【启程】qǐchéng 動 出発する. 旅に出る. ¶什么时候～？/ いつご出立ですか. 回 起程 qǐchéng, 出发 chūfā, 登程 dēngchéng, 动身 dòngshēn
【启齿】qǐchǐ 口に出して言う. ¶难以 nányǐ～ / 話を切り出しにくい. 回 开口 kāikǒu 表現 頼み事をする時に用いることが多い.
【启迪】qǐdí 文 ❶ 動 啓発する. 教え導く. ¶～后人 / 後世の人々を啓発する. ❷ 名 啓発. ¶这件事对我们有很大的～ / このことで私たちは大いに啓発された.
【启碇】qǐdìng 碇(*)をあげる. ¶～—开航 kāiháng / 碇をあげて出航する. 回 起锚 qǐmáo
【启动】qǐdòng 動 (機器・電気設備などが)始動する. 始動させる. ¶～发动机 fādòngjī / 発動機を始動させる. ¶汽车～了 / 発車した. ¶～电脑 / コンピュータを起動する. ～器 qì / スターター.
*【启发】qǐfā ❶ 動 啓発する. ¶～学生的自觉性 zìjuéxìng / 学生の自覚を啓発する. ❷ 名 啓発. ¶受到了很大的～ / 大いに啓発された. 回 启迪 qǐdí, 启示 qǐshì
【启封】qǐ/fēng 動 ❶ 封を開ける. 封印を解く. ¶这瓶酒还没～呢 / この酒はまだ封を切ってない. ❷ 封筒や小包を開ける. 開封する. 由来 ①は差し押えられた家屋や器物に貼られた"封条 fēngtiáo"(封印)をはがすことから,「差し押えを解く」にも用いる.
【启航】qǐháng 動 出航する. 回 起航 qǐháng
【启蒙】qǐméng 動 ❶ 初心者に基本的な知識を与える. ¶～老师 / 手ほどきをする先生. 基礎を教える先生. ❷ 啓蒙する.
【启蒙运动】qǐméng yùndòng 名 啓蒙運動. 啓蒙活動.
【启明(星)】qǐmíng(-xīng) 名 (天文) 明けの明星. 金星.
【启示】qǐshì ❶ 動 啓示する. 啓発する. ¶给人以～/ 人を啓発する. ❷ 名 啓示. ¶得到很大的～ / 大きな啓示を得る.
【启事】qǐshì 〔⑥ 篇 piān, 条 tiáo, 则 zé〕告示. 掲示. ¶征稿 zhēnggǎo～ / 原稿募集のお知らせ. ¶招聘 zhāopìn～ / 求人広告.
【启用】qǐyòng 動 使い始める. ¶～印章 yìnzhāng / 公印を初めて使う. ¶新铁路即将将 jíjiāng～ / 新し

路線がまもなく開通する．[表現] 公印や新しい装置などに用いることが多い．

【启运】qǐyùn [動] 輸送を開始する．[同] 起 qǐ 运

起 qǐ
走部 3　[四] 4780₁
全10画　[常用]

I [動] ❶ 起きる．立ち上がる．¶我每天六点钟～来 / 私は毎日6時に起きる．¶～身回礼 / 立ち上がっておじぎを返す．

❷ 元の位置から離れる．¶～飞 qǐfēi．¶～伏 qǐfú．¶～落 qǐluò．¶～锚 qǐmáo．¶～身 qǐshēn．

❸（できものなどが）できる．ふき出る．¶头上～了一个包儿 / 頭にこぶができた．¶夏天容易爱～痱子 fèizi / 夏はあせもができやすい．

❹ 下から上へあがって行く．¶风筝 fēngzheng 一下～了五六米高 / 凧は一気に5,6メートルの高さまで上がった．¶这个皮球弹性 tánxìng 好，一得高 / このゴムまりはよくはずむ．

❺ 起こる．生じる．¶～风暴 / 暴風雨[嵐]が起こる．¶～作用 / 役割を果たす．¶～变化 / 変化が起こる．¶～疑心 yíxīn / 猜疑心を起こす．

❻ ふくらむ．¶面～了 / うどん粉がふくらんだ．

❼ 建てる．¶背山～楼 / 山を後ろにして高楼を建てる→せっかくのよい景色を隠してしまう．殺風景である．

❽ 始まる．¶～笔 qǐbǐ．¶～点 qǐdiǎn．

❾ 名前をつける．¶～名儿 qǐmíngr．¶～外号 / あだ名をつける．

❿ 取りはずす．抜く．¶～钉子 dīngzi / くぎを抜く．¶～瓶塞 píngsāi / ビンのふたを開ける．

⓫ 下書きを描く．¶～草稿 / 草稿を書く．

⓬（証明書などを）受領する．¶～护照 / パスポートを発行してもらう．

⓭（"从"，"由"などと呼応し）…から始まる．¶从明天～开始放假 / 明日から休みが始まる．

📖 補語としての"起"

① 下から上への移動を表わす．
◇ 提起篮子就走 / かごを取ると行ってしまった．
◇ 抬起头看 / 頭を上げて見る．
◇ 站起身 / 立ち上がる．

② 動作がある物事に及ぶことを表わす．
◇ 想起往事 / 昔のことを思い起こす．
◇ 提起那件事就生气 / あのことに触れるとむかっ腹を立てる．
◇ 没想到这件事引起这样的麻烦 / これがこんな面倒なことになるとは．
◇ 他一谈起足球，就没完没了 / 彼はサッカーの話になると止まらない．
◇ 东京也很热，但比起南京要好多了 / 東京も暑いが南京に比べるとずっとましだ．

③ 動作の結果，事態が出現し持続することを表わす．
◇ 大家唱起了国歌 / みんな国歌を歌った．
◇ 房间里亮起了灯光 / 部屋に明かりがともった．

④（"从"，"由"などと呼応し）動作の開始を表わす．
◇ 从头念起 / 最初から読む．
◇ 从今天算起 / 今日から起算する．

⑤ 動作の完成を表わす．
◇ 收起你那一套吧 / その手はもう古いよ．

⑥ 可能補語"V 得起 / 不起"の形で，金銭的・経済的にできる / できないことを表わす．
◇ 买不起 / 値段が高くて買えない．
◇ 这么贵的菜，我根本吃不起 / こんな高い料理，私には食べられない．
◇ 这家饭店太贵了,我可住不起 / このホテルは高くて私にはとても泊まれない．
◇ 我家请不起家教 / 我が家は余裕がなくて家庭教師など呼べない．

以下はかなり慣用的な表現である．
◇ 看不起 / 見くびる；ばかにする．
◇ 了不起 / すばらしい；たいしたものだ．
◇ 对不起 / 申し訳ない；顔むけできない．

II [前] [方] 起点，経過点を表わす．…から．…を．¶～哪儿来？/ どこから来たの．

III [量] ❶（発生した事を数える）…件．…回．¶一～案子 / 一つの事件．¶几～事故 / 何度かの事故．

❷ …群れ．…組．¶货物到了三～ / 荷物は3組で届いた．

IV (Qǐ) 姓．

【起岸】qǐ'àn [動] 陸揚げする．荷揚げする．
【起爆】qǐbào [動] 爆発させる．¶～剂 jì / 起爆剤．
【起笔】qǐbǐ [名] ❶ 漢字の筆順の第一画．❷ 書道で各筆画の書き始め．
【起兵】qǐbīng [動] 軍隊が出動する．挙兵する．
【起搏器】qǐbóqì [名]《医学》（心臓の）ペースメーカー．
【起步】qǐ//bù [動] ❶ 歩き出す．動き出す．¶车子～了 / 車が動き出した．❷（仕事や事業が）始まる．¶我国的保险业 bǎoxiǎnyè 才刚刚～/ 我が国の保険業はやっと始まったばかりだ．
【起草】qǐ//cǎo [動] 草稿を書く．起草する．¶～文件 wénjiàn / 文書を起草する．草稿を書く．
【起承转合】qǐ chéng zhuǎn hé [成]（詩文の）起承転結．文章の組立て方．
【起程】qǐchéng [動] 出発する．¶考察团 kǎochátuán 将于明日上午～/ 視察団は明日の午前中に出発する．[同] 上路 shànglù, 出发 chūfā, 动身 dòngshēn, 启程 qǐchéng, 登程 dēngchéng．
【起初】qǐchū [副] 最初は．¶～他不赞成这样做，后来终于同意了 / 彼は初めこのやり方に反対だったが，ついには同意した．[反] 后来 hòulái
**【起床】qǐ//chuáng [動] 朝，起きる．起床する．¶我每天六点～/ 私は毎日6時めに起床する．
【起点】qǐdiǎn [名] ❶ [働 个 ge] 出発点．¶～站 / 始発駅．¶人生的新～ / 人生の新しいスタート．[反] 终点 zhōngdiǎn ❷《スポーツ》トラック競技のスタート地点．[反] 终点 zhōngdiǎn
【起吊】qǐdiào [動] クレーンで重い物をつり上げる．
【起碇】qǐ//dìng [動] いかりを上げる．[同] 起锚 qǐmáo
【起动】qǐdòng [動]（機械・設備・計画などを）起動する．始動する．
【起动机】qǐdòngjī [名]《機械》起動機．スターター．
【起飞】qǐfēi [動] ❶（飛行機やロケットが）飛び立つ．離陸する．¶飞机～了 / 飛行機が飛び立った．[反] 降落 jiàngluò ❷（経済や事業が）発展し始める．テイクオフする．¶中国的经济还处在～阶段 / 中国の経済はまだテイクオフの段階にある．
【起伏】qǐfú [動] 起伏する．波を打つ．¶连绵 liánmián ～的群山 / どこまでも続く起伏に富んだ山々．¶病情～不定 / 病状が安定しない．
【起稿】qǐ//gǎo [動] 原稿を書く．起草する．
【起根】qǐgēn [副] [方] ❶（～儿）始めからずっと．❷ 根本から．

【起更】qǐ/gēng 名 旧 第一回目の夜回りの時間. 参考 "更"は旧時の夜の時間の単位. 日没から日の出までを五等分し, "初更"から"五更"とした.
【起航】qǐháng 動 船が出航する. 飛行機が飛び立つ. ¶天气不好,不能~/悪天候なので出航できない.
【起哄】qǐ//hòng 動 ❶ 大勢で騒ぐ. ¶两个人在打架,很多人围着~/2人がけんかしているのを, 大勢が取り囲んで見て騒いでいた. ❷ みんなでからかう. ¶同事们~让我请客/同僚たちはからかって私に食事をおごらせた.
【起火】qǐ//huǒ 動 ❶ 食事を作る. 炊事する. ❷ 火事になる. ¶仓库 cāngkù~了/倉庫が火事だ. ❸ 方 かんしゃくを起こす. ¶他起了火,事情就麻烦了/彼がかんしゃくを起こすと, ことが面倒になる.
【起获】qǐhuò 動 (不正財産や禁制品などを)捜査し押収する.
【起火】qǐhuo 名 アシの茎をつけた打ち上げ花火.
【起急】qǐjí 動 方 焦る. いらいらする. いらいらして人にあたる. 回 着 zháo 急 jí, 发 fā 急
【起家】qǐ//jiā 動 家業や事業を起こす. 起業する. ¶白手~/成 裸一貫から身を起こす.
【起价】qǐjià 名 ❶ タクシーや電車の初乗り料金. 回 起步 bù 价 ❷ 競売などのスタート価格.
【起驾】qǐjià 動 お出ましになる. 由来 本来は, 皇帝や皇后が動くこと. ふざけたり, あてこすって言うことが多い.
【起见】qǐjiàn 動 …のために. …の目的で. ¶为 wèi 安全~,必须系上 jìshang 安全带/安全のために, 安全ベルトを締めなければならない. 用法 "为 wèi …起见"の形で用い, 単独では用いない.
【起降】qǐjiàng 動 (飛行機が)発着する.
【起劲】qǐjìn 形 (~儿)(仕事や遊びなどの)気分が高まっている. 盛り上がる. ¶干得 gànde 很~/張り切って働く. ¶干活不~/仕事に身が入らない. ¶孩子们玩得很~/子供たちは夢中になって遊んだ. ¶今天咱们喝得真~/今日, 我々は飲んでおおいに盛り上がった.
【起敬】qǐjìng 動 尊敬の気持ちを起こす.
【起居】qǐjū 名 日常の生活. ¶饮食 yǐnshí~很有规律/毎日の生活が規則正しい.
【起开】qǐkai 動 方 よける. ¶请你~点,让我过去/ちょっとどいて私を通して下さい.
【起来】qǐ/lái[-lai] 動 ❶ 起き上がる. 立ち上がる. ¶你~让她坐下/あなたは立って彼女を座らせてあげなさい. ❷ 起床する. ¶孩子早上一~就看电视/子供は朝起きるとすぐにテレビを見る. ❸ 積極的な動きが出す. 奮起する. ¶群众~了/大衆は立ち上がった.
**【起来】qǐ//lái[-lai] 動 ❶ (動詞の後に用いて)動作が下から上へ向かうことをあらわす. ¶把孩子抱 bào~了/子供を抱き上げる. ¶站~/立ち上がる. ❷ (動詞や形容詞の後に用いて)動作や情況が始まり, そのまま継続することをあらわす. ¶天气渐渐暖和 nuǎnhuo~了/だんだんと暖かくなってきている. ¶毕业以后他就忙了个~/卒業後, 彼は忙しくなりはじめた. ❸ (動詞の後に用いて)動作が完成して, 目的を達成することや, 一つにまとまることをあらわす. ¶把这两根线接~/この2本の糸をつなぐ. ¶合唱队 héchàngduì 组织~了/合唱隊が組織された. ❹ (動詞の後に用いて)推測したり, ある面に着眼することをあらわす. ¶看~要下雨/どうやら雨が降りそうだ. ¶算~,他毕业已有五年了/数えて見れば, もう5年になる. ¶他说起话来,非常温和/彼は話してみれば, とてもおだやかだ. ¶听~很有道理/聞いてみると, 大いに理にかなっている.
【起立】qǐlì 動 起立する. ¶~! 敬礼 jìnglǐ!/起立, 礼. 表现 号令に用いることが多い.
【起灵】qǐ//líng 動 出棺する.
【起落】qǐluò 動 上がったり降りたりする. ¶飞机~/飛行機が離着陸する. ¶价格~/価格が上下する.
【起落架】qǐluòjià 名 (飛行機の)離着陸装置.
【起码】qǐmǎ ❶ 形 最低限度の. ¶~的条件/最低限の条件. ¶最~的知识/最も基礎的な知識. ❷ 副 少なくとも. 少なく見積っても. ¶这项工作~要一个月才能完成/この仕事は完成には少なくとも一ヶ月かかる.
【起锚】qǐ//máo 動 錨(いかり)を上げる. 出帆する. 反 抛锚 pāomáo
【起名儿】qǐ//míngr (子供に)名前をつける. ¶给孩子起个名儿/子供に名前をつける. 回 命名 mìngmíng
【起腻】qǐnì 動 ❶ 飽き飽きする. 辟易(へきえき)する. ❷ 困らせる. しつこくせがむ.
【起拍】qǐpāi 動 (開始値を決めて)競売を開始する.
【起跑】qǐpǎo 動 《スポーツ》スタートする.
【起跑线】qǐpǎoxiàn 名 《スポーツ》スタートライン.
【起泡】qǐ//pào 動 水ぶくれやまめができる. ¶脚上~了/足にまめができた.
【起讫】qǐqì 名 始まりと終わり. ¶~日期/始めと終わりの期日
【起色】qǐsè 名 (仕事や病状が)好転する気配. ¶他的病已有~/彼の病は好転の兆しを見せている. ¶生意大有~/商売に明るい兆しが出し始めた.
【起身】qǐ//shēn 動 ❶ 出発する. ¶我明天~去西安/私は明日西安へ向けて出発します. 回 动身 dòngshēn ❷ 起床する. ¶他每天~后,就打扫院子/彼は, 毎朝起きると庭を掃除する.
【起始】qǐshǐ ❶ 動 始める. ¶那项工作还没~呢/その仕事はまだ手をつけていませんよ. ❷ 副 初めは. 最初は.
【起事】qǐ//shì 動 武装闘争を起こす.
【起誓】qǐ//shì 動 誓う. 宣誓する. ¶对天~/神に誓う. 回 发誓 fāshì, 赌咒 dǔzhòu
【起首】qǐshǒu 副 始めは. 最初は. 回 起初 qǐchū
【起死回生】qǐ sǐ huí shēng 成 起死回生する. 劣勢を挽回する. ¶经 jīng 医生抢救 qiǎngjiù,病人终于~了/医者の応急手当を受け, 病人はとうとう息を吹き返した. 表现 医者の腕がすぐれていることをほめる時に使うことが多い.
【起诉】qǐsù 動《法律》起訴する. ¶~人/原告. ¶~书/起訴状.
【起诉状】qǐsùzhuàng 名《法律》起訴状.
【起算】qǐsuàn 動 起算する.
【起跳】qǐtiào 動《スポーツ》踏み切る. ¶~板/踏み切り板.
【起头】❶ qǐ//tóu (~儿)始める. ¶我先起个头儿,你们跟着唱/私が先に始めるから, みんな後について歌いなさい. ❷ qǐtóu (~儿)最初. ¶万事~难/何事も最初が難しい. ¶你从~儿再说一遍/初めからもう一度話して下さい. ¶~他不同意,后来就同意了/初め彼は同意しなかったが, あとで同意した.
【起先】qǐxiān 副 句 最初は. ¶~我还不懂,后来才明白/最初は分からなかったが, 後になってやっと分かった.
【起心】qǐxīn 動 句 ある考えを持つ. 了見を起こす.
【起薪】qǐxīn ❶ 動 規定された給与(保証)給与. ❷ 動 (着任などに伴い)給与計算を開始する.
【起行】qǐxíng 動 旅立つ. 出発する. 回 动身 dòngshēn

【起兴】qǐxìng 动 ❶ 詩興がわく. ❷ 興味をもつ.
【起眼儿】qǐyǎnr 形 人目を引く. 注目される. ¶有些东西虽不~,但非常重要/物事によっては目立たなくても,非常に重要なことがある. 用法 否定文に多く用いられる.
【起疑】qǐyí 动 疑いをもつ. ¶他的行动反常反 fǎncháng, 让人~/彼の挙動は異常で人に疑いを抱かせる.
【起义】qǐyì 动 ❶ 武装蜂起する. ¶农民~/農民の武装蜂起. ❷ 反動派の軍隊が革命陣営に身を投じる.
【起义军】qǐyìjūn 名 武装蜂起軍.
【起意】qǐ//yì 动 出来心を起こす. (悪いことに)心を動かす. ¶见财 cái ~/財物を前にして出来心を起こす.
【起因】qǐyīn 名 事件の起こった原因. 起因. ¶事故的~/事故の発生原因.
【起用】qǐyòng 动 退職または免職になった人を再任用する.
【起源】qǐyuán ❶ 名 起源. ¶生命的~/生命の起源. ❷ 动 …に始まる. ¶一切知识无不 wúbù ~于实践 shíjiàn/すべての知識は実践から生まれる. 同 来源 láiyuán 用法 ②は"起源于…"の形で用いられる.
【起运】qǐyùn 动 輸送を開始する. 同 发 fā 运
【起早贪[摸]黑】qǐ zǎo tān [mō] hēi 成 朝から晩まで働く.
【起重机】qǐzhòngjī 名《機械》〔台 tái〕クレーン. 起重機. ¶开~/クレーンを動かす. 同 吊车 diàochē
【起子】qǐzi ❶〔把 bǎ〕ねじ回し. ドライバー. ❸ 方 ふくらし粉. ベーキングパウダー. 同 焙粉 bèifěn ❹ 集団やグループを数えることば. ¶前面来了一~人/前方から一団がやって来た. 同 群 qún, 批 pī

绮(綺) qǐ 糸部8 全11画 [四] 2412₁ 通用

素 ❶ 模様の入った絹織物. ¶~罗 luó (美しい絹織物). ❷ 美しい. うるわしい. ¶~丽 qǐlì.
【绮丽】qǐlì 形 美しい. きれい. ¶风景~/景色が美しい. ¶这块衣料色彩 sècǎi 十分~/この服地の色はとてもきれいだ. 同 瑰丽 guīlì, 绚丽 xuànlì 表现 景色について言うことが多い.

棨 qǐ 木部8 全12画 [四] 3890₄ 通用

名 古代, 官吏が旅する時に携帯した身分証明用の割り符. 木製で矛に似た形をしている. 関所などを通行するのに用いた.

綮 qǐ 糸部8 全14画 [四] 3890₃ 通用

名 ❶ "棨 qǐ"に同じ. ❷ (Qǐ)姓.
▷ 綮 qìng

稽 qǐ 禾部10 全15画 [四] 2396₁ 次常用

素 古代の叩頭の礼. ¶~首 (叩頭の礼をする).
▷ 稽 jī

气(氣) qì 气部0 全4画 [四] 8001₇ 常用

❶ 名〔股 gǔ〕气体. ¶毒~ dúqì (毒ガス) / 煤~ méiqì (石炭ガス) / 沼~ zhǎoqì (メタンガス). ❷ 名〔股 gǔ〕空気. ¶压~ qìyā / 换~ huànqì (換気する). ❸ 名 (~儿)〔股 gǔ, 口 kǒu, 缕 lǚ, 团 tuán〕息. 呼吸. ¶没~儿了(息が止まった) / 喘~ chuǎnqì (深呼吸する). ❹ 动 怒り. 腹立ち. ¶我已经没~了(私はもう怒っていない) / 生~ shēngqì (怒る) / 消~ xiāoqì (怒りを沈める). ❺ 素 天気. 天~ tiānqì (天气) / ~象 qìxiàng. ❻ 素 におい. 香り. ¶香~ xiāngqì (よい香り) / 臭~ chòuqì (臭気). ❼ 素 人の精神状態. ¶勇~ yǒngqì (勇気). ❽ 素 人の態度. 気風. ¶官~ guānqì (役人風) / 娇~ jiāoqì (甘ったれ) / 孩子~ háiziqì (子供っぽさ). ❾ 动 怒る. 怒らせる. ¶~得一句话也说不出来 (腹が立って一言も出ない) / 我都快~死了 (私はもう腹が立って死にそうだ) / 故意~她 (わざと彼女を怒らせてやろう). ❿ 动 (…なので)腹を立てる. ¶父亲~儿子太不用功 (お父さんは息子があまりにも勉強しないので怒っている). ⓫ 素 いじめる. 同 (なぐられいじめられる). ⓬ 素 挨打受~ (いじめられ殴られる). ⓬ 名《中医》体の各器官を正常に動かす原動力. ¶元~ yuánqì (人の精気) / ~虚 qìxū. ⓭ 素《中医》ある種の病気. ¶湿~ shīqì (湿疹) / 痰~ tánqì (卒中). 用法 ⓾は兼語文に用いられる.

【气昂昂】qì'áng'áng 形 (~的)意気盛んだ.
【气包子】qìbāozi 名 囗 怒りっぽい人.
【气泵】qìbèng 名《機械》エアポンプ.
【气不过】qìbuguò 形 我慢しきれない. 怒りを抑えられない. ¶他的话太气人 qìrén, 我也~/彼の話はひどく腹立たしい, 私にも我慢できない.
【气冲冲】qìchōngchōng 形 (~的)かんかんに怒っている. ¶小王~地跑了出去/王くんはかんかんに怒って駆け出していった.
【气冲牛斗】qì chōng niú dǒu 成 勢いや怒りがすさまじいようす.
【气喘】qìchuǎn 名《医学》ぜんそく. 同 哮喘 xiàochuǎn, 喘 chuǎn
【气窗】qìchuāng 名 通風窓. 換気窓.
【气锤】qìchuí 名《機械》エア・ハンマー.
【气粗】qìcū ❶ 气が荒い. ❷ 勢いがすさまじい.
【气促】qìcù 形 息せき切った. 呼吸が荒い.
【气垫】qìdiàn 名 エアクッション. 空気まくら.
【气垫船】qìdiànchuán 名 ホーバークラフト.
【气动】qìdòng 名《機械》エア作動. 空気圧作動. ¶~管/気送管.
【气度】qìdù 名 度量. ¶~不凡/度量が並はずれている. 同 气宇 qìyǔ
【气短】qìduǎn 动 ❶ (酸素不足や疲労で)息切れする. 呼吸が荒くなる. ¶爬到山顶,感到有点~/山頂まで登ると, 少し呼吸が荒くなった. ❷ がっかりする. ¶失败并没有使他~/失敗しても彼は決してがっかりしなかった.
【气氛】qìfēn 名 雰囲気. ¶欢乐 huānlè 的~/楽しい雰囲気. ¶友好的~/友好的な雰囲気. 同 氛围 fēnwéi
【气愤】qìfèn 动 怒る. ¶听了他的话,大家都非常~/彼の話を聞くと,みんなとても腹をたてた. 同 愤慨 fènkǎi
【气概】qìgài 名 気概. ¶英雄 yīngxióng ~/英雄の気概. ¶~非凡/気概が非凡だ.
【气缸】qìgāng 名《機械》シリンダー. 気筒.
【气割】qìgē 动《機械》ガス切断する.
【气根】qìgēn 名《植物》気根 (きこん).
【气功】qìgōng 名 気功 (きこう). ¶练~/気功を練習する. ¶~师/気功師. 参考 中国の伝統的な健康法の一つ. 呼吸法と体操とによって体内の気と血の巡りを良くし, 病気の予防と健康の維持をはかる.
【气鼓鼓】qìgǔgǔ 形 (~的)とても腹を立てているようす.
【气管】qìguǎn 名《生理》気管.
【气管炎】qìguǎnyán 名 ❶《医学》気管支炎. ¶小孩患 huàn 了~/子供が気管支炎にかかった. ❷ 恐妻

家. かかあ天下. ¶他有点儿~ / 彼のところはなかなか奥さんが強いんだ. 表現 ②"妻管严 qī guǎnyán"(妻の管理が厳しい)の音にひっかけたしゃれ.
【气贯长虹】qì guàn cháng hóng 成 気勢が旺盛だ. 意気盛んだ.
【气锅】qìguō 名 調理用の土鍋の一種. ドーナツ状で中央部に煙突様の穴があり, 食材を周囲に入れてかまどの中で蒸し調理する.

气锅

【气焊】qìhàn 動 ガス溶接する.
*【气候】qìhòu 名 ❶気候. ¶大陆性~ / 大陸性気候. ❷動向. 情勢. ¶政治~ / 政治動向. ¶社会~ / 社会情勢. ❸結果. 成果. ¶成不了~ / ものにならない.
【气呼呼】qìhūhū 形 (~的)怒って息が荒い.
【气化】qìhuà 動 ガス化する.
【气话】qìhuà 名 感情的なことば. 腹立ちまぎれのことば. ¶你别在意,她是在说~ / 気にすることはない,彼女は感情的になっているだけだから.
【气急】qìjí 動 (酸素不足や緊張で)呼吸が荒くなる. 息が切れる.
【气急败坏】qì jí bài huài 成 貶 息が切れるほど慌てふためく.
【气节】qìjié 名 気骨. ¶民族~ / 民族の気骨. ¶丧失~ / 気骨を失う.
【气井】qìjǐng 名 《鉱業》(天然)ガス井(せい).
【气绝】qìjué 動 息が絶える. 死亡する. 比較 日本語の「気絶(一時的に意識を失うこと)」は,ふつう"昏厥 hūnjué""晕厥 yūnjué"などいう.
【气孔】qìkǒng 名 ❶《植物》気孔. ❷《虫》気門. 同 气门 qìmén ❸《機械》(鋳造物内の)気泡. 同 气眼 qìyǎn ❹《建築》(建物の)通気孔. 同 气眼 qìyǎn
【气浪】qìlàng 名 爆風.
【气冷】qìlěng 名 《機械》空冷(くう).
【气力】qìlì 名 気力. エネルギー. ¶用尽~ / 力を出し尽くす. ¶使出全身~ / 全身の力を使う.
【气量】qìliàng 名 器量. 度量. ¶他~很大,不会计较 jìjiào 这些小事 / 彼は度量が広いから,これしきのことにこだわるはずがない.
【气流】qìliú 名 ❶《气象》〔量 股 gǔ〕気流. ❷《言語》(発声する時の)息.
【气楼】qìlóu 名 《建築》採光や通風のために,屋根の上に突き出て設置した部分. 窓付き屋根.
【气轮机】qìlúnjī 名 《機械》"燃 rán 气轮机"(ガスタービン)の略称.
【气煤】qìméi 名 《鉱業》ガス用炭.
【气门】qìmén 名 ❶《虫》気門. ❷(タイヤなどの)空気バルブ. ❸《機械》通気孔. 排気孔.
【气门心】qìménxīn 名 ❶タイヤの空気バルブのむし. ❷①にかぶせるゴム管.
【气闷】qìmèn 形 ❶(通風が悪く)息苦しい. ❷気がふさいでいる. 滅入っている.
【气密】qìmì 名 気密.
【气囊】qìnáng 名 ❶(鳥)気囊(きのう). ❷(飛行船や気球などの)気囊.
【气恼】qìnǎo 動 怒る. ¶他的作法,使我很~ / 彼のやり方にはイライラさせられる.
【气馁】qìněi 動 弱気になる.
【气派】qìpài ❶名 風格. 態度. ¶~不凡的人 / 堂々たる風格の人. ¶东方~的建筑 / 東洋風の建築. ❷形 立派だ. 堂々としている. ¶新的博物馆修建得好~ / 新しい博物館は実に立派に建てられている.
【气泡】qìpào 名 気泡. あわ.
【气魄】qìpò ❶ (事に当たる)気迫. ¶~不大 / 気迫が足りない. ❷迫力. ¶作品很有~ / 作品は迫力に満ちている. 同 魄力 pòlì,气势 qìshì.
【气枪】qìqiāng 名〔量 杆 gǎn,支 zhī,枝 zhī〕空気銃.
【气球】qìqiú 名〔量 个 ge,只 zhī〕気球. 風船. ¶热~ / 熱気球. ¶彩色 cǎisè~ / 色とりどりの風船.
【气人】qì/rén 動 怒らせる. ¶故意~ / わざと怒らせる. ❷qìrén 形 しゃくだ. ¶这话太~了 / この話はまったくしゃくにさわる.
【气色】qìsè 名 血色. 顔色. ¶~很好 / 血色がよい. ¶~不佳 jiā / 顔色が悪い.
【气盛】qìshèng 形 ❶気が荒い. 短気だ. ❷(文章などが)勢いがある. 気迫がこもっている.
【气势】qìshì 名 勢い. 意気込み. ¶~雄伟 xióngwěi 的长城 / 気宇壮大な長城.
【气势磅礴】qì shì páng bó 成 気勢が広い範囲にみなぎっている.
【气势汹汹】qì shì xiōng xiōng 成 (うわべは)すごい勢いだ. すごい剣幕だ. 表現 実際は,大したことがないというニュアンスで使われる.
【气态】qìtài 名 《物理》気態.
【气体】qìtǐ 名〔量 种 zhǒng〕気体. ¶~燃料 ránliào / 気体燃料. ¶~打火机 / ガスライター.
【气田】qìtián 名 《鉱業》天然ガス田.
【气筒】qìtǒng 名 (タイヤやボールなどの)空気入れ. 空気ポンプ.
【气头上】qìtóushang 名 怒っている最中.
【气团】qìtuán 名 気団. ¶冷~ / 寒気団.
【气吞山河】qì tūn shān hé 成 気概が大きい. ¶~的国庆游行 yóuxíng / 威風堂々たる国慶節のパレード.
【气味】qìwèi 名 ❶〔量 股 gǔ〕におい. 香り. ¶火药 huǒyào~ / 火薬のにおい. ¶丁香花~芳香 fāngxiāng / ライラックの花はよい香りがする. ¶~难闻 / においが嫌だ. ❷性格. 志向.
【气味相投】qì wèi xiāng tóu 成 気が合う. 意気投合する. 表現 多く良くない意味で使う.
*【气温】qìwēn 名 気温. ¶~下降 xiàjiàng / 気温が下がる.
【气息】qìxī 名 ❶息. ❷におい. 香り. ¶芬芳 fēnfāng 的~ / 芳しい香り. ❸息吹. ¶感觉到春天的~ / 春の息吹を感じる. ¶时代~ / 時代の息吹.
【气息奄奄】qì xī yǎn yǎn 成 息も絶え絶えだ. 終焉が近い.
*【气象】qìxiàng 名 ❶気象. ¶~预报 yùbào / 天気予報. ❷〔量 派 pài,片 piàn〕情景. 光景. ¶生气勃勃 bóbó 的新~ / 活気がみなぎる新しい光景. ❸気概. ¶~宏伟 hóngwěi / 気概は雄壮だ.
【气象台】qìxiàngtái 名 気象台.
【气象万千】qì xiàng wàn qiān 成 (景観や事物が)変化に富み壮観だ.
【气象卫星】qìxiàng wèixīng 名 気象衛星.
【气象学】qìxiàngxué 名 気象学.

【气象站】qìxiàngzhàn 名 気象観測所.
【气性】qìxing 名 ❶ 性格. 気性. ¶~温顺 wēnshùn / 性格が温和で従順だ. ❷ 怒りっぽい性格. かんしゃく持ち. ¶这孩子有很大~ / この子はとても怒りっぽい.
【气汹汹】qìxiōngxiōng 形 激高しているよう. かんかん.
【气胸】qìxiōng 名《医学》❶ 気胸. ❷ "人工 réngōng 气胸"（気胸療法）の略.
【气咻咻】qìxiūxiū 形（息が切れて）ぜいぜい言う. はあはあ言う. 同 气呼呼 xūxū.
【气吁吁】qìxūxū 形（～的）息をはずませている. ぜいぜいと息を切らせている. ¶他~地跑上楼来 / 彼は息をはずませて階上に駆け上がってきた.
【气虚】qìxū 名《中医》顔面が蒼白になり、手足にも力が入らない虚脱の状態.
【气旋】qìxuán 名《気象》低気圧. また、その渦巻き.
【气血】qìxuè 名《中医》気血（き）.
【气压】qìyā 名 気圧. ¶高~ / 高気圧. ¶~表 / 気圧計.
【气压计】qìyājì 名 気圧計.
【气眼】qìyǎn 名 ❶《建筑》（建物内の）通気孔. ❷《冶金》（鋳造中に生じる）気泡.
【气焰】qìyàn 名 気炎. 気勢. ¶~万丈 wànzhàng / 気炎万丈. ¶~嚣张 xiāozhāng / 鼻息が荒い.
【气宇】qìyǔ 名《文》度量. 気概.
【气韵】qìyùn 名《文》（文章や書画の）風格. 趣き. 気品.
【气闸】qìzhá 名《机械》空気制動器. エアブレーキ.
【气质】qìzhì 名 ❶ 気性. 気質. ¶~温和 wēnhé / 気性がおだやかだ. ❷ 風格. 気概. ¶学者的~ / 学者的風格.
【气壮山河】qì zhuàng shān hé 成 気概が高山や大河のように雄大だ.

讫(訖) qì
讠部 3　四 3871₇
全 5 画 通用
素 ❶ 終わる. ¶收~ shōuqì（領収済み）/ 付~ fùqì（支払い済み）/ 验~ yànqì（検査済み）. ❷ 終わり. ¶起~ qǐqì（始めと終わり）. ❸ "讫 qì"に同じ.

迄 qì
辶部 3　四 3830₁
全 6 画 次常用
素 ❶ ずっと. 終始. ¶~未见效 jiànxiào（一向に効果が見られない）/ ~未答复 dáfù（ずっと返事がない）. 用法 ❷は"无 wú"や"未 wèi"の前に置かれる.
【迄今】qìjīn 今に到る(まで). ¶自古~ / 昔から今に到るまで. ¶~为 wéi 止 / 今までのところ.

汽 qì
氵部 3　四 3811₇
全 6 画 通用
副《文》ほとんど…. …に近い.

弃(棄) qì
廾部 4　四 0044₃
全 7 画 常用
❶ 捨てる. ¶舍~ shěqì（捨て去る）/ 遗~ yíqì（遺棄する）/ ~权 qìquán. 反 取 qǔ ❷ (Qì)姓.
【弃暗投明】qì àn tóu míng 成 暗闇を離れて明るい方へ向かう. 悪人が足を洗って真っ当な道を進む. ¶他决心要~,重新 chóngxīn 做人 / 彼は足を洗って人間らしく生まれ変わろうと決心した.
【弃儿】qì'ér 捨て子. 親に捨てられた子供.
【弃妇】qìfù 名《文》夫に捨てられた女性.
【弃甲曳兵】qì jiǎ yè bīng 成 戦いに敗れて、あわてふためいて逃げる. 由来『孟子』梁恵王上に見えることば. よろいを捨て、武器を引きずる、という意から.
【弃旧图新】qì jiù tú xīn 成 古いものを捨てて新しいものを求める. ¶彻底 chèdǐ 悔改 huǐgǎi, ~ / 十分に悔い改めて、心を入れ替える.
【弃绝】qìjué 動 捨て去る. 見放す.
【弃取】qìqǔ 取捨する. ¶以质量优劣来决定~ / 品質の善し悪しによって採否を決める.
【弃权】qì//quán 動（投票や試合などを）棄権する. ¶因病 / 病気で棄権する.
【弃世】qìshì 動 世を去る. 死去する. 同 去世 qùshì.
【弃养】qìyǎng 動《文》《敬》親が亡くなる. 表現 長老などが亡くなることにも使う.
【弃婴】qìyīng 名 捨て子. 親に捨てられた子.
【弃置】qìzhì 動 捨てておく. 放置する. ¶~不用 / 捨てて顧みない. ¶~不顾 / 放置して見向きもしない.

汽 qì
氵部 4　四 3811₇
全 7 画 常用
素 ❶ 蒸気. ¶~化 qìhuà. ❷ 水蒸気. ¶~机 qìjī / ~船 qìchuán / 蒸~ hēngqì（蒸気）.
＊【汽车】qìchē 名〔輛 liàng〕自動車. ¶~站 / バス停. ¶公共~ / バス. ¶出租~ / タクシー. ¶~驾驶 jiàshǐ 学校 / 自動車教習所. 参考 日本語の"汽车"は"火车 huǒchē"と言う.
【汽车拉力赛】qìchē lālìsài カーレース. 自動車ラリー.
【汽船】qìchuán 名〔艘 sōu〕❶ 小型の汽船. ❷ 轮船 lúnchuán ❷ モーターボート.
【汽锤】qìchuí 名《机械》蒸気ハンマー. 同 蒸气锤 zhēngqìchuí.
【汽灯】qìdēng 名〔盏 zhǎn〕ガス灯. 同 煤气灯 méiqìdēng.
【汽笛】qìdí 名 ❶〔个 ge, 只 zhī〕汽笛. ¶鸣 míng~ / 汽笛を鳴らす. ❷〔声 shēng〕汽笛の音.
【汽缸】qìgāng 名《机械》〔个 ge, 只 zhī〕シリンダ.
【汽化】qìhuà 動《物理》気化する. ¶~器 qì / キャブレター. 気化器.
【汽化器】qìhuàqì 名《机械》キャブレター. 気化器.
【汽机】qìjī 名《机械》❶ "蒸汽机"（蒸気機関. スチームエンジン）の略称. ❷ "汽轮机"（蒸気タービン）の略称.
【汽酒】qìjiǔ 名（シャンパンなどの）気泡の出る酒.
【汽轮机】qìlúnjī 名《机械》蒸気タービン.
【汽配】qìpèi 名 "汽车配件"（自動車部品）の略称.
＊【汽水】qìshuǐ 名（～儿）〔瓶 píng〕炭酸飲料. ソフトドリンク.
【汽艇】qìtǐng 名〔艘 sōu, 条 tiáo, 只 zhī〕モーターボート. 同 快艇 kuàitǐng, 摩托艇 mótuōtǐng.
＊【汽油】qìyóu 名〔桶 tǒng〕ガソリン. ¶~表 / 燃料計.
【汽油机】qìyóujī 名《机械》ガソリン機関. ガソリンエンジン.

妻 qì
女部 5　四 5040₄
全 8 画 常用
動《文》娘を嫁がせる.
☞ 妻 qī

泣 qì

氵部5 全8画 四 3011₈ [次常用]

[素] ❶ 小声で泣く. すすり泣く. ¶暗~ ànqì（忍び泣く）/ 哭~ kūqì（しくしく泣く）/ ~不成声 qì bù chéng shēng. ⓙ哭 kū ❷ 涙. ¶饮~ yǐnqì（涙をのむ）/ ~下如雨（雨のように涙を流す）.

【泣不成声】qì bù chéng shēng 〔成〕嗚咽（ぉぇっ）する. 泣きじゃくって声にならない.

【泣诉】qìsù 涙ながらに訴える. ¶呜咽 wūyè~ / むせび泣きながら訴える.

亟 qì

一部7 全8画 四 1710₄

[副][文] しばしば. ¶~来问讯 wènxùn（何度も来て尋ねる）.

☞ 亟 jí

契 (異 栔) qì

大部6 全9画 四 5780₄ [次常用]

❶[动]彫る. 刻む. ❷[素]彫った文字. ¶书~ shūqì（文字）/ 殷~ yīnqì（甲骨文字）. ❸[素]契約. ¶地~ dìqì（土地所有証書）/ 房~ fángqì（家屋の売買または賃貸契約書）. ❹[素]意気投合する. ¶~友 qìyǒu（仲のよい友達）/ 默~ mòqì（言わずして意見が一致する）/ 投~ tóuqì（意気投合する）.

☞ 契 Xiè

【契丹】Qìdān [名]〔歴史〕契丹（きっ）. 5世紀以降、内モンゴルに現れたモンゴル系遊牧狩猟民族. 10世紀に耶律阿保機（やりつ）が諸民族を統一した後、征服王朝の遼として発展した.

【契河夫】Qìhéfū《人名》チェーホフ（1860-1904）. ロシアの小説家、劇作家.

【契合】qìhé [动] ぴったり合う. ¶与时代相~ / 時代とぴったり合う. ¶感情~ / 意気投合している. ⓙ符合 fúhé

【契合点】qìhédiǎn [名]（人同士の）合致点. 一致点.

【契机】qìjī [名] きっかけ. 契機. ¶他俩结成伴侣 bànlǚ 的~ / 二人を結び付けるきっかけ. 由来 日本語の「契機」からの外来語とされる.

【契据】qìjù [名]〔個 份 fèn, 张 zhāng, 种 zhǒng〕契約書・借用書・領収書などの証書類の総称.

【契税】qìshuì [名] 不動産取引税. 参考 不動産の所有権や使用権が移行したさい、新規の所有者や使用権者に一回のみ課す税.

【契约】qìyuē [名]〔個 份 fèn, 张 zhāng〕（売買・抵当・賃貸などの）契約書. ¶订立~ / 契約を交わす.

砌 qì

石部4 全9画 四 1762₀ [常用]

❶[动] レンガや石などを積み上げ、漆喰（しっくい）で固める. ¶堆~ duīqì（レンガなどを積む）/ ~墙 qiáng（塀を築く）. ❷[素] 石段. 階段.

葺 qì

艹部9 全12画 四 4440₁ [通用]

[素][文] 茅（かや）で屋根をふく. 家を修理する. ¶修~ xiūqì（改築する）/ ~墙 qiáng（塀を直す）.

碛 (磧) qì

石部8 全13画 四 1568₂ [通用]

[素] ❶ 河原. 浅瀬の砂. ❷ 砂漠. ¶沙~ shāqì（砂漠）.

碶 qì

石部9 全14画 四 1768₄ [通用]

[素] ❶[方] 石を積み上げて作られた水門. ¶~闸 qìzhá（石造りの水門）. ❷ 地名用字. ¶五乡~ Wǔxiāngqì（浙江省にある地名）.

械 qì

木部11 全15画 四 4395₀ [通用]

下記熟語を参照.

【械树】qìshù [名]〔植物〕カエデ科の樹木の総称.

器 (異 噐) qì

口部13 全16画 四 6666₈ [常用]

[素] ❶ 器. 道具. ¶瓷~ cíqì（磁器）/ 铁~ tiěqì（鉄器）/ ~物 qìwù. ❷ 器官. ¶消化~ xiāohuàqì（消化器）/ 生殖~ shēngzhíqì（生殖器）. ❸ 度量. 器量. 才能. ¶~量 qìliàng / 大~晚成（成）大器晩成. ❹ 重視する. ¶~重 qìzhòng.

【器材】qìcái [名]〔個 件 jiàn, 套 tào, 种 zhǒng〕器材. ¶照相~ / 撮影器材.

【器官】qìguān [名]〔生理〕〔個 个 ge〕器官. ¶呼吸 hūxī~ / 呼吸器官.

【器官移植】qìguān yízhí [名]〔医学〕臓器移植.

【器件】qìjiàn [名]（計器や器械の）主要部品. ¶电子~ / 電子部品.

【器局】qìjú [名]（人の）度量. 器量.

【器具】qìjù [名]〔個 件 jiàn, 套 tào, 种 zhǒng〕器具. 道具. ¶日用~ / 日用器具. ⓙ用具 yòngjù

【器量】qìliàng [名] 器量. 度量. ¶他~很大 / 彼は度量が大きい.

【器皿】qìmǐn [名]〔個 件 jiàn, 套 tào, 种 zhǒng〕容器. 器. ¶玻璃~ / ガラス容器.

【器物】qìwù [名] 用具の総称. 器物.

【器械】qìxiè [名] ❶〔個 副 fù, 套 tào, 种 zhǒng〕器具. 道具. ¶医疗 yīliáo~ / 医療器械. ¶光学~ / 光学器械. ❷ 武器.

【器宇】qìyǔ [名][文]（人の）風格. 風格.

【器乐】qìyuè [名] 器楽. ¶声乐 shēngyuè

【器重】qìzhòng [动] 後輩や部下を重視する. 重んずる. ¶他工作能力强 qiáng, 很受领导~ / 彼は仕事がよくできるので、リーダーから高く買われている.

憩 (異 憇) qì

心部12 全16画 四 2633₀ [通用]

[素][文] 休む. ¶小~ xiǎoqì（しばらく休憩する）/ 同作同~（共に働き共に休む）.

【憩室】qìshì [名]〔医学〕憩室（けいしつ）.

【憩息】qìxī [动] 休む. 休息する. ¶稍稍 shāoshāo~ 片刻 / ほんの少し休もう. ⓙ休息 xiūxi

---

qiā ㄑㄧㄚ [tɕ'iA]

掐 qiā

扌部8 全11画 四 5707₇ [次常用]

❶[动] 爪で押す. 摘む. つまむ. つねる. ¶不要~公园里的花儿（公園の花を摘んではいけません）. ❷[动]（両手の親指と人差し指の間を大きく広げて）押さえつける. ¶一把~住（ぎゅっと握りしめる）. ❸[动][方]（線や管を）切る. 切断する. ¶~电话线（電話線を切る）. ❹[量][方]（~儿）親指と人指し指または中指の指先を輪にしてたばねられる量を数えることば. ¶一~儿韭菜 jiǔcài（ひとつかみのニラ）.

【掐断】qiāduàn [动] 切断する. 遮断する. ¶~电线 / 電線を切断する. ¶~水源 / 水源を締めて水の供給を断つ.

【招架】qiājià 動 方 口げんかする。口論する。
【招尖儿】qiā/jiānr 動 ❶《農業》摘心(てきしん)する。❷(気に入らない人物などを)追い出す。
【招算】qiāsuàn 動 指折り数える。¶他在~、在思考 sīkǎo / 彼は指折り数え、あれこれ考えている。
【招决去尾】qiā tóu qù wěi 頭としっぽを切り捨てる。不必要な部分を省略する。

荛 qiā
艹部9 四 4480₄
全12画 通用
→菝葜 báqiā

抲 qiā
扌部5 四 5103₁
全8画 通用
動 両手で絞めつける。

卡 qiǎ
卜部3 四 2123₁
全5画 通用
❶動 間に挟まって動かない。¶牙缝 yáfèng 里~了菜屑 càixiè (歯のすき間にものが挟まった)/ 鱼刺 yúcì~在喉咙 hóulóng 里(魚の骨がのどにささった)。❷名 ものを挟む器具。¶~子 qiǎzi。❸名 検問所。関所。❹(Qiǎ)姓。
☞ 卡 kǎ

【卡脖子】qiǎ bózi 慣 首根っこを押さえる。動きをとれなくする。¶~旱 hàn / 作物の穂が出る時に見舞われる干害。
【卡具】qiǎjù 名《機械》固定器具。取り付け具。回 夾 jiā具
【卡壳】qiǎ//ké 動 ❶ 薬莢(やっきょう)が詰まって出てこない。❷ いきづまる。頓挫(とんざ)する。¶试验刚开始就卡了壳 / テストは始まったばかりで頓挫した。
【卡口】qiǎkǒu 名 (器具の)差し込み口。プラグ。
【卡子】qiǎzi 名 ❶〔量 个 ge、种 zhǒng〕物を挟むもの。¶头发~/ヘアピン。❷〔量 处 chù、个 ge〕関所、検問所。¶通过~/検問所を通過する。

洽 qià
氵部6 四 3816₁
全9画 常用
形 ❶ 仲むつまじい。調和している。¶ 融~ róngqià (打ち解けている)/ 意见不~(意見が合わない)。❷ 相談する。交渉する。¶~借 qiàjiè (借りるために相談する)/~妥 qiàtuǒ(話がまとまる)/面~ miànqià(面談する)/~谈 qiàtán。❸ 幅広い。¶博识~闻(成) 博学多聞)。
【洽商】qiàshāng 動 相談する。打ち合わせる。¶~有关事宜 shìyí / 関係事項を打ち合わせる。
【洽谈】qiàtán 動 相談する。打ち合わせる。¶~业务 / 仕事の打ち合わせをする。¶~解决 / 話し合って解決する。
【洽谈会】qiàtánhuì 名 商談会。

恰 qià
忄部6 四 9806₁
全9画 常用
❶形 妥当な。適切な。¶措辞 cuòcí 不~(ことば選びが適当でない)/~当 qiàdàng。❷ 副 ちょうど。折よく。¶~好 qiàdào 好处。
【恰当】qiàdàng 形 適切だ。妥当だ。¶用词~/ことばの用い方が適切だ。回 适当 shìdàng 反 失当 shīdàng
【恰到好处】qià dào hǎo chù 成 (言動や措置が)ぴったりと決まる。的をはずさない。¶~地处理事务 / ほどよく事務を処理する。
【恰好】qiàhǎo 副 うまい具合に。ちょうど。¶你要的资料,~我这里有 / 君のほしい資料は、うまい具合に僕のところにある。¶这块布~够做一件衬衣 / この布はちょう

どシャツを一枚作る大きさがある。⇒恰巧 qiàqiǎo
【恰恰】qiàqià 副 ❶ ちょうど。折よく。折悪く。¶他~说出了我想说的话 / 彼が折よく、私が話そうと思っていたことを話してくれた。¶他们两个人的想法~相反 / 彼ら2人の考え方は正反対だ。¶开会的那一天,他~出差 chūchāi 了 / 会が開かれたその日、彼はあいにく出張に出かけた。回 恰好 qiàhǎo,恰巧 qiàqiǎo ❷ "恰恰(就)是"の形式で,語気を強める。まさに。確かに。¶这不是别人,~就是你自己 / それは他人ではなく、まさに君自身なのだ。
【恰巧】qiàqiǎo 副 ❶ 折よく。ちょうどよく。¶~遇见了多年没见的老朋友 / 折よく長年会っていなかった友人に会えた。回 恰好 qiàhǎo,凑巧 còuqiǎo ❷ あいにく。運悪く。¶公共汽车~刚开走 / あいにくバスは行ったばかりだった。回 不凑巧 bùcòuqiǎo 比較 "恰好"と"恰巧"はだいたい同じ意味。ただし、1)"恰好"がちょうどよい具合("を強調するのに対して、"恰巧"は偶然であることを強調する。2) "恰好"は数や量がちょうどよいという場合に用いず、この場合は"恰好"を用いる。¶我们八个恰好一桌 / 我々8人でちょうど一卓だ。3) "恰好"は起きてほしくないことにはあまり用いない。その場合には"恰巧"を用いる。¶他问的那件事情,我恰巧不知道 / 彼がきいたその件を、私はあいにく知らなかった。
【恰如】qiàrú 動 まるで…のようだ。
【恰如其分】qià rú qí fèn 成 ちょうどよい。適当だ。分相応だ。¶给他一个~的评价 / 彼に適切な評価を与える。
【恰似】qiàsì 動 まるで…のようだ。

髂 qià
骨部9 四 7326₄
全18画 通用
下記熟語を参照。
【髂骨】qiàgǔ 名《生理》腸骨(ちょうこつ)。回 肠骨 chánggǔ

qian くlㄢ [tɕʻien]

千(韆₃) qiān
十部1 四 2040₀
全3画 常用
❶ 数 千。¶一~个(1,000個、1,000人)/ 两~ (2,000)/~纪 qiānjì。❷ 数 数が非常に多いこと。¶~方百计 / ~军万马。❸→秋千 qiūqiān ❹ (Qiān)姓。
【千变万化】qiān biàn wàn huà 成 変化がめまぐるしい。千変万化する。
【千层底】qiāncéngdǐ 名(~儿)布を何枚も重ねて細かく刺し縫いした厚い靴底。また、その靴。
【千差万别】qiān chā wàn bié 成 種類が多くそれぞれに違っている。千差万別だ。
【千疮百孔】qiān chuāng bǎi kǒng 成 満身創痍だ。壊れてぼろぼろだ。回 百孔千疮
【千锤百炼】qiān chuí bǎi liàn 成 ❶ 多くの試練や戦いを経る。❷ 詩や文が推敲(すいこう)を重ね、よく練りあげられている。
【千刀万剐】qiān dāo wàn guǎ 成 ❶ 敵をばらばらに切り刻む。❷ (相手をののしって)ろくな死にざまをしないぞ。由来 古代の刑罰から。"千刀万刀"とも言う。
【千岛湖】Qiāndǎohú《地名》浙江省西部にある新安江ダムの別称。由来 ダム湖内に島が数多くあることから。
【千方百计】qiān fāng bǎi jì 成 さまざまな方法を考え、

やりつくす. ¶厂家～地提高产品质量／メーカーはあらゆる手を尽くして、製品の質を高めている.
【千分尺】qiānfēnchǐ 名 マイクロメーター. 測微(*ʃ)計.
【千分点】qiānfēndiǎn 名 千分率. 1000分の1ポイント. 参考 統計学などで用いられる. 記号は‰.
【千夫】qiānfū 名(文) 数多くの人.
【千夫所指】qiān fū suǒ zhǐ 成 多くの人に後ろ指を指される. 大衆の怒りを買う.
【千伏】qiānfú 量 キロボルト(kV).
【千古】qiāngǔ 名 ❶ 長い年月. ¶～奇闻／世にも稀(ホォ)な話. ❷ 死者を悼み、永の別れをすることば. ¶○○大人－／○○さん永远に. 表現 ❷は、哀悼の"対联"や花輪のあて名に多く用いられる.
【千古绝唱】qiāngǔ juéchàng 名 永く伝えられる非常に優れた詩歌.
【千赫】qiānhè 量 キロヘルツ(kHz).
【千呼万唤】qiān hū wàn huàn 成 何度も呼びかける. 何度も催促する.
【千回百转】qiān huí bǎi zhuǎn 成 (道が)曲がりくねっているよう. 紆余曲折の多いよう.
【千纪】qiānjì 名 ミレニアム. 千年紀.
【千家万户】qiān jiā wàn hù 成 数え切れないほど多くの家々.
【千娇百媚】qiān jiāo bǎi mèi 成 (女性が)うっとりするほど美しい.
【千斤】qiānjīn 形 責任が大変に重い. ¶～重担 zhòngdàn／重責. ☞千斤 jin
【千斤顶】qiānjīndǐng 名 [個 个 ge, 只 zhī] 工具のジャッキ.
【千斤】qiānjin 名 ❶"千斤顶"の略称. ❷ 歯車の軸におき、逆転を防ぐための歯止め. ☞千斤 jīn
【千金】qiānjīn 名 ❶ 大金. ¶～难买／金を積んでも買えない. ❷〔単位 wèi〕他人の娘に対する敬称. ご令嬢. ¶～小姐／大家の令嬢.
【千军万马】qiān jūn wàn mǎ 成 軍勢が勢い盛んで数も多い.
【千钧一发】qiān jūn yī fà 成 非常に危うい状態だ. ¶在这～之时,救援 jiùyuán 部队赶到了／もはやこれまでという時、救援部隊がやっと駆けつけた. 同 一发千钧 由来"千钧"の重さが一本の髪にかかっている、という意から. 参考"一钧 yījūn"は"三十斤 jīn".
【千卡】qiānkǎ 量 キロカロリー(kcal).
【千克】qiānkè 量 キログラム. 同 公斤 gōngjīn
【千里光】qiānlǐguāng 名 [植物] ハンゴンソウ.
【千里马】qiānlǐmǎ 名 [匹 pǐ] ❶ 日に千里を走る優れた馬. ❷ 傑出した人材.
【千里送鹅毛】qiān lǐ sòng é máo 成 贈り物は軽微だが、こめられた気持ちは重い. ¶～,礼轻情意重／ささやかな贈り物だが、真心がこもっている. 由来 千里の遠くから鵞鳥(ポォシ)の毛を送る、という意から.
【千里迢迢】qiān lǐ tiáo tiáo 成 道がはるか遠い. 千里のかなた.
【千里眼】qiānlǐyǎn 名 ❶ 眼光鋭く、先を見通せる人. ❷ 望遠鏡の俗語.
【千粒重】qiānlìzhòng 名 [農業] 種子1,000粒の重量. 参考 農作物の品質を鑑定し、生産量を推定するのに用いる.
【千虑一得】qiān lǜ yī dé 成 凡庸な者の考えでも、千に一つは取るところがある. 表現 自分の考えをけんそんして言うことが多い. 由来『史記』淮阴侯传の"智者千虑,必

有一失；愚者 yúzhě 千虑,必有一得"(智者の千虑にも必ず一失あり、愚者の千虑にも必ず一得あり)から.
【千虑一失】qiān lǜ yī shī 成 賢い人の熟虑にも穴がある. ⇨千虑一得 dé
【千米】qiānmǐ 量 キロメートル(km).
【千难万险】qiān nán wàn xiǎn 成 数多くの困難と危険.
【千年虫(问题)】qiānniánchóng (wèntí) 名《コンピュータ》2000年問題.
【千篇一律】qiān piān yī lǜ 成 詩や文章が型にはまっていて、変化がない. ¶他的作品～,没有新意／彼の作品は千篇一律で新しさがない.
【千奇百怪】qiān qí bǎi guài 成 奇々怪々なこと. 同 千奇万怪 wàn guài
【千千万万】qiānqiān wànwàn 形 非常に多い. 無数だ.
【千秋】qiānqiū 名 ❶ 長い年月. ❷ 人の誕生日を指す尊敬語. ¶～之祝／ご誕生の祝い.
【千秋大业】qiānqiū dà yè 名 (時代を超えるほどの)大事業.
【千秋万代】qiān qiū wàn dài 成 子々孫々. いついつまでも.
【千儿八百】qiānr bābǎi 数 口 千くらい. ¶～块钱／千元かそこいらのお金. ¶今天出席会议的大概有～个人／今日の会議に出席したのは、だいたい千人かそこらだ. 表現 一千またはそれより少し少ない量をあらわす.
【千日红】qiānrìhóng 名《植物》センニチコウ. センニチソウ.
【千山万水】qiān shān wàn shuǐ 成 道が遠く険しい. 同 万水千山
【千丝万缕】qiān sī wàn lǚ 成 互いに多くの接点をもち関係が密接だ. ¶有～的联系／きわめて密接な関係がある.
【千岁】qiānsuì 名 旧 王公・太子・后妃をさす呼称. 殿下. 陛下. 参考 皇帝を"万岁"と呼ぶのに対する表現.
【千头万绪】qiān tóu wàn xù 成 多くの事がからみあって糸口がつかめない.
【千瓦】qiānwǎ 量《電気》キロワット(kW). 参考 もと、"瓩 qiānwǎ"と一字であらわした.
【千瓦时】qiānwǎshí 量 キロワット時(kWh).
*【千万】qiānwàn ❶ 数 1千万. ❷ 副 くれぐれも. ¶～要小心啊！／くれぐれも気をつけて. ¶～别忘了／くれぐれも忘れないでね. 表現 ❷は、相手に頼んだり、注意を促す時のことば. "要","不能","别"などと一緒に用いることが多い.
【千…万…】qiān…wàn… ❶ 非常に多いよう. 数え切れないほどあるよう. ¶千秋万岁／長い年月. ❷ 強調をあらわす. ¶千难万险 xiǎn／この上なく難しい.
【千辛万苦】qiān xīn wàn kǔ 成 言い尽くせないほどの苦労. ¶历尽～,终于成功了／あらゆる苦労をなめ尽くして、ついに成功した.
【千言万语】qiān yán wàn yǔ 成 口に出して言いたい多くのこと. ¶～说不尽／どんなことばを尽くしても語り尽くせない.
【千载难逢】qiān zǎi nán féng 成 千年の中でも出会い難い. 千載一遇. ¶～的好机会／千載一遇の好機会.
【千载一时】qiān zǎi yī shí 成 千年に一度しかない. 千載一遇.
【千张】qiānzhāng 名 豆腐を薄く圧縮して半乾燥させた

食品. 細く切って料理に使う.
【千真万确】qiān zhēn wàn què 成 間違いなく確かだ.
【千周】qiānzhōu 量《電氣》キロサイクル.
【千姿百态】qiān zī bǎi tài 成 さまざまな形やスタイルがあること.
【千字节】qiānzìjié 量《コンピュータ》キロバイト(kb).

仟 qiān
亻部3 全5画 四 2224₀
数 "千"の"大字". 領収書などに用いる.

阡 qiān
阝部3 全5画 四 7224₀
素 ❶（畑を南北に走る）あぜ道. ¶~陌 qiānmò. ❷墓へ通じる道.
【阡陌】qiānmò 名 田畑を縦横に走るあぜ道. ¶~纵横 zònghéng／あぜ道が縦横に通っている.

芊 qiān
艹部3 全6画 通 用
素 文 草木が生い茂る. ¶~~ qiānqiān.
【芊绵[眠]】qiānmián 形 草木が繁茂している.
【芊芊】qiānqiān 形 文 草木が生い茂るようす.

扦 qiān
扌部3 全6画 四 5204₀
❶ 名（~儿）金属製や竹製の串(ぐし). ¶竹~（竹ぐし）. ❷ 名 米刺し. 同 扦子 qiānzi ❸ 動 方 刺す. ¶~门 qiānmén（門のかんぬきをさす）. 同 插 chā
【扦插】qiānchā 名《植物》さし木. 同 插条 chātiáo, 插枝 chāzhī
【扦子】qiānzi 名 ❶〔量 根 gēn〕金属や竹の串(ぐし). ¶铁~／鉄のくし. ¶竹~／竹ぐし. ❷〔量 把 bǎ〕さし. 米刺し. ¶~手／税関の検査員. 参考 ❷は, 穀物の品質検査の時, 麻袋や俵にさして穀物を抜き出す器具.

迁（遷）qiān
辶部3 全6画 四 3230₄ 常 用
❶ 動 移動する. 転居する. 移す. ¶他家已经~走了（彼らはもう引っ越して行った）／~到乡下（田舎に移る）／~葬 qiānzàng. ❷ 素 変化する. ¶~变~ biànqiān（変遷する）／事过境 jìng~（成 事は過ぎ情況も変わる).
【迁都】qiān//dū 遷都する.
【迁飞】qiānfēi 動（渡り鳥が）渡る. 遠距離を飛来する.
【迁就】qiānjiù 動（意見や主張が）相手に合わせる. 妥協する. 折れ合う. 我慢する. ¶不能总~他／いつも彼に合わせるというわけにはいかない. ¶我一过好几次了, 这一次绝对不行／私は何回も我慢してきた. 今度は絶対にだめだ. 同 将就 jiāngjiù
【迁居】qiānjū 動 引っ越す. 同 搬家 bānjiā
【迁离】qiānlí 動 移転する. 離れて遠くに行く.
【迁怒】qiānnù 動（別の）人に当り散らす. 八つ当たりする.
【迁徙】qiānxǐ 動 移動する. ¶人口~／人口の移動. 同 迁移 qiānyí
【迁延】qiānyán 動 延期する. 遅らせる. ¶~时日／期日を延ばす. 同 拖延 tuōyán, 延宕 yándàng
【迁移】qiānyí 動 ❶ 他の地域に移動する. ¶从农村~到城市／農村から都市に移る. ¶~户口／戸籍を移す. ❷ 時と共に変わる. 推移する. ¶随着时间的~, 两人的感情发生了变化／時間が経つにつれ, 二人の気持ちに変化が起きた.
【迁移性】qiānyíxìng 名《動物》移動性.
【迁葬】qiānzàng 動 改葬(かいそう)する.

岍 Qiān
山部4 全7画 四 2174₀ 通 用
素 地名用字. ¶~山 Qiānshān（陕西省にある山).

佥（僉）qiān
人部5 全7画 四 8010₉ 通 用
❶ 副 文 すべて. 皆. ¶~同 qiāntóng（皆同じ). ❷ 名 "签 qiān"に同じ.

钎（釺）qiān
钅部3 全8画 四 8274₅ 通 用
名 たがね.
【钎子】qiānzi 名〔量 根 gēn〕削岩用たがね. ハンマー. ドリル. 同 炮钎 pàoqiān

牵（牽）qiān
大部6 全9画 四 4050₂ 通 用
❶ 動（手や縄などで）引っ張る. 引っ張って移動する. ¶~引 qiānyǐn／手~着手（手と手をつなぐ). ❷ 素 影響を及ぼす. 巻き添えにする. ¶~连 qiānlián／~制 qiānzhì. ❸（Qiān）姓.
【牵缠】qiānchán 動 巻き添えにする. ¶没被~进去／巻き込まれずにすんだ.
【牵肠挂肚】qiān cháng guà dù 成 非常に心配する.
【牵扯】qiānchě かかわり合う. 影響を与える. ¶那个工作~到很多部门／あの仕事は多くの部門にかかわっている. ¶现在只谈你自己的事, 不要~别人／今は君自身のことだけを話しているんだ. ほかの人のことを引き合いに出すな. ¶这是你自己的问题, 为什么要把我也~进去？／これは君自身の問題だ. なぜ私も引き込むんだ.
【牵掣】qiānchè 動 ❶ 影響を受ける. 妨げられる. ¶互相~／互いに足を引っ張り合う. ❷ 被小事~住, 重要问题抓不住了／つまらないことに足を引っ張られて, 重要な問題がつかまえられなくなっている. ❸ 牵制(けんせい)する.
【牵动】qiāndòng 動 ❶ 影響を及ぼす. ¶~全局 quánjú／全体の局面に影響を及ぼす. ❷ 引き起こす. ¶一说到北京, 就~了他的思乡之情／北京の話になると, 彼は望郷の念にかられる.
【牵挂】qiānguà 動 気にかける. 心配する. ¶父母~儿女／父母は子供のことを気にかける. ¶没有什么~／なんの心配事もない. 同 挂念 guàniàn, 牵念 qiānniàn
【牵记】qiānjì "迁挂 qiānjì"に同じ.
【牵累】qiānlěi 動 ❶ 縛られる. ¶受家务 jiāwù~／家事に縛られる. 同 拖累 tuōlěi ❷ 累を及ぼす. ¶不想~别人／他人を巻き込むつもりはない. 同 连累 liánlěi
【牵连】qiānlián 動 ❶ 累を及ぼす. ¶这件事~了许多人／この事は多くの人に累を及ぼした. ❷ 結びつく. 関連する. ¶这两件事是互相~的／この二つの事柄は互いに結びついている. 表现 ❷は事柄についていうことが多い.
【牵念】qiānniàn 動 心配する. 気にかける. 同 挂念 guàniàn
【牵牛】qiānniú 名 ❶《植物》アサガオ. 同 喇叭花 lǎbahuā ❷《天文》牵牛(けんぎゅう)星. ひこ星. 同 牛郎星 niúlángxīng, 牵牛星 xīng
【牵牛花】qiānniúhuā 名《植物》アサガオ. 同 喇叭花 lǎbahuā, 裂叶牵牛 lièyèqiānniú
【牵牛星】qiānniúxīng 名《天文》牵牛(けんぎゅう)星.
【牵强】qiānqiǎng 形 こじつけだ. 無理やりだ. ¶这个解释~徕, 有点儿~／この解釈はちょっと無理がある.
【牵强附会】qiān qiǎng fù huì 成 無理にこじつける. 牵强附会(けんきょうふかい).
【牵涉】qiānshè 動 影響を及ぼす. 関係する. ¶产品的质量~到我厂的信誉 xìnyù／製品の品質は我が工場の

【牵手】❶ qiān//shǒu 手を引く. ❷ qiānshǒu 連携する. 互いの力によって双方を促す.
【牵头】qiān//tóu 動 牵引役となる. (仕事などの)先導に立つ.
【牵系】qiānxì 動 (心を)結びつける. 気を引く.
【牵线】qiān//xiàn 動 ❶ 陰で糸を引く. 陰で操る. ¶~人/陰で糸を引く人. 黒幕. ❷ 紹介する. 仲を取り持つ. 由来 ①は、操り人形の糸を操る、という意から.
【牵线搭桥】qiān xiàn dā qiáo 成 間を取り持つ. 橋渡しをする.
【牵一发而动全身】qiān yī fà ér dòng quán shēn 成 髪を引っ張っただけで全身が動く. 些細なことがらで全局面に影響が出そこと.
【牵引】qiānyǐn 動 牵引(けんいん)する. ¶~车/牵引車.
【牵引力】qiānyǐnlì 名 牵引力.
【牵制】qiānzhì 動 牵制(けんせい)する. ¶~对方/相手を牵制する. ¶~行动/牵制行动. 表現 軍事面に用いることが多い.

铅(鉛) qiān 钅部5 四 8776₁ 全10画 常用

名 ❶ 鉛. Pb. ❷ 鉛筆の芯. ¶~笔 qiānbǐ.
☞ 铅 yán
【铅版[板]】qiānbǎn 名《印刷》〔量 块 kuài〕鉛版(ばん). ¶~印刷/ステロ版印刷.
*【铅笔】qiānbǐ 名〔量 杆 gǎn,根 gēn,枝 zhī〕鉛筆. ¶~盒/筆箱. ¶~心 xīn/鉛筆の芯. ¶自动~/シャープペンシル. ¶削 xiāo~/鉛筆を削る.
【铅笔画】qiānbǐhuà 名《美術》鉛筆画.
【铅玻璃】qiānbōli 名 フリントガラス. 鉛ガラス.
【铅垂线】qiānchuíxiàn 名 鉛直(ちょく)線.
【铅锤】qiānchuí 名《建築》錘玉(すいぎょく). 下げ振り.
【铅封】qiānfēng 動 鉛による封印(をする).
【铅华】qiānhuá 名 ❶ 化粧用のおしろい. ❷ 顔料. 表現 浮わついたことばや表現の比喩としても使う.
【铅球】qiānqiú 名《スポーツ》❶ 砲丸投げ. ¶推 tuī~/砲丸を投げる. ❷〔量 个 ge, 只 zhī〕砲丸.
【铅丝】qiānsī 名〔量 根 gēn, 截 jié〕亜鉛メッキをした針金.
【铅条】qiāntiáo 名 ❶《印刷》インテル. ❷〔量 根 gēn〕シャープペンシルの芯.
【铅印】qiānyìn 動《印刷》活版印刷する.
【铅直】qiānzhí 形 垂直だ.
【铅中毒】qiānzhòngdú 名《医学》鉛中毒.
【铅字】qiānzì 名《印刷》活字. ¶大号 dàhào~/ポイントの大きな活字. ¶~盒/活字ケース.

悭(慳) qiān 忄部7 四 9701₄ 全10画 通用

❶ →悭吝 qiānlìn ❷ 欠ける. ¶缘~一面(お目にかかる縁が切れる).
同 杆子 qiānzi
【悭吝】qiānlìn 形 けちだ. ¶他十分~/彼はとてもけちだ. 同 吝啬 lìnsè

谦(謙) qiān 讠部10 四 3873₇ 全12画 常用

素 おごり高ぶらない. 謙虚だ. ¶~恭 qiāngōng/~让 qiāngràng/自~ zìqiān(謙遜する).
【谦卑】qiānbēi 形 へりくだった. 謙虚だ. ¶态度~/態度が謙虚だ.
【谦辞】qiāncí ❶ 動 へりくだって遠慮する. ¶~不受/遠慮して受け取らない. ❷ 名 謙譲表現. "不敢当 bù- gǎndāng", "岂敢 qǐgǎn"など.
【谦恭】qiāngōng 形 謙虚で礼儀正しい. 反 傲慢 àomàn
【谦和】qiānhé 形 (人柄が)謙虚で,穏やかだ.
【谦谦君子】qiān qiān jūn zǐ 成 謙虚で礼儀に厚く,品格の高い人.
【谦让】qiānràng 動 遠慮する. 謙虚に辞退する. ¶互相~は人的美徳/互いに譲り合うことは人の美徳だ. 同 辞让 círàng, 推让 tuīràng
【谦虚】qiānxū ❶ 形 謙虚だ. ¶她非常~/彼女は非常に謙虚だ. ❷ 動 謙遜(けんそん)する. ¶他一了一番,结果答应下来/彼はひとたびは謙遜したが,結局は承知した. 同 谦逊 qiānxùn, 虚心 xūxīn 反 骄傲 jiāo'ào ⇒谦逊 qiānxùn
【谦虚谨慎】qiān xū jǐn shèn 成 応対が謙虚で,行動が慎重だ. 他人の意見によく耳を傾け,適切に行う.
【谦逊】qiānxùn 形 謙虚だ. へりくだった. ¶为人 wéirén 诚恳 chéngkěn,~/人柄が誠実で謙虚だ. 比較 "谦虚"は動詞として使うが,"谦逊"は形容としてのみ用いる.

签(簽、籤❸~❻) qiān 竹部7 全13画 四 8810₉ 常用

❶ 動 署名する. ¶~名 qiānmíng /~发 qiānfā /~押 qiānyā /请你在这儿~一下(ここにサインしてください). ❷ 動 簡潔に意見や要点を書く. ¶把意见~在文件上意见は書類に書き込む)/~注 qiānzhù. ❸ 名 (~儿)占いや賭博(ばく)に用いる,細長い竹や木の小片. 表面に文字や符号が刻みつけてある. ¶抽~儿(くじを引く)/求~(おみくじを引く). ❹(~儿)目印にする小さな紙片や布片. ¶标~儿 biāoqiānr(ラベル. 付箋)/书~儿 shūqiānr(しおり). ❺(~儿)木や竹を削って先をとがらせた細い棒状のもの. ¶牙~儿 yáqiānr(つまようじ). ❻ 動 簡単に縫いつける. 仮縫いする. ¶~被里 bèilǐ(掛け布団の綿を縫いつける).
【签到】qiān/dào 動 出勤や出席の印を書く. 出勤簿や参加者名簿に"到"と書いてあらわす.
*【签订】qiāndìng 動 条約や契約を結び,その書類にサインする. 調印する. 同 ~合同 / 契約にサインする.
【签发】qiānfā 動(公文書や証明書などを)責任者が署名して正式に発行する. ¶~护照 / パスポートを発行する.
【签名】qiān//míng 動 署名する. サインする. ¶~盖章 / 署名捺印(なついん)する.
【签收】qiānshōu 動 受け取りのサインをする.
【签售】qiānshòu 動(歌手や作家が)サイン即売をする.
【签署】qiānshǔ 動(重要書類に)署名する. ¶~协议 xiéyì / 合意書に署名する.
【签筒】qiāntǒng 名 ❶ 占いや賭博用のくじ棒を入れる竹筒. ❷ 米刺(さし). 米などの穀物袋に突刺し,内容物をサンプル採取する道具. 同 签子 qiānzi
【签押】qiānyā 名 名前または花押を書く.
【签约】qiān//yuē 動 契約や条約を締結する.
【签证】qiānzhèng ❶ 名 ビザ. ¶办理~/ビザ発行手続きを取り扱う. ¶~机关 / ビザ発給機関. ❷ 動 ビザを出す. ¶去大使馆~/大使館へ行ってビザを出してもらう.
【签证卡】Qiānzhèngkǎ 名《商標》ビザ. クレジットカード会社の商標. ♦VISA
【签注】qiānzhù 動 ❶ 原稿や書籍に,参考資料を書いた付箋をつける. ❷ 上司に送る書類に要点を書き添える. ❸ 証明書の表紙などに注意事項や処理方法を書く.

【签字】qiān//zì 動 署名する．サインする．¶请你签个字 / サインして下さい．¶～后立即生效 / 署名後ただちに効力を発する．

【签子】qiānzi 名 "签 qiān"③⑤に同じ．

悭(異慳) qiān 心部9 四 2133₂ 全13画 通用

素 ❶ 罪．過失．¶～尤 qiānyóu（誤り．過失）．❷ 期日を過ぎる．時間に遅れる．¶～期 qiānqī.

【悭期】qiānqī 動 ❶ 期日をたがえる．期日に遅れる．¶～签约 qiānyuē / 期日を間違えて調印する．¶飞机航班 hángbān～了 / 飛行機のフライトが延期になった．

鹐(鵮) qiān 鸟部8 四 2772₇ 全13画 通用

動（鳥が食物を）ついばむ．

搴(攓) qiān 扌部10 四 3012₇ 全13画 通用

❶ 動 高々と掲げる．❷ 動 文 損う．減らす．❸（Qiān）姓．

搴 qiān 宀部11 四 3050₂ 全14画 通用

動 ❶ 抜く．¶斩 zhǎn 将～旗（敵の将軍を切り，旗を抜きとる）．❷ "褰 qiān"に同じ．

褰 qiān 宀部13 四 3073₂ 全16画 通用

動（衣服やテント，カーテンなどのすそを）からげる．まくりあげる．¶～裳 qiāncháng（裙裾 をからげる）．

荨(蕁/異藜) qián ⺾部6 全9画 四 4434₇ 通用

下記熟語を参照．
☞ 荨 xún

【荨麻】qiánmá 名〘植物〙〔量 棵 kē，株 zhū〕イラクサ．

钤(鈐) qián 钅部4 四 8872₇ 全9画 通用

❶ 素 印鑑．¶～记 qiánjì．❷ 素 捺印 する．¶～印 qiányìn．❸（Qián）姓．

【钤记】qiánjì 清朝から中華民国期に，機関や団体などが使用した長方形の印．

【钤印】qiányìn 動 印を押す．押印する．

前 qián 八部7 四 8022₁ 全9画 通用

❶ 方（場所が）前．¶一门 qiánmén / 村～村后（村の前後）/ 向～看（前の方を見る）/ 整天坐在电脑～（一日中パソコンの前に座っている）．反 后 hòu ❷ 方〘順序〙が）前．先．¶～排 qiánpái（前列）/ 三名（上位の3名）．反 后 hòu ❸ 方〘時間〙が）前．以前．昔．¶从～ cóngqián（以前）/ ～校长 xiàozhǎng（前学長）/ ～所未有．反 后 hòu ❹ 方 あるものが発生するより前の．¶～科学 kēxué（科学以前）．❺ 方 未来の．¶～程 qiánchéng / ～景 qiánjǐng．❻ 動 前進する．¶勇 yǒng 往直～(成 勇敢に前に突き進む) / 畏 wèi 缩不～(成 しりごみして前進しない)．

【前半晌】qiánbànshǎng 名方（～儿）午前．

【前半生】qiánbànshēng 名（人生の）前半生．反 后 hòu 半生

【前半天】qiánbàntiān 名（～儿）午前．同 上 shàng 半天

【前半夜】qiánbànyè 名 夜間の前半部分．日暮れから夜半まで．

【前辈】qiánbèi 名〔量 位 wèi〕（キャリアを積んだ）年長者．先人．¶革命～ / 革命の先達．¶学术～ / 学術上の先学．同 老 lǎo 前辈

【前臂】qiánbì 名 腕のひじから手首までの部分．下膊（かはく）．

＊【前边】qiánbian 方（～儿）❶ 前方．前面．¶～停着一辆汽车 / 前に車が一台停っている．¶坐在电视～ / テレビの前に座っている．❷ 前面 qiánmian ❷と同じ．先刻．¶关于这个问题，～已经讲过了 / この問題については，以前すでに話しました．同 前面 qiánmian

【前朝】qiáncháo 名 ❶ 一つ前の王朝の時代．❷ 過去の王朝．

【前车之鉴】qián chē zhī jiàn 成 前の人の失敗は後の人の戒めとなる．同 覆 fù 车之鉴，前车可 kě 鉴 由来『漢書』贾谊伝のことば．"前车覆 fù，后车诚 jiè"（前车の覆るは後车の戒めから．

【前尘】qiánchén 名 文 過去のできごと．同 往事 wǎngshì

【前程】qiánchéng 名 ❶ 前途．¶锦绣 jǐnxiù～ / 輝かしい未来．¶～远大 yuǎndà / 前途洋々．❷ 旧 知識人や役人たちがしきりに求めた官職や地位．⇨ 前途 qiántú

【前程似锦】qián chéng sì jǐn 成 前途洋洋だ．光り輝く前途だ．

【前仇】qiánchóu 名 過去の恨み．

【前导】qiándǎo ❶ 動 先導する．道案内する．❷ 名 先導者．案内人．

【前敌】qiándí〘軍事〙前線．¶身临～ / 身をもって前線に臨む．

【前额】qián'é 名 額（ひたい）．同 脑门子 nǎoménzi

【前方】qiánfāng 名 方 ❶ 前方．前面．¶左～ / 左前方．❷〘軍事〙前線．第一線．¶支援～ / 前線を支援する．¶开赴 kāifù～ / 前線へ出動する．反 后方 hòufāng

【前锋】qiánfēng 名 ❶ 先鋒部隊．❷〘スポーツ〙〔量 个 ge，名 míng〕前衛．フォワード．

【前夫】qiánfū 名 前夫（ぜんぷ）．先夫（せんぷ）．

【前俯后仰】qián fǔ hòu yǎng 句 身体をよじらせて大笑いをする．同 前仰后府

【前赴后继】qián fù hòu jì 成 前の者に続いて後の者も次々と進む．¶～，勇往直前 / 先の者に続々と後の者がつづき，勇敢に前進する．

【前功尽弃】qián gōng jìn qì 成 これまでの努力が水の泡になる．¶一不小心，就会～ / 少しでも油断すれば，これまでの努力が水の泡だ．

【前滚翻】qiángǔnfān 名〘スポーツ〙前転．

【前汉】Qián Hàn 名〘歷史〙前漢（ぜん）．中国の古代王朝の一（前206－後25）．参考 中国では通常"西汉"と言う．

【前后】qiánhòu 名 ❶ …の頃．…の時分．¶清明～ / 清明節の頃．❷ 始めから終りまでの（時間）．¶这项工程～用了半年时间 / この工事は半年を要した．❸（空間の）前と後．¶～受敌 / 敵の挟み打ちに遭う．囲 前后前后

【前…后…】qián…hòu… ❶ 事物や行為が空間や時間的に相前後することをあらわす．¶前街后巷 xiàng / 大通りと裏道．街中．¶前松后紧 jǐn / はじめは緩く，後から引き締める．❷ 交互に前後する動作をあらわす．¶前俯 fǔ 后仰 / 成 かがんだりのけぞったりする．

【前后脚儿】qiánhòujiǎor 副 口 きびすを接して．次々

と. ¶我们俩是～到的 / 我々二人はほぼ同時に着いた.

【前后左右】qiánhòu zuǒyòu 名 前後左右. ¶～地看了看 / あたりをきょろきょろ見た.
【前后呼应】qián hū hòu yìng 句 前後が互いに協力し, 調子を合わせる.
【前呼后拥】qián hū hòu yōng 成 前には人払い, 後ろには護衛がつく. 参考 貴人の外出時におつきの者が大勢いるようす.
【前脚】qiánjiǎo (～儿) ❶ 名 (歩くときに)踏み出したほうの足. 前方の足. ❷ 副 "后脚"と連用して前後の時間が非常に接近している状態をあらわす. …するやいなや. ❸ 動物の前足.
【前襟】qiánjīn 名《服饰》前身ごろ.
*【前进】qiánjìn 動 前進する. ¶继续～ / 前進し続ける. 反 后退 hòutuì, 倒退 dàotuì
【前景】qiánjǐng 名 ❶ (絵や舞台装置などの)前景. ❷ 見込み. 前途. 展望. ¶丰收的～令人兴奋 / 豊作の見通しに人々は大いに喜んだ.
【前科】qiánkē 名《法律》前科.
【前来】qiánlái 動 文 (どこからか)やって来る.
【前例】qiánlì 名 前例. ¶史无～ / 史上例がない.
【前列】qiánliè 名 最前列. 先頭. ¶站在时代的最～ / 時代の最先端に立つ.
【前列腺】qiánlièxiàn 名《生理》前立腺.
【前列腺增生】qiánlièxiàn zēngshēng 名《医学》前立腺肥大.
【前轮】qiánlún 名《乘物の》前輪.
【前茅】qiánmáo 名 (成績などが)トップクラスや上位クラスにあること.
【前门】名 ❶ qiánmén (～儿) 正門. ❷ Qiánmén 北京の"正阳门 Zhèngyángmén"の通称. またその周辺の地名.
*【前面】qiánmian 方 (～儿) ❶ 名 前方. 前面. ¶图书馆～有食堂 / 図書館の前に食堂がある. ¶～来了一个人 / 前から誰かやって来た. ❷ 先. 先刻. ¶这个问题, ～已经说明得很详细了 / この問題は, すでに詳しく説明しました.
【前脑】qiánnǎo 名《生理》前脳.
【前年】名 一昨年.
【前怕狼,后怕虎】qián pà láng, hòu pà hǔ 成 あれこれ思い悩み, おじけてしり込みする. 同 前怕龙 lóng, 后怕虎
【前排】qiánpái 名 前列.
【前仆后继】qián pū hòu jì 成 前の者が倒れても, 後の者がそれを乗り越えて前進する. 犠牲を恐れず, 勇敢に立ち向かっていく.
【前妻】qiánqī 名 先妻.
【前期】qiánqī 名 前期. ¶～工程 / 前期工事. ¶明代～ / 明(そ)代の前期.
【前前后后】qiánqiánhòuhòu 名 ❶ ことのいきさつ. 一部始終. ❷ 始まりから終わりまでの時間. 全部で….
【前秦】Qián Qín 名《历史》前秦(じん:351-394). 五胡十六国の一つ.
【前清】Qián Qīng 名《历史》民国時代, 前王朝である清朝を指した呼称.
【前情】qiánqíng 名 ❶ 過去のいきさつ. ❷ かつての愛情. 昔の仲.
【前驱】qiánqū 名 先駆者. 先導者. ¶五四新文化运动的～ / 五四新文化運動の先駆者.
【前儿】qiánr 名 方 一昨日. 同 前天 qiántiān, 前儿个 qiánrge

【前人】qiánrén 名 先人. 古人. ¶～种树 zhòngshù, 后人乘凉 chéngliáng / 先人が木を植え, 後人が涼をとる. 反 后人 hòurén
【前任】qiánrèn 名 前任の人. ¶～首相 shǒuxiàng / 前首相. 反 后任 hòurèn
【前日】qiánrì 名 一昨日. 同 前天 qiántiān
【前晌】qiánshǎng 方 午前. 同 上午 shàngwǔ
【前哨】qiánshào 名《军事》前哨(しょう).
【前哨战】qiánshàozhàn 名 前哨戦.
【前身】qiánshēn 名 ❶ 前身. ¶北京大学的～是京师大学堂 / 北京大学の前身は京師大学堂だ. ❷ (～儿)《服饰》前身ごろ. 同 前襟 qiánjīn
【前生】qiánshēng 名 前世. 同 今 jīn 生
【前世】qiánshì 名 前世. 前の世代.
【前市】qiánshì 名《经济》(証券取引所の)前場(ば). 同 前盘 pán 反 后 hòu 市
【前事不忘,后事之师】qián shì bù wàng, hòu shì zhī shī 成 過去の経験を忘れず, 今後の教訓とする. 由来 『戦国策』趙策一に見えることば.
【前思后想】qián sī hòu xiǎng 成 あれこれ思いめぐらす. ¶他～, 还是不知怎么办才好 / 彼はあれこれ思いめぐらしたが, どうしたらよいのかわからなかった. 同 思前想后
【前所未闻】qián suǒ wèi wén 成 前代未聞. ¶～的奇迹 qíjì / 前代未聞の奇跡.
【前所未有】qián suǒ wèi yǒu 成 未曾有(みぞう). これまでにない. ¶～的规模 / これまでにない規模.
【前台】qiántái 名 ❶ 舞台の前. (楽屋裏に対する)舞台. ❷ 反 后台 hòutái ❷ 公開的. 表舞台.
【前提】qiántí 名 [❶ 个 ge] ❶ (論理学における)前提. ❷ 前提条件. ¶刻苦努力与科学的方法是成功的～ / 刻苦奮闘と科学的手法が成功の前提条件だ.
*【前天】qiántiān 名 一昨日.
【前厅】qiántīng 名 控えの間. ロビー.
【前庭】qiántíng 名 ❶《生理》(口や耳の)前庭. ❷ 前庭. (顔の)額.
【前头】qiántou 名 "前面 qiánmian"に同じ.
*【前途】qiántú 名 前途. ¶有光明的～ / 輝かしい前途がある. 参考 前程 qiánchéng に対し, "有前途", "没有前途"と言えるが, "前程 qiánchéng"は"有前程", "没有前程"とは言えない.
【前途无量】qiántú wúliàng 名 前途洋々だ.
【前往】qiánwǎng 動 (…へ)行く. 向かう. 赴く. ¶启程 qǐchéng～ / 出発する. ¶代表团～美国 / 代表団は米国へ行く.
【前敌】qiándí 名 ❶《军事》前敵部隊. ❷《スポーツ》[❶ 个 ge, 名 míng] ハーフバック.
【前敌】qiándí ❶《第一次国共内战时の》"前敌 qiándí 委员会" (前敵委員会)の略. ❷《第二次国共内战时の》"前线 qiánxiàn 委员会" (前線委員会)の略.
【前无古人】qián wú gǔ rén 成 前人未到. 空前絶後. ¶～的奇迹 qíjì / 前人未到の奇跡.
【前夕】qiánxī 名 ❶ 前夜. ¶比赛 bǐsài 的～ / 試合の前夜. ❷ 大きなできごとが起こる直前. 前夜.
【前贤】qiánxián 名 文 見識を備えた先哲. 前賢.
【前嫌】qiánxián 名 昔からのしこり. 旧怨. 遺恨. ¶～未释 / 遺恨がまだはらされない.
【前线】qiánxiàn 名 前線. 第一線. 同 火线 huǒxiàn 反 后方 hòufāng

虔钱钳乾掮犍 qián

【前项】qiánxiàng 名 ❶ 前の項目. ❷《数学》(比例の)前項.

【前言】qiányán 名 ❶〔段 duàn, 篇 piān〕前書き. 序文. ❷ 前に言ったことば. 前言.

【前言不搭后语】qiányán bù dā hòuyǔ 成 話や文章の前後のつじつまが合わない.

【前沿】qiányán 名 ❶ (防御陣地の)最前線. ¶～阵地 zhèndì / 最前線の基地. ❷ (学問や科学の)最先端.

【前沿科学】qiányán kēxué 名 最先端科学.

【前仰后合】qián yǎng hòu hé 成 身体を前後に大きく揺らす. ¶ 笑得～/腹をかかえて大笑いする. 表現 大笑いをする時の動作について言う.

【前夜】qiányè 名 "前夕 qiánxī"に同じ.

【前因后果】qián yīn hòu guǒ 成 原因と結果. 事の一部始終.

【前缘】qiányuán 名 ❶《仏教》前世からの因縁. ❷ (プロペラや翼などの)前縁.

【前院】qiányuàn 名 ("四合院"の中庭の南側の門の前にある)前庭. ⇨ 四合院 sìhéyuàn (図)

【前瞻】qiánzhān 動 ❶ 前方を見る. 遠くを見つめる. ❷ 将来を展望する. 予測する. 反 后顾 hòugù

【前瞻性】qiánzhānxìng ❶ 形 展望がある. 見通しをもつ. ❷ 名 予測性.

【前站】qiánzhàn 名 ❶ (行軍などの)宿営予定地. 目的地. ❷ 先遣隊. ⇨ 打 dǎ 前站

【前兆】qiánzhào 名 前兆. 前触れ. ¶ 台风～/台風の前触れ. 同 先兆 xiānzhào, 预兆 yùzhào

【前者】qiánzhě 名 前者. ↔ 后者 hòuzhě

【前肢】qiánzhī 名《生物》前肢. 前足.

【前缀】qiánzhuì 名《言語》接頭語. 参考 "老虎 lǎohǔ"の"老"や"阿姨 āyí"の"阿"など.

【前奏】qiánzòu 名 ❶《音楽》前奏. ❷ 大事件発生の前触れ.

【前奏曲】qiánzòuqǔ 名 ❶《音楽》前奏曲. プレリュード. ❷ 前触れ.

❸ 名《虫》ゲジ. ゲジゲジ. 同 钱龙 qiánlóng

【钱谷】qiángǔ 名 ❶ 貨幣と穀物. ❷ 清代の財政担当の幕僚.

【钱粮】qiánliáng 名 ❶ 地租として納める米穀や金銭. ¶ 完～/払い終える. ❷ 清代, 財務を管理する小役人. 同 钱谷 qiángǔ

【钱龙】qiánlóng 名《虫》ゲジ. ゲジゲジ. 同 钱串子 qiánchuànzi

【钱票】qiánpiào 名 (～儿) 紙幣. お札.

【钱塘江】Qiántángjiāng《地名》钱塘江(ᵗᶜʰᵃ̌ⁿᵍ). 浙江省北部を流れる河川. 河口付近の海嘯(ᵍʸ̌ᵒ)現象で有名.

【钱学森】Qián Xuésēn《人名》钱学森(ᵍʷ̌ᵉⁿˢʰⁱ:1911-). 物理学者. 科学技術関係の政府要職を歴任した.

【钱庄】qiánzhuāng 名 旧〔家 jiā〕钱庄(ᵍʷ̌ᵃⁿᵍ). 私営の金融機関. 同 钱店 qiándiàn

钱学森

钳(鉗)(异) 箝, 拑❷ qián

扌部5 全10画 四 8477₀ 常用

❶ 名 ペンチ. ¶ 老虎～ lǎohǔqián (ペンチ) / ～形攻势 gōngshì (挟み打ち). ❷ 動 ペンチで挟む. ❸ 動 制限する. 束縛する. ¶ ～制 qiánzhì / ～口 qiánkǒu (口をつぐむ).

【钳工】qiángōng 名《機械》❶ やすり・きり・ペンチなどの道具を使って行う機械の組立・仕上げ・修理作業. ❷〔個 个 ge, 名 míng, 位 wèi〕① の技術者.

【钳口结舌】qián kǒu jié shé 成 口を閉ざしてものを言おうとしない. ¶ 你为什么～？/君はどうして口を閉ざして話そうとしないのだ.

【钳制】qiánzhì 動 強く規制する. ¶ ～言论 yánlùn / 言論を弾圧する. ¶ ～敌人的兵力 / 敵の兵力を抑えこむ.

【钳子】qiánzi 名 ❶〔個 把 bǎ〕ペンチ, はさみ, やっとこ, 万力など. ❷ 方 イヤリング.

虔 qián
虍部4 四 2124₀ 全10画 通用

素 うやうやしい. ¶ ～诚 qiánchéng / ～敬 qiánjìng.

【虔诚】qiánchéng 形 敬けんで誠実だ. ¶ ～的基督教徒 / 敬けんなキリスト教徒.

【虔敬】qiánjìng 形 敬けんだ. ¶ ～的弟子 / 敬けんな弟子. 同 恭敬 gōngjìng

钱(錢) qián
钅部5 四 8375₀ 全10画 常用

❶ 名〔個 串 chuàn, 吊 diào, 吊 qián〕お金. 代金. ¶ 挣 zhèng 了一笔～ (いくらか金を稼いだ) / 银～ yínqián (銀貨) / 一块～ (一元) / 饭～ fànqián (食費) / 车～ chēqián (車代) / 制～儿 zhìqiánr (官銭). ❷ 素 銅銭に似た形をしたもの. ¶ 纸～ zhǐqián (死者を祭る時に焼く, 紙で造った銭) / 榆～儿 yúqiánr (ニレの実). ❸ 量 重さの単位. "一两 yīliǎng"の十分の一. 五グラム. ❹ (Qián)姓.

筆順 ノ ⺍ 钅 钅 钱 钱

【钱包】qiánbāo 名 (～儿) 財布.

【钱币】qiánbì 名 貨幣. 主に硬貨をいう.

【钱财】qiáncái 名 金銭. ¶ 浪费～/金を浪費する.

【钱串子】qiánchuànzi ❶ 名 穴のあいた銅銭に通すひも. 銭差し. ❷ 形 金銭に執着している. ¶ ～脑袋 / 守銭奴.

乾 qián
卓部3 四 4841₇ 全11画 次常用

❶ 名 易の八卦(ᵏʷᵃ̀·ᵏʷᵃ̀)の一つ. 乾(ᵏʷᵃ̌ⁿ). 三であらわし, 天を意味する. ¶ ～坤 qiánkūn. ❷ 素 男性を指した. ¶ ～造 qiánzào (婚姻における男性側) / ～宅 qiánzhái (婚姻における男性側の家). ❸ (Qián)《地名》陕西省にある県名. ❹ (Qián)姓.

【乾坤】qiánkūn 名 ❶ 八卦(ᵏʷᵃ̀·ᵏʷᵃ̀)の乾(ᵏʷᵃ̌ⁿ)と坤(ᵏᵘ̄ⁿ). ❷ 天と地, 陰と陽, 男と女など対立するものを指す. ¶ 扭 niǔ 转 zhuǎn～/天地をひっくり返す. 世の中を一変させる.

【乾隆】Qiánlóng 名《歷史》乾隆(ᵏʷᵃ̌ⁿᵒⁿᵍ:1736-1795). 清代の高宗朝の年号.

掮 qián
扌部8 四 5302₇ 全11画 通用

動 方 (荷物を)肩に担ぐ. ¶ ～客 qiánkè.

【掮客】qiánkè 名 仲介人. ブローカー.

犍 qián
牛部8 四 2554₀ 全12画

素 地名用字. ¶ ～为 Qiánwéi (四川省にある地名).

☞ 犍 jiān

潜(異潜) qián

氵部12 四 3516₈ 全15画 常用

❶ 動 水に潜る. ¶～水 qiánshuǐ / ～泳 qiányǒng. ❷ 形 見えないところに隠されている. ¶一流 qiánliú / ～力 qiánlì. ❸ 副 こっそりと. 秘密裏に. ¶～逃 qiántáo / ～伏 qiánfú. ❹ (Qián) 姓.

【潜藏】qiáncáng 動 奥深く隠れる. ¶这样做～着危机 / このようなやり方は危機が潜んでいる.
【潜伏】qiánfú 動 隠れ潜む. 潜伏する. ¶～在草丛 cǎocóng 中 / 草むらに潜伏する. 同 埋伏 máifú
【潜伏期】qiánfúqī 名《医学》潜伏期間. ¶病毒～/ ウィルスの潜伏期間.
【潜航】qiánháng 動 潜航(せんこう)する.
【潜亏】qiánkuī 名《経済》かくれ赤字.
【潜力】qiánlì 名 隠れている力. 潜在力. ¶挖掘 wājué～/ 潜在能力を発掘する.
【潜流】qiánliú 名〔股 gǔ〕地下の水流. また心の奥底. 内心.
【潜能】qiánnéng 名 潜在能力. 潜在的なエネルギー.
【潜入】qiánrù 動 ❶ ひそかに入り込む. ¶～国境 / 国境に潜入する. ❷ 水中に潜る. ¶～海底 / 海底に潜る.
【潜水】qiánshuǐ 動 水に潜る.
【潜水器】qiánshuǐqì 名 潜水器. 小型潜水設備の総称.
【潜水艇】qiánshuǐtǐng 名 潜水艇.
【潜水衣】qiánshuǐyī 名 潜水服. ウエットスーツ.
【潜水员】qiánshuǐyuán 名 潜水夫. ダイバー.
【潜台词】qiántáicí 名 ❶《芸能》〔句 jù〕せりふのなかでは言わずに, それとわからせる言外の意. ❷ 言外の意. 秘めたる思い.
【潜逃】qiántáo 動 (犯罪者などが)ひそかに逃亡する. ¶犯人ば罪 wèizuì～/ 犯人は罪を恐れて逃亡した.
【潜艇】qiántǐng 名〔艘 sōu, 只 zhī〕潜水艦.
【潜望镜】qiánwàngjìng 名 潜望鏡.
【潜心】qiánxīn ❶ 動 懸命に. わき目もふらず. 同 专 zhuān 心 ❷ 動 心を傾注する.
【潜行】qiánxíng 動 ❶ 水の中で行動する. 潜行する. ❷ ひそかに行動する. 潜行する.
【潜血】qiánxuè 名 潜出血. 同 隐血 yǐnxuè
【潜移默化】qián yí mò huà 成 知らず知らずのうちに影響を受けて, 性格や考え方が変わっていく. ¶对孩子有着～的影响 / 子供の性格や考え方に, 知らず知らずのうちに影響を与える.
【潜意识】qiányìshí 名 潜在意識.
【潜隐】qiányǐn 動 (心の)奥深くに隠す. ひそむ.
【潜泳】qiányǒng 動 潜ったままで泳ぐ.
【潜在】qiánzài 形 隠れたところにある. 潜在的な. ¶～意识 / 潜在意識. ¶～危险 / 潜在的な危険.
【潜质】qiánzhì 名 隠れた素質. ¶艺术～/ 芸術的な素質.
【潜滋暗长】qián zī àn zhǎng 成 ひそかに発展する. ひそかに発展する.

黔 qián

黑部4 四 6832₇ 全16画 次常用

❶ 形 文 黒い. 黒い色. ❷ (Qián) 名 贵州省の別称. ❸ (Qián) 姓.

【黔驴技穷】Qián lú jì qióng 成 故 わずかばかりの才能を使い尽くす. 見かけ倒し. ¶敌人～, 只好举手投降 tóuxiáng / 敵は詮(せん)尽きて, 投降するよりほかなかった. 同 黔驴之 zhī 技 由来 唐・柳宗元「三戒」黔之驢. ロバのいない黔(現在の貴州省)に, ある人がロバを連れてきた. トラは, 身体と鳴き声の大きいロバを神だと恐れていたが, ある時このロバを怒らせてしまった. ロバの技はこれだけだと見たトラは, ロバに襲いかかって食い殺した.

肷(異膁) qiǎn

月部4 四 7728₂ 全8画 通用

名《獣類》の脇から腰への柔らかい部分.

浅(淺) qiǎn

氵部5 四 3315₀ 全8画 常用

形 ❶ 浅い. ¶～滩 tān / 水～得很(水がとても浅い). 反 深 shēn ❷ (時間が)短い. 年代～(年代が浅い) / 相处的日子还～(つきあいがまだそんなに長くない). 反 久 jiǔ ❸ 内容がやさしい. わかりやすい. ¶这本书内容～, 容易懂(この本は内容がやさしいのでわかりやすい). ❹ 深みがない. 薄っぺらだ. ¶工夫 gōngfu～(修行が足りない). 反 深 shēn ❺ (感情に)厚みがない. ¶交情不～(交わりが深い). 反 深 shēn ❻ (色が)淡い. ¶～红 qiǎnhóng (薄紅) / ～绿 qiǎnlǜ (薄緑). 反 深 shēn

☞ 浅 jiān

【浅薄】qiǎnbó 形 ❶ 学識や教養が浅い. ¶学问～/ 学問が浅い. 同 肤浅 fūqiǎn, 浮浅 fúqiǎn 反 渊博 yuānbó ❷ 感情や縁などが薄く弱い. ❸ 浮ついていて, 底が浅い.
【浅尝辄止】qiǎn cháng zhé zhǐ 成 深くつきつめないうちにやめる. ¶搞科学怎么能～呢！/ 科学を研究するのに, 中途半端でやめていいものか.
【浅淡】qiǎndàn 形 ❶ (色が)薄い. 薄暗い. ❷ かすかだ. ぼんやりとした.
【浅海】qiǎnhǎi 名 水深200メートル以内の海域.
【浅见】qiǎnjiàn 名 浅薄な見解. ¶依我～… / 私の管見によれば…. 反 高见 gāojiàn 表現 自分の見解をけんそんして言う時に使われることば.
【浅近】qiǎnjìn 形 平易でわかりやすい. ¶老师的讲解～易懂 / 先生の説明は平易で分かりやすい.
【浅陋】qiǎnlòu 形 (見識や学識が)乏しい. 浅薄だ. ¶我学识～, 还请多多指教 zhǐjiào / 私は学識が乏しいので, よろしくご指導ください.
【浅露】qiǎnlù 形 ぶしつけだ. あられもない. ¶词意～/ ことば遣いが浅薄だ.
【浅明】qiǎnmíng 形 (ことばや内容が)簡潔でわかりやすい. 同 浅显 xiǎn
【浅色】qiǎnsè 形 明るい色の. 淡い色の. ¶～的上衣 / 明るい色の上着.
【浅说】qiǎnshuō 名 簡単なわかりやすい解説. ¶《唐诗～》/『唐詩入門』用法 入門書などの書名によく使われる.
【浅滩】qiǎntān 名 浅瀬.
【浅显】qiǎnxiǎn 形 (文章や内容が)平明でわかりやすい. ¶～的道理 / わかりやすい道理. 同 粗浅 cūqiǎn, 浅近 qiǎnjìn, 浅易 qiǎnyì 反 艰深 jiānshēn, 深奥 shēn'ào
【浅笑】qiǎnxiào 動 そっと微笑む.
【浅学】qiǎnxué 形 浅学だ. 知識が浅い. 表現 自分がへりくだって言う時にも用いる.
【浅易】qiǎnyì 形 平易だ. ¶～的读物 / 平易な読み物.

遣 qiǎn

辶部10 四 3530₇ 全13画 常用

素 ❶ 派遣する. ¶～送 qiǎnsòng. ❷ 発散する. 晴らす. ¶消～ xiāoqiǎn (気晴らしする) / ～闷 qiǎn-

mèn（憂さを晴らす）.
【遣詞[辞]】qiǎncí 動 ことばを運用する. ¶～造句／ことばを選んで文章を書く.
【遣返】qiǎnfǎn 動 もとの場所へ送り返す. ¶～战俘 zhànfú／捕虜を送還する. ¶～难民 nànmín／難民を送還する.
【遣怀】qiǎnhuái 胸中の思いを語る. 同 遣兴 xìng.
【遣散】qiǎnsàn 動 ❶団体や軍隊などが解散するとき，人員を解雇したり退役させる. ❷《軍事》捕虜を解放して送還する. ❸《軍事》武装組織を解散させる.
【遣送】qiǎnsòng 動 ¶把非法入境者～回国／不法入国者を本国へ送還する.

谴（譴）qiǎn   讠部13 四 3573₇ 全15画 次常用

素 責める. しかる. ¶自～已过（自らの過ちを）／～责 qiǎnzé.
【谴责】qiǎnzé 動 厳しくとがめ，責める. ¶遭 zāo 到世人～／世間の人々の厳しい非難を受ける.

缱（繾）qiǎn   纟部13 四 2513₇ 全16画 通用

下記熟語を参照.
【缱绻】qiǎnquǎn 形 ⽂ 仲がよくて離れがたい. 愛着が深い. ¶～的情意／連綿として断ちがたい思い.

欠 qiàn   欠部0 四 2780₂ 全4画 常用

❶ 動 借りたものをまだ返していない. ¶你～他多少钱？（君は彼にいくら借りているのか）／我还～着他的人情呢（私はまだ彼に義理がある）／～情 qiànqíng. ❷ 動 足りない. ¶～佳 qiànjiā／～妥 qiàntuǒ／肉～点儿火（肉に少し火が通っていない）／说话～考虑（ことばに配慮が欠けている）. 同 短 duǎn, 缺 quē ❸ 素 あくび. ¶～伸 qiànshēn. ❹ 動 身体の一部分を少し上に上げる. ¶～脚儿（つま先立ちする）.
【欠安】qiàn'ān 形 ⤴ 体調が悪い. 病気だ. 表現 人が病気であることを婉曲に言うことば.
【欠产】qiàn//chǎn 動 生産量がノルマに達しない. 反 超产 chāochǎn
【欠佳】qiànjiā 形 さほどよくない. ¶身体～／体調があまりすぐれない.
【欠款】❶ qiànkuǎn 名 [⤵ 笔 bǐ] 借金. ❷ qiàn//kuǎn 動 借金する. ¶欠了一笔款／一口借金をした.
【欠情】qiàn//qíng 動（～儿）義理を欠く. 表現 相手の好意に対して，十分に返礼ができないこと.
【欠缺】qiànquē ❶ 形 不足している. ¶还～经验／まだ経験が足りない. 反 完善 wánshàn ❷ 名 足りない部分. ¶没有什么～／何の不足もない.
【欠身】qiàn//shēn 動（～儿）(あいさつなどのために)少し立ち上がる. 腰を浮かす. ¶～致谢 zhìxiè／ちょっと立ち上がって謝意をあらわす.
【欠伸】qiànshēn 動 あくびをして，体を伸ばす.
【欠税】qiànshuì 名 滞納している税金.
【欠条】qiàntiáo 名（～儿）[⤵ 张 zhāng]借用証書.
【欠妥】qiàntuǒ 形 あまり適切でない. ¶措辞 cuòcí ～／表現があまり適切でない. ¶这种说法有些～／この言い方があまり適当でない.
【欠债】qiàn//zhài 動 負債を負う. ¶她欠了很多债／彼女は多額の負債を負った.
【欠账[帐]】❶ qiànzhàng 名 未払いの代金. 負債. ¶还有一笔～要还 huán／まだ返さなくてはならない借金

が一口ある. ❷ qiàn//zhàng 動 負債を負う. ¶欠了很多账／たくさん借金をした.
【欠资】qiànzī 名 郵便の不足料金. ¶～信／切手代不足の手紙.

纤（縴）qiàn   纟部3 四 2214₀ 全6画 常用

名 舟をひく綱. ¶用一拉（ひき綱で舟を引く）／～手 qiànshǒu.
☞ 纤 xiān
【纤夫】qiànfū 名 船を引く人足.
【纤绳】qiànshéng 名 牛馬のたづな. また，船の引き綱.
【纤手】qiànshǒu 名 ⤴（不動産売買などの）周旋人. 仲介人. 同 拉纤的 lāqiānde.

芡 qiàn   艹部4 四 4480₂ 全7画 通用

名 ❶《植物》オニバス. 同 鸡头 jītóu, 老鸡头 lǎojītóu ❷ オニバスの澱粉（淀）を水に溶いたもの. ¶勾～ gōuqiàn（とろみをつける）.
【芡粉】qiànfěn 名 オニバスの実の粉. 参考 一般には，料理にとろみをつけるためのその他の澱粉も"芡粉"と呼ぶ.
【芡实】qiànshí 名《植物》オニバスの実. 同 鸡头米 jītóumǐ.

茜（蒨）qiàn   艹部6 四 4460₄ 全9画 通用

❶ 名《植物》アカネ. ❷ 素 あかね色. やや暗い赤. ¶～纱 qiànshā（あかね染めの糸）.
☞ 茜 xī
【茜草】qiàncǎo 名《植物》アカネ.

倩 qiàn   亻部8 四 2522₇ 全10画 通用

素 ❶ ⤴ 美しい. ¶～装 qiànzhuāng／～影 qiànyǐng. ❷ 代わりにやってもらう. ¶～人执笔 zhíbǐ（人に代筆を頼む）.
【倩影】qiànyǐng 美しい姿. 表現 多くは女性についていう.
【倩装】qiànzhuāng 名 美しい装い.

堑（塹）qiàn   土部8 四 4210₄ 全11画 通用

素 防御のために交通を遮断する堀や溝. ¶～壕 qiànháo.
【堑壕】qiànháo 名《軍事》[⤵ 道 dào, 条 tiáo] 塹壕（ざんごう）.

椠（槧）qiàn   木部8 四 4290₂ 全12画 通用

名 ❶ 古代の記録用の木板. ❷ 版本. 刻本. ¶宋～ Sòngqiàn（宋版）／元～ Yuánqiàn（元版）.

嵌 qiàn   山部9 四 2278₂ 全12画 次常用

動 象眼（がん）する. はめ込む. ¶～石 qiànshí（石をはめ込む）／～银 qiànyín（銀をはめ込む）.
【嵌入】qiànrù 動 はめ込む. ¶把宝石～在戒指 jièzhi 上／宝石を指輪にはめ込む.

慊 qiàn   忄部10 四 9803₇ 全13画 通用

動 ⤴ 恨む. 悔やむ. 満足しない.
☞ 慊 qiè

歉 qiàn   欠部10 四 8728₂ 全14画 常用

素 ❶ 申し訳ないという気持ち. ¶抱～ bàoqiàn（申し訳なく思う）／道～ dàoqiàn（おわびをする）／～意

【歉意】qiànyì. ❷ 収穫がよくない. ¶~年 qiànnián（凶作の年）/ 以年补~（豊作で凶作の埋め合わせをする）. 反 丰 fēng
【歉疚】qiànjiù 形 すまないことをしたと悔やむ. ¶深感~/ すまないと，深く悔やむ.
【歉然】qiànrán 形（相手に対して）申し訳ないようす.
【歉收】qiànshōu 動 不作になる. ¶去年因为发洪水 hóngshuǐ，粮食~/ 去年は洪水で，穀物が不作だった. 反 丰收 fēngshōu
【歉意】qiànyì 名 謝罪の気持ち. ¶深表~/ 深く謝罪の意をあらわす.

qiang ㄑㄧㄤ [tɕʰiaŋ]

抢(搶) qiāng
扌部4 全7画 四 5801₂
動 ❶ 正面からぶつかる. ¶~着风走（風に向かって行く）. 同 戗 qiāng ❷ 触れる. ぶつかる. ¶呼天~地（感深く嘆き悲しむようす）.
☞ 抢 qiǎng

呛(嗆) qiāng
口部4 全7画 四 6801₂ 次常用
動（水や食物が気管に入って）むせる. 咳こむ. ¶吃饭吃~了（ご飯が気管に入ってむせた）.
☞ 呛 qiàng

羌 Qiāng
羊部1 全7画 四 8051₂ 通用
名 ❶ 羌(ʳ). 古代の民族. 後漢時代に，今の甘粛省のあたりに居住した. 東晋時代に後秦（384-417）を建てた. ❷ チャン族. 中国少数民族の一つ. ¶~族 qiāngdí / ~语 Qiāngyǔ（チャン族の言語）. ❸ 姓.
【羌笛】qiāngdí 名《音楽》古代の縦笛. 6つの穴をもち，リードで吹く. 由来 古代の羌族がよく使っていた笛という意から.
【羌族】Qiāngzú 名《民族》チャン族. 中国少数民族の一つ. 四川省北部に居住する.

枪(槍 / 異 鎗) qiāng
木部4 全8画 四 4891₂ 常用
❶ 名〔量 杆 gǎn, 条 tiáo, 支 zhī, 枝 zhī〕やり. ¶长~ chángqiāng（長いやり）/ 标~ biāoqiāng（やり投げ）. ❷ 名〔量 杆 gǎn, 条 tiáo, 支 zhī, 枝 zhī〕鉄砲. ¶手~ shǒuqiāng（けん銃）/ 步~ bùqiāng（歩兵銃）. ❸ 名 形や機能が鉄砲に似たもの. ¶电子~ diànzǐqiāng（電子銃）/ 焊~ hànqiāng（溶接機）. ❹ 名 替え玉になって受験する. ¶打~ dǎqiāng（替え玉になる）/ ~手 qiāngshǒu. ❺（Qiāng）姓.
【枪版】qiāngbǎn 名（映画館内で盗撮し，製造した）海賊版ディスク.
【枪毙】qiāngbì 動 ❶ 銃殺刑にする. 射殺する. ¶~犯人 / 犯人を銃殺する. ❷（他人の考えなどを）否定する. ¶他的方案被领导~了 / 彼のプランは指導部にボツにされた.
【枪刺】qiāngcì 名〔把 bǎ〕銃剣.
【枪弹】qiāngdàn 名〔量 颗 kē, 粒 lì〕銃弾. 同 子弹 zǐdàn
【枪法】qiāngfǎ 名 ❶ 射撃の技術. ❷〔套 tào〕長やりの技術. ¶~纯熟 chúnshú / 長やりの技術に熟達している.
【枪杆】qiānggǎn 名（~儿）❶ やりの柄. ❷ 銃身. ❸ 武器や兵力. 同 枪杆子 qiānggǎnzi
【枪杆子】qiānggǎnzi 名 "枪杆 qiānggǎn"に同じ. ¶~里面出政权 / 武力から政権が生まれる.
【枪击】qiāngjī 動 銃撃する.
【枪机】qiāngjī 名（銃の）発射機構. 引き金や遊底(ﾕﾁ)を含む.
【枪决】qiāngjué 動 銃殺する（こと）. ¶就地~ / その場で銃殺する. 同 枪毙 qiāngbì
【枪口】qiāngkǒu 名 銃口.
【枪林弹雨】qiāng lín dàn yǔ 成 非常に厳しい戦闘. ¶他冒着~抢救 qiǎngjiù 伤员 shāngyuán / 彼は銃弾の雨あられをおかして，負傷者を救った.
【枪榴弹】qiāngliúdàn 名《軍事》銃榴弾.
【枪炮】qiāngpào 名 銃砲.
【枪杀】qiāngshā 動 銃殺する.
【枪声】qiāngshēng 名〔量 阵 zhèn〕銃声.
【枪手】qiāngshǒu 名 ❶（旧）やりを持った兵隊. ❷〔个 ge, 名 míng, 位 wèi〕射撃手.
【枪手】qiāngshou 名 試験の替え玉. ¶当~ / 替え玉になる. 同 枪替手 qiāngtìshou
【枪术】qiāngshù 名《武術》槍(ʧ)術.
【枪栓】qiāngshuān 名（銃の）遊底(ﾕﾁ).
【枪膛】qiāngtáng 名（銃の）銃腔. 口径.
【枪替】qiāngtì 動 試験の替え玉になる. 替え玉受験する. 同 打枪 dǎqiāng
【枪托】qiāngtuō 名 銃床. 銃の台尻.
【枪械】qiāngxiè 名 銃器. 銃の総称.
【枪眼】qiāngyǎn 名〔量 个 ge〕❶ 銃眼. 外に向かって撃つために，壁などに開けられた穴. ❷（~儿）銃弾が貫通してできた穴.
【枪战】qiāngzhàn 名《軍事》銃撃戦.
【枪支】qiāngzhī 名 銃器. ¶~弹药 / 銃器弾薬.
【枪子儿】qiāngzǐr 名〔口〕〔量 颗 kē〕銃弾. 同 枪弹 qiāngdàn

戗(戧) qiāng
戈部4 全8画 四 8375₀ 通用
動 ❶ 逆う. 逆行する. ❷ ~风 qiāngfēng. ❸（意見が）衝突する. ¶两人说~了（二人の意見が衝突した）.
☞ 戗 qiàng

【戗风】qiāngfēng 動 風にむかう. ¶~行船 / 風に向かって船を進める. 同 逆风 nìfēng 反 顺风 shùnfēng

戕 qiāng
戈部4 全8画 四 2325₀ 通用
素 ❷ 傷つける. 殺す. ¶自~ zìqiāng（自殺する）.
【戕害】qiānghài 動 害する. 損なう. ¶~健康 / 健康を害する. 同 伤害 shānghài
【戕贼】qiāngzéi 動 損なう. 痛める. ¶~身心 / 心身を損なう.

跄(蹌 / 異 蹡) qiāng
足部4 全11画 四 6811₂ 通用
下記熟語を参照.
☞ 跄 qiàng

【跄跄】qiāngqiāng 形 作法にしたがって歩くようす. ¶仪仗队 yízhàngduì 的步伐 bùfá ~有力 / 儀仗隊の歩並みは作法にのっとり，力強い. 同 蹡蹡 qiāngqiāng

腔 qiāng
月部8 全12画 四 7321₂ 常用

❶ [素]（～儿）身体の内部で空洞になっている部分．¶口～ kǒuqiāng（口腔）/ 鼻～ bíqiāng（鼻腔）/ 胸～ xiōngqiāng（胸腔）/ 腹～ fùqiāng（腹腔）．❷ [素]（～儿）話．ことば．¶开～ kāiqiāng（口を開く）/ 答～ dáqiāng（答える）．❸ [素]（～儿）メロディー．調子．¶高～ gāoqiāng（高い調子）/ 花～儿 huāqiāngr（コロラチュラ）．❹ [素]（～儿）なまり．アクセント．¶京～ jīngqiāng（北京なまり）/ 学生～ xuéshengqiāng（学生口調）/ 南～北调（[成] 各地のなまりが混じる）．❺ [量] 屠殺した羊を数えることば．¶一～羊（屠殺した羊一頭）．

【腔肠动物】qiāngcháng dòngwù [名]《生物》腔腸(こうちょう)動物．

【腔调】qiāngdiào [名] ❶〔[量] 种 zhǒng〕（伝統劇や音楽の）曲調．メロディー．音色．❷ 口調やイントネーション．¶听他说话的～是山东人 / 彼のその口調は山東人だ．

【腔子】qiāngzi [名] [口] ❶ 胸腔．❷ 屠殺した家畜の胴体．頭を切り取った動物の体．

蜣 qiāng　虫部 7　[四] 5811_2　全13画　[通用]

下記熟語を参照．

【蜣螂】qiāngláng [名]《虫》〔[量] 群 qún，只 zhī〕フンコロガシ．クソムシ．タイワンダイコクコガネ．[同] 屎壳郎 shǐkelàng

锖（錆） qiāng　钅部 8　[四] 8572_7　全13画　[通用]

下記熟語を参照．

【锖色】qiāngsè [名] さび色．

锵（鏘） qiāng　钅部 9　[四] 8774_2　全14画　[通用]

[擬] からん．ごん．じゃん．金属に何かがぶつかって出る音．¶锣声 luóshēng～～（ドラがじゃんじゃんと鳴る）．

镪（鏹） qiāng　钅部12　[四] 8673_6　全17画　[通用]

下記熟語を参照．

☞ 镪 qiǎng

【镪水】qiāngshuǐ [名]《化学》強酸の俗称．[同] 强酸 qiángsuān

强（[異] 強、彊） qiáng

弓部 9　全12画　[四] 1623_6　[常用]

❶ [形] 力が強い．能力が高い．程度が高い．¶敌～我弱（敵は強く味方は弱い）/ 军事力量很～（軍事力が強い）/ 责任心～（責任感が強い）．[反] 弱 ruò ❷ [素] 強い力でやる．¶～取 qiángqǔ（力ずくで取る）/ ～制 qiángzhì / ～占 qiángzhàn．❸ [形] 優れている．良い．¶他写的字比你～得多（彼の字は君よりずっと上手だ）．❹ [形] 分数や小数の後ろにおいて，それより少し多いことをあらわす．¶三分之一～（三分の一強）．[反] 弱 ruò ❺（Qiáng）姓．[用法] ③は，多く比較文に用いる．

☞ 强 jiàng，qiǎng

【强暴】qiángbào ❶ [形] 横暴だ．凶暴だ．❷ [名] 凶暴な集団や勢力．¶不畏 bùwèi～ / 凶暴な勢力を恐れない．❸ [動]“强奸 qiángjiān”に同じ．

*【强大】qiángdà [形]（国力や戦力などが）強大だ．¶国力～ / 国力が強大だ．[反] 弱小 ruòxiǎo

【强档】qiángdàng [名] プライムタイム．（放送で）視聴率の高い時間帯．（興行や商品販売などで）集客率や販売率の高い時間帯．

*【强盗】qiángdào [名]〔[量] 个 ge，伙 huǒ〕強盗．略奪者．[同] 匪徒 fěitú

【强敌】qiángdí [名] 強敵．ライバル．

【强的松】qiángdísōng [名]《薬》プレドニゾン．抗炎症剤の一種．

【强点】qiángdiǎn [名] 強み．[反] 弱 ruò 点

*【强调】qiángdiào [動] 強調する．重点を置く．¶这个问题，老师～了几遍 / この問題を先生は何度も繰返し強調した．

*【强度】qiángdù [名]《物理》❶ 力や程度の大きさ，強さ．¶音响～ / 音響の強さ．❷ 物体の外からの力に対する抵抗力．¶抗震～ / 耐震性．

【强渡】qiángdù [動]《軍事》（敵の勢力内の）川を強行に渡る．

【强风】qiángfēng [名] ❶ 強風．❷ [旧]《気象》雄風(ゆうふう)．風力階級6の風．

【强干】qiánggàn [形] 経験豊富で有能だ．[同] 干练 gànliàn

【强攻】qiánggōng [動] 強襲する．¶～敌营 díyíng / 敵のキャンプを強襲する．

【强固】qiánggù [形] 強くてしっかりした．堅固だ．¶～的基础 / 堅固な基礎．[同] 巩固 gǒnggù，坚固 jiāngù，牢固 láogù

【强国】qiángguó ❶ [名] 強国．❷ [動] 国を強大にする．¶～富民 / 国を強くし，民を富ます．

【强悍】qiánghàn [形] 勇敢で恐れを知らない．¶性格～ / 勇猛果敢な性格．

【强横】qiánghèng [形] 横暴だ．¶～无理 wúlǐ / 横暴で無茶だ．¶～霸道 bàdào / 強硬に無理を通す．[同] 蛮横 mánhèng

【强化】qiánghuà [動] 強化する．¶～环境意识 / 環境保護意識を強める．

【强化食品】qiánghuà shípǐn [名] 栄養強化食品．

【强击机】qiángjījī [名] 攻撃機．

【强记】qiángjì [形] 記憶力が強い．¶博闻 bówén～ / [成] 見聞が広く，記憶がすぐれている．博覧強記．

【强加】qiángjiā [動] [文]（自分の意見ややり方を）無理に押し付ける．¶不能把自己的意志～给别人 / 自分の意志を他人に強要してはならない．

【强加于人】qiángjiā yú rén [句]（意見ややり方を）人に無理に押しつける．

【强奸】qiángjiān [動] ❶ 婦女を暴行する．¶～犯 / 暴行犯．❷ 自分の意見に従わせる．¶～民意 / 為政者が自分の意見を民意と偽って強制する．

【强奸罪】qiángjiānzuì [名]《法律》婦女暴行罪．

【强碱】qiángjiǎn [名]《化学》強アルカリ．

【强健】qiángjiàn [形] 壮健だ．¶体格～ / がっしりとした体格．[同] 健壮 jiànzhuàng，矫健 jiǎojiàn，强壮 qiángzhuàng

【强劲】qiángjìng [形] 強力だ．強靱(きょうじん)だ．¶遇到了～的对手 / 手強い相手に出会った．¶～的海风 / 強い海風．[反] 微弱 wēiruò

【强力】qiánglì [名] ❶ 強い力．¶～夺取 / 強力に奪取する．❷ 抵抗力．

【强力霉素】qiánglì méisù [名]《薬》ドキシサイクリン．（塩酸）抗生物質の一種．

【强梁】qiángliáng [形] ❶ 横暴だ．強暴だ．¶不畏～ / 横暴をおそれない．❷ 勇敢だ．勇ましい．

*【强烈】qiángliè [形] ❶ 非常に力強い．¶～的求知欲 yù / 旺盛な知識欲．[反] 微弱 wēiruò ❷ 鮮明だ．¶

~的对比 / 鮮明な対比. ❸ (反対や要求などが)強く激い. ¶~反対 / 強硬な反対. ¶~抗议 / 激しい抗議.

【强令】 qiánglìng 動 強制的に命令する.

【强弩之末】 qiáng nǔ zhī mò 成 強かった勢力がすでに衰弱しているようす. 由来『漢書』韓安国伝に見えることば. 強い大弓で射た矢も最後には勢いが衰える, という意味から.

【强权】 qiángquán 名 強権.

【强权政治】 qiángquán zhèngzhì 名 強権政治.

【强人】 qiángrén 名 ❶ 能力のある人. ¶女~ / 人並みすぐれた女性. キャリアウーマン. ❷〔個 个 ge, 伙 huǒ〕強盗. 表現 ①は, 女性に用いることが多い.

【强身】 qiángshēn 動 体を鍛える. 丈夫にする.

【强盛】 qiángshèng 形 (国家の勢力が)強大だ. ¶国家の~時期 / 国家の強大な時期.

【强势】 qiángshì 名 ❶ 強い勢い. ❷ 優勢な勢力. ❸《経済》強含み.

【强势群体】 qiángshì qúntǐ 名 (社会的·経済的な)強者. 富裕層.

【强手】 qiángshǒu 名 優れた能力をもった人. やり手. ¶~自有一治 / やり手には自ずとそれを押さえるやり手がいる.

【强似】 qiángsì 動 より勝る. …を超える. ¶产量一年~一年 / 生産量が年ごとに漸増している. 同 强如 qiángrú.

【强酸】 qiángsuān 名《化学》強酸.

【强袭】 qiángxí 動 強襲する.

【强项】 qiángxiàng ❶形 強情で負けず嫌いだ. ❷名 (スポーツなどの)得意種目. (勉強の)得意科目.

【强心剂】 qiángxīnjì 名《薬》強心剤. ¶打了一针~, 才把他抢救 qiǎngjiù 过来 / 強心剤を打って, なんとか彼の命は救われた.

【强行】 qiángxíng 動 …を強行する. ¶~通过一项决议 / 一つの決議を無理に通過させる.

【强行军】 qiángxíngjūn 名《軍事》強行軍.

【强压】 qiángyā 動 (相手を)強引に押さえつける. (感情を)無理やり抑える.

【强毅】 qiángyì 形 (心が)しっかりとしている.

【强硬】 qiángyìng 形 力強く, 後へ引かない. 強硬だ. ¶措辞 cuòcí ~的声明 / 強い口調の声明文. 反 软弱 ruǎnruò

【强有力】 qiángyǒulì 形 優れた力を持っている. 力強い. ¶~的人 / 優れた力の人. ¶~支援 / 強力な支援.

【强占】 qiángzhàn 動 暴力や武力で占拠する.

【强者】 qiángzhě 名 強者.

【强震】 qiángzhèn 名《地学》強い地震.

【强直】 qiángzhí 名《医学》(筋肉や関節の)硬直.

【强制】 qiángzhì 動 強制する. 強要する. ¶~执行法庭的判决 pànjué / 法廷の判決を強制執行する. ¶~劳动 / 強制労働. 反 自愿 zìyuàn 表現 政治·経済·法律などで, 国家などが強く迫ることを言う.

【强壮】 qiángzhuàng ❶形 (身体が)丈夫で元気だ. ¶身体~ / 体が丈夫だ. ¶健壮 jiànzhuàng, 强健 qiángjiàn 反 虚弱 xūruò ❷動 (身体を)丈夫にする. ¶~剂 jì / 強壮剤.

【强子】 qiángzǐ 名《物理》ハドロン. 強い相互作用をもつ素粒子の総称.

墙(墙 / 異 牆) qiáng

土部11 全14画 四 4416₁ 常用

名 ❶〔個 道 dào, 堵 dǔ, 垛 duǒ〕壁. 塀. ¶土~ tǔqiáng (土塀) / 院~ yuànqiáng (家の周りの塀) / 城~ chéngqiáng (城壁). ❷ 壁の形をしていたり, 仕切りの役割をしている部分. 航空機や大型封筒の隅などの部分. ❸ (Qiáng)姓.

【墙报】 qiángbào 名 壁新聞. ¶看~ / 壁新聞を読む. 同 壁报 bìbào

【墙壁】 qiángbì 名〔個 道 dào, 堵 dǔ〕壁. 塀. 同 墙 qiáng

【墙倒众人推】 qiáng dǎo zhòngrén tuī 俗 人が挫折したり失意のうちにあるときに, 周囲の人がそれに乗じてその人を打ちのめすこと.

【墙根】 qiánggēn 名 (~儿)壁や塀の地面に接した部分. 土台部分. ¶~开着几朵野菊花 yějúhuā / 塀のきわに数本の野菊が咲いていた.

【墙角】 qiángjiǎo 名 壁や塀のすみ.

【墙脚】 qiángjiǎo 名 ❶ 壁や塀の土台部分. ❷ ものごとの基礎. ¶互挖~ / 互いに土台を崩しあう.

【墙裙】 qiángqún 名《建築》(保護や装飾のために)室内の壁の下部をセメント·タイル·板材で貼ったもの. 腰羽目 (làb). ダド. 同 护壁 hùbì

【墙头】 qiángtóu 名 ❶ (~儿)壁や塀の最上部. ❷ 背の低い小さな囲い.

【墙头草】 qiángtóucǎo 名 日和見主義者.

【墙围子】 qiángwéizi 名 (建物や庭の)塀. 囲い. 同 围墙

【墙垣】 qiángyuán 名 文 壁.

【墙纸】 qiángzhǐ 名 壁紙. ¶壁 bì 纸

蔷(薔) qiáng

艹部11 四 4460₁ 全14画 通用

下記熟語を参照.

【蔷薇】 qiángwēi 名《植物》❶〔個 棵 kē, 株 zhū〕バラの木. ❷〔個 朵 duǒ, 束 shù, 枝 zhī〕バラの花. 同 野蔷薇 yěqiángwēi

嫱(嬙) qiáng

女部11 四 4446₁ 全14画 通用

名 ❶ 古代の宮廷に仕えた女官. ❷ 女性の人名用字.

樯(檣 / 異 艢) qiáng

木部11 全15画 四 4496₁ 通用

素 文 帆柱. マスト. ¶帆~ fānqiáng 如林(帆柱が林のように立ち並ぶ).

抢(搶) qiǎng

扌部4 四 5801₂ 全7画 常用

❶動 奪取する. 奪い取る. ¶坏人~了银行 yínháng (悪者が銀行を襲った) / 他把我的钱包~走了(彼は私の財布を奪っていった) / ~球 qiǎngqiú (ボールを奪い取る). ❷動 先を争う. ¶大家~着跟我握手(皆は我勝ちに彼女と握手する) / 那人~在我前面,把那张门票拿走了(あの人は私の前に割り込んで, その入場券をさらっていった) / ~答 qiǎngdá. ❸素 急いで. ¶~修 qiǎngxiū / ~收 qiǎngshōu. ❹動 (物の表面をこすりとる. むきとる. ¶磨剪子~刀子 (ハサミやナイフを研ぐ) / 小车摔 shuāi 了一跤 jiāo, 膝盖 xīgài 上~去了一块皮 (彼くんはころんで, ひざをすりむいた).

☞ 抢 qiāng

【抢白】 qiǎngbái 動 面と向かって責めたり, いやみを言ったりする. ¶我忍不住, ~了他几句 / 私は我慢できず, 彼にいやみを言った.

【抢答】qiǎngdá（クイズなどで）先を争って答える.
【抢点】qiǎngdiǎn 動 ❶（電車や船などが）遅れを取り戻す. ❷《スポーツ》（サッカーで）ゴールに有利な位置を奪う. ❸ 有利な位置を占める.
【抢渡】qiǎngdù 動《軍事》（作戦で）先を争って川や湖を渡る.
【抢夺】qiǎngduó 強奪する. ¶～财物 cáiwù / 金品を強奪する. 同 争夺 zhēngduó
【抢购】qiǎnggòu 先を争って買う. ¶～粮食 / 穀物を我先に買う. ¶一上午就被～一空 / 午前中でたちまち売り切れた.
【抢劫】qiǎngjié 動 強奪する.
【抢劫罪】qiǎngjiézuì 名《法律》強盗罪. ¶犯～/ 強盗の罪を犯す.
【抢截】qiǎngjié 名《スポーツ》インターセプト.
【抢镜头】qiǎng jìngtóu 慣 ❶（カメラで）絶好の場面を撮る. ❷ 人の目を引く. 目立つ. ¶她喜欢～/ 彼女は目立つのが好きだ.
【抢救】qiǎngjiù 動 緊急に救助する. レスキュー. ¶～病人 / 病人に緊急処置をして助ける.
【抢掠】qiǎnglüè 動 金銭や物品を奪い取る. 略奪する.
【抢亲】qiǎng//qīn 動 略奪結婚をする. 同 抢婚 qiǎnghūn
【抢青】qiǎngqīng （悪天候のため）収穫を急ぐ.
【抢收】qiǎngshōu 動 作物が実ると、災害などを恐れて大急ぎで収穫する. ¶下地～/ 畑へ行き大急ぎで収穫する.
【抢手】qiǎngshǒu 形（商品の）売れ行きがよい. 人気がある. ¶～货 / 売れ筋商品.
【抢滩】qiǎngtān 動 ❶（船舶の沈没を避けて）浅瀬に乗り入れる. ❷《軍事》（上陸のために）拠点を設ける. ❸《経済》（先を競って）市場を占める.
【抢先】qiǎng//xiān 動（～儿）先を争う. ¶～发言 / 先を争って発言する.
【抢险】qiǎngxiǎn 危険が生じた時に、迅速に対処する. ¶抗洪 kànghóng ～/ 洪水に備えて緊急対策をとる.
【抢修】qiǎngxiū 動（建築物・道路・機械などを）突貫工事で修理する.
【抢眼】qiǎngyǎn 形 人の目を引く. 注目される. 同 夺目 duómù
【抢运】qiǎngyùn 動 急いで運ぶ.
【抢占】qiǎngzhàn 動 ❶ 先を争って占拠する. ¶～有利地形 / 有利な地形を先に奪う. ❷ 違法に占有する. ¶～他人财产 cáichǎn / 他人の財産を違法に占有する.
【抢种】qiǎngzhòng 動 時期を逃さず、一気に種をまく.
【抢嘴】qiǎngzuǐ 動 ❶ 先を争ってしゃべる. ¶举手发言,别～/ 発言は手を挙げてから、勝手に話し出さないように. ❷ 慌てて食べる.

羟（羥）qiǎng

羊部5 全11画 四 8751₆ 通用
名"羟基 qiǎngjī"に同じ.
【羟基】qiǎngjī 名《化学》水酸基(-OH).

强（異 強, 彊）qiǎng

弓部9 全12画 四 1623₆ 常用
素 強制的に. 無理に. しいて…する. ¶～笑 qiǎngxiào / ～辩 qiǎngbiàn.
☞ 强 jiàng, qiáng

【强逼】qiǎngbī 動 無理強いする.
【强辩】qiǎngbiàn 動 無理にこじつける. 強弁する. ¶

你不要～了 / 無理な言い訳はやめろ.
【强词夺理】qiǎng cí duó lǐ 成 理屈の通らないことに、無理に理屈をつける.
【强留】qiǎngliú 動（客などを）無理に留まらせる.
【强买强卖】qiǎngmǎi qiǎngmài 句（市場で）売買を強要する.
【强迫】qiǎngpò 動 圧力をかけて従わせる. ¶～服从 / 無理やり従わせる. ¶～执行 / 強制執行. 反 被迫 bèipò, 自愿 zìyuàn 比較"强迫"は、人が相手に服従などをさせること. "逼迫 bīpò"は、人以外に事物（情勢など）が行動をうながすことにも使う.
【强迫交易罪】qiǎngpò jiāoyìzuì 名《法律》強要罪. 参考 暴力や威力によって、商品やサービスの提供や受け入れを強要する行為に対する罪名.
【强求】qiǎngqiú 動 無理強いする. 強く要求する. ¶不要～他那样做 / 彼にそうするよう強要するな.
【强人所难】qiǎng rén suǒ nán 成 人の嫌がることやできないことを強要する. ¶不愿去就算了,不要～/ 行きたくないのならもういい、人の嫌がることを無理強いしてはいけない.
【强使】qiǎngshǐ 動 圧力をかけて何かをさせる. ¶～服从 / 無理やり従わせる.
【强笑】qiǎngxiào 動 作り笑いをする. 無理やり笑う.
【强颜】qiǎngyán 動 文（表情を）無理につくる.
【强颜欢笑】qiǎngyán huānxiào 句 無理して楽しそうに見せる.

镪（鏹）qiǎng

钅部12 四 8673₆ 全17画 通用
名 穴にひもを通してつないだ古代の銭.
☞ 镪 qiāng

襁（異 繈）qiǎng

衤部12 四 3623₆ 全17画 通用
索 文 おぶいひも. ¶～褓 qiǎngbǎo.
【襁褓】qiǎngbǎo 名 子供をおんぶする帯やねんねこ. 表現 多く幼時のたとえとして使う 比較 日本語では「むつき」と読み、「うぶぎやおむつ」の古い言いかた.

呛（嗆）qiàng

口部4 四 6801₂ 全7画 次常用
動（煙や刺激臭に）むせる. ¶～鼻子 qiàng bízi.
☞ 呛 qiāng

【呛鼻子】qiàng bízi 句（刺激臭が）鼻をつく. ¶炸 zhá 辣椒的味儿～/ トウガラシを炒めるにおいが鼻につんとくる.

戗（戧）qiàng

戈部4 四 8375₀ 全8画 通用
❶ 名《建築》（家の）支柱. つっかい棒. ❷ 動 支える. つっかいをする. ¶用两根木头来～住这堵 dǔ 墙(二本の木を使ってこの壁を支える).
☞ 戗 qiāng

炝（熗）qiàng

火部4 四 9881₂ 全8画 通用
動《料理》❶ 材料を軽くゆでて、醬油や酢などの調味料であえる. ¶～蛤蜊 géli（貝のあえもの）/ ～芹菜 qíncài（セロリのあえもの）. ❷ 肉やネギのみじん切りなどを熱した油でさっといためて香りをつけ、調味料と水を加えて煮る.

跄（蹌/異 蹡）qiàng

𧾷部4 全11画 四 6811₂ 通用
下記熟語を参照.
☞ 跄 qiāng

【跄踉】qiàngliàng 形文 ふらふら歩くようす. 同 踉跄 liàngqiàng

qiāo ㄑㄧㄠ [tɕʻiau]

悄 qiāo
↑部7 四 9902₇ 全10画 常用
下記熟語を参照.
☞ 悄 qiǎo

*【悄悄】qiāoqiāo ❶副 (～儿地)こっそりと. ひっそりと. ¶他～地走出去了 / 彼はこっそり出て行った. ❷形 とても静かだ. ひっそりしている. ¶外边静～ / 外はひっそり静かだ. ❸形 ないしょの. 秘密の.
【悄悄话】qiāoqiāohuà[-qiāo-]huà 名 ないしょ話. ひそひそ話.

硗(磽) qiāo
石部6 四 1561₂ 全11画 通用
索 (農地の)土が硬く, やせている. ¶～薄 qiāobó / ～确 qiāoquè / 肥～ féiqiāo (土地の肥沃度).
【硗薄】qiāobó 形 (土地などが)硬くやせている. ¶田地～ / 田畑がやせている. ¶大片～的土地 / やせた広い土地.
【硗确】qiāoquè 形 "硗薄 qiāobó"に同じ.

雀 qiāo
小部8 9021₅ 全11画 常用
名 そばかす. ¶～子 qiāozi. 同 雀斑 quèbān
☞ 雀 qiǎo, què
【雀子】qiāozi 名 [量 个 ge, 颗 kē] そばかす. 同 雀斑 quèbān

跷(蹺/异蹻) qiāo
⻊部6 全13画 四 6511₂ 次常用
❶動 (足を)上げる. ❷動 (手の指を)立てる. ¶～着大拇指 dàmǔzhǐ (手の親指を立てる). ❸動 つま先立ちする. ¶～脚 (つま先立ちする). ❹索 (民間舞踊に使う竹馬のような)履物. またはそれを履いて踊る踊り. ¶高～ gāoqiāo (高足踊り). 表現 ②は, "很好"という意味をあらわすのに使う.
【跷蹊】qiāoqi 形 おかしい. 疑わしい. ¶哪有那么巧的事,其中定有些～吧 / どこにそんなうまい話がある, きっと何か裏があるのだ. 同 蹊跷 qīqiāo
【跷跷板】qiāoqiāobǎn 名 シーソー.

锹(鍬/异锹) qiāo
钅部9 全14画 四 8978₀ 常用
❶名 [量 把 bǎ] シャベル. スコップ. ¶铁～ tiěqiāo (シャベル, スコップ). ❷量 ①ですくった物を数えることば. ¶一～土 (スコップ一杯の土).

劁 qiāo
刂部12 2230₀ 全14画 通用
動 (家畜を)去勢する. ¶～猪 qiāozhū.
【劁猪】qiāozhū ブタを去勢する.

敲 qiāo
高部4 0124₇ 全12画 常用
動 ❶ (硬い物を)打つ. たたいて音を出す. ¶～门 qiāomén / ～锣 luó (どらを鳴らす) / 用手轻轻地～了一窗户 (手でそっと窓をたたいた). ❷ 金品をゆする. 値段をふきかける. ¶～竹杠 zhúgàng / 被～去十块钱 (10元ボラれた).
【敲边鼓】qiāo biāngǔ 慣 脇から手助けする. ¶你去跟主任说,我在一旁 yīpáng 替你～ / あなた主任に言いなさいよ, 私も口添えしてあげるから. 同 打边鼓 dǎ biāngǔ
【敲打】qiāodǎ ❶ (太鼓やどらなどを)たたく. ¶～锣鼓 / ドラや太鼓をたたく. ❷方 注意したり, しかったりする. ¶他总喜欢～人 / 彼は人にこごとを言うのが好きだ.
【敲定】qiāodìng 動 最終的に決定する.
【敲骨吸髓】qiāo gǔ xī suǐ 成 骨の髄までしゃぶりつくす. ¶～地大肆 dàsì 掠夺 lüèduó / 略奪をほしいままにする.
【敲击】qiāojī 動 打つ. たたく. ノックする. ¶～乐器 yuèqì / 打楽器. パーカッション.
【敲锣打鼓】qiāo luó dǎ gǔ 句 どらや太鼓を打ち鳴らす. ¶人们～地庆祝 qìngzhù 胜利 / 人々はどらや太鼓を打ち鳴らして勝利を祝った.
【敲门】qiāo//mén 動 ドアをノックする. 参考 日本では, 「トン,トン」と2回ノックすることが多いが, 中国では3回以上ノックするのがふつう.
【敲门砖】qiāoménzhuān 名 目的達成のための手段. 踏み台. 由来 門をたたくためのレンガのかけらは, ひとたび目的が達せられ門が開くと捨てられることから.
【敲山震虎】qiāo shān zhèn hǔ 成 ❶ 周囲から攻め込んで目標を捕らえる. ❷ 遠まわしな忠告や行動で相手に知らしめる.
【敲诈】qiāozhà 動 金品をゆすり取る. ¶～勒索 lèsuǒ / ゆすりたかりをする. ¶～钱财 / 金品を巻き上げる. 同 讹诈 ézhà, 勒索 lèsuǒ
【敲竹杠】qiāo zhúgàng 慣 他人の弱味につけこんでゆすったり, 値をつり上げる. ¶他被人敲了竹杠 / 彼は人にゆすられた.

橇 qiāo
木部12 四 4291₄ 全16画 通用
名 ❶ 古代, ぬかるんだ道を歩く時に使った道具. ❷ そり. ¶雪～ xuěqiāo (そり).

缲(繰/异繰) qiāo
纟部13 全16画 四 2619₄ 通用
動《服飾》(針目が見えないように)くけ縫いをする.
☞ 缲 sāo
【缲边儿】qiāo biānr 句《服飾》(帯などの)縁をくける. ¶想当裁缝 cáiféng 先要从～学起 / 裁縫の仕事に就くなら, まずくけ縫いから覚えなくては.

乔(喬) qiáo
丿部5 全6画 四 2022₈ 常用
❶ 索 (高さが)高い. ¶～木 qiáomù / ～迁 qiáoqiān. ❷ 索 変装する. ¶～装 qiáozhuāng. ❸ (Qiáo)姓.
【乔木】qiáomù 名《植物》[量 棵 kē, 株 zhū] 高木. 反 灌木 guànmù
【乔其纱】qiáoqíshā 名《紡織》ジョーゼット.
【乔迁】qiáoqiān 動 よい場所へ転居したり昇進したりする. ¶恭贺 gōnghè ～之喜 / ご昇進のお祝いを申し上げます. 由来《詩経》小雅・伐木のことば. 「幽谷より出て, 喬木に遷る」から.
【乔装】qiáozhuāng 動 変装する.
【乔装打扮】qiáozhuāng dǎbàn 句 変装する.

侨(僑) qiáo
亻部6 四 2222₈ 全8画 常用

荞峤桥硚翘谯鞒憔樵瞧 qiáo 891

❶ 異郷や外国に仮住まいする．¶～居 qiáojū／～胞 qiáobāo／～民 qiáomín．❷ 外国に僑居している人．¶华～ huáqiáo（華僑）／外～ wàiqiáo（外国人居留者）．❸（Qiáo）姓．

【侨办】qiáobàn 名 "华侨事务办公室"（華僑事務弁公室）の略．

【侨胞】qiáobāo 名〔圙 个 ge, 名 míng, 位 wèi〕華僑同胞．

【侨汇】qiáohuì 名 華僑から中国国内に振り込まれる金．

【侨居】qiáojū 動 外国に仮住まいする．¶他多年来一直～海外／彼は長年の間，ずっと海外に僑居している．参考 昔は国内であっても故郷以外の地に住むことを言った．

【侨眷】qiáojuàn 名〔圙 个 ge, 位 wèi〕"侨民"が国内に残している家族や親戚．

【侨联】qiáolián 名 "归国华侨联合会"（帰国華僑連合会）の略．

【侨领】qiáolǐng 名 華僑の指導者．

【侨民】qiáomín 名〔圙 个 ge, 位 wèi〕外国に住みながら，中国国籍を保持している人．

【侨商】qiáoshāng 名 華僑の経済人・商人．

【侨属】qiáoshǔ 名 華僑が国内に残している家族や親戚．同 侨眷 juàn

【侨务】qiáowù 名 在外華僑に関する事務．

【侨乡】qiáoxiāng 名 ❶（国外で）華僑が多く居住している地域．❷（国内で）帰国した華僑や"侨属"が多く居住している地域．

【侨资】qiáozī 名 華僑資金．華僑が中国国内に投資したり貯蓄している資金．

荞（蕎／荍）qiáo
⺿部6 全9画 四 4422₈ 次常用

❶ 下記熟語を参照．❷（Qiáo）姓．

【荞麦】qiáomài 名〔植物〕ソバ．¶～粉／ソバ粉．

峤（嶠）qiáo
山部6 全9画 四 2272₈ 通用

形 山が高く切り立っている．
☞ 峤 jiào

桥（橋）qiáo
木部6 全10画 四 4292₈ 常用

名 ❶〔圙 座 zuò〕橋．¶长江 Chángjiāng 大～（長江大橋）／天～ tiānqiáo（歩道橋，陸橋）／立交～ lìjiāoqiáo（立体交差橋）．❷（Qiáo）姓．

【桥洞】qiáodòng 名（～儿）橋脚の間の空間．同 桥孔 qiáokǒng

【桥墩】qiáodūn 名〔建築〕橋脚を支える土台．同 桥墩子 qiáodūnzi

【桥涵】qiáohán 名 橋と暗渠．

【桥孔】qiáokǒng 名〔建築〕アーチ型の橋の下の空洞．¶苏州的觅渡桥 Mìdùqiáo 有五十三个～／蘇州の覓渡橋(べんときょう)はアーチが53個ある．同 桥洞 qiáodòng

*【桥梁】qiáoliáng 名 ❶〔建築〕橋．❷ 橋渡しをする人や事物．かけ橋．¶为了中日两国的友谊起到～作用／中日両国の友情のためにかけ橋の役を果たす．

【桥牌】qiáopái 名（トランプの）ブリッジ．

【桥台】qiáotái 名〔建築〕橋の両端で橋を支えるための構造物．橋台(きょうだい)．

【桥头】qiáotóu 名 橋の，岸に接する部分．

【桥头堡】qiáotóubǎo 名 ❶〔軍事〕〔圙 个 ge, 座 zuò〕橋頭堡(はし)．橋の両側にもとまえる陣地．❷ 攻撃の拠点．❸〔建築〕橋の両端のタワー．

硚（礄）qiáo
石部6 四 1262₈ 全11画 通用

❶ 地名用字．¶～头 Qiáotóu（四川省にある地名）．❷（Qiáo）姓．

翘（翹）qiáo
羽部6 四 5721₂ 全12画 次常用

❶ 動（顔）を上げる．¶～首 qiáoshǒu／～望 qiáowàng．❷ 動（紙や板が乾いて）波打ったり，そる．¶书皮～了（本の表紙がそった）．
☞ 翘 qiào

【翘楚】qiáochǔ 名 义 傑出した人材．

【翘盼】qiáopàn 動 切望する．

【翘企】qiáoqǐ 動 义 首を長くして待つ．切実に待ち望む．¶以待／首を長くして待つ．

【翘首】qiáoshǒu 動 义 頭を高く上げて遠くを眺める．¶～盼望 pànwàng 家书／家族からの手紙を待ちわびる．¶～望远／頭を上げて遠くを眺める．

【翘首以待】qiáo shǒu yǐ dài 成 首を長くして待つ．

【翘望】qiáowàng 動 ❶ 頭を上げて遠くを見る．❷ 切望する．¶～已 yǐ 久／長い間待ち望む．

谯（譙）qiáo
讠部12 四 3073₁ 全14画 通用

❶ 下記熟語を参照．❷（Qiáo）姓．

【谯楼】qiáolóu 名 ❶ 义 城門の上に設けた望楼．❷ 鼓楼．

鞒（鞽）qiáo
革部6 四 4252₈ 全15画 通用

名 馬の鞍(くら)の高く盛り上がった部分．

憔（异 顦，癄）qiáo
忄部12 全15画 四 9003₁ 次常用

下記熟語を参照．

【憔悴】qiáocuì 形 やつれる．憔悴(しょうすい)する．¶精神～／気持ちが疲れきっている．

樵 qiáo
木部12 四 4093₁ 全16画 通用

❶ 名 たきぎ．柴．¶～砍～ kǎnqiáo（柴を刈る）．❷ 名 义 柴を刈る．¶～夫 qiáofū．❸（Qiáo）姓．

【樵夫】qiáofū 名〔圙 个 ge, 位 wèi〕きこり．¶砍柴 kǎnchái 的～／柴を刈るきこり．

瞧 qiáo
目部12 四 6003₁ 全17画 常用

❶ 動 見る．¶你～什么？（何を見ているの）／～不起 qiáobuqǐ／东～西～（きょろきょろ見回す）／等着～吧（まあ見ていてごらんなさい）．同 看 kàn，瞅 chǒu ❷（Qiáo）姓．

【瞧病】qiáo//bìng 動 回 ❶（医者に）診察してもらう．同 看 kàn 病 ❷（医者が）診察する．同 看病

【瞧不起】qiáobuqǐ 動 回 軽く見る．バカにする．¶大家都～他／皆が彼をバカにしている．同 看不起 kànbuqǐ 反 瞧得起 qiáodeqǐ, 看得起 kàndeqǐ

【瞧不上眼】qiáobushàng yǎn 慣 見るほどの価値を認めない．気に入らない．¶这么难看的衣服，谁都～／こんなみっともない服は，誰だって気に入らない．反 瞧得 de 上眼

【瞧得起】qiáodeqǐ 動 重視する．同 看 kàn 得起

【瞧见】qiáo//jiàn 動 回 見る．¶瞧得见／見える．¶瞧不见／見えない．

【瞧头儿】qiáotóur 名 回 見どころ．¶没什么～／見るべき値うちがない．同 看头 kàntóu

巧 qiǎo

工部2　四 1112₇
全5画

❶ 形 (手工芸などの)技術がすぐれている. 巧みだ. ¶封面设计得真～ (表紙が本当に上手にデザインされている) / 技～ jìqiǎo (技巧) / 反 笨 bèn、拙 zhuō ❷ 形 (手先が)器用だ. (話しぶりが)巧みだ. ¶他的手～得很 (彼は手先がとても器用だ) / 心灵 líng 手～ (頭の回転が速く手先が器用だ). ❸ 素 (ことばが)うわべだけで誠意がない. ¶～言今色 / 花言～语 (口先だけのうまい話). ❹ 形 タイミングがよい. ¶来得 láide ～真 (ちょうどいいところへ来た) / 你来得真不～! 他刚走了 (タイミングが悪いね. 彼はたった今帰ったところだ). ❺ (Qiáo)姓.

【巧辩】qiǎobiàn 動 ことば巧みに言う. 言いのがれる. 同 诡 guǐ 辩. 表現 良い意味では使わない.

【巧夺天工】qiǎo duó tiān gōng 成 精巧な工芸品や細工まりで, 自然の造形にも勝るほどみごとだ. ¶苏州园林～ / 苏州の庭園は天然の美にも勝る.

【巧妇难为无米之炊】qiǎo fù nán wéi wú mǐ zhī chuī 同 無い袖は振れない. 由来 有能な主婦でも米がなければ飯は炊けない, という意味から.

【巧干】qiǎogàn 動 器用にこなす. ¶实干加～ / 着実かつ巧みにこなす.

【巧合】qiǎohé 動 たまたまぴったり合う. 偶然に一致する.

【巧计】qiǎojì 名 (量 条 tiáo) 巧妙な計略.

【匠】qiǎojiàng 名 名工. ¶能工～ / 名工や達人.

【巧劲儿】qiǎojìnr 名 方 ❶ 要領. こつ. ¶摸索 mō- suǒ 学习的～ / 勉強のこつを探す. ❷ 偶然の一致. 奇遇.

【巧克力】qiǎokèlì 名 外 〔块 kuài〕チョコレート. 同 朱古力 zhūgǔlì ◆chocolate

【巧立名目】qiǎo lì míng mù 成 不正な目的を達するめいろいろ理由付けをする. ¶～乱收费 / うまい名目を立ててやたらに金を集める.

*【巧妙】qiǎomiào 形 巧みで, 卓越している. 巧妙だ. ¶设计～ / デザインが巧みだ. ¶这个计谋 jìmóu 十分～ / その計略はとても巧妙だ. 反 笨拙 bènzhuō

【巧取豪夺】qiǎo qǔ háo duó さぎや力ずくで奪い取る.

【巧事】qiǎoshì 偶然の一致.

【巧手】qiǎoshǒu 名 ❶ 器用な手. ¶他有一双～ / 彼は手が器用だ. ❷ (技術的な仕事の)名手.

【巧思】qiǎosī 名 巧妙な考え. 独創的な発想.

【巧言令色】qiǎo yán lìng sè 成 巧みなことばと優しげなようす. 由来『論語』学而篇に見えることば.

【巧遇】qiǎoyù 動 たまたま巡り合わせる. ¶～老朋友 / 旧友と偶然出会う.

悄 qiǎo

忄部7　四 9902₇
全10画　常用

素 ❶ 物音がなく, 静かだ. ¶～声 qiǎoshēng / ～寂 qiǎojì (ひっそりとして寂しい). ❷ 文 憂い悲しむ. ¶～然 qiǎorán.
☞ 悄 qiāo

【悄静】qiǎojìng 形 静かだ. ひっそりした. 同 安 ān 静

【悄然】qiǎorán 形 文 ❶ 憂い悲しむようす. ¶～落泪 / しょんぼりと涙を流す. ❷ 音もなくひっそりしている. ¶～无声 / ひっそりと閑としている.

【悄声】qiǎoshēng ❶ 形 音や声をたてないようす. ¶他～走进来 / 彼はそっと入って来た. ❷ 名 低い声. ¶～细语 / ささやくような低い声.

雀 qiǎo

小部8　四 9021₅
全11画　常用

名 〈鸟〉スズメ. ¶家～儿 jiāqiǎor (スズメ) / ～盲眼 qiǎomangyǎn. 同 雀 què
☞ 雀 qiāo, què

【雀盲眼】qiǎomangyǎn 名 方 夜盲症. 鳥目.

愀 qiǎo

忄部9　四 9908₀
全12画　通用

下記熟語を参照.

【愀然】qiǎorán 形 厳しい顔つきになる. 青ざめる. ¶～作色 / 顔色を変えて怒る. ¶～不悦 yuè / 青ざめて落ち込む.

壳(殼) qiào

土部4　四 4021₇
全7画　常用

名 殻(ē). ¶甲～ jiǎqiào (甲羅ゑ) / 地～ dìqiào (地殻) / ～斗 qiàodǒu
☞ 壳 ké

【壳菜】qiàocài 名 〈贝〉クロガイ. クロガイの肉. 参考 干した物は,"淡菜 dàncài"と呼ばれる.

【壳斗】qiàodǒu 名 〈植物〉殻斗(ホ). 参考 果実の外皮で, クリのいがやドングリのお椀など.

【壳质】qiàozhì 名 〈生理〉角質. キチン.

俏 qiào

亻部7　四 2922₇
全9画　次常用

❶ 形 (人の姿や動作, 装いが)美しい. ¶那小姐真～ (あのお嬢さんはほんとに粋だ) / 俊～ jùnqiào (水際立って美しい). ❷ 形 品物の売れ行きがよい. ¶～货 qiào- huò / ～销 qiàoxiāo. ❸ 動 方 料理に香味や彩りを添える. ⇒俏头儿 qiàotour

【俏货】qiàohuò 名 売れ行きのよい商品. 人気商品.

【俏丽】qiàolì 形 (容姿などが)すっきりとして美しい. 同 秀丽 xiùlì

【俏美】qiàoměi 形 すっきりと美しい. あか抜けている.

【俏皮】qiàopi 形 ❶ (容貌や装飾が)きれいだ. ¶～的模样 múyàng / 美しい容姿. ❷ (動作や話が)気が利いている. ¶说话俏 / 話がとてもスマートだ.

【俏皮话】qiàopihuà 名 (～儿) ❶ 冗談. 皮肉. ウィット. しゃれ. ¶她爱说～ / 彼女は冗談が好きだ. ❷ かけことば. 同 歇后语 xiēhòuyǔ

【俏头儿】qiàotour 名 方 ❶ 料理に添える彩りや香味. ¶这是炒菜时的～ / これは炒め物をする時に添える彩りです. ❷ (芝居などの)見どころ. 聞きどころ. ¶这是戏曲 xìqǔ 表演中引人入胜的～ / これは芝居で人を魅了する見せ場だ. 参考 ①は葉ニンニク, シャンツァイ, キクラゲ, トウガラシなど.

【俏销】qiàoxiāo 動 (商品の)売れ行きが良い. 同 畅 chàng 销

诮(誚) qiào

讠部7　四 3972₁
全9画　通用

素 文 ❶ 非難する. ¶～呵 qiàohē (責める). ❷ 皮肉を言う. ¶讥～ jīqiào (皮肉を言う).

峭(陗 陗) qiào

山部7　四 2972₁
全10画　次常用

素 ❶ 山が高く険しい. ¶～拔 qiàobá / ～立 qiào- lì / 陡～ dǒuqiào (坂が急で険しい). ❷ (人の性格が)厳しい. ¶～直 qiàozhí (厳格だ).

【峭拔】qiàobá ❶ 山がそびえ立っている. ❷ (性格が)孤高だ. ❸ (文筆が)力強く俗離れしている. ¶笔锋 bǐ- fēng ～ / 筆力雄健だ.

窈 qiào

窈(竅) qiào
穴部5 全10画 [次常用] 3012₇

素 ❶ 穴. ¶ 七～ qīqiào（七つの穴. 目・耳・鼻・口のこと）. ❷ 物事の大切な点. キーポイント. ¶ ～門 qiàomén / 诀 – juéqiào（秘訣）/ 一～不通 魘 少しも分かっていない.

【窈门】qiàomén [名]（～儿）難問を解決するキーポイント. 妙案. ¶ 他很会找～ / 彼は妙案を見つけるのがうまい. 同 诀窍 juéqiào.

翘 qiào

翘(翹) 異 翱 qiào
羽部6 全12画 5721₂ [次常用]

[動] 片一方が上に持ちあがる. ¶ 头发～起来了（髪がはね上がった）/ ～拇指 mǔzhǐ（親指を立てる. 人をほめるしぐさ）.
☞ 翘 qiáo

【翘板】qiàobǎn [名] シーソー. 同 翘翘板, 跷跷 qiāoqiāo板.

【翘辫子】qiào biànzi [慣] 死ぬ. ¶ 我还没～呢，子女们就急着分家产 / 私はまだ死んでいないというのに，子供たちはあわてて財産分けをしている. [表现] 嘲りや冗談の意をこめて使う.

【翘尾巴】qiào wěiba [慣] おごり高ぶる. ¶ 老师一表扬，她就～ / 先生が皆の前でちょっとほめると，彼女はすぐ鼻高々になった.

撬 qiào

撬 qiào
扌部12 全15画 5201₄ [次常用]

[動] てこなどで動かす. こじ開ける. ¶ ～石头（てこで石を動かす）/ 把门～开（戸をこじ開ける）.

【撬杠】qiàogàng [名]（⨀ 根 gēn）こじり棒. バール. かなてこ.

鞘 qiào

鞘 qiào
革部7 全16画 4952₇ [通用]

[名] 刀のさや. ¶ 剑～ jiànqiào（刀のさや）.
☞ 鞘 shāo

【鞘翅】qiàochì [名]《虫》（甲殻類の）翅鞘（しょう）. さやばね.

---

qie くlせ [tɕʻiE]

切 qiē

切 qiē
刀部2 全4画 4772₀ [常用]

[動] ❶（刃物で）切る. ¶ ～开 qiēkāi / 把肉～成肉丝儿（肉を千切りにする）. ❷《数学》直線と曲線，または曲線どうしが一点で接する. ¶ ～线 qiēxiàn / ～点 qiēdiǎn.
☞ 切 qiè

【切变】qiēbiàn [名]《物理》剪断変形.

【切除】qiēchú [動]《医学》（悪い部分を）取り去る. 切除する. ¶ ～扁桃体 biǎntáotǐ / 扁桃（とう）腺を取り去る.

【切磋】qiēcuō [動] 互いに磨きあい, 高めあっていく. ¶ ～学问 / 学識を磨きあう. 同 切磋琢磨 zhuó mó.

【切磋琢磨】qiē cuō zhuó mó [成] 学問や技芸を互いに磨きあい, 高めあっていく. 切磋琢磨（さたくま）する. [由来]「切」は骨を, 「磋」は象牙を, 「琢」は玉（ぎょく）を, 「磨」は石を, それぞれ研磨して製品とする, という意から.

【切点】qiēdiǎn [名]《数学》接点. 切点.

【切断】qiēduàn [動] 切断する. 断つ. ¶ ～电源 / 電源を切る.

【切糕】qiēgāo [名] もち米の粉を蒸して作ったもち. ナツメやあんこをまぜる. [由来] 大型のもちを切り売りするところから.

【切割】qiēgē [動] ❶ ナイフで切る. ❷ 機械やバーナーなどで, 鋼を切断する. 同 割切 gēqiē.

【切换】qiēhuàn [動]（映画などでカットを）切り換える. スイッチする. 転換する.

【切开】qiēkāi [動] ❶（ナイフなどで）切り開く. ¶ 把瓜～/ 瓜を切る. ❷《医学》切開（する）.

【切口】qiēkǒu [名]《印刷》書籍のページの, 上下左右の余白. マージン.

【切块】qiēkuài [動]（大きなブロックの食材などを）切り取る. ぶつ切りにする.

【切面】qiēmiàn [名] ❶《料理》手や機械で切った麺. ❷ 断面. ¶ 金属～ / 金属の断面. ¶ 玻璃～ / ガラスの切断面. ❸ 剖面 pōumiàn ❹《数学》切面. 接平面. [表现] ❶は,「手のべ麺」に対して言う.

【切片】❶ qiē//piàn [動] 薄く切り分ける. ¶ 把黄瓜切成片 / キュウリを薄切りにする. ❷ qiēpiàn [名]⨀ 个 ge, 块 kuài（顕微鏡で観察するために）薄く切り取った細胞組織や鉱物の一片. ¶ 肿瘤 zhǒngliú～ / 腫瘍の切片.

【切入】qiērù [動] ❶ 深く入り込む. ❷《スポーツ》バスケットボールで敵陣に切り込むこと. ペネトレイト.

【切线】qiēxiàn [名]《数学》接線. 切線. ¶ 圆的～ / 円の接線.

【切削】qiēxiāo [動]（金属の部品を）切り削る.

伽 qié

伽 qié
亻部5 全7画 2620₀ [通用]

❶ 素 古代, 仏教語などの音訳に用いた字. ¶ 南香 qiénánxiāng（きゃら）/ ～蓝 qiélán. ❷（Qié）姓.
☞ 伽 gā, jiā

【伽蓝】qiélán [名]《仏教》寺院. 伽藍（がらん）.

茄 qié

茄 qié
艹部5 全8画 4446₀ [常用]

[名] ❶「茄子 qiézi」に同じ. ❷（Qié）姓.
☞ 茄 jiā

【茄子】qiézi [名]《植物》❶〔⨀ 棵 kē〕ナス. ❷〔⨀ 个 ge〕ナスの実.

且 qiě

且 qiě
丨部4 全5画 7710₂ [常用]

❶ [副] しばらく. ひとまず. ¶ 你～别走（もうしばらく帰らないで）/ ～慢 qiěmàn / 暂～ zànqiě（しばらく）/ 姑～ gūqiě（しばらく）. ❷ [副] [方]〈且…呢〉の形で）長い間…しているさま. ¶ 这支钢笔～使呢（この万年筆はずいぶん長いこと使っている）. ❸ [接]（多く〈况 kuàng〉と呼応して）…でさえ. ¶ 死～不惧 jù, 况困难岂 hū!（死さえ恐れぬというのに, 困難など何だというのだ）. ❹ [接]〈多く〈既 jì …且〉の形で）その上. しかも. ¶ 既高～大（高いうえに大きい）. ❺ [接]〈且…且…〉の形で）…しながら…する. ¶ ～歌～舞（歌いながら踊る）. ❻（Qiě）姓.
☞ 且 jū

【且慢】qiěmàn [動] ちょっと待った. まあまあ待てよ. ¶ ～动手 / 取りかかるのはちょっと待ってください. [表现] 相手の言動をさえぎる時に使う.

切 qiè

刀部2　四 4772₀
全4画　常用

❶ 動 ぴったり合う. ¶～題 qiètí / 不～実際(実情にそぐわない). ❷ 形 近づきになる. 親しい. ¶～身 qièshēn / 亲～ qīnqiè(親しい). ¶ 急を要する. ¶ 迫～ pòqiè(切迫している) / 肯～ kěnqiè(懇切丁寧だ) / 心～ xīnqiè(切実だ). ❹ 副 必ず. 決して. ¶～记 qièjì / 忌 qièjì / ～勿吸煙(絶対に喫煙してはならない). ❺ ⇒反切 fǎnqiè ❻ (Qiè)姓. 用法 ①は、多く否定形で用いられる.

☞ 切 qiē

【切不可】qiè bùkě 句 決して…してはいけない. ¶这话～对别人说 / この話は決して人に言ってはいけない.

【切齿】qièchǐ 動 歯ぎしりして怒り、くやしがる.

【切齿痛恨】qiè chǐ tòng hèn 成 歯ぎしりするほどくやしがる.

【切当】qièdàng 形 適切だ. ちょうどよい. 回 恰当 qiàdàng.

【切肤之痛】qiè fū zhī tòng 成 身をもって感じる強い苦痛. ¶失去爱妻的～ / 愛妻を失った身を切るような悲しみ.

【切骨之仇】qiè gǔ zhī chóu 成 極めて深い恨み. 骨の髄まで達する恨み.

【切合】qièhé 動 ぴったりと合う. ¶～实际 / 実情に合致する. ¶～国情的政策 / 国情にぴったり合った政策.

【切记】qièjì 動 肝に銘じて忘れない. しっかりと記憶する. ¶父母的话要～心中 / 両親の話を肝に銘じておきなさい.

【切忌】qièjì 動 注意深く避けたり、予防したりする. ¶～贪心 tānxīn / 欲深くならないよう気を付けなさい. ¶司机开车、～喝酒 / ドライバーは運転する時には、決して飲酒してはならない.

【切近】qièjìn ❶ 形 身近だ. ❷ 動 (内容や状態などが)近づく.

【切口】qièkǒu 名 結社や業界の内部で用いられる隠語.

【切脉】qiè//mài 《中医》脈をとる. 脈を診る.

【切莫】qièmò 副 決して…してはならない.

【切盼】qièpàn 動 切に待ち望む. 回 切望 qièwàng

【切切】qièqiè ❶ 副 くれぐれも. 重々と. ¶此事重大，你～不可忘记 / これは大事なことですから、くれぐれも忘れないように. ❶ ～请求 / くれぐれもお願いいたします. ¶ 此布 / ここに宣布する. ❷ 形 "窃窃 qièqiè"に同じ. 用法 ①は、手紙や公文書などでよく用いられる.

【切身】qièshēn ❶ 動 自分と深く関わった. ❷ 副 身をもって. ¶～感受 / 身につまされる.

【切身利益】qièshēn lìyì 熟 自分と密接に関係する利益.

【切实】qièshí 形 実際的な. 確かだ. ¶她做了很多切切实实的工作 / 彼女は実状によく適合した仕事をたくさんした. 回 实在 shízài.

【切实可行】qièshí kě xíng 句 適切で、実行可能だ.

【切题】qiètí 動 (文章の内容が)テーマに即する. ¶这篇文章不～ / この文章はテーマからずれている. 反 离题 lítí.

【切望】qièwàng 動 心から望む. ¶诸位 zhūwèi 先生对此提出高见 / ぜひ、これに対する皆様のご高見を賜りたい.

【切要】qièyào 形 ❶ 差し迫って必要だ. ¶～的任务 / 差し迫った任務. ¶这项工作非常～ / この事はたいへん急を要する. ❷ コンパクトで適切だ.

【切中】qièzhòng 動 (ことばや方法が)的を射る. ¶～话题 / 話題にぴったり合っている. ¶他的文章～时弊 shí-

bì / 彼の文章は時代の弊害をずばり突いている. 注意 "中 zhòng"を"zhōng"と発音しない.

郄 Qiè

阝部6　四 4772₇
全8画　通用

名 姓.

☞ 郄 xì

妾 qiè

立部3　四 0040₄
全8画　通用

名 ❶ 旧 妾(めかけ). ❷ 旧 わたくし. 女性が自分をへりくだっていうことば. ❸ (Qiè)姓.

怯 qiè

忄部5　四 9403₂
全8画　次常用

❶ 素 憶病だ. びくびくしている. ¶一场 qièchǎng / 懦 qiènuò / 胆～ dǎnqiè(憶病だ). 反 勇 yǒng ❷ 形 発音がなまっている. (衣服などがやぼったい. 下品だ. ¶这件大衣穿起来显得～ / このオーバーはやぼったく映る). ❹ (Qiè)姓. 表现 ②は、北京の人が、北方の田舎の人の発音に対して言ったもの.

【怯场】qiè//chǎng 動 (大ぜいの人の前で)気後れして固くなる. ¶她初次演出，有点儿～ / 彼女は初めての演技で、少し固くなっている.

【怯懦】qiènuò 形 憶病だ. ¶～的性格 / 憶病な性格. ¶她人小胆大，毫háo 不～ / 彼女は若いが度胸がすわっていて、少しもおどおどしない. 反 勇敢 yǒnggǎn

【怯弱】qièruò 形 気が小さく、かよわい. ¶～的姑娘 / かよわい娘.

【怯生】qièshēng 動 人見知りする.

【怯生生】qièshēngshēng 形 (～的)気が小さくて、びくびくした. ¶他见了生人总是～的 / 彼は、知らない人に会うといつもおどおどする.

【怯声怯气】qiè shēng qiè qì 句 話し方が不自然でおどおどしている.

【怯阵】qiè//zhèn 動 その場になっておじけつく. ¶～逃跑 / 戦前逃亡. 回 怯场 qièchǎng

窃(竊) qiè

穴部4　四 3072₇
全9画　常用

❶ 素 盗む. ¶～案 qiè'àn / 行～ xíngqiè(盗みをする). 回 偷 tōu, 盗 dào ❷ 素 不正な手段で手に入れる. ¶～位 qièwèi(地位を盗み取る) / ～国 qièguó. ❸ 素 ひそかに. こっそりと. ¶～笑 qièxiào / ～听 qiètīng. ❹ 副 自分の意見などをへりくだっていうことば. ¶～谓 qièwèi (私見によれば) / ～以为 yǐwéi 不可(卑見では不可だと思われる).

【窃案】qiè'àn 名〔起 qǐ〕窃盗(ぎ)事件.

【窃国】qièguó 動 不正な手段で政権を奪い取る. ¶～大盗 / 国家を奪った大悪党.

【窃据】qièjù 動 (土地や地位に)不正な手段で居座る. 不法に占拠する. ¶～要职 yàozhí / 要職に居座る.

【窃密】qiè//mì 動 機密を盗む. 反 保密 bǎomì

【窃窃】qièqiè 形 ❶ 声をひそめるようす. ¶～切切 qièqiè ❷ こっそりするようす. ¶内心～自喜 / 内心ひそかに喜ぶ.

【窃窃私语】qièqiè sīyǔ 熟 陰でこそこそ話す.

【窃取】qièqǔ 動 ひそかに盗み取る. ¶～职位 / 地位を盗む. ¶～国家机密 / 国家機密を盗む.

【窃听】qiètīng 動 盗聴する. ¶～电话 / 電話を盗聴する.

【窃听器】qiètīngqì 名 盗聴器.

【窃笑】qièxiào 動 ひそかに笑う. (心中で)あざ笑う.

【窃贼】qièzéi 名〔個 个 ge〕盗人. こそどろ. ¶严防～ / 盗難を防止する.

挈

qiè 手部6 四 5750₂ 全10画 通用

素 ❶ 持ち上げる. ¶提纲 gāng～领(成)要点をかいつまむ). ❷ 伴う. 引き連れる. ¶～眷 qièjuàn (家族を伴う) / ～带 qièdài (引き連れる) / 扶 fú 老～幼 yòu (一家総出で).

惬 (愜/異 㥦) qiè

忄部8 四 9101₈ 全11画

❶ 素 文 満ち足りて, 気分がよい. ¶～当 qièdàng (ちょうどよい) / ～意 qièyì / ～心 qièxīn. ❷ (Qiè) 姓.

【惬心】qièxīn 形 気に入る. 満足する. ¶她遇上一件不～的事 / 彼女は不快なことに出くわした. 同 惬意 qièyì

【惬意】qièyì 形 気持ちがいい. 満足する. ¶夏天在海边游泳, 十分～ / 夏, 海で泳ぐのは, このうえなく気持ちよい.

趄

qiè 走部5 四 4780₁ 全12画 通用

動 傾く. ¶～着身子 (体を傾かせる).
☞ 趄 jū

慊

qiè 忄部10 四 9803₇ 全13画 通用

形 文 満足した. 意にかなった. ¶心中不～ (心がなお満たされない).
☞ 慊 qiàn

锲(鍥) qiè

钅部9 四 8778₄ 全14画 通用

❶ 素 彫刻する. ❷ 素 文 而不舍 shě.

【锲而不舍】qiè ér bù shě 努力を怠らない. あきらめずに根気よく続ける. ¶他～地学习, 终于取得了博士 bóshì 学位 / 彼はねばり強く勉強し, ついに博士の学位を取った. 由来 『荀子』勧学篇に見えることば.

箧(篋) qiè

竹部8 四 8871₈ 全14画 通用

素 文 小さな箱. ¶书～ shūqiè (本を入れる箱) / 藤～ téngqiè (籐の小箱) / 行～ xíngqiè (行李).

qīn くイㄣ [tɕ'in]

钦(欽) qīn

钅部4 四 8778₂ 全9画 次常用

❶ 素 敬い, 重んじる. ¶～佩 qīnpèi / ～仰 qīnyǎng. ❷ 素 皇帝自ら…する. ¶～差 qīnchāi / ～定 qīndìng / ～赐 qīncì (恩賜下). ❸ (Qīn) 姓.

【钦差】qīnchāi 名 旧 ⇒ 位 wèi 重要な事柄を処理するため, 皇帝の勅命で派遣される役人.

【钦差大臣】qīnchāi dàchén 名 [⇒ 位 wèi] ❶ "钦差 qīnchāi"に同じ. ¶～林则徐 Lín Zéxú / 欽差大臣の林則徐. ❷ 比 重大事の調査や処理のために, 上級官庁から派遣されてきた役人.

【钦定】qīndìng 動 皇帝自ら裁定する. (書物を)欽定する. ¶《四库全书》是～编纂 biānzuǎn 的著作 zhùzuò / 『四庫全書』は, 皇帝の勅命で編纂した書である.

【钦敬】qīnjìng 動 心から敬服し, 尊敬する. ¶受人～ / 人の尊敬を集める. 同 崇敬 chóngjìng

【钦命】qīnmìng 動 皇帝が自ら派遣したり命令する.

【钦慕】qīnmù 動 敬慕する.

【钦佩】qīnpèi 動 敬服する. ¶使人十分～ / 実に敬服に値する. ¶我～他的胆量 dǎnliàng 和魄力 pòlì / 彼の度胸と気迫には感服させられる. 同 敬佩 jìngpèi

【钦羡】qīnxiàn 動 敬服しうらやむ. 同 敬慕 jìngmù

【钦仰】qīnyǎng 動 文 敬服し慕う. ¶他的英勇事迹 shìjì 令人～ / 彼の勇敢な事跡は人を敬服させる.

侵 qīn

亻部7 四 2724₇ 全9画 常用

❶ 素 侵入する. ¶～犯 qīnfàn / ～略 qīnlüè / 入～ rùqīn (侵入する). ❷ 素 (夜明けに)近づく. ¶～晨 qīnchén (夜明け前) / ～晓 qīnxiǎo (夜明け前). ❸ (Qīn)姓.

【侵夺】qīnduó 動 (他人の財産を)侵略して奪い取る.

【侵犯】qīnfàn 動 ❶ (他人の権利や利益を)侵害する. ¶～版权 bǎnquán / 版権を侵害する. ❷ (他国の領域を)侵犯する. ¶祖国的领空 lǐngkōng 不容～ / 祖国の領空は侵犯されてはならない. 同 进犯 jìnfàn

【侵犯商业秘密罪】qīnfàn shāngyè mìmìzuì 名 《法律》商業秘密侵犯罪. 参考 商業上の秘密や知的財産権などを侵害する行為に対する罪名.

【侵害】qīnhài 動 ❶ (虫が)害する. 食い荒らす. ❷ 侵害する.

【侵凌】qīnlíng 動 侵害し辱める.

*【侵略】qīnlüè 動 侵略する. ¶～战争 / 侵略戦争. ¶经济～ / 経済侵略.

【侵权】qīnquán 動 他人の権利や利益を侵害する.

【侵权行为】qīnquán xíngwéi 名 《法律》不法行為.

【侵染】qīnrǎn 動 (病気や害毒の)伝染する.

【侵扰】qīnrǎo 動 侵入して乱す. ¶～边境 biānjìng / 辺境に侵入して乱す.

【侵入】qīnrù 動 侵入する. ¶～领空 / 領空に侵入する.

【侵蚀】qīnshí 動 ❶ 侵食する. むしばむ. ❷ (財物を)少しずつ使い込む. ¶～公款 gōngkuǎn / 公金を使い込む.

【侵吞】qīntūn 動 ❶ 着服する. ¶～公款 gōngkuǎn / 公金を着服する. ❷ 侵略して, 勢力下に取り込む. ¶～别国领土 lǐngtǔ / 他国の領土を侵略し, 併合する.

【侵袭】qīnxí 動 侵入して襲う.

【侵越】qīnyuè 動 (権限を)侵越する.

【侵占】qīnzhàn 動 ❶ 不法占拠する. ¶～公有的土地 / 公有の土地を不法占拠する. ❷ 侵占して占拠する.

【侵占罪】qīnzhànzuì 名 《法律》横領・侵略罪. 参考 他人の土地や財産を不法に占拠することに対する罪名.

亲(親) qīn

立部4 四 0090₄ 全9画 常用

❶ 素 父母. ¶父～ fùqīn (父親) / 母～ mǔqīn (母親) / 双～ shuāngqīn (両親). ❷ 形 自分が生み育てた. ¶～女儿 qīn'ér'ér'zǐ (実の娘) / ～儿子 qīn'érzi (実の息子). ❸ 形 血のつながった. ¶～兄弟 qīnxiōngdì (実の兄弟) / ～叔叔 qīnshūshu (父の実弟). ❹ 素 血縁または婚姻によって親戚関係にある. ¶～表 qīnshū / ～友 qīnyǒu / 表～ biǎoqīn (いとこの親戚) / 沾～ zhānqīn (親戚関係である). ❺ 素 婚姻. ¶～事 qīnshì / 结～ jiéqīn (親戚になる) / 定～ dìngqīn (婚約する). ❻ 素 新婚. ¶～娶～ qǔqīn (嫁をもらう) / 送～ sòngqīn (嫁に出す) / 迎～ yíngqīn (花嫁を迎える). ❼ 形 親しい. ¶～近 qīnjìn / ～疏 qīnshū. 文 疏 shū ❽ 副 自ら. 自分で. ¶～身 qīn-

shēn / ～手 qīnshǒu / ～口 qīnkǒu / ～眼 qīnyǎn. ❾ 動 (人や物に)口づけする. ¶～嘴 qīnzuǐ. 🔁 吻 wěn
☞ 亲 qīng

【亲爱】 qīn'ài 形 親愛なる. 最愛の. ¶～的母亲 / 親愛なるお母さん. 🔁 敬爱 jìng'ài
【亲本】 qīnběn 名《生物》(交雑の)親. 参考 オスとメスのいずれをも指す.
【亲笔】 qīnbǐ ❶ 名 直筆. 自筆. ¶乾隆 Qiánlóng 的～ / 乾隆帝の親筆. ¶～信 / 直筆の手紙. ❷ 副 自ら筆をとって. ¶～签名 qiānmíng / 自身でサインする.
【亲代】 qīndài 名《生物》親の世代. 🔁 子 zǐ 代
【亲睹】 qīndǔ 動 自分の目で見る. じかに見る.
【亲耳】 qīn'ěr 副 自分の耳で. ¶这是我～听见的 / これが私が自分の耳で聞いたのだ.
【亲骨肉】 qīngǔròu 名 父母や兄弟など,血統の近い親族. 肉親.
【亲故】 qīngù 名 親戚や旧友.
【亲和】 qīnhé 形 (互いに)仲がよい. 親密だ.
【亲和力】 qīnhélì 名《化学》親和力.
【亲近】 qīnjìn ❶ 形 親密だ. 親しい. ¶这两个学生很～ / この二人の生徒はとても仲がよい. ¶大家都愿意～小美 / だれもがメイちゃんと親しくしたいと思う. 🔁 亲切 qīnqiè,亲热 qīnrè 🔄 疏远 shūyuǎn
【亲眷】 qīnjuàn 名〔个 ge,位 wèi〕親戚. 親族.
【亲口】 qīnkǒu 副 自分の口で. ¶你～尝尝这道菜 / 自分の舌でこの料理を味わってみてください.
【亲历】 qīnlì 動文 自ら体験する.
【亲临】 qīnlín 動 自ら出かけて行く. ¶～现场 / 自ら現場に出向く. ¶～指导 / 直々に指導する.
【亲密】 qīnmì 形 親密だ. 親しい. ¶～的战友 zhànyǒu / 親しい戦友. 重 亲亲密密 🔁 密切 mìqiè 🔄 疏远 shūyuǎn
【亲密无间】 qīn mì wú jiān 成 とても親密だ.
【亲昵】 qīnnì 形 特に親しい.
【亲朋】 qīnpéng 名 親戚と友人.
【亲朋好友】 qīnpéng hǎoyǒu 名 親戚や友人.
*【亲戚】 qīnqi 名〔处 chù,个 ge,家 jiā,门 mén,位 wèi〕親戚. ¶一门～ / 親戚の一族. ¶走～ / 親戚づき合いをする. 親戚回りをする.
*【亲切】 qīnqiè 形 ❶ 親密だ. ¶处处感到～ / あちこちで親しみを感じる. ❷ 心のこもった. 熱心な.
【亲情】 qīnqíng 名 肉親の情.
【亲热】 qīnrè 形 親密だ. 懇意だ. ¶老朋友见面,～极了 / 古くからの友人が顔を合わせると,とっても心が通いあう. 重 亲亲热热 🔁 亲近 qīnjìn,亲切 qīnqiè 🔄 冷淡 lěngdàn
【亲人】 qīnrén 名〔个 ge,位 wèi〕❶ 直系親族や配偶者. ❷ 親しい人.
【亲如手足】 qīn rú shǒu zú 成 身内のように親密だ. 🔁 亲如兄弟 xiōng dì
【亲如一家】 qīn rú yī jiā 成 家族のようにむつまじい.
【亲善】 qīnshàn 形 (二国間の)友好的だ.
【亲身】 qīnshēn 形 自分の身で. 自らの. ¶～经历的苦难 kǔnàn / 身をもって体験した苦難.
【亲生】 qīnshēng ❶ 動 自分で生む. ❷ 形 実の. 血のつながった. ¶～子女 / 実の子供. ¶～父母 / 実の両親. ¶～的儿子 / 実の息子.
【亲事】 qīnshì 名〔门 mén,桩 zhuāng〕婚姻. 結婚. ¶操办 cāobàn～ / 婚姻を取り仕切る.

【亲手】 qīnshǒu 副 自分の手で. ¶老张～种 zhòng 的两棵枣树 zǎoshù / 張さんが自ら植えた二本のナツメの樹.
【亲疏】 qīnshū 名 (関係が)近いことと疎遠なこと.
【亲属】 qīnshǔ 名〔个 ge,位 wèi〕親族. ¶直系 zhíxì～ / 直系親族. ¶旁系 pángxì～ / 傍系親族.
【亲水住宅】 qīn shuǐ zhùzhái 名 ウォーターフロントの住宅.
【亲体】 qīntǐ 名《生物》親. 参考 次世代を生んだ親をいい,オスまたはメスの個体を指す.
【亲王】 qīnwáng 名〔位 wèi〕親王(しんのう).
【亲吻】 qīnwěn 動 キスする.
【亲信】 qīnxìn ❶ 動 親しく頼りにする. ❷ 名 貶〔帮 bāng,个 ge〕腹心. 側近. 🔁 心腹 xīnfù
【亲眼】 qīnyǎn 副 自分の目で. ¶～所见 / 直に見たもの. ¶～看到这几年的巨大变化 / ここ数年の大きな変化を目の当たりにする.
【亲眼目睹】 qīnyǎn mùdǔ 成 自分の目で見る. 目撃する.
【亲友】 qīnyǒu 名〔个 ge,位 wèi〕親戚や友人.
【亲缘】 qīnyuán 名 血縁関係.
【亲征】 qīnzhēng 動 親征する. 国王が自ら出征する.
【亲政】 qīnzhèng 動 親政する. 国王が成人し自ら政治を行う.
【亲知】 qīnzhī 動 身を以て知る. 自ら経験して知る.
【亲炙】 qīnzhì 動文 直接薫陶を受ける. 由来『孟子』尽心下のことばから.
【亲子鉴定】 qīnzǐ jiàndìng 名《法律》親子鑑定. 親子鑑別.
*【亲自】 qīnzì 副 自ら. ¶这件事你不～处理可不行 / このことは人任せにしてはいけません. 🔁 亲身 qīnshēn
【亲族】 qīnzú 名 親族. 同族.
【亲嘴】 qīn//zuǐ（～儿）キスする.

衾 qīn
衣部 4 全10画 四 8073₂ 通用
名文 ❶ かけぶとん. ¶～枕 qīnzhěn (寝具). ❷ 遺体を包むもの.

骎(駸) qīn
马部 7 全10画 四 7714₇ 通用
下記熟語を参照.
【骎骎】 qīnqīn 形文 ❶ (馬が)とても速い. ❷ 目ざましい. ¶～日上 / 日に日に発展する.

嵚(嶔) qīn
山部 9 全12画 四 2278₂ 通用
下記熟語を参照.
【嵚崟】 qīnyín 形文 (山が)高い.

芹 qín
艹部 4 全7画 四 4422₁ 常用
名 ❶ "芹菜 qíncài"に同じ. ❷ (Qín)姓.
【芹菜】 qíncài 名《植物》〔棵 kē,株 zhū〕キンサイ. スープセロリ.

芩 qín
艹部 4 全7画 四 4420₇ 通用
名 ❶ 古代の書物で,アシ類の植物を指す. ❷《植物・薬》黄芩(おうごん). コガネヤナギ. ❸ (Qín)姓.

矜(矝) qín
矛部 4 全9画 四 1822₇ 通用
名 矛(ほこ)の柄(え).
☞ 矜 guān,jīn

秦

秦 Qín 禾部5 四 5090₄ 全10画 次常用

名 ❶ 周代の国の名. 秦(しん). **❷** 王朝の名. 秦(しん). **❸** 王朝の名. 前秦・後秦・西秦を指す. **❹** 陝西(せんせい)省の別称. 甘粛省を含む場合もある. **❺** 姓. 参考①は,今の陝西(せんせい)省中部と甘粛省東部を領有していた,戦国の七雄の一つ. ②は,紀元前221—同206年. 秦の始皇帝が全国を統一して建てた中国初の封建制中央集権国家で,都は咸陽(かんよう)に置かれた. ③は,五胡十六国時代に,氐族の苻健が建てた前秦(351-394),羌族の姚萇が建てた後秦(384-417),鮮卑族の乞伏国仁の建てた西秦(385-431)を指す.

【秦皇島】Qínhuángdǎo《地名》秦皇島(しんこうとう). 河北省にある市. 厳冬でも凍結しない天然港があり,石油や石炭の輸出が盛ん.

【秦桧】Qín Huì《人名》秦檜(しんかい:1090-1155). 南宋の宰相. 岳飛のライバルで金との和平を主張した.

【秦艽】qínjiāo 名《植物・薬》秦艽(じんぎょう). オオバリンドウ.

【秦晋】Qín Jìn 名 **❶**《歴史》春秋時代の秦国と晋国. **❷** 両家が姻戚関係を結ぶこと. ¶ 结~之好 / 両家が婚姻によって親戚となる.

【秦岭】Qínlǐng《地名》秦嶺(しんれい・しんりょう)山脈. 陝西省南部を東西に走る山脈.

【秦楼楚馆】Qín lóu Chǔ guǎn 成 妓楼. 遊郭.

【秦腔】Qínqiāng 名《芸能》**❶** 中国西北部の各省で流行した地方劇. 陝西・甘粛両省の民間舞踊から発展した曲調で,雄壮で悲憤的なムードをもつ. 同 陝西梆子 Shǎnxī bāngzi **❷** 北方の"梆子戏 bāngziqiāng"の総称.

【秦始皇】Qínshǐhuáng《人名》始皇帝(しょうこうてい:前259-前210). 秦の第一世皇帝. 前221年に戦国の六国を滅ぼして中国全土を統一した.

【秦俑】Qínyǒng 名 "秦始皇陵兵马俑"(秦始皇帝陵兵馬俑)の略.

【秦越】Qín Yuè 名 何の関わりもないこと. 無交渉であること. 由来 秦と越ほども離れている意から.

【秦篆】qínzhuàn 名 ⇒小 xiǎo 篆

琴

琴 qín 王部8 四 1120₇ 全12画 常用

名 ❶《音楽》"古琴(gǔqín)"のこと. 同 面, 张 zhāng] 古琴(こきん). 七弦琴 qīxiánqín **❷**《音楽》ある種の楽器の総称. 弦楽器だけを指すものではない. ¶ 风~ fēngqín (オルガン) / 小提~ xiǎotíqín (バイオリン) / 钢~ gāngqín (ピアノ) / 口~ kǒuqín (ハーモニカ) / 胡~ húqín (京胡) / 电子~ diànzǐqín (電子オルガン). **❸**(Qín)姓.

【琴歌】qíngē 名《音楽》"古琴"のために作られた歌. 参考 "古琴"を伴奏に歌うが,演奏者自身が歌うものと,歌手が歌うものとがある.

【琴键】qínjiàn 名 (ピアノやオルガンなどの)鍵盤(けんばん).

【琴鸟】qínniǎo 名《鳥》コトドリ.

【琴棋书画】qín qí shū huà 成 琴を弾じ,碁を打ち,書をなし,絵を描く. 文人のたしなみ.

【琴瑟】qínsè 名 **❶** 小さな琴と大きな琴. **❷**(琴と瑟を合奏すると,調和して美しい音色がすることから)仲のよい夫婦のこと. ¶ ~相和 xiānghé / 琴瑟相和す. 夫婦仲がとてもよい. ¶ ~不调 tiáo / 夫婦仲がよくない.

【琴师】qínshī 名〔量 个 ge, 名 míng 位 wèi〕曲芸で,弦楽器の伴奏者.

【琴书】qínshū 名《芸能》〔量 段 duàn〕民間演芸の一種. 参考 "扬[洋]琴 yángqín"で伴奏をつけながら,物語を歌い語る. "山东琴书","北京琴书","徐州 Xúzhōu 琴书"などがある.

【琴弦】qínxián 名《音楽》琴の弦.

【琴箫合奏】qínxiāo hézòu 名《音楽》"琴"と"箫"による合奏. 参考 書斎で奏でる音楽.

覃

覃 Qín 襾部6 四 1040₆ 全12画 通用

名 姓.

☞ 覃 tán

禽

禽 qín 人部10 四 8022₇ 全12画 常用

名 ❶ 鳥類. ¶ 家~ jiāqín (家禽) / 飞~ fēiqín (鳥類) / 鸣~ míngqín (鳴禽). **❷** 鳥や獣の総称.

【禽龙】qínlóng 名 イグアノドン. 恐竜の一種.

【禽兽】qínshòu 名 **❶** 鳥や獣. **❷** 行動が卑劣で悪辣な人. ¶ 衣冠~ yīguān / 衣冠をつけた人でなし. ¶ ~行为 xíngwéi / 禽獣にも劣る行為.

勤

勤(異 廑❶❷, 懃❹) qín 力部11 全13画 四 4412₇ 通用

❶ 形 勤勉だ. ¶ ~劳 qínláo / ~快 qínkuai / 手~ shǒuqín (手まめだ). 反 懒 lǎn, 惰 duò **❷** 形 回数の多い. ひんぱんだ. ¶ 房子要~打扫(部屋はこまめにそうじしなければならない) / 夏天雨水很~ (夏は雨がよく降る). **❸** 素 勤務. 勤め. ¶ ~务 qínwù / 内~ nèiqín (内勤) / 外~ wàiqín (外勤) / 出~ chūqín (仕事へ行く) / 缺~ quēqín (欠勤する). **❹** → 殷勤 yīnqín **❺** (Qín)姓.

【勤奋】qínfèn 形 仕事や勉強に努力を怠らない. 勤勉だ. ¶ 工作非常~ / 仕事ぶりがたいへん勤勉だ. 同 勤劳 qínláo 反 怠惰 dàiduò

【勤工俭学】qín gōng jiǎn xué 成 ❶ 働きながら学ぶ. 苦学する. ¶ 中国留学生大都干过~ / 中国人留学生のほとんどが苦学の経験がある. ❷ 学校経営の一方式. 学生を実習として一定の労働に従事させ,その収入を学校経営の資金に充てるもの. 参考 第一次世界大戦中及びその後に,フランスへの中国留学生が①の方式で生計を立てたことが知られる.

【勤俭】qínjiǎn 形 勤勉で質素だ. ¶ ~过日子 / 勤勉で質素に暮らす. 反 奢侈 shēchǐ

【勤谨】qínjǐn 形方 勤勉だ. よく働く.

【勤恳】qínkěn 形 勤勉でまじめだ. ¶ 她办事很~ / 彼女は仕事ぶりがまじめだ. 同 勤勤恳恳

【勤苦】qínkǔ 形 まじめに努力している. 勤勉だ. ¶ ~的生活 / 勤勉な生活. ¶ ~练习 / 骨身を惜しまず練習する.

【勤快】qínkuai 形口 仕事がまめだ. ¶ 手脚~ / まめに仕事をこなす. 反 懒惰 lǎnduò

【勤劳】qínláo 形 勤勉で苦労をいとうことがない. ¶ ~勇敢的人民 / 働きまじめで勇敢な人々. ¶ ~致富 zhìfù / 苦労して働き富を得る. 同 勤奋 qínfèn, 辛勤 xīnqín 反 懒惰 lǎnduò

【勤勉】qínmiǎn 形 勤勉だ. ¶ 工作~ / こつこつと仕事に励む.

【勤务】qínwù 名 **❶** 割り当てられた公共の仕事. **❷**《軍事》雑務を担当する人.

【勤务兵】qínwùbīng 名《軍事》将校・士官のために雑務を担当する兵士.

【勤务员】qínwùyuán 名〔量 个 ge, 名 míng〕**❶**

《軍事》軍隊で雑務に当たる兵や人. ❷ 人々のために働く人.

【勤学苦练】qín xué kǔ liàn [成] まじめに学び練習を積重ねる. 刻苦勉励する.

【勤杂工】qínzágōng [名]〔[量] 个 ge, 名 míng〕学校や工場などで雑役をする人.

【勤杂人员】qínzá rényuán [名] 雑役をする人の総称.

【勤政】qínzhèng [動]（官吏が）政務を勤勉につとめる.

嗪 qín 口部10 [四] 6509₄ 全13画 [通 用]

→哌嗪 pàiqín

溱 qín 氵部10 [四] 3519₄ 全13画 [通 用]

[素] 地名用字. ¶～潼 Qíntóng（江蘇省泰県にある地名).

☞ 溱 Zhēn

擒 qín 扌部12 [四] 5802₇ 全15画 [次常用]

[素]（犯人や敵を）捕まえる. ¶欲～故纵 zòng（獲物を油断させて捕まえる). [反] 纵 zòng

【擒获】qínhuò [動] 捕らえる. ¶～歹徒 dǎitú / 悪者を捕まえる.

【擒拿】qínná ❶[動] 捕まえる. 逮捕する. ¶～罪犯 zuìfàn / 犯人を逮捕する. ❷[名]《武術》拳術で, 関節やつぼを押えて, 相手の反抗を封じる技法. ¶练习～技术 / 相手の急所を押える技を練習する.

【擒贼先擒王】qín zéi xiān qín wáng [成] 賊を捕らえるには, まずその王を捕らえよ. [由来] 唐·杜甫「前出塞」詩に見えることば.

噙 qín 口部12 [四] 6802₇ 全15画 [通 用]

[動] ❶ 口に含む. ¶嘴里～着一口水（口に水を含んでいる）/ ～着烟袋（キセルを口に含む). ❷ 目に涙をためる. ¶～着眼泪（目に涙をためている).

檎 qín 木部12 [四] 4892₇ 全16画 [通 用]

→林檎 línqín

锓（鋟）qǐn 钅部7 [四] 8774₇ 全12画 [通 用]

[動][文] 彫刻する. ¶～版 qǐnbǎn（版木を彫る).

寝（寢）qǐn 宀部10 [四] 3014₇ 全13画 [次常用]

❶[素] 眠る. ¶废 fèi～忘食（寝食を忘れる). ❷[素] 寝室. ¶就～ jiùqǐn（就寝する）/ 入～（寝床につく）/ 寿 shòu 终正～（天寿を全うする). ❸[動][文] 動きが止る. ¶事～（事が沙汰止みになる). ❹[形] 人の顔や姿が醜い. ¶貌 mào～（醜い). ❺[素] 帝王の墓. ¶陵～ língqǐn（陵墓).

【寝车】qǐnchē [名] 寝台車. [同] 卧车 wòchē

【寝具】qǐnjù [名][文]〔[量] 件 jiàn, 套 tào〕寝具.

【寝食】qǐnshí [名] 寝食. 日常生活のこと.

【寝食不安】qǐn shí bù ān [成] 寝食もままならないほど不安だ.

【寝室】qǐnshì [名]〔[量] 间 jiān〕寝室. [比較] 多くは宿舎などの寝室のこと. 個人のものは, "卧室 wòshì"と言うことが多い.

吣（[異] 唚、𠻘）qìn 口部4 [四] 6300₀ 全7画 [通 用]

[動] ❶ 犬や猫が嘔吐(おうと)する. ❷ でたらめを言う. ❸ 白状する. もらす. [表現] ②, ③は, 他人のようすをばかにして言うことば.

沁 qìn 氵部4 [四] 3310₀ 全7画 [通 用]

❶[動]（香りや液体などが）中へしみ込む. ¶～人心脾 pí. ❷[動][方] 頭を垂れる. ❸[動][方] 水の中に入れる. ❹[素] 地名用字. ¶～水 Qìnshuǐ（山西省の沁源から黄河へ注ぐ川の名). ❺（Qìn）姓.

【沁出】qìnchū [動]（液体や香気が）しみ出る. にじみ出る.

【沁人心脾】qìn rén xīn pí [成] 新鮮な空気や清涼な飲み物が五臓六腑にしみわたり, すがすがしい気分になる. 特に美しい詩文や音楽などが心にしみわたり, 心洗われた気分になることを言う. ¶～的一杯茶 / 五臓六腑にしみわたる一杯のお茶.

【沁润】qìnrùn [動]（液体や香りが）しみこむ.

【沁透】qìntòu [動] しみ通る. 浸透する. ¶芳香 fāngxiāng～ / 香気がしみ通る.

揿（撳 / [異] 捦）qìn 扌部9 [四] 5708₂ 全12画 [通 用]

[動][方] 手や指で押す. ¶～电铃 diànlíng（ベルを鳴らす).

qing ㄑㄧㄥ〔tɕʻiəŋ〕

青 qīng 青部0 [四] 5022₇ 全8画 [常 用]

❶[形] みどり色だ. ¶～草 qīngcǎo / ～椒 qīngjiāo. ❷[形] 青色だ. ¶～天 qīngtiān / ～出于蓝 lán. ❸[形] 黒色だ. ¶～布 qīngbù（黒木綿）/ ～眼 qīngyǎn. ❹[素] 緑色の草. 熟していない作物. ¶踏～ tàqīng（春のピクニック）/ 看～ kānqīng（作物の見張りをする）/ ～黄不接. ❺[素] 年が若い. ¶～年 qīngnián / 年～ niánqīng（年が若い). ❻[素] "青年 qīngnián"の略. ¶共～团 gòngqīngtuán（"共产主义青年团"の略称）/ 知～ zhīqīng（知識青年）/ ～工 qīnggōng. ❼（Qīng）姓.

【青帮】Qīngbāng [名] 青帮(チンパン). ¶～组织 / 青幇の組織. [同] 清帮 Qīngbāng [参考] 清代, 漕運を職業とする人々を中心に結成された秘密結社で, 長江沿いの都市で活動していた. 後に国民党と結びつく.

【青菜】qīngcài [名] ❶ チンゲンサイ, パクチョイ, ターツァイなどの野菜. 青菜. ¶新鮮的～ / 新鮮な菜っ葉. ❷ パクチョイ. 青菜の一つ. 上海·江蘇(こうそ)省·浙江(せっこう)省などでよくみられるハクサイに似た野菜. [同] 小白菜 xiǎobáicài

【青草】qīngcǎo [名] 緑色の草. 青草. ¶～坪 píng / 草地. ¶割 gē～ / 草を刈る. [表現] "干草 gāncǎo"（干し草）と区別して言う.

【青出于蓝】qīng chū yú lán [成] 教え子が師を越える. 出藍(しゅつらん)の誉れ. ¶～, 而胜于蓝 / 青は藍(あい)より出(い)でて, 藍より青し. [由来]『荀子』勧学篇に見えることば. 青は染料を取る草の藍から作られるが, 藍より濃い色となることから.

【青春】qīngchūn [名] ❶ 青年期. 青春時代. ¶～年华 / 青春時代. ❷（若い人の）年齢. ¶～几何？/ 何歳ですか. ❸ 春. ¶春天万物复苏 fùsū, 到处焕发 huànfā 着～的朝气 zhāoqì / 春は万物が蘇生し, 至るところ春の活気が輝いている.

【青春期】qīngchūnqī [名] 青春期. [参考] ふつう, 10－16

歳をいう.
【青瓷】qīngcí 名 青磁(ﾞ).
【青葱】qīngcōng 形 草や木が青々としている. 緑深い. ¶～的草原／青々とした草原. ¶翠竹 cuìzhú～／竹が青々として美しい.
【青翠】qīngcuì 形 緑鮮やかだ. ¶～的山峰／緑鮮やかな峰々.
【青岛】Qīngdǎo 《地名》青島(ﾁﾝ). 山東省にある市. 参考 観光地や療養地, ビールの産地として有名.
【青豆】qīngdòu 名 ❶ 青豆. 大豆の一種. ❷ 方 エンドウ豆. エダマメ.
【青蚨】qīngfú 名 ❶ 古代伝説上の虫の名. ❷ 銅銭.
【青冈[栎]】qīnggāng 名《植物》アラカシ.
【青工】qīnggōng 名 青年労働者.
【青光眼】qīngguāngyǎn 名《医学》緑内障.
【青果】qīngguǒ 名 方 オリーブの実. 同 橄欖 gǎnlǎn.
【青海】Qīnghǎi《地名》青海(ﾊｲ)省. 省都は西寧(ﾆﾝ). 略称は"青 Qīng"(青%). ¶～湖／青海省東部にある中国最大の塩水湖の名.
【青蒿】qīnghāo 名 ❶《植物》カワラニンジン. 同 香 xiāng 蒿 ❷《薬》青蒿(ｺｳ).
【青红皂白】qīng hóng zào bái 成 事の是非, いきさつ. ¶不分～／有無を言わさず, いきなり. ¶不问～／否応なしに.
【青花】qīnghuā 名 ❶（磁器の)染め付け. 同 釉下彩 yòuxiàcǎi ❷ 染め付けの磁器.
【青花瓷】qīnghuācí 名 染め付けの磁器.
【青黄不接】qīng huáng bù jiē 成 ❶ 今年の穀物がまだ熟さないうちに去年の穀物を食べ終わる. 端稼(ｶﾝ)期だ. ¶～之时,蔬菜价格贵得要命／端境期は野菜が目がとび出るほど高い. ❷ 人や物がまだ育っていない.
【青灰】qīnghuī 名 ❶ グラファイト. 石墨. 外壁やストーブに塗る. ❷ 青みがかった黒色.
【青椒】qīngjiāo 名《植物》ピーマン. ¶～牛肉丝 niúròusī／牛肉とピーマンの細切り炒め. 参考 中国のピーマンは辛いものが多い. 買う場合には, "辣 là 不辣？"(辛いか)とたずねた方がよい.
【青筋】qīngjīn 名〔根 gēn, 条 tiáo〕あおすじ. 静脈が青く浮き出たもの. ¶暴起／青筋を立てる.
【青稞】qīngkē 名《植物》〔棵 kē, 株 zhū〕ハダカムギ. 同 青稞麦 mài, 元麦 yuánmài, 稞麦 kēmài, 裸麦 luǒmài. 参考 主にチベットや青海でとれる.
【青睐】qīnglài 名 ❶ 特に目をかける. 好意的に見る. ¶受到领导们的～／首脳陣に目をかけられた. 同 青眼 qīngyǎn.
【青联】Qīnglián "青年联合会"(青年連合会)の略.
【青龙】qīnglóng 名 ❶ 蒼竜(ﾘｭｳ). 二十八宿のうち東方七宿の総称. ❷《宗教》(道教の)東方の神. 青竜. 蒼竜. 由来 ❷は, 古代, ①を一匹の竜と見なし, 縁起のよいものとしたことから.
【青楼】qīnglóu 名 文 妓楼. また, 妓女のこと.
【青绿】qīnglǜ 形 深緑の. ¶～的松林／深緑の松林.
【青梅】qīngméi →梅
【青霉素】qīngméisù 名《薬》ペニシリン. ¶打了一针～／ペニシリン注射を一本打つ. ◆penicillin
【青梅竹马】qīng méi zhú mǎ 成 幼い男女が無邪気に仲良く遊ぶ. 竹馬(ｸﾞ)の友. 幼なじみ. ¶～的恋人／幼なじみの恋人. 由来 李白「長干行」詩に見えること ば. 竹馬(ｸﾞ)も青い梅の実も子供の遊び道具の一つ.
【青面獠牙】qīng miàn liáo yá 成 凶悪で恐ろしい顔つき.
【青苗】qīngmiáo 名 作物の苗.
**【青年】qīngnián 名 ❶ 青年時代. 青年. ❷〔個 个 ge, 名 míng, 群 qún, 位 wèi〕青年期にある人. 若者. ¶好～／好青年. 参考 ①は, 15,6才から44才までの期間. 表现 年が若いことは, "年青 niánqīng"と言う. "青年"は, 明治期に日本で作られたことばといわれる.
【青年节】Qīngniánjié 名 "五四青年节 Wǔ-Sì qīngniánjié"に同じ.
【青鸟】qīngniǎo 名 ❶ 青い鳥. ❷ たよりを運ぶ人. 文使い. 由来 ②は, 伝説で①が西王母のために手紙を運んだ神鳥とされることから.
【青皮】qīngpí 形名 ❶ 無頼(の徒). ごろつき. ¶～流氓 liúmáng／ごろつき流れ者. 無頼漢.
【青纱帐[障]】qīngshāzhàng 名 コーリャンやトウモロコシなどが高く密に茂った広い畑. 由来 青い紗の幕のように見えることから.
【青山】qīngshān 名 ❶ 青々と茂った山. ❷ 文 墓地.
【青山绿水】qīng shān lǜ shuǐ 成 青々とした山ときれいな水. 美しい景色の形容.
【青少年】qīngshàonián 名 青少年.
【青史】qīngshǐ 名〔部 bù〕史書. ¶～留名／史書に名を残す. ¶永垂 yǒngchuí～／永遠にその名を残す.
【青丝】qīngsī 名 ❶ 文〔绺 lǚ〕(女性の)黒髪. ¶一绺～／一すじの黒髪. 反 白发 báifà. ❷ 青梅を細く糸状にしたもの. ❸ 柳の細い枝. 参考 ②は菓子の中に練り込んだり, 菓子の表面の飾りなどに用いる.
【青饲料】qīngsìliào 名《畜産》緑色で新鮮な飼料. 緑色飼料. 参考 植物の茎や野草などをいう.
【青松】qīngsōng 名《植物》〔棵 kē〕マツ.
【青蒜】qīngsuàn 名《料理》(食材としての)ニンニクの若い芽と葉.
【青苔】qīngtái 名 苔(ｺｹ). ¶石上长出 zhǎngchū 了～／岩が苔むした.
【青天】qīngtiān 名 ❶ 青く澄み渡った空. ¶～飘 piāo 着朵 duǒ 朵白云／青空に白い雲がいくつか漂っている. ❷ 文 清廉な官吏.
【青天白日】qīng tiān bái rì 成 ❶ 青空と白日. 天気のよいこと. ❷ 真っ昼間. ❸ 国民党の党旗・党徽.
【青天霹雳】qīng tiān pī lì →晴 qíng 天霹雳
【青田石】qīngtiánshí 名 青田(ﾃﾞﾝ)石. 参考 浙江省青田県に産する石で, 印材に適している.
【青铜】qīngtóng 名 青銅. ブロンズ.
【青铜器】qīngtóngqì 名 青銅器.
【青铜(器)时代】qīngtóng(-qì) shídài 名《歴史》青銅器時代. 同 铜器时代
【青蛙】qīngwā 名《動物》〔個 个 ge, 只 zhī〕カエル. トノサマガエル. ¶～的叫声／カエルの鳴き声. 表现 食材としては, "田鸡 tiánjī"と言われる.
【青虾】qīngxiā 名《動物》淡水性のエビ. 同 沼 zhǎo 虾
【青眼】qīngyǎn 動 好意的な目で見る. 好意を持って引き立てる. ¶～相待／好意的に扱う. 同 青睐 qīnglài 反 白眼 báiyǎn.
【青杨】qīngyáng 名《植物》カワヤナギ.
【青衣】qīngyī 名 ❶ 黒い色の衣服. ¶～小帽／普段の服装. ❷《芸能》京劇などの芝居の役柄の一つ. 娘から中年までの女性の役. 同 正旦 zhèngdàn

【青鱼】qīngyú 名《魚》セイギョ．アオウオ．回 黑鲩 hēihuàn 参考 中国の代表的な川魚の一つ．
【青云】qīngyún 名文 高い地位．¶平步～/一足飛びに高位につく．
【青云直上】qīng yún zhí shàng 成 とんとん拍子に出世する．
【青藏高原】Qīng Zàng gāoyuán《地名》青藏(ホル)高原．チベット・青海省・四川省・甘粛省などにまたがって広がる世界でもっとも高く，広い高原．海拔3,000-5,000 m で，「世界の屋根」と称される．
【青紫】qīngzǐ 名 ❶ 古代の高官の印綬や服飾の色．高位高官．❷《医学》チアノーゼ．回 发绀 fāgàn

轻(輕) qīng
车部5 四 4751₂ 全9画 常用

❶ 形《目方が》軽い．《目方が》軽い．¶～(油は水よりも軽い)．反 重 zhòng, 沉 chén ❷ 形 (程度が)軽い．¶～伤 qīngshāng / 口～ kǒuqīng (味が薄い)．❸ 形 数や量が少ない．¶年～ niánqīng (年が若い)．❹ 形 気楽な．軽快な．¶～活 qīnghuó / ～音乐 qīngyīnyuè．❺ 形 重要でない．¶责任～(責任が軽い)．❻ 形 動作にかける力が小さい．¶～～qīngqīng / ～拿～放(そっと持って，そっと置く)．❼ 素 軽率だ．いいかげんだ．¶～信 qīngxìn / ～举妄动 wàngdòng / ～佻 qīngtiāo / ～薄 qīngbó．❽ 素 軽視する．¶～视 qīngshì / 文人相～(文人は互いに相手のことを馬鹿にする)．文人，相軽んず．
【轻便】qīngbiàn 形 ❶ 手軽な．¶～自行车 / 折り畳み式簡易自転車．反 笨重 bènzhòng ❷ 気楽で．楽な．¶把背包 bèibāo 给你,我一多了 / リュックを君に預けたら，僕はずっと楽になった．
【轻薄】qīngbó ❶ 形 軽薄だ．浮わついている．尻軽だ．❷ 動 侮辱する．表现《主に女性に対して使う》
【轻车简从】qīng chē jiǎn cóng 成 高位高官が外出時に，軽装で人を随えないこと．回 轻装 zhuāng 简从
【轻车熟路】qīng chē shú lù 成 状況がよく分かっているので，簡単に仕事が進む．由来「軽い車でよく知っている道を行く」という意から．
【轻淡】qīngdàn 形 ❶ 淡い．かすかだ．¶～地一笑 / かすかに顔をほころばせる．¶～的记忆 jìyì / かすかな記憶．❷ 何気ない．さりげない．
【轻敌】qīngdí 動 敵を甘く見て油断する．敵を見くびる．麻痹 mábì / 相手を見くびって油断する．
【轻而易举】qīng ér yì jǔ 成 簡単にできる．朝飯前だ．¶这不是～的事 / これはそう簡単な事ではない．
【轻纺】qīngfǎng 名 ❶ 軽工業と紡績業．❷ 紡績業．
【轻放】qīngfàng 動 そっと置く．¶易碎 yìsuì 物品, 小心～ / こわれ物につき，取り扱い注意．
【轻风】qīngfēng 名 ❶ 旧《气象》軽風．2級の風．❷ 微風．
【轻浮】qīngfú 形 (言動が)軽はずみだ．いいかげんだ．¶～行为 xíngwéi / 軽はずみな行為．¶小明的举止 jǔzhǐ 不～ / ミンさんの振舞いが落ち着いている．回 轻佻 qīngtiāo / 稳重 wěnzhòng, 严肃 yánsù, 庄重 zhuāngzhòng
【轻歌曼舞】qīng gē màn wǔ 成 軽やかで楽しい歌と美しい舞い．回 清歌妙舞 qīng gē miào wǔ
【轻工业】qīnggōngyè 名 軽工業．反 重工业 zhònggōngyè
【轻轨】qīngguǐ 名《交通》路面電車．(地下鉄に対し)地上を走る電車．表现「轻型轨道交通」(小型軽量鉄

通)の略称．
【轻忽】qīnghū 動 うかつにする．注意を怠る．¶～大意 / 不注意．
【轻活】qīnghuó 名 (～儿)楽な仕事．軽作業．
【轻机关枪】qīngjīguānqiāng 名 軽機関銃．回 轻机枪
【轻贱】qīngjiàn ❶ 動 軽視する．❷ 形 (人が)賎しい．下賎だ．
【轻健】qīngjiàn 形 (身体や書跡)軽やかで力強い．
【轻捷】qīngjié 形 すばやい．軽やかだ．¶燕子 yànzi 在空中～地飞来飞去 / 燕は空中ですばやく飛びかう．¶舞步 wǔbù ～ / ダンスのステップが軽やかだ．回 轻盈 qīngyíng
【轻金属】qīngjīnshǔ 名 軽金属．反 重金属 zhòngjīnshǔ
【轻举妄动】qīng jǔ wàng dòng 成 よく考えないで軽はずみな行動をとる．軽挙妄動．¶～会惹祸 rěhuò / 軽はずみな行動はトラブルを引き起こす．
【轻看】qīngkàn 動 軽く見る．見くびる．回 被人～ / 人に見くびられる．
【轻口薄舌】qīng kǒu bó shé 成 ことばが軽薄で無神経だ．回 轻嘴 zuǐ 薄舌
【轻快】qīngkuài 形 ❶ (動作が)軽快だ．軽やかだ．¶迈着 màizhe ～的步子 / 軽やかに歩を進める．反 沉重 chénzhòng ❷ (気持ちが)軽やかだ．うきうきした．¶～的曲调 qǔdiào / 心地よい調べ．
【轻狂】qīngkuáng 形 酔狂で軽率きわまりない．¶举止 jǔzhǐ ～ / 行いが常軌を逸している．
【轻量级】qīngliàngjí 《スポーツ》(体重別で行われる競技の)軽量級．
【轻慢】qīngmàn ❶ 動 軽んじる．侮る．¶～失礼 shīlǐ / 粗略に扱い，礼を失する．❷ 形 熱意がない．冷たい．¶对人～ / 他人に冷たい．
【轻描淡写】qīng miáo dàn xiě 成 重要な問題を軽く触れるだけですます．¶～的批评 / 当たり障りのない批判．由来 I, 絵を描く際の色の付け方を言った．
【轻蔑】qīngmiè 動文 軽蔑する．眼中に置かない．¶～的眼光 / 軽蔑のまなざし．回 蔑视 mièshì, 轻视 qīngshì 反 敬重 jìngzhòng
【轻暖】qīngnuǎn ❶ 形 柔らかくて暖かい．❷ 名文 柔らかくて暖かい衣服．
【轻诺寡信】qīngnuò guǎ xìn 成 安請け合いで信用できない．由来《老子》六十三章に見えることば．
【轻飘】qīngpiāo 形 軽やかだ．回 轻飘飘 ❷ (言行が)軽薄でいいかげんだ．
【轻飘飘】qīngpiāopiāo 形 (～的) ❶ 風に軽く舞っているようす．¶垂柳 chuíliǔ ～地摇动 / しだれ柳がゆらゆらと揺れている．❷ (動作が)軽くすばしこい．(気持ちが)軽くうきうきしている．
【轻骑】qīngqí 名 ❶ 文 軽装備の騎兵．¶～兵 / 軽騎兵．❷〔辆 liàng〕ミニバイク．スクーター．
【轻巧】qīngqiǎo[-qiao] 形 ❶ 軽くて使いやすい．小型で高性能の．¶～的双手 / 器用な手．¶这辆自行车真～ / この自転車は実に性能がいい．❷ (動作が)機敏で軽快だ．¶他动作很～ / 彼は動作が機敏で身軽だ．反 笨重 bènzhòng ❸ 簡単だ．たやすい．¶说起来～, 做起来很难 / 口で言うのは簡単だが，やってみると難しい．
【轻轻】qīngqīng 形 (～的) (動作が)軽くゆるやかだ．そっとやさしい．
【轻取】qīngqǔ 動 労せずして勝つ．圧勝する．¶～第一

局 / 最初のゲームに楽勝する. ¶这场比赛,上海队以 5：0≠客队 / この試合は上海チームが5対0で遠征チームに圧勝した.

【轻柔】qīngróu 形 軽くて柔らかな. ¶～的枝条 zhītiáo / しなやかな木の枝. ¶声音～ / 声がソフトだ.

【轻伤】qīngshāng 名 軽傷. ¶他受了一点儿～ / 彼はちょっと軽傷を負った.

【轻生】qīngshēng 動 命を軽んずる. 自殺する.

【轻声】qīngshēng 名 ❶ 小さな声. 低い声. ¶～说话 / 小声で話す. ❷〖言語〗軽声.

【轻省】qīngsheng 形 〈方〉❶ 手間がかからない. 楽だ. ❷〈重量が〉軽い.

【轻视】qīngshì 動 軽視する. ¶～劳动 / 労働を軽視する. 同 小视 xiǎoshì 反 重视 zhòngshì.

【轻手轻脚】qīng shǒu qīng jiǎo 〈成〉音を立てないように歩くよう. 忍び足で. ¶～地走进教室 / 忍び足で教室に入る.

【轻熟女】qīngshúnǚ 名 二十代後半から三十代前半の,洗練された女性. "轻"は外見の若々しさを, "熟"は内面が成熟し,物腰が優雅であることを意味する.

【轻率】qīngshuài 形 軽率だ. 軽はずみだ. ¶他办事太～,常常出问题 / 彼はいつも軽はずみで軽率で,しょっちゅう問題を起こしている. 反 慎重 shènzhòng.

【轻水】qīngshuǐ 名〖化学〗軽水. 参考 "重水"に対して浄化された普通の水をいう.

*【轻松】qīngsōng ❶ 形 気軽だ. 気楽だ. リラックスした. ¶～愉快 / 気楽で楽しい. ¶～地打败了对手 / 楽に相手を打ち負かす. 重 轻轻松松 反 沉重 chénzhòng, 繁重 fánzhòng, 紧张 jǐnzhāng ❷ 動 気楽にする. リラックスする. ¶大家休息一会儿,～～！/ 皆さんちょっと休みましょう. 楽になさって下さい.

【轻佻】qīngtiāo 形 言動が軽薄でまじめだ. ¶举止 jǔzhǐ～ / 振舞いが軽はずみだ. 同 轻浮 qīngfú 反 严肃 yánsù, 庄重 zhuāngzhòng.

【轻微】qīngwēi 形 軽微な. 程度の軽い. ¶～的损失 / 微々たる損失. ¶发出～的鼾声 hānshēng / かすかないびきを立てる.

【轻武器】qīngwǔqì 名〖军事〗軽火器.

【轻侮】qīngwǔ 動 軽蔑する. 侮辱する.

【轻喜剧】qīngxǐjù 名 ライトコメディ.

【轻闲】qīngxián 形〈仕事が〉簡単で楽だ. ¶～活儿 / 楽な仕事.

【轻信】qīngxìn 動 安易に信じる. ¶～谣言 yáoyán / デマを簡単に信じる.

【轻型】qīngxíng 形 小型(の). ¶～汽车 / 軽自動車.

【轻言细语】qīngyán xìyǔ 〈句〉穏やかな声でやさしく話す. 同 轻言软语 ruǎn yǔ.

【轻扬】[颺] qīngyáng 形 空中に浮き漂っている. 翻っている. ¶柳絮 liǔxù～ / 柳絮(ﾘｭｳｼﾞｮ)がふわふわ宙に舞う.

【轻易】qīngyì ❶ 形 簡単だ. たやすい. ¶拿金牌 jīnpái 不是～的事 / 金メダルを得ることはたやすいことではない. ❷ 副 自分勝手に. 軽々しく. やすやすと. ¶不要～下结论 jiélùn / 安易に結論を下してはいけない. ¶小美～不闹病 nàobìng / メイちゃんはめったに病気をしない. 同 随便 suíbiàn 反 艰难 jiānnán.

【轻音乐】qīngyīnyuè 名〖段 duàn, 首 shǒu〗軽音楽.

【轻盈】qīngyíng 形 ❶〈女性の身のこなしが〉しなやかだ. 軽やかだ. ¶体态 tǐtài～ / 身のこなしが優美だ. ❷ 気楽だ. 気軽だ. ¶～的笑语 xiàoyǔ / 陽気なおしゃべり.

【轻悠悠】qīngyōuyōu 形（～的）❶ ふわふわと軽やかだ. ❷〈音が〉軽く柔らかい.

【轻油】qīngyóu 名 軽油.

【轻于鸿毛】qīng yú hóng máo 〈成〉大きな雁の羽にも値しないほど軽い. とても軽んじられていること. ¶死有重于泰山 Tàishān, 有～ / 泰山ほど重い死もあれば, 雁の羽ほど軽い死もある. 同 轻如 rú 鸿毛.

【轻重】qīngzhòng 名 ❶ 軽重. 重さ. ¶～相等 / 重さが等しい. ❷〈程度の深さ. 物事の〉軽重. 重要度. ¶无足～ / 重要度が低い. どうでもよい. ❸〈言動の〉適当な限度. ほどあい.

【轻重缓急】qīng zhòng huǎn jí 〈成〉物事の軽重や緩急. ¶不分～ / 物事のポイントをわきまえない.

【轻舟】qīngzhōu 名 軽やかに進む小舟.

【轻装】qīngzhuāng 名 ❶ 軽装. ¶～就道 jiùdào / 軽い服装で旅立つ. ❷ 軽装備. ¶～上阵 / 軽装備で出陣する. ❸ 気軽な気分. ¶～前进 / 気安く前へ進む.

【轻装简从 [行]】qīng zhuāng jiǎn cóng [xíng] → 轻车 chē 简从.

【轻罪】qīngzuì 名〖法律〗軽罪.

氢(氫) qīng

气部 5 四 8011₇
全 9 画 次常用

名〖化学〗水素. H. ¶～弹 qīngdàn / ～氧化物 qīngyǎnghuàwù（水酸化物）. 表现 普通は "氢气 qīngqì"と言う. もと, "轻气 qīngqì"とも言った.

【氢弹】qīngdàn 名〖军事〗〖颗 kē, 枚 méi〗水素爆弾. 水爆. ¶～头 / 水爆の核弾頭.

【氢氟酸】qīngfúsuān 名〖化学〗フッ化水素.

【氢化物】qīnghuàwù 名〖化学〗水素化合物.

【氢气】qīngqì 名〖化学〗水素. ¶～球 / 水素気球.

倾(傾) qīng

亻部 8 四 2128₂
全 10 画 常用

❶ 動 斜めになる. 傾く. ¶～斜 qīngxié / 身体稍 shāo 向前～（身体が少し前に傾いている）. ❷ 素〈物事や考え方がある方向に寄る. ¶～心 qīngxīn / 左～ zuǒqīng（左翼的）. ❸ 動 立っていたものが倒れる. ¶大厦 dàshà 将～（ビルはまさに倒れるところだ）. ❹ 動 立っているものを倒す. ¶～覆 qīngfù / ～城～国. ❺ 素 容器を傾けて中のものを出す. ¶大 pén 大雨 / ～箱倒箧 qiè（たんすや長持をひっくり返して中身を出す）. ❻ 動〈文〉力を集中する. ¶～听 qīngtīng / ～诉 qīngsù. ❼ 動〈文〉他のものを圧倒する. ¶权～朝野 cháoyě（権勢が朝野を圧倒する）.

【倾侧】qīngcè 動 傾ける. 同 倾斜 xié.

【倾巢】qīngcháo 動〈貶〉〈敵軍や盗賊が〉総出で…する. ¶敌军 díjūn～来犯 / 敵が総力で来襲する. 由来 巣にいたすべての鳥が飛び立つ, という意から.

【倾城】qīngchéng ❶ 名 町中. 全市. ¶～空巷 kōngxiàng 而出, 迎接英雄 / 町中総出で英雄を迎える. ❷ → 倾国倾城 guó.

【倾城倾国】qīng chéng qīng guó 倾国(ｹｲｺｸ)の美女. 女性の容姿が美しい形容. ¶～的美女 / 絶世の美女. 同〈書〉〖汉书〗孝武李夫人伝に見えることば. 参考 国王が女性の美貌に目がくらみ, 軍事や政治をおろそかにしたため, 美人が国を滅ぼすと言われた. 晋に災いした驪姫(ﾘｷ), 周を滅ぼした褒姒(ﾎｳｼ)が有名.

【倾倒】qīngdǎo ❶ 動 傾き倒れる. ¶他不小心把酒～在身上 / 彼はうっかりして酒を体にこぼした. ❷ うっとりさせる. 圧倒する. 慕う. ¶小美的精彩表演令全场观众 guānzhòng 为之～ / メイちゃんの素晴らしい演技は観衆

を圧倒した.
【傾倒】qīngdào ❶ 容器を傾けて中身を全部ぶちまける. ¶～垃圾 lājī／ゴミをぶちまける. ❷ 言いたい事をすべて話す. ¶她把一肚子 dùzi 的怨恨 yuànhèn 都～出来了／彼女は,胸にたまった恨み辛みをすべてぶちまけた.
【傾耳】qīng'ěr 动 耳を傾ける. 傾聴する.
【傾覆】qīngfù 动 ❶ (物が)倒れる. ¶～了的房屋／倒壊した家屋. ❷ (政権を)転覆する. 打倒する. ¶～国家／国家を転覆する.
【傾国傾城】qīng guó qīng chéng →傾城傾国
【傾家蕩産】qīng jiā dàng chǎn 成 家の財産を使い尽くす. 身代をつぶす. ¶～的敗家子 bàijiāzi／放蕩息子.
【傾角】qīngjiǎo 名 ❶〔物理〕伏角(ぶ). 傾斜 xié 角 ❷〔数学〕傾き. 傾角. ❸〔地学〕(地層や鉱脈の)傾斜角. 伏角. 同 傾斜角
【傾力】qīnglì 动 全力を投入する.
【傾慕】qīngmù 动 心から慕う. ¶～之情／敬慕の情. 同 愛慕 àimù
【傾佩】qīngpèi 动 敬服する. 感服する. ¶极其～／心底感服する. 同 傾服 qīngfú
【傾盆】qīngpén 动 土砂降りだ.
【傾盆大雨】qīng pén dà yǔ 成 たらいの水をひっくり返したような土砂降りの雨. ¶遇上一场 cháng～／土砂降りの雨に遭う. ❷ 大量の仕事をいっぺんに与えられること. ¶老师一下子布置 bùzhì 了很多作业,我就像一样／まるで土砂降りのように,先生はどっと大量の宿題を出した.
【傾情】qīngqíng 动 情感をたっぷりこめる. 情熱を注ぐ.
【傾洒】qīngsǎ 动 (雨などが)降り注ぐ. (金や労力を)つぎ込む.
【傾訴】qīngsù 动 心の内をすっかり打ち明ける. 同 傾吐 qīngtǔ
【傾塌】qīngtā 动 (土台や支えのある物が)倒れる. ¶房子～／建物が倒れる. ¶围墙 wéiqiáng～／塀が倒れる.
【傾談】qīngtán 动 打ち解けて話し合う. ¶促膝 cùxī～／膝を交えて歓談する. ¶～师生之情／師と弟子がなごやかに語り合う.
【傾聴】qīngtīng 动 熱心に耳を傾ける. ¶～观众 guānzhòng 的意见／視聴者に耳を傾ける. 表现 多くは,上の者が下の者の意見に耳を傾けることを言う.
【傾吐】qīngtǔ 动 心の中を洗いざらい打ち明ける. ¶老朋友相见,有千言万语要～／旧友どうしが顔を合わせれば積もる話が山ほどある. 同 傾訴 qīngsù
【傾向】qīngxiàng 名 ❶〔种 zhǒng〕発展していく方向. 趨勢(ﾞﾞ). トレンド. ¶纠正 jiūzhèng 不良～／良くない傾向を正す. ¶文化～／文化の趨勢. ❷ 动 一方に加担する. 一方に傾く.
【傾向性】qīngxiàngxìng 名 ❶ (文学作品や芸術作品に表現された)社会思想や現実生活に対する好悪などの感情. ❷ (話や考えなどの)一定の方向. 表现 ❷ は,多くは政治的傾向をもつ.
【傾銷】qīngxiāo 动《経済》ダンピングする. 投売りする. ¶～的货物／たたき売りの商品.
【傾斜】qīngxié 形 傾斜している. 傾いている. ¶～度／傾斜度. ¶宝塔 bǎotǎ 有点儿向东～／塔はやや東に傾いている. ❷ 动 一方に片寄る. 偏重する. 重視する. ¶应该向教育～／教育を特に重視しなければならない.
【傾斜角】qīngxiéjiǎo 名 ❶ 飛行機の横方向の傾斜角度. バンク角. ❷ →傾角
【傾瀉】qīngxiè 动 (大量の水が)高い所からどっと流れ落ちる. ¶山洪 shānhóng～／鉄砲水がどっと流れ落ちる.
【傾卸】qīngxiè 动 (車の荷物や容器の中身を)傾けて空にする. ひっくり返す.
【傾心】qīngxīn 动 ❶ 一心にあこがれる. 恋する. ¶他们一见就～了／彼らは一目で恋に落ちた. ❷ 真心を尽くして…する. ¶～交谈／心を開いて語り合う.
【傾軋】qīngyà 动 組織の中で排斥しあう. 派閥争いをする. ¶党派 dǎngpài 之间的～／党派間の争い.
【傾注】qīngzhù 动 ❶ (水が)上からどっと流れ込む. ¶屋顶上的积水沿着排水管～到排水沟里／屋根にたまった水が,配水管を伝って排水溝にどっと流れ込む. ❷ (力や気持ちを)一つの事に集中させる. 打ち込む. ¶把精力～在工作上／仕事に心も身も打ち込む.

卿 qīng

刀部8　四 7772₀
全10画 次常用

名 ❶ 卿(ﾞ). 古代の高い官位の名. ¶～相 qīngxiàng (大臣). ❷ 昔,君主が臣下に呼びかける時のことば. ❸ 昔,夫婦や友人の間で用いた,親しみを込めた呼びかけのことば. ❹ (Qīng)姓. 表现 ① は,外国の高い地位の翻訳語としても使われる.
【卿卿我我】qīng qīng wǒ wǒ 成 男女がとても親密なようす.

圊 qīng

囗部8　四 6022₇
全11画 通用

名 文 便所. ¶～土 qīngtǔ (堆肥).

清 qīng

氵部8　四 3512₇
全11画 常用

❶ 形 (液体や気体が)清い. 澄みきった. ¶～水 qīngshuǐ (澄んだ水)／～汤 qīngtāng. 反 浊 zhuó, 浑 hún ❷ 素 ひっそりと静まりかえている. ¶～静 qīngjìng／冷～ lěngqīng (ひっそりと静かだ)／～晨 qīngchén. ❸ 素 心が清らかで,私欲のない. 公正だ. ¶～官 qīngguān／～廉 qīnglián. ❹ 形 はっきりしている. 明白だ. ¶说不～ (はっきり言えない)／～楚 qīngchu／～分 fēnqīng (はっきり分ける). ❺ 素 他のものが混じっていない. ¶～茶 qīngchá／～唱 qīngchàng. ❻ 素 何も残さない. ¶～除 qīngchú／把账 zhàng 还～ huánqīng (借金をすべて返す). ❼ (Qīng) 名 王朝の名. 清(ﾞ). ❽ (Qīng)姓. 参考 ⑦ は,中国最後の王朝(1616-1911). 1616年,満州族の愛新覚羅・努爾哈赤(ｽﾞ)が後金を建国,1636年に国号を清と改め,1644年に北京を都に定めた.
【清白】qīngbái 形 ❶ 純潔だ. 潔白だ. ¶～的少女 shàonǚ／汚れなき乙女. ¶证明自己的～／身の潔白を証明する. 同 清清白白 ❷ 方 はっきりしている. 分かっている. 同 清楚 qīngchu, 明白 míngbai
【清仓】qīng//cāng 动 ❶ 倉庫を整理する. ❷ 投資家が証券などをすべて売り払う.
【清仓查库】qīngcāng chákù 句 倉庫の荷を調べる. 在庫品を調べる.
【清册】qīngcè 名〔本 běn〕台帳. 原簿. ¶固定资产～／固定資産簿.
【清茶】qīngchá 名 ❶ 緑茶. 反 红茶 hóngchá ❷ (菓子が添えられていない)お茶. ¶～恭候 gōnghòu／粗茶を用意してお待ちしております. ❷ ～淡饭 dànfàn ／粗菜. 家庭料理. 表现 ② は,あいさつや手紙などで使われ,「粗末な」「シンプルな」という謙譲のニュアンスをもつことが多い.

清 qīng

【清查】qīngchá 徹底的に調べる.¶～倉庫 cāngkù / 倉庫を整理点検する.重 清查清查
【清产核资】qīngchǎn hézī 〖句〗企業の全資産を整理し査定する.
【清偿】qīngcháng 〖動〗全額を償還する.¶～债务 zhàiwù / 債務を完済する.
【清唱】qīngchàng ❶〖動〗扮装をせずに芝居の歌だけを歌う.¶请您一段京剧 Jīngjù / どうぞ京劇を一節、歌ってください.❷〖名〗《音楽》〖曲 段 duàn〗アリア.詠唱.
【清唱剧】qīngchàngjù 〖名〗《音楽》オラトリオ.
【清澈】qīngchè〖形〗(水が)清らかで澄みきった.¶～的湖水 / 澄みきった湖水.回 明澈 míngchè, 清冽 qīngliè 浑浊 húnzhuó
【清晨】qīngchén 〖名〗早朝.明け方.回 清早 qīngzǎo
【清澄】qīngchéng 〖形〗澄みきっている.
【清除】qīngchú 〖動〗❶(ごみなどを)きれいに片付ける.¶～积雪 / 積雪を取り除く.除雪する.¶要把垃圾彻底～掉 / ごみを徹底的に捨ててしまわねばならぬ.❷弊害や障害をすっかり取り除く.追放する.¶～积弊 jībì / 積年の弊害を一掃する.回 肃清 sùqīng
*【清楚】qīngchu 〖形〗❶はっきりしている.明白だ.¶把事情弄～ / 事情をはっきりさせる.重 清清楚楚 回 分明 fēnmíng, 明白 míngbai ❷ 模糊 móhu ❷〖形〗明晰(*)だ.¶他处事冷静,头脑～ / 彼は事の処理は冷静で、頭脳も明晰だ.回 清晰 qīngxī, 明晰 míngxī ❷ 糊涂 hútu ❸〖動〗理解する.飲み込む.¶这件事谁也不～ / この事は、誰にも理解できない.
【清纯】qīngchún 〖形〗❶(女性などが)気高く美しい.❷(水や空気が)新鲜で清浄だ.
【清醇】qīngchún 〖形〗(においや味に)混じり気がない.
【清脆】qīngcuì 〖形〗❶(声や音が)はっきりしていて聞きよい.¶悦耳的鸟语声 / 心地よい鳥の鳴き声.❷(食べ物が)歯ざわりがよく、おいしい.¶新鮮黄瓜～可口 / もぎたてのキュウリはさくさくとしておいしい.
【清单】qīngdān 〖名〗〖份 dá, 份 fèn, 张 zhāng〗リスト.明細書.目録.¶开～ / リストを作る.¶物资～ / 物資目録.
【清淡】qīngdàn 〖形〗❶(色や香りが)薄い.ほのかな.(味がうっすらとした.¶～的荷花 héhuā 香气 / ほのかな蓮の花の香り.¶色彩比较～ / 色合いはわりとあっさりしている.¶奶奶喜欢吃～的菜 / おばあさんはあっさりした料理が好きだ.❷ 浓重 nóngzhòng, 油腻 yóunì ❷(商売が)不景気だ.¶近来生意 shēngyì 很～ / 最近商売が上がったりだ.
【清道】qīngdào ❶ 道路を清掃する.❷(古代の国王や役人の)露払いをする.
【清道夫】qīngdàofū 〖名〗道路清掃員.
【清点】qīngdiǎn 〖動〗数を点検する.¶商店每月都要~一下存货 cúnhuò / 商店は毎月在庫の数をチェックしなくてはならない.
【清炖】qīngdùn 〖動〗《料理》醤油の入っていないスープで、肉などをじっくり煮込む.
【清芬】qīngfēn 〖名〗〖文〗すがすがしい香り.
【清风】qīngfēng 〖名〗さわやかそよ風.
【清福】qīngfú 〖名〗静かでゆったりした生活.
【清高】qīnggāo 〖形〗❶(人柄が)高潔だ.¶自鸣 míng ~ / 自ら潔癖を言いたてる.❷〖貶〗お高くとまる.¶他很～,不易和他交朋友 / 彼はひどくお高くとまっていて、つきあいにくい.

【清稿】qīnggǎo ❶〖名〗清書した原稿.¶小说的～ / 小説の清書原稿.❷〖動〗清書する.
【清官】qīngguān 〖名〗〖個 个 ge, 位 wèi〗清廉で公正な役人.¶包公是中国人心目中的～ / 包公は中国人がイメージする代表的な清廉官吏だ.❷ 贪官 tānguān, 赃官 zāngguān
【清官难断家务事】qīng guān nán duàn jiā wù shì 〖成〗家庭内のことは、他人にはうかがい知れない.由来 清廉で公正な官吏でも家庭内のもめ事は処理できない、という意から.
【清规】qīngguī 〖名〗《仏教》戒律.
【清规戒律】qīng guī jiè lǜ ❶仏教徒や道教徒が守るべき規則や戒律.¶寺院 sìyuàn 的～ / 寺のきまりや戒律.❷ 人を縛りつける杓子(**)定規な規則や制度.しきたり.¶打破～ / 杓子定規なきまりを打破する.
【清锅冷灶】qīng guō lěng zào 〖成〗(家やレストランが)すたれたようす.人跡まれなようす.由来 空っぽの鍋と冷えた竈(**)の意から.
【清寒】qīnghán 〖形〗❶ ひどく貧しい.¶家境 jiājìng ~ / 家はとても貧しい.回 清贫 qīngpín ❷ 澄んでひんやりしている.¶月光～ / 月明かりがさえざえとしている.
【清华】qīnghuá 〖形〗〖文〗(風景や文章が)美しく、すがすがしい.
【清华大学】Qīnghuá dàxué 〖名〗清華(*)大学.参考 北京にある中国で最も歴史のある大学の一つ. ⇒水木 shuǐmù 清华
【清还】qīnghuán 〖動〗すっかり返す.¶～图书 / 図書を全て返却する.
【清寂】qīngjì 〖形〗人通りがなく静寂だ.
【清剿】qīngjiǎo 〖動〗絶滅させる.肃清する.¶～犯罪团伙 tuánhuǒ / 犯罪グループをせん滅する.
【清缴】qīngjiǎo 〖動〗清算して支払う.
【清教徒】qīngjiàotú 〖名〗《宗教》清教徒.ピューリタン.
【清洁】qīngjié 清潔だ.¶～剂 jì / (掃除用の)洗剤.¶人人要注意～卫生 / 清潔と衛生に気をつけよう.回 干净 gānjìng 肮脏 āngzāng
【清净】qīngjìng 〖形〗❶心を煩わすものがない.¶耳根～ / 心を煩わすことが耳に入ってこない.重 清清净净 ❷ 喧闹 xuānnào ❷〖名〗《仏教》煩悩でけがれていないこと.浄めの(ビラ).
【清静】qīngjìng 〖形〗静かだ.閑静だ.¶咱们找个～的地方聊聊 liáoliáo / 静かな場所を探しておしゃべりしましょう.❷ 喧嚣 xuānxiāo
【清君侧】qīng jūncè 〖動〗君主のとりまきの奸臣を排除する.由来 《春秋公羊传》定公十三年のことばから.
【清苦】qīngkǔ 〖形〗きわめて貧しい.¶生活～ / 生活が苦しい.回 贫苦 pínkǔ
【清朗】qīnglǎng ❶ すがすがしい.さわやかだ.¶天气～ / 天気がさわやかだ.❷(声が)はっきりよく通る.¶～的声音 / はっきりよく通る声.
【清冷】qīnglěng 〖形〗❶ ひんやりとした.肌寒い.¶～的秋夜 / 肌寒い秋の夜.❷ ひっそりしている.寒々としている.¶放学以后,校园里十分～ / 放課後の校庭は、とてもひっそりしている.回 冷清 lěngqīng
【清理】qīnglǐ 〖動〗きちんと処理する.¶～账目 zhàngmù / 勘定を精算する.¶～房间 / 部屋を整理する.重 清理清理
【清丽】qīnglì 〖形〗(風景・文章・人柄が)上品で美しい.
【清廉】qīnglián 〖形〗(役人が)清廉だ.¶公正而～的政府官员 / 公正無私な政府の役人.
【清凉】qīngliáng 〖形〗さわやかな.すがすがしい.清凉な.

¶～饮料 yǐnliào / 清涼飲料. ¶～的薄荷 bòhe 味儿 / さわやかなハッカの味.

【清凉油】qīngliángyóu 〖名〗〖薬〗清凉軟膏. 清凉油. 頭痛やかゆみに塗る. 参考 古くは"万金油 wànjīnyóu"と言い,香港や台湾ではこちらの旧称が一般的.

【清亮】qīngliàng 〖形〗（声が）はっきりしていてよく通っている. ¶歌声～ / 歌声がよく響く. 同 清清亮亮

【清凉】qīngliáng 〖形〗❶（水が）清らかだ. 澄んでいる. 同 清澈 qīngchè ❷〖方〗はっきりしている. 明瞭だ. 同 清晰 qīngxī,清楚 qīngchu

【清冽】qīngliè 〖形〗（水などが）ひんやりとしている. 冷たくて気持ちいい. 同 清凉 liáng

【清明】qīngmíng ❶〖形〗（政治が）よく治まっている. ❷〖形〗（頭脳が）はっきりしていて冷静だ. ¶神志 shénzhì～ / 意識がはっきりしている. ❸〖形〗澄んでいて明るい. ¶月色～ / 月の光が明るく清らかだ. ❹〖名〗二十四節気の一つ. ¶～这一天,我们去扫墓 sǎomù / 清明節の日には,私たちはお墓の掃除に出かける. 同 清明节 Qīngmíngjié ⇨付録「祝祭日一覧」参考 旧暦の4月5日ごろに当たり,この日に墓参りをする習慣がある.

【清盘】qīngpán 〖動〗〖経済〗❶（経営打ち切りのため）企業の設備・商品・社屋・土地などをすべて売却または譲渡する. 清算する. ❷株や債権・不動産などをすべて売却する.

【清贫】qīngpín 〖形〗（教師や学者が）清貧だ. ¶～的一生 / 清貧な生涯. 同 清寒 qīnghán

【清平】qīngpíng 〖形〗❶平和だ. 太平だ. ❷平静だ. 穏やかだ.

【清漆】qīngqī 〖名〗ワニス.

【清秋】qīngqiū 〖名〗さわやかな秋. 特に晩秋.

【清癯】qīngqú 〖形〗（顔や体つきが）ほっそりしている. 同 清瘦 shòu

【清泉】qīngquán 〖名〗冷たい泉の水.

【清热】qīngrè 〖動〗〖中医〗清熱する. 内熱を去る.

【清扫】qīngsǎo 〖動〗清掃する. ¶～街道 / 通りをきれいに掃除する. ¶我们来～～校园 / みんなで校庭をきれいに掃除しよう. 同 打扫 dǎsǎo,扫除 sǎochú

【清瘦】qīngshòu 〖形〗痩せている. ほっそりしている. ¶面容～的老人 / 痩せた面立ちの老人.

【清爽】qīngshuǎng 〖形〗❶さわやかだ. すがすがしい. ¶秋天空气～ / 秋は空気がすがすがしい. ❷（気持ちが）すっきりしている. 晴れやかだ. ❸清潔だ. きれいだ. 同 清清爽爽 ❹〖方〗はっきりしている. 明確だ. ¶把话讲～ / 話をはっきり話す. ❺〖方〗（味が）あっさりしている. さっぱりしている. ¶滋味 zīwèi～ / 味があっさりしている.

【清水墙】qīngshuǐqiáng 〖名〗〖建築〗表面に漆喰などを塗装していない煉瓦塀.

【清水衙门】qīngshuǐ yámen 〖名〗（福利や物質的な）待遇の劣る部門. 由来 もとは役得やうまみのない役所の部門をさした.

【清算】qīngsuàn 〖動〗❶精算する. 決済する. ¶～账目 zhàngmù / 勘定を精算する. ❷（罪や過失を追求し）ふさわしい処置をとる. 処断する. ¶～恶霸 èbà 的罪恶罪行 zuì's / 極悪人の罪を処断する.

【清谈】qīngtán 〖名〗清談. 空理空論にたとえる. ¶～误国 wùguó / 清談は国を誤る. 参考 もとは,魏晋時代の知識人の間で行われた実際的でない哲学の議論のこと. のち,広く非現実的な空論を指すようになった.

【清汤】qīngtāng 〖名〗〖料理〗具の入っていないスープ. コンソメスープ. ¶一碗 wǎn ～ / 一杯のコンソメスープ.

【清汤寡水】qīngtāng guǎshuǐ 〖句〗〖方〗（料理が）あっさりして味気ない.

【清甜】qīngtián 〖形〗❶さっぱりして甘味のある. ❷声が澄んで美しい.

【清通】qīngtōng 〖形〗（文章の）筋道が立っていて表現もこなれている.

【清退】qīngtuì 〖動〗（調査して）原状に戻す.

【清婉】qīngwǎn 〖形〗（声が）澄んでいて美しい.

【清晰】qīngxī 〖形〗（声や形が）はっきりしている. ¶发音～ / 発音がはっきりしている. ¶～可辨 biàn / はっきりと見分けることができる. 同 明晰 míngxī,清楚 qīngchu 反 模糊 móhu

【清晰度】qīngxīdù 〖名〗❶（テレビの）解像度. ❷（音の）明瞭度.

【清洗】qīngxǐ 〖動〗❶きれいに洗う. 同 清洗清洗 ❷（よくない人物を）一掃する. 追放する. ¶必须～企业内部的贪污 tānwū,受贿 huì 者 / 企業内部の汚職,収賄者を一掃しなくてはならない. 同 清除 qīngchú

【清闲】qīngxián 〖形〗静かでゆったりとした. ¶～自在 / のんびりと気ままである. ¶～的退休 tuìxiū 生活 / 静かでゆったりした退職後の生活. 同 安闲 ānxián,悠闲 yōuxián 反 忙碌 mánglù

【清香】qīngxiāng 〖名〗すがすがしい香りやほのかな香り（がする）. ¶～可口 / さっぱりとした香りがして,おいしい. ¶龙井茶非常～ / 龍井茶はとてもさわやかではのかな香りがする. 同 幽香 yōuxiāng

【清心】qīngxīn ❶〖形〗心に気がかりがなく穏やかだ. ❷〖動〗心を静める. 落ち着かせる. ❸〖動〗〖中医〗"心火"を除く. ⇨心火 huǒ ②

【清新】qīngxīn 〖形〗❶すがすがしい. 清新だ. ¶刚下过雨,空气～ / 雨が降ったばかりで,空気がすがすがしい. ❷斬新（ざん）だ. ¶色调 sèdiào～ / 色合いが斬新だ. 反 陈腐 chénfǔ

【清馨】qīngxīn 〖名〗すがすがしい香り. 表現 鼻をつくような濃い香りではないこと.

【清醒】qīngxǐng ❶〖形〗（頭が）はっきりしている. 冷静だ. 反 糊涂 hútu ❷〖動〗意識を取り戻す. 同 清醒清醒 同 苏醒 sūxǐng

【清秀】qīngxiù 〖形〗美しく清らかだ. ¶面貌 miànmào～ / 面立ちが美しく上品だ. ¶山水～ / 山や川の景色が美しい. 同 秀丽 xiùlì,秀美 xiùměi

【清雅】qīngyǎ 〖形〗❶（庭などのたたずまいが）静かで典雅だ. ❷（表現や風格が）清新で典雅だ.

【清样】qīngyàng 〖名〗〖印〗〖份 fèn,张 zhāng〗校正を終わった原稿. 校了ゲラ. 最終稿.

【清野】qīngyě 〖動〗（戦争で）敵に略奪されないよう,住人や食料を移動し,家屋や樹木をすべて取り払う.

【清夜】qīngyè 〖名〗ひっそりと静まりかえった深夜.

【清一色】qīngyīsè 〖名〗❶マージャンで同じ種類のパイで上がること. ❷すべて一様なこと. ¶学生们都穿着～的校服 / 学生たちはみんな同じ制服を着ている.

【清逸】qīngyì 〖形〗（文章や音楽が）洗練されている. あかぬけている.

【清音】qīngyīn 〖名〗❶〖芸能〗曲芸の一つ. ❷〖旧〗結婚式や葬礼で演奏する音楽. ❸〖言語〗清音. 声帯を振動させずに発生する音. 参考 ①は琵琶や二胡で演奏するもので,四川省が最も盛ん.

【清幽】qīngyōu 〖形〗（景色が）美しくて静かだ. 幽玄だ. ¶～的月光 / かそけき月光. ¶山色～ / 山容秀麗.

【清油】qīngyóu 〖名〗〖方〗❶菜種油. 同 菜油 càiyóu ❷"油茶 yóuchá"（アブラツバキ）の種からしぼった油.

茶油 cháyóu,茶籽油 cházǐyóu ❸ 食用の植物油. 回 素油 sùyóu

【清越】qīngyuè 形（音色が）澄んで美しい.
【清运】qīngyùn 動（ゴミなどを）取り除く. 片付ける.
【清早】qīngzǎo 名〔口〕早朝. 朝早く. 回 清晨 qīngchén
【清账】❶ qīng//zhàng 動 決算をする. 精算する. ¶月底～/月末の決算. ¶年终～/年末の総決算. ❷ qīngzhàng 名〔篇 piān〕整理済みの勘定帳.
【清真】qīngzhēn ❶ 形〈文〉純潔で質朴だ. ❷ 名〈宗教〉イスラム教. 回教. ¶～食堂/イスラム教徒のための食堂.
【清真教】Qīngzhēnjiào 名〈宗教〉イスラム教. 回教. 回 伊斯兰教 Yīsīlánjiào
【清真寺】qīngzhēnsì 名〈宗教〉モスク. イスラム教の寺院. 回 礼拜 lǐbài 寺
【清蒸】qīngzhēng 動〈料理〉（肉や魚を）醤油などの調味料を入れないで蒸す. ¶～桂鱼/ケイギョの蒸し料理. ¶把这条鱼一下/この魚を蒸してください. 参考 新鮮な食材でないとできないので,高級料理に使われる.
【清正】qīngzhèng 形（人柄が）公正無私だ.

蜻 qīng

虫部 8　5512₇
全14画　常用

下記熟語を参照.

【蜻蜓】qīngtíng 名〈虫〉〔个 ge,群 qún,只 zhī〕トンボ.
【蜻蜓点水】qīng tíng diǎn shuǐ 🔵 トンボが産卵の時,シッポで軽く水面をたたくこと. 物事が浅く表面的であることにたとえる.

鯖（鯖） qīng

鱼部 8　四 2512₇
全16画　通用

素〈魚〉鯖(ɕ). 回 青花鱼 qīnghuāyú

劲 qíng

力部 8　四 0492₇
全10画　通用

形〈文〉力が強い. ¶～敌 qíngdí（強敵）.

情 qíng

忄部 8　9502₇
全11画　常用

❶ 名 感情. ¶热～ rèqíng（熱情）/无～ wúqíng（非情だ）/温～ wēnqíng（温情）. ❷ 名 心の通い合いや心遣い. ¶～分 qíngfèn/～面 qíngmiàn/人～ rénqíng（人情）/讲～ jiǎngqíng（人のためにわびを入れる）/求～ qiúqíng（許しを請う）. ❸ 名（男女の）愛情. ¶～书 qíngshū/～话 qínghuà/谈～ tánqíng（男女がつき合うこと）. ❹ 名 状況. 実情. ¶～报 qíngbào/～况 qíngkuàng/病～ bìngqíng（病状）/灾～ zāiqíng（被害状況）. ❺（Qíng）姓.

【情爱】qíng'ài 名 愛情.
【情报】qíngbào 名〔份 fèn,件 jiàn〕機密. ¶～员/諜報員. スパイ. ¶军事～/軍事機密. ¶搜集 sōují～/内部情報を集める. 表現 英語の information に当たる「情报」は,「信息 xìnxī」と言うのが普通.
【情变】qíngbiàn 名 愛情の突然の変化. 表現 恋人の別離をいう.
【情不自禁】qíng bù zì jīn 高ぶる感情を抑えきれない. ¶～地流下泪 lèi 来/こらえきれず涙がこぼれた.
【情操】qíngcāo 名 情操. ¶培养 péiyǎng～/情操をはぐくむ. ¶高尚 gāoshàng 的～/気高い心持ち.
【情场】qíngchǎng 名 恋愛に関する事柄.
【情痴】qíngchī 名 恋愛に飢えた人.
【情敌】qíngdí 名 恋敵(ぷ). 恋愛のライバル.
【情调】qíngdiào 名 情緒. ¶异国 yìguó～/異国情緒.
【情窦初开】qíng dòu chū kāi 🔵 （少女が）春にめざめる. 思春期に入る.
【情分】qíngfèn 名 人と人とのよしみ. ¶朋友～/友達のよしみ. ¶看在你老子的～上,这次就饶 ráo 了你/おまえのおやじに免じて,今回は勘弁してやるよ.
【情夫】qíngfū 名 情夫.
【情妇】qíngfù 名 情婦.
【情感】qínggǎn 名 ❶ 感情. ❷ 心の通い合い. ¶他们有很深的～/彼らには深い心のつながりがある.
【情感商品】qínggǎn shāngpǐn 名（生花・玩具・装飾品など）人の情感や情緒を豊かにする商品.
【情歌】qínggē 名〔首 shǒu,支 zhī〕ラブソング. ¶有名の～/有名なラブソング.
【情话】qínghuà 名 ❶ 男女の愛のことば. 睦言(ﾑﾂ). ❷〈文〉相手を思いやることば.
【情怀】qínghuái 名 胸いっぱいの心持ち. ¶抒发 shūfā～/熱い思いを述べる.
【情急】qíngjí 形 焦る. 気がせく. ¶～智 zhì 生 🔵 急場でとっさの知恵が浮かぶ. ¶一时～,说了不该说的话/ちょっと焦ったので,言ってはならないことを言ってしまった.
【情节】qíngjié 名 ❶ 話の筋や流れ. プロット. ¶故事～/物語の筋. ❷（事件などの）経過. 情状.
【情结】qíngjié 名 ❶〈心理〉コンプレックス. ❷ 心の底にあるわだかまり.
*【情景】qíngjǐng 名 具体的な情景. ¶回忆当时的～,犹 yóu 在目前/当時のことを思い出すと,そのようすがありありと目に浮かぶ.
【情景交融】qíngjǐng jiāoróng 句 感情と風景がうまく融け合っている. 表現 多く詩文や絵画についていう.
【情境】qíngjìng 名 境地. 境遇. 回 情景 jǐng
*【情况】qíngkuàng 名 ❶〔个 ge,种 zhǒng〕状況. 状態. ¶工作～/作業状況. ¶特殊 tèshū～/特殊な状況. ¶情形 qíngxing,情状 qíngzhuàng,状况 zhuàngkuàng ❷（軍事上の）変化. ¶边境有～！/辺境に異状発生！参考 ①は,具体的な事柄のほか,思想・政治・経済・文化などの抽象的な事柄についても言う.
【情郎】qíngláng 名（男性の）恋人.
【情理】qínglǐ 名 人情や道理. ¶～难容 nánróng/人情や道理から許し難い. ¶他这么做完全在～之中/彼がこのようにしたことは,まったく人の理にかなっている.
【情侣】qínglǚ 名〔对 duì〕恋人同士,または恋人. ¶～手表/ペアの腕時計. ¶他是小李的～/彼は李さんの彼氏だ.
【情面】qíngmiàn[-mian] 名 同情と面子(ﾒﾝ). ¶顾 gù～/同情する. ¶留～/顔を立てる. ¶不讲～/情が流されない.
【情趣】qíngqù 名 ❶ 性格や志向. ❷ 趣(ﾐﾙﾞ). 風情. ¶这首诗～高雅 gāoyǎ/この詩には典雅な風情がある.
【情人】qíngrén 名〔对 duì,个 ge〕恋人. 愛人.
【情人节】Qíngrénjié 名 バレンタインデー.
【情商】qíngshāng 名 情動指数. 情緒指数. EQ（Emotional Quality）. 表現 "情感商数"の略称.
【情诗】qíngshī 名 恋愛詩. 恋歌.
【情势】qíngshì 名 情勢. ¶～严峻 yánjùn/情勢は厳しい. 回 形势 xíngshì
【情事】qíngshì 名 ようす. 情況. ¶家园的～/故郷の

ありさま. [注意] 日本語の「情事」という意味はない.
【情书】qíngshū 名〔册 封 fēng〕ラブレター. ¶热情洋溢 yángyì 的～/ 情熱あふれるラブレター.
【情丝】qíngsī 名 (男女間の)絶ちがたい思い.
【情思】qíngsī 名文 思い. ¶绵绵 miánmián～/ 綿々たる思い.
【情死】qíngsǐ 動 心中する.
【情愫[素]】qíngsù 名文 ❶感情. 愛着. ❷本心. 本意.
【情随事迁】qíng suí shì qiān 成 人の気持ちは世の移ろいにつれて変わる.
【情态】qíngtài 名 表情と態度. ¶～逼 bī 真 / 表情やようすが真に迫っている. 同 神态 shéntài.
【情同手足】qíng tóng shǒu zú 成 兄弟のように情が通じ合っている. 同 情如 rú 手足
【情投意合】qíng tóu yì hé 成 意気投合する. ¶～的朋友 / 気の合う友達.
【情网】qíngwǎng 名比 逃れることのできない愛情. 愛のわな. ¶他不知不觉地已掉入～了 / 彼は知らず知らずのうちに恋のとりこになってしまった.
【情味】qíngwèi 名 (歌などの)情緒. 味わい.
*【情形】qíngxíng 名〔种 zhǒng〕(具体的な事柄の)状況. ¶生活～/ 生活のようす. [比较]"情况"は, "旧情况", "新情况"のように抽象的な場合に使えるが, "情形"は目に見える具体的な状況にしか使えない.
*【情绪】qíngxù 名 ❶気持ち. 意欲. ¶急躁 jízào～/ 焦燥感. ¶～高涨 gāozhǎng / 気持ちが高まる. ❷不愉快な感情. ¶闹 nào～/ 気分を害する.
【情义】qíngyì 名 よしみ. 信義. 義理人情. ¶夫妻～/ 夫婦のよしみ. ¶人不能没有～/ 人間には義理人情を欠いてはいけない.
*【情谊】qíngyì 名 よしみ. ¶深厚的～/ 深いよしみ. 同 友情 yǒuqíng, 友谊 yǒuyì
【情意】qíngyì 名 情. ¶他对你充满着深厚的～/ 彼はあなたにあふれんばかりの愛情を抱いている. 同 心意 xīnyì.
【情由】qíngyóu 名 事の内容や原因. ¶问清～/ 事の内実を聞いて明らかにする.
【情有可原】qíng yǒu kě yuán 成 心情の上では許せるところがある.
【情欲】qíngyù 名 情欲. 性欲.
【情缘】qíngyuán 名 男女の愛の縁.
【情愿】qíngyuàn ❶ 動 心から願う. ¶甘心～/ 心から願う. ¶两相情愿得ずくだ. ❷ 副 むしろ…する. ¶我～帮助她,也不帮助你 / 私は彼女は助けても, 君は助けない. 同 甘愿 gānyuàn, 甘心 gānxīn, 宁可 nìngkě [用法] ❷は, "也不", "决不"などと呼応して使われる.
【情知】qíngzhī 動 明らかに知っている. ¶～底细 dǐxi / 内情に通じている.
【情趣】qíngzhì 名 興趣. 趣. 同 情趣 qù.
【情种】qíngzhǒng 名 ❶多情な人. ❷愛情の種.
【情状】qíngzhuàng 名 状況. ¶内部的～/ 内部の状況. 同 情形 qíngxing

晴 qíng

日部 8 四 6502₆
全12画 常用

形 晴れている. ¶～天 qíngtiān / 天～了(空が晴れた). 反 阴 yīn

【晴好】qínghǎo 形 天気のよい. 晴れている. ¶天气～/ 天気晴朗.
【晴和】qínghé 形 晴れて暖かい. うららかだ. ¶春日～/ 春の日はうららかだ. 反 阴冷 yīnlěng
【晴间多云】qíng jiān duō yún 晴ときどき曇り.
【晴空】qíngkōng 名 晴れた空.
【晴空万里】qíngkōng wànlǐ 句 どこまでも晴れ渡った空.
【晴朗】qínglǎng 形 晴れわたっている. ¶天气～/ 晴れわたっている. 反 阴沉 yīnchén, 阴暗 yīn'àn
【晴天】qíngtiān 名 晴れ.
【晴天霹雳】qíng tiān pī lì 突然起こった予想外のできごと. 晴天の霹靂(ニホ). 同 青 qīng 天霹雳
【晴雨表】qíngyǔbiǎo 名〔个 ge, 只 zhī〕晴雨計.
【晴雨伞】qíngyǔsǎn 名 晴雨兼用傘.

氰 qíng

气部 8 四 8021₇
全12画 通用

【(化学)】シアン. (CN)₂.
【氰化】qínghuà 名 (化学)シアン化.
【氰酸】qíngsuān 名 (化学)青酸.

檠(異 橃) qíng

木部12 四 4890₄
全16画

名文 ❶明かりを乗せる台. ¶灯～ dēngqíng (明かりの台). ❷明かり. ❸弓や石弓を矯正する道具. 弓矯(ゑ)め.

擎 qíng

手部12 四 4850₂
全16画 次常用

動 ささげ持つ. ¶众～易举(皆が力を合わせればたやすく持ち上がる).

【擎天柱】qíngtiānzhù 名 天を支える柱. 困ったときの頼みの綱. 大黒柱. [表現]重大な任務をつとめる人の比喩として使われる.

黥(異 剠) qíng

黑部 8 四 6039₆
全20画 通用

❶ 名 罪人の顔に記号や文字などの入れ墨をする, 古代の刑罰の一つ. 同 墨刑 mòxíng ❷ 動 入れ墨をする. 同 点青 diǎnqīng, 文身 wénshēn ❸ (Qíng)姓.

苘(異 檾, 蕡) qǐng

艹部 5 全 8 画 四 4422₇ 通用

下記熟語を参照.

【苘麻】qǐngmá 名〔植物〕〔棵 kē, 株 zhū〕イチビ. [表現]普通は"青麻 qīngmá"と言う.

顷(頃) qǐng

页部 2 四 2178₂
全8画 常用

❶ 量 土地の面積をはかる単位. 1"顷"は100"亩 mǔ" (ムー). ❷ 名文 きわめて短い時間. ¶一刻 qǐngkè 有～ yǒuqǐng (しばらくして) / 俄～ éqǐng (たちまち). ❸ 副文 今しがた. たった今. ¶～闻 qǐngwén (たった今聞いたところによれば) / ～接来信(今しがた, お手紙を受け取りました). [参考] ❶は, 现在は"市顷 shìqǐng"を用いる. 1"市顷"=6.6667"公顷 gōngqǐng"(ヘクタール).

【顷刻】qǐngkè 名 ごく短い時間. ¶～之间 / すぐに. あっという間に. ¶～瓦解 wǎjiě / たちまち崩壊する. 同 须臾 xūyú

请(請) qǐng

讠部 8 四 3572₁
全10画 常用

❶ 動 頼む. 求める. …してもらう. 〘文型〙A+请+B+動詞句. ¶我想明天～一天假,去看电影/ 明日は1日休みをもらい映画を見に行こうと思う. ¶你应该马上～医生看 / 君は今すぐ医者に見てもらうべきだ. ¶我想～你教我汉语 / あなたに中国語を教えてもらいたい. ¶我可以

～你一起跳个舞吗？ / 私と一緒に踊ってくれますか．¶现在就～李团长说几句话 / ただ今より李団長にお話しいただきます．¶他～你再考虑考虑 / 彼はあなたにもう一度考えてもらいたいとのことです．

❷[動]（地位を用意して)招く．呼ぶ．招聘する．¶～专家 / 専門家を招く．¶我～了一个家教 / 家庭教師を頼んだ．¶您能帮我～一位大夫来吗？ / お医者さんを呼んでもらえませんか．¶杨老师被～到日本教书去了 / 楊先生は招聘されて日本に教えに行っている．

❸[動]ご馳走する．招待する．おごる．¶～客 qǐngkè．¶～看电影 / 映画をおごる．¶我～她去喝茶,被她谢绝了 / 私は彼女をお茶に誘ったが断られた．¶老陈明天要～我们去吃晚饭 / 陳さんが明日私たちを食事に連れて行ってくれるそうだ．¶除了你,我还～了几位朋友 / あなたの他にあと何人かの友人を招いた．

❹[動]どうぞ…してください．¶～! / どうぞ．¶～进 / どうぞお入り下さい．¶～光临 / ご出席下さい．¶～安静 / お静かに願います．¶～回电话 / どうかお電話下さい．¶～别客气 / どうぞご遠慮なく．¶～勿 wù 吸烟 / おたばこはご遠慮願います．禁煙．¶～多保重 / お大事に．

❺(Qǐng)姓．

【请安】qǐng//ān [動]❶(年輩者に)ご機嫌をうかがう．¶给老太太～! / 大奥様によろしくお伝えください．❷[方]旧時の礼の一つ．左ひざを曲げ右手を前に置く．[同]打千儿 dǎqiānr

【请便】qǐngbiàn [動]どうぞご随意にして下さい．[表現]相手の意志に任せる時に用いることば．客を断ったり,遠慮してもらう時に使うこともある．

【请调】qǐngdiào [動]職場の異動を申請する．

【请功】qǐnggōng [動]功績のあった人を記録して奨励するよう要請する．

**【请假】qǐng//jià [動]休暇をもらう．¶请长假 / 長期休暇をとる．¶～条 / 休暇届．¶事先～ / あらかじめ休暇を願い出る．[反]销假 xiāojià

学生の場合

> 事 假 条
>
> 李老师:
>
> 我因家里有急事,今天不能到校上课,特请事假一天。望予批准为盼。
>
> 此致
>
> 敬礼
>
> 学生　王 伟
>
> 年 月 日

社会人の場合

> 病 假 条
>
> 张科长：
>
> 我因感冒发烧,遵医嘱卧床休息,故今天无法上班,特请病假一天。望见谅。
>
> 致
>
> 礼
>
> 赵 军
>
> 年 月 日

休暇願い実例

【请柬】qǐngjiǎn [名]〔[量]份 fèn,张 zhāng〕招待状．¶发宴会 yànhuì～ / パーティの招待状を出す．[同]请帖 qǐngtiě

【请见】qǐngjiàn [動][文]面会を請う．

【请教】qǐngjiào [動]教えを請う．¶向老工人～ / 親方に教えを請う．[同]求教 qiújiào,讨教 tǎojiào

【请君入瓮】qǐng jūn rù wèng [成]自分で定めたおきてに自らが縛られる．¶采用～的策略 / 自らを窮地に追い込む策略をとる．[由来]『資治通鑑』唐則天皇后天授二年に見えることば．則天武后から周興のことを調べるよう命じられた来俊臣は,犯人に罪を認めさせるよい方法はないかと,わざと周興にたずねた．犯人をかめに入れて火にかければよい,と周興が答えると,俊臣はすぐに用意して言った．「では,あなたにこの中に入っていただこう」と．

*【请客】qǐng//kè [動]❶客を食事などに招く．¶请他的客 / 彼を客に招く．❷(食事や切符などを)おごる．ごちそうする．¶今天我～ / 今日は私がおごります．

【请命】qǐngmìng [動]❶命乞いをする．¶为民～ / 民のために命乞いをする．❷[文](上の者に)指示を仰ぐ．¶等我向上级～后再答复 dáfù 你 / 上司に指示を仰いでから,君に返事をする．

*【请求】qǐngqiú ❶[動]お願いする．¶～援助 yuánzhù / 援助を求める．¶再三～ / 何度も頼む．[同]恳求 kěnqiú,要求 yāoqiú ❷[名]〔[量]项 xiàng〕頼み．¶提出～ / 要望を提出する．

【请赏】qǐng//shǎng [動]報奨を求める．

【请示】qǐngshì [動](上の者に)指示を仰ぐ．

【请帖】qǐngtiě [名]〔[量]份 fèn,张 zhāng〕招待状．¶发出一百张～ / 招待状を100通出す．

【请托】qǐngtuō [動]お願いしてやってもらう．

**【请问】qǐng//wèn [動]おたずねします．すみません．¶～,到火车站怎么走？ / すみません．駅まではどうやって行くのですか．[表現]人に物をたずねる時に用いることば．

【请勿】qǐng wù [句]…しないでください．…を禁ずる．¶～吸烟 / 禁煙．ノースモーキング．[表現]看板やポスターの標語でよく使われることば．

【请降】qǐng//xiáng [動]相手に投降を求める．

【请缨】qǐngyīng [動][文]敵を殺すために,軍人としての任務を願い出る．[由来]『漢書』終軍伝の故事から．

【请援】qǐngyuán [動](他国の)援助を求める．

【请愿】qǐng//yuàn [動](政府や機関などに)請願する．¶～书 / 請願書．

【请战】qǐng//zhàn [動]戦闘に加わることを志願する．困難で重大な任務に就くことを求める．

【请罪】qǐng//zuì [動]自ら進んで処罰を求める．¶负荆 fùjīng～ / 非を認めて罪をつぐなう．

【请坐】qǐng//zuò [動]どうぞおかけください．¶请这边儿坐！ / こちらへおかけください．

庼(廎 / [異]高) qǐng

广部 8　全11画　[四] 0028_2　[通用]

[名][文]小さなホール．客間．

庆(慶) qìng

广部 3　[四] 0028_4　全 6 画　[常用]

❶[素]祝う．¶～贺 qìnghè / ～祝 qìngzhù．❷[素]めでたいこと．記念日．¶国～ guóqìng（建国記念日）/ 八十大～（80歳のお祝い）．❸(Qìng)姓．

【庆大霉素】qìngdà méisù [名]《薬》ゲンタマイシン．

【庆典】qìngdiǎn [名]祝いの儀式．祝典．¶大厦 dàshà 落成～ / ビルの落成記念式典．¶盛大 shèngdà

的～活動／盛大なお祝いの行事.

【庆贺】qìnghè 動 祝う. ¶你考上大学了,我们～一下／君が大学に受かったから、お祝いしよう.

【庆幸】qìngxìng 動（思いがけないよい結果を）喜ぶ. ¶～他没来,否则 fǒuzé 非搞乱 gǎoluàn 了不可／彼が来ないのはもっけの幸いだ. さもなければきっと台無しにされるところだった. 表現 災害などを避けられて幸運だった、というニュアンスをもつ.

*【庆祝】qìngzhù 動 祝う. 祝賀行事を行う. ¶～元旦／元旦を祝う. ¶～活動／祝賀行事. 同 庆祝庆祝 同 庆贺 qìnghè

亲(親) qīn
立部4 四 0090₄
全9画 常用
下記熟語を参照.
☞ 亲 qīn

【亲家】qìngjia 名 ❶ 姻戚. ¶他们两家成～了／両家は親戚になった. ❷〔量 个 ge,位 wèi〕嫁と婿の父と母. 相手の家の人を呼ぶことば.

【亲家公】qìngjiagōng 名 嫁と婿の親同士が相手の父親を呼ぶことば. お舅（しゅうと）さん.

【亲家母】qìngjiāmǔ 名 嫁と婿の親同士が相手の母親を呼ぶことば. お姑（しゅうとめ）さん.

箐 qìng
竹部8 四 8822₇
全14画 通用
名 方 山あいの大きな竹林. 木が茂った谷間. 多く地名に用いられる.

綮 qìng
糸部8 四 3890₃
全14画 通用
→ 肯綮 kěnqìng
☞ 綮 qǐ

磬 qìng
石部11 四 4760₂
全16画 通用
名《音楽》❶ 古代の打楽器. 磬（けい）. ❷ 仏教で用いられる打楽器. 銅製で、鉢のような形をしている. 参考 ① は、玉または石製の「へ」の字形をした板を並べてつるし、たたいて音を出す.

罄 qìng
缶部11 四 4777₂
全17画 通用
動 文 尽きる. すっかりなくなる. ¶～尽 qìngjìn／～竹 zhú 难书／告～ gàoqìng（空になる）／售 shòu～（売り切れる）.

【罄尽】qìngjìn 動 文 尽きる. すっかりなくなる. ¶家资 jiāzī～／家産を使い果す.

【罄竹难书】qìng zhú nán shū 成 竹を全部使っても書き尽くせない. ¶他的罪恶 zuì'è～／彼の罪業は、書き尽くせないほどに. 参考 竹は竹簡のこと. 紙のない時代に文字を記録するために用いた. 表現 多く悪事について言う.

qiong ㄑㄩㄥ [tɕʻyʊŋ]

邛 qióng
工部2 四 1712₇
全5画 通用
❶ 地 地名用字. ¶～峡 Qiónglái. ❷（Qióng）姓.

【邛峡】Qiónglái《地名》邛峡（きょうらい）山. 四川省中部に位置する. 表現 "峡山"ともいう.

穷(窮) qióng
穴部2 四 3042₇
全7画 常用
❶ 形 生活が貧しい. ¶～人 qióngrén／贫～ pín-

qióng（貧困だ）／一～二白（経済的に遅れ,文化水準が低い）. 同 贫 pín 反 富 fù ❷ 形 最後の所まで行着く. ¶～凶极恶 è／～奢 shē 极侈 chǐ／无～无尽（限りがない）／日暮途～（日が暮れて道もない. せっぱつまる）. ❸ 素（力や物を）使い果す. ¶～兵黩 dú 武／欲 yù～千里目（遠くまで見尽くそうとする）. ❹ 素 徹底的につきつめる. ¶～究 qióngjiū／～原宪委.

【穷棒子】qióngbàngzi 名〔量 个 ge,群 qún〕水飲み百姓. 素寒貧（すかんぴん）. 裸一貫.

【穷兵黩武】qióng bīng dú wǔ 成 あらゆる兵力を使い、むやみに争いごとを起こす.

【穷愁】qióngchóu 形 貧しくて苦しい. ¶潦倒 liáodǎo／貧し落ちぶれる. ¶一副～相 xiàng／貧しさにやつれた顔.

【穷措大】qióngcuòdà 名 旧 贬 貧乏書生. 同 穷醋大 qióngcùdà

【穷乏】qióngfá 形 貧しい. ¶～的村民／貧しい村人.

【穷根】qióngɡēn 名 貧しさの原因. ¶挖 wā～／貧しさの原因を究明する.

【穷光蛋】qióngguāngdàn 名 口 贬〔量 个 ge〕素寒貧（すかんぴん）.

【穷鬼】qióngguǐ 名 贬 貧乏人. 表現 さげすんだ言いかた.

【穷极无聊】qióng jí wú liáo 成 ❶ 貧しさ極まって、衣食のめどが立たない. ❷ する事が何もなく困る.

【穷家富路】qióng jiā fù lù 家 では質素にしているが、旅支度はしっかりする.

【穷竭】qióngjié 動 使い果す. ¶～心计／神経を使い果す. ¶资金～了／資金を使い果した.

【穷尽】qióngjìn 果て. 際限. ¶群众的智慧 zhìhuì 是没有～的／大衆の知恵は尽きることがない. 同 尽头 jìntóu

【穷究】qióngjiū 徹底的に追究する.

【穷寇】qióngkòu 名 追いつめられた賊. 逃げ遅れた敵.

【穷苦】qióngkǔ 形 貧乏で苦しい. 同 贫苦 pínkǔ

【穷困】qióngkùn 形 貧困だ. 同 贫困 pínkùn,贫穷 pínqióng 反 富裕 fùyù

【穷忙】qióngmáng 形 ❶ 生活に追われて忙しい. ¶～一年／一年間働きつめだった. ❷ 用事が多くて忙しい. ¶他事情太多,整天～／彼は用事が多すぎて、一日中忙しい.

【穷目】qióngmù 動 しっかり見極める. ¶～远望／はるか遠くまで見わたす.

【穷年累月】qióng nián lěi yuè 長い年月の間、途切れることなく続く. ¶～地辛勤 xīnqín 劳动／休むことなく辛い労働に励む. 同 长 cháng 年累月

【穷期】qióngqī 名 終末. 最後.

【穷人】qióngrén 名〔量 个 ge〕貧しい人.

【穷日子】qióngrìzi 名 貧しい暮らし. ¶过～／貧しい日々を送る.

【穷山恶水】qióng shān è shuǐ 自然条件が厳しく、荒れた土地. ¶他们发誓要改变家乡～的面貌／彼らは荒れた故郷の姿を変えようと誓った.

【穷奢极侈〔欲〕】qióng shē jí chǐ [yù] 成 贬 ぜいたくや欲望の限りを尽くす. ¶～的生活／ぜいたくの限りを尽くした生活.

【穷酸】qióngsuān 形 贬 素寒貧（すかんぴん）で時代遅れだ. 表現 旧時、文人を皮肉ったことば.

【穷途】qióngtú 行き止まり. どうしようもない情況.

【穷途末路】qióng tú mò lù 成 進む道が尽きてしまうこと.行き詰まり.
【穷乡僻壤】qióng xiāng pì rǎng 成 極めてへんぴな田舎(いなか).¶他自愿到～去工作／彼は自ら望んで片田舎に働きに行った.
【穷形尽相】qióng xíng jìn xiàng 成 ❶ 描写が細かく,真に迫る.❷ 醜い姿があらわになる.
【穷凶极恶】qióng xiōng jí è 成 極悪非道だ.¶～的暴徒 bàotú／凶悪極まりない暴徒.
【穷原竟委】qióng yuán jìng wěi 成 物事の顛末(てんまつ)を深く追求する.
【穷源溯流】qióng yuán sù liú 成 "穷原竟委 qióng yuán jìng wěi"に同じ.
【穷则思变】qióng zé sī biàn 成 窮すれば変革しようとする.¶物极必反,～／物事が極限に達すれば必ず反動や変化が起こり,人はせっぱつまると変革を考える.
【穷追】qióngzhuī 動 追いつめる.
【穷追猛打】qióng zhuī měng dǎ 成 激しく追いつめて厳しく攻撃する.

茕(煢/異 惸) qióng
艹部5 全8画 四 4441₇ 通用
素 ❶ 孤独だ.ひとりぼっちだ.❷ 憂い悩んでいる.心配している.¶忧心 yōuxīn～～（ひどく憂いに沈んでいる).
【茕茕】qióngqióng 形 文 孤独で寄る辺のないようす.
【茕茕孑立】qióng qióng jié lì 成 天涯孤独だ.¶～的老人／身寄りのない老人.

穹 qióng
穴部3 全8画 通用
素 ❶ 文 アーチ形のもの.空.¶苍～ cāngqióng（青空)／青～ qīngqióng（青空.大空).❷ 大きい.¶～石 qióngshí（大きな岩).❸ 深い.¶～谷 qiónggǔ（深い谷).
【穹苍】qióngcāng 名 文 大空.天. 同 苍天 cāngtiān
【穹顶】qióngdǐng 名《建築》ドーム.
【穹隆】qiónglóng 形 文 ❶ まん中が高く,周囲が垂れ下がっている形だ.ドーム型だ.❷ 高大だ. 表現 ①は,天が高く広がっている形容として使う.
【穹庐】qiónglú 名 文 パオ.ゲル.遊牧民のドーム型テント.

笻 qióng
竹部5 全11画 四 8812₇
名 ❶ 古代の書物に出てくる,杖(つえ)を作るのに適した竹.❷ ①で作った杖.¶扶 fú～（杖をつく).❸（Qióng）姓.

琼(瓊) qióng
王部8 全12画 四 1019₆ 次常用
❶ 名 文 美しい玉(ぎょく).❷ 素 精巧なもの.¶～楼 qiónglóu（美しい楼閣).❸（Qióng）海南省の別称.❹（Qióng）姓.
【琼浆】qióngjiāng 名 文 美酒.
【琼楼玉宇】qióng lóu yù yǔ 成 ❶ 月中の宮殿.❷ 豪華な建築物.
【琼瑶】qióngyáo 名 美しい詩文. 由来 もとは「美しい玉」の意.
【琼脂】qióngzhī 名 寒天. 同 石花胶 shíhuājiāo
表現 "洋菜 yángcài","洋粉 yángfěn"などは俗称.

蛩 qióng
虫部6 全12画 四 1713₆ 通用
名 文《虫》❶ コオロギ.❷ イナゴ.

銎 qióng
金部6 全14画 四 1710₉ 通用
名 文 斧に開けられた,柄(え)を差し込むための穴.

qiu くl又 [tɕ'iou]

丘(異 邱❶、坵❹) qiū
丿部4 全5画 四 7210₂ 常用
❶ 名 小高い丘.¶～陵 qiūlíng／荒～ huāngqiū（荒れ果てた丘).❷ 墓.¶～墓 qiūmù／～子 fénqiūzi（墓の土まんじゅう).❸ 動 仮の埋葬をする.なきがらを納めた棺桶を,レンガでしばらく覆っておく. 同 浮厝 fúcuò ❹ 量 方 あぜ道で区切られた水田を数えることば.一区画を一"丘"と言う.¶一～五亩 mǔ 大的水田（5ムーの水田).❺（Qiū）姓.
【丘八】qiūbā 名 旧 蔑 兵.兵士. 由来 "兵"の字は"丘"と"八"の字に分かれることから.
【丘吉尔】Qiūjí'ěr《人名》チャーチル(1874-1965).イギリスの政治家.
【丘陵】qiūlíng 名《地》片 piàn）丘陵.¶～起伏 qǐfú（丘陵が起伏している.～地帯／丘陵地帯.
【丘墓】qiūmù 名 墓. 攻 fén 墓 由来 中国の伝統的な墓は,土盛りされて丘のようになっていることから.
【丘脑】qiūnǎo 名《生理》視床.
【丘疹】qiūzhěn 名《医学》丘疹(きゅうしん).

邱 qiū
阝部5 全7画 四 7712₇ 通用
❶ "丘 qiū"に同じ.❷（Qiū）姓.
【邱少云】Qiū Shàoyún《人名》邱少雲(きゅうしょううん):1931-1952.四川省出身の兵士.朝鮮戦争に志願兵として参加し,犠牲となった.

龟(龜) qiū
龟部0 全7画 四 2771₆ 常用
素 地名用字.¶～兹 Qiūcí.
⇒ 龟 guī, jūn.
【龟兹】Qiūcí《地名》漢代の西域の国名.現在の新疆ウイグル自治区庫車県一帯.

秋(鞦❺/異 秌❶～❹❻、穐❶～❹❻) qiū
禾部4 全9画 四 2998₀ 常用
❶ 名 秋.¶～风 qiūfēng／～高气爽 shuǎng／三～ sānqiū（秋の3ヶ月間)／深～ shēnqiū（晩秋).❷ 素 農作物が実る時期.¶麦～ màiqiū（麦秋)／大～ dàqiū（9,10月の収穫の季節).❸ 1年間.¶千～万岁（千秋万歳)／一日三～（一日千秋の思い).❹ 名 ある時期.¶危急存亡之～ cúnwáng zhī ～（危急存亡の時）／多事之～（多事な時期).❺ →秋千 qiūqiān ❻（Qiū）姓. 発音 ❹は,多くは儿化 érhuà する.
【秋波】qiūbō 名 美女の目もと.秋波.ウインク.¶暗送～／ひそかに流し目を送る.
【秋播】qiūbō 動 秋に種をまく.¶～作物／秋まき作物.
【秋地】qiūdì 名《農業》秋の種まきを控えた畑.
【秋分】qiūfēn 名 二十四節気の一つ.秋分.
【秋风】qiūfēng ❶ 名《陣 gǔ,阵 zhèn》秋風.❷ "打秋风 dǎ qiūfēng"に同じ.

【秋风过耳】qiū fēng guò ěr 成 全く無関心であることのたとえ.
【秋风扫落叶】qiū fēng sǎo luò yè 成 圧倒的な勢力が衰えた勢力を一掃する. 由来 秋風が落ち葉を吹き払う,という意から.
【秋高气爽】qiū gāo qì shuǎng 成 秋の空が高く澄みわたりさわやかだ. ¶~的季节 / 天高くさわやかな季節.
【秋海棠】qiūhǎitáng 名 〖植物〗シュウカイドウ.
【秋毫】qiūháo ❶ 秋に生え変わる動物の細い毛. ❷ 微小な物.
【秋毫无犯】qiū háo wú fàn 成 軍隊の規律が厳しく,住民に迷惑をかけたりしないことのたとえ.
【秋后】qiūhòu 名 立秋の後. 秋の収穫後.
【秋后算账】qiū hòu suàn zhàng 成 ❶ 事が終わってから,とやかく文句をつける. ❷ 機を見て報復する. ¶当心~ / 事後の報復に用心せよ.
【秋季】qiūjì 名 秋.
【秋瑾】Qiū Jǐn 〖人名〗秋瑾(い:ぷん:1875-1907). 清末の女性革命家. 民主救国を志して日本に留学. 浙江での武装蜂起に失敗して刑死.
【秋景】qiūjǐng 名 ❶ 秋の景色. ❷ 秋の収穫.
【秋老虎】qiūlǎohǔ 名 残暑.
【秋凉】qiūliáng 名 秋のさわやかな時期.
【秋粮】qiūliáng 名 秋に収穫する穀物.
【秋令】qiūlìng 名 ❶ 秋. ❷ 秋の気候. ¶冬行 xíng ~ / 秋のように暖かい冬の日.
【秋千】qiūqiān 名 〖量 副 fù, 个 ge, 架 jià〗ブランコ. ¶打~ / ブランコをこぐ. ¶荡 dàng~ / ブランコをこぐ. 回 鞦韆 qiūqiān
【秋色】qiūsè 名 ❶ 秋の景色. 秋の気配. ¶~宜人 yí-rén / 秋の景色は人を楽しませる. ¶~正浓 nóng / 秋の気配が濃い.
【秋收】qiūshōu ❶ 動 秋に作物を収穫する. ❷ 名 秋に収穫した作物.
【秋收起义】Qiūshōu Qǐyì 〖歴史〗1927年9月9日,毛沢東を中心に湖南・江西一帯で始まった武装蜂起.
【秋水】qiūshuǐ 名 ❶ 秋の川・湖などの水. ❷ (多く女性の)美しい目線.
*【秋天】qiūtiān 名 秋.
【秋汛】qiūxùn 名 秋に起こる河川の氾濫(はん).
【秋游】qiūyóu 名 秋の行楽. ¶~季节 / 秋の行楽シーズン.
【秋征】qiūzhēng 名 秋の収穫後に政府が農業税として徴収する穀物.
【秋庄稼】qiūzhuāngjia 名 秋に収穫する作物.

蚯 qiū
虫部5 四 5211₂
全11画 次常用
下記熟語を参照.

【蚯蚓】qiūyǐn 名 〖動物〗〖量 条 tiáo〗ミミズ. 表現 "曲[蛐]蟮 qūshàn"は通称.

萩 qiū
艹部9 四 4498₉
全12画 通用
名 〖文〗ヨモギの一種. 表現 現在では人名に用いられる.

湫 qiū
氵部9 四 3918₉
全12画 通用
名 ❶ 池. ❷ 大龙~ Dàlóngqiū (浙江省北雁蕩山にある滝の名).
☞ 湫 jiǎo

楸 qiū
木部9 四 4998₀
全13画 通用
名 〖植物〗トウキササグ. 参考 落葉高木. 木の材質は密で耐湿性に富み,造船・建築・家具などに使われる.

鳅(鰍) qiū
鱼部9 四 2918₀
全17画 通用
→泥鳅 níqiū, 鱼鳅 qíqiū

鞧(鞦) qiū
革部9 四 4856₄
全18画 通用
❶ 名 しりがい. 馬や牛の尻を引き締める革ひも. ❷ 動 方 縮める.

仇 Qiú
亻部2 四 2421₇
全4画 常用
名 姓.
☞ 仇 chóu

囚 qiú
囗部2 四 6080₀
全5画 次常用
❶ 動 拘禁する. 牢に入れる. ¶被~(牢に入れられる). ❷ 素 囚人. ¶阶下~ jiēxiàqiú (牢にいる犯罪人) / 死~ sǐqiú (死刑囚).
【囚车】qiúchē 名 〖辆 liàng〗囚人護送車.
【囚犯】qiúfàn 名 〖个 ge, 名 míng〗囚人.
【囚房】qiúfáng 名 刑務所.
【囚歌】qiúgē 名 囚人歌. 受刑者が刑務所での生活を歌った歌.
【囚禁】qiújìn 動 牢に入れる. ¶犯人被~在牢房 láo-fáng 里 / 犯人は牢に入れられた.
【囚牢】qiúláo 名 旧 刑務所.
【囚笼】qiúlóng 名 古代,罪人を拘禁するためのかご.
【囚室】qiúshì 名 刑務所の独房.
【囚首垢面】qiú shǒu gòu miàn 成 ざんばら髪に,垢(あか)まみれの顔. 表現 多く,落ちぶれて見るに耐えない姿をたとえるのに使う.
【囚徒】qiútú 名 〖个 ge, 名 míng〗囚人.
【囚衣】qiúyī 名 囚人服.

犰 qiú
犭部2 四 4421₇
全5画 通用
下記熟語を参照.
【犰狳】qiúyú 名 〖動物〗アルマジロ.

求 qiú
一部6 四 4390₉
全7画 常用
❶ 動 手に入れようとする. 追求する. ¶不~名,不~利(名声や利を追求しない) / 供~关系(需要と供給の関係) / ~学 qiúxué. ❷ 動 人に…をしてほしいと頼む. ¶~教 qiújiào ❸ / ~人不如~己(他人をあてにするより,自分でした方がよい). ❸ (Qiú)姓.
【求爱】qiú'ài 動 求愛する.
【求得】qiúdé 動 求めて得る. ¶~共识 gòngshí / 共通の認識を得る. ¶我已经~他的同意了 / 私はすでに

【求告】qiúgào 動（手助けや許しを）懇願する.
【求购】qiúgòu 動 ❶ 購入したいものをさがす. ❷ 売り主をさがす.
【求和】qiúhé 動 ❶ 敗者が停戦を求める. 和平をはかる. ❷ 引き分けにもっていく.
【求婚】qiú//hūn 動 求婚する. ¶向她～/彼女にプロポーズする.
【求见】qiújiàn 動（多く責任者に）面会を申し入れる. ¶～总经理/社長に面会を求める.
【求教】qiújiào 動 教えを請う. ¶登门～/出向いて教えを請う. (同) 请教 qǐngjiào, 讨教 tǎojiào
【求解】qiújiě 動《数学》解を求める.
【求借】qiújiè 動 借りを願い出る. 借金を頼む. ¶我是走投无路,只好向您～了/私は八方ふさがりで, あなたに借金を頼むほかはない.
【求救】qiújiù 動（災害時に）救助を求める. ¶发出～信号/SOSを発信する.
【求靠】qiúkào 動（友人などに）寄る辺を求める. 援助を求める.
【求偶】qiú'ǒu 動 結婚相手をさがす. パートナーを求める.
【求乞】qiúqǐ 動 物乞いする. (同) 讨饭 tǎofàn
【求签】qiú//qiān 動 おみくじを引く.
【求亲】qiú//qīn 動（相手の家へ）縁談を申し込む. ¶登门～/訪問し縁談を申し込む.
【求情】qiú//qíng 動 情に頼って許しを請う. 泣きつく. ¶～告饶 gàoráo/情に訴えて許しを請う. ¶他向我一来了/彼は私に泣きついてきた. 運求求情
【求全】qiúquán 動 塩 ❶ 完全無欠を求める. ¶～思想/完璧主義. ¶万事难～/何事も完全を求めるのは難しい. ❷ 事を丸く収める. ¶委曲 wěiqū～/譲歩してでも丸く収める.
【求全责备】qiú quán zé bèi 成 完全無欠を厳しく求める. ¶对人不～/他人に完璧を求めない.
【求饶】qiú//ráo 動 許しを請う. ¶小偷 xiǎotōu～了/こそ泥は許しを請うた.
【求人】qiú//rén 動 手助けを求める. ¶这件事我不想～,得 děi 自己干/この件では人に助けてもらうつもりはない. 自分でやらなければ.
【求生】qiúshēng 動 活路を求める. 生き延びる手だてを考える.
【求实】qiúshí 動 実際を重んじる. ¶他是一个～的人/彼は現実的な人だ.
【求售】qiúshòu 動 買い手をさがす.
【求索】qiúsuǒ 動 探し求める. ¶～真理/真理を追求する.
【求同存异】qiú tóng cún yì 成 一致する点を求めて, 異なる点は残しておく. 大同につき小異を残す.
【求学】qiú//xué 動 ❶ 学校で学ぶ. ¶去外地～/よその土地へ行き学ぶ. ❷ 学問を追求する. ¶认真～/まじめに研究する.
【求学房】qiúxuéfáng 名 学校とくに名門校の近くにあり,希望校に子供を通わせたい両親が買ったり借りたりする住宅.
【求爷爷告奶奶】qiú yéye gào nǎinai 俗 あちこちに頭を下げて援助を求めること.
【求医】qiúyī 動 医師にみてもらう. 治療を求める.
【求雨】qiú//yǔ 動 雨乞いする.
【求援】qiúyuán 動 助けを求める. ¶向友军～/友軍に援助を求める.

【求战】qiúzhàn 動 ❶ 敵との決戦を願う. ❷ 戦闘に加わることを要求する.
【求真务实】qiú zhēn wù shí 真実を追究し, 実情を重視する.
【求证】qiúzhèng 動 証拠をさがす. 確証を求める.
【求之不得】qiú zhī bù dé 成 求めても得られない. ¶这真是～的好机会啊!/これは本当に願ってもないチャンスです. 由来『詩経』関雎(guān jū)詩に見えることば.
【求知】qiú//zhī 動 知識を求める.
【求知欲】qiúzhīyù 名 知識欲.
【求职】qiúzhí 動 職業をさがす. 仕事を求める.
【求治】qiúzhì 動 治療を求める.
【求助】qiúzhù 動 助けを求める. ¶向人～/人に助けを求める.

虬 (異 虯) qiú
虫部1　四 5211₀　全7画　通用

下記熟語を参照.
【虬龙】qiúlóng 名〔条 tiáo〕みずち. 想像上の動物で, 角をもった小さな竜.
【虬髯】qiúrán 名 文 縮れたほおひげ.

泅 qiú
氵部5　四 3610₀　全8画　通用

動 泳ぐ. ¶～水而过（泳いで渡る）.
【泅渡】qiúdù 動 泳いで渡る. ¶武装 wǔzhuāng～/武装したまま泳いで渡る.
【泅水】qiúshuǐ 動 泳ぐ. ¶他一本领很高/彼の泳ぎの腕前はすごい.

俅 qiú
亻部7　四 2329₉　全9画　通用

下記熟語を参照.
【俅俅】qiúqiú 形 従順だ.
【俅人】Qiúrén 名 中国の少数民族,"独龙族 Dúlóngzú"（ドールン族）の旧称.

訄 qiú
言部2　四 4001₆　全9画　通用

動 文 強いる. 強く迫る.

酋 qiú
酉部7　四 8060₄　全9画　通用

❶ 素 部族のかしら. ¶～长 qiúzhǎng. ❷ 素 盗賊や徒党のかしら. 頭目. ¶匪～ fěiqiú（匪族のかしら）/敌～ díqiú（敵の首領）. ❸ (Qiú) 姓.
【酋长】qiúzhǎng 名 [个 ge, 名 míng, 位 wèi] 酋長(shǔ). ¶部落的～/部落の酋長.
【酋长国】Qiúzhǎngguó 国名 "阿拉伯 Ālābó 联合 liánhé 酋长国"（アラブ首長国連邦）の略.

逑 qiú
辶部7　四 3330₉　全10画　通用

名 文 配偶者. 連合. ¶窈窕 yǎotiǎo 淑女 shūnǚ, 君子好～/（しとやかな女性は君子の好きお伴侶）.

球 (異 毬❷) qiú
王部7　四 1319₉　全11画　常用

❶ 名 [个 ge] 球. 丸い玉. ¶～体 qiútǐ/煤～méiqiú（たどん. 豆炭）. ❷ 名 [个 ge]（スポーツや遊戯で使う）ボール. まり. ¶足～ zúqiú（サッカー）/乒乓～ pīngpāngqiú（卓球）. ❸ 名 球技. ¶看～去（サッカー等の試合を見に行く）. ❹ 素 地球. 天体. ¶北半～ běibànqiú（北半球）/星～ xīngqiú（星. 天体）/月～ yuèqiú（月）.
*【球场】qiúchǎng 名〔座 zuò〕球技場. ¶篮～/バスケットコート. ¶足～/サッカー場. ¶网～/テニスコ

【球蛋白】qiúdànbái 名《生物·化学》グロブリン.
【球队】qiúduì 名 球技のチーム. ¶乒乓 pīngpāng ~ / 卓球チーム.
【球风】qiúfēng 名 球技の試合における競技者の態度.
【球果】qiúguǒ 名《植物》球果(きゅうか). 参考 松ぼっくりの類をいう.
【球技】qiújì 名 球技のテクニック. 同 球艺 yì
【球茎】qiújīng 名《植物》球茎.
【球菌】qiújūn 名《生物·医学》球菌.
【球路】qiúlù 名 球技の試合の作戦や攻略法.
【球门】qiúmén 名《スポーツ》〔働 个 ge〕サッカーなどのゴール. ¶足~ / サッカーゴール. ¶~员 / ゴールキーパー.
【球迷】qiúmí 名〔個 个 ge, 群 qún, 位 wèi〕熱狂的な球技ファン. ¶棒~ / 野球狂. 参考 プレーするのが好きな者と見る側の両方を言う.
【球面】qiúmiàn 名 球状の面. 球の表面.
【球面镜】qiúmiànjìng 名 球面鏡. 参考 凹面鏡と凸面鏡がある.
【球磨机】qiúmójī 名《工業》ボールミル.
【球墨铸铁】qiúmò zhùtiě 名《冶金》球状黒鉛鋳鉄.
【球拍】qiúpāi 名〔働 副 fù, 个 ge〕ラケット. 同 球拍子 qiúpāizi
【球儿】qiúr 名〔働 个 ge〕❶ 小さな球. ❷ ビー玉.
【球赛】qiúsài 名〔働 场 chǎng, 次 cì, 局 jú〕球技の試合. ¶网~ / テニスの試合.
【球市】qiúshì 名 球技の試合のチケットの売れ行き.
【球台】qiútái 名 卓球やビリヤードの台.
【球坛】qiútán 名 球技界.
【球探】qiútàn 名 球技で, 相手チームの試合データを収集する要員. (野球の先乗りスコアラー.)
【球体】qiútǐ 名 球体.
【球王】qiúwáng 名 球技の王者.
【球网】qiúwǎng 名 テニスや卓球などのネット.
【球鞋】qiúxié 名〔働 双 shuāng, 只 zhī〕運動靴.
【球心】qiúxīn 名 球の中心.
【球星】qiúxīng 名 球技の名選手. 球技のスター選手.
【球形】qiúxíng 名 球形.
【球艺】qiúyì 名 球技のテクニック. ¶~高超 / 球技の技がずば抜けている. ¶切磋 qiēcuō~ / 球技の技をみがく.
【球员】qiúyuán 名 "球类运动员"(球技スポーツ選手)の略.

赇(賕) qiú
貝部7 全11画 四 7389₉ 通用

名〈文〉わいろ. ¶受~ shòuqiú(わいろを受け取る).

遒 qiú
辶部9 全12画 四 3830₆ 通用

形〈文〉強健だ. 力強い. ¶~健 qiújiàn(強健だ).
【遒劲】qiújìng 形 力強い. ¶笔力~ / 筆使いが力強い.

巯(巰) qiú
工部9 全12画 四 1011₂ 通用

名《化学》メルカプト基.

裘 qiú
衣部7 全13画 四 4373₂ 通用

❶ 名〈文〉毛皮の服. ¶狐~ húqiú(キツネの毛皮の衣)/ 集腋 yè 成~(キツネのわきの下の毛でも集めれば毛皮の服ができる. ちりも積もれば山となる). ❷ (Qiú)姓.
【裘皮】qiúpí 名 毛皮.

璆 qiú
王部11 全15画 四 1712₂ 通用

名〈文〉美しい玉.

蝤 qiú
虫部9 全15画 四 5816₄ 通用

下記熟語を参照.
☞ 蝤 yóu
【蝤蛴】qiúqí 名《虫》カミキリムシの幼虫. 表現 色が白くて細長いので, 女性の首の美しさを形容するのに用いた.

糗 qiǔ
米部10 全16画 四 9698₄ 通用

❶ 名〈文〉干し飯(いい). ❷ 動〈方〉弱火でコトコト煮る. ❸ 動〈方〉人が寄り集まっている. ❹ (Qiǔ)姓.

qu くㄩ〔tɕ'y〕

区(區) qū
匚部2 全4画 四 7171₄ 常用

❶ 動 分ける. ¶~别 qūbié / ~分 qūfēn. ❷ 名 地域. 地区. ¶工业~ gōngyèqū(工業地帯)/ 风景~ fēngjǐngqū(風致地区). ❸ 名 行政区区画された単位. ¶自治~ zìzhìqū(自治区)/ 市辖~ shìxiáqū(市管轄の区域)/ 海淀~ Hǎidiànqū(北京市の海淀区).
☞ 区 Ōu
*【区别】qūbié ❶ 動 区別する. ¶~好坏 / 善悪を分ける. ❷ 名〔働 个 ge, 种 zhǒng〕区別. 違い. ¶我看不出有什么~ / どんな違いがあるか私にはわからない. 比較 1)"区别"は, 両者に違いがあり同じでないことに重点があるのに対し, "差别 chābié"は, 両者にひらきや隔たりがあることに着目したい向き. 2)"区别"には名詞の用法のほか動詞の用法もあるが, "差别"には名詞の用法しかない.
【区段】qūduàn 名(交通や輸送の)区間. ¶铁路~ / 鉄道の区間.
【区分】qūfēn 動 区分する. 区別する. ¶~优劣 yōuliè / 優劣を分ける. ¶你能~这两个字的读音吗？/ この二つの字の読みを識別できますか. 同 区别 qūbié
【区划】qūhuà 名 区画. 区分け. ¶行政~ / 行政区分.
【区间】qūjiān 名(交通運輸や通信連絡の)区間.
【区间车】qūjiānchē 名〔働 辆 liàng〕路線の一定区間だけを運行する列車やバス.
【区块】qūkuài 名 大きな区画を, いくつかのまとまりに分けたもの.
【区区】qūqū ❶ 形(数量が)少ない. (物事が)重要でない. ¶~之数, 不必计较 / 細かい数字にこだわることはない. ❷ 名〈文〉私(わたくし). 表現 ②は, 自分をへりくだっていうことば.
【区时】qūshí 名(各国または各地域の)標準時.
【区委】qūwěi 名 "党团区委员会"(中国共産党と中国共産主義青年団の区委員会)の略.
【区位】qūwèi 名 地区の位置.
【区位码】qūwèimǎ 名《コンピュータ》区点コード.
【区域】qūyù 名 地区. 地域. ¶~自治 / 区域による自治.
【区域经济】qūyù jīngjì 名 一定区域内の経済活動. 地域経済. ¶搞活~ / 地域経済を活性化する.
【区域性】qūyùxìng 名 地域的. 地域性.

【区长】qūzhǎng 名 地区の代表者．区長．

曲(麯/異麴⑤) qū
丨部5　全6画　四 5560₀　常用
❶索 曲がっている．＊弯～ wānqū（曲がりくねった）/ ～折 qūzhé．反 直 zhí ❷索 公正でない．不合理だ．¶～解 qūjiě / 是非一直(物事の是非と曲直)．❸索 曲がっている所．¶河～ héqū（川の曲がった所）．❹索 へんぴな所．¶乡～ xiāngqū（片田舎）．❺名 こうじ．¶酒～ jiǔqū（酒を醸すための酵母）．❻（Qū)姓．
☞ 曲 qǔ

【曲别针】qūbiézhēn 名（紙をとめる）クリップ．回 回形 huíxíng 针
【曲柄】qūbǐng 名《機械》クランク．
【曲尺】qūchǐ〔把 bǎ〕曲尺(鯰だ)．回 矩尺 jǔchǐ, 角尺 jiǎochǐ
【曲阜】Qūfù（地名）曲阜(きょく)．山東省にある市．孔子ゆかりの地で孔廟や孔府がある．
【曲棍球】qūgùnqiú 名《スポーツ》❶ ホッケー．❷〔個 个 ge〕ホッケーに使う球．
【曲解】qūjiě 動 曲解する．¶你不要～我的意思 / 君，私の考えを曲解してはいけない．
【曲尽其妙】qū jìn qí miào 成 微妙なところをよくあらわし尽くしている．表現力にすぐれている．¶他们的演奏 yǎnzòu 真是～/ 彼らの演奏はほんとうに絶妙の味わいだった．
【曲径】qūjìng 名 曲がりくねった小径．
【曲径通幽】qū jìng tōng yōu 成 物事は曲折を経て成功する．由来 曲がりくねった小径は美しい場所に通じているという意．唐・常建「題破山寺後院」詩の句から．
【曲酒】qūjiǔ 名 こうじでつくった酒．参考 四川省瀘州(含゛ゅ)の"大曲 Dàqū"は特に有名で，八大名酒に数えられる．
【曲里拐弯】qūliguǎiwān 形（～儿的）曲がりくねっている．¶这一带的路～儿的 / このへんの道は曲がりくねっている．
【曲率】qūlǜ 名《数学》(曲線や曲面の)曲率．
【曲霉】qūméi 名 こうじ菌．回 曲菌 qūjūn
【曲面】qūmiàn 名 曲面．
【曲曲弯弯】qūqūwānwān 形（～的）曲がりくねっているようす．
【曲蟮】qūshan 名〔口〕《動物》〔条 tiáo〕ミミズ．回 蛐蟮 qūshan
【曲室】qūshì 名 秘密の部屋．隠し部屋．
【曲突徙薪】qū tū xǐ xīn 災害を未然に防ぐ．¶～的措施／災害を未然に防ぐ措置．由来『漢書』霍光伝に見えることば．煙突がまっすぐで，すぐそばに薪が山積みされた家があり，危険だから煙突を曲げ，薪を移すよう忠告されたが，主は聞き入れず，結局火事になった，という話から．
【曲线】qūxiàn 名〔条 tiáo〕曲線．
【曲意逢迎】qū yì féng yíng 成 自分の考えを曲げて人に迎合する．¶他性格刚直，不会～/ 彼は剛直な性格で，決して妥協しない．
【曲折】qūzhé 形 ❶ 曲がりくねっている．¶这条小路很～/ この小道は曲がりくねっている．重 曲曲折折 反 笔直 bǐzhí ❷（内容が)複雑で込み入っている．変化に富んだ．¶这篇小说的情节很～/ この小説の筋はとても込み入っている．
【曲直】qūzhí 名 誤りと正しさ．不合理と合理．善悪．¶分清是非～/ 是非善悪を弁別する．

【曲轴】qūzhóu 名《機械》クランクシャフト．

岖(嶇) qū
山部4　四 2171₄
全7画　次常用
→崎岖 qíqū

诎(詘) qū
讠部5　四 3277₂
全7画　通用
❶動 縮む．折りすぼむ．¶～伸 qūshēn（伸び縮み）/ ～五指(5本の指を折りまげる)．❷与"屈 qū"に同じ．❸（Qū)姓．

驱(驅/異敺) qū
马部4　四 7111₄
全7画　常用
索 ❶（家畜を)せきたてて走らせる．¶～马前进(馬を駆って進む)/ ～牛耕 gēng 田(牛を使って田畑を耕す)．❷ 車を走らせる．¶～车前往…(車を走らせて…に行く)．❸ 追い払う．追い立てる．¶～逐 qūzhú / ～散 qūsàn．❹ 速く走る．駆ける．¶驰～ chíqū（疾駆する)/ 前～（先駆け)．
【驱策】qūcè 動（役畜を)ムチをふるって追いたてる．駆り立てる．
【驱车】qūchē 動 車を運転する．¶马上～赶赴 gǎnfù 出事现场 / すぐに車を飛ばして事件現場にかけつける．
【驱驰】qūchí 動 ❶ ムチをふるってウマを速く走らせる．❷（人のために)奔走する．
【驱虫剂】qūchóngjì 駆虫薬．殺虫剤．
【驱除】qūchú 動 駆除する．¶～蚊蝇 wényíng / カやハエを駆除する．¶～电脑病毒 bìngdú / コンピュータウィルスを駆除する．
【驱动】qūdòng 動 ❶（動力で)動かす．❷ 推し進める．回 驱使 shǐ, 推 tuī 动
【驱动器】qūdòngqì 名《コンピュータ》ドライバ．
【驱赶】qūgǎn 動 ❶（車などを)走らせる．¶～马车 / 馬車を走らせる．❷ 追い払う．¶～苍蝇 cāngying / ハエを追い払う．
【驱寒】qūhán 動《中医》寒を追い払う．駆寒する．
【驱迫】qūpò 動 強制する．駆り立てる．¶不甘 bùgān 受～/ 強制に甘んじない．
【驱遣】qūqiǎn 動 ❶ 強制的に仕事をさせる．¶～大批民工 / 多くの労務者を使う．❷ 追い払う．❸ 取り除く．¶～一天的疲劳 / 一日の疲労を取り除く．
【驱散】qūsàn 動 ❶ 追い散らす．¶～围观的群众 / 野次馬を追い払う．❷ 取り除く．¶他的话～别人的疑虑 / 彼の話は他の人の心配を取り払った．¶晚风～了一天的闷热 mènrè / 夕暮れの風が一日の蒸し暑さを追いやった．
【驱使】qūshǐ 動 ❶ こき使う．¶谁～你干吗的？/ 誰が君にこんなことをさせたのか？❷ 駆り立てる．¶嫉妒 jídù 心理～他干 gàn 出了这件蠢事 chǔnshì / 嫉妬心が彼にこんなばかなことをさせた．
【驱邪】qūxié 動 邪気を追い払う．
【驱逐】qūzhú 動 追い払う．¶～出境 / 国外追放する．¶政府～了一批外交官 / 政府は外交官たちを追放した．
【驱逐舰】qūzhújiàn 名《軍事》〔艘 sōu〕駆逐艦．
【驱走】qūzǒu 動 追い出す．追い払う．

屈 qū
尸部5　四 7727₂
全8画　常用
❶動 曲げる．¶～指可数 shǔ / ～着腰向人行礼(腰を曲げておじぎをする)．反 伸 shēn ❷索 屈服させる．屈服させる．¶宁 nìng 死不～（死んでも屈しない)/ 威武不能～（権勢や武力にも屈しない)．❸動 不当に扱う．不愉快にさせる．¶受～ shòuqū（不当な扱い

【屈才】qū/cái 才能が十分生かされない．¶让他只做个小科长 kēzhǎng, 真是～/ 彼が下っ端の課長だなんて実にもったいない．
【屈从】qūcóng 動 屈服する．¶决不～于外来势力/决して外からの力には屈しない．同 屈服 qūfú
【屈打成招】qū dǎ chéng zhāo 成 拷問に屈して無実の罪を認める．¶他受不住严刑 yánxíng 拷打 kǎodǎ, 只好～了/ 彼は拷問に耐えきれず, 無い罪を認めるほかなかった．
【屈服[伏]】qūfú 動 屈服する．¶～投降 tóuxiáng / 屈服投降する．同 屈从 qūcóng
【屈光度】qūguāngdù 名《物理》ジオプトリ．
【屈驾】qūjià 動 枉駕(")いただく．表現 相手の来訪をうやまって言った．
【屈节】qūjié 動 ❶ 自分の節操を曲げる．¶ ～事仇 shìchóu / 節を曲げて敵に仕える．❷ 身分をおとす．なりさがる．¶卑 bēi 躬 gōng ～/ 自分を卑下して人に媚びへつらう．
【屈就】qūjiù 動 ❶ 敬 まげて引き受けていただく．¶要是您肯～，不胜感激 / もしまげて就任くだされば, 感激にたえません．❷ しかたなく与えられた職に就く．¶～副职 / しぶしぶ補佐役に就く．❸ 文 妥協する．折れる．表現 ❶は人に就任を頼む時に使う．
【屈居】qūjū 低い位置に甘んじる．¶～亚军 yàjūn / 第二位に甘んじる．
【屈挠】qūnáo 動 文 屈服する．
【屈辱】qūrǔ 名 屈辱．¶蒙受 méngshòu ～/ 屈辱をこうむる．¶洗刷 xǐshuā ～/ 屈辱をすすぐ．¶历史的～/ 歴史上の屈辱．
【屈死】qūsǐ 動 無念の死を遂げる．¶～鬼 / 無実の罪で死んだ人．
【屈枉】qūwang 動 無実の罪を着せる．
【屈膝】qū/xī 動 ひざまずく．屈服する．¶～投降 tóuxiáng / 屈服して投降する．¶卑 bēi 躬 gōng ～ / 成 自分を卑下して人に媚びへつらう．
【屈心】qūxīn 動 口 良心に背く．同 亏心 kuīxīn, 昧心 mèixīn
【屈原】Qū Yuán《人名》屈原(½). 戦国時代, 楚の詩人. 讒言により江南に放逐されて汨羅(%)の淵に投身した. 生没年未詳.
【屈折语】qūzhéyǔ 名《言語》屈折語．
【屈指】qūzhǐ 動 指折り数える．¶ ～一算已经八年了 / 指折り数えると, もう8年になる．
【屈指可数】qū zhǐ kě shǔ 成 指折り数えるほどしかない. 希少価値だ.
【屈尊】qūzūn 敬 …していただく. ¶ ～求教 / お教えいただく. 表現 相手に「無理して…して下さい」と頼むときの常套句.

祛 qū 衤部5 四 3423₂ 全9画 通用

素 除去する. 払いのける. ¶～除 qūchú / ～疑 qūyí.
【祛除】qūchú 動《病魔やたたりなどを》取り除く. 払いのける. ¶～病魔 bìngmó / 病魔を取り除く.
【祛暑】qūshǔ 動 暑気を払いのける.
【祛痰】qūtán 動 痰を取り除く. ¶此药～止咳 / この薬は痰を除き咳を止める.
【祛疑】qūyí 動 文 疑念を晴らす.

袪 qū 衤部5 四 3423₂ 全10画 通用

文 ❶ 名 袖口. ❷ 素 "祛 qū"に同じ.

蛆 qū 虫部5 四 5711₂ 全11画 次常用

名〔量 个 ge, 条 tiáo, 只 zhī〕うじ虫. ¶～虫 qūchóng.
【蛆虫】qūchóng 名 ❶《虫》〔量 个 ge, 条 tiáo, 只 zhī〕うじ虫. ❷ 悪事をはたらく卑劣な者.

躯(軀) qū 身部4 四 2121₄ 全11画 次常用

素 身体. ¶身～ shēnqū (体) / 七尺之～ (古尺で7尺の身体. 一人前の男) / 为 wèi 国捐 juān ～ (国のために身を捧げる).
【躯干】qūgàn 名 ❶ 人の胴体. ❷ 事物の主要な部分.
【躯壳】qūqiào 名 肉体. ¶失去灵魂 línghún 的～ / 魂を失った肉体. 反 精神 jīngshén
【躯体】qūtǐ 名 体.

焌 qū 火部7 四 9384₇ 全11画 通用

動 ❶ 燃えているものを水の中に入れて火を消す. ❷《料理》油を熱し, まず調味料を入れ, それから野菜をさっと炒める.

☞ 焌 jùn

趋(趨) qū 走部5 四 4780₇ 全12画 常用

❶ 素 小走りに歩く. 急いで行く. ¶ ～而迎之 (急いで迎えに行く) / 疾 jí ～而过 (急いで通り過ぎる). ❷ 動 物事がある方向に発展する. ある方向に傾く. ¶ ～势 qūshì / 大势所～ (大勢のおもむくところ). ❸ 素 文 "促 cù"③に同じ.
【趋避】qūbì 動《災難を》回避する.
【趋奉】qūfèng 動 へつらう. 迎合する. ¶阿谀 ēyú ～ / こびへつらう.
【趋附】qūfù 動 貶 おもねる. 迎合する. ¶～权贵 quánguì / 権勢におもねる.
【趋光性】qūguāngxìng《生物》走光性.
【趋冷】qūlěng 動 流行が下火になる. はやりがすたる.
【趋利避害】qū lì bì hài 成 有利な方面へ向かい, 悪い方面を避ける.
【趋热】qūrè 動 流行する. はやる.
【趋时】qūshí 動 流行を追う. 時代に迎合する.
【趋势】qūshì 名 趋勢(¾). 動向. 成り行き. 雲行き. ¶老朱 Zhū 的病情有好转 hǎozhuǎn 的～ / 朱さんの病状は, 好転のきざしが見える. 同 趋向 qūxiàng
【趋同】qūtóng 動 一致する方向に向かう.
【趋向】qūxiàng ❶ 動 …に向かって発展する. ¶经济情况～好转 hǎozhuǎn / 経済がよい方向に向かう. ¶问题～解决 / 問題が解決に向かう. ❷ 名 趋勢(¾). 方向. 成り行き. 同 趋势 qūshì
【趋新】qūxīn 動 新しいものを追い求める. トレンドを追う.
【趋炎附势】qū yán fù shì 成 貶 権力のある勢力のあるものにおもねる.
【趋之若鹜】qū zhī ruò wù 成 貶 アヒルのように群をなして押しよせる. 殺到する. 表現 多くよくないことに殺到する, という意で用いられる.

蛐 qū 虫部6 四 5516₀ 全12画 通用

下記熟語を参照.
【蛐蛐儿】qūqur 名 方《虫》〔量 个 ge, 只 zhī〕コオロ

黢 qū 黑部7 四 6334₇
全19画 通用
素 黒い. 暗い. ¶～黑 qūhēi.
【黢黑】qūhēi 形 とても黒い. 真っ暗だ. ¶一关灯,屋子里～的／電気を消すと,部屋の中は真っ暗だ.

劬 qú 力部5 四 2462₇
全7画 通用
素文 (働き過ぎて)疲れる. ¶～劳 qúláo.
【劬劳】qúláo 動文 苦労する. 疲労する. ¶不辞 bùcí ～／労苦をいとわない. 同 劳累 láolèi.

朐 qú 月部5 四 7722₀
全9画 通用
素 地名用字. ¶临～ Línqú (山東省にある県名).

鸲（鴝）qú 鸟部5 四 2762₇
全10画
❶ 下記熟語を参照. ❷ (Qú)姓.
【鸲鹆】qúyù 名《鳥》九官鳥. 同 八哥儿 bāger

渠（异 佢❸）qú 木部7 四 3190₄
全11画 常用
❶ 名〔量 道 dào,条 tiáo〕(人工の)水路,溝. ¶水到～成（成）水が流れれば水路となる. 条件が整えば自然にうまく行くこと). ❷ 素 大きい. ¶～帅 qúshuài (首領)／～魁 qúkuí (頭目). ❸ 代文 彼. あの人. ❹ (Qú)姓.
【渠道】qúdào 名 ❶〔条 tiáo〕灌漑や排水用の水路. ¶开挖 kāiwā 新～／新しい灌漑用水路を掘る. ❷〔个 ge,条 tiáo,种 zhǒng〕ルート. ¶外交～／外交ルート. ¶走私都有秘密～／密輸には必ず秘密のルートがある.

蕖 qú 艹部11 四 4490₄
全14画 通用
→芙蕖 fúqú

磲 qú 石部11 四 1169₄
全16画 通用
→砗磲 chēqú

璩 qú 王部13 四 1113₂
全17画 通用
名文 ❶玉製のイヤリング. ❷(Qú)姓.

瞿 Qú 隹部10 四 6621₅
全18画
名 姓.
【瞿秋白】Qú Qiūbái《人名》瞿秋 白(しゅうはく：1899-1935). 革命家・文学者. 中国共産党初期の指導者の一人.

鼩 qú 鼠部5 四 7772₀
全18画 通用
下記熟語を参照.
【鼩鼱】qújīng 名《動物》トガリネズミ科の総称.

蘧 qú 艹部16 四 4430₃
全19画 通用
❶→蘧麦 qúmài ❷→蘧然 qúrán ❸(Qú)姓.
【蘧麦】qúmài 名《植物》ナデシコ. セキチク. 同 瞿麦 qúmài
【蘧然】qúrán 形 驚き喜ぶようす. ¶众人无不～／喜ばない人はひとりもいない.

氍 qú 毛部18 四 6221₄
全22画 通用
下記熟語を参照.
【氍毹】qúshū 名文 毛織りのじゅうたん. (転じて)舞台のこと. ¶红～／舞台. 由来 昔,芝居を演じるときに"氍毹","红氍毹"が敷かれたため,「舞台」を意味するようになった.

癯 qú 疒部18 四 0011₅
全23画 通用
素文 痩せている. ¶清～ qīngqú (ほっそりしている).

衢 qú 行部21 四 2122₁
全24画 通用
素文 通り. ¶通～ tōngqú (大通り).

蠼（异 蠷）qú 虫部20 四 5614₇
全26画 通用
下記熟語を参照.
【蠼螋】qúsōu 名《虫》ハサミムシ.

曲 qǔ 丨部5 四 5560₀
全6画 常用
名 ❶(～儿)〔量 首 shǒu,支 zhī〕歌. メロディーをつけた詩. ¶歌～ gēqǔ (歌曲)／唱～儿 chàngqǔr (歌をうたう). ❷〔量 首 shǒu,支 zhī〕メロディー. 節回し. ¶这支歌是他作的～(この歌は彼の作曲です). ❸ 文芸のスタイルの一つ. 曲. ¶元～ yuánqǔ (元曲)／戏～ xìqǔ (戯曲).
☞ 曲 qū
【曲笛】qǔdí 名《音楽・芸能》横笛の一種. "昆曲 kūnqǔ"の伴奏に使われる,重要な伴奏楽器. ⇨洞箫 dòngxiāo
【曲调】qǔdiào 名 曲の調子. メロディー. ¶京剧的～／京劇の曲調. ¶～幽雅 yōuyǎ ／メロディーが味わい深い.
【曲高和寡】qǔ gāo hè guǎ 成 ❶ 自分を認めてくれる人は得がたい. 知己は得がたい. ❷ 言論や芸術が高尚すぎて理解されにくい. 由来 曲の格調が高すぎて唱和できる人が少ない,という意から. 注意 "和 hè"を"hé"と発音しない.
【曲剧】qǔjù 名《芸能》❶〔量 场 chǎng〕建国後,歌いものを基にしてできた新しい形の歌劇. ❷〔段 duàn〕特に"北京曲剧 Běijīng qǔjù"を指す.
【曲目】qǔmù 名 (伝統劇・歌曲・楽曲の)曲目.
【曲牌】qǔpái 名 元・明以降の南北曲や小曲,時調などの曲調名. 参考"点绛唇 diǎnjiàngchún","山坡羊 shānpōyáng"などが知られる.
【曲谱】qǔpǔ 名〔本 běn〕❶ 各種の曲調を集め,解説した書. ❷ 戯曲や歌曲の楽譜.
【曲式】qǔshì 名《音楽》楽曲の形式.
【曲艺】qǔyì 名 歌や語りによる演芸. ¶表演～／演芸を披露する. ¶～节目／演芸の出し物. 参考"弹词 táncí","大鼓 dàgǔ","相声 xiàngshēng","快板儿 kuàibǎnr"など.
【曲终人散】qǔ zhōng rén sàn 句 演奏が終わり,人が去る. 表現 催し物などが閉幕することや,流行が去り落ちぶれることをも言う.
【曲子】qǔzi 名〔量 段 duàn,首 shǒu,支 zhī〕歌. 歌曲. 同 曲 qǔ

苣 qǔ 艹部4 四 4471₇
全7画 常用
下記熟語を参照.
☞ 苣 jù
【苣荬菜】qǔmǎicài 名《植物》ハチジョウナ. ノゲシ.

取 qǔ 耳部2 四 1744₀
全8画 常用
❶ 動 手に取る. 手にする. 受け取る. ¶～行李(荷物を受け取る)／到银行 yínháng ～款(銀行に行って金を引き

出す). ❷[素] 招く. 受ける. ¶～暖 qǔnuǎn /～信于人(信用を得る) / 自～灭亡 mièwáng (自ら滅亡を招く). ❸[動] 選ぶ. 採用する. ¶～道 qǔdào / 录～ lùqǔ (採用する) / 给孩子～个名儿(子供に名前を付ける). ❹[動] 攻め落とす. ¶～长安(長安を攻略する). ❺ (Qǔ)姓.

【取保】 qǔ//bǎo [動] 《法律》(司法上で)保証人を立てる. ¶～候审 hòushěn / 保証人を立てて審問を待つ.
【取材】 qǔ//cái [動] 取材する. 材料を集める. ¶就地～/ [成] 現地で材料を調達する. ¶这部小说～于民间传说 chuánshuō / この小説は民間に伝わる伝説に取材した.
【取长补短】 qǔ cháng bǔ duǎn [成] 他人の長所を取り入れ, 自己の短所を補う.
【取代】 qǔdài ❶[動] 取って代わる. ¶欧元 Ōuyuán 会～美元的地位吗？/ ユーロは米ドルに取って代わるだろうか. ❷[名]《化学》置換. ～基 / 置換基.
【取道】 qǔdào [動] …を経由して行く. …のコースを取る. ¶～香港前往东京 / 香港を経由して東京へ行く.
**【取得】 qǔdé [動] 手に入れる. 得る. ¶～胜利 / 勝利を得る. ¶～联系 / 連絡を取る. ¶～信任 / 信任を得る. ¶～成绩 / 成果をおさめる.
【取灯儿】 qǔdēngr [名][方] マッチ.
【取缔】 qǔdì [動] 取り締まる. ¶～黑市 / 闇市を取り締まる. ¶～假冒 jiǎmào 商品 / にせブランド品を取り締まる.
【取而代之】 qǔ ér dài zhī [成] 取って代わる. [由来] 『史記』項羽本紀に見えることば.
【取法】 qǔfǎ [動] 見習う. ¶你这是～于何人呢？/ 君, これは誰のまねをしたのかね.
【取给】 qǔjǐ [動] (…からの)供給に頼る. ¶开发新技术的资金主要～于企业的内部积累 jīlěi / 新技術の開発資金は, おもに企業内の自己資金をあてる. [用法] "取给于"の形で使うことが多い.
【取经】 qǔ//jīng [動] 他のすぐれた経験を学ぶ. ¶上门～/ 経験者を訪ねて教えを請う. [由来] 仏教徒がインドへ経典を求めて行ったことから.
【取景】 qǔ//jǐng [動] (撮影や写生で)良い景色や題材を見つける. ¶取个好景来照相 zhàoxiàng 吧 / 良い景色のところで撮影しよう.
【取决】 qǔjué [動] …によって決まる. …次第だ. ¶飞机能不能按时起飞～于天气怎么样 / 飛行機が定刻に出発できるかは, 天候次第だ. ¶销量 xiāoliàng 的大小～于质量 zhìliàng 的好坏 / 売れ行きの良し悪しは, 品質にかかっている. [用法] "取决于"の形で使われることが多い.
【取乐】 qǔlè [動] (～儿)楽しむ. 遊ぶ. ¶说笑话～/ 冗談を言って楽しむ. ¶不要拿我～儿 / 私をからかわないでくれ.
【取名】 qǔ//míng [動] 名前を付ける. ¶孩子～叫"秋生" / 子供は「秋生」と名付けられた.
【取闹】 qǔnào [動] ❶ いさかいや騒ぎを起こす. ¶无理～/ [成] 理不尽ないさかいを起こす. ❷ からかう. ふざける.
【取暖】 qǔ//nuǎn [動] 暖を取る. 暖まる. ¶～设备 / 暖房設備. ¶到屋里取取暖 / 部屋に入ってちょっと暖まる.
【取平】 qǔpíng [動] 平らにする. 水平にする.
【取齐】 qǔqí [動] ❶(長さ・高さ・数を)そろえる. ¶先把两张纸～了再裁 cái / まず二枚の紙をそろえてから切る. ❷集まる. 集合する. ¶下午三时我们在门口～/ 午後三時に玄関で集合する.
【取巧】 qǔ//qiǎo [動] うまく立ちまわる. ¶投机～/ [成] 機に乗じてうまく立ちまわる. ¶～图便 biàn / うまく立ちまわって利益をはかる.
【取舍】 qǔshě [動] 取捨選択する. ¶～得宜 déyí / 取捨選択が当を得ている.
【取胜】 qǔshèng [動] 勝利を収める. 勝つ. ¶以多～/ 数の多さで圧倒する. ¶他经过五局激烈的比赛, 终于～/ 彼は5セットの激烈な試合の結果, ついに勝利を手にした.
【取水口】 qǔshuǐkǒu [名] 取水口.
【取向】 qǔxiàng [名] 進む方向. 趨勢.
*【取消［销］】 qǔxiāo [動] 取り消す. 廃止する. ¶～资格 / 资格を取り消す. ¶今天的轮船航运～了 / 今日の汽船の運航は取りやめになった. [同] 撤消 chèxiāo
【取笑】 qǔxiào [動] 笑いものにする. からかう. ¶被别人～/ 人に笑われる.
【取信】 qǔxìn [動] 信用を得る. ¶～于民 / 人民に信頼される. [反] 失信 shīxìn
【取信于民】 qǔ xìn yú mín [句] 人々の信頼を勝ち得る.
【取样】 qǔyàng [動] 見本を抜き取る. サンプリングする. ¶～检查 / 抜き取り検査. [同] 抽样 chōuyàng
【取悦】 qǔyuè [動] 人の機嫌をとる. ¶～上级 / 上司の御機嫌をとる.
【取证】 qǔzhèng [動] 証拠を集める, 取得する.
【取之不尽,用之不竭】 qǔ zhī bù jìn, yòng zhī bù jié [成] いくら取っても永遠に尽きることがない. ¶银行 yínháng 的钱也不是～的 / 銀行の金といえども無尽蔵でない. [由来] 宋の蘇軾「前赤壁賦」のことば.

娶 qǔ
女部8 [四] 17404
全11画 [次常用]
[動] めとる. ¶嫁～ jiàqǔ (婚姻する) / ～妻 qǔqī (妻をめとる). [反] 嫁 jià

【娶亲】 qǔ//qīn [動] 妻をめとる. 嫁さんをもらう. ¶他四十岁才～/ 彼は40歳で, やっと嫁をもらった.

龋（齲） qǔ
囪部9 [四] 22727
全17画 [通用]
下記熟語を参照.

【龋齿】 qǔchǐ [名] 虫歯. 齲歯(?). [同] 蛀齿 zhùchǐ [表現] 俗に"虫牙 chóngyá", "虫吃牙 chóngchīyá"という.

去 qù
土部2 [四] 40732
全5画 [常用]
Ⅰ[動] ❶行く. 出かける. [反] 来 lái ¶"你～哪儿？" "我～邮局" / 「どちらへおでかけですか」「郵便局へ」¶他～了一小时了, 还没回来 / 彼は出かけて1時間たつが, まだ戻らない.
❷(手紙を)送る. (電話を)する. ¶～了一封信 / 手紙を一通送った. ¶～了一个电话 / 電話をかけた.
❸派遣する. つかわす. ¶按时～车接 / 時間どおりに車を迎えにやる. ¶～了三个人帮忙 / 3人を手伝いにやった.
❹(動詞の前に置き, 動作を積極的に行うことを表わし)すすんで…する. ¶我们～讨论一下 / 我々はちょっと議論しよう. ¶我照着他的话～做, 果然一切都好了 / 彼の言うとおりにやったら, 果たしてすべてうまくいった.
❺("動詞＋去"で)…しに行く. ⚠"去"は軽く読む. ¶洗澡～/ 風呂に行く. ¶打电话～/ 電話をしに行く. ¶看病～/ 医者に行く. ¶散步～/ 散歩に行く. ¶咱们吃饭～吧 / 食事に行こう.
❻("動詞＋前置詞句＋去＋動詞句"で)(…へ)行く. ¶进城买东西～/ 街へ出て買い物をする. ¶到图书馆借书 / 図書館へ行って本を借りる. ¶上哪儿～看electronic

呢？/どこへ花見に行くの？
❼"動詞句+去+動詞句"の形で, "去"に実質的な意味はなく, 単に接続の役割を担う. ¶我们应该怎样~对付敌人/われわれはどうやって敵に対抗すべきか. ¶他们打算用这个办法~帮助他/私たちはこの方法で彼を助けてやるつもりだ.

❽除く. 取り去る. 減らす. (服の寸法を)つめる. ¶土豆~了皮再切 qiē/ジャガイモは皮をむいてから切る. ¶这段话~几个字就简练了/ここのことばは何文字か削るとしまりがよくなる. ¶前边能再~~薄吗？/前髪をもう少し軽くしてくれますか. ¶50去30, 剩下20/50ひく30は20.

補語 "去"

①人あるいは事物が話し手の位置から遠ざかることを表わす.
◇走去/歩いて行く. 立ち去る.
◇跑去/駆けて行く. 逃げ去る.
◇拿去/持って行く.

②動作の結果, 何かが失われてしまうこと, あるいは取り除くことを表わす.
◇花去不少钱/多額のお金を使う.
◇这些事占去了他很多时间/これらの件で彼はたくさんの時間を取られてしまった.
◇去年10余人被道路交通事故夺去生命/去年10万人余りが交通事故で命を奪われた.
◇父母相继 xiāngjì 死去/両親が相次いで死んだ.
◇删 shān 去/削除する.
◇除去/除き去る.
◇减去/引き去る.

③勝手にさせておくことを表わす.
◇随他们玩去/好きに遊ばせておけ.
◇让他说去/彼に言わせておけ.

④ ("看去", "望去", "听去" の形で挿入句として用い) 見積もること, 着眼することを表わす.
◇她看去好象不太高兴/彼女はどうもあまり機嫌がよくないらしい.
◇他的话听去有些道理/彼の話にはいくぶん道理があるように聞こえる.

⊘ 補語の "去" は軽声で発音してもよい.

Ⅱ ❶離れる. ¶~世 qùshì. ¶~职 qùzhí.
❷隔たる. ¶~今二十余年/今から20数年前. ¶相~ xiāngqù/隔たり. 差.
❸失う. ¶大势已~/大勢を失い挽回できない.
❹過去の. 過ぎ去った. ¶~年 qùnián. ¶~冬今春/去年の冬から今春にかけて.
❺(中国語の声調のひとつ)去声.

Ⅲ 勋 ("(形)+了去了"で)とても. 非常に. ¶这座楼可大了~了/このビルはほんとに大きい.

【去病】qù//bìng 勋 病気を治す. 病気を予防する.
【去处】qùchù 名 ❶行き先. 没有一定的~/決まった行き先もない. ¶我知道他的~/私は彼の行き先を知っている. ❷場所. 所. ¶庐山 Lúshān 是个避暑的好~/廬山は避暑にとてもいい所だ. 表現 ②は, 心安まる所をさすことが多い.
【去粗取精】qù cū qǔ jīng 成 質の悪いものを除いて優れたものを取り出す.
【去掉】qù//diào 勋 取り除く. ¶~了几个句子/いくつかの文を削除した.
【去国】qùguó 勋 祖国を離れる.
【去火】qù//huǒ 勋《中医》体内の熱気を取る.

【去就】qùjiù 名 進退. 去就. ¶~由你自己定/身の振り方は自分で決めなさい.
【去留】qùliú 名 去るか留まるか. ¶~由你/去るか残るかはあなたしだいだ.
【去路】qùlù 名 進む道. 行き先. ¶~不明/進む道がわからない. ¶挡住~/行く手をはばむ. 反来路 láilù
＊【去年】qùnián 名 去年.
【去任】qù//rèn 勋 (役人が) 辞職する.
【去声】qùshēng 名《言語》❶去声(きょ・きょう). 古代中国語の声調(平声・上声・去声・入声)の一つ. ❷現代中国語共通語の声調の第四声. ⇨四声 sìshēng
【去世】qùshì 勋 亡くなる. ¶母亲因病~了/母は病気で世を去った. 同 逝世 shìshì 表現 大人の死に対して言う.
【去暑】qù//shǔ 勋 暑気をはらう.
【去岁】qùsuì 名 昨年.
【去伪存真】qù wěi cún zhēn 成 にせものを取り除き, 本物を残す.
【去污粉】qùwūfěn 名 クレンザー.
【去向】qùxiàng 名 行方. 行き先. ¶不知~/行方がわからない.
【去雄】qùxióng 勋《農業》除雄する. 参考 植物の自家受粉を避けるために, おしべを取り除くこと.
【去职】qù//zhí 勋 職を去る. ¶她自愿~了/彼女は自分から職を去った.

阒(闃) qù
门部9 四 3780₄ 全12画 通用
形 ひっそりとしている. ¶~无一人(ひっそりとして, 人っ子一人いない).
【阒然】qùrán 形 (文) ひっそりとしている. しんと静まりかえっている. ¶~无声/しんとして物音一つしない.

趣 qù
走部8 四 4780₄ 全15画 常用
❶ 素 (~儿)おもしろみ. おもむき. ¶有~ yǒuqù (おもしろい)/自讨没~(自らおもしろくない結果を招く). ❷ 素 興味深い. おもしろい. ¶~事 qùshì/~闻 qùwén. ❸ 素 目的. 志向. ¶志~ zhìqù (志向)/旨~ zhǐqù (趣旨). ❹ 素 (文)"促 cù"③に同じ. ❺ (Qù)姓.
【趣事】qùshì 名 興味深いできごと. エピソード.
【趣谈】qùtán 名 興味深い話. 用法 多く書名や文章のタイトルに用いる.
【趣味】qùwèi 名 おもしろみ. 味わい. ¶~横生 héngshēng/興味が次々とわいてくる. ¶~相投/興味が一致する. ¶饶 ráo 有~/味わいに富んでいる. 表現 "趣味 qùwèi"は好きな物事の良し悪しなどの特性や味わいであり,"高级[低级]趣味"と言える. 一方"兴趣 xìngqù"は人の物事に対する好みの感性であり,"兴趣之大[浓]","感兴趣"と言える. 注意「私の趣味は…です」と言いたい場合は"爱好 àihào"を使う.
【趣闻】qùwén 名 (量 则 zé) おもしろいうわさ. 伝聞. ¶我听到一则~/おもしろいうわさを聞いた.

觑(覷/異 覻, 覰) qù
见部11 全15画 四 2721₂ 通用
勋 (文) 見る. のぞき見る. ¶偷~ tōuqù (こっそり見る)/面面相~ (成 たがいに顔を見合わせる).

quan ㄑㄩㄢ [tɕʻyen]

悛 quān
↑部7　四 9304₇
全10画　通用
⊗悔い改める．¶过而不～（過ちを犯しながら反省しない）．

圈 quān
囗部8　四 6071₂
全11画　常用
❶[名]（～儿）[个 ge]輪．丸．円．¶花～ huāquān（花輪）/ 画个～儿（丸をえがく）．❷[名]回り．¶跑了一～儿（一回り走った）/ 说话绕 rào～子（話が回りくどい）．❸[名]範囲．¶～内 quānnèi（範囲内）/ 闹得出一～儿（度が過ぎた騒ぎ方をする．丸をかく．¶～选 quānxuǎn（丸印をつけて選び出す）/ ～个红圈作记号（赤い丸を記号にする）．❺[動]囲む．¶打一道墙把这块空地一起来（へいを作ってこの空地を囲む）．
☞圈 juǎn, juàn

【圈闭】quānbì [名]《地学》石油の集積層．
【圈点】quāndiǎn [動]❶（古文の文章に）句読点をつける．点を切る．❷（文章中の語句に）圈点（ﾃﾝ）をつける．傍点をつける．¶～佳句 jiājù / よい句に傍点をふる．
【圈定】quāndìng [動]丸印をつけて決める．表現人の選定や範囲の指示などに用いる．
【圈套】quāntào [名][个 ge]罠（ﾜﾅ）．策略．¶设下～/罠をしかける．¶落入～/罠にかかる．¶当心不要中 zhòng 他们的～/彼らの罠にかからないように気をつけなさい．
【圈椅】quānyǐ [名][把 bǎ]背もたれの付いた円形のひじかけ椅子．中国式のアームチェア．
【圈阅】quānyuè （決裁の意思表示に）自分の名前横に丸印をつける．¶这个文件非常重要,是经中央领导～的/この書類はたいへん重要で,政府首脳が目を通したものだ．
【圈占】quānzhàn [動]囲んで占有する．
【圈子】quānzi [名]❶[个 ge]輪をしたもの．¶围 wéi 成一个～/一つの輪になる．❷範囲．（集団の）枠．¶生活～/生活の範囲．¶走出学校小～/学校という小さな枠から抜け出す．¶搞小～不好/小集団活動をするのはよくない．

棬 quān
木部8　四 4991₂
全12画　通用
⊗板を曲げて作ったお椀．¶杯～ bēiquān（杯と椀）．

权(權) quán
木部2　四 4794₀
全6画　常用
❶[名]権力．権限．¶政～ zhèngquán（政権）/ 掌～ zhǎngquán（権力を掌握する）/ 有职有～（職務と権限をもっている）．❷[名]権利．¶人～ rénquán（人権）/ 选举～ xuǎnjǔquán（選挙権）/ 发言～ fāyánquán（発言権）．❸[名]有利な情勢．¶主动～ zhǔdòngquán（主動権）/ 制空～ zhìkōngquán（制空権）．❹[名]臨機応変の．¶～诈 quánzhà / 謀 quánmóu．❺[名]とりあえず．かりに．¶～充此任（とりあえずこの任につく）．❻[名]（重さを）はかる．（事の利害などを）はかる．¶～其轻重（軽重をはかる）．❼[名]⊗はかりのおもり．❽(Quán)姓．

【权变】quánbiàn [動]臨機応変に対応する．¶随机应变 suí jī yìng biàn

【权标】quánbiāo [名]斧を中央にして棒の束を縛り付けたもの．権標．職杖．参考古代ローマでは権力の象徴．イタリアのファシスト党は党章に用いた．
【权柄】quánbǐng [名]権力．¶～在握 / 権力を手中に収める．¶抓住～不放 / 権力を握って放さない．回权力 quánlì
【权臣】quánchén [名]権力を操る大臣．権臣．¶～祸国 huòguó / 権臣が国を誤らせる．
【权贵】quánguì [名]権力があり地位の高い人．¶无视～/貴顕を眼中に置かない．
【权衡】quánhéng [動]比較して考える．（良し悪しを）判断する．¶～轻重 / 事の軽重をはかる．¶～得失 déshī / 得失をはかりにかける．¶你还～什么？ / 何をまだ迷ってるんだ．回衡量 héngliáng [名]はかり．
【权力】quánlì [名]権力．¶～移交 / 権力を引き渡す．¶篡夺 cuànduó～/ 権力を乗っ取る．¶国家的～/ 国家権力．❷権限．¶下放～/ 権力を下部にゆだねる．¶剥夺 bōduó～/ 権力を剥奪する．
【权利】quánlì [名]権利．¶享受～ xiǎngshòu～/ 権利を享受する．¶保障 bǎozhàng～/ 権利を保障する．
【权略】quánlüè [名]權略．政略．
【权谋】quánmóu [名][套 tào]権謀．策略．謀略．回权术 quánshù
【权能】quánnéng [名]権能．
【权且】quánqiě [副]ひとまず．とりあえず．¶～不提这事,以后再说 / この事はひとまずさておき,また考えよう．回暂且 zànqiě, 姑且 gūqiě
【权时】quánshí [名]しばらくの間．一時．回暂 zhàn 时
【权势】quánshì [名]権勢．権力と勢力．¶依仗 yīzhàng～/ 権勢に頼る．¶扩大～/ 権勢を拡大する．¶丧失 sàngshī～/ 権勢を失う．
【权术】[数] quánshù [名]権謀術数．策謀．¶玩弄～/ 策を弄する．¶擅长 shàncháng～/ はかりごとにたける．回权谋 quánmóu
【权威】quánwēi ❶[形]権威のある．威信のある．¶具有～的学者 / 権威をそなえた学者．¶～著作 / 権威ある著作．❷[名]権威ある人や書物．¶他是量子 liàngzǐ 力学的～/ 彼は量子力学の権威．
【权位】quánwèi [名]権力と地位．
【权限】quánxiàn [名]権限．¶超越～/ 権限を超える．¶缩小～/ 権限を縮小する．¶划定～/ 権限を確定する．¶属于自治区～以内的事务 / 自治区の権限に属する事務．
【权宜】quányí [形]とりあえずの．急場しのぎの．¶～之计 / 応急対策．
【权宜之计】quán yí zhī jì その場しのぎの措置．
【权益】quányì [名]（法律で保証されている）権利．¶合法～/ 合法的権益．¶维护民族经济～/ 民族の経済権益を守る．
【权舆】quányú [名]⊗❶発芽する．回萌芽 méngyá ①❷（事物が）新しく始まる．開始する．
【权责】quánzé [名]権利と責任．
【权诈】quánzhà [形]ずる賢い．腹黒い．

全 quán
人部4　四 8010₄
全6画　常用
❶[形]すべて備わっている．¶齐～ qíquán（すべて備わっている）/ 完～ wánquán（完全だ）/ 这套书不～（この本のセットはそろっていない）/ 货物品种很～（商品の種類がそろっている）．回齐 qí ❷[形]すべての．¶～国

全 quán

quánguó／～校 quánxiào（全校）／～人类 quánrénlèi（全人類）．❸ 副 一つ残らずみんな．¶代表們～来了（代表たちは一人残らず来た）．(同) 都 dōu ❹ 素 欠けることがないようにする．完全なものにする．(成) 双方ともうまくいくようにする．❺（Quán）姓．用法 ③は，"全都 quándōu"の形で使われることが多い．

【全豹】quánbào 名 全貌．全体像．由来 "管中窥 kuī 豹"（竹の管から豹をのぞく）から．

【全本】quánběn 名 ❶（～儿）上演時間が長く，物語がまとまっている戯曲．❷欠けた部分のない完全な版本．"足本"とも言う．

*【全部】quánbù 形 全部の．¶～精力／全精力．¶糧食～自給 zìjǐ／食糧はすべて自給だ．

【全才】quáncái 名〔个 ge，位 wèi〕万能な人．¶文武～／文武両道に秀でた人．¶体育～／スポーツ万能な人．

【全场】quánchǎng 名 ❶会場やホール全体（の人々）．❷〔スポーツ〕フルコート．コートの全面．¶～紧逼 jǐnbī／フルコート・プレス．

【全称】quánchēng 名（組織などの）省略しない完全な名称．

【全程】quánchéng 名 全行程．¶跑完～／全コースを完走する．¶从北京到广州 Guǎngzhōu 坐火车～有 2,313公里／北京から広州まで，汽車では全行程2,313キロだ．

【全都】quándōu 副 全部．すべて．¶屋里的东西～搬出来了／部屋のものはすべて運び出した．

【全反射】quánfǎnshè 名《物理》全反射．

【全方位】quánfāngwèi 名 全方位．

【全副】quánfù 形 全部そろった．¶～精力／全精力．¶～武装的卫士／完全武装の護衛．注意 そのまま述語になることはない．

【全攻全守】quángōng quánshǒu 名〔スポーツ〕サッカー試合での戦術の一つ．ポジションにこだわらず，全員で攻め，全員で守る戦法．

【全国】quánguó 名 全国．¶～人民／全国民．¶～冠军 guànjūn／全国優勝．

【全国人大】Quánguó réndà "全国人民代表大会"（全国人民代表大会）の略．

【全国性】quánguóxìng 形 全国的な．

【全乎】quánhu 形 (口)（～儿）すべてそろっている．(同) 完备 wánbèi，齐 qí 全

【全会】quánhuì 名〔(動) 次 cì，届 jiè〕"全体会议 quántǐ huìyì"（総会）の略．¶中央～／中央委員会総会．

【全集】quánjí 名〔(動) 部 bù，套 tào〕全集．¶巴金 Bā Jīn～／巴金全集．

【全家】quánjiā 名 家族全員．家じゅう．¶祝你～幸福／御一家のお幸せを祈ります．

【全家福】quánjiāfú 名 ❶〔张 zhāng〕家族全員で写した写真．❷《料理》肉入り寄せ鍋．

【全歼】quánjiān 動 殲滅 (せんめつ) する．

【全景】quánjǐng 名 全景．¶西湖～／西湖の全景．¶～电影／パノラマ映画．

【全景式】quánjǐngshì 名 全景式．パノラマ式．参考 すべての角度から全体的にとらえ，表現すること．

【全局】quánjú 名 全体的な情勢．¶～观念／全体の立場に立つ考え方．¶纵观 zòngguān～／全局面を見渡す．¶影响～／全局面に影響する．

【全军】quánjūn 名 軍隊の全部．¶提挈 tíqiè～／全軍を率いる．

【全军覆没】quán jūn fù mò 成 全軍が壊滅する．(同) 全軍覆滅 miè

【全开】quánkāi 名《印刷》全紙．全判．

【全科医生】quánkē yīshēng →通科 tōngkē 医生

【全科医学】quánkē yīxué 名 総合的臨床医学の一つ．参考 医師が地域における家庭医として，連続的かつ総合的に医療行為を行う医学．プライマリ・ケア．

【全劳动力】quánláodònglì 名 労働に従事できる人．一人前の働き手．(同) 全労力 表現 多く農業労働について．

【全力】quánlì 名 全力．¶～支持／全力で支持する．¶竭尽 jiéjìn～／(成) 全力を尽くす．

【全力以赴】quán lì yǐ fù (成) 全力を投入して事にあたる．

【全麻】quánmá 名《医学》全身麻酔．(反) 局麻 júmá

【全貌】quánmào 名 全貌 (ぜんぼう)．¶问题的～／問題の全貌．¶从这里可以看到大桥的～／ここからは大橋の全貌が見て取れる．

*【全面】quánmiàn 形 名 全面的な．全体．¶～情况／全体の情況．¶～地看问题／全体的の問題を見る．¶～发展／全面的に発展する．¶照顾～／全体に気を配る．¶不够～的议论／あまり全面的でない議論．(反) 片面 piànmiàn

【全民】quánmín 名 全国民．全人民．¶～总动员／国民総動員．

【全民公决】quánmín gōngjué 名 国民投票．

【全民健身计划】Quánmín jiànshēn jìhuà 名 "全民健身计划纲要"（全国民健康計画綱要）の通称．参考 国民の健康を向上させ，中華民族の資質を高める目的で，1995年6月に公布された．

【全民所有制】quánmín suǒyǒuzhì 名《経済》全人民所有制．参考 生産財は全労働者が所有・占有・支配・使用するという公有制の一形式．

【全名】quánmíng 名 略していない正式の名．フルネーム．

【全能】quánnéng 形 万能だ．全方面の．¶～冠军 guànjūn／個人総合優勝．¶全知～／全知全能だ．

【全能运动】quánnéng yùndòng 名〔スポーツ〕(3 種・5種・10種競技などの）混成競技．¶十项～员／十種競技選手．

【全年】quánnián 名 一年間全体．¶～收入／年収．¶～平均温度／年平均気温．¶～雨量／年間降水量．

【全盘】quánpán 名 全体．全部．¶～计划／全体計画．¶～接受／全面的な受け入れ．¶～否定／全面否定．

【全陪】quánpéi 動 名 旅行の全行程に添乗員が随行する．また，その添乗員．

【全票】quánpiào 名 ❶（半額や割引ではなく）全額の乗車券や入場券．(反) 半 bàn 票 ❷（選挙の）満票．

【全勤】quánqín 名 皆勤．無欠勤．¶～奖／皆勤賞．¶～出／皆勤する．

【全球】quánqiú 名 全世界．¶誉 yù 满～／全世界で名声を得ている．

【全球定位系统】quánqiú dìngwèi xìtǒng 名《通信》全地球測位システム．GPS．

【全球通】quánqiútōng 名《通信》GSM(Global System for Mobile Communication)．参考 デジタル携帯電話に使用される無線方式の一つ．

【全权】quánquán 名 一切の権限．全権．

【全权代表】quánquán dàibiǎo 名 全権代表．

【全然】quánrán 副 まったく．¶～不了解情况／まるで

情況を理解していない．¶他~不計个人 gèrén 得失／彼は個人の損得をまったく気にしない．[用法] 否定文に用いる．
【全日制】quánrìzhì [名] (学校の)全日制．
【全身】quánshēn [名] 全身．¶~湿透／全身びしょぬれになる．¶~发抖／全身がたがた震える．
【全身心】quánshēnxīn [名] 全身全霊．
【全神贯注】quán shén guàn zhù [成] 全神経を集中する．¶医生~地做着手术／医師は全神経を集中して手術をおこなっている．
【全胜】quánshèng [名] 全勝．¶荣获~／全勝を勝ち取る．
【全盛】quánshèng [形] 全盛の．¶文艺复兴 fùxīng 时期是欧洲 Ōuzhōu 文化的~时期／ルネッサンス期はヨーロッパ文化の全盛期だ．
【全食】quánshí [名]《天文》"日全食"(皆既日食)または"月全食"(皆既月食)の略．
【全始全终】quán shǐ quán zhōng [成] 始めから終わりまで同じだ．終始一貫する．
【全数】quánshù [名] (数えられる人や物の)全部．
【全速】quánsù [名] 全速力．最高速度．¶~航行／全速力で航行する．¶我的车~每小时150公里／私の車は最高時速150キロだ．
【全唐诗】Quán Tángshī [書名]『全唐詩』．[参考] 清の康熙帝の勅命により歌谣采录が編纂した，唐・五代の詩の総集．全九百巻．49,403首を収録．
【全套】quántào [名] (セットになっているものの)一揃い．
**【全体】quántǐ [名] ❶ 全員．全員．¶~会員／全会員．¶联合国~会议／国連総会．¶~起立默哀 mò'āi／全員起立して黙とう．❷ からだ全体．全身．¶~湿透／全身ずぶぬれだ．
【全天候】quántiānhòu [形] 全天候型の．¶~战机／全天候型戦闘機．
【全托】quántuō [名] 全託．[参考] 保育園や託児所で,休祭日を除いて,幼児を月曜日の朝から土曜日の夜まで継続して預かる方式．"日托 rìtuō"(昼間だけの保育)と区別する．
【全维作战】quánwéi zuòzhàn [名] (軍事力と民力を用いた)全方位作戦．
【全文】quánwén [名] 全文．¶~如下／全文は以下の如し．¶~发表／全文発表．
【全息】quánxī [名]《物理》ホログラフィー．
【全息摄影】quánxī shèyǐng → 全息照相 zhàoxiàng
【全息照相】quánxī zhàoxiàng [名] ホログラム．¶~技术／ホログラム技術．[同] 全息摄影 shèyǐng
【全线】quánxiàn [名] ❶《軍事》全戦線．¶边界~／全戦線との境界．❷ 鉄道の全線．¶~通车／全線開通．
【全心全意】quán xīn quán yì [成] 全精力を傾ける．¶他~献身于教育事业／彼は全身全霊を教育事業に捧げる．
【全新】quánxīn [形] まったく新しい．一新した．¶~的面貌／一新した様相．¶~的设备／真新しい設備．
【全休】quánxiū [動] ❶ 仕事を長く休む．¶~了三个月／3ヶ月仕事を休んだ．❷ 一日休む．¶因病~一天／病気で全日休む．[表現] ❷は,半日休むのを"半休 bànxiū"といい,交代で休むのを"轮休 lúnxiū"という．
【全音】quányīn [名]《音楽》全音．
【全优】quányōu [形] (あらゆるチェック項目で)すべてが優秀だ．
【全员】quányuán [名] 全体の人員．全構成員．
【全运会】Quányùnhuì [名] "全国运动会"(全国体育大会)の略．
【全知全能】quán zhī quán néng [成] 全知全能．世上没有~的人／この世に全知全能の人間はいない．[同] 全智 quánzhì 全能
【全职】quánzhí [名] 専任．¶~教师／専任教員．[反] 兼 jiān 职
【全自动】quánzìdòng [形] 全自動(の)．
【全总】Quánzǒng [名] "中华全国总工会"(中華全国総工会)の略．[参考] 労働組合の全国総団体．

诠(詮) quán 讠部6 [四] 3871₄ 全8画 [通用]

[書] ❶ [動] 解釈する．¶~释 quánshì．❷ ものごとの道理．[真]~ zhēnquán (真諦)．
【诠释】quánshì [動] 説明する．解釈する．¶~古文／古文を解釈する．

荃 quán 艹部6 [四] 4410₄ 全9画 [通用]

[名][書]《植物》古書に伝わる,香りのよい草．

泉 quán 白部4 [四] 2690₂ 全9画 [常用]

❶ [名] わき水．泉．¶清~ qīngquán (清らかな泉)／甘~ gānquán (おいしい水がわく泉)／温~ wēnquán (温泉)／矿~ kuàngquán (鉱泉)．¶~[書] 处 chù]地下水のわき出る穴．¶~眼 quányǎn．❸ [名] あの世．黄~ huángquán (黄泉え)／九~ jiǔquán (九泉)／~下 quánxià．❹ [名] 古代の穴あき銭．❺ (Quán) 姓．
【泉华】quánhuá [名]《鉱業》珪華(か)．鉱泉の沈殿物．湯の花．
【泉流】quánliú [名] 湧き水の流れ．
【泉水】quánshuǐ [名][俗] 股 gǔ] わき水．泉の水．¶清凉的~／清涼な泉の水．
【泉台】quántái [名] 冥土．黄泉．[同] 泉下 xià
【泉下】quánxià [名] あの世．死後．[同] 黄泉 huángquán
【泉眼】quányǎn [名] 泉．水の湧き出てくる穴．
【泉源】quányuán [名] ❶ 水源．❷ (知恵や力の)源．根源．¶生命的~／生命の源．¶智慧 zhìhuì 的~／知恵の源．
【泉州】Quánzhōu [地名] 泉州(ぢゅう)．福建省にある市．古くから貿易港として栄えた．

辁(輇) quán 车部6 [四] 4851₄ 全10画

[書] ❶ [名] 輻(や)のない車輪．❷ [形] 軽薄だ．¶~才 quáncái (非才)．

拳 quán 手部6 [四] 9050₂ 全10画 [常用]

❶ [名] 握りこぶし．¶双手握~ (両手でこぶしを握りしめる)．❷ [名] 拳法(ぷ)．中国武術の一つ．¶打~ dǎquán (拳法をやる)／太极~ tàijíquán (太極拳)．❸ [動] (手足を)曲げる．¶~起腿来(足を曲げる)．❹ [量] こぶしで人を打つ動作を数えることば．¶打了三~ (三回げんこつを食らわす)．
【拳棒】quánbàng [名] 拳法と棒術．武芸．武術．
【拳打脚踢】quán dǎ jiǎo tī [成] ひどく殴ったり蹴ったりする．¶他被人~了一顿 dùn／彼はしたたか殴り,蹴られた．

【拳击】quánjī 名《スポーツ》ボクシング. 拳闘. ¶～台／ボクシングのリング. ¶～运动员／ボクサー.
【拳脚】quánjiǎo 名 拳法. 拳術. ¶他的～很厉害／彼の拳法のレベルは大したものだ. 同 拳术 quánshù
【拳曲】quánqū 形 曲がっている. カールしている. ¶～的头发 tóufa／カールした髪. ¶这种树,树枝 zhī～／この木は枝が弓なりに曲がっている.
【拳拳】quánquán 形 心がこもっているようす. ¶信中洋溢 yángyì 着留学生的～之情／手紙には留学生の切々とした真心が溢れていた. 同 惓惓 quánquán
【拳师】quánshī 名 拳法の先生.
【拳术】quánshù 名 拳法. 空手. ¶～表演／拳法の模範競技.
【拳坛】quántán 名 ボクシング界. 拳法界.
【拳头】quántou[-tóu] 名〔(團 个 ge〕握りこぶし. ¶握紧～／こぶしを握りしめる.
【拳头产品】quántou chǎnpǐn 名〔(團 个 ge,项 xiàng,种 zhǒng〕ずば抜けて品質がよく,競争力のある製品.
【拳王】quánwáng 名 ボクシングや拳法のチャンピオン.

铨(銓) quán 钅部6 四 8871₄ 全11画

素（文）❶ 重さをはかる. ❷〈人材を〉選考する. ¶～选 quánxuǎn（選考する）／～叙 quánxù.
【铨叙】quánxù 動 旧 役人を選任し,位官を定める. ¶～官员／役人を選考し任命する.

痊 quán 疒部6 四 0011₄ 全11画 次常用

素 病気が治る. ¶～愈 quányù.
【痊愈】quányù 動 病気が完治する. ¶她还没有～／彼女はまだ全快していない. ¶他的伤口～了／彼の傷口が完治した.

筌 quán 竹部6 四 8810₄ 全12画 通用

名（文）竹製の魚を捕る道具. ⇨得鱼忘筌 dé yú wàng quán

蜷(異 踡) quán 虫部8 四 5911₂ 全14画 通用

動 体を曲げる. ¶～曲／～缩 quánsuō.
【蜷伏】quánfú 動 体を丸めてねそべる.
【蜷曲】quánqū 動〈人や動物の〉体を曲げる. うずくまる. ¶他的手臂 shǒubì 经常～着／彼の腕はいつも曲がっている. ¶一条蛇～在草丛 cǎocóng 里／ヘビが一匹草むらの中でとぐろを巻いている.
【蜷缩】quánsuō 動 まるまる. まるく縮こまる. ¶她害怕极了,～在门边／彼女は非常に怖がって,戸口に縮こまった. 反 伸直 shēnzhí

醛 quán 酉部9 四 1461₄ 全16画 通用

名《化学》アルデヒド. ¶甲～ jiǎquán（ホルムアルデヒド）／乙～ yǐquán（アセトアルデヒド）.

鳈(鰁) quán 鱼部9 四 2619₂ 全17画 通用

名《魚》ヒガイ. 参考 中国東部の平原地区にすむ淡水魚.

鬈 quán 髟部8 四 7271₂ 全18画 通用

形 ❶ 髪が美しい. ❷ 髪がちぢれている. ¶～发 quánfà（ちぢれ毛）.

颧(顴) quán 页部17 四 4128₂ 全23画 通用

下記熟語を参照.
【颧骨】quángǔ 名《生理》〔塊 kuài〕頬骨（きぼ）. ほお骨. ¶～很高／ほお骨が突き出ている.

犬 quǎn 犬部0 四 4380₀ 全4画 常用

素〔条 tiáo,只 zhī〕イヌ. ¶警～ jǐngquǎn（警察犬）／猎～ lièquǎn（猟犬）／牧～ mùquǎn（牧羊犬）／～齿 quǎnchǐ. 表現 話しことばでは,ふつう"狗 gǒu"を使う. "犬"はそれだけでは単語としては使えない.
【犬齿】quǎnchǐ 名《生理》〔颗 kē,枚 méi〕犬歯. 糸切り歯. 同 犬牙 quǎnyá,单尖牙 dānjiānyá
【犬马之劳】quǎn mǎ zhī láo 成 犬馬（ば）の労をとる. 相手のために誠心誠意尽くすこと. 参考 "犬马"は,昔臣下が主君に対してへり下っていったことば. 由来『史記』三王世家に見えることば.
【犬儒】quǎnrú 名《哲学》犬儒(じゅ)学派. キニク学派.
【犬儒主义】quǎnrú zhǔyì 名《哲学》シニシズム. 犬儒(じゅ)主義.
【犬牙】quǎnyá 名 ❶《生理》犬歯. 同 犬齿 chǐ ❷ イヌの歯.
【犬牙交错】quǎn yá jiāo cuò 成 ❶ 犬の歯のかみあわせがふぞろいだ. ¶～的山峦 shānluán／ギザギザに連なる山並み. ❷ 物事が複雑にからみあっている. ¶～的关系／複雑にからみあった関係.
【犬子】quǎnzǐ 名 謙 自分の息子. 表現 へり下った言いかた.

畎 quǎn 田部4 四 6308₄ 全9画 通用

素（文）田畑の間の小さなみぞ. ¶～亩 quǎnmǔ.
【畎亩】quǎnmǔ 名 田畑. いなか. 同 田间 tiánjiān

绻(綣) quǎn 纟部8 四 2911₂ 全11画 通用

→缱绻 qiǎnquǎn

劝(勸) quàn 又部2 四 7442₇ 全4画 常用

❶ 動 忠告する. 説得する. ¶～告 quàngào／～导 quàndǎo／规～ guīquàn（戒める）／～他不要喝酒（彼に酒を飲まないよう忠告する）. ❷ 動 励ます. 勧める. ¶～勉 quànmiǎn／～学 quànxué. ❸（Quàn）姓.
【劝导】quàndǎo 動 忠告する. 耐心～／辛抱強く忠告する. ¶她听从了老师的～／彼女は先生の忠告に従った. 同 开导 kāidǎo
【劝告】quàngào ❶ 動 勧告する. アドバイスする. ¶再三～／再三にわたり勧告する. ❷ 名 忠告. アドバイス. ¶他该接受大家的～／彼は皆の勧告に耳を傾けるべきだ.
【劝和】quànhé 動 和解させる.
【劝架】quàn//jià（けんかを）仲裁する. ¶听人～／人の仲裁に従う.
【劝解】quànjiě 動 ❶ なだめる. ¶看她那么伤感,你快去～～／彼女がそんなに悲しんでいるから,早くなぐさめてあげなさい. ❷ 仲裁する. ¶他俩谁也不肯服输,你去～一下吧／あの二人はどちらも謝ろうとしないんだ. 君,ちょっと仲裁してあげてよ.
【劝戒（诫）】quànjiè 動 忠告して戒める.
【劝酒】quàn//jiǔ（宴席で）酒を勧める.
【劝勉】quànmiǎn 動 励ます. 激励する. ¶互相～／互いに励まし合う.
【劝募】quànmù 動 道理を説いて寄付を募る.
【劝善】quànshàn 動 善行を勧める.
【劝说】quànshuō 動 説得する. ¶反复～／くり返し説

【劝退】quàntuì（職場や組織を）脱退するよう勧告する.
【劝慰】quànwèi 動 なだめる. いたわる. ¶他经常来~我 / 彼はしょっちゅうなぐさめに来てくれる.
【劝降】quàn//xiáng 動 降伏や投降を勧める. ¶~投诚 / 降伏・降参を勧める.
【劝学】quànxué 動 学問を奨励する.
【劝业场】quànyèchǎng 名 百貨市場. 参考 旧時, 公的機関や企業などが工業生産を発展させるために共催した市場.
【劝诱】quànyòu 動 勧誘する. さそう.
【劝谕】quànyù 文 勧めさとす. ¶一再 / 何度もさとす.
【劝止】quànzhǐ 動 やめるよう忠告する. 同 劝阻 quànzǔ.
【劝阻】quànzǔ 動 やめるよう忠告する. 制止する. ¶~无效 wúxiào / 忠告も効果なし. ¶他不听医生的~,继续 jìxù 抽烟 / 彼は医者の制止を聞きいれず,タバコを吸い続けた. 同 劝止 quànzhǐ.

券 quàn
刀部6　9022₇
全8画　四　常用

名 証書. 券. 切符. ¶公債~ gōngzhàiquàn（公債証書）/ 入場~ rùchǎngquàn（入場券）.
☞ 券 xuàn

【券商】quànshāng 名 証券会社.

que くㄩㄝ〔tɕʻye〕

炔 quē
火部4　9588₀
全8画　通用

名《化学》アルキン. アセチレン系炭化水素. ¶乙~ yǐquē（アセチレン）.
☞ 炔 Guì

缺 quē
缶部4　8578₀
全10画　常用

❶ 動 足りない. 欠ける. ¶~乏 quēfá / ~人 quērén（人が足りない）/ ~材料（材料が足りない）. 同 短 duǎn, 欠 qiàn ❷ 動（物の一部が）欠けている. ¶~口 quēkǒu / 残~ cánquē不全（不完全である）/ 完美无~（成 完全無欠）. ¶残 cán ❸ 名（官職などの）欠員. ¶出~ chūquē（欠員が出る）/ 补~ bǔquē（欠員を埋める）. ❹ 動（学校や勤めを）休む. ¶~席 quēxí / ~勤 quēqín（~ 缺课 quēkè.
【缺档】quē//dàng 動 商品が売り切れになる.
【缺德】quē//dé 形 下品だ. いやらしい. ろくでもない. ¶~话 / 下品な話. ¶这个人真~ / こいつは実にひどい奴だ. ¶他尽 jìn 干 gàn ~的事 / 彼は下劣なことをやりつくした.
*【缺点】quēdiǎn 名〔量 个 ge,条 tiáo〕欠点. 克服~ / 欠点を克服する. ¶人人都有~和优点 / 誰にでも欠点や長所がある. 反 优点 yōudiǎn
【缺额】quē'é 名〔量 个 ge,名 míng〕欠員.
*【缺乏】quēfá 動 足りない. 少ない. ¶材料~ / 材料が足りない. ¶~经验 / 経験が足りていない. ¶~资金 / 資金が足りていない. 同 缺少 quēshǎo 反 充足 chōngzú ⇨缺少 quēshǎo
【缺憾】quēhàn 名 心残り. 遺憾. ¶没考上理想的大学是他一生中唯一 wéiyī 的~ / 理想の大学に合格しなかったことが,彼の生涯でただ一つの心残りだ.
【缺货】quē//huò 動 品切れになる. 品不足になる. ¶商店不~ / 店は品不足にはならない.
【缺斤短两】quē jīn duǎn liǎng 慣 商品を実際の目方より少なく売りつけること. 缺斤少 shǎo 两 参考 "两"は"斤"の十分の一の単位. かつては,"十六两"が"一斤"だった.
【缺斤少两】quē jīn shǎo liǎng →缺斤短 duǎn 两
【缺课】quē//kè 動 授業を休む. ¶她~很多 / 彼女は欠席が多い.
【缺口】quēkǒu 名 ❶（~儿）〔量 处 chù,个 ge〕欠け. 割れ目. すき間. ¶篱笆 líba 的~ / かきねの裂け目. ❷ 不足. ¶资金~很大 / 資金の不足が著しい.
【缺漏】quēlòu 名 欠落. もれ. 弥缝 míféng ~ / 欠陥を補う. ¶手续有~ / 手続きに不備がある.
【缺门】quēmén 名（~儿）空白の領域や分野. ¶填补~ / 空白の領域を埋める.
【缺欠】quēqiàn 動 不足する. ¶~人才 / 人材が不足している. 同 缺少 quēshǎo ❷ 名 足りないところ. 欠点. ¶你看这个设计有什么~没有？ / この設計に,どこか欠けたところはありませんか. 同 缺陷 quēxiàn
【缺勤】quē//qín 動 欠勤する. ¶因病~ / 病気で欠勤する. ¶~率 lǜ / 欠勤率. ¶今天,他怎么~了？ / 今日は彼はなぜ欠勤したのだろう. 反 出勤 chūqín
*【缺少】quēshǎo 動 足りない. 欠ける. ¶~零件 / 部品が不足している. ¶~人手 / 人手が足りない. 同 短少 duǎnshǎo,缺乏 quēfá 比較 "缺少"と"缺乏"は,同義で使われることが多いが,"缺少"は,数量に量れるものについても用いることができる. "缺乏"は,数量化して量れないものについていう.
【缺失】quēshī ❶ 名 欠陥. 過失. ❷ 動 欠ける. 失う.
【缺损】quēsǔn 動 欠ける. 破損する. ¶这台机器的零件~了 / この機械は部品が破損した.
【缺位】❶ quē//wèi 動 欠員になる. ポストが空く. ❷ quēwèi 名 欠員. 空きポスト. ¶填补~ / 欠員を埋める. ¶听说还有一个科长 kēzhǎng 的~ / まだ課長のポストが一つ空いているそうだ.
【缺席】quē//xí 動 欠席する. ¶因事~ / 用事で欠席する. ¶今天~三个人 / 今日は三人欠席だ. 反 出席 chūxí
【缺席判决】quēxí pànjué 名《法律》欠席判決.
【缺陷】quēxiàn 名〔量 处 chù,个 ge〕欠陥. きず. 欠点.
【缺心少肺】quē xīn shǎo fèi 慣 分別がない. 良心がない.
【缺心眼儿】quē xīnyǎnr 慣 口 気がきかない. ¶他这个人太老实 lǎoshi,缺点心心眼儿 / 彼はばか正直で,ちょっと気がきかない.
【缺页】quēyè 名《書物などの》落丁.
【缺一不可】quē yī bù kě 成 ひとつでも欠けていてはならない.
【缺阵】quē//zhèn 動《スポーツ》(試合で) 戦力を欠く.

阙(闕) quē
门部10　3748₂
全13画　通用

❶ 動名 "缺 quē"に同じ. ❷ 文 あやまち. ¶~失 quēshī（過失）. ❸（Quē）姓.
☞ 阙 què

【阙如】quērú 名 文 不足. 欠員. 空白.
【阙疑】quēyí 動 疑問をそのままにしておく. しばらくう

瘸 qué
广部11 四 0012₇ 全16画 次常用
動 囗（足が悪くて）びっこをひく．¶～子 quézi／～腿 quétuǐ．囘 跛 bǒ

【瘸腿】quétuǐ **形** 囗 足が不自由だ．びっこだ．¶～的人／足の不自由な人．

【瘸子】quézi **名** 〔个 ge〕足の不自由な人．びっこ．

却（異 卻）què
卩部5 四 4772₀ 全7画 常用

I **副 ❶**（多く"虽"，"虽然"と呼応し逆接関係を表わし）ところが．しかし．けれども．…のに．¶你赞成，我～反对／あなたは賛成でも僕は反対だ．¶他先提议的，他～没来／彼から言い出したのに，彼が来ていない．¶他虽然上了年纪，干活～同年轻人一样快／彼は年は取っても，仕事は若い人に負けず劣らず素早い．¶文章虽短，但是我们读起来～十分有味／文章は短くても，読んでみればとてもうまい．¶他明明知道，～装作不知道／彼女は知っているのに知らないふりをしている．

❷（多く"更"，"又"などと用い強調を表わす）さらにもっと．それなのに．¶那些贫穷 pínqióng 地区的人们当然需要钱，～更需要文化和知识／この貧しい地区の人々が金銭を必要とするのは当然だが，もっと必要なのは文化と知識だ．¶他来了不多一会儿，没说上几句～又走了／彼はやって来ていくらもしないのに，ほとんど話もしないでまた行ってしまった．

❸（話し手の予想と実際の情況に食い違いがあることを表わし）意外にも．こともあろうに．¶原来～是他／なんと彼だったのか．¶事情～不容易／ことは実はそんなに簡単ではない．¶这位～是谁？／この方はいったいどなたなのです．

❹（同じ形容詞を"却"で連結し）…なことは…なのだが．¶好～好，可是…／よいことはよいが，しかし…．

II **動 ❶** 退く．～退～／しり込みする．後退する．¶望而～步／後ずさりする．

❷ 退ける．～～敌／敵を退ける．¶～病 quèbìng．

❸ 辞退する．拒絶する．¶推～／断る．¶拒～ jùquè／拒絶する．¶盛情 shèngqíng～难／ご厚情は辞しがたい．¶～之不恭 què zhī bù gōng．

❹ …しさる．…してしまう．¶杀～／殺す．¶除～／取り除く．¶冷～／冷却する．¶忘～／忘れてしまう．¶失～信心／自信をなくしてしまう．

III **名** 姓．

【却病】quèbìng **動** 囗 病気を予防する．病気を遠ざける．

【却病延年】quèbìng yánnián **句** 病気を追い払って長生きする．

【却步】quèbù **動**（不安や恐怖などで）後ずさりする．¶望而～／情勢を眺めて後ずさりする．しり込みする．

【却不料】quèbuliào **副** 思いもよらず．はからずも．¶～他提出了反对意见／思いがけず彼から反対意見が出た．囘 却不道 quèbudào

【却说】quèshuō **副** さて．さてさて．表現 物語や講談などで話題を転じる時に使う語．

【却之不恭】què zhī bù gōng **成**（贈り物を受けた時に）断るのは失礼だ．¶～，受之有愧 kuì／お断りするのは失礼だし，いただいては恐縮です．表現 かつて，人から贈り物を受けたり，招宴された時に使ったあいさつ表現．もちろん，断りはしない．

愨（愨／異 愨）què
心部7 全11画 四 4033₁ 通用
形 囗 誠実だ．¶～士 quèshì（誠実な人）．

雀 què
全11画 四 9021₅ 常用
名 ❶〈鳥〉スズメ．¶麻～ máquè（スズメ）．**❷** 小鳥．**❸**（Què）姓．
☞ 雀 qiāo, qiǎo

【雀斑】quèbān **名**〔个 ge, 片 piàn〕そばかす．

【雀鹰】quèyīng **名**〈鳥〉ハイタカ．囘 鹞 yào 表現 ふつう"鹞子 yàozi"または"鹞鹰 yàoyīng"という．

【雀跃】quèyuè **動**（うれしくて）小躍りする．跳びはねる．¶欢欣 huānxīn～／欣喜雀躍（きゃくゃく）する．

确（確／異 塙，碻）què
石部7 全12画 四 1762₇ 常用
形 ❶ 確かだ．¶～实 quèshí／正～ zhèngquè（正確だ）／的～ díquè（的確だ）／千真万～ きわめて確かだ）．**❷** しっかりしている．堅固だ．¶～立 quèlì／～信 quèxìn／～定 quèdìng／～保丰收（まちがいなく豊作だ）．

【确保】quèbǎo **動** 確保する．¶～安全／安全を確保する．¶～质量／品質を保証する．

【确当】quèdàng **形** 的確だ．妥当だ．

*【确定】quèdìng **動** 確定する．はっきりさせる．¶～名单／名簿を決める．¶任务～了／任務が確定した．**❷ 形** 確かだ．明確だ．¶～的想法／明確な考え方．¶～不移／確固として揺るぎない．¶不～的因素／不確定要素．

【确乎】quèhū **副** 囗 確かに．¶这办法～有效／この方法は確かに有効だ．

【确据】quèjù **名** 確かな証拠．確証．¶掌握了～／確証をつかんだ．

【确立】quèlì **動** 確立する．¶～新的制度／新しい制度を確立する．¶他的领导地位～了／彼の指導者としての地位は確立した．

【确论】quèlùn **名** 確論．確固とした議論．

【确切】quèqiè **形** 確かだ．適切だ．¶用词～／ことば遣いが適切だ．¶统计的数据 shùjù 不够～／統計のデータがあまり正確でない．

【确认】quèrèn **動** 確かめる．確認する．¶～指纹 zhǐwén／指紋を確認する．¶家属～这是他的遗物 yíwù／家族はそれが彼の遺品だと確認した．

【确实】quèshí **❶ 形 確かだ．信頼できる．¶～的消息／確かな情報．¶～性／確実性．重 确确实实 囘 确切 quèqiè **❷ 副** 確かに．¶他最近～有惊人的进步／彼は最近確かに驚くほど進歩した．¶～，我昨天去过／確かに，私は昨日行った．囘 的确 díquè

【确数】quèshù **名** 正確な数字．

【确信】quèxìn **❶ 動** 確信する．¶运动员们～能夺取冠军 guànjūn／選手らは優勝を勝ち取れると確信している．**❷ 名** 確かな情報．¶终于得到他还活着的～／彼がまだ生きているという確かな情報をついに得た．

【确凿】quèzáo **形** きわめて確かだ．¶这些材料非常～／これらの資料は非常に確かだ．参考 もと"quèzuò"と発音した．

【确诊】quèzhěn **動**（最終的な）診断を下す．¶病情已～，你就安心治疗 zhìliáo 吧！／病状ははっきり診断されたのだから，安心して治療しなさい．

阕（闋）què 门部9 [四]3780₄ 全12画 通用

❶ 動 終わる．¶乐～ yuèquè（音楽が終わる）．❷ 量 歌曲や詞を数えることば．¶弾琴 tánqín 一～（琴を一曲ひく）／填 tián 一～词（詞を一首作る）．

鹊（鵲）què 鸟部8 [四]4762₇ 全13画 通用

素《鳥》カササギ．¶喜～ xǐquè（カササギ）／～桥 quèqiáo．

【鹊巢鸠占】què cháo jiū zhàn 成 他人の財産や地位を奪う．のっとる．由来 カササギの巣にハトが宿る，という意から．『詩経』召南・鵲巢の詩に見えることば．

【鹊起】quèqǐ 動 名声があがり，広まる．

【鹊桥】quèqiáo 名 ❶ カササギの橋．❷ 男女の仲の橋渡しをするもの．参考 ①は伝説で，七夕の夜，牽牛と織女の再会のため，カササギが天の川にかけるという橋の名．

【鹊桥会】quèqiáohuì 名《芸能》伝統劇の演目の一つ．牽牛と織女の再会をテーマとしたもの．

【鹊桥相会】què qiáo xiāng huì 成 長い間離れ離れだった夫婦や恋人が，久しぶりに会う．⇨鹊桥

阙（闕）què 门部10 [四]3748₂ 全13画 通用

❶ 素 古代，宮門前の両側にある楼．❷ 素 帝王の住まい．宮城．¶宫～ gōngquè（宮殿）．❸ 素 墓道の外に立てた石碑．❹（Què）姓．

☞ 阙 quē

榷（異 推❷）què 木部10 [四]4491₅ 全14画 通用

❶ 動 專売する．¶～茶 quèchá（茶を專売する）／～税 quèshuì（專売税）．❷ 素 議論する．¶商～ shāngquè（討論する）．

qun ㄑㄩㄣ [tɕ'yn]

逡 qūn 辶部7 [四]3330₄ 全10画 通用

素 文 あとずさりする．¶～巡 qūnxún．

【逡巡】qūnxún 動 文 ためらう．逡巡（しゅんじゅん）する．¶～不前／ためらって前に進まない．

裙（異 帬，裳）qún 衤部7 [四]3726₇ 全12画 常用

素 ❶ スカート．¶布～ bùqún（木綿スカート）／长～ chángqún（ロングスカート）／连衣～ liányīqún（ワンピース）／百褶～ bǎizhěqún（プリーツスカート）．❷ スカートの形をしているもの．¶围～ wéiqún（エプロン）／墙～ qiángqún（壁の腰板）．

【裙带】qúndài 名 妻の姻戚関係．¶～官／妻の姻戚関係に頼って得た官職．表現 もと，「スカートのひも」という意から．多く諷刺的に使われる．

【裙带菜】qúndàicài 名 ワカメ．

【裙带风】qúndàifēng 名 姻戚や親戚の関係を利用して利益を図ろうとする風潮．参考 "裙带"は妻のこと．

【裙带关系】qúndài guānxì 名 姻戚関係．閨閥（けいばつ）関係．

【裙裤】qúnkù 名《服飾》キュロット・スカート．

*【裙子】qúnzi 名〔圈 条 tiáo〕スカート．

群（異 羣）qún 羊部7 [四]1865₁ 全13画 常用

❶ 素 群れ．¶人～ rénqún（人の群れ）／鸡～ jīqún（ニワトリの群れ）／成～结队 jiéduì（グループになる）．❷ 素 群れをなしている．¶～岛 qúndǎo／～峰 qúnfēng．❸ 素 大勢の人．¶～策 qúncè（大衆の知恵による方策）／～力 qúnlì（大衆の力）／～起 qúnqǐ．❹ 量 群れを数えることば．¶一～孩子（子供の一群）／一～马（一群のウマ）／一～小岛（小さな島々）．❺（Qún）姓．

【群策群力】qún cè qún lì 成 みんなが知恵と力を出し合う．¶大家～,攻克这个难关／みんなで知恵と力を出し合い,この難関を乗り越える．

【群岛】qúndǎo 名 群島．

【群雕】qúndiāo 名《美術》まとまりをもつ一連の彫像．

【群芳】qúnfāng 名 色とりどりの花．たくさんの美しい女性をたとえる．¶～竞艳 jìngyàn ／美しい花が咲き競う．

【群防群治】qún fáng qún zhì 句 民衆によって防衛し，民衆によって管理する．

【群峰】qúnfēng 名 連なった峰々．

【群婚】qúnhūn 名（古代の）集団婚．

【群集】qúnjí 動 つめかける．群集する．¶人们～在售票处／人々がどっと切符売り場につめかけた．

【群居】qúnjū 動 大勢の人々が集まる．❷ 群がって住む．

【群口】qúnkǒu 名《芸能》三人以上の人が交替で語ったり歌ったりする演芸．¶群唱 qúnchàng，群口词 cí

【群龙无首】qún lóng wú shǒu 成 グループの中にリーダーがいない．烏合（うごう）の衆．¶～,不成气候／リーダーがいなければ，先々ものにはならない．

【群落】qúnluò 名 ❶《生物》群集．群落．❷（ビルや建物の）集合地区．

【群氓】qúnméng 名 貶 愚民．平民．表現 為政者が大衆をばかにして言いかた．

【群魔乱舞】qún mó luàn wǔ 成 悪人たちがはびこるふるまう．百鬼夜行する．

【群起】qúnqǐ 動 大勢の人が一斉に立ち上がる．¶～而攻之／一斉に立ち上がり攻撃する．

【群青】qúnqīng 名 青色の顔料．群青（ぐんじょう）．

【群情】qúnqíng 名 文 人々の気持ち．¶～激奋／人々の気持ちが奮い立つ．

【群山】qúnshān 名 連山．丘陵．

【群书】qúnshū 名 多くの書物．群書．

【群体】qúntǐ 名 ❶《生物》(動・植物の)群体．❷ グループ．組織．団体．¶企业～／企業グループ．反 个体 gètǐ

【群像】qúnxiàng 名 群像．

【群星荟萃】qúnxīng huìcuì 句 多くのスターやアイドルが集結する．

【群雄】qúnxióng 名 多くの英雄．群雄．¶～割据 gējù（群雄割拠する）．¶～争霸 zhēngbà ／群雄が覇権を争う．

【群雄逐鹿】qún xióng zhú lù 成 群雄割拠する．

【群言堂】qúnyántáng 名 大衆の意見を聴取すること．指導者が大衆の意見を聞き，議論をたたかわせて決定を下すやり方．¶不搞一言堂,要搞～／独断でなく,大勢の意見を聞いて決定を下すべきだ．反 一言堂 yīyántáng

【群英会】qúnyīnghuì 名 先進的な人物を集めて行う会議．由来《三国演義》第45回に見えることば．赤壁の戦の前夜,呉の周瑜(しゅうゆ)が文武の諸臣と諸葛亮を集めて戦略を練った会議をこう呼んだことから．

*【群众】qúnzhòng 名 ❶ 大衆. 民衆. ¶～団体／非政府団体. ¶～观点／大衆的な観点. 同 大众 dàzhòng ❷〔量 个 ge, 名 míng〕共産党や共青団の組織に加わっていない者. ❸ 一般大衆. 指導者でも幹部でもない人.

【群众关系】qúnzhòng guānxi[-xi] 名 個人とその周囲の人々との関係.

【群众路线】qúnzhòng lùxiàn 名 大衆路線. 参考 大衆との関係を処理する中国共産党の指導原則. 大衆の利益のために,大衆の力を信じ,大衆の力に依拠することで,すべての党の活動を完遂させようとする主張.

【群众性】qúnzhòngxìng 形 大衆的な.

【群众运动】qúnzhòng yùndòng 名 大衆運動.

【群众组织】qúnzhòng zǔzhī 名 非政府組織. 民間団体. 参考 "工会"(労働組合), "青年联合会", "妇女联合会"なども含まれる.

【群租】qúnzū 動 定員をはるかに超えた人数で一つの部屋を借りて住む.

麇(異 麏) qún 鹿部 5 四 0029₄ 全16画 通用

索 群れをなしている. ¶～集 qúnjí／～至 qúnzhì(群れをなしてやってくる).

☞ 麇 jūn

【麇集】qúnjí 動 群がる. 寄り集まる.

R

ran 口乃〔ʑan〕

蚺 (異 蚦) rán 虫部 5 / 全11画 / 四 5514₇ / 通用
下記熟語を参照.
【蚺蛇】ránshé 名 大蛇. 同 蟒蛇 mǎngshé

然 rán 灬部 8 / 全12画 / 四 2333₈ / 常用
❶ 形 文 正しい. しかり. ¶ 不以为~ (その通りだとは思わない). ❷ 代 文 その(この)ようだ. ¶ 当~ dāngrán (当然だ) / 所以~ suǒyǐrán (そうである理由) / 不尽~ bùjìnrán (そうとは限らない). ❸ 接 文 しかしながら. ¶ ~而 rán'ér. ❹ 接尾 文 副詞や形容詞の後につけることば. ¶ 突~ tūrán (突然だ) / 显~ xiǎnrán (明らかな) / 欣~ xīnrán (喜んで). ❺ 動 文 "燃 rán"に同じ. ❻(Rán)姓.
*【然而】rán'ér 接 しかし. しかしながら. ¶ 他比原来瘦了一点儿,~身体却很健康 / 彼は以前より少しやせたが,体はとても健康だ.
**【然后】ránhòu 接 その後. それから. ¶ 她先把小孩送到幼儿园,~上班 / 彼女はまず子供を幼稚園に送り,それから自分が会社に向かう. 同 而后 érhòu
【然诺】ránnuò 動 文 承諾する. ¶ 重 zhòng~ / 安請け合いはしないが,いったん承諾すれば真摯に実行する. 由来 "然"も"诺"も,承諾の返事に用いられることから.
【然则】ránzé 接 文 それならば. そうだとすると.

髯 (異 髥) rán 髟部 5 / 全15画 / 四 7244₇ / 通用
名 文 ほおひげ. ひげ. ¶ ~口 ránkǒu / 美~ měirán (立派なひげ) / 虬~ qiúrán (縮れたほおひげ).
【髯口】ránkǒu 名《芸能》(京劇などの伝統劇で役者がつける)つけひげ. 同 口面 kǒumiàn

燃 rán 火部12 / 全16画 / 四 9383₈ / 常用
動 ❶ 燃える. ¶ ~烧 ránshāo / ~料 ránliào / 自~ zìrán (自然発火). 同 焚 fén, 烧 shāo ❷ 火をつける. ¶ ~起篝火 gōuhuǒ (かがり火をおこす) / ~放 ránfàng / ~香 ránxiāng (香をたく).
【燃点】rándiǎn ❶ 動 点火する. 燃やす. ¶ ~灯火 / あかりをつける. ¶ ~蜡烛 làzhú / ロウソクに火をつける. ❷ 名 発火点. 同 着火点 zháohuǒdiǎn, 发火点 fāhuǒdiǎn
【燃放】ránfàng 動 (爆竹や花火に)点火する. ¶ ~花炮 pào / 花火を打ち上げる.
【燃料】ránliào 名〔批 pī,种 zhǒng〕燃料. ¶ 固体~ / 固体燃料. ¶ 液体~ / 液体燃料.
【燃眉之急】rán méi zhī jí 成 差し迫った大事なこと. 焦眉(しょうび)の急. ¶ 为灾区送去大量食品,衣物,以解灾民~ / 被災地に大量の食料品や衣類を届け,被災者の急場をしのぐ.
【燃气轮机】ránqì lúnjī 名《機械》ガスタービン. 表現 略称は"气轮机".
【燃气热水器】ránqì rèshuǐqì 名 ガス湯沸かし器.
*【燃烧】ránshāo ❶ 動 燃える. 燃やす. ¶ ~场 / 焼却場. ¶ ~得很旺 wàng / 勢いよく燃えている. 反 熄灭 xīmiè ❷ 動 強い光と熱を出す. ¶ 西边的天空,~着一片火红的晚霞 wǎnxiá / 西の空は,燃えるように真っ赤な夕焼けだ. ❸ 名《化学》燃焼. 酸化.
【燃烧弹】ránshāodàn 名《軍事》焼夷弹(しょういだん).
【燃油】rányóu 名 燃料油.

冉 (異 冄) rǎn 冂部 3 / 全 5 画 / 四 5044₇ / 通用
❶ 下記熟語を参照. ❷(Rǎn)姓.
【冉冉】rǎnrǎn 形 文 ❶(木の枝や長髪が)しなやかにたれ下がっている. ¶ 微风吹来,柳条~飘拂 piāofú 着 / そよ風が吹いて,柳の枝がふわりと揺れている. ❷ ゆっくりした. ¶ 月亮~升起 / 月がゆっくりと上っていく. 同 徐徐 xúxú

苒 (異 荏) rǎn 艹部 5 / 全 8 画 / 四 4444₇ / 通用
❶ → 苒苒 rǎnrǎn ❷ → 荏苒 rěnrǎn
【苒苒】rǎnrǎn 形 文 細くやわらかだ. ¶ ~细柳 / 細くやわらかな柳の枝.

染 rǎn 木部 5 / 全 9 画 / 四 3490₄ / 常用
❶ 動 染める. ¶ ~色 rǎnsè / 印~ yìnrǎn (捺染(なっせん)する) / ~发 (髪を染める). ❷ 動 病気がうつる. ¶ 传~ chuánrǎn (伝染する) / ~病 rǎnbìng. ❸ 動 悪い影響を受ける. ¶ 他~上了吸毒 xīdú 的恶习 èxí (彼は麻薬中毒になった). ❹(Rǎn)姓.
【染病】rǎn//bìng 動 病気にかかる. ¶ 他~在家休息 / 彼は病気になったので,家で休んでいる. 同 得病 débìng, 患病 huànbìng
【染毒】rǎndú 名《軍事》汚染.
【染坊】rǎnfang 名〔家 jiā〕染め物屋. 同 染房 rǎnfáng
【染缸】rǎngāng 名 ❶ 染色用のかめ. ❷ 人に悪い影響をおよぼす場所. ¶ 赌场 dǔchǎng 是个"大~" / とばく場は大きな染めつぼだ.
【染料】rǎnliào 名〔种 zhǒng〕染料. ¶ 化学~ / 化学染料.
【染色】rǎnsè 動 染色する. ¶ 染了~ / ちょっと染めてみた. ¶ 你为什么头发要~呢? / あなたどうして髪を染めたの?
【染色体】rǎnsètǐ 名《医学》〔个 ge,种 zhǒng〕染色体.
【染液】rǎnyè 名 染料液.
【染指】rǎnzhǐ 動 本来自分の取り分でないものを手に入れる. ¶ ~他人之财 / 他人の財産をかすめとる. 由来『左伝』宣公四年に見えるエピソードから.

rang 口尢〔ʐaŋ〕

rāng – ràng

嚷 rāng
口部17 四 6003₂
全20画 常用

下記熟語を参照.
☞ 嚷 rǎng

【嚷嚷】rāngrang 動 ㊀ ❶大声でさわぐ.わめく.¶大家在教室外乱～/皆が教室の外で大声でわめきたてる. ❷言いふらす.¶这事别～出去/この件は他言無用だ.

蘘 ráng
艹部17 四 4473₂
全20画 通用

下記熟語を参照.
【蘘荷】ránghé 名〘植物·薬〙ミョウガ.

禳 ráng
礻部17 四 3023₂
全21画 通用

素 文 神に祈ってわざわいを払う.¶～灾 rángzāi (厄払い) /～解 rángjiě.
【禳解】rángjiě 動 文 厄除けをする.

穰 ráng
禾部17 四 2093₂
全22画 通用

❶ 名方 (～儿)稲や麦などの茎.¶～草 rángcǎo (わら). ❷素穀物がゆたかに実っている.¶～～ rángráng (豊作のよう) /～年 rángnián (豊年) /丰～ fēngráng (豊作だ). ❸同"瓤 ráng"①②に同じ. ❹(Ráng)姓.

瓤 ráng
瓜部17 四 0273₀
全22画 次常用

❶ 名 (～儿)〘植物〙ウリや果物の,種を包んでいる部分.¶西瓜～儿 xīguārángr (スイカの果肉) /橘子～儿 júzirángr (ミカンの果肉). ❷ 名 (～儿)皮や殻などの中身.¶枕头～儿 zhěntóurángr (枕の中身) /信～儿 xìnrángr (封筒の中身). ❸ 形方弱々しい.おとる.¶她刚动过手术,身体还～/彼女は手術したばかりで,まだ体がしっかりしていない).
【瓤子】rángzi 名 果物などの中身.

壤 rǎng
土部17 四 4013₂
全20画 常用

素 ❶柔らかい土.¶土～ tǔrǎng (土壌) /沃～ wòrǎng (よく肥えた土). ❷地域.¶天～之别 (成) 天と地ほどの違い) /霄～ xiāorǎng (天と地). ❸地域.¶接～ jiērǎng (地域同士が接している) /穷乡僻壤 pì～ (成) へんぴな片いなか.
【壤土】rǎngtǔ 名〘農業〙ローム.農耕に適した土質.㊁二性土 èrxìngtǔ

攘 rǎng
扌部17 四 5003₂
全20画 次常用

素 ❶奪い取る.侵犯する.¶～夺 rǎngduó. ❷排除する.排斥する.¶～除 rǎngchú /～外 rǎngwài (外国を排斥する). ❸こっそり盗む. ❹方たくし上げる. ¶～臂 rǎngbì (腕まくりする).
【攘除】rǎngchú 動 文 取りのぞく.払いのける.¶～外患 huàn /外からの攻撃を払いのける. ㊁排除 páichú
【攘夺】rǎngduó 動 文 奪い取る.¶～政权 /政権を奪取する.
【攘攘】rǎngrǎng 形 混乱している.⇨熙熙 xīxī 攘攘

嚷 rǎng
口部17 四 6003₂
全20画 常用

動 ❶大～大叫 (大声でさけぶ) /你别～,大家都睡觉了 (大声を立てないで,みんなはもう寝たのだから). ❷ ㊀大声で騒ぎ立てる.文句を言う.¶～闹 rǎngnào (大声で騒ぐ) /吵～ chǎorǎng (大声で騒ぎ立てる). ❸方しかる.さとす.¶被妈妈～了一顿(母にしかられた).
☞ 嚷 rāng

让(讓) ràng
讠部3 四 3171₀
全5画 常用

Ⅰ 動 ❶(便宜または利益を)譲る.¶把座位～给老人 /席を老人に譲る.¶两个人各不相～/二人はどちらも譲ろうとしない.¶我总是～他两步棋 qí /私はいつも彼に二駒落として将棋をやっている.
❷(ものを)すすめる.¶每次去他家,他都热情地～烟～茶 /彼の家へ行くたびに,彼は親切にたばこやお茶をすすめる.¶把她～进去了 /彼女を中に招き入れた.
❸(権利を)譲渡する.¶这套书你打算～人吗？/これだけの本を君は人に譲るのか.¶我把一部分产权 chǎnquán～出去了 /私は所有権の一部を譲り渡した.
❹(わきへ)よける.¶请～一～,我要下车 /ちょっと通して下さい,降ります.¶～开！～开！/どいた,どいた.
❺(使役表現を作り)…に…させる.…するように言う.…してもらう. ㊁ 叫 jiào 文型:A＋让＋B＋動詞句.¶～你久等了 /長らくお待たせしました.¶我考虑考虑 /ちょっと考えさせて下さい.¶～人很伤心 /人をとても悲しませる.¶～他介绍详细情况 /彼に状況を紹介してもらう.¶大夫～我休息几天 /医者は私にしばらく休むように言った.¶妈妈不～我去玩儿 /お母さんは私に遊びに行ってはいけないと言った.¶那儿不～进 /あそこには入っていけない.
❻("让我们…"で勧誘を表わし)…しましょう.¶～我们一起玩儿玩儿吧 /いっしょに楽しくやりましょう.¶～我们向老师们表示感谢 /先生方に感謝の意を表したいと思います.¶～我们共同开发新产品 /私たちは共同で新製品を開発しようではないですか.
Ⅱ 前 (受動表現を作り) …に…される. ㊁ 被 bèi 文型:A＋让＋B＋(给)＋動詞句.¶一张珍贵的邮票～小弟弟破了 /珍しい切手なのに末の弟に破られてしまった.¶她的秘密～人猜到了 /彼女の秘密が人に知られてしまった.¶本子～我忘在教室了 /ノートを教室に忘れてしまった.¶钱包～扒手 páshǒu 给偷了 /財布をすられてしまった.¶我骑车～人给撞 zhuàng 了 /自転車に乗っていて,ぶつけられてしまった.
Ⅲ (Ràng)姓.

【让步】ràng//bù 動 譲歩する.¶相互～/たがいに譲歩する. ㊁退让 tuìràng, 妥协 tuǒxié
【让价】❶ ràng//jià 動 値引きする.¶让了一半价 /半額に値引いた.¶这件衣服已经～了 /この服は既に値引きしてある. ❷ ràngjià 名 値引き価格.
【让开】ràngkāi 動 (場所などを)譲る.よける.¶～了道儿 /道をあける.¶对不起,请您～点儿 /すみません,ちょっと通して下さい. 表現 混雑したところで,道をあけて通してもらう時によく使う.
【让利】ràng//lì 動 割引する.¶～销售 xiāoshòu /割引販売.
【让路】ràng//lù 動 道を譲る.¶请大家让让路 /皆さん,ちょっと道をあけて下さい.¶所有的车辆都要给救护车～/いかなる車両も救急車には道を譲らなければならない.
【让票区】ràngpiàoqū 名 乗客同士の切符の売り買いを認めた場所.駅構内にあり,正規の値段での売買が許可されている.
【让位】ràng//wèi 動 地位を譲る.席を譲る.¶主动～给别人 /自ら他人に地位を譲る.¶在车上,他给老人～/車の中で,彼は老人に席を譲った. 表現 多く"让位

给", "让位于"などの形をとる.
【让贤】ràng//xián [動] 有能な人間にポストを譲る.
【让座】ràng//zuò [動]（～儿）❶席を譲る. ❷席をすすめる. ¶主人～又让茶,十分热情 / 主人はお客を席まで案内したうえにお茶をふるまい,とても温かく迎えた.

rao ㄖㄠ〔ʐau〕

荛（蕘）ráo 艹部 6 [四] 4421₂ 全 9 画 [通用]
[名] ❶ [文] 柴. ¶刍～ chúráo（柴刈りをする人）. ❷（Ráo）姓.

饶（饒）ráo 饣部 6 [四] 2571₂ 全 9 画 [常用]
❶ [素] たっぷりある. 豊かだ. ¶丰～ fēngráo（豊かでたっぷりある）/ 富～ fùráo（富裕だ）/ ～舌 ráoshé. ❷ [動] さらに加える. ¶～上一个（さらに一つ加える）. ❸ [動]（人を）大目に見る. 許す. ¶～恕 ráoshù / 讨～ tǎoráo（許しを請う）. ❹ [接] …にかかわらず. ¶～这么严 yán,还有漏洞 lòudòng（こんなに厳しいのに,まだ手抜かりがある）. ❺（Ráo）姓.
【饶命】ráo//mìng [動] 命を助けてやる. ¶哀求 āiqiú～ / 命ごいをする. ¶饶他一命 / そいつの命を助けてやる. [表現] 多く命ごいのときに用いる.
【饶舌】ráoshé [動] よくしゃべる. ¶关于这件事,你别多～了 / この件については,君,余計なことをしゃべるなよ.
【饶恕】ráoshù [動] 罪を許す. ¶不可～的过失 / 許せない過ち. ¶大家～了他 / みんなは彼を許した.
【饶头】ráotou [名]（～儿）おまけ. ¶这是个～,不要吗? / これはおまけですが,いりませんか.
【饶有风趣】ráo yǒu fēng qù [成] 興趣がつきない. ¶～的演讲 / とても興味深い講演.

娆（嬈）ráo 女部 6 [四] 4541₂ 全 9 画 [通用]
→妖娆 yāoráo
☞ 娆 rǎo

桡（橈）ráo 木部 6 [四] 4591₂ 全10画 [通用]
[名] [文] 船の櫂(かい).
【桡动脉】ráodòngmài [名]《生理》橈骨(とうこつ)動脈.
【桡骨】ráogǔ [名]《生理》〔[量] 根 gēn, 块 kuài〕橈骨(とうこつ).

扰（擾）rǎo 扌部 4 [四] 5301₂ 全 7 画 [常用]
❶ [素] かき乱す. じゃまをする. ¶纷～ fēnrǎo（動揺. 混乱）/ ～乱 rǎoluàn / 搅～ jiǎorǎo（じゃまをする）. ❷ [動] もてなしを受けたときのお礼のことば. ¶打～ dǎrǎo!（おじゃましました）/ 叨～ tāorǎo（ごちそうになりました）/ 我们～了他一顿饭（私たちは彼にごちそうになった）.
【扰动】rǎodòng [動] ❶騒ぐ. かき乱す. ¶～人心 / 人心を惑わす. ❷じゃまをする.
【扰害】rǎohài [動] かき乱す. ¶～社会秩序 / 社会秩序をかき乱す.
【扰乱】rǎoluàn [動] かき乱す. ¶～市场 / マーケットを混乱させる. [同] 干扰 gānrǎo, 搅扰 jiǎorǎo
【扰乱法庭秩序罪】rǎoluàn fǎtíng zhìxùzuì [名]《法律》法廷侮辱罪. 法廷の秩序維持を乱す行為に対する罪名.
【扰民】rǎomín [動] 人々に迷惑をかける.
【扰攘】rǎorǎng [形]（世の中が）騒然としている. 混乱をきわめる. ¶干戈 gāngē～ / 戦争で世の中が騒乱状態だ.
【扰扰】rǎorǎo [形] [文] 混乱している.（歌声などで）さわがしい.

娆（嬈）rǎo 女部 6 [四] 4541₂ 全 9 画 [通用]
[動] [文] じゃまをする.
☞ 娆 ráo

绕（繞❶❷ / [異] 遶❸❹）rào 纟部 6 全 9 画 [四] 2511₂ [常用]
❶ [動] ぐるぐる巻く. ¶～线（糸を巻く）/ ～毛线（毛糸を巻く）. ❷ [動] 頭が混乱する. ¶这句话把他～住了（このことばは彼を混乱させた）. ❸ [動] 回り道をする. ¶～远 ràoyuǎn（遠回りする）/ ～行 ràoxíng（回り道をする）/ ～得过来（迂(う)回できる）. ❹ [動] ぐるぐる回る. ¶鸟～着树飞（鳥が木のまわりを旋回している）. ❺（Rào）姓.
【绕脖子】rào bózi [句] ❶遠回しにいう. 遠回しに行う. ¶他说话太啰唆 luōsuō, 净 jìng～ / 彼は話がくどくて,いつも遠回しにしゃべる. ❷入りくんで分かりにくい.
【绕道】rào//dào [動]（～儿）回り道をする. ¶～而行 / 回り道をする.
【绕口令】ràokǒulìng [名]（～儿）〔[量] 段 duàn, 个 ge, 句 jù〕早口ことば. ¶～说得真流利 / 早口ことばをとてもなめらかに言える. [同] 拗口令 àokǒulìng, 急口令 jíkǒulìng
【绕梁】ràoliáng [動] 美しい声や楽の音が堂に満ちて,余韻がいつまでも消えない. [由来]『列子』湯問篇の故事から.
【绕圈子】rào quānzi [句] ❶ぐるぐる歩き回る. ¶绕了几个圈子才找到你家 / ぐるぐる回ってやっと君の家を見つけた. ❷まわりくどく言う. ¶你别和我～了! / 私にまわりくどい話はやめてくれ.
【绕弯儿】rào//wānr [動] ❶ [方] ぶらつく. 散歩する. ¶饭后,绕绕弯儿对身体有好处 / 食後に少し散歩するのは体にいい. ❷遠回しにいう. [同] 绕弯子 rào wānzi
【绕弯子】rào wānzi [句] 遠回しにいう. ¶他说话喜欢～ / 彼は遠回しな話し方を好む.
【绕行】ràoxíng [動] ❶回り道をする. ❷ぐるっと一周する.
【绕远儿】rào//yuǎnr ❶ [動] 遠回りする. 迂(う)回する. ¶我宁肯 nìngkěn 绕点远儿,也不走天桥 / 私は歩道橋を渡るより遠回りするほうがいい. ❷ [形] 遠回りだ. 迂(う)回している.
【绕组】ràozǔ [名]《電気》巻き線.
【绕嘴】ràozuǐ [形] 舌がもつれる. ¶这句绕口令说起来挺～ / この早口ことばは,言ってみると舌がもつれる.

re ㄖㄜ〔ʐɤ〕

喏 rě 口部 8 [四] 6406₄ 全11画 [通用]
[名] 古代,敬意をあらわす呼び声.
☞ 喏 nuò

惹 rě 心部 8 [四] 4433₆ 全12画 [常用]
[動] ❶よくないことを引き起こす. ¶～事 rěshì / ～祸 rěhuò / ～了一身不是（ひどく非難された）. ❷相手を不

快にさせる. 刺激する. ❸ 人にある反応を起こさせる. ¶～人注意(人の注意をひく) / 这女孩～人喜欢(この娘は誰からも好かれる).

【惹不起】rěbuqǐ 動 手におえない. 手出しができない.
【惹得起】rědeqǐ 動 逆らえる. 相手にする勇気がある. ¶谁～他？ / 彼に逆らえる者がどこにいる.
【惹火烧身】rě huǒ shāo shēn 成 自分で災いを招く. 身から出たさび. ¶他出了个主意,结果～ / 彼は自分で言い出したことで,最後には災いを招いた. 同 引 yǐn 火烧身
【惹祸】rě//huò 動 自ら災いを招く. ¶招灾～ / 災いを招く.
【惹恼】rěnǎo 動 怒る. 怒らせる.
【惹气】rě//qì 動 怒らせる. ¶为一点儿小事～ / ささいなことで腹を立てる.
【惹事】rě//shì 動 いざこざやトラブルを起こす. ¶在外面～ / 外でいざこざを起こす.
【惹是非】rě shìfēi[-fei] → 惹是生非
【惹是[事]生非】rě shì shēng fēi 成 いざこざを起こす. 物議をかもす. 同 生事 shēngshì, 滋事 zīshì
【惹眼】rě//yǎn 動 ❶ 人目をひく. 人目につく.

热(熱) rè ⺣部6 四 5533₁ 全10画 常用

❶ 名《物理》熱. ¶～能 rènéng / 传～ chuánrè (熱を伝える). ❷ 形 温度が高い. 天気が高い. ¶～暑い) / 饭 rèfàn (熱々のご飯) / ～水 rèshuǐ / 趁 chèn～打铁 (鉄は熱いうちに打て). 反 冷 lěng, 凉 liáng, 寒 hán ❸ 動 熱を加える. ¶把菜～一～再吃 (おかずをもう一度温め直して食べる) / 妈妈用微波炉 wēibōlú 把饭菜～了一下 (お母さんは電子レンジでご飯やおかずを温めた). ❹ 名 病気による熱. ¶发～ fārè (熱が出る) / 退～ tuìrè (熱が下がる). ❺ 素 誠意や愛情が厚い. ¶亲～ qīnrè (親密な) / 情 rèqíng / ～爱 rè'ài / ～心肠 rèxīncháng. ❻ 素 うらやましがる. ¶眼～ yǎnrè (うらやみねたむ). ❼ 素 人気がある. ¶～门 rèmén / ～货 rèhuò (人気商品). ❽ 接尾 ブーム. ¶足球～ zúqiúrè (サッカーフィーバー) / 旅游～ lǚyóurè (旅行ブーム). ❾ (Rè) 姓. 表現 ❸ は食べ物についていうことが多い.

*【热爱】rè'ài 動 熱愛する. ¶～科学 / 科学に熱中する. ¶我～大自然的一草一木 / 私は大自然の中の草や木の一本一本を深く愛する. 同 痛根 tònghèn
【热病】rèbìng 名《中医》熱病.
【热播】rèbō 動 (人気のある番組が) 何度も放送される.
【热补】rèbǔ 動 (タイヤなどを) 熱で溶かして修理する.
【热肠】rècháng 名 人情味あふれる心. 熱意. 同 热心肠
【热潮】rècháo 名〔股 gǔ〕高まり. 気運. ¶学习中文的～ / 中国語学習ブーム.
【热炒】rèchǎo 動 熱狂的に煽(ā)る. 話題に火をそそぐ.
【热忱】rèchén ❶ 名 熱意. 熱情. ¶爱国～ / 国を愛する思い. ¶他的敬业～令人感动 / 彼の仕事への熱心な取り組みには頭が下がる. ❷ 形 情熱的だ. ¶～助人 / 人を助けることに熱心だ.
【热诚】rèchéng 形 熱意がこもっている. ¶主人～地欢迎宾客的到来 / 主人は客の到着をあたたかく迎えた.
【热处理】rèchǔlǐ 動 ❶《工業》(金属などに) 熱処理を加える. ❷ (事件発生後) ただちに処理する.
【热带】rèdài 名 熱帯. ¶～低气压 / 熱帯低気圧. ¶亚～ / 亜熱帯. 回归带 huíguīdài 反 寒带 hándài
【热带鱼】rèdàiyú 名《魚》熱帯魚.
【热带雨林】rèdài yǔlín 名 熱帯雨林.
【热得快】rèdekuài 名《電気》直接加熱式の,電気コイルでできた湯わかし電熱器.
【热点】rèdiǎn 名 ❶ 注目を集めている場所や事柄. ¶～问题 / ホットな話題. ❷ (議論などの) 焦点. 争点. ❸《物理》周辺より温度が高い区域.
【热电】rèdiàn 名《物理》熱電気. パイロ電気. ¶～偶ǒu / 熱電対(ō).
【热电厂】rèdiànchǎng 名 火力発電所. 同 电热厂
【热电子】rèdiànzǐ 名《物理》熱電子.
【热度】rèdù 名 ❶ 温度. 熱さ. ❷ 熱心さ. ¶他们只有五分钟～ / 彼らはとてもあきっぽい. ❸ 回 病気による熱. ¶昨天小孩发烧,打了一针,～降下来了 / ゆうべ子供が熱を出したが,注射で熱が下がってきた.
【热风】rèfēng 名 熱風.
【热敷】rèfū 動《医学》温湿布をする. ¶腰扭了一下,～以后好多了 / 腰をひねって痛めてしまったが,温湿布したらずっと良くなった. 同 热罨 rèyǎn
【热辐射】rèfúshè 名《物理》熱放射. 熱輻(ō)射.
【热狗】règǒu 名《料理》ホットドッグ. ♦hot dog
【热锅上(的)蚂蚁】rè guōshàng (de) mǎyǐ 慣 熱い鍋の中のアリ. いても立ってもいられないようす. ¶他想不出有效的办法,急得像～ / 彼はいい方法が思い浮かばず,鍋の中のアリのようにじりじりした.
【热合】rèhé 動 (ビニールやゴムなどを) 過熱して接着させる.
【热河】Rèhé 地名 熱河(ō)省. 参考 中国北部の旧省名. 1928年に設置. 1955年に廃止され,分割して河北省・遼寧省・内モンゴル自治区に編入された. 省都は承徳.
【热核反应】rèhé fǎnyìng 名《物理》熱核反応. 原子核融合. 同 聚变 jùbiàn
【热核武器】rèhé wǔqì 名《軍事》水素爆弾などの核兵器.
【热烘烘】rèhōnghōng 形 (～的) かっかと熱い. ¶暖气一开,房间里～的 / 暖房をつけたら,部屋はぽかぽかになった.
【热乎乎[呼呼]】rèhūhū 形 (～的) 温かい. ¶～的被窝 bèiwō / ぽかぽかの寝床. ¶冬天,人们喜欢吃～的饭菜 / 冬はみな湯気がほかほかの食事を食べたがる. 同 热和 huo
【热乎[呼]】rèhu ❶ 形 (食物が) 温かくておいしい. 熱くておいしい. ¶锅里的粥 zhōu 还挺～ / 鍋のおかゆはまだとても温かい. ❷ 形 仲がよい. 親密だ. ¶老朋友见面都挺～ / 古い学友が顔を合わせれば,みな和やかに打ちとける. 同 热和 rèhuo, 热呼 rèhu ❸ 動 温める. ¶用电热毯 diànrètǎn 把被子～一下 / 電気毛布でふとんを暖めてちょうだい.
【热化】rèhuà 名 ❶ 電気エネルギーと熱エネルギーを同時に生産すること. ❷ 強い刺激を受けて,へなへなになること. ❸《物理》熱中性子化. 参考 ① は中国の一部の火力発電所で,電気の供給以外に蒸気機関の排気を利用してスチームや温水を供給することをいう.
【热火朝天】rè huǒ cháo tiān 成 熱気を帯びている. 意気盛んだ. ¶建设工地上,大伙儿～干得～ / 建築現場では,みんなはりきって仕事をしている.
【热火】rèhuo 形 ❶ (会场などに) 熱気がある. 同 热烈 liè ❷ 親密だ. 同 热和 huo

【热和】rèhuo 形 ㊀ ❶ 温かい. ¶屋子里~起来了 / 部屋の中が暖まってきた. ❷ 仲が良い. ¶老朋友久别重逢 chóngféng, 很快~地交谈起来 / 古い友人どうしが久しぶりに再会したら, たちまち和やかに話し始めた. ㊁ 热乎 rèhu

【热机】rèjī 名《機械》熱機関.

【热加工】rèjiāgōng 動 高温加工する. 熱間加工する.

【热键】rèjiàn 名《コンピュータ》ホットキー.

【热辣】rèlà 形 ❶（日ざしなどが）ひりひりと熱い. ほてるように熱い. ❷ 待望の. 熱狂的な.

【热辣辣】rèlàlà 形（~的）かっかと熱い. 熱くてひりひりする. ¶夏天的太阳把身上晒得~的 / 夏の太陽が体をかっかと照らす.

【热浪】rèlàng 名〔㊙ 股 gǔ〕熱波. 熱気. ¶烈日炎炎, ~滚滚 gǔngǔn / 夏の太陽がじりじりと照りつけ, 熱気がむんむんしている.

【热泪】rèlèi〔滴 dī, 行 háng〕感動の涙. 感涙.

【热泪盈眶】rèlèi yíng kuàng 成 熱い涙が目にあふれる. ¶她站在冠军台上领奖时, 激动得~ / 彼女は優勝して表彰台に立った時, 感激して熱い涙があふれ出した.

【热力】rèlì 名 熱エネルギーによって生じる力.

【热力学】rèlìxué 名《物理》熱力学.

【热恋】rèliàn 動 熱愛する. ¶他俩正在~之中 / あの二人は, 今お互いにラブラブだ.

【热量】rèliàng 名《物理》熱量. カロリー. ¶食物的~ / 食物のカロリー.

【热量计】rèliàngjì 名《機械》熱量計. カロリーメーター.

*【热烈】rèliè 形 熱烈だ. ¶~的掌声 / 熱烈な拍手. ¶~欢迎 / 心より歓迎する. ¶会场的气氛 qìfēn 很~ / 会場はとても盛り上がっている.

【热流】rèliú 名〔㊙ 股 gǔ〕❶ 熱い思い. ¶听了小美的话, 一股~传遍全身 / メイちゃんの話を聞いて, 熱い思いが体中をかけめぐった. ❷ 気運. ¶改革的~ / 改革の気運. ㊁ 热潮 rècháo

【热卖】rèmài 動（商品が）飛ぶように売れる. ㊁ 畅销 chàngxiāo

【热门】rèmén 名（~儿）流行のもの. 人気のもの. ¶~话题 / みんなが口にする話題. ¶小明选择 xuǎnzé 了~的专业 / ミンさんは人気のある学問に専攻した.

【热门货】rèménhuò 名 人気商品. ㊁ 热货

【热敏电阻】rèmǐn diànzǔ《電気》サーミスター.

*【热闹】rènao ❶ 形 にぎやかだ. ¶~的大街 / にぎやかな大通り. ❷ 動 集まって, にぎやかにする. 盛り上がる. ¶联欢会上, 大家~了一番 / 親睦パーティーでは, みんなにぎやかにひとときを過ごした. ❸ 名（~儿）にぎわい. ¶她喜欢看~ / 彼女はヤジウマ見物が好きだ. 囲 热热闹闹 ㊃ 冷清 lěngqīng, 冷落 lěngluò

【热能】rènéng 名 熱エネルギー. 熱量. ¶~输出 shūchū / 熱出力. ¶核 hé~ / 核エネルギー.

【热膨胀】rèpéngzhàng 名《物理》熱膨張.

【热评】rèpíng 動 好評を博す. （注目を浴びて）論評が絶えない.

【热气】rèqì 名 熱気. ¶~高涨 gāozhǎng / 熱気が高まる.

【热气球】rèqìqiú 名 熱気球.

【热气腾腾】rèqì téngténg 成 ❶ 料理が湯気を立てている. ❷ 熱気で沸き立っている.

【热切】rèqiè 形 熱烈で心がこもっている. 切実だ. ¶~的愿望 / 切なる願い.

**【热情】rèqíng ❶ 名〔㊙ 股 gǔ〕熱意. 熱情. ¶工作~ / 仕事への意欲. ¶大家学习的~很高 / 皆さんたいへん勉強熱心です. ❷ 形 心がこもっている. ¶~服务 / 心のこもったサービス. ¶~接待 jiēdài / 心をこめて接待する. ㊁ 热忱 rèchén, 热诚 rèchéng, 热心 rèxīn ㊃ 冷淡 lěngdàn

【热情洋溢】rèqíng yángyì 熱情にあふれている.

【热身】rè//shēn 動《スポーツ》正式試合に備えて練習試合をする. ウオーミングアップする. ¶~赛 sài / 練習試合.

【热水】rèshuǐ 名 お湯. ¶他喜欢洗~澡 / 彼は熱い風呂が好きだ.

【热水袋】rèshuǐdài 名 ゴム製の湯たんぽ.

*【热水瓶】rèshuǐpíng 名 ㊀〔㊙ 个 ge, 只 zhī〕魔法ビン. ㊁ 暖水瓶 nuǎnshuǐpíng

【热水器】rèshuǐqì 名 湯沸かし器.

【热塑性】rèsùxìng 名《化学》熱可塑性.

【热腾腾】rèténgténg 形（~的）あつあつだ. ほっかほかだ. ¶我最爱吃~的小笼包子 xiǎolóngbāozi / ほかほかの小籠包（ショーロンポー）が好きだ. ㊁ 冷冰冰 lěngbīngbīng 参考 口語では"rètēngtēng"とも読む.

【热天】rètiān 名（夏の）暑い日.

【热土】rètǔ 名 住み慣れて愛着を抱いている場所. 表現 多く故郷をさす.

【热瓦甫】rèwǎfǔ 名《音楽・民族》ウイグル族の民族楽器. ラワープ. ルバーブ. 首の長い弦楽器で, 羊の角のような形の装飾部分に特徴がある.

【热望】rèwàng ❶ 動 ㊁ 熱望する. ¶他~当律师 lǜshī / 彼は弁護士になりたいと切望している. ❷ 名〔片 piàn〕熱望. ¶我不能辜负 gūfù 父母的一片~ / 私は両親の熱い期待を裏切るわけにはいかない.

【热污染】rèwūrǎn 名 熱公害.

【热线】rèxiàn 名 ❶ ホットライン. 直通電話. ¶~服务 / ホットラインサービス. ¶~旅游 / 観光名所ホットラインサービス. ❷ 赤外線. ㊁ 红外线 hóngwàixiàn

【热销】rèxiāo 形 売れゆきがよい.

【热效率】rèxiàolǜ 名《物理》熱効率.

【热效应】rèxiàoyìng 名《物理》反応熱.

*【热心】rèxīn ❶ 動 精力的に取り組む. ¶~求学 / 熱心に勉学に励む. ¶他一向~教育事业 / 彼はこれまでずっと, 教育事業に尽力してきた. ❷ 形 熱心だ. ¶~人 / 熱心家. ¶他很~ / 彼はとても熱心だ.

【热心肠】rèxīncháng 名（~儿）〔㊙ 副 fù〕人情味あふれる心. 前向きな性格.

【热学】rèxué 名《物理》熱学.

【热血】rèxuè 名 熱血. ¶~青年 / 正義感あふれる青年. ¶~沸腾 fèi téng / 成 熱い血が沸き立つ.

【热药】rèyào 名《中医》温熱薬.

【热饮】rèyǐn 名〔㊙ 杯 bēi〕熱い飲み物. ㊃ 冷饮 lěngyǐn 参考 ホットミルク, ホットコーヒー, ホットティーなどをいう.

【热映】rèyìng 動（人気のある）映画が何度も上映される. ロングランになる.

【热源】rèyuán 名《物理》熱源. ¶开发~ / 熱源を開発する.

【热轧】rèzhá 名 動《工業》熱間圧延（する）.

【热战】rèzhàn 名 軍事力で戦う戦争. 実戦. ㊃ 冷战 lěngzhàn

【热胀冷缩】rèzhàng lěngsuō 成《物理》熱膨張.

【热障】rèzhàng 名《物理》熱の障壁. 参考 超音速飛行を行う飛行機やロケットの機体の金属が, 空気との摩擦熱

人 rén

によって損耗する現象.
【热值】rèzhí 名《物理》発熱量. 熱量.
【热中】[=] rèzhōng 動 ❶(名誉や利益に)熱望する. ¶～名利 / 名利に恋いこがれる. ❷夢中になる. 熱中する. ¶他对电脑很～ / 彼はコンピューターに夢中だ.

ren ㄖㄣ [zən]

人 rén   人部0 四 8000。
全2画 常用

❶名〔帮 bāng, 个 ge, 伙 huǒ, 口 kǒu〕人. ¶男～ nánrén(男) / 女～ nǚrén(女) / ～类 rénlèi / 外国～ wàiguórén(外国人). ❷名すべての人. ¶～所共知 rén suǒ gòng zhī. ❸素 おとな. ¶长大 zhǎngdà 成～(一人前になる). ❹名 他人. ¶助～为乐 wéi lè(人を助けることを喜びとする). (反 己 jǐ)
❺名 人柄や性格. ¶他 ～ 老实 lǎoshi(彼はまじめだ) / 这位同志为～不错(この同志は人柄がよい). ❻素ある職業または身分の人. ¶工～ gōngrén(労働者) / 客～ kèrén(お客). ❼名 意識. ¶我最近～ 不大舒服(私は最近体の調子がよくない). ❽(Rén) 姓.

【人本主义】rénběn zhǔyì 名《哲学》ヒューマニズム. 人本主義.
【人不人,鬼不鬼】rén bù rén, guǐ bù guǐ 俗 人とも化け物ともつかない. 得体が知れない.
*【人才[材]】réncái 名 有為の人材. ¶～难得 / 人材は得難いものだ. ¶～济济 jǐ jǐ 成 多士済済(%?). ¶爱护～ / 人材を大切にする. ❷(旧)器量. 顔立ち. 人品. ¶有几分～ / 器量はまずまずだ. ¶这小伙子长得一表～ / この若者は立派な風貌(??)をしている.
【人才回流】réncái huíliú 俗 人材の回帰. 外部に流失した人材が元の職場に戻ること.
【人才库】réncáikù 名 人材バンク.
【人才市场】réncái shìchǎng 名 ❶企業紹介や人材斡旋を行う場所または機関. ❷人材のマーケット.
【人材辈出】rén cái bèi chū 成 人材を輩出する.
【人称】rénchēng 名《言語》人称. ¶～代词 / 人称代名詞.
【人次】réncì 量 延べ人数を数えることば. ¶参観这次展览的已达二百万～ / 今回の展覧を見学した人は, 延べ200万人に達した. (注意)後に名詞をおけない.
【人丛】réncóng 名 人の群れ.
【人大】Réndà 名 ❶ "全国人民代表大会 Quánguó rénmín dàibiǎo dàhuì"の略称. ¶～常委会 / 全国人民代表大会常務委員会. ¶～代表 / 全国人民代表大会代表. ❷ "中国人民大学 Zhōngguó rénmín dàxué"の略. (表現)この時は, 市や区·省·自治区の"人民代表大会"の略としても使われる.
【人代会】Réndàihuì 名 "人民代表大会"(人民代表大会)の略.
【人道】réndào 名 ❶人として取るべき道. ❷形 人道的だ. ¶对那种不～的行为要严厉遣责 qiǎnzé / そうした非人道的行為は, 厳しく糾責(%?)すべきだ.
【人道主义】réndào zhǔyì 名 人道主義.
【人地生疏】rén dì shēng shū 成 人や土地にうとい. 土地に不案内だ.
【人丁】réndīng 名 ❶(旧)成人の男子. ❷人口. (一家や一族の)人数.

【人定胜天】rén dìng shèng tiān 成 人間の力で自然に打ち勝つ. (同) 人强 qiáng 胜天
【人堆儿】réndūir 名 ❶ 人がき. 人だかり.
【人多势众】rén duō shì zhòng 成 人が多く優勢だ.
【人多嘴[口]杂】rén duō zuǐ [kǒu] zá 成 人が多いと意見もいろいろ出る.
【人犯】rénfàn 名 (旧)[(個 干 gān, 个 ge, 伙 huǒ)] 事件の容疑者.
【人贩子】rénfànzi 名〔个 ge, 伙 huǒ〕人買い.
【人防】rénfáng 名 "人民防空"(国家が人民を組織して行う防空活動)の略.
【人非草木】rén fēi cǎomù 成 人は草木にあらず. (同) 人非土木表現 人は草木とは違い, 感情を持っている, という意.
【人份】rénfèn 量 …人分. ¶麻疹 mázhěn 疫苗 yìmiáo 五十万～ / はしかのワクチン50万人分.
【人夫】[代] rénfū 名 人夫.
【人浮于事】rén fú yú shì 成 人の数が仕事の量よりも多い. ¶精简机构, 以改变～的现状 / 組織を合理化し, 仕事量より人が多い現状を改革する.
【人格】réngé 名 ❶ 人の性格·気質·能力などの総体. ❷人格. 品格. ¶～高尚 gāoshàng / 人格が高尚だ. ¶尊重～ / 人格を尊重する. ❸人間性. 自尊心. ¶我以我的～担保 dānbǎo / 私の名誉にかけて保証する.
【人格化】réngéhuà 動 擬人化.
*【人工】réngōng ❶形 人工の. 手入による. (同) 人造 rénzào (反) 自然 zìrán, 野生 yěshēng ❷名 人力. 労働力. ¶～操作 cāozuò / 手動による操作. ¶～栽培 zāipéi / 人の手による栽培. (反) 机械力 jīxièlì ❸名 人手. 手間. 1人の1日分の仕事量. ¶这活儿很费～ / この仕事は非常に人手がかかる.
【人工岛】réngōngdǎo 名 人工島.
【人工合成】réngōng héchéng 名 人工(品). 人工合成される.
【人工呼吸】réngōng hūxī 名 人工呼吸.
【人工湖】réngōnghú 名 人造湖.
【人工降雨[水]】réngōng jiàngyǔ[-shuǐ] ❶名 人工降雨. ❷動 人工的に雨を降らせる.
【人工流产】réngōng liúchǎn 名動《医学》人工中絶(する). (同) 打胎 dǎtāi, 堕胎 duòtāi 表現 略称は"人流".
【人工脏器】réngōng qìguān 名 人工臓器.
【人工授精】réngōng shòujīng 名動 人工授精(を行う).
【人工智能】réngōng zhìnéng 名《コンピュータ》人工知能.
【人公里】réngōnglǐ 量《交通》旅客輸送量を計算する単位. ¶～ / 旅客一人を1キロメートル運ぶ量.
【人海】rénhǎi 名 ❶人の海. 人の波. ¶人山～ / 黒山の人だかり. ❷世の中. 社会.
【人和】rénhé 名 ¶天时不如地利, 地利不如～ / 天の時は地の利に如(し)かず, 地の利は人の和に如かず("孟子"に見えることば).
【人欢马叫】rén huān mǎ jiào 成 人が楽しげに働き, 馬のいななきが明るく響く. 農村が活気に満ちている.
【人祸】rénhuò 名 人災. ¶天灾～ / 天災と人災. 天灾 tiānzāi
【人机界面】rénjī jièmiàn 名《コンピュータ》ユーザー·イ

ンターフェース.
【人际关系】rénjì guānxì 名 人間関係.
【人迹】rénjì 名 人の足跡.
【人迹罕至】rénjì hǎn zhì 成 人跡まれだ.
*【人家】rénjiā 名（～儿）❶〔量 个 ge, 户 hù, 家 jiā〕人家. 住居. ¶这个村子不多 / この村には人家が少ない. ❷家庭. 家柄. ¶勤俭 qínjiǎn～ / 質素な家庭. ¶富裕 fùyù～ / 豊かな家庭. ❸嫁ぎ先.
【人家】rénjia 代 ❶他人. ひとさま. ¶～怎么说，我可不在意 / 人がどう言おうと、私は気にしない. ❷あの、あの人. あの人たち. ❸自分. ¶～都快吓死了 / すごくびっくりしたよ.
【人间】rénjiān 名 世の中. 世間. ¶～乐园 / この世の楽園. ¶春满～ / 春まっ盛り. ¶这真是～奇迹 / これはまったくこの世の奇跡だ. 参考 人世 rénshì, 世间 shìjiān, 人寰 rénhuán 参考 日本語では、「じんかん」と読む.
【人间地狱】rénjiān dìyù 熟 この世の地獄. ⇨人间
【人杰】rénjié 名文 傑出した人物.
【人杰地灵】rén jié dì líng 傑出した人物が生まれたり訪れたりして、その地が名勝地になる.
【人尽其才】rén jìn qí cái 自己の才能を十分に発揮する.
【人均】rénjūn 動 一人当たりで計算する.
【人均收入】rénjūn shōurù 名《経済》一人当たりの平均収入.
【人孔】rénkǒng 名 マンホール.
*【人口】rénkǒu 名 ❶人口. ¶～普查 / 国勢調査. ¶控制 kòngzhì～增长 / 人口増加をコントロールする. ❷家族の人数. ❸人々の口. 評判. ⇨脍炙人口 kuài zhì rén kǒu
【人口学】rénkǒuxué 名 人口学.
【困马乏】rén kùn mǎ fá 成 疲れ果てたようす.
【人老珠黄】rén lǎo zhū huáng 成旧 女性は年をとると、黄ばんだ真珠と同じように重視されなくなる.
*【人类】rénlèi 名 人．人類. ¶～社会 / 人間社会.
【人类基因图谱】rénlèi jīyīn túpǔ《生物・医学》ヒトゲノム.
【人类基因组计划】rénlèi jīyīnzǔ jìhuà 名《生物・医学》ヒトゲノム計画.
【人类学】rénlèixué 名 人類学.
【人力】rénlì 名 人手. 人の労働力.
【人力车】rénlìchē 名 ❶人力で動かす車. ❷人力車. 同 洋车, 东洋 dōngyáng 车 表現 ①は、"兽力车"（家畜に引かせる車）や"机动车"（動力で動く車）と区別していう.
【人力资源】rénlì zīyuán 名 人的資源.
【人流】rénliú ❶名 人の流れ. ❷名 "人工流产 réngōngliúchǎn"の略称. ¶做～手术 / 中絶手術をする.
【人伦】rénlún 名旧 人として守るべき上下長幼の秩序や道徳. 人倫.
【人马】rénmǎ 名 ❶〔量 队 duì, 路 lù〕軍隊. ❷陣容. 顔ぶれ. ¶原班～/ もとのままの顔ぶれ.
【人满为患】rén mǎn wéi huàn 成 人が多すぎることによるトラブル.
**【人们】rénmen 名 多くの人々.
【人面兽心】rén miàn shòu xīn 成 人の面をかぶった獣. 人面獣心. ¶你这～的东西, 给我滚！ / おまえは人間の顔をした獣だが、おれの前からうせろ！
**【人民】rénmín 名 人民 ¶忠于 zhōngyú～ / 人民に忠実だ. ¶～群众 qúnzhòng / 人民大衆.

*【人民币】rénmínbì 名 人民元. 中国の通貨. 参考 単位は"圆 yuán"で、ふつう"元 yuán"と書き、話しことばでは"块 kuài"と言う. "一元"は"十角".
【人民大会堂】Rénmín dàhuìtáng 名 人民大会堂. 中国の全国人民代表大会（日本の国会に相当）の会場で、日本の国会議事堂に相当する建物. 北京の天安門広場の西側にある.
【人民代表大会】Rénmín dàibiǎo dàhuì 名 人民代表大会. 参考 人民が国家権力を行使する（立法）機関で、最高権力機関の"全国 Quánguó 人民代表大会"と、地方の国家権力機関である"(地方各级)人民代表大会"がある.
【人民法院】rénmín fǎyuàn 名 裁判所. 国家の裁判権を行使する司法機関. 参考 "最高人民法院"、"(地方各级)人民法院"、"专门人民法院"などがある.
【人民公社】rénmín gōngshè 名 人民公社. 参考「大躍進」運動の中で1958年に中国の農村に設立された、生産・行政・社会の基層組織. 1982年に解体された.
【人民检察院】rénmín jiǎncháyuàn 名 人民検察院. 中国の国家検察機関. 参考 日本の検察庁に当たるが、機能や権限は若干異なる. "最高人民检察院""地方各级人民检察院""专门人民检察院"がある. 略称は"检察院".
【人民解放军】Rénmín jiěfàngjūn 名 中国人民解放軍. 参考 1927年に建軍され、"中国工农红军"、"八路军 Bālùjūn"、"新四军 Xīnsìjūn"などの呼称を経て1947年に改称された.
【人民警察】rénmín jǐngchá 名 警官. 略称は"民警 mínjǐng".
【人民民主专政】rénmín mínzhǔ zhuānzhèng 名 人民民主独裁. 参考 労農同盟を基礎とし、プロレタリア階級が指導する独裁.
【人民内部矛盾】rénmín nèibù máodùn 名 人民としての根本的な利益を同じくしたうえで、異なる集団の間で、あるいは集団内部に存在する矛盾. 反 敌我 díwǒ 矛盾
【人民日报】Rénmín rìbào 名『人民日報』. 参考 中国共産党中央委員会機関紙で、中国で最も権威のある全国紙.

人民日报

【人民团体】rénmín tuántǐ 名 民間団体. 参考 政府に認定され、社会主義建設のために奮闘する任務を持つ民間組織をいう. "红十字会"（赤十字社）、"工会"（労働組合）などがある.
【人民性】rénmínxìng 名 文芸作品で、人民の生活・思想・情感・願望などが反映された要素.

【人民英雄纪念碑】Rénmín yīngxióng jìniànbēi 名 人民英雄纪念碑.北京の天安門広場に立つ記念碑. 参考 1840年から1949年までの中国革命の犠牲者を追悼するもの.高さ37.94メートルで,表には毛沢東の字で"人民英雄永垂不朽"(人民の英雄は永遠である)と書かれている.

【人民战争】rénmín zhànzhēng ❶〔量 场 cháng〕広く人民が参加する戦争. ❷ 大規模な大衆運動.

【人民政府】rénmín zhèngfǔ 名 人民政府.中国の各級の行政機関. 参考 日本の"県庁"や"市役所"などに当たる."中央人民政府"は国務院を指す.

【人命】rénmìng 名〔量 条 tiáo〕人命.¶~案子/殺人事件.¶出~了/死者が出た.

【人命关天】rén mìng guān tiān 成 人命にかかわる大事.

【人莫予毒】rén mò yú dú 成 貶 とても傲慢(ぶる)なようす. 由来『左伝』僖公二十八年に見えることば.自分に害を及ぼすものは一人もいない,という意から.

【人品】rénpǐn 名 ❶ 人格.人柄.¶~高尚/人柄が上品だ. ❷ 回 風采(ふぇ).風貌(ふぼ).¶~出众/風采が抜きん出ている.

【人气】rénqì 名 ❶(俳優や歌手などの)人気. ❷ 方 人間の品位.人柄.

【人情】rénqíng 名 ❶ 人情.¶不近~/人情にそぐわない. ❷ 人情.情実.¶托 tuō~/情実に訴える.¶不讲~/私情をはさまない. ❸ よしみ.好意.¶做个~/よしみを示す.¶空头~/うわべだけの好意.¶卖~/恩を売る. ❹ 冠婚葬祭やつきあいの贈り物.¶送~/贈り物をする. ❺ 世間のつきあい.¶~往来,不支可不少/義理のつきあいには,なかなか金がかかる.¶行~/義理をはたす.

【人情关】rénqíngguān 名 人情という名の関所.(物事に厳しく対処するのに妨げとなる)人の情け.

【人情世故】rén qíng shì gù 成 義理人情.¶不懂~/義理人情にうとい.

【人情味】rénqíngwèi 名(~儿)人間味.人情味.

【人情债】rénqíngzhài 名 義理のうえでの借り.

【人穷志不穷】rén qióng zhì bù qióng 成 貧しくても志は高い.¶人穷志不短 duǎn.

【人去楼空】rén qù lóu kōng 成 旧知をたずね友に思いをはせる. 参考 故郷や旧地に人をたずねて行っても,すでに誰もいなくなっていること. 由来 唐・崔顥「黄鶴楼」の詩句から.

【人权】rénquán 名 人権.¶侵犯 qīnfàn~/人権を侵害する.¶保障 bǎozhàng~/人権を保障する.

【人群】rénqún 名 ❶ 人ごみ.¶他在一里挤 jǐ 来挤去/彼は人ごみの中で押しあいへしあいしている. ❷ 人々.¶造福~/人々の幸せをはかる.

【人儿】rénr 名 ❶ 小さい人形. ❷ 方 人間性.人柄.

【人人】rénrén 名 一人ひとり.みんな.¶爱美之心,~有之/美を愛する気持ちは,誰でも持っている.

【人人自危】rén rén zì wēi 成(政治的な面で)誰もが戦々恐々としている.

【人日】rénrì 名 旧 旧暦の正月七日.人日(じん).

【人山人海】rén shān rén hǎi 成 黒山の人だかり.人の波.¶观众 guānzhòng~,到儿去找他呀?/観客でごった返していて,どこで見つけられるんだい.

【人蛇】rénshé 名 方 密入国者.

【人身】rénshēn 名 人のからだ.行為.名誉.¶~攻击 gōngjī/人身攻撃.¶加入~保险/生命保険に入る.

【人身事故】rénshēn shìgù 名 人身事故.作業中の死傷事故.

【人身险】rénshēnxiǎn 名 生命保険.¶投保~/生命保険に加入する.

【人身自由】rénshēn zìyóu 人が不当な拘束を受けない自由.

【人参】rénshēn 名(薬)〔量 根 gēn,片 piàn,只 zhī〕 チョウセンニンジン.

【人生】rénshēng 名 人生.¶~大事/一生の大問題.¶~短暂/人生はあっと言う間だ.

【人生地不熟】rén shēng dì bù shú 成 知り合いはなく,土地にも不案内だ.¶你刚到这里,~,有什么事尽管找我/君はここへ来たばかりで西も東もわかるまい,何かあったら私のところへ来なさい. 回 人地生疏 rén dì shēng shū

【人生观】rénshēngguān 名 人生観.

【人声】rénshēng 名 人の声,話し声.

【人声鼎沸】rén shēng dǐng fèi 成 人の声でわきたつ.わいわいとにぎやかだ.

【人士】rénshì 名 りっぱな人.人士.¶各界~/各界の識者.¶爱国~/国を愛する人.

【人氏】rénshì 名 旧 …出身の人.…の土地に原籍がある人.¶当地~/地元出身.¶哪里~?/どちらの出身ですか.

【人世】rénshì 名 この世.人の世.世間.¶他已经不在~了/彼はすでにこの世にいない. 回 人世间 rénshìjiān

【人世间】rénshìjiān 名 世間.世の中. 回 人世 rénshì

【人事】rénshì 名 ❶ 世間の出来事.人の境遇.¶这些年来,~变化很大/この何年かで世の中は大きく変わった. ❷(会社や組織などの)人事.¶~科/人事課.¶~安排/人事配置.¶~调动 diàodòng/人事異動. ❸ 人と人との関係.¶~纠纷 jiūfēn/人間関係のもめ事.¶~摩擦 mócā/人間関係のごたごた. ❹ 世間の義理人情.道理.¶不懂~/道理が分からない. ❺ 人がなし得ること.¶尽 jìn~/人事を尽くす. ❻ 意識.¶不省 xǐng~/人事不省になる. ❼ 方 贈り物.¶送点~/心ばかりの贈り物をする.

【人手】rénshǒu 名 人手.働き手.¶~不足/人手が足りない.

【人寿保险】rénshòu bǎoxiǎn 名 生命保険. 表現 "寿险"ともいう.

【人寿年丰】rén shòu nián fēng 成 人は長寿で,作物は豊作.満ち足りて幸せな生活.

【人所共知】rén suǒ gòng zhī 成 人々が周知している.誰もが知っている.

【人梯】réntī 名 ❶ 人ばしご. ❷ 人の成功のために自分を犠牲にする人.

【人体】réntǐ 名 人体.¶~模型 móxíng/人体模型.¶~解剖 jiěpōu/人体解剖. ⇨次ページ図

【人体炸弹】réntǐ zhàdàn 名(自爆テロの)人間爆弾.

【人同此心,心同此理】rén tóng cǐ xīn, xīn tóng cǐ lǐ 成(ある問題について)みなの気持ちに変わりはない. 由来 人の心はみな同じ,心の働きもみな同じ,という意から.

【人头】réntóu 名 ❶ 人の頭. ❷ 人数.¶按~分 fēn/頭割りにする. ❸(~儿)人との関係.¶~儿很熟 shú/交際がとても広い. ❹(~儿)人の人格.品位.¶他~儿高/彼は人格が高い.

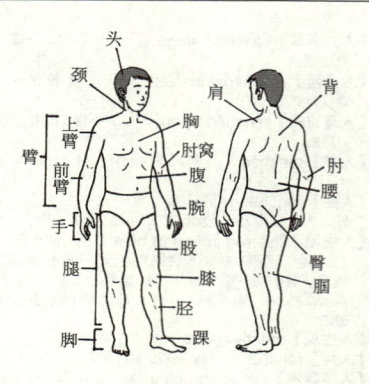

人体図の部位名:
头 / 颈 / 上臂 / 前臂 / 手 / 胸 / 肘窝 / 腹 / 腕 / 腿 / 股 / 膝 / 胫 / 脚 / 肩 / 背 / 肘 / 腰 / 臀 / 腘 / 踝

人体

【人头攒动】rén tóu cuán dòng 成 大勢の人がひしめき合うようす.

【人头马】Réntóumǎ 名《商標》レミー・マルタン(ブランデー).

【人头税】réntóushuì 名 人頭税.

【人望】rénwàng 名 ❷ 人望. ¶素有〜 / 日頃から人望が厚い. ¶〜所归 / 人望の集まるところ. ¶没有〜 / 人望がない.

【人微言轻】rén wēi yán qīng 成 地位が低いとそのことばにも影響力がない.

【人为】rénwéi ❶ 動 人の力で行う. ¶事在〜 / 事の成否は人のやり方で決まる. ❷ 形 人為的な. ¶这次事故是〜的原因造成的 / 今回の事故は, 人為的な原因によって引き起こされたものだ. 反 自然 zìrán

【人为刀俎,我为鱼肉】rén wéi dāo zǔ, wǒ wéi yú ròu 成 (自分が)まな板のコイと同じだ.

【人味儿】rénwèir 名 人間味.

【人文】rénwén 名 ❶ さまざまな文化現象. ❷ 人間社会の秩序. ヒューマニズム.

【人文奥运】Rénwén Àoyùn 名 ピープルズオリンピック. ♦People's Olympic 参考 2008年北京オリンピックにおけるスローガンの一つ. オリンピックで人々の調和と発展を促進し, 東西文化の融合を強めようとする理念.

【人文关怀】rénwén guānhuái 熟 人を中心とする道徳概念. 人道的配慮.

【人文科学】rénwén kēxué 名〔 门 mén〕人文科学.

【人文主义】rénwén zhǔyì 名 ヒューマニズム.

*【人物】rénwù 名 ❶〔 个 ge, 类 lèi, 种 zhǒng〕ひとかどの人物. 英雄/英雄的人物. ¶风云〜 / 傑出した人物. ¶政界头号〜 / 政界の第一人者. ❷ 文学・芸術作品の登場人物. ¶反面〜 / 敵(☞敵)役の人物. ❸《美術》(中国画の)人物画. ❹ ◎ たいしたやつ.

【人物画】rénwùhuà 名 人物画.

【人像】rénxiàng 名〔幅 fú, 张 zhāng, 尊 zūn, 座 zuò〕肖像. 影像. ¶画〜 / 肖像画を描く.

【人心】rénxīn 名 ❶ 人々の気持ち. 人心. ¶振奋〜 / 人心を奮起させる. ¶收买〜 / 人を買収する. ¶〜隔肚皮 / 人の心は分からないものだ. ❷ 良心. ¶〜不古 / 人々の心が純朴さをなくしている.

【人心惶惶[皇皇]】rén xīn huáng huáng 成 人身が動揺する. 恐れてびくびくする.

【人心叵测】rén xīn pǒ cè 成 人の心ははかり知れない. 何をたくらんでいるか分からない.

【人心齐,泰山移】rén xīn qí, Tài shān yí 成 心を合わせれば, 大きな力が出る. 由来 泰山は山東省にある名山.

【人心思变】rén xīn sī biàn 成 人の心は変化を求める.

【人心所向】rén xīn suǒ xiàng 成 人心の向かうところ. 大衆の求めるもの.

【人心向背】rénxīn xiàngbèi 名 人心の向背(☞).

【人行道】rénxíngdào 名〔段 duàn, 条 tiáo〕歩道.

【人行横道】rénxíng héngdào 名 横断歩道.

【人性】❶ rénxìng 名 人間性. 反 兽性 shòuxìng ❷ rénxing 名 人間らしい心や理性. ¶不通〜 / 人間らしくない. 人でなしだ.

【人性论】rénxìnglùn 名《哲学》人間には生まれながらにして共通の本性を持つという理論. 参考 性善説・性悪説・性善悪混合説などがあり, 中国哲学の中心問題の一つ.

【人熊】rénxióng 名 ◎《動物》ヒグマ.

【人选】rénxuǎn 名〔个 ge〕選び出された人. ¶我们现在还找不出适当的〜 / 我々はいまだに適当な人を選び出せない.

【人烟】rényān 名 人家.

【人烟稀少】rényān xīshǎo 成 人家が少ない. 人があまりいない.

【人言可畏】rén yán kě wèi 成 人の噂やデマはこわい.

【人仰马翻】rén yǎng mǎ fān 成 敗北して散々な目に遭う. 混乱して, 収拾がつかない. ¶他们忙得〜 / 彼らはめちゃくちゃに忙しい. ➪ 马翻人仰

【人样】rényàng 名(〜儿)❶ 人に本来備わっているべき礼儀や風采(☞). ¶他的打扮简直没个〜 / 彼の服装はまったくひどい. ❷ 見込みのある人. 出世した人. ¶她要混出个〜 / 彼女は一人前になりたがっている.

【人意】rényì 名 人の願望や意志.

【人影儿】rényǐngr 名 ❶ 人の影. ❷ 人の姿かたち. ¶我等了老半天,还不见他的〜 / だいぶ待ったが, 彼の姿はまだ見えない.

【人鱼】rényú 名《動物》"儒艮 rúgèn"(ジュゴン)の俗称.

*【人员】rényuán 名〔 个 ge, 名 míng, 位 wèi〕人員. ¶机关工作〜 / 役所の職員. ¶值班〜 / 当番. ¶〜配备 / 人員の配置. ¶翻译〜很缺乏 quēfá / 通訳要員が全く足りない.

【人缘儿】rényuánr 名 人との関係. 人受け. ¶没〜 / 人受けが悪い. ¶有〜 / 人から好かれる. ¶他为人忠厚,〜很好 / 彼は温厚なので, 誰とでもうまくいく. ¶〜太坏 / まわりとの関係がひどく悪い.

【人猿】rényuán 名《動物》類人猿.

【人云亦云】rén yún yì yún 成 ❷ 定見がなく, 人の意見をオウム返しにする. ¶他很有主见,决不〜 / 彼はしっかりしているので, 決して人の意見をオウム返しにはしない.

【人赃俱获】rén zāng jù huò 句 犯人を捕らえ, 盗品も押収する.

*【人造】rénzào 形 人造の. 人工の. ¶〜丝 sī / レーヨン. 人絹. 反 天然 tiānrán

【人造地球卫星】rénzào dìqiú wèixīng 名 地球を周回する人工衛星. ➪ 人造卫星

【人造革】rénzàogé 名 レザークロス. 合 合成 héchéng 革

【人造卫星】rénzào wèixīng 名 ❶ 人工衛星. ❷ "人造地球卫星"の略称.
【人造纤维】rénzào xiānwéi 名 人工繊維.
【人证】rénzhèng 名《法律》人的証拠. 証人. ¶~物证俱全 / 人的証拠と物的証拠がともにそろった. 反 物证 wùzhèng
【人之常情】rén zhī cháng qíng 成 人情の常. ¶逢 féng 年过节,希望能和家人团聚 tuánjù,也是~ / 新年や祭日に家族と過ごしたいと思うのは、人として当然の気持ち.
【人质】rénzhì 名〔個 个 ge, 名 míng〕人質.
【人治】rénzhì 名 先秦時代、儒家が主張した政治思想. 君主と有能な側近による政治支配を理想とした.
【人中】rénzhōng 名《中医》人中(じん). 参考 つぼの一つで、上唇の上のみぞ.
【人种】rénzhǒng 名 人種.

壬 rén
土部 1 四 2010₄
全 4 画 通用
名 ❶ 十干の第9位. みずのえ. ❷ (Rén)姓.

仁 rén
亻部 2 四 2121₀
全 4 画 常用
名 ❶ 仁. 人を愛し思いやる心. ¶~爱 rén'ài / ~心 rénxīn (仁愛の心) / ~政 rénzhèng. ❷ (~儿)果物の核や殻の内側の食べられる部分. ¶杏~儿 xìngrénr (アンズのさね) / 核桃~儿 hétaorénr (クルミの実) / 花生~儿 huāshēngrénr (ピーナッツ) / 虾~儿 xiārénr (エビのむき身). ❸ (Rén)姓.
【仁爱】rén'ài 名 仁愛. ¶~之心 / 人を思いやる心.
【仁慈】réncí 形 心やさしい. 慈悲深い. ¶~的老奶奶 / 心やさしいおばあさん. 反 残忍 cánrěn
【仁弟】réndì 名 表現 ❶ 年下の友人に対する敬称. ❷ 師が生徒を呼ぶことば. 表現 多く書簡の冒頭で、名前の後につけて用いる. 尊重した気持ちを伝えることば.
【仁果】rénguǒ 名《植物》❶ リンゴやナシなどのように、花托が肥大して果肉になる果実. なし状果. ❷ 落花生.
【仁厚】rénhòu 形 寛大で心やさしい.
【仁人君子】rénrén jūnzǐ 名 思いやりがある紳士.
【仁人志士】rénrén zhìshì 名 人徳があり、高い志をもった人. 同 志士仁人
【仁兄】rénxiōng 名〔個 位 wèi〕男の友人に対する敬称. 表現 手紙やサインの時に、姓名や字(あざな)のあとにつける.
【仁义】 ❶ rényì 名 仁愛と正義も. ❷ rényi 形 穏やかでやさしい. 包容力がある. ¶他对人很~ / 彼は他人にやさしい.
【仁义道德】rényì dàodé 名 仁義道徳. ヒューマニティ.
【者见仁,智者见智】rén zhě jiàn rén, zhì zhě jiàn zhì 成 ものごとに対する見方は見る人によって異なる. 人各様. 由来『易経』繁辞伝に見えることば.
【仁政】rénzhèng 名 仁政. ¶施行 shīxíng~ / 仁政を行う. 反 暴政 bàozhèng
【仁至义尽】rén zhì yì jìn 成 人に対してできるかぎり手助けし、善意のかぎりを尽くす. 由来『礼記』郊特牲に見えることば.

任 rén
亻部 4 四 2221₄
全 6 画 常用
❶ 素 地名用字. ¶~丘 Rénqiū (河北省にある市の名). ❷ (Rén)姓.
☞ 任 rèn

忍 rěn
心部 3 四 1733₂
全 7 画 常用
❶ 動 じっと我慢する. ¶~耐 rěnnài / ~痛 rěntòng / ~受 rěnshòu / 容~ róngrěn (許す). ❷ 素 あえてむごいことをする. ¶残~ cánrěn (残忍だ) / ~心 rěnxīn. ❸ (Rěn)姓.
【忍不住】rěnbuzhù 動 耐えられない. ¶她~还是哭出来了 / 彼女はやはりこらえきれず、泣き出してしまった.
【忍冬】rěndōng 名《植物》スイカズラ. 同 金银花 jīnyínhuā
【忍俊不禁】rěn jùn bù jīn 成 こらえきれずに笑いだす.
【忍耐】rěnnài 動 耐える. 我慢する. ¶~力很强 / 忍耐強い.
【忍气吞声】rěn qì tūn shēng 成 ことばを飲み込んでぐっと我慢する.
【忍让】rěnràng 動 ぐっとこらえる, 我慢する.
【忍辱负重】rěn rǔ fù zhòng 成 目的を遂げるため、屈辱に耐えて重責をになう.
【忍受】rěnshòu 動《苦痛・困難・不幸を》耐えしのぶ. ¶~痛苦 tòngkǔ / つらい苦しみを耐えしのぶ. ¶困难再大,也得~ / さらに大きな困難でも耐えなければならない.
【忍痛】rěntòng 副 苦痛を忍んで. ¶~离去 / 身を切られる思いで去って行く.
【忍痛割爱】rěntòng gē'ài 成 心を鬼にして排除する. 泣いて馬謖(ばしょく)を斬る.
【忍无可忍】rěn wú kě rěn 成 もうこれ以上我慢できない.
【忍心】rěn//xīn 動 自分の気持ちに逆らって~する. ¶你不会~离开小明的 / あなたがミンちゃんから離れられるはずはない. 用法 否定形にして「とても…できない」の意で用いられることが多い.

荏 rěn
艹部 6 四 4421₄
全 9 画
❶ 名《植物》エゴマ. 同 白苏 báisū ❷ 素 文 弱々しい. ¶~弱 rěnruò (弱々しい) / 色厉内~ (外見は強そうだが、内心は臆病だ).
【荏苒】rěnrǎn 動 文 (時間が)いつのまにか過ぎていく. 同 再荏 rǎnrěn

稔 rěn
禾部 8 四 2893₂
全 13 画
❶ 素 穀物が実る. ¶丰~ fēngrěn (豊作). ❷ 名 年. ¶五~ (5年). ❸ 形 (人を)よく知っている. ¶~知 rěnzhī (よく知っている) / 素~ sùrěn (以前からよく知っている).
【稔熟】rěnshú 形 ❶ 文 よく知っている. ¶~的身影 / とてもなつかしい姿かたち. ❷ 完成度の高い. 熟成している.

刃 rèn
刀部 1 四 1732₀
全 3 画 通用
❶ 名 (~儿)刀やはさみなどの刃. ¶~口 rènkǒu (刃先) / ~儿 dāorènr (刀の刃). ❷ 名 刀. ¶利~ lìrèn (鋭利な刃) / 白~战 báirènzhàn (白兵戦). ❸ 動 文 刀で殺す. ¶自~ zìrèn (自害する) / 手~ shǒurèn (自分の手で切り殺す).
【刃具】rènjù 名《機械》刃物.

认(認) rèn
讠部 2 四 3870₀
全 4 画 常用
動 ❶ 見分ける. ¶~字 rènzī (はっきり見分ける) / ~明 rènmíng (はっきり見分ける) / ~识 rènshi. ❷ 同意する. ¶~可 rènkě / ~错 rèncuò / 否~ fǒurèn (否認する) / 承~ chéngrèn (承認する). ❸ 新たにかかわりを持つ. ¶~

老师(先生になってもらう) / ～干亲 gānqīn (親戚になる).

【认出】rènchū 動 見分ける. ¶我一眼就～是你 / 私は一目であなたとわかった.

【认错】rèncuò 動 ❶間違える. ¶～门儿了 / 家を間違えた. ¶～人了 / 人違いした. ❷rèn//cuò (～儿)間違いを認める.

*【认得】rènde 動 知っている. 見てわかる. ¶你还～我吗? / あなた、まだ私をおぼえていますか?

【认定】rèndìng 動 ❶確信する. 認定する. ¶爷爷这孩子有出息 chūxi / おじいさんは、この子は見込みがあると信じている. ❷確定する. ¶～目标 / 目標を確定する.

【认购】rèngòu 動《经济》(公债などを)買うことを引き受ける. ¶～债券 zhàiquàn / 債券を引き受ける.

【认捐】rènjuān 動 寄付に応じる.

【认可】rènkě 動 許可する. 承認する. ¶点头～ / うなずいて承認する.

【认领】rènlǐng 動 確認して受け取る. ¶～失物 / 落とし物を受け取る.

【认命】rèn//mìng 運命と認める. 運命だとあきらめる. ¶再失败,就～了 / こんど失敗したら、もうあきらめる.

【认清】rènqīng 動 はっきり認識する. 見極める. ¶～当前形势 / 当面の形勢を見極める.

【认生】rènshēng 動 (子供が)人見知りする. ¶这孩子不～ / この子は人見知りしない.

*【认识】rènshi ❶動 知っている. 認識する. ¶我～他 / 私は彼を知っている. ¶我～去图书馆的路 / 図書館へ行く道は知っています. ¶～问题的本质 běnzhì / 問題の本質を認識する. ❷名 認識. ¶对这一点、我们的～还很不全面 / この点に関して、我々は全体に対する認識がまだ充分でない. ¶理性～ / 理性的な認識.

【认识论】rènshilùn 名《哲学》認識論.

【认输】rèn//shū 動 負けを認める. ¶他不得不 bùdébù～了 / 彼は敗北を認めないわけにはいかなかった.

【认同】rèntóng 動 互いに同じものと認識する.

【认头】rèn//tóu 仕方なく受け入れる.

*【认为】rènwéi 動 …と思う. …と考える. ¶对这件事你是怎么～的? / この件について、あなたはどう考えますか? ¶你～他对吗? / あなたは彼が正しいと思いますか. 表現 人や物事に対する見解や判断を示す. ⇨以为 yǐwéi

【认贼作父】rèn zéi zuò fù 成 敵に身を投じる. 参考 もとは仏教用語の「认贼作子」. ここでは、敵を自分の父と見なす、という意.

【认账】rèn//zhàng 動 自分の言行をすなおに認める. ¶不肯～ / しらを切る. ¶输 shū 了就要～ / 負けたらすなおに認めなさい. 反 赖账 làizhàng

*【认真】rènzhēn ❶動 本気にする. ¶开个玩笑,不必～ / ちょっとした冗談を、真に受けないでね. ❷rènzhēn 形 まじめだ. ¶～学习 / まじめに勉強する. ¶他工作很～ / 彼はとても仕事熱心だ. 反 草率 cǎoshuài, 马虎 mǎhu

【认证】rènzhèng 動 認証する.

【认知科学】rènzhī kēxué 名 認知科学.

【认字】rèn//zì 動 字が読める. ¶他不～ / 彼は字が読めない. ¶这个孩子已经认了不少字了 / この子はもうかなり字を覚えた.

【认罪】rènzuì 動 罪を認める. ¶低头～ / うなだれて罪を認める. ¶～悔过 huǐguò / 罪を認めて悔い改める.

仞 rèn
亻部3 四 2722₀
全5画 通用

量 古代の長さの単位. 8"尺 chǐ"あるいは7"尺"を1"仞"という. ¶万～高山 (たいそう高い山).

任 rèn
亻部4 四 2221₄
全6画 常用

❶ 動 仕事の役目を与える. ¶～用 rènyòng / ～命 rènmìng. 反 免 miǎn ❷ 動 仕事などを引き受ける. ¶～课 rènkè / ～职 rènzhí / 担～ dānrèn (担当する) / 连选连～ (再選されて同じポストにつく) / ～劳～怨 yuàn. ❸ 名 仕事の役目. 職務. ¶就～ jiùrèn (就任する) / 到～ dàorèn (ポストにつく) / 一身二～ (一人で二役をする). ❹ 動 思うとおりにさせる. ¶放～ fàngrèn (放任する) / ～意 rènyì / ～性 / 信～ xìnrèn (信任する). ❺ 接 たとえ…でも. ¶这里是禁烟区,～谁也不准吸烟(ここは禁煙エリアですから、誰であろうとタバコは吸えません). 同 无论 wúlùn, 不论 bùlùn ❻ 量 官職の回数や就任順を数えることば. ¶第三～市长(三代目市長) / 他做过三～校长(彼は学長を三期やった).

🔲 任 rén

【任便】rèn//biàn 動 好きにしてよい. ¶买不买,任他的便 / 買う買わないは彼の自由だ.

【任从】rèncóng 動 自由に任せる. ¶此事～他吧,你别管 / この件は彼にまかせなさい. 君は口を出すな.

*【任何】rènhé 代 どのような…でも. いかなる…も. ¶～人都不能享受 xiǎngshòu 特权 / 誰であろうと特権を持ってはならない.

【任教】rèn//jiào 動 教育をする. 教師として働く. ¶她在中山大学～ / 彼女は中山大学で教えている.

【任课】rèn//kè 動 授業や講義を担当する.

【任劳任怨】rèn láo rèn yuàn 成 苦労をいとわず、人から恨まれるのも恐れずにことに当たる.

【任免】rènmiǎn 任免する. ¶～行政人员 / 行政職員を任免する.

【任命】rènmìng 動 ¶～他为厂长 chǎngzhǎng / 彼を工場長に任命する. ¶我被～为副部长 / 私は次官に任命された. 表現「…に任命する」は「任命为 wéi…」,「A(人)を…に任命する」は「任命A为…」の形になる.

【任凭】rènpíng ❶ 動 …に任せる. …の自由にさせる. ¶去不去,～你自己 / 行く行かないは、あなたにお任せします. ¶听任 tīngrèn,听凭 tīngpíng 接 たとえ…でも. ¶～你怎么说,也改变不了这个事实 / あなたが何と言おうと、この事実を変えることはできない.

【任凭风浪起,稳坐钓鱼船】rèn píng fēng làng qǐ, wěn zuò diào yú chuán 成 風や波の起こるに任せ、釣り舟にゆったり座っている(何があっても悠々としていること).

【任期】rènqī 名 任期. ¶～将 jiāng 满 / 間もなく任期満了になる. ¶～为 wéi 三年 / 任期は3年とする.

【任其自然】rèn qí zì rán 成 自由にさせておく. 自然の成り行きに任せる.

【任情】rènqíng ❶ 副 思う存分に…する. ¶～歌唱 / 思う存分歌う. ❷ 形 ② 勝手気ままだ. ¶～率性 shuàixìng / わがままで奔放だ.

【任人摆布】rèn rén bǎibu 句 人の言いなりになる.

【任人唯亲】rèn rén wéi qīn 成 才能や人格にかかわらず、身内だけを任用する.

【任人唯贤】rèn rén wéi xián 成 才能や人徳を備えた人物だけを任用する.

【任人宰割】rèn rén zǎigē 句 ひとがほしいままに搾取する.

*【任务】rènwu 名〔個 个 ge, 项 xiàng〕任務. 与える

れた仕事や責任．¶完成～ / 任務をまっとうする．¶～繁重 / 任務が繁雑で骨が折れる．

【任性】rènxìng 形 勝手気ままだ．¶～胡闹 húnào / やりたいほうだい騒ぎ立てる．¶这孩子一惯了 / この子はわがままで甘えん坊だ．

【任意】rènyì 副 自由に…する．思うままに…する．¶自选商场可以一选购 xuǎngòu 商品 / スーパーマーケットは品物を自由に選んで買える．¶受人一摆布 bǎibù / 人の言うなりになる．❷形 任意の．¶一三角形 / 任意の三角形．

【任意球】rènyìqiú 名《スポーツ》フリーキック．フリースロー．

【任用】rènyòng 動 任用する．¶一贤能 xiánnéng / 有能な人材を任用する．¶一得人 dérén / 任用の仕方が適切だ．罢免 bàmiǎn

【任职】rèn/zhí 動 職務に就く．仕事をする．¶外交部 / 外交部の職員となる．¶他在教育部任过职 / 彼は教育部に勤めていたことがある．

【任重道远】rèn zhòng dào yuǎn 成 任務は重く道のりは遠い．非常に重い責任を負っていること．

纫 (紉) rèn 纟部3 四 2712₀ 全6画

❶ 動 針に糸を通す．¶一针 rènzhēn (針に糸を通す)．❷ 素 針で縫う．¶缝～ féngrèn (針仕事)．❸ 形 文 深く感激して忘れない．¶至～高谊 (ご厚情にあずかり，深く感謝いたします)．表現 ❸は手紙に多く用いられる．

韧 (韌) (異 靭) rèn 韦部3 四 5702₀ 全7画 次常用

柔らかくて丈夫だ．¶一性 rènxìng / 坚～ jiānrèn (強靭ホネネ)だ)．反 脆 cuì

【韧带】rèndài 名《生理》《体》根 gēn, 条 tiáo) 靭帯(ホネネ)．¶一受伤了 / 靭帯をけがした．

【韧度】rèndù 名 強靭(ホネネ)さ．ねばり強さ．¶一很强 / 非常に強靭だ．

【韧劲】rènjìn 名 (～儿) 粘り強さ．頑張り．

【韧皮部】rènpíbù 名《植物》靭皮(ピ)．

【韧皮纤维】rènpí xiānwéi 名《植物》靭皮繊維．

【韧性】rènxìng 名 強靭(ホネネ)さ．¶他很有～ / 彼はねばり強い．用法 物にも，人の精神や性格にも用いる．

轫 (軔) rèn 车部3 四 4752₀ 全7画 通用

素 車輪の止め木．歯止め．¶发～ fārèn (止め木をはずして車を動かす)．

饪 (飪/異 餁) rèn 饣部4 四 2271₄ 全7画 通用

素 煮炊きする．¶烹～ pēngrèn (料理する)．

妊 (異 姙) rèn 女部4 四 4241₄ 全7画 通用

素 妊娠する．¶一娠 rènshēn / 妇 rènfù (妊婦)．

【妊娠】rènshēn 動 妊娠する．¶一期 / 妊娠期間．¶一反应 fǎnyìng / つわり．

纴 (紝/異 絍) rèn 纟部4 四 2211₄ 全7画 通用

文 ❶ 名 はた織りの糸．❷ 動 布を織る．

衽 (異 袵) rèn 衤部4 四 3221₄ 全9画 通用

素 ❶ 着物のおくみ．前のえりからつままでの部分に縫いつける布．❷ ござ．¶一席 rènxí．

【衽席】rènxí 名 ❶ 寝床にしくマット．寝床．❷ 宴会の座席．

葚 rèn ⺾部9 四 4471₈ 全12画 通用

→ 桑葚儿 sāngrènr
☞ 葚 shèn

reng ㄖㄥ [ʐəŋ]

扔 rēng 扌部2 四 5702₇ 全5画 常用

❶ 動〈物を〉投げつける．¶一球 (ボールを投げる) / ～手榴弹 shǒuliúdàn (手榴弾ჯჯを投げる)．同 抛 pāo, 投 tóu, 掷 zhì ❷ 動 投げ捨てる．¶不要随地一果皮 (生ゴミをやたらに捨ててはいけない)．❸ 動 置きざりにする．¶她把大衣一在汽车上 (彼女は車の中にコートを置き放しにした)．❹ (Rēng) 姓．

【扔掉】rēngdiào 動 投げ捨てる．捨て去る．¶这些东西还有用，别一 / これらの品物はまだ使えるから，捨てないで．

【扔下】rēngxià 動 投げる．捨てる．ほったらかす．¶一书包就出去玩 / かばんを次ほうり投げて遊びに行く．¶你怎么忍心～孩子不管呢？/ あなたは，よくもまあ子供をほったらかしにできるねえ．

仍 réng 亻部2 四 2722₇ 全4画 常用

❶ 副 依然として．いまなお．やはり．同 仍然 réngrán ¶他房子的灯一亮着 / 彼の部屋のあかりはまだついている．¶十几年不见,她一那么年轻 / 十数年会わなかったが彼女はいまなお若々しい．❷ 副 元通りに．¶阅毕请一放回原处 / 読み終えたら元の場所に戻してください．❸ 素 …に従う．¶一一旧贯 成 古いしきたりを完全に守る．¶一其旧 / よろず古いしきたりに従う．❹ 素 次から次へと．頻繁に．¶饥馑 jījǐn 频 pín ～ / 飢饉ががが頻繁に起きる．❺ (Réng) 姓．

【仍复】réngfù またしても．依然として．同 仍照 réngzhào

【仍旧】réngjiù ❶ 動 元のままだ．¶暑假过后,学校里一切～ / 夏休みが過ぎ，学校内は全て元どおりになった．❷ 副 相変わらず．¶多年不见,小明一那么漂亮 / 何年も会わなかったけれども，ミンさんは相変わらずきれいですねえ．同 依旧 yījiù

*【仍然】réngrán 副 相変わらず．元どおりに．¶虽然他说没问题,我一不放心 / 彼は大丈夫だと言ったが，私はまだ安心できない．同 依然 yīrán

【仍似】réngshì なお…のようだ．¶企业改革中的困难和阻力 zǔlì ～很大 / 企業改革における困難と障害は，依然として大きい．

【仍是】réngshì なお．依然として．¶药吃了三天了,病情一不见好转 hǎozhuǎn / 薬を飲んで三日になるが，病状は一向に好転しない．

【仍未】réngwèi まだ…していない．¶一这个问题一得致解决 / この問題はまだ解決を見ていない．

ri ㄖ [ʐ̩]

日 rì

日部 0　四 6010₀　全 4 画　[常用]

❶ [名][文] 太陽. ¶~光 rìguāng / ~出 rìchū / ~落 rìluò / 红~ hóngrì (赤い太陽). ❷ [素] 昼間. ¶~班 rìbān / ~场 rìchǎng / ~夜 ~ rìrìyèyè. 同 白天 báitiān 反 夜夜 yèyè ❸ [名][文] まる一日. ¶今~ jīnrì (今日) / 明~ míngrì (あした) / 一年有三百六十五~ (1年は365日ある). ❹ [素] 毎日. ¶~记 rìjì / ~新月异 yì. ❺ [素] 時期. 季節. ¶夏~ xiàrì (夏) / 昔~ xīrì (昔) / 往~ wǎngrì (昔). ❻ [素] 日本. ¶~语 Rìyǔ / ~元 Rìyuán. ❼ [素] 特定の日. ¶生~ shēngrì (誕生日). ❽ (Rì)姓.

【日班】rìbān [名] 昼間の勤務. 日勤. ¶上~ / 日勤に出る. 同 白班 báibān 反 夜班 yèbān

【日斑】rìbān [名]《天文》太陽の黒点.

【日报】rìbào [名][〔份 fèn, 张 zhāng〕] 日刊紙. 《人民~》『人民日報』反 晚报 wǎnbào

【日本】Rìběn《国名》日本.

【日本海】Rìběnhǎi《地名》日本海.

【日薄西山】rì bó xī shān [成] (人や事物が) 終りを迎えようとしている. [表現]"薄 bó"は「迫る」の意. "báo"と発音しない.

【日不暇给】rì bù xiá jǐ [成] 忙しくて暇がない. ¶这几天准备考试,忙得~ / ここ数日は試験の準備で忙しくて全く暇がない. [注意]"给"は"gěi"と発音しない.

【日产】rìchǎn [名] 一日の生産高.

*【日常】rìcháng [形] 日常の. ふだんの. ¶~工作 / 日常の仕事. 日常の業務. ¶~用品 / 日用品. ¶处理一琐事 suǒshì / こまごまとした用事を片づける.

【日场】rìchǎng [名] (演劇や映画などの) 昼間の上演. 昼の部. マチネー. ¶~戏 / 昼の部の劇. ¶~票已经卖完了,只有夜场票了 / 昼の部のチケットはもう売り切れてしまって,夜の部のしかない. 反 晚场 wǎnchǎng, 夜场 yèchǎng.

*【日程】rìchéng [名]〔个 ge〕日程. スケジュール. ¶工作~ / 仕事の日程. ¶会议大概需要三天的~ / 会議はおおむね三日の日程を必要とする.

【日程表】rìchéngbiǎo [名] 日程表.

【日出】rìchū [名] 日の出. ¶看~ / 日の出を見る. ¶~以前,他们就出发了 / 日の出る前に彼らは出発した.

【日戳】rìchuō [名] (郵便などの) 日付スタンプ.

【日珥】rì'ěr [名]《天文》太陽の紅炎.

【日工】rìgōng [名] ❶ 昼間の仕事. ❷ 日雇い労働(者).

【日光】rìguāng [名] 日光.

【日光灯】rìguāngdēng [名]〔盞 zhǎn, 支 zhī〕螢光灯. 同 荧光灯 yíngguāngdēng

【日光浴】rìguāngyù [名] 日光浴.

【日晷】rìguǐ [名]《天文》日時計. 日規 guī.

【日后】rìhòu [副] 将来. 後日. 同 将来 jiānglái, 以后 yǐhòu

【日化】rìhuà [名]《工業》"日用化学工业"("日用化学品を生み出す化学工業")の略称.

【日积月累】rì jī yuè lěi [成] 長い間にわたって一歩一歩積み重ねる.

*【日记】rìjì [名]〔本 běn, 段 duàn, 篇 piān〕日記. 日誌. ¶工作~ / 作業日誌. ¶记~ / 日記をつける.

【日记本】rìjìběn [名] 日記帳.

【日间】rìjiān [名] 昼間. 同 白天 báitiān 反 夜间 yèjiān

【日见】rìjiàn [副] 日に日に. ¶~衰败 shuāibài / 日に日に衰える. ¶~进步 / 日一日と進歩する. ¶爷爷出院后,身体恢复很快,~好转 hǎozhuǎn / おじいさんは退院後の回復がとても早く,日に日に良くなっている.

【日渐】rìjiàn [副] だんだんと. しだいに. ¶~进步 / 少しずつ進歩する. ¶~强壮 qiángzhuàng / 日がたつにつれて丈夫になる.

【日进斗金】rì jìn dǒu jīn [成] 毎日たくさんのお金が入る. [表現] (手紙などで)相手方の商売繁盛を祝すことば.

【日经指数】Rìjīng zhǐshù [名]《経済》日経指数. [参考]日本経済新聞社が発表している「日経平均株価指数」の略.

【日久天长】rì jiǔ tiān cháng [成] ある程度の時間がたつ. 同 天长日久

【日均】rìjūn [名] 一日平均.

【日来】rìlái [副] ここ数日. このところ.

【日理万机】rì lǐ wàn jī [成] (政府高官の) 政務が極めて多忙だ. [由来]一日に山ほどの仕事をこなす,という意味から.

【日历】rìlì [名]〔本 běn, 页 yè〕日めくりカレンダー.

【日落】rìluò ❶ [名] 日没. ❷ [動] 日が沈む.

【日落西山】rì luò xī shān [成] "日薄西山 rì bó xī shān"に同じ.

【日冕】rìmiǎn [名]《天文》太陽コロナ.

【日暮途穷】rì mù tú qióng [成] 万策尽きる. 終りを迎える.

【日内】rìnèi [名][文] 近日中. 近いうち. ¶关于这个问题~给你答复 dáfù / この問題については近日中にあなたに返事をします.

【日内瓦】Rìnèiwǎ《地名》ジュネーブ(スイス).

*【日期】rìqī [名] 期日. 日付. ¶开会的~ / 会議の期日. ¶出发的~定了吗? / 出発の日取りは決まりましたか?

【日前】rìqián [名] 先日. このあいだ. ¶他们~早已商量好了 / 彼らは数日前にもう相談をまとめた.

【日趋】rìqū [副] 日に日に. ¶市场~繁荣 / 市場が日増しに活況を呈する. ¶~没落 mòluò / 日に日に没落していく.

【日日夜夜】rìrìyèyè [名] 毎日毎晩. 長い日々. ¶女儿住院时,母亲~守护 shǒuhù 在她的身边 / 娘が入院した時,母は毎日毎晩娘に付き添っていた.

【日晒雨淋】rì shài yǔ lín [成] 日にさらされ,雨にぬれる. [表現]屋外の作業や旅のつらさを言うことば.

【日上三竿】rì shàng sān gān [成] 日がすでに高くなっている. 起床が遅いこと. ¶快起来吧,都~了 / 早く起きなさい,お日様が高いですよ.

【日射病】rìshèbìng [名]《医学》日射病.

【日甚一日】rì shèn yī rì [成] 日ごとに激しさを増す.

【日食】rìshí [名]《天文》日食. [参考]"日全食 rìquánshí"(皆既日食), "日偏食 rìpiānshí"(部分日食), "日环食 rìhuánshí"(金環食)などがある.

【日头】rìtou [名][方] 太陽.

【日托】rìtuō [名] 託児所や幼稚園に昼間だけ子供を預けること. 反 全托 quántuō

*【日文】Rìwén [名] 日本語. [参考]書きことばを指すことが多い.

【日夕】rìxī [副][文] 日夜. 朝晩. 同 朝 zhāo 夕 [参考]古典では,「日の夕」(夕方)という意味でも用いられる.

【日新月异】rì xīn yuè yì [成] 日進月歩する. ¶这几年农村的面貌~ / ここ数年,農村の姿は大きく変化している.

【日夜】rìyè 名 日夜．昼夜．¶我们厂～三班倒 dǎo / 我々の工場は昼夜三交替制だ．¶～商店 / 24時間営業する店．
【日夜兼程】rì yè jiān chéng 成 昼夜兼行で行く．
参考 "兼程"は、1日で2日分の行程を行くこと．
【日以继夜】rì yǐ jì yè 成 夜も昼も休まず、昼夜兼行．¶～地工作 / 夜昼休まずに仕事する．同 夜以继日
【日益】rìyì 副 日増しに．日に日に．¶他的外语水平～提高 / 彼の外国語は日に日にうまくなっている．
【日用】rìyòng ❶形 ふだんに使う．日用の．❷名 生活費．¶这笔钱做～ / この金は生活費にする．
【日用品】rìyòngpǐn 名 日用品．
*【日语】Rìyǔ 名 日本語．¶说～ / 日本語を話す．同 日本话 Rìběnhuà
*【日元[圆]】Rìyuán 名 日本円．
【日月】rìyuè 名（～儿）❶ 生活．日々．¶幸福的～ / 幸福な日々．¶共同生活的日日月月，一生难忘 / 共に生活した日々は、生涯忘れ難い．同 日子 rìzi ❷ 时间．¶时间 shíjiān，时光 shíguāng．
【日月如梭】rì yuè rú suō 成 月日のたつのが非常に早い．¶光阴似箭 guāng yīn sì jiàn，～ / 月日のたつのは本当に早い．
【日月星辰】rìyuèxīngchén 名 俗 日月星辰（ほしつき）．天体の総称．
【日晕】rìyùn 名《气象》日暈（ひがさ）．ハロー．
【日杂】rìzá 名 日用雑貨品．
【日照】rìzhào 名《气象》日照．
【日臻完善】rìzhēn wánshàn 句 日に日に整い、完璧になっていく．
【日志】rìzhì 名〔本 běn〕日誌．¶航海 hánghǎi ～ / 航海日誌．¶工作～ / 作業日誌．同 日记 rìjì
【日中】rìzhōng 名 文 正午．同 正午 zhèngwǔ
*【日子】rìzi 名 ❶ その日．期日．¶你还记得今天是什么～ ? / あなた今日は何の日か覚えていますか．¶定一个～ / 日取りを決める．同 日期 rìqī ❷ 日数．日にち．¶这些～我校学生在工厂实习 / ここ数日，我が校の生徒は工場で実習している．❸ 生活．暮らし．¶勤俭 qínjiǎn 过～ / よく働き倹約して暮らす．¶～一天天过得真快啊! / 毎日の過ぎるのが本当に速いですね．

rong ㄖㄨㄥ [ʐʊŋ]

戎 róng
戈部 2 全 6 画 四 5340₀
❶素 軍隊．¶从～ cóngróng（従軍）/ 装 róngzhuāng（❶②（Róng）えびす．❸名 古代の兵器の総称．❹（Róng）姓．
【戎行】róngháng 名 文 軍隊．軍旅．
【戎马】róngmǎ 名 文 ❶ 軍馬．❷ 戦争．作戦．
【戎马倥偬】róng mǎ kǒng zǒng 成 軍務で多忙だ．
参考 "戎马"は「軍馬」を，"军事"「戦争」のこと．
【戎马生涯】róngmǎ shēngyá 名 軍隊生活．
【戎装】róngzhuāng 名 文〔身 shēn，套 tào〕軍服．同 军装 jūnzhuāng

茸 róng
++部 6 全 9 画 四 4440₁ 次常用
❶素 草が生えたばかりで、細く柔らかい．¶绿～～的草地（柔らかな緑の草原）．❷名《药》鹿茸（ろくじょう）．生えたばか

りの柔らかい鹿の角．陰干しにして滋養，強壮剤として用いる．¶鹿～ lùróng（鹿茸）/ 参～ shēnróng（朝鮮人参と鹿茸）．
【茸毛】róngmáo 名《生物》ヒトや動植物の体表に生える細い毛．にこげ．
【茸茸】róngróng 形（草や毛などが）短く柔らかく密生している．¶～的绿草 / ふかふかの草．

荣(榮) róng
++部 6 全 9 画 四 4490₄ 常用
❶素 草や木が生い茂っている．¶欣 xīn 欣向～（成 草木が盛んに茂る．事業が勢いよく発展する）．❷素 勢いよく発展する．¶繁～ fánróng（繁昌する）/ ～华 rónghuá．❸素 光栄だ．¶～誉 róngyù / ～军 róngjūn．❹素 辱 rǔ，耻 chǐ，枯 kū ❹（Róng）姓．
【荣归】róngguī 名 文 栄誉ある帰郷をする．¶衣锦 jǐn ～ / 故郷に錦を飾る．
【荣华】rónghuá 形 文 ❶ 花が咲く．❷ 栄華を極めた．
【荣华富贵】róng huá fù guì 成 栄華と富貴．¶享受～ / 富貴を極め栄華に浴する．
【荣获】rónghuò 动 …の栄誉をかちとる．¶～冠军 / 優勝の栄誉に輝く．
【荣军】róngjūn 名 "荣誉 róngyù 军人"（傷痍（しょうい）軍人）の略称．
【荣辱】róngrǔ 名 栄誉と恥辱．
【荣辱与共】róng rǔ yǔ gòng 成 栄誉と恥辱を分かち合う．共に栄誉に浴し，ともに恥をかく．
【荣升】róngshēng 动 栄転する．昇進する．表现 相手の昇進や栄転をほめたたえる時に用いる．
【荣幸】róngxìng 形 光栄で幸運だ．¶能见到您，感到十分～ / お会いできて、たいへん光栄です．¶如蒙 méng 光临，不胜～ / ご来訪いただければ、たいへん光栄です．用法 "感到 gǎndào～"，"深感 shēngǎn～"の形で使われることがある．
【荣耀】róngyào 形 光栄だ．¶感到十分～ / たいへん光栄に思う．同 光荣 guāngróng，光彩 guāngcǎi
【荣膺】róngyīng 动（称号などを）光栄にも授かる．光栄にも担当する．
【荣誉】róngyù 名 栄誉．¶～称号 / 名誉称号．¶为祖国赢得 yíngdé～ / 祖国のために，栄誉をかちとる．
【荣誉军人】róngyù jūnrén 名 傷痍（しょうい）軍人に対する尊称．

狨 róng
犭部 6 全 9 画 四 4325₀ 通用
名《动物》古書で"金丝猴 jīnsīhóu"（キンシコウ）をいう．

绒(絨/异 羢,毧) róng
纟部 6 全 9 画 四 2315₀ 常用
❶名 柔らかく細い毛．¶～毛 róngmáo / 棉～ miánróng（ビロード）/ 驼～ tuóróng（ラクダの毛）．❷名 表面にけばのある織物．¶～布 róngbù / 法兰～ fǎlánróng（フランネル）/ 灯芯～ dēngxīnróng（コール天）/ 丝～ sīróng（ビロード）．❸名（～儿）刺しゅう用の細い絹糸．¶红绿～儿 hónglǜróngr（赤や緑の刺しゅう糸）．
【绒布】róngbù 名《纺织》〔块 kuài〕綿ネル．綿フランネル．
【绒花】rónghuā 名（～儿）絹ビロードでつくった花や鳥など．
【绒裤】róngkù 名〔条 tiáo〕厚手のメリヤス製ズボン下のたぐい．同 卫生裤 wèishēngkù

【绒毛】róngmáo 名 ❶〔生理〕(臓器の内壁の)絨毛(じゅうもう). 柔突起. ❷〔紡織〕織物の起毛. けば.
【绒毯】róngtǎn 名 綿糸や混紡糸で織った毛布.
【绒头绳】róngtóushéng 名 (〜儿)髪をくくるひも. 元結(もとゆい).
【绒线】róngxiàn 名〔量 根 gēn, 条 tiáo〕❶刺しゅう用の太い絹糸. ❷方毛糸.
【绒线衫】róngxiànshān 名 方 ウールのカーディガン. ニットの上着.
【绒绣】róngxiù 名 毛糸刺繍を施した工芸織物.
【绒衣】róngyī 名〔量 件 jiàn〕厚手のメリヤスシャツのたぐい. 同 卫生衣 wèishēngyī

容 róng 宀部7 四 3060₈ 全10画 常用

❶ 動 中に入れる. ¶〜一器 róngqì / 〜量 róngliàng / 屋子小, 〜不下(部屋が小さくて入りきれない). ❷ 動 認める. 受け入れる. ¶〜忍 róngrěn / 宽〜 kuānróng (寛容にする). ҈许 róng许 (許可する). ❸ 動 許す. 許可する. ¶〜许 róngxǔ / 不〜人说话(人がしゃべるのを許さない) / 不〜分说(言い訳は許さない). ❹ 副 あるいは…かもしれない. ¶〜或 rónghuò / 〜许 róngxǔ. ❺ 素 顔色や表情. ¶笑〜 xiàoróng (笑顔) / 怒〜 nùróng (怒った顔) / 愁〜 chóuróng (愁い顔) / 〜光 róngguāng / 病〜 bìngróng (病人のようなやつれた顔). ❻ 素 顔かたち. ¶〜貌 róngmào / 仪〜 yíróng (容貌) / 整〜 zhěngróng (床屋などで容姿を整える). ❼ 素 様子. ¶军〜 jūnróng (軍容) / 市〜 shìróng (都市の外観). ❽ (Róng)姓.

【容错】róngcuò 名《コンピュータ》フォールト・トレラント. ¶〜服务器 / FT サーバー.
【容光】róngguāng 名 顔の色つや. ¶〜不减当年 / 顔の色つやはあの頃と変わらない.
【容光焕发】róng guāng huàn fā 成 健康で顔が輝いている. ¶〜, 挺有精神 / 色つやが良く, とても元気だ.
【容或】rónghuò 副《文》…かもしれない. あるいは. ¶这类事十年前〜有之 / このようなことは, 十年前にあったかも知れない. 同 或许 huòxǔ, 也许 yěxǔ
【容积】róngjī 名 容積.
【容量】róngliàng 名 容量. ¶热〜 / 熱容量. ¶通讯〜 tōngxùn〜 / 通信回線の容量.
【容留】róngliú 動 収容する. 同 容纳 nà
【容貌】róngmào 名 容貌(ようぼう). ¶〜端庄 duānzhuāng / 端正で威厳ある顔つきだ. ¶〜秀丽 xiùlì / 見目麗しい. 同 面貌 miànmào, 面容 miànróng, 容颜 róngyán, 相貌 xiàngmào 表现 美しい容貌をいうことが多い. "相貌"は, 美醜を問わない.
【容纳】róngnà 動 ❶収容する. ¶这座体育馆能〜三百多个观众 / この体育館は300人余りの観衆を収容できる. ❷受け入れる. ¶她不能〜不同意见 / 彼女は異なる意見を受け入れることができない. 同 包容 bāoróng
【容器】róngqì 名〔量 种 zhǒng〕容器. 入れ物.
【容情】róngqíng 動 大目に見る. 同情して許す. ¶你不说实话, 做此怪我不〜 / 本当のことを言わないのなら, 私が許さないのも当然だろう. 用法 否定文で用いられることが多い.
【容人】róngrén 動 人を許す. 受け入れる.
【容忍】róngrěn 動 心を広く持って我慢する. 許す. ¶我们不能〜这种浪费行为 xíngwéi / このような浪費を許しておくことはできない. ¶〜也不是没有限度的 / 寛容にも限度がある.

【容身】róng//shēn 動 身を置く. 身を落ち着ける. ¶房间又小又挤jǐ, 几乎不能〜 / 部屋が狭くて人が多く, ほとんど身を置く場所がない. 同 安身 ānshēn
【容身之地】róngshēn zhī dì 句 身を落ち着ける場所. ¶无〜 / 身の置きどころがない.
【容受】róngshòu 動 受け入れる. 堪え忍ぶ. ¶〜苦难 / 苦難を堪え忍ぶ. 同 容纳 róngnà, 忍受 rěnshòu
【容许】róngxǔ ❶ 動 許す. ¶情况不〜我们再等待了 / 情況が我々がこれ以上待つことを許さなくなった. 同 许可 xǔkě, 允许 yǔnxǔ, 准许 zhǔnxǔ, 答应 dāying ❷ 副 …かもしれない. あるいは. ¶今晚我工作很忙, 〜没有时间跟你见面了 / 今夜は仕事が忙しいので, あなたと会う時間がないかもしれない. 同 或许 huòxǔ, 也许 yěxǔ [比較] 1) "容许"は "受け入れる" 意味に重点があり, "允许 yǔnxǔ"は "承諾する" 意味に重点がある. 2) "容许"は "允许"よりも語気が重い.
【容颜】róngyán 名 容ぼう. 顔かたち. ¶〜秀美 xiùměi / 容ぼうが美しい.
【容易】róngyì 形 ❶容易だ. たやすい. 手間がかからない. ¶说时〜, 做时难 / 言うは易(やす)く, 行うは難(かた)し. ¶靠她一人之力养大三个孩子可不〜啊 / 彼女一人の力で3人の子供を育てるのは, 実に大変だばあ. 反 困难 kùnnan ❷ …しやすい. …しがちだ. 簡単に〜する. ¶〜生病 / 病気にかかりやすい. ¶〜退色 / 色あせやすい. ¶这句话〜引起误会 / このことばは誤解を招きやすい.
【容重】róngzhòng 名 単位重量.

嵘(嶸) róng 山部9 四 2479₄ 全12画 通用

→峥嵘 zhēngróng

蓉 róng 艹部10 四 4460₈ 全13画 次常用

❶ → 芙蓉 fúróng ❷ → 苁蓉 cōngróng ❸ (Róng) 名 四川省成都市の別称. 同 蓉城 Róngchéng ❹ (Róng)姓.
【蓉城】Róngchéng 名 四川省成都の別称. 由来 五代後蜀の時, 街中に芙蓉が多く植えられていたことから.

溶 róng 氵部10 四 3316₈ 全13画 次常用

動 溶ける. ¶〜解 róngjiě / 〜液 róngyè.
【溶洞】róngdòng 名 鍾乳洞. 石灰洞.
【溶化】rónghuà 動 ❶(固体が液体に)溶解する. 溶ける. 反 凝固 nínggù, 凝结 níngjié ❷(氷や雪が)解けて水になる. 同 融化 rónghuà
【溶剂】róngjì 名《化学》〔量 瓶 píng, 种 zhǒng〕溶媒. 溶剤.
【溶胶】róngjiāo 名《化学・物理》ゾル. コロイド溶液. 同 胶体溶液 jiāotǐ róngyè
【溶解】róngjiě 動 溶解する. ¶〜热 / 溶解熱.
【溶解度】róngjiědù 名《化学・物理》溶解度.
【溶溶】róngróng 形 ゆったりと広がっている. ¶〜的江水 / ゆったりと流れる河の水. ¶月色〜 / あたり一面に広がる月明かり.
【溶液】róngyè 名《化学》〔量 种 zhǒng〕溶液.

瑢 róng 王部10 四 1316₈ 全14画 通用

→玱瑢 cōngróng

榕 róng 木部10 四 4396₈ 全14画 次常用

名 ❶〔植物〕ヨウジュ. ガジュマル. ❷(Róng)福建省福州市の別称. 同 榕城 Róngchéng

【榕树】róngshù 名《植物》ガジュマル.ヨウジュ.

熔(異鎔) róng
火部10 四 9386₈
全14画 常用
素 溶解する. ¶～炉 rónglú.
【熔点】róngdiǎn 名《物理》融点.融解点.
【熔断】róngduàn 動 ❶ 金属を加熱して切断する. ❷ 金属が熱によって切断される. ¶～器 / フューズ. ヒューズ箱.
【熔合】rónghé 動 複数の固体金属を溶解して別の物質を作る.
【熔化】rónghuà 動 溶解する.融解する. ¶～热 / 融解熱. 熔融 róngróng, 熔解 róngjiě 反 凝固 nínggù, 凝结 níngjié
【熔解】róngjiě 動 "熔化 rónghuà"に同じ.
【熔炼】róngliàn 動《冶金》溶解させて製錬する.
【熔炉】rónglú 名 ❶〔量 座 zuò〕溶鉱炉. ❷ 厳しい鍛錬をする場所. ¶革命的～ / 革命の溶鉱炉.
【熔融】róngróng "熔化 rónghuà"に同じ.
【熔岩】róngyán 名 溶岩.
【熔铸】róngzhù 動 ❶《冶金》鋳造する. ❷ 溶かし込む.

蝾(蠑) róng
虫部9 四 5419₄
全15画 通用
下記熟語を参照.
【蝾螈】róngyuán 名《動物》〔量 条 tiáo, 只 zhī〕イモリ.

融 róng
鬲部6 四 1523₆
全16画 常用
❶ 素 溶ける.柔らかくなる. ¶太阳一晒,雪就～了(太陽が照ると,雪はすぐ溶ける) / 消～ xiāoróng (溶けてなくなる). ❷ 素 まざり合う. 調和する. ¶水乳 rǔ 交～(成)とてもよく調和している) / 一会贯通. ❸ 素 流通する. ¶金～ jīnróng（金融）/ ～通 róngtōng. ❹ (Róng)姓.
【融合[和]】rónghé 動 融合する.とけ合う. ¶铜と锡 xī 的～/ 铜と錫(丅)の融合. ¶把东西文化～起来 / 東西の文化を融合させる. 同 交融 jiāoróng, 融会 rónghuì
【融化】rónghuà 動(氷や雪などが)解けて水になる. ¶湖上的冰已经～了 / 湖の氷はもう解けた. ¶雪已开始～ / 雪はもう解け始めている. 同 溶化 rónghuà, 融解 róngjiě, 消融 xiāoróng 反 冻结 dòngjié, 凝结 níngjié, 凝固 nínggù
【融会】rónghuì 動 ❶ 融合する. ❷ 理解する. 納得する. 同 领 líng 会
【融会贯通】róng huì guàn tōng 成 あらゆる知識や道理を動員して,すみずみまで理解する. ¶吸收前人的经验,～,形成自己的独特风格 / 先人の経験を吸収し,すみずみまで理解して,自分独自のスタイルを築き上げる.
【融解】róngjiě 動(雪や氷が)解ける. 同 融化 rónghuà
【融洽】róngqià 形 うちとけている. ¶～无间 jiàn / とても親密だ. ¶上下级关系很～ / 上司と部下の関係はたいへんしっくりいっている.
【融融】róngróng 形 ❶ なごやかで楽しい. ❷ 暖かい. ¶春光～ / 春の日ざしが暖かい.
【融通】róngtōng 動 ❶(資金などを)流通させる. ❷(多くの知識を)すみずみまで理解する. ❸(双方の感情を)打ち解けさせる.
【融资】❶ róng//zī 動 融資する. ❷ róngzī 名 融資金.
【融资租赁】róngzī zūlìn 名《経済》ファイナンスリース.

冗(異宂) rǒng
冖部2 四 3721₇
全4画 次常用
素 ❶ 余分な. だらだらと余っている. ¶文词～长(表現が冗長だ). ❷ こまごまと煩わしい. ¶～杂 rǒngzá / ～务缠身 chánshēn (繁雑な事務に追われる). ❸ 多忙な用事. ¶拨～ bōróng 参加(万障繰り合わせて参加する).
【冗长】rǒngcháng 形 冗長だ. 文章や話が長くてむだが多い. ¶叙述 xùshù～ / 叙述がだらだらと長い. ¶～的报告,使听众昏昏欲 yù 睡 / 冗長な報告は,聴衆に眠気を催させる. 反 简短 jiǎnduǎn
【冗词赘句】rǒng cí zhuì jù 成 むだなことばや表現.
【冗余】rǒngyú ❶ 形 余分な. ❷ 名 冗長. 余剰.
【冗员】rǒngyuán 名 余剰の人員. ¶裁减 cáijiǎn ～ / 余剰人員を減らす.
【冗杂】rǒngzá 形 ❶(文章や話が)冗長で雑だ. ¶这篇文章十分～ / この文章は極めて冗長かつ雑だ. ❷(事務が)煩雑だ. ¶整天忙于～的琐事 suǒshì / 一日中繁雑な用事で忙しい. 繁冗 fánróng, 繁杂 fánzá
【冗赘】rǒngzhuì 形(書きぶりが)冗長だ. 長くてくどい.

rou ロウ [ẓou]

柔 róu
矛部4 四 1790₄
全9画 常用
❶ 素 柔らかい. ¶～枝 zhī 嫩叶 nènyè (若枝と若葉). 柔软 róuruǎn ❷ 素 穏やかだ. 温和だ. ¶性情温～(性格が素直で穏やかだ) / 刚～相济(剛柔が補い合い助け合う) / 以～克刚(柔で剛を制す). 反 刚 gāng ❸ (Róu)姓.
【柔肠】róucháng 名 優しい心. 断ち切れない思い. ¶～百结 / どうしても思いを断ち切れない.
【柔肠寸断】róu cháng cùn duàn 成 断腸の思いを抱く. 傷心の極みだ.
【柔道】róudào 名《スポーツ》柔道.
【柔和】róuhé 形 ❶ 優しい. 穏やかだ. ¶室内的光线很～,一点也不刺眼 cìyǎn / 室内の光線が柔らかいので,ちっともまぶしくない. ¶她用非常～的语调说着 / 彼女は非常に優しい(やかな)口調で話している. ❷ 柔らかい. しなやかだ. ¶线条～ / (絵の)線が柔らかい. ¶手感～ / 手触りが柔らかい.
【柔曼】róumàn 形 柔らかで,ゆったりしている.
【柔美】róuměi 形 柔らかで美しい. ¶音色～ / 音色が柔らかで美しい. ¶～的舞姿 wǔzī / しなやかな舞い姿.
【柔媚】róumèi 形 ❶ 柔らかで美しい. ¶～的晚霞 wǎnxiá / 穏やかで美しい夕焼け. ❷ おとなしくて人から好かれる. ¶～谦恭 qiāngōng / 穏やかで控えめだ.
【柔嫩】róunèn 形 柔らかくみずみずしい. ¶～的幼苗 yòumiáo / 柔らかな若芽. 同 娇嫩 jiāonèn
【柔情】róuqíng 名 やさしい心.
【柔情似水】róu qíng sì shuǐ 成 流れる水のように気持ちがやさしい.
【柔韧】róurèn 形 しなやかで丈夫だ. ¶枝条 zhītiáo ～ / 枝が柔らかくよくしなる. ¶～的皮革 / しなやかな皮.
【柔软】róuruǎn 形 柔らかい. ¶～体操 / 柔軟体操. ¶～的垂柳 chuíliǔ 在微风中摇曳 yáoyè / しだれ柳が

かすかな風に揺れている. 反 坚硬 jiānyìng
【柔弱】róuruò 形 軟弱だ. ¶~多病 / 体が弱く病気がちだ. 反 刚劲 gāngjìn
【柔术】róushù 名《スポーツ》柔術.
【柔顺】róushùn 形 従順だ.
【柔性】róuxìng ❶ 名《物理》柔性. 反 刚 gāng 性 ❷ 形 柔軟だ. フレキシブルだ. ¶~处理 chǔlǐ / 柔軟に処理する.

揉 róu

扌部9 四 57094 全12画 常用

動 ❶手で揉(⁺)む. こする. ¶~一~腿(足をさする) / 沙子 shāzi 吹到眼里可别~(砂が眼に入ったらこすらないで). ❷こねる. ¶~面(小麦粉をこねる). ❸物を湾曲させる. ¶~一木以为轮(木を曲げて輪にする).

【揉搓】róucuo 動 ❶揉(⁺)む. こする. ❷ 方 痛めつける.
【揉磨】róumo 動 方 いじめる. 苦しめる.

糅 róu

米部9 四 97994 全15画 通用

素 入り交じる. ¶~合 róuhé / 真偽 wěi 杂~(本物も偽物もいっしょくたに交じり合う).
【糅合】róuhé 動 混ぜる. いっしょくたにする. ¶~真实与幻想 huànxiǎng / 事実と幻想をごちゃ混ぜにする.
[表現] 考えやスタイルなど抽象的なものについていう.

蹂 róu

⻊部9 四 67194 全16画 次常用

素 足で踏みつける. ¶~躏 róulìn.
【蹂躏】róulìn 動 蹂躪(⁺)する. 踏みにじる. ¶~人权 rénquán / 人権を蹂躙する. 同 践踏 jiàntà

鞣 róu

革部9 四 47594 全18画 通用

動 なめす. ¶~一皮子(皮をなめす).
【鞣料】róuliào 名 なめし剤.
【鞣酸】róusuān 名《化学》タンニン酸.

肉 ròu

肉部0 四 40227 全6画 常用

❶ 名《量 块 kuài, 片 piàn》肉. ¶肥~ féiròu(肉の脂身) / 瘦~ shòuròu(赤身の肉) / 羊~ yángròu(羊の肉) / 鸡~ jīròu(鶏の肉) / 炒肉丝(豚肉細切りタンメン). ❷果肉. ¶桂圆~ guìyuánròu(リュウガンの実の果肉). ❸ 形 (果物が)さくさくしていない. ❹ 形 方 動作がのろい. てきぱきしていない. ¶做事真~(仕事がのろい) / ~脾气 píqi(ぐずなたち, はきはきしない性格). [表現] 中国語で"肉"というと, ふつう"猪肉"(豚肉)を指す. その他の肉は, 牛肉ならば"牛肉 niúròu", 鶏肉ならば"鸡肉 jīròu", 羊ならば"羊肉 yángròu"と言わなければならない.

【肉包子】ròubāozi 名《料理》肉まんじゅう.
【肉饼】ròubǐng 名《料理》〔量 块 kuài, 张 zhāng〕小麦粉の皮で, 豚肉などの具を丸く平らに包み, 焼いたり蒸したりした食べ物. ミートパイ.
【肉搏】ròubó 動 素手や短剣などの武器で戦う.
【肉搏战】ròubózhàn 名 白兵戦. 同 白刃战 báirènzhàn
【肉畜】ròuchù 名 食用の家畜.
【肉店】ròudiàn 名 肉屋. 精肉店.
【肉丁】ròudīng 名《料理》さいの目に切った肉.
【肉豆蔻】ròudòukòu 名《植物》ニクズク. ナツメグ.
【肉脯】ròufǔ 名 干し肉.
【肉干】ròugān 名 干し肉.

【肉感】ròugǎn "性感 xìnggǎn"に同じ.
【肉鸽】ròugē 名 食肉用ハト.
【肉冠】ròuguān 名 (鳥類の)とさか.
【肉桂】ròuguì 名《植物》ニッケイ. シナモン.
【肉红】ròuhóng 形 赤みがかったピンクだ. ¶~色 / 赤みがかったピンク色.
【肉鸡】ròujī 名 食肉用ニワトリ. [表現]"蛋鸡"(卵用ニワトリ)と区別していう.
【肉酱】ròujiàng 名《料理》肉をペースト状にした食べ物. または, ひき肉を味噌といためたもの.
【肉类】ròulèi 名 肉類.
【肉瘤】ròuliú 名《医学》肉腫. ¶切除 qiēchú~ / 肉腫を切除する.
【肉麻】ròumá 形 虫ずが走る. むかむかする. ¶这种话你都说得出来, ~死了 / あなたがそんな話をするなんて, まったくむかつくわ.
【肉糜】ròumí 名《料理》❶ひき肉. みじん切りの肉. ❷肉粥.
【肉末】ròumò 名《料理》ひき肉. ¶把这些肉剁成 duòchéng~ / この肉をたたいて細かくする.
【肉牛】ròuniú 名 食肉用の牛. 同 菜 cài 牛
【肉排】ròupái 名《料理》牛肉や豚肉のステーキ.
【肉皮】ròupí 名《料理用の》ブタ肉の皮.
【肉皮儿】ròupír 名 方 人の皮膚.
【肉片】ròupiàn 名《料理》薄切りの肉. ¶把这些肉切成~ / この肉を薄切りにしてちょうだい.
【肉票】ròupiào 名 (~儿) ❶ 俗 人質. ¶撕 sī~ / 人質を殺す. ❷肉の配給切符.
【肉鳍】ròuqí 名 イカやタコなど軟体動物のヒレ状の部分.
【肉禽】ròuqín 名 食肉用の家禽.
【肉色】ròusè 名 肌色. ¶~的袜子 wàzi / 肌色の靴下.
【肉身】ròushēn 名《仏教》肉体.
【肉食】❶ ròushí 動 肉食する. ¶~动物 / 肉食動物. ❷ ròushi 名 肉類の食べ物. 反 素食 sùshí
【肉食品】ròushípǐn 名 肉製品.
【肉丝】ròusī 名 (~儿)《料理》細切りの(豚)肉. ¶切qiē~ / 肉を細切りにする.
【肉松】ròusōng 名《料理》肉をそぼろ状に加工したもの. 肉のでんぶ. [表現] ふつうは豚肉のでんぶ. 材料によって, 牛肉は"牛肉松 niúròusōng", 鶏肉は"鸡肉松 jīròusōng", 魚は"鱼松 yúsōng"という.
【肉汤】ròutāng 名《料理》肉のスープ. ¶这~很鲜 xiān / この肉入りスープはとてもおいしい.
【肉体】ròutǐ 名 (人の)肉体. 反 精神 jīngshén
【肉痛】ròutòng 形 方 心が痛む. 捨てがたい.
【肉头】ròutou ❶ 形 肉付きがよく柔らかい. ❷ 柔らかい. ¶这米饭挺~ / このご飯はとてもふっくらして柔らかい. ❸ 間抜けでだまされやすい.
【肉丸子】ròuwánzi 名《料理》〔量 个 ge〕肉だんご.
【肉馅】ròuxiàn 名《料理》(餃子や肉まんじゅうなどの)ひき肉のあん. ひき肉.
【肉刑】ròuxíng 名〔量 种 zhǒng〕体を痛めつける刑.
【肉芽】ròuyá 名《生理》肉芽(⁺). 肉芽組織.
【肉眼】ròuyǎn 名 ❶肉眼. ❷平凡な眼力. ¶凡夫 fánfū~ / 凡夫の眼力.
【肉欲】ròuyù 名 性欲. 肉欲.
【肉月】ròuyuè 名 (~儿)《言語》(漢字の偏の)にくづき. 同 肉月旁 páng
【肉汁】ròuzhī 名《料理》肉汁.

【肉制品】ròuzhìpǐn 名 肉製品.
【肉质】ròuzhì 名《生物》肉質.
【肉中刺】ròuzhōngcì 名 急いで取り除きたいもの. 邪魔もの「眼中釘 yǎnzhōngdīng」(目の上のたんこぶ)とあわせて用いる. 由来 肉に刺さったとげ, という意から.
【肉猪】ròuzhū 名 食用豚.

ru ㄖㄨ〔zu〕

如 rú 女部3 四 4640。 全6画 常用

❶ 前 …のとおりに. ……と同じだ. ¶坚硬～钢(はがねのように堅い) / 鱼得水 / 整旧～新(古いものを修理して新品のようにする). ❷ 動 似ている. ……と同じだ. ❸ 動 ……に匹敵する. ……に及ぶ. ¶我不～你(とても君には及ばない). ❹ 接 もし……ならば. ¶～有不同意,可提意见(もし反対するなら,意見を出してください). ❺ 動 例をあげると. たとえば. ¶宋朝 Sòngcháo 有很多著名词人,一苏轼 Sū Shì、李清照 Lǐ Qīngzhào、辛弃疾 Xīn Qíjí (宋代には有名な詞人が多い,たとえば蘇軾,李清照,辛棄疾などである). ❻ 動 文 行く. 赴く. ¶～厕 rúcè(手洗いへ行く). ❼ 接尾 状況やようすをあらわすことばにつく. ¶突～其来 成 突然やってくる) / 侃侃 kǎnkǎn一也(はっきりとしている. きっぱりしている) / 空空～也 成 すっからかんだ). ❽ (Rú)姓. 表現 ③は,否定文にのみ用いられて,「……に及ばない」という比較をあらわす.

【如常】rúcháng 動 いつもと同じだ. ¶平静～/ いつものように平静だ. ¶一切～ / すべて普段と同じだ.
【如出一辙】rú chū yī zhé 成 事柄や言動が非常によく似ている. ¶他俩的发言～, 观点一致 / 彼ら二人の発言は非常によく似ていて,観点が一致している.
【如此】rúcǐ 代 文 このように. このようである. ¶理当~~/ 当然こうでなければならない. ¶原来～ / なるほど,そういうことだったんですか. ¶早出晚归,天天～ / 朝早く出て夜遅く帰る,毎日こんなふうです.
【如此等等】rúcǐ děngděng 句 などなど. 以上のようなことなど. エトセトラ.
【如此而已】rú cǐ ér yǐ 成 それだけのことにすぎない.
【如此这般】rúcǐ zhèbān 句 かくかくしかじか.
【如次】rúcì 代 文 以下のとおりだ. ¶情况～ / 状況は次のとおり.
【如堕烟海】rú duò yān hǎi 成 果てしない霧の中に迷いこんだように,まったく見当がつかない. 同 如堕烟雾 wù
【如法炮制】rú fǎ páo zhì 成 ❶ 処方どおり調剤する. ❷ 昔からのやり方そのままに行う. ¶～,其实毫无 háowú 新意 / 型どおりにやっていて,実際まったく新しい工夫はない. 注意「炮 páo」を「pào」と発音しない.
【如故】rúgù 動 ❶ 以前と同じである. ¶依然～ 成 依然としてもとのままだ. ❷ 古くからの友人のようだ. ¶一见～ / 初対面で旧友のように親しくなる.
*【如果】rúguǒ 接 もしも……ならば. ¶～明天下雨,我就不去 / もし明日雨だったら,私は行かない. ¶他～不答应,怎么办？ / 彼が承知してくれなかったらどうしましょうか. 同 假如 jiǎrú
*【如何】rúhé 代 文 どのように. どうやって. ¶～你的意见～？ / あなたのご意見はいかがですか. ¶此事～办理 bànlǐ？ / この件はどういたしましょうか.
【如虎添翼】rú hǔ tiān yì 成 強大なものが助けを得て,より強大になる. 同 如虎生 shēng 翼 由来 トラに翼が生えたようだ, という意から.
【如花似锦】rú huā sì jǐn 成 風景や将来の見通しがすばらしい. ¶这里的风景真是～啊！ / ここの風景は本当にすばらしいですね.
【如花似玉】rú huā sì yù 成《女性》がとても美しい.
【如火如荼】rú huǒ rú tú 成 軍容の盛んなようす. 物事の勢いが激しい. ¶企业改革已经～地展开了 / 企業改革はすでに盛んな勢いで進められている. 由来『国語』呉語に見える故事から.
【如获至宝】rú huò zhì bǎo 成 秘宝でも得たかのように大喜びする.
【如饥似渴】rú jī sì kě 成 非常に強く望む. ¶大学生～地学习科学文化知识 / 大学生は科学知識をきわめて熱心に学ぶ. 同 如饥如渴
【如胶似漆】rú jiāo sì qī 成 思いが深く, 離れがたい. ¶他们两个人～,形影不离 / あの二人はとても仲が良く,いつも寄りそって離れない.
*【如今】rújīn 名 近ごろ. 最近. ¶～很少有人用毛笔了 / 近ごろ毛筆を使う人はとても少ない. 反 往常 wǎngcháng
【如来】rúlái 名《仏教》如来(にょらい).
【如狼似虎】rú láng sì hǔ 成 オオカミやトラのように, 非常に凶悪だ. ¶～的恶霸 èbà / 残虐非道な悪の親玉.
【如雷贯耳】rú léi guàn ěr 成 名声が高い. ¶久闻大名,～ / ご高名はかねがね伺っております.
【如临大敌】rú lín dà dí 成 強大な敵に向かっているかのように,警戒や判断が厳しい.
【如梦初醒】rú mèng chū xǐng 成 何かのきっかけで,はっと事実を悟る. 目が覚める. ¶事发后,他才～,知道自己上当 shàngdàng 了 / ことが起きてから彼はようやく目が覚め,だまされたことに気づいた.
【如鸟兽散】rú niǎo shòu sàn 成 (驚いた鳥や獣のように)散り散りになって逃げる.
【如期】rúqī 副 期日どおりに. ¶～归还 guīhuán / 期日どおり返却する. ¶～赴约 fùyuē / 約束の期日に約束の場所へ行く.
【如其】rúqí 接 もしも……ならば. ¶你～不亲自去一趟 tàng, 恐怕问题不易解决 / もしあなたが自分で行かないなら,問題の解決は難しいだろう.
【如其不然】rúqí bùrán 成 文 もしそうでなければ.
【如泣如诉】rú qì rú sù 成 (演奏や歌が)泣いたり訴えたりしているようにもの悲しい.
【如日中天】rú rì zhōng tiān 成 真っ盛りだ. ¶我们的事业兴旺 xīngwàng 发达,～/ 我々の事業は大いに発展し,今が最盛期だ. 同 如日方 fāng 中
【如若】rúruò 接 もしも……ならば. ¶～没有意外的事情,肯定要回来的 / 予定外のことが起きなければ,きっと帰ってきます.
【如丧考妣】rú sàng kǎo bǐ 成 貶 親に死なれたかのように取り乱す. 由来 旧時,亡くなった父を"考",亡くなった母を"妣"と呼んだことから.
【如上】rúshàng 代 文 以上のとおりだ. ¶～所述 / 上述べたこと. ¶情况报告～/ 状況の報告は以上のとおり.
【如实】rúshí 副 実際のとおりに. ありのままに. ¶～汇报 huìbào / ありのままを報告する. ¶～反映群众的要求 / 大衆の要求をありのまま上層部に伝える.
【如释重负】rú shì zhòng fù 成 (肩の荷を下ろしたように)ほっとする. ¶考试结束了,我～ / 試験が終わり,私はほっとした.

【如数家珍】rú shǔ jiā zhēn 成 取り上げる内容について、非常に詳しい. 由来 家蔵の珍宝を数え上げるようだ、という意から.
【如数】rúshù 副 もとの数どおりに. 規定の数どおりに. ¶这笔款已经一归还 guīhuán／その金はもう全額返した. ¶我们一到齐了／我々は全員揃いました.
【如同】rútóng 動 …と同様だ. ¶一亲生 qīnshēng 骨肉 gǔròu／血を分けた肉親同様だ.
【如下】rúxià 代 以下のとおりだ. ¶旅行日程安排一／旅行のスケジュールは以下のとおりです.
【如像】rúxiàng 動 ようだ．…のようだ. ¶她待我一亲姐妹一样／彼女は私を実の姉妹のように扱ってくれる.
【如兄】rúxiōng 名(旧) 義兄弟の契りを結んだ兄. ¶一如弟／兄弟の厚さの兄弟のようだ. ⇨如弟 dì
【如许】rúxǔ 代(文) ❶ かくのごとく(である). ¶如此 cǐ ❷これ[それ]ほど多くの. これ[それ]っぽっちの. (回) 这么些 zhèmexiē
【如蚁附膻】rú yǐ fù shān 成 よからぬ人間が結託して悪事をする人. 大勢の人間が金や権力にたかる. 由来「アリが生臭いものにたかる」という意で，『荘子』徐無鬼篇の語から.
【如意】❶ rú//yì 動 思いどおりになる. ¶称 chèn 心 xīn 一／成 意にかなう. ❷ rúyì 名 (仏教)(旧) 把 bǎ(仏具の)如意(にょい).
【如意算盘】rú yì suàn pán[-pan] 自分に都合のいい計算. 取らぬたぬきの皮算用. ¶一落空 luòkōng 了／胸算用が外れた.
【如影随形】rú yǐng suí xíng 成 二人がいつも寄り添い、非常に親密だ. ¶他俩整天一，从不分离／2人は朝から晩まで共に過ごし、離れたことがない.
【如鱼得水】rú yú dé shuǐ 成 水を得た魚のようだ. 意気投合する人や、理想的な環境を得る.
【如愿】rú//yuàn 動 思いどおりになる. ¶这回可如了小李的愿／今度こそ李さんの願いがかなった.
【如愿以偿】rú yuàn yǐ cháng 成 願いがかなう.
【如云】rúyún 形 おびただしい数だ.
【如字】rúzì 名《言語》一つの漢字が意味の違いにより二つ以上の読み方をもつ場合，最も一般的な読み方を用いること. 参考 この読み方ではない、一般的でない読み方をすることを"读如字"または"读破"という. ⇨读破 dúpò
【如醉如痴】rú zuì rú chī 成 (驚きや恐怖で)ぼう然としているようす. ❷陶酔しているようす.
【如坐针毡】rú zuò zhēn zhān 成 針のむしろに座っているかのように、不安でいたたまれない. ¶下岗 xiàgǎng 待业 dàiyè 以后，整天一／失業してからというもの、一日中不安でたまらない.

茹 rú ⺿部6 全9画 4446₀

❶ 素 食べる. ¶一素 rúsù(精進料理を食べる)／一毛饮 yǐn 血 xuè. ❷ 素 耐える. ¶一痛 rútòng(苦痛に耐える)／一苦含辛. ❸ (Rú)姓.
【茹苦含辛】rú kǔ hán xīn 成 辛酸をなめる. ¶母亲一地将两个孩子扶养成人／母は大変な苦労をして二人の子を育てあげた. (回) 含辛茹苦
【茹毛饮血】rú máo yǐn xuè 成 原始人のような生活をする. 野蛮なようす.

铷(銣) rú 钅部6 全11画 8670₀

名《化学》ルビジウム．Rb.

儒 rú 亻部14 全16画 2122₇ 次常用

❶ (Rú) 素 儒家. 孔子の思想を代表とする学派. ❷ 学者. 知識人. ¶一生 rúshēng／腐 fǔrú (役立たずの学者). ❸ (Rú)姓.
【儒艮】rúgèn 名《動物》ジュゴン. 表現 ふつう"人鱼 rényú"という.
【儒家】Rújiā 名 儒家. ¶一思想／儒家思想. 参考 孔子を代表とする学派で，「仁」を根本とする政治や道徳を説き，教育を重視した.
【儒将】rújiàng 名 学識があり、典雅な武将.
【儒教】Rújiào 名 儒教.
【儒商】rúshāng 名 学者や教師だから転身したビジネスマン.
【儒生】rúshēng 名 儒者. 学者. 知識人.
【儒术】rúshù 名 儒家の学説や思想.
【儒学】rúxué 名 ❶ 儒学. ❷ 元・民・清の時代に、州・府・県が生員(科挙の第一回試験合格者)のために設立した学校.
【儒雅】rúyǎ 形 学識が深くて典雅だ. ¶风流一／風流で典雅だ.
【儒医】rúyī 名(旧) 儒学者人出身の漢方医.

薷 rú ⺿部14 全17画 4422₇ 通用

→香薷 xiāngrú

嚅 rú 口部14 全17画 6102₇ 通用

❶ →嗫嚅 nièrú ❷ →嚅动 rúdòng
【嚅动】rúdòng 動 何か言いたげに唇を動かす.

濡 rú 氵部14 全17画 3112₇ 通用

素 ❶ ぬれる. ぬらす. ¶一笔 rúbǐ(筆に墨をつける)／耳一目染 成 見たり聞いたりして影響を受ける. ❷ 停滞する. ¶一滞 rúzhì(停滞する). ❸ 耐える. ¶一忍 rúrěn(耐える).
【濡染】rúrǎn 動 ❶ (悪習に)染まる. ¶一陈俗 chénsú／古いものや世俗のものに感化される. ❷ 感化する. ¶受先辈 xiānbèi・熏陶 xūntáo／先輩の薫陶を受ける. ❸ ‹›(墨などに筆を)浸す. ¶我用毛笔一点儿颜料／私は筆に顔料を少ししみ込ませた.
【濡湿】rúshī 動 ぬれる. 湿る.

孺 rú 子部14 全17画 1142₇ 通用

❶ 素 小さい子供. 幼児. ¶妇一／fùrú(女性と子供). ❷ (Rú)姓.
【孺子】rúzǐ 名(文) 幼児. 子供. ¶黄口一／青二才.
【孺子可教】rú zǐ kě jiào 成 見込みのある青年なので奥義を授けてもよい.
【孺子牛】rúzǐniú 名 人民のために尽くす人. 由来『左伝』哀公六年に見えることば. 春秋時代，斉の景公が牛のまねをして縄をくわえ、縄の先を息子に引かせて遊んだ故事から. また，鲁迅「自嘲」詩の「横眉冷对千夫指，俯首甘为孺子牛」(千万の男たちの指弾にも冷やかに対し、我が子のために首をたれて甘んじて牛にならう)の詩句から.

襦 rú 衤部14 全19画 3122₇ 通用

名(文) 裏のついた短い上着. ¶一裤 rúkù(上着とズボン).

颥(顬) rú 页部14 全20画 1128₂ 通用

→颞颥 nièrú

蠕(蝡) rú 虫部14 四 5112₇ 全20画 次常用

素 (ミミズのように)くねくねとゆっくり動く. ¶～动 rúdòng. 参考 もと, "蠕"と発音した.

【蠕虫】 rúchóng 名 ❶《生物》蠕虫(ぜん). ❷《コンピュータ》ワーム.

【蠕动】 rúdòng ❶ 動 ミミズがはうように動く. ❷ 名《生理》ぜん動. ¶肠胃 chángwèi ～有助于食物消化 / 胃肠のぜん動は, 食物の消化を助ける.

【蠕蠕】 rúrú 形 ゆっくりくねくねと移動するようす.

汝 rǔ 氵部3 四 3414₀ 全6画 通用

❶ 代 文 あなた. 汝(なんじ). ¶～辈 rǔbèi (君たち) / ～将何往?(あなたはどこへ行くのか). ❷ (Rǔ)姓.

乳 rǔ 丿部7 四 2241₀ 全8画 常用

素 ❶ 乳房. ¶～房 rǔfáng / 隆～ lóngrǔ (手術で胸を大きくする). ❷ 乳汁. 乳. ミルク. ¶～牛 rǔniú / 马～ mǎrǔ (馬乳) / ～白色 rǔbáisè (乳白色) / 代～粉 dàirǔfěn (粉ミルク). ❸ 乳汁に似た物. ¶豆～ dòurǔ (豆乳) / 蜂～ fēngrǔ (ロイヤルゼリー). ❹ 生む. 生殖する. ¶孳～ zīrǔ (繁殖する). ❺ 生まれたばかりの. 幼い. ¶～燕 rǔyàn (ツバメのひな) / ～猪 rǔzhū.

【乳白】 rǔbái 形 乳白色の.
【乳齿】 rǔchǐ 名《生理》乳歯. 回 奶牙 nǎiyá
【乳儿】 rǔ'ér 名 乳児. 赤ん坊.
【乳房】 rǔfáng 名 〔量 对 duì, 个 ge〕乳房. バスト.
【乳化】 rǔhuà 動《化学》乳化する.
【乳黄】 rǔhuáng 形 淡い黄色の. クリーム色の.
【乳剂】 rǔjì 名《化学》乳剤.
【乳胶】 rǔjiāo 名《化学》〔量 瓶 píng, 桶 tǒng〕乳濁液. エマルジョン.
【乳酪】 rǔlào 名 チーズ.
【乳糜】 rǔmí 名《生理》乳糜(にゅうび).
【乳名】 rǔmíng 名 幼名. 幼時の名前. 回 小名 xiǎomíng
【乳母】 rǔmǔ 名 乳母. 表現 もとは, "奶妈 nǎimā"と言った.
【乳牛】 rǔniú 名 〔量 群 qún, 头 tóu, 只 zhī〕乳牛. 回 奶牛 nǎiniú
【乳酸】 rǔsuān 名《化学》乳酸.
【乳酸菌】 rǔsuānjūn 名《化学》乳酸菌.
【乳糖】 rǔtáng 名《化学》乳糖. ラクトース.
【乳头】 rǔtóu 名 ❶ 乳頭. 乳首. ❷ 乳頭状のもの.
【乳腺】 rǔxiàn 名《生理》乳腺.
【乳腺癌】 rǔxiàn'ái 名《医学》乳腺ガン.
【乳香】 rǔxiāng 名《植物》ニュウコウ. カンラン科の植物の樹脂.
【乳臭】 rǔxiù 名 乳くさいにおい. 表現 子供じみていることの比喩.
【乳臭未干】 rǔ xiù wèi gān 成 乳臭さが抜けていない. ¶～的年轻人 / まだ乳臭さの抜けない若いやつ.
【乳牙】 rǔyá 名 乳歯.
【乳罩】 rǔzhào 名 ブラジャー. 回 奶罩 nǎizhào
【乳汁】 rǔzhī 名. ミルク. 表現 ふつうは "奶 nǎi"を使う.
【乳制品】 rǔzhìpǐn 名 乳製品.
【乳猪】 rǔzhū 名《動物》(生まれたばかりの)子ブタ.

辱 rǔ 辰部3 四 7134₃ 全10画 常用

❶ 素 恥. 辱める. ¶奇耻 chǐ 大～(成 たいへんな恥). 反 荣 róng, 宠 chǒng ❷ 動 辱めを受ける. 侮辱される. ¶受折～ zhérǔ (屈辱を受ける) / 中国人民是不受～的(中国の人民は辱めを受けるわけにはいかない). ❸ 素 辱める. 汚す. ¶这 rǔmò / ～没 rǔmò ❹ 素 かたじけなくも. …していただく. ¶～蒙 méng 惠顾 huìgù (ご来臨を賜る) / ～承 rǔchéng 指教(ご教示いただく).

【辱骂】 rǔmà 動 口汚なくののしる. 遭受～ / ひどくのしられる.
【辱命】 rǔmìng 動 文 使命に背く. 期待に背く.
【辱没】 rǔmò 動 栄誉を汚す. 辱める.

入 rù 入部0 四 8000₀ 全2画 常用

❶ 動 外から内に入る. ¶～场 rùchǎng / 纳～ nàrù 轨道 guǐdào (軌道に乗せる). 反 出 chū ❷ (季節などに)入る. ¶～春 rùchūn / ～冬 rùdōng / ～伏 rùfú. ❸ 動 加入する. 参加する. ¶～学 rùxué / ～会 rùhuì / ～党 rùdǎng. ❹ 素 収入. ¶量 liàng～为 wéi 出 成(収入を考えながら支出する) / ～不敷 fū 出. 反 出 chū ❺ 素 …に合う. 合致する. ¶～情～理 / ～时 rùshí. ❻ 素《言語》入声(にっしょう). ¶平上去～(平声·上声·去声·入声). ⇨入声 rùshēng.

【入不敷出】 rù bù fū chū 成 収入が支出に追いつかない. ¶他花钱大手大脚,常常～ / 彼は金の使い方が荒くて,しょっちゅう足が出る.
【入仓】 rù//cāng 動 (食料などを)倉庫に入れる.
【入场】 rù//chǎng 動 入場する. ¶～式 / 入場式. ¶列队～ / 列を組んで入場する. ¶凭 píng 票～ / 切符のある人のみ入場可.
【入场券】 rùchǎngquàn 名 ❶ 入場券. ❷ 試合などへの参加資格. ¶争夺最后一张奥运会～ / オリンピックへの最後の1枚の切符を巡って争う.
【入超】 rùchāo 名 輸入超過. 入超. 反 出超 chūchāo
【入春】 rù//chūn 春になる. ¶现在已经～了 / もう春になった.
【入党】 rù//dǎng 動 入党する. ¶～申请书 shēnqǐngshū / 入党申請書.
【入定】 rùdìng 動《仏教》精神を統一し無我の境地に入る. 入定(にゅうじょう).
【入冬】 rù//dōng 動 冬になる. ¶～以来第一场大雪 / 冬になって初めての大雪.
【入队】 rù//duì 動 入隊する.
【入耳】 rù'ěr 形 聞いて心地よい. ¶这些话不堪 bùkān～/ こうした話は聞くに堪えない. 回 顺耳 shùn'ěr 反 刺耳 cì'ěr, 逆耳 nì'ěr
【入伏】 rù//fú 動 真夏の時期になる. ⇨三伏 sānfú
【入港】 rùgǎng ❶ 動 港に入る. ❷ 形 気が合っている. 意気投合している. ¶两人说得～ / 二人は意気投合した.
【入股】 rù//gǔ 動 株を持つ. ¶入了三万股 / 3万株を取得する.
【入骨】 rùgǔ 動 極限に達する. ¶恨 hèn 之～ / 恨み骨髄に徹する.
【入海口】 rùhǎikǒu 名 河口.
【入户】 rùhù 動 戸籍に入る.

【入户育婴师】rùhù yùyīngshī 名 育児中の家庭専門のお手伝いさん.
【入画】rùhuà 动 ⟨文⟩ 絵になる.
【入会】rù//huì 动 (組織や団体などに)加入する. 入会する.
【入伙】rù//huǒ 动 ❶ 組織や集団に加わる. ❷ 集団給食に加入する. ¶在学校入了一年伙 / 学校で一年間給食に加入する. 表现 ①は,よくいう集団や組織に加わることをいうことが多い.
【入籍】rù//jí 动 戸籍や国籍に入る. 入籍する.
【入境】rù//jìng 动 入国する. ¶~签证 qiānzhèng / 入国ビザ. 不许~ / 入国を許さない. 反 出境 chūjìng
【入境问俗】rù jìng wèn sú 成 異郷に来たら,まずその土地の風俗・習慣をたずね,それに従う. 由来 『礼記』曲礼上に見えることば. 境に入れば禁を問い,国に入れば俗を問う,という意から.
【入口】rù//kǒu 动 ❶ 口に入れる. ¶此药难于~ / この薬は飲みにくい. ❷ 輸入する. (外地の物資を)運び込む. ¶~货物 / 輸入貨物. 反 出口 chūkǒu
【入口】rùkǒu 名 (~儿) (働 处 chù,个 ge) 入り口. ¶车站~ / 駅の入り口. 反 出口 chūkǒu
【入寇】rùkòu 动 ⟨文⟩ 外敌が国内を侵犯する.
【入库】rùkù 动 倉庫に保管する.
【入款】rùkuǎn 名 収入. 入金.
【入殓】rù//liàn 动 納棺する.
【入列】rùliè 动 (列を離れたり遅刻してきた者が)隊列に入る. ¶班长示意 shìyì 迟到的新兵~ / 班長は,遅刻して来た新兵に列に入るように合図した. 反 出列 chūliè
【入垄】rùlǒng 形 ⟨方⟩ 話がはずむ.
【入梅】rù//méi 动 梅雨に入る. 反 出梅 chūméi
【入门】❶ rù//mén 动 (~儿) 基本をマスターする. こつをつかむ. ¶学日语~并不难,学好可不容易 / 日本語は基礎はやさしいが,マスターするのは難しい. ❷ rùmén 名 入門. ¶《摄影 shèyǐng~》/『撮影入門』. 用法 ②は,書名としてよく使われる.
【入梦】rùmèng 动 ❶ 眠りにつく. ❷ (親しい人や情景などが)夢の中に現れる.
【入迷】rù//mí 动 夢中になる. とりこになる. 同 入神 rùshén, 出神 chūshén, 着迷 zháomí
【入眠】rùmián 动 ❶ 眠りに入る. ❷ カイコが眠期に入る.
【入魔】rù//mó 动 病みつきになる.
【入木三分】rù mù sān fēn 成 ❶ 筆力がある. ❷ 洞察が鋭い. ¶这位学者的分析真是~ / この学者の分析はほんとうに鋭い. 由来 王羲之(ǒxī)の書の墨が木の板に深く染み通った,という故事から.
【入侵】rùqīn 动 (敵軍が)侵入する. ¶~之敌 / 侵入してきた敵. 同 入寇 rùkòu
【入情入理】rù qíng rù lǐ 成 情理を尽くす.
【入射角】rùshèjiǎo 名 ⟨物理⟩ 入射角.
【入神】rù//shén ❶ 动 (おもしろくて)引き込まれる. ❷ 形 (技芸が)神業の域に達している.
【入声】rùshēng 名 ⟨言語⟩ 入声(にっしょう・にゅうしょう). 参考 古代漢語の四声の一つで,韻尾が,"p.t.k"で終わったつまった音. 現代の共通語にはないが,南方の方言に残っている.
【入时】rùshí 形 (服装などが)流行に合っている. ¶她的穿着 chuānzhuó 很~ / 彼女の服装は流行の先端をいっている.

【入世】动 ❶ rùshì 実社会に身を投じる. ❷ rùShì 世界貿易機関(WTO)に加入する.
【入市】rùshì 动 (商品を)売り出す. 販売開始する.
【入手】rùshǒu 动 着手する. ¶从何~呢？ / どこから手をつけようかしら. 同 动手 dòngshǒu,下手 xiàshǒu,着手 zhuóshǒu ❷ 手に入れる. ¶不易~的货物 / なかなか手に入らない品物.
【入睡】rùshuì 动 寝つく. 眠りに入る. ¶他已经~了 / 彼はもう寝ついた. 同 睡着 shuìzháo
【入土】rù//tǔ 动 埋葬する. 世を去る. ¶快~了 / もうすぐ亡くなるよ.
【入土为安】rù tǔ wéi ān 成 埋葬を終えて死者,家族ともに落ち着く. ¶他最终~了 / 彼は亡くなって,最後は安らかに仮埋葬をしたところだ. 由来 かつて埋葬場所が見つかるまで,よく仮埋葬をしたことから.
【入团】rù//tuán 动 入団する. 表现 "中国共产主义青年团"への入団を指すことが多い.
【入托】rùtuō 动 (子供を)託児所に入れる. ¶办理小孩~手续 / (託児所にて)子供の入所手続きを行う.
【入网】rù//wǎng 动 ⟨通信⟩ ネットワークサービスに加入する.
【入微】rùwēi 形 たいへん細やかだ.
【入围】rùwéi 动 入選する. ノミネートされる. ¶~作品 / 入選作品.
【入味】rùwèi 形 (~儿) ❶ おいしい. 味わいがある. ❷ おもしろい.
【入伍】rùwǔ 动 入隊する. ¶应征 yìngzhēng~ / 徴兵に応じて入隊する. 反 退伍 tuìwǔ
【入席】rù//xí 动 (宴会や儀式で)席に着く. ¶来宾 láibīn~ / 来賓が席に着く. 反 退席 tuìxí
【入乡随俗】[乡] rù xiāng suí sú [xiāng] 成 郷に入(")っては郷に従う.
【入绪】rùxù 动 端緒につく.
【入选】rùxuǎn 动 選に入る. 入選する. 同 当选 dāngxuǎn, 中选 zhòngxuǎn 反 落选 luòxuǎn
【入学】rù//xué 动 ❶ 入学する. ¶~考试 / 入学試験. ¶今天是新生~第一天 / 今日は新入生の初登校日です. 反 退学 tuìxué ❷ 就学する. 小学校に入る. ¶~年龄 / 就学年齢.
【入眼】rùyǎn 形 見た感じがよい. 気に入っている. ¶看得~ / 見て気に入る. ¶给她介绍了几个对象,她都不~ / 何人かお相手を紹介してあげたのに,全部彼女の気に入らないようだ.
【入药】rùyào 动 ⟨中医⟩ 薬として用いる.
【入夜】rùyè 动 夜になる. ¶~时分 / 夜に入るころ.
【入狱】rùyù 动 入獄する.
【入院】rù//yuàn 动 入院する.
【入账[帐]】rù//zhàng 动 記帳する. 帳簿に載せる. ¶这笔款子 kuǎnzi 还未~吧 / このお金はまだ記帳していないでしょ.
【入主】rùzhǔ 动 ある場所に入ってリーダーとなる. ¶~白宫 / ホワイトハウス入りする. 由来 もとは,異民族が中原に入っての中国の統治者となる意.
【入住】rùzhù 动 入居する. 投宿する.
【入赘】rùzhuì 动 ⟨旧⟩ 婿入りする.
【入座[坐]】rù//zuò 动 着席する. ¶请各位~ / 皆さん,御着席下さい. ¶宾主 bīnzhǔ~ / 主人,お客ともに着席する.

洳 rù

氵部 6
全 9 画
四 3610₀
通用

→沮洳 jùrù

蓐 rù
艹部10 四 4424₃
全13画 通用

名 むしろ．¶坐～ zuòrù〈産蓐詮くにつく．出産する）．
表現 産婦の寝床を指すことが多い．

溽 rù
氵部10 四 3114₃
全13画 通用

素 湿っている．¶～暑 rùshǔ．
【溽暑】rùshǔ 名夏の蒸し暑い天気．

缛(縟) rù
纟部10 四 2114₃
全13画 通用

素 雑多で煩わしい．（任務や事務が多くて重い．¶繁文～节（威）煩わしいしきたりや礼儀作法）．
【缛礼】rùlǐ 名こまごまとして煩わしい儀礼．

褥 rù
衤部10 四 3124₃
全15画 次常用

名 ❶ 敷き布団．¶～子 rùzi / 被～ bèirù（掛け布団と敷き布団）．❷（Rù）姓．
【褥疮】rùchuāng 名《医学》床ずれ．
【褥单】rùdān 名（～儿）〔量 床 chuáng, 条 tiáo〕シーツ．同 褥单子 rùdānzi
【褥套】rùtào 名 ❶ 携帯用の布団袋．❷ 敷き布団カバー．
【褥子】rùzi 名〔量 床 chuáng, 条 tiáo〕敷き布団．

ruan ロメㄢ〔ẓuan〕

阮 ruǎn
阝部4 四 7121₂
全6画 通用

名 ❶ "阮咸 ruǎnxián"の略称．❷（Ruǎn）姓．
【阮咸】ruǎnxián 名《音楽》❶阮咸（ん）．弦が4本ある古代の弦楽器で，円形と八角形の2種類ある．❷①を改良した楽器．弦は4本で，サイズは大中小3種類ある．由来①は，西晋の阮咸がこの楽器の名手だったことから，その名がつけられた．

阮咸②（中阮）

软(軟 / 異 輭)
车部4 全8画 四 4758₂ 常用

ruǎn
❶ 形 柔らかい．¶柔～ róuruǎn（しなやかな）/ ～座 ruǎnzuò / ～席 ruǎnxí．反 硬 yìng ❷ 形 やさしい．穏やかな．¶～风 ruǎnfēng / ～话 ruǎnhuà（穏やかな話しぶり）．❸ 形 気の弱い．弱々しい．¶不要欺 qī 怕 pà 硬（弱い者をいじめ，強い者を恐れるようではいけない）．❹ 形 心を動かされやすい．情にもろい．¶心～ xīnruǎn（情にもろい）/ 耳朵～（人の話を信じやすい．だまされやすい）．❺ 形 強硬な手段を取らずに行う．¶～磨 ruǎnmó．❻ 形 気力や力がない．くたびれている．¶两腿发～（両足の力が抜ける）．¶功夫～（工夫が足らない）．❼ 形（能力や質が）劣っている．❽（Ruǎn）姓．
【软包装】ruǎnbāozhuāng 名プラスチックやビニール，アルミなどの包装．またその材料．
【软磁盘】ruǎncípán 名《コンピュータ》〔量 张 zhāng〕

フロッピーディスク．同 软盘 ruǎnpán
【软刀子】ruǎndāozi （喩 吃）じわじわと相手に苦痛を与えたり，痛めつけるやりかた．¶～杀人 / 真綿で首を絞めるように人を殺す．
【软垫】ruǎndiàn 名クッション．柔らかい敷物．
【软钉子】ruǎndīngzi （喩）婉曲に拒絶すること．また，やんわり当てこすったり，責めること．¶碰 pèng 了个～ / やんわりと断られた．
【软缎】ruǎnduàn 名《纺织》しゅす（サテン）織の柔らかい絹織物．¶～被面 / 繻子（ﾙｽ）の布団皮．
【软腭】ruǎn'è 名《生理》軟口蓋．
【软风】ruǎnfēng 名 ❶ 微風．同 和 hé 风 ❷（旧）《气象》気象学上の一級の風．
【软钢】ruǎngāng 名《冶金》軟鋼．
【软膏】ruǎngāo 名《薬》〔量 管 guǎn, 瓶 píng〕軟膏（ﾅｳ）．
【软骨】ruǎngǔ 名《生理》軟骨．
【软骨病】ruǎngǔbìng 名《医学》骨軟化症．
【软骨头】ruǎngǔtou 名意気地なし．反 硬骨头 yìnggǔtou
【软骨鱼】ruǎngǔyú 名《鱼》軟骨魚．
【软管】ruǎnguǎn 名ホース．
【软广告】ruǎnguǎnggào 名間接的な宣伝．参考 ドラマのストーリーやそこで使用する小道具，せりふなどに商品名を織り交ぜたり，ニュースサイトなどを使って商品を間接的に宣伝すること．⇨硬广告 yìngguǎnggào
【软化】ruǎnhuà 動 ❶（物が）柔らかくなる．¶骨质 gǔzhì～症 / 骨軟化症．反 硬化 yìnghuà ❷（態度や考えなどが）軟化する．¶态度逐渐 zhújiàn～ / 態度が少しずつ軟化する．¶他被糖衣 tángyī 炮弹 pàodàn～了 / 彼は賄賂（ﾜｲﾛ）でまるめこまれた．反 硬化 yìnghuà ❸ 柔らかくする．軟化させる．反 硬化 yìnghuà
【软环境】ruǎnhuánjìng 名物質設備以外の環境．政策・法規・管理・サービス・教育・文化など．
【软和】ruǎnhuo 形（口）❶ 柔らかい．¶～的羊毛 / 柔らかな羊毛．❷ 穏やかだ．¶～话儿 huàr / 穏やかなことば．
【软件】ruǎnjiàn 名 ❶《コンピュータ》〔量 个 ge, 类 lèi, 套 tào, 种 zhǒng〕ソフトウェア．反 硬件 yìngjiàn ❷ 生産・研究・経営などにおける質的側面．ソフト．¶～开发 / ソフト開発．表現 台湾では，"软体 ruǎntǐ"とも言う．
【软件狗】Ruǎnjiàngǒu 名《商标》Software Dog. 参考 ソフトウェアの不法コピー防止用セキュリティ製品の名称．
【软禁】ruǎnjìn 動軟禁する．¶他被政府当局 dāngjú～了三年 / 彼は政府当局によって3年間軟禁された．同 幽禁 yōujìn
【软科学】ruǎnkēxué 名ソフト・サイエンス．社会科学．
【软绵绵】ruǎnmiánmián 形（～的）❶ 柔らかくふんわりした．反 硬邦邦 yìngbāngbāng ❷ ひ弱だ．
【软磨】ruǎnmó 動もみ手でやんわりと頼み込む．下手に出て何度もせがむ．¶～硬抗 yìngkàng / 硬軟織り交ぜて対抗する．反 硬抗 yìngkàng
【软木】ruǎnmù 名コルク．¶～塞 sāi / コルク栓．同 栓皮 shuānpí
【软泥】ruǎnní 名《地学》軟泥．
【软盘】ruǎnpán 名《コンピュータ》"软磁盘"（フロッピーディスク）の略．
【软片】ruǎnpiàn 名フィルム．同 胶片 jiāopiàn

【软驱】ruǎnqū《コンピュータ》"软盘驱动器 ruǎnpán qūdòngqì"(フロッピーディスク・ドライブ)の略.
【软弱】ruǎnruò 形 ❶体力がない.(体が)弱い. ❷(性格や態度などが)軟弱だ. ¶~无能 / 軟弱で無能である. 同 脆弱 cuìruò 反 坚强 jiānqiáng, 强硬 qiángyìng
【软杀伤】ruǎnshāshāng 動 名《軍事》物質を破壊せずに殺傷する. また,その種の攻撃法. 参考 敵方の物質に対して破壊攻撃を行うのではなく,通信システムや指揮命令系統に破壊や妨害を加えて,敵方の戦闘能力を失わせる攻撃法.
【软食】ruǎnshí 名 消化のよい食物.
【软式排球】ruǎnshì páiqiú 名《スポーツ》ソフトバレー.
【软水】ruǎnshuǐ 軟水. 反 硬 yìng 水
【软糖】ruǎntáng ソフトキャンデー. ゼリー菓子.
【软梯】ruǎntī 縄ばしご. 同 绳梯 shéngtī
【软体动物】ruǎntǐ dòngwù 名《生物》軟体動物.
【软通货】ruǎntōnghuò 名《経済》❶金や外貨と交換できない通貨. 軟貨(%). ❷他の通貨に対して価値の低下が予想される通貨. ソフト通貨.
【软卧】ruǎnwò 名《交通》一等寝台. ¶~票 / 一等寝台の切符. 反 硬卧 yìngwò ⇨软席 ruǎnxí
【软武器】ruǎnwǔqì 名《軍事》無線機能の破壊を目的とした電子妨害装置.
【软席】ruǎnxí 名《交通》一等席. グリーン席. ¶~车 / グリーン車. 反 硬席 yìngxí 参考 "软席"の中で,寝台となる"软卧(软席卧铺 wòpù)"と,座席のみの"软座(软席座位 zuòwèi)"に分かれる.
【软饮料】ruǎnyǐnliào 名〔种 zhǒng〕ソフトドリンク.
【软硬兼施】ruǎn yìng jiān shī 成 慣 硬軟とりまぜた手段を用いる. あめとむち. ¶対方用~的手段使他妥协tuǒxié了 / 相手は硬軟両方の手段を用いて彼を妥協させた.
【软语】ruǎnyǔ 名 やさしくていねいなことば. また,穏やかな話しかた.
【软玉】ruǎnyù 名《鉱物》軟玉.
【软着陆】ruǎnzhuólù 動 ❶(飛行機が)軟着陸する. ❷《経済》ソフト・ランディングする.
【软资源】ruǎnzīyuán 名 情報や科学技術など,社会発展や生産に役割を果たす資源. ソフト資源.
【软组织】ruǎnzǔzhī 名《生物》軟組織.
【软座】ruǎnzuò 名(~儿)《交通》一等座席. 反 硬座 yìngzuò ⇨软席 ruǎnxí

朊 ruǎn
月部4 四 7121₂ 全8画 通用
名《化学》たんぱく質. 同 蛋白质 dànbáizhì

rui ㄖㄨㄟ〔zuei〕

蕤 ruí
艹部12 四 4423₁ 全15画 通用
→葳蕤 wēiruí

蕊(異 蕋, 蘂) ruǐ
艹部12 四 4433₃ 全15画 次常用
名《植物》花心. しべ.

芮 Ruì
艹部4 四 4422₂ 全7画 通用
名 ❶周代の国名. 芮(ێ). 現在の陕西(ۇۇ)省大荔県東南にあった. ❷姓.

汭 ruì
氵部4 四 3412₇ 全7画 通用
名 川の流れが合流する所. 川の流れが大きく曲がる所.

枘 ruì
木部4 四 4492₇ 全8画 通用
名 ほぞ. 木と木を組み合わせるための,一方の端の突起. ¶方~圆 yuán 凿 záo 成《四角いほぞに,丸い穴. うまく合わないこと》. 同 榫子 sǔnzi
【枘凿】ruìzáo 名 文 ❶ほぞとほぞ穴. お互いに息が合っているたとえ. ❷四角いほぞと丸いほぞ穴. 互いに相いれないたとえ. ¶这篇文章的观点前后~ / この文章の観点は,前後で矛盾している. 同 凿枘 záoruì 参考 もと "ruìzuò"と発音した.

蚋(異 蜹) ruì
虫部4 四 5412₇ 全10画 通用
名《虫》ブヨ.

锐(鋭) ruì
钅部7 四 8871₂ 全12画 常用
❶素(刃物が)鋭利だ. よく切れる. ¶~利 ruìlì / 尖~ jiānruì(鋭い) / 其锋 fēng 甚 shèn~(その切っ先はとがって鋭い). 反 钝 dùn ❷素(感覚が)敏感だ. 鋭い. ¶感觉敏~ mǐnruì(感覚が鋭敏である). 反 钝 dùn ❸素 勇ましく進もうとする気力. 鋭気. ¶养精蓄~ xù~(英気を養う). 反 衰 shuāi ❹急激に. ¶~减 ruìjiǎn / ~增 ruìzēng. ❺(Ruì)姓.
【锐不可当】ruì bù kě dāng 成 勢いがすさまじくて防ぎきれない. ¶~的气势 / 向かうところ敵なしの勢い.
【锐减】ruìjiǎn 動 激減する. 激しく下降する. ¶最近事故~ / 最近事故は激減した.
【锐角】ruìjiǎo 名《数学》鋭角.
【锐利】ruìlì 形 ❶(刃物が)鋭利だ. ¶~的匕首 bǐshǒu / 鋭利な匕首(ಿ). 同 锋利 fēnglì, 尖利 jiānlì ❷(眼光・言論・文章が)鋭い. ¶眼光~ / 目つきが鋭い. 同 尖利 jiānrul, 犀利 xīlì
【锐敏】ruìmǐn 形(感覚が)鋭敏だ.(眼光が)鋭い. ¶~的嗅觉 xiùjué / 鋭い嗅覚. ¶她的感觉很~ / 彼女は感覚が非常に鋭い. 同 敏锐 mǐnruì, 灵敏 língmǐn
【锐气】ruìqì 名〔股 gǔ〕"やるぞ!"という元気な気持ち. ¶挫 cuò ~气 / 鋭気をくじく.
【锐舞】ruìwǔ 名 外 テクノミュージックに合わせて踊るダンス. レイヴ. ¶~派对 / レイヴパーティ. ♦rave
【锐意】ruìyì 名 鋭意~する. 一心に…する. ¶~改革 / ひたすら改革を進める.
【锐意进取】ruìyì jìnqǔ 成 鋭意進取する. 物事に専心し,成しとげようと努力する.
【锐增】ruìzēng 動 激増する. ¶控制人口~ / 人口の激増を抑制する.

瑞 ruì
王部9 四 1212₇ 全13画 常用
❶素 吉祥. めでたい兆し. ¶~雪 ruìxuě / ~草 ruìcǎo. ❷素 国名に使われる音訳字. ¶~典 Ruìdiǎn / ~士 Ruìshì. ❸(Ruì)姓.
【瑞草】ruìcǎo 名 ❶めでたい草. "灵芝 língzhī"などをいう. ❷"茶 chá"の別称.
【瑞典】Ruìdiǎn 名 スウェーデン.
【瑞金】Ruìjīn 名《地名》瑞金(ێ). 江西省南部にある都市. 1931年から34年まで中国共産党の本拠地となり,中華ソビエト臨時政府が置かれた.
【瑞签】ruìqiān 名 瑞籤(ێ). ¶贴~ / 瑞籤を貼る.

【参考】縁起のいいことばを書いた赤い紙で,"春節"(旧正月)の期間中貼っておく.
【瑞士】Ruìshì《国名》スイス.
【瑞香】ruìxiāng 名《植物》ジンチョウゲ. 同 千里 qiānlǐ 香
【瑞雪】ruìxuě 名〔⑩ 场 cháng〕瑞雪(ボ). 吉兆の雪. 適切な時期に降る雪.
【瑞雪兆丰年】ruìxuě zhào fēngnián 諺 瑞雪は豊年の兆し.

睿(異叡) ruì 目部9 四 2160₈ 全14画 通用
形 ② 道理をわきまえ,見方が深い. ¶ ～智 ruìzhì.
【睿智】ruìzhì 形 ② 英知に優れ,先見の明がある. ¶ 聡明～/聡明で英知がある.

run ロメㄣ [ʐuən]

闰(閏) rùn 门部4 四 3710₄ 全7画 次常用
名 ❶ 閏(ジュ). ❷ (Rùn)姓.
【闰年】rùnnián 名 閏年(ジュ). ¶ 她是～生的/彼女は閏年に生まれた. 反 平年 píngnián
【闰日】rùnrì 名 閏日(ジュ). 太陽暦の2月29日.
【闰月】rùnyuè 名 閏月(ジュ).

润(潤) rùn 氵部7 四 3712₁ 全10画 常用
❶ 素 しっとり潤っている. ¶ 湿～ shīrùn (湿り気があり潤っている) / ～泽 rùnzé. ❷ 動 水や油で潤す. ¶ ～肠 rùncháng (腸を潤して便通をよくする) / ～嗓子(のどを潤す). ❸ 形 きめ細やかでつややかだ. ¶ 他脸上很光～(彼の顔はつやつやしている). ❹ 素 (文章に手を加えて)彩りを添える. 修飾する. ¶ ～色 rùnsè / ～饰 rùnshì. ❺ 素 利益. ¶ 分～ fēnrùn (利益を分配する) / 利～ lìrùn (利潤). ❻ 素 報酬. ¶ ～笔 bǐ.
【润笔】rùnbǐ 名 作家や画家に支払う原稿料や揮毫料(ホッウゴゥ). 同 润资 rùnzī,润毫 rùnháo
【润滑】rùnhuá 動 (油をさして)滑らかにする. 同 光滑 guānghuá
【润滑油】rùnhuáyóu 名 潤滑油. 同 机 jī 油
【润色】rùnsè 動 文章を手直しして彩りを加える. ¶ ～文稿 / 原稿を手直しする. 同 润饰 rùnshì
【润湿】rùnshī 動 潤す. ぬらす. ¶ 汗水～了他的衣服 / 汗が彼の服をぬらした.
【润饰】rùnshì 動 "润色 rùnsè"に同じ.
【润泽】rùnzé ❶ 形 潤いのある. しっとりしている. ❷ 動 潤す. 滑らかにする. ¶ 用油～轮轴 lúnzhóu / 油で車軸を滑らかにする.
【润资】rùnzī 名 原稿料や揮毫料. 同 润笔 bǐ

ruo ロメて [ʐuo]

若 ruò ⺿部5 四 4460₄ 全8画 常用
❶ 接 ② もし…. …ならば. ¶ ～不努力学习,就会落后 luòhòu (努力して勉強しなければ,落ちこぼれてしまうよ). 同 如 rú ❷ 動 ② …のようだ. …に似ている. ¶ 年相～(年が似よったりである) / ～有～无(あるようでないような,はっきりしない状態). 同 如 rú ❸ 代 ② あなた. 汝(ṇ). ¶ ～一辈 ruòbèi (汝ら). 同 汝 rǔ ❹ 代 ② この. かの. ¶ ～人 ruòrén (かの人). ❺ (Ruò)姓.
【若非】ruòfēi 接 ② もし…でなければ. ¶ ～他告诉我,我还不知道呢！/ もし彼が教えてくれなかったら,私はまだ知らずにいたんですよ.
【若干】ruògān 代 いくつ. いくらかの. ¶ 商店发现了～假币 jiǎbì / 商店でにせ札が何枚か見つかった.
【若何】ruòhé 代 ② どのような. ¶ 结果～？/ 結果はどうなのか？ 同 如何 rúhé
【若即若离】ruò jí ruò lí 成 つかず離れず. ¶ 他俩保持着～的关系 / あの二人はつかず離れずの関係を保っている.
【若明若暗】ruò míng ruò àn 成 はっきりしているようで,はっきりしないようす.
【若是】ruòshì 接 もし…ならば. ¶ ～那样,该怎么办？/ もしそうだったら,どうすればいいだろう. 用法 "就","才"などと呼応して使われる.
【若无其事】ruò wú qí shì 成 何事もなかったかのようだ. ¶ ～的态度 / 何もなかったかのような平然とした態度.
【若隐若现】ruò yǐn ruò xiàn 成 かすかだ. ぼんやりしている. ¶ ～的星星 / かすかに見える星.
【若有所失】ruò yǒu suǒ shī 成 何かを失ったように呆然としたようす.
【若有所思】ruò yǒu suǒ sī 成 何か思うところがあるかのようだ. ¶ ～的样子 / 何か考えごとをしているようなようす.

偌 ruò 亻部8 四 2426₄ 全10画 通用
素 こんなに. あんなに. ¶ ～大 ruòdà.
【偌大】ruòdà 形 こんなに大きい. そんなに大きい. ¶ ～年纪 / これほどの高齢. ¶ ～的地方 / そんなに大きな場所.

弱 ruò 弓部7 四 1712₇ 全10画 常用
❶ 形 力が弱い. 勢力が劣っている. ¶ 身体～(体が弱い) / ～小 ruòxiǎo / 脆～ cuìruò (もろくて弱い). 反 强 qiáng ❷ 形 (分数などの後につけて,それより)やや少ない. 弱(ジャ). ¶ 三分之二～(三分の二弱). 反 强 qiáng ❸ 素 年が若い. ¶ 老～ lǎoruò (老人と若者) / ～辈 ruòbèi (弱輩者). ❹ 動 亡くなる. 死ぬ. ¶ 又～一个(また一人死んだ).
【弱不禁风】ruò bù jīn fēng 成 風にも耐えられないくらい弱々しい. ¶ 你一个～的女子,怎能一个人出去闯 chuǎng 呢？/ あなたのような弱い女性が,一人で世間に出てやっていくなんてできるわけないでしょう.
【弱点】ruòdiǎn 名〔⑩ 处 chù,个 ge,种 zhǒng〕弱点.
【弱冠】ruòguàn 名 二十歳前後の男子. ¶ 年方～/ 年の頃はちょうど二十歳くらい. 由来『礼记』曲礼上の,"二十曰弱,冠"(二十歳を弱といい,冠をつける)ということばから. 注意 "冠 guàn"は"guān"とは発音しない.
【弱化】ruòhuà 動 弱める. 力をそぐ.
【弱碱】ruòjiǎn 名《化学》弱塩基.
【弱旅】ruòlǚ 名《スポーツ》弱いチーム.
【弱肉强食】ruò ròu qiáng shí 成 弱肉強食.
【弱势】ruòshì ❶ 名 劣勢. ❷ 形 (力や勢いが)弱い. ¶ ～群体 / 弱者層.
【弱视】ruòshì 名 弱視.
【弱酸】ruòsuān 名《化学》弱酸.

【弱项】ruòxiàng 名 (スポーツなどの)不得意種目.
【弱小】ruòxiǎo 形 弱小だ. 小さくて弱い. ¶~的女孩子 / 弱々しい女の子. 反 強大 qiángdà
【弱者】ruòzhě 名 弱者. ¶扶助 fúzhù~自立 / 弱者の自立を助ける.
【弱智】ruòzhì 形 知力が低い.

箬(異箬) ruò 竹部 8 四 8860₄ 全14画 通用

名 ❶《植物》クマザサ. ❷ クマザサの葉.
【箬帽】ruòmào 名〔啣 顶 dǐng〕クマザサの皮や葉で編んだ笠(き). ¶蓑衣 suōyī~ / 蓑(さ)と笠.
【箬竹】ruòzhú 名《植物》クマザサ.

S

【SARS】→非典型肺炎 fēidiǎnxíng fèiyán
【3+X】sān jiā X 名 3+X 入試制度．中国教育部が実施している新しい大学入試制度．参考「3」は、国語・数学・外国語の3科目で、すべての受験生の必須科目．「X」は物理・化学・生物・政治・歴史・地理などの科目で、その中の1科目または複数科目を受験する．

sa ㄙㄚ〔SA〕

仨 sā 亻部3 四2121₁ 全5画 通用
熟口 三つ．3個．¶～人(3人) / 他们哥儿～(彼ら兄弟3人)．❷ 三个 sānge 用法「仨」は「三」と「个」が縮約された形式であるので、後ろに「个」やその他の量詞をつけることができない．

挲(異抄) sā 手部7 四3950₂ 全11画 通用
→摩挲 māsā
☞ 挲 shā, suō

撒 sā 扌部12 四5804₀ 全15画 通用
動 ❶ 放つ．放す．投げる．¶～网 wǎng / ～腿跑(突然ぱっと駆け出す) / ～一手, 我的气球就飞上天去了(手を放すと、私の風船は空へ飛んで行った)． ❷ 勝手気ままに行動する．¶～娇 sājiāo / ～泼 sāpō．❸ 排出する．¶～尿 sāniào / ～气 sāqì．
☞ 撒 sǎ

【撒旦[但]】sādàn 名 サタン．悪魔．◆satan
【撒刁】sā//diāo 動 すねる．だだをこねる．¶就怕他～ / 彼がごねるのは、困ったものだ．
【撒哈拉沙漠】Sāhālā shāmò《地名》サハラ砂漠．
【撒欢儿】sā//huānr 方 興奮してはね回る．じゃれる．¶小狗摇头摆尾, 在草地上～ / 子犬は頭やしっぽを振って、芝生をはね回っている．
【撒谎】sā//huǎng 動口 うそをつく．¶她在我面前撒了一个大谎 / 彼女は私の前で大うそをついた．同 说谎 shuōhuǎng, 扯谎 chěhuǎng
【撒娇】sā//jiāo 動 (～儿) 甘える．だだをこねる．∥使性 shǐxìng / だだをこねて、かんしゃくを起こす．¶小孩儿爱跟妈妈～ / 子供はお母さんによく甘える．¶她撒着娇说 / 彼女は甘えて言った．
【撒脚】sājiǎo 動 急いで駆け出す．¶一～就不见人影了 / 駆け出すと、あっという間に姿が見えなくなった．
【撒酒疯】sā jiǔfēng 句 (～儿) 酔って暴れたり騒いだりする．¶他一喝醉, 就～ / 彼は酔っぱらうと酒癖が悪い．同 发 fā 酒疯
【撒开】sākāi 動 ❶ 放す．ゆるめる．¶～手 / 手を放す．ゆるめる．❷ 思う存分にする．¶～了喝 / 思う存分飲む．¶～了花钱 / 思い切り金を使う．❸ 立ち去る．逃げる．¶不如及早 jízǎo ～ / 早いとこ逃げたがいい．
【撒拉族】Sālāzú 名 《民族》サラール族．中国の少数民族の一つで、主に青海省や甘粛省に居住．

【撒赖】sā//lài 動 ごねる．無理なことを言う．因縁をつける．¶你想～不还钱吗？/ 君、ごねて金を返さないつもり？¶他跟我～ / 彼は私に因縁をつける．
【撒尿】sā//niào 動口 小便をする．
【撒泼】sā//pō 動 泣いたりわめいたりして騒ぎ立てる．だだをこねる．¶～放刁 fàngdiāo / 泣いたりわめいたりして言いがかりをつける．¶～打滚 dǎgǔn / だだをこねて転げ回る．
【撒气】sā//qì 動 ❶ (ボールやタイヤの) 空気が漏れる．¶这自行车胎 tāi ～了 / この自転車のタイヤは空気が抜けている．❷ 八つ当たりする．¶你拿她撒什么气？/ きみは彼女に何を八つ当たりしているんだ．
【撒手】sā//shǒu 動 ❶ (握っていた) 手を放す．¶你要抓住, 千万不能～！/ しっかりつかんで、絶対に放してはだめよ．❷ 手を引く．見切りをつける．¶～不管 / 手を引いてほったらかしにする．❸ 俗 死ぬことの婉曲表現．¶～人寰 / この世に別れを告げる．
【撒手锏】sāshǒujiǎn 名 ❶ 手裏剣．❷ 杀手锏 shāshǒujiǎn ❷ 大事な時に使う切り札．奥の手．¶离婚－这是她惯用的～ / 「離婚」は、彼女お得意の切り札だ．同 杀手锏 shāshǒujiǎn
【撒腿】sā//tuǐ 動 ("跑"と連用して) ぱっと駆け出す．¶他听说爸爸回来了, ～就往家里跑 / 彼は父が帰ってきたと聞くと、家の中に飛び込んだ．
【撒网】sā//wǎng 動 網を打つ．網を張る．
【撒丫[鸭]子】sā yāzi 句 一目散に走り出す．¶他见势 shì 不妙, 赶紧～ / 彼は雲行きが怪しいと見ると、すたこら逃げ出した．表現 ユーモラスなイメージで用いられることが多い．
【撒野】sā//yě 動 粗野で自分勝手な振舞いをする．¶不准在这里～要赖 shuǎlài / ここで粗野で理不尽な振舞いをしてはならない．

洒(灑) sǎ 氵部6 四3116₄ 全9画 常用
動 ❶ (水などを) まく．¶扫地先要～些水 / 掃除をするには水をまくものだ．❷ (小さな粒状のものが) 散り落ちる．こぼれる．¶把～在地上的大米捡 jiǎn 起来 (地面にこぼれた米を拾う)．❸ (Sǎ)姓．
【洒狗血】sǎ gǒuxiě 句 役者が観客にうけようとしておおげさな演技をする．ケレン．
【洒家】sǎjiā 代 わし．それがし．参考 早期白話文における男性の自称．
【洒泪】sǎlèi 動 涙を流す．涙をこぼす．¶～而别 / 涙ながらに別れる．¶暗自～ / ひそかに涙する．
【洒落】sǎluò ❶ 動 ばらばらこぼれ落ちる．¶米粒全都～在地上了 / 米粒はみな地面にこぼれてしまった．❷ 形 (ことばや振舞いが) こだわりのない．さっぱりしている．あか抜けている．¶谈笑～ / おおらかに話したり笑ったりする．¶举止～ / 立ち居振舞いがあか抜けている．同 潇洒 xiāosǎ, 洒脱 sǎtuō
【洒洒】sǎsǎ 形 文章が長い．¶洋洋～数万言 / 堂々たる大作数万言に及ぶ．
【洒扫】sǎsǎo 動 水をまいて掃除する．¶每天～院子一次 / 毎日1回庭に水をまき、掃除する．

【洒水车】sǎshuǐchē [名] 散水車．
【洒脱】sǎtuo [形]（言動や態度が）洒脱(しゃだつ)だ．こだわりがなく自然だ．¶小明呀,～得很,什么事都看得开 / ミンさんはね，さばさばしていて，何事もこだわらないんだ．[反] 拘束 jūshù

靸 sǎ　革部 3　[四] 4754₇　全12画　[通 用]
[動][方] 靴のかかとをつぶしてはく．（スリッパなどを）つっかける．¶～着鞋（スリッパをつっかける）．
【靸鞋】sǎxié [名] ❶ スリッパ．[同] 拖鞋 tuōxié ❷ 靴の上側を厚く刺し子に縫った靴．労働者の野外作業用地下足袋．

撒 sǎ　扌部12　[四] 5804₀　全15画　[常 用]
❶ [動] まく．まき散らす．¶～种 zhǒng / 肉上～了一些胡椒粉（肉の上に胡椒をぱらぱら振りかけた）．❷ [動] こぼす．こぼれる．¶小心点,别把汤～了（気をつけて，スープをこぼさないように）．❸（Sǎ）姓．
☞ 撒 sā
【撒播】sǎbō [動] 畑に種をまく．¶～种子 zhǒngzi / 畑に種まきをする．
【撒布】sǎbù [動] 手の中のものをまんべんなくまく．¶肥料要～均匀 / 肥料はむらのないようにまかなくてはいけない．
【撒落】sǎluò [動] こぼれて散らばる．¶地上～了不少米粒 / 地面に米粒がたくさんこぼれている．
【撒施】sǎshī [動] 肥料をまく．
【撒鞋】sǎxié [名][方] サンダル．スリッパ．[同] 靸鞋 sǎxié, 拖鞋 tuōxié
【撒种】sǎ//zhǒng [動] 畑に種をまく．

潵 Sǎ　氵部12　[四] 3814₀　全15画　[通 用]
[素] 地名用字．¶～河 Sǎhé（河北省の河の名）/ ～河桥 Sǎhéqiáo（河北省遷西県にある地名）．

卅 sà　一部 3　[四] 4400₀　全 4 画　[通 用]
[数] 三十．¶五～运动 Wǔ-Sà yùndòng（五・三〇事件）．

飒（颯）sà　立部 4　[四] 0711₀　全 9 画　[次常用]
下記熟語を参照．
【飒然】sàrán [形][文] 風がさっと吹くようす．¶有风～而至 / 風がさっと吹き抜ける．
【飒飒】sàsà [擬] サワサワ．ザワザワ．風や雨の音．¶秋风～ / 秋風がサワサワと吹く．¶树叶被风吹得～地响 / 木の葉が風に吹かれてザワザワと音を立てる．
【飒爽】sàshuǎng [形][文] さっそうとしている．
【飒爽英姿】sà shuǎng yīng zī [成] さっそうとした勇姿．

脎 sà　月部 6　[四] 7429₄　全10画　[通 用]
[名]《化学》オサゾン．♦osazon

萨（薩）Sà　艹部 8　[四] 4420₁　全11画　[次常用]
[名] 姓．
【萨尔茨堡】Sà'ěrcíbǎo《地名》ザルツブルク（オーストリア）．
【萨尔瓦多】Sà'ěrwǎduō《国名》エルサルバドル（中米）．
【萨格勒布】Sàgélèbù《地名》ザグレブ（クロアチア）．
【萨克管】sàkèguǎn [名]《音楽》〔[量] 支 zhī〕サキソフォン．サックス．♦saxophone
【萨拉热窝】Sàlārèwō《地名》サラエボ（ボスニア・ヘルツェゴビナ）．
【萨满教】Sàmǎnjiào [名]《宗教》シャーマニズム．
【萨摩亚】Sàmóyà《国名》サモア．
【萨其马】sàqímǎ [名]〔[量] 块 kuài〕菓子の一種．[参考] こねた小麦粉を細かく切って油で揚げ，あめなどで固めて長方形の塊に切ったおこし風の菓子．満州語“sačima”の音訳．

sai　ㄙㄞ〔sae〕

腮（[異] 顋）sāi　月部 9　[四] 7623₀　全13画　[次常用]
[名] 頬(ほお)．¶～帮子 sāibāngzi．
【腮帮子】sāibāngzi [名] 頬(ほお)．ほっぺた．¶鼓起～ / 頬をふくらませる．[同] 腮 sāi, 腮帮 sāibāng
【腮颊】sāijiá [名] 頬(ほお)．ほっぺた．[同] 腮 sāi, 腮帮子 sāibāngzi
【腮腺】sāixiàn [名]《生理》耳下腺．[同] 耳下腺 ěrxiàxiàn
【腮腺炎】sāixiànyán [名]《医学》耳下腺炎．[表現] 通称は“炸 zhà 腮”（おたふく風邪）．

塞 sāi　宀部10　[四] 3010₄　全13画　[常 用]
❶ [動] ふさぐ．すきまを埋める．¶把窟窿 kūlong～住（穴をふさぐ）/ 堵 dǔ～漏洞 lòudòng（抜け道をふさぐ）/ ～车 sāichē．❷ [名]（～儿）びんのふたや栓．¶瓶子 píngzi～儿（びんの栓）/ 软木 ruǎnmù～儿（コルク栓）．
☞ 塞 sài, sè
【塞车】sāi//chē [動] 渋滞する．¶道路～了 / 道が渋滞している．[同] 堵 dǔ 车
【塞牙】sāi//yá [動] 歯に食べ物がはさまる．
【塞子】sāizi [名]〔[量] 个 ge, 只 zhī〕（びんなどの）栓．¶瓶～ / びんの栓．¶塞上～ / 栓をする．

噻 sāi　口部13　[四] 6301₄　全16画　[通 用]
[素] 音訳用字．
【噻吩】sāifēn [名]《化学》チオフェン．♦thiophene
【噻唑】sāizuò [名]《化学》チアゾール．♦thiazole

鳃（鰓）sāi　鱼部 9　[四] 2613₀　全17画　[通 用]
[名]（魚などの）エラ．

塞 sài　宀部10　[四] 3010₄　全13画　[常 用]
[素] 険しい地形で，敵からの守りに適した場所．¶要～ yàosài（要塞）/ ～外 Sàiwài．
☞ 塞 sāi, sè
【塞北】Sàiběi [名] 万里の長城以北の地域．[同] 塞外 wài
【塞尔维亚】Sài'ěrwéiyà《国名》セルビア．
【塞拉利昂】Sàilālì'áng《国名》シエラレオネ（アフリカ）．
【塞内加尔】Sàinèijiā'ěr《国名》セネガル（アフリカ）．
【塞浦路斯】Sàipǔlùsī《国名》キプロス．
【塞舌尔】Sàishé'ěr《国名》セーシェル．
【塞外】Sàiwài [名] 万里の長城以北の地域．¶～风光 / 外地の風景．¶出征～ / 域外へ出征する．
【塞翁失马】sài wēng shī mǎ [成] 人間万事塞翁(さいおう)が馬．人生の幸不幸は予測できない．[由来]『淮南子』人

S

間訓に見えることば.

赛(賽) sài 宀部11 [四] 3080₂ 全14画 [常用]

❶[動]優劣や強弱を比べる．競う．¶～跑 sàipǎo / 田径～ tiánjìngsài（陸上競技）．❷[動]…よりすぐれる．…より勝る．¶一个～一个（いずれ劣らぬ）/ 村里姑娘干活～过小伙子（村の娘たちは若者どもよりよっぽど仕事ができる）．❸[動][旧]神にお礼の祭りをする．¶～神 sàishén（農家が取り入れの後，供物を供えて神を祭ること）/ ～会 sàihuì．❹（Sài）姓．

【赛场】sàichǎng [名]競技場．

【赛车】❶sài//chē [動]（自転車・オートバイ・自動車の）スピード競技をする．¶参加～ / カーレースに参加する．¶观看～ / カーレースを観戦する．❷sàichē [名]〔[量] 辆 liàng〕競技用の自転車や自動車など．

【赛程】sàichéng [名]❶競技日程．❷競技の長さ．距離．

【赛点】sàidiǎn [名]《スポーツ》マッチポイント．

【赛风】sàifēng [名]競技態度．スポーツマンシップ．

【赛过】sàiguò [動]…に勝る．¶风光～江南 / 景色は江南にも勝る．¶酒量～酒仙 jiǔxiān / 酒量は酒仙に勝る．

【赛会】sàihuì [名][旧]❶儀仗や楽隊で神像が廟(びょう)を出るのを迎え，町中を練り歩く祭り．❷"博览会 bólǎnhuì"の旧称．¶万国～ / 万国博覧会．

【赛季】sàijì [名]スポーツ競技の開催シーズン．

【赛璐玢】sàilùfēn [名]セロハン．◆cellophane

【赛璐珞】sàilùluò [名]セルロイド．◆celluloid

【赛马】❶sài//mǎ [動]競馬をする．¶～场 / 競馬場．❷sàimǎ [名]競馬．¶看～ / 競馬を見る．

【赛跑】sàipǎo [名][動]競走（する）．¶接力～ / リレー競走．¶越野 yuèyě～ / クロスカントリー・レース．¶百米～ / 100 m 走．

【赛球】❶sài//qiú [動]球技の試合をする．¶赛篮球 / バスケットボールの試合をする．❷sàiqiú [名]球技の試合．

【赛区】sàiqū [名]《スポーツ》大規模なスポーツ大会における地域区分．

【赛事】sàishì [名]競技の情況や事情．¶运动健儿～忙 / 選手たちは試合で大わらわだ．

【赛艇】❶sài//tǐng [動]競艇をする．ボートレースをする．❷sàitǐng [名]競艇．ボートレース．

【赛制】sàizhì [名]《スポーツ》試合に関する規則や段取り．

san ㄙㄢ〔san〕

三 sān 一部2 [四] 1010₁ 全3画 [常用]

❶[数]数字の3．❷[素]再三にわたって．何度も．¶～令五申 shēn / ～番 fān 五次．❸（Sān）姓．

【三八妇女节】Sān-Bā fùnǚjié [名]3月8日の国際婦人デー．[同]国际 Guójì 妇女节，妇女节

【三八式】sānbāshì [名]抗日戦争が始まった直後の1938年前から革命に参加した古参幹部．その頃日本軍から奪った三八式歩兵銃が用いられていたこともあってこのように言う．¶我父亲是～ / 私の父は古参幹部である．

【三八线】sānbāxiàn [名]朝鮮半島の38度線．

【三班倒】sānbāndǎo [名]三交替勤務．¶我们工厂实行～ / 我々の工場は三交替勤務を行っている．

【三板】sānbǎn [名]サンパン．近海や河川で用いられる木造の小舟．[同]舢板［舨］shānbǎn

【三包】sānbāo [名]❶"包修"（修理保証），"包退"（返品保証），"包换"（交換保証）の三つの"包"（サービス）．❷"门前三包"の略．

【三胞胎】sānbāotāi [名]三つ子．

【三宝】sānbǎo [名]❶三つの貴重なものごと．❷《仏教》仏・法・僧のこと．

【三北】Sānběi [名]中国東北・西北・華北のこと．

【三不管】sānbùguǎn [名]何者にも属さない土地．誰も管理していない事柄．¶这件事属于～ / この件は誰も管轄していない．¶～地区 / どこの所轄でもない地域．

【三不知】sānbùzhī [動]ものごとの始め・中間・結末を知らない．何も知らない．¶一问～ / 訊ねてみても皆目わからない．

【三步并作两步】sān bù bìng zuò liǎng bù [成]三歩を二歩にして進む．急ぎ足になる．[表現]気持ちがせいせいしているようす．

【三部曲】sānbùqǔ [名]❶（文学作品の）三部作．❷《音楽》三部曲．

【三叉神经】sānchā shénjīng [名]《生理》三叉神経．

【三岔路口】sānchà lùkǒu [名]三叉路(さんさろ)．¶他正站在人生的～ / 彼はちょうど人生の分かれ道に立っている．

【三产】sānchǎn [名]"第三产业"（第三次産業）の略．

【三长两短】sān cháng liǎng duǎn [成]予想外の災いや事故．特に人の死．万一の事．¶万一有个～，怎么办？/ もし万一の事があったらどうしよう．

【三朝元老】sān cháo yuán lǎo [成]経験が豊富で在職期間が長い重鎮．[由来]三代の皇帝から重用された大臣の意から．[表現]ベテランや古参の者をからかって言うこともある．

【三春】sānchūn [名][文]❶旧暦で春季（1月から3月）を指す．孟春・仲春・季春のこと．❷三回の春（三年間を指す）．

【三从四德】sān cóng sì dé [成]女性に求められた封建的な道徳規準．三従と四徳．[参考]三従とは，「家にあっては父に従い，嫁(か)しては夫に従い，夫の死後は子に従う」ことで，四徳とは，「品徳・ことば・姿態・家事」を指す．

【三大差别】sān dà chābié [名]三大格差．工業と農業，都市と農村，頭脳労働と肉体労働の間の格差．¶缩小～ / 三大格差を縮小する．

【三大纪律，八项注意】sān dà jìlǜ，bā xiàng zhùyì [名]人民解放軍の軍紀．三大規律とは，1)全ての行動は指揮に従う，2)大衆の物は針一本，糸一筋も取らない，3)すべての戦利品は公の物とする．八項の注意事項とは，1)ことば遣いは穏やかに，2)売買は公正に，3)借りた物は返す，4)壊した物は弁償する，5)人を殴ったり，ののしったりしない，6)農作物を荒らさない，7)婦人をからかわない，8)捕虜を虐待しない．

【三大件】sāndàjiàn [名]テレビ・冷蔵庫・洗濯機といった家庭における三種の神器．

【三大球】sāndàqiú [名]"足球，篮球，排球"の総称．

【三大战役】sāndàzhànyì [名]《歴史》解放戦争における"辽沈，淮海，平津"三大戦役．

【三代】sāndài [名]❶親・子・孫の三つの世代．❷中国古代の夏・殷・周王朝の総称．

【三道头】sāndàotóu [名]上海租界の巡査のボス．袖に三本の金筋を付けていた．

【三点式泳装】sāndiǎnshì yǒngzhuāng [名]ビキニの水着．

【三畳紀】Sāndiéjì 名《地学》三畳紀.
【三冬】sāndōng 名 ❶ 三年. 三歳. ❷ 冬季.
【三段論】sānduànlùn 名 三段論法.
【三番两次】sān fān liǎng cì 成 再三再四. 何度も何度も. ¶~地劝他,就是不听／再三なだめても,彼は聞こうとしない. 同 三番五 wǔ 次
【三番五次】sān fān wǔ cì 成 たびたび. 何度も何度も. ¶我曾经~讲过这个问题／この問題について私は何度も話した. 同 三番两 liǎng 次
【三废】sānfèi 名《公害源》排水・排ガス・廃棄物の総称.
【三分球】sānfēnqiú 名《スポーツ》(バスケットボールの)スリーポイントシュート.
【三伏】sānfú 名 ❶ 三伏(ぷく). "初伏,中伏,末伏"の総称. 一年中で最も暑い時期. ❷ 特に"末伏"のこと. 参考 ①の,"初伏"とは,夏至後3番目の庚(ぷぇ)の日から10日間を,"中伏"とは夏至後4番目の庚の日から10日間または20日間を,"末伏"とは立秋後初めの庚の日から10日間を言う.
【三伏天】sānfútiān 一年でもっとも暑い時期. 真夏.
【三副】sānfù 名 三等航海士.
【三纲五常】sān gāng wǔ cháng 成 儒教でいう道徳規準の一つ. 三綱と五常. 参考 三綱とは,君臣・父子・夫婦の道,五常とは一般に「仁・義・礼・智・信」のことを言う.
【三高】sāngāo 名《医学》高血圧・高脂血症・高血糖の略.
【三个臭皮匠,赛过诸葛亮】sān ge chòu pí jiàng, sài guò Zhū gě Liàng 3人の革職人は,1人の(知恵者で)諸葛亮に匹敵する. 三人寄れば文殊の知恵. 三个臭皮匠顶 dǐng 个诸葛亮,三个臭皮匠合成一个诸葛亮
【三个代表】sān ge dàibiǎo 名 "三つの代表". 江沢民が提唱したスローガン. 中国共産党は"先進的生産力の要請""先進的文化の発展""広範な人民の根本的利益"の3つの代表であるべきだということ.
【三个面向】sān ge miànxiàng 名 現代化を目指し,世界を目指し,未来を目指す教育目標を言う.
【三更】sāngēng 名 昔の時間の単位で,午後11時から午前1時ごろまで. 子(ね)の刻.
【三更半夜】sān gēng bàn yè 成 真夜中. 深夜.
【三姑六婆】sān gū liù pó 成 正業に就いていない女性. 参考 "三姑"とは,"尼 ní 姑"(尼),"道姑"(女道士),"卦 guà 姑"(女占い師)のことを言い,"六婆"とは,"牙婆"(人身売買の世話をする女),"药婆"(病気を治す女),"媒 méi 婆"(仲人),"师婆"(巫女),"虔 qián 婆"(妓楼のおかみ),"稳婆"(産婆)を言う.
【三顾茅庐】sān gù máo lú 成 礼を尽くして人を招請する. 三顧の礼. ¶总经理已~来聘请 pīnqǐng 小明／社長はすでに十分礼を尽くしてミンさんを招聘した. 由来 劉備が諸葛亮の草ぶきの庵を三度訪ね,礼を尽くして軍師に迎えたという故事から.
【三光政策】sānguāng zhèngcè 名《歴史》三光政策. 日中戦争で日本軍が中国の抗日活動基地に対して行った"烧光,杀光,抢光"(すべて焼き払う・皆殺しにする・すべて奪い去る)の政策.
【三国】Sānguó 名《歴史》三国時代(220～280). 魏・蜀・呉の三国が鼎立していた時期.
【三国演义】Sānguóyǎnyì 名《書名》『三国演義(ざんぷき)』. 羅貫中による歴史小説. 三国時代の話を『三国志』に基づいて脚色して物語化したもの. 蜀の劉備・関羽・張飛の義兄弟,諸葛孔明,魏の曹操,呉の孫権らが中心となって活躍する.
【三国志】Sānguózhì 名《書名》『三国志』. 魏・蜀・呉三国の正史で,二十四史の一つ. 西晋の陳寿の著. 注意 日本で言う『三国志』は,『三国演義』をさすことが多い.
【三好】sānhǎo 名 思想・学業・身体ともに優れていること.
【三好生】sānhǎoshēng → 三好学生 xuésheng
【三好学生】sānhǎo xuésheng 名 思想・学業・身体(徳・智・体)ともにすぐれた学生. 同 三好生
【三合板】sānhébǎn 名〔块 kuài〕三重(が)の合板. ベニヤ板.
【三合土】sānhétǔ 名 石灰・砂・粘土を混ぜた建築材料. 参考 乾燥すると硬くなり,建物の土台や道路の修理に用いられる. ⇨ 三 sānhuò 土
【三合一】sān hé yī 名 三種類の成分や材料で構成されるもの. 参考 毛・木綿・化繊交織の布地や,コーヒー粉・粉末ミルク・砂糖が一パックになったインスタントコーヒーの類.
【三花脸】sānhuāliǎn 名 (～儿)《芸能》伝統劇における道化役. 同 丑 chǒu, 小 xiǎo 花脸
【三皇】Sānhuáng 名 中国古代の伝説の中の3人の帝王. 一般に「伏羲・燧人・神農」または「天皇・地皇・人皇」を指すが諸説ある.
【三皇五帝】Sānhuáng Wǔdì "三皇"と"五帝". 表現 太古の象徴として用いられる. ⇨ 三皇,五帝
【三级片】sānjípiàn 名 ポルノ映画. アダルト映画.
【三级跳远】sānjí tiàoyuǎn 名《スポーツ》三段跳び.
【三季稻】sānjìdào 名 イネの三期作.
【三家村】sānjiācūn 名 住む人の少ない辺鄙な村. 寒村. 由来 宋・陸游の"村飲示隣曲"詩の「偶失万戸侯,遂老~」から.
【三缄其口】sān jiān qí kǒu 成 口を慎む. 由来「口に三つの封をする」という意から.
【三讲】sānjiǎng 名 三講. "讲学习,讲政治,讲正气"の略. 参考 1995年11月に,江沢民総書記(当時)が提唱した思想教育運動. 共産党幹部は,学習・政治・正しい気風を重んじなければならないとする内容.
【三焦】sānjiāo 名《中医》三焦(ばん). 参考 六腑のひとつで,主に呼吸・消化・排泄を行う臓器をいう. "上焦"(心臓や肺),"中焦"(胃や脾臓),"下焦"(肝臓・腎臓・膀胱・小腸・大腸等)の総称.
【三角】sānjiǎo 名 ❶《数学》三角法の略称. ❷ 三角形をしたもの. 三点で構成されるもの. ¶糖～／砂糖を包んだ三角形のまんじゅう. ¶～恋爱／男女の三角関係.
【三角板】sānjiǎobǎn 名 三角定規. 直角定規. 同 三角尺 chǐ
【三角枫】sānjiǎofēng 名《植物》トウカエデ.
【三角函数】sānjiǎo hánshù 名《数学》三角関数.
【三角猫】sānjiǎomāo 名 足の一本足りない猫. うわべだけで为の役に立たないにくすることをいう.
【三角铁】sānjiǎotiě 名 ❶《音楽》トライアングル. ❷ 回"角钢"(山型鋼. L字鋼)の俗称.
【三角形】sānjiǎoxíng 名 三角形. 同 三边形 sānbiānxíng
【三角债】sānjiǎozhài 名《経済》(企業間の)連鎖債務.
【三角洲】sānjiǎozhōu 名 三角州. デルタ.
【三脚架】sānjiǎojià 名 三脚.
【三教九流】sānjiào jiǔliú 名 ❶ "三教"とは,儒教・道教・仏教,"九流"とは,儒家・道家・陰陽家・法家・名家・

三 sān

墨家・縦横家・雑家・農家. ❷ 宗教や学問における各流派. ❸ 世の中のいろいろな職業や人. ¶他交友广泛,~,无所不包 / 彼の交友関係は幅広く,あらゆる方面の人とつきあいがある. 同九流三教

【三接头】sānjiētóu 昔風の革靴の一種. 三つの部品(つま先部分・中間部分・かかと部分)を縫い合わせた靴.

【三节】sānjié 名 "端午节 Duānwǔjié","中秋节 Zhōngqiūjié","春节 Chūnjié"の総称.

【三结合】sānjiéhé 名 三結合. ¶老、中、青~的领导班子 / 老年・壮年・青年の三世代が団結した指導者グループ. 参考 三つの異なった世代・階層・グループなどの団結をうたったスローガン. 文革期には,革命的な大衆・幹部・軍の三者を指した.

【三晋】Sān Jìn 名 戦国時代の韓・趙・魏三国の総称. 由来 春秋時代の晋が3つの国に分裂したことから.

【三九】sānjiǔ 名 冬至から数えて19日目から27日目の九日間,一年で最も寒い時期. ¶~严寒 yánhán / 三九のころの厳寒. 同 三九天

【三九天】sānjiǔtiān → 三九

【三军】sānjūn 名 ❶ 陸・海・空の三軍. ❷ 軍隊の総称. ¶~易得,一将 jiàng 难求 / 軍隊は得やすいが,指揮官は得難い. よい指導者を選ぶことは難しい,ということわざ.

【三K党】Sānkèidǎng 名 米国の秘密結社 K.K.K. ♦Ku-Klux-Klan

【三棱镜】sānléngjìng 名 プリズム.

【三连冠】sānliánguàn 名 三連続優勝.

【三联单】sānliándān 名 3枚続きの伝票. 参考 3枚一式で,ミシン目部分に押印とナンバリングをして1枚を控えとし,2枚を関係者にわたす.

【三令五申】sān lìng wǔ shēn 成 何度も繰返し命令する. ¶政府~禁止赌博 dǔbó / 政府が何度も政令を出して賭博を禁じた.

【三六九等】sān liù jiǔ děng 成 いろいろな等級. 種々の区別.

【三轮车】sānlúnchē 〔量 辆 liàng〕(荷物や人を運ぶ)三輪自転車. 輪タク. ¶蹬 dēng~ / 三輪車をこぐ. 同 三轮儿 sānlúnr

【三昧】sānmèi 名 ❶ (仏教)三昧(ぢ). 雑念を払い,心を集中させること. ❷ 奥義. 秘訣. 由来 サンスクリット samādhiの音訳.

【三门干部】sānmén gànbù 家から学校を経て直接役所に入った,社会経験不足の幹部.

【三面红旗】sānmiàn hóngqí 名 (歴史)三面紅旗. 参考 1958年に中国共産党が制定した社会主義建設の総路線,および同年におこった大躍進運動と人民公社化運動の通称.

【三民主义】sānmín zhǔyì 名 (歴史)三民主義. 参考 民族主義・民権主義・民生主義. 孫文の提唱になる革命綱領.

【三明治】sānmíngzhì 名 サンドィッチ. ♦sandwich

【三年五载】sān nián wǔ zǎi 成 3,4年. 4,5年. 数年. ¶再过~,孩子就长大了 / あと4,5年たてば子供も大きくなる.

【三陪】sānpéi 名 (女性が)酒・歌・ダンスに同伴すること. ¶~小姐 / (酒場の)ホステス.

【三七】sānqī 名 (植物・薬)サンシチニンジン. サンシチ. 参考 根を止血・鎮痛・消炎などに用いる.

【三七开】sānqīkāi 名 七割の功績と三割の過失. ¶对老李要~ / 李さんについては,功績が七分で,誤りが三分であったと評価すべきだ. 参考 功績の方が罪より大きい人に対

する評価.

【三秦】Sān Qín 古代,関中(ぢゅ)にあった雍・塞・翟(ぢ)三国の総称. 由来 秦の滅亡後,項羽がこの地を三分し,投降した秦の将軍を王に封じたことから.

【三秋】sānqiū 名 ❶ "秋收 qiūshōu"(秋の刈り入れ),"秋耕 qiūgēng"(秋の耕作),"秋种 qiūzhòng"(秋の種まき)の総称. ❷ (文) 秋の3ヶ月. または旧暦9月. ❸ (文) 3回の秋,3年間.

【三缺一】sān quē yī 句 (マージャン用語で)三人揃うのにメンツが一人足りない.

【三三两两】sān sān liǎng liǎng 成 三三五五. ¶人们一地离开了 / 人々は三三五五立ち去った.

【三三制】sānsānzhì 名 (歴史)抗日戦争時の統一戦線における人員構成の制度. 参考 共産党員・民主党派・無党派の三者がそれぞれ3分の1ずつになるよう定めたもの.

【三色堇】sānsèjǐn 名 (植物)三色すみれ. パンジー.

【三生】sānshēng 名 (仏教)三生(ぢゅ). 三世(ぢ). 参考 前世・現世・来世をいう.

【三生有幸】sān shēng yǒu xìng 成 この上もなく幸せだ. ¶能和你认识,真是~ / 君と出会えて,この上もなく幸せだ.

【三牲】sānshēng 名 古代,祭祀の際に供えた3種のいけにえ. 参考 牛・羊・豚を"大三牲"と言い,鶏・鴨・魚あるいは鶏・魚・豚を"小三牲"と言う.

【三失】sānshī 名 "失业"(職を失う),"失成","失地"(土地を失う),"失房"(家を失う)をいう.

【三十六计,走为上计】sān shí liù jì, zǒu wéi shàng jì 成 三十六計逃ぐるに如かず.

【三手病】sānshǒubìng 名 ゲーム・パソコンマウス・携帯メールの使いすぎによる,手や腕の痛みなどの症状. "游戏手","鼠标手","手机手"をいう.

【三思】sānsī 動 熟考する. 何度もよく考える. ¶~后才决定 / よくよく考えて決める.

【三思而(后)行】sān sī ér (hòu) xíng 成 よく考えてから行動する. ¶凡事 fánshì~,力戒草率 cǎoshuài / 何事もよく考えて行動し,軽率な行動は慎みなさい. 由来 『論語』のことばから.

【三屉桌】sāntìzhuō 名 旧式の事務机. 由来 引き出しが三つあることから.

【三天打鱼,两天晒网】sān tiān dǎ yú, liǎng tiān shài wǎng 成 根気がなく長続きしない. 三日坊主だ. 由来 「三日魚をとり,二日網を干す」という意から.

【三天两头儿】sān tiān liǎng tóur 成 毎日のように. 頻繁に. ¶~往城里跑 / 毎日のように街へ出かける.

【三通】sāntōng 名 中国大陸と台湾の間で,郵便・通商・交通業務を行う. 参考 "通邮,通商,通航"の総称.

【三同】sāntóng 名 幹部と民衆が食事・居住・労働をともにすること. 参考 "三"は,"同吃,同住,同劳动"をさす.

【三头对案】sān tóu duì àn 名 当事者双方と仲裁者または証人の三者で対質し,真相を究明する.

【三头六臂】sān tóu liù bì 名 能力が非常にすぐれている. ¶这么多事都让我干,我又没有~! / そんなに色々やらせようたって,僕には体は一つしかないんだよ. 由来「三つの頭と六本の腕がある」という意から.

【三网合一】sānwǎng héyī 名 三種類の"网"(ネットワーク)の融合. 電信網・コンピュータ網・ラジオテレビ網間での,業務の連携.

【三围】sānwéi 名 女性のスリーサイズ(バスト・ウエスト・ヒップ).

【三维动画】sānwéi dònghuà 名 立体アニメーション.

3Dアニメ.

【三維空間】sānwéi kōngjiān 名 三次元空間．3D．回 三度 dù 空間

【三位一体】sān wèi yī tǐ 成 三位一体.

【三文魚】sānwényú 名《魚》サーモン.

【三无产品】sānwú chǎnpǐn 粗悪な製品．由来 三つの基本事項(生産许可証・製品検査合格証・生産者の名称と住所)のないことから．

【三无企业】sānwú qǐyè 名 悪質な企業．由来 三つの基本事項(資金・生産場所・経営に適した職場や人員)を持たないことから．

【三五成群】sān wǔ chéng qún 成 三三五五群をなす．¶放学后,学生们一地回家了／学校が終わると,生徒たちは三三五五帰宅した．

【三峡】Sānxiá《地名》四川省と湖北省の間にある長江の大峡谷．瞿塘(ǒ)峡・巫(ふ)峡・西陵(ǐ)峡の三つの峡谷の総称．

【三峡工程】Sānxiá gōngchéng 名 三峡プロジェクト．参考 長江の三峡地区に,洪水防止や発電・水運の増強を目的とした多目的ダムを建設する,世界最大の水利プロジェクト．1994年に正式着工,2009年完成予定．

【下三五除二】sān xià wǔ chú èr 成 物事をてきぱきとこなす．手早く処理する．¶别人要干一天的活,他~半天就干完了／ほかの人が一日かかる仕事を,彼は手早く半日でこなす．由来 算盤の九九の一, 2 (あるいは3や4)に3を足す時,5ダマをおろして1のタマを下ろすことから．

【三夏】sānxià ❶ 夏の収穫・夏の種まき・夏の手入れの総称．❷ 孟夏(旧暦四月)・仲夏(旧暦五月)・季夏(旧暦六月)の総称．

【三弦】sānxián 名 (～儿)《音楽》¶(量 把 bǎ)三弦(さんげん)．回 弦子 xiánzi, 三弦子 参考 弦が3本の弦楽器で胴の両面にヘビ皮が張ってある．サイズは大中小あるが,主に大と小が使われる．

【三险】sānxiǎn 名 三つの基本保障．養老年金・健康保険・失業保険の総称．

【三线】sānxiàn 名《戦線の》最後方．区 一线

【三相】sānxiàng 形《電気》三相の．¶~变压器／三相変圧器.

【三心二意】sān xīn èr yì 成 優柔不断で考えが定まらない．気持ちが集中しない．¶别~了,就选这个吧／あれこれ迷わずに,これを選びなさい．回 三心两 liǎng 意

【三薪】sānxīn 名 三倍の報酬．参考 法定休日に勤務した労働者に対して支払われる,当人の時給や日当の三倍相当額の報酬.

【三星】sānxīng ❶《天文》オリオン座中央の3つの星．❷ 福星・禄星・寿星の三神.

【三省】sānxǐng 名 三つの面から反省する．由来『論語』学而篇の"吾日三省吾身"(われ日に吾を三たび省みる)より．他人に誠実であったか,友人に信義をもって対したか,いい加減なことを教えなかったかの三つを指す．後の人はよく自分の書斎を「三省堂」と名づけて自分を戒めた．弊社名の由来．

【三亚】Sānyà《地名》三亜(ざ)．海南島の南に位置する市．参考 リゾート地として知られる．

【三言两语】sān yán liǎng yǔ 成 二言三言．少ないことば．¶他的口才好,~就能把事情说明白/彼はとても弁が立ち,二言三言でものごとをわかりやすく説明できる．

【三叶虫】sānyèchóng 名 三葉虫．

【三一律】sānyīlǜ 名 三一致(いっち)．¶遵照 zūnzhào 古典主义的~写剧本／古典演劇の三原則に従って脚本を書く．参考 フランス古典主義演劇の作劇法の規範で,劇は,時・場所・筋が一致したものを扱うべきだとするもの．

【三元】sānyuán 名 清代科挙で郷試(省レベルの試験)・会試(都城レベルの試験)・殿試(太和殿での最終試験)での筆記合格者それぞれ,"解元""会元""状元"と称し,併せて"三元"と称した．

【三原色】sānyuánsè 名 ❶ 光の三原色．赤・緑・青．❷ 顔料や染料の三原色．赤・黄・青．

【三灾八难】sān zāi bā nàn 成 さまざまな災難や疾病．回 三灾六 liù 难

【三藏】sānzàng 名《仏教》仏教聖典の総称．経・律・論の三種に分類される．

【三只手】sānzhīshǒu 名《方》掏摸(すり)．回 扒手 páshǒu

【三支一扶】sān zhī yī fú "支教,支农,支医和扶贫工作"(教育・農業・医療を支え,貧困地域を助ける仕事)のこと．国家人事部が2006年に通知を公布し,大学を卒業した若者に農村でこれらの仕事につかせる政策が実施されている．

【三资企业】sānzī qǐyè 名 中国における3種類の外資系企業．参考"中外合资经营企业"(中外合弁企業),"中外合作经营企业"(中外提携企業),"外商独资经营企业"(100%外資企業)の総称．

【三自一包】sānzì yībāo 略 三つの"自"(自留地・自由市場・自己負担経営)と一つの"包"(請負生産)の略称．

【三字经】Sānzìjīng《書名》『三字経図会』南宋の王応麟が作ったとされる啓蒙識字教材．すべての句が3字から成る．

【三足鼎立】sān zú dǐng lì 鼎立する．

【三座大山】sān zuò dà shān 名《歴史》中国の新民主主義革命における3つの敵．参考 帝国主義・封建主義・官僚資本主義のこと．

叁(異 弎) sān

ム部6　四 2310₁
全8画　次常用

熟 三の"大写"(大字)．⇨大写 dàxiě

毿(毿) sān

毛部8　四 2221₄
全12画　通用

下記熟語を参照．

【毿毿】sānsān 形 文 (毛髪や木の枝などが)細くて長い．¶柳枝 liǔzhī~／柳の枝が細くのびている．

伞(傘／異 繖①) sǎn

人部6　全6画　四 8040₉　常用

❶ 名〔量 把 bǎ〕傘．¶一把~(傘一本)／打~(傘をさす)／收 shōu~(傘を閉じる)／雨~ yǔsǎn(雨傘)．❷ 関 傘に似たもの．¶降落~ jiàngluòsǎn(パラシュート)．❸ (Sǎn)姓．

【伞兵】sǎnbīng 名 パラシュート兵．パラシュート部隊の兵士．

【伞降】sǎnjiàng 名 落下傘降下．パラシューティング．

【伞形花序】sǎnxíng huāxù 名《植物》散房花序．

散 sǎn

女部8　四 4824₀
全12画　常用

❶ 動 ほどける．ゆるむ．ばらばらになる．¶绳子 shéngzi~了(縄が緩んだ)／队伍走~了(隊列がばらばらになってしまった)．❷ 関 こまごました．まとまりのない．¶~装 sǎnzhuāng～／~居 sǎnjū．❸ 関 粉薬．¶丸～膏 gāo 丹(丸薬・粉薬・膏薬・練り薬)／胃健~(粉末の胃薬)．❹ (Sǎn)姓．

☞ 散 sàn

糁 馓 散 sǎn – sàn

【散兵】sǎnbīng 名《軍事》散兵. ¶～壕 / 散兵壕. ¶～线 / 散兵線.
【散兵游勇】sǎn bīng yóu yǒng 成 ❶ 統率者を失いばらばらになった兵士. 敗残兵. ❷ 組織に属さず、単独で行動する人. 一匹狼.
【散打】sǎndǎ 名《スポーツ》散打(だ). 回 散手 shǒu 参考 伝統的な中国拳法をもとに開発された現代武術. けり・투げ・投げなどの技を使い対抗形式で行う.
【散工】sǎngōng 名 ❶ 臨時工. アルバイト. 回 零工 línggōng, 短工 duǎngōng ❷ 臨時の仕事. ¶做～ / アルバイトをする. ⇨ 散工 sàngōng
【散光】sǎnguāng 名 乱視. ¶右眼～ / 右目が乱視だ. ¶～眼镜 / 乱視用めがね.
【散户】sǎnhù 名《経済》小口の個人投資家.
【散货】sǎnhuò 名《貿易》ばら荷. ¶～船 / ばら積み貨物船.
【散记】sǎnjì 〔⑪ 篇 piān〕(ある物事や経験についての) 断片的な記述. 雑記. ¶《旅 lǚ 美 Měi～》/『アメリカ体験雑記』 用法 多く書名や文章の題名として用いられる.
【散剂】sǎnjì 名《薬》散薬. 粉ぐすり.
【散架】sǎn//jià 動 (骨組みがばらばらになる. (組織などが) 解散する. ¶ 书太多,书架被压得～了 / 本が多すぎて、本棚が壊れた. ¶ 这个公司迟早会～的 / この会社は遅かれ早かれ崩れてしまうだろう.
【散居】sǎnjū 動 分散して居住する. ¶不少犹太人 Yóutàirén～在世界各地 / 多くのユダヤ人が世界各地に居住している. 反 聚居 jùjū
【散客】sǎnkè 名 個人旅行客.
【散乱】sǎnluàn 形 乱れている. 散らかっている.
【散漫】sǎnmàn 形 ❶ 締まりのない. だらしない. ¶你太～了 / きみはだらしなさすぎる. ❷ 分散している. まとまりのない. ¶组织～ / 組織はばらばらだ.
【散曲】sǎnqǔ 名〔⑪ 首 shǒu〕せりふの入らない歌曲の一形式. 参考 内容は主に叙情的で、"小令 xiǎolìng"と"散套 sǎntào"の2種類がある. 元・明・清代に流行した.
【散射】sǎnshè 名《物理》乱反射. 回 乱反 luànfǎn 射
【散套】sǎntào 名 "散曲 sǎnqǔ" の一種. 同じ曲調の曲で構成された組曲形式のもの.
【散体】sǎntǐ 名《文学》散文体. 参考 "骈体 piántǐ" と区別して言う.
【散文】sǎnwén 名《文学》❶ 散文. 反 韵文 yùnwén ❷ 詩歌・戏曲・小説以外の文学作品. 随筆, 雑文, ルポルタージュなど. ¶～作家 / エッセイスト.
【散文诗】sǎnwénshī 名《文学》散文詩.
【散装】sǎnzhuāng 名 ばら売り. 個包装. ばら積み. ¶～洗衣粉 / 一回分ずつ包装された衣料用洗剤. ¶～出售 chūshòu / ばら売り(をする). ¶ 啤酒买～的合算 / ビールはばら売りで買うのが割安だ.
【散座】sǎnzuò 名 (～儿) ❶ (劇場などの) 自由席. 反 包厢 bāoxiāng ❷ (人力車・タクシーなどの) フリーの客. ❸ (レストランなどの) 一般席.

糁(糝) sǎn
米部8 四 9392₂
全14画 通用
名 方 ごはんつぶ. 飯つぶ.
☞ 糁 shēn

馓(饊) sǎn
饣部12 四 2874₀
全15画 通用
下記熟語を参照.

【馓子】sǎnzi 名 こねて細長くした小麦粉を、ねじり合わせて油で揚げた食品.

散 sàn
攵部8 四 4824₀
全12画 常用
動 ❶ ばらばらに散らばる. ¶～会 sànhuì / 云彩 yúncai～了 (雲が散って、晴れて来た). 反 集 jí, 聚 jù ❷ ばらまく. 散らす. ¶～传单(ちらしをまく) / 撒钟 sǎzhǒng～粪 fèn (肥をまいて、肥やしをやる). ❸ 気晴らしをする. ¶～心 sànxīn / ～闷 sànmèn. ❹ 仕事をやめさせる. ¶资本家随便～工人(資本家がかってに労働者をやめさせる).
☞ 散 sǎn
【散播】sànbō 動 (デマやあやふやな情報を) まき散らす. (種を) まく. ¶～种子 zhǒngzi / 種をまく. ¶～谣言 yáoyán / デマをまき散らす.
【散布】sànbù 動 散布する. まき散らす. 散らばる. ¶公园里到处～着花香 / 公園はどこも花の香りでいっぱいだ. ¶～流言飞语 / 流言飛語をまき散らす. 回 分布 fēnbù ⇨ 分布 fēnbù
*【散步】sàn//bù 動 散歩する. ¶饭后～,有益健康 / 食後の散歩は健康によい. ¶散完步再回家吃饭 / 散歩し終わってから家に帰って食事をする. 回 漫步 mànbù
【散场】sàn//chǎng 動 (映画や試合などが終わって) 観客が席を立つ. ¶ 电影～了 / 映画がはねた.
【散发】sànfā 動 ❶ 散布する. 配る. ¶～文件 / 書類を配る. ¶～传单 chuándān / ビラをまく. ❷ (香りなどを) 発散する. ¶茉莉 mòli 花～出清香 / ジャスミンの花が、すがすがしい香りを放っている.
【散工】sàn//gōng 動 仕事を終える. 仕事がひける. ¶别人都～了,他还在干活儿 / 他の人はみな帰ったのに、彼はまだ仕事をしている. 回 收工 shōugōng, 放工 fànggōng ⇨ 散工 sǎngōng
【散会】sàn//huì 動 会が終わる. 散会する. ¶快～了 / もうすぐ会が終わります. 反 开会 kāihuì
【散伙】sàn//huǒ 動 ❶ (団体や組織などが) 解散する. ¶协会已经～了 / 協会はすでに解散している. 回 搭伙 dāhuǒ, 合伙 héhuǒ ❷ 離婚する. ¶他们两个早晚要～ / 彼ら二人はそのうち別れるよ.
【散开】sànkāi 動 分散する. 散らばる. ¶大家最好集中在一起,不要～ / みんな一ヶ所に集まっているのが一番いいから、散らばないで. 反 聚拢 jùlǒng
【散落】sànluò 動 ❶ 散り落ちる. ¶豆粒儿～在地上 / 豆が地面に散らばった. ❷ 散らばる. 散らばる. 散在する. ¶数不清的牛羊～在草原上 / 数えきれない牛や羊が草原に散らばっている. ❸ 離れ離れになってさすらう. ¶逃难～ / 避難して流亡する.
【散闷】sàn//mèn 動 憂さを晴らす. 気晴らしをする. ¶～消愁 xiāochóu / うっぷんを晴らす. ¶到公园散散闷 / 公園へ行って気晴らしをする.
【散热器】sànrèqì 名 ラジエーター.
【散失】sànshī 動 ❶ (ものが) 散逸する. ¶很多珍贵文物,在战乱中～了 / 多くの貴重な文化財が、戦乱で失われた. 回 分散遗失 fēnsànyíshī ❷ (水分などが) 散失する. 回 消散 xiāosàn
【散水】sànshuǐ [-shuí] 名《建築》犬走り.
【散摊子】sàn tānzi 句 ❶ (団体や組織などが) 解散する. ¶他们的公司早已～了 / 彼らの会社はとっくに解散した. ❷ 離婚する. ¶我们还散不了摊子 / 私たちはまだ縁がきれない. 回 散摊儿 sàntānr, 散伙 sànhuǒ
【散亡】sànwáng 動 (書物などが) 散逸する.

sang ㄙㄤ [saŋ]

丧(喪/異喪) sāng
十部6 全8画 四 4073₂ 常用
困 死者にかかわる事柄. ¶～事 sāngshì / 治～委员会 (葬儀委員会).
☞ 丧 sàng

【丧服】sāngfú〔件 jiàn, 套 tào〕喪服. 中国の喪服は白. 伝統的な喪服は, 染めていない麻の布でできている.
【丧家】sāngjiā 图 忌中の家.
【丧礼】sānglǐ 图 葬儀の礼法. 葬礼. ¶参加～/ 葬礼に参列する.
【丧乱】sāngluàn 图 人の死亡を伴う騒動. 戦乱. ¶家中不幸, 遭遇～之事/ 身内の災難は, 戦乱の中での事です.
【丧门神】sāngménshén 图 死神. 疫病神. 同 丧门星 xīng
【丧事】sāngshì 图 葬式. 葬儀. ¶办～/ 葬儀を営む. ¶～从简/ 葬儀は簡素にする. 反 喜事 xǐshì
【丧葬】sāngzàng 動 葬儀を行い, 死者を埋葬する. ¶～费/ 葬儀と埋葬の費用. 同～仪式/ 葬儀.
【丧钟】sāngzhōng 图 ❶ 教会の葬送の鐘. 敲～/ 弔いの鐘を鳴らす. ❷ 死亡や消滅のたとえ. ¶敲响 qiāoxiǎng 封建主义的～/ 封建主义の終焉を告げる. ¶《～为 wèi 谁而鸣 míng？》/『誰がために鐘は鳴る』

桑 sāng
木部6 全10画 常用
图 ❶〔植物〕クワ. ❷(Sāng)姓.
【桑巴舞】sāngbāwǔ 图《音乐》サンバ. 同桑巴
【桑白皮】sāngbáipí 图《薬》桑白皮(そうはくひ). 参考 クワの根の皮で, 咳止め薬などに用いる.
【桑蚕】sāngcán 图《虫》カイコ. ¶～丝 sī / 蚕糸. 同家蚕 jiācán
【桑林】sānglín 图 クワの林.
【桑拿浴】sāngnáyù 图 "桑那浴 sāngnàyù"に同じ.
【桑那浴】sāngnàyù 图 サウナ風呂. ◆sauna
【桑葚儿】sāngrènr 图 "桑葚 sāngshèn"に同じ.
【桑葚】sāngshèn 图 クワの実. 同 桑葚儿 sāngrènr
【桑树】sāngshù 图〔棵 kē, 株 zhū〕クワの木.
【桑叶】sāngyè 图〔片 piàn〕クワの葉.
【桑榆】sāngyú 图 ❶ クワの木とニレの木. ❷ ❷ 日暮のたとえ. ❸ ❷ 晩年のたとえ. ¶在日没に陽光がクワやニレの梢を照らすことから.
【桑榆暮景】sāng yú mù jǐng ❷ 晩年の日々. ¶奶奶已是～, 但仍不服老 fúlǎo / おばあさんは, もう先も長くない歳なのに, 年寄り扱いされるのを嫌がる. 同桑榆晚 wǎn 景 由来 夕日がクワやニレの木の梢を照らしている, という意から.
【桑园】sāngyuán 图 クワ畑. 桑園.
【桑梓】sāngzǐ 图 郷里. ¶服务～/ 故郷に奉仕する. 由来『詩経』小雅·小弁"维桑与梓, 必恭敬止"より. 郷里の桑の木と梓の木には両親が植えたものだから, 恭敬の気持ちをあらわす, という意. 郷里·故郷のたとえに用いる.

搡 sǎng
扌部10 全13画 通用
動 方 力いっぱい押す. ¶用力一～ (力を込めてぐいと押す) / 把他一～了一个跟头 gēntou (彼を突き倒した).

嗓 sǎng
口部10 全13画 通用
图 ❶ のど. ❷ (～儿) 声. ¶哑～儿 yǎsǎngr (カラスのようながらがら声).
【嗓门儿】sǎngménr 图 声. ¶～大/ 声が大きい. ¶扯开 chěkāi～唱歌/ 声を張りあげて歌う.
【嗓音】sǎngyīn 图 声. ¶～清纯 qīngchún / 声が澄んでいる. 同 嗓门儿 sǎngménr
*【嗓子】sǎngzi 图 ❶ のど. ¶～疼/ のどが痛い. 同 喉咙 hóulóng ❷〔副 fù, 个 ge, 条 tiáo〕声. ¶放开～唱/ 声を張りあげて歌う. ¶好～/ すばらしい声. 同 嗓音 sǎngyīn, 嗓门儿 sǎngménr

磉 sǎng
石部10 全15画 通用
图 柱の土台の石. ¶～石 shísǎng (石の土台).

颡(顙) sǎng
页部10 全16画 通用
图 ❷ おでこ. ¶广～ (広い額).

丧(喪/異喪) sàng
十部6 全8画 四 4073₂ 常用
動 ❶ なくす. 失う. ¶～命 sàngmìng / ～失立场 (立場をなくす). ❷ 滅亡する. ¶五国既～, 齐亦不免 (五国が滅んだ以上, 斉もまた免れまい).
☞ 丧 sāng

【丧胆】sàng//dǎn 動 恐れおののく. 肝をつぶす. ¶闻风～/ うわさを聞いて肝をつぶす.
【丧魂落魄】sàng hún luò pò ❷ 恐怖のあまり魂が抜ける. 震え上がる. ¶看你这～的样子, 是不是见了鬼了？/ そんなに取り乱して, お化けでも見たの? 同 丧魂失 shī 魄
【丧家犬】sàngjiāquǎn ❷ "丧家之 zhī 犬"に同じ.
【丧家之犬】sàng jiā zhī quǎn ❷ 飼い主をなくしたイヌ. 頼りとするものを失い, 身を落ち着ける場所のない人. 同 丧家之狗 gǒu
【丧尽天良】sàng jìn tiān liáng ❷ 残忍きわまりなく, 良心のかけらもない. 同 丧尽良心 liángxīn
【丧命】sàng//mìng 動 (多く事故や急病などで)死亡する. 命を落とす. ¶在一次空难 kōngnàn 中丧了命/ ある空の事故で命を落とした.
【丧偶】sàng'ǒu ❷ 配偶者を失う. ¶中年～/ 中年にしてつれあいに先立たれる. ¶他几乎不能承受～对他的打击/ 彼は妻を失ったショックをほとんど受け入れられないようだ.
【丧气】sàng//qì 動 意気消沈する. 気を落とす. ¶灰心 huī xīn～/ ❷ 意気消沈する. ¶垂头～/ ❷ がっくりと気を落とす. ¶遭受点儿挫折 cuòzhé, 就一啦? / ささいな失敗で, もう意気消沈かい？
【丧气】sàngqi 形 縁起の悪い. 不吉な. ¶别说～话/ 不吉なことを言うな. ¶事事不顺心, 真～/ 何もかもうまくいかなくて, 本当についてない. 同 倒霉 dǎoméi
【丧权辱国】sàng quán rǔ guó ❷ 主権を喪失し国を

搔 骚 缲 缫 臊 扫　sāo – sǎo

辱める. ¶～的不平等条约 / 屈辱的な不平等条約.

【丧身】sàng//shēn 動 身を滅ぼす. 命を失う. ¶～赌窟 dǔkū / ばくちで身を滅ぼす. ¶～误国 wùguó / 自らの身を滅ぼし, 国を誤らせる.

【丧生】sàngshēng 動 (事故や急病で)命を落とす. ¶这起空难 kōngnàn, 乘客全部～ / このたびの航空機事故では, 乗客全員が命を落とした.

【丧失】sàngshī 動 失う. 喪失する. ¶～信心 / 自信を喪失する. ¶事故中一了一条腿 / 事故で片足を失った. 回 丢失 diūshī, 失落 shīluò

【丧亡】sàngwáng 動 死亡する. 滅亡する. ¶这一次地震, 人兽 shòu 可真～了不少 / 今度の地震では人や動物が本当にたくさん死亡した.

【丧心病狂】sàng xīn bìng kuáng 成 理性を失って狂気じみている. 言動が常軌を逸している. ¶为了钱, 竟变得～, 不择手段 / 金のために理性を失い, 手段を選ばないようになった.

【丧志】sàng//zhì 動 志を失う. ¶玩物～ / 好きなことに没頭するあまり, 本来の志を失ってしまう.

sao ㄙㄠ [sɑʊ]

搔 sāo
扌部9　四 5703₆　全12画 [次常用]

動 爪でかく. ¶～头皮 / ～到痒 yǎng 处 (かゆい所に手が届く. 要点を押さえていることのたとえ).

【搔首】sāoshǒu 動 (思案などして)頭をかく. ¶～寻思 xúnsī / 頭をかいて思案する.

【搔首弄姿】sāo shǒu nòng zī 成 貶 しなをつくる. こびを売る. 回 搔头 tóu 弄姿

【搔头皮】sāo tóupí 動 頭をかく.

【搔痒】sāo//yǎng 動 かゆい所をかく. ¶隔靴 xuē～ / 成 隔靴搔痒(くつのうえからかくように, 思うようにならないことのたとえ). ¶谁敢在老虎头上～? / トラの頭をかくような危ない事をする.

骚(騷) sāo
马部9　四 7713₆　全12画 [次常用]

❶素 乱れる. 落ち着かない. ¶～乱 sāoluàn / ～扰 sāorǎo. ❷形「臊 sāo」に同じ. ¶～气. ❸名《文学》屈原『楚辞』の「離騷」篇. ¶～体 sāotǐ. ❹素 ひろく詩文を指す. ¶～人 sāorén / ～客 sāokè. ❺形 (女性が)みだらである. 她真～ (彼女は本当にみだらだ) / ～婊子 biǎozi!(売女よ)

【骚动】sāodòng ❶動 騷動を起こす. 騷ぎ立てる. ¶听了他的话, 会场里开始～起来 / 彼の話を聞くと, 会場の人たちは騷ぎ始めた. (人心が)動揺する. ¶在部队里引起一阵～ / 軍隊内にひとしきり動揺が広がった. ❸名 動乱. 騷乱. ¶在全国范围内引起了一～ / 国中で騒動が巻き起こった.

【骚客】sāokè 名 "骚人 sāorén"に同じ.

【骚乱】sāoluàn 動 騷ぎが起き混乱する. ¶会场上忽然～起来 / 会場に突然騒ぎが起こった. 回 动乱 dòngluàn, 骚动 sāodòng

【骚扰】sāorǎo 動 攪乱(かくらん)する. かき乱す. じゃまする. ¶他正在写论文, 别去～他 / 彼は論文を書いているところだから, じゃまをしてはいけない. ¶性～ / セクシャル・ハラスメント. 回 扰乱 rǎoluàn

【骚人】sāorén 名 文 詩人. ¶～墨客 mòkè / 文人墨客. 回 骚客 sāokè

【骚体】sāotǐ 名《文学》古典文学のスタイルの一つ. 屈原の「離騷」の形式を模倣したもの.

缲(繅) sāo
纟部11　四 2219₄　全14画 [通 用]

動 まゆから糸を繰る. ¶～丝 sāosī / ～车(糸車).

【缲丝】sāosī 動 まゆから糸を繰る. 回 缲茧 sāojiǎn

缫(繅) sāo
纟部13　四 2619₄　全16画 [通 用]

動 "缲 sāo"に同じ.
☞ 缫 qiāo

臊 sāo
月部13　四 7629₄　全17画 [次常用]

形 (小便や獣のようなむむっとする嫌なにおいがする. ¶尿 niào～气(小便の臭気) / 狐～ húsāo (わきが).
☞ 臊 sào

【臊气】sāoqì 名 (小便や獣などの)臭いにおい. ☞ 臊气 sàoqì

扫(掃) sǎo
扌部3　四 5707₀　全6画 [常 用]

❶動 ほうきではく. ¶把院子～一～ (庭をちょっとはきなさい). ❷動 左右になぎ払う. 動作が素早く各方面に及ぶ. ¶机枪一射(機銃掃射) / 眼睛四下里一～ (あたりをさっと見渡す). ❸動 取り除く. 消滅させる. ¶～除 sǎochú. ❹動 塗る. 描く. ¶淡～娥眉(薄く眉を描く). ❺素 すべて. すっかり全部. ¶～数 shù 归还(全額返す).
☞ 扫 sào

【扫边】sǎobiān 芝居のわき役をつとめる. ¶～老旦 lǎodàn / わき役をつとめる老女役.

【扫除】sǎochú ❶動 掃除をする. ¶房里要天天～ / 家の中は毎日掃除しなければならない. 回 打扫 dǎsǎo, 清扫 qīngsǎo ❷ 取り除く. ¶～障碍 zhàng'ài / 障害を取り除く. ¶～文盲 wénmáng / 文盲をなくす.

【扫荡】sǎodàng ❶動 敵を一掃する. 掃討する. ¶～叛匪 pànfěi / 反逆者を掃討する. ❷ 一掃する. すべて取り除く. ¶旧社会腐朽 fǔxiǔ 的东西, 都应当～ / 旧社会の腐りきった事物は, すべて一掃しなければならない. ❸ 全財産を剥奪する.

【扫地】sǎo//dì ❶ 地面をきれいに掃く. ¶用扫帚 sàozhou～ / 竹ぼうきで地面を掃く. ❷ 名誉や威風などがすっかり失う. すっかりなくなる. ¶威信 wēixìn～ / 成 威信が地に落ちる. ¶斯文 sīwén～ / 文化がすたれ, 文人が尊重されない. または文化人がすっかり堕落すること. ❸ 全財産を剝奪する.

【扫地出门】sǎo dì chū mén 成 全財産を取りあげて家を追い出す.

【扫房】sǎo//fáng 動 家の大掃除をする.

【扫黄】sǎo//huáng 動 ポルノ雑誌・ビデオ等を一掃する. ¶～打非 / ポルノ及び非合法製品を取り締まり一掃する.

【扫雷】sǎo//léi 地雷や水雷を除去する.

【扫雷舰】sǎoléijiàn 名《軍事》掃海艇.

【扫盲】sǎo//máng 動 文盲を一掃する. "扫除文盲 sǎochú wénmáng"の略. ¶～班 / 識字クラス. ¶～运动 / 識字運動.

【扫描】sǎomiáo 動 ❶ 走査する. スキャニングする. ¶～器 / スキャナー. ¶～线 / 走査線. ❷ さっと見渡す. 回 扫视 sǎoshì

【扫灭】sǎomiè 動 (害虫などを)取り除く. (敵などを)滅する.

【扫墓】sǎo//mù 墓掃除をする. 墓参りをする. ¶清明～ / 清明節の墓参り. ¶每年都给祖父～ / 毎年, 祖

父の墓へ参る. [同] 扫坟 sǎofén

【扫平】sǎopíng [動] 討伐し,平定する. ¶在～叛乱 pànluàn 中有功 / 反乱の鎮圧に功績があった.

【扫清】sǎoqīng [動] きれいさっぱり取り除く. 一掃する. [同] 清除 chú

【扫射】sǎoshè [動] ❶(機関銃などで)掃射する. ❷ 視線をあたりに配る. 明りを左右に照らす. ¶用探照灯～ / サーチライトで照らす.

【扫视】sǎoshì [動] 素早くあたりを見回す. ¶～全场 / 会場全体をざっと見渡す.

【扫数】sǎoshù [副] すっかり. すべて. ¶～还清 / 全額返済する. ¶～入库 / 全品倉庫に入れる. [同] 尽数 jìnshù

【扫听】sǎotīng [動][方] (よそから)聞き出す. (あちこちに)探りを入れる. ¶四下里～～ / あちこちに探りを入れてみよう. ¶请你～一下他现在住在哪儿 / 彼が今どこに住んでいるかちょっと聞き出してください.

【扫尾】sǎo//wěi [動] 仕事の最後の部分を終わらせる. 仕上げる. ¶这项工作,你来～吧 / この仕事は君が仕上げてくれ.

【扫兴】sǎo//xìng [動] 興ざめする. ¶你别扫了大家的兴! / みんなをしらけさせちゃあだめだ. ¶真叫人～! / ほんとにしらけるなあ. ¶～而归 / 落胆して帰る. [同] 败兴 bàixìng [反] 助兴 zhùxìng

嫂 sǎo　女部 9 [四] 4744_7 全12画 [常用]

[名] ❶ 兄嫁. ¶兄～ xiōngsǎo (兄と兄嫁). ❷ 自分とだいたい同年齢の既婚婦人に対する尊称. ¶大～ dàsǎo (おねえさん). [用法] "大～,二～"のような呼び方が①,②の場合ともに可能.

【嫂夫人】sǎofūren [名] 友人の妻に対する尊称. 奥さま. ¶不知～意见如何? / 奥さんはどう思われますか?

【嫂嫂】sǎosao [名][方] 兄嫁. (兄嫁に呼びかけて)姉さん. (または自分と年齢の近い既婚女性に対して)おねえさん.

*【嫂子】sǎozi [名][口] 兄嫁. または,友人の妻に対する尊称. ¶二～ / 二番目の兄嫁. [同] 嫂嫂 sǎosao

扫(掃) sào　扌部 3 [四] 5707_0 全 6 画 [常用]

下記熟語を参照.

☞ 扫 sǎo

【扫把】sàobǎ [名][方] ほうき. [同] 扫帚 zhou

【扫帚】sàozhou [名]〔[量] 把 bǎ〕竹ぼうき.

【扫帚星】sàozhouxīng [名] ❶《天文》彗(すい)星. ほうき星. ❷ 災難をもたらす人物. [由来] ②は,昔,彗星は災難の前兆と信じられていたことから.

埽 sào　土部 8 [四] 4712_7 全11画 [通用]

[名] ❶ カゴに石や土をつめたり,木の枝などをたばねたもの. 堤防工事の土止めに用いる. ❷ "埽"で築いた堤防.

瘙 sào　疒部 9 [四] 0013_6 全14画 [通用]

[名] 皮膚がかゆくなる病気. 古代は,疥癬(かいせん)を指した.

【瘙痒】sàoyǎng [動] (皮膚が)かゆくなる. ¶～难忍 nánrěn / かゆくてたまらない.

臊 sào　月部13 [四] 7629_4 全17画 [次常用]

[動] 恥ずかしがる. 恥じる. ¶害～ hàisào (恥ずかしがる) / 真～得慌(ほんとうに恥ずかしい) / 不知羞～ xiūsào (恥知らず).

☞ 臊 sāo

【臊气】sàoqì [形][方] 運が悪い. ☞ 臊气 sāoqì

【臊子】sàozi [名] 細かく切った肉 ¶～面 / ひき肉入りうどん.

se　ムさ〔SY〕

色 sè　色部 0 [四] 2771_7 全 6 画 [常用]

❶ [名] 色. ¶日光有七～ (日光には七色ある) / 红～ hóngsè (赤). ❷ [素] 顔色. 顔つき. 表情. ¶和颜 héyán 悦～ yuèsè ([成] 穏やかでにこやかな顔つき) / 喜形于～ ([成] 喜色満面). ❸ [素] ようす. 景色. 光景. ¶行～匆匆 cōngcōng ([成] 出発間際の慌ただしいようす). ❹ [素] 種類. ¶各～用品(各種用品) / 货～齐全(商品の種類はみなそろっている). ❺ [素] 品質. ¶成～ chéngsè (金や銀の含有率) / 足～纹银 wényín (まじりけのない本物の銀だ). ❻ [素] 女性の美しい容貌. ¶姿～ zīsè (美貌). ❼ [素] 情欲. ¶桃～ táosè (男女関係). ❽ (Sè)姓.

☞ 色 shǎi

【色彩】sècǎi [名] ❶ 色. 色彩. ¶～鲜明 / 色彩が鮮明だ. [同] 颜色 yánsè ❷ 傾向. 特色. ¶思想～ / 思想傾向. ¶地方～ / 地方色. ¶民族～浓厚 nónghòu / 民族的な色合いが強い.

【色差】sèchā [名] ❶ 色目の違い. ❷《物理》色収差. [同] 色像 xiàng 差

【色调】sèdiào [名] 色調. 色合い. トーン. ¶～明朗 mínglǎng / 色調が明るい. ¶画面～轻快 qīngkuài 欢乐 huānlè / 映像の雰囲気が軽快で,楽しい.

【色度】sèdù [名] 色の濃さや明るさの度合い.

【色光】sèguāng [名] 色のついた光線.

【色鬼】sèguǐ [名] 色気違い. 色情狂. [参考] 年寄りの色情狂は"老色鬼",若い色情狂は"小色鬼"と言う.

【色觉】sèjué [名] 色を識別する感覚. 色覚. 色神.

【色拉】sèlā [名]《料理》サラダ. [同] 沙拉 shālā ♦salad

【色狼】sèláng [名] 色魔.

【色厉内荏】sè lì nèi rěn [成] 外見は強そうだが内心は弱い. 見かけ倒し. ¶他是个～的人 / 彼は見かけ倒しの人間だ.

【色盲】sèmáng [名]《医学》色盲.

【色情】sèqíng [名] 色情. 色欲. ¶～狂 kuáng / 色情狂. ¶～小说 / 官能小説.

【色弱】sèruò [名]《医学》色弱(しきじゃく).

【色散】sèsàn [名]《物理》(光の)分散.

【色素】sèsù [名] 色素.

【色相】sèxiàng [名] ❶ 色相. ❷ 女性の色香. ¶出卖～ / 色気を売りものにする.

【色样】sèyàng [名] 種類. 型. タイプ.

【色泽】sèzé [名] 色つや. ¶～鲜明 / 色つやが鮮やかだ.

【色纸】sèzhǐ [名] 色のついた紙. 色紙(いろがみ).

涩(澀/[異]濇) sè　氵部 7 [四] 3711_1 全10画 [次常用]

❶ [形] 滑りが悪い. 滑らかでない. ¶轮轴 lúnzhóu 发～,该上点油了(シャフトの滑りが悪いので油をささなくてはならない). [反] 滑 huá ❷ [形] (味が)渋い. ¶这柿子 shìzi 很～ (この柿は渋い). ❸ [素] 文章が読みにくく,分かりにくい. ¶艰～ jiānsè (難解だ) / 晦～ huìsè (難解で意味が

S

分かりにくい).
【涩味】sèwèi 名 渋い味. 渋み. ¶柿子 shìzi 有些～／柿には少し渋味がある.
【涩滞】sèzhì 滞っている. はかどらない. 滑らかでない. ¶文笔 wénbǐ～／文章が滑らかでない. ¶思路～／頭が働かない.

啬(嗇) sè
十部9 四4060₁ 全11画 通用
素 けちだ. ¶吝～ lìnsè (けちだ) / 吝～鬼 (けちん坊) / 他太～了 (彼はとてもしぶちんだ).
【啬刻】sèkè 形 方 けちだ. ¶～鬼／たいへんけちな人. 同 吝啬 lìnsè
【啬皮】sèpí 形 方 けちだ. ¶他有点～／彼はちょっとけちなところがある.

铯(銫) sè
钅部6 四8771₇ 全11画 通用
名《化学》セシウム. Cs.

瑟 sè
王部9 四1133₄ 全13画 次常用
名《音楽》瑟(しつ). ¶琴 qín～相和／夫婦仲がとても良い. 参考 筝(しょう)に似た弦楽器で, 古代は50弦あったが, 中古以降は25弦や16弦となった.
【瑟瑟】sèsè ❶ 拟 さらさら. そよそよ. 風が静かに吹く音やよう. ¶秋风～／秋の風がさらさらと吹く. ❷ 形 驚きや寒さで)ぶるぶると震えるようす. ¶～发抖 fādǒu／ぶるぶると身震いがする.
【瑟缩】sèsuō 動 (寒さや驚きで)体が縮こまる. 縮み上がる. ¶吓得～着身子躲 duǒ 在角落 jiǎoluò 里／恐ろしさのあまり, 部屋の隅に縮まって隠れた.

塞 sè
宀部10 四3010₄ 全13画 常用
素 "塞 sāi"①に同じであるが, 多く文語的な語に用いられる. ¶闭～ bìsè (ふさぐ) / 阻～ zǔsè (障害によってふさがれる) / 责 sèzé.
☞ 塞 sāi, sài.
【塞擦音】sècāyīn 名《言語》破裂摩擦音.
【塞纳河】Sènàhé《地名》セーヌ川.
【塞万提斯】Sèwàndísī《人名》セルバンテス(1547-1616). スペインの小説家.『ドン・キホーテ』が有名.
【塞维利亚】Sèwéilìyà《地名》セビリア(スペイン).
【塞音】sèyīn 名《言語》破裂音. 閉鎖音.
【塞责】sèzé 動 文 責任逃れをする. ¶敷衍 fūyǎn～／いい加減にやって責任逃れする.

穑(穡) sè
禾部11 四2496₁ 全16画 通用
素 農作物を刈り取る. ¶稼～ jiàsè (農作業).

sen ムㄣ [sən]

森 sēn
木部8 四4099₄ 全12画 常用
❶ 素 樹木が多い. ¶～林 sēnlín. ❷ 素 うっそうとしている. 薄暗い. 陰気だ ¶阴 yīn～的薄暗くて不気味なようす. ❸ 素 厳粛である. ¶～严 sēnyán. ❹ 素 姓.
*【森林】sēnlín 名〔处 chù, 个 ge, 片 piàn〕森林. 森. ¶原始 yuánshǐ～／原始林. ¶浴 yù～／森林浴.

【森然】sēnrán 形 ❶ びっしりと生い茂っている. ¶林木～／樹木がびっしりと生い茂っている. ❷ いかめしく, 恐ろしげだ. ¶～可怖 bù／ぞっとするほど恐ろしげだ.
【森森】sēnsēn 形 文 ❶ 樹々がこんもりと生い茂っている. ¶松柏 sōngbǎi～／松やコノテガシワがこんもりと生い茂る. ❷ 薄暗くひっそりとして不気味だ. ¶阴 yīn～／暗く陰鬱だ.
【森严】sēnyán 形 (防備が)厳しい. ものものしい. ¶戒备 jièbèi～／警備が厳重だ. ¶监视 jiānshì～／監視が厳重だ.
【森严壁垒】sēn yán bì lěi 成 守りが厳重だ. 同 壁垒森严.

seng ムㄥ [səŋ]

僧 sēng
亻部12 四2826₆ 全14画 次常用
名 ❶ 僧侶. 和尚. ❷ (Sēng)姓. 参考 ①は, サンスクリット"僧伽"(saṃghə)の略.
【僧多粥少】sēng duō zhōu shǎo 成 坊さんが多くて, 粥が少ない. 人が多いのに分配するものが少ないことのたとえ. 同 粥少僧多
【僧侣】sēnglǚ〔个 ge, 名 míng〕僧侶. 坊さん.
【僧尼】sēngní 名 僧と尼僧.
【僧人】sēngrén 名 僧. 僧侶.
【僧俗】sēngsú 名 僧侶と一般人.
【僧徒】sēngtú 名 僧徒. 僧侶.

sha ㄕㄚ [ʂA]

杀(殺) shā
木部2 四4090₄ 全6画 常用
動 ❶ 生命を奪う. 殺す. ¶～虫剂 shāchóngjì／～鸡焉 yān 用牛刀(鶏を殺すのに牛刀をもってする. ささいな事をおおげさにする). 同 宰 zǎi ❷ 戦う. ¶冲～ chōngshā (突撃する) / ～出重围 chóngwéi (敵の包囲を突破する). ❸ (勢いなどを)そぐ. 減らす. ¶～暑气 shǔqì (暑気払いをする) / ～暑～气(他人に八つ当りしてうさ晴らしをする). 同 煞 shā ❹ 方 薬がしみてひりひりと痛む. ¶这药涂在伤口 shāngkǒu 上～得慌 huāng (この薬を傷口に塗るとしみて痛い). ❺ 終える. 結末をつける. ¶～尾 wěi (締めくくる) / ～帐 zhàng (決算する). 同 煞 shā ❻ 締め付ける. ¶～车(車にブレーキをかける) / ～一～腰带(ベルトをきつく締める). 同 煞 shā ❼ 動詞の後ろにつけて, 程度がはなはだしいことを示す. ¶气～人(人が無性に腹が立つ) / 笑～人(おかしくてたまらない). 同 煞 shā
【杀虫剂】shāchóngjì 名 殺虫剤.
【杀虫药】shāchóngyào 名 殺虫剤.
【杀敌】shādí 動 敵と戦う. 敵を殺す. ¶～致果／敵を倒して手柄をたてる.
【杀毒】shā/dú 動 ❶ ウイルスを死滅させる. 消毒する. ❷《コンピュータ》ウイルスを駆除する.
【杀毒软件】shādú ruǎnjiàn 名《コンピュータ》ワクチンソフト.
【杀风景】shā fēng jǐng 成 景観を損ねる. 興ざめだ.

白ける. ¶公园这么多垃圾,真是～/公園にこんなにゴミがあるなんて、まったく興ざめだ. 回 煞 shā 风景

【杀害】shāhài 動 殺す. 殺害する. ¶惨 cǎn 遭 zāo～/無残に殺害された. 不能～珍贵的野生动物/珍しい野生の動物を殺してはならない.

【杀回马枪】shā huí mǎ qiāng 慣 馬を返して後の敵を撃つ. 突如反撃に出るとのたとえ.

【杀机】shājī 名 殺意. 殺気. ¶动了～/殺意を抱いた. ¶隐藏 yǐncáng～/殺意を隠す.

【杀鸡取卵】shā jī qǔ luǎn 成 目先の小さな利に走り,大本の利益を失う. ¶这样做,无异于～/そんなことしたら,鶏を殺して卵を取るようなものだ. 回 杀鸡取蛋 dàn 由来 ニワトリを殺して卵を取る,という意から.

【杀鸡吓猴】shā jī xià hóu 成 見せしめにして脅す. ¶对孩子的教育,绝不能用像～的方法/子供に対する教育上,誰かをみせしめにして脅すようなやり方は,決して行ってはならない. 回 杀鸡给 gěi 猴看 kàn 由来 ニワトリを殺してサルを脅す,という意から.

【杀价】shā//jià 動 値切る. 値をたたく. ¶他买东西,从不会～/彼は物を買うのに,買いたたくことがない.

【杀菌】shā//jūn 動 殺菌する. ¶～药/殺菌剤. ¶～作用/殺菌作用.

【杀戮】shālù 動 多くの人々をむごたらしく殺す. 殺戮(りく)する. ¶～无辜 wúgū/罪のない人々をむごたらしく殺す. ¶大肆 dàsì～/殺戮の限りを尽くす.

【杀灭】shāmiè 動 殺す. 撲滅する.

【杀气】shāqì 1 動 八つ当たりする. うっぷんを晴らす. ¶拿老婆 lǎopó～/妻に八つ当りする. 2 名 殺気. ¶脸上充满～/顔には殺気みなぎっている. 用法 ①は,"拿 ná ……"の形で用いる.

【杀气腾腾】shāqì téngténg 句 殺気がみなぎる.

【杀青】shāqīng 動 1 (竹簡に文字を書きやすくするため)青竹を火にあぶり,水分を取り除く. 著作が完成するとか,脱稿することのたとえ. 2 緑茶の加工工程の一つで,高温を加えて,茶の緑色を保たせ柔らかくする.

【杀却】shāquè 動 殺害する.

【杀人】shā//rén 動 人を殺す.

【杀人不见血】shā rén bù jiàn xiě 成 人を殺しても血を見せない. 人を害する手段が陰険だ.

【杀人不眨眼】shā rén bù zhǎ yǎn 成 人を殺すのにまばたき一つしない. 平然と人を殺せるほど残忍だ. ¶这样～的人,能指望他发慈悲 cíbēi 吗?/あんな残忍な人間に,慈悲など期待できるか.

【杀人如麻】shā rén rú má 成 数え切れないほど人を殺している. ¶他一生～,罪大恶 è 极/彼はこれまで切れないほど人を殺した,極悪非道の人間だ.

【杀人越货】shā rén yuè huò 成 人を殺して財物を奪う.

【杀伤】shāshāng 動 殺傷する.

【杀伤力】shāshānglì 名 (武器の)殺傷力.

【杀身成仁】shā shēn chéng rén 成 身を殺して仁をなす. 正義や崇高な理想のために,命を犠牲にする.

【杀身之祸】shā shēn zhī huò 成 自ら死を招くわざわい. 非業の災禍. ¶没想到一句话引来～/たった一言が致命的な失敗を招くとは思ってもみなかった.

【杀生】shāshēng 動 佛 生き物を殺す. 殺生(しょう)する.

【杀手】shāshǒu 〔量 个 ge,名 míng〕1 刺客. 殺し屋. 2 競技において相手をさんざんにやっつける選手.

【杀手锏】shāshǒujiǎn →撒 sā 手锏

【杀熟】shāshú 動 なじみの客をだます. 友人や知人の関係を利用して,詐欺行為をはたらく.

【杀头】shā//tóu 動 首を斬る. 殺す. ¶～之罪/断首されるべき罪.

【杀一儆百】[警]百 shā yī jǐng bǎi 成 一人を殺して,他の見せしめとする. 一罰百戒. ¶为了让这事起到～的作用,媒体 méitǐ 作了大肆 dàsì 宣传/この件を見せしめにするため,マスコミは大々的な宣伝を行った.

杉 shā

木部3 四 4292₂
全7画 次常用

索 回 "杉 shān"に同じ. ¶～篙 shāgāo/～木 shāmù.
☞ 杉 shān

【杉篙】shāgāo〔量 根 gēn〕スギの細長い丸太. 参考 舟のさおや建築の足場に使う.

【杉木】shāmù 名 スギ材.

沙 shā

氵部4 四 3912₀
全7画 常用

1 名 砂. ¶～土 shātǔ/～滩 shātān. 回 沙子 shāzi 2 素 砂に似たもの. ¶～糖 shātáng (ざらめ)/豆～ dòushā (アズキあん). 3 形 声がしわがれている. ¶～哑 shāyǎ. 4 (Shā)姓.
☞ 沙 shà

【沙包】shābāo 名 1 砂山. 砂丘. 2 砂袋. 土囊.

【沙暴】shābào 名 砂嵐. 回 尘 chén 暴 参考 北方地域で春によく見られる現象.

【沙场】shāchǎng 名 1 広い砂地. 砂原. 2 戦場. ¶久经 jiǔjīng～/長い間,戦争を経験してきた. ¶战死～/戦場で死ぬ. 回 战场 zhànchǎng

【沙尘】shāchén 名 砂ぼこり. 砂塵.

【沙尘暴】shāchénbào 名 砂嵐. 回 沙暴,尘暴

【沙船】shāchuán ジャンク. 浅瀬向きの大型木造帆船.

【沙袋】shādài 名 (防火・水防用の)砂袋. 土囊. (ボクシングの)サンドバッグ.

【沙丁鱼】shādīngyú 名 〔魚〕〔量 条 tiáo〕イワシ. ¶像～罐头 guàntou/イワシの缶詰のようだ. すし詰めの状態のたとえ. ♦ sardine

沙船

【沙俄】Shā'é 名 《歴史》帝政ロシア.

*【沙发】shāfā 名 〔量 套 tào,只 zhī〕ソファー. ¶～床/ソファー・ベッド. 回 沙发椅 yǐ ♦sofa

【沙肝儿】shāgānr ウシ・ヒツジ・ブタなどの脾臓を調理したもの.

【沙锅】shāguō 名 〔量 口 kǒu,只 zhī〕土鍋. ¶用～煎 jiān 药/土鍋で薬を煎じる. ¶抱 bào～/こじきをする. ¶打破～璺 wèn 到底/問い詰める.

【沙果】shāguǒ 名 (～儿)《植物》ワリンゴ. 回 花红 huāhóng,红果 hóngguǒ 参考 リンゴの一種で,実が小さく酸味が強い.

【沙狐球】shāhúqiú 名 《スポーツ》シャッフルボード.

【沙化】shāhuà 動 砂地化する. 砂漠化する.

【沙荒】shāhuāng 名 耕作のできない荒れ地.

【沙皇】shāhuáng 名 《歴史》ツァー. 帝政時代のロシア皇帝の称号. ¶～俄国 Éguó/帝政ロシア. ♦ царь

【沙鸡】shājī 名 《鳥》サケイ.

【沙棘】shājí 名《植物》サキョウ．サージー．参考 中国などの砂地に生えるグミ科の植物で，実は薬剤や健康食品として用いる．

【沙浆】shājiāng →砂浆

【沙金】shājīn 名［采 cǎi~］砂金を採掘する．

【沙坑】shākēng 名 砂場．（スポーツ競技などの）跳躍ピット．バンカー．

【沙拉】shālā 名《料理》サラダ．¶火腿 huǒtuǐ~ / ハムサラダ．¶~酱 jiàng / サラダドレッシング．回 色拉 sèlā ◆salad

【沙里淘金】shā lǐ táo jīn 成 ❶ 労多くして功少なし．¶就像是~似的 / まるで砂の中から砂金を見つけ出すようなものだ．❷ 大量の材料の中から最高のものを選び出す．¶但是未必 wèibì 人人都认真下工夫 gōngfu 去~ / だがひとりひとりが本当に努力して，最高の物を選べて入れたとは限るまい．由来 砂の中から砂金を選び出す，という意から．

【沙砾】shālì 名 砂と小石．砂礫(れき)．

【沙龙】shālóng 名 客間．社交場．¶艺术~ / 芸術サロン．¶文学~ / 文学サロン．◆"sǎ lóng" salon

【沙笼】shālóng 名《服飾》マレー人などが腰につける一種の巻きスカート．サロン．◆サロン sarong

【沙门】shāmén 名《仏教》出家した者．僧．沙門(もん)．¶~遁入 dùnrù~ / 出家する．

【沙门氏菌】Shāménshìjūn 名《医学》サルモネラ菌．

【沙弥】shāmí 名《仏教》出家したばかりの若い僧．沙弥

*【沙漠】shāmò 名〔片 piàn〕砂漠．¶横越 héngyuè~ / 砂漠を横切る．¶~地带 / 砂漠地帯．

【沙漠化】shāmòhuà 動 砂漠化する．

【沙鸥】shā'ōu 名 川原の砂地や中州にいるカモメ．

【沙盘】shāpán 名 砂などを固めてつくった地形の模型．砂盤．

【沙丘】shāqiū 名 砂丘．

【沙瓤】shāráng 形 スイカが熟して細粒状になること．¶~儿西瓜 / 細粒状のスイカ．反 脆膜 cuìráng

【沙沙】shāshā 擬 サクサク．サワサワ．ザーザー．砂を踏む音．風にそよぐ草木の音．水や雨の音．¶风吹枯叶 kūyè，~作响 zuòxiǎng / 風が吹き，枯葉がカサカサと音をたてている．

【沙参】shāshēn 名《薬》沙参(じん)．参考 ツリガネニンジンの根を乾燥させたもので，咳止めなどに用いる．

【沙石】shāshí 名 砂石．砂利．

【沙滩】shātān 名〔片 piàn〕砂浜．砂州．

【沙滩排球】shātān páiqiú 名《スポーツ》❶ ビーチバレー．❷ ビーチバレー用のボール．

【沙特阿拉伯】Shātè Ālābó（国名）サウジアラビア．

【沙田】shātián 名 砂地につくった畑．

【沙土】shātǔ 名 砂質の土．砂地．

【沙文主义】Shāwén zhǔyì 名 ショービニズム．狂信的な愛国主義．排他主義．

【沙哑】shāyǎ 形（声が）かすれている．しわがれている．¶他的声音有些~ / 彼の声は少しかすれている．¶嗓子都哭得~了 / 泣きすぎて声がかれている．

【沙眼】shāyǎn 名《医学》トラホーム．トラコーマ．

【沙鱼】shāyú 名《魚》サメ．回 鲨鱼 shāyú

【沙浴】shāyù 名 ❶（鳥などの）砂浴び．❷ 砂風呂．

【沙枣】shāzǎo 名 沙棗(さおう)ギンバイ．ホソグミ．回 桂香柳 guìxiāngliǔ，香柳 bái yín liǔ

【沙洲】shāzhōu 名 砂州(す)．回 沙滩 shātān

*【沙子】shāzi 名〔把 bǎ，撮 cuō，粒 lì〕❶ 砂．❷ 砂に似たもの．¶铁~ / 砂鉄．

【沙嘴】shāzuǐ 名 鎌のように突き出た砂浜．砂嘴(し)．

纱（紗） shā 纟部4 四 2912₀ 全7画 常用

❶ 名《紡織》綿や麻の紡ぎ糸．織り糸．❷ 素 織り目の粗い布．うす布．紗(しゃ)．¶羽~ yǔshā（綿サージ）／窗~ chāngshā（窓に張る粗い布．網戸．

【纱布】shābù 名［卷 juǎn，块 kuài］ガーゼ．¶药水~ / 薬をしみ込ませたガーゼ．

【纱厂】shāchǎng 名 紡織工場．

【纱橱】shāchú 名 網戸のある食器棚．蝿帳(ちょう)．

【纱窗】shāchuāng 名〔扇 shàn〕網戸．紗または金網を張る．¶关上~ / 網戸を閉める．

【纱灯】shādēng 名〔盏 zhǎn，只 zhǐ〕薄布を張ったちょうちん，または灯籠(ろう)．

【纱锭】shādìng 名《紡織》紡錘．回 锭子 dìngzi，纺锭 fǎngdìng

【纱巾】shājīn 名〔卷 juǎn，块 kuài〕スカーフ．

【纱笼】shālóng 名 "沙笼 shālóng"に同じ．

【纱帽】shāmào 名 ❶〔顶 dǐng〕紗の帽子．回 乌 wū 纱帽 ❷ 官職．¶丢了~ / 免職になる．¶乌 wū 纱帽 由来 ❷は，昔，①を文官がかぶったことから．

【纱线】shāxiàn 名 糸．参考 "纱"（繊維を紡いだ細い糸）と"线"（"纱"をまとめてよった糸）の総称．

【纱罩】shāzhào 名 ❶ 蝿帳(ちょう)．食卓などで使うハエ除け．❷ ガスマントル．

刹 shā 刂部6 四 4290₀ 全8画 次常用

動（車や機械などを）止める．¶把汽车~住（车にブレーキをかける）．回 煞 shā

☞ 刹 chà

【刹车】❶ shā// chē 動（車の）ブレーキをかける．機械を止める．¶急~ / 急ブレーキをかける．¶幸好司机及时~，才避免了一场 cháng 车祸 chēhuò / 幸い運転手がすぐにブレーキをかけたので，事故にならずにすんだ．回 煞车 shāchē ❷ shā// chē 動（当面の情況已经刹不住车了 / 今の状況にはもうブレーキがかけられない．回 煞车 shāchē ❸ shāchē 名 ブレーキ．制動装置．回 煞车 shāchē

砂 shā 石部4 四 1962₀ 全9画 次常用

❶ 名 砂．¶~岩 shāyán．回 沙 shā ❷ 素 砂に似たもの．¶~糖 shātáng．回 沙 shā

【砂布】shābù 名 研磨布．布やすり．

【砂浆】shājiāng 名《建築》モルタル．回 沙浆 shājiāng

【砂礓】shājiāng 名《建築》硬く水を通さない鉱石で，大きいものは塊状，小さいものは顆粒状．建築材料として，レンガや石材のかわりに使う．

【砂矿】shākuàng 名《鉱業》砂鉱．

【砂轮】shālún 名 砥石(といし)車．

【砂仁】shārén 名《中医・薬》陽春砂あるいは縮砂密の種子．消化不良などに効く．

【砂糖】shātáng 名 砂糖．ざらめ．

【砂土】shātǔ →沙土 shātǔ

【砂岩】shāyán 名《地学》砂岩．

【砂眼】shāyǎn 名 鋳物の表面や内部にできる気泡．

【砂纸】shāzhǐ 名〔张 zhāng〕サンドペーパー．紙やすり．

莎 shā
艹部7 全10画 4412₉ 通用
❶ ㊁ 人名·地名用字. ¶~车县 Shāchēxiàn（新疆ウイグル自治区にある県の名）. ❷ (Shā)姓.
☞ 莎 suō
【莎士比亚】Shāshìbǐyà《人名》シェークスピア(1564-1616). イギリスの劇作家·詩人.

铩(鎩) shā
钅部6 全11画 8479₄ 通用
❶ 名 長い矛(ほこ). ❷ 動 文 傷つける. 痛める. ¶~羽 yǔ 之злоб(翼が傷ついた鳥. 失意のたとえ).

挲(異抄) shā
扌部7 全11画 3950₂ 通用
㊁ "挓挲 zhāshā"（伸ばす. ひろげる）という語に用いられる.
☞ 挲 sā, suō

痧 shā
疒部7 全12画 0012₉ 通用
名 《中医》コレラ·暑気あたり·腸炎などの急性疾患.
【痧子】shāzi 名 方 はしか. 同 麻疹 mázhěn

煞 shā
灬部9 全13画 2833₄ 次常用
動 ❶ "杀 shā"③⑤⑥⑦に同じ. ❷ "刹 shā"に同じ.
☞ 煞 shà
【煞笔】shā//bǐ 動 ❶ 筆をおく. 筆を止める. ¶文章还没有~/文はまだ書き終えていない. ❷ shābǐ 名 文章の結びのことば.
【煞车】shā//chē 動 ❶（車の）ブレーキをかける. ¶突然~/いきなりブレーキをかける. 同 杀车 shāchē, 刹车 shāchē ❷ 車の積み荷をロープで安全に固定する.
【煞风景】shā fēngjǐng →杀 shā 风景
【煞尾】shāwěi 動 ❶ 結末をつける. ¶马上就可以~/すぐけりをつけることができる. ❷ 名（文章の）結び.（ものごとの）結末. ¶~部分相当重要/結末の部分がかなり重要だ. ❸ 名《芸能》"北曲"の中の最後の曲.
【煞住】shāzhù 動 止める. 停止する. ¶~引擎 yǐnqíng / エンジンを止める. ¶~贪污 tānwū 风/汚職の風潮を食い止める.

裟 shā
衤部7 全13画 3973₂ 通用
→袈裟 jiāshā

鲨(鯊) shā
鱼部7 全15画 3910₆ 通用
名 "鲨鱼 shāyú"に同じ.
【鲨鱼】shāyú 名《魚》〔量 条 tiáo〕サメ. 同 沙鱼 shāyú, 鲛 jiāo

啥 shá
口部8 全11画 6806₄ 次常用
代 方 何. どんな. ¶他是~地方人？（彼はどこの人ですか）/也没有~了不起 liǎobuqǐ（たいしたことじゃないさ）. 同 什么 shénme
【啥子】sházi 代 方 何. どんなもの. ¶你今天干~？/君は今日何をするの？/你买~？/何を買うの.

傻(異儍) shǎ
亻部11 全13画 2624₇ 常用
形 愚かだ. ¶~子 shǎzi / ~乎乎 shǎhūhū / 装疯 fēng 卖~（気違いやばかのふりをする）. 同 笨 bèn, 蠢 chǔn
【傻干】shǎgàn 動 くそまじめにやる. がむしゃらにやる. ¶傻小子就知~/ばかな奴はくそまじめにやることしか知らな

い.
【傻瓜】shǎguā 名 ばかもの. あほう. 間抜け. ¶只有~才会相信他的话/間抜けでもなければ, 彼の話など信じるはずがない. 表现 ののしったり, 冗談で言う時に用いる.
【傻瓜相机】shǎguā xiàngjī 名 AFカメラの俗称.
【傻呵呵】shǎhēhē 形 (~的) 間抜けな. とぼけたようす. ¶看你那~的样子,谁会喜欢你？/お前の間抜けな格好を見たら,誰が好きになるもんか.
【傻乎乎】shǎhūhū 形 (~的) "傻呵呵 shǎhēhē"に同じ.
【傻话】shǎhuà 名 ばかな話. 間の抜けた話. 分別のない話. ¶别尽说~了,干活去吧！/ばかなことばかり言っていないで,仕事をしろ.
【傻劲儿】shǎjìnr 名 ❶ ばかさかげん. ❷ ばか力. ¶他呀,没別的好处,就是有傻劲儿,肯干/あいつには他にいいとこなんかないが, バカ力とやる気がとりえさ.
【傻乐】shǎlè 動 方 ばか笑いする.
【傻里傻气】shǎlishǎqì 形 (~的) 間が抜けているようす. ¶他说话有点儿~的/彼の話は少し間が抜けているよ.
【傻帽儿】shǎmàor ❶ 形 方 ばかだ. 間抜けだ. ¶你真~/君はまったく間抜けだ. ❷ 名 お人好し, ばか正直者. ¶他真是个~/彼はほんとにお人好しだ.
【傻气】shǎqì 形 ばかげている. 間抜けだ. ¶你太~了/きみはほんとに間抜けだね.
【傻事】shǎshì 名 ばかげたこと. くだらないこと. ¶干尽~/ばかな事をやり尽くす.
【傻头傻脑】shǎtóu shǎnǎo 句 間が抜けているようす. ぼんやりしているようす. ¶怎么相中 xiāngzhòng 了这个~的人！/どうしてこの間抜けが気に入ったのかね.
【傻笑】shǎxiào 動 ばか笑いする. ¶他不知怎么说好, 只一个劲儿~/彼は何を言えばいいのか分からず,ただへらへらと笑った.
【傻眼】shǎ//yǎn 動（意外な事態に）きょとんとする. あっけにとられる. ¶一看考卷 kǎojuàn, ~了/試験の答案を見るなり呆然とした.
【傻子】shǎzi 名 ばか. 間抜け. 愚か者. ¶大家把他当 dàng~,其实他并不傻/皆は彼をばか呼ばわりするが,実のところ彼は決してばかではない.

沙 shà
氵部4 全7画 3912₀ 通用
動 方 ふるいにかけてより分ける. ¶把红小豆里的沙子 shāzi ~一~（ふるいにかけてアズキに混じった砂をより分ける).
☞ 沙 shā

唼 shà
口部8 全11画 6004₄ 通用
下記熟語を参照.
【唼喋】shàzhá 擬 文 魚や鳥が群をなしてものを食べている音.

厦(異廈) shà
厂部10 全12画 7124₇ 常用
名 ❶ 高くて大きな建物. ¶大~ dàshà（ビル）. ❷ 方（家の後ろ側の）ひさし. ¶后~ hòushà（家の後ろ側にある廊下）.
☞ 厦 xià

嗄 shà
口部10 全13画 6104₇ 通用
動 文 声がかすれる.
☞ 嗄 á

歃 shà

欠部9 四 2778₂
全13画 通用

素 (口で)すする.

【歃血】shàxuè 動 古代，誓いをたてる時，口に家畜の血を塗って誠意を示す.

【歃血为盟】shà xuè wéi méng 成 家畜の血を口に塗って盟約を結ぶ.

煞 shà

灬部9 四 2833₄
全13画 次常用

❶ 副 非常に．たいへん．¶～费苦心．❷ 素 不吉の神．祟(たた)りの神．¶凶 xiōng 神恶 è～(鬼のような人) / ～气 shàqì．

☞ 煞 shā

【煞白】shàbái 形 (顔色が)青白い．蒼白だ．¶他脸变得～ / 彼は真っ青になった．

【煞费苦心】shà fèi kǔ xīn 成 苦心に苦心を重ねる．¶父母为子女～ / 両親は子供のために苦心惨憺(たん)する．

【煞费心机】shà fèi xīnjī 句 苦心して計画を練る．知恵をしぼる．

【煞气】❶ shà / qì 動 空気が漏れる．¶车带 chēdài ～ / タイヤの空気が漏れる．❷ shàqì 名 凶相．邪気．¶满脸～ / 顔中に凶相があらわれている．

【煞有介事】shà yǒu jiè shì 成 まことしやかに．もっともらしい．¶他～地说明了一番 fān / 彼はもっともらしい口振りで説明した．

霎 shà

雨部8 四 1040₄
全16画 次常用

❶ 素 小雨．❷ 素 短い時間．¶～时间．❸ 動 まばたきする．¶眼睛一～不～ (まばたきひとつしない).

【霎时】shàshí 副 一瞬の間に．¶～狂风 kuángfēng 大作 / たちまち強風が起こりビュービューと荒れ狂った．¶一听这话，他的脸色一变了 / この話を聞いたとたんに，さっと彼の顔色が変わった．⇔ 刹那，瞬间 shùnjiān

【霎时间】shàshíjiān 副 一瞬の間に．¶风助火势，大片树林～成了火海 / 風が火の勢いをあおり，林が広範囲にわたって火の海となった．⇔ 霎时 shàshí

shai ㄕㄞ [ṣae]

筛(篩) shāi

竹部6 四 8822₇
全12画 通用

❶ 名 ふるい．❷ 動 ふるいにかける．¶～糠 shāi- kāng / ～选 shāixuǎn．❸ 動 燗をする．¶绍兴酒～热再喝 (紹興酒は燗をしてから飲む). ❹ 動 酌をする．¶～酒 (お酌する). ❺ 動 (どらを)たたく．¶～锣 luó (どらを鳴らす). ❻ 動 いいふらす．¶别到处～去! (あちこちいいふらすな). 参考 ❸❹は，早期の白話文に見られる表現．

【筛糠】shāi / kāng 動 ❶ (恐怖や寒さで)体がぶるぶると震える．¶我们冻 dòng 得～/ 我らは寒さにぶるぶると震えた．¶吓得～似地发抖 fādǒu / おそろしくてがたがた震える．由来「ぬかをふるう」という意から．

【筛选】shāixuǎn 動 ふるい分ける．選別する．¶这些成员，都是经过严格～的 / これらのメンバーは皆，厳しい選抜をくぐり抜けてきた者ばかりだ．

【筛子】shāizi 名 ふるい．とおし．

酾(釃) shāi

酉部7 四 1162₇
全14画 通用

動 "酾 shī"に同じ．

酾 shī

色部0 四 2771₇
全6画 常用

色 shǎi

❶ 名 (口) (～儿)色．¶落 luò～儿(色が落ちる) / 退 tui～儿(色があせる). ❷ 形 好色だ．¶他真～! (彼は本当にスケベだ) / ～毛 (スケベな奴).

☞ 色 sè

【色酒】shǎijiǔ 名 方 果実酒の総称．

【色儿】shǎir 名 色．顔料．¶不变～ / 色がさめない．¶套 tào～ / 色をかぶせる．

【色子】shǎizi 名 〔颗 kē, 枚 méi〕 さいころ．¶掷 zhì～ / さいころをふる．⇔ 骰子 tóuzi

晒(曬) shài

日部6 四 6106₄
全10画 常用

動 ❶ 太陽が照りつける．¶西～ xīshài (西日が入る) ¶这里～得慌 (ここは照りつけがひどい). ❷ 日光に当てる．¶～图 shàitú / ～衣服 (服を干す) / ～太阳 shài tàiyáng. ❸ 動 とりかまわないで放って置く．¶别把人家～了! (ひとのことをなざらしにするな). ❹ 外 シェアする．
◆ share

【晒客】shàikè 名 インターネット上に自身の日常生活や心情などを公開し，他人と分かち合おうとする人．参考 "晒"は，英語の share の音訳．

【晒暖儿】shàinuǎnr 動 日光浴をする．ひなたぼっこをする．¶老人在院子里～ / 老人が庭でひなたぼっこをしている．

【晒台】shàitái 名 物干し台．ベランダ．

【晒太阳】shài tàiyáng 句 ❶ 日なたぼっこする．❷ (穀物などを)日にさらす．

【晒图】shài // tú 動 感光させる．青焼きにする．

【晒烟】shàiyān ❶ 動 タバコの葉を干す．❷ 葉タバコ．

shan ㄕㄢ [ṣan]

山 shān

山部0 四 2277₀
全3画 常用

❶ 名〔座 zuò〕山．¶～水 shānshuǐ / 深～ shēnshān (深山). ❷ 素 山に似たもの．¶～墙 shānqiáng / 冰～ bīngshān (氷山). ❸ 名 蚕のまぶし．¶蚕 cán 上～了 (蚕がまぶしに入った). ❹ (Shān) 姓．

【山坳】shān'ào 名 山あいの平地．

【山包】shānbāo 名 方 丘．小山．

【山崩】shānbēng 名 山崩れ．¶发生～ / 山崩れが起こる．

【山崩地裂】shān bēng dì liè 成 天下を揺るがす巨大な変動．天変地異．

【山茶】shānchá 名《植物》ツバキ．¶～花 / ツバキの花．表現 俗称は"茶花 cháhuā"という．

【山城】shānchéng 名〔座 zuò〕山べの都市．

【山川】shānchuān 名 山や川．¶～壮丽 zhuàng-lì / 山や川の景色が雄大で美しい．¶故乡的～草木 / 故郷の風景．自然．

【山村】shāncūn 名 山村．山あいの村．

【山丹】shāndān 名《植物》ヒメユリ．参考 鱗茎は食用になる．

【山地】shāndì 名 山地．山岳地．¶开垦 kāikěn ～ / 山合いの地を開墾する．

【山顛】shāndiān 名 山頂. ¶到達 dàodá 了~/山頂に達した.
【山顶】shāndǐng 名 山の頂き. 山のてっぺん. ¶马上就到~了/もうすぐ山頂だ.
【山顶洞人】Shāndǐngdòngrén《考古》約1万8千年前の中国旧石器時代の原始人類. いわゆる北京原人. 周口店の龍骨山山頂の洞穴で頭骨が発見された.
【山东】Shāndōng《地名》山東省. 省都は済南(欷). 略称は"鲁 Lǔ"(魯).
【山东梆子】Shāndōng bāngzi《芸能》山東省の地方演劇. 参考 "梆子腔 bāngziqiāng"の節回しを使ったもので, 河北·河南の一部でも行われている.
【山东快书】Shāndōng kuàishū《芸能》山東地方の演芸の一つ. 参考 演芸者は一人で, 韻をふんだ早い語りに, 二枚の銅片を打ち鳴らして調子を合わせる. 華北·東北地方にも流行した.
【山洞】shāndòng 名 山の洞穴.
【山风】shānfēng《気象》夜, 山の斜面に沿って吹きおろす風. 山風.
【山峰】shānfēng〔圖 座 zuò〕山の峰.
【山旮旯儿】shāngālár 名 方 山あいの辺びな土地. 同 山旮旯子 shāngālázi
【山冈】shāngāng〔圖 道 dào〕丘. 小高い山.
【山岗子】shāngǎngzi 名 丘. 小高い山.
【山高水长】shān gāo shuǐ cháng 成 ❶高潔さや高評価が後々まで続く. ❷情が厚く, いつまでも変わらない.
【山高水低】shān gāo shuǐ dī 成 不測のできごと. 表現 多くの人の死をさす.
【山歌】shāngē 名〔圖 首 shǒu, 支 zhī〕民謡や民間に伝わる歌曲. 参考 南方の農山村で, 野良仕事や山仕事をする時に歌う.
【山根】shāngēn 名 口(~儿)ふもと. 山すそ. 山麓.
【山沟】shāngōu 名 ❶山あい. 谷間. ❷〔圖 道 dào, 条 tiáo〕谷川. 峡谷.
【山谷】shāngǔ 名 谷. 谷間. ¶~水库 shuǐkù/谷あいを利用して貯水するダム. ¶~回音/谷間にひびくこだま.
【山光水色】shān guāng shuǐ sè 成 山河の美しい景観.
【山国】shānguó 名 山国.
【山海关】Shānhǎiguān《地名》山海関(ä). 万里の長城の東の起点. 河北省秦皇島市にある. 参考 "天下第一关"と称される.
【山海经】Shānhǎijīng《書名》『山海経 (ä)』. 参考 神話や伝説に基づいて書かれた中国古代の地理書. 著者や成立年代は不明.
【山河】shānhé 名 ❶山河. ¶~易 yì 改,秉性 bǐngxìng 难移/山や川は変わるが, 人の本性は改め難い. ❷祖国. 郷土. ¶大好~/麗しい祖国. ¶重振 chóngzhèn~/祖国を復興する.
【山核桃】shānhétao 名《植物》クルミ. オニグルミ.
【山洪】shānhóng 名 山津波. 鉄砲水. ¶被~吞没 tūnmò/山津波にのまれる.
【山呼】shānhū 動 文 ❶皇帝に祝辞を述べる際の儀礼. 3回叩頭 (ğ) し, 3回万歳を唱える. 同 嵩呼 sōnghū ❷大きな歓声をあげる.
【山火】shānhuǒ 名 山火事.
【山货】shānhuò 名 ❶(木の実など)山でとれる産物. ❷竹·木·素焼きなどで作った日用品.

【山积】shānjī 形 文 山積みになっている.
【山鸡】shānjī 名 方《鳥》〔圖 只 zhī〕キジ.
【山脊】shānjǐ 名 山の尾根. 山の背.
【山涧】shānjiàn〔圖 条 tiáo〕谷川.
【山脚】shānjiǎo 名 ❶ふもと. 山すそ. ¶~底 dǐxià/山のふもと. 同 山麓 shānlù
【山轿】shānjiào 名 山かご. 輿 (ǎ).
【山口】shānkǒu 名 尾根の下がった場所. 峠.
【山里红】shānlǐhóng 名《植物》サンザシ. 同 红果儿 hóngguǒr, 山楂 shānzhā
【山梁】shānliáng 名〔圖 道 dào〕山の尾根. 同 山脊 shānjǐ
【山林】shānlín 名 山林. ¶~大火/山林の大火災.
【山陵】shānlíng 名 文 ❶山岳. ❷帝王の陵墓.
【山岭】shānlǐng 名 連なった尾根. 連峰. ¶翻越 fānyuè~/連なる山々を越える.
【山路】shānlù 名 山道. ¶~崎岖 qíqū/山道がでこぼこして険しいようす. ¶走了二十多里~/山道は10 km余り歩いた.
【山麓】shānlù 名 山すそ. 山麓. ¶寺庙 sìmiào 就建在~下/寺は山すそに建っている. 同 山脚 shānjiǎo
【山峦】shānluán 名 山並み. 連山. ¶~起伏 qǐfú/山並みが起伏している.
*【山脉】shānmài 名〔圖 道 dào, 条 tiáo〕山脈. 山並み. ¶连绵 liánmián 不断的~/はてしなく続く山並み.
【山猫】shānmāo 名《動物》ヤマネコ. 同 豹 bào 猫
【山毛榉】shānmáojǔ 名《植物》ブナ. 同 水青冈 shuǐqīnggāng
【山门】shānmén 名 ❶寺院の門. 山門. ❷仏教.
【山盟海誓】shān méng hǎi shì 成 男女がいつまでも変わらない愛を誓う. ¶我们曾有过~/私たちはかつて堅く愛を誓いあった. 同 海誓山盟
【山民】shānmín 名 山間部に住む人. 山の民.
【山明水秀】shān míng shuǐ xiù 成 風光明媚だ. 同 山清 qīng 水秀
【山姆大叔】Shānmǔ dàshū 名 米国の愛称. アンクル·サム. ♦Uncle Sam 由来 頭文字の U.S. が United States と同じことから.
【山奈〔萘〕】shānnài 名《化学》"氰化物 qínghuàwù" (シアン化物) の俗称.
【山奈〔萘〕】shānnài 名 ❶《植物》バンウコン. ❷《薬》山奈 (ğ). 乾燥させた❶の根茎.
【山南海北】shān nán hǎi běi ❶はるかに遠いところ. 至るところ. ¶走遍~/津々浦々へ行く. 同 天 tiān 南地北 ❷話にとりとめがない. ¶他们俩~地谈了半天/二人は長い間, とりとめもなく話した. 同 天南海北
【山炮】shānpào 名《軍事》山岳戦用の分解可能な大砲. 山砲 (ğ). 参考 旧称は"过山炮".
【山坡】shānpō 名 山の斜面. 山の坂.
【山墙】shānqiáng 名〔圖 面 miàn〕屋敷の両脇のかべ. 切妻かべ.
【山清水秀】shān qīng shuǐ xiù 成 山水の景観が優れている. ¶这里~,景色宜人 yírén/ここは自然が美しく, 風景がすばらしい. 同 山明 míng 水秀
【山穷水尽】shān qióng shuǐ jìn 成 窮地に陥る. 絶体絶命の状態. ¶已经到了~的地步 dìbù/すでに絶体絶命のところまで来ている.
*【山区】shānqū 名 山間部. ¶开发~资源/山間部の資源を開発する.

【山泉】shānquán 名 山の泉.
【山雀】shānquè 名《鳥》シジュウカラの類. ¶白脸～/シジュウカラ. ¶大～/シジュウカラ.
【山水】shānshuǐ 名 ❶山から流れ出る水. ❷山や川のある自然の風景. ❸《美術》山水画. ❹泼墨 pōmò ～/溅墨(は)で書いた山水画.
【山水画】shānshuǐhuà 名《美術》山水画.
【山桃】shāntáo 名《植物》野生のモモの一種. 回山毛桃 máo táo,花华 huā táo 参考 多く鑑賞用や接ぎ木の台木にする. 日本語の「ヤマモモ」は"杨梅 yángméi"と言い,別の種類.
【山头】shāntóu 名〔簡 座 zuò〕❶山の頂き. ❷縄張り. 派閥. セクト. ¶拉～/縄張りをつくる. ¶～主义 zhǔyì/派閥主義.
【山窝】shānwō 名 辺ぴな山間地. ¶穷～/貧しい山村. 回山窝窝 shānwōwo
【山西】Shānxī《地名》山西(ホミミ)省. 省都は太原(ホシ). 略称は"晋 Jìn"(晋ミ).
【山西梆子】Shānxī bāngzi《芸能》山西省一帯の地方演劇. 回晋剧 jìnjù 参考 地域により"蒲剧 pújù","中路梆子 zhōnglù bāngzi","北路梆子 běilù bāngzi"などがある.
【山系】shānxì 名 山系.
【山峡】shānxiá 名 山あいの谷. 峡谷.
【山险】shānxiǎn 名 山の険しいところ.
【山乡】shānxiāng 名 山村.
【山响】shānxiǎng ❶形 音が大きく響きわたっている. ¶台风刮得门窗乒乓 pīngpāng～/台風が吹きすさび,窓や戸がガタガタと鳴っている. ❷名 (山に響く)こだま.
【山向】shānxiàng 名 墓の向き.
【山魈】shānxiāo 名 ❶《動物》マンドリル. ❷伝説中の山の妖怪. 片足の子どもの姿をしている.
【山崖】shānyá 名 山の崖(%).
【山羊】shānyáng 名《動物》〔簡 头 tóu,只 zhī〕ヤギ. ¶～胡子/ヤギひげ.
【山腰】shānyāo 名 山の中腹.
【山摇地动】shān yáo dì dòng 成 大地が揺れ動く. 回 地动山摇 表现 威勢がいいようすをあらわす.
【山药】shānyao 名《植物》❶ヤマイモ. ¶～泥 ní/とろろ汁. ❷著薯 shǔyù 参考 ヤマノイモは,もともとは"薯蓣"であったが,唐の代宗の名が"豫 Yù"であったため同音の語を避けて"薯药 shǔyào"と呼ばれ,さらに宋の英宗の名が"署 Shǔ"のため,ついに"山药"に代わったと伝えられる.
【山药蛋】shānyaodàn 名 方《植物》ジャガイモ. 参考 赵樹理など山西の地方色を活かした作家グループを"山药蛋派"と呼んだ.
【山野】shānyě 名 山野. 山と野原.
【山樱桃】shānyīngtao 名《植物》ユスラウメ.
【山雨欲来风满楼】shān yǔ yù lái fēng mǎn lóu 成 山雨来たらんとして風楼に満つ. 戦争や大事件勃発(ホッ)直前の緊張した空気をいう. ¶大有～之势/大変きな臭い状態だ. 由来 唐・許渾「咸陽城東楼」詩.
【山芋】shānyù 名 方《植物》サツマイモ. 回 甘薯 gānshǔ
【山岳】shānyuè 名 高い山. 山岳.
【山楂[查]】shānzhā 名《植物》サンザシ.
【山楂糕】shānzhāgāo 名 サンザシの実でつくった羊羹のような食品.
【山寨】shānzhài 名 ❶〔簡 座 zuò〕山中に築いたとりで. ¶扎营 zhāyíng～/山のとりでに駐屯する. ❷〔簡 个 ge,座 zuò〕とりでのある山村.
【山珍海味】shān zhēn hǎi wèi 成 山海の珍味. 回 山珍海错 cuò
【山茱萸】shānzhūyú 名《植物・薬》サンシュユ.
【山庄】shānzhuāng 名 ❶山村. ❷山荘. 別荘. ¶避暑 bìshǔ～/避暑用の別荘.

山楂

【山子】shānzi 名 方 築山. 回 山子石儿 shír,假 jiǎ 山
【山嘴】shānzuǐ 名 (～儿)山すそが突き出た先端.

芟 shān
艹部 4 四 4440₇
全7画 通用

素 ❶草をとる. ❷取り除く. ¶～除 shānchú/～秋 shānqiū/～夷 shānyí.
【芟除】shānchú 動 ❶(草を)とり除く. ❷余計な部分を削除する.
【芟秋】shānqiū 動 立秋すぎに,実りをよくするために行う手入れ. 回 删秋 shānqiū
【芟夷[荑]】shānyí 文 ❶(草を)とり除く. ❷(勢力を)消滅させる. 退治する.

杉 shān
木部 3 四 4292₂
全7画 次常用

名《植物》スギ.
☞ 杉 shā

删(删) shān
刂部 5 四 7240₀
全7画 常用

動 文中の字句を削る.
【删除】shānchú 動 削除する. ¶不妥当 tuǒdang 的地方,都被～了/適当でない部分は削除された.
【删繁就简】shān fán jiù jiǎn 成 余計な箇所を削除し簡潔にする. ¶经过多次～,终于 zhōngyú 定稿了/幾度も推敲(ミミ)して無駄を削り,ついに原稿が確定した.
【删改】shāngǎi 動 添削する. ¶老师做了必要的～/先生は必要な添削を行った.
【删节】shānjié 動 削除して簡潔にする. ¶～本/ダイジェスト版. 回 删略 shānlüè
【删节号】shānjiéhào 名 "省略号 shěnglüèhào"に同じ. 参考 六つの点"……"であらわす.
【删略】shānlüè 動 (文章を)削って短くする. ¶做了～/削って短くする.
【删汰】shāntài 動 削除する. ¶略加～/少し削除を加える.
【删削】shānxuē 動 (文字を)削除する.

苫 shān
艹部 5 四 4460₁
全8画 次常用

名 草を編んだ覆いや敷物.
☞ 苫 shàn

钐(釤) shān
钅部 3 四 8272₂
全8画 通用

名 ❶《化学》サマリウム. Sm. ❷(Shān)姓.
☞ 钐 shàn

衫 shān
衤部 3 四 3222₂
全8画 常用

姗 shān

姗（异 姍） shān 女部5 四 4744₀ 全8画 通用

下記熟語を参照.

【姗姗】 shānshān 形 ゆったり歩くようす.

【姗姗来迟】 shān shān lái chí 成 来るのが遅い.

珊 shān

珊（异 珊） shān 王部5 四 1714₀ 全9画 次常用

下記熟語を参照.

【珊瑚】 shānhú 名 サンゴ.
【珊瑚虫】 shānhúchóng 名《動物》サンゴチュウ.
【珊瑚岛】 shānhúdǎo 名 サンゴ島.
【珊瑚礁】 shānhújiāo 名 サンゴ礁.

埏 shān

埏 shān 土部6 四 4214₁ 全9画 通用

動〈文〉水を加えて土をこねる.
☞ 埏 yán

栅 shān

栅（异 柵） shān 木部5 四 4794₀ 全9画 次常用

下記熟語を参照.
☞ 栅 zhà

【栅极】 shānjí 名《電気》グリッド.

舢 shān

舢 shān 舟部3 四 2247₀ 全9画 通用

下記熟語を参照.

【舢板／舨】 shānbǎn 名 ❶ サンパン. 近海や河川で荷物運搬などに用いる櫓(ろ)こぎの小舟. ❷ カッター. 10人乗りぐらいの海軍の船. 回 三板 sānbǎn

扇 shān

扇（异 搧❶） shān 户部6 四 3022₇ 全10画 常用

❶ 動 扇などであおぐ. ¶～扇子 shān shànzi. ❷ 〈方〉あおりたてる. 扇動する. ¶～动 shāndòng ／～惑 shānhuò. 回 煽 shān ❸ 〈方〉びんたをはる. ¶再闹, 就～你(これ以上騒いだらびんただよ).
☞ 扇 shàn

【扇动】 shāndòng 動 ❶ (扇子や羽などを)揺り動かす. あおぐ. ¶～翅膀 chìbǎng ／ 羽ばたく. ❷ あおる. 扇動する. 回 煽动 shāndòng

【扇惑】 shānhuò 動 おだてそそのかす.

【扇扇子】 shān shànzi 句 扇子であおぐ.

跚 shān

跚 shān 足部5 四 6714₀ 全12画 通用

→蹒跚 pánshān

煽 shān

煽 shān 火部10 四 9382₇ 全14画 通用

素 あおりたてる. 扇動する. ¶～动 shāndòng ／～惑 shānhuò. 回 扇 shān

【煽动】 shāndòng 動 あおる. 扇動する. そそのかす. ¶～不明真相的群众 ／ 真相を知らぬ人々を扇動する. 回 怂恿 sǒngyǒng

【煽风点火】 shān fēng diǎn huǒ 成 悪事をそそのかす. ¶一定有人在背后～ ／ 誰かが裏でたきつけているに違いない.

【煽惑】 shānhuò 動 おだて惑わす. ¶受了别人的～／ 人のかされた.

【煽情】 shānqíng ❶ 動 感情を奮い起こさせる. 感動させる. ❷ 形 感動的だ. 感情に訴えるようだ. 比較 日本語の"煽情"は欲情をそそるというニュアンスが強いが, 中国語の"煽情"にはそのようなニュアンスはない.

【煽诱】 shānyòu 動 "煽惑 shānhuò"に同じ.

潸 shān

潸（异 澘） shān 氵部12 四 3412₇ 全15画 通用

素 涙を流す. ¶～然 shānrán (涙を流すようす) ／～～ shānshān.

【潸然泪下】 shān rán lèi xià 句〈文〉さめざめと泣く. ¶小明情不自禁地～／ミンさんはこらえきれずに, はらはらと涙を流した.

【潸潸】 shānshān 形〈文〉涙が止まらないようす. ¶热泪 rèlèi ～／熱い涙が止まらない.

膻 shān

膻（异 羶） shān 月部13 四 7021₆ 全17画 通用

形 羊肉特有のにおいがする. ¶～气 shānqì ／～味 shānwèi ／腥～ xīngshān (生ぐさい).

【膻气】 shānqì 名 (羊肉の)におい. くさみ. ¶这羊肉有一股 gǔ～／この羊肉は羊くささが強い.

【膻味】 shānwèi 名 (羊肉の)におい. くさみ. 回 膻气 shānqì

闪 shǎn

闪（閃） shǎn 门部2 四 3780₁ 全5画 常用

❶ 名 いなずま. ¶～电 shǎndiàn ／ 打～ dǎshǎn (稲光がする). ❷ 動 きらめく. ¶～光 shǎnguāng ／～烁 shǎnshuò ／ 忽～ hūshān (きらきらする). ❸ 動 身をかわしてよける. ¶～开 shǎnkāi ／～避 shǎnbì ／ 躲～ duǒshǎn (身をかわす). ❹ 動 突然現れる. ¶～过一个人影(人の影がさっとよぎる). ❺ 動 激しい動作で筋肉を痛める. ¶～了腰(腰の筋を痛めた). ❻ (Shǎn)姓.

【闪避】 shǎnbì 動 さっと身をかわす. ¶～不及 ／ 身をかわしきれなかった. ¶～得快 ／ すばやく身をかわした.

【闪存】 shǎncún 名《コンピュータ》フラッシュ・メモリー. ♦flash memory

【闪电】 ❶ shǎn/diàn 動 稲妻が走る. ❷ shǎndiàn 名〔道 dào〕稲妻. ¶～战 ／ 電撃作戦. ¶一道～划破天空 ／ 空に稲妻が走った.

【闪电战】 shǎndiànzhàn →闪电 jī zhàn

【闪动】 shǎndòng 動 ❶ (光や物体などが)ひらめく. きらめく. ¶群星～／ 星々がきらめく. ❷ 揺れ動く. ¶有个人影在～／ 人影が揺らめいている.

【闪躲】 shǎnduǒ 動 よける. かわす. 避ける. ¶～不开 ／ よけきれない. ¶我～不及, 被迎面而来的自行车撞倒 zhuàngdǎo 了 ／ 私はよけきれず, 前から来た自転車にぶつかって転んだ. 回 躲闪 duǒshǎn

【闪光】 ❶ shǎn/guāng 動 ぴかっと光る. ¶萤光虫 yíngguāngchóng 在草丛 cǎocóng 中闪着光 ／ ホタルが草むらの中で光を放っている. ❷ shǎnguāng 名 閃(セン)光.

【闪光灯】 shǎnguāngdēng 名 ❶ (カメラの)ストロボ. フラッシュ. ❷ (灯標の)閃光灯.

【闪过】 shǎnguò 動 きらめいて通りすぎる. ¶一颗流星～／ 流れ星が一つ流れた.

【闪击】 shǎnjī 動 電撃的に攻撃する.

【闪击战】 shǎnjīzhàn 名《軍事》電撃戦. 回 闪电战 diàn zhàn

【闪开】 shǎnkāi 身をかわす. 避ける. ¶闲人 xiánrén～！ ／ 用のない者はどいた！ ¶～一条道 ／ 道をあける.

【闪亮】 shǎnliàng ❶ 動 きらきら光る. ¶～的泪珠 lèizhū ／ きらきらと光る涙の粒. ❷ 名〈方〉(～儿)夜明け. 黎明(れいめい). ¶那时候, 天才～／ そのころ, やっと空が白んできた.

【闪念】shǎnniàn ❶動 ふと考えがひらめく. ❷名 ひらめいた考え. ¶一个～出现在脑海 nǎohǎi / ある考えが脳裏にうかんだ.
【闪盘】shǎnpán《コンピュータ》フラッシュメモリー.
【闪闪】shǎnshǎn 形 きらきらと輝いている. ¶电光～／電光がきらきらと輝いている.
【闪射】shǎnshè 動(光を)放つ. 光り輝く.
【闪身】shǎn//shēn 動(～儿)身を傾ける. 身をかわす, 躱す. ¶一个～, 躲开了来人的袭击 xíjī / ひらりと身をかわし, やってきた一撃をよけた.
【闪失】shǎnshī 名 意外な損失. 事故. ¶千万不要有～／くれぐれも間違いがないように.
【闪烁】shǎnshuò 動 ❶(光が)またたく. ちらちらと光る. ¶～着灯光／明かりがまたたく. ❷ことばを濁す. 話をはぐらかす. ¶～不定／一定でなく左右に揺れる.
【闪烁其词】shǎn shuò qí cí 成 ことばを濁す.
【闪现】shǎnxiàn 動 さっと現れる. 一瞬よぎる. ¶往事～在眼前／昔のできごとが一瞬, 目の前に現れた.
【闪耀】shǎnyào 動(光が)またたく. 輝く. ¶繁星～／無数の星がきらめく. ¶～着光芒 guāngmáng / 光がきらめいている. 同 闪烁 shǎnshuò

陕(陝) Shǎn
阝部6 四 7528₀ 全8画 常用
名 ❶陕西(紫)省の略称. ❷姓.
【陕西】Shǎnxī《地名》陕西(紫)省. 省都は西安(紫). 略称で"陕 Shǎn"(陝), "秦 Qín"(秦).
【陕西梆子】Shǎnxī bāngzi《芸能》陕西(紫)・甘肃一带の地方劇. 同 秦腔 qínqiāng 参考 民謡から発展したもので, "梆子腔"の一種.

讪(訕／異 赸₂) shàn
讠部3 全5画 四 3277₀ 通用
素 ❶ 皮肉る. ¶～笑 shànxiào. ❷きまり悪い. はずかしい. ¶搭～ dāshàn (ばつが悪くて話をとりつくろう).
【讪脸】shànliǎn 動 子供が大人の前でにやにやする. ¶小孩儿爱～／子供はよく大人に向かってにこにこ笑う(悪ふざけする).
【讪笑】shànxiào 動 あざ笑う. 同 嘲笑 cháoxiào, 讥笑 jīxiào

汕 shàn
氵部3 全6画 四 3217₀ 通用
素 地名用字. ¶～头 Shàntóu (スワトウ. 広東省にある市の名前).

苫 shàn
艹部5 全8画 四 4460₁ 次常用
動 むしろや布で覆う. ¶～背 shànbèi / ～布 shànbù.
☞ 苫 shān
【苫背】shànbèi 動(瓦をふく前に)草やむしろの表面に石灰や泥を塗って屋根の下地を作る.
【苫布】shànbù 名〔塊 kuài〕(荷物にかける)防水布. 防水シート. ¶用～盖住／防水布でおおう.

钐(釤) shàn
钅部3 全8画 四 8272₂ 通用
動 方 かまで刈る. ¶～麦 mài (麦を刈る) / ～镰 shànlián.
☞ 钐 shān
【钐镰】shànlián 名 柄の長い大がま. 同 钐刀 shàndāo

疝 shàn
疒部3 全8画 四 0017₂ 通用
名 "疝气 shànqì"に同じ.
【疝气】shànqì 名《医学》ヘルニア. 同 小肠串气 xiǎocháng chuànqì

单(單) Shàn
八部6 全8画 四 8050₆ 常用
❶素 地名用字. ¶～县 Shànxiàn (山東省の県名). ❷姓.
☞ 单 chán, dān

剡 shàn
刂部8 全10画 四 9280₅ 通用
素 地名用字. 昔の浙江省の県名. ¶～溪 Shànxī (浙江省を流れる川の名).
☞ 剡 yǎn

扇 shàn
户部6 全10画 四 3022₇ 常用
❶名(～儿)扇. うちわ. ¶电～ diànshàn (扇風機) / 折～ zhéshàn (扇子). ❷量 扉や窓を数えることば. ¶一～门(一つのドア) / 两～窗子(二つの窓).
☞ 扇 shān
【扇贝】shànbèi 名《貝》ホタテガイ.
【扇车】shànchē 名《農業》農具の一種. 箱の中に風を送り, 穀物に混じったもみがらやごみなどを飛ばして取り除く. 唐箕(た). 同 风 fēng 车
【扇形】shànxíng 名 扇形.
【扇子】shànzi〔把 bǎ〕扇子. 扇. うちわ.

掸(撣) Shàn
扌部8 全11画 四 5805₆ 次常用
名 ❶文 少数民族傣(㐰)族の古い呼び方. ❷ビルマのシャン州に住む民族.
☞ 掸 dǎn

善 shàn
羊部6 全12画 四 8060₁ 常用
❶形 善良だ. 優れている. ¶～良 shànliáng / 心怀 huái 不～(腹黑い). 反 恶 è ❷素 仲がよい. ¶友～ yǒushàn (仲がよい) / 相～ xiāngshàn (気心が知れている) / 亲～ qīnshàn (親善的な関係にある). ❸素 よく知っている. ¶面～ miànshàn (見覚えがある). ❹素 うまく処理する. ¶～策 shàncè (良策) / ～后 shànhòu / ～始～终. ❺動 優れる. 得意とする. ¶～于 shànyú / ～辞令 cílíng (ことばが巧みである). 同 擅 shàn ❻慧 うまく. 上手に. ¶～办说辞 cí (うまく弁解する). ❼形 …しやすい. ¶～变 shànbiàn / ～疑 shànyí (疑い深い). ❽(Shàn)姓.
【善罢甘休】shàn bà gān xiū 成 まるく収める. 穏便に片づける. ¶他决不会～的／彼は決してこのままでは引き下がるまい. 用法 多く否定文で用いる.
【善本】shànběn 名 学術的・芸術的価値の高い古籍の版本. 善本.
【善变】shànbiàn 形 変わりやすい.
【善处】shànchǔ 動 適切に対処する. うまく処置する. ¶不知如何与小明～／ミンさんにどう対処したらよいのだろう.
【善待】shàndài 動 友好的に応接する. きちんと対処する.
【善感】shàngǎn 形 感じやすい. 多感だ.
【善后】shànhòu 動 適切な事後処理を行う. うまく後始末をつける. ¶处理～问题／善後策をこうじる.
【善举】shànjǔ 名 文 慈善行為.

【善款】shànkuǎn 图 慈善事業や災害救援などに用いる金銭.
【善良】shànliáng 形 善良な. 純真だ. ¶心地~/気だてがよい.
【善鄰】shànlín 图 隣の国や家と仲良くすること. 善隣.
【善男信女】shàn nán xìn nǚ 成 仏の教えを信じる男女. 善男善女.
【善人】shànrén 图〔働 个 ge, 位 wèi〕❶ 善良な人. 善人. ❷ 慈善家.
【善始善終】shàn shǐ shàn zhōng 成 始めから終わりまできちんとする. 終始を全うする. ¶小美~都保持着中立态度/メイちゃんは終始,中立の態度をとり続けている.
【善事】shànshì 图〔働 件 jiàn, 桩 zhuāng〕慈善事業.
【善忘】shànwàng 图〔働 忘れっぽい. 同 健 jiàn 忘.
【善心】shànxīn ❶ 图 やさしい心. おもいやり. ¶发~/おもいやりの気持ちを示す. ❷ 形 情け深い. ¶~的老人/情け深い老人.
【善意】shànyì 图 善意. 好意. ¶~的批评/好意の批評. 同 好意 hǎoyì 反 恶意 èyì
【善意第三人】shànyì dìsānrén 图《法律》善意の第三者.
【善有善報,惡有惡報】shàn yǒu shànbào, è yǒu èbào 句 善行にはよい報いがあり, 悪行には悪い報いがある.
*【善於】shànyú 動 …に優れる. …を得意とする. …を上手にする. ¶~辞令/口が上手である. ¶~交际/人付き合いがうまい. 同 长于 chángyú
【善戰】shànzhàn 動 戦いに上手に戦う. 戦いに長ける. ¶英勇~/勇敢で,戦いに長ける.
【善終】shànzhōng 動 ❶ 天寿を全うする. 大往生をとげる. ❷ 終わりをきちんとする.

禪(禪) shàn
礻部8 四 3825₆ 全12画 通用

素 帝王が位を譲る. ¶~让 shànràng.
☞ 禅 chán
【禪讓】shànràng 動 禅譲(ぜん)する. 帝王が位を譲る.

騸(騸) shàn
马部10 四 7312₇ 全13画 通用

動 (家畜を)去勢する. ¶~马 shànmǎ (去勢した馬) / ~猪 shànzhū (去勢したブタ).

鄯 shàn
阝部12 四 8762₇ 全14画 通用

素 地名用字. ¶~善 Shànshàn.
【鄯善】Shànshàn 《地名》❶ 鄯善(ぜん). 古代, 西域にあった国の名. ❷ 新疆ウイグル自治区の県名.

繕(繕) shàn
纟部12 四 2816₁ 全15画 通用

❶ 素 つくろう. ¶修~ xiūshàn (修繕する). ❷ 動 (多く公文書を)書き写す. ¶~发 shànfā / ~写 shànxiě.
【繕發】shànfā 動 書き写して発送する.
【繕寫】shànxiě 動 書き写す. 清書する. ¶~文书/文書を作成する. 同 抄写 chāoxiě

擅 shàn
扌部13 四 5001₆ 全16画 次常用

❶ 素 ほしいままに. ¶~自 shànzì / 专~ zhuānshàn (わがまま勝手なことをする). ❷ 動 ⟨学術や技能に⟩優れる. ¶~长 shàncháng. 同 善 shàn
【擅長】shàncháng 動 ⟨文⟩得意とする. 長じる. ¶~书法/書道に長じている. ¶有什么~？/なにが得意ですか. 同 善于 shànyú
【擅場】shànchǎng 動 ⟨文⟩抜きんでる. 他を圧倒する. ¶~之作/群を抜く作品.
【擅離職守】shànlí zhíshǒu 句 勝手に職務を離れる. ¶因~而挨 ái 批评/職場放棄で批判される.
【擅自】shànzì 副 ほしいままに. 自分勝手に. ¶~决定/勝手に決める.

膳(異 饍) shàn
月部12 四 7826₁ 全16画 次常用

素 食事. ¶~费 shànfèi / ~食 shànshí / 晚~ wǎnshàn (夕食) / 用~ yòngshàn (食事をとる).
【膳費】shànfèi 图 食費. ¶自理 / 食費を自己負担する.
【膳食】shànshí 图 日常の食事.
【膳宿】shànsù 图 ❶ 食事と宿泊. ❷ 食費と宿泊費. ¶~自理/食事と宿泊費は自分持ち.

嬗 shàn
女部13 四 4041₆ 全16画 通用

素 移り変わる. ¶~变 shànbiàn.
【嬗變】shànbiàn 動 ⟨文⟩長い時間をかけて変化し発展する. ¶越剧 Yuèjù 是由绍兴大班~而来的 / 越劇は紹興大班から変化してできたものだ. 同 演变 yǎnbiàn

贍(贍) shàn
贝部13 四 7786₁ 全17画 次常用

❶ 素 扶養する. ❷ 形 十分だ. 豊富だ. ¶丰~ fēngshàn (豊富) / 宏~ hóngshàn (大きく広い).
【贍養】shànyǎng 動 扶養する. ¶~费 / 扶養費. ¶~一家人 / 一家を養う.

蟮 shàn
虫部12 四 5816₁ 全18画 通用

→曲蟮 qūshan

鱔(鱔 / 異 鱓) shàn
鱼部12 全20画 四 2816₁ 通用

图 "鳝鱼 shànyú"に同じ.
【鱔魚】shànyú 图《魚》タウナギ. ¶黄鳝 huángshàn
参考 日常では"黄鳝 huángshàn"という.

shang ㄕㄤ〔ṣaŋ〕

傷(傷) shāng
亻部4 四 2822₇ 全6画 常用

❶ 图 きず. けが. ¶~痕 shānghén / 受~ shòushāng (けがをする) / 探~ tànshāng (金属材料の検査). ❷ 動 傷つける. 損なう. ¶~害 shānghài / 脑筋 nǎojīn / 损~ sǔnshāng (傷つける). ❸ 動 病気になる. ¶~风 shāngfēng / ~寒 shānghán. ❹ 動 度が過ぎていやになる. ¶~食 shāngshí / 吃糖吃~了 (あめをなめすぎていやになった). ❺ 動 妨げる. ¶无~大体 (成) 瑕疵が小さく全体を損なわない). ❻ 素 悲しむ. ¶~感 shānggǎn / ~心 shāngxīn / 悲~ bēishāng (深く悲しむ). ❼ 動 人の感情を損ねる. ¶~众 shāngzhòng (多くの人に迷惑をかける) / ~人 shāngrén (人を傷つける) / ~中 zhòngshāng (中傷する).
【傷疤】shāngbā 图〔働 道 dào,块 kuài,条 tiáo〕❶ 身体の傷あと. ¶脑门上有一块~ / ひたいに傷あとが一つある. ❷ 心の傷. ¶揭 jiē~ / 心の傷を暴く. ¶~

了~忘了疼/伤がよくなって痛みを忘れる.のどもと過ぎれば熱さを忘れる.
【伤兵】shāngbīng 名 負傷兵.
【伤病员】shāngbìngyuán 名 けが人や病人.傷病者.
【伤残】shāngcán ❶ 動 (身体や物が)傷つけられて機能を失う.障害を負う.❷ 名 傷つけられて生じた欠陥.破損.キズ.
【伤残人】shāngcánrén 名 身体障害者. 同 残疾 jí 人
【伤悼】shāngdào 動 死者を悼む.哀悼する.
【伤风】❶ shāng//fēng 動 風邪をひく.¶~了/風邪をひいた.❷ shāngfēng 名 風邪.
【伤风败俗】shāng fēng bài sú 成 風俗を乱す.
【伤感】shānggǎn 動 心を痛める.感傷的になる.¶不要老为过去的事~/過ぎたことにいつまでもくよくよしてはいけない.
【伤害】shānghài 動 害する.損なう.傷つける.¶~他的自尊心 zìzūnxīn/彼の自尊心を傷つけた. 同 损害 sǔnhài,戕害 qiānghài,损伤 sǔnshāng
【伤寒】shānghán 名 ❶《医学》腸チフス.¶~杆菌 gǎnjūn/チフス菌.❷《中医》発熱や悪寒,頭痛や肩こりを伴う病気.
【伤号】shānghào 名 (~儿)〔動 个 ge,名 míng〕負傷者.傷病兵.
【伤痕】shānghén 名〔動 道 dào,条 tiáo〕傷あと.¶浑身 húnshēn~/全身が傷だらけだ.¶~累累 lěilěi/傷だらけ. 同 创痕 chuānghén
【伤筋[动]动骨】shāng jīn dòng gǔ ❶ 体に重い傷を負う.重大な損害を被る.¶这次他摔得很重,~,一两个月也走不了路/今回彼はひどく転んで重傷を負い,1,2ヶ月しても歩けずにいる.❷(事物や組織などを)大改造する.¶~的大改革/根本的な大改革.
【伤口】shāngkǒu 名〔動 处 chù,个 ge〕傷口.¶包扎 bāozā~/傷口を包帯する.
【伤脑筋】shāng nǎojīn 動 頭を悩ます.¶为这事伤了很久的脑筋/この件で長い間頭を悩ませた.
【伤气】shāngqì 動 気を落とす.気力を損なう.
【伤情】shāngqíng ❶ 名 傷の状態.❷ 動 悲しむ.心をいためつける.
【伤神】shāng//shén 動 ❶ 気疲れする.神経を消耗する.¶够~的/実に神経を使う.❷ 心を痛める.¶黯然 ànrán~/暗然として痛ましい気持になる. 同 伤心 shāngxīn
【伤生】shāng//shēng 動 生命を損なう.生き物を殺す.
【伤食】shāngshí 名《中医》暴飲暴食による消化不良.
【伤势】shāngshì 名 傷の程度.傷の状態.¶~特别重/傷の具合はとても重い.
【伤逝】shāngshì 動 ⓧ 人の死を悼む.
【伤天害理】shāng tiān hài lǐ 成 天の理,人の道に背いた行い.残忍で,良心のかけらもない行為.
【伤痛】shāngtòng ❶ 名 けがの痛み.¶ 戳 chuō 到~之处/痛いところを突く.❷ 動 悲しみ嘆く.
【伤亡】shāngwáng ❶ 動 死傷する.¶~惨重 cǎnzhòng/死傷の状況がひどい.❷ 名 死傷者.¶统计~人数/死傷者数を統計する.
*【伤心】shāng//xīn 動 心を痛める.¶~惨目 cǎnmù/みるに忍びなく見るに忍びない.¶这件事叫人伤透了心/この事件で人々はひどく心を痛めた. 反 快乐 kuàilè
【伤员】shāngyuán 名 負傷者.傷兵.

汤殇商 shāng 971

汤(湯) shāng
氵部3 四 3712ₜ
全6画 常用
下記熟語を参照.
☞ 汤 tāng

【汤汤】shāngshāng 形 ⓧ 水の流れが強く,急である.¶河水~/河が滔々(とうとう)と流れる.

殇(殤) shāng
歹部5 四 1822ₜ
全9画 通用
動 ⓧ 夭折(ようせつ)する.若死にする.

商 shāng
亠部9 四 0022ₜ
全11画
❶ 素 相談する.¶~量 shāngliáng/~讨 shāngtǎo/面~ miànshāng (面談する).❷ 素 商売.~人 shāngrén/~业 shāngyè/~品 shāngpǐn/通~ tōngshāng(国家間で通商する).❸ 素 商人.¶富~ fùshāng (富裕な商人).❹ 名 割り算をして得た値.商.¶八被二除的~数是四(8を2で割ると商は4だ).❺ (Shāng) 名 古代の五音(宫・商・角・徵・羽)の一つ.❻ 名 古代の五音(宫・商・角・徵・羽)の一つ.❼ 名 二十八宿の一つ.心宿.❽ (Shāng)姓.
【商标】shāngbiāo 名〔動 种 zhǒng〕商標.ブランド.¶注册 zhùcè~/商標を登録する.¶设计~/商標をデザインする.
【商标法】shāngbiāofǎ 名 商標法.
【商标权】shāngbiāoquán 名 商標権.
【商埠】shāngbù 名⓫ 外国と貿易をするための都市.開港場.
*【商场】shāngchǎng 名 市場.マーケット.デパート.¶自选 zìxuǎn~/スーパーマーケット.¶百货~/デパート.¶逛~/マーケットをぶらつく.
【商船】shāngchuán 名〔動 条 tiáo,只 zhī〕商船.
【商德】shāngdé 名 商業道徳.商業従事者の職業モラル.
*【商店】shāngdiàn 名〔動 个 ge,家 jiā〕店.商店.¶通宵 tōngxiāo~/24時間営業の商店.¶零售 língshòu~/小売店.
【商定】shāngdìng 動 相談して決める.¶还没有最后~/まだ最終的に決めていない.¶~对策/話し合って,対策を決める.
【商队】shāngduì 名 隊商.キャラバン.
【商贩】shāngfàn 名〔動 个 ge,名 míng〕現金で売り買いする小商人(こあきんど).行商人.
【商房】shāngfáng 名 "商品房"(分譲住宅)の略称.
【商港】shānggǎng 名 貿易港.商業港.
【商贾】shānggǔ 名ⓧ 商人の総称.
【商海】shānghǎi 名 商業領域.ビジネスフィールド.
【商行】shāngháng 名〔動 家 jiā〕比較的大きな商店.商社. 同 商店 shāngdiàn
【商号】shānghào 名 店.商店.
【商会】shānghuì 名 商業会議所.商業連合会.商業組合.
【商机】shāngjī 名 ビジネスチャンス.
【商讨】shāngtǎo 動 相談する.協議する.¶两人~着如何应付 yìngfù/二人はどのように対応しようかと話し合っている.
【商检】shāngjiǎn 名 "商品检查"(商品検査)の略称.
【商界】shāngjiè 名 実業界.商業界.
*【商量】shāngliáng[-liang] 動 相談する.意見を交わす.¶跟他~/彼と相談する.¶我们~了很久/私達は長い間相談した. 同 磋商 cuōshāng

【商流】shāngliú 名《経済》商流.
【商旅】shānglǚ 名 行商人. 同 行 xíng 商
【商貿】shāngmào 名 商業と貿易.
*【商品】shāngpǐn 名〔圖 个 ge, 件 jiàn, 批 pī〕商品. ¶ 采购 cǎigòu～／商品を買い付ける.
【商品房】shāngpǐnfáng 名 商品として販売される家や建物. 分譲物件. 表現 略称で"商房".
【商品交換】shāngpǐn jiāohuàn 名 商品取引. 交易.
【商品経済】shāngpǐn jīngjì 名 商品経済.
【商品糧】shāngpǐnliáng 名 商品として販売される食糧. 商品穀物.
【商品流通】shāngpǐn liútōng 名 貨幣を媒介とした商品取引. 商品流通. 同 商品流转 zhuǎn
【商品生産】shāngpǐn shēngchǎn 名 商品生産.
【商品猪】shāngpǐnzhū 名（自家食用でなく）売買用に飼育されたブタ.
【商気】shāngqì 名 市況.
【商洽】shāngqià 動 相談する. 協議する. ¶～业务／業務について話し合う. 同 洽商 qiàshāng
【商情】shāngqíng 名 商況. マーケット情況.
【商圏】shāngquān 名 商業圏. 商業地区.
【商榷】shāngquè 動〈文〉協議する. 検討する. ¶值得～／検討の価値がある. ¶这事得好好～,才能决定／この件はよく検討してから決めなければならない. 同 商讨 shāngtǎo
【商人】shāngrén 名 商人.
【商厦】shāngshà 名 商業ビル. "商业大厦"の略.
【商社】shāngshè 名 商社.
【商数】shāngshù 名《数学》商. 割り算で得た値.
【商談】shāngtán 動 話し合う. 面談する.
【商討】shāngtǎo 動（比較的大きく複雑な問題を）協議する. 検討する. ¶双方～了今后的合作事宜 shìyí／双方は今後の事業協力について協議した. 同 商榷 shāngquè, 商议 shāngyì
【商亭】shāngtíng 名 売店. スタンド.
【商務】shāngwù 名 商務. 通商. ¶～专员／（大使館の）商務官. ¶～参赞／商務参事官. ¶～协定／通商協定.
【商務中心】shāngwù zhōngxīn 名 ビジネスセンター.
【商演】shāngyǎn 名 動（劇団などが）商業公演（する）.
【商鞅】Shāng Yāng《人名》商鞅〔ʃā ：前390頃-前338〕. 戦国時代, 秦の政治家.
*【商业】shāngyè 名 商業. ¶～公司／商事会社. ¶～化／商業化する.
【商业街】shāngyèjiē 名 商店街. ショッピングモール.
【商业片】shāngyèpiàn 名 商業映画. 商業フィルム.
【商业银行】shāngyè yínháng 名 商業銀行.
【商議】shāngyì 動 相談する. 協議する. ¶好好～一下／十分に協議してください.
【商用】shāngyòng 動 商業的に利用する.
【商誉】shāngyù 名《経済》ビジネス上の信用や評判. のれん.
【商約】shāngyuē 名 通商条約.
【商戦】shāngzhàn 名 商戦.
【商住楼】shāngzhùlóu 名 下層階が商店や事務所で, 上層階が住宅の建物. 下駄ばき住宅.
【商住住宅】shāngzhù zhùzhái 名 住居とオフィスが一体となった住宅.
【商酌】shāngzhuó 動 協議する. 相談する.

觞（觴）shāng
角部5 四 2822₇ 全12画 通用
名 古代の酒杯. ¶举～（酒杯を挙げる）.

墒（壄 畼）shāng
土部11 四 4012₀ 全14画 通用
素《農業》田畑の土壌の湿度. ¶保～ bǎoshāng（土壌の湿度を保つ）／抢～ qiǎngshāng（土に湿り気があるうちに種をまく）.
【墒情】shāngqíng 名 土の湿り具合.

熵 shāng
火部11 四 9082₇ 全15画 通用
名《物理》エントロピー.

上 shǎng
卜部1 四 2110₀ 全3画 常用
下記熟語を参照.
☞ 上 shàng
【上声】shàngshēng 名 "上声 shàngshēng"に同じ.

垧 shǎng
土部6 四 4712₀ 全9画 通用
量 土地面積をはかることば. 地方により基準が異なり, 東北地区では1"垧"は15"亩 mǔ"（1"亩"は約6.667アール）, 西北地区では3"亩"または5"亩".

晌 shǎng
日部6 四 6702₀ 全10画 常用
❶ 名（～儿）1日の中のひとまとまりの時間. ¶半～／bànshǎng（半日）／停了一～（しばらく休んだ）. ❷ 素 正午. ¶～午 shǎngwu／～觉 shǎngjiào／歇～ xiēshǎng（昼休みをとる）.
【晌饭】shǎngfàn 名 昼食. 同 晌午饭 shǎngwufàn ❷ 農繁期の午前または午後に, 昼食とは別にとる食事.
【晌觉】shǎngjiào 名《方》（～儿）昼寝をする. ¶睡～／昼寝をする. 同 晌午觉 shǎngwujiào
【晌午】shǎngwu 名 正午. 同 中午 zhōngwǔ

赏（賞）shǎng
小部9 四 9080₂ 全12画 常用
❶ 動 上の者が下の者に金品を授ける. ¶～赐 shǎngcì. 反 罚 fá ❷ 動 賞品を与えてほめる. ¶～罚 shǎngfá／奖～ jiǎngshǎng（賞品を与えほめる）. ❸ 動 めでる. ¶～识 shǎngshí／～玩 shǎngwán／欣～ xīnshǎng（鑑賞する）. ❹《Shǎng》姓.
【赏赐】shǎngcì ❶ 動（上の者が下の者に）金品を与える. ¶皇上把土地～给有功的大臣／皇帝が, 功績のあった大臣に土地を与える. ❷ 名 賞金. ほうび. ¶一笔～／金一封.
【赏罚】shǎngfá 名 賞罰. ¶～分明／賞罰が明
【赏封】shǎngfēng 名 祝儀袋. 金一封. 参考 ふつう, めでたい金品は赤い紙に包む.
【赏格】shǎnggé 名（旧）（定められた）賞金の額. ¶出～／賞金額を公表する.
【赏光】shǎng//guāng 動〈敬〉ご光臨いただく. お越しいただく. ¶您肯～,我们感到十分荣幸 róngxìng／ご光臨のご返事をいただき, たいへん光栄に存じます.
【赏号】shǎnghao 名 ほうびとして与える金品.
【赏鉴】shǎngjiàn 動（多く美術品を）鑑賞する. ¶～名画／名画を鑑賞する.
【赏金】shǎngjīn 名 動〔圖 笔 bǐ〕賞金.
【赏脸】shǎng//liǎn 動 顔をたてる. ¶请～收下这份礼物／どうかこの贈り物をご笑納ください. 表現 相手にこちらの要請や贈り物を受けるよう頼む時に用いることば.

上 shàng

【赏钱】shǎngqián 名〔⑧ 笔 bǐ〕心付け. 祝儀. チップ. ¶发～/チップを払う.
【赏识】shǎngshí 动 高く評価する. 力量を買う. ¶得到□上～/上司に認められる.
【赏玩】shǎngwán 动 (景色や美術品を)めでる. 楽しみ味わう. 鑑賞する. ¶～山景/風景の美しさをめでる. ¶～字画/書画を鑑賞する.
【赏析】shǎngxī 动 (詩文などを)鑑賞し分析する. 用法《唐诗赏析》のように, 書名などでよく使われる.
【赏心悦目】shǎng xīn yuè mù 成 (美しい景色が)目や心を楽しませる.
【赏月】shǎng/yuè 动 月をめでる. 月見をする. ¶中秋～/中秋の月をめでる. ¶登高～/高い所に登り, 月見をする.
【赏阅】shǎngyuè 动 (詩文などを)鑑賞する. ¶～佳作/優れた作品を鑑賞する.

上 shàng 卜部1 四 2110₀ 全3画 常 甲

I 方(単独で用い)上. かみ. ❶ "下"と呼応し対句を作る. ¶～有天堂,下有苏杭 Sū Háng/天上に天国があるように,地上には蘇州と杭州がある.
❷ 前置詞句を作る. ¶往～看/上の方を見る. ¶从～往下看/上から下を見る. ¶向～拉/上へ引っ張る.

II 方 上. 上面. ❶ "名詞＋上"の形で用いて, ①最上部あるいは表面を指す. ¶山～/山の上. ¶门～/ドアの上(表面). ¶桌子～/テーブルの上. ¶屋顶～/屋根(の上). ¶墙～挂着一张地图/壁に地図が一枚掛けてある.
②事物が存在する場所を広く指す. ¶车～人满了/バスは満員だ. ¶这条街～没有邮局/この通りに郵便局はありません. ¶世～有各种各样的人/世の中にはいろんなタイプの人がいる. ¶安全～有问题/安全上問題がある.
③身体部位を表わす名詞の後ろに用いられ, 身体部位を抽象化する. ¶放在心～/気に掛ける. 念頭に置く. ¶这几天我手头～有点儿紧/この数日私は手元不如意だ.
④範囲を示す. 回 里 II 飞 电视～/テレビで. ¶课堂～/教室内で. ¶信～说什么？/手紙では何と言っていますか. ¶这个消息登在报～了/そのニュースは新聞に載った. ¶晚会～, 一个人演了一个节目/パーティーではみなそれぞれ出し物を披露した.
⑤ (多く"在…上", "从…上"の形で分野・方面を示し)…の方面で. …の面から. ¶在这个问题～我们的意见完全一致/この問題についての意見は完全に一致している. ¶从思想～解决问题/考え方の面から問題を解決する.
⑥ (年齢を示す語句の後ろに用い)…の時. ¶我十七岁～来到了北京/私は17歳の時北京にやって来た.

✍ 以上 ❶ は軽声で発音.

❷ ("上＋名詞句"の形で)上の. 前の. 先の. ①場所を示す. ¶～肢 zhī/上肢. ¶～风/風上. ¶～游/上流. ¶～半截 jié/上の半分.
②時間や順序が前であることを指す. ¶～午/午前. ¶～半年/一年の前半. ¶～两个月/先月と今月. ¶～～一季度/上半期. ¶～个世纪/前世紀. ¶～(一)次/前回. ¶～星期天我在家,～～星期天不在家/先週の日曜は家にいたが,先々週の日曜日はいなかった.

III 动 ❶ あがる. のぼる. 反 下 xià ¶～床 shàngchuáng. ¶～水 shàngshuǐ. ¶请～二楼/2階へお上がりください. ¶你快～来吧/早く上がって来いよ. ¶咱们～瞭望 liàowàng 台看看吧/展望台に登って見て

みよう. ¶我想～泰山/泰山に登りたい.
❷ 乗り物に乗る. 反 下 xià ¶～车/乗車する. ¶～船/乗船する. ¶～飞机/飛行機に乗る. ¶车上人太多了,～不去/バスは込んでいて乗れない.
❸ (ある目的を持って)出かけて行く. ¶～街 shàngjiē. ¶～厕所/トイレへ行く. ¶你～哪儿？/どこに行くの. ¶～王府井买东西/王府井へ買い物に行く. ¶请问,中山公园怎么走？/おたずねしますが,中山公園にはどう行きますか. ¶你快点儿送他～医院吧/医院を早く病院へ連れて行ってあげなさい.
❹ (職務に)つく. 反 下 xià ¶～任 shàngrèn. ¶～马 shàngmǎ. ¶～岗 shànggǎng.
❺ (目上の人に)手渡す. 差し上げる. 反 下 xià ¶～书 shàngshū. ¶～奏 zòu/上奏する.
❻ 前進する. ¶迎著困難/困難に向かって進む.
❼ 登場する. 出場する. 反 下 xià ¶～台 shàngtái. ¶～场 shàngchǎng. ¶～电视/テレビに出る.
❽ 料理を出す. 人が出す. 料理を出して下さい. ¶大家都不吃了,请～茶吧/みなもう食べないのでお茶をください. ¶刚～的是什么菜？/今出たのは何という料理ですか. ¶我点的菜还没～来/注文した料理がまだ来ないのですが.
❾ 増やす. 補充する. ¶给火车～水/汽車に給水する. ¶～货/商品を仕入れる.
❿ (部品などを)取り付ける. 反 下 xià ¶大门～着一把锁/扉に鍵が付いている. ¶～领子/襟をつける.
⓫ 与える. やる. ¶～饲料 sìliào/飼料をやる. ¶～肥/施肥(⌨)する. ¶上粪 shàngfèn.
⓬ 納める. ¶～税 shàngshuì. ¶～捐 juān/税を納める. 割り当て金を出す.
⓭ 現れる. 出てくる. ¶～市 shàngshì.
⓮ ひっかかる. ¶～当 shàngdàng. ¶～钩 shànggōu. ¶～圈套 quāntào/わなにかかる. ¶鱼～网/魚が網にかかる.
⓯ 身につける. ¶～脚儿/(靴などを)履く. ¶没～身的衣服/袖を通したことのない服.
⓰ 塗る. ¶～颜色/色を塗る. ¶～药/薬を塗る. ¶～油/油を塗る. ¶～漆 qī/ペンキを塗る. ¶～眼药水/目薬をさす.
⓱ 掲載する. 記入する. ¶那条消息～了报纸了/そのニュースは新聞に載った. ¶这笔款 kuǎn～帐了/この分の金額は記帳されている.
⓲ (ぜんまいなどを)ねじる. まく. ¶这表该～弦 xián 了/この時計,ねじを巻かないと. ¶发条～不了 shàng-buliǎo 了/ぜんまいが巻けなくなってしまった.
⓳ 決まった時間に仕事や勉強を始める. 進学,進級する. 反 下 xià ¶～班 shàngbān. ¶～工 shànggōng. ¶～课 shàngkè. ¶～学 shàngxué. ¶我儿子～大学了/息子が大学に進学した. ¶这孩子～几年级了？/この子は何年生になりましたか.
⓴ (一定の数または程度に)達する. ¶来的人得～百人/来た人は百人にのぼる. ¶～了岁数 suìshu 会健忘/年をとると忘れっぽくなる. ¶～成千～万/何千何万という数に上る.

✍ 補語 "上"
1. "动＋上＋場所目的語"の形で
①低きから高きへ移動する.
◇爬上山顶/山頂に登る.
◇跑上二楼/二階に駆け上がる.

②動作が一定の目的に到達する.
◇送上门 / 家まで送り届ける.
◇祝贺你走上工作岗位 gǎngwèi！/ ご就職おめでとう！

2. "动+上…"の形で，動作の結果，対象物が接合・添加されて，すきまがなくなることを表わす.
①分離しているものがぴったりくっつく.
◇关上门 / ドアを閉める.
◇闭上眼睛 / 眼を閉じる.
②あるものの上に別のものが付加される.
◇戴上眼镜 / めがねをかける.
◇穿上大衣 / コートを着る.
◇贴上画儿 / 絵を貼る.
◇洒 sǎ 上香水 / 香水をつける.
◇在这儿写上年月日 / ここに年月日を書きなさい.
◇标上假名 jiǎmíng / カナを振る.
◇钱你带上了吗？ / お金持った？
③一定のレベル，目標に到達する.
◇赶上他 / 彼に追いつく.
◇电脑我也买上了 / コンピュータなら私も買ったよ.
◇住上了新房子 / 新しい家に住めるようになった.
◇我可比不上 bǐbushàng 他 / 私は彼にはかなわない.
◇他说不上聪明，可是很用功 / 彼は頭がいいとは言えないが，とてもよく勉強している.
◇穷得饭都吃不上 / 貧しくて飯にもありつけない.
◇你配不上她 / 君は彼女とつりあわない.
◇考上大学 / 大学に合格する.
◇当上医生 / 医者になる.
◇交上朋友 / 友達になる.
◇怀上孩子 / 子供を身ごもる.

3. その動作(状態)が始まり継続する.
◇我喜欢上了他 / 私は彼のことが好きになった.
◇孩子又哭上了 / 子供がまた泣き出した.
◇最近又忙上了 / 最近また忙しくなってきた.
◇两个人聊上了 / ふたりがはじめだした.

4. 一定数に達することを表わす.
◇再大上一倍 / 倍に拡大する.
◇没说上几句话，车就开了 / 二言三言話しているうちに発車してしまった.
◇走不上半里路，就走不动了 / 半里も行かないうちに，もう歩けなくなってしまった.

Ⅳ 屋 ❶グレードの高いことを表わす. ¶～等的乌龙茶 / 良質のウーロン茶. ¶～品 / shàngpǐn. ¶～将 shàngjiàng.
❷お上(皇帝のこと). ¶～谕 shàngyù.
❸(中国語の声調のひとつ)上声.
Ⅴ(Shàng)姓.
☞ 上 shǎng

【上岸】shàng//àn 動 上陸する. 陸揚げする.
*【上班】shàng//bān 動(に)出勤する. ¶按时～ / 時間通りに出勤する. ⟵ 下班 xiàbān
【上班族】shàngbānzú 名 勤め人. サラリーマン.
【上半】shàngbàn 名 全体の前半分. 前半. ¶～年 / 一年の前半. 上半期. ¶～截 jié / 上半分.
【上半场】shàngbànchǎng 名 上半时 shí
【上半晌】shàngbànshǎng 名 (〜儿)午前. 回 上午 shàngwǔ
【上半时】shàngbànshí 名《スポーツ》前半戦. 回 上半场 chǎng
【上半天】shàngbàntiān 名(〜儿)午前. 回 上午 shàngwǔ
【上半夜】shàngbànyè 名 日没から夜中までの時間. 回 前半夜 qiánbànyè
【上榜】shàng//bǎng 動 ❶掲示板に掲示する. ❷(選ばれて)公のリストやランク表に載る.
【上报】動 ❶ shàng// bào 新聞にのる. ❷ shàngbào (上司や幹部に)報告する. ¶及时填表～ / 遅滞なく，表にして上司に報告する.
【上辈】shàngbèi 名(〜儿) ❶祖先. 先祖. ¶我家〜里两百年前出过几位名人 / 我が家からは，200年前に著名な人物が数名出た. ❷一族における一代前の世代.
【上辈子】shàngbèizi 名 ❶祖先. ❷前世.
【上臂】shàngbì 名《生理》肩とひじの間. 上腕部.
*【上边】shàngbian 方(〜儿) ❶上. 上の方. ❷上部の機構や組織.
【上膘】shàng//biāo 動(〜儿)(家畜が)肥える. 肉がつく. ⟵ 掉膘 diàobiāo
【上宾】shàngbīn 名〘位 wèi〙上客. 大切な客. ¶待为～ / 上客としてもてなす.
【上苍】shàngcāng 名 ❶空. 蒼天. ❷天の神. 回 上天 tiān
【上操】shàng//cāo 動 訓練に出る. トレーニングに行く. ¶一大早就一去了 / 朝早くトレーニングに出かけた.
【上策】shàngcè 名 よい手だて. 上策. ¶找个对付他的～ / 彼に対処するうまい手だてをさがす.
【上层】shàngcéng 名(機構や組織などの)上層部. ¶～领导 / 上層部の指導体制. 指導グループ. ¶精简～ / 指導体制を簡素化する.
【上层建筑】shàngcéng jiànzhù 名 一定程度の経済基礎の上に形成されるイデオロギーや政治・法律の諸制度. 上部構造. ⟵ 经济基础 jīngjì jīchǔ 参考 マルクス主義の史的唯物論の基本概念.
【上场】shàng//chǎng 動(役者が)登場する. (スポーツ選手が)出場する. ¶～门 / 登場口. 舞台に向かって右側の下手をさす. ¶～诗 / 芝居で前口上の後に，自分の身分や身の上，役回りなどを詩の形式で語るもの. 詩を用いないものは"～白"という. ¶该你～了 / 君の出番だ. ¶～队员 / 出場メンバー.
【上朝】shàng//cháo 動 ❶臣下が君主に朝見し上奏する. ❷君主が朝廷で政務を執る.
【上乘】shàngchéng ❶ 形 (芸術作品が)優れている. ¶～之策 / 上策. ❷ 名 《仏教》大乗. ⟵ 下乘 xiàchéng
【上传下达】shàng chuán xià dá 成 実務を行わず，責任をとらない機関や公務員のこと. 由来 上級から下級に下達し，下級から上級に報告する，という意から.
【上床】shàng//chuáng 動 寝床につく. 寝る. ¶～睡觉 / 寝床で眠りにつく.
【上蹿下跳】shàng cuān xià tiào 成 ❶ 跳ねたり飛んだりする. ❷ 貶 あちこちで悪事をはたらく.
【上代】shàngdài 名(家族や民族の)祖先. 先代. 回 前代，前辈 qiánbèi
【上党梆子】Shàngdǎng bāngzi 名《芸能》山西省の地方劇.
*【上当】shàng//dàng 動 だまされる. ペテンにかかる. ¶～受骗 / だまされる. ¶上坏人的当 / 悪い奴にひっかかる. 回 受骗 shòupiàn
【上刀山,闯火海】shàng dāo shān, chuǎng huǒ

【上　shàng　975】

hǎi 成 大義のために身を犠牲にする. 由来「剣の山に登り,火の海にとび込む」という意から.
【上等】shàngděng 形 高級な. 上等の. ¶～货 / 高級品. ¶～人家 / 上流の人. 反 下等 xiàděng
【上等兵】shàngděngbīng 名《軍事》上等兵.
【上帝】Shàngdì《宗教》❶ 古代,天上を主宰する神. 天帝. ❷《キリスト教》の神. 主.
【上吊】shàng//diào 動 首をつる. 首をくくる. ¶～自杀 / 首つり自殺する.
【上调】shàngdiào 動 ❶ 昇格する. 昇進する. ¶恭喜你～了 / 昇進おめでとう. ❷ 上級部門が調達する. ¶～的木材 / 上部があてがった木材. → 上调 shàngtiáo
【上冻】shàng//dòng 動 凍る. 氷がはる. ¶地上了冻了 / 地面が凍りついた. 反 化冻 huàdòng
【上端】shàngduān 名 上のはし. 上端.
【上颚】shàng'è 名《生理》上あご. 上顎(じょうがく).
【上方宝剑】shàng fāng bǎo jiàn 成 皇帝の宝剣. 同 尚 shàng 方宝剑 表现 比喩として,上司からの特別指示や許可についても言う.
【上房】shàngfáng 名〔～间 jiān〕(四合院の)母屋. 同 正房 zhèngfáng (→四合院(図))
【上访】shàngfǎng 動 (政府などに)陳情に行く. ¶～者 / 陳情者. ¶为这纠纷 jiūfēn,～了好几次 / この争議のため,何度も陳情に行った.
【上坟】shàng//fén 動 墓参りする. ¶清明～祭祖 jǐzǔ / 清明節に先祖の墓参りをする.
【上粪】shàng//fèn 動 (作物に肥料として)人糞をかける.
【上风】shàngfēng ❶ 名 風上. ❷ 名 優位. 優勢. ¶什么事都想占～ / 何事においても優位に立ちたがる. 反 下风 xiàfēng
【上峰】shàngfēng 名 旧 上官. 上役. ¶～司 sī
【上浮】shàngfú 動 (価格・給与・利率などが)上昇する.
【上纲上线】shànggāng shàngxiàn 句 問題را,理論や原則などの高い水準にまで引き上げて批判する. 些細なことを大問題として取り上げる. 参考 文化大革命期によく使われたことば.
【上岗】shàng//gǎng 動 ❶ 兵隊が歩哨(ほしょう)に立つ. 警官が交通管制などの任務につく. ❷ 職務につく. 持ち場につく.
【上告】shànggào 動 ❶ 上訴する. 上告する. ❷ 上級機関に報告する.
【上工】shàng//gōng 動 仕事に出る. 仕事にとりかかる. ¶～钟 / 始業の鐘.
【上供】shàng//gòng 動 ❶ 神仏に供え物をする. ❷ 賄賂(わいろ)を贈る.
【上钩】shàng//gōu 動 魚が針にかかる. (人が)だまされてわなにかかる. ¶稍用计谋 jìmóu,他就～了 / ちょっと策を弄しただけで,彼はひっかかった.
【上古】shànggǔ 名 上古. 参考 中国史では,商・周・秦・漢の時期をいう.
【上官】Shàngguān《複姓》上官(じょうかん).
【上光】shàngguāng 動 つや出し.
【上轨道】shàng guǐdào 句 軌道に乗る. ものごとが順調に進む.
【上海】Shànghǎi《地名》上海(シャンハイ). 直轄市の一つ. 参考 略称は"沪 Hù"(滬). → 付録「上海地図」
【上好】shànghǎo 形 (品質が)最高の. 極上の. ¶～货 / 最高級品.
【上颌】shànghé 名《生理》上あご. 同 上颚 shàng'è
【上呼吸道】shànghūxīdào 名《生理》上部呼吸器.

参考 鼻腔・咽喉・気管を含む.
【上回】shànghuí 名 前回. ¶还记得～跟你说的事吗？/ この前,君に言ったことを覚えているか. 同 上一回 shàngyīhuí
【上火】shàng//huǒ ❶ 動《中医》"上火"の症状が出る. のぼせる. ❷ 動 方 (～儿)怒る. かんしゃくを起こす. ¶跟小李一说这事,就～ / この事を言うと,李さんはすぐに怒りだした. 参考 ❶は,鼻血・便秘・粘膜の炎症などの複合症をいう.
【上机】shàngjī コンピュータを操作する.
*【上级】shàngjí 名 上級. 上司. 上級機関. ¶～领导 / 上級の指導者. 反 下级 xiàjí
【上佳】shàngjiā 形 非常によい. ¶～的成绩 / 優秀な成績.
【上家】shàngjiā 名 (～儿)(マージャンやトランプなどの)上手(かみて)になる人. 順番が前の人.
【上尖儿】shàngjiānr 動 山盛りにする. ¶这碗饭盛 chéng 得祭～ / ここのご飯はみな山盛りだ. ¶～的一匙 chí 盐 / スプーンに山盛りの塩.
【上江】Shàngjiāng 名 ❶ 長江の上流地域. ❷ (清代の)安徽(あんき)省. 参考 ❷に対して"下江"は江蘇省を指した.
【上浆】shàng//jiāng 動 (衣服に)のり付けする.
【上将】shàngjiàng 名 (軍の階級で)中将より一級上の将官. 参考 現在,"上将"の上は"一级上将".
【上交】shàngjiāo 動 ❶ 納める. 上納する. ¶～废铁 fèitiě / くず鉄を上納する. ¶向国家～税利 shuìlì / 国に税金や利益を納める. ❷ 上缴 shàngjiǎo ❷ 反 身分の高い人と交わる. ¶他专会往～ / 彼は上に取り入るのがうまい.
【上焦】shàngjiāo 名《中医》のどから胃の噴門までの部分. 三焦の一つ. 参考 心肺や食道を含む.
【上缴】shàngjiǎo 動 納付する. 上納する. ¶～利润 lìrùn / 利潤を上納する. ¶～粮食 / 上納する穀物.
【上街】shàngjiē 動 街に出る.
【上届】shàngjiè 名 前期. 前回. ¶～冠军 guànjūn / ディフェンディング・チャンピオン.
【上界】shàngjiè 名 天上界.
【上紧】shàngjǐn 動 早く. 急いで. ¶这案子 ànzi 正追得～呢！/ この事件はいま必死に迫っているところだ. 同 赶快 gǎnkuài
【上进】shàngjìn 動 向上する. 進歩する. ¶发愤 fāfèn～/ 向上をかたく誓う. ¶要求～/ 向上を願う.
【上进心】shàngjìnxīn 名 向上心.
【上劲】shàng//jìn 動 (～儿)気がのる. 力を入れる. 熱が入る. ¶离讨论还差点儿,得 děi 加干干！/ 討論のレベルにはまだ達していないから,さらに力を入れてがんばらなくては.
【上镜】shàngjìng ❶ 動 映画やテレビに出演する. ❷ 形 (テレビや映画での)イメージが良い.
*【上课】shàng//kè 動 授業をする. 授業に出る. ¶八点开始～/ 八時から授業が始まる.
【上空】shàngkōng 名 空. 上空.
【上口】shàngkǒu 形 朗読が流暢(りゅうちょう)だ. ¶读起来～/（文章がなめらかで）朗読しやすい. ¶琅琅 lángláng～的读み声ですらすらと朗読する.
【上款】shàngkuǎn 名 (～儿)(書画などを贈るときに書く)贈り先の名や称号. ため書き.
【上蜡】shànglà ろう引き. ワックスがけ.
*【上来】shàng//lái[-lai] 動 ❶ 上がってくる. 登ってくる.

¶他在楼下,半天没～/ 彼は階下にいて一向に上がってこない. 反下去 xiàqù ❷ 近づいてくる. 向かってくる. ¶大家都～跟我握手/ みんなが近寄ってきて私と握手した. ❸(動詞の後につき)低い所から高い所へ,遠くから近くへ来ることをあらわす. ¶跑～了/ 走って上がって来た. ❹(動詞の後につき)成功や成就をあらわす. ¶念了几遍就背bèi~了/ 何べんか読みあげて暗記できた. ❺(形容詞の後につき)程度が増加・増大することをあらわす. ¶天气慢慢凉～/ 気候がだんだん涼しくなる. ¶天色黑～了/ 日が暮れてきた. 表現❹は話・歌・暗唱などについていう.

【上联】shànglián 名(～儿)対聯(恐)の上の句. 反下 xià 联

【上梁】shàng//liáng 動 棟(谷)を上げる. ¶择吉 zéjí ～/ 吉日を選んで棟上げをする.

【上梁不正下梁歪】shàng liáng bù zhèng xià liáng wāi 成 上の行いが正しくなければ,下もこれにならってしまう. 由来 上の梁(☆)が正しくなければ,下の梁もゆがむ,という意から.

【上列】shànglìè 形 上に列挙した. 上記の. ¶～几条规则 guīzé / 上記の規則.

【上流】shàngliú ❶ 名 川の上流. 川上. ❷ 形 社会的地位の高い. 上流の. ¶～社会 / 上流社会.

【上陆】shànglù 動 上陸する. 陸揚げする. ¶～点 / 上陸地点. 同 上岸 shàng'àn

【上路】shàng//lù 動 ❶ 旅立つ. 出発する. ¶他几时～？/ 彼は何時に出発するの. ❷ 軌道にのる. ¶公司工作还没有～/ 会社の仕事はまだ軌道にのっていない.

【上马】shàng//mǎ 動 ❶ 馬にのる. ❷ 重要な仕事にとりかかる. ¶～容易,下马难 / 馬に乗るのは容易だが,下りるのは難しい(始めるのは簡単だが,きちんと始末をつけることは大変だ). ¶匆匆～的工程 / あわただしく取りかかったプロジェクト. 反下马 xiàmǎ

【上门】shàng//mén 動 ❶ 人を訪ねる. 訪問する. ¶送货～/ 客の戸口に品物を届ける. ¶送～的便宜货 / 宅配してくれる格安品. ❷ 戸締りをする. ❸ 方婿に入る. ¶～女婿 nǚxù / 入り婿. 婿養子.

*【上面】shàngmian 方(～儿)❶(位置の高いところ) 上. ❷(順序が)前の部分. ❸(物の)表面. 上面. ¶墙～贴着标语 / 壁にスローガンが貼ってある. ❹(…の)面. 方面. ¶他在品种改良～下了很多功夫 / 彼は品種改良の面で多くの尽力をした. ❺ 上級機関. 上層部. 上司. ¶～正追查责任呢！/ 上層部が責任の所在を調査しているぞ. ❻ 家族の中の一代前の世代.

【上年】shàngnián 名 昨年. 同 去年 qùnián

【上年纪】shàng niánji 動 老いる. 年をとる. ¶上了年纪了 / 年をとった.

【上皮组织】shàngpí zǔzhī 名(生理)上皮組織.

【上品】shàngpǐn 名 上等品. 高級品. ¶诗中～/ すばらしい詩. 反下品 xiàpǐn

【上坡路】shàngpōlù 名 ❶(道の)上り坂. ❷(繁栄・発展へ向かう)上り坂. 上り調子. ¶经济正走～/ 経済が右肩上がりに成長している.

【上铺】shàngpù 名 上段寝台.

【上气不接下气】shàngqì bù jiē xiàqì 慣 息がきれる. 息をきらす. ¶～地跑回去了 / 息せききって戻っていった.

*【上去】shàng//qù[-qu] 動 ❶ 上がっていく. 上がっていく. ¶你登着梯子～吧 / はしごで登っていきなさい. ¶上得去,下不来 / 登っていけるが,下りられない. 反下来 xiàlái ❷(話し手から)離れていく. ❸(動詞の後につき)低い所から高い所へ,近くから遠くへ向かっていくことをあらわす. ¶把行李搬～/ 荷物を運び上げる. ¶我爬得～/ 私は登って行けるぞ. ¶看～,他大概有五十多岁了吧 / 見たところ,彼は五十過ぎぐらいだろう. ❹(動詞の後につき)付け加えたり,結合したりすることをあらわす. ¶螺丝 luósī 拧 nǐng～了 / ネジを締めてとめた.

【上人】❶ shàngrén 旧 敬 仏僧の敬称. 上人(にん). ❷ shàngren 方 子供から父母や祖父母に呼びかけることば.

【上人儿】shàng//rénr 動 方(食堂や劇場に)客が次々と来る.

【上任】shàng//rèn 動 役人が職につく. 赴任する. ¶走马～/ 急いで任地に赴く. 同 到任 dàorèn,就任 jiùrèn,就职 jiùzhí 反 离任 lírèn,卸任 xièrèn ❷ shàngrèn 名 前任の役人. ¶～留下的难题 / 前任者が残した難題.

【上色】shàngsè 形(品物の)上等な. 高級な. ¶～绿茶 / 高級な緑茶.

【上色】shàng//shǎi 動(工芸品などに)色を塗る. 色つけする. ¶给草图～/ 下絵に色をつける.

【上山】shàng//shān 動 ❶ 山に入る. 山に登る. 山地に住みつく. ❷ 方婉 死者を埋葬する. ❸ 方(繭を作らせるため)カイコを族(ぞく)に入れる.

【上山下乡】shàngshān xiàxiāng 句 下放する. 参考 文革期に,都市の知識青年を農村に定住させ,生産労働に参加させたこと.

【上上】shàngshàng 形 ❶ 最上の. 最善の. ¶～策 / 最善策. ❷(時期が)前の前の. ¶～星期 / 先先週. ¶～月 / 先先月.

【上上下下】shàngshàng xiàxià 名(地位や長幼の)上の人も下の人もみんな.

【上身】shàng//shēn 動 新しい服を初めて着る.

【上身】shàngshēn 名 ❶ 上半身. ❷ 上着. ¶这套西装～有点长,裤子有点短 / このスーツは上着が長めでズボンが短めだ.

【上升】shàngshēng 動 ❶(煙や水位などが)上昇する. ❷(等級などが)高くなる. (数量などが)増加する. ¶地位大大～了 / 地位は大きく向上した. 反下降 xiàjiàng

【上声】shàngshēng 名《言語》❶ 上声(はょう). 古代漢語の四声(平・上・去・入)の第二声. ❷ 現代中国語の声調の第三声. 参考 "shǎngshēng"とも発音する.

【上士】shàngshì 名(軍の階級での)曹長.

【上市】shàng//shì 動(物や株が)市場に出る. 売れる. ¶刚～的苹果 / たった今市場に出されたリンゴ. ¶唱片一～就卖完了 / レコードが発売されたとたんに売り切れた. ❷ 市場へ行く. ¶～买菜去 / 市場に野菜を買いに行く.

【上市公司】shàngshì gōngsī 名上場会社.

【上手】shàngshǒu ❶ 動 始める. 着手する. ¶这活简单,很快就～了 / この仕事は簡単なので,すぐに着手した. ❷ 名 上手(ピ). 上座(ピ). ¶请坐～！/ どうぞ上座におつきください. 同 上首 shàngshǒu 反 下首 xiàshǒu ❸ 名(トランプなどの順番で)前の人. 同 上家 shàngjiā

【上首】shàngshǒu 名"上手"②に同じ.

【上书】shàngshū 動 ❶ 高い地位の人に手紙を書いて意見を述べる. 上書する. ¶～总理 / 総理に上書する. ❷ 旧 私塾の教師が子供に新しい課を教える.

【上述】shàngshù 形 上述の. ¶～目标 / 上述の目標.

【上水】shàngshuǐ ❶ 名 川の上流. 川上. ❷ 動 川をさかのぼって航行する. 口上水 shàngshui

【上税】shàng//shuì 動 ❶ 税をかける. ¶～货 / 課税

【上水】shàngshuǐ 名[方]食用にする家畜の心臓・肝臓・肺臓. 反 下水 xiàshuǐ ☞ 上水 shàngshuǐ
【上司】shàngsi 名[圈个 ge, 位 wèi]上司. ¶顶头~／直接の上司. 反 下属 xiàshǔ
【上诉】shàngsù 動 上訴する. ¶已~高级法院／すでに最高裁へ上告した.
【上诉书】shàngsùshū 名《法律》上訴状.
【上溯】shàngsù 動 ❶(水の流れを)さかのぼる. ❷(過去に)さかのぼる. ¶~到清末／清代末期までさかのぼる.
【上算】shàngsuàn 形 採算の合う. 不~／引き合わない. ¶这个价格很~／この値段なら買い得だ. 同 合算 hésuàn
【上岁数】shàng suìshu 句 □ 年をとる. 年寄りになる.
【上台】shàng//tái 動 ❶(舞台や演壇に)上がる. ¶~表演／舞台で演じる. ❷官職につく. 権力の座を獲得する. ¶新领导一~,就裁剪人员／新しいトップがその座につくや,リストラを始めた. 反 下台 xiàtái
【上膛】❶ shàng//táng 動(銃砲に)弾をこめる. ¶子弹 zǐdàn 上了膛／弾丸がこめられた. ❷ shàngtáng 名 あご.
【上体】shàngtǐ 名[文]上半身. 同 上身 shēn
【上天】shàng//tiān 動 ❶天に昇る. 空にむかって飛ぶ. ¶人造卫星~了／人工衛星が打ち上げられた. ¶~无路,入地无门／天にのぼる道なく,地に入るに門なし(土壇場に追いつめられる). 反 入地 rùdì ❷ 昇天する. 死ぬ.
【上天】shàngtiān 名 万物を支配する天. 天帝.
【上调】shàngtiáo 動(価格などを)引き上げる. ¶煤 méi 价~／石炭の価格を引き上げる. ☞ 上调 shàngdiào
【上头】❶ shàng//tóu 動[日]女性が嫁入りにあたって初めて髪をまげに結う. ❷ shàngtou 方位上. 上の方. ¶屋顶~／屋根の上. ¶衣柜~放着一个箱子／たんすの上に箱が1つのせてある. ¶你们的误会 wùhuì 就出在这~／君らの誤解はまさにここから出ている. 同 上面 shàngmian
【上吐下泻】shàng tù xià xiè 句 吐いたり下したりする.
【上网】shàng//wǎng 動《コンピュータ》インターネットに接続する.
【上尉】shàngwèi 名(軍の階級で)中財より一級上の尉官.
【上文】shàngwén 名 前に記した文章. ¶如~所述 suǒshù／上記のごとくである.
*【上午】shàngwǔ 名 午前. 同 上半天 shàngbàntiān 反 下午 xiàwǔ
【上西天】shàng xītiān 句[喩]西方浄土へ行く. 死亡する.
【上下】shàngxià ❶方(地位や長幼などの)上と下. ¶~都夺小张能干／上の者も下の者もみな,張君を有能だとほめる. 圃 上上下下 ❷ 方(事物の)上から下まで. ¶~打量着这位女客／この女の客を上から下までじろりと見た. ❸ 方(程度の)よしあし. ¶难分 nánfēn~／優劣をつけ難い. 同 高低 gāodī, 高下 gāoxià ❹ 方 数量詞の後につけて,およその数をあらわす. …前後. ¶四十~的中年男子／四十くらいの中年の男. ❺ 動 上り下りする. ¶脚不好使,~不方便／足が思うように動かず,上り下りが不便だ.
【上下其手】shàng xià qí shǒu 成 策を弄してひそかに悪事をはたらく. ¶~,从中取利／都合よく決まりを曲げては,策を弄してひそかに利を我がものにする.
【上下文】shàngxiàwén 名 コンテクスト. 文脈. ¶要根据~的意思来理解这句话含义／文脈から,このことばの意味を理解する必要がある.
【上弦】❶ shàngxián 名《天文》(月の)上弦. ¶~月／上弦の月. ❷ shàng//xián 動(時計などの)ぜんまいを巻く. ¶表不走了,该~了／時計が止まってしまった,ぜんまいを巻かなくちゃ.
【上限】shàngxiàn 名 上限. 反 下限 xiàxiàn
【上相】shàngxiàng 形 写真うつりがよい.
【上校】shàngxiào 名(軍の階級で)中校(中佐)より一級上の校官.
【上鞋】shàng//xié 動 くつの側と底を縫い合わせる. 同 绱鞋 shàngxié
【上心】shàng//xīn 動[方]気を配る. 気持ちをこめる. 身を入れる. ¶对她不~／彼女のことが眼中にない.
【上星】shàngxīng 動(テレビの)衛星中継放送をする.
【上刑】shàngxíng 動 拷問にかける.
【上行】shàngxíng 動 ❶《交通》(列車を)上りで運行する. ¶~列车／上り列車. ❷(船が)上流にむかって航行する. ❸ 公文書を上級機関に送る. 参考 ①で,中国では上り列車は偶数番号がつく.
【上行车】shàngxíngchē 名 上りの車.
【上行下效】shàng xíng xià xiào 成 反 上の人のすることを下の者が見ならう.
*【上学】shàng//xué 動 ❶ 登校する. ¶明天早晨七点钟~／明日は7時に登校します. ❷ 小学校に上がる. ¶你孩子~了没有？／子供さんは学校に上がっていますか.
【上旬】shàngxún 名 上旬.
【上压力】shàngyālì 名《物理》上向きの圧力. 浮力.
【上演】shàngyǎn 動 上演する. ¶最近,有什么好戏~？／近頃,なにか面白い芝居をやっていますか. 同 演出 yǎnchū
【上扬】shàngyáng 動(物価や株価などが)上昇する.
*【上衣】shàngyī 名[圈件 jiàn]上着.
【上议院】shàngyìyuàn 名(二院制の)上院.
【上瘾】shàng//yǐn 動 凝る. 病みつきになる. ¶他抽烟抽~了／彼は喫煙が病みつきになった.
【上映】shàngyìng 動 上映する.
【上游】shàngyóu 名 ❶ 川の上流. 反 下游 xiàyóu ❷ 先進者. 高い目標. ¶力争~／成 競い合って先頭に立つ.
【上谕】shàngyù 名 勅命. 詔書.
【上元节】Shàngyuánjié 名 元宵節. 旧暦の正月15日. 同 元宵节 Yuánxiāojié
【上载】shàngzài 動《コンピュータ》アップロードする. 同 上传 chuán 反 下 xià 载
【上贼船】shàng zéichuán 慣 悪人の仲間になる. 悪人の組織に入る.
【上涨】shàngzhǎng 動(価格や水位などが)上昇する. ¶河水~／河川の水位が上昇する. ¶行情 hángqíng~／相場が上がる. 反 下跌 xiàdiē, 下落 xiàluò
【上账】shàng//zhàng 動 帳簿にのせる. ¶这笔款子还没~／この分のお金はまだ記帳していない.
【上阵】shàng//zhèn 動 ❶ 戦いに臨む. 出陣する. ❷(競技や仕事に)参加する.
【上肢】shàngzhī 名《生理》上肢.
【上装】❶ shàng//zhuāng 動(役者が)メーキャップする. 舞台化粧をする. 同 上妆 shàngzhuāng ❷ shàngzhuāng 名[方]上着. 同 上衣 shàngyī

shàng – shāo 尚绱裳捎烧梢稍

【上座】 shàngzuò 名 上座.

【上座率】 shàngzuòlǜ 名 入場率.

【上座儿】 shàng//zuòr 動 (劇場やレストランなどに)客が入る. ¶~已到八成 / もう客が八分通り入っている.

尚 shàng
小部5 全8画 四 9022₇ 常用

❶ 副 (文) なお. まだ. ¶~且 shàngqiě / 年纪~小 (年がまだ若い). ❷ 素 尊ぶ. 重視する. ¶崇~ chóngshàng (尊ぶ) / 高~ gāoshàng (高尚だ). ❸ (Shàng) 姓.

【尚方宝剑】 shàng fāng bǎo jiàn 成 皇帝御用達の宝剣. (同) 上 shàng 方宝剑

【尚且】 shàngqiě 接 …さえなお. ¶大人~举 jǔ 不起来,何况 hékuàng 小孩子 / 大人でさえ持ち上げることができないのに,ましてや子供ではなおさらだ. ¶这点儿收入,吃饭~有困难,别说过好日子了 / これっぽっちの収入じゃ食べるにも事欠くのに,まともな暮らしだなんてとんでもない. [用法] "何况","况且"と呼応する.

【尚书】 ❶ shàngshū 名 (隋・唐以降,明・清時代までの)中央政府各部 ("六部") の長官. 尚書. ❷ Shàngshū 《书名》『書経』の別名. [参考] ①は,戦国時代には文書をつかさどり,後漢には皇帝の政務をたすけた.

【尚未】 shàngwèi 副 まだ…していない. ¶~实现 / まだ実現していない.

【尚武】 shàngwǔ 動 軍事や武術を尊ぶ.

绱 (緔 / 異 鞝) shàng
纟部8 全11画 四 2912₇ 通用

動 (靴の側と底を) 縫いあわせる.

【绱鞋】 shàng//xié 動 くつの側と底を縫い合わせる. (同) 上 shàng 鞋

裳 shang
小部11 全14画 四 9073₂ 常用

→衣裳 yīshang
☞ 裳 cháng

---

shao ㄕㄠ [ʂau]

捎 shāo
扌部7 全10画 四 5902₇ 常用

動 ついでに持っていく. ¶~带 shāodài / ~脚 shāojiǎo.

【捎带】 shāodài 副 ついでに. ¶你去图书馆,~帮我把这本书还了 / 図書館に行くなら,ついでにこの本を返してください.

【捎带脚儿】 shāodàijiǎor 副 方 ついでに. ¶你要的地图我~就买来了 / 君が欲しがっていた地図をついでに買って来た.

【捎话】 shāo//huà 動 伝言する. ことづける. (同) 捎信 shāoxìn

【捎脚】 shāo//jiǎo 動 (~儿) ついでに客や荷物を乗せる. ¶师傅,捎个脚儿吧！/ 運転手さん,便乗させてよ.

【捎口信】 shāo kǒuxìn 句 人にことづける. ¶请你给我女儿捎个口信,叫她回家一趟 / 家に帰るよう,娘に伝えてください.

【捎信】 shāo//xìn 動 ❶ 手紙を人に託す. ¶~封信 / 手紙をことづける. ❷ 伝言する. ことづける. (同) 捎话 shāohuà

烧 (燒) shāo
火部6 全10画 四 9581₂ 常用

❶ 動 燃やす. ¶~毁 shāohuǐ / 燃~ ránshāo (燃焼する). ❷ 動 焚つける,燃やす. ¶焚 fén,燃 rán. ❷ 動 熱を加えて変化させる. ¶~水 shāoshuǐ (湯を沸かす) / ~砖 shāozhuān (れんがを焼く) / ~饭 shāofàn (飯を炊く). ❸ 動《料理》油で揚げてから煮込む. また,煮てから油で揚げる. ¶红~肉 hóngshāoròu (豚肉のしょう油煮). ❹ 動 発熱する. ¶病人~得厉害 (病人はひどく熱がある). ❺ 名 (体温の) 熱. ¶发~ fāshāo (熱が出る) / 退~ tuìshāo (熱が下がる).

【烧杯】 shāobēi 名 〔⚇ 只 zhǐ〕ビーカー.

【烧饼】 shāobing 名《料理》〔⚇ 个 ge, 块 kuài〕シャオピン. 練った小麦粉を平らに伸ばして焼いた食品.

【烧锅】 ❶ shāoguō 動 料理を作る. ❷ shāoguō 名 なべ. ¶搪瓷 tángcí~ / ほうろう鍋. ❸ shāoguo 名 焼酎醸造所.

【烧化】 shāohuà 動 (遺体や供え物を) 焼く.

【烧荒】 shāo//huāng 動 野焼きをする.

【烧毁】 shāohuǐ 動 焼失する. ¶两间草房都~了 / 二間のわらぶき小屋はすっかり焼けた.

【烧火】 shāo//huǒ 動 火をおこす. ¶~做饭 / 火をおこしてご飯を作る. [表现] 炊事をさすことが多い.

【烧鸡】 shāojī 名《料理》ニワトリの丸揚げ. [参考] ニワトリを,肉桂 (ròuguì) や丁字 (dīngzì) などの香辛料で煮込み,さらに油で揚げる.

【烧碱】 shāojiǎn 名《化学》カセイソーダ.

【烧结】 shāojié 動《冶金》焼結する.

【烧酒】 shāojiǔ 名 焼酎 (しょうちゅう). (同) 白酒 báijiǔ

【烧烤】 shāokǎo 名《料理》ロースト肉.

【烧卖】 [麦] shāomai 名《料理》シューマイ.

【烧瓶】 shāopíng 名〔⚇ 只 zhǐ〕フラスコ.

【烧伤】 shāoshāng 動 やけどをする. ¶~了手 / 手をやけどした.

【烧香】 shāo//xiāng 動 ❶ 香をたく. 神仏に線香を供える. ¶~磕头 kētóu / 線香をあげ,叩頭 (こうとう) する. ❷ 賄賂 (わいろ) をおくる.

【烧心】 shāoxīn 動 ❶ 胸焼けする. ❷ 方 (~儿) キャベツの芯 (しん) が傷んで黄色くなる.

【烧纸】 ❶ shāo//zhǐ 動 紙銭を焚 (た) く. 死者があの世で使えるように紙の銭を燃やす. ❷ shāozhǐ 名 死者のために作った紙の銭. 紙銭.

【烧灼】 shāozhuó 動 やけどする. ¶火~了他的脸 / 炎で彼は顔にやけどを負った.

梢 shāo
木部7 全11画 四 4992₇ 常用

名 (~儿) ❶ こずえ. ¶树~ shùshāo (こずえ). ❷ 細長いものの先. ¶眉~ méishāo (眉尻より) / 末~ mòshāo (末. 先).

【梢头】 shāotóu 名 こずえ. ¶小鸟停在树~ / 小鳥が木のこずえにとまっている.

稍 shāo
禾部7 全12画 四 2992₇ 常用

❶ 副 少し. わずかに. ¶~微 shāowēi / ~~ shāoshāo. ❷ (Shāo) 姓.
☞ 稍 shào

【稍稍】 shāoshāo 副 少し. わずかに. ¶~停顿了一下 / すこし間をとった. (同) 稍微 shāowēi

【稍胜一筹】 shāo shèng yī chóu 成 少しだけ優っている. (同) 略 lüè 胜一筹

【稍事】shāoshì ❶[名]ささいな事. ❷[副]しばらく. ¶～休息后又继续开会 / しばらく休憩してから会議を続けます.
*【稍微】shāowēi [副]少し. ¶比以前～胖了一点儿 / 以前より少し太った. 〔同〕略微 lüèwēi
【稍为】shāowéi [副]少し. 稍微 shāowēi
【稍许】shāoxǔ [副]少し. 少々. ¶～加点盐 / 塩を少々加える. 〔同〕稍微 shāowēi
【稍逊一筹】shāo xùn yī chóu [成]やや劣る. ¶这出戏也不错,不过比那个还是～ / この劇も悪くないが,あの劇に比べるとやはり見劣りがする.
【稍纵即逝】shāo zòng jí shì [成]油断すると,時間や機会はすぐに過ぎ去ってしまう.

蛸 shāo
虫部7 [四] 5912₇
全13画 [通用]
[素] "蟏蛸 xiāoshāo"(アシダカグモ. 喜び事の前兆とされる)ということばに使われる語.
☞ 蛸 xiāo

筲 shāo
竹部7 [四] 8822₇
全13画 [通用]
❶[名]竹を編んで作った器. ❷ 桶(ぉけ). ¶水～(水桶) / ～箕 shāojī.
【筲箕】shāojī [名](米をとぐ竹製の)ざる.

艄 shāo
舟部7 [四] 2942₇
全13画 [通用]
[素] ❶ 船尾. ❷ 舵. ¶掌～ zhǎngshāo(船頭) / ～公 shāogōng.
【艄公】shāogōng [名]船頭.

鞘 shāo
革部7 [四] 4952₇
全16画 [通用]
[名]むちの先のしなやかな部分. むちの先の細い革ひもなどを指す. ¶鞭～ biānshāo(むちの先の細い革ひも).
☞ 鞘 qiào

勺 sháo
勹部1 [四] 2732₀
全3画 [常用]
❶[名](～儿)〔[働]把 bǎ〕しゃくし. さじ. スプーン. ¶马～ mǎsháo(ご飯を盛るしゃもじ) / 铁～ tiěsháo(鉄製のしゃくし). ❷[量]勺(ι̇ɔ). 容量の単位. 1"合 gě"の10分の1.
【勺儿】sháor [名]〔[働]把 bǎ, 个 ge〕スプーン. さじ. ちりれんげ. しゃもじ. ¶一把～ / スプーン一本.
【勺子】sháozi [名]〔[働]把 bǎ〕さじ. ひしゃく. 〔同〕勺儿 sháor

芍 sháo
艹部3 [四] 4432₇
全6画 [次常用]
下記熟語を参照.
【芍药】sháoyao [名]《植物・薬》シャクヤク.

杓 sháo
木部3 [四] 4792₀
全7画 [通用]
[名]しゃくし. 〔同〕勺 sháo
☞ 杓 biāo

茗 sháo
艹部5 [四] 4460₂
全8画 [通用]
[名][方]サツマイモ. 〔同〕红茗 hóngsháo
☞ 茗 tiáo

韶 sháo
音部5 [四] 0766₂
全14画 [通用]
❶[名]古代の楽曲名. ❷[書][文]麗しい. ¶～光 sháoguāng / ～华 sháohuá. ❸(Sháo)姓.
【韶光】sháoguāng [名][文] ❶ 明るく美しい春の景色. ❷ 輝かしい青春時代. ¶～易逝 shì / 青春はすぐに過ぎ去る.
【韶华】sháohuá [名][文] ❶ 明るく美しい春の景色. ❷ 輝かしい青春時代.
【韶秀】sháoxiù [形]美しく上品だ. ¶仪容 yíróng ～ / 容貌が美しく上品だ.

少 shǎo
小部1 [四] 9020₀
全4画 [常用]
❶[形]少ない. ¶～数 shǎoshù / 至～ zhìshǎo(少なくとも) / ～有 shǎoyǒu / 稀～ xīshǎo(まばらだ). 反 多 duō ❷[動]足りない. 欠ける. ¶缺～ quēshǎo(足りない) / 短～ duǎnshǎo(不足する). 反 多 duō ❸[副]しばらく. ¶～等 shǎoděng(しばらく待つ). ❹[動]なくす. 失う. ¶家里～了东西(家でものがなくなった).
☞ 少 shào
【少安毋躁】shǎo ān wú zào [成]焦らずしばらく待つ.
【少不得】shǎobudé [動]欠くことができない. ¶这场球赛,～你! / 今度の試合には,君が欠かせないんだ. 〔同〕少不了 shǎobuliǎo
【少不了】shǎobuliǎo [動]欠くことができない. 〔同〕少不得 shǎobudé
【少见】shǎojiàn [動] ❶ 久しく会わない. ❷ めったにない. あまり見かけない. ¶～并不等于没有 / めったにないというのは,全くないことではない. [用法]①は「久しぶり」の意味であいさつに用いる.
【少见多怪】shǎo jiàn duō guài [成][貶]見聞が狭くて,何でも不思議がる.
【少刻】shǎokè [副]しばらくの後. 〔同〕少时 shǎoshí
【少礼】shǎolǐ [動] ❶ どうぞお楽にしてください. 行き届きません. おかまいできません. ❷ 恕 shù 我～ / 行き届かぬ点をお許し下さい. [表現]①, ②ともに「礼儀を欠く」の意で,あいさつことば.
【少量】shǎoliàng [形]少し. 少量だ. ¶还有～库存 / まだ在庫が少しある. 反 大量 dàliàng
【少陪】shǎopéi [動]お相手せずに失礼に. お先に. ¶对不起, ～了 / すみません,お先に失礼します. [表現]中座するときのあいさつことば.
【少顷】shǎoqǐng [副][文]しばらくの後.
【少时】shǎoshí [副]しばらくすると.
*【少数】shǎoshù [形]少数の. ¶～人不服气 fúqì / 一部の人が納得しなかった. 反 多数 duōshù
【少数民族】shǎoshù mínzú [名]少数民族.
【少许】shǎoxǔ [形]少量だ. わずかだ. ¶添入～药剂 yàojì / 薬剤を少量加える.
【少有】shǎoyǒu [動]めったにない. ¶真是～的事! / 実に珍しいことだ.
【少于】shǎoyú [形]…より少ない. ¶不～半数 / 半数に満たない.

少 shào
小部1 [四] 9020₀
全4画 [常用]
❶[素]若い. ¶～年 shàonián / ～女 shàonǚ / 男女老～ lǎoshào(老若男女). 反 老 lǎo ❷(Shào)姓.
☞ 少 shǎo
【少白头】shàobáitóu ❶[形]若くして髪が白い. 若白髪だ. ❷[名]若白髪の人.
【少不更事】shào bù gēng shì [成]若くて経験が足りない. 未熟だ.
【少东家】shàodōngjia [名][旧]若旦那. 坊ちゃん. [表現]使用人や小作人が主人の息子を呼んだことば.
【少儿】shào'ér [名]少年と児童. ¶～读物 / 少年児童

読物.
【少妇】shàofù 名 年若い既婚の女性.
【少管所】shàoguǎnsuǒ 名 "少年犯管理所"(少年院)の略称.
【少将】shàojiàng 名《軍事》少将.
【少林拳】shàolínquán 名《武術》少林寺拳法.¶打～/少林寺拳法を練習する.由来唐代の初め,嵩山(ざん)の少林寺で始まったことから.
【少林寺】Shàolínsì 名 少林寺.参考 河南省登封市にある少林寺拳法発祥の寺.
【奶奶】shàonǎinai 名 若奥様.若奥さん.
【少男少女】shàonán shàonǚ 慣 (未婚の)若い男女.
*【少年】shàonián 名 ❶ 10–15歳の少年少女.¶～读物/青少年向けの読みもの.❷ 旧 男の若者.
【少年犯】shàoniánfàn 名《法律》(14歳以上18歳未満の)少年犯.
【少年宫】shàoniángōng 名〔個 个 ge,座 zuò〕少年宮.児童のための,社会教育・文化活動施設.
【少年老成】shào nián lǎo chéng 成 年は若いが老成している.
【少年先锋队】shàonián xiānfēngduì 名 少年先鋒隊.ピオニール.中国共産主義青年団に指導される児童組織."红领巾"(赤いネッカチーフ)を付ける.参考 略称は"少先队".
【少女】shàonǚ 名 少女.
【少尉】shàowèi 名《軍事》少尉.
【少先队】shàoxiānduì 名 "少年先锋队"の略.
【少先队员】shàoxiānduìyuán 名 "少年先锋队员"(少年先鋒隊員.ピオニール)の略称.
【少相】shàoxiang 形 若く見える.¶她长得～/彼女は若く見える.⇔老相 lǎoxiang
【少校】shàoxiào 名《軍事》少佐.
【少爷】shàoye 名 旧 若旦那(だんな).坊ちゃん.
【少壮】shàozhuàng 形 若くて元気がいい.
【少壮派】shàozhuàngpài 名 若く,将来を嘱望されている人たち.

召 Shào 刀部3 四 1760₂ 全5画 通用

名 ❶ 周代の国の名.現在の陝西(せん)省鳳翔(ほうしょう)一帯にあった.❷ 姓.
☞ 召 zhào

邵 Shào 阝部5 四 1762₇ 全7画 通用

名 姓.

劭(異 邵❷) shào 力部5 四 1462₇ 全7画 通用

❶ 動〈文〉励ます.奨励する.❷ 形 徳が高く立派だ.

绍(紹) shào 纟部5 四 2716₂ 全8画 常用

❶ 動〈文〉受け継ぐ.¶介～ jièshào(紹介する).❷ (Shào)《地名》浙江(せっ)省紹興(しょうこう).¶～剧 shàojù.❸ (Shào)姓.
【绍介】shàojiè 名動 紹介する.表現 中国語では,ふつう"介绍"をよく使う.
【绍剧】shàojù 名《芸能》紹劇(しょうげき).浙江省紹興一帯で行われる地方劇.
【绍兴】Shàoxīng《地名》紹興(しょう).浙江省にある市.参考 紹興酒の産地,魯迅などの故郷として知られる.
【绍兴酒】shàoxīngjiǔ 名 紹興酒(しょうしゅ).同 绍酒
参考 浙江省紹興で生産される醸造酒.日本で一般に言うラオチュウ(老酒).

哨 shào 口部7 四 6902₇ 全10画 常用

❶ 名 歩哨(ほしょう).¶～兵 shàobīng/放～ fàngshào(歩哨に立つ)/岗～ gǎngshào(歩哨).❷ 名 (～儿)呼び子.¶呼～ hūshào(指笛).❸ 動 鳥がさえずる.
【哨兵】shàobīng 名〔名 míng〕見張りの兵.哨兵(しょうへい).
【哨卡】shàoqiǎ 名〔個 道 dào〕(国境や要所の)歩哨(ほしょう)所.¶设～/歩哨所を設ける.
【哨所】shàosuǒ 名〔個 处 chù,个 ge〕哨所(しょうしょ).
【哨位】shàowèi 名 歩哨所.
【哨子】shàozi 名〔只 zhī〕呼び子.

稍 shào 禾部7 四 2992₇ 全12画 常用

下記熟語を参照.
☞ 稍 shāo
【稍息】shàoxī 動 (号令の)休め.

潲 shào 氵部12 四 3912₇ 全15画 通用

❶ 動 雨が横なぐりに降る.¶雨往南～(雨が南側に降り込む).❷ 動〈方〉水をまく.¶马路上～些水(道路に水をまく).❸ 名〈方〉米をといだり,野菜を煮た水.¶～水 shàoshuǐ/猪～ zhūshào(ブタの飼料).
【潲水】shàoshuǐ 名〈方〉米のとぎ汁.同 泔水 gānshuǐ

she ㄕㄜ〔ʂɤ〕

奢 shē 大部8 四 4060₄ 全11画 次常用

素 ぜいたくだ.¶～侈 shēchǐ/～华 shēhuá.⇔俭 jiǎn ❷ 度を超している.¶～望 shēwàng.
【奢侈】shēchǐ 形 ぜいたくだ.同 奢靡 shēmí ⇔俭朴 jiǎnpǔ
【奢侈品】shēchǐpǐn 名 ぜいたく品.
【奢华】shēhuá 形 ぜいたくで派手だ.¶～的家具/豪華な家具.同 豪华 háohuá
【奢靡】shēmí 形 ぜいたくだ.¶～腐败/ぜいたく三昧に堕落している.同 奢侈 shēchǐ
【奢望】shēwàng 名動 過分の望み(を抱く).高望み(する).¶心存～/過分の望みを抱く.

赊(賒) shē 贝部7 四 7889₁ 全11画 次常用

動 掛けで売り買いする.¶～帐 shēzhàng/～购 shēgòu.参考 古くは"赊"も"赊"に同じ.
【赊购】shēgòu 動 掛けで買う.付けで買う.
【赊欠】shēqiàn 動 掛けで売り買いする.¶～货款 huòkuǎn/品代を付けにする.
【赊销】shēxiāo 動 掛け売りする.¶～电器产品/電気製品を付けで売る.
【赊账[帐]】shē//zhàng 動 付けで売り買いする.¶现金买卖,概 gài 不～/現金商いにて,掛け売り一切お断り.同 赊欠 shēqiàn

猞 shē 犭部8 四 4826₄ 全11画 通用

下記熟語を参照.

畲舌折佘蛇阇舍厍设 shē–shè

畲 Shē
田部7 四 8060₉
全12画 通用

名畲(ショゥ)族.

【畲族】Shēzú 名《民族》ショゾク. ミャオ・ヤオ系の少数民族の一つ. 福建・江西・広東一帯に居住する.

舌 shé
舌部0 四 2060₄
全6画 常用

❶名舌. ¶~锋 shéfēng(鋭いことば) / 口~ kǒushé(弁舌). ❷名舌に似たもの. ¶帽~ màoshé(帽子のつば) / 火~ huǒshé(炎). ❸名鈴や鐸(たく)の舌.

【舌敝唇焦】shé bì chún jiāo 成口をすっぱくして言う. ¶尽我说得~, 他还是不答应 / 私がどんなに口をすっぱくして言っても, 彼は承諾しない. 同舌敝唇枯 kū

【舌根】shégēn 名舌の付け根.

【舌根音】shégēnyīn 名《言語》舌根音(ぜっこんおん). 参考舌の後部を持ち上げて, 軟口がいとの間で発する音. "普通话"では"g,k,h"の音.

【舌尖】shéjiān 名舌の先.

【舌剑唇枪】shé jiàn chún qiāng 成ことば鋭く, 激しく論争する. 同唇枪舌剑

【舌苔】shétāi 名《医学》舌苔(ぜったい).

【舌头】shétou ❷量个, 条 tiáo) ❶名舌. ¶嚼 jiáo~ / ぺらぺら口をきく. ❷敵情を聞きだすために捕らえた捕虜. ¶抓~ / 敵情察知のために捕虜を捕らえる.

【舌蝇】shéyíng 名《虫》ツェツェバエ. 参考アフリカに分布, 睡眠病の媒介をする.

【舌战】shézhàn 動舌戦を戦わす. ¶谈判中, 双方展开了~ / 交渉のなか, 双方は舌戦を繰り広げた. 同笔战 bǐzhàn

折 shé
扌部4 四 5202₁
全7画 常用

❶動切れる. ちぎれる. 折れる. ¶绳子~了(ひもが切れた). ❷動損をする. ¶~本 shéběn / ~耗 shéhào / 把老本都~光了(元手をすっかりすった). ❸(Shé)姓.

☞ 折 zhē,zhé

【折本】shé//běn 動(~儿)元手を割る. ¶~生意 / 赤字商売. 同亏本 kuīběn, 赔本 péiběn

【折耗】shéhào 名(商品の)目減り. ¶水果的~不太大 / 果物の目減りがすこぶる大きくない.

佘 Shé
人部5 四 8090₁
全7画 通用

名姓.

蛇(虵蛇) shé
虫部5 四 5311₂
全11画 常用

名《動物》(量条 tiáo)ヘビ. ¶~蝎 shéxiē / ~行 shéxíng / 画~添足 (見 蛇足).

☞ 蛇 yí

【蛇胆】shédǎn 名《薬》マムシの胆嚢(たんのう). 参考"川贝 chuānbèi"とともに処方され, のどの痛みなどに使われる.

【蛇毒】shédú 名ヘビの毒. 参考精製して薬剤とする.

【蛇麻】shémá 名《植物》ホップ. 同啤酒花 píjiǔhuā

【蛇头】shétou 名スネークヘッド. 密航などの手配者.

【蛇蜕】shétuì 名《薬》蛇蜕(じゃたい). ヘビのぬけがら. けいれん, てんかんなどの薬として用いる.

【蛇蝎】shéxiē 名 ❶ヘビとサソリ. ❷残忍な人. ¶毒毒 dú 如 rú~ / 蛇蝎(だかつ)のごとく残忍だ.

【蛇行】shéxíng 動 ❶腹ばいになってくねくね進む. ¶匍匐 púfú~ / 匍匐(ほふく)前進する. ❷蛇行する. ¶汽车在山间~ / 車が谷合いを蛇行する.

【蛇形】shéxíng 名 S字形.

【蛇足】shézú 名蛇足. 余計で役に立たないもの. ⇨画蛇添足 huà shé tiān zú

阇(闍) shé
门部8 四 3760₄
全11画 通用

下記熟語を参照.

☞ 阇 dū

【阇梨】shélí 名《仏教》"阿闍梨 ēshélí"(阿闍梨(あじゃり)の高僧)の略称.

舍(捨) shě
人部6 四 8060₄
全8画 常用

❶動捨てる. ¶~己 shějǐ(自分を犠牲にする) / 不得 shěbude / 取~ qǔshě(取捨選択する) / 恋 liàn 恋不~(心残り). 反取 qǔ ❷名施す. 喜捨する. ¶喜~ xǐshě(喜捨する).

☞ 舍 shè

【舍本逐末】shě běn zhú mò 成根本を棄てて枝葉をとる. 本末転倒する. 同弃 qì 本逐末

【舍不得】shěbude 動離れがたい. 棄てるに忍びない. ¶他~穿那套新衣服 / 彼はその新しい服を着るのが惜しくてならない.

【舍得】shěde 動惜しまない. ¶要~花钱作广告 / 広告には金に糸目をつけないほうがいい.

【舍己救人】shě jǐ jiù rén 成自分を犠牲にして人を救う.

【舍己为公】shě jǐ wèi gōng 成公のために, 個人の利益を犠牲にする.

【舍己为人】shě jǐ wèi rén 成人のために自分の利益を犠牲にする. ¶~的精神 / 自己犠牲の精神.

【舍近求远】shě jìn qiú yuǎn 成回り道をする. 遠回りの方法をとる. 同舍近图 tú 远

【舍车保帅】shě jū bǎo shuài 成小事を捨てて大事を守る. 参考"车"と"帅"は中国将棋の駒の名前. "帅"は王将にあたる.

【舍命】shěmìng 動命をなげうつ. 必死でやる. ¶他为公司~干活 / 彼は会社のためがむしゃらに働いた.

【舍弃】shěqì 動捨てる. ¶~个人利益 / 個人的な利益を捨てる.

【舍身】shě//shēn 動(祖国や人のために)自分を犠牲にする. 同捐躯 juānqū

【舍身为国】shě shēn wèi guó 成国のために身を捨てる.

【舍生取义】shě shēng qǔ yì 成正義のために自分を犠牲にする. 由来『孟子』告子(こくし)上に見えることば.

【舍生忘死】shě shēng wàng sǐ 成→舍死忘生

【舍死忘生】shě sǐ wàng shēng 成自らの生死を顧みない. 同舍生忘死

【舍我其谁】shě wǒ qí shuí 成自分だけしかできない.

厍(庫) shè
厂部4 四 7125₄
全6画 通用

❶名方村. 多く村名に用いられる. ❷(Shè)姓.

设(設) shè
讠部4 四 3774₇
全6画 常用

❶動設ける. ¶~备 shèbèi / ~计 shèjì / 建~ jiànshè(建設する) / 假~ jiǎshè(仮定する). ❷接文もしも…ならば. ¶~若 shèruò / ~使 shèshǐ.

【设备】shèbèi 動 設備(する). ¶机器～/機械設備. ¶这个影院～得很完善/この映画館の設備は立派だ.
【设点】shèdiǎn 動 (商売などをする)場所を設ける.
【设定】shèdìng 動 設定する. 回 拟 nǐ 定
【设法】shèfǎ 動 手立てを講じる. ¶～救助 jiùzhù/救助法を考える. ¶～改善自然环境/自然環境の改善策を講じる.
【设防】shèfáng 動 防備を固める. ¶在军事要地严加 yánjiā～/軍事上の要地では厳重に防備を固める.
【设伏】shèfú 動 伏兵を配置する.
【设或】shèhuò 接 もし…ならば. 回 假如 jiǎrú
*【设计】shèjì 動 設計(する). デザイン(する). プラン(を立てる). ¶～图/設計図. ¶他为自己～未来/彼は自分の未来を描いた.
【设计师】shèjìshī 名 設計士. デザイナー.
【设立】shèlì 動 設立する. ¶～新的机构/新しい機構を設ける.
【设若】shèruò 接〈文〉もしも.
【设色】shèsè 動 (絵に)色をつける. ¶～柔和 róuhé/着色が柔らかい.
【设身处地】shè shēn chǔ dì 成 他人の身になって考える.
【设施】shèshī 名〔套 tào〕施設. 機構. 組織. 服务～/サービス施設.
【设施农业】shèshī nóngyè 現代の工業技術による施設や装置を活用して行う農業. 回 工业化 gōngyèhuà 农业
【设使】shèshǐ 接 もしも.
【设想】shèxiǎng ❶ 名 動 想像(する). 構想(する). ¶后果不堪 bùkān～/結果は想像に堪えない. ¶技术改造的构思/技術改良の思い切った構想. 回 假象 jiǎxiàng, 想象 xiǎngxiàng ❷ 動 …のために考える. ¶替群众～/大衆のために考える. ❸ 名 着想. 思いつき. ¶这只不过是初步～/まだほんのアイデアにすぎない.
【设宴】shèyàn 動 宴席を設ける. ¶～招待客人/一席設けて客をもてなす.
【设有】shèyǒu 動 設けてある. ¶机场内～中西餐厅, 免税 miǎnshuì 商店等设施/空港内には, 中華·西洋レストラン, 免税品店などの施設が設けられている.
【设障】shèzhàng 動 障害を設ける. じゃまをする.
【设置】shèzhì 動 設立する. 設置する. ¶～专业课/専門科目を設ける. ¶道路标识を設置する.

社 shè ネ部3 四 3421。 全7画 常用

❶ 名 古代, 土地の神を祭ったところ. ¶～稷 shèjì. ❷ 類 団体や組織を指す. ¶～会 shèhuì/通讯～ tōngxùnshè (通信社)/旅～ lǚshè (旅館). ❸ (Shè)姓.
【社保】shèbǎo "社会保障"(社会保障)の略称.
【社队】shèduì 名 "人民公社"(人民公社)と "生产大队"(生産大隊).
*【社会】shèhuì 名 社会. ¶～风气/社会のムード.
【社会保险】shèhuì bǎoxiǎn 名 社会保険.
【社会存在】shèhuì cúnzài 名〈哲学〉社会的存在.
【社会党】shèhuìdǎng →社会民主 mínzhǔ 党
【社会分工】shèhuì fēngōng 名 社会的分業.
【社会抚养费】shèhuì fǔyǎngfèi 名 社会扶養税. 参考 中国政府の"计划生育"(一人っ子政策)に違反した家庭に対して徴収する税.
【社会公众股】shèhuì gōngzhòngǔ 名〈経済〉公開株.
【社会工作】shèhuì gōngzuò 名 ボランティア. 社会奉仕.
【社会关系】shèhuì guānxi[-xì] 名 ❶ 個人の親戚や友人関係. ❷ 人々が共同活動の中で結ぶ関係.
【社会化】shèhuìhuà 動 社会化する.
【社会活动】shèhuì huódòng 名〈本職以外の〉社会活動. 参考 共産党·共青団の活動や組合活動などをさす.
【社会教育】shèhuì jiàoyù 名 社会教育. 参考 小·中学生などが, 学校以外の博物館や図書館などで受ける教育.
【社会科学】shèhuì kēxué 名 社会科学. 表现 "社科"とも言う.
【社会民主党】shèhuì mínzhǔdǎng 名 社会民主党. 回 工人党, 工 gōng 党
【社会青年】shèhuì qīngnián 名 進学も就職もしていない青年. 未就業の青年.
【社会团体】shèhuì tuántǐ 名 社会団体.
【社会效益】shèhuì xiàoyì 名 社会的な効果と利益.
【社会心理学】shèhuì xīnlǐxué 名 社会心理学.
【社会形态】shèhuì xíngtài 名 社会形態. 回 社会
【社会学】shèhuìxué 名 社会学.
【社会意识】shèhuì yìshí 名〈哲学〉社会意識.
【社会制度】shèhuì zhìdù 名 社会制度.
【社会主义】shèhuì zhǔyì 名 ❶ 社会主義. ❷ 社会主義の制度. ¶～改造/社会主義的改造. 生産手段の私有制を社会的共有制に変えること.
【社会主义初级阶段】shèhuì zhǔyì chūjí jiēduàn 社会主義の初級段階. 参考 生産手段所有制から的社会主義的改造の基本的な達成から, 社会主義現代化の実現までの過程.
【社火】shèhuǒ 名 祭りの時, 民間で行われる演芸. 参考 獅子(し)舞や竜灯舞いなど.
【社稷】shèjì 名 ❶ 土地の神と五穀の神. 社稷(しゃしょく). ❷ 国家. ¶江山～/国家.
【社交】shèjiāo 名 社交. ¶～活动/社交活動. ¶～场合 chǎnghé/社交の場.
【社科】shèkē →社会科学 shèhuì kēxué
【社论】shèlùn 名〔篇 piān〕社説.
【社评】shèpíng 名 社説の旧称.
【社情民意】shèqíng mínyì 名 社会の状況と民衆の願い.
【社区】shèqū 名 地域社会. コミュニティ.
【社区医院】shèqū yīyuàn 名 地域社会にある病院. 参考 企业や工场内にある職員対象の病院に対して言う.
【社群】shèqún 名 (社会的地位が同等の)社会集団. 社会階層. ¶华人～/華人社会.
【社团】shètuán 名 大衆組織の総称. 参考 学術団体, 婦人連合会, 労働組合など.
【社戏】shèxì 名 農村の祭りで演じる芝居. 奉納芝居.
【社员】shèyuán 名〔個 ge, 名 míng, 位 wèi〕人民公社の社員.

舎 shè 人部6 四 8060₄ 全8画 常用

❶ 類 家屋. ¶宿～ sùshè (宿舎)/旅～ lǚshè (旅館). ❷ 量 古代, 行軍の距離をあらわすことば. 30"里 lǐ"を1"舍"という. ¶退避三～〈成〉衝突を避けて退避する. ❸ 謙 自分より目下の親族を謙遜していうことば. ¶～弟 shèdì (愚弟). ❹ (Shè)姓.

☞ 舍 shě

【舍宾】shěbīn 動外 シェイプアップする．ボディメイキングする．♦shaping
【舍间】shějiān 名謙 拙宅．¶请来～一谈／どうぞ拙宅へおこしください．同 舍下 shèxià 表現 自分の家を謙遜していうことば．
【舍监】shèjiān 名旧 学生寮の監督者．舎監(しゃかん).
【舍利】shèlì 名《仏教》仏舎利．同 舍利子 shèlìzǐ
【舍亲】shèqīn 名謙 自分の親戚．
【舍下】shèxià 名謙 拙宅．¶想请你来～吃顿便饭／拙宅で粗餐(そさん)を差し上げたく存じます．同 舍间 shèjiān

射 shè 身部3 四2420₀ 全10画 常用

❶動 発射する．¶～箭 shèjiàn／～门 shèmén／发～ fāshè（発射する）／扫～ sǎoshè（掃射する）．❷動（液体が）噴き出す．¶喷～ pēnshè（噴射する）／注～ zhùshè（注射する）．❸動（光や熱を）放つ．¶～线 shèxiàn／反～ fǎnshè（反射する）．❹索 指示す．¶暗～ ànshè（ほのめかす）／影～ yǐngshè（当てこする）．❺名 姓．
【射程】shèchéng 名 射程．
【射电天文学】shèdiàn tiānwénxué 名《天文》電波天文学．
【射电望远镜】shèdiàn wàngyuǎnjìng 名《天文》電波望遠鏡．
【射干】shègān 名《植物·薬》ヒオウギ．カラスオウギ．
【射击】shèjī 名動 射撃(する)．¶向敌人～／敵を射撃する．～比赛／射撃競技．
【射箭】shèjiàn ❶ shè//jiàn 動 矢を射る．❷ shèjiàn 名《スポーツ》アーチェリー．¶～比赛／アーチェリーの試合．
【射界】shèjiè 名 射界．射撃できる範囲．
【射孔】shèkǒng 動《石油採掘のボーリングで）油井鋼管の下部に穴をあけ，原油を噴き出させる．
【射猎】shèliè 動 猟をする．
【射流】shèliú 名《物理》気体や液体の噴流．
【射门】shè//mén 動《スポーツ》（サッカーやハンドボールで）シュートする．
【射手】shèshǒu 名〔個 个 ge，名 míng，位 wèi〕射手．
【射速】shèsù 名 発射速度．
【射线】shèxiàn 名 ❶《物理》放射線．¶～病／放射線病．~疗法 liáofǎ／放射線療法．❷《数学》〔条 tiáo〕半直線．
【射影】shèyǐng 名 ❶《数学》投影．❷ 伝説上の妖怪"蜮 yù"の別名．¶含沙 shā～／成 ひそかに人を陥れる．⇨鬼蜮 guǐyù

涉 shè 氵部7 四3112₁ 全10画 常用

索 ❶ 水の中を歩いて渡る．¶跋 bá 山～水／成 山を越えて川を渡る．長い道のりの苦しむ．❷ 経験する．¶～险 shèxiǎn／～世 shèshì（世事を経験する）．❸ つながりを持つ．¶～及 shèjí／牵～ qiānshè（干渉する）．
【涉案】shè'àn 形《法律》訴訟事件にかかわる．
【涉毒】shèdú 形 麻薬や覚せい剤の製造·販売·使用などの行為に関わる．
【涉黑】shèhēi 形 暴力団やマフィアなどの活動に関わる．
【涉黄】shèhuáng 形 ポルノ商品の販売や，風俗産業·売買春などの行為に関わる．
【涉及】shèjí 動 関連する．及ぶ．
【涉老】shèlǎo 形 老人の権益の擁護に関する．¶调解 tiáojiě～纠纷／老人問題を調整する．
【涉猎】shèliè 動 幅広く読みあさる．¶他平时读书～的范围很广／彼の日ごろの読書は，幅広いジャンルにわたっている．
【涉密】shèmì 形 機密事項に関する．¶～人员／機密工作員．
【涉农】shènóng 形 農業や農民の生活·生産に関する．¶处理～案件／農業案件を処理する．
【涉禽】shèqín 名《鳥》渉禽(しょうきん)類．参考 ツルやサギなどの類．
【涉税】shèshuì 形 税務に関する．¶～走私案件／脱税事件．
【涉讼】shèsòng 動 訴訟にまき込まれる．
【涉外】shèwài 形 外国と関連する．外交にかかわる．¶～工作／外交関係の仕事．¶～婚姻／国際結婚．¶～纠纷／外交トラブル．
【涉嫌】shèxián 動 嫌疑がかかる．¶～此案／この事件の嫌疑がかかる．
【涉险】shèxiǎn 動 危険を冒す．同 冒 mào 险
【涉性】shèxìng 形 性に関する．¶～广告／セクシャルな広告．
【涉足】shèzú 動文（ある環境に）足を踏み入れる．¶～影视圈／映画界に入る．¶游人很少～／物見遊山で訪れる人は少ない．

赦 shè 赤部4 四4824₀ 全11画 次常用

素《刑罰を》許す．¶～罪 shèzuì／～免 shèmiǎn／大～ dàshè（大赦）．
【赦免】shèmiǎn 動 罪を許す．赦免する．¶念他初犯，法官～了他／初犯であることを酌量(しゃくりょう)し，裁判官は彼の刑罰を免じた．
【赦罪】shè//zuì 動 罪を許す．赦免する．

摄（攝）shè 扌部13 四5104₇ 全13画 常用

素 ❶ 取り込む．¶～影 shèyǐng／～取 shèqǔ／拍～ pāishè（撮影する）．❷ 摂生する．¶～生 shèshēng／珍～ zhēnshè（ご自愛ください）．❸（執政を）代行する．¶～行 shèxíng／～政 shèzhèng．
【摄理】shèlǐ 動文 代理する．¶～国政／国政を代行する．
【摄谱仪】shèpǔyí 名《物理》スペクトログラフ．分光写真機．
【摄取】shèqǔ 動 ❶（栄養などを）吸収する．¶～食物／食物を摂取する．¶～知识／知識を吸収する．❷（写真や映画などを）撮る．撮影する．¶～几个精彩镜头／目を見はるシーンをいくつか撮る．
【摄生】shèshēng 動文 摂生する．養生する．
【摄食】shèshí 動 食物をとる．
【摄氏】Shèshì 名 摂(せっ)氏．セ氏．¶～温度计／摂氏温度計．反 华氏 Huáshì 由来 発案者であるスウェーデン人"摂尔思 Shè'ěrsī"（Celsius）の名から．
【摄氏度】Shèshìdù 名 摂氏度．セ氏度．参考 記号は℃．
【摄像】shèxiàng 動 ビデオカメラで撮影する．
【摄像机】shèxiàngjī 名〔台 tái〕ビデオカメラ．
【摄行】shèxíng 動文 職務を代行する．
【摄影】shèyǐng 動 撮る．撮影する．¶～师／撮影技師．カメラマン．¶～留念／記念に写真を撮る．

【摄影机】shèyǐngjī [名]（❶ tái tái）❶ "照相机"（カメラ．写真機）の旧称．❷ "电影摄影机"（映画撮影機）の略称．
【摄影棚】shèyǐngpéng [名]（映画の）撮影スタジオ．
【摄政】shèzhèng [動] 摂政をする．
【摄政王】shèzhèngwáng [名] 摂政王．
【摄制】shèzhì [動]（映画やテレビを）制作する．プロデュースする．¶～组／撮影班．

滠(灄) Shè

氵部10　四 3114₇
全13画　通 用

[素] 地名用字．¶～水 Shèshuǐ（湖北省を流れる川の名）．

慑(懾/異 慴) shè

忄部10　全13画　四 9104₇　通 用

[動] [文] 恐れる．¶威～ wēishè（脅かす）／～服 shèfú．

【慑服】shèfú [動] ❶ 恐れて服従する．¶原始人类曾～于大自然的威力 wēilì／原始の人類は大自然の力にひれ伏していた．❷ 恐れ屈服させる．¶用强大的力量～敌人／強大な力で敵を屈服させる．

歙 Shè

欠部12　四 8718₂
全16画　通 用

[素] 地名用字．¶～县 Shèxiàn．
☞ Shè xī

【歙县】Shèxiàn [地名] 歙県（ㄒㄧㄢˋ）．安徽（ㄢ ㄏㄨㄟ）省南部にある県名．砚（ㄧㄢˋ）の名産地として知られる．

麝 shè

鹿部10　四 0024₁
全21画　通 用

[名] ❶（動物）ジャコウジカ．[参考] 雄は腹部の香腺から麝香（ㄕㄜˋ）を分泌する．一般に "香獐子 xiāngzhāngzi" という．❷ "麝香 shèxiāng" の略称．

【麝牛】shèniú [名]（動物）ジャコウウシ．
【麝鼩】shèqú [名]（動物）ジャコウネズミ．同 麝香鼠 shèxiāngshǔ
【麝鼠】shèshǔ [名]（動物）マスクラット．ニオイネズミ．
【麝香】shèxiāng [名] 麝香（ㄐㄞˋ）．同 麝 shè [参考] 雄のジャコウジカの分泌物を乾燥させたもので，香料や薬用として用いる．

shei ㄕㄟ [ʂei]

谁(誰) shéi

讠部8　四 3071₅
全10画　常 用

[代] ❶ 誰．¶～来啦？（誰が来たのですか）．❷ 不特定の人をあらわす．誰か．¶会场里好像有～在抽烟（会場で誰かタバコを吸っている人がいるようだ）．❸（"也 yě"，"都 dōu"の前に置くか，"不论 búlùn"，"无论 wúlùn"，"不管 bùguǎn"の後に置いて，例外なく）誰でも．¶～都可以做（誰でもできる）／无论～都得遵守 zūnshǒu 纪律（いかなる人もきまりを守らなくてはならない）．❹（前後に二つの "谁" を用いて）任意の同じ人を指す．¶～先到～买票（先に来た人からチケットを買う）．❺（前後に二つの "谁" を用いて）任意の別々の人を指す．¶他们俩～也说服不了 liǎo～（あの二人はどちらも相手を説得できない）．❻（反語に用いて）誰ひとりとして…ない．誰もが．¶～不说家乡 jiāxiāng 好（故郷がいいと言わない人は一人もいない）．
☞ 谁 shuí

【谁边】shéibiān [代] どこ．どちら．
【谁个】shéige [代][方] 誰．どなた．¶世间上～不想У钱？／世の中で金が欲しくないものはいない．
【谁人】shéirén [代] だれ．
【谁谁】shéishéi [代] だれそれ．だれだれ．[表現] 特定の人を指さない言いかた．
【谁知】shéi zhī …とは誰が知ろう（誰も知らない）．思いもよらないことに．なんと．同 谁知道 dào

shen ㄕㄣ [ʂən]

申 shēn

⼁部4　四 5000₆
全5画　常 用

❶ [名] 十二支の9番目．申（さる）．❷ [名] 申（さる）の刻．午後3時から5時まで．❸ [動] 申し述べる．¶～请 shēnqǐng ／明 shēnmíng／引～ yǐnshēn（派生する）．❹（Shēn）上海市の別称．❺（Shēn）姓．

【申奥】shēn'ào（国際オリンピック委員会に対して）オリンピック開催の申請をする．
【申办】shēnbàn [動] ❶ 主催や開催を申請する．¶～世博会／万国博開催を申請する．❷ 手続きを申請する．
【申报】❶ shēnbào [動] 上申する．申告する．¶向海关～／税関に申告する．❷ Shēnbào 中国近代の有力新聞．1872年4月上海で創刊され1949年5月停刊．
【申辩】shēnbiàn [動] 弁明する．申し開きをする．¶列举事实，进行～／事実を並べて弁明する．
【申博】shēnbó（博覧会国際事務局に対して）万国博覧会開催の申請をする．
【申斥】shēnchì [動]（下の者を）しかりつける．叱責（ㄕˊㄗㄜˊ）する．¶父亲严厉 yánlì～了他一顿／父は彼を厳しくしかりつけた．
【申购】shēngòu [動] 申請して購入する．
【申论】shēnlùn ❶ [動] 解釈し，論述する．❷ [名] "申论考试"（論述試験）の略称．[参考] ❷ は，国家公務員の採用試験科目の一つ．読解力と分析・帰納・表現力を審査する試験．
【申明】shēnmíng [動] はっきり述べる．言明する．¶～自己的立场／自分の立場を明らかにする．
【申请】shēnqǐng [動] 申請する．¶～书／申請書．～护照／パスポートを申請する．
【申述】shēnshù [動] 詳しく説明する．¶～理由／理由を詳しく説明する．同 申说 shēnshuō
【申说】shēnshuō [動]（理由を）説明する．申し述べる．¶他极力～，为自己辩护 biànhù／彼は懸命に説明し，自分を弁護した．
【申诉】shēnsù [動] ❶（上級機関などに）訴える．❷《法律》上訴する．¶不服判决 pànjué，提出～／判決に不服で上訴する．
【申谢】shēnxiè [動] 謝意をあらわす．
【申雪】shēnxuě [動][文] 無実を晴らす．¶～冤案 yuān'àn／冤罪（ㄩㄢ）を晴らす．同 伸雪 shēnxuě
【申冤】shēn//yuān [動] ❶ 濡れ衣を晴らす．¶～吐气 tǔqì／無実を晴らして清清する．同 伸冤 shēnyuān ❷ 無実を訴える．¶到哪儿去～？／どこへ無実を訴えるの．

伸 shēn

亻部5　四 2520₆
全7画　常 用

[動] 伸ばす．¶～手 shēnshǒu／缩 shēnsuō／延～ yánshēn（延びる）．[反] 屈 qū，缩 suō

身　shēn　985

【伸长】shēncháng 动 長く伸ばす．長く伸びる．¶我们都~脖子,等着你来呢 / 私たちは皆,君が来るのを首を長くして待っています．
【伸出】shēnchū 动 伸ばす．¶~援助之手 / 援助の手をさし伸べる．¶列车行驶 xíngshǐ 中,禁止把头或手~窗外 / 列車の走行中は,窓から顔や手を出してはいけない．
【伸大拇指】shēn dàmuzhǐ 句 親指を立てる．賞賛する時の動作．同 伸大拇哥 dàmugē
【伸懒腰】shēn lǎnyāo 句 疲れて伸びをする．¶她伸了个懒腰 / 彼女は伸びをした．
【伸手】shēn//shǒu 动 ❶手を伸ばす．¶他~去拿碗 / 彼は茶碗を取ろうと手を伸ばした．❷(栄誉や助けを)求める．¶有困难自己解决,不向国家~ / 困難があれば自分で解決し,国に助けを求めない．❸貶手を出す．首を突っ込む．¶这不关你的事,你别~ / 君にはかかわりないことだから,首を突っ込むな．
【伸缩】shēnsuō ❶动 伸び縮みする．¶这架照相机的镜头可以前后~ / このカメラレンズは前後に伸縮できる．❷融通をきかせる．弾力をもつ．
【伸缩性】shēnsuōxìng 名 伸縮性．弾力性．¶政策要一定的~ / 政策には,ある程度の弾力性が必要だ．
【伸腿】shēn//tuǐ 动 ❶足を突っ込む．首をさし挟む．¶他早就看有利可图的地方,就想~ / 彼は得になりそうなところだけ首を突っ込む．❷口 死ぬ．
【伸腰】shēn//yāo 动 ❶腰を伸ばす．背筋をまっすぐにする．¶他伸伸腰,放松了一下 / 彼は腰をのばして,一休みした．❷二度と抑圧されないようになる．
【伸冤】shēn//yuān 动 "申冤 shēnyuān"に同じ．
【伸展】shēnzhǎn 动 伸び広がる．¶草原一直~到遥远 yáoyuǎn 的天边 / 草原がはるかかなたまで広がっている．¶~一下手臂 shǒubì / ちょっと腕を伸ばす．
【伸张】shēnzhāng 动 広げる．¶~正义 / 正義を広める．¶正气得到~ / 正しい気風が広まる．
【伸直】shēnzhí 动 まっすぐに伸ばす．¶~双臂 shuāngbì / 両腕をまっすぐに伸ばす．¶以后要~腰杆 yāogǎn 做人 / これからは胸をはって生きていきなさい．

身 shēn
身部 0　四 2740。
全7画　常用

❶名 体．¶~体 shēntǐ / ~上 shēnshang / 全~ quánshēn (全身) / 转~ (振り向く)．❷素 物の主要な部分．¶船~ chuánshēn (船体) / 河~ héshēn (河床) / 车~ chēshēn (車体)．❸素 生命．自ら．¶~体力行 xíng / 以~作则 zé 成 自らが手本となる．❺素 人格．地位．¶~分 shēnfen / 败名裂 liè．❻(~儿) ひとそろいの服を数えることば．¶我做了一~儿新衣服(服を一そろい新調した)．
【身败名裂】shēn bài míng liè 成 地位も名誉も失う．¶他落到了一个~的下场 / 彼は地位も名誉も失う結果となった．
【身板】shēnbǎn 方 (~儿)体．体格．
【身边】shēnbiān ❶身辺．身の回り．¶他~需要人照顾 / 彼には身の回りの世話をする人が必要です．❷手元．¶~没有带钱 / お金を持ち合わせていない．
【身不由己】shēn bù yóu jǐ 成 体が思いどおりにならない．自由がきかない．¶我现在公务在身,实在是~ / 私は今公務があり,全く身動きがとれない．同 身不由主 zhǔ
【身材】shēncái 名 体つき．¶苗条 miáotiáo 的~ / すらりとした体つき．¶~高大 / 体格が大きい．
【身长】shēncháng 名 ❶身長．❷服の着丈．

【身段】shēnduàn 名 ❶(女性の)物腰．身のこなし．¶~优美 / 物腰が上品だ．❷(役者の)しぐさ．¶她演的旦老 lǎodàn ~很优美 / 彼女の演ずる老婦人役は,物腰がしなやかだ．
【身分】shēnfen[份] 名 ❶身分．¶~不明 / 身元がはっきりしない．¶暴露~ / 身分を暴く．❷名誉．体面．¶追求~地位 / 名誉や地位を求める．¶有失~ / 体面を失う．
【身份证】shēnfenzhèng 名 身分証明書．
【身高】shēngāo 身長．¶他~一米八 / 彼は身長1メートル80センチだ．¶量 liáng 一下~ / 身長を計ってみましょう．
【身故】shēngù 动 文 (人が)死ぬ．¶因病~ / 病気で死ぬ．
【身后】shēnhòu 名 死後．
【身家】shēnjiā 名 ❶本人とその家族．❷旧 家柄．
【身家性命】shēn jiā xìng mìng 成 一家の生命と財産．¶拼上~ / 一家の生命と財産をかける．
【身价】shēnjià 名 ❶旧 人身売買の値段．❷身分．社会的な地位．¶出名以后,~倍增 / 有名になったら,社会的な地位も上がった．
【身价百倍】shēn jià bǎi bèi 成 貶 地位や名声が一躍高まる．
【身教】shēnjiào 动 身をもって教える．¶言传 yánchuán ~ / ことばで伝え,身をもって教える．反 言教 yánjiào
【身经百战】shēn jīng bǎi zhàn 成 戦いを数多く経験している．百戦錬磨だ．¶他是一位~,经验丰富的运动员 / 彼は百戦錬磨で,豊富な試合経験をもつスポーツ選手だ．
【身历】shēnlì 动 自ら経験する．
【身量】shēnliang 名 (~儿)背たけ．身長．¶~不高 / 背は高くない．同 个子 gèzi
【身临其境】shēn lín qí jìng その場に身をおく．¶产生~的感觉 / その場にいるような気になる．
【身旁】shēnpáng 名 身の回り．同 身边 shēnbiān ①
【身强力壮】shēn qiáng lì zhuàng 成 体が丈夫で力が強い．¶~的年轻人 / 屈強な若者．
【身躯】shēnqū 名 体．体軀 ⁀．¶健壮 jiànzhuàng 的~ / たくましい体．¶~高大 / 体が大きい．
【身上】shēnshang 名 ❶身．体．¶他~穿一件黑色制服 / 彼は黒の制服を身につけている．¶~不舒服 / 体の具合がよくない．❷身の回り．手元．¶~只带了十块钱 / 十元しか持ち合わせていない．
【身世】shēnshì 名 身の上．境遇．¶悲惨 bēicǎn 的~ / 悲惨な生い立ち．表現 不幸な場合が多い．
【身手】shēnshǒu 名 能力．腕前．¶大显 xiǎn ~ / 大いに腕前を発揮する．同 本领 běnlǐng, 本事 běnshi
【身手不凡】shēn shǒu bù fán 成 技能や才能が非常に優れている．非凡だ．
【身受】shēnshòu 动 自ら受ける．¶~其害 / 自らその害を受ける．
**【身体】shēntǐ 名 体．¶~非常健康 / 体はいたって健康だ．
【身体力行】shēn tǐ lì xíng 成 身をもって努める．¶作为领导要~ / 指導者たるもの,自ら実行し,努力せねばならない．
【身外之物】shēn wài zhī wù 成 体以外のもの．取るに足りないもの．¶财产地位都是~ / 財産や地位は取るに足りないものだ．同 身外物

【身无长物】shēn wú cháng wù 〔成〕貧しくて、何一つともなものがない。同 別 bié 无长物 由来 "长"はもと"zhàng"と読んだ。『世說新語』徳行篇の王恭のことばから。
【身无分文】shēn wú fēn wén 〔成〕一銭の金もない。一文無しだ。参考 "分文"は、お金の最小単位。
【身先士卒】shēn xiān shì zú 〔成〕指揮官自ら兵士の先頭に立つ。指揮者が率先して行動する。由来『史記』淮南衡山列伝のことばから。
【身陷囹圄】shēn xiàn líng yǔ 〔成〕監獄に入れられる。とじ込められる。
【身心】shēnxīn 〔名〕心身。¶～健康 / 心身が健康だ。
【身心交瘁】shēn xīn jiāo cuì 〔成〕身も心も疲れ果てる。
【身形】shēnxíng 〔名〕体形。体つき。
【身影】shēnyǐng 〔名〕人影。シルエット。
【身孕】shēnyùn 〔名〕妊娠。¶她有了三个月的～ / 彼女は妊娠3ヶ月だ。
【身姿】shēnzī 〔名〕容姿や体つき。
【身子】shēnzi ❶〔名〕体。¶～不大舒服 / 体の具合があまりよくない。❷妊娠。¶有了七个月的～ / 妊娠7ヶ月になる。
【身子骨儿】shēnzigǔr 〔名〕〔方〕体格。体。¶～结实 / 体が丈夫だ。

呻 shēn
口部 5 四 6500₆ 全8画 次常用
下記熟語を参照。
【呻吟】shēnyín 〔動〕苦痛でうめく。呻吟(しんぎん)する。¶病人在床上～ / 病人がベッドでうめく。

诜(詵) shēn
讠部 6 四 3471₂ 全8画 通用
下記熟語を参照。
【诜诜】shēnshēn 〔形〕〔文〕人数が多いようす。

参(參 / 蓡❷、葠❷) shēn
厶部 6 全8画 四 2320₂ 常用
❶〔薬〕唐鉏星(からすきぼし)。二十八宿の一つ。❷〔薬〕(生薬の)ニンジン。
☞ 参 cān、cēn
【参商】shēnshāng ❶〔動〕〔文〕親しい人同士が離れ離れている。❷〔形〕仲が悪い。由来①は、参星(しんせい)と商星(しょうせい)の二つの星は同時に空に現れないことから。

绅(紳) shēn
纟部 5 四 2510₆ 全8画 次常用
❶〔名〕古代、士大夫(したいふ)が腰にしめていた大きな帯。❷〔名〕〔旧〕地方で地位や力を持っていた人。¶～士 shēnshì / 乡～ xiāngshēn (地方の有力者やボス)。
【绅士】shēnshì 〔名〕〔旧〕〔个 ge、位 wèi〕地主や退職官僚。

莘 shēn
艹部 7 四 4440₁ 全10画
❶〔薬〕地名用字。¶～县 Shēnxiàn (山東省の地名)。❷→莘莘 shēnshēn ❸ (Shēn)姓。
☞ 莘 xīn
【莘莘】shēnshēn 〔形〕〔文〕多いようす。¶～学子 / 大勢の弟子。

砷 shēn
石部 5 四 1560₆ 全10画 通用
〔名〕❶〔化学〕ヒ素。As. ❷ (Shēn)姓。参考 ①の旧名は"砒 pī"。

娠 shēn
女部 7 四 4143₂ 全10画 通用
→妊娠 rènshēn

深 shēn
氵部 8 四 3719₄ 常用
❶〔形〕深い。¶～山 shēnshān / 院子很～ (庭に奥行きがある)。反 浅 qiǎn ❷〔名〕深さ。¶一度 shēndù / 加～ jiāshēn (深さ)。❸〔形〕時間がたっている。¶～夜 shēnyè / ～冬 shēndōng (真冬)。❹〔副〕深く。十分に。¶～刻 shēnkè / ～入 shēnrù / ～受感动 (深く感動した)。❺〔形〕奥深く難しい。¶内容太～ (内容がひどく難しい)。❻〔形〕親密だ。¶他们俩关系很～ (あの二人は親しい関係だ)。❼〔形〕色が濃い。¶颜色太～ (色が濃すぎる)。反 浅 qiǎn、淡 dàn ❽ (Shēn)姓。
【深奥】shēn'ào 〔形〕奥深くてわかりにくい。深遠だ。¶～难懂 / 奥深くて理解しがたい。同 高深 gāoshēn、深邃 shēnsuì 反 浅薄 qiǎnbó
【深闭固拒】shēn bì gù jù 〔成〕頑なに受け入れない。
【深不可测】shēn bù kě cè 〔成〕深くて計り知れない。
【深藏若虚】shēn cáng ruò xū 〔成〕才能を何もないように控え目に行動する。慎み深く自分をひけらかさない。
【深层】shēncéng ❶〔名〕深層。❷〔形〕奥深くの。さらに踏み込んだ。¶～原因 / より深い原因。¶～意义 / 深く掘り下げた意義。
【深长】shēncháng 〔形〕意味深い。¶意味～ / 意味深長だ。¶寓意～ / 深い寓意性がある。
【深沉】shēnchén 〔形〕❶程度が深い。¶暮色 mùsè ～ / 夕やみが立ち込める。¶～的哀悼 āidào / 深い哀悼。¶～的汽笛 qìdí 声 / 低い汽笛の音。¶曲调 qǔdiào～ / 曲調が深く沈んでいる。❸沈着で感情を表に出さない。¶性格～ / 性格が落ち着いている。¶～的目光 / 落ち着いたまなざし。
【深仇大恨】shēn chóu dà hèn 〔成〕深い恨み。
【深处】shēnchù 〔名〕深いところ。奥まった場所。¶内心～ / 心の奥深く。¶游泳池的～有两米多 / プールの深いところは2メートル以上ある。
【深度】shēndù ❶〔名〕深さ。¶河水的～ / 川の深さ。❷〔名〕(認識や仕事の)奥深さ。¶你理解的～还不够 / 君の理解はまだ足りない。❸〔名〕より高く発展する程度。¶向生产的～进军 / 生産の更なる発展に向けてさらに進める。❹〔形〕度が強い。¶～近视 jìnshì / 強い近視。¶～烧伤 / 重度のやけど。
【深更半夜】shēn gēng bàn yè 〔成〕深夜。¶昨天,他～才回家 / きのう,彼は真夜中にようやく帰宅した。
【深耕】shēngēng 〔動〕〔農業〕深耕する。反 浅 qiǎn 耕
【深耕细作】shēngēng xìzuò 〔句〕深く耕し,丹精こめて作る。
【深沟高垒】shēn gōu gāo lěi 〔成〕深い堀と高い城壁。堅固な防御。
【深广】shēnguǎng 〔形〕深くて広い。¶见识～ / 見識が深くて広い。¶意义～ / 意義深い。
【深闺】shēnguī 〔名〕〔旧〕(邸の奥の)女性の部屋。深窓。
【深海】shēnhǎi 〔名〕深海。
【深红色】shēnhóngsè 〔名〕濃い赤。真紅。
*【深厚】shēnhòu 〔形〕❶(感情が)深い。厚い。¶～的感情 / 深い思い。¶～的友谊 / 厚い友情。反 淡薄 dànbó ❷〔大きく堅固である〕¶～的基础 / しっかりした基礎。
【深呼吸】shēnhūxī 〔名〕〔動〕深呼吸(する)。
【深化】shēnhuà 〔動〕深化する。深化させる。¶矛盾～ / 矛盾が深化する。

【深黄色】shēnhuángsè 名 濃い黄色.

【深灰色】shēnhuīsè 名 濃い灰色.

【深交】shēnjiāo ❶ 名 深い交わり. ❷ 動 親しく付き合う.

【深究】shēnjiū 動 深く追求する.

【深居简出】shēn jū jiǎn chū 成 家に引きこもり,外に出ない.

*【深刻】shēnkè 形 ❶ 深くまで達している.¶～的内容／深い内容.¶分析 fēnxī～／分析が鋭い. 反 肤浅 fūqiǎn ❷ 深く刻み込まれている.¶印象～／印象が深い.

【深恐】shēnkǒng 動 非常に恐れる.¶～出错／間違いをしでかすことを恐れる.

【深蓝色】shēnlánsè 名 濃い青色. 紺色.

【深绿色】shēnlǜsè 名 濃い緑色. 深緑.

【深明大义】shēn míng dà yì 成 道理をよくわきまえている. 大局を知り尽くしている.

【深谋远虑】shēn móu yuǎn lǜ 成 ずっと先まで考えをめぐらす. 深謀遠慮.

【深浅】shēnqiǎn 名 ❶ 深さ.¶测量 cèliáng～／深さを測る. ❷ 分別. ほど.¶不知～／分別がない.¶他说话没～／彼は話し方をわきまえていない.

【深切】shēnqiè 形 ❶ 心がこもる.¶～的同情／心からの同情. ❷ (理解などが)深くて的確だ.¶～体会／深く体得する.¶～怀念／心から懐かしむ.

【深情】shēnqíng 名 深い情.¶无限～／限りない愛情.

【深情厚谊】shēn qíng hòu yì 成 深く厚い友情.

【深秋】shēnqiū 名 晩秋.

*【深入】shēnrù 動 深く入る.¶～实际／実情を深く掌握する.

【深入浅出】shēn rù qiǎn chū 成 裏 (文章などが)内容が深いが,ことばはわかりやすい. 同 深入显出.

【深入人心】shēn rù rén xīn 成 (思想や理論などが)人の心に深く入り込む.

【深山】shēnshān 名 人里遠く離れた奥深い山. 深山.¶～老林／深山の古木が集った林.

【深深】shēnshēn 副 深く. しっかりと.¶这番话～地感动了我／この話に,私は深く感動した.

【深水】shēnshuǐ 名 水深のあるところ. 水中の深いところ.

【深水炸弹】shēnshuǐ zhàdàn 名《军事》爆雷.

【深思】shēnsī 動 深く考える.¶值得～／熟考の価値がある.¶引人～／沈思をさそう. 同 沉思 chénsī.

【深思熟虑】shēn sī shú lǜ 成 じっくり考える.

【深邃】shēnsuì 形 裏 ❶ 深い. 奥まっている.¶～的峡谷 xiágǔ／深い峡谷. ❷ (道理などが)奥深い.¶～的真理／深奥な真理. 同 高深 gāoshēn, 深奥 shēn'ào.

【深谈】shēntán 動 じっくり話す.

【深通】shēntōng 動 精通している.¶～法语／フランス語に精通している.

【深透】shēntòu 形 徹底している.¶讲解～／説明が行き届いている.

【深望】shēnwàng 動 切に待ち望む.

【深文周纳】shēn wén zhōu nà 成 事実をまげて人に罪をきせる.

【深恶痛绝】shēn wù tòng jué 成 ひどく憎悪する.¶对于官僚 guānliáo 主义,他～／彼は官僚主義をひどく憎んでいる. 同 深恶痛疾 jí.

【深信】shēnxìn 動 深く信じる.¶～不疑／信じて疑わない.¶我们～实验一定会成功／実験は必ず成功すると堅く信じている.

【深省[醒]】shēnxǐng 動 深く悟る.¶发人～／人に深く考えさせる.

【深夜】shēnyè 名 深夜.¶每天工作到～／毎日深夜まで働く.

【深意】shēnyì 名 深い意味.¶这首诗～何在？／この詩の奥の意味はどこにあるのですか.

【深渊】shēnyuān 名 深い淵. 危険や苦しみのたとえ.¶万丈～／底知れない深い淵.¶落入痛苦的～／苦の淵に落ちる.

【深远】shēnyuǎn 形 (意味などが)大きい. 深遠だ.¶具有～的历史意义／深遠な歴史の意義を有する. 同 深长 shēncháng.

【深造】shēnzào 動 深く研究する. 研鑽(さん)を積む.¶进研究生院～／大学院に進んで勉強する.

【深宅大院】shēn zhái dà yuàn 成 大きな邸宅.

【深湛】shēnzhàn 形 深くて詳しい.¶～的著作／内容の濃い著作.¶学识～／学識が深い.

【深圳】Shēnzhèn《地名》深圳(しんせん). 参考 広東省にある市で経済特別区.

【深知】shēnzhī 動 十分に理解している. よく知っている.¶他～学习的重要性／彼は学ぶことの大切さがよく分かっている.

【深挚】shēnzhì 形 真心がこもっている. 誠意がある.¶～的友谊／心よりの友情.¶感情非常～／気持ちにとても真心がこもっている.

【深重】shēnzhòng 形 (罪や災難などが)ひどい. 深刻だ.¶罪孽 zuìniè～／罪が深い.¶危机日益～／危機が日増しに深刻化する.

糁(糝/異 籸) shēn

米部 8 全 14 画 四 9392₂ 通用

名 (～儿)穀類を小さく砕いたもの. ひきわり.¶玉米～儿(トウモロコシのひきわり).

☞ 糁 sǎn

鲹(鯵) shēn

鱼部 8 四 2312₂ 全 16 画 通用

名《鱼》アジ.

燊 shēn

木部 12 四 9090₄ 全 16 画 通用

形 文 火が盛んに燃える.

什 shén

亻部 2 四 2420₀ 全 4 画 常用

下記熟語を参照.

☞ 什 shí

*【什么】shénme 代 ❶ 何. どんな. 疑問をあらわす.¶这是～？／これは何ですか.¶你做～？／君は何をしますか.¶～人？／どんな人. ❷ (特定しない)何か. 私は餓えた,想吃点～／お腹がすいたので何か食べたい. ❸ 何でも. どれでも.¶我～都喜欢／私はどれも好きだ.¶想～说～／思ったことは何でも言う.¶你想吃～,就吃～,别客气／食べたいものを食べなさい,遠慮はいらない. ❹ 何だって. 何という. 驚きや不満をあらわす.¶～！他回家了？／何,彼は帰ったって？ ❺ 何を. 何が. 非難をあらわす.¶你笑～？／君,何を笑うんだ. ❻ 何が…だ.（相手が今言ったことに対して)反対や同意しないことをあらわす. ❼ (列挙する語句の前に置いて)…など何でも. …などはみな.¶什么花儿呀草呀,种 zhòng 了一院子／花とか草とか

を庭じゅうに植えた. 用法 ③は, "也 yě"や"都 dōu"などの前に用い, 例外のないことをあらわす. また, 2つの"什么"を用い, 前者と後者が呼応することをあらわす.

*【什么的】shénmede 助 口 …など. …等々. ¶星期天我一般在家看看电视一/日曜日, 私はたいがい家でテレビを見たりして過ごす.

甚 shén 一部8 四 4471₈ 全9画 常用
代 "什 shén"に同じ.
☞ 甚 shèn

神 shén 礻部5 四 3520₆ 全9画 常用

❶名 神. ¶无一论 wúshénlùn (無神論). ❷素 超人的な. 非凡な. ¶~医 shényī /~速 shénsù /~效 shénxiào /~料 liào 事如~. (成)予想がきわめて正確だ. ❸名 精神. 精神力. ¶劳~ láoshén (神経をすり減らす) /凝~ níngshén (精神を集中する) /两目炯炯 jiǒngjiǒng 有~ (目がきらきらとして, 精気にあふれている). ❹名 (~儿)顔つき. 表情. ¶~色/你瞧他这个~ (見て, 彼のこの顔つき). ❺形 方 利口だ. 聡明だ. ¶这个孩子真~!(この子は本当に利口ね). ❻ (Shén)姓.

【神不守舍】 shén bù shǒu shè 成 気分が落ち着かない.

【神采[彩]】 shéncǎi 名 顔の表情や色つや.

【神采飞扬】 shén cǎi fēi yáng 成 精神が充実し, 輝きのある顔だ. 表情に元気があふれている.

【神采奕奕】 shén cǎi yì yì 成 表情がいきいきとして輝いている.

【神出鬼没】 shén chū guǐ mò 成 更 神出鬼没. 由来 『淮南子』兵略訓に見えることば.

【神道】 shéndào ❶名 ❶鬼神や禍福についての道理. ¶~设教/鬼神や迷信を利用して人を惑わす. ❷神. ❸墓前に通じる道. 参道. ¶~碑/墓前に立てられた石碑. 同 墓道 mùdào

【神道】 shéndao 形 ❶元気あふれる. ¶这个小孩真~/この子は本当に元気がいい. ❷(言動の)突飛だ. ¶那人总是神神道道/あの人はいつも変わっている.

【神甫[父]】 shénfu 名 宗教〔 个 ge, 名 míng, 位 wèi〕神父. 司祭. 同 司铎 sīduó

【神工鬼斧】 shén gōng guǐ fǔ 成 "鬼斧神工 guǐ fǔ shén gōng"に同じ.

【神怪】 shénguài 名 神仙とよう怪. ¶~小说/怪奇小説. ¶不信~/神や化け物を信じない.

【神汉】 shénhàn 名 男性の祈禱師.

【神乎其神】 shén hū qí shén 成 とてつもなく不思議だ. ¶一件很普通的事, 被他夸张 kuāzhāng 得~/ごくあたりふれた事が, 彼にかかるとさも不思議な事になってしまう. 由来 『荘子』天地篇に見えることば.

【神化】 shénhuà 動 神格化する.

【神话】 shénhuà 名 〔 篇 piān〕❶神話. ❷根拠のない作り話.

【神魂】 shénhún 名 気持ち. 精神. 表现 多く正常でない場合に用いる.

【神魂不定】 shénhún búdìng 句 気分が落ち着かない. 気持ちが定まらない.

【神魂颠倒】 shén hún diān dǎo 成 気が動転する. 平静さを失う.

【神机妙算】 shén jī miào suàn 成 予見性があり機略に富む. ¶~, 料事如神/驚くほど先を読んで, ぴたりと予測する. 同 妙算神谋 móu

【神交】 shénjiāo ❶名 気の合う友人. ❷動 面識はないが互いに心が結びつく.

*【神经】 shénjīng 〔 根 gēn, 条 tiáo〕神経. ¶~痛/神経痛. ¶~有点不正常/精神がちょっとおかしい.

【神经病】 shénjīngbìng 名 ❶ 神経障害. ❷ "精神病 jīngshénbìng"の俗称. ❸口 貶 変な奴.

【神经错乱】 shénjīng cuòluàn 名《医学》精神錯乱. 精神病.

【神经过敏】 shénjīng guòmǐn ❶名《医学》神経症. 神経過敏. ❷句 神経質で疑い深い.

【神经末梢】 shénjīng mòshāo 名《生理》末梢神経.

【神经衰弱】 shénjīng shuāiruò 名《医学》神経衰弱.

【神经系统】 shénjīng xìtǒng 名《生理》神経系統.

【神经纤维】 shénjīng xiānwéi 名《生理》神経繊維.

【神经性皮炎】 shénjīngxìng píyán 名《医学》神経性皮膚炎.

【神经元[原]】 shénjīngyuán 名《生理》神経元. 神経細胞. 同 神经细胞 xìbāo

【神经质】 shénjīngzhì 名 神経質.

【神经中枢】 shénjīng zhōngshū 名《生理》神経中枢.

【神龛】 shénkān 名 〔 个 ge〕仏像や位牌を置く厨子 (ずし).

【神来之笔】 shén lái zhī bǐ 成 文章中の絶妙な構想とことば遣い.

【神力】 shénlì 名 超人的な力. 神通力.

【神聊】 shénliáo 動 とりとめのないおしゃべりをする.

【神灵】 shénlíng 名 神の総称. ¶祈求 qíqiú~保佑 bǎoyòu /神の御加護を願う.

【神秘】 shénmì 形 神秘的だ. ¶这部电影充满~的色彩/この映画は, 神秘的な色合いに満ちている.

【神秘兮兮】 shénmì xīxī 句 ❶非常に神秘的なようす. ❷隠し事やいわくがありげなようす. 参考 "兮"は, 感嘆をあらわす古代の終助詞.

【神妙】 shénmiào 形 非常に優れている. 極めてレベルが高い. ¶~莫測/はかり知れないほど優れている. ¶笔法~/筆づかいが極めて巧みだ.

【神明】 shénmíng 名 ❶神の総称. ¶奉 fèng 若 ruò ~/神明のように崇め奉る. ❷精神状態. ¶~不衰/精神が衰えない.

【神女】 shénnǚ ❶名 ❶女神. 同 女神 nǚshén ❷ 旧 娼婦.

【神炮手】 shénpàoshǒu 名 名砲手.

【神品】 shénpǐn 名 絶妙な作品. 表现 多く書画を指す.

【神婆】 shénpó 名 方 巫女(ざ). 同 女巫 nǚwū, 神婆子 shénpózi

【神奇】 shénqí 形 非常に珍しい. 不思議だ. ¶~的传说/不思議な伝説. 同 神异 shényì

【神气】 shénqì[-qi] ❶名 表情. 顔つき. ¶说话的~/話をする表情. ❷形 元気いっぱいだ. ¶显得很~/意気揚々としている. ❸形 得意だ. ¶~十足/得意満面だ.

【神气活现】 shén qì huó xiàn 成 得意満面なようす.

【神枪手】 shénqiāngshǒu 名 〔 个 ge, 名 míng, 位 wèi〕射撃の名手.

【神情】 shénqíng 名 表情. 顔色. ¶~抑郁 yìyù / 表情が暗い. ¶愉快的~/楽しげな表情. 同 神色 shénsè

【神曲】 shénqū 名《薬》神麴(きさ).

【神权】shénquán 名神の権威.
【神人】shénrén 名❶神仙.仙人.同神仙 shénxiān ❷風采や才智が非凡な人.
【神色】shénsè 名表情.態度.¶～慌张 huāngzhāng / 慌てたようす.¶脸上露出了郦夷 bǐyí 的～ / 顔にさげすみの表情があらわれた.
【神色自若】shén sè zì ruò 成落ち着き払っている.
【神圣】shénshèng 形神聖だ.¶～的使命 / 神聖なる使命.
【神思】shénsī 名気持ち.情緒.精神.¶费尽～ / 心を痛める.同心思 xīnsi,心机 xīnjī
【神思不定】shénsī bùdìng 句気持ちが落ち着かない.¶这几天他～,什么事也干不了 / ここ数日,彼は気持ちが落ち着かず,何も手につかない.
【神似】shénsì 動(内実が)よく似た.¶艺术追求的不是形似,而是～ / 芸術が求めるのは形の再現ではなく,内面をそっくり描き出すことだ.反形似 xíngsì
【神速】shénsù 形驚くほど速い.¶收效～ / 効果てきめん.¶兵贵～ / 軍隊は素早い動きを貴ぶ.同疾速 jísù,迅疾 xùnjí
【神算】shénsuàn 名的確な読み.正しい見通し.¶这场比赛能如愿,多亏教练的～ / この試合で勝利を収められたのは,コーチの鋭い読みのおかげだ.
【神态】shéntài 名表情と態度.¶～自若 zìruò / 泰然自若としている.¶～安详 ānxiáng / 表情が安らかだ.同情态 qíngtài
【神通】shéntōng 名神通力.優れた能力や腕前.¶大显～ / 大いに腕をふるう.本領を発揮する.同神通力 lì
【神通广大】shén tōng guǎng dà 成❶神通力ででき ないことがない.❷腕前が優れている.
【神童】shéntóng 名神童.
【神往】shénwǎng 動思いを寄せる.あこがれる.¶心驰 chí ～ / 成ひたすら思いを馳せる.同憧憬 chōngjǐng,向往 xiàngwǎng
【神威】shénwēi 名計り知れない威力.¶大显～ / 抜群の威力を発揮する.
【神位】shénwèi 名位牌.
【神武】shénwǔ 名文英明で武勇に富んでいる.表現多く帝王や将相の称賛に用いる.
【神物】shénwù 名文❶神霊.怪異なもの.❷神仙.仙人.
【神仙】shénxiān[-xian] 名〔量个 ge,位 wèi〕❶神仙.仙人.❷神通力のある人.❸浮き世ばなれした人.
【神像】shénxiàng 名〔量幅 fú,尊 zūn〕❶神仏の像.ご神体.❷旧故人の彫像.
【神效】shénxiào 名〈薬などの〉すぐれた効き目.
【神学】shénxué 名《宗教》神学.
【神医】shényī 名〔量位 wèi〕名医.
【神异】shényì 名❶神仙のような怪.¶～小说 / 怪奇小说.❷形奇妙だ.非常に珍しい.¶～景色 / 奇妙な景色.
【神勇】shényǒng 形並はずれて勇敢だ.勇猛果敢だ.
【神游】shényóu 名文〈想像の中で〉ある地を巡り歩く.
【神韵】shényùn 名文芸術作品などの風流な趣.気品.¶他的表演极富～ / 彼の演技には深い味わいがある.
【神职人员】shénzhí rényuán 名《宗教》(キリスト教の)聖職者.
【神志】shénzhì 名意識.知覚.¶～不清 / 意識がはっきりしない.¶失去～ / 意識を失う.

【神智】shénzhì 名精神と知恵.
【神州】Shénzhōu 名文中国.由来戦国時代の騶衍(えん)が中国を"赤县 Chìxiàn 神州"と称したことから.
【神主】shénzhǔ 名位牌.

沈(瀋❷) Shěn
氵部4 四3411₂ 全7画 常用
❶素地名用字.¶～阳 Shěnyáng.❷(Shěn)姓.
☞ shěn chén
【沈阳】Shěnyáng《地名》瀋陽(しん).遼寧(`ねい)省の省都.

审(審) shěn
宀部5 四3050₆ 全8画 常用
❶素詳しい.緻密(ふ)だ.¶～慎 shěnshèn / 精～ jīngshěn(非常に詳しい).❷動審査する.¶～查 shěnchá / ～阅 shěnyuè / ～稿 shěngǎo(原稿を審査する).❸動取り調べる.¶～案 shěn'àn(事件を取り調べる) / 公～ gōngshěn(公判) / 提～ tíshěn(審問する).❹動知っている.¶未～其详(詳しいことは知らない).同谉 shěn,谂 shěn ❺副文たしかに.はたして.¶～如其言(やはり言う通りであった).❻(Shěn)姓.
【审查】shěnchá 動審査する.¶～提案 / 提案を審査する.¶～属实 shǔshí / 審査の結果,事実と一致する.
【审察】shěnchá 動❶細かく観察する.¶～作案现场 / 犯行現場を詳しく調べる.❷審査検討する.
【审处】shěnchǔ 動❶裁判の上,処理する.¶严格～ / 厳格に審理し,処置する.❷審査して処理する.
【审订】shěndìng 動審査して修正する.¶～书稿 / 原稿を校閲して修訂する.
【审定】shěndìng 動審査して決定する.審定する.¶～计划 / 計画を審定する.
【审读】shěndú 動〈文書などを〉詳しく読んでチェックする.
【审核】shěnhé 動〈書類を〉審査照合する.査定する.¶～经费 / 経費を査定する.¶～预算 / 予算を査定する.
【审计】shěnjì 動会計監査をする.
【审校】shěnjiào 動チェックし訂正する.
【审结】shěnjié 名《法律》結審する.
【审理】shěnlǐ 動《法律》審理する.¶依法～ / 法に基づき審理する.¶～工作正在进行 / 審理作業が行われている最中だ.
【审美】shěnměi 動美醜を識別する.美を解する.¶～鉴赏 jiànshǎng 力 / 審美眼.¶～观 / 美意識.
【审判】shěnpàn 動審理して判決を下す.裁判する.¶～长 zhǎng / 裁判長.
【审判权】shěnpànquán 名《法律》裁判権.
【审判员】shěnpànyuán 名《法律》裁判官.司法官.同法官 fǎguān
【审批】shěnpī 動審査して認可する.¶报请上级～ / 報告し上層部の裁定を待つ.¶～手续 / 査手続き.
【审评】shěnpíng 動審査し評定する.
【审慎】shěnshèn 形周到で慎重だ.¶他做事一向很～ / 彼の行動はいつも慎重だ.
【审时度势】shěn shí duó shì 成情勢をよく観察して判断する.¶投资时一定要～ / 投資する際は情勢判断をすべきだ.
【审视】shěnshì 名文細かく見る.¶他上下左右地～着来人 / 彼は来訪者を上から下まで念入りに見た.
【审问】shěnwèn 動取り調べる.尋問する.重審問審

问 [同] 审讯 shěnxùn

【审讯】shěnxùn [動] 取り調べる．尋問する．[同] 审问 shěnwèn

【审验】shěnyàn [動] 審査する．検査する．

【审议】shěnyì [動] 審議する．¶提交大会～／大会の審議に付する．

【审阅】shěnyuè [動]（文書などを）詳しく検討する．¶～方案／計画を精査する．¶～报告／報告をチェックする．

哂 shěn 口部 6 [四] 6106₄ 全 9 画 [通 用]

[素][文] ほほえむ．¶～纳 shěnnà．

【哂纳】shěnnà [動][文][敬] ご笑納ください．¶微薄 wēibó 之礼,请～／ほんの気持ちですが,ご笑納ください．[同] 笑纳 xiàonà

【哂笑】shěnxiào [動][文] あざ笑う．¶招人～／人の嘲笑をかう．

矧 shěn 矢部 4 [四] 8280₀ 全 9 画 [通 用]

[接][文] なおさら．その上．¶十日犹 yóu 嫌 xián 其迟,～一月乎（10日でさえ待ち遠しいのに,まして1ヶ月ではなおさらだ）．

谂（諗） shěn 讠部 8 [四] 3873₂ 全10画 [通 用]

[動][文] ❶知っている．¶～知 shěnzhī（知っている）．[同] 审 shěn ④ ❷忠告する．

婶（嬸） shěn 女部 8 [四] 4345₆ 全11画 [常 用]

[名]（～儿）❶叔母．父の弟の妻．¶二～ èrshěn（二番目のおばさん）／～母 shěnmǔ．❷母と同世代で年下の既婚女性に対する呼称．¶大～ dàshěn（おばさん）／张二～ Zhāng'èrshěn（張家の二番目のおばさん）．

【婶母】shěnmǔ [名] 叔母．父の弟の妻．[同] 叔母 shūmǔ [比較]“婶母”は呼称としても用いるが,“叔母”は呼称にはならない．

【婶娘】shěnniáng [名][方] 叔母．父の弟の妻．[同] 婶母 shěnmǔ

【婶婆】shěnpó [名] 夫の叔母．義父の弟の妻．

【婶婶】shěnshen [名] 叔母．父の弟の妻．[同] 婶母 shěnmǔ [用法] 呼称として使われる．

【婶子】shěnzi [名]“婶母 shěnmǔ”に同じ．

肾（腎） shèn 月部 4 [四] 2722₇ 全 8 画 [常 用]

[名]《生理》腎臓．¶～炎 shènyán．[同] 肾脏 shènzàng [参考] 通称“腰子 yāozi”．

【肾结石】shènjiéshí [名]《医学》腎臓結石．

【肾囊】shènnáng [名]《中医》陰嚢(いんのう)．

【肾上腺】shènshàngxiàn [名]《生理》副腎．[同] 肾上体 shènshàngtǐ

【肾上腺素】shènshàngxiànsù [名]《生理》アドレナリン．

【肾炎】shènyán [名]《医学》腎炎．

【肾盂】shènyú [名]《生理》腎盂(じんう)．

【肾脏】shènzàng [名]《生理》腎臓．

甚 shèn 一部 8 [四] 4471₈ 全 9 画 [常 用]

❶[副] 非常に．¶进步～快（進歩がとても速い）．❷[動] …にまさる．…を越える．¶日～一日（日に日にひどくなる）／无～于此者（これにまさるものはない）．❸[代][方] 何．どんな．¶～事 shènshì ？（何ですか）／有～说～（なんでも話す）／姓～名谁？（姓名は何というのか）．[同] 什么 shénme ❹[素] 甚だしい．¶欺人太～（[成] 人を欺くことがひどすぎる）．❺（Shèn）姓．

☞ 甚 shén

【甚而】shèn'ér [副]“甚至 shènzhì”に同じ．¶～至于／甚だしきにいたっては．

【甚高频】shèngāopín [名] 超短波．VHF．

【甚或】shènhuò [副][文] さらには．甚だしくは．…さえも．[同] 甚至 zhì

【甚为】shènwéi [副] 非常に．きわめて．

【甚嚣尘上】shèn xiāo chén shàng [成][貶] 世間に騒がしく議論がとびかう．¶事件发生后,各种消极言论一时～／事件の発生後,否定的意見が散々唱えられた．[由来]『左伝』成公十六年に見えることば．もとは,軍隊の騒々しいようすをいった．

【甚至】shènzhì [副] さらには．甚だしくは．…さえも．[同] 甚至于 shènzhìyú, 甚而 ér 至于 yú

【甚至于】shènzhìyú [副]“甚至 shènzhì”に同じ．¶这个道理很简单,～连小学生也懂／この理屈はとても簡単だから,小学生ですらわかる．

胂 shèn 月部 5 [四] 7520₆ 全 9 画 [通 用]

[名]《化学》アルシン．♦arsine

渗（滲） shèn 氵部 8 [四] 3312₂ 全11画 [常 用]

[動] しみ込む．しみ出る．¶～水 shènshuǐ（水がしみこむ）／～透 shèntòu／雨水都～到土里去了（雨水はみんな土の中にしみ込んだ）．

【渗出】shènchū [動] しみ出す．¶～汗珠 hànzhū／汗がしみ出る．

【渗沟】shèngōu [名] 排水溝．下水溝．

【渗坑】shènkēng [名] 排水用のたて穴．[同] 渗井 jǐng

【渗漏】shènlòu [動]（液体や気体が）漏れる．¶自来水龙头～了／水道の蛇口が水漏れする．

【渗入】shènrù [動] ❶しみ込む．¶雪水～大地／雪どけ水が大地にしみ込む．❷[貶] すき間に潜り込む．¶外国资本源源～亚洲地区的国家／外国資本がアジア地域の国へ続々と入り込む．

【渗碳】shèntàn [名]《冶金》浸炭．炭素むし．

【渗透】shèntòu [動] ❶《物理》浸透する．¶～压／浸透圧．❷しみ込む．しみ出す．¶汗水从额角 éjiǎo 上～出来／額に汗がにじむ．❸（事物や勢力が）徐々に進入する．¶经济～／経済的浸透．

葚 shèn 艹部 9 [四] 4471₈ 全12画 [通 用]

→桑葚 sāngshèn

☞ 葚 rèn

蜃 shèn 辰部 6 [四] 7123₆ 全13画 [通 用]

[名]《貝》オオハマグリ．¶～景 shènjǐng／海市～楼（[成] 蜃気楼）．

【蜃景】shènjǐng [名] 蜃気楼．[同] 海市蜃楼 hǎishì shènlóu [由来] 昔の人はオオハマグリが吐く息によって蜃気楼ができると考えた．

瘆（瘮） shèn 疒部 8 [四] 0012₂ 全13画 [通 用]

[動][方] 人を怖がらせる．¶～人 shènrén／～得慌 shèndehuāng（ひどくおびえる）．

【瘆人】shènrén [動] 人を怖がらせる．ぞっとさせる．¶～的声音／ぞっとするような物音．

S

慎 shèn

↑部10 四 9408₁
全13画 常用

❶ 形 慎重だ. 注意深い. ¶不～ búshèn (不用心だ) / 办事要～重(物事は慎重に行わねばならぬ). ❷ (Shèn)姓.

【慎密】shènmì 形 慎重かつ周到だ.
【慎重】shènzhòng 形 慎重だ. ¶为了～起见, 还是再看一遍比较 / 慎重を期して, やはりもう一度見直したほうが良い. 反 轻率 qīngshuài

sheng ㄕㄥ [səŋ]

升(異 昇❶❷, 陞❷) shēng

丿部3 全4画 四 2440₀ 常用

❶ 動 昇る. ¶～旗 shēngqí / 回～ huíshēng (再上昇する. 戻る). 反 降 jiàng ❷ 動 (等級が)上がる. ¶一级 shēngjí / ～班 shēngbān / 提～ tíshēng (昇進させる). 反 降 jiàng ❸ 量 容積の単位. 升(リーㄥ). 1"升"は1リットルに相等する. ❹ 量 (穀物をはかる)ます. 1"斗 dǒu"の10分の1の容量のもの. ❺ (Shēng)姓.

【升班】shēng//bān 自 (学生が)進級する.
【升班马】shēngbānmǎ 名《スポーツ》昇格チーム.
【升调】shēngdiào ❶ 名 (ことばの)上がり調子. ❷ 動 昇進して別の部門へ異動する. 同 升迁 qiān
【升幅】shēngfú 名 上昇幅. 上げ幅.
【升格】shēnggé 動 昇格する. ¶由讲师～为副教授 / 講師から准教授に昇格する. ¶升了一格 / 1ランク昇格した.
【升汞】shēnggǒng 名《化学》升汞(しょうこう).
【升官】shēng//guān 動 官位が高くなる. ¶～发财 fācái / 出世して金持ちになる.
【升号】shēnghào 名《音楽》嬰記号. シャープ(♯). 反 降号 jiànghào
【升华】shēnghuá 動 ❶《化学》昇華する. ¶～热 / 昇華熱. ❷ より純粋で高度な状態に高める. ¶艺术是现实生活的～ / 芸術は現実の生活が昇華したものだ.
【升级】shēng//jí 動 ❶ 進級する. 等級が上がる. ¶考试及格, 才能～ / 試験に及第しないと進級ができない. 同 晋级 jìnjí 反 降级 jiàngjí ❷(戦争や事態の)規模が拡大する. 緊迫度が深まる. ¶避免战争～ / 戦争がエスカレートするのを回避する.
【升级换代】shēngjí huàndài 句 (製品の)質を高め, モデルチェンジをする. ¶产品～ / 製品のグレードアップをする.
【升降】shēngjiàng 動 昇降する.
【升降舵】shēngjiàngduò 名《飛行機の》昇降舵.
【升降机】shēngjiàngjī 名 エレベーター. リフト. 同 电梯 diàntī
【升力】shēnglì 名《物理》揚力. 同 举 jǔ 力
【升平】shēngpíng 形 社会が安定し平和だ. 同 太平 tài píng
【升旗】shēng//qí 動 旗を揚げる.
【升迁】shēngqiān 動 栄転する. ¶他～得很快 / 彼はトントン拍子に昇進した.
【升任】shēngrèn 動 昇進する.
【升堂入室】shēng táng rù shì 成 学問や技術がしだいに高い水準に達する. ¶对于民間风俗的研究, 他已～, 成为专家了 / 民間風俗の研究では, 彼は一歩一歩レベルを高め, エキスパートとなった. 同 登 dēng 堂入室 由来『論语』先进篇に見えることば. "堂"は表座敷, "室"は奥の部屋. 表座敷に入ってから奥の部屋に進む, という意から.
【升腾】shēngténg 動 (炎や気体が)立ち昇る. ¶火焰 huǒyàn～ / 炎が上がる.
【升天】shēng//tiān 動 人が死ぬ. 昇天する.
【升位】shēng//wèi 動 (数量の増加などにより)番号の桁数が増加する.
【升温】shēngwēn 動 ❶ 温度が上昇する. ❷ 発展が加速する. 熱を帯びる.
【升限】shēngxiàn 名《航空機の》上昇限度. 限界高度.
【升学】shēng//xué 動 進学する. ¶～考试 / 入学试验. ¶～备考 / 受験勉強.
【升压】shēngyā 動《電気》電圧を上げる. ¶～器 / 昇圧器. ブースター.
【升涨】shēngzhǎng 動 高まる. ¶物价～ / 物価が高騰する.
【升帐】shēngzhàng 動 元帥が陣幕に将兵を召集して会議をしたり, 命令を発したりする. 表現 現在では多く「主導的立場に立つ」ことの比喩として用いる.
【升值】shēngzhí 動《経済》平価を切り上げる. ¶最近日元～, 美元贬值 / 最近円が上がり, ドルが下がった. 反 贬值 biǎnzhí

生 shēng

生部0 四 2510₀
全5画 常用

Ⅰ 動 ❶ 生む. 生まれる. ¶他家～了一个孩子 / 彼の家に子供が生まれた. ¶我～在北京 / 私は北京の生まれです.
❷ 生える. 育つ. ¶～根 shēnggēn. ¶～芽 / 芽生える.
❸ 生じる. 発生する. ¶他～病住院了 / 彼は病気で入院した. ¶～财 shēngcái. ¶～效 shēngxiào. ¶～锈 shēngxiù.
❹ 火をおこす. ¶～火 shēnghuǒ. ¶～炉子 lúzi / ストーブをたく.
Ⅱ 形 ❶ (果実が)まだ熟していない. 反 熟 shú ¶～瓜 / 熟れていないウリ. ¶这些桃子还有点儿～ / これらの桃はまだちょっと熟していない.
❷(食物が)生の. 煮えていない. 反 熟 shú ¶～鸡蛋 / なま卵. ¶不能喝～水 / 生水を飲んではいけない. ¶牛肉可以～吃 / 牛肉は生で食べることができる.
❸ 未加工の. ∥述语にはならない. 反 熟 shú ¶～药 shēngyào. ¶～铁 shēngtiě.
❹ なじみがない. ¶～人 shēngrén. ¶～词 shēngcí. ¶认～ / 人見知りをする. ¶陌 mò～ / 見慣れない. 人一地不熟 / 顔なじみもなく土地も不案内である.
❺ 未熟である. 慣れていない. ¶～手 shēngshǒu. ¶字写得有点儿～ / 字の書き方が未熟だ.
Ⅲ 副 ❶ かたくなに. 無理やりに. ¶～拉硬拽 shēng lā yìng zhuài. ¶～搬硬套 shēng bān yìng tào. ¶～不承认 / あくまでも認めない.
❷(知覚動詞"疼", "怕", "恐"などと結合し)ひどく. たいへん.
Ⅳ 名 ❶ 生きること. 反 死 sǐ ¶起死回～ / 成 死んだのを生き返らせる. ¶贪 tān～怕死 / 命を惜しみ死を恐れる.
❷ 生活. ¶谋 móu～ / 生計をたてる. ¶营 yíng～ /

暮らしを営む.
❸ 生命. ¶丧 sàng〜/命を失う. ¶杀 shā〜/殺生する.
❹ 生涯. ¶平〜/一生. ¶半〜/半生. ¶终 zhōng〜/生涯.
Ⅴ 图 ❶ 学生. ¶学〜/学生. ¶男〜/男子学生. ¶女〜/女子学生. ¶新〜/新入生. ¶老〜/先に入学した学生；先輩. ¶师〜/師弟系.
❷ 伝統劇の男役. ¶老〜/男の老け役. ¶小〜/二枚目. ⇨付録「京劇入門」
❸ 知識や技術を職業とする人. ¶医〜/医者.
Ⅵ (Shēng) 姓.

【生搬硬套】shēng bān yìng tào 成 実情を無視して，機械的にあてはめる. ¶对前人的经验要灵活地吸收，运用，不能〜/先人の経験は，弾力的に吸収し，応用すべきだ．ただ機械的にあてはめるだけではいけない.
【生变】shēngbiàn 動 変化や事件が起こる.
【生病】shēng//bìng 動 病気になる.
【生不逢时】shēng bù féng shí 成 時運に恵まれない．生涯よき機会に巡り合うことがない. 回生不逢辰 chén
【生财】shēngcái ❶ 動 財産を増やす. ❷ 名 方 商店で用いる家具や道具.
【生财有道】shēng cái yǒu dào 成 回 金儲けが上手だ.
【生菜】shēngcài 名 ❶ 回 レタス．チシャ. ❷ 生野菜.
*【生产】shēngchǎn 動 ❶ 生産する. ¶工厂〜产品/工場で製品を生産する. 反 消费 xiāofèi ❷ 子供を産む. ¶她快〜了/彼女はまもなく出産する.
【生产队】shēngchǎndui 名 生産隊. 参考 人民公社時代の農村の末端単位．公社や生产大队の下位に置かれた.
【生产方式】shēngchǎn fāngshì 名《経済》生産様式.
【生产工具】shēngchǎn gōngjù 名《経済》生産用具.
【生产关系】shēngchǎn guānxì 名《経済》生産関係.
【生产过剩】shēngchǎn guòshèng 名《経済》生産過剰.
【生产力】shēngchǎnlì 名 生産力.
【生产率】shēngchǎnlǜ 名《経済》❶ 労働生産性. 回 劳动 láodòng 生产率 ❷ 生産効率.
【生产线】shēngchǎnxiàn 名 生産ライン.
【生产资料】shēngchǎn zīliào 名《経済》生産手段.
【生辰】shēngchén 名 誕生日. 回 生日 shēngrì
【生成】shēngchéng 動 ❶ (自然現象などが)形をなす．生成する. ¶煤气是由焦炭烧～的/石炭ガスは石炭が燃焼してできる. ❷ 生まれつき持つ. ¶她有一双敏锐 mǐnruì 的眼睛/彼女は生まれつき鋭い目をもっている.
【生吃】shēngchī 動 生のまま食べる. ¶新鲜的牡蛎 mǔlì 是可以～的/新鮮なカキは生で食べられる.
*【生词】shēngcí 名〔个 ge〕新しい単語．新出単語．知らないことば.
【生凑】shēngcòu 動 無理にかき集める. ¶这篇论文是～出来的/この論文は無理やりでっち上げたものだ.
【生存】shēngcún 動 生存する．生きる. ¶〜竞争 jìngzhēng/生存競争. 反 死亡 sǐwáng
【生存斗争】shēngcún dòuzhēng 名 生存競争.
【生存权】shēngcúnquán 名《法律》生存権.
【生地】shēngdì 名 ❶ よく知らない土地. ❷ 未開墾地.
回 生荒 huāng ❸《薬》生のジオウ. 回 生地黄 huáng
*【生动】shēngdòng 形 生き生きとしている. ¶〜的描写 miáoxiě/生き生きとした描写. ¶描写非常〜/描写が極めて生き生きしている. 回 活泼 huópo 反 死板 sǐbǎn, 呆板 dāibǎn 表现 人の表情・ことば・場面・雰囲気についていうことが多い.
【生儿育女】shēng ér yù nǚ 句 子供を産み育てる.
【生而知之】shēng ér zhī zhī 成 生まれながらにして，しかるべき知識を備えている.
【生法】shēngfǎ 繁殖する．発展する.
【生法】shēng/fǎ 動 手だてを講じる. 回 设 shè 法
【生分】shēngfen 形《感情が》疎遠だ．しっくりしない. ¶亲友之间也要多来往，否则，久了就〜了/親戚や友人どうしであっても，まめな行き来は必要だ．そうしないと，時間がたつにつれ疎遠になってしまう.
【生俘】shēngfú 動 (敵を)生け捕る. 回 活捉 huózhuō
【生父】shēngfù 名 実の父.
【生根】shēng//gēn 動 根を下ろす. ¶〜发芽 fāyá/根づき，芽を出す.
【生光】shēngguāng 名《天文》生光(はっ). 皆既食の終了.
【生花之笔】shēng huā zhī bǐ 成 傑出した文筆の才能. 回 生花妙 miào 笔 由来 李白は子供の頃，筆の先に花が咲いた夢を見，のちにその文才が天下に聞こえるようになった，という伝説から.
【生还】shēnghuán 動 生還する.
【生荒】shēnghuāng 名〔回 块 kuài, 片 piàn〕未開墾地. 回 生荒地 dì, 生地 shēngdì
*【生活】shēnghuó ❶ 名 生活．暮らし. ¶〜富裕 fùyù/暮らし向きが豊かだ. ❷ 名 方 (工業・農業・手工業などの)仕事. ¶做〜/仕事をする. ¶〜忙/仕事が忙しい. ❸ 動 生活する．生きる. ¶这些日子实在难于〜下去/近ごろはまったく生きて行くのが難しい.
【生活方式病】shēnghuó fāngshìbìng 名 生活習慣病.
【生活费】shēnghuófèi 名 生活費.
【生活资料】shēnghuó zīliào 名 生活必需品. 回 消费 xiāofèi 资料
【生火】❶ shēng//huǒ 動 火をおこす. ¶〜取暖/火をおこして暖をとる. ❷ shēnghuǒ 名 (汽船の)ボイラーマン.
【生机】shēngjī 名 ❶ 生存のチャンス．生きる望み. ¶失去了〜/生きる望みを失った. ¶还有一线〜/まだ助かる見込みがある. ❷ 生命力．活力. ¶恢复了〜/活力を取り戻した. 回 活力 huólì, 生气 shēngqì
【生机盎然】shēng jī àng rán 成 生命力が満ちあふれている.
【生计】shēngjì 名 生計．暮らし向き. ¶家庭〜/家庭の暮らし向き. ¶另谋 móu〜/生計の手段を他に求める.
【生姜】shēngjiāng 名 回《植物》ショウガ.
【生境】shēngjìng 名 (動物や植物の)生息地や自生地の環境.
【生就】shēngjiù 動 生まれつき持っている. ¶〜一张利嘴/生まれつき口が達者だ. 表现 性格や容貌などについていうことが多い.
【生角】shēngjué 名 (〜儿)《芸能》旧劇の男役. 参考 一般には"老生 lǎoshēng"を指す.

【生客】shēngkè 名 見知らぬ客. ¶怕见~/見知らぬ人に会うのがこわい.
【生恐】shēngkǒng 動 (…するのを)ひどく恐れる. ¶他~别人看不起他/彼は人に見くびられるのを恐れている.
【生拉硬拽】shēng lā yìng zhuài 慣 ❶力ずくで言うことを聞かせる. ¶~地把他请来了/無理やり彼に来てもらった. ❷無理にこじつける. 同 生拉硬扯 chě
【生来】shēnglái 副 生まれつき. ¶我身体~就结实 jiēshi / 私は生まれつき身体が丈夫だ.
【生老病死】shēng lǎo bìng sǐ 成 生まれること, 老いること, 病むこと, 死ぬこと. ¶~难以预料/人の生き死には, 病気は予測できない. 参考 もとは仏教における"四苦"をいう. 今日では出産・養老・医療・埋葬などを指す.
【生冷】shēnglěng 名 生ものや冷たい食べ物. ¶忌 jì ~/生ものや冷たい物を避ける.
【生离死别】shēng lí sǐ bié 成 生き別れや死別. 永遠の別れ. ¶没想到因洪水 hóngshuǐ 而~/洪水で離ればなれになるとは, 思いもかけないことだった.
【生理】shēnglǐ 名 生理.
【生理学】shēnglǐxué 名 生理学.
【生理盐水】shēnglǐ yánshuǐ 名 生理食塩水. リンゲル液.
【生力军】shēnglìjūn 〔同 批 pī, 支 zhī〕 新戦力. ニューフェース. ¶他们是科研战线上的~/彼らは科学研究戦線の新戦力だ.
【生料】shēngliào 名 原材料.
【生灵】shēnglíng 名 ❶❷人民. ❷生命体.
【生灵涂炭】shēng líng tú tàn 成 人民がひどい苦しみを受ける. 庶民が塗炭の苦しみをなめる. 同 生民 mín 涂炭, 涂炭生灵 参考 "生灵"は人民, "涂炭"は泥と炭火, という意.
【生龙活虎】shēng lóng huó hǔ 成 生気あふれ, 活力に満ちている. ¶这些年轻人, 个个~/これらの若者たちは誰もがエネルギッシュだ.
【生路】shēnglù 名〔同 条 tiáo〕生きる道. 生活の方法. ¶寻 móu ~/生きる道を探す. ¶杀出一条~/活路を切り開く. 同 活路 huólù 反 死路 sǐlù
【生猛】shēngměng 形方 ❶(海産物が)活きがいい. 新鮮だ. ¶~海鲜/活きのいいシーフード. ❷(人の動きが)元気はつらつとしている.
【生米】shēngmǐ 名 生米.
【生米煮成熟饭】shēng mǐ zhǔ chéng shú fàn 成 今さらもう変えられない. 取り返しがつかない. ¶他俩的婚姻 hūnyīn 了, 再反对也没用了/二人の結婚はもう決まったんだから, 今さら反対しても無駄だ. 同 生米做 zuò 成熟饭 由来 生米が炊きあがってご飯になってしまった, という意から.
*【生命】shēngmìng 名 生命. ¶宝贵的~/貴い命.
【生命力】shēngmìnglì
【生命线】shēngmìngxiàn 名 (生存と発展を保証する)生命線.
【生命银行】shēngmìng yínháng 名 アイバンクや骨髄バンクなどの総称. ¶现时点で, 日本にはこれらを総称する「生命バンク」といった呼称はない.
【生命攸关】shēng mìng yōu guān 成 生死にかかわる. 参考 "攸关"は"所关"(…に関わるところの)の意.
【生母】shēngmǔ 名 実の母. 反 养母 yǎngmǔ
【生怕】shēngpà 動 (…することを)ひどく恐れる. 心配する. ¶~别人不知道/人が知らないのでは心配する.
【生啤酒】shēngpíjiǔ 名 生ビール. 同 鲜 xiān 啤酒

【生僻】shēngpì 形 あまり見かけない. よく知らない. ¶~字/見慣れない字. 同 冷僻 lěngpì 反 熟悉 shúxī 表現 ことば・文字・書籍についていう.
【生平】shēngpíng 名 ❶人の一生. ¶~事迹/生涯の事績. ❷生まれてこのかた. ¶他~第一次坐飞机/彼は生まれてはじめて飛行機に乗った.
【生漆】shēngqī 名 生ウルシ. 同 大漆 dàqī
*【生气】shēngqì ❶ shēng//qì 動 腹を立てる. 怒る. ¶容易~/すぐ腹を立てる. ¶他还在生你的气呢/彼はまだ君のことを怒っている. ❷ shēngqì 名 生気. 活気. 活力. ¶青年人最富有~/若者は最も活力にあふれている. 同 活力 huólì, 生机 shēngjī
【生气勃勃】shēng qì bó bó 成 活気に満ちている.
【生前】shēngqián 名 生前. ¶~好友/生前の知り合い. ¶~的愿望/生前の願い.
【生擒】shēngqín 動 (敵や賊を)生け捕りにする. ¶~活捉/生け捕りにする.
【生趣】shēngqù 名 生活の楽しみ. ¶富有~/暮らしの中に楽しみがたくさんある.
【生人】❶ shēng//rén 動 出生する. ¶您是哪年~?/あなたは何年のお生まれですか. ¶我是上海的生まれです. ❷ shēngrén 名 見知らぬ人. ¶这孩子怕见~/この子は人見知りする. 反 熟人 shúrén
**【生日】shēngrì[-ri] 名 誕生日. ¶过~/誕生日を祝う. ¶~蛋糕/バースデーケーキ.
【生色】shēngsè 動 光彩を添える. ¶小美的歌,使晚会~不少/メイちゃんの歌で,パーティーはいっそう華やかになった.
【生涩】shēngsè 形 (ことばや文章などが)ぎこちない. 滑らかでない. ¶这篇文章用词~难懂/この文章はことばがこなれていてわかりにくい.
【生杀予夺】shēng shā yǔ duó 成 人々の命や財産をほしいままにする権力. 生殺与奪.
【生身父母】shēngshēn fùmǔ 名 生みの親. ¶他的~在日本/彼の実の父母は日本にいる.
【生生世世】shēngshēngshìshì 名 永遠. 未来永劫. ¶您的恩情 ēnqíng~永不忘记/ご厚情は生涯決して忘れません.
【生石灰】shēngshíhuī 名 生石灰.
【生事】shēng//shì 動 もめごとを起こす. ¶造谣 zàoyáo~/デマを飛ばして騒ぎを引き起こす. ¶又是你在从中~/また君が間に立ってトラブルを起こしたのか. 同 惹事 rěshì, 滋事 zīshì
【生手】shēngshǒu 名 未熟者. 新米. 反 熟手 shúshǒu ¶我还是个~/私はまだ未熟者です.
【生疏】shēngshū 形 ❶うとい. 慣れていない. ¶人地都很~/土地にも人にも不案内だ. ❷(ブランクがあいて)腕が鈍っている. なまっている. ¶技术~了/技が衰えている. ❸(感情の面で)疎遠だ. ¶多年不来往,我们的关系~了/長年行き来がなかったので,私たちは疎遠になってしまった. 同 陌生 mòshēng 反 熟练 shúliàn, 熟悉 shúxī 比較 "生疏"は人・場所・名前・仕事などに広く用いられるが,"陌生 mòshēng"は場所と人に用いるだけである.
【生水】shēngshuǐ 名 生水.
【生丝】shēngsī 名 生糸.
【生死】shēngsǐ 名 生と死. ¶~关头/生きるか死ぬかの瀬戸際.
【生死存亡】shēng sǐ cún wáng 成 生きるか死ぬか. 情勢が切羽詰まっている. ¶~的斗争 dòuzhēng / 生

きるか死ぬかの戦い.
【生死抉择】shēng sǐ jué zé 成 生死を選ぶ.
【生死攸关】shēng sǐ yōu guān 成 生死にかかわる. ¶～的问题／生死にかかわる問題.
【生死与共】shēng sǐ yǔ gòng 成 生死を共にする. 友情が深い.
【生死之交】shēng sǐ zhī jiāo 成 生死を共にできる友. また,その友情.
【生态】shēngtài 名 生態. ¶～平衡 pínghéng／生態バランス.
【生态环境】shēngtài huánjìng 名 生態環境.
【生态科学】shēngtài kēxué 名 生態科学.
【生态旅游】shēngtài lǚyóu 名 エコツーリズム. エコツアー.
【生态农业】shēngtài nóngyè 名《農業》(生態系に配慮した)持続可能な農業.
【生态学】shēngtàixué 名 生態学. エコロジー.
【生态住宅】shēngtài zhùzhái 名 エコロジー住宅.
【生铁】shēngtiě 名 鋳鉄. 銑鉄(ず). 同 铸铁 zhùtiě
【生土】shēngtǔ 名 やせた土壌. 反 熟 shú 土
【生吞活剥】shēng tūn huó bō 成 貶 (人の理論や経験などを)無理に受け入れる. そのまま応用する. ¶决不可～地套用外国的经验／外国のノウハウをそのまま当てはめてはならない.
*【生物】shēngwù 名 生物. ¶浮游～／プランクトン.
【生物安全】shēngwù ānquán 名 バイオセーフティ.
【生物多样性】shēngwù duōyàngxìng 名《生物》生物多様性.
【生物防治】shēngwù fángzhì 名《農業》生物農薬. 参考 病原菌や天敵などを利用して害虫を防除すること.
【生物工程】shēngwù gōngchéng 名 生物工学. バイオエンジニアリング.
【生物技术】shēngwù jìshù 名 バイオテクノロジー.
【生物碱】shēngwùjiǎn 名《化学》アルカロイド. 同 植物 zhíwù 碱
【生物疗法】shēngwù liáofǎ 名 バイオセラピー.
【生物圈】shēngwùquān 名 生物圏.
【生物入侵】shēngwù rùqīn 名 外来種生物が侵入すること.
【生物武器】shēngwù wǔqì 名《軍事》生物兵器. 細菌兵器. 同 细菌 xìjūn 武器
【生物芯片】shēngwù xīnpiàn 名《生物・化学》バイオチップ.
【生物学】shēngwùxué 名 生物学.
【生物炸弹】shēngwù zhàdàn 名《軍事》バイオ爆弾.
【生物战】shēngwùzhàn 名《軍事》生物戦. 細菌戦. 同 细菌 xìjūn 战
【生物制品】shēngwù zhìpǐn 名《医学》生物から造る薬物.
【生物钟】shēngwùzhōng 名《生物》生物時計.
【生息】shēng//xī 動 利子を生む. ¶存款～／預金に利子がつく.
【生息】shēngxī 動 文 ❶ 生活する. 生きる. ¶在这块土地上劳动～过／この土地で働き生活したことがある. ❷ 繁殖する. ¶休养～／民の力を養う. ❸ 成長させる. ¶～力量／力を伸ばす.
【生肖】shēngxiào 名 生まれた年の干支(ぇ). ¶我的～是鸡／私の干支はトリです. 同 属相 shǔxiang 参考 "鼠 shǔ（子 zǐ）","牛 niú（丑 chǒu）","虎 hǔ（寅 yín）","兔 tù（卯 mǎo）","龙 lóng（辰 chén）","蛇 shé（巳 sì）","马 mǎ（午 wǔ）","羊 yáng（未 wèi）","猴 hóu（申 shēn）","鸡 jī（酉 yǒu）","狗 gǒu（戌 xū）","猪 zhū（亥 hài）"の12種類.
【生效】shēng//xiào 動 効力を発する. 効き目があらわれる. ¶合同签字后立即～／契約は調印後ただちに発効する. 反 失效 shīxiào
【生性】shēngxìng 名 幼いころからつちかわれた性格や習慣. ¶～活泼／小さいころから性格は活発だった.
【生锈】shēng//xiù さびが出る. ¶刀子生了锈不好使了／ナイフはさびてしまうと使いにくくなる.
【生涯】shēngyá 名（ある活動や職業に従事している）生活. ¶舞台～／舞台生活.
【生养】shēngyǎng 動 口 生み育てる. ¶她～了三个小孩／彼女は三人の子供を生み育てた. 同 生育 shēngyù
【生药】shēngyào 名 生薬. 表現 植物性のものを指すことが多い.
【生业】shēngyè 名 生業. ¶各安～／それぞれ身を落ち着けて職に就いている.
【生疑】shēngyí 動 疑いをもつ.
*【生意】名 ❶ shēngyì 活気. 生気. ¶～盎然 àngrán／活気に満ちあふれている. ❷ shēngyi〔笔 bǐ, 宗 zōng〕商売. ¶做～／商売をする.
【生意经】shēngyìjīng 名（商売の）才覚. こつ. ¶精通～／商売のこつに精通している.
【生硬】shēngyìng 形 貶 ❶（ことばや動作が）不自然だ. ぎこちない. ¶这个词用在这里有点儿～／この語をここに用いるのはやや不自然だ. 反 自然 zìrán ❷（態度ややり方が）ぶっきらぼうだ. ¶他的作风太～了／彼のやり方はあまりに荒っぽい.
【生油】shēngyóu 名 ❶ 加熱していない油. ❷ 方 ラッカセイ油.
【生鱼片】shēngyúpiàn 名 刺身.
【生育】shēngyù 動 子供を産む. ¶～子女／子供を産む. ¶计划 jìhuà～／計画出産. 同 生养 shēngyǎng
【生育权】shēngyùquán 名 出産の権利. 参考 中国の"计划生育法"で男女両方に認められている,子供を出産するかどうかを決定する権利.
【生员】shēngyuán 名《歴史》生員(ﾂﾞ). 参考 明・清時代,科挙の受験資格のできた地方の学生. 表現 ふつうは"秀才 xiùcai"と言う.
【生源】shēngyuán 名 志願者. 参考 多く学生の募集について言う.
【生造】shēngzào 動（新語などを）作りだす. ¶～谁也不懂的词语／だれも分からないようなことばをひねり出す.
*【生长】shēngzhǎng 動 ❶ 生長する. 成長する. ¶稻子～良好／米が順調に育っている. ❷ 生まれ育つ. ¶他～在北京／彼は北京で生まれ育った.
【生长点】shēngzhǎngdiǎn 名《植物》生長点.
【生长素】shēngzhǎngsù 名《植物》生長素. オーキシン.
【生殖】shēngzhí 動《生物》生殖する.
【生殖洄游】shēngzhí huíyóu 名《魚》産卵回遊.
【生殖健康】shēngzhí jiànkāng 名 母子の健康. (女性の)性や生殖に関する健康.
【生殖器】shēngzhíqì 名《生理》生殖器.
【生殖细胞】shēngzhí xìbāo 名《生理》生殖細胞. 同 性 xìng 细胞
【生殖腺】shēngzhíxiàn 名《生理》生殖腺. 同 性 xìng 腺

【生猪】shēngzhū 名 (取引用の)生きたブタ. ¶这些〜都送到市场去 / これらのブタはみな市场へ送られる.
【生字】shēngzì 〔圈 个 ge〕知らない字. 新出漢字. ¶〜表 / 新字表. 反 熟字 shúzì

声(聲) shēng 士部4 四 4020₇ 全7画 常用

❶ 名(〜儿)音. 声. ¶雨〜 yǔshēng (雨音) / 脚步〜 jiǎobùshēng (足音) / 一如洪钟 hóngzhōng (われ鐘のような声). ❷ 量 音声を出す回数を数えることば. ¶喊了两〜,没有人答应 dāying (二声三声呼んでみたが、誰も答えなかった). ❸ 演 声が. 公言する. ¶〜明 shēngmíng / 〜东击西. ❹ 素《言語》声母. ¶双〜 shuāngshēng (双声). ⇨声母 shēngmǔ ❺ 素《言語》声调. ¶四〜 sìshēng (四声). ⇨声调 shēngdiào ❻ 名声. ¶〜望 shēngwàng / 〜誉 shēngyù / 有〜于世(世に評判が高い).
【声辩】shēngbiàn 動 公の場で弁解する. 言いわけする. ¶不容〜 / 言いわけは許さない. ¶他不为 wèi 自己一言 / 彼は一言も弁解しない.
【声波】shēngbō 名《物理》音波.
【声部】shēngbù 名《音楽》声部. パート.
【声场】shēngchǎng 名《物理》音場("á"). (媒質にある)音波の空間領域.
【声称】shēngchēng 動 言明する. 公言する. ¶〜击落敌机三架 / 敌機3機を撃墜したと発表した. 同 宣称 xuānchēng, 声言 shēngyán
【声带】shēngdài 名 ❶《生理》声带. ¶〜息肉 / 声带ポリープ. ❷《映画》サウンドトラック. ❸ 声纹.
【声道】shēngdào 名 音声トラック.
*【声调】shēngdiào 名 ❶ 声のトーン. 調子. ❷ 音調 yīndiào, 腔調 qiāngdiào ❷《言語》声調. 特に中国語の四声をいう. 同 字调 zìdiào
【声东击西】shēng dōng jī xī 成 一方に注意をひきつけて他方を打つ. ¶用〜的手段,迷惑 míhuò 对方 / 陽動作戦を使って、相手を惑わす.
【声价】shēngjià 名 名声. 評判. ¶〜甚 shèn 高 / 評判がとても高い.
【声控】shēngkòng 動 音声で制御する. ¶〜技术 / 音声コントロール技术.
【声浪】shēnglàng ❶ "声波 shēngbō" の旧称. ❷ 大勢の人々のさけび声. どよめき. ¶喝彩 hècǎi 的〜 / 喝采のどよめき.
【声泪俱下】shēng lèi jù xià 成 涙ながらに訴える.
【声门】shēngmén 名《生理》声門.
【声名】shēngmíng 名 又 名声. 評判. ¶〜鹊起 quèqǐ / 名声が一気に高まる. 同 名声 míngshēng
【声名狼藉】shēng míng láng jí 成 名声が地に落ちる. 評判がひどく落ちする. ¶他们早已〜了 / 彼らの名声はつとに地を払っている.
【声明】shēngmíng 動 声明(する). ¶郑重 zhèngzhòng〜 / 厳に声明する. ¶联合〜 / 共同声明.
【声母】shēngmǔ 名《言語》声母. 音節の初めの子音. ⇨韵母 yùnmǔ
【声呐[纳]】shēngnà 名 水中音波探知器. ソナー. ◆ sonar
【声旁】shēngpáng 名《言語》形声文字の音をあらわす部分. 参考 "桐 tóng"の字の "同" など. ⇨形声 xíngshēng
【声频】shēngpín 名《物理》可聴周波数. 同 音 yīn 频

【声谱】shēngpǔ 名 サウンドスペクトル. ¶〜仪 / サウンドスペクトログラフ.
【声气】shēngqì 名 ❶ 消息. 情報. ¶互通〜 / たがいに連絡をとりあう. ❷ 方 口調. 口ぶり. ¶说话的〜 / 話しの調子.
【声腔】shēngqiāng 名《芸能》節回し. 参考 特に中国伝統劇の歌唱や伴奏スタイルのことを言う. "昆腔 kūnqiāng", "高 腔 gāoqiāng", "梆 子 腔 bāngziqiāng", "黄皮 huángpí" などの総称.
【声情并茂】shēng qíng bìng mào 成 (歌や演奏が)音色が優美で感情豊かだ. ¶小明的演唱 / ミンさんの歌唱は音色も表現力もすばらしい.
【声请】shēngqǐng 動 申請する. 同 申请 shēnqǐng
【声色】shēngsè 名 ❶ (話す時の)声と顔色. ¶外表依然不动〜 / 顔にはなにも出さない. ❷ 又 歌舞音曲と女色. ¶耽于 dānyú〜 / 音曲と女色にふける.
【声色俱厉】shēng sè jù lì 成 話し声,表情ともに厳しい. ¶经理〜地训斥 xùnchì 了他 / 社長は厳しい表情で彼を叱りつけた.
【声色犬马】shēng sè quǎn mǎ 成 道楽にふける. 同 声色狗 gǒu 马 由来 "声色" は音曲と女色, "犬马" はイヌを飼いウマに乗って遊ぶこと.
【声势】shēngshì 名 気勢. 威勢. ¶虚张〜 / 成 虚势を张る.
【声势浩大】shēng shì hào dà 成 威勢がいい.
【声嘶力竭】shēng sī lì jié 成 声がかすれるまで叫ぶ. 力の限り叫ぶ. ¶〜地叫喊 / あらん限りの声で叫ぶ.
【声速】shēngsù 名《物理》音速. 同 音速 yīnsù
【声讨】shēngtǎo 動 糾弾する. ¶〜恐怖分子 kǒngbù fènzǐ 的罪行 zuìxíng / テロリストの罪状を糾弾する.
【声望】shēngwàng 名 声望. ¶社会〜很高 / 社会的な声望が高い. 同 名气 míngqi
【声威】shēngwēi 名 ❶ 名声. 声望. ¶〜大震 dàzhèn / 声望が鳴り響く. ❷ 威望 wēiwàng ❷ 威势. 気势.
【声息】shēngxī 名 ❶ 音. ¶没有一点〜 / ことりともしない. 同 声音 shēngyīn ❷ 消息. ¶〜相通 / 連絡が通じ合う. 用法 ① は多く否定形で用いる.
【声响】shēngxiǎng 名 ❶ 発出巨大的〜 / 巨大なうなりをあげる. 同 声音 shēngyīn
【声像】shēngxiàng 名 録音と録画. また, 音声と画像. 同 音 yīn 像
【声学】shēngxué 名 音響学.
【声讯】shēngxùn 名 テレフォンサービス.
【声言】shēngyán 動 言明する. 公言する. ¶〜我方与此事无关 / こちらはこの件と無関係であることを言明しておく.
【声扬】shēngyáng 動 言いふらす. 外に漏らす. ¶成绩绝不〜 / 成绩は決して外に漏らさない.
*【声音】shēngyīn 名 ❶ 〜大 / 音が大きい. 同 声响 shēngxiǎng, 音响 yīnxiǎng ❷ 声. ¶反映群众的〜 / 大众の声を反映する.
【声誉】shēngyù 名 名声. 評判. ¶有损 sǔn〜 / 名誉を損なう. ¶〜卓著 zhuózhù / 評判が抜群だ. 同 名誉 míngyù
【声誉鹊起】shēng yù què qǐ 成 名声がまたたく間に高まる.
【声援】shēngyuán 動 声援する. ¶〜争取民主的运动 / 民主を勝ち取る運動に声援を送る.
【声乐】shēngyuè 名 声乐. ¶〜家 / 声乐家.

【声韵学】shēngyùnxué 名 音韻学.
【声张】shēngzhāng 動 言いふらす. 口外する. ¶不可～出去/口外してはならない. 用法 多く否定形で用いる.

牲 shēng
牛部5 四 2551₀ 全9画 常用
素 ❶ 家畜. ¶～口 shēngkou / ～畜 shēngchù. ❷ 古代, 祭祀に用いるウシ・ヒツジ・ブタなど. ¶献～ xiànshēng (いけにえをささげる).
☞ 牲 shèng
【牲畜】shēngchù 名 家畜. ¶饲养 sìyǎng～/家畜を飼う. 同 家畜 jiāchù
【牲口】shēngkou 名〔匹 pǐ, 头 tóu〕(ウシ・ウマ・ロバなどの)役畜. ¶～棚 péng/家畜小屋.

胜 shēng
月部5 四 7521₀ 全9画 常用
名《化学》ペプチド. 同 肽 tài
☞ 胜 shèng

笙 shēng
竹部5 四 8810₅ 全11画 常用
名《音楽》笙(しょう). 管楽器の一種. ¶～歌 shēnggē/～鼓 shēnggǔ (笙と太鼓).
【笙歌】shēnggē 動 文 演奏し歌う.

甥 shēng
生部7 四 2612₇ 全12画 次常用
名 おい. 姉または妹の息子. ¶外～女儿(めい. 姉または妹の娘). 同 外甥儿 wàishēngr
【甥女】shēngnǚ 名 めい. 姉または妹の娘. 同 外甥女 wàishēngnǚ

渑(澠) Shéng
氵部8 四 3611₆ 全11画 通用
素 地名用字. 古代の川の名. 現在の山東省臨淄(りんし)県の近くにあった.
☞ 渑 Miǎn

绳(繩) shéng
纟部8 四 2611₈ 全11画 常用
❶ 名 (～儿)〔根 gēn, 条 tiáo〕縄. ひも. ¶麻～ máshéng (麻縄) / 钢～ gāngshéng (ワイヤーロープ). ❷ 素 標準. ¶准～ zhǔnshéng (標準) / 墨～ shéngmò. ❸ 動 制約や制裁を加える. ¶～以纪律 (規律で正す) / ～之以法 shéng zhī yǐ fǎ. ❹ 動 引き継ぐ. ¶～其祖武(祖業を引き継ぐ). ❺ 名 (Shéng)姓.
【绳捆索绑】shéng kǔn suǒ bǎng 句 (犯人を)縄で縛り上げる. ¶犯人被～押赴 yāfù 刑场 xíngchǎng/犯人は縄で縛られ, 刑場へ引き立てられて行った.
【绳墨】shéngmò 名 文 ❶ 大工道具の墨縄. ❷ 決まり. 規準. ¶不中 zhòng～/定規に合わない. ¶拘守 jūshǒu～/決まりを固守する.
【绳绳】shéngshéng 形 文 連綿と絶えないようす. ¶子孙～/子孫がいつまでも絶えない.
【绳索】shéngsuǒ 名〔根 gēn, 条 tiáo〕太い縄. 荒縄. ザイル. ¶砍断 kǎnduàn 捆绑 kǔnbǎng 的～/縛ってある太縄を断ち切る.
【绳套】shéngtào 名 縄を結って作った輪.
【绳梯】shéngtī 名 縄ばしご.
【绳之以法】shéng zhī yǐ fǎ 成 法で規制を加える.
*【绳子】shéngzi 名〔根 gēn, 条 tiáo〕縄. ひも. ロープ.

省 shěng
目部4 四 9060₂ 全9画 常用

❶ 名 省. 中国の行政区画の単位で, 中央政府に直属する. ¶浙江～ Zhèjiāngshěng (浙江省) / 外～ wàishěng (他の省). ❷ 動 倹約する. ¶～钱 shěnqián / ～时间(時間を省く) / 俭～ jiǎnshěng (倹約する) / 节～ jiéshěng (節約する). ❸ 動 省く. 減らす. ¶～得麻烦(面倒がないようにする). ❹ 名 (Shěng)姓.
☞ 省 xǐng
【省便】shěngbiàn 形 簡便だ.
【省部级】shěngbùjí 名 省長および部長(大臣)クラス.
【省城】shěngchéng 名 "省会 shěnghuì"に同じ.
【省吃俭用】shěng chī jiǎn yòng 成 食費を切り詰め物を節約する. 生活を切り詰める. ¶妈妈～, 操劳一生/お母さんは切り詰めた暮らしをして, 一生涯苦労の連続だった.
【省得】shěngde 接 口 (好ましくないことを)しないですむように. ¶穿厚一点, ～感冒/少し厚着をしないさい. 風邪をひかないように. ¶快点儿说吧, ～大家着急 zháojí / 早く言いなさい. 皆をじらすないで. 同 免得 miǎnde, 以免 yǐmiǎn
【省掉】shěngdiào 動 省く. ¶这个标点符号不能～/この句読点は省くことはできない.
【省份】shěngfèn 名 省. 用法 省名と連用しない. たとえば, "山东省份"とは言わない.
【省府】shěngfǔ 名 "省人民政府"(省人民政府)の略称.
【省会】shěnghuì 名 省都. 省の行政機関の所在地. 同 省城 shěngchéng
【省级】shěngjí 名 (行政区画の格付けにおける)省クラス. 直轄市や自治区を含む.
【省俭】shěngjiǎn 動 倹約する.
【省界】shěngjiè 名 省の境界.
【省力】shěng//lì 動 労力を省く. 労力が省ける. ¶这种做法, 既快, 又～/この方法は, 速いし, 手間が省ける. 同 省劲 shěngjìn
【省略】shěnglüè 動 省略する. ¶与主題関系不大的段落可以～/テーマにそれほど結びつかない段落は省いてかまわない.
【省略号】shěnglüèhào 名 省略記号(……). ⇨付録 "句読点・かっこなどの用法"
【省钱】❶ shěng//qián 動 金を節約する. ¶他骑车上学不是为了 wèile～, 是为了锻炼身体 / 彼が自転車で通学するのは, 金を節約するためではなく, 身体を鍛えるためだ. ❷ shěngqián 形 経済的だ. 得だ. ¶自己做菜, 又～, 又实惠 shíhuì / 自分で料理を作るのは, 経済的だし, 実用経験になる.
【省却】shěngquè 動 ❶ 節約する. ¶～不少时间/かなりの時間を節約する. ❷ なくす. ¶～麻烦/面倒な事を避ける.
【省事】❶ shěng//shì 動 手間が省ける. ¶可以省许多事/たくさんの手間が省ける. ❷ shěngshì 形 便利である. 手っ取り早い. ¶中午在外面吃饭, 倒～/お昼は外で食べたほうが手っ取り早い.
【省属】shěngshǔ 形 省直属の.
【省委】shěngwěi 名 中国共産党省委員会.
【省辖市】shěngxiáshì 名 省の管轄市.
【省下】shěng//xià 動 節約して残す. ¶他用每月～的零用钱, 买了一台电脑 / 彼は毎月節約してためた小遣いでコンピュータを買った.
【省心】shěng//xīn 動 気持ちが楽になる. ¶孩子长大

zhǎngdà 以后,父母就～了 / 子供が大きくなり、両親は肩の荷が下りた.
【省优】shěngyōu 形 (製品が)省政府の品質基準に適合している.
【省油灯】shěngyóudēng 名 もめ事や面倒を起こさない人のたとえ. ¶他这个人可不是～ / 彼という人はまったく面倒ばかり引き起こす人だ. 用法 否定に用いることが多い.
【省垣】shěngyuán 名交 "省会 shěnghuì"に同じ.
【省长】shěngzhǎng 名 省長.
【省直】shěngzhí 名 "省直属机关"(省直機関)の略称.

眚 shěng
生部 5 四 2560₁
全10画 通用
文 ❶ 動 そこいになる. ❷ 名 災害. ❸ 名 過ち. ¶不以一～掩 yǎn 大德(ささいな過ちで、その大きな功績を無視してはならない).

圣(聖) shèng
又部 3 四 7710₄
全 5 画 常用
❶ 素 崇高. 荘厳だ. ¶～地 shèngdì / 神～ shén-shēng(神聖だ). ❷ 名 学問、技術などに特に優れた人. ¶～手 shèngshǒu / 诗～ shīshèng(詩聖). ❸ 素 聖人. ¶～贤 shèngxián. ❹ 素 帝王に対する尊称. ¶～上 shèngshàng / ～旨 shèngzhǐ. ❺ 素 宗教で崇拝対象に対する尊称. ¶～经 Shèngjīng / ～诞 shèngdàn. ❻ (Shèng)姓.
【圣保罗】Shèngbǎoluó 地名 サンパウロ(ブラジル).
【圣彼得堡】Shèngbǐdébǎo 地名 サンクトペテルブルグ(ロシア).
【圣餐】shèngcān 名《宗教》(キリスト教の)聖餐.
【圣诞】shèngdàn 名 ❶ キリストの誕生日. ❷ 旧 孔子の誕生日.
【圣诞节】Shèngdànjié 名《宗教》クリスマス. 降誕祭.
【圣诞卡】shèngdànkǎ 名 クリスマスカード.
【圣诞老人】Shèngdàn lǎorén 名 サンタクロース.
【圣诞树】shèngdànshù 名 クリスマスツリー.
【圣地】shèngdì 名 聖地. メッカ. ¶革命～ / 革命の聖地.
【圣地亚哥】Shèngdìyàgē 地名 サンチアゴ(チリ).
【圣多美和普林西比】Shèngduōměi hé Pǔlínxībǐ《国名》サントメ・プリンシペ(アフリカ).
【圣菲波哥大】Shèngfēibōgēdà 地名 サンタフェボゴタ(コロンビア).
【圣父】Shèngfù 名《宗教》❶(キリスト教の)"上帝圣父"(父なる神)の略称. ❷(カトリックの)ローマ教皇.
【圣火】shènghuǒ 名 聖火. ¶奥运～ / オリンピック聖火.
【圣基茨和尼维斯】Shèngjīcí hé Níwéisī《国名》セントクリストファー・ネービス.
【圣洁】shèngjié 形 神聖で純潔だ. ¶～的心灵 / 神聖かつ純潔なる心. ¶雪山显得～而美丽 / 雪山は神聖な美しさをたたえていた.
【圣经】Shèngjīng 名〔本 běn, 部 bù〕聖書. バイブル.
【圣经贤传】shèngjīng xiánzhuàn 聖賢の書. 儒家の経典. 参考 "圣经"は聖人が著した経書、"贤传"は賢人が経書を解釈したもの.
【圣灵】Shènglíng 名《宗教》(キリスト教の)聖霊.
【圣卢西亚】Shènglúxīyà《国名》セントルシア.
【圣马力诺】Shèngmǎlìnuò《国名》サンマリノ.
【圣庙】shèngmiào 名 孔子廟. 表現 ふつうは"孔庙"と

言う.
【圣明】shèngmíng 形 聖明だ. 表現 多く皇帝に対する賛辞.
【圣母】shèngmǔ 名 ❶《宗教》聖母. マリア. ❷ 女神.
【圣母院】Shèngmǔyuàn 名 ノートルダム寺院. パリにある大聖堂.
【圣人】shèngrén 名 ❶ 聖人. ❷ 封建時代の君主に対する尊称.
【圣上】shèngshàng 名 聖上. 主上. 表現 在位の皇帝に対する尊称.
【圣手】shèngshǒu 名〔个 ge, 位 wèi〕名人. ¶国医～ / 中国医学の名医.
【圣水】shèngshuǐ 名 聖水. (宗教や迷信などで)御利益があるとされる水.
【圣文森特和格林纳丁斯群岛】Shèngwénsēntè hé Gélínnàdīngsī qúndǎo《国名》セントビンセント・グレナディーン諸島.
【圣贤】shèngxián 名 聖人と賢人. 聖賢.
【圣药】shèngyào 名 霊験あらたかな薬.
【圣战】shèngzhàn 名《宗教》(イスラム教の)聖戦. ジハード.
【圣旨】shèngzhǐ 名〔道 dào〕皇帝の命令. 勅命.

胜(勝) shèng
月部 5 四 7521₀
全 9 画 常用
❶ 動 勝つ. 相手を負かす. ¶得～ déshèng(勝利を得る) / 百战百～ 成 百戦百勝. 向かうところ敵なし) / 以少～多(少数で多数に勝つ). 反 败 bài, 负 fù ❷ 素 …よりすぐれる. …に勝る. ¶事实～于雄辩 xióng-biàn(事実は雄弁に勝る). ❸ 素 (風景が)美しい. ¶～地 shèngdì / ～景 shèngjǐng / 名～ míngshèng(名勝) / 引人入～(人を素晴らしい境地に誘う). ❹ 動 耐えられる. ¶～任 shèngrèn / 不～其烦 fán(成 煩わしさに耐えられない). ❺ 動 尽きる. ¶不可～数 shǔ(成 多くて数え切れない) / 不～枚 méi 举(成 一つ一つ数え切れない). ❻ (Shèng)姓. 用法 ②は後ろに"于"、"过"、"似"などを伴うことが多い. 参考 ④と⑤は、もと"shēng"と発音した.
☞ 胜 shēng
【胜败】shèngbài 名 勝ち負け. ¶～乃 nǎi 兵家常事 / 勝敗は兵家の常. 戦いには勝ち負けがつきものだ.
【胜出】shèngchū 動 (試合などで)勝つ.
【胜地】shèngdì 名 景勝地. ¶旅游～ / 観光景勝地.
【胜负】shèngfù 名 勝ち負け. ¶不分～ / 勝負がつかない.
【胜果】shèngguǒ 名 (スポーツなどの)試合において得た成果. 勝利.
【胜过】shèngguò 動 …に勝る. ¶小明干 gàn 起活来,～小伙子 / ミンさんが仕事のピッチを上げたら、若い男でもかなわない.
【胜迹】shèngjì 名 名所旧跡.
【胜绩】shèngjì 名 (試合での)勝ち成績. 勝ち星.
【胜景】shèngjǐng 名 絶景.
【胜局】shèngjú 名 勝勢.
*【胜利】shènglì ❶ 動 勝利する(こと). ¶得到～ / 勝利を収める. ❷ 動 成功する. ¶大会～闭幕 bìmù / 大会は成功裡に閉幕した. 同 成功 chénggōng 反 失败 shībài.
【胜利果实】shènglì guǒshí 名 勝利の成果.
【胜率】shènglǜ 名 ❶ (すでに結果の出ている)勝率. ❷

（これからの試合で）勝利する確率．
【胜券】shèngquàn 名 勝算．¶ 稳操～/ 勝利の確信がある．
【胜任】shèngrèn 動 担当する能力がある．¶ 他不能～这个工作 / 彼はこの仕事に不向きだ．
【胜似】shèngsì 動 …に勝る．¶ 他们俩的关系～亲兄弟 / あの二人の関係は，実の兄弟にも勝る．¶ 你的话一良药 / 君のことばは良薬より効くね．回 胜过 shèngguò
【胜诉】shèngsù 動 勝訴する．
【胜算】shèngsuàn 名 文 勝算．¶ 操～/ 勝算がある．
【胜于】shèngyú 動 …に勝る．¶ 实干 gàn～空想 / 実行は空想に勝る．
【胜仗】shèngzhàng 名 勝ち戦．¶ 打～/ 戦いに勝つ．反 败仗 bàizhàng

晟 shèng
日部6 四 6025₃
全10画 通 用
形 文 ❶ 明るい．❷ 盛んだ．

乘 shèng
禾部5 四 2090₁
全10画 常 用
❶ 量 四頭立ての馬がひく兵車を数えることば．¶ 千～之国（兵車千台を持つほどの大国）．❷ 素 史書．¶ 史～ shǐshēng（史書）．由来 ②は，春秋時代，晋(č)の国の史書を"乘 shèng"といったことから．
☞ 乘 chéng

盛 shèng
皿部6 四 5310₂
全11画 常 用
❶ 素 盛んだ．¶ 繁～ fánshèng（繁栄している）/ 梅花 méihuā～开（ウメの花が満開だ）/ 全～时期（全盛期）．❷ 素 強い．旺盛だ．¶ 旺～ wàngshèng（旺盛だ）/ 年轻气～（若くて元気旺盛だ）/ 火势很～（火力が強い）．反 衰 shuāi ❸ 素 盛大だ．豊富だ．¶ ～宴 shèngyàn / ～装 shèngzhuāng / 丰～ fēngshèng（盛りだくさんだ）．❹ 素 厚い．心のこもった．¶ ～意 shèngyì / ～情 shèngqíng．❺ 素 盛んに．大いに．¶ ～行 shèngxíng / ～传 shèngchuán．❻（Shèng）姓．
☞ 盛 chéng

【盛产】shèngchǎn 動 大量に産出する．¶ 沿海地区～鱼虾 yúxiā / 沿海地域では魚介類を大量に産出する．
【盛传】shèngchuán 動 広く伝わる．盛んに伝わる．¶ 家乡到处～着他的各种趣闻 / 故郷には彼に関する様々な噂が広まった．
【盛大】shèngdà 形 盛大だ．¶ ～的游行 / 大々的なパレード．¶ ～的宴会 / 盛大な宴会．¶ 规模空前～/ 規模がこれまでもなく大きい．回 浩大 hàodà
【盛典】shèngdiǎn 名 盛大な儀式．盛典．¶ 国庆～/ 国慶節を祝う立派な式典．
【盛会】shènghuì 名 〔動 次 cì，个 ge〕盛大な会合．盛会．¶ 体育～/ 盛大なスポーツ大会．¶ 国际～/ 国際的な大会．
【盛极一时】shèng jí yī shí 成 一時期たいへん盛んになる．¶ 爵士乐 juéshìyuè 曾经～/ ジャズは一時期，一世を風靡(ċ)した．
【盛季】shèngjì 名 最盛期．¶ 旅游～/ 旅行シーズン．
【盛举】shèngjǔ 名 大規模な活動やイベント．
【盛开】shèngkāi 動 満開になる．¶ 樱花 yīnghuā～/ サクラが満開だ．
【盛况】shèngkuàng 名 盛況．¶ 通过卫星转播 zhuǎnbō 大会的～/ 大会の盛んな様子を衛星中継する．

【盛名】shèngmíng 名 りっぱな名声．高い評判．¶ 久负～/ 昔から名高い．
【盛名之下,其实难副】shèng míng zhī xià,qí shí nán fù 成 評判は高いが，実際はそれほどでもない．回 盛名难副
【盛年】shèngnián 名 青壮年．¶ 正值～/ まさに働き盛りの年頃だ．
【盛怒】shèngnù 動 文 かんかんに怒る．回 震怒 zhènnù
【盛气凌人】shèng qì líng rén 成 貶 傲慢な態度で人をおさえつける．
【盛情】shèngqíng 名 〔番 fān〕親切．厚情．
【盛情难却】shèng qíng nán què 成 慣 人の厚意は辞退し難い．ご厚情をありがたくお受けします．表現 手紙やあいさつのことば．
【盛世】shèngshì 名 繁栄している時代．¶ 太平～/ 平和で繁栄している時代．反 乱世 luànshì
【盛事】shèngshì 名 盛大な行事．りっぱな催し事．
【盛暑】shèngshǔ 名 酷暑．暑い盛り．回 酷暑 kùshǔ
【盛衰】shèngshuāi 動 盛衰する．¶ ～荣辱 róngrǔ / 栄枯盛衰．
【盛夏】shèngxià 名 夏の盛り．真夏．反 隆冬 lóngdōng，严冬 yándōng
【盛行】shèngxíng 動 広く流行する．¶ ～一时 / 一時期大流行する．回 风行 fēngxíng，流行 liúxíng
【盛宴】shèngyàn 名 盛大な宴会．回 盛筵 yán
【盛意】shèngyì 名 厚意．厚情．¶ ～可感 / 御厚情痛み入ります．
【盛誉】shèngyù 名 名声．栄誉．¶ 中国丝绸 sīchóu 在世界上素有～/ 中国の絹織物は，以前から世界で評判が高い．
【盛赞】shèngzàn 動 大いにほめたたえる．¶ 各种报刊 bàokān 一片～之辞 cí / 各紙がそろって賞賛した．
【盛装】shèngzhuāng 名 盛装．¶ 换上节日的～/ 祭日の盛装に着替える．

剩(異)賸 shèng
刂部10 四 2290₀
全12画 常 用
❶ 動 余る．残る．¶ ～货 shènghuò（売れ残りの商品）/ 过～ guòshèng（過剰になる）/ 余～（余り）/ ～下他一个人（彼一人だけ残った）．❷（Shèng）姓．

【剩菜】shèngcài 名 残った料理．食べ残し．
【剩饭】shèngfàn 名 残飯．食べ残し．
【剩男】shèngnán 名 婚期を逸した未婚男性．反 剩女
【剩女】shèngnǚ 名 婚期を逸した未婚女性．反 剩男
【剩下】shèngxià 動 残る．余る．¶ 离圣诞节 Shèngdànjié 只～几天了 / クリスマスまで，あと数日しかない．¶ ～的人,跟我走 / 残りの人は，私についてきなさい．
【剩余】shèngyú 動 残る．余る．¶ ～物资 / 余剰物資．¶ ～了粮食 / 食糧が余った．¶ 每月收入,除去生活费,还有～/ 毎月の収入は，生活費を引いてもまだ余りがある．
【剩余产品】shèngyú chǎnpǐn 名《経済》剰余生産物．必要 bìyào 产品
【剩余价值】shèngyú jiàzhí 名《経済》剰余価値．
【剩余劳动】shèngyú láodòng 名《経済》剰余労働．

嵊 Shèng
山部10 四 2279₁
全13画 通 用
素 地名用字．¶ ～县 Shèngxiàn（浙江省にある県名

名).

shi 尸〔ʂɿ〕

尸([異]屍❶) **shī** 尸部 0 [四] 7720₇ 全 3 画 [常 用]

❶[名][文]死体．しかばね．¶死～ sǐshī(死体)/验～ yànshī(検死する)/～横遍野 shī héng biàn yě. ❷[名]かたしろ．古代,祭祀のときに死者に代わって祭りを受ける人．❸[動]位に着いているだけで,その職務を果たさない．¶～位(禄盗人(ろくぬすびと))．

【尸骨】shīgǔ [名]〔[量]具 jù〕❶白骨．¶～无存/白骨すら残っていない．❷死体．¶～未寒/死体にぬくもりがある．死んでまだ間もない．

【尸骸】shīhái [名]白骨．骸骨．

【尸横遍野】shī héng biàn yě [成]死体が至る所に横たわっている．殺された人が非常に多い．

【尸检】shījiǎn [動]検死する．

【尸蜡】shīlà [名]《医学》屍蝋(しろう)．蝋状になった死体．

【尸身】shīshēn [名]死体．

【尸首】shīshou [名]〔[量]具 jù〕人の死体．¶河里漂着 piāozhe 一具～/川に死体が一つ浮いている．

【尸体】shītǐ [名]〔[量]个 ge,具 jù〕人や動物の死体．¶～解剖 jiěpōu/死体解剖．

【尸位素餐】shī wèi sù cān [成]職責を果たさず,いたずらに俸給にありつく．むだ飯を食らう．

失 **shī** 丿部 4 [四] 2580₀ 全 5 画 [常 用]

❶[動]失う．なくす．¶～去 shīqù/～地 shīdì/丢～ diūshī(なくす)/坐～良机([成]みすみすチャンスを逃す)．[反]得 dé ❷[素]背く．¶～信 shīxìn/～礼 shīlǐ. ❸[素]探しあてられない．¶迷～ míshī 方向(方向を見失う)/～群之雁 yàn(群を見失ったカリ．仲間にはぐれたもの)．❹[素]うっかり…する．しくじる．¶～火 shīhuǒ/～手 shīshǒu/～言 shīyán/～足 shīzú. ❺[素]目的をとげていない．¶～意 shīyì/～望 shīwàng/惘然 wǎng rán 若～([成]失意のあまり呆然自失する)．❻[素]過失．過ち．¶过～ guòshī(過失)/惟恐 wéikǒng 有～(過ちがありはしないかと,ひたすら恐れる)．❼[素]普通でなくなる．(本来の状態から)はずれる．¶大惊 dàjīng～色(驚きのあまり色を失う)/痛哭～声(号泣のあまり声も出なくなる)．

*【失败】shībài [動]❶負ける．¶只要是非正义的战争,就一定会～/正義にもとづかぬ戦争ならば,必ずや敗北する．[反]胜利 shènglì ❷失敗する．¶～乃 nǎi 成功之母/[成]失敗は成功の母．¶试验～了/試験に失敗した．[反]成功 chénggōng

【失策】shīcè [名][動]失策(する)．

【失察】shīchá [動]監督がおろそかになる．¶由于质检员一时～,出了次品/検査員が一時監督をおこたったため,不良品が出た．

【失常】shīcháng [動]異常をきたす．¶精神～/精神に異常をきたす．¶举止～/挙動が変だ．[反]正常 zhèngcháng

【失宠】shī//chǒng [動][貶]寵愛(ちょうあい)を失う．[反]得宠 déchǒng

【失传】shīchuán [動]伝承が絶える．¶许多古代著名的乐曲 yuèqǔ 都已经～了/古代の名高い楽曲の多くは失われている．

【失聪】shīcōng [動]聴力を失う．

【失措】shīcuò [動]取り乱す．どうしてよいかわからない．¶茫然 mángrán～/茫然自失する．

【失当】shīdàng [形]適切でない．¶处理 chǔlǐ～/処理が適切でない．¶措词 cuòcí～/ことばづかいが不適切だ．[反]得当 dédàng

【失盗】shī//dào [動]盗まれる．[同]失窃 shīqiè

【失道寡助】shī dào guǎ zhù [成]正義に背けば支持する人が少ない．[由来]『孟子』公孫丑下のことばから．

【失地】shīdì ❶[動]国土を失う．領地を失う．❷[名]〔[量]块 kuài,片 piàn〕失った国土．失地．¶收复～/失地を回復する．

【失掉】shīdiào [動]❶失う．¶～联络 liánluò/つながりが切れる．¶找回～的信心/なくした自信をとりもどす．❷逃す．¶～机会/チャンスを逃す．

【失范】shīfàn [動]規範を失う．規範に背く．

【失和】shīhé [動]仲が悪くなる．¶兄弟～/兄弟が仲たがいをする．

【失衡】shīhéng [動]バランスを失う．¶供求 gōngqiú～/需給のバランスがくずれる．

【失欢】shī//huān [動](目上の)人から見放される．おぼえが悪くなる．

【失婚】shīhūn [動](配偶者と死別や離婚をした後)再婚していない．

【失魂落魄】shī hún luò pò [成]驚いて気が動転する．¶我吓得 xiàde～/腰を抜かさんばかりにびっくりした．

【失火】shī//huǒ [動]火事を出す．失火する．¶工场～了/工場が火事になった．

【失计】shījì [動]見込み違いをする．¶一时～,犯下大错/ちょっとの見込み違いで,大きなミスを犯した．[同]失策 shīcè

【失记】shījì [動][文]忘れる．

【失脚】shī//jiǎo [動]足をすべらす．踏みはずす．¶～跌倒 diēdǎo/足をすべらせてひっくりかえる．

【失节】shī//jié [動]❶節操をなくす．¶～投降 tóuxiáng/節を屈して投降する．❷(女性が)貞操を失う．

【失禁】shījìn [動]大小便をもらす．失禁する．

【失敬】shījìng [動]失敬する．失礼しました．¶～,～/失敬,失敬．¶刚才言语～,请原谅/先ほどは失言しました．どうぞお許しください．

【失控】shīkòng [動]コントロールを失う．

【失口】shī//kǒu [動]失言する．¶刚才是我一时～,请别在意/とっさに失言しました．どうぞ気にしないでください．

【失礼】shīlǐ [動]礼を欠く．失礼する．¶我太～了/たいへん失礼いたしました．

【失利】shī//lì [動]負ける．¶初战～/初戦で負ける．[反]得胜 déshèng

【失恋】shī//liàn [動]失恋する．

【失灵】shīlíng [動](機械や器官が)働かなくなる．機能を失う．¶听觉 tīngjué～/耳が遠くなる．¶刹车 shāchē～/ブレーキがきかない．¶指挥～/コントロールがきかない．

【失落】shīluò ❶[動]なくす．失う．¶证件不慎 bùshèn～了/証明書をうっかりなくした．[同]丢失 diūshī ❷[形]落ち着きどころがない．おさまりがつかない．¶从此他有一段时间感到非常～/それ以後,しばらく彼は心の所在なさを感じていた．

【失落感】shīluògǎn [名]喪失感．失望感．

【失迷】shīmí [動](方角や道に)迷う．[同]迷失 míshī

【失密】shī//mì 機密が漏れる. ¶要严防～／機密漏洩(ろうえい)を厳重に防がねばならない. 反保密 bǎomì
【失眠】shī//mián 動 眠れない. ¶病人昨夜～／病人は昨夜寝つけなかった. ¶～症／不眠症.
【失明】shī//míng 動 失明する. ¶双目～／両目が失明する.
【失陪】shīpéi 動 お相手できない. 失礼いたします. ¶我还有事，～了／私はまだ用事がありますので、お先に失礼します. 表現 中座する時の常套語.
【失窃】shī//qiè 盗まれる. ¶他家～了／彼の家は泥棒に入られた.
*【失去】shīqù 動 失う. ¶～信心／自信をなくす. ¶～理智 lǐzhì／理性を失う. ¶～控制／コントロール不能となる. ¶～机会／チャンスを失う.
【失却】shīquè 動 失う. 同 失掉 diào
【失散】shīsàn 動 離れ離れになる. 散り散りになる. ¶～多年的亲人 qīnrén／長年離れ離れになっていた肉親. ¶许多珍贵的历史文物，在战乱中～了／数多くの貴重な歴史の文化財が、戦乱の中で散逸した.
【失色】shīsè ❶ 色があせる. ¶与名家相比,他的作品黯然 ànrán～／一流の作家と比べると、彼の作品は見劣りがする. ❷ (驚いて)顔が青くなる. 色を失う. ¶大惊～／びっくりして真っ青になる.
【失闪】shīshan 名 思いがけない過ちや災難. 万一のこと. ¶不能有任何～／万一の事があってはならない.
【失身】shī//shēn 動 貞操を失う.
【失神】shīshén ❶ 動 うっかりする. ¶工作中稍一～就会出差错 chācuò／仕事でちょっと気を抜くと、ミスを犯す. ❷ 形 気が抜けてぼんやりしている. うつろだ. ¶双目～／目がうつろだ.
【失慎】shīshèn 動 ❶ 注意を欠く. 慎重さを欠く. ¶言语～／発言が不注意である. ❷ 又 失火する.
【失声】shīshēng 動 ❶ 思わず声をたてる. ¶～大笑／思わず声をたてて笑う. ❷ 悲しみのあまり泣き声が出ない. ¶痛哭～／号泣のあまり声が出なくなる.
【失时】shī//shí 動 時機を逸する. ¶播种 bōzhòng 不～／種まきは時機をはずしてはならない.
【失实】shīshí 動 事実と合わない.
【失事】shī//shì 動 不幸な事故を起こす. ¶轮船触礁 chùjiāo／汽船が座礁して事故を起こす.
【失势】shīshì 動 権勢を失う. 反 得寶 déshì
【失手】shī//shǒu 動 ❶ うっかり手をすべらす. 手元が狂う. ¶～把杯子摔破 shuāipò 了／うっかり手をすべらせ,コップを割ってしまった. ❷ 思わぬしくじりをする. ¶在生意场上～／商売で思わぬ失敗をする.
【失守】shī//shǒu 動 陣地を占領される. ¶城市～／都市が陥落される. ¶球门～／敵にゴールされる.
【失水】shīshuǐ 名《医学》脱水症状.
【失速】shīsù 動 失速する.
【失算】shīsuàn 動 計算違いをする. 見込み違いをする. ¶这种做法太～了／そのやり方は大変見当違いだ.
【失所】shīsuǒ 動 身を寄せるところがない. ¶流离～／流浪して寄る辺がない.
【失态】shītài 動 失態を演じる. ¶酒后～／酒に酔って失態を演じる.
【失调】shītiáo 動 ❶ バランスがくずれる. ¶供求 gōngqiú～／需給のバランスがくずれる. ❷ 平衡 pínghéng ❷ 体調がくずれる. ¶产后～／産後の肥立ちがよくない.
*【失望】shīwàng 動 失望する. ¶令人～／人を失望させる. 失望させられる.

【失物】shīwù 名 遺失物. ¶寻找～／遺失物を探す. ¶～招领处 zhāolǐngchù 遺失物取扱所.
【失误】shīwù 名 ミス(をする). ¶决策～／方策決定を誤る. ¶传球～／パスを失敗する.
【失陷】shīxiàn 動 (領土や都市が)占領される. 陥落する. ¶国土～／国土を失う. 同 沦陷 lúnxiàn,陷落 xiànluò
【失笑】shīxiào 動 思わず笑い出す. 失笑する. ¶哑然 yǎrán～／思わず笑い出す.
【失效】shī//xiào 動 効力を失う. 失効する. ¶药剂 yàojì～／薬の効き目がなくなる. ¶护照～／パスポートが失効する. 反 生效 shēngxiào
【失信】shī//xìn 動 約束を破って信用を失う. 信頼を裏切る. ¶政府切 qiè 不可～于民／政府は民の信頼を裏切ってはならない. 反 取信 qǔxìn
【失修】shīxiū 動 (建築物の)補修をしていない. ¶这座大桥年久～／この橋は長い間補修されていない.
【失序】shīxù 動 無秩序になる. 正常な機能を失う.
【失学】shī//xué 動 ❶ 学校に上がる機会を失う. ¶～儿童的就学问题／学校へ行けない子供たちの就学問題. ❷ 中途退学をする.
【失血】shīxuè 動《医学》失血する. ¶～过多,病情危急／出血過多で、危険な状態である.
【失言】shī//yán 動 失言する. ¶一时～／ふと口をすべる. ¶酒后～／酒に酔って失言する. 同 失口 shīkǒu
*【失业】shī//yè 動 失業する. ¶～者／失業者. ¶～率／失業率. 反 就业 jiùyè
【失业保险】shīyè bǎoxiǎn 名 失業保険.
【失宜】shīyí 形 適切でない. 妥当でない. ¶措置～／処置が不適切だ.
【失意】shī//yì 動 志を得ない. ¶情场 qíngchǎng～／恋愛に破れる. ¶仕途 shìtú 官场～／官吏の道で挫折する. 反 得意 déyì
【失音】shī//yīn 動 (のどの病気で)声の調子が悪くなる. 声が出なくなる.
【失迎】shī//yíng 動 お出迎えできず失礼致しました. ¶有失远迎,抱歉 bàoqiàn！抱歉！！お迎えに上がりませんで失礼しました. 表現 迎えに出なかったことをわびる常套語.
【失语症】shīyǔzhèng 名《医学》失語症.
【失约】shī//yuē 動 約束を破る. ¶他很守信用,从不～／彼は約束をきちんと守り、一度も違えたことはない.
【失着】shīzhāo 動 しくじりをする. ¶在关键的时刻,他～了／肝心なとき、彼はミスした.
【失真】shī//zhēn 動 ❶ (イメージや内容などが)本来のものと一致しない. ¶转写 zhuǎnxiě～／写し間違いがある. ❷ (音質や画像が)ゆがむ. ¶图像～／画像がゆがんでいる.
【失之东隅,收之桑榆】shī zhī dōng yú, shōu zhī sāng yú 成 今回の失敗を、別の時に取り返す. 由来『後漢書』馮異伝に見えることば. "东隅"は東の日の出る所で、早朝を指し、"桑榆"は桑や榆の木に夕日がさすことで、夕方を指す.
【失之毫厘,谬以千里】shī zhī háo lí, miù yǐ qiān lǐ 成 最初のわずかなまちがいが、のちに大きな過ちをもたらす. 同 差 chā 之毫厘,谬以千里
【失之交臂】shī zhī jiāo bì 成 目の前の好機を逃す. ¶机会难得,切勿 qièwù～／せっかくの機会ですから、くれぐれも逃さないように. 参考 "交臂"は腕と腕とがぶつかりあうこと.

【失职】shī//zhí 動 職責を果たさない. ¶严重～/重大な職務怠慢である.
【失重】shī/zhòng 動 無重力状態になる.
【失主】shīzhǔ 名 落とし主.
【失踪】shī/zōng 動 失踪する. 行方不明になる. ¶因台风四人～/台風で4人が行方不明になった.
【失足】shī/zú 動 ❶ 足を踏みはずす. 足をすべらす. ¶～落水/足をすべらせて水に落ちる. ❷(人生の)道を誤る. 重大な過ちを犯す. ¶他曾经失足过,现在变好了/彼はかつて道を踏みはずしたが,今ではたち直っている.

师(師) shī

巾部3 四 2102₇
全6画 常用

❶ 素 師. 先生. ¶～傅 shīfu /～生 shīshēng / 导～ dǎoshī(指導教官) / 老～ lǎoshī(先生). ❷ 素 手本. ¶前事不忘,后事之～(成)先の経験や教訓を忘れず,今後の手本にする). ❸ 動 まねる. 手本とする. ¶～心自用(自説を固持し,ひとりよがりである). ❹ 素 専門的な知識や技術をもつ人. ¶工程～ gōngchéngshī(エンジニア) / 医～ yīshī(医師) / 理发～ lǐfàshī(理髪師). ❺ 素 僧侶に対する尊称. ¶法～ fǎshī(法師) / 禅～ chánshī(禅師). ❻ 素 師弟関係の. ¶～兄 shīxiōng / ～母 shīmǔ. ❼ 素 軍隊. 軍隊の編成単位で"团"の一級上. ❽ 素 軍隊. ¶出～ chūshī(出兵する) / 誓～ shìshī(出陣の誓いをたてる) / 雄～ xióngshī(強力な軍隊). ❾ (Shī)姓.

【师表】shībiǎo 名 ⟨文⟩手本. 模範. ¶万世～/万世の模範.
【师部】shībù《軍事》師団司令部.
【师承】shīchéng 名 動 ❶ 師から教えを受け継ぐ. ¶～孔孟 KǒngMèng 的哲学 zhéxué 思想/孔子,孟子の哲学・思想を受け継ぐ.
【师出无名】shī chū wú míng 成 ❶ 正当な理由もなく出兵する. ❷ 行動に正当な理由がない.
【师从】shīcóng 動 師事し従う. 師のもとで学ぶ.
【师道尊严】shī dào zūn yán 成 師たる者の地位は崇高だ.
【师德】shīdé 名 教師の職業道徳.
【师弟】shīdì 名 ❶ おとうと弟子. ❷ 師の息子または父の弟子で,自分より年下の者. ❸ 師と弟子. 師弟.
【师法】shīfǎ 名 動 ❶ (学術や文芸で)ある人や流派を手本とする. ❷ 師から伝授された学問や技術.
【师范】shīfàn 名 ❶ 〔働 所 suǒ〕"师范学校 shīfàn xuéxiào"(師範学校)の略. ❷ ⟨文⟩模範. 手本.
【师范学校】shīfàn xuéxiào 名 師範学校. 表現 "师范"とも言う.
【师父】shīfu 名 ❶ "师傅 shīfu"に同じ. ❷ 和尚・尼僧・道士に対する尊称.
**【师傅】shīfu 名 ❶ (商工業や演劇などの)親方. 師匠. 先生. ❷ 技術や技能をもつ人に対する尊称. ¶老～/亲方. ¶木匠 mùjiang ～/棟梁(りょう). 反 徒弟 túdì. ❸ 一般庶民に対する敬称.
【师公】shīgōng 名 ❶ 師匠の師匠. ❷ 男性の祈禱(きとう)師.
【师姐】shījiě 名 ❶ 姉弟子. ❷ 自分より年上の,師の娘または父の女弟子.
【师妹】shīmèi 名 ❶ 妹弟子. ❷ 自分より年下の,師の娘または父の女弟子.
【师母】shīmǔ 名 先生. 年長の知識人の妻や,師匠の夫人に対する敬称.
【师娘】shīniáng 名 "师母 shīmǔ"に同じ.

【师生】shīshēng 名 教師と生徒の総称. ¶～关系/師弟関係.
【师事】shīshì 動 ⟨文⟩師事する.
【师徒】shītú 名 ❶ 先生と弟子. 師弟. ❷ 士卒. 軍隊.
【师团】shītuán 名《軍事》師団. 参考 外国軍の編成について言う. 中国では"师"と言う.
【师兄】shīxiōng 名 ❶ あに弟子. ❷ 師の息子または父の弟子で,自分より年上の者.
【师爷】名 ❶ shīyé 師匠の父. ❷ shīye "幕友"の俗称. 明・清時代の幕僚.
【师友】shīyǒu 名 ❶ 先生と友人. ❷ 師と仰ぐ友人.
【师院】shīyuàn 名 "师范学院"(師範学院)の略称.
【师长】shīzhǎng 名 ❶ 教師に対する尊称. ❷《軍事》師団長.
【师专】shīzhuān 名 "师范专科学校"(師範専科学校)の略称.
【师资】shīzī 名 教員. 教員となりうる人材. ¶培养 péiyǎng～/教員を養成する. ¶～不足/教師が不足している.

诗(詩) shī

讠部6 四 3474₁
全8画 常用

名 ❶ 〔働 行 háng, 首 shǒu〕詩. ¶～人 shīrén /～情 shīqíng(詩情) / 叙事～ xùshìshī(叙事詩) / 作～(詩を作る). ❷『詩經』. ❸ (Shī)姓.
【诗词】shīcí 名 ❶ 詩の中のことば. ❷《文学》詩と詞. ⇨词 cí ③
【诗歌】shīgē 名 〔働 首 shǒu〕詩歌(いた). 詩.
【诗话】shīhuà 名 ❶ 詩人や詩についての評論. 詩話. ❷ 詩をまじえた小説.
【诗集】shījí 名 〔働 本 běn, 部 bù〕詩集.
【诗经】Shījīng 《書名》『詩經(きょう)』. 中国最古の詩集. 西周から春秋時代の歌謡を収録.
【诗句】shījù 名 詩のことば. 詩句.
【诗剧】shījù 名 詩劇. 韻文劇.
【诗律】shīlǜ 名 ⟨文⟩詩の韻律.
【诗篇】shīpiān 名 ❶ 詩の総称. ❷ 詩のように人を感動させることがらや文章.
【诗情画意】shī qíng huà yì 成 詩や絵画のように美しい. ¶富有～的散文 sǎnwén / 詩情あふれる随筆.
【诗人】shīrén 名 〔働 个 ge, 名 míng, 位 wèi〕詩人.
【诗圣】shīshèng 名 詩聖. 参考 唐代の詩人,杜甫(ほ)の敬称.
【诗史】shīshǐ 名 ❶ 詩歌の歴史. ❷ 叙事詩. 詠史詩.
【诗书】shīshū 名 『詩經』と『書經』. 表現 古典の書籍全般についても言う.
【诗坛】shītán 名 詩壇.
【诗仙】shīxiān 名 詩仙. 参考 唐代の詩人,李白(はく)の敬称.
【诗意】shīyì 名 詩情. 詩の趣. ¶富有～/詩の趣に富む.
【诗余】shīyú 名 "词 cí"の別称. ⇨词 cí ③
【诗韵】shīyùn 名 ⟨文⟩詩の韻. ❷(詩をつくるとき基にする)韻書. "平水韵 píngshuǐyùn"(平・上・去・入の四声による106韻)を指すことが多い.
【诗章】shīzhāng 名 詩. 詩編.
【诗作】shīzuò 名 詩歌の作品.

鸤(鳲) shī

鸟部3 四 7722₇
全8画 通用

下記熟語を参照.

shī 虱狮施狮湿蓍

【鸤鸠】shījiū 图 古書で"布谷鸟 bùgǔniǎo"(カッコウ)を指す.

虱(異蝨) shī 一部7 四 1711₀ 全8画 次常用

素 "虱子 shīzi"に同じ. ¶头～ tóushī (アタマジラミ) / 体～ tǐshī (人体につくシラミ).

【虱子】shīzi 图《虫》〔圖 只 zhī〕シラミ.

狮(獅) shī 犭部6 四 4122₇ 全9画 常用

图 "狮子 shīzi"に同じ.

*【狮子】shīzi 图《動物》〔圖 头 tóu〕ライオン. 獅子. ¶～会 / ライオンズクラブ.

【狮子搏兔】shī zi bó tù 成 小さなことにも全力を尽くし, 少しもゆるがせにしない.

【狮子狗】shīzigǒu 图《動物》シーズー犬. 同 哈巴狗 hǎbagǒu.

【狮子头】shīzitóu 图《料理》揚げた肉団子を野菜とともに軽く炒め, 煮込む料理.

【狮子舞】shīziwǔ 图 獅子舞.

〜 / ライオンズクラブ. (图 省略)

獅子舞

【狮子座】shīzizuò 图《天文》獅子座.

施 shī 方部5 四 0821₂ 全9画 常用

❶ 素 実行する. 実施する. ¶～工 shīgōng / ～行 shīxíng / 实～ shíshī (実施する) / 措～ cuòshī (措置) / 无计可～ (施す術がない). ❷ 動 与える. 施す. ¶～礼 shīlǐ / ～恩 shī'ēn (恩恵を施す) / ～压力(圧力を加える). ❸ 動 (ものや手を)加える. 施す. ¶～肥 shīféi. ❹ 動 施しをする. ¶～舍 shīshě / ～诊 shīzhěn / ～布～ bùshī (お布施をする). ❺ (Shī)姓.

【施放】shīfàng 動 放つ. ¶～催泪弹 cuīlèidàn / 催涙弾を発射する. ¶～毒气 dúqì / 毒ガスをまく.

【施肥】shī//féi 動 肥料を与える. ¶给蔬菜～ / 野菜に肥料をやる.

*【施工】shī//gōng 動 工事をする. 施工する. ¶桥梁正在～ / 橋は建設中だ. ¶保证～质量 zhìliàng / 施工の質を保証する.

【施加】shījiā 動 (圧力や影響を)与える. ¶～压力 / 圧力をかける. ¶～影响 / 影響を与える.

【施礼】shī//lǐ 動 あいさつする. ¶宾主互相～ / 客と主人が互いにあいさつする. 同 行礼 xínglǐ 参考 白話小説や昔の戯曲に多く見られることば.

【施耐庵】Shī Nài'ān《人名》施耐庵(たいあん;1296?-?). 元末・明初の小説家. 羅貫中らとともに『水滸伝』を著したといわれる.

【施舍】shīshě 動 施す. 喜捨する. ¶向寺庙 sìmiào ～财物 cáiwù / お寺に財物を施す.

【施事】shīshì 图《言語》動作の主体となる語. 参考 たとえば"鱼叫猫吃了"では, 文の主語は"鱼 yú"であるが, "施事"は"猫 māo"となる.

【施威】shīwēi 動 威厳を示す.

【施行】shīxíng 動 ❶《法令を》施行する. ¶本条例自公布之日起 / 本条例は公布の日から施行する. 同 实施 shíshī, 实行 shíxíng ❷ 実行する. 実施する. ¶～手术 / 手術をする.

【施压】shīyā 動 圧力をかける.

【施用】shīyòng 動 使用する. 施す. ¶～化肥 / 化学肥料を施す.

【施与】shīyǔ 動 恵み与える. 施す. ¶把财物 cáiwù ～灾区 / 金銭や物資を被災地に提供する.

【施展】shīzhǎn 動《技術や能力を》発揮する. ¶～本领 / 腕を振るう. ¶～威力 wēilì / 威力を発揮する.

【施诊】shī//zhěn 動 無料で診療する. ¶～活动 / ボランティアの医療活動.

【施政】shīzhèng 動 政治を行う. ¶～方针 / 施政方針.

【施主】shīzhǔ 图 施主. 檀家(だんか). 寺院に喜捨する人を呼ぶことば.

浉(溮) Shī 氵部6 四 3112₇ 全9画 通用

素 地名用字. ¶～河 Shīhé (河南省を流れる川の名).

湿(濕/異溼) shī 氵部9 四 3611₂ 全12画 常用

❶ 形 湿っている. ぬれている. ¶潮～ cháoshī (じめじめ湿った) / 地很～ (地面がぬれている). 反 干 gān ❷ 图 漢方の用語で, "六淫"(風・寒・暑・湿・燥・火)の一つ. ¶～疹 shīzhěn.

【湿病】shībìng 图《中医》湿気が原因の病気.

【湿地】shīdì 图 湿地.

【湿度】shīdù 图 湿度. 湿気. ¶～表 / 湿度計. ¶～太高 / 湿度が非常に高い.

【湿乎乎】shīhūhū 形 (～的)湿ってじっとりしている.

【湿淋淋】shīlínlín 形 (～的)びしょびしょにぬれている. ¶他浑身 húnshēn ～的, 像个落汤鸡 / 彼は全身ずぶぬれで, まるでぬれねずみだ. 参考 口語では"shīlīnlīn"とも読む.

【湿漉漉〔渌渌〕】shīlùlù 形 (～的)湿ってじっとりしている. ¶身上～的 / 体がじとっとしている. ¶～的蔬菜 / 水分たっぷりの野菜. 参考 口語では"shīlūlū"とも読む.

【湿气】shīqì 图 ❶ 湿気. ❷《中医》湿疹(しん). 水虫. ¶脚～ / 足の水虫.

【湿润】shīrùn ❶ 形 しっとりうるおいがある. ¶～的土地 / 湿潤な土地. ¶皮肤～ / 肌がしっとりしている. 同 潮湿 cháoshī 反 干燥 gānzào ❷ 動 うるおす. ¶吃点瓜果～一下喉咙 hóulóng / 果物を食べてのどをうとうさせる.

【湿透】shītòu 動 水分がしみとおる. ¶汗水～了衣服 / 汗で服がびしょぬれだ.

【湿疹】shīzhěn 图《医学》湿疹. ¶生了～ / 湿疹ができた.

【湿租】shīzū 動 機材と要員を貸し出す. 反 干 gān 租 機械や車両の貸し出しと同時に, 技術者や作業員, メンテナンス要員などを併せて貸し出すこと.

蓍 shī 艹部10 四 4460₁ 全13画 通用

图 "蓍草 shīcǎo"に同じ.

【蓍草】shīcǎo 图《植物・薬》ノコギリソウ. ハゴロモソウ. 参考 古代, この茎を用いて占いをした. 通称"蚰蜒草 yóu

酾(釃) **shī** 酉部7 四 1162₇ 全14画 通用
- **動 ❶** 酒をこす. **❷** 方 酒をつぐ.
- ☞ 酾 shāi

嘘 **shī** 口部11 四 6101₂ 全14画 通用
- 感 相手の行動を制止したり,追いはらったり,反対したりする意思をあらわす. ¶～,別做声(シーッ,静かに).
- ☞ 嘘 xū

鰤(鰤) **shī** 魚部8 四 2711₀ 全16画 通用
- 名《虫》ウオジラミ.

十 **shī** 十部0 四 4000₀ 全2画 常用
- **❶** 数 10. ⇨拾 shí③ **❷** 索 最高だ. 完全だ. ¶～足 shízú / ～分 shífēn / ～全～美.
- 【十八般武艺】 shíbā bān wǔyì 名 刀・剣・やりなど18種の武器を使う武芸. 武芸十八般. ¶精通～ / 武芸十八般に通じる. 表現 すべてを備えたたとえに用いることが多い.
- 【十八罗汉】 shíbā luóhàn 名《仏教》十八羅漢. 参考 仏の16人の弟子に降竜,伏虎の2人の高僧をあわせて称したもの.
- 【十成】 shíchéng (～儿) **❶** 数 10割. 100パーセント. **❷** 副 100パーセントである. 絶対である. ¶～没問題 / まったく問題ない.
- 【十滴水】 shídīshuǐ 名《薬》樟脳(しょうのう)やハッカ油などが入った水薬. 消化不良や下痢,暑気あたりなど軽度の症状に用いる常備薬. 同 痧药水 shāyàoshuǐ.
- 【十冬腊月】 shí dōng là yuè 名 旧暦の10月,11月,12月. 冬の寒い季節. 参考 "冬"は"冬月"(11月),"腊"は"腊月"(12月)のこと.
- 【十恶不赦】 shí è bù shè 成 許すことができない極悪非道の行い. 参考 "十恶"はもとは古代の刑法における10種の罪名をいった.
- 【十二分】 shí'èrfēn 副 十二分に. 非常に. ¶感到～的满意 / 十二分に満足する.
- 【十二生肖】 shí'èr shēngxiào 名 十二支.
- 【十二指肠】 shí'èrzhǐcháng 名《生理》十二指腸.
- 【十番乐】 shífānyuè 名《音楽》民间音楽の一つ. 管楽器や弦楽器,打楽器など10種類の楽器を使う. 同 十番锣鼓 luógǔ,十番.
- 【十方】 shífāng 名《仏教》十方(じっぽう). 参考 東・西・南・北・東南・西南・東北・西北・上・下の十方位.
- **【十分】 shífēn** 副 非常に. 十分に. まったく. ¶～满意 / 十分满足している. ¶心里～难过 / つらくてやりきれない. 同 非常 fēicháng.
- 【十佳】 shíjiā 名 ベストテン.
- 【十进制】 shíjìnzhì 名《数学》十進法.
- 【十痨九死】 shí láo jiǔ sǐ 俗 肺病人は10人中9人まで亡くなる. 表現 旧時,結核の恐ろしさを表したことば.
- 【十拿九稳】 shí ná jiǔ wěn 成 十分な見込みを持っている. 自信がある. ¶这场比赛,他～能夺冠军 guànjūn / 今回の試合では,彼には優勝の見込みがある. 同 十拿九稳准 zhǔn.
- 【十年寒窗】 shí nián hán chuāng 成 長い年月,苦労して勉学にいそしむ. ¶他～苦读书,终于取得了博士 bóshì 学位 / 彼は苦節十年,勉学に励んで,ついに博士号を得た.

【十年浩劫】 shí nián hàojié 名 十年の災禍. 文化大革命(1966-1976)を指す.
【十年九不遇】 shí nián jiǔ bù yù 成 めったにない. ほとんど出会わない. ¶今年这么大的雨量 yǔliàng,真是～ / 今年のこれほどの雨の量は,まるでお目にかかったことがない.
【十年磨一剑】 shí nián mó yī jiàn 俗 目標に向かって長い間努力を重ねる. 由来 十年間一振(ひとふ)りの剣を磨く,という意から.
【十年树木,百年树人】 shí nián shù mù, bǎi nián shù rén 名 人材を育てるには長い時間がかかる. 人材を育てることの難しさをたとえる.
【十全】 shíquán 形 完全無欠だ.
【十全十美】 shí quán shí měi 成 非のうちどころがない. 完全無欠だ. ¶天下哪有～的人啊 ? / 世の中に完全無欠な人間なんかいるわけない.
【十三经】 Shísānjīng《書名》十三經(じゅうさんぎょう). 儒学の基本的な経書. 『易経』『書経』『詩経』『周礼』『儀礼』『礼記』『春秋左氏伝』『春秋公羊伝』『春秋穀梁伝』『論語』『孝経』『爾雅』『孟子』.
【十三陵】 Shísānlíng 名 十三陵(じゅうさんりょう). 参考 北京にある明代13代の皇帝の陵墓.
【十四行诗】 shísìhángshī 名《文学》十四行詩. ソネット. 同 商籁体 shānglàitǐ.
【十万八千里】 shí wàn bā qiān lǐ 成 はるかに遠い. 非常にかけ離れている. ¶真正题差～ / 本題とは天と地ほどにかけ離れている.
【十万火急】 shí wàn huǒ jí 成 事態が非常に差し迫っている. 大至急. ¶情况已是～了! / 情况はすでに一刻の猶予もならない. 用法 命令・公文書・電報などで用いることが多い.
【十五细则】 shíwǔ xìzé 名《法律》2006年5月国務院が公布した"关于调整住房供应结构稳定住房价格的意见"(住宅供给構造の調整と住宅価格安定に関する意見)のこと. "国十五条"ともいう. "国六条"の細則に当たる. ⇨国六条 guóliùtiáo
【十一】 Shí-Yī 10月1日の略. 中国の国慶節.
【十月革命】 Shíyuè gémìng 名《歴史》(ロシアの)十月革命.
【十之八九】 shí zhī bā jiǔ 名 十中八九まで. おおむね. ¶～,他是误会了 / 十中八九,彼は誤解している. ¶知道了～ / だいたいのところはわかりました.
【十指连心】 shí zhǐ lián xīn 成 深いつながりがある. 由来 10本の指のうち,どの1本を傷つけても心に痛みを感じる,という意から.
【十字花科】 shízìhuākē 名《植物》アブラナ科. 十字花科.
【十字架】 shízìjià 名《宗教》十字架.
【十字街头】 shízì jiētóu 名 十字路. 街頭. 交差点.
【十字军】 Shízìjūn 名《歴史》十字軍.
【十字路口】 shízì lùkǒu (～儿) **❶** 十字路. 交差点. **❷** 岐路. 分かれ道. 分岐点. ¶徘徊 páihuái 在～ / 岐路にさまよう.
【十足】 shízú 形 **❶** 純度が100パーセントだ. ¶～的黄金 / 純金. **❷** 十分だ. 満ち満ちている. ¶神气～ / 鼻高々である. ¶信心～ / 自信満々である.

什 **shí** 1部2 四 2420₀ 全4画 常用
- **❶** 数 文 "十 shí"に同じ. ¶～一 shíyī (10分の1) / ～百 shíbǎi (10倍あるいは100倍). **❷** 索 各種の. 雑

多な. ¶一物 shíwù / 〜锦 shíjǐn / 家〜 jiāshí（家財道具）. ❸ (Shí)姓. 用法 ①は主に分数や倍数に用いる.

☞ 什 shén

【什不闲儿】shíbùxiánr 名《芸能》民間芸能の一つ. 同 十 shí 不 閑 儿 参考 "锣 luó"（ドラ）や"鼓 gǔ"（太鼓）, "铙 náo, 钹 bó"（シンバル）などを使った演芸. "莲花落 liánhuālào"から発展した.

【什件儿】shíjiànr 名 ❶《料理》(食用としての)ニワトリやアヒルの内臓の総称. ¶炒 chǎo〜 / トリのもつ炒め. ❷〔〕（タンス・馬車・刀剣などの）飾り金具. ¶黄铜〜 / 真鍮(しんちゅう)製の飾り金具.

【什锦】shíjǐn ❶ 形 いろいろな種類を取り合わせた. ¶〜饼干 bǐnggān / ビスケットの詰め合わせ. ¶〜火锅 / 寄せ鍋. ❷ 名《料理》いろいろな素材を使った料理や食品. ¶〜素 / 精進料理の盛り合わせ. ¶〜炒 / 五目いため.

【什物】shíwù 名 日用品.

石 shí
石部 0 四 1060₂
全5画 常用

❶ 素 石. 岩. ¶〜头 shítou /〜碑 shíbēi /〜板 shíbǎn /〜器 shíqì. ❷ 素 石に刻んだ文字や絵. 石刻. ¶金〜 jīnshí（金石文）. ❸ 素 薬材となる鉱物. ¶药〜 yàoshí（薬石）. ❹ (Shí)姓.

☞ 石 dàn

【石斑鱼】shíbānyú 名《魚》ハタ属の魚.
【石板】shíbǎn 名 ❶〔量 块 kuài〕(建材の)石板. ¶〜瓦 wǎ / スレート. ¶〜桥 / 石橋. ❷ (文具としての)石盤.
【石版】shíbǎn 名 石版印刷の原版.
【石碑】shíbēi 名〔量 块 kuài,座 zuò〕石碑. ¶建立〜 / 石碑をたてる.
【石笔】shíbǐ 名〔量 根 gēn, 支 zhī〕石筆.
【石壁】shíbì 名 切り立った岩肌.
【石材】shícái 名 石材.
【石沉大海】shí chén dà hǎi 成 音さたがない. ¶寄出的稿件 gǎojiàn 就像〜了, 一点儿消息也没有 / 郵送した原稿はまるでなしのつぶてで, 何の知らせもない. 由来「石が大海に沈む」という意から.
【石担】shídàn 名《スポーツ》石のバーベル. 参考 民間に伝わる体育用具.
【石刁柏】shídiāobǎi 名《植物》アスパラガス. 同 芦笋 lúsǔn

石 担

【石雕】shídiāo 名〔量 尊 zūn, 座 zuò〕石の彫刻. ¶敦煌 Dūnhuáng〜 / 敦煌(とんこう)の石仏.
【石碓】shíduì 名 石うす.
【石墩】shídūn 名 (庭などに置く)石製の腰掛け. 参考 円柱形で背もたれのないもの.
【石方】shífāng 名 石の採掘や運搬などの仕事量を計算する単位. 1立方メートルを"一个石方"と言う.
【石敢当】shígǎndāng 名 石にこの三文字を刻んで魔としたもの. "此石敢当百鬼"から.
【石膏】shígāo 名 石膏.
【石膏像】shígāoxiàng 名 石膏像.
【石工】shígōng 名 ❶ 石の切り出し. 石細工. ❷ 石職人. 石工(せっこう). 同 石匠 shíjiang
【石拱桥】shígǒngqiáo 名 石のアーチ橋.
【石斛】shíhú 名《植物・薬》セッコク.

【石花菜】shíhuācài 名《植物》テングサ.
【石化】shíhuà 名 "石油化学工业"（石油化学工業）の略称.
【石灰】shíhuī 名 石灰. ¶烧〜 / 石灰をつくる. 参考 特に"生石灰 shēngshíhuī"（生石灰）をいうこともある. "白灰 báihuī"は通称.
【石灰石】shíhuīshí 名 石灰石.
【石灰岩】shíhuīyán 名 石灰岩.
【石灰质】shíhuīzhì 名 石灰質.
【石级】shíjí 名 石段. 同 石阶 shíjiē
【石家庄】Shíjiāzhuāng《地名》石家荘(せっかそう). 河北省の省都.
【石匠】shíjiang 名〔量 个 ge, 名 míng, 位 wèi〕石工. 石職人.
【石坎】shíkǎn 名 ❶ 石で築いた堤防. ❷ 岩山につくった階段.
【石刻】shíkè 名〔量 块 kuài〕石刻. 石の彫刻.
【石窟】shíkū 名〔量 个 ge, 座 zuò〕石窟. 参考 "敦煌 Dūnhuáng"（甘肃省・敦煌）, "云冈 Yúngāng"（山西省・雲崗）, "龙门 Lóngmén"（河南省・龍門）の石窟が "三大石窟" として有名.
【石块】shíkuài 名 石ころ.
【石蜡】shílà 名 パラフィン. ¶〜纸 / パラフィン紙.
【石料】shíliào 名 石材.
【石林】shílín 名 参考 雲南省などで見られる, 数多くの岩石がそそり立つ奇観.
【石榴裙】shíliúqún 名 ❶ 赤いスカート. ❷ 女性.
【石榴】shíliu 名《植物》〔棵 kē, 株 zhū〕ザクロ. またその実. 同 安石榴 ānshíliu 参考 中国では, ザクロの実は子孫繁栄をあらわす縁起物とされる.
【石绿】shílù 名 クジャク石で作った緑色の顔料. 参考 多く中国画で用いる.
【石煤】shíméi 名 質の悪い石炭の一種.
【石棉】shímián 名 アスベスト. 石綿.
【石墨】shímò 名 石墨. グラファイト.
【石墨炸弹】shímò zhàdàn 名《軍事》グラファイト爆弾.
【石磨】shímò 名 石うす.
【石女】shínǚ 名 不生女(ふせいにょ).
【石破天惊】shí pò tiān jīng 成 ❶ 箜篌(く: 古楽器)の音色が絶妙だ. ⇨箜篌 kōnghóu ❷ 文章や議論が奇抜だ. 由来 唐代の李賀の詩「李憑箜篌引」の句から.
【石器】shíqì 名 石器.
【石器时代】shíqì shídài 名 石器時代.
【石青】shíqīng 名 藍銅鉱で作った藍色の顔料. 参考 多く中国画で用いる.
【石蕊试纸】shíruǐ shìzhǐ 名《化学》リトマス試験紙.
【石蒜】shísuàn 名《植物》ヒガンバナ. マンジュシャゲ.
【石笋】shísǔn 名《地学》石筍(せきじゅん).
【石锁】shísuǒ 名《スポーツ》南京錠の形をした石製のダンベル. 参考 伝統的な民間体操用具.
【石炭】shítàn 名 "煤 méi"（石炭）の古い言い方.
【石炭酸】shítànsuān 名《化学》石炭酸. フェノール. 同 苯酚 běnfēn
*【石头】shítou 名〔量 块 kuài〕石. 岩. ¶心里好像一块〜落了地 / 心の重石が取れたような気分だ.
【石头城】Shítouchéng《地名》南京(ナンキン)の古称. 表現 "石城" とも言う.
【石头子儿】shítouzǐr 名 ❶ 小石.
【石像】shíxiàng 名 石像.

【石印】shíyìn 名 石版印刷.
【石英】shíyīng 名《鉱物》石英.
【石英钟】shíyīngzhōng 名 クオーツ時計. 水晶時計.
*【石油】shíyóu 名 石油. ¶～管路 / 石油パイプライン.
【石油气】shíyóuqì 名 液化ガス / LPガス.
【石油输出国组织】Shíyóu shūchūguó zǔzhī 名 OPEC. 石油輸出国機構.
【石竹】shízhú 名《植物》セキチク. カラナデシコ.
【石柱】shízhù 名 ❶ 石造りの柱. ❷《地学》(鍾乳洞の)石柱.
【石子】shízǐ 名 "石头 shítou"に同じ.

时 (時) /異/旹/ shí
日部3 四 6400₀ 全7画 常用

❶ 名 (比較的長い, 一区切りの)時間. 時期. ¶旧～ jiùshí (むかし) / 唐～ Tángshí (唐代) / 盛shèng 极一～ 一時期隆盛をきわめる. ❷ きまった時間. ¶按～上班(時間どおりに出勤する) / 准～到站(定刻に到着する). ❸ 名 季節. ¶四～ sìshí (四季) / 应～ yìngshí 食品(季節の食べ物). ❹ 名 現在の. ¶～下 shíxià / ～髦 shímáo / ～事 shíshì. ❺ 量 時間の単位. 刻. 時. ¶～辰 shíchen / 子～ zǐshí (子·の刻) / 上午八一～ 时 (午前8時). ❻ 名 時機. ¶失～ shīshí (チャンスをのがす) / 待～而动(時機を待って乗り出す). ❼ 副〈文〉いつも. しばしば. ¶～有错误(よく誤りをおかす) / 学而～习之(学んで時に復習する). ❽ 副〈文〉(重ねて用い)時には…し, 時には…する. ¶天气～阴～晴(天気が曇ったり晴れたりする) / ～来～去(時々行ったり来たりする). ❾ (Shí)姓. 注意 ❽の "时…时…" は通常, うしろに単音節の語が来る. "时而…时而…" には, このような制限はない. ⇒时而 shí'ér ②

【时弊】shíbì その時代の悪習. 時弊.
【时不时】shíbùshí 副〈方〉しょっちゅう. いつもいつも. ¶他～迟到早退 / 彼はしょっちゅう遅刻や早退をしている. 回 时常 shícháng
【时不我待】shí bù wǒ dài 成 時は人を待たない. 用法 よく "机不可失 jī bù kě shī" (チャンスを逸してはならない)と合わせていう.
【时差】shíchā 名 時差.
【时常】shícháng 副 しばしば. いつも. よく. しょっちゅう. ¶我～去他家玩 / 私はしょっちゅう彼の家へ遊びに行く. 回 经常 jīngcháng
【时辰】shíchen 名 ❶〔[働] 个 ge〕時間の単位. ❷ 時機. 時期. ¶什么～了,还没起床? / 何時だと思ってるの. まだ起きてないなて. 参考 ①は, 一日を12等分し, それぞれを "一个时辰" という. 12の "时辰" は干支であらわし, たとえば午後11時から午前1時までを "子时", 午前11時から午後1時までを "午时" といった.
*【时代】shídài 名 ❶ (歴史上の)時代. ¶划 huà～ / 時代を分ける. 画期的. ❷ (人生の)ある時期. 時代. 儿童～ / 幼少期. ¶壮年 zhuàngnián～ / 壮年期. 回 时期 shíqī
【时代周刊】Shídài zhōukān 名『タイム』. 米国のニュース週刊誌. ◆Time
【时点】shídiǎn 名 時点.
【时调】shídiào 名 ある地方で流行している小唄や民謡.
【时段】shíduàn 名 一区切りの時間. 一定の時期.
【时而】shí'ér 副 ❶ 時として, 折, 还没起床? ¶夜静悄悄的,～传来几声野狗的叫声 / 夜は静まりかえっており,時折,野犬の鳴声が伝わって来た. ❷ (重ねて用い)時には…し,時には…する. ¶他～低头沉思,～挥笔疾书 jíshū / 彼は

頭を垂れて考え込んでは, 筆をとってさっと揮毫(き)した. ¶这几天～晴天, ～下雨 / この数日は, 晴れたり雨が降ったりだ.
【时分】shífēn 名 時刻. 時間. ¶三更 gēng～ / 三更. 真夜中. ¶掌灯～ / 明かりがともる頃. 夕ぐれ時. 回 时候 shíhou
【时改】shígǎi 名 "工时制度改革"(就業時間制度改革)の略称. 参考 1994年に始まった, 一週間の就業時間が48時間から44時間に, 1995年には40時間に短縮された.
【时乖命蹇】shí guāi mìng jiǎn 成 運が悪い. ¶她时常抱怨 bàoyuàn 自己～ / 彼女はいつも, 自分は運が悪いとこぼしている.
【时光】shíguāng 名 ❶ (過ぎてゆく)時間. 月日. ¶～易逝 shì / 月日が過ぎるのは早い. 回 光阴 guāngyīn, 岁月 suìyuè ❷ 時期. ¶就在十分危急的～, 他来救我了 / ちょうど危機一髪という時に彼が来て私を助けてくれた. ❸ 日々の暮らし. ¶现在我们的～比以前好多了 / 今の私たちの暮らしは以前よりずっと楽になった.
【时过境迁】shí guò jìng qiān 成 時がたつと状況も変わる. ¶他俩的恋情只是～了 / 彼らの恋はもう過去のことだ.
*【时候】shíhou 名 ❶ 時. 時期. ¶现在正是～ / 今がちょうど潮時だ. 回 时刻 shíkè, 时分 shífēn ❷ 時間のある一点. ¶现在是什么～了? / いま何時だ. 回 时间 shíjiān
【时会】shíhuì 名 時機. その時の状況. ¶迫于～ / 時の状況に迫られる.
【时机】shíjī 名 時機. チャンス. ¶等待～ / 時機を待つ. ¶有利～ / 絶好のチャンス. ¶不失～ / チャンスを逃がさない. 回 机会 jīhuì
【时价】shíjià 名 時価. ¶～起落 / 時価の上がり下がり.
*【时间】shíjiān 名 ❶ (物理的な)時間. ¶由于～的关系,不能多讲了 / 時間の関係で十分話せなくなった. ❷ (期間を示す)時間. ¶办公～,谢绝会客 / 執務時間中は面会お断り. 回 时候 shíhou ❸ 時間の一点. 時刻. ¶现在的～是五点十五分 / 現在の時刻は5時15分です. ¶～不早了,我该告辞 gàocí 了 / もう遅いので,おいとまをくえる. 回 时刻 shíkè
【时间差】shíjiānchā 名 ❶《スポーツ》(バレーボールの)時間差攻撃. ❷ 時差.
【时间性】shíjiānxìng 名 (事物の)一定時間内での効果. タイムリーであること.
【时艰】shíjiān 厳しい情勢.
【时节】shíjié 名 ❶ 季節. 時節. ¶中秋～ / 中秋の時節. 回 季节 jìjié ❷ 時. 時期. ¶他还小的～ / 彼がまだ幼少の時.
【时局】shíjú 名 時局. 政局. ¶～多变 / 時局が目まぐるしく変化する.
*【时刻】shíkè ❶ 名 時刻. 時間. ¶关键～ / 重大な瀬戸際の時. ❷ 副 いつも. 常に. ¶～威胁 wēixié 着人们的生命 / いつも人々の生命を脅かしている. 表现 ②は強調して "时时刻刻" ともいう.
【时刻表】shíkèbiǎo 名 時刻表.
【时空】shíkōng 名 時空. 時間と空間.
【时来运转】shí lái yùn zhuǎn 成 時機が到来し,運が向いてくる.
【时令】shílìng 名 季節. ¶～果品 / 季節の果物.
【时髦】shímáo 形 流行している. ¶赶～ / 流行を追う. ¶她的打扮总是很～ / 彼女のファッションは,いつも流行の

先端だ. ¶时兴 shíxīng

【时评】shípíng 名 時評.

*【时期】shíqī 名(ある特定の)時期. ¶误～/ 時期を誤る. ¶非常～/ 非常時.

【时起时伏】shí qǐ shí fú 句 起伏をくりかえす. ¶麦浪～/ ムギの穂が波うつ.

【时气】shíqi 方 ❶ 時の運. よい巡り合わせ. ¶碰～/ 良い巡り合わせに出合う. ❷ 気候不順によるはやり病.

【时区】shíqū 名 標準時区. 標準時間帯. 同 标准 biāozhǔn 时区

【时人】shírén 名 ❶ その当時の人. ❷ 時の人. 今を時めく人. ¶～行踪 xíngzōng /(雑誌や新聞の)話題の人の情報.

【时日】shírì 名 ❶ 期日と時間. 日時. ¶不计～/ 日時を気にしない. ¶约定～/ 日時を約束する. ❷(長い)時間. 時日. ¶建设工程需要～/ 建設工事には日数がかかる. 同 时光 shíguāng

【时尚】shíshàng 名(その時代の)流行. 風潮. ¶不合～/ 流行遅れだ. ¶～的式样 / 今風のスタイル.

【时时】shíshí 副 いつも. 常に. ¶～牢记 láojì / いつも肝に銘じている. ¶孩子的事～挂在心上 / 子供のことは常に心にかけている. 同 常常 chángcháng

【时世】shíshì 名 ❶(歴史上の)時代. ❷ 現在の社会.

【时式】shíshì 形 流行のスタイル. 最新様式の. ¶～服装 / 流行の服装. ¶那种大衣不～/ そのコートは流行遅れだ.

【时事】shíshì 名 時事. ¶～述评 / 時事解説.

【时势】shíshì 名 時勢. ¶～造英雄，英雄造～/ 時勢が英雄を生み，英雄が時代を造る. ¶看清～/ 時勢を見きわめる.

【时蔬】shíshū 名 旬の野菜.

【时速】shísù 名 時速.

【时态】shítài 名《言語》(動詞の)時制. テンス.

【时文】shíwén 名 時流に合った文体. 参考 もと，科挙の試験に用いられる文体を言った. 唐宋時代の律賦や清代の八股文 (bāgǔ)など.

【时务】shíwù 名 目の前の重大事. 情勢. ¶不识～/ 情勢にうとい.

【时下】shíxià 名 今. 目下. 同 现下 xiànxià 用法 文頭に用いることが多い.

【时鲜】shíxiān 名 季節の食品. 旬の食べ物. ¶～食品 / 旬の食品. 同 生鲜食品 についていう.

【时限】shíxiàn 名 期限. ¶～紧迫 jǐnpò / 期限が差し迫る. ¶以三天为～/ 3日間を期限とする.

【时效】shíxiào 名 ❶ 一定期間内でのみ有効な作用. ¶有～的食品 / 賞味期限つき食品. ❷《法律》時効.

【时新】shíxīn 形 最新流行の. ¶～女装 / 最新流行の婦人服. 表現 多く服装をさす.

【时兴】shíxīng ❶ 動 はやる. 流行する. ¶这个行业刚～起来 / この業界は脚光を浴びつつある. ❷ 形 流行している. はやっている. ¶现在这种毛衣很～/ いまのセーターがよく流行している.

【时行】shíxíng 動 はやる. ¶这种款式的衣服已经不～了 / こういうデザインの服は，もうはやらない. 同 时兴 shíxīng

【时序】shíxù 名 季節の移り変わり.

【时恤】shíxù 名 最新流行のＴシャツ. 由来 "恤"はシャツ(shirt)の音訳.

【时样】shíyàng 名 最新流行のスタイル.

【时宜】shíyí 名 時宜. ¶不合～/ 時宜に適さない.

【时移俗易】shí yí sú yì 成 時代が変われば世の風物も変わる. ¶近十年来,中国～,变化大极了 / ここ10年,中国では時代とも風俗も大きく変わった.

【时疫】shíyì 名 流行病.

【时运】shíyùn 名 時の運. ¶～不济 / 運が向かない.

【时针】shízhēn〔根 gēn〕 ❶ 時計の針. ¶～方向 / 時計回りの方向. ❷ 時計の短針.

【时政】shízhèng 名 旧 ある時期の政治状況.

【时症】shízhèng 名 いま流行している伝染病. 同 时疫 shíyì

【时值】shízhí ❶ 文 時価. ❷《音楽》(音符の)時長価値. 音の長さ.

【时至今日】shí zhì jīnrì 句 今ごろになって. ¶～,后悔 hòuhuǐ 也来不及了 / 今になって後悔してもはじまらない. ¶我～一事无成 / 私は今日にいたるまで何一つ成し遂げていない.

【时钟】shízhōng 名〔座 zuò〕時をつげる時計.

【时装】shízhuāng 名 ❶〔套 tào, 种 zhǒng〕流行の服装. ファッション. ¶～表演 / ファッションショー. ¶～模特儿 mótèr / ファッションモデル. ❷〔套 tào〕現代の服装. ¶～戏 xì / 現代劇. 反 古装 gǔzhuāng

识(識) shí 亻部5　四 3678。全7画 常用

❶ 動 知っている. 見分けることができる. ¶～字 shízì / 认～ rènshi（知っている）/ 素不相～（面識がない）/ 有眼不～泰山 Tài shān 成（目がありながら, 泰山を見分けられない. 人や物を見損なう）. ❷ 名 知識. ¶常～ chángshi（常識）/ 卓～ zhuóshí（卓見）/ 有～之士（有識者）.
☞ 识 zhì

【识别】shíbié 動 見分ける. 識別する. ¶～真伪 zhēnwěi / 真偽を見分ける. ¶～假币 jiǎbì / 偽札を見分ける.

【识大体】shí dàtǐ 動 大きな道理を理解する. ¶～,顾大局 / 大きな道理を知り, 大局を見る.

【识货】shí//huò 動 目が利く. 品物を見る目がある. ¶他很～,请他做参谋 cānmóu 吧 / 彼は見る目があるからアドバイスしてもらおう.

【识破】shípò 動（秘密などを）見破る. ¶～阴谋 yīnmóu / 陰謀を見破る.

【识趣】shíqù 形 気が利く. 物事をわきまえている. ¶他要～,早就知难而退了 / 彼が世事をよくわきまえていたら, とっくに難しいことを悟って引き下がっていたよ. 同 知趣 zhīqù 用法 多く否定文で用いる.

【识时务者为俊杰】shí shí wù zhě wéi jùn jié 成 時勢を知る者は傑出した人物だ. 優れた指導者を教えることば. 由来『三国志』諸葛亮伝の注に見えることばから.

【识文断字】shí wén duàn zì 字を知っている. 一応の学識がある.

【识相】shíxiàng 形 方 察しがきく. 分別がつく. ¶他偏要闹,真不～/ 彼はわざと大さわぎして, 本当に気がきかない.

【识羞】shíxiū 動 恥ずかしく思う. ¶好不～/ なんと恥知らずな. 用法 多く否定文で用いる.

【识字】shí//zì 動 ❶ 字を覚える. ¶读书～/ 勉強して字を覚える. ❷ 文字が読める. ¶没上过学, 不～/ 学校に行かなかったから字が読めない.

实 shí

实(實/[異]**寔) shí** 宀部5 [四]3080₄ 全8画 [常用]

❶[形]中身がすき間なく詰まっている. ¶充~ chōngshí (中身が詰まっている) / ~心球(中の詰まったゴムボール). 反空 kōng ❷[形]真実だ. 誠実だ. ¶~诚 shíchéng / 老~ lǎoshi(正直だ) / ~心眼儿 shíxīnyǎnr / ~话 shíhuà. 同真 zhēn 反虚 xū ❸[素]事実. 実際. ¶~地 shídì / ~况 shíkuàng / 传闻 chuánwén 失~(うわさが信憑性に欠ける) / 名~相副(評判と実際が一致している). ❹[素]富んでいる. 豊であ る. ¶丰~ fēngshí(豊かだ) / 殷~ yīnshí(裕んでいる). ❺[素]種. 果実. ¶开花结~ jiēshí(花が咲き実がなる). ❻(Shí)姓.

[順] 宀 宀 空 实 实

【实报实销】shí bào shí xiāo [成]実際の支出に基づいて清算する. 実費清算する. ¶出差费 chūchāifèi ~ / 出張費は実費清算だ.

【实不相瞒】shí bù xiāng mán [句]つつみかくさない. ありていだ. ¶~地说 / うそ偽りなく話す.

【实测】shícè [動](器械などを使って)実測する.

【实诚】shíchéng[-cheng] [形]正直だ. 誠実だ. ¶她是个~人 / 彼女は正直な人だ.

【实处】shíchù [名]実際的な役割を果たせる所. ¶要把我们的力量用在~ / 我々の力を実効性のある所に用いよう.

【实词】shící [名]〈言語〉実詞. 反虚词 xūcí [参考]具体的な意味をもつ単語. 名詞・動詞・形容詞・数詞・量詞・代名詞などをいう.

【实打实】shí dǎ shí うそ偽りのない. 正真正銘だ. ¶所有材料都是~的 / すべての材料が正真正銘の本物だ.

【实弹】shídàn ❶[名]実弾. ❷[動]銃弾や砲弾を装填(そう)する.

【实地】shídì [副]❶現場で. 実地に. ¶~试验 / 実地試験をする. ¶~解决 / その場で解決する. ❷着実に. ¶~去做 / 着実に行う.

【实干】shígàn [動]着実に事にあたる.

【实干家】shígànjiā [名]堅実に仕事をする人.

【实话】shíhuà [名]〔句 jù〕実際の話. 本当の話. ¶~说 / 事実をありのままに話す. 同真话 zhēnhuà 反假话 jiǎhuà, 谎话 huǎnghuà

【实惠】shíhuì ❶[名]実際の利益. ¶得到~ / 実利を得る. ❷[形]実利的だ. 実質的だ. ¶送这种东西不~ / こういう品物を贈っても実用的でない.

*【实际】shíjì ❶[名]実際. 反理论 lǐlùn ❷[形]実際の. 具体的な. ¶~的例子 / 実例. ❸[形]現実的だ. 実情に合っている. ¶想法不~ / 考え方が現実に合わない. ¶规划订得很~ / 計画は非常に実情に即したものだ.

【实际工资】shíjì gōngzī [名]〈経済〉実質賃金. 反名义 míngyì 工资

【实寄封】shíjìfēng [名](切手収集で)消印のある実際に配達された封筒.

【实绩】shíjì [名]実績.

【实价】shíjià [名]実際の値段.

*【实践】shíjiàn [名][動]実行(する). 履行(する). 実践(する). ¶~诺言 / 約束事を実行する. ¶把理论运用到~中去 / 理論と知識を実践に移す. 反理论 lǐlùn

【实践论】Shíjiànlùn [書名]『実践論』. [参考]弁証法的唯物論に基づく毛沢東の代表作.

【实景】shíjǐng [名]❶実際の情景. ❷(映画やテレビ撮影の)実際の背景. 反布 bù 景

【实据】shíjù [名]確かな証拠. ¶查无~ / 調べたが確証がない. ¶真凭 píng~ / 動かぬ証拠.

【实况】shíkuàng [名]実際状況. 実況. ¶~报道 / 実況放送. ¶~录像 / 実況録画.

【实力】shílì [名]実力. ¶没有~ / 実力がない.

【实例】shílì [名]実例. ¶用~来解释 / 実例をあげて説明する.

【实录】shílù ❶[名]事実の記録. 実録. ❷[名](皇帝の言行の)編年体の記録. 実録. ❸[動]実況を録音または録画する.

【实拍】shípāi [動]撮影の本番に入る.

【实情】shíqíng [名]実際の事情. 実態. ¶了解~ / 実情を知る. ¶~在理 / 人性や道理の実態.

【实权】shíquán [名]実権. ¶握有~ / 実権をにぎっている.

【实生苗】shíshēngmiáo [名]〈農業・林業〉実生(みしょう)苗. 芽生え.

【实施】shíshī [動](法令や政策などを)実施する. ¶付诸~ / これらを実施に移す.

【实时】shíshí [名]実時間. リアルタイム. ¶~处理 / リアルタイムで処理する.

【实事】shíshì [名]❶実際にあったこと. ❷具体的なこと.

*【实事求是】shí shì qiú shì [成]事実に基づいて本質や真理を求める. 実情に即して処理する. ¶我们应对待问题应该~ / 我々は問題に対しては, 事実に基づいて正しく処理するべきだ.

【实数】shíshù [名]❶〈数学〉実数. ❷実際の数.

【实说】shíshuō [動]ありのままに話す. ¶实话~ / 事実をありのままに話す.

【实体】shítǐ [名]❶〈哲学〉実体. ❷実際に存在し機能している組織や機構. ¶经济~ / 経済実体. ¶政治~ / 政治実体.

【实体经济】shítǐ jīngjì [名]〈経済〉実体経済.

【实物】shíwù [名]本物. 実物. 現物. ¶~教学 jiàoxué / 実物を用いた教育. ¶~地租 / 地代の現物納付.

【实习】shíxí [動]実習する. ¶~车间 / 実習現場.

*【实现】shíxiàn [動]実現する. ¶~自己的理想 / 自分の理想を実現する.

【实像】shíxiàng [名]〈物理〉実像.

【实效】shíxiào [名]実際上の効果. 実効. ¶讲求~ / 実効性を重視する.

【实心】shíxīn [形]❶誠実だ. ¶~话 / 心のこもった話. ¶~实意 / 誠心誠意. ❷(~儿)中身が詰まっている. ¶这个球是~的 / このボールは中が空洞ではない.

【实心眼儿】shíxīnyǎnr ❶[形]実直だ. ❷[名]実直な人. 誠実な人.

*【实行】shíxíng [動]実行する. 実施する. ¶~改革 / 改革を実行する. ¶实施 shíshī

【实学】shíxué [名]実際に役立つ学問. 実学.

*【实验】shíyàn [名][動]実験(する). ¶化学~ / 化学実験. ¶~一种新方法 / 新しい方法を実験する.

【实验室】shíyànshì [名]実験室.

【实业】shíyè [名]実業. ¶~集团 / 実業グループ.

【实益】shíyì [名]実益. 実利. ¶收不到~ / 実益は得られない.

【实意】shíyì [名]本当の気持ち. 真意. ¶实心~ / 誠心誠意.

*【实用】shíyòng ❶[動]実際に用いる. ¶切合 qièhé

～ / 実用に適している. ❷[形] 実用的だ. ¶这东西一点儿也不～ / この品はちっとも実用的でない.
【实用文】shíyòngwén [名] 旧 実用文. 同 应 yìng 用文
【实用主义】shíyòng zhǔyì [名]《哲学》実用主義. プラグマティズム.
*【实在】shízài ❶[形] うそ偽りがない. 本当だ. ¶他说话很～ / 彼の話にはうそがない / 心に心眼儿很～ / 心にうそ偽りがない. 同 真实 zhēnshí, 切实 qièshí ❷[副] 確かに. ¶～太好了 / 確かにすばらしい. ¶～不知道 / 本当に知りません. ❸[副] 実際は. 実は. ¶他说他懂了, ～并没懂 / 彼は分かったといっているが, 実際は分かっていない.
【实在】shízai [形] 方 ❶ 手堅い. 着実だ. 手抜きがない. ¶他办事非常～ / 彼の仕事はたいへん堅実だ. ❷ まじめだ. 実直だ. ¶小陈可～了 / 陳君はほんとうにまじめだ.
【实则】shízé [副] その実. 実際には. ¶他说是来帮忙, ～是来搅乱 dǎoluàn / 彼は手伝いに来たと言っているが, 実際のところは邪魔しに来たんだ. 同 其实 qíshí
【实战】shízhàn [名] 実戦.
【实证】shízhèng [名] 実証.
【实症】shízhèng [名]《中医》発病時の高熱·便秘·腹の張りなどの症状. 実証. 反 虚 xū 症
【实职】shízhí ❶[形] そのポストで実際に仕事に携わっている. ❷[名] 実権と責任のある職務. 反 虚 xū 职
【实质】shízhì [名] 本質. 実質.
【实质性】shízhìxìng [形] 本質的だ. 実質的だ.
【实字】shízì [名]《言語》具体的な意味をもつ字. 実字. 反 虚 xū 字
【实足】shízú [形] 数が十分足りている. ¶～二百人 / まるまる200人. ¶～年龄 / 満年令. ¶送来的货物很～ / 送ってきた品物で充分だ. 表现 年齢や人数についていうことが多い.

拾 shí

扌部6 四 5806₁
全9画 常用

❶[動] 拾いあげる. ¶～粪 fèn（家畜の糞を集める）/ 麦穗 màisuì（ムギの落ち穂を拾う）. ❷[素] 片づける. ¶～掇 shíduo / 收～ shōushi（片づける）. ❸[数]"十"の別字表記. 参考 ❸は証票や帳簿などの記入に用いる.
【拾掇】shíduo ❶ 片づける. 整理する. ¶～得整整齐齐 / きちんと片づけてある. 同 收拾 shōushi, 整理 zhěnglǐ ❷ 修理する. ¶～钟表 / 時計を修理する. ❸ 口 こらしめる. ¶狠狠 hěnhěn 地～他 / 彼をどくとこらしめる.
【拾荒】shíhuāng [動]（貧しくて）柴や落ち穂などを拾いくず拾いをする. ¶无家可归 guī 的人去城市～, 以此为生 / ホームレスの人たちは街でゴミを拾って生活している. ¶去农村～ / 農村へ落ち穂拾いに行く.
【拾级而登】shí jí ér dēng [句] 一段一段登る. 一歩一歩上に行く. ¶不慌不忙地～ / 慌てずに一歩一歩上がって行く. 同 拾级而上 shàng
【拾金不昧】shí jīn bù mèi [成] 金を拾っても着服しない.
【拾零】shílíng [動] 細々とした素材を寄せ集める. 用法 多く題名や見出しなどに用いる.
【拾取】shíqǔ [動] ❶ 拾う. ¶～麦穗 / 落ち穂拾いをする. ❷ 回想する. ¶～往事 / 昔のことを回想する.
【拾人牙慧】shí rén yá huì [成] 人のことばを受け売りする. ¶学术研究不能～, 人云亦云 / 学術研究では, 人まねや受け売りはいけない. 同 拾人涕 tì 唾 tuò
【拾遗】shíyí [動] ❶ 拾ったものを自分のものにする. 猫ばばする. ¶夜不闭户, 道不～ / 夜も戸は閉まらず, 道で拾った物をごまかす者もいない. 世がよく治まっている. ❷ 人のやり残したことを補う.
【拾遗补阙】shí yí bǔ quē [成] もれやミスを補う. 由来 もと, 臣下が主君の不足や過失を補った意から.
【拾音器】shíyīnqì [名]《電気》(レコードプレーヤーの)ピックアップ·カートリッジ. 同 电唱头 diànchàngtóu

食 shí

食部0 四 8073₂
全9画 常用

❶[動] 食べる. ¶～肉 shíròu（肉を食べる）/ 应多～蔬菜（野菜をたくさん食べべきだ）. 同 吃 chī ❷[素] 食事をする. ¶～单 shídān（メニュー）/ ～堂 shítáng / 废寝忘～ fèi qǐn wàng ～（寝食を忘れて励む）/ 饥 jī 不择食～ / 飢えた時は何でも食べる. 必要に迫られれば選択などしていられない). ❸[名]（人の）食べ物. ¶主～ zhǔshí（主食）/ 副～ fùshí（副食）/ 消～开胃（消化をよくし, 食欲を増す）/ 丰衣足～ / 成 衣食が満ち足りている. ❹[名]（～儿）動物のえさ. 飼料. ¶猪～ zhūshí（ブタのえさ）/ 鸡没ó～儿了（ニワトリはえさがなくなった）/ 鸟儿出来找～儿（鳥が出てきて, えさをあさる）. ❺[素] 食用の. 調味用の. ¶～物 shíwù / ～油 shíyóu / ～盐 shíyán ❻[素]《天文》食 (しょく). ¶日～ rìshí（日食）/ 月～ yuèshí（月食）/ 全～ quánshí（皆既食）. 同 蚀 shí

☞ 食 sì

【食不甘味】shí bù gān wèi [成]（病気や心配事で）食べ物がおいしくない.
【食不果腹】shí bù guǒ fù [成] 腹いっぱいにならない.
【食草动物】shícǎo dòngwù [名] 草食動物.
【食道】shídào [名]《生理》食道. 同 食管 shíguǎn
【食而不化】shí ér bù huà [成] 学んだ知識が自分のものになっていない. 由来 食べても消化しない, という意から.
【食古不化】shí gǔ bù huà [成] 古代の書物を学んでも, 理解が浅く役に立たない. ¶～的书呆子 / 論語読みの論語知らず.
【食管】shíguǎn [名]《生理》食道. 同 食道 shídào
【食管癌】shíguǎn'ái [名]《医学》食道癌.
【食盒】shíhé [名]《料理》(料理を運ぶ)おかもち.
【食积】shíjī [名]《中医》消化不良.
【食既】shíjì [名]《天文》皆既食.
【食具】shíjù [名] 食器.
【食客】shíkè [名] ❶ 食客. ❷ 飲食店の客. ¶这家饮食店 yǐnshídiàn 的～不多 / この店は客が少ない.
【食粮】shíliáng [名] 食糧. 糧. ¶～供应 gōngyīng / 食糧を供給する. ¶精神～ / 心の糧.
【食量】shíliàng [名] 1人が1回の食事で食べる量. 同 饭 fàn 量
【食疗】shíliáo [名] 食事療法.
*【食品】shípǐn [名] 加工した食べ物. 食品. ¶罐头 guàntou～ / 缶詰食品.
【食品安全】shípǐn ānquán [名] 食品の安全.
【食品袋】shípǐndài [名] 食品を入れるビニール袋.
【食品街】shípǐnjiē [名] 食料品街. 飲食店街.
【食品添加剂】shípǐn tiānjiājì [名] 食品添加物.
【食谱】shípǔ [名] ❶〔本 běn〕料理の本. ❷〔份 fèn, 张 zhāng〕メニュー. 献立表. ¶家常～ / 日常のメニュー.
【食甚】shíshèn [名]《天文》食尽(しょく).
【食宿】shísù [名] 食事と宿泊. ¶～站 / 宿泊所.
*【食堂】shítáng [名] 食堂. ¶吃～ / 食堂で食べる.
【食糖】shítáng [名] 砂糖.

【食物】 shíwù 名 食物. 食べ物.
【食物链】 shíwùliàn 名《生物》食物連鎖. 回 营养 yíngyǎng 链
【食物中毒】 shíwù zhòngdú 名 食中毒.
【食相】 shíxiàng 名《天文》日食・月食の様相.
【食性】 shíxìng 名 ❶《動物》(肉食・草食・雑食などの)食の習性. 食性. ❷ 味の好み.
【食言】 shíyán 動 言ったことを実行しない. 食言する. ¶决不~／絶対に前言を翻さない. ¶~而肥 (成) おのれの都合で食言ばかりする.
【食盐】 shíyán 名 食塩. 塩.
【食蚁兽】 shíyǐshòu 名《動物》アリクイ.
【食用】 shíyòng 形動 食用の. 食物として用いる. ¶~油／食用油. ¶不能~／(乾燥剤などの表示で)食用ではありません.
【食用菌】 shíyòngjūn 名 "食用真菌"(食用キノコ)の略称.
【食油】 shíyóu 名 食用油.
【食欲】 shíyù 名 食欲. ¶~旺盛 wàngshèng／食欲旺盛だ.
【食欲不振】 shíyù bùzhèn 句 食欲が進まない. 食欲不振.
【食指】 shízhǐ 名 ❶ 人差し指. 食指. ❷〈喻〉家族の人数. ¶~众多的家庭／扶養家族の多い家庭.

蚀(蝕) shí

虫部 6　四 2573₆
全 9 画　常 用

❶ 素 失う. そこなう. ¶~本 shíběn／侵~ qīnshí (侵食する). ¶腐~ fǔshí (腐食される). ❷ 虫が食う. ¶这本书被蠹虫 dùchóng 一坏了(この本はシミに食われてしまった). ❸ 素 "食 shí"⑥ に同じ.

【蚀本】 shí//běn 動 元手を失う. ¶~买卖／赤字取り引き, "日商店~了／店が赤字を出した. 回 亏本 kuīběn, 赔本 péiběn, 折本 shéběn
【蚀刻】 shíkè 動《美術》エッチング(をする).

炻 shí

火部 5　四 9186₂
全 9 画　通 用

下記熟語を参照.

【炻器】 shíqì 名 陶器と磁器の中間にあたる焼き物. 水がめなどに用いる.

坶(塒) shí

土部 7　四 4410₀
全10画　通 用

名 壁に穴をあけて作ったニワトリ小屋. ¶鸡~ jīshí (ニワトリ小屋).

湜 shí

氵部 9　四 3618₁
全12画　通 用

形 水が透けて見えるほど澄んでいる. ¶~~ shí-shí (水が澄んでいる).

鲥(鰣) shí

鱼部 7　四 2410₀
全15画　通 用

名 "鲥鱼 shíyú"に同じ.

【鲥鱼】 shíyú 名《魚》ヒラコノシロ. 参考 中国料理では高級魚とされる. 春に, 産卵のため海から珠江や長江, 钱塘江などの河川をのぼる.

鼫 shí

鼠部 5　四 7176₂
全18画　通 用

名 古書で, ムササビやオカズキの類を指す. ¶~鼠 shíshǔ (ムササビ).

史 shǐ

丨部 4　四 5000₆
全 5 画　常 用

名 ❶ 歴史. ¶~学 shǐxué／世界~ shìjièshǐ (世界史)／有~以来(歴史始まって以来). ❷ 古代, 歴史の記載をつかさどる役人. ¶~官 shǐguān. ❸ (Shǐ)姓.

【史册[策]】 shǐcè 名 歴史の記録. ¶名垂 chuí~／史書に名を残す.
【史官】 shǐguān 名 史官. 古代, 史料収集や史書編纂に携わった役人.
【史馆】 shǐguǎn 名 旧 国史を編纂した役所.
【史话】 shǐhuà 名 記憶に残る出来事や歴史にまつわる物語. 史話. 用法 多く書名に用いる.
【史籍】 shǐjí 名 歴史に関する書籍.
【史记】 Shǐjì《书名》『史記』. 中国初の紀伝体通史. 参考 前漢の司馬遷によって書かれた, 黄帝から前漢の武帝までの歴史書. 二十四史の一つ.
【史迹】 shǐjì 名 史跡. ¶革命~／革命の史跡.
【史料】 shǐliào 名 歴史の資料. 史料. ¶整理~／史料を整理する.
【史沫特莱】 Shǐmòtèlái《人名》スメドレー (1890-1950). 米国の女性ジャーナリスト. 参考 八路軍に従軍し『偉大なる道』などを著した.
【史评】 shǐpíng 名 歴史評論.
【史前】 shǐqián 名 歴史以前. 先史. ¶~时代／先史時代.
【史诗】 shǐshī 名《文学》〔部 bù, 首 shǒu〕史詩. 叙事詩.
【史实】 shǐshí 名 史実. ¶有~根据 gēnjù／史実の根拠がある.
【史书】 shǐshū 名〔部 bù〕歴史書.
【史无前例】 shǐ wú qián lì (成) 歴史に前例がない. ¶~的技术革新／史上空前の技術革新.
【史学】 shǐxué 名 歴史学. ¶~家／歴史学者.

矢 shǐ

矢部 0　四 8080₄
全 5 画　次常用

❶ 名 文 矢. ¶流~ liúshǐ (流れ矢)／飞~ fēishǐ (飛んでいる矢)／有的 dì 放~ (成) 的をめがけて矢を放つ. 目標を定めて行動する). ❷ 文 誓いを立てる. ¶~志 shǐzhì／~忠 shǐzhōng／~口 shǐkǒu. ❸ 文 大便. ¶遗~ yíshǐ (大便をする). ⇒ 屎 shǐ

【矢车菊】 shǐchējú 名《植物》ヤグルマギク.
【矢口】 shǐkǒu 副 口を断固として. きっぱり言い切って. ¶~不移 yí／言ったことを変えない.
【矢口抵赖】 shǐ kǒu dǐ lài (成) なんとしても認めない. 徹底的にしらをきる.
【矢口否认】 shǐ kǒu fǒu rèn (成) がんとして認めない. ¶无法~／否定のしようもない.
【矢量】 shǐliàng 名《物理》ベクトル. 回 向 xiàng 量
【矢志】 shǐzhì 動 心に誓う. 志を立てる. ¶~于化学／化学の研究を志す. ¶~不移 yí／決意がゆるがない.
【矢忠】 shǐzhōng 動 忠誠を誓う.

豕 shǐ

豕部 0　四 1023₂
全 7 画　通 用

名 文 ブタ. ¶狼 láng 奔 bēn ~突 (成) オオカミやブタが暴れまわる. 悪人が群をなして暴れまわる).

使 shǐ

亻部 6　四 2520₆
全 8 画　常 用

Ⅰ 動 ❶ 差し向ける. 使いに出す. ¶~人去打听消息／人をやって情報を探らせる. ¶~人出差／人を派遣する. ❷(使役表現を作り)…(の状態)にならせる. ⇒让 ràng, 叫 jiào ¶这个消息~大家非常高兴／その知らせはみんなを大喜びさせた. ¶尽量 jǐnliàng~顾客满意／できるだけお得意さんを満足させる. ¶真~人讨厌／ほんとに

いやらしい. ¶他的话～我非常吃惊 / 彼の話に私はとても驚いた. ¶这件事～我终生难忘 / 私はそのことが生涯忘れられない. ¶这件事很～我为难 wéinán / この件には困り果てている.

> "使"は抽象的な使役表現に多用され,書面語の文体に用いられる. "让", "叫"の使役とは異なり, 直接相手に何かをさせるという意味ではなく, 結果的に相手にそうさせてしまうということを表わす.

❸ 用いる. 使う. ¶好～ / 使いやすい. ¶看着不好, 但～起来还不错 / 見るとよくないようだが, 使ってみれば悪くない.
Ⅱ 素 使者. ¶大～ / 大使. ¶～馆 shǐguǎn.

【使不得】shǐbude ❶ 動 使えない. ¶老办法～了 / 古いやり方では使えなくなった. ❷ 形 いけない. ¶走远路可～ / 遠い道のりは歩けない. 囧 不行 bùxíng
【使出】shǐchū 動 使う. 発揮する. ¶～最后一点力气 / 最後の力を出し尽くす.
【使得】shǐde ❶ 動 使える. ❷ 形 よい. よろしい. ¶我认为多花几块钱也～ / 私は多少余分にお金を払っても構わないですよ. 囧 可以 kěyǐ ❸ 動 (結果として) …を引き起こす. ¶他的话～我感动不已 bùyǐ / 彼の話は私を深く感動させた.
【使馆】shǐguǎn 名 大使館. 公使館.
【使坏】shǐ/huài 動 悪知恵を働かせる. 悪巧みをする. ¶暗中～ / こっそりと悪巧みをする.
【使唤】shǐhuan 動 ❶ 人を使う. 人にやらせる. ¶～仆人 púrén / 使用人を使う. ¶被人～ / 人に使われる. ❷ (家畜や道具などを) 使う.
【使节】shǐjié 〔動 位 wèi〕 使節.
【使劲】shǐ/jìn 動 (～儿) 力を入れる. ¶再使一把劲儿! / もう少し力を入れろ.
【使领馆】shǐlǐngguǎn 名 "使馆" (大使館) と "领事馆" (領事館).
【使命】shǐmìng 名 使命. (重大な) 任務. ¶历史～ / 歴史的使命.
【使命感】shǐmìnggǎn 名 使命感.
【使女】shǐnǚ 名 旧 下女. 女中.
【使然】shǐrán 動 (あることが原因で) そうさせる.
【使徒】shǐtú 《宗教》 使徒.
【使团】shǐtuán 名 使節団.
【使性】shǐxìng 動 かんしゃくを起こす. 回 使性子
【使眼色】shǐ yǎnsè[-se] 匃 目配せする. 目で合図する.
**【使用】shǐyòng 動 用いる. 使う. ¶我不会～这个新产品 / 私にはこの新製品が使えない.
【使用价值】shǐyòng jiàzhí 名 《経済》 使用価値.
【使用面积】shǐyòng miànjī 名 《建築》 使用可能な床面積.
【使者】shǐzhě 名 〔個 个 ge, 名 míng, 位 wèi〕 使者. 表現 多く外交官を指す.

始 shǐ
女部 5 四 4316₀
全 8 画 常用

文 ❶ 素 始め. 始める. ¶～祖 shǐzǔ / 开～报告 (報告を始める) / 自～至 zhì 终 (始めから終わりまで). 反 终 zhōng ❷ 副 やっと. 回 才 cái
【始创】shǐchuàng 動 創業する. ¶这家药铺～于清代 / この薬屋は清代に創業した.
【始料未及】shǐ liào wèi jí 匃 (事態が) 予測できなかった. 思いもよらなかった.
【始末】shǐmò 名 顛末 (てんまつ). 事の次第.
【始业】shǐyè 動 学期が始まる.
*【始终】shǐzhōng ❶ 名 始めから終わりまでの間. 全過程. ¶贯彻 guànchè～ / 一貫してすべてをやり遂げる. ❷ 副 終始. 始めから終わりまでずっと.
【始终不懈】shǐ zhōng bù xiè 成 始終怠らない.
【始终不渝[移]】shǐ zhōng bù yú [yí] 成 始終変わらない. 由来 『晋书』謝安伝のことばから.
【始终如一】shǐ zhōng rú yī 成 始終変わらない.
【始祖】shǐzǔ ❶ 名 一家系の初代にあたる人. 元祖. ❷ 名 (学派や職業などの) 創始者. 始祖. ❸ 形 原始的. 最古の.
【始祖鸟】shǐzǔniǎo 名 始祖鳥.
【始作俑者】shǐ zuò yǒng zhě 悪習を作り出した人. 由来 『孟子』梁恵王上に見えることば. 「最初に俑を作った人」という意から. "俑" は死者と共に埋葬する人形で, 殉死の風習を生んだ.

驶(駛) shǐ
马部 5 四 7510₀
全 8 画 常用

❶ 動 (乗り物などが) 速く走る. ¶急～而过 (猛スピードで通る). ❷ 素 (車や船などを) 運転する. ¶驾～ jiàshǐ 拖拉机 (トラクターを操縦する) / 轮船～入港口 (汽船が港に入る).

屎 shǐ
尸部 6 四 7729₄
全 9 画

❶ 名 大便. ¶牛～ (ウシのフン) / 拉～ lāshǐ (大便をする). ❷ 素 (目や耳などから出る) かす. ¶眼～ yǎnshǐ (目やに) / 耳～ ěrshǐ (耳あか).
【屎壳郎】shǐkelàng 方 《虫》 クソムシ. フンコロガシ. 同 蜣螂 qiāngláng

士 shì
士部 0 四 4010₀
全 3 画 常用

❶ 名 古代, 大夫 (たいふ) と民の中間にあった階層. ❷ 素 知識人. ¶学～ xuéshì (学士) / 林～林 shìlín (学者仲間). ❸ 名 未婚の男性. ¶～女 shìnǚ. ❹ 素 人に対する美称. ¶志～ zhìshì (志士) / 壮～ zhuàngshì (勇士). ❺ 素 軍人. ¶～兵 shìbīng / ～气 shìqì. ❻ 名 軍人の階級の一つで, "尉" より下. 職業軍人である "士官 shìguān" と義務兵である "军士 jūnshì" に分けられる. ¶四等军～长 jūnshìzhǎng (上級軍士長) / 上～ shàngshì (上級軍曹) / 中～ zhōngshì (中級軍曹) / 下～ xiàshì (下級軍曹). ❼ 名 技術や資格を身につけた人. ¶医～ yīshì (医師) / 护～ hùshì (看護人. 看護婦) / 院～ yuànshì (アカデミー会員). ❽ (Shì) 姓.
【士兵】shìbīng 名 下士官と兵士の総称.
【士大夫】shìdàfū 名 士大夫 (したいふ). ¶～习气 xíqì / 官僚くささ. 参考 古代, 官僚階層に属する人々を指した. 官職についていない学者, 知識人を含めて呼ぶこともある.
【士官】shìguān 名 旧 軍曹. 回 军～ / 軍士官.
【士女】shìnǚ ❶ 名 紳士淑女. ❷ 《美術》 美女を題材とした中国画. 回 仕 shì 女 参考 ①は, 古代は未婚の男女を指したが, のちに広く男女を指すようになった.
【士气】shìqì 名 士気. ¶鼓舞 gǔwǔ～ / 士気を鼓舞する. ¶～大振 zhèn / 大いに士気を奮い起こす.
【士人】shìrén 名 (封建時代の) 読書人. 知識人.
【士绅】shìshēn 名 紳士. 回 绅士.
【士卒】shìzú 名 兵士. 兵卒.

氏 shì
氏部 0 四 7274₀
全 4 画 常用

示世 shì 1011

素 ❶ 氏.姓.¶刘~兄弟(劉家の兄弟). ❷ 結婚した女性の、実家の姓の後らにつけ、呼称とする. 通常は姓の前に夫の姓をつける. ¶李~(実家が李姓の夫人) / 張王~(王家から張家に嫁いだ女性). ❸ 後世に業績を残した人に対する呼称. ¶摂 Shè~温度表(摂氏温度計. セルシウス氏の発明した温度計) / 达尔文 Dá'ěrwén~(ダーウィン氏). 参考 ①は、昔は、"氏"と"姓"は区別されており、氏は姓から分かれたものであった.
☞ 氏 zhī

【氏族】shìzú 图氏族. ¶~公社 / 氏族共同体. ¶~社会 / 氏族社会.

示 shì 示部0 四 1090₁ 全5画 常用

素 示す. ¶~众 shìzhòng / ~威 shìwēi / 暗~ ànshì(暗示する) / 表~ biǎoshì 意见(意見を表明する).

【示波器】shìbōqì《電気》〔⑯ 台 tái〕オシログラフ.
【示范】shìfàn 動 模範を示す. ¶~作用 / 模範的な役割. ¶请你~一下 / あなたが範を示して欲しい.
【示警】shìjǐng 動 (動作や合図で)注意させる. 警告を発する. ¶~信号 / 危険信号.
【示例】shìlì 動 例を示す. ¶老师~说明了一遍 / 先生は例を挙げて説明した.
【示弱】shìruò 動 弱みを見せる. ¶不甘 gān~. 慣 弱みを見せまいとする. ¶多く否定の形で用いる.
【示威】shì//wēi 動 示威する. ¶游行 yóuxíng~ // デモ行進する.
【示意】shìyì 動 (表情や動作などで)意図を示す. ¶以目~ / 目配せする.
【示意图】shìyìtú 图 説明図. 見取り図.
【示众】shìzhòng 動 大勢に示す. 見せしめにする. ¶游街 yóujiē~ / 街を引き回して見せしめにする.

世(異 丗) shì 一部4 四 4471₇ 全5画 常用

❶ 素 時代. ¶近~ jìnshì(近世) / 当~ dāngshì(当世). ❷ 素 代々. ¶~医 shìyī / ~交 shìjiāo / ~仇 shìchóu / ~谊 shìyì. ❸ 素 人の一生. ¶一生一~(一世一代). ❹ 素 代々親しいつきあいがある. ¶~伯 shìbó / ~兄 shìxiōng(先代からのつきあいのある同世代の男性に対する呼称). ❺ 素 世の中. ¶~上 shìshàng / ~间 shìjiān. ❻ (Shì)姓.

【世伯】shìbó 父の友人で父より年上の男性に対する敬称.
【世博会】shìbóhuì "世界博览会"(万国博覧会. ワールドエキスポ)の略称.
【世仇】shìchóu 名 ❶ 代々のかたき. ❷ 代々の恨み. 宿怨.
【世传】shìchuán 動 代々伝わる. ¶~秘方 mìfāng / 家伝の秘方.
【世代】shìdài 图 ❶ (長い)年代. ❷ (いくつもの)世代. 代々. ¶~相传 / 代々伝わる. ¶他家世世代代务 wù 农 / 彼の家は代々農業を営んでいる.
【世代交替】shìdài jiāotì 《生物》世代交代.
【世道】shìdào 图 世の中の道理. 社会の気風. ¶~人心 / 世の中の気風や人心. ¶成了什么~! / なんという世の中だ.
【世风】shìfēng 图 社会の風潮.
【世风日下】shìfēng rìxià 句 文 世相が次第に悪くなる.
【世故】❶ shìgù 图 処世の経験. 世故. ¶老于~ / 世故にたける. ¶人情~ / 義理人情. ❷ shìgu 形 如才ない. 世なれている. ¶有话就直说,不要这么~ / 話があるなら率直に言ってよ、そんな聞こえのいいこと言わないで.

*【世纪】shìjì 图〔⑯ 个 ge〕世紀. ¶向二十二~进军! / 22世紀に向かって前進しよう.
【世纪末】shìjìmò 图 世紀末.
【世家】shìjiā 图 ❶ 名門の家柄. ¶她出身名门~ / 彼女は名家の出だ. ¶梨园 líyuán~ / 演劇界の名門. ❷ 『史記』の諸侯の伝記.
*【世间】shìjiān 图 世の中. 社会. ¶~万物相辅 fǔ 相成 / 世の中はすべて互いに支えっって成り立っている.
【世交】shìjiāo 图 代々にわたるつきあい.
*【世界】shìjiè 图 ❶ 世界. ¶~冠军 guànjūn / 世界チャンピオン. ❷《仏教》宇宙. ¶大千~ / 三千大千世界. ❸ 地球上のあらゆる場所. ¶周游 zhōuyóu~ / 世界各地を周遊する. ❹ 世の中. 社会情勢. ❺ 領域. ¶内心~ / 内心世界. ¶科学 kēxué~ / 科学の世界.
【世界报】Shìjièbào 图 『ル・モンド』. フランスの夕刊紙. ◆仏 Le Monde
【世界波】shìjièbō 图 方 《スポーツ》サッカーの試合で、見事なシュートにより決まったゴール. 由来 "波"はボール(ball)の音訳. 広州・香港などの流行語から.
【世界大战】shìjiè dàzhàn 图 世界大戦.
【世界观】shìjièguān 图 世界観.
【世界贸易组织】Shìjiè màoyì zǔzhī 图 世界貿易機関. WTO. 表現 "世贸组织" "世贸"とも言う.
【世界时】shìjièshí 图 世界標準時. グリニッジ標準時. 同 格林尼治时间 Gélínnízhì shíjiān
【世界市场】shìjiè shìchǎng 图 世界市場.
【世界屋脊】shìjiè wūjǐ 图 世界の屋根. ヒマラヤ.
【世界银行】Shìjiè yínháng 图 世界銀行. 参考 "国际复兴开发银行"(国際復興開発銀行)の通称.
【世界语】Shìjièyǔ 图 《言語》エスペラント.
【世局】shìjú 图 世界情勢. ¶~不稳 / 世界情勢が不安定だ.
【世贸中心】Shìmào zhōngxīn 图 "世界贸易中心"(世界貿易センター)の略称. ◆World Trade Center 参考 ニューヨークにあったツインタワービル. 2001年9月11日の同時多発テロで崩壊した.
【世面】shìmiàn 图 世相. 世間のようす. ¶他是个见过大~的人 / 彼は世間をよく知った人だ.
【世乒赛】shìpīngsài 图 "世界乒乓球锦标赛"(世界卓球選手権)の略称.
【世情】shìqíng 图 世情. ¶不懂~ / 世情にうとい.
【世人】shìrén 图 世間の人.
【世上】shìshàng 图 世の中. ¶~无难事 nánshì,只怕有心人 / 志さえあれば、この世にできない事はない.
【世事】shìshì 图 世の中のこと. 世事.
【世俗】shìsú 图 ❶ 世俗. 世の習わし. ¶~之见 / 月並みな見方. ❷ 流俗 liúsú ❷ 宗教的でないもの. 宗教から外れたこと.
【世态】shìtài 图 世間(の人)の態度.
【世态炎凉】shì tài yán liáng 成 栄えれば人は擦り寄り, 衰えれば人は去る. 世の中の関係は、金と権力で熱したり冷えたりする.
【世外桃源】shì wài táo yuán 成 桃源郷. 俗世間を離れた別天地. ユートピア. 由来 陶淵明「桃花源記」から.
【世袭】shìxí 動 代々受け継ぐ. 世襲する.
【世系】shìxì 图 家系.

【世相[象]】shìxiàng 名 世相.
【世医】shìyī 名 代々続いている漢方医.
【世谊】shìyì 名 文 代々続いているよしみ. 同 世交 jiāo.
【世族】shìzú 名 封建社会で,領地を代々受け継ぐ官僚の一族.

仕 shì　亻部3　四 2421₀　全5画　通用

❶ 動 役人になる. ¶出～ chūshì (仕官する) / ～途 shìtú. ❷ (Shì)姓.
【仕女】shìnǚ 名 ❶ 女官. ❷《美術》美女を題材とした中国画. ¶～图 / 美人画. 同 士女 shìnǚ.
【仕途】shìtú 名 官吏になる道. 官途.

市 shì　亠部3　四 0022₇　全5画　常用

❶ 素 市(心). ¶开～ kāishì (市を開く) / 菜～ càishì (野菜市場) / ～价 shìjià / ～场 shìchǎng / 上～ shàngshì (市場に出回る). ❷ 素 都市. ¶城～ chéngshì (街) / ～区 shìqū. ❸ 素 行政区画の一つ. 市. ¶北京～ (北京市). ❹ 素 慣用的な度量衡の単位. ¶～尺 shìchǐ / ～升 shìshēng / ～斤 shìjīn. ❺ (Shì)姓.
【市布】shìbù 名《紡織》生成りの木綿地. キャラコ. カナキン.
*【市场】shìchǎng 名 ❶ 市場(ばゔ). マーケット. ¶国内～ / 国内市场. ❷ 市场(ば). ¶集贸 jímào～ (心). ❸ 超级 chāojí～ / スーパーマーケット. ❸ (思想や事物などを)受け入れる所.
【市场经济】shìchǎng jīngjì 名 市場経済.
【市场调节】shìchǎng tiáojié 名 市場調節.
【市场营销】shìchǎng yíngxiāo 名《経済》マーケティング.
【市场占有率】shìchǎng zhànyǒulù 名《経済》市場占有率. シェア.
【市尺】shìchǐ 量 尺. 長さの単位で1"市尺"は1メートルの3分の1. 略して"尺 chǐ"とも言う. 参考 日本の尺とは長さが異なる.
【市寸】shìcùn 量 寸. 長さの単位で1"市寸"は1"市尺 shìchǐ"の10分の1. 略して"寸 cùn"とも言う. 参考 日本の寸とは長さが異なる.
【市石】shìdàn 量 容量の単位. 1"市石"は100"市升 shìshēng"で,100リットルに相当する. 参考 "石 dàn"は俗称.
【市担】shìdàn 量 重量の単位. 1"市担"は100"市斤 shìjīn"で,50キログラムに相当する. 参考 "担 dàn"は俗称.
【市电】shìdiàn 名 都市へ供給する電力. 参考 主に住宅用電力をいう. 電圧は一般に220ボルト.
【市斗】shìdǒu 量 斗. 容量の単位. 1"市斗"は10"市升 shìshēng"で,10リットルに相当する. 参考 日本の斗とは容量が異なる.
【市府】shìfǔ 名 "市人民政府"(市の人民政府. 市役所に相当)の略称.
【市花】shìhuā 名 市のシンボルの花. 市の花.
【市话】shìhuà 名 "市内电话"(市内電話)の略称.
【市徽】shìhuī 名 市のマーク. 市章.
【市集】shìjí 名 ❶ 農村や小都市で定期的に開かれる市. 同 集市 jíshì. ❷ 小規模の都市. 同 市镇 shìzhèn.
【市价】shìjià 名 市場価格.
【市郊】shìjiāo 名 郊外地区.
【市斤】shìjīn 量 重量の単位. 1"市斤"は500グラムに相当する.
【市井】shìjǐng 名 文 市井. ¶～小人 / 市井の凡人. ¶～无赖 wúlài / 街のごろつき.
【市侩】shìkuài 名 ❶ 金の亡者. 私利私欲をむさぼる人. ¶～作风 / そろばんづくの態度. ¶～习气 xíqì / 俗物の習性. 参考 もとは仲買人の意. 後に奸商を指すようになった.
【市厘】shìlí 量 ❶ 長さの単位. 1"市厘"は1"市尺 shìchǐ"の1000分の1. ❷ 重量の単位. 1"市厘"は1"市斤 shìjīn"の1万分の1. 参考 ②は旧制では1"市斤"の16分の1.
【市里】shìlǐ 量 長さの単位. 1"市里"は500メートルに相当する.
【市两】shìliǎng 量 重量の単位. 1"市两"は1"市斤 shìjīn"の16分の1で,50グラムに相当する. 参考 旧制では1"市斤"の16分の1. "两 liǎng"は俗称.
【市面】shìmiàn 名 ❶ (商売をする)場所. ¶这地方～不好,生意不多 / ここは場所が良くないから,商売はあまり繁盛しない. ❷ (～儿)市况. ¶～繁荣 fánróng / 市场にぎわっている. ¶～萧条 xiāotiáo / 不景気だ.
【市民】shìmín 名 (團 群 qún, 位 wèi) 市民.
【市亩】shìmǔ 量 面積の単位. 1"市亩"は15分の1ヘクタールに相当する. 参考 "亩 mǔ"は俗称.
【市钱】shìqián 量 "市制"(中国の慣用計量制度)の重さの単位. 参考 1"市钱"は1"市斤"の100分の1で5グラムに相当.
【市顷】shìqǐng 量 面積の単位. 1"市顷"は100"市亩 shìmǔ"で,6.6667ヘクタールに相当する.
【市区】shìqū 名 市街区. 市街地. ¶住在郊区,工作在～ / 郊外に住み,都心で仕事をする. 反 郊区 jiāoqū.
【市容】shìróng 名 都市の外観. 街並. ¶～整洁 zhěngjié / 街並がきれいに整備されている.
【市升】shìshēng 量 容量の単位. 1"市升"は1リットルに相当する.
【市属】shìshǔ 形 市直属の.
【市委】shìwěi 名 "市共产党委员会"(市の共産党委員会)の略.
【市长】shìzhǎng 名 市長.
【市招】shìzhāo 名 看板. 同 幌子 huǎngzi.
【市镇】shìzhèn 名 小規模の都市. ¶～建设 / 小都市建設.
【市政】shìzhèng 名 市政.
【市值】shìzhí 名《経済》時価総額.
【市制】shìzhì 名 中国で慣用的に用いられている計量制度. 同 市用制 shìyòngzhì 参考 主なものに,長さの"市尺 shìchǐ",重量の"市斤 shìjīn",容量の"市升 shìshēng"などがある.

式 shì　弋部3　四 4310₀　全6画　常用

素 ❶ スタイル. 様式. ¶新～ xīnshì (新式) / ～样 shìyàng / 西～ xīshì (西洋式). ❷ 特定の規格. 格～ géshì (書式) / 程～ chéngshì (規格) / 模～ móshì (モデル). ❸ 儀式. ¶开幕～ kāimùshì (開幕式) / 阅兵～ yuèbīngshì (閲兵式) / 毕业～ bìyèshì (卒業式). ❹ (数学や物理の)式. ¶分子～ fēnzǐshì (分子式) / 方程～ fāngchéngshì (方程式).
【式微】shìwēi 動 文 (国や一族が)衰退する. 衰微する. 由来《詩経》邶風(べい)の篇名から.
【式样】shìyàng 名 〔种 zhǒng〕デザイン. 様式.
【式子】shìzi 名 ❶ 姿勢. 型. ❷ (数学や物理の)式.

似 shì

イ部4　全6画　四 2820₀　[常用]

下記熟語を参照.

☞ 似 sì

【似的】shìde 助 …のようだ. ¶他的仪表 yíbiǎo 好像一位大学教授～/彼の風采(ホラゥ)は大学教授のようだ. 用法 名詞・代名詞・動詞の後に置いて,ある事物や状況が似ていることをあらわす. "好像 hǎoxiàng"と呼応することが多い. 同 是的 shìde

事 shì

一部7　全8画　四 5000₇　[常用]

❶ 名 (～儿)〔量 件 jiàn,桩 zhuāng〕ものごと. ¶～务 shìwù/家～ jiāshì（家事）/国家大～（国の大事）/新人新～（新しい人や出来事）. ❷ 名 (～儿)仕事. ¶找～儿（仕事をさがす）/谋～ móushì（仕事をさがす）/他现在做什么～？（彼は今何の仕事をしていますか）. ❸ 名 かかわり. 責任. ¶没你的～（あなたには関係ない）. ❹ 名 (～儿)思いがけない出来事. ¶出～ chūshì（事件が起きる）/平安无～（平穏無事だ）. ❺ 動 〈文〉携わる. ¶无所～事（成 する事がない）/不～稼穑 jiàsè（農業に従事しない）. ❻ 動 〈文〉仕える. ¶～父母（父母に仕える）.

【事半功倍】shì bàn gōng bèi 成 少ない労力で倍の効果を得る. ¶收到～的效果/半分の労力で二倍の効果を得る. 由来『孟子』公孙丑(ǒフゥソン)上に見えることば.

【事倍功半】shì bèi gōng bàn 成 倍の仕事で半分の効果しか得られない.

【事必躬亲】shì bì gōng qīn 成 どんな事でも自分でする. ¶他做 shìzuò 事总是～,所以让他不可开交 kāijiāo/彼はいつもすべて自分で仕事をするので,忙しくててんてこまいだ.

【事变】shìbiàn 名 ❶〔量 次 cì〕事变. ¶西安～/西安事变. ❷ 事情や状況の変化.

【事不过三】shì bù guò sān 句 三度目の正直.

【事不宜迟】shì bù yí chí 成 事態が切迫し,すぐに行う必要がある.

【事出有因】shì chū yǒu yīn 成 事が起こるには原因がある.

【事到临头】shì dào líntóu 成 間際になる. いよいよ土壇場になる. ¶～,他却溜走 liūzǒu 了/いよいよという時になって,彼は逃げ出してしまった.

【事典】shìdiǎn 名 ❶〈文〉国の礼法について記した書物. ❷ 事典. エンサイクロペディア.

【事端】shìduān 名 〈文〉事故. もめごと. ¶挑 tiǎo 起～/いざこざを引き起こす.

【事功】shìgōng 名 事業と功績.

【事故】shìgù 名 ❶〔量 次 cì,起 qǐ〕（業務上や交通の）事故. ¶工伤 gōngshāng～/就労中の事故. ¶发生～/事故が発生する.

【事关全局】shì guān quán jú 成 事が全局面に関わる.

【事过境迁】shì guò jìng qiān 成 事は過ぎ行き状況も変わった. 同 时 shí 过境迁

【事后】shìhòu 名 物事がすんだ後. 事後. ¶～报告/事後報告. ¶～诸葛亮 Zhūgě Liàng/げの後知恵. 事がすんだ後に偉ぶった話をする.

【事机】shìjī 名 ❶ 機密事項. ❷ 時機.

【事迹】shìjì 名（過去の）実績. 業績. ¶生平～/生涯の業績. ¶模范～/模範となる行い.

【事假】shìjià 名 私用による休暇. ¶请～/私用で休暇を申請する.

*【事件】shìjiàn 名〔量 起 qǐ〕事件. 出来事. ¶历史～/歴史的な出来事.

【事理】shìlǐ 名 ものごとの道理. ¶明白～/道理をわきまえる.

【事例】shìlì 名 事例. ¶～证明/事例が証明する. ¶典型～/典型的な事例.

【事略】shìlüè 名 略伝. 用法 書名や題名に用いることが多い.

【事前】shìqián 名 "事先 shìxiān"に同じ.

*【事情】shìqing 名 ❶〔量 件 jiàn,桩 zhuāng〕用事. ことがら. ❷ 事故. 思わぬ出来事. ❸ 職業. 仕事. ¶想找个～做做/仕事をさがしている.

【事权】shìquán 名 ことを処理する権限. 職権.

【事实】shíshí 名 事実.

【事实上】shìshíshang 副 事実上. 実際には.

【事事】shìshì ❶ 名 すべてのこと. ことごと. ❷ 動 〈文〉ことをなす. ことにあたる.

【事态】shìtài 名 事態. 情況. ¶～严重/事態は深刻だ. ¶别把～扩大了/事を大きくするな. 表现 好ましくない場合を言うことが多い.

【事体】shìtǐ 名 〈方〉❶ 事情. 思わぬ出来事. 同 事情 qíng. ❷ 職業. 仕事. 同 事情

【事无巨细】shì wú jù xì 句 事の大小を問わない. 重要事項も些細なことも区別しない.

【事务】shìwù 名 ❶ するべきこと. しなければならないこと. ¶～繁忙/仕事が忙しい. ❷ 総務. ¶～科/総務課. ¶～员/総務担当者.

【事物】shìwù 名 事物. ものごと. ¶分析客观～/客観的な事実を分析する.

*【事先】shìxiān 名 物事の起こる前. 事前. ¶～做好准备/事前に準備を整える. 同 事前 shìqián

【事项】shìxiàng 名 事項.

*【事业】shìyè 名〔量 件 jiàn,项 xiàng〕事業. または公共事業. ¶文化～/文化事業. ¶机关、学校都属于～单位/国家機関や学校は公共機関である.

【事业心】shìyèxīn 名 仕事に対する熱意. 使命感.

【事业有成】shì yè yǒu chéng 成 事業が成功する.

【事宜】shìyí 名 仕事の手はず. ¶撤离 chèlí～/撤退事務. 用法 多く公文書や法令などで用いる.

【事由】shìyóu 名 ❶ いきさつ. 事の次第. ❷ 事由. 文書の主たる内容. 用法 ❷は多く公文書などに用いる.

【事与愿违】shì yǔ yuàn wéi 成 事のなりゆきが意に反する. 希望どおりにならない.

【事在人为】shì zài rén wéi 成 事の成否は人の努力にかかっている.

【事主】shìzhǔ 名 ❶ 刑事事件の被害者. ❷〈旧〉冠婚葬祭を執り行う人.

势(勢) shì

力部6　全8画　四 5542₇　[常用]

素 ❶ 勢力. 势い. ¶威～ wēishì（威力）/权～ quánshì（権力と勢力）/仗 zhàng～欺人 qīrén（権勢をかさに着て人をいじめる）. ❷ 自然界の姿. ようす. ¶地～ dìshì（地勢）/山～（山勢）. ❸ 動作. ¶姿～ zīshì（姿勢）/手～ shǒushì（手まね）. ❹（社会・政治・軍事などの）情勢. ¶局～ júshì（情勢）/时～ shíshì（時勢）/大～所趋 qū（成 大勢のおもむく所）. ❺ 雄の生殖器. ¶去～ qùshì（去勢する）.

【势必】shìbì 副 必然的に. いきおい(…となる). ¶～灭

亡 mièwáng / 必然的に滅亡する. ¶他们越吵越凶 xiōng，～打起来 / 彼らは言い合うほどに険悪になり，殴り合いとなった.

【势不可当[挡]】shì bù kě dāng [dǎng] 成 勢いが強く，阻むことができない. 由来『晋書』郄(ᒾ)鑒伝のことばから.

【势不两立】shì bù liǎng lì 成 鋭く対立する関係となって両立しない. ¶势不两立的冤家 yuānjia / 食うか食われるかのかたき同士. 不俱戴天(なぇてん)の敵.

【势单力薄】shì dān lì bó 成 勢力が弱い. 力がない.

【势均力敌】shì jūn lì dí 力量が伯仲している. ¶双方が，难分胜负 / 両者の力は伯仲していて勝敗がつけがたい.

【势力】shìli 名 (政治・経済・軍事面などの)勢力. 権勢. ¶～范围 / 勢力圏. 勢力範囲.

【势利】shìli 形 地位や財産に擦り寄る. ¶这人太～ / この人は権力や利益に走りすぎる. ¶～小人 / 相手の権勢や財力によって態度をがらりと変える人.

【势利眼】shìliyǎn ❶形 権力や財力にこびるようす. ¶～看人 / 権力や財力で人を判断する. ❷名 相手の権勢や財力によって態度を変える人.

【势能】shìnéng 名〔物理〕位置エネルギー. ポテンシャルエネルギー. 同位能 wèinéng.

【势派】shìpai 名 方 (～儿) ❶ 見え. 体裁. ¶讲～ / 見えを張る. ❷ 勢場. 威勢.

【势如破竹】shì rú pò zhú 成 破竹の勢い. 由来『晋書』杜預(ᒾ)伝に見えることば.

【势所必然】shì suǒ bì rán 句 勢いからして必ずそうなる. 行きがかり上，避けられない.

【势态】shìtài 名 情勢. 表現 多く軍事上の情勢について言う.

【势头】shìtóu[-tou] 名 口 情勢. 雲行き.

【势在必行】shì zài bì xíng 句 勢いからやらざるを得ない. 行きがかり上，やめるわけにはいかない. ¶经济体制改革～ / 経済体制改革は，やらずには済まされない.

侍 shì

亻部6 四 24241 全8画 常用

❶ 素 そばに付き添う. ¶～立 shìlì / 服～ fúshi 病人(病人に付き添う). ❷ (Shì)姓.

【侍从】shìcóng 名 旧 侍従.

【侍奉】shìfèng 動 文 (目上の人に)仕える. 世話をする. ¶～老人 / 老人の世話をする.

【侍候】shìhòu 動 仕える. 世話をする. ¶～病人 / 病人の世話をする. 同 伺候 cihou，服侍 fúshi

【侍郎】shìláng 名《歴史》古代の官名. 侍郎(ᒾ). 参考 次官に相当する役職.

【侍立】shìlì 動 そばに立ってはべる.

【侍弄】shìnòng 動 ❶(農作物や家畜の)面倒を見る. 世話をする. ❷いじる. 修理する.

【侍卫】shìwèi ❶動 守る. 護衛する. ❷名〔名 míng，群 qún〕皇帝の身辺を警護する武官. ¶～官 / 護衛官.

【侍应生】shìyìngshēng 名 旧 (銀行などの)雑用係. 給仕.

【侍者】shìzhě 名 ❶ 侍者. おつき. ❷ 旧 (旅館やレストランの)接客係.

饰 (飾) shì

饣部5 四 28727 全8画 常用

❶ 素 飾る. ¶修～ xiūshì (飾る) / 装～ zhuāngshì

(飾りつける) / 油～门窗 (戸や窓にペンキを塗ってきれいにする). ❷ 素 ごまかす. ¶～词 shìcí / 文过～非(成) 過ちを隠す). ❸ 素 装飾品. ¶首～ shǒushi (アクセサリー) / 衣～ yīshi (衣服とアクセサリー) / 窗～ chuāngshi (窓の飾り). ❹ 動 役を演じる. ¶他在京剧"空城计"里～诸葛亮 Zhūgě Liàng (彼は京劇の"空城計"で，諸葛亮役だ).

【饰材】shìcái 名 "建筑用装饰材料"(建築用装飾材)の略称.

【饰词】shìcí 名 うその言い訳. ごまかしの弁解. 口実. ¶巧妙的～ / 巧妙な言い逃れ.

【饰品】shìpǐn 名 装飾品. アクセサリー.

【饰物】shìwù 名 ❶〔件 jiàn〕アクセサリー. 装身具. ❷ (器物の)飾り. 装飾.

【饰演】shìyǎn 動 役を演じる. 同 扮 bàn 演.

试 (試) shì

讠部6 四 33740 全8画 常用

❶ 動 試みる. 試す. ¶～行 shìxíng / ～航 shìháng / ～～看(試してみる) / 这支钢笔好用不好用(このペンの使いごこちを試してみる). ❷ 動 試験する. ¶～题 shìtí / 考～ kǎoshì (テスト) / 口～ kǒushì (口頭試験).

【试办】shìbàn 動 (事業などを)試験的に始める.

【试表】shìbiǎo 動 口 体温を測る.

【试场】shìchǎng 名 試験場. 試験会場.

【试唱】shìchàng 名 歌唱テスト. オーディション.

【试车】shì//chē 動 試運転をする. (地下鉄車両などの)走行試験をする. ¶正忙着纺织机 fǎngzhījī 的～ / ちょうど紡績機械の試運転で忙しい最中だ.

【试穿】shìchuān 動 試着(する).

【试点】❶ shì//diǎn 試験的に行う. 予備実験する. ¶先～，再推广 / まず試行し，その後広める. ❷ shìdiǎn 名〔个 ge〕試験を行う場所.

【试飞】shìfēi 名動 試験飛行(する).

【试岗】shì//gǎng 動 (職場で)試験的採用で働く.

【试工】shì//gōng 動 試し働きする. 仮採用で働く.

【试管】shìguǎn 名〔管 guǎn，支 zhī〕試験管.

【试管婴儿】shìguǎn yīng'ér 名 試験管ベビー.

【试航】shìháng 名動 試験飛行(する). 試験航海(する). ¶出海～ / 試験航海へ出る.

【试婚】shìhūn 動 結婚を前提とする男女が，正式な婚姻の前に一時的に同居して，結婚生活を試してみる.

【试剂】shìjì 名 試薬. 同 试药 shìyào

【试讲】shìjiǎng 動 (新任教師や新設科目の)テスト授業をする. 試験的に授業する.

【试金石】shìjīnshí 名 ❶〔鉱物〕〔块 kuài〕試金石. ❷ 能力や価値を決める基準となるもの.

【试镜】shì//jìng 動 (撮影時の)カメラテストをする.

*【试卷】shìjuàn 名〔份 fèn，张 zhāng〕答案. 答案用紙.

【试看】shìkàn 動 試しに見る. 見てみる. 表現 詩などで句頭に置いて，"请看"(ごらんあれ)という意味で用いる.

【试论】shìlùn 名 試論.

【试手】shì//shǒu 動 (～儿) ❶ 試し働きする. 同 试工 gōng ❷ 試しにやる. 試してみる.

【试探】動 ❶ shìtàn 試験的に探索する. ¶～气球 / 観測気球. ❷ shìtàn (心の内を)探る. 探りを入れる. ¶从他嘴里～不出什么 / 彼の口からは何も探り出せない.

【试探性】shìtànxìng 形 試験的な. 観測性の. ¶～气球 / 観測気球.

【试题】shìtí 〔量 道 dào〕試験問題. ¶口试～ / 口述試験の問題.
【试图】shìtú 动 …しようと試みる. ¶～东山再起 / 再起を図る.
【试问】shìwèn 动 試みに問う. ¶我来～一下 / ちょっとお尋ねする. 用法 多く詰問したり, 反論する時に用いる.
【试想】shìxiǎng 动 試みに考える. 考えてごらん. ¶～你这种做法, 会造成什么后果 / 君のこのやり方がどういう結果を招くか, 考えてごらん. 用法 多く問いただす時に用いる.
【试销】shìxiāo 动 試験的に売る. ¶～品 / 試売品.
【试行】shìxíng 动 試す. 試みる. ¶先～, 再推广 / まず試行し, その後広めていく. ¶～阶段 / 試行段階.
【试演】shìyǎn 名 动 試演(する). ¶新歌剧～成功 / 新作オペラの試演は成功した.
*【试验】shìyàn ❶ 动 試みる. テストする. ¶～新机器 / 新しい機械をテストする. ❷ 名 テスト.
【试验田】shìyàntián 名 ❶《農業》試験田. ❷ モデル地区. モデルケース.
【试样】❶ shìyàng 名 (テストや検査用の)サンプル. ❷ shì//yàng 动 (衣服の仮縫い段階で)試着する.
【试药族】shìyàozú 名 (主に経済的な理由から)新薬の実験台になる人.
【试映】shìyìng 动 (映画を)試写する.
【试用】shìyòng 动 試用する. ¶～人员 / 見習い. ¶你去～一下那台机床 / 君, ちょっとあの旋盤を試してみてくれ.
【试院】shìyuàn 名 旧 科挙の試験場.
【试纸】shìzhǐ 名《化学》〔量 张 zhāng〕試験紙.
【试制】shìzhì 动 試作する. ¶～品 / 試作品.
【试种】shìzhòng 动《農業》試験栽培する.

视(視/眎) shì
扌部4 四 3721₂ 全8画 常用
素 ❶ 見る. ¶～力 shìlì / ～野 shìyě / 近～ jìnshì (近視) / ～而不见. ⑥ 瞧 qiáo, 看 kàn ❷ 調べる. ¶～察 shìchá / 监～ jiānshì (監視する) / 巡～ xúnshì (巡視する). ❸ …と見なす. ¶重～ zhòngshì (重視する) / 轻～ qīngshì (軽視する) / 一～同仁 tóng rén (成) そのものを等しく見なす).
【视差】shìchā 名《物理・天文》視差.
【视察】shìchá 动 視察する. ¶上级领导干细池一了水利工程现场 / 上層部が水利工事の現場を詳しく検分した.
【视场】shìchǎng 名 視野. 視界. 同 视野 yě.
【视唱】shìchàng 动《音楽》譜面を見て歌う.
【视窗】Shìchuāng 名 (コンピュータ・商標)ウィンドウズ. "视窗操作系统"の略称. ♦Windows
【视点】shìdiǎn 名 視点.
【视而不见】shì ér bù jiàn 成 見ていても気付かない. 見逃がす. 表現 "听而不闻 tīng ér bù wén"(聞いていても聞こえない)と続くことが多い.
【视角】shìjiǎo 名 ❶ 視角. ❷ 写角. ❸ (ものを見る)立場. 角度.
【视界】shìjiè 名 視界.
【视觉】shìjué 名《生理》視覚.
【视力】shìlì 名 視力. ¶～减退 / 視力が衰える.
【视力光盘】 "视频光盘"(ビデオディスク)の略称. VCD. 同 影碟 yǐngdié.
【视盘机】shìpánjī 名 レーザーディスクプレーヤー.
【视频】shìpín 名 映像周波数. ¶～电路 / 映像回路. ¶～干扰 gānrǎo / 映像障害.
【视频点播】shìpín diǎnbō 名 (テレビの)リモコンでチャネルを切り替える.
【视频光盘】shìpín guāngpán 名 DVD. VCD.
【视如敝屣】shì rú bì xǐ 破れた靴のように扱う. ごみのように捨て去る.
【视若无睹】shì ruò wú dǔ 見て見ぬふりをする.
【视神经】shìshénjīng 名《生理》視神経.
【视事】shìshì 动 文 (役人が就任して)仕事を始める. 執務する. 表現 多く高官が政務を執ることについて言う.
【视死如归】shì sǐ rú guī 成 死を少しも恐れない. 由来『管子』小匡(しょうこう)に見えることば. 死ぬことを帰宅することのようにみなす, という意から.
【视听】shìtīng 名 視聴. 見聞. ¶～教室 / 視聴覚教室. ¶故意造谣 zàoyáo, 混淆 hùnxiáo～ / 故意にデマを飛ばし, 人の耳目を惑わす.
【视同儿戏】shì tóng ér xì 子供の遊び程度にしか見ない. 軽視する. ¶望大家认真对待, 千万不可～ / 皆さん真剣に取り組んでください. 決して甘く見ないように.
【视同路人】shì tóng lù rén 成 通りすがりの人のようにしか見ない. あかの他人のように扱う.
【视图】shìtú 名《機械》投影図.
【视网膜】shìwǎngmó 名《生理》網膜. 参考 略して "网膜 wǎngmó" とも言う.
【视为】shìwéi 动 …と見なす. ～と見る. ¶～知己 zhījǐ / 親友と見なす.
【视为畏途】shì wéi wèi tú 成 危険なこととみなす. 由来『荘子』達生篇のことばから.
【视线】shìxiàn 名 視線. ¶避开～ / 視線を避ける. ¶转移 zhuǎnyí～ / 視線をそらす.
【视野】shìyě 名 視野. ¶～宽广 kuāngguǎng / 視野が広い. ¶扩大～ / 視野を広げる.

贳(貰) shì
贝部5 四 4480₂ 全9画 通用
❶ 动 文 貸出す. ¶～器店 shìqìdiàn. ❷ 动 文 掛けで売り買いする. ¶～酒 shìjiǔ (ツケで買う, 売る). ❸ 动 文 罪を許す. ¶～赦 shìshè (赦免する). ❹ (Shì)姓.
【贳器店】shìqìdiàn 冠婚葬祭用の道具を貸す店.

柿 shì
木部5 四 4092₇ 全9画 常用
❶ 素《植物》カキ. カキの実. ¶～饼 shìbǐng / ～霜 shìshuāng / ～漆 shìqī (カキのしぶ). ❷ (Shì)姓.
【柿饼】shìbǐng 名 〔量 个 ge〕干し柿. 参考 日本の干し柿とは形状が異なり, へたを真ん中にして円形につぶしたもの.
【柿霜】shìshuāng 名 干し柿の表面の白い粉.
【柿子】shìzi 名《植物》〔量 个 ge〕カキ. カキの実. ¶～树 / カキの木.
【柿子椒】shìzijiāo 名《植物》〔量 个 ge〕赤ピーマン. 同 甜椒 tiánjiāo.

拭 shì
扌部6 四 5304₀ 全9画 次常用
素 ぬぐう. ¶拂～ fúshì (ぬぐい去る) / ～泪 shìlèi / ～目以待.
【拭泪】shì//lèi 涙をぬぐう.
【拭目以待】shì mù yǐ dài 成 刮目(かつもく)して待つ. 実現することを確信して待ち望む.

是 shì
日部5 四 6030₁ 全9画 常用

shì 是

> ✍ "是"のキーポイント
> ◇判断を表わす．⇨Ⅰ❶
>   ¶我～大学生 / 私は大学生です．
> ◇いろいろな形式で強調を表わす．⇨Ⅰ❷
>   ¶鱼～很新鲜的 / 魚はとても新鮮だ．
> ◇"A 是 A"で，A がつまり A にほかならないことを強調する．⇨Ⅱ❷
>   ¶事实～事实 / 事実は事実である．
> ◇過去の動作の時間・場所・方式等を確認する．
>   ⇨Ⅰ❸②
>   ¶我～骑自行车来的 / 私は自転車で来たのです．
> ◇打ち消しは"不是"となる．
>   ¶我不～工人 / 私は労働者ではありません．

Ⅰ[動] 話し手の判断，認定を表わす．…だ．…である．

❶ "是+名詞(句)"の形式で． ✍ 否定形: "A 不是 B" (A は B ではない)．

①同等であることを表わす．¶鲁迅～《阿 Q 正传 zhèngzhuàn》的作者 / 魯迅(ﾛｼﾞﾝ)は『阿 Q 正伝』の作者だ．¶《阿 Q 正传》的作者～鲁迅 / 『阿 Q 正伝』の作者は魯迅だ．¶一加一不～三 / 1足す1は3ではない．
②属性，所属，特徴，材料を表わす．¶她～北京人 / 彼女は北京の人だ．¶这张桌子～石头的 / このテーブルは石だ．¶这本书～谁的？ / この本は誰のですか．¶她～四十 / 彼女は40歳だ．

> ✍ 年齢，出身地，材料，天気，数量などをいう場合は"是"を使わないことが多い．ただし，打ち消しには必ず"不是"を用いる．
> ◇他(是)北京人 / 彼は北京の人だ．
> ◇她(是)四十岁 / 彼女は40歳だ．
> ◇明天(是)星期天 / 明日は日曜日だ．
> ◇现在(是)四点半 / 今は4時半だ．
>   他不是北京人 / 彼は北京の人ではない．
>   她不是四十岁 / 彼女は40歳ではない．

③分類を表わす．¶我～北大中文系的学生 / 私は北京大学中国文学科の学生です．¶他们俩～好朋友 / 彼ら2人は親友だ．¶鲸鱼 jīngyú～是哺乳 bǔrǔ 动物 / クジラは哺乳動物だ．¶这条鱼～新鲜的 / この魚は新鮮だ．
④ "是"の後ろに来る要素が状況を説明する．¶他～一片好心 / 彼としてはまったくの好意なのだ．¶院子～冬天,屋子里～春天 / 庭は冬だが，部屋は春だ．
⑤場所を表わす語を主語として，その場所がそのものに占有されていることを示す．¶满身～汗 / 体じゅう汗だらけだ．¶村子前面～一片水田 / 村の前は一面たんぼだ．¶山上净 jìng～桃花 / 山は桃の花だらけだ．
⑥所有を表わす．✍ この"是"は省略可能．¶我们(是)一个儿子,一个女儿 / 私どもは息子ひとりに娘ひとりです．¶这张桌子(是)三条腿 / このテーブルは三本足だ．

❷ 動詞句，形容詞句，前置詞句，文節などであらわな用言性要素の前に置いて，①強く肯定したり，断定したりする．¶我的任务～守卫 shǒuwèi 大堤 dī / 私の任務は大堤防を守ることなのだ．¶小美～聪明,门门功课得满分 / メイちゃんは実に賢くて,どの科目も満点だ．¶没错,他～走了 / そのとおり,彼は確かに行ってしまったのだ．¶我第一次看见他～在舞台上 / 私が初めて彼を見たのは舞台の上だ．¶～下雨了,不骗 piàn 你 / 雨が降ってきた,うそじゃないっ たら．¶不～我讲错了,～他记错了 / 私が言いまちがえたのではなく,彼が覚えまちがえたのだ．¶小明学英语～为了看专业书 / ミンさんが英語を勉強するのは専門書を読むためなのだ．

② "都是…","正是…","就是…"の形で，内容の真実性を強調する．¶都～我不好,把他惯成了这个样子 / 何もかも私のせいで,彼はこんな風になってしまったのだ．¶那个青年走上犯罪道路的原因就～平时家长 jiāzhǎng 太溺爱 nì'ài 了 / その若者が犯罪の道に入ったのは,普段から親が甘やかしすぎたせいである．

❸ "是…的"の形で用いる．①確かにそうであるという断定のムードを表す．¶他一定愿意去的 / 彼はきっと望んで行くのだ．¶他们的经验～非常丰富的 / 彼らの経験は非常に豊富なのだ．
②すでに起こった動作の行為者,時間,場所,目的,方式などを強調する．…のだ．¶我～去年来中国的 / 私は去年中国に来たのだ．¶他～坐飞机来北京的 / 彼は飛行機で北京に来たのだ．¶那封信～她寄来的 / その手紙は彼女が送ってきたのだ．¶这本书～她写的 / この本は彼女が書いたのだ．¶～谁告诉你的？ / 誰が君に教えたのか．✍ 動詞が目的語を伴う場合"主語+是+動+的+目的語"の形もある．◇我是去年来的中国．◇他是坐飞机来的北京．

❹ "…的是…"の形で,…部分を強調する．¶说的正～你 / 話しているのは君のことなのだよ．¶可惜的一把时间全浪费 làngfèi 了 / 残念なことに時間をすっかり浪費したことだ．

Ⅱ[動] 同形式の2つの語を結ぶ．

❶ "A 是 A, B 是 B,…"の形で，AとBは同列には論じられないことを表わす．¶说～说,做～做,有意见也不能耽误 dānwu 干活儿 / 言うのとやるのはまた別だ,異論があっても仕事をしなくてはならない．¶敌～敌,友～友,必须分清敌我界限 / 敵は敵,友は友,区別はきちんとつけておく必要がある．
❷ そのものずばりで紛れのないことを表わす．¶他说什么就～什么 / 彼は口に出して言ったことは必ずそのとおりやる．¶不懂就～不懂,不要装懂 / 分からないのは分からないのだから,分かったふりをしてはいけない．
❸ "A 是 A, 可是…"の形で,譲歩を示す．A は A だが,しかし…．¶东西旧～旧,可是还能用 / 古いことは古いが,でもまだ使える．¶票有～有,可不太多 / 切符はあるにはあるが,それほど多くはない．
❹ 同じ数量詞を結ぶ．¶走一步～一步,慢慢来 / 一歩は一歩,ゆっくりやりなさい．¶给多少～多少,决不计较 jìjiào / くれるだけもらうだけのこと,決してごちゃごちゃ言わない．

Ⅲ[動] 名詞(句)の前に置かれる．

❶「およそ」「すべて」の意味を表わす．¶～书小美几乎 jīhū 都爱看 / 本ならメイちゃんはほとんどなんでも好きだ．¶～珍珠放在哪儿都发光 / 本物の真珠であればどこにいても光を放つ．才能がある限りどこでも能力を発揮する．
❷ 適当であることを意味する．¶这场雨下的～时候 / この雨はちょうどよい時に降った．¶东西放的都挺～地方 / 物はみんなびったりの場所に置かれた．¶买的～价钱 / よい値段で買った．¶你这车停的不～地方 / 君はまずいところに車を停めた．

Ⅳ[助] 疑問文,反語文を作る．

❶ "是"を含むいくつかの形式で諾否(だくひ)疑問文を作る．…ですか？¶你～学生吗？ / あなたは学生ですか．¶你不～学生吗？ / あなたは学生ではありませんか．¶你～学生不～？ / あなたは学生ですか．¶你～不～学生？ / あなたは学生ですか．¶你～明天去游泳吗？ / あなたは明日泳ぎに行きますか．¶你～不～明天去游泳？ / あなたは明日

泳ぎに行きますか. ¶你～明天去游泳不～？/ あなたは明日泳ぎに行くの？ ¶你～不～你明天去游泳？/ あなたは明日泳ぎに行くの？
❷ "是A还是B？"の形式で選択疑問文を作る. Aですか, それともBですか. ¶谁去？～你去还是他去？/ 誰が行くの？君が行くの, それとも彼が行くの？ ¶你现在～学英文还～学中文？/ 君は今英語を習っているの, それとも中国語？
❸ 反語文を作る. …ではないのか. ⓔ文末の助詞は"嘛 ma"を用いる. ¶你不～说来嘛？/ 君は来ると言ったじゃないか. ¶实践 shíjiàn 出真知 zhēnzhī, 这难道不～真理嘛？/ 実践から本当の知識が生まれる, これは真理ではないか.
Ⅴ動 肯定の返事として用いる. はい. ¶"明白了吗？""～, 我明白了""分かりましたか"「はい, 分かりました」¶～, 我就去 / はい, すぐに行きます.
Ⅵ形 正しい. ¶你说得～ / 君の言うとおりだ. ¶应早做准备才～ / 早めに準備すべきだ. ¶自以为 wéi～ 成 自分で正しいと思い込む.
Ⅶ[素]ⓧ ❶ これ. ¶由～可知 / このことからも分かるように. ¶～可忍 rěn, 孰 shú 不可忍？/ これが我慢できるなら, 何が我慢できないのか. ❷ 正しいものとする. ¶～古非今 shì gǔ fēi jīn / 深～其 qí 言 / まことにそのことばは正しいのだ.
Ⅷ (Shì)姓.
【是的】shìde 助 "似的 shìde"に同じ.
【是非】shìfēi 名 ❶ よしあし. 是非. ¶～不分 / 是非の区別がつかない. ❷ 口論. いさかい.
【是非曲直】shì fēi qū zhí 成 理非曲直.
【是否】shìfǒu 副 ⓧ…であるかどうか. ¶不知道这样做～妥当 tuǒdang / こうすることが妥当かどうか分からない.
【是个儿】shì//gèr 動 相手になれる.
【是古非今】shì gǔ fēi jīn 成 古いものをよしとし, 新しいものを退ける. 復古的な考え方. ¶学术界有一种～的观点 / 学術界には一種の古い見方がある. 由来『漢書』元帝紀に見えることば.
【味儿】shì//wèir 動 ❶ 味がよい. 味が好みに合っている. ¶这个菜烧 shāo 得～ / この料理はおいしくできてる. ❷ 心地よい. ¶这番话, 我听着不～ / その話は, 聞いているといやな感じがする. 用法 ②は, 多く否定の形で使われる.
【是样儿】shì//yàngr 動 見栄えがする. 格好がよい. ¶他打扮得～ / 彼は装いがきまっている.

峙 shì 山部6 四 24741 全9画 通用

[素] 地名用字. ¶繁～ Fánshì（山西省にある県の名）.
☞ 峙 zhì

适(適) shì 辶部6 四 32306 全9画 常用

[素] ❶ ぴたりと合う. ¶～用 shìyòng / ～意 shìyì / ～合 shìhé. ❷ 心地よい. ¶舒～ shūshì（快適だ）/ 身体不～ / 体の具合が悪い. ❸ ちょうどよい時に. ¶～逢 féng 其 qí 会. ❹ たった今. ¶～才 shìcái / ～从何处来？（今どこから来たのか）❺ 行く. ¶～可而止. ❻ 嫁ぐ. ¶～人（嫁に行く）.
☞ 适 kuò

【适才】shìcái 名 たった今. ついさきほど. 同 剛才 gāngcái.
【适从】shìcóng 動 従う. ついていく.
【适当】shìdàng 形 適切だ. 妥当だ. ¶采取～的措施 cuòshī / 適切な措置を講じる. ¶这样做恐怕不太～吧 / こうすると, あまり適当ではないでしょう.
【适得其反】shì dé qí fǎn 成 期待と裏腹の結果になる.
【适度】shìdù 形 適度だ. ほどよい. ¶劳逸 láoyì～ / 労働と休息のバランスがよい.
【适逢其会】shì féng qí huì 折しもその時機に巡り合う.
*【适合】shìhé 動（情況や要求に）かなう. 適合する. ¶这种衣服～年轻人穿 / このような服は, 若い人に似合う.
【适可而止】shì kě ér zhǐ 成 適当な所でやめる.
【适口】shìkǒu 形 口に合う.
【适量】shìliàng 形 適量だ. ¶～的运动 / 適度の運動.
【适龄】shìlíng 形 適齢の. ¶今年我们村里有三个～青年结婚 / 今年村では3人の適齢の若者が結婚した.
【适配器】shìpèiqì 名《コンピュータ》アダプター.
【适时】shìshí 形 時機を得ている. タイムリーだ.
【适销】shìxiāo 形 売れ行きがよい.
【适销对路】shìxiāo duìlù 句 需要に合っていて売れ行きがよい.
【适宜】shìyí 形 適している. かなっている. ¶浓淡 nóngdàn～ / 濃淡がちょうどよい. ¶这地方～种 zhòng 茶 / この土地はお茶の栽培に適している.
【适意】shìyì 形 気分がよい. 気持ちがよい. ¶～的气候 / 過ごしやすい気候. 同 舒服 shūfu.
*【适应】shìyìng 動（条件や需要に）適応する. ¶～性 / 適応性. ¶他不～这里的生活 / 彼はここの暮しになじめない.
*【适用】shìyòng 形 使用に適する. 使える. ¶这套教材对我们不～ / この教材セットは私たちには合わない.
【适于】shìyú 動（…に）合う. 適する. ¶他不～这种工作 / 彼はこの仕事には向かない. ¶～环境 / 環境に適している.
【适者生存】shìzhě shēngcún 名《生物》適者生存.
【适值】shìzhí 動 ちょうど…に当たる. たまたま…とぶつかる.
【适中】shìzhōng 形 ❶ ほどよい. ころあいだ. ¶冷热～ / 温度がころあいだ. ❷ 真ん中だ.

恃 shì 忄部6 四 90404 全9画 次常用

[素] 頼る. ¶有～无恐 kǒng 成 後ろ盾があるので怖いものなし（だ）.
【恃才傲物】shì cái ào wù 成 才能をたのんでおごり高ぶる. 自分の才能にいい気になって他人を見下す.
【恃强凌弱】shì qiáng líng ruò 成 力に頼んで弱いものいじめをする.

室 shì 宀部6 四 30104 全9画 常用

❶ 名 部屋. ¶教～ jiàoshì（教室）/ 卧～ wòshì（寝室）/ ～内 shìnèi. ❷ 名 組織の機械区分. ¶研究～ yánjiūshì（研究室）/ 财务～ cáiwùshì（財務室）/ 编辑～ biānjíshì（編集室）. ❸ 名 妻. ¶妻～ qīshì（妻）. ❹ [素] 家や家族. ¶王～ wángshì（王室）. ❺ 器官や機械の空洞部分. ❻ 名 二十八宿の一. はつい星.
【室内】shìnèi 名 室内. ¶～天线 / 室内アンテナ.
【室内环境】shìnèi huánjìng 名 室内環境. 屋内環境.
【室内剧】shìnèijù 名 スタジオ撮影のテレビドラマ.
【室内空气污染】shìnèi kōngqì wūrǎn 名 屋内大気

(の)汚染.
- 【室内乐】shìnèiyuè 名《音楽》室内楽.
- 【室女】shìnǚ 名 未婚の女性.
- 【室女座】shìnǚzuò 名《天文》❶ 処女宮. 黄道十二宮の一つ. ❷ 乙女座.
- 【室外】shìwài 名 室外.

莳(蒔) shì 艹部7 四 4464₀ 全10画 通用
动〈方〉(稲の苗を)移植する. ¶~秧 yāng (苗を植える) /~田(田植えをする).

轼(軾) shì 车部6 四 4354₀ 全10画 通用
名〈文〉昔の車の前についている手すり.

逝 shì 辶部7 四 3230₂ 全10画 常用
素 ❶(時間や水の流れが)過ぎ去る. ¶时光易~(時は去りやすい). ❷ 死ぬ. ¶病~ bìngshì (病死する) / 长~ chángshì (永眠する).
- 【逝世】shìshì 动 亡くなる. 逝去する.

铈(鈰) shì 钅部5 四 8072₇ 全10画 通用
名《化学》セリウム. Ce.

舐 shì 舌部4 四 2264₀ 全10画 通用
动〈文〉なめる. ¶老牛~犊 dú 成 親牛が子牛をなめる. 親が子供をいつくしむ.

弑 shì 弋部9 四 4394₀ 全12画 通用
动〈文〉家来が主君を殺す. 子が親を殺す. ¶~君 jūn (主君を殺す) /~父(父を殺す).

释(釋) shì 釆部5 四 2795₄ 全12画 常用
❶ 素 わかりやすく説明する. 解~ jiěshì (説明する) /注~ zhùshì (注釈) /~义 shìyì. ❷ 素 消えてなくなる. ¶冰~ bīngshì (氷解する) /~疑 shìyí. ❸ 放す. ¶手(手放す) /手不~卷 juàn (つねに書物をいつも手放さない) /爱不忍~ rěn (大切で手放すにしのびない). ❹ 素 釈放する. ¶开~ kāishì (釈放する) /保~ bǎoshì (保釈する). ❺ 《仏教》釈迦(ʿ). ¶~子 shìzǐ (僧徒) /~家 shìjiā (仏教徒) /~教 Shìjiào) /~门 shìmén (仏門). ❻ (Shì)姓.
参考 ⑤は"释迦牟尼 Shìjiāmóuní"の略. 広く仏教のことも指す.
- 【释读】shìdú 动 (古代の典籍を)考証し解釈する.
- 【释放】shìfàng 动 ❶ 釈放する. ¶刑 xíng 满~ / 刑期満了で釈放する. 同 开释 kāishì ❷《物理》(物質やエネルギーを)放出する. ¶~热量 / エネルギーを放出する. ¶汽车的~气体 / 自動車の排出ガス.
- 【释怀】shìhuái 动 (愛憎・悲喜・心配などが)心中から消える. 多く"不能~"などの否定文で用いる.
- 【释迦牟尼】Shìjiāmóuní (人名)釈迦牟尼(ʿ). 仏教の開祖である釈迦(ゴータマ・シッダルタ)の尊称. 釈迦族の王族出身. 生没年には諸説ある.
- 【释教】Shìjiào 名 仏教.
- 【释然】shìrán 形 釈然としている. すっきりしている. ¶释团 yítuán 解开, 顿时心中~ / 疑念が解けて, たちまち心がすっきりした.
- 【释文】shìwén 动 ❶ (典籍の)文字の音や意味を解釈する. ¶《经典~》/『経典釈文（˙˙˙˙˙）』 ❷ (甲骨文字や金石文字など)古代の文字の考証や識別をする. 用法①

は, 多く書名に用いる.
- 【释疑】shìyí 动 疑いを解く. ¶~消嫌 xiāoxián / 嫌疑を晴らす. ¶老师对大家不懂的问题做了~ / 先生は皆がわからなかった疑問を解いた.
- 【释义】shìyì 动 単語や文章の意味を解釈する. ¶把课文的内容一一遍 / テキストの内容を一通り説明する.
- 【释藏】Shìzàng 名 仏教教典の総称.

谥(諡)〈異〉諡 shì 讠部10 四 3871₂ 全12画 通用
名 おくり名. ¶~号 shìhào (おくり名). 参考 君主や貴族などの死後, 生前の功績をたたえておくる名.

嗜 shì 口部10 四 6406₁ 全13画 次常用
素 好む. ¶~好 shìhào /~学(学問を好む) /~酒(酒をたしなむ).
- 【嗜爱】shì'ài 动 たしなむ. 好み.
- 【嗜好】shìhào 名 嗜好(ʿ). 道楽. 病みつき.
- 【嗜痂之癖】shì jiā zhī pǐ 成 ゲテモノ好き. 風変わりな嗜好(ʿ).
- 【嗜杀成性】shì shā chéng xìng 成 平気で人を殺す. 残忍だ.
- 【嗜欲】shìyù 名 好みや欲望. ¶满足~ / 嗜欲を満足させる.

筮 shì 竹部7 四 8810₈ 全13画 通用
动 むかし, "蓍草 shīcǎo"(ノコギリソウ)の茎を使って占いをする. ¶~卜 shìbǔ (占う) /~仕 shìshì (仕官の前に吉凶を占う).

誓 shì 言部7 四 5260₁ 全14画 常用
❶ 动〈文〉決意をあらわす. 誓う. ¶~不罢休 bàxiū. ❷ 名 誓いのことば. ¶宣~ xuānshì (宣誓する) / 起~ qǐshì (誓いを立てる) / 发个~ (誓いを立てる).
- 【誓不罢休】shì bù bàxiū 俗 決してやめないと誓う.
- 【誓词】shìcí 名 誓いのことば. 同 誓言 shìyán
- 【誓师】shìshī 动 ❶ 出陣を前に勝利の誓いを立てる. ❷ 事を始める前に決意を表明する. ¶~大会 / 决起大会.
- 【誓死】shìsǐ 动 生命を賭(ʿ)けることを誓う. ¶~不二. 成 死んでも心変わりしないことを誓う.
- 【誓言】shìyán 名 誓いのことば. ¶履行 lǚxíng~ / 誓いを守る.
- 【誓愿】shìyuàn 名 決意. 誓い.
- 【誓约】shìyuē 名 誓約. ¶立下~ / 誓約を立てる. ¶违背 wéibèi~ / 誓約に背く.

奭 shì 大部12 四 4080₆ 全15画 通用
❶ 形〈文〉盛大だ. ❷ (Shì)姓.

噬 shì 口部13 四 6801₈ 全16画 通用
素 かむ. ¶吞~ tūnshì (飲み込む) /~人鲨 shìrénshā (人食いザメ) /~脐 qí mò jí 成.
- 【噬菌体】shìjùntǐ 名《生物》バクテリオファージ. ファージ.
- 【噬脐莫及】shì qí mò jí 成 ほぞをかむ.

螫 shì 虫部11 四 4813₆ 全17画 通用
动〈文〉(サソリやハチなどが)刺す. ¶为蜂所~ (ハチに刺された). 同 蜇 zhē ①
☞ 螫 zhē

匙 shi

匙 shi ヒ部9 全11画 四 6280₁ 常用
→钥匙 yàoshi
☞ 匙 chí

殖 shi 歹部8 全12画 四 1421₂ 常用
→骨殖 gǔshi
☞ 殖 zhí

shou ㄕㄡ〔ʂou〕

收(異収) shōu 攵部2 全6画 四 2874₀ 常用
動 ❶ 受け取る. 受け入れる. ¶~信 (手紙を受け取る) / ~发 shōufā / ~条 shōutiáo. 反 发 fā ❷ 一ヶ所に集める. 中にしまう. ¶~藏 shōucáng / ~集 shōují. ❸ (利益を)得る. ¶~入 shōurù / ~益 shōuyì. ❹ (農作物を)収穫する. ¶ 秋~ qiūshōu (秋の収穫) / 麦子 màizi (麦を取り入れる). 反 种 zhòng ❺ 取り返す. ¶~回 shōuhuí / ~复 shōufù / ~兵 shōubīng. ❻ 合わさる. ¶花 chuāng~口了 (傷がふさがった). ❼ (仕事を)終わりにする. ¶~工 shōugōng / ~束 shōushù / ~场 shōuchǎng / ~尾 shōuwěi. ❽ (感情や行動を)抑える. ¶~心 shōuxīn. ❾ 捕らえて拘置する. ¶~监 shōujiān.
【收报机】shōubàojī 名〔台 tái〕受信機.
【收编】shōubiān 動 (軍隊を)収容し改編する.
【收兵】shōubīng 動 ❶ 軍を引きあげて戦いをやめる. 撤兵する. ❷ (仕事を)やめる. 打ち切る. 表現 ❷は、比喩的な表現法.
【收藏】shōucáng 動 収集し、保存する. ¶~文物 / 文化財を収集保存する. ¶~品 / 収藏品.
【收藏家】shōucángjiā 名 収集家. コレクター.
【收操】shōu//cāo 教練を終える.
【收场】shōuchǎng ❶ 動 終わらせる. 結末をつける. ¶事情闹 nào 得这么大,不知怎么~ / こんな大騒ぎになって,どうけりをつけよう. ❷ 名 結末. 終わり. 反 开场 kāichǎng
【收成】shōucheng 名 収穫. 作柄.
【收存】shōucún 動 集めて保存する. 整理して保管する. ¶把重要文件~起来 / 重要文書を保存する.
【收到】shōudào 動 受け取る. ¶小明~了入学通知 / ミンさんは入学通知を受け取った.
【收发】shōufā 動名 文書・郵便物などの受領や発送をする(人).
【收发室】shōufāshì 名 (学校や機関の)文書の受付.
【收方】shōufāng 名 (簿記での)借方. 同 借方 jièfāng 付方 fùfāng
【收费】shōu//fèi 動 費用を取る. 料金を徴収する. ¶~公路 / 有料道路. ¶~通知 / 支払い通知. 反 免费 miǎnfèi
【收服[伏]】shōufú 動 相手を降参させる. ¶谁也~不了他 / 誰も彼を言いまかせない.
【收复】shōufù 動 (失ったものを)取り返す. ¶~失地 / 失地を回復する.
【收割】shōugē 動 農作物を刈り取る. ¶~季节 / 刈り入れの季節.
【收工】shōu//gōng 動 仕事を切り上げる. 反 出工 chūgōng

【收购】shōugòu 動 買い付ける. 集めて購入する. ¶~站 / 物资の買い付けセンター. ¶国家大量~棉花 / 国は大量に綿花を買い付ける. 同 收买 shōumǎi
【收归】shōuguī 動 (所有権などを)取り戻す. 回収する.
【收归国有】shōuguī guóyǒu 成 吸収して国有にする. ¶把私营企业~ / 私企業を国有にする.
【收回】shōu//huí 動 ❶ 取り戻す. 回収する. ¶~贷款 dàikuǎn / 貸し金を回収する. ❷ 撤回する. 取り消す. ¶我~刚才说的话 / 先ほどの話は撤回します.
【收回成命】shōu huí chéng mìng 成 すでに下した命令や決定を取り消す.
*【收获】shōuhuò ❶ 動 作物を取り入れる. 反 播种 bōzhòng ❷ 名 収穫. 成果. ¶学习~ / 学習の成果. ¶~的季节 / 取り入れの季節.
【收集】shōují 動 収集する. ¶他~了很多邮票 / 彼はたくさんの切手を収集している.
【收监】shōu//jiān 動 監獄に入れる. 収監する.
【收缴】shōujiǎo 動 ❶ (武器などを)接収する. 取り上げる. ¶~武器 / 武器を取り上げる. ❷ 徴収する. ¶~税款 shuìkuǎn / 税金を徴収する.
【收紧】shōujǐn 動 きつくする. しめつける.
【收据】shōujù 名〔张 zhāng〕領収書. レシート. ¶请给我开一张~ / 領収書を切ってください.
【收看】shōukàn 動 (テレビを)視聴する. ¶小美每天~电视新闻 / メイちゃんは毎日テレビニュースを見る.
【收口】shōu//kǒu 動 (~儿) ❶ (編み物で)開いている所をとじる. ❷ 傷口がふさがる. ¶刀伤还没有~ / 切り傷がまだふさがらない.
【收款机】shōukuǎnjī 名 レジスター.
【收揽】shōulǎn 動 ❶ 味方に引き入れる. 抱き込む. ¶~民心 / 人心を手なずけ掌握する. ❷ かき集めて一手に握る. ¶~大权 / 権力を一手に握る.
【收敛】shōuliǎn 動 ❶ (笑顔や光線が)消え入る. ❷ (言動を)慎む. 控え目にする. ❸ 収斂する. ¶~剂 jì / 収斂剤.
【收殓】shōuliàn 動 納棺する.
【收留】shōuliú 動 引き取って世話をする. 収容する. ¶她被孤儿院 gū'éryuàn~了 / 彼女は孤児院に引き取られた. 同 收容 shōuróng
【收拢】shōulǒng 動 ❶ (散らばっているものを)一ヶ所に集める. ¶~队伍 duìwu / 隊列をまとめる. ❷ (心を)引き寄せる. ¶~人心 / 人心をまとめ込む.
【收录】shōulù 動 ❶ (人員を)採用する. ❷ (作品を)採録する. ¶~小李的作品 / 李さんの作品を収録する.
【收录机】shōulùjī 名〔台 tái〕ラジカセ.
【收罗】shōuluó 動 (人や物を)かき集める. ¶~人才 / 人材を集める. ¶他到处~资料 / 彼は至る所で資料を収集する.
【收买】shōumǎi 動 ❶ 買い集める. 買い入れる. ¶~旧书 / 古書を買いあさる. 同 收购 shōugòu 反 出卖 chūmài ❷ (利得で)味方につける. 買収する. ¶~人心 / 人心を買収する.
【收纳】shōunà 動 収容する. 受け入れる. ¶如数 rúshù~ / まるごと引き受ける.
【收盘】shōu//pán 動 (~儿)《経済》(取引所の取引が)引ける. 大引けになる. ¶~价 / 終値. 反 开盘 kāipán
【收票员】shōupiàoyuán 名 (施設の入り口などで)切符やチケットを回収する人.

【收起】shōuqǐ 動 打ち切る. 終りにする.
【收讫】shōuqì 動 (代金を)全部受け取る. 領収済みである. 回 收清 qīng 参考 領収書などに押すスタンプに用いることが多い.
【收清】shōuqīng 動 全部受け取る. ¶～债款 zhàikuǎn / 貸し金を全額回収する.
【收秋】shōu//qiū 動 秋の取り入れをする. ¶ 正忙着～/ 秋の取り入れに忙しい.
【收取】shōuqǔ 動 受け取る. もらう. ¶公园～门票 / 公園は入園料を取る.
【收容】shōuróng 動 収容する. 表现 孤児・被災者・負傷者などを組織や機関が受け入れることを言う. 回 收留 shōuliú
【收容所】shōuróngsuǒ 名 収容所.
*【收入】shōurù ❶ 動 (金を)受け取る. 収める. ¶每天～现金 / 毎日現金を受け取る. ¶他那篇文章已～纪念论集了 / 彼のあの文章はすでに記念論集に収められている. ❷ 名 ((量)) 笔 bǐ, 项 xiàng) 収入. 所得. ¶个人的～/ 個人所得. 反 支出 zhīchū
【收审】shōushěn 動 拘留して取り調べる.
【收生婆】shōushēngpó 名 産婆.
【收市】shōu//shì 動 (店などが)取り引きや営業を終える. ¶股票交易所～了/ 証券取引所は取り引きを終えた. 反 开市 kāishì
【收视率】shōushìlǜ 名 視聴率.
**【收拾】shōushi 動 ❶ 片付ける. 整理する. ¶～屋子 / 部屋を片付ける. ¶～残局 cánjú / 後始末をする. 回 拾掇 shíduo, 整理 zhěnglǐ ❷ 修理する. ¶～皮鞋 / 革靴を修理する. ❸ こらしめる. ❹ 回 殺す. 消す.
【收受】shōushòu 動 受け取る. ¶～礼物 / 贈り物を受け取る.
【收束】shōushù 動 ❶ (考えや感情を)コントロールする. 集中する. ❷ (文章を)終りにする. 締めくくる. ❸ (荷物を)整理する. 片付ける. ¶～行装 xíngzhuāng / 旅行の荷物をまとめる.
【收缩】shōusuō 動 ❶ (物体が)収縮する. ¶金属遇冷就会～/ 金属は冷えると収縮する. 反 膨胀 péngzhàng ❷ 縮める. 引き締める.
【收摊儿】shōu//tānr 動 ❶ 露店をしまう. ¶下雨了, 快～吧！/ 雨だ, 早く店をたたもう. ❷ 手元の仕事を片付ける.
【收条】shōutiáo 名 (～儿) ((量)) 张 zhāng) 領収書. ¶打～/ 領収書を出す. 回 收据 shōujù
【收听】shōutīng 動 放送を聞く. ¶～外语广播 / 外国語放送を聞く.
【收尾】shōuwěi ❶ 動 結末をつける. 終わる. ¶麦收快～了 / 麦の収穫はまもなく終わる. ❷ 名 (文章の)末尾. 締めくくり. ¶文章的～ / 文章の結末.
【收文】shōuwén 名 受理した公文書. ¶～簿 bù / 公文書の受付登記簿.
【收效】shōu//xiào 動 効果が上がる. ¶～显著 xiǎnzhù / 効果が著しい.
【收心】shōu//xīn 動 心を引きしめる. ¶该～学习了 / 心を引きしめて一生懸命勉強するべきだ.
【收信人】shōuxìnrén 名 手紙の受け取り人.
【收押】shōuyā 動 拘留する.
【收养】shōuyǎng 動 子供を引き取って育てる. ¶老张夫妇～了一个孤儿 gū'ér / 張さん夫婦は孤児をひとり引き取って育てた.
【收益】shōuyì 名 収益. ¶增加～/ 収益を増やす.

【收益率】shōuyìlǜ 名 《经济》収益率.
【收音】shōuyīn 動 ❶ 音を集める. 音を拾う. ¶不～/ 音響が悪い. ❷ 受信する. ¶～网 wǎng / 受信網.
*【收音机】shōuyīnjī 名 ((量)) 个 ge, 架 jià, 台 tái) ラジオ. ¶听～/ ラジオを聞く.
【收银台】shōuyíntái 名 (商店の)会計カウンター. レジ.
【收载】shōuzǎi 動 (書物などに)収録する.
【收支】shōuzhī 収支. ¶～平衡 pínghéng / 収支バランスがよい.
【收执】shōuzhí ❶ 動 受け取って保管する. ❷ 名 政府機関が発行する税金などの受取証書. 用法 ①は, 公文書用語.
【收治】shōuzhì 動 (病人を)収容して治療する.

熟 shóu
⺍部11 四 0533₁
全15画 常用
形 回 "熟 shú"に同じ.
☞ 熟 shú

手 shǒu
手部0 四 2050₀
全4画 常用

❶ 名 ((量)) 双 shuāng, 只 zhī) 手. ❷ 素 手に持っている. ¶人～一册 (だれもがその本を持っている). ❸ 量 (～儿) 技術や腕を数えることに. ¶有两～儿 (いい腕をもっている). ❹ 素 自分自身の手で. ¶～书 shǒushū / 植 shǒuzhí. ❺ 素 ある種の技術をもっている人. ¶选～ xuǎnshǒu (選手) / 水～ shuǐshǒu (水夫) / 能～ néngshǒu (腕きき). ❻ 素 手ごろで持ちやすい. ¶～册 shǒucè / ～枪 shǒuqiāng.
【手把手】shǒu bǎ shǒu 回 手を取るようにして教える.
【手板】shǒubǎn 名 ❶ 手のひら. ❷ 笏(しゃく). 回 手版 bǎn ❸ → 手本 běn ① 回 手版
【手包】shǒubāo 名 (～儿) ハンドバッグ.
【手背】shǒubèi 名 手の甲.
【手本】shǒuběn 名 ❶ (明・清代)師匠と上司との面会時に示す, 名前や役職を記した書状. 回 手板 bǎn ③ ❷ ハンドブック. ノート. 回 手册 cè
【手笔】shǒubǐ 名 ❶ (有名人の)自筆. ¶鲁迅 Lǔ Xùn 先生的～/ 魯迅(ろじん)の自筆. ❷ 文章や書画に巧みな人. ¶大～/ 文筆の大家. ❸ (仕事をする時の)度胸. (金を使う時の)気前. ¶～阔 kuò / 気前がよい.
【手臂】shǒubì 名 ❶ 腕. 回 胳膊 gēbo ❷ 助手. 補佐役. ¶得力 délì～/ 片腕.
【手边】shǒubiān 名 (～儿) 手元. 身近. ¶刚才还在～的剪刀 jiǎndāo 怎么不见了？/ さっき手元にあったはさみが, どうしてなくなった.
**【手表】shǒubiǎo 名 ((量)) 块 kuài) 腕時計. ¶电子 / 電子腕時計. ¶戴～/ 腕時計をする.
【手柄】shǒubǐng 名 取っ手. 握り. 回 手把 bà
【手不释卷】shǒu bù shì juàn 成语 書物を手放さない. いつも勉強に励んでいる.
【手册】shǒucè 名 ((量)) 本 běn) ❶ ハンドブック. ¶化学～/ 化学ハンドブック. ❷ 記録用のノート. 手帳. 用法 ①は書名に用いることが多い.
【手抄】shǒuchāo 動 手で書き写す.
【手抄本】shǒuchāoběn 名 写本.
【手车】shǒuchē 名 ((量)) 辆 liàng) 手押し車. 回 手推 tuī 车
【手戳】shǒuchuō 名 (回) (～儿) ((量)) 方 fāng, 个 ge) (個人の)印鑑.
【手袋】shǒudài 名 方 (多く女性用の)ハンドバッグ.
【手到病除】shǒu dào bìng chú 成语 手を下せばたちまち

ろに病が治る. 回 药 yào 到病除 表现 医術がすぐれている喩え.
【手到擒来】shǒu dào qín lái 成 手を下せばたちどころに敵をとらえてくる. 回 手到擒拿 ná 表现 容易にできることの喩え.
【手底下】shǒudǐxia "手下 shǒuxià"に同じ.
【手电筒】shǒudiàntǒng 名〔個 个 ge, 只 zhī〕懐中電灯. 同 手电 shǒudiàn, 电筒 diàntǒng
*【手段】shǒuduàn 名 ❶ 手段. ¶～毒辣 dúlà / やり方が悪らつだ. ¶不择 zé～/ 手段を選ばない. ❷ 貶 小細工. 策略. ¶耍 shuǎ～/ 小細工をもてあそぶ. 回 伎俩 jìliǎng ❸ 回 腕前. ¶～高强 gāoqiáng / 腕前がよい. 回 手腕 shǒuwàn
【手法】shǒufǎ 名 ❶ (芸術作品や文学作品の)技巧. 手法. ¶表现～/ 表現技法. ❷ 貶 手口. やり方. ¶两面～/ 裏表のあるやり方.
【手风琴】shǒufēngqín 名《音楽》〔架 jià〕アコーディオン. ¶拉～/ アコーディオンをひく.
【手感】shǒugǎn 名 手ざわり. ¶～柔和 róuhé / 手ざわりが滑らかだ.
【手稿】shǒugǎo 名 自筆の原稿. 手稿.
*【手工】shǒugōng 名 ❶ 手作り. 細工. ¶做～/ 手仕事をする. ¶～艺 / 工芸などの精巧な手仕事. ❷ 手による操作. 手動. ¶～织布 zhībù / 手織の布. ❸ 回 手間賃. ¶要多少～/ 手間賃はいくらかかりますか.
【手工业】shǒugōngyè 名 手工業.
【手工艺】shǒugōngyì 名 手工芸.
【手鼓】shǒugǔ 名《音楽·民族》〔個 面 miàn, 只 zhī〕ウイグル族やハザク族などの打楽器. タンバリンの一種.
【手机】shǒujī 名 携帯電話. 表现 "手持式移动电话机"の略称.
【手机电影】shǒujī diànyǐng 名 ケータイ映画. 携帯電話機で見る映画.
【手机幻听症】shǒujī huàntīngzhèng 名 いつも携帯電話が鳴っている気がする幻聴症状. 仕事のストレスなどによる一種の神経症.
【手机手】shǒujīshǒu 名 携帯電話のメールの打ちすぎによる, 親指の腱鞘炎(けんしょうえん). ⇒三手病 sānshǒubìng
【手机银行】shǒujī yínháng 名 モバイル·バンキング. 同 移动 yídòng 银行
【手疾眼快】shǒu jí yǎn kuài 成 動作がすばしこくて, 抜け目がない. ¶小美做事一向～/ メイちゃんは何をするにも早くく, ぬかりない. 回 眼疾手快
【手记】shǒujì ❶ 動 自分で書き記す. ¶老舍 Lǎo Shě 的～剧本 / 老舍(ろうしゃ)直筆の脚本. ❷ 名〔個 份 fèn〕手記.
【手迹】shǒujì 名 筆跡. ¶这是我父亲的～/ これは父の筆跡です.
【手脚】shǒujiǎo 名 ❶ 挙動. 動作. ¶～利落 / 動作が敏捷(びんしょう)だ. ❷ 貶 小細工. 策略. ¶做～/ 小細工をする.
【手巾】shǒujīn[-jin] 名〔個 块 kuài, 条 tiáo〕タオル. 手ぬぐい.
【手紧】shǒujǐn 形 ❶ しまり屋だ. 出費を抑える. ¶还是一点好, 不能大手大脚的 / やはり節約しよう, 浪費はいけない. ❷ 懐具合が悪い. 手元不如意だ. 反 手松 shǒusōng
【手劲儿】shǒujìnr 名 手の力. ¶他～很大 / 彼は手の力が強い.
【手绢】shǒujuàn 名 (～儿)〔個 块 kuài, 条 tiáo〕ハ

ンカチ. 回 手帕 shǒupà
【手铐】shǒukào 名〔個 副 fù〕手錠. ¶戴上～/ 手錠をかける.
【手快】shǒu/kuài 形 敏捷だ. 手早い. ¶眼疾 yǎn jí ～/ 動作が機敏だ.
【手拉手】shǒu lā shǒu 慣 手に手を取る. 手を取り合う.
【手雷】shǒuléi 名《軍事》対戦車用の大型手榴弾(しゅりゅうだん).
【手链】shǒuliàn 名 チェーンのブレスレット.
【手榴弹】shǒuliúdàn 名 ❶〔個 个 ge, 颗 kē, 枚 méi〕手りゅう弾. ❷《スポーツ》手りゅう弾投擲(とうてき)競技に使う模擬手りゅう弾.
【手炉】shǒulú 名〔個 只 zhī〕手あぶり.
【手忙脚乱】shǒu máng jiǎo luàn 成 てんてこ舞いをする. 慌てふためく. ¶她做事总是～的 / 彼女は何をするにもいつもばたばたとやる.
【手面】shǒumiàn 名 方 金遣い. ¶～太阔 kuò / 金遣いが荒い.
【手民】shǒumín 名 文 文字の彫り師や植字工. ¶～之误 / 印刷上のミス. 誤植.
【手模】shǒumó 名 拇印(ぼいん). 同 手印 shǒuyìn
【手帕】shǒupà 名〔個 块 kuài, 条 tiáo〕ハンカチ. 同 手绢 shǒujuàn
【手旗】shǒuqí 名 手旗信号用の旗. 手旗.
【手气】shǒuqi 名 (賭博(とばく)やくじなどの)運. つき. ¶～好 / 運がよい.
【手枪】shǒuqiāng 名〔個 把 bǎ, 枝 zhī〕ピストル.
【手枪套】shǒuqiāngtào 名 ピストルケース. ホルスター.
【手巧】shǒuqiǎo 形 手先が器用だ. ¶心灵 líng～/ 頭の回転が速く, 手先も器用だ. ¶她～, 让她来帮吧 / 彼女は器用だから, 彼女にやってもらおう.
【手勤】shǒuqín 形 まめだ. ¶～脚快 / まめでよく働く. ¶～不受穷 shòuqióng / まめに働けば, 貧乏にはならない.
【手轻】shǒuqīng 形 手の触りかたがやさしい. そっと触れている.
【手球】shǒuqiú 名《スポーツ》ハンドボール. ハンドボールの球.
【手软】shǒuruǎn 形 手を下すに忍びない. 情に負けて手が鈍る. ¶对敌人决不能～/ 敵に対して情は無用だ.
【手生】shǒushēng 形 手慣れていない. 手が鈍っている. ¶好久不包饺子, 有点儿～了 / 長いことギョーザを作っていないので, 腕がなまった.
【手势】shǒushì 名 手ぶり. ¶打～指挥交通 / 手ぶりで交通整理をする.
【手书】shǒushū ❶ 動 手書きする. ❷ 名 手ずから書いた手紙. ¶接到了家父的～/ 父の手紙を受け取った. 用法 ①は手紙の署名の後ろに用いることが多い. ¶张××／张○○敬上 ¶～于甫南 / 南京にて記す.
*【手术】shǒushù 名 手術. ¶動～/ 手術をする. ¶～刀 / メス.
【手松】shǒusōng 形 金使いが荒い. 気前がよい. ¶他～, 常常浪费 / 彼は金使いに締まりがなく, いつもむだ使いしている. 反 手紧 shǒujǐn
【手谈】shǒután 動 碁(ご)をうつ.
*【手套】shǒutào 名 (～儿)〔個 副 fù, 双 shuāng, 只 zhī〕手袋. ¶戴～/ 手袋をはめる.
【手提】shǒutí 動 手に提げる. ¶～电话 / 携帯電話. ¶～电脑 / モバイルコンピュータ.

【手提包】shǒutíbāo 名〔量 只 zhī〕手提げかばん．ハンドバッグ．
【手提式】shǒutíshì 形 ポータブルの．携帯用の．¶～收音机／ポータブルラジオ．
【手提箱】shǒutíxiāng 名 スーツケース．トランク．
【手头】shǒutóu（～儿）❶ 手の届く範囲．手元．¶～没有／手元にない．❷ 懐具合．¶～宽裕 kuānyù／懐具合がよい．¶～紧／懐具合が悪い．手元不如意．
【手推车】shǒutuīchē 名〔量 辆 liàng〕手押し車．同 手车 shǒuchē
【手腕】shǒuwàn（～儿）❶ "手腕子 shǒuwànzi"に同じ．❷ 手管．策略．¶要 shuǎ／手管を弄(ろう)する．同 伎俩 jìliǎng，手段 shǒuduàn ❸ 腕前．¶很有～／なかなか手腕がある．同 手段 shǒuduàn
【手腕子】shǒuwànzi 名 手首．同 手脖子 shǒubózi
【手纹〔文〕】shǒuwén 名 手のひらのすじ模様．掌紋(しょう).
【手无寸铁】shǒu wú cùn tiě 成 身に寸鉄も帯びない．何も武器を持たない．
【手舞足蹈】shǒu wǔ zú dǎo 成 躍り上がって喜ぶ．¶高兴得～起来／喜びに舞い上がる．
【手下】shǒuxià 名 ❶ 指導下．配下．¶在老李～当过技术员／李さんの下で技術員をしていたことがある．❷ 手元．¶木屐／実物は手元にない．同 手头儿 shǒutóur ❸ 懐具合．¶～很紧／懐具合が苦しい．同 手头儿 shǒutóur ❹ 手を下す時．¶请～留情／お手やわらかに．
【手相】shǒuxiàng 名 手相．
【手携手】shǒu xié shǒu 句 手に手を取る．
【手写】shǒuxiě 動 手書きする．
【手写体】shǒuxiětǐ 名《印刷》筆記体．スクリプト体．反 印刷 yìnshuā 体
【手心】shǒuxīn 名 ❶ たなごころ．❷（～儿）手のうち．勢力の及ぶ範囲．¶跳不出母亲的～／母の手中から飛び出せない．
*【手续】shǒuxù 名〔量 道 dào〕手続き．¶办理～／手続きをする．
【手续费】shǒuxùfèi 名 手続費．手数料．
【手癣】shǒuxuǎn 名 手の水虫．
【手眼】shǒuyǎn 名 不正な手段．手管(てくだ)．¶～通天／手練手管にたけている．
【手痒】shǒuyǎng 腕がむずむずする．腕が鳴る．¶～难 nán 耐 nài／腕が鳴ってたまらない．
【手艺】shǒuyì 名〔量 门 mén〕(手仕事の)技術．腕前．¶木匠 mùjiang 师傅的～／棟梁(とうりょう)の腕．¶烹饪 pēngrèn～／料理の腕前．
【手艺人】shǒuyìrén 名 職人．
【手淫】shǒuyín 名 手淫(しゅいん)．自慰．
【手印】shǒuyìn 名（～儿）❶ 手の跡．❷ 拇印(ぼいん)．¶按 àn～／拇印を押す．
【手语】shǒuyǔ 名 手話．
【手谕】shǒuyù 名 目上の人が自ら書いた指示．¶总统的亲笔～／大統領直筆の指示．
【手泽】shǒuzé 名 先人が遺した物や文字．遺品．遺墨．由来 "手の汗"という意から．
【手札】shǒuzhá 名 自筆の手紙．親書．同 手书 shū，手翰 hàn 表現 相手からの手紙を敬って言うことで，手紙などによく用いる．
【手掌】shǒuzhǎng 名 手のひら．

【手掌心】shǒuzhǎngxīn 名 ❶ 手のひらの中．掌中．❷ 支配下にあることのたとえ．¶跳不出他的～／彼の手の中から逃れられない．
【手杖】shǒuzhàng 名〔量 根 gēn〕杖(つえ)．ステッキ．¶拄 zhǔ～／杖をつく．
【手植】shǒuzhí 動 手ずから植える．
【手纸】shǒuzhǐ 名〔量 卷 juǎn, 张 zhāng〕ちり紙．トイレットペーパー．
*【手指】shǒuzhǐ 名〔量 个 ge, 根 gēn〕手の指．
【手指画】shǒuzhǐhuà 名《美術》筆を使わず，指で描いた絵．
【手指甲】shǒuzhǐjia 名 手の爪．
【手指头】shǒuzhǐtou 名 "手指 shǒuzhǐ"に同じ．
【手重】shǒuzhòng 形(手の動作が)力強い．荒っぽい．¶那位护士 hùshi 打针／あの看護婦は注射を打つのが乱暴だ．
【手镯】shǒuzhuó 名〔量 对 duì, 副 fù, 个 ge, 只 zhī〕腕輪．ブレスレット．
【手足】shǒuzú 名 ❶ 行動．動作．❷ 兄弟．¶情同～／反 兄弟のように親しい．
【手足无措】shǒu zú wú cuò 成 どうしたらよいかわからない．手も足も出ない．由来《論語》子路篇のことばから．
【手钻】shǒuzuàn 名《機械》ハンドドリル．

守 shǒu
宀部3 四 3034₂
全6画 常用

❶ 動 守る．¶～卫 shǒuwèi／坚～阵地 zhèndì（陣地をかたく守る）／～门 shǒumén．反 攻 gōng ❷ 動 見守る．¶～着病人（病人に付き添っている）．❸ 動（規則や命令などを）守る．遵守する．¶～法 shǒufǎ／～时间（時間を守る）／～约 shǒuyuē．❹ 近寄る．❺（Shǒu）姓．

【守备】shǒubèi 動 守備する．警護する．¶加强～／警備を強化する．¶～部队／守備部隊．
【守财奴】shǒucáinú 名 守銭奴．同 看财奴 kāncáinú
【守车】shǒuchē 名(貨物列車の)車掌車．
【守成】shǒuchéng 動 文 前人の業績を受け継ぎ守る．
【守敌】shǒudí 名 敵の守備兵．
【守法】shǒu//fǎ 動 法律や法令を遵守する．¶奉公fènggōng～／成 法に従い，公務に励む．反 违法 wéifǎ
【守寡】shǒu//guǎ 動 夫の死後，再婚しない．後家を通す．¶她守了半辈子 bànbèizi 寡／彼女は半生を寡婦のまま過ごした．
【守恒】shǒuhéng 動（数値を）一定に保つ．
【守候】shǒuhòu 動 ❶ 待つ．¶～多时／長い間待つ．❷ 看護する．付き添う．¶家属轮流～在病人身边／家族が順番で病人のそばに付き添う．
【守护】shǒuhù 動 見守る．保護する．¶～神 shén／守護神．¶日日夜夜～在大堤 dī 上／日夜堤防上で見張りについている．
【守节】shǒu//jié 動 貞節を守る．表現 とくに女性が夫の死後に再婚しないことや，婚約者の死後に独身を通すことをいう．
【守旧】shǒujiù ❶ 形 古い見方ややり方を改めない．¶～思想／頑固な考え．反 开通 kāitong ❷ 名(京劇などの)舞台用の幕．
【守军】shǒujūn 名《軍事》守備軍．
【守口如瓶】shǒu kǒu rú píng 成 口が堅い．口を閉ざす．¶对于企业机密，知情者一定要～／企業秘密に対しては，事情を知っている者は必ず口を閉ざ

ては,事情通は必ず口を閉ざす.
【守霊】shǒu//líng 動 棺(ひつぎ)を守る. 通夜をする. ¶死者家属 jiāshǔ～已守了两天了 / 遺族は棺を守ってもう2日にたる.
【守門】shǒu//mén 動 ❶門番をする. ❷《スポーツ》ゴールを守る.
【守門員】shǒuményuán 名《スポーツ》ゴールキーパー.
【守身如玉】shǒu shēn rú yù 成 節操を守ってけがれがない. 由来『孟子』離婁上に見えることば.
【守勢】shǒushì 名 守勢. 防御の体勢. ¶从～转为 zhuǎnwéi 攻势 / 守りから攻めに転じる. 反 攻势 gōngshì.
【守岁】shǒu//suì (旧暦の大みそかの夜に)寝ないで年明けを迎える. ¶除夕～ / 大みそかは,寝ないで年越しする.
【守土】shǒutǔ 動⽂ 領土を守る.
【守望】shǒuwàng 動 (塔などから遠くまで)見張る. ¶～塔 / 監視塔. 望楼.
【守望相助】shǒu wàng xiāng zhù 成 (外敵や災害に備え)近隣の村落が共同で警戒警備に当たり協力しあう.
【守卫】shǒuwèi 動 防衛する. ガードする. ¶～边疆 biānjiāng / 辺境を防衛する.
【守孝】shǒu//xiào 動 親の喪に服する. ¶以前有～三年的风俗 / 以前は3年間の喪に服す習慣があった.
【守信】shǒu//xìn 信用を重んじる. 信用を守る.
【守业】shǒu//yè 動 人が築いた事業を受け継ぎ守る.
【守夜】shǒuyè 動 夜間の警備をする. ¶值班～ / 夜警の当番に当たる. ¶～巡警 xúnjǐng / 夜回りの警官.
【守约】shǒu//yuē 動 約束を守る. 反 失约 shīyuē
【守则】shǒuzé 名〔項 tiáo,项 xiàng〕規則. ¶学生～ / 学生規則. 校則.
【守株待兔】shǒu zhū dài tù 成 ❶努力をせず,幸運を待つ. 由来『韓非子』五蠹(ご)に見えることば. ウサギが切り株にぶつかって死んだのを見た農民が,農作業をほうったままウサギが再び現れるのを待ち続けた,という故事から.

首 shǒu

首部 0 画 四 8060₂ 全9画 常用

❶素 頭. ¶昂 áng～(頭をもたげる) / 掻 sāo～(頭をかく) / ～饰 shǒushi / ～级 shǒují. ❷素 最高の. ¶～相 shǒuxiàng / ～脑 shǒunǎo / ～席 shǒuxí. ❸素 首領. 親王. ¶～元 yuánshǒu (元首) / ～长 shǒuzhǎng. ❹素 初めて. ¶～次 shǒucì / ～创 shǒuchuàng. 反 尾 wěi ❺素 出頭して告白する. ¶自～ zìshǒu (自首する) / 不～ bùshǒu. ❻量 詩や歌を数えることば. ¶一～诗(1首の詩) / 唱一～歌(歌を1曲歌う). ❼(Shǒu)姓.
【首播】shǒubō 動 (テレビやラジオ番組を)初めて放送する. 初回を放送する.
【首倡】shǒuchàng 動 最初に提唱する. 首唱する.
【首车】shǒuchē 名 (列車やバスの)始発. 反 末班车 mòbānchē
【首创】shǒuchuàng 動 創始する. 最初に作り出す. ¶～精神 / パイオニア精神. ¶毕昇 Bì Shēng～了活字印刷术 / 毕昇(ひっしょう)が活字印刷術を生み出した. 同 创始 chuàngshǐ,开创 kāichuàng
【首次】shǒucì 形 最初の. 初めての. ¶～上映的影片 / 封切りされる映画. ¶这张唱片从～发行就大受欢迎 / このCDは発売当初からとても評判がよい.
【首当其冲】shǒu dāng qí chōng 成 真っ先に攻撃や災難を受ける.
*【首都】shǒudū 名 首都. ¶北京是中华人民共和国的～ / 北京は中華人民共和国の首都だ.
【首恶】shǒu'è 名 悪人の首領. 首謀者. ¶～必办 bìbàn / 主犯は必ず罰せる. 同 罪魁 zuìkuí
【首尔】Shǒu'ěr《地名》ソウル(韓国). 参考 2005年にソウル市が,その漢字表記を"汉城"から改めた.
【首发】shǒufā 動 ❶(切手や書籍などを)初めて発行する. ❷(バスなどの)始発が出る. ❸(制服などを)初めて支給する. ❹《スポーツ》(球技の試合に)先発する. スタメンで出る.
【首发式】shǒufāshì 名 書籍や記念品などの発行式.
【首犯】shǒufàn 名 主犯.
【首府】shǒufǔ 名 ❶旧 省庁所在地. ❷自治区や自治州の中央行政機関の所在地. ❸属国や植民地の政府所在地.
【首富】shǒufù 名 (その土地の)いちばんの金持ち. 長者. 同 首户 shǒuhù
【首告】shǒugào 動 告発する. たれこむ.
【首航】shǒuháng 動 (飛行機などの)就航する.
【首级】shǒují 名 首級. 討ち取った敵の首.
【首届】shǒujiè 形 一回目の. 第一期の. ¶～大会 / 第一回大会. ¶～毕业生 / 第一期卒業生.
【首肯】shǒukěn 動⽂ うなずく. 承諾する. ¶难以～ / 承知しがたい. ¶我们的建议,领导已经～ / 我々の意見を上部はすでに承認している.
【首领】shǒulǐng 名 ❶頭と首. ❷集団のリーダー. 首領. 同 领袖 lǐngxiù
【首脑】shǒunǎo 名 首脳. ¶西方国家～会议 / サミット.
【首批】shǒupī 形 第一次. 第一陣の. ¶～出国留学生 / 海外留学生の第一陣.
【首屈一指】shǒu qū yī zhǐ 成 真っ先に挙げられる. ナンバーワンだ. ¶其 qí 规模,在当时的出版界～ / その規模は,当時の出版界ではナンバーワンだ. 由来 指を折って数を数える時,まず第一に親指を曲げることから.
【首任】shǒurèn 動 最初に任命された. 初代の. ¶华盛顿 Huáshèngdùn 是美国～总统 / ワシントンは米国の初代大統領だ.
【首日封】shǒurìfēng 名 記念切手を貼り発行日の消印を押した特製封筒. 初日カバー. 参考 記念消印済みのものだが,再度使用することができる.
【首善之区】shǒu shàn zhī qū 名⽂ 最もよい場所. 首都をさす.
【首饰】shǒushi 名〔副 fù,件 jiàn〕アクセサリー. 装飾品. 参考 もとは髪飾りを指した.
【首尾】shǒuwěi 名 ❶最初と最後. ¶～呼应 hūyìng / 最初と最後のつじつまが合っている. ❷最初から最後まで. ¶这项工作～用了一个多月 / この仕事は初めから終わりまで一ヶ月以上かかった.
【首位】shǒuwèi 名 首位. 第一位. ¶放在～ / 一番に置く.
【首席】shǒuxí 名 ❶首位. 最高位. ¶坐～ / 最高位につく. ❷最高の職位. ¶～代表 / 首席代表.
【首席执行官】shǒuxí zhíxíngguān 名 最高経営責任者. CEO.
*【首先】shǒuxiān 副 ❶まず最初に. 真っ先に. ¶～发言 / 最初に発言する. ¶文艺复兴 fùxīng 运动～在意大利兴起 / ルネッサンスはまずイタリアから起こった. ❷第一に. まず. ¶～是报告,其次是与会者 yùhuìzhě 发言 / まず報告があって,それから参加者のコメントがある. 用法 ❷は列挙する時に用い,"其次 qícì"と呼応することが

多い.
【首相】shǒuxiàng 名〔位 wèi〕首相. 総理大臣.
【首选】shǒuxuǎn ❶ 動 最初に選ぶ. 真っ先に挙げる. ❷ 名 (旧)科学の試験の第1位合格者. 首席.
【首演】shǒuyǎn 動 初演する.
【首要】shǒuyào 形 最も重要な. 主要な. ¶～问题／主な問題. ¶当前的一～工作是搞好经济建设／当面の最重要事項は経済建設だ.
【首映】shǒuyìng 動（映画を）封切り上映する.
【首映式】shǒuyìngshì 名（映画の）プレミアショー.
【首战告捷】shǒu zhàn gào jié 成（戦いや試合の）開始早々に勝利する. 緒戦で勝つ.
【首长】shǒuzhǎng 名〔位 wèi〕(行政や部隊の)上級指揮者. ¶部队～／部隊の指揮官. ¶中央～／中央政府の幹部.

寿(壽) shǒu

寸部4 四 5034₀
全7画 常用

❶ 素 長生きだ. ¶福～ fúshòu (幸福で長生きだ)／人～年丰 fēng 成 人は長寿で,作柄もよい. ❷ 名 寿命. ¶长～ chángshòu (長寿)／～命 shòumìng. ❸ 素 (老人の)誕生日. ¶～辰 shòuchén ／～面 shòumiàn. ❹ 素 死者を弔う時に用いるもの. ¶～木 shòumù (棺おけ)／～材 shòucái ／～衣 shòuyī. ❺ (Shòu)姓.

【寿斑】shòubān 名 老齢によるしみ. 表現 多く顔にできるものを言う.
【寿比南山】shòu bǐ Nán shān 成（南山のように）長生きする. ¶祝您～,福如东海／南山ほど長寿で東海ほど深い幸福に恵まれますように. 由来『詩経』小雅·天保に見えることば. "南山"は,陕西(Shǎn)省にある秦嶺の終南山を指す.
【寿材】shòucái 名〔具 jù, 口 kǒu〕棺おけ. ひつぎ. 表現 生前に用意したものを言うことが多い.
【寿辰】shòuchén 名 誕生日. 誕生祝い. ¶八十～／80歳の誕生日. 表現 主に中高年の人の誕生日を言う.
【寿诞】shòudàn 名（中年以上の人の）誕生日. ¶祝贺爷爷的八十～／おじいさんの80歳の誕生日を祝う.
【寿礼】shòulǐ 名〔份 fèn〕（年長者のための）誕生祝いの品.
【寿联】shòulián 名 誕生祝いの対聯.
【寿面】shòumiàn 名 誕生祝いに長寿を願って食べるめん. 同 长寿面 chángshòumiàn
【寿命】shòumìng 名（人や物の）寿命. ¶使用～／耐用期間.
【寿数】shòushu 名 天寿. 天命. ¶～已尽／天寿を全うした.
【寿桃】shòutáo 名〔个 ge〕誕生祝いに用いる桃. 参考 一般には桃の形のまんじゅうで代用するが,生の桃を使うこともある.
【寿险】shòuxiǎn 名 "人寿保险"（生命保険）の略称.
【寿星】shòuxing 名 ❶ 老人星. 同 寿星老儿 lǎor ❷〔位 wèi〕長生きを祝福される人. 参考 ① 昔は長寿のシンボルとされる. 民間では,よく頭部が長く突出た老人の姿に描かれる.
【寿穴】shòuxué 名 生前に建てる墓.
【寿衣】shòuyī 名〔件 jiàn, 身 shēn, 套 tào〕死に装束. 参考 昔からの風習では"寿材 shòucái"（棺おけ）, "寿穴 shòuxué"（墓地）とともに,生前に用意しておく. 男性用は黄や青,女性用は赤色が多く,盛装である.
【寿终】shòuzhōng 動 天寿を全うする.

【寿终正寝】shòu zhōng zhèng qǐn 成 ❶ 年老いた人が寿命で死ぬ. 長生きして自宅で生涯を終える. ❷ 物事が終る. 消滅する. 参考 "正寝"は,伝統的な住宅の母屋. 人が死ぬと母屋の正面の部屋に安置したことから.

受 shòu

爪部4 四 2040₇
全8画 常用

動 ❶ 受ける. 受け取る. ¶～贿 shòuhuì. ¶～教育／教育を受ける. ¶～大家欢迎／みんなに人気がある. ¶他很～领导的信赖 xìnlài ／彼は上司から大いに信頼されている. ¶大家都很～感动／みんなはとても感動した. ¶他一～过多次表扬 biǎoyáng ／彼は何度も表彰されたことがある. ¶她被老师～到表扬／彼女は先生にほめられた.
❷ 不幸に遭う. 損失を被る. ¶～了一辈子苦／一生苦しい目に遭った. ¶～过一次骗／一度だまされたことがある. ¶～批评 shòu pīpíng. ¶～伤 shòushāng. ¶～到大雨的影响,飞机误点 wùdiǎn 了／大雨の影響で飛行機が遅れた.
❸ 耐える. 我慢する. ¶～不了 shòubuliǎo. ¶什么样的磨练 móliàn 我都～得住／私はどんな試練にも耐えることができる.
【受病】shòu//bìng 動 病気になる. ¶长期野外作业的人,身体再好也会～／長期間野外で仕事をする人は,どんなに丈夫でも病気になる可能性がある. 表現 そのうち病気になるという意味で用いる.
【受不了】shòubuliǎo 動 耐えられない. 我慢できない. ¶疼得～／痛くてたまらない. ¶～也得 děi 受／我慢せざるを得ない. ¶那种苦日子实在～了／あの苦しい日々は実に耐え難いものであった.
【受潮】shòu//cháo 動 湿る. 湿気を帯びる. ¶东西容易～／すぐに物がしけってしまう.
【受宠】shòuchǒng 動 寵愛（ちょうあい）を受ける. かわいがられる.
【受宠若惊】shòu chǒng ruò jīng 成 身にあまる待遇を受けて驚き喜ぶ. 由来『老子』に見えることば.
【受挫】shòucuò 動 挫折（ざせつ）する. ¶他们的行动计划～了／彼らの行動計画は頓挫（とんざ）した.
【受到】shòudào 動 …を受ける. ¶～欢迎／歓迎を受ける. ¶～影响／影響を受ける.
【受得了】shòudeliǎo 動 耐えられる. 我慢できる. ¶再冷的天气我们也～／もっと寒い気候でも我々は耐えられる.
【受等】shòuděng 動 待たされる. 叫您～了／お待せしました.
【受敌】shòudí 動 敵の攻撃にあう. ¶腹背 fù bèi ～／成 腹背に敵を受ける. 前後から敵に挟まれる.
【受罚】shòu//fá 動 処罰を受ける. ¶～退场 tuìchǎng／反則退場. ¶违章 wéizhāng～／違反して処罰される.
【受粉】shòu//fěn 動〔植物〕受粉する.
【受过】shòu//guò 動 過失の責任を負う. 表現 負う必要のない責任について言うことが多い.
【受害】shòu//hài 動 ❶ 損害を受ける. ¶～者／犠牲者. 被害者. ¶～不浅／被害は深刻だ. ❷ 殺害される. ¶无辜 wúgū～／罪もなく殺される.
【受寒】shòu//hán 動 体が冷えて風邪をひく. 同 受凉 liáng
【受话器】shòuhuàqì 名 受話器. 同 听筒 tīngtǒng, 耳机 ěrjī
【受话人】shòuhuàrén 名（電話の）受信者.

【受贿】shòu//huì 〔動〕わいろを受け取る。¶贪污 tānwū ~／汚職をし、わいろを受け取る。¶揭发 jiēfā ~／収賄を摘発する。¶他受了很多贿／彼は多額のわいろを受け取った。⇒ 行贿 xínghuì

【受贿罪】shòuhuìzuì 〔名〕《法律》収賄罪．

【受惠】shòu//huì 〔動〕恩恵を受ける．

【受奖】shòu//jiǎng 〔動〕賞を受ける．¶立功 lìgōng ~／手柄を立てて賞を受ける．¶民歌比赛的~者／民謡大会の受賞者．

【受戒】shòu//jiè 〔動〕《仏教》受戒する．

【受惊】shòu//jīng 〔動〕驚かされる．¶严重~／ひどく驚かされる．¶拦住 lánzhù 了一匹因~而狂奔 kuángbēn 的烈马／驚いてものすごい勢いで暴走する荒馬を阻止した．

【受精】shòu//jīng 〔動〕《生物》受精する．

【受精卵】shòujīngluǎn 〔名〕《生物》受精卵．

【受窘】shòu//jiǒng 〔動〕困った状態に置かれる．迷惑する．¶你去同小美好好谈谈吧，不要~的／君はメイちゃんとよく話をしなさい、君を困らせることはないはずだ．

【受看】shòukàn 〔形〕見た目がよい．見栄えがする．⇔ 好 hǎo 看

【受控】shòukòng 〔動〕コントロールされる．抑制される．

【受苦】shòu//kǔ 〔動〕苦しみを受ける．¶~受难 nàn ／苦難に遭う．¶受了大半辈子苦／人生の大半はつらい日々だった．

【受累】shòu//lěi 〔動〕巻き添えになる．¶实在对不起，让你也~了／本当に申し訳ありません、あなたまで巻き添えにしてしまって．

【受累】shòu//lèi 〔動〕苦労する．¶您辛苦，您~／大変でしたね、ご苦労さま．¶让您~了／ご苦労をおかけしました．¶苦~／苦労を重ねる．

【受礼】shòu//lǐ 贈り物を受け取る．

【受理】shòulǐ 〔動〕受理する．¶公司~了他的辞职 cízhí 报告／会社は彼の辞表を受理した．

【受凉】shòu//liáng 〔動〕体が冷えて風邪をひく．¶小孩~感冒了／子供が寒さで風邪をひいた．

【受领】shòulǐng 〔動〕(任務や好意などを)受ける．受け入れる．

【受命】shòumìng 〔動〕命令を受ける．¶~办理／命令により事を処理する．⇒ 授命 shòumìng

【受难】shòu//nàn 〔動〕災難に遭う．¶战争~者／戦争被災者．

【受批评】shòu//pīpíng 批判される．

【受骗】shòu//piàn 〔動〕だまされる．¶顾客~了／お客がだまされた．¶免受 miǎnshòu~／だまされないようにする．⇒ 上当 shàngdàng

【受聘】shòu//pìn 〔動〕❶結納を受け取る．❷招聘を受ける．¶~为 wéi 报社的法律顾问 gùwèn ／招聘を受けて新聞社の法律顧問になる．

【受气】shòu//qì 〔動〕いじめられる．¶内外から~いじめられる．

【受气包】shòuqìbāo 〔名〕(~儿)いつも当たり散らされる人．不满のはけ口にされる人．

【受穷】shòu//qióng 〔動〕貧乏する．

【受屈】shòu//qū 〔動〕悔しい思いをさせられる．不当な扱いを受ける．

【受权】shòuquán 〔動〕権限を与えられる．¶外交部~发表声明／外交部は権限により声明を発表する．⇒ 授权 shòuquán

【受热】shòu//rè 〔動〕❶熱せられる．¶~则 zé 膨胀 péngzhàng ／熱せられると膨張する．❷暑気当たりする．¶他路上~了／彼は途中で暑気当たりした．⇒ 受暑 shòushǔ，中暑 zhòngshǔ

【受人之托】shòu rén zhī tuō 委託を受けた事をしっかりやり終える．¶我~替他找个对象／私は彼にどうしても結婚相手を探してやらなければならない．

【受辱】shòu//rǔ 〔動〕恥をかかされる．¶无故 wúgù~／わけなく辱めを受ける．¶当众~／みんなの前で恥をかかされた．

【受伤】shòu//shāng 〔動〕傷を受ける．¶他的手以前受过一次伤／彼の手は以前一度けがをしたことがある．

【受赏】shòu//shǎng 〔動〕受賞する．

【受审】shòu//shěn 取り調べを受ける．尋問される．

【受事】shòushì 〔名〕《言語》動作の目的や対象となる語．参考 "我看报"の"报"、"老鹰抓小鸡"の"小鸡"、"衣服送来了"の"衣服"など．

【受暑】shòu//shǔ 〔動〕暑気当たりする．⇒ 中暑 zhòngshǔ，受热 shòurè

【受胎】shòu//tāi 〔動〕受胎する．¶人工~／人工受精．¶~三个月／妊娠三ヶ月．⇒ 受孕 shòuyùn

【受体】shòutǐ 〔名〕《生理》(細胞内の)受容体．レセプター．

【受听】shòutīng 〔形〕❶耳に心地よい．¶我有一句话，不知道~不~／一言話があります、お耳にかなうかどうか分かりませんが．

【受托】shòu//tuō 〔動〕頼まれる．委託を受ける．¶此事是受恩师 ēnshī 之托，所以一定要办好／これは恩師に頼まれたことだから、必ずきちんとやらなくてはならない．

【受洗】shòu//xǐ 〔動〕《宗教》(キリスト教の)洗礼を受ける．

【受降】shòu//xiáng 〔動〕敵の投降を受け入れる．

【受刑】shòu//xíng 〔動〕刑罰(とくに体罰)を受ける．

【受训】shòu//xùn 〔動〕訓練を受ける．¶这些运动员~时间不长,但进步很快／これらの選手は訓練期間は長くないのに進歩が早い．

【受业】shòuyè ❶〔動〕先生について学ぶ．授業を受ける．❷〔名〕先生に対する学生の自称．

【受益】shòuyì 〔動〕利益を受ける．¶这本书使我~不浅／この本は得る所が多い．¶商品降价 jiàngjià 使广大顾客~／商品の値下げは多くの客に利益をもたらす．

【受益匪浅】shòu yì fěi qiǎn 〔成〕大いに利益を得る．⇒ 获 huò 益匪浅

【受用】❶ shòuyòng 〔動〕利益を受ける．¶~不尽 jìn ／有益であること計り知れない．❷ shòuyong 〔形〕心地よい．¶他心里很不~／彼は不愉快な気分だ．用法 ②は、多く否定文に用いられる．

【受孕】shòu//yùn 〔動〕妊娠する．⇒ 受胎 shòutāi

【受灾】shòu//zāi 〔動〕災害を受ける．¶~地区／被災地区．¶今年家乡~，收成不好／今年は郷里が災害に遭い、収穫がよくなかった．

【受制】shòu//zhì 〔動〕制限を受ける．¶~于人／他人から制約を受ける．¶~了很长一段时间／長い間行動を拘束された．

【受众】shòuzhòng 〔名〕リスナー．視聴者．読者．参考 テレビ・ラジオ・新聞など、メディアが発する情報の受け手をいう．

【受助】shòuzhù 〔動〕支援や救援を受ける．

【受阻】shòuzǔ 〔動〕妨害を受ける．妨げられる．

【受罪】shòu//zuì 〔動〕ひどい目に遭う．¶跟这样的人一起生活简直 jiǎnzhí 是~／こんな人と一緒に生活するなん

てまるで地獄だ. 反 享福 xiǎngfú

狩 shòu
犭部6 四 4324₂
全9画 通用

素 狩りをする. ¶ ~猎 shòuliè. 参考 古代,冬に狩りをすることを指した.
【狩猎】shòuliè 動 狩りをする.

授 shòu
扌部8 四 5204₇
全11画 常用

❶ 動（正式な場で）与える. ¶ ~旗 qí（旗を授ける）/ ~奖 shòujiǎng / ~意 shòuyì. 反 受 shòu ❷ 素（学問や技術を）教える. ¶ ~课 shòukè / ~讲 jiǎngshòu（講義する）/ 函～ hánshòu（通信教育）
【授粉】shòufěn 動【植物】授粉する. ¶人工～/人工授粉. ¶自花～/自家授粉.
【授奖】shòu//jiǎng 賞を授ける. ¶给优秀 yōuxiù 的学生～/優秀な学生に賞状を授与する.
【授精】shòu//jīng【生物】受精させる. 授精する.
【授课】shòukè 動 授業をする. 学科を教える. ¶每周～六小时 / 毎週6時間,授業をする.
【授命】shòumìng 動 ❶ 文 自ら命を投げ出す. 命を懸ける. ¶临危 línwēi～/危機に在って自ら命を投げ出す. ❷ 命令を下す. ¶总统～议会讨论这个提案 / 大統領はこの提案を討議するよう議会に命じた. 反 受命 shòumìng 表現 ❷は主に国家の元首が命令を下すことを言う.
【授权】shòuquán 動 授権する. 権限を与える. ¶是谁～你做这件事的? / 誰があなたに権限を与えて,この件をさせたのですか. 反 受权 shòuquán
【授时】shòushí ❶ 動 天文学が標準時刻を知らせること. 時報. 同 时间服务 shíjiān fúwù ❷ 動 旧 政府が暦を配布する. 由来『書経』堯典のことばから.
【授首】shòushǒu 動 文（反逆者や盗賊が）斬首（ざんしゅ）にされる.
【授受】shòushòu 動 授受する. 受け渡しする. ¶私相 sīxiāng～/密かにやりとりする.
【授受不亲】shòu shòu bù qīn 成 夫婦以外の男女は直接物のやりとりをしてはいけない. 由来『孟子』離婁上に見えることば. 封建時代の道徳.
【授衔】shòu//xián 動（軍人の等級などの）肩書きや称号を授ける.
【授勋】shòu//xūn 勲章を授与する.
【授业】shòuyè 動 ⊗ 知識や学問を授ける. 教授する.
【授意】shòuyì 動 示唆する. ¶有人～写的文章 / 誰かの意を受けて書いた文章.
【授予】shòuyǔ 動（栄誉などを）与える. 授ける. ¶被～荣誉市民称号 chēnghào / 栄誉市民の称号を与えられる.

售 shòu
隹部3 四 2060₁
全11画 常用

❶ 動 売る. ¶ ~票 piào（切符を売る）/ ~货 shòuhuò / 零～ língshòu（小売り）. 同 卖 mài, 销 xiāo ❷ 素（はかりごとを）推し進める. ¶以～其 qí 奸 jiān（奸）そのはかりごとを進める.
【售后服务】shòuhòu fúwù 名 アフターサービス.
【售货】shòuhuò 動 販売する. ¶自动～机 / 自動販売機. ¶ ~亭 tíng / 販売スタンド.
【售货员】shòuhuòyuán 名 販売員. 売り子.
【售假】shòujiǎ 動 にせ商品を売る.
【售价】shòujià 名 値段. 売り値.
【售卖】shòumài 動 売る. ¶ ~部 / 売店. ¶这儿～生活用品 / ここでは日用品を売っている.
【售票处】shòupiàochù 名（駅や劇場などの）切符売り場.
【售票口】shòupiàokǒu 名 切符やチケットの販売窓口.
【售票员】shòupiàoyuán 名〔个 ge, 名 míng, 位 wèi〕（窓口や車内で）切符を売る人.

兽（獸）shòu
八部9 四 8060₁
全11画 常用

素 ❶ 獣. ¶野～ yěshòu（野獣）/ 禽～ qínshòu（鳥や獣）/ 走～ zǒushòu（獣）. ❷ 野蛮で品性が卑しい. ¶ ~欲 shòuyù / ~行 shòuxíng / ~心 shòuxīn.
【兽环】shòuhuán 名 獣の頭部をかたどったドアノッカー. ⇨门环子 ménhuánzi
【兽类】shòulèi 名 獣.
【兽心】shòuxīn 名 残忍な心.
【兽行】shòuxíng 名 野蛮で残虐な行為. ¶滥杀 lànshā 无辜 wúgū 的～/ 無実の者を虐殺する残忍な行為.
【兽性】shòuxìng 名 野蛮で残忍な性質. ¶充满～的人 / 残忍な野獣のような人間. 反 人性 rénxìng
【兽医】shòuyī 名〔个 ge, 名 míng, 位 wèi〕獣医.
【兽欲】shòuyù 名 獣欲. 肉欲.

绶（綬）shòu
纟部8 四 2214₇
全11画 通用

素 官印などを身につける時に用いる絹のひも. ¶ ~带 shòudài.
【绶带】shòudài〔条 tiáo〕官印や勲章などを身につける時に用いる組ひも.

瘦 shòu
疒部9 四 0014₇
全14画 常用

❶ 形 やせている. ¶身体很～（体がやせている）. 反 胖 pàng ❷ 形（食用肉の）脂肪が少ない. ¶ ~肉 shòuròu. ❸ 形 肥 féi（服や靴下などが）小さい. ¶这件裤子穿着～了（このズボンは小さくて窮屈だ）. 反 肥 féi ❹ 形 土地がやせている. ¶ ~田 shòutián（やせた畑）. ❺ 形 書体が細い. ¶ ~硬 shòuyìng（書体が細くて力強い）. ❻（Shòu）姓.
【瘦长】shòucháng 形 やせて細長い,または背が高い.
【瘦骨嶙峋】shòu gǔ lín xún 成 やせて骨と皮だけになっているよう.
【瘦瘠】shòují 形 ❶ やせている. やせて弱々しい. ❷（土地が）やせている. ¶ ~的荒山 / やせた荒れ山.
【瘦煤】shòuméi 名 低品質の石炭.
【瘦肉】shòuròu 名 肉の赤身.
【瘦弱】shòuruò 形（人や動物が）やせ細って弱々しい. ¶ ~得可怜 kělián, 壮实 zhuàngshi / 肥壮 féizhuàng, 壮实 zhuàngshi
【瘦身】shòushēn ❶ 痩身する. ダイエットする. ❷ 機構の縮小や経費の節減を行う. リストラする.
【瘦死的骆驼比马大】shòusǐ de luòtuo bǐ mǎ dà やせて死んだだけでも馬より大きい. 腐っても鯛（たい）.
【瘦小】shòuxiǎo 形（体つきが）やせて小さい. ¶身材～/体つきが細くて小柄だ. 反 肥大 féidà
【瘦削】shòuxuē 形（体や顔が）やせこけている. ¶一张～的面孔 / やせこけた顔. ¶一位～的老人 / やせて骨ばった老人. 反 肥胖 féipàng
【瘦子】shòuzi 名 やせた人. やせっぽち.

shu ㄕㄨ〔ṣu〕

殳 shū 殳部0 四 7740₇ 全4画 通用
名 ❶ 先が八角形にとがった古代の竹やり. ❷ (Shū)姓.

书(書) shū 一部3 四 5302₇ 全4画 常用
❶ 名〔㊤ 本 běn,部 bù〕本. ¶ 看～(本を読む) / ～本 shūběn / 新～ xīnshū (新刊書) / 丛～ cóngshū (叢書) / ～店 shūdiàn. ❷ 素 手紙. ¶ ～信 shūxìn / 家～ jiāshū (家族間の手紙) / ～札 shūzhá. ❸ 文 文書. ¶ 证明～ zhèngmíngshū (証明書) / 申请～ shēnqǐngshū (申請書) / ～籍 shūjí. ❹ 動 文 字を書く. ¶ ～写 shūxiě / ～法 shūfǎ / 大～特～ (大々的に書く) / 振笔 zhènbǐ 疾～ jíshū (筆を振るってさっと書き流す). ❺ 素 書体. ¶ 楷～ kǎishū (楷書) / 草～ cǎoshū (草書) / 隶～ lìshū (隷書). ❻ (Shū)姓.

筆順 フ ⼦ 书 书

【书案】shū'àn 名 文 長方形の文机(ちえ・ちくえ). 参考 椅子で使う, 高さのある机.
*【书包】shūbāo 名 学生用かばん.
【书包带】shūbāodài 名 ブックバンド.
【书报】shūbào 名 書籍と新聞. ¶ 订阅 dìngyuè～ / 本と新聞を定期購読する.
【书报摊】shūbàotān 名 新聞や雑誌を売る売店.
【书背】shūbèi 名 本の背表紙. ㊥ 书脊 shūjí
【书本】shūběn 名 (～儿)書物の総称. ¶ ～知识 / 書物から得る知識. 字引学問. ¶ 不能死啃 kěn～ / 本にかじりついてばかりではいけない.
【书册】shūcè 名 本. 書物.
【书场】shūchǎng 名 (講談·漫才·曲芸などを行う)演芸場. 寄席.
【书橱】shūchú 名 書棚. ¶ 四壁 bì～ / まわりの壁がすべて書棚だ. ¶ 两脚～ / 歩く本棚. 読書量が多く, 知識が豊富だが, 応用力がない人.
【书呆子】shūdāizi 名 本ばかり読んでいて世情にうとい人. 本の虫. ¶ 他是个～,不善于应付 yìngfù 人际关系 / 彼は本の虫で,人付き合いがうまくない.
【书挡】shūdǎng 名 ブックエンド. 本立て.
*【书店】shūdiàn 名〔㊤ 个 ge,家 jiā〕本屋. 書店. ¶ 新华～ / 新華書店. ¶ 外文～ / 外国書籍店. ¶ 古旧～ / 古本屋.
【书牍】shūdú 名 文 書簡. 手紙.
【书蠹】shūdù 名 ❶ (本につく)シミ. ㊥ 书鱼 shūyú ❷ 読書好き. 本の虫.
【书法】shūfǎ 名 書道. ¶ 王羲之 Wáng Xīzhī 的～ / 王羲之(ぎ)の筆法.
【书法家】shūfǎjiā 名 書道家. 書家. ㊥ 书家
【书法界】shūfǎjiè 名 書道界.
【书法展】shūfǎzhǎn 名 書道展.
【书房】shūfáng 名〔㊤ 间 jiān〕書斎.
【书徽】shūhuī 名 (本の)扉. タイトルページ.
【书稿】shūgǎo 名 著作原稿.
【书鼓】shūgǔ 名《音乐·芸能》書鼓(しょ). "鼓书"(伴奏に合わせて歌い語る民間芸能)の伴奏用の小太鼓. 参考 演奏時は支えの上にのせ,右手に持ったばちでたたき,左手で"拍板 pāibǎn"をたたくことが多い.
【书柜】shūguì 名 本箱.
【书函】shūhán 名 ❶ 帙(ちつ). 本の外箱. ㊥ 书套 shūtào ❷ 手紙. 書簡. ¶ 来往～真多 / 手紙のやりとりが本当に多い. ㊥ 书信 shūxìn
【书号】shūhào 名 図書コード.
【书后】shūhòu 名 あとがき. 跋文(ばつ).
【书画】shūhuà 名〔㊤ 幅 fú〕書画.
【书画展】shūhuàzhǎn 名 書画展.
【书籍】shūjí 名 書籍. ¶ 借阅～ / 本を借りて読む. 用法 "书籍"は"书"の総称なので量詞をつけられないが, "书"にはこの制限はない.
【书脊】shūjí 名 背表紙. ㊥ 书背 shūbèi
*【书记】shūjì 名 ❶ 書記. 政党や団体などの各組織の重要な責任者. ¶ 党委 dǎngwěi～ / 共産党委員会の書記. ¶ 总～ / 総書記. ❷ 文書係.
【书家】shūjiā → 书法家 shūfǎjiā
*【书架】shūjià 名〔㊤ 个 ge〕本棚. ¶ ～上摆满了书 / 本棚にはあふれんばかりに本が並べられていた. ㊥ 书架子 shūjiàzi
【书简[柬]】shūjiǎn 名 手紙. 書簡. ㊥ 书信 xìn
【书局】shūjú 名〔㊤ 家 jiā〕書局. ¶ 中华～ / 中華書局. 参考 以前は, 国の書籍刊行機関をいった. 現在は書店や出版社の名称に用いることが多い.
【书卷】shūjuàn 名 書籍. 書物.
【书卷气】shūjuànqì (話しぶり·文章·書画などに表れる)読書人の風格や気質.
【书刊】shūkān 名 書籍と定期刊行物.
【书口】shūkǒu 名《印刷》本の背表紙の反対側. 小口(ぐち). 前小口.
【书库】shūkù 名〔㊤ 间 jiān〕書庫.
【书林】shūlín 名 文 本がたくさんあるところ. 書林(しょ).
【书录】shūlù 名 本や著作の体裁·評価·成立などを記した目録. 書籍目録.
【书眉】shūméi 名 ページ上部の余白.
【书迷】shūmí 名 ❶ "评弾 píngtán"(語り物)や"评书"(講談)のファン. ❷ 読書や蔵書に熱心な人.
【书面】shūmiàn 形 文書による. 書面の. ¶ ～通知 / 文書で通知する. ¶ 空口 kōngkǒu 无凭 píng, 没有～记录 / 口約束だけではあてにならない, 文書の記録がないと. ¶ ～语 / 書きことば. ㊥ 口头 kǒutóu
【书面语】shūmiànyǔ 名《言語》書面語. 書きことば. ㊥ 口语 kǒu yǔ
【书名】shūmíng 名 書名.
【书名号】shūmínghào 名《言語》書名記号. 参考 中国では《 》や"双书名号"や〈 〉("单书名号")を用いる. 古典や縦書きの場合は書名の下や横に﹏﹏を付ける. ⇨付録「句読点·かっこなどの用法」
【书目】shūmù 名 図書目録. ¶ ～卡 kǎ / 図書目録カード. ¶ 编号～ / 図書目録を作る.
【书脑】shūnǎo 名《印刷》線装本の綴じてある側.
【书皮】shūpí 名 (～儿)〔㊤ 张 zhāng〕本の表紙. ブックカバー. ¶ 包了个～ / 本にカバーをかけた.
【书评】shūpíng 名〔㊤ 篇 piān〕書評. ¶ 撰写 zhuànxiě～ / 書評を書く.
【书签】shūqiān 名 (～儿) ❶〔㊤ 张 zhāng〕(本にはさむ)しおり. ❷ 題簽(だい). ㊥ 签条 qiāntiáo
【书商】shūshāng 名 書籍販売商.
【书社】shūshè 名 旧 ❶ 文人の親睦団体. ❷ 印刷会社. 用法 現在は多く出版社の名前に用いる.

【书生】shūshēng 名 旧〔亩 个 ge, 名 míng, 位 wèi〕読書人. インテリ. ¶白面～/青くさい書生.
【书生气】shūshēngqì 名 書生っぽさ. 書生くささ. ¶～十足/書生くささが鼻持ちならない. 表现書物の知識ばかりで、世情にはうといことをいう.
【书市】shūshì 名 書籍市. ブックフェア. 参考短期間に、集中的に行われるものをいう.
【书摊】shūtān 名 (～儿)露天の本屋.
【书套】shūtào 名 帙(ちつ). 本の外箱.
【书体】shūtǐ 名 書体. 同字 zì 体
【书亭】shūtíng 名〔同 间 jiān, 座 zuò〕書籍や雑誌の売店. 書籍スタンド.
【书童】shūtóng 名 旧資産家の子供の勉強相手をしたり、書斎の雑用をする童僕. 同书僮 tóng
【书屋】shūwū 名〔同 间 jiān〕読書用の建物. 用法現在は書店名などに用いる.
【书香】shūxiāng 形 読書人の家柄の. ¶世代～/代々学者の家柄.
【书香门第】shū xiāng mén dì 成インテリの家柄.
【书写】shūxiě 动 書く. ¶～工具/筆記具. ¶要～得工整 gōngzhěng, 规范 guīfàn/字はきれいに正しく書きなさい.
【书写纸】shūxiězhǐ 筆記用紙. 上質紙.
【书心】shūxīn 名 印刷本の各ページの印刷面. 版面(はん).
【书信】shūxìn 名〔同 封 fēng〕手紙. ¶～往来/手紙のやりとり. ¶～格式 géshi / 書簡形式.
【书信体】shūxìntǐ 名 手紙形式. ¶～小说 / 登場人物がやりとりする手紙文で構成された小説.
【书讯】shūxùn 名 (新聞や雑誌上の)出版ニュース. 新刊案内.
【书业】shūyè 名 書籍の出版・販売業.
【书页】shūyè 名 (文字や絵が印刷してある)本のページ.
【书影】shūyǐng 名 書籍の版式や内容の一部を紹介する印刷物. 内容見本.
【书院】shūyuàn 名 旧書院. 参考唐代に創られた学問を講義する所. 宋代には有名な四大書院もでき、元代に各地に普及した.
【书札】shūzhá 名〔同 封 fēng〕書簡. 同书信 shūxìn
【书斋】shūzhāi 名 文書斎. 同书房 shūfáng
【书展】shūzhǎn 名 ❶図書展示会. ブックフェア. ❷書道展.
【书证】shūzhèng 名 ❶(著作や注釈内の)単語の由来・意味・用法などに関する書面の出典のある例証. ❷(法律)(手紙・証書・契約書など)証拠となる書面の資料. 証拠書類.
【书桌】shūzhuō 名 (～儿)勉強机.

抒 shū 扌部4 四 5702₂ 全7画 次常用

动 文 (思いを)言い述べる. ¶～情 shūqíng / 各～己见 jǐ jiàn 成 各自が自分の考えを述べる).
【抒发】shūfā 动 述べる. ¶这篇长诗很好地～诗人的思想感情 / この長編詩では、詩人の思想がとても良く表現されている.
【抒怀】shūhuái 动 思いを述べる.
【抒情】shūqíng 动 感情を述べる. ¶借景～/景色を借りて気持ちを吐露する.
【抒情诗】shūqíngshī 名《文学》叙情詩.
【抒写】shūxiě 动 書きあらわす. ¶细腻 xìnì 委婉 wěiwǎn 地～真情 / 細やかで柔らかいことばで本心を書き記している.

纾(紓) shū 纟部4 四 2712₂ 全7画 通用

繁緩める. 解除する. ¶～毁 huǐ 家～难 nàn（家財を投げうって災難を救う).

枢(樞) shū 木部4 四 4191₁ 全8画 次常用

繁 ❶ とびらの回転軸. とぼそ. ¶户～ hùshū 不蠹 dù (とぼそは虫に食われない. いつも動いている物は腐りにくい). ❷ かなめ. 中～ zhōngshū (中枢) / ～纽 shūniǔ.
【枢机】shūjī 名 文 ❶封建王朝における重要な地位や機関. ❷ 文事物のかなめ. 枢機(すうき).
【枢纽】shūniǔ 名 物事のかなめ. ¶～作用 / 中心的役割. ¶交通～/交通の要衝.

叔 shū 又部6 四 2794₀ 全8画 常用

名 ❶ 父の弟. 叔父. ¶～父 shūfù / 二～ èrshū (二番目の叔父). ❷ 父と同世代で、父より少し若い男性に対する呼称. ¶大～ dàshū (おじさん) / 李～ Lǐshū (李おじさん). ❸ 文 兄弟の序列で上から三番目をあらわす. ¶伯 bó 仲 zhòng～季 jì (兄弟の順序の二、三、四番目). ❹ 文 夫の弟. ¶小～子 xiǎoshūzi (夫の弟. 義弟). ❺ (Shū)姓.
【叔伯】shūbai 形 曽祖父、または祖父が同じいとこ関係の. ¶～兄弟 dìxiōng / 父方の男のいとこ. またいとこ. ¶～姐妹 / 父方の女のいとこ. 同堂 táng
【叔父】shūfù 名 文 父の弟. 叔父. 参考呼びかけるときは"叔叔 shūshu"と言う.
【叔公】shūgōng 名 ❶ 夫の父の弟. 叔父. ❷ 方父方の祖父の弟. 大叔父.
【叔母】shūmǔ 名 文 父親の弟の妻. 叔母. おばさん. 同婶母 shěnmǔ 用法呼称としても用いる.
*【叔叔】shūshu 名 回 ❶ 父親の弟. 叔父. おじさん. ❷ 父親と同世代で父より年下の男性に対する呼称. おじさん. ¶刘 Liú～/劉おじさん. ¶解放军～/解放軍のおじさん. 用法①は呼称としても用いる.
【叔子】shūzi 名 夫の弟. 義理の弟. 表现口語では、"小叔子"とも言う.
【叔祖】shūzǔ 名 父方の祖父の弟. 大叔父. 大おじさん. 同叔翁 shūwēng 用法呼称としても用いる.

婌 shū 女部6 四 4549₀ 全9画

文 ❶ 形 (女性が)あでやかに美しい. ¶～丽 shūlì (麗しい). ❷ 名 あでやかで美しい女性.

殊 shū 歹部6 四 1529₀ 全10画 常用

❶ 繁 異なっている. ¶～途 tú 同归 guī. ❷ 形 特殊だ. 抜群だ. ¶～功 shūgōng (抜群の功績) / ～效 shūxiào (特殊な効果). ❸ 副 非常に. ¶～佳 jiā (とてもすばらしい) / ～乐 lè (とても楽しい) / ～可佩 qīnpèi (敬服の至りだ) / ～觉歉然 qiànrán (大変申し訳なく思う). ❹ 繁 絶つ. ¶～死 shūsǐ. ❺ (Shū)姓.
【殊不知】shūbùzhī 动 ❶ 意外にも…であることを知らない. ¶敌人自以为 yǐwéi 阴谋 yīnmóu 可得逞 déchěng, ～早已被我们认破 / 敵は陰謀がうまくいくと思っているが、まさか我々がすでに見破っているとは知らないのだ. ❷ まさか…だとは知らなかった. ¶我以为你还是个中学生, ～你已上大学了 / 私はあなたがまだ高校生だと思っ

ていたら、なんともう大学に行っているんですね. 表現 他人(①)や自分(②)の認識の誤りを訂正する時に用いる.

【殊栄】shūróng 名 特別な栄誉.

【殊死】shūsǐ ❶ 形 命をかけた. 死に物狂いの. ¶~决战 / 命がけの決戦. ❷ 名 古代の斬首刑.

【殊死战】shūsǐzhàn 名 生死存亡をかけた戦い. 決死戦.

【殊途同归】shū tú tóng guī 成 異なる道を通っても行着く先は同じだ. 方法は違っても得られる結果は同じだ. ¶路子很多,可以~ / やり方はたくさんあるが、得られるものは同じだ.

【殊勋】shūxūn 名 文 特別な功績. 殊勲.

【殊誉】shūyù 名 文 特別な栄誉. ずば抜けた栄誉.

倏(异 倐、儵) shū
亻部8 四 2728₄ 全10画 通用

❶ 副 文 またたく間に. ¶~忽 shūhū. ❷ (Shū)姓.

【倏地】shūdì 副 たちまち.

【倏忽】shūhū 副 ❶ たちまち. ¶~不见 / 忽然と消える.

【倏然】shūrán 副 ❶ 突然. ❷ たちまち. あっという間に.

菽(异 尗) shū
艹部8 四 4494₇ 全11画 通用

名 文 豆の総称. ¶不辨 biàn~麦 mài 成 豆と麦の区別もつかない. 実生活の知識に乏しい.

【菽粟】shūsù 名 食糧. 由来 "菽"は豆類、"粟"は穀類の意.

梳 shū
木部7 四 4091₂ 全11画 常用

❶ 名 (~儿) 量 把 bǎ くし. ¶木~ mùshū (木製のくし). 同 拢子 lǒngzi ❷ 動 (髪やひげを)くしでとかす. ¶~头 shūtóu / 她~了一根辫子 biànzi (彼女は髪を一本のお下げにしている).

【梳篦】shūbì 名 くし. "梳子"(くし)と"篦子"(すきぐし)の総称. 参考 歯の間隔が広いものを"梳子"といい、狭いものを"篦子"という.

【梳理】shūlǐ 動 ❶ (紡績の)繊維を整え、毛並みをそろえる. ❷ (髪やひげを)くしでといて整える. ¶~头发 / 髪をとかして整える. ❸ 考えの筋道を整える. ¶~思路 sīlù / 考えを整理する.

【梳头】shū//tóu 動 髪をとかす. ¶梳分头 / 髪をとかして分け目を入れる.

【梳洗】shūxǐ 動 髪をとかし顔を洗う. ¶~打扮 / 髪を整え顔を洗い身支度する. ¶她还没顾 gù 上~,就被人叫走了 / 彼女はまだ身支度してないのに、行かされた.

【梳妆】shūzhuāng 動 身支度をする. 化粧する. ¶~打扮 / 化粧して服装を整える.

【梳妆台】shūzhuāngtái 名 化粧台. ドレッサー.

【梳子】shūzi 名 〔量 把 bǎ〕くし.

淑 shū
氵部8 四 3714₀ 全11画 次常用

素 気だてがよい. しとやかだ. ¶~女 shūnǚ.

【淑静】shūjìng 形 (女性の)しとやかだ.

【淑女】shūnǚ 名 淑女.

舒 shū
人部10 四 8762₂ 全12画 常用

❶ 素 伸ばし広げる. ¶~眉 méi 展眼 / ~经活血 huó-xuè (経絡を緩め、血行をよくする). 反 卷 juǎn ❷ 素 気持ちがゆったりとしている. ¶~徐 shūxú (ゆったりしている) / ~缓 shūhuǎn. ❸ (Shū)姓.

【舒伯[柏]特】Shūbótè 《人名》シューベルト(1797-1828). オーストリアの作曲家.

【舒畅】shūchàng 形 気持ちがのびのびして楽しい. ¶心情~ / 気持ちがのびのびする. ¶风吹きこんで、気持ちをのびやかにしてくれた. 同 欢畅 huānchàng, 酣畅 hānchàng 反 郁闷 yùmèn 比較 1) "舒畅"は人の気持ちに、"舒适 shūshì"は環境や生活条件から受ける感じに重きを置く. 2) "舒畅"は人にのみ、"舒适"は人や物に用いる.

**【舒服】shūfu 形 ❶ 気分がよい. ¶浑身 húnshēn 不~ / 全身がだるい. ¶劳动之后睡得很~ / 労働の後は気持ちよく眠れる. 重 舒舒服服 同 舒坦 shūtan 反 难受 nánshòu ❷ 快適だ. ¶这把椅子坐着很~ / このイスは座り心地がよい. 同 舒适 shūshì,舒坦 shūtan 反 难受 nánshòu 比較 1) "舒服"は体や感覚、環境に、"舒畅 shūchàng"は心や精神、情緒に重きを置く. 2) "舒服"は人や物に、"舒畅"は人にのみ用いる. 3) "舒服"は"舒舒服服"と重ね型にできるが"舒畅"はできない.

【舒缓】shūhuǎn 形 ゆっくりしている.

【舒卷】shūjuǎn 動 文 (雲や煙が)広がったり巻いたりする.

【舒曼】Shūmàn《人名》シューマン(1810-1856). ドイツの作曲家.

【舒眉展眼】shū méi zhǎn yǎn 愁眉(いっ)を開く.

【舒气】shū//qì 動 ❶ 息継ぎをする. 呼吸を整える. ❷ 息をつく. ひと息入れる.

【舒散】shūsàn 動 ❶ (筋肉を)ときほぐす. ¶~一下骨 jīngǔ / 体をほぐす. ❷ 疲れや不愉快な気分を取り除く. 重 舒散舒散.

*【舒适】shūshì 形 心地よい. ¶~的季节 / 気持ちのよい季節. ¶环境优美 / 環境はきれいで気持ちがよい. 比較 "舒适"は重ね型にできないが、"舒服 shūfu"は"舒舒服服"と重ね型にできる. 2) "舒适"は文章として、"舒服"は口語として用いる.

【舒适带】shūshìdài 名 屋外での活動に適した気温の範囲. 20～24℃ぐらいをいう.

【舒爽】shūshuǎng 形 爽快だ. さわやかだ.

【舒泰】shūtài 形 心安らかだ. 心地よい.

【舒坦】shūtan 形 ❶ 気持ちよい. ¶我睡得很~ / 私はぐっすり眠った. 重 舒坦坦 同 舒服 shūfu.

【舒心】shūxīn 形 方 心がゆったりしている. ¶想过~的日子 / ゆったりした日々を過ごしたい.

【舒展】shūzhǎn ❶ 動 広げる. 伸ばす. ¶~双翅 shuāngchì / 両翼を広げる. ¶脸上的皱纹 zhòuwén ~开了 / 顔のしわがすっかり伸びた. 反 皱缩 zhòusuō ❷ 形 気持ちがのびのびとする. ¶忧郁 yōuyù の心情が一下子~了 / 憂鬱な心はいっぺんに晴れ晴れとした.

【舒张】shūzhāng 名《医学》(心臓や血管の)拡張.

疏(异 疎❶~❹❾) shū
疋部7 全12画 四 1011₂ 常用

❶ 素 (ふさがっている物を取り除いて)通りをよくする. ¶~通 shūtōng / ~导 shūdǎo / ~浚 shūjùn. ❷ 素 透き間があいている. まばらだ. ¶稀~ xīshū (まばらだ) / ~星 shūxīng (まばらな星) / ~密 shūmì. 反 密 mì ❸ 素 親しくない. 疎遠だ. ¶~远 shūyuǎn / 生~ shēng-shū (不慣れだ) / 亲~ qīnshū (親疎). 反 亲 qīn ❹ 素 おろそかにする. ¶~神 shūshén (注意を怠る) / ~于防范 fángfàn (守りをおろそかにする). ❺ 素 中身がない. ¶志大才~ (志は大きいが才能がない). ❻ 素 分

散させる．¶～散 shūsàn. ❼圄封建時代，臣下が皇帝に意見を述べた文章．上奏文．¶上～ shàngshū（上奏する）/ 奏～ zòushū（上奏文）．❽圄古書で，"注"をさらに詳しく説明したもの．¶《十三経注～》『十三経注疏』．❾(Shū)姓．

【疏导】shūdǎo ❶つまった水の流れをよくする．¶～沟渠 gōuqú / 水路をさらって流れをよくする．❷物事が順調に運ぶようにする．¶～交通 / 通行をスムーズにする．

【疏放】shūfàng 形文 ❶勝手気ままだ．❷(文章が)形式に縛られていない．奔放だ．

【疏忽】shūhu 動形 うかつにする．おろそかにする．¶～职守 zhíshǒu / 職務をなおざりにする．❷生活問題也不能～ / 生活の問題もおろそかにできない．¶～大意 / 油断する．同 道慎 jǐnshèn 比较 1)"疏忽"はその人の性格，人格からくる"そそっかしさ""おおまかさ"，"忽略"はその場で注意を欠いた点に重きが置かれる．2)"疏忽"は普通，目的語を取らないが，"忽略"は取ることができる．

【疏解】shūjiě 動 ❶仲をとりなす．和解させる．❷流れをスムーズにする．停滞を緩和する．

【疏浚】shūjùn 動 浚渫(しゅんせつ)する．土砂をさらう．¶～河道 / 川の土砂をさらって流れをよくする．

【疏开】shūkāi 動 (軍事)(戦況に応じて)軍隊の間隔や距離を開く．散開する．疎開する．

【疏懒】shūlǎn 形文 しまりがない．怠惰だ．¶～成性 / 怠け癖がつく．

【疏离】shūlí 動 疎遠になる．乖離する．

【疏理】shūlǐ 動文 整理する．整頓する．同整 zhěng 理

【疏漏】shūlòu 名 手抜かり．手落ち．¶粗心 cūxīn 就会出～ / うっかりすると落ちがある．¶难免 nánmiǎn 有～ / 手落ちは免れない．

【疏落】shūluò 形 まばらだ．¶天空的星星疏疏落落的 / 空の星がちらほら見えている．重 疏疏落落 同 稀落 xīluò，稀疏 xīshū 反 稠密 chóumì

【疏密】shūmì 名 密度．疎密．¶～相间 xiāngjiàn / 疎密が交互に交じり合う．

【疏散】shūsàn ❶形 散らばっている．¶～的村落 / まばらに点在する村．❷動 分散する．

【疏失】shūshī 名 うっかりミス．¶不准稍有遗漏 yílòu / 少しの漏れ，手落ちもないように．

【疏松】shūsōng ❶形 (土などが)ふわっと軟らかい．もろい．¶陡坡 dǒupō 上风化的岩石质地～，站不住脚 / 急な坂の風化した岩は，もろく，立っていられない．❷動 (土などを)軟らかくする．ほぐす．

【疏通】shūtōng 動 ❶川底をさらって水の流れをよくする．同 疏浚 shūjùn 反 阻塞 zǔsè ❷意地の疎通をはかる．¶官面上～好了没有？ / 役所の方には根回しがちゃんとついたかね．重 疏通疏通

【疏远】shūyuǎn ❶形 疎遠だ．¶在感情上渐渐～了 / 気持ちの上でしだいに遠ざかっていった．反 密切 mìqiè，亲近 qīnjìn，亲密 qīnmì ❷動 疎遠にする．¶调职 diàozhí 以后，也不应～以前的老同事 / 転職しても，以前の同僚と疎遠にすべきではない．反 密切 mìqiè，亲近 qīnjìn

【疏运】shūyùn 動 (滞っている)貨物や旅客を早急に輸送する．

摅(攄) shū 扌部10 四 5103₁ 全13画 通用

動文 発表する．言いあらわす．¶各～己见 jǐjiàn（各自が自分の考えを述べる）．同 抒 shū

输(輸) shū 车部9 四 4852₁ 全13画 常用

❶動(気体・液体・電気などを)送る．運ぶ．¶把物资～往全国各地(物資を全国各地に運ぶ) / 运～ yùnshū（運輸）／～电网 shūdiànwǎng（送電網）．❷圄(品物や金を国などに)差し出す．¶～財 cái 助战 zhùzhàn（戦争のために金を献納する）．❸動 勝負に負ける．¶我从来没有～过他(私はこれまで彼に負けたことがない) / 决不认～（絶対に降参しない）／～球 shūqiú．反 赢 yíng

【输诚】shūchéng 動文 ❶誠意を示す．❷投降する．

【输出】shūchū 動 ❶内から外へ送り出す．¶该省向外～了大批劳务 láowù / その省はほかの地域へ大量の出稼ぎ労働者を送り出した．❷輸出する．❸(エネルギーや信号を)出力する．アウトプットする．¶～功率 gōnglù / アウトプット・パワー．¶～数据 shùjù / データアウトする．参考 ❷で，具体的な商品の輸出の場合は"出口 chūkǒu"を使う．

【输电】shūdiàn 動 送電する．

【输家】shūjiā[-jia] 名 (ばくちや試合の)敗者．反 赢 yíng 家

【输将】shūjiāng 動文 物資や金銭で援助する．¶慷慨 kāngkǎi～ / 気前よく献金する．

【输精管】shūjīngguǎn 名《生理》輸精管．

【输理】shū//lǐ 動 道理が立たない．¶这次你是输了理了 / 今回君の言うことは筋が通ってない．

【输卵管】shūluǎnguǎn 名《生理》輸卵管．

【输尿管】shūniàoguǎn 名《生理》輸尿管．

【输球】shū//qiú 動 球技で負ける．¶输了两个球／2点差で負けた(2点取られて負けた)．

【输入】shūrù 動 ❶外から内へ送り込む．¶把先进的科学技术～国内 / 先進的な科学技術を取り入れる．❷輸入する．❸入力する．インプットする．¶～数据 shùjù / データイン．¶把这些资料～完了 / この資料をインプットし終わった．参考 ❷は，具体的な商品の輸入には"进口 jìnkǒu"を使う．

【输送】shūsòng 動 ❶輸送する．¶～到边疆 biānjiāng 地区 / 辺境地区に輸送する．¶～机／搬送機．コンベア．同 运送 yùnsòng ❷送り込む．

【输送带】shūsòngdài 名 ベルトコンベア．

【输血】shū//xuè 動《医学》輸血する．¶～者／献血者．¶输了不少血／たくさん輸血した．

【输氧】shū//yǎng 動《医学》酸素吸入する．

【输液】shū//yè 動 点滴する．¶～瓶 píng／灌注器．

【输赢】shūyíng 名 勝敗．勝ち負け．

【输油管】shūyóuguǎn 名 送油パイプ．

毹 shū 毛部9 四 8221₁ 全13画 通用

→氍毹 qúshū

蔬 shū ⺾部12 四 4411₂ 全15画 常用

圄 野菜．¶～菜 shūcài / 布衣～食(感 木綿の衣服に質素な食事)．

*【蔬菜】shūcài 名 菜蔬(ᵃ.)．野菜．¶这孩子不爱吃～ / この子は野菜が嫌いだ．

秫 shú 禾部5 四 2399₄ 全10画 次常用

名《植物》コーリャン．¶～米 shúmǐ / ～秸 shújiē．参考 多くねばりけのある"黏高粱 niángāoliang"を指す．

【秫秸】shújiē 名 コーリャン殻.
【秫米】shúmǐ 名 コーリャン米.
【秫秫】shúshú 名 方 コーリャン.

孰 shú
→部9 四 0547₁
全11画
❶ 代 文 だれ. ¶〜谓 wèi 不可?(だれがいけないというのか). 回 谁 shuí ❷ 代 文 何. ¶ 是可忍 rěn, 〜不可忍?(これが耐えられるなら, 何に耐えられないというのか). 回 什么 shénme ❸ 代 文 どれ. どちら. ¶〜胜〜负(どちらが勝ち, どちらが負けるか). 回 哪个 nǎge ❹(Shú)姓.

赎(贖) shú
贝部8 四 7488₄
全12画 次常用
❶ 動《差押えられていたものを》買い戻す. 請け出す. ¶〜身 shúshēn. 反 当 dàng ❷ 罪《お金や行いで》罪を償う. ¶〜罪 shúzuì.
【赎当】shúdàng 動 質草を請け出す.
【赎金】shújīn 名 〔笔 bǐ〕請け戻し金. 赎款 shúkuǎn.
【赎买】shúmǎi 動 買い戻す. ¶办理〜手续 / 買い戻しの手続きをする.
【赎身】shú//shēn 動 身請けする.
【赎罪】shú//zuì 動 罪を償う. ¶立功〜 / 手柄を立てて罪を償う.

塾 shú
土部11 四 0510₄
全14画 通用
素 旧 塾. ¶私〜 sīshú（私塾）/ 〜师 shúshī（塾の先生）/ 〜生 shúshēng（塾生）.

熟 shú
灬部11 四 0533₁
全15画 常用
形 ❶《食べ物が》柔らかく煮てある. ¶饭〜了（ごはんが炊けた）/ 〜菜 shúcài.（果実や作物が）熟している. 熟れている. 反 生 shēng ❷ 程度が深い. 十分だ. ¶深思〜虑 lǜ（成）じっくりと考える）/ 她已经睡〜了（彼女はもう熟睡している）. ❸ なじみがある. よく知っている. ¶这个人我很〜（この人を私はよく知っている）/ 到车站去的路我不太〜（駅へ行く道を私はあまり知らない）. 反 生 shēng 熟練している. ¶电脑他〜得很（彼はコンピュータに熟練している）/ 〜手 shúshǒu / 〜能生巧. 反 生 shēng ❺ 加工、精製している. ¶〜铁 shútiě（練鉄）/ 〜皮子 shúpízi（なめし皮）. 反 生 shēng
▶ 熟 shóu
【熟谙】shú'ān 動 文 十分に知り尽くしている. 熟知している. 回 熟悉 xī
【熟菜】shúcài 名 調理済みのおかず. 表現 売り物の惣菜を言うことが多い.
【熟道】shúdào 名（〜儿）よく知っている道. 回 熟路 lù
【熟地】shúdì 名 ❶ 長年耕作している土地. ❷《薬》熟地黄（蹓）. 回 熟地黄 shúdìhuáng
【熟化】shúhuà 動《農業》(深耕・施肥・灌漑などによって)耕作可能な土壤にする. 土壤を成熟させる.
【熟荒】shúhuāng 名《農業》今は荒れ果てた, かつての耕作地. 回 熟荒地 dì
【熟记】shújì 動 すっかり暗記する. ¶〜生词 / 新しい単語をすっかり暗記する. ¶〜在心里 / 胸の中にしっかり記憶する.
【熟见】shújiàn 動 よく見かける. 見慣れている. 回 习 xí 见

【熟客】shúkè 名 常連の客. ¶都是熟客〜 / 主人もお客も皆なじみだ. 反 生客 shēngkè
*【熟练】shúliàn 形 熟練している. ¶〜工人 / 熟練工. 技术〜 / 技術が熟練している. ¶他能〜地用英语対话 / 彼はたいへん上手に英語を操って会話する. 回 纯熟 chúnshú, 娴熟 xiánshú 反 生疏 shēngshū
【熟料】shúliào 名《工業》高熱加工した材料. 烧粉（ぎ）やクリンカーなど.
【熟路】shúlù 名〔(条 tiáo〕よく知っている道. ¶熟门〜 / 通い慣れた所.
【熟能生巧】shú néng shēng qiǎo 成 熟練すればこつがわかる. 習うより慣れよ.
【熟年】shúnián 名 ❶ 豊年. 実りの多い年. ❷ 三十歳以上の人.
【熟人】shúrén 名（〜儿）知り合い. ¶〜好办事 / 知った者同士はやりやすい. 反 生人 shēngrén
【熟稔】shúrěn 形 文 知悉している.
【熟食】shúshí 名 調理済みの食品. 表現 多く売り物の惣菜をいう.
【熟视无睹】shú shì wú dǔ 成 よく見ていても, 実際は見ていないのと同じだ. ものごとに関心がないようす. ¶充耳不闻, 〜 / 耳を貸そうとせず, 見ても関心を払わない.
【熟识】shúshi 動 よく見知っている. ¶〜的声音 / なじみの声. ¶彼此都很〜 / 互いによく知っている. 比較 1)"熟悉 shúxī"のほうが"熟识"より理解の程度がより詳しく, 深い. 2)"熟悉"が具体的な人や物, さらに抽象的な事にまで使用可能であるのに対して, "熟识"の使用範囲はそれより狭く, 具体的事物や人に限られる.
【熟手】shúshǒu 名 熟練者. 反 生手 shēngshǒu
【熟睡】shúshuì 動 熟睡する. ¶看他还在〜, 不忍叫醒他 / 彼はまだ熟睡しているので, 起こすに忍びない.
【熟思】shúsī 動 熟慮する. ¶经过〜后做出决定 / よく考えて決める.
【熟烫】shútàng 形（野菜や果物が）熟れすぎてじゅくじゅくになっている.
【熟土】shútǔ 名《農業》成熟した土壤. 耕作に適した土壤.
*【熟悉】shúxī ❶ 動 十分に知り尽くしている. ¶〜情况 / 情況に詳しい. ¶我〜该怎么办 / 私はどうすべきか心得ている. ❷ 形 よく知っている. ¶我跟这个人很〜 / 私はこの人とはとても親しい. 回 熟悉熟悉 回 熟识 shúshi 反 陌生 mòshēng, 生僻 shēngpì, 生疏 shēngshū ⇒熟识 shúshi, 熟习 shúxí
【熟习】shúxí 動 習熟する. ¶〜外语 / 外国語に精通する. ¶他〜地理知识 / 彼は地理にとても詳しい. 比較 1)"熟习"は練習をかさねて物事をマスターしているかどうかに, "熟悉 shúxī"は人や物事を深く理解しているかどうかに重きが置かれる. 2)"熟习"は技術や知識などに関する狭い限られた範囲でしか用いないのに対して, "熟悉"はその範囲に限定されず, 人や具体的事物にも広く用いられる.
【熟语】shúyǔ 名《言語》熟語.
【熟知】shúzhī 動 熟知している. ¶她〜苏州 Sūzhōu 的刺绣 cìxiù 工艺 / 彼女は蘇州の刺しゅう工芸についてよく知っている.
【熟字】shúzì 名 すでに知っている文字. 既習の字. 反 生字 shēngzì

暑 shǔ
日部8 四 6060₄
全12画 常用
素 暑い. ¶〜天 shǔtiān / 中〜 zhòngshǔ（暑気に当たる）/ 〜假 shǔjià. 反 寒 hán

【暑假】 shǔjià 名 夏休み．¶～来临／夏休みがやってくる．¶度过～／夏休みを過ごす．¶放～／夏休みになる．⊠ 寒假 hánjià

【暑期】 shǔqī 名 夏休み期間．

【暑气】 shǔqì 名 暑気．¶～逼 bī 人／暑さが身にこたえる．

【暑热】 shǔrè 形 真夏のやけつくような暑さ．

【暑天】 shǔtiān 名 夏の暑い日．

【暑运】 shǔyùn 名《交通》"暑期旅客运输"（夏季休暇中の旅客輸送）の略称．

黍 shǔ
黍部 0 四 2090₂
全12画 次常用

名 "黍子 shǔzi"に同じ．

【黍醅】 shǔpēi 名 キビでつくった酒．

【黍子】 shǔzi 名《植物》キビ．モチキビ．参考 実をついて皮を取ったものを"黄米 huángmǐ"と言う．

属（屬） shǔ
尸部 9 四 7722₇
全12画

❶ 素 たぐい．¶金～ jīnshǔ（金属）．❷ 素 一族．親族．¶家～ jiāshǔ（家族）／亲～ qīnshǔ（親族）．❸ 动 従属関係にある．¶隶～ lìshǔ（隷属する）／直～ zhíshǔ（直属する）／～下 shǔxià．❹ 动 ある種類に分類される．属する．¶这个县＝江苏省,那个县＝上海市（この県は江蘇省に属し,あの県は上海市に属している）／这些都～我管（これらはみな私の管轄下にある）．❺ 动 …である．¶查明～实（事実であることが分かった）．❻ 动（干支で）…年生まれだ．¶我～鸡（私はトリ年だ）．
☞ 属 zhǔ

【属地】 shǔdì 名 属領．

【属国】 shǔguó 名 従属国．属国．

【属实】 shǔshí 动 事実に合っている．¶报告～／報告は事実だ．⊠ 失实 shīshí

【属下】 shǔxià 名 部下．配下．

【属相】 shǔxiang 名 口 生まれた年の干支．¶他是什么～？／彼は何年ですか．回 生肖 shēngxiào

【属性】 shǔxìng 名 属性．¶分析～／属性を分析する．

***【属于】** shǔyú 动 …に属する．¶这里～他们管辖 guǎnxiá／ここは彼らの管轄に属する．¶这三个工厂都～同一家公司／この3つの工場は,みな同じ会社の所属である．

【属员】 shǔyuán 名 旧（長官の）部下．属吏．

署 shǔ
罒部 8 四 6060₄
全13画 次常用

素 ❶ 役所．¶海关总～（税関本署）／专员公～（省人民政府の派出機関）．❷ 配置する．¶部～ bùshǔ（配置する）．❸ 署名する．¶签～ qiānshǔ（署名する）／～名 shǔmíng．❹ しばらく代行する．¶～理 shǔlǐ．

【署理】 shǔlǐ 动 臨時に職務を代行する．

【署名】 shǔ//míng 动（手紙・書類・原稿などに）署名する．¶在信上署了名／手紙に署名した．回 签名 qiānmíng

【署名权】 shǔmíngquán 名 記名の権利．著作者が自己の作品に姓名を記載する権利の一つ．著作者が自己の作品に姓名を記載する権利．

蜀 Shǔ
罒部 8 四 6012₇
全13画 次常用

名 ❶ 周代の国名．現在の四川省の成都一帯にあった．❷ "蜀汉 Shǔ Hàn"の略．❸ 四川省の別称．

【蜀汉】 Shǔ Hàn 名《歴史》蜀漢（しょっかん:221-263）．三国時代,劉備が建てた国．都は成都．回 蜀②

【蜀锦】 shǔjǐn 名 四川省特産の絹織物．蜀錦（しょっきん）．

【蜀葵】 shǔkuí 名《植物》タチアオイ．

【蜀犬吠日】 Shǔ quǎn fèi rì 成 見聞の狭い人は何を見ても珍しがる．由来 四川は霧が多く,太陽を見る機会が少ないので,四川の犬は日が出るたびにそれに向かってほえる,という故事から．

【蜀黍】 shǔshǔ 名《植物》コーリャン．回 高粱 gāoliang

【蜀绣】 shǔxiù 名 四川省特産の刺しゅう．回 川绣 chuānxiù

鼠 shǔ
鼠部 0 四 7771₂
全13画 常用

名《動物》ネズミ．参考 通称"老鼠 lǎoshǔ"．地方によっては"耗子 hàozi"とも言う．

【鼠辈】 shǔbèi 名 卑 取るに足らないやつ．表現 ののしりことば．

【鼠标】 shǔbiāo 名《コンピュータ》"鼠标器 shǔbiāoqì"に同じ．¶～垫 diàn／マウスパッド．¶～指针 zhǐzhēn／マウスポインタ．

【鼠标器】 shǔbiāoqì 名《コンピュータ》マウス．参考 台湾では"滑鼠 huáshǔ"と言う．

【鼠疮】 shǔchuāng 名《中医》瘰癧（るいれき）．回 瘰疬 luǒlì, 鼠瘘 shǔlòu

【鼠窜】 shǔcuàn 动 ネズミのように慌てて逃げる．¶抱 bào 头～／頭をかかえて逃げ去る．¶～而去／こそこそ逃げて行く．

【鼠胆】 shǔdǎn 形 気が小さい．臆病だ．

【鼠害】 shǔhài 动 ネズミによる被害．鼠害（そがい）．

【鼠夹】 shǔjiā 名 ネズミ取り器．

【鼠目寸光】 shǔ mù cùn guāng 成 見識が浅い．⊠ 高瞻远瞩 gāo zhān yuǎn zhǔ

【鼠曲草】 shǔqūcǎo 名《植物》ハハコグサ．

【鼠蹊】 shǔxī 名《生理》鼠蹊（そけい）部．回 腹股沟 fùgǔgōu

【鼠疫】 shǔyì 名《医学》ペスト．回 黑死病 hēisǐbìng

数（數） shǔ
攵部 9 四 9844₀
全13画 常用

❶ 动 数を数える．¶从一～到十（1から10まで数える）／行李你～了吗？（荷物は数えたか）．❷ 动 比べるとずばぬける．¶～一～二 shǔyīshǔèr／全校数～他成绩好（全校で彼の成績が一番だ）．❸ 素（罪を）数え立てて責める．¶～落 shǔluo／～说 shǔshuō．
☞ 数 shù, shuò

【数不胜数】 shǔ bù shèng shǔ 成 数え切れない．枚挙にいとまがない．

【数不清】 shǔbuqīng 动 数え切れない．はっきり数えられない．¶谁也～／誰も数え切れない．

【数不着】 shǔbuzháo 动 数の内ではない．数に入らない．¶～第一,总数得着第二吧／トップにはなれなくても,間違いなく二位に入るだろう．回 数不上 shǔbushàng

【数叨】 shǔdao 动 方 あげつらって責める．❷ 並べ立てる．回 数落 luo

【数得着】 shǔdezháo 动 指折りだ．ずば抜けている．¶小美的学习成绩在全校也是～的／メイちゃんの学力成績は全校でもトップクラスだ．

【数典忘祖】 shǔ diǎn wàng zǔ 成 卑 ❶ 物事の根源を忘れている．❷ 自国の歴史を知らない．出典『左伝』昭公十五年に見えることば．春秋時代,晋の籍談が周へ使節として赴いた際,国家の礼式故実を語りながら自分の祖先の職責（国の史書の管理）を忘れていて,周王の問いに正確に

【数伏】shǔ//fú 動 三伏(誤)に入る. 最も暑い時期に入る. ⇨三伏 sānfú
【数九】shǔ//jiǔ 冬至以後の81日間が始まる. 冬の盛りに入る. ¶～隆冬 lóngdōng /(春が待ち遠しい)厳冬. 真冬. 参考 冬至から9日ごとに"一九", "二九"…と"九九"まで数える. この81日間が1年で最も寒い時期とされて並べられる.
【数九寒天】shǔjiǔ hántiān 一年中で最も寒い時期. ⇨数九
【数来宝】shǔláibǎo 名《芸能》北方の民間芸能の一つ. 参考 銅の鈴を結んだ牛骨や竹板を鳴らしながら即興で詞をつけて歌う.
【数落】shǔluo 動 ❶ 過失をあげつらねて責める. ¶不要再～了 / 再も責めることをやめなさい. ❷ 並べ立てる. ¶小明兴奋 xīngfèn 地～着这次出国遇到的种种新鲜事 / ミンさんは今回の外遊で出会ったさまざまな目新しいことを夢中で並べていた.
【数秒】shǔmiǎo 動 (開始に向けて)カウントダウンする.
【数数儿】shǔ//shùr 動 数を数える. ¶小孩儿已经会～了 / 子供はもう数を数えることができる.
【数说】shǔshuō 動 ❶ 列挙して述べる. ❷ 責める.
【数一数二】shǔ yī shǔ èr 成 とび抜けている. 一, 二を争う. ¶他是我们球队里～的高手 / 彼は我々のチームで一, 二を争うすぐれたプレーヤーだ.
【数子】shǔzǐ 名 囲碁の目数.

薯(異 藷) shǔ
艹部13 四 4460₄
全16画 常用
索 イモ類の総称. ¶甘～ gānshǔ (サツマイモ) / 马铃～ mǎlíngshǔ (ジャガイモ).
【薯蓣】shǔyù 名《植物》ヤマイモ.

曙 shǔ
日部13 四 6606₄
全17画 次常用
索 あけぼの. 明け方. ¶～色 shǔsè /～光 shǔguāng.
【曙光】shǔguāng 名 ❶ 夜明けの光. ¶东方露出了一线～ / 東の空にかすかに光がさしてきた. ❷ 前途の希望の輝き. ¶胜利的～ / 勝利の兆し.
【曙色】shǔsè 名 明け方の空の色. あけぼの色.

术(術) shù
木部1 四 4390₀
全5画 常用
索 ❶ わざ. ¶武～ wǔshù (武術) / 医～ yīshù (医療技術) / 美～ měishù (美術). ❷ 方法. ¶战～ zhànshù (戦術) / 权～ quánshù (権謀術数) / 防御 fángyù 之～ (防御の術).
☞ 术 zhú
【术科】shùkē 名 (軍事訓練や体育訓練の)技術科目. 実技科目. 反 学 xué 科
【术士】shùshì 名 文 ❶ 儒者. 儒学者. ❷ 方術の士. 方士. 参考 ❷ は, 後に易者や占い師を指すようになった.
【术语】shùyǔ 名 術語. 専門用語. ¶军事用語 / 軍事用語. ¶医学～ / 医学用語.

戍 shù
戈部2 四 5320₀
全6画 通用
❶ 索 軍隊が守戍する. ¶卫～ wèishù (軍が警備する) /～边 shùbiān. ❷ (Shù)姓.
【戍边】shùbiān 動 辺境を守る.
【戍守】shùshǒu 動 防衛する. ¶～边疆 biānjiāng / 国境を守備する.

束 shù
一部6 四 5090₆
全7画 常用
❶ 動 束ねる. くくる. ¶～发 fà (髪を束ねる) /～手-脚. ❷ 量 束にしたものを数えることば. ¶一～鲜花 xiānhuā (一束の花) / 一～稻草 dàocǎo (一束のイネ). ❸ 索 一本に集まったもの. ¶电子～ diànzǐshù (電子波). ❹ 索 制限する. 束縛する. ¶约～ yuēshù (制限する) / 拘～ jūshù (拘束する). ❺ (Shù)姓.
【束缚】shùfù 動 束縛する. 拘束する. ¶～手脚 / 手足を縛る. 自由を奪う. ¶摆脱 bǎituō / 束縛から解放する. 同近义 yuēshù
【束身】shùshēn 動 ❶ 自制する. 自粛する. ❷ 自分で自分を縛る. 自縛する. 表現 ❷ は, 相手への帰服の意をあらわすこと.
【束手】shùshǒu 動 ❶ 手を縛る. ❷ 手をこまねく. なすすべがない.
【束手待毙】shù shǒu dài bì 成 危険や困難に遭いながら, 手をこまねいて死や失敗をただ待っている.
【束手就擒】shù shǒu jiù qín 成 観念して捕らわれの身となる.
【束手束脚】shù shǒu shù jiǎo 成 あれこれ心配して用心しすぎるため, 思い切って行動できない.
【束手无策】shù shǒu wú cè 成 なすすべがない. 手の施しようがない. ¶在困难面前不能～ / 困難に直面して手をこまねいてはならない.
【束之高阁】shù zhī gāo gé 成 手をつけずに放って置く. 棚上げにする. ¶怎么能把民众的意见～呢? / 人々の意見を無視するなんてどうしてできましょうか. 由来「束を高い所に置いておく」の意から.
【束装】shùzhuāng 動 文 旅支度をする.

述 shù
辶部5 四 3330₉
全8画 常用
索 述べる. ¶叙～ xùshù (叙述する) / 口～ kǒushù (口述する).
【述评】shùpíng 名 評論. ¶～比赛 / 試合の論評. ¶每周时事～ / 週間時事評論. 用法 標題に用いることが多い.
【述说】shùshuō 動 述べる. ¶～心情 / 気持ちを述べる. 同近义 chénshù, 陈述 chénshuō
【述职】shù//zhí 動 業務報告する. 表現 多く海外派遣員などの帰任後の報告をいう.

沭 Shù
氵部5 四 3319₄
全8画 通用
索 地名用字. ¶～河 Shùhé (山东省・江苏省を流れる川の名).

树(樹) shù
木部5 四 4490₀
全9画 常用
❶ 名 [行 háng, 棵 kē, 株 zhū] 木. ¶～木 shùmù /～林 shùlín / 柳～ liǔshù (ヤナギの木). ❷ 索 植えて育てる. ❸ 動 打ち立てる. ¶～立 shùlì / 建～ jiànshù (功績を立てる). ❹ (Shù)姓.
【树碑立传】shù bēi lì zhuàn 成 貶 個人の威信や名声を高めようとする. 由来 もとは, 記念碑を建てたり伝記を書いたりして人の功績をたたえることを言った.
【树杈】shùchà 名 (～儿/～子) 木のまた. 枝分かれした枝. 同 树枝把 ba
【树丛】shùcóng 名 林. 木の茂み.
【树大招风】shù dà zhāo fēng 成 名声が高まれば人のそしりを受けやすい. ¶成了名人之后, ～, 增添 zēngtiān 许多麻烦 / 有名人になると, 風当たりが強くなり, 面倒なこと

が増える. 由来 木が大きければ風当りが増す, という意から.
【树倒猢狲散】shù dǎo hú sūn sàn 成 贬 中心人物が勢力を失うと, 従っていた者たちも散ってしまう. 由来 "猢狲"はサルの一種. 木が倒れると, その木にいるサルははみな散り散りに去ってしまう, という意から.
【树敌】shùdí 动 敵を作る. ¶四面～/周囲の人をみな敵にまわす.
【树墩】shùdūn 名 切り株. 回 树墩子 shùdūnzi
【树干】shùgàn 名 木の幹.
【树挂】shùguà 名 霧氷. 参考 "雾凇 wùsōng"の俗称.
【树冠】shùguān 名 樹木の枝や葉が茂っている部分. 樹冠.
【树胶】shùjiāo 名 (モモやアンズなどの)樹脂. やに.
【树懒】shùlǎn 名《動物》ナマケモノ.
【树立】shùlì 动 (抽象的で好ましいことを)打ち立てる. 樹立する. ¶～了好榜样 bǎngyàng/よい模範を示した. 回 建立 jiànlì
【树凉儿】shùliángr 名 木陰. 回 树阴 shùyīn 凉儿
*【树林】shùlín 名〔◎ 片 piàn, 座 zuò〕林. 回 树林子 shùlínzi 表现 "森林 sēnlín"より小さいものを言う.
【树莓】shùméi 名《植物》キイチゴの仲間.
【树苗】shùmiáo 名〔棵 kē, 株 zhū〕苗木.
【树木】shùmù 名 木の総称. 樹木.
【树皮】shùpí 名 木の皮. 樹皮.
【树梢】shùshāo 名 こずえ.
【树身】shùshēn 名 木の幹. 回 树干 gàn
【树蛙】shùwā 名《動物》アマガエル. アオガエル.
【树叶】shùyè 名 木の葉.
【树阴[荫]】shùyīn 名 (～儿)木陰.
【树欲静而风不止】shù yù jìng ér fēng bù zhǐ 成 物事は人の願いどおりにはならない. 客観的に存在するものは人の意志で変わるものではない. 由来 木が静かにしようと思っても風がやまない, という意から.
【树葬】shùzàng 动 樹下埋葬. 参考 遺骨を樹下に埋める, また, 土に埋めてから上に植樹する埋葬法.
【树枝】shùzhī 名〔◎ 根 gēn, 枝 zhī〕木の枝.
【树脂】shùzhī 名 樹脂.
【树种】shùzhǒng 名 ❶ 樹木の種類. ❷ 樹木の種子.
【树桩】shùzhuāng 名 ❶ 切り株. 回 树桩子 shùzhuāngzi, 树墩 shùdūn ❷ 盆栽などに用いる小型の樹木.
【树籽】shùzǐ 名 樹木の種子.

竖(豎/異豎) shù
立部4 全9画 四 2710₈ 常用
❶ 动 まっすぐに立てる. ¶～电线杆(電柱を立てる)/把旗杆～直了(旗をまっすぐに立てた)/～立 shùlì. 反 横 héng ❷ 形 (上から下へ, 前から後ろへなど)縦方向の. ¶～着写(縦に書く)/～着挖道沟 dàogōu (縦に溝を掘る). ❸ 名 (～儿)漢字の上から下へまっすぐに書く画(|). ❹ 名 文 年若い使用人. ¶～子 shùzǐ.
【竖井】shùjǐng 名 竖坑. 回 立 lì 井
【竖立】shùlì 动 立つ. 立てる. ¶路边～着一个广告牌/道端に広告用看板が立っている.
【竖起】shùqǐ 动 立てる. ¶～大拇指 dàmǔzhǐ/親指を立てる. ¶耳朵听/耳をそばだてて聞く.
【竖琴】shùqín 名《音楽》〔◎ 架 jià〕たて琴. ハープ.
【竖子】shùzǐ 名 文 ❶ 童僕. ❷ 贬 野郎. やつ. 回 小子 xiǎozǐ

俞 shù
人部7 四 8022₁
全9画 通用
索 "腧 shù"に同じ.
☞ 俞 yú

恕 shù
心部6 四 4633₀
全10画 次常用
❶ 索 相手を思いやる. ¶忠～ zhōngshù (誠実だ)/～道 shùdào. ❷ 索 人のあやまちを許す. ¶宽～ kuānshù (大目にみる)/～罪 shùzuì; 饶～ ráoshù (許す). ❸ 动 …をお許しください. ¶～不招待 zhāodài (お相手できませんので悪しからず)/～难 nán 从命.
【恕道】shùdào 动 思いやりがある.
【恕难从命】shù nán cóng mìng 句 お言い付けのとおりにはできませんが, 悪しからず. 貴方の要求太高, /あなたの要求が高すぎて, ご要望に沿いかねます. 用法 あいさつに用いることば.
【恕罪】shù//zuì 动 ❶ 罪を許す. ❷ 失礼をお許しください. ¶刚才失礼 shīlǐ 了, 请～/先ほどは失礼しました. ご勘弁ください. ¶敬祈 qí ～/失礼をお許しください. 用法 ② はあいさつに用いることば.

庶 shù
广部8 四 0023₇
全11画 次常用
❶ 索 数が多い. ¶～民 shùmín; 众～ zhòngshù (庶民)/富～ fùshù (人口が多くて富んでいる). ❷ 副 文 ほとんど. ¶～乎 hū 可行 xíng (おおかた実行できよう). ❸ (Shù)姓.
【庶出】shù dí 出, 正 zhèng 出
【庶民】shùmín 名 文 人民. 平民. ¶天下太平, ～安乐/国が平和なら人民は安楽だ.
【庶母】shùmǔ 名 文 父親の妾に対する呼称.
【庶人】shùrén 名 文 庶民.
【庶务】shùwù 名 旧 ❶ 庶務. 雑務. ❷ 庶務担当者.

腧 shù
月部9 四 7822₁
全13画 通用
索 人体のつぼ. ¶～穴 shùxué (人体のつぼ)/肺～ fèishù (肺に効くつぼ)/胃～ wèishù (胃に効くつぼ).
回 俞 shù

数(數) shù
攵部9 四 9844₀
全13画 常用
❶ 名 (～儿)数. ¶岁～ suìshu (年齢)/次～ cìshù (回数)/基～ jīshù (基数). ❷ 数 いくつかの. ¶～日 shùrì (数日)/～小时(数時間). ❸ 名 運命. ¶在～难 nán 逃 táo (さだめからは逃れられない)/天～ tiānshù (運命). ❹ 名 数や量詞の後で概数をあらわす. ¶千～斤(500数 kg).
☞ 数 shǔ, shuò
【数表】shùbiǎo 名 数表(ひょう). 数値表.
【数词】shùcí 名《言語》数詞.
【数额】shù'é 名 一定の数. 定数. ¶超出规定的～/定数を超える.
【数据】shùjù 名 (統計や計算などの根拠となる)数値. データ.
【数据库】shùjùkù 名《コンピュータ》データベース.
【数据通信】shùjù tōngxìn 名《通信》データ通信.
【数控】shùkòng 名《コンピュータ》"数字控制"(デジタル制御. NC)の略称.
【数理化】shùlǐhuà 名 数学・物理・化学.
【数理逻辑】shùlǐ luójí 名 数理論理学. 記号論理学.

㊥ 符号 fúhào 逻辑

*【数量】shùliàng 图数量. ¶我在摊子 tānzi 上买的水果, 常常～不足 / 私が露店で買った果物は, 数が足りないことが多い.

【数量词】shùliàngcí 图《言語》数量詞. 参考 数詞と助数詞を合わせた語. "三本书"の"三本", "一群人"の"一群", "去一次"の"一次"など.

【数量级】shùliàngjí 图(数量をあらわす)数値. レベル.

【数列】shùliè 图《数学》数列.

【数论】shùlùn 图《数学》整数論.

【数码】shùmǎ 图❶(～儿)❶数字. ¶阿拉伯 Ālābó ～ / アラビア数字. ❷数. 額. ¶这个月进货的～比以前大得多 / 今月の仕入れ額はこれまでよりずっと大きい.

【数码相机】shùmǎ xiàngjī 图デジタルカメラ. ㊥数字相机.

【数目】shùmù 图数. 額. ¶他在清点 qīngdiǎn 图书的～ / 彼は本の冊数を点検している.

【数目字】shùmùzì 图数字.

【数位】shùwèi 图数字の位. 位取り.

*【数学】shùxué 图数学.

【数以万计】shù yǐ wàn jì 囿万で数えるほどの. 万単位の. ¶广场上站着～的观众 / 広場には何万という人数の観衆が立っている.

【数值】shùzhí 图数値.

【数制】shùzhì 图《数学》記数法. 参考 十進法や二進法など.

【数轴】shùzhóu 图《数学》座標軸.

【数珠】shùzhū 图(～儿)数珠(ずず). ㊥ 念珠 niànzhū.

【数字】shùzì 图数字. 数量. ¶阿拉伯 Ālābó～ / アラビア数字. ¶～显示手表 / デジタル腕時計. ㊥数码 shùmǎ.

【数字城市】shùzì chéngshì 图デジタル化都市. 参考 情報システムやマルチメディアの総合的運用により, インフラや都市機能の自動化が実施・推進されている都市.

【数字地球】shùzì dìqiú 图デジタルアース. 参考 GIS (地理情報システム)やインターネットを活用して, 世界を仮想空間でつなぐ構想.

【数字电视】shùzì diànshì 图デジタルテレビ.

【数字鸿沟】shùzì hónggōu 图デジタルデバイド. 情報格差.

【数字化】shùzìhuà 動デジタル化する.

【数字化战场】shùzìhuà zhànchǎng 图《軍事》デジタル化戦場. 参考 映像を含む戦闘地の情報を司令部に伝送し, 戦闘能力を最大限に活かす作戦指令を送る.

【数字通信】shùzì tōngxìn 图《通信》デジタル通信.

【数字图书馆】shùzì túshūguǎn 图電子図書館. デジタル図書館.

【数字相机】shùzì xiàngjī 图デジタルカメラ. ㊥ 数码 shùmǎ 相机.

【数字移动电话】shùzì yídòng diànhuà 图デジタル式携帯電話.

墅 shù

土部11 四 6710₄
全14画 次常用

素 別荘. ¶别～ biéshù (別荘).

漱 shù

氵部11 四 3718₂
全14画 次常用

動(口を)すすぐ. ¶～口 shùkǒu / 枕 zhěn 流～石 (流れに枕して石に口をすすぐ. 負け惜しみを言う).

【漱口】shùkǒu 動口をすすぐ. うがいをする.

澍 shù

氵部12 四 3410₀
全15画 通用

图《文》ちょうどよい時期に降る雨. めぐみの雨.

---

shuɑ ㄕㄨㄚ 〔ṣuA〕

刷 shuā

刂部6 四 7220₀
全8画 常用

❶图(～儿)〔把 bǎ〕ブラシ. はけ. ¶牙～ yáshuā (歯ブラシ) /～子 shuāzi. ❷動(ブラシで)磨く. ¶～牙 shuāyá (歯を磨く) /～锅 guō (鍋を洗う). ❸動(はけで)塗る. ¶往墙壁上～油漆(壁にペンキを塗る). ❹動(方(人を)取り除く. 落とす. やめさせる. ¶那个队第一轮比赛就被～下来了(あのチームは一回戦で落とされてしまった). ❺擬物がすれ合う音. サワサワ. ザッザッ. サッ.

☞ 刷 shuà

【刷卡】shuā//kǎ 動(身分証やクレジットカードなど)磁気カードで身分照合や決済などを行う. 由来 磁気カードを機械に通す動作が"刷"(はけで塗る)に似ていることから.

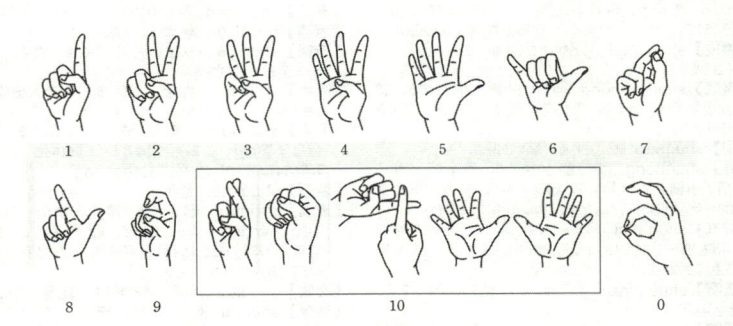

【刷拉】shuālā 擬 物がすれ合う短い音．さっ．がさっ．
【刷洗】shuāxǐ 動（ブラシやたわしで）洗う．¶地板～得很干净/床がきれいに磨かれている．
【刷新】shuā//xīn 動（記録などを）更新する．刷新する．
【刷牙】shuā/yá 動 歯を磨く．
【刷子】shuāzi 名〔把 bǎ, 个 ge〕ブラシ．はけ．たわし．¶鞋～/靴ブラシ．¶这把～毛都掉了/このブラシは毛が全部抜けてしまった．

耍 shuǎ
而部3 四 1040₄
全9画 常用

❶ 動 遊ぶ．¶到外面去,别在这里～/（外へ行きなさい．ここで遊んではいけないよ）．❷ 動 技芸を披露する．¶～把戏 bǎxì /～猴儿 shuǎhóur /杂～ záshuǎ（雑技）．❸ 動 振り回す．もてあそぶ．からかう．¶我爸爸很会～大刀(私of お父さんは大刀を使うのがとてもうまい)/你可别～我(君, 僕をからかっちゃいけないよ)．❹ 動 腕前を発揮する．悪い態度をあらわにする．勝手気ままにふるまう．¶～手艺 shuǎ shǒuyì /他对我～了一通 tòng 态度(彼は私にひどい態度を取った)．❺ (Shuǎ) 姓．

【耍把戏】shuǎ bǎxì 句 ❶ 曲芸をする．❷ 方 インチキをする．
【耍把】shuǎba 動 方 振り回す．
【耍笔杆】shuǎ bǐgǎn 句 慣（～儿）文筆稼業をする．文筆をもてあそぶ．¶他除了～儿之外, 任何实际问题也解决不了/彼は筆が立つだけで, 現実の問題は何も解決できない．
【耍猴儿】shuǎhóur 動 ❶ 猿回しをする．❷ 笑いものにする．
【耍花腔】shuǎ huāqiāng 句 ことば巧みに人をだます．¶你实话实说,别跟我～/本当のことをちゃんと言えよ,うまいこと言ってだましたりするな．
【耍花招】shuǎ huāzhāo 句（～儿）❶ こざかしくふるまう．小細工をする．¶你在我们的面前可别～/おまえは我々の前でこざかしい細工をするな．❷ 手管を弄(ろう)して人をだます．ペテンにかける．¶他只会一儿骗人/彼は何かと人を担ぐのがうまいだけだ．
【耍滑】shuǎhuá 動 ずるをする．悪賢くふるまう．¶他干活从不～/彼は仕事をさぼったことがない．回耍滑头 shuǎhuátou
【耍奸】shuǎjiān 動 "耍滑 shuǎhuá"に同じ．
【耍赖】shuǎlài 動 ❶ 横暴なことをする．❷ しらばくれる．とぼける．¶那个人借钱不还,老～/あの人は借りたお金を返さないで,とぼけてばかりいる．回 耍无赖 shuǎ wúlài
【耍赖皮】shuǎ làipí 厚かましくする．ごねる．ずうずうしくふるまう．
【耍流氓】shuǎ liúmáng 句 やくざな振る舞いをする．言いがかりをつける．からむ．¶你想～吗？/君,言いがかりをつけるのか．
【耍闹】shuǎnào 動 ふざける．騒いで遊ぶ．
【耍弄】shuǎnòng 動 ❶ もてあそぶ．愚弄する．¶～花招/小細工を弄(ろう)する．❷ からかう．¶我才不会受他的～呢/彼がからかったって,私は相手にしないわ．
【耍脾气】shuǎ píqi 句 かんしゃくをおこす．¶你有话好好儿地说,别～/話したいことがあるならちゃんと言いなさい,短気を起こさないで．
【耍贫嘴】shuǎ pínzuǐ 句（つまらない話や人のいやがることを）べらべらしゃべる．
【耍手腕】shuǎ shǒuwàn 句（～儿）手段を弄して相手をだます．手練手管を弄する．
【耍手艺】shuǎ shǒuyì 句 手仕事で生計を立てる．職人仕事をする．
【耍态度】shuǎ tàidù 句 かんしゃくをおこす．腹をたてる．
【耍威风】shuǎ wēifēng 句 威張る．偉ぶる．¶他总常摆 bǎi 科长的架子 jiàzi,～/彼はよく課長風をふかせて威張り散らしている．
【耍无赖】shuǎ wúlài 句 理不尽なことをする．¶你别～/君,乱暴なことはやめなさい．回 耍赖 shuǎlài
【耍笑】shuǎxiào 動 ❶ ふざける．冗談を言う．¶他喜欢跟人～,你不必当真 dàngzhēn/彼は冗談が好きなだけさ．本気にすることないよ．❷ 人を笑いものにする．¶他把这人～了一番/彼はしばらくその人を笑いの種にした．
【耍心眼儿】shuǎ xīnyǎnr 句 小細工を弄(ろう)する．こざかしいことをする．¶他很会～/彼は悪知恵がよく働く．
【耍子】shuǎzi 動 遊ぶ．
【耍嘴皮子】shuǎ zuǐpízi 句 ❶ 口がうまい．¶他是～的,我们说不过他/彼は口が達者だから我々はかなわない．❷ 口先できれいごとを言う．¶他光会～,不会干实事/彼は口が達者なだけで,実際は何もできない．

刷 shuā
刂部6 四 7220₀
全8画 常用

下記熟語を参照．
☞ 刷 shuā

【刷白】shuàbái 形 青白い．¶脸色 liǎnsè～/顔が青白い．

shuāi ㄕㄨㄞ [suae]

衰 shuāi
一部8 四 0073₂
全10画 常用

素 弱くなる．衰える．¶～减 shuāijiǎn /～朽 shuāixiǔ /兴～ xīngshuāi（隆盛と衰落）．反 盛 shèng, 兴 xīng
☞ 衰 cuī

【衰败】shuāibài 動 衰退する．¶家业～/家業が振るわない．¶挽救 wǎnjiù～的经济/低迷する経済を救済する．
【衰惫】shuāibèi 形 文 衰弱し疲れ果てている．
【衰变】shuāibiàn 動《物理》(放射性物質が）崩壊する．壊変する．回 蜕 tuì 变
【衰草】shuāicǎo 名 しおれた草．枯れ草．回 枯 kū 草
【衰减】shuāijiǎn 動 衰える．減退する．
【衰竭】shuāijié 形（重い病気で）極度に弱る．¶全身～/全身が衰弱する．
【衰老】shuāilǎo 形 老いて衰える．¶老人显得 xiǎnde～多了/老人はめっきり老け込んだ．
【衰落】shuāiluò 動 勢力が衰える．零落する．¶那家企业日益 rìyì～/あの企業はどんどん弱体化している．回 衰败 shuāibài 反 兴盛 xīngshèng
【衰迈】shuāimài 形 年老いている．老い衰えている．
【衰弱】shuāiruò ❶ 形（体や精神が）衰弱している．¶神经 shénjīng～/ノイローゼ．❷ 動 衰える．弱まる．¶对方的攻势 gōngshì 已经逐渐～/相手の攻撃はだんだんと勢いが落ちている．
【衰颓】shuāituí 形 文（体や精神が）衰弱している．
【衰退】shuāituì 動 衰退する．衰える．¶记忆力～/記憶力が衰える．¶经济～/景気が後退する．
【衰亡】shuāiwáng 動 衰退し滅亡する．¶从兴旺

xīngwàng 走向～/盛況から衰退に向かう. 反 兴起 xīngqǐ

【衰微】shuāiwēi 丽㊉ 衰退している. 衰えている. ¶国力～/国が衰微する. ¶家道～/暮し向きが悪くなる.

【衰萎】shuāiwěi 动 衰えて生気がなくなる. ¶秋天的野草渐渐～下来/秋の野草はしだいにしおれてくる.

【衰朽】shuāixiǔ 丽㊉ 勢力が衰える. 老い衰える.

摔(異踤㊃) shuāi
扌部11 四 5004₃
全14画 常用

动 ❶ 投げつける. ¶他生气地把书～在地上/彼は腹立ちまぎれに本を床に投げつけた. ❷ 下に落ちる. ¶小孩子从房顶～到地上(子供は屋根から地面に落ちた). ❸ 落として壊す. ¶把碗～了(お碗を落として壊した)/我太一生气就～东西(うちのかみさんは怒ると物を壊す). ❹ 転ぶ. ¶～跤 shuāijiāo / 他～在台阶上了(彼は階段で転んだ).

【摔打】shuāida 动 ❶ 手でたたく. パタパタはたく. ¶他把衣服脱下来～了几下/彼は服を脱いでバタバタはたいた. ❷ もまれる. 世間で苦労する. ¶走出校门,到社会上～～有好处/社会に出てもまれるのは有益だ. 重 摔打摔打

【摔倒】shuāidǎo 动 ❶ 転んで倒れる. ¶下雪天,一不小心,就会～/雪の降る日は気をつけないと転んでしまう. ❷ 投げ倒す. ¶他用力～了对方/彼はぐっと力を入れて相手を倒した.

【摔跟头】shuāi gēntou 合 ❶ つんのめる. 転ぶ. ¶天黑路滑,很容易～/暗くて道が滑るから転びやすい. ❷ 失敗する. つまずく. ¶工作不认真,就会～/仕事はまじめにやらないと,ともすれば失敗する.

【摔跤[交]】shuāi//jiāo 合 ❶ 転ぶ. つまずく. ¶摔了一跤/すってんころりんと転ぶ. ❷《スポーツ》レスリングをする. 相撲をとる. ¶蒙古 Měnggǔ 式～/モンゴル相撲. ～比赛/レスリングの試合. ❸ 失敗する. ¶他在工作中从没摔过跤/彼は仕事でつまずいたことはない.

甩 shuǎi
冂部3 四 7721₂
全5画 常用

动 ❶ 振る. 振り回す. ¶～手 shuǎishǒu /他～了一胳膊,准备搬这块石头(彼は腕を振って,その石を運ぶ準備をした)/把头发往后一～(髪を頭の後ろの方へ振る). 同 抡 lūn ❷(振り回してほかに)投げ捨てる. ¶～手榴弹 shǒuliúdàn (手りゅう弾を投げる)/～了一地墨水(床一面墨だらけになった). ❸ 捨て去る. ほうり出す. ¶他让女朋友给～了(彼はガールフレンドに振られてしまった)/～站 shuǎizhàn (バスなどが停留所を素通りする)/～车 shuǎichē /～包袱 bāofu (重荷を投げ捨てる).

【甩车】shuǎi//chē 动 機関車から車両を切り離す.

【甩掉】shuǎidiào 动 振り捨てる. 振り切る. ¶我们～那跟踪的人/あの尾行をまいてやる.

【甩开膀子】shuǎikāi bǎngzi 合 躍起になる. 全力をふるう.

【甩脸子】shuǎi liǎnzi 合㊅ 不機嫌な顔をする. ¶他常常不高兴,就～/彼はよく不機嫌になるとしかめっ面になる.

【甩卖】shuǎimài 动 大安売りをする. 投げ売りする. バーゲンにする. ¶年底大～/歳末大安売り. 同 拍卖 pāimài.

【甩手】shuǎi//shǒu 合 ❶ 手を振る. ❷(仕事などを)ほうっておく. ¶事情还没做完,你怎么～不管了呢？/まだやり終わっていないのに,どうして途中でほうり出すの？

【甩手掌柜】shuǎishǒu zhǎngguì 名 俗(仕事などを)ほうっておいて気にしない人.

【甩脱】shuǎituō 动 ❶ かなぐり捨てる. 脱却する. ¶他们村一了贫穷落后的帽子/彼らの村は貧困と後れの烙印を打ち捨てた. ❷ 逃れる.

【甩子】 ❶ shuǎi//zǐ 动㊅（魚や虫の）卵を産む. 産卵する. ❷ shuǎizi 名 はたき. 仏子(ほっす).

帅(帥) shuài
巾部2 四 2402₇
全5画 常用

❶ 名 軍隊の最高指揮官. ¶～才 shuàicái /元～ yuánshuài (元帥)/统～ tǒngshuài (統率する). ❷ 形㊅(青年男子が)スマートだ. あかぬけている. ¶他长zhǎng 得很～(彼はとてもハンサムだ)/～哥 shuàigē. 同 shuài ❸(Shuài)姓.

【帅才】shuàicái 名 統帥の才能を持つ人. すぐれた統率力のある人.

【帅哥】shuàigē 名 魅力的な青年男性. ハンサムな男の子.

【帅旗】shuàiqí 名 軍旗.

【帅气】shuàiqi 形(青年男子が)あかぬけた雰囲気だ. スマートだ.

率 shuài
一部9 四 0040₃
全11画 常用

❶ 动㊉ 率いる. ¶～队 shuàiduì (隊列を率いる)/～领 shuàilǐng. ❷ 形 不用意だ. 軽はずみだ. ¶草～ cǎoshuài (いいかげんだ)/轻～ qīngshuài (軽はずみだ). ❸ 形 率直だ. ¶坦～ tǎnshuài (率直だ)/直～ zhíshuài (はきはきしている). ❹ 副 おおよそ. 大体. ¶大～ dàshuài (大体)/～皆 jiē 如此(大体のようである). ❺ 形㊅ 見栄えのよい. かっこよい. ¶他字写得真～(彼の字は鮮やかだ)/他打扮得真～(彼のなりは本当にかっこいい). 同 帅 shuài ❻(Shuài)姓.
☞ 率 lǜ

*【率领】shuàilǐng 动 率いる. 統率する. ¶～队伍 duìwu /隊列を率いる. ¶他～访问团出国了/彼は訪問団を率いて外国へ行った.

【率先】shuàixiān 副 真っ先に. 第一に. ¶～表态 biǎotài /真っ先に態度を表明する. ¶～发言/率先して発言する.

【率先垂范】shuàixiān chuífàn 合（後に続く者のために）率先して模範を示す.

【率性】shuàixìng ❶ 形 思うがままだ. 自分勝手だ. ❷ 副 いっそのこと(…する). 思い切って(…する).

【率真】shuàizhēn 形 誠実で真直だ. 素直だ. ¶为人 wéirén ～/人となりが実直だ. ¶性格～憨直 hānzhí /人柄が実直で素朴だ.

【率直】shuàizhí 形 率直だ. ¶说话～/話し方が率直だ. ¶他的～赢得 yíngdé 了信任/彼は率直さで信任を得た. 同 直率 zhíshuài.

蟀 shuài
虫部11 四 5014₃
全17画 次常用

→蟋蟀 xīshuài

shuan ㄕㄨㄢ [ʂuan]

闩(門/異櫳) shuān
门部1 全4画 四 3710₁ 通用

❶ 名〔个 ge,根 gēn〕かんぬき. ¶门～ ménshuān (門やドアのかんぬき). ❷ 动 かんぬきをかける. ¶

拴 shuān
扌部6 四 5801₄ 全9画 常用
[動] 縄などでつなぎとめる. ¶~马(馬をつなぐ) / ~小船(小船をつなぐ).

把门~上(門にかんぬきをかける). ❸(Shuān)姓.

栓 shuān
木部6 四 4891₄ 全10画 次常用
[名]❶(容器や機械の)口. 開閉部. コック. ¶消火~ xiāohuǒshuān (消火栓) / 螺~ luóshuān (ボルト). ❷(ビンなどの)せん. ¶~皮 shuānpí / ~剂 shuānjì / 血~ xuèshuān (血栓).

【栓剂】shuānjì [名]《薬》座薬. 参考 中国医学では"坐药"という.
【栓皮】shuānpí [名]コルク. 同 软木 ruǎnmù
【栓塞】shuānsè [名]《医学》血管が詰まる. 栓塞(セン)する. ¶脑~ / 脳血栓.
【栓子】shuānzi [名]《医学》塞栓(ソクセン). 栓子.

涮 shuàn
氵部8 四 3210₀ 全11画 次常用
[動]❶ゆすぐ. すすぐ. ¶~手(手を洗う). ❷《料理》沸騰した湯ですすぐようにして食べる. ¶~锅子 shuànguōzi / ~羊肉 shuànyángròu. ❸ 方 だます. たぶらかす. ¶我让他给~了(あいつにはめられた).
【涮锅子】shuànguōzi [名]《料理》しゃぶしゃぶ.
【涮洗】shuànxǐ [名][動] ❶ 水洗いする. ¶涮涮洗洗 / ゆすぐ. ❷(罪名や悪名を)そそぐ. ¶~罪名 zuìmíng / 罪名をそそぐ.
【涮羊肉】shuànyángròu [名]《料理》羊肉のしゃぶしゃぶ.

shuang ㄕㄨㄤ [ʂuaŋ]

双(雙/[異]隻) shuāng
又部2 全4画 四 7744₀ 常用
❶[形]二つの. 一対の. ¶~生儿 shuāngshēng'ér(双生児) / ~亲 shuāngqīn / 无~ wúshuāng / 二つとない. 無双. 反 单 dān ❷[形]偶数の. ¶~数 shuāngshù. 反 单 dān ❸[形]2倍の. ¶~料 shuāngliào. ❹[量]二つで一組になるものを数えることば. ¶两~鞋(2足の靴). ❺(Shuāng)姓. 注意 ❶は, 単音節名詞を修飾し, "的"は用いない. ❹は, 二つの部分がつながっているもの, たとえばメガネやズボンなどには用いない.
【双百方针】shuāngbǎi fāngzhēn [名]"百花齐放"と"百家争鸣"の方针. 参考 1956年に科学・文化・芸術の発展方針として提唱されたスローガン.
【双胞胎】shuāngbāotāi [名]〔量 对 duì〕双生児. 双子. 同 双生 shuāngshēng
【双边】shuāngbiān [形] 双方. 両者. ¶~条约 / 二国間条約. ¶~贸易 / 二国間貿易.
【双层】shuāngcéng [形]二重の. 二層の. ¶~床 / 二段ベッド. ¶~结构 / 二重構造.
【双重】shuāngchóng [形]二重の. 重複した. ¶~领导 lǐngdǎo / 二重の指導. ¶~标准 / 二重基準.
【双重国籍】shuāngchóng guójí [名]二重国籍.
【双重人格】shuāngchóng réngé [名]二重人格.
【双打】shuāngdǎ [名]《スポーツ》〔量 场 chǎng, 局 jú, 盘 pán〕ダブルス. ¶混合 hùnhé~ / 混合ダブルス.

*【双方】shuāngfāng [名]双方. 両者. ¶缔约国 dìyuēguó~ / 締約国双方.
【双飞】shuāngfēi [動]往復共に飛行機に乗る.
【双份】shuāngfèn [名]二つ. 二人分. ¶我要炒饭, ~儿的 / チャーハン二人前, お願いします.
【双峰驼】shuāngfēngtuó [名]《動物》フタコブラクダ.
【双幅】shuāngfú [名](布地の)ダブル幅.
【双杠】shuānggàng [名]《スポーツ》〔量 副 fù〕平行棒. 参考 鉄棒は"单杠 dānggàng"と言う.
【双钩】shuānggōu [名]文字の輪郭だけを書いた字体. 中抜き.
【双挂号】shuāngguàhào [名]配達証明付き書留郵便. 参考 書留郵便は"挂号 guàhào"と言う.
【双关】shuāngguān [動]一つのことばで, 別の意味を含ませる. ¶一语~ / 一語に二つの意味をこめる.
【双关语】shuāngguānyǔ [名]《言語》かけことば.
【双管】shuāngguǎn [名]《音楽》双管(ソウカン). 管楽器の一つ. 二本の細い"管子 guǎnzi"(ひちりき)を束ねてある.
【双管齐下】shuāng guǎn qí xià 2本の絵筆を両手に1本ずつ持って同時に絵を描く. 二つの事柄を同時に行うこと.
【双轨】shuāngguǐ [名]❶(鉄道の)複線. ❷並行する二つのシステム.
【双轨制】shuāngguǐzhì [名]二重体制. 計画経済体制と市場経済体制の併存など, 異なる二つの体制や制度を共存させること. ¶价格~ / 二重価格制.
【双号】shuānghào [名]偶数番号. ¶~门 / 偶数番号座席用の入り口. ⇒单号 dānhào
【双簧[镤]】shuānghuáng [名]❶(芸能)〔量 本 běn, 出 chū〕二人一組で行う演芸の一つ. 舞台に立つのは一人で, 舞台裏の歌や語りに合わせて演技をする. ❷ 裏で操ること.
【双簧管】shuānghuángguǎn [名]《音楽》〔量 只 zhī〕オーボエ.
【双立人】shuānglìrén [名](~儿)(漢字の)ぎょうにんべん.
【双料】shuāngliào [形](~儿)材料を倍使った. 特製の. 表現 多く比喩に用いる.
【双面】shuāngmiàn [名](~儿)両側. 両面.
【双目】shuāngmù [名]双眼. ¶~失明 / 両目を失明する.
【双抢】shuāngqiǎng [名]急いで収穫し, 急いで作付けすること. ¶~大忙 / 收穫と種まきに大忙した.
【双亲】shuāngqīn [名]両親. ¶探望 tànwàng~ / 両親に会いに里帰りする.
【双球菌】shuāngqiújūn [名]《医学》双球菌.
【双曲面】shuāngqūmiàn [名]《数学》双曲面.
【双曲线】shuāngqūxiàn [名]《数学》双曲線.
【双全】shuāngquán [形]二つながらそろう. ¶文武 wénwǔ~ / 文武両道. ¶父母~ / 両親ともに健在だ.
【双人床】shuāngrénchuáng [名]ダブルベッド. 参考 シングルベッドは"单人 dānrén 床"と言う.
【双人舞】shuāngrénwǔ [名]ペアで踊るダンス. (バレエの)パ・ド・ドゥ.
【双刃剑】shuāngrènjiàn [名]諸刃(モロハ)の剣(ツルギ).
【双日】shuāngrì [名]偶数日. ¶逢 féng~上班 / 偶数日に出勤する.
【双身子】shuāngshēnzi [名] 妊婦. 同 孕妇 yùnfù
【双生】shuāngshēng [名](~子)双子. 双生児. 同 孪生 luánshēng

【双声】shuāngshēng 名《言語》双声(ﾔｳ). 参考 熟語を構成する各字の声母が同じであること. "公告 gōnggào", "方法 fāngfǎ"など.
【双手】shuāngshǒu 名 両手. ¶～合十 / 合掌する.
【双数】shuāngshù 名 偶数. 反 単数 dānshù
【双双】shuāngshuāng 副 二つそろって. 二人そろって.
【双双对对】shuāngshuāngduìduì 形 二つそろっているようす. 二人そろっているようす.
【双体船】shuāngtǐchuán 名《交通》双胴船. カタマラン.
【双喜】shuāngxǐ 名 二重のおめでた. 二つの慶事. ¶～字(儿) / 囍. "喜 xǐ"の字を二つ横に並べて一字としたもの.
【双喜临门】shuāng xǐ lín mén 成 二重の喜びが訪れる.
【双下巴】shuāngxiàba 名 二重あご.
【双响】shuāngxiǎng 名 (～儿) 爆竹の一種. 点火直後と空中に上がってからの2回音がするもの. 参考 地方によって"二踢脚", "两响"などとも言う.
【双向】shuāngxiàng 形 双方向の.
【双效】shuāngxiào 名 社会的な効果・利益と, 経済的な効果・利益.
【双薪】shuāngxīn 名 倍の給料. ¶发～ / 給料を倍支払う.
【双星】shuāngxīng 名《天文》❶ 連星. 二重星. ❷ 牵牛星(アルタイル)と織女星(ベガ).
【双休日】shuāngxiūrì 名 週休二日.
【双选】shuāngxuǎn 動 双方向から選択する.
【双学位】shuāngxuéwèi 名 二つの学位を取得すること.
【双眼皮】shuāngyǎnpí 名 (～儿) 二重まぶた. 参考 一重まぶたは"单 dān 眼皮"と言う.
【双氧水】shuāngyǎngshuǐ 名《薬》オキシドール.
【双引号】shuāngyǐnhào 名《言語》引用符. ダブルクォーテーションマーク(" ").
【双赢】shuāngyíng 動 双方が利益を上げる.
【双拥】shuāngyōng 略 "拥军优属 yōushǔ, 拥政爱民"(軍を支持して軍人の家族を大切にし, 軍は政府を支持して国民を愛する)の略.
【双鱼座】shuāngyúzuò 名《天文》❶ 黄道十二星座の一つ. 双魚宮. ❷ 魚座.
【双语】shuāngyǔ 名 バイリンガル. 二ヶ国語. ¶～教育 / バイリンガル教育. ¶～播送 bōsòng / 二ヶ国語放送.
【双月刊】shuāngyuèkān 名 隔月刊誌.
【双职工】shuāngzhígōng 名 共働き.
【双周刊】shuāngzhōukān 名 隔週刊誌.
【双子座】shuāngzǐzuò 名《天文》❶ 黄道十二星座の一つ. 双子(ﾌﾀｺ)宮. ❷ 双子座.
【双座】shuāngzuò 名 ダブルシート. 2人乗り. ツーシーター.

泷(瀧) Shuāng
氵部5 四 3311₁ 全8画 通用
素 地名用字. ¶～水 Shuāngshuǐ(広東省新会県にある地名).
☞ 泷 lóng

霜 shuāng
雨部9 四 1096₁ 全17画 常用
❶ 名〔圈〕层 céng, 场 cháng〕霜. ¶昨天夜里下～了(昨夜霜が下りた) / 晨 shuāngchén(霜の降りた朝) / ～害 shuānghài(霜害) / 晚～ wǎnshuāng(春に降りる霜). ❷ 素 霜に似たもの. ¶柿～ shishuāng(干し柿の白い粉) / 盐～ yánshuāng(塩の結晶). ❸ 素〔髪などが〕白い. ¶～鬓 shuāngbìn(しらがの鬓).
【霜鬓】shuāngbìn 名 しらがの鬓(ﾋﾞﾝ).
【霜冻】shuāngdòng 名動 霜害(になる). ¶现在还没～呢 / 今のところ霜害は出ていない.
【霜降】shuāngjiàng 名 二十四節気の一つ. 霜降(ｿｳｺｳ). 参考 太陽暦の10月23,24日ごろ.
【霜期】shuāngqī 名《農業》霜降り期. 反 无 wú 霜期 秋に初めて霜が降りた日から, 翌年最後に霜が降りるまでの期間.
【霜天】shuāngtiān 名《晩秋や冬の》寒空.
【霜叶】shuāngyè 名 霜にあたって紅葉した葉. 霜葉.

孀 shuāng
女部17 四 4146₁ 全20画 通用
素 未亡人. やもめ. ¶～妇 shuāngfù / ～居 shuāngjū(後家を立てる) / 孤～ gūshuāng(父を亡くした子供と寡婦).
【孀妇】shuāngfù 名〈文〉やもめ. 未亡人.

爽 shuǎng
大部8 四 4080₄ 全11画 常用
❶ 素 さわやかだ. すがすがしい. ¶秋高气～(秋の空が高くて空気がすがすがしい) / 凉～ liángshuǎng(すがすがしい). ❷ 素〔性格が〕さっぱりしている. ¶～快 shuǎngkuai / 豪～ háoshuǎng(豪快だ) / 直～ zhíshuǎng(率直だ). ❸ 素 気持ちがいい. ¶～目 shuǎngmù / 身体有点不～(少し体の調子がよくない). ❹ 素 ずれが生じる. 違う. ¶～约 shuǎngyuē / 毫厘不～(成 寸分の狂いもない).
【爽脆】shuǎngcuì 形 ❶(食べ物が)さくさくして口当たりがよい. ❷(音声が)澄んではっきりする. ❸(性格が)さっぱりしている. ❹(動作が)素早い. てきぱきしている.
【爽口】shuǎngkǒu 形《口あたりが》すっきりしている. さっぱりしている. ¶这个西瓜吃着很～ / このスイカは口あたりがよく, おいしい.
【爽快】shuǎngkuai ❶(心身が)爽快だ. 気持ちがいい. ¶心里十分～ / 心が晴れ晴れとして気持ちがいい. ¶这件事我不说出来不～ / このことは, 言わないと気持ちがわるい. ❷(性格や言動が)率直だ. 単刀直入だ. ¶他是个～人 / 彼は率直な人だ. ¶你～点儿, 去就说去, 不去就说不去 / はっきり言えよ, 行くなら行く, 行かないなら行かないと. 重 爽爽快快
【爽朗】shuǎnglǎng ❶(気候が)すがすがしい. さわやかだ. ❷(性格が)快活だ. 朗らかだ. ¶～的笑声 / 朗らかな笑い声.
【爽利】shuǎnglì 形 てきぱきしている. ¶办事～ / 仕事ぶりがてきぱきしている. ¶动作～ / 動作が機敏だ. 重 爽爽利利
【爽亮】shuǎngliàng 形 ❶(音声が)澄んでよく響く. ❷(日の光が)明るくさわやかだ.
【爽目】shuǎngmù 形 見た目に心地よい. 同 悦 yuè 目
【爽气】shuǎngqì ❶ 素 さわやかな空気. ❷ 形 率直だ. 端的だ. ¶老王为人～很 / 王さんは竹を割ったような性格だ.
【爽然】shuǎngrán 形〈文〉茫然としているようす.
【爽然若失】shuǎng rán ruò shī 成 茫然自失. ¶他陷入一种～的状态中 / 彼は茫然自失している.
【爽身粉】shuǎngshēnfěn 名 タルカムパウダー. シッカロール.

【爽声】shuǎngshēng ❶ 名 澄んで通る声. ❷ 副 (声が)さわやかで明るく(響く).

【爽心】shuǎngxīn 形 心が爽快だ.

【爽性】shuǎngxìng 副 いっそのこと. 思い切って. ¶书信来往不便,～面谈吧/手紙では不便なので,いっそ会って話しましょう. 同 索性 suǒxìng

【爽约】shuǎngyuē 動 約束をたがえる. ¶他从不～/彼はそのことをたがえたことはない. 同 失约 shīyuē

【爽直】shuǎngzhí 形 率直だ. 単刀直入だ. ¶为人 wéirén～/人となりが率直だ. 同 直爽 zhíshuǎng

shui ㄕㄨㄟ〔ṣueɪ〕

谁(誰) shuí 讠部8 四 3071₅ 全10画 常用

❶ 代 "谁 shéi"に同じ. ❷ (Shuí)姓.
☞ 谁 shéi

水 shuǐ 水部0 四 1290₀ 全4画 常用

❶ 名 水. ¶～井 shuǐjǐng / ～车 shuǐchē / 硬～ yìngshuǐ (硬水). ❷ 固 河の名. ¶汉～ Hànshuǐ (漢水) / 氾～ Sìshuǐ (氾水). ❸ 名 河・湖・海などの総称. ¶～陆 shuǐlù / 一衣带～ (成 一衣帯水). ❹ 名 (～儿)液. 汁. ¶药～ yàoshuǐ (水薬) / 橘子～ júzishuǐ (オレンジジュース). ❺ 名 枠外の費用または収入. ¶贴～ tiēshuǐ (手数料) / 外～ wàishuǐ (臨時収入). ❻ (Shuǐ) 固 少数民族の一つ. 水族. ❼ (Shuǐ)姓.

【水吧】shuǐbā 名 ドリンクバー. 喫茶コーナー. 喫茶店.

【水坝】shuǐbà 名 〔座 zuò〕堤防. ダム. ¶筑 zhù～/堤防を築く.

【水泵】shuǐbèng 名 〔台 tái〕吸水ポンプ. 同 抽水机 chōushuǐjī

【水笔】shuǐbǐ 名 〔管 guǎn, 支 zhī〕 ❶ 小文字楷書用の硬めの毛筆. ❷ 絵筆. ❸ 方 万年筆. 同 自来 zìlái 水笔

【水边】shuǐbiān 名 水辺. 水際.

【水标】shuǐbiāo 名 水位標. ウォーターゲージ.

【水表】shuǐbiǎo 名 水道メーター. 水量計.

【水滨】shuǐbīn 名 水辺. 水際.

【水兵】shuǐbīng 名 水兵.

【水波】shuǐbō 名 波. 同 波浪 làng 表現 大きな川の流れをさすこともある.

【水玻璃】shuǐbōli 名《化学》水ガラス. 表現 俗称は"泡花碱 pàohuājiǎn".

【水彩】shuǐcǎi 名 水彩絵の具.

【水彩画】shuǐcǎihuà 名《美術》水彩画.

【水草】shuǐcǎo 名 ❶ 水と草のある場所. ❷ 水草. 水生植物の総称.

【水蚤】shuǐchài 名《虫》ヤゴ.

【水产】shuǐchǎn 名 水産. ¶～品/水産物.

【水车】shuǐchē 名 ❶〔架 jià, 台 tái〕水車. ¶踏～/水車を踏む. ❷〔辆 liàng〕給水車. ❸ 方〔辆 liàng〕消防車.

【水城】shuǐchéng 名 水辺の町. 水郷. 水の都.

【水程】shuǐchéng 名 水路の行程.

【水池】shuǐchí 名 ❶ 池. ❷ 水槽.

【水池子】shuǐchízi 名 シンク. 流し台.

【水床】shuǐchuáng 名 ウオーターベッド.

【水到渠成】shuǐ dào qú chéng 成 機が熟せば事は自然に成就する.

【水道】shuǐdào 名 ❶ 水の流れ. 堀, 溝, 河川など. ❷ 船の航路. ¶上海到天津走～要两天/上海から天津まで海路で二日かかる. 同 水路 shuǐlù ❸ プールのコース.

*【水稻】shuǐdào 名 水稲.

【水滴】shuǐdī 名 ❶ 水滴. ❷ すずり用の水差し.

【水滴石穿】shuǐ dī shí chuān 成 点滴石をうがつ. 努力を続ければ, 必ず事を成し遂げられる. 同 滴水穿石

【水底】shuǐdǐ 名 水底. ¶～电缆 diànlǎn / 海底ケーブル.

【水地】shuǐdì 名 ❶ かんがい地. 水浇地 shuǐjiāodì ❷ 水田. 同 水田 shuǐtián

【水电】shuǐdiàn 名 ❶ 水道と電気. ¶保证城市居民的～供应 gōngyìng / 都市住民の水と電気の供給を確保する. ❷ 水力発電.

【水电费】shuǐdiànfèi 名 水道代と電気代.

【水电站】shuǐdiànzhàn 名〔座 zuò〕水力発電所.

【水貂】shuǐdiāo 名《動物》〔只 zhī〕ミンク.

【水痘】shuǐdòu 名《医学》水ぼうそう. ¶出～/水ぼうそうにかかる.

【水碓】shuǐduì 名 水力を利用して米をつく臼.

【水肥】shuǐféi 名《農業》水肥(で).

【水粉】shuǐfěn 名 ❶ 水おしろい. ❷ 方 水に浸したはるさめ.

【水粉画】shuǐfěnhuà 名《美術》ガッシュ(不透明な水彩絵の具)で描いた水彩画.

【水分】shuǐfèn 名 ❶ 水分. 水気. ¶～充足 / うるおいが充分だ. ¶从土壤 tǔrǎng 中吸收～/ 土壌から水分を吸収する. ❷ 水増し分. 尾ひれ. ¶话里有很大～/ 話に脚色が多い.

【水缸】shuǐgāng 名 水がめ.

【水沟】shuǐgōu 名 溝. 堀.

【水垢】shuǐgòu 名 水あか. 湯あか.

【水管】shuǐguǎn 名 水道管. 下水管. ¶铺设 pūshè～/水道管を敷設する. 同 水管子 shuǐguǎnzi

【水柜】shuǐguì 名 ❶ 水槽. ❷ 方 貯水タンク. 貯水池. ❸ 旧 (商店の)カウンター.

**【水果】shuǐguǒ 名 果物. ¶～糖 / フルーツキャンディ.

【水合】shuǐhé 名《化学》水和. 水化. 同 水化 huà

【水红】shuǐhóng 形 深みのある鮮やかなピンク色の.

【水壶】shuǐhú 名〔把 bǎ〕 ❶ 水差し. ❷ 水筒. ❸ やかん.

【水葫芦】shuǐhúlu 名《植物》ホテイアオイ. 参考 "凤眼莲 fèngyǎnlián"の俗称.

【水浒传】Shuǐhǔzhuàn《書名》『水滸伝(ない)』. 明代に書かれた長編口語小説. 施耐庵の作. 参考 宋江(ぶ)を中心とした108人の豪傑を描いた物語.

【水花】shuǐhuā 名 (～儿) ❶ 水泡. 水しぶき. ❷ 方 水ぼうそう. 同 水痘 shuǐdòu

【水患】shuǐhuàn 名 水害.

【水荒】shuǐhuāng 名 深刻な水不足. 水飢饉(ぞみ).

【水毁】shuǐhuǐ 動 水害で壊れる.

【水火】shuǐhuǒ 名 ❶ 水と火. ¶～不留情, 千万要当心 / 火事と洪水は情け容赦ない. 十分注意すべきだ. ❷ 正反対のもの. ¶～不相容 / 互いに相容れない. ❸ "水深火热 shuǐshēnhuǒrè"の略. ❹ 大小便. 参考 ❹ や

早期白話に見られる語.
【水火无情】shuǐ huǒ wú qíng 成 水害や火災は情け容赦なくやって来る.
【水货】shuǐhuò 名 ❶ 密輸品. ❷ 粗悪品. 由来 もと"水路で密輸された品物"という意から.
【水鸡】shuǐjī 名 ❶ 水鳥. ❷ カエル. ❸ びしょ濡れの人. 濡れねずみ.
【水碱】shuǐjiǎn 名 湯あか. 水あか. 同 水垢 shuǐgòu, 水锈 shuǐxiù
【水浇地】shuǐjiāodì 名 《農業》灌漑された土地. 灌漑農地.
【水饺】shuǐjiǎo 名 〔~儿〕《料理》水ギョーザ.
【水窖】shuǐjiào 名 地形を利用し, 雨水や雪どけ水などを利用して貯水する地下貯水倉.
【水解】shuǐjiě 動 《化学》加水分解.
【水晶】shuǐjīng 名 水晶.
【水晶宫】shuǐjīnggōng 名 神話で竜王が住むという水中の宮殿.
【水晶体】shuǐjīngtǐ 名 《生理》水晶体. 同 晶状 zhuàng 体
【水井】shuǐjǐng 名 〔量 口 kǒu, 眼 yǎn〕井戸.
【水景】shuǐjǐng 名 水のある風景.
【水警】shuǐjǐng 名 水上警察. 沿岸警備隊.
【水酒】shuǐjiǔ 名 粗酒. ¶请吃杯~/粗酒ですが一献(こん)いかが. 参考 謙譲の意味を持つ語.
【水军】shuǐjūn 名 水軍.
【水坑】shuǐkēng 名 水たまり.
【水库】shuǐkù 名 〔量 个 ge, 座 zuò〕ダム. 貯水池
【水牢】shuǐláo 名 水牢.
【水涝】shuǐlào 動 (農作物が)水に浸かる. 冠水する.
【水雷】shuǐléi 名 《軍事》水雷.
【水力】shuǐlì 名 水力.
【水力发电】shuǐlì fādiàn 名 水力発電.
【水利】shuǐlì 名 ❶ 水利. ❷ → 水利工程 gōngchéng
【水利工程】shuǐlì gōngchéng 名 水利工事. 表現 "水利", "水工"とも言う.
【水利化】shuǐlìhuà 動 水資源を利用する. 水利化する.
【水利枢纽】shuǐlì shūniǔ 名 総合水利施設. 参考 堤防・放水路・水門・発電所などを含む水資源利用施設の全体を指す.
【水帘】shuǐlián 名 滝.
【水疗】shuǐliáo 名 《医学》水治療法.
【水淋淋】shuǐlínlín 形 〔~的〕水がしたたり落ちるようす. 表現 口語では, "shuǐlīnlīn"と発音することもある.
【水灵】shuǐlíng 形 方 ❶ みずみずしい. ¶水灵灵的葡萄/みずみずしいブドウ. ❷ (形状や容貌が)美しく生き生きしている. ¶这小姑娘长 zhǎng 得真/この娘は若々しくてきれいだ. 重 水灵灵
【水流】shuǐliú 名 ❶ 河川の総称. ❷ 水流. ¶~畅通 chàngtōng/水流が滞らない.
【水溜】shuǐliù 名 雨どい. 同 檐沟 yángōu
【水龙】shuǐlóng 名 ❶ 《植物・薬》ミズキンバイ. ❷ 消火ホース. ❸ 水龙带 dài
【水龙卷】shuǐlóngjuǎn 名 《気象》水上の竜巻.
【水龙头】shuǐlóngtóu 名 水道の蛇口. 給水栓.
【水陆】shuǐlù 名 ❶ 水陸と陸路. 水陸. ¶~两用飞机/水陸両用機. ❷ 海の幸と山の幸. ¶~俱 jù 陈 chén/山海の珍味がそろう.
【水陆坦克】shuǐlù tǎnkè 名 《軍事》水陸両用戦車.

【水鹿】shuǐlù 名 《動物》アカシカ. スイロク. 同 黑 hēi 鹿
【水路】shuǐlù 名 水路. 航路. ¶走陆路比~快/陸路の方が水路よりはやい. 反 旱路 hànlù, 陆路 lùlù
【水绿】shuǐlǜ 形 浅緑の. 薄緑色の.
【水轮】shuǐlún 名 水車. 水力タービン.
【水轮机】shuǐlúnjī 名 《機械》水力タービン.
【水落】shuǐluò 動 方 ❶ 雨どい. ❷ 水位が下がる.
【水落石出】shuǐ luò shí chū 成 真相がすっかり明らかになる. 由来 水が引いて水中の石があらわれる, という意から.
【水煤气】shuǐméiqì 名 《化学》水性ガス.
【水门】shuǐmén 名 ❶ 弁. バルブ. ❷ 方 水門. 同 水闸 shuǐzhá
【水米不沾牙】shuǐ mǐ bù zhān yá 慣 何も口にしていない. ¶他已经两天了/彼はすでに二日間何も口にしていない.
【水蜜桃】shuǐmìtáo 名 《植物》水蜜桃(ピチ). ¶无锡 Wúxī 的~很有名/無錫の水蜜桃はよく知られている.
【水绵】shuǐmián 名 《植物》アミミドロ.
【水面】shuǐmiàn 名 ❶ 水面. ¶树叶在~上漂着/木の葉が水面に漂っている. ❷ 水域. ¶养鱼的~很大/養殖水域が広い.
【水磨】shuǐmó 動 水磨きをかける. ¶~一砖 zhuān 的墙/水で磨きあげたれんが塀. 同 水磨 shuǐmó
【水磨工夫】shuǐ mó gōng fu 成 緻密な作業.
【水磨石】shuǐmóshí 名 《建築》人造石の一種. テラゾー.
【水墨画】shuǐmòhuà 名 《美術》〔量 幅 fú, 张 zhāng〕水墨画.
【水磨】shuǐmò 名 水力で動かすひきうす. ⇒ 水磨 shuǐmó
【水母】shuǐmǔ 名 《動物》クラゲ.
【水木清华】shuǐ mù qīng huá 成 園林や池などの景勝. 参考 現在の清華大学付近の美しい景色を呼んだことば. 清の乾隆帝が気に入り, "水木清华"とたたえ, 後の咸豊帝が"清华园"と命名. これが清華大学の名の由来となった.
【水幕】shuǐmù 名 ウォーターカーテン. ウォータースクリーン.
【水难】shuǐnàn 名 水難.
【水能】shuǐnéng 名 水のエネルギー. 水力.
*【水泥】shuǐní 名 〔量 袋 dài〕セメント. 参考 俗に"洋灰 yánghuī", 上海等では"水门汀 shuǐméntīng"とも言う.
【水泥钉】shuǐnídīng 名 《建築》セメント用のくぎ.
【水泥森林】shuǐní sēnlín 名 高層ビル群. コンクリートジャングル.
【水碾】shuǐniǎn 名 水力を利用したひきうす.
【水鸟】shuǐniǎo 名 〔量 只 zhī〕水鳥.
【水牛】shuǐniú 名 《動物》〔量 头 tóu〕水牛.
【水牛儿】shuǐniúr 名 方 カタツムリ. 同 蜗牛 wōniú
【水牌】shuǐpái 名 勘定やメモなどを一時的に記してよく塗り板. 参考 黒色のものに繰り返し使えるもので, 黒色と白色があり, 白色のものは"粉牌"ともいう.
【水泡】shuǐpào 名 ❶ 泡. ❷ "水疱 pào"に同じ.
【水疱】shuǐpào 名 〔~儿〕水疱. 水ぶくれ.
【水皮儿】shuǐpír 名 方 水面. ¶燕子 yànzi 一贴着~飞, 就要下雨了/ツバメが水面すれすれに飛ぶと, 雨が降る. 同 水面 shuǐmiàn

【水漂儿】shuǐpiāor ❶ 名 水面に小石を水平に投げ,水中に落ちないように遠くへ飛ばす遊び.水切り. ❷ 動 水の泡になる.〈金銭を〉無駄に消費する.

【水瓢】shuǐpiáo 名〈ヒョウタンでつくった〉ひしゃく.

**【水平】shuǐpíng ❶ 形 水平の. ❷ 名 水準.レベル. ¶生活~ / 生活水準. 回 水准 shuǐzhǔn

【水平面】shuǐpíngmiàn 名 水平面.

【水平线】shuǐpíngxiàn 名 水平線.

【水平仪】shuǐpíngyí 名 水準器. 回 水平器 qì

【水汽】shuǐqì 名 水蒸気.

【水枪】shuǐqiāng 名 ❶《工業》水力掘削機. ❷ 消火ホースの筒先. ❸ 水鉄砲.

【水橇】shuǐqiāo 名《スポーツ》水上スキー.

【水禽】shuǐqín 名 水鳥.

【水情】shuǐqíng 名 水位や流量などの状況.

【水球】shuǐqiú 名《スポーツ》❶ 水球. ❷〔量 个 ge,只 zhī〕水球のボール.

【水曲柳】shuǐqūliǔ 名《植物》ヤチダモ.

【水渠】shuǐqú 名 用水路.

【水圏】shuǐquān 名《地学》水圏.水界.

【水溶液】shuǐróngyè 名 水溶液.

【水乳交融】shuǐ rǔ jiāo róng 成〈思想や感情が〉溶け合っている.しっくりいく. 由来 水と乳が溶け合う,という意から.

【水杉】shuǐshān 名《植物》〔量 棵 kē,株 zhū〕メタセコイア.アケボノスギ.

【水上】shuǐshàng 名 水上.

【水上飞机】shuǐshàng fēijī 名 水上飛行機.

【水上运动】shuǐshàng yùndòng 名《スポーツ》水上スポーツ.

【水蛇】shuǐshé 名《動物》〔量 条 tiáo〕水辺や水中に生息するヘビ.

【水深火热】shuǐ shēn huǒ rè 成 水火の苦しみ.苦難に満ちた暮しのたとえ. ¶独裁政府統冶下的人民,生活在~之中 / 独裁政府の統治下で,人々は苦しい生活をしている. 由来『孟子』梁惠王下に見えることば.

【水师】shuǐshī 名恵 海軍.水軍. 回 水军 jūn

【水蚀】shuǐshí 名《地学》水による浸食.水食.

【水势】shuǐshì 名 流れる水の勢い. ¶~湍急 tuānjí / 流れが急だ.

【水手】shuǐshǒu 名〔量 个 ge,名 míng,位 wèi〕船乗り.船員.

【水刷石】shuǐshuāshí 名《建築》花崗岩を模した人造石.グラニテックプラスター. 回 汰 tài 石子

【水松】shuǐsōng 名《植物》スイショウ.イヌスギ.

【水塔】shuǐtǎ 名 給水塔.

【水獭】shuǐtǎ 名《動物》〔量 头 tóu,只 zhī〕カワウソ.

【水潭】shuǐtán 名 深い水たまり.淵.

【水塘】shuǐtáng 名 水たまり.ため池.

【水体】shuǐtǐ 名 自然界に存在する水の総称.

【水体污染】shuǐtǐ wūrǎn 名 水質汚染.水質汚濁.

【水天一色】shuǐ tiān yī sè 成 空と水が一つになる.水天一色. ¶观赏会馆眺望到了~的美景 / 空と海が一つに溶け合う美しい眺めを楽しんだ.

【水田】shuǐtián 名〔量 块 kuài,片 piàn〕水田.

【水汀】shuǐtīng 名 方外 スチーム暖房. 回 暖气 nuǎnqì steam の音訳から.

【水桶】shuǐtǒng 名 水おけ.

【水头】shuǐtóu 名 ❶ 洪水時の最高水位. ❷ 水の勢い. ¶~很旺 wàng / 水が勢いよい.

【水土】shuǐtǔ 名 ❶ 水と土. ❷ 気候風土.

【水土保持】shuǐtǔ bǎochí 名《農業》水土保持. 参考 土壌の保水力を高めたり流失を防ぐための措置.

【水土不服】shuǐtǔ bù fú 句 水が合わない.その土地の風土や習慣になじまない.

【水土流失】shuǐtǔ liúshī 名 土壌の流失.土壌の浸食.

【水汪汪】shuǐwāngwāng 形〈~的〉❶ 水があふれるようす. ¶刚下过大雨,地上~的 / 大雨が降ったばかりで,地面が水浸しだ. ❷〈瞳が〉きらきらする. ¶~的大眼睛 / きらきら輝く〈つぶらな〉瞳.

【水网】shuǐwǎng 名 河川網.

【水位】shuǐwèi 名 ❶ 水位. ¶~计 / 水位計. ❷ 地表から地下水までの距離.

【水温】shuǐwēn 名 水温.

【水文】shuǐwén 名《地学》自然界における水の運動や変化などの現象.水文(ホӡォ).

【水污染】shuǐwūrǎn 名 水汚染.

【水螅】shuǐxī 名《動物》ヒドラ.

【水洗布】shuǐxǐbù 名《紡織》捺染(ネッ)加工した布.プリント生地.

【水系】shuǐxì 名 水系.

【水下】shuǐxià 名 水面下.水中.

【水仙】shuǐxiān 名《植物》スイセン. 参考 新年を迎えるめでたい花として,春節の時に飾る地方もある.

【水险】shuǐxiǎn 名 海上保険. 参考 "水上保险" の略称.

水 仙

【水线】shuǐxiàn 名 ❶ 喫水(ミマ)線. ❷ 波脚(ᠨ).

【水乡】shuǐxiāng 名 水郷.

【水箱】shuǐxiāng 名 水槽.タンク.

【水泄不通】shuǐ xiè bù tōng 成 水も漏らさない. ¶敌人被我军包围 bāowéi 得~/ 敵は我々の軍にびっしり包囲された.

【水泻】shuǐxiè 名《医学》下痢をする. 回 腹 fù 泻

【水榭】shuǐxiè 名 水辺のあずまや.

【水星】shuǐxīng 名《天文》水星.

【水性】shuǐxìng 名 ❶ 泳ぎの腕前. ¶他的~不错,能横渡 héngdù 长江 / 彼は泳ぎが達者で,長江を横断できる. ❷ 河川の特徴. ¶熟悉 shúxī 黄河~/ 黄河の特徴を知っている. ❸〈女性の〉浮気性.

【水性杨花】shuǐ xìng yáng huā 成 女性が移り気であること.

【水袖】shuǐxiù 名《芸能》〈伝統劇などの衣装の〉袖口からでている白い部分.

【水锈】shuǐxiù 名 ❶ 水あか.湯あか. 回 水碱 shuǐjiǎn ❷ 水の跡.しみ.

【水选】shuǐxuǎn 名〈鉱物や種子の〉水を使った選別.

【水循环】shuǐxúnhuán 名 自然界における水の循環.

【水压】shuǐyā 名 水圧.

【水压机】shuǐyājī 名《機械》水圧機.水圧プレス.

【水烟】shuǐyān 名 水たばこ. ¶~袋 dài / 水ギセル.

【水烟袋】shuǐyāndài 名 水ギセル.水パイプ. 回 水烟筒 tǒng,水烟斗 dǒu

【水眼】shuǐyǎn 名 泉のわき出る穴. 回 泉 quán 眼

【水杨】shuǐyáng 名《植物》水辺のヤナギ.カワヤナギやネコヤナギの仲間. 回 蒲柳 púliǔ

【水杨酸】shuǐyángsuān 名《化学》サリチル酸.
【水舀子】shuǐyǎozi 名〈水をくむ〉ひしゃく.
【水翼船】shuǐyìchuán 名 水中翼船.
【水银】shuǐyín 名 水銀. ¶~灯 / 水銀灯. 参考"汞 gǒng"の通称.
【水银灯】shuǐyíndēng 名 水銀灯. 回 汞 gǒng 灯
【水印】shuǐyìn 名 ❶ 中国式木刻印刷. 回 水印木刻 mùkè ❷ (~儿)(紙の)透かし. ❸ (~儿)水でできた染み. ❹ 旧 方 (~儿)商店の正式な印鑑.
【水域】shuǐyù 名 水域.
【水源】shuǐyuán 名 水源. 源流.
【水运】shuǐyùn 名 水運.
【水灾】shuǐzāi 名〔量 场 cháng〕水害. 水難. 同 水患 shuǐhuàn 反 旱灾 hànzāi
【水葬】shuǐzàng 動 水葬する.
【水蚤】shuǐzǎo 名《動物》ミジンコ.
【水藻】shuǐzǎo 名 藻.
【水泽】shuǐzé 名 沼沢地.
【水闸】shuǐzhá 名〔量 道 dào, 座 zuò〕水門.
【水战】shuǐzhàn 名 水上戦.
【水涨[长]船高】shuǐ zhǎng chuán gāo 成 土台の向上に伴い, そこに依存するものも向上する. 由来 水位が高くなれば船の位置も上がる, という意から.
【水蒸气】shuǐzhēngqì 名 水蒸気.
【水至清则无鱼】shuǐ zhì qīng zé wú yú 成 あまりに潔癖で要求が高すぎると人が寄りつかない. 水清ければ魚棲(す)まず. 同 水清无鱼 由来『大戴礼 dàidài』子張問入官篇のことばから.
【水质】shuǐzhì 名 水質.
【水蛭】shuǐzhì 名《動物》〔量 条 tiáo〕ヒル.
【水中捞月】shuǐ zhōng lāo yuè 成 望みのない無駄なことをする. ¶~, 一场空 / 骨折り損のくたびれもうけ. 同 海底 hǎidǐ 捞月 由来 水に映った月をすくう, という意から.
【水肿】shuǐzhǒng 名《医学》水腫(しゅ). むくみ. 参考 通称"浮肿 fúzhǒng".
【水珠】shuǐzhū 名 回 水滴. 水玉. 回 水珠子
【水柱】shuǐzhù 名 水柱.
【水准】shuǐzhǔn 名 ❶《物理》水平面. 水準. ¶~仪 yí / 水準儀. ❷ 水準. レベル.
【水资源】shuǐzīyuán 名 水資源.
【水族】名 ❶ Shuǐzú《民族》スイ族. 中国少数民族の一つ. 貴州省に居住. ❷ shuǐzú《動物》水生動物.
【水族馆】shuǐzúguǎn 名 水族館.
【水钻】shuǐzuàn 名 人工ダイヤモンド.

说(説) shuì
讠部7 四 3871₂
全9画 常用

素 自説を説き聞かせる. ¶ 游~ yóushuì (遊説ﾊﾟする).

☞ 说 shuō, yuè

税 shuì
禾部7 四 2891₂
全12画 常用

名 ❶〔量 笔 bǐ〕税. ¶~收 shuìshōu / 纳~ nàshuì (納税する) / 租~ zūshuì (租税) / 关~ guānshuì (関税). ❷ (Shuì)姓.
【税单】shuìdān 名〔量 张 zhāng〕納税証明書.
【税额】shuì'é 名 税額.
【税法】shuìfǎ 名 税法.
【税负】shuìfù 名 税負担.
【税改】shuìgǎi 名 "税收制度改革"(税制改革)の略称.
【税金】shuìjīn 名 税金.
【税捐】shuìjuān 名 税金の総称. 同 捐税 juānshuì
【税款】shuìkuǎn 名〔量 笔 bǐ〕税額.
【税利】shuìlì 名 (企業が納める)税金と利潤.
【税率】shuìlǜ 名 税率.
【税目】shuìmù 名 課税項目.
【税卡】shuìqiǎ 名 旧 税金徴収のために設置された関所や検査所.
【税收】shuìshōu 名 税収.
【税务】shuìwù 名 税務.
【税务局】shuìwùjú 名 税務局. 税務署.
【税源】shuìyuán 名 税源.
【税则】shuìzé 名 徴税に関する規則と実施条例.
【税政】shuìzhèng 名 税政.
【税制】shuìzhì 名 税制.
【税种】shuìzhǒng 名 税金の種類. 税目.

睡 shuì
目部8 四 6201₅
全13画 常用

動 眠る. ¶~觉 shuìjiào / ~意 shuìyì / 午~ wǔshuì (昼寝).
【睡袋】shuìdài 名 寝袋.
*【睡觉】shuì//jiào 動 眠る. ¶孩子该~了 / 子供は寝る時間だ. ¶我睡了一觉 / 一眠りした. ¶睡懒 lǎn 觉 / 寝坊する.
【睡裤】shuìkù 名 寝巻きのズボン.
【睡懒觉】shuì lǎnjiào 句 (朝に)起きずにいつまでもごろごろしている. 寝坊する.
【睡莲】shuìlián 名《植物》スイレン. 回 子午莲 zǐwǔlián
【睡帽】shuìmào 名 ナイトキャップ.
【睡梦】shuìmèng 名 眠り. ¶在~中 / 夢の中.
【睡眠】shuìmián 名 動 睡眠(する). ¶~疗法 liáofǎ / 睡眠療法.
【睡眠博客】shuìmián bókè 名《コンピュータ》なかなか更新されないブログ.
【睡袍】shuìpáo 名 ❶ ナイトガウン. ❷ ネグリジェ.
【睡乡】shuìxiāng 名 睡眠状態. ¶进入~ / 眠りに入る.
【睡醒】shuì//xǐng 動 目覚める.
【睡眼】shuìyǎn 名 寝ぼけまなこ. ¶睁 zhēng 开~ / 寝ぼけまなこを大きく開ける.
【睡衣】shuìyī 名〔量 件 jiàn, 套 tào〕寝巻. パジャマ.
【睡椅】shuìyǐ 名 寝いす.
【睡意】shuìyì 名 眠気. ¶~朦胧 ménglóng / 眠気でぼうっとする.
【睡着】shuì//zháo 動 寝つく. ¶睡不着 zháo / 寝つけない.

shun ㄕㄨㄣ [ṣuən]

吮 shǔn
口部4 四 6301₂
全7画 次常用

動 (口で)吸う. ¶~乳 rǔ (乳を吸う) / ~痈 yōng 舐痔 shì zhì / 吸~ xīshǔn (すする).
【吮吸】shǔnxī 動 (口で)吸う. 吸い取る. ¶蚊子~人血 / 蚊が人の血を吸う.
【吮痈舐痔】shǔn yōng shì zhì 成 手段を選ばずにこびへつらう. 由来"痈"は化膿したできものの意. できものを吸

い *ひも*をなめる、という意から.

楯 shǔn 木部9 四 4296₄ 全13画 通用

【名】㊆ 欄干(の横木).

⇒ 楯 dùn

順(順) shùn 页部3 四 2108₂ 全9画 常用

❶【形】方向が一致する. ¶~风 shùnfēng / ~水 shùnshuǐ / 一帆 fān 风~(順風満帆). ❷【動】逆 nì ❷【副】…に沿って. ¶~着河边走(川沿いに歩く). ❸【素】順番に. ¶~次 shùncì / ~延 shùnyán. ❹【素】ついでにする. 勢いでする. ¶~口说出来(ひょいで口をついて出た). ❺【動】整理してそろえる. ¶文章太乱,得 děi 一~(文章が乱れているので整えなければならない). ❻【動】服従する. 逆らわない. ¶~从 shùncóng / 归~ guīshùn (帰順する). ❼【動】好みや意向に合う. ¶~心 shùnxīn / ~眼 shùnyǎn. ❽ (Shùn)姓.

*【顺便】shùnbiàn【副】ついでに. ¶我路过这儿,~来看看你们 / ここを通りかかったので、ついでに寄りました.

【顺差】shùnchā【名】《経済》輸出超過. 貿易黒字. ¶国际收支~ / 国際収支の黒字. 反 逆差 nìchā

【顺产】shùnchǎn【動】《医学》安産する. 反 难 nán 产

【顺畅】shùnchàng【形】順調だ. 滞りがない. ¶交通~ / 交通の流れがよい. ¶呼吸~ / 呼吸に異常がない. 同 通畅 tōngchàng

【顺次】shùncì【副】順序に従って. 順々に. 順次. ¶~排列 / 順番通り並べる. 同 依次 yīcì

【顺从】shùncóng【動】黙って従う. 服従する. ¶~民心 / 人心に従う. ¶~父母的意志 / 父母の意志に従う.

【顺带】shùndài【副】ついでに. ¶回家时,~买点儿菜 / 家に帰る時ついでに野菜を買う. 同 顺便 shùnbiàn, 捎带 shāodài

【顺当】shùndang【形】㊁ 順調だ. 滞りない. ¶工作进行得很~ / 仕事の進みぐあいは順調だ. 同 顺利 shùnlì

【顺导】shùndǎo【動】勢いに従って進むよう方向に導く.

【顺道】shùndào (~儿)❶【副】道のついでに. 通りがかりに. ¶路过北京时,~去看了老朋友 / 北京を経由したついでに昔の友人に会いに行った. 同 顺路 shùnlù ❷【形】道順がよい. ¶还是这么走~儿 / やっぱりこう行く方が都合がよい.

【顺耳】shùn'ěr【形】聞いて気持ちがいい. 耳に心地よい. ¶她的话听着~ / 彼女の話は聞いていて気分がいい. 反 逆耳 nì'ěr

【顺访】shùnfǎng【動】目的地へ行く途中に訪問する.

【顺风】shùnfēng【名】順風(だ). ~风(だ). ¶~行船 xíngchuán / 追い風に乗った船. 好調なたとえ. ¶~转舵 zhuǎnduò / 風向き次第で態度を変える. 反 逆风 nìfēng

【顺风耳】shùnfēng'ěr【名】❶ 早耳. 地獄耳. ❷ 旧式のメガホン.

【顺服】shùnfú【動】おとなしく従う. 服従する. ¶孩子一地跟在父亲身旁 / 子供はおとなしく父親の後に従った. 同 顺从 shùncóng, 服从 fúcóng

【顺和】shùnhe【形】(話し方や態度が)穏やかだ. ¶语气~ / 話し方が丁寧で穏やか.

【顺价】shùnjià【名】《経済》小売りや卸売りで,仕入れ価格より売価が大きいこと. 反 逆 nì 价

【顺脚】shùnjiǎo (~儿)❶【副】道のついでに. 通りついでに. 足に任せて(行く). ❷【形】最短距離だ.

【顺境】shùnjìng【名】恵まれた境遇. 順境.

【顺口】shùnkǒu ❶【形】すらすらと口にしやすい. 語呂がいい. ¶这样一改,念起来就~了 / こう変えると語呂がいい. ❷【動】拗口 àokǒu ❷【副】口から出まかせに. ¶他想也不想就~答应 dāying了 / 彼は考えもせず,口から出まかせに承諾してしまった. ❸【形】【方】(~儿)(食物が)口に合う. 好みに合う. ¶这菜吃着很~ / この料理は好みに合う.

【顺口溜】shùnkǒuliū【名】(~儿)流行(ḥやり)文句. 参考 押韻していて語調がよく,口ずさみやすいのが特徴. 例えば"迎闯王,不纳粮"(闯王を迎えて糧を納めよ).

【顺理成章】shùn lǐ chéng zhāng【成】条理に従えばおのずとうまくいく. 理にかなう. ¶科长退休以后,副科长就~地成了科长 / 科長が定年退職した後,副科長が順当に科長になった.

*【顺利】shùnlì【形】順調だ. 快調だ. ¶会议进行得很~ / 会議は滞りなく進行した.

【流而下】shùn liú ér xià【句】流れに従って下る. ¶客船沿着长江~ / 客船は長江の流れに従って下って行く.

【顺溜】shùnliu ❶【形】順序だっている. きちんとそろっている. ¶把头发梳 shū 得顺顺溜溜 / 髪をきれいにとかす. ❷【形】すらすらと順調だ. 妨げとなるものがない. ¶日子は顺顺~ / 何事もなく月日が流れていく. ❸ 従順で聞き分けがよい.

【顺路】shùnlù (~儿)❶【副】道のついでに. 通るついでに. ¶她下班回家时,~到书店看了看 / 彼女は仕事の帰りに書店に寄ってみた. ❷【形】障害がなく,行くのに便がいい. ¶去车站从这儿走~ / 駅へはこっちから行くと都合がよい. 同 顺道 shùndào,顺脚 shùnjiǎo

【顺民】shùnmín【名】㊅ ❶ 抵抗せずに侵略者や新王朝に仕えた人々. ❷ ①のようなつらい立場にいる人々.

【顺市】shùnshì【動】《経済》市場や相場の動向に順応する. 反 逆 nì 市

【顺势】shùnshì ❶【副】勢いに乗じて. 機会を利用して. ¶见别人都买,他也~买了一个 / 人がみんな買うので,彼もつられて一つ買ってしまった. 同 趁势 chènshì ❷ ついでに. 同 趁便 chènbiàn

【顺手】shùnshǒu (~儿)❶【形】順調だ. ¶工作开始时很不~ / 仕事の始めのころはかなり大変だった. 同 顺利 shùnlì ❷【形】無造作に. 手にまかせて. ¶他~从水里捞 lāo 了一条鱼 / 彼は水の中から造作もなく1匹の魚をすくった. 同 随手 suíshǒu ❸【副】ついでに. ¶出去时请~关上门 / 出る時はついでにドアを閉めてください. 同 随手 jiùshǒu,随手 suíshǒu ❹【形】使いやすい. ¶这把菜刀用起来挺~ / この包丁は使いやすい.

【顺手牵羊】shùn shǒu qiān yáng【成】事のついでに他人の物を持ち去る. 由来 ついでにヒツジを引いて行く,という意から.

【顺水】shùn // shuǐ 流れに従う. ¶~而下 / 流れに沿って下る. 反 逆水 nìshuǐ

【顺水人情】shùn shuǐ rén qíng【成】事のついでに義理をはたす. お安い御用だ.

【顺水推舟】shùn shuǐ tuī zhōu【成】情勢に順応して事を行う. 流れにさおさす.

【顺遂】shùnsuì【形】(事柄が)順調に運んで満足だ. 同 顺当 dang,顺利 lì

【顺藤摸瓜】shùn téng mō guā【成】手がかりをたどって,真相を明らかにする. 由来 つるをたどってウリを探す,という意から.

【顺心】shùn // xīn【動】意にかなう. 思い通りにいく. ¶诸

事 zhǔshì~／すべて思い通りにいく．¶他晚年过得挺~／彼は晚年を心おきなく過した．

【顺序】shùnxù ❶ 名 順序．¶~颠倒 diāndǎo／順序が逆だ．¶文物按年代~展出／文物は年代順に展示されている．❷ 副 次序 cìxù ❷ 副 順序に従って．順に．¶~退场 tuìchǎng／順序に従って退場する．(同)次第 cì-dì

【顺叙】shùnxù 名 文章や映画などで，事柄をその発生順に描いていく方法．順叙(じょぁ)．

【顺序】shùnxu[-xù] 形 方 平穏無事で順調だ．思い通りだ．¶这事有点不~／この事はあまり順調でない．

【顺延】shùnyán 動 順延する．¶原定五月九日举行的大会,因故~到五月十日／5月9日に予定していた大会は，都合により5月10日に順延します．

【顺眼】shùnyǎn 形 見た感じがよい．見て気に入る．¶看着不~／目障りだ．¶刺眼 cìyǎn

【顺意】shùn//yì 動 思い通りになる．(同)如意 rúyì

【顺应】shùnyìng 動 順応する．適応する．¶~民心／民心に従う．¶~时势 shíshì／時勢に順応する．

【顺治】Shùnzhì 名《歷史》順治(じゅんぢ:1644-1661)．清の世祖の年号．

【顺嘴】shùnzuǐ（～儿）→顺口 shùnkǒu ①②

舜 Shùn

爪部 8　四 2025₂
全12画　通 用

名 舜(しゅん)．伝説上の古代の帝王．¶尧 Yáo~（堯(ぎょう)と舜)．

瞬 shùn

目部 12　四 6205₂
全17画　次常用

素 まばたきする．¶一间 shùnjiān／～息 shùnxī／一～ yīshùn（一瞬）／转～ zhuǎnshùn（またたく間に)．

【瞬间】shùnjiān 名 瞬間．¶火箭 huǒjiàn 升空,～便无影无踪了／ロケットは空にあがると，あっという間に影も形も見えなくなった．

【瞬时】shùnshí 名 瞬時．¶～速度／瞬間速度．

【瞬息】shùnxī 名 またたく間．¶～之间／ほんの一瞬の間．

【瞬息万变】shùn xī wàn biàn 成 瞬時に千変万化する．目まぐるしく変わる．¶国际形势～／国際情勢は刻々と変化する．(同)瞬息千 qiān 变

shuo ㄕㄨㄛ [suo]

说(說) shuō

讠部 7　四 3871₂
全 9 画　常 用

❶ 動 話す．語る．¶～教 shuōjiào／～理 shuōlǐ／难～ nánshuō（はっきり言いがたい)．❷ 動 解きほぐして話す．¶～明 shuōmíng／解～ jiěshuō（解釈する)．❸ 素 考え方．主張．¶论～ lùnshuō（論説）／学～ xuéshuō（学説)．❹ 動 仲立ちをする．斡旋(ぁっせん)する．¶～和 shuōhé／～亲 shuōqīn．❺ 動 責める．¶挨 ái～了（しかられた)．❻ 動 話題にする．¶他们～一谁呢？（彼らは誰のことを言っているのだ)．
☞ 说 shuì, yuè

【说白】shuōbái 名《芸能》演劇のせりふ．(同)道白 dàobái

【说白了】shuōbáile 方 はっきり言う．ぶっちゃける．

【说部】shuōbù 名 旧 小説，逸話．

【说不得】shuōbude 動 ❶ 言ってはいけない．口に出せない．¶这个人太固执 gùzhí,有错也~／この人は頑固だから，間違いがあっても言い出せない．❷（ひどすぎて）言いようがない．話にならない．¶他家的夫妻 fūqī 矛盾,~／彼らの夫婦げんかは，なんとも救い難い．❸ 方 何も言えない．いやも応もない．~，只好亲自处理／仕方がない，自分でやるしかない．

【说不定】shuōbudìng ❶ 動 はっきりと言えない．¶我也～什么时候能回来／私もいつ帰れるか分からない．¶明天是什么天气还～呢／明日の天気は分からない．❷ 副 ひょっとすると…かもしれない．¶他～已经走了／彼はもう帰ったかもしれない．

【说不过去】shuōbuguòqù 動 筋道が通らない．申し開きできない．¶再考不上,可~了／また不合格だともう申し開きできない．(反)说得 de 过去

【说不来】shuōbulái ❶ 動 話が合わない．気が合わない．¶我跟父亲～／私は父と馬が合わない．(反)说得 de 来 ❷ 方 うまく話せない．¶他～普通话／彼は標準語が達者でない．(反)说得 de 来

【说不清】shuōbuqīng 動 はっきり言えない．(同)说不明白 míngbai

【说不上】shuōbushàng 動 ❶（理解や認識が不十分で）はっきり言えない．明言できない．¶他也～问题在哪儿／彼も問題のありかを明言できない．(反)说得 de 上 ❷（条件を満たさず）言うに値しない．¶这些材料有什么史料价值／これらの資料に歴史的価値などあるはずもない．(反)说得 de 上

【说长道短】shuō cháng dào duǎn 成 批（相手のことを)あれこれ言う．あら探しをする．¶背后~／陰であれこれ言う．(同)说短论 lùn 长

【说唱】shuōchàng 名《芸能》語りと歌からなる演芸の総称．参考"大鼓 dàgǔ""相声 xiàngsheng""弹词 táncí"など．

【说唱文学】shuōchàng wénxué 名《文学》韻文と散文からなり，語ったり歌ったりする文芸形式．(同)讲唱 jiǎngchàng 文学 参考"评弹 píngtán"や"大鼓 dàgǔ"など．

【说穿】shuōchuān 動 真相を言う．ずばり言う．¶~了,你是怕负责任／はっきり言えば，君は責任をとるのがこわいのだ．

【说辞】shuōcí 名 弁解．口実．¶寻找 xúnzhǎo~／口実を探す．

【说大话】shuō dàhuà 句 ほらを吹く．大きなことを言う．同 吹牛 chuīniú, 夸口 kuākǒu

【说到曹操,曹操就到】shuō dào Cáo Cāo, Cáo Cāo jiù dào 成 曹操のことを話すと，曹操が来る．うわさをすれば影．参考 曹操は三国時代の魏王．悪玉の代表とされる．

【说到底】shuō dàodǐ 句 つきつめて言えば．結局のところ．¶这次事故,~是你造成的／今回の事故は，つまるところ君のせいだ．

【说到做到】shuōdào zuòdào 成 口にしたことは実行する．有言実行．

【说道】shuōdào 動 …と言う．…が言うには．参考 小说で，発話を直接引用する時に用いる．

【说道】shuōdao 方 ❶ 動 話す．言う．¶你把你的想法给大家～～／あなたの考えをみんなに話してみよう．❷ 動 相談する．話し合う．¶我跟他～～再做决定／彼とちょっと相談してから決めます．❸ 名（～儿）わけ．理由．

【说得过去】shuōdeguòqù 動 ❶ 筋道が通る．申し訳

が立つ．¶面子 miànzi 上～／顔が立つ．❷まあ何とか我慢できる．まずまずだ．¶他的英语发音还～／彼の英語はまあまあだ．⊠说不 bu 过去

【说得来】shuōdelái 動 ❶話が合う．気が合う．⊠说不 bu 来 ❷方 うまく話せる．¶广东话,他～／広東語は彼が達者だ．⊠说不 bu 来

【说定】shuō//dìng 動 話がつく．約束する．¶你先别急,这事还没～呢／急ぐことはない．このことはまだ決まっていないのだから．

【说东道西】shuō dōng dào xī 成 何でも話題にして(気楽に)よくしゃべる．

【说动】shuō//dòng 動 ことばで人の心を動かす．

【说法】shuōfǎ 動 仏法を説く．説法する．¶现身 xiànshēn～／自分の経験を例に挙げて人に教え諭す．

【说法】shuōfa 名 ❶言い方．言い回し．¶换一个～／別の言い方をする．❷意見．見解．見方．¶照他的～去做／彼の意見に沿ってやってみよう．

【说服】shuō//fú 動 説き伏せる．説得する．¶～力／説得力．¶要耐心 nàixīn～他／辛抱強く彼を説得しなければならない．重说服服服 压服 yāfú

【说个明白】shuō ge míngbai 句 はっきりと説明する．¶你今天一定要给我～／今日はぜひともきっちり説明してもらおう．

【说好话】shuō hǎohuà ❶縁起のいい話をする．¶大过年的,要多～／お正月だから,縁起のいいことを話しなさい．❷ほめる．耳に快い話をする．¶当面～,背后下毒手 dúshǒu／面と向かってはお世辞を言うが,裏ではひきょうな手を使う．

【说好说歹】shuō hǎo shuō dǎi 成 ❶(相手を納得させるために)あれこれしゃべる．❷ほめたり,けなしたりする．

【说合】shuōhe 動 ❶間に立って仲立ちする．斡旋(あっせん)する．¶～亲事／仲人をする．❷相談する．話し合う．❸"说和 shuōhe"に同じ．

【说和】shuōhe 動 調停する．仲裁する．¶经他从中 cóngzhōng～,双方开始改变了态度／彼が中に入って口をきき,双方は態度を改め出した．

【说话】shuō//huà 動 ❶話す．ものを言う．¶上课不要随便～／授業中におしゃべりしてはいけない．❷(～儿)おしゃべりする．雑談する．¶说了半天闲话了／しばらく雑談した．¶闲谈 xiántán,聊天儿 liáotiānr ❸非難する．文句を言う．¶干部做得不对,群众就要～／幹部に落ち度があると大衆がうるさい．

【说话】shuōhuà ❶方 話をするほんのしばらくの時間．すぐに．¶～就得 dé／すぐできる．❷方 話．ことば．❸唐・宋代の講談．

【说坏话】shuō huàihuà 句 ❶不愉快な話をする．耳の痛い話をする．❷悪口を言う．

【说谎】shuō//huǎng 動 うそをつく．同 撒谎 sāhuǎng,扯谎 chěhuǎng

【说教】shuōjiào 動 ❶宗教 教える．❷貶 教訓をたれる．説教臭い話をする．¶光～是不能说服人的／堅苦しい教訓だけでは人を説得できない．

【说客】shuōkè 名 ❶説得するのが上手な人．❷貶 説得を仕事にしている人．説客係．❸史 中国古代の遊説の士．

【说口】shuōkǒu ❶ほらを吹く．❷言い訳をする．❸ shuōkou 《芸能》演芸の役者が舞台に登場した時に述べるせりふ．

【说来】shuōlái 動 言ってみる．¶～话长／話せば長くなる．

【说来好笑】shuōlái hǎo xiào 句 話せばお笑いぐさですが．お恥ずかしいことですが．¶～,我是为了交女朋友才学汉语的／お恥ずかしいことですが,私は彼女がほしいので中国語を始めたのです．

【说来话长】shuōlái huà cháng 句 話せば長くなる．¶这件事～／このことは話すと長くなります．

【说理】shuō//lǐ ❶動 道理を説く．白黒を決める．❷形 道理をわきまえている．用法 ❷は,多く否定文に用いる．

【说漏嘴】shuōlòu zuǐ うっかり言う．口を滑らす．¶你可别～／絶対に口を滑らすな．同 说溜 liū 嘴,说走 zǒu 嘴

【说媒】shuō//méi 動 仲人をする．重 说媒

【说梦话】shuō mènghuà 句 ❶寝言を言う．❷実現不可能な考えやわけのわからないことを言う．

**【说明】shuōmíng ❶動 説明する．¶举例～／例をあげて説明する．¶～真相 zhēnxiàng／真相を説き明かす．同 阐明 chǎnmíng ❷動 証明する．物語る．❸名 説明．解説．

【说明书】shuōmíngshū 名 ❶説明書．❷(映画や劇などの)筋書き．パンフレット．

【说明文】shuōmíngwén 名 説明文．

【说破】shuōpò 動 打ち明ける．ずばり言う．¶他的秘密被别人一～了／彼の秘密は他の人に暴露されてしまった．同 说穿 shuōchuān

【说亲】shuō//qīn 動 仲人をする．同 说媒 shuōméi

【说情】shuō//qíng 動 (～儿)人の代わりに許しを請う．とりなす．¶你不必替他～／彼のためにとりなしてやる必要はない．

【说三道四】shuō sān dào sì 成 いい加減なことを言う．❷非難する．批判する．

【说时迟,那时快】shuō shí chí,nà shí kuài 成 言うよりも速く．その瞬間．¶～,他一步跳过去,就把对方打倒在地／話す間もなく,彼は一歩手前へ跳びかかると,相手を地面にたたきつけていた．

【说是】shuōshì …ということらしい．¶～他明天出差外地／彼は明日出張なのだそうだ．

【说书】shuō//shū 《芸能》講談を語る．

【说头儿】shuōtour ❶話すに値する内容．論ずる価値．¶里面还有个～／これにはおもしろいエピソードがある．❷弁解．言い分．

【说妥】shuōtuǒ 動 合意に達する．話がまとまる．¶那件事我们已经～了／その件は我々はすでに合意している．

【说戏】shuō//xì 動 ❶(監督が俳優に)演技を説明して指導する．❷旧《芸能》芸人の師匠が芝居を教える．

【说闲话】shuō xiánhuà 句 ❶皮肉や不満を漏らす．陰口を言う．とやかく言う．❷(～儿)雑談する．世間話をする．¶工作结束后,有时我们也说闲话／仕事が終わったあと,世間話をすることもある．同 闲谈 xiántán

【说项】shuōxiàng 動 (人のために)ほめてやる．取りなす．由来 唐の時代,杨安之(ようあんし)が项斯(こうし)に贈った詩に「到处,人に逢えば項斯を説く」とあることから．

【说笑】shuōxiào 動 しゃべったり笑ったりする．談笑する．¶中午的时候,大家总是一边吃饭,一边～／お昼には,みんなご飯を食べながら楽しくおしゃべりする．重 说笑笑

【说笑话】shuō xiàohua 句 (～儿)❶笑い話を言う．❷冗談を言う．

【说一不二】shuō yī bù èr 成 言ったことは必ず守る．二言はない．¶他这人从来～／彼はこれまで言ったことは必ず守ってきた．同 说一是 shì 一,说二是二

【说嘴】shuōzuǐ 動 ❶ 自慢する．ほらを吹く．❷ 方 言い争う．

妁 shuò
女部3 全6画 四 4742₀ 通用
→媒妁 méishuò

烁(爍) shuò
火部5 全9画 四 9289₄ 次常用
素 きらきらと光り輝くようす．¶闪～ shǎnshuò（きらきら輝く）/～～ shuòshuò.
【烁亮】shuòliàng 形（水面などが）きらきらとまぶしい．
【烁烁】shuòshuò 形（灯光などが）きらきら輝いている．

铄(鑠) shuò
钅部5 全10画 四 8279₄ 通用
素 ❶金属を溶かす．¶～石流金(成 炎暑のこと)．❷ すり減らす．消滅させる．¶销～ xiāoshuò（溶けてなくなる）．❸ "烁 shuò" に同じ．

朔 shuò
月部6 全10画 四 8742₀
❶ 名 陰暦で月の初めの日．¶～日 shuòrì / ～望 shuòwàng / 晦～ huìshuò（陰暦のみそかとついたち．日暮れから夜明けまで）．❷ 素 北．¶～风 shuòfēng / ～方 shuòfāng（北方）．
【朔风】shuòfēng 名 文 北風．¶～凛冽 lǐnliè / 北風が骨身にしみる．
【朔日】shuòrì 名 陰暦のついたち．
【朔望】shuòwàng 名 陰暦のついたちと15日．
【朔月】shuòyuè 名 新月．

硕(碩) shuò
石部6 全11画 四 1168₂ 次常用
❶ 素 大きい．¶～大 shuòdà / ～果 shuòguǒ / 肥～ féishuò（果実が大きく実っている）．❷（Shuò）姓．
【硕大】shuòdà 形 たいへん大きい．巨大だ．¶～无比 / 比べるものがないほど大きい．
【硕大无朋】shuò dà wú péng 成 比類のない大きさだ．
【硕导】shuòdǎo 名 "硕士研究生导师"（修士課程学生指導教授）の略称．
【硕果】shuòguǒ 名 大いなる成果．¶结 jiē～ / 多大な成果を収める．¶～累累 léiléi / 成果が山となるほど多い．
【硕果仅存】shuò guǒ jǐn cún 成 わずかに残った大きな果実．風雪に耐えた貴重な人や物．
【硕士】shuòshì 名 修士．マスター．¶～研究生 / 修士課程の大学院生．

蒴 shuò
艹部10 全13画 四 4442₇ 通用
下記熟語を参照．
【蒴果】shuòguǒ 名《植物》蒴果(さくか)．参考 成熟すると果皮が裂開して種子を外に出す果実．綿花，ユリ，ホウセンカ，ゴマなど．

搠 shuò
扌部10 全13画 四 5702₀ 通用
動（針などで）刺す．

数(數) shuò
攵部9 全13画 四 9844₀ 常用
素 何度も．しばしば．¶频～ pínshuò（頻繁だ）/ ～见不鲜 xiān.
☞ 另 shǔ, shù
【数见不鲜】shuò jiàn bù xiān 成 見慣れて珍しくない．¶这种事情,在我们这儿～ / こういうことは，我々の所では珍しくない．同 屡 lǚ 见不鲜

槊 shuò
木部10 全14画 四 8790₄ 通用
名 柄の長い矛(ほこ)．

---

sī ム〔sī〕

司 sī
丁部4 全5画 四 1762₀ 常用
❶ 素 責任をもって仕事をする．つかさどる．¶～法 sīfǎ / ～机 sījī / ～炉 sīlú．❷ 名 局．中央官庁の，"部 bù" の下にある部門．¶～长 sīzhǎng．❸（Sī）姓．
【司乘人员】sīchéng rényuán 名（公共バスなどの）乗務員．
【司法】sīfǎ 動 法に基づいて事件をさばく．法をつかさどる．
【司法鉴定】sīfǎ jiàndìng 名《法律》司法鑑定．
【司法救助】sīfǎ jiùzhù 名《法律》司法支援．司法救助．参考 侵害行為を受けながらも訴訟を起こす経済力のない当事者に対し，司法部門が訴訟費用の減免などを認めること．
【司法权】sīfǎquán 名《法律》司法権．
【司法人员】sīfǎ rényuán 名《法律》司法業務従事者．検察官・裁判官・看守など．
【司号】sīhào《军事》❶ 動 ラッパを吹く．❷ 名 ラッパ手．
【司号员】sīhàoyuán 名《军事》〔量 个 ge, 名 míng〕ラッパ手．
*【司机】sījī 名〔量 个 ge, 名 míng, 位 wèi〕（汽車や自動車などの）運転手．
【司考】sīkǎo 名 "国家司法考试"（国家司法試験）の略称．
【司空】Sīkōng《複姓》司空(しくう)．
【司空见惯】sī kōng jiàn guàn 成 見慣れてしまって不思議に思わない．¶这种事,在我们这里是～的 / こんなことは，ここではよくあることだ．
【司寇】Sīkòu《複姓》司寇(しこう)．
【司令】sīlìng 名《军事》司令官．
【司令部】sīlìngbù 名《军事》司令部．国家軍隊の中枢部．
【司令员】sīlìngyuán 名《军事》（中国人民解放軍の）司令官．
【司炉】sīlú 名〔量 个 ge, 名 míng, 位 wèi〕ボイラーマン．
【司马】Sīmǎ《複姓》司馬(しば)．
【司马光】Sīmǎ Guāng《人名》司馬光(しばこう:1019-1086)．北宋の政治家・歴史家．参考 編年体の歴史書である『資治通鑑』を著した．
【司马迁】Sīmǎ Qiān《人名》司馬遷(しばせん:前145-?あるいは前135-?)．前漢の歴史家．参考 中国初の紀伝体歴史書である『史記』を書き上げた．
【司马相如】Sīmǎ Xiāngrú《人名》司馬相如(しばしょうじょ:前179-前118)．前漢の宮廷詩人．
【司马炎】Sīmǎ Yán《人名》司馬炎(しばえん:230-290)．参考 西晋の初代皇帝で，司馬懿(い)の孫．三国時代の天下を統一した．
【司南】sīnán 名 古代,方向を知るのに用いた器具の名．羅針盤の原形．参考 青銅製の盤と磁石で作ったさじからなる．さじが静止した状態の時,地磁気の作用により柄が南を

指す.

【司售人员】sīshòurényuán 名 (バスの)運転手と車掌.

【司汤达】Sītāngdá《人名》スタンダール (1783-1842). フランスの小説家.

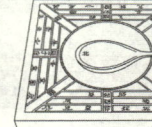

【司徒】Sītú《複姓》司徒(と).

【司务】sīwù 名 ❶ 職人の尊称. また, 一般の使用人. ❷《歴史》明・清代の官職名. 中央の役所に置かれ, 文書の管理を担当した.

【司务长】sīwùzhǎng 名《軍事》司務長(ちょう). 参考 中隊で後方勤務(前線への補給を行う)を担当する.

【司线员】sīxiànyuán 名《スポーツ》線審. ラインズマン.

【司药】sīyào 名 薬剤師.

【司仪】sīyí 名 (セレモニーや会議の)進行役.

【司长】sīzhǎng 名 局長.

【司钻】sīzuàn 名 ボーリングマシンの操縦者. ボール盤工.

司 南

丝(絲) sī 一部 4 四 2210₁ 全 5 画 常用

❶ 名〔(根 gēn, 缕 lǚ)〕生糸. ¶ ~绸 sīchóu / 绵 sīmián・蚕～ cánsī (生糸). ❷ 名 (~儿)糸のように細いもの. ¶铁～ tiěsī (針金) / 蜘蛛～ zhīzhūsī (クモの糸). ❸ 量 長さや重さの単位. 10"丝"で1"毫 háo". ¶ ~毫 sīháo / 市～ shìsī (計量の単位). ❹ 量 ごくわずかな量を数えることば. ¶ 一～不差 chà (少しも違わない) / 一～笑容 xiàoróng (かすかな笑み). 用法 ❹は, 数詞"一"のみを用いる.

【丝虫】sīchóng 名《生物》糸状虫. フィラリア.
【丝虫病】sīchóngbìng 名《医学》フィラリア症.
【丝绸】sīchóu 名《紡織》シルク. 絹織物.
【丝绸之路】Sīchóu zhī lù 名 シルクロード.
【丝带】sīdài 名 シルクのリボン. 絹のひも.
【丝糕】sīgāo 名《料理》〔量 块 kuài〕アワやトウモロコシの粉で作った蒸しパンのような食べ物.
【丝瓜】sīguā 名《植物・薬》〔量 根 gēn, 条 tiáo〕ヘチマ. ¶ ～络 luò / ヘチマのスポンジ.
【丝光】sīguāng 名《紡織》❶ 動 マーセライズ加工する. ¶ ～ / マーセライズ加工. ❷ 形 マーセライズ加工の.
【丝毫】sīháo 形 ごくわずかな. ¶ ～不差 chà / 寸分たがわない. また, さっぱり同じ. / 他～も考え個人利益 lìyì / 彼は個人の利益などこれっぽっちも考えない.
【丝米】sīmǐ 名 デシミリメートル. 1メートルの1万分の1.
【丝绵】sīmián 名《紡織》真綿.
【丝绒】sīróng 名《紡織》ビロード. ベルベット.
【丝丝拉拉】sīsīlālā 形 つながったり途切れたりするようす.
【丝丝入扣】sī sī rù kòu 成 裹《文章や演技が》細部まで注意が行き渡っている. ¶演员的说唱～, 引人入入胜 shèng / 芸人の語りや歌が申し分のない出来で, 人々は聞きほれた.
【丝袜】sīwà 名〔量 双 shuāng〕絹やナイロンの靴下.
【丝网】sīwǎng 名《印刷》シルクスクリーン.
【丝弦】sīxián 名 ❶《音楽》シルク製の弦. また, それを張った弦楽器. ❷ (~儿)《芸能》河北省石家荘一帯で行われている地方劇の名.
【丝线】sīxiàn 名〔量 根 gēn〕絹糸.
【丝织品】sīzhīpǐn 名 ❶ 絹織物. ❷ 絹織物で作った衣服.

【丝竹】sīzhú 名《音楽》中国伝統音楽の弦楽器と管楽器の総称. ¶江南 Jiāngnán～ / 江南絲竹曲(江南地方に生まれた中国伝統楽器による音楽).

【丝锥】sīzhuī 名《機械》雌ねじ切り. タップ.

私 sī 禾部 2 四 2293₀ 全 7 画 常用

区 ❶ 個人の. 私的な. ¶ ～事 sīshì / ～信 sīxìn (私信) / 公～ gōngsī. 反 公 gōng ❷ 利己的な. ¶ ～心 sīxīn / ～欲 sīyù / 自～ zìsī (利己的だ). 反 公 gōng ❸ 秘密の. 非合法の. ¶ ～货 sīhuò / ～通 sītōng. ❹ 非合法の品物. ¶ 走～ zǒusī (やみ取り引きする) / 贩～ fànsī (禁制品を販売する).

【私奔】sībēn 動 女性が男性と駆け落ちする. ¶ 她跟情人～了 / 彼女は恋人と駆け落ちした.

【私弊】sībì 名 私利をはかる不正行為. ¶ 杜绝 dùjué ～ / 私利をむさぼる不正行為を絶滅する.

【私藏】sīcáng ❶ 名 私財. ¶ 向父亲索取 suǒqǔ ～ / 財産がほしいと父親に迫った. ❷ 動 隠匿(とく)する. ¶ ～军火 / 武器弾薬を隠匿する.

【私产】sīchǎn 名 私有財産.
【私娼】sīchāng 名 私娼(しょう). 同 暗娼 ànchāng
【私仇】sīchóu 名 私怨(えん). 個人の恨み. ¶ 报～ / 私怨を晴らす.
【私处】sīchù 名 陰部.
【私党】sīdǎng 名 ❶ ひそかに寄り集まった派閥. セクト. ❷ ①の構成員.
【私德】sīdé 名 私徳. 私生活上の品行.
【私底下】sīdǐxia 副 こっそりと. 同 私下
【私法】sīfǎ 名《法律》私法. 反 公 gōng 法
【私贩】sīfàn ❶ 動 密売する. ❷ 名 密売人.
【私方】sīfāng 名《経済》官民共同経営企業の民間側. 反 公 gōng 方
【私访】sīfǎng 動 役人が身分を隠して民情を調べる. ¶ 微服 wēifú ～ / 役人などが, 私服で身分を隠し民情を調べる.
【私房】sīfang ❶ 名 (家庭の中で)こっそり蓄えたもの. へそくり. ❷ 形 内輪の.
【私房话】sīfanghuà 名 内緒話. 内密の話. ¶ 说～ / 内緒話をする.
【私房钱】sīfangqián 名 へそくり.
【私愤】sīfèn 名 個人的な恨みや怒り. 私憤. ¶ 泄 xiè ～ / 私憤をはらす.
【私话】sīhuà 名 内密の話. 内緒の話. ¶ 这是咱们的～, 你可别往外说说 / これはここだけの話にして, ほかで話すんじゃないぞ.
【私活儿】sīhuór 名 (公務員や企業に勤める人の個人的アルバイト. ¶ 干～ / アルバイトをする.
【私货】sīhuò 名 密輸品. やみ商品. ¶ 偷运 tōuyùn ～ / 密輸品をこっそり運ぶ.
【私家】sījiā ❶ 名 個人の住宅. ❷ 形 私有の. 個人に雇っている. ¶ ～花园 / 私有の庭園.
【私家车】sījiāchē 名 自家用車. マイカー.
【私见】sījiàn 名 ❶ (個人の)先入観. 偏見. ¶ 不存 ～ / 先入観や偏見を持たない. ❷ 個人の見解. 私見.
【私交】sījiāo 名 個人間の友情. 個人的なつきあい. ¶ 两人素 sù 无～ / 二人は平素からまったくつきあいがない.
【私立】sīlì ❶ 動 勝手に設ける. ¶ ～名目 / 勝手に名目を設ける. ❷ 形 私立の. ¶ ～学校 / 私立の学校.
【私利】sīlì 名 個人の利益. 私利. ¶ 不谋 móu ～ / 私

【私了】sīliǎo 動 表沙汰にせず,話合いで決着をつける. 示談にする. ¶这件事,我们~吧 / この件は,私たちの談合にしませんか.
【私密】sīmì ❶名 プライバシー. ❷形 プライベートな. 私的な.
【私囊】sīnáng 名 個人の財布. 懷(ちゅう). ¶中饱~ / 着服して懷を肥やす.
【私念】sīniàn 名 私心と雑念. ¶摒除 bìngchú ~ / 私心と雑念を取り除く.
【私企】sīqǐ 名 "私营企业"(個人企業)の略.
【私情】sīqíng ❶名 私情. ¶不徇 xùn ~ / 私情にとらわれない. ❷(社会論理では許されない)男女間の愛情. 不倫.
*【私人】sīrén ❶形 個人の. 個人的な. ¶~企业 / 個人企業. 反 公家 gōngjiā ❷形 個人間の. ¶~关系 / 個人的関係. ❸名 親戚や友人知人. ¶滥用 lànyòng ~ / むやみに縁故者を採用する.
【私商】sīshāng 名 個人商店. 自営業の商人.
【私生活】sīshēnghuó 名 私生活. 日常生活における品行.
【私生子】sīshēngzǐ 名 私生児.
【私事】sīshì 名〔件 jiàn〕わたくしごと. ¶这是个人~,与他人无关 / これは私個人のことで,他の人には関係ない. 反 公事 gōngshì
【私塾】sīshú 名 私塾.
【私逃】sītáo 動(相手のスキをついて)逃走する.
【私通】sītōng 動 ❶(敵と)ひそかに結託する. ¶~敌人 / ひそかに敵と通じる. ❷姦通する. 不倫する. ¶暗通~ / 密通する. 同 通奸 tōngjiān
【私图】sītú 名文(個人的な)たくらみ. もくろみ.
【私窝子】sīwōzi 名 "私娼 sīchāng"に同じ.
【私下】sīxià 副 ❶こっそりと. 内密に. ¶~商议 / 秘密裏に協議する. 同 私下里 sīxiàlǐ 反 公开 gōngkāi ❷個人で. しかるべき所を通さずに. ¶~调节 tiáojié / 個人プレーで双方を説得する. 同 私下里 sīxiàlǐ
【私心】sīxīn 名 ❶内心. ¶~向往之至 / 心から希望している次第です. ❷私心. ¶没有一点 ~ / 少しの私心もない.
【私心杂念】sīxīn zániàn 名 私心や雑念. さまざまな個人的な打算.
【私刑】sīxíng 名 リンチ.
【私行】sīxíng 動 ❶(役人が)私的に出かける. ❷こっそりと行う.
【私蓄】sīxù 名 個人の蓄え. ¶动用~ / 個人の蓄えを流用する.
【私盐】sīyán 名 密売の塩. 官 guān 盐
【私养】sīyǎng 動 個人で養う. 個人的に生活費や生活用品を与える. ¶~钱 / 個人が家族を扶養するための給料.
【私营】sīyíng 形 個人の. 私営の. 反 国营 guóyíng, 公营 gōngyíng
【私营企业】sīyíng qǐyè 名 個人企業. 同 私企
【私有】sīyǒu 形 個人が所有する. 私有の. ¶~财产 / 私有財産.
【私有制】sīyǒuzhì 名(生産手段の)私有制. 反 公有 gōngyǒu 制
【私语】sīyǔ ❶動 小声でささやく. ¶窃窃 qièqiè ~ / ひそひそささやく. ❷名 内輪の話. 内緒話.
【私欲】sīyù 名 個人の欲望. 私欲. ¶克制 kèzhì ~ / 私欲を抑える.
【私宅】sīzhái 名 個人住宅. マイホーム.
【私章】sīzhāng 名 個人の印鑑. 私印.
【私自】sīzì 副 ❶〔喩〕ひそかに. ¶~逃跑 / ひそかに逃亡する. ❷無断で. 勝手に. ¶~处理 / 無断で処理する.

嘶(噝) sī 口部5 四 6201₁ 全8画 通用

擬 ヒュッ. 銃弾などが飛ぶ音. ¶子弹 zǐdàn ~~地从身旁飞过(弾はヒュンヒュンと体をかすめて飛んでいった).

思 sī 田部4 四 6033₀ 全9画 常用

❶素 考える. 頭を働かせる. ¶~考 sīkǎo / ~维 wéi / 深~ shēnsī(深く考える). ❷素 懐かしく思う. 恋しく思う. 心にかける. ¶~念 sīniàn / ~恋 sīliàn / ~乡 xiāngsī(慕い合う). ❸想 xiǎng,念 niàn ❸素〔文章の〕構想. 思考の筋道. ¶文~ wénsī(文章の構造)/ 构~ gòusī(構想). ❹(Sī)姓.
【思辨】〔辯〕sībiàn ❶動 考えて分析する. ¶~能力 / 思考力. ❷《哲学》思弁.
【思潮】sīcháo 名 ❶その時代の思想の傾向. 思潮. ¶文艺~ /(その時代の)文学・芸術の傾向. ❷次々に浮かんでくる考え. ¶~起伏 qǐfú / さまざまな考えが浮かんでは消える.
【思忖】sīcǔn 動 "思量 sīliang"①に同じ. ¶暗自 ~ / ひそかに思案する.
【思凡】sīfán(仙人が)人間界の暮らしにあこがれる. (僧侶や道士などが)俗世間の暮らしにあこがれる.
【思过】sīguò 動 過失を反省する. ¶闭门~ / 自宅謹慎する.
【思考】sīkǎo 動 よく考える. ¶独立~ / 自分の頭でよく考える. 同 思索 sīsuǒ, 考虑 kǎolǜ
【思恋】sīliàn 動 思いを寄せる. 懐かしく思う. 同 怀 huái 恋
【思量】sīliang 動 ❶考える. ¶~了半天 / 長い間考えた. ❷方 思う. 気にかける.
【思路】sīlù 名〔條 tiáo〕考える道筋.
【思虑】sīlǜ 動 注意深く考える(こと). 思慮する(こと). ¶~周到 / 思慮が行き届く.
【思谋】sīmóu 動 熟考する. 同 考虑 kǎolǜ
【思慕】sīmù 動 慕う. 敬慕する.
【思念】sīniàn 動 思いを寄せる. 懐かしく思う. ¶~故乡 / ふるさとを懐かしく思う. 同 怀念 huáiniàn
【思前想后】sī qián xiǎng hòu 成 今までの事やこれからの事をよく考える. 物事の一部始終を繰返し考える. ¶他~,终于打消了离婚的念头 / 彼はこれまでや今後の事をよくよく考え,結局離婚しないことにした.
【思索】sīsuǒ 動 熟考する. 熟慮する. ¶长期~ / 長いこと熟考する. 同 思考 sīkǎo, 考虑 kǎolǜ
【思维】〔惟〕sīwéi ❶名 論理的に考えること. 思惟(しい). ❷動 考える. ¶~方式 / 思考方式.
【思乡】sī//xiāng 動 故郷を恋しく思う. ¶~心切 qiè / 心の底から郷愁にかられる.
**【思想】sīxiǎng ❶名 思想. 精神. ¶~准备 / 心の準備. 覚悟. ❷名 考え. 考え方. ¶~进步 / 考えが進歩的だ. ¶她有上大学深造 shēnzào 的~ / 彼女は大学へ行って学問を身につけたいという考えを持っている. ❸動 考える. ¶让我再~~ / もう少し考えさせて下さい. 同 思量 sīliang
【思想家】sīxiǎngjiā 名 思想家.
【思想库】sīxiǎngkù 名 シンクタンク. ブレーン.

【思想体系】sīxiǎng tǐxì 名《哲学》❶ 思想体系. ❷ イデオロギー.
【思想性】sīxiǎngxìng 名 思想性.
【思绪】sīxù 名 ❶ 考える道筋. ¶～万千 / 考えが千々に乱れる. ❷ 気持ち. 気分. ¶～起伏 qǐfú / 気分の浮き沈み.
【思议】sīyì 動 考えて理解する. ¶不可～ / 不思議だ.

鸶(鷥) sī

鸟部5　四 2212₇
全10画　通用

→鹭鸶 lùsī

偲 sī

亻部9　四 2623₀
全11画　通用

下記熟語を参照.

☞ 偲 cāi

【偲偲】sīsī 動文 互いに磨き合い,励まし合う.

斯 sī

斤部8　四 4282₁
全12画　常用

❶ 代文 これ. この. ¶～人 sīrén (この人) / ～时 sīshí (この時). ❷ 代文 ここ. ¶生于～,长 zhǎng 于～ (ここに生まれ,ここに育つ). ❸ 接文 そこで. すなわち. ¶我欲 yù 仁 rén, ～仁至矣 yǐ (私が仁を望めば,仁はわが身に備わる). ❹ 音文「ス」の音をあらわす音訳語. ¶～拉夫人 Sīlāfūrén / 法西～ (ファシスト) / 瓦～ wǎsī (ガス). ❺ (Sī)姓.
【斯巴达】Sībādá 名《歴史》スパルタ. 古代ギリシャの都市国家名.
【斯大林】Sīdàlín《人名》スターリン(1879-1953). ソ連の独裁的政治家.
【斯德哥尔摩】Sīdégē'ěrmó《地名》ストックホルム(スウェーデン).
【斯堪的纳维亚半岛】Sīkāndìnàwéiyà bàndǎo《地名》スカンジナビア半島.
【斯拉夫人】Sīlāfūrén 名 スラブ人.
【斯里兰卡】Sīlǐlánkǎ《国名》スリランカ.
【斯洛伐克】Sīluòfákè《国名》スロバキア.
【斯洛文尼亚】Sīluòwénníyà《国名》スロベニア.
【斯诺】Sīnuò《人名》スノー(1905-1972). 米国のジャーナリスト. 参考 1936年に中国に渡り,当時の中国の状況を世界に紹介した.
【斯威士兰】Sīwēishìlán《国名》スワジランド(アフリカ).
【斯文】❶ sīwén 名文 文化. 文人. ❷ sīwen 形 上品な. ¶他说话挺～ / 彼は話し振りがとても優雅だ. 重 斯斯文文 / 文雅 wényǎ
【斯文扫地】sī wén sǎo dì 成 ❶ 文化や文人が尊重されれない. ❷ 文人がみずから堕落する.
【斯须】sīxū 名文 しばらく. 片時.

蛳(螄) sī

虫部6　四 5112₇
全12画　通用

→螺蛳 luósī

缌(緦) sī

纟部9　四 2613₀
全12画　通用

名文 細い麻糸で織った布. 参考 古代,喪服とした.

飔(颸) sī

风部9　四 7621₃
全13画　通用

名文 涼しい風.

厮(廝) sī

厂部12　四 7122₁
全14画　通用

❶ 名文 下男. ¶小～ xiǎosī (召使い). ❷ 代文 人を見下げて言う呼称. ¶这～ zhèsī (こやつ). ❸ 副 互いに…し合う. ¶～打 sīdǎ / ～杀 sīshā. 参考 ❶❷は早期白話によくあらわれる.
【厮打】sīdǎ 動 殴り合う. ¶几个人～在一起 / 数人が殴り合っている.
【厮混】sīhùn 動 ❶ 悪い仲間と徒党を組んでごろごろする. ¶整天与流氓 liúmáng 阿飞～ / 日がな一日与太者たちとごろごろしている. ❷ ごちゃごちゃになる. ¶～在一起,看不出哪一种好 / ごちゃごちゃになって,どれがいいか見分けがつかない.
【厮杀】sīshā 動 殺し合う. ¶与敌人～ / 敵と殺し合う.

锶(鍶) sī

钅部9　四 8673₀
全14画　通用

名《化学》ストロンチウム. Sr.

撕 sī

扌部12　四 5202₁
全15画　通用

動 (布や紙などを)手で引き裂いたり,はがしたりする. ¶～扯 sīchě / ～毁 sīhuǐ.
【撕扯】sīchě 動 (手で)引き裂く.
【撕毁】sīhuǐ 動 ❶ 破り捨てる. ¶～原稿 / 原稿を破り捨てる. ❷ 一方的に破棄する. ¶～协议 / 取り決めを一方的に破棄する.
【撕开】sīkāi 動 二つに裂く. ¶～信封 / 封筒をちぎって開ける. ¶～包装纸 / 包装紙を破る.
【撕票】sī/piào 動 (～儿) 誘拐犯が満足のいく金銭を得られず,人質を殺す. ¶到期不来,我们就～了 / 約束の時間に来なければ,我々は人質を殺すまでだ.
【撕破】sīpò 動 (手で)裂く. 破る.
【撕破脸】sīpò liǎn 句 仲たがいし,おおっぴらな争いに発展する. ¶我们不愿意～ / 我々はおおっぴらにいがみ合いたくはない.
【撕碎】sīsuì 動 ずたずたに引き裂く. ¶把纸刷刷 shuā-shuā～ / 紙をびりびりに破く.

嘶 sī

口部12　四 6202₁
全15画　次常用

❶ 動 ウマがいななく. ¶人喊 hǎn 马～ (人が叫びウマがいななく) / ～鸣 sīmíng. ❷ 形 声がかれる. しわがれる. ¶～哑 sīyǎ / 力竭 jié 声～ (力が尽き声がかすれる).
【嘶喊】sīhǎn 動 (しわがれ声で)叫ぶ. 表現 売り子などの叫び声をいう.
【嘶叫】sījiào 動 ❶ (ウマが)いななく. ❷ すさまじい声で叫ぶ. しわがれた声で叫ぶ.
【嘶鸣】sīmíng 動 ❶ (馬やロバなどが)いななく. ❷「シューシュー」という音を立てる.
【嘶哑】sīshà 形 声がかすれている. ¶声音～了 / 声がかすれてしまった.
【嘶哑】sīyǎ 形 声がかすれている. しわがれている. ¶喊得嗓子都～了 / 大声をあげたのでのどがかすれてしまった.

澌 sī

氵部12　四 3212₁
全15画　通用

動 尽きる. ¶～灭 sīmiè.
【澌灭】sīmiè 動 消滅する.

死 sǐ

歹部2　四 1021₂
全6画　常用

Ⅰ 動 ❶ 死ぬ. ¶他～了 / 彼は死んだ. ¶～在战场上 / 戦場で死んだ. ¶～于交通事故 / 交通事故で死んだ. ¶他从小就～了父母 / 彼は幼くして両親をなくした. ¶父亲～了三年了 / 父は亡くなって3年になる. ¶～了几颗树 / 木が数本枯れている.
❷ 消失する. 消滅する. 動きがとれなくなるたとえ. ¶这是一种已经～了的语言 / これはすでに死滅したことばである.

¶你的棋 qí 已经~了 / この一局は詰みだ.

Ⅱ 形 ❶ 死んでいる. ¶~人 sǐrén. ¶~老虎 sǐlǎohǔ.

❷ 活動しない.（道などが）行き止まりになっている. ☞述語にはならない. ¶~火山 sǐhuǒshān. ¶~水 sǐshuǐ. ¶~胡同 sǐhútòng. ¶~路 sǐlù.

❸ 固定した. 融通のきかない. ¶~脑筋 sǐnǎojīn. ¶~心眼儿 sǐxīnyǎnr. ¶~规矩 / 融通のきかない規則. ¶你的脑筋太~了 / 君の頭は硬すぎだ. ¶别把问题看得太~ / 問題を固定的に見てはいけない.

Ⅲ 副 (否定文に用い)かたくなに. 頑として. ¶~不承认 / 決して認めようとしない. ¶~不认输 shū / 頑として負けを認めない.

補語"死"

1. 死ぬ.
◇把敌人杀死了 / 敵を殺した.
◇病死了 / 病死した.

2. 動かすことができないこと,機能を失うこと.
◇门已经封死了,打不开了 / ドアはもう閉ざされて開けられない.
◇把时间定死了 / 時間を決めた.
◇别把话说死 / にっちもさっちも行かなくなるような話し方をしてはいけない.

3. 極点に達すること.
◇累死了 / ぐったり疲れた.
◇笑死人 / ちゃんちゃらおかしい.
◇气死我了 / まったくしゃくにさわる.
◇饿死我了 / お腹すいて死にそう.
◇讨厌死了 / 大嫌いだ.

Ⅳ 素 ❶ 妥協できない. ¶~对头 sǐduìtou. ¶~敌 sǐdí. ¶~结 sǐjié.

❷ 命がけの. ¶~战 sǐzhàn. ¶~守 sǐshǒu.

【死板】sǐbǎn 形 ❶ 生気がない. 生き生きとしていない. ¶演员演得太~,一点儿也不生动 / 役者の演技はひどくぎこちなくて, 少しも生き生きとしていない. 同 呆板 dāibǎn,板滞 bǎnzhì 反 活泼 huópo ❷ 融通のきかない. ¶他办事很~ / 彼の仕事振りが融通性がない. 同 古板 gǔbǎn, 刻板 kèbǎn 反 灵活 línghuó

【死别】sǐbié 動 死別する. 永遠に別れる. ¶生离~ / 成 二度と会えない永遠の別れ. 永別.

【死不瞑目】sǐ bù míng mù 成 死を間近にして, まだ思い残すことがある. とじようとするまぶたは死んでも死にきれない.

【死沉】sǐchén 形 静まりかえっている.

【死党】sǐdǎng 名 ❶ 一味. 徒党. ❷ 頑迷で反動的なグループ. ¶结成~ / 反動グループを組織する.

【死得其所】sǐ dé qí suǒ 成 死に場所を得る. 意義や価値のある死.

【死敌】sǐdí 名 不俱戴天 (だてん) の敵.

【死地】sǐdì 名 絶体絶命の状況. 死地. ¶置 zhì 之 zhī~而后快 / 殺さないと気が済まないほど相手を憎んでいる.

【死点】sǐdiǎn 名《機械》死点.

【死读书】sǐdúshū 動 勉強ばかりでかえって頭がこちこちになる. ¶读死书,~,读书死 / 実用性のない本ばかり読んで頭が堅くなり, 勉強が役に立っていない.

【死对头】sǐduìtou 名 長い間食われるかの仇敵. ¶他们两个从来都是~ / あの二人は前からずっと犬猿の仲だ.

【死而后已】sǐ ér hòu yǐ 成 死ぬ時まで. 最後の最後まで.

【死鬼】sǐguǐ 名 ❶ 死にぞこない. ¶你这~! / このばか野郎. ❷ 故人. 表現 ①は, ののしる時やふざけている時の言いかた.

【死耗】sǐhào 名 訃報 (ふほう).

【死胡同】sǐhútòng 名 (~儿) [⓶ 条 tiáo] 行き止まり. 袋小路. 行き詰まり. 注意 "同"は"tóng"と読まない.

【死缓】sǐhuǎn 名《法律》死刑の執行猶予. "缓"は"缓期执行"のこと.

【死灰】sǐhuī 名 ❶ 燃え尽きたあとの灰. ❷ 形 顔面が蒼白だ. 表現 意気消沈したり, ひどく失望した気持ちを形容するのによく使われる.

【死灰复燃】sǐ huī fù rán 成 比 (悪い思想や勢力が) 復活する. ¶邪恶 xié'è 势力还想~ / 邪悪な勢力が息を吹き返そうとしている.

【死活】sǐhuó ❶ 名 生死. 生きるか死ぬか. ¶独裁 dúcái 政府根本不管人民的~ / 独裁政府は, 国民の生死など全くおかまいなだ. ❷ 副 なにがなんでも. どうしても. ¶我今天~也要去 / 今日はどうしても行かなければ. 用法 ①は, 否定文に用いる.

【死火山】sǐhuǒshān 名《地学》死火山.

【死机】sǐ//jī 動《コンピュータ》フリーズする. システムダウンする.

【死记】sǐjì 動 丸飲みに覚える. 棒暗記する.

【死记硬背】sǐ jì yìng bèi 成 機械的に丸暗記する.

【死忌】sǐjì 名 命日.

【死寂】sǐjì 形 文 (あたりが) ひどく静まりかえっている.

【死角】sǐjiǎo 名 ❶ 死角. ❷ (仕事や活動の) 行き届かない所. (時の流れに) とり残された所. ¶打扫要彻底, 不要留~ / 掃除はやり残しのないように, すみからすみまでやりなさい.

【死校】sǐjiào 名《印刷》原稿のままに校正する. 反 活校 huó xiào

【死节】sǐjié 名 文 節操を守って死ぬ.

【死结】sǐjié 名 (ひもの結び方の) かた結び. 解決困難な問題. わだかまり. ¶打了个~, 解都解不开 / かた結びで結ぶと, 解こうとしても解けない. ¶两人之间的~终于解开了 / 二人の間のわだかまりはついに解けた. 反 活结 huójié

【死劲儿】sǐjìnr ❶ 名 ありったけの力. ❷ 副 ありったけの力で. 全精神を集中して. ¶孩子~抓住妈妈的手 / 子供は, ありったけの力で母親の手をつかむ.

【死啃】sǐkěn 動 しゃにむにかじりつく. ¶~课本 / 教科書にかじりついて勉強する.

【死扣儿】sǐkòur 名 ほどけにくい結び方. こま結びや真結びなど. 同 死结 sǐjié

【死库容】sǐkùróng 名 ダムや貯水池等の通常の操業をするために最小限必要な貯水量.

【死老虎】sǐlǎohǔ 名 比 (打倒されたり失脚して) かつての勢いや権力を失った人. 由来 "死んだトラ"の意から.

【死里逃生】sǐ lǐ táo shēng 成 命からがら逃れる. 九死に一生を得る.

【死理儿】sǐlǐr 名 変更を認めない理屈. 自分では正しいと思い込んでいる理屈. ¶认~ / 融通がきかない. がんとして考えを変えない.

【死力】sǐlì ❶ 名 最大限の力. 必死の力. ¶下~ / 死力を尽くす. ❷ 副 必死に. ¶~抵抗 dǐkàng / 必死に抵抗する.

【死路】sǐlù 名 [⓶ 条 tiáo] ❶ 袋小路. 行き止まり. ❷ 滅亡, 破壊への道筋. ¶继续顽抗 wánkàng, ~一条 / かたくなに抵抗を続けるなら, 破滅の道しかない. 同 绝

路 juélù 反 活路 huólù

【死面】sǐmiàn 名（～儿）水を加えて練っただけで、発酵させていない小麦粉。
【死灭】sǐmiè 名 死滅する。息をひきとる。
【死命】sǐmìng ❶ 名 死ぬ運命。¶制敌于～/敵の死命を制する。❷ 副 死にものぐるいで、必死に。¶～挣扎 zhēngzhá / 必死にもがく。
【死难】sǐnàn 動 災難に遭って死ぬ。表現 革命や正義のための犠牲者を指すことが多い。
【死脑筋】sǐnǎojīn 名 ❶ 融通がきかない頭。古い考え方。❷ 古いやり方や考え方を固持する人。
【死皮赖脸】sǐ pí lài liǎn 恥も外聞もなく、どこまでもつきまとう。厚かましい。
【死期】sǐqī 名 ❶ 死期。❷（定期預金などのように）随時に金が引き出せないこと。❸ 定 dìng 期 反 活 huó 期
【死棋】sǐqí〔動 步 bù 着 zháo〕（将棋や碁で）負けが決まった局面。死んだ石。行き詰ったようす。
【死气沉沉】sǐ qì chén chén 成（多く環境に）活気がない。沈滞している。
【死契】sǐqì 名 買い戻し不能であることが明記された不動産売買契約書。
【死乞[气]白赖】sǐqìbáilài 形 方（～的）しつこくつきまとう。
【死钱】sǐqián 名（～儿）❶ 利息がつかないお金。❷ 定期的に入ってくる定額のお金。
【死囚】sǐqiú 名〔動 个 ge, 名 míng〕死刑囚。
【死去活来】sǐ qù huó lái 成 悲しみや痛みの極みにある。¶她哭得～/彼女は身も世もなく泣いた。
【死人】sǐrén 名 ❶ 死人。❷ 死にぞこない。妻が夫をののしる時のことば。¶你这个～！/ この死にぞこないが！
【死伤】sǐshāng 名 死傷。死傷者。¶～惨重 cǎnzhòng / 死傷者がおびただしい。
【死神】sǐshén 名 死に神。
【死尸】sǐshī 名〔動 具 jù〕人の死体。
【死守】sǐshǒu 動 ❶ 死守する。❷（旧のやり方を）かたくなに守る。
【死书】sǐshū 名 実用性のない本。役に立たない本。
【死水】sǐshuǐ 名〔動 片 piàn, 潭 tán〕❶（池や湖の）よどんでいる水。❷ 活水 huóshuǐ ❷ 長い間、何の変化もない所。
【死说活说】sǐ shuō huó shuō 成 ことばを尽くして言う。ひたすら説得に努める。¶我～，他仍不答应 / 私があれこれ説得しても、彼は依然承知しない。同 死说活讲jiǎng。
【死胎】sǐtāi 名 死産児。
【死顽固】sǐwángù 名 石頭。頑固一徹な人。¶他真是个～，我怎么说也不行 / 彼はどうしようもない頑固者で、私が何と言ってもだめだ。
【死亡】sǐwáng 動 死ぬ。死亡する。反 出生 chūshēng，生存 shēngcún
【死亡教育】sǐwáng jiàoyù 名 死に関する教育。死と生命の意味を考えさせ、生命の尊さを分からしめる教育。
【死亡率】sǐwánglǜ 名 死亡率。
【死亡线】sǐwángxiàn 名 生死の境目。
【死无对证】sǐ wú duì zhèng 成 死人に口なし。
【死心】sǐ//xīn 動 あきらめる。断念する。¶不到黄河不～ / どんなにつらいことにならないとあきらめない（黄河にたどり着くまであきらめない）。
【死心場地】sǐ xīn tā dì 成 自分の考えを貫き通す。¶他一地为老板卖命 màimìng / 彼は社長のためにとことん

尽くす。
【死心眼儿】sǐxīnyǎnr 形 頑固な（人）。強情な（人）。¶他是个～，根本听不别人的劝告 quàngào / 彼みたいなのを強情者っていうんだよ、まったく人の忠告なんて聞かないんだから。
【死信】sǐxìn 名 ❶（～儿）〔封 fēng〕人の死の知らせ、訃報（ほう）。❷ 宛先不明などで配達しようのない手紙。
【死刑】sǐxíng 名《法律》死刑。¶判处 pànchǔ ～ / 死刑の判決が下る。
【死讯】sǐxùn 名〔動 条 tiáo, 则 zé〕訃報（ほう）。¶听到他的～，大家都很伤心 / 彼の訃報を聞いて、皆とても悲しんだ。
【死因】sǐyīn 名 死因。
【死硬】sǐyìng 形 ❶ とても硬い。❷ 機転がきかない。❸ 融通がきかない。強硬。
【死硬派】sǐyìngpài 名（反対の立場を固守する）頑迷（然）派。頑固一徹（かんこいってつ）者。
【死有余辜】sǐ yǒu yú gū 成 死によっても償いきれないほど罪が重い。
【死于非命】sǐ yú fēi mìng 成 不慮の災難で命を落とす。¶不幸 / 不幸にも不慮の災難で亡くなる。
【死战】sǐzhàn 名 ❶ 人の生死や国家存亡にかかわる戦い。決戦。死闘。¶决一～ / 決戦を戦う。❷ 動 生死をかけて戦う。¶～到底 / 命をかけて戦い抜く。
【死者】sǐzhě 名 死者。
【死症】sǐzhèng 名 不治の病。表現 なすすべのない困難のたとえとして用いる。
【死罪】sǐzuì ❶ 名 死刑に値する罪。❷ 動 旧 ほんとうに申し訳ありません。百 死罪死罪 表現 ❷ は重大な過失の許しを請う時のことば。

巳(異 巳) sì 己部 0 四 7771₇
全 3 画 通 用

名 十二支の6番目。巳（み）。¶～时 sìshí.
【巳时】sìshí 名 巳（み）の刻。午前9時から11時まで。

四 sì 口部 2 四 6021₂
全 5 画 常 用

❶ 数 数字の4。¶～书 Sìshū / ～声 sìshēng / 朝 zhāo 三暮 mù～ / 成 朝三暮四。❷ 名《音楽》昔の楽譜の記号。現代の「ラ」の音に相当する。❸ (Sì) 姓。
【四边】sìbiān 名（～儿）周囲。四方。
【四边形】sìbiānxíng 名（～儿）四角形。四辺形。
【四不像】sìbùxiàng 名
❶《動物》シフゾウ。麋鹿 mílù。❷ 形 どっちつかずの物や状況。由来 ❷《①が角はシカのようで、尾はロバのようで、ひづめはウシのようで、首はラクダのようだが、そのいずれでもないことから。
【四部】sìbù 名 四部（ぶ）。中国の伝統的な図書分類法。由来 経・史・子・集の4種に分類したことから。

四不像

【四部丛刊】Sìbù cóngkān《書名》『四部叢刊（そうかん）』。参考 張元済（ちょうげんさい）等編。1919-1935年に出版された、四部の主要典籍の善本を影印（写真撮影・印刷）した叢書の名。
【四重奏】sìchóngzòu 名《音楽》四重奏。カルテット。
【四出】sìchū 動 あちこちに行く。

【四处】sìchù 名 あちこち. 至る所. ¶公园～鲜花盛开 shèngkāi / 公園はどこもかしこも花が満開だ.
【四川】Sìchuān《地名》四川(½ん)省. 省都は成都(¾ʊ). 略称は"川 Chuān"(川½ん),"蜀 Shǔ"(蜀½).
【四大发明】sì dà fāmíng 名 四大発明. 参考 古代中国で発明された"指南针"(羅針盤),"纸"(紙),"印刷术"(印刷技術),"火药"(火薬)のこと.
【四大家族】sì dà jiāzú 名《歴史》中華民国時代, 国民党政権の政治的・経済的実権を握っていた蒋・宋・孔・陳の四家族.
【四大皆空】sì dà jiē kōng 成《仏教》この世の一切は空虚だ. 参考 "四大"は古代インドで宇宙を構成すると考えられた4種の元素(地・水・火・風)を指す.
【四方】sìfāng ❶ 名 (東西南北の)四方. ¶奔走 bēnzǒu～ / あちこちを奔走する. ❷ 名 正方形. 立方体. ❸ 形 正方形の. 立方体の. 四角い. ¶四方方の桌子 / 真四角の机. 重 四四方方
【四方步】sìfāngbù 名 (～儿)ゆったりした歩み. 表現 大人(ホピん)の悠揚迫らぬ歩きぶりを言う.
【四分五裂】sì fēn wǔ liè 成 ばらばらでまとまっていない. ¶党派 dǎngpài～ / 党派がばらばらでまとまっていない.
【四伏】sìfú 動 至る所に潜んでいる.
【四个现代化】sì ge xiàndàihuà 名 (農業・工業・国防・科学技術の)四つの近代化. 参考 略して"四化 sìhuà"とも言う.
【四顾】sìgù 動 あたりを見回す.
【四海】sìhǎi 名 全国各地. 世界各地. ¶～之内皆兄弟 / 世界中みな兄弟だ.
【四海为家】sì hǎi wéi jiā 成 各地を渡り歩くこと.
【四合院】sìhéyuàn 名《建築》四合院(¼z). 旧式の住宅建築様式. 正面に"正房(上房)",東と西に"厢房 xiāngfáng",南面に"倒座儿 dàozuòr"を配し, 四つの建物が互いに向かい合い, 中央を庭にして口の字になるように建てた. 同 四合房 sìhéfáng
【四胡】sìhú 名《音楽》四胡(½ん). 4弦の胡琴(½ん). 参考 北方系の, 2弦を同音に調律する複弦楽器.
【四化】sìhuà 名 ❶ "四个现代化 sì ge xiàndàihuà"の略. ❷ 農業の電化・機械化・水利化・化学化(化学肥料の供給を増やすこと). ❸ 幹部の革命化・若年化・知識化・専門化.
【四环素】sìhuánsù 名《医学・薬》テトラサイクリン.
【四季】sìjì 名 四季. ¶～分明 fēnmíng / 四季の変化がはっきりしている.
【四郊】sìjiāo 名 都市の周辺. 都市近郊.
【四角号码】sìjiǎo hàomǎ 名 四角号碼(⅟ウマ). ¶～检字法 jiǎnzìfǎ / 「四角号碼」による検字法. 参考 漢字の四角(⅟ウ)の字形を10種類に分け, 左上, 右上, 左下, 右下の順に4桁の数字であらわした番号. この番号によって漢字を検出する. ⇨付録「四角号碼の使い方」
【四脚八叉】sì jiǎo bā chā 成 大の字になって寝る.
【四脚朝天】sì jiǎo cháo tiān 成 手と足を上にしてあお向けにひっくりかえる. 大変忙しいことのたとえ. ¶我忙得～ / 私は忙しくてひっくりかえりそうだ.
【四脚蛇】sìjiǎoshé 名《動物》トカゲ. 参考 "蜥蜴 xīyì"の通称.
【四近】sìjìn 名 周囲. 付近.
【四库】sìkù 名 ❶ 四庫(½). ⇨四部 bù ❷《書名》"四库全书"「四庫全書（ざいよ）」の略. 清の乾隆(½½½ょう)帝の勅命により編纂された叢書の名. 1781年成立.
【四两拨千斤】sì liǎng bō qiān jīn 成 四両で千斤のものを動かす. 小さな力で大きな成果をあげる. 表現 勝利の秘訣は数ではなく, 技術の把握にあることをいう. 参考 旧単位では, 十六両で一斤の重さに当る.
【四邻】sìlín 名 隣近所. 隣国. ¶街坊 jiēfang～ / 隣近所.
【四码】sìmǎ 名 漢字電報に用いる, 一つの漢字を4桁の数字であらわした番号. 同 电码 diànmǎ
【四面】sìmiàn 名 四方. 周囲.
【四面八方】sì miàn bā fāng 成 四方八方. 各地. 各分野.
【四面楚歌】sì miàn Chǔ gē 成 四方を敵に囲まれ孤立する. 由来『史記』項羽本紀. 楚(¼)の項羽(¼ぅ)が四方を囲む漢軍の中に楚の歌を聞き, 楚は漢にくだったのかと驚き嘆いたという故事から.
【四旁】sìpáng 名 身の回り. 前後左右.
【四平八稳】sì píng bā wěn 成 ❶ 話し方や仕事ぶりが沈着. 文章がよく練れている. ¶办事～ / 無難な仕事ぶりだ. ❷ 貶 慎重すぎて創造性に欠ける.

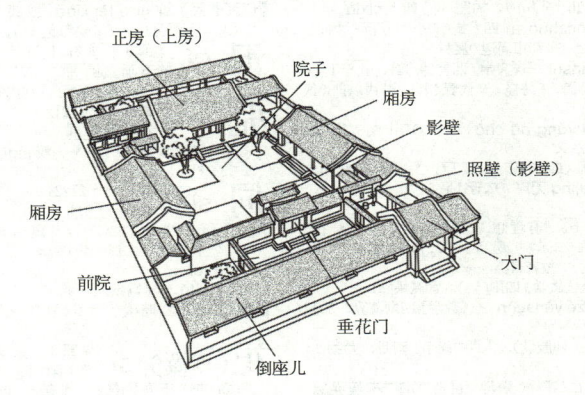

四 合 院

【四起】sìqǐ（歌声や銃声などが）あちこちからわき起こる．各地にあらわれる．

【四清运动】Sì qīng yùndòng 名《歴史》四清(しん)運動．回 社会主義教育 Shèhuì zhǔyì jiàoyù 运动.参考 1963–1966年5月に一部の農村・企業・学校で展開された社会主義教育運動．はじめ"清理帐目"（帳簿を点検する），"清理仓库"（在庫を点検する），"清理财物"（財政を点検する），"清理工分"（労働点数を点検する）を指し，後に"清政治"（政治を清める），"清经济"（経済を清める），"清组织"（組織を清める），"清思想"（思想を清める）を指した．

【四人帮】Sìrénbāng 名《歴史》四人組．参考 文化大革命を指導したグループで，江青・王洪文・張春橋・姚(よう)文元の4人をさす．

【四散】sìsàn 動 四散する．散り散りになる．¶～奔逃 bēntáo／クモの子を散らすように逃げる．

【四舍五入】sì shě wǔ rù 四 四捨五入．

【四声】sìshēng 名《言語》❶ 古漢語の平声・上声・去声・入声の4種類の声調．❷ 現代中国語の標準語（普通語）にある四つの声調．❸ 広く声調のこと．

【四时】sìshí 名 四季．

【四时八节】sìshí bājié 四 1年中．

【四书】Sìshū 名 四書(しょ)．『大学』『中庸』『論語』『孟子』を指す．

【四书五经】Sìshū Wǔjīng 名 四書五経(ごきょう)．儒家の経典である『詩経』『書経』『礼記』『易経』『春秋』．⇔四书

【四体】sìtǐ 名 ❶《文》四肢．❷ 漢字の主要な4種の書体．"正楷，草书，隶书，小篆 zhuàn"（楷書・草書・隸書・小篆(てん)）の4種．参考 ❷は，古くは"古文，篆书，隶书，草书"をさした．

【四通八达】sì tōng bā dá 四 道路が四方八方に通じていて便利だ．¶公路～／幹線道路が全国に張り巡らされている．

【四外】sìwài 名 あたり．周囲．¶～无人／あたりに人影はない．表現 多く広々とした所を指す．

【四围】sìwéi 名 周囲．

【四维】sìwéi 名 四次元．¶～几何／四次元幾何．

【四维空间】sìwéi kōngjiān 名《物理》四次元空間．

【四下里】sìxiàli 名 あたり．周囲．回 四下 sìxià．

【四仙桌】sìxiānzhuō 名 四人掛けの小さい角テーブル．

【四乡】sìxiāng 名 都市周辺の農村．

【四言诗】sìyánshī 名《文学》四言(ごん)詩．参考 1句4字を主体とする詩．『詩経』に代表される，漢代以前の代表的な詩形．

【四仰八叉】sì yǎng bā chā 慣 大の字になって寝る．回 四脚 jiǎo 八叉．

【四野】sìyě 名（四方に広がる）広野．¶～茫茫 mángmáng，寂静 jìjìng 无声／広野は果てしなく，物音ひとつしない．

【四有】sìyǒu "有理想，有道德，有文化，有纪律"（理想を持ち，モラルがあり，教養があり，自律性がある）の略称．参考 学生への教育目標の一つ．

【四则】sìzé 名《数学》四則(そく)．加減乗除．

【四则运算】sìzé yùnsuàn 名《数学》四則演算．加減乗除．

【四肢】sìzhī 名 四肢(し)．人間の両手と両足．動物の4本の脚．

【四至】sìzhì 名（建物の敷地や耕地で）四方の境界線．¶东西南北的～，都分得很清楚／東西南北の境界線はすべてはっきり区分されている．

【四周】sìzhōu 名 周囲．回 四周围 sìzhōuwéi．

寺 sì
土部3 四 4034₁
全6画 常用

名 ❶ 昔の官庁の名．¶太常～ tàichángsì（宗廟の儀式をつかさどる官庁）／大理～ dàlǐsì（刑罰や牢獄をつかさどる官庁）．❷ 仏教やイスラム教の寺院．¶～观 sìguàn／～庙 sìmiào／清真～ qīngzhēnsì（回教寺院．モスク）．❸（Sì）姓．

【寺观】sìguàn 名（仏教や道教の）寺観．

【寺庙】sìmiào 名 ❶ 寺院．❷ 廟．

【寺人】sìrén 名 ❶ 宮中の小間使い役人．宦官(かん)．❷ Sìrén（複姓）寺人(じん)．

【寺院】sìyuàn 名（仏教の）寺院．参考 キリスト教の修道院を指すこともある．

似 sì
亻部4 四 2820₀
全6画 常用

❶ 動 似る．¶～是而非／近～ jìnsì（近似する）／相～ xiāngsì（似ている）．❷ 副《文》どうも…のようだ．まるで．¶～乎 sìhū／好～ hǎosì（まるで…のようだ）／疑～ yísì（どうも…のようだ）．❸ 前 形容詞の後に置かれて比較の対象を導き，上回っていることをあらわす．¶生活一年强～一年（暮しは年々良くなっている）．

☞ 似 shì

【似曾相识】sì céng xiāng shí 成 以前から知っていたかのようだ．

【似懂非懂】sì dǒng fēi dǒng 句 分かったような分からないような．表現 一見理解しているように見えて，実際はよく分かっていないような．

【似…非…】sì…fēi… …のようでもあり…のようでもない．¶似看非看／見ているような，いないような．用法 "…"に，同一の単音節の名詞・動詞・形容詞が入る．

*【似乎】sìhū 副 まるで…のようだ．どうやら…のようだ．¶回忆 huíyì 起往事，他一又回到了童年 tóngnián 时代／昔を思い出すと，彼はまた子供のころに戻ったような気持ちになる．¶～要下雨了／どうやら雨になるようだ．回 好像 hǎoxiàng，仿彿 fǎngfú．

【似是而非】sì shì ér fēi 成 正しいようで，実は誤りだ．¶～的道理／もっともらしい理屈．

【似笑非笑】sì xiào fēi xiào 句 笑っているようで笑っていない．表現 見せかけだけの笑顔をいう．

汜 Sì
氵部3 四 3711₇
全6画 通用

索 地名用字．¶～水 Sìshuǐ（河南省を流れる川の名）．

兕 sì
儿部5 四 7721₂
全7画 通用

名《文》（動物）雌のサイ．¶～觥 sìgōng（雌のサイの角でできた杯）．

伺 sì
亻部5 四 2722₀
全7画 通用

動 こっそりと見る．うかがう．¶窥～ kuīsì（うかがいねらう）／～隙 sìxì（すきをうかがう）．

☞ 伺 cì

【伺服】sìfú 名《電気》サーボ．

【伺机】sìjī 動 時機をうかがう．¶～而动／機を見て動く．

祀（異 禩）sì
礻部3 四 3721₇
全7画 通用

索 ❶（神や祖先を）祭る．¶祭～ jìsì（祭祀）／～神 shén（神を祭る）／～祖 zǔ（先祖を祭る）．❷ 殷代，

sì – sōng

姒 sì
女部4　四 4840₀　全7画　通用
[名] ❶姉. ❷(父)夫の兄の嫁. ¶娣～ dìsì（兄弟の嫁どうし）. ❸(Sì)姓.

饲(飼) sì
饣部5　四 2772₀　全8画　常用
[素] ❶（家畜を）飼う. ¶～养 sìyǎng／～育 sìyù. ❷飼料. えさ. ¶～料 sìliào／～草 sìcǎo／打草储 chǔ～（草を刈って飼料を蓄える）.
【饲草】sìcǎo [名] まぐさ. 飼い葉.
【饲料】sìliào [名] 飼料.
【饲喂】sìwèi [動] えさをやる.
【饲养】sìyǎng [動] 飼育する. ¶这种动物很难～／この手の動物はとても飼いにくい. ～人员／飼育係.
【饲育】sìyù [動] 飼育する. 圆喂养 wèiyǎng

泗 sì
氵部5　四 3610₀　全8画　通用
[素] ❶鼻水. ¶涕～ tìsì（涙と鼻水）. ❷地名用字. ¶～水 Sìshuǐ（山東省を流れる川の名）.
【泗州戏】Sìzhōuxì [名]〔芸能〕安徽省の地方劇. 圆拉魂腔 lāhúnqiāng [参考] 泗州(現在の安徽省泗県)に始まり, 淮河の両岸の地域に広まった.

驷(駟) sì
马部5　四 7610₀　全8画
[名](文) ❶"驷马 sìmǎ"に同じ. ¶有马千～（四千頭のウマ). ❷4頭立ての車.
【驷马】sìmǎ [名](文) 1台の車を引く4頭のウマ. ¶一言 yán 既出, ～难追／一度口に出したことばは, 引っ込めようがない. ¶～高车／豪華な乗り物.
【驷之过隙】sì zhī guò xì [成] 時間が早く過ぎて行くことのたとえ.

俟(竢) sì
亻部7　四 2328₄　全9画　通用
❶ [動](文) 待つ. ¶～机(時機を待つ). ❷(Sì)姓.
　俟 qí

食 sì
食部0　四 8073₂　全9画　常用
[動](文) 人に食物を食べさせる.
　食 shí

涘 sì
氵部7　四 3318₄　全10画　通用
[名](文) 水辺. 水際.

耜(異 梠) sì
耒部5　四 5797₇　全11画　通用
[名] ❶古代のスコップに似た農具. ¶耒～ lěisì（すき類の総称）. ❷すきの刃.

笥 sì
竹部5　四 8862₇　全11画　通用
[名](文)（ご飯や衣類を入れるための）竹で編んだ四角い入れ物.

肆 sì
聿部6　四 7570₇　全13画　通用
❶ [素] 勝手放題にふるまう. ¶放～ fàngsì（勝手きまま だ）／恣～ zìsì（豪放)／大～攻击 gōngjí（公然とはばからず攻撃する). ❷ [名] 店舗. 商店. ¶书～ shūsì（書店）／茶楼～（茶店と居酒屋). ❸ [数] "四"の大字. [用法] ❸は, 証書や契約書に用いる.
【肆虐】sìnüè [動] 思うままに殺戮・迫害する. 自然災害が破壊的な結果をもたらす. ¶洪水 hóngshuǐ～, 夺去了很多人的生命／洪水が猛威を振るい, 多くの人命を奪った.
【肆扰】sìrǎo [動] 勝手気ままにふるまって周囲に迷惑をかける. ¶飞车党横行 héngxíng／～百姓／暴走族が周囲をはばからず暴れ回り, 一般の人に迷惑をかける.
【肆无忌惮】sì wú jì dàn [成](貶) ほしいままにふるまって, はばかるところがない. ¶她们旁若 ruò 无人地高声谈笑, 真是～／彼女たちは辺りをはばからず大声で嬌声あげ, 周りの迷惑を気にもかけない.
【肆行】sìxíng [動] 勝手気ままにふるまう. ¶～无忌 jì [成] 自由勝手で, はばかるところがない.
【肆意】sìyì [副](貶) 勝手気ままに. はばかることなく. ¶～横行 héngxíng／誰はばかることなくのさばる.
【肆意妄为】sì yì wàng wéi [他を顧みず, 自分の思うままに勝手にふるまう.

嗣 sì
口部10　四 6722₀　全13画　通用
[素] ❶受け継ぐ. ¶子～其父（子が父の後を継ぐ）／～位 sìwèi（位を継ぐ）／～子 sìzǐ（あと継ぎ). ❷子孫. ¶后～ hòusì（子孫).
【嗣后】sìhòu [副](文) 以後. その後. ¶关于这个问题, ～再进行深入的讨论／この問題に関して, 今後さらに掘り下げた討論を行う.

sōng ㄙㄨㄥ [suŋ]

忪 sōng
忄部4　四 9803₂　全7画　通用
→惺忪 xīngsōng
　忪 zhōng

松(鬆❷-❼) sōng
木部4　四 4893₂　全8画　常用
❶ [名]〔植物〕マツ. ¶～香 sōngxiāng／～脂 sōngzhī／～鼠 sōngshǔ. ❷ [形] 締まっていない. ゆるい. ¶绳子太～了（ひもがゆるすぎだ)／螺丝钉 luósīdīng～得厉害, 该紧一紧了（ネジがひどくゆるい. もう少ししめなくては). 図 紧 jǐn ❸ [動] ゆるめる. ¶放～ fàngsōng（ゆるめる. 気を抜く)／绳子系 jì 得太紧了, ～一～吧（ひもをきつく結びすぎている, もう少しゆるめなさい). ¶～口气 kǒuqì（息をつく). ❹ [形]（ものが）軟らかい. 透けている. スカスカだ. ¶蓬～ péngsōng（草花や毛髪がぼさぼさだ）／土质 tǔzhì～（地盤が軟らかい). 図 紧 jǐn ❺ [形]（規則や仕事などが）厳しくない. 締まりがない. ¶～弛 sōngchí／规矩 guīju 太～（規則がゆるすぎる)／决不～懈 sōngxiè（決してだれてはいけない). ❻ [形]（経済的に）余裕のある. 豊かだ. 図 紧 jǐn ¶现在手头～些了（今, 手もとに少し余裕ができた). ❼ [素]（食品の）でんぶ. ¶肉～ ròusōng（ブタ肉でんぶ）／鸡～ jīsōng（かしわでんぶ). ❽（Sōng)姓.
【松绑】sōng//bǎng [動] ❶（縛られた人の）縄を解く. ¶给他～！／彼の縄を解いてやれ. ❷制限を緩和する. ¶放宽 fàngkuān 政策限制, 给企业～／政策を緩和し, 企業の締め付けをゆるめる.
【松弛】sōngchí ❶ [形]（筋肉や気持ちが）ゆるんでいる. 肌肉 jīròu～／筋肉がたるんでいる. ❷ [形]（制度や規律などが）厳しくない. ゆるい. ¶纪律 jìlǜ～／規律がゆるんでいる. ❸ [動] ゆるめる. ほぐす. ¶～一下紧张的神经／張りつめた神経をゆるめる.

【松脆】sōngcuì（食感が）サクサクしている．¶～的饼干 bǐnggān / サクサクしたビスケット．

【松动】sōngdòng ❶ 動（空間的に）空きができる．余裕をもたせる．¶上面的人～～，让下面的人上来 / 上のかたは固まっていないで，下のかたが上れるようにして下さい．❷ 動（ネジなどを）ゆるめる．（規定を）ゆるやかにする．回松动松动 ❸ 形（経済的に）豊かだ．余裕がある．¶手头～ / ふところにゆとりがある．❹ 形（歯やネジが）ぐらぐらしている．ゆるんでいる．¶门牙 ményá～ / 前歯がぐらぐらしている．❺ 形（措置・態度・関係などが）柔軟だ．¶政策有所～ / 政策がいくらか柔軟だ．

【松糕鞋】sōnggāoxié 名 厚底靴．由来"松糕"はカステラに似た食品．

【松果体】sōngguǒtǐ 名《生理》松果体(しょうかたい)．

【松花(蛋)】sōnghuā(-dàn) 名《料理》ピータン．回皮蛋 pídàn 参考 アヒルの卵に木やわらの灰・もみがら・粘土・塩・水などを混合した泥状のものを厚くまぶし，貯蔵して作る食品．卵の殻に松葉のような模様がつくのでこう呼ぶ．

【松花江】Sōnghuājiāng 地名 松花江(しょうかこう)．黒竜江（アムール川）の最大の支流．

【松缓】sōnghuǎn 形 ゆるむ．くつろぐ．

【松鸡】sōngjī 名《鳥》ライチョウ．

【松节油】sōngjiéyóu 名《化学》テレビン油．松脂から作る揮発性のあるオイル．工業や医療用に用いられる．

【松紧】sōngjǐn 名 締まりと加減．縛り具合．

【松紧带】sōngjǐndài 名（～儿）[量 根 gēn，条 tiáo] ゴムひも．

【松劲】sōng//jìn 動（～儿）緊張をゆるめる．力をゆるめる．¶比赛中越是接近胜利，越是不能～ / 試合では，勝利に近づいた時ほど気をゆるめてはいけない．

【松口】sōngkǒu ❶ 口にくわえた物を放す．❷（主張や意見が）軟化すると．折合いをつける．¶谈判中双方各持己见 jījiàn，谁都不肯～ / 交渉では双方が自分の意見を主張し，どちらも妥協しようとしなかった．

【松快】sōngkuài ❶ 形 気分が軽く爽快だ．気楽だ．¶吃药后感到～多了 / 薬を飲むと気分がだいぶよくなった．❷ 形 広々としている．❸ 動 リラックスする．くつろぐ．¶今天是星期天，应该～一下 / 今日は日曜日，少しリラックスしよう．

【松林】sōnglín 名 松林．

【松萝】sōngluó 名《植物・薬》サルオガセ．松蘿(しょうら)．

【松毛虫】sōngmáochóng 名《虫》マツケムシ．

【松明】sōngmíng 名 たいまつ．

【松木】sōngmù 名 松材．

【松气】sōng//qì 緊張をゆるめる．息をつく．¶考试结束后，大家才松了一口气 / 試験が終わると，皆ようやくほっとした．

【松球】sōngqiú 名 松かさ．松ぼっくり．回松塔儿 sōngtǎr．

【松仁】sōngrén 名（～儿）松の実．

【松软】sōngruǎn 形 ❶ ふんわりとやわらかい．¶棉被 miánbèi 刚刚晒过，十分～ / 布団はさっき干したばかりで，ふかふかしている．反坚硬 jiānyìng ❷ (体に)力がない．だるい．

【松散】❶ sōngsǎn 形（造りが）緊密でない．締まりがない．(精神が)集中していない．¶文章结构～ / 文章に締まりがない．¶长发 chángfa 松地披 pī 在肩上 / 長い髪がばらばらと肩にかかっている．回松散松散 反紧凑 jǐncòu ❷ sōngsan 心身を楽にする．くつろぐ．¶前段时间太紧张了，应该～一下 / ここしばら

く緊張が続いたから，少しリラックスしなくては．回松散松散

【松手】sōng//shǒu 動（持っている）手を放す．(仕事の)手をゆるめる．¶要攥 zuán 紧绳子，不能～ / ロープをしっかり握って，放さないようにしなさい．¶任务还没有完成，不能～ / 任務はまだ達成されていない．手をゆるめてはならない．

【松鼠】sōngshǔ 名（～儿）《動物》[量 只 zhī] リス．

【松树】sōngshù 名 マツの木．

【松松垮垮】sōngsōngkuǎkuǎ 形（～的）❶（造りが）堅固でない．緊密でない．¶这椅子～的，不能坐人 / このいすは造りがいいかげんで，座れない．❷（動きが）緊密を欠いている．¶那人老是～的，不是迟到 chídào，就是早退 zǎotuì / あの人は常にだらけていて，いつも遅刻か早退のどちらかだ．

【松塔儿】sōngtǎr 名 ❶ 方 松かさ．松ぼっくり．回松球 qiú ❷《薬》シロマツのかさ．

【松涛】sōngtāo 名 松風．

【松闲】sōngxián 形 ひまだ．のんびりしている．

【松香】sōngxiāng 名 松やに．¶～油 / ロジン油．

【松懈】sōngxiè ❶ 動 気をゆるめる．手を抜く．¶即将 jíjiāng 胜利的时候，决不能～ / 勝利が眼前に迫った時，決して気をゆるめてはいけない．❷ 形 いいかげんだ．集中力に欠けている．¶工作～ / 仕事がいいかげんだ．❸ 形（人と人との）関係が密接でない．息が合わない．¶同盟 tóngméng 内部的联系十分～ / 同盟の内部は大変連絡が悪い．回松散 sōngsǎn

【松心】sōng//xīn 動 安心する．気が楽になる．¶儿女成人之后，父母才～了 / 子供たちが成人して，両親はようやく気が楽になる．

【松蕈】sōngxùn 名《植物》マツタケ．

【松针】sōngzhēn 名 松葉．

【松脂】sōngzhī 名 松やに．

【松子】sōngzǐ 名 ❶（～儿）マツの種(たね)．❷ 方 マツの実．回松仁 sōngrén

【松嘴】sōngzuǐ 動 "松口 kǒu"に同じ．

淞 sōng
氵部8 全10画 四 3813₂ 通用
→雾淞 wùsōng

菘 sōng
艹部8 全11画 四 4493₂ 通用
名文 白菜．

【菘菜】sōngcài 名 方 白菜．

凇 Sōng
冫部8 全11画 四 3813₂ 通用
素 地名用字．¶～江 Sōngjiāng（江蘇省と上海を流れる川の名）・吴～江 Wúsōngjiāng（"淞江"の通称）．

嵩(異崧) sōng
山部10 全13画 四 2222₇ 通用
形文 ❶ 山が大きくて高い．❷ 高い．¶～峻 sōngjùn（高く険しい）・～柱骨 sōngzhùgǔ（鼻骨の先端部分）．

【嵩山】Sōngshān 地名 嵩山(すうざん)．河南省にある名山．少林寺があることで有名．

悚(憟) sǒng
心部4 全8画 四 8833₀ 通用
動 驚き恐れる．¶～兢 sǒngjīng（驚き慌てる）．

【悚恿】sǒngyǒng 動 そそのかす．¶在朋友的～下，我也参加了比赛 / 友人にそそのかされ，私も試合に参加した．回煽动 shāndòng

耸 sǒng - 送 sòng

耸(聳) sǒng
耳部4 全10画 〔四〕8840₁ 〔次常用〕

❶ 動 高くそびえる. ¶高~ gāosǒng（高くそびえ立つ）/ ~立 sǒnglì / 入云霄 yúnxiāo. ❷ 動 驚かす. 注意を引く. ¶~听 sǒngtīng / ~人听闻 tīngwén / ~人耳目（耳をそばだてさせるような, 人騒がせなことをする）. ❸ 動 肩や筋肉をぴくつかせる. ¶~肩 sǒngjiān / ~了两下鼻子, 打了一个喷嚏 pēntì（鼻をぴくつかせて, くしゃみをした）.

【耸动】sǒngdòng 動 ❶（肩を）そびやかす.（耳や筋肉を）ぴくと動かす. ¶他一了一下双肩 / 彼は両肩をちょっとすくめた. ❷ 世間をぎくりとさせる. ¶~人心 / 人を驚かす.

【耸肩】sǒng//jiān 動（軽蔑・疑念・驚きなどで）肩をすくめる.

【耸肩膀】sǒng jiānbang 句 "耸肩 sǒngjiān"に同じ.

【耸立】sǒnglì 動 そびえ立つ. ¶群山 qúnshān~ / 山々がそびえ立つ. 同 挺立 tǐnglì, 屹立 yìlì.

【耸人听闻】sǒng rén tīng wén 成 誇張したり, 思いもよらない話をして人を驚かせる. ¶传播~的消息 / 人を惑わすようなうわさを広める.

【耸入云霄】sǒng rù yún xiāo 成 天高くそびえ立つ. ¶高高的珠穆朗玛峰 Zhūmùlǎngmǎfēng~ / チョモランマの峰が天にそびえ立つ.

【耸身】sǒng//shēn 動 身体を上へ向かってぐっと伸ばす.

【耸听】sǒngtīng 動 わざと誇張して人を驚かせる. ¶危言~ / わざと人を驚かせる話をする.

【耸峙】sǒngzhì 動 高々とそびえる.

悚 sǒng
忄部7 全10画 〔四〕9509₆ 〔通用〕

素 恐れる. 怖がる. ¶惶~ huángsǒng（恐れおののく）/ ~然 sǒngrán.

【悚然】sǒngrán 形 怖がるようす. ¶毛骨~ / 成 身の毛がよだつ.

竦 sǒng
立部7 全12画 〔四〕0519₆ 〔通用〕

素 ❶ 文 敬う様子. ¶~敬 sǒngjìng（恐れ入って敬意を表わする）. ❷ 首を伸ばし, かかとをあげて立つ. ¶~立（つまさき立つ）.

讼(訟) sòng
讠部4 全6画 〔四〕3873₂ 〔次常用〕

素 ❶ 訴訟を起こす. ¶~成 ~ chéngsòng（裁判ざたにする）/ 诉~ sùsòng（訴訟）/ ~案 sòng'àn / ~事 sòngshì（訴訟ざた）. ❷ 物事の是非を議論する. ¶争~ zhēngsòng（是非を言い争う）/ 聚讼纷纭 fēnyún（成 議論が百出して一致しない）.

【讼案】sòng'àn 名 訴訟事件.

【讼词】sòngcí 名 訴訟の内容.

【讼棍】sònggùn 名 旧 人に訴訟をけしかけて金儲けをする人. 訴訟ごろ.

【讼师】sòngshī 名 旧 裁判についての助言や訴状の作成などを職業にした人.

宋 Sòng
宀部4 全7画 〔四〕3090₄ 〔常用〕

❶ 名 周代の国名. 現在の河南省商丘県一帯にあった. ❷ 王朝名. 中国の南朝の一つ. 刘裕（りゅうゆう）が建て, 都を建康（今の南京市）に置いた（420-479年）. ❸ 王朝名. 赵匡胤（ちょうきょういん）が建て, 汴京（べんきょう:今の河南省开封）に置いた"北宋"と, 临安（今の浙江省杭州）に移した"南宋"に分かれる.（960-1279年）. ¶~体字 sòngtǐzì. ❹ 姓.

【宋词】sòngcí 名 文学 宋詞. 参考 "词"は宋代に流行した韻文の一種.

【宋家三姐妹】Sòngjiā sānjiěmèi 人名 宋家三姉妹. 清末から辛亥革命・民国時代・新中国成立に渡って活躍した宋霭龄（そうあいれい）・宋庆龄（そうけいれい）・宋美龄（そうびれい）の三姉妹体. 宋庆龄は孫文夫人となり, 宋美龄は蒋介石夫人となった.

【宋江】Sòng Jiāng 人名 宋江（そうこう）. 『水浒伝』の登場人物. 参考 梁山泊に立てこもって官軍に抵抗した108人の豪傑たちのリーダー.

【宋庆龄】Sòng Qìnglíng 人名 宋庆龄（そうけいれい）: 1893-1981. 参考 もと, 国家副主席で名誉主席. 孙文の夫人. 宋家三姐妹.

【宋太祖】Sòng Tàizǔ 人名 宋太祖（927-976）. 宋の初代皇帝である赵匡胤（ちょうきょういん）.

【宋体字】sòngtǐzì 名 明朝体. 参考 漢字の活字体の一種. 明代に始まるものだが, 宋代の版木の字体から変遷したのでこう呼ばれる.

宋庆龄

送 sòng
辶部6 全9画 〔四〕3830₈ 〔常用〕

動 ❶ 運び届ける. ¶~信儿 sòngxìnr / ~报（新聞を配達する）/ 把这份文件~给校长 xiàozhǎng（この文書を学長に届ける）. ❷ 贈る. プレゼントする. ¶他~了我一支钢笔（彼は私に万年筆をくれた）/ ~一首诗给他（彼に詩を1首贈る）. ❸ 人を見送る. 送って行く. ¶把客人~到大门口（客を門まで見送る）/ ~站（駅まで送る）/ ~孩子上学去（子供を学校に送って行く）. 反 迎 yíng. ❹ 命を落とす. ¶白~一条命（むざむざ命を落とした）/ 不要葬~ zàngsòng 了前途（前途を台無しにしてはいけない）.

【送别】sòng//bié 動（別れを）見送る. 送別をする. ¶~亲友 / 親戚や友人を見送る.

【送殡】sòng//bìn 動 野辺の送りをする.

【送达】sòngdá 動 配達する. 法律 送達する.

【送风机】sòngfēngjī 名 機械 送風機.

【送话器】sònghuàqì 名 マイクロホン.（電話の）送話器.

【送还】sònghuán 動（資産などを）返す. 返却する.

【送货】sòng//huò 動 商品を届ける.

【送交】sòngjiāo 動 送り届ける. 引き渡す.

【送客】sòng//kè 動 客を見送る.

【送礼】sòng//lǐ 動 贈り物をする.

【送命】sòng//mìng 動 命を落とす. ¶白~ / みすみす命を無駄にする.

【送气】sòngqì ❶ 名 言語 有気. 比較的強い気流を伴って子音を発音すること. アスピレーション. ¶~音 / 有気音. ❷ 動 暖気を送って暖房する. ¶~供暖 / 暖気暖房する.

【送亲】sòng//qīn 動 花嫁を花婿の家まで送り届ける.

【送情】sòng//qíng 動 ❶ 好意を伝える. ¶眉目 méimù~ / 色目のまなざしで見る. ❷ 方 贈り物をする. 同 送礼 sònglǐ.

【送人情】sòng rénqíng 句 ❶ つけ届けや便宜を図って人の歓心を買う. ¶别拿公司的东西~ / 会社の物でつけ届けをするな. ❷ 方 贈り物をする.

【送丧】sòng//sāng 野辺の送りをする.
【送上门】sòngshàng mén 配達する.
【送审】sòngshěn 上級機関や関係機関に送付して審査を受ける.
【送死】sòngsǐ みずから死を招く.¶你不会游泳却去跳水,想～吗？/ 君、泳げもしないくせに飛び込みをするなんて、死にたいのか？
【送往迎来】sòng wǎng yíng lái 去りゆく人を見送り、来る人を出迎える.客の応対をする.
*【送信儿】sòng//xìnr ニュースを知らせる.
*【送行】sòng//xíng ❶ (去る人を)見送る.¶到机场～/空港に見送りに行く.❷ 壮行会を開く.¶～酒席 / 壮行会の宴席.
【送葬】sòngzàng 野辺の送りをする.葬送する.
【送灶】sòng//zào かまどの神を祭る. 中国の旧習で、旧暦12月22日または23日に行う.24日はかまどの神が天に昇ってその家のことを天帝に報告すると考えられたことから、アメや果物を供える.
【送终】sòng//zhōng (親の)最期を見とる.葬儀を取り行う.¶养老～/ 生前はよく仕え、死後は丁重に葬父母の生前、没後ともに孝行を尽くすこと. "送钟 sòngzhōng"(時計を贈る)は"送终"と音が同じため、タブーとされる.

诵(誦) sòng 讠部7 四 3772₇ 全9画

❶ 声を出して読む.¶朗～ lǎngsòng (朗唱する)/～读 sòngdú /～诗(詩を朗読する). ❷ 暗唱する.¶背～ bèisòng (暗唱する)/熟读 shúdú 成～(よく読んでそらんじる). ❸ 述べる.¶传～ chuánsòng (言い伝える).
【诵读】sòngdú (詩や文章を)朗読する.¶高声～/高らかに朗読する.¶坚持每天一课文／毎日欠かさずテキストを朗読する. 朗读 lǎngdú,朗诵 lǎngsòng 默读 mòdú

颂(頌) sòng 页部4 四 8178₂ 全10画 常用

❶ ほめたたえる.¶歌～ gēsòng (ほめたたえる)/~杨 sóngyáng /~赞 sòngzàn (称賛する). ❷ 祝う.祈る.¶祝～ zhùsòng (祝福する)/敬jìng～大安(謹んで御無事をお祈りします). ❸ 『詩経』の中の頌(しょう). ¶周～ Zhōusòng (周頌). ❹ 称賛を内容とする現代詩文.¶祖国～(祖国頌)／酒德 jiǔdé～(酒德頌). 用法 ❸は、手紙の結びに用いることが多い. 参考 ❸は、周代、祭礼の時に用いられた舞曲で、その歌詞の一部が『詩経』に収められている.
【颂词】sòngcí 称賛や祝福のためのスピーチや文. 赞辞.祝辞.
【颂歌】sònggē 〔曲 qǔ〕称賛の歌. 賛歌.
【颂扬】sòngyáng ほめたたえる.¶人民大为 dàwèi ~他的丰功 fēnggōng 伟绩 wěijì / 人々は彼の偉大な功績を大いにたたえた.

---

sōu ムヌ [sou]

搜(異)蒐❶ sōu 扌部9 四 5704₇ 全12画 常用

❶ 搜す.探求する.¶～集 sōují /～求 sōuqiú /～罗 sōuluó. ❷ 搜索する.検査する.¶～检 sōu-

jiǎn (所持品検査をする)／赃物 zāngwù 从床底下～出来了(盗品はベッドの下から見つけ出された)／～腰 yāo (所持品検査をする).

筆順 扌 扩 押 搜

【搜捕】sōubǔ 搜査して逮捕する.¶～逃犯 / 逃亡犯を捜査逮捕する.
【搜查】sōuchá 搜査する.細かく調べる.¶～一切可疑 kěyí 的地方 / 疑いのあるすべてを細かく調べる. 搜查搜查
【搜肠刮肚】sōu cháng guā dù あれこれ知恵を絞る.
【搜刮】sōuguā (財産を)奪い取る.収奪する.¶～民财 / 民の財産を奪い取る.
【搜集】sōují (事物を)探し集める.収集する.¶～意见 / 意見を集集める. 搜集搜集 搜罗 sōuluó
【搜剿】sōujiǎo (敵を)搜索して殲滅(せんめつ)する.
【搜缴】sōujiǎo 搜査押収する.¶～非法出版物 / 非合法出版物を搜査押収する.
【搜罗】sōuluó (人や事物を)探し集める.¶～人才 / 広く人材を求める.
【搜求】sōuqiú 搜し求める.探し回る. 寻找 xúnzhǎo,寻求
【搜身】sōu//shēn (所持品を調べるために)身体検査をする.ボディーチェックをする.
【搜索】sōusuǒ (隠れている人や物を)捜索する.細かく探す.¶四处～ / あちこちくまなく探す.
【搜索枯肠】sōu suǒ kū cháng (詩文の制作に)苦吟する.
【搜索引擎】sōusuǒ yǐnqíng (コンピュータ)サーチエンジン.
【搜寻】sōuxún (人や物を)探し回る.探し求める.¶到处～失散 shīsàn 的人 / はぐれた人をあちこち探し回る. 搜索 sōusuǒ
【搜腰包】sōu yāobāo 身体検査をして所持品を調べる.

嗖 sōu 口部9 四 6704₇ 全12画 通用

ヒュー.ビュー.ビュン.ものが素早く、かすめるように通り過ぎる音.
【嗖嗖】sōusōu ビュンビュン.素早く通り過ぎる音.¶冷风从窗缝 chuāngfèng 里～地吹进来 / 冷たい風が窓のすきまからビュービュー吹き込む.

馊(餿) sōu 饣部9 四 2774₇ 全12画 通用

(食べ物が)すえている.¶～味儿 sōuwèir / 饭～了(ご飯がすえた).
【馊气】sōuqì すえたにおい.
【馊味儿】sōuwèir すえたにおい.¶夏天饭菜放久了就会有一股～ / 夏は料理を置いたまま時間がたつと、すえたにおいがする.
【馊主意】sōuzhǔyi くだらぬ考え.

廋 sōu 广部9 四 0024₇ 全12画 通用

隠す.¶～词 sōucí (隠しことば)/~辞 sōucí (隠しことば)/人焉 yān～哉 zāi (人間の真実は、隠しきれるものではない. 『論語』為政篇に見えることば).

溲 sōu 氵部9 四 3714₇ 全12画 通用

小便をする.¶～便 sōubiàn (小便をする)/~

溲 sōuniào（小便をする）.

飕（颼）sōu
风部9　全13画　[四] 7721₄　[通用]
❶[动]風が吹く. ¶洗的衣服被风～干了(洗った服が風で乾いた). ❷嗖 "嗖 sōu"に同じ.

螋 sōu
虫部9　全15画　[四] 5714₇　[通用]
→蠼螋 qúsōu

艘 sōu
舟部9　全15画　[四] 2744₇　[常用]
[量]船を数えることば. 隻(せき). ¶五～远洋货轮 huòlún（5艘の遠洋貨物船）/军舰 jūnjiàn 十～（軍艦10隻）.
【艘次】sōucì [量]〈交通〉一定期間内に港を出入港した船舶の数や出入港の回数を数えることば. 隻(せき).

叟 sǒu
又部7　全9画　[四] 7740₇　[通用]
[素]年をとった男の人. ¶老～ lǎosǒu（おきな）/邻～ línsǒu（近所のお年寄り）/童 tóng ～无欺 qī（昔の商店のうたい文句「子供もお年寄りもだましません」）.

瞍 sǒu
目部9　全14画　[四] 6704₇　[通用]
[素]〈文〉❶（瞳がなくて）目が見えない. ¶蒙～ méngsǒu（盲人）. ❷盲人.

嗾 sǒu
口部11　全14画　[四] 6808₄　[通用]
❶[拟]イヌをけしかける時に発する声. ❷[动]〈文〉そそのかす. ¶～使 sǒushǐ.
【嗾使】sǒushǐ [动]そそのかす. [同]唆使 suōshǐ.

薮（藪）sǒu
艹部13　全16画　[四] 4444₈　[通用]
[素]〈文〉❶草が生い茂った湖沼. ¶大～ sǒuzé（大きな沢）. ❷人やものが集まる所. ¶渊～ yuānsǒu（ものの集まる所）/人文渊～（人材や文化が集まる所）/罪恶 zuì'è 的渊～（犯罪の巣）.

擞（擻）sǒu
扌部13　全16画　[四] 5804₀　[通用]
→抖擞 dǒusǒu
☞ 擞 sòu

嗽 sòu
口部11　全14画　[四] 6708₂　[常用]
[素]せき. ¶咳～ késòu（せきをする）/干～ gānsòu 了一大阵（からぜきをひとしきりする）.

擞（擻）sòu
扌部13　全16画　[四] 5804₀　[通用]
[动]火ばしや火かき棒で中の灰を揺すり落とす. ¶～火（灰を揺すり落とす）/把炉子 lúzi 一～（炉をかきだす）.
☞ 擞 sǒu

---

su ㄙㄨ〔su〕

苏（蘇、囌❼/[异]甦❻）sū
艹部4　全7画　[四] 4433₀　[常用]
❶[素]〈植物〉シソ. ❷紫～ zǐsū（シソ）/白～ báisū（エゴマ）. ❷"江苏省 Jiāngsūshěng"や"苏州 Sūzhōu"の略称. ¶～剧 sūjù / ～绣 sūxiù. ❸[素]房状に垂れ下がるもの. ¶流～ liúsū（幕や灯籠などの房飾り）. ❹[素]旧ソ連邦やソビエト（評議会）を指す. ¶～联 Sūlián / ～维埃 Sūwéi'āi. ❺[素]音訳のあて字. ¶～打 sūdá / ～格拉底 Sūgélādǐ / ～格兰 Sūgélán. ❻[素]生き返る. 蘇生する. ¶～醒 sūxǐng / 死而复～（一度死んでまた生き返る）. ❼→嚕苏 lūsū ❽[Sū]姓.

【苏打】sūdá [名]ソーダ. ¶纯碱 chúnjiǎn ♦soda
【苏丹】Sūdān《国名》スーダン.
【苏格拉底】Sūgélādǐ《人名》ソクラテス（前469-前399）. ギリシャの哲学者.
【苏格兰】Sūgélán《地名》スコットランド（イギリス）.
【苏剧】sūjù《芸能》蘇劇(そげき). 江蘇地方の地方劇.
【苏黎世】Sūlíshì《地名》チューリッヒ（スイス）.
【苏里南】Sūlǐnán《国名》スリナム（南米）.
【苏联】Sūlián《国名》旧ソ連.
【苏区】sūqū [名]ソビエト区. [参考]第二次国共内戦期における革命根拠地.
【苏轼】Sū Shì《人名》蘇軾(そしょく; 1037-1101). 北宋の詩人・文学者. [参考]韻文の代表作として「赤壁賦」があり, 散文家としても唐宋八大家の一人に数えられる.
【苏铁】sūtiě [名]〈植物〉ソテツ. [参考]ふつうは"铁树 tiěshù"という.
【苏维埃】Sūwéi'āi [名]ソビエト. ♦[ロ]Совет [参考]旧ソ連の中央と地方の各レベルの国家権力機関で, 中国では, 第二次国共内戦期の革命根拠地における政権を指す.
【苏武】Sū Wǔ《人名》蘇武(そぶ; 前159-前60). 前漢の政治家. [参考]匈奴に捕らえられて帰順を迫られるが, 忠を貫き北海のほとりで19年間牧羊者として暮らす. 和議が成り立って後に漢に帰朝した.
【苏醒】sūxǐng [动]（昏睡状態から）目を覚ます. ¶从梦中～/夢から覚める. ¶早春二月, 大地正在～/早春の二月, 大地は正に眠りから覚めようとしている. [同]清醒 qīngxǐng
【苏绣】sūxiù [名]〈[日] 块 kuài〉蘇州の刺しゅう.
【苏伊士运河】Sūyīshì yùnhé《地名》スエズ運河（エジプト）.
【苏州】Sūzhōu《地名》蘇州(そしゅう). 江蘇省にある市. 庭園と運河で有名な古都.
【苏州码子】Sūzhōu mǎzi [名]蘇州数字. [同]草码 cǎomǎ [参考]数をあらわす記号で, 1から10までを「〡, 〢, 〣, ㄨ, ㄬ, 〦, 〧, 〨, 〩, 十」と書く.
【苏子】sūzǐ [名]シソ科植物の種子の総称. [参考]エゴマの実は搾って油を取り, 食用・工業用にする.

酥 sū
西部5　全12画　[四] 1269₄　[次常用]
❶[名]バター. ¶～油 sūyóu / ～酪 sūlào（チーズ）. ❷[形]（食べ物が）さくさくとしている. ほろほろとくだけやすい. ¶～脆 sūcuì / ～糖 sūtáng. ❸[素]小麦粉に油や砂糖を加えて焼いた菓子. ¶～饼 sūbǐng（クッキー）/桃～ táosū（クルミ入りのクッキー）. ❹[形]体の力がぬけ, ぐったりしている. ¶～软 sūruǎn / 一倒 sūdǎo（ぐったりして倒れる）/～麻 sūmá.
【酥脆】sūcuì [形]（食べ物が）ぱりぱりしている. さくさくだ. ¶～的饼干 / さくっと軽いビスケット.
【酥麻】sūmá [动]（体が）しびれて力が抜ける. ¶两腿～, 站立不起 / 両足がしびれ立ち上がれない.
【酥软】sūruǎn [形]体に力が入らない. だるい. ¶累得两腿～/疲れて足に力が入らない.
【酥松】sūsōng [形]（土壌などが）ゆるい. すかすかだ. [同]松软 ruǎn

【酥糖】sūtáng 名 小麦粉・ゴマ・砂糖で作ったロール状の飴菓子.
【酥油】sūyóu 名 酥油(茶). ウシやヒツジの乳から作るバター.
【酥油茶】sūyóuchá 名 バター茶. 参考 チベット族やモンゴル族が好んで飲む.
【酥油花】sūyóuhuā 名《民族》チベット族の工芸品. 着色したバターで仏像・人物・風景・動植物などをかたどって造った塑像.

稣(穌) sū
鱼部5 四 2219₄
全13画 通用
素 "苏 sū"⑥に同じ.

窣 sū
穴部8 四 3040₈
全13画 通用
→窸窣 xīsū

俗 sú
亻部7 四 2826₈
全9画 常用
❶素 風俗. 習わし. ¶风~ fēngsú (習わし) / 土~ tǔsú (土地の習わし) / 移风易~ (成) 風を移し俗をかえる. 古い習わしを新しいものに改める) / 入乡随~ (成) 郷に入っては郷に従え). ❷素 大衆的な. 広く見かける. ¶~话 súhuà / ~语 súyǔ / 通~读物 (大衆向け読み物). ❸形 品がない. 俗っぽい. ¶~气 súqì / ~人 súrén / 庸~ yōngsú (低俗だ) / 不可耐. 反 雅 yǎ ❹素 出家していない人. ¶僧~ sēngsú (僧侶と一般人) / ~家 sújiā. 反 僧 sēng
【俗不可耐】sú bù kě nài (成) いやになるほど品がない. ¶你这身打扮,真是~/あなたのその服装,なんて下品なの.
【俗称】súchēng 名 俗称.
【俗话】súhuà 名 (~儿) "俗语 súyǔ"に同じ.
【俗话说】súhuà shuō 句 俗に…と言う. よく言われるように…. ¶~,百闻不如一见/俗に,百聞は一見にしかずという.
【俗家】sújiā 名 ❶ 僧侶や道士などの実家. ❷ (僧侶や道士に対して) 世俗の人. 俗人.
【俗名】súmíng 名 ❶ 一般的に呼びに対しての言い方. ❷ 僧や道士の出家する前の名前. 反 法名 fǎmíng
【俗气】súqì 形 俗っぽい. 下品だ. ¶那人说话真~/あいつの話こそは俗っぽい. 重 俗里俗气 反 雅致 yǎzhì
【俗曲】súqǔ 名 民間の俗曲.
【俗人】súrén 名 ❶ 低俗な人. 俗人. ❷ (僧侶や道士に対して) 世俗の人. 一般人.
【俗尚】súshàng 名 世間の好みや気風. 流行. ¶不拘bùjū~/流行にとらわれない.
【俗套】sútào 名 ❶ つまらないしきたり. 形式. ¶咱们是熟人,这些~就免了吧 / 私達はなじみ同士なのだから,そんなつまらないしきたりはよしましょう. 同 俗套子 sútàozi ❷ 変わりばえがしないこと. マンネリ. ¶不落~ / マンネリに陥らない.
【俗文学】súwénxué 名《文学》俗文学. 参考 歌謡・語り物・芝居など,中国古代の大衆文学.
【俗物】súwù 名 凡俗なやつ. 俗物.
【俗语】súyǔ 名〔语言〕ことわざ. 同 俗话 súhuà
【俗字】súzì 名〔语言〕俗字.

夙 sù
几部4 四 7721₀
全6画 通用
❶素 早く. 朝早く. ¶~夜 sùyè / ~兴 xīng 夜寐 mèi. ❷ 前々からの. ¶~志 sùzhì (素志) / ~愿 sùyuàn.
【夙仇】sùchóu 名 ❶ 宿敵. ❷ 積年の恨み.
【夙敌】sùdí 名 宿敵. 同 宿敌 sùdí
【夙兴夜寐】sù xīng yè mèi (成) 早朝早く起きて夜遅く寝る. 勤勉なこと.
【夙夜】sùyè 名 朝と晩. 一日中.
【夙怨】sùyuàn 名 昔からの恨み.
【夙愿】sùyuàn 名 宿願. ¶他终于实现了多年来的~/彼はついに長年の宿願をはたした. 同 宿愿 sùyuàn

诉(訴/愬) sù
讠部5 四 3274₁
全7画 常用
❶素 話を告げる. ¶告~ gàosu (告げる) / ~说 sùshuō / ~述 sùshù (訴える). ❷ 心の中をうちあける. ¶倾~ qīngsù (腹を割って話す) / ~苦 sùkǔ / 久别重逢 chóngféng,互~衷情 zhōngqíng (久しぶりに再会して,互いに心をかわって語り合う). ❸ 公に訴える. ¶起~ qǐsù (起訴する) / ~讼 sùsòng / ~诸 zhū 舆论 yúlùn (世論に訴える).
【诉苦】sù//kǔ 動 苦しみを訴える. ¶无处~/苦しみを訴えるところがない.
【诉求】sùqiú ❶ 動 請願する. 嘆願する. ❷ 名 要望. 希望.
【诉权】sùquán 名《法律》訴権.
【诉说】sùshuō 動 (思いを込めて) 語る. 訴えかける. ¶~自己的遭遇 zāoyù / 自分の境遇を訴える. 同 诉述 sùshù
【诉讼】sùsòng 名 動《法律》訴訟(する). ¶提起~/訴訟を起こす.
【诉讼法】sùsòngfǎ 名《法律》訴訟法.
【诉讼离婚】sùsòng líhūn 名《法律》調停離婚.
【诉冤】sù//yuān 動 不当や無実を訴える.
【诉诸武力】sùzhū wǔlì 句 武力に訴える.
【诉状】sùzhuàng 名《法律》訴状.

肃(肅) sù
聿部4 四 5022₇
全8画 常用
❶素 礼儀正しく,かしこまる. ¶~立 sùlì / ~然 sùrán. ❷素 身がひきしまるほど厳しい. ¶严~ yánsù (厳粛だ) / ~杀 sùshā. ❸素 粛清する. ¶~反 sùfǎn / ~正 sùzhèng (粛正する) / ~清 sùqīng. ❹ (Sù)姓.

笔顺 ⇒ 彐 肀 肀 肃 肃

【肃反】sùfǎn 反革命分子を粛清する. "肃清反革命分子"の略.
【肃静】sùjìng 形 厳かで静かだ. 静まり返っている. ¶无声/物音一つしない. ¶会场里一片~/会場内は静まり返っている.
【肃立】sùlì 動 礼儀正しく起立する. ¶全场~/会場全体が起立する. ¶~致 zhì 哀 āi / 起立して哀悼の意をあらわす.
【肃穆】sùmù 形 ❶ (雰囲気や環境などが) 厳かで静かだ. 同 庄严 zhuāngyán ❷ (表情などが) 厳かでうやうやしい. ¶神情~/厳粛な表情. 同 庄严 zhuāngyán
【肃清】sùqīng 動 粛清する. 徹底的に取り除く. ¶~消极影响/マイナスの影響を一掃する. ¶~反革命分子 fènzǐ / 反革命分子を粛清する.
【肃然】sùrán 形 粛然としている. うやうやしいようす.
【肃然起敬】sùrán qǐ jìng (成) 粛然としてえりを正す. 由来『世説新語』規箴篇のことばから.
【肃杀】sùshā 形又 気候が寒く厳しいこと.

素 sù
糸部4 四 5090₃
全10画 常用

❶素 染めるまえの色. 白色. ¶~服 súfú / ~丝 sùsī(白絹糸). ❷形 (色が)地味であっさりしている. ¶~净 sùjìng. 反 艳 yàn ❸名《料理》精進料理. ¶~食 sùshí / 吃~ chīsù(精進料理を食べる)/ 三荤 hūn 一~ (三つの肉料理と一つの精進料理). 反 荤 hūn ❹ 素 もとからそなわった. ¶~质 sùzhì / ~性 sùxìng. ❺ 素 物質を構成する基本成分. ¶色~ sèsù(色素)/因~ yīnsù(要因)/元~ yuánsù(元素)/维生~ wéishēngsù(ビタミン). ❻副 ふだんから. ¶~日 sùrì / 平~ píngsù(ふだん)/ ~不相识 xiāngshí / 安之若 ruò~ (成) 落ち着いてふだんと変わらないよう). ❼(Sù)姓.
【素白】sùbái 形 ❶真っ白だ. ❷(陽光が)白々として明るい.
【素不相识】sù bù xiāng shí 成 今まで面識がない. ¶我与他~ / 私は彼をまったく知らない.
【素材】sùcái 名《文章や芸術の》素材. 材料. ¶以亲身经历为~,写成一部小说 / 自身の経験を素材にして,小説を書きあげた.
【素菜】sùcài 名《料理》野菜だけの料理. 精進料理.
【素餐】sùcān 名❶《料理》精進料理. ❷ 菜食をする. 肉類を食べない. ❸ 動 仗 仕事もせずに給料をもらう. ¶尸 shī 位~ / ~ するべき仕事もせずに給料だけもらう. ごくつぶし.
【素常】sùcháng 名 ふだん. 平素. ¶和~一样 / ふだん通りに. 同 平常 píngcháng.
【素淡】sùdàn 形 ❶ (飾りつけや色合いなどが)すっきりしている. 落ち着いている. 颜色~ / 色合いがすっきりしている. ❷ (味が)あっさりしている. ¶这个菜比较~,正合我口味 / この料理はあっさりしていて私の口に合う.
【素服】sùfú 〔件 jiàn,身 shēn,套 tào〕 無地の服. 白色の服. 表喻 多くは喪服をいう.
【素洁】sùjié 形 白くてすっきりしている.
【素净】sùjìng 形 (色が)すっきりしている. 落ち着いている. ¶他屋里的摆设 bǎishè, 又~,又大方 / 彼の家のインテリアはすっきりしていて品が良い. 同 素雅净齐.
【素来】sùlái 副 これまでずっと. 今まで. ¶他工作~认真负责 / 彼は今までずっと仕事をまじめに責任を持ってやってきた.
【素昧平生】sù mèi píng shēng 成 全く知らない. ¶一个~的人 / 赤の他人.
【素描】sùmiáo 名 ❶《美術》〔幅 fú〕 スケッチ. デッサン. ❷ 文学における簡潔な描写. 素描(ちょう).
【素朴】sùpǔ 形 ❶ 素朴だ. シンプルだ. ¶用~的色彩描绘了秋天的景象 / 素朴な色彩を使って秋の景色を描いている. ❷ 《哲学思想などで》萌芽的だ. 未発達だ.
【素日】sùrì 副 いつも. ふだん. ¶他~不爱说话 / 彼はふだんから口数が少ない. 同 平日 píngrì.
【素色】sùsè 名 仗 白色.
【素食】sùshí 名 ❶《料理》精進料理. ❷ 動 精進料理を食べる. ¶~者 / 菜食主義者. ベジタリアン. ¶粗衣 cūyī~的生活 / 粗衣粗食の生活.
【素数】sùshù 名《数学》素数.
【素心】sùxīn 名 ❶ 純粋でいつわりのない心. ❷ 本来の考え. 本心.
【素性】sùxìng 名 生まれつきの性質や性分. ¶~要强护短 / 負けず嫌いで自分の非を認めようとしない性格だ.
【素雅】sùyǎ 形 (身なりや装飾が)さっぱりしていて品のいい. ¶衣着 yīzhuó~ / さっぱりしていて品がある服装.
【素养】sùyǎng 名 日ごろの修養. 素養. ¶文学~ /

文学的素养.
【素油】sùyóu 名 食用の植物油. 反 荤油 hūnyóu 同 清油 qīngyóu
【素质】sùzhì 名 ❶ 本質. 特質. ❷ 素養. ¶提高员工~ / 社員の素養を高める. ❸《心理学で言う》素質.
【素质教育】sùzhì jiàoyù 名 個人の資質を高めるための教育.
【素装】sùzhuāng 名 白色の衣服. あっさりとした上品ないでたち.

速 sù

辶部7 四 3530₉
全10画 常用

❶ 形 仗 速い. ¶迅~ xùnsù (迅速だ)/ 火~ huǒsù (至急の)/~战~决 / 收效甚 shèn~(ききめがはやい). 同 快 kuài ❷ 名 スピード. ¶声~ shēngsù(音速)/车~ chēsù(車の速度). ❸ 動 仗 招く. ¶不~之客 (成) 招かざる客 / ~祸 sùhuò (災いを招く).
【速成】sùchéng 短期間で学び終える. 速成する.
【速成班】sùchéngbān 名 短期集中コース.
【速递】sùdì 名 速達便. ¶国际~ / 国際スピード郵便. EMS.
【速冻】sùdòng 動 急冷する.
*【速度】sùdù 名 速度. スピード. ¶高~ / 高速.
【速度计】sùdùjì 名 スピードメーター.
【速滑】sùhuá 名《スポーツ》スピードスケート.
【速记】sùjì ❶ 動 速記する. ❷ 名 速記法.
【速决】sùjué 名 すばやく決定すること. 速決.
【速决战】sùjuézhàn 名 短期決戦.
【速率】sùlǜ 名 速度. スピード.
【速溶】sùróng 動 すぐに溶ける. ¶~咖啡 / インスタントコーヒー.
【速射】sùshè 動《軍事》速射する.
【速胜】sùshèng 動 (戦争や競技で)短期間で相手に勝つ. ¶快速出击,力求~ / すみやかに出撃して短期間での勝利をねらう.
【速效】sùxiào 名 速効. ¶~肥料 / 速効性肥料. ¶~感冒药 / 速効性感冒薬.
【速写】sùxiě 名 ❶《美術》〔幅 fú,张 zhāng〕 クロッキー. スケッチ. ❷〔篇 piān〕 スケッチ風の文体.
【速战速决】sù zhàn sù jué 成 速戦即決. 速攻によって,速やかに勝利を得る. ¶这场球赛采取了~的战略 / 今回の試合では,速攻で一気に勝利を得る作戦をとった.

涑 Sù

氵部7 四 3519₆
全10画 通用

素 地名用字. ¶~水 Sùshuǐ (山西省にある川の名).

宿 sù

宀部8 四 3026₂
全11画 常用

❶ 動 泊まる. ¶~舍 sùshè / 住~ zhùsù(宿泊する)/ 露~ lùsù (野宿する). ❷ 素 以前から持ち続けている. ¶~愿 sùyuàn / ~志 sùzhì / ~怨 sùyuàn. ❸ 形 仗 老練の. ¶耆 qísù (尊敬や信頼を集める老人)/ ~将 sùjiàng. ❹(Sù)姓.
☞ 宿 xiǔ,xiù
【宿仇】sùchóu = "夙仇 sùchóu"に同じ.
【宿处】sùchù 名 宿泊先.
【宿敌】sùdí = "夙敌 sùdí"に同じ.
【宿根】sùgēn 名 ❶《植物》宿根. 多年草の根. ❷ もともとの素地. 基礎.
【宿疾】sùjí 名 持病. 慢性病.
【宿将】sùjiàng 名〔员 yuán〕 経験豊かな将軍.
【宿命论】sùmìnglùn 名《哲学》宿命論. 運命論.

【宿舍】 sùshè 名〔圃 栋 dòng, 间 jiān, 幢 zhuàng〕寮. 宿舍.

【宿夜】 sùyè ❶ 名 朝晚. 日夜. ❷ 動 夜を明かす. ¶在外~ / 外で夜を明かす.

【宿营】 sùyíng 動 宿営する. ¶露天~ / 露天で宿営する.

【宿怨】 sùyuàn 名 積もり積もった深い恨み.

【宿愿】 sùyuàn 名 宿願. ずっと抱いていた願望. ¶~得偿 décháng / 宿願を果たす. ¶多年的~终于实现了 / 長年の願いがとうとう実現した.

【宿主】 sùzhǔ 名《生物》宿主(ぴぅ). 同 寄主 jìzhǔ.

粟 sù 西部6 四 1090₄ 全12画 次常用

❶ 素 アワ. 圃 谷子 gǔzi, 小米 xiǎomǐ ❷ (Sù)姓.

【粟米】 sùmǐ 素方 アワ. 圃 玉 yù mǐ トウモロコシ.

【粟子】 sùzi 素方 アワ. 脱穀前のアワの実. 圃 谷子 gǔzi.

谡(謖) sù 讠部10 四 3674₇ 全12画 通用

素文 立つ. 立ちあがる.

嗉(異 膆❶) sù 口部10 四 6509₃ 全13画 通用

下記熟語を参照.

【嗉子】 sùzi 名 ❶ 嗉囊(ṇ̥). 鳥の食道の下にある消化器官. 同 嗉囊 sùnáng ❷ 方 酒を入れる錫(ṭ)や陶製のつぼ.

塑 sù 土部10 四 8710₄ 全13画

動 粘土や石膏(ᵴ)で形づくる. ¶~像 sùxiàng. 泥~木雕 diāo （成 泥づくりや木彫りの像. また, 人がぼんやりしたり, 生気がないようす).

【塑钢门窗】 sùgāng ménchuāng 名《建築》樹脂製窓. ポリ塩化ビニールや樹脂などに補助剤などを加え, 型押し成型した窓枠. 断熱性に優れる.

【塑胶】 sùjiāo 名 合成樹脂. 圃 合成树脂 héchéng shùzhī.

***【塑料】** sùliào 名 プラスチック. ビニール.

【塑料袋】 sùliàodài 名 ビニール袋.

【塑身】 sùshēn 動 シェイプアップする. 運動で体型を美しく保つ. ❷ (外見上の)体形を美しく見せる.

【塑像】 sùxiàng 名〔圃 个 ge, 尊 zūn, 座 zuò〕粘土や石膏(ᵴ)でつくった像. 塑像(ᵴ).

【塑性】 sùxìng 名《物理》塑性(ᵴ). 可塑性.

【塑造】 sùzào 動 ❶ 塑像(ᵴ)をつくる. 泥などで像をつくる. ❷ 文字で人物像を描き出す. ¶小说《故乡》成功地~了闰土这一人物形象 / 小説『故郷』ではルントウという人物像も良く描かれている.

溯(異 泝, 遡) sù 氵部10 四 3712₀ 全13画 次常用

素 ❶ 川をさかのぼる. 遡行(ẓ₀)する. ¶~流 / 流(川をさかのぼる). ❷ さかのぼって探求する. 思い起こす. ¶推本~源（成 根本や本源を追求する) / 不~既往 jìwǎng (過去を追究しない).

【溯源】 sùyuán 動 川をさかのぼって水源を探す. 起源を探求する. ¶追本~ / 起源を突きとめる.

愫 sù 忄部10 四 9509₃ 全13画 通用

素 誠意. まごころ. ¶情~ qíngsù（まごころ).

蔌 sù ⺾部11 四 4498₂ 全14画 通用

素文 野菜. 山菜. ¶山肴 yáo 野~（山野でとれた肉や野菜).

僳 sù 亻部12 四 2129₄ 全14画 通用

❶→傈僳族 Lìsùzú ❷ (Sù)姓.

觫 sù 角部7 四 2529₆ 全14画 通用

→觳觫 húsù

缩(縮) sù 纟部11 四 2316₂ 全14画 常用

下記熟語を参照.
☞ 缩 suō

【缩砂密】 sùshāmì 名《植物·薬》シュクシャ.

簌 sù 竹部11 四 8898₂ 全17画 通用

下記熟語を参照.

【簌簌】 sùsù ❶ 擬 木の葉などがゆれる音. サワサワ, ザワザワ. ¶风吹树叶~作响 / 風が吹いて木の葉がザワザワと音をたてる. ❷ 形 涙などが落ちるようす. ぽろぽろ. はらはら. ¶眼泪~地落了下来 / はらはらと涙がこぼれ落ちた.

蹜 sù 足部11 四 6316₂ 全18画 通用

下記熟語を参照.

【蹜蹜】 sùsù 形 ⊕ 小またで足早に歩くようす.

suān ㄙㄨㄢ 〔suan〕

狻 suān 犭部7 四 4324₇ 全10画 通用

下記熟語を参照.

【狻猊】 suānní 名 伝説上の猛獣. 獅子.

酸 suān 酉部7 四 1364₇ 全14画 常用

❶ 名《化学》酸. ¶盐~ yánsuān (塩酸) / 硝~ xiāosuān (硝酸). ❷ 形 酸っぱい. ¶~菜 suāncài / 这个苹果很~ (このリンゴは酸っぱい). ❸ 形 だるい. ¶腰~腿疼 téng (足腰が痛み, だるい). ❹ 形 せつない. 痛ましい. つらく悲しい. ¶心~ xīnsuān (せつない) / 十分~ (とても痛ましい). ❺ 形 ⊕ (文人が)世事にうとい. 融通がきかない. ¶~秀才 (世間知らずの書生) / 寒~ hánsuān (文人などの貧しくみすぼらしい身なり).

【酸败】 suānbài 動 (食物が)腐敗して酸っぱくなる. すえる.

【酸菜】 suāncài 名《料理》野菜の湯漬け. ¶酸白菜 / 白菜の湯漬け. 参考 野菜に山椒や塩を加えた熱湯をかけ, 2,3日漬けたもの. 発酵して酸味がある. 炒めたり煮たりして食べる.

【酸沉降】 suānchénjiàng 動《化学》酸性物質が沈着(ᵴ₀)する.

【酸处理】 suānchǔlǐ 名《工業》酸処理.

【酸楚】 suānchǔ 形 つらくて悲しい. ¶心中万分~ / 悲しくつらい気持ちでいっぱいになる.

【酸度】 suāndù 名《化学》酸度.

【酸酐】 suāngān 名《化学》無水化合物. 略して"酐 gān"という.

【酸根】 suāngēn 名《化学》酸基.

【酸碱度】 suānjiǎndù 名《化学》pH 値.

【酸苦】suānkǔ 形 つらい苦しみ. 苦痛.
【酸辣汤】suānlàtāng 名《料理》豆腐と鶏の血を固めたものを細切りにし，くず粉を加え，胡椒と酢で味付けした酸味と辛味のあるスープ.
【酸懒】suānlǎn 形（体が）だるい. ¶感冒后,觉得浑身 húnshēn～/ 風邪をひいて全身がだるい.
【酸溜溜】suānliūliū（～的）❶（味やにおいが）酸っぱい. ❷だるくて少し痛い. ❸ねたましい. 羨ましい. ❹せつない. やるせない. ❺古くさくて仰々しい. ¶大家都讨厌他那副～的样儿 / 彼のあのもったいぶったところが皆にきらわれている.
【酸梅】suānméi 名 干していぶしたウメの実. "乌梅 wūméi"の通称.
【酸梅汤】suānméitāng 名 "乌梅 wūméi"（ウメの実の薫製）を煮て砂糖を加えた, 甘酸っぱい飲み物. 多く夏場に飲まれる.
【酸奶】suānnǎi 名 "酸牛奶"の略.
【酸奶】suānniúnǎi 名 ヨーグルト.
【酸软】suānruǎn 動（体が）だるくて力が抜ける. ¶四肢 sìzhī～/ 四肢の力がだるくてぐったりする.
【酸涩】suānsè 形 ❶渋くて酸っぱい. ❷悲しい. つらい. ❸〈文〉世事にうとく融通がきかない.
【酸疼】suānténg 形 だるくて痛い. ¶干了一天的活儿,全身～/ 一日働いたら，体中が痛くて力が入らない.
【酸甜苦辣】suān tián kǔ là 〈成〉いろいろな味. 幸福や苦難などのさまざまな境遇. ¶他这一生,可以说～,什么都经历过了 / 彼の一生は波瀾万丈と言える. あらゆる経験をしたのだから.
【酸痛】suāntòng 形 体がだるくて痛い.
【酸味儿】suānwèir 名 酸味.
【酸文假醋】suān wén jiǎ cù〈成〉知識人ぶる. とりすます.
【酸雾】suānwù 名《気象》酸性霧. 同 硫酸雾 liúsuānwù.
【酸心】suānxīn ❶形 つらくて悲しい. ❷動 胸焼けがする.
【酸辛】suānxīn 辛酸. 辛苦. ¶历尽～/ 辛酸をなめ尽くす.
【酸性】suānxìng 名《化学》酸性. ¶～反应 / 酸性反応. ¶～雨 / 酸性雨.
【酸雨】suānyǔ 名《気象》酸性雨.
【酸雨控制区】suānyǔ kòngzhìqū 酸性雨規制区.
【酸枣】suānzǎo 名（～儿）《植物》実が小さくて酸味のあるナツメ. 漢方薬に使う. 同 棘 jí.
【酸值】suānzhí 名《化学》酸価.

蒜 suàn
艹部10 四 4499₁
全13画
名《植物》ニンニク. 同 大蒜 dàsuàn

【蒜瓣儿】suànbànr 名〔働 个 ge〕ニンニクのひとかけら.
【蒜黄】suànhuáng 名（～儿）（日が当たらないようにして育てた）黄色いニンニクの葉. 中華料理の食材になる.
【蒜苗】suànmiáo 名 方 ❶〔働 把 bǎ〕ニンニクの芽. ❷ニンニクの青葉や茎. 参考 ①②とも料理の材料に用いられる.
【蒜泥】suànní 名 すり下ろしたニンニク. おろしニンニク.
【蒜薹】suàntái 名 ニンニクの花茎. 柔らかいものを食用にする.
【蒜头】suàntóu 名 ❶（～儿）〔働 瓣 bàn, 头 tóu〕ニンニクの球. ❷ ニンニクの形に似たもの. ¶～鼻子 / だん

ご鼻.

算 (异) 祘 suàn
竹部8 四 8844₆
全14画 常 用

❶動 かぞえる. 計算する. ¶～账 suànzhàng. ❷動 もくろむ. 計画する. ¶失～ shīsuàn（あてがはずれる）/ 我～着他今天天来（私は,彼が今日は来るはずとふんでいる）. ❸動…とする. …とみなす. ¶这个～我的（これは私のものとする）/ ～我没说（私は言わなかったことにする）. ❹動 やめにする. もうやそやくいわない. ¶～了,不要再党啰嗦 luōsuō 了（もうそれでよい,くどくどいうな）. ❺副 やっと…する. どうにかこうにか. ¶今天～把问题弄清楚了（今日はどうにか問題をはっきりさせた）. ❻（Suàn）姓.
用法 ❹は,後に"了 le"を伴う.
【算不了】suànbuliǎo 動 ❶（数が多くてまたは複雑で）計算できない. 計算しきれない. ¶口算～,笔算算得了 / 暗算では無理で,筆算なら計算できる. ❷ 数には入らない. …とはいえない. ¶年轻人吃点苦,～什么 / 若者には少しぐらいの苦労はなんでもない.
【算草】suàncǎo 名（～儿）（計算問題の）下計算. 計算メモ.
【算尺】suànchǐ 名 計算尺.
【算得】suàn//dé 動 …とみなされる. …といえる. ¶他俩真～好朋友 / 彼ら2人は実によい友達といえる.
【算定】suàndìng 動（計算して）確定する. 断定する. ¶你～了风险没有？/ リスクは計算できていますか.
【算法】suànfǎ 名 計算方法.
【算卦】suàn//guà 動 易で占う. ¶～先生 / 易者. ¶我来给你算一卦吧 / ちょっと君のことを占ってあげましょう.
【算计】suànjì ❶動 計算する. 勘定する. 重 算计算計. ❷動…するつもりである. ¶这件事先别急,还得好好儿～～ / この件は焦ってはだめで,もっとよく考えなければ. 重 算计算計 同 合计 héjì, 盘算 pánsuàn. ❸…と思う. 予想する. ¶我～他会来凑热闹 / 彼が仲間に入りに来るはずだと見ている. ❹ 人を陥れる. たくらむ. ¶被人～一杯食わされる.
【算老账】suàn lǎozhàng 句 ❶昔の勘定を精算する. 長い間未解決の事を片付ける. ❷ 昔の貸しを取り立てる. ❸ 昔の恨みを晴らす. ¶他一直怀恨在心,总想伺机 sìjī～/ 彼は恨みを抱き,常にその恨みを晴らす機会をねらっている.
*【算了】suànle 動 やめにする. あきらめる. ¶这么重要的事情怎么能～呢？/ こんな大切なことをどうしておくけるか.
【算命】suàn//mìng 動 運勢を占う. ¶～先生 / 占い師. 重 算命算命
【算盘】suànpán[-pan] 名 ❶〔働 把 bǎ, 个 ge〕そろばん. ❷ 計算. 考え. ¶你别打错了～/ そろばん勘定を間違えてはいけないよ.
【算式】suànshì 名《数学》数式.
【算是】suànshì 動 …である. どうやら…である. ¶这下～对得起你了 / これでなんとか君に申し訳が立ちそうだ.
【算术】suànshù 名 算数. 算術.
【算数】suàn//shù 動（～儿）数のうちに入れる. 有効と認める. ❷ …までやめにする. …までやめない. ¶今天一定要弄清楚才～/ 今日は是が非でもはっきりさせるぞ.
用法 ❷の用法では,"才～"の形をとることが多い.
【算题】suàntí 名〔働 道 dào〕数学の練習問題.
【算学】suànxué 名 数学. 算数.
【算账[帐]】suàn//zhàng 動 ❶ 帳簿の計算をする. ❷ けりをつける. かたをつける. ¶我非找他～不可 / 彼と結

sui ㄙㄨㄟ [sueɪ]

尿 suī 尸部4 四 7729₂ 全7画 常用
名〔倒 泡 pāo〕小便. ¶〜脬 suīpāo / 尿〜 niàosuī（小便をする）.
☞ 尿 niào

【尿脬[泡]】 suīpāo[-pao] 名方〈生理〉膀胱.

虽(雖) suī 口部6 四 6013₆ 全9画 常用
❶ → 虽然 suīrán ❷ 接 文 たとえ…でも. ¶〜死犹 yóu 荣（たとえ死んでも光栄である）.

*【虽然】 suīrán 接…ではあるけれども. …にもかかわらず. 譲歩や事実を承認することをあらわす. ¶〜日本也用汉字,但是发音和中国的不一样 / 日本でも漢字は使われるが,発音は中国のものとは違う. 用法 一般の口語では文の前半に用い,後半に "可是","但是" などが呼応する. 文章語では後半句にも用いるが,この場合前半句に "可是","但是" などは用いない.

【虽说】 suīshuō 接 口 …とはいっても. 同 虽然 suīrán
【虽死犹生】 suī sǐ yóu shēng 成（理想が実現できるなら）命を犠牲にしても惜しくはない.
【虽则】 suīzé 接 文 …とはいうものの. …ではあるが. 同 虽然 suīrán

荽 suī 艹部7 四 4440₄ 全10画 通用
→胡荽 húsuī, 芫荽 yánsuī

眭 suī 目部6 四 6401₄ 全11画 通用
❶ 形 文 じっとみつめるようす. ❷（Suī）姓.

睢 suī 目部8 四 6001₅ 全13画 通用
❶ 束 地名用字. ¶〜县 Suīxiàn（河南省にある県の名前）. ❷（Suī）姓.

濉 Suī 氵部13 四 3011₅ 全16画 通用
束 地名用字. ¶〜河 Suīhé（安徽省を流れる川の名前）.

绥(綏) suí 纟部7 四 2214₄ 全10画 通用
❶ 動 なだめて落ち着かせる. ¶〜靖 suíjìng. ❷ 形 文 安らかだ. ¶順頌 sòng 台〜（あわせてあなたのご平安をお喜び申し上げます）. 表現 ②は,手紙の末尾に添えることば.

【绥靖】 suíjìng 動 文 地方を平定する. ¶〜四方 / 四方を平定する. 同〜政策 / 鎮撫(ﾌﾞ)政策.
【绥远】 Suíyuǎn〈地名〉綏遠(ｴﾝ). 旧省名. 1954年に内蒙古自治区に併合された.

隋 Suí 阝部9 四 7422₇ 全11画 通用
名 ❶ 王朝名. 隋(ｽﾞｲ: 581-618). ❷ 姓.

【隋炀帝】 Suí Yáng Dì〈人名〉煬帝(ﾖｳ: 569-618). 初代皇帝である父楊堅を殺して即位した隋の第二代皇帝. 洛陽を建設し,大運河を開削した.

随(隨) suí 阝部9 四 7423₂ 全11画 常用

❶ 動 後に従う. …につき従って. ❷ 動 任せる. なるままにさせる. ¶〜意 suíyì / 〜和 suíhe. ❸ 束 ついでに. ¶请〜手关门（開けたその手で閉めてください）. 同 顺便 shùnbiàn ❹ 動 似る. ❺（Suí）姓.

【随笔】 suíbǐ 名〔倒 篇 piān〕❶ 随筆. エッセー. ❷ 筆記. メモ. ノート. 同 笔记 bǐjì

*【随便】 suí//biàn 動 都合のよいようにする. ¶随他的便 / 彼のやり方に任せる. ¶随你的便, 什么时候我都可以 / あなたのお好きな時に, 私はいつでもかまいません.

*【随便】 suíbiàn ❶ 形（制限がなく）自由だ. ¶〜闲谈 xiántán / 自由に話す. ¶〜找个座位坐下 / どこでも空いている席に座ってください. ❷ 形 好き勝手だ. 気ままだ. ¶他说话很〜 / 彼は遠慮会釈なくものを言う. 同 随随便便 ❸ 接 …にかかわりなく. ¶〜什么电影,她都愿意看 / どんな映画であれ彼女は見たがる.

【随波逐流】 suí bō zhú liú 成 貶 波や流れに身をまかせる. 自分の考えをもたず,流れにまかせる. 成り行きまかせ.
【随处】 suíchù 副 至る所に. どこでも. 同 到处 dàochù
【随从】 suícóng ❶ 動（目上の人に）随行する. ¶他作为翻译也〜前往 / 彼は通訳として随行する. ❷ 名 随員. ¶小明当了总经理的〜 / ミンさんは社長の随員になった.
【随大溜】 suí dàliù 句 貶（〜儿）大勢(ｾﾞｲ)に従う. ¶他这人就爱〜 / 彼はいつも多数意見に従う人間だ. 同 随大流 dàliú
【随带】 suídài 動 ❶ 一緒にもっていく. 連れて行く. ¶出访〜着夫人 / 外国訪問に夫人を伴う. ❷ 携帯する.
【随地】 suídì どんな場所でも. どこでも. ところかまわず. ¶禁止〜乱扔果皮纸屑 zhǐxiè / ところかまわずゴミを捨ててはいけない.
【随访】 suífǎng 動 ❶ 随行して訪問する. ❷ 医師が患者の容態を追跡調査する.
【随份子】 suí fènzi 惯方（集団行事や慶弔事で）割り当てられた金額を支払う. 同 出 chū 份子
【随风倒】 suí fēng dǎo 惯 貶 風向きを見てなびく. 自分の考えがなく, 大勢(ｾﾞｲ)に従う. ¶你没主見, 从来都是〜 / 君には自分の考えがない, 今までずっと日和見だったね.
【随风转舵】 suí fēng zhuǎn duò 成 形勢を見て態度を変えるたとえ. ¶他report会〜, 迎合上司 / 彼は風向きを見て上司に迎合するのが実にうまい. 同 顺 shùn 风转舵
【随感】 suígǎn 名 雑感. 随想. 用法 多く標題や書名に用いる.
【随行就市】 suí háng jiù shì 成 価格が市況とともに上下する.
【随和】 suíhe 形 人当たりがいい. 人が丸い. ¶你与人相处不能〜点儿吗? / 人と接するのにもう少し丸くなれませんか.
【随后】 suíhòu 副 そのあとすぐに. ¶我们刚出发, 他〜就赶来了 / 我々が出発してすぐに, 彼が追って来た. 用法 多く "就 jiù" をともなう.
【随机】 suíjī ❶ 形 ランダムな. ¶〜抽样 chōuyàng / ランダムサンプリング. ❷ 形〈数学〉確率的な. ¶〜过程 / 確率過程. ❸ 動 形勢に従う. 参考 ①は, 統計学用語.
【随机应变】 suí jī yìng biàn 成 臨機応変だ. ¶小美很善于〜地处理各种问题 / メイちゃんはさまざまな問題を臨機応変に処理するのがうまい.
【随即】 suíjí 副 すぐに. ¶门一打开我们〜冲了进去 / ドアが開くと, 私達は即座に飛び込んだ. 同 立刻 lìkè
【随叫随到】 suí jiào suí dào 句 呼べばすぐ来る. ¶保

証～/お呼びくだされば必ずすぐに参ります.
【随军】suíjūn 動 軍に従って行動を共にする. 表現 特に, 軍属が軍隊と生活や行動を共にすることを言う.
【随口】suíkǒu 副 深く考えずに口にだすよう. つい. ふと. ~附和 fùhè / つい追随してしまう.
【随迁】suíqiān 動 (家長の転勤などに伴って)一緒に転居する.
【随群】suíqún 動 (～儿)みんなと一緒に行動する. 人に同調する. ¶她很喜欢～儿/彼女はみんなと一緒にするのが好きだ.
【随身】suíshēn 動 身につける. 身の回りにおく. ¶~携带/身に携帯する. ¶他平时出门,～不带几块钱/彼は普段の外出に,2,3元しか持たない.
【随身听】suíshēntīng 名 ヘッドホンステレオ.
【随声附和】suí shēng fù hè 成 人の話に調子を合わせる. 付和雷同する.
*【随时】suíshí 副 ❶いつでも. ❷そのつど. ¶~纠正错误/そのつど誤りを正す.
【随时随地】suí shí suí dì 成 いつでもどこでも.
【随侍】suíshì 動〈文〉(老人などに)付き添う.
【随手】suíshǒu 副 (～儿)ついでに. 手軽に. ¶他～写了一张便条/彼はついでに一枚メモを書いた. ¶~关门/開けたドアはお閉め下さい. 同 顺手 shùnshǒu, 就手 jiùshǒu
【随说随记】suí shuō suí jì 句 聴くそばから覚える.
【随俗】suísú 動 慣習に従う. ¶入乡～/郷に入っては郷に従う.
【随同】suítóng 動 連れ立つ. 随行する. 同 伴随 bànsuí, 伴同 bàntóng
【随乡入乡】suí xiāng rù xiāng 成 郷に入っては郷に従え. 同 入乡随乡
【随想曲】suíxiǎngqǔ 名〈音楽〉狂想曲. 奇想曲. カプリッチオ.
【随心】suí//xīn 動 ❶思いどおりにする. ❷心にかなう. 同 称心 chènxīn
【随心所欲】suí xīn suǒ yù 成 自分のやりたいようにする.
【随行】suíxíng 動 名 随行する(人). 付き添う(人). ¶~人员/お付きの人たち. ¶~总统一同出访/大統領に随行して,ともに海外へ行く.
【随意】suí//yì 動 自分の思いどおりにする. ¶~出入/自由に出入りする. ¶没什么好菜,请大家~别客气/大した料理もありませんが,みなさん遠慮ならずご自由に召し上がって下さい. 表現 宴席で酒をすすめられた相手が,飲めずに恐縮した際,"～,～"(お好きなように)と応対する習慣がある.
【随遇而安】suí yù ér ān 成 いかなる境遇にも満足する.
【随员】suíyuán 名〔量 个 ge, 名 míng, 位 wèi〕❶随員. ❷在外大使館の最下級の外交官.
【随葬】suízàng 動 副葬する. ¶~品/副葬品.
【随着】suízhe 動 …に従って…する. …に伴って…する. ¶~时间的推移 tuīyí / 時間の移り変わりに従って.
【随之而来】suí zhī ér lái 句 これに伴って. 付随して生じる. ¶~失业问题/失业就是吃饭问题/失業すれば,それに伴って,生活の問題に直面する.

遂 suí 辶部9 四 3830₃ 全12画 次常用

→半身不遂 bànshēn bùsuí
☞ 遂 suì

髓 suǐ 骨部12 四 7423₂ 全21画 次常用

索 ❶《生理》髓(ﾂ). 骨髓. ¶敲骨吸～ 成 骨の髄までしゃぶる. ❷骨髓に似たもの. ¶脑～ nǎosuǐ (脑髄) / 脊～ jǐsuǐ (せき髄).

岁(歲/異崴,歳) suì 山部3 四 全6画 2220₇ 常用

❶ 量 年齢を数えることば. 歳(ﾂ). ¶三～的孩子(三歳の子供). ❷ 名 年. 歳月. ¶去～ qùsuì (去年) / ~月 suìyuè. ❸ 名 その年の収穫. ¶歉 qiànsuì (凶作) / 富～ fùsuì (豊年).
【岁差】suìchā 名〈天文〉歳差(ﾂ).
【岁出】suìchū 名〈経済〉歳出.
【岁初】suìchū 名 年の初め.
【岁寒三友】suì hán sān yǒu 成 松・竹・梅. 由来 松と竹は冬も枯れず,梅は早春に花を咲かせることから. 表現 気骨があって模範や友人とすべき人に例える.
【岁末】suìmò 名 年末. 年底 niándǐ.
【岁暮】suìmù 名〈文〉❶年の暮れ. 年末. ¶~天寒/年の瀬の寒空. ❷老いること. ¶~之人/人生の黄昏時(ﾀｿｶﾞﾚ)にさしかかった人.
【岁人】suìrù 名《経済》歳入.
【岁首】suìshǒu 名〈文〉一年のはじめ. 年頭. 主に正月のこと.
【岁数】suìshu 名〈口〉(～儿)年齢. ¶上～的人/年をとった人. ¶多大～了？/何歳ですか.
【岁星】suìxīng 名〈旧〉木星. 参考 木星は12年で天空を一周するので, 木星の位置を紀年(1紀は12年)の標準にした.
【岁修】suìxiū 名 (毎年計画的に行われる)補修作業. 保全作業.
【岁月】suìyuè 名〈文〉歳月. ¶漫长的～/長い歳月. ¶~不饶 ráo 人/歳月,人を待たず. 同 光阴 guāng-yīn, 时光 shíguāng

祟 suì 示部5 四 2290₁ 全10画 次常用

❶ 素 たたり. ❷ 素 やましいことをする. ¶鬼～ guǐsuì / 作～ zuòsuì (陰でこそこそ悪事をたくらむ). ❸ (Suì)姓.

谇(誶) suì 讠部8 四 3074₈ 全10画 通用

動〈文〉❶なじる. ののしる. ❷問いただす. ❸いさめる.

遂 suì 辶部9 四 3830₃ 全12画 次常用

❶ 素 意にかなう. 思いどおりにする. ¶~心 suíxīn / ~愿 suíyuàn. ❷ 副〈文〉そこで. すぐに. ❸ 素 遂げる. 成功する. ¶未～ wèisuì (まだ成功していない). ❹ (Suì)姓.
☞ 遂 suí
【遂心】suì//xīn 動 心にかなう. ¶~如意/願ったりかなったり.
【遂行】suìxíng 動 (軍事行為を)遂行する.
【遂意】suì//yì 動 心にかなう. 同 遂心 suíxīn
【遂愿】suì//yuàn 動 願いがかなう. ¶未能～/まだ願いがかなっていない.

碎 suì 石部8 四 1064₈ 全13画 常用

❶ 形 砕けている. ¶粉～ fěnsuì (粉々の). ❷ 形 ばらばらだ. 不完全だ. ¶~布 suìbù (布きれ) / 事情琐～

suǒsuì（事がこまごましてめんどうだ）. ❸ 形 話がくどくどしい. ¶嘴~ zuǐsuì（話がくどくどしい）. ❹ 動 粉々にする. 砕く. ❺（Suì）姓.
【碎步儿】suìbùr 名 小走り. 回 碎步子 suìbùzi
【碎末】suìmò 名（~儿）粉末.
【碎片】suìpiàn 名（~儿）かけら.
【碎石】suìshí 名〔建築〕砕石. ¶~机 / 砕石機.
【碎嘴子】suìzuǐzi 方 ❶ 話がくどい. ❷ くどくど話す人. おしゃべりな人.

隧 suì 阝部12 四 7823₃ 全14画 次常用

下記熟語を参照.
【隧道】suìdào 名〔个 ge 孔 kǒng 条 tiáo〕トンネル. 回 隧洞 suìdòng
【隧洞】suìdòng 名 トンネル.

燧 suì 火部12 四 9883₃ 全16画 通用

素 ❶ 火打ち石. ❷ のろし.
【燧石】suìshí 名 火打ち石.

穗(异繐❷) suì 禾部12 四 2593₃ 全17画 常用

名 ❶（~儿）穂. ❷（~儿）房飾り. ❸（Suì）広州市の別称. ❹（Suì）姓.
【穗轴】suìzhóu 名（トウモロコシなどの）芯.
【穗子】suìzi 名 ❶ 穀物の穂. ¶高粱 gāoliáng~ / コーリャンの穂. ❷ 房飾り.

邃 suì 辶部14 四 3330₃ 全17画

素 ❶（空間的・時間的に）遠い. ¶~古 suìgǔ（太古. 遠いむかし）. ❷ 奥深い. 深遠だ. ❸ 精~ jīngsuì（きわめて深遠だ）.
【邃密】suìmì 形 ❶ 奥深い. 深遠だ. ❷ 精密だ.

sun ㄙㄨㄣ [suən]

孙(孫) sūn 子部3 四 1940₀ 全6画

❶ 名 孫. 息子の息子. ❷ 素 孫より後の各世代. ¶玄~ xuánsūn（ひ孫）/ 子~ zǐsūn（子孫）. ❸ 素 孫と同世代の親族. ¶外~ wàisūn（そと孫）/ 侄~ zhísūn（甥の子供）. ❹ 素 切り取った草木の根元や株からでた芽. ひこばえ. ¶稻~ dàosūn（イネのひこばえ）/ 竹 sūnzhú（竹の根元から派生した竹）. ❺（Sūn）姓.
参考 古くは"逊 xùn"に同じ.
【孙膑】Sūn Bìn（人名）孙膑（ጸ・扊）. 戦国時代の軍略家. 兵法書『孫臏兵法』の著者.
【孙女】sūnnǚ 名（~儿）孫娘. 息子の娘. 参考 娘の娘は"外孙女 wàisūnnǚ".
【孙女婿】sūnnǚxu 名 孫娘（息子の娘）の夫.
【孙文】Sūn Wén →孙中山 Sūn Zhōngshān
【孙悟空】Sūn Wùkōng 名 孫悟空（きょう）.『西遊記』の主人公. 玄奘とともに天竺を目指して旅する.
【孙媳妇】sūnxífu 名（~儿）内孫の嫁.
【孙中山】Sūn Zhōngshān（人名）孫文（ぢ: 1866-1925）. 近代の政治家. 清朝打倒を期して興中会や中国革命同盟会を結成し, 三民主義を唱えた. 1911年の辛亥革命によって清朝を打倒, 中華民国を建国した. 1919年に国民党を結成し, 革命の完遂を目指したが果たせずに没した.「中山氦」は号. ⇒国父 guófù
【孙子】Sūnzǐ ❶（人名）"孙武 Sūn Wǔ"または"孙膑 Sūn Bīn"のこと. ⇒孙膑 ❷（书名）『孙子〕』. 春秋時代に書かれた兵法書. 孫武の著といわれる. 成立年代不詳.
【孙子】sūnzi 名 孫. 息子の息子. 参考 娘の息子は"外孙子 wàisūnzi".

孙中山

荪(蓀) sūn 艹部6 四 4449₀ 全9画 通用

名 文 古書に見える香草の一種. ハナショウブ. 回 溪孙 xīsūn

狲(猻) sūn 犭部6 四 4920₀ 全9画

→猢狲 húsūn

飧(异飱) sūn 夕部9 四 2823₂ 全12画 通用

名 文 夕食.

损(損) sǔn 扌部7 四 5608₂ 全10画 常用

❶ 素 減る. ¶~益 sǔnyì / 增~ zēngsǔn（増減）/ 失 sǔnshī. ❷ 素 損害をあたえる. 損なう. ¶~人利己 / 一坏 sǔnhuài. ❸ 動 しんらつに人をなす. 皮肉を言う. ❹ 形 しんらつだ. あくどい.
【损兵折将】sǔn bīng zhé jiàng 成 軍事力を消耗する. 戦いに敗れる. 回 兵卒を失い将軍を失う意で.
【损公肥私】sǔn gōng féi sī 成 公共の利益を損ない, 私腹を肥やす.
【损害】sǔnhài 動 損なう. 害をあたえる. ¶~身体健康 / 健康を損ねる. 回 伤害 shānghài, 损伤 sǔnshāng 反 保护 bǎohù
【损耗】sǔnhào ❶ 名 動 損耗(する). ロス(が出る). ¶能源~ / エネルギーロス. ❷ 名（運搬などで起こる）目減り.
【损坏】sǔnhuài 動 壊す. 損なう. ¶~他人物品要赔 péi / 人の物を壊したら弁償しなければならない. 反 保护 bǎohù
【损毁】sǔnhuǐ 動 壊す. 損なう.
【损人利己】sǔn rén lì jǐ 成 他人に損をさせて自らの利益をはかる. 回 舍己为人 shě jǐ wèi rén
【损伤】sǔnshāng 動 ❶ 損なう. ¶千万别~大家的积极性 / けっしてみんなのやる気をそいではいけない. 回 损害 sǔnhài ❷ 失う. ¶敌人~惨重 cǎnzhòng / 敵は甚大な被害を被った.
*【损失】sǔnshī ❶ 動 損失する. ¶这场台风使当地~了大批粮食 / 今度の台風で, 現地では大量の作物が被害を被った. ❷ 名 損失. 損害.
【损益】sǔnyì ❶ 名 動 減少と増加. 増減. ¶斟酌 zhēnzhuó~ / 減少と増加を斟酌する. ❷ 欠損と利益. 損得. ¶~相抵 xiāngdǐ / 損益相殺.

笋(异筍) sǔn 竹部4 四 8850₇ 全10画 常用

❶ 名〔植物〕タケノコ. 回 竹笋 zhúsǔn ❷ 素 タケノコの形に似ているもの. ¶芦~ lúsǔn（アスパラガス）/ 石~ shísǔn（鍾乳洞の石筍⦅ホミ⦆.
【笋干】sǔngān 名 干したタケノコ.
【笋尖】sǔnjiān 名 タケノコの若芽.

隼 sǔn 佳部2 四 2040₁ 全10画 通用
名《鳥》ハヤブサ. 同 鹘 hú

榫 sǔn 木部10 四 4094₁ 全14画 通用
名(～儿）ほぞ. 木材などを接合するとき、一方の材につくる突起.
【榫卯】sǔnmǎo 名 ほぞとほぞ穴. 物事の関係の比喩.
¶～不接 / つじつまが合わない. 参考 通常は"卯榫"という.
【榫头】sǔntou 名 ほぞ.
【榫眼】sǔnyǎn 名 ほぞ穴. 同 卯眼 mǎoyǎn
【榫子】sǔnzi 名 ほぞ. 同 榫头 sǔntou

suo ㄙㄨㄛ〔suo〕

莎 suō ⁺⁺部7 四 4412₉ 全10画 通用
下記熟語を参照.
☞ 莎 shā
【莎草】suōcǎo 名《植物》ハマスゲ.

唆 suō 口部7 四 6304₇ 全10画 次常用
素 そそのかす. ¶～使 suōshǐ / ～讼 suōsòng / 教～ jiàosuō（そそのかす）.
【唆使】suōshǐ 動 そそのかす. けしかける. ¶受人～ / 人にそそのかされる. 同 教唆 jiàosuō
【唆讼】suōsòng 動 そそのかして訴えさせる.

娑 suō 女部7 四 3940₄ 全10画 通用
→婆娑 pósuō

桫 suō 木部7 四 4992₀ 全11画 通用
下記熟語を参照.
【桫椤】suōluó 名《植物》サラジュ.

梭 suō 木部7 四 4394₇ 全11画 次常用
名 杼(ʰ). 布を織るときに横糸を通す道具. シャトル.
☞ 梭 xùn
【梭镖】suōbiāo 名〔支 zhī〕長い柄をつけた両刃の槍.
【梭梭】suōsuō 形（織機の梭のように）頻繁に行き来するようす. 梭梭(ʰ). ☞ 梭梭 xùnxùn
【梭巡】suōxún 動 頻繁に巡回する.
【梭鱼】suōyú 名《魚》ボラ科の魚.
【梭子】suōzi ❶ 名 杼(ʰ). 織機で横糸を通す道具. 同 梭 suō ❷ 名 機関銃などのカートリッジクリップ. ❸ 量 クリップに入った銃弾を数えることば.
【梭子蟹】suōzixiè 名《動物》ワタリガニ. ガザミ. 同 蝤蚏 yóumóu

挲（異 抄）suō 手部7 四 3950₂ 全11画 通用
→摩挲 mósuō
☞ 挲 sā,shā

睃 suō 目部7 四 6304₁ 全12画 通用
動 横目で見る. 斜めに見る.

蓑（異 簑）suō ⁺⁺部10 四 4473₂ 全13画 通用
名 蓑(ʰ). カヤやスゲなどで、編んだ雨具.
【蓑衣】suōyī 名〔件 jiàn〕蓑(ʰ).

嗦 suō 口部10 四 6409₃ 全13画 次常用
→哆嗦 duōsuō, 啰嗦［嗦］luōsuō

嗍 suō 口部10 四 6702₀ 全13画 通用
動 口をすぼめて吸う.

羧 suō 羊部7 四 8354₇ 全13画 通用
下記熟語を参照.
【羧基】suōjī 名《化学》カルボキシル基.

缩（縮）suō 纟部11 四 2316₂ 全14画 常用
動 ❶ ひるむ. しり込みする. 引っ込む. ¶不要畏～ wèisuō（しり込みしてはならない）/ 遇到困难决不退～（困難に出会っても決してひるまない）. ❷ 縮む. 縮小する. ¶热胀 zhàng 冷～（熱すれば膨張し、冷やせば収縮する）/ ～短 suōduǎn / ～影 suōyǐng. 反 胀 zhàng, 伸 shēn
☞ 缩 sù
【缩编】suōbiān 動 ❶ （部隊や機関の）人員を削減する. ❷ （作品や番組を）ダイジェスト編集する.
【缩脖子】suō bózi 句 ❶ 首をすくめる. ❷ 畏縮(ʰ)する.
【缩短】suōduǎn 動 縮める. 短縮する. ¶～距离 / 距離を縮める. ¶把报告～一半 / 報告を半分に縮める. 反 延长 yáncháng
【缩合】suōhé 名《化学》縮合.
【缩回】suōhuí 動（前に出した手を）ひっこめる. ¶～魔手 móshǒu / 魔の手をひっこめる.
【缩减】suōjiǎn 動 縮減する. 切りつめる. ¶～开支 kāizhī / 支出を切りつめる.
【缩略语】suōlüèyǔ 名 略語.
【缩手】suō//shǒu 動 手を引く. しり込みする. ¶令对方～ / 相手をしり込みさせる.
【缩手缩脚】suō shǒu suō jiǎo 成 ❶ 寒さで手足を縮こめるようす. ¶冻得他～的 / 寒さに彼は身をすくめた. ❷ 事をなす勇気がなく、おじけづいているようす. ¶你办事怎么老～的 / 君はどうしてしり込みばかりするのか.
【缩水】suōshuǐ ❶ 動 suōshuǐ（織物や繊維が）水に浸かって縮む. 同 抽水 chōushuǐ ❷ suō//shuǐ（織物や繊維を）水につけて縮ませる.
【缩水率】suōshuǐlǜ 名《紡織》（織物や繊維を水につけたときの）縮み率.
【缩头缩脑】suō tóu suō nǎo 成 ❶ 畏縮しているようす. ¶怎么能～呢？ / 逃げ腰でいいのか. ❷ 進んで責任を負う勇気がなく、おじけづいているようす. ¶一出问题，他就～怕负责任 / 何か問題が起きると彼はおじけづいて、責任逃れをしたがる.
【缩微】suōwēi 動 縮小複写する. マイクロフィルムで複写する.
【缩位拨号】suōwèi bōhào 名 短縮ダイアル番号.
【缩小】suōxiǎo 動 縮小する. ¶～城乡差别 / 都市と農村の格差を縮める. 反 扩大 kuòdà
【缩写】suōxiě ❶ 名（「cm」，「No.」など）アルファベットの略語. ❷ 動（長編小説などの文学作品を）要約する. ¶～本 / 要約本. ダイジェスト. ❸ 名 動 縮写（する）. ¶现实社会的一个～ / 現実社会の縮図.

【缩衣节食】suǒ yī jié shí 衣食を節約する．生活を切りつめるたとえ．回 节衣缩食
【缩印】suōyìn 動《印刷》縮小印刷する．¶～本／縮刷本．
【缩影】suōyǐng 名 縮図．

所（異 听） suǒ

斤部4 四 7222₁
全8画 常用

I 名 ❶ ところ．¶ 各尽其～／成 適材適所．
❷ 機関の名称．¶ 招待～／宿泊所．研究～／研究所．
II 量 家屋，学校，病院などを数えることば．¶ 一～房子／一軒の家．¶ 这～医院／この病院．
III 助 ❶("所＋動"で連体修飾句を作り)…するところの(もの)．¶ 这部纪录片介绍了许多我～不知道的事情／この記録映画は私の知らなかったことをたくさん紹介している．¶ 这项革新在生产上～起的作用很大／この改革が生産面で果たした役割は大きい．
❷("为 wéi／被＋A＋所＋動"で受け身を表わし) Aの…するところとなる；Aに…される．¶ 我常年为病～累／私は長年病に悩まされて来た．¶ 不要被各种表面现象～迷惑 míhuò ／様々なうわべの現象に惑わされてはならない．
❸ "所＋単音節動詞"で名詞の代わりをする．¶ 他每月～得，一半存入银行／彼は毎月の所得のうち，半分を銀行に蓄える．¶ 沿途 yántú ～见～闻，他全部记入了笔记本／途中で見るもの聞くもの，彼はすべてノートにメモした．¶ 据我～知，…／私の知る限りでは…．
❹("有＋所＋動"で)…がある．¶ 质量有～提高／質に向上があった．¶ 对我有～帮助／私にとって助けになった．¶ 有～改善／改善される．
❺ "无＋所＋動"で成語の表現を作る．¶ 无～不为 wéi／成 やらないことは何もない．¶ 无～不能／できないことは何もない．
IV (Suǒ)姓．

【所部】suǒbù 名 指揮下にある部隊．
【所得】suǒdé ❶ 動 得たもの．¶ 劳动～／労働によって得たもの．❷ 名 所得．
【所得税】suǒdéshuì 名 所得税．
【所见】suǒjiàn ❶ 名 目にしたもの．❷ 見解．¶ ～略同／考えがほぼ同じである．
【所见所闻】suǒ jiàn suǒ wén 成 見るもの聞くもの．目にするもの耳にするもの．
【所罗门群岛】Suǒluómén qúndǎo《国名》ソロモン諸島．
【所能】suǒnéng ❶ できること．¶ 各尽～／各人が自分のできることをする．❷ 才能．
【所属】suǒshǔ ❶ 形 配下の．❷ 形 (自分の)所属の．❸ 名 配下のもの．¶ 通知～，遵照执行／貴管下が主旨を体して執行されるよう通知させる．参考 後ろに名詞をともなわないときは，❶．
*【所谓】suǒwèi 形 ❶ 言うところの．いわゆる．❷ (否定的な意味で人が言うのの)．¶ 他们的～"撤军 chèjūn"只不过是一种欺骗舆论 yúlùn 的宣传／彼らの言う"撤兵"とは世論を欺く宣伝にすぎない．
【所向披靡】suǒ xiàng pī mǐ 成 向かうところ障害がすべて解消する．参考 "所向"は風が届くところ，"披靡"は風の力で草木が倒されること．
【所向无敌】suǒ xiàng wú dí 成 向かうところ敵なし．¶ 比赛中他们一路领先～／試合は彼らがずっとリードしていて向かうところ敵なしの勢いだ．回 所向无前 qián．

**【所以】suǒyǐ ❶ 接 だから．後の文に用いて結果を表わす．❷ 接 …であるわけは．前文の主語と述語の間において，原因の説明が必要なことがらを挙げ，後文に"因为"または"由于"を用いてその原因を説明する．¶ 他～能取得好成绩，因为他学习努力／彼の成績がいいのは，勉強に励んだからだ．❸ 接 前文でまず原因を説明し，後文に"是…所以…原因〔缘故〕"として，原因がもたらした結果をあらわす．¶ 人物形象似是这本小说～受欢迎的原因／人物描写が生き生きしているのが，この小説がたくさんの人に読まれている．❹ 接 単独で文を形成し，原因の所在をあらわす．¶ "原来山田同学学过汉语呀"～嘛，他的发音这么好"／「山田君は中国語を勉強したことがあるんだね」"だからだよ，発音がこんなに上手じゃないか" ❺ 名 ゆえん．¶ 不知～／そのわけを知らない．用法 ❺は，特定の成語や熟語の目的語としてのみ用いる．

【所以然】suǒyǐrán 名 そうなったわけ．原因．¶ 知其然 qírán 而不知其～／そうなったことは知っていても，なぜそうなったのかは知らない．¶ 说不出个～来／そもそもの原因を言い出せない．
**【所有】suǒyǒu ❶ 動 所有する．❷ 名 所有するもの．❸ 形 あらゆる．¶ 我们班～的人都去／私達のクラス全員が行く．
【所有权】suǒyǒuquán 名《法律》所有権．
【所有制】suǒyǒuzhì 名 所有制．
【所在】suǒzài 名 ❶ 場所．回 处所 chùsuǒ ❷ 所在．ありか．¶ 原因～／原因の所在．
【所在地】suǒzàidì 名 所在地．
【所长】suǒzhǎng 名 所長．
【所作所为】suǒ zuò suǒ wéi 熟 することなすこと．することすべて．

索 suǒ

十部8 四 4090₃
全10画 常用

❶ 名 太い縄．ロープ．¶ 麻～ másuǒ (麻縄)／船～ chuánsuǒ (船のロープ)／铁～桥 tiěsuǒqiáo (つり橋)．❷ 動 探す．捜索する．¶ 进行搜～ sōusuǒ (捜索する)／～引 suǒyǐn．❸ 動 もとめる．請求する．¶ ～价 suǒjià／～欠 suǒqiàn (借金の返済をもとめる)．❹ 形 寂しい．つまらない．¶ ～然无味．❺ 形 孤独な．¶ 离群～居 (孤立してひとり寂しく暮らす)．❻ (Suǒ)姓．

【索道】suǒdào 名《交》条 tiáo ロープウェー．
【索非亚】Suǒfēiyà《地名》ソフィア(ブルガリア)．
【索贿】suǒ//huì 動 わいろを求める．
【索价】suǒjià 動 代金を請求する．¶ 对方～太高／先方の示す値段が高すぎる．
【索解】suǒjiě 動 答えや説明を探す．答えを見つける．
【索马里】Suǒmǎlǐ《国名》ソマリア(アフリカ)．
【索赔】suǒpéi 動 弁償を求める．¶ 向～ (取引の際の)クレーム(を出す)．¶ 向厂家～／メーカーにクレームを出す．
【索桥】suǒqiáo 名《建筑》吊橋．
【索取】suǒqǔ 動 求める．要求する．¶ ～样品／サンプルを請求する．
【索然】suǒrán 形 おもしろくない．味気ない．¶ 兴味 xìng wèi ～／少しも面白みがない．
【索然无味】suǒ rán wú wèi 成 索漠として味気ない．回 索然寡 guǎ 味
【索索】suǒsuǒ 形 ❶ (恐ろしさや寒さで)ぶるぶるふるえるよう．¶ 瑟瑟 sèsè ❷ (雨などが)細かに降る音．さーさー．
【索性】suǒxìng 副 いっそのこと．あっさり．¶ 既然已经

开始干了,~就把它干完 / すでに始めてしまったのなら,いっそ最後までやってしまいなさい. 回 干脆 gāncuì

【索要】suǒyào 动 求める. 要求する.

【索引】suǒyǐn 名 索引. インデックス. ¶资料~ / 資料索引. 回 引得 yǐndé

【索隐】suǒyǐn ❶ 动 事物にこめられている深い道理や意義を探る. ❷ 名 (古典籍の)注釈. 考証. 由来 ①は,『易経』繋辞伝上に見えることば.

【索债】suǒzhài 动 借金をとりたてる. ¶上门~ / 家まで借金をとりたてに行く.

【索子】suǒzi 名 方 太い縄. 太い鎖.

唢(嗩) suǒ

口部7 四 6908₂
全10画 通 用

下記熟語を参照.

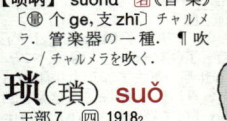

【唢呐】suǒnà 名《音楽》〔个 ge, 支 zhī〕チャルメラ. 管楽器の一種. ¶吹~ / チャルメラを吹く.

唢呐

琐(瑣) suǒ

王部7 四 1918₂
全11画 次常用

素 ❶ ささいな. こまごました. ¶~事 suǒshì / 繁~ fánsuǒ (こまごまと面倒だ) / 这些事很~碎 suǒsuì (こういうことは実にこまごまと煩わしい). ❷ 卑しい. 下品だ. ¶猥~ wěisuǒ (卑しい).

【琐事】suǒshì 名 こまごましたこと. ¶~缠身 chánshēn / 雑事に追われる. ¶生活~ / 日常のこまごましたこと.

【琐碎】suǒsuì 形 こまかくて煩雑だ. ¶~的日常生活 / 煩わしい日常生活. 回 琐细 suǒxì

【琐闻】suǒwén 名 こまごまとした話題. ¶小明出差 chūchāi 回来后,告诉我许多社会~ / ミンさんは出張から帰ると,あれこれとよもやま話をきかせてくれた.

【琐细】suǒxì 形 こまごまとしている. ¶~的事务 shìwù / こまごまとした事務. 回 琐碎 suǒsuì

【琐屑】suǒxiè 形 文 こまごまとしている. 回 琐碎 suǒsuì

锁(鎖) suǒ

钅部7 四 8978₂
全12画 常 用

❶ 名〔把 bǎ〕錠. 錠前. ¶门上上~ (門にかぎがかかっている). ❷ 动 施錠する. かぎをかける. ¶把门~上 (門に錠をかける). ❸ 素 くさり. ¶枷~ jiāsuǒ (首かせ) / ~镣 suǒliào (くさりのついた足かせ. 足鎖). ❹ 动 (裁縫で, 縁やボタン穴を)かがる. ¶~扣眼 kòuyǎn / ~边 suǒbiān (布のへりをかぎ縫いする). ❺ (Suǒ)姓.

【锁匙】suǒchí 名 方 かぎ. キー. 回 钥匙 yàoshi

【锁定】suǒdìng 动 ❶ しっかりと固定する. つなぎ止める. ❷ 決め手になる. 最終的に確定する. ❸ (目標を)ぴったりマークする.

【锁骨】suǒgǔ 名《生理》鎖骨.

【锁国】suǒguó 动 鎖国する.

【锁匠】suǒjiàng 名 錠前屋.

【锁扣眼】suǒ kòuyǎn 旬 ボタンホールをかがる.

【锁链】suǒliàn (~儿)〔根 gēn 条 tiáo〕くさり. 回 锁链子 suǒliànzi

【锁头】suǒtou 名 錠前.

【锁钥】suǒyuè 名 ❶ キーポイント. ¶解决问题的~ / 問題解決のためのキーポイント. ❷ 軍事上重要な地点. 参考 口語では"suǒyào"とも発音する.

T

tā ㄊㄚ [tʰA]

他 tā
亻部3　四 2421₂
全5画　常用

❶ [代] あの人．彼．❷ [素] ほかの．よその．¶～人 tārén / ～乡 tāxiāng / 其～ qítā (その他の)．❸ [代] 動詞と数量詞の間におき，性別が不明な場合や必要のない場合にも用いる．¶睡一觉 jiào (ひと眠りしよう)．❹ [代] [文] 別の場所．ほかの方面．¶久已 jiǔyǐ～去 (長い間，別の場所にいた)．[用法] ①は，普通は単数の男性を指すが，性別が不明な場合や必要のない場合にも用いる．③は，具体的な人や物は指さない．

【他国】tāguó [名] 他国．
【他家】tājiā [名] 人様(ひとさま)．[表現] 他の家や団体・組織などをさす．
【他律】tālǜ [名] 他律(たりつ)．[反] 自 zì 律
【他妈的】tāmāde [名] ちくしょう．[表現] 人をののしることば．
* 【他们】tāmen [代] 彼ら．¶～是学生 / 彼らは学生だ．¶小李～去图书馆 / 李くんたちが図書館へ行く．[用法] 複数の男性のみ，性別が混在する場合に用いる．
【他人】tārén [代] ほかの人．¶此事不必告诉～ / このことはほかの人に言わなくてよい．[同] 别人 biérén [反] 本人 běnrén, 自己 zìjǐ
【他日】tārì [名] [文] ❶ (将来の)いつか．またの日．¶～再聊 liáo 吧 / いつかまたお話しましょう．❷ (過去の)ある日．いつか．
【他杀】tāshā [動] 他殺される．[反] 自杀 zìshā
【他山之石】tā shān zhī shí [名] 他山の石．[由来] 『詩経』小雅・鹤鸣に見えることば．
【他乡】tāxiāng [名] 異郷の地．¶流落 liúluò～ / 落ちぶれて異郷をさすらう．¶异国 / 异国の地．[同] 家乡 jiāxiāng
【他乡遇故知】tā xiāng yù gù zhī [成] 異郷で旧友に遇う．
【他用】tāyòng [名] 別の用途．他用．

它(異牠) tā
宀部2　四 3071₂
全5画　常用

[代] それ．人以外のものを指す．¶其～ qítā
* 【它们】tāmen [代] それら．

她 tā
女部3　四 4441₂
全6画　常用

[代] ❶ 彼女．❷ (祖国・国旗・党・旗など)敬愛するものの呼称．
【她经济】tājīngjì [名] 女性の消費者をターゲットにした経済．
* 【她们】tāmen [代] 彼女たち．¶～都是母亲 / 彼女たちはみんな母親だ．[用法] 女性のみの場合に用いる．

趿 tā
𧾷部3　四 6714₇
全10画　通用

下記熟語を参照．
【趿拉】tāla [動] ❶ 靴のかかとを踏んだまま歩く．¶～着鞋走路 / 靴のかかとを踏んだまま歩いてはいけません．❷ スリッパをはく．
【趿拉板儿】tālabǎnr [名] [曽] 双 shuāng，只 zhī] 木のサンダル．つっかけ．[同] 呱嗒板儿 guādabǎnr
【趿拉儿】tālar [名] スリッパ．[同] 拖鞋 tuōxié

铊(鉈) tā
钅部5　四 8371₂
全10画　通用

[名] 《化学》タリウム．Tl．
☞ 铊 tuó

塌 tā
土部10　四 4612₇
全13画　常用

❶ [動] 倒れる．崩れ落ちる．¶房顶子 fángdǐngzi～了 (屋根が崩れ落ちた) / 墙～了 (塀が倒れた)．❷ [動] へこむ．(肉が)落ちる．¶两腮 sāi 都一下去了 (両ほおの肉がすっかり落ちてしまった)．❸ [動] 垂れる．しおれる．¶这朵花晒得 shàide～秧 tāyāng 了 (この花は陽にさらされてしおれた)．❹ [動] 気を静める．落ち着く．¶～下心来 (心を落ち着かせる)．❺ (Tā)姓．
【塌菜】tācài [名] 《植物》タアサイ．冬は葉が地面をはうように広がる．[同] 塌棵菜 tākēcài

塌　菜

【塌方】tā//fāng [動] 土砂崩れが起きる．¶山坡 shānpō 出现了严重～ / 山の斜面にひどい崖崩れが起きた．[同] 坍方 tānfāng
【塌架】tā//jià [動] ❶ (家屋などが)倒壊する．¶由于强台风袭击 xíjī，一些民房～了 / 強い台風に見舞われて民家が一部倒壊した．❷ 瓦壊(がかい)する．失脚する．
【塌拉】tāla ❶ [動] 靴のかかとを踏んで履く．❷ [擬] (木のサンダルなどの)かかとが地面をこする音．カツカツ．
【塌落】tāluò [動] 崩れ落ちる．崩壊する．
【塌实】tāshi [形] ❶ (仕事や学習が)着実だ．¶老李工作一贯～负责 fùzé / 李さんは，これまでずっと着実に責任を持って仕事をしてきた．他干任何工作都很～，从不马虎 / 彼はどんな仕事をしても着実にこなし，いいかげんでない．[同] 踏实 tāshi [反] 浮躁 fúzào ❷ 気持ちが落ち着いている．¶听了你的话,心里～了 / あなたの話を聞いて,安心した．[重] 塌塌实实(たっぷり) [同] 踏实 tāshi
【塌陷】tāxiàn [動] 沈み込む．陥没する．¶地基 dìjī～ / 地盤が陥没する．
【塌心】tā//xīn [動] [方] 安心する．心が落ち着く．¶他考上了大学,让他的父母～了 / 彼が大学に受かって,両親は胸をなでおろした．

遢 tā
辶部10　四 3630₂
全13画　通用

→邋遢 lātā

溻 tā
氵部10　四 3612₂
全13画　通用

動 (衣服や夜具に)汗がしみる. ¶天太热,我的衣服都～了(あまり暑くて,汗で服がびっしょりになった).

踏 tā
⻊部8 全15画 [四] 6216₉

下記熟語を参照.
☞ 踏 tà

【踏实】tāshi 形 "塌实 tāshi"に同じ.

塔 tǎ
土部9 全12画 [四] 4416₁ [常用]

❶名 [⦿ 座 zuò] 仏塔. ❷ 素 塔の形の建築物. ¶水～ shuǐtǎ (給水塔) / 灯～ dēngtǎ (灯台) / 纪念～ jìniàntǎ (記念塔). ❸ (Tǎ)姓.

【塔吊】tǎdiào 名《機械》タワークレーン. 同 塔式起重机 tǎshì qǐzhòngjī
【塔顶】tǎdǐng 名 塔のてっぺん.
【塔尔寺】Tǎ'ěrsì 名 参考 青海省にあるチベット仏教寺院.
【塔灰】tǎhuī 名 方 (天井や壁から垂れ下がっている)すす.
【塔吉克斯坦】Tǎjíkèsītǎn 国名 タジキスタン.
【塔吉克族】Tǎjíkèzú 《民族》タジク族. 中国の少数民族の一つで,新疆ウイグル自治区に居住.
【塔里木河】Tǎlǐmùhé 地名 タリム河. 参考 新疆ウイグル自治区を流れる中国最大の内陸河川.
【塔里木盆地】Tǎlǐmù péndì 地名 タリム盆地. 新疆ウイグル自治区の南部に位置する.
【塔楼】tǎlóu 名 ❶ 塔. 塔に似た建物. ❷ 建築物の上部にある小塔.
【塔什干】Tǎshígān 地名 タシケント(ウズベキスタン).
【塔式起重机】tǎshì qǐzhòngjī 名 "塔吊 tǎdiào"に同じ.
【塔斯社】Tǎsīshè 名 旧ソ連の国営通信社. ♦TASS
【塔塔尔族】Tǎtǎ'ěrzú 名 《民族》タタール族. 中国の少数民族の一つで,新疆ウイグル自治区に居住.
【塔台】tǎtái 名 飛行場の管制塔. コントロールタワー.
【塔钟】tǎzhōng 名 塔などの最上部にある鐘.

獭(獺) tǎ
犭部13 全16画 [四] 4728₂ [通用]

名 《動物》カワウソ. 同 水獭 shuǐtǎ

鳎(鰨) tǎ
鱼部10 全18画 [四] 2612₇ [通用]

名 《魚》シタビラメ. 同 鳎目鱼 tǎmùyú

拓(搨) tà
扌部5 全8画 [四] 5106₂ [次常用]

動 拓本をとる. ¶～下碑文 bēiwén (碑文の拓本をとる).
☞ 拓 tuò

【拓本】tàběn 名 [⦿ 本 běn] (冊子状の)拓本.
【拓片】tàpiàn 名 [⦿ 张 zhāng] (一枚の)拓本.

沓 tà
水部4 全8画 [四] 1260₉ [通用]

素 文 重なり合う. 多い. ¶杂～ zátà (混雑している) / 纷 fēn 至～来 (成) 続々とやって来る).
☞ 沓 dá

挞(撻) tà
扌部6 全9画 [四] 5403₈ [通用]

素 文 (人を)棒やむちで打つ. ¶鞭～ biāntà (むちで打つ).

【挞伐】tàfá 動 文 ❶ 討伐する. ❷ 論駁(駁)する. 批判する.

闼(闥) tà
门部6 全9画 [四] 3730₈ [通用]

名 文 門. 小さな門. ¶排～直入(門を押し開けて,つかつかと入り込む).

嗒 tà
口部9 全12画 [四] 6406₁ [通用]

素 がっかりしたようす. ¶～然 tàrán.
☞ 嗒 dā

【嗒然】tàrán 形 文 がっかりしたようす. ¶～如丧 sàng / すっかり気を落としている.

阘(闒) tà
门部9 全13画 [四] 3712₇ [通用]

下記熟語を参照.

【阘茸】tàróng 形 文 (身分や品格が)卑しい.

榻 tà
木部10 全14画 [四] 4692₇

名 細長くて低い寝台. ¶竹～ zhútà (竹のベッド) / ～米 tàtàmǐ (日本の畳).

漯 Tà
氵部11 全14画 [四] 3619₃ [通用]

素 地名用字. ¶～河 Tàhé (山東省にある古い川の名).
☞ 漯 luò

踏 tà
⻊部8 全15画 [四] 6216₉

❶ 動 足で踏む. ¶～步 tàbù / ～月 tàyuè. ❷ 素 (調査のため)現場に行く. ¶～看 tàkàn.
☞ 踏 tā

【踏板】tàbǎn 名 ❶ (乗り物の)タラップ. ステップ. ❷ (ベッドに上り下りするための)踏み台. 同 踏凳 tàdèng ❸ (幅跳びの)踏み切り板. ❹ (ミシンやピアノなどの)ペダル.
【踏步】tàbù ❶ 動 足踏みをする. ¶这几年公司的生产水平一直原地～,停止不前 / ここ数年会社の生産水準は足踏み状態で,まったく上がっていない. ❷ 名 方 階段.
【踏春】tàchūn 動 春に郊外を散策する. 同 踏青 qīng
【踏访】tàfǎng 動 (現場を)視察する.
【踏歌】tàgē 名 《芸能》古代の群舞の名.
【踏勘】tàkān 動 ❶ (鉄道・ダム・採鉱などの計画時に)実地踏査をする. ¶～油田 / 油田を実地踏査する. ❷ 旧 (事件の)現場検証をする.
【踏看】tàkàn 動 (現場を)視察する. 踏査する.
【踏平】tàpíng 動 踏んでならす.
【踏青】tàqīng 動 春先にピクニックに出かける. 由来 もとは青草を踏む意. 清明節(陽暦では4月初め)を俗に"踏青节"とも言う.
【踏雪】tàxuě 動 雪の中を歩いて,雪景色を賞でる.
【踏月】tàyuè 動 月明かりの中を散歩する.
【踏足】tàzú 動 ❶ 足を踏み入れる. 到達する. ❷ (新しい分野や組織に)参入する. 加わる.

蹋 tà
⻊部10 全17画 [四] 6612₇ [次常用]

→糟蹋 zāotà

tai ㄊㄞ [tʻae]

台 tāi
厶部3 全5画 [四] 2360₀ [常用]

tāi – tái 苔胎台

[素] 地名用字. ¶天～ Tiāntāi（天台山. 浙江省にある山の名前).
☞ 台 tái

苔 tāi
⁺⁺部5　全8画　[四] 4460₃　[次常用]
→舌苔 shétāi
☞ 苔 tái

胎 tāi
月部5　全9画　[四] 7326₀　[次常用]

❶[名] 胎児. ¶怀～ huáitāi（身ごもる. 妊娠する）/ ～儿 tāi'ér / ～生 tāishēng. ❷[名]（物事の）もと. 根源. ¶祸～ huòtāi（災いの根源）. ❸[名]（～儿）衣服やふとんなどの）芯(ｼﾝ). つめもの. ❹[器物の）原型. ¶这个帽子是软～儿的（この帽子は芯が柔らかい）/ 泥～ nítāi（陶器の白地）/ 铜～ tóngtāi（塑像や漆器の銅製の原型）. ❹[名] タイヤ. ¶内～ nèitāi（タイヤチューブ）/ 外～ wàitāi（タイヤ）. ◆tyre ❺[量] 妊娠や出産の回数を数えることば. ¶她已生了两～（彼女はすでに2度出産した).

【胎动】tāidòng [名]《生理》胎動.
【胎儿】tāi'ér [名]（人の）胎児. ¶～发育 fāyù 良好 / 胎儿是发育良好だ. [表现] 動物の場合は"幼体 yòutǐ"という.
【胎发】tāifà [名] 生まれたばかりの赤ちゃんの頭髪. ¶～笔 / 生まれて初めて切った頭髪で作った毛筆.
【胎记】tāijì [名] 生まれながらにあるあざ.
【胎教】tāijiào [名] 胎教.
【胎具】tāijù [名] ❶（鋳型を作るのに用いる）模型(ふ・ﾎﾟ). 同 胎模 mó ❷（製品の規格や形状に合わせて作った）模型. 同 胎模
【胎毛】tāimáo [名]〔量 根 gēn〕 ❶ "胎发 tāifà"に同じ. ❷（哺乳動物の）生まれた時から生えている毛. ¶～未干 / ひどく幼稚だ.
【胎毛笔】tāimáobǐ [名]（誕生の記念に）産毛で作った筆.
【胎膜】tāimó [名]《生理》胎膜.
【胎盘】tāipán [名]《生理》胎盤.
【胎气】tāiqì [名] つわり. ¶～重 / つわりがひどい.
【胎生】tāishēng [名]《動物》胎生. ¶～动物 / 胎生動物. 反 卵生 luǎnshēng
【胎死腹中】tāi sǐ fùzhōng [句] 計画や企画などが、実施されないうちに失敗したり中止になる.
【胎位】tāiwèi [名]《生理・医学》胎位.
【胎衣】tāiyī [名]《生理》胞衣(ｴﾅ). 胎衣. 同 胞衣 bāoyī

台（臺❶~❸, 檯❽, 颱❾, [異] 枱❽）

tái
厶部3　全5画　[四] 2360₀　[常用]

❶[素] 土などを盛って高くしたところ. 高台. 壇. ¶戏～ xìtái（芝居の舞台）/ 讲～ jiǎngtái（演壇）/ 主席～ zhǔxítái（議長席）. ❷[名]（～儿）台に似たもの. ¶井～ jǐngtái（井戸の周囲の囲い）. ❸[素] 台座. ¶灯～ dēngtái（ランプスタンド）/ 蜡～ làtái（燭台）. ❹[素] 相手に敬意をあらわすことば. ¶～鉴 táijiàn 「～启 táiqǐ（宛名の下におき、開封しご覧下さいの意をあらわす). ❺[量] 芝居の上演を数えることば. ¶唱一～戏（芝居を一場演じる）. 同 机械を数えることば. ¶一～机器（1台の機械）. ❼[名] "台湾省 Táiwānshěng"の略称. ¶～胞 tāibāo. ❽[素] 机. テーブル. ¶写字～ xiězìtái（事務机）/ 柜～ guìtái（商店のカウンター). ❾ →台风 táifēng ❶ ❿（Tái）姓.
☞ 台 tāi

【台胞】Táibāo [名] 台湾の同胞.
【台北】Táiběi《地名》台北(ﾍﾟｲ). 台湾省の中心都市.
【台本】tāiběn [名] 台本. シナリオ. 同 脚本 jiǎoběn
【台笔】táibǐ [名]（キャップがペン立てと一体になっている）卓上ペン.
【台布】táibù [名]〔量 块 kuài〕テーブルクロス. ¶铺 pū 上～ / テーブルクロスを敷く.
【台步】táibù [名]（～儿）《芸能》（舞台上の役者の）歩き方.
【台秤】táichèng [名] ❶ 台ばかり. 同 磅秤 bàngchèng ❷[方] 卓上ばかり.
【台词】táicí [名]《芸能》〔段 duàn, 句 jù〕芝居などのせりふ. ¶念～ / せりふを読み上げる. ¶熟记 shújì ～ / せりふをしっかり暗記する.
【台灯】táidēng [名]〔量 盏 zhǎn〕電気スタンド.
【台地】táidì [名] 台地.
【台端】táiduān [名] 相手方を指す敬称. ¶谨 jǐn 聘 pìn ～为 wéi 本社戏剧指导 / 謹んで貴下をわが社の演劇指導員としてお迎えします. [表现] 役所や団体などからの個人への書簡に用いる.
【台风】táifēng [名] ❶《気象》台風. ¶～眼 / 台風の目. ¶今晚九号～将在温州一带登陆 dēnglù / 今夜は台風9号が温州一帯に上陸しそうだ. ❷（～儿）役者の芸風.
【台海】Táihǎi [名] "台湾海峡"（台湾海峡）の略.
【台驾】táijià [旧][敬] あなた様. 貴殿.
【台鉴】táijiàn [動] ご覧になる. ¶王老师～ / 王先生ご覧ください. [表现] 手紙の書き出しに使う.
【台阶】táijiē [名]（～儿）❶〔量 级 jí〕階段. ¶上～时不小心捧 shuāi 了一跤 jiāo / 階段を上がる時、不注意で転んでしまった. ❷（出口のない膠着ﾁｬｸした状態から抜け出す）手段. 機会. ❸（仕事上での）新たな局面. ¶再上新～ / 新しい局面を開く. [用法] ②は動詞"下 xià", ③は"再上 zàishàng"とともに用いることが多い.
【台历】táilì [名]〔量 本 běn〕卓上カレンダー. 反 挂历 guàlì
【台盟】Táiméng [名] "台湾民主自治同盟"（台湾民主自治同盟）の略.
【台面】táimiàn [名][方] ❶ 人の集まる座や場. ¶这样做～上也讲得过去 / これなら公の場でも話すことができる. ❷ 賭博(ﾊﾞｸ)の賭け金. ¶输～ / 勝ち負けの金.
【台盘】táipán [名][方] ❶ 宴席. 同 席面 miàn ❷ 社交の場. にぎにぎしい場所.
【台球】táiqiú [名] ❶ ビリヤード. ¶你会玩～吗？ / 君、ビリヤードできる？ ❷ ビリヤードの球. ❸[方] 卓球.
【台扇】táishàn [名] 卓上扇風機.
【台商】Táishāng [名] 台湾からのビジネスマン.
【台式电脑】táishì diànnǎo [名] デスクトップ型パソコン.
【台胞】Táishǔ [名] 多くの大陸居住の台湾人の親族.
【台田】táitián [名]《農業》周囲に溝を掘り, その土をつき固めて高台にした畑. [参考] 低湿地帯で, 冠水防止のために造る.
【台湾】Táiwān《地名》台湾(ﾜﾝ). 福建省と海峡をはさんで向かい合う島. 中心都市は"台北 Táiběi", 略称は"台 Tái".
【台湾海峡】Táiwān hǎixiá《地名》台湾海峡. [表现] "台海"とも言う.
【台钟】táizhōng [名][方]〔量 座 zuò〕置き時計. ¶～

刚敲过两点 / さっき置き時計が2時を打ったばかりだ．㊥ 座钟 zuòzhōng

【台柱】táizhù 名 スタンド．
【台柱子】táizhùzi 名 ❶ 舞台の中心となる役者．¶你是剧团 jùtuán 的 / あなたは劇団の立役者です．❷ 組織の中核をなす幹部．
【台资】Táizī 名 台湾資本．
【台子】táizi 名 ❶ 〔张 zhāng〕ビリヤードや卓球などの台．❷[方] テーブル．❸ 舞台．壇．㊥ 台 tái ①
【台钻】táizuàn 名《機械》卓上ボール盤．

邰 Tái
阝部5　全7画　㊃ 2762₇　通用

名 姓．

苔 tái
艹部5　全8画　㊃ 4460₃　次常用

名《植物》コケ．
☞ 苔 tāi
【苔藓】táixiǎn 名《植物》コケ植物の総称．¶～植物 / 蘚苔 (せん)植物．
【苔原】táiyuán 名《地学》ツンドラ．

抬(異 擡) tái
扌部5　全8画　㊃ 5306₀　常用

動 ❶ 上げる．持ち上げる．¶～起头来(頭をもたげる) / ～手 táishǒu / ～脚(足を上げる．引き上げる) / ～价 táijià．❷ (二人以上で持ったり担いで運ぶ．¶一个人搬不动,两个人～得动(一人で運べなくても二人なら運べる) / 把桌子～过来(テーブルを二人で運んでくる)．❸㊥ 言い合う．口論する．¶～杠 táigàng．
【抬秤】táichèng 名 (二人がかりでさおを担いで計る)大型のさおばかり．
【抬杠】tái//gàng 動 ❶ (つまらない事で)言い争う．¶～拌嘴 bànzuǐ / 口げんかをする．¶我没时间跟你～ / つまらない事で君とやり合っている時間はない．㊥ 抬杠子 tái gàngzi ❷㊥ 棺(ひつぎ)を担ぐ．
【抬高】tái//gāo 動 ❶ 高くかつぎ上げる．¶～担架 dānjià / 担架を高くもち上げる．❷ 高く評価する．高く値をつける．¶～自己,打击别人 / 己を高しとして他人を攻撃する．¶你把她抬得太高了 / 君は彼女を買いかぶりすぎている．⓵ 贬低 chènjī～ / 便乗して値上げする．
【抬价】tái//jià 動 値上げする．¶趁机 chènjī～ / 便乗して値上げする．
【抬肩】táijian 名 上着の肩からわきの下までの寸法．そで付けの寸法．㊥ 抬裉 táikèn
【抬轿子】tái jiàozi ㊥ ㊙ (権力者におべっかを使う．へつらう．用法"吹喇叭 chuī lǎba"(おだてる)と併用することが多い．
【抬举】táiju 動 (人を)高く評価する．抜擢する．¶不识 bùshí～ / 人に高く買われているのに気づかない．¶多谢您的～ / お引き立ていただき感謝いたします．㊥ 抬举抬举
【抬升】táishēng 動 (地形や気流などが)隆起する．上昇する．
【抬手】tái//shǒu 動 ❶ 手を上げる．❷ 手加減する．手心を加える．
【抬头】tái//tóu 動 ❶ 頭をもたげる．顔を上げる．¶～一看 / 頭を上げてちょっと見る．㊥ 仰头 yǎngtóu ⓵ 低头 dītóu ❷ (抑えられていた人や物事が)勢いを得る．台頭する．¶有了重新 chóngxīn～的机会 / 盛り返すチャンスができた．
【抬头】táitóu ❶動 昔の文書などで,敬意を示すべき名前が行の冒頭にあるように,文の途中でも改行し,他の行より一段高い位置から書き始める．❷ 名 伝票などの受取人の名を書く所．
【抬头纹】táitóuwén 名 ひたいのしわ．

骀(駘) tái
马部5　全8画　㊃ 7316₀　通用

名 ㊇ 駑馬(ど)．凡才のたとえ．

炱 tái
火部5　全9画　通用

名 すす．¶煤～ méitái (石炭のすす) / 松～ sōngtái (松を燃やしたすす)．㊥ 烟子 yānzi

跆 **tái**　⻊部 5　[四] 6316₀　全12画　[通用]

[動] 足で踏む．¶～藉 táijiè (踏みつける) / ～拳道 táiquándào．

【跆拳道】táiquándào [名]《スポーツ》テコンドー．

鲐(鮐) **tái**　鱼部 5　[四] 2316₀　全13画　[通用]

[名]“鲐鱼 táiyú”に同じ．

【鲐鱼】táiyú [名]《魚》サバ．鯖．

薹 **tái**　艹部14　[四] 4410₄　全17画　[通用]

[名] ❶《植物》スゲ．❷《植物》(ニラ・アブラナ・ニンニクなどの)茎．花軸．❸(Tái)姓．

太 **tài**　大部 1　[四] 4003₀　全 4 画　[常用]

Ⅰ[副] ❶(“太＋[形] / [動]＋了”の形で，その程度が著しいことを表わし)すごく．とても．たいへん．まったく．

①プラス評価で，賛嘆・感嘆の気分を表わす．¶～好了！/ すばらしい！¶～棒了！/ (体力・能力が)たいしたものだ．¶～便宜了 / すごく安い．¶这个孩子～聪明了 / この子はとても賢い．¶～谢谢您了 / どうもありがとうございました．¶你说得太～了 / まったくおっしゃる通りです．

②マイナス評価で，いささか不満の気分を表わす．¶他～自私 / 彼はわがままにすぎる．¶～贵了,便宜点儿行不行？/ 高すぎます,少し安くしてもらえませんか．¶～艳 yàn 了！/ ハデすぎ．¶今天～热了 / 今日はすっごく暑い．¶那～不方便了 / それは本当に不便だ．¶～不像话了 / まったく話にならん．¶这个电影～没意思了 / この映画はぜんぜん面白くない．

❷(限度を超えていることを表わし)あまり…しすぎる．¶情节～复杂,一时还弄不清楚 / 内容があまりにも込み入りすぎていて,とっさにはなかなか飲み込めない．¶我不爱吃～辣的 / 辛すぎるものは苦手だ．

❸(“不＋太＋[形] / [動]”で否定の語気を弱め)あまり…ではない．それほど…ではない．¶这种颜色不～合适 / この色はあまり合わない．¶不～喜欢 / あまり好きではない．¶我不～想去 / あまり行きたくない．

Ⅱ[素] ❶大きい．高い．¶～空 tàikōng．¶～庙 tàimiào．

❷最も．極めて．¶～古 tàigǔ．

❸身分が最高の人．¶～老师 / 先生の父,父の先生．

Ⅲ(Tài)姓．

【太白星】tàibáixīng [名]《天文》金星の古称．

【太仓一粟】tài cāng yī sù [成] ごくわずかなこと．[由来] 大きな倉の中の一粒の粟，という意から．

【太阿倒持】Tài ē dào chí [成] 権力を他人に握らせたばかりに,自分が脅威にさらされる．[同] 倒持太阿 [由来]“太阿”(宝剣の名)を逆さまに持つ，という意から．

【太公】tàigōng [名][方] 曾祖父．

【太公钓鱼,愿者上钩】Tài gōng diào yú,yuàn zhě shàng gōu [成] 自ら進んで詐欺などに引っかかる．[同] 姜 Jiāng 太公钓鱼 [由来] 太公望(呂尚)の釣り針はまっすぐで,えさもつけなかったので,魚のほうで望みでもしなければかからなかった，という伝説から．

【太古】tàigǔ [名] 有史以前．太古．¶～时代 / 太古の時代．[参考]「尭(ぎょう)・舜(しゅん)」以前をいう．

【太行山】Tàihángshān《地名》太行(たいこう)山脈．河北高原と山西高原の間を走る山脈．

【太后】tàihòu [名]〔[量] 位 wèi〕皇帝の母．

【太湖】Tàihú《地名》太湖(たいこ)．[参考] 江蘇省南部にある中国第三の淡水湖．“太湖石”の産地として有名．

【太湖石】tàihúshí [名] 江蘇省太湖産の石．[参考] 水の浸食により奇怪な形になる．築山にしたり庭園に置いたりして観賞する．

太湖石

【太极】tàijí [名]《哲学》太極．宇宙の根源．

【太极拳】tàijíquán [名]《武術》太極拳．¶打～ / 太極拳をする．[参考] 伝統的な拳法の一つで,武術としてのほかに健康法として広く行われる．

【太极图】tàijítú [名]《哲学》太極図．宇宙を形象化した図．

太极图

【太监】tàijiàn [名]〔[量] 个 ge,名 míng〕宦官(かんがん)．

【太空】tàikōng [名] 大気圏外．宇宙．¶遨游 áoyóu～ / 宇宙を旅する．

【太空舱】tàikōngcāng [名] 宇宙船内の船室．[参考] 実験機器の設置室や乗組員の生活室など,目的に併せて区分けされた個々のスペース．

【太空车】tàikōngchē [名] ❶[俗] 月面や火星表面などを探測する車．❷①の形状に似せた玩具の総称．⇨月球车 yuèqiúchē ②

【太空船】tàikōngchuán [名] 宇宙船．

【太空服】tàikōngfú [名] 宇宙服．

【太空垃圾】tàikōng lājī [名] 宇宙ゴミ．

【太空人】tàikōngrén [名] ❶宇宙飛行士．❷宇宙人．[同] 外星人 wàixīngrén ❸妻が海外にいる夫．[参考] ③は,“太太”(妻)の場所が“空空”(空席)だ,という意から．香港や台湾で用いる,ユーモアを込めた用法．

【太空葬】tàikōngzàng [名] 宇宙葬．

【太空战】tàikōngzhàn [名] 宇宙戦争．

【太空站】tàikōngzhàn [名] 宇宙ステーション．

【太庙】tàimiào [名]〔[量] 座 zuò〕皇帝が祖先を祭る霊廟．

【太平】tàipíng [形] 社会が安定して平和だ．¶天下～ / 天下泰平だ．

【太平鼓】tàipínggǔ [名] ❶《音楽》打楽器の一つ．柄のついた鉄輪にヒツジの皮を張り，細長いばちでたたく．柄に10数個の小さい鉄輪がついていて,鼓をたたくと同時に鳴る．❷《芸能》太鼓をたたきながら踊る民間舞踊．

【太平花】tàipínghuā [名]《植物》バイカウツギの近縁種．

【太平间】tàipíngjiān [名]〔[量] 个 ge,间 jiān〕病院の霊安室．

【太平龙头】tàipíng lóngtóu [名] 消火栓．

【太平门】tàipíngmén [名]〔[量] 道 dào,个 ge〕(公共

T

施設やバスなどの)非常口.
【太平鸟】tàipíngniǎo 名《鸟》キレンジャク.
【太平盛世】tài píng shèng shì 成 平和で繁栄している時代.
【太平梯】tàipíngtī 名非常階段.
【太平天国】Tàipíng tiānguó 名《歴史》太平天国(たいへいてんごく)の乱. 清末に起こった, 洪秀全の指導する上帝会を中心とした大規模な農民反乱(1851-1864).
【太平无事】tàipíng wúshì 句平穏無事だ.
【太平洋】Tàipíngyáng《地名》太平洋.
【太婆】tàipó 名〔旧〕曾祖母.
【太上皇】tàishànghuáng 名❶ 皇位を息子に譲って退位した皇帝に対する称号. ❷ 陰で実権を握る人. 黒幕.
【太上老君】Tàishàng Lǎojūn 名《宗教》道教で"老子 Lǎozǐ"に対する敬称.
【太甚】tàishèn 形手ひどい. ¶欺人～/成ひどく人をだます.
【太师椅】tàishīyǐ 名〔⑥ 把 bǎ〕木製のひじ掛けいす.
【太守】tàishǒu 名《歴史》古代, 郡の長官の官名.
【太岁】tàisuì 名❶《天文》星の名. 太歳星. ❷ 神の名. ❸⑫ 土地の有力者. ボス. ¶他是这里的～, 谁也不敢得罪 dézuì 他 / 彼はここのボスだから, 誰も彼の気に障るようなことはしない. 参考①は, 古代中国の天文学で, 暦の算定のために想定された架空の星の名. 約12年で天を一周する木星"岁星"の軌道を, 木星とは逆方向に運行する"太岁"という星を仮定して, 十二支に対応した暦法の規準とした. ②は, 大地にあって太歳星とともに運行していると された.
【太岁头上动土】tàisuì tóushang dòng tǔ 成権力者や有力者の怒りに触れる. 由来 太歲(古代の神の名)の頭上の土を掘るの意. 古代, 太歲の方位で土木工事をすると災害に遭うと考えられたことから. ⇒太岁
*【太太】tàitai 名❶〔旧〕奥様. 役人の妻の通称. ❷〔旧〕奥様. 使用人が女主人を呼ぶ敬称. ❸既婚女性に対する敬称. ❹（人またば自分の）奥さん. ¶你一怎么不一起来呢? / 君の奥さんはどうして一緒に来ないの? ❺〔方〕曾祖母または曾祖父. 用法③は"张～", "王～"のように, 夫の姓につける. ④は人称代名詞の後ろにつける.
【太息】tàixī 名〈文〉深く嘆息する.
【太学】tàixué 名大学(だいがく). 古代の最高学府.
*【太阳】tàiyáng 名❶ 太陽. ¶～出来了 / 太陽が出てきた. ❷日差し. ❸"太阳穴 tàiyángxué"に同じ.
【太阳地儿】tàiyángdìr 名ひなた.
【太阳电池】tàiyáng diànchí 名太陽電池.
【太阳风】tàiyángfēng 名《天文》太陽風.
【太阳黑子】tàiyáng hēizǐ 名《天文》黒点. 太陽黒点.
【太阳活动】tàiyáng huódòng 名《天文》太陽活動.
【太阳镜】tàiyángjìng 名サングラス. 同 墨镜 mòjìng.
【太阳历】tàiyánglì 名太陽暦. 陽暦. 同 阳历.
【太阳帽】tàiyángmào 名つばの広い帽子.
【太阳能】tàiyángnéng 名太陽エネルギー. ¶～电池 / 太陽電池. ¶利用～发电 / 太陽エネルギーを利用して発電する.
【太阳能热水器】tàiyángnéng rèshuǐqì 名太陽熱温水器.
【太阳鸟】tàiyángniǎo 名《鸟》タイヨウチョウ.
【太阳系】tàiyángxì 名《天文》太阳系.
【太阳穴】tàiyángxué 名こめかみ.

【太爷】tàiyé 名❶ 祖父. ❷〔方〕曾祖父.
【太医】tàiyī 名❶ 皇室の医者. 同 御医 yùyī. ❷ 民間での医師の尊称.
【太阴】tàiyīn 名❶月. ¶～历 / 太陰暦. ❷《中医》人体の経脈の名. 脾と肺の二経をいう.
【太原】Tàiyuán《地名》太原(たいげん). 山西省の省都.
【太子】tàizǐ 名皇太子. 王や皇帝の息子で, 王位または皇位の継承者. ¶～妃 fēi / 皇太子妃.

汰 tài
氵部4 3413₃
全7画 次常用

素 取り除く. ¶淘～ táotài (淘汰⁼⁼をする).

态(態) tài
心部4 4033₃
全8画 常用

❶素 姿や形. ありさま. ¶丑～ chǒutài (醜態) / 变～ biàntài (変態) / ～度 tàidù. ❷素〈言語〉態. ヴォイス. ❸ (Tài)姓.
*【态度】tàidù 名❶ 態度. しぐさ. ¶～大方 / 自然体でのびのびしている. ¶～恶劣 èliè / 態度が悪い. ❷（ある事に対する）見方. 取り組み方. ¶工作～ / 仕事の仕方. ¶服务～ / 接客態度.
【态势】tàishì 名情勢.

肽 tài
月部4 7423₀
全8画 通用

名《化学》ペプチド. 同 胜 shēng.

钛(鈦) tài
钅部4 8473₀
全9画 通用

名《化学》チタン. チタニウム. Ti.

泰 tài
水部5 5090₀
全10画 常用

❶素 安らかだ. ゆったり落ち着いている. ¶～然处之 zhī. ❷素〈文〉最も. きわめて. ¶～西 Tàixī. ❸ (Tài)素《国》泰国の略称. ❹ (Tài)姓.
【泰斗】tàidǒu 名〔⑥ 位 wèi〕その道の大家. 泰斗(たいと). ¶当今文坛 wéntán ～ / 現在の文壇における第一人者. 同 泰山北斗 TàishānBěidǒu. 由来 泰山や北斗七星のように, 人から仰ぎ見られる立場の人, という意味から.
【泰戈尔】Tàigē'ěr《人名》タゴール(1861-1941). インドの詩人・思想家・平和運動家.
【泰国】Tàiguó《国名》タイ.
【泰国铢】Tàiguózhū 名バーツ. タイの通貨単位.
【泰然】tàirán 形悠然としている. 落ち着いている. 同 恬然 tiánrán.
【泰然处之】tài rán chǔ zhī 成泰然として事に当たる.
【泰然自若】tài rán zì ruò 成落ち着いている. 泰然自若としている.
【泰山】❶ Tàishān《地名》泰山(たいざん). 山東省にある山の名. ❷tàishān 名岳父. 参考①は, 中国の五大名山の一つ. 価値ある物や地位の高い人のたとえにも用いる. ②は, 配偶者の父親を指す古い呼び方. 配偶者の母親は, "泰水 tàishuǐ"と言う.
【泰山北斗】Tài shān běi dǒu 成厚い人望や卓越した業績によって人々から仰ぎ見られる人. 泰斗.
【泰山压顶】Tài shān yā dǐng 成プレッシャーが大きい. ¶～之势 shì / 圧倒的な強大な力.
【泰晤士河】Tàiwùshìhé《地名》テムズ川(イギリス).
【泰西】Tàixī 名〈文〉西洋. 表現 主にヨーロッパを指す.

酞 tài
酉部4 1463₀
全11画 通用

名《化学》フタレイン.

tan ㄊㄢ〔t'an〕

坍(異 坍) tān
土部4 [四] 4714₀
全7画 [通用]

[動] ❶ 崩れ落ちる．倒壊する．¶ 墙～了(塀が崩れ落ちた)／房子～了 fángzi ～ le tāndǎole 了(家屋が倒壊した)．囫 塌 tā ❷ (家などが)落ちぶれる．

【坍方】tān//fāng (道路や堤防が)土砂崩れする．(トンネルが)崩れ落ちる．囫 塌方 tāfāng

【坍缩】tānsuō 動 〈天文〉(天体が)収縮して密度を増す．

【坍塌】tāntā 動 倒壊する．崩れる．¶ 严防河堤 hédī ～／堤防の決壊を厳重に警戒する．用法 山の斜面・河の堤防・壁・積み上げた物などに言う．

【坍台】tān//tái 動方 ❶ つぶれる．維持できなくなる．囫 倒台 dǎotái、垮台 kuǎtái、塌台 tātái ❷ 醜態を演じる．恥をさらす．

贪(貪) tān
贝部4 [四] 8080₂
全8画 [通用]

[動] ❶ むさぼる．よくばる．¶ ～玩 tānwán ／～便宜 tān piányi ／～得 dé 无厌 yàn． ❷ 金をむさぼる．賄賂(ろ)を取る．¶ ～墨 tānmò ／～污 tānwū.

【贪杯】tānbēi 酒をひどく好む．

【贪财】tān//cái 動 金銭をむさぼる．¶ ～枉法 wǎngfǎ ／金を受け取って法を曲げる．¶ ～害命 ／金のために人を殺す．

【贪吃】tānchī 形 おいしい物に目がない．

【贪大求全】tān dà qiú quán 成 実state や必要性を無視して，規模の大型化や設備の完備などを求める．

【贪得无厌】tān dé wú yàn 成 欲が深く，飽くことを知らない．¶ ～的家伙 ／欲の皮が突っ張ったやつ．

【贪多嚼不烂】tān duō jiáobùlàn 俚 欲張りすぎて失敗する．由来 たくさん頬ばりすぎるとうまく噛めない，の意から

【贪官】tānguān 名 汚職官僚．

【贪官污吏】tānguān wūlì 汚職官吏．¶ 整治 zhěngzhì～／汚職官吏をこらしめる．

【贪贿】tānhuì 動 賄賂(ろ)をむさぼる．

【贪婪】tānlán 形 ❶ 貪欲(どん)だ．¶ ～的豺狼 cháiláng ／貪欲なヤマイヌやオオカミ．貪欲で無慈悲な悪人．¶ ～地学习科学知识 ／科学知識を貪欲に学ぶ．囫 贪心 tānxīn

【贪恋】tānliàn 動 大いに心がひかれる．¶ ～北京的秋天 ／北京の秋にとても心ひかれる．

【贪墨】tānmò 動文 "贪污 tānwū"に同じ．

【贪内助】tānnèizhù 名 汚職役人の(共犯行為をする)妻．

【贪便宜】tān piányi 句 うまい汁を吸おうとする．利益をむさぼる．

【贪求】tānqiú 動 しきりに求める．

【贪色】tānsè 形 好色だ．囫 好色 hàosè

【贪生】tānshēng 動 命を惜しむ．

【贪生怕死】tān shēng pà sǐ 成 〈命を賭(と)すべき大事を前に〉命を惜しみ，死を恐れる．¶ ～，临阵 línzhèn 脱逃 tuōtáo ／死を恐れて敵前逃亡する．

【贪天之功】tān tiān zhī gōng 成 他人の功績を横取りする．囫 贪天 由来『春秋左氏伝』僖公(きこう)24年のことばから．

【贪图】tāntú 動 むさぼり求める．¶ ～钱财 qiáncái ／財物をむさぼる．¶ ～舒适 shūshì ／快適さばかり求める．

【贪玩】tānwán 動 (～儿)趣味や遊びに没頭する．¶ 小孩儿天性～／子供は，生まれつき遊びが好きだ．

【贪污】tānwū 動 (収賄や横領などの)汚職をする．¶ ～犯 ／汚職犯．¶ 因～被撤职 chèzhí ／汚職が原因で解雇された．

【贪污罪】tānwūzuì 名〈法律〉汚職罪．

【贪小失大】tān xiǎo shī dà 成 目先の利益に目がくらんで大きな損をする．

【贪心】tānxīn ❶ 名 あくなき欲望．❷ 形 欲が深い．¶ 你太～了／君，欲が深すぎるよ．

【贪欲】tānyù 名 貪欲(どん)．

【贪赃】tān//zāng 動 (役人が)賄賂(ろ)を受け取る．

【贪赃枉法】tān zāng wǎng fǎ 法を犯してわいろを受け取る．

【贪占】tānzhàn 不法に占有する．横領する．囫 侵 qīn 占

【贪嘴】tānzuǐ 形 食いしん坊だ．

啴(嘽) tān
口部8 [四] 6805₆
全11画 [通用]

下記熟語を参照．
☞ 啴 chǎn

【啴啴】tāntān 形文 家畜があえぐようす．

摊(攤) tān
扌部10 [四] 5001₅
全13画 [常用]

❶ 動 ならべる．広げる．¶ ～场 tānchǎng ／把问题～到集会上(問題を会場の上に上げる)． ❷ 動〈料理〉のり状の物を，薄くのばして焼く．¶ ～鸡蛋 tānjīdàn ／煎饼 jiānbǐng〔"煎饼"を焼く〕．❸ 名 (～儿)露店．屋台．¶ ～售 tānshòu． 囫 摊子 tānzi ❹ 動 (仕事や金品などを)割当る．¶ ～派 tānpài ／每人～五元(各人が5元ずつ負担する)．❺ 動 (意に反したことに)出会う．ぶつかる．¶ ～上这种事故真倒霉 dǎoméi (こんな事故にあうなんて本当に不運だ)．❻ 量 広がった液体状の物を数えることば．¶ 地下有一～血(地面に血だまりができている)．

【摊薄】tānbáo 動〈経済〉(株式を)難平(なんぴん)買いする．

【摊场】tān//cháng 動 収穫した穀物を日にさらすため，平地にならし広げる．

【摊点】tāndiǎn 名 屋台．露店．

【摊贩】tānfàn 名〔個 个 ge，名 míng〕露天商．

【摊鸡蛋】tānjīdàn 名〈料理〉オムレツ．

【摊开】tānkāi 動 平らに広げる．¶ 把地图～／地図を広げなさい．

【摊牌】tān//pái 動 ❶ 手元のカードをすべて出して，勝敗を決する．❷ (交渉などの最終段階で)意見や条件をすべて相手に示す．¶ 我已～了 ／私はもう手の内をすべて出したよ．

【摊派】tānpài 動 (仕事や費用を)多くの人や各地域，機関に均等に割当てる．

【摊商】tānshāng 名 "摊贩 tānfàn"に同じ．

【摊手】tān//shǒu 動 手を放す．¶～不管 ／手を放し，口出ししない．¶ 你一～，局面更乱了 ／あなたが手を引いたら，事態はますますひどいことになる．

【摊售】tānshòu 動 露店で販売する．

【摊位】tānwèi 名 売り場．ブース．

【摊主】tānzhǔ 名 露店や屋台の主人．

【摊子】tānzi 名 露店．屋台．¶ 烂 làn～／収拾のつかない状況のたとえ．¶ 摆 bǎi～／見栄を張る．

滩(灘) tān
氵部10 [四] 3011₅
全13画 [常用]

名 ❶ 中州(ﾁｭｳｼｭｳ). 砂浜. ¶海～(渚ﾅｷﾞｻ). ❷ 瀬. ¶险～ xiǎntān (危険な瀬).
【滩地】tāndì 名 水辺の平地. 砂浜. 河川敷.
【滩头】tāntóu 名 砂浜.
【滩涂】tāntú 名 川や海の泥砂が河口近く, または海岸付近に沈積してできた浅い砂浜. 同 海涂 hǎitú
【滩羊】tānyáng 名 寧夏回族自治区の黄河沿岸に産する毛皮用の羊の一種.

瘫(癱) tān

疒部10 四 0011₅ 全15画 次常用

下記熟語を参照.

【瘫痪】tānhuàn 動 ❶ 神経の障害のため, 麻痺(ﾏﾋ)して動けなくなる. ¶半身～ / 半身不随で動けない. ❷ 正常に機能しなくなる. ¶交通运输陷于 xiànyú / 交通が麻痺(ﾏﾋ)状態になる.
【瘫软】tānruǎn 動 手足や体がぐったりして動かせない. ¶吓 xià 得手脚～ / びっくりして手足の力が抜けた.
【瘫子】tānzi 名〔圖 个 ge〕体が麻痺(ﾏﾋ)した人.

坛(壇❶～❸, 罎❹ / 異 墰❹, 罈❹) tán

土部4 全7画 四 4113₂ 常 用

❶ 名 (土や石を積上げて築いた) 祭祀や儀式などを行うための台. ¶天～ Tiāntán (天壇). ❷ 名 (文芸・評論・スポーツなどの) グループ. 陣営. ¶文～ wéntán (文壇) / 乒～ pīngtán (卓球界). ❸ 名 (花などを植えるため) 盛土をした所. ¶花～ huātán (花壇). ❹ 名 (～儿) つぼ. かめ. ❺ 量 ❹に入ったものを数えることば. ¶两～酒 (二かめの酒).

【坛坛罐罐】tántánguànguàn 名 ありふれた家財道具. ¶家里只有一些不值钱的～ / 家には一文にもならないような家財道具しかない.
【坛子】tánzi 名〔圖 个 ge, 口 kǒu〕(酒·酢·醤油などを入れる) 陶器のつぼ. かめ.

昙(曇) tán

日部4 四 6073₂ 全8画 次常用

形 文 雲が多い. 曇っている. ¶一天(曇り空).

【昙花】tánhuā 名 ❶ (植物) ゲッカビジン. ❷ (植物) ゲッカビジン. ❸ めったにない物, はかなく消える物のたとえ.
【昙花一现】tán huā yī xiàn 成 めったにない物, は時代の寵児(ﾁｮｳｼﾞ)などが, またたく間に消え去ること.

倓 tán

亻部8 四 2928₉ 全10画

形 文 静かだ. 用法 人名に用いることが多い.

昙 花②

郯 Tán

阝部8 四 9782₇ 全10画 通 用

素 地名用字. ¶～城 Tánchéng (山東省にある県名).

谈(談) tán

讠部8 四 3978₉ 全10画 通 用

❶ 動 話す. 対話する. ¶面～ miàntán (面談する) / 请你来～一～ (どうぞこちらで話をしましょう) / ～天 tántiān / ～恋爱 (恋愛する). 同 道 dào, 讲 jiǎng, 说 shuō ❷ 名 話. 言論. ¶无稽 wújī 之～ 成 荒唐無稽の話). 同 道 dào, 说 shuō ❸ (Tán) 姓.

【谈柄】tánbǐng 名 ❶ 話の種. 話柄(ﾜﾍｲ). ❷ 昔の文人が話をする時に持った払子(ﾎｯｽ).
【谈不来】tánbulái 動 話が合わない. 気が合わない. ¶我跟他～ / 彼とは相性が悪い. ¶～就别谈了 / 話が合わないなら, 話すのをやめなさい. 同 说不来 shuōbulái 反 谈得来 tándelái
【谈不上】tánbushàng 動 とても話にならない. 問題にならない. 同 谈不到 tánbudào 反 谈得上 tándeshàng
【谈到】tándào 動 話が及ぶ. 言及する. ¶刚才～的问题很重要 / 今話した問題はとても重要だ.
【谈得来】tándelái 動 話が合う. 気が合う. ¶他们俩很～ / あの二人はとても気が合う. ¶没几个能～的朋友 / あっての友人は何人もいない. 同 说得来 shuōdelái 反 谈不来 tánbulái
【谈锋】tánfēng 名 話しぶり. ¶～甚健 shènjiàn / 能弁だ. 弁が立つ.
【谈何容易】tán hé róng yì 成 口で言うほど簡単ではない. 言うは易(ﾔｽ)し.
【谈虎色变】tán hǔ sè biàn 成 日頃恐れていることの話をしただけで, 顔色が変わる.
*【谈话】tán//huà 動 ❶ (複数の人が) 互いに話す. ¶王主任正在和小张他们～呢 / 王主任は今ちょうど, 張さんたちと話しているところだ. ❷ (上の者が下の者に) ちゃんと話す. 意見を表明する. ¶校长 xiàozhǎng 的～ / 学長のあいさつ.
【谈家常】tán jiācháng 旬 世間話をする.
【谈论】tánlùn 動 あれこれ話し合う. ¶他们经常在一起～政治 / 彼らはよく政治について議論する. 同 议论 yìlùn
*【谈判】tánpàn 動 協議する. 交渉する. ¶和平～ / 和平会談. ¶～破裂 pòliè / 交渉決裂. 同 会谈 huìtán
【谈情说爱】tánqíng shuō'ài 旬 恋を語らう.
【谈天】tántiān 動 (～儿) おしゃべりをする. ¶那时我们常在一起～ / あの頃私たちはいつも一緒におしゃべりしていた. 同 聊天儿 liáotiānr
【谈天说地】tán tiān shuō dì 成 とりとめもなくよもやま話をする.
【谈吐】tántǔ 名 ことば遣いや話しぶり. ¶～不俗 bùsú / 語り口に品がある. ¶～文雅 wényǎ / 話しぶりが落ち着いていて上品だ.
【谈笑】tánxiào 動 談笑する.
【谈笑风生】tán xiào fēng shēng 成 会話が楽しくて趣がある.
【谈笑自若[如]】tán xiào zì ruò [rú] 成 (危急の時も) 平常心で談笑する.
【谈心】tán//xīn 動 腹を割って話す. ¶促膝 cùxī～ / 成 ひざをつき合わせて打ち明け話をする.
【谈兴】tánxìng 名 (話の) おもしろみ. 興趣.
【谈资】tánzī 名 話の種. 話題.

弹(彈) tán

弓部8 四 1825₆ 全11画 常 用

❶ 動 はじく. ¶～射 tánshè / 把帽子上的土～下去 (帽子のほこりを指ではじき落とす). ❷ 動 演奏する. ¶～琴 (琴をひく) / ～琵琶 pípa (琵琶をひく) / ～钢琴 gāngqín (ピアノをひく). ❸ 動 機械でたたく. ¶～棉花 miánhuā (綿を打つ). ❹ 形 弾性をもっている. ¶～性 tánxìng. ❺ 素 官史の不正を摘発する. ¶～劾 tánhé.

☞ 弹 dàn

【弹拨】tánbō 動《音楽》(弦楽器をバチや指で)はじいて鳴らす.
【弹拨乐器】tánbō yuèqì 名《音楽》(琵琶や月琴などのバチや指で鳴らす)弦楽器.
【弹唱】tánchàng 動 弾きながら歌う. 弾き語りをする.
【弹词】táncí 名《芸能》中国の南方で行われている,歌と語りの芸能. また,その底本. 参考 "三弦 sānxián"で伴奏し,琵琶(ピ)が加わることもある.
【弹冠相庆】tán guān xiāng qìng 成 貶 (自分も将来役人に引き立ててもらえると)仲間の就任を喜びあう. 由来『漢書』王吉伝に見える逸話. 王吉が高官につくと,友人の貢禹が自分の帽子のほこりを払って役人になる準備をした,という話から.
【弹劾】tánhé 動 弾劾する. ¶ 因贪污 tānwū 被～／汚職が原因で弾劾される.
【弹簧】tánhuáng 名 根 gēn バネ. ¶ ～床／スプリング式のベッド. ¶ ～门／バネ式の自動ドア.
【弹簧秤】tánhuángchèng 名 バネばかり.
【弹力】tánlì 名 弾力. ¶ 失去了～的橡皮圈 xiàngpíquān／弾力がなくなったゴムバンド.
【弹球】tánqiú 動 ビー玉遊びをする. ¶ ～盘／(日本の)パチンコ.
【弹射】tánshè 動 ❶(弾力や圧力を利用して)発射する. ❷ 指摘したり,批判する.
【弹升】tánshēng 動《経済》(価格などが)再び上昇する. 反騰(ハン)する.
【弹跳】tántiào 動 (弾力を利用して)跳び上がる. ¶ ～板／踏み切り板. ¶ ～力／跳躍力.
【弹性】tánxìng 名 ❶ 弾性. ¶ 这种橡胶 xiàngjiāo 鞋底富有～／このゴムの靴底は,クッションがいい. ❷ (状況に対応する)弾力性. ¶ ～工作制／フレックスタイム制度.
【弹压】tányā 動 弾圧する. ¶ 异见 yìjiàn 人士／異なる見解を持つ人物を弾圧する.
【弹指】tánzhǐ 形 (時間が)とても短い. ¶ ～之间／成 瞬(にゅん)く間. あっという間. ¶ 人生在世,～而过／人生はあっという間に過ぎ去る.
【弹奏】tánzòu 動 (ピアノやギターなどを)弾く. ¶ ～肖邦 Xiāobāng 的钢琴曲／ショパンのピアノ曲を弾く.

覃 tán
西部6 四 1040₆
全12画 通用

❶ 形 文 (考えなどが)深い. ¶ ～思 tánsī (深く思う).
❷ (Tán)姓.
☞ 覃 Qín

锬(錟) tán
钅部8 四 8978₉
全13画 通用

名 文 長い矛(ホル).

痰 tán
疒部8 四 0018₉
全13画 常用

名〔口 kǒu〕痰(タン). ¶ 吐了一口～／ぺっと痰を吐く／不许随地吐～(痰の吐き捨て禁止).
【痰喘】tánchuǎn 名《中医》痰のひどい喘息(ぜん).
【痰桶】tántǒng 名 痰おけ.
【痰盂】tányú 名 (～儿)〔個 个 ge,只 zhī〕痰つぼ.

谭(譚) tán
讠部12 四 3174₆
全14画 次常用

❶ 動 "谈 tán"に同じ. ❷ (Tán)姓.
【谭嗣同】Tán Sìtóng《人名》譚嗣同(♪):1865-1898. 清末の政治家,思想家. 参考 康有為と共に変法自強運動を推進した. 戊戌(ボョ)の政変(1898年)に失敗し,捕らえられ処刑された.

潭 tán
氵部12 四 3114₆
全15画 次常用

❶ 名 深い水たまり. 淵(ネゥ). ¶ 泥～ nítán (泥沼)／清～ qīngtán (澄んだ深い池)／龙～虎穴 xué 成 龍の住む淵,虎の住む穴. 危険な場所). ❷ 方 穴. くぼみ. 同 坑 kēng ❸ (Tán)姓.

谭嗣同

澹 tán
氵部13 四 3716₁
全16画 通用

下記熟語を参照.
☞ 澹 dàn

【澹台】Tántái《複姓》澹台(♪).

檀 tán
木部13 四 4091₆
全17画 次常用

名 ❶ 植物の名. 梅檀(ビャ). 同 檀树 tánshù ❷ 白檀(ビャク). 梅檀(ビャ)の別名. ¶ ～香油 tánxiāngyóu (白檀油). 同 檀香 tánxiāng,白檀 báitán ❸ 紫檀(タン). 同 紫檀 zǐtán,红木 hóngmù ❹ (Tán)姓.
【檀木】tánmù 名《植物》ビャクダン. ¶ ～扇 shàn ／ビャクダン材で作った扇. ¶ ～皂 zào ／ビャクダンの香りの石けん.
【檀香山】Tánxiāngshān《地名》ホノルル(米国).

忐 tǎn
心部3 四 2133₁
全7画

下記熟語を参照.
【忐忑】tǎntè 形 不安で落ちつかない. ¶ ～不安 ／成 不安でどきどきしている.

坦 tǎn
土部5 四 4611₀
全8画 通用

❶ 素 平らでゆったりしている. ¶ ～途 tǎntú ／平～píngtǎn (平坦で起伏がない). ❷ 素 心が安らかだ. ¶ ～然 tǎnrán. ❸ 素 率直だ. ¶ ～白 tǎnbái. ❹ (Tán)姓.
【坦白】tǎnbái ❶ 形 心にわだかまりがない. うそがない. ¶ 襟怀 jīnhuái～ ／ 虚心坦懐. 同 坦率 tǎnshuài ❷ 隐瞒 yǐnmán 实情 (自分の罪や過ちを)ありのままに話す. ¶ ～从宽,抗拒 kàngjù 从严／素直に自白する者には寛容に,抵抗する者には厳しくする.
【坦陈】tǎnchén 動 率直に話す.
【坦诚】tǎnchéng 形 うちとけていて誠実だ.
【坦诚相见】tǎnchéng xiāngjiàn 句 互いに気持ちを打ち解けあって交流する.
【坦承】tǎnchéng 動 素直に認める.
【坦荡】tǎndàng 形 ❶ 平坦で広々としている. 反 狭窄 xiázhǎi ❷ 心にわだかまりがない. ¶ 胸怀 xiōnghuái～ ／気持ちがさっぱりしていて,ものにこだわらない.
【坦克】tǎnkè 名《軍事》戦車. 同 辆 liàng 輛. ♦tank
【坦克兵】tǎnkèbīng 名《軍事》戦車兵. 装甲兵.
【坦然】tǎnrán 形 心おだやかで,ゆったりしている. ¶ 他～地回答了所有提问／彼はすべての質問に落ち着いて答えた.
【坦桑尼亚】Tǎnsāngníyà《国名》タンザニア.
【坦率】tǎnshuài 形 率直だ. ¶ 他～地说出了自己的意见／彼は率直に自分の意見を述べた. 同 坦白 tǎnbái

钅部5 四 8671。
钽(鉭) tǎn
全10画 通用

名《化学》タンタル．Ta.

扌部5 四 3621₀
袒 tǎn
全10画 次常用

素❶（胸をはだけたり腕をまくりして）肌をあらわにする．肌脱ぎになる．❷かばう．ひいきする．¶左~ zuǒtǎn（一方に加担する）．

【袒护】tǎnhù 動（欠点や誤りを）むやみにかばう．やたらと肩をもつ．
【袒露】tǎnlù 動(文) むき出す．¶~胸膛 xiōngtáng / 胸をはだける．¶~心声 / 本音をもらす．¶~真情 / 本心を見せる．(同) 暴露 bàolù
【袒胸露臂】tǎn xiōng lù bì 成 胸をはだけ腕をあらわにする．だらしない格好をすること．

艹部8 四 4480。
菼 tǎn
全11画 通用

名(文)《植物》荻(キ)．

毛部8 四 2971₈
毯 tǎn
全12画 通用

名厚手の毛織物．¶毛~ máotǎn（毛布）/ 地~ dìtǎn（じゅうたん）．⇨毯子 tǎnzi

*【毯子】tǎnzi 名〔量 床 chuáng, 条 tiáo〕毛布やじゅうたんの類．

口部2 四 6704₀
叹(嘆)(異歎) tàn
全5画 常用

動❶ため息をつく．¶~了一口气（ふぅっとため息をついた）/ 咳声 hāishēng~气（ため息ばかりつく）．❷(文)吟じる．¶一唱三~（成)一人が唱うと三人がそれに和する．詩文が味わい深いたとえ）．❸(文)称賛する．¶欢喜赞~（喜びたたえる）．

【叹词】tàncí 名《言語》感嘆詞．(同) 感叹词 gǎntàncí
参考 "啊 ā"，"哎 āi"，"哟 yō"，"哼 hng"，"嗯 ńg"，"喂 wèi"など．
【叹服】tànfú 動感心する．感服する．¶你的研究态度真让我~ / 研究に取り組むあなたの姿勢には，本当に感心します．
【叹观止矣】tàn guān zhǐ yǐ 成 最高にすばらしいものを見たとほめたたえる．(同) 叹为观止 tàn wéi guān zhǐ
由来『左伝』襄公二十九年に見えることば．呉の季札(キ)が魯で鑑賞した舜(シュ)の舞に感動し，"これまでのものを見れば十分なので，他の舞を見る必要はない"と言ったことから．
【叹号】tànhào 名 感嘆符(!)．⇨付録「句読点・かっこなどの用法」
【叹气】tàn//qì 名ため息をつく．¶长吸一口气 / 大きなため息をつく．¶他想不出什么办法，只是连连~ / 彼はどんな方法も思い浮かばず，ため息をつくばかりだ．(同) 叹息 tànxī
【叹赏】tànshǎng 動ほめたたえる．
【叹惋】tànwǎn 動(文) 嘆息して残念がる．
【叹为观止】tàn wéi guān zhǐ 成 "叹观止矣 tàn guān zhǐ yǐ"に同じ．
【叹息】tànxī 名(文) ため息をつく．¶~儿子不成材 / 息子の見込みのなさにため息をつく．
【叹惜】tànxī 動嘆息して残念がる．
【叹羡】tànxiàn 動(文) ため息をついてうらやむ．

山部6 四 2280₉
炭(異炭) tàn
全9画 常用

名❶炭．木炭．¶~窑 tànyáo．(同) 木炭 mùtàn
木炭のようになったもの．¶山楂 shānzhā~（サンザシの実のむし焼き）．❸石炭．¶阳泉大~（山西省阳泉产の石炭）．(同) 煤炭 méitàn, 石炭 shítàn

【炭笔】tànbǐ 名《美術》（デッサンなどに用いる）木炭．
【炭化】tànhuà 動炭化する．(同) 煤化 méihuà
【炭画】tànhuà 名《美術》〔量 幅 fú, 张 zhāng〕木炭画．
【炭火】tànhuǒ 名（燃えている）炭火．
【炭精】tànjīng 名❶カーボン製品の総称．❷(方)人造の炭や黒鉛の総称．
【炭疽(病)】tànjū(-bìng) 名《医学》炭疽(ター)病．
【炭盆】tànpén 名 火鉢．(同) 火盆 huǒpén
【炭窑】tànyáo 名 炭焼き窯(カ)．

扌部8 四 5709₄
探 tàn
全11画 常用

動❶（隠れている事物や情況を）探す．探る．¶~源 tànyuán（根源を探る）/ ~矿 tànkuàng / ~案子 ànzi（事件を探る）/ ~听消息（様子を探る）/ 先~一~口气（まず口ぶりから探る）．❷素 偵察にあたる人．¶密~ mìtàn（密偵）．❸動（密）偵．¶~亲 tànqīn / ~望 tànwàng．❹（顔や体を前に乗り出す．¶~出头来（顔を突出す）/ 车行时不要~身车外（走行中は，車外に身を乗り出してはいけません）．

【探病】tàn//bìng 動病気を見舞う．¶去医院~ / 病院へ見舞いに行く．
【探测】tàncè 動探測する．探査する．¶高空~ / 高空の探査．¶~器 qì / 探査機．
【探查】tànchá 動調査する．探る．
【探察】tànchá 動偵察する．調査する．
【探访】tànfǎng 動❶（事物を）探す．探訪する．❷（人を）訪ねる．訪問する．¶~多年不见的老友 / 长年会っていない古い友人を訪ねる．
【探风】tàn//fēng 動それとなく尋ねる．探りを入れる．
【探戈】tàngē 名《音楽》タンゴ．¶~舞 wǔ / タンゴのダンス．¶~曲 qǔ / タンゴの楽曲．◆ 外 tango
【探花】tànhuā 名 探花(タンマ)．明・清代に科挙で，第三位の成績で合格した者．参考 第一位は"状元 zhuàngyuán"，第二位は"榜眼 bǎngyǎn"と言った．
【探家】tàn//jiā 動帰省する．(同) 探亲 tànqīn
【探监】tàn//jiān 動（刑務所や拘留所へ）面会に行く．
【探井】tànjǐng 名《鉱業》（石油などの）試掘の井戸．
【探究】tànjiū 動究明する．¶~失败的原因 / 失败の原因を究明する．
【探勘】tànkān "勘探 kāntàn"に同じ．
【探看】tànkàn 動（あたりを）見回す．見渡す．
【探空】tànkōng 動《気象》（気温や気圧などを）観測する．
【探口气】tàn kǒuqi 句 探りを入れる．¶你先去探探他的口气 / 君，先に言って彼の腹を探ってみてくれ．(同) 探口风 tàn kǒufēng
【探矿】tàn//kuàng 動（資源を）探査する．
【探雷】tànléi 動《軍事》地雷を探す．
【探雷器】tànléiqì 名《軍事》地雷探知機．
【探骊得珠】tàn lí dé zhū 成(裏)（文字や用語が適切で）文章が要点をついている．

【探路】tàn//lù 動 道を探る. 実地調査する.
【探马】tànmǎ 名 偵察を任務とする騎兵.
【探明】tànmíng 動 調査して明らかにする. ¶～真相 zhēnxiàng / 調査して真相を明らかにする.
【探囊取物】tàn náng qǔ wù 成 きわめて容易にできる. ¶这件事对你来说,不是～吗？/ これは,あなたにとってはごく容易なことじゃないの？ 由来 袋の中を探って物を取り出す,という意から.
【探亲】tàn//qīn 離れて住んでいる父母や配偶者などを訪問する. ¶回乡～/ 郷里に帰って親族を訪ねる.
【探亲假】tànqīnjià 名 帰省休暇.
【探求】tànqiú 動 探求する.
【探伤】tàn//shāng 動《冶金》(金属の内部に欠陥がないか)調べる. 検査する.
【探身】tàn//shēn 動 身を乗り出す.
【探胜】tànshèng 動 文 美しい景色を探し求める.
【探视】tànshì 動(病人などを)訪問する.
【探索】tànsuǒ 動 ❶(事物を)探求する. ❷ 探求する. ¶～人生真谛 zhēndì / 人生の真の意味を探求する.
【探讨】tàntǎo 動 検討する. 討議する. ¶～解决问题的方法 / 問題解決の方法を討議する.
【探听】tàntīng 動(あちこちへ)探りを入れる. ¶请你一下他的住所 / 彼の住みかをちょっと探ってくれませんか.
【探头】tàn//tóu 動 首を前に突出す.
【探头探脑】tàn tóu tàn nǎo 成 慣 (～儿)首を出したり引っ込めたりする. こそこそと様子をうかがう. ¶你～儿地在看什么呀？/ 君,こそこそと何を見ているの？
【探望】tànwàng 動 ❶(様子を)見る. ❷ 留一个人在外/ 一人外に残して様子を見させる. (わざわざ遠くの)友人や病人などを見舞う. 訪問する. 同 探看 tànkàn.
【探望权】tànwàngquán 名《法律》面会権. 参考 離婚後,親権を有さない方の親が子供に会う権利.
【探问】tànwèn 動 ❶(消息·状況·意図などを)それとなく尋ねる. 同 探询 tànxún ❷ 見舞う.
【探悉】tànxī 動(正否を)確かめる. 知る.
【探险】tàn//xiǎn 動 探検する. ¶～队 / 探検隊. ¶～家 / 探検家.
【探信】tàn//xìn 動 それとなく尋ねる. 探りを入れる.
【探寻】tànxún 動 探求する. 探し求める.
【探询】tànxún 動 尋ねる. ¶～朋友的下落 / 友人の行方を尋ねる.
【探幽】tànyōu 動 文 ❶ 深遠な道理を探る. ❷ 美しい風景を探し求める.
【探长】tànzhǎng 名《警察》の捜査課長. 警視.
【探照灯】tànzhàodēng 名 〔排 pái,盏 zhǎn〕探照灯. サーチライト.
【探针】tànzhēn 名《医学》探針. ゾンデ.
【探知】tànzhī 動 探知する.
【探子】tànzi 名 ❶〔慣 个 ge,名 míng〕偵察兵. ❷ ブジー. (穀物の検査などで挿入して内容物を少量取り出すための)細い管状の器具.

碳 tàn

石部 9　四 1268₉
全14画 次常用

名《化学》炭素. C. ¶～水化合物 tànshuǐ huàhéwù.
【碳黑】tànhēi 名《化学》カーボンブラック.
【碳化】tànhuà 動 炭化する. 乾留する.
【碳化物】tànhuàwù 名《化学》炭化物.
【碳氢化合物】tànqīng huàhéwù 名《化学》炭水化素.
【碳刷】tànshuā 名《電気》カーボンブラシ.
【碳水化合物】tànshuǐ huàhéwù 名《化学》炭水化物.
【碳素钢】tànsùgāng 名《冶金》炭素鋼.
【碳酸】tànsuān 名《化学》炭酸.
【碳酸气】tànsuānqì 名《化学》二酸化炭素. 炭酸ガス. 同 二氧化碳 èryǎnghuàtàn

tang ㄊㄤ [tʻaŋ]

汤(湯) tāng

氵部 3　四 3712₇
全6画 常用

❶ 熟 湯. ¶赴 fù～蹈 dǎo 火 成 水火も辞さない. 苦難や危険を恐れない). ❷ 名 煮汁. ¶米～ mǐtāng (おも湯) / ～药 tāngyào. ❸ 名《料理》[慣 碗 wǎn] 汁もの. スープ. ¶白菜～(白菜スープ). ❹(Tāng)姓.
☞ 汤 shāng

筆順 氵 汒 汤 汤

【汤包】tāngbāo 名(～儿)《料理》スープ入りの小ぶりの肉まんじゅう.
【汤池】tāngchí ❶ 渡って攻め込むことの困難な外堀. ⇨金城 jīnchéng 汤池 ❷(銭湯の)湯ぶね. 浴槽.
【汤匙】tāngchí 名〔慣 把 bǎ〕ちりれんげ.
【汤罐】tāngguàn 名 深底のスープなべ.
【汤锅】tāngguō 名 ❶ 屠殺(ぎょう)場で使われる大なべ. 殺した家畜を熱湯につけて毛をむしる. ❷ 屠殺場.
【汤壶】tānghú 名 湯たんぽ. 同 汤婆子 tāngpózi
【汤剂】tāngjì 名《中医》[慣 服 fù, 碗 wǎn] 煎じ薬. 同 汤药 tāngyào, 汤液 tāngyè
【汤加】Tāngjiā《国名》トンガ.
【汤面】tāngmiàn 名《料理》[慣 碗 wǎn] タンメン. 汁そば.
【汤婆子】tāngpózi 名 湯たんぽ. ¶冬天,爷爷每天晚 chōng～睡觉 / 冬,おじいさんは毎日湯たんぽを入れて眠る. 同 汤壶 tānghú
【汤泉】tāngquán 名 温泉の古称.
【汤勺】tāngsháo 名(調理器具の)玉じゃくし.
【汤水】tāngshuǐ 名 ❶ スープ. ❷ 方 お湯. 熱湯. 同 开 kāi 水, 热 rè 水
【汤头】tāngtóu 名《中医》煎じ薬の配合方法.
【汤团】tāngtuán 名《料理》[慣 个 ge] ゆで汁とともに食べる, あん入りだんご. ¶甜 tián～ / 甘い"汤团"(ふつうごまあん入り). ¶咸 xián～ / しょっぱい"汤团"(ふつう豚肉入り). 同 元宵 yuánxiāo
【汤碗】tāngwǎn 名 スープボウル.
【汤显祖】Tāng Xiǎnzǔ《人名》湯顯祖(ᠰᡳᡵᡴᡝ : 1550-1616). 明代の戯曲作家·文学者. 参考 「牡丹亭還魂記」「邯鄲記」など作品多数.
【汤药】tāngyào 名《中医》[慣 服 fù, 剂 jì, 碗 wǎn] 煎じ薬. 湯薬. ¶熬 áo～ / 煎じ薬を煮る.
【汤圆】tāngyuán 名《料理》もち米の粉で作るだんご. 多くあん入りで, ゆで汁とともに食べる. 同 元宵 yuánxiāo, 汤团 tāngtuán

铴(鐋) tāng

钅部 6　四 8772₇
全11画 通用

下記熟語を参照.

【铴锣】tāngluó 名〔⑯ 面 miàn〕小さなどら.

耥 tāng
耒部8 全14画 5992₇ 通用

動 ハローで土をほぐしたり雑草を取り除く. ¶～耙 tāngbà.

☞ 耥 tǎng

【耥耙】tāngbà 名 水田用ハロー.

嘡 tāng
口部11 全14画 6901₄ 通用

擬 ごおん. こおん. 鐘などが鳴響く音. ¶～的一声,锣 luó 响了(ジャーンとどらが鳴響いた) / 钟声～～～地响起来了(鐘の音がかん,かん,かんと聞こえてきた).

趟 (異 跗, 蹚, 踼) tāng
走部8 全15画 4980₂ 常用

動 ❶ 浅い水の中や草地を歩く. ❷ すきなどで土を返したり除草したりする.

☞ 趟 tàng

羰 tāng
羊部9 全15画 8258₉ 通用

名"羰基 tāngjī"に同じ.

【羰基】tāngjī 名《化学》カルボニル基.

镗 (鏜) tāng
钅部11 全16画 8971₄ 通用

擬 ごおん. こおん. 鐘や太鼓,どらをたたく音. ㊀ 嘡 tāng

☞ 镗 táng

饧 (餳) táng
饣部3 全6画 8772₇ 通用

名 "糖 táng"の古字.

☞ 饧 xíng

唐 táng
广部7 全10画 0026₅ 常用

❶ 素 大げさだ. でたらめだ. ¶ 荒～ huāngtáng (でたらめな話). ❷ 素 むなしい. いたずらに. ¶～捐 tángjuān (むだに費やす). ❸ (Táng) 王朝名. 唐 (き:618-907). ❹ (Táng) 王朝名. 五代の一つ. 後唐(き:923-936). 后唐 Hòu Táng ❺ (Táng) 姓.

【唐棣】tángdì 名 "棠棣 tángdì"に同じ.

【唐古拉山】Tánggǔlāshān 《地名》タングラ山脈. チベット自治区と青海省の境界に位置する,長江の水源地.

【唐花】tánghuā 名 温室栽培の花. ㊁ 堂花 tánghuā

【唐老鸭】Tánglǎoyā 名 ドナルドダック.

【唐人街】tángrénjiē 名 チャイナタウン.

【唐三彩】tángsāncǎi 名 唐三彩. 由来 中国唐代に作られた軟質陶器で,三色で彩色されている物が多いことから.

【唐僧】Tángsēng《人名》唐僧. 玄奘三蔵(げんじょう:602-664)のこと. 唐代初期のインドに渡り経典を持ち帰り,唐代のインド旅行記を著した『大唐西域記』は地誌としても重要. 後にその旅をもとに『西遊記』が描かれ,その中心的な登場人物の一人としても有名.

【唐山】Tángshān《地名》唐山(き). 参考 河北省の工業都市で, 1976年に大地震があった.

【唐诗】tángshī 名《文学》唐代詩.

【唐宋八大家】Táng-Sòng bādàjiā 名《文学》唐・宋両朝を代表する8人の散文作家. 唐の韓愈(かんゆ),柳宗元,宋の欧陽修(おうようしゅう),蘇洵(そじゅん),蘇軾(そしょく),蘇轍(そてつ),曾鞏(そうきょう),王安石.

【唐太宗】Táng tàizōng《人名》唐の第二代皇帝,李世民(りせいみん:598-649). 参考 内政では均田制・科挙制度を活用し,三省六部制・租調庸制・府兵制などを整えて「貞観の治」とたたえられた.

【唐突】tángtū ㊂ ❶ 動 他人に失礼な振舞いや言動をする. ¶ 出言～ / ぶしつけな発言をする. ¶～之处,还望包涵 bāohán / 失礼な点は,どうかご容赦ください. ❷ 形 失礼だ. ぶしつけだ.

【唐装】tángzhuāng 名《服飾》中国の伝統的な服装. チャイナ服.

堂 táng
小部8 全11画 9010₄ 常用

❶ 素 母屋. ¶～屋 tángwū. ❷ 素 (特定の目的に使う)大きな部屋. 広間. ¶礼～ lǐtáng (講堂) / 课～ kètáng (教室). ❸ 素 母親の尊称. ¶高～ gāotáng (父母) / 令～ lìngtáng (御母堂). ❹ 素 法廷. ¶大～ dàtáng (法廷) / 过～ guòtáng (審理をする). ❺ 素 父方の,祖父または曽祖父を同じくする親族. ¶～兄弟 tángxiōngdì / ～姉妹 tángjiěmèi. ❻ 素 薬店や記念堂の名. ¶同仁～ Tóngréntáng (同仁堂薬店) / 毛主席纪念～ (毛主席記念堂). ❼ 量 同じ部屋にある物や人を数えることば. ¶一～家具(そろいの家具) / 三～课(3時間の授業).

【堂奥】táng'ào 名 ㊂ ❶ 奥座敷. また,大きな部屋の奥. ❷ 後背地. ❸ 深遠な道理や境地.

【堂弟】tángdì 名 父親どうしが兄弟のいとこ.

【堂而皇之】táng ér huáng zhī 成(態度などが)堂々としている.

【堂房】tángfáng 名 父系でつながる同族の親族. / 姐妹 / 父方の女のいとこ.

【堂房伯伯】tángfáng bóbo 名 父親の兄や従兄. ㊁ 堂伯 tángbó 参考 父親の弟や従弟は"堂房叔叔 shūshu"と言う.

【堂鼓】tánggǔ 名 ❶《音楽》(芝居の伴奏用の)大きな太鼓. ティンパニーのようにたたく. ¶敲～ / 太鼓をたたく. ⇨堂 gǔ (図) ❷ 役所の太鼓.

【堂倌】tángguān 名 ㊆ ウェーター. ボーイ.

【堂号】tánghào 名 ❶ 広間の呼び名. ❷ ㊆(家・部屋・家族の)名前. 通称.

【堂花】tánghuā 名 "唐花 tánghuā"に同じ.

【堂皇】tánghuáng 形 堂々として立派だ. ¶大厅装饰 zhuāngshì 得富丽～ / ホールの飾り付けは豪華で堂々としている.

【堂会】tánghuì 名 ㊆ 一般家庭で芸人を招いて行った祝いの宴.

【堂姐妹】tángjiěmèi 名 父親どうしが兄弟の従姉妹(いとこ).

【堂客】tángkè 名 ❶ 女性の客. 反 男客 nánkè ❷ 方 女性. 婦人. ❸ 方 妻.

【堂妹夫】tángmèifu 名 父親どうしが兄弟の従妹の夫.

【堂上】tángshàng 名 ❶ 親. 両親. ❷ ㊆ お役人さま. 表现 ②は,被疑者が役人に呼びかける時のことば.

【堂堂】tángtáng 形 ❶ 容貌に威厳があり立派だ. ¶～七尺之躯 qū / 威風堂々たる体躯(たいく). ❷ 志が遠大だ. 気迫に満ちている. ❸ (陣容や力などが)壮大だ.

【堂堂正正】tángtángzhèngzhèng 形 裹 ❶ 公明正大だ. ¶～之人,决不做亏心 kuīxīn 事 / 公明正大な人は決して,良心に背く事をしない. ❷ 堂々として立派な風采(ふうさい).

【堂屋】tángwū〔⑯ 间 jiān〕❶ "正房 zhèngfáng"(四合院の母屋にあたる場所)の中央の部屋. ❷

"正房 zhèngfáng"に同じ.
【堂兄】tángxiōng 名 父親どうしが兄弟の従兄.
【堂兄弟】tángxiōngdì 名 父親どうしが兄弟の従兄弟(いとこ).
【堂侄】tángzhí 名 "堂兄弟 tángxiōngdì"の子. 同 堂侄子 tángzhízi
【堂子】tángzi 名 ❶ 清代に皇帝が祖先の霊を祭った所. ❷ 風呂. ❸ 方 旧 妓楼(ぎろう).

棠 táng
小部9　09090₄
全12画　次常用

名 ❶ "棠梨 tánglí"に同じ. ❷ (Táng)姓.
【棠棣】tángdì 名《植物》ニワウメ. 同 唐棣 tángdì
【棠梨】tánglí 名《植物》ヤマナシ.

郯 Táng
阝部10　四 0722₇
全12画

素 地名用字. ¶ 〜部 Tángwú (山東省潍坊(いほう)にある地名).

塘 táng
土部10　四 4016₅
全13画　常用

❶ 素 堤. 堤防. ¶ 河〜 hétáng (川の堤) / 海〜 hǎitáng (防波堤. 防潮堤). ❷ 名 池. ¶ 荷〜 hétáng (ハス池) / 苇〜 wěitáng (アシの生えている池). 同 池塘 chítáng ❸ 名 浴槽. ¶ 澡〜 zǎotáng (湯船).
【塘坝】tángbà 名 貯水池. 参考 山間部や丘陵地に造る小型のもの.
【塘肥】tángféi 名《農業》汚泥肥料. 用水池などの澱(でん)を加工して肥料にしたもの.
【塘泥】tángní 名 用水池などの汚泥.
【塘堰】tángyàn 名 (山地や丘陵地に作られた)小型のダム. 貯水池. 塘坝 tángbà

搪 táng
扌部10　四 5006₅
全13画　次常用

動 ❶ 防ぐ. しのぐ. ¶ 〜饥 tángjī (飢えをしのぐ). ❷ ごまかす. 言い逃れをする. ¶ 〜差事 chāishì (一時しのぎの仕事をする) / 〜塞 tángsè. ❸ (泥や塗料などを)塗り付ける. ¶ 〜炉子 lúzi (かまどを塗る) / 〜瓷 tángcí. ❹ (金属部品などに)穴をあける. ¶ 〜床 tángchuáng (中ぐり盤). 同 镗 tāng
【搪瓷】tángcí 名 ほうろう. ほうろう引き. ¶ 〜茶缸 gāng / ほうろうのふた付きコップ.
【搪风】táng//fēng 動 風をさえぎる. ¶ 披 pī 上这个披肩,搪搪风 / この肩掛けをして,風をよけなさい.
【搪塞】tángsè 動 お茶をにごす. その場を取りつくろう. ¶ 总是用别的话〜 / いつも別の話題でお茶をにごす.

溏 táng
氵部10　四 3016₅
全13画　通用

素 ❶ 泥水. ❷ どろどろの. 固まっていない. ¶ 〜心 tángxīn.
【溏便】tángbiàn 名《中医》軟便.
【溏心】tángxīn 〔〜儿〕中身が固まっていないもの. 半熟. ¶ 〜儿鸡蛋 / 半熟卵. ¶ 〜儿松花 / 卵黄が固まっていないピータン.

瑭 táng
王部10　四 1016₅
全14画　通用

名 ❶ 玉(ぎょく)の一種. ❷ 人名に用いる.

樘 táng
木部11　四 4991₄
全15画　通用

❶ 素 入口や窓の枠. ¶ 门〜 méntáng (ドアの枠) / 窗〜 chuāngtáng (窓枠). ❷ 量 戸と戸の枠,窓と窓枠を組にして数えることば. ¶ 一〜玻璃门 (一枚のガラス扉).

膛 táng
月部11　四 7921₄
全15画　常用

❶ 素 体腔(たいこう). ¶ 胸〜 xiōngtáng (胸) / 开〜 kāitáng (胸を切開する). ❷ 名 (〜儿)器物の中空の部分. ¶ 炉〜 lútáng (ストーブの胴) / 枪〜 qiāngtáng (銃の弾倉部).
【膛线】tángxiàn 名 (銃身や砲身の)旋条. 同 来复 láifù 线

螗 táng
虫部10　四 5016₅
全16画　通用

名 文 古書で,小さなセミのこと.

镗 (鐺) táng
钅部11　四 8971₄
全16画　通用

動 "搪 táng"に同じ.
☞ 镗 tāng

糖 (異 餹、醣❸) táng
米部10　四 9096₅　常用
全16画

❶ 素 砂糖. ¶ 冰〜 bīngtáng (氷砂糖) / 菜〜 càitáng (甜菜砂糖). ❷〔量 颗 kē, 块 kuài〕あめ. キャンディー. ¶ 奶〜 nǎitáng (ミルクキャンディー). ❸《化学》炭水化物. 同 碳水化合物 tànshuǐ huàhéwù
【糖厂】tángchǎng 名 製糖工場.
【糖炒栗子】tángchǎo lìzi 名 甘栗.
【糖醋鱼】tángcùyú 名《料理》魚の甘酢あんかけ.
【糖弹】tángdàn 名 "糖衣炮弹"(人を陥れる巧妙な手段)の略.
【糖分】tángfèn 名 糖分.
【糖苷】tánggān 名《化学》グリコシド. 同 甙 dài
【糖瓜】tángguā 名 (〜儿)麦芽糖で作った瓜の形をした食品. 参考 かまどの神へのお供えに使う.
【糖果】tángguǒ 名〔量 颗 kē,块 kuài〕あめ. キャンディー.
【糖葫芦】tánghúlu 名 (〜儿)〔量 串 chuàn,支 zhī〕タンフールー. サンザシやカイドウなどの実を串刺しにして,あめをからめた食品. 北方で,主に冬場に売られるお菓子. 同 冰 bīng 糖葫芦

糖葫芦

【糖化】tánghuà 動《化学》糖化する.
【糖浆】tángjiāng 名 ❶ シロップ. ¶ 止咳 zhǐké〜 / せき止めシロップ. ❷ あめなどを作る糖溶液.
【糖精】tángjīng 名 サッカリン.
【糖块】tángkuài 名 (〜儿)❶ 砂糖の小さなかたまり. ❷ あめ玉. キャンディ.
【糖类】tánglèi 名《化学》糖類. 炭水化物.
【糖萝卜】tángluóbo 名 ❶ 同 サトウダイコン. ビート.

⊜ 甜菜 tiáncài ❷ 方 砂糖漬けのニンジン.
【糖酶】tángméi 名《化学》カルボヒドラーゼ.
【糖蜜】tángmì 名 糖蜜.
【糖尿病】tángniàobìng 名《医学》糖尿病.
【糖人】tángrén 名（～儿）あめ細工の人物像. 参考 伝説・神話上の人物が作られる.
【糖食】tángshí 名 砂糖を使った甘い食品の総称.
【糖霜】tángshuāng 名 ❶ 食物の表面にまぶした砂糖. ❷ 方 砂糖.
【糖水】tángshuǐ 名 砂糖水. ガムシロップ. ¶红～/紅砂糖しょうがのスープ.
【糖蒜】tángsuàn 名 ニンニクの砂糖漬け.
【糖稀】tángxī 名 麦芽糖で作った水あめ.
【糖衣】tángyī 名〔圕 层 céng〕糖衣. ¶～片/糖衣錠.
【糖衣炮弹】tángyī pàodàn 名 人を陥れる巧妙な手段. ¶小心～的攻击 gōngjī/巧妙な攻撃に気を付けろ. 表現"糖弹 tángdàn"とも言う.
【糖原[元]】tángyuán 名《化学》グリコーゲン.
【糖纸】tángzhǐ 名（キャンディの）包み紙.

螳 táng
虫部11 全17画 四 5911₄ 通用

名《虫》カマキリ. ¶～螂 tángláng／～臂 bì 当 dāng 车.
【螳臂当车】táng bì dāng chē 成 貶 身の程知らず. 螳螂(ੁ৵)の斧(ﾊ). ¶～, 不自量力/身の程知らず. 同 螳臂挡 dǎng 车 由来《庄子》人間世(ﾚﾝｶﾝｾｲ)篇に見えることば.「カマキリがカマをふるって車に立ち向かう」という意から.
【螳螂】tángláng 名《虫》〔圕 只 zhī〕カマキリ.
【螳螂捕蝉，黄雀在后】táng láng bǔ chán, huáng què zài hòu 成 目先の利益にとらわれ, 迫り来る危険に気がつかない. 由来《荘子》山木篇に見えることば.「セミをねらえているカマキリを, 背後からマヒワがねらっている」という意から.

帑 tǎng
巾部5 全8画 四 4722₇ 通用

❶ 素 文 国家の財宝. ¶国～ guótǎng（国庫金）/公～ gōngtǎng（公金）. ❷ ①を収蔵する所.

倘（儻）tǎng
亻部8 全10画 四 2922₇

接 文 仮に. もしも. ¶～处理不当 bùdàng, 会造成不良后果(もし処理が妥当でなければ, 悪い結果を招くだろう). ☞ 倘 cháng

【倘或】tǎnghuò 接 もしも…ならば. ¶～有个好歹 hǎodǎi, 可怎么办？/もしも万一の事があったら, どうしよう. 同 倘若 tǎngruò
【倘来之物】tǎng lái zhī wù 成 思いがけない収穫. 棚からぼた餅. ¶对他来说, 这一大笔遗产真是～/彼にとって, その巨額の遺産はまさに棚からぼた餅だった. 由来《荘子》繕性篇に見えることば.
【倘然】tǎngrán 接 もしも…ならば. 同 倘若 tǎngruò
【倘若】tǎngruò 接 もしも…ならば. ¶～有人问起, 你就让他来找我好了/もし誰かに尋ねられたら, その人を私の所へよこせばよろしい. 用法"就 jiù", "便 biàn"などと呼応することが多い.
【倘使】tǎngshǐ 接 もしも…ならば. ¶～改变行程 xíngchéng, 请事先通知/もし日程を変更される場合には, 事前にお知らせください. 同 倘若 tǎngruò

淌 tǎng
氵部8 全11画 四 3912₇ 次常用

動 流れ落ちる. ¶～眼泪 yǎnlèi（涙を流す）／汗珠 hànzhū 直往下～（汗がしたたり落ちる）.

惝 tǎng
忄部8 全11画 四 9902₇ 通用

素 "惝 chǎng"の別の発音. →惝悦 chǎnghuàng
☞ 惝 chǎng

傥（儻）tǎng
亻部10 全12画 四 2921₂ 通用

❶ 形 "倘 tǎng"に同じ. ❷ →倜傥 tìtǎng

耥 tǎng
耒部8 全14画 四 5992₇

動 "耥 tāng"に同じ.
☞ 耥 tāng

镋（钂）tǎng
钅部10 全15画 四 8971₂

名 叉 chā（さすまた）に似た古代の武器.

躺 tǎng
身部8 全15画 四 2922₇ 常用

動 ❶ 体を横にする. 寝ころがる. ¶～在床上（ベッドに横になる）. ❷ 物体が横たわる.
【躺倒】tǎngdǎo 動 横になる. 寝ころぶ. ¶～在沙发 shāfā 上／ソファーに横になる.
【躺柜】tǎngguì 名 ふた付きの細長い整理箱. チェスト.
【躺椅】tǎngyǐ 名〔圕 把 bǎ〕寝いす. デッキチェア.

烫（燙）tàng
火部6 全10画 四 3780₉ 常用

❶ 形 ひどく熱い. ¶开水很～（お湯がとても熱い）. ❷ 動 やけどする. ¶～手 tàngshǒu／小心～着（やけどに注意）. ❸ 動 熱する. 熱して変化させる. ¶～酒（酒のかんをする）／～衣服（服にアイロンをかける）. ❹ 動 髪にパーマをかける. ¶电～ diàntàng（電気パーマ）. 比較 "烫"は"热 rè"よりもっと高温.
【烫发】tàng//fà 動 パーマをかける.
【烫花】tànghuā 動 焼き絵をつける. 同 烙 lào 花
【烫金】tàngjīn 動 熱を加えて焼き付けるなどして, 金の文字や模様を印刷する. ¶～名片／金文字の名刺. 同 烫印 tàngyìn
【烫蜡】tànglà 動（床や家具に）ワックスをかける.
【烫面】tàngmiàn 名《料理》熱湯でこねた小麦粉のかたまり. ¶～卷儿 juǎnr／"烫面"で作った"花卷儿 huājuǎnr"／～饺儿 jiǎor／"烫面"で作った蒸しギョーザ.
【烫伤】tàngshāng 名（熱湯や油による）やけど. ¶把脚给～了／足にやけどをした.
【烫手】tàng//shǒu 動 ❶ 手を焼く. 手こずる. ¶他好像遇到 yùdào 了～的事情/彼はどうやら面倒なトラブルに出会ったらしい. ❷ 手をやけどする.
【烫头】tàng//tóu 動 パーマをかける. 同 烫发 fà

趟 tàng
走部8 全15画 四 4980₂ 常用

❶ 量（人や車などが）往来する回数を数えることば. ¶他来了一～（彼は一度来た）／这～火车是到上海去的(この列車は上海へ行く). ❷ 量 方 列をなしたものを数えることば. ¶屋里摆 bǎi 着两～桌子(部屋に机が2列に並べてある)／用线把这件衣服缝上 féngshàng 一～（糸でこの着物を一筋縫う）. ❸ 量 武術の一組の動作を数えることば. ¶打了几～拳（組手を何回かやる）. ❹ 量（～儿）行列. ¶柳树 liǔshù ～儿（柳並木）.
☞ 趟 tāng

【趟马】tàngmǎ 名《芸能》芝居における乗馬の動作.

tao ㄊㄠ [tʰaʊ]

叨 tāo
口部2 四 6702₀ 全5画 常用
素 文 おかげをこうむる. ¶～光 tāoguāng / ～教 tāojiào / ～扰 tāorǎo.
☞ 叨 dāo, dáo

【叨光】tāo//guāng 動謙 恩恵を受ける. おかげをこうむる. 用法 感謝のあいさつのことば.
【叨教】tāojiào 動謙 教えていただく. 用法 感謝のあいさつのことば.
【叨扰】tāorǎo 動謙 お邪魔する. お手数をかける. ¶～, ～! / お手数をかけて, すみません. ¶承蒙 chéngméng 款待 kuǎndài, ～了 / お招きいただきありがとうございました.

涛(濤) tāo
氵部7 四 3514₀ 全10画 常用
素 ❶大波. ¶波～ bōtāo (大波). ❷大波のような音. ¶松～ sōngtāo (激しい松風の音).

绦(縧/異條,絛) tāo
纟部7 全10画 四 2719₄ 通用
下記熟語を参照.

【绦虫】tāochóng 名〔働 名 tiáo〕条虫. サナダムシ. ¶～病 / 条虫症.
【绦子】tāozi 名〔働 根 gēn, 条 tiáo〕打ちひも.

焘(燾) tāo
灬部7 四 5033₄ 全11画
素 "焘 dào"の別音. 多く人名に用いる.
☞ 焘 dào

掏(異搯) tāo
扌部8 四 5702₀ 全11画 常用
動 ❶掘る. ほじくる. ¶在墙上～一个洞(壁に穴をあける). ❷手さぐりで取り出す. ¶把口袋里的钱～出来(ポケットから金を取り出す) / ～麻雀窝 máquèwō (スズメの巣を手でさぐる).

【掏窟窿】tāo kūlong 句方 借金をする. 赤字になる.
【掏心】tāoxīn 形 心の底から出た. ¶说句～(的)话 / 率直に言う.
【掏腰包】tāo yāobāo 句 (～儿) ❶ 財布から金を出す. 自腹を切る. ¶用的是公款, 不用自己～ / これは会社の経費だから, 自分で出す必要はない. ❷ (財布を)する. ¶被人掏了腰包儿 / 誰かに財布をすられた.

滔 tāo
氵部10 四 3217₇ 全13画 常用
素 水が満ちている. ¶波浪 bōlàng ～天(波がたいへん高い) / 罪恶 zuì'è ～天(罪悪が極めて大きい) / ～～ tāotāo.

【滔滔】tāotāo 形 (水や話が)とうとうと流れている. ¶黄河～地向东流去 / 黄河はとうとうと東へ流れる.
【滔滔不绝】tāo tāo bù jué 成 途切れることなく続く. ¶他一开口总是～ / 彼が口を開けば必ず長話になる.
【滔天】tāotiān 形 ❶ 波が極めて高い. ❷ 罪が極めて重い. 災いが極めて大きい.
【滔天大罪】tāo tiān dà zuì 成 極めて大きな罪. 途方もない罪. ¶犯了～ / 大罪を犯す.

韬(韜/異弢) tāo
韦部10 四 5207₇ 全14画 通用

文 ❶ 名 弓や剣を収める袋. ❷ 素 隠す. ¶～晦 tāohuì. ❸ 素 兵法. ¶～略 tāolüè / 六～ Liùtāo (『六韬 ㄌㄧㄡˋ』古代の兵法書).

【韬光养晦】tāo guāng yǎng huì 成 自分の才能を隠して, じっと時節を待つ. 同 韬晦晦迹 jì
【韬晦】tāohuì 動 自分の才能や意図を隠し, 時節を待つ. ¶～之计 / 韬晦 (ㄏㄨㄟˋ)の計.
【韬略】tāolüè 名 ❶ 古代の兵法書の, 『六韬ㄌㄧㄡˋ』と『三略』. ❷ 戦略. 兵法.

饕 tāo
食部13 四 6173₂ 全22画 通用
素 文 貪欲 (ㄊㄢˊ)だ. 口が卑しい. ¶～餮 tāotiè.

【饕餮】tāotiè 動 ❶ 饕餮 (ㄊㄠㄊㄧㄝˋ). 伝説上の狂暴な獣. ¶～纹 wén / 古代の青銅器に用いられた饕餮の紋様. 饕餮文(ㄨㄣˊ). ❷ 凶悪で強欲な人. ❸ 口の卑しい人.

逃(異迯) táo
辶部6 四 3230₁ 全9画 常用
動 ❶ 逃げる. 逃走する. ¶～走 táozǒu / ～亡 táowáng. 同 遁 dùn 文 追 zhuī ❷ 逃れる. 避ける. ¶～荒 táohuāng / ～难 táonàn.

【逃奔】táobèn 動 逃亡する. 逃げ延びる.
【逃避】táobì 動 貶 逃れる. 避ける. ¶～大城市的生活 / 大都市の生活から逃れる. ¶～困难 / 困難から逃れる. 同 躲避 duǒbì, 规避 guībì, 回避 huíbì
【逃兵】táobīng 名〔働 名 míng, 群 qún〕❶ 逃亡兵. ❷ (職務などから)離脱したり逃げる者.
【逃窜】táocuàn 動 逃げ回る. ¶狼狈 lángbèi ～ / 慌てふためいて逃げ回る.
【逃遁】táodùn 動文 逃れる. ¶无处～ / 逃れる場所がない.
【逃反】táo//fǎn 動俗 戦乱や盗賊の災禍から逃げ延びる.
【逃犯】táofàn 名〔働 个 ge, 伙 huǒ, 名 míng〕逃亡犯. 脱走犯. ¶通缉 tōngjī ～ / 逃亡犯を指名手配する.
【逃废】táofèi 動《経済》故意に債務不履行をし, 最終的に債務の廃棄をたくらむ.
【逃荒】táo//huāng 動 (自然災害のために)故郷を捨てて他所に生計を求める. ¶遇到灾 zāi 年, 灾民们到处～ / 天災の年に遭い, 被災者たちは各地へ逃亡した.
【逃汇】táohuì 動《経済》外貨を国外へ不法に持ち出す. 外貨を国外へ不法送金する.
【逃婚】táohūn 動 縁談を逃れて家出する. ¶为～而离家出走 / 縁談から逃れるために家出する.
【逃课】táo//kè 動 授業をさぼる.
【逃命】táo//mìng 動 命を拾う. 生き延びる. ¶连～都来不及,哪还顾得上财产 / 命拾いさえ間に合わないのに, 財産どころではない.
【逃难】táo//nàn 動 避難する. ¶～到香港 / 香港に逃げのびる. ¶～的人群 / 避難する人の群れ.
【逃匿】táonì 動 逃げかくれる. ¶～深山, 以避战乱 / 山奥に逃げ込み, 戦乱を避ける.
【逃跑】táopǎo 動 逃れる. 逃げる. ¶犯人越狱 yuèyù ～了 / 犯人が脱獄逃走した.
【逃散】táosàn 動 逃げて散り散りになる. ¶一家人四处～,互不知下落 / 一家は逃れて四散し, 互いに行方が知れない.
【逃生】táoshēng 動 命を拾う. ¶死里～ / 成 九死に一生を得る. ¶无处～ / どこにも生きのびる場所がない.
【逃税】táo//shuì 動 脱税する. ¶因～被罚款 fá-

kuǎn / 脱税のかどで罰金を科される.
【逃脱】táotuō 動 避ける. 逃れる. ¶~债务 zhàiwù / 借金から逃れる. ¶临阵~ / 敵前逃亡する.
【逃亡】táowáng 動 逃げのびて流浪する. ¶~者 / 逃亡者. ¶~国外 / 国外に逃亡する. 逃亡 liúwáng
【逃学】táo//xué 動 学校をさぼる. ¶他常~的事被父母发现了 / 彼はよく学校をさぼっていたが、ついに父母に見つかった.
【逃逸】táoyì 動 ⌒逃れる. 逃避する.
【逃债】táo//zhài 動 借金取りから逃れる. 同 躲 duǒ 债
【逃之夭夭】táo zhī yāo yāo 成 諺 さっさと逃げる. 行方をくらます. ¶我大军所到之处,敌人早就~了 / 我が大军の行くところ、敵は尻に帆かけて逃げてゆく. 表現 相手をちゃかす言い方.『诗経』周南・桃夭(ょう)の"桃 táo 之夭夭"(桃の夭夭たる)の句をもじったもの.
【逃走】táozǒu 動 逃げる. 逃れる. ¶没打中 zhòng,让野兔 yětù~了 / 打ち損じて、野うさぎに逃げられた. 同 逃跑 táopǎo
【逃罪】táo//zuì 罪を逃れる.

洮 táo シ部6 四 3211₃ 全9画 通用

素 地名用字. ¶~河 Táohé (甘肃省を流れる川の名. 砚石の名産地として有名).

桃 táo 木部6 四 4291₃ 全10画

❶ 名【植物】モモ. 同 桃树 táoshù ❷ 名 (~儿) モモの実. ❸ 素 (~儿) 形がモモに似ているもの. ¶棉~儿 miántáor (ワタの実). ❹ 素 クルミのさね. ¶~仁 táorén / ~酥 táosū (クルミでつくったクッキー). ❺ (Táo) 姓.
【桃符】táofú 名 "春联 chūnlián"の別称. 参考 古代、元旦の厄除けとして桃の木板に神様の名前を書いて門の両脇に飾っていたが、その後、その板に对句を貼って飾るようになったことから、春联の别称として用いられる.
【桃脯】táofǔ 名 モモの砂糖漬け.
【桃红】táohóng 形 桃色の. ピンクの. ¶~色 / 桃色. ピンク.
【桃红柳绿】táo hóng liǔ lǜ 成 柳が芽吹き桃の花が咲く、春の景色の美しいこと.
【桃核儿】táohúr 名 モモのさね.
【桃花】táohuā 名〔量 朵 duǒ〕モモの花.
【桃花心木】táohuāxīnmù 名【植物】マホガニー.
【桃花汛】táohuāxùn 名 (河川の)春の増水. 同 春 chūn 汛.
【桃花源】táohuāyuán 名 桃源郷. 同 桃源 táoyuán
【桃花运】táohuāyùn 名 (男性の)恋愛運.
【桃李】táolǐ 名 ❶ モモの花とスモモの花. ¶~争芳 zhēngfāng (~争妍 zhēngyán) / モモの花とスモモの花が咲き競う. 色鮮やかな春景色. ❷ 教え子. 門下生. ¶~盈门 yíngmén (門下に学生が満ちる.
【桃李满天下】táo lǐ mǎn tiān xià 成 教え子が全国各地にいる. 由来 唐の狄仁傑(ぎじゅけつ)の門下に多くの人材がいたことから.
【桃仁】táorén 名 (~儿) ❶ 桃仁(にん). モモの種のさね. ❷ クルミのさね.
【桃色】táosè 名 ❶ 桃色. ピンク色. ❷ 不適切な男女関係. ¶~事件 / 恋愛事件.
【桃色新闻】táosè xīnwén 名 恋愛スキャンダル.
【桃树】táoshù 名 モモの木.
【桃园】táoyuán 名 桃園. ¶~结义 jiéyì /『三国演義』冒頭の、劉備・関羽・張飛の義兄弟の契り.
【桃子】táozi 名〔量 个 ge, 只 zhī〕モモの実.

陶 táo 阝部8 四 7722₀ 全10画

❶ 名 陶器. ¶~土 táotǔ. ❷ 動 陶器をつくる. ¶~甄 táozhēn (陶器をつくる) / ~冶 táoyě. ❸ 素 教え導く. ¶~薫 ~ xūntáo (薫陶する). ❹ 素 うっとりとする. 楽しい. ¶~醉 táozuì. ❺ (Táo) 姓.
☞ 陶 yáo
【陶瓷】táocí 名 陶磁器.
【陶管】táoguǎn 名 土管.
【陶粒】táolì 名【建築】陶粒. セラムサイト.
【陶器】táoqì 名〔量 件 jiàn, 种 zhǒng〕陶器.
【陶然】táorán 形 気持ちがのびやかで楽しい. ¶~自得 zìdé / 陶然として悦に入る.
【陶陶】táotáo 形 満悦している. 楽しんでいる. ¶爷爷退休后,一直过着乐~的生活 / おじいさんは定年後、ずっと楽しい生活をしている.
【陶土】táotǔ 名 陶磁器の原料にする上質の粘土. 陶土. カオリン(高嶺土).
【陶文】táowén 名 古代の陶器に書かれた文字.
【陶冶】táoyě 動 ❶ 陶器を焼く. 金属を精錬する. ❷ (人の思想や性格を)薫陶する. 陶冶(とうや)する. ¶诵读 sòngdú 古诗,~性情 / 古詩を朗読して、品性をみがく. 同 薫陶 xūntáo
【陶艺】táoyì 名 ❶ (高度な)製陶技術. ❷ 陶器の芸術品.
【陶俑】táoyǒng 名 陶製の人形. 墳墓の副葬品.
【陶渊明】Táo Yuānmíng《人名》陶淵明(えん…):365-427. 東晋の詩人. 参考 役人生活をよしとせず、「帰去来の辞」を賦して官を辞し、田園生活を送った. その表現は素朴で簡明かつ自然であり、多くの人に親しまれた. 散文では「桃花源記」が有名.
【陶铸】táozhù ⌒ ❶ 陶器を作る. 金属器を鋳造する. ❷ 人材を育てる.
【陶醉】táozuì 陶酔する. ¶自我~ / 自己陶酔. ¶湖光山色,令人~ / 山や湖の美しさは人をうっとりとさせる. 同 沉醉 chénzuì

萄 táo 艹部8 四 4472₇ 全11画 常用

→ 葡萄 pútáo

啕(異 咷) táo 口部8 四 6702₀ 全11画 通用

素 泣く. ¶号~ háotáo (号泣する).

淘 táo 氵部8 四 3712₀ 全11画 常用

❶ 動 すすぐ, よごれを除く. ¶~米(米をとぐ) / ~金 táojīn / ~汰 táotài. ❷ 動 底の泥や砂, かすなどを取り除く. さらう. ¶~井(井戸をさらう) / ~缸 gāng(かめをさらう). ❸ 形 方 いたずらだ. わんぱくだ. ¶~气 táoqì / 这孩子真~ (この子は本当にいたずらだ). ❹ (Táo) 姓.
【淘换】táohuan 動 方(入手困難な物を)探し出す. 同 掏换 tāohuan
【淘金】táo//jīn 動 ❶ 砂金を水でより分ける. ¶~热 / ゴールドラッシュ. ❷ 策を講じて大金を手に入れる. ¶他靠做小买卖,精打细算,淘到第一桶金 / 彼は、小商いでも細かくそろばんをはじき、大金を手に入れた.
【淘气】táo//qì ❶ 形 (子供が)わんぱくだ. いたずら好き

だ. ¶别再～,惹 rě 妈妈不高兴了！/ いたずらを止めないと,お母さんを怒らせるよ. 同 调皮 tiáopí,顽皮 wánpí ❷动方 言い争いをする.
【淘气包】táoqìbāo (～子) いたずらっ子. わんぱくな子供. 同 淘气鬼 guǐ
【淘神】táoshén 动口 神経をすり減らす.
【淘汰】táotài 动 淘汰する. ¶被时代所～/時代に淘汰される.
【淘汰赛】táotàisài 名《スポーツ》トーナメント戦. 同 淘汰制 zhì

绚(縚) táo
纟部 8 四 2712₀ 全11画 通用
❶名文 太い縄. ❷动 縄でしばる.

鼗(鞉、鞀) táo
鼓部 6 四 3214₇ 全19画 通用
名文 振鼓を鳴らす. でんでん太鼓. 表現 "拨浪鼓 bōlanggǔ"ともいう.

讨(討) tǎo
讠部 3 四 3470₀ 全5画 常用
❶素 処罰する. (武力で)征伐する. ¶南征 zhēng 北～(あちこちを転戦する) / 声～ shēngtǎo (罪を責め立てる). ❷动 探る. 探求する. ¶仔细研～ yántǎo (細かく探求する). ❸动 要求する. 取り立てる. ¶向敌人～还 táohuán 血债 xuèzhài (敵に血の債いを要求する). ❹动 願う. 求める. ¶～饶 táoráo / ～教 tǎojiào. ❺动 招く. 受ける. ¶～厌 tǎoyàn / ～人喜欢 tǎo rén xǐhuān.
【讨吃】tǎo//chī 动 物乞いをする. 乞食をする. ¶流浪 liúlàng～/ 流浪して乞食する.
【讨伐】tǎofá 动 (敵や反逆者を)討伐する. ¶～逆贼 nìzéi / 逆賊を討つ.
【讨饭】tǎo//fàn 动 乞食をする. ¶～的 / 乞食.
【讨好】tǎo//hǎo 动 ❶人に取り入る. 機嫌をとる. ¶～献媚 xiànmèi / 人に取り入り機嫌をとる. ❷よい効果を得る.
【讨还】tǎohuán 动 (貸した物の)返還を求める. ¶～债务 zhàiwù / 債務の返済を求める.
【讨价】tǎo//jià 动 売り手が値をつける. 売り値を言う. ¶～太高 / 言い値が高すぎる. 同 要价 yàojià 反 还价 huánjià
【讨价还价】tǎo jià huán jià 成 ❶(売り手と買い手が)値段の駆け引きをする. ❷比 (仕事を引き受ける時,談判の時などに)条件の駆け引きをする. ¶他做事从不～/ 彼は仕事で条件の駆け引きなどしたことがない. 同 要价还价 yào jià huán jià
【讨教】tǎojiào 动 教えを請う. ¶向有経験的人～/ 経験者に教えを請う. 同 请教 qǐngjiào,求教 qiújiào
【讨老婆】tǎo lǎopo 動 妻をめとる. ¶儿子已到～的岁数了 / 息子はもう嫁をとる歳になった.
*【讨论】tǎolùn 动 討論する. ¶～会 / 討論会. ¶参加～/ 討論に参加する. ¶～怎样办好这个节目 / その出し物をどううまくやるか討論する.
【讨便宜】tǎo piányi 句 うまい汁を吸おうとする. ¶嘴上～/ 口先でうまいことを言う. ¶他想讨她的便宜 / 彼は彼女に取り入ってうまい汁を吸うつもりだ.
【讨平】tǎopíng 动 反乱を平定する.
【讨乞】tǎoqǐ 动 金や食べ物を恵んでもらう. 同 乞讨 qǐtǎo
【讨巧】tǎoqiǎo 动 要領よく立ち回って,うまい汁を吸う. 労せずして利を得る. ¶他做事不会～/ 彼は何事にも要

領よく立ち回ることがない.
【讨俏】tǎo//qiào 动 (演技や行いが)喝采(ฟังฯ)を博する. 面白いと思わせる.
【讨情】tǎo//qíng 动方 許しを請う. 情けを請う. ¶～告饶 gàoráo / 勘弁してくれるようお願いする. ¶经理出面为他～/ 支配人は,彼のためにじきじきにあやまった.
【讨饶】tǎo//ráo 动 許しを請う. ¶他已～了,原谅他吧 / 彼はもうあやまったのだから,許しておきなさい.
【讨扰】tǎorǎo 动 (相手のお宅へ)おじゃまする. ご迷惑をおかける. 同 叨 tāo 扰 表现 宴席などに招かれた時の答礼のことば.
【讨人喜欢】tǎo rén xǐhuān 句 人に好かれる. 人に喜ばれる. 歓迎される.
【讨人嫌】tǎo rén xián 句 人に嫌われる. 歓迎されない.
【讨生活】tǎo shēnghuó 句 ❶生活の糧を求める. 暮しを立てる. ❷その日暮しをする.
【讨嫌】tǎo//xián 动 人にいやがられる. ¶他老缠住 chánzhù 人不放,真～/ あいつはいつもまとわりついて離れず,実にいやなやつだ. 同 讨厌 tǎoyàn
【讨厌】tǎo//yàn 动 ❶人にいやがられる. ¶讨人厌 / 人にいやがられる. ¶别讨他们的厌 / 彼らに嫌われるな. 同 讨嫌 tǎoxián ❷嫌う. いやがる. ¶厌烦 yànfán,厌恶 yànwù ⇔ 喜欢 xǐhuan
*【讨厌】tǎoyàn 形 ❶嫌だ. いやだ. ¶～的天气 / いやな天気. ¶这个人真～/ こいつ本当にいやな奴だ. ❷やっかいだ. 面倒だ. ¶～的病 / やっかいな病気. ¶～的蚊子 wénzi / やっかいな蚊.
【讨债】tǎo//zhài 动 返済を要求する. 借金を取り立てる. ¶～鬼 / 借金取り. ¶借债容易,～难 / 借りるは易く,取り立ては難し.
【讨帐】tǎo//zhàng ❶ 借金を取り立てる. ❷代 代金の不足分を請求する.

套 tào
大部 7 四 4073₂ 全10画 常用
❶名 (～儿) 覆い. カバー. ¶手～儿 shǒutàor (手袋) / 书～ shūtào (ブックカバー) / 鞋 tàoxié / ～裤 tàokù. ❷动 上にかぶせる. ¶～上一件毛衣(セーターを1枚上に着る). ❸重 重なったり,続いたりしている. ¶～种 tàozhòng (かぶせまきする) / ～间 tàojiān. ❹素 組立てられた全体を指す. ¶～装 tàozhuāng / ～曲 tàoqǔ. ❺名方 (～儿) 布団や綿入れの中の綿. ¶被～ bèitào (布団の中身) / 袄～ ǎotào (あわせの中わた). ❻动 模倣する. ¶这是从那篇文章上～下来的(これはあの文章から見ならって取って来たものだ). ❼名 (～儿)縄で作った輪. ¶双～结 shuāngtàojié (二重に結んだ結び目). ❽动 家畜をつなぐ. ¶～车 tàochē / ～马 tàomǎ. ❾量 セットになったものを数えることば. ¶一～制服 (制服一そろい) / 一～茶具 (お茶道具のセット). ❿量 やり方や流儀を数えることば. ¶他总是那一～(あいつはいつも決まってあの手口だ).
【套版】tàobǎn ❶动/bǎn 活版印刷の組み付けをする. ❷tàobǎn 多色刷り. 重ね刷り.
【套包】tàobāo 名❶方 (～子)馬やロバ等に車やひきすを引かせる時の肩当て. 革または布製で,中にシュロやぬかが入っている. ❷パッケージ.
【套裁】tàocái 动 (服飾)布の無駄を少なくするために配置を工夫して裁つ. 裁ち合わせる.
【套菜】tàocài 名 コース料理.
【套餐】tàocān 名 ❶份 fèn (料理の)セットメニュー. 定食.

【套车】tào//chē 動 牛馬に車をつなぐ.
【套房】tàofáng 名 ❶〔働 间 jiān〕(隣り合っている数間の部屋のうち)両端の部屋. 同 套间 tàojiān ❷〔働 间 jiān〕(二間続きの部屋のうち)奥の小さい部屋. 同 套间 tàojiān ❸〔働 处 chù〕寝室・客間・キッチン・トイレなどがセットになった住宅.
【套服】tàofú 名〔服飾〕〔働 身 shēn〕スーツ.
【套耕】tàogēng 動〔農業〕2枚の鋤（$）を同時に使って耕す. 同 套犁 tàolí
【套购】tàogòu 動 国が売買を制限している商品を不正な手段で購入する. ¶～粮食 / 穀物をヤミで買いつける.
【套管】tàoguǎn 名〔鉱業〕❶ ケーシング・パイプ. ❷ ケーシング.
【套红】tào//hóng 動〔印刷〕(新聞紙に)赤色で重ね刷りする.
【套话】tàohuà 名 きまり文句. 同 套语 tàoyǔ
【套换】tàohuàn 動 不法な手段で買い入れる. 不法に入手する.
【套汇】tàohuì 動〔金融〕❶ 外貨のやみ取り引きをする. ❷ 外貨の投機行為をする.
【套间】tàojiān 名〔～儿〕〔働 个 ge, 间 jiān〕❶"套房 tàofáng"①②に同じ. ❷ ホテルのスイートルーム.
【套交情】tào jiāoqing 動 自分の利益のため, 人と近づきになろうとする. 人に取り入る. ¶小王突然对你那么好, 一定是想跟你～ / 王君が突然君にあんなに良くするのは, きっと取り入ろうというんだ.
【套近乎】tào jìnhu 旬 □ 貶 取り入る. なれなれしくする. 同 拉 lā 近乎
【套裤】tàokù 名 ズボンカバー.
【套牢】tàoláo 動〔経済〕購入時より株価が下がって売るに売れない状態になる. (株式が)塩漬けになる.
【套犁】tàolí 動〔農業〕2枚の鋤（$）を同時に使って耕す.
【套路】tàolù 名 ❶〔武術〕一連の動作. ❷ 体系的な方法ややりかた.
【套马】tào//mǎ 動 馬を縄輪で捕らえる.
【套马杆】tàomǎgān 名〔畜産〕馬を捕らえるための道具. 竿の先端に縄輪がついている.
【套期保值】tàoqī bǎozhí 名〔経済〕ヘッジ (hedge). かけつなぎ取引.
【套曲】tàoqǔ 名 ❶〔音楽〕組曲. ❷ "套数 tàoshù"①に同じ.
【套取】tàoqǔ 動 不当な手段で手に入れる.
【套圈儿】tàoquānr ❶ 動 わなにかける. ペテンにかける. ❷ 名 動 輪投げ(をする).
【套裙】tàoqún 名〔服飾〕(下がスカートの)女性用スーツ. ツーピース.
【套色】tào//shǎi 動〔印刷〕重ね刷りをする. ¶～印刷 yìnshuā / 多色印刷. 注意 "色 sè"と読まない.
【套衫】tàoshān 名〔服飾〕頭からかぶって着るセーターやトレーナー. プルオーバー. 同 套头衫 tàotóushān
【套书】tàoshū 名 (内容が関連した)セットものの本.
【套数】tàoshù 名 ❶〔芸能〕("戏曲 xìqǔ", "散曲 sǎnqǔ"の)組曲. 反 小令 xiǎolìng ❷ 系統的なやり方. 技巧. ❸ 社交辞令. 昔からのやり方.
【套索】tàosuǒ 名 (馬などをつかまえるための)投げ縄. 輪縄.
【套套】tàotao 名 方 方法. 手だて. ¶老～ / 古いやりかた.
【套筒】tàotǒng 名〔機械〕スリーブ.
【套问】tàowèn 動 遠回しにそれとなく尋ねる.

【套鞋】tàoxié 名〔双 shuāng, 只 zhī〕❶ オーバーシューズ. 普通の靴の上にかぶせ, 雨を防ぐゴム製の靴. ¶下雨得 děi 穿～ / 雨降りにはオーバーシューズをはかなくてはならない. ❷ ゴム製のレインブーツ. ゴム製の長靴.
【套袖】tàoxiù 名〔副 fù, 只 zhī〕袖カバー. ¶戴上～ / 袖カバーをする. 同 袖套 xiùtào
【套印】tàoyìn ❶ 動〔印刷〕重ねて色刷りする. ❷ 名 入れ子式の印章. 大きな印の中に小印が入る.
【套用】tàoyòng 動 (既存の方法などを)当てはめる. ¶～公式 / 公式を当てはめる.
【套语】tàoyǔ 名 お決まりのあいさつ語. ¶～滥调 làndiào / うんざりするような, お決まりの文句.
【套种】tàozhòng 動〔農業〕間作する. 同 套作 zuò
【套装】tàozhuāng 名〔服飾〕〔働 身 shēn〕スーツ. 同 套服 tàofú
【套子】tàozi 名 ❶ 覆い. ケース. カバー. ¶伞～ / 傘カバー. ¶照相机～ / カメラケース. ❷ 方 綿入れや掛け布団のなか綿. つめ綿. ❸ 決まりきったやり方や文句. ❹ 縄などを結んだ輪. わな. "圈套 quāntào"など. ❺ 武術の一連の動作.

te ㄊㄜ [tʻɤ]

忑 tè 心部3 四 1033₃ 全7画 通用
→忐忑 tǎntè

忒 tè 弋部4 四 4330₀ 全7画 通用
⑧ ❶ 素 間違い. ¶差～ chàtè (間違い). ❷ 動 間違う. 食い違う.
▷ 弍 tuī

特 tè 牛部6 四 2454₁ 全10画 常用
❶ 素 並はずれている. 特別だ. ¶奇～ qítè (不思議だ) / ～权 tèquán. ❷ 副 特に. わざわざ. ¶～意 tèyì / ～为 tèwèi / 能力～强 (能力が特別に優れている). ❸ 名 スパイ. ¶防～ fángtè (スパイ行為を防止する). ❹ 副 ただ. ただし. ¶不～此也 (ただこれだけではない. 他にもある). 用法 ②は, 単音節の形容詞の前に用いる. 二音節の場合は, "特别 tèbié"や"非常 fēicháng"を用いる.

**【特别】tèbié ❶ 形 他と異なっている. 特別だ. ¶他的口音很～ / 彼の発音(なまり)はとても変わっている. ¶打扮得很～ / とても変わった服装をしている. 同 特殊 tèshū 反 一般 yībān, 普通 pǔtōng ❷ 副 とりわけ. ことのほか. ¶小李～喜欢物理 / 李くんは特に物理が好きだ. ¶这里最需要医务人员, ～是外科医生 / ここは医療人員を最も必要としている. 特に外科医が必要だ. 同 格外 géwài, 尤其 yóuqí ❸ 副 わざわざ. 特に. ¶～访问了他 / 特に彼を訪問した. ¶～为 wèi 你做了一道菜 / 特にあなたのために料理を一品作った. 同 特地 tèdì, 特意 tèyì ⇒尤其 yóuqí
【特别法】tèbiéfǎ 名〔法律〕特別法.
【特别快车】tèbié kuàichē 名〔働 列 liè〕特急列車. 同 特快 tèkuài
【特菜】tècài 名 めずらしい野菜.
【特产】tèchǎn 名〔働 样 yàng, 种 zhǒng〕特産品. 特産物. ¶带了些家乡～去城里亲戚家 / ふるさとの特

産品を持って,町の親戚の家に行く.
【特长】tècháng [名]〔[量] 种 zhǒng〕特にすぐれた技能や業務経験. 長所. ¶发挥～ / 特技を発揮する. 長所を生かす. ¶你有什么～? / 君にはどんな長所がありますか. [同] 专长 zhuāncháng
【特长生】tèchángshēng [名] 特定の教科や芸術・スポーツ面などで,特に秀でた能力を持つ学生.
【特出】tèchū [形] 突出している. 飛び抜けている.
*【特此】tècǐ [副] 特にここに. ¶～通知 / 特にここに通知する. [用法] 公文書の通知や書簡に用いる.
【特大】tèdà [形] 特に大きい. 特大の. ¶～喜讯 xǐxùn / 特大の吉報. ¶～自然灾害 zāihài / 特に大きな自然災害. ¶～号 / キングサイズ.
【特等】tèděng [形] 最も優れた. 特等の. ¶～舱 cāng / 特等船室. ¶～待遇 dàiyù / 特別待遇.
【特地】tèdì [副] わざわざ. ¶～来看你 / わざわざ君に会いに来る. ¶～赶来参加此会 / この会に参加するため特にかけつける. [同] 特别 tèbié, 特意 tèyì, 专门 zhuānmén [表現] 日本語の「わざわざ」にある恩着せがましさはなく,純粋に誠意や熱意などをあらわす.
*【特点】tèdiǎn [名] (人や事物の)特徴. 特色. ¶请说说这个建筑的～ / この建物の特徴をちょっと説明してください. [同] 特性 tèxìng
【特定】tèdìng [形] ❶特別に指定した. ¶～的任务 / 特別の任務. ❷ある特定の. ¶～的条件 / 特定の条件.
【特工】tègōng [名] ❶特殊工作. シークレットサービス. "特务工作 tèwù gōngzuò"の略. ❷〔[量] 个 ge, 名 míng〕特殊工作員. スパイ. 特務. "特工人员 rényuán"の略.
【特行】tèháng [名] "特殊行业"(特殊産業)の略称. [参考] 法律で規定され,公安部門が特殊管理を行う産業. ホテル業・印刷業・廃物金属回収業など.
【特化】tèhuà [動]《生物》生物が一定の方向に向かって進化する. 特化する.
【特惠】tèhuì [名] 特別優待. ¶～价格 / 特別価格. 優待価格.
【特混舰队】tèhùn jiànduì [名]《軍隊》(海軍の)特殊部隊. 特殊任務のために編成された艦隊.
【特级】tèjí [形] 特級の. ¶～教师 / 特級教師. 大きな功績のあった教師に与えられる称号. ¶～龙井 Lóngjǐng 茶 / 特上の竜井(ﾛﾝｼﾞﾝ)茶.
【特辑】tèjí [名] (新聞・雑誌・テレビ番組・映画・資料などの)特集. 特集号.
【特技】tèjì [名] ❶(武術・馬術・飛行技術などにおける)特殊技能. ¶～表演 / アクロバット演技. ¶身怀～ / 特殊技能がある. ❷《映画》特殊撮影. ¶～镜头 jìngtóu / 特撮シーン.
【特技飞行】tèjì fēixíng [動] アクロバット飛行.
【特价】tèjià [名] 特別に安い値段. 特価. "特别价格 tèbié jiàgé"の略. ¶～出售 chūshòu / 特価販売セール.
【特教】tèjiào [名] "特殊教育"(特殊教育. 障害者に対する教育)の略称.
【特警】tèjǐng [名] 警察の特殊(任務)部隊.
【特刊】tèkān [名]〔[量] 本 běn, 期 qī〕(新聞や雑誌などの)記念特集号. ¶元旦～ / 新年特集号.
【特快】tèkuài ❶[形] 特に速い. ¶～列车 / 特別急行列車. ¶～邮件 / 速達郵便. ❷[名]〔[量] 列 liè〕"特别快车 tèbié kuàichē"の略.
【特快专递】tèkuài zhuāndì [名] 国際スピード郵便. EMS. [同] 快递,速递 sùdì
【特困】tèkùn [形] 困窮している. 特別な事情を抱えている.
【特困户】tèkùnhù [名] 生活困窮世帯.
【特困生】tèkùnshēng [名] 経済的に困窮している学生.
【特立独行】tè lì dú xíng [成] 周囲に影響されずに自分のやり方を貫く.
【特立尼达和多巴哥】Tèlìnídá hé Duōbāgē《国名》トリニダード・トバゴ.
【特例】tèlì [名] 特殊な事例. 特例. [反] 惯例 guànlì, 常例 chánglì, 通例 tōnglì
【特洛伊木马】Tèluòyī mùmǎ [名] トロイの木馬.
【特卖】tèmài [名] 特売. バーゲンセール.
【特派】tèpài [動] (ある任務のために)特別に派遣する. ¶～记者 / 特派記者. ¶～员 / 特派員. ¶～你去处理那件事 / 君を特別に派遣し,その件を処理させる.
【特批】tèpī [動] 特別に許可する.
【特聘】tèpìn [動] 特別に招聘する.
【特遣部队】tèqiǎn bùduì [名] 特殊部隊.
【特区】tèqū [名]〔[量] 个 ge〕(政治や経済上の)特別区. 特区. ¶经济～ / 経済特区.
【特权】tèquán [名]〔[量] 种 zhǒng〕特権. ¶～阶层 jiēcéng / 特権階級. ¶利用～,谋取 móuqǔ 私利 / 特権を使って,私利を得ようとたくらむ.
【特任】tèrèn [名] [旧] 民国期に文官の最高の等級をさしたことば.
【特色】tèsè [名]〔[量] 个 ge, 种 zhǒng〕(事物の)特色. 特質. ¶民族～ / 民族の特色. ¶地方～ / 地方色. ¶各有～ / それぞれ特色がある.
【特设】tèshè [動] 特設する.
【特赦】tèshè [動] 特赦する. ¶～令 / 特赦令.
【特使】tèshǐ [名] (外交上の)特使.
【特首】tèshǒu [名] (香港・マカオ)特別行政区の長官.
*【特殊】tèshū [形] 特殊だ. 特別だ. ¶～情况 / 特殊な状況. ¶～任务 / 特殊な任務. [同] 特别 tèbié [反] 一般 yībān, 普通 pǔtōng, 平常 píngcháng
【特殊防卫权】tèshū fángwèiquán [名]《法律》正当防衛.
【特殊化】tèshūhuà [動] [貶] 特殊化する. 特権化する.
【特殊教育】tèshū jiàoyù [名] (障害者に対する)特殊教育.
【特殊性】tèshūxìng [名] 特殊性. 特異性.
【特斯拉】tèsīlā [量]《物理》磁束密度の単位. テスラ. [表現] "特"とも言う.
【特为】tèwèi [副] わざわざ. 特に. ¶我是～来请您去喝喜酒的 / 私は,あなたに結婚式に来ていただくために,わざわざやって来たのです. [同] 特地 tèdì
【特务】❶tèwù [形]《軍事》(警備・通信・輸送などの)特殊任務を担当している. ¶～员 / 特別担当者. ❷tèwu [名]〔[量] 个 ge, 名 míng〕特殊工作員. 特務. スパイ. ¶～活动 / スパイ活動. ¶～机关 / 特務機関. [同] 间谍 jiàndié
【特效】tèxiào [名] 特効. ¶～药 / 特効薬.
【特写】tèxiě [名] ❶〔[量] 篇 piān〕ルポルタージュ. ❷映画のクローズアップ. ¶～镜头 / クローズアップシーン. ¶人物～ / 人物のクローズアップ.
【特型】tèxíng [名] 特殊な型. 特殊なタイプ.
【特型演员】tèxíng yǎnyuán [名] 特別な容貌や容姿を持つ俳優. [参考] 有名人物のそっくりさんなどをいう.
【特性】tèxìng [名]〔[量] 个 ge, 种 zhǒng〕(人や事物の)特性. ¶这种衣料有耐用 nàiyòng、防水的～ / この衣

料は丈夫さと防水性という特性をもっている.
【特需】tèxū 形 特別に必要とされる. 特に必要な. ¶~商品 / 特に必要とされる商品.
【特许】tèxǔ ❶ 動 特別に許可する. ¶未经~,不得入内 / 特別の許可なくして, 入構を得ず. ❷ 名 特別の許可. ❸ 名 特許. パテント.
【特许证】tèxǔzhèng 名 ❶ 特別許可証. ❷ 特許証.
【特邀】tèyāo 動 特別に招請する. "特地邀请 tèdì yāoqǐng"の略. ¶~教授 / 客員教授. ¶~了专家参加讨论 / 専門家を特別に招き, 討論に参加してもらう.
【特异】tèyì 形 ❶ ずば抜けている. ¶成绩~ / 成績がずば抜けて優れている. ❷ 特殊だ. 独特だ.
【特异功能】tèyì gōngnéng 名 超能力.
【特意】tèyì 副 特に. わざわざ. ¶~准备了饭菜 / 特別に食事を用意する. 同 特地 tèdì.
【特有】tèyǒu 動 独自に持っている. ¶青年~的热情 / 青年特有の情熱. ¶少数民族~的风俗 / 少数民族特有の風習.
【特约】tèyuē 動 ❶ 特別に招請する. "特别约请 tèbié yuēqǐng"の略. ¶~演员 / 特別ゲスト. ❷ 特別に約束する. 約束する. "特别约定 tèbié yuēdìng"の略. ¶~记者 / 特約記者. ¶~经销处 jīngxiāochù / 特約販売店.
【特招生】tèzhāoshēng 名 特待生.
【特征】tèzhēng 名 (働 个 ge, 种 zhǒng) 特徴. ¶基本~ / 基本的特徴. ¶时代~ / 時代の特徴.
【特指】tèzhǐ 動 特に…を指す. ¶这里所说的传统工艺,~刺绣 cìxiù / ここで言う伝統工芸とは, 特に刺繍を指す.
【特制】tèzhì 名 特製.
【特质】tèzhì 名 特有の性質. 特質.
【特种】tèzhǒng 形 特殊な種類の. 特殊な. ¶~训练 / 特殊訓練.
【特种兵】tèzhǒngbīng 名《軍事》特殊任務を行う兵. 特殊兵.
【特种工艺】tèzhǒng gōngyì 参考 技術性や芸術性が高く, 観賞などに供される伝統手工芸. 象牙工芸, 玉石彫刻, 七宝焼など.
【特种蔬菜】tèzhǒng shūcài 名 品種改良などによって風味のすぐれた野菜. スペシャル野菜.
【特种邮票】tèzhǒng yóupiào 名 特殊切手.

铽(鋱) tè
钅部7 四 8374₀
全12画 通用
名《化学》テルビウム. Tb.

慝 tè
心部10 四 7133₁
全14画 通用
名 文 罪悪. よこしまな考え. ¶隐~ yǐntè (人に知られていない罪).

teng ㄊㄥ [t'əŋ]

熥 tēng
火部10 四 9783₂
全14画 通用
動 (冷めた食べ物を)蒸して温めなおす. ¶~馒头 mántou (マントウを蒸しなおす).

疼 téng
疒部5 四 0013₃
全10画 常用
❶ 形 痛い. ¶头~ (頭が痛い). ❷ 動 かわいがる. ¶~惜 téngxī / 打是~,骂是爱 (たたくのはかわいいからで, しかるのは愛してるからだ).
【疼爱】téng'ài 動 かわいがる. いとおしむ. ¶小孙女 sūnnǚ 最受爷爷~ / 末の孫娘はおじいさんに一番かわいがられている. 同 心疼 xīnténg.
【疼痛】téngtòng 動 痛む. 痛い. ¶~难忍 rěn / 痛くて耐えがたい.
【疼惜】téngxī 動 ❶ (子供などを)とてもかわいがる. ❷ (物品を)大切にする.

腾(騰) téng
月部9 四 7922₇
全13画 常用
❶ 素 とびはねる. ¶奔~ bēnténg (奔走する. 奔流する) / 欢~ huānténg (喜びでとびはねる). ❷ 素 上昇する. ¶升~ shēngténg (立ち昇る) / 飞~ fēiténg (ぐんぐん昇る). ❸ 動 (時間や場所をあける). ¶~两间房子 (二部屋をあける) / ~出时间 (時間をあける). ❹ 接尾 (動詞の後に用いて)動作を繰り返し行うことをあらわす. ¶翻~ fānténg (波が逆巻く) / 折~ zhēteng (何度もひっくり返す) / 闹~ nàoteng (騒ぐ. ふざける). ❺ (Téng) 姓. 用法 ❹ は軽声に発音することが多い.
【腾达】téngdá 動 文 ❶ 上昇する. ❷ 出世する. ¶飞黄~ / 成 とんとん拍子に出世する.
【腾飞】téngfēi 動 ❶ ぐんぐん上昇する. ❷ 急速に発展する.
【腾贵】téngguì 動 物価が急上昇する. ¶百物~ / あらゆる物の価格がうなぎ登りに上がる.
【腾空】téngkōng 動 空に昇る. 空高く上がっていく. ¶~一跃 yuè / 空高く飛び上がる.
【腾空儿】téngkòngr 動 (多忙の中で)ちょっとだけ時間をつくる.
【腾挪】téngnuó 動 ❶ 金を流用する. ❷ 物を移動する. ¶把这个冰箱~一下地方 / この冷蔵庫をちょっと移動させる.
【腾腾】téngténg 形 ❶ 気体が盛んに立ち昇るよう. ¶热气~的饺子 / 熱い湯気の立つギョーザ. ❷ 強烈だ. ¶杀气~ / 殺気立っている.
【腾退】téngtuì 動 (家や土地を)もとの所有者にあけわたす. 返す.
【腾跃】téngyuè 動 ❶ 飛び跳ねる. ❷ 文 (物価が)高騰する. 跳ね上がる.
【腾越】téngyuè 動 飛び越える. ¶~障碍 zhàng'ài / 障害物を飛び越す.
【腾云驾雾】téng yún jià wù 成 ❶ (伝説や神話などで)神仙や妖怪が雲や霧に乗って空を飛ぶ. ¶孙悟空 Sūn Wùkōng 能~ / 孫悟空は雲に乗り空を飛べる. ❷ 速く走るよう. ❸ 意識がぼうっとしているよう.

誊(謄) téng
言部6 四 9060₁
全13画 次常用
動 書き写す. 清書する. ¶照底稿~一份 (元原稿を清書する).
【誊录】ténglù 動 書き写す.
【誊清】téngqīng 動 清書する. ¶研究报告刚写完,还没~ / 研究報告は書き終えたばかりで, まだ清書していない.
【誊写】téngxiě 動 書き写す. 謄写する. ¶~版 / 謄写版. 同 抄写 chāoxiě, 缮写 shànxiě.
【誊印社】téngyìnshè 名 謄写版印刷所.

滕 Téng
月部11 四 7929₆
全15画 通用
名 ❶ 周代の国名. 現在の山東省滕県一帯. ❷ 姓.

téng – tí 滕藤体剔梯锑踢荑绨提

滕 téng
月部12　四 7923₆　全16画　通用
下記熟語を参照.
【滕蛇】téngshé 名 古書に見える,空を飛ぶ蛇.

藤(籐) téng
艹部15　四 4429₉　全18画　次常用
❶ 素《植物》トウ.藤(ふじ).ラタン. ¶ ~萝 téngluó / ~藤 téngqì. ❷ 素 つる.つた. ¶ 葡萄~(ブドウのつる). ❸ (Téng)姓.
【藤本植物】téngběn zhíwù 名《植物》蔓(つる)植物.藤本(とうほん).
【藤萝】téngluó 名《植物》フジ. 表現 "紫藤 zǐténg"の通称.
【藤器】téngqì 名 籐(とう)製の器物.
【藤条】téngtiáo 名 籐(とう)のつる.
【藤椅】téngyǐ 名 籐(とう)の椅子.
【藤子】téngzi 名 ⓁⓀ 根 gēn〕(フジやブドウなどの)つる.籐(とう).

---

tí ㄊㄧ [tʰi]

体(體) tī
亻部5　四 2523₀　全7画　常用
下記熟語を参照.
☞ 体 tǐ
【体己】tījǐ ❶ 名 家族が個人的にためた財物. ¶ ~钱 / へそくり. ❷ 名 私房 sīfang,梯己 tījǐ ❷ 形 ごく親しい. ¶ ~人 / 親しい人. ¶ ~话 / 内々の話. 回 梯己 tījǐ

剔 tī
刂部8　四 6220₀　全10画
❶ 動 骨から肉をそぎ落とす. ❷ 動 すきまからほじくり出す. ¶ ~牙缝儿 yáfèngr(歯のすきまをほじくる). ❸ 動 悪いものを取り除く. ¶ ~除 tīchú / 挑~ tiāoti (重箱のすみをつつく). ❹ 名 漢字の筆画の一つ(丿). 回 挑 tiāo
【剔除】tīchú 動 (悪いものや不適切なものを)取り除く. ¶ ~异己 yìjǐ / 対立者を排除する.
【剔红】tīhóng 名《美術》堆朱(ついしゅ). 彫刻をほどこした漆器. 回 雕红漆 diāohóngqī
【剔透】tītòu 形 透き通っている. 澄みきっている.

梯 tī
木部7　四 4892₇　全11画
❶ 名 階段.はしご. ¶ 楼~ lóutī (家の中の階段) / ~子 tīzi / 电~ diàntī (エレベーター). ❷ 素 階段に似たもの. ¶ ~田 tītián.
【梯次】tīcì ❶ 副 (はしごを上るように)順次. 順番に. ❷ 名 順序. 手順.
【梯度】tīdù ❶ 名 勾配(こうばい). 回 坡 pō 度 ❷ 名 (気温・気圧・密度・速度などの)変化の度合い. 傾き. ❸ 副 だんだん. 段階を踏んで. ❹ 名 順序. 段階.
【梯队】tīduì 名 ❶《軍事》〔量 支 zhī〕梯(し)形編成における各隊. 梯隊. ❷ 前の世代に替わる新しい幹部や選手など.
【梯恩梯】tī'ēntī 名《化学》TNT 火薬.
【梯级】tījí 名 階段の一つの段.
【梯己】tījǐ "体己 tījǐ"②に同じ.
【梯田】tītián 名〔量 层 céng,块 kuài〕段々畑. ¶ 层层~ / 幾重にも重なった段々畑.
【梯形】tīxíng 名《数学》台形.

梯子 tīzi
名〔量 个 ge,架 jià〕はしご.

锑(銻) tī
钅部7　四 8872₇　全12画　通用
名《化学》アンチモン. Sb.

踢 tī
足部8　四 6612₇　全15画　常用
動 ける. ¶ ~足球(サッカーをする) / ~毽子 tī jiànzi.
【踢蹬】tīdēng ❶ 動 足をばたばた動かす. ¶ 这小孩儿~起来,劲儿可真不小 / この子はあばれ出すと本当に力が強い. ❷ 金を勝手に浪費する. ❸ 片付ける. 処理する.
【踢毽子】tī jiànzi 旬 羽根けりをする. 金属片に二ワトリの羽毛をつけた"毽子"を,落とさないように足でけって遊ぶ.
【踢脚板】tījiǎobǎn 名《建築》幅木(はばき). 室内の壁の最下部にはる横板. 回 踢脚线 xiàn
【踢皮球】tī píqiú 旬 ❶ ボールをける. ❷ (自分のなすべきことを)他人に押しつける. たらい回しにする.
【踢踏舞】tītàwǔ 名 タップダンス.

踢毽子

荑 tí
艹部6　四 4480₂　全9画　通用
名 ❶ 生え出たばかりの草木の芽. ❷《植物》イヌヒエ.
☞ 荑 yí

绨(綈) tí
纟部7　四 2812₇　全10画　通用
名 厚くて光沢のある絹織物. ¶ ~袍 típáo (厚手シルクの長衣).
☞ 绨 tì

提 tí
扌部9　四 5608₁　全12画　常用
❶ 動 手に提げる. ¶ ~包 tíbāo / ~盒 tíhé. ❷ 動 引き上げる. ¶ ~高 tígāo / ~升 tíshēng. 反 降 jiàng ❸ 動 予定した時間を繰上げる. ¶ ~前 tíqián / ~早 tízǎo. ❹ 動 指摘する. 提起する. ¶ ~问题(問題点を指摘する) / ~意见(意見を出す). ❺ 動 取り出す. ¶ ~炼 tíliàn / ~款 tíkuǎn / ~货 tíhuò. ❻ 動 話題にする. ¶ 别再~那件事了(もうその事には触れないでください). ❼ 名〔量 ひしゃく. ❽ 名 漢字の筆画. (左下から右上への)はね(丿). 回 挑 tiǎo ❾ (Tí)姓.
☞ 提 dī
【提案】tí'àn 名〔量 条 tiáo〕提案. 議案.
【提拔】tíbá[-ba] 動 抜擢(ばってき)する. ¶ 上面有意~他 / 上役は彼を抜擢する意向だ.
【提包】tíbāo 名〔量 个 ge,只 zhī〕手提げカバン.
【提笔】tí//bǐ 動 筆をとる. 書き始める.
*【提倡】tíchàng 動 提唱する. 奨励する. ¶ ~晚婚 / 晩婚を奨励する. 回 倡导 chàngdǎo
【提成】tí//chéng 動 (~儿)総額から一定の割合を取り出す.
【提出】tíchū 動 提出する. 提示する. ¶ ~建议 / 提案する. ¶ ~新的课题 kètí / 新たな課題を提示する.
【提纯】tíchún 動 不純物を取り除いて純粋にする. 純化する.
【提词】tí//cí 動《芸能》プロンプターをする. ¶ 在后台~ / 舞台のかげでせりふを教える.

【提单】tídān〔⓵张 zhāng〕船荷証券.貨物引換証.⇨提货单 tíhuòdān
【提灯】tídēng ❶动(ちょうちんなどの)あかりを手に持つ.❷名ちょうちん.
【提调】tídiào ❶动(仕事・人員・車両などの)配置をする.指図をする.❷名(舞台などの)監督.指揮者.¶总~/総指揮者.
【提兜】tídōu 名 手提げ袋.手提げのついたかご.
【提督】tídū 名《歴史》提督(ﾃｲﾄｸ).明・清代の武官.
【提法】tífǎ 名 言い方.表現方法.¶新的~/新しい言い方.¶~上有问题/言い方に問題がある.
【提干】tí//gàn 幹部に抜擢する.
【提纲】tígāng 名〔⓵份 fèn,个 ge〕要点.大要.要綱.¶发言~/発言大要.¶拟写 nǐxiě~/要綱を書く.⇨大纲 dàgāng,纲要 gāngyào
【提纲挈领】tí gāng qiè lǐng 成 問題点を要領よく簡潔に示す.¶~地介绍/簡潔に説明する.由来「魚網のもとづなをひき,衣服のえりをとる」という意から.
**【提高】tí//gāo 动 高める.向上させる.¶~警惕 jīngtì/警戒を強める.¶~技术水平/技術レベルを向上させる.¶~工作效率 xiàolǜ/作業効率を上げる.¶~产品质量/製品の品質を向上させる.⇨进步 jìnbù ⇆降低 jiàngdī
*【提供】tígōng 动 提供する.¶~贷款 dàikuǎn/借款を提供する.¶~食宿 shísù/宿と食事を提供する.¶~良好的条件/良い条件を与える.
【提灌】tíguàn 动(ポンプや水車で)汲み上げて高所を灌漑(ｶﾝｶﾞｲ)する.
【提行】tí//háng(手書きや印刷で)改行する.
【提盒】tíhé 手提げ式の重箱.参考竹・木・ホーロー製などで,二層または三層.料理や菓子を入れて持ち運ぶためのもの.
【提花】tíhuā 名(~儿)(紡織)ジャガード織り.
【提货】tíhuò 动(倉庫などから)貨物を引き取る.
【提货单】tíhuòdān 名《貿易》貨物引渡証.B/L.¶凭 píng~提货/引渡証によって貨物を引き渡す.⇨提单 tídān

提盒

【提及】tíjí 动 文…に言及する.話が及ぶ.¶他在信中~你了/彼は手紙の中であなたに触れていた.⇨提到 tídào,说到 shuōdào,说及 shuōjí
【提级】tí//jí 昇級させる.昇進させる.
【提价】tí//jià 値上げする.
【提交】tíjiāo 动(機関や会議に)提出する.¶把问题~委员会/問題点を委員会に提出する.
【提款】tí//kuǎn 动 預金を引き出す.¶去银行 yínháng~/銀行に行って預金を引き出す.
【提篮】tílán 名(~儿)(小型の)手提げかご.バスケット.
【提炼】tíliàn 动(必要のものだけを)抽出する.精製する.精錬する.¶从矿石 kuàngshí 中~金属 jīnshǔ/鉱石から金属を精錬する.¶这篇文章论点太杂,须 xū~一下/この文章は論点が散漫なので,まとめる必要がある.
【提梁】tíliáng 名(~儿)(かご・やかんなど)取っ手.(かばん・バッグの)ストラップ.
【提留】tíliú 动(金銭などの)一部を残しておく.
【提名】tí//míng 动 指名する.ノミネートする.¶~他为 wéi 代表/彼を代表に指名する.
【提名奖】tímíngjiǎng 名 入賞.
【提起】tíqǐ 动 ❶話に出す.…のことを言う.¶~她,没有一个不夸 kuā 的/彼女の話になると,ほめない者は一人もいない.⇨谈到 tándào,说起 shuōqǐ ❷奮い起こす.¶~精神/気持ちを奮い立たせる.
*【提前】tíqián 动(予定の時間や時期を)繰上げる.¶请一通知我/早めに知らせてください.⇨提早 tízǎo ⇆推迟 tuīchí,延迟 yánchí
【提亲】tí//qīn 动 縁談を持ち込む.⇨提亲事 qīnshì
【提琴】tíqín《音楽》⓵把 bǎ)(バイオリンなど)四弦の弦楽器.¶小~/バイオリン.¶中~/ビオラ.大~/チェロ.¶低音~/コントラバス.¶拉~/バイオリンをひく.
【提请】tíqǐng 动 提案してお願いする.
【提取】tíqǔ 动 ❶(預けた金や受け取るべき物を)引き取る.取り出す.¶~存款 cúnkuǎn/預金を引き出す.❷精製する.抽出する.
【提神】tí//shén 元気づける.興奮させる.¶咖啡~的作用/コーヒーには気持ちをリフレッシュさせる働きがある.
【提审】tíshěn 动《法律》❶審理する.尋問する.❷上級審が再審する.
【提升】tíshēng 动 ❶昇進する(させる).昇格する(させる).¶没有~的机会/昇進のチャンスがない.⇨晋升 jìnshēng ❷(クレーンなどで)高い所に運ぶ.¶~机/ホイスト.巻き揚げ機.
【提示】tíshì 动 指摘する.気付かせる.¶~学习要点/学習上のポイントを提示する.
【提速】tí//sù 动 スピードをあげる.
【提问】tíwèn 动 質問する.¶请大家随便~/皆さん遠慮なく質問してください.⇨发问 fāwèn ⇆回答 huídá
【提现】tíxiàn 动"提取现金"(現金を引き出す.受け取る)の略称.
【提线木偶】tíxiàn mù'ǒu 名 操(ｱﾔﾂ)り人形.
【提箱】tíxiāng 名 スーツケース.トランク.⇨手提 shǒutí 箱
【提携】tíxié 动 文 ❶子供の手を引いて歩く.❷(事業で)後輩や後進を助け育てる.¶多蒙 méng~/多分のお引き立てたまわる.❸協力する.手を取り合う.¶互相~/互いに協力し合う.¶~开发新产品/協力して新しい製品を開発する.
【提心吊胆】tí xīn diào dǎn 成 びくびくしている.¶~过日子/びくびくして日を送る.
【提醒】tí//xǐng 注意やヒントを与える.気付かせる.¶要不是你~,我早忘了/君が注意しなかったら,とうに忘れていた.
【提选】tíxuǎn 动(よいものを)選ぶ.
【提讯】tíxùn 动(容疑者を)尋問する.¶~要犯/重犯人を引き出す.
【提要】tíyào ❶动 文章全体から要点を抜出す.❷名 文章の要点.摘要.サマリー.¶论文~/論文のレジュメ.
【提议】tíyì 名动 提議(する).提案(する).¶有人~周末 zhōumò 开个舞会/週末にダンスパーティを開こうと提案した人がいる.
【提早】tízǎo 动 予定の時期より早める.繰上げる.¶~出发/予定より早く出発する.¶~通知一声/早めに知らせる.⇨提前 tíqián
【提制】tízhì 动 抽出して作る.

【提子】tízi 名方ひしゃく.

啼(異 嗁) tí 口部9 四6002₇ 全12画 次常用

❶ 素 大声を出して泣く. ¶~笑皆 jiē 非 / 哭哭~~（いつまでも激しく泣く）. 反 笑 xiào ❷ 動 （鳥や獣が）鳴く. ¶鸡~（ニワトリが鳴く）/ 月落烏~霜満天（月落ち烏㴻啼き霜天に満つ）. ❸ (T)姓. 比較①に対して,声を低くして泣くのを"泣 qì"という.

【啼饥号寒】tí jī háo hán 成飢えや寒さに泣き叫ぶ. 生活が苦しいようす.
【啼叫】tíjiào 動 （鳥や獣が）鳴く.
【啼哭】tíkū 動 大声で泣く. ¶小孩~着跑来 / 子供がワァーワァー泣きながら駆けてきた.
【啼鸣】tímíng 動 （鳥が）鳴く.
【啼笑皆非】tí xiào jiē fēi 成泣くに泣けず,笑うに笑えない. どうしていいか分からない. ¶不伦 lún 不类的玩笑,真让人~ / どうにも妙な冗談で,まさに泣くに泣けず,笑うに笑えない. 同 啼笑两难 liǎng nán

鹈(鵜) tí 鸟部7 四8722₇ 全12画

下記熟語を参照.
【鹈鹕】tíhú 名〈鳥〉[量只 zhī] ペリカン.

缇(緹) tí 纟部9 四2618₁ 全12画 通用

名 文（赤みがかった）ミカン色.

题(題) tí 页部9 四6180₈ 全15画 常用

❶ 名 道 dào, 个 ge 題目. ¶命~ mìngtí（題目を与える. 命題）/ 出~ chūtí（出題する）. ❷ 動 書き留める. 署名する. ¶~诗 tíshī / ~字 tízì / ~名 tímíng. ❸ (T)姓.
【题跋】tíbá 名〔量 篇 piān, 首 shǒu〕（詩文や絵画の）題跋と跋文（跋）. 参考"題"は前につけ,"跋"は後につけるもの.
【题壁】tíbì ❶動壁に字や詩文を書きつける. ❷名 壁に書かれた詩.
【题材】tícái 名（文学や芸術作品の）題材. ¶这是做小说的好~ / これは小説にちょうどいい題材だ.
【题词】tí// cí 動 記念や励ましのことばを書く. ¶挥 huī 笔~ / 筆で題辞を書く. ❷ tící 名〔量 篇 piān〕①のことばや文章. 序文. 同 题辞 tící
【题花】tíhuā 名書籍や新聞・雑誌などで標題を飾る図画.
【题解】tíjiě ❶（詩文や書籍の）背景や由来などを記したもの. ❷（数学・物理・化学などの）問題の解答や解説. 代数~ / 代数の問題解説.
【题库】tíkù ❶ 大量の問題を集めた問題集. ❷試験問題や関係資料を集めたデータベース.
【题名】❶ tí// míng 動（記念や表彰のために）姓名を書く. サインする. ¶~留念 / 記念にサインしてください. ❷ tímíng 名記念に書き記した姓名. ❸ tímíng 名題名. タイトル.
*【题目】tímù ❶（詩文や講演などの）題目. テーマ. ¶发言~ / 発言のタイトル. ¶论文~ / 論文題目. ❷練習問題. 試験問題. ¶考试~ / 試験問題. ❸名目. 理由.
【题签】❶ tí// qiān 動題簽（签）を本の表紙にはる. ❷ tíqiān 名題簽（签）.
【题诗】tí// shī 動詩を作って書き付ける. ¶许多名人都~了 / 多くの著名人が詩を書き付けた.

【题外话】tíwàihuà 名主題からははずれた話. 関係のない話.
【题写】tíxiě 動（タイトルや扁額の文字を）書く. 記念に書く.
【题字】❶ tí// zì 動記念に字やことばを書き記す. ❷ tízì 名記念に書き記された字やことば.

醍 tí 酉部9 四1668₁ 全16画 通用

下記熟語を参照.
【醍醐】tíhú 名文 ❶牛乳から作った最高級のクリーム. ❷仏教の妙法. ¶如饮~ / 醍醐（tíhú）を飲むがごとし. 仏教の妙法を体得すること.
【醍醐灌顶】tí hú guàn dǐng 成 ❶知恵を授ける. 悟らせる. ❷さわやかなよい心地にさせる. 由来"醍醐"を頭上に注ぐ"という意から.

蹄(異 蹏) tí 足部9 四6012₇ 全16画 常用

名 ❶ひづめ. ❷①をもつ動物の脚.
【蹄筋】tíjīn 名（~儿）〔料理〕（牛・豚・羊などの）脚の筋. 表現食材としての呼び方.
【蹄形磁铁】tíxíng cítiě 蹄形（ぷ）磁石. 蹄鉄磁石.
【蹄子】tízi ❶（口〔量 个 ge, 只 zhī〕）ひづめ. ❷猪~ / 豚のひづめ. ❷"肘子 zhǒuzi"②に同じ.

鳀(鯷 / 異 鯮) tí 鱼部9 四2618₁ 全17画 通用

名〈魚〉アンチョビー, カタクチイワシ.

体(體) tǐ 亻部5 四2523₀ 全7画 常用

❶ 素 体. 体の一部分. ¶~高 tǐgāo（身長）/ ~重 zhòng / 上~ shàngtǐ（上半身）/ 肢~ zhītǐ（手足）/ 五~投地（成）五体投地. ❷ 物体. ¶固~ gùtǐ（固体）/ 液~ yètǐ（液体）/ 整~ zhěngtǐ（全体）/ 集~ jítǐ（集合体）. ❸ 文字や詩文のスタイル. ¶字~ zìtǐ（字体）/ 草~ cǎotǐ（草書体）/ 文~ wéntǐ（文体）/ 旧~诗 jiùtǐshī（伝統的なスタイルの詩. 漢詩）. ❹自ら経験する. 身の上に置いて考える. ¶~会 tǐhuì / ~验 tǐyàn / ~谅 tǐliàng. ❺体制. ¶政~ zhèngtǐ（政体）/ 国~ guótǐ（国体. 国威）. ❻〈言語〉アスペクト. 動詞の相.
■ 体 tī
【体裁】tǐcái 名〔量 种 zhǒng〕文学作品の表現形式. 参考 韻文と散文,また詩歌・小説・散文・戯曲等,いろいろな基準で分類される.
【体彩】tǐcǎi 名 "体育彩票"（スポーツくじ）の略称.
【体操】tǐcāo 名〈スポーツ〉体操. ¶做~ / 体操をする. ¶广播~ / ラジオ体操.
【体察】tǐchá 動身をもって体験し観察する. ¶深入下层,~民情 / 民衆と深く関わり,その心情を理解する.
【体尝】tǐcháng 動（苦しみなどを）自ら体験してみる.
【体词】tǐcí 名〈言語〉名詞・代名詞・数詞・量詞の総称. 反 谓 wèi 词
【体罚】tǐfá 動体罰を加える. ¶严禁教师~学生 / 教師の学生への体罰を厳禁する.
【体格】tǐgé ❶人体の発育状況や健康状態. ¶~检查 / 身体検査. ❷人や動物の体型. ¶~健美 / 体が健康的で美しい.
*【体会】tǐhuì 動体得する. 感じとる. ¶~诗中的思想感情 / 詩の中の考えや気持ちを感じ取る. 同 领会 lǐnghuì 用法"体验 tǐyàn"に比べ抽象的な道理や心理的なことについて言う.

【体绘】tǐhuì 名 ボディペインティング.
*【体积】tǐjī 名 体積.
【体检】tǐjiǎn 名 身体検査. 健康診断. ¶婚前～/結婚前の健康診断. ブライダルチェック.
【体力】tǐlì 名 体力. ¶消耗 xiāohào～/体力を消耗する. ¶～劳动/肉体労働. ¶～不支/体力がもたない. 同 膂力 lǚlì 反 脑力 nǎolì
【体力劳动】tǐlì láodòng 名 肉体労働.
【体例】tǐlì 名 著作の編集様式. 文章の構成スタイル. 同 格式 géshì
【体谅】tǐliàng 動 人の身になって思いやる. ¶～他的心情/彼の気持ちをくむ. ¶～老人/老人を思いやる. 同 谅解 liàngjiě, 原谅 yuánliàng
【体量】tǐliàng 名《建築》建物の空間占有量. 参考 建物の上空の空間含む場合もある.
【体貌】tǐmào 名 容姿. ¶～楚楚 chǔchǔ 动人/容姿が美しく人を感動させる.
【体面】tǐmiàn ❶ 名 体面. ¶有失～/メンツがつぶれる. 沽券(ぶ)にかかわる. ❷ 名 名誉だ. ¶儿女有出息,当父母的也觉得～/子供に見込みがあれば,父母たるものも名誉だ. ❸ 形 (容貌やようすが)美しい. ¶长 zhǎng 得很～/容姿がとても美しい.
【体能】tǐnéng 名 身体能力.
【体念】tǐniàn 動 他人の身になって考える.
【体魄】tǐpò 名文 身体と精神力. ¶健康的～/健康な肉体と精神.
【体式】tǐshì 名 ❶文 体裁. スタイル. ❷ 字体. 書体.
【体态】tǐtài 名 姿勢. 体つき. ¶虽上年纪了,还保持着年轻人的～/年は取ったが,まだ若者の体つきを保っている.
【体坛】tǐtán 名 スポーツ界.
【体贴】tǐtiē 動 (人の気持ちや立場になって)思いやる. 気遣う. ¶～入微/成 思いやりが細かい所まで行届く. ¶多亏 duōkuī 妻子～照顾,病很快好了/妻の細やかな世話のおかげで,病気はすぐによくなった. 同 体惜 tǐxī, 体恤 tǐxù
【体统】tǐtǒng 名 体裁や型. ¶不成～/体裁がなさない. ¶如此下去,成何～?/このままいったら,まったく格好がつかない. 用法 多く否定文に用いる.
【体外受精】tǐwài shòujīng 名《医学》体外受精.
【体外循环】tǐwài xúnhuán 名《医学》(血液の)体外循環.
【体位】tǐwèi 名《医学》体位. 姿勢.
【体味】tǐwèi 動 細かい所まで体得する. 味わう. ¶他反～着那首诗的意境/彼はあの詩の情感を味わった.
【体温】tǐwēn 名 体温. ¶量 liáng～/体温を計る.
【体温计】tǐwēnjì 名 体温計. 同 体温表 biǎo
【体无完肤】tǐ wú wán fū 成 ❶ 全身傷だらけだ. ❷ 徹底的に論破される. 文章が原形をとどめないまでに修正される. ¶把对方驳 bó 得～/完膚なきまでに相手を批判する.
【体悟】tǐwù 動 自ら体得する. 身をもって感じる.
*【体系】tǐxì 名〔套 tào、种 zhǒng〕体系. システム. ¶～思想体系.
【体细胞】tǐxìbāo 名《生物》体細胞.
【体现】tǐxiàn 動 (物事の性質や現象を)具体的にあらわす. 体現する. ¶～出惊人的毅力 yìlì/人を驚愕(ã̆gγ̂)させるほどの意志をあらわす. 同 表现 biǎoxiàn
【体校】tǐxiào 名 "体育运动学校"(体育学校)の略称.
【体形】tǐxíng 名 ❶ 人や動物の体形. ❷ 機器などの形.

【体型】tǐxíng 名 体型.
【体恤】tǐxù 動 心にかけて手助けする. ¶～灾民 zāimín/被災者に同情して手助けする.
【体癣】tǐxuǎn 名《医学》ゼニタムシ.
【体循环】tǐxúnhuán 名《生理》体循環. 大循環. 同 大循环
【体验】tǐyàn ❶ 動 体験する. ¶到农村去～生活/農村へ行き,生活を体験する. ❷ 名 体験.
【体液】tǐyè 名《生理》体液.
*【体育】tǐyù 名 ❶ (教育としての)体育. ¶～课/体育の授業. ❷ スポーツ. ¶～运动/スポーツ. ¶～爱好者/スポーツ愛好者.
【体育彩票】tǐyù cǎipiào 名 スポーツくじ.
*【体育场】tǐyùchǎng 名〔個 个 ge、座 zuò〕運動場. グラウンド. スタジアム.
*【体育馆】tǐyùguǎn 名〔個 个 ge、座 zuò〕体育館. ジム.
【体育人口】tǐyù rénkǒu 名 スポーツ人口.
【体育舞蹈】tǐyù wǔdǎo 名《スポーツ》競技ダンス. ソシアルダンス.
【体育运动】tǐyù yùndòng 名 スポーツ. 運動.
【体院】tǐyuàn 名 "体育学院"(体育の単科大学)の略称.
【体针】tǐzhēn 名《中医》体のつぼにハリを打つ治療. 参考 "耳针"(耳のつぼに打つもの), "鼻针"(鼻のつぼに打つもの)などと区別して言う.
【体征】tǐzhēng 名《医学》症状. 兆候. 表現 その病気特有の症状について言う.
【体制】tǐzhì 名 ❶ 国家・機関・企業などの体制. ¶实行～改革/体制改革を実行する. ❷ 詩文の体裁. スタイル.
【体质】tǐzhì 名 ❶ 体力. ¶增强～/体力を向上させる. 体質. ¶～不同/体質が異なる. ¶从小～差 chà/小さい頃から体が弱い.
【体重】tǐzhòng 名 体重. ¶量 liáng～/体重をはかる. ¶生了一场大病,～减轻了十公斤/大病を患って,体重が10キロ減った.

屉(屜) tì

尸部5 四 7721₇
全8画 次常用

❶ 素 (食物を蒸す)せいろう. ¶～笼 lóngtì (せいろう). ¶～帽 tìmào (せいろうのふた). ❷ 素 (ベッドや椅子の)マット. クッション. ❸ 素 (机や棚の)引き出し. ¶抽～ chōuti (引き出し). ❹ 量 ❶に入った食物を数えることば. ¶两～包子 (せいろう二つ分の肉まん).

【屉子】tìzi 名 ❶ 重箱やせいろうなど,何段も重ねることができる入れ物. ❷ (ベッドやいすの)クッション. マット. シュロや籐(ší),スチールなどを編んだ物で,取り外しできるもの. ❸ 引き出し.
屉儿 tìr ❸方 引き出し. 同 抽屉 chōuti

剃(鬄、薙) tì

刂部7 四 8220₀
全9画 常用

動 (髪やひげを)剃(z)る. ¶～刀 tìdāo/～光头 tì guāngtóu/～胡子 húzi (ひげを剃る).

【剃刀】tìdāo 名 かみそり.
【剃度】tìdù 動《仏教》剃髪(ぼ)して僧尼になる.
【剃光头】tì guāngtóu 俗 ❶ 丸坊主になる. ❷ 試験に一人も合格しないこと,試合で全く点を取れないこと,一勝もできないことのたとえ.
【剃头】tì//tóu ❶ 頭を剃(r)る. 得度する. ❷ 理髪する. ¶～店/床屋. 同 理发 lǐfà

俶 tì
亻部8 四 2724₀
全10画 通用
下記熟語を参照.
☞ 俶 chù

【俶傥】tìtǎng 形 "倜傥 tìtǎng"に同じ.

倜 tì
亻部8 四 2722₀
全10画 通用
下記熟語を参照.

【倜傥】tìtǎng 形 洒脱(しゃだつ)だ. 超俗的だ. 豪放不羈(ごうほうふき)だ. ¶风流~ / 威 粋(いき)で洒脱だ. 同 俶傥 tìtǎng

逖(異逷) tì
辶部7 四 3930₈
全10画 通用
形 文 遠い.

涕 tì
氵部7 四 3812₇
全10画 次常用
名 ❶ 涙. ¶痛哭流~ / 威 激しく泣いて涙を流す) / ~零 tílíng. ❷ 鼻水. ¶鼻~ bítì(鼻汁.鼻水).

【涕泪】tìlèi 名 ❶ 涙. ¶眼泪 yǎnlèi ❷ 涙と鼻水. ¶~满面 / ひどく泣いて顔中が涙と鼻水でぐちゃぐちゃになる.

【涕零】tìlíng 動 涙を流す. ¶感激~ / 感激して涙を流す. 同 流泪 liúlèi, 落泪 luòlèi

【涕泣】tìqì 動 文 悲しんで涙を流す. ¶~不止 / 涙が止まらない.

【涕泗】tìsì 名 文 涙と鼻水.

悌 tì
忄部7 四 9802₇
全10画 通用
形 文 兄を敬愛する. 参考 儒教が教える倫理道徳の一つ.

绨(綈) tì
纟部7 四 2812₇
全10画 通用
名 絹糸を縦糸に,綿糸を横糸にして織った織物.
绨 tí

惕 tì
忄部8 四 9602₇
全11画 常用
動 慎重で注意深い. ¶警~ jǐngtì(警戒する).

【惕厉[励]】tìlì 動 ⽂ 警戒する. ¶日夜~ / 日夜警戒する.

替 tì
日部8 四 5560₈
全12画 常用

❶ 動 代わる. ¶他来~班 / 彼が勤務を交替する. ¶你休息一会儿,我来~你 / ちょっとお休みなさい. 私が代わりましょう.

❷ 前 …に代わって. ¶我~你洗衣服 / 私があなたに代わって洗濯する. ¶他病了,你~他去吧 / 彼は病気になったので,君が彼の代わりに行きなさい. ¶科长叫我~他向大家告别 / 課長がどうか皆さんによろしくとのことでした.

❸ 前 …のために. ¶大家~他高兴 / みんなが彼のために喜んでいる. ¶你去留学,全家都~你担心 / 君が留学するので,家族がみんな心配している. ¶这里风景很好,请你~我照个相 / ここは素晴らしい景色だから,ひとつ私の写真をとってくれませんか. ¶你~我改一下这篇文章 / 私のためにこの文章を直してください.

【替班】tì//bān 動 (~儿) 人に代わって出勤する. ¶你休息吧,我给你~ / あなたはお休みなさい,代わりに出勤してあげるから.

【替补】tìbǔ 動 交替させる. 代わりに補充する. ¶~队员 / 控えの選手. 補欠選手.

【替代】tìdài 動 取って代わる. ¶无人~ / 誰も取って代われない. 同 代替 dàitì

【替工】(~儿) ❶ tì//gōng 動 他人の代わりに仕事する. ❷ tìgōng 名 ①をする人.

【替换】tìhuàn[-huan] 動 (作業の人員や,着ていた服などを)取り替える. 交替させる. ¶~队员 / 隊員を交替させる. ¶教练 jiàoliàn 让8号选手~了5号选手 / 監督は8番の選手を5番の選手と交替させた.

【替角儿】tìjuér 名 代役.

【替身】tìshēn 名 (~儿) 身代わり. 参考 多く人に代わって罪を受ける人を言う.

【替手】tìshǒu 名 (~儿) 人に代わって仕事する人. 仕事を引き継ぐ人.

【替死鬼】tìsǐguǐ 名 身代わり. 他人の犠牲となる人.

【替罪羊】tìzuìyáng 名 (量 个 ge, 只 zhī) 身代わり. スケープゴート. ¶每次挨骂 áimà 时,都是哥哥当 dāng ~ / いつもしかられる時は兄さんが身代わりになる.

裼 tì
衤部8 四 3622₇
全13画
名 産着(うぶぎ).
裼 xī

嚏 tì
口部14 四 6408₁
全17画 通用
名 くしゃみをする. ¶喷~ pēntì(くしゃみ).

【嚏喷】tìpen 名 くしゃみ. ¶打~ / くしゃみをする. 同 喷嚏 pēntì

---

tian ㄊㄧㄢ [t'ien]

天 tiān
大部1 四 1080₄
全4画 常用

❶ 名 空. 天. ¶太阳一出满~红(太陽が出ると空は一面真っ赤になる). 反 地 dì ❷ 名 頭上や空中に設置されたもの. ¶~棚 tiānpéng / ~窗 tiānchuāng / ~桥 tiānqiáo. ❸ 名 一日. 昼間を指すこともある. ¶今~ jīntiān(今日) / 每~ měitiān(毎日) / 三~三夜(三日三晩). ❹ 名 (~儿) 一日のうちのある時間帯. ¶五更~ wǔgēngtiān(寅の刻). ❺ 名 季節. ¶春~ chūntiān(春) / 冷~ lěngtiān(寒い季節) / 黄梅~ huángméitiān(梅雨の時期). ❻ 名 天候. ¶阴~ yīntiān(くもり) / ~冷了(天気が寒くなった). ❼ 名 生まれつきの. 生来持っている. ¶~性 tiānxìng / ~资 tiānzī. ❽ 名 自然の. ¶~灾 tiānzāi. ❾ 名 神. 天. ¶~意 tiānyì(天意). ❿ 名 天国. ¶~国 tiānguó / 一堂 tiāntáng / 归~ guītiān(天に召される). ⓫ (Tiān)姓.

【天安门】Tiān'ānmén 名 天安門. 北京市の中心にある門. 明・清時代の宮廷(故宮)の正門であった.

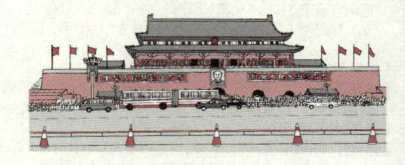

天安门

【天安门广场】Tiān'ānmén guǎngchǎng 名 天安門広場. 参考 北京の天安門前に広がる,面積40万㎡に及ぶ

広大な広場. 国家的な政治集会や祝賀活動などが行われる, 中国の象徴的の広場.
【天安門事件】Tiān'ānmén shìjiàn 名《歴史》天安門事件. 参考 1) 1976年4月5日, 周恩来首相追悼の献花撤去のきっかけに, 当局に対して民衆が起こした抗議行動. 当初は反革命事件と見なされていたが, のちに四人組の逮捕等を経て革命の行動であったと評価された. "四五运动 Sì-Wǔ yùndòng"とも言う. 2) 1989年6月4日に起きた事件. 民主化を求めた学生運動から拡大したが, 武力によって鎮圧され, 運動に理解を示した趙紫陽総書記が失脚した.
【天崩地裂】tiān bēng dì liè 成 天が崩れ地が裂ける. 大異変または大音響のたとえ. 同 天崩地坼 chè
【天边】tiānbiān 名 (~儿)はるかかなた. 天と地が交わるところ. 同 天际 tiānjì
【天兵】tiānbīng 名 ❶ (神話で)神が派遣した兵士. 神兵. ❷ 封建時代の朝廷の軍隊. ❸ 太平天国の軍隊.
【天波】tiānbō 名《物理》電離層で反射して遠くまで伝わる無線電波.
【天不怕,地不怕】tiān bù pà,dì bù pà 成 天をも地をも恐れない. 怖いもの知らずで向こう見ず.
【天才】tiāncái 名 ❶ 並み外れた想像力や聡明さなどの卓絶した才能. "艺术~/芸術に対する天賦の才. ¶~的创作 chuàngzuò/天才的な創作. ¶~的构想/天才的な構想. ❷ (働 个 ge,位 wèi)天才. 反 蠢才 chǔncái,庸才 yōngcái
【天差地远】tiān chā dì yuǎn 成 まったくかけ離れていること. 天と地の差. 同 天悬 xuán 地隔 gé
【天长地久】tiān cháng dì jiǔ 成 天と地が存在する限り. 永遠に変わらないこと. ¶我们门的友谊~/私たちの友情は永遠に変わらない.
【天长日久】tiān cháng rì jiǔ 成 長い年月がたつこと. 同 日久天长
【天车】tiānchē 名《機械》[働 架 jià] 天井クレーン. 同 行车 hángchē
【天秤座】tiānchèngzuò 名《天文》❶ 天秤宮(てんびんきゅう). 黄道十二宮の一つ. ❷ 天秤座.
【天窗】tiānchuāng 名 [働 个 ge,扇 shàn] (~儿)天窓. ⇨开天窗 kāi tiānchuāng
【天从人愿】tiān cóng rén yuàn 成 天が人の願いを聞きとげする. 願いがかなう.
【天大】tiāndà 形 非常に大きい. ¶他有~的本领/彼には非常にすぐれた能力がある.
【天道】tiāndào 名 ❶《哲学》古代, 自然の道理・天意・吉凶禍福の兆しを言った. ❷ 天気. 同 天气 tiānqì
【天道酬勤】tiāndào chóu qín 句 天は必ずや勤勉な者に応えてくれる.
【天敌】tiāndí 名《生物》天敵.
【天底下】tiāndǐxia 名 口 世界. 世の中. ¶~再没像你这样的好人了/世の中に君のような善人はまたといない.
【天地】tiāndì 名 ❶ 天と地. ❷ 惊雷动~/大きな雷が天地を揺るがす. ❷ (人が活動する範囲をたとえて)天地. 世界. ¶开辟 kāipì 了一个新~/新しい境地を切り開く. ❸ 境地. ¶落到这般~/このようなありさまになり果てる.
【天帝】tiāndì 名 天の神. 天帝.
【天电】tiāndiàn 名《物理》空電.
【天顶】tiāndǐng 名 ❶ 天の中心. 空. ❷《天文》天頂. 天頂点.

【天鹅】tiān'é 名《鳥》[働 群 qún,只 zhī] ハクチョウ. ¶癞蛤蟆 làiháma 想吃~肉/ガマガエルがハクチョウの肉を食べたがる. 身分不相応な欲望をもつこと. 同 鹄 hú
【天鹅湖】Tiān'éhú 名《音楽》(バレエ)「白鳥の湖」.
【天鹅绒】tiān'éróng 名《紡織》ビロード. ベルベット.
【天蛾】tiān'é 名《虫》スズメガ.
【天翻地覆】tiān fān dì fù 成 ❶ 変化の激しいこと. 同 地覆天翻 ❷ 大騒ぎすること. ¶肚子里~似的 shìde/腹の中の天地がひっくり返るようだ. 同 地覆天翻
【天方】Tiānfāng 名 アラビアの旧称.
【天方夜谭】Tiānfāng yètán 名 ❶《書名》『アラビアンナイト』. ❷ 荒唐無稽な話. 絵空事. 表現 ①は, "《一千零一夜》"とも言う.
【天分】tiānfèn 名 天賦の才. ¶这孩子有画画儿的~/この子には絵の才能がある. 同 天资 tiānzī
【天府之国】tiānfǔ zhī guó 名 肥沃で物産の豊富な土地. 特に四川省を指して言う.
【天赋】tiānfù ❶ 動 天から授かる. ¶我们的生命是~的/私たちの命は天から授かったものだ. ❷ 生まれながらに備わっているもの. ¶他在音乐 yīnyuè 方面有~/彼は音楽の方面に才能がある. 同 天资 tiānzī
【天赋人权】tiānfù rénquán 名 天賦の人権.
【天干】tiāngān 名 十干(じっかん). 同 十干 shígān 反 地支 dìzhī 参考 "甲 jiǎ"(きのえ), "乙 yǐ"(きのと), "丙 bǐng"(ひのえ), "丁 dīng"(ひのと), "戊 wù"(つちのえ), "己 jǐ"(つちのと), "庚 gēng"(かのえ), "辛 xīn"(かのと), "壬 rén"(みずのえ), "癸 guǐ"(みずのと)の総称. 十二支と組み合わせて年をあらわした. ⇨干支 gānzhī
【天罡】tiāngāng 名 文 北斗七星(の柄の部分).
【天高地厚】tiān gāo dì hòu 成 ❶ 恩情が深く厚い. ¶~之恩 ēn,永生难忘/厚恩は生涯忘れない. ❷ 事柄が複雑だ. ¶不知~/身の程知らず. 用法 ②は, 多く"不知 bùzhī"を前につける.
【天高气爽】tiān gāo qì shuǎng 成 (秋晴れで)天高く空気がさわやかだ.
【天高任鸟飞】tiān gāo rèn niǎo fēi 慣 天高く鳥は自由に羽ばたく. 何者にも拘束されずに自由に力を発揮できること.
【天各一方】tiān gè yī fāng 成 互いに遠く離れていて, なかなか会えない.
【天公】tiāngōng 名 (自然界をつかさどる)天. ¶~保佑 bǎoyòu/天の助け.
【天公地道】tiāngōng dì dào 成 極めて公平で理にかなっている. ¶这个判决,~,双方都无异议/その判決は極めて公平で, 双方とも異議がない.
【天宫】tiāngōng 名《神話上の)天の宮殿.
【天沟】tiāngōu 名 樋(とい). ¶~漏雨/樋が雨漏りする.
【天狗吃月】tiāngǒu chī yuè 俗 月食になる.
【天光】tiānguāng 名 ❶ 空の色. 空模様. 時間. ¶~还早/時間はまだ早い. ❷ 朝.
【天国】tiānguó 名 ❶ 天国. ❷ 理想の世界.
【天寒地冻】tiān hán dì dòng 成 寒の厳しいようす. 厳寒につくよう.
【天河】tiānhé 名 天の川. "银河 yínhé"の通称. 同 河汉 héhàn,星河 xīnghé,银河 yínhé
【天黑】tiānhēi ❶ 形 (日が暮れて)暗い. ❷ 名 黄昏(たそがれ)時.
【天候】tiānhòu 名 天候.
【天花】tiānhuā 名《医学》天然痘.

【天花板】tiānhuābǎn 名 天井板.
【天花粉】tiānhuāfěn 名《薬》天花粉(てんかふん). 参考 キカラスウリの根の粉末で,汗知らずのほか,中絶薬などにも用いる.
【天花乱坠】tiān huā luàn zhuì 成 話がいきいきとして人をひきつける. 表現 "吹得 chuīde~"と言うと,大げさな話をする,ホラを吹くという意味.
【天荒地老】tiān huāng dì lǎo 成 長い年月がたつこと. 同 地老天荒
【天皇】tiānhuáng 名 ❶ 天帝. ❷ 皇帝. ❸ (日本の)天皇.
【天昏地暗】tiān hūn dì àn 成 ❶ 大風が砂を巻き上げあたりが暗くなる. ❷ 政治の腐敗や社会の混乱のたとえ. ❸ 程度が激しいようす. ¶两人打得~/二人は激しく殴り合った. 同 天昏地黑 hēi
【天火】tiānhuǒ 名 落雷や自然発火による大火災.
【天机】tiānjī 名 ❶ 天意. ❷ 重大な機密. ¶泄露 xièlòu~/重大機密をもらす.
【天极】tiānjí 名 ❶《天文》天極. ¶北~/天の北極. ¶南~/天の南極. ❷ 文 はるか彼方. 同 天边 biān, 天际 jì
【天际】tiānjì 名 天と地が交わるところ. ¶遥望 yáowàng~/遠く天の果てを望む.
【天价】tiānjià 名 極めて高い値段.
【天骄】tiānjiāo 名 ❶ 漢代の匈奴(きょうど),またその君主. ❷ 中国北方の少数民族とその君主.
【天津】Tiānjīn《地名》天津(てんしん). 直轄市の一つ. 参考 略称は"津".
【天经地义】tiān jīng dì yì 成 正確でゆるぎない道理.
【天井】tiānjǐng 名 ❶ 中庭. ❷ 天窓.
【天军】tiānjūn 名 スペースフォース.
【天空】tiānkōng 名 空. ¶蓝蓝的~/青い空. 同 天宇 tiānyǔ ⇔ 地面 dìmiàn
【天籁】tiānlài 名 自然界の快い音. 風の音,鳥の鳴き声,水の音など.
【天蓝】tiānlán 形 スカイブルーの. 空色の. ¶~色/スカイブルー. ¶~底子的花布/空色の地のプリント生地.
【天狼星】tiānlángxīng 名《天文》シリウス.
【天老爷】tiānlǎoye 名 天の神様. お天道様. 同 老天爷
【天理】tiānlǐ 名 ❶ 自然の道理. ¶~何在?/道理はどこにあるのか. ¶~难容/道義上許されない. ¶顺~,合民情/道理に従えば,民意に沿う. ❷ (宋代理学でいう)天理. 道德規範.
【天理教】Tiānlǐjiào 名《宗教》天理教. 同 八卦 Bāguà 教 参考 十八世紀半ば,武装蜂起に失敗した白蓮(びゃくれん)教の教徒が組織した分派.
【天良】tiānliáng 名 生まれながらの良心. ¶丧尽 sàngjìn~/良心をなくす.
【天亮】tiānliàng 名 夜明け. ¶和朋友一直谈到~/友達と夜明けまで語り合う.
【天灵盖】tiānlínggài 名《生理》頭蓋骨.
【天龙座】tiānlóngzuò 名《天文》竜座.
【天伦】tiānlún 名 父子・兄弟姉妹などの家族関係.
【天伦之乐】tiān lún zhī lè 親ребや兄弟などによる楽しみ. 家族の団らん. ¶享受~/一家団らんを楽しむ. 由来 唐・李白《春夜桃李園に宴ずるの序》のことばから.
【天罗地网】tiān luó dì wǎng 成 空にも地上にも張りめぐらした網. 厳重な包囲網. ¶布下~/厳重な包囲網をしく.
【天麻】tiānmá 名 ❶《植物》オニノヤガラ. ❷《薬》天麻(てんま). 参考 ②は,①の根茎.
【天马行空】tiān mǎ xíng kōng 成 天馬空(くう)を行く. 詩文や書法は豪放で自由なたとえ.
【天门】tiānmén 名 ❶ 旧 天の宮殿の門. 宮殿の門. ❸ ひたいの中央. 眉間(みけん). ❹ 宗《道》心.
【天门冬】tiānméndōng 名 ❶《植物》クサスギカズラ. ❷《薬》天門冬(てんもんどう). 同 天冬 参考 ②は,①の根茎.
【天明】tiānmíng 名 夜明け. ¶~之前,必须赶到/夜明け前に,必ず着かねばならない. 同 天亮 tiānliàng
【天命】tiānmìng 名 天命. 運命. ¶五十知~/50歳にして天命を知る. ¶~不可违/運命に逆らうことはできない.
【天幕】tiānmù 名 ❶ 文 大空. ❷ 舞台で空を表現する大きな幕.
【天南地[海]北】tiān nán dì [hǎi] běi ❶ はるかに離れていること. また,遠く離れた場所. ❷ 話がとりとめのないこと.
【天年】tiānnián 名 寿命. 天寿. ¶尽 jìn 其~/天寿をまっとうする.
【天牛】tiānniú 名《虫》カミキリムシ.
【天怒人怨】tiān nù rén yuàn 成 天は怒り人は恨む. 極悪非道の行いが皆の怒りを買うこと.
【天女】tiānnǚ 名 天女.
【天棚】tiānpéng 名 ❶ 天井. ❷ 日よけの棚. ¶搭个~以防暑热 shǔrè/日よけの棚を作って暑さを防ぐ. 同 凉棚 liángpéng
【天平】tiānpíng 名〔量 架 jià〕天秤(てんびん).
【天气】tiānqì 名 天気. ¶~突变/天気が急変する.
【天气图】tiānqìtú 名 天気図.
【天气预报】tiānqì yùbào 名 天気予報.
【天堑】tiānqiàn 名 书 道 dào,条 tiáo〕天然の塹壕(ざんごう). 天険. 表現 長江を指すことが多い.
【天桥】tiānqiáo 名 ❶〔量 个 ge,座 zuò〕跨線橋. 歩道橋. ¶架设~/歩道橋をかける. ❷ 体操器具の一種. ❸ (Tiānqiáo)(~儿)《地名》北京の永定門内の一带. 昔,大道芸人が多く集まり,にぎわった下町の歓楽地.
【天琴座】tiānqínzuò 名《天文》こと座.
【天青】tiānqīng 形 赤みを帯びた深い黒色の.
【天穹】tiānqióng 名 文 大空.
【天球】tiānqiú 名《天文》天球. ¶~仪 yí /天球儀.
【天球仪】tiānqiúyí 名 天球儀.
【天趣】tiānqù 名《作品の》自然の趣.
【天然】tiānrán 形 自然の. 天然の. ¶~景色/自然の景色. ⇔ 人造 rénzào, 人工 réngōng
【天然堤】tiānrándī 名 自然堤防.
【天然免疫】tiānrán miǎnyì 名《医学》自然免疫. 先天的免疫. 同 自 zì 然免疫 ⇔ 人工 réngōng 免疫
【天然气】tiānránqì 名 天然ガス.
【天然丝】tiānránsī 名《紡織》天然絹糸. ⇔ 人造 rénzào 丝
【天壤】tiānrǎng 名 文 ❶ 天地. ❷ 違いがきわめて大きいこと. ¶两者之异,如同~/両者には,天と地の差がある.
【天壤之别】tiānrǎng zhī bié 名 天と地の違い. 雲泥の差.
【天人】tiānrén 名 ❶ 仙人. 神様.
【天日】tiānrì 名 ❶ 天と太陽. とくに太陽. ❷ 天の理. 光明.
【天色】tiānsè 名 空の色. (転じて)時刻. 天気の変化.

¶～已晩,我该回家了 / もう遅いから、家に帰るとする.
【天山】Tiānshān〖地名〗天山(ᠳᠠᡪ). 参考 新疆ウイグル自治区からキルギスタンへと連なる山脈.
【天上】tiānshàng 名 大空. 反 地下 dìxià
【天上人间】tiān shàng rén jiān 成 天界と下界. 隔たりが大きいこと.
【天神】tiānshén 名 天の神々. 神仙.
【天生】tiānshēng 動 生まれつき備えもつ. ¶他～是搞体育的 / 彼は生まれつきスポーツ向きだ.
【天生丽质】tiānshēng lìzhì 天性の美しさ. もってうまれた美貌.
【天生桥】tiānshēngqiáo 名 自然にできた橋.
【天时】tiānshí 名 ❶ 気候. ¶～转 zhuǎn 暖 / あたたかくなる. ¶今年～好,有望丰收 / 今年は陽気がいいので、豊作が期待できる. ❷ 文 時機. ¶～尚 shàng 早 / 時期尚早. ❸ 文 天が与えた好機. ¶～,地利,人和 / 天の時,地の利,人の和. 反 地利 dìlì
【天使】tiānshǐ 名 ❶〔位 wèi〕天使. エンジェル. ❷ 皇帝の使者.
【天授】tiānshòu 名 天から授けられたもの. 同 天赋 tiān-fù
【天书】tiānshū 名 ❶(道教で)神仙が書いたとされる書物や手紙. ❷ 読みにくい字や難解な文章. ❸ 古代の帝王の詔書.
【天数】tiānshù 名 天命. 天のさだめ. ¶～已尽 jìn,命归黄泉 / 天命尽き、黄泉(ᠳᠠᡪ)の客となる.
【天塌地陷】tiān tā dì xiàn 成 天が崩れ地が落ちる. 大事件が発生するたとえ.
【天坛】Tiāntán 名 天壇. 北京の東南部にある、天を祈り豊作を祈った祭壇を中心とする、明・清時代の廟堂.

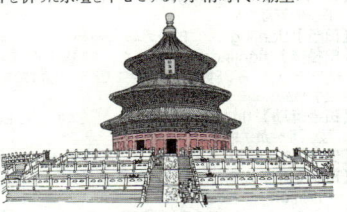

天 坛

【天堂】tiāntáng 名 ❶ 天国. 反 地狱 dìyù ❷ 幸せな世界. ¶人间～ / この世の楽園.
【天梯】tiāntī 名 (高い建物や設備に取り付ける)背の高いはしご.
【天体】tiāntǐ 名《天文》天体.
【天天】tiāntiān 副 毎日. ¶好好学习,～向上 / しっかり学んで日々向上しよう. 同 每天 měitiān
【天条】tiāntiáo 名 (迷信で)天が定めた戒律.
【天庭】tiāntíng 名 ❶ ひたいの中央. 両眉の間. ¶～饱满 / まゆとまゆの間が広い(福相だ). ❷ 天の神が住む場所. ❸ 帝王の住まい.
【天外】tiānwài 名 ❶ 天の外. ¶～还有天 / 天外にまた天あり(学問に終わりがないこと). ❷ はるかに高く遠いところ.
【天王】tiānwáng 名 ❶ (伝説の)天の神. ❷ 皇帝. ❸ 太平天国の洪秀全の称号.
【天王星】tiānwángxīng 名《天文》天王星.
【天网恢恢,疏而不漏】tiān wǎng huī huī,shū ér bù lòu 成 天に張りめぐらされた網から悪人は逃れられない. 悪事をはたらくと必ず天罰が下ること. 由来『老子』に見えることば.
【天威】tiānwēi 名 文 天の威厳.
【天文】tiānwén 名 天文. 反 地理 dìlǐ
【天文单位】tiānwén dānwèi 量《天文》天文単位.
【天文馆】tiānwénguǎn 名 天文に関する教育施設. 天文館. プラネタリウム.
【天文数字】tiānwén shùzì 天文学的数字.
【天文台】tiānwéntái 名 天文台.
【天文望远镜】tiānwén wàngyuǎnjìng 名 天体望遠鏡.
【天文学】tiānwénxué 名 天文学.
【天无绝人之路】tiān wú jué rén zhī lù 成 天は人が絶望に瀕していると救いの手をさしのべる.
【天下】tiānxià 名 ❶ 太平. 天下太平. ¶～为 wéi 公 / 天下は公のもの. ❷ 統治権. ¶得 dé 人心者得～ / 人心を掌握した者が天下を取る.
【天下乌鸦一般黑】tiānxià wūyā yībān hēi 谚 どこの悪人も、世の中の悪人はみな同じように悪い. 由来 「天下のカラスはみな黒い」という意味から.
【天下无双】tiān xià wú shuāng 成 天下に二つとない. 世の中に並ぶものがない.
【天仙】tiānxiān 名 ❶ 天女. ❷ 美女.
【天仙子】tiānxiānzi 名《薬》"莨菪 làngdàng"(ヒス)の種.
【天险】tiānxiǎn 名 天然の要害.
【天线】tiānxiàn 名〔根 gēn〕アンテナ. ¶室内～ / 室内アンテナ. ¶抛物面 pāowùmiàn～ / パラボラアンテナ.
【天象】tiānxiàng 名 ❶ 天体の現象. ¶观测～ / 天体を観測する. ❷ 空模様. 気象.
【天象仪】tiānxiàngyí 名《天文》プラネタリウム. 天象儀.
【天晓得】tiān xiǎode 句 ❶ 神のみぞ知る. ¶～他到底去哪里了 / 彼がいったいどこへ行ったのか誰も知らない. 同 天知道 tiān zhīdào
【天蝎座】tiānxiēzuò 名《天文》さそり座.
【天幸】tiānxìng 名 思いがけない幸い. 僥倖(ᡎᠠᡪ).
【天性】tiānxìng 名 天性. 生まれもった性格. ¶～活泼 huópo / 根っから元気だ.
【天悬地隔】tiān xuán dì gé 成 天地の隔たり. 同 天差 chà 地远 yuǎn
【天旋地转】tiān xuán dì zhuǎn 成 ❶ 重大な変化. ❷ 目が回る. ❸ 大騒ぎする. ¶吵 chǎo 得～ / 天地がひっくり返るような大騒ぎをする.
【天涯】tiānyá 文 天の果て. はるか遠いところ.
【天涯海角】tiān yá hǎi jiǎo 成 天の果て,地の果て. はるか遠い地. 遠く離れ離れだ.
【天衣无缝】tiān yī wú fèng 成 天衣無縫. 少しの欠陥もないこと. 表现 多く(詩文について)いう. 由来 天女の衣には縫い目がないことから.
【天意】tiānyì 名 天の意志. 天意.
【天鹰座】tiānyīngzuò 名《天文》わし座.
【天有不测风云】tiān yǒu bùcè fēngyún 谚 この世は予期せぬ災難や事態が起こりうる. 天に不測の風雲あり.
【天宇】tiānyǔ 名 ❶ 空. 天空. ❷ 文 天下.
【天渊】tiānyuān 名 文 天と淵. かけ離れていること.
【天渊之别】tiān yuān zhī bié 成 天地の差. 雲泥の差.

【天灾】tiānzāi 名 自然災害. 天災. ¶战胜~/天災に打ち勝つ. 回 人祸 rénhuò
【天灾人祸】tiān zāi rén huò 成 天災と人災.
【天葬】tiānzàng 名 鳥葬. 死体を広野などに放置し、鳥についばませる葬法. 回 鸟葬 niǎozàng
【天造地设】tiān zào dì shè 自然に形成されており、しかも理想的だ.
*【天真】tiānzhēn 形 ❶ 裏 純朴だ. 心が汚れていない. ¶~无邪 wúxié/無邪気で心が曲がっていない. ❷ 貶 単純だ. ¶你太~了,哪儿有这种美事/君は単純すぎるよ,やたらにそんな良いことがあるわけない.
【天真烂漫】tiān zhēn làn màn 成 天真爛漫だ.
【天之骄子】tiān zhī jiāo zǐ 天の寵児. 天運に恵まれた人. 由来 もと、漢代に匈奴を呼んだことば.
【天知道】tiān zhīdao 句 誰も知らない. 神のみぞ知る. 回 天晓得 xiǎode
【天职】tiānzhí 名 本来すべき職務.
【天诛地灭】tiān zhū dì miè 天罰を受ける. ¶我若是有半句谎话 huǎnghuà、~/私のことばに少しでも嘘があるなら、天罰を受けよう. 表現 誓いのことばに使う.
【天竹】tiānzhú 名《植物》ナンテン. 回 南天竹 nántiānzhú
【天竺】Tiānzhú 名 天竺(ジク). インドの古称.
【天竺葵】tiānzhúkuí 名《植物》ゼラニウム. ペラルゴニウム. 回 洋 yáng 葵
【天竺鼠】tiānzhúshǔ 名《動物》テンジクネズミ. モルモット.
【天主】tiānzhǔ 名《宗教》(カトリックの)神.
【天主教】Tiānzhǔjiào 名《宗教》カトリック. ¶~会/カトリック教会. 回 罗马公教 Luómǎ gōngjiào
【天资】tiānzī 名 生まれながらの資質. ¶~聪颖 cōngyǐng/生まれながらに聡明だ. 回 天质 tiānzhì
【天子】tiānzǐ 名 天子. 皇帝.
【天字第一号】tiān zì dì yī hào 愈 第一の. いの一番. ナンバーワン. 参考 むかしは物事の順序をあらわすのに『千字文』の文字の配列によっていた.「天」の字は『千字文』の第一句「天地玄黄」の最初の文字.
【天作之合】tiān zuò zhī hé 天が結びつけた縁. 用法 結婚式の祝辞に多く用いる. 由来『詩経』大雅・大明篇のことばから.

添 tiān 氵部8 四 3113₈ 全11画 常用

❶ 動 付け加える. ¶~人 tiānrén (人を増やす)/~水 tiānshuǐ (水を加える)/~枝 zhī 加叶. ❷ 動 子供を生む. ❸ (Tiān)姓.
【添补】tiānbǔ[-bu] 動 (用具や衣服などを)補充する. ¶要~些家具/家財道具をいくらか補わねばならない.
【添丁】tiān//dīng 動 男の子が誕生の慶事. ¶~之喜/男児誕生の慶事.
【添加剂】tiānjiājì 名 添加剤.
【添乱】tiānluàn 動 面倒を増やす. 面倒をかける.
【添麻烦】tiān máfan 動 やっかいをかける.
【添设】tiānshè 動 増設する.
【添油加醋】tiān yóu jiā cù 成 貶 話に尾ひれを付ける. 回 添枝 zhī 加叶 yè
【添枝加叶】tiān zhī jiā yè 成 貶 話に尾ひれを付ける. ¶他说话喜欢~/彼は話に尾ひれを付けるのが好きだ. 回 添油 yóu 加醋 cù
【添置】tiānzhì 動 (家具や衣服などを)買い足す. ¶~沙发/ソファを買い足す.

【添砖加瓦】tiān zhuān jiā wǎ 成 (大事業のために)ささやかな貢献をする.

黇 tiān 黄部5 四 4186₀ 全16画 通用

下記熟語を参照.
【黇鹿】tiānlù 名《動物》〔匹 头 tóu〕ファローシカ. ダマジカ.

田 tián 田部0 四 6040₀ 全5画 常用

❶ 名 〔塊 kuài〕畑. 田. ¶水~ shuǐtián (水田)/稻~ dàotián (稲田)/耕~ gēngtián (耕する). ❷ 名 鉱物資源の産出する地帯. ¶煤~ méitián (炭田)/油~ yóutián (油田)/气~ qìtián (天然ガス田). ❸ 動 狩猟する. 同 畋 tián ❹ (Tián)姓.
【田产】tiánchǎn 名 (個人や団体が)所有する田畑.
【田畴】tiánchóu 名 文 田畑. 同 田地 dì, 田野 yě
【田地】tiándì 名 ❶ 〔塊 kuài,片 piàn〕田畑. ❷ (好ましくない)立場や状態. ¶到这种~,也是被逼的/こんな状態になったのも、やむなくのことだ. 同 地步 dìbù,境地 jìngdì
【田赋】tiánfù 名 封建時代の土地税.
【田埂】tiángěng 名〔道 dào,条 tiáo〕田のあぜ.
【田鸡】tiánjī 名 ❶ 〔只 zhī〕(鳥)クイナ. ❷ (動物)カエル. トノサマガエル. "青蛙 qīngwā" の通称.
【田家】tiánjiā 名 農民. 農家.
【田间】tiánjiān 名 ❶ 田畑の中. ¶~劳动/畑仕事. ❷ 農村. ¶扎 zhā 根~的诗人/農村に根を下ろした詩人.
【田间管理】tiánjiān guǎnlǐ 句 作物の手入れをする. 田畑を管理する.
【田径】tiánjìng 名 "田径运动"の略称.
【田径赛】tiánjìngsài 名《スポーツ》陸上競技. 表現 "田赛"(フィールド競技)と"径赛"(トラック競技)を合わせた言いかた.
【田径运动】tiánjìng yùndòng 名《スポーツ》陸上競技. ¶~员/陸上競技の選手.
【田坎】tiánkǎn 名 田畑のあぜ. 同 田埂 gěng
【田垄】tiánlǒng 名 ❶ あぜ. ❷ 田畑の中. 敢(?). 同 田间 jiān
【田螺】tiánluó 名《貝》〔只 zhī〕タニシ. 同 螺蛳 luósī
【田亩】tiánmǔ 名 田畑の総称.
【田契】tiánqì 名 田畑の売買契約.
【田赛】tiánsài 名《スポーツ》フィールド競技.
【田舍】tiánshè 名 文 ❶ 田畑と家屋. ❷ 農村の家. 舎舍家. ❸ 農家. 農家.
【田鼠】tiánshǔ 名《動物》〔只 zhī〕野ネズミ.
【田头】tiántóu 名 ❶ 田良. 田畑. ❷ (~儿)田畑の両側の作物を植えていない部分. 田畑のへり. ❸ 田畑の中.
*【田野】tiányě 名 〔片 piàn〕田畑と原野. 田野.
【田野工作】tiányě gōngzuò 句 "野外工作"(フィールドワーク)の旧称.
【田园】tiányuán 名 ❶ 田園. ¶~风光/田園風景. ❷ 農村.
【田园诗】tiányuánshī 名《文学》田園詩. 参考 漢詩のスタイルの一つで、東晋の陶淵明の作品が有名.
【田庄】tiánzhuāng 名 ❶ 官僚や地主が所有していた田畑や荘園. ❷ 方 農家. 農村.

佃畋恬鈿甜湉填闐忝殄 tián–tiǎn

佃 tián
亻部5 全7画 ④ 2620₀ 次常用
動 ㊂ ❶ 耕作する. ❷ 狩猟する. ¶～漁 tiányú（狩猟と漁労）. ㊣ 畋 tián
☞ 佃 diàn

畋 tián
田部4 全9画 ④ 6804₀ 通用
動 ㊂ ❶ 狩りをする. ❷ 耕作する.

恬 tián
忄部6 全9画 ④ 9206₀ 次常用
形 ㊂ 静かで落ち着いている. ¶～适 tiánshì. ❷ 全然気にしない. 平然としている. ¶～不为怪（平気で別におかしいとも思わない）.

【恬不知耻】tián bù zhī chǐ **成** 悪事をなしても平然として, 恥を知らない.

【恬淡】tiándàn **形** ㊂ 私欲がなく淡泊だ. ¶～寡欲 / 私利私欲がない. ¶性格／性格が恬淡(ミネェ)としている. ㊣ 淡泊 dànbó

【恬静】tiánjìng **形** ㊂ ❶（環境が）静かだ. ¶推土机声打破了这里的～／ブルドーザーの音がここの静けさを破った. ㊣ 安静 ānjìng, 宁静 níngjìng ㊥ 喧嚣 xuānxiāo ❷（気持ちが）静かで穏やかだ.

【恬谧】tiánmì **形** ㊂ 静かだ. 穏やかだ. ㊣ 安静 ānjìng

【恬然】tiánrán **形** 平然と落ち着いたようす.

【恬适】tiánshì **形** ㊂ 静かで心地よい. ¶祖父晚年过得～自在／祖父は晩年を心静かに過ごした. ㊣ 安适 ānshì

鈿(鈿) tián
钅部5 全10画 ④ 8670₀ 通用
素 ❶ お金. 硬貨. ❷ 铜～ tóngtián（銅貨）／洋～ yángtián（外貨）.
☞ 鈿 diàn

甜 tián
舌部5 全11画 ④ 2467₀ 常用
形 ❶（味が）甘い. ¶这冰淇淋 bīngjílíng 真～（このアイスクリームは本当に甘いね）. ㊥ 苦 kǔ ❷ のびのびとして, 気持ちよい. ¶小美睡得很～（メイちゃんは気持ちよさそうにぐっすり眠っている）. ❸ 幸福だ. ㊥ 苦 kǔ

【甜菜】tiáncài **名**《植物》テンサイ. サトウダイコン. ㊣ 糖萝卜 tánglúobo

【甜点】tiándiǎn **名** 甘い菓子. 甘いデザート.

【甜瓜】tiánguā **名**《植物》マクワウリ. ㊣ 香瓜 xiāngguā

【甜津津】tiánjīnjīn **形**（～的）"甜丝丝 tiánsīsī"に同じ.

【甜美】tiánměi **形** ❶ 甘い. ㊥ 苦涩 kǔsè ❷ 心地よい. ¶～的笑声／耳に心地よい笑い声. ㊥ 苦涩 kǔsè, 辛酸 xīnsuān

【甜蜜】tiánmì **形** 甘美だ. ¶～的回忆 huíyì ／ 甘美な思い出. ㊥ 苦涩 kǔsè, 痛苦 tòngkǔ

【甜面酱】tiánmiànjiàng **名**《料理》テンメンジャン. 小麦粉を発酵させてつくる, 黒い甘み. ㊣ 甜酱 tiánjiàng

【甜润】tiánrùn **形** 潤いがあって心地よい. **表現** 声や空気などについて言う.

【甜食】tiánshí **名** 甘い食品.

【甜水】tiánshuǐ **名** 飲料に適した水. ¶～井／飲料水として使える井戸. ㊥ 苦水 kǔshuǐ

【甜睡】tiánshuì **動** ぐっすり眠る. 熟睡する.

【甜丝丝】tiánsīsī **形**（～儿的）❶ 甘くておいしい. ¶这瓜～的／このメロンは甘い. ❷ とても幸せだ. ㊣ 甜滋滋 tiánzīzī

【甜酸苦辣】tián suān kǔ là **成** さまざまな味. 世の中の辛酸のたとえ. ㊣ 酸甜苦辣, 苦辣甜酸

【甜头】tiántou **名**（～儿）❶ ほのかな甘み. おいしい味. ㊥ 苦头 kǔtou ❷ 利益やうまみ.

【甜味儿】tiánwèir **名** 甘い味. ¶带～的东西／甘みのある食べ物.

【甜言蜜语】tián yán mì yǔ **成** 甘いことば.

【甜滋滋】tiánzīzī **形**（～的）"甜丝丝 tiánsīsī"に同じ.

湉 tián
氵部9 全12画 ④ 3216₄ 通用
下記熟語を参照.

【湉湉】tiántián **形** 水が静かに流れるようす.

填 tián
土部10 全13画 ④ 4418₁ 常用
動 ❶（くぼみや穴を）埋める. ¶～坑 tiánkēng（穴を埋める）. ㊥ 挖 wā ❷ 補充する. ¶～补 tiánbǔ. ❸ 書き入れる. 空欄を埋める. ¶～表 tiánbiǎo.

【填报】tiánbào **動** 表に記入して報告する. ¶～收支情况／収支状況を表にして報告する.

【填表】tiánbiǎo **動** 表に書き入れる.

【填补】tiánbǔ **動** 欠けている部分や不足を補う. ¶～了空白 kòngbái ／空白部分を埋める.

【填充】tiánchōng **動** ❶ すき間を埋める. ❷ 試験問題の穴を埋める. ¶五个～题做对了三个／五つの穴埋め問題のうち三つ正解した.

【填词】tiáncí《文学》❶ 词の格律にもとづいて词をつくる. ❷ **名** "词 cí"③に同じ.

【填方】tiánfāng **名**《建築》埋め立て用の土砂. 盛り土.

【填房】tiánfáng ❶ 後妻に入る. ❷ **名** 後妻.

【填空】tiánkòng **動** ❶ 空きポストや欠員を埋める. ❷ 試験問題の穴を埋める. ¶～题／穴埋め問題. ㊣ 填充 tiánchōng ②

【填料】tiánliào **名** コンクリート・ゴム・プラスチックなどに混ぜる, 黄土・石綿・おがくず・カーボンなど.

【填平】tiánpíng **動** 低いところを埋めて平らにする. ¶～补齐 / 不均衡をならす. ¶～鸿沟 hónggōu / ギャップを埋める.

【填塞】tiánsè **動**（洞窟や穴を）埋める. ふさぐ.

【填写】tiánxiě **動** 空欄に書き入れる. ¶～月报表 / 表型の月報に書き込む. ¶这里～你的姓名和地址 / ここにあなたの氏名と住所を記入してください.

【填鸭】tiányā ❶ アヒルの口に飼料を詰め込む. ❷ **名** ①の方法で飼育されたアヒル. **参考**（1）は, 北京ダックなどのアヒルを早く太らせる飼育方法.

【填鸭式】tiányāshì 詰め込み式. ¶～教学法 / 詰め込み教育.

闐(闐) tián
门部10 全13画 ④ 3780₁ 通用
動 満ちあふれる. ¶宾客～门（客が門にあふれる）.

忝 tiǎn
小部4 全8画 ④ 1033₈ 通用
圓 ❶ 恥多くも. かたじけなくも. ¶～列门墙（おそれ多くも門下生として名を連ねる）／～在相知之列（おそれ多くも親しくおつきあい頂く）.

殄 tiǎn
歹部5 全9画 ④ 1822₂ 通用

素 ⊗ 減ぼす. ¶暴 bào〜天物(成 食べ物をむだにする. 自然物を浪費する).

腆 tiǎn
月部8 四 7528₁ 全12画

❶形 ⊗ 豊かだ. ❷形 ⊗ 美しい. りっぱだ. ❸動 方 胸や腹を突き出す. ¶〜着个大肚子(大きな腹を突き出している).

舔 tiǎn
舌部8 四 2163₆ 全14画 次常用

動 (舌で)なめる. ¶猫〜爪子 zhuǎzi(ネコが足をなめる).

【舔食】tiǎnshí 動 なめる.

掭 tiàn
扌部8 四 5103₈ 全11画 通用

動 筆に墨をつけてから硯の上で穂先をそろえる.

☞ 挑 tiāo

tiāo ㄊㄧㄠ [t'iɑu]

佻 tiāo
亻部6 四 2221₃ 全8画

素 軽はずみだ. ¶軽〜 qīngtiāo(軽薄だ).
【佻薄】tiāobó 形 ⊗ 軽はずみだ. 軽薄だ.
【佻巧】tiāoqiǎo 形 ⊗ ❶軽薄で要領がよい. ❷文章やことばのうわべだけを飾り立てている.

挑 tiāo
扌部6 四 5201₃ 全9画 常用

❶動 選ぶ. ¶一个好日子(良い日を選ぶ). ❷動 細かいことを指摘する. あら探しをする. ¶〜毛病(あら探しをする). ❸動 てんびん棒でかつぐ. ¶〜担 dàn(荷をかつぐ)/〜水(水をかつぐ). ❹ ⦗ 〜 ⦘ てんびん棒と両端のかご. ¶挑〜儿 tiāotiāor(てんびん棒で荷物を運ぶ). ❺ 量 (〜儿)てんびん棒で運ぶ荷物を数えることば. ¶一〜白菜(ひとかつぎの白菜).

☞ 挑 tiǎo

【挑刺儿】tiāo//cì 動 あらを探す. ¶故意〜, 与他作対/こしゅうにあら探しして, 彼に反抗する.
【挑肥拣瘦】tiāo féi jiǎn shòu 成 えり好みする. ¶你这样〜, 没人与你合作/そんなえり好みをしていると, 誰も君に協力しないよ. 由来「脂身を選より赤身を選ぶ」という意から.
【挑夫】tiāofū 名 旧 荷担ぎ人夫.
【挑拣】tiāojiǎn 動 選ぶ. ¶把好种子 zhǒngzi〜出来/良い種を選び出す. 同 挑选 tiāoxuǎn
【挑脚】❶tiāo//jiǎo 動 旧 (人の)荷物運びをする. ❷ tiāojiǎo 名 "挑夫"に同じ.
【挑礼】tiāo//lǐ 動 礼儀作法についてうるさく言う.
【挑毛拣刺】tiāo máo jiǎn cì 成 あらを探す. ¶〜, 找人不是 búshì/人のあらを探す.
【挑三拣四】tiāo sān jiǎn sì 成 あれこれえり好みをする.
【挑食】tiāoshí 動 食べ物をえり好みする. 同 挑嘴 zuǐ
【挑剔】tiāotī[-ti] 動 細かいことをうるさく指摘する. 文句をつける. ¶吃东西别太〜/食べ物にあまり注文をつけるな.
【挑选】tiāoxuǎn 動 選ぶ. ¶〜人才/人材を選ぶ. ¶〜有实力的选手,组成国家队/実力のある選手を選び,ナショナルチームをつくる. 同 选择 xuǎnzé
【挑眼】tiāo//yǎn 動 方 あらを探す.

【挑字眼儿】tiāo zìyǎnr 句 ことばや字句のあらを探す.
【挑子】tiāozi 名 ❶ (儘 副 fù) てんびん棒とその担ぎ荷. ❷ 重い任務や責任.
【挑嘴】tiāozuǐ → 挑食 tiāoshí

祧 tiāo
礻部6 四 3221₃ 全10画 通用

⊗ ❶名 先祖を祭った廟. ❷動 先代の跡を継ぐ. ¶兼〜两姓(二つの家を相続する).

条(條) tiáo
夂部4 四 2790₄ 全7画 常用

❶ 量 (〜儿)[儘 根 gēn]細長い枝. ¶枝〜 zhītiáo(細長い枝)/柳〜儿 liǔtiáor(ヤナギの枝). ❷ 名 (〜儿)細長いもの. ¶一纹 tiáowén/花〜儿布(しま柄の布)/面〜儿 miàntiáor(うどん). ❸ 名 箇条書きにしたもの. ¶ 一条 tiáolì/〜目 tiáomù/〜款 tiáokuǎn. ❹ 素 秩序. 条理. ¶有〜不紊 wěn(筋道立っていて乱れがない)/井井有〜(成 整然としている). ❺ 量 細長いものを数えることば. ¶一〜线(一本の線)/两〜腿(二本の足)/三〜鱼(三匹の魚)/一〜大街(一本の大通り). ❻ 量 項目に分かれるものを数えることば. ¶三〜新闻(三項目のニュース)/五〜措施(五つの措置).

【条案】tiáo'àn 名 〔⦗ 张 zhāng ⦘ 置物をのせる細長い高机. 壁につけて置く. 同 条几 tiáojī
【条播】tiáobō 名 《農業》筋まき. 条播(ピッチ).
【条陈】tiáochén ❶ 動 項目立てて述べる. ❷ 名 旧 上級へ提出する箇条書きの意見陳述書.
【条凳】tiáodèng 名 ベンチ. 同 长凳 chángdèng
【条分缕析】tiáo fēn lǚ xī 成 筋道を立て, 一つ一つ細かく分析する.
【条幅】tiáofú 名 細長い掛け軸. 参考 一幅のものを"单条 dāntiáo", 組のものを"屏条 píngtiáo"という.
【条钢】tiáogāng 名《工業》棒状鋼.
【条贯】tiáoguàn 名 ⊗ 筋道. 系統.
【条规】tiáoguī 名 箇条書きの規則. 同 条例 lì
【条几】tiáojī 名 置物を載せる細長い高机. 同 条案 àn
**【条件】tiáojiàn 名 ❶ 条件. ¶自然〜/自然条件. ❷〔⦗ 个 ge, 项 xiàng ⦘(提示した)要求や基準. ¶讲〜/要求について話し合う. ¶他各方面都符合你提出的〜/彼はどの方面でも君の示した条件に合致している. ❸ 状況. ¶生活〜/生活のようす.
【条件刺激】tiáojiàn cìjī《生理》条件刺激.
【条件反射】tiáojiàn fǎnshè《生理》条件反射.
【条块】tiáokuài 名 (組織の管理システムなどの)縦割りと横割り. 縦の関係と横の関係.
【条块分割】tiáokuài fēngē 名 (行政や組織の)たて割り.
【条块結合】tiáokuài jiéhé 成 (行政や組織の)縦方向と横方向の関係がよく, うまく連携が取れていること.
【条款】tiáokuǎn 名 〔⦗ 项 xiàng ⦘(文献や契約などの)条項.
【条理】tiáolǐ 名 筋道. 秩序. 条理. ¶这篇文章〜清楚/この文章は筋道がはっきりしている.
【条例】tiáolì 名 〔⦗ 项 xiàng ⦘条例.
【条令】tiáolìng 名 〔⦗ 项 xiàng ⦘(軍隊の)条令.
【条码】tiáomǎ 名 バーコード. 同 条形码 tiáoxíngmǎ
【条目】tiáomù 名 規約などの項目. 条目.
【条绒】tiáoróng 名 《紡織》コールテン. コーデュロイ. 同 灯心绒 dēngxīnróng
【条条】tiáotiáo ❶ 名 (国家機関などの)縦割りの管理シ

苕 tiáo
艹部5 画4460₂
全8画
名 ❶《植物》古書で"凌霄花 língxiāohuā"(ノウゼンカヅラ)を指す。同 紫葳 zǐwēi ❷→苕子 tiáozi ❸《植物》"苇子 wěizi"(アシ)の花。❹(Tiáo)姓。
☞ 苕 sháo

【苕子】tiáozi 名 緑肥植物の一種.

迢 tiáo
辶部5 画3730₆
全8画 通用
下記熟語を参照.

【迢迢】tiáotiáo 形 はるかに遠い．¶千里～/成 千里のかなた．
【迢远】tiáoyuǎn 形 はるか遠い．同 遥 yáo 远

调(調) tiáo
讠部8 画3772₀
全10画 常用

❶形 適度だ．¶风～雨顺/成 天候に恵まれる)/饮食 yǐnshí 失～(食生活がアンバランスだ)．❷动 整える．調整する．¶～味 tiáowèi/～弦 tiáoxián(調弦する)/～工资(給料を調整する)．❸和 和解させる．調停する．¶～解 tiáojiě. ❹ 素 からかう．挑発する．¶～笑 tiáoxiào /～皮 tiáopí.
☞ 调 diào

【调拨】tiáobō 动 陰口をきいて，もめごとを引き起こす．同 挑拨 tiǎobō 调拨 diàobō
【调处】tiáochǔ 調停する．¶这事让老张去～一下吧/この件は張さんにとりなしてもらおう．
【调幅】tiáofú 名《通信》振幅変調. AM. ¶～广播/AM 放送．
【调羹】tiáogēng 名〔量 把 bǎ〕ちりれんげ．スープ用スプーン．
【调和】tiáohé[-he] ❶形 調和している．ほどよい．¶色彩/色合いがちょうどよい．同 和谐 héxié, 谐和 xiéhé, 协调 xiétiáo ❷动 調停する．仲直りさせる．¶从中～/中に入って仲直りさせる．¶他们之间的事情很复杂，难以～/彼らの間はとても複雑で，調停するのは難しい．同 调和调和 协调 xiétiáo ❸动 妥協する．譲歩する．¶不能～的斗争/ゆずれない戦い．用法 ③は多く否定形で用いる．
【调和漆】tiáohéqī 名 調合塗料．
【调护】tiáohù 动《病人の》看護や世話をする．
【调级】tiáo//jí《職務や給料の》等級を調整する．同 晋 jìn 级 表现 多く昇級させることを言う．
【调剂】动 ❶tiáo//jì 薬を調合する．調剤する．❷tiáojì 適度に調整する．¶～物资/物資をバランスよく配分する．重 调剂调剂

【调价】tiáo//jià 価格調整する．参考 "上调"(値上げ)と"下调"(値下げ)がある．
【调减】tiáojiǎn 动 調整して減らす．
【调焦】tiáojiāo 动《レンズの》焦点を合わせる．
【调教】tiáojiào 动 ❶(幼児を)しつける．¶不服～/しつけに従わない．❷(家畜などを)訓練する．調教する．¶～师/調教師．
【调节】tiáojié 动 調節する．¶自动～室内温度/自動的に室内温度を調節する．重 调节调节
【调节器】tiáojiéqì 名 調節装置．レギュレーター．
【调解】tiáojiě 动 調停する．仲裁する．¶～人/調停人．¶～了三次，双方都不肯退让一步/三回にわたり調停が行われたが，双方一歩も譲歩しようとしなかった．重 调解调解 调处 tiáochǔ, 调停 tiáotíng 反 挑拨 tiǎobō
【调经】tiáojīng 动《中医》(薬で)月経を調整する．
【调侃】tiáokǎn 动(ことばで)からかう．
【调控】tiáokòng 动 調節する．コントロールする．¶宏观～/マクロコントロール．¶～城市交通要求/都市の交通条件を整える．
【调理】tiáolǐ[-li] 动 ❶養生する．¶病后～身体/病後に養生する．重 调理调理 ❷ 世話をする．¶～伙食/食事に気を配る．❸ しつける．訓練する．¶～孩子/子供をしつける．❹(考えを)整理する．
【调料】tiáoliào 名 調味料．
【调弄】tiáonòng 动 ❶ からかう．¶～妇女/女性をからかう．❷ 調整する．¶～琴弦 qínxián / 琴を調弦する．❸ そそのかす．¶这小子老是～别人干坏事/こいつはいつも人に悪事をそそのかしてばかりいる．
【调配】tiáopèi 动(顔料や薬などを)調合する．¶～水彩颜色/水彩の色を調合する．¶药的材料はもう～好了/薬の材料はもう調合した．重 调配调配 ☞ 调配 diàopèi
【调皮】tiáopí 形 ❶ わんぱくだ．¶～捣蛋 dǎodàn/(子供が)いたずら好きだ．¶这孩子真～/この子は本当にわんぱくだ．¶淘气 táoqì, 顽皮 wánpí ❷言うことを聞かない．扱いにくい．¶这黄牛很～/このウシはとても扱いにくい．❸ずるがしこい．こざかしい．不真面目だ．
【调皮鬼】tiáopíguǐ 名 腕白で言うことを聞かない少年．
【调频】tiáopín 动《通信》周波数変調. FM. ¶～广播/FM 放送．
【调情】tiáoqíng(男女が)ふざけあう．いちゃつく．¶～说爱/べたべたしちゃつく．
【调人】tiáorén 名 調停人．同 调解人 tiáojiěrén
【调三窝四】tiáo sān wō sì 成 あれこれ言い立ててもめごとを引き起こす．同 调三幰四 wò sì
【调色板】tiáosèbǎn 名 パレット．
【调色】tiáo//shǎi 动 色を混ぜる．
【调试】tiáoshì 动(機械やメーターを)テストし調整する．
【速速器】tiáosùqì 名《機械》速度調節器．ガバナー．
【调唆】tiáosuō[-suo] そそのかしてもめごとを起こさせる．¶他听了人家的～，真的去吵 chǎo 了/彼は人にけしかけられて，本当にけんかをしに行った．同 挑拨 tiǎobō, 挑唆 tiǎosuō
【调停】tiáotíng[-ting] 动 仲裁をする．¶外人很难插手～/他人が中に入ってとりなすのは難しい．同 调解 tiáojiě
【调味】tiáo//wèi 动 味を整える．味つけをする．¶～品/調味料・薬味・香辛料などの総称．
【调戏】tiáoxì[-xi] 动 女性をからかう．
【调笑】tiáoxiào 动 からかう．冗談をいう．

【調協】tiáoxié 動 協調させる．¶不相～/協調しようとしない．

【調諧】tiáoxié ❶ 形 調和がとれている．¶色彩～/配色のバランスが良い．❷《通信》(ラジオなどの)周波数を合わせる．同調する．

【調謔】tiáoxuè からかう．同 调笑 tiáoxiào

【調養】tiáoyǎng 養生する．¶父亲手术后～得很好/父は手術後の養生がとてもいい．重 调养调养

【調匀】tiáoyún 形 過不足ない．むらがない．

*【調整】tiáozhěng 動 調整する．¶～速度/速度を調整する．¶对不合理的地方要进行～/不合理な点は調整しなければならない．重 调整调整

【調制】tiáozhì 動 ❶《電気》(電磁波や高周波などを)変調させる．❷ 調合する．¶～鸡尾酒 jīwěijiǔ/カクテルを作る．

【調制解調器】tiáozhì jiětiáoqì 名《コンピュータ》モデム．表現 俗称を"猫 māo"．

【調治】tiáozhì 動 療養する．治療する．¶出院以后,必须继续～/退院後も養生しなければいけない．¶精心～/熱心に治療する．

【調資】tiáo//zī 給料を調整する．表現 多く昇給させることをいう．

【調嘴学舌】tiáo zuǐ xué shé 成 貶 陰であれこれいって面倒を引き起こす．¶他这个人喜欢～,搬弄是非/彼はすぐ陰で無責任なことを言って,もめごとを起こす．同 调嘴弄 nòng 舌

笤 tiáo

竹部5　全11画　四 8860₂　次常用

下記熟語を参照．

【笤帚】tiáozhou〔動 把 bǎ〕(ちりやごみをはく)小さ目のほうき．同 苕帚 tiáozhou

龆(齠) tiáo

齿部5　全13画　四 2776₂　通用

索 文 子供の歯がはえかわる．¶～年 tiáonián(幼年)/～龀 tiáochèn(幼年)．

蜩 tiáo

虫部8　全14画　四 5712₀　通用

名 文 セミの別名．

髫 tiáo

髟部5　全15画　四 7260₂　通用

索 文 子供が頭の上で結って後ろに垂らした髪．¶垂～chuítiáo(幼年)/～龄 tiáolíng．

【髫齢】tiáolíng 名 幼年．幼少時代．

【髫年】tiáonián 名 文 幼年．幼少時代．

鲦(鰷/異 鯈) tiáo

鱼部7　全15画　四 2719₄　通用

名 "鲦鱼 tiáoyú"に同じ．

【鲦魚】tiáoyú 名《魚》ハエ．ハヤ．同 鳘鲦 cāntiáo, 餐鱼 cānyú

挑 tiǎo

扌部6　全9画　四 5201₃　常用

❶(さおなどで)高く掲げる．¶把旗子～起来(旗を高く掲げる)．❷動(細長いもので)ほじくる．かきたてる．¶～火 tiǎohuǒ(火をかきたてる)/～刺 tiǎocì(ほじる)．❸動 挑発する．そそのかす．¶～战 tiǎozhàn/～是非 shìfēi/そそのかして事を起こす．❹名 漢字の筆画のはね(╱)．同 提 tí, 剔 tī

☞ 挑 tiāo

【挑撥】tiǎobō 動 そそのかしてもめ事を引き起こさせる．¶从中～/間にたってもめ事を起こす．

【挑撥離間】tiǎo bō lí jiàn 成 そそのかして仲を引き裂く．注意 "间 jiàn"を"jiān"と発音しない．

【挑大梁】tiǎo dàliáng 慣 重要な仕事を担当する．¶今后公司要靠你～/今後会社は君が背負っていくことになる．

【挑燈】tiǎo//dēng 動 ❶ 灯心をかきたてて明るくする．❷ 明かりを高く掲げる．

【挑動】tiǎodòng 動 ❶ かき立てる．引き起こす．¶～好奇心/好奇心をかき立てる．¶～是非/いざこざを起こす．❷ 挑発する．あおりたてる．¶～战争/戦争を扇動する．¶～双方殴斗 ōudòu/双方が殴り合うよう挑発する．

【挑逗】tiǎodòu 動 からかう．じらす．¶他是有意在～你/彼はわざと君をからかっているのだ．同 逗引 dòuyǐn, 逗惹 dòurě, 撩拨 liáobō

【挑花】tiǎohuā(～儿)クロスステッチの刺繍(しゅう)をする．

【挑明】tiǎomíng 動 真相を明らかにする．暴露する．同 公开 gōngkāi, 揭开 jiēkāi

【挑弄】tiǎonòng 動 ❶ 挑発する．❷ からかう．

【挑起】tiǎoqǐ 動 ❶ そそのかして起こさせる．¶～家庭纠纷 jiūfēn/家庭内のいざこざを起こさせる．❷ さおなどで掲げる．¶～帘子 liánzi/すだれを掲げる．

【挑唆】tiǎosuō 動 そそのかす．¶在背后 bèihòu～/背後でそそのかす．同 调唆 tiáosuō

【挑頭】tiǎotóu(～儿)先頭に立つ．いの一番で行う．¶～提意见/最初に意見を述べる．

【挑釁】tiǎoxìn 動 挑発する．¶～行为/挑発行為．同 寻衅 xúnxìn

【挑戰】tiǎo//zhàn 動 ❶ 敵を挑発する．❷ 戦いをいどむ．チャレンジする．¶～书/挑戦状．¶迎接～/挑戦を受けて立つ．反 应战 yìngzhàn

朓 tiǎo

月部6　全10画　四 7221₃　外

動 文 陰暦の月末に,月が西方に出る．

窕 tiǎo

穴部6　全11画　四 3011₃　通用

→窈窕 yǎotiǎo

眺(異 覜) tiào

目部6　全11画　四 7221₃　通用

索 遠くを見る．見渡す．眺(なが)める．¶远～ yuǎntiào(遠くを眺める)/登高～远(高い所に登って遠くを眺める)．

【眺望】tiàowàng 動 高い所から遠くを眺める．¶从这里可以～整个故宫 Gùgōng/ここからは故宮全体が見渡せる．同 瞭望 liàowàng

粜(糶) tiào

米部5　全11画　四 2290₄　通用

動(穀物を)売り出す．¶～米 tiàomǐ(米を売る)．反 籴 dí

跳 tiào

足部6　全13画　四 6211₃　常用

動 ❶ 跳ぶ．跳び上がる．¶～高 tiàogāo/～远 tiàoyuǎn．❷ 物ははねる．はずむ．❸ どきどきする．ぴくぴく動く．¶心～ xīntiào(胸がどきどきする)/眼～ yǎntiào(まぶたがぴくぴくする)/心惊肉～ 成 胸騒ぎがする．❹ 動 順序を飛ばす．¶～级 tiàojí．

【跳班】tiào//bān 動 飛び級する．¶她学习很优秀,今年～了/彼女は勉強がとてもよくでき,今年飛び級した．同 跳级 tiàojí

【跳板】tiàobǎn〔个 ge,块 kuài〕❶ 車や船の乗降口に掛け渡す板. ❷《スポーツ》(プールの)飛び板. スプリングボード. ❸《民族》朝鮮族のスポーツ. 祭りの日に,女性二人あるいは四人が一組になって,板の両端で跳びはねながらバランスやリズムを競うゲーム.
【跳槽】tiàocáo 動 ❶ 家畜が他のかいば桶のえさを食べる. ❷ 転職する. ¶他进公司还不到两年,就想~了/彼は会社に入ってまだ二年も経っていないが,もう転職したがっている.
【跳动】tiàodòng 動 どきどきと脈打つ. ぴくぴく動く. ¶她的心脏 xīnzàng 还在~/彼女の心臓はまだ動いている. 表現 人が跳びはねるときは,"跳动"は用いず,"跳跃 tiàoyuè"を使う. 気分や気持ちが高まるときは"激动 jīdòng"を使う.
【跳发球】tiàofāqiú《スポーツ》(バレーボールの)ジャンピングサーブ.
【跳房子】tiào fángzi 句 石蹴りをする.
【跳高】tiàogāo 動 (~儿)《スポーツ》高跳び. ハイジャンプ. ¶背越式 bèiyuèshì~/背面跳び. ¶撑杆 chēnggān~/棒高跳び.
【跳行】tiào//háng 動 ❶ 読書や書き写しで一行とばす. ❷ 改行する. ❸ 職業を変える. ¶干 gàn 一行 háng 爱一行 háng,不要随便~/自分の仕事に愛着を持ち,やたらに職業を変えてはいけない.
【跳级】tiào//jí 動 ❶ 飛び級する. ¶~生/飛び級した学生. 同 跳班 tiàobān ❷ 職務や給料が二段階(以上)上がる.
【跳脚】tiào//jiǎo 動 (~儿)(あせりや怒りで)地団駄を踏む. ¶气得~/脚を踏み鳴らして怒る.
【跳井】tiào//jǐng 動 井戸に身を投げて自殺する.
【跳空】tiàokōng《経済》(株価が)急騰または急落する.
【跳栏】《スポーツ》❶ tiào//lán 動 ハードル走をする. 障害物競走をする. ¶~比赛/ハードル競走. ❷ tiàolán 名 ハードル.
【跳梁[踉]】tiàoliáng 動 ❶ はね回る. ❷ 貶 はびこる. のさばる.
【跳梁小丑】tiàoliáng xiǎochǒu 名 貶 悪事を働く小悪党.
【跳楼】tiào//lóu 動 建物から飛び降りる. ¶~货/投げ売りの商品.
【跳楼价】tiàolóujià 名《経済》(原価を割るほど)特別に安くした売価. 超安値.
【跳马】tiàomǎ 名《スポーツ》跳馬.
【跳皮筋儿】tiào píjīnr 句 ゴム跳びをする.
【跳棋】tiàoqí 名〔副 fù,盘 pán〕ダイヤモンドゲーム. ¶下~/ダイヤモンドゲームをする.
【跳伞】tiào//sǎn 動 パラシュートで降下する. ¶定点~/定点を目指すパラシュート競技.
【跳伞塔】tiàosǎntǎ 名 パラシュート訓練用の塔.
【跳神】tiào//shén 動 ❶(~儿)巫女(ミコ)が神がかりの状態になって踊る. ❷《宗教》(ラマ教で)鬼払いをする. 同 跳布札 bùzhá
【跳绳】tiàoshéng 動 なわ跳びをする. ¶双摇~/二重跳び. ¶三摇~/三重跳び.
【跳鼠】tiàoshǔ 名《動物》トビネズミ.
【跳水】tiàoshuǐ 名《スポーツ》(水泳の)飛び込み. ¶跳板~/板飛び込み.
【跳水池】tiàoshuǐchí 名《スポーツ》飛び込み用プール.
【跳台】tiàotái 名《スポーツ》〔座 zuò〕❶(プールの)飛び込み台. ❷ ジャンプ台. ¶~滑雪/スキーのジャンプ.
**【跳舞】tiào//wǔ 動 ダンスをする. 踊る. ¶跳交际舞/社交ダンスを踊る.
【跳舞毯】tiàowǔtǎn 名 ダンスシミュレーションゲーム.
【跳箱】tiàoxiāng 名《スポーツ》跳び箱. ¶~比赛/跳び箱の競技.
【跳鞋】tiàoxié 名(跳躍競技用の)スパイクシューズ.
【跳远】tiàoyuǎn 動 (~儿)《スポーツ》幅跳び. ¶三级~/三段跳び. ¶急行 jíxíng~/走り幅跳び. ¶立定~/立ち幅跳び. 用法 通常は走り幅跳びをいう.
【跳月】tiàoyuè 名《民族》苗(ミャオ)族や侗(トン)族などの伝統行事. 春の月夜に多くの若人が集まって,野外で歌ったりダンスをする.
【跳跃】tiàoyuè 動 跳びはねる. ジャンプする. ¶~前进/跳びはねながら前に進む. ¶~运动/跳躍運動.
【跳蚤】tiàozao《虫》〔個 只 zhī〕ノミ. ¶捉~/ノミを捕まえる. 同 蛞蚤 gèzao
【跳蚤市场】tiàozao shìchǎng 名 のみの市.
【跳闸】tiào//zhá《電気》ブレーカーが落ちる.

tiē ㄊㄧㄝ [tʰiE]

帖 tiē
巾部 5 四 4126。 全 8 画 常用
素 ❶ 従順だ. ¶服~ fútiē (従順だ). ❷ 適当だ. ちょうどよい. ¶妥~ tuǒtiē (適切である).
☞ 帖 tiě,tiè
【帖服】tiēfú ❶ 動 文 おとなしく従う. 服従する. ❷ 形 気持ちがよい. 同 舒坦 shūtǎn

贴(貼) tiē
贝部 5 四 7186。 全 9 画 常用
❶ 動(薄いものを)貼りつける. ¶剪~ jiǎntiē (切り貼りする)/~邮票(切手を貼る). ❷ 寄り添う. ぴったりとくっつく. 接近する. ¶~身 tiēshēn. ❸ 動 不足金を補う. ❹ 素 給料以外の手当. ¶房~ fángtiē (住宅手当). ❺ 量 膏薬を数えることば. ❻ 素 適当だ. 同 帖 tiē
【贴边】❶ tiē//biān 動(事実に)近づく. ❷ tiēbiān 名《服飾》〔個 条 tiáo〕服の裏に縁取りとしてつける細長い布.
【贴标签】tiē biāoqiān 句(~儿)❶ ラベルを貼る. ❷ レッテルを貼る. ❸(調査・研究で)具体的な分析もせず機械的な評価を下す.
【贴饼子】《料理》❶ tiēbǐngzi 名〔个 ge〕トウモロコシ粉などを練って鍋に貼りつけて焼く食べ物. ❷ tiē bǐngzi 句 ①を焼く.
【贴补】tiēbǔ[-bu] 動 ❶(友人や親戚などに)経済的な援助をする. ❷(蓄えていた財物で)不足を補う. ¶最近开支大,要拿些存款~生活/近ごろ出費がかさんでいるので,いくらか貯金を生活費に当てなければならない.
【贴旦】tiēdàn 名《芸能》(京劇などで)脇役の女優または女形.
【贴兜】tiēdōu 名《服飾》貼り付けポケット. パッチポケット. 同 明 míng 兜
【贴花】tiēhuā 名 ❶ マッチ箱のラベル. 同 火花 huǒhuā ❷(布地の)アップリケ.
【贴画】tiēhuà 名 ❶ 壁に貼る年画やポスター. ❷ マッチ箱に貼られた絵. 同 火花 huǒhuā
【贴换】tiēhuàn[-huan] 動 下取り交換する. ¶把旧电

【贴己】tiējǐ ❶ 形 親しい.親密だ.¶～话／内輪の話.内緒話.❷ 名 方 家族が各々自分のために蓄えたもの.¶～钱／へそくり.
【贴金】tiē//jīn 動 ❶（神仏の像に）金箔を貼りつける.¶～佛像 fóxiàng／金箔を置いた仏像.❷ 喩 実物以上に美化する.
【贴近】tiējìn 動 ❶ 接近する.ぴたりとくっつく.¶把耳朵～门边儿／耳をドアにぴたりと寄せる.❷ 形 親しい.同 亲近 qīnjìn
【贴邻】tiēlín 名 すぐとなり（の家）.
【贴面】tiēmiàn 名《建築》（樹脂・タイル・金属などでの）飾り張り.
【贴牌】tiēpái 動 "贴牌生产"（OEM 生産）の略称.
【贴谱】tiēpǔ 形（話や行いが）規則や実際に即している.
【贴切】tiēqiè 形 妥当だ.適切だ.¶用词～／ことばの使い方が的を射ている.
【贴身】tiēshēn 形 ❶（～儿）素肌に直接つけている.¶～小褂儿 xiǎoguàr／下着のシャツ.¶～衣服／下着.肌着.❷（衣服が）身体にぴたりと合っている.❸ いつも身の回りにいる.¶～保镖 bǎobiāo／護衛.ボディーガード.
【贴水】tiēshuǐ《金融》❶ 動 為替や貨幣の差額を支払う.❷ 名 ①の差額金.
【贴体】tiētǐ 動 方（服が）体にぴったり合う.
【贴息】tiēxī《金融》❶ 動 手形を割り引いて利息を払う.❷ 名 割引利息.
【贴现】tiēxiàn 動《金融》手形を割り引く.¶～率 lù／割引レート.
【贴心】tiēxīn 形 親密だ.¶～人／親友.¶贴面不～／表面的なつきあいをする.

萜 tiē
艹部8 44261 全11画 通用
名《化学》テルペン.香油の成分.

帖 tiě
巾部5 41260 全8画 常用
名 ❶〔量 张 zhāng〕招待状.¶请～ qǐngtiě（招待状）.❷ メモ.¶字～儿 zìtiěr（メモ）.
☞ 帖 tiē,tiě

【帖子】tiězi 名〔量 张 zhāng〕❶ 招待状.¶喜～／結婚式の招待状.❷ 旧 結婚や義兄弟の契りを結ぶ時に取り交わす,生年月日を記した折り本.同 庚帖 gēngtiě ❸ 書き付け.メモ.

铁(鐵/異銕) tiě
钅部5 85780 全10画 常用
名 ❶ 鉄.Fe.❷ 武器.¶（手无寸～／何も武器を携帯していない）.❸ 形 堅い.頑強だ.¶～拳 tiěquán／～汉 tiěhàn.❹ 素 精鋭だ.¶～骑 tiěqí.❺ 素 強暴だ.¶～蹄 tiětí.❻ 形 動かすことのできない.変えることのできない.¶～定 tiědìng／～的事実（まぎれもない事実）.❼（Tiě）姓.

【铁案如山】tiě àn rú shān 成 事件の証拠が確実で覆（ふく）すことができぬ.
【铁板】tiěbǎn 名〔量 块 kuài〕鉄板.
【铁板钉钉】tiě bǎn dìng dīng 成 ❶ 事情がすでに確定していること.❷（性格が）剛毅だ.
【铁板一块】tiěbǎn yī kuài 慣 ❶ 一枚の鉄板のように堅く結束している.一枚岩だ.❷（仕事のやり方が）型通りで融通がきかない.
【铁笔】tiěbǐ 名 ❶ 印鑑を彫る時に用いる小刀.印刀.❷ ガリ版用の鉄筆.
【铁壁铜墙】tiě bì tóng qiáng 成 打ち破ることができない堅固なもの.同 铜墙铁壁
【铁饼】tiěbǐng 名《スポーツ》❶ 円盤投げ.❷ ① に使う円盤.¶扔～／円盤投げをする.
【铁杵磨成针】tiě chǔ mó chéng zhēn 成 たゆまず努力すれば,どんな事でも成し遂げられる.
【铁窗】tiěchuāng 名 ❶ 鉄格子をはめた窓.❷ 監獄.¶～岁月／獄につながれた歳月.
【铁锤】tiěchuí 名 かなづち.
【铁打】tiědǎ 形 堅固な.頑健な.¶～的江山／ゆるぎない政権.¶～的汉子／頑健な男.
【铁道】tiědào 名〔量 条 tiáo〕鉄道.
【铁定】tiědìng 形 確定して動かない.¶～的事実／動かない事実.
【铁饭碗】tiěfànwǎn 名 食いはぐれのない確実な職業や地位.親方日の丸.¶打破～／親方日の丸の制度を打ちこわす.由来 落としてもこわれない「鉄の飯茶碗」という意から.
【铁杆】tiěgǎn 形（～儿）❶ 頑強な.屈強な.¶～司令／屈強な司令官.❷ 頑固で変わらない.
【铁工】tiěgōng 名 ❶ 鉄器の製造や修理の仕事.❷ ① をする人.
【铁公鸡】tiěgōngjī 名 けちん坊.¶～一毛不拔／けちで一銭たりとも出さない.
【铁姑娘】tiěgūniang 名 屈強な娘.
【铁箍】tiěgū 名 鉄のたが.帯鉄.
【铁骨铮铮】tiěgǔ zhēngzhēng 慣 意志が堅く不屈なようす.
【铁观音】tiěguānyīn 名 鉄観音（ぶぁぇ）.福建省産の"乌龙茶 wūlóngchá"の有名銘柄.
【铁管】tiěguǎn 名 鉄パイプ.
【铁轨】tiěguǐ 名〔量 条 tiáo〕鉄道のレール.¶铺设 pūshè～／線路を敷く.同 钢轨 gāngguǐ
【铁柜】tiěguì 名 金庫.同 保险箱 bǎoxiǎnxiāng
【铁锅】tiěguō 名 鉄なべ.中華なべ.
【铁汉】tiěhàn 名 頑丈な男.
【铁合金】tiěhéjīn 名《冶金》鉄合金.
【铁黑】tiěhēi 名 ❶《化学》酸化第一鉄.❷ 鉄黒（る）.
【铁花】tiěhuā 名 "铁画 tiěhuà" に同じ.
【铁画】tiěhuà 名 鉄画の一つ.安徽省蕪湖産が有名.鉄片や鉄線を使って絵を描き,黒色または焦げ茶色に塗ったもの.またこれを作る工芸.同 铁花 tiěhuā
【铁画银钩】tiě huà yín gōu 成 筆跡が力強い.
【铁环】tiěhuán 名 玩具の一種.輪回しの鉄の輪.
【铁灰色】tiěhuīsè 名 濃い灰色.
【铁蒺藜】tiějíli 名 "蒺藜"（ハマビシ）の実の形をした鉄製の兵器.鉄菱.参考 通路にまいて敵の侵攻を防ぐ.
【铁甲】tiějiǎ 名 ❶ 鉄のよろい.❷ 厚い鉄で造った車体や船体.
【铁甲车】tiějiǎchē 名《軍事》装甲車.同 装 zhuāng 甲车
【铁甲舰】tiějiǎjiàn 名《軍事》装甲艦.同 装 zhuāng 甲舰
【铁将军把门】tiějiāngjūn bǎ mén 俗 ドアが施錠されている.由来 "铁将军" は錠前のたとえ.
【铁匠】tiějiang 名〔量 个 ge,名 míng,位 wèi〕鍛冶（か）職人.¶～铺 pù／鍛冶屋.
【铁交椅】tiějiāoyǐ 名 移動のない安定したポスト.保証さ

れた地位. 由来「鉄製の折りたたみ椅子」という意味から.
【铁脚板】 tiějiǎobǎn 名〔～ㄦ〕健脚. 健脚な人.
【铁警】 tiějǐng 名 "铁路警察"(鉄道警察)の略称.
【铁军】 tiějūn 名 無敵の軍隊. 常勝軍.
【铁矿】 tiěkuàng 名《鉱物》鉄鉱.
【铁力木】 tiělìmù 名《植物》セイロンテツボク.
【铁链】 tiěliàn 名 鉄の鎖.
*【铁路】 tiělù 名〔条 tiáo〕鉄道. ¶～运输 / 鉄道輸送. ¶～网 / 鉄道網.
【铁马】 tiěmǎ 名 ❶ 鉄の甲をつけた馬. 精鋭の騎兵. ❷ 宮殿や寺廟の檐(のき)に下げた風鈴.
【铁门】 tiěmén 名 ❶ 鉄の門. ❷ 鉄格子. 格子窓. ❸ 容易には乗り越えられない門やゲート.
【铁面无私】 tiě miàn wú sī 成 公正無私で情実に動かされない. ¶～的法官 / 公正無私の裁判官. ¶光明磊落 lěiluò, ～ / 公平でさっぱりとしていて, 私心がない. 同 铁面无情 qíng.
【铁幕】 tiěmù 名 鉄のカーテン.
【铁牛】 tiěniú 名 トラクター. 同 拖拉机 tuōlājī
【铁皮】 tiěpí 名 ブリキ. トタン.
【铁骑】 tiěqí 名⟨文⟩ 精鋭の騎兵. 参考 もと "tiějì" と発音した.
【铁器】 tiěqì 名 鉄器.
【铁器时代】 tiěqì shídài 名《歴史》鉄器時代.
【铁锹】 tiěqiāo 名〔把 bǎ〕シャベル. スコップ.
【铁青】 tiěqīng 形 (恐怖・怒り・病気などで)青ざめている. 鉄のような色だ. ¶脸色～ / 顔が青い. ¶～裤子 / 青黒いズボン.
【铁拳】 tiěquán 名〔只 zhī〕鉄拳. 強いパンチ.
【铁人】 tiěrén 名 ❶ 心身ともに強靱な人. ❷(Tiěrén) 大慶油田の英雄王進喜(1923-70)のこと.
【铁人三项】 tiěrén sānxiàng 名《スポーツ》トライアスロン.
【铁纱】 tiěshā 名 金網.
【铁砂】 tiěshā 名 ❶ 砂鉄. ❷ (猟銃の散弾や砂型の砂落としなどに用いる)鉄の粒.
【铁杉】 tiěshān 名《植物》タイワンツガ.
【铁勺】 tiěsháo 名 鉄製のしゃくし. おたま.
【铁石心肠】 tiě shí xīn cháng 成 冷酷無情だ. ¶哪怕是～的人, 也会被感动吧 / たとえ無情な人でも, 感動させられるだろう.
【铁树】 tiěshù 名《植物》〔棵 kē, 株 zhū〕 ❶ センネンソウまたはセンネンボク. ❷ ソテツの通称. 同 苏铁 sūtiě
【铁树开花】 tiě shù kāi huā 成 極めてまれなこと. 実現が極めて困難なこと. 由来 "铁树" は鉄でできた木, またはソテツを指す. ソテツは熱帯産の植物で, 通常花が咲かないが, 北方に移植して何年か経つと一度だけ花をつけることがあるという.
【铁水】 tiěshuǐ 名《冶金》溶解した銑鉄(ぞく).
【铁丝】 tiěsī 名〔根 gēn, 卷 juǎn〕鉄線. 針金.
【铁丝网】 tiěsīwǎng 名 ❶ 金網. ❷ 鉄条網.
【铁算盘】 tiěsuànpán[-pan] 名 ❶ 確かな計算. ❷ 確かな計算ができる人.
【铁索】 tiěsuǒ 名 ケーブル. 鉄の鎖.
【铁索桥】 tiěsuǒqiáo 名 ワイヤロープを使った吊り橋.
【铁塔】 tiětǎ 名〔座 zuò〕 ❶ 鉄でできた塔. ❷ (高圧電線を支える)鉄塔.
【铁蹄】 tiětí 名 民衆を蹂躙(じゅうりん)する暴力行為. ¶遭受～蹂躏 róulìn / 残虐な行為を受ける.
【铁桶】 tiětǒng 名 バケツ. ドラム缶.

【铁腕】 tiěwàn 名 ❶ 強力な手段. ¶～人物 / すご腕. 辣腕(らつ)家. ❷ 強力な支配.
【铁锨】 tiěxiān 名〔把 bǎ〕シャベル.
【铁线蕨】 tiěxiànjué 名《植物》ホウライシダ. 同 铁线草 cǎo
【铁屑】 tiěxiè 名 鉄くず. 金(か)くず.
【铁心】 tiěxīn ❶ tiě//xīn 決心する. ❷ tiěxīn《電気》鉄心. コア.
【铁锈】 tiěxiù 名〔把 bǎ〕鉄さび. ¶长 zhǎng ～ / 鉄さびが出る.
【铁血】 tiěxuè ❶ 形 強い意志や犠牲の精神をもっている. ❷ 名 武器と鮮血. 「戦争」のたとえ.
【铁氧体】 tiěyǎngtǐ 名《化学》フェライト. 参考 旧称は "磁性瓷 cíxìngcí".
【铁证】 tiězhèng 名 動かぬ証拠. ¶～如山 / 山のごとく動かぬ証拠.

帖 tiè
巾部 5 四 4126₂
全 8 画 常用
名 書や画の手本. ¶碑～ bēitiè (拓本) / 法～ fǎtiè (法帖(ほう)) / 习字～ xízìtiè (習字の手本) / 画～ huàtiè (画帖).
☞ 帖 tiē, tiě

饕 tiē
食部 9 四 1873₂
全 18 画 通用
→饕餮 tāotiè

ting ㄊㄧㄥ [tʻiəŋ]

厅(廳) tīng
厂部 2 四 7122₁
全 4 画 常用
名 ❶ (集会や接待のための)大きな部屋. 広間. ¶大～ dàtīng (ホール) / 门～ méntīng (入口の広間) / 客～ kètīng (客間). ❷ 政府や省の行政の一部門. ¶办公～ bàngōngtīng (事務局) / 教育～ jiàoyùtīng (省の教育行政機関).
【厅房】 tīngfáng 名 大広間. ホール.
【厅事】 tīngshì 名⟨方⟩ "听事 tīngshì" ❷に同じ.
【厅堂】 tīngtáng 名〔间 jiān〕大広間. ホール. 同 厅房 tīngfáng ⟨反⟩ 居室 jūshì
【厅长】 tīngzhǎng 名 庁の長官.

汀 tīng
氵部 2 四 3112₀
全 5 画 通用
名⟨文⟩ 水辺の平地. ¶绿～ lǜtīng (緑の岸辺) / ～线 tīngxiàn.
【汀线】 tīngxiàn 名 海水の侵食によってできた海岸線.

听(聽) tīng
口部 4 四 6202₁
全 7 画 常用
❶ 動 聴く. ¶～音乐(音楽を聞く) / ～广播(ラジオを聞く). ❷ 動 (忠告や意見を)聞き入れる. 従う. ¶言～计从 (成) (～の言うことを全て聞き入れる. 信任が厚いよう). ❸ 文(意見を聞いて)判断する. ¶～政 tīngzhèng / ～讼 tīngsòng (訴訟を裁く). ❹ 名 …の自由に任せる. ¶～任 tīngrèn / ～便 tīngbiàn / ～其自然. ❺ 名 動 缶. 缶詰. ❻ 量 缶入りのものを数えることば. ¶一～香烟 xiāngyān (1缶のタバコ) / 三～咖啡(3缶のコーヒー).
【听便】 tīng//biàn 動 自由にさせる. ¶去留 / 行くも行かぬも, 好きにしなさい. ¶一切听他的便 / すべて彼の都

合にまかせる.
【听残】tīngcán 名 聴覚障害者.
【听差】tīngchāi 名 旧〔量 个 ge,名 míng〕(役所や金持ちの家の)小使い.下男.
【听从】tīngcóng 動 従う.¶他从不～别人的善意 shànyì 劝告 / 彼は人の善意の忠告に従ったためしがない.同 服从 fúcóng,遵从 zūncóng 反 违抗 wéikàng
【听到】tīng//dào 動 耳にする.聞く.¶～屋里有人在说话 / 部屋で誰かが話しているのが聞こえた.
【听懂】tīng//dǒng 動(聞いて)わかる.理解する.¶老师讲的语法,你～了吗? / 先生が説明した文法は理解できましたか.¶他听不懂日语 / 彼は日本語がわからない.
【听而不闻】tīng ér bù wén 成 うわの空で聞く.
【听候】tīnghòu 動(通知や指示を)待つ.¶她正在～离婚判决 pànjué / 彼女は離婚判決が出るのを待っているところだ.
【听话】❶ tīng//huà 動(年長者や指導者の)言うことをきく.❷ tīnghuà 形 素直だ.従順だ.¶她的孩子很～ / 彼女の子供はよく言うことをきく.
【听话儿】tīng//huàr 動 ❶ 返事を待つ.❷ ぬすみ聞きをする.
【听会】tīng//huì 動(会場へ行き)スピーチや講演を聞く.
**【听见】tīng//jiàn[-jian] 動 聞こえる.耳に入る.¶听得见 tīngdejiàn / 聞こえる.¶听不见 tīngbujiàn / 聞こえない.¶我在门口就～了妈妈的说话声 / 私はドアのところで母の話し声を聞いた.
*【听讲】tīng//jiǎng 動(講義や講演を)聞く.¶专心～ / 一心に講義を聞く.
【听觉】tīngjué 名 聴覚.
【听课】tīng//kè 動 授業を受ける.聴講する.¶认真～ / まじめに授業を聞く.
【听力】tīnglì 名 ❶ 聴力.反 视力 shìlì ❷(外国語の)聞き取り能力.¶他的～是班上最好的 / 彼のヒアリングはクラスで一番だ.
【听命】tīngmìng 動 ❶ 命令に従う.¶俯首 fǔshǒu ～ / 人の言いなりになる.❷ 天命に従う.
【听凭】tīngpíng 動 自由にさせる.¶不能～别人的摆布 bǎibù / 他人の言いなりになってはいけない.同 任凭 rènpíng,听任 tīngrèn
【听其自然】tīng qí zì rán 成(その物自身の)成り行きに任せる.¶孩子的兴趣爱好 àihào 只能～ / 子供の興味や関心は自然に任せるほかない.
【听取】tīngqǔ 動(意見・反響・報告などを)聴取する.耳を傾ける.¶校长 xiàozhǎng～了教师提出的建议 / 校長は教師が出した提言に耳を傾けた.
【听任】tīngrèn 動 文(悪いもののなすがままに)任せる.同 听凭 tīngpíng
【听神经】tīngshénjīng 名《生理》聴神経.
【听审】tīngshěn 動 ❶ 審判を待つ.❷ 裁判を傍聴する.❸ 事情聴取して審査する.
【听事】tīngshì 文 ❶ 動(臣下の報告を聞き)政務を行う.同 听政 tīngzhèng ❷ 名(役所の)大広間.ホール.同 厅事 tīngshì
【听书】tīng//shū 動 講談を聞く.¶老人喜欢～ / 年寄りは講談を聞くのが好きだ.
**【听说】❶ tīngshuō 動 聞くことと話すこと.¶～能力 / 聴きとり能力と会話能力.反 读写 dúxiě ❷ tīng//shuō 動 聞くところによると…だそうだ.…と聞いている.¶听有关人说… / 関係者の話では….¶～他调走 diàozǒu 了 / 彼は転任になったそうだ.❸ tīngshuō 形 人の言うことをよく聞く.同 听话 tīnghuà
【听天由命】tīng tiān yóu mìng 成 天命に従う.成り行きに任せる.¶事已如此,只能～了 / 事がこのようになっては,天命に従うしかない.
【听筒】tīngtǒng 名 ❶ 受話器."耳机 ěrjī"の俗称.❷ 聴診器.同 听诊器 tīngzhěnqì
【听闻】tīngwén 名 文 聞くこと.聞いた内容.¶骇 hài 人～的消息一下子传开了 / 耳目を驚かす知らせがまたたく間に広まった.
【听戏】tīng//xì 動(京劇などの)芝居を見る.¶老朱爱听京戏 / 朱さんは京劇のファンだ.由来 京劇など中国の伝統演劇は歌を中心にしているので,"听"(聞く)と言う.
**【听写】tīngxiě 動 書き取りをする.ディクテーションする.¶～生词 / 新出単語の書き取りをする.
【听信】動 ❶ tīng// xìn (～儿) 知らせを待つ.¶今天开会就决定这件事儿,你～吧! / 今日,会が開かれてこの件を決めるので,あなたはその知らせを待ちなさい.❷ tīngxìn 貶(不確かな話を)聞いて信じる.真に受ける.¶～谣言 yáoyán / デマを信じる.¶～一面之词 / 一方の話を信じこむ.
【听厌】tīngyàn 動 聞き飽きる.¶这个歌曲 gēqǔ 听了好多遍了,有点～了 / この歌は何度も聞いて,少し聞き飽きた.
【听阈】tīngyù 名《生理》音として聞き取り可能な周波数の限界.可聴限界.
【听诊】tīngzhěn 動《医学》聴診する.
【听诊器】tīngzhěnqì 名《医学》聴診器.同 听筒 tǒng
【听证】tīngzhèng 動 関係当事者から説明や証言を聞く.
【听证会】tīngzhènghuì 名 公聴会.
【听政】tīngzhèng 動(帝王や摂政が朝廷で臣下の報告を聞き)政務を行う.¶垂帘 chuílián～ / 垂簾(すいれん)政治を行う.
【听之任之】tīng zhī rèn zhī 成 成り行きに任せる.放任する.
【听众】tīngzhòng 名 聴衆.
【听装】tīngzhuāng 形 缶入りの.¶～奶粉 nǎifěn / 缶入りの粉ミルク.
【听子】tīngzi 名 缶.¶香烟 xiāngyān～ / たばこ缶.

烃(烴) tīng
火部 5 四 9781₂ 全 9 画 通用

名《化学》炭化水素.同 碳氢化合物 tànqīnghuàhéwù

【烃基】tīngjī 名《化学》アルキル基.

廷 tíng
廴部 4 四 1240₁ 全 6 画 次常用

❶ 素 朝廷.¶宫～ gōngtíng (宮廷) / 清～ Qīngtíng (清王朝).❷ (Tíng)姓.

莛 tíng
艹部 6 四 4440₁ 全 9 画 通用

名(～儿) 草本植物の茎.¶麦～儿 màitíngr (ムギの茎).

亭 tíng
亠部 7 四 0020₁ 全 9 画 常用

❶ 名〔量 座 zuò〕あずまや.¶～子 tíngzi.❷ 素 小さくて簡単な建物.¶邮～ yóutíng (簡易郵便局) / 书～ shūtíng (書籍スタンド).❸ 素 文 ちょうど.ぴったり.¶～午 tíngwǔ (正午).❹ (Tíng)姓.
【亭台楼阁】tíngtái lóugé 名 あずまやと楼閣.高級で

優雅なたたずまいの建築群.
【亭亭】tíngtíng 形 ❶（樹木や建物が）高くまっすぐ伸びている. ❷（人や花が）美しい. 同 婷婷 tíngtíng
【亭亭玉立】tíngtíng yù lì 句 裏（女性や樹木が）すらりとして美しい. ¶～的少女 shàonǚ／すらりとして美しい少女.
【亭子】tíngzi 名〔⑱ 个 ge,座 zuò〕あずまや.
【亭子间】tíngzijiān 名〔⑱ 个 ge,间 jiān〕（上海などの民家に見られる）中二階の小部屋.

庭 tíng
广部6 四 0024₁
全9画 常用

❶ 素 広間. ホール. ¶大～广众 (成 たくさんの人の前). ❷ 素（母屋の前の）庭. ¶前～后院（母屋の前後の庭）. ❸ 素 法廷. ¶民～ míntíng（民事法廷）／刑～ xíngtíng（刑事法廷）／开～ kāitíng（裁判を始める）. ❹（Tíng）姓.
【庭除】tíngchú 名 中庭. 同 庭院 yuàn 参考 "除"は階段の意.
【庭审】tíngshěn 動（法律）法廷尋問する.
【庭训】tíngxùn 名 家訓. 庭訓(ﾃｲｷﾝ).
【庭园】tíngyuán 名 庭. 宅地内の花園.
【庭院】tíngyuàn 名〔⑱ 处 chù,座 zuò〕（四合院の）母屋の前の中庭. 同 院子 yuànzi,院落 yuànluò
【庭长】tíngzhǎng 名 裁判長.

停 tíng
亻部9 四 2022₁
全11画 常用

❶ 動 止まる. 止める. ¶～办 tíngbàn／雨～了（雨がやんだ）. ❷ 動 滞在する. ¶你准备在上海几天呢？（あなたは何日上海に滞在するつもりですか）. ❸ 動（乗り物を）止めておく. ¶不准～车（駐車禁止）. ❹ 素 すべて整う. 完成する. ¶～妥 tíngtuǒ. ❺ 量（口）（～儿）等分に分けたものの一つ一つを数えることば. ¶敌人三～的兵力,被我们消灭了两～（敵の3つの部隊のうち,我方は2部隊をせん滅した）. ❻（Tíng）姓.
【停摆】tíng//bǎi ❶ 振り子が止まる. ❷ 物事が中断する.
【停办】tíngbàn 動 事業を中止する. ¶那家公司～了／あの会社は業務を停止した.
【停表】tíngbiǎo 名 ストップウォッチ. 同 马表 mǎbiǎo
【停泊】tíngbó 動（船舶の）停泊する.
【停产】tíng//chǎn 動 生産を停止する. ¶这家纺织厂～了／その紡績工場は生産をやめた.
【停车】tíng//chē 動 ❶ 停車する. 車を止める. ¶～十分钟／10分間停車する. ❷ 駐車する. ¶～场 chǎng／駐車場. ❸ 機械の運転が止まる.
【停当】tíngdang 形 整っている. 完了している. ¶一切都已整理得停停当当／すでにすっかり片付いている. 用法 補語として動詞の後に用いることが多い.
【停电】tíng//diàn 停電する. ¶突然～了／急に停電した.
【停顿】tíngdùn ❶ 動 停頓する. 中断する. 反 进展 jìnzhǎn. ❷ 動（話や朗読の時に）間をとる. ❸ 名〔言語〕（発音する際の）休み. ポーズ.
【停放】tíngfàng 動（車両や柩などを）一時置いておく.
【停工】tíng//gōng 動 操業を停止する. ¶～待料 dàiliào／材料待ちで仕事を止める. 反 复工 fùgōng

【停航】tíngháng 動 欠航する.
【停火】tíng//huǒ 動 ❶ 火事を消火する. ❷ 停戦する. 反 开火 kāihuǒ
【停机】tíngjī 動 ❶ 映画やテレビの撮影が終わる. クランクアップする. ❷ 飛行機をとめる. ¶～坪 píng／（空港の）駐機場.
【停机坪】tíngjīpíng 名（空港の）エプロン. 駐機場.
【停建】tíngjiàn 動 建設を中止する.
【停刊】tíng//kān 動（新聞・雑誌などの）発行を停止する. ¶暂时～／一時休刊する. 反 复刊 fùkān
【停靠】tíngkào 動（船舶が港に）停泊する.（列車が）停車する.
【停课】tíng//kè 動 授業をとりやめる. 休講にする. ¶虽然下大雨,但是学校没～／大雨が降ったが,学校は休みにならなかった. 反 复课 fùkè
【停留】tíngliú 動 しばらくとどまる. ¶他在北京～了三天／彼は北京で3日滞在した.
【停赛】tíngsài 動〈スポーツ〉出場停止にする.
【停食】tíng//shí 動 胃もたれする. 食もたれする.
【停手】tíng//shǒu 動 手を休める. 仕事を中止する. ¶他一刻也没～,一直在干 gàn／彼は片時も手を休めず,働き続けた.
【停售】tíngshòu 動 販売を中止する.
【停水】tíng//shuǐ 動 断水する. ¶～通知／断水の知らせ.
【停妥】tíngtuǒ 形 きちんと処理ができている. ¶收拾～／きちんと片づける. ¶商议 shāngyì～／協議がまとまる. 用法 補語として動詞の後に用いることが多い.
【停息】tíngxī 動（風雨や争いなどが）止む. 停止する.
【停歇】tíngxiē 動 ❶（営業などを）停止する. ❷ 行動をやめて休む. 休憩する. ¶走得太累了,～一会儿吧／すっかり歩き疲れたから,少し休もう.
【停薪留职】tíng xīn liú zhí 句（リストラの一環として）企業や事業所に対職場の籍を残したまま,賃金の支払いを停止したりカットする.
【停学】tíng//xué 動 ❶ 学業をやめる. 退学する. ¶她因病～了／彼女は病気で学業をやめた. ❷ 停学にする. ¶～处分 chǔfèn／停学処分.
【停业】tíng//yè 動 ❶ 営業休業する. ¶～整顿 zhěngdùn／臨時休業してリフォームする. 反 开业 kāiyè. ❷ 廃業する. ¶这家公司～了／その会社は廃業した. 同 歇业 xiēyè 反 开业 kāiyè
【停战】tíng//zhàn 動 停戦する. ¶双方还没～／双方はまだ停戦していない. 同 休战 xiūzhàn 反 开战 kāizhàn
【停职】tíng//zhí 動 停職処分にする. ¶他被～了／彼は停職処分になった. 反 复职 fùzhí
*【停止】tíngzhǐ 動 停止する. 止む. ¶～讨论／討論を止める. ¶心脏～了跳动／心臓は鼓動を停止した. 反 继续 jìxù,进行 jìnxíng
【停滞】tíngzhì 動 停滞する. 滞る. 反 发展 fāzhǎn
【停滞不前】tíngzhì bù qián 句 停滞して進まない.

葶 tíng
艹部9 四 4420₁
全12画 通用

下記熟語を参照.
【葶苈】tínglì 名〔植物・薬〕イヌナズナ.

蜓 tíng
虫部6 四 5214₁
全12画 常用

→蜻蜓 qīngtíng

婷 tíng
女部9 全12画 四 4042₁ 通用

下記熟語を参照．

【婷婷】 tíngtíng 形文 人や花・樹木が優美だ．¶～玉立／女性や植物がほっそりとして美しい．同 亭亭 tíngtíng．

霆 tíng
雨部6 全14画 四 1040₁ 通用

素 激しい雷．¶雷～ léitíng（雷）．

町 tǐng
田部2 全7画 四 6102₀ 通用

素文 ❶ あぜ．❷ 田畑．
☞ 町 dīng

挺 tǐng
扌部6 全9画 四 5204₁ 通用

❶ 素 まっすぐだ．ぴんと張っている．¶笔～ bǐtǐng（ぴんと伸びている）／～立 tǐnglì．❷ 動（身体を）ぴんと伸ばす．¶～胸 tǐngxiōng（身体の一部を）突き出す．¶～着脖子（首を突き出している）．❹ 動 無理にでもがんばり続ける．❺ 素 傑出している．¶英～ yīngtǐng（傑出していて優れている）．❻ 副 とても．¶这花～香（この花はとても香りが良い）．同 很 hěn ❼ 量 機関銃を数えることば．

【挺拔】 tǐngbá 形 ❶ まっすぐに高くそびえている．¶黄山上的松树长得 zhǎngde 十分～／黄山に生えるマツは力強く高くそびえている．❷ がっしりと力強い．¶笔力～／筆の運びが力強い．❸ 文（人物が）傑出している．

【挺括】 tǐngguā[-gua] 形 方（服・布・紙などが）ぴんと張っている．¶衣服烫得很～／服にはぴんとアイロンがかかっている．

【挺进】 tǐngjìn 動（軍隊などが）まっすぐに前進する．¶勘探队 kāntànduì 又向内地～了／調査隊はさらに内地に向かってまっすぐ前進した．

【挺举】 tǐngjǔ 名《スポーツ》（重量上げの）ジャーク．⇨抓举 zhuājǔ

【挺立】 tǐnglì 動 高くしっかりと立つ．¶～的白桦 báihuà 树／まっすぐに立つシラカバ．同 耸立 sǒnglì、屹立 yìlì

【挺起】 tǐngqǐ 動 まっすぐに伸ばす．¶～腰板儿 yāobǎnr／背すじをぴんと伸ばす．

【挺身】 tǐng/shēn 動 体をまっすぐに伸ばす．

【挺身而出】 tǐng shēn ér chū 成（困難や危険に）勇敢に立ち向かう．¶在困難的时候，他总能～／困難な時，彼は常に勇敢に立ち向かっていく．

【挺脱】 tǐngtuō 形 方 ❶ 力強い．頑丈だ．❷（服が）ぴんとしている．ぱりっとしている．

【挺胸】 tǐngxiōng 動 胸を張る．胸を突き出す．¶～凸肚 tūdù／ふんぞりかえる．

【挺秀】 tǐngxiù 形 すらっと伸びて美しい．¶字体～／文字が伸びやかで美しい．

【挺直】 tǐngzhí ❶ 形 まっすぐだ．¶～而高大的青松／まっすぐで背の高いマツの木．❷ 動 まっすぐにする．¶～腰背／腰をまっすぐにする．

珽 tǐng
王部6 全10画 四 1214₁ 通用

名 文 玉(ぎょく)でできた笏(しゃく)．

梃 tǐng
木部6 全10画 四 4294₁ 通用

名 ❶ 文 こん棒．❷ 扉や窓の縦のわく．¶门～ méntǐng（入り口の縦わく）／窗～ chuāngtǐng（窓の縦わく）／～子 tǐngzi（扉や窓の縦のかまち）．❸（～儿）花柄．¶独～儿 dútǐngr（一輪咲きの花柄）．
☞ 梃 tìng

铤（鋌） tǐng
钅部6 全11画 四 8274₁ 通用

形 文 速く（歩く）ようす．¶～而走险．

【铤而走险】 tǐng ér zǒu xiǎn 成 追いつめられて，一か八かの無謀な行動に出る．

颋（頲） tǐng
页部6 全12画 四 1148₂ 通用

形 文（頭や首が）まっすぐだ．

艇 tǐng
舟部6 全12画 常用

名〔艘 sōu、系 xì、只 zhī〕小型の船．ボート．¶游～ yóutǐng（遊覧船）／汽～ qìtǐng（モーターボート）．

梃 tìng
木部6 全10画 四 4294₁ 通用

❶ 動 屠殺したブタの脚に穴をあけ，そこから鉄の棒を入れて突つき，皮と肉の間にすき間をつくる．同 梃猪 tìngzhū ❷ 名〔根 gēn〕①に使う鉄の棒．参考 ①でできた間ができたら，中に空気を入れて皮をふくらませ，毛や汚れを取る．
☞ 梃 tǐng

---

tong ㄊㄨㄥ〔tʼʊŋ〕

通 tōng
辶部7 全10画 四 3730₂ 常用

❶ 動 通る．通じる．¶这条路不～（この道は不通だ）／开～了（開通した）．❷ 素 つながっている．行き来がある．¶沟～ gōutōng（通じさせる）／私～ sītōng（通する）／～商 tōngshāng．❸ 動 伝える．¶～知 tōngzhī／～报 tōngbào．❹ 動 理解している．¶～晓 tōngxiǎo／精～业务（業務に精通している）．❺ 素 ある方面に詳しい人． つう．¶日本～ Rìběntōng（日本通）／万事～ wànshìtōng（物知り）．❻ 形（ことばや文の）筋が通っている．¶她的话不～（彼女の話は筋ちがいだ）．❼ 素 普通の．ふつう．¶常 tōngcháng／～病 tōngbìng／～例 tōnglì．❽ 素 すべての．全体の．¶～共 tōnggòng／～夜 tōngyè．❾ 量 電報を数えることば．¶一～电报（1通の電報）．❿（Tōng）姓．
用法 ❻は，多く否定に用いる．
☞ 通 tòng

【通报】 tōngbào ❶ 動（上級機関が下級機関へ文書で）通告する．通達する．❶ 表彰／表彰を指令する．¶上级～批评了我市的交通状况／上層部は我が市の交通状況を批判する通達を出した．❷ 動（上層部や主人に）口頭で知らせる．報告する．❸ 名（上級機関からの）通達文書．❹ 名〔份 fèn，期 qī〕科学研究の成果や情況を知らせる刊行物．

【通便】 tōngbiàn 動 便通がある．¶～栓剂 shuānjì／便通用の座薬．

【通病】 tōngbìng 名 よく見られる悪い傾向．通弊．

【通才】 tōngcái 名〔位 wèi〕いろいろな才能をもった人．¶他知识渊博 yuānbó，是个～／彼は博識で，多才な人だ．

【通草】 tōngcǎo 名 "通脱木"（カミヤツデ．ツウダツボク）の茎の髄．参考 通草紙(つうそうし)と呼ばれる薄片にして造花などの材料にするほか，薬用にもなる．

【通常】tōngcháng [形] よくある．平常の．¶～的方法 / 一般的なやり方．同 一般 yībān
【通畅】tōngchàng [形] ❶スムーズだ．¶下暴雨 bàoyǔ 时, 排水不～ / 豪雨の時, 排水がスムーズでない．同 顺畅 shùnchàng 反 迟滞 chízhì ❷（思考や文章が）よどみない．流暢(りゅうちょう)だ．
【通车】tōng//chē [動] ❶（道路や橋が）開通する．¶～典礼 diǎnlǐ / 開通式．¶新修建的公路～了 / 新しい自動車道路が開通した．❷（列車やバスがある地域まで）通じている．
【通彻】tōngchè [動] ❶通じる．通暁する．¶～唐诗 Tángshī / 唐詩に通暁している．❷徹底する．¶十分～ / 十分に徹底する．
【通称】tōngchēng ❶[動] 呼びならわす．通常…と呼ぶ．❷[名] 通称．
【通达】tōngdá [形]（人情や道理に）通じている．¶～人情 / 人情を解する．¶见解～ / 見識が奥深い．
【通道】tōngdào [名]〔条 tiáo〕道路．大通り．¶南北～ / 南北通り．
【通敌】tōngdí [動] 敵に内通する．敵とぐるになる．¶～的内奸 nèijiān / 敵に内通する裏切り者．
【通电】tōng//diàn [動] 電流を流す．電気が通じる．¶偏僻 piānpì 的山村也～了 / 辺鄙(へんぴ)な山村にも電気が通った．
【通电】tōngdiàn ❶[動]（政治的な主張を関係方面に）電報で知らせる．打電する．❷[名]〔份 fèn〕（政治的主張を知らせるための）電報．
【通牒】tōngdié [名]〔份 fèn〕（外交上の）通牒(つうちょう)．¶最后～ / 最後通牒．参考 国家間での外交文書をいう．
【通都大邑】tōng dū dà yì 交通網が発達した大都市．¶东京真可谓 kěwèi～呀！ / 東京はまさに交通が大いに発達した大都市というべきだ！
【通读】tōngdú [動] 一通り読む．通読する．¶～全文 / 全文を通読する．反 选读 xuǎndú
【通分】tōng//fēn [動]《数学》通分する．¶通一下分 / 通分する．
【通风】tōng//fēng [動] ❶風を通す．¶～设备 / 通風設備．❷（情報を）もらす．
【通风报信［讯］】tōng fēng bào xìn [xùn][成] 情報を漏らす．敵に密告する．¶早有人给他～了 / とうに誰かが彼に情報をもらした．
【通告】tōnggào ❶[動] 広く知らせる．通告する．¶～牌 / 掲示板．¶将 jiāng 公司的决定～公司的全体人员 / 会社の決定を全社員に知らせる．❷[名]〔份 fèn, 个 ge, 张 zhāng〕告示．告示．表现 国家機関・団体・企業などが通知するもので"通知 tōngzhī"より重いもの．
【通共】tōnggòng [副] 合計で．全部で．¶～五百三十块钱 / 全部で530元だ．同 一共 yīgòng
【通古斯】Tōnggǔsī [名]《民族》ツングース．アルタイ語系の民族で, 中国の"满族"（満州族）, "赫哲族 Hèzhézú"（ホジェン族）, "鄂伦春族 Èlúnchūnzú"（オロチョン族）などを含む．
【通关】tōngguān [名] 酒席での拳(けん)の一つ．
【通关节】tōng guānjié [慣]（役人に）賄賂(わいろ)を贈ってわたりをつける．¶打～ / 役人に賄賂を使う．
【通观】tōngguān [動] 全体を見渡す．通観する．
【通国】tōngguó [名] 全国．
*【通过】tōng//guò [動] ❶通過する．通り過ぎる．¶电流～导线 dǎoxiàn / 電流がコードを伝わる．❷（議案などが）通過する．パスする．¶～决议 / 決議を通過させる．¶他的提案以压倒 yādǎo 多数～了 / 彼の提案は圧倒的多数で通過した．
*【通过】tōngguò [接] …を介して．…を通じて．¶～合作, 加深友谊 / 協力しあって友情を深める．¶～红十字会援助灾区 yuánzhù zāiqū / 赤十字を通じて被災地の援助をする．
【通航】tōngháng [動]（船舶や飛行機などが）行き来する．航行する．
【通好】tōnghǎo [動] 友好的につきあう．表现 多く国家間について言う．
【通红】tōnghóng [形] 真っ赤だ．¶～的苹果 / 真っ赤なリンゴ．参考 "tónghóng"とも発音する．
【通话】tōng//huà ❶通話する．電話で話す．¶你和家里～了吗？ / 家族に電話しましたか．❷ tōnghuà （双方ができる言語で）何とか対話する．
【通婚】tōng//hūn [動] 婚姻をむすぶ．結婚する．
【通货】tōnghuò [名] 通貨．¶～贬值 biǎnzhí / 通貨切り下げ．
【通货紧缩】tōnghuò jǐnsuō [名]《経济》デフレーション．表现 "通缩"とも言う．
【通货膨胀】tōnghuò péngzhàng [名]《経济》インフレーション．表现 "通胀"とも言う．
【通缉】tōngjī [動] 指名手配する．¶～逃犯 táofàn / 逃亡犯を指名手配する．¶～令 / 手配書．
【通家】tōngjiā [名][文] ❶代々親しくしている家．❷物事に精通している人．玄人(くろうと)．
【通假】tōngjiǎ [名]《言语》漢字の通用や仮借(かしゃ)．参考 同音による代替使用をいう．
【通奸】tōngjiān [動] 姦通(かんつう)する．
【通解】tōngjiě [動] 通暁する．全て理解する．
【通经】tōng//jīng [動] ❶《中医》針灸(しんきゅう)や薬剤などで生理不順を回復させる．❷儒家の教典に通じる．
【通科医生】tōngkē yīshēng [名] 全科診療を行う開業医．同 全 quán 科医生
【通栏】tōnglán [名]《印刷》（書籍や新聞の）全段抜き．
【通栏标题】tōnglán biāotí [名]（新聞などの）全段抜き大見出し．
【通览】tōnglǎn [動] 通観する．通覧する．
【通力】tōnglì [動] 力を合わせる．¶～合作 / みんなで協力して仕事をする．
【通例】tōnglì [名] 一般的なやり方．通例．同 惯例 guànlì, 常规 chángguī
【通连】tōnglián [動] 連なっている．続いている．¶宿舍和食堂是～的 / 宿舎と食堂がつながっている．
【通联】tōnglián [名] 通信連絡．
【通亮】tōngliàng [形] 非常に明るい．¶～的宴会厅 yànhuìtīng / とても明るいパーティーホール．同 通明 tōngmíng
【通令】tōnglìng ❶[動]（同一の命令などを）複数の地域に発令する．❷[名]〔道 dào, 条 tiáo〕各所に発した命令．
【通路】tōnglù [名]〔条 tiáo〕❶大通り．❷物体が通る道．通路．ルート．
【通论】tōnglùn [名] ❶理に適した議論．筋の通った議論．❷ある分野についての通論・概説．用法 多く書名に用いる．
【通名】tōngmíng ❶[動] 姓名を名乗る．❷[名] 通称．通り名．

【通明】tōngmíng 形 非常に明るい.
【通年】tōngnián 名 一年中. 通年.
【通盘】tōngpán 副 全面的に. 全体的に. ¶～研究 / 全体的に検討する. 回 全盘 quánpán
【通票】tōngpiào 名〔张 zhāng〕通し切符. 回 联运票 liányùnpiào
【通铺】tōngpù 名（旅館や宿舎の）ひとつながりになった寝台. 参考 多人数で寝るようになったもの.
【通气】tōng//qì 動 ❶ 空気を通す. ¶～孔 / 通気孔. ¶房间里空气 kōngqì 不好, 通通气吧 / 部屋は空気が悪い, 空気を入れかえよう. 回 通风 tōngfēng ❷ 気脈を通じる. 情報を交換する.
【通窍】tōng//qiào 動 事理に明るい. 道理をわきまえている. ¶不～ / 道理に暗い. 頭がにぶい.
【通情】tōngqíng ❶ 情理をわきまえる. ❷（男女が）情を通じる.
【通情达理】tōng qíng dá lǐ 成 道理をわきまえ, 言動が理にかなっている. ¶～的家长 jiāzhǎng / 道理をわきまえた保護者.
【通衢】tōngqú 名 文 四方に通じている大道. ¶～要道 / 四方に通じる幹線道路.
【通权达变】tōng quán dá biàn 成 情勢の変化への対応が適切だ. 臨機応変だ.
【通人】tōngrén 名 文〔位 wèi〕学問が深く, 見識豊かな人. ¶～者 / 教養のある立派な人.
【通融】tōngróng[-rong] 動 ❶（規定・条件・期限など の）融通をきかせる. ¶请您～一下 / ちょっと勘弁して下さい. ❷（金品を）ちょっと借りる. 短期間融通してもらう. ¶你能不能一百块钱给我应急 yìngjí? / 急場をしのぐために100元借してくれないか.
【通商】tōng//shāng 動（国家間で）交易する. 商取引をする. ¶～口岸 / 通商港. 貿易港.
【通身】tōngshēn 名 ❶（人の）全身. ❷（器物の）全体.
【通史】tōngshǐ 名〔部 bù〕通史.
【通事】tōngshì 名 旧 通訳. 回 翻译 fānyì
【通式】tōngshì 名《化学》同類の化合物であることをあらわす化学式. 通式.
【通书】tōngshū 名 ❶ 暦書. 回 历书 ❷ 旧 婚礼前に新郎の家から新婦の家へ嫁入りの日取りを知らせる書状.
【通顺】tōngshùn 形（文章などの）筋がよく通っている. 用language と文法に誤りがない. ¶这个句子特别～ / この文はとてもよくできている.
【通俗】tōngsú 形 平易で分かりやすい. 大衆向きだ. ¶～读物 / 分かりやすい読物. ¶这篇小说的语言很～ / この小说の表現はとても分かりやすい. 反 艰深 jiānshēn, 深奥 shēn'ào 比较 日本語とは違い, よい意味で使われる. ⇨庸俗 yōngsú
【通缩】tōngsuō 名《経済》"通货紧缩"（デフレーション）の略称.
【通体】tōngtǐ 名 ❶ 全身. 回 通身 ❷ 物体全体. 回 通身
【通天】tōngtiān 形 ❶ 極めて大きい. 極めて高い. ❷（地位が低くても）最高権力者と直接やりとりできる. 由来「天に通じるほどだ」という意から.
【通条】tōngtiáo[-tiao] 名（かまどなどの）火かき棒.（銃の）梂杖（qiǎng-）.
【通通】tōngtōng 副 すべて. 全部. ¶把垃圾～清除 qīngchú 掉! / ゴミを全部残さず捨ててしまいなさい. 回 通统 tōngtǒng, 统统 tǒngtǒng

【通同】tōngtóng 動 結託する. ぐるになる. ¶～舞弊 wǔbì / ぐるになって不正をはたらく.
【通统】tōngtǒng 副 すべて. ¶～给我滚! / みんな出ていってくれ. 回 通通 tōngtōng
【通途】tōngtú 名 文 広い道路.
【通往】tōngwǎng 動 …に通じる.
【通宵】tōngxiāo 名 一晩中. 夜通し. ¶昨天又干gàn 了一个～ / きのうはまた夜通し働いた. 回 彻夜 chèyè
【通宵达旦】tōng xiāo dá dàn 成 一晚中.
【通晓】tōngxiǎo 動 精通する. 通暁する. ¶～科学知识 / 科学の知識に精通する.
【通心粉】tōngxīnfěn 名《料理》マカロニ. ♦macaroni
【通信】tōng//xìn 動（書面で）通信する. 文通する. ¶～处 chù / ¶我们好长时间没～了 / 私たちは長いこと手紙をやりとりしていない.
【通信兵】tōngxìnbīng 名《軍事》通信兵.
【通信卫星】tōngxìn wèixīng 名 通信衛星.
【通信员】tōngxìnyuán 名（部隊や機関の）公文書伝達係. 連絡係.
【通行】tōngxíng 動 ❶ 通る. 通行する. ¶～无阻 wúzǔ / 物事がすらすら運ぶ. ❷ 流行する. 広まる.
【通行证】tōngxíngzhèng 名 通行許可証.
【通性】tōngxìng 名 共通の性質. 回 共 gòng 性
【通学生】tōngxuéshēng 名 旧 通学生.
*【通讯】tōngxùn ❶ 動（通信機器などで）通信する. ¶无线电～ / 無線通信. ¶～地址 / 通信先. 連絡先. ¶～录 lù / 名所録. ❷ 名〔篇 piān〕ニュース. レポート. 報道記事.
【通讯社】tōngxùnshè 名 通信社.
【通讯网】tōngxùnwǎng 名 通信網. 通信ネットワーク.
【通讯员】tōngxùnyuán 名（新聞社・通信社・放送局 の）通信員.
【通夜】tōngyè 名 一晩中. 回 通宵 tōngxiāo
【通译】tōngyì 旧 ❶ 動 通訳する. ❷ 名 通訳者.
【通用】tōngyòng 動 ❶ 広く使用される. ¶全国～教材 / 全国共通教材. ¶～汉字 / 通用漢字. ❷（漢字が）通用する. ¶～字 / 通用される漢字. 参考 ❷は"词典"と"辞典"など, 音が同じ字が通用されることをいう.
【通邮】tōngyóu 動（地域や国家間で）郵便業務を行う. ¶世界～网 / 世界の郵便網.
【通则】tōngzé 名 一般的な規則. 通則.
【通胀】tōngzhàng → 通 货 膨 胀 tōnghuò péngzhàng
**【通知】tōngzhī ❶ 動 知らせる. 通知する. ¶～书 / 通知书. ❷ 名〔份 fèn, 个 ge, 张 zhāng〕知らせ. 通知. ¶口头～ / 口頭伝達.

㖔 tōng
口部10 四 6703₂
全13画
通用
擬 どんどん. どきどき. リズミカルに鳴る音をあらわす. ¶心脏～～直跳（心臓がどきどきする）.

同（異 仝） tóng
冂部4 四 7722₀
全6画 常用
Ⅰ 動 ❶ 同じである. ¶他们在～一个班学习 / 彼らは同じクラスで勉強している. ¶两个国家的文化不～, 生活习惯也有很多不～ / 両国の文化は異なっているし, 生活習慣にも多くの相違点がある.
❷ 文 共にする. ¶几个月来, 大家～学习, ～生活, 建立了深厚的友情 / この数ヶ月, みんなはいっしょに勉強し,

しょに生活して,深い友情を築いた.

Ⅱ[前]…と.…に. ✎"跟","和"より書面語的. ⇨跟 gēn (比較) ❶ 動作の対象を導入する. ¶我有事〜你商量 / あなたに相談したいことがある. ¶你可不要〜我客气 / どうか私に遠慮しないで下さい. ¶盼望 pànwàng 着能〜你们见面 / みなさまにお目にかかれるのを楽しみしております.

❷ 比較の対象を導入する. ¶我〜你不一样 / 私はあなたとは違う. ¶他的情况〜过去差不多 / 彼の事情はこれまでとあまり変わらない.

❸ 関連する片一方の対象を導入する. ¶这件事〜你无关 / この件はあなたとは無関係だ. ¶理论应当同 yīngdāng〜实践 shíjiàn 密切结合起来 / 理論は実践と密切に結合させるべきだ.

Ⅲ[副](並列を表わし)…と. ¶我〜他同时跑到终点 / 私と彼は同時にゴールへかけ込んだ. ¶两国之间的交流〜友谊有了进一步的发展 / 両国間の交流と友誼はいちだんと発展した.

Ⅳ (Tóng)姓.

☞ 同 tòng.

【同案犯】tóng'ànfàn [名]共犯者.

【同班】❶ tóng//bān 動 クラスが同じだ. ¶〜同学 / クラスメート. ❷ tóngbān クラスメート. 同級生.

【同伴】tóngbàn [名](〜儿)[圖 个 ge,位 wèi](行動や仕事の)パートナー. 仲間. 回 伙伴 huǒbàn.

【同胞】tóngbāo [名] ❶ 同じ父母をもつ兄弟姉妹. ¶〜兄弟 / 肉親の兄弟. ❷ 同じ国または民族の人. 同胞.

【同辈】tóngbèi [名] 同輩. 同世代.

【同比】tóngbǐ 動 前年同期と比べる. ¶〜增长10% / 前年比で10%増だ.

【同病相怜】tóng bìng xiāng lián 成 同病相憐れむ. 同じ災難や苦しみにある者が同情しあう.

【同步】tóngbù ❶ [形]《物理》シンクロナイズ. 同時性の. ¶〜卫星 / 静止衛星. ❷ 副 協調的に. ¶〜增长 zēngzhǎng / 協調的に成長する.

【同步通信卫星】tóngbù tōngxìn wèixīng 名 静止通信衛星.

【同仇敌忾】tóng chóu dí kài 成 同じ敵に対して共に敵愾心(てきがいしん)をもやす.

【同出一辙】tóng chū yī zhé 成 (考え方ややり方が)すっかり同じだ. ¶这两篇文章的观点〜 / この二つの文章の観点は軌を一にしている.

【同窗】tóngchuāng ❶ 動 同じ学校で学ぶ. ❷ 名 [圖 个 ge,位 wèi]同窓生.

【同床共枕】tóng chuáng gòng zhěn 成 男女が枕を並べる. 共寝(ともね)する. 夫婦がむつまじく生活する.

【同床异梦】tóng chuáng yì mèng 成 共に行動しながら,心中に別々のもくろみをもっている. 同床異夢を見る.

【同党】tóngdǎng [名] ❶ 同じ党派. 同じ仲間. ❷ 悪い連中.

【同道】tóngdào [位 wèi] ❶ 進む道や志を同じくする人. ❷ 同業者. 回 同行 tóngháng.

【同等】tóngděng 形 (地位や等級が)同じだ. ¶他俩的待遇 dàiyù 不〜 / 彼ら二人の待遇は同じでない.

【同等学力】tóngděng xuélì 同等の学力.

【同调】tóngdiào [名] 同類項. 志や主張が同じ人.

【同恶相济】tóng è xiāng jì 成 悪人どうしが結託する. 回 同恶相求 qiú, 同恶相助 zhù.

【同犯】tóngfàn [名] 共犯.

【同房】❶ tóng//fáng 動 ❶ 同じ部屋に住む. ❷ 夫婦が同衾(どうきん)する.

【同房】tóngfáng [名] 同じ家系. 同族. ¶〜兄弟 / 同族の弟.

【同甘共苦】tóng gān gòng kǔ 成 苦楽を共にする. ¶〜的战友 / 苦楽を共にした戦友.

【同感】tónggǎn 同感. 共鳴. ¶对这想法,我也有〜 / この考え方には私も同感だ.

【同庚】tónggēng 動 文 同い年だ.

【同工同酬】tóng gōng tóng chóu 成 同一労働, 同一賃金. ¶〜的劳动制度 / 同一労働, 同一賃金による労働制度.

【同工异曲】tóng gōng yì qǔ 成 "异曲同工"に同じ.

【同归】tóngguī 動 同じ場所に行きつく. 同じ結果となる. ¶殊途〜 / 方法を異にして同じ結果に至る.

【同归于尽】tóng guī yú jìn 成 共に滅びる. 共倒れになる.

【同行】tóngháng ❶ 動 同業だ. ❷ [名][圖 个 ge,位 wèi] 同業者. ¶〜出冤家 yuānjia / 同業者から敵が生まれる. ☞ 同行 tóngxíng.

【同好】tónghào [名] 趣味や愛好が同じ人. 同好者. ¶公诸 zhū〜 / 自分の趣味を同好者と共に楽しむ.

【同化】tónghuà ❶ 動 同化する. ¶〜作用 / 同化作用. ¶移民被〜了 / 移民は同化させられた. 反 异化 yìhuà ❷ 名《言語》同化. 用法①は, 受け身の形で用いることが多い.

【同化政策】tónghuà zhèngcè (民族の)同化政策.

【同伙】tónghuǒ ❶ (〜儿) ❶ グループに加わって活動する. 仲間になる. ❷ 名 [圖 个 ge,名 míng] 仲間. ¶招集〜 / 仲間を集める. 回 伙伴 huǒbàn 表现①② ともに悪事について言うことが多い.

【同级】tóngjí 名 同等. 同列. 同輩. 反 上级 shàngjí,下级 xiàjí.

【同居】tóngjū 動 ❶ 同居する. ❷ (夫婦が)いっしょに生活する. (未婚の男女が)同棲する. ¶非法 fēifǎ〜 / 非合法の同棲.

【同类】tónglèi ❶ 名 同類. ❷ 形 同じタイプの. ¶〜现象 / 同類現象.

【同类项】tónglèixiàng [名]《数学》同類項.

【同僚】tóngliáo [名] 旧 [圖 位 wèi](役所などの)同僚.

【同龄】tónglíng 形 同じくらいの年齢だ.

【同龄人】tónglíngrén [名] 同い年の人. 同年代の人.

【同流合污】tóng liú hé wū 成 悪人とぐるになって悪事をはたらく. ¶我怎能与那样的坏人〜呢 / どうしてあんな悪人と一緒にやれるだろうか. 由来『孟子』尽心下に見えることば.

【同路】tóng//lù 動 同行する. 道連する.

【同路人】tónglùrén [名] ❶ 同行者. 道連れ. ❷ (革命の)共鳴者. シンパサイザー.

【同门】tóngmén ❶ 動 同じ師について学ぶ. ❷ 名 同じ師に学んだ人. 同門.

【同盟】tóngméng ❶ 動 同盟を結ぶ. ¶〜罢工 bàgōng / 同盟スト. ❷ 名 同盟. ¶结成〜 / 同盟を結ぶ.

【同盟国】tóngméngguó [名] 同盟国.

【同盟会】Tóngménghuì [名]《歴史》中国同盟会. 1905年, 孫文が中心となって東京で興中会・華興会・光復会などの政治結社を合同して結成した組織. 辛亥革命を

指導して清朝の打倒に成功し、1912年には国民党に改組した.

【同盟軍】tóngméngjūn 名 同盟軍.
【同名】tóngmíng 動 同名だ. ¶～同姓／同姓同名. ¶这两个人～不同姓／この二人は名は同じだが、姓が違う.
【同谋】tóngmóu ❶動（悪事を）共謀する. ¶～者／共謀者. ¶他们～策划 cèhuà 了这桩 zhuāng 杀人案／彼らは共謀してその殺人を計画した. ❷名 共犯者. 反 主谋 zhǔmóu
【同年】tóngnián ❶動 年齢が同じだ. ❷名 同じ年. その年. 同 同一年 tóngyīnián ❸名 旧 同じ年に科挙の試験に合格した人.
【同期】tóngqī ❶名 同じ時期. ❷形 (学校などの)同期.
*【同情】tóngqíng 動 同情する. ¶～贫困 pínkùn 的人们／貧困な人たちに同情する. ¶深切 shēnqiè ～／深く同情する. ¶～心／同情心. ❷同調する. 賛成する. 同意する. ¶～和支持劳动者的正义行动／労働者の正義の行動に共感し、支持する.
【同人】[仝]tóngrén 名 〔価 位 wèi〕共に仕事をする人. 同僚. 同人.
【同日而语】tóng rì ér yǔ 成 同時に論じる. 一緒に論じる. 同 同日语,同年 nián 而语 用法 多く否定表現に用いる.
【同上】tóngshàng 動 上に同じ. 同上.
【同生共死】tóng shēng gòng sǐ 成 生死を共にする. ¶～的战友／生死を共にした戦友.
【同声】tóngshēng 声をそろえて言う.
【同声传译】tóngshēng chuányì 名 同時通訳. 同 同声翻译 fānyì
**【同时】tóngshí ❶名 同じ時期. ¶我们俩是～毕业的／私たち二人は同じ時期に卒業しました. ❷接 …と同時に. その上. ¶提高产量～要保证质量／生産量を増やすと同時に、品質も保証しなければならない.
【同事】tóng//shì 動 ❶同じ職場で仕事をする. ¶我们曾经同过事／私たちは、かつて同じ職場で働いていた. ❷ tóngshì 名〔価 个 ge, 位 wèi〕同じ職場の人. 同僚. ¶老～／古くからの同僚.
【同室操戈】tóng shì cāo gē 成 内輪もめする. 仲間割れする. ¶兄弟之间岂 qǐ 能～？／兄弟の間でどうして内輪もめができようか.
【同素异形体】tóngsù yìxíngtǐ 名《化学》同素体.
【同岁】tóngsuì 動 年齢が同じだ. 同 同年 tóngnián
【同位素】tóngwèisù 名《化学》同位体. アイソトープ.
【同位语】tóngwèiyǔ 名《言語》同格語.
【同温层】tóngwēncéng 名 "平流层"(成層圏)の旧称.
*【同屋】tóngwū 名 同居者. ルームメイト.
【同乡】tóng//xī 動 同席する. 席に居合わせる.
【同喜】tóngxǐ 動 慣 相手の祝辞に対して返すことば. ¶"恭喜,恭喜！""～,～！"／「おめでとう」「いやどうも」
【同系物】tóngxìwù 名《化学》同族体.
【同乡】tóngxiāng 名〔価 个 ge, 位 wèi〕同郷の人. ¶～会／同郷人会. 県人会.
【同心】tóngxīn 動 心を合わせる.
【同心结】tóngxīnjié 名 ¶同心结／同心結び. 華鬘 (kemán) 結び.
【同心同德】tóng xīn tóng dé 成 心を一つにする. 反 离 lí 心离德
【同心协力】tóng xīn xié lì 成 一致協力する. ¶我们

将 jiāng～做好这项工作／我々は一致協力してこの仕事をやりとげるつもりだ.
【同心圆】tóngxīnyuán 名《数学》同心円.
【同行】tóngxíng 動 共に行く. 同行する. ☞ 同行 tóngháng
【同性】tóngxìng ❶動 性別を同じくする. 反 异性 yìxìng ❷名 同性. 反 异性 yìxìng
【同性恋】tóngxìngliàn 名 同性愛. 同 同性恋爱 liàn'ài
【同姓】tóngxìng 動 姓を同じくする. ¶我们俩～／私たち二人は同姓だ.
【同学】tóng//xué 動 同じ学校で学ぶ. 同 同窗 tóngchuāng
*【同学】tóngxué 名 ❶〔価 个 ge, 群 qún, 位 wèi〕同窓生. 同窓生. ❷ 男子生徒. ❷ 学生に対する呼称. 用法 ❷は "李同学"(李くん)、"铃木同学"(鈴木さん)のように、人名のうしろに付けることもできる.
【同学录】tóngxuélù 名 同窓生名簿.
*【同样】tóngyàng ❶形 同じだ. 同様だ. ¶～大小／同じ大きさ. ¶作～处理／同様の処理をする. ¶这是～的道理／これは同じ道理だ. 反 异样 yìyàng ❷接 同様に. ¶第一组的同学作业完成得很好,～第二组也很好／1組のみんなの宿題はとても良くできていました. 2組も同じくとても良かったですよ.
【同业】tóngyè ❶名 同業. ❷名 同業者.
【同业公会】tóngyè gōnghuì 名 旧 同業者組合. 表现 "公会"とも言う.
【同一】tóngyī 形 同じだ. 同一だ. ¶～形式／同一形式.
【同一律】tóngyīlǜ 名《論理学》の同一律. 同 同一原理.
【同一性】tóngyīxìng 名 ❶《哲学》同一性. アイデンティティ. ❷同一の性質. 同一性.
【同义词】tóngyìcí 名《言語》同義語. 同意語.
*【同意】tóngyì 動 (意見や主張を)認める. 同意する. 賛成する. ¶老师不～她请假／先生は彼女の欠席願いを認めなかった. 同 赞成 zànchéng,赞同 zàntóng 反 反对 fǎnduì
【同音词】tóngyīncí 名《言語》同音語. 同音異義語.
**【同志】tóngzhì 名 ❶〔価 个 ge, 位 wèi〕同じ思想や考えをもっている人. 同志. ¶～さん. ¶朱～／朱さん. ¶司机～,请安全驾驶 jiàshǐ！／運転手さん,安全運転を心がけて下さい. 表现 ❷は、もと共産党員同士の呼称だったが、建国後、一般的に使われるようになった. しかし最近ではあまり使われない傾向にある.
【同种】tóngzhǒng 名 同種. 同類.
【同舟共济】tóng zhōu gòng jì 成 困難な情況下で助け合う. ¶我们要～度过这个难关／我々は助け合ってこの難関を乗り切らねばならない. 由来《孙子》九地篇に見えることば.
【同轴电缆】tóngzhóu diànlǎn 名《電気》同軸ケーブル.
【同桌】tóngzhuō ❶動 机やテーブルを共にする. 同じクラスになる. ❷名 同級生.
【同宗】tóngzōng 動 同族だ. 同じ家系だ. ¶同姓～／同姓であっても同じ家系ではない.
【同族】tóngzú 名 ❶同族(の人). ❷同種.
【同座】tóngzuò 名 同席. 同 同席 tóngxí

佟 Tóng

〔部 5 画 2723₃ 全7画 通用〕

名 姓.

【佟麟阁】Tóng Língé《人名》佟麟閣(りんかく:1892-1937). 抗日戦争で戦死した将校.

彤 tóng
彡部4 四 7242₂
全7画 次常用

❶ 素 文 赤い. ¶～弓 tónggōng (赤い弓). ❷ (Tóng)姓.

【彤云】tóngyún 名 ❶ 朝焼け. 夕焼け. ❷ 重くたれこめた雪雲.

岭 tóng
山部5 四 2773₃
全8画 通 用

素 地名用字. ¶～峪 Tóngyù (北京の地名).

侗 tóng
亻部6 四 2722₀
全8画

素 文 幼稚だ. 無知だ.

☞ 侗 Dòng, tǒng

垌 tóng
土部6 四 4712₀
全9画 通 用

素 地名用字. ¶～冢 Tóngzhǒng (湖北省の地名).

☞ 垌 dòng

苘 tóng
艹部6 四 4422₇
全9画 通 用

下記熟語を参照.

【苘蒿】tónghāo 名《植物》シュンギク. 表現 地方によって"蓬蒿 pénghāo"ともいう.

峒 tóng
山部6 四 2772₀
全9画 通 用

→崆峒 Kōngtóng

☞ 峒 dòng

桐 tóng
木部6 四 4792₀
全10画 常 用

名 ❶《植物》キリ. アオギリ. アブラギリ. 回 泡桐 pāotóng, 梧桐 wútóng, 油桐 yóutóng ❷ (Tóng)姓.

【桐树】tóngshù 名《植物》キリの木. アブラギリ.
【桐油】tóngyóu 名 アブラギリの種子から採取した油. 桐油(とうゆ). ¶～树 / アブラギリの通称.

砼 tóng
石部6 四 1861₂
全10画 通 用

名 コンクリート. 回 混凝土 hùnníngtǔ

铜(銅) tóng
钅部6 四 8772₀
全11画 常 用

名 銅. Cu.

【铜板】tóngbǎn ❶ 口〔个 ge, 枚 méi〕銅貨. ¶他口袋里一个～也没有 / 彼のポケットには一枚の銅貨さえない. 回 铜圆 tóngyuán, 铜元 tóngyuán ❷《音乐·芸能》回 副 fù, 块 kuài〕"快书 kuàishū"などの民間芸能で拍子をとるための半月形をした銅製の打楽器. ❸〔回 块 kuài〕銅板.
【铜版】tóngbǎn 名 印刷用の銅版.
【铜版画】tóngbǎnhuà 名 銅版画.
【铜币】tóngbì 名 銅貨.
【铜雕】tóngdiāo 名 工芸品の一つ. 銅や青銅の鋳物.
【铜鼓】tónggǔ 名《音乐·民族》銅鼓. 中国南方の少数民族の打楽器. 回 洋 yáng 鼓 参考 炊飯用の銅釜をたたいていたのが楽器として発展したとされる.
【铜管乐】tóngguǎnyuè 名《音乐》金管楽器に打楽器を加えて演奏する音楽. ¶～器 qì / 金管楽器. ¶～队 / ブラスバンド.
【铜活】tónghuó 名 ❶ 銅製品. ❷ 銅製品の製造や修理の仕事.
【铜匠】tóngjiàng [-jiang] 名〔个 ge, 名 míng, 位 wèi〕銅器の職人. 銅匠.
【铜镜】tóngjìng 名 銅鏡.
【铜矿】tóngkuàng 名 銅山.
【铜绿】tónglǜ 名 緑青(ろくしょう). ¶～色 / 緑青色.
【铜牌】tóngpái 名 銅メダル.
【铜器】tóngqì 名 銅器.
【铜器时代】tóngqì shídài 名《歴史》青銅器時代. 回 青铜(器)qīngtóng(-qì)时代
【铜钱】tóngqián 名〔枚 méi, 文 wén〕銅銭. 穴あきの銅貨.
【铜墙铁壁】tóng qiáng tiě bì 成 打ち破ることができない堅固なもの. 回 铁壁铜墙
【铜丝】tóngsī 名 銅線.
【铜像】tóngxiàng 名〔尊 zūn〕銅像.
【铜臭】tóngxiù 名 銅銭のにおい. 金(かね)に対する欲が深いこと. ¶他这个人见钱眼开,满身～ / 彼は金を見れば相好をくずす, 欲の塊みたいなやつだ.
【铜元】tóngyuán 名 清代の終わりから抗日戦争前まで使われた銅貨. 回 铜圆 tóngyuán
【铜子儿】tóngzǐr 名 清朝末から日中戦争前まで通用していた銅貨. 回 铜元〔圆〕yuán

童 tóng
立部7 四 0010₅
全12画 常 用

❶ 素 子供. 児童. ¶牧～ mùtóng (牧童) / 顽～ wántóng (わんぱくな子) / ～话 tónghuà / ～谣 tóngyáo. ❷ 素 未婚の. ¶～男 tóngnán / ～女 tóngnǚ. ❸ 素 回 少年の召使い. 童僕. ¶书～儿 shūtóngr (書生) / 家～ jiātóng (少年の召使い). ❹ 素 はげ. ¶～山 tóngshān. ❺ (Tóng)姓.

【童便】tóngbiàn 名《中医》12歳以下の健康な男児の尿. 参考 止血薬などに用いる.
【童第周】Tóng Dìzhōu《人名》童第周(ろしゅう:1902-1979). 生物学者. 生物の卵子発育能力に関する独創的研究を行った.
【童工】tónggōng 名〔个 ge, 名 míng〕少年工. 未成年労働者.
【童话】tónghuà 名〔回 本 běn, 篇 piān〕童話. 安徒生 Āntúshēng～/ アンデルセン童話. ¶～故事 / おとぎ話.
【童蒙】tóngméng 名 文 幼くて無知な児童.
【童男】tóngnán 名 未婚の男子.
【童年】tóngnián 名 幼年期. 少年期. ¶～时代 / 幼年時代.
【童女】tóngnǚ 名 未婚の女子. ¶童男～ / 少年少女.
【童仆】tóngpú 名 文 少年の召使い. (広く男性の)召使い.
【童趣】tóngqù 名 子供らしい気持ちや風情.
【童山】tóngshān 名 禿げ山.
【童生】tóngshēng 名 明·清代の読書人で, 科挙に合格せず"秀才 xiùcai"の身分をもたない者.
【童声】tóngshēng 名 (声変わりする前の)子供の声. ¶～合唱 héchàng / 児童合唱.
【童书】tóngshū 名 児童書.
【童叟无欺】tóng sǒu wú qī 成 老人も子供もだまさない. 表現 旧時, 商店の看板などに書かれた宣伝文句.「お年よりもお子様も安心してお買い物ができます」の意.
【童心】tóngxīn 名〔颗 kē 副 fù〕
【童心未泯】tóng xīn wèi mǐn 成 子供のようなあどけない心がまだ失われていない. 純粋無垢だ.
【童星】tóngxīng 名〔个 ge, 名 míng, 位 wèi〕未

成年のスター選手. 子役のスター.
【童言无忌】tóng yán wú jì 成 子供の言う事に不吉なことはない. 表現 子供が不適切なことを言ったとき,大人がフォローすることば. 子供の言うことですから(気にしないでください).
【童颜鹤发】tóng yán hè fà 成 白髪で童顔. 老人の血色のよいようす. 同 鹤发童颜
【童养媳】tóngyǎngxí 名〔量 个 ge〕将来息子の嫁にするために幼い時から引き取って育てた女の子. 同 养媳妇 yǎngxífu 参考 貧しい家の娘が労働力として人身売買された.
【童谣】tóngyáo 名〔量 首 shǒu〕童謡.
【童贞】tóngzhēn 名(旧)(多く女性の)貞操.
【童真】tóngzhēn 名 子供の無邪気さ.
【童稚】tóngzhì 名 ❶ 子供. 子供時代. ❷ 子供の幼稚さ.
【童装】tóngzhuāng 名 子供服. ¶～商店 / 子供服店.
【童子】tóngzǐ 名 男の子. 同 男孩子 nánháizi
【童子鸡】tóngzǐjī 名 食肉用の若鶏. ヒナ鳥. ¶笋 sǔn 鸡
【童子军】tóngzǐjūn 名 ボーイスカウト.

酮 tóng
酉部6 四 1762₀ 全13画 通 用
名(化学)ケトン. ◆ketone

僮 tóng
亻部12 四 2021₅ 全14画 通 用
❶ 素(旧)召使いの少年. 童僕. ❷(Tóng)姓.
▷ 僮 Zhuàng

潼 tóng
氵部12 四 3011₅ 全15画 通 用
素 地名用字. ¶～关 Tóngguān (陝西省の地名).

橦 tóng
木部12 四 4091₅ 全16画 通 用
名 文 パンヤ. 表現 古書の語. 現代語では"木棉 mùmián","木棉树 mùmiánshù"という.

瞳 tóng
目部12 四 6001₅ 全16画 通 用
下記熟語を参照.
【曈昽】tónglóng 形 文 太陽が昇りはじめてほんのり明るい.
【曈曈】tóngtóng 形 文 ❶ "曈昽 tónglóng"に同じ. ❷ 目にまぶしい.

瞳 tóng
目部12 四 6001₅ 全17画 次常用
名 ひとみ. 瞳孔(どう).
【瞳孔】tóngkǒng 名(生理)ひとみ. 瞳孔(どうこう). ¶放大～ / 瞳孔を広げる. 同 瞳人 tóngrén
【瞳人】[仁] tóngrén 名(～儿)ひとみ. 表現 "瞳孔 tóngkǒng"の通称.

侗 tǒng
亻部6 四 2722₀ 全8画 通 用
形 長大だ. ¶侗～ lǒngtǒng(おおまかだ. あいまいだ).
▷ 侗 Dòng, tóng

统(統) tǒng
纟部6 四 2011₂ 全9画 常 用
❶ 動 まとめる. 一つにする. ¶～称 tǒngchēng / ～筹 tǒngchóu / ～购 tǒnggòu. ❷ 副 すべて. まとめて. ¶这些东西～归 guī 你(ここにあるものは, みんなあなたのものです). ❸ 素 連続的な関係. つながり. ¶血～ xuètǒng (血統) / 传～ chuántǒng (伝統). ❹ 名 衣服などの筒状の部分. 同 筒 tǒng ②. ❺(Tǒng)姓.
【统舱】tǒngcāng 名 三等船室.
【统称】tǒngchēng 名 動 総称(する).
【统筹】tǒngchóu 動 全体を見据えて計画する.
【统筹兼顾】tǒng chóu jiān gù 成 計画を一本化し,全体に配慮する.
【统带】tǒngdài 名(清末の軍制で)一連隊を率いる長官. 同 标 biāo 统
【统共】tǒnggòng 副 全部で. 合計で. ¶幼儿园～只有三位保育员 / 幼稚園には保母が三人しかいない. 同 一共 yīgòng
【统购】tǒnggòu 動(国家が生活必需品を計画的に)一括購入する. ¶～统销 tǒngxiāo / 統一買い付けと一括販売. 反 统销 tǒngxiāo
【统观】tǒngguān 動 総体的に見る.
【统管】tǒngguǎn 動 統一管理する. 全面的に管理する.
【统货】tǒnghuò 名(経済)品質・規格・等級を問わず一定の価格で売買する商品. 定額商品.
【统计】tǒngjì 動 統計をとる. ¶挨门 āimén 挨户地～ / 一軒ごとに統計をとる. ¶～员 / 集計係. ¶～表 / 統計表. 集計表.
【统计学】tǒngjìxué 名 統計学.
【统考】tǒngkǎo 名 統一試験. 共通試験.
【统括】tǒngkuò 動 統括する.
【统领】tǒnglǐng ❶ 動 統率する. ❷ 名 兵馬を統率する武官.
【统配】tǒngpèi 動 統一的に分配や配給をする.
【统铺】tǒngpù 名(旅館や宿舎の)ひとつながりになった寝台. 同 通 tōng 铺
【统摄】tǒngshè 動 統括する. 同 统辖 tǒngxiá
【统收统支】tǒngshōu tǒngzhī 名 中央による財政収支の統一管理体制. 参考 財政収入をすべて中央に集め,地方の財政支出はすべて中央が支給すること.
【统属】tǒngshǔ 動 上級が下級を統括し,下級が上級に隷属する.
【统帅】tǒngshuài ❶ 名〔量 位 wèi〕統帥者. 総帥. ¶最高～ / 最高統帥者. 最高司令官. ❷ 動 "统率 tǒngshuài"に同じ.
【统率】tǒngshuài 動 率いる. 統率する. ¶老将军 jiāngjūn 曾经～过百万大军 / 老将軍はかつて幾百万もの大軍を率いていた.
【统统】tǒngtǒng 副 すべて. 全部. ¶把伪劣 wěiliè 产品～销毁 xiāohuǐ! / 劣悪商品をすべて廃棄せよ. 同 通通 tōngtōng, 通统 tōngtǒng
【统辖】tǒngxiá 動 管轄する. 指揮下におく.
【统销】tǒngxiāo 動(国家が生活必需品を計画的に)統一販売する. 反 统购 tǒnggòu
*【统一】tǒngyī ❶ 動 統一する. 統合する. 反 分裂 fēnliè, 对立 duìlì ❷ 形 統一的な. 一致した. ¶～领导 / 一元的な指導. ¶～行动 / 同一行動.
【统一体】tǒngyītǐ 名(哲学)統一体.
【统一战线】tǒngyī zhànxiàn 名 統一戦線. 表現 "统战"とも言う.
【统战】tǒngzhàn 名 "统一战线 tǒngyī zhànxiàn"の略. ¶～部 / 統一戦線工作部. ¶～工作 / 統一戦線活動.
【统制】tǒngzhì 動 統制する. ¶经济～ / 経済統制.
*【统治】tǒngzhì 動 統治する. 支配する. ¶～者 / 支配

者. ¶~权 quán / 統治權. ¶独裁 dúcái~ / 独裁(的)統治.

【统治阶级】tǒngzhì jiējí 名 支配階級.

捅（異 捅）tǒng
扌部7 四 5702₇
全10画 次常用

動 ❶（棒や刀などで）突く. 刺す. ❷（手や指などを）当てる. 触れる. ¶他用冰冷的手指~了一下我的脸 / 彼は冷たい指を私の顔にちょんと当てた. ❸ 暴露する. 公にする.

【捅咕】tǒnggu 動 ❶ つっつく. ❷ そそのかす. ¶你别~她去打麻将 májiàng / 彼女をマージャンをしに行くよう, そそのかしてはいけない.

【捅娄子】tǒng lóuzi 慣 面倒を引き起こす. ¶他着罪 dézuì 了上司, 捅了娄子 / 彼は上司の不興を買って, 面倒を引き起こした.

【捅马蜂窝】tǒng mǎfēngwō 慣 災いやトラブルの種を刺激する. 由来「ハチの巣をつつく」の意から.

桶 tǒng
木部7 四 4792₇
全11画 通用

名〔个 ge, 只 zhī〕（バケツ・樽・ドラム缶など）主に液体を入れる丸くて深さのある容器. ¶水~ shuǐtǒng（水おけ）/ 酒~ jiǔtǒng（酒樽）/ 汽油~ qìyóutǒng（ドラム缶）.

筒（異 筩）tǒng
竹部6 四 8822₇
全12画 常用

名 ❶ 竹筒. ❷（太めの）筒状のもの. ¶烟~ yāntǒng（煙突）/ 邮~ yóutǒng（郵便ポスト）/ 笔~ bǐtǒng（筆立て）. ❸（~儿）衣服などの筒状の部分. ¶长~靴 chángtǒngxuē（長靴）/ 袖~儿 xiùtǒngr（衣類のそで）/ 靴~儿 xuētǒngr（長ぐつの胴）/ 袜~子 wàtǒngzi（靴下の足首から上の部分）. ❹ 統 宿 筒（Tǒng）姓.

【筒裤】tǒngkù 名《服飾》ストレートパンツ.

【筒裙】tǒngqún 名《服飾》タイトスカート.

【筒瓦】tǒngwǎ 名《建築》筒瓦. 丸瓦.

【筒子】tǒngzi 名 ❶ 筒. パイプ. ¶竹~子 / 竹筒. ¶枪~子 / 邮~ / 郵便ポスト.

【筒子楼】tǒngzilóu 名 俗 中央の通路を挟んで両側に部屋が並んでいる建物.

同（異 仝）tóng
门部4 四 7722₀
全6画 常用

→胡同 hútòng

☞ 同 tóng

恸（慟）tòng
忄部6 四 9402₇
全9画 通用

動 文 深く悲しむ.

通 tòng
辶部7 四 3730₂
全10画 常用

量（~儿）❶ 太鼓・ドラ・チャルメラなどを鳴らす回数を数えることば. 同 遍 biàn ❷ お世辞・デマ・ののしり・不平などを数えることば. 同 番 fān 用法 ❷ は, "一通"の形で使われることが多い.

☞ 通 tōng

痛 tòng
疒部7 四 0012₇
全12画 常用

❶ 動 痛い. 痛む. ¶伤口~得厉害（傷口がひどく痛い）/ 头~ tóutòng（頭が痛い）. ❷ 素 悲しい. 悲しむ. ¶~中的~ bēitòng de ~ / 哀~ āitòng（悲しみ悼む）. ❸ 副 徹底的に. 思いきり. ¶~恨 tònghèn / ~骂 tòngmà / ~改前非. 比較 "痛"と"疼 téng"は同じ"痛む"という意味だが, "痛"は南方で多く使われ, 北方では"疼"が使われる. また, "头痛"と"头疼"では, "头疼"の方が口語的な言いかた.

【痛不欲生】tòng bù yù shēng 成 悲しみのあまり死にたいと思う.

【痛陈】tòngchén 動 強く訴える. 力説する.

【痛斥】tòngchì 動 きびしく叱責（しっせき）する. 激しく非難する.

【痛楚】tòngchǔ 形 文 苦痛だ. 悲痛だ. ¶内心~万分 / 痛切な苦痛をあじわう.

【痛处】tòngchù 名 痛いところ. 泣きどころ.

【痛打】tòngdǎ 動 ひどく打つ. 痛打する. ¶~落水狗 luòshuǐgǒu / 水に落ちたイヌをたたく. 窮地に陥った敵をさらに徹底的に打ちのめす.

【痛悼】tòngdào 動 痛惜する. ¶~飞机失事者 / 飛行機事故の被害者を悼む.

【痛定思痛】tòng dìng sī tòng 成 苦しみが通り過ぎてから, その苦しみを再び思い起こして教訓とする.

【痛风】tòngfēng 名《医学》リウマチ. 痛風.

【痛改前非】tòng gǎi qián fēi 成 過去の誤りを徹底的に正す. ¶他下决心~ / 彼は前非を悔い改めようと心に決めた.

【痛感】tònggǎn 動 痛感する.

【痛恨】tònghèn 動 ひどく憎む. 反 热爱 rè'ài

【痛悔】tònghuǐ 動 ひどく後悔する. ¶~错过了机会 / チャンスを逃がしたことをとても悔やむ.

【痛击】tòngjī 動 痛烈な打撃を加える. ¶迎头~ / 真っ向から痛撃を与える. ¶~来犯之敌 / 攻撃してきた敵に痛烈な攻撃を加える.

【痛经】tòngjīng 名《医学》生理痛. 同 经痛 jīngtòng.

【痛觉】tòngjué 名《生理》痛覚.

【痛哭】tòngkū 動 激しく泣く. 慟哭（どうこく）する. 号泣する. ¶~流涕 liútì / 慟哭して涙を流す. ¶~失声 / 号泣のあまり声を失う.

*【痛苦】tòngkǔ 形（肉体的・精神的に）苦しい. 苦痛だ. ¶心中的~, 有口难言 nányán / 心中のつらさはとても口では言えない. 同 痛楚 tòngchǔ, 苦楚 kǔchǔ 反 快乐 kuàilè, 愉快 yúkuài

*【痛快】tòngkuài[-kuai] 形 ❶ 痛快だ. 胸がすかっとする. ¶喝个~ ! / 思いっきり飲もう. ¶彼此 bǐcǐ 好好儿谈一谈, ~~ / さあ大いに胸の内を語り合おう. 同 畅快 chàngkuài ❷ さわやかだ. さっぱりしている. ¶夏天喝上一杯冰镇 bīngzhèn 啤酒, 真~ / 夏に冷えたビールを飲むと, 本当にさっぱりする. 同 爽快 shuǎngkuài ❸ きっぱりしている. 率直だ. ¶他这个人说话, 办事, 就是~ / 彼という人は, 話す時も何をする時も態度がはっきりしている. 同 干脆 gāncuì, 爽快 shuǎngkuài

【痛快淋漓】tòng kuài lín lí 成 痛快この上ない.

【痛骂】tòngmà 動 激しくののしる. 罵倒（ばとう）する. ¶~卖国贼 màiguózéi / 売国奴を罵倒する.

【痛切】tòngqiè 形 痛切だ. ¶~反省 fǎnxǐng 错误 / 心から誤りを反省する.

【痛诉】tòngsù 動 痛烈に訴える.

【痛恶】tòngwù 動 ひどく憎む. 激しく憎悪する.

【痛惜】tòngxī 動 深く惜しむ. 痛惜する. ¶错过了那次机会, 我至今还十分~ / あの機会を逃し, 惜しいことをしたと今でも残念でならない.

【痛心】tòngxīn 動 心を痛める. 傷心する.

【痛心疾首】tòng xīn jí shǒu 成 恨みや憎しみが頂点に達している.

【痛痒】tòngyǎng 名 ❶ 心の痛みや苦しみ. ¶～相关 xiāngguān / 痛みや苦しみを分かちあう. 関係が密切だ. ❷ 重要なこと. ¶无关～ / 大したことはない. 痛くもかゆくもない.
【痛饮】tòngyǐn 動 酒を大いに飲む. 痛飲する. ¶～黄龙 / 勝利の美酒を痛飲する. ¶～庆功酒 / 祝い酒を大いに飲む. ¶开杯 kāihuái～ / 心ゆくまで飲む.
【痛责】tòngzé 動 激しく非難する. ¶他被领导～了一通 yītòng / 彼は指導者にこっぴどくしかられた.

tou ㄊㄡ〔tʻou〕

偷(異 媮 ❹) tōu 亻部9 四 2822₁ 全11画 常用
❶ 動 盗む. ¶～钱(金を盗む). 回 窃 qiè, 盗 dào ❷ 動 人目を盗む. こっそり…する. ¶～看 tōukàn. ❸ 素 時間を割く. ¶～空 tōukòng / ～闲 tōuxián. ❹ 素 いい加減にする. ¶～安 tōu'ān / ～生 tōushēng.
【偷安】tōu'ān 動〈将来を考えずに〉一時の安楽をむさぼる. ¶苟且 gǒuqiě～ / 目先の安逸をむさぼる. 回 苟安 gǒu'ān
【偷吃】tōuchī 動 盗み食いする. つまみ食いする. ¶～东西 / 盗み食いをする.
【偷盗】tōudào 動 盗む. ¶～财物 cáiwù / 財物を盗む. ¶～保险 bǎoxiǎn / 盗難保険. 回 偷窃 tōuqiè, 盗窃 dàoqiè
【偷渡】tōudù 動〈封鎖地域・水域を〉こっそり通過する. 隠れて越える. ¶～出境 chūjìng / 密出国する.
【偷渡者】tōudùzhě 名〈海や川を渡って侵入する〉密入国者.
【偷工减料】tōu gōng jiǎn liào 成 仕事の手を抜き,素材や原料をごまかす. ¶～的产品 / 手抜き製品.
【偷换】tōuhuàn 動 こっそり替える. すり替える. ¶～命题 mìngtí / テーマをすり替える. ¶收集的资料被人～了 / 集めた資料を誰かにすり替えられた.
【偷鸡不着蚀把米】tōu jī bù zháo shí bǎ mǐ 諺 ニワトリを盗みそこねて〈えさにした〉一握りの米を失う. 利益を得ようとしてかえって損をする.
【偷鸡摸狗】tōu jī mō gǒu 成 ❶ こそこそと盗みをはたらく. こそ泥をする. ❷ 浮気をする.
【偷奸耍滑】tōujiān shuǎhuá 句 狡猾な手段で利を得る. ずるがしこく立ち回る.
【偷看】tōukàn 動 盗み見る. 様子をうかがう. ¶～邻家的情况 / 隣りの様子をうかがう. ¶～考卷 kǎojuàn / カンニングする.
【偷空】tōu//kòng 動〈～儿〉時間を割く. 時間をつくる. 回 偷闲 tōuxián
【偷懒】tōu//lǎn 動〈～儿〉怠ける. ¶她做事很～ / 彼女はだらだらと仕事をする.
【偷垒】tōu//lěi 動〈スポーツ〉盗塁する. スチールする. ¶双～ / ダブルスチール. ¶偷本垒 / 本盗. ホームスチール.
【偷梁换柱】tōu liáng huàn zhù 成〈にせものや質の悪いものに〉中身をすり替える.
【偷猎】tōuliè 動 密猎をする.
【偷漏】tōulòu 動 ❶ 脱税する. ¶～税金 shuìjīn / 脱税する. ❷〈情報を〉こっそり漏らす. ¶～消息 / 事情をこっそり漏らす.
【偷拍】tōupāi 動 盗み撮りする.
【偷巧】tōu//qiǎo 動 うまく立ち回る. ¶学习上决不能～ / 勉強には決してごまかしは効かない. 回 取巧 qǔqiǎo
【偷窃】tōuqiè 動 盗む. ¶～行为 / 窃盗行為. 回 盗窃 dàoqiè, 偷盗 tōudào
【偷情】tōu//qíng 動〈男女が〉密会する. 密通する. ¶幽会 yōuhuì～ / 密通する.
【偷人】tōu//rén 動 姦通(かんつう)する. 表現 多く女性についていう.
【偷生】tōushēng 動 何もせずに生きる. 生をむさぼる.
【偷税】tōu//shuì 動 故意に脱税する. ¶～漏税 lòushuì / さまざまな脱税行為を行う.
【偷天换日】tōu tiān huàn rì 成 ひそかに真相をすり替えて他人をだます.
【偷听】tōutīng 動 盗み聞く. ¶～别人的谈话 / 他人の話を盗み聞く. ¶～器 qì / 盗聴器.
*【偷偷】tōutōu 副〈～儿〉こっそりと. ひそかに. ¶趁 chèn 人不注意,～地溜 liū 走了 / 人に気づかれないように,こっそり逃げ出した.
【偷偷摸摸】tōutōumōmō 形 隠れてこそこそ行うようす.
【偷袭】tōuxí 奇襲する. 不意打ちをかける. ¶～敌营 díyíng / 敵陣に不意打ちをかける.
【偷闲】tōu//xián 動 ❶ 暇をつくる. ¶～里～ / 忙中に暇をつくる. ❷方 怠ける. 回 偷懒 tōulǎn
【偷眼】tōuyǎn 動 盗み見る. ¶～看一下他的神色 / ちらりと彼の顔色をうかがう. 用法 "偷眼看 kàn","偷眼瞟 qiáo"などの形で使われる.
【偷越】tōuyuè 動〈国境などを〉密かに越える.
【偷运】tōuyùn こっそり運ぶ. 密輸する. ¶～私货 / 禁制品を密輸する. ¶不能～违禁 wéijìn 品! / 輸出禁止品を密輸してはならない.
【偷嘴】tōu//zuǐ つまみ食いする.

头(頭) tóu 大部2 四 3480₀ 全5画 常用
Ⅰ名 ❶ 頭部. あたま. 反 脚 jiǎo, 尾 wěi ¶抬 tái～ / 頭をもたげる. ¶低～ / うつむく. ¶摇～ / 首をふる. ❷ 頭髪. 髪形. ¶剃 tì～ / 頭をまるめる. ¶梳 shū～ / 髪の毛をとかす. ¶洗～ / 髪を洗う.
Ⅱ素 ❶〈～儿〉先端. 端. ¶山～ / 山の頂上. ¶两～儿 / 両端. ¶从～儿说起 / はじめから話す. ¶一年到一年中. ¶过～ / 度が過ぎる. ¶开～ / 口火を切る;最初.
❷〈～儿〉使い残しの部分. ¶烟～ / タバコの吸いがら. ¶铅笔～ / 短くなった鉛筆.
❸〈～儿〉かしら. ボス. ¶反动～子 / 反動派の頭目.
❹〈～儿〉方面. ¶不能只顾一～,必须兼顾 jiāngù 各个方面 / 一面だけを気にするのではなく,各方面に配慮しなければいけない.
❺ 第一の. 最初の. 反 尾 wěi ¶～车 / 先頭の車. ¶～等 tóuděng. ¶～班车 / 始発のバス. ¶～一遍 / 一回目. ¶～三天 / 初めの3日. ¶～几个 / 初めの方いくつか.
Ⅲ接頭〈"年","天"の前に用い〉その前の. ¶～天 tóutiān. ¶～年 / 昨年;前の年. ¶～两年 / 去年と一昨年;ある年より前の2年.
Ⅳ量 ❶ 家畜を数えることば. ¶一～驴 lǘ / ロバ1頭. ¶一～猪 / ブタ1頭. ¶两～牛 / 牛2頭. ¶三～羊 / ヒツジ3頭.
❷ 頭のような形をしたものを数える. ¶一～蒜 suàn / ニンニク一個. ¶一～洋葱 / タマネギ一個.
Ⅴ接尾 ❷ 軽声で発音. ❶ 名詞・動詞・形容詞の要素

付加し名詞を作る. ①名詞につく. ¶罐~/缶詰. ¶饅~/マントウ. ¶骨~/骨. ¶舌~/舌. ¶石~/石. ②動詞や形容詞につく. ¶念~/考え. ¶扣 kòu~/割引. ¶苦~/苦しみ. ¶甜~/甘み;利益. ❷方位詞を作る. ¶上~/うえ. ¶下~/した. ¶前~/まえ. ¶后~/うしろ.
Ⅵ (Tóu)姓.

【头版】tóubǎn 名 (新聞などの)第一面. ¶~头条消息/第一面のトップニュース.
【头部】tóubù 名 頭部.
【头彩】tóucǎi 名 (福引き·くじ引きなどの)一等賞. 一番. ¶抽了个~/一等が当たった. 一番くじを引いた.
【头寸】tóucùn 名 ❶(経済)(銀行や金融機関の)資金. ❷市場での貨幣の流通. 金融. 同 银根 yíngēn
【头灯】tóudēng ヘッドライト.
【头等】tóuděng 形 一等の. 最高の. ¶~舱 cāng/一等船室. ¶~大事/一等の大事. ¶~货/一級品.
【头顶】tóudǐng 名 頭のてっぺん. ¶从~到脚尖/頭のてっぺんから足の先まで.
*【头发】tóufa 名 [根 gēn,绺 liǔ,撮 zuǒ] 頭髪.
【头伏】tóufú 名 "三伏"の最初の期間. 夏の土用の入りからの10日間. 同 初伏 chūfú ⇨三伏 sānfú
【头盖骨】tóugàigǔ 名 (生理)頭蓋骨(ぎっ).
【头功】tóugōng 名 一番手柄. 殊勲.
【头骨】tóugǔ 名 (生理)頭骨. 頭蓋骨(ぎっ). 同 头盖骨 tóugàigǔ
【头号】tóuhào 形 ❶(~儿)第一の. ¶~人物/トップの人物. 筆頭格の人物. ¶~通缉 tōngjī 犯/指名手配者の筆頭. ❷最高の. 最上の. ¶~胶合板 jiāohébǎn/最高級の合板.
【头昏】tóuhūn 動 頭がぼうっとする. めまいがする. ¶~目眩 mùxuàn/めまいがして頭がくらくらする. ¶~脑胀 nǎozhàng/頭が重く,めまいがする. ¶~眼花/頭がぼうっとして目がかすむ.
【头家】tóujiā 名 ❶(ばくち場の)貸元. 胴元. ❷賭け事の親. ❸(マージャンやトランプで)順番が前の人. 上手(かみ)の人. ❹店主. 同 老板 lǎobǎn
【头奖】tóujiǎng 名 一等賞. ¶中 zhòng 了~/一等賞に当選した.
【头角】tóujiǎo 名 頭角. ¶崭 zhǎn 露头~/成 とびぬけて頭角を現す. ¶年轻时已露~/若い頃すでに頭角を現した.
【头巾】tóujīn 名 ❶ 巾(きん). ❷〔块 kuài, 条 tiáo〕スカーフ.
【头颈】tóujǐng 名方 首. 同 脖子 bózi
【头口】tóukǒu 名方 (大型の)役畜.
【头盔】tóukuī 名 ヘルメット. 鉄かぶと.
【头里】tóuli 名 ❶ 前. 先. ¶您~走,我马上就来/先に行って下さい. 私もすぐに行きますから. ¶走在~/トップを行く. ❷ 事前. あらかじめ. ¶把话说在~/先に話し合っておく. ❸方 以前. ¶五年~/5年前.
【头脸】tóuliǎn 名 ❶ 顔つき. 顔. ¶看清了他的~/彼の顔がはっきり見えた. ❷ メンツ. 体面. ¶有~的人物/顔のきく人物.
【头领】tóulǐng 名 首領. かしら.
【头颅】tóulú 名 (人の)頭. 同 脑袋 nǎodai
【头路】tóulù ❶名 (品物などの)第一級の. 最高の. ¶~货/一級品. ❷名方 髪の分け目. ❸名方 手がかり. 糸口. ¶摸不着 mōbuzháo ~/見当がつかない. ❹名方 つて. コネ. ¶找~/つてを探す.
【头轮】tóulún 形 (順番の)一番初め. ¶~影片/封切り映画.
【头马】tóumǎ 名 群れの先頭の馬.
【头面人物】tóumiàn rénwù 名 成〔位 wèi〕社会でよく知られた人物. 大物. ボス.
【头面】tóumian 名 副 fù 女性の髪飾りの総称.
【头名】tóumíng 名 第一番目. トップ. ¶他毕业时考~/彼は卒業試験で首席だった.
【头目】tóumù 名〔个 ge〕親分. かしら. ボス. ¶大~/大親分. ¶土匪 tǔfěi~/盗賊の親分. 同 头领 tóulǐng
【头难】tóunán 形方 やりはじめが難しい. 最初が難しい.
【头脑】tóunǎo 名 ❶ 頭脑. 脳のはたらき. ¶有~/頭の回転がいい. ¶~清楚/頭脑明晰(悠). ❷糸口. 手がかり. ¶没有~/糸口がつかめない. 同 头绪 tóuxù ❸日 首領. かしら. 同 首领 shǒulǐng 用法 ❷は多く否定文で用いる.
【头年】tóunián 名 ❶ 最初の年. 一年目. ❷去年. 前の年. ¶~春节/去年の正月.
【头帕】tóupà 名方 スカーフ. 同 头巾 jīn
【头牌】tóupái 名旧(芸能)役者の名前を書いた看板のうち,筆頭に掲げられる看板. また, 主役のこと.
【头皮】tóupí 名 ❶ 頭皮. ¶挠 náo 着~想主意/頭をかきながら思案する. ❷ ふけ. ¶生~/ふけがでる.
【头破血流〔淋〕】tóu pò xuè liú [lín] 成 ひどくやっつけられる. こてんぱんにされる.
【头前】tóuqián 名 ❶ 前. 前の部分. ❷ 以前. むかし.
【头钱】tóuqián 名 ❶(ばくちの)寺銭(ぎ). ❷ 元手. 同 本 běn 钱
【头儿】tóur 名口 かしら. ボス.
【头人】tóurén 名 ❶ 部落や少数民族の首領. ❷ 頭目. ボス.
【头纱】tóushā 名《服饰》ベール.
【头生】tóushēng ❶名 初産. ¶她这是~/彼女はこれが初めてのお産だ. ❷ (~儿)初めて生まれた子. 初子. ¶~孩子/初めて生んだ子供.
【头绳】tóushéng 名 ❶(~儿)〔根 gēn〕元結い. 髪をむすぶひも. ❷方 毛糸.
【头虱】tóushī 名 (虫)アタマジラミ.
【头式】tóushì 名 ヘアスタイル. 同 发 fà 式
【头饰】tóushì 名 頭につける飾り. 同 首 shǒu 饰
【头水】tóushuǐ 名 ❶(~儿)(品物などが)最高の. 上等の. ¶~货/上等品. ❷ 初めて買う. 下ろしたて. ¶这件衣裳 yīshang 敢说是~,做好后还没上过身呢/この服は実は下ろしたてで,仕立ててからまだ一度も手を通したことがないんだ. ❸ 初めて洗濯する. ¶洗了~/初めて洗濯した.
【头胎】tóutāi 名 ❶ 初産(ざ). ❷ 最初の子.
【头套】tóutào 名 (役者が使う)かつら.
【头疼】tóuténg 動 頭が痛い. ¶~脑热/成 頭痛や発熱. 軽い病気. ¶我感冒了,有点~/風邪で少し頭が痛い. ¶~的问题/頭の痛い問題. 同 头痛 tóutòng
【头天】tóutiān ❶ 前日. 同 上一天 shàngyītiān ❷ 初日.
【头痛】tóutòng 動 頭が痛い. 頭痛がする. ¶治~的药/頭痛に効く薬.

【头痛医头,脚痛医脚】tóu tòng yī tóu, jiǎo tòng yī jiǎo 成 一時しのぎの措置で対応するだけで,根本的に解決しようとしない. 由来『頭が痛いといっては手当てし,足が痛いといっては手当てする』という意から.

【头头脑脑】tóutóunǎonǎo 名 お歴々. お偉方.

【头头是道】tóu tóu shì dào 成 (言動が)道理にかなっている. いちいち筋が通っている. ¶谈得~/話の筋が通っている.

【头头儿】tóutour 名 口〔量 个 ge, 位 wèi〕親分. かしら. 首領.

【头陀】tóutuó 名《仏教》行脚僧. ◆梵 dhūta

【头衔】tóuxián 名〔量 个 ge, 种 zhǒng〕肩書き. ¶在名片上印着~/名刺に肩書きを刷り込む.

【头像】tóuxiàng 名 胸像.

【头绪】tóuxù 名 糸口. 端緒. 手がかり. ¶有了~/目鼻がつく. ¶茫 máng 无~/ぼんやりとして手がかりがつかめない. 同 眉目 méimù

【头癣】tóuxuǎn 名《医学》しらくも. 白秃瘡. 表现北方では"秃疮 tūchuāng","癞 lài",南方では"瘌痢 làlì"ともいう.

【头雁】tóuyàn 名 群れの先頭の雁.

【头羊】tóuyáng 名 群の先導役をするヒツジ.

【头油】tóuyóu 名 ポマード. ヘアオイル.

【头晕】tóuyūn 動 めまいがする. 頭がくらくらする. ¶~眼花/頭がくらくらして目がまわる.

【头重脚轻】tóu zhòng jiǎo qīng 成 ❶頭がぼうっとして足元がおぼつかない. ¶开了个通宵 tōngxiāo, 觉得有点儿~/徹夜をしたので, 少し頭が重い. ❷頭でっかちで, 全体の調和やバランスがとれていない.

【头子】tóuzi 名 贬〔量 个 ge〕親玉. 親分. ¶流氓 liúmáng~/ごろつきの親玉.

投 tóu 扌部4 四 5704₇ 全7画 常用

❶動 (ある目的物へ向けて)投げる. ¶~手榴弹 shǒuliúdàn (手榴~弹を投げる. 同 扔 rēng, 掷 zhì, 抛 pāo ❷動 飛び込む. 飛び込んで自殺する. ¶~河 tóuhé /~井 tóujǐng /自~罗网 luówǎng 成 自ら網に掛かる. 自殺行為におよぶ. ❸動(資金・投票用紙・手紙などを)投じる. 入れる. 送る. ¶~票 tóupiào /~稿 tóugǎo. ❹動 参加する. 身を預ける. ¶~奔 tóubèn /~宿 tóusù /~考 tóukǎo /~入战斗 (戦闘)に身を投じる). ❺動 合う. 合わせる. ¶情~意合 (成 意気投合する) /~其所好 hào. ❻動 (光や影などが)投じられる. さす. ❼(Tóu)姓.

【投案】tóu//àn 動 自首する.

【投保】tóu/bǎo 動 保険に入る.

【投奔】tóubèn 動 ❶(人を)頼っていく. ¶~亲戚/親戚に身を寄せる. ¶~无路/どこにも頼るあてがない. ❷(運動や組織に)身を投じる.

【投笔从戎】tóu bǐ cóng róng 成 筆をすてて従軍する. 文人が従軍する. ¶郭沫若 Guō Mòruò ~, 回国参加了革命/郭沫若がペンを捨て,帰国して革命に加わった. 由来『後漢書』班超伝に見えることば.

【投鞭断流】tóu biān duàn liú 成 軍勢が多く, 兵力が強大だ. ¶曹操 Cáo Cāo 虽有~之实力, 却不敢诸葛亮 Zhūgě Liàng 的"草船借箭"之计 / 曹操には圧倒的な力があったが, 諸葛孔明の『草船で矢を得る』計略に出られなかった. 由来『晋書』苻堅載記に見えることば. 前秦の苻堅は東晋に攻め入る際, 味方の軍勢の多さを誇り, 兵士の鞭を投げ入れれば長江の流れを止められる, と言った故事から.

【投标】tóu//biāo 動《経済》入札する. 反 招标 zhāobiāo

【投产】tóuchǎn 動 生産に入る. 操業を始める. ¶炼油厂已建成~/石油精製プラントが完成し操業を始めた.

【投诚】tóuchéng 動 降伏する. 投降する.

【投弹】tóu//dàn 動 爆弾や焼夷弾 (しょういだん)を投下する. 手榴弹 (でりゅうだん)を投げる.

【投档】tóu//dàng 動 内申書を送る. 参考 (合否決定の参考用に)入学試験の合否線上にある学生の成績資料を受験校に送ること.

【投敌】tóudí 動 敵に投じる. 味方にそむく. ¶叛变 pànbiàn ~/裏切って敵につく. ¶死不~/死んでも降伏しない.

【投递】tóudì 動(手紙や書類を)届ける. 配達する. ¶地址不明,无法~/住所不明のため配達不能だ. ¶~邮件/郵便物を配達する.

【投递员】tóudìyuán 名(郵便や電報の)配達員. 同 邮 yóu 递员

【投放】tóufàng ❶ 投げ入れる. 投げ込む. ¶~饵 yú'ěr /魚のえさを投げ入れる. ❷ (人力・物資・資金を)投入する. ¶~资金/資金を投入する. ¶~了大量劳力/大量の労働力を投入した. ¶~市场/商品を市場に供給する. ¶~市场/市場に投入する.

【投稿】tóu//gǎo 動 投稿する. ¶欢迎~/投稿を歓迎します. ¶我曾给报纸投过几次稿/私は以前,新聞に何回か投稿したことがある.

【投工】tóu//gōng 動 労働力や作業日数をつぎ込む.

【投合】tóuhé ❶形(気持ちなどが)合う. 合致している. ¶性情~/性格が合う. ¶谈得~/話がよく合う. ❷動(調子を)合わせる. ¶~顾客的口味/客の味覚に合わせる. 同 迎合 yínghé

【投河】tóu//hé 動 川に身を投げる.

【投缳】tóuhuán 動 首をくくる. 参考"缳"は縄で作った輪.

【投机】tóujī ❶動 機を見て利益を得ようとする. ¶~分子/日和見主義者. ¶~买卖/投機的な取り引き. ¶~商/投機商人. ❷形 (意見や見解が)合う. ¶谈得很~/話がはずむ. ¶酒逢知己千杯少,话不~半句多/知己と飲める酒は千杯でも少なく,話の合わぬ人とは半句でも多い.

【投机倒把】tóu jī dǎo bǎ 成 投機売買をする.

【投机取巧】tóu jī qǔ qiǎo 成 機を見てうまく立ち回る.

【投寄】tóujì 動(手紙を)出す. 投函する.

【投井】tóu//jǐng 動 井戸に身を投げる.

【投井下石】tóu jǐng xià shí 成 窮地に陥っているところに追い打ちをかける. 同 落 luò 井下石, 投石下井, 投阱 jǐng 下石 由来『井戸に落ちた者に石を投げる』という意から.

【投军】tóujūn 動 参軍する. 入隊する.

【投考】tóukǎo 動 試験を受ける. ¶他一共~了五所大学/彼は全部で5つの大学を受験した.

【投靠】tóukào 動 人に頼って生活する. ¶~亲友/親友のもとに身を寄せる.

【投篮】tóu//lán 動《スポーツ》(バスケットボールで)シュートする. ¶跳~/ジャンプシュート. ¶中距离~/ミドルシュート. ¶单手跳~/ワンハンドジャンプシュート.

【投劳】tóuláo 動 労力を投じる.

【投拍】tóupāi 動(映画やテレビの)撮影に入る. クランクインする.

【投票】tóu//piào 動 投票する. ¶投谁的票？/誰に投

票するのか. ¶市民正在～选举市长 shìzhǎng / 市民は市長選の投票中だ.

【投其所好】 tóu qí suǒ hào 〔成〕人の好みに合わせる. ¶他爱好书法,有人～,送给他一方端砚 duānyàn / 彼は書道が好きなので,それに合わせ,ある人が彼に端渓の硯(ｽｽﾞﾘ)を贈った.

【投契】 tóuqì 〔形〕〔文〕意気投合している. 同 投合 tóuhé

【投枪】 tóuqiāng 〔名〕投げ槍(ﾔﾘ).

【投亲】 tóu//qīn 親戚を頼っていく. ¶～靠友 / 親戚や友人宅に身を寄せる. ¶～不如投店 / 親戚に身を寄せるより宿屋に泊まる方がいい.

＊【投入】 tóurù 〔動〕❶(ある状態に)入る. ¶～生产 / 生産に入る. ¶新机场已经正式～使用 / 新空港はすでに通常業務に入っている. ❷入り込む. 没入する. ¶她演戏很～/ 彼女は役になりきっている. ❸金をつぎ込む. 投ずる. ¶少～多产出 / 最少の資金で最大の効果を生み出す. ¶～大量资金 / 多額の資金を投ずる.

【投射】 tóushè 〔動〕❶投げつける. 放り投げる. ❷(光を)射す.

【投身】 tóushēn 〔動〕〔喩〕身を投じる. 身を尽くす. ¶他全力～改革事业 / 彼は改革事業に全力を傾けている.

【投生】 tóu//shēng 生まれ変わる. 同 投胎 tóutāi

【投师】 tóu//shī 師について学ぶ.

【投石问路】 tóu shí wèn lù 行動する前に探りを入れる. 由来 夜間に潜入する際に, 先に石を投げ入れて, 中の様子をうかがったことから.

【投手】 tóushǒu 〔名〕〔スポーツ〕投手. ピッチャー. ¶～板 / ピッチャーズプレート. ¶～犯规 fànguī / ボーク.

【投鼠忌器】 tóu shǔ jì qì 〔成〕悪人をやっつけたくても思いきってできない. ¶他办事总是～,缩手缩脚的 / 彼はいつも思い切って行動できず, びくびくしている. 由来 『漢書』賈誼伝に見えることば. 「ネズミに物を投げつけたいが, 周りの器物を壊すことを恐れて投げられない」という意から.

【投诉】 tóusù 〔動〕(関係筋に)訴え出る.

【投宿】 tóusù 宿に泊まる. 投宿する. ¶到客店～ / 旅館にて投宿する.

【投胎】 tóu//tāi 生まれ変わる. 転生する. 同 投生 tóushēng

【投桃报李】 tóu táo bào lǐ 〔成〕親しく交際する. ¶～,礼尚 lǐshàng 往来是中国的习俗 xísú / 礼をもって親しく交わることが中国人の風習である. 由来 『詩経』大雅・抑に見えることば. 「モモを贈られたので, 返礼にスモモを贈る」という意から.

【投降】 tóuxiáng 〔動〕投降する. 降伏する. ¶缴械 jiǎoxiè～ / 武器を引き渡して降伏する. 同 投诚 tóuchéng 反 反抗 fǎnkàng

【投向】 tóuxiàng 〔名〕(資金・人力・物資などの)投入先.

【投效】 tóuxiào 〔動〕〔文〕志願して尽くす. 献身する. ¶～义军 / 義勇兵に志願する.

【投药】 tóuyào 〔動〕薬を与える. 投薬する.

【投医】 tóu//yī 〔動〕医者にかかる. 同 就 jiù 医

【投影】 tóuyǐng ❶〔動〕投影する. ¶～图 / 投影図. ¶～器 qì / 映写器. ❷〔名〕投影された影.

【投映】 tóuyìng (影や姿が)映る.

【投缘】 tóuyuán 〔形〕(初対面で)気が合う. 意気投合する. ¶越谈越～/ 語り合うほどに意気投合する.

【投运】 tóuyùn 稼働を開始する. 運転を開始する.

【投掷】 tóuzhì 〔動〕投げつける. 放り投げる.

【投置】 tóuzhì 〔動〕身を置く. 身を投じる.

【投注】 〔動〕❶ tóuzhù (力や精神を)注ぐ. 傾ける. ❷ tóu//zhù ばくちにつぎ込む.

【投资】 〔経済〕❶ tóu//zī 〔動〕投資する. ¶～一百万元 / 百万元を投資する. ¶决定～建厂 / 工場建設への投資を決定した. ❷ tóuzī 〔名〕〔笔 bǐ,项 xiàng〕投資. ¶巨额 jù'é～ / 巨額の投資.

骰 tóu
骨部4 〔四〕7724₇ 全13画 通用

下記熟語を参照.

【骰子】 tóuzi 〔名〕〔方〕さいころ. ¶掷 zhì～ / さいころをふる. 同 色子 shǎizi

钭(鈄) Tǒu
钅部4 〔四〕8470₀ 全9画 通用

〔名〕姓.

透 tòu
辶部7 〔四〕3230₂ 全10画 常用

❶〔動〕(液体・気体・光線などが)突き抜ける. 通り抜ける. ¶扎 zhā 不～(突き刺しても穴があかない) / ～水 tòushuǐ (水を通す) / ～过现象看本质(現象を通して本質を見る). ❷〔動〕(情報などを)もらす. ¶～露 tòulù～消息(情報をもらす). ❸〔形〕(知識や認識などが)極めてはっきりしている. 徹底している. ¶我已经看～了(私にはもうよく分かった) / 把道理说～了(その理屈を徹底的に説明した). ❹〔形〕最大限に達している. ¶恨～了(恨み骨髄に). ❺〔動〕あらわす. 示す. ¶他眼睛里～着智慧 zhìhuì 之光(彼の目には,知性の輝きがある) / 白里～红(白の中に赤が見える).

【透彻】 tòuchè 〔形〕(理解や分析が)詳しくて深い. ¶说得非常～/ 非常に詳細にはっきりと述べられている. ¶理解得～/ 深く理解している.

【透底】 tòudǐ 〔動〕内情を漏らす.

【透雕】 tòudiāo 〔名〕透かし彫り.

【透顶】 tòudǐng 〔副〕きわめて. この上なく. 極端に. ¶糊涂～/ 非常ににぶい. ¶腐败～/ ひどく腐っている. 用法 多く,よくない意味の二字の形容詞の後につける.

【透风】 tòu//fēng 〔動〕❶風が通る. 風を通す. ¶不～/ 風通しが悪い. ❷風にあてる. ¶晴天时,把衣柜里的衣服拿出去透透风 / 晴れた日は,たんすから服を出して風にあてる. 同 晾 liàng ❸(秘密やうわさを)もらす. もれる.

【透骨】 tòugǔ 〔動〕❶(寒さが)身にしみる. ❷(考え方などが)深い. 鋭い.

【透过】 tòuguò ❶通す. 透ける. ❷しみ通る. ¶雨水～了裙子 / 雨水がスカートにしみ通った.

【透汗】 tòuhàn 〔名〕全身をぬらす汗. びっしょりの汗.

【透镜】 tòujìng 〔名〕〔面 miàn〕レンズ. ¶凸 tū～ / 凸レンズ. ¶凹 āo～ / 凹レンズ.

【透亮】 tòuliàng[-liang] 〔形〕❶明るい. ¶这间房子向阳～/ この家は日当たりがよく,明るい. 同 明亮 míngliàng ❷明白だ. 同 明白 míngbai

【透亮儿】 tòu//liàngr 〔動〕光を通す.

【透漏】 tòulòu 〔動〕(考えや秘密などを)もらす. もれる. ¶～消息 / 情報をもらす. ¶这个计划暂时 zànshí 保密,别～出去 / この計画はとりあえず内密にして, もらしてはいけない. 同 透露 tòulù, 泄漏 xièlòu

【透露】 tòulù 〔動〕(秘密・情報・考えなどを)明らかにする. 明らかになる. ¶～风声 / うわさをもらす. 同 泄漏 xièlòu,显露 xiǎnlù,泄露 xièlù,走漏 zǒulòu,透漏 tòulòu

【透绿】 tòulǜ 〔動〕(緑化効果を高めるために)塀に透過性の材料を用いたり, 格子状構造にするなどして, 敷地内の樹木や草花が外から見えるようにする.

【透明】tòumíng 形 透明だ．透き通っている．¶无色～/无色透明．¶～的玻璃/透明なガラス．
【透明度】tòumíngdù 名 透明度．
【透辟】tòupì 形 (論理などが)透徹している．
【透平】tòupíng 名 〘機械〙タービン．
【透气】tòu//qì 動 (～儿) ❶ 空気を通す．換気する．¶屋子不～/部屋に風が通らない．❷ 新鮮な空気を吸う．¶到外面去透透气儿/外へ新鮮な空気を吸いに行く．❸ 連絡をとる．気脈を通じる．¶先向他透一点气/まず彼と連絡をとる．
【透射】tòushè ❶ 動 (光が)差し込む．❷ 名 〘物理〙透過．
【透视】tòushì ❶ 名 透視画法．❷ 動 (レントゲンで)透視する．¶～室/レントゲン室．❸ 動 見抜く．見透かす．¶～复杂的社会现象/複雑な社会現象を鋭く観察する．
【透视图】tòushìtú 名 透視図．
【透析】tòuxī 動〘医学〙透析する．同 渗 shèn 析
【透雨】tòuyǔ 名〘農 cháng〙乾いた田畑に十分しみこむほどの雨．十分なお湿り．¶好久没下～了/長いこと十分な雨が降っていない．
【透支】tòuzhī 動 ❶〘金融〙当座貸越する．❷ 支出が収入を上回る．❸ 給料の前借りをする．

tu ㄊㄨ〔t'u〕

【凸】tū |部4 全5画 4 7777₇ 次常用
形 中心部が周りより高く突出ている．¶～出 tūchū/～起 tūqǐ/凹～不平(でこぼこしている)．反 凹 āo
筆 丨 𠃊 丨 𠃍 凸 凸

【凸版】tūbǎn 名〘印刷〙凸版(ばん)．¶～印刷/凸版印刷．
【凸出】tūchū 動 (中心部が)突出する．突出ている．¶～的花纹/浮き出た模様．¶～的眼睛/どんぐり目．
【凸轮】tūlún 名〘機械〙カム．
【凸面】tūmiàn 名 凸面．¶～玻璃/凸面ガラス．
【凸面镜】tūmiànjìng 名〘面 miàn〙凸面鏡．同 凸镜 tūjìng,发散镜 fāsànjìng
【凸起】tūqǐ 動 ふくらむ．盛上がる．¶～的地方/盛上がった所．反 凹陷 āoxiàn
【凸透镜】tūtòujìng 名 凸レンズ．
【凸显】tūxiǎn 動 ❶ はっきりと現れ出る．くっきり浮かびあがる．❷ クローズアップする．
【凸现】tūxiàn 動 はっきりと現れる．
【凸字】tūzì 名 点字．

【秃】tū 禾部2 全7画 4 2021₇
形 ❶ はげている．¶头顶有点～了(頭の上がちょっとはげている)/一尾巴鸡(尻尾の羽の抜け落ちた鶏)/山是～的(山にはげている木がない)/一树 tūshù(葉がすっかり落ちた木)/笔尖 bǐjiān～了(筆の先の毛が抜けてしまった)/～针 tūzhēn(先が減った針)．❷ (文章の構成が)完璧でない．¶他的文章写得有点～(彼の文章にはまだちょっと十分でない所がある)．

【秃笔】tūbǐ 名〔只 zhī〕❶ 穂先のすり切れた筆．❷ 貧しい文章力．
【秃疮】tūchuāng 名〘方〙〘医学〙黄癬(おうせん)．同 黄癬 huángxuǎn
【秃顶】❶ tū//dǐng 動 頭がはげる．¶他还年青,但已经～了/彼はまだ若いのに,もう頭がはげている．❷ tūdǐng 名 はげ頭．はげ山．
【秃鹫】tūjiù 名〘鳥〙〔群 qún,只 zhī〕ハゲワシ．クロハゲワシ．同 坐山雕 zuòshāndiāo
【秃噜】tūlu 動〘方〙❶ ゆるむ．ほどける．❷ (毛や羽毛などが)抜け落ちる．❸ 引きずる．垂れる．❹ 口を滑らす．❺ 限度を過ぎる．
【秃山】tūshān 名 はげ山．
【秃头】❶ tū//tóu 動 🔄 帽子をかぶらない．¶他秃着个头出去了/彼は帽子をかぶらずに出ていった．❷ tūtóu 名 はげ頭．坊主頭．❸ tūtóu 名 頭のはげた人．
【秃子】tūzi 名 🔄 ❶ 頭のはげた人．❷〘方〙〘医学〙黄癬(おうせん)．同 黄癬 huángxuǎn,秃疮 tūchuāng

【突】tū 穴部4 全9画 常用 4 3080₄
❶ 動 勢いよくぶつかっていく．¶～破 tūpò/～围 tūwéi/狼 láng 奔豕 shǐ～(慌てふためいて逃げまどう)．❷ 副〘文〙急激に．突然．¶～变 tūbiàn/气温～増(気温が急に上がる)．❸ 動 突出る．¶～出 tūchū/～起 tūqǐ．❹ 凸 tū 4 名 煙突．¶曲 qū～/徙 xǐ 薪 xīn〘成〙煙突を曲げて薪を移す．災いを未然に防ぐ．

【突变】tūbiàn 動 ❶ 突然変化する．激変する．¶政局 zhèngjú～/政局が激変する．¶神色～/表情が突然変わる．¶老人的病情～了/老人の病状が急変した．¶～基因 jīyīn/突然変異遺伝子．反 渐变 jiànbiàn〘哲学〙飛躍する．
【突出】tū//chū 動 突き破って出る．¶～重围 chóngwéi/厳重な包囲網を突破する．
*【突出】tūchū ❶ 形 突出ている．飛び出ている．¶颧骨 quángǔ～/ほお骨が出ている．❷ 形 際立っている．目立っている．¶成绩～/成績が際立って良い．¶他的工作非常～/彼の仕事は格別に良い．反 一般 yībān ❸ 動 際立たせる．強調する．¶～重点/要点を強調する．¶～个人/個人を強調する．
【突发】tūfā 動 突発する．¶爆竹 bàozhú～/爆竹が突然鳴り響く．
【突发性】tūfāxìng 形 突発的だ．突発性の．¶～的心脏病 xīnzàngbìng/突発性の心臓病．
【突防】tūfáng 動 敵の防衛を突破する．
【突飞猛进】tū fēi měng jìn〘成〙めざましく発展する．飛躍的に進歩する．
*【突击】tūjī 動 ❶ 突撃する．¶向敌军 díjūn～/敵陣に突撃する．❷ 一気に仕上げる．¶齐心合力一下,把这件工作做完/力を合わせて,一気にこの仕事を仕上げる．
【突击队】tūjīduì 名〘支 zhī〙❶ 突撃隊．決死隊．❷ 集中的に行う仕事のために臨時に組織される集団．
【突击手】tūjīshǒu 名 ❶ 突撃隊員．❷ ある仕事においてリーダー役の人．
【突进】tūjìn 動 突進する．¶向科学高峰 gāofēng～/科学の最高峰を目指して突き進む．
【突厥】Tūjué 名〘歴史〙突厥(とっけつ)．中国古代の少数民族．
【突尼斯】Tūnísī 名〘国名〙チュニジア．
【突破】tūpò 動 ❶ 突破する．¶～封锁 fēngsuǒ/封鎖を突破する．¶～防线 fángxiàn/防衛戦を突破する．同 打破 dǎpò ❷ (困難や制限を)乗越える．打ち破る．¶～难关/難関を突破する．¶研究又有新的～/研究にまた新たな進展があった．同 打破 dǎpò

【突破口】tūpòkǒu 名 突破口.
【突起】tūqǐ ❶ 動 突然発生する. 突然起こる. ¶狂风～/強風が突然吹き始める. ¶叛军 yìjūn～/別の部隊が突然あらわれる. 新しい勢力が突然出現する. ❷ 動 そびえる. そびえ立つ. ¶峰峦 fēngluán～/峰々が高くそびえている. ❸ 名 生物にできる瘤(法)のようなもの. 突起.
**【突然】tūrán ❶ 形 突然だ. 不意だ. ¶～袭击 xíjī/奇襲をかける. 不意打ちする. ¶你来得很～/まったく突然のお越しですね. ❷ 副 急に. にわかに. ¶灯～不亮了/明かりが急に消えた. ¶她一哭起来了/彼女は突然わっと泣き出した. ⇨忽然 hūrán
【突如其来】tū rú qí lái 成 突然発生する. 突然やって来る. ¶～的好消息/突然舞い込んだ良い知らせ.
【突突】tūtū 擬 ❶ ドキドキ. ドキンドキン. 心臓の音. ¶心～地跳/心臓がドキドキする. ❷ エンジンやモーターなどの音. ¶摩托车 mótuōchē～地响/オートバイがドッドッと音を立てた.
【突围】tū/wéi 動 突破する. ¶～脱险 tuōxiǎn/包囲網を突破して危機を逃れる. 反 包围 bāowéi.
【突兀】tūwù 形 文 ❶ 高くそびえる. ¶～的山石/高く切り立った山の岩. ❷ 突然だ. 唐突だ. ¶事情来得太～/事はあまりに突然に起きた.
【突袭】tūxí 動 不意打ちする. 奇襲をかける.
【突显】tūxiǎn 動 突出し現れ出る.
【突现】tūxiàn 動 ❶ 突然現れる. ❷ 突出て現れる.

葖 tū ⺾部9 四 4480₄ 全12画 通用
→骨葖 gūtū

图(圖) tú 囗部5 四 6030₃ 全8画 常用

❶ 名 〔幅 fú, 张 zhāng〕図. 絵図. ¶地～ dìtú(地図)/挿～ chātú(挿し絵)/看～识 shí字(絵を見て字を覚える). ❷ 名 計画. 意図. ¶宏～ hóngtú(遠大な計画)/良～ liángtú(善良な意図). ❸ 動 追求する. 得ようとする. ¶唯利是～(利益のことだけを考える). ❹ (Tú)姓.
【图案】tú'àn 名 〔幅 fú, 张 zhāng〕図案. デザイン. 模様. ¶几何～/幾何模様.
【图板】túbǎn 名 〔块 kuài〕製図板.
【图版】túbǎn 名 図版.
【图报】túbào 動 ❶ (恩に)報いる. ¶感恩 gǎn'ēn～/恩を感じてそれに報いようとする. ❷ 報復をたくらむ.
【图表】túbiǎo 名 〔份 fèn, 张 zhāng〕図表.
【图财害命】tú cái hài mìng 成 財物を奪おうとして人を殺す. 同 谋 móu 财害命.
【图存】túcún 動 生き残りをはかる.
【图钉】túdīng 名 〔～儿〕〔个 ge, 颗 kē, 枚 méi〕画びょう. 押しピン.
【图画】túhuà 名 〔幅 fú, 张 zhāng〕図画. 絵画. 絵. ¶～纸/画用紙.
【图画文字】túhuà wénzì 名 絵文字.
【图籍】tújí 名 ❶ 書物や文書. ❷ 領土の図面と戸籍簿.
【图记】tújì 名 ❶ 印鑑. ❷ 図形を使ったマーク. 旗印.
【图鉴】tújiàn 名 図鑑.
【图解】tújiě 名 図解(する). ¶用～说明/図解で説明する. ¶～的方法/図解の方法.
【图景】tújǐng 名 ❶ 絵に描かれた光景. ¶一幅海上日出的～/海に日が昇る光景. ❷ 未来図. 展望. ¶描绘 miáohuì 未来社会的理想～/未来社会の理想図を描く.
【图卷】tújuàn 名 絵巻. ¶画 huà 卷.
【图例】túlì 名 (図表や地図の)記号の説明.
【图录】túlù 名 図録.
【图谋】tímóu ❶ 動 貶 たくらむ. 画策する. ¶～私利/私利を謀(は)る. ❷ ～抢劫 qiǎngjié 银行/銀行強盗を企てる. ❷ 名 たくらみ. 計略.
【图谋不轨】tú móu bù guǐ 成 不法な事をたくらむ.
【图片】túpiàn 名〔幅 fú, 张 zhāng〕(説明に用いる)図画・図面・写真など. ¶～展览/図画や写真の展覧会. ¶～说明/図や写真についての説明. キャプション.
【图谱】túpǔ 名 図鑑. 図録. ¶植物～/植物図鑑. ¶历史～/歴史図録.
【图穷匕首见】tú qióng bǐshǒu xiàn 成 最後の局面になって、真相や意図が露見する. ¶绕了很大的圈, 后来～, 道出了本意/たいそうな回り道をしたが、最後に目的を露わにし、本心を述べた. 由来 図穷匕見 注意 "见"を "jiàn"と発音しない. 由来『戦国策』燕策. 秦王(始皇帝)暗殺の命を受けた荆軻(ౖ)は、献上する地図に匕首(ౖ)を隠しておいた. 秦王が地図を開き終えると匕首が現われ、荆軻はそれを取って刺そうとしたが失敗に終わった、という故事から.
【图示】túshì ❶ 動 図示する. ❷ 名 図.
【图书】túshū 名 〔本 běn, 册 cè〕図書. 書籍. ¶～目录/図書目録. ¶～资料/図書と資料.
【图书馆】túshūguǎn 名 図書館.
【图书漂移】túshū piāoyí 名 読まなくなった本を、公園やショッピングセンター、カフェなどに置いて貸し出すこと. リサイクル文庫.
【图书】túshu 名 旧 〔颗 kē〕印章. 印鑑. 同 图章 túzhāng.
【图说】túshuō 名 図説. ¶天体～/天体図説. 用法 書名に用いられることが多い.
【图腾】túténg 名 トーテム. ¶～柱/トーテム・ポール. ¶～制度/トーテミズム. ◆totem
【图瓦卢】Túwǎlú《国名》ツバル.
【图文并茂】tú wén bìng mào 句 (本や雑誌の)絵と文章がともに充実している.
【图文电视】túwén diànshì 名 テレテキスト. 文字多重放送.
【图像】túxiàng 名 画像. 映像. ¶电视～/テレビの映像.
【图形】túxíng 名 ❶ 図形. ❷ "几何 jīhé 图形"(幾何図形)の略称.
【图样】túyàng 名 〔份 fèn, 张 zhāng〕図面. 図案. 設計図. 見取り図. ¶衣服的～/服のデザイン画. ¶画～/設計図を描く.
【图章】túzhāng 名 〔方 fāng, 个 ge, 颗 kē, 枚 méi〕印鑑. 印章. ¶雕刻 diāokè～/印章を彫る. ¶盖～/印を押す.
【图纸】túzhǐ 名 〔份 fèn, 套 tào, 张 zhāng〕設計図. 図面. ¶施工 shīgōng～/工事設計図.

荼 tú ⺾部7 四 4490₄ 全10画 通用

名 文 ❶《植物》ニガナ. ❷ チガヤの白い花. ¶如火如～(火のように赤く、チガヤの花のように白い. 意気盛んだ).
【荼毒】túdú 動 害毒をもたらす. 迫害する. ¶～生灵 shēnglíng/民衆を迫害する. 由来 "荼"はニガナ, "毒"は毒虫や毒蛇.

徒 tú

彳部7 四2428₁
全10画 常用

❶素 歩く. ¶一步 túbù / 一涉 túshè（川を歩いて渡る）. ❷素 何も持たない. 空の. ¶一手 túshǒu. ❸素 ただ…だけ. …であるばかり. ¶一托 tuō 空言 / 不一无益,反而有害（無益ばかりでなく,かえって有害に）. ❹素 むだに. いたずらに. ¶一劳 túláo / 一自惊扰 rǎo（いたずらに驚き慌てる）. ❺素 信徒. 仲間. 輩. ¶佛教一 Fójiàotú（仏教徒）/ 党一 dǎngtú（徒党）/ 酒一 jiǔtú（酒飲み）/ 好事 hàoshì 之一（野次馬. お節介焼き）. ❻素 弟子. 門人. ¶尊师爱一（学生は先生を敬い,先生は学生を愛する）/ 师 shī ❼素 懲役の刑. ❽（Tú）姓.

【徒步】túbù 動 歩いて行く. 歩行する. ¶一几千里 / 何千里も歩く. 回 步行 bùxíng 回 徒步で. ¶一旅行 / 徒步で旅をする. ¶一行军 xíngjūn / 徒步で行軍する.

【徒弟】túdì 名〔働 个 ge, 名 míng〕弟子. 徒弟. 見習い. 回 师傅 shīfu

【徒费口舌】tú fèi kǒu shé 成 いたずらにことばを費やす. むだにしゃべる. 回 徒費唇 chún 舌

【徒工】túgōng 名〔働 个 ge, 名 míng〕見習い工. 回 学徒工 xuétúgōng

【徒唤奈何】tú huàn nàihé 句 いたずらに叫んでみてもどうにもならない.

【徒劳】túláo 動 むだになる. むだ骨を折る. ¶一返返 wǎngfǎn / むだ足を踏む. むだに往復する.

【徒劳无功】tú láo wú gōng 成 労して功がない. むだ骨を折る. ¶她辛苦了一阵,却一 / 彼女は苦労したが,結局骨折り損のくたびれもうけだった. 回 徒劳无益 yì

【徒然】túrán 形 ❶ むだに. いたずらに. ¶一耗费 hàofèi 精力 / いたずらに力を費やす. ¶一是劳民伤财的事 / 国民を酷使し,国費を浪費する事だ. 回 枉然 wǎngrán, 白白地 báibáide ❷ ただ…のみ. ¶如果那么办,一有利于对手 / もしそうしたら,ただ相手の利益になるだけだ. 回 仅仅 jǐnjǐn, 只是 zhǐshì

【徒涉】túshè 動 文 川を歩いて渡る.

【徒手】túshǒu ❶ 形 素手だ. ¶一操 cāo / 徒手体操. ❷ 副 徒手で. ¶一格斗 gédòu / 素手で格闘する.

【徒孙】túsūn 名 孫弟子.

【徒托空言】tú tuō kōng yán 成 口で言うばかりで実行しない. ¶一,难以取信 / 口先ばかりで何もしないのでは,信用されない.

【徒刑】túxíng 名 徒刑. 懲役. ¶无期一 / 無期懲役. ¶判 pàn 三年一 / 3年の懲役を言い渡す.

【徒有其表】tú yǒu qí biǎo 成 表面ばかりで,内容が伴わない. 見かけ倒しだ. 回 徒有虚名 xūmíng, 徒有其名 míng

【徒有虚名】tú yǒu xū míng 成 名前だけで内容が伴わない. 有名無実. 回 徒有其 qí 名

【徒长】túzhǎng 動《農業》作物の茎や葉が伸びすぎる. 徒長する.

【徒子徒孙】tú zǐ tú sūn ❶ 弟子と孫弟子. ❷ 貶 一味. 徒党.

途 tú

辶部7 四3830₉
全10画 常用

❶素 道. 行程. ¶路一 lùtú（道筋）/ 长一 chángtú（長距離）/ 半一而废 fèi 回 中途でやめる）/ 祝您旅一愉快!（楽しいご旅行を!）回 道 dào, 路 lù ❷（Tú）姓.

【途程】túchéng 名 道のり. 道程.

【途经】tújīng 動 途中…を経る. 経由する. ¶一武汉前往广州 / 武漢経由で広州へ向かう.

【途径】tújìng 名〔働 条 tiáo, 种 zhǒng〕道. 方途. ルート. ¶寻找解决问题的一 / 問題解決の道を探る. ¶外交一 / 外交ルート. 回 路径 lùjìng

【途中】túzhōng 名 途中. ¶去学校的一遇到了一个朋友 / 通学の途中で友達に出会った. ¶会议一离开会场 / 会議の途中で会場を出る.

涂（塗）（異 凃❺）tú

氵部7 四3819₄
全10画 常用

❶動 塗る. ¶一上一层油漆 yóuqī（ペンキを塗り付ける）. 回 擦 cā, 抹 mǒ ❷動 塗り消す. ¶写错了可以一掉（書き損じたら,消しつぶせばいい）. ❸素 文 泥. ¶一炭 tútàn. ❹素 "途 tú"に同じ. ❺（Tú）姓.

【涂层】túcéng 名 塗装. コーティング.

【涂改】túgǎi 動 字が線をぬり消して書き直す. ¶一无效 wúxiào / 書き直し無効.

【涂画】túhuà 動（絵を）書きなぐる. でたらめに描く.

【涂料】túliào 名 塗料. ペイント. ¶防腐 fángfǔ一 / 防腐塗料. ¶耐火 nàihuǒ一 / 耐火塗料.

【涂抹】túmǒ 動 ❶ 塗る. ¶一沥青 lìqīng / コールタールを塗る. ¶一唇膏 chúngāo / リップクリームを塗る. ❷ 思いつくままに書く. 書きなぐる. ¶信笔一 / 筆に任せて書く. ❸ 書き直す.

【涂饰】túshì 動 ❶（戸・窓・家具に）色を塗る. ¶一木器 / 家具に色を塗る. ❷（壁や塀に）石灰や泥を塗る. ¶一墙壁 qiángbì / 壁にしっくいを塗る.

【涂刷】túshuā 動 はけで塗る.

【涂炭】tútàn ❶ 名 文 泥と炭火. 非常に困難な境遇のたとえ. 塗炭の苦しみ. ¶生灵 shēng líng 一（人民が悲惨な境遇に陥（おちい）る）. ❷ 動 塗炭の苦しみをなめさせる. 苦しめる. ¶一百姓 / 人民をひどく苦しめる.

【涂写】túxiě 動 でたらめに書く. 勝手に書く.

【涂鸦】túyā ❷ 謙 悪筆. 下手な作品. 由来 唐・盧全（ぐぁん）"示添丁"詩"忽来案上翻墨汁,涂抹诗书如老鸦"（突然墨をひっくり返し,詩や書をカラスのように真っ黒くしてしまったから. 用法 自分の詩文や書画の出来栄えを謙遜する時に用いる.

【涂脂抹粉】tú zhī mǒ fěn 成 ❶ 口紅を塗り,おしろいをつける. 化粧する. ❷（醜いものを）粉飾する. ¶为自己的丑恶 chǒu'è 行为一 / 自分の醜い行いを取りつくろう.

菟 tú

艹部8 四4441₃
全11画 通用

→於菟 wūtú
☞ 菟 tù

屠 tú

尸部8 四7726₄
全11画 常用

❶素 家畜を殺す. 屠殺（どさつ）する. ¶一户 túhù / 一场 túchǎng. ❷素 多くの人を殺害する. 殺戮（さつりく）する. ¶一杀 túshā / 一城 túchéng. ❸（Tú）姓.

【屠场】túchǎng 名 ❶ 屠殺場. 回 屠宰 túzǎi 场 ❷ 刑場.

【屠城】túchéng 動 都市を攻め落とし住民を殺す.

【屠刀】túdāo 名〔働 把 bǎ〕屠畜用の刃物.

【屠夫】túfū ❶〔働 个 ge, 名 míng〕屠殺業者. 回 屠户 túhù ❷ 虐殺者.

【屠格涅夫】Túgénièfū《人名》ツルゲーネフ（1818-1883）. ロシアの小説家. 代表作は『初恋』『父と子』

【屠户】túhù 名（旧）屠殺業者．回 屠夫 túfū
【屠戮】túlù 动（文）殺戮(まく)する．回 屠殺 túshā
【屠杀】túshā 动 大量に虐殺する．殺戮(まく)する．¶～住民/住民を殺戮する．¶纳粹 Nàcuì～犹太 Yóutài 人/ナチがユダヤ人を大量虐殺した．
【屠苏】túsū 屠蘇(そ)．昔の酒の名．数種類の薬草を調合した酒で，邪気を払うために，元旦に家族そろってこれを飲む習慣があった．
【屠宰】túzǎi 动 家畜を殺す．屠殺する．¶～牛羊/ウシやヒツジを殺して料理する．回 宰杀 zǎishā
【屠宰场】túzǎichǎng 名 屠殺場．屠畜場．

酴 tú 酉部7 四 1869₄ 全14画 通用
❶ 下記熟語を参照．❷ (Tú)姓.
【酴醾】túmí 名（文）❶ 何度も醸した酒．❷〔植物〕トキンイバラ．トビ．

土 tǔ 土部0 四 4010₀ 全3画 常用
❶ 名 土．土壌．¶黄～ huángtǔ (黄土)/粘～ niántǔ (粘土)/～山 tǔshān (土の山)．❷ 素 土地．¶国～ guótǔ (国土)/领～ lǐngtǔ (領土)一地方の．現地の．¶～产 tǔchǎn/～话 tǔhuà.　❹ 形 民間の．¶～布 tǔbù/～专家 tǔzhuānjiā.　❺ 形 時流に合わない．やぼったい．¶～头～脑 tǔ tóu tǔ nǎo.　❻ (Tǔ)姓.
【土坝】tǔbà 名 土で築いた堰堤(&k)．アースダム．
【土邦】tǔbāng 名（英国などの）植民統治下における原住民の独立政権．
【土包子】tǔbāozi 名 田舎者．
【土崩瓦解】tǔ bēng wǎ jiě 成 徹底的に崩壊する．¶士气～了/意気消沈する．
【土鳖】tǔbiē 名〔虫〕ワラジムシ．
【土拨鼠】tǔbōshǔ 名〔動物〕タルバガン．回 旱獭 hàntǎ
【土布】tǔbù 名 手織りの布．
【土产】tǔchǎn ❶ 形 その土地の．❷ 名 特産物．
【土产品】tǔchǎnpǐn 名 名産品．特産物．
*【土地】tǔdì 名 ❶（块 kuài,片 piàn）田畑．土地．¶～肥沃 féiwò/土地が肥沃だ．❷ 領土．¶～广阔 guǎngkuò,物产丰富/国土が広く，物産が豊富だ．
【土地改革】tǔdì gǎigé 名 土地改革．
【土地革命战争】Tǔdì gémìng zhànzhēng 名〔歴史〕第二次国内革命战争(1927-1937)．土地革命战争．回 十年内战 Shínián nèizhàn
【土地使用权】tǔdì shǐyòngquán 名 土地使用権．
【土地爷】tǔdìyé 名 ❶〔民間信仰の〕土地の神様．土地 tǔdi ❷ 地域の権力者．
【土地】tǔdi 名 土地の神様．氏神様．¶～庙 miào/土地神を祭った社(だ)．
*【土豆】tǔdòu 名（旧）(～儿)〔植物〕ジャガイモ．¶～片儿/ジャガイモのスライス．ポテトチップス．回 马铃薯 mǎlíngshǔ
【土堆】tǔduī 名 土を小高く盛上げた山．
【土墩】tǔdūn 名 外で腰を下ろすために，土を固めて円椅子の形に作ったもの．
【土耳其】Tǔ'ěrqí《国名》トルコ．
【土法】tǔfǎ 名 在来の方法．昔からのやり方．¶～打井/在来法で井戸を掘削する．¶～治伤/昔ながらの方法でけがを治療する．回 土法子 tǔfǎzi
【土方】tǔfāng 名 ❶ 土木工事で掘り出した土を測る単位．1"土方"は1立方メートル．❷ "土方工程 gōngchéng" (土木工事)の略称．❸ (～儿)民間に伝わる薬の処方．
【土房】tǔfáng 名 日干しれんが造りの家．
【土肥】tǔféi 名（壁土・オンドルやかまどの土など）肥料になる土の総称．
【土匪】tǔfěi 名 地方の匪賊(なく)．
【土腐败】tǔfǔbài 名 政府関係者や国有企業，中国企業の腐敗．反 洋腐败
【土改】tǔgǎi 名 "土地改革 tǔdì gǎigé"の略称．¶～运动/土地改革運動．
【土埂】tǔgěng 名 あぜ．回 土埂子
【土豪】tǔháo 名 地方の権力者．その地のボス．¶～劣绅 lièshēn/地方の悪徳権勢家．
【土豪劣绅】tǔháo lièshēn 名（旧）地方の悪徳地主や権勢家．
【土话】tǔhuà 名（狭い地域的な）方言．土地のことば．¶讲～/方言を話す．回 土语 tǔyǔ
【土皇帝】tǔhuángdì 名 地方の軍閥．土地のボス．¶当地的～/この近辺のボス．
【土黄】tǔhuáng 形 黄土色の．
【土货】tǔhuò 名 土地の産物．
【土家族】Tǔjiāzú《民族》トゥチャ族．中国の少数民族で，湖北省・湖南省に居住．
【土建】tǔjiàn 名 "土木建筑工程"(土木建筑工事)の略称．
【土炕】tǔkàng 名（中国式）オンドル．
【土坷垃】tǔkēlā[-la] 名（方）土くれ．土の塊．
【土库曼斯坦】Tǔkùmànsītǎn《国名》トルクメニスタン．
【土里土气】tǔli tǔqì 形 ださい．やぼったい．¶她的穿着 chuānzhuó～的/彼女の身なりはやぼったい．
【土路】tǔlù 名（舗装されていない）土の道．
【土霉素】tǔméisù 名〔薬〕抗生物質の一種．テラマイシン．オキシテトラサイクリン．
【土木】tǔmù 名 土木建筑工事．¶正在大兴 xīng～/大々的に建築工事をやっている．
【土木工程】tǔmù gōngchéng 名 土木建筑工事．
【土牛】tǔniú 名 堤防の上に築いた修復用の土の山．由来 遠くから見ると牛のように見えることから．
【土暖气】tǔnuǎnqì 名 手作りの暖房器．専門業者によらず，民間製法で作った暖房設備．
【土偶】tǔ'ǒu 名 土偶．
【土坯】tǔpī 名 日干レンガ．
【土气】tǔqi[-qì] 形 ださい．やぼったい．流行遅れだ．¶～的服装/やぼったい服装．反 洋气 yángqi
【土丘】tǔqiū 名 小高い丘．
【土壤】tǔrǎng 名 土壌．
【土人】tǔrén 名 原住民．土人．
【土色】tǔsè 名 土色．
【土生土长】tǔ shēng tǔ zhǎng 成 その土地で生まれ育った．¶～的北京人/生っ粋の北京人．
【土石方】tǔshífāng 名 土木工事に用いる土砂や石の総称．
【土司】tǔsī 名 元・明・清の時代，少数民族の首長に世襲の官職を与えた制度．あるいはその官職を与えられた者．
【土特产(品)】tǔtèchǎn(-pǐn) 名 土産品と特産品の総称．
【土头土脑】tǔ tóu tǔ nǎo 惯（風采が）田舎臭い．粗

野だ.

【土豚】tǔtún 名《動物》ツチブタ.
【土温】tǔwēn 名《農業》土壌の温度.
【土物】tǔwù 名 ⓐ 土産品. 回 土产 tǔchǎn.
【土戏】tǔxì 名《民族•芸能》❶ トゥチャ（土家）族の芝居の一つ. 湖北省来凤一帯で行われる. ❷ チワン族の芝居の一つ. 雲南省文山チワン族ミャオ族自治州で行われる. 回 壮族 Zhuàngzú 土戏
【土星】Tǔxīng 名《天文》土星.
【土腥气】tǔxīngqi 名 土臭いにおい. ¶泥鳅 níqiū 有股～/ ドジョウは泥臭いにおいがする. 回 土腥味儿 tǔxīngwèir
【土腥味儿】tǔxīngwèir →土腥气 qi
【土性】tǔxìng 名 土壌の質. 地味(ぢみ).
【土洋并举】tǔ yáng bìng jǔ 句 中国のものと外国のものを共に用いる.
【土洋结合】tǔ yáng jié hé 成 中国の従来の方法と, 外国の方法を結びつける.
【土仪】tǔyí 名〈文〉(人への)みやげの品.
【土音】tǔyīn 名 地方なまり.
【土语】tǔyǔ 名 方言. 回 土话 tǔhuà
【土葬】tǔzàng 名 土葬.
【土造】tǔzào 動 昔からの方法で作る.
【土政策】tǔzhèngcè 名 地方独自の政策. 表現 国の政策と一致しないものを言うことが多い.
【土质】tǔzhì 名 土質. ¶～肥沃 féiwò / 地味が肥えている. ¶改良～/ 土質を改良する.
【土著】tǔzhù 名 土着の民.
【土专家】tǔzhuānjiā 名〔個 个 ge, 名 míng, 位 wèi〕正規の学校教育を受けてはいないが, 実践によって専門技術を身につけた人.
【土族】Tǔzú 名《民族》トゥー族. 中国の少数民族で, 主に青海省に居住.

吐 tǔ 口部 3 6401₀ 全6画 常用

動 ❶ 口から物を吐き出す. ¶不要随地～痰 tán (所構わず痰を吐いてはいけない)/ 蚕 cán～丝 sī (カイコが口から糸を出す). 反 吞 tūn, 咽 yàn ❷ (植物が芽や穂などを)出す. ¶～穂 tǔsuì / ～絮 tǔxù. ❸ (ことばを口に)出す. 話す. ¶～实 tǔshí / ～～心事 (胸の思いを口にする).
☞ tù

【吐翠】tǔcuì 名〈文〉緑色を呈する. 青々とする.
【吐蕃】Tǔfān 名《歴史》吐蕃(とばん). 古代のチベット族で, 唐代に政権を立てた. 参考 "Tǔbō" とも発音.
【吐故纳新】tǔ gù nà xīn 成 古い悪いものを捨て, 新しく良い物を吸収する. ¶科学技术要不断地～/ 科学技術は絶えず新陳代謝をはかってゆかねばならない. 由来『荘子』刻意篇に見えることば.「体内の汚れた気を吐き出し, 新鮮な空気を吸い込む」という意から.
【吐口】tǔ//kǒu 動 口を開く. 話す. 表現 多く同意を示したり真相を語る場合にいう.
【吐鲁番盆地】Tǔlǔfān péndì《地名》吐鲁番(トゥルファン)盆地. 新疆ウイグル自治区, 天山山脈の南東麓に位置する盆地.
【吐露】tǔlù 動 (本当のことや本心を)打ち明ける. ¶相互～了真心话 / 互いに胸の内を打ち明けた. ¶～了实情 / 実情を打ち明けた.
【吐气】tǔ//qì 動 胸にたまったことを吐き出してさっぱりする. ¶扬眉～/ 抑圧されていた気持ちから解放されて気分が晴

れ晴れする.
【吐气】tǔqì 名 有気音. ¶送气 sòngqì
【吐弃】tǔqì 動 嫌悪する. さげすむ. 唾棄する.
【吐实】tǔshí 動 本当のことを言う. ¶～相告 / 互いに真実を告げる.
【吐绶鸟】tǔshòuniǎo 名《鳥》シチメンチョウ.
【吐丝】tǔsī 動 カイコが糸を吐く.
【吐穂】tǔ//suì 動 (～儿)穂が出る. 穂を出す. ¶水稲 shuǐdào～了 / イネが穂をつけた.
【吐絮】tǔxù 動 ワタの実が熟してはじけて, 白いワタが出てくる. ¶杨柳 yángliǔ～, 百花盛开 / ネコヤナギが花をつけ, さまざまな花が咲き誇る.
【吐谷浑】Tǔyùhún 名《歴史》吐谷渾(とよくこん). 古代の少数民族で, 現在の甘粛省•青海省一帯に居住.
【吐字】tǔzì 動 (歌詞やせりふなどで)正確な発音または伝統的な発音で読む. 回 咬 yǎo 字 参考 旧劇や曲芸などの基本技巧の一つ.

钍（釷）tǔ 钅部 3 8471₀ 全8画 通用

名《化学》トリウム. Th.

吐 tù 口部 3 6401₀ 全6画 常用

動 嘔吐(おうと)する. もどす. ¶呕～ ǒutù (嘔吐する)/ ～血 tùxiě.
☞ tǔ

【吐沫】tùmo 名〈口〉つば. 回 唾沫 tuòmo
【吐血】tù//xiě 動 血を吐く. 吐血する. ¶咯血 kǎxiě, 呕血 ǒuxuè
【吐泻】tùxiè 動 嘔吐と下痢をする. 吐き下す.

兔（異 兎）tù 刀部 6 2741₃ 全8画 常用

名 (～儿)《動物》ウサギ. ¶只 zhī ウサギ.

【兔唇】tùchún 名《医学》みつ口. 兎唇(としん).
【兔毫】tùháo 名 ❶ ウサギの毛. ❷ ① で作った筆. 広く毛筆のこと.
【兔儿爷】tùryé 名 中秋節に供える, 頭がウサギ, 体が人の泥人形.
【兔死狗烹】tù sǐ gǒu pēng 成 事が成功した後, 用済みになった者を見捨てたり, 殺したりする. 由来『史記』越王勾践世家に見えることば.「ウサギが死ねば, 猟犬も煮て食われる」という意から.
【兔死狐悲】tù sǐ hú bēi 形 キツネがウサギの死を悲しむ. 同類相憐れむ. ¶～, 物伤其 qí 类 / 同類の者の不幸を悲しむ.
【兔脱】tùtuō 動 脱兎の如く逃げる. ¶小偷像～一样逃跑了 / こそ泥は, 脱兎の如く逃げた.
【兔崽子】tùzǎizi 名 ❶ ウサギの子. ❷ がき. ちくしょうめ. 表現 ②は, ののしりことば.
*【兔子】tùzi 名《動物》〔個 个 ge, 只 zhī〕ウサギ.

堍 tù 土部 8 4711₃ 全11画 通用

苏 橋の, たもとに近い部分.

菟 tù 艹部 8 4441₃ 全11画 通用

下記熟語を参照.
☞ 菟 tú

【菟丝子】tùsīzǐ 名《植物•薬》ネナシカズラ. 回 菟丝 tùsī

湍团抟疃彖忒推 tuān–tuī 1125

tuān ㄊㄨㄢ〔tʻuan〕

湍 tuān
氵部9 四 3212₇
全12画 通用
素② ❶水の流れが激しい. ¶急～的河流(激しく流れる川). ❷激しく流れる水. ¶悬崖 xuányá 急～(切り立つ崖に逆巻く流れ).
【湍急】tuānjí 形 水の流れが急だ. ¶～的河水冲垮 chōngkuǎ 了堤岸 dīàn / 川の流れが急しく,土手が崩れた.
【湍流】tuānliú 名② 急流. 早瀬.

团(團、糰❷) tuán
囗部3 四 6024₀
全6画 常用
❶素 丸い. ¶～扇 tuánshàn / ～脐 tuánqí. ❷(～儿)丸めたもの. だんご. ¶饭～儿 fàntuánr(握り飯) / 肉～子 ròutuánzi(肉団子). ❸動 丸める. 同抟 tuán ❹素 一緒に集まる. ¶～结 tuánjié / ～聚 tuánjù. ❺名 組織的な人々の集まり. ¶旅行～(旅行団) / 代表～(代表団) / 文工～(文芸工作上演団). ❻名 中国共産主義青年団のこと. ¶～员 tuányuán. ❼名 軍隊の編成単位の一つ. 連隊. ❽量 丸めた物やまとまりになった物を数えることば. ¶一～毛线(一玉の毛糸) / 一～和气 héqi(和気藹々たる雰囲気) / 一～糟 zāo(手の付けられないひどい状況).
【团拜】tuánbài 動 (職場や学校などで)新年のあいさつを交わす. ¶年初一,老师们去学校 / 旧正月の元日,先生たちは学校に行って祝賀会をする.
【团拜会】tuánbàihuì 名 団体祝賀会. 機関や学校などの団体の成員が,新年や春節などを祝って行う会.
【团队】tuánduì 名 団体. ¶旅游～ / 旅行団.
【团队精神】tuánduì jīngshén 名 団体精神. 集団主義精神.
【团饭】tuánfàn 名 握り飯.
【团粉】tuánfěn 名《料理》(あんかけ用の)でんぷん. かたくり粉. 参考 多くは緑豆,オニバスの実を原料にする. 同 芡粉 qiànfěn
【团花】tuánhuā 名(～儿)花や蝶など,吉祥柄の円形図案.
【团伙】tuánhuǒ 名 無法者の集団. 犯罪グループ.
＊＊【团结】tuánjié ❶動 団結する. 結束する. ¶～就是力量 / 団結は力なり. 反 分裂 fēnliè ❷形 仲がいい. ¶邻里～ / 隣近所みんな仲がいい.
【团聚】tuánjù ❶(分かれて暮す身内の者)が集まって一緒に過ごす. ¶合家～ / 家族みんなで過ごす. ❷団結結集する.
【团课】tuánkè 名 中国共産主義青年団の団員や入団者への講義.
【团矿】tuánkuàng 名《鉱業》団鉱. ブリケット.
【团练】tuánliàn 名《歴史》❶団練(鈥). 宋代から民国初期,農民蜂起を鎮圧するため地主が中心となって組織した地方武装組織. 同 乡 xiāng 团,民 mín 团,团勇 yǒng ❷①のかしら.
【团脐】tuánqí ❶雌のカニの腹にある丸い「ふんどし」. ❷雌のカニ.
【团日】tuánrì 名 中国共産主義青年団下の組織が集団活動を行う日.
【团扇】tuánshàn 名〔把 bǎ〕うちわ.
【团体】tuántǐ 名〔个 ge〕団体. ¶～票 / 団体券. 同 集团 jítuán 反 个人 gèrén
【团体操】tuántǐcāo 名 マスゲーム.
【团体赛】tuántǐsài 名《スポーツ》団体戦.
【团团】tuántuán 形 ❶まん丸い. ¶～的小脸儿 / 丸く小さな顔. ❷ぐるっと取り囲むよう. ¶孩子们把宋爷爷～围住 wéizhù / 子供たちは宋じいさんをぐるっと取り囲んだ.
【团团转】tuántuánzhuàn 形 てんてこ舞いだ. うろうろしている. ¶忙得～ / 忙しくて,てんてこ舞いする. ¶急得～ / 焦ってうろうろする.
【团险】tuánxiǎn 名 "团体保险"(団体保険)の略称.
【团音】tuányīn 名 "尖团音 jiāntuányīn"に同じ.
【团鱼】tuányú 名〔只 zhī〕スッポン. 同 鳖 biē
【团员】tuányuán 名〔个 ge,名 míng,位 wèi〕❶団員. ❷中国共産主義青年団員.
【团圆】tuányuán ❶動 離散していた家族が再会する. ¶全家～了 / 一家全員集まった. ¶夫妻分离了几年,终于～了 / 夫と妻は何年間か離れ離れになっていたが,ようやく一緒にたれた. 同 团聚 tuánjù 反 分离 fēnlí,离别 líbié,离散 lísàn ❷形 丸い. ¶～脸 / 丸顔.
【团圆饭】tuányuánfàn 名(春節や節句などに)一家らんでとる食事.
【团圆节】Tuányuánjié 名 中秋節. ⇨ 中秋 Zhōngqiū
【团长】tuánzhǎng 名 団長. 連隊長.
【团子】tuánzi だんご. ¶玉米面～ / トウモロコシ粉のだんご. ¶糯米 nuòmǐ～ / もち米のだんご.
【团坐】tuánzuò 動 車座になる.

抟(摶) tuán
扌部4 四 5503₂
全7画 通用
動 こねて丸める. ¶～泥球 níqiú(泥だんごを作る) / ～纸团儿(紙を丸めてだんごにする). 同 团 tuán

疃 tuǎn
田部12 四 6001₅
全17画 通用
名 村落. 村. ¶柳～ Liǔtuǎn(山東省にある地名) / 王～ Wángtuǎn(河北省にある地名). 用法 多く地名に用いる.

彖 tuàn
彑部6 四 2723₂
全9画 通用
下記熟語を参照.
【彖辞】tuàncí 名 彖辞(%). 『易経』経文の中で,卦(%)の意味を説いた部分. 同 卦辞 guàcí

tuī ㄊㄨㄟ〔tʻuei〕

忒 tuī
弋部4 四 4330₀
全7画 通用
副 はなはだ. あまりにも…すぎる. ¶这屋子～小(この部屋は小さすぎる). 参考 "tēi"とも発音する.
☞ 忒 tè

推 tuī
扌部8 四 5001₅
全11画 通用
❶動 押す. ¶～车(車を押す) / ～开门(戸を押して開ける). 反 拉 lā ❷動 (臼で)ひく. (工具を押して)刈る. 削る. ¶～草(草刈り機で草を刈る) / ～头 tuītóu / 用

刨子 bàozi /~光(かんなをかける) / ~了荞麦 qiáomài (ソバを臼でひく). ❸[素](事業などを)推し進める. ¶~销 tuīxiāo / ~广 tuīguǎng / 把节约 jiéyuē 运动~向高潮(節約運動を大きく盛上げる). ❹[動] 推測する. ¶类~ lèituī (類推する) / ~求 tuīqiú / ~算 tuīsuàn / ~己及人. ❺[動] 辞退する. 譲る. ¶~辞 tuīcí / ~让 tuīràng. ❻[動] 責任を押しつける. 理由をつけて断る. ¶~托 tuītuō / ~病不到(病気も理由に来ない) / ~委 tuīwěi / ~三阻 zǔ 四. ❼[動](時間)を後に延ばす. ¶往后~几天(何日か後に延ばす). ❽[動] 推薦する. 推す. ¶~王同志担任小组长(王さんをグループリーダーに推す).

【推本溯源】 tuī běn sù yuán [成] 根源をただし原因を探る. ¶做~的调查 / 徹底的な調査を行う.

【推波助澜】 tuī bō zhù lán [成][貶] 脇からあおり立てて物事をより悪くする.

【推测】 tuīcè [動] 推測する. ¶无从~ / 推測のしようがない. ¶很准~ / 予測がかならずあたる. 同 揣测 chuǎicè.

【推陈出新】 tuī chén chū xīn [成] 古いものの優れた所を残し, 新しい方向に発展させる. ¶不断地~ / 絶えず新陳代謝を繰返す. [表現] 文化遺産の継承などについて言うことが多い.

【推诚相见】 tuī chéng xiāng jiàn [成] 誠意をもって人に接する.

【推迟】 tuīchí [動] 延期する. ¶要求开会日期~一天 / 会議の期日を一日延期するよう要求する. 同 推延 tuīyán. 反 提早 tízǎo, 提前 tíqián.

【推斥力】 tuīchìlì [名](物理)斥力(ヴャ<). 反発力.

【推崇】 tuīchóng [動] 高く評価する. ¶~备至 bèizhī / 絶賛する. ¶李白的诗深受后世~ / 李白の詩は後世の人々に高く評価されている.

【推出】 tuīchū [動](新しい物や案などを)世に送り出す.

【推辞】 tuīcí [動] 辞退する. ¶借故~ / 理由をつけて辞退する. ➪推托 tuītuō.

【推导】 tuīdǎo [動](数学や物理で)新しい結論を導き出す.

【推倒】 tuī//dǎo [動] ❶押し倒す. ¶他被人~在地 / 彼は人に押し倒された. ❷(定説や決定などを)覆(シ<゙)す. ¶~前人的成说 / 先人の定説を覆す. 同 推翻 tuīfān.

【推定】 tuīdìng [動] ❶推薦して決める. ❷推定する. ¶~他变卦 biànguà 的原因 / 彼が心変わりした原因を推する.

*【推动】 tuī//dòng [動] 推進する. ¶~工作 / 仕事を推し進める. ¶靠水力~ / 水力で動かす.

【推断】 tuīduàn [動] 推断する. 割出す. ¶科学地~未来 / 未来を科学的に予測する.

【推而广之】 tuī ér guǎng zhī [成] ❶広める. 同 推广. ❷意味を押し広げれば. 敷衍すれば.

【推翻】 tuī//fān [動] ❶武力で政権を覆(シ<゙)す. ¶辛亥 Xīnhài 革命~了中国最后一个封建王朝 / 辛亥革命によって,中国最後の封建王朝が倒された. 反 建立 jiànlì. ❷定説·计画·决定などを覆す. ¶~十年前的结论 / 10年前の結論を覆す. 反 建立 jiànlì.

【推服】 tuīfú [動][文] 称賛し敬服する.

【推杆】 tuīgān [名](機械)プッシュロッド.

*【推广】 tuīguǎng [動](経験や製品などを)普及させる. 広める. ¶~普通话 / 共通語を普及させる. ➪推行 tuīxíng.

【推及】 tuījí [動] …まで広める. 類推する. ¶~各处 gèchù / 各所に行き渡らせる. ¶~其余 / 他の物を類推する.

【推己及人】 tuī jǐ jí rén [成] 人の立場に立って考える. ¶她能一体谅 tǐliàng 别人 / 彼女は他人の身になって思いやれる人だ.

【推挤】 tuījǐ [動] ❶押しあいへしあいする. ❷[文] 押し出す. 締め出す.

【推荐】 tuījiàn [動] 推薦する. ¶~她去当老师 / 彼女を教師に推薦する. ¶~优秀的文学作品 / 優れた文学作品を薦める. ¶~书 / 推薦状. 同 举荐 jǔjiàn, 引荐 yǐnjiàn.

【推介】 tuījiè 推薦し紹介する. ¶~新书 / 新刊書を推薦する.

【推进】 tuījìn [動] ❶推し進める. 同 促进 cùjìn. ❷(戦線や軍隊が)前進する. 前進させる.

【推究】 tuījiū [動](原因や道理などを)突止める. 探究する. ¶~缘由 yuányóu / 原因を突止める.

【推举】 tuījǔ [動] 推挙する. 推薦する. ¶~他为 wéi 工会主席 / 彼を組合長に推す.

【推来推去】 tuī lái tuī qù [成] 相手の遠慮によって,贈り物が送り主との間で行ったり来たりする.

【推理】 tuīlǐ [動] 推理する. ¶逻辑 luójí~ / 論理的な推理.

【推理小说】 tuīlǐ xiǎoshuō [名] 推理小説.

【推力】 tuīlì [名] ❶推進力. ❷(物理)推力. スラスト.

【推论】 tuīlùn [動] 推論する. ¶根据事实~ / 事実に基づいて推論する.

【推磨】 tuīmò [動] ひき臼をまわす.

【推拿】 tuīná [動] 按摩する. マッサージする. ¶去医院~ / 病院でマッサージにかかる. 同 按摩 ànmó.

【推敲】 tuīqiāo [動](文章の字句などを)何度も練りなおす. 推敲(ス<゙)する. ¶反复~ / 繰返し推敲する. 同 琢磨 zhuómó, 斟酌 zhēnzhuó. [由来] 唐代の詩人賈島(ξ<゙)が「僧は敲く月下の門」の詩句で, 「敲」を「推」(押す)に改めるべきか迷っている時, 韓愈(゜<゙)の助言で「敲」に決めたという故事から.

【推求】 tuīqiú [動](道理や意図を)推しはかる. 探る. 追求する. ¶~他的动机 / 彼の動機を探る.

【推却】 tuīquè [動] 拒絶する. 辞退する. ¶再三~ / 何度も辞退する. ¶没有~, 一口答应 dāying / もったいをつけず, 二つ返事で OK する. 同 推辞 tuīcí. 反 接受 jiēshòu.

【推让】 tuīràng [動](利益やポストなどを)遠慮して辞退する. ¶互相~ / 互いに譲り合う. 同 谦让 qiānràng, 辞让 círàng.

【推三阻四】 tuī sān zǔ sì [成] いろいろ口実を設けて断る. 同 推三推四.

【推搡】 tuīsǎng [方](けんかなどで相手を)ぐいぐい押す. 突き飛ばす.

【推手】 tuīshǒu [名]《武術》推手(ひ<゙). [参考] 太極拳の型の一つ. 相手と手で交差して, 押したり引いたりしながら弧を描く. ➪次ページ図

【推说】 tuīshuō [動] ❶[方] 言い訳をする. ❷推し量る.

【推算】 tuīsuàn [動] 推計する. 算出する. ¶根据规律可以~日食和月食发生的时间 / 公式によって日食と月食が起きる時間を算出できる.

【推涛作浪】 tuī tāo zuò làng [成] 悪事を助長する. いざこざを引き起こす.

【推头】 tuī//tóu [動][口] バリカンで頭を刈る.

【推土机】 tuītǔjī [名][輌 liàng, 台 tái] ブルドーザー.

【推推搡搡】 tuītuīsǎngsǎng [動] ぐいぐい押す. ¶~地

推 手

进了教室／押し合って教室に入った．

【推托】tuītuō 動 理由をつけて断る．¶他～生病，不去学校／彼は病気を口実にして学校へ行かない．比較 1) "推辞 tuīcí"は婉曲に断ること，"推托"は口実を設けて断ること．2) "推辞 tuīcí"は一般に目的語を伴わないが，"推托"は目的語を伴うのが普通で，断る口実が目的語となる．

【推脱】tuītuō 動 ❶ 責任を逃れる．¶～责任／責任を逃れる．❷ 口実を設けて断る．

【推委〔诿〕】tuīwěi 動 責任を押し付ける．¶互相～责任／互いに責任を押し付け合う．

【推想】tuīxiǎng 動 推測する．同 推测 tuīcè

【推销】tuīxiāo 動 販路を拡大する．¶～员／セールスマン．¶～到农村去／農村へ行って売りさばく．反 采购 cǎigòu

【推卸】tuīxiè 動 責任を逃れる．¶～职责／職務上の責任を回避する．同 推脱 tuītuō 反 承担 chéngdān

【推谢】tuīxiè 動 口実を設けて辞退する．¶～再三／何度も辞退する．

【推心置腹】tuī xīn zhì fù 成 誠意を持って人に対する．

【推行】tuīxíng 動（方法や政策などを）広めて実行させる．普及させる．¶～新方案／新しいプランを広める．比較 1) "推行"の意味の重点は実行にあり，"推广 tuīguǎng"の意味の重点は拡大にある．2) "推行"の対象は"方法"（方法），"政策"（政策），"简化字"（漢字の簡略化）など．"推广"の対象は"经验"（経験），"营业"（営業），"普通话"（共通語）などである．

【推许】tuīxǔ 動 高く評価し称賛する．

【推选】tuīxuǎn 動 推薦して選ぶ．¶全厂一共～了六名代表／工場全体で計6名の代表を選出した．

【推延】tuīyán 動 延期する．¶考试因故～一天／試験は都合により1日延期する．同 推迟 tuīchí

【推演】tuīyǎn 動 ❶ 推論演繹する．❷ 推移し変化する．

【推移】tuīyí 動 推移する．¶日月～／月日が移り変わる．¶时局的～／時局の推移．

【推广】tuīguǎng 動 ❶ 推進する．発展させる．❷（商品を）紹介し展示販売する．

【推知】tuīzhī 動 推論によってわかる．推して知る．

【推重】tuīzhòng 動 重んじる．高く評価する．表現 思想・才能・行い・著作・発明などについて言う．

【推子】tuīzi 名 ⟨⟩ 把 bǎ〕バリカン．

颓（頽）异 穨）tuí 页部7 四 2128₂
全13画 次常用

素 ❶ 崩れ落ちる．¶～垣 yuán 败壁（崩れ落ちた塀や壁）．❷ 勢いや気力が衰える．¶衰～ shuāituí（衰退した）／～败 tuíbài～风俗（退廃した世俗の風）．

【颓败】tuíbài 動 ⟨⟩ 落ちぶれる．堕落する．¶社会风气日渐～／社会の風潮は日増しに腐敗してきている．

【颓废】tuífèi 形 意気消沈している．退廃的だ．¶情绪～／意気消沈している．

【颓靡】tuímǐ 形 ⟨⟩ 気持ちが萎えている．気分が落ち込んでいる．¶士气～／士気が振るわない．

【颓然】tuírán 形 ⟨⟩ 興ざめだ．¶神情～／興ざめといった表情．

【颓丧】tuísàng 形 ⟨⟩ 気持ちが萎えている．気分が落ち込んでいる．¶～地低着头／元気なく頭を低くたれる．¶精神～／気力をなくしている．

【颓势】tuíshì 名 衰えていく勢い．退勢．衰勢．¶扭转 niǔzhuǎn～／退勢を反転させる．

【颓唐】tuítáng 形 ❶ 意気消沈している．しょげている．¶他精神一直～不振 zhèn／ずっとしょっとしょげ返ったままだ．❷ ⟨⟩ 落ちぶれている．¶老境～／晩年は落ちぶれて惨めだ．同 颓废 tuífèi, 萎靡 wěimǐ 反 振作 zhènzuò

腿 tuǐ 月部9 四 7723₃
全13画 常用

名 ❶〔双 shuāng, 条 tiáo, 只 zhī〕（人や動物の）あし．足首から足のつけ根までの部分．¶大～ dàtuǐ（太もも）／前～ qiántuǐ（前足）．❷（～儿）⟨⟩〔条 tiáo, 只 zhī〕器物の足．¶桌子～（机の足）／椅子～（いすの足）．❸（～儿）⟨⟩〔火腿 huǒtuǐ〕（ハム）の略称．¶云～ Yúntuǐ（雲南のハム）．

【腿带】tuǐdài 名（～儿）ズボンの裾をしばるひも．

【腿肚子】tuǐdùzi 名 ⟨⟩ ふくらはぎ．

【腿脚】tuǐjiǎo 名（～儿）足腰．歩く能力．

【腿勤】tuǐqín 形 足まめだ．

【腿腕子】tuǐwànzi 名 足首．くるぶし．

【腿子】tuǐzi 名 ❶ ⟨方⟩"腿 tuǐ"に同じ．❷ ⟨⟩ 手先．走狗（ ）．

退 tuì 辶部6 四 3730₃
全9画 常用

動 ❶ 後ろへ下がる．退く．¶后～ hòutuì（後ろに下がる）／倒～ dàotuì（退行する）／敌人已经～了（敵はすでに退却した）．反 进 jìn ❷ 後ろへ下げる．退ける．¶～敌 tuìdí（敵を退ける）．❸（ある場所や地位から）離れる．¶～席 tuìxí／～职 tuìzhí／观众逐渐～去了（観衆ただんだんと帰っていった）．❹ 弱まって無くなる．¶暑热 shǔrè 还没有～尽（暑さがまだ残っている）／烧 shāo～了没有？（熱は引いたか？）／～色 tuìshǎi（色あせる）．❺ 戻す．¶～钱 tuìqián（払い戻しする）／～货 tuìhuò．

【退保】tuì//bǎo 動 保険を解約する．

【退避】tuìbì 動 退避する．

【退避三舍】tuì bì sān shè 成 譲歩して人と争わない．三舎を避（ ）く．由来 『左伝』僖公二十三年に見えることば．戦国時代，晋と楚が戦い，晋が約束を守って，自軍を3舎（"舎"は行軍の距離をあらわし，"1舎"は30"里"）撤退させた故事から．

【退兵】tuì//bīng 動 ❶ 撤兵する．¶传令 chuánlìng～／撤兵の命令を伝える．❷ 敵軍を撤退に追い込む．

【退步】tuì//bù 動 ❶ 後退する．立ち遅れる．¶成绩～／成績が下がる．反 进步 jìnbù ❷ 譲歩する．¶双方～／双方ともに譲歩し合う．

【退步】tuìbù 名 逃げ道．余地．¶留个～／逃げ道を残しておく．

【退场】tuì//chǎng 動 退場する．¶运动员／选手たちが退場する．反 登场 dēngchǎng

【退潮】tuì//cháo 動 潮がひく. 同 落潮 luòcháo 反 涨潮 zhǎngcháo
【退出】tuìchū 動（会場から）退出する.（組織から）抜ける. ¶～会场／会場から退出する. ¶～选美比赛／美人コンテスト出場を辞退する. ¶～组织／組織を脱退する. 反 加入 jiārù
【退磁】tuì//cí 動 磁気を除く. 消磁する.
【退党】tuì//dǎng 動 離党する.
【退耕还林】tuì gēng huán lín 名 退耕還林プロジェクト. 参考 耕作地として開拓された土地に植林し,再び林や草原に戻そうとする中国の国家プロジェクト.
【退股】tuì//gǔ 動《経済》株主をやめる. 資金を引き上げる.
【退化】tuìhuà 動 ❶《生物》退化する. ¶机能～／機能が退化する. 反 进化 jìnhuà ❷ 低下する. 悪くなる.
【退还】tuìhuán 動 返す. 戻す. ¶我已经把礼物～给他了／私はすでに贈り物を彼に返した.
【退换】tuìhuàn 動 不良品を取り替える. ¶缺页 quēyè 或装订 zhuāngdìng 上有错误的书,可以～／ページが抜けていたり,きちんと装丁されていない本は,お取替えします. ¶商品恕 shù 不～／商品のお取替えはいたしかねます.
【退回】tuìhuí 動 ❶ 返却する. 差し戻す. ¶无法投递 tóudì,~原处／配達しようがないので,送り主に戻す. ❷ 引き返す. ¶前面正在修路,只得 děi ～／この先は工事中だから,引き返すほかない.
【退婚】tuì//hūn 動 婚約を解消する. 同 退亲 tuìqīn
【退火】tuì//huǒ 動 ❶（金属製の道具が）熱で柔らかくなる. ❷《冶金》焼きなます. 同 焖 mèn 火
【退货】tuì//huò 動 品物を返品する.
【退居】tuìjū 動 ❶ 退職して家に引き込もる. ¶叔叔已～山林／叔父はすでに退職し,隠居している. ❷ 重要でない所で後退する. ¶农业则～第三位／農業は第3位に後退した.
【退居二线】tuìjū èrxiàn 句（指導者や経営者などが）第一線を退く.
【退路】tuìlù 名 逃げ道.
【退赔】tuìpéi 動 返還するか賠償する. ¶～所贪污 tānwū 的全部公款／汚職で得た全ての公金を返還する. 表現 横領や汚職などで得た財物に言う.
【退票】tuì//piào 動（チケットを）払い戻す. ¶去剧院～／劇場へチケットのキャンセルをしに行く.
【退亲】tuì//qīn 動 婚約を解消する. 同 退婚 tuìhūn
【退却】tuìquè 動 ❶《軍事》退却する. ¶全线～／全面退却. 反 进攻 jìngōng ❷ めげて後ずさりする. ¶遇到困难不要～／困難にあっても後ずさりしてはいけない.
【退让】tuìràng 動 ❶ 後に下がって道をあける. ❷ 譲歩する. 同 让步 ràngbù,妥协 tuǒxié
【退热】tuìrè 動 "退烧 tuìshāo"に同じ.
【退色】tuì//shǎi 動 色があせる. 色あせる. ¶脑海里的记忆,已开始～了／頭の中の記憶はもう薄れ始めた. 同 褪色 tuìshǎi
【退烧】tuì//shāo 動 体温が平常まで下がる. ¶～药／解熱剤. ¶～了,明天可以上学了／熱が下がったので,明日は学校に行ける. 同 退热 tuìrè
【退市】tuìshì 動《経済》株式市場から退く. 上場を取り消す.
【退守】tuìshǒu 動 後退して守りの体勢をとる.
【退税】tuì//shuì 動 税金を還付する.
【退缩】tuìsuō しり込みする. 畏縮する. ¶遇到困难不要～逃避 táobì／困難に出会ったら,しり込みして逃げていてはならない.
【退堂】tuìtáng 動〈旧〉役人が役所や法廷から退出する. ¶～鼓／役人の退出を知らせる太鼓.
【退庭】tuìtíng 動《法律》退廷する.
【退位】tuì//wèi 動 退位する. 役人が高い地位や職務から退く.
【退伍】tuì//wǔ 動 退役する. 反 入伍 rùwǔ
【退伍军人】tuìwǔ jūnrén 名 退役軍人.
【退席】tuì//xí 動 退席する. ¶音乐演奏中途请勿～／音楽演奏中のご退席はご遠慮願います.
【退闲】tuìxián 動〈又〉退職する.
【退行】tuìxíng 動 後退する. 低下する.
【退休】tuìxiū 動（定年または職務中の事故などで）退職する. ¶～金／年金. ¶爸爸年纪大了,应该～了／父はいい年だから,そろそろ退職の時期だ. 参考 国家や企業から生活の費用や年金などを受け,高い地位の人が退職する場合は"离休 líxiū"といい,細かな規定がある.
【退学】tuì//xué 動 退学する. ¶因病～／病気のため退学する. 反 入学 rùxué
【退押】tuì//yā 動 保証金を返還する.
【退养】tuìyǎng 動 早期退職する. 職場の人員過剰や病気など個人の理由により,申請して定年より早く退職する. 同 内部退休 nèibù tuìxiū 参考 正式な定年年齢までの間,その補助金は籍が残り,一定の保障が得られる.
【退役】tuì//yì 動 ❶ 退役する. ¶～军人／退役軍人. ¶哥哥将在明年春天～／兄は来春退役する. 反 服役 fúyì ❷（旧式の兵器などを）再配備しない. ❸（スポーツ選手が）現役を引退する.
【退隐】tuìyǐn 動〈又〉役人が退職して隠居する. ¶～山林／仕事を辞めて山中に引き込もる. 反 出仕 chūshì
【退赃】tuì//zāng 動 盗みや賄賂などで得た金品を返す.
【退职】tuìzhí 動 退職する. 辞職する.
【退走】tuìzǒu 動 退却する. ¶见势不妙,赶紧～／形势が不利と見るや,ただちに退却した.

蜕 tuì

虫部7 5811₂
全13画 次常用

素 ❶ ヘビやセミなどが脱皮する. 鳥の毛が生え変わる. ❷ ヘビやセミなどの抜け殻. ¶蛇～ shétuì（ヘビの抜け殻）／蝉～ chántuì（セミの抜け殻）.
【蜕变】tuìbiàn 動 ❶（人の考えや性格などが）変化する.（事物が）変質する. ❷《物理》（放射性元素が）壊変する. 崩壊する.
【蜕化】tuìhuà 動 ❶ 虫などが脱皮する. ❷ 腐敗する. 堕落する. ¶～变质／（堕落する方向に）変質する. 同 堕落 duòluò,腐化 fǔhuà
【蜕皮】tuì//pí （セミやヘビなどが）脱皮する.

煺（異 燉、㸐）tuì

火部9 9783₃
全13画 通用

動 殺したニワトリやブタを熱湯につけて毛を抜く. ¶～毛 tuìmáo／～猪（ブタの毛を抜く）.
【煺毛】tuìmáo 動 熱湯をかけて,ニワトリやブタの毛をむしる.

褪 tuì

衤部9 3723₃
全14画 次常用

動 ❶（色が）あせる.（塗りが）はげる. ¶颜色都～了（すっかり色あせた）／那张桌子全～了漆 qī（あのテーブルはすっかり塗りがはげた）. ❷（羽毛が）抜ける. ¶这只鸡毛快～光了（このニワトリの毛はほどなくすっかり生えかわる）. ❸（服を）脱ぐ. ¶～去冬衣（冬服を脱ぐ）.

☞ 褪 tuì
【褪黑素】tuìhēisù 名《生理》メラトニン.
【褪色】tuì//shǎi 色があせる.（気憶などが）薄れる. ¶〜的衣服／色あせた衣服. ¶朋友们的面貌也从他的记忆中〜了／友人たちの面影も,彼の記憶の中から薄れていった. 同 退色 tuìshǎi

tun ㄊㄨㄣ [tʻuən]

吞 tūn
口部 4　四 1060₈
全7画　常用
❶ 動 飲み込む. ¶把丸药 wányào〜下去（丸薬を飲み下す）. ❷ 吐 tǔ 和. ¶（領土や機構などを）併呑にする. （財物を）横領する. ¶〜灭 tūnmiè／侵〜 qīntūn（侵略併呑する）. ❸ 動 声をぐっとおさえる. ¶他把那句话〜下去了（彼はそのことを言わずにこらえた）. ❹（Tūn）姓.
【吞并】tūnbìng 動（領土や財物を）うばって自分のものにする.
【吞吃】tūnchī 動 ❶ 飲み込む. 丸飲みする. ❷（金品などを）横領する.
【吞服】tūnfú 動 薬をぐっと飲み込む. ¶〜泻药 xièyào／下剤をぐっと飲み込む.
【吞金】tūn//jīn 金(え)を飲み込んで自殺する.
【吞灭】tūnmiè 動 併呑(な)して消滅させる. ¶〜邻国／隣国を併呑して消滅させる.
【吞没】tūnmò 動 ❶ 横領する. ¶〜巨款 jùkuǎn／巨額の金を横領する. ❷ 水没する. ¶大水〜了村子／洪水が村を飲み込んだ. 同 淹没 yānmò
【吞声】tūnshēng 動《文》ことばや泣き声をぐっとおさえる. ¶忍气 rěnqì〜／成 ぐっとこらえて泣き声を飲み込む.
【吞食】tūnshí 動 丸飲みする. ¶鳄鱼 èyú〜小鱼／ワニが小魚を丸飲みにする.
【吞蚀】tūnshí 動 消失する. 溶ける.
【吞噬】tūnshì 動 ❶（食べ物を）丸飲みにする. ❷（大金などを）うばいとる.
【吞噬细胞】tūnshì xìbāo 名《生理》食細胞.
【吞吐】tūntǔ 動 ❶（大量の貨物が）出入りする. ¶〜港 gǎng／船の出入りの多い港. ❷ 形（ことばや文章の表現が）あいまいだ. ¶〜其 qí 词／ことばをにごす.
【吞吐量】tūntǔliàng 名（貿易》（港での）貨物取扱量. ¶仓库货物的〜／倉庫の貨物取扱量.
【吞吞吐吐】tūntūntǔtǔ 形（〜的）口ごもるよう. 話があいまいだ. ¶她〜地回答不出问题／彼女はしどろもどろで,質問に答えられない.
【吞咽】tūnyàn 動 飲み込む.
【吞云吐雾】tūn yún tǔ wù 成 タバコやアヘンを吸う. 由来『梁書』沈約伝のことばで,霞を食い気を養って仙人になる,という意から.
【吞占】tūnzhàn 動 横領する. 乗っ取る.

暾 tūn
日部12　四 6804₀
全16画
名《文》出たばかりの太陽. ¶朝〜 zhāotūn（朝日）.

屯 tún
一部 3　四 5071₇
全4画
❶ 動 集める. 蓄える. ¶聚草〜粮（まぐさや食糧を蓄えて戦いの準備をする）. ❷ 動（軍隊が）駐屯する. ¶驻〜 zhùtún（駐屯する）／〜兵 túnbīng. ❸ 名（〜儿）村落. むら. ¶小〜 Xiǎotún（河南省にある地名）. 用法 ❸は,多く地名に用いられる.
☞ 屯 zhūn
【屯兵】túnbīng 駐屯する. ¶〜边城／辺境の都市に駐屯する.
【屯集】túnjí 動（食糧などを）一ヶ所に集める. 同 屯聚 jù
【屯聚】túnjù 動（人や馬を）集める. ¶这家电脑公司〜了许多优秀 yōuxiù 的人材／このコンピュータ会社は,優秀な人材を多く集めている.
【屯垦】túnkěn 駐屯兵が土地を開墾する.
【屯落】túnluò 名〔处 chù,个 ge〕村落.
【屯守】túnshǒu 動（辺境などに）駐屯して防衛する.
【屯田】túntián 動 屯田する.
【屯扎】túnzhā 駐屯する. ¶消防部队〜在城外／消防隊は街の外で待機している.
【屯子】túnzi 名 方 村.

囤 tún
口部 4　四 6071₇
全7画　次常用
動 蓄える. ¶〜货 túnhuò.
☞ 囤 dùn
【囤房捂盘】túnfáng wǔpán 句 本来販売すべき不動産を市場に出さず,価格を吊り上げる.
【囤货】túnhuò 動 品物をしばらく置いておく. ¶〜不售 shòu／販売しないでしばらく置いておく.
【囤积】túnjī 動（投機を目的に品物を）とっておく. 買いだめする. ¶〜粮食／食糧を売惜しみする.
【囤积居奇】tún jī jū qí 成（投機を目的に）商品を買い占める.
【囤聚】túnjù 動（商品を）集めて貯蔵する.
【囤粮】túnliáng 動 食糧を貯蔵する. ¶〜备荒 bèihuāng／飢饉にそなえて食糧を貯蔵する.

饨（飩）tún
饣部 4　四 2571₇
全7画　通用
→馄饨 húntún

豚 tún
月部 7　四 7123₂
全11画　通用
名《文》子ブタ. ブタ. 表現 現代ではブタを"猪 zhū"と言うのがふつう.
【豚鼠】túnshǔ 名《動物》モルモット. テンジクネズミ.

鲀（魨）tún
鱼部 4　四 2511₇
全12画　通用
名《魚》フグ. 同 河豚 hétún

臀 tún
月部13　四 7722₂
全17画　次常用
图 臀部(な). しり. ¶〜部 túnbù.
【臀部】túnbù 名《生理》臀部(な). しり.
【臀尖】túnjiān 名（ブタの）臀部(な)の肉.
【臀围】túnwéi 名 ヒップ（のサイズ）.

氽 tǔn
人部 4　四 8090₂
全6画　通用
動 ❶ 浮かび漂う. ¶顺着水〜（水の流れに浮かび漂う）. ❷《料理》油で揚げる. ¶油〜花生米（揚げピーナッ）. 注意 "氽 cuān"とは別の字.

褪 tùn
衤部 9　四 3723₃
全14画　次常用
動 ❶ 身に付けている物をするりと外す. ¶〜下一只袖子 xiùzi（片方のそでを脱ぐ）. ❷ そでの中に入れる. ¶把手〜在袖子 xiùzi 里（手をそでの中に引っ込める）／袖子里〜着一封信（そでの中に手紙を一通持っている）.
☞ 褪 tuì

【褪去】tùnqù 動（衣服を）脱ぐ．¶～衣裤 yīkù / 上着とズボンを脱ぐ．
【褪套儿】tùn//tàor 動 ❶（自分を縛っている縄を）はずす．¶狗褪了套儿跑了 / 縄でつないでおいた犬が逃げた．❷ 責任を逃れる．¶看样子他想～不干了 / どうやら，彼は逃げ腰のようだ．

tuo ㄊㄨㄛ〔tʻuo〕

托（異託❹❺❻）tuō 扌部3 四 5201₄ 全6画 常用

❶ 動 手のひらや台などに物を載せて支える．¶两手～着下巴 xiàba（ほおづえをつく）/ 圆天盖着大海,黑水～着孤舟 gūzhōu（天ором大海を覆い,その青い水は一艘の舟を浮かべている）．❷ 動 引き立てる．¶烘 hōng 云～月（或）雲を描いて月の美しさを際立たせる）/ 衬～ chèntuō（引き立てる）．❸ 名（～儿）受け台．受け皿．¶茶～儿 chátuōr（茶托）/ 日历～儿（卓上日めくりカレンダーの台）．❹ 動 託す．頼む．¶他～人向我约稿（彼は人に託して私に寄稿を求めてきた）/ ～你买本书（1冊本を買ってきてもらいたい）．❺ 素 理由をつけて断る．¶～病 tuōbìng，～故 tuōgù / ～词 tuōcí．❻ 素 頼りにする．¶～福 tuōfú / ～诸 zhū 空言（いいかげんな話を頼りにする）．
【托病】tuōbìng 動 病気を理由にする．¶～离席 / 病気を理由に退席する．
【托词（辞）】tuōcí ❶ 動 言い訳を探す．¶～谢绝 xièjué / 理由をつけて断る．❷ 名 言い訳．口実．
【托儿所】tuō'érsuǒ 名〔個 个 ge, 家 jiā〕託児所．
【托尔斯泰】Tuō'ěrsītài《人 名》トルストイ（1828-1910）．ロシアの小説家,思想家．『戦争と平和』,『アンナ・カレーニナ』をはじめ著書多数．
【托福】❶ tuō//fú おかげをこうむる．¶托您的福,一切都很顺利 / おかげさまで,すべてうまくいっています．❷ tuōfú 名 外 トーフル．TOEFL．用法①は多く,他人にあいさつを返す時に用いる．参考 ②は米国の,英語が母語でない留学生に対する英語試験．
【托付】tuōfù 動（世話や処理を）お願いする．委託する．¶把孩子～给老师 / 子供の世話を先生にお願いする．同 委托 wěituō, 拜托 bàituō．
【托孤】tuōgū 動（臨終時）残される子供を人に託す．参考 多く君主が臣下に遺児を託すことを指す．
【托故】tuōgù 動 理由をつける．¶～不来 / 理由をつけて来ない．同 借故 jiègù．
【托管】tuōguǎn 動 委託管理する．信託統治する．¶破产企业由政府～ / 倒産した企業は政府により委託管理される．
【托管地】tuōguǎndì 名 信託統治地区．
【托架】tuōjià 名《機械》ブラケット．
【托拉斯】tuōlāsī 名《経済》トラスト．企業合同．¶汽车～ / 自動車トラスト．◆trust
【托老所】tuōlǎosuǒ 名 老人ホーム．デイサービス施設．
【托梦】tuō//mèng 動 亡くなった親類や友人が,夢にあらわれて頼み事をする．夢枕に立つ．
【托名】tuōmíng 動 他人の名をかたる．¶～行骗 / 他人の名をいつわって詐欺行為をはたらく．
【托派】Tuōpài 名 トロッキスト．"托洛茨基 Tuōluòcíjī"（トロッキー）の一派．

【托盘】tuōpán 名〔個 个 ge, 只 zhī〕（食器を載せる）盆．トレー．
【托儿】tuōr 名 方 雇われ客．さくら．
【托人情】tuō rénqíng 慣 人に頼んで取り計らってもらう．¶他向来不肯～,拉关系 / 彼は今まで人に取り入ったり,コネを使ったことがない．同 托情 tuōqíng．
【托生】tuōshēng 動（死後に）生まれ変わる．転生する．
【托收】tuōshōu 名《経済》（銀行への）代金取立依頼．
【托业】tuōyè 名 外 トーイック．英語を母語としない人を対象にした英語テストの一つ．◆TOEIC
【托幼】tuōyòu 名 "托儿所"（託児所）と"幼儿园"（幼稚園）．
【托运】tuōyùn 動（貨物や貨物を）託送する．¶～行李 / 荷物を託送する．
【托子】tuōzi 名 支え．受け．台．¶钻石～ / ダイヤモンドの台座．¶花瓶～ / 花瓶の台．

拖（異拕）tuō 扌部5 四 5801₂ 全8画 常用

❶ 動 引っ張る．引きずる．¶～船 tuōchuán / ～出一条长板凳 dèng（長いすを一本引っ張り出す）/ ～地板（床にモップをかける）/ ～拉机 tuōlājī．❷ 動 後ろに垂らす．¶～着辫子 biànzi（おさげ髪を垂らしている）/ ～着个尾巴（尻尾を垂らしている）．❸ 動 時間を引き延ばす．¶这件事应赶快结束,不能再～了（この件は,すぐに片づけなければ．これ以上引き延ばす訳にはいかない）．❹（Tuō）姓．
【拖把】tuōbǎ 名〔個 把 bǎ, 个 ge〕モップ．¶用～把地板拖干净 / モップで床をきれいにふく．同 墩布 dūnbù, 拖布 tuōbù．
【拖驳】tuōbó 名 タグボートなどで引くはしけ．
【拖布】tuōbù 名 モップ．同 拖把 tuōbǎ．
【拖车】tuōchē 名〔部 bù, 辆 liàng〕トレーラー．
【拖船】tuōchuán 名〔艘 sōu, 条 tiáo, 只 zhī〕❶ タグボート．引き船．同 拖轮 tuōlún 名 タグボートに引かれる小舟．バージ．
【拖带】tuōdài ❶ 動 牵引する．❷ 方 足手まといになる．¶受到儿女的～ / 子供にしばられる．
【拖宕】tuōdàng 動 文（時間を）引き延ばす．同 拖延 yán．
【拖斗】tuōdǒu 名（小型の）トレーラー．
【拖儿带女】tuō ér dài nǚ 慣 足手まといの子供を抱えている．
【拖后腿】tuō hòutuǐ 慣 他人の足を引っ張る．¶你完不成任务,就要拖全厂的后腿 / 君が任務を達成できないと,工場全体の足を引っ張ることになる．
【拖家带口】tuō jiā dài kǒu 慣 家族を背負っている．
【拖进】tuōjìn 動 引き込む．引きずり込む．
【拖垮】tuōkuǎ 動 ずるずると引き延ばして事をだめにする．人をくたくたに疲れさせる．
【拖拉】tuōlā ❶ 形 仕事が緩慢だ．¶～作风 / 緩慢な仕事ぶり．❷ 動（仕事を）先に延ばす．¶他很能干,办事从不～ / 彼は有能で,物事を先延ばしにしたことがない．同 拖拖拉拉．
【拖拉机】tuōlājī 名〔個 台 tái〕トラクター．◆tractor
【拖累】tuōlěi ❶ 足手まといになる．束縛する．¶受孩子～ / 子供にしばられる．同 牵累 qiānlěi．❷ 巻き添えにする．¶小张被朋友的欠债 qiànzhài ～了 / 張さんは友達の借金の巻き添えを食った．同 连累 liánlèi, 牵累 qiānlěi．
【拖轮】tuōlún 名〔個 条 tiáo, 只 zhī〕タグボート．引き

【拖泥帯水】tuō ní dài shuǐ 〈成〉話や文章がだらだらしている．行動がぐずぐずしている．¶他做事老是～，一点都不干净利落／彼は仕事ぶりがいつもぐずで、てきぱきしたところが少しもない．

【拖欠】tuōqiàn 支払いを引き延ばす．¶～房租 fángzū／家賃を滞納する．¶你～的借款是多少呢？／君がためている借金はどのくらいだ．

【拖腔】tuōqiāng 〈名〉〈芸能〉（伝統劇で）ある字句を長く延ばして歌うこと．

【拖沓】tuōtà 〈形〉（仕事ぶりが）だらだらとしている．のろのろとしている．¶李秘书办事太～了,我想换人／秘書の李さんは仕事がひどく遅いから、人を換えたい．

【拖网】tuōwǎng 〈名〉トロール網．底引き網．¶～渔船／トロール漁船．

【拖鞋】tuōxié 〈名〉〔双 shuāng, 只 zhī〕スリッパ．サンダル．

【拖延】tuōyán （時間を）引き延ばす．¶～时间／時間を引き延ばす．¶不要把今天该做的事情～到明天／今日やるべき事を明日に延ばすな．

【拖曳】tuōyè 〈動〉引っ張る．

【拖油瓶】tuōyóupíng 〈名〉〈方〉連れ子．〈同〉带葫芦 dàihúlu

【拖运】tuōyùn 〈動〉（船や車両で）引っ張って運ぶ．¶用船～煤／船で石炭を輸送する．

【拖债】tuō//zhài 〈動〉借金の返済を引き延ばす．

脱（異 侻）tuō 月部7 四 7821₂ 全11画 常用

❶〈素〉（ある一定の状態から）はずれる．抜け出る．逃れる．¶～轨 tuōguǐ／～节 tuōjié／～逃 tuōtáo／～险 tuōxiǎn. ❷〈動〉（髪の毛などが）抜け落ちる．（文字などが）脱落する．¶～皮 tuōpí／この中に一字か二字か（この間に何文字か抜けている）．❸〈動〉（衣服や靴などを）脱ぐ．¶～帽 tuōmào／～衣裳 yīshang（服を脱ぐ）．〈反〉穿 chuān ❹〈形〉〈文〉（性格や行為などが）おうようでこだわらない．❺〈通〉～ tōngtuō（小事にこだわらない）．❺(Tuō)姓．

【脱靶】tuō//bǎ （射撃などで）的(まと)を外す．〈反〉中靶 zhòngbǎ

【脱班】tuō//bān 〈動〉時間に遅れる．¶邮件～了／郵便物が遅れた．¶飞机～了两个小时／飛行機が2時間遅れた．

【脱产】tuō//chǎn 〈動〉生産現場を離れる．¶～干部／生産に直接かかわらない幹部．

【脱出】tuō//chū 〈動〉脱出する．抜け出す．¶～劣势 lièshì／劣勢から抜け出る．

【脱党】tuō//dǎng 〈動〉政党から脱退する．

【脱掉】tuōdiào 〈動〉（着物を）脱ぎ捨てる．¶～脏衣服／汚れた服を脱ぐ．

【脱发】tuōfà 〈動〉髪の毛が大量に抜ける．¶受到药物的副作用,他开始～了／薬の副作用で、彼は髪が抜け始めた．

【脱肛】tuō//gāng 〈医学〉脱肛(だっこう)する．

【脱稿】tuō//gǎo 〈動〉原稿を書き終える．脱稿する．¶这本书已经～了／この本の原稿はすでに書き上がった．

【脱钩】tuō//gōu ❶ 列車どうしの連結が離れる．❷ 関係を断つ．

【脱轨】tuō//guǐ 〈動〉脱線する．¶火车～了／汽車が脱線した．

【脱缰之马】tuō jiāng zhī mǎ 〈成〉縄から放たれたウマ．押さえのきかない事物．拘束されない人．

【脱胶】tuō//jiāo 〈動〉❶（接着部が）はがれる．❷〈紡織〉植物繊維にのにかわ質を取り除く．

【脱节】tuō//jié 〈動〉（つながっているものが）離れる．外れる．つながりが切れる．

【脱臼】tuō//jiù 〈医〉脱臼(だっきゅう)する．

【脱空】tuō//kōng 〈動〉❶ 空振りに終わる．ふいになる．〈同〉落空 luòkōng ❷〈方〉ぺてんにかける．うそをつく．

【脱口而出】tuō kǒu ér chū 〈成〉思わず口をついて出る．考えずにものを言う．

【脱口秀】tuōkǒuxiù 〈名〉〈外〉（テレビなどの）トーク番組．トークショー．◆talk show

【脱困】tuō//kùn 〈動〉苦境から脱する．

【脱蜡】tuō//là 〈名〉〈工業〉（石油から）パラフィンを除去する．脱蝋(ろう)．

*【脱离】tuōlí 〈動〉（環境や状況から）離れる．つながりを断つ．¶病人已～危险期了／病人はすでに危険な状態を脱した．¶～实际／現実から離れる．

【脱离速度】tuōlí sùdù 〈名〉〈天文〉地球脱出速度．第2宇宙速度．

【脱粒】tuō//lì 〈動〉脱穀する．

【脱漏】tuō//lòu 抜け落ちる．¶这篇文章～的字句较多／この文章は脱字が多い．〈同〉遗漏 yílòu

【脱略】tuōlüè ❶〈形〉〈文〉勝手気ままだ．拘束されない．❷〈動〉（字句を）抜かす．省略する．

【脱落】tuō//luò 〈動〉❶（くっついている物が）落ちる．¶毛发～／髪の毛が抜け落ちる．❷ 文字が抜け落ちる．字句を抜かす．

【脱盲】tuō//máng 〈動〉（文字を覚えて）文盲から脱却する．

【脱毛】tuō//máo 〈動〉鳥獣の毛が抜け落ちる．鳥の羽が生え替る．

【脱帽】tuō//mào 〈動〉帽子を脱ぐ．脱帽する．¶～致敬 zhìjìng／脱帽して敬意をあらわす．

【脱敏】tuōmǐn 〈医学〉アレルギーを除去する．

【脱模】tuōmú 型抜きする．

【脱难】tuō//nàn 〈動〉困難や危険から脱する．¶全船の旅客都～得救了／船の乗客はすべて危険を脱し、救出された．

【脱坯】tuō//pī 泥を型に入れてレンガを作る．

【脱皮】tuō//pí 皮がむける．¶晒 shài 得脱了一层皮／日に焼けて一皮むけた．

【脱贫】tuō//pín 貧困から脱する．

【脱期】tuō//qī （定期刊行物の発行が）予定より遅れる．¶～交货／荷物の納期に遅れる．

【脱色】tuō//sè ❶ 脱色する．❷ 色があせる．

【脱身】tuō//shēn 〈動〉❶（仕事から）離れる．¶事情太多,不能～／用事が多すぎて、離れることができない．❷（危険や困難から）抜け出す．

【脱手】tuō//shǒu ❶ 手から離れる．¶用力一扔 rēng,石块～飞出去／力を込めて投げると、石は手から飛んでいった．❷ 品物を売る．¶我手中有一批饰物 shìwù,正急着～／手元にある装飾品を急いで手放したいと思っている．

【脱水】tuō//shuǐ 〈動〉❶〈医学〉脱水症状になる．❷〈化学〉脱水する．乾燥する．¶～蔬菜／乾燥野菜．❸〈方〉干ばつになる．

【脱俗】tuōsú ❶〈動〉俗世間を離れる．俗に染まらない．❷〈形〉洗練されている．上品だ．¶她的气质超凡 chāofán／彼女は気高く上品だ．

【脱胎】tuōtāi 〈名〉漆器の製法の一つ．泥や木で作った原型の上に、薄絹やラミー布を糊づけし、上からウルシを塗って

磨き,最後に原型を抜き去り,色を塗って仕上げる.福建省の名産. ❷動 ある事柄の中から,まったく別の事柄が生じる.

【脱胎换骨】tuō tāi huàn gǔ 成 立場や考えを徹底的に改める. 回 洗心革面 xǐ xīn gé miàn 由来 もと道教修行者の用語で,悟りを開くと,凡胎が聖胎に,凡骨が仙骨になるとされていることから.

【脱逃】tuōtáo 動 逃出する. 逃走する. ¶临阵 línzhèn～/いざ戦いという時に脱走する.

【脱兔】tuōtù 逃げるウサギ. 脱兔(だっと). ❶動 动如～/(逃げるウサギのように)行動がすばやい.

【脱臼】tuō//wèi《医学》脱臼(だっきゅう)する. 回 脱白 jiù

【脱误】tuōwù 名 誤字脱字. ¶检查出不少～之处/多くの誤字脱字を見つけ出した.

【脱险】tuō//xiǎn 動 危機を脱する. ¶虎口 hǔkǒu～/虎口を脱する. 反 遇险 yùxiǎn

【脱销】tuō//xiāo 動 売り切れる. 品切れになる. ¶热门的激光唱片已经一了/人気のCDはもう売り切れた.

【脱卸】tuōxiè 動 責任を逃れる. ¶～罪责 zuìzé/犯した罪の責任を逃れる.

【脱盐】tuō//yán 動 (土壌の)塩分を除去する.

【脱氧】tuō//yǎng 動 (物質中の)酸素を除去する.

【脱氧核糖】tuōyǎng hétáng 名《化学》デオキシリボース.

【脱氧核糖核酸】tuōyǎng hétáng hésuān 名《化学》デオキシリボ核酸. DNA.

【脱衣舞】tuōyīwǔ 名 ストリップ.

【脱颖而出】tuō yǐng ér chū 成 才能を余すところなく発揮する. 由来『史記』平原君列伝に見えることば. 毛遂(もうすい)が平原君に対して,「私が袋に入った錐(きり)だとすると,その先端どころか柄の方まで袋から飛出しますよ」と言って自分の才能を売り込だ故事から.

【脱脂】tuō//zhī 脂肪分を除く. ¶～奶粉/脱脂粉乳.

【脱脂棉】tuōzhīmián 名 脱脂綿.

驮(馱) tuó
马部3 四 7418₀ 全6画 次常用

動 (主に役畜の)背に載せる. 背負う. ¶～运 tuóyùn/爷爷～着三岁的小孙子(おじいさんが,3歳の孫をおぶっている).
☞ 驮 duò

【驮轿】tuójiào 名 ラバなどの背に載せて人を運ぶかご.

【驮马】tuómǎ 名 荷物運搬用のウマ. 駄馬(だば).

【驮运】tuóyùn 動 家畜に荷物を背負わせて運ぶ.

佗 tuó
亻部5 四 2321₂ 全7画 通用

動 文 (ウマなどが)荷物を背負う. 回 驮 tuó

陀 tuó
阝部5 四 7321₂ 全7画 通用

❶下記熟語を参照. ❷(Tuó)姓.

【陀螺】tuóluó 名 こま. ¶抽～/(ひもを使って)こまを回す.

坨 tuó
土部5 四 4311₂ 全8画 通用

❶名 (～儿)塊や山になった物. ¶泥～ nítuó (泥の塊). ❷動 (うどんなどが)煮た後くっついて塊になる. ¶饺子～了(水餃子が鍋の中でくっついてしまった).

【坨子】tuózi 名 塊や山になった物. ¶土～/小高い丘. ¶盐～/塩の塊.

沱 tuó
氵部5 四 3311₂ 全8画 通用

名 船の停泊できる入り江. 地名や川の名に使われる. ¶朱家～ Zhūjiātuó (四川省の地名) / ～江 Tuójiāng (長江の支流の名).

【沱茶】tuóchá 名 雲南省や四川省で産する,茶葉を蒸して碗状に固めた茶. 沱茶(だちゃ).

驼(駝) tuó
马部5 四 7311₂ 全8画 常用

❶名 ラクダ. ¶一峰 tuófēng / ～绒 tuóróng. 回 骆驼 luòtuo ❷形 背中が隆起している. ¶老爷爷的背都～了(おじいさんの背中は曲がっている). ❸(Tuó)姓.

【驼背】tuóbèi ❶形 背中が隆起している. ❷名 回 背中が隆起している人.

【驼峰】tuófēng ❶ ラクダのこぶ. ❷《交通》貨車操車場のハンプ.

【驼铃】tuólíng 名 ラクダの首ぶらさげる鈴.

【驼鹿】tuólù 名《動物》オオジカ. ヘラジカ. 回 堪达罕 kāndáhǎn, 犴 hān

【驼绒】tuóróng 名《紡織》❶ ラクダの毛. またはその織物. ❷ キャメル. 回 骆驼绒 luòtuoróng

【驼色】tuósè 名 ラクダ色.

【驼子】tuózi 名 猫背の人. 背中が隆起している人.

柁 tuó
木部5 四 4391₂ 全9画

名《建築》(家屋の)横梁(おうりょう). ガーダー.
☞ 柁 duò

砣 tuó
石部5 四 1361₂ 全9画

名 ❶ 天秤ばかりの分銅. ¶秤～ chèngtuó (はかりの分銅). ❷ "碾子 niǎnzi" (石うす)のローラー. 回 碾砣 niǎntuó, 碾磙子 niǎngǔnzi

【砣子】tuózi 名 玉器を磨く回転砥石.

铊(鉈) tuó
钅部5 四 8371₂ 全10画 通用

名 ❶ はかりの分銅. ❷ ひきうすのローラー.
☞ 铊 tā

鸵(鴕) tuó
鸟部5 四 2311₂ 全10画 次常用

下記熟語を参照.

【鸵鸟】tuóniǎo 名《鳥》[群 qún, 只 zhī] ダチョウ.

【鸵鸟政策】tuóniǎo zhèngcè 名 現実を正視しない政策. 由来 ダチョウは危険が迫ると,頭を砂の中に入れ,安心することから.

酡 tuó
酉部5 四 1361₂ 全12画 通用

形 文 酒を飲んで顔が赤くなる. ¶～红 tuóhóng (酒でも飲んだような顔が赤い) / ～然 tuórán (酒を飲んで顔が赤い).

跎 tuó
足部5 四 6311₂ 全12画 通用

→蹉跎 cuōtuó

橐(異 槖) tuó
木部12 四 5090₄ 全16画 通用

文 ❶ 名 袋. ❷ 擬 コツコツ. "橐橐 tuótuó" と連用して,靴の音をあらわす. ¶门外传来了～～的脚步声(ドアの外からコツコツという靴音が響いてきた) / 脚步声～～地响(足音がコツコツと響く).

【橐囊】tuónáng 名 袋. (特に)食糧を入れる袋.

【橐驼】tuótuó 名《動物》ラクダ.

鼍 妥 庹 椭 拓 柝 唾 箨 魄　tuó – tuò

鼍(鼉) tuó
亀部12　四 6671₆　全20画　通用
名《動物》ヨウスコウワニ. 同 扬子鳄 yángzǐ'è, 猪婆龙 zhūpólóng

妥 tuǒ
爪部3　四 2040₄　全7画　常用
❶形 適切だ. 妥当だ. ¶稳～ wěntuǒ（穏当だ）/ 欠～ qiàntuǒ（妥当を欠いている）/ 请～为 wéi 保存（適切に保存下さい）. ❷形 整っている. 定まっている. ¶事情已经商量～了（話はまとまった）/ 货已购～了（品物はもう買いそろえてある）. ❸ (Tuǒ)姓.

【妥当】tuǒdang 形 妥当だ. 適切だ. ¶这件事办得很～/ この件は非常に適切に処理されている. ¶用词不～/ ことばの使い方が不適切だ. 同 得当 dédàng, 妥貼 tuǒtiē, 恰当 qiàdàng, 切当 qièdàng

【妥靠】tuǒkào 形 確実で信頼できる. ¶他为人 wéirén 很～/ 彼はとても頼りになる人物だ.

【妥善】tuǒshàn 形 妥当だ. 適切だ. ¶～处理 / 適切に処理する. ¶大家在商量～的办法 / 皆は適切な方法を話し合っている.

【妥实】tuǒshí 形 適切だ. 確かだ. ¶～的担保人 dānbǎorén / 適切な保証人. ¶不够～ / 適切さに欠ける. 妥当でない.

【妥贴】tuǒtiē 形 適切だ. 妥当だ. ¶用词～ / ことばの使い方が適切だ. ¶把家安置得妥妥貼貼 / きちんと居を構える.

【妥协】tuǒxié 動 妥協する. ¶～的道路 / 妥協の道. ¶千万不能与恶势力～ / 悪い勢力と決して妥協してはならない. 同 让步 ràngbù, 退让 tuìràng 反 斗争 dòuzhēng

庹 tuǒ
广部8　四 0028₇　全11画
❶量 長さの単位. 大人が両手を広げた長さ. ¶一～长（一ひろの長さ）. ❷ (Tuǒ)姓.

椭(橢) tuǒ
木部8　四 4492₇　全12画　次常用
下記熟語を参照.

【椭圆】tuǒyuán 名 だ円. 長円.
【椭圆体】tuǒyuántǐ 名《数学》楕円体.

拓 tuò
扌部5　四 5103₂　全8画　次常用
❶素（土地や道路を）切り開く. ¶开～ kāituò（開拓する）/ 公路～宽工程（道路拡張工事）. ❷ (Tuò)姓.

☞ 拓 tà

【拓地】tuòdì 動文 領土を広げる.
【拓荒】tuòhuāng 動 荒れ地を開墾する. ¶～者 / 開拓者. 同 开荒 kāihuāng, 垦荒 kěnhuāng
【拓宽】tuòkuān 動 拡張する. 広げる. ¶～视野 / 視野を広げる. ¶～路面 / 道幅を拡張する.
【拓扑学】tuòpūxué 名外《数学》位相幾何学. トポロジー.
【拓销】tuòxiāo 動《経済》販路を広げる.
【拓展】tuòzhǎn 動 開拓し広げる.
【拓殖】tuòzhí 動旧 荒地を開拓し, 人を移り住まわせる.

柝 (異 𣚣) tuò
木部5　四 4294₁　全9画　通用
名文 夜回りが用いる拍子木.

唾 tuò
口部8　四 6201₅　全11画　次常用
素 ❶ つば. だ液. ❷ つばを吐く. ¶～手可得 dé. 同 啐 cuì ❸ つばを吐いて卑しめる. ¶～弃 tuòqì / ～骂 tuòmà.

【唾骂】tuòmà 動 つばを吐きかけてののしる. ¶当面～ / 面と向かって, 軽蔑を込めてののしる. ¶受天下人～ / 世間の軽蔑と罵倒にさらされる.

【唾面自干】tuò miàn zì gān 成貶 顔に吐きかけられた唾をぬぐわず, 自然に乾くのを待つ. 侮辱されてもじっと耐えて逆らわない.

【唾沫】tuòmo 名〔団 口 kǒu〕つば. ¶咽 yàn ～ / つばを飲み込む.

【唾弃】tuòqì 動 ひどく軽蔑する. 唾棄(だき)する. ¶市民坚决～贪官 污吏 tānguān wūlì / 市民は腐敗した官吏を非常に軽蔑した. 同 鄙弃 bǐqì

【唾手可得】tuò shǒu kě dé 成 きわめて容易に手に入る. 簡単に達成できる.

【唾液】tuòyè 名 だ液. ¶分泌 fēnmì～ / だ液が分泌する. 表現 日常語としては"口水 kǒushuǐ", "唾沫 tuòmo"という.

【唾液腺】tuòyèxiàn 名《生理》だ液腺. 同 唾腺

箨(籜) tuò
竹部8　四 8855₄　全14画　通用
名文 タケノコの皮.

魄 tuò
白部9　四 2661₃　全14画　常用
→落魄 luòtuò
☞ 魄 bó, pò

W

wā ㄨㄚ [uA]

挖 (㧳) wā 扌部6 四 5301₇ 全9画 常用
動 掘る．¶～洞 dòng (穴を掘る)／～土 (土を掘る)／～潜力 qiánlì (潜在力を掘り起こす)．反 填 tián．

【挖补】wābǔ 動 悪い所を取り除き，新しい物を補う．¶～衣服／服に継ぎを当てる．¶～字画／書画に切り張りをする．

【挖掉】wādiào 動 掘って取り除く．¶把庭院里的那个枯树桩 kūshùzhuāng～／庭の枯れた切り株を抜く．

【挖耳】wā'ěr 方 ❶ 耳をほじる．❷ 耳かき．同 挖耳勺 sháo．

【挖方】wāfāng 量〈建築〉掘る土や石の量．参考 通常，体積(立方メートル)で計算する．

【挖掘】wājué 動 掘る．¶～企业潜力 qiánlì／企業の潜在力を掘り起こす．¶考古学家在埃及 Āijí～出古代的木乃伊 mùnǎiyī／考古学者がエジプトで古代のミイラを発掘した．同 发掘 fājué．

【挖掘机】wājuéjī 名〈機械〉掘削機(くっさくき)．

【挖空心思】wā kōng xīn sī 成 計略を巡らす．ない知恵を絞る．¶他～地找出话来应付 yìngfù 大家对他的询问／彼はない知恵を絞って言い訳のことばを探し，皆の追及を逃れようとした．

【挖苦】wāku 動 皮肉る．嫌がらせを言う．¶～人／人を冷やかす．¶你说的这些话不就是在～我吗？／君のことばは，僕には皮肉じゃないか？ 同 讽刺 fěngcì．

【挖潜】wāqián 動 潜在能力を発揮する．

【挖墙脚】wā qiángjiǎo 慣 足もとをぐらつかせる．足を引っぱる．¶小明从来不做～的事／ミンさんは人の足を引っぱることはしたことがない．同 拆台 chāitái．

【挖肉补疮】wā ròu bǔ chuāng 成 "剜肉补疮 wān ròu bǔ chuāng"に同じ．

【挖通】wātōng 動 掘って通じさせる．

【挖土机】wātǔjī 名〈機械〉掘削機．

哇 wā 口部6 四 6401₄ 全9画 通用
擬 泣き声をあらわす．¶把孩子打得～～直哭 (子供をぶってワーワーといつまでも泣かせる)．❷ ゲエッ．吐く音をあらわす．
☞ 哇 wa

【哇啦[喇]】wālā 擬 ガヤガヤ．ワイワイ．騒がしい音をあらわす．¶～～地议论 yìlùn／喧々囂々(ごうごう)と議論する．¶小朋友们，别～～地吵！／皆さん，静かにしなさい．同 哇啦哇啦．

【哇哇】wāwā 擬 カーカー．ワーワー．カラスの鳴き声や子供の泣き声をあらわす．¶他肚子疼得～叫／彼はお腹が痛くてギャーギャー叫んでいる．

洼 (窪) wā 氵部6 四 3411₄ 全9画 次常用
❶ 形 くぼんでいる．¶～地 wādì／眼眶 yǎnkuàng～进去 (眼が落ち込んでいる)．❷ 名 (～ル) くぼみ．¶这里有个～ル (ここにくぼみがある)．

【洼地】wādì 名 〔块 kuài,片 piàn〕くぼ地．低地．

【洼陷】wāxiàn 形 くぼんでいる．¶路面～／道がくぼんでいる．¶颧骨 quángǔ 隆起 lóngqǐ，两眼～／ほお骨が突き出て，両目が落ちくぼんでいる．

娲 (媧) wā 女部7 四 4642₇ 全10画 通用
→ 女娲 Nǚwā

蛙 wā 虫部6 四 5411₄ 全12画 常用
名〈動物〉〔个 ge,只 zhī〕カエル．¶青～ qīngwā (カエル)／～泳 wāyǒng．

【蛙人】wārén 名 潜水夫．

【蛙泳】wāyǒng 名〈スポーツ〉平泳ぎ．

娃 wá 女部6 四 4441₄ 全9画 常用
名 ❶ (～ル) 赤ん坊．幼子．¶女～ル nǚwár (女の子)／胖 pàng～～ wáwa (丸々とした赤ん坊)．❷ 息子と娘．(親から見た)子供．¶她只生了一个～／彼女は子供を一人しか生まなかった．❸ 旧 若い女性．少女．¶娇～ jiāowá (愛くるしい少女)．❹ 方 (～ル) 一部の動物の子．¶鸡～ jīwá (ひよこ)／猪～ zhūwá (子ブタ)．

【娃娃】wáwa 名〔个 ge〕❶ 幼児．子供．赤ん坊．❷ 人形．¶泥 ní～／泥人形．

【娃娃亲】wáwaqīn 名 幼い時に親同士が決めた縁談．

【娃娃鱼】wáwayú 名〈動物〉〔条 tiáo〕オオサンショウウオ．参考 "大鲵 dàní"の俗称．

【娃子】wázi 名 方 ❶ 幼児．❷ 一部の動物の子．¶猪～／子ブタ．❸ 旧 涼山など少数民族地区の奴隷．

瓦 wǎ 瓦部0 四 1071₇ 全4画 常用
❶ 素 素焼きの．¶～盆 wǎpén (素焼きの鉢)／～器 wǎqì (土器)．¶～块 wǎ kuài,片 piàn〕かわら．¶～房 wǎfáng．❸ 量 ワット．電力の単位．
☞ 瓦 wà

筆順 一 厂 瓦 瓦

【瓦当】wǎdāng 名 瓦当(がとう)．軒がわらの先端の円形または半円形をした部分．⇨ 次ページ図

【瓦房】wǎfáng 名〔栋 dòng,间 jiān,所 suǒ〕かわらぶきの家．

【瓦工】wǎgōng 名 ❶ れんが積み・かわらふき・しっくい塗りなどの仕事．❷〔个 ge,名 míng,位 wèi〕①の仕事をする職人．

【瓦罐】wǎguàn 名 素焼きのかめ．

【瓦灰】wǎhuī 形 濃い灰色をした．ダークグレーの．

【瓦匠】wǎjiang 名 "瓦工 wǎgōng ②"に同じ．

【瓦解】wǎjiě 動 崩壊する(させる)．瓦解する(させる)．¶土崩 bēng～／成 瓦解する．¶～对方棋手 qíshǒu 的攻势 gōngshì／対局相手の攻勢をつき崩す．同 崩溃 bēngkuì,解体 jiětǐ．

【瓦块】wǎkuài 名 かわらのかけら．割れたかわら．同 瓦片 piàn．

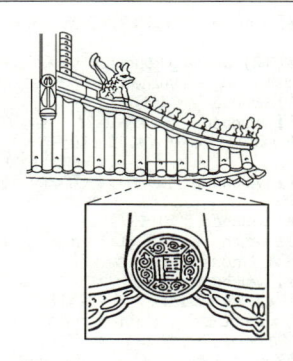

瓦当

【瓦蓝】wǎlán 形 青色の. スカイブルーの. 同 蔚 wèi 蓝
【瓦楞】wǎléng 名 "瓦垄 wǎlǒng"に同じ.
【瓦楞纸】wǎléngzhǐ 名 段ボール.
【瓦砾】wǎlì 名〔量 堆 duī,片 piàn〕瓦礫(がれき). ¶~堆 duī/瓦礫の山. ¶大地震 dìzhèn 使小镇成了一片~/大地震によって,小さな町は瓦礫の山と化した.
【瓦亮】wǎliàng 形 ぴかぴか光っている.
【瓦垄】wǎlǒng 名(~儿)屋根がわらの並び. いらかの波. 同 瓦楞 wǎléng
【瓦努阿图】Wǎnǔ'ātú (国名) バヌアツ.
【瓦圈】wǎquān 名〔量 个 ge, 只 zhī〕(車輪の)リム. 同 车圈 chēquān
【瓦全】wǎquán 動(文)かわらとして命を全うする. 節を曲げて安逸をむさぼる. ¶宁为 nìngwéi 玉碎 yùsuì,不为 wéi~/成 かわらとなって命を全うするより, 玉として砕ける方がいい. むざむざ生き延びるよりは, 潔く死んだ方がいいということだ. 反 玉碎 yùsuì
【瓦舍】wǎshè 名 かわらぶきの家.
【瓦斯】wǎsī 名(外)ガス. ¶~爆炸 bàozhà/ガス爆発. ◆gas
【瓦特】wǎtè 量 ワット. 電力量の単位. 参考 略称は"瓦 wǎ". ◆watt
【瓦头】wǎtóu 名 軒がわらの先端部.
【瓦窑】wǎyáo 名 かわらを焼くかま.

佤 wǎ 亻部4 四 2121₇ 全6画 通用

下記熟語を参照.
【佤族】Wǎzú 名《民族》ワ族. モン・クメール系少数民族. 雲南省に居住.

瓦 wà 瓦部0 四 1071₇ 全4画 常用

動(屋根を)かわらでふく. ¶~~ wàwǎ.
☞ 瓦 wǎ
【瓦刀】wàdāo 名〔量 把 bǎ〕かわらふき, しっくい塗り用のこて. 参考 形は中華包丁に似ている.
【瓦瓦】wàwǎ 動 かわらをふく.

袜(襪/異韤) wà 衤部5 四 3529₀ 全10画 常用

名 靴下. ¶~底 wàdǐ/~筒 wàtǒng/丝~ sīwà (絹の靴下)/尼龙~ nílóngwà (ナイロンの靴下).
【袜带】wàdài 名 靴下留め. ガーター. ¶吊 diào~/ガーターをつける.
【袜底】wàdǐ 名 靴下の底の部分. ¶~已破了/靴下の裏に穴があいた.
【袜套】wàtào 名(~儿)靴下カバー.
【袜筒】wàtǒng 名(~儿)靴下の足首から上の部分.
**【袜头儿】wàtóur 名(口)短い靴下. ソックス.
**【袜子】wàzi 名〔量 双 shuāng, 只 zhī〕靴下. ¶穿~/靴下を履く.

腽 wà 月部9 四 7621₂ 全13画 通用

下記熟語を参照.
【腽肭】wànà ❶形(文)太っている. 同 肥胖 féipàng ❷名《動物》オットセイ. 同 腽肭兽 shòu, 海熊 hǎixióng 参考 ②は通称"海狗 hǎigǒu"という.

哇 wa 口部6 四 6401₄ 全9画 通用

助 "啊 a"が, 前の音節の"u,ao,ou"の影響を受けて変化した語. ¶你别哭 kū~(泣かないで)/多好~(なんとすばらしい)/快走~(早く歩こう).
☞ 哇 wā

wai ㄨㄞ〔uae〕

歪 wāi 一部8 四 1010₁ 全9画 常用

❶形 曲がっている. ¶~嘴 wāizuǐ(曲がった口)/~着头(頭をかしげる). ❷動 横になって休む. ¶我也~着(私も横になっている). ❸形 正しくない. ¶~理 wāilǐ/~风 wāifēng/~门邪 xié 道.
【歪才】wāicái 名 悪知恵.
【歪打正着】wāi dǎ zhèng zháo 成(方)(~儿)まぐれ当たり. けがの功名.
【歪道】wāidào 名(~儿)〔量 条 tiáo〕❶ 不正な方法. ¶人要走正道,不能走~/人は正しい道を歩き, 間違った事をしてはいけない. ❷ 悪い考え. 同 歪道道儿 dàor
【歪风】wāifēng 名〔量 股 gǔ〕よからぬ風潮. 悪風.
【歪风邪气】wāi fēng xié qì 成 悪い風潮や邪気.
【歪理】wāilǐ 名 屁理屈(へりくつ).
【歪路】wāilù 名 不正な手段. 邪道.
【歪门邪道】wāimén xiédào 成 不当な行い. 不正手段. ¶总走~/汚い手ばかり使う.
【歪扭】wāiniǔ 形 曲がっている. ゆがんでいる. ⇨歪歪扭扭
【歪七扭八】wāi qī niǔ bā 成(筆跡などが)ゆがんでいる. 曲がりくねっている.
【歪曲】wāiqū 動 ゆがめる. ねじ曲げる. 歪曲(わいきょく)する. ¶~对方的意见/相手の意見を曲解する.
【歪诗】wāishī 名 下手な詩. 滑稽な詩. 表現 自分の作品をへり下って言うこともある.
【歪歪倒倒】wāiwāidǎodǎo 形(~的)❶ ぐらついている. ふらついている. ❷ 不ぞろいだ. 整っていない.
【歪歪扭扭】wāiwāiniǔniǔ 形(~的)ゆがんでいる. 曲がりくねっている. ¶字写得~/書いた字が曲がりくねっている.
【歪斜】wāixié 形 傾いている. 曲がっている. ¶身子有点儿~/体が少し傾いている. ¶请同学们把~的桌椅排整齐/皆さん, 曲がった机やイスをまっすぐに並べてください.

圍 歪歪斜斜
【歪主意】wāizhǔyi 名 間違った考え. 悪だくみ. 同 坏huài 主意

崴(異 踓❸) wǎi
山部9 四 2225₃ 全12画 通用

❶ 名 ⓔ 山や河の湾曲した所. ¶迟家～子 Chíjiāwǎizi (遼寧省にある地名). ❷ 形 山道がでこぼこしている. ❸ 動 (足を)くじく. ¶脚脖子给～肿 zhǒng 了 くじいて足首がはれた.
☞ 崴 wēi

【崴脚】wǎi/jiǎo 動 足をくじく. 【崴了脚 / 足をくじいた. ¶把脚崴了 / 足をくじいた.
【崴泥】wǎi/ní 動 泥沼にはまり込む. にっちもさっちも行かない. 往生(おうじょう)する.
【崴子】wǎizi 名 ⓔ 山や水流が湾曲した所. 用法 多く地名に用いられる.

外 wài
夕部2 四 2320₀ 全5画 常用

Ⅰ 万 ❶ (単独で用い)外. 外側. 表. 反 里 lǐ, 内 nèi ¶里应 yìng～合 / 威 内外が呼応する. ¶内～有別 / 身内と他人で区別がある. ¶～强中干 wài qiáng zhōng gān. ¶对～开放 / 一般公開. ¶往～看 / 外を見る.
❷ ほか. 以外. 反 里 lǐ, 内 nèi ¶此～ / このほか. ¶课～活动 / 課外活動;クラブ活動.
❸ そと. 反 里 lǐ, 内 nèi ¶海～/国外. ¶室～/部屋の外. ¶墙～就是马路 / 塀の外は大通りだ.
❹ 外国の. ¶～币 wàibì. ¶～宾 wàibīn. ¶～资 wàizī. ¶～文 wàiwén.
❺ 自分が所属している以外の. 反 本 běn ¶～国 wàiguó. ¶～地 wàidì. ¶～省 wàishěng. ¶～校 / よその学校.
❻ 母方の. ¶～祖父 wàizǔfù. ¶～孙女 wàisūnnǚ. ¶～甥 wàisheng.
❼ 関係が疎遠である. ¶～客 wàikè. ¶～人 wàirén.
❽ 正規ではない. ¶～号 wàihào. ¶～快 wàikuài. ¶～史 wàishǐ.
Ⅱ 素 ほかに. その上. ¶～加 wàijiā. ¶～带 wàidài.
Ⅲ 名 (伝統劇の)男性の老け役.

【外办】wàibàn 名 "外事办公室"(外国との渉外にあたる部門)の略称.
【外邦】wàibāng 名 🅧 外国.
【外币】wàibì 名 外貨. ¶兑换 duìhuàn～/ 外貨を両替する.
**【外边】wàibian 万 ❶ (～儿)外. 外の方. ¶～很冷 / 外はとても寒い. 同 里边 lǐbian ❷ 外地. ¶他刚从～来,对当地的情况不大了解 / 彼はよそから来たばかりで,この土地の事情があまり分かっていない. ❸ 表面. 外側.
【外表】wàibiǎo 名 外側. うわべ. ¶人不可以只看～ / 人は見かけだけで判断してはならない. 同 表面 biǎomiàn
【外宾】wàibīn 名〔量 个 ge, 名 míng, 位 wèi〕外国からの客人. 参考 70年代までは特別待遇を受けた.
【外部】wàibù 名 ❶ 範囲の外. 外部. 反 内部 nèibù ❷ 表面. 外側.
【外埠】wàibù 名 よその都市. ¶他刚从～回来 / 彼はよその街から帰ってきたばかりだ. 反 本埠 běnbù
【外财】wàicái 名〔量 笔 bǐ〕正規外の収入. ¶贪图 tāntú～/ 余録(よろく)を追い求める. 同 外快 wàikuài

【外层】wàicéng 名《天体》外気圈. 同 散逸 sànyì 层
【外层空间】wàicéng kōngjiān 名《天体》宇宙空間. 大気圏外. 同 宇宙 yǔzhòu 空間
【外差】wàichā 名《電気》ヘテロダイン.
【外场】wàicháng 形 つき合いがうまい. 如才ない. ¶～人儿 / 如才ない人. ¶讲究 jiǎngjiu～/ 人づき合いを重んじる.
【外场】wàichǎng 名《スポーツ》(野球やソフトボールの)外野.
【外钞】wàichāo 名 外国紙幣.
【外出】wàichū 動 (所用で)よそへ出かける. 出張する. ¶～谋生 móushēng / 出稼ぎに行く.
【外传】wàichuán 動 ❶ (外に向かって)宣伝する. 散布する. ❷ 外部でうわさする. ¶～我们公司即将 jíjiāng 宣布 xuānbù 破产 pòchǎn / うわさによると,うちの会社はまもなく倒産を宣言するらしい. ☞ 外传 wàizhuàn
【外带】wàidài ❶ 名 タイヤ. 同 外胎 wàitāi ❷ 接 さらに. そのうえ.
【外待】wàidài 動 よそ者扱いをする.
【外道】wàidào ❶ 名《仏教》外道(げどう). 仏法から外れた教え. ❷ wàidao 形 よそよそしい. 他人行儀だ. ¶大家是老朋友,你还～什么? / みんな昔なじみなのに,何をよそよそしくしているの.
【外敌】wàidí 名 外敵.
*【外地】wàidì 名 よその土地. ¶～人 / よそ者. ¶他是从～来打工的 / 彼はよそから出稼ぎに来たのだ. 反 本地 běndì, 当地 dāngdì
【外电】wàidiàn 名 外電.
【外调】wàidiào 動 ❶ (物资や人員を)よそに移す. ¶～物资 / 物資をほかに回す. ❷ よその土地やほかの組織へ調査に行く. ¶内查～/ 内部も外部も調査する. 反 内查 nèichá
【外耳】wài'ěr 名《生理》外耳(がいじ).
【外耳道】wài'ěrdào 名《生理》外耳道. 外聴道.
【外访】wàifǎng 動 外国を訪問する.
【外分泌】wàifēnmì 名《生理》外分泌.
【外敷】wàifū 動 (塗り薬を)患部に塗る. ¶这是～药,决不可内服 / これは塗り薬で,決して内服してはいけない.
【外感】wàigǎn 名《中医》(寒暑や湿気などの)外因による疾病.
【外港】wàigǎng 名 港のない大都市近くにあって,その都市の必要物資を積み降ろしする港. 外港.
【外公】wàigōng 名 母方の祖父. 同 外祖父 wàizǔfù
【外功】wàigōng 名 (～儿) 筋肉・骨・皮膚を鍛える武術. 反 内功 nèigōng
【外骨骼】wàigǔgé 名《生理》外骨格.
【外观】wàiguān 名 外観. ¶这幢 zhuàng 房子的～豪华 háohuá 极了 / この家の外観は大変豪華だ.
*【外国】wàiguó 名 外国. ¶～人 / 外国人. 反 本国 běnguó
【外国语】wàiguóyǔ 名 外国語.
【外海】wàihǎi 名 外海. 外洋.
【外行】wàiháng ❶ 形 素人だ. 経験がない. ¶～话 / 素人くさい話. ¶～人 / 素人. 反 内行 nèiháng ❷ 名〔量 个 ge, 位 wèi〕素人.
【外号】wàihào 名 (～儿)〔量 个 ge〕あだ名. ニックネーム.
【外话】wàihuà 名 万 他人行儀な話.

【外患】wàihuàn 名 外患. 外国の侵略. ¶内忧 yōu～/成 内忧外患. 反 内忧 nèiyōu
【外汇】wàihuì 名《金融》〔量 笔 bǐ〕 外国為替. 外貨. ¶～兑换率 duìhuànlǜ / 為替レート. ¶～储备 chǔbèi / 外貨準備.
【外汇券】wàihuìquàn 名《金融》"外汇兑换券"(外货兑换券)の略称. 参考 外国人用の通貨として中国銀行が1980年から発行した人民元との等価の貨幣で、1995年1月から流通を停止.
【外活】wàihuó 名 方 ❶〔工場や手工業者が〕通常以外に頼まれてする仕事. ❷〈主婦の〉手内職.
【外货】wàihuò 名〔量 件 jiàn, 批 pī〕外国製品. 舶来品. 同 洋货 yánghuò 反 国货 guóhuò
【外籍】wàijí 名 ❶ 外国籍. ❷ 外国籍を持つ在外中国人. ❸ よその土地の戸籍. 比較 ❶の"～华人"は"华侨 huáqiáo"(国外に居留する中国籍中国人)と区別して言う.
【外加】wàijiā 動 ほかに…もある. それに加える. ¶点了四菜一汤,～一个拼盘 pīnpán / 一汁四菜と,その上に前菜を注文した.
【外家】wàijiā 名 ❶ 母方の祖父母の家. ❷ 方 嫁の実家. ❸〈文〉妻の父母の家. ❹〈旧〉妾宅. ❺〈旧〉妾. 愛人.
【外间】wàijiān 名 ❶ (～儿)直接外部に通じる部屋. ❷〈文〉外部. 外界. ¶～传闻 chuánwén 不可尽 jìn 信 / 外部のうわさを全部信じてはいない.
【外艰】wàijiān 名〈旧〉父親の葬式.
*【外交】wàijiāo 名 外交. ¶～官 / 外交官.
【外交部】wàijiāobù 名 外交部. ¶～长 zhǎng / 外务大臣. 外相. 参考 日本の外務省に相当する.
【外交辞令】wàijiāo cílìng 名 外交辞令.
【外交家】wàijiāojiā 名 外交官.
【外交团】wàijiāotuán 名 外交団.
【外角】wàijiǎo 名《数学》外角.
【外教】wàijiào 名 ❶ "外籍教员"(外国人教師)の略称. ❷ "外籍教练"(外国人コーチ)の略称.
【外接圆】wàijiēyuán 名《数学》外接円.
【外界】wàijiè 名 外界. 外部. 局外. ¶～舆论 yúlùn / 外の評判. ¶一人士难以 nányǐ 了解事情的真相 zhēnxiàng / 外部の人間には,事の真相はなかなか理解しにくい.
【外借】wàijiè 動 ❶ (本や雑誌などを)館外へ貸し出す. ❷ (他の組織や人などから)借りる. 借用する.
【外经】wàijīng "对外经济"(対外経済)の略称.
【外景】wàijǐng 名 (舞台上の)屋外セット. (映画の)野外シーン. ¶拍摄 pāishè～/ ロケ撮影を行う. 反 内景 nèijǐng
【外径】wàijìng 名 外径. 外寸.
【外舅】wàijiù 名〈文〉妻の父. 岳父 yuèfù
【外卡】wàikǎ 名《スポーツ》(バスケットボールの)ワイルドカード. ♦wild card
【外科】wàikē 名《医学》外科. ¶～医生 / 外科医.
【外壳】wàiké 名 外殻. 側. ケース. ¶电池～/バッテリーケース.
【外客】wàikè 名 なじみでない客. 一見(カタ)の客. ¶今晚没～,就是自己人吃饭 / 今夜はよその客はおらず,身内の者だけの食事だ.
【外寇】wàikòu 名 外寇(ミラ). 侵略者.
【外快】wàikuài 名〔量 笔 bǐ〕正規以外の収入. ¶捞 lāo～/ 余禄(キミ)をせしめる. ¶赚 zhuàn 些～/ 臨時収入を得る. 同 外财 wàicái, 外水 wàishuǐ
【外来】wàilái 形 外からやって来た. 外来の. ¶～人 / よそ者.
【外来词】wàiláicí →外来语 wàiláiyǔ
【外来户】wàiláihù 名 よその土地から移住して来た人. よそ者.
【外来语】wàiláiyǔ 名 外来語. 同 外来词,借词 jiècí
【外力】wàilì 名 ❶ 外部からの力. ❷《物理》外力.
【外流】wàiliú 動〔海外や外地へ〕流出する. ¶～人 / 人材が流出する. ¶资源～/ 資源が流出する.
【外路】wàilù 形 よそから来た. ¶～货 / 舶来品. ¶～人 / 外来者.
【外露】wàilù 動 外にあらわれる. ¶凶相 xiōngxiàng / 凶悪な人相だ. ¶决不轻易～/ 軽々しく表に見せない.
【外轮】wàilún 名 外国籍の船. 外国船.
【外卖】wàimài ❶ 動〔レストランなどが〕テイクアウト販売をする. ❷ 名 テイクアウトの食品.
【外贸】wàimào 名 "对外贸易 duìwài màoyì"(外国貿易)の略. ¶～部 / 外国貿易部. 国際貿易を管轄する官庁.
【外貌】wàimào 名 外形. 外観. ¶这几年城市～变化较大 / ここ数年,都市の外観の変化はやや大きい.
*【外面】(～儿)❶ wàimiàn 名 表面. うわべ. ❷ wàimian 方 外. 外側. 同 外边 wàibian 反 里面 lǐmian
【外面儿光】wàimiànrguāng 慣 見かけだけ立派だ.
【外脑】wàinǎo →外智 wàizhì
【外皮】wàipí 名 外側の皮. 上包み. ¶剥掉 bāodiào～就可吃 / 皮をむけば食べられる.
【外婆】wàipó 名〈口〉母方の祖母. 同 外祖母 wàizǔmǔ
【外戚】wàiqī 名 帝王の母や妻の一族. 外戚. ¶～专权 / 皇帝の外戚が政権を握る.
【外企】wàiqǐ 名 "外资企业"(外資系企業)の略称.
【外气】wàiqi 形 他人行儀だ. よそよそしい. ¶咱们都是老朋友了,可不兴 xīng～/ 私たちは昔なじみだ. 遠慮などするな.
【外强中干】wài qiáng zhōng gān 成 表面は強そうだが,中はからっぽだ. 見かけ倒しだ. ¶～的纸老虎 / 見かけ倒しの張り子の虎. 由来『左伝』僖公十五年に見えることば.
【外侨】wàiqiáo 名〔量 个 ge, 名 míng, 位 wèi〕在留外国人.
【外勤】wàiqín 名 外勤. 外回り. ¶跑～/ 外回りをする. ¶～记者 / 外勤記者. 反 内勤 nèiqín
【外圈】wàiquān 名《スポーツ》(トラックの)アウトコース.
【外人】wàirén 名 ❶ 見知らぬ人. 他人. ¶结婚多年,婆婆仍 réng 把我当～看 / 結婚して何年にもなるのに,姑(ビゥ)はいまだに私をよそ者扱いする. ❷ 部外者. 外部の人. ❸ 外国人.
【外伤】wàishāng 名〔量 处 chù, 块 kuài〕外傷.
【外商】wàishāng 名〔量 个 ge, 名 míng, 位 wèi〕外国商人.
【外商投资企业】wàishāng tóuzī qǐyè 外国投資企業.
【外设】wàishè 名《コンピュータ》周辺装置. 周辺機器.
【外生殖器】wàishēngzhíqì 名《生理》外部生殖器. 外性器.
【外省】wàishěng 名 ほかの省. ¶～人 / 他省出身の

人.
【外甥】wàisheng 名❶甥(ボヒ). 姉または妹の息子. ❷方 男の外孫.
【外甥女】wàishengnǚ 名(～ル)❶姪(セピ). 姉や妹の娘. ❷方 女の外孫.
【外史】wàishǐ 名 外史. 野史. 反 正 zhèng 史
【外事】wàishì 名 ❶外交事務. ¶～机关 / 外交部門. ❷外の事、家庭や個人以外の世の中の事.
【外手】wàishǒu 名(～ル)車や機械を動かす時の右側.
【外首】wàishǒu 名方外. 表. 同 外头、外边
【外水】wàishuǐ 名(正規以外の)臨時収入. 余禄. 同 外快 kuài
【外孙】wàisūn 名 男の外孫. 娘が生んだ男の子. 同 外孙子 wàisūnzi
【外孙女】wàisūnnǚ[-nü] 名(～ル)女の外孫. 娘が生んだ女の子.
【外孙子】wàisūnzi 名 男の外孫. 同 外孙 wàisūn
【外胎】wàitāi 名 タイヤ. 口語 表現 俗称は"外带".
【外滩】Wàitān 地名 外滩(タンヒ). バンド. 参考 上海市の黄浦江沿い(西岸)の地域をいう. かつて共同租界だった一帯で, 欧風建築物が建ち並ぶ.
【外逃】wàitáo 動 よその土地に逃げる. 高飛びする.
【外套】wàitào 名(～ル)〔件 jiàn〕外套. ジャケット.
【外头】wàitou 名方 外. 表. ¶汽车在～/ 車は外にある. ¶～很冷,多穿一件衣服 / 外は寒いから, もう一枚着なさい. 同 外边 wàibian
【外围】wàiwéi 名 ❶周囲. ❷周囲で連携する組織. 外郭.
【外围组织】wàiwéi zǔzhī 名 外郭団体.
**【外文】wàiwén 名〔门 mén, 种 zhǒng〕外国語. 外国語の文章. ¶～书店 / 外国語書籍を売る書店.
【外屋】wàiwū 名 直接外に通じる部屋. 外间 jiān
【外侮】wàiwǔ 名 外国の侵略や圧力. ¶抵御 dǐyù ～/ 外国からの圧迫に抵抗する.
【外务】wàiwù 名 ❶本職以外の仕事. ❷外交事務.
【外务省】wàiwùshěng 名(日本の)外務省. 比較 中国の外务省は"外交部"という.
【外弦】wàixián 名(音楽)(胡弓の)外側の細い弦.
【外县】wàixiàn 名 その外の県.
【外线】wàixiàn 名 ❶(軍事)敵を包囲する戦線. ❷(電話の)外線. ¶请接～ / 外線につないで下さい.
【外乡】wàixiāng 名 他郷. よその土地. ¶～人 / 他郷の人. ¶～口音 / よその土地のなまり. 反 本乡 běnxiāng
【外向】wàixiàng 形 ❶(性格が)外向的だ. 反 内向 ❷外国市场に向けた.
【外向型】wàixiàngxíng 形 対外拡張型の. ¶～经济 / 外国市场向け経済.
【外销】wàixiāo 動 外国や外地に売る. ¶～物资 / 国外へ輸出する物資. ¶这批产品一到东南亚去 / これらの製品は東南アジアへ輸出される. 反 内销 nèixiāo
【外心】wàixīn 名 ❶二心. 浮気心. ¶他有了～, 对自己的妻子就自然冷淡了 / 彼が他の女性に心を移してから, 当然妻には冷たくなった. ❷(数学)(三角形の)外心.
【外星人】wàixīngrén 名 異星人. 宇宙人.
【外形】wàixíng 名 外形. 外観.
【外姓】wàixìng 名 一族以外の姓. またその人. 反 内姓

【外姓人】wàixìngrén 名 一族以外の人.
【外需】wàixū 名(経済)外需.
【外延】wàiyán 名(哲学)外延. 反 内涵 nèihán
【外洋】wàiyáng 名 ❶外国. ❷外洋. 外海. 反 内海 ❸旧 外国货幣.
【外衣】wàiyī 名 ❶〔件 jiàn〕コート. 上着. ❷仮面. ベール. ¶披 pī 着正人君子 jūnzǐ 的～/ 聖人君子の仮面をかぶる.
【外溢】wàiyì 動 ❶(液体などが)外へ流れ出す. ❷(国外へ)流出する. ¶资金～/ 資金が国外へ流出する.
【外因】wàiyīn 名(哲学)[个 ge, 种 zhǒng]外因. 反 内因 nèiyīn
【外用】wàiyòng 動 旧(薬)外用する. 反 内服 nèifú
**【外语】wàiyǔ 名〔门 mén, 种 zhǒng〕外国語. ¶～学院 / 外国語大学.
【外域】wàiyù 名 外国.
【外遇】wàiyù 名 浮気. 不倫関係. ¶丈夫有～, 最近很少回家 / 夫には愛人がいて, 近頃あったに家に帰らない.
【外圆内方】wài yuán nèi fāng 成 外見は穏やかだが, しんはしっかりしている.
【外援】wàiyuán 名 ❶外からの援助. ❷(スポーツ)外国人選手. 助っ人. ¶该队有两名～/ このチームには二人の外国人助っ人選手がいる.
【外运】wàiyùn 動 海外へ輸送する.
【外在】wàizài 形 外界の. 外部にある. ¶～的原因 / 外部の原因. 反 内在 nèizài
【外债】wàizhài 名 外債. 外国からの借款.
【外长】wàizhǎng 名 "外交部长 wàijiāo bùzhǎng"(外務大臣, 外相)の略.
【外罩】wàizhào 名(～ル)❶上っ張り. ❷覆い. カバー.
【外痔】wàizhì 名(医学)外痔. 反 内痔
【外智】wàizhì 名 外部のブレーン. 組織外や外国の人材. 同 外脑 nǎo
【外传】wàizhuàn 名 正史に記載された以外の伝記. 反 内传 nèizhuàn ⇒外传 wàichuán
【外资】wàizī 名(経済)外国資本. 外資. ¶吸收～/ 外資を吸収する.
【外资企业】wàizī qǐyè 名 外資系企業.
【外子】wàizǐ 名 旧 主人. 旦那. 宅. 反 内子 表現 他人に対して自分の夫を言うことば.
【外族】wàizú 名 ❶一族以外の人. ❷外国人. ❸他民族.
【外祖父】wàizǔfù 名 母方の祖父.
【外祖母】wàizǔmǔ 名 母方の祖母.

wan ㄨㄢ 〔uan〕

弯(彎) wān 弓部 6 四 0002₇ 全9画 常用

❶形 曲がっている. ¶～曲 wānqū / ～路 wānlù. 反 直 zhí ❷名(～ル)曲がっている所. ¶拐 guǎi～ル(角を曲がる). ❸動 曲げる. ¶～腰 wānyāo. ❹動 文(弓を)引く. ¶～弓 wāngōng.

【弯度】wāndù 名 湾曲度.
【弯弓】wāngōng 動 ❶wān//gōng 文 弓を引く. ❷wāngōng 弓の形にそる. 湾曲する.
【弯路】wānlù 名〔条 tiáo〕(比喩として)回り道.

遠回り. ¶我们走了不少的~ / 我々はかなり回り道をした.
【弯曲】wānqū 形 曲がりくねっている. 画 弯弯曲曲 反 笔直 bǐzhí
【弯腰】wān//yāo 动 ❶ 腰を曲げる. 腰をかがめる. ¶弯了一下腰 / ちょっと腰をかがめた. ❷ 腰をかがめて礼をする. ¶~鞠躬 jūgōng / 腰をかがめておじぎをする.
【弯子】wānzi 曲がっている所. 角. 画 弯儿 wānr

剜 wān 刂部8 全10画 3220₀ 通用

动 (ナイフなどで)えぐる.

【剜肉补疮】wān ròu bǔ chuāng 成 跡 後先を考えず, 一時しのぎをする. 画 剜肉医疮 yī chuāng, 挖 wā 肉补疮
由来 「肉をえぐり取って傷にかぶせる」という意から.

塆(壪) wān 土部9 全12画 4012₇ 通用

索 山合いの狭い平地. 参考 多く地名に用いる.

湾(灣) wān 氵部9 全12画 3012₇ 常用

❶ 名〔量 道 dào, 个 ge〕川の流れが曲がる所. ¶河~ héwān (川の曲がる所). ❷ 名 湾. 入江. ¶港~ gǎngwān (入江の港) / 渤海~ Bóhǎiwān (渤海湾). ❸ 动 船を泊める. ¶把船~在那边(船を向こうへ泊める). ❹ (Wān) 姓.

蜿 wān 虫部8 全14画 5311₂ 通用

下記熟語を参照.

【蜿蜒】wānyán 形 ❶ くねくねとはうようす. 画 弯曲 wānqū 反 笔直 bǐzhí ❷ 曲がりくねって続くようす. ¶~崎岖 qíqū の山脉 / 曲がりくねり, 高く低く連なる山脈. 画 弯曲 wānqū 反 笔直 bǐzhí

豌 wān 豆部8 全15画 1311₂ 次常用

下記熟語を参照.

【豌豆】wāndòu 名《植物》エンドウ. エンドウマメ. ¶~黄 / ワントウホワン(北京の名物菓子).

丸 wán 丶部2 全3画 5001₇ 常用

❶ 名〔~儿〕丸 小さく丸い物. ¶弹~ dànwán (弾丸) / 鱼~ yúwán (魚肉だんご) / 泥~ níwán (泥だんご). ❷ 名 丸薬. ¶~ 散 sǎn 膏 gāo 丹 dān (丸薬・散薬・膏薬・練り薬). ❸ 量 丸薬を数えることば. ¶一次吃三~ (1回に3粒飲む).

【丸剂】wánjì 名《医学》〔個 粒 lì〕錠剤. 丸薬.
【丸药】wányào 名《中医》〔個 粒 lì〕丸薬.
【丸子】wánzi 名《料理》肉や魚のだんご. ¶肉~ / 肉だんご.

芄 wán 艹部3 全6画 4451₇ 通用

名 "芄兰 wánlán"に同じ.

【芄兰】wánlán 名《植物》ガガイモ. 画 萝藦 luómó

纨(紈) wán 纟部3 全6画 2511₇ 通用

索 練り絹. ¶~扇 wánshàn / ~绔 wánkù.

【纨绔〔袴〕】wánkù 名 交 ❶ (貴族の子弟が着用した)薄絹のズボン. ❷ 貴族や上流家庭の子弟.
【纨绔子弟】wán kù zǐ dì 成 上流階級の若者. 金持ちの道楽息子.
【纨扇】wánshàn 薄絹を張ったうちわ.

完 wán 宀部4 全7画 3021₂ 常用

Ⅰ 动 ❶ 終わる. 完結する. ¶考试都~了吗？ / 試験は全部終わりましたか.
❷ 完成する. 仕上げる. ¶~工 wángōng. ¶~事 wánshì. ¶~稿 wángǎo. ¶~婚 wánhūn.
❸ (結果補語として用い) ①すっかりなくなる. 尽きる. ¶信纸用~了 / 便箋はすっかり終わった. ¶已经卖~了 / もう売り切れです.
②終わる. 終える. ¶我已经做~作业了 / もう宿題をすませた. ¶那本书看~了 / その本は読み終わった. ¶稿子还没写~ / 原稿はまだ書き終えていない. ¶吃~饭再去 / 食事をしてから行く.
❹ 税を納める. ¶~粮 liáng / 年貢を納める. ¶~税 wánshuì.
Ⅱ 形 完全である. すべてそろっている. ¶~备 wánbèi. ¶~好 wánhǎo. ¶~美 wánměi. ¶~善 wánshàn.
Ⅲ (Wán) 姓.

【完备】wánbèi 形 すべてそろっている. 完備している. ¶工具／道具がすべてそろっている. ¶手续不~,不准办理／手続きが完全でなければ受け付けません. ⇨完美 wánměi, 完善 wánshàn
【完毕】wánbì 动 完了する. ¶操练 cāoliàn~ / 訓練が終了する. ¶我忙到现在,事情还没有做~ / 今まで忙しい思いをしてきたのにまだ終わらない. 画 结束 jiéshù, 完结 wánjié
【完璧归赵】wán bì guī Zhào 成 そっくりそのまま元の持ち主に返す. 由来《史記》廉頗(ぱ)藺相如(りんしょうじょ)列伝に見えることば. 秦国が趙国の和氏(ぎ)の璧と15の都市との交換を要求したので, 趙国の藺相如が璧を持って秦国へ赴いたが, 秦王が約束を守らないことを知り, 璧を持ち帰った故事から.
**【完成】wán//chéng 动 成し遂げる. 完成させる. ¶~任务 / 任務を全うする.
【完蛋】wán//dàn 动 口 ❶ 一巻の終りとなる. くたばる. だめになる. ¶你再不好好地念书,你的将来就~了／これ以上まじめに勉強しないなら,君の将来はだめになる. ❷ 死ぬ. 表현 ② は軽度や諧謔(ぎゃ)の意を含む.
【完稿】wán//gǎo 动 原稿を書き上げる. 脱稿する.
【完工】wán//gōng 动 仕事や工事が完了する. 画 竣工 jùngōng
【完好】wánhǎo 形 完全だ. ¶~如新 / 新品同様だ. ¶~无缺 wúquē / 完全無欠だ.
【完婚】wán//hūn 动 文 (男性が)結婚する. 参考 多く年長者が年少者に, または両親が息子に嫁を娶ってやることを指す.
【完结】wánjié 动 完了する. ¶工作~ / 仕事が終わった. 画 结束 jiéshù
【完竣】wánjùn 动 完成する. 竣工する. ¶修建 xiūjiàn 工程~ / 建設工事が完成した. ¶整篇 piān~ / 編成が完了する.
【完了】wánliǎo 动 終了する. 完了する.
【完满】wánmǎn 形 申し分ない. 円満だ. ¶功德 gōngdé~ / 功績が申し分ない.
【完美】wánměi 形 完璧だ. ¶结局十分~ / 結末は非の打ち所がない. 比較 1) "完备 wánbèi"は,すべてそろって欠けるものがないこと, "完美"は非の打ち所がないことを言う. 2) "完备"は事物について言うが, "完美"は人についても言う.

【完美无缺】wán měi wú quē 〈成〉完璧で非の打ち所がない.
【完密】wánmì 〈形〉綿密だ. 緻密だ. 回 周 zhōu 密
**【完全】wánquán ❶〈形〉完全だ. すべてそろっている. ¶话还没说～/話はまだ全部言い終わっていない. ¶四肢 sìzhī～/五体満足だ. ❷〈副〉まったく. 完全に. ¶～同意/異議なし. ¶你～是胡说 húshuō/君の言うことはまったくでたらめだ. 回 完完全全
【完全小学】wánquán xiǎoxué 〈名〉初級・高級の両部（各三年）を備えている六年制の小学校.〈表現〉"完小"とも言う.
【完人】wánrén 〈名〉欠点のない人.
【完善】wánshàn ❶〈形〉すべて整っている. ¶设备～/設備が整っている. ¶处理得很～/処理の仕方が行き届いている. ¶完美 wánměi ❷〈動〉完全なものにする. ¶～制度/制度を整える.〈比較〉"完备 wánbèi"は, あるべきものがすべてそろっていること. "完善"はそろっているうえに, それが良く立派だという意.
【完事】wán//shì 〈動〉物事が完了する. ¶～大吉 dàjí/めでたく決着がつく.
【完税】wán//shuì 〈動〉税金を納める.
【完小】wánxiǎo →完全小学 wánquán xiǎoxué
*【完整】wánzhěng 〈形〉完全にそろっている. ¶我们有责任 bǎowèi 祖国领土的～/我々は祖国の領土的に責任がある. ¶这套 tào 书是～的/この本は1セット全部そろっている.

玩（异 翫❸~❺）wán
王部4 全8画 〈四〉1111₂ 〈常用〉

❶〈動〉(～儿)遊ぶ. プレーする. ¶要 wánshuǎ/出去～儿(遊びに行く)/～儿扑克 pūkè(トランプをする). ❷〈動〉(～儿)(不当な手段や方法を)使う. 弄ずる. ¶～儿手段(よくない手を使う). ❸〈動〉味わい楽しむ. ¶～月(月を観賞する)/～味 wánwèi/游～ yóuwán (遊覧する). ❹〈名〉観賞に供される物. ¶古～ gǔwán (骨董品). ❺〈動〉軽視する. いいかげんにあしらう. ¶～ 亵 wánxiè/～视 wánshì (軽視する)/～世不恭 gōng. ❻（Wán）姓.〈参考〉❸~❺はもと, "wàn"と発音した.
【玩忽】wánhū 〈動〉おろそかにする. 軽視する. 回 忽视 hūshì
【玩忽职守】wán hū zhí shǒu 〈成〉職務をおろそかにする.
【玩花样】wán huāyàng 〈慣〉(～儿)手練手管を弄する. 小細工をする. 回 玩花招 zhāo
【玩话】wánhuà 〈名〉冗談. ざれ言.
【玩火】wán//huǒ 〈動〉❶(子供が)火遊びをする. ❷危険を冒する. 人を害する. ⇒玩火自焚
【玩火自焚】wán huǒ zì fén 〈成〉〈貶〉自業自得.〈由来〉火遊びをして自ら焼け死ぬ, という意から.
【玩具】wánjù 〈名〉[〈量〉个 ge,件 jiàn,套 tào,种 zhǒng]玩具. おもちゃ. ¶玩儿～/おもちゃで遊ぶ.
【玩乐】wánlè 〈動〉遊び楽しむ.
【玩弄】wánnòng 〈動〉❶いじって遊ぶ. ¶～积木 jīmù/積み木で遊ぶ. ❷もてあそぶ. からかう. ¶～女性/女性をひやかす. 回 戏弄 xìnòng ❸いじり回す. ¶该 gāi 文除了～名词之外, 没有什么内容 nèiróng/この文章は術語を弄しているだけで, 何も内容がない. ❹(手段や手管を)弄する. ふるう. ¶～两面手法/二つの策を弄する.
【玩偶】wán'ǒu 〈名〉おもちゃの人形.

【玩儿不转】wánrbuzhuàn 〈動〉〈口〉どうしようもない. 対処しきれない.
【玩儿命】wánrmìng 〈動〉命知らずなことをする.〈表現〉諧謔（ｶｲｷﾞｬｸ）の意を含む.
【玩儿票】wánr//piào 〈動〉余技で芝居をする.
【玩儿完】wánrwán ❶〈動〉駄目になる. おしまいになる. ❷死ぬ.〈表現〉諧謔（ｶｲｷﾞｬｸ）の意を含む.
【玩赏】wánshǎng 〈動〉鑑賞する. ¶收藏～古董 gǔdǒng/アンティークを収集・鑑賞する.
【玩世不恭】wán shì bù gōng 〈成〉〈貶〉世間を甘く見て態度が不遜（ｿﾝ）だ. ～的态度/世間をなめた態度.
【玩耍】wánshuǎ 〈動〉遊びたわむれる. 回 游戏 yóuxì
【玩味】wánwèi 〈動〉かみしめて味わう. ¶你～～他刚才的一席话/先ほどの彼の話をじっくりかみしめてみなさい. ¶这句名言令人～/この名言は実に味わい深い. 回 玩味玩味
【玩物】wánwù 〈名〉[〈量〉件 jiàn]遊ぶ物. なぐさみ物.
【玩物丧志】wán wù sàng zhì 〈成〉好きなものに心を奪われて本分をなくす. 道楽に深入りして仕事をする気がなくなる.〈由来〉『尚書』旅獒（ﾘｮｺﾞｳ）に見えることば.
【玩笑】wánxiào 〈名〉ふざけた言動. 冗談. ¶开～/冗談を言う. からかう.
【玩意〔艺〕儿】wányìr 〈名〉❶[〈量〉个 ge,件 jiàn,种 zhǒng]おもちゃ. ❷曲芸. 雑技. ❸しろもの. 事柄. ¶他是什么～?/あいつは何者だろう. ¶小美不但会念书,连跳舞唱歌等～也会/メイちゃんは勉強ができるばかりでなく, ダンスや歌などもうまい. 回 东西 dōngxi〈表現〉は, 貶義を含むこともある.

顽（頑）wán
页部4 全10画 〈四〉1128₂ 〈常用〉

❶〈形〉愚かだ. ¶～石 wánshí/冥 míng～不灵〈成〉愚かでわからず屋だ). ❷〈形〉頑固だ. ¶～梗 wángěng (頑固だ)/～癣 wánxuǎn (たしなど治りにくい皮膚病)/～敌 wándí. ❸〈形〉(子供が)わんぱくだ. ¶～童 wántóng. ❹〈動〉"玩 wán"①②に同じ.
【顽敌】wándí 〈名〉[〈量〉伙 huǒ,群 qún]頑強な敵. 手ごわい相手.
【顽固】wángù 〈形〉頑固だ. かたくなだ. ¶～守旧 shǒujiù/かたくなで保守的な. ¶他是个老～/彼は頑固者だ.
【顽固不化】wán gù bù huà 〈成〉❶頑固で融通が利かない. ❷まちがった考えなどを変えようとしない.
【顽疾】wánjí 〈名〉慢性病. 難病. 不治の病. 回 顽症 zhèng
【顽抗】wánkàng 〈動〉〈貶〉頑強に抵抗する. ¶负隅 yú～/天険に頼って頑強に抵抗する.
【顽劣】wánliè 〈形〉❶頑固で無知だ. ❷(子供が)きかんぼうで言うことを聞かない.
【顽皮】wánpí 〈形〉わんぱくだ. ¶这孩子～极了/この子はとてもわんぱくだ. 回 淘气 táoqì,皮 tiáopí
【顽强】wánqiáng 〈形〉くじけない. ねばり強い. ¶～的斗争 dòuzhēng/ねばり強い戦い. 回 坚强 jiānqiáng
【顽石】wánshí 〈名〉[〈何の変哲もない〉石ころ.
【顽石点头】wán shí diǎn tóu 〈成〉説得力・感化力が大きい.〈由来〉晋朝の僧・道生法師が石を集めて"涅槃経"を説法すると, 石がそれを聞いてうなずいた, という故事から.
【顽童】wántóng 〈名〉[〈量〉个 ge,群 qún]わんぱく小僧. いたずらっ子.
【顽症】wánzhèng →顽疾 wánjí

烷 wán
火部7 四 9381₂ 全11画 通用

名《化学》アルカン．メタン系炭化水素．⇨ 烷烃 wántīng

【烷基】wánjī 名《化学》アルキル基．
【烷烃】wántīng 名《化学》アルカン．メタン系炭化水素．⇨ 石蜡 shílà 烃

宛 wǎn
宀部5 四 3021₂ 全8画 次常用

❶ 素 曲がりくねる．¶~转 wǎnzhuǎn． ❷ 副 ⑦ まるで．あたかも．¶~然 wǎnrán／音容~在（成）亡き人の声が聞こえ，姿が目に浮かんでくるようだ． ❸ (Wǎn)姓．

【宛然】wǎnrán 副 まるで．さながら．¶~在目／まるで目に見えるようだ．
【宛如】wǎnrú 動 ⑦ まるで…のようだ．…に似ている．¶闪闪 shǎnshǎn 的灯火~天上的星星／きらめく明かりは，まるで空の星々のようだ．
【宛若】wǎnruò 動 まるで…のようだ．…に似ている．
【宛如】wǎnrú 動 まるで…のようだ．…に似ている．⇨ 宛如 rú, 正像 zhèngxiàng
【宛似】wǎnsì 動 まるで…のようだ．…に似ている．⇨ 宛如 rú, 正像 zhèngxiàng
【宛转】wǎnzhuǎn ❶ 動 転々とする． ❷ 形 "婉转 wǎnzhuǎn"に同じ．

莞 wǎn
艹部7 四 4421₂ 全10画 通用

下記熟語を参照．
☞ 莞 guǎn

【莞尔】wǎn'ěr 形 ⑦ にっこりと笑うようす．¶~一笑／にっこりと笑う．

挽（輓④）wǎn
扌部7 四 5701₂ 全10画 常用

❶ 動 引っ張る．引く．¶~弓 gōng (弓を引く)／~留 wǎnliú／手~着手(手に手をつなぐ)． ❷ 素 (不利な形勢から)好転させる．もとに戻す．¶~回 wǎnhuí／~救 wǎnjiù． ❸ 動 "绾 wǎn"に同じ． ❹ 素 死者を追悼する．¶~歌 wǎngē／~联 wǎnlián．

【挽词】wǎncí 名 弔辞．弔文．
【挽歌】wǎngē 名〔⑯ 首 shǒu, 支 zhī〕挽歌．
【挽回】wǎnhuí 動 挽回する．取り戻す．¶~一体面／メンツを取り戻す．¶~败局 bàijú／劣勢を巻き返す．¶无法~消逝 xiāoshì 的青春年华／過ぎ去った青春の歳月を取り戻すことはできない．
【挽救】wǎnjiù 動 救い出す．助ける．¶医生~病人的生命／医者は病人の命を救う．
【挽联】wǎnlián 名〔⑯ 对 duì, 副 fù〕死者を哀悼する対聯．⇨ 喜联 xǐlián
【挽留】wǎnliú 動 引き止める．¶再三~／何度も引き止める．¶~客人／客を引き止める．
【挽诗】wǎnshī 名《文学》挽詩．死者をいたむ詩．
【挽幛】wǎnzhàng 名(お悔やみに贈る)哀悼のことばを記した絹の掛け物．

菀 wǎn
艹部8 四 4421₂ 全11画 通用

→紫菀 zǐwǎn

晚 wǎn
日部7 四 6701₂ 全11画 常用

❶ 名 夜．¶~饭 wǎnfàn／~会 wǎnhuì／今~ jīnwǎn (今晩)／从早到~（朝から晩まで)．反 早 zǎo ❷ 形 遅れている．遅い．¶来~了(来るのが遅れた)／时间~了(時間が遅くなった)．反 早 zǎo ❸ 素 終わりに近い．¶~秋 wǎnqiū／~年 wǎnnián．反 早 zǎo ❹ 素 後から来た．¶~辈 wǎnbèi／~娘 wǎnniáng． ❺ 素 先輩に対する自称． ❻ (Wǎn)姓．用法 ⑤は手紙で用いる．

【晚安】wǎn'ān 動 おやすみなさい．¶道声~,就进房休息了／おやすみと言うと,部屋に入って休んだ． 表現 夜別れる時のあいさつことば．
【晚班】wǎnbān 名 夜勤．遅番．¶上~／夜勤をする．
【晚半晌儿】wǎnbànshǎngr 名 夕方．日暮れどき．
【晚半天儿】wǎnbàntiānr 名 ⑦ 夕方．たそがれどき．⇨ 晚半响儿 shǎngr
【晚报】wǎnbào 名〔⑯ 份 fèn, 张 zhāng〕夕刊．
【晚辈】wǎnbèi 名 下の世代の者．後輩．反 长辈 zhǎngbèi
【晚餐】wǎncān 名〔⑯ 顿 dùn, 份 fèn〕夕食．¶与他共进~／彼と夕食を共にする．
【晚场】wǎnchǎng 名 (劇や映画の)夜の部．⇨ 夜场 yèchǎng
【晚车】wǎnchē 名 夜行列車．夜に出発または到着する列車．
【晚春】wǎnchūn 名 晚春．陰暦の三月をいう．
【晚稻】wǎndào 名 晚稲(〻)．
【晚点】wǎn//diǎn 動 (定時運行のものが)定刻より遅れる．¶火车~了／汽車が遅れた．反 正点 zhèngdiǎn
**【晚饭】wǎnfàn 名〔⑯ 顿 dùn, 份 fèn〕夕食．夕飯．
**【晚会】wǎnhuì 名〔⑯ 场 chǎng, 个 ge〕夜会．夜の集まり．¶联欢 liánhuān~／親睦の夕べ．¶营火 yínghuǒ~／キャンプファイアーの集い．
【晚婚】wǎnhūn 動 遅目に結婚する．反 早婚 zǎohūn
【晚间】wǎnjiān 名 夜．¶~新闻／夜のニュース．
【晚节】wǎnjié 名 ❶ 晚節．晚年の節操．¶保持~／晚節を保つ． ❷ ⑦ 晚年．末期．¶~末路 mòlù／人生のたそがれ．
【晚近】wǎnjìn 名 ここ数年来．
【晚景】wǎnjǐng 名 ❶ 夕暮れの景色．夕景色． ❷ 晚年の状況．老境．
【晚礼服】wǎnlǐfú 名 夜会服．イブニングドレス．
【晚年】wǎnnián 名 晚年．¶~多病／年を取って病気がちに．¶度过幸福的~／幸福な晚年を過ごす．⇨ 暮年 mùnián⇨ 早年 zǎonián
【晚娘】wǎnniáng 名 継母．⇨ 后娘 hòuniáng
【晚期】wǎnqī 名 末期．後期．¶肺癌 fèi'ái~／肺ガン末期．¶这是他~的作品／これは彼の後期の作品です．反 早期 zǎoqī
【晚秋】wǎnqiū 名 晚秋．陰暦の九月をいう．
*【晚上】wǎnshang 名 夜．晚．反 早晨 zǎochén
【晚生】wǎnshēng 名 ⑦ 小生．表現 上の世代の人に対する自称．
【晚世】wǎnshì 名 ⑦ 近世．
【晚熟】wǎnshú 形 (農作物が)遅れて熟す．おくての．¶~品种／おくての品種．
【晚霜】wǎnshuāng 名《気象》季節外れの霜．遅霜(〻)．参考 農作物に被害を与える．
【晚霞】wǎnxiá 名 ⑦ 道 dào, 片 piàn〕夕焼け．¶~红透 hóngtòu 半边天／夕焼けが西の空を真っ赤に染める．⇨ 朝霞 zhāoxiá
【晚香玉】wǎnxiāngyù 名《植物》ゲッカコウ．
【晚宴】wǎnyàn 名 ⑦ 晚餐会．
【晚育】wǎnyù 動 遅めに出産する．¶晚婚~／遅めに結婚し出産する．参考 人口抑制政策の一環で,女性が24歳

脘 wǎn
月部7 四 7321₂
全11画 通用
名《中医》胃の内部.

惋 wǎn
↑部8 四 9301₂
全11画 次常用
素⊙驚き嘆く. ¶～惜 wǎnxī／叹～ tànwǎn（嘆く）.
【惋惜】wǎnxī 动悲しみ残念に思う. 同情する.

婉 wǎn
女部8 四 4341₂
全11画 次常用
素❶（ことばが）穏やかだ. ¶～谢 wǎnxiè／～商 wǎnshāng（遠回しに相談する）／～言 wǎnyán. ❷しとやかで美しい. ¶～丽 wǎnlì.
【婉辞】wǎncí 名❶婉曲な話し方. 柔らかい言い回し. ¶在社交场合,常常要使用～／社交の場では,婉曲な表現を使うことが多い. 同婉词wǎncí ❷动遠回しに断る. 面倒だ. ¶他～了对方的邀请 yāoqǐng／彼は相手の招待を婉曲に断った.
【婉和】wǎnhé 形（もの言いが）柔らかい.
【婉拒】wǎnjù 动遠回しに断る.
【婉丽】wǎnlì 形❶しとやかで美しい. ❷（詩文の表現が）たおやかで優美だ.
【婉曲】wǎnqū 形婉曲だ. 遠回しだ.
【婉顺】wǎnshùn 形（女性が）やさしくおとなしい. 柔順だ.
【婉谢】wǎnxiè 动婉曲に辞退する. ¶奶奶～亲朋的生日礼物／祖母は家族や友人からの誕生祝いをやんわりと断った.
【婉言】wǎnyán 名婉曲な話し方. ¶～拒绝 jùjué／遠回しに断る. ¶～相劝 xiāngquàn／穏やかに忠告する. 反直言 zhíyán.
【婉约】wǎnyuē 形❶婉曲で含みがある. ¶意境～,词藻 cízǎo 清丽／構想が奥深く,ことばは明朗で美しい. ❷性情～／性格が穏やかだ.
【婉转】wǎnzhuǎn 形❶（ことばが）婉曲だ. 穏やかだ. ¶措词 cuòcí～／ことば遣いが穏やかだ. ¶说话一些,可避免 bìmiǎn 与人发生冲突 chōngtū／ことばを婉曲にすれば,人との衝突を避けることができる. 同宛转 wǎnzhuǎn ❷（声の）抑揚が美しい. ¶小美的歌声～动听／メイちゃんの歌声は抑揚に富み,心をゆさぶる. 同宛转 wǎnzhuǎn

绾(綰) wǎn
纟部8 四 2317₇
全11画 通用
动❶ひもを輪にして結ぶ. ¶～结 wǎnjié（ひもを結ぶ）. ❷まくり上げる. ¶～起袖子 xiùzi（袖をまくり上げる）.

琬 wǎn
王部8 四 1311₂
全12画 通用
名⊙玉（ぎょく）の一種. 上部が丸くなっている圭（けい）. ¶～圭 wǎnguī（美しい玉）.

皖 Wǎn
白部7 四 2361₂
全12画 通用
名安徽省の別称.
【皖南事变】Wǎnnán shìbiàn 名《歷史》皖南（かん）事件. 1941年1月,安徽省南部茂林地区で,国民党政府軍の待ち伏せ攻撃により,共産党系の新四軍が壊滅的打撃を受けた事件. 中日戦争最中に,抗日気運に逆行する動きとして衝撃を与えた.

碗(異 盌、椀) wǎn
石部8 全13画 四 1361₂ 常用
❶名〔个 ge,只 zhī〕碗. ¶饭～ fànwǎn（ごはん茶碗）／茶～ cháwǎn（湯のみ茶碗）. ❷素碗に似たもの. ¶轴～儿 zhóuwǎnr（機械の軸碗）／橡～子 xiàngwǎnzi（どんぐりの殻）.
【碗橱】wǎnchú 名食器棚.
【碗柜】wǎnguì 名食器棚. 同 碗橱 chú
【碗盏】wǎnzhǎn 名碗などの食器類.

畹 wǎn
田部8 四 6301₂
全13画 通用
量古代の耕地面積の単位. 1"畹"は30"亩 mǔ".

万(萬) wàn
一部2 四 1022₇
全3画 常用
❶数万. ¶五～（5万）. ❷素多い. ¶～国 wànguó／～事 wànshì／～物 wànwù. ❸副極めて. 非常に. ¶～全 wànquán／～难 wànnán. ❹副絶対に. ¶～不能行（絶対にすることができない）／～不得dé了 yǐ. ❺（Wàn）姓. 用法❸は,後に"不","没"などの打ち消しのことばを伴うことが多い.
☞ 万 mò
【万艾可】wàn'àikě 名《外》《薬》バイアグラ. ♦viagra
【万般】wànbān ❶代あらゆる事. ¶～都有个定数／すべてのものには決まった数がある. ¶～起头难／何事も始めが難しい. ❷副極めて. まったく.
【万般无奈】wàn bān wú nài 成どうにも仕方がない. 万策尽きた.
【万变不离其宗】wàn biàn bù lí qí zōng 成形式上変化しても,本質的には変わらない.
【万不得已】wàn bù dé yǐ 成やむを得ない.
【万代】wàndài 名万世（ほう）. ¶植树 zhíshù 造林是关系到子孙～的大事／植樹造林は子孫何代にもわたる大事だ.
【万端】wànduān 形多岐にわたっている. さまざまだ. ¶感慨 gǎnkǎi～／感慨無量だ. ¶天气变化～／気候の変化がめまぐるしい.
【万恶】wàn'è 形このうえなく悪い. 極悪非道だ. ¶～之源／諸悪の根源. ¶～不赦 shè／許しがたい極悪非道. ¶～滔天 tāotiān／途方もない悪業.
【万方】wànfāng ❶名全国各地. 世界各地. ❷形（姿や形が）多種多様だ.
【万分】wànfēn 副非常に. ¶～感谢／感謝の至りだ. ¶～抱歉 bàoqiàn／まことに申し訳ない. ¶热情～／親切このうえない.
【万夫莫〔不〕当】wàn fū mò [bù] dāng 成万夫が当たってもかなわない. 勇気があってたくましいこと.
【万福】wànfú 动旧《女性が》おじぎをする. 両手を軽く握り,胸の右下で上下させながら会釈する. ¶～还礼 huánlǐ／「万福」の形式で返礼する.
【万古】wàngǔ 名永久. ¶～长存／永遠に生残る.
【万古长青】wàn gǔ cháng qīng 成いつまでも変わらない. とこしえに栄える. ¶中日两国人民的友谊将世代相传 xiāngchuán,～／中日両国民の友情は世々代々伝えられ,永遠に変わらず続くだろう. 同万古长春 chūn
【万古流芳】wàn gǔ liú fāng 成永遠に名声を残す. ¶伟大事迹 shìjī～／偉大な事業は永遠に語り継がれるだ

万福

【万贯】wànguàn 名 ❶1万貫の銅銭. ❷巨万の富. ¶腰缠 chán～/巨万の富を所持する.
【万国】wànguó 名 万国. 世界各国. 天下. ¶～博览会/万国博覧会.
【万户侯】wànhùhóu 名 万戸侯(ミぅ). 高官. 参考 もとは,漢代における1万戸以上の領土を有する侯爵の最高位を指した.
【万花筒】wànhuātǒng 名 [個 个 ge,只 zhī] 万華鏡.
【万机】wànjī 名 政治上の多くの重要な事がら. 万機(ぼん).
【万家灯火】wàn jiā dēng huǒ 成 家々に明りがともる. 夜の都会の景観.
【万箭穿[攒]心】wàn jiàn chuān [cuán] xīn 成 たいそう心が痛む. 由来 無数の矢が胸を貫くという意から.
【万劫不复】wàn jié bù fù 成 永遠に回復することができない.
【万金】wànjīn ❶ 名 非常な大金. ❷ 形 きわめて貴重だ.
【万金油】wànjīnyóu 名 ❶【薬】[個 盒 hé] 万金油. 初期治療として何にでも用いられる家庭用軟膏. ❷何でもこなすが精通するものがない人. ¶他是个～干部/彼は何でも屋管理職だ. 参考 ①は中国大陸では"清凉油 qīngliángyóu"と称して売られている.
【万籁】wànlài 名 さまざまな音. 万籟(ぼん).
【万籁俱寂】wàn lài jù jì 成 音もなく静まり返っている. 同 万籁无声 wú shēng.
【万类】wànlèi 名 万物. すべての生き物.
【万里长城】Wànlǐ chángchéng 名 ❶ 万里の長城. ❷拠り所となるもの. 頼りになるもの. ⇒长城 Chángchéng.
【万里长征】wànlǐ chángzhēng ❶長期にわたる遠征. ❷長期にわたる難事業. ❸《歴史》"中国工农红军"の1934-1936年にわたる大移動. ⇒长征 chángzhēng.
【万历】Wànlì 名《歴史》万暦(ばん:1573-1620). 明代の神宗の年号.
【万隆】Wànlóng《地名》バンドン(インドネシア).
【万马奔腾】wàn mǎ bēn téng 成 勢いがすさまじいようす. 数え切れないほどたくさんの馬が勢いよく走り回る,という意から.
【万马齐喑】wàn mǎ qí yīn 成 人々が黙り込んで,ものを言わないようす. 由来 何万匹の馬がみな鳴りをひそめる,という意から.
【万民】wànmín 名 多くの人民. 万民.
【万难】wànnán ❶ 副 とても…できない. ¶～挽回 wǎnhuí/挽回するのは難しい. ¶～同意/どうしても同意できない. ❷ 名 さまざまな困難. 万難. ¶排除 páichú～/万難を排除する. ¶～不屈 bùqū的意志/どんな困難にも屈しない意志.
【万能】wànnéng 形 ❶何でもできる. 万能だ. ¶任何人都不是～的/いかなる人も万能ではありえない. ❷使い道が広い. 万能の. ¶～钥匙 yàoshi/マスターキー.
【万能胶】wànnéngjiāo 名 ❶万能接着剤. ❷おせっかいやき. 物好き.
【万年】wànnián 名 万年. 永遠. ¶遗 yí 臭 chòu～/後世に長く汚名を残す.
【万年历】wànniánlì 名 万年暦.
【万年青】wànniánqīng 名《植物》オモト.

万 wàn 1143

【万念俱灰】wàn niàn jù huī 成 すべての心づもりやもくろみが消え失せ,失意のどん底に陥る.
【万千】wànqiān 形 ❶非常に数が多い. ¶～的科学家/おびただしい数の科学者. ❷多種多様だ. ¶变化～/変化がさまざまだ. ¶百感交集,思绪 sīxù～/さまざまな感情が交錯し,思いが千々に乱れる.

万年青

【万顷】wànqǐng 形 面積が広い. 広々としている. 参考 1"顷"は100"亩"(6.67 ha). "万顷"は"百万亩".
【万全】wànquán 形 万全だ. ¶计出～/策の万全を期する.
【万全之策】wànquán zhī cè 名 万全の策.
【万儿八千】wànr bāqiān 慣 一万に届くか届かない程度の. ¶～的观众/一万人ほどの観衆.
【万人坑】wànrénkēng 名 万人坑(ホスぅん). 虐殺による多数の死骸を埋葬した場所. 日中戦争中,日本軍によるものが有名.
【万人空巷】wàn rén kōng xiàng 成 町中の人々がこぞって繰り出す. 表现 祝賀会や歓迎会などの盛況なようす.
【万世】wànshì 名 万世(ばん). ¶千秋～/何世代にもわたる長い年月. ¶～师表/万世の手本. 孔子のこと.
【万事】wànshì 名 万事. ¶～起头 qǐtóu 难/何事も最初が難しい.
【万事达卡】Wànshìdákǎ 名《商標》マスターカード. ◆ Master Card
【万事大吉】wàn shì dà jí 成 万事めでたし.
【万事亨通】wàn shì hēng tōng 成 万事順調に運ぶ.
【万事俱备,只欠东风】wàn shì jù bèi, zhǐ qiàn dōng fēng すべて準備が整ったが決定的な要因が欠けている. 由来 三国時代,周瑜が曹操を火攻めにする準備を整え,あとは東風を待つのみだと言った故事から.
【万事如意】wàn shì rú yì 成 何事もかも思い通りに行く.
【万事通】wànshìtōng 名 [個 个 ge,位 wèi] 何でも知っている人. 同 百 bǎi 事通 表现 皮肉や風刺の意を含む.
【万寿无疆】wàn shòu wú jiāng 成 いつまでも長生きでありますように. 表现 君主の長寿を祈ることば.
【万水千山】wàn shuǐ qiān shān 成 数え切れない山や河. 長く険しい道のり. 同 千山万水.
【万死】wànsǐ 動 一万回死ぬ. ¶罪 zuì 该～/ 成 罪は万死に値する. ¶～不辞 cí/ 成 万死をも辞せず.
【万岁】wànsuì ❶ 動 永遠なれ. 万歳. ❷ 名 封建時代,皇帝に対して用いた敬称. ¶～爷 yé/皇帝陛下.
【万万】wànwàn ❶ 数 億. ¶四～/4億. ❷ 副 どうしても. 絶対に. ¶～想不到/全く思いがけない. ¶～不可粗心大意/断じて油断してはいけない. 用法 ②は否定文に用いる.
【万维网】wànwéiwǎng 名《コンピュータ》ワールド・ワイド・ウェブ. WWW.
【万无一失】wàn wú yī shī 成 万に一つの失敗もない. ¶～行动/行動に万一の失敗もない.
【万物】wànwù 名 万物. ¶春回大地,～复苏 fùsū/大地に春が巡り来て,万物がよみがえる.
【万向】wànxiàng 形《機械》自在の. ¶～阀 fá/自在弁.

【万象】wànxiàng 图 あらゆる事物. ¶包罗 bāoluó～/成 あらゆる物を網羅している. ¶～回春/すべてのものに再び春が巡ってくる.

【万象更新】wàn xiàng gēng xīn 成 すべてのものが新しく生まれ変わる.

【万幸】wànxìng 形 (災難を免れて)なによりの幸運だ. ¶车子撞坏 zhuànghuài 是小事,人没受伤就算～/車がぶつかってこわれたのは大したことではない,人にけががなかったのが幸いだ.

【万一】wànyī ❶ 图 万分の一. ごくわずかな部分. ¶才能勉尽 miǎnjìn 其天职于～/ようやくその天職の万分の一を発揮できる. ❷ 图 万が一の場合. 万が一の事. ¶出门在外要处处小心,以防～/外に出かけたら,よく気を配り,万が一の場合に備えねばならない. ¶不怕一万,就怕～/念には念を入れて備える. ❸ 副 万が一. ¶带把伞吧,～下雨了呢？/傘を持っていきなさいよ,万一雨になったらどうするの. ❹ 接 万一……であったら. ひょっとして～～没考好,你也别着急/万一試験に受からなくても,焦るなよ. 表現 ❷,❸は好ましくない事について言う.

【万应锭】wànyìngdìng 图 万能薬. 同 万应灵丹 língdān

【万应灵丹】wànyìng língdān 图 ❶ 万能薬. ❷ 万能の解決法.

【万用表】wànyòngbiǎo 图 《電気》マルチメーター.

【万有引力】wànyǒu yǐnlì 图 《物理》万有引力. 表現 "引力"とも言う.

【万元户】wànyuánhù 图 〔～ 个 ge,家 jiā〕万元戸 (まんげんこ) 参考 年収が一万元に達する家. 急に収入が増えた農家や個人経営者のこと.

【万丈】wànzhàng 形 非常に高い. 非常に深い. ¶～深渊 shēnyuān / 深くて底の知れない淵. ¶怒火 nùhuǒ～/怒り天まで達する勢い. ¶～高楼平地起/万丈の高楼も地面から築き上げる. すべてはゼロから始まる.

【万众】wànzhòng 图 すべての人. 大衆. ¶～欢腾 huānténg / 人々が喜びに沸き立つ. ¶～同心/皆で心を合わせる.

【万众一心】wàn zhòng yī xīn 成 すべての人が心を一つにする.

【万状】wànzhuàng 形 多様だ. 甚だしい状態だ. ¶危险～/危険極まりない. ¶狼狈 lángbèi～/狼狽することが甚だしい. 表現 マイナスの程度の甚だしいようすをあらわす.

【万紫千红】wàn zǐ qiān hóng 成 ❶ 色とりどりの花が一斉に咲き乱れるよう. ❷ 豊富で多彩なよう. 繁栄しているよう.

腕 wàn
月部8 四 7321₂
全12画 次常用

图 (～儿)《生理》手首. ¶～力 wànlì. 比較 日本語の"腕"に当る部分は,"胳膊 gēbo","胳臂 gēbei"と言う. ⇨人体 réntǐ (図)

【腕骨】wàngǔ 图《生理》腕骨 (そっ).
【腕力】wànlì 图 ❶ うでまえ. 手腕.
【腕儿】wànr 图 回 レベルが高く,評判の高い人.
【腕子】wànzi 图 手首. ¶手～/手首. ¶脚～/足首.
【腕足】wànzú 图《動物》イカやタコの足.

蔓 wàn
艹部11 四 4440₇
全14画 次常用

图 (～儿)〔根 gēn〕(植物の)つる. ¶瓜～儿 (ウリのつる) / 顺～摸 mō 瓜 (つるをたどってウリを探す. いもづる式).

☞ 蔓 mán, màn

【蔓儿】wànr 图 植物のつる.

wang ㄨㄤ〔uaŋ〕

汪 wāng
氵部4 四 3111₄
全7画 常用

❶ 素 水が深く大きく広がっている. ¶～洋 wāngyáng.
❷ 動 液体がたまる. ¶地上～着水 (地面に水がたまっている) / 眼里～着泪水 lèishuǐ (目に涙をためている).
❸ 量 (～儿) たまっている液体を数えることば. ¶两～眼泪 yǎnlèi (両目のこぼれそうな涙). ❹ 擬 ワン. 犬のほえる声. ¶狗～～叫 (犬がワンワンとほえる). ❺ (Wāng) 姓.
用法 ❹は通常重ねて用いる.

【汪汪】wāngwāng 形 ❶ 目に涙をたたえているようす. 瞳が輝いているようす. ¶眼泪 yǎnlèi～地望着他/目に涙をためて彼を眺めている. ❷ 図 水面が広々している. ¶～江面,望不到对岸/広々とした川面で対岸も見えない.

【汪洋】wāngyáng 形 ❶ 水面が果てしなく広がっている. ❷ 図 度量が広い.

【汪洋大海】wāng yáng dà hǎi 成 ❶ 果てしなく広がる大海原. ❷ 極めて豊富なこと.

【汪子】wāngzi 量 "汪 wāng"③に同じ.

亡 wáng
亠部1 四 0071₀
全3画 常用

素 ❶ 逃げる. ¶逃～ táowáng (逃亡する) / ～命 wángmìng / 流～ liúwáng (亡命する). ❷ 失う. なくす. ¶～失 wángshī / ～羊补牢 láo. ❸ 死ぬ. 死～ sǐwáng (死亡する) / 伤～ shāngwáng (死傷者) / 阵～ zhènwáng (戦死する). ❹ 亡くなった. ¶～妻 wángqī (亡き妻) / ～友 wángyǒu (亡き友). ❺ 滅ぼす. 滅びる. ¶灭～ mièwáng (滅亡する) / ～国 wángguó.

☞ 亡 wú

【亡故】wánggù 動 死亡する. ¶他自从父亲～之后,一向流落江湖/彼は父を亡くしてからずっと世間を流浪してきた.

【亡国】❶ wáng//guó 動 国が滅びる. 国を滅ぼす. ¶～灭种 mièzhǒng / 国家が滅び,民族が滅亡する. ❷ wángguó 图 滅亡した国.

【亡国奴】wángguónú 图 亡国の民.

【亡魂】wánghún 图 ❶ (死んで間もない)死者の魂. ¶今天是～的祭日 jìrì / 今日は死者の魂を祭る日だ. ❷ 動 魂を失う. ¶～失魄 shīpò / 魂が抜けたように呆然となる.

【亡魂丧胆】wáng hún sàng dǎn 成 生きた心地がしないほど肝をつぶす. 恐れおののく. ¶敌人被打得～,抱头鼠窜 shǔcuàn / 敵は恐れおののき,頭を抱えてあたふたと逃げて行った.

【亡灵】wánglíng 图 死者の魂. 亡霊. ¶祭奠 jìdiàn 母亲的～/母親の魂をとむらう.

【亡命】wángmìng 動 ❶ 逃亡する. 亡命する. ¶罪犯～外地/犯罪者が高飛びする. ¶国王～国外/国王が国外へ亡命する. ❷ 命をかえりみない.

【亡命(之)徒】wáng mìng (zhī) tú 成 命知らずのならず者.

【亡失】wángshī 動 (物品を)失う. なくす.

【亡羊补牢】wáng yáng bǔ láo 成 事後の対策をして、再度の失敗を防ぐ。由来『戦国策』楚策に見えることば。"亡羊而补牢,未为迟也"(羊が逃げてしまってからおりを修復しても、まだ遅くはない)から。

王 wáng

王部0 四 1010₄ 全4画 常用

❶ 名 君主。¶国~ guówáng(国王)/女~ nǚwáng(女王)。❷ 名 封建社会の最高の爵位。¶~爵 wángjué(王爵)/亲~ qīnwáng(親王)/~侯 wánghóu。❸ 名 同類の中でぬきんでたもの。¶兽~ shòuwáng(百獣の王.ライオン)/蜂~ fēngwáng(女王バチ)/花中之~(花の王.ボタンの花)。❹ 形 年長の。¶~父 wángfù(祖父)/~母 wángmǔ(祖母)。❺ (Wáng)姓。

☞ 王 wàng

【王安石】Wáng Ānshí《人名》王安石(ﾜﾝｱﾝｼｰ:1021-86)。北宋の政治家。参考 神宗の代に宰相となり、政治改革を実行した。文章に優れ、唐宋八大家の一人でもある。

【王八】wángbā 名 ❶〔量 只 zhī〕"龟 guī"、"鳖 biē"(スッポン)の俗称。❷ 女房を寝取られた男。❸ばか者。恥知らず。¶~蛋 dàn / ばか野郎。¶~崽子 zǎizi / ばかたれ。同 忘八 wàngbā ❹ 回 妓楼を経営する男。表現(2)、とも人をののしるときに。

【王朝】wángcháo 名 王朝。

【王充】Wáng Chōng《人名》王充(ﾜﾝﾁｮﾝ:27-100頃)。後漢の思想家。『論衡』を著す。

【王储】wángchǔ 名 王位継承者。

【王道】wángdào 名 王道。反 霸道 bàdào 参考 君主が仁愛と徳とで天下を治める政策を言う。

【王法】wángfǎ 名 ❶ 王朝国家の法。❷ 政策法令。¶~无情 / 法は無情だ。

【王妃】wángfēi 名 王妃。

【王府】wángfǔ〔座 zuò〕皇族の屋敷。

【王府井】Wángfǔjǐng《地名》王府井(ﾜﾝﾌｰﾁﾝ)。参考 北京市の中央部にある、南北に続く歴史ある通りの名。北京で最もにぎやかな通りの一つ。

【王公】wánggōng 名 王爵と公爵。王侯貴族。¶~贵族 guìzú / 王侯貴族。¶~大人 / 王侯高官。

【王宫】wánggōng 名〔座 zuò〕王宫。

【王冠】wángguān 名 王冠。

【王国】wángguó 名 ❶ 王国。¶独立~/独立王国。¶荷兰 Hélán~/オランダ王国。❷ 他から独立した領域。世界。¶那简直是一个花的~ / それはまるで花の王国のようだ。

【王侯】wánghóu 名 王爵と侯爵。王侯貴族。¶~将相 jiàngxiàng / 王侯・将軍・宰相。

【王后】wánghòu 名〔位 wèi〕皇后。王妃。

【王浆】wángjiāng 名 ローヤルゼリー。同 蜂 fēng 浆

【王进喜】Wáng Jìnxǐ《人名》王 進 喜(ﾜﾝﾁﾝｼｰ:1923-1970)。参考 大慶油田の開発に貢献した労働模範者。

【王力】Wáng Lì《人名》王力(ﾜﾝﾘｰ:1900-86)。言語学者。参考 字は、了一。一般言語学的方法による中国語の体系化に力を尽くした。

【王母娘娘】Wángmǔ niángniang 名 "西 王 母 Xīwángmǔ"(中国古代神話の女神)の通称。

【王牌】wángpái 名 ❶〔量 张 zhāng〕トランプの切り札。❷ 奥の手。とっておき。¶~部队 / 精鋭部隊。¶打出~ / 切り札を出す。最後の手段をとる。

【王室】wángshì 名 ❶ 王室。❷ 王朝。

【王水】wángshuǐ 名〔化学〕王水。

【王孙】wángsūn 名 王の子孫。貴族の子孫。

【王维】Wáng Wéi《人名》王維(ﾜﾝｳｪｲ:701-761)または(699-756)。盛唐の詩人・画家。参考 自然を愛でた五言絶句の他、山水画に長じ、文人画の祖とされる。

【王位】wángwèi 名 王位。¶继承~/王位を継承する。

【王羲之】Wáng Xīzhī《人名》王羲之(ﾜﾝｼｰﾁｰ:307-365)。東晋の書家。参考 書聖と称され、「蘭亭序」「十七帖」などの名品も遺した。

【王阳明】Wáng Yángmíng《人名》王 陽 明(ﾜﾝﾔﾝﾐﾝ:1472-1528)。明代の儒学者。参考 陽明学の祖で、「心即理」や「知行合一」など儒学を革新する考え方を提唱した。

【王爷】wángye 名 封建時代の王に対する敬称。

【王昭君】Wáng Zhāojūn《人名》王昭君(ﾜﾝﾁﾞｬｵﾁｭﾝ)。漢代の美女。参考 漢の親和政策のため匈奴(きょうど)に嫁いだ。後世、元曲などのモチーフとなった。

【王子】wángzǐ 名 王子。

【王族】wángzú 名 王族。

网(網) wǎng

冂部4 四 7722₀ 全6画 常用

❶ 名〔量 张 zhāng〕網。¶鱼~ yúwǎng(魚網)/张~(網を広げる)/结~(網を編む)。❷ 動 網で捕らえる。¶~鱼(魚を網で捕らえる)/~鸟(鳥を網で捕らえる)。❸ 素 網に似た物。¶蜘蛛 zhīzhū~(クモの巣)/发~ fàwǎng(ヘアーネット)/铁丝~ tiěsīwǎng(鉄条網)。❹ 張り巡らされた組織や系統。ネットワーク。¶通信~ tōngxìnwǎng(通信網)/交通~ jiāotōngwǎng(交通網)。

【网吧】wǎngbā 名 インターネットカフェ。同 电脑咖啡屋 diànnǎo kāfēiwū

【网虫】wǎngchóng 名 "网迷 mí"に同じ。

【网德】wǎngdé 名 インターネット上の倫理やモラル。

【网点】wǎngdiǎn 名(商業やサービス業などの)ネットワークの拠点。

【网兜】wǎngdōu 名 網袋。網状の手提げ。

【网格】wǎnggé 名《コンピュータ》グレート・グローバル・グリッド。◆Great Global grid(GGG) 参考 WWW に続く、次世代のインターネット技術。

【网关】wǎngguān 名《コンピュータ》ゲートウエイ。同 网门 mén

【网管】wǎngguǎn 名 "网络管理"(ネットワーク管理)の略称。また、その管理者。

【网教】wǎngjiào 名 "网络教育"(ネットワークを利用する教育)の略称。

【网巾】wǎngjīn 名 ヘアーネット。

【网警】wǎngjǐng 名 "网络警察"(ネットワーク警察)の略称。

【网卡】wǎngkǎ 名《コンピュータ》"网络接口卡"(LANカード)の略称。

【网开三面】wǎng kāi sān miàn 成 寛大な態度で対処する。¶爷爷总是~,从宽 cóngkuān 处理家仆 jiāpú 的无心过失 / 祖父は使用人のうっかり犯したミスをいつも寛大に許している。由来 殷(いん)の湯王(とう)が張り巡らした網の三面を取り去って禽獣(きんじゅう)を自由にした、という故事から。

【网开一面】wǎng kāi yī miàn 成 寛大な態度で対処する。⇨网开三 sān 面

【网篮】wǎnglán 名(外出用の)網の覆い付きのバスケット。

【网恋】wǎngliàn 名 インターネットで芽生えた恋.
【网龄】wǎnglíng 名 インターネット歴. インターネットの利用を開始してからの年数.
【网罗】wǎngluó ❶ 名 (魚や鳥を捕らえる)網. ¶难以 nányǐ 逃出自己的环境的~ / 自分がおかれた環境のしがらみから逃れるのは容易ではない. ❷ 動 捜し集める. ¶~人才 / 人材を求めて集める. ¶经费~到了 / 経費がかき集められた. 国 网罗网罗 表现 ① は比喩としても用いる.
【网络】wǎngluò ❶ 名 網状の物. ❷ 組織網. ネットワーク. ¶形成通信~ / 通信網を作り上げる. ❸《電気》回路網.
【网络安全】wǎngluò ānquán 名 インターネットセキュリティ.
【网络出版】wǎngluò chūbǎn 名 ネットパブリッシング.
【网络电话】wǎngluò diànhuà 名 インターネットフォン. IP電話.
【网络犯罪】wǎngluò fànzuì 名 ネット犯罪.
【网络化】wǎngluòhuà 動 ネットワーク化する.
【网络黄页】wǎngluò huángyè 名 オンライン・イエローページ.
【网络会议】wǎngluò huìyì 名 オンライン会議.
【网络经济】wǎngluò jīngjì 名 インターネット経済.
【网络警察】wǎngluò jǐngchá 名 ネットワーク警察. 参考 中国の各自治体が設置している, インターネットの監視組織.
【网络晒衣族】wǎngluò shàiyīzú 名 自身のファッションを写真に撮り, インターネット上で公開する人.
【网络文明工程】Wǎngluò wénmíng gōngchéng 名 ネットワーク文明プロジェクト. 参考 中国文化部などにより, 2000年12月に開始された社会公益活動. ネットワーク関連作業者が, 文化的に, モラルを持って, 仕事に取り組むことを目指すもの.
【网络文学】wǎngluò wénxué 名 インターネット上で発表する文学作品.
【网络银行】wǎngluò yínháng 名 オンライン銀行. ネット銀行. ネットバンク.
【网络营销】wǎngluò yíngxiāo 名 オンライン販売. ネット販売.
【网络战】wǎngluòzhàn 名 オンライン戦争.
【网络综合症】wǎngluò zōnghézhèng 名 PCやインターネットに起因する総合症. テクノストレス.
【网迷】wǎngmí 名 インターネットばかりやっている人. 同 网虫 chóng
【网民】wǎngmín 名 インターネットユーザー. ネット市民. ネチズン. 同 网户 hù
【网膜】wǎngmó 名《生理》❶ 大網. 大網膜. ❷ "视网膜" (網膜)の略称.
【网屏】wǎngpíng 名《印刷》スクリーン. 同 网版 bǎn
＊【网球】wǎngqiú 名《スポーツ》❶ テニス. ¶打~ / テニスをする. ¶~场 / テニスコート. ❷ テニスボール.
【网上购物】wǎngshàng gòuwù 名 インターネットショッピング.
【网上录取】wǎngshàng lùqǔ 動 インターネットを通じて新入生を募集する.
【网坛】wǎngtán 名 テニス界.
【网校】wǎngxiào 名 オンラインスクール.
【网眼】wǎngyǎn 名 (~儿)網の目. 同 网目 wǎngmù
【网页】wǎngyè 名《コンピュータ》ウェブページ. ホームページ.

【网友】wǎngyǒu 名 インターネット上の友達. メールフレンド. 用法 "网民" どうしの呼称にも用いる.
【网站】wǎngzhàn 名《コンピュータ》ウェブサイト.
【网址】wǎngzhǐ 名《コンピュータ》インターネットアドレス. URL.
【网状结构】wǎngzhuàng jiégòu 名 網状構造.
【网子】wǎngzi 名 〔働 张 zhāng〕❶ 網のような物. ❷ ヘアーネット. 同 发网 fà 网子

枉 wǎng

木部4 四 4191₄ 全8画 次常用

素 ❶ 曲がっている. ゆがんでいる. ¶矫 jiǎo~过正 (成) 間違いを直そうとして, かえって行き過ぎる. ❷ 曲げる. ¶~法 wǎngfǎ. ❸ 無実の罪を着せる. ¶冤~ yuānwang (無実の罪を着せる) / 屈~ qūwang (無実の罪を着せる). ❹ むだに. ¶~然 wǎngrán / ~费心机 xīnjī.

【枉道】wǎngdào 動 ❶ 〈文〉 道理を曲げる. ¶~事人 / 道理を曲げて人にへつらう. ❷ 回り道をする.
【枉法】wǎngfǎ 動 法を曲げる. ¶贪脏 tānzāng~ 〈成〉 わいろをとって法を曲げる. ¶营私/法を曲げて私利をむさぼる.
【枉费】wǎngfèi 動 むだに費やす. ¶~唇舌 chúnshé / いたずらに弁舌をふるう. 同 白费 báifèi
【枉费心机】wǎng fèi xīn jī 〈成〉 むだな思索をする. いたずらに頭を悩ませる.
【枉顾】wǎnggù 動 〈文〉〈敬〉 ご来訪いただく. 表现 相手の来訪に対する敬った言いかた.
【枉然】wǎngrán 形 むだだ. 徒労だ. ¶他用这样的方法吓 xià 我也是~的 / 彼がこのような方法で私を脅してもむだだ. 同 徒然 túrán
【枉死】wǎngsǐ 動 横死する. 非業の死をとげる.

罔 wǎng

冂部6 四 7722₀ 全8画 通用

素 ❶ 隠す. ごまかす. ¶欺~ qīwǎng (欺く). ❷ ない. ¶置 zhì 若 ruò~闻〈成〉 聞こえないふりをする) / 药石~效 xiào (薬石効なし).

往 wǎng

彳部5 四 2021₄ 全8画 常用

Ⅰ 前 動作の方向を示す. …の方へ.
❶ 動 "~往…" の形式で, 場所を表わす名詞を導く. 動詞は "开, 飞, 寄, 运, 派, 送, 通" などの単音節動詞に限られる. ¶飞~日本的飞机 / 日本へ飛ぶ飛行機. ¶开~上海的火车 / 上海行きの列車. ¶寄~美国的航空信 / アメリカに送るエアメール. ¶老陈被派~上海工作 / 陳さんは上海へ仕事に派遣された.
❷ 方角, 方向を表わす名詞を導く. 旧読では "wàng" と読み, "望" とも書く. ¶~前走 / まっすぐ行く. ¶~回走 / あと戻りする. ¶~右拐 guǎi / 右へ曲がる. ¶水~低处流 / 水は低きに流れる. ¶请~里面去 / 中へお進みください. ¶她拿了一块糖就~嘴里放 / 彼女はキャンディーをひとつ手にとり口に入れた. ¶不要~池子里扔石头 / 池に石を投げるな.
❸ "往+形/動+里" の形式で, 動作の程度を表わす. 旧読では "wàng". ¶白杨树喜欢~高里长 / ポプラの木は高く伸びたがる. ¶这个西瓜~少里说也有二十斤 / このスイカは少なく言っても10キロはある. ¶她~好里说是很大方 dàfang / 彼女はよく言えばおっとりしている. ¶打蛇得 děi~死里打 / ヘビをなぐるなら死ぬまでなぐらなければならない.
Ⅱ 動 行く. ¶有来有~ / 来るものもあり, 行くものもある.

¶寒来暑～/冬が来て夏が去る．¶一个～东,一个～西/ひとりは東に行き,ひとりは西に行く．

Ⅲ[素]❶過ぎ去った．過去の．¶～日 wǎngrì．¶～事 wǎngshì．

❷過去の．¶继～开来/[成]前人の事業を受け継ぎ,さらに発展させる．

"往" vs. "向 xiàng", "朝 cháo"

1. いずれも「ある地点から別の地点までの運動の方向」を表わす.
   ◇往[向,朝]南走五分钟就到了/南へ5分行くとつきます．
2. "往"は移動の意味を含むが, "朝"は本来「じっと相対している」ことを示すだけなので, 移動を表わさない場合は"朝"を用いる.
   ◇大门朝南/正門は南を向いている.
   移動を表わすには"往"を用いる.
   ◇往报社投稿/新聞社に投稿する.
3. "往"は人または物を指す名詞と直接に組み合わせることができない．その場合は,場所,位置,方向を表わす語を用いなければならない.
   ✗往我看
   →往我这儿看/私の方を見る.
   "朝"は人または物を指す名詞と直接に組み合わせて用いる.
   ◇朝我笑/私に向かって笑いかける.
   ◇朝她挥手/彼女に手をふる.
4. "往"は動作の継続ができるが, "向", "朝"はできない.
   ◇快往下说/早く話を続けなさい.

【往常】wǎngcháng [名]日ごろ．¶今天百货公司比～热闹得多/今日は,デパートはふだんよりずっと混んでいる．[同]平常 píngcháng．

【往返】wǎngfǎn [動]行ったり来たりする．往復する．¶～十里/10里を往復する．¶～奔走 bēnzǒu/行ったり来たりで奔走する．¶我为买这本书,我一跑了三趟/この本を買うために3回も行き来した．

【往复】wǎngfù ❶往復する．反復する．¶～运动/反復運動．¶循环 xúnhuán～/繰返し循環する．❷行き来する．交際する．¶书信～不断/手紙のやり取りが続く．

【往古】wǎnggǔ いにしえ．昔．

【往后】wǎnghòu ❶ 往来する．¶今後．¶～日子能过越好啦/これからの暮しはますますよくなるだろう．¶再～,我离开家乡了/その後,私は郷里を離れた．❷ wǎng hòu ㋪後ろの方向へ．¶～靠 kào/後ろに寄りかかる．¶～退一下/後ろに下がる．

【往还】wǎnghuán 行き来する．¶他常常～沪 Hù 宁 Níng 之间/彼はよく上海,南京間を行き来する．

【往来】wǎnglái [動] ❶ 往来する．¶街上～的车辆很多/通りを行きかう車が多い．¶穿梭 chuānsuō 地～/頻繁に往来する．❷ 行き来する．付き合う．¶大学毕业后,他们俩很少～/大学卒業後,二人はほとんど付き合わない．

【往年】wǎngnián [名]往年．過去の年月．これまで．¶今年的花市比～更盛大 shèngdà/今年の花市場は以前より盛大になっている．

【往前】wǎngqián [名]以前．昔．

【往日】wǎngrì 過去の日々．¶我很怀念～的欢乐时光/かつての楽しかった時がなつかしい．

【往时】wǎngshí [名]往時．昔．

【往事】wǎngshì [名][簡] 段 duàn, 件 jiàn, 桩 zhuāng] 過ぎ去った出来事．¶回忆 huíyì～/昔を思い出す．¶纵谈 zòngtán～/往事を思いのたけ語る．

*【往往】wǎngwǎng [副]往々にして．しばしば．¶这里春天～刮 guā 大风/ここは春になるとしばしば大風が吹く．¶他～工作到深夜/彼はしばしば深夜まで仕事することがある．[比較] 1)"往往"は,今までの経験からある程度規則性のある場合に用い,将来のことや主観の混じる願望などを述べる場合は用いない．"常常 chángcháng"は単純に動作が繰り返されることを表わすのでその制限がない．2)"往往"は動作に関する状況・条件・結果を明らかにする必要があるが, "常常"はその制限がない．"小刘往往一个人上街"と言うが, "小刘往往上街"とは言わず, "小刘常常上街"となる．

【往昔】wǎngxī [名]昔．¶小明的风采 fēngcǎi 一如～/ミンさんの優雅な物腰は昔のままだ．¶～的苦难 kǔnàn,我记忆犹 yóu 新/昔の苦難を昨日のことのように覚えている．

惘 wǎng
忄部8　9702₀
全11画　通用

[素]気が抜けてぼうっとしている．¶～然 wǎngrán/怅～ chàngwǎng (失望し,嘆く)．

【惘然】wǎngrán [形]失意のよう．¶神情～/茫然自失の表情である．

【惘然若失】wǎng rán ruò shī 茫然自失する．

辋 (輞) wǎng
车部8　4752₀
全12画　通用

[名]車輪の周りの枠．

魍 wǎng
鬼部8　2751₂
全17画　通用

下記熟語を参照．

【魍魉】wǎngliǎng [名]伝説中の化け物や精霊．¶魑魅 chīmèi～/魑魅魍魉 (ちみもうりょう)．[同] 蜩蛢 wǎngliǎng．

王 wàng
王部0　1010₄
全4画　常用

[動]天下を統一して王となる．¶～天下(天下の王となる)．

☞ 王 wáng

妄 wàng
女部3　0040₄
全6画　常用

[素]でたらめだ．道理にかなっていない．¶～想 wàngxiǎng/～动 wàngdòng/狂～ kuángwàng (身の程知らずだ)/勿 wù～言 (でたらめを言うな)．

【妄称】wàngchēng [動]でたらめな公言をする．勝手に自称する．

【妄动】wàngdòng [動]軽はずみに行動する．¶轻举 qīngjǔ～/[成]軽挙妄動する．¶千万不可轻率 qīngshuài～/くれぐれも軽はずみな行動をとってはならない．

【妄断】wàngduàn [動]軽率に結論を下す．

【妄念】wàngniàn [名]邪念．¶斩绝 zhǎnjué～/邪念をすっぱり断つ．

【妄说】wàngshuō でたらめを言う．¶不能无知～/無知なでたらめを言ってはならない．

【妄图】wàngtú [動][貶]大それた事をたくらむ．¶～逃窜 táocuàn/逃亡の算段をする．¶间谍 jiàndié～盗窃 dàoqiè 机密/スパイが機密を盗もうとたくらむ．

【妄为】wàngwéi [動]でたらめを事をする．したい放題にする．¶小子 xiǎozi 何 hé 敢 gǎn～/野郎,何を勝手なまねを！¶胆大～/[成]気がねなしでやりたい放題だ．

【妄想】wàngxiǎng [動][貶]妄想する．¶痴心 chīxīn

～/㈱ ひたすら妄想にふける．¶他根本不努力工作,却～成为青年事业家／彼は仕事をがんばらないくせに,青年実業家になりたいなどと妄想している．
【妄言】wàngyán ㊄❶動 でたらめを言う．¶～妄听／言う方もでたらめ,聞く方もでたらめ．❷名 でたらめ．妄言．
【妄语】wàngyǔ ❶動 でたらめを言う．❷名 でたらめ．
【妄自菲薄】wàng zì fěi bó ㊆ 必要以上に自分を卑下する．¶我们应该自强自立,不必～／我々は自立に努めるべきであって,自分を卑下する必要はない．
【妄自尊大】wàng zì zūn dà ㊆ やたら偉そうにする．思い上がる．¶他是个～,好 hào 为 wéi 人师的人／彼はやたら偉ぶり,知識をひけらかしたがる人だ．

忘 wàng

心部3 ㈣ 0033₁ 全7画 [常用]
動 忘れる．¶～记 wàngjì／却 wàngquè／别～了拿书(本を持っていくのを忘れないで)．
【忘本】wàng//běn 動 もとの情況や根本を忘れる．¶人不应该～啊！／人たる者根本を忘れてはいけない．
【忘掉】wàng//diào 動 忘れる．¶境遇 jìngyù 变好后也不能～自己原来的情况／境遇がよくなっても自分の昔の状況を忘れてはならない．
【忘恩负义】wàng ēn fù yì ㊆ 恩義を忘れる．恩知らずな事をする．¶～的软骨头／恩知らずな骨なし．
【忘乎所以】wàng hū suǒ yǐ ㊆ 有頂天になって自分を見失う．¶她高兴得～／彼女はうれしくて我を忘れた．㊥忘其 qí所以．
【忘怀】wànghuái 動 忘れ去る．¶那时的情景使人不能～／あの時の情景は忘れ去ることができない．¶令人难以 nányǐ～／忘れがたい．㊥㊡ 否定文に用いることが多い．
*【忘记】wàngjì 動 ❶ 忘れる．記憶にない．¶我永不会～我们初次见面的那一天／私は我々が最初に会ったその日を永遠に忘れないだろう．㊥忘却 wàngquè ❷ うっかり忘れる．¶我～带钱包了／私は財布をうっかり忘れてしまった．¶忙得连吃饭都～了／忙しさのあまり食事さえ忘れてしまった．
【忘年交】wàngniánjiāo 名 年齢を越えた友達付き合い．¶我们俩志趣 zhìqù 相投,结成～／我々二人は志向が合うので,年齢差を越えた付き合いをしている．㊥忘年之 zhī 交．
【忘情】wàngqíng 動 ❶ 心を動かさなくなる．無感情になる．❷ 感情を抑えきれなくなる．夢中になる．[用法]①は,否定文に用いる．
【忘却】wàngquè 動 忘れ去る．¶多少往事 wǎngshì 早已～,唯独 wéidú 这件事一直记在心上／たくさんの昔の事はとっくに忘れ去ったのに,この事だけがずっと心に残っている．
【忘我】wàngwǒ 動 無私無欲だ．わが身を顧みない．¶～的精神／忘我の精神．¶～地唱／我を忘れて歌う．
【忘形】wàngxíng 動 我を忘れる．¶得意 déyì～／得意のあまり有頂天になる．
【忘性】wàngxing 名 物忘れ．¶最近我～大／近ごろ私は物忘れがひどい．㊥忘记性 wàngjìxing ㊡ 记性 jìxing

旺 wàng

日部4 ㈣ 6101₄ 全8画 [常用]
❶形 勢いがある．¶～盛 wàngshèng／兴～ xīngwàng (繁栄している)／一季 wàngjì／火很～(火が勢いよく燃える)．❷ (Wàng)姓．
【旺季】wàngjì 名〔㊌个 ge〕最盛期．¶现在是水果～/今は果物の出盛り期だ．㊦淡季 dànjì
【旺健】wàngjiàn 形 健康で元気いっぱいだ．㊥健旺
【旺年】wàngnián 名㊅(果物の)豊作の年．生り年．
【旺盛】wàngshèng 形 勢いが盛んだ．¶年轻人精力～／若者はエネルギーに満ちている．¶火苗 huǒmiáo～／炎が勢いよく燃えている．¶每个人的士气都很～／皆の志気があがっている．
【旺市】wàngshì ❶名〘経済〙好況な市場．ブルマーケット．㊦淡 dàn 市 ❷形 市場が盛んだ．売買が盛んだ．
【旺势】wàngshì 名 盛んな傾向．ブーム．
【旺销】wàngxiāo 形 売れ行きがよい．¶～商品／売れ筋商品．¶手机出现～势头 shìtóu／携帯電話はどんどん売れ始めている．
【旺月】wàngyuè 名 商業取り引きや生産が活発な月．㊦淡月 dànyuè

望 wàng

王部7 ㈣ 0710₄ 全11画 [常用]
❶動 遠くを見る．¶～瞭～ liàowàng (高い所から眺める)／登高远～(高い所に登って遠くを見る)／一～无际的稻田 dàotián (見渡すかぎりの稲田)．❷素 訪問する．¶看～ kànwàng (訪問する)／拜～ bàiwàng (訪問する)／探～ tànwàng (訪問する)．❸動㊄ 願う．望む．¶希～ xīwàng (願う)／盼～ pànwàng (待ちのぞむ)／喜出～外(㊆ 思いがけない喜び)／丰收 fēngshōu 有～(豊作が望める)．❹素 恨む．¶怨～ yuànwàng (恨む)．❺素 信望．¶威～ wēiwàng (名望)／德 dé 高～重(㊆ 徳が高く,信望が厚い)．❻前 ～に向かって．¶～东走(東へ歩く)／～上瞧 qiáo (上を見る)／～他笑了笑(彼に向かってほほえんだ)．㊥往 wǎng ❼名 陰暦の15日．¶朔～ shuòwàng (朔日㊁と望月．陰暦の1日と15日)／既～ jìwàng (十六夜)．❽ (Wàng)姓．
【望板】wàngbǎn 名〘建築〙野地(?)板．
【望尘莫及】wàng chén mò jí ㊆ 遠く及ばない．㊥望尘不 bù 及 ㊃ 人が乗った騎馬のたてる砂塵(ぢん)を眺めるだけで,追い付くことができない,という意から．
【望穿秋水】wàng chuān qiū shuǐ ㊆ 待ち焦がれる．¶她～,终无音信／彼女はずっと待ちわびていたが,ついに音信はなかった．[由来]"秋水"は目のこと．穴があくほど眺める,という意から．
【望断】wàngduàn 動 見えなくなるまで見続ける．
【望而却步】wàng ér què bù ㊆ 見ただけでしりごみする．¶这铁塔的工程非常危险,许多工人～／この鉄塔の工事はたいへん危険なので,多くの作業員たちがしりごみする．
【望而生畏】wàng ér shēng wèi ㊆ 見ただけで恐ろしくなる．
【望风】wàng//fēng 動 ❶ 見張りをする．¶放哨 fàngshào～／パトロールして見張る．¶同志们睡了,我替他们～／仲間が寝たので私が彼らに替わって見張り番をする．❷ 形勢を眺める．
【望风捕影】wàng fēng bǔ yǐng ㊆ 雲をつかむようとらえようがない．㊥望风扑 pū 影
【望风而逃】wàng fēng ér táo ㊆ 相手の勢いを察して逃げ出す．
【望风披靡】wàng fēng pī mǐ ㊆ 軍勢が,相手の勢いを見ただけで壊滅する．
【望见】wàngjiàn 動 遠くを眺める．¶～盛开 shèngkāi 的桃花／遠くから満開の桃の花を眺めている．
【望楼】wànglóu 名 望楼．ものみやぐら．

【望梅止渇】wàng méi zhǐ kě 感 想像で自らをなぐさめる．空想で満足する．¶这不是让我～,画饼 bǐng 充饥 chōngjī 吗？／私に空想の梅で渇きをいやし,絵に描いたもちで飢えをしのげとでもいうのか．由来『世説新語』假譎(きつ)篇に見えることば．曹操が兵隊たちに前方の梅林に甘酸っぱい実がたくさんなっていると言ったところ,つばが出てきて渇きをいやした,という故事から．
【望日】wàngrì 名 満月の日．陰暦の15日．
【望文生义】wàng wén shēng yì 感 字面だけ見て勝手な解釈をする．
【望闻问切】wàng wén wèn qiè 名《中医》医者の4つの診断方法．参考 "望" は患者の顔色などを見,"闻" は声や喘息などの音を聞いたり,臭いをかぐこと．"问" は症状を尋ねること．"切" は脈をとったり触診すること．
【望眼欲穿】wàng yǎn yù chuān 感 待ち焦がれる．¶她天天～地等待着儿子回来／彼女は毎日,息子の帰りを待ち焦がれている．
【望洋兴叹】wàng yáng xīng tàn 感 大きな物事を前にして自分の小ささを嘆く．由来『荘子』秋水篇に見えることば．川の神である河伯は自分が偉大だと思ったが,無限に広がる海を見て,自分の小さいことを嘆いた,という故事から．
【望远镜】wàngyuǎnjìng 名(圃 架 jià, 台 tái) 望遠鏡．¶～头／望遠レンズ．｜双筒 shuāngtǒng ～／双眼鏡．
【望月】wàngyuè 名 望月(もち)．十五夜の月．満月．
【望诊】wàngzhěn 動《中医》視診する．
【望子成龙】wàng zǐ chéng lóng 感 我が子が人に抜きん出て出世し,名を成すことを願う．¶天下父母没有不～的／世の中の親はだれしも,子供に大きな期待をかけるものだ．
【望子】wàngzi 名 店先に掲げる目印の旗．
【望族】wàngzú 名 名家．名族．

wei ㄨㄟ〔uei〕

危 wēi
刀部 4 四 2721₂
全6画 常用

❶ 形 危険だ．危ない．¶～险 wēixiǎn／～难 wēinàn／转 zhuǎn ～为 wéi 安 感 病気などが,危険な状態から脱する．反 安 ān ¶～及 wēihài／～及 wēijí. ❸ 形 (人) が死に瀕(ひん)している．¶临～ línwēi (臨終) ／病～ bìngwēi (危篤に陥る). ❹ 形 高くて険しい．¶～楼 wēilóu. ❺ 形 (動作などが) 乱れずきちんとしている．¶正襟 jīn ～坐 感 えりを正して端座する．かしこまる．❻ 名 二十八宿の一つ．うみやめ．❼(Wēi)姓．
【危殆】wēidài 形〈文〉(情勢や生命が) 非常に危ない．¶病势～／危篤状態だ．¶在这形势之際／形勢のこのような危機に際し．
【危地马拉】Wēidìmǎlā《国名》グアテマラ(中米).
【危房】wēifáng 名 倒壊の危険のある家屋．
【危改】wēigǎi 名 "危旧房屋改造"(危険な古い家屋の改造) の略称．
*【危害】wēihài 動 危害を加える．損害を与える．¶地震 dìzhèn 的～／地震の損害．¶吸烟～健康／喫煙は健康をそこなう．
*【危机】wēijī 名〔圃 场 cháng〕危机．¶经济～／経济危机．
【危机感】wēijīgǎn 名 危機感．
【危机四伏】wēi jī sì fú 感 至る所に危機をはらんでいる．
【危及】wēijí 動 危害を及ぼす．おびやかす．¶～生命／生命をおびやかす．¶自然灾害～人民的生命财产 cáichǎn／天災は人々の生命や財産をおびやかす．
【危急】wēijí 形 危険が迫っている．危急だ．¶形势～／情势が切迫している．¶病情～／病状危急だ．¶在～的时刻／差し迫った時．回 危殆 wēidài
【危境】wēijìng 名 危険な状況．
【危旧房】wēijiùfáng 名 危険な建物と老朽化した建物の総称．
【危局】wēijú 名 危険な情勢．¶扭转 niǔzhuǎn ～／危険な局面を一変させる．
【危惧】wēijù 動 危具する．¶心中十分～／心の中では大変心配している．¶大家对地震 dìzhèn 深感～／皆,地震に対してとても不安に思っている．
【危楼】wēilóu 名 高い建物や楼閣．
【危难】wēinàn 名 危険と災難．危難．¶处于 chǔyú ～之中／危険の中に身を置く．
【危如累卵】wēi rú lěi luǎn 感 累卵の危うきにある．今にも崩壊しそうな危険な状態にある．由来『戦国策』趙一・蘇秦説李兌に見えることば．
【危亡】wēiwáng 名 (国家や民族の) 滅亡の危機．¶民族～的关头／民族の危急存亡の瀬戸際．¶部分稀稀 zhēngxī 动物濒临 bīnlín ～／一部の希少動物は絶滅の危機に瀕している．
**【危险】wēixiǎn 形 危険だ．¶病人脱离～了／病人は危険な状態から脱した．¶这项工作十分～／この仕事は非常に危ない．¶酒后开车很～／飲酒運転は危険である．反 安全 ānquán
【危险废物】wēixiǎn fèiwù 名 危険廃棄物．
【危险品】wēixiǎnpǐn 名 危険物．
【危言】wēiyán 名 ❶ 直言．❷ 大げさなことば．
【危言悚听】wēi yán sǒng tīng 感 わざと人を驚かせる話をする．¶～的传闻 chuánwén／人騒がせなうわさ．
【危在旦夕】wēi zài dàn xī 感 危険が目の前に迫っている．¶病人的生命は極めて危険な状態にある．由来 "旦夕" は "今朝か今夜か" の意で短時間内のこと．
【危重】wēizhòng 形 重体だ．危篤だ．
【危坐】wēizuò 動 端座する．¶正襟～／えりを正して端座する．

委 wēi
禾部 3 四 2040₄
全8画 常用

下記熟語を参照．
☞ 委 wěi
【委蛇】wēiyí 形〈文〉❶ "逶迤 wēiyí" に同じ．❷ おとなしく従うようす．¶虚与～ 感 適当に調子を合わせる．

威 wēi
戈部 5 四 5320₀
全9画 常用

❶ 名 相手を圧倒する．敬服させる態度．¶～力 wēilì／～望 wēiwàng／权～ quánwēi (権威). ❷ 名 力でおどす．¶～逼 wēibī／~吓 wēihè／~胁 wēixié. ❸(Wēi)姓．
【威逼】wēibī 動 威圧して迫る．力でおどす．¶不怕劝诱的～利诱 lìyòu／敵のおどしや誘惑を恐れない．反 利诱 lìyòu ⇒威胁 wēixié
【威风】wēifēng ❶ 名 威風．¶逞 chěng ～／いばる．

¶~扫也／威光がなくなる．¶~十足／威厳たっぷりだ．¶八面~／威威風堂々たりを払う．❷形威厳がある．¶小张穿起西装确实显得很~／張さんが背広を着ると確かにとても立派に見える．回威严 wēiyán

【威风凛凛】wēi fēng lǐn lǐn 威風堂々としている．
【威吓】wēihè 動威嚇（いう）する．¶不怕敌人的~／敵の嚇を恐れない．¶严辞 yáncí~／激しいことばで威嚇する．
【威客】wēikè 名インターネットを通じ、自分の知識や専門技術を提供して利益を得ている人．◆witkey
【威力】wēilì 名威力．権威．¶威力を振るう．¶显示~／威力を示す．¶媒体 méitǐ 的~／メディアの威力．
【威猛】wēiměng 形（動物などの）勇猛だ．
【威名】wēimíng 名（実績によって得た）名声．¶~远扬／威名がとどろく．¶久仰~／名望はかねがね伺っている．¶泰森 Tàisēn~天下扬／タイソンの威名は世界中にとどろいている．
【威尼斯】Wēinísī《地名》ベネチア（イタリア）．
【威权】wēiquán 名権力．権威．¶炫耀 xuànyào~／権勢をひけらかす．
【威慑】wēishè 動武力や勢いでおどす．¶小李说话的语气里有一种~力量／李さんの話し方には特有の凄味がある．
【威士忌】wēishìjì 名外ウイスキー．◆whiskey
【威势】wēishì 名威勢．威力．¶到了晚上,暴雨的~逐渐增强／夜になると,豪雨はだんだんと勢いを増した．¶倚仗 yǐzhàng~／権勢に頼る．
【威斯敏斯特】Wēisīmǐnsītè《地名》ウエストミンスター（イギリス）．
【威望】wēiwàng 名信望．¶~很高／信望があつい．¶小明在时装界享有很高的~／小明はファッション界で高い名望を受けている．⇨威信 wēixìn
【威武】wēiwǔ ❶名武力．権勢．❷形威厳があり力強い．¶~雄壮 xióngzhuàng／威風堂々と勇ましい．¶他骑在马上显得很~／彼は馬にまたがり,堂々として立派だ．回英武 yīngwǔ
【威武不屈】wēi wǔ bù qū 慣権威と武力でも屈服させられない．¶视死如归~／少しも死を恐れず,権威や武力にも屈しない．
【威胁】wēixié 動名力でおどして屈服させようとする（こと）．おびやかす（こと）．¶消除了战争的~／戦争の脅威が取り除かれた．¶~利诱 lìyòu~／おどしたり,すかしたりして相手を思い通りにする．¶环境污染~着人们的生存／環境汚染が人々の生存をおびやかしている．比较 1)"威逼 wēibī"は行為をする側も,行為を受ける側も人に限られるが,"威胁"は人に限らず政治・軍事・自然界・社会現象など幅広く用いられる．2)"威逼"は行為者が直接手段を使って相手に圧力をかけるが,"威胁"はそれ以外に期せずして事態がそこへ至ることも示す．
【威信】wēixìn 名威信．¶树立~／威信を築く．¶丧失 sàngshī~／威信を喪失する．¶维护~／威信を守る．比较 1)"威望 wēiwàng"には"威望"は個人から多くの人々からの信頼が少し弱い．2)"威望"は個人にしか使われないが,"威信"は組織や団体にも用いられる．3)"威信"には"树立"が使えるが,"威望"には使えない．
【威信扫地】wēi xìn sǎo dì 慣威信がすっかり失われる．地に落ちる．
【威严】wēiyán 形威厳がある．¶保持~／威厳を保つ．¶目光~／目に威厳がある．

【威仪】wēiyí 名文威厳のある容貌や振る舞い．¶~凛然 lǐnrán／姿りりしく威厳に満ちる．

逶 wēi 辶部8 32304 全11画 通用

下記熟語を参照．

【逶迤】wēiyí 形（道・山脈・河川などが）くねくねと果てしなく続いている．¶~的山路／曲がりくねった山道．回委蛇 wēiyí

偎 wēi 亻部9 26232 全11画 次常用

動ぴったり寄り添う．もたれる．¶~依 wēiyī／小孩儿~在母亲的怀里（子供が母親の胸にもたれている）．

【偎依】wēiyī 動ぴったりと寄り添う．¶一对情人相互~着低声细语／一組のカップルが寄り添い,ささやきあっている．

隈 wēi 阝部9 76232 全11画 通用

名文山や川が曲がっていて入り込んだところ．¶山~ shānwēi（山の隈(ま)）／城~ chéngwēi（城壁が曲がっている所）．

葳 wēi 艹部9 44253 全12画 四

下記熟語を参照．

【葳蕤】wēiruí 形枝や葉が茂っている．

崴 wēi 山部9 22253 全12画 四

❶下記熟語を参照．❷(Wēi)姓．
☞ 崴 wǎi

【崴嵬】wēiwéi 形文山が高い．

微 wēi 彳部10 28240 全13画 常用

形 ❶たいそう小さい．¶~细～ xiwēi（微細だ）／~生物 wēishēngwù／防~杜 dù 渐(成)あやまちや悪事は芽のうちに摘む．❷ほんの少し．¶~笑 wēixiào／稍~ shāowēi（少し）．❸衰える．¶衰~ shuāiwēi（衰える）．❹奥が深い．¶~妙 wēimiào／精~ jīngwēi（奥深い）．❺単位の百万分の一をあらわす．ミクロ．¶~米 wēimǐ／~安 wēi'ān．

【微安】wēi'ān 量〈電気〉マイクロアンペア．電流の単位．
【微波】wēibō 名〈物理〉マイクロウェーブ．
【微波炉】wēibōlú 名電子レンジ．
【微波通信】wēibō tōngxìn 名《通信》マイクロ波通信．
【微波武器】wēibō wǔqì 名《軍事》マイクロ波兵器．電磁波爆弾．
【微薄】wēibó 形ごくわずかだ．¶~的收入／わずかな収入．¶礼品~,聊表寸心／お礼の品はわずかですが,いささかの寸志です．回菲薄 fēibó
【微不足道】wēi bù zú dào 慣ごく小さくて,取るに足りない．¶这件事~,你千万不要放在心上／ささいな事だから,くれぐれも気にしないように．
【微处理机】wēichǔlǐjī →微处理器 qì
【微处理器】wēichǔlǐqì 名《コンピュータ》マイクロプロセッサー．回微处理机 jī
【微创手术】wēichuāng shǒushù 名《医学》腹腔鏡手術．
【微词】[辞] wēicí 名文暗にほのめかす批判や不満．
【微电脑】wēidiànnǎo 名《コンピュータ》回台 tái マイクロコンピュータ．参考 "微型电子计算机 wēixíng diànzǐ jìsuànjī"の通称．

【微雕】wēidiāo ❶動(米粒や頭髪など)極小の物体に彫刻をほどこす. ❷名①の作品.
【微分】wēifēn 名《数学》微分.
【微风】wēifēng 名〔四 阵 zhèn〕微風. ¶～拂 fú 面／そよ風がほほをなでる.
【微伏】wēifú 量《電気》マイクロボルト.
【微服】wēifú 名《文》(外出時の身分を隠すため)私服を着用する. ¶～私访／お忍びで出かける. 表現 古代の帝王や将相などの行為について言う.
【微观】wēiguān 名 微視. ミクロ. ¶～考察 kǎochá／ミクロ的考察. ¶宏观 hóngguān 控制—搞活,经济才能发展／マクロの制御とミクロの活性化がなされてこそ,経済は発展できる. 反 宏观 hóngguān
【微观经济学】wēiguān jīngjìxué 名 ミクロ経済学. 反 宏观 hóng 观经济学
【微观粒子】wēiguān lìzǐ 名《物理》ミクロ粒子.
【微观世界】wēiguān shìjiè 名《物理》ミクロの世界. ミクロコスモス.
【微乎其微】wēi hū qí wēi 成 微々たる量だ.
【微火】wēihuǒ 名《料理》とろ火. 弱火.
【微机】wēijī 名〔台 tái〕"微型电子计算机 wēixíng diànzǐ jìsuànjī"(マイクロコンピュータ)の略.
【微积分】wēijīfēn 名《数学》微積分.
【微贱】wēijiàn 形 (社会的地位が)低い. 卑しい.
【微粒】wēilì 名 微細な粒. 微粒子. 参考 肉眼で見えない分子や原子なども含む.
【微量】wēiliàng 名 微量. ¶～天平／微量てんびん.
【微量元素】wēiliàng yuánsù 名《生物・化学》微量元素.
【微码】wēimǎ 名《コンピュータ》マイクロコード.
【微茫】wēimáng 形 ぼんやりしている. おぼろげだ.
【微米】wēimǐ 量 ミクロン. 長さの単位.
【微妙】wēimiào 形 微妙だ. ¶这个问题十分～／この問題はとても微妙だ. ¶小明和他之间的关系很～／ミンさんと彼の関係は微妙だ. 同 奥妙 àomiào, 玄妙 xuánmiào
【微末】wēimò 形 わずかだ. 取るに足りない. 同 细 xì 微, 微小 xiǎo
【微热】wēirè 名《医学》微熱.
【微弱】wēiruò 形 弱々しい. かすかだ. ¶声音～／声がか細い. ¶～的灯光／かすかな灯火(ともしび). 同 幽微 yōuwēi 表現 光線・呼吸・音声・力などについていう.
【微生物】wēishēngwù 名〔种 zhǒng〕微生物.
【微生物学】wēishēngwùxué 名 微生物学.
【微调】wēitiáo ❶動 微調整をする. ¶工资～／賃金の微調整をする. ❷名《電気》精密可変コンデンサー. 精密バリコン.
【微微】wēiwēi 副 かすかに. ¶小美一笑／メイちゃんはかすかにほほ笑んだ. ¶～一动／かすかに動く.
【微细】wēixì 形 ごく小さな. 微細な. ¶～的血管 xuèguǎn／ごく細い血管. 毛細血管.
【微小】wēixiǎo 形 きわめて小さい. ¶～的希望／ごくわずかな希望. ¶对你的每一个～进歩,我们都热情鼓励／あなたのどんな小さな進歩に対しても我々は励ましましょう. 反 巨大 jùdà
*【微笑】wēixiào ❶名 ほほ笑み. ¶浮现出一丝～／かすかなほほ笑みが顔に浮かべる. ❷動 ほほ笑む. ¶嫣然 yānrán ～／にっこりほほ笑む. ¶回眸 huímóu ～／振り返ってほほ笑む.
【微行】wēixíng 動 旧 (身分の高い人が)お忍びで歩く.
【微型】wēixíng 形 超小型の. ¶～汽车／軽自動車. コンパクトカー. ¶～小说／ショートショート.
【微型计算机】wēixíng jìsuànjī 名 マイクロコンピュータ. 表現 ふつう"微电脑"と言う.
【微血管】wēixuèguǎn 名《生理》毛細血管.
【微循环】wēixúnhuán 名《生理》微小循環.
【微言大义】wēi yán dà yì 簡潔なことばの中に奥深い意義が込められている.
【微音器】wēiyīnqì 名 マイクロホン. 表現 ふつう"麦克风""话筒"と言う.

煨 wēi
火部9 四 9683₂ 全13画 通用
動《料理》❶ 火の気のある灰の中で焼く. ¶～白薯 báishǔ(焼き芋を作る). ❷ とろ火でゆっくりと煮込む. ¶～肉 wēiròu(豚肉の煮込み)／～山药(ヤマイモをとろ火で煮込む).

溦 wēi
氵部10 四 3814₀ 全13画 通用
名《文》小雨.

薇 wēi
艹部13 四 4424₈ 全16画 次常用
名《植物》(古書で)カラスノエンドウ. 同 巢菜 cháocài, 野豌豆 yěwāndòu

鳁(鰛) wēi
鱼部9 四 2613₂ 全17画 通用
名《魚》キンメダイ. 同 金鳞鱼 jīnlínyú

巍 wēi
山部17 四 2241₃ 全20画
❶素 高くて大きい. ¶～峨 wēi'é／～然 wēirán. ❷ (Wēi)姓.
【巍峨】wēi'é 形 (山や建物が)高くて大きい. 雄壮だ. ¶万里长城～雄伟／万里の長城がはるか雄大に連なっている.
【巍然】wēirán 形 (山や建物が)堂々として雄大だ. ¶～耸立 sǒnglì／堂々とそびえ立つ.
【巍然屹立】wēi rán yì lì 成 高くそそり立っている.
【巍巍】wēiwēi 形 高くそびえている. ¶～群山／高くそびえる山々.

韦(韋) wéi
韦部0 四 5002₇ 全4画 通用
❶素《文》なめし皮. ❷(Wéi)姓.
【韦编三绝】wéi biān sān jué 成 熱心に勉強する. 由来《史记》孔子世家に見えることば. 晩年の孔子が『周易』を愛読して,竹簡を綴じた革のひもが3度も切れた,という故事から.
【韦伯】❶ wéibó 量《物理》磁束の単位. ウェーバー. 同 韦 ❷ Wéibó《人名》ウェーバー(1786-1826). ドイツの作曲家.

为(爲／異 為) wéi
丶部3 四 3402₇ 全4画 常用
I 動 ❶《文》(多く固定表現に用いる)なす. 行う. ¶年轻有～／年が若くて有望である. ¶敢作敢～／恐れることなく思い切り事を行う. ¶何乐 lè 而不～. 感 やらないことなどあるものか.
❷ …とする. …とみなす. ¶大家选他～班长／みんなは彼をクラス委員に選んだ. ¶有诗～证／証拠となる詩を見せる. ¶称他～大哥／彼を兄貴とよぶ. ¶认您～我的师傅／あなたをわが師と思う.
❸ …になる. …に変わる. ¶变沙漠 shāmò～美田／砂

漠が美田に変わる. ¶转危～安 / 危機を脱する.
❹ 〈文〉…である. …だ. 圓 是 shì ¶北京～中国首都 / 北京は中国の首都である. ¶护照的期限～五年 / パスポートの期限は5年である.
❺ (比較文の中で)…より…だ. ¶我看还是不去～好 / 私はやはり行かないほうがよいと思う. ¶小美的成绩比其他同学更～优秀 / メイちゃんの成績は他の学生より優れている.
II 〔前〕〈文〉 ("为＋A＋所…"の形で受け身を表わし) Aに …される. ¶～风雪所阻 zǔ / 風雪に阻まれる. ¶不～表面现象所迷惑 míhuò / 表面的な現象に惑わされない.
III 〔助〕〈文〉 (多く"何"と呼応に)疑問や感嘆を表わす. ¶君子 jūnzǐ 质而已矣 yǐ, 何以文～? / 君子は素朴であればよいのだ. どうして飾りうをするのか.
IV 〔接尾〕ある種の単音節形容詞の後に置いて二音節形容詞・動詞を修飾する副詞を作る. ¶大～赞赏 zànshǎng / 大いに賞賛する. ¶广～流行 / ひろく流行する. ¶深～感动 / 深く感動する. ¶极～出色 / 極めて優れている. ¶这一点尤 yóu～重要 / この点がさらに重要だ. ¶大家都颇 pō～惊讶 jīngyà / みなとても驚いた.
V (Wéi)姓.
☞ 为 wèi

【筆順】丶 ソ 为 为

【为非作歹】wéi fēi zuò dǎi 〔成〕さまざまな悪事を働く. ¶～的坏人 / 悪事の限りをつくす悪人.
【为富不仁】wéi fù bù rén 〔成〕富を求める者は情けがない. ¶～的暴发户 bàofāhù / 血も涙もない成り金. 由来 『孟子』滕文公章句上に見えることば.
【为害】wéihài 〔動〕損害をもたらす.
【为患】wéihuàn 〔動〕災害をもたらす.
【为力】wéilì 〔動〕力を出す. 骨を折る. 圓 出 chū 力, 尽 jìn 力
【为难】wéinán ❶〔形〕(対処に)困る. ¶叫人～ / 人を困らせる. ❷〔動〕いじわるをする. 困らせる. ¶故意～人 / わざと難癖をつける.
【为期】wéiqī 〔動〕期限とする. 期間とする. ¶这次实习～两个月 / 今回の実習は2ヶ月間です. ¶～不远〔成〕期日が迫っている.
【为人】wéirén 〔名〕人柄. 人となり. ¶～正直 / 人となりが正直だ. ¶大家都不了解小张的～ / みんな張さんの人柄がわかっていない.
【为人师表】wéi rén shībiǎo 〔句〕人の手本や模範となる.
【为生】wéishēng 〔動〕生計を立てる. 職業とする. ¶捕鱼～ / 魚をとって暮らしを立てる.
【为时】wéishí 〔動〕時期とする. 時間とする. ¶～不多 / 時間が足りない.
【为时过早】wéi shí guò zǎo 〔成〕時期尚早だ.
【为首】wéishǒu 〔動〕(…を)リーダーとする. ¶以外交部长 bùzhǎng～的代表团 / 外務大臣をリーダーとする代表団. 用法 "以…为首"の形で用いることが多い.
【为数】wéishù 〔動〕数とする. ¶～可观 / 数としては相当なものだ. ¶这样的事例不～多 / このような事例は, 数としてみれば多くはない.
【为所欲为】wéi suǒ yù wéi 〔成〕〔貶〕やりたい放題のことをする.
【为伍】wéiwǔ 〔動〕仲間になる.
【为限】wéixiàn 〔動〕(…を)限度とする. (…を)限度とする. ¶以月底～ / 月末を期限とする. ¶费用以一百元

～ / 費用は100元を限度とする. 用法 "以…为限"の形で用いることが多い.
【为止】wéizhǐ 〔動〕(…までで)終わりにする. ¶今天的课就上到这里～ / 今日の授業はここまでにします. 表現 時間や進度などについていう. 用法 "到…为止"の形で用いることが多い.
【为重】wéizhòng 〔動〕重点をおく. 重視する.
【为主】wéizhǔ 〔動〕(…を)主とする. ¶以宣传～ / 宣伝をメインとする. 用法 "以…为主"の形で用いることが多い.

圩 wéi 土部3 四 4114₀ 全6画 通用

〔名〕❶ 低地を守る堤防. ¶筑～ zhùwéi (堤を築く) / ～堤 wéidī (堤). ❷ 堤に囲まれた地区. ¶～田 wéitián / 盐～ yánwéi (塩田地区). ❸ 村落の囲い. ¶树～子 shùwéizi (村の周囲の林) / 土～子 tǔwéizi (村の周囲の土塀). ❹ 囲子 wéizi
☞ 圩 xū

【圩田】wéitián 〔名〕堤で囲った水田.
【圩堤】wéiyuàn 〔名〕(低地を守るための)堤防と, その内側の小さな土手. 由来 長江下流域では"圩"と呼び, 中流域では"堤"と呼ぶことから.
【圩子】wéizi 〔名〕❶ 低地を水から守る堤防. ❷ 村落の囲い. 土塀, 石垣, 生け垣など.

违(違) wéi 辶部4 四 3530₂ 全7画 常用

〔義〕❶ 決まりを守らない. 背く. ¶～法 wéifǎ / ～令 wéilìng / ～约 wéiyuē. ❷ 別れる. ¶久～ jiǔwéi (久しぶり) / ～亲 kuíwéi (離れている).
【违拗】wéi'ào 〔動〕(目上の人の意見に)逆らう.
【违背】wéibèi 〔動〕背く. 従わない. ¶不管做什么事, 不能～自己的良心 / 何を行うにしても, 自分の良心に背いてはならない. 圓 违反 wéifǎn / 违犯 wéifàn, 遵从 zūncóng, 遵守 zūnshǒu 表現 義務・約束・命令・原則・決議・条約・意志などについていう.
【违法】wéi/fǎ 〔動〕法律に違反する. 反 守法 shǒufǎ
【违法乱纪】wéi fǎ luàn jì 〔成〕法に背き, 規律を乱す.
*【违反】wéifǎn 〔動〕違反する. ¶～交通规则 / 交通規則に違反する. ¶不能～客观规律 / 客観的な法則に反することはできない. 圓 违背 wéibèi 反 遵守 zūnshǒu 表現 法則・規程・制度などについていう.
【违犯】wéifàn 〔動〕法を犯す. 法令に違反する. ¶～宪法 xiànfǎ / 憲法に違反する.
【违规】wéi/guī 〔動〕規則に違反する.
【违和】wéihé 〔動〕〔敬〕(他人が)病気になる.
【违纪】wéi/jì 〔動〕規律に違反する.
【违建】wéijiàn 〔名〕"违章建筑" (違法建築)の略称.
【违禁】wéijìn 〔動〕禁令を犯す.
【违禁品】wéijìnpǐn 〔名〕禁制品.
【违抗】wéikàng 〔動〕(命令・指示・意志などに)逆らう. ¶～民众的意愿 / 民意に逆らう. 反 听从 tīngcóng, 遵从 zūncóng
【违例】wéilì 〔動〕❶ 習慣やしきたりに背く. ❷ 〈スポーツ〉反則する. ファウルする.
【违令】wéi/lìng 〔動〕命令に背く.
【违逆】wéinì 〔動〕(命令・指示などに)逆らう.
【违宪】wéixiàn 〔動〕"违反宪法规定" (憲法に違反する)の略称.
【违心】wéixīn 〔動〕本心に逆らう. ¶～之论 / 心にもないことば. ¶～地同意 / 心ならずも同意する.
【违约】wéi/yuē 〔動〕条約や契約に違反する. 違約する.

¶合同双方不能～／契約者双方は契約に違反してはならない. 反 守約 shǒuyuē
【违约金】wéiyuējīn 違約金.
【违章】wéi//zhāng 動 規則に違反する. ¶～建筑／違法建築. ¶～驾驶 jiàshǐ／違反運転.

围(圍) wéi
口部4 四 6052₇ 全7画 常用

❶ 動 とりまく. 囲む. ¶～门 wéimén／～墙 wéiqiáng／包～ bāowéi（包囲する）／团团～住（ぐるりと取り囲む）. ❷ 素 まわり. ¶外～ wàiwéi（周囲）／四～ sìwéi（四方）. ❸ 量 両手の親指と人差し指で輪をつくった太さをあらわすことば. ❹ 量 両腕で輪をつくった太さをあらわすことば. ¶树大十～（木の太さが十かかえある）.

【围抱】wéibào 動 取り囲む.
【围脖儿】wéibór 名 方〔量 条 tiáo〕マフラー. スカーフ. 同 围巾 wéijīn
【围捕】wéibǔ 動 包囲して捕らえる.
【围场】wéichǎng 名（皇帝や貴族の）狩り場.
【围城】wéi//chéng 動 都市を包囲する. ¶～战／都市包囲戦.
【围城】wéichéng 名 ❶〔量 座 zuò〕敵に包囲された都市. ❷ 男女関係の袋小路. 参考 近代の作家銭鍾書に同名の小説がある.
【围堵】wéidǔ 動 包囲する.
【围攻】wéigōng 動 包囲攻撃する. ¶～了三天三夜／三日三晩包囲攻撃した.
【围观】wéiguān 動（群衆が）取り囲んで見る.
【围护】wéihù 動 取り囲んで保護する.
【围击】wéijī 動 包囲攻撃する. 同 围攻 wéigōng
【围歼】wéijiān 動 包囲殲滅（せん）する.
【围剿】wéijiǎo 動 包囲討伐する. 参考 国共内戦時期は, 国民党が共産党を討伐することを言った.
【围巾】wéijīn 名〔量 条 tiáo〕マフラー. スカーフ.
【围聚】wéijù 動 まわりを取り囲み, 群がって人垣をつくる. ¶那里～着很多人, 是不是出了什么事？／あそこにたくさんの人が群がっている. 何かあったんだろうか.
【围垦】wéikěn 動 干拓する. ¶～海滩 hǎitān／砂浜を干拓する.
【围困】wéikùn 動 取り囲んで出口をなくす. 封じ込める. ¶被～了整整一个星期／まるまる一週間閉じ込められた.
【围猎】wéiliè 動 巻き狩りをする.
【围拢】wéilǒng 動 まわりに集まる. 取り囲む. ¶请大家再～一点儿／皆さんもう少し近く集まって下さい.
【围屏】wéipíng 名 びょうぶ. ¶古色古香的～／古くて趣きのあるびょうぶ.
【围棋】wéiqí 名〔量 局 jú, 盘 pán〕囲碁. ¶～棋盘／碁盤. ¶～棋子／碁石. ¶下～／碁を打つ.
【围墙】wéiqiáng 名〔量 道 dào, 堵 dǔ〕（家や庭園を囲む）塀.
【围裙】wéiqún 名〔量 条 tiáo〕エプロン.
*【围绕】wéirào 動 ❶ 周囲をぐるぐる回る. 取り囲む. ¶树木～着村子／树木が村を取り囲んでいる. 同 环绕 huánrào ❷ …を中心とする. …をめぐる. ¶大家～着绿化问题提出了许多建议／みんなは緑化問題をめぐって数多くの提案を出した.
【围网】wéiwǎng 名（漁業用の）まき網. ¶～渔船／まき網漁船.
【围魏救赵】wéi Wèi jiù Zhào 成 敵の銃後を攻め, 進撃する敵を撤退させる. 由来 戦国時代, 魏に包囲された趙を救うため, 斉は手薄になった魏の都を攻め, 本国へ急ぐ魏軍も打ち破り, 趙を救った故事から.
【围堰】wéiyàn 名《建築》水中工事用の一時的な囲いぜき. 仮締め切り.
【围桌】wéizhuō 名 旧（冠婚葬祭などで）テーブルの前面にかける布. 参考 近年では, 京劇などの古典劇で用いられる.
【围子】wéizi 名 ❶ 村を囲む, 防御用の土塀やイバラの植え込み. ❷ 低地を水から守る堤防. ❸ 周りを囲まん幕. 同 帷子 wéizi
【围嘴儿】wéizuǐr 名〔量 个 ge〕よだれかけ.
【围坐】wéizuò 動 取り囲んで座る.

帏(幃) wéi
巾部4 四 4522₇ 全7画 通用

名 ❶ とばり. 同 帷 wéi ❷ 香ぶくろ.
【帏幕】wéimù 名 垂れ幕. 幕.

闱(闈) wéi
门部4 四 3752₇ 全7画 通用

素 ❶ 宮中の通用門. ¶宮～ gōngwéi（宮廷）. ❷ 科挙の試験場. ¶～墨 wéimò（科挙の試験の模範答案）.

沩(潙/異潙) wéi
氵部4 全7画 四 3412₇ 通用

素 地名用字. ¶～水 Wéishuǐ（湖南省を流れる川の名）.

桅 wéi
木部6 四 4791₂ 全10画 次常用

❶ 素 船の帆柱. ¶～顶 wéidǐng／船～ chuánwéi（船の帆柱）. ❷（Wéi）姓.
【桅灯】wéidēng 名 ❶（船の）航行信号灯. ❷ 防風手提げランプ. カンテラ. 同 马灯 mǎdēng
【桅顶】wéidǐng 名 マストの先端.
【桅杆】wéigān 名〔量 根 gēn〕マスト. 帆柱.
【桅樯】wéiqiáng 名 マスト. 帆柱.

潿(潿) wéi
氵部7 四 3610₀ 全10画 通用

素 地名用字. ¶～洲 Wéizhōu（広西チワン族自治区にある島の名）.

唯 wéi
口部8 四 6001₅ 全11画 次常用

❶ 副 ただ…だけ. ¶～一 wéiyī. 同 惟 wéi ① ❷ 素 はい. 返事の声. ¶～～诺诺 nuònuò.
【唯独】wéidú 副"惟独 wéidú"に同じ.
【唯利是图】wéi lì shì tú 成"惟 wéi 利是图"に同じ.
【唯一】wéiyī 形→惟其 wéiqí
【唯唯诺诺】wéi wéi nuò nuò 成 貶 唯々諾々（だくだく）. 人の言いなりになるようす. ¶他在上司面前总是～的／彼は上司の前ではいつもぺこぺこしている. 参考"唯唯"はもと"wěiwěi"と発音した.
【唯我独尊】wéi wǒ dú zūn 成"惟 wéi 我独尊"に同じ.
【唯我主义】wéiwǒ zhǔyì 名《哲学》唯我論. 独我論.
【唯物辩证法】wéiwù biànzhèngfǎ 名《哲学》唯物弁証法. 弁証法的唯物論の方法論.
【唯物论】wéiwùlùn 名《哲学》唯物論. 同 唯物主义 zhǔyì 反 唯心论 wéixīnlùn
【唯物史观】wéiwù shǐguān 名《哲学》唯物史観. 史的唯物論.

【唯物主义】wéiwù zhǔyì [名]《哲学》唯物論. ¶辩证 biànzhèng～/弁証法的唯物論. [参考]観念や精神ではなく,物質を根本的実在とするものの見方. [同]唯物论 wéiwùlùn
【唯心论】wéixīnlùn [名]《哲学》唯心論.
【唯心主义】wéixīnzhǔyì [名]《哲学》唯心論. ¶主观～/主観的観念論. [参考]すべてのものが意識や精神の産物であるとするものの見方.
【唯一】wéiyī [形]ただ一つの. 唯一の. [同]惟一 wéiyī

帷 wéi
巾部 8 [四] 4021₅
全11画 [通 用]

[名]とばり. ¶～幕 wéimù / 床～ chuángwéi (蚊帳) / ～幄 wéiwò. [同]帏 wéi
【帷幔】wéimàn [名]垂れ幕. 幕. [同]帷幕 wéimù
【帷幕】wéimù [名]〔[量]块 kuài〕垂れ幕. 幕. ¶大会今天下午降下了～/会議は今日の午後幕を閉じた.
【帷幄】wéiwò [名][文]陣屋. ¶诸葛亮 Zhūgě Liàng 运筹 chóu～/諸葛孔明が陣屋で策をめぐらす.
【帷帐】wéizhàng [名]❶垂れ幕. とばり. ❷陣屋.
【帷子】wéizi [名]まわりを囲むまん幕. 目隠し用のカーテン. ¶床～/ベッドのまわりを囲うカーテン. ¶车～/車の幌(ほろ).

惟 wéi
忄部 8 [四] 9001₅
全11画 [通 用]

❶[副]ただ…だけ. ¶～独 wéidú / ～一无二(二つとない). ❷[副]ただ. しかし. ¶雨虽止,～路途仍甚 shèn 泥泞 nínìng (雨は止んだが,ただ,道はまだひどくぬかるんでいる). ❸[助][文]年,月,日の前に用いる. これ. ¶～二月既望 jìwàng (これ2月16日). ❹[素]考える. ¶思～ sīwéi (考える).
【惟独】wéidú [副]ただ…だけ. ¶别人都同意,～他反对/みんなは賛成なのに,彼だけは反対している. [同]唯独 wéidú,单单 dāndān,只有 zhǐyǒu
【惟恐】wéikǒng [動]…をひたすら恐れる. ¶～落后于别人/人に立ち遅れることをひたすら恐れる. [同]唯恐 wéikǒng
【惟利是图】wéi lì shì tú [成][貶]ひたすら利益のみを追求する. [同]唯 wéi 利是图
【惟妙惟肖】wéi miào wéi xiào [成]描写や模倣が真に迫っている. ¶～的表演/迫真の演技. [同]维妙维肖 wéi miào wéi xiào
【惟命是听】wéi mìng shì tīng [成][貶]何でも言いなりになる. ¶总是～,不敢违抗/言いなりばかりで,反抗しようとしない. [同]惟命是从 cóng
【惟其】wéiqí [接][文]まさに…であるから. [同]唯 wéi 其 [用法]"所以"と呼応する.
【惟我独尊】wéi wǒ dú zūn [成]自分がいちばん偉いとうぬぼれる. 唯我独尊(ゆいがどくそん). [同]唯 wéi 我独尊 [由来]釈迦(しゃか)が誕生したとき,「天上天下(てんじょうてんげ)惟我独尊(宇宙の中で自分ほど尊いものはない)」と唱えたという故事から.
【惟一】wéiyī [形]ただ一つの. [同]唯一 wéiyī
【惟有】wéiyǒu [副]ただ…だけ. ¶大家都赞成,～小张反对/皆は賛成だが,ただ張さんだけが反対している.

维(維) wéi
纟部 8 [四] 2011₅
全11画 [常 用]

❶[素]つなぎ合わせる. ¶～系 wéixì. ❷[素]保つ. ¶～持 wéichí / ～护 wéihù. ❸[素]"惟 wéi"④に同じ. ❹[素]《数学》次元. ¶三～空间(三次元の空間). ❺(Wéi)姓.
【维持】wéichí [動]❶維持する. 保つ. ¶～生活/生活を維持する. ❷守り支える. [比較]1)"维持"は,存続するよう手だてを講ずることであるが,"保持 bǎochí"は,状態が変わらないように努めることをいう. 2)"维持"は主に名詞を目的語にとるが,"保持"は,名詞でも動詞でも形容詞でも目的語にとれる.
【维持会】wéichíhuì [名]《歴史》抗日戦争時,日本軍が占領区で設立した傀儡(かいらい)政権組織.
【维和】wéihé [動]平和を維持する. ¶～行动/平和維持活動.
*【维护】wéihù [動](破壊から)守る. 維持し保護する. ¶～法律的尊严/法律の尊厳を守る. [同]保护 bǎohù
【维纶】wéilún [名][外]《紡織》ビニロン. [同]维尼纶 wéinílún,维尼龙 wéinílóng ♦vinylon
【维纳斯】Wéinàsī [名][外]ビーナス. 美と愛の女神. ♦Venus
【维尼纶[龙]】wéinílún[-lóng] →维纶
【维权】wéiquán [動]"维护合法权益"(合法な権利と利益を擁護する)の略称.
【维生素】wéishēngsù [名]〔[量]种 zhǒng〕ビタミン. ¶丁 dīng 种～/ビタミンD. ¶～缺乏症 quēfázhèng /ビタミン欠乏症. [同]维他命 wéitāmìng
【维他命】wéitāmìng [名][外]"维生素 wéishēngsù"の旧称. ♦vitamin
【维吾尔族】Wéiwú'ěrzú [名]《民族》ウイグル族. [参考]中国少数民族の一つで,主に新疆ウイグル自治区に居住. 略称は"维族 Wéizú".
【维系】wéixì [動]つなぎとめる. ¶～人心/人心をつなぎとめる. ¶～权力 quánlì /権力を維持する.
【维新】wéixīn [動]古い制度を改め,新しい政治を行う. ¶百日～/戊戌(ぼじゅつ)の変法. [表現]政治改革や変革運動をいう.
【维修】wéixiū [動]補修しながら維持する. ¶～房屋/家屋を修理保全する. ¶～费/維持費. メンテナンスコスト. [重]维修维修
【维也纳】Wéiyěnà《地名》ウィーン(オーストリア).
【维族】Wéizú [名]"维吾尔族"(ウイグル族)の略称.

嵬 wéi
山部 9 [四] 2251₃
全12画 [通 用]

[素]高くそびえている. ¶～～ wéiwéi (そそり立つようす) / ～然 wéirán (高くそびえるようす).

潍(濰) Wéi
氵部11 [四] 3011₅
全14画 [通 用]

[素]地名用字. ¶～河 Wéihé (山東省を流れる川の名).
【潍坊】Wéifáng《地名》濰坊(いほう). [参考]山東省の新興工業都市. 特産品の凧は世界的にも有名.

伟(偉) wěi
亻部 4 [四] 2522₇
全 6 画 [常 用]

[素]大きくてりっぱだ. ¶～大 wěidà / ～人 wěirén / 雄～ xióngwěi (雄大だ).
【伟岸】wěi'àn [形]背が高く,がっしりしている.
**【伟大】wěidà [形]偉大だ. ¶～的成就/偉大な業績. [反]渺小 miǎoxiǎo
【伟哥】Wěigē [名]《薬・商標》バイアグラ.
【伟观】wěiguān [名]雄大な景観. 壮観. 偉観.
【伟绩】wěijì [名]偉大な功績. ¶建立丰功～/偉大な功績を残す.
【伟力】wěilì [名]巨大な力.
【伟人】wěirén [名]〔[量]位 wèi〕偉大な人物.
【伟业】wěiyè [名][文]偉大な業績. 偉業.

W

伪(僞/偽) wěi
亻部4　四 2422₇　全6画　[常用]

[素] ❶ にせの. ¶～装 wěizhuāng / ～造 wěizào / 作～ zuòwěi / ～钞 wěichāo. 反 真 zhēn ❷ 非合法の. ¶～政府 wěizhèngfǔ (傀儡(ﾗｲ)政権) / ～军 wěijūn / ～组织 wěizǔzhī (不法な組織). [参考] ②は日本が侵略占領した地域に作った政府・機関を指すことが多い.

【伪币】wěibì [名] ❶ にせ金. ❷ 傀儡政権が発行した貨幣.
【伪钞】wěichāo [名] にせ札.
【伪军】wěijūn [名] 傀儡(ﾗｲ)軍. [参考] 特に、日本が侵略占領した地域の傀儡政権の軍隊を指す.
【伪君子】wěijūnzǐ [名] 〔个 ge〕えせ君子. 偽善者.
【伪科学】wěikēxué [名] えせ科学.
【伪劣】wěiliè [形] (商品が)偽物の. 粗悪な. ¶～商品/粗悪品. ¶～书画/偽物の書画.
【伪善】wěishàn [形] 善人ぶっている. 偽善的だ. ¶～的言词/偽善的なことば.
【伪书】wěishū [名] 〔本 běn, 部 bù〕偽書. 作者名や著作年代が信用できない書.
【伪托】wěituō [動] (著述などで)他人の名義を盗用する. ¶～名人之作/名人の作の名を騙(かた)る. [表現] 多くは、自分や後人の作品を古人のものと偽ることを指す.
【伪造】wěizào [動] 偽物をつくる. 捏造する. ¶～历史/歴史を捏造(ねつ)する. ¶～货币/偽金をつくる. 同 假造 jiǎzào
【伪证】wěizhèng [名] 偽証. ¶作～/偽証する.
【伪证罪】wěizhèngzuì [名]《法律》偽証罪.
【伪政权】wěizhèngquán [名] 傀儡(ﾗｲ)政権.
【伪装】wěizhuāng [名][動] ❶ 〔种 zhǒng〕偽装(する). ふり(をする). ¶～进步/進歩的なふりをする. ¶剥去 bāoqù～/仮面をはがす. 同 假装 jiǎzhuāng ❷《軍事》カムフラージュ(する). 偽装(する).
【伪作】wěizuò [名][動] 偽作(する). 贋作(がんさく)(する).

苇(葦) wěi
艹部4　四 4452₇　全7画　[次常用]

[名]《植物》アシ. 同 芦苇 lúwěi
【苇箔】wěibó [名] アシで編んだすだれ. よしず.
【苇丛】wěicóng [名] アシの茂み.
【苇荡】wěidàng [名] アシの生い茂った浅い湖. 同 芦 lú 荡
【苇塘】wěitáng [名] 〔片 piàn〕アシの生えている池や沼.
【苇席】wěixí [名] 〔床 chuáng, 块 kuài, 领 lǐng〕アシで編んだござ. アンペラ.
【苇子】wěizi [名]《植物》〔根 gēn, 捆 kǔn〕アシ.

尾 wěi
尸部4　四 7721₅　全7画　[常用]

❶[名] しっぽ. 尾. ¶鱼～巴(魚のしっぽ) / 猪～巴(ブタのしっぽ). 反 首 shǒu, 头 tóu ❷[名] 末端. 末尾. ¶队～ duìwěi (しんがり) / ～声 wěishēng / 有头无～ / (成) 始めがあって終わりがない. 尻切れとんぼ. 反 头 tóu ❸[動] 反 後をつける. ¶～随 wěisuí. ❹[量] 魚を数えることば. ¶～鲤鱼 lǐyú (1尾のコイ). ❺[名] 二十八宿の一つ. あしたれ. ❻(Wěi)姓.
☞ 尾 yǐ

*【尾巴】wěiba [名] ❶ 〔根 gēn, 条 tiáo〕しっぽ. 尾. ¶孔雀 kǒngquè～ / クジャクの尾. ¶夹 jiā 起～逃跑/しっぽを巻いて逃げる. ❷(細長い物体の)末端部分. 最後尾. ¶飞机～/飛行機の尾部. ¶彗星 huìxīng～/彗星の尾. ❸ 物事の未解決の部分. ¶不要留～/やり残しがあってはならない. ¶甩掉 shuǎidiào～/尾行者をまく. ❹ 他人に追随する人. 付和雷同する人. ¶做别人的～/人に追随する.
【尾部】wěibù [名] 物体の末端.
【尾大不掉】wěi dà bù diào [成] (ひ) 下部の力が強すぎたり組織が大きすぎて、動きがとりにくい. [由来]『左传』昭公十一年に見えることば. 尾が大きすぎて振ることができない, という意合.
【尾灯】wěidēng [名] テールランプ. テールライト.
【尾骨】wěigǔ [名]《生理》尾骨. 尾てい骨.
【尾花】wěihuā [名] 文章や詩の後の余白に入れる挿し絵.
【尾迹】wěijī [名] ❶ (飛行機や船の)航跡. ❷ 飛行機雲.
【尾矿】wěikuàng [名]《鉱業》尾鉱. 廃石.
【尾牌】wěipái [名] 〔块 kuài〕車輛の後部に取り付ける, 路線や車輛番号を表示するプレート.
【尾期】wěiqī [名] 末期.
【尾鳍】wěiqí [名] 魚の尾ひれ.
【尾气】wěiqì [名] 排気ガス. 同 废气 fèiqì
【尾欠】wěiqiàn ❶[動] 支払いや返済が一部残っている. ¶还 huán 了三千元, ～二千元/3,000元返したが, まだ2,000元の返済が残っている. ❷[名] 支払いや返済の残り.
【尾声】wěishēng ❶《芸能》〔朝～南曲や北曲の最後の曲. 劇の終わりでチャルメラの奏でる曲. ❷ (音楽や文学作品などの)終結部. フィナーレ. コーダ. エピローグ. ¶序幕 xùmù～/プロローグとエピローグ. 反 序幕 xùmù ❸ 大詰めの段階. 最終段階.
【尾市】wěishì [名]《経済》(証券市場や先物取引市場の)大引(ぴ)け.
【尾数】wěishù [名] ❶《数学》小数点以下の数. ❷ (決算時の)端数.
【尾随】wěisuí [動] 後からついて行く.
【尾翼】wěiyì [名] (飛行機等の)尾翼.
【尾音】wěiyīn [名] (文字やことばの)最後の音.
【尾蚴】wěiyòu [名]《虫》有尾幼虫. セルカリア.
【尾追】wěizhuī [動] すぐ後を追う. ¶～不舍 shě / 名残惜しんで, すぐ後を追う.

纬(緯) wěi
纟部4　四 2512₇　全7画　[次常用]

[素] ❶ 布を織るときの横糸. ¶经～ jīngwěi (経緯) / ～线 wěixiàn / ～纱 wěishā (横糸). 反 经 jīng ❷ 緯度. ¶南～ nánwěi (南緯) / 北～ běiwěi (北緯).
【纬度】wěidù [名] 〔度 dù〕緯度. 反 经度 jīngdù
【纬书】wěishū [名] 緯書(しょ). [参考] 伝説や信仰によって儒家の経典を説明した漢代の書. また占いや予言を記した漢代の書. 儒学の正統の書を縦糸と見なし"经书 jīngshū"と呼んだのに対して言った. 略して"纬"ともいう.
【纬线】wěixiàn [名] ❶ 〔根 gēn〕織物の横糸. ❷ 〔条 tiáo〕緯線.

玮(瑋) wěi
王部4　四 1512₇　全8画　[通用]

[名] (文) 玉(ぎょく)の名.

委 wěi
禾部3　四 2040₄　全8画　[常用]

❶[素] まかせる. ゆだねる. ¶～托 wěituō / ～任 wěirèn / ～以重任(重要な仕事をまかせる). ❷[素] 捨てる. ¶～弃 wěiqì / ～之于地(地面に捨てる). ❸(責任

や罪などを)人になすりつける．¶推～ tuīwěi(責任転嫁する)/～罪 wěizuì. ❹ 素 委員会の略称．¶党～ dǎngwěi(党委員会). ❺ 素 曲がりくねっている．¶～曲 wěiqū/～婉 wěiwǎn. ❻ 素 終わりの部分．¶原～ yuánwěi(一部始終). ❼ 素 元気がない．¶～頓 wěidùn/～靡 wěimǐ. ❽ 素 確かに．¶～実 wěishí/～系实情(確かにこれは実情です). ❾ (Wěi)姓.
▶ 委 wēi

【委顿】wěidùn 形 疲れている．元気のない．¶精神～/元気がない．¶不堪 kān/疲れ切っている．
【委过】wěiguò 动 過失を他人に押しつける．¶～于人/過失を人に押しつける．同 诿过 wěiguò
【委靡】wěimǐ 形 しょげ返っている．意気消沈している．¶神志～/落ち込んでいる．同 萎靡 wěimǐ, 颓唐 tuítáng
【委靡不振】wěi mǐ bù zhèn 成 意気消沈する．¶士气～/士気が上がらない．¶整日心事重重 chóngchóng, ～/一日中心配事を抱えて, 元気がない．同 萎 wěi 靡不振
【委内瑞拉】Wěinèiruìlā《国名》ベネズエラ(南米).
【委派】wěipài 动 委任する．任命する．¶学校～他出国讲学/学校は彼を国外への派遣講師に任命した．
【委弃】wěiqì 动 投げ出す．放棄する．¶～不顾/かまわず投げ出す．
【委曲】wěiqū ❶ 形(曲調・道・川などが)曲がりくねっている．曲折している．¶曲调 qǔdiào～ 婉转 wǎnzhuǎn/曲の調べが変化に富んで美しい．❷ 名 文 事の詳細と顛末．¶听他细述事情的～/彼が事の次第を詳しく話すのを聞く．
【委曲求全】wěi qū qiú quán 成 心ならずも意を曲げて, 事を丸くおさめようとする．
【委屈】wěiqu ❶ 形(いわれのない非難や不当な扱いを受けて)悔しい．つらい．¶小明～得直掉眼泪/ミンさんは悔しさのあまり涙を流し続けた．❷ 动 つらい思いをさせる．悔しい思いをさせる．¶她感到十分～/彼女は非常にやり切れない思いである．
【委任】wěirèn 动 委任する．
【委任状】wěirènzhuàng 名 委任状．
【委身】wěishēn 动 文〈やむなく〉心や身をゆだねる．¶～事人/やむなく人に仕える．
【委实】wěishí 副 まったく．本当に．¶我～不知道/私は本当に知らない．同 用法 否定文に用いることが多い．
【委琐】wěisuǒ 形 文 ❶ こまごまと煩わしい．¶～的小事/こまごまとしたさ細な事柄．❷ (容貌や挙動が)下卑ている．¶相貌 xiàngmào～/容貌が下品だ．同 猥琐 wěisuǒ
【委托】wěituō 动 ゆだねる．任せる．頼む．¶～他买书/彼に本を買ってもらう．¶这件事就～给你了/この件は君に頼んだよ．同 托付 tuōfù
【委婉】[宛]wěiwǎn 形(ことばづかいが)婉曲だ．¶～动听/ことばづかいが穏やかで, 気持ちがよい．¶～地谢绝/婉曲に断る．同 婉转 wǎnzhuǎn
*【委员】wěiyuán ❶ 量〈個 个 ge, 名 míng, 位 wèi〉委員．¶推举～/委員を推薦する．
【委员会】wěiyuánhuì 名 委員会．
【委罪】wěizuì 动 罪を人になすりつける．

炜(煒) wěi
火部4 四 9582₇
全8画 通用
形 明々と輝いている．¶～煌 wěihuáng(明るく輝いている)/～如 wěirú(明るい).

洧 Wěi
氵部6 四 3412₇
全9画 通用
素 地名用字．¶～川 Wěichuān(河南省尉氏県にある地名).

诿(諉) wěi
讠部8 四 3274₄
全10画 通用
素 責任を人になすりつける．¶～罪 wěizuì/互相推～(責任を互いになすりつける).

【诿过】wěiguò 過失を他人に押しつける．同 委 wěi 过
【诿罪】wěizuì 动 "委罪 wěizuì"に同じ．

娓 wěi
女部7 四 4741₅
全10画 通用
下記熟語を参照．

【娓娓】wěiwěi 形 飽きもせず話すようす．話が上手で飽きさせないようす．
【娓娓道来】wěiwěi dàolái 途切れずに, 生き生きと語る．
【娓娓动听】wěi wěi dòng tīng 成 話し上手で人を飽きさせない．
【娓娓而谈】wěi wěi ér tán 飽きることなく, いつまでも話し続ける．

萎 wěi
艹部8 四 4440₄
全11画 次常用
形 ❶(植物が)しおれている．¶～谢 wěixiè/枯～ kūwěi(枯れてしおれる). ❷ 衰えている．¶气～ qìwěi(気が衰える)/买卖～了(商売が振るわなくなった)/价钱～下来了(値が下がってきた).

【萎黄】wěihuáng ❶ 动 枯れて黄ばむ．¶～的树叶/黄ばんだ枯れ葉. ❷ 形 やつれて血色が悪い．¶面色～/やつれて顔色が悪い．
【萎落】wěiluò 动 ❶ 枯れる．しおれる．❷ 零落する．落ちぶれる．
【萎靡】wěimǐ 形 "委靡 wěimǐ"に同じ．
【萎靡不振】wěi mǐ bù zhèn →委 wěi 靡不振
【萎蔫】wěiniān 形(植物が)しおれる．
【萎缩】wěisuō 动 ❶(草木や体が)なえる．¶花草～/草花がしおれる．¶肌肉 jīròu～/筋肉が萎縮する．❷(経済が)衰退する．¶消费正在～/消費は現在落ち込んでいる．
【萎谢】wěixiè 动(草花が)しおれる．¶花木逐渐～/草花が次第にしおれていく．

隗 Wěi
阝部9 四 7621₃
全11画 通用
名 姓．
▶ 隗 Kuí

猥 wěi
犭部9 四 4623₂
全12画 通用
素 ❶ 下品だ．¶～亵 wěixiè. ❷ ごちゃごちゃと入り交じっている．¶～杂 wěizá(雑多である).

【猥鄙】wěibǐ 形 卑しい．
【猥词】[辞] wěicí 名 下品なことば．卑猥なことば．
【猥贱】wěijiàn 形 身分が卑しい．¶～之辈/身分の卑しい者．
【猥劣】wěiliè 形 文 卑劣だ．卑しい．
【猥陋】wěilòu 形 卑しい．卑しい．同 猥鄙 wěibǐ
【猥琐】wěisuǒ 形(容貌や振る舞いが)俗っぽい．下品でこせこせしている．同 委琐 wěisuǒ
【猥亵】wěixiè ❶ 形(言動が)猥亵(わい)だ．下品だ．¶言词～/ことばが卑猥だ．❷ 动 猥亵な行為をする．¶～

妇女／女性に猥褻な行為をはたらく．

韪(韙) wěi
韦部9　四 6580₂　全13画 通用
[素]正しい．¶冒天下之大不～（世間の大反対も顧みず，公然と行う）．[用法]通常，否定形で用いる．

痿 wěi
疒部8　四 0014₄　全13画 通用
[名]身体のある部分が萎縮したり，機能を失う病気．¶～痹 wěibì（まひする）／下～ xiàwěi（腰がぬける）．

鲔(鮪) wěi
鱼部6　四 2412₇　全14画 通用
[名]〈魚〉❶チョウザメの古称．[同]鲟鱼 xúnyú ❷サバ科の魚の一種．ヤイト．[比較]日本語の「鮪⁂」は"金枪鱼 jīnqiāngyú"という．

卫(衛/[異]衞) wèi
卩部1　四 1710₂　全3画 [次常用]
❶[素]防衛する．守る．¶自～ zìwèi（自衛する）／保～ bǎowèi（防衛する）／保家～国（国家と国を守る）．❷[名]明代に，軍隊を駐屯させたところ．¶～所 wèisuǒ（明代の兵営）／威海～ Wēihǎiwèi（現在の山東省威海市）．❸(Wèi)周代の国の名．現在の河南省北部と河北省南部の一帯にあった．❹(Wèi)姓．[参考]❷は，後に地名にのみ用いるようになった．
【卫兵】wèibīng〔队 duì，名 míng〕警備や護衛を担当する人．衛兵．
【卫道】wèidào [動]伝統的なモラルや主義を守る．現状の思想体系を擁護する．
【卫道士】wèidàoshì [名]旧体制擁護論者．
【卫队】wèiduì〔支 zhī〕警備隊．護衛隊．
【卫护】wèihù [動]守る．防衛する．
【卫冕】wèimiǎn [動]〈スポーツ〉優勝者の座を守る．連覇する．¶围棋队 wéiqíduì～成功／我が囲碁チームは連覇に成功した．¶拳王 quánwáng～赛／ボクシングのチャンピオン防衛戦．
*【卫生】wèishēng ❶[形]衛生的だ．¶厕所不～／トイレが不衛生だ．／不～．❷[名]衛生．¶讲～／衛生に気を配る．¶环境～／環境衛生．
【卫生带】wèishēngdài [名]月経帯．女性の生理用下着．
【卫生间】wèishēngjiān [名]トイレ・洗面所・浴室などの総称．
【卫生巾】wèishēngjīn [名]生理用ナプキン．
【卫生裤】wèishēngkù [名]メリヤスのズボン下．[同]绒裤 róngkù
【卫生球】wèishēngqiú（～儿）衣服の防虫剤．ナフタリン．
【卫生设备】wèishēng shèbèi [名]（洗面所・浴室・水洗トイレなどの）衛生設備．
【卫生所】wèishēngsuǒ [名]衛生所．[参考]農村などの"卫生院"より小規模の末端の衛生機構．"卫生室"とも言う．
【卫生学】wèishēngxué [名]衛生学．
【卫生衣】wèishēngyī [名]厚手のメリヤスシャツ．[同]绒 róng 衣
【卫生员】wèishēngyuán〔个 ge，名 míng，位 wèi〕短期の講習を受け，医療衛生の基本的知識や，救急法などを身につけた医療従事者．
【卫生院】wèishēngyuàn [名]衛生院．[参考]郷鎮地区の医療予防や衛生防疫に責任を負う末端の衛生機構．衛生員の養成訓練も行う．

【卫生站】wèishēngzhàn [名]衛生ステーション．[参考]大衆的な末端の衛生機構．非専従の衛生員が業務を担当．
【卫生纸】wèishēngzhǐ ❶トイレットペーパー．❷生理用ナプキン．
【卫士】wèishì [名]〔个 ge，名 míng〕護衛の兵士．衛兵．
【卫视】wèishì [名]"卫星电视"（衛星テレビ）の略称．
【卫戍】wèishù [動]（首都を）警備する．
【卫戍区】wèishùqū [名]（首都の）警備区域．衛成（ば）区．¶北京～／北京衛成区．
【卫星】wèixīng [名]❶〈天文〉〔颗 kē〕衛星．❷人工衛星．¶发射通讯～／通信衛星を発射する．❸衛星のように周囲に存在し，従属的位置にあるもの．¶～城市／衛星都市．
【卫星城】wèixīngchéng [名]衛星都市．[同]卫星城市 shì
【卫星电视】wèixīng diànshì [名]衛星放送（テレビ）．
【卫星国】wèixīngguó [名]大国の支配下にある周辺国家．衛星国．
【卫星通信】wèixīng tōngxìn [名]衛星通信．

为(爲/[異]為) wèi
、部3　四 3402₇　全4画 常用
[前]❶（奉仕の対象を導く）…のために．¶妈妈～儿子洗衣服／お母さんは息子のために洗濯する．¶服务员热情地～顾客服务／店員はお客のために親切にサービスする．¶我马上可以～您安排／すぐに手配いたします．¶这是特意～你买的／これはすべてあなたのために買ったのだ．
❷（心理的に関わりのある対象を導く）…のために．¶别～我担心／私のことはご心配なく．¶～前程担忧 dānyōu／将来のことで悩む．¶我真～你害羞／私はあなたのことが本当に恥ずかしい．¶大家都～你的进步而高兴／みんなはあなたの進歩を喜ぶ．
❸（目的，原因を導く）…のために．…なので．[同]为了 wèile ¶～朋友们的健康,干杯！／皆様のご健康をお祈りして，乾杯！¶～买这本书,我跑遍了各大书店／この本を買うために，私は大きな書店をあちこち歩き回った．¶～方便群众,商店延长了营业时间／人々が便利なように，商店は営業時間を延長した．¶小明～这件事难过了好几天／ミンさんはこの件のせいで何日もつらい思いをした．
☞ 为 wéi

【为此】wèicǐ [接]このために．¶～,我们不能投赞成票／このために，我々は賛成票を投じることができない．
【为国捐躯】wèi guó juān qū 国のために身を捧げる，犠牲となる．
【为何】wèihé [副]なぜ．どうして．¶你～不来？／あなたはどうしてこないのですか．[同]为什么 wèi shénme
【为虎添翼】wèi hǔ tiān yì [成]悪人に加担し，その勢力を強める．[同]为虎傅 fù 翼 [由来]トラに翼をつける，という意から．
【为虎作伥】wèi hǔ zuò chāng [成]悪人の手先になる．悪人に手を貸す．[由来]トラのために"伥"となる，という意から．"伥"は，トラに食い殺された人の亡霊で，トラの手助けをするといわれる．
*【为了】wèile [前]…のために．¶～将来,现在我们必须认真学习／将来のために，我々は今真剣に学ばねばならない．¶他这么做,全是～你的／彼がこのようにするのは，すべてあなたのためなのだ．[表現]動機や目的をあらわす．原因をあらわすのに"为了"を用いることもあるが，普通は"因为 yīnwèi"を用いる．
【为民除害】wèi mín chú hài [成]人民のために害を除

く, 悪者を退治する.
【为民请命】wèi mín qǐng mìng 人民のために請願する. ¶～的父母官 / 人民に代わって請願する地方長官.
【为亲友非法牟利罪】wèi qīnyǒu fēifǎ móulìzuì 《法律》知人のための不法利得罪. 参考 公務員が職務上の立場を利用し, 自己の親戚や友人の利益になるよう, 斡旋や便宜供与を行う行為に対する罪名.
【为人作嫁】wèi rén zuò jià 他人のために空しい苦労をする. 由来 他人の花嫁衣裳を作るという意から.
＊＊【为什么】wèi shénme 句 なぜ. どうして. ¶～犹豫 yóuyù 不决呢? / なぜためらっているの. ¶这种技术很有用处,你～不学? / この技術はとても役に立つのに, 君はどうして学ばないの. 表現 原因や目的をたずねるときに用いる. "为什么不"は, 人にすすめる意味を含み"何不 hébù"に同じ.
【为渊驱鱼, 为丛驱雀】wèi yuān qū yú, wèi cóng qū què 親しくするべき人を対立する側に回してしまう. 由来 『孟子』離婁上に見えることば. カワウソが追うと魚は淵に逃げ, ハヤブサが追うとスズメは草むらに隠れる, という意から.
【为着】wèizhe 同 "为了 wèile"に同じ.

未 wèi 一部 4 四 5090。 全5画 常用

❶名 干 (ひつじ). 十二支の八番目. ¶～时 wèishí (未の刻). ❷副 まだ…していない. ¶～成年 wèichéngnián / 健康尚 shàng～恢复 (まだ健康を回復していない). 同 没 méi ❸副 文 …でない. ¶～便 wèibiàn / ～知可否 kěfǒu (よいか悪いかは分からない). 同 不 bù ❹(Wèi)姓.

【未必】wèibì 副 必ずしも…ではない. …とは限らない. ¶他的意见～不对 / 彼の意見は間違っているとは限らない.
【未便】wèibiàn 副 …はまだ都合が悪い. …するわけにはいかない. ¶～立即答复 dáfù / 即答するのはまずい. ¶～插嘴 / 口出しするわけにはいかない.
【未卜先知】wèi bǔ xiān zhī 先見の明がある. 由来 占いをしなくても先のことが分かる, という意から.
【未成年】wèichéngnián 動 未成年(の).
【未成年人】wèichéngniánrén 名 《法律》未成年者. 参考 中国では満18歳に達した者をいう.
【未定】wèidìng 動 未定だ. まだはっきりと決まっていない. ¶～价格～ / まだ価格が決まっていない.
【未果】wèiguǒ 動 文 まだ実現していない.
【未婚】wèihūn 形 未婚の. 独身の.
【未婚夫】wèihūnfū 名 男性の婚約者.
【未婚妻】wèihūnqī 名 女性の婚約者.
【未及】wèijí 動 ❶～する余裕がない. ❷まだ…に及んでいない.
【未几】wèijǐ 文 ❶副 すぐに. ほどなく. 同 不久 bùjiǔ ❷形 いくらもない. わずかだ. 同 无几 wújǐ
【未见得】wèijiàndé 副 …とは限らない. …だと見えない. 同 说不定 shuōbudìng, 不一定 bùyīdìng

【未经】wèijīng 動 まだ…を経ていない. まだ…していない. ¶～登记 / まだ受付を済ませていない. ¶这个消息还～证实 / このニュースはまだ事実とは確認されていない.
【未竟】wèijìng 動 まだ完成していない. まだ成し遂げられていない. 表現 多く大事業や大志についていう.
【未决】wèijué 動 まだ決定されていない. まだ解決していない. ¶悬 xuán 而～的案件 / 懸案で未解決の事件.
【未决犯】wèijuéfàn 名《法律》未決囚.
【未可厚非】wèi kě hòu fēi それほど責められるべきでもない. 悪いところはあるが, 許せる程度だ. ¶对小张的为人 wéirén / 張さんの人柄は, 欠点もあるが, まずまずである. 同 无 wú 可厚非
＊【未来】wèilái ❶形 これからまもなくの. これから先の. ¶～的时代 / これからの時代. ¶～的一年 / この先1年. ❷名 未来 (のよう). 将来 (のよう). ¶美好的～ / すばらしい未来.
【未来派】wèiláipài 名 未来派. 同 未来主义 zhǔyì 参考 20世紀初頭, イタリアで興った現代美術の一派.
【未来学】wèiláixué 名 未来学.
【未老先衰】wèi lǎo xiān shuāi まだ老いてもいないのに体や精神が衰える.
【未了】wèiliǎo 動 まだ終わっていない. ¶～事项 / 未決事項. ¶～的手续要尽快 jǐnkuài 办定 / 未了の手続きは早急に終わらせなさい.
【未免】wèimiǎn 副 ❶…と言わざるを得ない. むしろ…すぎる. ¶～生硬了些 / どうもぎこちなさすぎる. ❷…せざるを得ない. どうしても…なる. 表現 ①は, 感心しない, 同意しないことをあらわす. 語気は比較的やわらかい.
【未能】wèinéng 助動 まだ…できない. ¶～按时交货 / 期日通りに商品を納品できていない.
【未能免俗】wèi néng miǎn sú 古い習俗や気風から抜け出せない.
【未然】wèirán 動 まだそうなっていない. ¶防患 fánghuàn 于～ / 災いを未然に防ぐ. 反 已然 yǐrán
【未遂】wèisuì 動 まだ目的を遂げていない. ¶自杀～ / 自殺未遂.
【未完】wèiwán 動 まだ終わっていない. ¶～待续, 次号に続く. 次回をお楽しみに.
【未详】wèixiáng 形 はっきりとわかっていない. 不詳だ. ¶生卒 shēngzú 年代～ / 生没年代がはっきりしない.
【未央】wèiyāng 動 文 まだ終わっていない. まだ尽きていない. ¶夜～ / まだ夜は更けていない.
【未雨绸缪】wèi yǔ chóu móu 事前によく準備する. 転ばぬ先の杖. ¶居安思危, ～ / 平和な時も危難を想定し, 備えをおこたらない. 由来 『詩経』幽風・鴟鴞に見えることば. 雨が降る前に窓を修理しておく, という意から.
【未知量】wèizhīliàng 名《数学》未知量.
【未知数】wèizhīshù 名 ❶《数学》未知数. ❷まだよくわからない事. はっきりしない事柄.

位 wèi 亻部 5 四 2021₈ 全7画 常用

❶名 ものがある場所. 位置. ¶座～ zuòwèi (座席) / 部～ bùwèi (部位) / 各就各～ (スタート位置について) ❷圖 (仕事上での)地位. ポスト. ¶名～ míngwèi (名誉と地位). ❸名 君主の地位. ¶即～ jíwèi (即位する) / 在～ zàiwèi (在位する) / 篡～ cuànwèi (君主の位を奪い取る). ❹名 数字のけた. 位. ¶个～ gèwèi (一の位) / 十～ shíwèi (十の位) / 百～ bǎiwèi (百の位). ❺量 人を数えることば. ¶诸～ zhūwèi (皆様. 各位) / 各～ gèwèi (各

位) / 三〜客人 (三名のお客様). ❻ 量《コンピュータ》ビット. 二進法による情報量の単位. ❼ 比特 bǐtè ❼ (Wèi)姓. 表現 ⑤は, 尊敬の意を含み, 呼びかけにも用いる.

【位次】 wèicì 名 席次. 着席の順番. ¶〜卡 kǎ / 席次カード.
【位能】 wèinéng 名《物理》位置エネルギー. ポテンシャルエネルギー. 同 势 shì 能
【位移】 wèiyí 名《物理》变位.
【位于】 wèiyú 動 …に位置する. ¶中国〜亚洲 Yàzhōu 大陆东南部 / 中国はアジア大陸の東南部に位置する.
*【位置】 wèizhi 名 ❶ 場所. 位置. ¶参加考试的人都有指定的〜 / 受験者は全て指定された席があります. ❷ 地位. ¶在文学史上的〜 / 文学史上における位置. 同 地位 dìwèi ❸ 〔職業上の〕地位. ポスト. ¶谋 móu 个科长 kēzhǎng 的〜 / 課長の地位を求める. 同 地位 dìwèi
【位子】 wèizi 名 ❶〔量 个 ge, 排 pái〕座席. 席. ❷ 職業上の地位.

味 wèi
口部 5 6509₀
全8画 常用

❶ 名〔〜儿〕〔量 股 gǔ, 种 zhǒng〕味. ¶〜道 wèidao / 滋〜儿 zīwèir (味わい) / 五〜 wǔwèi (いろいろな). ¶〜儿 〔〜儿〕〔量 股 gǔ, 种 zhǒng〕におい. ¶气〜 qìwèi (におい) / 香〜儿 xiāngwèir (よい香り) / 臭〜儿 chòuwèir (臭み). ❸ 名 味わい. おもしろみ. ¶趣〜 qùwèi (おもしろみ) / 乏〜 fáwèi (味気ない) / 言语乏 fá〜 (ことばがおもしろみに欠ける). ❹ 動 味わう. ¶体〜 tǐwèi (体得する) / 玩〜 wánwèi (かみしめる) / 细〜其言 (そのことばを深く味わう). ❺ 量《中 医》調合されている薬物の種類を数えることば.
*【味道】 wèidao 名 ❶〔量 种 zhǒng〕味. 味付け. ¶这个菜〜还可以 / この料理の味はまあまあだ. ¶没有〜 / 味がない. 同 滋味 zīwèi ❷ 気持ち. フィーリング. 同 滋味 zīwèi ❸ 味わい. 趣.
【味精】 wèijīng 名〔量 袋 dài, 粒 lì〕化学調味料. うまみ調味料. 同 味素 wèisù
【味觉】 wèijué 名 ¶小美的〜非常灵敏 língmǐn / メイちゃんの味覚は非常に鋭い.
【味蕾】 wèilěi 名《生理》味蕾(ら).
【味同嚼蜡】 wèi tóng jiáo là 成〔文章や話が〕無味乾燥で味気ない. 由来 蜡(?)をかむのと同じだ, という意から.

畏 wèi
田部 4 6073₂
全9画 常用

❶ 動 恐れる. ¶〜惧 wèijù / 大无〜的精神 (何ものをも恐れない精神) / 人言可〜 (人のうわさは恐ろしい). ❷ 書 尊敬する. 感服する. ¶〜友 wèiyǒu (畏友ふう) / 敬〜 jìngwèi (畏敬ふいの念を抱く) / 后生可〜 成 後生恐るべし. ❸ (Wèi)姓.
【畏避】 wèibì 動 恐れて避ける.
【畏光】 wèiguāng 名《医学》羞明(しゅうめい). まぶしがり症.
【畏惧】 wèijù 動 恐れる. ¶无所〜 / 何ものも恐れない. ¶毫不〜困难 / 困難を少しも恐れない. 同 害怕 hàipà, 恐惧 kǒngjù
【畏难】 wèinán 動 困難を恐れる. ¶〜情绪 / 困難におじけづく心.
【畏怯】 wèiqiè 形 怖くてびくびくしている. ¶毫不〜 / まるで怖がる様子がない. ¶他从内心感到〜, 一句话也不敢说 / 彼は内心びくびくして, 一言も話せなかった.
【畏首畏尾】 wèi shǒu wèi wěi 成 気が小さく過度に懸念する. 由来 前を恐れ後ろを恐れる, という意から.
【畏缩】 wèisuō 動 おじけづく. ひるむ. ¶遇到困难, 可不能畏畏缩缩的 / 困難にみまわれても, しり込みしてはいけない. 重 畏畏缩缩
【畏缩不前】 wèi suō bù qián 成 おじけついて前に進まない.
【畏途】 wèitú 名 文 ❶ 険しく恐ろしい道. ❷ 恐ろしくて難しい事柄.
【畏葸】 wèixǐ 動 文 恐れる.
【畏罪】 wèizuì 動〔罪を犯して〕処罰を恐れる. ¶〜潜逃 qiántáo / 処罰を恐れて逃走する.

胃 wèi
田部 4 6022₇
全9画 常用

名 ❶《生理》胃. ¶〜口 wèikǒu / 〜酸 wèisuān / 〜炎 wèiyán. ❷ 二十八宿の一つ. えきく.
【胃癌】 wèi'ái 名《医学》胃ガン.
【胃病】 wèibìng 名〔量 场 cháng, 种 zhǒng〕胃の病気. ¶患〜 huàn〜 / 胃病を患う.
【胃肠炎】 wèichángyán 名《医学》胃腸カタル. 胃腸炎.
【胃穿孔】 wèichuānkǒng 名《医学》胃穿孔(せんこう).
【胃蛋白酶】 wèidànbáiméi 名《生物·化学》ペプシン.
【胃镜】 wèijìng 名《医学》胃カメラ.
【胃口】 wèikǒu 名 ❶ 食欲. ¶〜不好 / 食欲があまりない. ❷ 好み. 嗜好. 趣味. ¶看球赛正合小美的〜 / 球技観戦は, メイちゃんの好みにぴったりだ.
【胃溃疡】 wèikuìyáng 名《医学》胃潰瘍(かいよう).
【胃扩张】 wèikuòzhāng 名《医学》胃拡張.
【胃酸】 wèisuān 名《生理》胃酸.
【胃痛】 wèitòng 名《医学》胃痛.
【胃下垂】 wèixiàchuí 名《医学》胃下垂.
【胃腺】 wèixiàn 名《生理》胃腺.
【胃炎】 wèiyán 名《医学》胃炎.
【胃液】 wèiyè 名《生理》胃液.

谓(謂) wèi
讠部 9 3672₇
全11画 次常用

動 文 ❶ 言う. 告げる. ¶所〜 suǒwèi (言うところの) / 可〜神速(おどろくほど速いと言ってよい). 同 告诉 gàosu, 说 shuō ❷ …という. …と呼ぶ. 同 称 chēng, 叫做 jiàozuò
【谓语】 wèiyǔ 名《言語》述語.

尉 wèi
寸部 8 7420₀
全11画 次常用

❶ 書 古代の官名. ¶太〜 tàiwèi (太尉. 武官の最高位). ❷ 名 軍隊の階級の名. ¶〜官 wèiguān. ❸ (Wèi)姓.
☞ 尉 yù
【尉官】 wèiguān 名《軍事》尉官. "校官 xiàoguān" に次ぐ階級. ¶上〜 / 大尉. 中〜 / 中尉. 少 shào〜 / 少尉. 参考 "尉官" は "校官" と異なり3階級で, "大尉" は存在せず "上尉" という.

遗(遺) wèi
辶部 9 3530₈
全12画 常用

動 文 贈る. ¶〜之以书 (本を贈る).
☞ 遗 yí

喂(異 餵❷❸、餧❷❸) wèi
口部 9 全12画 6603₂ 常用

❶ 感 おい. もしもし. よびかけのことば. ¶〜, 是谁? (お

い,誰だ)/～,快来呀!(おい,早くおいで). ❷動動物にえさをやる. ¶～牲口 shēngkou (家畜にえさをやる)/～鸡(ニワトリを飼う). ❸動食べ物を口にいれてやる. ¶～小孩儿(子供にものを食べさせる)/～药(薬を飲ませる)/给病人～饭(病人に飯を食べさせてやる).

【喂料】wèi//liào 動 えさをやる.

【喂奶】wèi//nǎi 乳を飲ませる. ¶给婴儿 yīng'ér～/赤ん坊に乳を飲ませる.

【喂养】wèiyǎng 動 (幼児や動物に食物を与えて)世話をする. 育てる. ¶～牲口 shēngkou/家畜の世話をする.

猬(異 蝟) wèi 犭部9 四 4622₇ 全12画 次常用

素《動物》ハリネズミ. ¶～集 wèijí. 回 刺猬 cìwei

【猬集】wèijí 動 無数のものが一ヶ所に集まる. 蝟集 (じゅう)する. ¶诸事 zhūshì～/さまざまな事が殺到する.

渭 Wèi 氵部9 四 3612₇ 全12画 通用

素地名用字. ¶～河 Wèihé (甘粛省に源を発し,陝西省を経て黄河に入る川の名).

蔚 wèi ⺾部11 四 4424₀ 全14画 次常用

素 ❶ 草木がよく茂っている. ❷ 盛大だ. ¶～然 wèirán/～成风气(成 盛んになって風潮になる). ❸ 模様が美しい. ¶云蒸 zhēng 霞 xiá～(雲が湧き,霞が美しくたなびく).

☞ 蔚 Yù

【蔚蓝】wèilán 形 よく晴れた空のような青色の. ¶～的天空/スカイブルーの空. ¶～的海洋/紺碧(こへき)の海.

【蔚起】wèiqǐ 動文 盛んになる. 勢いよく発展する. ¶留学之风正在～/留学ブームが盛んになっている.

【蔚然】wèirán 形 盛んで立派なようす.

【蔚然成风】wèi rán chéng fēng 成 だんだん盛んになり,世の風潮となる.

【蔚为大观】wèi wéi dà guān 成(喩) (文物が)豊富多彩で壮観だ.

慰 wèi 心部11 四 7433₀ 全15画 常用

❶素 慰める. ¶～劳 wèiláo/～问病人(病人を見舞う)/聊以自～(成 しばし自らを慰める). ❷素 心が安まる. ¶安～ ānwèi (心が晴れる)/欣～ xīnwèi (よろこびで心が和む)/知你平安到达,甚～ shènwèi (ご無事にご到着とのこと,安心いたしました). ❸ (Wèi)姓.

【慰安妇】wèi'ānfù 名 (従軍)慰安婦.

【慰抚】wèifǔ 動 慰める. 元気づける.

【慰藉】wèijiè 動文 慰める. ¶一～几句/慰めのことばをかける.

【慰劳】wèiláo 動 慰労する. 労をねぎらう. ¶～品/慰問の品. ¶当地政府で了全体救灾人员/現地政府は被害者救済にあたったすべての人々をねぎらった. ➡慰问 wèiwèn

【慰留】wèiliú 動 引き留める. 慰留する. ¶再三～/何度も慰留する. ¶～不住/引き留めようがない.

【慰勉】wèimiǎn 動 慰め励ます. ¶多方～/何かと慰め励ます.

【慰问】wèiwèn 慰問する. 見舞う. ¶～灾区人民/被災地の住民を慰問する. ¶～演出/慰問公演. 同 慰劳 wèiláo 比較 "慰问"は,多く不幸に見舞われた人などを対象とする. "慰劳"は人の功績や苦労をねぎらうことが多い.

【慰唁】wèiyàn 遺族を弔問する. ¶～致电～/電報を送り弔意をあらわす.

魏 Wèi 鬼部8 四 2641₃ 全17画 次常用

名 ❶ 魏(ぎ). 戦国時代の国名. 現在の河南省北部,山西省西南部などの地. 後に秦に滅ぼされた. ❷ 魏. 三国時代,曹丕が建てた国(220-265). 黄河流域,淮河流域の地. ❸ 北魏. 晋末,鮮卑の拓跋(だく)氏が黄河流域に建てた国(386-534). ❹ 姓.

【魏碑】wèibēi 名 北魏の碑の総称. 参考 刻まれた字体の構成がしっかり整い,筆勢も力強いので,後世の書の手本となった.

鳚(鳚) wèi 鱼部11 四 2410₀ 全19画 通用

名《魚》ギンポ科の魚の総称.

wen ㄨㄣ 〔uən〕

温 wēn 氵部9 四 3611₂ 全12画 常用

❶ 形 あたたかい. ¶～暖 wēnnuǎn/～水 wēnshuǐ (ぬるま湯). 回 暖 nuǎn. ❷ 素 温度. ¶气～ qìwēn (気温)/体～ tǐwēn (体温). ❸ 動 温める. ¶把酒～一下(ちょっと酒を温める). ❹ 素 おとなしい. 柔和だ. ¶～厚 wēnhòu. ❺ 動 復習する. ¶～书 wēnshū/～课 wēnkè. 回 习 xí. ❻ 素 "瘟 wēn"に同じ. ¶春～ chūnwēn (春にかかる熱病). ❼ (Wēn)姓.

【温饱】wēnbǎo 名 衣食の足りた暮らし. ¶解决～问题/衣食の問題を解決する.

【温标】wēnbiāo 名 温度計の目盛り.

【温差】wēnchā 名 温度差. 最高気温と最低気温の差. ¶这个地区日照长,～大/この地方は日照時間が長く,温度差が大きい.

【温床】wēnchuáng 名 ❶《農業》温床. ❷ ものごとを生み育てる環境. ¶腐败 fǔbài 的～/汚職の温床. ¶孕育 yùnyù 原始生命的～/原始生命を育む温床.

【温存】wēncún ❶ 動 やさしくいたわる. ¶他把小明了一番 fān/彼はミンさんをやさしくいたわった. ❷ 形 思いやりがある. やさしい. ¶性格～/性格がやさしい.

【温带】wēndài 名 温帯.

*【温度】wēndù 名 温度. ¶室内～/室内温度. ¶年均～为十四度/年平均温度は14℃.

【温度表】wēndùbiǎo 名 温度計. 回 温度计 jì

【温度计】wēndùjì 名 温度計. 回 温度表 biǎo

【温哥华】Wēngēhuá《地名》バンクーバー(カナダ).

【温故知新】wēn gù zhī xīn 成 昔のことを究めて,新しい知見を得る. 昔を振り返って,今を見なおす. 由来《論語》為政篇に見えることば.

【温和】wēnhé 形 ❶ (気候が)温和だ. ¶气候～,四季如春/気候が温和で,一年中,春のようだ. ❷ (性質や態度が)おとなしい. やさしい. ¶脸色 liǎnsè～/顔の表情が温和である. ¶老师对学生应该态度～/先生は学生に対しておだやかな態度であるべきだ. 回 平和 pínghé ➡温和 wēnhuo

【温厚】wēnhòu 形 温厚だ. ¶为人～/人柄が温厚だ. ¶～老实的人/温厚でおとなしい人.

【温乎】wēnhu 形 (物体が)ほどよい温かさだ. 回 温乎

huo
【温和】wēnhuo 形《物体が》ほどよい温かさだ．¶汤还～呢,快喝吧／スープが冷めないうちに早くお上がり．囲温温和和 ☞温和 wēnhé

【温居】wēn jū 動 親しい友人の新居を訪ねて祝う．

【温课】wēn//kè 動 学習をおさらいする．復習する．¶妹妹正在～／妹は今授業の復習をしている．

【温良】wēnliáng 形《女性の気だてが》やさしくて純真だ．おとなしくて善良だ．

*【温暖】wēnnuǎn ❶ 形《気候や雰囲気が》あたたかい．温暖だ．¶气候～／気候が温暖だ．¶～的家庭／温かい家庭．❷ 動《心を》温める．¶你的一席话～了我的心／あなたのお話は私の心を温めてくれました．

【温情】wēnqíng 名 やさしい気持ち．温かい思いやり．¶一片～／温かい思いやり．

【温情脉脉】wēn qíng mò mò 成《人や事物に対して》愛情あふれるようす．

【温泉】wēnquán 名〔处 chù, 口 kǒu, 眼 yǎn, 座 zuò〕温泉．¶洗 xǐ～／温泉につかる．¶～浴 yù／温泉浴．

【温柔】wēnróu 形 やさしくおとなしい．¶～的少女shàonǚ／心やさしい少女．

【温润】wēnrùn ❶ 穏やかでやさしい．¶性情～／性格が温和だ．¶～的面容／穏やかな顔つき．❷《気候が》あたたかで湿潤だ．¶气候～／気候が温潤である．❸ きめが細かくつやつやしてる．¶玉质 yùzhi～／玉《ぎょく》の材質がきめ細かくつやつやしている．

【温室】wēnshì 名〔间 jiān, 排 pái, 座 zuò〕温室．¶在～里长大 zhǎngdà／ぬるま湯の中で育つ．¶～育苗 yùmiáo／温室育苗《びょう》．

【温室效应】wēnshì xiàoyìng 名 温室効果．

【温书】wēnshū 動 復習する．

【温淑】wēnshū 形 穏やかで純真だ．

【温顺】wēnshùn 形《人や動物が》おとなしい．従順だ．¶态度～／態度が従順だ．囲温柔 wēnróu

【温汤】wēntāng 名 ❶ ぬるま湯．囲温水 wēnshuǐ ❷《文》温泉．

【温吞[腾]】wēntūn[-tun] 形 ❶《液体が》ぬるい．❷《ことばや文章の》歯切れが悪い．

【温吞[腾]水】wēntūnshuǐ 名 ❶ ぬるま湯．❷ もたもたと仕事をすること．態度がはっきりしないこと．

【温文尔雅】wēn wén ěr yǎ 成 おっとりとして振る舞いが上品だ．¶这人虽是武官,但是举止～／この人は武官だが,物腰が実におっとりとして上品だ．

【温习】wēnxí 動 復習する．¶～功课／学業のおさらいをする．囲复习 fùxí

【温馨】wēnxīn 形 暖かく香り高い．温かい．¶～的友情／心温まる友情．¶～的家庭／温かく安らぎのある家庭．

【温煦】wēnxù ❶《日差しが》暖かい．¶阳光～／日が暖かい．囲温暖 wēnnuǎn ❷ やさしく温かい．¶～的目光／温かいまなざし．

【温血动物】wēnxuè dòngwù 名《動物》恒温動物．温血動物．囲恒温 héngwēn 动物．

【温驯】wēnxùn 形《動物が》おとなしい．従順だ．¶～的羔羊 gāoyáng／従順な小羊．

【温州】Wēnzhōu《地名》温州《しゅう》．浙江省の沿海開放都市．参考 別称は"瓯 Ōu".

辊（輥）瘟蕰鳀文 wēn-wén

辊（輥）wēn 车部9 四 4651₂ 全13画 通用

下記熟語を参照．

【辊辌】wēnliáng 名 体を横たえることのできる古代の車．霊柩车《れいきゅうしゃ》としても用いた．

瘟 wēn 疒部9 四 0011₂ 全14画 次常用

❶ 名《中医》急性伝染病．¶牛～ niúwēn（ウシの急性伝染病）．❷ 形《芝居の》めりはりがなく精彩にかける．

【瘟病】wēnbìng 名《中医》〔种 zhǒng〕急性熱病の総称．

【瘟神】wēnshén 名 疫病神．¶祭 jì～／疫病神を鎮める．

【瘟疫】wēnyì 名《中医》〔场 cháng, 种 zhǒng〕流行性の急性伝染病．疫病．¶～流行／疫病の流行．

蕰 wēn 艹部12 四 4411₂ 全15画 通用

下記熟語を参照．

【蕰草】wēncǎo 名 水生の雑草．肥料にする．

鳀（鰮）wēn 鱼部9 四 2611₂ 全17画 通用

下記熟語を参照．

【鳀鲸】wēnjīng 名《動物》イワシクジラ．

文 wén 文部0 四 0040₀ 全4画 常用

❶ 素 文字．甲骨～ jiǎgǔwén（甲骨文）／钟鼎～ zhōngdǐngwén（金文）．❷ 素 言語．¶日～ Rìwén（日本語）／英～ Yīngwén（英語）．❸ 素 文章．¶～集 wénjí／～学文 xuéwén／散～ sānwén（散文）／～如其人．❹ 素 文語．¶半～半白（文語と口語がいりまじる）／这句话太～了,不好懂（この語句は文語的すぎてわかりにくい）．❺ 素 文化．¶～化 wénhuà／～明 wénmíng／～物 wénwù．❻ 素 文科．¶～科学校（文科系の学校）．❼ 素 礼節．礼儀．¶虚～ xūwén（虚礼）／繁～缛 rù 节 成 煩わしい虚礼や儀式．❽ 形 非軍事的な．¶～官 wénguān／～武双全．反武 wǔ．❾ 形《性格が》柔和だ．¶～雅 wényǎ／～弱 wénruò／～绉绉 wénzhōuzhōu．❿ 素 自然界の事象．¶天～ tiānwén（天文）／入熊量する．❶ 量《～身 wénshēn．⓬ 素 飾る．覆い隠す．¶～过饰 shi 非．⓭ 量 旧 銅銭を数えることば．文《ぶん》．¶一～不值（一文の価値もない）．⓮（Wén）姓．参考 ⓬ はもと"wèn"と発音した．

【文案】wén'àn 名 ❶ 公文書．❷ 旧 公文書の起草・管理をする幕僚．

【文本】wénběn 名 本文．テキスト．¶所有文件有中,英,法三种／すべての文書は中・英・仏の三種類のテキストがある．

【文本文件】wénběn wénjiàn 名《コンピュータ》テキストファイル．

【文笔】wénbǐ 名 文章の風格．書きぶり．¶～辛辣 xīnlà／文章が辛辣だ．¶～流畅 liúchàng／文章がなめらかだ．

【文不对题】wén bù duì tí 成 ❶ 題名が内容と合っていない．¶这篇作文写得～／この作文はタイトルと内容が合っていない．❷ 内容的外れだ．¶他的发言有点～／彼の発言はいささかピントはずれだ．

【文不加点】wén bù jiā diǎn 成 推敲《すいこう》することなく一気呵成に文章ができあがる．筆が立つ．由来"加点"は「塗り消す」の意．

【文才】wéncái 名 文章を書くオ能. 文才. ¶～出众 / 文才が抜群である. ¶有～ / 文才がある.
【文采】wéncǎi 名 ❶ あや. 美しい彩り. 模様. ¶～斑斓 bānlán / 華やかで彩りが美しい. ❷ 文学的な才能. ¶有～ / 文才がある.
【文场】wénchǎng 名 ❶ 文人の集う場所. ❷ 旧時,科挙の試験場. ❸ 芝居のはやし方の管弦パート. ❹《芸能》民間芸能の一つ.歌に"扬琴 yángqín"の伴奏に合わせて歌う.広西チワン族自治区の桂林・柳州(ぢぅ)一帯で行われる.
【文抄公】wénchāogōng 名 剽窃(ひょぅ)家. 表現 相手をからかう言いかた.
【文丑】wénchǒu 名 (～儿)《芸能》芝居の道化役. 用法 立ち回りを主とする道化役の"武丑 wǔchǒu"と区別して言う.
【文唇】wén//chún 動 (唇の形を美しく見せるために)唇に入れ墨を施す.
【文辞[词]】wéncí 名 ❶ (文章にあらわされる)字句やことば使い. ¶～优美 / 字句が上品で美しい. ¶华丽的～ / 華麗な文章. ❷ 文章. ¶以善～知名 / 文章が美しいことで知られる.
【文从字顺】wén cóng zì shùn 成 字句が適切で,なめらかだ. ¶～的文章 / なめらかで筋道の通った文章.
【文代会】wéndàihuì "文学艺术界代表大会"(文学芸術界代表大会)の略称.
【文档】wéndàng 名《コンピュータ》ドキュメント.
【文斗】wéndòu 名動 論争(する). ¶双方在报纸上展开了～ / 双方は新聞紙上で論争をくりひろげた. 反 武斗 wǔdòu
【文牍】wéndú 名 ❶ 公文書や手紙などの総称. ❷ 旧 文書を起草する役人.
【文法】wénfǎ 名 ❶《言語》文法. 同 语法 yǔfǎ ❷ 古代の法令文.
【文房】wénfáng 名 文 ❶ 書斎. 同 书 shū 房 ❷ (役所の)文書管理室.
【文房四宝】wénfáng sìbǎo 名 文房四宝. 紙・墨・すずり・筆のこと. ¶荣宝斋 Róngbǎozhāi 卖～ / 栄宝斋は文房四宝を売っている.
【文风】wénfēng 名 文章のもつ風格. 文章の書きぶり. ¶整顿～ / 文章の姿勢を正す.
【文风不动】wén fēng bù dòng 成 びくともしない. 微動だにしない. ¶～地坐着 / 微動だにせず座っている. 同 纹 wén 风不动 由来 "文风"は"微风"の意.
【文稿】wéngǎo 名〔部 bù,篇 piān〕草稿. 原稿.
【文告】wéngào 名〔张 zhāng〕(政府や団体の)通告文書. 告示. ¶发布～ / 告示を出す.
【文革】Wéngé 名 "文化大革命 Wénhuà dàgémìng"の略称.
【文蛤】wéngé 名《貝》ハマグリ. 同 蛤蜊 gélí
【文工团】wéngōngtuán 名〔个 ge〕文芸活動を専門に行う団体. 参考 "文艺工作团 wényìgōngzuòtuán"の略称.
【文官】wénguān 名 文官. 反 武 wǔ 官
【文冠[官]果】wénguānguǒ 名《植物》ブンカンジュ. ブンカンカ.
【文过饰非】wén guò shì fēi 成 うそやきれいごとで過ちを隠す. ¶不要～,自欺 qī 欺人 / 誤りをつくろって,自分や他人を欺いてはならない.
【文翰】wénhàn 名 文 ❶ 文章. 文辞. ❷ 公文書.
【文豪】wénháo 名〔位 wèi〕文豪.

【文化】wénhuà 名 ❶ 文化. ¶～部 / 文化部. 文化省. ❷ 知識や教養. ¶学～ / 読み書きを習う. ¶～程度 / 教育程度. ¶提高～水平 / 学力を高める.
【文化层】wénhuàcéng《考古》古代遺跡や古代の遺物を含む地層.
【文化产业】wénhuà chǎnyè 文化産業. 参考 芸術・音楽・演劇・娯楽・観光など,文化に関する産業.
【文化大革命】Wénhuà dàgémìng《歴史》1966年5月から1976年10月まで中国全土で繰り広げられた大規模な政治運動. 参考 "无产阶级 Wúchǎn jiējí 文化大革命"の略. さらに"文革 Wéngé"とも略す.
【文化低保】wénhuà dībǎo 低所得者に対する最低限の文化的生活の保障.
【文化宫】wénhuàgōng 文化宮. 文化娯楽センター. 参考 映画館・講演ホール・図書館などを備えた規模の大きい施設.
【文化馆】wénhuàguǎn 文化館. 文化センター. 参考 文化活動の普及と娯楽活動を行う施設.
【文化快餐】wénhuà kuàicān 名 文化のファーストフード. 参考 通俗的な内容で,流行が急速に広まるが,すぐにブームが去ってしまうもの.
【文化人】wénhuàrén 名 ❶ (抗日戦争前後)文化活動に従事した人. ❷ 知識人. インテリ.
【文化站】wénhuàzhàn 名 文化センター. 表現 "文化馆"より小規模のものをいう.
【文火】wénhuǒ 名《料理》とろ火. 弱火. ¶用～焖 mèn 一个小时 / とろ火で一時間煮込む.
【文集】wénjí 名〔本 běn,部 bù〕文章や詩を集めてまとめたもの. 文集.
【文件】wénjiàn 名〔叠 dié,份 fèn,个 ge〕❶ 公文書. 手紙. 書類. ¶～柜 guì / 文書キャビネット. ¶～夹 jiā / 書類ファイル. ❷ (学術研究や政治理論などの)論文.
【文教】wénjiào 名 文化と教育. ¶～部门 / 文教部門. ¶～事业 / 文教事業.
【文静】wénjìng 形 (性格や行動が)静かで上品だ. しとやかだ. ¶～的声音 / しとやかな声. ¶性格～ / 性格がおしとやかだ. 重 文文静静
【文句】wénjù 名 文章の語句. ¶～通顺 / 語句が正確でなめらか.
【文具】wénjù 名 文房具. ¶～店 / 文具店.
【文据】wénjù 名 証文.
【文科】wénkē 名 大学の文系. ¶读～ / 文系で学ぶ. ¶你准备报考～吗？ / 君は文系に出願する予定ですか. 反 理科 lǐkē
【文库】wénkù 名 文庫. 用法 多く叢書(ᇂ゙ょ)の名前に用いる.
【文莱】Wénlái《国名》ブルネイ.
【文理】wénlǐ 名 文章の筋道やまとまり. ¶～通顺 / 文章の筋道がきちんとよく書かれている.
【文联】wénlián 名 "文学艺术界联合会"(文学芸術界連合会)の略称.
【文盲】wénmáng 名〔个 ge,群 qún〕読み書きのできない人. 非識字者. ¶扫除 sǎochú ～ / 文盲をなくす.
【文眉】wén//méi 動 (眉の形を美しく見せるために)眉に入れ墨を施す.
【文秘】wénmì 名 文書係と秘書.
【文面】wén//miàn 動 顔に入れ墨をする.
【文庙】wénmiào 名 孔子廟(ᵯェぅ). 同 孔庙 Kǒng-

miào

*【文明】wénmíng ❶名 文化. ¶物質～/物質文化. ❷形 文明的だ. ¶～国家/文明国家. 反 野蛮 yěmán ❸形 (言動が)現代的だ. 進歩的だ. ¶～结婚/現代風の結婚.

【文明棍】wénmínggùn 名 (～儿) ステッキ.

【文明史】wénmíngshǐ 名 文明史.

【文明戏】wénmíngxì 名《芸能》中国の初期の新劇. 参考 日本の新派劇の影響を受けて、20世紀初頭の上海で上演され、流行した.

【文墨】wénmò 名 ❶ 文章を書くこと. ¶粗通 cūtōng～/少しは文章が書ける. ❷ 頭脳労働. ¶～人/文人. 頭脳労働者.

【文鸟】wénniǎo 名《鳥》ブンチョウ.

【文凭】wénpíng 性悪性之士. 文壇のごろつき.

【文凭】wénpíng 名〔量 张 zhāng〕 ❶(旧)(公的な)証書. ❷ 卒業証書. ¶大学～/大学の卒業証書.

【文气】wénqì ❶ 名 文章の勢い. 文章の一貫性. ❷ 形 もの静かだ. 穏やかで上品だ. ¶这身打扮很～/このファッションは上品だ.

【文曲星】wénqǔxīng 名 優れた文官. 文才に秀でた人. 同 文昌 chāng 星 文昌星は北斗七星中の星. 伝説で、文昌星が文運の星と信じられていたことから.

【文人】wénrén 名〔量 位 wèi〕 文人. 知識人.

【文人画】wénrénhuà 名《美術》文人画.

【文人相轻】wén rén xiāng qīng 成 文人は互いに軽視し合う. 由来 魏・曹丕の『典論』論文のことばから.

【文如其人】wén rú qí rén 成 文は人なり.

【文弱】wénruò 形 上品で弱々しい. 文弱だ. ¶～书生/文弱の徒.

【文山会海】wén shān huì hǎi 成 書類や会議が多すぎるようす.

【文身】wénshēn 名動 入れ墨を (する).

【文史】wénshǐ 名 ❶ 文学と史学. ¶～馆/文学と史学を研究する施設. ¶～知识/文化, 文学, 歴史の知識. ¶～兼 jiān 通/文学と歴史の両方に通じている. ❷ 文学史.

【文士】wénshì 名 才気あふれる文人.

【文饰】wénshì 動 ❶ 文章を飾る. ❷ 過ちをとりつくろう. ¶～过错/過ちを飾る.

【文书】wénshū 名 ❶ 公文書の総称. ❷ 文書を取り扱う人. 書記. 文書係.

【文思】wénsī 名 (文章の)構想. 筋道. ¶～敏捷 mǐnjié/さっと文の構想がまとまる. ¶～泉涌 quányǒng/構想が泉のようにわき出る.

【文坛】wéntán 名 文壇. ¶～巨匠 jùjiàng/文壇の大御所. ¶初登～/文壇にデビューする.

【文韬武略】wén tāo wǔ lüè 成 文武両面からの策略.

【文体】wéntǐ 名 ❶ 文体. 文章のスタイル. ❷ 文化娯楽と体育. レクリエーションとスポーツ. 参考 ❷は"文娱体育 wényú tǐyù"の略.

【文替】wéntì 名 (映画やテレビドラマの)後姿などの吹き替え役. アクションシーンのない"文戏"での代役という意から.

【文天祥】Wén Tiānxiáng《人名》文天祥 (せん) : 1236-1283). 南宋の政治家・文人. 南宋滅亡後捕らえられ刑死. 獄中で詠った"正气歌"は有名.

【文恬武嬉】wén tián wǔ xī 成 役人が享楽にふけり世の大事を顧みない.

【文玩】wénwán 名 書画骨董.

【文网】wénwǎng 名〈文〉 学術思想を束縛する種々の禁令.

【文武】wénwǔ 名 ❶ 学問と武道. 文武. ❷〈文〉 文治と武功. ❸〈文〉 文臣と武将. 文官と武官.

【文武双全】wén wǔ shuāng quán 成 文武両道に秀でる.

*【文物】wénwù 名〔量 件 jiàn, 套 tào〕 文化遺産. 文物. ¶～出土/出土品. ¶重要～保护单位/重要文化財保護団体.

【文戏】wénxì 名《芸能》〔出 chū〕 伝統劇のスタイルの一つ. "唱工 chànggōng"(うたい)や"做工 zuògōng"(しぐさ)が主で, 立ち回りはない. 反 武戏 wǔxì

【文献】wénxiàn 名〔量 本 běn, 册 cè, 套 tào〕 文献. ¶历史～/歴史的な文献.

【文胸】wénxiōng 名 ブラジャー. 同 胸罩 zhào

【文选】wénxuǎn 名 ❶ 選集. ¶《老舍文选》/『老舍(ろうしゃ)選集』. ❷ Wénxuǎn《書名》『文選(もんぜん)』.

*【文学】wénxué 名 文学. ¶～艺术/文学と芸術.

【文学革命】wénxué gémìng 名 文学革命. 参考 五・四運動期に起こった文学の近代化運動.

*【文学家】wénxuéjiā 名〔量 个 ge, 名 míng, 位 wèi〕 文学者.

【文学史】wénxuéshǐ 名 文学史.

【文学语言】wénxué yǔyán 名 ❶ (書きことばの)標準語. ❷ 文学作品で用いられることば. 同 文艺 yì 语言

【文雅】wényǎ 形 (ことば遣いや振る舞いが)温和で上品だ. ¶谈吐 tántǔ～/話ぶりが上品だ. ¶举止～/立ち居振る舞いが優雅だ. 重 文文雅雅 反 粗野 cūyě

【文言】wényán 名 文語. 反 白话 báihuà

【文言文】wényánwén 名 文語文.

*【文艺】wényì 名 文学と芸術の総称. ¶～团体/文芸団体. ¶～会演/演芸コンクール.

【文艺复兴】wényì fùxìng 名《歴史》(ヨーロッパの)ルネッサンス. 文芸復興.

【文艺批评】wényì pīpíng 名 文芸評論. 文芸批評.

【文艺学】wényìxué 名 文芸学.

【文友】wényǒu 名 詩文を通じての友. 文友.

【文娱】wényú 名 文化的な娯楽. レクリエーション. ¶～活动/娯楽活動.

【文员】wényuán 名 (企業などの)事務員.

【文苑】wényuàn 名 文壇. 文学界. 同 文坛 tán

【文约】wényuē 名 契約書. 念書.

【文责】wénzé 名 文責.

【文责自负】wénzé zìfù 句 文責は筆者にあり.

【文摘】wénzhāi 名 ❶〔量 篇 piān〕 ダイジェスト. 要約. ❷〔量 段 duàn〕 抜き書き. 抜粋.

*【文章】wénzhāng 名 ❶〔量 段 duàn, 篇 piān〕 文章. ❷ 写～/文章を書く. ❷ 著作. ❸ 含み. 隠れた意味. ¶这话里大有～/この話には裏がある. ❹ 手立て. 方策. ¶还要想到下一阶段的～/次の手を考えておく必要がある.

【文职】wénzhí 名 文官の職務.

【文质彬彬】wén zhì bīn bīn 成 上品で礼儀正しいようす. ¶～的学者/上品で, 質実な学者. 由来『論語』雍也(よう)篇に見えることば.

【文治】wénzhì 名〈文〉 文化・教育面での業績. ¶～武功/文武の功績.

【文绉绉】wénzhōuzhōu 形(口) (～的)(話しぶりや態度が)気取っている. 上品ぶっている. ¶说话～的/話しぶりがダンディックだ. ¶她装出一副～的样子/彼女はいかにも気取った態度をよそおう.

【文竹】wénzhú 名《植物》観葉アスパラガス. シノブボウキ.

*【文字】wénzì 名 ❶〔量 种 zhǒng〕文字. ¶~记载 jìzǎi / 文字による記録. 書かれた記録. ¶象形 xiàngxíng~ / 象形文字. ❷〔量 种 zhǒng〕(文字であらわされた)言語. ことば. ¶~游戏 / 字面遊び. ことばの上だけの議論. ❸〔段 duàn, 篇 piān〕文章. ¶~清通 / 文章が簡潔でよく整っている.

【文字改革】wénzì gǎigé 名 文字改革. 参考 漢字の簡略化・共通語の普及・中国語ローマ字表音法案の推進を含む.

【文字学】wénzìxué 名 文字学.

【文字狱】wénzìyù 名 統治者の不当な言論弾圧. 文字の獄. 筆禍.

【文宗】wénzōng 名 文 文章の大家. 文宗.

纹(紋) wén
糹部4 [四] 2014₀ 全7画 常用

❶ 名(~儿)絹織物の模様. ¶绫~ língwén (あや).
❷ 名 模様. 紋様. ¶~理 wénlǐ / 指~ zhǐwén (指紋) / 波~ bōwén (波紋).
☞ 纹 wèn

【纹理】wénlǐ 名〔量 道 dào〕線状の模様. すじめ. ¶木头的~ / 木の木目.

【纹路】wénlu 名(~儿)〔量 道 dào, 条 tiáo〕すじ. しわ. ¶这瓶子的~很漂亮, 可惜有一条~ / このせとものの瓶はとてもきれいだが, 残念なことにひびが一本はいっている. 回 纹缕儿 wénlǚr

【纹缕儿】wénlǚr 名〔量 道 dào, 条 tiáo〕しわ. 筋. 回 纹路 wénlu

【纹饰】wénshì 名(器物に描かれた)模様.

【纹丝不动】wén sī bù dòng 成 少しも動かない. 微動だにしない.

【纹银】wényín 名 旧 純度の高い銀. 参考 表面にしわ("纹")があることから. "马蹄 mǎtí 银"とも呼ばれる.

闻(聞) wén
门部6 [四] 3740₁ 全9画 常用

❶ 素 聞く. 聞こえる. ¶耳~不如目见(百聞は一見にしかず) / 听而不~ (上の空で聞く). ❷ 素 聞いたこと. 消息. ¶新~ xīnwén (ニュース) / 见~ jiànwén (見聞) / 奇~ qíwén (珍しいうわさ). ❸ 名 名望のある. ¶~人 wénrén. ❹ 素 名声. ¶令~ lìngwén (よい評判) / 秽~ huìwén (悪評) / ~名 wénmíng.
❺ 動 (におい)かぐ. ¶~~味儿(においをかいでごらん).
❻ (Wén)姓.

【闻达】wéndá 形 文 (官界で)高い地位にある. 名声がある. 由来 先 xiǎn 达 由来『論語』顔淵篇の語から.

【闻风而动】wén fēng ér dòng 成 知らせを聞いてすぐに行動をおす. ¶消防队员一, 立刻出动 / 消防隊員は連絡を受けるとすぐさま行動を開始し, ただちに出発した.

【闻风丧胆】wén fēng sàng dǎn 成 うわさを聞いて肝をつぶす.

【闻过则喜】wén guò zé xǐ 成 過ちや欠点を指摘されて喜ぶ. 謙虚に人の批判を受け入れる. ¶~的领导 / 人の批判に耳を傾ける指導者. 由来『孟子』公孙丑(ごうそんちゅう)上に見えることば.

【闻鸡起舞】wén jī qǐ wǔ 成 志ある者はただちに奮起行動する. 由来 東晋の祖逖(そてき)と劉琨(りゅうこん)が, 若い頃, 夜中のニワトリの鳴き声で起き, 剣舞を習ったという『晋書』祖逖伝の故事から.

【闻见】wénjiàn 名 見聞. 見聞きして得た知識. ¶~不广 / 見聞がせまい.

【闻见】wénjian 動 ❶ 聞こえる. ❷ におう. ¶我没~煤气味儿 / 私はガスのにおいはかがなかった.

【闻名】wénmíng 動 ❶ 名声を聞く. ¶~已久 / 名を聞いて久しい. ❷ 有名にする. ¶~全国 / 全国に知れわたる. ¶这部名著~世界 / この名著は世界的に有名だ. ¶举世~ / 世間に著名. 回 出名 chūmíng, 知名 zhīmíng

【闻名遐迩】wén míng xiá ěr 成 名を馳せる. あちこちに名が知れる. 参考 "遐"は遠い, "迩"は近い, という意.

【闻人】❶ wénrén 名 著名な人. 大ボス. ❷ (Wénrén)(複姓)聞人(ぶん).

【闻所未闻】wén suǒ wèi wén 成 聞いたこともないことを耳にする. とてもめずらしいようす. ¶~的盛况 / これまでにないほどの盛況ぶり. 表現 多く"见所未见 jiàn suǒ wèi jiàn"(見たこともないものを目にする)と連呼する.

【闻悉】wénxī 動 文 聞く. 耳にする.

【闻讯】wénxùn うわさを聞く. 知らせを受ける. ¶记者~赶到现场采访 / 記者は知らせを聞くと現場に駆けつけ, 取材をした.

【闻一知十】wén yī zhī shí 成 一を聞き十を知る. 理解が早く賢い. 一の事から / 理解力にすぐれた才能. 由来『論語』公冶長(こうやちょう)篇に見えることば.

【闻者足戒】wén zhě zú jiè 成 ¶言者无罪 yán zhě wú zuì, 闻者足戒

蚊 wén
虫部4 [四] 5014₀ 全10画 常用

❶ 名 "蚊子 wénzi"に同じ. ❷ (Wén)姓.

【蚊虫】wénchóng 名 "蚊子 wénzi"に同じ.

【蚊香】wénxiāng 名〔量 根 gēn, 盘 pán, 支 zhī〕蚊取り線香. ¶薰 xūn~ / 蚊取り線香をたく. ¶蛇蜷曲 quánqū 得像一盘~ / ヘビが蚊取り線香のようにとぐろをまく. 回 蚊烟 wényān

【蚊帐】wénzhàng 名〔量 床 chuáng, 顶 dǐng, 个 ge〕蚊帳(か). ¶挂 guà~ / 蚊帳をつる.

【蚊子】wénzi 名〔虫〕〔量 只 zhī〕蚊(か). ¶被 bèi~叮 dīng了 / 蚊にさされた.

阌(鬩) Wén
门部8 [四] 3740₇ 全11画 通用

素 地名用字. ¶~乡 Wénxiāng (河南省にある旧県名).

雯 wén
雨部4 [四] 1040₀ 全12画 通用

名 ❶ 文 美しい模様の雲. ❷ (Wén)姓.

刎 wěn
刂部4 [四] 2220₀ 全6画 通用

素 首をはねる. ¶自~ ziwěn (自ら首をはねる) / ~颈交 wěnjǐngjiāo.

【刎颈】wěnjǐng 動 首をはねる.

【刎颈交】wěn jǐng jiāo 成 生死を共にするほど深い親交. 刎颈(ふんけい)の交わり. ¶他俩成了~ / 彼ら二人は生死を共にするほどの固い絆(きずな)を結んだ. 回 刎颈之 zhī 交

吻(脗) wěn
口部4 [四] 6702₀ 全7画 次常用

❶ 名 唇. ¶接~ jiēwěn (くちづけする). ❷ 動 くちづけする. ¶母亲~着宝贝 bǎobèi 的女儿 (母親はかわいい娘にキスした). ❸ 動 動物の口.

【吻别】wěnbié 動 キスをして別れる. ¶轻轻地与孩子~ / 子供にそっとキスして別れる.

【吻合】wěnhé 動 ❶ 完全に一致する. 合致する. ¶

【吻兽】wěnshòu 名《建筑》(宮殿や寺院などの)大棟の両端にある、鴟尾などの屋根飾り.

紊 wěn
文部6 〔四〕0090₃
全10画 [次常用]
素 乱れる. 形 ❶有条不～（成）筋道がはっきりして少しの乱れもない. 参考 もと"wèn"と発音.
【紊乱】wěnluàn 动 乱れる. 混乱する. ¶秩序～/秩序が乱れる. 同 混乱 hùnluàn.

稳(穩) wěn
禾部9 〔四〕2793₇
全14画 [常用]
形 ❶ しっかりしている. 安定している. ¶站～ zhànwěn (しっかりと立つ) / 把桌子放～（テーブルを安定させて置く）/ 时局不～（時局が落ち着かない）/ 他做事很～（彼は着実に仕事をする). ❷ (ことばや態度が)落ち着いている. ¶态度很～（態度が落ち着いている）❸ 確かだ. ¶十拿九～（十中八九確かである）/ ～扎九稳打.
【稳便】wěnbiàn ❶ 形 妥当だ. 具合がよい. ¶～的方法 / 確かで堅い方法. ❷ 动 ご随意に. ご都合のいいように. 回 请便 qǐngbiàn 参考 ②は多く早期の白話に見える.
【稳步】wěnbù 名 着実な歩み. ¶～前进 / 着実に前進する. ¶出口量～上升 / 輸出量が着実に伸びている.
【稳操胜[左]券】wěn cāo shèng [zuǒ] quàn 成 確かな勝算がある. 回 稳操胜算 suàn.
【稳产】wěnchǎn ❶ 动 安定的に生産する. ❷ 名 安定した生産高. 生産高の安定.
【稳当】wěndang 形 ❶(言動が)落ち着いている. 安定している. ¶精明能干,办事～/ 聪明で手腕にたけ,事の処理にそつがない. ¶你坐火车比较～/汽车に乗ったほうが比較的確実だよ. 重 稳稳当当 回 稳妥 wěntuǒ ❷ しっかりと揺るぎない. ¶把椅子放～/椅子をしっかり安定させる. 重 稳稳当当
*【稳定】wěndìng ❶ 形 安定している. 落ち着いている. ¶水位～/水位が安定している. ¶情绪不～/気持ちが落ち着かない. ❷ 动 安定させる. ¶～物价/物価を安定させる. ¶～局势/情勢を落ち着かせる. ❸ 形 变質しにくい. ¶～剂 jì / 安定剂.
【稳定性】wěndìngxìng 名 安定性.
【稳固】wěngù ❶ 形 固く安定している. 揺るぎない. ¶基础～/基礎がしっかりしている. ¶地位～/地位が揺るぎない. ❷ 动 安定させる. しっかり固める. ¶～政权 zhèngquán / 政権を安定させる.
【稳获】wěnhuò 动 (勝利などを)確実に獲得する.
【稳健】wěnjiàn 形 ❶ 穏やかで力強い. ❷ 落ち着いている. 慎重だ. ¶他办事～/ 彼は事の対処にとても着実だ. 回 稳重 wěnzhòng
【稳练】wěnliàn 形 沈着冷静で腕利きだ.
【稳拿】wěnná 动 確実に手にする. 間違いなく達成する. ¶这次考试～九十分,一百分也有可能 / 今回のテストは90点は確かで,100点の可能性もある.
【稳如泰山】wěn rú Tài shān 成 泰山(敦)のように揺るぎない. どっしりと安定し,びくともしない. 回 安 ān 如泰山 参考 泰山は山東省の名山.
【稳妥】wěntuǒ 形 穏当である. 妥当である. 危なげがない. ¶不够～/ やや妥当さに欠ける. ¶事情安排得～一些 / 物事の手配がわりと着実だ. 重 稳稳妥妥 回 稳当 wěndang ①

【稳扎稳打】wěn zhā wěn dǎ 成 ❶ 自陣を固めながら確実に戦いのこまを進める. ❷ ものごとを着実に一歩一歩進める.
【稳重】wěnzhòng 形 (言動が)穏やかで落ち着いている. 浮わついたところがない. ¶他为人～,办事老练 / 彼は温厚な人柄で,仕事もやり手だ. ¶举止～/振る舞いが重厚である. 重 稳稳重重 回 稳健 wěnjiàn 反 轻浮 qīngfú
【稳住】wěnzhù ❶ しっかり固める. ¶～脚步 / 足元がふらつかないようにする. ❷ 落ち着かせる. ¶你先～他再说 / 君がまず彼を落ち着かせてからにしよう.
【稳坐钓鱼船】wěn zuò diào yú chuán 成 何が起ころうとも,われ関せずの態度をとる. ¶任凭风浪 fēnglàng 起,～/ 風波が立つのに任せて,われ関せず泰然自若だ.

问(問) wèn
门部3 〔四〕3760₁
全6画 [常用]
❶ 动 問う. 尋ねる. ¶～事处 wènshìchù / ～问题 (質問する) / 询～ xúnwèn (意見を求める) / 发～ fāwèn (問う) / 明知故～ (成)(知っていながらわざと問う). ❷ 慰問する. ¶请向家里人～好(お家の方にどうぞよろしく). ❸ 动 問いただす. 追求する. ¶～案 wèn'àn / 审～ shěnwèn (取り調べる) / 追～ zhuīwèn (問いただす). ❹ 动 かかわる. ¶不闻不～ (成)(聞きもせず問いもしない. 関心がない) / 概不过～(いっさい取り合わない). ❺ 前 …に(求める). ¶我～他借两本词典 (私は彼に辞書を二冊借りてもらう) / 他～爸爸要钱 (彼は父親に金をねだる). ❻ (Wèn)姓. 用法 ❹は,多く否定形で用いる.
【问安】wèn//ān 动 (多く年長者に対して)ご機嫌をうかがう. ¶向长辈 zhǎngbèi ～/ 年長者にご機嫌うかがいのあいさつをする. 回 问好 wènhǎo
【问案】wèn//àn 动 事件を審理する. ¶正在～/事件の審理中である.
【问卜】wènbǔ 动 占いをする. ¶求神～/ 神頼みや占い.
【问长问短】wèn cháng wèn duǎn 成 あれこれと尋ねる. ¶一见面,姐姐就关心地～/颜を会わせると,姉さんは心配してあれこれ尋ねてくれる. ¶她喜欢～/彼女はあれこれと話を聞くのが好きだ.
【问答】wèndá ❶ 名 質問と答え. ¶～题 / 問答形式の試験問題. ❷ 动 問答をする.
【问道】wèndào 动 ❶ 真理を尋ねる. ❷ 道を聞く. ¶向路人～/ 通行人に道を聞く. ❸ 問う. 尋ねる.
【问道于盲】wèn dào yú máng 成 盲人に道を尋ねる. 何もわからない人に尋ねること.
【问鼎】wèndǐng 动 ❶ 鼎(学)の軽重を問う. 政権を奪い取ろうとする. ❷ 試合で首位を奪おうとする. 由来 ①は,『左伝』宣公三年に見える故事から.
【问寒问暖】wèn hán wèn nuǎn 成 人の暮らしに気を配る. ¶他经常到职工家里～/彼はいつも従業員の家を訪ねては何かと気を通わす.
*【问好】wèn//hǎo 动 よろしくいう. ご機嫌をうかがう. ¶请向朋友们～/友人の皆さんによろしくお伝え下さい.
【问号】wènhào ❶ 名 疑問符(?). ¶打个～/ 疑問符を打つ. ⇨付録「句読点·かっこなどの用法」 ❷ 疑問.
*【问候】wènhòu 动 ご機嫌をうかがう. ¶致以亲切的～/ 心からごあいさつ申し上げます. 回 问好 wènhǎo
【问话】wèn//huà 动 問い合わせる. 尋ねる. 回 查 chá 问
【问津】wènjīn 动 文 ❶ 渡し場をたずねる. ❷ (値段や情況を)尋ねる. ¶价格太贵,不敢 bùgǎn ～/ 値段が高す

ぎて手を出す気にならない。¶无人～/ 誰も値を聞かない。買い手がつかない。[用法]②は、多く否定形で用いる。

【问句】wènjù [名] 疑問文。¶构成～/ 疑問文を組み立てる。

【问卷】wènjuàn [名] アンケート。

【问难】wènnàn [動]（学術研究などで）疑問点を問いただし討論する。¶质疑 zhìyí～/ 疑問点をただして詰問する。

【问世】wèn//shì [動]（著作などが）世に問う。出版する。❷（新製品が）世に出る。¶一种新产品～了 / 新しい製品が発売された。

【问事】wènshì [動] ❶ 問い合わせる。たずねる。❷ 〈文〉仕事に口をはさむ。関与する。

【问事处】wènshìchù [名]〔个 ge〕案内所。受付。¶请到～去问 / 受付でお尋ね下さい。

＊【问题】wèntí [名]〔个 ge〕❶（解答が出る）問題。❷（解決すべき）問題。¶环境污染～/ 環境污染問題。❸ 重要な鍵。キーポイント。回 关键 guānjiàn ❹ 面倒なこと、事故。¶～很严重 / 問題はとても深刻だ。

【问题少年】wèntí shàonián [名] 問題児。

【问心】wènxīn [動] 反省する。自問する。

【问心无愧】wèn xīn wú kuì [成] 良心に照らして恥じるところがない。¶只要你干过做事～,别的也不用去管了 / 自分のしたことが心に恥じるものでなければ、他のことは気にしなくてよい。

【问心有愧】wèn xīn yǒu kuì [成] 心にやましいところがある。

【问讯】wènxùn [動] ❶ 問う。尋ねる。¶不识识路,可以向人～/ 道がわからなければ人に聞けばよい。❷ 安否や健康を問う。あいさつする。¶朝夕 zhāoxī 请安～/ 朝に夕にあいさつをする。❸ 僧侶が合掌してあいさつする。回 打 dǎ 问讯

【问斩】wènzhǎn [動] 斬首の刑にする。

【问住】wèn//zhù [動] 返事に窮する。¶被老张～了 / 張さんに問いつめられた。

【问罪】wèn//zuì [動] 罪を問う。罪状を明らかにして攻撃する。¶向玩忽 wánhū 职守者～/ 職務怠慢者を糾弾する。

汶 Wèn
氵部4　[四] 3014₀　全7画　[通用]
[素] 地名用字。¶～水 Wènshuǐ（山东省を流れる川の名）。

纹 (紋) wèn
纟部4　[四] 2014₀　全7画　[常用]
[名]〔道 dào, 条 tiáo〕器のひび。¶杯上有一道～（コップにひびが一筋はいっている）。
☞ 纹 wén

揾 wèn
扌部9　[四] 5601₂　全12画
[動]〈文〉❶ 指で押さえる。❷（涙を）ぬぐう。¶～泪 wènlèi（涙をぬぐう）。

weng ㄨㄥ〔uŋ〕

翁 wēng
羽部4　[四] 8012₇　全10画　[常用]
❶[素] 老人。¶渔～yúwēng（老漁夫）/ 老～lǎowēng（年寄り）。❷[素] 父親。❸[素] 夫の父親。¶～姑 wēnggū。❹[素] 妻の父親。¶～婿 wēngxù。❺（Wēng）姓。

【翁姑】wēnggū [名] 夫の父母。

【翁婿】wēngxù [名] 妻の父親と娘婿。

【翁仲】wēngzhòng [名] ❶ 銅像。石像。❷（墓前の）石人。[由来]①は、『淮南子』氾論訓の高誘注に見える話。秦の始皇帝が天下を取った時に、背丈が五丈の巨人が現れ、その姿をかたどって銅人を作り、"翁仲"と呼んだことから。

嗡 wēng
口部10　[四] 6802₇　全13画　[次常用]
[擬] ぶん。ぶうん。¶蜜蜂～～地飞（ミツバチがぶんぶん飛ぶ）/ 飞机～～地响（飛行機がぶうんぶうんと音をたてる）。[表現] 重ねて用いることが多い。⇒嗡嗡 wēngwēng

【嗡嗡】wēngwēng ❶[擬] ぶんぶん。飛行機などの振動音や虫の羽音などをあらわすことば。¶蚊子 wénzi～地叫个不停 / 蚊がぶんぶんといつまでも飛んでいる。❷[動] がやがや騒ぐ。ぶうぶう不平を言う。¶你们别～这件事了 / 君たちはこのことでがたがた騒がないでくれ。

滃 Wēng
氵部10　[四] 3812₇　全13画　[通用]
[素] 地名用字。¶～江 Wēngjiāng（广东省を流れる川の名）。
☞ 滃 wěng

鹟 (鶲) wēng
鸟部10　[四] 8712₇　全15画　[通用]
[名]〔鳥〕ヒタキ科の鳥の総称。

蓊 wěng
艹部10　[四] 4414₇　全13画　[通用]
[素] 草木が繁茂しているよう。¶～郁 wěngyù。

【蓊郁】wěngyù [形]〈文〉草木が生い茂るよう。重 蓊蓊郁郁

滃 wěng
氵部10　[四] 3812₇　全13画
[形]〈文〉❶ 水がさかんに流れるよう。❷ 雲がわき起こるよう。
☞ 滃 Wēng

瓮 (異 甕) wèng
瓦部4　[四] 8071₇　全8画　[次常用]
[名]❶〔个 口 kǒu〕かめ。¶水～shuǐwèng（水がめ）/ 酒～jiǔwèng（酒がめ）/ ～城 wèngchéng。❷（Wèng）姓。

【瓮城】wèngchéng [名] 城門の外を取り囲んでいる小城郭。

【瓮声瓮气】wèng shēng wèng qì [成]（話し声が）太くて低いようす。¶说话～的 / 話し声が太くて低く響く。

【瓮中之鳖】wèng zhōng zhī biē [成] 逃げ場を失ったもの。袋の中のねずみ。[由来] 大がめの中のスッポン、という意から。

【瓮中捉鳖】wèng zhōng zhuō biē [成] たやすく目的を達成する。[由来] 大がめの中からスッポンを捕らえる、という意から。

蕹 wèng
艹部13　[四] 4421₅　全16画　[通用]
下記熟語を参照。

【蕹菜】wèngcài [名]《植物》アサガオナ。回 空心菜 kōngxīncài

wo ㄨㄛ〔uo〕

挝(撾) **wō** 扌部 6 [四] 5403₀ 全 9 画 [通 用]
→老挝 Lǎowō
☞ 挝 zhuā

莴(萵) **wō** ⺾部 7 [四] 4422₇ 全10画 [通 用]
下記熟語を参照.
【莴苣】wōjù[-ju] [名]《植物》〔[量] 棵 kē〕チシャ. [参考] 葉を食用とするものは"生菜 shēngcài"ともいい,茎を食用とするものは"莴笋 wōsǔn"ともいう.
【莴笋】wōsǔn [名][口]《植物》チシャ.

倭 **Wō** 亻部 8 [四] 2224₄ 全10画 [通 用]
[名]日本の古称. ¶～寇 Wōkòu.
【倭瓜】wōguā [名][方]カボチャ. [同]南瓜 nánguā
【倭寇】Wōkòu [名]倭冦(ゎこぅ).

涡(渦) **wō** 氵部 7 [四] 3612₇ 全10画 [次常用]
[素]渦. 渦巻き. ¶水～ shuǐwō (渦巻き) / 卷 juǎn 入旋 xuán～ (渦に巻き込まれる. もめごとに巻き込まれる).
☞ 涡 Guō
【涡流】wōliú [名]❶渦. 渦巻き. ❷《電気》渦電流.
【涡轮】wōlún [名]《機械》タービン.
【涡轮机】wōlúnjī [名]《機械》〔[量] 台 tái〕タービン. 略して"轮机 lúnjī"という. [同]透平机 tòupíngjī
【涡旋】wōxuán ❶[動](水が)渦巻く. ❷[名]渦(ぅず). 渦巻き.

喔 **wō** 口部 9 [四] 6701₄ 全12画 [通 用]
[擬]オンドリの鳴き声. ¶～～. [用法]重ねて用いることが多い.
【喔喔】wōwō [擬]コケコッコー. オンドリの鳴き声. ¶"～～"鸡叫了,天亮了 /「コケコッコー」とオンドリが鳴き,夜が明けた.
【喔唷】wōyō [感]へぇー. まあ. 驚きをあらわす.

窝(窩) **wō** 穴部 7 [四] 3022₇ 全12画 [常 用]
❶[名](鳥獣や昆虫などの)巣. ¶鸟～ niǎowō (鳥の巣) / 蚂蚁～ mǎyǐwō (アリの巣) / 喜鹊 xǐque 搭 dā～ (カササギが巣をかける). ❷[名]すみか. 巣窟(そぅくつ). ¶贼～ zéiwō (盗賊の巣窟) / 土匪～ tǔfěiwō (匪賊(ひぞく)の巣窟). ❸[名][方] (～儿)居場所. 置き場所. ¶他不动～儿(彼はその場所から動こうとしない) / 这炉子 lúzi 真碍事 àishì,给它挪 nuó 个～儿(このストーブは本当にじゃまだ,ほかの場所へ移そう). ❹[名](～儿)くぼみ. ¶酒～儿 jiǔwōr (えくぼ) / 夹肢～ gāzhiwō (わきの下). ❺[素]かくまう. 隠匿する. ¶～藏 wōcáng / ～赃 wōzāng / ～主 wōzhǔ. ❻[素]うっ積させる. 発散させない. ¶～工 wōgōng / ～火 wōhuǒ / ～心 wōxīn. ❼[動]折り曲げる. ❽[量](ブタ・イヌ・ニワトリなど)一腹で生まれた,あるいは一回でかえった動物を組にして数えることば. ¶一～下了三只小狗(一腹で三匹の子犬が生まれた).
【窝藏】wōcáng [動]隠す. かくまう. ¶～罪犯 / 犯罪者をかくまう. ¶～毒品 dúpǐn / 麻薬を隠す. [表現]盗品・禁制品・犯人などについて言うことが多い.
【窝风】wōfēng [形]風通しが悪い. ¶～地 / 風の通らない場所. ¶这个院子很～ / この中庭は風通しが悪い.
【窝工】wō//gōng [動]仕事がなく暇になる. ¶因天气不好而～ / 天候不良のため,作業の手が空いた.
【窝火】wō//huǒ [動](～儿)むしゃくしゃする. 怒りがたまる. ¶窝了一肚子火 / 腹の中が煮えくり返る.
【窝家】wōjiā [名]"窝主 wōzhǔ"に同じ.
【窝里斗】wōlidòu [名]内輪もめ. 内紛. [同]窝儿里斗
【窝囊】wōnang [形]❶(不当な扱いを受けて)気がふさいでいる. くさくさしている. ¶真够～的 / まったく気がむしゃくしゃする. ❷意気地がない. 臆病だ. ¶这个人窝窝囊囊的 / こいつはまったくだらしがないやつだ. [重]窝窝囊囊
【窝囊废】wōnangfèi [名][方]臆病で無能な人. 意気地なし. [同]废物 wù
【窝棚】wōpeng [名]〔[量] 间 jiān〕バラック. 掘っ立て小屋.
【窝铺】wōpù [名](臨時に作った)休息用の小屋.
【窝气】wō//qì [動]むしゃくしゃする. 鬱屈(ぅっくつ)する. ¶他心中更加～ / 彼の心中の鬱憤(ぅっぷん)は一層つのった.
【窝儿里反】wōrlifǎn [名][口]内輪もめ. 内紛. [同]窝儿里斗 dòu
【窝头】wōtóu [名]《料理》〔[量] 个 ge,块 kuài〕トウモロコシの粉やコーリャンの粉を水でこねて円すい形にして蒸したもの. [同]窝窝头 wōwotóu
【窝窝头】wōwotóu [名]"窝头 wōtóu"に同じ.
【窝心】wōxīn [動][方](不当な扱いや侮辱を受けて)くやしい思いをする.
【窝赃】wō//zāng [動]盗品を隠す. ¶～罪 / 窃盗品隠匿罪.
【窝主】wōzhǔ [名]盗品をかくしたり,犯人をかくまった人,または家.
【窝子】wōzi [名]悪人のすみか. 巣窟(そぅくつ). [同]窝②

蜗(蝸) **wō** 虫部 7 [四] 5612₇ 全13画 [次常用]
[素]《動物》カタツムリ. ¶～牛 wōniú / ～居 wōjū.
【蜗居】wōjū [名][文]狭苦しい家. 陋屋(ろぅおく). [表現]自分の家を謙遜していう.
【蜗轮】wōlún [名]《機械》ウォームギヤ. ウォーム歯車. ¶～机 / タービン. ¶蒸气 zhēngqì～机 / 蒸気タービン.
【蜗牛】wōniú [名]《動物》〔[量] 只 zhī〕カタツムリ. [参考]地方によっては"水牛儿 shuǐniúr"という.

我 **wǒ** 戈部 3 [四] 2355₀ 全 7 画 [常 用]
❶[代]私. ぼく. 一人称単数をあらわす. ❷[代]私たち. 我々. 一人称複数をあらわす. ¶～校 wǒxiào (私たちの学校) / ～军 wǒjūn (わが軍). ❸[代]("你"と"我","你"と"我"と"他"を並列に用いて)大勢の人が一緒にする,または互いにすることをあらわす. ¶大家你帮～,～帮你,很快就把活儿干完了(互いに助け合ったので,まもなく仕事は終わる). ❹[素]自分. ¶自～ zìwǒ (自分) / 忘～精神(無私の精神). [用法]①は,所有をあらわす場合,うしろに"的"をつけるが,親属や方位詞の前には"的"を用いない. ¶～的书(私の本) / ～妈妈(私の母) / ～这里很安静(私のところはとても静かだ). ②は,単音節の名詞の前にのみ用いる.
【我辈】wǒbèi [代][文]私たち. 我々. [同]我们 wǒmen
【我国】wǒguó [名]わが国. 祖国.
【我见】wǒjiàn [名]私見. 個人の見方.
**【我们】wǒmen [代]私たち. 我々. ¶～一起去看电影吧 / 私たち一緒に映画を見に行きましょう. [比較]"咱们 zánmen"は聞き手を含む一人称複数にのみ用いる. "我们"には厳しい限定はないが,多く聞き手を含まない一人称複数に用いる.
【我行我素】wǒ xíng wǒ sù [成]他人がどういおうと,自

W

肟 wò
月部3 四 7122₇
全7画 通用
名《化学》オキシム. ◆oxime

沃 wò
氵部4 四 3218₄
全7画 常用
❶素 水をかける. 灌漑(ﾂ)する. ¶〜田 wòtián / 如汤〜雪(ﾂ) 雪に湯をかけるように,たちまち消えてなくなる).
❷素（土地が）肥えている. ¶肥〜 féiwò (肥沃だ) / 肥田〜土（地味の肥えた田畑). 回 肥 féi ❸〈Wò〉姓.
【沃田】wòtián 動 田に水を入れる. ¶〜插秧 chāyāng／灌漑(ﾂ)して田植をする.
【沃土】wòtǔ 名 肥沃な土地.
【沃野】wòyě 名 沃野 肥沃な野(ﾉ).
【沃野千里】wòyě qiānlǐ 成 肥沃な土地がどこまでも続いている.

卧(異臥) wò
臣部2 四 7370₀
全8画 常用
❶素（人が）横に寝る. 横たわる. ¶仰〜 yǎngwò (あおむけに寝る) / 〜倒 wòdǎo / 〜病 wòbìng. ❷動（動物が）腹ばいになる. ¶猫=在床上（猫がベッドに腹ばいになる）/ 鸡=在窝里 wōli (ニワトリが巣にこもっている).
❸素 寝たり,伏せたりするためのもの. ¶〜室 wòshì / 〜房 wòfáng / 〜铺 wòpù. ❹素（列車などの）寝台. ¶硬〜 yìngwò (二等寝台) / 软〜 ruǎnwò (一等寝台).
【卧病】wòbìng 動 病に伏す. 病の床につく. ¶〜不起 / 病に伏したまま起きられない. ¶父亲〜在床已经三个月了 / 父は病の床についてすでに三ヶ月になる.
【卧舱】wòcāng 名 寝台付きの船室.
【卧车】wòchē 名 ❶〔量 节 jié〕寝台車. 回 寝车 qīnchē ❷〔辆 liàng〕乗用車. セダン. 回 小轿车 xiǎojiàochē
【卧床】wòchuáng 動 床に伏す.
【卧倒】wòdǎo 動 伏せる. ¶〜射击 shèjī / 伏せ撃ち. 表現 号令にも用いる. ¶"〜!"/「伏せ!」
【卧底】wòdǐ 動方（敵方に）潜入する.
【卧房】wòfáng 名〔间 jiān〕寝室. 回 卧室 wòshì
【卧轨】wò//guǐ 動（列車の運行阻止や自殺するため）線路に横たわる.
【卧果儿】wò//guǒr 動方 たまごを割って熱湯におとしてゆでる. ¶卧个果儿 / たまごを割ってゆでる.
【卧鸡蛋】wòjīdàn 名《料理》ポーチドエッグ.
【卧具】wòjù 名 寝具. 用法 多く寝台車や客船などに備えられたものを言う.
【卧铺】wòpù 名 ❶〔个 ge, 张 zhāng〕（寝台車や客船などの）寝台. ¶〜票 / 寝台券.
【卧射】wòshè 動《軍事》腹ばいになって射撃する. 伏射する.
【卧式】wòshì 形（機械や設備などが）横型の. ¶〜热风炉 lú / 横型熱風炉.
【卧室】wòshì 名〔间 jiān〕寝室.
【卧榻】wòtà 名文 ベッド. 寝台.
【卧薪尝胆】wò xīn cháng dǎn 成 かたきを討つために辛い苦労を重ねる. 臥薪嘗胆(ｶﾞｼﾝｼｮｳﾀﾞﾝ). 由来『史記』越王勾践世家にみえることば. 越王の勾践(ｺｳｾﾝ)が呉に対するあだ討ちの志を忘れないために,薪の上に寝,にがい胆(ｷﾓ)をなめ,自分を励ました,という故事から.

硪 wò
石部7 四 1365₀
全12画 通用
名 "硪子 wòzi"に同じ. ¶打〜 dǎwò (胴突きで打ち固める).
【硪子】wòzi 名（地固め用の）胴突き. 蛸(ﾀｺ).

握 wò
扌部9 四 5701₄
全12画 常用
動 握る. つかむ. ¶把〜 bǎwò (握る. 捕らえる) / 〜拳 wòquán.
【握别】wòbié 動 握手して別れる. ¶依依 yīyī 不舍 shě 地〜 / 名残惜しそうに握手して別れる.
【握紧】wòjǐn 動 かたく握る. 握りしめる. ¶热情地〜的双手 / 心をこめて私の手をかたく握る. ¶他〜大权 dàquán, 不肯放开 / 彼は大きな権力を握りしめて,放そうとしない.
【握力】wòlì 名 握力. ¶〜计 / 握力計.
【握拳】wò//quán 動 こぶしを握る.
**【握手】wò//shǒu 動 握手する. ¶跟他〜 / 彼と握手する. ¶热情地〜 / 心をこめて握手する.
【握手言和】wò shǒu yán hé 成 ❶ 講和する. 和解する. ❷（試合を）引き分ける.
【握手言欢】wò shǒu yán huān 成 握手して楽しく語り合う. 表現 多く和解することをいう.
【握住】wòzhù 動 握りしめる. ¶紧紧〜 / しっかりと握りしめる.

幄 wò
巾部9 四 4721₄
全12画 通用
素文 張り幕. ¶帷〜 wéiwò (陣中の張り幕).

渥 wò
氵部9 四 3711₄
全12画 通用
形文 ❶ 潤っている. ❷ 厚い. 濃い. ¶优〜 yōuwò (手厚くねんごろだ).
【渥太华】Wòtàihuá《地名》オタワ（カナダ）.

斡 wò
斗部6 四 4844₀
全14画 通用
素 回転する. 旋回する.
【斡旋】wòxuán 動 仲裁する. 調停する. ¶从中〜 / 中を取りもつ. ¶请你〜一下 / どうかちょっととりなしてください.

龌(齷) wò
齿部9 四 2771₄
全17画 通用
下記熟語を参照.
【龌龊】wòchuò 形 ❶ 汚い. 不潔だ. 回 肮脏 āngzāng, 污秽 wūhuì ❷（品性などが）下劣な. ¶他的行为卑鄙 bēibǐ〜 / 彼の行いはひきょうで下劣だ. 回 肮脏 āngzāng, 污秽 wūhuì

wū ㄨ〔u〕

乌(烏) wū
丿部3 四 2712₇
全4画 常用
❶素《鳥》カラス. ¶〜合 wūhé (群がり集まること). 回 乌鸦 wūyā, 老鸹 lǎoguā, 老鸦 lǎoyā ❷素 黒い. ¶〜云 wūyún / 〜木 wūmù. ❸代文 どうして. なんとして. ¶〜足道哉 zāi (どうして言うに値しようか). ❹〈Wū〉姓. 用法 ❸は,反語に用いることが多い.
☞ 乌 wù

[筆順] 丿 ⺈ 乌 乌

【乌尔都语】Wū'ěrdūyǔ [名] ウルドゥー語.

【乌干达】Wūgāndá《国名》ウガンダ.

【乌龟】wūguī [名] ❶《動物》〔[量] 只 zhī〕カメ. ¶～爬门槛 ménkǎn / カメが敷居にのぼる(一か八かを試す). [同] 金龟 jīnguī ❷ 妻を寝とられた男. [表現] ①, ②ともに通称"王八 wángba". ②は, 嘲笑の意を含む.

【乌龟壳】wūguīké [名] (～儿) ❶ カメの甲羅. ❷《軍事》敵のトーチカや戦車のたとえ. [参考] ①は, 漢方薬に用いる. また, 甲骨文を刻んだものをもいう.

【乌合之众】wū hé zhī zhòng [成] 数を寄せ集めただけで, まとまりのない集団. 烏合(うごう)の衆. ¶酒馆里聚集 jùjí 着一群～ / 酒場にさまざまな人が寄り集まっている.

【乌黑】wūhēi [形] 真っ黒い. 漆黒の. ¶～的头发 / 黒々とした髪. ¶～发亮 / 黒く輝く. ¶屋子里～～的 / 部屋の中は真っ暗だ. [重] 乌黑乌黑 [同] 漆黑 qīhēi [反] 雪白 xuěbái

【乌呼】wūhū →呜呼 wūhū

【乌江】Wūjiāng《地名》❶ 烏江(うこう). 揚子江の支流で, 貴州省最大の河川. ❷ 昔の地名. 現在の安徽省東部に位置し, 楚の項羽が自害した地として知られる. [参考] ①は, "黔 Qián 江"(黔江(けんこう))ともいう.

【乌金】wūjīn [名] 石炭の美称.

【乌克兰】Wūkèlán《国名》ウクライナ.

【乌拉[喇]】wūlā [名] ❶ 昔のチベットで, 小作農が役人や僧院, 地主などのために提供させられた労役. 主に耕作や運搬, 雑役など. ❷ ①の労役に服す人. ☞ 乌拉 wùla

【乌拉尔】Wūlā'ěr《地名》❶ ウラル川. ❷ ウラル山脈.

【乌拉圭】Wūlāguī《国名》ウルグアイ(南米).

【乌兰巴托】Wūlánbātuō《地名》ウランバートル(モンゴル).

【乌兰牧骑】wūlán mùqí [名] 烏蘭牧騎(うらんぼくき). 内蒙古自治区を巡回する民族文芸公演団. [参考] "乌兰"はモンゴル語で「赤」を意味する.

【乌蓝】wūlán [形] 黒に青みがさした. ¶～的夜空 / 青みがかった夜空.

【乌亮】wūliàng [形] 黒くてつやがある. 黒光りしている. ¶～的头发 / 黒々とした頭髪. ¶这双皮鞋～～的 / この革靴は黒くつや光りしている. [重] 乌亮乌亮

【乌溜溜】wūliūliū [形] (～的) 目が黒く生き生きとしている. ¶那双～的眼睛 / あの黒く生き生きとしたひとみ.

【乌龙茶】wūlóngchá [名] ウーロン茶.

【乌龙球】wūlóngqiú [名][外]《スポーツ》(サッカーの)オウンゴール.

【乌鲁木齐】Wūlǔmùqí《地名》ウルムチ. 新疆ウイグル族自治区の区都.

【乌梅】wūméi [名]〔[量] 颗 kē〕干していぶしたウメの実. [同] 酸梅 suānméi [参考] 解熱や虫下しなどの効果がある.

【乌木】wūmù [名] ❶《植物》コクタン(の木材). ❷ 黒くつやのある堅い木材.

【乌篷船】wūpéngchuán [名] 黒い苫(とま)の船. [参考] 江蘇省と浙江省にまたがる水郷地帯で多く見られる小型の船.

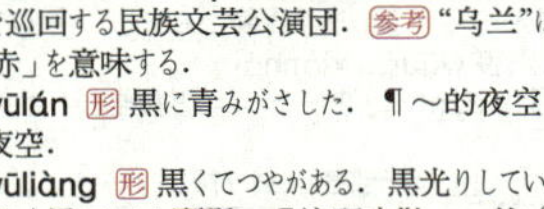

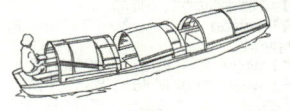

乌篷船

【乌七八糟】wū qī bā zāo [成][貶] めちゃくちゃに混乱している. ¶～的传闻 / とりとめのないうわさ. [同] 污 wū 七八糟

【乌纱】wūshā →乌纱帽 mào

【乌纱帽】wūshāmào [名]〔[量] 顶 dǐng〕❶ 昔の役人がかぶった紗の帽子. [同] 乌纱 wūshā ❷ 官位. ¶掉了～ / 役職を失う. [同] 乌纱 wūshā

【乌头】wūtóu [名]《植物·薬》"川乌"(トリカブト)の主根.

【乌涂】wūtu [形] ❶ (飲料水が)生ぬるい. ¶～水 / 生ぬるい湯. [同] 兀秃 wūtu ❷ てきぱきとしない. 煮え切らない. ¶她的脾气很～ / 彼女は煮え切らない気性だ. [同] 兀秃 wūtu

【乌托邦】wūtuōbāng [名][外] ユートピア. ♦utopia

【乌鸦】wūyā [名]《鳥》〔[量] 群 qún, 只 zhī〕カラス. [参考] 地方によっては"老鸹 lǎoguā", "老鸦 lǎoyā"ともいう.

【乌烟瘴气】wū yān zhàng qì [成] (環境·秩序·社会などが)混沌(こんとん)としている. 暗黒化している. ¶政界简直 jiǎnzhí 是～ / 政界はまったく混乱と暗黒をきわめている.

【乌油油】wūyóuyóu [形] (～的) 黒くしっとりとしてつやがある. しっとりと黒光りしている. ¶泥土～的, 十分肥沃 féiwò / 土質が黒くしっとりとして, とても肥沃(ひよく)だ. ¶小明的一头秀发～的 / ミンさんの美しい髪は黒くてつややかだ. [参考] 口語では"wūyōuyōu"とも読む.

【乌有】wūyǒu [名][文] 何もないこと. ¶子虚～ / [成] 根も葉もないうそ. ¶化为～ / [成] すっかりなくなる. 烏有(うゆう)に帰す. ¶～先生 / 実在しない人.

【乌鱼】wūyú [名]《魚》❶ ライギョ. [同] 乌鳢 wūlǐ, 鳢鱼 lǐyú ❷ ボラ. [同] 鲻鱼 zīyú

【乌鱼蛋】wūyúdàn [名]《料理》(食用の)イカの卵巣.

【乌云】wūyún [名]〔[量] 块 kuài, 片 piàn, 团 tuán〕暗雲. 黒い雲. ¶～密布 / 黒雲がたれこめる. ¶～遮 zhē 天 / 黒雲が空を覆っている. [同] 黑云 hēiyún

【乌贼[鲗]】wūzéi [名]《動物》〔[量] 只 zhī〕イカ. [同] 墨鱼 mòyú

【乌兹别克斯坦】Wūzībiékèsītǎn《国名》ウズベキスタン.

圬([異]杇) wū

土部 3　[四] 4112₇　全 6 画　[通 用]

[文] ❶ [名] 左官職人が使うこて. [同] 抹子 mǒzi ❷ [動] (壁などを)こてで塗る.

邬(鄔) Wū

阝部 4　[四] 2712₇　全 6 画　[通 用]

[名] 姓.

污([異]汚、汙) wū

氵部 3　[四] 3112₇　全 6 画　[常 用]

[素] ❶ 汚い. ¶～泥 wūní. ❷ 清廉潔白でない. ¶贪～ tānwū (汚職をする) / ～辱 wūrǔ.

【污点】wūdiǎn [名] ❶ (衣服などの)よごれ. しみ. ❷ 不名誉なこと. 汚点.

【污垢】wūgòu [名]〔[量] 层 céng, 块 kuài〕(人や物の)よごれ. あか. ¶藏 cáng～ / あかがたまる.

【污痕】wūhén [名] 汚れ. しみ.

【污秽】wūhuì [文] ❶ [形] 汚い. 不潔だ. ¶～的被褥 bèirù / 不潔な寝具. ¶语言十分～ / ことばがひどく汚い. [同] 肮脏 āngzāng, 龌龊 wòchuò ❷ [名] けがれ. 不潔なもの.

【污迹】wūjì [名] 汚れ. しみ. [同] 污痕 wūhén

【污吏】wūlì [名] 汚職役人. ¶贪官 tānguān～ / 賄賂

(わ)をむさぼる汚職役人.
- 【污蔑】wūmiè 動 ❶ 中傷する. 誹謗(ひほう)する. ¶ 怎能～别人？/他人を誹謗していいはずがあるかい？ 同 诬蔑 wūmiè ❷ けがす. 汚す. ¶ ～光荣称号 chēnghào / 栄誉ある名称を汚す. 玷污 diànwū
- 【污泥】wūní 名 汚泥. (タンクなどの中の)スラッジ.
- 【污泥浊水】wū ní zhuó shuǐ 成 汚泥や濁り水, 堕落や腐敗したもののたとえ. ¶ 荡涤 dàngdí ～/腐敗を洗い流す.
- 【污七八糟】wū qī bā zāo 成 ❶ めちゃくちゃなようす. 同 乱 luàn 七八糟,乌 wū 七八糟 ❷ 下品だ. 男女関係が乱れているようす. 同 乌七八糟
- *【污染】wūrǎn 動 汚染する. ¶ ～水源 shuǐyuán / 水源を汚染する. ¶ 精神～/精神汚染. とくに大陸で1983年に批判された西洋的な風俗習慣のこと. 反 净化 jìnghuà 表現 思想や精神について抽象的なことについても用いる.
- 【污染物】wūrǎnwù 名 汚染物質.
- 【污染源】wūrǎnyuán 名 汚染源.
- 【污染转移】wūrǎn zhuǎnyí 汚染物質を別の場所に運んで処理をしたり,汚染物質排出産業やその設備を移転させること. 汚染の移動.
- 【污辱】wūrǔ 動 ❶ 侮辱する. ¶ 受到～/侮辱される. 污辱を被る. ❷ けがす. 汚す.
- 【污水】wūshuǐ 名 汚水.
- 【污言秽语】wū yán huì yǔ 成 下品なことばとみだらなことば.
- 【污浊】wūzhuó ❶ 形 (水や空気などが)汚い. 濁っている. ¶ 洗去身上的～/体の汚れを洗い流す. ❷ 名 あか. 汚物.
- 【污渍】wūzì 名 (衣服や物に付着した)油じみや汚れ.

巫 wū 工部4 1010₈ 全7画 次常用

❶ 素 シャーマン. 祈祷(きとう)師. ❷ (Wū)姓.
- 【巫毒娃娃】wūdú wáwa 名 ブードゥー人形. タイ発祥のお守り人形.
- 【巫婆】wūpó 名 [働 个 ge] 巫女(みこ).
- 【巫山】Wūshān《地名》巫山(さん). 重慶市と湖北省の境に位置する山. ❷ 重慶市東部の地名. 参考 ①は, 十二峰を有し, 間を流れる長江が巫峡を形成している.
- 【巫神】wūshén 名 (多く男性の)シャーマン. 祈祷(きとう)師. 同 巫师 wūshī
- 【巫师】wūshī 名 祈祷師. 参考 男性祈祷師をいうことが多い.
- 【巫术】wūshù 名 [働 套 tào, 种 zhǒng] 巫術(じゅつ).
- 【巫峡】Wūxiá《地名》巫峡(きょう). 長江三峡の一つで,重慶市巫山県から湖北省巴東県宜渡口に至る.
- 【巫医】wūyī 名 ❶ 巫術(じゅつ)で治療をする人. ❷ 巫女(みこ)と医者.

呜(嗚) wū 口部4 6702₇ 全7画 常用

❶ 擬 ウー. 汽笛, サイレンなどの音をあらわすことば. ¶ 汽笛 qídí～/汽笛がウーウーと鳴る. 牛叫(サイレンがウーウーと鳴る. ❷ (Wū)姓. 表現 ①は, 重ねて用いることが多い.
- 【呜呼】wūhū 文 感 ❶ ああ. 嘆息する. 同 乌呼 wūhū, 於乎 wūhū, 於戏 wūhū 動 死ぬ. ¶ 一命～/おだぶつになる. 同 乌呼 wūhū, 于乎 wūhū, 於戏 wūhū
- 【呜呼哀哉】wū hū āi zāi 成 ❶ ああ悲しいかな. ❷ 一巻の終わりとなる. 表現 ①は, 弔辞などに用い, 感嘆のことば. ②は, 死ぬこととの諧謔(かいぎゃく)的な言いかた.
- 【呜里哇啦】wūlǐwālā 擬 がやがやと騒ぐ声. 同 呜哩哇啦
- 【呜咽】wūyè 動 ❶ すすり泣く. 抑えた声で泣く. ❷ (風・水・楽器などが)悲しげな音をたてる. ¶ 山泉～/山泉が寂しい音をたてる.

於 wū 方部4 0823₃ 全8画 通用

感 文 ああ. 感嘆をあらわす.
☞ 於 Yū, yú
- 【於乎】[戏] wūhū →呜呼 wūhū
- 【於菟】wūtú 名 古代, 楚人がトラをこう称した.

钨(鎢) wū 钅部4 8772₇ 全9画 通用

素 (化学)タングステン. W.
- 【钨砂】wūshā 名 [鉱物] タングステン鉱石.
- 【钨丝】wūsī 名 [働 根 gēn] タングステン線.

诬(誣) wū 讠部7 3171₆ 全9画 次常用

素 こじつける. 事実をまげていう. ¶ ～告 wūgào / ～赖 wūlài.
- 【诬告】wūgào 動 事実を曲げて訴える. 誣告(ぶこく)する. ¶ ～陷害 xiànhài / 誣告して罪に陥れる.
- 【诬害】wūhài 動 無実の罪を着せて陥れる. ¶ ～忠良 zhōngliáng / 忠を尽くした人にぬれ衣を着せる.
- 【诬赖】wūlài 動 根も葉もない悪口を言う. 中傷する. ¶ ～邻居 / 隣人を中傷する.
- 【诬蔑】wūmiè 動 事実をねじまげて相手の名誉を傷つける. ¶ 造谣 zàoyáo～ / デマを飛ばして人を誹謗(ひほう)する. ¶ 他被～为叛徒 pàntú / 彼は裏切り者のそしりを受けた. 同 污蔑 wūmiè
- 【诬枉】wūwǎng 動 無実の罪を着せる.
- 【诬陷】wūxiàn 動 事実を歪(わい)曲して罪に陥れる. ¶ 他被别人～了 / 彼は人に陥れられた. 同 诬害 wūhài, 诬告陷害 wūgào xiànhài
- 【诬指】wūzhǐ 動 事実でないことを捏造して, 他人を訴える.

屋 wū 尸部6 7721₄ 全9画 通用

素 ❶ 家屋. 住居. ¶ 房～ fángwū (家屋). ❷ 部屋. ¶ 他住在东房的北～ / 彼は東棟の北側の部屋に住んでいる).
- 【屋顶】wūdǐng 名 ❶ 屋根. ¶ ～铁皮 / 屋根用トタン板. ¶ 双坡 pō～ / 切り妻屋根. ❷ 屋上.
- 【屋顶花园】wūdǐng huāyuán 名 (ビルの)屋上庭園.
- 【屋脊】wūjǐ 名 屋根の一番高い部分. 棟. ¶ 世界的～ / 世界の屋根.
- 【屋架】wūjià 名 梁(はり).
- 【屋里人】wūlǐrén 名 家内. 妻. 同 屋里的 wūlǐde.
- 【屋面】wūmiàn 名 屋根. 屋根ふき材. ¶ 瓦 wǎ～ / かわら屋根. ¶ 铁皮～ / トタン屋根.
- 【屋上架屋】wū shàng jià wū 成 屋上に屋(おく)を架するむだな重複をする. ¶ 这种做法是～, 无此必要 / こんなやり方は二度手間でむだで, 必要ない.
- 【屋檐】wūyán 名 のき. ¶ ～下 / のき下. 同 房檐 fángyán
- 【屋宇】wūyǔ 名 家屋. 同 房 fáng 屋
- *【屋子】wūzi 名 [働 间 jiān] 部屋. ¶ 这间～太窄 / この部屋は狭すぎる. ¶ 收拾～ / 部屋を片づける. 同 房间 fángjiān

恶 亡 无　wū – wú

恶(惡) **wū**　心部6　四 1033₁　全10画　常用
　文 ❶ 感 驚きをあらわす. ああ!¶～,是何言也!(おお,なんということを言うのだ). ❷ 代 どうして. ¶～足道哉 zāi (うんぬんする値打ちがどこにあろうか). ⇨乌 wū
　☞ 恶 ě,è,wù

亡 **wú**　→部1　四 0071₀　全3画　常用
　旧 "无 wú"に同じ.
　☞ 亡 wáng

无(無) **wú**　无部0　四 1041₂　全4画　常用
　❶ 動 文 ない. ¶今日～雨(今日は雨が降らなかった) / 从～到有(無から有になる) / ～中生有. 成 有 yǒu ／ 素 ～でない. ¶～须乎 wúxūhū 这样(そうする必要はない) / ～妨 wúfáng 试试(試してもさしつかえない) / ～论 wúlùn. 同 不 bù　❸ 接 …にかかわらず. ¶事～大小(事の大小に関係なく). 同 不管 bùguǎn　❹ 副 "毋 wú"①に同じ. ¶～妄言(でたらめを言ってはならない).　❺ 動 "无…无…"の形式で,「ない」ことを強調する. ¶她～儿～女(彼女は息子も娘もない) / ～依～靠.

【无碍于】 wú'àiyú 動 …に差しさわりがない. 障害がない. ¶～大局 / 大局にさしさわりない.
【无被害人犯罪】 wúbèihàirén fànzuì 名 被害者のない犯罪. 参考 賭博などのように,行為者自身が望んだり,双方同意の上で行う犯罪行為.
【无比】 wúbǐ 形 この上ない. 比べるものがない. ¶～强大 / 强大無比大な. 感到～喜悦 xǐyuè ／ この上なくうれしい. ¶天山的蘑菇 mógu 鲜嫩 xiānnèn～ / 天山のキノコの新鮮な柔らかさは右に出るものがない. 表現 多くよい意味で用いる.
【无边】 wúbiān 形 果てしない. 際限ない. 無限だ. ¶一望～的大海 / 一望果てしない大海原.
【无边无际】 wú biān wú jì 成 果てしない. 無限だ.
【无病呻吟】 wú bìng shēn yín ❶ 憂慮する必要のないことに嘆息する. やたらと深刻ぶる. ❷ (詩や文章で)内容に真実味がなく,技巧ばかりをこらしている. ¶～的小说 / 修辞ばかりでやたら感傷的な小説.
【无补】 wúbǔ 動 役に立たない. 益するところがない. ¶空谈～于实际 / 空論は実際の役に立たない. ¶于事～ / なんの役にも立たない. 用法 "无补于"の形で用いることが多い.
【无不】 wúbù 副 例外なく. すべて. ¶发言～简明扼要 èyào,中心突出 / 発言は,すべて簡潔で要点を押さえており,ポイントを明確にしている.
【无猜】 wúcāi 形 疑うことを知らず無邪気だ. 天真だ. ¶两小～ / 成 幼い男女が無邪気に遊ぶ.
【无产阶级】 wúchǎn jiējí 名 労働者階級. プロレタリアート. 参考 大陸では,貧しい農民を含むことが多い.
【无产阶级专政】 wúchǎn jiējí zhuānzhèng 名 プロレタリア独裁.
【无产者】 wúchǎnzhě 名 プロレタリア. 無産者.
【无常】 wúcháng ❶ 動 たえず変わる. 変化しやすい. ¶喜怒 xǐnù～ / 喜怒常に. 感情が激しく変化すること. ❷ 人が死ぬ. ¶一旦 yīdàn～万事休 / 無常の風に誘われれば万事が終わりである. 人生ははかないもの. ¶～鬼 / 冥途(めいど)からの使い.
【无偿】 wúcháng 形 無償の. ¶参加～劳动 / ボランティアに参加する.
【无偿献血】 wúcháng xiànxiě 句 無償で献血する.

【无成】 wúchéng 動 完成しない. 成功しない. ¶一事～ / 成 何事も成らず.
【无耻】 wúchǐ 形 恥知らずだ. ¶荒淫 huāngyín～ / 成 酒色におぼれて恥知らず. ¶～之尤 / 成 恥知らずの極み.
【无出其右】 wú chū qí yòu 成 その右に出る者はいない. それに勝る者はない. ¶论英语水平,班上的同学～ / 英語のレベルからいっていえば,クラスメートの中で(彼の)右に出る者はない. 由来 『史記』田叔伝に見えることば.
【无从】 wúcóng 副 …する手立てがない. …する方法がない. ¶～入手 / 入手する手立てがない. ¶～下手 / 手の下しようがない. 注意 修飾される動詞は二音節語でなければならない.
【无大无小】 wú dà wú xiǎo 句 ❶ 大小の区別がない. 大小を論ぜず. 同 无小无大　❷ 年齢や立場などの上下をわきまえない. ¶在长辈 zhǎngbèi 面前不能～ / 年長の前では,上下をわきまえないわけにはいかない.
【无党派】 wúdǎngpài 名 無党派.
【无党派人士】 wúdǎngpài rénshì 名 無党派人士.
【无敌】 wúdí 形 無敵だ. ¶～于天下 / 成 天下に敵なし. ¶所向～ / 成 向かうところ敵なし.
【无底洞】 wúdǐdòng 名 際限ない欲望. ¶填不满他这个 / 彼の底無しの欲望は満たせない. 由来「底無しの穴」という意から.
【无地自容】 wú dì zì róng 恥ずかしくて身の置きどころがない. 穴があったら入りたい. ¶～的尴尬 gāngà 局面 / 穴があったら入りたいような気まずい場面.
【无的放矢】 wú dì fàng shǐ 成 話や行動に明確な目的がない. 実際に即していない. ¶～的文章 / 的外れな文章. 由来 的がないのに矢を放つ,という意から.
【无动于衷】 wú dòng yú zhōng 心がまったく動かない. 無関心なようす. ¶老师在批评你,你怎么还是～呢? / 先生が君をしかっているのに,なぜそれでも何も感じないんだ?
【无独有偶】 wú dú yǒu ǒu 成 貶 まれに同じことをする人がいる. 同じことが起こる.
【无度】 wúdù 形 節度がない. 際限がない. ¶荒淫 huāngyín～ / 際限なく酒色におぼれる. ¶用钱挥霍 huīhuò～ / お金を湯水のように使う.
【无端】 wúduān 副 わけもなく. いわれなく. ¶～生事 / 理由なく事を起こす. 同 无缘无故 wú yuán wú gù
【无恶不作】 wú è bù zuò 成 悪事の限りをつくす.
【无法】 wúfǎ 動 …するすべがない. …する方法がない. ¶～可想 / 考える方法がない. ¶谁也～劝解他 / だれも彼をなだめることができない.
【无法无天】 wú fǎ wú tiān 成 天をも恐れずに悪事をしつくす.
【无方】 wúfāng 形 やり方が的外れだ. 方法が適切でない. ¶管教 guǎnjiào 子女～ / 子供のしつけがなっていない. 反 有方 yǒufāng
【无妨】 wúfáng ❶ 副 …してもかまわない. …してみるといい. ¶你～试一试 / 試してみるのもいいよ. 同 不妨 bùfáng　❷ 動 支障がない. 問題ない. ¶你们不去也～ / 君たちは行かなくてもかまわない. 用法 ②は,ふつう前に"也 yě"を伴う.
【无非】 wúfēi 副 …にほかならない. ただ…にすぎない. ¶东京也～是这样 / 東京だってどうせこんなものだ. ¶他说了一大堆话,～想推卸 tuīxiè 责任 / 彼があれほどたくさんしゃべったのは,責任逃れしたいからに決まっている. 同 只不过 zhǐbuguò 表現 "无非是"の形で用いると,確認の語気

がより強まる.
【无风】wúfēng 名《气象》無風.
【无风不起浪】wú fēng bù qǐ làng 成 火のないところに煙は立たない. 由来 風がなければ波は立たない,という意から.
【无缝钢管】wúfèng gāngguǎn 名《工業》シームレス・スチール・チューブ. 継ぎ目なし鋼管.
【无缝可钻】wú fèng kě zuān 成 アリのはい出るすきもない. 針一本通すすきもない.
【无干】wúgān 動 かかわりがない. 無関係だ. ¶跟别人～/他人とは関係ない.
【无告】wúgào ❶動 苦しみを訴えるところがない. ❷名 ⓧ 苦しくても訴えるところのない人. 表現 ①は,不幸な境遇にあることを言う.
【无功而返】wú gōng ér fǎn 句 何の成果もなく帰る.
【无功受禄】wú gōng shòu lù 成 功労がないのに褒美を授かる. 労せずして報酬を得る.
【无辜】wúgū 形名 罪がない(人). ¶～的人民/無辜(ⓧ)の民. ¶株连 zhūlián～/罪なき人を巻き添えにする.
【无故】wúgù 副 故なくして. いわれなく. ¶平白～ 成 理由もなく. ¶不得～缺席 quēxí! / 無断で欠席するな!
【无怪】wúguài 副 なるほど. どうりで. ¶她快去留学了,～最近这么忙 / 彼女はもうすぐ留学するから,どうりでこのところ忙しいんだだ. 同 无怪乎 wúguàihū
【无关】wúguān 動 関係がない. かかわりがない. ¶～紧要 / 大したことではない. ¶～大局 成 大局に関係しない. 反 有关 yǒuguān
【无关宏旨】wúguān hóngzhǐ 句 主旨に差し障りがない. 表現 意義や関わりがあまりないことをいう.
【无关痛痒】wúguān tòngyǎng 成 痛くもかゆくもない. 差し障りない.
【无轨电车】wúguǐ diànchē 名〔圖 辆 liàng〕トロリーバス. 無軌道電車.

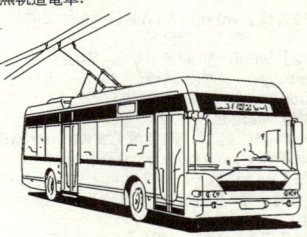

无轨电车

【无过错责任】wúguòcuò zérèn 名《法律》無過失責任.
【无过于】wúguòyú 句 …にまさるものはない. …でしかない. ¶～此 / これにまさるものはない.
【无害】wúhài 形 無害だ. 悪意がない. ¶～于身体 / 体に害さない.
【无何】wúhé 形 ⓧ ❶ 何もない. ¶～有之乡 成 何もないところ. ❷ 間もない. しばらくして. ¶他赴 fù 京～几日,即返沪 Hù 了 / 彼は北京に行って何日もしないうちに,上海に戻ってきた.
【无核】wúhé 形 ❶《植物》果実の中に核をもたないこと. ❷《軍事》核武装をしていないこと.
【无核葡萄】wúhé pútáo 名《植物》種なしブドウ.

【无核区】wúhéqū 名《軍事》非核武装地区.
【无后坐力炮】wúhòuzuòlìpào 名《軍事》無反動砲. 同 无坐力炮
【无花果】wúhuāguǒ 名《植物》❶ イチジク. ❷ イチジクの実.
【无华】wúhuá 形 華やかさがない. 地味だ. ¶朴素～ / 質素で飾り気がない.
【无话可说】wú huà kě shuō 成 いうべきことがない. 返すことばもない. ¶他的一席话说得对方～ / 彼の一席の話に,相手は返すことばもなかった.
【无机】wújī 形《化学》無機の. ¶～肥料 féiliào / 無機肥料. 反 有机 yǒujī
【无机化学】wújī huàxué 名 無機化学.
【无机物】wújīwù 名"无机化合物"(無機化合物)の略称.
【无稽】wújī 形 根も葉もない. でたらめな. ¶荒诞 huāngdàn～ / でたらめだ. 荒唐無稽だ.
【无稽之谈】wújī zhī tán 句 何の根拠もないでたらめの話. 由来《尚書》大禹謨(ⓧ)の"无稽之言勿听"(根も葉もない話は聞くな)から. "稽"は「調べる」の意.
【无及】wújí 動 間に合わない. 手遅れになる. ¶后悔～ / 後悔しても間に合わない. 後悔先に立たず.
【无几】wújǐ 形 いくらもない. わずかだ. ¶所剩～ / 残りわずかな. ¶两人的水平是相差～的 / 二人のレベルはほとんど同じだ.
【无脊椎动物】wújǐzhuī dòngwù 名《生物》無脊椎動物.
【无计可施】wú jì kě shī 成 なすすべがない.
【无记名】wújìmíng 形 無記名(の).
【无记名投票】wújìmíng tóupiào 名 無記名投票.
【无际】wújì 形 果てしがない.
【无济于事】wú jì yú shì 成 何の役にも立たない. 問題の解決にならない. ¶吵吵闹闹对解决问题～ / 大騒ぎしたところで,問題の解決には何の役にも立たない.
【无家可归】wú jiā kě guī 成 帰るべき家がない.
【无价之宝】wú jià zhī bǎo 名 非常に貴重なもの. かけがえのない宝. 同 无价宝
【无坚不摧】wú jiān bù cuī 成 どんな堅固なものでも打ち壊す. 勢力が強大なようす.
【无间】wújiàn ❶形 ⓧ (感情や見解が)ぴったり合っている. ¶亲密～ / 親密で隔てがない. ❷動 途中でとぎれない. ¶寒暑～ / 暑さ寒さにかかわらず(続ける). ❸動 区別しない. ¶～是非 / よしあしをわきまえない.
【无尽】wújìn 形 尽きることがない. 無尽蔵だ.
【无尽无休】wú jìn wú xiū 成 慣 際限がない. きりがない. ¶打断他那～的话 / 彼の長話を終わりさせる.
【无精打采】wú jīng dǎ cǎi 成 しょげて元気のないようす. 精彩を欠いている. ¶～的样子 / 意気消沈したようす. 同 没 méi 精打采
【无拘无束】wú jū wú shù 成 拘束されない. 自由自在だ. ¶～地谈往事 wǎngshì / 思い出すまま昔話に花を咲かす.
【无抗奶】wúkàngnǎi 名 抗生物質の含まれない牛乳.
【无可比拟】wú kě bǐ nǐ 成 比べるものがない. 比類ない.
【无可非议】wú kě fēi yì 成 非難すべきものはない. 申し分ない. ¶～的举措 jǔcuò / 非の打ちどころのないふるまい.
【无可奉告】wú kě fèng gào 成 申し上げることはありません. ノーコメントです. ¶对此本人～ / これに関して自分は申し上げることはありません.

【无可厚非】wú kě hòu fēi 成 過度に非難すべきものでもない. 同 未 wèi 可厚非

【无可讳言】wú kě huì yán 成 隠し立てするものはない. はっきり言える.

【无可救药】wú kě jiù yào 成 救いようがない. どうしようもない.

【无可奈何】wú kě nài hé 成 どうすることもできない. ¶他~地答应了对方的要求 / 彼はしかたなく相手方の要求に応じた. 同 无奈何 wúnàihé

【无可奈何花落去】wú kě nài hé huā luòqù 句 なすべもなく春はあっという間に過ぎ去ってしまう. 事柄の変化になすべがないことのたとえ.

【无可无不可】wú kě wú bù kě どちらでもよく, こだわらない. ¶~的争辩 zhēngbiàn / どうでもいい論争.

【无可争辩】wú kě zhēng biàn 成 議論の余地がない. 明白だ. ¶~的事实 / 争えない事実. 同 无可置 zhì 辩

【无可置疑】wú kě zhì yí 成 疑いをはさむ余地がない.

【无孔不入】wú kǒng bù rù 成 どんな機会も逃さない. 抜け目がない. 同 无空 kōng 不入

【无愧】wúkuì 動 恥じない. 恥ずべきところがない. ¶问心~ / 成 良心に問うて恥ずべきことはない. ¶~于名誉市民的称号 / 名誉市民の名に恥じない. ¶受之~ / 受け取るのにやましいことがない. 正々堂々と受け取る. 反 有愧 yǒukuì

【无赖】wúlài ❶形 無頼だ. ¶要 shuǎ~ / ごねる. 因縁をつける. ❷名 〔个 ge, 群 qún〕ごろつき. 無頼漢. 同 无赖汉 wúlàihàn, 无赖子 wúlàizǐ

【无厘头】wúlítóu 〈芸能〉無厘頭(ザネ). まったく無関係なことばをでたらめに並べてしゃべるお笑い芸. 由来 粤方言から. 本来は, "无来头"がなまったもの.

【无礼】wúlǐ 形 無礼だ. 礼儀に外れている. ¶~的举动 / 無礼な行動. ¶不许~ ! / 無礼は許さん !

【无理】wúlǐ 形 道理がない. 理不尽だ. ¶~强辩 qiǎngbiàn / 無理強弁する. 通らないことを押し通す.

【无理取闹】wú lǐ qǔ nào 成 無理にことをかまえる. 故意にごたごたを起こす.

【无力】wúlì 形 力がない. 無力だ. ¶四肢 sìzhī~ / 四肢に力が入らない. ¶~挽救 wǎnjiù / 挽回する力がない. 表现 抽象的な物事についていうことが多い.

【无力回天】wúlì huítiān 成 天を覆す力がない. 難しい局面から挽回するすべがない.

【无利于】wúlìyú 動 …に利することはない. ¶~大家的事 / みんなの利益にならないこと.

【无量】wúliàng 形 果てしない. 計り知れない. ¶前途 qiántú~ / 前途は洋々としている.

【无聊】wúliáo 形 ❶ 退屈だ. ¶闲得很~ / 暇で退屈している. ❷〈著作・話・行動のレベルが低くて〉つまらない. あきあきしてくる. ¶~的范文 / 退屈な例文.

【无聊赖】wú liáolài 文 やるせない. 気晴らしするものがない.

【无磷洗衣粉】wúlín xǐyīfěn 無リン洗剤.

【无虑】wúlǜ ❶形 心配することが何もない. ❷副 おおよそ. 大略.

*【无论】wúlùn 接 …にかかわらず. …を問わず. ¶~怎样 / どうようあろうとも. いずれにしても. ¶~有什么事, 都愿意找小明 / どんなことがあっても, ミンさんに会いたい. 同 不 管 bùguǎn, 不 论 bùlùn 用法 "都", "也", "总", "终始" などと呼応する.

【无论如何】wúlùn rúhé なにがなんでも…だ.

【无米之炊】wú mǐ zhī chuī 成 必要条件が欠けていれば, 有能な人でも事を成しとげられない. 表现 "巧妇难为 nánwéi 无米之炊" (やり手の嫁も米なしでは飯が炊けない) の形で用いられることもある.

【无名】wúmíng 形 ❶ 名がない. ¶~肿毒 zhǒngdú / 得体の知れないはれ物. ❷ 名が知られていない. ❸ わけのわからない. いわれのない. ¶~损失 / いわれのない損失.

【无名氏】wúmíngshì 名 匿名または姓名が不明の人. 無名氏.

【无名小卒】wúmíng xiǎozú 名 名もなき人.

【无名英雄】wúmíng yīngxióng 名 名もなき英雄.

【无名指】wúmíngzhǐ 名 薬指.

【无明［名］火】wúmínghuǒ 怒りの炎. 参考 "无明"は仏教で愚昧なことをあらわす.

【无奈】wúnài ❶動 どうしようもない. 仕方がない. 同 无奈何 hé ❷接 あいにく. いかんせん. ¶他本来想来的, ~临时有会, 来不了 / 彼は来るつもりでいたが, あいにく会議で来られなくなった. 同 无奈何 hé

【无奈何】wúnài//hé 動 どうすることもできない. ¶连他的父母也无奈他何 / 彼の両親でさえ彼をどうすることもできない.

【无能】wúnéng 形 無能だ. 力がない. ¶他在这方面很~ / 彼はこの面ではまったく力がない.

【无能为力】wú néng wéi lì 成 自分の能力に余る.

【无宁】wúnìng →毋宁 wúnìng

【无期】wúqī 名 無期の. 期限が決まっていない. ¶遥遥 yáoyáo~ / いつになるか分からない. 遠い先のこと.

【无期徒刑】wúqī túxíng 《法律》無期懲役.

【无奇不有】wú qí bù yǒu 珍しいことばかりだ. どんな奇妙なことでもある. ¶~的花花世界 / 何があってもおかしくない俗世間.

【无铅汽油】wúqiān qìyóu 無鉛ガソリン.

【无前】wúqián ❶動 敵がいない. 右に出る者がいない. ¶一往 wǎng~ / 成 わき目も振らずまい進する. ❷形 空前の. 前例のない. ¶~成绩 / 成績は前例がない.

【无巧不成书】wú qiǎo bù chéng shū みごとな偶然に恵まれなければ, 物語は作れない. ものごとは得てして, 偶然の重なりより起こる.

【无情】wúqíng 形 ❶ 非情だ. ¶~无义 yì / 情理がない. ❷ 情け容赦ない. ¶翻脸 / 無情にも顔をそむける. ¶水火~ / 成 大水や火事は情け容赦ない.

【无穷】wúqióng 形 〈力や知恵などが〉尽きることがない. 無限だ. ¶言有尽而意~ / ことばは尽くしても, 気持ちは尽くせない. ¶~无尽 / 成 尽きることがない. 無尽蔵だ. ¶~小 / 無限小. ¶~远 / 無限遠点. 同 无限 wúxiàn, 无量 wúliàng

【无穷大】wúqióngdà 名 《数学》無限大. 同 无限 xiàn 大

【无权】wúquán 形 権利がない. 権限をもたない. ¶有职~ / 職名はあっても権限がない. ¶~干预 gānyù / 口出しする権利がない.

【无缺】wúquē 形 欠けるところがない. ¶完美~ / 完全無欠だ.

【无人】wúrén 形 無人の. ¶~售 shòu 货机 / 自動販売機.

【无人区】wúrénqū 戦争や暴動により人気(タミヤ)がなくなった地域. 無人地区.

【无人问津】wú rén wèn jīn 成 誰も手をつけようとしない. 由来 渡し場のありかを尋ねる人もいない, という意から.

wú 无

【无任】wúrèn 副 文 非常に. …に堪えない. ¶～感激／感激に堪えない. 同 非常 fēicháng 表現 "感谢 gǎnxiè", "欢迎 huānyíng" などの語に用いる.

【无日】wúrì 動 ("无日不…"の形で) …しない日は一日もない. ¶～不思念／一日として思わない日はない.

【无伤大雅】wú shāng dà yǎ 成 主要な部分には差し障りがない.

【无上】wúshàng 形 この上ない. ¶～光荣／無上の光栄. ¶至高～／この上もない. 至上の. 同 最高 zuìgāo.

【无神论】wúshénlùn 名 無神論.

【无生物】wúshēngwù 名 無生物.

【无声】wúshēng 声がしない. 音声が聞こえない. ¶悄然 qiāorán～／ひっそりと物音一つしない. ¶～片 piàn／無声映画. ¶～之臭 xiù／鳴かず飛ばず. ¶大厅里鸦 yā 雀 què～／ホールはしーんと静まり返った. 参考 "无声片 wúshēngpiàn"は"默片 mòpiàn"とも言う.

【无声无息】wú shēng wú xī 成 音も気配もしない. 世の中に知られていない.

【无绳电话(机)】wúshéng diànhuà(-jī) 名 コードレスホン.

【无时无刻】wú shí wú kè 成 ("无时无刻不…"の形でいつも. 四六時中. ¶～不在思念／いつも心にかけていない時はない.

【无事不登三宝殿】wú shì bù dēng sān bǎo diàn 成 願いごとがなければ参拝しない. 用事のある時だけ訪ねる.

【无事忙】wúshìmáng つまらない事で忙しい.

【无事生非】wú shì shēng fēi 成 わざとごたごたを引き起こす. ¶别理他,我看他这是～／彼にかまうな,わざと波風を立てようとしているんだよ.

【无视】wúshì 動 無視する. ¶～法纪 fǎjì／法律や規律を無視する. 同 漠视 mòshì, 忽视 hūshì 反 正视 zhèngshì.

*【无数】wúshù 形 ❶ 無数だ. 数限りない. ¶死伤～／死傷者は数えきれない. ¶～事实／数限りない事実. ❷ 成算がない. 確信がない. ¶心中～／確たる成算がない.

【无双】wúshuāng 形 二つとない. 並ぶものがない. ¶盖世～／世に並ぶものがない. ¶独一无二 dú yī wú èr である.

【无霜期】wúshuāngqī 名 《農業》無霜期間. 参考 晩春から初秋までの期間をいう.

【无私】wúsī 形 無私だ. 私心がない. ¶大公～／公正無私. ¶～无畏 wúwèi／私欲なく何者をも恐れない. 反 自私 zìsī.

【无私有弊】wú sī yǒu bì 不正の事実がないのに,立場上,痛くもない腹をさぐられる.

【无算】wúsuàn 形 数え切れない. ¶损失～／莫大な損失だ.

【无损】wúsǔn 動 ❶ 害がない. そこなわない. ❷ 破損がない.

【无损于】wúsǔnyú 動 …を損ねることはない. ¶～朋友之间的友情／友人との友情を損ねない.

【无所不包】wú suǒ bù bāo 成 含まないものはない. 一切を包括している.

【无所不能】wú suǒ bù néng 成 できないものは何もない.

【无所不为】wú suǒ bù wéi 成 やらないことはない. どんな悪事でもやってのける. ¶到处杀人放火,～／至るところで人を殺し火を放ち,悪事の限りをつくす.

【无所不用其极】wú suǒ bù yòng qí jí いかなる極端な手段も用いる. 由来『礼记』大学に見えることば. もとは,あらゆる面で全力を尽くすことを指した. 表現 悪事をはたらくときなどについて言うことが多い.

【无所不在】wú suǒ bù zài 成 ないところはない. どこにでもある.

【无所不知】wú suǒ bù zhī 成 知らないことは何もない. 何でも知っている. 同 无所不晓 xiǎo.

【无所不至】wú suǒ bù zhì 成 ❶ 行けないところはない. ❷ ありとあらゆる悪事をやる.

【无所措手足】wú suǒ cuò shǒu zú 成 どう振る舞ってよいか分からない. ¶紧张得～,话都说不出来／緊張してどうしていいかわからず,ことばさえ出て来ない. 由来 手足を置く場所がない,という意から.

【无所事事】wú suǒ shì shì 成 暇ですることがない. ¶一天到晚～／一日中何もせずごろごろする.

【无所适从】wú suǒ shì cóng 成 誰に従ったらよいのか分からない. 誰の言うことを信じたらよいのか分からない.

【无所畏惧】wú suǒ wèi jù 成 恐れるものはない. 怖いものはない. ¶表现得～／態度が少しもひるまない.

【无所谓】wúsuǒwèi 動 ❶ …とまではいえない. ¶～报告／报告するほどのことはない. ❷ 意に介さない. どちらでも良い. 関係がない. ¶放不放假,我都～／休んでも休まなくても,私はかまいません.

【无所用心】wú suǒ yòng xīn 成 どんなことにも関心がない. ¶～的懒汉 lǎnhàn／何にも考えようとしない無精者.

【无所作为】wú suǒ zuò wéi 成 (現状に甘んじて)何もしない. 何もする気を起こさない.

【无题】wútí 名 無題. 参考 诗文や漫画などの題名に用いられる.

【无条件】wútiáojiàn 形 無条件の. ¶～地服从／無条件に服従する.

【无头案】wútóu'àn 成〔件 jiàn, 起 qǐ, 桩 zhuāng〕手がかりのつかめない事件. 迷宫入りの事件. ¶这个案子毫无线索 xiànsuǒ, 成了个～／この事件には手がかりがまったくなく,迷宫入りとなった.

【无头告示】wútóu gàoshi 名 目的がはっきりしない公告. 紋切り型で要領を得ない文.

【无土栽培】wútǔ zāipéi 名《農業》無土栽培.

【无往不利】wú wǎng bù lì どこへ行ってもうまくいく. 何をやっても順調だ.

【无往不胜】wú wǎng bù shèng 成 どこに行っても勝てる. 向かうところ敵なし.

【无妄之灾】wú wàng zhī zāi 成 意外な災害. 予期せぬ災難. ¶遭受了～／思いがけない災害に出くわした. 由来『易经』无妄に見えることば.

【无望】wúwàng 動 ❶ 望みがない. 有望 ❷ 信望がない.

【无微不至】wú wēi bù zhì 成 行き届いている. 至れり尽くせりだ. ¶照顾得～／行き届いた世話をする. ¶得到了～的关怀／至れり尽くせり面倒を見てくれた.

【无为】wúwéi 動 ❶ あるがままで作為を加えない. 無為. ❷ Wúwéi 〈地名〉无为〈区〉. 安徽省の県. 参考 ⑴は,道家の思想.

【无为而治】wú wéi ér zhì 成 無為にして治す. 自然に任せておけば治まる. 『老子』のことばから.

【无味】wúwèi 形 ❶ 味がない. ¶食之～, 弃之可惜／食べるにはまずいし,捨てるには惜しい. ❷ おもしろみがない. 味気ない. ¶枯燥 kūzào～／無味乾燥だ. 反 有趣 yǒuqù.

【无畏】wúwèi 形 恐れを知らない。はばかるところがない。反 恐惧 kǒngjù

【无谓】wúwèi 形 無意味だ。価値がない。¶~的争论 / 無意味な論争。

【无物】wúwù 形 何もない。内容がない。¶眼空~ / 何も眼中にない。/ 空洞 kōngdòng / 文章などが空虚で中身がない。¶言之~ / 話に重点がない。

【无误】wúwù 形 誤りがない。間違いがない。¶核对 héduì~ / 間違いがないかどうか突き合わせる。¶准确~ / 正確で間違いない。

【无锡】Wúxī《地名》無錫(ぎゃく)。参考 江蘇省南部に位置する、太湖《沿岸の都市。

【无隙可乗】wú xì kě chéng 乗ずるすきがない。¶盗贼 dàozéi~ / 泥棒のつけ入るすきがない。

【无瑕】wúxiá 動 欠点がない。非の打ちどころがない。¶白璧 báibì~ / 完全無欠。/ 完美 wánměi~ / 非の打ちどころがない。

【无暇】wúxiá 動 暇がない。¶~顾及私事 / 私ごとを気にかける暇がない。

*【无限】wúxiàn 形 限りない。尽きない。無限だ。¶~公司 / 合名会社。¶~小 / 無限小。表現 "无限小"は"无穷小 wúqióngxiǎo"ともいう。

【无限大】wúxiàndà →无穷大 wúqióngdà

【无限期】wúxiànqī 形 無期限の。

【无线】wúxiàn 名 無線。

【无线电】wúxiàndiàn 名 ❶《通信》無線電信。無線電話。❷〔台 tái〕ラジオ。⇒ 无线电收音机 shōuyīnjī

【无线电报】wúxiàn diànbào 名《通信》無線電信。無線電報。

【无线电波】wúxiàn diànbō 名《通信》無線電波。

【无线电话】wúxiàn diànhuà 名《通信》無線電話。

【无线电视】wúxiàn diànshì 名 無線テレビ。

【无线电收音机】wúxiàndiàn shōuyīnjī 名 ラジオ受信機。表現 ふつう "无线电"、"收音机"と言う。

【无线电台】wúxiàn diàntái 名 ラジオ放送局。表現 ふつう "电台"と言う。

【无线寻呼】wúxiàn xúnhū ポケットベル。

【无线因特网】wúxiàn yīntèwǎng 名《コンピュータ》ワイヤレスLAN。無線LAN。

【无效】wúxiào 形 効果や効力がない。無効だ。¶过期~ / 期日が過ぎて無効である。¶~劳动 / 骨折り損。

【无效婚姻】wúxiào hūnyīn 婚姻の無効。法律に違反する婚姻。

【无邪】wúxié 形 無邪気だ。

【无懈可击】wú xiè kě jī 成 責められるような落ち度がない。向かうところ敵なし。

【无心】wúxīn 動 ❶~する気はない。~する気になれない。¶~再看电影 / それ以上、映画を見る気がない。同 无意 wúyì 反 有心 yǒuxīn,有意 yǒuyì ❷何の気もない。¶~言者~、听者有意 / 話し手が何気なく話したことでも、聞き手はとても気にするものだ。同 无意 wúyì 反 有心 yǒuxīn,有意 yǒuyì

【无行】wúxíng 形 ② 品行がよくない。¶文人~ / 文人は品行がよくない。

【无形】wúxíng ❶ 形 形がない。目に見えない。¶~的枷锁 jiāsuǒ / 目に見えない束縛。反 有形 yǒuxíng ❷ 副 いつのまにか。知らず知らずに。¶事故的发生,~地影响了工程的进度 / 事故の発生が、知らずのうちに工事の進度に影響を与えた。

【无形损耗】wúxíng sǔnhào 名《経済》無形減価償却。同 精神 jīngshén 损耗 反 有形 yǒuxíng 损耗

【无形中】wúxíngzhōng 副 いつのまにか。知らず知らずに。¶工作中的误会~造成了他们两个人之间的矛盾 / 仕事の上での誤解が、いつのまにか彼ら2人の間に対立を生み出した。同 无形之 zhī 中

【无形资产】wúxíng zīchǎn 名《経済》無形資産。無体資産。参考 主に知的所有権をいう。

【无性】wúxìng 形《生物》無性の。

【无性生殖】wúxìng shēngzhí 名《生物》無性生殖。

【无休止】wúxiūzhǐ 形 休むことがない。いつまでも続く。¶~的争论 / 休みなく続く論争。

【无须[需]】wúxū 副 ~に及ばない。~する必要がない。¶~操心 / 気苦労するには及ばない。¶~你多嘴 / 君が口出しする必要はない。同 无需乎 wúxūhū,不必 bùbì,毋庸 wúyōng 反 必须 bìxū

【无须乎】wúxūhū[-hu] "无须 wúxū"に同じ。

【无涯】wúyá 形 果てしない。尽きることのない。

【无烟工业】wúyān gōngyè《観光や広告業などの》サービス業。

【无烟火药】wúyān huǒyào 名 無煙火薬。

【无烟煤】wúyānméi 名《鉱業》無煙炭。

【无言以对】wú yán yǐ duì 答えるべき言葉がない。

【无氧运动】wúyǎng yùndòng 名 無酸素運動。

【无恙】wúyàng 形 ② 病気や被害がない。¶安然~ / 無事で病気がない。無病息災だ。¶别来~? / その後お変わりありませんか。

【无业】wúyè 形 ❶ 職業がない。無職だ。¶~游民 / 無職の遊民。浮浪者。❷ 財産がない。

【无一】wúyī 副 一つとして~がない。¶~是处 chù / 成 よいところが一つもない。¶窃贼 qièzéi~漏网 / どろぼうは網からもらさず全て捕らえられる。

【无依无靠】wú yī wú kào 寄る辺がない。頼りにする人がいない。¶~,一切全凭自己 / 誰も頼る人がなく、すべて自分だけを頼りとする。

【无遗】wúyí 動 余すところがない。

【无疑】wúyí 形 疑いない。~に間違いない。¶确凿 quèzáo~ / 間違いなく確実だ。¶~他是被杀,不是自杀 / 彼は間違いなく殺されたのであり、自殺ではない。

【无已】wúyǐ 動 ❶ 已む時がない。終わる時がない。❷ 副 やむを得ず。不得已 bùdéyǐ。

【无以复加】wú yǐ fù jiā これ以上増やせない。頂点、限界に達している。

【无以为生】wú yǐ wéi shēng 成 生計をたてる道がない。

【无艺】wúyì 動 ② ❶ 定まった規則やルールがない。❷ 際限がない。表現 ②は、悪事などについて言う。

【无异】wúyì 形 違わない。同じだ。¶这种复制品几乎与原作~ / この複製品はオリジナルとそっくりだ。

【无异于】wúyìyú 動 ~にほかならない。~に違いない。¶吸食毒品~自杀 / 麻薬を吸うことは、自殺にほかならない。

【无益】wúyì 形 プラスにならない。無益だ。役に立たない。¶抽烟对身体~ / 喫煙は体に良くない。反 有益 yǒuyì

【无益于】wúyìyú 動 ~の役に立たない。¶~一事 / ものの役にたたない。¶~公司 / 会社のためにならない。

【无意】wúyì ❶ 動 ~する気がない。~したくない。¶~于此 / これをする気がない。¶~参加 / 参加する意志がない。同 无心 wúxīn 反 有心 yǒuxīn,有意 yǒuyì ❷ 形 故意ではない。無意識の。同 无心 wúxīn 反 成心 chéngxīn,存心 cúnxīn,故意 gùyì,有意 yǒuyì

【无意识】wúyìshí[-shi] 形 無意識の。¶他上课时~

地摆弄着手中的铅笔 / 彼は授業のとき,無意識に手の中の鉛筆をもてあそんでいる.
【无翼鸟】wúyìniǎo 名《鸟》キウイ. 同 鹬鸵 yùtuó ♦ kiwi 表现 ふつう "几维鸟 jīwéiniǎo" と言う.
【无垠】wúyín 形 広々として果てしがない. ¶一望～/ 見渡すぎりぎり広々として果てしがない.
【无影灯】wúyǐngdēng 名《医学》(外科手術用の)無影灯.
【无影无踪】wú yǐng wú zōng 成 影も形もない.跡形もなく消え失せる. ¶逃得～/ 跡形もなく逃げ失せる.
【无庸】wúyōng 同 "毋庸 wúyōng".
【无庸讳言】wúyōng huìyán 隠しだてするまでもない.はっきり言うべきだ. 同 毋 wú 庸讳言
【无庸赘述】wú yōng zhuì shù 成 くどくど言うまでもない.多言を要しない.
【无用】wúyòng 形 役に立たない.無用の. ¶～的材料 / 無用の材料. 反 有用 yǒuyòng
【无用功】wúyònggōng 名《機械》無効の仕事.
【无忧无虑】wú yōu wú lǜ 成 なんの心配も憂いもない. ¶生活得～/ 生活に何の不安もない.
【无由】wúyóu 副文 …するよしがない. …しようがない. 同 无从 wúcóng
【无余】wúyú 動 余すところがない.残っていない. ¶揭露 jiēlù～/ 一つ残らず暴露される. ¶一览 lǎn～/ 余すところなく一覧する.一目で余すところなく見渡せる. 同 无遗 wúyí
【无与伦比】wú yǔ lún bǐ 成 比べるものがない(ほどない). ¶～的杰作 jiézuò / 比類なき傑作.
【无原则】wúyuánzé 形 無原則だ.無節操だ.
【无援】wúyuán 動 援助がない. ¶孤立～/ 孤立無援だ.
【无缘】wúyuán ❶ 動 縁がない. …する縁に恵まれない. ¶～得 dé 见 / お目にかかる縁に恵まれない. 反 有缘 yǒuyuán ❷ 副 …する手だてがない. …しようがない. ¶～分辨 fēnbiàn / 釈明のしようがない. 同 无从 wúcóng
【无缘无故】wú yuán wú gù 成 なんの理由もない.いわれがない. ¶她～地发起火来 / 彼女はわけもなく怒り出した.
【无源之水,无本之木】wú yuán zhī shuǐ,wú běn zhī mù 成 基礎のない物事. 由来 水源のない川,根のない木,という意から.
【无障碍设计】wúzhàng'ài shèjì 名 バリアフリー設計.
【无政府主义】wúzhèngfǔ zhǔyì 名 無政府主義.アナーキズム.
【无知】wúzhī 形 無知だ. ¶年幼 yòu～/ 年が若くものを知らない. ¶～妄说 wàngshuō / 何も知らずに,ぺらぺらとしゃべる.無知のたわごと.
【无止境】wúzhǐjìng 形 とどまるところがない.限界がない.終わりがない.
【无纸贸易】wúzhǐ màoyì 名《経済》(コンピュータ通信を利用した)ペーパーレスの商取引.電子データ交換.EDI.
【无中生有】wú zhōng shēng yǒu 成 ありもしないことをねつ造する.でっちあげる. ¶～的谣言 yáoyán / でっち上げられたデマ.
【无助于】wúzhùyú 動 …の助けにならない. …の役に立たない. ¶内部不团结～开展工作 / 内部の不和は事業の発展のためにならない.
【无着】wúzhuó 形 落ち着くところがない.あてがない.め

どがたたない. ¶生活～/ 生活のめどがたたない. ¶衣食～/ 衣食に事欠く. 同 无着落 wúzhuóluò
【无足轻重】wú zú qīng zhòng 成 とりたてて重要ではない. 同 无足重轻
【无阻】wúzǔ 動 阻むものがない.
【无罪】wúzuì 形 無罪だ.
【无罪推定】wúzuì tuīdìng 名《法律》推定無罪.

毋 wú 毋部0 四 7755₀ 全4画 通用

❶ 副文 …するなかれ. …してはいけない. ¶～妄言(でたらめを言ってはいけない) / 宁 nìng 缺～滥 làn (質の劣るものを増やすよりはむしろ少ない方がよい). ❷ (Wú)姓.
【毋宁】wúnìng 副 むしろ…したほうがよい. …したほうがまし. ¶与其在家里闷 mèn 闷不乐,～去外面散散心 / 家の中でうじゃうじゃしているよりも,外に出て気晴らしをしたほうがよい. 同 无宁 wúnìng,不如 bùrú 用法 "与其 yǔqí …毋宁…"(…するよりはむしろ…するほうがよい)という文型をつくることが多い.
【毋庸】wúyōng 副 …する必要はない. …するには及ばない. ¶你～害怕 / 怖がることはない. 同 无庸 wúyōng,无须 wúxū
【毋庸讳言】wúyōng huìyán 句 隠し立てする必要はない.包み隠さず言う. 同 无 wú 庸讳言
【毋庸置疑】wú yōng zhì yí 成 はっきりしていて疑いの余地がない.
【毋庸赘言】wú yōng zhuì yán 成 くどくど言うまでもない. 同 无庸赘述 shù

芜(蕪) wú 艹部4 四 4441₂ 全7画 次常用

形 ❶ 雑草が生い茂っている. ¶～城 wúchéng (荒廃して,雑草が生い茂った城壁). ❷ 乱雑だ. ¶～杂 wúzá.
【芜湖】Wúhú《地名》蕪湖(ᵐ). 参考 安徽省東部に位置する,長江沿岸の都市.
【芜菁】wújīng 名《植物》カブラ. 同 蔓菁 mánjing
【芜杂】wúzá 形 (多く文章が)乱雑だ.筋道が立っていない. ¶文章内容～/ 文章の中身が乱雑だ. ¶～的园子 / 乱雑な広場. 同 杂乱 záluàn,杂沓 zátà

吾 wú 口部4 四 1060₁ 全7画 通用

❶ 代文 私.私たち. ❷ (Wú)姓.
【吾辈】wúbèi 代文 我ら. 同 我们 wǒmen
【吾侪】wúchái 代文 私たち.我々.
【吾道】wúdào 名 自分の学説や主張. ¶～不孤 gū / 我が道は孤立無援ではない.
【吾人】wúrén 代文 私たち.我々.

吴(吳) Wú 口部4 四 6080₄ 全7画 常用

名 ❶ 吴(⁻). 周代の国の名. 現在の長江下流一帯にあった. ❷ 吴. 三国時代に孫権が建てた国(222-280). 現在の長江下流域と東南の沿海部一帯にあった. ❸ 吴. 江蘇省南部・上海市・浙江省北部一帯の総称. ¶～语 Wúyǔ (呉語). ❹ 姓.
【吴牛喘月】Wú niú chuǎn yuè 成 思いこみから取り越し苦労をする. 一般的恐慌 kǒnghuāng / 取り越し苦労のあわてよう. 由来 呉地方の水牛は暑さを恐れるあまり,月を見ても太陽と思ってあえぐ,という意から.

郚 wú 阝部7 四 1762₇ 全9画 通用

形 地名用字. ¶鄌～ Tángwú (山東省にある地名).

唔 语 梧 鹀 锫 蜈 鼯 五　wú-wǔ

唔 wú
口部7　四 6106₁
全10画　通用
→唔唔 yīwú

唔 ń, ńg

浯 Wú
氵部7　四 3116₁
全10画　通用
[素] 地名用字. ¶～水 Wúshuǐ (山東省にある川の名前).

梧 wú
木部7　四 4196₁
全11画　次常用
❶[素] アオギリ. ❷(Wú)姓.
【梧桐】wútóng [名]《植物》〔棵 kē,株 zhū〕ゴトウギリ. アオギリ.

鹀 (鵐) wú
鸟部7　四 1712₇
全12画
[名]《鳥》ホオジロ, アオジなどのスズメ目の総称.

梧桐

锫 (銠) wú
钅部7　四 8176₁
全12画　通用
→锟铻 Kūnwú

蜈 wú
虫部7　四 5618₄
全13画　次常用
下記熟語を参照.
【蜈蚣】wúgōng[-gong]《名》〔虫〕〔條 tiáo, 只 zhī〕ムカデ.

鼯 wú
鼠部7　四 7176₁
全20画　通用
下記熟語を参照.
【鼯鼠】wúshǔ [名]《動物》〔只 zhī〕ムササビ.

五 wǔ
一部3　四 1010₂
全4画　通用
❶[数] 5. ¶～岁 (5歳) /～倍 (5倍) / 第一 (5番目) /～月 wǔyuè (5月). ❷[名]《音楽》中国伝統音楽の階名の一つ. "简谱 jiǎnpǔ" (略譜) の6に相当する. ❸(Wǔ)姓.
【五保】wǔbǎo [名] 農村における, 5つの生活保護. [参考] 身寄りがない, または病気や障害がある人に対して行う, "保吃" (食料), "保穿" (衣料), "保烧" (燃料), "保教" (教育), "保葬" (葬式) の5つの保証.
【五保户】wǔbǎohù [名] 農村で"五保" (5つの生活保護) を受けている世帯. 五保户(ér). ⇨五保
【五边形】wǔbiānxíng [名] 五角形. ⇨ 五角 jiǎo 形
【五步蛇】wǔbùshé [名]《動物》毒蛇の一種. ハッポダ.
【五彩】wǔcǎi [名] ❶青・黄・赤・白・黒の5色. ❷さまざまな色. ¶～电影／カラー映画.
【五彩缤纷】wǔ cǎi bīn fēn [成] さまざまな色が混じりあって, あでやかだ. 色どりがはなやかだ. ¶～的彩旗迎风招展／色とりどりの旗が翻る.
【五大】wǔdà [名] "业余大学" (社会人大学), "夜大学" (夜間大学), "电视大学" (テレビ大学), "职工大学" (労働者大学), "函授大学" (通信大学) の5つの大学の総称.
【五大三粗】wǔ dà sān cū [成] 身体が大きく, たくましい. ¶小李长 zhǎng 得～的／李はたくましい体になった. [由来] 頭・両手・両足が大きく, 腰・腕・ももが太い, と

いう意から.
【五代】Wǔdài [名]《歴史》五代 (ẑ̄:907-960). 唐代以降に中原で興亡した5つの王朝. ⇨五代十国
【五代十国】Wǔdài shíguó [名]《歴史》五代十国. 唐朝が滅んだ後に興亡した諸王朝. 中原の五代, 後梁・後唐・後晋・後漢・後周と周辺の諸地方を制した十国, 前蜀・後蜀・南南・楚・吳・南唐・吳越・閩・南漢・北漢.
【五帝】Wǔdì [名] 伝説中の5人の帝王. [参考] 諸説あるが, 多く "黄帝 Huángdì" (黄帝 ẑz), "颛顼 Zhuānxū" (顓頊 zz), "帝喾 Dìkù" (帝嚳 ẑz), "尧 Yáo" (堯 ẑ), "舜 Shùn" (舜 ẑz) を指す.
【五斗橱】wǔdǒuchú [名] 5つの引き出しが付いたたんす. [同] 五斗柜 guì, 五屉 tì 柜
【五斗柜】wǔdǒuguì [名]→五斗橱 chú
【五毒】wǔdú [名]❶(～儿) 毒があるとされる5種類の動物. "蝎子 xiēzi" (サソリ), "蛇 shé" (ヘビ), "蜈蚣 wúgōng" (ムカデ), "壁虎 bìhǔ" (ヤモリ), "蟾蜍 chánchú" (ヒキガエル).
【五短身材】wǔ duǎn shēn cái [成] 身長が低く, 四肢が短い. 小柄だ.
【五方】wǔfāng [名] 東西南北と中央の五方向. 各地.
【五方杂处】wǔ fāng zá chù [成] 各地の人が一か所に集まり生活していること.
【五分制】wǔfēnzhì [名]《学校の成績の》5段階評価制. [参考] 5を最高点とし, 3は合格点.
【五个一工程】Wǔ ge yī gōngchéng [名] 五つの"一" プロジェクト. [参考] 1991年に中央政府が各省と市に対し, 五つの項目について, 毎年必ず一つ発表することを求めたプロジェクトの名称. 五つの項目は, "良い書籍" "良い芝居" "優秀な映画" "優秀なテレビドラマ" "良い文章".
【五更】wǔgēng ❶[名] 五更 (こう). 昔の時間の計り方. 五鼓 wǔgǔ ❷[名] 第五更. 午前3－5時頃. 夜の刻. ¶起～, 睡半夜／朝は暗いうちから起き, 夜は真夜中になってから寝る. [参考] 昔は, 夜を2時間ごとに区切り, それぞれ "初[一]更", "二更", "三更", "四更", "五更" と呼んだ.
【五谷】wǔgǔ [名] ❶五穀. ¶四体不勤 qín, ～不分／手足を動かさず, 五穀の見分けもつかない. (古い読書人をけなして言う). ❷穀物. [参考] ①は, 古書では多く "稻 dào" (稲), "黍 shǔ" (モチキビ), "稷 jì" (ウルチキビ), "麦 mài" (麦), "豆 dòu" (豆) を指す.
【五谷丰登】wǔgǔ fēngdēng [句] 五穀豊穣.
【五官】wǔguān [名] ❶(顔面の) 耳・目・鼻・唇・舌の5の器官. ❷目鼻立ち. ¶～端正 duānzhèng／顔立ちが整っている.
【五光十色】wǔ guāng shí sè [成] 色鮮やかで, 形がさまざまだ.
【五行八作】wǔháng bāzuò [成] さまざまな業種. いろいろな職業. ¶～各显神通／さまざまな業種の店がそれぞれ腕をふるっている. [参考] "作" は "作坊 zuōfang" (仕事場) のこと.
【五合板】wǔhébǎn [名]《建築》五層のベニヤ合板.
【五湖四海】wǔ hú sì hǎi [成] 全国各地. ¶来自～的朋友／全国各地から来た友人.
【五花八门】wǔ huā bā mén [成] 多種多様だ. 変化に富んでいる. ¶百货公司的商品～, 应有尽有／デパートの品物は色とりどりで, 何から何まで取りそろえている.
【五花大绑】wǔhuā dàbǎng [名] 人の縛り方の一種. 縄を首にかけ, 背中に回し, 両腕を後ろ手にしてしばりあげる.
【五花肉】wǔhuāròu [名]《料理》豚のバラ肉. [表現] "五

花儿"と呼ぶ地方もある.
- 【五黄六月】 wǔhuáng liùyuè 名 旧暦5－6月の暑い時期. ¶农民在～忙于田间耕作 gēngzuò / 農民は暑い盛りには畑仕事で忙しい.
- 【五加】 wǔjiā 名《植物》ウコギ.
- 【五加皮】 wǔjiāpí 名《薬》五加皮(ぴ). ウコギの根の皮. 強壮薬とする. ¶～酒 / 五加皮をつけこんだ薬酒. 五加皮酒.
- 【五讲四美】 wǔjiǎng sìměi 名 精神文明向上のための行動規範. 5つの"讲"(重んじる)と4つの"美"(美しくする). ¶～三热爱 / "五讲四美"に"热爱祖国"(祖国を愛する), "热爱共产党"(共産党を愛する), "热爱社会主义"(社会主義を愛する)の3つを加えたもの. 参考 "讲文明 wénmíng"(文化की生活を重んじる), "讲礼貌 lǐmào"(礼儀を重んじる), "讲卫生 wèishēng"(衛生に対する), "讲秩序 zhìxù"(秩序を重んじる), "讲道德 dàodé"(道徳を重んじる)と"心灵 xīnlíng 美"(心の美), "语言 yǔyán 美"(ことばの美), "行为 xíngwéi 美"(行為の美), "环境 huánjìng 美"(環境美化)をいう.
- 【五角大楼】 Wǔjiǎo dàlóu 名 米国国防総省の別名. ペンタゴン.
- 【五角星】 wǔjiǎoxīng 名 赤色の星形の記章.
- 【五角形】 wǔjiǎoxíng 名 五角形.
- 【五金】 wǔjīn 名 ❶ 金・銀・銅・鉄・錫(すず)の5つの金属. ❷ 金属または金属製品の総称. ¶～行 háng / 金物屋. ¶小～ / 釘やねじなど, 建築物や家具の製作に使う金属製品の総称.
- 【五经】 wǔjīng 名 五経. 儒学における最重要の五つの経典(易経・書経・诗经・春秋・礼记(らい)).
- 【五绝】 wǔjué 名《文学》〔量 首 shǒu〕五言絶句. 1句が5字で, 4句からなる漢詩のスタイル.
- 【五劳[痨]七伤】 wǔ láo qī shāng 成 虚弱体質で多病だ.
- 【五里雾】 wǔlǐwù 名 ("深い霧"という意から)あいまいで, 真相がつかめない状態. ¶如堕 duò ～ / 五里霧中に迷いこんだようだ.
- 【五粮液】 wǔliángyè 名〔量 瓶 píng〕五糧液(ごりょう). 参考 四川省宜宾市特産の"白酒 báijiǔ". コーリャン・米・小麦・トウモロコシ・もち米の5種類の"粮"(穀物)を原料としている. アルコール度数は60度.
- 【五岭】 Wǔlǐng 名 湖南・江西・广东・广东の境界付近に位置する5つの山の総称. 参考 "越城岭 Yuèchénglǐng", "都庞岭 Dūpánglǐng", "萌渚岭 Méngzhǔlǐng", "骑田岭 Qítiánlǐng", "大庾岭 Dàyǔlǐng"をいう.
- 【五律】 wǔlǜ 名 "五言律诗 wǔyánlǜshī"の略.
- 【五伦】 wǔlún 名 五倫. 封建時代の君臣・父子・兄弟・夫婦・朋友の関係.
- 【五马分尸】 wǔ mǎ fēn shī 成 ❶ 古代の刑罰の一つ. 5匹の馬に人の首と四肢をそれぞれ縛って人を引き裂く. ❷ 一つにまとまったものをばらばらに細かく引き裂く. ⇒五牛 niú 分尸
- 【五内】 wǔnèi 名 ➀五臓. 心の中. ➁五脏 zàng
- 【五年计划】 wǔnián jìhuà 名 五ヵ年計画. 参考 特に経済・社会発展のために政府が制定する中期計画をいう. 中国では, 1953年に第1次が実施され, 現在は"第十个五年计划"(第10次五ヵ年計画. 略称"十五计划")を実施中.
- 【五七干校】 Wǔ-Qī gànxiào 名 五・七幹部学校. 参考 文革期, 毛沢東の「五七指示」にもとづき党幹部を下放し, 労働させながら学習させた幹部訓練学校.
- 【五卅运动】 Wǔ-Sà yùndòng 名《歴史》五・三〇運動. 参考 1925年5月30日, 学生2000人による反帝国主義運動を武力によって弾圧したことから, 全国規模に発展した運動.
- 【五色】 wǔsè 名 五色(き). さまざまな色. ¶～旗 / 中華民国初期の国旗. ⇒五彩 wǔcǎi
- 【五十步笑百步】 wǔ shí bù xiào bǎi bù 成 五十歩百歩. たいしたちがいという点で差がない. 由来 『孟子』梁恵王上に見えることば.
- 【五四青年节】 Wǔ-Sì qīngniánjié 名 五・四青年デー. "五四运动 yùndòng"を記念して定められた祝日. ⇒中国 Zhōngguó 青年节
- 【五四运动】 Wǔ-Sì yùndòng 名《歴史》五・四運動. 参考 1919年5月4日, 第一次世界大戦後のパリ講和会議において, ドイツの山東半島における権益が中国に返還されず, 日本に譲与された. 北京大学を中心とする学生達はこれに怒り, 天安門広場でデモをおこなって, 政府に弾圧されたが, デモ・ストライキは全国に広がった. 近代中国における初の全国的な大衆運動.
- 【五台山】 Wǔtáishān《地名》五台山(ざん). 参考 山西省五台県東北部に位置する. 普陀山・峨嵋山・九華山と並ぶ中国四大仏教名山のひとつ.
- 【五体投地】 wǔ tǐ tóu dì 成 ➀《仏教》両手・両ひざ・頭を地につけておこなう, 仏教における最もうやうやしい礼. 五体投地(ぞう). ➁心から敬服する.
- 【五味】 wǔwèi 名 ➀ 甘い・酸っぱい・苦い・辛い・しょっぱいの5つの味. ➁さまざまな味.
- 【五味子】 wǔwèizǐ 名 ➀《植物》チョウセンゴミシ. ➁《薬》五味子(し). 参考 ➁は①の果実で, 強壮や神経衰弱治療に効果がある.
- 【五线谱】 wǔxiànpǔ 名《音楽》五線譜.
- 【五香】 wǔxiāng 名《料理》"花椒 huājiāo"(サンショウ), "八角 bājiǎo"(八角), "桂皮 guìpí"(ニッキ), "丁香花蕾 dīngxiānghuālěi"(チョウジ), "茴香 huíxiāng"(ウイキョウ)の5種類の香辛料. ¶～豆 / 上記の香辛料などで調味した豆. ¶～粉 / 上記の香辛料の粉を混ぜたもの.
- 【五星红旗】 Wǔxīng Hóngqí 名〔量 面 miàn〕中国国旗. 五星紅旗(き). 赤は革命を, 5つの黄色い星は共産党指導下の人民の大団結を象徴する. ⇒国旗 guóqí
- 【五星级】 wǔxīngjí 形 五つ星(の). 参考 中国のホテルランクの最高級をあらわす.
- 【五刑】 wǔxíng 名 中国古代の5つの刑罰. 一般に殷・周代の"墨 mò"(顔に入れ墨をする), "劓 yì"(鼻をそぐ), "剕 fèi"(足を切る), "宫 gōng"(去勢), "大辟 dàpì"(死刑)をいう. 参考 隋から清にかけての"笞 chī"(竹板で打つ), "杖 zhàng"(棒で打つ), "徒 tú"(苦役を課す), "流 liú"(流刑), "死 sǐ"(死刑)をいうこともある.
- 【五行】 wǔxíng 名 五行(ぎょう). 参考 古代, 万物のもととされた, 金・木・水・火・土の5要素.
- 【五言律诗】 wǔyán lǜshī 名《文学》〔量 句 jù, 首 shǒu〕五言律詩. 1句が5字で, 8句からなる漢詩.
- 【五言诗】 wǔyánshī 名《文学》〔量 句 jù, 首 shǒu〕五言詩. 五言古诗や五言絶句, 五言律詩など.
- 【五颜六色】 wǔ yán liù sè 成 色とりどりだ. ¶橱窗 chúchuāng 布置得～ / ショーウインドーは色とりどりに飾られている.
- 【五一】 Wǔ-Yī 名 "五一劳动节 Wǔ-Yī láodòngjié"

略.

【五一劳动节】Wǔ-Yī láodòngjié 名 メーデー. 同 五一国际 guójì 劳动节 ◇付録「祝祭日一覧」

【五音】wǔyīn 名 ❶《音楽》中国伝統音楽の5音階. "宫 gōng, 商 shāng, 角 jué, 徵 zhǐ, 羽 yǔ". 現在のド・レ・ミ・ソ・ラにあたる. ❷《言語》音韻学上の5種類の子音. "喉音 hóuyīn", "牙音 yá yīn", "舌音 shé yīn", "齿音 chǐ yīn", "唇音 chún yīn".

【五音不全】wǔyīn bù quán 動 音痴だ. 参考 五音は中国の古代の音階の意.

【五岳】Wǔ Yuè 名 中国の五大名山. 五岳(ᡖᡪ). 参考 東の"泰山 Tàishān"(泰山ᡖᡪ), 西の"华山 Huàshān"(華山ᡖᡪ), 南の"衡山 Héngshān"(衡山ᡖᡪ), 北の"恒山 Héngshān"(恒山ᡖᡪ), 中央の"嵩山 Sōngshān"(嵩山ᡖᡪ)のこと.

【五脏】wǔzàng 名 心臓, 肝臓, 脾(ʰ)臓, 肺臓, 腎(ʲ)臓の5つの臓器. 五臓.

【五脏六腑】wǔzàng liùfǔ 名 ❶ 五臓六腑. ❷ 心の中. 腹のうち.

【五指】wǔzhǐ 名 手の5本の指. 参考 "拇指 mǔzhǐ"(親指), "食指 shízhǐ"(人差し指), "中指 zhōngzhǐ"(中指), "无名指 wúmíngzhǐ"(薬指), "小指 xiǎozhǐ"(小指)の五指.

【五中】wǔzhōng 名文 五臓. 心の中. 同 五脏 zàng

【五洲】wǔzhōu 名 世界各地.

【五洲四海】wǔzhōu sìhǎi 名 全世界. 世界各地.

【五子棋】wǔzǐqí 名 五目並べ.

午 wǔ
⼗部2 四 8040₀ 全4画 通用

❶ 名 午(ᡪ). 十二支の第七. ❷ 名 正午. 真昼. ¶～饭 wǔfàn / 下～一点开会(午後一時に会議を開く) / ～夜 wǔyè. ❸ (Wǔ)姓.

【午餐】wǔcān 名〔顿 dùn〕昼食. ¶共进～ / 昼食を共にする. 同 午饭 wǔfàn

**【午饭】wǔfàn 名〔餐 cān, 次 cì, 顿 dùn〕昼食.

【午后】wǔhòu 名 午後. 同 下午 xiàwǔ

【午间】wǔjiān 名 昼の12時頃. 真昼どき. ¶～休息 / 昼休み.

【午觉】wǔjiào 名 昼寝. ¶睡～ / 昼寝をする.

【午前】wǔqián 名 午前. 同 上午 shàngwǔ

【午时】wǔshí 名 午(ᡪ)の刻. 午前11時から午後1時まで.

【午睡】wǔshuì ❶ 名 昼寝. ❷ 動 昼寝をする. ¶大家都～了 / みな昼寝をしている.

【午休】wǔxiū 名 昼休み.

【午宴】wǔyàn 名 昼の宴会. 昼食会.

【午夜】wǔyè 名 真夜中. 夜の12時ごろ.

伍 wǔ
⼈部4 四 2121₂ 全6画 通用

❶ 素 古代の軍隊の編制. 5人を"伍"とした. ¶入～ rùwǔ(入隊する) / 落～ luòwǔ(落伍する). ❷ 素 仲間. ¶相与 xiāngyǔ 为 wéi～(たがいに仲間となる). ❸ 素 "五"の大字. ❹ (Wǔ)姓.

【伍的】wǔde 助 ❻…等. …のたぐい. ¶装点东西～ / 物などを詰める.

仵 wǔ
⼈部4 四 2824₀ 全6画 通用

❶ 下記熟語を参照. ❷ (Wǔ)姓.

【仵作】wǔzuò 名 ❻ 検死役人. 検死官.

迕 wǔ
⻌部4 四 3830₄ 全7画 通用

素 ❶ 会う. 遭遇する. ❷ 背く. さからう. ¶违～ wéiwǔ(背く).

庑(廡) wǔ
广部4 四 0021₂ 全7画 通用

名文 母屋の, 正面と両側の小部屋.

怃(憮) wǔ
忄部4 四 9101₂ 全7画 通用

形文 失意のよう.

【怃然】wǔrán 形文 がっかりするよう. ¶神情～ / がっかりした表情だ.

忤 wǔ
忄部4 四 9804₀ 全7画 通用

素 さからう. 反抗して従わない.

【忤逆】wǔnì 動 親不孝をする. 親に背く. ¶～不孝 bùxiào / 親不孝をする. ¶～子 / 親不孝者.

妩(嫵) 異 娬) wǔ
女部4 四 4141₂ 全7画 通用

下記熟語を参照.

【妩媚】wǔmèi 形《女性や花木などの》姿が美しい. ¶～动人 / 美しく, 人の心をゆさぶる. ¶笑得很～ / えん然とほほえむ. ¶小美的眼睛～极了 / メイちゃんのひとみはとても美しい.

武 wǔ
⼽部5 四 1314₀ 全8画 通用

❶ 素 軍事の. 武術の. ¶～装 wǔzhuāng / ～器 wǔqì / ～术 wǔshù. ❷ 文 wén 素 勇猛だ. ¶英～ yīngwǔ(雄々しい) / ～威(雄々しい). ❸ 文 wén 半歩. ¶行 xíng 不数 shù～(何歩も歩まないうちに). ❹ (Wǔ)姓.

【武把子】wǔbǎzi 名 方 ❶ 芝居の立ち回りの役. ❷ 立ち回りで使う武器. 同 把子 bǎzi

【武备】wǔbèi 名文 軍備. 国防建設.

【武昌】Wǔchāng 地名 武昌(ᡖᡪ). 湖北省武漢市を構成する市街区のひとつ. 同 武汉 Wǔhàn

【武昌起义】Wǔchāng qǐyì 歴史 武昌蜂起(ᡖᡪ). 参考 1911年10月に武昌で起こった武装蜂起. 辛亥革命の発端となった.

【武昌鱼】wǔchāngyú 魚 ブショウギョ. "团头鲂 tuántóufáng"(ダントウボウ)の俗称.

【武场】wǔchǎng 名 芸能 戯曲の打楽器演奏部分. またその奏者. 同 文 wén 场

【武丑】wǔchǒu 名 (～儿) 芸能 立ち回りをする道化役. 同 开口跳 kāikǒutiào

【武打】wǔdǎ 動 《芝居や映画などで》立ち回りをする. ¶～片 / アクション映画. カンフー映画. ¶～场面 / アクション・シーン.

【武旦】wǔdàn 名 芸能 立ち回りをする女性の役.

【武斗】wǔdòu 動 暴力に訴える. ¶双方说理不行, 就动起来了 / 双方とも理屈をわきまえず, 腕力をふるいはじめた.

【武断】wǔduàn ❶ 動 主観のみにもとづいて判断する. ¶对此事知之不详, 不敢～ / この事については詳しくないので, 判断しかねる. ❷ 形《言動や判断が》主観的だ. 独善的だ. ¶他办事十分主观～ / 彼のやり方はとても独りよがりだ. ¶你这种看法太～ / 君のこの考え方はあまりに独断的だ. ❸ 動文 権勢をかさにきて是非の判断を下す. ¶～乡曲 xiāngqū / 権勢をかさにきて一地方を牛耳る.

【武夫】wǔfū 名 ❶ 猛々しい人. ❷ ❻ 旧 軍人.

wǔ 侮捂悟鹉舞

【武工[功]】wǔgōng 名《芸能》芝居の立ち回り.
【武工队】wǔgōngduì 名 "武装工作队 wǔzhuāng gōngzuòduì"(八路军·新四军配下の武装工作队)の略称.
【武功】wǔgōng 名 ❶ ⟨文⟩ 军功. 武勲. ¶~赫赫 hèhè / 军功が目覚ましい. 反 文治 wénzhì ❷ 武术. ¶他练过~ / 彼は武术のけいこをしたことがある. ❸ "武工 wǔgōng"に同じ.
【武官】wǔguān 名〔量 名 míng, 位 wèi〕❶ 武官. 将校. 反 文官 wénguān ❷ 在外公馆の駐在武官.
【武馆】wǔguǎn 名〔旧〕武术の教练所.
【武汉】Wǔhàn《地名》武汉(ᵘᵃⁿ). 湖北省の省都. 武昌·汉口·汉阳の三市が合併してできた.
【武行】wǔháng 名 ❶《芸能》(伝統剧の)立ち回り役. ❷ 乱闘场面.
【武火】wǔhuǒ 名《料理》强火. 反 文火 wénhuǒ
【武将】wǔjiàng 名 武将. 将校.
【武警】wǔjǐng 名 "武装警察 wǔzhuāng jǐngchá"(武装警察)の略.
【武剧】wǔjù 名 立ち回りを主とする芝居.
【武库】wǔkù 名 武器库. 兵器库.
【武力】wǔlì 名 ❶ 暴力. 武力. 军事力. ¶诉诸 zhū~ / 武力に诉える.
【武林】wǔlín ❶ 名 武术界. 同 武坛 tán ❷ Wǔlín《地名》武林(⁶⁰). 浙江省杭州市の别称. 由来 ❷は、武林山(现在の西灵隐、天竺などの山々)から.
【武庙】wǔmiào 名 关帝庙(ᵈⁱᵐⁱᵃᵒ). 参考 关羽と岳飞の合祀庙をいうこともある.
*【武器】wǔqì 名〔量 件 jiàn, 批 pī〕❶ 武器. 兵器. ¶核 hé~ / 核兵器. ❷ 战いのための手段. ¶思想~ / 思想面の武器.
【武人】wǔrén 名 军人.
【武生】wǔshēng 名《芸能》立ち回りをする男性の役. 立ち役.
【武师】wǔshī 名〔旧〕武术に长けた人に対する敬称.
【武士】wǔshì 名 ❶ 勇士. ❷(古代の)宫廷の卫兵. ❸(ヨーロッパ中世の)骑士.
【武士道】wǔshìdào 名《日本》日本の武士道.
【武士债券】wǔshì zhàiquàn 名《经济》《证券市场の》サムライボンド.
*【武术】wǔshù 名〔量 套 tào, 种 zhǒng〕武术.
【武松】Wǔ Sōng《人名》武松(ˢᵒⁿ). 参考《水浒伝》の登场人物の一人. 勇敢で血气盛んな人物で、トラ退治の话が有名.
【武坛】wǔtán →武林 wǔlín ❶
【武戏】wǔxì 名《芸能》〔動出 chū〕立ち回りを主とする芝居. 反 文戏 wénxì
【武侠】wǔxiá 名〔量 位 wèi〕侠客(ᵏʸᵃᵏᵘ). ¶~片 / 武侠映画.
【武侠小说】wǔxiá xiǎoshuō 名《文学》侠客(ᵏʸᵃᵏᵘ)小说.
【武夷山】Wǔyíshān《地名》❶ 武夷山(ᶻᵃⁿ). 福建省と江西省にまたがる山. ❷ 福建省北西部に位置する市. 参考 ❶は、铭茶の产地として有名.
【武艺】wǔyì 名 武芸. ¶~高强 gāoqiáng / 武芸に秀でている.
【武职】wǔzhí 名 武官职. 反 文 wén 职
【武装】wǔzhuāng ❶ 名 武装. ¶解除 jiěchú~ / 武装を解除する. ❷ 動 武装する. ¶用现代化设备~了一下 / 近代化した设备で武装する.

【武装部队】wǔzhuāng bùduì 名 军队.
【武装警察部队】wǔzhuāng jǐngchá bùduì 名 武装警察部队. 参考 国境防備·警備·治安维持などを任务とする武装组织. 警察と军队の中间的な存在.
【武装力量】wǔzhuāng lìliàng 名 (国の)军事力.

侮 wǔ
亻部7 四 2825₇
全9画 常用
動 あなどる. 軽蔑(ᵏᵉᶦᵇᵉᵗᵘ)する. ¶中国人民是不可~的(中国人民はあなどりがたい)/ 抵御 dǐyù 外~(外からのあなどりを防ぐ).
【侮慢】wǔmàn 動 人をばかにして、ぞんざいに扱う. ¶肆意 sìyì~ / 思いきり侮辱する.
【侮蔑】wǔmiè 動 ばかにする. 軽蔑(ᵏᵉᶦᵇᵉᵗᵘ)する. ¶~别人 / 人をばかにする. ¶受到~ / 人から軽蔑される.
【侮辱】wǔrǔ 動 (人格や名誉を)伤つける(こと). 辱め(ること). 侮辱(する). ¶~妇女 / 妇女を辱める. ¶遭受~ / 侮辱される. 同 欺辱 qīrǔ, 凌辱 língrǔ

捂(異搗) wǔ
扌部7 四 5106₁
全10画 次常用
動 ぴったりと覆う. 封じこめる. ¶用手~着嘴(手で口をぴったりふさぐ)/ 放在罐子 guànzi 里~起来(かめに入れてぴったりと封をする). 反 揭 jiē
【捂盖子】wǔ gàizi 句 (问题や不祥事などを)ひた隐しにする.
【捂盘惜售】wǔpán xīshòu 句 値段を吊り上げる目的で、不動产を売り惜しみする.
【捂捂盖盖】wǔwǔgàigài 動〔方〕ひた隐しに隐す. 同 藏藏掖掖 cángcángyēyē

悟 wǔ
忄部7 四 2156₁
全11画 通用
→抵牾 dǐwǔ

鹉(鵡) wǔ
鸟部8 四 1712₇
全13画 次常用
→鹦鹉 yīngwǔ

舞 wǔ
夕部11 四 8025₁
全14画 通用
❶ 名 動 踊り(を踊る). ダンス(をする). ¶手~足蹈 dǎo(こおどりして喜ぶ). ¶跳了一个~(ひと踊りした). ❷ 動 舞い上がる. ¶东风劲吹红旗~(东风が吹いて赤旗が舞い上がる). ❸ 動 手に物を持ってリズムを付けて動作する. ¶~剑 wǔjiàn / ~龙灯(竜灯踊りをする). ❹ 動 振り回す. ¶张牙~爪(牙をむき、爪をふるう). ❺ 動 もてあそぶ. ¶~弊 wǔbì / ~文弄墨. ❻ 動 やる. やってのける. ¶我一个人~不过来(私一人ではやり切れない).
【舞伴】wǔbàn 名(~儿)〔量 位 wèi〕社交ダンスのパートナー.
【舞弊】wǔbì 動 不正行為をする. インチキをする. ¶徇私 xùnsī~ / 私欲のために不正を働く. ¶~行为 / 不正行為. 同 作弊 zuòbì
【舞步】wǔbù 名(ダンスの)ステップ.
【舞场】wǔchǎng 名 ダンスホール.
【舞池】wǔchí 名 ダンスホールのフロア.
【舞蹈】wǔdǎo 名 動 ダンス(をする). 踊り(を踊る).
【舞蹈病】wǔdǎobìng 名《医学》舞踏病. 精神病の一種.
【舞动】wǔdòng 動 ❶ ものを振り回す. ¶人们~着手中的小国旗、欢迎外宾的到来 / 人々は手に持った小さな国旗を振って、外国からの客を歓迎している.(身体·手·足などが)揺れ動く.
【舞会】wǔhuì 名〔量 场 chǎng, 次 cì〕ダンスパーティー.

一. ¶举行~ / ダンスパーティーを行う.
【舞剑】wǔjiàn 名動 剣舞(をする).
【舞剧】wǔjù 名〔場 chǎng〕舞踊劇.
【舞客】wǔkè 名ダンスホールの客.
【舞美】wǔměi 名"舞台美术"(舞台美術)の略称.
【舞迷】wǔmí 名ダンス愛好者. ダンスフリーク.
【舞弄】wǔnòng 動❶ふりまわしてもてあそぶ. ¶~棍棒 gùnbàng / こん棒をもてあそぶ. ¶一笔墨 bǐmò / 文章で遊ぶ. ❷方する. やる.
【舞女】wǔnǚ 名(ダンスホールで職業として)ダンスの相手をする女性.
【舞曲】wǔqǔ 名〈音乐〉〔段 duàn, 首 shǒu, 支 zhī〕舞曲. ダンス音楽. ¶随着~翩翩 piānpiān 起舞 / ダンス音楽に乗って軽やかに踊り始めた.
【舞台】wǔtái 名〔座 zuò〕舞台. ¶~艺术 / 舞台芸術. ¶历史~ / 歴史の舞台.
【舞坛】wǔtán 名舞踊界. ダンス界.
【舞厅】wǔtīng 名❶〔间 jiān, 座 zuò〕ダンスのための大広間. ❷〔家 jiā, 座 zuò〕ダンスホール.
【舞文弄墨】wǔ wén nòng mò 成貶❶法律をゆがめ、悪用して不正を働く. ❷文章の技巧をもてあそぶ. 同舞文弄法 fǎ
【舞星】wǔxīng 名花形ダンサー.
【舞艺】wǔyì 名舞踊の技. ダンスのテクニック.
【舞姿】wǔzī 名踊る姿. 舞い姿. ¶~翩翩 piānpiān / 舞う姿が軽やかだ.

兀 wù 一部2 四 1021₂ 全3画 通用
素❶高くて頂上が平らなようす. ❷高くそびえ立つ. ¶突~ tūwù（高くそびえ立つ). ❸はげている.
【兀傲】wù'ào 形文おごり高ぶっている. ¶负才 fùcái ~ / 才能を鼻にかけ, おごり高ぶる. ¶性情~ / 高慢な性質.
【兀鹫】wùjiù 名〈鸟〉ハゲワシ. コンドル. 同兀鹰 yīng
【兀立】wùlì 動まっすぐに立つ. ¶巍然 wēirán~ / 堂々とそびえ立つ. ¶危峰 wēifēng~ / 険しい峰がそそり立っている. 同直立 zhílì
【兀自】wùzì 副囮やはり. 依然として. 同仍旧 réngjiù, 还是 háishi

勿 wù 勹部2 四 2722₀ 全4画 常用
副…してはいけない. …するな. ¶请~动手!(手を触れるな!) / 请~入内(立入禁止).

乌(烏) wù ノ部3 四 2712₇ 全4画 常用
下記熟語を参照.
⇨ 乌 wū
【乌拉】wùla 名〔双 shuāng〕東北地方ではく防寒靴. 靰鞡 wùla ⇨乌拉 wūlā
【乌拉草】wùlacǎo 名〈植物〉ヌマカヤツリグサ. イグサに似た植物. 乌腊草 wùlacǎo 参考干した葉を"乌拉 wùla"(防寒靴)の中に敷く.

戊 wù 戈部2 四 5320₀ 全5画 通用
名戊（つちのえ). 十干の第5.
【戊肝】wùgān 名〈医学〉E型肝炎.
【戊戌变法】Wùxū biànfǎ 名〈历史〉戊戌变法(ぼじゅつへんぽう). 参考清朝末期, 康有为や梁启超が中心となって行った政治改革. 光緒帝の許可を得て, 教育制度・政治制度などの本格的な改革を行おうとしたが, 西太后ら保守派のまきかえしによって失敗に終わった.

务(務) wù 夂部2 四 2742₇ 全5画 常用
❶素務め. 仕事. 用事. ¶任~ rènwu（任務）/ 公~ gōngwù（公務). 医~ 工作者 yīwùgōngzuòzhě（医療事務従事者). ❷素従事する. 努める. ¶~农 wùnóng. ❸副ぜひ. きっと. 必ず. ¶你~必去一趟 yītàng（ぜひとも一度行くべきだ）/ ¶请出席(是非ともご出席下さい). ❹（Wù)姓.
【务必】wùbì 副ぜひとも. 必ず…しなければならない. ¶~出席会议 / 必ず会議に出席する. 同必需 bìxū, 一定要 yīdìng yào
【务工】wùgōng 動工業や技術分野の仕事に従事する.
【务农】wùnóng 動農業に従事する. ¶回乡~ / 郷里に帰って農業をやる. ¶一心一意~ / ひたすら農業にうちこむ.
【务期】wùqī 副必ず. ¶~必胜 / 必勝を期する. ¶~成功 / 必ずや成功を. 同一定要 yīdìng yào 用法命令文に用いることが多い.
【务求】wùqiú 動…を切に願う. ぜひとも…してほしい. ¶~早日完成自己的任务 / 速やかに自分の任務を達成されたい. 表現ある条件や程度に達するよう求めることをいう.
【务实】wù//shí 動❶具体的な仕事に従事する. 実務に従事する. ❷具体的な仕事について話し合う. 実質面を追求する. 反务虚 wùxū
【务使】wùshǐ 動必ず…させる.
【务须】wùxū 副かならず. ぜひとも. ¶~继续研究 / ぜひとも研究を続けて下さい.
【务虚】wù//xū 動(政治・思想・政策・理論的な角度から)討論・研究する. ¶只~, 不务实, 不能解决实际问题 / 理論だけで, 実行がともなわなければ, 実際の問題を解決することはできない. 反务实 wùshí
【务正】wùzhèng 動正業につく. ¶不~ / 正業につかない. ¶回心~ / 改心して正業につく.

阢 wù 阝部3 四 7121₂ 全5画 通用
→杌陧 wùniè ⇨杌 wù

坞(塢)(異)隖 wù 土部4 四 4712₇ 全7画 次常用
名❶小さなとりで. ❷中央が低くくぼんだところ. ¶山~ shānwù（山のくぼみ) / 花~ huāwù（花畑) / 船~ chuánwù（ドック).

芴 wù 艹部4 四 4422₇ 全7画 通用
名〈化学〉フルオレン.

杌 wù 木部3 四 4191₂ 全7画 通用
❶名(背もたれのない)小さな腰掛け. 同小凳 xiǎodèng
❷→杌陧 wùniè
【杌凳】wùdèng 名(~儿)背もたれのない腰掛け. スツール. 同杌子 wùzi, 凳子 dèngzi 用法小振りなものを言うことが多い.
【杌陧】wùniè 形文(情勢・局面・心などが)不安定だ. 参考"阢陧, 兀臬"とも書く.
【杌子】wùzi 名背もたれのない腰掛け. スツール. 表現小振りなものを言うことが多い.

物 wù 牛部4 四 2752₀ 全8画 常用
素❶もの. ¶~价 wùjià / 万~ wànwù（万物）/ 言之有~（話すことに具体的な内容がある) / ¶质 wù-

zhì. ❷自分以外の人または環境. ¶~望所归 guī（大勢の人の期待が集まるところ）/ 待 dài 人接~（人と交際する. 世に処する）. 表現②は, 多くは大勢の人を指す.
【物产】wùchǎn 名 物産. 生産物.
【物故】wùgù 動 ⊠ 死去する. 物故する. ⊜ 去世 qùshì
【物归原主】wù guī yuán zhǔ 成 物が持ち主に返る. ¶捡到东西应当~/ 拾った物は持ち主に返さなければならない.
【物耗】wùhào 名 物資の消耗.
【物候】wùhòu 名《生物》動植物の周期的現象と気候の変化との関係.
【物化】wùhuà 動 ⊠ 世を去る. 物故する. ⊜ 去世 qùshì
【物化劳动】wùhuà láodòng 名《経済》物質化された労働. ⊜ 死 sǐ 劳动 ⊠ 活 huó 劳动
【物换星移】wù huàn xīng yí 成 季節が移り, 時が過ぎる. 星移物换 由来 景物が変わり, 星の位置が変わるという意から.
【物极必反】wù jí bì fǎn 成 ものごとは極まれば必ず逆方向に動き始める.
*【物价】wùjià 名 物価. ¶~稳定 wěndìng / 物価が安定している. ¶哄抬 hōngtái~/ 物価をつり上げる.
【物价指数】wùjià zhǐshù 名《経済》物価指数. ⊜ 商品价格 shāngpǐn jiàgé 指数
【物件】wùjiàn 名 ⊠ 品物. 物品. ¶小~/ 小物. 稀罕 xīhan~/ めずらしい品物. 珍品.
【物尽其用】wù jìn qí yòng 成 機能を十分に使い果す. 物を粗末にせず, 充分に利用する. ¶人尽其才,~/ 人はその才能を十分に発揮し, 物はその機能を十分に果す.
【物竞天择】wùjìng tiānzé 名《生物》適者生存.
【物镜】wùjìng 名《物理》対物レンズ. ⊜ 接 jiē 物镜
**【物理】wùlǐ 名 ❶ ものごとの道理や法則. ¶人情~/ 人情とものの道理. ❷ 物理学.
【物理变化】wùlǐ biànhuà 名 物理的な変化.
【物理量】wùlǐliàng 名 物理的な量. 物理量.
【物理疗法】wùlǐ liáofǎ 名《医学》物理療法. 表現"理疗"とも言う.
【物理性质】wùlǐ xìngzhì 名 物理的性質. ⊠ 化学 huàxué 性质
【物理学】wùlǐxué 名 物理学.
【物力】wùlì 名 ⊠ 利用に供される物資. ¶爱惜 àixī 人力~/ 人力や物資を大切にする.
【物流】wùliú 名《経済》物流.
【物美价廉】wù měi jià lián 成 質がよくて値段が安い. ⊜ 价廉物美
【物品】wùpǐn 名〔件 jiàn, 种 zhǒng〕品物. 物. ¶贵重 guìzhòng~/ 貴重品. ⊜ 零星 língxīng~/ 東西 dōngxi
【物情】wùqíng 名 物事の道理.
【物权】wùquán 名《法律》物権.
【物色】wùsè 動（必要な物や人材を）さがす. 物色する. ¶~这方面的人才 / この方面の人材をさがす. ¶~衣料 / 布地を物色する.
【物是人非】wù shì rén fēi 成（時を経て）物は昔のままだが, 人間はすっかり変わってしまった.
【物探】wùtàn 名（地質構造や鉱床分布の）物理的調査. 参考 磁力や重力を用いるものを言う.
【物体】wùtǐ 名 物体. ¶运动~/ 運動する物体. 透明 tòumíng~/ 透明な物体.
【物象】wùxiàng 名 ❶ イメージ. 印象. ❷ 環境の変化によって動物や器物に現れる現象. 参考②は, 天気の変化などを知る場合の参考になるものを言う.
【物像】wùxiàng 名《物理》像.
【物业】wùyè 名 産業. 参考 主に不動産業を指す.
【物业管理】wùyè guǎnlǐ 名（専門機関による）住宅環境・設備の管理. 不動産管理.
【物以类聚】wù yǐ lèi jù 成 ⊠ ものは類をもって集まる. 類は友を呼ぶ. ¶~,人以群 qún 分 fēn / 類は友を呼び, 人は群をもって分かれる.
【物语】wùyǔ 名 物語. 話題. 由来 日本語の「物語」から.
【物欲】wùyù 名 物欲.
【物证】wùzhèng 名〔⊠ 个 ge, 种 zhǒng〕物的証拠. ⊠ 人证 rénzhèng
*【物质】wùzhì 名 ❶ 物質. ⊠ 精神 jīngshén ❷ 金銭. 生活物資. ⊠ 精神 jīngshén
【物质文明】wùzhì wénmíng 名 物質文明. ⊠ 精神 jīngshén 文明
【物种】wùzhǒng 名《生物》種（しゅ）. 生物を分類する単位. ¶~起源 qǐyuán / 種の起源. ⊜ 种 zhǒng
【物主】wùzhǔ 名（落とし物や盗品の）所有者. 持ち主. ¶寻找 xúnzhǎo~/ 持ち主をさがす.
【物资】wùzī 名〔⊠ 批 pī, 种 zhǒng〕物資. ¶~丰富 / 物資が豊富だ.

误（誤）（異）悞）wù　讠部7　四 3678₄　全9画 常用

❶ 素 まちがう. ¶~解 wùjiě / 筆 ~ bǐwù（書きまちがい）. ❷ 動 遅らせる. 手間取らせる. ¶~事 wùshì / 火车~点（汽车が遅れる）/ 快点去,别~了上课（はやく行きなさい. 授業に遅れないように）. ❸ 素 時機を失なう. ¶~车 wùchē. ❹ 素 人に害をおよぼす. ¶~人子弟 wù rén zǐ dì. ❺ 素 誤って. うっかり. ¶~伤 wùshāng.
【误餐】wù//cān（仕事の都合などで）食事をとりそこねる.
【误差】wùchā 名 誤差.
【误场】wù//chǎng 動（役者が）出番に遅れる. ¶演员~了 / 役者が出番を間違えた.
【误车】wù//chē 動（列車やバスに）乗り遅れる. ¶误了一班车 / バスに一本乗り遅れた.
【误传】wùchuán ❶ 動 誤って伝える. ❷ 名 誤報. ¶这只是~,根本没有其事 / これは誤報であって, もともとそんなことはない.
【误打误撞】wù dǎ wù zhuàng 成 ❶ 思いがけず出会う. ❷ 方法が適切でないのに, 偶然良い結果を得る.
【误导】wùdǎo 動 誤った方向に導く.
【误点】wù//diǎn 動 時間に遅れる. ¶火车~十分钟 / 汽车が十分遅れた. ⊠ 正点 zhèngdiǎn
【误工】wù//gōng 動 ❶ 仕事を遅らせる. ¶她有事~了 / 彼女は用事があって仕事を遅らせた. ❷ 欠勤や遅刻をする.
【误国】wùguó 動 国を危険にさらす.
*【误会】wùhuì ❶ 動（相手の気持ちを）取り違える. 誤解する. ¶~了他的意思 / 彼の気持ちを誤解していた. ⊜ 误解 wùjiě ❷ 名〔场 cháng〕（相手の気持ちに対する）誤解. ¶消除 xiāochú~/ 誤解を解く. ¶产生~/ 誤解を生じる. ⊜ 误解 wùjiě
【误解】wùjiě ❶ 動 誤って理解する. 誤解する. ❷ 名 誤った理解. 誤解. ¶消除 xiāochú~/ 誤解を解く.

¶引起~ / 誤解を招く.
【误谬】wùmiù 名（知识或考え方の）误り．誤謬（ぎゅう）．¶~之论,不值一驳 bó / 間違った意見には，反論するには及ばない．同 谬误 miùwù
【误判】wùpàn《法律》誤った判決を下す.
【误期】wù//qī 动 期限に遅れる．¶工程因材料缺乏 quēfá~了 / 工事は材料不足のため期限に遅れた．
【误区】wùqū 名（長い間に形成された）誤った認識や方法．
【误人子弟】wù rén zǐ dì 成（教育者の質の悪さや職務怠慢が原因で）子弟を誤った方向へ導く．
【误入歧途】wù rù qí tú 成 誤った方向に進む．道を踏みはずす．
【误杀】wùshā 动《法律》過失致死させる．反 故 gù 杀
【误伤】wùshāng 动 誤って人の身体を傷つける．過失傷害をおこす．¶~了过路人 / 誤って通行く人を傷つけた．
【误事】wù//shì 动 支障をきたす．事をしくじる．¶你赶快准备,别~ / 急いで支度しなさい，遅れないように．¶你误了我的大事 / 君は僕の大事な問題を壊してしまった．
【误信】wùxìn 动 誤って信じる．¶~传闻 / 人づてに聞いたことを真に受ける．
【误用】wùyòng 动 誤って使う．誤用する．¶~平庸 píngyōng 之辈 / 凡人を誤って登用する．
【误诊】wùzhěn 动 ❶ 見立て違いする．誤診する．❷ 診療時間に遅れる．

恶（惡）wù 心部 6 四 1033₁ 全10画 常用
索 嫌う．にくむ．¶可~ kěwù（にくらしい）/ 深~痛绝．成 相手をひどくにくむ，嫌う．反 好 hào
☞ 恶 ě,è,wū

悟 wù 忄部 7 四 9106₁ 全10画
动 わかる．悟る．目覚める．¶恍然 huǎngrán 大~（はっと分かる）/ 觉~ juéwù（自覚する）．
【悟出】wùchū 动 理解する．悟る．¶~一个道理来 / 道理がわかってくる．¶我还没~其中的奥妙 àomiào / 私はまだそのなかにある深遠な妙義がわかっていない．
【悟道】wùdào 动（道理や哲理を）理解する．¶~之言 / 悟りのことば．
【悟性】wùxìng 名 人や事物を分析・理解する能力．¶有~ / 理解力がある．ものを見る目がある．

晤 wù 日部 7 四 6106₁ 全11画 次常用
索 会う．面会する．¶~面 wùmiàn / ~谈 wùtán / 会~ huìwù（面会する）．
【晤面】wùmiàn 动 会う．面会する．¶久未~ / 長らくごぶさたしております．¶多年未见的老同学终于有机会在东京~了 / 長年会っていなかった昔の同級生にやっと東京で会うことができた．
【晤谈】wùtán 动 会って話をする．面談する．¶~片刻 piànkè / しばらく面談した．

焐 wù 火部 7 四 9186₁ 全11画 通用
动（熱いもので）温める．¶用热水袋~一~手（ゴム製の湯たんぽで手を温める）．

靰 wù 革部 3 四 4151₂ 全12画 通用
下記熟語を参照．
【靰鞡】wùla 名 中国東北地方ではかれる防寒靴．革製で，中に"乌拉草 wùlacǎo"（ヌマクロホスゲ）を敷く．同 乌拉 wùla

痦（痦）wù 疒部 7 四 0016₁ 全12画 通用
下記熟語を参照．
【痦子】wùzi 名〔● 个 ge,颗 kē〕ふくらんでいるあざやほくろ．

婺 wù 女部 9 四 1840₄ 全12画 通用
索 地名用字．¶~水 Wùshuǐ（江西省にある川の名前）．
【婺剧】wùjù 名《芸能》浙江省金華地方で行われる演劇のひとつ．参考 もとは"金华戏 Jīnhuáxì"と言った．

骛（鶩）wù 马部 5 四 1812₇ 全12画 通用
索 ❶ むやみに走る．❷ 求める．力を注ぐ．同 务 wù ②

雾（霧）wù 雨部 5 四 1042₇ 全13画
❶ 名〔● 场 cháng〕霧．¶大~弥漫 mímàn（霧が立ちこめている）．❷ 索 霧状のもの．¶喷~器 pēnwùqì（噴霧器）．
【雾霭】wù'ǎi 名文 霧．もや．
【雾滴】wùdī 名 小さなしずく．
【雾气】wùqì 名 霧．
【雾凇】wùsōng 名 霧氷．樹氷．同 树挂 shùguà
【雾腾腾】wùténgténg 霧が深い．もうもうとしている．

寤 wù 宀部11 四 3026₁ 全14画 通用
动文 目を覚ます．

鹜（鶩）wù 鸟部 9 四 1812₇ 全14画 通用
名文 アヒル．¶趋 qū 之若 ruò~（アヒルのように群れをなして走る．おおぜいで我先にと押しかけること）．

鋈 wù 金部 7 四 3210₉ 全15画
文 ❶ 名 白銅．❷ 动 メッキする．

X

Xī シ| [ɕi]

夕 xī 夕部0 四 2720₀ 全3画 常用
❶[熟]夕方.日暮れ.¶朝～ zhāoxī(朝夕)/一照 xīzhào. ❷[文]夜.晩.¶前～ qiánxī(前夜)/除～ chúxī(大みそか)/大年除～(年越しの夜).反 旦 dàn,朝 zhāo ❸(Xī)姓.

【夕烟】xīyān 名 夕もや.夕方に立つ炊煙.¶ 一缕缕 liǚlǚ～/炊煙がゆるやかに立ち上る.

【夕阳】xīyáng 名 夕日.¶ ～西下 / 夕日が西に沈む. ¶ ～无限好,只是近黄昏 huánghūn / 夕日はかぎりなく美しいが,たそがれが近い.反 朝阳 zhāoyáng,旭日 xùrì

【夕照】xīzhào 名 夕日の光.¶满目青山～明 / 見渡すかぎり,青山は夕日に赤く輝いている.

兮 xī 八部2 四 8002₇ 全4画 通用
❶[助][文]古代語の助詞.現在の"啊"にあたる.¶大风起～云飞扬(大風起こり雲飛揚がり). ❷(Xī)姓.

西 xī 西部0 四 1060₄ 全6画
❶[方]西.¶由～往东(西から東に向かう)/往～去(西の方へ行く).反 东 dōng ❷[熟]西洋(の).¶ 一餐 xīcān /一服 xīfú.反 中 zhōng ❸(Xī)姓.

【西安】Xī'ān《地名》西安(ێá).陕西省の省都.

【西安事变】Xī'ān shìbiàn 名《歴史》西安事件. 1936年,共産党との内戦停止と抗日を要求して軍閥の張学良が西安で蒋介石を監禁した事件.周恩来の調停により監禁が解かれ,これをきっかけに第二次国共合作が成立した.

【西柏坡】Xībǎipō《地名》西柏坡(ێá). 参考 河北省平山県にある村.1948年5月から1949年3月まで中国共産党中央委員会が置かれた.

【西班牙】Xībānyá《国名》スペイン.

【西半球】xībànqiú 名 西半球.

*【西北】xīběi ❶[方]西北.北西. ❷(Xīběi)名 中国の西北地区. 参考 ②は,陕西(ێá)・甘粛・青海・寧夏・新疆の各省区.

【西北风】xīběifēng 名 西北の風.北西の風.¶刮 guā～/西北風が吹く.

【西北军】xīběijūn 名《歴史》西北軍. 参考 抗日戦争前,国民党の馮玉祥(ێá ێá)が率いた軍隊.長く中国西北部に駐留していたことからこう呼ばれる.

*【西边】xībian [方](～儿)西.西方.

【西伯利亚】Xībólìyà《地名》シベリア.

【西部】xībù ❶ 中国の西部. ❷ アメリカの西部.

【西部大开发】Xībù dàkāifā 名 西部大開発. 参考 1999年に共産党中央委員会が決定した,中国の西部(一部中部を含む)地区での大規模開発国家プロジェクト.

【西部片】xībùpiàn 名 西部劇映画.

*【西餐】xīcān〔動 顿 dùn〕西洋料理.反 中餐 zhōngcān

【西点】xīdiǎn 名 洋菓子.ケーキ.

【西法】xīfǎ 名 西洋式のやりかた.

【西番莲】xīfānlián 名《植物》❶ トケイソウ. ❷ ダリア. 同 大丽花 dàlìhuā

*【西方】xīfāng ❶[方]西. ❷ 名 欧米諸国.¶ ～国家 / 欧米諸国. ❸《仏教》極楽浄土.

【西房】xīfáng 名 "四合院 sìhéyuàn"の西側の建物.

【西非】Xī Fēi《地名》西アフリカ.

【西风】xīfēng 名〔股 gǔ,阵 zhèn〕❶ 西風. ❷ 秋風. ❸ 西洋の風俗や文化. ❹ (一般に)没落していく勢力や傾向.

【西风东渐】xīfēng dōngjiàn 旬 西の風が東に移る.西欧の政治・経済・文化・技術などの影響が,東方諸国に浸透する.

【西服】xīfú 名〔件 jiàn,套 tào〕洋服.同 西装 xīzhuāng

【西宫】xīgōng 名 ❶ 皇帝の妃嬪(ǐ)の住まい. ❷ 皇帝の妃嬪.

【西贡】Xīgòng《地名》サイゴン(ベトナムの商都.現在のホーチミン市).

*【西瓜】xīguā 名《植物》〔 个 ge,块 kuài,牙 yá〕スイカ.¶无子～ / 種なしスイカ.

【西汉】Xī Hàn《歴史》前漢(前206-後25).同 前汉 Qián Hàn

*【西红柿】xīhóngshì 名《植物》トマト.¶ ～酱 jiàng / トマトケチャップ.¶ ～汁儿 zhīr / トマトジュース.同 番茄 fānqié

【西湖】Xīhú《地名》西湖(ě).浙江省杭州市にある湖.風光明媚で有名.

【西葫芦】xīhúlu《植物》ユウガオ(の実).

【西化】xīhuà 動 欧化する.西洋風にする.¶全盘 quánpán～/ 全面的に西洋風を取り入れる.同 欧化 ōuhuà

【西画】xīhuà 名 "西洋画 xīyánghuà"(洋画)の略. 反 国画 guóhuà

【西晋】Xī Jìn《歴史》西晋(ěn:265-317).魏に代わり司馬炎が立てた王朝.

【西经】xījīng 名(経度の)西経.反 东经 dōngjīng

【西蓝[兰]花】xīlánhuā 名《植物》ブロッコリー.同 绿菜花 lùcàihuā

【西历】xīlì 名(旧)西暦.同 阳 yáng 历

【西门】Xīmén《複姓》西門(ěn).

【西门子】❶ Xīménzǐ ドイツの総合電器会社.シーメンス. ❷ Xīménzǐ《物理》導電率の単位.ジーメンス.モー.同 姆欧 mǔ'ōu

*【西面】xīmiàn [方](～儿)西方.西側.

*【西南】xīnán ❶[方]西南.南西.反 东北 dōngběi ❷ (Xīnán)名 中国の西南地区. 参考 ②は,四川・雲南・貴州・チベットの各省区.

【西南非】Xīnán Fēi《地名》南西アフリカ.

【西南风】xīnánfēng 名 南西の風.

【西宁】Xīníng《地名》西寧(ěn).青海省の省都.

【西欧】Xī Ōu 名 西欧.西ヨーロッパ.反 东欧 Dōng Ōu

【西皮】xīpí 名《芸能》京劇などの節回しの一つ. 参考 胡弓で伴奏をする. "二黃 èrhuáng"と合わせて"皮黃 píhuáng"と言う.
【西撒哈拉】Xīsāhālā 《地名》旧スペイン領西サハラ.
【西薩摩亞】Xīsàmóyà《国名》西サモア.
【西晒】xīshài 動 窓から西日が入る. ¶太陽～/西日が照りつける.
【西施】Xīshī《人名》西施(せいし). 春秋時代,越王勾践(こうせん)が呉王夫差(ふさ)に献じた美女の名. 同 西子 Xīzǐ 表現 美人の代名詞として用いる.
【西式】xīshì 洋式の. 洋風の. ¶～糕点 gāodiǎn/洋菓子. ケーキ.
【西太后】Xī Tàihòu《人名》西太后(せいたいごう: 1835-1908). 清末に政治の実権を握ったが,近代化に消極的であった. 同 慈禧太后 Cíxǐ Tàihòu

【西天】xītiān ❶ 古代インド. ❷《仏教》極楽世界. ¶上～/西方浄土へ行く. 成仏する. 同 极乐世界 jílè shìjiè 参考 ①は,古代,インドは天竺(てんじく)と呼ばれ,中国の西南にあったのでこう呼ばれていた.

西太后

【西头】xītóu 方 西の方. 西の端.
【西王母】Xīwángmǔ 名 西王母(せいおうぼ). 中国古代神話の女神. 同 王母娘娘 niángniang, 瑤池金母 Yáochí Jīnmǔ 参考 崑崙(こんろん)山の瑤池(ようち)に住み,その庭に植えられている蟠桃(ばんとう)を食べると不老長寿になるという.
【西魏】Xī Wèi 名《歴史》西魏(535-556). (文帝)元宝炬が建国. 長安に都した.
【西西】xīxī 量"毫升 háoshēng"(ミリリットル. cc)の旧称.
【西西里島】Xīxīlǐdǎo《地名》シチリア島(イタリア).
【西夏】Xī Xià 名《歴史》西夏. 1038年にタングート族が中国北西部に建て,1227年に元に滅ぼされた.
【西夏王陵】Xīxiàwánglíng 西夏(せいか)国王の陵墓. 参考 寧夏回族自治区銀川市郊外に位置する.
【西学】xīxué 名 西洋の学問. 同 中学 zhōngxué 参考 清朝末期,欧米の自然科学や社会科学を称した.
【西雅図】Xīyǎtú《地名》シアトル(米国).
【西亚】Xī Yà《地名》西アジア. 西南アジア. 同 西南 nán yà
【西洋】Xīyáng ❶ 西洋. 欧米諸国. ❷ 古代,中国の西南方の諸島と,それを含む海の総称.
【西洋画】xīyánghuà 名《美術》西洋画. 同 西画,洋画
【西洋景】xīyángjǐng →西洋镜 jìng
【西洋镜】xīyángjìng 名 ❶ のぞきからくり. のぞきめがね. 同 西洋景 参考 大きないかさま. 同 西洋景 由来 ①は,中の絵が多く西洋画であったことからこう呼ばれる.
【西洋参】xīyángshēn 名《植物・薬》セイヨウニンジン. 参考 北米原産で薬用のものをいう.
【西药】xīyào 名 西洋医学で用いる薬. 反 中药 zhōngyào
【西医】xīyī ❶ 西洋医学. 反 中医 zhōngyī ❷〔个 ge, 名 míng, 位 wèi〕西洋医. 反 中医 zhōngyī
【西印度群岛】Xīyìndù qúndǎo《地名》西インド諸島.
【西游记】Xīyóujì《書名》『西遊記(さいゆうき)』. 参考 唐の玄奘三蔵が天竺から仏典を持ち帰った史実をもとに作られた白話小説. 孫悟空の活躍する話として有名. 明代の呉承恩(ごしょうおん)作とされる.

【西语】xīyǔ 名 西洋語. 欧米語. ¶～系/欧米語学科.
【西域】Xīyù 名 西域. 漢代,現在の甘粛省玉門関以西の新疆と中央アジア地域の総称.
【西乐】xīyuè 名 西洋の音楽. 洋楽. ¶～器 qì/洋楽器.
【西崽】xīzǎi 名 外国人経営の商社やレストランなどで働く中国人の男性に対する差別的の呼称.
【西藏自治区】Xīzàng zìzhìqū《地名》チベット. チベット自治区. 区都は"拉萨 Lāsà"(ラサ). 略称は"藏 Zàng".
【西周】Xī Zhōu 名《歴史》西周. 紀元前1066年に殷を滅ぼしてから,前771年に都を鎬京(こうけい)から洛陽に遷すまでの周王朝を言う.
【西装】xīzhuāng 名〔件 jiàn, 套 tào〕洋服.
【西装革履】xīzhuāng gélǚ 句 スーツを着て革靴を履く. 表現 着る物にこだわり,きちんとした身なりをしていること.

吸 xī 口部3 四 6704₇ 全6画 常

❶ 動 (口や鼻から)吸う. ¶～气(空気を吸う)/～烟 xīyān/呼～/ hūxī (呼吸する). ❷ 動 吸い取る. 吸収する. ❸ 能～水(水をよく吸収する)/～收 xīshōu. ❸ 動 吸い付ける. 引き付ける. ¶～铁石 xītiěshí. ❹ (Xī)姓.

【吸尘器】xīchénqì 名〔台 tái〕掃除機. クリーナー. ¶真空～/電気掃除機.
【吸虫】xīchóng 名《生物》吸虫類.
【吸毒】xī//dú 麻薬を吸う. ¶～者/麻薬中毒者. 麻薬常用者.
【吸附】xīfù 動《化学》吸着する.
【吸管】xīguǎn 名〔根 gēn〕❶ ストロー. ❷ くみ取りホース.
【吸力】xīlì 名《磁石》の引力. 吸引力. ¶地心～/地球の引力.
【吸墨纸】xīmòzhǐ 名 吸い取り紙.
【吸纳】xīnà 動 ❶ (知識等を)吸収する. ❷ (人々や注意を)引きつける.
【吸奶器】xīnǎiqì 名 搾乳(さくにゅう)機.
【吸盘】xīpán 名 吸盤.
【吸取】xīqǔ 動 吸収する. ¶～水分 shuǐfèn/水分を吸収する. ¶～经验/経験をくみ取る. ¶从这件事上～教训 jiàoxun/この件から教訓をくみ取る. 同 汲取 jíqǔ
【吸热】xīrè 動 熱を吸収する.
【吸食】xīshí 動 (食物や毒物の)口から吸い込む. 飲む. ¶～毒品 dúpǐn/麻薬を吸う. ¶他现在只能～流质 liúzhì/彼は今,流動食しか口にできない.
*【吸收】xīshōu 動 ❶ 吸収する. ¶～水分 shuǐfèn/水分を吸収する. ¶～知识/知識を吸収する. 反 排泄 páixiè ❷ 組織や団体に受け入れる. ¶～会员/会員を受け入れる.
【吸吮】xīshǔn 動 吸う. ¶婴儿 yīng'ér～母亲乳 mǔrǔ/赤ちゃんがお乳を吸う.
【吸铁石】xītiěshí 名〔块 kuài〕磁石. 同 磁铁 cítiě
【吸血鬼】xīxuèguǐ 吸血鬼.
*【吸烟】xī//yān ❶ たばこを吸う. ¶我想吸一支烟

私はたばこを一本吸いたい. ❷アヘンを吸う.
*【吸引】xīyǐn 動〈物体・力・人の注意などを〉引き付ける. 引き寄せる. ¶这则广告~了很多人 / このコマーシャルはとても人目を引く. ¶互相~ / 互いに引かれ合う. 反排斥 páichì
【吸住】xīzhù 動 引き付ける. ¶铁钉被磁铁~了 / 鉄くぎは磁石に引き付けられた. ¶先用小部队~敌人,后用大部队围歼 wéijiān / まず小部隊で敵を引き付けたのち,大部隊で包囲せん滅する.

汐 xī 氵部3 四3712₀ 全6画

名 夜に満ちる潮. 汐(しお).

希 xī 巾部4 四4022₇ 全7画 常用

❶素 少ない. まれだ. 用物以~为 wéi 贵(ものは数少ないほど高価だ). 回稀 xī ❷動 願う. 希望する. ¶准时 zhǔnshí 出席(時間に遅れないよう,ご出席ください). ❸〈Xī〉姓.
【希伯来语】Xībóláiyǔ 名 ヘブライ語.
【希罕】xīhan ❶形 珍しい. めったにない. ¶~物 / 珍しい物. ¶荔枝在广东并不那么~ / レイシは広東ではそんなに珍しくない. 同稀罕 xīhan ❷名〈~儿〉珍しい事物. ¶看~儿 / 珍しい物を見る. 同稀罕 xīhan ❸動 珍重する. ありがたがる. ¶你不~,我还~呢 / 君に大切でなくても,僕にはありがたい. ¶谁~你的臭钱 chòuqián ? / 君のいかがわしい金なんか,誰が欲しがるもんか. 同稀罕 xīhan 表現 ❸は,否定文や反語文に用い,軽蔑の意をあらわすことが多い.
【希冀】xījì 動〈文〉希望する. 願う.
【希腊】Xīlà〈国名〉ギリシャ.
【希腊字母】Xīlà zìmǔ 名 ギリシャ文字.
【希奇】xīqí 形 珍しい. 奇妙だ. 同稀奇 xīqí
【希奇古怪】xī qí gǔ guài 成 奇妙きてれつだ.
【希求】xīqiú ❶動 願い求める. ❷名 希望と要求. ¶他对我们没有什么大的~ / 彼は私たちにたいした望みは持っていない.
【希少】xīshǎo →稀少 xīshǎo
【希特勒】Xītèlè《人名》ヒトラー(1889-1945). ドイツの独裁者.
【希图】xītú 動(多く悪事を)謀る. もくろむ. ¶~暴利 bàolì / 暴利をもくろむ. 同企图 qǐtú
*【希望】xīwàng ❶動 希望する. 願う. ¶我小小就做一个护士 / 私は幼いころから看護婦になりたいと思っていた. 同期望 qīwàng, 指望 zhǐwàng ❷名 希望. ¶看他病成那个样子,估计 gūjì 是没~了 / 彼の病気もあそこまでくると,どうやらもう希望はない. 同心愿 xīnyuàn, 愿望 yuànwàng
【希望工程】xīwàng gōngchéng 名 希望プロジェクト. 参考 貧困地域の失学児童が教育を受けられるよう,社会募金によって,奨学金や文具の贈呈,学校建設などを実施する国家プロジェクト.
【希望小学】xīwàng xiǎoxué 名 希望小学校. 参考 "希望工程"(希望プロジェクト)により設立された小学校.
【希有】xīyǒu 形 稀有(けう)だ. めったにない. ¶今年北方地区遇上了~的干旱 gānhàn / 今年,北方地区はまれにみる干ばつに見舞われた. ¶电脑已不是~之物了 / コンピュータは今や珍しい物ではなくなっている. 同稀有 xīyǒu

昔 xī 日部4 四4460₁ 全8画 次常用

素❶〈文〉昔. ¶~者 xīzhě〈昔〉/ 今非~比(今は昔の比ではない) / 一如往~(すっかり昔どおり). 反今 jīn ❷〈Xī〉姓.
【昔年】xīnián 名 往年. 以前.
【昔日】xīrì 名〈文〉以前. 往時. ¶~荒坡 huāngpō, 今日良田 / かつての荒地が,今ではりっぱな田畑になっている. 同 往日 wǎngrì 反今日 jīnrì, 来日 láirì
【昔时】xīshí 名 昔. 往時. ¶~是朋友,今日成冤家 yuānjia / 昔は友達だったが,今は仇敵だ.

析 xī 木部4 四4292₁ 全8画 常用

❶素 分ける. ¶条分缕 lǚ~(分析が細かくて筋が通っている) / 分崩 bēng 离~(分裂瓦解する). ❷素 解く. 釈明する. ¶~疑 xīyí. ❸〈Xī〉姓.
【析产】xīchǎn 動 家産を分ける.
【析出】xīchū 動〈化学〉液体や気体から固体を取り出す. 析出する. ¶~结晶 jiéjīng / 結晶を析出する.
【析疑】xīyí 動〈文〉疑問を解く.

矽 xī 石部3 四1762₀ 全8画 通用

名〈化学〉"硅 guī"(ケイ素)の旧称.
【矽肺】xīfèi 名〈医学〉硅肺(じんぱい)の旧称. ¶~病 / 硅肺病. 同硅肺 guīfèi

穸 xī 穴部3 四3020₇ 全8画 通用

→窀穸 zhūnxī

茜 xī 艹部6 四4460₄ 全9画 通用

名 人名用字. 外国人の女性の名の音訳によく使われる.
☞ 茜 qiàn

郗 xī 阝部7 四4722₇ 全9画 通用

名 姓. 参考 もと"chī"と発音した.

饻(餏) xī 饣部6 四2073₂ 全9画 通用

量 中国建国前の解放区で使った,賃金を計算する単位.
参考 1"饻"は,米・油・石炭・塩など生活必需品の市価を合計したもの.

栖 xī 木部6 四4196₄ 全10画 次常用

下記熟語を参照.
☞ 栖 qī
【栖栖】xīxī 形〈文〉不安なようす.

唏 xī 口部7 四6402₇ 全10画

素 ため息をつく. ¶~嘘 xīxū.
【唏嘘】xīxū 動 泣きじゃくる. ¶~不止 / いつまでも泣きじゃくる. 同歔欷 xīxū

牺(犧) xī 牛部6 四2156₄ 全10画 常用

*【牺牲】xīshēng ❶動 ある目的のために命をささげる. ¶为理想~ / 理想に命をささげる. ❷動 犠牲にする. ¶别~个人利益 / 個人の利益を犠牲にするな. ❸名 いけにえ.
【牺牲品】xīshēngpǐn 名 犠牲. いけにえ.

息 xī 自部4 四2633₀ 全10画 常用

❶素 息. ¶鼻~ bíxī(鼻息) / 喘~ chuǎnxī(息を切らす) / 气~ qìxī(息). ❷素 やめる. やむ. 休む. ¶~怒 xīnù / 经久不~(拍手や歓呼の声がなかなかやまない) / 按时作~(時間どおりに働いて休む). 反作 zuò

❸ 素 たより. 消息. ¶ 信〜 xìnxī (たより. 音信). ❹ 素 利息. ¶ 连本带〜 (元手と利息を合わせて). ❺ 素 子供. ¶ 子〜 zǐxī (跡取り息子). ❻ 素 生じる. 繁殖する. ¶ 灾 zāi〜祸 huò〜 生 (天災や人災が絶え間なく起きる). ❼ (XT)姓.

【息兵】xībīng 動 停戦する.
【息鼓】xīgǔ 動 ⓧ ❶ 太鼓をうつのをやめる. ❷ 終了する.
【息怒】xīnù 動 怒りをしずめる. ¶ 请〜 / どうか堪忍して下さい. ⓇⒶ 动怒 dòngnù
【息肉】xīròu 名《医学》ポリープ. 同 瘜肉 xīròu
【息事宁人】xī shì níng rén 成 ❶ 仲裁に入って争いを収める. ❷ 自ら譲歩してもめ事を避ける.
【息息相关】xī xī xiāng guān 成 密接な関係にある. ¶ 这次改革与公司的生死存亡 cúnwáng〜 / 今回の改革は, 会社の存亡にかかわっている. 表現 "息息相通 tōng" とも言う.
【息影】xīyǐng 動 ⓧ 隠居する. ¶〜故里 / 故郷に隠退する. 同 息景 xījǐng

奚 XĪ 爪部6 四 2080₄ 全10画 通用

❶ 名 ⓧ 奴隷. ❷ 代 ⓧ なぜ. どうして. ¶〜不去也? (なぜ行かないのか). ❸ 代 ⓧ なに. ¶ 子将〜先? (あなたはまず何をするのか). ❹ 代 ⓧ どこ. ¶ 水〜自至? (水はどこから来るのか). ❺ (XT)姓.

【奚落】xīluò 動 (他人の欠点を)皮肉る. あざ笑う. ¶ 他被大家〜了一顿 / 彼はみんなに笑いものにされた.
【奚幸】xīxìng 動 くよくよする. 表現 "僥倖 xīxìng" とも書く.

浠 XĪ 氵部7 四 3412₇ 全10画 通用

素 地名用字. ¶〜水 Xīshuǐ (湖北省にある県名及び川の名).

薪 XĪ ⺾部8 四 4492₁ 全11画 通用

下記熟語を参照.

【薪蓂】xīmì 名《植物・薬》グンバイナズナ. 同 遏蓝菜 èláncài

硒 XĪ 石部6 四 1166₄ 全11画 通用

名《化学》セレン(セレニウム). Se.

晞 XĪ 日部7 四 6402₇ 全11画 通用

形 ⓧ ❶ 乾いている. ¶ 晨露 chénlù 未〜 (朝露が乾いていない). ⓇⒶ 湿 shī ❷ 夜が明ける. ¶ 东方未〜 (東の空はまだ白んでいない).

悉 XĪ 釆部4 四 2033₉ 全11画 常用

❶ 素 知る. ¶ 获〜 huòxī (情報を得て知る) / 熟 shúxī 此事 (この事を詳しく知っている) / 得〜 déxī (知る). ❷ 素 すべて. ことごとく. ¶〜心 xīxīn / 〜数 xīshù. ❸ (XT)姓.
【悉力】xīlì 動 ⓧ 全力を傾ける. ¶〜抢救 / 救出に全力を傾ける.
【悉尼】Xīní 《地名》シドニー(オーストラリア).
【悉尼歌剧院】Xīní gējùyuàn 名 シドニー・オペラハウス.
【悉数】xīshǔ 動 すべてを列挙する. ¶ 不可〜 / 列挙しきれない. 数えきれない.
【悉数】xīshù 副 ⓧ すべて. ことごとく. ¶〜奉还 fènghuán / すべてを返還する. ¶〜归公 / あらゆるものを没収して公のものとする. ¶〜捐献 juānxiàn / すべてを寄付する.
【悉听尊便】xī tīng zūn biàn 慣 仰せのとおりにいたします.
【悉心】xīxīn 副 心を尽くして. ¶ 在小美的〜照料下, 妈妈终于恢复 huīfù 了健康 / メイちゃんの心尽くしの介護で, 母親はついに健康を回復した.

烯 XĪ 火部7 四 9482₇ 全11画 通用

名《化学》エチレン系炭化水素. アルケン. ¶ 乙〜 yǐxī (エチレン) / 丙〜 bǐngxī (プロピレン).

淅 XĪ 氵部8 四 3212₁ 全11画 通用

動 ⓧ 米をとぐ.

【淅沥】xīlì 擬 そよそよ, しとしと, かさかさなど, かすかな音をあらわす. ¶ 淅沥沥地下起雨来了 / しとしとと雨が降り始めた. 重 淅沥沥, 淅沥淅沥
【淅淅】xīxī 擬 そよ風の音や, 小雨が降る音をあらわす. そよそよ. しとしと.

惜 XĪ 忄部8 四 9406₁ 全11画 通用

動 ❶ 大切にする. 珍重する. ¶ 珍〜 zhēnxī 光阴(時間を惜しむ) / 爱〜公物 (公共の物を大切にする) / 怜〜 liánxī (憐れむ. 同情する). ❷ 惜しむ. 惜しがる. ¶ 不〜牺牲 xīshēng (犠牲を惜しまない) / 〜指失掌 zhǎng (小さな物を惜しんで, 大きな物を失う). ❸ 残念がる. 遺憾に思う. ¶〜老怜贫 pín.
【惜别】xībié 動 別れを惜しむ. ¶ 依依 yīyī 〜 / 恋々と別れを惜しむ.
【惜贷】xīdài 動 (銀行が)貸し渋る.
【惜老怜贫】xī lǎo lián pín 成 年老いた人をいたわり, 貧しい人を思いやる. 同 怜贫惜老
【惜力】xīlì 動 力を出し惜しむ. ¶ 干活 gànhuó 不〜 / 仕事に力を惜しまない.
【惜墨如金】xī mò rú jīn 成 (書・絵・文章を)軽々しく書き始めない. 一筆たりともおろそかにせず, 慎重に書く. ¶ 为 wéi 文严谨 yánjǐn, 〜 / 文を書くこと謹厳, 墨を惜しむこと金のごとし. 由来 もともとは, 絵を描く時, 最初から濃い墨を用いず, まずは薄い墨を, 後から濃い墨を用いることを指した.
【惜赔】xīpéi 動 (保険会社が)保険金の支払いを渋る.
【惜售】xīshòu 動 売り惜しみする.

晰(異 晳) XĪ 日部8 四 6202₁ 全12画 次常用

❶ 素 はっきりしている. 明晰(⋯)だ. ¶ 看得清〜 (はっきり見てとれる) / 十分明〜 (まったくはっきりしていて, 不明な所がない). ❷ 形 皮膚が白い. ¶ 白〜 báixī (肌が白くて美しい). ❸ (XT)姓.

稀 XĪ 禾部7 四 2492₇ 全12画 常用

❶ 形 まばらだ. 隙間が大きい. ¶ 种 zhòng 得太〜了 (植え方がまばらすぎる). ⓇⒶ 密 mì ❷ 形 濃度が薄い. 水気が多い. ¶〜饭 xīfàn / 〜泥 xīní (どろどろした泥土) / 〜释 xīshì. ❸ 素 少ない. まれだ. ¶〜奇 qí / 〜少 xīshǎo.
【稀薄】xībó 形 (空気や霧などが)薄い. ¶ 空气〜 / 空気が薄い. ⓇⒶ 浓厚 nónghòu
【稀饭】xīfàn 名 (米やアワの)かゆ. ¶ 喝〜 / 粥をすする.
【稀罕】xīhan →希罕 xīhan
【稀客】xīkè 〔量 位 wèi〕珍客. ¶ 真是〜! 什么风

把你给吹来了！／これはお珍しい．どういう風の吹き回しでいらしたの．

【稀烂】xīlàn 形 方 ❶ とろとろだ．¶煮 zhǔ 得～／とろとろに煮る．❷ こなごなだ．めちゃくちゃに壊れている．¶～的衣服／ぼろぼろの服．¶瓷器 cíqì 摔得～／磁器がこなごなに割れる．回 稀巴烂 xībalàn

【稀里糊涂】xīlihútú 形 方 ❶ 頭がぼんやりしている．¶我昨天～地坐错了车／昨日はぼうっとしてバスに乗り間違えた．❷ いいかげんだ．¶没经过认真讨论，就～地通过了／真剣な討論を経ないまま、うやむやに通った．

【稀里哗啦】xīlihuālā 擬 ❶ 水の音・物の崩れる音などをいう．¶水～流个不停／水がとうとう流れ続ける．¶房子～倒了／家がどきっと倒れた．❷ 物が散乱したり壊れているようす．¶旧书～堆了一地／古本があたり一面めちゃくちゃに積んである．

【稀料】xīliào 名 希釈剤．
【稀溜溜】xīliūliū 形 〔～儿・～儿的〕（かゆやスープの）さらっとしている．¶～的果酱／水っぽいジャム．
【稀奇】xīqí 形 "希奇 xīqí"に同じ．
【稀奇古怪】xī qí gǔ guài → 希 xī 奇古怪
【稀缺】xīquē 形 足りない．少ない．
【稀少】xīshǎo 形（数量を出現することが）少ない．まれだ．¶行人 xíngrén ／人影が少ない．¶人烟～／人家がまばらだ．回 希少 xīshǎo 反 稠密 chóumì
【稀世】xīshì 形 世にまれだ．¶～珍奇／世にもまれで珍しい．
【稀释】xīshì 動《化学》（溶液を）薄める．希釈する．¶将酒精加水～／アルコールを水で割って薄める．
【稀疏】xīshū 形（時間的・空間的に）まばらだ．¶～的头发／薄い髪の毛．¶人影～／人影がまばらだ．画 稀稀疏疏 xī xīshūshū 回 稀落 xīluò, 疏落 shūluò 反 稠密 chóumì, 繁茂 fánmào
【稀松】xīsōng 形 ❶ だらけている．たるんでいる．¶作风～／態度がだらけている．画 稀稀松松 ❷ 質が劣っている．¶干活儿～／仕事がずさんだ．❸ 大したことがない．取るに足らない．¶～的事／つまらない事．
【稀稀拉拉】xīxīlālā 形〔～的〕まばらだ．¶广场上～的，没几个人／広場は閑散として、人は数えるほどしかいない．¶掌声 zhǎngshēng ～／拍手がまばらだ．回 稀稀落落 luòluò
【稀稀落落】xīxīluòluò 形 まばらなようす．回 稀稀拉拉 lālā
【稀有】xīyǒu 形 めったにない．¶～的品种 pǐnzhǒng ／珍しい品種．回 希有 xīyǒu
【稀有金属】xīyǒu jīnshǔ 名《化学》希少金属．レアメタル．
【稀有元素】xīyǒu yuánsù 名《化学》希元素．希有元素．
【稀糟】xīzāo 形 方 めちゃくちゃだ．¶文章写得～／文章の書き方がめちゃくちゃだ．

舾 xī 舟部6 四 2146₄ 全12画 通用

下記熟語を参照．
【舾装】xīzhuāng 名 ❶ 船の運航に必要な設備装置．❷ ①を取り付ける作業．

翕 xī 羽部6 四 8012₇ 全12画 通用

素 ❶ 穏やかだ．従順だ．❷ 合わさる．閉じる．
【翕动】xīdòng 動 文（唇などが）開いたり閉じたりする．¶嘴唇 zuǐchún ～／唇がぱくぱくと動く．¶鼻翼 bíyì

～／小鼻がひくひくと動く．回 噏动 xīdòng
【翕然】xīrán 形 文（言論や行動が）ぴったり一致している．¶～从之／一体となって従う．¶舆论 yúlùn ～／世論が一つになる．

腊 xī 月部8 四 7426₁ 全12画 常用

名 ❶ 文 干した肉．❷（Xī）姓．
腊 là

粞 xī 米部6 四 9196₄ 全12画 通用

名 文 砕け米．¶糠～ kāngxī（ぬかと砕け米）．

犀 xī 尸部9 四 7725₉ 全12画 次常用

❶ 名《動物》サイ．❷ 素 かたい．¶～利 xīlì．❸（Xī）姓．参考 ふつう"犀牛 xīniú"という．
【犀角】xījiǎo 名《薬》サイの角．参考 印鑑の材料にも用いられる．
【犀利】xīlì 形（武器やことばが）鋭い．¶言辞～／舌鋒が鋭い．¶目光～／眼光が鋭い．¶文笔～／筆鋒鋭い．回 锐利 ruìlì, 尖利 jiānlì
【犀鸟】xīniǎo 名《鳥》サイチョウ．
【犀牛】xīniú 名《動物》サイ．回〔条 tiáo, 头 tóu〕サイ．

锡（錫） xī 钅部8 四 8672₇ 全13画 常用

❶ 名《化学》錫（ｽズ）．Sn．❷ 動 文 賜（たま）わる．回 赐 cì ❸（Xī）姓．
【锡伯族】Xībózú 名《民族》シベ族．参考 中国少数民族の一つで、主として新疆ウイグル自治区と遼寧・吉林省に居住．満州語を話す．
【锡箔】xībó 名 錫箔（ﾊｸ）を張った紙．参考 死者のために紙幣の形に作って焼く．
【锡金】Xījīn《地名》シッキム．インドの州名．インド東北部に位置し、チベットに接する．
【锡剧】xījù《芸能》錫劇（ｹ゙キ）．参考 江蘇省の南部と上海で行われている地方劇．以前は "常锡文戏 chángxī wénxì" と呼ばれていた．
【锡矿】xīkuàng 名《鉱業》スズ鉱．
【锡镴】xīlà 名 方 ❶ はんだ．回 焊锡 hànxī ❷ 錫（ｽズ）．
【锡纸】xīzhǐ 名〔张 zhāng〕（たばこなどを包装する）銀紙．

溪（異 谿） xī 氵部10 四 3218₄ 全13画 常用

名 ❶〔条 tiáo〕谷川．¶村东有一条小～（村の東には小川が流れている）．❷（Xī）姓．参考 ① は、もと "qī" と発音した．
【溪谷】xīgǔ 名 谷．渓谷．
【溪涧】xījiàn 名 谷川．
【溪流】xīliú 名〔道 dào, 条 tiáo〕谷川．渓流．
【溪水】xīshuǐ 名 谷川の水．

裼 xī 衤部8 四 3622₇ 全13画 通用

動 文 肌脱ぎになる．¶袒～ tǎnxī（肌脱ぎになる）．
裼 tì

熙 xī 灬部10 四 7733₁ 全14画 次常用

❶ 素 文 明るい．輝いている．¶～光 xīguāng（ひかり輝く）．❷ 素 文 にぎやかで楽しい．¶～～／にぎやかなようす）．❸ 素 盛んである．¶～朝 xīcháo（盛んな王朝）．❹（Xī）姓．
【熙来攘往】xī lái rǎng wǎng 成 "熙熙攘攘 xī xī

rǎng rǎng"に同じ.
【熙攘】xīrǎng 形 往来にぎやかだ. ⇨熙熙攘攘
【熙熙攘攘】xī xī rǎng rǎng 成 人が行き来して,たいそうにぎやかだ. ¶集市 jíshì 上～,好热闹 / 市(いち)は人々がひっきりなしに往来して,たいそうにぎやかだ.

狶 xī
豕部7 〔四〕1422₇
全14画 通用
名文 ぶた.
【狶莶】xīxiān 名《植物・薬》メナモミ. 同 豨莶草 cǎo

蜥 xī
虫部8 〔四〕5212₁
全14画 通用
下記熟語を参照.
【蜥蜴】xīyì 名《動物》〔量〕条 tiáo, 只 zhī〕トカゲ.
参考 通称は"四脚蛇 sìjiǎoshé".

僖 xī
亻部12 〔四〕2426₁
全14画 通用
❶ 形文 楽しい. うれしい. ❷ (Xī)姓.

熄 xī
火部10 〔四〕9683₀
全14画 通用
動 (火や明りを)消す. 消える. ¶火～了(火はもう消えている).
【熄灯】xī//dēng 動 明りを消す. ¶就寝 jiùqǐn / 明りを消して床につく. ¶晚上十点～ / 夜10時に消灯する.
【熄灯号】xīdēnghào 名《軍事》消灯ラッパ.
【熄火】xī//huǒ 動 火が消える. 火を消す. ¶他那辆破车,老～ / 彼のあのぼろ車は,しょっちゅうエンストする.
【熄灭】xīmiè 動 ❶(火や明りを)消す. 消える. ¶把灯～ / 明りを消す. ¶大火已经～了 / 大火はすでに鎮火した. ❷ やむ. なくなる.

嘻 xī
口部12 〔四〕6406₁
全15画 通用
❶ 擬 喜んで笑う声. ¶笑～～(クスクス笑う) / ～皮笑脸 xī pí xiào liǎn. ❷ 感 驚き・軽蔑・怒りなどをあらわす. 用法 ①は,重ねて用いることが多い.
【嘻皮笑脸】xī pí xiào liǎn 成 にやにやする. 同 嬉 xī 皮笑脸
【嘻嘻哈哈】xīxī hāhā 形 楽しそうに笑っている. ¶成天～ / 一日中笑いさざめいている.

膝 xī
月部11 〔四〕7429₉
全15画 常用
名 ❶《生理》ひざ. ¶～痒 yǎng 搔 sāo 背(成 ひざがかゆいのに背中をかく. 見当違いのことをする) / 屈 qū～求饶 ráo(膝を屈して許しを請う). ❷ (Xī)姓. 参考 ①は通称"膝盖 xīgài".
【膝盖】xīgài 名《生理》ひざ.
【膝盖骨】xīgàigǔ 名《生理》膝蓋骨(しつがいこつ). ひざの皿. 同 髌骨 bìngǔ
【膝关节】xīguānjié 名《生理》ひざの関節.
【膝下】xīxià 名 ❶ 親のひざもと. ¶～犹 yóu 虚 xū / まだ子供がいない. ❷ 父母や祖父母に宛てた手紙の書出しに用いて敬意をあらわすことば. ¶父亲大人～ / 父上様. 表現 ①は,子供は幼いころ親のもとにいることから,旧時は子供の有無をあらわした.
【膝行】xīxíng 動 ひざまずいて進む. 膝行(しっこう)する. 参考 高貴な人に対する畏敬をあらわす動作.

嬉 xī
女部12 〔四〕4446₁
全15画 次常用
❶ 動方 遊ぶ. 戯れる. ¶～玩 xīwán(遊び戯れる) / ～耍 xīshuǎ(遊び戯れる). ❷ (Xī)姓.
【嬉闹】xīnào 動 はしゃぐ. ふざける.

【嬉皮士】xīpíshì 名外 ヒッピー. ♦hippie
【嬉皮笑脸】xī pí xiào liǎn 成 いたずらっぽく笑うようす. にやにやするようす. ¶对长辈 zhǎngbèi 不能～的 / 目上の人に向かってにやにやするものじゃない. 同 嘻 xī 皮笑脸
【嬉戏】xīxì 動 遊び戯れる. ¶小孩在院子里～ / 子供が庭で遊びまわっている.
【嬉笑】xīxiào 動 楽しげに笑う. 笑い戯れる. ¶女孩子们在河边～追赶着 / 女の子たちが川辺で楽しそうに追いかけっこをしている.
【嬉笑怒骂】xī xiào nù mà 成 形などにとらわれず,思いのままに文を書くことのたとえ. ¶～皆成文章 / 何ごとも思いのままに文章にする.
【嬉游曲】xīyóuqǔ 名《音楽》ディベルティメント. 嬉遊(ゅぅ)曲.

熹 xī
灬部12 〔四〕4033₆
全16画 通用
素 明るい. ¶～微 xīwēi.
【熹微】xīwēi 形文 (日の光が)ほのぼのと明るい. ¶晨光 chénguāng～ / 朝の光が,ほのぼのと明るい. ¶从窗口透出～之光 / 窓から柔らかな明るい光が入る. 表現 朝の日差しについて言うことが多い.

樨 xī
木部12 〔四〕4795₉
全16画 通用
→木犀[樨] mùxī

螅 xī
虫部10 〔四〕5613₀
全16画 通用
→水螅 shuǐxī

歙 xī
欠部12 〔四〕8718₂
全16画 通用
動 息を吸い込む.
☞ 歙 Shè

羲 xī
羊部10 〔四〕8025₃
全16画 通用
❶ 素 人名用字. ¶伏～ Fúxī(中国の神話で人類の始祖) / 王～之(晋代の書家). ❷ 姓.

窸 xī
穴部11 〔四〕3033₉
全16画 通用
下記熟語を参照.
【窸窣】xīsū 擬 カサカサ. 物が触れ合う小さな音.

蹊 xī
⻊部10 〔四〕6218₄
全17画 通用
素 小道.
☞ 蹊 qī
【蹊径】xījìng 名文 小道. ¶独辟 pì～ / 成 独りで道を切り開く. ¶另辟～ / 新たな道を切り開く.

蟋 xī
虫部11 〔四〕5213₉
全17画 次常用
下記熟語を参照.
【蟋蟀】xīshuài 名《虫》〔量〕只 zhī〕コオロギ. ¶斗 dòu～ / コオロギを戦わせる. 参考 "促织 cùzhī"とも言い,地方によっては"蛐蛐儿 qūqur"とも言う.

醯 xī
酉部12 〔四〕1061₂
全19画 通用
名文 酢.

曦 xī
日部16 〔四〕6805₃
全20画 通用
素 日の光. 日差し. ¶晨～ chénxī(朝の光).

鼷 xī
鼠部10 〔四〕7278₄
全23画 通用
下記熟語を参照.

【鼹鼠】xīshǔ 名《動物》ハタネズミ.

习(習) xí
一部2 四 1712₀
全3画 常用

❶ 素 復習する. 練習する. ¶自～ zìxí（自習する）/复～ fùxí（復習する）/～字 xízì /～题 xítí.❷ 素 日ごろからよく接している. よく知っている. ¶～兵（軍事に詳しい）/～见 xíjiàn /～闻（いつも耳にする). ❸ 素 習慣. ¶积～ jīxí（前からの習わし）/铲除 chǎnchú 不良～气（よくない風習を取り除く）/恶～ èxí（悪習).
❹（Xí）姓.
【习非成是】xí fēi chéng shì 成 間違った事でも習慣になると, 正しいと思うようになる.
**【习惯】xíguàn ❶ 動 習慣となる. 慣れる. ¶生活还不～/生活にまだ慣れない. ¶～成自然 成 慣れると当た り前になる. ❷ 名 習慣. ならわし. ¶写日记的～/日記 をつける習慣. ¶农村的～/農村の習わし.
【习惯法】xíguànfǎ 名《法律》慣習法.
【习见】xíjiàn 動 よく見かける. ¶～不鲜 xiān / 見慣れ ていて珍しくない. ¶罕见 hǎnjiàn
【习气】xíqì 名 悪い習慣. 悪いくせ. ¶官僚 guānliáo ～/役人根性. ¶沾染 zhānrǎn 了不良～/よからぬ 習慣に染まる.
【习染】xírǎn 文 ❶ 動（悪習に）染まる. ❷ 名 悪い習 慣. ¶革除 géchú ～/悪習を改める.
【习尚】xíshàng 名 風習. ¶社会～/社会の～. ¶优良 yōuliáng～/よい習俗. 同 风气 fēngqì, 风尚 fēngshàng.
【习俗】xísú 名 風俗習慣. 習俗. ¶民族～/民族の風俗習慣. 同 风俗 fēngsú.
【习题】xítí 名〔道 dào, 个 ge〕練習問題. ¶做数 学～/数学の練習問題をやる.
【习文】xíwén 名 "学习文科"（軍事ではない文系の学 ぶ）の略称.
【习武】xíwǔ 名 "练习武艺"（武芸を練習する. 軍事練習をする）の略称.
【习习】xíxí ❶ 形 風がそよそよと吹いている. ¶春风～/春風がそよそよと吹いている. ❷ 擬 風や雨の音. または物が こすれ合う音. ¶树叶～作响 / 木の葉がかさかさ鳴ってい る.
【习性】xíxìng 名 習性.
【习焉不察】xí yān bù chá 成 慣れてくると, その中にあ る問題に気づかなくなる. ¶我们天天说汉语, 汉语的语法 却～/私たちは毎日中国語を話しているので, 中国語の文 法には注意しなくなっている.
【习以为常】xí yǐ wéi cháng 成 慣れて当たり前になる. ¶这种事我见得多了, 已经～了/こうしたことはたくさん 見てきたので, もう慣れっこになってしまった.
【习用】xíyòng 動 常に用いる. ¶～语 / 慣用語. 同 惯用 guànyòng
【习与性成】xí yǔ xìng chéng 成 習い性(しょう)となる. ¶奶奶早起早睡, 已～了 / おばあちゃんは早寝早起きの習 慣が身に染みついている.
【习语】xíyǔ 名《言語》慣用語. 成語. イディオム.
【习字】xízì ❶ 動 字を練習する. 習字をする. ¶他天天 ～/彼は毎日字の稽古をしている. ¶～帖 tiè / 習字の 手本. ❷ 名 習字（の手本). ¶一副呈政 / 習字一幅 御批正願います.
【习作】xízuò 名〔篇 piān〕（文章や絵画の）習作. エチュード. ¶这次展出的画儿, 大部分是学生们的～/ 今回展示した絵は, ほとんど学生たちの習作だ.

席(異蓆❶) xí
广部7 四 0022₇
全10画 常用

❶ 名〔卷 juǎn, 领 lǐng, 张 zhāng〕むしろ. ござ.
❷ 量 宴席・議席・話などを数えることば. ¶一～酒（一回 の酒席）/一～话（一つの話題). ❸ 素 席. ¶出～ chūxí（出席する）/缺～ quēxí（欠席する）/入～ rùxí（着席する). ❹ 名 宴席（の料理). ¶摆 bǎi 了一桌 （1卓の宴席を設けた）/酒～ jiǔxí（酒の席). ❺ （Xí）姓. [注意] ❷で, 量詞として用いる時は数詞は "一"に限られる.
【席不暇暖】xí bù xiá nuǎn 成 席の暖まる暇(いとま)が ない. たいへん忙しい.
【席草】xícǎo 名《植物》むしろ, わらじなどを編む材料とな る草.
【席次】xícì 名（会合や宴会の）席順. 席次. ¶按指定 zhǐdìng～入座 / 指定された席順に着席する.
【席地】xídì 動 ❶ 地面にむしろを敷いて座る. ❷ 地面に 座る. 地に横になる.
【席地而坐】xí dì ér zuò 句 地面に座る. ¶大家～, 观 赏 guānshǎng 樱花 yīnghuā / みんなで地面に座って 桜の花見をする.
【席间】xíjiān 名 席上. ¶～宾主 bīnzhǔ 频频 pínpín 举杯 jǔbēi / 席上, 主客はしきりに祝杯を挙げた.
【席卷】xíjuǎn 動 ❶（むしろを巻くように）すべての物を巻き 込む. 席卷(けっ)する. ¶～而逃 táo / 金目の物をごっそ り盗んで逃げる. ¶金融 jīnróng 危机～东南亚 / 金融 危機が東南アジアを席巻した. ❷ 文 占領支配する. ¶～ 天下 / 天下を席卷する.
【席勒】Xílè《人名》シラー (1759-1805). ドイツの詩人, 劇作家.
【席梦思】xímèngsī 外 スプリングマット. スプリング ベッド. ◆Simmons 由米 米国のシモンズ社の社名から.
【席面】xímiàn 名 宴席. 宴席の酒や料理. ¶～很丰盛 fēngshèng / 宴席のごちそうが盛りだくさんだ.
【席棚】xípéng 名 アンペラ小屋. むしろ掛けの小屋.
【席位】xíwèi 名〔个 ge〕❶（会合などでの）席次.
❷ 議席. ¶争～ / 議席を争う.
【席子】xízi 名〔卷 juǎn, 领 lǐng, 张 zhāng〕むし ろ. ござ.

觋(覡) xí
见部7 四 1711₂
全11画 通用

名 文 男の祈禱師. シャーマン. 同 男巫 nánwū 反 巫 wū

袭(襲) xí
龙部6 四 4373₂
全11画 常用

❶ 素 襲う. 相手の不備に乗じて攻め込む. ¶夜～ yèxí （夜襲）/ 空～ kōngxí（空襲). ❷ 素 踏襲する. そのまま受け継ぐ. ¶因～ yīnxí（因習）/ 沿～ yánxí（踏襲する）/ 世～ shìxí（世襲). ❸ 量 そろい. かさね. 一そろいの衣服を数えることば. ¶衣一～（ころもひと重ね). ❹（Xí）姓.
【袭击】xíjī 動 襲撃する. 不意打ちする. ¶～敌方阵地 zhèndì / 敵陣を襲撃する. ¶遭到台风～/ 台風の襲撃 に見舞われる.
【袭取】xíqǔ 動 ❶ 不意打ちをかけて奪い取る. ¶棋手～ 了对方的地盘 dìpán / 棋士は相手の地(じ)を奪い取っ た. ❷ 沿用する. 採用する. ¶这出戏是～传说故事改 编而成的 / この芝居は, 伝説をもとに脚色したものだ. 同 袭用 xíyòng
【袭扰】xírǎo 動（疲労などが）人をおそって悩ませる.

【袭用】xíyòng そのまま受け継いで用いる. 踏襲する. ¶~古方,配制 pèizhì 丸药 wányào / 昔の処方せんに従って丸薬を調合する. ¶在方法上～前人,毫无创意 chuàngyì / 手法の上では先人を踏襲し,少しも創意はない. 同 袭取 xíqǔ

【袭占】xízhàn 動 襲撃して占領する.

媳 xí 女部10 四 4643₀ 全13画 [次常用]

素 ❶ 息子の妻. 嫁. ¶儿～ érxí(息子の嫁) / ～妇 xífù / ～妇儿 xífur. ❷ 弟や自分より世代が下の者の妻. ¶弟～ dìxí

【媳妇】xífù 名 ❶ 息子の妻. 嫁. 同 儿媳妇儿 érxífur ❷ 世代が下の親族の妻. ¶侄 zhí～ / おいの嫁. ¶孙～ / 孫の嫁. ¶弟～ / 弟の嫁. 用法 ❷は,前に親族関係の呼称をつける.

【媳妇儿】xífur 名 方 ❶ 妻. ❷ 既婚の若い女性.

隰 xí 阝部14 四 7623₃ 全16画 [通用]

素 ❶ 低湿地. ❷ 素 ❷ 新たに開墾した田畑. ❸ (Xí)姓.

檄 xí 木部13 四 4894₀ 全17画 [通用]

素 檄(文). 檄文. ¶传～ chuánxí(檄を飛ばす) / 羽～ yǔxí(檄文).

【檄文】xíwén 名〔 篇 piān〕檄文(文). 触れ文. 参考 古代,訓示や招集などに用いた公文書. 特に,敵を倒すべく招集をかける文書を指す.

洗 xǐ 氵部6 四 3411₂ 全9画 [通用]

❶ 動 洗う. ¶～衣服(衣服を洗う) / ～脸 xǐliǎn / 快把你的手～～(はやく手を洗いなさい). ❷ 素 きれいに取り除く. ¶清～ qīngxǐ(粛清する). ❸ 動(写真フィルムを)現像する. 焼き付けする. ¶～胶卷(ネガフィルムを現像する) / ～相片(写真の焼き付けをする) / 再～两张(もう二枚焼き増しして下さい). ❹ 素 (恥やぬれぎぬを)すすぐ. ¶～冤. xǐyuān. ❺ 素 殺す. 根こそぎ奪う. ¶血～城 xǐchéng(市民を皆殺しにする) / ～劫 xǐjié. ❻ 素《宗教》洗礼. ¶～礼 xǐlǐ. ❼ 動(マージャン牌やトランプ)をかき混ぜる. ¶扑克牌没一开(トランプは一度も切っていない) / 多～两遍(もう二三回切ろう). ❽ 動 録音や録画を消す. ¶我不小心把你录的音～掉了(うっかりあなたの録音を消しちゃった).

☞ 洗 Xiǎn

【洗尘】xǐchén 宴席を設けて遠来の客を歓迎する. ¶接风～ / 一席設けて遠来の客をもてなす. 同 接风 jiēfēng

【洗涤】xǐdí 動 ❶ 汚れを洗い落とす. ¶床单应该经常～ / シーツはいつも洗わなければいけない. ❷ (悪いものを)取り除く. ¶我们的思想也会沾上灰尘的,也需要打扫和～ / 我々の思想は埃にまみれるので,きれいに清める必要がある.

【洗涤剂】xǐdíjì 名 洗剤.

【洗掉】xǐdiào 動 汚れを洗い落とす.

【洗耳恭听】xǐ ěr gōng tīng 成 謹んで拝聴する. ¶～您的意见 / ご意見,謹んで拝聴します.

【洗发膏】xǐfàgāo 名 クリーム状のシャンプー.

【洗发液】xǐfàyì 名〔⋯〕香波 xiāngbō

【洗劫】xǐjié 動 ひとつ残さず奪い尽くす.

【洗劫一空】xǐ jié yī kōng 成 ひとつ残らず略奪する.

【洗礼】xǐlǐ 名《宗教》洗礼. ¶接受～,成了基督教徒 Jīdūjiàotú / 洗礼を受け,クリスチャンになった.

【洗脸】xǐ liǎn 顔を洗う.

【洗脸盆】xǐliǎnpén 名 洗面器. 同 脸盆

【洗练〖炼〗】xǐliàn 形(ことばや文章などが)洗練されている. ¶文字～ / 文章が洗練されている.

【洗煤】xǐméi 動《鉱業》洗炭する.

【洗牌】xǐ//pái ❶ マージャンの牌をかき混ぜる. ❷ トランプを切る.

【洗钱】xǐ//qián 動《経済》マネーロンダリングする.

【洗钱罪】xǐqiánzuì 名《経済》資金清浄罪. マネー・ロンダリング.

【洗清】xǐqīng 動 洗ってきれいにする.

【洗染店】xǐrǎndiàn 名〔⋯ 家 jiā〕クリーニング店. 参考 クリーニングと染物の店で,クリーニング専門店は"洗衣店 xǐyīdiàn"と言う.

【洗手】xǐ//shǒu 動 ❶ 手を洗う. ¶饭前要～ / 食事の前には手を洗うこと. ❷ 便所に行く. ¶我去洗了手就回来 / ちょっと手洗いに行ってきます. ❸ 悪事から足を洗う. ❹ ある職業をやめる. ¶～改行 gǎiháng / 商売のくら替えをする.

【洗手不干】xǐshǒu bù gàn 句(悪事から)足を洗う.

【洗手间】xǐshǒujiān 名 トイレ.

【洗漱】xǐshù 動 顔を洗い口をすすぐ.

【洗刷】xǐshuā 動 ❶ ブラシでこすりながら洗う. ¶～地板 / 床をブラシでこすって洗う. 同 洗刷洗刷 ❷ (汚名や恥などを)ぬぐい去る. ¶～耻辱 chǐrǔ / 恥をそそぐ. 同 洗雪 xǐxuě

【洗头】xǐtóu 動 洗髪する.

【洗碗机】xǐwǎnjī 名 食器洗い機.

【洗胃】xǐ//wèi 動《医学》胃腸洗浄する.

【洗心革面】xǐ xīn gé miàn 成 あやまちを心から悔い改める. ¶从此～,重新做人 / これ以後心を入れ替え,やり直す. 同 革面洗心

【洗雪】xǐxuě 動(汚名や恥などを)すすぐ. 晴らす. 同 洗刷 xǐshuā

【洗衣】xǐ//yī 動 洗濯する.

【洗衣粉】xǐyīfěn 名〔⋯ 袋 dài〕洗濯用洗剤. 粉石けん.

*【洗衣机】xǐyījī 名〔⋯ 台 tái〕洗濯機.

【洗印】xǐyìn 動(写真の)現像を焼き付けする. ¶～照片 / 写真を現像する.

【洗浴】xǐyù 動 入浴する.

【洗冤】xǐyuān 動 無実の罪を晴らす. ¶一定替你～,还 huán 你清白 qīngbái / きっと君の冤罪を晴らし,身の潔白を取り戻してあげる.

*【洗澡】xǐ//zǎo 動 入浴する. ¶这一个月我只洗过两次澡 / この一ヵ月私は2,3度しかお風呂に入らなかった. ¶～间 / 浴室.

【洗濯】xǐzhuó 動 文 ❶ 汚れを洗い落とす. ❷ (罪・悪癖・恥・恨みなどを)取り除く. 比較 日本語の「洗濯する」は,一般に"洗衣服 xǐ yīfu"と言う.

玺(**璽**) xǐ 王部6 四 2710₃ 全10画 [通用]

名 ❶ 素 帝王の印章. ¶玉～ yùxǐ(玉璽⋯). ❷ (Xǐ)姓.

铣(**銑**) xǐ 钅部6 四 8471₂ 全11画 [次常用]

動 フライス盤で金属を削る. ¶～汽缸 qìgāng(シリンダーをフライス盤で加工する).

☞ 铣 xiǎn

【铣床】xǐchuáng 名《機械》〔⓪部 bù, 台 tái〕フライス盤. ミーリング・マシーン.
【铣刀】xǐdāo 名《機械》フライス. シーリングカッター.
【铣工】xǐgōng 名 フライス工.

徙 xǐ 亻部8 四 2128₁ 全11画 次常用

[素] 移る. 移す. 官職の異動がある. ¶~居 xǐjū / ~齐王信为楚王(斉王韓信を徙うして楚王とする).
【徙居】xǐjū 動 引っ越す.
【徙倚】xǐyǐ 動 文 徘徊(はい)する.

喜 xǐ 土部9 四 4060₁ 全12画 常用

❶ 形 うれしい. 楽しい. ¶听到这个消息,心中大~(この知らせを聞いて大変喜んだ). 反 怒 nù, 悲 bēi, 忧 yōu ❷ 名 喜ばしい(こと). 喜び(のこと). ¶要节约 jiéyuē 办~事(祝い事は質素にとり行おう) / 贺~ hèxǐ (慶事) / 报~ (吉報をもたらす). ❸ 名 懐妊する. ¶她有了(彼女はおめでただ). ❹ 動 好む. ¶闻乐 lè 见. ❺ 動 適する. 適応する. ¶海带~荤 hūn (コンブはなぐさ物とよく合う) / 植物一般都~光(植物はふつう日なたを好む). ❻ (Xǐ)姓.
【喜爱】xǐ'ài 動 好む. 好きだ. ¶这是你最~的食物 / これは君のいちばん好きな食べ物だ.
【喜报】xǐbào 名〔⓪张 zhāng〕吉報. ¶传来~ / よい知らせが伝わってくる.
【喜不自胜】xǐ bù zì shèng 成 喜びに耐えない.
【喜车】xǐchē 名 結婚式で花嫁を迎える車.
【喜冲冲】xǐchōngchōng 形 (~的)とてもうれしそうだ. ¶乐得得~的 / 彼はとてもうれしそうだ.
【喜出望外】xǐ chū wàng wài 成 予想外のことで大喜びする. 望外の喜び. ¶这消息,令我们~ / そのニュースは,私たちをことのほか喜ばせた.
【喜从天降】xǐ cóng tiān jiàng 成 喜びが天から降ってくる. 天から与えられた幸運.
【喜好】xǐhào ❶ 動 好む. 愛好する. ¶~运动 / スポーツをが好きだ. ¶什么~都没有 / なんの趣味もない. 同 爱好 àihào 反 厌恶 yànwù
*【喜欢】xǐhuān[-huan] ❶ 動 好む. 好きだ. ¶~看电视 / テレビを見るのが好きだ. ¶我最不~吹吹拍拍 / 私はおべんちゃらが一番嫌だ. 同 喜爱 xǐ'ài 反 讨厌 tǎoyàn, 厌恶 yànwù ❷ 形 楽しい. うれしい. ¶喜喜欢欢过节 / 楽しく休みを過ごす. ¶听到这消息,好不~ / この知らせを聞いて,とても嬉しかった. 酒 喜喜欢欢
【喜酒】xǐjiǔ ❶ 婚礼の祝い酒. ¶吃~ / 祝い酒を飲む. ❷ 婚礼の祝宴. ¶摆 bǎi~ / 祝宴を張る.
【喜剧】xǐjù 名〔⓪场 chǎng, 出 chū〕喜劇. コメディー. ¶~演员 / 喜劇俳優. 同 悲剧 bēijù
【喜力】Xǐlì 名《商標》ハイネケン(ビール). ♦Heineken
【喜联】xǐlián 名 婚礼の時に掛ける, めでたいことばを連ねた対聯(恋). 同 挽联 wǎnlián
【喜马拉雅山脉】Xǐmǎlāyǎ Shānmài《地名》ヒマラヤ山脈.
【喜眉笑眼】xǐ méi xiào yǎn 成 うれしくてにこにこと笑い相好をくずす.
【喜怒哀乐】xǐ nù āi lè 成 喜怒哀楽. ¶~,不形于色 / 喜怒哀楽を顔に出さない.
【喜怒无常】xǐ nù wú cháng 成 喜んでいるかと思うとすぐに怒り出す. 感情の起伏が激しい.
【喜气】xǐqì 名 喜びの表情. 喜ばしい雰囲気. ¶满脸~ / 喜色満面だ.

【喜气洋洋】xǐ qì yáng yáng 成 喜びにあふれているよう.
【喜钱】xǐqián[-qian] 名 ご祝儀. 参考 祝い事のある家が出し, 赤い紙や袋に包み入れる.
【喜庆】xǐqìng ❶ 形 めでたい. 喜ばしい. ¶~事 / お祝い事. ¶~的日子 / めでたい日. ❷ 名 祝い事.
【喜鹊】xǐquè[-que] 名《鳥》〔⓪只 zhī〕カササギ. ¶~叫,好事到 / カササギが鳴くと, 祝い事が訪れる. 同 鹊 què 参考 カササギの鳴き声を聞くと, めでたい事があるといわれている.
【喜人】xǐrén 名 喜ばせる. 満足させる. ¶取得 qǔdé~的成果 / 満足のいく成果を得る. ¶成绩~ / 成績は満足のいくものだ.
【喜丧】xǐsāng 名 天寿をまっとうした人の葬儀.
【喜色】xǐsè 名 うれしそうな表情. ¶面有~ / うれしそうな顔をしている.
【喜上眉梢】xǐ shàng méi shāo 成 喜びに目を輝かす.
【喜事】xǐshì 名 ❶〔⓪件 jiàn, 桩 zhuāng〕祝い事. ¶值得祝贺 zhùhè 的~ / お祝いに値する慶事. ❷ 丧事 sāngshì ❷ 結婚. ¶大办~ / 婚礼を盛大に執り行う. 表現 "红喜事"は結婚, "白喜事"は葬儀を指す.
【喜糖】xǐtáng 名 結婚の時に配る祝いのあめ. ¶什么时候能吃你的~？/ いつになったら君の祝いのあめが食べられるの？
【喜帖】xǐtiě 名〔⓪张 zhāng〕結婚式の招待状. ¶发~ / 結婚式の招待状を出す.
【喜闻乐见】xǐ wén lè jiàn 成 喜んで, 見たり聞いたりする. たいへん人気がある. ¶群众~的题材 / 大衆に人気があるテーマ.
【喜笑颜开】xǐ xiào yán kāi 成 うれしくて顔がほころぶ. ¶接到合格 hégé 通知,全家都~ / 合格通知を受け取って, 一家全員顔をほころばせる.
【喜新厌旧】xǐ xīn yàn jiù 成 新しいものを好み, 古いものを嫌う. 気が変わりやすい. ¶他~,对爱情不专一 / 彼は移り気で, 愛情に対して不真面目だ. 表現 多くは男女の愛情について言う.
【喜信】xǐxìn 名 うれしい知らせ.
【喜形于色】xǐ xíng yú sè 成 抑えきれない喜びが顔色にあらわれる. ¶新生个个~ / 新入生たちは皆喜色満面だ.
【喜幸】xǐxìng 動 文 喜ぶ.
【喜讯】xǐxùn 名〔⓪个 ge, 条 tiáo〕うれしい知らせ. ¶传来~ / うれしい知らせが届く.
【喜筵】xǐyán 名 祝宴. ¶摆 bǎi~ / 祝宴を張る. 表現 特に結婚披露宴を指す.
【喜洋洋】xǐyángyáng 形 喜びに満ちあふれている. ¶一片~的气氛 / 場にみなぎる喜びの雰囲気. 同 喜气洋洋 反 气冲冲 qìchōngchōng
【喜盈盈】xǐyíngyíng 形 喜びに満ちている.
【喜雨】xǐyǔ 名〔⓪场 chǎng〕恵みの雨. ¶普降 pǔjiàng~ / 広く恵みの雨が降る.
【喜悦】xǐyuè ❶ 形 楽しい. うれしい. ❷ 名 喜び. 反 忧愁 yōuchóu ¶~之情,溢 yì 于言表 / 喜びの気持ちが言動に満ちあふれる.
【喜幛】xǐzhàng 名 祝いに贈る絹布の掛け物. 参考 表に祝いの文字を切り抜いた物を張りつける.
【喜滋滋】xǐzīzī 形 (~的) うれしそうで心がうきうきしている. ¶看你怎~的,有什么好事？/ 嬉しそうだね, どんないい事があったの？

蓰 xǐ ⺿部9 四 4433₆ 全12画 通用

徙屣禧戏饩系 xǐ-xì 1193

恐れる. おどおどする. ¶畏 wèi~不前 (成) 恐れかしこまって前へ進もうとしない).

徙 xǐ 艹部11 四 4428₁ 全14画 通用
(繁) (又) 五倍. ¶倍~ bèixǐ (数倍になる).

屣 xǐ 尸部11 四 7728₁ 全14画 通用
靴. 履物. ¶~脱 xǐtuō (履物を脱ぐ) / ~履 xǐlǚ (履物をつっかけて歩く).

禧 xǐ 礻部12 四 3426₁ 全16画 通用
① 幸福. 吉祥. 喜び. ¶年~ niánxǐ (新年の喜び) / 恭贺 gōnghè 新~ (恭賀新年). 参考 ①はもと"xī"と発音した.

戏(戲/戯戲) xì 又部4 四 7345₀ 全6画 常用
① 遊ぶ. 戯れる. ¶集体游~ (グループ遊び, 団体ゲーム) / 不要当做 dàngzuò 儿~ érxì (子供の遊びだと思ってはいけない). ② ~からかう. ばかにする. ¶~弄 xìnòng. ③ 名〔场 chǎng, 出 chū〕芝居. 曲芸. ¶看~ (芝居を見る) / 唱~ chàngxì (伝統劇をやる) / 听~ tīngxì (伝統劇を見る) / 马~ mǎxì (サーカス) / 皮影~ píyǐngxì (影絵芝居). ④ (Xì)姓.
☞ 戏 hū

【戏班】xìbān〔~儿〕芝居の一座. ¶请~表演 / 一座を呼んで演じさせる. (同) 戏班子 xìbānzi
【戏包袱】xìbāofu 名 (旧)芝居通.
【戏报子】xìbàozi 名 (旧)芝居のポスター.
【戏本】xìběn 名〔~儿〕芝居の台本. (同) 戏本子 xìběnzi
【戏称】xìchēng ❶ 動 ふざけて…と呼ぶ. ❷ 名 あだ名.
【戏词】xìcí 名〔~儿〕芝居のせりふ.
【戏单】xìdān 名〔~儿〕〔份 fèn〕芝居のプログラム.
【戏法】xìfǎ 名〔~儿〕手品. トリック. ¶变~ / 手品を使う. ¶耍 shuǎ~/ トリックを使う.
【戏歌】xìgē 名《音樂》ポップオペラ.
【戏馆子】xìguǎnzi 名 (旧)劇場. 芝居小屋.
【戏剧】xìjù 名 ❶ 芝居. 劇. ¶现代~ / 現代劇. ❷ 脚本. 台本.
【戏剧性】xìjùxìng ❶ 形 劇的だ. ドラマチックだ. ❷ 名 劇的な要素. ドラマ性. ¶富有~的事件 / ドラマチックな事件.
【戏路】xìlù 名 役柄. ¶他~宽 / 彼は演技の幅が広い. (同) 戏路子 xìlùzi
【戏码】xìmǎ 名〔~儿〕《芸能》芝居の演目.
【戏迷】xìmí 名〔个 ge, 群 qún〕演劇の熱狂的なファン.
【戏目】xìmù 名 芝居のプログラム. 演目.
【戏弄】xìnòng 動 からかう. ¶说点正经 zhèngjing 的,别尽说笑话~人 / 冗談を言って人をからかってばかりいないで,少しまじめな話をしろよ. ¶~小猫 / 小猫をからかう. ¶遭 zāo~ / 悪ふざけをされる.
【戏票】xìpiào 名 芝居のチケット.
【戏曲】xìqǔ 名 ❶ 中国の伝統劇. 昆劇や京劇,その他の地方劇を含み,歌と踊りを主とする芝居. ❷《文学》戯曲.
【戏耍】xìshuǎ 動 ❶ からかう. ¶别~小孩 / 子供をからかってはいけない. ❷ 遊ぶ. ¶终日 zhōngrì 吃喝~ / 一日中飲み食らって遊ぶ.

【戏说】xìshuō 動 (歴史的な題材を)おもしろおかしく脚色する. 脚色して話す. 用法 書名の一部に用いることが多い.
【戏台】xìtái 名 舞台. ステージ.
【戏文】xìwén 名 ❶ 南宋の戯曲. 南戏 nánxì ❷ 芝居の歌とせりふの総称. (同) 戏词 xìcí ❸ 伝統劇.
【戏谑】xìxuè 動 冗談を言う. ¶说~话 / ふざけた事を言う.
【戏言】xìyán 名 冗談. ざれ言. ¶我说的不过是~,他倒 dào 当真 dàngzhēn 了 / 冗談で言っただけなのに,彼は真に受けた.
【戏衣】xìyī 名 舞台衣装.
【戏园子】xìyuánzi 名 (旧)〔家 jiā, 座 zuò〕芝居小屋.
【戏院】xìyuàn 名〔家 jiā, 座 zuò〕劇場.
【戏照】xìzhào 名 芝居の扮装で撮った写真.
【戏装】xìzhuāng 名〔身 shēn, 套 tào〕舞台衣装.
【戏子】xìzi 名 (旧) (貶) 役者. 河原こじき.

饩(餼) xì 饣部4 四 2871₇ 全7画 通用
(又) ❶ 名 祭祀や贈答用の家畜や生肉. 贈答用の穀物や飼料. ¶马~ mǎxì (馬のエサ). ❷ 動 (穀物・飼料・家畜などを)贈る. ¶~赉 xìlài (下賜する). ❸ 名 生肉. 生きている家畜.

系(係❶❼, 繫❺~❼) xì 糸部1 全7画 四 2090₃ 常用
❶ 繫 つながり. 系統. ¶~统 xìtǒng / 一~列の事实 (一連の事実) / 水~ shuǐxì (水系) / 世~ shìxì (代々伝わる家系). ❷ 名 (大学の)学部. 学科. ¶中文~ (中国語中国文学科). ❸ 名 (地質学で,地層の分類の)系. ❹ 動 (文) …である. …だ. ¶确 què~事实 (間違いなく事実だ). ¶是 shì ❺ 動 つなぐ. 結ぶ. ¶~马(馬をつなぐ) / 联~ liánxì (連絡する. 交流を持つ). ❻ 動 つり上げる. つり下げる. ¶从房上把东西~下来 (部屋から物をつり下げる). ❼ 動 (文) かかわる. 関係する. ¶干~ gānxì (かかわる. かかわり). ❽ 繫 (文) 拘禁する. ¶~狱 (獄につなぐ). ❾ 繫 気にかかる. ¶~念 xìniàn. ❿ (Xì)姓.
☞ 系 jī

【系词】xìcí 名 ❶ 《論理学》の繋辞 (¹⁺). コプラ. ❷《言語》文法で,主語と目的語を結んで判断をあらわすことば."我是学生"の"是".
【系列】xìliè ❶ 名 シリーズ. 連続. 系列. ❷ 量 セットになったものを数えることば. ¶采取了一~措施 / 一連の措置をとった. 用法 ②は,"一~~"の形で用いることが多い.
【系列化】xìlièhuà 動 系列化する. シリーズ化する.
【系列片】xìlièpiàn 名 シリーズものの映画. 連続もののテレビ番組. ¶电视~ / 連続テレビ番組.
【系念】xìniàn 動 (文) 心配する. ¶~亲人 / 家族を気にかける.
【系数】xìshù 名 係数. ¶膨张 péngzhàng~/ 膨張係数.
*【系统】xìtǒng ❶ 名 系統. システム. ¶~化 / システム化. ❷ 形 系統立った. 系統的な. ¶~学习 / 系統立った学習. ¶~地说明 / 系統立てて説明する. (反) 零碎 língsuì
【系统工程】xìtǒng gōngchéng 名 システム工学. システムエンジニアリング.
【系统集成】xìtǒng jíchéng 名《コンピュータ》システム・インテグレーション.

【系统论】xìtǒnglùn [名] システム論.

屃(屓 / [異] 屭) **xì** 尸部 4 [四] 7728₂ 全 7 画 [通 用]

→赑屃 bìxì

郄 **xì** 阝部 6 [四] 4772₇ 全 8 画 [通 用]

[素][文] ❶ "隙 xì"に同じ. ❷ "郤 xì"に同じ.

☞ 郄 Qiè

细(細) **xì** 纟部 5 [四] 2610₀ 全 8 画 [常 用]

❶[形] つぶが小さい. 細かい. ¶玉米磨得太～了(トウモロコシはとても細かくひいてある) / 这里的沙比那里的沙～多了(ここの砂はあそこの砂よりずっと細かい). [反] 粗 cū ❷[形] 細い. ¶这面条～极了(このうどんはとても細い) / 把铅笔削～了(鉛筆を細く削った). [反] 粗 cū ❸[形] (細工が)細かい. 精緻だ. ¶江西～瓷 cí (江西産の上質な磁器) / 这块布真～ (この布地は実にきめ細かい). [反] 粗 cū ❹[形] (音声が)小さくて鋭い. か細い. ¶嗓音 sǎngyīn～ (声が小さい). [反] 粗 cū ❺[形] 綿密だ. 詳細だ. ¶胆 dǎn 大心～ (大胆かつ慎重だ) / 精打～算([成] 細かくそろばんをはじく) / ～想一下,他说的很有道理(考えてみれば,彼の言うことは筋が通っている). [反] 粗 cū ❻[形] 質素だ. ¶过日子很～ (生活がつましい). ❼[形] ささいな. こまごまとした. ¶～节 xìjié. ❽ (Xì)姓.

【细胞】xìbāo [名]《生物》細胞.

【细胞壁】xìbāobì [名]《生物》細胞壁.

【细胞核】xìbāohé [名]《生物》細胞核.

【细胞膜】xìbāomó [名]《生物》細胞膜.

【细胞器】xìbāoqì [名]《生物》細胞小器官. オルガネラ.

【细胞学】xìbāoxué [名] 細胞学.

【细胞移植】xìbāo yízhí [名]《医学》細胞移植. 肝細胞移植.

【细胞质】xìbāozhì [名]《生物》細胞質.

【细别】xìbié ❶[動] 細かく区別する. ¶把各自的特点～开来 / それぞれの特徴を細かく分ける. ❷[名] わずかな違い.

【细布】xìbù [名] 目の細かい平織りの綿布.

【细部】xìbù [名] (製図や複製画の)細部の拡大図. ¶进行～分析 / 細部の分析を行う.

【细菜】xìcài [名] 供給量が少なくて値段の高い野菜. ハウス栽培のキュウリ,トマトなど. [反] 大路菜 dàlùcài

【细长】xìcháng [形] 細長い. ¶手指～ / 指がほっそりしている.

【细瓷】xìcí [名] 上質のきめの細かい磁器.

【细大不捐】xì dà bù juān [成] 事の大小にかかわらず一切捨てない. 何一つ漏らさず集める. ¶小明工作周到,～ / ミンさんの仕事は行き届いており,何一つおろそかにしない. [同] 细大无遗 wúyí

【细点】xìdiǎn [名] 材料を吟味し精微に作った"点心". ¶盘子里盛着各色～ / 皿には色々手の込んだ"点心"が盛られている.

X

【细发】xìfa [形][方] きめ細かい.

【细高挑儿】xìgāotiǎor [名][方] 背が高くてほっそりとした体つき(の人).

【细工】xìgōng [名] 精密な細工. ¶～活儿 / 細工仕事. [表現] 手仕事について言うことが多い.

【细故】xìgù [名][文] ささいな事. ¶何必为一些～争论不休? / どうしてほんのささいな事で言い争い続けるのか. [表現] もめ事の原因などを言うことが多い.

【细化】xìhuà [動] 細分化する.

【细活】xìhuó [名] (～儿) 〔[量] 件 jiàn〕 手の込んだ仕事. ¶专干～ / もっぱら細かい手仕事をする. [反] 粗活 cūhuó [表現] 特に高い技術を要する手先の仕事を指す.

【细嚼慢咽】xì jiáo màn yàn [句] よくかんでゆっくり飲み込む.

【细节】xìjié [名] 細部. 枝葉の部分. ¶一些～部分还需修改 / 一部の細かい点ではまだ修正が必要だ.

【细究】xìjiū [動] 詳しく追求する. ¶事情～起来,并不简单 / 事情を詳しく調べてみると,決して単純ではない.

*【细菌】xìjūn [名] 〔[量] 个 ge, 种 zhǒng〕 細菌.

【细菌武器】xìjūn wǔqì [名]《軍事》細菌兵器. [同] 生物 shēngwù 武器

【细菌性痢疾】xìjūnxìng lìji [名]《医学》細菌性赤痢(せきり).

【细菌学】xìjūnxué [名] 細菌学.

【细粮】xìliáng [名] 白米や小麦粉. [反] 粗粮 cūliáng

【细毛】xìmáo [名] (キツネやテンなどの)上等な毛皮.

【细密】xìmì [形] ❶ (布目や木目などが)細かくつんでいる. ¶质地 zhìdì～ / 布目がつんでいる. ❷ 綿密だ. 念入りだ. ¶对情况进行～的分析 / 状況を緻密に分析する.

【细目】xìmù [名] 細目. 詳しい目録.

【细嫩】xìnèn [形] (皮膚や筋肉などが)きめ細かくて柔らかい.

【细腻】xìnì [形] ❶ きめ細かくなめらかだ. ¶皮肤～ / 肌がすべすべしている. [反] 粗糙 cūcāo ❷ (描写や演技が)細やかだ. ¶描写～ / きめ細かに描写する. [反] 粗糙 cūcāo

【细皮嫩肉】xì pí nèn ròu [成] 体がきゃしゃだ.

【细巧】xìqiǎo [形] 精巧だ. ¶雕刻 diāokè～ / 精緻な彫刻をする.

【细情】xìqíng [名] 詳しい事情. ¶调查～ / 詳しい事情を調べる.

【细软】xìruǎn ❶[名] 軽くて携帯できる貴重品. "细"は金銀宝石, "软"は皮製品や書画. ❷[形] 細くて柔らかい.

【细润】xìrùn [形] きめが細かくつやのある. ¶瓷质 cízhì～ / 磁器の表面はつやつやしている.

【细弱】xìruò ❶[形] 細くて弱々しい. ¶～的身子 / か弱い体. ¶声音～ / 声がか細い. [反] 粗壮 cūzhuàng ❷[名][文] 幼い子供.

【细纱】xìshā [名]《紡織》粗紡糸をより合わせて作った細糸. [参考] 織布や糸を作るのに用いる.

【细声细气】xì shēng xì qì [成] か細い声だ. ¶说话～ / かぼそい声で話す.

【细石器】xìshíqì [名]《考古》細石器.

【细水长流】xì shuǐ cháng liú [成] ❶ 財物を節約して使い,長持ちさせる. ¶节约 jiéyuē 使用财物,做到～ / 財産を節約して使い,細く長くもたせる. ❷ 物事を少しずつ,途切れることなくやり続ける.

【细说】xìshuō [動] 詳しく説明する. ¶此是后话,不必～ / これは後で出る話なので詳しくは触れない. ¶慢慢～ / ゆっくりと詳細に話す. [同] 细谈 xìtán

【细碎】xìsuì [形] 細かく砕けている. ¶～花纹 huāwén / 細かい紋様.

【细挑[条]】xìtiao [形] 背が高くてほっそりしている. ¶～的身材 / すらりとした体つき.

【细微】xìwēi [形] かすかだ. わずかだ. ¶～差别 chābié / わずかな開き. [同] 纤细 xiānxì

【细小】xìxiǎo ❶[形] 細かい. 小さい. ¶～的变化 / 小さな変化. [反] 粗大 cūdà, 洪大 hóngdà ❷[名][文] 家族.

*【细心】xìxīn [形] 注意深い. 細かい所まで気がつく. ¶～观察 / 注意深く観察する. ¶～人 / 注意深い人. ¶她

做什么事都很~ / 彼女は何事をやるにも周到だ. 回仔细 zǐxì 反 粗心 cūxīn

【细雨】xìyǔ 名〔量 场 cháng〕小雨. ¶~蒙蒙 méngméng / 煙るように霧雨が降るようす.

【细语】xìyǔ 名 ささやき声. ¶低声~ / 声を低めてささやく.

【细则】xìzé 名 細則. ¶制订 zhìdìng~ / 細則を定める.

【细账】xìzhàng 名 細かい勘定.

【细针密缕】xì zhēn mì lǚ 成 (縫い目が細かいという意から)仕事が丹念だ. ¶~地绣花 xiùhuā / 繊細で入念に刺しゅうする.

【细枝末节】xì zhī mò jié 成 枝葉末節. 大して重要でない部分.

【细致】xìzhì 形 (やり方や考え方が)緻密だ. 丹念だ. ¶这幅画画得很~ / この絵は描き方がとても微密だ. ¶耐心 nàixīn~的工作作风 / 辛抱強く丁寧な仕事のしかた. 回 精细 jīngxì 反 粗疏 cūshū

【细作】xìzuò 名〔量 个 ge, 名 míng〕スパイ.

郤 xì
谷部2 全9画 通用 8762₇
❶ 素「隙 xì」に同じ. ❷(Xì)姓.

绤(綌) xì
纟部7 全10画 通用 2816₈
名 文 目の粗い葛(くず)布.

阋(鬩) xì
门部8 全11画 通用 3721₂
名 文 言い争う. せめぐ. ¶~墙 xìqiáng (内輪もめをする).

舄 xì
臼部6 全12画 通用 7732₇
名 ❶ 文 靴. 履物. ❷ 文「潟 xì」に同じ. ❸(Xì)姓.

隙 xì
阝部10 全12画 常用 7929₆
素 ❶ すきま. 裂け目. ¶墙~ qiángxì (壁や塀のすきま) / 门~ ménxì (門や戸のすきま). ❷ 感情のすきま. ¶有~ yǒuxì (気持ちにひびが入る). ❸ (つけ入る)すき. ¶乘~ chéngxì (機に乗じる) / 嫌~ xiánxì (恨み). ❹ 何もない. 空いている. ¶~地 xìdì.

【隙地】xìdì 名 空き地.

禊 xì
礻部9 全13画 通用 3728₄
名 みそぎ. 文 古代, 春と秋に, 災いなどをはらうために川辺で行った祭礼.

潟 xì
氵部12 全15画 通用 3712₇
名 文 塩分を含んだ土地. ¶~卤 xìlǔ (アルカリ性が強い土地).

---

xiā ㄒㄧㄚ [ɕiA]

呷 xiā
口部5 全8画 通用 6605₀
❶ 動 方 すする. 口をすぼめて飲む. ¶~了两口茶(茶を2,3口すすった) / ~一口酒 (酒を一口飲む). ❷(Xiā)姓.

虾(蝦) xiā
虫部3 全9画 常用 5113₀

名〔量 个 ge, 只 zhī〕エビ. ¶龙~ lóngxiā (イセエビ) / 对~ duìxiā (クルマエビ).
☞ 虾 há

【虾兵蟹将】xiā bīng xiè jiàng 成 貶 役に立たない将兵や手下. 他手下的~可多啦! / 彼の部下には有象無象ばかりだ. 由来 もとは, 神話の竜王の家来(エビの兵やカニの将軍)のこと.

【虾酱】xiājiàng 名 エビみそ. 参考 小エビを塩漬けにして醗酵させた調味料.

【虾米】xiāmi 名 ❶〔量 粒 lì〕(むき身の)干しエビ. ¶番茄 fānqié 炒~ / トマトと干しエビの炒めもの. ❷ 方 小エビ.

【虾皮】xiāpí 名 干した小エビ.

【虾仁】xiārén 名 (~儿)〔量 粒 lì, 只 zhī〕エビのむき身. ¶~炒蛋 chǎodàn / エビ入り卵焼き.

【虾油】xiāyóu 名 "虾酱 xiājiàng"の上澄みの油.

【虾子】xiā 名 ❶ xiāzǐ エビの卵. ❷ xiāzi 方 エビ.

瞎 xiā
目部10 全15画 四 6306₅

❶ 動 目が見えない. ❷ 副 むやみに. でたらめに. 無鉄砲に. ¶~忙(やたら忙しがる) / ~说 xiāshuō. ❸ 形 方 こんがらかる. もつれる. ¶也线弄~了(糸がもつれされた). ❹ 形 方 (農作物が)十分実らない. 発芽しない. ¶~穗 suì (実のない稲穂) / 谷子都~了(アワはみな実がならなかった). ❺ 形 (銃弾などが)不発である. ¶~炮 xiāpào.

【瞎操心】xiā cāoxīn 句 無駄な心配をする. ¶我们的事,你就别~了 / 私たちのことで, あなたが余計な心配をしないでくれ.

【瞎扯】xiāchě 動 とりとめのない話をする. でたらめを言う. ¶~一气 / ひとしきりとりとめのない話をする.

【瞎闯】xiāchuǎng 動 無鉄砲にぶつかる. むやみに突き進む.

【瞎吹】xiāchuī ほらを吹く. ¶到处~自己有本事 / 至る所で自分は大した者だと吹聴する.

【瞎费劲】xiā fèijìn 句(~儿)無駄骨を折る. ¶早用机器干,就用不着~了 / 早く機械を使っていれば, 無駄骨を折らずに済んだ.

【瞎胡闹】xiā húnào 句 むやみに騒ぐ. ¶别在会上~ / 会場では決して騒がないように.

【瞎糊弄】xiā hùnong 句 いいかげんにごまかす.

【瞎话】xiāhuà 名 うそ. ¶说~ / うそを言う. ¶~连篇 liánpiān / 全篇これうそ. 回 实话 shíhuà

【瞎咧咧】xiāliēlie 動 無責任な事を言う. ¶~什么? / 何をいいかげんな事を言っているのか.

【瞎蒙】xiāmēng 動 ❶ むやみに当て推量する. ❷ 思うがままに相手をだます.

【瞎闹】xiānào 動 でたらめをする. 無駄な事をする. ¶~了半天 / 長いこと空騒ぎをした.

【瞎炮】xiāpào 名 不発弾. 回 哑炮 yǎpào

【瞎说】xiāshuō 動 でたらめを言う. ¶~八道 / でたらめを言う.

【瞎信】xiāxìn 名〔量 封 fēng〕宛先不明などで配達できない手紙. 回 死信 sǐxìn, 盲信 mángxìn

【瞎眼】xiā//yǎn 動 ❶ 失明する. ❷ 見分ける力を失う. ¶算我~了, 和你这种人做朋友 / 私が盲目だったわけだ, お前なんかを友とするとは.

【瞎指挥】xiā zhǐhuī 句 でたらめな指図をする. ¶不懂却偏要~ / わからないくせにやたらと指揮をたがる.

【瞎诌】xiāzhōu 動 でたらめを言う. ¶不知道就不要

～ / 知らないならいいかげんな事を言うな.
【瞎抓】xiāzhuā 行き当たりばったりにする.
【瞎子】xiāzi ❶ 盲人. ❷[方] 実の入りが悪い穀物.
【瞎子摸象】xiā zi mō xiàng [成] 断片的な知識だけで, 全体を勝手に判断する. [由来] 盲人 mángrén 摸象 [由来] 「盲人が象をなでる」という意から.

匣 xiá
匚部5 全7画 四7171₅ [次常用]
[名] (～ル)(ふた付きの)小箱. 同 匣子 xiázi
【匣子】xiázi [名] ❶ 〔個 个 ge, 只 zhī〕 ふたのある小箱. ¶话～/ 蓄音機. ラジオ. ❷[方] モーゼル拳銃.
【匣子枪】xiáziqiāng [名] [方]《軍事》モーゼル拳銃. 同 驳壳 bókè 枪, 枪匣, 匣子

侠(俠) xiá
亻部6 全8画 四2528₀ [次常用]
❶ [素] 義俠のある人, または行い. ¶武～ / wǔxiá (俠客) / 骨 xiágǔ. ❷ 〔Xiá〕姓.
【侠骨】xiágǔ [名] 義俠心. 気骨. 気概.
【侠客】xiákè [名] [言]〔個 个 ge, 名 míng, 位 wèi〕侠客(きゃく). 同 武侠 wǔxiá
【侠气】xiáqì [名] 男気. 義俠心.
【侠义】xiáyì [形] 義俠心に富んでいる. ¶～心 肠 xīncháng / 義俠心. 男だて.

狎 xiá
犭部5 全8画 四4625₀ [通用]
[素] なれなれしい. ¶～侮 xiáwǔ (からかう. ふざける).
【狎妓】xiájì [動] 芸者遊びをする.
【狎昵】xiánì [形] なれなれしい. ¶～作态 / なれなれしい態度.

柙 xiá
木部5 全9画 四4695₀ [通用]
[名] ❶ 獣を入れるおり. ❷[旧] 囚人拘禁用のおりや護送車.

峡(峽) xiá
山部6 全9画 四2578₀ [常用]
[名] 山や陸地にはさまれた川や水路. ¶三～ Sānxiá (三峡) / 地峡 (地峡) / 海～ hǎixiá (海峡).
[用法] 地名に用いることが多い.
【峡谷】xiágǔ [名]〔個 条 tiáo〕峡谷. ¶深山～ / 深山と峡谷.

狭(狹/[異]陿) xiá
犭部6 全9画 四4528₀ [常用]
❶ [形] 狭い. ¶地方太～ (場所が狭すぎる) / ～隘 xiá'ài / ～路 相 xiāng 逢 féng. 同 窄 zhǎi [反] 广 guǎng, 宽 kuān ❷〔Xiá〕姓.
【狭隘】xiá'ài [形] ❶ 幅が狭い. ¶～的山道 / 狭い山道. ❷ (度量や見識などが)狭い. ¶心胸～ / 度量が狭い. [比较] "狭隘"は, 「度量や見識などが狭い」意に多く用いられ, 「幅が狭い」意に用いられることは少ない. "狭窄 xiázhǎi"はいずれにもよく用いられる.
【狭长】xiácháng [形] 狭くて長い. ¶～的通道 / 狭く長い通路.
【狭路相逢】xiá lù xiāng féng [成] 衝突が避けられない. [由来] 狭い道で出会うと避けようがない, という意から.
【狭小】xiáxiǎo [形] 狭くて小さい. ¶家～ / 家が小さい. ¶涉及 shèjí 的范围～ / 関連する範囲は狭い. [反] 广阔 guǎngkuò [比较] "狭小"は「小さい」ことに, "狭窄 xiázhǎi"は「狭い」ことに, それぞれ重点をおく. "狭小"は面積を形容し, 幅を形容することができる. "狭窄"はいずれにも用いることができる.
【狭义】xiáyì [名] 狭い意味. 狭義. [反] 广义 guǎngyì

【狭窄】xiázhǎi [形] ❶ 幅が狭い. ¶～的走廊 zǒuláng / 狭い廊下. [反] 宽敞 kuānchang ❷ (度量や見識などが)狭い. ¶心胸 xīnxiōng～ / 度量が狭い. 同 狭隘 xiá'ài [反] 广 泛 guǎngfàn, 宽 广 kuānguǎng ⇨狭隘 xiá'ài, 狭小 xiáxiǎo

硖(硤) xiá
石部6 全11画 四1568₀ [通用]
[素] 地名用字. ¶～石 Xiáshí (浙江省にある町の名).

遐 xiá
辶部9 全12画 四3730₄ [通用]
❶ [素] 遠い. ¶～迩 xiá'ěr. 迩 ěr ❷ [素] 長い. 久しい. ¶～龄 xiálíng (高齢. 長寿). ❸〔Xiá〕姓.
【遐迩】xiá'ěr [形] [文] 遠くと近く. ¶闻名～ / 広く名声が知れわたる.
【遐思】xiásī [動] 空想する. 思いを馳せる. 同 遐想 xiǎng
【遐想】xiáxiǎng [動] 遠く思いをはせる. ¶沉浸 chénjìn 在～之中 / 想いにふける.

瑕 xiá
王部9 全13画 四1714₇ [通用]
❶ [素] 玉の表面にあるはん点. ❷ [素] 欠点. ¶～瑜 yú 互见. 瑜 yú ❸〔Xiá〕姓.
【瑕不掩瑜】xiá bù yǎn yú [成] 欠点はあるが長所がかすむほどではない. 長所が多く, 欠点は少ない. [由来] 『礼記』聘义に見えることば. "瑕"は玉のはん点のこと. "瑜"は玉の光沢のこと.
【瑕疵】xiácī [名] 小さな欠点. ¶虽有～, 仍不失为一件艺术珍品 zhēnpǐn / 小さな傷はあるものの, やはり貴重な芸術品だと言える.
【瑕玷】xiádiàn [名] [文] 汚点. 欠点. [由来] 玉の表面のキズや斑点のことから.
【瑕瑜互见】xiá yú hù jiàn [成] 長所もあれば短所もある. ¶人们对小张的评价是～ / 張さんは長短あわせ持つ人物と評価されている.

暇 xiá
日部9 全13画 四6704₇ [通用]
[素] ひま. ¶得 dé～ (ひまを得る) / 无～ (ひまがない) / 自顾不～ [成] 自分のことで手いっぱいだ.

辖(轄/[異]鎋❶, 舝❶) xiá
车部10 全14画 四4356₅ [次常用]
❶ [名] 車輪を車軸にとめるくさび. ❷ [素] 管理する. 管轄する. ¶直～ zhíxiá (直轄市) / 统～ tǒngxiá (統轄する).
【辖区】xiáqū [名] 管轄地区. ¶～之内治安良好 / 管轄地区内の治安は良い.
【辖制】xiázhì [動] 取り締まる. 拘束する. ¶受人～ / 人に拘束される.

霞 xiá
雨部9 全17画 四1024₇ [常用]
❶ [素]〔朵 duǒ, 片 piàn〕(日の出や日の入りの時に)赤く染まった空や雲. ¶彩～ cǎixiá (彩霞) / 朝～ zhāoxiá (朝焼け) / 晚～ wǎnxiá (夕焼け). ❷〔Xiá〕姓.
【霞光】xiáguāng [名]〔道 dào, 片 piàn〕雲間から射す色とりどりの陽光. ¶一缕 lǚ～从云间射出 / 一筋の陽光が雲間から漏れる.

黠 xiá
黑部6 全18画 四6436₁ [通用]
[素] 悪賢い. ずる賢い. ¶狡～ jiǎoxiá (狡猾だ) / 慧

huìxiá（悪賢い）.

下 xià

卜部1　四 1023。
全3画　常用

I 形（単独で用い）下し．しも．❶ "上"と呼応し対句を作る．¶~有天堂,下有苏杭 Sū Háng / 天に極楽があるように,この世には蘇州,杭州がある．

❷ "面+下"の形で用いる．¶往~看 / 下を見る．¶自~而上 / 下から上へ行く．

II 形 下．下方．❶ "名+下"の形で用い,①下方の場所を示す．¶山~ / 山のふもと．¶楼~ / 階下．¶脚~ / 足元．¶坐在树~乘凉 / 木陰に座って涼む．

②下の地位を指す．¶部~ / 部下．¶臣 chén~ / 臣下．¶手~ / 部下．

③ある範囲,状況にあることを示す．¶在他的名~ / 彼の名義のもとに．¶在这种情况~ / このような状況のもとでは．

④数詞と共に複数の場所や方向を示す． しばしば "里" を伴う．¶走四~里看一看 / あたりを見てみる．¶一家人分几~里住,很不方便 / 一家がいくつかに分かれて住んでいてとても不便です．¶两~都同意 / 双方ともに同意した．

⑤ある時間や時節に当たることを示す．¶时~ / 目下．¶节~ / 節句時分．¶快到年~了 / もうすぐお正月です．

❷ （"下+名詞句"の形で）下の．後の．①場所を示す．¶~游 xiàyóu．¶~半段 / 下半分．¶最~层 / 最下段．

②時間や空間における順序が後であることを示す．¶~星期二 / 来週の火曜日．¶~个世纪 / 次の世紀．¶~（一）次 / 次の1回．¶~一趟车 / 次の便．¶~一站 / 次の駅．¶这是小王,一个是小张,再~一个是小李 / この方は王君,次の方は張君,さらに次の方は李君です．¶~~星期三放暑假 / 再来週の水曜日から夏休みになる．

III 量 ❶（~儿）動作の回数を数える．¶钟打了三~儿 / 時計が3時を打った．¶摇了几~旗子 / 旗が何度か揺れた．¶打了两~门 / ドアを2,3度叩いた．

❷（~儿）1回の短い動作．¶等一~ / ちょっと待って．¶你去问一~老陈 / 陳さんに聞いてごらん．¶你帮一~忙吧 / ちょっと手伝って．

❸ 動作が素早いことを表わす． 多く "一下子"．¶一~子想不起来了 / とっさに思い出せない．¶三~两~就做完了 / さっさとやり終えた．

❹（~儿）（"两","几"の後ろについて）腕前,技能を表わす． "…下子" も可．¶他真有两~ / 彼は本当に腕がよい．¶就这么几~,你还要逞能 chěngnéng ? / それぐらいの腕で,自慢するんじゃないよ．

IV 動 ❶ 下がる．降りる．⇔ 上 shàng．¶~山 xiàshān．¶~车 / 下車する．¶~船 xiàchuán．¶~了飞机立刻上了汽车 / 飛行機を降りてすぐに車に乗った．¶刚~到第三层 / 3階に下りたところだ．

❷（雨,雪など）が降る．¶~雪 xià xuě．¶~雨 xià yǔ．¶~霜 / 霜がおりる．¶~雾 wù / 霧が出る．

❸（命令などを）下(ś)す．発する．下りる．¶~通知 / 通知を出す．¶~指示 / 指示を出す．¶~文书 / 文書を出す．¶~调令 diàolìng / 転勤の辞令を出す．¶~了一道命令 / 命令が下りた．

❹（工場や職場組織などに）行く．¶~车间 / 職場へ行く．¶~工地 / 現場へ行く．¶他~乡了 / 彼は田舎へ入った．¶~到基层 / 末端に入っていく．¶我每月工资有限,总~馆子可不起 / 私は月給が少ないから,料理屋なんかそうそう行けないよ．

❺ 退場する．⇔ 上 shàng．¶~台 xiàtái．¶北京队~一个人,上海队~两个人 / 北京チームは1人下がり,上海チームは2人下がった．

❻（職務から）下りる．⇔ 上 shàng．¶~岗 xiàgǎng．¶~马 xiàmǎ．¶~放 xiàfàng．

❼ 入れる．投入する．¶~面条 / うどんを入れる．¶~种子 / 種をまく．¶~功夫 xià gōngfu．¶这一锅他~进五十多个饺子 / この鍋に彼は50個以上のギョーザを入れた．

❽ 取り除く．取り外す．⇔ 上 shàng．¶~螺丝钉 luósīdīng / ネジ釘を取り外す．¶从窗户上~了两块玻璃 / 窓からガラスを2枚取り外した．¶他把车灯~去了 / 彼は車のライトを取り外してしまった．

❾（判断などを）下す．¶~结论 xià jiélùn．¶~决心 / 決心する．¶~保证 / 保証をする．

❿ 使う．使い出す．¶他不敢轻易~笔 / 彼はなかなか書き始めることができない．¶暗地里~毒手 / 秘かに悪辣な手口を用いる．¶对症~药 / 症状にあわせて投薬する．

⓫（動物が）生む．生まれる．¶~小猪 / 子豚が生まれる．¶~蛋 xiàdàn．¶~崽儿 zǎir / 子を生む．

⓬ 攻略する．¶~了两个碉堡 diāobǎo / トーチカを2つ攻め落とした．

⓭ 決まった時間に仕事や勉強を終える．⇔ 上 shàng．¶~班 xiàbān．¶~课 xiàkè．¶~工 xiàgōng．

⓮ …より少ない．低い．⇔ 上 shàng．¶~不~三千人 / 3,000人を下らない．¶这个城市的人口~不了 liǎo 二十万人 / この都市の人口は20万を下らない．

⓯ 囲碁を打つ．将棋をさす．チェスをする．¶~棋 xiàqí．¶~围棋 / 碁を打つ．¶~象棋 / 将棋をさす．

✍ 補語"下"

1. 高いところから低いところへ移動する.
   ◇坐下 / 座る.
   ◇躺下 / 横になる.
   ◇跪 guì 下 / ひざまずく.
   ◇传下命令 / 命令を伝える.

2. 収容できるだけの空間がある.
   ◇能容下上千人 / 千人以上収容できる.
   ◇这间太小,睡不下五个人 / この部屋は狭いので,5人も寝られない.
   ◇这辆车坐得下五个人吗？ / この車には5人乗れますか.
   ◇我已经吃饱了,实在吃不下了 / もうおなか一杯で,これ以上入らない.

3. 動作が完成し,その結果が安定し,なおも持続していることを表わす.
   ◇打下基础 / 基礎を固める.
   ◇留下住址 / 住所を書き残す.
   ◇停下来！ / とまれ！.
   ◇存下钱 / 金を預けておく.
   ◇剩下的菜可以打包吗？ / 残った料理は持ち帰りできますか.

V 素 ❶ グレードの低いことを表わす．¶~等 xiàděng．¶~品 xiàpǐn．

❷ 下の方へ．¶~降 xiàjiàng．

VI（Xià）姓．

【下巴】xiàba 名《生理》あご．下あご．¶托着~ / ほおづえをついている．参考 "下颌 xiàhé" の通称．

【下巴颏儿】xiàbakēr 名《生理》下あご．¶摸 mō

～/あごをなでる.
【下襬】xiàbǎi 名 衣服のすそ.
*【下班】xià/bān 動 (～ㄦ)勤めがひける. 退勤する. ¶～后,去找小美/仕事が終わったら,メイちゃんに会いに行く.
【下半輩子】xiàbànbèizi 名 後半生. ¶～的生活有着落 zhuóluò 了/後半生はなんとか生活が落ち着いた.
【下半場】xiàbànchǎng →下半时 shí
【下半年】xiàbànnián 名 一年の後半. 下半期.
【下半旗】xià bànqí 半旗を掲げる. 回 降 jiàng 半旗
【下半晌】xiàbànshǎng 名 午後. 回 下午 xiàwǔ
【下半时】xiàbànshí 名《スポーツ》(試合の)後半. 回 下半场 chǎng
【下半天】xiàbàntiān 名 (～ㄦ)午後. 回 下午 xiàwǔ
【下半夜】xiàbànyè 名 夜半過ぎ. 回 后 hòu 半夜
【下半月】xiàbànyuè 名 月の後半.
【下絆】xiàbàn 動 水面下で危害を加える. 陰で足をすくう. 回 使 shǐ 绊子
【下輩】xiàbèi 名 (～ㄦ)❶子孫. ❷(家族の中の)下の世代. 次世代. ❸照料 zhàoliào～/若い者の面倒をみる.
【下輩子】xiàbèizi 名 来世.
【下本兒】xià/běn 動 元手をつぎ込む. 出資する. ¶想做生意,又舍不得 shěbude～/商売をしたいが,出資するのも惜しい.
【下筆】xià//bǐ 動 筆を下ろす. 書き始める. ¶下笔千言/筆を下ろせば千言. 筆が立つ. ¶不知从何～/どこから書き始めたらよいか分からない.
*【下邊】xiàbian 方 (～ㄦ)"下面 xiàmian"に同じ.
【下撥】xiàbō 動 (上級機関から下級機関へ)物資や資金を割り当てる.
【下不为例】xià bù wéi lì 成 今回のみで前例とはしない. 次回は認めない. ¶保证～/今回限りの特例であることを保証する. 表现 注意や警告のときに言う.
【下部】xiàbù 名 ❶下部. ❷(身体の)下部. 下半身. 陰部.
【下不来】xiàbulái 動 ❶下りて来られない. ¶你既然爬得上去,怎么～了呢?/登ることができたのに,どうして下りて来られないの? ❷目的を果せられない. ❸砌 qì 这道墙没有五千块砖/この塀は5,000個のレンガがなければ作れない. ❸引っ込みがつかない.
【下操】xià//cāo 動 ❶トレーニングに出かける. ❷トレーニングを終える.
【下策】xiàcè 名 へたなやり方. 愚かな策. 反 上策 shàngcè
【下層】xiàcéng 名 (機構や組織などの)下層. 基層部. ¶深入～/下層部に深く入り込む.
【下場】xià//chǎng 動 ❶(役者やスポーツ選手などが)退場する. ¶被罚 fá～/(反則で)退場を命じられる. ¶～门/舞台の上手. 退場口. ❷回 科挙の試験場に入る.
【下場】xiàchang 名 (人の)結末. 末路. ¶没有好～/よい結末はない. ¶落得如此～/このような結末となる. 表现 多くよろしくない場合に言う.
【下车伊始】xià chē yī shǐ 成 任地に着いたばかりだ. 着任早々だ.
【下沉】xiàchén 動 沈む. 沈下する. ¶～球/(変化球の)シンカー. ¶地基 dìjī～/地盤沈下する.
【下乘】xiàchéng 名 ❶《仏教》小乗. ❷(文学作品な

どが)ありきたりでつまらないこと.
【下厨】xià//chú 動 厨房に入る. 料理を作る.
【下处】xiàchu 名 宿. 仮のねぐら. ¶找个～住下/宿を探して泊まる.
【下船】xià//chuán 動 ❶船を下りる. 上陸する. ❷方 (船べりが岸より低い)船に乗る.
【下垂】xiàchuí 動 しだれる. 垂れ下がる. ¶胃 wèi～/胃下垂. ¶～球/(変化球の)ドロップ.
【下次】xiàcì 名 次回. 次.
【下存】xiàcún (残高に)残る. 残す. ¶这笔存款 cúnkuǎn 提了两千元,～八千元/この預金から2,000元引き出して,残高は8,000元だ.
【下挫】xiàcuò 動《経済》(価格・販売量・為替レートなどが)下がる.
【下達】xiàdá 動 (命令などを)下に伝える. 下達する. ¶～命令/命令を伝達する. ¶～了严格的缄口 jiānkǒu 令/厳格な箝口(ぎゃ)令をしいた.
【下蛋】xià//dàn 動 (動物や鳥などが)卵を産む.
【下等】xiàděng 形 下等の. 下級の. ¶～货/粗悪品. ¶～舱 cāng/二等船室.
【下地】xià//dì 動 ❶野良に出る. ¶～劳动/野良に出て働く. ❷(病人が)ベッドから下りる. ❸方 子供が生まれ落ちる.
【下第】xiàdì ❶ 形 文 下等だ. ❷(科挙の)試験に落第する.
【下店】xià//diàn 動 宿をとる. 宿屋に泊まる.
【下调】xiàdiào 動 下の部門に転勤または異動させる. ☞ 下调 xiàtiáo
【下跌】xiàdiē 動 水位が下がる. 価格が下落する. ¶行情 hángqíng～了/相場が下落した.
【下定】xià//dìng ❶旧 結納をする. 結納金を贈る. ¶儿子的婚事已经～了/息子の結婚はもう結納を済ませた. 回 下订 xiàdìng ❷頭金を納める. 手付け金を払う.
【下碇】xià//dìng いかりを下ろす. 投錨する. ¶船靠岸～了/船は埠頭に着いていかりを下ろした.
【下毒】xià//dú 動 毒を盛る.
【下毒手】xià dúshǒu 句 悪らつな手段を使う.
【下肚】xià//dù 動 腹に入れる. 飲食する.
【下颚】xià'è 名《生理》下あご. 下顎(がく).
【下发】xiàfā 動 (下級に通知などを)配布する.
【下凡】xià//fán 動 神話で,仙人が下界に下る. ¶天仙 tiānxiān～/天女が下界に下りた.
【下飯】xià//fàn おかずで食べる. おかずにする.
【下飯】xiàfàn ❶名 方 おかず. 総菜. 副食品. ❷ 形 おかずに適している. ¶这个菜很～/この料理はご飯によく合う.
【下房】xiàfáng 名 (～ㄦ)使用人の部屋.
【下放】xiàfàng 動 ❶(権限を下部へ)委譲する. 移管する. ❷幹部や知識人などを農村や工場に送り,一定期間労働に参加させて思想改造を行う. ¶～知青 zhīqīng/知識青年を下放させる. 下放した知識青年.
【下風】xiàfēng 名 ❶風下. 反 上风 shàngfēng ❷不利な立場. 劣勢. 反 上风 shàngfēng ¶不利な立場にいる. ¶甘拜 gānbài 下风/甘んじて人の後塵を拝する. 反 上风 shàngfēng
【下浮】xiàfú 動《経済》(価格・利率・給料などが)下がる.
【下崗】xià//gǎng 動 ❶持ち場を離れる. ❷リストラされる. レイオフされる. ¶安排～人员再就业/レイオフされた

人員の再就職をあっせんする.
【下工】xià//gōng 動 ❶ 仕事がひける. 勤めを終える. ❷ 旧 くびにする. 解雇する. ¶ 被老板下了工 / 店の主人にくびにされた.
【下工[功]夫】xià gōngfu 句 精を出す. 時間や力を費やす. ¶ 小伙子肯～, 肯钻研 zuānyán / 若者は進んで努力し, 進んで研鑽(ﾍﾟﾝ)する.
【下顾】xiàgù 名 ご愛顧. ご光臨. ¶ 如蒙 méng～, 无任欢迎 / ご来店を賜われば, 心から歓迎申し上げます. 表現 商店などのあいさつのことば.
【下馆子】xià guǎnzi 料理屋へ行く. 料理屋で食事をする. ¶ 一星期下一次馆子 / 1週間に1度レストランで食事をする.
【下跪】xiàguì 動 ひざまずく. ¶ ～磕头 kētóu / ひざまずき, 頭を床にぶつけて礼をする.
【下锅】xià//guō 動 鍋に入れる. ¶ 菜已～ / 野菜はもう鍋に入れた.
【下海】xià//hǎi 動 ❶ 海に入る. ❷ (漁民などが)海に出る. ❸ 素人の役者がプロの俳優になる. ❹ 旧 芸妓や踊り子になる. ❺ (役人や学者が)もとの仕事をやめて商売を始める. 商売に転身する. ¶ ～经商 jīngshāng / 本職を離れて商売をする.
【下颌】xiàhé 名 (生理)下あご. 参考 通称"下巴 xiàba".
【下怀】xiàhuái 自分の心. 自分の考え. 表現 多く謙譲語として用いられる.
【下回】xiàhuí 名 次回. 回 下次 xià cì.
【下基层】xià jīcéng (組織の)末端や現場に下る.
【下级】xiàjí 名 下級. 下部. ¶ ～组织 / 下級組織. ¶ ～官吏 guānlì / 下級官吏. 反 上级 shàngjí, 上司 shàngsi.
【下家】xiàjiā 名 ❶ (～儿)(ゲームの順番などで)次にあたる人. 次の人. ❷ 方 拙宅.
【下贱】xiàjiàn 形 ❶ 卑しい. 下賎(ﾊﾞﾝ)だ. ❷ 劣だ. ¶ ～货 / 劣な物. 表現 2は, 人をののしることば.
【下江】xiàjiāng 長江の下流域. ¶ ～人 / 長江下流地方出身の人. ¶ ～官话 / 長江下流地域で使われた共通語.
【下降】xiàjiàng 動 下降する. 減少する. ¶ 成本～ / コストが下がる. ¶ 成绩～ / 成績が下がる. 同 降落 jiàngluò 反 上升 shàngshēng
【下脚】❶ xiàjiǎo 名 原材料の残り. くず. ¶ ～棉 mián / くず綿. ¶ ～货 / 売れ残りの半端もの. 同 下脚料 liào ❷ xià//jiǎo 動 (～儿)足を下ろす. 足を踏み込む. ¶ 屋子里到处是水, 实在没处～ / 部屋の中は浸水して, 足の踏み場もない.
【下脚料】xiàjiǎoliào 名 生産過程で生じる廃材. くず. 同 下脚, 边角 biānjiǎo 料
【下结论】xià jiélùn 結論を出す. ¶ 先调查研究, 再～ / まず調査研究して, それから結論を出す.
【下届】xiàjiè 名 次回. 次期.
【下界】❶ xià//jiè 動 神仙が下界に下る. 天(ｶﾐ)下る. 同 下凡 xiàfán ❷ xiàjiè 名 人間の住む世界. 下界. 参考 神仙の住む"上界 shàngjiè"(天上界)に対して言う.
【下劲】xià//jìn 動 力を入れる. 努力する. ¶ ～学 / 身を入れて勉強する. ¶ 他干得 gànde 很～ / 彼は実に努力している.
【下酒】xià//jiǔ 動 ❶ 酒のつまみにする. ¶ 炒个菜来～ / いためものを作って酒のさかなにする. ❷ 酒のさかなに合う. ¶ 这个菜～很好, 下饭不行 / この料理は酒には合うが飯には合わない.
【下酒菜】xiàjiǔcài 名 酒のつまみ.
【下课】xià//kè 動 授業が終わる. ¶ 讲完这道题 tí 再～ / この問題を説明してから授業を終える.
【下款】xiàkuǎn 名 (～儿)(手紙や書画の)署名. 落款.
【下来】xià//lái[-lai] 動 ❶ (高い所から低い所へ)下りて来る. 反 上去 shàngqù ❷ (農作物が)食べごろになる. 収穫する. ❸ (動詞の後に用いて)動作が高い所から低い所へ, または遠くから近くへ向って来ることをあらわす. ¶ 他从楼上走～ / 彼が2階から下りてきた. ❹ (動詞の後に用いて)動作が過去から現在まで続いていること, または初めから終わりまで続いていることをあらわす. ¶ 参加长跑的人都坚持～了 / マラソンに参加した人は全員頑張りとおした. ❺ (動詞の後に用いて)動作の完成や結果をあらわす. ¶ 把情况记录～ / 情況を記録しておく. ❻ (形容詞の後に用いて)程度がさらに続くことをあらわす. ¶ 天色黑～了 / 空は暗くなっていった. 表現 ❻は, 好ましくない場合に多く用いる.
【下里巴人】xià lǐ bā rén 成 通俗的な文芸. 参考 もとは, 春秋時代この楚国の民歌を指した. "阳春白雪 yángchūn báixuě"(高雅な文芸)と対にして用いることが多い.
【下力】xià//lì 動 力を出す. 力仕事をする. ¶ ～人 / 力仕事をする人. ¶ 干活肯 kěn～ / 骨身を惜しまず精一杯働く. 同 出力 chūlì
【下里】xiàli 名 (数字の後に用いて)方面や方向などをあらわす.
【下联】xiàlián 名 (～儿)对聯(ﾀｲ･ﾚﾝ)の下の句. 反 上 shàng 联 ⇒对联 duìlián
【下列】xiàliè 形 以下に列挙した. ¶ 应 yīng 注意～几点 / 以下のいくつかの点に注意して下さい.
【下令】xià//lìng 動 命令を下す. ¶ ～解散 jiěsàn / 解散を命じる.
【下流】xiàliú ❶ 名 下流. 川下. ¶ 长江～ / 長江の下流. ❷ 名 卑しい地位. ❸ 形 下品だ. 卑しい. ¶ ～无耻 wúchǐ / げすで恥知らず.
【下流话】xiàliúhuà 名 下品な話. 下品なことば.
【下落】xiàluò ❶ 名 (探している人や物の)行方. ありか. ¶ ～不明 / 行方不明. ¶ 不知～ / 所在が知れない. 同 着落 zhuóluò ❷ 動 下りる. 降下する.
【下马】xià//mǎ 動 (計画や事業を)打ち切りにする. 中止する. (重要な)任務から下りる. ¶ 由于资金不足, 这个工程已经～了 / この工事は資金不足ですでに中止になったそうだ. 反 上马 shàngmǎ
【下马看花】xià mǎ kàn huā 成 じっくりと情況を視察・調査する. 反 走马 zǒumǎ 看花 由来 馬を下りて花見をする, という意である.
【下马威】xiàmǎwēi 俗 まず初めに人に威勢を示す. にらみをきかせる.
【下毛毛雨】xià máomaoyǔ 句 ❶ こぬか雨が降る. ❷ 事前に少し情報を漏らす. ❸ やんわりと叱る. それとなく批判する.
【下面】xiàmian 方 (～儿) ❶ 下. 下の方. ❷ 次. あと. 以下. ¶ ～的话, 不说你也知道了 / そのあとのことは言わなくても分かるだろう. ❸ 部下. 下級. ¶ 上面一句话～跑断腿 / 上の一言で下は駆けずり回る.
【下奶】xià//nǎi 動 産婦の乳の出をよくする. 同 催奶 cuīnǎi
【下女】xiànǎ 名 旧 下女.
【下品】xiàpǐn 名 低級品. 粗悪品. 反 上品 shàng-

xià 下

pīn
【下坡】xià//pō 動 ❶坂を下りる.下降線をたどる.¶走～/坂を下る.❷方野良に出る.
【下坡路】xiàpōlù 名 ❶下り坂.❷衰退の途.落ち目.
【下铺】xiàpù 名 ベッドの下段.
【下棋】xià//qí 動 将棋をさす.囲碁をする.¶下象棋/将棋をさす.¶下围棋 wéiqí/囲碁をうつ.
【下欠】xiàqiàn ❶動借金が残る.❷名借金の残高.
【下情】xiàqíng 名 ❶下々の事情.民衆の心.¶～上达/下々の事情を上へ伝える.❷自分の事情.自分の気持ち.¶陈述 chénshù～/事情を話す.表現②は謙譲語.
**【下去】xià//qù[-qu] 動 ❶(高い所から低い所へ)下りて行く.¶～一百米,就到工作地/100メートル下がった所が作業場だ.¶～锻炼/下の部門に下って鍛える.反上来 shànglái ❷(動詞の後に用いて)動作が高い所から低い所へ、または低い所を遠く離かへ向って行くことをあらわす.¶船沉～了/船が沈んでいった.❸(動詞の後に用いて)動作が現在から未来に続いていくことをあらわす.¶说不～/話を続けられない.¶继续 jìxù 干～/継続してやり続ける.❹(形容詞の後に用いて)程度がさらに増すことをあらわす.¶一天一天瘦～了/日一日とやせていった.表現④は、好ましくない場合に多く用いる.
【下人】xiàrén 名 使用人.同底下人 dǐxiarén.
【下山】xià//shān 動 ❶山を降りる.❷(太陽が)地平線に沈む.
【下梢】xiàshāo 名 ❶結末.終局.❷末端.末尾.参考①は、多く早期白話に見える.
【下身】xiàshēn 名 ❶下半身.❷陰部.❸(～儿)ズボン.同裤子 kùzi.
【下生】xiàshēng 動 生まれる.出生する.
【下剩】xiàshèng 動 余る.残る.¶苹果只～这一个了/リンゴはこれ一つだけしか残っていない.
【下士】xiàshì 名 (軍事)下士官の最下位.伍長.
【下世】❶xià//shì 動 文 世を去る.同去世 qùshì ❷xiàshì 名 来世.¶～再做夫妻 fūqī/来世でまた夫婦になる.
【下手】xià//shǒu 動 手を下す.着手する.¶先～为 wéi 强/先んずれば人を制す.¶不知从哪儿～/どこから手をつけていいか分からない.同动手 dòngshǒu,着手 zhuóshǒu,入手 rùshǒu.
【下手】xiàshǒu (～儿) ❶下座.下(4)手.¶他坐我的～/彼は私より下手に座る.同下首 xiàshǒu ❷"下家 xiàjiā"に同じ.❸助手.表現①は、室内では一般に外に面した側、または外に向かって右側を言う.
【下首】xiàshǒu (～儿)"下手 xiàshǒu"①に同じ.
【下书】xiàshū 動 文 (人をやって)手紙を届けさせる.
【下箱】xiàxiāng 名 "下级 xiàjí"に同じ.
【下述】xiàshù ❶動 以下に述べる.後述する.¶详情 xiángqíng～/詳しい事情は以下に述べる.❷名 後述.¶如 rú～/後述の通り.❸名 後述する内容.
【下水】xià//shuǐ 動 ❶水に入る.進水する.¶～典礼/進水式.❷(布や糸を水に漬けて縮ませる.¶这件衣服还没下过水呢/この服はまだ洗濯をしたことがない.❸悪の道に入る.¶拖 tuō 人～/人を悪の道に引っ張り込む.
【下水】xiàshuǐ 形 川を下る.下りの.¶～船/下りの船.
【下水道】xiàshuǐdào 名 下水道.

【下水】xiàshuǐ 名 食用にする家畜の内臓.¶猪～/ブタの胃と腸.参考地方によっては胃と腸のみを指す.
【下榻】xiàtà 動 文 (客が)宿泊する.投宿する.¶～北京饭店/北京飯店に宿をとる.
【下台】xià//tái 動 ❶舞台または演壇から下りる.反上台 shàngtái ❷(喩)下野する.政権の座を下りる.反被迫 bèipò～/辞任を迫られた.反上台 shàngtái ❸窮状を脱する.¶你去圆圆场,让他好～/彼の引っ込みがつくよう,この場をおさめてくれ.用法③は、否定形で用いることが多い.
【下体】xiàtǐ 名 下半身.同下身 xiàshēn.
【下调】xiàtiáo 動 《経済》(価格や利率を)下方修正する.⇨下调 xiàdiào
【下帖】xià//tiě 動 招待状を出す.¶～请客/招待状を出して客を招く.
【下同】xiàtóng 動 以下同じ.用法 多く注記などに用いる.
【下头】xiàtou 方 ❶下.下の方.❷下級.下部.¶～来汇报 huìbào 情况/下から事情を報告する.
【下晚儿】xiàwǎnr 名 方 夕暮れ時.夕方.
【下文】xiàwén ❶名 (文章や話の)後の部分.後文.❷その後の発展や結果.続き.
**【下午】xiàwǔ 名 午後.¶这间屋子～西晒 xīshài/この部屋は午後に西日がさす.¶忙了一～/午後いっぱい忙しかった.
【下弦】xiàxián 名 下弦の月の形.¶～月/下弦の月.
【下限】xiàxiàn 名 下限.最低限度.最小限度.¶不设 shè～/最低限度を設けない.反上限 shàngxiàn.
【下陷】xiàxiàn 動 くぼむ.陥没する.
【下乡】xià//xiāng 動 農村へ行く.¶～青年/文革時代に、農村に移住して労働に従事した学生や紅衛兵.¶上山～/文革中,党幹部や学生が農村に移住する.
【下泄】xiàxiè 動 (水が)下に向かって流れる.排出される.
【下泻】xiàxiè 動 ❶(水が)下に向かって流れる.❷下痢をする.
【下星期】xiàxīngqī 名 来週.¶下～/再来週.
【下行】xiàxíng 動 ❶列車が下り方向に運行する.¶～车/下り列車.反上行 shàngxíng ❷船が下流に向かって航行する.反上行 shàngxíng ❸公文書を上級から下級に送り届ける.¶～公文/公文書を下にまわす.
【下旋球】xiàxuánqiú 名《スポーツ》(卓球の)カットボール.
【下学】xià//xué 動 学校がひける.一日の授業が終わる.¶～后到游泳池 yóuyǒngchí 去游泳/放課後はプールへ泳ぎに行く.
【下雪】xià xuě 句 雪が降る.¶下大雪/大雪が降る.
【下旬】xiàxún 名 下旬.
【下药】xià//yào 動 ❶薬を処方する.投薬する.¶对症 duìzhèng～/病状に合わせて薬を処方する.❷毒を盛る.¶往酒杯里～/酒に毒を盛る.
【下野】xià//yě 動 野に下る.下野する.政界や官界を退く.
【下一步】xiàyībù 名 次のステップ.次の段階.¶～的打算/次のもくろみ.
【下衣】xiàyī 名 下着.同内衣 nèiyī
【下议院】xiàyìyuàn 名 下院.下議院.同下院
【下意识】xiàyìshí[-shi] 名 潜在意識.無意識.¶～地摸摸 mōmo 胡子 húzi/無意識にひげをなでる.
【下游】xiàyóu 名 ❶川の下流.河口付近.反上游

shàngyóu ❷ 立ち後れている状態．¶虽处 chǔ～，但完全可以力争 lìzhēng 上游／後れてはいても，つとめて高い所を目指すべきだ．⊗ 上游 shàngyóu

【下雨】xià yǔ 動 雨が降る．¶下起雨来了／雨が降り出した．¶外边儿正在下小雨呢／外は小雨が降っている．

【下狱】xià/yù 動 刑務所に入れる．投獄する．

【下月】xiàyuè 名 来月．同 下个月 xiàgeyuè

【下载】xiàzài 動《コンピュータ》ダウンロードする．⊗ 上 shàng 载

【下葬】xià//zàng 動 埋葬する．土葬する．

【下肢】xiàzhī 名《生理》下肢．⊗ 上肢 shàngzhī

【下中农】xiàzhōngnóng 名 豊かでない中農．下層中農．

【下种】xià//zhǒng 動 種をまく．同 播种 bōzhǒng

【下周】xiàzhōu 名 来週．同 下星期 xiàxīngqī

【下箸】xià//zhù 動文 箸(はし)を下ろす．箸をつける．

【下装】xià//zhuāng 動 役者が衣装を脱いで化粧を落とす．同 卸装 xièzhuāng

【下坠】xiàzhuì 動 ❶（物などが）落ちる．落下する．❷（出産の近い妊婦が）産気づく．❸《医学》（腸炎の患者などの）下腹部がはり便意をもよおす．

【下子】xià/zǐ 動〔～儿〕❶（魚や虫などが）卵を産む．産卵する．¶鱼类～的季节／魚が産卵する季節．❷ 種をまく．同 播种 bōzhǒng

【下子】xiàzi 量 ❶ 動作の回数をあらわすことば．¶说一～／一度言う．¶打了他两～／彼を2,3回殴った．❷方 容量をあらわすことば．¶装着 zhuāngzhe 半～墨水 mòshuǐ／半分インクが入っている．❸("下"，"几"の後に用いて）能力や技能をあらわすことば．¶你真有两～／君は本当に大した腕前だ．¶想不到小明也有几～／ミンさんがやり手とは思いもよらなかった．

【下作】xiàzuo ❶形 卑しい．下劣だ．¶这样～的事，我才不做呢！／こんな下劣なことは，私がするものか．❷形方（食べ物などに）がつがつしている．❸名方 助手．¶打～／助手になる．

吓（嚇）xià

口部 3　四 6103₀

全6画　常用

動 脅す．脅かす．恐れる．¶困难～不倒英雄汉（英雄や豪傑が困難を恐れることはない）．

☞ 吓 hè

【吓倒】xiàdǎo 動 びっくり仰天する．¶不要被暂时的困难～／一時的な苦難にびびってはいけない．

【吓唬】xiàhu 動 脅す．怖がらせる．¶别尽～人！／おどかすなよ！

【吓坏】xiàhuài 動 驚いて腰をぬかす．びっくり仰天する．

【吓跑】xiàpǎo 動 驚いて逃げる．

【吓破胆】xiàpò dǎn 句 びっくりして肝をつぶす．¶被地震吓破了胆／地震に肝をつぶした．

【吓人】xià//rén 動 驚かせる．怖がらせる．

【吓死】xiàsǐ 動 ひどく驚く．びっくり仰天する．¶～人／人をひどく驚かす．

夏 xià

久部 7　四 1040₇

全10画　常用

❶名 夏．⊗ 冬 dōng ❷素 中国の古称．¶华～ Huáxià（中国）．❸(Xià)名 夏(か)．禹が建てたとされる王朝の名(前21－前17世紀ごろ)．❹(Xià)姓．

【夏布】xiàbù 名《紡織》〔块 kuài〕ラミー布地．参考 蚊帳(かや)や夏服などにする．

【夏管】xiàguǎn 名《農業》夏期の作物管理．

【夏季】xiàjì 名 夏季．

【夏历】xiàlì 名 旧暦．農暦．同 农历 nónglì

【夏粮】xiàliáng 名《農業》夏に収穫する穀物．

【夏令】xiàlìng 名 ❶ 夏季．¶～时间／サマータイム．❷ 夏の気候．¶春行 xíng～／春なのに夏の気候のようだ．

【夏令营】xiàlìngyíng 名 サマーキャンプ．

【夏眠】xiàmián 名《生物》夏眠する．炎暑や日照りの季節の休眠現象をいう．同 夏蛰 zhé

【夏日】xiàrì 名 ❶ 夏の太陽．夏の日差し．¶～炎炎 yányán／夏の日差しがかんかんと照りつける．❷ 夏の季節．

【夏时制】xiàshízhì 名 サマータイム．参考 中国では1986年に導入，1989年に廃止された．

【夏收】xiàshōu ❶動 夏に収穫する．¶春种 zhòng～／春に種をまいて夏に収穫する．❷名 夏の収穫．

**【夏天】xiàtiān 名 夏．同 夏季 xiàjì

【夏娃】Xiàwá《人名》（旧約聖書の）イブ．

【夏威夷】Xiàwēiyí《地名》ハワイ（米国）．

【夏衍】Xià Yǎn《人名》夏衍(か えん：1900-1995)．参考 中国近代の劇作家・映画芸術家で社会活動家．代表作に「秋瑾伝」などがある．

【夏衣】xiàyī 名 夏服．夏の着物．

【夏耘】xiàyún 動名 夏に除草をする（こと）．同 夏锄 xiàchú

【夏至】xiàzhì 名 夏至．二十四節気の一つ．¶～草／ゲシソウ．¶～线／北回帰線．

【夏种】xiàzhòng 名《農業》夏の種まき．

【夏装】xiàzhuāng 名〔件 jiàn，套 tào〕夏の服装．夏服．

唬 xià

口部 8　四 6101₇

全11画　次常用

動 "吓 xià"に同じ．

☞ 唬 hǔ

厦（異 廈）xià

厂部 10　四 7124₇

全12画　常用

素 地名用字．¶～门 Xiàmén．

☞ 厦 shà

【厦门】Xiàmén《地名》厦門(アモイ)．福建省南部の都市．5大経済特区の一つ．

罅 xià

缶部 11　四 8174₉

全17画　通用

素 裂け目．すき間．¶～裂 xiàliè（裂ける．ひび割れる）．

【罅漏】xiàlòu 名文 ❶ すき間．❷ 遺漏．手落ち．

【罅隙】xiàxì 名文 すき間．裂け目．

xian ㄒㄧㄢ〔çien〕

仙（異 僊）xiān

亻部 3　四 2227₀

全5画　常用

❶名 仙人．神仙．❷名 風俗を超越した人のたとえ．¶酒～ jiǔxiān（のんべえ）／剣～ jiànxiān（剣の達人）．❸(Xiān)姓．

【仙丹】xiāndān 名〔粒 lì〕仙丹．起死回生，または不老長寿の霊薬．

【仙姑】xiāngū 名 ❶ 仙女．❷旧 巫女(みこ)．女祈とう師．同 道姑 dàogū

【仙鹤】xiānhè 名〔只 zhī〕❶《鳥》タンチョウヅル．

❷ 伝説で,仙人が飼っている白鶴.
【仙鹤草】xiānhècǎo 名〔植物・薬〕キンミズヒキ.センカクソウ.回 龙牙 lóngyá 草 参考 止血剤に用いる.
【仙后座】xiānhòuzuò 名〔天文〕カシオペア座.
【仙境】xiānjìng 名〔＝ 处 chù〕神仙の住む所. 表現 多く風光明媚な場所のたとえに用いる.
【仙客来】xiānkèlái 名〔植物〕シクラメン.
【仙女】xiānnǚ 名〔＝ 位 wèi〕(若くて美しい)仙女. ¶～下凡 xiàfán / 仙女が俗世に下りる(美女のたとえ).
【仙人】xiānrén 名〔＝ 位 wèi〕仙人.
【仙人球】xiānrénqiú 名《植物》球状のサボテン. 回 仙人拳 quán.
【仙人掌】xiānrénzhǎng 名〔植物〕〔＝ 棵 kē〕サボテン.
【仙人杖】xiānrénzhàng 名〔植物〕クコ.
【仙山琼阁】xiān shān qióng gé 成 美しく幻想的な世界. 由来 仙人が住む山,玉でできた楼閣,という意から.
【仙逝】xiānshì 動 世を去る. 逝去する.
【仙子】xiānzǐ 名〔＝ 位 wèi〕❶ 仙女. ❷ 仙人.

先 xiān 儿部4 四 2421₂
全6画 常用

❶ 副 (時間や順序で)先に. はじめに. 最初に. まず. ¶你～去(あなたが先に行きなさい)/ 他～吃饭,再洗澡,然后看电视(彼はまず食事をし,それから入浴してテレビを見る)/ 他是～反对,后来才改变了主意;彼は最初反対だったが,あとで考えを変えた). 反 后 hòu. ❷ 副 とりあえず. いまのところ. しばらく. まあ(あとのことはさて置いて). ¶你～坐下吧!(まあおかけ下さいな)/ 你～别告诉我,让我自己想一下!(あなた言わないで,私自分で考えてみるから). ❸ 副 前もって. 事前に. ¶我们～了解一下那里的情况,到的时候就不着急 zháojí 了(前もってそこの事情を理解しておけば,着いた時に慌てなくてすむよ). ❹ 图 逝世. 先祖. ❺ 形 故人に対する尊称. ¶～父 xiānfù（亡父）/ ～母 xiānmǔ（亡母）/ ～烈 xiānliè. ❻ 名 以前. ❼ 爸爸の身体比～好多了(お父さんは以前よりずっと良くなった). ❼ 名 先. 前. ¶占～ zhànxiān（先を取る／先鞭をつける）/ 首～ shǒuxiān（まず始めに）/ 抢～ qiǎngxiān（先を争う）/ 争～恐后 成（先を争い,落伍するのを恐れる）. ❽ (Xiān)姓. 用法 ❶ は,"再 zài","然后 ránhòu","后来 hòulái"などと呼応させることが多い.
【先辈】xiānbèi 名〔＝ 位 wèi〕❶ 年長者. 世代の上の人. 反 后辈 hòubèi,后代 hòudài ❷ (すでに亡くなった)範として敬うべき先人. 先达.
【先导】xiāndǎo 名 先導者. 案内人.
【先睹为快】xiān dǔ wéi kuài 成 (詩文や書画を)人に先んじて見ることを楽しみにする. 一時も早く見たいと思う.
【先端】xiānduān ❶ 名《植物》葉・花・果実などの器官の先端部. ❷ 形 先端の. ¶～技术 / 先端技術. 回 尖 jiān 端.
【先发制人】xiān fā zhì rén 成 先んずれば人を制する. 機先を制する. ¶～,后发制于人（先んずれば人を制し,後れれば人に制せられる). 由来『汉书』項籍伝に見えることば.
【先锋】xiānfēng 名 先鋒. 前衛. ¶打～ / 先頭に立つ. ¶开路～ / 先駆者. パイオニア.
【先锋队】xiānfēngduì 名 前鋒部隊. 先鋒隊.
【先河】xiānhé 名 ～を提唱する事物. ¶开创了中国医学研究的～ / 中国医学研究に先鞭をつけた. 由来『礼記』学記に見えることば. 古代の帝王は川の本源を考え,海を祭る前に,まず黄河を祭ったことから. 用法

"开～"の形で用いることが多い.
*【先后】xiānhòu ❶ 名 前後. あとさき. ¶办事情也要分个～,缓急 huǎnjí / 何かするにも順序や緩急をつけるべきだ. ¶按报名～录取 / 申し込み順に採用する. ❷ 副 前もって. 相次いで. ¶～与十几个国家签订了合作协议 / 相次いで十数ケ国と提携の契約を結ぶ.
【先机】xiānjī 名 イニシアチブ.
【先见之明】xiān jiàn zhī míng 成 先見の明. 由来『後漢書』楊彪伝に見えることば.
*【先进】xiānjìn ❶ 形 進んでいる. 先進的だ. ¶引进～技术 / 先端技術を導入する. 反 落后 luòhòu,后进 hòujìn ❷ 名 先進的な人物や事物.
【先决】xiānjué 形 先決の. 先に解決すべき.
【先觉】xiānjué 名 (政治や社会改革などの)先覚者.
【先来后到】xiān lái hòu dào 成 (～儿) 先着順. ¶按～排队,不准插 chā 队 / 先着順に並びなさい,割り込みはいけません.
【先礼后兵】xiān lǐ hòu bīng 成 まずは礼を尽くし,うまくいかない場合は強硬手段に出る.
【先例】xiānlì 名 先例. 前例. ¶史无～ / 歴史に例を見ない.
【先烈】xiānliè 名〔＝ 位 wèi〕烈士. 革命～ / 革命烈士. ¶继承～的遗志 yízhì / 烈士の遺志を継ぐ.
【先令】xiānlìng 名 シリング. イギリスやアイルランドなどの旧通貨単位. 回 先令 xiānlíng ◆shilling
【先期】xiānqī 副 期限前に. 期日以前に. ¶～送达 / 前もって送り届ける. ¶～付款 fùkuǎn / 期限前に支払う.
【先前】xiānqián 名 以前. 昔. ¶我们～就认识了 / 私たちは前から知り合いだった. 反 后来 hòulái
【先遣】xiānqiǎn 形 先に派遣する. 先遣の.
【先秦】xiānQín 名《歴史》先秦. 秦が中国を統一する以前の春秋戦国時代を指す.
【先驱】xiānqū ❶ 動 先導する. 先頭に立ってリードする. ❷ 名〔＝ 位 wèi〕先駆者. ¶科技的～ / 科学技術の先駆者.
【先人】xiānrén 名〔＝ 位 wèi〕❶ 祖先. ¶求～保佑 bǎoyòu / ご祖先様に加護をお願いする. 回 祖先 zǔxiān,祖宗 zǔzōng ❷ 后人 hòurén ❷ 亡父.
【先人后己】xiān rén hòu jǐ 成 自分より人を優先する. 他人のことを先に考え,その後に自分のことを考える. 由来『礼記』坊記に見えることば.
【先容】xiānróng 動 文 前もって紹介や推挙などをして,話を通しておく. ¶为 wéi 之～ / 前もって人となりを紹介しておく.
【先入为主】xiān rù wéi zhǔ 成 形 先入観にとらわれる. 由来『漢書』息夫躬伝に見えることば.
【先入之见】xiān rù zhī jiàn 成 先入観. 既成概念. ¶有～,评价未免有些偏颇 piānpō / 先入観があると評価がどうしても偏りがちになる.
【先声】xiānshēng 名 (重大事件の)前ぶれ. 前兆. ¶改革的～ / 改革の前ぶれ.
【先声夺人】xiān shēng duó rén 成 先に気勢をあげて,相手を圧倒する. 威圧で相手に一歩先んじる.
【先圣】xiānshèng 名 古代,周公や孔子に対する敬称.
*【先生】xiānshēng 名 ❶ 先生. ¶王～ / 王先生. 回 老师 lǎoshī ❷ …さん. 大人の男性に対する呼称. ¶张～ / 張さん. ¶老～! / そこの御老体! ¶女士们,～们! / 淑女,紳士のみなさん! ❸ 他人の夫,または自分の夫への呼称. ¶我们～ / うちの人. うちの主人. ¶她～

【先世】xiānshì 名 祖先.
【先是】xiānshì 副 以前. 始め. ¶~反对,后才同意 / 始めは反対したが、後になって同意した.
【先手】xiānshǒu 名 (将棋や囲碁の)先手. ¶~棋 qí / 先手をとって優勢な将棋. ¶打~ / 先手を打つ. 反 后手 hòushǒu
【先天】xiāntiān 生まれつき. 先天. 反 后天 hòutiān
【先天不足】xiān tiān bù zú 成 ❶生まれつき体が弱い、または不自由だ. ❷物事の基礎がしっかりついていない.
【先天下之忧而忧】xiān tiān xià zhī yōu ér yōu 成 世の中の人より先んじて憂い"后天下之乐而乐"(世の中の楽しみに遅れて楽しむ)と連用する. 由来 宋の范仲淹(はんちゅうえん)「岳陽楼記」のことばから.
【先天性心脏病】xiāntiānxìng xīnzàngbìng 名〔医学〕先天性心臓病.
【先头】xiāntóu 名 ❶(隊列などの)先頭. ¶走在最~ / 先頭をきって歩く. ❷(~儿)先. 以前. ¶~出发 / 先に出発する. ❸进去的那位,就是经理 / 最初に入っていったあの方が社長です. ❸ 前. 前方. 同 前面 qiánmian
【先下手为强】xiān xià shǒu wéi qiáng 成 先に手を下すほうが強い. 先手必勝.
【先贤】xiānxián 名 文 先哲. 先賢. ¶~祠 cí / 先賢を祭った社.
【先行】xiānxíng ❶ 動 先を行く. 先行する. ❷ 副 前もって. あらかじめ. ¶~通知 / あらかじめ通知する. ❸ 名 先駆者.
【先行官】xiānxíngguān 名 ❶(戯曲や小説で)先頭部隊の指揮官. ❷集団の先頭に立つ者.
【先行者】xiānxíngzhě 名 先駆者.
【先验】xiānyàn 名〔哲学〕先験. アプリオリ.
【先斩后奏】xiān zhǎn hòu zòu 成 先に処置して報告を後回しにする. 事後に承認を求める. 由来 先に処刑し、後で上奏する、という意から.
【先兆】xiānzhào 名 きざし. 前兆. 兆候. ¶不祥 bùxiáng 的~ / 不吉な前ぶれ. 同 前兆 qiánzhào,预兆 yùzhào
【先哲】xiānzhé 名〔位 wèi〕先哲. 先賢.
【先知】xiānzhī 名 ❶先覚者. ❷〔宗教〕(キリスト教やユダヤ教などの)預言者.
【先知先觉】xiānzhī xiānjué 名 先覚者. 由来『孟子』万章上のことばから.
【先祖】xiānzǔ 名 文 ❶祖先. ❷亡き祖父.

纤(纖) xiān ê部3 四 2214₀ 全6画 常用
素 細かい. ¶~维 xiānwéi / ~尘 xiānchén.
☞ 纤 qiàn
【纤尘】xiānchén 名 非常に細かいちりやほこり. 同 纤埃 āi
【纤尘不染】xiānchén bù rǎn 句 少しの汚れもない. 悪い思想や習慣に染まっていない. ¶打扫得~ / ちり一つなくきれいに掃除してある.
【纤毫】xiānháo 名 きわめて細微な事物. きわめて細かい部分.
【纤毛】xiānmáo 名〔生物〕繊毛.
【纤巧】xiānqiǎo 形 (芸術品などの作りが)精巧だ.
【纤柔】xiānróu 形 繊細でしやかだ. ¶~的手指 / 細くしなやかな指.
【纤弱】xiānruò 形 弱々しい. かぼそい. ¶~的双肩 / かぼそい肩.
【纤瘦】xiānshòu 形 かぼそい. ¶身子~ / 体格がひよわである.
【纤体】xiāntǐ 動 ダイエットする.
*【纤维】xiānwéi 名 繊維. ¶人造~ / 人造繊維.
【纤维板】xiānwéibǎn 名〔工業〕繊維板. ファイバーボード.
【纤维素】xiānwéisù 名〔化学〕セルロース.
【纤维植物】xiānwéi zhíwù 名 繊維植物. 参考 綿花・亜麻・大麻など、繊維を取ることのできる植物.
【纤细】xiānxì 形 非常に細い. 繊細だ. ¶笔画~ / 筆画が非常に細い. 同 细微 xìwēi
【纤纤】xiānxiān 形 細くて長いようす. ¶~细手 / ほっそりとしなやかな手.
【纤小】xiānxiǎo 形 細く小さい.

氙 xiān 气部3 四 8071₇ 全7画 通用
名〔化学〕キセノン. Xe.

祆 xiān 衤部4 四 3128₄ 全8画 通用
下記熟語を参照.
【祆教】Xiānjiào 名〔宗教〕ゾロアスター教. 同 拜火教 Bàihuǒjiào

籼(異 秈) xiān 米部3 四 9297₀ 全9画 通用
下記熟語を参照.
【籼稻】xiāndào 名〔植物〕イネの一種. 参考 粒が細長く、粘り気の少ない米. 長江流域の早稲(わせ)と、華南地区の早稲・晩稲(ばんとう)が"籼稻"と呼ばれている.
【籼米】xiānmǐ 名 インディカ米.

莶(薟) xiān 艹部7 四 4410₉ 全10画 通用
→豨莶 xīxiān

掀 xiān 扌部8 四 5708₂ 全11画 常用
❶ 動 (ふたや覆いなどを)開ける. めくる. ¶~锅盖 guōgài (鍋のふたをとる) / ~帘子 liánzi (カーテンを開ける) / 把这一页~过去(このページをめくりなさい). 同 揭 jiē 反 盖 gài ❷ 素 巻き起こす. 起こす. ¶白浪 báilàng~天(白波が逆巻く) / ~翻 xiānfān / ~风鼓 gǔ 浪.
【掀动】xiāndòng 動 ❶起こす. ❷揺り動かす. わき立たせる. ¶~人心 / 人心を揺り動かす.
【掀翻】xiānfān 動 ひっくり返る.
【掀风鼓浪】xiān fēng gǔ làng 成 波風を立てる. 扇動して騒ぎを起こさせる. ¶在背后~ / 裏で騒ぎを起こす. 同 掀风播 bō 浪,兴 xīng 风作 zuò 浪
【掀开】xiānkāi 動 (指でつまんで)開ける. 開ける. ¶~本子一看 / ノートをめくって見る.
【掀起】xiānqǐ 動 ❶めくる. 開ける. ¶~盖子 gàizi / ふたを開ける. ❷わき上がる. 盛り上がる. ¶波涛 bōtāo / 波涛がわき上がる. ❸巻き起こす. 巻き起こる. ¶最近~一股学电脑的热潮 / 最近、コンピュータ学習熱が巻き起こっている.

酰 xiān
酉部6 全13画 四 1461₂ 通用
名《化学》アシル基. 圓 酰基 xiānjī

跹(躚) xiān
足部6 全13画 四 6213₄ 通用
→蹁跹 piánxiān

锨(鍁 / 異 杴, 枚) xiān
钅部8 全13画 四 8778₂ 次常用
名 シャベル. スコップ.

鲜(鮮) xiān
鱼部6 全14画 四 2815₁ 常用

❶ 形 (食物などが)新しい. 新鮮だ. ¶我今天买的水果真～(私が今日買った果物は,本当に新鮮だ) / 这里的肉我觉得不太～(ここの肉はあまり新鮮ではないと思う). 反 陈 chén ❷ 形 味がよい. おいしい. ¶味道一极了(味がとてもいい) / 这汤真～(このスープは本当においしい). ❸ 素 鮮やかだ. ¶～艳 xiānyàn /～明 xiānmíng /～红 xiānhóng. ❹ 素 (初物や旬の)新鮮な食べ物. ¶时～ shíxiān (旬のもの) / 尝～ chángxiān (初物を味わう). ❺ 素 生の魚介類. ¶海～ hǎixiān (新鮮な魚介類) / 鱼～ yúxiān (シーフード). ❻ (Xiān)姓.
☞ 鲜 xiān

【鲜卑】Xiānbēi《歷史》鮮卑(ʰ). 古代の遊牧民族の一つ. 2世紀前後に匈奴に代わってモンゴルを支配し, 中国をも脅かした.
【鲜蛋】xiāndàn 名 新鮮な卵. 生卵.
【鲜果】xiānguǒ 名 新鮮な果物.
【鲜红】xiānhóng 形 鮮やかな赤. 鮮紅色の.
*【鲜花】xiānhuā 名〔量 朵 duǒ, 束 shù, 枝 zhī〕生花. ¶～花圈 huāquān / 生花の花輪.
【鲜活】xiānhuó 形 ❶ 新鮮だ. 生き生きしている. ❷ 鮮明だ. ¶～的记忆 / 鮮明な記憶.
【鲜货】xiānhuò 名 (果物・野菜・魚介類などの)生鮮食料品. ¶～市场 / 生鮮食料品市場.
【鲜亮】xiānliang 形 方 ❶ (色が)明るい. 同 鲜明 míng ❷ 美しい. ¶长得～ / 美人だ. 同 漂 piào 亮
【鲜美】xiānměi 形 ❶ おいしい. 味がよい. 同 鲜 ～ / おいしい. 美味だ. ❷ 文 (草花が)みずみずしくて美しい.
【鲜明】xiānmíng 形 ❶ (色が)明るく鮮やかだ. ¶色调 sèdiào～ / 色調が鮮明だ. ❷ はっきりしている. あいまいな所がない. ¶～态度 / ～ 態度がはっきりしている.
【鲜奶】xiānnǎi 名 (コーヒーや果汁などの混ぜものが入っていない)牛乳. 同 牛奶 niúnǎi
【鲜嫩】xiānnèn 形 新鮮で柔らかい.
【鲜啤酒】xiānpíjiǔ 名 生ビール. 同 生 shēng 啤酒, 鲜啤 xiānpí, 扎啤 zhāpí
【鲜味】xiānwèi 名 おいしい味. 美味. ¶这鱼没有鱼の～(この魚は魚らしい味がしない.
【鲜血】xiānxuè 名〔量 滴 dī, 片 piàn〕血. 鮮血.
【鲜艳】xiānyàn 形 色が鮮やかだ. あでやかだ. ¶雨后的花朵更显～ / 雨に打たれた花はいっそう色鮮やかだ. 反 素净 sùjìng
【鲜艳夺目】xiānyàn duómù 句 目を奪われるほどあざやかで美しい.

暹 xiān
辶部12 全15画 四 3630₁ 通用
下記熟語を参照.
【暹罗】Xiānluó 名 シャム. タイ国の旧称.

闲(閑 / 異 閒 ❶~❸) xián
门部4 全7画 四 3790₄ 常用

❶ 形 ひまだ. ¶他走在家里一着 xiánzhe (彼は家でほにしている) / 得慌 xiándehuāng (ひまでたまらない) / 游手好 hào～ (ぶらぶらして仕事をしない). 反 忙 máng ❷ 形 (部屋や器物が)空いている. 使っていない. ¶～房 xiánfáng (空き部屋) / 别让机器～ (機械を遊ばせておくな) / 我的电脑一了半年了(私のパソコンはもう半年も放ってある). ❸ 素 ひま. ¶农～ nóngxián (農閑期) / 忙里偷～ (忙中閑を盗む). 反 忙 máng ❹ 素 本筋とは関係がない. ¶～谈 xiántán /～聊 xiánliáo /～话 xiánhuà /～人 xiánrén. ❺ (Xián)姓.

【闲不住】xiánbuzhù 動 ゆっくりしていられない. 暇がない. ¶他最近非常忙, 一天到晩～ / 彼は最近とても忙しく, 1日中ひまがない.
【闲扯】xiánchě 雑談する. むだ話をする. おしゃべりをする. ¶碰到一起就～个没完 / ばったり出会ったらおしゃべりできりがない. 同 闲谈 xiántán
【闲荡】xiándàng 動 ぶらぶらする. 同 闲逛 guàng
【闲工夫】xiángōngfu 名 (～儿)ひま. 空いた時間. ¶有这～, 不如看看电影 / こんなひまがあったら, 映画を見た方がよい.
【闲逛】xiánguàng 動 目的もなくぶらつく. ひまつぶしに散歩する. ¶在街上～了半天 / 街をぶらぶら長い間散歩した.
【闲话】xiánhuà ❶ 名 (～儿)むだ話. 雑談. ¶～少说 / むだ話を控えなさい. ❷ 名 ぐち. 陰口. ¶让人说～ / 人から陰口をたたかれる. ❸ 動 むだ話をする. ¶清夜～ / 静かな夜はとりとめのない話をして過ごす.
【闲居】xiánjū 動 何もしないで家にいる. 仕事がなくてぶらぶらする. ¶～在家 / 自分はぶらぶらして過ごす.
【闲磕牙】xiánkēyá 句 方 (～儿) "闲谈 xiántán" に同じ.
【闲空】xiánkòng 名 (～儿)ひま. ¶没有这么一个～ / 少しもひまがない.
【闲聊】xiánliáo 動 むだ話をする. ¶上班时不准～ / 勤務時間中はむだ話をしてはいけない. 同 闲谈 xiántán
【闲篇】xiánpiān 名 (～儿)むだ話. 雑談.
【闲气】xiánqì つまらない事で起こす腹立ち. ¶呕 ǒu ～ / (くだらない事に腹を立てる. ¶受～ / ハつ当りされる.
【闲钱】xiánqián 名 目〔量 笔 bǐ〕(生活費以外の)余分な金. 遊んでいる金.
【闲情逸致】xián qíng yì zhì 成 のんびりした気持ち. 悠々とした心持ち.
【闲人】xiánrén 名 ❶ ひまな人. 閑人. ❷ 係わりのない人. 無用の者. ¶～免 miǎn 进 / 無用の者立ち入るべからず. ¶～莫 mò 入 / 関係者以外立入禁止.
【闲散】xiánsǎn 形 ❶ そのでのんびりしている. ぶらぶらしている. ❷ (物資や人員を)使っていない. 遊ばせてある. ¶～资金 / 遊ばせてある金. ¶～地 / 空き地. 遊休地.
【闲事】xiánshì ❶ 名〔量 件 jiàn, 桩 zhuāng〕余計なこと. 自分と関係ないこと. お節介. ¶就你爱管～ / 君は余計な世話を焼いてばかりいる. ❷ 些細なこと. つまらないこと. ¶这些～, 不必操心 / こんなつまらないことに気を使わなくていい. 反 正事 zhèngshì
【闲适】xiánshì 形 のんびり構えている. のどかで落ち着いている. ¶～的生活 / 平穏無事な暮らし. 同 安逸 ānyì
【闲书】xiánshū 名〔量 本 běn, 部 bù〕ひまつぶしに読む書物. ¶看～ / ひまつぶしに本を読む.

【闲谈】xiántán 動 雑談する。むだ話をする。¶～胡扯 húchě / むだ話をする。
【闲庭】xiántíng 名 静かな庭。
【闲暇】xiánxiá 名 ひま。¶～无事 / ひまでやる事がない。回 空闲 kòngxián, 闲空 xiánkòng.
【闲心】xiánxīn 名 のどかな気分。のんびりした気持ち。
【闲雅】xiányǎ 形 ❶ (女性が) 上品でしとやかだ。回 娴雅 xiányǎ ❷ ことばづかいや文字づかいが典雅だ。
【闲言碎语】xián yán suì yǔ 成 ❶ むだ話。❷ ぐち。陰口。
【闲杂】xiánzá 形 決まった職務についていない。
【闲杂人员】xiánzá rényuán 名 決まった職務がない人員。
【闲章】xiánzhāng 名 (～儿) 名前や職務に無関係の,詩文や成句を彫った印章。遊印。
【闲职】xiánzhí 名 暇な職務。閑職。
【闲置】xiánzhì 動 使わずに置く。遊ばせておく。¶～设备 / 遊休設備。

贤(賢) xián
贝部 4　四 2780₂
全 8 画　常 用

❶ 素 徳や才能がある。¶～明 xiánmíng / ～达 xiándá / ～良 xiánliáng. ❷ 名 徳や才能のある人。¶圣～ shèngxián (聖賢) / 选～举能 (徳や才能のある人を選んで登用する) / 任人唯 wéi～ (能力や人柄によって任用する)。❸ 形 同輩や年下の人に対する敬称。¶～弟 xiándì (賢弟) / ～妻 xiánqī (賢妻,妻の美称)。❹ (Xián) 姓。
【贤达】xiándá 名 才能や声望のある立派な人。¶社会～ / 社会的に声望のある人。
【贤德】xiándé ❶ 名 善良な行い。❷ 形 (女性が) 善良でやさしい。回 贤惠 huì
【贤惠〖慧〗】xiánhuì 形 (女性が) 善良でやさしい。¶他娶 qǔ 了个～媳妇 xífù / 彼はやさしい嫁をもらった。回 贤淑 xiánshū
【贤良】xiánliáng ❶ 形 徳があり,才能豊かだ。¶～方正 / 才徳にすぐれ,品行方正だ。❷ 名 徳や才能のある人。
【贤明】xiánmíng 形 賢明だ。聡明だ。¶～之举 / 賢明な行動。
【贤内助】xiánnèizhù 名 賢夫人。表現 他人の妻に対する敬称。ユーモアを込めて自分の妻を呼ぶこともある。
【贤能】xiánnéng 名 見識があり,有能な人。
【贤妻良母】xián qī liáng mǔ 成 良妻賢母。
【贤契】xiánqì 名 弟子または友人の子などに対する敬称。
【贤人】xiánrén 名〔个 ge, 位 wèi〕賢人。賢者。¶～七十,弟子 dìzǐ 三千 / 門弟の多いこと。
【贤士】xiánshì 名 賢人。
【贤淑】xiánshū 名 ⽂ "贤惠 xiánhuì" に同じ。
【贤哲】xiánzhé 名 ⽂ 賢明な人。

弦(異 絃⑥) xián
弓部 5　四 1023₂
全 8 画　常 用

名 ❶〔根 gēn〕弓のつる。¶弓～ gōngxián (弓弦ら)。❷ 半月。¶上～ shàngxián (上弦) / 下～ xiàxián (下弦)。❸ 〔数学〕弦。❹ 〔数学〕不等辺直角三角形の斜辺。❺ ⽅ (時計などの) ぜんまい。¶表～断了 (時計のぜんまいが切れた)。❻ (～儿)〔根 gēn〕楽器の弦。¶调～ tiáoxián (調弦する) / ～轴 xiánzhóu (弦楽器の糸巻き)。❼ (Xián) 姓。
【弦索】xiánsuǒ 名 〔音楽・歴史〕清朝宮廷の室内楽。
【弦外之音】xián wài zhī yīn 成 言外の意味。ことばの

裏。¶这样精明的人,能听不懂他的～! / こんなに頭のよい人が,彼の話の含みを分からずにいられるのか。
【弦月】xiányuè 名〔天文〕弦月(ら)。ゆみはりづき。
【弦乐队】xiányuèduì 名〔音楽〕弦楽団。
【弦乐器】xiányuèqì 名〔音楽〕弦楽器。
【弦子】xiánzi 名 "三弦 sānxián" の通称。

咸(鹹❷) xián
戈部 9
全 9 画　常 用

❶ 副 ⽂ みな。¶～受其益(みなその益を受ける) / 少长 shàozhǎng～集 (老いも若きもみな集まる)。回 都 dōu, 全 quán ❷ 形 塩辛い。¶味做得太～了 (料理がしょっぱすぎる) / 味道再～一点就好了 (もう少し塩辛いと味が良くなる)。反 淡 dàn ❸ (Xián) 姓。
【咸菜】xiáncài 名 漬物。参考 一般には塩漬にした野菜を言うが,地方によっては味噌漬をも指す。
【咸淡】xiándàn 名 塩加減。¶～正好 / 塩加減がちょうどよい。
【咸丰】Xiánfēng 名〔歴史〕咸豊(ら: 1851-1861)。清の文宗(ら)の年号。
【咸津津】xiánjīnjīn (～的・～儿的) 塩味がきいている。少し塩気がある。¶想吃～的东西 / 塩味のきいたものを食べたい。回 咸浸浸 jìnjìn
【咸肉】xiánròu 名 塩漬けのブタ肉。中国風のベーコン。
【咸水】xiánshuǐ 名 塩水。
【咸水湖】xiánshuǐhú 名 塩湖。鹹(⽂)湖。
【咸阳】Xiányáng 名〔地名〕咸陽(ら)。陝西省にある市。参考 渭河北岸に位置し,古代,秦の都が置かれていた。
【咸鱼】xiányú 名 塩漬けにした魚。

挦(撏) xián
扌部 6　四 5704₇
全 9 画　通 用

動 (髪や毛を) 引っ張る。抜く。¶～扯 xiánchě (引っ張る。ぐいと引く) / ～鸡毛 (ニワトリの毛をむしる)。

涎 xián
氵部 6　四 3214₁
全 9 画　次常用

名 よだれ。¶流～(よだれを流す) / 垂～三尺 成 (のどから手が出る思い) / 口角流～(口元からよだれが流れる)。回 唾沫 tuòmo, 口水 kǒushuǐ
【涎皮赖脸】xián pí lài liǎn 成 面の皮を厚くして人にまとわりつく。ずうずうしく厚かましい。¶好个～的家伙!/ なんてずうずうしい奴だ。回 涎皮涎脸
【涎水】xiánshuǐ 名 ⽅ つば。よだれ。¶羡慕 xiànmù 得直流～ / よだれが出るほどうらやましい。回 口水 kǒushuǐ
【涎着脸】xiánzhe liǎn 俗 ⽅ (～儿) ずうずうしい。厚かましい。¶～求人 / 厚かましく人にねだる。

娴(嫻/異 嫺) xián
女部 7　全 10 画　四 4742₀　通 用

❶ 形 ⽂ 慣れている。熟練している。¶～熟 xiánshú / ～于辞令 cílíng (弁舌に慣れている)。❷ 形 動作が上品で優雅だ。¶～静 xiánjìng / ～雅 xiányǎ. 用法 は,後らに "于 yú" を伴うことが多い。
【娴静】xiánjìng 形 (女性の挙止が) 物静かでしとやかだ。¶～的举止 / 振舞いがしとやかだ。¶～贤淑 xiánshū / おっとりしてしとやかだ。重 娴娴静静 回 文静 wénjìng
【娴熟】xiánshú 形 (技術的に) 熟練している。¶弓马 gōngmǎ～ / 弓馬に長けている。¶～的笔法 / 熟練した筆づかい。手慣れた文章運び。回 纯熟 chúnshú, 熟练 shúliàn
【娴雅】xiányǎ 形 (女性の言動が) 上品だ。¶举止～ /

女性の立ち居振舞いが上品だ．¶～高貴／気高く上品だ．(同) 閑雅 xiányǎ, 文雅 wényǎ, 斯文 sīwen

銜(銜/[異]啣❶～❹) xián

亻部8　全11画　[四] 2122₁　[常用]

❶[動] 口にくわえる．¶～枚 xiánméi（枚[ばい]を含む）／～着烟头 xiánhèntóu（パイプをくわえている）．❷[素] 心に抱く．¶～根 xiánhèn／～冤 xiányuān．❸[素] （命令などを）受ける．¶～命 xiánmìng（命令を受ける）．❹[素] つながる．¶～尾 xiánwěi（すぐ後につく）／～接 xiánjiē／前后相～（前後連なる）．❺[素] くわえ．肩書き．¶头～ tóuxián（肩書き）／官～ guānxián（官職名）／学～ xuéxián（学位）／大使 dàshǐxián（大使級）

【銜恨】xiánhèn ❶恨みを抱く．❷悔恨の念を抱く．悔む．

【銜接】xiánjiē [動] つなぐ．つながる．¶文章前后～得天衣无缝 fèng／文章の前後のつながりが無理なく完全だ．(同) 连接 liánjiē

【銜铁】xiántiě [名] (電気) アーマチュア．

【銜冤】xiányuān [動] 冤罪を負う．無念を晴らせずにいる．¶～负屈 fùqū／無実の罪を着せられる．冤罪を負う．

舷 xián

舟部5　全11画　[四] 2043₂　[次常用]

[名] （船や飛行機の）両側のヘリ．舷(げん)．¶左～ zuǒxián（左舷）／右～ yòuxián（右舷）／～梯 xiántī.

【舷窗】xiánchuāng [名] （船や飛行機の）舷(げん)側にある窓．

【舷梯】xiántī [名] 〔(量) 架 jià〕（飛行機や汽船の）タラップ．

痫(癇) xián

疒部7　全12画　[通用]

❶→癫痫 diānxián ❷(Xián)姓．

鹇(鷳) xián

鸟部7　全12画　[通用]

[名] ❶（鳥）シラキジ．¶白鹇 báixián ❷(Xián)姓．

嫌 xián

女部10　全13画　[常用]

❶[素] 疑い．¶避～ bìxián（疑われないようにする）／涉～ shèxián（嫌疑を受ける）／特～ tèxián（スパイの嫌疑）／疑 xiányí．❷[素] 恨み．¶～怨 xiányuàn／消释前～（昔の恨みをきれいさっぱり消し去る）／挾～ xiéxián 报复（意趣を晴らす）／讨 tǎo 人～（人にいやがられる）／我们都～他脾气太急（みな彼がせっかちなのをいやがっている）．❸[動] 嫌う．いやがる．¶我不～麻烦啊！（私は面倒じゃないよ）／我没～你，你倒 dào～起我来了（私はあなたをいやがっていないのに，なんとあなたの方が私をいやがっている）／我们都～他脾气太急（みな彼がせっかちなのをいやがっている）．

【嫌犯】xiánfàn [名] 容疑者．被疑者．

【嫌弃】xiánqì [動] 嫌って相手にしない．¶若不～，就收下我做徒弟 túdì 吧！／もしもおいやでなかったら，私を弟子にしてください．(同) 厌弃 yànqì

【嫌恶】xiánwù [動] 嫌悪する．毛嫌いする．¶大家都～他的为人 wéirén／みんな彼の人となりを嫌っている．

【嫌隙】xiánxì [名] ❶恨み．憎しみ．¶他们俩素有～／彼ら二人はふだんから恨みがある．

【嫌疑】xiányí [名] 疑い．嫌疑．¶～终会大白／最後には疑いが晴れるはずだ．

【嫌疑犯】xiányífàn [名] 容疑者．

【嫌怨】xiányuàn [動] (人に対して)不満を抱く．うら

めしく思う．

【嫌憎】xiánzēng [動] (文) 憎み嫌う．

狝(獮) xiǎn

犭部5　全8画　[四] 4729₂　[通用]

[動] (文) 秋に狩りをする．

冼 Xiǎn

冫部6　全8画　[四] 3411₂　[通用]

[名] 姓．

【冼星海】Xiǎn Xīnghǎi《人名》冼星海(せんせいかい：1905-1945)．音楽家．「黄河大合唱」など数々の作曲を手がけた．

显(顯) xiǎn

日部5　全9画　[四] 6010₂　[常用]

❶[形] よく目立つ．はっきり分かる．¶他的意思～得很(彼の言う意味ははっきりしている)／吃药的效果还不很～（薬を飲んだ効果がまだはっきりあらわれていない）．(反) 隐 yǐn ❷[動] はっきりあらわす．¶深色衣服不～脏 zāng（色の濃い衣服は汚れが目立たない）．❸[動] （態度・知識・腕前などを）見せびらかす．見せる．¶他很想～～自己的力量（彼は自分の力を見せてやりたいと思っている）／各～其能（各自がその能力を発揮する）．❹[素] 名声や地位のある．¶～达 xiǎndá／～官 xiǎnguān（高位高官）／～宦 xiǎnhuàn（高位高官）．❺(Xiǎn)姓．

洗星海

【显摆[白]】xiǎnbai [動] (方) ひけらかす．見せびらかす．誇示する．¶～自己的本领／自分の能力をひけらかす．

【显出】xiǎnchū [動] あらわす．見せる．¶他的脸上～失望的样子／彼の顔には失望の色が浮かんだ．¶这两个一比就～了差别 chābié／この二つは比べればすぐに違いがつく．¶他终于～了真面目／彼はついに本当の姿をあらわした．

【显达】xiǎndá [形] (旧) 官界で地位と名声が高い．¶官～／官位を昇りつめる．

*【显得】xiǎnde [動] …の様相を呈する．…に見える．(あるようすが)あらわれている．¶小美～有点紧张／メイちゃんは少し緊張しているようだ．¶穿上这件衣服～比实际年纪老／この服を着ると，実際の年齢よりふけて見える．

【显而易见】xiǎn ér yì jiàn (成) はっきりしていて，容易に分かる．誰の目にも明らかだ．¶～，这是个圈套 quāntào／明らかにこれはワナだ．

【显贵】xiǎnguì ❶[形] (旧) 地位や名声が高い．高位高官の．¶～は～／地位・名声が高い人物．❷[動] (旧) 高官になる．❸[名] 高官職にある人．

【显赫】xiǎnhè [形] 権勢を誇っている．名声が高い．¶～一时／一時期，権勢を誇る．¶地位～／確固たる地位を誇っている．(同) 煊赫 xuānhè

【显豁】xiǎnhuò [形] 明らかだ．

【显见】xiǎnjiàn [動] はっきりと見て取れる．¶孩子比以前～懂事多了／子供は以前よりも明らかに聞き分けがよくなった．

【显灵】xiǎn//líng [動] 鬼神があらわれ，声を出したり，霊力を見せたりする．

【显露】xiǎnlù [動] あらわれる．¶～才华／才能をあらわす．(同) 显现 xiǎnxiàn, 呈现 chéngxiàn, 出现 chūxiàn (反) 隐藏 yǐncáng

【显明】xiǎnmíng [形] はっきりしている．明白な．

【显目】xiǎnmù [形] 目立つ．目につきやすい．[同] 显眼 xiǎnyǎn
【显能】xiǎn//néng [動] 能力を見せつける．能力をひけらかす．
*【显然】xiǎnrán [形] 明白だ．明らかだ．¶他这么做～是有目的的 / 彼がそうするのには明らかに目的がある．
【显荣】xiǎnróng [動][文] 官界で立身出世する．栄達する．
【显身手】xiǎn shēnshǒu [慣] 才能や力量を発揮する．¶大～ / 才能を大いに発揮する．
【显圣】xiǎn//shèng [動]（生前，声望のあった人物が）死後に姿をあらわし，霊力を見せる．
【显示】xiǎnshì [動] はっきり示す．¶～威力 wēilì / 威力を見せつける．¶调查结果～总统的支持率正在不断上升 / 調査結果は，大統領の支持率が絶えず上昇していることを明らかに示している．
【显示器】xiǎnshìqì [名]《コンピュータ》ディスプレイ．
【显微镜】xiǎnwēijìng [名]〔[量] 架 jià，台 tái〕顕微鏡．
【显现】xiǎnxiàn [動] あらわれる．示す．
【显像管】xiǎnxiàngguǎn [名]〔[量] 只 zhī，支 zhī〕ブラウン管．受像管．
【显效】xiǎnxiào ❶ [動] 効いてくる．効果をあらわす．❷ [名] はっきりした効き目．確かな効果．¶这药已吃了三天了，未见～ / この薬はもう3日も飲んでいるのに，一向に効いてこない．
【显形】xiǎn//xíng [動]（～儿）正体をあらわす．化けの皮がはがれる．真相が明らかになる．[参考] 人について言う時は，悪い意味で用いることが多い．
【显性】xiǎnxìng [形]《生物》優性の．[反] 隐 yǐn 性
【显学】xiǎnxué [名][文] 著名な学説や学派．顕学．
【显眼】xiǎnyǎn [形] 目立つ．目につきやすい．¶打扮得很～ / 派手な装いをする．
【显扬】xiǎnyáng [文] ❶ [動] 表彰する．❷ [形] 名高い．¶～于天下 / 天下に名高い．
【显要】xiǎnyào ❶ [形] 官職が高く，権力が強大な．¶～人物 / 要人．❷ [名] 高官．要人．
【显耀】xiǎnyào ❶ [動][貶] 誇示する．ひけらかす．¶～自己的财富 cáifù / 自分の財産をひけらかす．❷ [形] 声望が高い．権勢が強大だ．¶～一时 / 一時期，権勢を誇る．
【显影】xiǎn//yǐng [動] 現像する．
【显证】xiǎnzhèng [名][文] 明らかな証拠．[同] 明 míng 证
*【显著】xiǎnzhù [形] きわめてはっきりしている．顕著な．¶效益 xiàoyì～ / 効果と利益がはっきりしている．¶～的成就 / 目覚しい成果．

冼 Xiǎn
氵部 6 [四] 3411_2 全 9 画 [常用]

[名] 姓．
☞ 冼 xǐ

险(險) xiǎn
阝部 7 [四] 7821_9 全 9 画 [常用]

❶ [形] 危ない．¶走这条路太～了（この道から行くのはとても危ない）/ 好～! Hǎo xiǎn（危ない!）[反] 夷 yí ❷ [素] 危険．災い．¶冒～ màoxiǎn（危険を冒す）/ 脱～ tuōxiǎn（危地を脱する）/ 保～ bǎoxiǎn（安全だ）．❸ [素] 地形の険しい所．¶长江 Chángjiāng 天～（長江は自然の要害）/ ～要 xiǎnyào / ～隘 xiǎn'ài / 山高水～（道のりは険しくて遠い）．❹ [素] 悪意のある．悪らつな．¶阴～ yīnxiǎn（陰険だ）/ ～诈 xiǎnzhà．❺ [副] 危うく．すんでのところで．¶～些 xiǎnxiē / ～死还 huán 生（九死に一生を得る）．
【险隘】xiǎn'ài [名] 要害の地にある関所．要害．
【险地】xiǎndì [名] ❶ 要害の地．❷ 危険な状況．危地．
【险恶】xiǎn'è [形] ❶（地勢や情勢が）危険だ．厳しい．険しい．¶病情～ / 病状が深刻だ．❷ 陰険で悪らつな．¶～的用心 / 邪悪な下心．
【险峰】xiǎnfēng [名]〔[量] 座 zuò〕険しい峰．
【险工】xiǎngōng [名] 危険を伴う工事．難工事．
【险关】xiǎnguān [名] 険要な関所．
【险乎】xiǎnhu [副] 危うく．すんでのことに．
【险境】xiǎnjìng [名] 危険な状況．¶脱离～ / 危険を脱する．
【险峻】xiǎnjùn [形] ❶（山が）高く険しい．¶山峰～ / 峰が高く険しい．❷ 危険で厳しい．
【险情】xiǎnqíng [名]〔[量] 处 chù〕危険な状況．¶排除～ / 危険を取り除く．
【险胜】xiǎnshèng [動]（試合で）どうにか勝つ．辛勝する．¶日本队以五比四～中国队 / 日本チームは中国チームに5対4で辛勝した．
【险滩】xiǎntān [名] 暗礁が多く，流れが速い浅瀬．
【险象】xiǎnxiàng [名] 危険な現象．
【险象环生】xiǎnxiàng huánshēng [句] 危険な現象が次々に起こる．
【险些】xiǎnxiē [副]（～儿）危うく．すんでのことに．¶～掉到水里 / 危うく水に落ちるところだった．
【险要】xiǎnyào [形] 地勢が険しく，要衝の位置にある．¶地势～ / 地勢が険しい．
【险诈】xiǎnzhà [形] 陰険でずるがしこい．¶居心～的小人 / 悪どい心を持った小人物．
【险症】xiǎnzhèng [名] 危険な症状．危険な病．
【险种】xiǎnzhǒng [名]（保険会社が設定する）保険の種類．
【险阻】xiǎnzǔ [形] 道が険しく，障害物がある．¶崎岖 qíqū～的山路 / でこぼこしていて険しい山道．

蚬(蜆) xiǎn
虫部 4 [四] 5711_2 全10画 [通用]

[名]《貝》シジミガイ．¶～蝶 xiǎndié（シジミチョウ）．

猃(獫 / [異]玁) xiǎn
犭部 7 全10画 [四] 4821_9 [通用]

[名] ❶ [文]（狩猟犬にする）鼻づらの長い犬．❷ "猃狁 Xiǎnyǔn"に同じ．
【猃狁】Xiǎnyǔn [名]《歴史》古代，北方にいた民族．[同] 猃狁 Xiǎnyǔn [参考] 戦国時代以降は"匈奴 Xiōngnú"と呼ばれている．

铣(銑) xiǎn
钅部 6 [四] 8471_2 全11画 [次常用]

[名] ❶ 光沢のある金属．❷（Xiǎn）姓．
☞ 铣 xǐ
【铣铁】xiǎntiě [名]《冶金》銑鉄(せんてつ)．

筅([異]箲) xiǎn
竹部 6 [四] 8821_2 全12画 [通用]

下記熟語を参照．
【筅帚】xiǎnzhǒu [名][方]（竹製の）ささら．¶用～刷锅 / ささらで鍋を洗う．[同] 炊帚 chuīzhǒu

跣 xiǎn
⻊部 6 [四] 6411_2 全13画 [通用]

[素] はだし．¶～足 xiǎnzú（はだしで歩く）/ ～行 xiǎnxíng（はだしで歩く）．

鲜(鮮/𩹉 尠,尟) xiǎn
鱼部6 全14画 四 2815₁ 常用
素 少ない. ¶～见 xiǎnjiàn(めったにない) /～有 xiǎnyǒu(まれな) /寡廉 guǎlián～耻 chǐ (成 恥知らず).
☞ 鲜 xiān

【鲜为人知】xiǎn wéi rén zhī 成 ほとんどの人に知られていない.

藓(蘚) xiǎn
艹部14 全17画 四 4415₁ 通用
名 ❶《植物》コケ. ¶水～ shuǐxiǎn(ミズゴケ) /苔～ táixiǎn 植物(コケ植物). ❷(Xiǎn)姓.

燹 xiǎn
火部14 全18画 通用 四 1180₉
素 野火. ¶兵～ bīngxiǎn(兵乱によっておこる火事).

见(見) xiàn
见部0 全4画 四 7721₂ 常用
動 文 あらわれる. ¶～原形(正体をあらわす).
☞ 见 jiàn

苋(莧) xiàn
艹部4 全7画 四 4421₂ 通用
"苋菜 xiàncài"に同じ.

【苋菜】xiàncài 名《植物》ヒユナ. バイアム. アオハゲイトウと同種の中国野菜.

县(縣) xiàn
厶部5 全7画 四 7773₂ 常用
❶ 名〔個 个 ge〕県. ¶～城 xiànchéng /～长 xiànzhǎng. ❷⇒"悬 xuán"に同じ. ❸(Xiàn)姓.
参考 ①は, 中国の行政単位の一つで省・自治区・直轄市の管轄を受ける. 日本の県より規模は小さい.

【县城】xiànchéng 名 県の行政機関の所在地. 県都.
【县份】xiànfèn 名 方〔個 个 ge〕県. ¶小～ /小県. ¶那个县是新成立的一个～ /あの県は新しく成立した県だ. 注意 固有名詞とは連用しない.
【县级】xiànjí 名 形 県クラス(の). ¶～单位 / 県クラスの機関.
【县令】xiànlìng 名 旧 県知事.
【县团级】xiàntuánjí 名 県・団等級. 中国の軍隊や行政機関の等級の一つ. 参考 行政単位の「県」レベルと軍隊の「団」レベルは同等の等級に当たるため, まとめて呼称する.
【县委】xiànwěi 名 県の中国共産党委員会.
【县域经济】xiànyù jīngjì 県を単位とする地域経済.
【县长】xiànzhǎng 名〔個 个 ge,位 wèi〕県の長官. 県知事.
【县志】xiànzhì 名 県の歴史・地理・風俗などを記した書物.
【县治】xiànzhì 名 県庁所在地.

岘(峴) Xiàn
山部4 全7画 四 2771₂ 通用
❶ 素 地名用字. ¶～山 Xiànshān(湖北省にある山の名). ❷姓.

现(現) xiàn
王部4 全8画 四 1711₂ 常用
❶ 素 今の時点. 現在. ¶～在 xiànzài /～状 xiànzhuàng /～任 xiànrèn /～役 xiànyì. ❷ 副 その場で. 間に合わせで. ¶你别着急 zháojí, ～准备也来得及(焦らなくても大丈夫. その場で準備しても間に合うから) /～编～唱 /～遁 dǔn～卖. ❸ 動 実際にその場にある. ¶～金 xiànjīn /～钱买～货(現金で現物を買

う). ❹ 素 現金. ¶兑～ duìxiàn(現金に替える) /付～ fùxiàn(現金で支払う) /贴～ tiēxiàn(手形割引をする). ❺ 動 あらわれる. ¶他终于～了原形(彼はついに本性をあらわした) /她的脸上～出了一丝笑容 xiàoróng(彼女の顔に笑みが浮かんだ) /匕首～ bǐshǒu～(土壇場で策略がばれる). 反 隐 yǐn ❻ (Xiàn)姓. 参考 ⑤はもと"见"とも書いた.

【现编现唱】xiàn biān xiàn chàng 句 その場で歌詞をつくりながら歌う. アドリブで歌う.
【现场】xiànchǎng 名 ❶(事件や事故の発生した)現場. ¶保护～ / 現場を保存する. ❷(生産・公演・試験などの)現場. ¶参观～ / 現場を見学する. ¶足球赛的～直播 / サッカーの試合の生中継.
【现场会】xiànchǎnghuì 名 現場での会議.
【现钞】xiànchāo 名 現金. ¶外币兑换 duìhuàn～价 / 外貨兌換金額.
【现成】xiànchéng 形(～儿)できあいの. ありあわせの. 既製の. ¶我们这里饭菜是～的 / うちの料理はできあいのものです. ¶～衣服 / 既製服. ¶酒是～的, 喝点吧 / 酒はありあわせだが, まあ飲もうよ. 同 原有的 yuányǒude, 现有的 xiànyǒude
【现成饭】xiànchéngfàn 名 できあがっているご飯. ¶他每天吃～ / 彼は毎日できあい飯を食べている. 日々なんの苦労もなく利益を得ているたとえ.
【现成话】xiànchénghuà 名(部外者の)思いつきの無責任なことば. ¶他就会说～ / 彼は無責任な発言ばかりする.
【现存】xiàncún 動 現存する. ¶～物资 / 現有物資.
【现大洋】xiàndàyáng 名 旧 一元銀貨. 同 現洋, 大洋
*【现代】xiàndài ❶ 名(時代区分の)現代. ¶～文学 / 近現代文学. 反 古代 gǔdài ❷ 名 当代. 今の世. ¶～青年 / 現代青年. 反 当代 dāngdài ❸ 形 近代的な. ¶～工业 / 近代的な工業. 参考 ①は, 中国では1919年の五四運動以後から1949年の中華人民共和国成立までを指す. それ以降は"当代 dāngdài"とよぶ.
【现代服务业】xiàndài fúwùyè 名(情報・金融・コンサルティング・法律などの)現代的サービス産業.
*【现代化】xiàndàihuà 動 近代化する. 現代化する. 四个～ / 四つの現代化. 農業・工業・国防・科学技術の現代化を指す. ¶～的设备 / 近代化した設備. 先進国並みの設備.
【现代农业】xiàndài nóngyè 名《農業》現代農業. 現代の科学技術を用いて行う農業.
【现代企业制度】xiàndài qǐyè zhìdù 名 現代的企業制度. 市場経済の原則に基づく(民営の)企業制度.
【现代戏】xiàndàixì 名《芸能》現代戯.
【现代主义】xiàndài zhǔyì 名 モダニズム.
【现趸现卖】xiàn dǔn xiàn mài 句 ❶ その場で仕入れて, その場で売る. ❷(知識などを)受け売りする. 同 现买现卖 xiàn mǎi xiàn mài
【现房】xiànfáng 名 建て売り住宅. 反 期 qī 房
【现话】xiànhuà 名 方 古臭い決まり文句. むだ話. 同 废话 fèihuà
【现汇】xiànhuì 名《経済》直物(じきもの)為替. スポットエクスチェンジ.
【现货】xiànhuò 名 すぐ引き渡せる商品. 現品. ¶～交易 / 現物取引. ¶备有～ / ストックがある.
【现价】xiànjià 名 現在の価格.
【现今】xiànjīn 名 当節. 昨今. 現今. ¶～的年轻人

可不同以往 yǐwǎng 了 / 今時の若者は、昔とは違う.
【现金】xiànjīn 名〔圈 笔 bǐ〕❶ 现金. 小切手類を含む. ¶〜交易 / 现金取引. ❷(銀行の)手持ち現金.
【现局】xiànjú 名 現在の局面.
【现款】xiànkuǎn 名〔圈 笔 bǐ〕現金. ¶我没带〜,下次再付行不行? / 現金の持ち合わせがないので、次回に払ってもいいですか. 圓 现钱 xiànqián
【现年】xiànnián 名 現在の年齢.
【现钱】xiànqián 名 口 現金. ¶手头的〜都被偷走了 / 手元の現金をみんな盗まれてしまった. 圓 现款 xiànkuǎn
【现任】xiànrèn ❶ 動 職務を現在担当している. ¶他〜研讨会主席 / 彼は現在、シンポジウムの主席を務めている. ❷ 形 現任の. ¶〜校长 xiàozhǎng / 今の校長.
【现如今】xiànrújīn 名 近頃. いまどき.
【现身说法】xiàn shēn shuō fǎ 成 ❶《仏教》仏が現世に様々な姿であらわれて、仏法を説く. ❷ 自分の経験を例に挙げて教えさとす.
【现时】xiànshí 名 目下. 当面. 今のところ. ¶〜现地我没有心情喝酒 / 今ここでは酒を飲む気分ではない.
*【现实】xiànshí ❶ 名 現実. ¶面对〜 / 現実と向き合う. ¶脱离〜 / 現実を遊離する. 反 理想 lǐxiǎng ❷ 形 現実的な. ¶你应该〜一点 / 君は少し現実的にならねば. ¶你的想法不错,可是太不〜 / 君の考え方はすばらしいが、あまりに非現実的すぎる. 反 理想 lǐxiǎng
【现实性】xiànshíxìng 名 現実性. 反 可能 kěnéng 性
【现实主义】xiànshí zhǔyì 名 芸術における写実主義. リアリズム. 参考 古くは"写实主义"と言った.
【现世】xiànshì ❶ 名 現世. ❷ 動 恥をさらす. ¶活〜 / まったくの恥さらしだ. ¶这么大的人还做出那种事,真〜! / こんなに大きくなってそんなことをしでかすなんて、まったく恥さらしだ.
【现世报】xiànshìbào 動 現世の悪事の報いを現世で受ける(こと). ¶他落得那样的下场,真是〜 / 彼があのような結末を迎えたのは、まさに悪行の報いだ.
【现势】xiànshì 名 現在の情勢.
【现玩】xiànwán 名 現代の愛玩品. 参考 "古玩 gǔwán" (アンティーク)に対して言う.
【现下】xiànxià 名 口 今. 現在. ¶〜情况紧急 / 今は緊急事態だ.
*【现象】xiànxiàng 名 現象. ¶社会〜 / 社会現象. 圓 景象 jǐngxiàng 反 本质 běnzhì
【现行】xiànxíng 形 ❶ 現在施行されている. 現行の. ❷(犯罪を)現在行っている. 今しがた行われたばかりの.
【现行犯】xiànxíngfàn 名 現行犯.
【现形】xiàn//xíng 動 正体をあらわす. 圓 现原形 yuánxíng
【现眼】xiàn//yǎn 動 方 恥をさらす. ¶丢人 diūrén 〜 / 面目をつぶす.
【现洋】xiànyáng 名 旧〔块 kuài〕一元銀貨. 圓 现大洋 xiàndàyáng
【现役】xiànyì《軍事》❶ 名 兵役. ¶服 fú〜 / 兵役につく. ❷ 形 現在、兵役についている. ¶〜军人 / 現役軍人.
【现有】xiànyǒu 動 現有の. ¶〜材料 / 今ある材料. あり合わせの材料.
*【现在】xiànzài 名 現在. 今. これから. 今から. ¶〜的情况 / 現在の状況. ¶他〜生活得很好 / 彼は今、とても快適に生活している. ¶你〜在哪儿上班? / あなたは今どちらにお勤めですか. ¶你〜去哪里? / これからどちらへ? ¶典礼〜开始 / 今から式典を始めます. 圓 如今 rújīn 注意 発話の時点のほかに、発話の前後の一定範囲の時点を指すこともある. 比較 "目前"は一般に発話の時点を指す.
【现值】xiànzhí 名 現在の値段.
【现职】xiànzhí 名 現職. 今の職務. ¶年初改任〜 / 年初から今の職務に転任した.
【现状】xiànzhuàng 名 現状. ¶打破〜 / 現状を打破する. ¶安于〜 / 現状に甘んじる.

限 xiàn   阝部6 四 7723₂ 全8画 常 用

❶ 素 定められた範囲. ¶一度 xiàndù / 界〜 jièxiàn (限界) / 以月底为 wéi〜 (月末を期限とする) / 有〜 yǒuxiàn (有限) / 无〜 wúxiàn (無限). ❷ 動 期限や限度を定める. ¶一定 xiàndìng / 〜三个月完工 (三ヶ月以内で仕事を完成させる) / 年数不〜 (年数制限なし). ❸ 素 旧 門や戸の敷居. ¶门〜 ménxiàn (敷居) / 户〜 hùxiàn (敷居).

【限定】xiàndìng 動 限定する. ¶工作的范围不〜 / 仕事の範囲は限定しない.
【限度】xiàndù 名 限度. 限界. ¶超过〜 / 限度を超える. ¶容忍是有〜的 / 我慢にも限界がある.
【限额】xiàn'é 名 規定の量や金額. 企業の基本建設に対する投資規定額. ¶信用卡 kǎ 是有〜的 / クレジットカードには使用限度額がある.
【限价】xiànjià《経済》❶ 動 価格を制限する. ❷ 名 (政府などが定める)限度価格.
【限价房】xiànjiàfáng 名 価格制限付き住宅物件. 安価で住宅を供給するために、各地方政府が地価・間取りのタイプ・販売価格・販売対象などに制限を設けた物件. 制限の内容や数は各都市ごとに異なり、その数によって"两限房" "三限房"などと呼ばれる.
【限界】xiànjiè 名 限界.
【限量】xiànliàng ❶ 動 数量を限定する. 限界を定める. ¶〜供应 gōngyìng / 〜提供. ❷ 名 限度.
【限令】xiànlìng ❶ 動 期限を定めて執行するよう命じる. ❷ 名 期限付きの命令.
【限期】xiànqī ❶ 動 期限を設ける. ¶〜归还 guīhuán / 期限までに返却する. ❷ 名 期限. 期日. ¶〜已满 / 期限はすでに来ている.
【限时】xiànshí 動 時間を区切る.
【限行】xiànxíng 動《交通》"限制车辆行驶"(車両の通行を規制する)の略形.
【限养】xiànyǎng 動 (特定の)ペットを飼うことを禁じる.
【限于】xiànyú 動 …の制限を受ける. …の範囲内に限定される. ¶一篇幅 piānfú / 紙幅に限りがある. ¶〜时间,我只能说这些了 / 時間の関係で、私の話はこれだけにいたします. ¶〜条件,录取不了 liǎo 那么多人 / 条件が許さないので、そんなにたくさんの人は採れない.
【限止】xiànzhǐ ❶ 動 制限する. ❷ 名 限界. 圓 限制 zhì
*【限制】xiànzhì ❶ 動 制限する. 範囲を定める. ¶字数不〜 / 字数は制限しない. ¶〜在一定的范围之内 / 一定の範囲内に限られる. ❷ 名 規定の制限. 制限. ¶年龄〜 / 年齢制限.
【限制性】xiànzhìxìng 形 限定的な. 制限性の. ¶〜会议 / 機密会議.

线(綫 / 異 線) xiàn

纟部5 全8画 [四] 2315_0 [常用]

❶[名]（～儿）〔[量] 根 gēn,股 gǔ,桄 guàng,绺 liǔ,缕 lǚ,条 tiáo,团 tuán,支 zhī,轴 zhóu,子 儿 zǐr〕 糸．針金．絹・木綿・麻・金属などでできた,細長くて自由に曲げられるもの．¶一根～（一本の糸）/ 一绺 liǔ 丝～（一束の絹糸）/ 两轴儿 zhóur 棉～（二巻きの木綿糸）/ 三桄 guàng 毛～（三かせの毛糸）/ 电～ diànxiàn（電線）/ 塑胶～ sùjiāoxiàn（ビニール線）/ 软～ ruǎnxiàn（コード）．❷[名]《数学》〔[量] 条 tiáo〕線．¶一条直～（一本の直線）/ 一道虚～ xūxiàn（一本の点線）/ 垂～ chuíxiàn（垂直線）/ ～段 xiànduàn．❸[素] 線に似た細長いもの．¶光～ guāngxiàn（光線）/ 红外～ hóngwàixiàn（赤外線）/ ～香 xiànxiāng．❹[素] 交通手段の道筋．¶交通～（交通網）/ 航～ hángxiàn（航路）/ 单行～ dānxíngxiàn（片側通行の道路）．❺[素] 政治上,思想上の路線．¶改革开放路～（改革開放路線）/ 上纲上～ gāngshàngxiàn（理論,路線を大げさに振りかざす）．❻[素] 境界．境目．¶前～ qiánxiàn（前線）/ 火～ huǒxiàn（戦争の最前線）/ 国境～（国境線）．❼[素] ぎりぎりの限界．¶生命～（生命線）/ 在饥饿 jī'è～上（飢餓線上にある）/ 徘徊 páihuái 在死亡～上（死線をさまよう）．❽[素] 手がかり．¶～索 xiànsuǒ / 眼～ yǎnxiàn（手引きをする者）．❾[量]（数詞の"一"だけを伴い）抽象的な物がごくわずかであることをあらわすことば．¶一～光明（一筋の光）/ 一～希望（一縷(る)の望み）/ 一～生机 shēngjī（一縷の生きる望み）．

【线材】xiàncái [名]《工業》線材．

【线段】xiànduàn [名]《数学》線分．

【线规】xiànguī [名] ワイヤーゲージ．

【线脚】xiànjiǎo [名][方] 針目．縫い目．[同] 针 zhēn 脚

【线粒体】xiànlìtǐ [名]《生物》ミトコンドリア．

【线路】xiànlù [名]〔[量] 条 tiáo〕電流・流動体・乗り物などの通る道筋．線路．路線．¶公共汽车～ / バス路線．¶电话～ / 電話回線．

【线呢】xiànní [名]《紡織》綿ラシャ．

【线圈】xiànquān [名]《電気》〔[量] 个 ge〕コイル．

【线绳】xiànshéng [名] 綿ロープ．

【线速度】xiànsùdù [名]《物理》線速度．

【线索】xiànsuǒ [名]〔[量] 条 tiáo〕❶ものごとの筋道．筋立て．¶故事的～ / 物語の筋立て．❷問題追求のいとぐち．手がかり．¶这件事一点儿～也没有 / この件には,手がかりが少しもない．

【线毯】xiàntǎn [名] 綿毛布．タオルケット．

【线条】xiàntiáo [名]❶絵画の線．¶粗～ / 太い線．¶～柔和 róuhé / 線が柔らかい．❷人体や工芸品の輪郭．ライン．¶小明～好极了 / ミンさんはスタイル抜群だ．

【线头】xiàntóu [名]（～儿）❶糸の端．❷糸の切れ端．[同] 线头子 xiàntóuzi

【线香】xiànxiāng [名]〔[量] 根 gēn,支 zhī〕線香．

【线形动物】xiànxíng dòngwù [名]《生物》線形動物．円形動物．[同] 圆 yuán 形动物

【线性】xiànxìng [形]《数学》一次の．

【线性方程】xiànxìng fāngchéng [名]《数学》一次方程式．

【线衣】xiànyī [名]《服飾》綿のニットウエア．

【线轴儿】xiànzhóur [名]❶軸形の糸巻き．ボビン．❷糸巻きに巻いた糸．

【线装】xiànzhuāng [名] 糸でとじる製本方法．線装．¶～书 / 線装本．

X

宪(憲) xiàn

宀部6 [四] 3021_2 全9画 [常用]

❶[素][文] 法令．¶～令 xiànlìng（法令）/ ～兵 xiànbīng．❷[素] 憲法．¶～章 xiànzhāng / 制～ zhìxiàn（憲法を制定する）/ 违～ wéixiàn（憲法に違反する）．❸（Xiàn）姓．

【宪兵】xiànbīng [名]〔[量] 队 duì,名 míng〕憲兵．

【宪法】xiànfǎ [名]〔[量] 部 bù〕憲法．¶遵守 zūnshǒu～ / 憲法を遵守する．

【宪章】xiànzhāng ❶[動][文] まねる．見習う．[同] 效法 xiàofǎ ❷[名][文] 法令．❸[名] 憲章．¶红十字～ / 赤十字憲章．

【宪政】xiànzhèng [名] 憲法による民主的な政治．立憲政治．

陷 xiàn

阝部8 [四] 7727_7 全10画 [常用]

❶[素] 落とし穴．¶～阱 xiànjǐng．❷[動] 穴やぬかるみ,または,精神的によくない状態にはまり込む．¶～入 xiànrù / 越～越深（ますます深くはまり込む）/ ～在泥里（ぬかるみにはまる）．❸[動] へこむ．くぼむ．¶～没 xiànmò / ～落 xiànluò / 地～下去了（地面が下へ落ち込んだ）/ 眼睛～进去（目がくぼむ）．❹[動][文] 人をわなにかける．陥れる．¶～害 xiànhài / 诬～ wūxiàn（無実の者にだまして罪を着せる）/ ～人于罪 zuì（人を罪に陥れる）．❺[動][文] 攻め落とす．¶连～三城（3都市を続けざまに攻め落とす）．❻[素][文] 攻め落とされる．¶失～ shīxiàn（陥落する）/ 沦～ lúnxiàn（敵に占領される）．❼[素] 欠点．¶缺～ quēxiàn（欠点）．❽（Xiàn）姓．

【陷害】xiànhài [動] 人を陥れる．¶他被人～,坐了十年牢 láo / 彼は人に陥れられ,十年間獄中にいた．[反] 搭救 dājiù

【陷害罪】xiànhàizuì [名]《法律》誣告(ぶこく)罪．虚偽告訴の罪．

【陷阱】xiànjǐng [名]❶（獣などを捕らえる）落とし穴．❷（人を陥れる）わな．¶布设 bùshè～ / わなをしかける．¶掉入～ / 落とし穴に落ちる．わなにはまる．

【陷坑】xiànkēng [名]"陷阱 xiànjǐng"に同じ．

【陷落】xiànluò [動]❶くぼむ．¶地壳 dìqiào～ / 地殻が陥没する．❷（不利な状況に）陥る．[同] 陷入 xiànrù ❸（領土が）敵の手に落ちる．陥落する．[同] 沦陷 lúnxiàn,失陷 shīxiàn

【陷没】xiànmò [動]❶（水中に）落ち込む．沈む．¶～在沼泽 zhǎozé 地里 / 沼地へ沈み込む．❷敵に占領される．

【陷入】xiànrù [動]❶（不利な状況に）陥る．¶公司的经营～困境 / 会社経営が苦境に陥る．❷（深い思索などに）入り込む．¶～沉思 / もの思いにふける．

【陷身】xiànshēn [動] 身が…に陥る．¶～囹圄 língyǔ / 獄中の身となる．

【陷于】xiànyú [動]（不利な状況に）陥る．¶～孤立 gūlì / 孤立状態に陥る．¶～水深火热之中 / ひどい苦しみに陥る．[同] 陷入 xiànrù

【陷阵】xiànzhèn [動] 敵陣に突入する．¶冲锋 chōngfēng～ / [成] 敵陣に突撃し,深く攻め入る．勇敢に戦うこと．

馅(餡) xiàn

饣部8 [四] 2777_7 全11画 [常用]

[名]（～儿）❶《料理》あん．ギョーザなどの中身．¶饺子～儿（ギョーザの具）/ 肉～ ròuxiàn（ひき肉のあん）/ 枣泥 zǎoní～儿月饼（ナツメあんの月餅）．❷内情．秘密．

¶多说了,怕露～ lòuxiàn（しゃべりすぎると、ぼろが出てしまうの）.
【馅儿饼】xiànrbǐng 名《料理》〔量 个 ge,张 zhāng〕肉や野菜などのあんを入れ,平たくして焼いた"饼 bǐng".
【馅子】xiànzi 名 あん.

羡 xiàn 羊部6 四 8018₂ 全12画 常用

❶素 うらやむ. ¶～慕 xiànmù / 欲～ xīnxiàn（うらやむ）/ 人人称～ chēngxiàn（人々が称賛しうらやむ）. ❷素 余分な. ¶～余 xiànyú（余分なもの）. ❸（Xiàn）姓.

*【羡慕】xiànmù 動 うらやむ. ¶我们都很～她 / 私たちは皆彼女をうらやましがっている. ¶我～他娶了一位好太太 / 彼は良い奥さんを嫁にもらってうらやましい. ¶她跟一位英俊的青年结了婚,同学们都很～ / 彼女がハンサムな若者と結婚したので、クラスメートはうらやましがっている. 回 艶羨 yànxiàn

献(獻) xiàn 犬部9 四 4328₄ 全13画 常用

❶動 集団や目上の人に,物やことばを献げる. ¶向客人～上一杯酒（客に酒を一杯献上した）/ 把青春～给祖国（青春を祖国に献げる）/ 向她～了一束鲜花（彼女に一束の花を献げた）. ❷動 人に見せる. ¶～技 xiànjì / ～丑 xiànchǒu. ❸（Xiàn）姓.
【献宝】xiàn//bǎo 動 ❶ 宝物を捧げる. ❷（自分の）貴重な経験や意見をひけらかす. ❸（自分の）財物や珍しい物を見せびらかす.
【献策】xiàn//cè 動 策を出す. アイデアを出す.
【献丑】xiàn//chǒu 動 醜いものをお目にかける. ¶我不会表演 biǎoyǎn,～了 / 私は芸が下手で,お目汚しをいたしました. 用法 自分の芸や文を披露する時にけんそんして言うことば.
【献词[辞]】xiàncí 名 祝辞. ¶新年～/ 新年の祝辞.
【献花】xiàn//huā 動 賓客や敬愛する人に花をささげる. ¶向他～/ 彼に花をささげる.
【献计】xiàn//jì 動 策を出す. アイデアを出す. ¶他向老板献了一计 / 彼は社長に一つ策を提案した.
【献计献策】xiàn jì xiàn cè 知恵を出し合う. ¶请大家都来～/ 皆さんでアイデアを出してください.
【献技】xiànjì 動 芸を披露する. ¶在众人面前～/ 大勢の前で演技を披露する.
【献礼】xiàn//lǐ 動 お祝いの贈り物をする. ¶国庆～/ 国慶節の贈り物をする.
【献媚】xiànmèi 動 こびを売る. ¶～取宠 qǔchǒng / こびを売って取り入る.
【献旗】xiàn//qí 動 尊敬や感謝の意を込めて,旗を集団や個人にささげる.
【献身】xiàn//shēn 動 自らの全てをささげる. 献身する. ¶～于教育事业 / 教育事業に献身する.
【献血】xiàn//xiě 動 献血する.
【献演】xiànyǎn 動 観衆の前で演じる. (公開)公演する. 表現 「観客に献げる」という敬意のニュアンスがある.
【献艺】xiànyì 動 芸や技を披露する.
【献殷勤】xiàn yīnqín 人の歓心を買うため,おべっかを使う. こびへつらう. ¶无事～/ 何の用もないのに,おべっかを使って取り入る.

腺 xiàn 月部9 四 7629₂ 全13画 次常用

名《生理》腺(.). ¶汗～ hànxiàn（汗腺）/ 乳～ rǔxiàn（乳腺）/ 淋巴～ línbāxiàn（リンパ腺）/ 泪～ lèixiàn（涙腺）/ 蜜～ mìxiàn（蜜腺）.
【腺细胞】xiànxìbāo 名《生理》腺細胞.

霰 xiàn 雨部12 四 1024₈ 全20画 通用

名《気象》あられ. ¶～弹 xiàndàn / ～石 xiànshí（あられ石）/ 下～（あられが降る）. 回 雪子 xuězǐ, 雪糁 xuěshēn
【霰弹】xiàndàn 名《軍事》榴散弾. 散弾. 回 榴霰弾 liúxiàndàn

xiang ㄒㄧㄤ〔ɕiaŋ〕

乡(郷) xiāng 丿部2 四 2020₂ 全3画 常用

❶名 田舎. 農村. ¶～村 xiāngcūn / 他下～了(彼は田舎へ行った). ❷名 城 chéng ❷名 ふるさと. ¶家～（郷里. ふるさと）/ 老～ lǎoxiāng（同郷出身）/ 回务 wù 农（ふるさとにもどって農業にいそしむ）/ 离～背 bèi 井（成 ふるさとを離れる）. ❸名〔量 个 ge〕"县"や"区"の指導を受ける行政区画. ¶～镇 xiāngzhèn. ❹（Xiāng）姓.
【乡巴佬儿】xiāngbalǎor 名 貶 ❶ 田舎者. ❷ 世間知らず. 回 乡下佬 xiāngxiàlǎo
【乡愁】xiāngchóu 名 郷愁. ¶难解～/ 望郷の念はおさえがたい.
【乡村】xiāngcūn 名 田舎. 農村. 回 农村 nóngcūn 反 城市 chéngshì
【乡党】xiāngdǎng 名 方 同郷の人.
【乡规民约】xiāngguī mínyuē 名 農村における地域の決まりごと.
【乡间】xiāngjiān 名 田舎.
【乡井】xiāngjǐng 名 ふるさと. ¶重返 chóngfǎn～/ ふたたびふるさとへ帰る.
【乡里】xiānglǐ 名 ❶ 郷里. ¶荣归 róngguī～/ 故郷へ錦を飾る. 回 闾里 lǘlǐ ❷ 同郷の人. ¶看望～/ 同郷の人を訪ねる.
【乡邻】xiānglín 名 方 となり近所(の人).
【乡民】xiāngmín 名 村人.
【乡僻】xiāngpì 形 へんぴな. ¶～之地 / へんぴな土地.
【乡亲】xiāngqīn 名〔量 位 wèi〕❶ 同郷の人. ❷ 農村の住民に対する呼称. ¶～们！/ 村の皆さん（呼びかけ）.
【乡情】xiāngqíng 名 故郷への想い. ¶这首诗充满了浓郁 nóngyù 的～/ この詩には故郷への深い想いがあふれている.
【乡曲】xiāngqū 名 文 ❶ 故郷. ❷ 辺鄙な田舎.
【乡绅】xiāngshēn 名 旧 田舎の名士. 村の有力者.
【乡试】xiāngshì 名 明・清時代に各省の省城で行われた科挙の試験. 合格者は"举人"と呼ばれ,"举人"は京城での会試に応じることができた.
【乡思】xiāngsī 名 望郷の念. 郷愁. ¶几多～几多愁 chóu / どれほど郷愁にかられたことか.
【乡土】xiāngtǔ 名 郷土. ¶～风味 / 郷土の味. ¶～人情 / 郷土の人情.
【乡土气息】xiāngtǔ qìxī 名 郷土の味わい. 田舎の雰囲気.
【乡土文学】xiāngtǔ wénxué 名《文学》農村生活を題材にした文学作品.

【乡下人】xiāngxiàrén 名 田舎者.
*【乡下】xiāngxia 名 田舎. ¶回～/田舎へ帰る.
【乡谊】xiāngyì 名 文 同郷のよしみ.
【乡音】xiāngyīn 名 お国なまり. ¶～未改/お国なまり丸出しだ.
【乡邮】xiāngyóu 名 農村部における郵便サービス.
【乡愿】xiāngyuàn 名 文 見かけは誠実そうだが,実際は言行不一致の偽善者. 由来 『論語』陽貨篇のことばから.
【乡长】xiāngzhǎng 名 行政区域"乡"の長.
【乡镇】xiāngzhèn 名 ❶ 行政区域の"乡"と"镇". ❷ 比較的小さな町. 田舎町.
【乡镇企业】xiāngzhèn qǐyè 名 郷鎮(訳)企業. 表現 "乡企"とも言う.

芗(薌) xiāng ⁺⁺部3 四 4420₂
全6画 通用

文 ❶ 名 古書に見える,調味料として用いたシソ科の香草. ❷ 形 "香 xiāng"に同じ.
【芗剧】xiāngjù 名 [芸能]〔簡 出 chū,段 duàn〕福建の地方劇. 九龍江中流の薌江一帯で行われるのでこの名がある.

相 xiāng 木部5 四 4690₀
全9画 常用

Ⅰ 副 ❶ 互いに. ① 単音節動詞を修飾する. ¶～隔不远/それほど離れていない. ¶彼此意見一同/互いに意見が合う. ¶～亲～爱 xiāng qīn xiāng ài. ¶～向而坐/向かい合って座る. ¶～视而笑/顔を見合わせて笑う. ¶目光～对/目が合う. ¶今天能和你～识,我很高兴/今日はあなたとお知り合いになれて嬉しいです.
② 固定表現に用いられる. ¶两～情愿/双方が望んでいる. ¶～依为命 xiāng yī wéi mìng. ¶～安无事 xiāng ān wú shì.
❷ おもに単音節動詞を修飾し,一方から他方に対する行為や態度を表わす. ¶～信 xiāngxìn. ¶～劝 xiāngquàn. ¶～托 xiāngtuō. ¶～撞 xiāngzhuàng.
Ⅱ 動 自分で確かめて判断する. 品定めする. ¶～女婿 nǚxu/婿となるべき人に会ってみる. ¶这件毛衣她没～中 zhòng/このセーターは彼女は気に入らなかった.
Ⅲ 〈Xiāng〉姓.
☞ 相 xiàng

【相爱】xiāng'ài 動 愛し合う. ¶没过多久,他们俩就～了/ほどなくして,彼らは愛し合うようになった.
【相安】xiāng'ān 動 いざこざがない. 仲がいい.
【相安无事】xiāng ān wú shì 成 もめ事もなく,平穏無事だ. ¶他们一地在一起生活了二十年/彼らは20年間仲良く一緒に暮した.
【相帮】xiāngbāng 動 方 手伝う. 助ける. 同 帮助 zhù.
【相比】xiāngbǐ 動 比べる. ¶二者无法～/二者を比較することはできない. ¶跟人家～,你还差得远呢/人様と比べたら,お前はまだまだだよ.
【相差】xiāngchà 動 相違する. ¶～无几 wújǐ/それほど違わない. ¶他俩的成绩～很远/彼ら二人の成績は大違いだ.
【相称】xiāngchèn 形 ふさわしい. 似あう. ¶他说的话跟他的身份不～/彼の話は彼の身分に似つかわしくない.
【相称】xiāngchēng 動 互いに呼び合う. ¶以同志～/同志と呼び合う.
【相成】xiāngchéng 動 助け合って成し遂げる. 互い

に補完し合う. ¶相辅 xiāngfǔ～/互いに助け合い,補い合って成し遂げる. ¶有无相生,难易～/あるものとないものを互いに融通し,難しいことと容易なことを互いに助け合う. 相互補完完する.
【相持】xiāngchí 動 対立して互いに譲らない.
【相持不下】xiāng chí bù xià 成 対立したまま互いに譲らない.
【相处】xiāngchǔ 動 いっしょに暮す. 交際する. ¶～得很好/仲良く暮している. うまくいっている. ¶难以 nányǐ～/つきあいにくい.
【相传】xiāngchuán 動 ❶ 長い間言い伝えられる. ¶～杨贵妃 Yángguìfēi 在这里洗过澡/言い伝えによれば,楊貴妃がここで入浴したそうだ. ❷ 伝達する. 伝授する. ¶世代～/代々伝わる.
*【相当】xiāngdāng ❶ 動 (ある数量・価値・条件・状況などに)相当する. ¶旗鼓 qígǔ～/力が互角だ. ❷ 形 ふさわしい. 適切だ. ¶她干这种工作很～/彼女はこのような仕事にぴったりだ. ¶想不出～的字眼 zìyǎn 来/ぴったりのことばが思いつかない. ❸ 副 かなり. 相当. ¶～艰巨 jiānjù/かなり困難だ. ¶这出戏演得～成功/この芝居はなかなかの成功をおさめた. ¶那个女孩～有魅力 mèilì/あの娘はなかなか魅力がある.
【相当于】xiāngdāngyú 動 …に相当する. …とほぼ同じだ. ¶高度相当于十层大楼/高さは10階建のビルに相当する.
【相得益彰】xiāng dé yì zhāng 成 互いに助け合い,補い合って,さらに輝きを増す. ¶他们取长补短,～/彼らは長所を取入れて短所を補い合い,互いに助け合ってさらに輝きを増している.
【相等】xiāngděng 形 (数・分量・程度などが)等しい. 同じだ. ¶数量～/数量が等しい.
【相抵】xiāngdǐ 動 ❶ 相殺(さい)する. 釣合う. ¶收支 shōuzhī～/収支のバランスがとれている. ❷ 文 互いに抵触する.
【相对】xiāngduì ❶ 動 向き合う. ¶～而坐/向かい合って座る. ❷ 動 (性質が)対立する. ¶大跟小～/大と小が対立する. ❸ 形 相対的だ. ¶～来说/相対的に言えば. ¶真理都具有～性/真理には相対性があるものだ. 反 绝对 juéduì ❹ 副 比較的に. ¶～优势 yōushì/比較的の優勢だ.
【相对高度】xiāngduì gāodù 名 〈測量〉相対高度. 仮定高程 jiǎdìng gāochéng.
【相对论】xiāngduìlùn 名 〈物理〉相対性理論.
【相对湿度】xiāngduì shīdù 名 〈気象〉相対湿度.
【相对于】xiāngduìyú 動 …と比べると(…だ). ¶他身高一米八三,但相对于篮球巨人而言,还是个小个子/彼の身長は183センチあるが,バスケットボールの巨人選手に比べれば,まだ小柄だ.
【相对主义】xiāngduì zhǔyì 名 〈哲学〉相対主義.
*【相反】xiāngfǎn ❶ 形 正反対の. 相反している. ¶我们两个人的意见完全～/我々二人の意見は全く逆だ. ¶往～的方向跑去/逆方向へ走って行く. 反 相同 xiāngtóng ❷ 接 逆に. 反対に. ¶这是 shìdàng 的休息和娱乐 yúlè,非但不会影响工作,～地可以提高工作的效率/適度な休息と娯楽は,仕事に影響しないばかりか逆に仕事の効率を高める. ¶他不但没有责怪 zéguài 我,～,还给了我不少鼓励 gǔlì/彼は私を責めなかった. それどころか,大いに励ましてくれた.
【相反相成】xiāng fǎn xiāng chéng 成 相反し矛盾しながら,互いに成り立たせ合う.

【相仿】xiāngfǎng 形 ほぼ同じだ. 似通っている. ¶年紀〜/年が同じくらいだ. ¶两个孩子模样〜/二人の子供はよく似ている.

【相逢】xiāngféng 動 偶然出会う. ¶分别十年之后又〜了/別れて10年後にまた出会った. ¶萍 píng 水〜 成 知らぬ同士が偶然に出会う. ¶狭路 xiá lù〜 成 かたき同士が出会うと, そのままでは済まない.

【相符】xiāngfú 動 一致する. 符合する. ¶名实 shí〜/名と実が一致している. ¶报告与事实不〜/報告が事実と合わない.

【相辅而行】xiāng fǔ ér xíng 成 互いに協力し合って行う. または, 併せて用いる.

【相辅相成】xiāng fǔ xiāng chéng 成 互いに補い合い, 協力し合う.

【相干】xiānggān 動 関係がある. かかわりがある. ¶这事跟我不〜/このことは私とは関係がない. 同 相关 xiāngguān. 用法 否定文や反語に多く用いられる.

【相隔】xiānggé 動（時間や距離が）隔たる. ¶〜千里/千里を隔てる. ¶〜多年/長い時を隔てる.

【相关】xiāngguān 動 関連する. かかわりがある. ¶密切〜/密接にかかわる. ¶休戚 xiūqī〜/喜び, 悲しみをともにする関係だ. ¶这事与我不〜/この事は私とは無関係だ.

【相好】xiānghǎo ❶ 形 よしみを結んでいる. 仲良しだ. ¶从小就〜/子どものころから仲がいい. ¶〜的朋友/仲良しの友達. ❷ 動 愛し合う. ¶两人早就〜了/二人はとっくの昔から恋愛関係にある. ❸ 名（不適切な）恋愛関係にある片一方. 愛人. ¶他有一个〜/彼は愛人をもっている.

*【相互】xiānghù 副 互いに. ¶〜促进/相互に促進し合う. ¶〜（之）间的关系/相互間の関係. ¶夫妻要〜体谅 tǐliàng,〜忍让 rěnràng/夫婦は互いに思いやり, 譲り合わねばならない. 同 互相 hùxiāng. 用法 "相互"と"互相 hùxiāng"はともに副詞で, 用法は大体同じだが, "相互"は少数の決まった名詞を修飾することができる. たとえば "〜关系"(相互関係), "〜感情"(相互の感情)など. "互相"にはこの用法はない. ただし, "相互之间"と"互相之间"は例外で, 用法は全く同じ.

【相会】xiānghuì 動 会う. ¶有缘 yuán 千里来〜/縁があれば, 千里を隔てても巡り会うものだ.

【相继】xiāngjì 動 次々と. 相次いで. ¶〜发言/次々に発言する.

【相见】xiāngjiàn 動 出会う. 相まみえる. ¶不知何时才能〜/いったいいつになったら会えるのだろう.

【相见恨晚】xiāng jiàn hèn wǎn 成 出会うのが遅すぎて残念だ. 同 相知 xiāngzhī 恨晚. 表现 初対面でありながら, 旧知の仲のように意気投合することを言う. 由来『史記』灌夫伝に見えることば("恨相知晚"から).

【相间】xiāngjiàn 動 互い違いになる. 一つおきにする. ¶黑白〜的格子 gézi 上衣/白黒の格子模様の上着. ¶街道两旁〜地栽 zāi 着桃树和柳树 liǔ shù/道の両側には桃と柳が交互に植えられている.

【相交】xiāngjiāo ❶ 交差する. 交わる. ¶两条线〜于一点/二本の線は一点で交わる. ❷ 友達としてつきあう. ¶〜多年/長年つきあっている.

【相近】xiāngjìn 形 近い. 似ている. ¶两所大学地点〜/二つの大学は場所が近い. ¶性格〜/性格が似ている. ¶年龄〜/年齢が近い.

【相敬如宾】xiāng jìng rú bīn 成 夫婦が互いに敬い合う.

【相距】xiāngjù（距離や時間が）隔たる. ¶两家〜不远,却彼此 bǐcǐ 很少来往/二つの家は距離的には近いが, ほとんど行き来がない.

【相看】xiāngkàn 動 ❶ 注意深く見る. ¶士别三日,刮目 guāmù〜/人は三日会わなければ, 大きな進歩や変化があるものだ. ❷ 扱う. ¶另眼〜/特別扱いする. ❸ 見合いをする.

【相礼】xiānglǐ 名 冠婚葬祭等の儀式の進行を受け持つ（人）. 同 襄 xiāng 礼.

【相连】xiānglián 動 互いにつながる. ¶两地之间有铁路〜/二つの場所は鉄道でつながっている.

【相邻】xiānglín 動 隣り合う. 隣接する. ¶两国〜,只隔 gé 着一条江/両国は隣り合い, 隔てるのはただ一筋の河だけだ.

【相配】xiāngpèi 形 ふさわしい. 釣り合っている. ¶他们两个很不〜/彼ら二人はまったく釣り合わない.

【相扑】xiāngpū 名《スポーツ》相撲(ずもう).

【相亲】xiāng/qīn 動 見合いする. 婚約の前に, 親または当人が相手の家へ見合いに行くこと.

【相亲派对】xiāngqīn pàiduì 名 集団見合い.

【相亲相爱】xiāng qīn xiāng ài 成（男女などが）親しみ, 慈しみ合う. 相思相愛.

【相去甚远】xiāng qù shèn yuǎn 句（相互の）距離が非常に離れている. 差が甚だしい.

【相劝】xiāngquàn 動 忠告する. いさめる. なだめる. ¶好意〜/好意で忠告する.

【相让】xiāngràng 動 ❶（相手に）譲歩する. ❷ 互いに譲り合う.

【相扰】xiāngrǎo 動 ❶ 互いにじゃまをする. ¶各不〜/お互いに邪魔しない. ❷ おじゃまする. ¶无事不敢〜/用事もないのにおじゃまはできません.

【相认】xiāngrèn 動 知っている.

【相容】xiāngróng 動 互いに受け入れる. 互いに容認しあう. ¶革新与守旧这两种思想是水火不〜的/革新と保守, この2つの考え方は, 水と油のように相容れない. ¶〜性/相性. 用法 多く否定形で用いる.

【相濡以沫】xiāng rú yǐ mò 成 困難に直面した時, 互いに助け合う. 由来『荘子』大宗師篇に見えることば.

【相商】xiāngshāng 動 打ち合わせる. 相談する. ¶有要事〜/重要な相談がある.

【相生相克】xiāng shēng xiāng kè 成 相生相克(そうじょうそうこく). 中国古代の五行思想で, 木・火・土・金（㐞）・水の五つの物質が互いに他を生み, また互いに他に打ち勝つ働きを持つ. ⇨ 五行 wǔxíng

【相识】xiāngshí ❶ 動 知り合う. ¶素不〜/会ったことがない. 一面識もない. ¶似曾〜/この人とはあるような気がする. ❷ 名 知人. 知合い. ¶老〜/古い知合い.

【相率】xiāngshuài 副 相継いで. 次々と.

【相思】xiāngsī 動 男女が互いに思い合う. ¶单恋〜/片思い. ¶〜树/ソウシジュ.

【相思病】xiāngsībìng 恋わずらい.

【相思鸟】xiāngsīniǎo 名《鳥》ソウシチョウ.

【相思子】xiāngsīzǐ 名《植物・薬》トウアズキ. ソウシシ.

*【相似】xiāngsì 形 似ている. ¶性格〜/性格が似てる. 同 相像 xiāngxiàng

【相提并论】xiāng tí bìng lùn 成 異なる物事や人を同列に論じる. いっしょにする. ¶两者不能〜/両者を同列に論じることはできない. 用法 多く否定文や反詰文に用いる.

【相通】xiāngtōng 動 通じ合う. つながる. ¶我们的心

是~的 / 私たちの心は通じ合っている. ¶有门~ / ドアでつながっている.

* 【相同】xiāngtóng 形 同じだ. ¶内容跟去年~ / 内容は去年と同じだ. ¶人和人是不会完全~的 / 人と人は完全に同じなどありえない.

【相投】xiāngtóu 形 (考えや気持ちなどが)ぴったり合っている. ¶志趣~ / 趣味が合う.

【相托】xiāngtuō 動 お頼みする. 委託する. ¶我有一事~ / 一つ頼み事があります.

【相违】xiāngwéi 動 相反する. 背き合う.

【相向】xiāngxiàng 動 ❶向き合う. 面と向かう. ❷相手に対応する.

【相像[象]】xiāngxiàng 形 似ている. 共通点のある. ¶姐妹长得很~ / 姉と妹はよく似ている.

** 【相信】xiāngxìn 動 信じる. 信用する. ¶无论你怎么说,我也不会~了 / 君がどう言っても,僕は信じない. ¶我非常~她 / 私は彼女をとても信用している. (同)置信 zhìxìn (反)怀疑 huáiyí

【相形】xiāngxíng 動 比べる. ¶~失色 (成) 比べると精彩を失う.

【相形见绌】xiāng xíng jiàn chù (成) 比べるとひどく見劣りがする. ¶在他面前,我们都~ / 彼の前では,我々はひどく見劣りがする.

【相形失色】xiāng xíng shī sè (成) 比較すると精彩を欠く. 比べると見劣りする.

【相形之下】xiāngxíng zhī xià (句) 比べてみると. ¶她打扮得雍容 yōngróng 华贵,~,我显得很寒酸 hánsuān / 彼女はしとやかに美しく装っている. それに比べ,私はひどくみすぼらしく見える.

【相沿】xiāngyán 動 踏襲する. 長く受け継ぐ.

【相沿成习】xiāng yán chéng xí (成) 長く受け継がれているうちに風習となる. (同)相沿成俗 sú

【相依】xiāngyī 動 頼り合う. ¶唇齿 chúnchǐ ~ / (成) 唇歯相依る. 互いの関係が密接にて,深く依存しあうようす.

【相依为命】xiāng yī wéi mìng (成) お互いなしにはいられないほどに頼り合って生きる. ¶父亲死后,他们母子两个~ / 父の死後,母と子は二人で肩を寄せ合うようにして生きてきた.

【相宜】xiāngyí 形 適している. ふさわしい. ¶在那种場合说这样的话是很不~的 / あのような場面でそんな話をするのは不適切だ. ¶淡妆 dànzhuāng 浓抹 nóngmǒ 总~ / 薄化粧も濃い化粧もどちらも美しい(西湖の美しさをたたえた詩句).

【相异】xiāngyì 動 違う. 異なる.

【相因】xiāngyīn 形 (方) (値段が)安い. ¶价钱~ / 値段が安い.

【相应】xiāngyīng 動 (旧) ...すべきだ. ...してほしい. ¶~函告 hánɡào / 書簡で通知されたい. ¶~咨 zī 复 / 検討の上,回答されたし. (用法) 同格の機関への公文書に用いたことば.

【相应】xiāngyìng ❶動 (互いに)呼応する. 相応する. ¶首尾~ / 首尾が呼応する. ❷形 適切な. ¶采取~的措施 / 適切な措置をとる.

【相映】xiāngyìng 動 互いに引き立てあう. ¶湖水,月光~生辉,美丽无比 / 湖水と月光が互いに引き立てあい,その美しさといったら比べるものがない.

【相映成趣】xiāng yìng chéng qù (成) 互いに引き立てあい,絶妙のコントラストをなす.

【相应】xiāngyìng 形 (値段が)安い. ¶价钱~ / 値段が安い.

【相与】xiāngyǔ ❶動 交際する. 付き合う. ¶很难~ / 付き合いにくい. ❷副 互いに. ¶~议论 / 互いに意見をたたかわせる. ❸名 (旧) 親友.

【相遇】xiāngyù 動 出会う. ¶在街上偶然~ / 街で偶然出会った.

【相约】xiāngyuē 動 約束する. ¶他们~明天一起去看电影 / 彼らは明日一緒に映画を見に行く約束をした.

【相知】xiāngzhī ❶動 互いによく理解する. ¶~有素 / ふだんから互いによく知っている. ❷名 気心の知れた友人. 知己.

【相知恨晚】xiāng zhī hèn wǎn (成) 知り合うのが遅すぎて残念だ. ⇨相见 jiàn 恨晚

【相中】xiāng/zhòng 動 気に入る. 見初める. ¶相得中 / 気に入る. ¶相不中 / 気に入らない.

【相助】xiāngzhù 動 (互いに)助け合う.

【相撞】xiāngzhuàng 動 衝突する.

【相左】xiāngzuǒ 動 (文) ❶行違いになる. ❷食違う. 一致しない. ¶意见~ / 意見が食違う.

香 xiāng 禾部 4 四 2060₉ 全 9 画 (常用)

❶ 形 においが大変よい. かぐわしい. ¶~皂 xiāngzào / ~烟 xiāngyān / 这花真~ / この花は本当によいにおいだ. (反) 臭 chòu ❷ 形 食べ物の味がよい. おいしい. ¶~甜 xiāngtián / ~酥 xiāngsū (カリッと油で揚げた食べ物) / 这饭真真~ ! (この御飯は本当においしい) / 炒什么菜啊?好~呀!(何の料理を作っているの?本当においしそう). ❸ 形 心地よい. ¶孩子睡得正~呢(子供はぐっすり眠っているところだ). ❹ 形 人気のある. 喜ばれる. ¶吃~ chīxiāng (歓迎される. うける) / 现在这种货物在农村~得很(今こういう品物が農村ではとても人気がある). ❺ 名 香料. ¶麝~ shèxiāng (じゃこう) / 檀~ tánxiāng (ビャクダン. ビャクダンのお香) / 沉~ chénxiāng (ジンコウ) / 龙涎~ lóngxiánxiāng (りゅうぜん香). ❻ 名 (旧) 根 gēn, 盘 pán, 只 zhǐ, 炷 zhù, 子 儿 zǐr) 線香. ¶棒~ bàngxiāng (線香) / 盘~ pánxiāng (うず巻き線香) / 蚊~ wénxiāng (蚊取り線香) / 烧一炷 zhù ~ (線香を一本ともす). ❼ 動 キスをする. ¶~她的面孔 miànkǒng (彼女の顔にキスをする). ❽ 接吻 jiēwěn, 亲吻 qīnwěn ❽ (Xiāng)姓.

【香案】xiāng'àn 名 香炉を置く細長い台.

【香槟酒】xiāngbīnjiǔ 名 (外) シャンパン. シャンペン. ♦ champagne

【香波】xiāngbō 名 (外) シャンプー. ♦ shampoo

【香饽饽】xiāngbōbo 名 甘くていいにおいのする菓子の名. 重宝がられる人や物事のたとえ. ¶大学毕业生成了~,到处抢着要 / 大学の卒業生は人気があって,どこでもひっぱりだこだ.

【香菜】xiāngcài 名 《植物》コリアンダー. コエンドロ. シャンツァイ. "芫荽 yánsui"の通称. 料理の薬味などに用いられる.

【香草】xiāngcǎo 名 《植物》バニラ.

【香肠】xiāngcháng 名 (~儿) [(旧) 根 gēn] 豚肉の腸詰め. 中国式ソーセージ.

【香橙】xiāngchéng 名 《植物》ユズ. (同) 橙子 chéngzi

【香椿】xiāngchūn 名 《植物》❶チャンチン. (同) 椿 chūn ❷チャンチンの若芽.

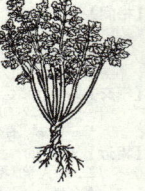

香菜

【香醇［純］】xiāngchún（香りや味わいが）芳醇だ．
【香斗】xiāngdǒu 名 線香を立てるための升形の木箱．
【香榧】xiāngfěi 名《植物》"榧"（カヤ）の通称．
【香粉】xiāngfěn 名 おしろい．フェースパウダー．
【香馥馥】xiāngfùfù 形（～的）香り高い．かぐわしい．
【香干】xiānggān 名（～儿）"豆腐干 dòufugān"を薫製にしたもの．
【香港】Xiānggǎng《地名》香港（ﾎﾝｺﾝ）．阿片戦争の結果, 1842年イギリス領となったが, 1997年に返還された．略称は"港 Gǎng"．⇨香港特別行政区
【香港脚】xiānggǎngjiǎo 名 水虫の俗称．同 脚气 jiǎoqì, 脚癣 jiǎoxuǎn
【香港特別行政区】Xiānggǎng tèbié xíngzhèngqū《地名》香港特別行政区．参考 1997年7月1日, 香港の中国返還時に設立された特別行政区で, 香港島・九龍半島・新界及び周辺諸島を含む．
【香菇［菰］】xiānggū 名 シイタケ．
【香瓜】xiāngguā 名（～儿）マクワウリ, マスクメロンの俗称．同 甜瓜 tiánguā
【香花】xiānghuā 名 ❶ 香りのする花．❷ 社会に有益な言論や作品．反 毒草 dúcǎo
【香灰】xiānghuī 名（祖先や神仏に供えた）線香の灰．
【香会】xiānghuì 名(旧) 参詣を目的に組織された民間団体．講．
【香火】xiānghuǒ 名 ❶ 神仏にそなえる線香や灯明．¶庙里～很盛 shèng／廟は線香がたえない．❷ 寺や廟で線香や灯明を管理する人．同 庙祝 miàozhù ❸ 紙巻タバコ．同 香烟 xiāngyān ❹ 子孫が先祖を祭ること．（祖先に線香をあげ, 供養する）子孫．¶他没生个儿子, 王家岂 qǐ 不是要断了／彼には息子ができない．これでは王家は絶えてしまう．❺⦅文⦆結盟した間柄．¶～兄弟／義兄弟．❻（～儿）点火に用いる, 燃えている線香などの火．¶用一点爆竹 bàozhú／線香で爆竹に火をつける．由来 ⑤は, 神の前で誓いを立てる時に線香を用いることから．
【香江】Xiāngjiāng 名 香港の雅名．
**【香蕉】xiāngjiāo 名《植物》❶ 把 bǎ, 个 ge, 根 gēn, 支 zhī⦆バナナ．バナナの実．同 甘蕉 gānjiāo
【香蕉球】xiāngjiāoqiú 名 ⦅(スポーツ)⦆（サッカーの）カーブ．由来 ボールが弧を描いて飛ぶラインが, バナナに似ていることから．
【香蕉人】xiāngjiāorén 外国に住む中国系の二世や三世, または在外留学生などをからかって呼ぶ呼称．参考 東洋人の外見を持ちながら, 西洋文化の習慣で暮らす人を言う．バナナは, 表面(皮膚)が黄色で, 中身(精神)が白いとから．
【香蕉水】xiāngjiāoshuǐ 名 シンナー．
【香精】xiāngjīng 名 香料．エッセンス．
【香客】xiāngkè 名 寺や廟の参詣者．
【香料】xiāngliào 名 香料．
【香炉】xiānglú 名 香炉．
【香茅】xiāngmáo 名《植物》レモングラス．
【香喷喷】xiāngpēnpēn 形（～的）いい香りがぷんぷんする．¶一碗～的炖肉 dùnròu／よいにおいをたてる豚肉の煮込み．反 臭烘烘 chòuhōnghōng
【香片】xiāngpiàn 名 ジャスミン茶など, 花の香りを付けた茶．同 花茶 huāchá
【香气】xiāngqì 名（～儿）かぐわしい香り．香気．¶～扑鼻 pūbí／かぐわしいにおいが鼻をうつ．
【香薷】xiāngrú 名《植物》ナギナタコウジュ．シソ科の一年草で, 茎や葉は薬にする．

【香山】Xiāngshān《地名》香山（ｼｬﾝｼｬﾝ）．参考 北京西の郊外に位置する景勝地で, 紅葉の名所．
【香水】xiāngshuǐ 名（～儿）⦅瓶 píng⦆香水．
【香酥鸡】xiāngsūjī 名《料理》トリ肉の唐揚げ．
【香甜】xiāngtián 形 ❶ 甘くておいしい．¶这种水果味道／この果物は甘くておいしい．❷ ぐっすり眠るようす．¶昨晚睡得特别／昨夜はとりわけよく眠った．
【香味】xiāngwèi 名（～儿）甘い香り．いいにおい．¶时间放久了, ～儿都跑了／長いこと置いておいたら, 香りがすっかり抜けてしまった．
【香蕈】xiāngxùn 名 シイタケ．同 香菇 gū
【香烟】xiāngyān 名 ❶ ⦅股 gǔ, 缕 lǚ⦆線香の煙．¶～缭绕 liáorào／線香の煙がゆるやかに立昇る．❷ 子孫が先祖を祭ること．¶断了／(先祖を祭る)子孫が絶えた．❸ 香火 xiānghuǒ．❹ ⦅包 bāo, 根 gēn, 盒 hé, 条 tiáo, 支 zhī⦆紙巻きタバコ．¶买一包～／タバコを一箱買う．同 纸烟 zhǐyān, 卷烟 juǎnyān, 烟卷儿 juǎnr
【香艳】xiāngyàn 形 ❶（草花が）芳しく美しい．❷（女性の装いや小説・映画などが）つやっぽい．官能的だ．
【香胰子】xiāngyízi 名(方) 化粧石けん．
【香油】xiāngyóu 名 ❶ ゴマ油．❷ 線香と灯明の油．¶添～／線香をあげ, 灯明の油を足す．
*【香皂】xiāngzào 名〔块 kuài, 条 tiáo〕化粧石けん．
【香獐子】xiāngzhāngzi 名《動物》ジャコウジカ．同 麝 shè
【香脂】xiāngzhī 名 ❶ 美容クリーム．❷ バルサム．
【香烛】xiāngzhú 名 線香とろうそく．¶带上～去寺庙 sìmiào／線香とロウソクを持って寺へ行く．

厢 (異 廂) xiāng 厂部9 四 7126₀ 全11画 次常用

名 ❶ "四合院"の"正房"(母屋)の両側にある建物．¶东～(東側の棟)／一正两～(母屋一棟に両袖の二棟)．❷ 壁で仕切られた箱形の部屋．¶车～ chēxiāng (汽车・电车の車両)／～包～ bāoxiāng (劇場のボックス席)．列車のコンパートメント．❸ 城壁の外側に沿った地区．¶城～ chéngxiāng (市街と城門に接した大通り)／关～ guānxiāng (城門の外側の大通りとその付近の地区)．❹ (旧)…のあたり．¶这～ (こちら)．参考 ④は近世の話しことば．
【厢房】xiāngfáng 名〔间 jiān, 排 pái〕母屋の手前両わきにある建物．⇨四合院 sìhéyuàn (図)

湘 Xiāng 氵部9 四 3610₀ 全12画 次常用

❶ (素)川の名．¶～江 Xiāngjiāng．❷ 名 湖南省の別称．❸ 姓．
【湘菜】xiāngcài 名 湖南料理．
【湘妃竹】xiāngfēizhú 名《植物》ハンチク．同 斑竹 bānzhú, 湘竹 xiāngzhú 由来 斑点がある竹で, 伝説によれば, 帝舜が死んだ時に妃が流した涙で斑点がついたという．
【湘江】xiāngjiāng《地名》❶ 湘江(ｼｬﾝｼﾞｬﾝ)．洞庭湖に注ぐ湖南省最大の川．❷ 貴州省を流れる烏江(ｳｺﾞｳ)の支流．
【湘剧】xiāngjù《芸能》⦅出 chū, 段 duàn⦆湖南地方の伝統劇．湘劇(ｼｬﾝｼﾞｭ)．
【湘绣】xiāngxiù 名 湖南省の刺しゅう．
【湘竹】xiāngzhú 名 "湘妃竹 xiāngfēizhú"に同じ．

缃 (緗) xiāng 纟部9 四 2610₀ 全12画 通用

名 文 あさぎ色.

箱 xiāng
竹部9 四 8896₃
全15画 常用
❶ 名 箱. ¶木~ mùxiāng（木箱）/ 皮~ píxiāng（皮のトランク）/ 书~ shūxiāng（本箱）/ 集装~ jízhuāngxiāng（コンテナ）. ❷ 素 箱状のもの. ¶信~ xìnxiāng（郵便受け）/ 风~ fēngxiāng（ふいご）.

【箱底】xiāngdǐ 名（~儿）❶ 箱の内底. ❷ あまり手をつけない手持ちの現金. 蓄え. ¶~厚 / 蓄えが豊かだ. 貯め込んでいる.

*【箱子】xiāngzi 名〔量 个 ge, 口 kǒu, 只 zhī〕衣装箱. トランク.

襄 xiāng
→部15 四 0073₂
全17画 通用
❶ 素 文 助ける. ¶~办 xiāngbàn（処理を助ける）/ ~理 xiānglǐ. ❷（Xiāng）姓.

【襄樊】Xiāngfán《地名》襄樊(ᵇᵃⁿ). 湖北省北部の都市.

【襄理】xiānglǐ 名 旧 大きな銀行や企業などの副支配人. 参考 "协理 xiélǐ" に次ぐ.

【襄助】xiāngzhù 動 文 手助けする. 協力する.

骧（驤）xiāng
马部17 四 7013₂
全20画
動 文 ❶ 馬が頭を上げて疾走する. ❷ 頭をもたげる. 高く挙げる.

镶（鑲）xiāng
钅部17 四 8073₂
全22画 次常用
動 ❶ はめ込む. ちりばめる. ¶~牙 xiāngyá / 金~玉嵌 qiàn（金や宝石をちりばめる）. ❷ 縁取りをする. ¶在衣服上~一道金边（洋服に金の縁取りをする）.

【镶板】xiāngbǎn 名《建築》パネル. はめ板.

【镶边儿】❶ xiāng/biānr 動 縁取りする. ¶镶条花边儿 / 縁飾りをつける. ❷ xiāngbiānr 名 縁取り. 縁飾り.

【镶嵌】xiāngqiàn 動 象眼する. はめ込む. ¶~细工 / 象眼細工. ¶墙上~着几个金色大字 / 壁には大きな金色の文字が埋め込まれている.

【镶嵌画】xiāngqiànhuà 名 象眼(がん)の手法によって描かれた絵.

【镶牙】xiāng//yá 動 義歯を入れる.

详（詳）xiáng
讠部6 四 3875₁
全8画 常用
❶ 素 詳しい. ¶~谈 xiángtán（詳しく話す）/ ~解 xiángjiě / 不知~情（詳しい事情は分からない）. 反 略 lüè ❷ 素 はっきりとしている. ¶内容不~（内容がはっきりしない）. ❸ 動 詳しく説明する. ¶余容再~（詳しい事はまた後で）/ 内~（封筒の上に, 差出人の住所氏名の代わりに書くことば）. ❹（Xiáng）姓.

【详解】xiángjiě ❶ 動 詳しく解釈する. ❷ 名 詳しい解釈.

【详尽】xiángjìn 形 詳しくて漏れがない. 詳細をきわめている. ¶他一一地叙述 xùshù 了昨天发生的事情 / 彼は昨日起こった事柄について詳しく述べた. 同 详细 jiánlüè

【详密】xiángmì 形 詳細で緻密(ぁぅ)だ. ¶~的施工 shīgōng 计划 / 詳細で緻密に練られたプラン.

【详明】xiángmíng 形 詳しく分かりやすい. ¶介绍~ / 説明が行き届いていて分かりやすい.

【详情】xiángqíng 名 詳しい状況. ¶我也不知道~ / 私も詳しい事情は知らない. 反 概况 gàikuàng

【详实】xiángshí 形 詳細で確かだ. 同 翔 xiáng 实

【详图】xiángtú 名 詳細図.

【详悉】xiángxī ❶ 動 詳しく知る. ¶承函 láihán 内容已~ / 手紙ですでに内容は詳しく知っている. ❷ 形 全面的に詳しい. 詳細だ. ¶~的说明 / 詳しい説明.

*【详细】xiángxì ❶ 形 詳しい. 詳細だ. ¶了解情况 / 情況を詳しく理解する. ¶请说得~点儿 / もう少し詳しく話してください. 重 详详细细 同 具体 jùtǐ 反 简略 jiǎnlüè

降 xiáng
阝部6 四 7725₄
全8画 常用
❶ 動 降伏する. ¶~服 xiángfú / 投~ tóuxiáng（投降する）. ❷ 動 屈服させる. ¶~伏 xiángfú. ❸（Xiáng）姓.
☞ 降 jiàng

【降表】xiángbiǎo 名 文 敵に投降を促す文書.

【降伏】xiángfú 動 屈服させる. 馴(ʳ)らす. ¶~对手 / 相手を屈服させる. ¶~烈马 / 暴れ馬を馴らす.

【降服】xiángfú 動 降伏する. ¶缴械 jiǎoxiè~ / 武器を引き渡して降伏する.

【降龙伏虎】xiáng lóng fú hǔ 成 強大な勢力に打ち勝つ. 大きな困難を克服する. ¶一路~, 势 shì 如破竹 pòzhú / まっしぐらに強敵を打ち負かし, 破竹の勢いだ.

庠 xiáng
广部6 四 0025₁
全9画 通用
名 文 古代の学校. ¶~序 xiángxù（古代の学校）/ ~生 xiángshēng（明・清時代の学生）.

祥 xiáng
礻部6 四 3825₁
全10画 常用
❶ 素 縁起がよい. めでたい. ¶吉~ jíxiáng（めでたい）/ 不~ bùxiáng（不吉だ）. ❷ 名 吉凶の兆し. ❸（Xiáng）姓.

【祥和】xiánghé 形 ❶ めでたく平和だ. ❷ 慈悲深くて優しい.

【祥瑞】xiángruì 名 よい事の前触れやしるし. 瑞祥(ᵇⱼᵒ). ¶~之兆 zhào / 瑞兆.

【祥云】xiángyún 名 瑞雲(ᵇⁿ).

翔 xiáng
羊部6 四 8752₀
全12画 次常用
❶ 素 鳥が羽を広げたまま空を旋回する. ¶滑~ huáxiáng（滑空する）/ 飞~ fēixiáng（飛び回る）. ❷（Xiáng）姓.

【翔实】xiángshí 形 詳細で確かだ. 精確だ. ¶内容~ / 内容が詳細で確かだ. 同 详实 xiángshí

享 xiǎng
亠部6 四 0040₇
全8画 常用
❶ 動 享受する. 享有する. ¶~福 xiǎngfú / 公民都~有选举权（公民はみな選挙権を持っている）. ❷（Xiǎng）姓.

【享福】xiǎng//fú 動 安楽に暮らす. 幸せを享受する. ¶他一辈子没享过福 / 彼は一生涯幸せには恵まれなかった. 反 受苦 shòuqǔ

【享乐】xiǎnglè 動 安楽をむさぼる. 享楽する. ¶贪图 tāntú~ / 享楽を追い求める. ¶只知~, 不知进取 / ただ安楽をむさぼり, 進取の気概がない. 反 吃苦 chīkǔ

【享乐主义】xiǎnglè zhǔyì 名 快楽主義.

【享年】xiǎngnián 名 亡くなった時の年令. 享年(ᵏᵒⁿ). ¶~八十八岁 / 享年八十八.

【享清福】xiǎng qīngfú 慣 苦労のない幸せな生活を満喫する.

*【享受】xiǎngshòu ❶ 動 享受する. ¶~公民的权利 / 公民の権利を享受する. ¶~人生 / 人生を楽しむ.

¶尽情～/心ゆくまで味わう．回享用 xiǎngyòng ❷ 名物質的または精神的な満足．¶不可贪图 tāntú～/享楽をむさぼってはならない．

【享用】xiǎngyòng 動使って楽しむ．享受する．¶供大家～/皆の利用に供する．¶～不尽/享受し尽くせない．

【享有】xiǎngyǒu 動 (社会的に，名声や権利などを)得る．¶～盛名 shèngmíng/高い名声を得ている．¶～平等的权利/平等的権利を有する．

【享有盛誉】xiǎngyǒu shèngyù 句名実を博す．
【享誉】xiǎngyù 社会的な名声を博す．

响(響) xiǎng 口部6 四 6702₀ 全9画 常用

❶ 名 (～儿) 音．¶听得见～儿了 (音が聞こえた)．❷ 動音や声を出す．¶一声不～ (一言も言わない) /下课铃～了 (下校のベルが鳴った)．❸ 形音や声が高く大きく響く．¶声音～亮 xiǎngliàng (声が響く)．❹ 素やまびこ．こだま．¶～应 xiǎngyìng．❺ (Xiǎng) 姓．

【响板】xiǎngbǎn 名《音楽》カスタネット．
【响鼻】xiǎngbí 動 (～儿) 動物が鼻を鳴らす．
【响彻云霄】xiǎng chè yún xiāo 成音や声が空高く響きわたる．¶欢呼声/歓呼の声が高らかに響きわたる．
【响当当】xiǎngdāngdāng 形 (～的) ❶ (どらや太鼓などをたたく) 音が大きく響くようす．❷ ずば抜けて優れている．名声がとどろき渡っている．¶他是一个～的特种兵/彼は，優れた特殊任務兵だ．
【响动】xiǎngdong 名 (～儿) 物音．気配．¶一有～就告诉我/何か気配があったらすぐ私に言いなさい．
【响度】xiǎngdù 名音の大きさ．音量．
【响遏行云】xiǎng è xíng yún 成歌声が高らかに響きわたる．由来「音が高く響きわたり，行く雲を止めるほどだ」という意から．
【响箭】xiǎngjiàn 名鏑矢(かぶらや)．
【响雷】xiǎngléi 動激しい雷鳴．¶声如～/雷鳴のような音．¶一般的鼾声 hānshēng/雷のようないびき．
【响亮】xiǎngliàng 形音や声が大きくよく通る．¶歌声～/歌声が大きく響く．¶他念得很～/彼は高らかに読み上げた．回洪亮 hóngliàng，嘹亮 liáoliàng
【响马】xiǎngmǎ 名街道に出没する強盗．由来馬に鈴をかけていたから，あるいは襲う前に鏑矢(かぶらや)を放ったから，ともいう．
【响器】xiǎngqì 名《音楽》打楽器．
【响晴】xiǎngqíng 形晴れわたった．快晴で雲一つない．
【响儿】xiǎngr 名方音．¶听不见什么～了/何の音も聞こえなかった．
【响声】xiǎngshēng 名音．¶周围没有一点儿～/周囲には音一つない．
【响头】xiǎngtóu 名叩頭(こうとう)．叩頭するとき額を音がするほど強く地面にぶつけることから．¶他磕 kē 了三个～/彼は三度叩頭した．
【响尾蛇】xiǎngwěishé 名《動物》[回 条 tiáo] ガラガラヘビ．
【响洋】xiǎngyáng 名昔の銀元の俗称．
【响音】xiǎngyīn 名《言語》母音と音楽的子音(m, n, l など)．参考とくに音楽的子音を指すこともある．
*【响应】xiǎngyìng 動呼びかけや提案に応じる．¶积极～号召 hàozhào/呼びかけに積極的に応じる．

饷(餉/異 饟) xiǎng 饣部6 全9画 四 2772₀ 通用

❶ 名旧 (軍隊や警察の)給料．¶领～ lǐngxiǎng

(給料を受け取る)/关～ guānxiǎng (給料の支給と領収)．❷ 動"飨 xiǎng"に同じ．
【饷银】xiǎngyín 名旧 (軍隊や警察の)給料．

飨(饗) xiǎng 食部3 四 2823₀ 全12画 通用

動文 ❶食物や酒でもてなす．¶～客 (客をもてなす)．❷人の要求を満たす．¶以～读者 (読者の要望に応える)．❸ "享 xiǎng" に同じ．

想 xiǎng 心部9 四 4633₀ 全13画 常用

❶ 動考える．¶我～出一个办法来了 (私は一つ方法を考え出した)/～得真周到 (すべてにおいて十分考えてある)/让我～一～(私に考えさせてください)．❷ 動推測する．…と思う．¶我～他不会来了 (彼は来ないだろう)/我～我该走了 (おいとまいたします)．❸ 動…したい．…するつもりだ．¶我也～试一试 (私もちょっと試してみたい)/我～去中国旅游 (私は中国旅行がしてみたい)．❹ 動懐かしむ．恋しく思う．¶大家～ (ふるさとを恋しがる) /我们都很～你 (私たちは皆あなたを恋しく思っています) /～父母 (親を慕う)．回念 niàn，思 sī ❺ (Xiǎng) 姓．用法 ❷ で，すでに起きたことについて予想していたことをあらわす場合は，一般に"没想到…／没想过…"(…とは思わなかった)の形式を用いる．"不想…"とは言わない．従ってその疑問形は"想没想到…"，"想没想过…"となる．¶你～没～过她会骗我们？(彼女が我々をだますなんて考えたことありますか)／我完全没～到她会骗我们(私は彼女が我々をだますなんてまったく考えたこともなかった)．

【想必】xiǎngbì 副きっと…のはず．さぞかし…に違いない．¶～你累了/きっとお疲れでしょう．
【想不到】xiǎngbudào 動思いもよらない．意外だ．¶～家乡变化这么大/故郷の変化がこんなに大きいとは思いもしなかった．¶这真是～的事/これはまったく思いもつかない事だ．
【想不开】xiǎngbukāi あきらめきれない．思い切れない．¶别为这些小事～/そんなささいな事にくよくよするな．¶这件事我怎么也～/この件は私はどうしてもあきらめきれない．
【想不通】xiǎngbutōng 動考えても納得がいかない．¶这个问题我就是～/この問題はどう考えても釈然としない．
【想出】xiǎng//chū 動思いつく．思い出す．¶～一个好主意/いいアイデアを思いつく．
【想当然】xiǎngdāngrán 成主観的にそうだと決め込む．当て推量する．¶～而已/それは君の当て推量にすぎない．
【想到】xiǎng//dào 思い至る．思いつく．思い出す．¶这事儿我也～过/その事なら私も考えていた．
【想得到】xiǎngdedào 動予想できる．予想がつく．¶谁～他会来？/彼が来るなんて誰が予想できるか．用法反語に用いることが多い．
【想得开】xiǎngdekāi 動あきらめがつく．思い切りがよく．あきらめがよい．こせこせしない．¶凡事 fánshì 都要～/何事もあきらめが肝心．¶这人最～了/この人がもっとも思い切りがよい．
【想法】xiǎng//fǎ 動方法を考える．手だてを講じる．¶～消灭 xiāomiè 虫害/虫害の被害をなくす手だてを考える．¶～通知他/なんとかして彼に知らせる．
*【想法】xiǎngfa 名[回 个 ge] 考え方．意見．¶这是我的～/これは私の考えだ．¶把你的～给大家说说/君の意見を皆に聞かせてください．
【想方设法】xiǎng fāng shè fǎ 成いろいろな方法を考

【想好】xiǎnghǎo 動 充分に考える. ¶我还没～/ 私はまだ考えが決まらない. ¶～了再说 / よく考えてから話す.
【想见】xiǎngjiàn 動 推察する. うかがい知る. ¶听了他做过的这些事,他的为人 wéirén 如何也就不难～了 / 彼がこれらの事をしてきたと聞き,人となりが容易に想像できた.
【想尽】xiǎngjìn 考え尽くす. ¶～办法抢救 qiǎngjiù 病人 / 考えつく限りの手段で病人の命を救う.
【想开】xiǎng//kāi 動 達観する. くよくよしない. ¶他～了 / 彼は悟っているよ.
【想来】xiǎnglái 思うに(…だ). 考えてみれば(…だ). おそらく(…だ). ¶他的话～不是没有根据的 / 彼の話はおそらく根拠のない話ではないだろう. 用法 "想来"は独立句なので,文中に置いても文頭に置いても意味はほとんど変わらない.
【想来想去】xiǎnglái xiǎngqù あれこれ思いを巡らす. ¶他～还是辞掉了那份工作 / 彼はあれこれ考えて,やはりその仕事は断った.
*【想念】xiǎngniàn 動 (故郷や別れた人などを)懐かしむ. 恋しく思う. ¶～祖国 / 祖国を懐かしむ. ¶～亲人 / 家族のことを想う.
【想起】xiǎng//qǐ 動 思い出す. 思い起こす. ¶一下子想不起他是谁 / 彼が誰だったか,すぐには思い出せない. ¶～以前的苦难 kǔnàn 生活 / 以前の苦しい生活を思い起こす.
【想起来】xiǎngqǐlái 動 思い出す. 思い起こす.
【想儿】xiǎngr 名方 望み. 見込み. ¶有～/ 見込みがある. ¶没～/ 望みがない. 同 希望 xīwàng.
【想入非非】xiǎng rù fēi fēi 成 非現実的なことをあれこれ考える. 妄想にとらわれる. ¶别～了,根本就没有希望 / 夢みたいなことを考えてはいけない,まったく望みはないのだ.
【想通】xiǎng//tōng よく考えた末に納得する. 合点する. ¶只要～了,他就会积极地去做 / 納得しさえすれば,彼は積極的にやるだろう. ¶这个问题我还没～/ その問題には,まだ納得がいかない.
【想头】xiǎngtou 名口 ❶ 考え. ¶我有这样一个～/ 私にこんな考えがあります. 同 想法 xiǎngfa, 念头 niàntou ❷ 望み. 見込み. ¶有～/ 見込みがある. ¶没什么～了 / なんの望みもなくなった. 同 希望 xīwàng.
【想望】xiǎngwàng 動 ❶ 望む. 希望する. ¶他从小就～着做一个医生 / 彼は小さいころから医者になりたいと望んでいた. ❷ 敬い慕う. ¶～老师的风采 fēngcǎi / 先生の人柄を敬慕する.
*【想像[象]】xiǎngxiàng ❶ 動 想像する. ¶难以～/ 想像しがたい. ¶他是怎样一个坏人,你完全～不到 / 彼がどんなに悪い人間か,君には想像もできまい. 同 设想 shèxiǎng. ❷ 名 想像.
【想像[象]力】xiǎngxiànglì 名 想像力.
【想要】xiǎngyào 動 …したいと思う. …しようと思う. ¶我～学中文 / 私は中国語を習おうと思う.
【想着】xiǎngzhe 動 忘れないように心に掛けておく. ¶回国后,～给我写信 / 帰国したら,手紙を書くのを忘れないでよ. 用法 命令文によく用いる.

鲞(鯗)(異鮝) xiǎng

鱼部6 全14画 ④ 9010₆ 通用
日文 腹を開いて干した魚. 鳗～ mánxiǎng (ウナギの開き).

【鲞鱼】xiǎngyú 名 腹を開いて干した魚. 開き.

向(嚮ⅡOSⅢO/異曏ⅢO) xiàng

丿部5 全6画 四 2722₀ 常用
Ⅰ 前 ❶ (動作の方向を示し)…へ. …に. …に向かって. ⇨往 wǎng. "～+動詞(句)"の形で. ¶请～前看,别回头 / 振り向かないで,前を見て下さい. ¶飞机～东飞去 / 飛行機は東の方へ飛んで行く. ¶孩子们～游泳池跑去 / 子供たちはプールに向かって駆けて行く.
② "動+向…"の形で. ⇨ "向"に前置できる動詞は "走,奔 bēn, 冲, 飞, 转, 通, 发, 指, 推, 射"などの単音節動詞に限られる. ¶汽车驶～前方 / 自動車は前方に走って行く. ¶这条条路通～海边 / この道は海岸に通じている. ¶你这样做,是自己走～灭亡 mièwáng / 君がそういうふうにすると,自ら滅亡に向かうことになる.
❷ (動作の対象(=人)を導き)…に対して. …から. ¶～老师借书 / 先生に本を借りる. ¶向人学习 / 人から学ぶ. ¶他～我打听你的消息 / 彼は私にあなたの様子をたずねた. ¶我～你道歉 qiàn / 私はあなたにおわび申し上げます. ¶她～我点了点头,表示同意 / 彼女は私にちょっとうなずいて,同意を示した.
Ⅱ 動 ❶ 向いている. 対している. ¶两个人相～而坐 / 2人は向かい合って座っている. ¶大门～南 / 正門は南に向いている. ¶面～黒板,别往后看 / 黒板の方を向きなさい,後ろを向いてはいけない.
❷ 肩をもつ. ひいきする. ⇨ 多く "着 zhe"を伴う. ¶妈妈老～着弟弟 / お母さんはいつも弟のひいきをする. ¶你怎么不～着自己人? / あなたはどうして身内の肩をもたないの.
❸ 文 近づく. 接近する. ¶～明 xiàngmíng / ¶～午 xiàngwǔ. ¶～晩 xiàngwǎn.
Ⅲ 名 ❶ 方向. ¶志～/ こころざし. ¶风～/ 風向き. ¶走～/ 方向.
❷ 文 以前から. これまで. ¶～来 xiànglái. ¶～有有备 / いつも備えがある. ¶～无积蓄 jīxù / これまで蓄積がない.
Ⅳ (Xiàng) 姓.
【向背】xiàngbèi 名 賛成と反対. 服従と反抗. ¶人心～/ 成 人心は測りがたし.
【向壁虚构】xiàng bì xū gòu 成 事実に基づかずに捏造する. 同 向壁虚造 zào.
【向导】xiàngdǎo ❶ 動 案内する. ❷ 名 ガイド. ¶请他做～/ 彼にガイドを頼む. ¶入门的～/ 入門案内.
【向火】xiàng//huǒ 動方 火に当たる. 暖をとる. 同 烤 kǎo 火.
【向来】xiànglái 今 今までずっと. これまで. 従来. ¶～如此 / 今までずっとこのようだった. ¶他～听不进别人的意见 / 彼は昔から人の意見を聞かない. 同 从来 cónglái.
【向量】xiàngliàng 名 ベクトル. 同 矢量 shǐliàng.
【向明】xiàngmíng 名 明け方. 黎明(れいめい).
【向前】xiàngqián ❶ 動 前に進む. 前方に向かう. ❷ 名 以前. かつて. 同 从前 cóngqián.
【向前看】xiàng qián kàn 慣 ❶ 前方を見る. 前向きに考える. ¶应该抱着～的态度 / 前向きの態度を取るべきだ. ❷ (号令で)なおれ.
【向钱看】xiàng qián kàn 慣 お金の方を見る. 拝金主義. 金もうけ第一. 表現 "向前 qián 看"と同じ発音による風刺.
【向日】xiàngrì 名 文 かつて. 以前. 同 往日 wǎngrì.

【向日葵】xiàngrìkuí 名〔植物〕〔量 棵 kē, 株 zhū〕ヒマワリ. 同 朝阳花 cháoyánghuā, 葵花 kuíhuā, 向阳花 xiàngyánghuā

【向上】xiàngshàng 動 向上する. ¶好好学习,天天～／よく勉強して, 毎日向上しよう. ¶有心～／向上心がある.

【向上爬】xiàng shàng pá 句 向上しようとする. 高い地位にのし上がろうとする. ¶只想怎样～／なんとかしての し上がることばかり考える.

【向使】xiàngshǐ 接 文 もしも…ならば. 同 如果 rúguǒ, 假使 jiǎshǐ

【向晚】xiàngwǎn 名 晩方. 夕方.

【向往】xiàngwǎng 動 あこがれる. 強く望む. ¶我～着新的生活／私は新生活にあこがれている. ¶～着美好的未来／明るい将来を心から望む. 同 神往 shénwǎng

【向午】xiàngwǔ 名 お昼近く.

【向下】xiàngxià 名 末端や大衆に目を配る. ¶干部要～做调查／幹部は末端に目を配り, 調査を行わねばならない.

【向心力】xiàngxīnlì 名《物理》向心(ぇん)力. 求心力.

【向学】xiàngxué 動 学問に志す. ¶我从小无心～／私は幼少から勉強する気がなかった.

【向阳】xiàngyáng 形 日の方向を向いている. 南向きの. ¶一间～房／南向きの部屋. ¶～处／ひなた. 同 朝阳 cháoyáng

【向阳花】xiàngyánghuā 名〔植物〕ヒマワリ. 同 向日葵 xiàngrìkuí

【向右转】xiàng yòu zhuǎn 句（号令の）右向け右.

【向隅】xiàngyú 動 文 部屋の片隅を見つめる. 表現 一人孤立していることや, 機会に恵まれず失望していることの形容として使う.

【向隅而泣】xiàng yú ér qì 成 孤立したり, 機会に恵まれず望みをなくす. 由来「部屋の片隅で泣く」という意から.

【向着】xiàngzhe 動 ❶ 向かう. その方向を見る. ¶葵花 kuíhuā～太阳／ヒマワリは太陽に向かう. ❷ 片方の肩をもつ. えこひいきする. ¶妈妈凡事 fánshì 都～小弟弟／お母さんはなんでも小さい弟ばかりをかばう.

【向左转】xiàng zuǒ zhuǎn 句 （号令の）左向け左.

项(項) xiàng
工部6 四 1118₂
全9画 常用

❶ 素 うなじ. ¶～链 xiànglián ／頸～ jǐngxiàng（首. うなじ）. ❷ 量 事柄の一つ一つを数えることば. ¶各～政策 zhèngcè（それぞれの政策）／四～基本原则（四つの基本的原則）. ❸ 素 種類. 項目. ¶事～ shìxiàng（事項）／一目 xiàngmù. ❹ 素 さまざまな金額. 經費. ¶款～ kuǎnxiàng（金額）／用～ yòngxiàng（費用）／进～ jìnxiàng（収入）／欠～ qiànxiàng（負債）. ❺ 名《数学》数式の中の項. ❻（Xiàng）姓.

【项背】xiàngbèi 名 後ろ姿. ¶不能望其～／その人の足もとにも及ばない. ¶～相望 成 人がたくさん歩いていて人通りが断えない.

【项链〔練〕】xiàngliàn 名〔根 gēn, 条 tiáo〕ネックレス. 首飾り. ¶戴 dài～／ネックレスをする.

*【项目】xiàngmù 名〔個 ge〕項目. 種目. プロジェクト. ¶服务～／サービス項目. ¶田径 tiánjìng～／陸上競技種目. ¶重点建设～／重点建設プロジェクト.

【项圈】xiàngquān 名 輪の形をした首飾り. 参考 少数民族の女性などがつけるもの.

【项羽】Xiàng Yǔ《人名》項羽(ёё:前232-前202). 秦末の武将. 劉邦らとともに秦を倒す. 楚の覇王となり, 劉邦と勢力を二分して争うが, 垓下(ёё)の戦いにおいて敗れ, 自害する.

【项庄舞剑,意在沛公】Xiàng Zhuāng wǔ jiàn, yì zài Pèi gōng 言動の真の意図は別のところにある. 由来『史記』項羽本紀. 項荘（項羽の部下）は剣舞をしているが, ねらいは沛公（劉邦）を殺すことにある, という意から.

巷 xiàng
己部6 四 4471₇
全9画 常用

名 ❶ 路地. 横町. ¶一条小～（一本の細い路地）／深～ shēnxiàng（奥深い路地）／大街小～（大通りと路地. あちこち）／街谈一议 yì（町で話題になっている）／街头一尾站满了人（大通りから路地まで人でいっぱいだ）. ❷（Xiàng）姓.

☞ 巷 hàng

【巷口】xiàngkǒu 名 路地への入り口. ¶这个～太小, 车开不进去／この路地口は狭すぎて, 車が入れない.

【巷战】xiàngzhàn 名〔場 cháng〕市街戦.

【巷子】xiàngzi 名 方 路地.

相 xiàng
木部5 四 4690₀
全9画 常用

I 動 鑑定する. ¶～马／馬を鑑定する. ¶～面 xiàngmiàn. ¶人不可貌, 海水不可斗 dǒu 量 liáng／諺 見た目で人を判断してはいけない. ¶～机行事 xiàng jī xíng shì.

II 名 ❶（～儿）姿. ありさま. ¶长 zhǎng～／顔つき. ¶福～／福相. ¶一副可怜～儿／哀れな格好. ¶狼狈 lángbèi～／さんざんなていたらく. ¶扮～／いでたち. ¶～貌 xiàngmào. ❷ 写真. ¶照～張／写真を撮る. ¶上～／写真映りがよい. ¶～片 xiàngpiàn. ❸《数学·物理》位相. 相.

III 素 ❶ 姿勢. ¶吃～／食べる格好. ¶睡～／寝相(ぞう). ❷ 事物のありさま. ¶真～／真相. ❸ 補佐する. ¶吉人天～／成 良い人には天の助けがある. ❹ 宰相. ¶丞～ chéngxiàng／宰相. ¶首～／首相. ❺（日本の）大臣. ¶外～／外相. ❻ 中国将棋のコマのひとつ.

IV 名（Xiàng）姓.

☞ 相 xiāng

【相册】xiàngcè 名〔本 běn〕アルバム.

【相公】xiànggōng 名 ❶ 旧 夫に対する敬称（妻が夫を呼ぶ）. ❷ 旧 若い知識人の呼称. ❸ 旧 宰相に対する敬称. ❹ 旧 関中地区において工員や店員などに対する呼び方.

【相国】xiàngguó 名 古代の百官の長. のち, 宰相に対する敬称.

【相机】xiàngjī 名 ❶〔个 ge, 架 jià, 台 tái〕カメラ. 同 照相机 zhàoxiàngjī. ❷ 動 チャンスをうかがう. ¶～而动／機を見て行動する.

【相机行事】xiàng jī xíng shì 成 機会をうかがい, 柔軟に事を行う. 同 见 jiàn 机行事

【相貌】xiàngmào 名 顔立ち. ¶～堂堂／顔立ちがきりりとして立派だ. 同 容貌 róngmào

【相面】xiàng//miàn 動 人相を見る. ¶～先生／人相見.

【相片】xiàngpiàn 名〔量 fú,张 zhāng,帧 zhēn〕写真. 同 照片 zhàopiàn 注意 r化する時は"xiàngpiānr"と発音する.
【相声】xiàngshēng[-sheng] 名《芸能》〔量 段 duàn〕漫才. ¶单口～/一人漫才. 落語. ¶对口～/二人漫才. 掛合い漫才. ¶说～/漫才をやる.
【相书】xiàngshū 名 ❶《芸能》声带模写. ❷ 人相占いの本. 参考①は, 四川省の芸能で方言を使って行うもの.
【相位】xiàngwèi 名《数学》位相.
【相纸】xiàngzhǐ 名《写真の印画紙.

象 xiàng 刀部9 四 2723₂ 全11画 常用

❶名《動物》[量 头 tóu] ゾウ. ❷素 姿. 形. ¶形～ xíngxiàng（姿）/景～ jǐngxiàng（光景）/万～更新 gēngxīn 成 すべての物が新しくなる) ～ 征 xiàngzhēng. ❸素 まねる. 模倣する. ¶一声 xiàngshēng（擬声）. ¶形 xiàngxíng. ❹ (Xiàng) 姓.
【象皮病】xiàngpíbìng 名《医学》象皮病.
【象棋】xiàngqí 名〔量 副 fù, 盘 pán〕中国将棋. ¶下～/将棋をさす. ¶国际～/チェス.
【象声词】xiàngshēngcí 名《言語》擬声語.
【象限】xiàngxiàn 名《数学》象限 (げん). ¶～仪 yí / 象限儀.
【象形】xiàngxíng 名《言語》象形 (しょう).
【象形文字】xiàngxíng wénzì 名《言語》象形文字.
【象形字】xiàngxíngzì 名《言語》象形文字.
【象牙】xiàngyá 名 象牙 (ぞう). ¶～雕刻 diāokè / 象牙の彫刻.
【象牙海岸】Xiàngyá hǎi'àn《国名》コートジボワール (アフリカ). 同 科特迪瓦 Kētèdíwǎ
【象牙(之)塔】xiàngyá(zhī)tǎ 名（比喩的意の）象牙の塔.
【象征】xiàngzhēng ❶动 象徴する. ¶白鸽子 báigēzi～着和平 / 白い鳩は平和を象徴している. ❷名 象徴. シンボル. ¶富士山是日本的～ / 富士山は日本の象徴だ.
【象征性】xiàngzhēngxìng 形 象徴的だ.

像 xiàng 亻部11 四 2723₂ 全13画 常用

Ⅰ 名 像. 肖像. ¶画～ huàxiàng / 画像. ¶铜～ tóngxiàng / 銅像. ¶墙上挂着一幅主席～ / 壁に主席の肖像が1枚かかっている.
Ⅱ 动 ❶ …に似ている. ¶她的眼睛～爸爸, 嘴～妈妈 / 彼女の目はお父さん似で, 口はお母さん似だ. ¶再画胖一点就～了 / もう少し太めに描けばよく似るよ. ¶他俩长得 zhǎngde 很～ / 彼ら二人はよく似ている. ¶这个孩子一点儿都不～他父亲 / この子はちっとも父親に似ていない. ¶他不～个运动员 / 彼はスポーツマンらしくない.
❷ …のようだ. ●文型：像 ❶+一般 / 一样 / 这么 / 那么 + 形 / 动 (…のように…だ) ¶他变得～另一个人了 / 彼はすっかり別人のように変わってしまった. ¶他汉语说得真好, ～中国人一样 / 彼は中国語が本当にうまい, 中国人のようだ. ¶她们俩～亲姐妹一样 / 彼女らふたりは実の姉妹のようだ. ¶他壮得 zhuàngde～一头牛 / 彼は牛のように頑健だ. ¶他不～你这么聪明 / 彼は君のようには賢くない. ¶人们～潮水一般涌 yǒng 向广场 / 人々は潮の如く広場になだれ込んで来た. ¶～饿狼一样贪婪 tānlán / 飢えた狼のように貪欲だ. ¶～你这样学下去, 一定能学好汉语 / 君のように勉強すれば, きっと中国語が

マスターできるよ.
❸ (例を挙げて) たとえば …のように. ¶北京名胜古迹很多, ～故宫, 长城, 十三陵等 / 北京には故宫, 長城, 十三陵などたくさんの名所旧跡がある.
Ⅲ 副《推量を表わし）…のようだ. …みたい. ¶看这天～要下雨 / この空模様では, 雨になりそうだ. ¶～在哪儿见过这个人 / この人にはどこかで会ったことがあるみたいだ. ¶从笔迹来看, 这～是她写的 / 筆跡から見て, これは彼女が書いたものらしい.
Ⅳ (Xiàng) 姓.
【像话】xiàng // huà 形（ことばや行動が）理にかなっている. もっともだ. ¶同学们这样关心你, 你还闹 nào 情绪 qíngxù, ～吗? / クラスのみんながこんなに心配してるのに, まだそんなに不機嫌なままで, いいと思うか. ¶真不～ / まったく話にならない. ¶这像什么话呀? / まったくお話にならないわ. 用法 多く反問形や否定形で用いる.
【像模像样】xiàngmú xiàngyàng 句 ❶ 一定のレベルに達している. 一定要办得～/ ある程度のことはやらねばならない. ❷ 見た目がいい. ¶这里的人一个不～的 / ここの人たちはだれもがみな風采がいい.
【像素】xiàngsù 名 画素. ピクセル.
【像样】xiàng // yàng 名 (～儿) 一定の水準に達している. さまになっている. 上手だ. ¶他字写得挺～ / 彼の字はとても上手だ. 同 像样子 yàngzi
【像章】xiàngzhāng 名〔量 枚 méi〕肖像入りのバッジ. ¶毛主席～ / 毛沢東バッジ.

橡 xiàng 木部11 四 4793₂ 全15画 常用

❶素《植物》クヌギ. 同 栎树 lìshù ❷素《植物》ゴムノキ. ¶～胶 xiàngjiāo / ～皮 xiàngpí. ❸ (Xiàng) 姓.
【橡胶】xiàngjiāo 名 ゴム. ¶～液糊 yèhu / ゴム水のり.
【橡胶树】xiàngjiāoshù 名《植物》ゴムの木.
【橡皮】xiàngpí 名 ❶〔块 kuài〕消しゴム. ❷ ゴム. 参考 ②は, "硫化橡胶 liúhuà xiàngjiāo" (硫化ゴム) の通称.
【橡皮膏】xiàngpígāo 名 絆創膏 (ばんそう). 同 胶布 jiāobù
【橡皮筋】xiàngpíjīn 名 (～儿)〔量 根 gēn, 条 tiáo〕輪ゴム. ゴムひも. ¶跳～ / ゴム跳びをする.
【橡皮泥】xiàngpíní 名 油土 (ど). 油粘土 (ねんど).
【橡实】xiàngshí名 "橡子 xiàngzǐ"に同じ.
【橡树】xiàngshù 名 クヌギ.
【橡子】xiàngzǐ 名 ドングリ. 同 橡实 xiàngshí, 橡碗子 xiàngwǎnzi

xiāo ㄒㄧㄠ 〔ɕiau〕

肖 Xiāo 小部4 四 9022₇ 全7画 次常用

名 姓. 参考 "萧 Xiāo"の俗字.
☞ 肖 xiào
【肖邦】Xiāobāng《人名》ショパン (1810-1849). ポーランドの作曲家・ピアノ奏者.

枭(梟) xiāo 木部4 四 2790₄ 全8画 通用

❶名《鳥》フクロウ. 耳の羽がないもの. 同 鸺鹠 xiūliú

❷ 素 勇猛だ. 荒々しい. ¶～将 xiāojiàng（勇猛な大将）/～雄 xiāoxióng. ❸ 素 さらし首にする. ¶～首 xiāoshǒu. ❹ 名 食塩の密売人. ¶盐～ yánxiāo（塩の密売人）/私～ sīxiāo（食塩の密売人）. ❺(Xiāo)姓.

【枭首】xiāoshǒu 動 文 さらし首にする. ¶～示众 shìzhòng / さらし首にして見せしめにする.

【枭雄】xiāoxióng 名 文 横暴で野心のある人物. 梟雄(きょうゆう). ¶一代～/当代の梟雄.

枵 xiāo

木部5 四 4692₇ 全9画 通用

素 ❶（本来あるものがなく）空っぽだ. 空虚だ. ❷ 布目がまばらで薄い. ¶～薄 xiāobó（まばらで薄い）.

【枵腹】xiāofù 名 空腹. ¶～从公／空腹で公務をこなす. ただ働きをする.

削 xiāo

刂部7 四 9220₀ 全9画 常用

❶ 動（刃物で）削る. むく. ¶～铅笔（鉛筆を削る）/把梨皮～掉（梨の皮をむく）/刀～面 dāoxiāomiàn（包丁で削った麺. 山西料理）. ❷(Xiāo)姓.
☞ 削 xuē

【削面】xiāomiàn 名《料理》刀削麺(とうしょうめん). ⇒刀 dāo 削面

【削球】xiāo//qiú 動《スポーツ》（卓球などで）ボールをカットする. ¶～手／カットボールを得意とする選手.

哓（嘵）xiāo

口部6 四 6501₂ 全9画 通用

下記熟語を参照.

【哓哓】xiāoxiāo 動 文 やかましく言い争う. ¶～不休／言い争いがいつまでも続く.

骁（驍）xiāo

马部6 四 7511₂ 全9画 通用

素 勇ましい. 強い. ¶～勇 xiāoyǒng /～将 xiāojiàng.

【骁悍】xiāohàn 形 気性が荒くて強い. ¶～的骑手／勇猛果敢な騎手.

【骁将】xiāojiàng 名 勇猛な将軍. ¶派一名～镇守 zhènshǒu 边境／国境警備に勇将を一人派遣する.

【骁勇】xiāoyǒng 形 文 書 勇猛だ. ¶～善战 shànzhàn / 勇猛で戦いに長(た)けている. 同勇猛 yǒngměng.

逍 xiāo

辶部7 四 3930₂ 全10画 通用

❶ 下記熟語を参照. ❷(Xiāo)姓.

【逍遥】xiāoyáo 形 拘束されず自由だ. ¶～派／ノンポリ. 囲 逍遥逍遥, 逍遥自在

【逍遥法外】xiāo yáo fǎ wài 成 法の目を逃れて自在に暮らす. 表現犯罪者が適切な処罰を受けないで自由にしているようす.

【逍遥自在】xiāo yáo zì zài 成 悠々自適に暮らす.

鸮（鴞）xiāo

鸟部5 四 6722₇ 全10画 通用

→鸱鸮 chīxiāo

消 xiāo

氵部7 四 3912₇ 全10画 常用

❶ 動 消える. 消失する. ¶冰～（氷がとける）／烟 yān～火灭（煙と火が消える）／云～雾散 sàn（雲が切れ霧が晴れる）／红肿 hóngzhǒng 已～（腫れがひいた）／他的气～了（彼の怒りはおさまった）. ❷ 動 消す. 取り除く. ¶～毒 xiāodú /～炎 xiāoyán /～灭敌人（敵を

消滅する）/～痰 tán（痰を取り除く）/～愁闷 chóumèn（気晴らしする）. ❸ 素 時を過ごす. 気をまぎらす. ¶～夜 xiāoyè /～夏 xiāoxià. ❹ 動 必要とする. ¶不～（言うまでもない）／一回只一一个星期田仕事しかかからない）. ❺ 素 無駄にする. ¶～耗 xiāohào. 用法 ❹は、前に"不"、"只"、"何"などを用いる.

【消沉】xiāochén 形 気持ちが落ち込んでいる. 元気がない. 意気消沉. ¶他变得很～／彼はすっかり落ち込んでしまった. 同低沉 dīchén 比較 "低沉"は低調な状態を言うが、"消沉"は高調が低調に落ち込む変化を含んだ動的な見方.

【消愁】xiāochóu 動 憂いを取り除く. 憂さを晴らす. ¶～解闷 jiěmèn / 憂さをはらす. ¶借酒～愁更愁／酒に頼って憂さを晴らすと、ますますふさぎ込む.

【消除】xiāochú 動（よくないものを）取り除く. 除去する. ¶～隐患 yǐnhuàn／隠れた危害を除去する. ¶～一切威胁 wēixié／あらゆる脅威を取り除く. ¶～误会 wùhuì / 誤解を解く. 同解除 jiěchú

【消毒】xiāo//dú 動 ❶ 消毒する. ¶～剂 jì / 消毒剤. ¶已经消过毒了／もう消毒は済んだ. ❷ 弊害を取り除くことのたとえ. ¶扫黄～／ポルノの害を一掃する.

【消法】xiāofǎ 名《法律》"中华人民共和国消费者权益保护法"（中華人民共和国消費者権益保護法）の略称.

【消防】xiāofáng 名 消防.

【消防队】xiāofángduì 名 消防隊.

*【消费】xiāofèi 動 消費する. ¶～市场 / 消費市場. 比較 "消费"は生活等の必要によって使うことで中性的. "消耗"は使ってすり減らすことでマイナスの意味合いを持つことがある.

【消费品】xiāofèipǐn 名《经济》消費財.

【消费税】xiāofèishuì 名 消費税.

【消费信贷】xiāofèi xìndài 名《经济》（消費財購入のための）個人向け融資やローン.

【消费者】xiāofèizhě 名 消費者.

【消费者权益日】xiāofèizhě quányìrì 名 消費者の日. 参考中国は3月15日. 日本は5月30日.

【消费者协会】xiāofèizhě xiéhuì 名 "中国消费者协会"（中国消费者協会）の略称. 参考国家工商行政管理総局が主管し、各省・直轄市・自治区の県内に支部がある.

【消费资料】xiāofèi zīliào 名《经济》消費財.

【消耗】xiāohào 動 ❶ 消耗する（こと）. 消耗させる（こと）. すり減らす（こと）. ¶～能量／エネルギーを消費する. ¶～敌人的力量／敵の力を消耗させる. ¶把～控制在一定范围之内／消耗を一定範囲内に抑える. 同 耗费 hàofèi ❷ 音信. 消息. ¶者 yǎo 无～／杳(よう)として音信がない. 参考❷は、早期の白話に見られる.

【消耗战】xiāohàozhàn 名《军事》消耗戦.

*【消化】xiāohuà 動 ❶（食べ物を）消化する. こなす. ❷（知識を）消化する. 吸収する. ¶老师讲得太多, 学生～不了／教師の講義内容が多すぎると、学生は消化しきれない.

【消化不良】xiāohuà bùliáng 名《医学》消化不良.

【消化系统】xiāohuà xìtǒng 名《生理》消化器官. 消化器.

【消魂】xiāohún →销魂 xiāohún

【消火栓】xiāohuǒshuān 名 消火栓.

【消极】xiāojí 形 ❶ 否定的だ. ¶～因素 yīnsù / マイナス要因. ❷ 消極的だ. 受動的だ. ¶他态度太～了／

彼は態度があまりにも消極的だ．(反) 积极 jījí
【消解】xiāojiě 動 (疑いや苦しみが)消えてなくなる．解ける．(同) 消释 xiāoshì
【消渴(病)】xiāokě(-bìng) 名《中医》消渇(しょうかつ)．参考 水分を強く欲し，排尿が頻繁な症状．糖尿病や尿崩症(にょうほうしょう)などを含む．
【消弭】xiāomǐ 動〈文〉(災害や禍害を)取り除く．解決する．(同) 销弭 xiāomǐ
*【消灭】xiāomiè 動 ❶ 消滅する．滅亡する．¶恐龙 kǒnglóng 早在中古代末期就～了／恐竜は中古代の末期にはすでに絶滅した．无聊を解消．撲滅する．滅亡させる．¶～癌症 áizhèng／癌(がん)を撲滅する．¶～害虫／害虫駆除．(同) 歼灭 jiānmiè
【消泯】xiāomǐn 動 消滅する．消灭 miè, 消失 shī
【消磨】xiāomó ❶(意志や精力などを)すりへらす．消耗する．¶～志气／やる気を失う．❷ 無為に時間をすごす．¶～岁月／年月を無意味にすごす．¶每天在家里一时间，无聊不堪で暇をつぶして，退屈極まりない．
【消纳】xiāonà 動 (廃棄物を)取り除き，処理する．(同) 销 xiāo 纳
【消气】xiāo//qì 怒りをおさめる．気をしずめる．¶她的气还没消／彼女の腹の虫はまだおさまっていない．
【消遣】xiāoqiǎn 動 ひまつぶしをする．退屈しのぎをする．¶咱们打扑克～～吧／暇つぶしにトランプでもしよう．
【消融[溶]】xiāoróng 動 (氷や雪が)とける．¶冰雪～／氷雪がとけた．
【消散】xiāosàn 動 (煙や霧などや，抽象的なものが)消える．消失する．¶雾渐渐～了／霧がしだいに晴れてきた．¶疲劳 píláo 完全～了／疲れがすっかり取れた．(同) 消失 xiāoshī
【消声器】xiāoshēngqì 名 (銃の)消音装置．サイレンサー．(自動車などの)消音器．マフラー．(同) 消音器 xiāoyīnqì
*【消失】xiāoshī 動 消失する．¶她的背影 bèiyǐng ～在人群中／彼女の後姿は人ごみにまぎれて見えなくなった．(同) 消逝 xiāoshì
【消食】xiāo//shí (～儿) 消化をうながす．¶饭后散会几步，消消食儿／食後に少し散歩して，消化をよくしよう．
【消逝】xiāoshì 動 消える．消え去る．¶声音慢慢～了／音はゆっくりと消えていった．
【消释】xiāoshì 動〈文〉❶ (疑念や懸念，苦痛が)消える．取り除かれる．¶误会～／誤解が解ける．❷ (氷や雪が)とける．
【消受】xiāoshòu 動 ❶ (幸福などを)受ける．享受する．¶这么高级的住宅 zhùzhái 我可～不起／こんな高級住宅には，私はとても住めない．❷ がまんする．耐え忍ぶ．用法 ❶は，否定文や疑問文に多く用いられる．
【消瘦】xiāoshòu 動 身体がやせる．やつれる．¶她一天天～下去／彼女は日に日にやせ細っていく．
【消暑】xiāo//shǔ ❶ 避暑する．¶度假 dùjià ／避暑休暇を過ごす．❷ 暑気払いをする．暑気を取り除く．¶喝杯凉开水消消暑吧／冷たい水を飲んで身体を冷まそう．
【消损】xiāosǔn 動 (物などが)摩耗する．すり減る．
【消停】xiāoting ❶ 形 平穏だ．落ち着いている．❷ 動 停止する．休憩する．
【消退】xiāotuì 動 減弱になくなる．徐々になくなる．¶暑热略有～／暑さが少し和らいだ．¶红肿 hóngzhǒng ～了／腫(は)れがひいた．

【消亡】xiāowáng 動 消滅する．滅亡する．¶封建 fēngjiàn 王朝～了／封建王朝は滅亡した．(同) 灭亡 mièwáng
**【消息】xiāoxi ❶〔(量) 个 ge, 条 tiáo, 则 zé〕ニュース．情報．¶好～／良い知らせ．¶新华社～／新華社通信．❷ 音信．便り．¶好久没他的～了／もう長いこと彼からの便りはない．¶一点～都没有／ちっとも便りがない．
【消息儿】xiāoxir 名〈方〉しかけ．からくり．
【消夏】xiāoxià 動 夏をしのぐ．避暑に行く．¶～晚会／納涼パーティー．¶去海边～／海辺で夏を過ごす．
【消闲】xiāoxián ❶ 動 暇つぶしをする．❷ 形 のんびりしてひまだ．¶他真～，看戏去了／彼は時間があるので，芝居を見に行った．
【消歇】xiāoxiē 動 休止する．消失する．¶风雨～／風雨がやんだ．(同) 销歇 xiāoxiē
【消协】xiāoxié 名 "中国消费者协会"(中国消費者協会)の略称．
【消炎】xiāoyán 動 炎症をとる．¶～止痛／炎症をおさえ,鎮痛する．
【消夜】xiāoyè ❶ 名〔(量) 顿 dùn〕夜食．¶吃～／夜食をとる．¶夜宵儿 yèxiāor ❷ 動 夜食をとる．
【消音器】xiāoyīnqì 名《機械》消音器．
【消长】xiāozhǎng 名 増減．盛衰．¶人口的～／人口の増減．
【消肿】xiāozhǒng 動 腫(は)れがひく．¶吃了一次药就～了／薬を一回飲んだだけで腫れが治まった．

宵 xiāo 宀部7 3022₇ 全10画 常用

名 ❶ 夜．宵．¶通～ tōngxiāo (一晩中)／春～ chūnxiāo (春の宵)／元～ yuánxiāo (旧暦1月15日の夜)／通～达旦 dàn (夜を徹して朝に到る)．❷ (Xiāo)姓．
【宵旰】xiāogàn 動 "宵衣旰食 xiāo yī gàn shí"に同じ．
【宵禁】xiāojìn 名 (戒厳令による)夜間外出禁止令．¶解除～／夜間通行禁止を解除する．
【宵小】xiāoxiǎo 名〈文〉夜盗(やとう)．悪人．
【宵衣旰食】xiāo yī gàn shí 夜の明けないうちから服を着，日が落ちてからやっと食事をとる．一心に政務に勤める形容．

绡(綃) xiāo 纟部7 2912₇ 全10画 通用

名〈文〉生糸．または絹織物．

萧(蕭) xiāo 艹部8 4422₇ 全11画 次常用

❶ 書 ものさびしい．¶～瑟 xiāosè／～索 xiāosuǒ／～条 xiāotiáo．❷ (Xiāo)姓．
【萧伯纳】Xiāo Bónà《人名》バーナード・ショー(1856-1950).中国語の劇作家・批評家．
【萧规曹随】Xiāo guī Cáo suí 成 先人の決めた規則に後人が従う．規則や方法を踏襲する．由来 漢の揚雄"解嘲"のことばから．漢の丞相であった蕭何が作った法令や制度を，後の丞相曹参が踏襲したことから．
【萧墙】xiāoqiáng 名〈文〉❶ 表門のすぐ内側に造られた目隠しの壁．❷ 内部．内輪．身内．¶祸 huò 起～／内輪もめが起こる．
【萧然】xiāorán 形 ❶ さびしく，生気がない．蕭然(しょうぜん)としている．❷ 空虚だ．がらんとしている．¶四壁～／室内に何もなく,がらんとしている．

- 【蕭洒】xiāosǎ →潇洒 xiāosǎ
- 【蕭颯】xiāosà 形文 ものさびしい.活気のない.ひっそりとしている.
- 【蕭瑟】xiāosè ❶擬 さわさわ.ざわざわ.木々に風が吹く音.¶秋風~/秋風がさわさわと木々を吹きぬける.❷形 活気がなくひっそりとしている.ものさびしい.¶门庭~/庭先が寒々しい.
- 【蕭森】xiāosēn 形 ❶ 草木の葉が枯れ落ちたようす.❷ 薄暗く,気味が悪いようす.¶幽谷 yōugǔ~/深山(しんざん)幽谷.
- 【蕭疏】xiāoshū 形文 ❶(景色が)荒涼としている.❷ まばらで寂しい.
- 【蕭索】xiāosuǒ 形 生気のない.ものさびしい.
- 【蕭条】xiāotiáo 形 ❶ ものさびしい.生気のない.¶极目~/見渡す限り蕭条(しょうじょう)としている.同 萧索 xiāosuǒ ❷《経済》不況だ.不景気だ.¶经济~/経済が不況だ.
- 【蕭蕭】xiāoxiāo 文 擬 ❶ 馬のいななく声.風の吹く音.¶马鸣 míng~/馬がひひんといななく.¶风雨~/風雨がものさびしい.❷形 頭髪が白くて薄い.¶白发~/白く薄い頭髪.

硝 xiāo

石部7 四 1962₇ 全12画 次常用

❶ 名 硝石(しょうせき).同 硝石 xiāoshí ❷ 動 毛皮をなめす.¶~一块皮子(皮を一枚なめす).

- 【硝化】xiāohuà 動《化学》硝化する.ニトロ化する.
- 【硝化甘油】xiāohuà gānyóu 名《化学》ニトログリセリン.
- 【硝石】xiāoshí 名《鉱物》硝石.
- 【硝酸】xiāosuān 名《化学》硝酸.HNO₃.参考 一般には,"硝镪水 xiāoqiāngshuǐ"とも言う.
- 【硝酸甘油】xiāosuān gānyóu 名《薬》ニトログリセリン.
- 【硝烟】xiāoyān 名 爆薬の破裂で生じる煙.硝煙.¶~弥漫 mímàn 的战场/硝煙たちこめる戦場.¶~滚滚 gǔngǔn/硝煙がみなぎる.
- 【硝盐】xiāoyán 名《化学》硝酸塩.

销(銷) xiāo

钅部7 四 8972₇ 全12画 常用

❶ 動 金属を溶かす.¶~毀 xiāohuǐ.❷ 動 取り消す.取り除く.¶~假 xiāojià/报~ bàoxiāo(精算する)/撤~ chèxiāo(撤回する)/注~ zhùxiāo(登録を取り消す).❸ 動 物を売る.販売する.¶畅~ chàngxiāo(よく売れる)/滞~ zhìxiāo(あまり売れない)/一天~了不少的货(一日にかなりの商品を売った).❹ 名 浪費する.金を使う)/花~ huāxiāo(費用).❺ 名 器物に差し込んで,固定するもの.¶插~ chāxiāo(窓などの留め具)/开尾~ kāiwěixiāo(緩みを防ぐ割りピン).❻ 動(留め具を)差し込む.¶锁~ suǒxiāo(留め具を差し込む).❼(Xiāo)姓.

- 【销案】xiāo//àn 動 審理を打ち切る.訴訟を取り下げる.
- 【销场】xiāochǎng 名方 販路.販売ルート.同 销路 xiāolù
- 【销钉】xiāodīng 名"销子 xiāozi"に同じ.
- 【销毁】xiāohuǐ 動 溶かして廃棄する.焼却する.¶把文件全部~/書類をすべて焼却処分する.¶~证据 zhèngjù/証拠を隠滅する.
- 【销魂】xiāohún 動(悲しみや驚きで)魂が抜ける.恍惚(こうこつ)とする.ぼう然とする.同 消魂 xiāohún
- 【销价】xiāojià 名 販売価格.
- 【销假】xiāo//jià 動 休暇の終了を復命する.¶他今天销了假,来上班了/彼は今日休暇明けで,出勤してきた.反 请假 qǐngjià
- 【销量】xiāoliàng 名 販売量.
- 【销路】xiāolù 名 販路.販売ルート.売れ行き.¶~不畅 bùchàng/売れ行きが悪い.¶打开~/販路を開拓する.¶这个产品没有~/この製品は売れない.
- 【销弭】xiāomǐ →消弭 xiāomǐ
- 【销品茂】xiāopǐnmào 名外 ショッピング・モール.
- 【销声匿迹】xiāo shēng nì jì 成 声を消し姿をくらます.公の場に姿を現さない.人前に出ない.¶他从此就从商场上~了/彼はそれ以来市場から姿を消した.
- 【销蚀】xiāoshí 動 腐食する.むしばむ.¶~剂 jì/腐食剤.
- 【销势】xiāoshì 名 売れ行き.
- 【销售】xiāoshòu 動(品物を)売る.販売する.¶~人员/販売スタッフ.同 出售 chūshòu 反 购买 gòumǎi
- 【销行】xiāoxíng ❶ 動(品物を)売る.販売する.¶~各地/各地で販売されている.❷ 名 売れ行き.¶在海内外~不衰 bùshuāi/国内外で売れ行きが衰えない.
- 【销赃】xiāo//zāng 動 臓品(ぞうひん)を売る.盗品を処分する.¶企图~灭迹 mièjì/盗品を処分して証拠隠滅を図る.
- 【销账[帐]】xiāo//zhàng 動 帳簿から削る.帳消しにする.¶请给我销一下账/私の分は帳消しにしてくれ.
- 【销子】xiāozi 名《機械》ドリフトピン.ジョイントピン.部品どうしをつなぐ釘状のもの.同 销钉 xiāodīng

蛸 xiāo

虫部7 四 5912₇ 全13画 通用

❶ →螵蛸 piāoxiāo ❷(Xiāo)姓.
➡ 蛸 shāo

箫(簫) xiāo

竹部8 四 8822₇ 全14画 次常用

名 ❶《音楽》古代の,長さの異なる竹を横に並べた管楽器.同 排箫 páixiāo ❷《音楽》〔管 guǎn,枝 zhī〕簫(しょう).管楽器の一つ.一本のものを縦にして吹くのが主流.同 洞箫 dòngxiāo ⇨洞箫(図) ❸(Xiāo)姓.

潇(瀟) xiāo

氵部11 四 3412₇ 全14画 通用

形文 水が澄んでいて深い.¶~洒 xiāosǎ.

- 【潇洒】xiāosǎ 形(振る舞いや風貌(ふうぼう)が)自然だ.スマートだ.¶举止 jǔzhǐ~/振る舞いがおっとりしている.¶活得~/生き方がスマートだ.同 萧洒 xiāosǎ,洒脱 sǎtuō
- 【潇潇】xiāoxiāo 形 ❶ 雨と風の激しいようす.¶风雨~/雨と風が激しくうなる.❷ 小雨がそぼ降るようす.¶~秋雨/しとしとと降る秋雨.

霄 xiāo

雨部7 四 1022₇ 全15画 通用

❶ 名 雲.¶高入云~(高くそびえる).❷ 名 空.天空.¶重~ chóngxiāo(はるか高い上空)/九~云外(はるかかなたに遠いようす)/~壤 xiāorǎng.❸(Xiāo)姓.

- 【霄汉】xiāohàn 名 天空と天の川.広く大空のこと.
- 【霄壤】xiāorǎng 名 ❶ 天と地.❷ 大きな差があること.
- 【霄壤之别】xiāo rǎng zhī bié 成 雲泥の差.¶处境 chǔjìng 有~/境遇に雲泥の差がある.同 天 tiān 壤之

魁 xiāo
鬼部7 四 2951₂ 全16画 通用
→山魁 shānxiāo

嚻(囂) xiāo
口部15 四 6666₈ 全18画 次常用

❶[素]がやがやと騒がしい. ¶叫～ jiàoxiāo（大声でわめく）/～张 xiāozhāng. ❷(Xiāo)姓.

【嚻张】xiāozhāng [形]のさばっている. 幅を利かせている. ¶一时/一時, はびこっていた. ¶气焰 qìyàn～/たいそうな気炎をあげる. ¶看他还能～多久？/彼がいつまでのさばっていられるものか.

洨 Xiáo
氵部6 四 3014₈ 全9画 通用

[素]地名用字. ¶～河 Xiáohé（河北省を流れる川の名）.

崤 Xiáo
山部8 四 2472₇ 全11画 通用

[素]地名用字. ¶～山 Xiáoshān（河南省にある山の名）.

淆(異 殽) xiáo
氵部8 四 3412₇ 全11画 次常用

[素]混ざりあう. ¶混～不清（混交している）/ 混～黑白（黒白をごっちゃにする）/～惑 xiáohuò.

【淆惑】xiáohuò [动]攷混乱させ惑わす. ¶～视听/世間の耳目を混乱させる.

【淆乱】xiáoluàn ❶[形]混乱している. 乱雑だ. ❷[动]混乱させる. かき乱す. ¶不法分子～了社会秩序/不法分子が社会秩序を乱す.

小 xiǎo
小部0 四 9000₀ 全3画 常用

❶[形]（面积・体积・数量などが）小さい. ¶这间房间太～了（この部屋は小さすぎる）/他人～, 劲儿可不～（彼は年は若いが, とてもガッツがある）/地方～（場所が狭い）/～问题（小さな問題）/数目 shùmù～（数が少ない）/学问～（知識が浅い）/一声说话（小声で話す）/风～些了（風が少し弱まった）/鞋～了点儿（靴が少し小さい）. 反 大 dà ❷[副]しばらく. ちょっと. 少し. ¶～坐（少し腰掛ける）/～住 xiǎozhù / 不无～补（少しは足しになる）. ❸[形]（年齢が）低い. 幼い. 若い. ¶他比你～（彼はあなたより年下だ）. 反 大 dà ❹[形]子供. 幼い者. ¶一家老～（一家の大人と子供. 家族全員）/上有老, 下有～（上には年寄りがおり, 下には子供がいる. 面倒をみるべき家族がいる）. ❺[形]（兄弟姉妹で）一番下の. ¶他是我的～弟弟（彼は私の末の弟です）/我们家她最～（うちでは彼女が一番下だ）. 反 大 dà ❻[接鲑]自分, または自分に関係のある人や物事に用いてへりくだる. ¶～弟 xiǎodì /～店 xiǎodiàn. ❼[接头]姓・名前・兄弟姉妹の名称などの前に用い親しみを表し（名前の場合は子供のことが多い）. ¶～王 Wáng（王さん）/～美（メイちゃん）/～妹妹 xiǎomèimei. 反 老 lǎo ❽[接头]動物名につけ, その子を示す. ¶～鸡 xiǎojī（ヒヨコ）/～狗 xiǎogǒu（子イヌ）. ❾名詞性語根の前につけて, 名詞を作る. ¶～孩儿 xiǎoháir /～菜 xiǎocài /～提琴 xiǎotíqín. ❿形容詞性語根の前につけて, 名詞を作る. ¶～暑 xiǎoshǔ /便宜 piányi. ⓫"小学校"の略. ¶附～ fùxiào（附属小学校）. ⓬妾を表す. ¶娶了个～（めかけを囲っている）. ⓭(Xiǎo)姓.

【小巴】xiǎobā [名] "小型巴士"（小型バス）の略称.

【小白菜】xiǎobáicài [名]（～儿）《植物》パクチョイ, チンゲンサイなど. ハクサイに近い野菜.

【小白脸儿】xiǎobáiliǎnr [名]色白のやさ男. 美少年.

【小白领】xiǎobáilǐng [名]年の若いホワイトカラー. 若いビジネスマン.

【小百货】xiǎobǎihuò [名]日用雑貨. 小間物. ¶～店/日用品店.

【小班】xiǎobān [名]幼稚園の年少組. 3才から4才までのクラス.

小白菜

【小半】xiǎobàn [名]（～儿）半分より少ない量. ¶报到的还不到报名 bàomíng 人数的一～/登録を済ませたのは, 申し込み者のまだ半分にも満たない.

【小宝宝】xiǎobǎobao [名]赤ちゃん. おちびちゃん. ¶～几个月了？/赤ちゃんは何ヵ月ですか.

【小宝贝】xiǎobǎobèi [名]（～儿）赤ちゃん. おちびちゃん. ⇒小宝宝 xiǎobǎobao

【小报】xiǎobào [名]〔份 fèn, 张 zhāng〕紙面の小さな新聞. タブロイド版新聞.

【小报告】xiǎobàogào [名]上役に密告すること. ¶打～/密告する.

【小辈】xiǎobèi [名]（～儿）後輩. 世代の若い者. 目下の者. ¶他的为人 wéirén 深受～们的敬佩 jìngpèi/彼の人柄は, 後輩たちにたいへん尊敬されている.

【小本经营】xiǎoběn jīngyíng [名]小商い. 小規模の商売. ¶做～的, 经不住 jīngbuzhù 这种打击 dǎjī 啊！/小商いでは, このようなショックには耐え切れない.

【小便】xiǎobiàn ❶[动]小便（をする）. ¶解 jiě～/小便をする. ¶～斗 dǒu / 小便用の便器. ❷[名]男性や女性の性器.

【小辫儿】xiǎobiànr [名]〔根 gēn, 条 tiáo〕（短い）おさげ.

【小辫子】xiǎobiànzi [名]❶（短い）おさげ. ⇒ 小辫儿 xiǎobiànr ❷弱み. しっぽ. 泣き所. ¶让人抓住～/人に弱みをにぎられる.

【小标题】xiǎobiāotí [名]サブタイトル. 小見出し. 副題.

【小瘪三】xiǎobiēsān [名]方ちんぴら. 非行少年. 悪童. ¶不务正业的～/まっとうな仕事に就かないチンピラ.

【小别】xiǎobié [名]しばしの別れ. ¶虽是～, 仍依依不舍 shě / しばしの別れとは言え, それでも名残惜しい.

【小步舞曲】xiǎobù wǔqǔ [名]《音楽》メヌエット.

【小不点儿】xiǎobudiǎnr ❶[形]非常に小さい. ¶这么～的事, 早忘记了 / そんなささいなこと, とっくに忘れたよ. ❷[名]小さな子供. おちびさん.

【小菜】xiǎocài [名]❶（～儿）《料理》小皿料理. 酒のさかな. ❷（～儿）簡単に片づく仕事. ¶这点事, 不过～一碟 dié / こんなの朝飯前さ. ❸方おかず. 惣菜.

【小册子】xiǎocèzi [名]パンフレット. ブックレット.

【小差】xiǎochāi →开小差 kāi xiǎochāi

【小产】xiǎochǎn [动]流産する. 流产 liúchǎn

【小肠】xiǎocháng [名]《生理》小腸. ¶～气/ヘルニア. ¶～窄肚 zhǎidù/気が小さいたとえ.

【小肠串气】xiǎocháng chuànqì [名]《医学》鼠蹊（そけい）ヘルニア. 脱腸. 疝气 shànqì

【小肠子】xiǎochángzi [名]ウインナーソーセージ.

【小抄儿】xiǎochāor [名]方 カンニングペーパー. ¶打～/カンニングをする.

小 xiǎo 1225

【小炒】xiǎochǎo 名(～儿)《料理》(レストランや大食堂などで)小鍋でちょっと炒めた小料理.
【小车】xiǎochē 名(～儿)〔量 部 bù, 辆 liàng〕❶手押し車. ❷小型の乗用車. セダン. 同 小轿车 xiǎojiàochē
【小称】xiǎochēng 名 愛称. ニックネーム.
【小吃】xiǎochī 名 ❶食堂の軽食. ¶経済～ / セット料理. ❷飲食店の"粽子 zòngzi", "元宵 yuánxiāo", "年糕 niángāo", "油茶 yóuchá"などの総称. ¶～店 / 軽食やおやつ類を出す店. ❸洋食のオードブル. 前菜.
【小丑】xiǎochǒu 名 ❶(～儿)《芸能》芝居の道化役者. ピエロ. ❷(～儿)ひょうきん者. おっちょこちょい. ❸卑しくつまらない人. 小人(ˈɕɔn). ¶～跳梁 tiàoliáng 成 ろくでなしが騒ぎを起こしてばこる.
【小春】xiǎochūn 名 ❶旧暦の10月. 同 小阳春 xiǎoyángchūn ❷旧暦の10月ごろにまくコムギ, エンドウなどの農作物. 同 小春作物 zuòwù
【小词】xiǎocí 名 三段論法の結論の主語. 小名辞.
【小葱】xiǎocōng 名(～儿)《植物》ワケギ. ¶～拌 bàn 豆腐一青二白 / 豆腐にワケギをそえたように, 白と青がはっきりしている. 潔白であること, またはけじめがはっきりしているたとえ.
【小聪明】xiǎocōngming 名 貶 こざかしさ. 小才. ¶耍 shuǎ～ / こざかしく立ち回る.
【小打小闹】xiǎodǎ xiǎonào 句 小さな規模で仕事をする.
【小刀】xiǎodāo 名 小型ナイフ.
【小刀会起义】Xiǎodāohuì qǐyì 名《歴史》小刀会(ˈʃoːdoˈkaɪ)の蜂起(ˈhoʊki). 1853年に天地会の支派の小刀会が太平天国軍に呼応して行った武装蜂起.
【小道】xiǎodào 名 ❶路地. ❷ 反 正式でない, 瑣末なもの.
【小道儿消息】xiǎodàor xiāoxi 名 うわさ. 口コミ.
【小的】xiǎode 名 ❶小さい物. ❷末っ子. ちび. ¶他三个孩子, ～都上高中了 / 彼の三人の子供の末っ子ももう高校に入った.
【小弟】xiǎodì 名 ❶私. 小生. ¶～久仰 jiǔyǎng / 私めもお名前はかねうかがっております. ❷末の弟. 幼い弟. 用法 ①は, 男性がへり下っていうことば.
【小弟弟】xiǎodìdi 名 ❶末の弟. ❷坊や. ¶～几岁了? / 坊や, 幾つになったの. 用法 ②は, 男児に対する愛称.
【小店】xiǎodiàn 名 ❶弊店. ❷小さな店. 小さな宿屋. 用法 ①は, 自分の店をけんそんしていうことば.
【小调】xiǎodiào 名 ❶(～儿)〔量 曲 qǔ, 支 zhī〕民間に流布している調べ. 小唄. 民謡. ¶唱～的 / 民謡の歌い手. ❷《音楽》短調. 短音階. ¶A～协奏曲 xiézòuqǔ / イ短調協奏曲. ❸ 同 大调 dàdiào
【小动作】xiǎodòngzuò 名 ❶(隠れて行う)つまらない策略. 小細工. ¶搞～/ 策を弄する. ¶很难觉察 juéchá 魔术师 móshùshī 的～/ 手品師のトリックはなかなか気づかない. ❷(授業中の)いたずら, よそ見.
【小豆】xiǎodòu 名《植物》アズキ. ¶～汤 / ぜんざい. 同 赤 chì 小豆
【小肚儿】xiǎodǔr 名 ブタの肉を腸詰めにした球状の食品.
【小肚鸡肠】xiǎo dù jī cháng 成 度量が小さい. 同 鼠 shǔ 肚鸡肠
【小肚子】xiǎodùzi 名 同 下腹. 同 小腹 xiǎofù

【小队】xiǎoduì 名 小隊.
【小额】xiǎo'é 名 小額. ¶～贷款 / 小口(ˈɛ)ローン.
【小恩小惠】xiǎo ēn xiǎo huì 成 貶(人を抱き込むために与える)ちょっとした利益. ¶常常施 shī 点～给仆人 púren / 年中わずかばかりの鼻薬で召し使いを丸め込んでいる.
【小儿】xiǎo'ér 名 ❶子供. 児童. 幼児. ❷せがれ. 表现 は, 自分の息子を謙遜(ˈɛ)していうことば. ⇨ 小儿 xiǎor
【小儿科】xiǎo'érkē 名 ❶《医学》小児科. ❷ 同 幼稚な行為. 価値の乏しいもの.
【小儿麻痹症】xiǎo'ér mábìzhèng 名《医学》小児麻痺.
【小贩】xiǎofàn 名 行商人. こあきんど. ¶小商～/ こあきんど. 行商人.
【小纺】xiǎofǎng 名 薄手の絹織物.
【小费】xiǎofèi 名 チップ. 心付け. ¶不收～/ チップはお断わりします. 同 小账 xiǎozhàng
【小分队】xiǎofēnduì 名〔量 支 zhī〕班. 小隊. チーム. ¶文艺～/ 文芸活動班.
【小粉】xiǎofěn 名 でんぷん. 同 淀粉 diànfěn
【小腹】xiǎofù 名 下腹. 同 小肚子 xiǎodùzi
【小钢炮】xiǎogāngpào 名 ❶小型の銃. ❷気丈で, ズバズバとものを言う人.
【小个儿】xiǎogèr 名 ❶小柄な人. 同 小个子 xiǎogèzi ❷こぶりな物. ¶我要～的南瓜 nánguā / 小ぶりのかぼちゃがほしい.
【小个子】xiǎogèzi 名 小柄な人. ¶～比大个子灵活 / 小柄な人は大柄な人より敏捷(ˈʃoː)だ. 同 小个儿 xiǎogèr
【小工】xiǎogōng 名(～儿)〔量 个 ge, 名 míng, 群 qún〕単純肉体労働者. 人足. 同 壮工 zhuànggōng
【小公共】xiǎogōnggòng 名 "小公共汽车"(小型乗り合いバス)の略称.
【小姑】xiǎogū 名 ❶(～儿・～子)夫の妹. 小じゅうと. ❷父方のおばのうち, 一番年下のおば.
【小鼓】xiǎogǔ 名《音楽》小太鼓. サイドドラム.
【小褂】xiǎoguà 名(～儿)肌につける中国式のひとえの上着.
【小馆儿】xiǎoguǎnr 名〔量 家 jiā〕小規模の大衆料理店. 居酒屋.
【小广播】xiǎoguǎngbō 動 名 情報やうわさを流す(人). ¶她是村里有名的～/ 彼女は村中で有名なおしゃべり屋だ.
【小鬼】xiǎoguǐ 名 ❶閻魔(ˈʌ)王の手下. ❷がき. わんぱく. 小僧. ¶喂, ～, 别搗乱 dǎoluàn! / おいおい, わんぱく坊主, じゃましないでくれよ. 用法 ②は, 子供への親しみをこめた呼称.
**【小孩儿】xiǎoháir 名 子供. 児童. 同 小孩子 xiǎoháizi
【小孩子家】xiǎoháizijiā 名 子供たち. ¶～, 懂什么! / 子供に何が分かるもんか.
【小寒】xiǎohán 名 小寒. 寒の入り. 参考 二十四節気の一つで, 1月5日から7日頃.
【小号】xiǎohào 名 ❶(～儿)小さなサイズ. ¶有～没有? / Sサイズありますか. ❷弊店. ❸《音楽》トランペット. ❹ 反 独房. ¶关～/ 独房に入れられる. 用法 ②は, 自分の店をへり下っていうことば.
【小合唱】xiǎohéchàng 名《音楽》(数名から十数名

程度の)小人数の合唱.
【小户】xiǎohù 名 ❶ 貧しい家. ¶～人家的孩子 / 貧乏な家の子供. ❷ 家族の少ない家. 小所帯.
【小花脸】xiǎohuāliǎn 名 芝居の道化役. ¶扮演 bànyǎn ～ / 道化役を演じる. 同 小花面 xiǎohuāmiàn
【小黄鱼】xiǎohuángyú 名《魚》グチ. イシモチ.
【小惠】xiǎohuì 名 ちょっとした恩恵. ¶好施 hàoshī ～ / わずかな恵みを施すことを好む.
【小伙计】xiǎohuǒji 名 若い店員. 小僧さん.
*【小伙子】xiǎohuǒzi 名 〔㊀〔个 ge, 群 qún, 位 wèi〕若者. 若い衆.
【小集团】xiǎojítuán 名 小集団. 派閥. 党派.
【小蓟】xiǎojì 名《植物》ノアザミ. 同 刺儿菜 cìrcài
【小家碧玉】xiǎo jiā bì yù 成 貧しい家の若くて美しい女性.
【小家伙】xiǎojiāhuo 名 (～儿) 子供. 表現 親しみをこめた呼び方.
【小家鼠】xiǎojiāshǔ 名《動物》ハツカネズミ. 同 鼷鼠 xīshǔ
【小家庭】xiǎojiātíng 名 小家族. 核家族. ¶他终于建立了自己的～ / 彼はついに自分の小さな家庭を築いた.
【小家子气】xiǎojiāziqì 形(貶) こせこせしている. ¶你兄弟挺大方 dàfang 的,惟独 wéidú 你～ / 君の兄弟はみな鷹揚(おうよう)なのに,君ひとりだけがこせこせしている. 同 小家子相 xiàng
【小建】xiǎojiàn 名 旧暦の小の月. 1ヵ月が29日の月. 同 小尽 xiǎojìn
【小将】xiǎojiàng 名 ❶〔员 yuán〕年若い将軍. ❷ 能力のある若者. 若い闘士.
【小脚】xiǎojiǎo 名 (～儿) 纏足(てんそく). ¶她缠 chán 着一双～ / 彼女は纏足をしている.
【小脚女人】xiǎojiǎo nǚrén 名 ❶ 纏足(てんそく)をした女性. ❷ 考え方が保守的で堅苦しい人.
【小轿车】xiǎojiàochē 名 小型乗用車. セダン.
【小节】xiǎojié 名 ❶ ささいなこと. 取るに足らないこと. ¶不拘 bùjū ～ / 成 小さなことにこだわらない. ❷《音楽》小節.
【小结】xiǎojié 名動 中間のまとめ(を行う). 段落の締めくくり(をする). ¶～一下上半月的帐目 zhàngmù / 月の前半分の帳簿を小計する.
*【小姐】xiǎojiě 名 ❶ ⑪ 使用人が主人の娘を敬っていうことば. お嬢さま. ¶耍 shuǎ～脾气 / お嬢様ぶったふるまいを言う. ❷ 未婚の女性に対する尊称. ❸ 職場で働く女性に対する尊称. 年齢は問わない. ❹ スチュワーデスやガイドなど特別な職業に従事する女性に対する呼称. ¶空中 kōngzhōng～ / スチュワーデス. ¶导游～ / ガイドさん.
【小姐妹】xiǎojiěmèi 名 幼い姉妹. 愛称としても用いる.
【小解】xiǎojiě 動 小便をする. 排尿する.
【小金库】xiǎojīnkù 名〔企業や組織の〕裏金.
【小襟】xiǎojīn 名《服飾》中国服の下前衽(まえみ)の部分. 同 底襟 dǐjīn
【小尽】xiǎojìn 名 旧暦の小の月. 同 小建 xiǎojiàn
【小九九】xiǎojiǔjiǔ 名 (～儿) ❶ 掛け算の九九. ¶一二得 dé 二,二五一十 / いんにがに,にごじゅう. ❷ 腹積り. もくろみ. ¶事情怎么搞,他心中已有个～ / どうやるかは,彼の腹中でとっくに計算ずみだ. ¶打～ / 見積もりをする. もくろみを立てる.
【小男子】xiǎojiùzi 名 妻の弟. 義弟.
【小剧场】xiǎojùchǎng 名 小劇場.

【小开】xiǎokāi 方 店の主人の息子. 若主人.
【小楷】xiǎokǎi 名 ❶ 手書きの小さな楷書体の文字. ❷ ローマ字の印刷体の小文字.
【小看】xiǎokàn 動 見くびる. 軽視する. ¶你太～他了 / 彼を見くびりすぎですよ.
【小康】xiǎokāng 形 経済状態がほどほどのレベルにある. ¶～水平 / まずまずの生活レベル.
【小康社会】xiǎokāng shèhuì 名 小康社会. まずまずのゆとりのある社会. 参考 "小康"は,中国が経済発展の段階の一つとして目指している,「十分に裕福とは言えないが,庶民の暮らしが安定し,ある程度ゆとりのある」状態のこと.
【小考】xiǎokǎo 名 中間テスト. 臨時のテスト. 反 大考 dàkǎo
【小可】xiǎokě ❶ 名 小生. ¶～不才 / 私め. ❷ 形 さいだ. ¶非同～ / 成 なまやさしいことではない. 参考 ❶ は,早期の白話に見られる,自分をへり下っていうことば.
【小口径】xiǎokǒujìng 名 小口径.
【小老婆】xiǎolǎopo 名 めかけ. ¶讨 tǎo 了个～ / めかけを置く. 同 小婆儿 xiǎopór
【小老头儿】xiǎolǎotóur 名 年寄りじみたことをする若者. 年年寄り.
【小礼拜】xiǎolǐbài 名〔日曜休みを2週間に1度とした場合の〕休まない日曜日.
【小两口】xiǎoliǎngkǒu 名 (～儿) 若夫婦. ¶～很和睦 hémù / 若夫婦はとても仲がよい.
【小量】xiǎoliàng 名 少量.
【小灵通】xiǎolíngtōng 名《通信》パーソナルアクセスシステム(PAS)の俗称. 日本の PHS 技術をもとに改良を加えた,固定電話のネットを利用した無線通信システム. 由来 "小灵通"は,もとは中国の SF 小説の主人公の名前.
【小令】xiǎolìng 名 ❶《文学》"词"③のうち,短いもの(58字以内)の総称. ❷ "散曲 sǎnqǔ"のうち,まとまりになっていない小さな曲.
【小偷】xiǎoliū 名 方 すり. ¶小心～! / すりに注意! 同 扒手 páshou
【小龙】xiǎolóng 名 十二支の巳(み)の年生まれ. ¶属 shǔ～ / 巳年うまれ.
【小路】xiǎolù 名 ❶ 小道. 細い路地. ❷ 近道. ¶走～ / 近道を行く. ❸ 盗むこと. ¶～货 / 盗品.
【小萝卜】xiǎoluóbo 名《植物》ラディッシュ. ハツカダイコン.
【小锣】xiǎoluó 名《音楽》小型のどら. 芝居やダンスなどの伴奏に用いる.
【小买卖】xiǎomǎimài 名 元手の小さい商売.
*【小麦】xiǎomài 名《植物》コムギ. ¶～地 / コムギ畑. ¶～线虫 / コムギ線虫.
【小卖】xiǎomài 名 ❶〔レストランの〕一品料理. (店先で小分けして売る)おかず. ❷ 動 小さな商売をする. ¶提篮～ / カゴを持って売り歩く.
【小卖部】xiǎomàibù 名 〔个 ge,家 jiā〕売店. ¶楼下有个～,很方便 / 階下に売店があるので,とても便利だ.
【小满】xiǎomǎn 名 小満(しょうまん). 参考 二十四節気の一つで,5月20日から22日頃.
【小猫熊】xiǎomāoxióng 名《動物》レッサーパンダ. 同 小熊猫 xiǎoxióngmāo
【小毛】xiǎomáo 名 (～儿) (リスなど)短毛の毛皮衣料.
【小帽】xiǎomào 名 (～儿) 〔⑪ 顶 dǐng〕おわん形の帽子. 同 瓜皮帽 guāpímào

【小妹妹】xiǎomèimei 名 ❶ 末の妹. ❷ お嬢ちゃん. 用法 ❷は,女児に対する愛称やよびかけ.
【小米】xiǎomǐ 名 脱穀したアワ. ¶～饭／アワ飯. ¶～粥 zhōu／アワがゆ.
【小米面】xiǎomǐmiàn 名 ❶ 粟(あ)をひいた粉. ❷ キビ・ダイズ・トウモロコシを合わせひいた粉.
【小蜜】xiǎomì 名 若い(女性の)愛人. 由来 "蜜"は,missの略.もとは"秘(书)"の語呂合わせから.
【小面包】xiǎomiànbāo 名〔量 个 ge〕小さなパン. ¶吃～／テーブルロールを食べる.
【小名】xiǎomíng 名〔～儿〕幼名. ¶家里至今仍叫我的～／家ではいまだに私を幼名で呼ぶ. 同 乳名 rǔmíng 反 大名 dàmíng
【小命】xiǎomìng 名 旧 命. 生命. 同 性 xìng 命
【小拇哥儿】xiǎomugēr 名 方 小指. 同 小指 xiǎozhǐ
【小拇指】xiǎomuzhǐ 名 小指. 同 小指 xiǎozhǐ
【小脑】xiǎonǎo 名《生理》小脑.
【小年】xiǎonián 名 ❶ 旧暦で,12月が小の月の年. ❷ 旧暦で,12月23日または24日の節句. ❸ 果実の生育の悪い年. ¶今年是～,水果收成 shōuchéng 不好／今年は不作の年で,果物の作柄がよくない. 反 大年 dànián 参考 ❷は,ふるはかまどの神を祭る日.
【小娘子】xiǎoniángzi 名 若い女性. 参考 早期の白話に多く見られる.
【小农】xiǎonóng 名 個人経営の農民. 小農.
【小农经济】xiǎonóng jīngjì 名 小農経済. 参考 農民一戸一戸のもので,生産力が低い.
【小女】xiǎonǚ 名 娘. 用法 自分の娘をへり下っていうことば.
【小跑】xiǎopǎo 名 動〔～儿〕小走りや急ぎ足(で歩く). ¶一路～／小走りで行く.
*【小朋友】xiǎopéngyǒu 名 ❶〔量 个 ge,群 qún〕子供. 児童. ❷ 坊や. ぼく. お嬢ちゃん. ¶～,是不是迷路了？／きみ,道に迷ったの. 用法 ❷は,子供への呼びかけ.
【小便宜】xiǎopiányi 名 ちょっとした得. 小利. ¶贪 tān 小～,吃大亏 dàkuī／小利をむさぼって大損をする. ¶占 zhàn～／わずかなことを得しようとせしめる.
【小票】xiǎopiào 名 額面の小さな紙幣や債券.
【小品】xiǎopǐn 名〔量 篇 piān〕(文学や芝居などの)短い作品. 小品. ¶历史～／短い歴史読み物. ¶演～／コントを演じる.
【小品文】xiǎopǐnwén 名 短い随筆. エッセイ.
【小铺儿】xiǎopùr 名 売店. 小さな店.
【小气候】xiǎoqìhòu 名 ❶ 微気候. 局部的な地域の気候. ❷ 一部の地域や部門における社会環境や政治情勢.
【小憩】xiǎoqì 動 文 短く休憩する. 小休止する.
【小气[器]】xiǎoqi 形 ❶ けちな. みみっちい. ¶他真～！／彼は本当にけちだ. ¶～鬼／けちんぼう. ¶别说～话／みみっちいことをいうな. 反 大方 dàfang ❷ 気の小さい. 度量の狭い.
【小前提】xiǎoqiántí 名《三段論法における)小前提.
【小钱】xiǎoqián 名 ❶ 清末に鋳造された小額の銅貨. ❷ 少しの金. 小銭. ¶说大话,使～／大きなことをいいながら,金はちょっぴりしか出さない. ❸ 旧 わいろの金. 袖の下.
【小瞧】xiǎoqiáo 動 方 見くびる. 軽蔑(ろう)する. 同 小看 xiǎokàn
【小巧】xiǎoqiǎo 形 小さくて精巧だ. ¶～的机器／小型で精密な機械.
【小巧玲珑】xiǎo qiǎo líng lóng 成 形は小さいが精巧で緻密だ.
【小青年】xiǎoqīngnián 名 若い青年. 二十歳前後の青年. 表現 "青年"は,日本より範囲が広く,15,6歳から30歳前後までを言うことから.
【小青瓦】xiǎoqīngwǎ 名 横断面が少し弧状の中国式かわら. 同 蝴蝶瓦 húdiéwǎ
【小球藻】xiǎoqiúzǎo 名《植物》クロレラ.
【小区】xiǎoqū 名 住宅地区. 団地.
【小曲儿】xiǎoqǔr 名 小唄. 民謡. ¶来一段～！／今はやりのを一曲歌え. 同 小调 xiǎodiào
【小觑】xiǎoqù 動 軽視する. 見下す. 同 小看 kàn
【小圈子】xiǎoquānzi 名 ❶ 小さなわく. 狭い生活圏. ¶走出～／小さなわくから抜け出す. ❷ 共通の利害をもつ小集団.
【小儿】xiǎor 名 方 ❶ 幼い頃. ¶从～／幼い頃から. ¶自～／小さい頃から. ❷ 男の赤ちゃん. ¶胖～／太った男の赤ちゃん. ☞ 小儿 xiǎo'ér
【小人】xiǎorén 名 ❶ 旧 地位の低い人. ❷ 地位の低い人の自称. ❸ つまらない人物. 小人(ぜん). ¶以～之心,度君子之腹 fù／小人の心をもって君子の心を推し量る. 反 君子 jūnzǐ
【小人得志】xiǎo rén dé zhì 成 小人志を得る. 小人物が(成功を得て)得意になる.
【小人儿】xiǎorénr 名(年長者の)若い人に対する愛称. ¶～精／利口な子供.
【小人书】xiǎorénshū 名(主に子供向けの)小型の絵物語本. 参考 "连环画 liánhuánhuà"を何冊かとじたもの.
【小人物】xiǎorénwù 名 無名の人. 小者. 反 大人物 dàrénwù
【小日子】xiǎorìzi 名 若い夫婦の生活. ¶俩人的～过得不错／ふたりだけの小さな家庭生活はとてもうまくいっている.
【小嗓儿】xiǎosǎngr 名《芸能》京劇や昆曲などで娘役が歌うときの裏声.
【小商品】xiǎoshāngpǐn 名(価格の安い)日用雑貨. ¶这个店的～很齐全 qíquán／この店の雑貨はなんでもそろっている.
【小商品经济】xiǎoshāngpǐn jīngjì 名 小規模商品経済.
【小晌午】xiǎoshǎngwu 名 方 昼前.
【小舌】xiǎoshé 名〔～儿〕《生理》のどひこ. のどちんこ. 同 小舌头 xiǎoshétou 参考 "悬雍垂 xuányōngchuí"の通称.
【小婶儿】xiǎoshěnr 名 方 夫の弟の妻. 同 小婶子 xiǎoshěnzi
【小生】xiǎoshēng 名 ❶《芸能》京劇などの若い男性役. ❷ 小生. 参考 ❷は,年若いインテリの自称で,早期の白話に見える.
【小生产】xiǎoshēngchǎn 個人経営による生産方式.
【小生产者】xiǎoshēngchǎnzhě 名 小規模生産者.
【小生意】xiǎoshēngyì 名 小商い. ¶退休后,做点～／定年後は,小商売をする.
【小声】xiǎoshēng 名 副〔～儿〕小声(で). ¶～说／小声で話す. ¶～哼 hēng 着小曲儿 qǔr／小声で鼻歌をうたっている.
*【小时】xiǎoshí 名〔量 个 ge〕時間の単位. 1時間.

¶一(个)～/1時間. ¶一个半～/1時間半. ¶每个～/毎時.

【小时工】xiǎoshígōng 名 パートタイマー. 時間給労働者. 同 钟点 zhōngdiǎn 工

【小时候】xiǎoshíhou 名 (～儿)幼い頃. ¶他～很调皮 tiáopí / 彼は幼い頃わんぱくだった.

【小市】xiǎoshì 名 (～儿)❶ バザール. 小市場. ❷ 古着やこまごまとした雑貨を売る市場. ボロ市.

【小市民】xiǎoshìmín 名 ❶ 小市民. ❷ 俗っぽく,こすっからい人. ¶～气/小市民気質.

【小事】xiǎoshì 名〔件 jiàn,桩 zhuāng〕ささいなこと. ¶一桩 zhuāng ～/一件の小さなできごと.

【小视】xiǎoshì 動 見くびる. 同 小看 xiǎokàn

【小试锋芒】xiǎo shì fēngmáng 慣 少しだけ腕前を披露する. 参考 "锋芒"は刀の先のことで,才能や技能のたとえ.

【小手小脚】xiǎo shǒu xiǎo jiǎo 成 ❶ 度量が狭く,けちくさい. ❷ 度胸がなく,思い切って物事を行えない.

【小叔子】xiǎoshūzi 名 夫の弟.

【小暑】xiǎoshǔ 名 小暑. 参考 二十四節気のひとつで,7月6日から8日頃.

【小数】xiǎoshù 名《数学》小数. ¶～点/小数点. 参考 小数の読み方. 0.3:"零点三". 0.27:"零点二七". 5.001:"五点零零一".

【小说】xiǎoshuō 名 (～儿)〔本 běn,部 bù,篇 piān〕小説.

【小厮】xiǎosī 名 旧 (若い男性の)使用人. ボーイ.

【小苏打】xiǎosūdá 名 重曹. 同 碳酸氢钠 tànsuān qīngnà

【小算盘】xiǎosuànpan 名 (貶)(～儿)利己的な算段. ¶他这个人总是只打～/彼という人はいつも自分勝手な計算しかしない.

【小摊儿】xiǎotānr 名 小さな露店.

【小提琴】xiǎotíqín 名《音楽》〔把 bǎ〕バイオリン. ¶拉～/バイオリンを弾く. 同 梵哑铃 fànyǎlíng

【小题大做[作]】xiǎo tí dà zuò 成 小事を大事のように処理する. ささいなことを大げさにする.

【小艇】xiǎotǐng 名 小型ボート. 小型ヨット.

【小偷】xiǎotōu 名 (～儿)どろぼう. ¶钱包让～偷了/財布をどろぼうにされった.

【小偷小摸】xiǎotōu xiǎomō 句 こそどろをする.

【小头】xiǎotóu 名 重要でない部分. 端数.

【小腿】xiǎotuǐ 名 ひざからくるぶしまでの部分. 同 胫 jìng

【小娃娃】xiǎowáwa 名 赤ん坊. 幼児.

【小玩意[艺]儿】xiǎowányìr 名 ❶ おもちゃ. ❷ 取るに足りない腕前や技. ❸ からくりや仕掛け.

【小我】xiǎowǒ 名 個人. 小我. 反 大我 dàwǒ

【小巫见大巫】xiǎo wū jiàn dà wū 成 未熟な巫女(さ)が老練な巫女に会う. 差がありすぎて勝負にならない.

【小五金】xiǎowǔjīn 名 金具や小さな工具類. ¶～店/かなもの屋. 参考 釘,ねじ,鎖,ちょうつがい,プラグなど.

【小溪】xiǎoxī 名 小川.

【小媳妇】xiǎoxífu 名 (～儿)❶ 若妻. 若い嫁. ❷ 若い嫁のように立場の弱い人のたとえ. ¶他在公司里,象～似的 shìde,谁都指使他/彼は会社内ではまるで若い嫁みたいだ. みんなが彼に指図している.

【小戏】xiǎoxì 名 (～儿)小規模な芝居.

【小先生】xiǎoxiānsheng 名 ❶ 成績がよく,同級生の勉強の手助けをする学生. ¶班里的～/クラスの先生の代理. ❷ 学生でありながら教壇に立つ人.

【小小不言】xiǎoxiǎo bù yán 句 取るに足りない. ¶～的事,不必计较 jìjiào/取るに足りないことで気にする必要はない.

【小小说】xiǎoxiǎoshuō 名〔篇 piān〕ショートショート. 掌編小説.

【小小子】xiǎoxiǎozi 名 (～儿)幼い男の子.

【小鞋】xiǎoxié 名 (～儿)嫌がらせや束縛,制限. ¶给他~穿/彼にちょっと嫌がらせをする. 由来 窮屈な靴,という意から.

【小写】xiǎoxiě 名 ❶ 漢数字の常用字体. ❷ アルファベットの小文字. ¶～体/小文字体. 反 大写 dàxiě 参考 ① は,"壹","貳","叁"に対する"一","二","三"など.

*【小心】xiǎoxīn 気をつける. ¶～火烛 huǒzhú!/火の元に注意! ¶一不～,就会跌交 diējiāo/気をぬくと転んでしょう. 反 大意 dàyì

【小心谨慎】xiǎo xīn jǐn shèn 成 (会話や仕事の際に)用心に用心を重ねる.

【小心眼儿】xiǎoxīnyǎnr ❶ 形 心の狭い. ❷ 名 小さなもくろみ. ¶要 shuǎ～/もくろむ.

【小心翼翼】xiǎo xīn yì yì 成 ❶ 厳粛で敬虔(ﾞ)なようす. ❷ 行動がきわめて慎重だ.

【小行星】xiǎoxíngxīng 名《天文》小惑星.

【小型】xiǎoxíng 形 小型の. 規模の小さな. ¶～会议/小会議. ¶～胶片 jiāopiàn/マイクロフィルム.

【小型张】xiǎoxíngzhāng 名 郵政部門が発行する郵便商品の一つ. 参考 通常の封筒よりやや小さめの紙上に,記念切手が印刷され,図案が施してある.

小型张

【小性儿】xiǎoxìngr 名 怒りっぽい性格. ¶犯～/怒りっぽい癖がでる. ¶闹～/かんしゃくを起こす. ¶使～/腹をたてる.

【小兄弟】xiǎoxiōngdì 名 ❶ 自分より年下の男性に対する親しみをこめた呼称. ❷ (小集団の中で)年も若く,地位も低い者.

【小熊猫】xiǎoxióngmāo 名《動物》〔只 zhī〕レッサーパンダ. 同 小猫熊 xiǎomāoxióng

【小修】xiǎoxiū 名 (建物や機械などに行う)小規模な検査と修理.

*【小学】xiǎoxué 名 ❶〔所 suǒ〕小学校. ¶～文化程度/小学校卒業程度の学力. ❷ 文字・訓詁(ｺ)・音韻などを研究する学問. 小学.

【小学生】xiǎoxuésheng 名 ❶ 年の小さい生徒. ❷ 方 幼い男の子.

【小雪】xiǎoxuě 名 ❶ 小雪(ｼ). ❷ 小雪(ｼ). 参考 ①は,二十四節気の一つで,11月22日または23日.

【小循环】xiǎoxúnhuán 名《生理》小循環. 肺循環.

【小丫头儿】xiǎoyātour 名 女の子. 小娘.
【小阳春】xiǎoyángchūn 名 旧暦の10月. 小春(はる). ¶十月～/十月小春日. 由来 地方によっては,10月に春のように暖かいことがあるため.
【小样】xiǎoyàng 名 ❶《印刷》新聞の一件の記事や一編の文章ごとの校正刷り. 棒ゲラ. 反 大样 dàyàng ❷ 方 模型. 見本. ¶～产品/サンプル製品. ❸ 方 (～儿)けち.
【小叶】xiǎoyè 名《植物》小葉(ぱう).
【小叶儿茶】xiǎoyèrchá 芽茶.
【小业主】xiǎoyèzhǔ 名 小事業主. 小規模経営者.
【小夜曲】xiǎoyèqǔ《音楽》〔圈 支 zhī〕セレナーデ.
【小衣】xiǎoyī 名 ❶(～儿)ズボン下. ステテコ. 同 内裤 nèikù.
【小衣裳】xiǎoyīshang 名 ❶肌着. ❷ 子供の服.
【小姨子】xiǎoyízi 名 妻の妹.
【小意思】xiǎoyìsi 名 ❶ 寸志. ¶这是我的一点儿～/これはほんの気持ちです. ❷ 取るに足らないこと. 用法 ①は,贈答の際に使うことば.
【小引】xiǎoyǐn 詩文の前につける簡単な序文. 小序 xiǎoxù
【小影】xiǎoyǐng 名 自分の肖像写真. 同 小照 xiǎozhào 表现 "小"は,自分のものをへり下っていうことば.
【小于】xiǎoyú 形 …より小さい. ¶～芝麻 zhīma/ゴマより小さい.
【小雨】xiǎoyǔ 小雨.
【小月】xiǎoyuè 名 ❶ 小の月. ❷ 名 動 流産(する). ¶坐～子/流産後の養生をする. 同 小月子 xiǎoyuèzi ②は,"流产 liúchǎn"の通称. ①は,陰暦で30日の月,または旧暦で29日の月を指す.
【小灶】xiǎozào 名 (～儿)❶ 集団賄いの食事で最上級のもの. ❷ 特別な扱いや待遇. ¶他一生廉洁 liánjié, 从不要求组织上给开～/彼は生涯潔癖で,これまで一度も組織に対して特別待遇を求めていない.
【小账[帐]】xiǎozhàng 名 (～儿)チップ. 心付け. 同 小费 xiǎofèi
【小照】xiǎozhào 名〔圈 幅 fú, 张 zhāng, 帧 zhēn〕自分の肖像写真. 同 小影 xiǎoyǐng 表现 "小"は自分を謙遜することば.
【小指】xiǎozhǐ 名 手足の小指.
【小趾】xiǎozhǐ 名 足の小指.
【小众】xiǎozhòng 名 比較的の少人数の人々. 少数派. 反 大众 dàzhòng
【小住】xiǎozhù 動 しばらく滞在する. ¶在朋友家～/友人の家にしばし滞在する.
【小注】xiǎozhù 名 (～儿)割注(ほう). 参考 古典籍では,多く二行に書かれた小文字の注をいう.
【小传】xiǎozhuàn 名〔圈 篇 piān〕簡単な伝記.
【小篆】xiǎozhuàn 名 小篆(ぱん). 同 秦篆 qínzhuàn 参考 漢字の書体の一つで,秦の李斯(じ)が大篆を簡略化してつくった.
【小酌】xiǎozhuó ❶ 動 名 ちょっと一杯飲む(こと). ¶今日高兴,陪我一几杯吧!/今日はうれしいので,ちょっと一杯付き合ってくれよ. ❷ 名 小宴. ささやかな宴席. ¶今晚略备,请一定赏光 shǎngguāng/今夕,ささやかな宴席を用意いたしますので,ぜひお越し下さい.
【小资】xiǎozī 名 (现代の)プチ・ブルジョア. 参考 一定の学歴や経済力を持ち,生活上のムードやスタイルを重視する人々. また,その生活スタイル.
【小资产阶级】xiǎozīchǎn jiējí 名 小市民. プチ・ブル

ジョアジー.
【小子】xiǎozǐ 名 文 ❶ 若者. ❸ 旧 後輩. ❸ 先輩に対する自称.
【小字】xiǎozì 名 ❶ 小さな楷書の文字. ❷ 幼名. 同 小名 xiǎomíng
【小字报】xiǎozìbào 名 小型の壁新聞.
【小字辈】xiǎozìbèi (～儿)世代が下の者. 若者.
【小子】xiǎozi 名 ❶ 男の子. ❶ 大～/長男. ¶小～/一番下の男の子. ❷ 野郎. やつ. ¶这～真坏!/こいつは本当にワルだ.
【小卒】xiǎozú 名 ❶ 兵卒. ¶马前～/戦の先鋒. ❷ 小者. つまらぬ者. ¶无名～/ものの数にも入らないつまらない者.
【小组】xiǎozǔ 名 グループ. ¶互助 hùzhù ～/互助組. ¶我们是一个～的/私たちは同じグループです.
【小坐】xiǎozuò 動 ちょっと腰を下ろす. 短時間訪問する. ¶请进屋～/ちょっと部屋の中でお休みください.

晓(曉) xiǎo 日部6 6501₂ 全10画 常用

❶ 素 夜明け. 暁. ¶～行 xíng 夜行/鸡鸣 míng 报～(ニワトリが鳴いて夜明けを告げる. ❷ 素 知っている. 分かっている. ¶～得 xiǎode/家喻 yù 户～(誰もが知っている). ❸ 素 はっきりと分からせる. ¶揭～ jiēxiǎo (公にする)/～以利害 lìhài (利益と損害をもって分からせる). ❹(Xiǎo)姓.
【晓畅】xiǎochàng 動 ❶ 精通する. ¶～天文地理/天文地理に精通する. ❷ 形 (文章が)わかりやすい. ¶语言～/ことばがわかりやすい.
【晓得】xiǎode 動 知っている. 分かっている. ¶那条路你～吗/その道は知っている? ¶这件事我一点都不～/この件は私は少しも知らなかった. ¶天～!/神のみぞ知る. 同 知道 zhīdào 参考 "知道"と同じだが,南方の一部地域でよく用いられる.
【晓示】xiǎoshì 動 はっきりと知らせる. ¶～众人/大衆にはっきりと知らせる.
【晓市】xiǎoshì 名 朝市. 同 早市 zǎoshì
【晓行夜宿】xiǎo xíng yè sù 成 夜が明けると道を急ぎ,日が暮れると宿に泊まる. 同 晓行夜住 zhù
【晓以大义】xiǎo yǐ dàyì 成 大義をさとす.
【晓谕】xiǎoyù 動 (目上の者が下の者に)はっきりと知らせる. ¶～百姓/庶民に知らしめる.

筱(篠) xiǎo 竹部7 四 8824₈ 全13画 通用

❶ 名 文 細くて長い竹. ❷ "小 xiǎo"に同じ. ❸ (Xiǎo)姓. 参考 ②は,芸名や人名に多く用いられる.

孝 xiào 子部3 四 4440₇ 全7画 常用

❶ 素 父母を大切にする. 親孝行な. ¶～子 xiàozǐ/尽～ jìnxiào (孝を尽くす). ❷ 素 旧 喪に服すること. ¶守～ shǒuxiào (喪に服す). ❸ 素 喪服. ¶带～ dàixiào (喪服を身につける). ❹(Xiào)姓.
【孝服】xiàofú 名 ❶ 喪服. 同 孝衣 xiàoyī ❷ 喪に服す期間. ¶～已满/喪が明けた.
【孝敬】xiàojìng 動 ❶ 目上の者を敬い,よく仕える. ¶～公婆 gōngpó/舅姑に孝行する. ❷ 目上の者にものを贈り敬意を表す.
【孝顺】xiàoshùn ❶ 動 親孝行をする. ¶～双亲 shuāngqīn/両親に孝行する. ❷ 形 親孝行だ. ¶他对父母很～/彼は両親にとても尽くしている.
【孝心】xiàoxīn 名 親孝行の気持ち.

【孝衣】xiàoyī 名(白い木綿や麻で作った)喪服.
【孝子】xiàozǐ 名❶親孝行な人. 反逆子 nìzǐ ❷父母の死後、喪に服している人.
【孝子贤孙】xiào zǐ xián sūn 成❶孝行で賢い子孫. 頼もしい後継者. ❷旧来のものを墨守する保守派.

肖 xiào

小部4 四9022₇
全7画 次常用

素似ている. ¶子~其父(子供がその親に似る) / 维妙维~(成模做したものが非常に似ている. うりふたつ) / ~像 xiàoxiàng.
☞ 肖 Xiāo
【肖像】xiàoxiàng 名〔量幅 fú, 张 zhāng〕肖像. ¶画~ / 肖像を描く.
【肖像画】xiàoxiànghuà 名肖像画.

校 xiào

木部6 四4094₈
全10画 常用

❶素学校. ¶~舍 xiàoshè / ~址 xiàozhǐ / 夜~ yèxiào(夜間学校). ❷素〔軍事〕佐官. ¶~官 xiàoguān. ❸(Xiào)姓.
☞ 校 jiào
【校车】xiàochē 名スクールバス.
【校方】xiàofāng 名学校側. 学校当局.
【校风】xiàofēng 名校風. ¶整顿 zhěngdùn~ / 学校の気風を引き締める.
【校服】xiàofú 名学校の制服.
【校歌】xiàogē 名校歌.
【校工】xiàogōng 名学校の用務員.
【校官】xiàoguān 名〔軍事〕佐官. 参考"大校","上校","中校","少校 shàoxiào"に分かれる.
【校规】xiàoguī 名校則. ¶违反~ / 校則に違反する.
【校花】xiàohuā 名校内で最も美しい女学生. ミスキャンパス. ¶她是我们学校的~ / 彼女は我が校一の美人だ.
【校徽】xiàohuī 名〔量枚 méi〕校章. ¶佩带 pèidài~ / 校章をつける.
【校刊】xiàokān 名〔量份 fèn, 期 qī〕学校が出版する刊行物. ¶在~上发表文章 / 校内誌に文章を発表する.
【校内】xiàonèi 名校内.
【校企】xiàoqǐ 名"学校办的企业"(学校が経営する会社)の略称. 参考会社の収入を学校経営の資金源にする.
【校庆】xiàoqìng 名学校の創立記念日.
【校舍】xiàoshè 名校舎.
【校外】xiàowài 名学校の外.
【校务】xiàowù 名学校の業務.
【校训】xiàoxùn 名校訓.
【校医】xiàoyī 名〔量名 míng, 位 wèi〕校医.
【校友】xiàoyǒu 名〔量个 ge, 名 míng, 位 wèi〕同窓生. 校友. ¶~会 / 同窓会. 参考旧教職員を含む場合もある.
【校园】xiàoyuán 名キャンパス. 校庭.
【校园网】xiàoyuánwǎng 名学校内イントラネット.
*【校长】xiàozhǎng 名校長. (大学の)学長.
【校址】xiàozhǐ 名学校の所在地.

哮 xiào

口部7 四6404₇
全10画 次常用

❶素大声でほえる. ¶咆~ páoxiào(獣が大声ではえる) / 山呼海~(山鳴り海鳴り). ❷素ぜいぜいあえぐ声. ¶~喘 xiàochuǎn.
【哮喘】xiàochuǎn 名〔医学〕気管支ぜんそく. ¶~很厉害 lìhai / ぜんそくがひどい. 同气喘 qìchuǎn

笑(异咲) xiào

竹部4 四8880₄
全10画 常用

❶動笑う. ¶她高兴地~了(彼女は嬉しそうに笑った) / 逗~ dòuxiào(笑わせる) / 眉 méi 开眼~(成うれしそうなよう) / 啼 tí~皆 jiē 非(成困難極まって笑うしかないよう) / 哈哈大~起来了(ハハハと大笑い出した).
❷動あざ笑う. 嘲笑(ちょう)する. ¶他成绩不好, 同学们老~他(彼は成績が悪いので、クラスメートはいつも彼のことを笑っている) / 见~ jiànxiào(笑われる) / 耻~ chǐxiào(あざ笑う). ❸(Xiào)姓.
【笑柄】xiàobǐng 名笑いのたね. ¶给大家当 dāng~了 / みんなの笑いのたねにされた. 同笑料 xiàoliào
【笑掉大牙】xiàodiào dàyá 句大笑いする. ¶这戏真滑稽 huájī, 简直要让人~ / この芝居はほんとうに面白い、まったく笑いがとまらない.
【笑哈哈】xiàohāhā 形(~的)声をあげて笑うようす.
【笑呵呵】xiàohēhē 形(~的)笑いを浮かべた表情. こにこしたようす. 同笑哈哈 hāhā
*【笑话】xiàohua ❶名(~儿)笑い話. ¶闹~ / おかしなことをしでかす. ❷動あざけり笑う. ¶让人~ / 笑いものにされる.
【笑话百出】xiàohua bǎichū 句次々と失態を演ずる. 笑いぐさになる.
【笑剧】xiàojù 名〔量出 chū〕笑劇. ファルス.
【笑噱】xiàojué 動文笑う. 大笑いする.
【笑口】xiàokǒu 名笑みをたたえた口. 同笑容 róng
【笑里藏刀】xiào lǐ cáng dāo 成笑顔の中に刀を隠す. 外見にはにこやかだが、内心は陰険である.
【笑脸】xiàoliǎn 名(~儿)〔量副 fù, 张 zhāng〕笑顔. ¶~相迎 xiāngyíng / 笑顔で迎える.
【笑料】xiàoliào 名笑いぐさ. ¶添 tiān~ / 物笑いの種にする. 同笑柄 xiàobǐng
【笑骂】xiàomà 動❶あざけりののしる. ¶~由他~ / 笑うものしるも向こうの勝手. ❷ふざけてののしる. ¶屋子里一片~声 / 部屋中バカ騒ぎする声があふれる.
【笑貌】xiàomào 名笑顔. ¶音容~ / 成故人の声や姿, その笑顔.
【笑眯眯】xiàomīmī 形(~的)目を細めてにこにこほほえむようす. ¶他~地接过奖品 / 彼はにこにこしながら賞品を受け取った. 同笑嘻嘻 xiàoxīxī
【笑面虎】xiàomiànhǔ 名善良そうな顔をして内心は陰険な人. ¶她是个~ / 彼女はやさしそうな顔をしているが、実は恐い人だ.
【笑纳】xiàonà 動ご笑納ください. ¶一点心意, 请~ / 心ばかりのものです、どうかご笑納ください. 用法人にものを贈るときのことば.
【笑气】xiàoqì 名〔化学〕亜酸化窒素. 笑気(しょう).
【笑容】xiàoróng 名〔量副 fù, 丝 sī〕笑顔. ¶满面~ / 満面の笑み.
【笑容可掬】xiào róng kě jū 成満面の笑顔. (表情が)明らかに見てとれるよう.
【笑声】xiàoshēng 名笑い声.
【笑谈】xiàotán 名❶笑いぐさ. ¶这事传为~ / これは笑い話として伝わっている. 同笑柄 xiàobǐng ❷笑い話. 笑话 xiàohua
【笑纹】xiàowén 名笑いじわ. ¶起了~ / 笑いじわができた.
【笑窝(涡)】xiàowō 名(~儿)えくぼ. 同酒窝儿 jiǔwōr
【笑嘻嘻】xiàoxīxī 形(~的)ほほえんでいるようす. 比较

"笑眯眯 xiàomīmī","笑嘻嘻"はともにほほえむようをあらわす. "笑嘻嘻"は特にほほえんで目を細めるようをあらわす. また"笑嘻嘻"が声を出して笑うのに対し, "笑眯眯"は声を出さない場合をいう.

【笑星】xiàoxīng 名 喜劇スター. お笑いタレント.
【笑颜】xiàoyán 名文 笑顔. ¶~常开／いつも笑顔を絶やさない. 同笑容 xiàoróng
【笑靥】xiàoyè 名文 ❶えくぼ. 同酒窝儿 jiǔwōr ❷笑顔. 同笑脸 xiàoliǎn
【笑吟吟】xiàoyínyín 形 (~的)にっこりほほえむようす.
【笑盈盈】xiàoyíngyíng 形 (~的)満面に笑みがこぼれるようす.
【笑影】xiàoyǐng 名 ほほえむ表情. ¶整天没一点~／一日中にこりともしない.
【笑语】xiàoyǔ 名 笑い声や話し声. 談笑. ¶欢声~／歓声をあげ談笑する.
【笑逐颜开】xiào zhú yán kāi 成 よろこびに顔をほころばせる. ¶成功的消息传来,大家顿时 dùnshí~／成功のニュースが伝わると, 皆たちまち満面に喜びがあふれた.

效(異 傚❷、効❸) xiào

攵部6　全10画　四 0844₀　常 用

❶ 熟 効果. 効き目. ¶这药吃了很见~（この薬は良く効く）／~果良好（効果がよい）／无~ wúxiào（効き目がない）. ❷ 熟 まねる. ¶~法 xiàofǎ／仿~ fǎngxiào（他人の方法などをまねる）／上行 xíng 下~（成）（主に悪いことについて上の人がすることを下の人はまねる）. ❸ 熟（人に）尽くす. 骨を折る. ¶~力 xiàolì／~劳 xiàoláo. ❹（Xiào）姓.
【效法】xiàofǎ 動（人の長所を）ならう. ¶~前贤 qiánxián／先賢にならう. ¶这种精神值得~／このような精神は見習うだけの価値がある.
【效仿】xiàofǎng 動 まねる. ¶~先进的技术／先進的な技術を手本に模倣する. 同 仿效 fǎngxiào
*【效果】xiàoguǒ 名 ❶ 効果. ¶~不大／あまり効果がない. ¶取得 qǔdé 良好的~／よい結果を収める. 同 成效 chéngxiào ❷ 演劇などの音響や照明の効果. ¶舞台 wǔtái~很好／舞台効果がよい.
【效劳】xiào//láo 動 尽くす. ¶为祖国~／祖国のために尽くす. 同 效力 xiàolì
【效力】❶ xiào//lì 動 力を尽くす. ¶愿为大家~／皆のために尽力したい. 同 效劳 xiàoláo ❷ xiàolì 名 効力. 効き目.
*【效率】xiàolǜ 名 効率. 能率. ¶工作~／仕事の効率. ¶提高~／能率を上げる.
【效命】xiàomìng 動 命をかえりみず力を尽くす. ¶~崇高 chónggāo 的事业／命がけで偉大な事業に尽くす.
【效能】xiàonéng 名 効能. 効果. ¶充分发挥~／十分効能を発揮する.
【效颦】xiàopín 動 "东施效颦 Dōng shī xiào pín"に同じ.
【效死】xiàosǐ 動 命をかけて尽くす.
【效验】xiàoyàn 名（方法や薬剤などの）期待される効き目. 効能.
【效益】xiàoyì 名 効果と利益.
【效应】xiàoyìng 名 ❶ 物理的あるいは化学的な反応. ❷ 社会的な反応や効果. ¶社会~／社会的効果.
【效用】xiàoyòng 名 効用. 働き. 同 功效 gōngxiào
【效尤】xiàoyóu 動文 悪事をまねる. ¶以儆 jǐng~／成 処分して悪事をまねる者への戒めとする.

【效忠】xiàozhōng 動 忠誠を尽くす. ¶为公司~／会社に忠誠を尽くす.

啸(嘯) xiào

口部8　四 6502₇　全11画　次常用

❶ 動 口笛を吹く. ¶长~一声,山鸣 míng 谷应 yìng（長い口笛の音が山や谷にこだまする）. ❷ 動 鳥やけものが声を長くひいて鳴く. ¶虎 hǔ~（トラがほえる）／猿 yuán~（サルが鳴く）. ❸（Xiào）姓.
【啸傲】xiào'ào 形 悠々自適で何事にも束縛されない. ¶~林泉 línquán／自然の中でのんびりと暮らす. 表現 多く隠遁(とん)生活を形容する.
【啸聚】xiàojù 動文（盗賊などが）仲間を呼び集める.
【啸鸣】xiàomíng ❶ 動（動物が）ほえる. 風がうなる. ¶北风~／北風が吹きすさぶ. ❷ 名 高くて長い音や声. ¶一只狼 láng 在旷野 kuàngyě 中~／一頭の狼が荒野でほえている.

xie　ㄒㄧㄝ〔ɕiE〕

些 xiē

一部7　四 2210₁　全8画　常 用

量 ❶ はっきり分からない数量をあらわす. ¶有~人（何人かの人）／看~书（何冊か本を読む）／这~ zhèxiē（これら）／那~ nàxiē（あれら）／前~日子（何日か前）／买~东西（ちょっと買物をする）. ❷ "好","这么"と一緒に使い, 非常に多いことをあらわす. ¶好~人（たくさんの人々）／这么~天（何十日も）. ❸ 形容詞の後に用いて比較の程度をあらわす. ¶稍 shāo 大~（少し大きい）／好~了吗？（少し良くなりましたか）. 注意 "些"と"一些 yīxiē"の用法は基本的に同じ.
【些个】xiēge 量口 いくらか. ¶这~／これらの. ¶吃~东西／いくらかものを食べる. ¶你应该让他~／少し譲ってあげるべきだ. 同 一些 yīxiē
【些微】xiēwēi ❶ 形 少しの. わずかな. ❷ 副 わずかに. 少し. ¶心情~平静点儿了／気持ちがほんの少し落ち着いてきた.
【些小】xiēxiǎo 形 ❶ 少しの. ❷ 些細な. ¶~的事／些細なこと.
【些须】xiēxū 形 少しの. ¶心里~好受些／気持ちも少しは楽になる. 同 些许 xiēxǔ 参考 多く早期の白話に見える.
【些许】xiēxǔ 形 少しの. ¶~小利／わずかな利益.
【些子】xiēzi 量方 少し. わずか. 同 一点儿 yīdiǎnr, 少许 shǎoxǔ

揳 xiē

扌部9　四 5708₄　全12画　通 用

動方 釘や楔で(ざ)などを打ち込む. ¶在墙上~钉子 dīngzi（壁に釘を打ち付ける）／把桌子一~一~（テーブルに楔を打つ）.

楔 xiē

木部9　四 4798₄　全13画　次常用

❶ 名（~儿）くさび. ¶这个板凳 bǎndèng 腿活动了,加个~儿吧（このベンチの足がぐらぐらするからくさびを打とう）／~子 xiēzi. ❷ 名 くさび形のもの.
【楔形文字】xiēxíng wénzì 名 くさび形文字.
【楔子】xiēzi 名 ❶ くさび. ❷ 木くぎ. 竹くぎ. ¶竹~／竹くぎ. ❸ 元曲で第1幕の前または幕間にはさみこむ短い一幕. ¶剧本的~／脚本中の一幕. ❹ 近代小説の

序章. プロローグ.

歇 xiē 欠部9 四 6778₂ 全13画 常用

❶動 一休みする. ¶坐下～一会儿(すわって一休みしよう). ❷素 つづけてきたことをやめる. ¶一工 xiēgōng / ～业 xiēyè. ❸名方 短い時間. ¶过了一～, 他就走了(しばらくすると彼は行ってしまった). ❹動 眠る. 用法 は, 数詞"一"を伴う.

【歇班】xiē/bān 動 (～儿)非番で休む. ¶今儿晚上他～/今夜彼は非番だ.
【歇顶】xiē/dǐng 髪が抜けて頭のてっぺんが薄くなる.
【歇乏】xiē/fá 仕事のあとで休憩する. ¶大家先歇一下乏, 再干 gàn 吧 / 皆さんまずちょっと休んでから, またがんばりましょう.
【歇工】xiē/gōng 動 ❶ 仕事を休む. ¶歇一天工 / 1日仕事を休む. ❷ 企業が営業を停止する. 工事を中止する.
【歇后语】xiēhòuyǔ 名〔個 个 ge, 句 jù, 条 tiáo〕かけことばの一種. 参考 二つの部分からなり, 前半が謎かけで後半が謎解きになっている. 通常は前半部分だけ言って, 後半部に隠された真意を相手に推測させる. 例えば:和尚 héshang 打伞——无发无天 无天 / 和尚さんが傘をさす——髪もなければ空も見えない(傘で空が隠れる). "发 fǎ"と"法 fǎ"と似た発音で, 真意は"法律も秩序も無視をして悪事をはたらく"こと.
【歇肩】xiē/jiān 肩から荷をおろして休む.
【歇脚】xiē/jiǎo 足を休める. ¶找个地方歇歇脚 / どこかでちょっと休もう. 同 歇腿 xiētuǐ
【歇凉】xiē/liáng 動方 涼をとる. ¶在大树下～/大きな木の木陰で涼む. 同 乘凉 chéngliáng
【歇气】xiē/qì 動 一休みする. ¶最好别～, 一口气登上山顶 / 一休みしないで, 一気に山頂まで登ってしまった方がいい.
【歇晌】xiē/shǎng 動 昼休みをとる. 昼寝をする.
【歇手】xiē/shǒu 動 仕事の手を休める.
【歇斯底里】xiēsīdǐlǐ ❶ ヒステリー. 同 癔病 yìbìng ❷形 ヒステリックだ◆"s Hysterie.
【歇宿】xiēsù 動 泊まる. 同 住宿 zhùsù
【歇腿】xiē/tuǐ 動 (～儿)足を休める. ¶歇歇腿, 再走吧 / ちょっと休んでから, また行きましょう.
【歇息】xiēxi 動 ❶ 休息する. 休む. ¶不是大病, ～几天就会好的 / 大病でないのだから, 何日か休めばよくなるよ. 同 休息 xiūxi, 休憩 xiūqì ❷ 泊まる. 寝る.
【歇夏】xiē/xià 動 土用休みをとる. 同 歇伏 xiēfú
【歇闲】xiēxián 動方 休息する. 休憩する.
【歇心】xiē/xīn 動 ❶ 心が安らぐ. ¶孩子都已长大 zhǎngdà了, 父母可以～了 / 子供がみな大きくなったので両親もほっとした. ❷方 あきらめる. ¶几次碰壁, 我还是不肯～ / 何度壁にぶつかっても私はあきらめない.
【歇业】xiē/yè 動 ❶店をたたむ. 商売をやめる. 反 开业 kāiyè, 营业 yíngyè
【歇枝】xiē/zhī 動 (～儿)果樹がたくさん実をつけた翌年あるいはその後数年, 実りが悪くなる.

蝎(蠍) xiē 虫部9 四 5612₇ 全15画 次常用

名 (動物)サソリ.
【蝎虎】xiēhǔ 名 (動物)〔個 只 zhī〕ヤモリ. 同 蝎虎子 xiēhǔzi, 壁虎 bìhǔ
【蝎子】xiēzi 名 (動物)〔個 只 zhī〕サソリ.

叶 xié 口部2 四 6400₀ 全5画 常用

動 合う. 合わせる.
☞ 叶 yè

协(協) xié 十部4 四 4403₀ 全6画 常用

❶素 力を合わせる. ¶～商 xiéshāng / ～会 xiéhuì / ～办 xiébàn. ❷動 力をかす. ¶～助 xiézhù / ～办 xiébàn. ❸ (Xié)姓.
【协办】xiébàn 動 助けあって行う. ¶两城市正在～这次运动会 / 二つの都市が今回のスポーツ大会を共催している.
【协定】xiédìng 名動〔条 tiáo, 项 xiàng〕協定(を結ぶ). ¶君子～ jūnzǐ～ / 紳士協定.
【协和】xiéhé 形 力を合わせ仲よくしている. 協調している.
【协会】xiéhuì 名 協会. ¶作家～ / 作家協会.
【协理】xiélǐ ❶ 動 協力して処理する. ¶派人前去～筹款 chóukuǎn 事宜 shìyí / 資金調達協力の件で人を派遣する. ❷名 大きな銀行や企業などの副支配人.
【协理员】xiélǐyuán 名 ❶"政治协理员"(政治協理員)の通称. ❷"协理"①を行う人. 参考 ①は, 中国人民解放军の"团"以上の機関で必要に応じて設置される政治業務の担当者. 上部機関の指導の下で, 自機関の共産党組織業務と政治業務を行う.
【协力】xiélì 動 協力する. ¶同心～ / 成 心を合わせて力する.
【协商】xiéshāng 動 協議する. ¶友好～ / 友好的に話し合う.
【协调】xiétiáo ❶形 調和がとれている. ¶色彩～ / 色彩の調和がとれている. 同 调和 tiáohé, 和谐 héxié, 谐和 xiéhé ❷動 調整する. 協調する. ¶～两国关系 / 両国関係を調整する.
【协同】xiétóng 動 力を合わせてことを行う. 協力する. ¶～工作 / 協力して仕事をする.
【协同作战】xiétóng zuòzhàn 名 共同作戦.
【协议】xiéyì ❶ 動 協議する. ¶双方～ / 両者が話し合う. 同 协商 xiéshāng ❷名〔条 tiáo, 项 xiàng〕協議によって得られた合意. ¶达成～ / 合意に達する. ¶停战～ / 停戦協定.
【协议离婚】xiéyì líhūn 《法律》協議離婚.
【协约】xiéyuē 動名 協約する(こと). ¶违反～ / 規約に違反する.
【协约国】xiéyuēguó 名《歷史》(第一次大戦時の)協商国.
【协助】xiézhù 動 (戦闘や仕事に)助力する. ¶从旁～ / はたから協力する. 同 辅助 fǔzhù, 辅佐 fǔzuǒ
【协奏】xiézòu 名 ピアノやバイオリンなどの独奏楽器と管弦楽器の合奏.
【协奏曲】xiézòuqǔ 名《音樂》〔個 段 duàn, 首 shǒu, 支 zhī〕協奏曲.
【协作】xiézuò 動 協力して任務をやりとげる. ¶多亏 duōkuī 你们～, 任务才得以顺利完成 / 皆さんの協力のおかげで任务は順調に終了することができた. 同 合作 hézuò

邪 xié 牙部2 四 7722₇ 全6画 常用

❶形 正しくない. よこしまだ. ¶～说 xiéshuō / 歪风～气(成) よからぬ風潮と気風 / 改～归 guī 正(悪事をやめて正道に立ちかえる). 反 正 zhèng ❷形 普通でない

異常だ. ¶～门儿 xiéménr / ～劲儿 xiéjìnr. ❸ 素《中医》病気を引き起こす要因. ¶风～ fēngxié（風邪）/ 寒～ hánxié（寒気）.
　☞ 邪 yé

【邪财】xiécái 名方 不正に得た財物.
【邪道】xiédào 名（～儿）悪の道. ¶走～/ 悪の道に進む. ¶歪门～/ 不正な方法. 同 邪路 xiélù 反 正道 zhèngdào
【邪恶】xié'è 形 よこしまだ. 邪悪だ. ¶打击～/ 不正をたたく.
【邪乎】xiéhu 形方 ❶ 尋常でない. (程度が)ひどい. ¶物价高涨 gāozhǎng 得有些～/ 物価の高騰ぶりはいささか異常だ. ❷ (話などが)とっぴだ. うさんくさい. ¶你别说得那么～/ そんなとっぴなことをいうのはおよしなさい.
【邪教】xiéjiào 名 邪教.
【邪劲儿】xiéjìnr 名 おかしな力.
【邪路】xiélù 名 悪の道. 同 邪道 xiédào 反 正路 zhènglù
【邪门儿】xiéménr 形方 異常だ. ¶天气真～/ 天気が実におかしい.
【邪门歪道】xié mén wāi dào 成 不正なやり方.
【邪魔】xiémó 名 悪魔. ¶～外道 / 不正なやり方.
【邪念】xiéniàn 名 邪念. ¶顿起～/ 急によくない考えがわいた.
【邪僻】xiépì 形 よこしまだ. 同 邪恶 xié'è
【邪气】xiéqì 名 ❶〔股 gǔ〕よこしまな気風や態度. ¶～歪道 / 邪気や不正. 反 正气 zhèngqì ❷《中医》病をひき起こす要因. 邪気. ¶～缠身 chánshēn / 邪気がまとわりついている.
【邪术】xiéshù 名 人に害を及ぼす妖術. 邪法.
【邪说】xiéshuō 名 邪説.
【邪祟】xiésuì 名文 たたりをなすもの. ¶驱除 qūchú ～/ たたりを取り除く. ¶～作怪 / たたりや災いが起こる.
【邪心】xiéxīn 名 邪心. 同 邪念 xiéniàn
【邪行】❶ xiéxíng 名 よこしまな行為. ❷ xiéxing 形方 特別だ. 異常だ. ¶天气热得～/ やけに暑い.

胁(脅/_异脇) xié 月部4 四 7423₀ 全8画 常用

❶ 名 わきの下から一番下の肋骨までの部分. ¶～下 xiéxià（わきの下）/ 两～ liǎngxié（両わき）. ❷ 素 おどして強いる. ¶～从 xiécóng / ～迫 xiépò / 威～ wēixié（力でおどす）. ❸ 肩をすくめる. ¶～肩谄 chǎn 笑.
【胁持】xiéchí 動 ❶ 両側から腕をつかんで捉える. ¶挟 xié 持 ❷ 脅迫する. 強制する. 同 挟持
【胁从】xiécóng 動 おどされて悪事に手をかす. ¶～走私犯贩毒 fàndú / 脅迫されてやみで麻薬を売買する. 反 主谋 zhǔmóu
【胁肩谄笑】xié jiān chǎn xiào 成 肩をすくめて追従（ついしょう）笑いをする. こびへつらう.
【胁迫】xiépò 動 脅迫する. ¶被～卖淫 màiyín / 脅迫されて売春をする.

挟(挟) xié 扌部6 四 5508₀ 全9画 次常用

❶ 動 わきの下にはさむ. ¶～泰山 Tàishān 以超北海（泰山をこわきにはさんで北海を越える. 不可能なこととたとりたとえ、人を服従させる. ❷ 勢力をかさにきたり, 弱みにつけこんだりして, 人を服従させる. ¶～制 xiézhì / 要～ yāoxié（強要する. ゆする）. ❸ 名 (恨みや不満を)心にいだく. ¶～嫌 xiéxián / ～恨 xiéhèn（敵意を抱く）. ❹ (Xié)姓.

【挟持】xiéchí 動 ❶ (多く悪人が善人を)両側から腕をつかんで捕まえる. ❷ 服従するよう強く迫る.
【挟带】xiédài 動 ❶ 強い力で持ち運ぶ. ¶河水～的泥沙 / 川が運んできた土砂. ❷ ほかのものに隠して隠し持つ. ¶行李中不能～禁运 jìnyùn 物品 / 荷物の中に輸送禁止品を隠し持ってはならない.
【挟嫌】xiéxián 動 恨みを持つ.
【挟制】xiézhì 動 人の弱みにつけ込んで服従を強いる. ¶受人～/ おどされる.

偕 xié 亻部9 四 2226₂ 全11画

❶ 素 一緒に. ともに. ¶～老 xiélǎo / ～行 xiéxíng（同行する）/ 相～ xiāngxié（つれだっている）. ❷ (Xié)姓. 参考 ①はもと"jiē"と発音した.
【偕老】xiélǎo 動 夫婦がそろって長生きする. ¶白头～/ 共に白髪になるまで添い遂げる.
【偕同】xiétóng 動 一緒に行く. 同行する. ¶～前往 / 一緒に行く. ¶～妻儿回国定居 / 妻子とともに帰国し居を定める.

斜 xié 斗部7 四 8490₀ 全11画 常用

❶ 形 傾いている. 斜めの. ¶这条线～了(この線は傾いている) / ～坡 xiépō / 倾～ qīngxié（傾く）. ❷ (Xié)姓.

【斜边】xiébiān 名《数学》直角三角形の斜辺.
【斜度】xiédù 名 傾斜度. こう配.
【斜对面】xiéduìmiàn 名 はす向かい.
【斜风细雨】xiéfēng xiyǔ 成 弱い風と小雨.
【斜高】xiégāo 名《数学》斜高. 直角錐の側面辺の長さ. 直円錐の母線の長さ.
【斜晖】xiéhuī 名文〔動 抹 mǒ〕夕日. 同 斜阳 xiéyáng
【斜角】xiéjiǎo 名 直角以外の角. 斜角.
【斜井】xiéjǐng 名《鉱業》〔動 口 kǒu, 眼 yǎn〕斜坑.
【斜棱】xiéleng 形動 斜めになる(なった). ¶他朝 cháo 我～了一眼 / 彼は私を横目でじろりと見た.
【斜路】xiélù 名〔動 条 tiáo〕誤った道.
【斜率】xiélǜ 名 傾き. 勾配.
【斜面】xiémiàn 名《物理》斜面.
【斜坡】xiépō 名 坂.
【斜射】xiéshè 動 光線が斜めに射す.
【斜视】xiéshì ❶ 名 斜視. 同 斜眼 xiéyǎn ❷ 動 横目で見る. ¶目不～, 专心听课 / わき目もふらず, 熱心に授業を聞く.
【斜体字】xiétǐzì 名 イタリック体の文字.
【斜纹】xiéwén 名《紡織》❶ あや織り. ❷ (～儿)あや織りの布.
【斜纹布】xiéwénbù 名《紡織》あや織りの布. あや織物.
【斜线】xiéxiàn 名〔動 条 tiáo〕斜線.
【斜眼】xiéyǎn 名 ❶ 斜視. 同 斜视 xiéshì ❷ (～儿)斜視の目(人).
【斜阳】xiéyáng 名 夕日. ¶～企业 / 斜陽企業.
【斜照】xiézhào ❶ 動 斜めに照らす. ¶夕阳 xīyáng ～/ 夕日が斜めに照らす. ❷ 名 西に傾いた太陽. 夕日. 同 斜阳 xiéyáng

谐(諧) xié 讠部9 四 3276₂ 全11画 次常用

❶ 素 調和している. ¶～音 xiéyīn / ～调 xiétiáo（調和がいい）/ 和～ héxié（調和している）. ❷ 素 (ことば

が)ユーモラスでおもしろい. ¶~谈 xiétán (冗談). ❸ 動 うまくまとまる.
【谐和】xiéhé 形 調和のとれた. ¶~的家庭 / 和やかな家庭. 回 和谐 héxié
【谐美】xiéměi 形 (文章や音楽の)調和がとれていて優美だ.
【谐声】xiéshēng 形 "形声 xíngshēng"に同じ.
【谐戏】xiéxì 動 冗談をいう.
【谐星】xiéxīng →笑星 xiàoxīng
【谐谑】xiéxuè 形 ことばが滑稽で風刺を帯びている. ¶~曲 qǔ / スケルツォ. ¶他说话很~ / 彼の話はユーモアたっぷりだ.
【谐音】xiéyīn ❶ 動 字の音が同じか,似ている. ❷ 名《音楽》倍音.
【谐振】xiézhèn 名《物理・電気》共振.

颉(頡) xié 页部6 全12画 通用
❶ 動 鳥が飛び立つ. ¶~颃 xiéháng. ❷ (Xié)姓.
☞ 颉 jié
【颉颃】xiéháng 動 ❶ 鳥が上へ下へと飛ぶ. ❷ 拮抗(きっこう)する. ¶他们俩的成绩相与~ / 彼ら二人の成績は甲乙付けがたい.

携(異 攜,擕) xié 扌部10 全13画 常用
素 ❶ 手に持ったり,身に付けたりして持ち運ぶ. ¶~带 xiédài / ~眷 xiéjuàn. ❷ 手をつなぐ. ¶~手 xiéshǒu.
【携带】xiédài 動 ❶ ものを携える. 人を引き連れる. ¶~家眷 jiājuàn / 家族を引き連れる. ❷ 随身 / 身に付けて持つ. ❷ 後進を引き立てる. ¶多承~ / お引き立ていただきありがとうございます.
【携眷】xiéjuàn 家族を連れていく.
【携手】xié//shǒu 動 ❶ 手をつなぐ. ¶~并肩 / 手に手をとって肩を並べる. あい携える. ❷ 協力する. ¶~合作 / 手をとりあって協力する.

鞋(異 鞵) xié 革部6 全15画 常用
名 〔双 shuāng, 只 zhǐ〕 くるぶしより下の短いくつ. ¶~底 xiédǐ / ~拔子 xiébázi / 高跟儿~ gāogēnrxié (ハイヒール) / 凉~ liángxié (サンダル). 参考 長ぐつやブーツは"靴 xuē".
【鞋拔子】xiébázi 名 〔只 zhǐ〕 くつべら.
【鞋帮】xiébāng 名 (~儿) くつの底以外の部分. くつの側面. 回 鞋帮子 xiébāngzi
【鞋带】xiédài 名 〔根 gēn〕 くつひも. ¶系 jì~ / くつひもを結ぶ.
【鞋底】xiédǐ 名 (~儿) くつ底. ¶纳~ / 布でくつの底を縫う. 回 鞋底子 xiédǐzi 参考 中国の布ぐつはくつ底部分だけを売っていて,自分で補修することができる.
【鞋垫】xiédiàn 名〔副 fù,只 zhī〕 くつの敷き皮. ¶垫 diàn~ / くつに中敷きを敷く.
【鞋粉】xiéfěn 名 くつをみがく粉.
【鞋跟】xiégēn 名 くつのかかと.
【鞋匠】xiéjiang 名〔个 ge, 名 míng〕 くつ職人.
【鞋扣】xiékòu 名 くつの留め具. ¶系~ / くつのバックルを留める.
【鞋面】xiémiàn 名 くつの甲.
【鞋刷】xiéshuā 名 くつけし. くつブラシ.
【鞋楦】xiéxuàn 名 くつの木型. 回 鞋楦子 xiéxuànzi
【鞋样】xiéyàng 名 くつの型.
【鞋油】xiéyóu 名 くつ墨. くつクリーム. ¶擦~ / くつ墨を塗る.
【鞋子】xiézi 名 方 〔双 shuāng, 只 zhǐ〕 くつ.

撷(擷) xié 扌部12 全15画 通用
❶ 素 つみとる. ¶采~ cǎixié (つむ). ❷ 動 文 上着の前の部分でものをくるむ. 回 襭 xié
【撷取】xiéqǔ 動 文 (草花など)摘み取る. 選抜する.

勰 xié 力部13 全15画 四 4643₂ 全15画 通用
形 文 調和している. 参考 人名に用いることが多い.

缬(纈) xié 纟部12 全15画 通用
名 文 染めもようのある絹織物.

写(寫) xiě 宀部3 全5画 常用
❶ 動 字を書く. ¶~了几个字 (字をいくつか書いた) / 书~ shūxiě (書く. 書写する). ❷ 動 文章や詩を つくる. ¶~了一首诗 (詩を一首つくった) / ~日记 (日記をつける). ❸ 動 描写する. ¶~景 xiějǐng / ~实 xiěshí 描~ miáoxiě (描写する) / 抒~ shūxiě (書きあらわす). ❹ 素 絵をかく. ¶~生 xiěshēng / ~真 xiězhēn. ❺ (Xiě)姓.
【写本】xiěběn 名 写本. 回 抄本 chāoběn
【写法】xiěfǎ 名 文章や文字の書き方.
【写稿】xiě//gǎo 動 原稿を書く. ¶他经常给报社~ / 彼はよく新聞社に原稿を書いている.
【写景】xiějǐng 情景を描写する. ¶这篇作文~很好 / この作文は情景描写がうまい.
【写生】xiěshēng 名動 写生(する). ¶~画 / スケッチ.
【写实】xiěshí 動 ありのままに描く. ¶新闻稿 gǎo 注重 zhùzhòng~ / 新聞記事は事実を書くことが大事だ.
【写实主义】xiěshí zhǔyì 名 写実主義. リアリズム.
【写意】xiěyì 名《美術》写意. ¶~画 / 写意の画法で描かれた絵. 反 工笔 gōngbǐ 参考 中国の伝統画法の一つ. 細かな模写を求めるのではなく,対象物の表情や態度,作者の心情を表現することに重きをおいた画法.
【写照】xiězhào ❶ 動 人物の姿を描く. ❷ 名 描写. ¶真实的~ / リアルな描写.
【写真】xiězhēn ❶ 動 肖像を描く. ¶人物~ / 肖像画. ❷ 名 肖像画. ヌード写真. ¶~集 / 写真集. ❸ 名 真に迫った描写.
【写字楼】xiězìlóu 名 方 オフィスビル.
【写字台】xiězìtái 名 書〔张 zhāng〕 事務机.
【写作】xiězuò 動 文章を書く. 文学作品を創作する.

血 xiě 血部0 全6画 常用
名 口 〔滴 dī,片 piàn,摊 tān〕 血液. ¶流了一点~ (血がちょっと出た) / ~淋淋 xiělínlín.
☞ 血 xuè
【血糊糊】xiěhūhū (~的) 血だらけだ. ¶脸上~的 / 顔が血だらけだ.
【血淋淋】xiělínlín 形 (~的) ❶ 血のしたたるよう. ¶~的头颅 tóulú / 血のしたたる頭. ❷ 残酷だ. むごたらしい. ¶~的事实 / 残酷な事実. 参考 口語では"xiělínlín"とも読む.
【血晕】xiěyùn 名 (皮下出血による)あざ. ☞ 血晕 xuèyùn

泄(異 洩) xiè 氵部5 全8画 常用

❶ 動（液体や気体を）漏らす．¶瓦斯 wǎsī～出来了（ガスが漏れてきた）/ 排～ páixiè（排せつする）/ 水～不通 (成) 水も漏らさない程ぎっしり詰まっている．❷ 動（秘密などを）漏らす．¶～露 xièlòu / ～密 xièmì / ～底 xièdǐ．❸ 動（不満や怒りを）発散する．はき出す．¶～愤 xièfèn / ～恨 xièhèn / 发～ fāxiè（漏らす．発散する）．❹（Xiè）姓．

【泄底】xiè//dǐ 動 すっぱ抜く．¶他一不留神～了，暴露 bàolù 了机密 / 彼はうっかり内情を漏らし，機密を露呈してしまった．

【泄愤】xiè//fèn 動 内心の怒りをぶちまける．¶借故～ / ことにかこつけて怒りをぶちまける．¶他乘机向我～ / 彼はこの時とばかり私に怒りをぶちまけてきた．

【泄恨】xiè//hèn 動 怒りをぶちまける．うっ憤を晴らす．同 泄愤 xièfèn

【泄洪】xièhóng 洪水を防ぐために排水する．¶开闸 zhá～ / 水門を開いて排水する．

【泄劲】xiè//jìn 動（～儿）自信ややる気をなくす．¶不要～，继续努力 / 気を落とさないで，頑張ろう．

【泄漏】xièlòu 動 ❶（液体や気体が）漏れだす．¶管道破裂 pòliè，石油大量～ / パイプが破裂して石油が大量に漏れだす．❷（秘密などを）漏らす．¶～机密 / 機密を漏らす．同 泄露 xièlòu，走漏 zǒulòu，透露 tòulù，透底 tòulòu

【泄露】xièlòu[-lù] 動（秘密や情報などを）漏らす．¶～风声 / 情報をもらす．同 泄漏 xièlòu

【泄密】xiè//mì 動 機密を漏らす．¶～的嫌疑 xiányí / 機密漏えいの疑い．反 保密 bǎomì

【泄气】xiè//qì ❶ 動 気落ちする．¶遇到挫折 cuòzhé 不能～ / 失敗してもくじけちゃいけない．¶他一看成绩就泄了气了 / 彼は成績を見てがっかりした．同 泄劲 xièjìn 鼓劲 gǔjìn ❷ 形 意気地がない．役に立たない．¶这么简单的工作你都干不了 gànbuliǎo，真～！/ こんな簡単な仕事もやりおおせないなんて，本当になさけない．

【泄气话】xièqìhuà 悲観的な話．

【泄水】xiè//shuǐ 動 ❶ 水が漏れる．❷ 排水する．

【泄水闸】xièshuǐzhá 名 水門．

【泄殖腔】xièzhíqiāng 名〈生物〉（一部の魚類・鳥類・両生類などの）排せつ腔．

泻（瀉）xiè
氵部 5 四 3712₇
全 8 画 常用

動 ❶ 水が速く流れる．¶流～ liúxiè（流出する）/ 倾～ qīngxiè（急流をなして流れる）/ 一～千里 (成) 川の流れが速いこと．勢いが激しいこと．❷ 下痢をする．¶～肚 xièdù / ～药 xièyào / 上吐下～（吐き下す）．

【泻肚】xiè//dù 動 腹をこわす．¶乱吃东西，一定会～ / むちゃ食いすると，必ず下痢になる．反 泻肚子 dùzi，拉肚子 lā dùzi

【泻湖】xièhú 名〈地学〉潟湖（ぜき．）潟（ぜき）．

【泻药】xièyào 名〈薬〉下剤．

绁（紲/異線）xiè
纟部 5 四 2411₇
全 8 画 通用

〈文〉❶ 名 なわ．¶缧～ léixiè（なわ．牢獄）．❷ 動 しばる．

契（異偰）Xiè
大部 6 四 5780₄
全 9 画 次常用

《人名》契(ぜき．)．商朝の祖．

☞ 契 qì

卸 xiè
卩部 7 四 8712₀
全 9 画 常用

❶ 動（車や家畜などの）荷物をおろす．¶～了一车货（車いっぱいの積み荷をおろした）/ ～车 xièchē / ～担子 dànzi（担ぎ荷をおろす）．反 装 zhuāng ❷ 名（責任や任務を）解く．逃れる．¶～了 xièzé / ～任 xièrèn / 推～ tuīxiè（責任を転嫁する）．❸ 動（機械などを）分解する．¶把自行车～下来（自転車を分解する）．❹（Xiè）姓．

【卸车】xiè//chē 動 車の荷物をおろす．¶货车一到，大家马上去～ / 荷物を積んだ車が到着すると，みんなすぐに荷物をおろしに行く．

【卸除】xièchú 動 解除する．¶～武装 / 武装解除する．¶～责任 zérèn / 責任を解く．

【卸货】xiè//huò 動 積み荷をおろす．反 装货 zhuānghuò

【卸肩】xièjiān 動 ❶ 担いでいた荷物をおろす．❷ 責任から逃れる．肩の荷をおろす．❸ 辞職する．

【卸磨杀驴】xiè mò shā lǘ (成) 役割を終えた人を見捨てる．由来「うすを挽き終えたロバを殺す」という意から．

【卸任】xiè//rèn 動〈文〉官吏が解任になる．¶他任期已满，已～了 / 彼はすでに任期満了で，辞職している．同 离任 lírèn 反 上任 shàngrèn

【卸脱】xiètuō 動（責任などを）逃れる．取り外す．¶～责任 / 責任を逃れる．

【卸下】xièxià 動 荷物をおろす．（部品などを）取り外す．¶～机器零件 / 機械の部品を取り外す．

【卸责】xièzé 動 責任を逃れる．¶推诿 tuīwěi～ / 人に責任をなすりつけて回避する．

【卸职】xièzhí 動 職務を解かれる．解任される．

【卸妆】xièzhuāng 動 女性が身につけている飾りを外す．¶还没有～ / まだ化粧をおとしていない．

【卸装】xièzhuāng 動 役者が衣装や化粧をとる．

屑 xiè
尸部 7 四 7722₇
全 10 画 常用

❶ 名 くず．¶铁～ tiěxiè（鉄くず）/ 木～ mùxiè（木くず）/ 冰～ bīngxiè（かき氷）/ 面包～ miànbāoxiè（パンくず）．❷ 形 こまごましている．¶琐～ suǒxiè（つまらない物事）．❸ 名 する価値があると思う．¶不～ búxiè（…に値しない）．

【屑屑小事】xièxiè xiǎoshì 名 取るに足らないささいなこと．¶何必为 wèi～发愁 fāchóu 呢？/ ささいなことで気に病むことはないでしょう．

【屑于】xièyú 動 ～を深しとする．¶不～一顾 / 考慮に値しない．用法 否定形で用いることが多い．

械 xiè
木部 7 四 4395₀
全 11 画 常用

名 ❶ 機械．器物．¶机～ jīxiè（機械）．❷ 武器．¶～斗 xièdòu / 缴～ jiǎoxiè（敵を武装解除する）/ 军～ jūnxiè（兵器）．❸〈文〉刑具．首かせ・手かせ・足かせなど．

【械斗】xièdòu 動 武器を持って集団で戦う．¶团伙之间的～ / 不良グループ同士のけんか．

亵（褻）xiè
亠部 10 四 0073₂
全 12 画 通用

名 ❶ 軽んじる．¶～渎 xièdú / ～慢 xièmàn．❷ 肌着．¶～衣 xièyī．❸ みだらだ．¶猥～ wěixiè（わいせつだ）/ ～语 xièyǔ．

【亵渎】xièdú 動〈文〉冒瀆（ぼうとく）する．侮る．¶这是对少数 shǎoshù 民族文化的～ / これは少数民族の文化に対する冒瀆だ．

【亵慢】xièmàn 動 無礼な態度をとる．

【褻衣】xièyī 名〔働 件 jiàn〕肌着.
【褻語】xièyǔ 名 わいせつなことば.

渫 xiè 氵部9 四 3419₄ 全12画 通用

❶ 動 文 取り除く. ❷ (Xiè)姓.

谢(謝) xiè 讠部10 四 3470₀ 全12画 通用

❶ 名 動 感謝(する). ¶去～主人(主人にお礼を言いに行く) / 道～ dàoxiè(お礼をいう) / 酬～ chóuxiè(謝礼をする). ❷ 熟 謝る. ¶～罪 xièzuì / ～过 xièguò(過ちをわびる) / 熟 (やんわりと)断る. 拒絶する. ¶～绝 xièjué / 敬～不敏 mǐn 成 とてもできそうにないので謹んで辞退する. ❹ 動 (花や葉が)散る. ¶凋～ diāoxiè(草木が散る)/萎～ wěixiè(草花が枯れしぼむ) / 新陈 chén 代～ 成 新しい事物が生まれ, 古い物と入れ替える / 花～了(花が散った). ❺ 反 开 kāi ❺ (Xiè)姓.

【谢病】xièbìng 動 文 病気を理由に辞退する. ¶辞官 cíguān / 病気で退官する.
【谢忱】xièchén 名 文 感謝の気持ち. ¶聊表～ / 謝意を表す. 同 谢意 xièyì
【谢词[辞]】xiècí 名 (儀式で用いる)感謝のことば. ¶致～ / 感謝のことばを述べる.
【谢电】xièdiàn 名 感謝の電報.
【谢顶】xiè//dǐng 動 頭がはげる. 頭の前またはてっぺんの髪が抜ける.
【谢恩】xiè//ēn 動 (多く臣下が君主の)恩に感謝する.
【谢函】xièhán 名 感謝の手紙.
【谢晋】Xiè Jìn《人名》謝晋(しゃ:1923-). 映画監督.「芙蓉鎮」「春苗」などの作品がある.
【谢绝】xièjué 動 お断りする. ご遠慮願う. ¶～参观 / 見学お断り. ¶婉言 wǎnyán～ / 婉曲にお断りする.
【谢客】xièkè 動 ❶ 面会を謝絶する. ¶闭门～ / 門を閉めて客を断る. ❷ 客に礼を述べる.
【谢礼】xièlǐ 名 お礼の品物や金銭.
【谢幕】xiè//mù 動 カーテンコールにこたえる. ¶演员向观众～三次 / 出演者は観衆のカーテンコールに3回こたえた.
【谢却】xièquè 動 文 やんわりと拒絶する. ¶婉言 wǎnyán～ / 婉曲に断る.
【谢世】xièshì 動 文 逝去する. ¶溘然 kèrán～ / 急逝する. ¶无声无臭 xiù 地～了 / 誰にも知られず亡くなった. 同 辞世 císhì
【谢天谢地】xiè tiān xiè dì 成 願ってもないことだ. 感謝の至りだ. ¶～, 儿子考上大学了 / ありがたいことに, 息子が大学に合格した.
【谢帖】xiètiě 名 贈り物に対する礼状.
【谢孝】xièxiào 動 旧 喪主が親の喪に服している子供が, 弔問客にお礼をする. 参考 特に, 喪が明けたあと, あいさつに行くことを指す.
【谢谢】xièxie 動 ❶(…に)感謝する. ¶～您的好意 hǎoyì / あなたのご好意に感謝します. ¶～你救了我的命 / あなたが私の命を救ってくれたことに感謝します. ❷ ありがとう.
【谢意】xièyì 名〔働 番 fān〕感謝の気持ち. ¶深表～ / 深く謝意を表す.
【谢罪】xiè//zuì 動 謝罪する. ¶登门～ / 伺っておわびを言う.

塮 xiè 土部10 四 4410₀ 全13画 通用

名 方 家畜のおりの中にたまったふん. ¶猪～ zhūxiè(ブ

タのふん).

解 xiè 角部6 四 2725₂ 全13画 常用

❶ 動 分かる. 理解する. ¶我～不开这个理(この道理が理解できない). ❷ 熟 地名用字. ¶～县 Xièxiàn(山西省の古い県名) / ～ Xiè(河南省洛陽市付近の古地名). ❸ (Xiè)姓.
☞ 解 jiě, jiè
【解数】xièshù 名 ❶ 武術の構え. ❷ 手段. 能力. ¶使尽浑身 húnshēn～ / すべての手段を使いきる. 参考 "解"は"解数 jiějiù"の意.

榭 xiè 木部10 四 4490₀ 全14画 通用

名 土を高くもりあげた上に築いた建物. うてな. あずまや. ¶水～ shuǐxiè(水辺のあずまや).

楈 xiè 木部10 四 4792₁ 全14画 通用

下記熟語を参照.
【楈石】xièshí 名《鉱物》チタンの原料となる鉱物.

薤 xiè 艹部13 四 4421₁ 全16画 通用

名《植物》ラッキョウ. 同 藠头 jiàotou

獬 xiè 犭部13 四 4725₂ 全16画 通用

下記熟語を参照.
【獬豸】xièzhì 名 伝説中の怪獣. 角で悪人を突くという.

邂 xiè ⻍部13 四 3730₅ 全16画 通用

下記熟語を参照.
【邂逅】xièhòu 動 文 (久しく会わなかった親戚や友人に)偶然出会う. ¶～久别的朋友 / 別れて久しい友人に偶然出会う.

廨 xiè 广部13 四 0025₂ 全16画 通用

名 文 官庁. ¶公～ gōngxiè(役所).

澥 xiè 氵部13 四 3715₂ 全16画 通用

❶ 形 のり状のものの濃度がうすい. ¶粥 zhōu～了(かゆがうすくなった). ❷ 動 のり状のものに水を加えてうすめる. ¶粥 zhōu 太稠 chóu, 加点儿水～一～(かゆが濃すぎる, 湯を入れてうすめよう). ❸ 名 "渤澥 Bóxiè"(渤海の古称.

懈 xiè 忄部13 四 9705₂ 全16画 次常用

❶ 熟 気を抜く. 怠る. ¶～怠 xièdài / 松～ sōngxiè(力を抜く)/ 坚持不～ 成 がんばって怠けずにやる). ❷ (Xiè)姓.
【懈怠】xièdài ❶ 動 怠ける. ¶小美坚持学习日语, 从不～ / メイちゃんは怠けることなく日本語の勉強に励んでいる. ❷ 形 怠惰だ.
【懈气】xiè//qì 動 気を抜く. ¶关键时刻,怎能～? / 肝心な時にどうして気を抜いていられよう.

燮 xiè 又部15 四 9940₇ 全17画 通用

❶ 動 文 調和する. ¶～理 xièlǐ(調和する) / 调～ tiáoxiè(調和する). ❷ (Xiè)姓.

蟹(蠏) xiè 虫部13 四 2713₆ 全19画 次常用

名《動物》カニ. ¶～粉 xièfěn / ～黄 xièhuáng / 寄居～ jìjūxiè(ヤドカリ) / ～粉烧茄 qié(カニ肉とナスの

油炒め). 同 螃蟹 pángxiè
【蟹粉】xièfěn 名[方](料理の材料としての)カニの肉やみそ.
【蟹黄】xièhuáng 名(〜儿)カニみそ.
【蟹青】xièqīng 形青みがかった灰色の.

瀣 xiè
冫部16 四 3711₁
全19画 通用
→沆瀣 hàngxiè

躞 xiè
足部17 四 6914₇
全24画 通用
→蹀躞 diéxiè

xīn ㄒㄧㄣ [cin]

心 xīn
心部0 四 3300₀
全4画 常用

❶名《生理》[量 个 ge,颗 kē] 心臓. ¶〜脏 xīnzàng／〜是人体器官之一(心臓は人体の器官の1つである)／做换〜手术(心臓移植手術をする). ❷名[量 个 ge,颗 kē,条 tiáo]心. 気持ち. ¶她的〜被你伤透了(彼女の心はあなたにひどく傷つけられた)／用〜 yòngxīn (意図)／谈〜 tánxīn (胸の内を語る). ❸裏 中心. ¶手〜 shǒuxīn (てのひら)／河〜 héxīn (川のまん中). ❹名二十八宿の一つ. 心(心). ❺商 shāng
❺ (Xīn)姓.
【心爱】xīn'ài 形心から愛する. 心から大切にしている. ¶〜的妈妈／愛するお母さん. ¶〜的琵琶 pípá／大切にしている琵琶.
【心安】xīn'ān 形心安らかだ.
【心安理得】xīn ān lǐ dé 自分の行為が理にかなっているので落ち着き払っている. 同 心安理当 dàng
【心包】xīnbāo 名《生理》心嚢(のう). 心膜.
【心病】xīnbìng 名 ❶〜难医／心の病は治すのが難しい. ❷人に言えない悩み.
【心搏】xīnbó 名心拍動. 心拍. ¶〜过速／頻脈.
【心不在焉】xīn bù zài yān 成心ここにあらず. 集中力を欠いている. 《礼記》『大学』に見えることば.
【心裁】xīncái 名構想. アイデア. ¶独出〜／成独創的な考え. ¶别出〜／成新い構想を打ち出す.
【心肠】xīncháng 名 ❶心根. ¶〜好／心根が優しい. ¶〜坏／心根が卑しい. ❷(事物に対する)感情. 心(の状態). ¶〜软／情にもろい. ¶〜硬／心が冷たい. ¶铁石〜／成冷酷非情だ. ¶菩萨 púsà〜／菩薩の温かさがある. ❸方関心. 興味. ¶他好像没有〜听你的话／彼はあなたの話に関心がないようだ. 用法 ❸は, 否定文に用いることが多い.
【心潮】xīncháo 名気持ち. 心. ¶〜起伏 qǐfú／気持ちの浮き沈み. 表現揺れ動く心の状態をあらわすときに用いる.
【心潮澎湃】xīn cháo péng pài 成気持ちが高ぶる. 感情が沸き立つ.
【心驰神往】xīn chí shén wǎng 成いちずに思いを馳せる.
【心传】xīnchuán 名 ❶《仏教》(禅宗の)以心伝心. ❷代々受け継がれていく学問.
【心慈手软】xīn cí shǒu ruǎn 成 (人や物事に対して)心やさしく慈悲深い. ¶张老师太〜,所以学生都不怕她／張先生はとてもやさしいので,学生たちはみな彼女を怖がらない. 同 心慈面 miàn 软
【心胆】xīndǎn 名 ❶心臓と胆のう. ❷肝と玉.
【心胆俱裂】xīn dǎn jù liè 成肝をつぶす. 同 心胆俱碎 suì
*【心得】xīndé 名体得・会得した知識や技術. ¶〜体会／体験して得た知識や理解. ¶请你谈谈学习这首诗后的〜／この詩を勉強して学んだことを話してください.
【心底】xīndǐ 名 ❶心の奥底. 心底. ❷方(〜儿)心根. 本性.
【心地】xīndì 名 ❶心根. 気だて. ¶〜善良／心根がよい. 同 心肠 xīncháng ❷心情. 心境. ¶〜轻松／心持ちが軽やかだ.
【心电图】xīndiàntú 名《医学》[量 张 zhāng] 心電図.
【心动】xīndòng 動 ❶《医学》動悸(どう)がする. 心臓がどきどきする. ❷心が動く. ¶小明看到漂亮 piàoliang 的服装就〜了／ミンさんはきれいな服を見て心をひかれている.
【心毒】xīndú 形むごい. 無慈悲だ. ¶〜如蛇蝎 shéxiē／ヘビやサソリのように残忍だ. ¶〜手辣 shǒulà／残忍で手口が悪辣である.
【心烦】xīnfán 形いらいらしている. くさくさしている.
【心烦意乱】xīn fán yì luàn 成気持ちがいら立って落ち着かない.
【心房】xīnfáng 名 ❶《生理》心房. ❷心の中. 胸の内. ¶暖人〜／人の心を暖かくする.
【心扉】xīnfēi 名〈文〉心. 心の扉. ¶叩 kòu 人〜／心の扉を叩く. ¶敞 chǎng 开〜／心を開く.
【心服】xīn/fú 動心服する.
【心服口服】xīn fú kǒu fú 成口先だけでなく心から敬服する. ¶把对方说得〜／相手方を文句なく納得させる. 由来『荘子』寓言に見えることば.
【心浮】xīn/fú 動浮き足立つ. 浮わつく. ¶〜气躁 qìzào／そわそわして落ち着かない.
【心腹】xīnfù 名 ❶腹心. ❷亲信 qīnxīn. 形胸の中にしまってあること. ¶〜话／本音のことば. ¶〜事／胸に秘めたこと.
【心腹之患】xīn fù zhī huàn 成内部に潜む重大な災い. 獅子身中の虫. 同 心腹之疾 jí, 腹心之患
【心甘情愿】xīn gān qíng yuàn 成甘んじる. 心から望む.
【心肝】xīngān 名 ❶良心. ¶没〜的人／良心のない奴. ❷(〜儿)最愛の人. ¶小孙子是奶奶的〜儿／孫はおばあちゃんの一番の宝だ. 表現 ❶は,否定や貶義の修飾語を伴うことが多い. ❷は,主に幼い子供に対して用いる.
【心广体胖】xīn guǎng tǐ pán 成心身ともに健全でリラックスしている. 同 心宽 kuān 体舒 shū, 心平 píng 体胖 由来『礼記』大学に見えることば.
【心寒】xīnhán 動落胆する. 失望して心を痛める. ¶使人〜／がっかりさせる.
【心黑手辣】xīn hēi shǒu là 成腹黒で,やり方がむごい. ⇨心狠 hěn 手辣
【心狠】xīnhěn 形むごい. 残忍だ.
【心狠手辣】xīn hěn shǒu là 成心が残忍で手口が悪辣だ.
【心花怒放】xīn huā nù fàng 成喜びにわきかえる. うれしくてたまらない. 同 心花怒发 fā, 心花怒开 kāi 参考 "怒放"は(花が)満開になるという意.
【心怀】xīnhuái ❶動 (好ましくないことを)心に抱く. ¶〜鬼胎 guǐtāi／胸に一物ある. ¶他对经理〜不满

xīn 心

彼は社長に対し不満を抱いている. ❷ 気持ち. 思い. ¶抒写 shūxiě〜/ 思いを綴る. ¶〜开阔 / 屈託がない. 同 心胸 xīnxiōng

【心怀叵测】xīn huái pǒ cè 成 心の底が計り知れない.

【心慌】xīnhuāng ❶ 動 慌てる. うろたえる. ¶飞机降落 jiàngluò 时,我有点儿〜/ 飛行機が降下したとき,私はちょっとうろたえた. ❷ 名 心拍の乱れ. ¶〜气紧 / 動悸がはげしく過呼吸になる.

【心慌意乱】xīn huāng yì luàn 成 慌てふためく.

【心灰意懒】xīn huī yì lǎn 成 意気消沈する. すっかりしょげかえる. ¶试验再次失败,他有些〜了 / テストに再び失敗して,彼はちょっとしょげている. 同 心灰意冷 lěng, 意懒心灰

【心活】xīnhuó 動 心が定まらない. ¶〜耳软 / 人に影響されて考えをころころ変える.

【心火】xīnhuǒ 名 ❶怒り. いらだち. ¶按住〜/ 怒りをおさえてる. ❷《中医》いらいら・口の渇き・動悸・舌の痛みなどの症状. 心熱が旺盛であることによって引き起こされる病変.

【心机】xīnjī 名 考え. はかりごと. ¶枉费 wǎngfèi〜/ 成 むだに心を労する.

【心肌】xīnjī 名《生理》心筋.

【心肌梗塞】xīnjīgěngsè 名《医学》心筋梗塞. 同 心肌梗死 sǐ

【心急】xīnjí 形 気がせいている. 焦っている.

【心急火燎】xīn jí huǒ liǎo 成 気がせいて舞い上がるようす. 同 心急如 rú 焚 fén, 心急如火

【心急如焚】xīn jí rú fén 成 火がついたようにひどく焦る. 気でない.

【心计】xīnjì 名 胸算用. 心づもり. 計略. ¶有〜/ 心算がある. ¶工于〜/ 計略にたけている.

【心迹】xīnjì 名 本心. 表明〜/ 本心をはっきり示す.

【心悸】xīnjì ❶ 動 むなさわぎがする. 内心で恐れる. ❷ 名《医学》動悸(どうき). 心悸亢进(こうしん).

【心尖】xīnjiān 名 ❶《生理》心尖. 心臓前下端の尖った部. ❷心底. 心の奥. ❸ 方〔〜儿〕最愛の人. 同 心尖子 xīnjiānzi 表现 ❸は特に自分の子のことを指して言う.

【心焦】xīnjiāo 形 いらいらしている. 焦っている. ¶到现在还没有收到入学通知,我很〜/ 今になってもまだ入学通知が来ないので,落ち着かない.

【心绞痛】xīnjiǎotòng 名《医学》狭心症.

【心劲】xīnjìn 名〔〜儿〕❶考え. 考え方. ¶一个〜/ 同じ考え. ❷ 考察力. 分析能力. ¶小李是个有〜的人 / 李さんは判断力のある人だ. ❸ 意欲. 意気込み. ¶〜可足 / 意欲満々.

【心惊胆战】xīn jīng dǎn zhàn 成 恐れおののく. ¶吓得〜/ 驚いて怖じ気づく. 同 胆战心惊

【心惊肉跳】xīn jīng ròu tiào 成 胸騒ぎをおぼえる. ¶吓得〜/ びっくりしてドキドキする. 同 肉跳心惊

【心静】xīnjìng 形 気持ちが落ち着いている. 心おだやかだ. ¶〜的老学者 / おだやかな老学者.

【心境】xīnjìng 名 心境. 心地. ¶〜不佳 bùjiā / 不快だ.

【心坎】xīnkǎn 名〔〜儿〕❶ みぞおち. 同 心口 xīnkǒu, 心窝 wō ❷ 心底. 心の奥. 同 心窝 xīnwō, 心田 xīntián

【心口】xīnkǒu 名 みぞおち. 同 心口窝 wō

【心口如一】xīn kǒu rú yī 成 考えていることと言っていることが一致している. 裏表がない.

【心宽】xīnkuān 形 くよくよしない. おおらかだ. ¶〜无忧 yōu / 心がゆったりして心配事がない.

【心宽体胖】xīn kuān tǐ pán → 心广 guǎng 体胖

【心旷神怡】xīn kuàng shén yí 成 気分爽快だ. はればれした気分だ. 胸がすく. ¶登楼远眺 tiào,令人〜/ 高楼に上って遠くをながめると,はればれした気分になる. 表现 広大な自然を満喫したときや,絵画を鑑賞したときに用いることが多い.

【心劳日拙】xīn láo rì zhuō 悪事を働こうとすれば,心を労するばかりで,日に日に状況が悪くなる. 同 日拙心劳,心劳计拙 由来《尚書》周官に見えることば.

【心理】xīnlǐ 名 ❶ 心理. ¶〜矛盾 / 精神ストレス. ❷ 感情. 気持ち. ¶忌妒 jìdu〜/ ジェラシー.

【心理学】xīnlǐxué 名 心理学.

【心理医生】xīnlǐ yīshēng 名 精神分析医. 参考 精神科医は"精神医生".

【心理咨询】xīnlǐ zīxún 名 心理コンサルティング.

【心力】xīnlì 名 心と身体. 精神と肉体.

【心力交瘁】xīn lì jiāo cuì 成 身も心も疲れ果てる.

【心力衰竭】xīnlì shuāijié 名《医学》心臓機能の衰弱. 心不全.

【心里】xīnli 名 ❶ 胸部の内部. ¶〜发疼 / 胸が痛い. ❷ 胸中. 心の中. ¶〜有事 / 心配事がある.

【心里话】xīnlihuà 名 本音. 内心. ¶说〜/ 胸の内を吐露する.

【心连心】xīn lián xīn 句 心と心をつなぐ. 心と心が結ばれる.

【心灵】xīnlíng ❶ 形 利発だ. 鋭敏だ. ❷ 名〔■ 颗 kē〕心. 精神. ¶眼睛是〜的窗户 / 瞳は心の窓だ. ¶〜学 / 心霊研究. ¶〜美 / 心が美しい. 同 心魄 xīnpò

【心灵手巧】xīn líng shǒu qiǎo 成 頭の回転が速く,手先も器用だ.

【心领】xīnlǐng 動 ❶ 心の中で理解する. ❷ 好意をお受けする. ¶您的美意,我都〜/ あなたのご好意は頂きます. 表现 ❷は,贈りものや招待を婉曲に断るときに用いることが多い.

【心领神会】xīn lǐng shén huì 成 ことばを交わさず互いに理解する. 暗黙の了解.

【心路】xīnlù 名〔〜儿〕❶ 機知. 機転. ¶斗 dòu〜/ 知恵を戦わす. ❷ 度量. ¶〜很窄 zhǎi / 心が狭い. ❸ 心づもり. 思惑. ¶〜不正 / 考えがよくない. ❹ 考え.

【心律】xīnlǜ 名 心拍. ¶〜不齐(〜失常)/ 不整脈.

【心率】xīnlǜ 名《医学》心拍数.

【心乱如麻】xīn luàn rú má 成 心が千々に乱れる. ひどく心を乱す. ¶听到这个坏消息,小明〜/ この悪い知らせを聞いて,ミンさんは動揺している.

【心满意足】xīn mǎn yì zú 成 すっかり満足する. ¶〜感到〜/ 満ち足りた気分になる. 同 心满意惬 qiè,心满愿yuàn 足

【心明眼亮】xīn míng yǎn liàng 成(褒) 是非をはっきり見分けることができる. 洞察力がすぐれている. 同 眼明心亮

【心目】xīnmù 名 ❶(目で見たり,心に感じた)印象. ¶犹 yóu 在〜/ いまだ心に残る. ¶以娱 yú〜/ 楽しませる. ❷ 考え方. ものの見方. ¶在妈妈的〜中,我们永远是孩子 / 母からすると,私たちは永遠に子供だ. 用法 ❷は,普通後ろに方位詞"中"を伴う.

【心皮】xīnpí 名《植物》心皮(しんぴ).

心 xīn

【心平气和】xīn píng qì hé 成 心がおだやかで落ち着いている。同 气和心平

【心魄】xīnpò 名 心。精神。¶动人~ / 心を揺さぶる。¶撼hàn人~ / 心を揺さぶる。

【心气】xīnqì (~儿) ❶ 思惑。考え。¶~相通 / 思いが通じあう。❷ 意志。¶~高,干劲 gànjìn 大 / 志高く気力充分だ。❸ 気持ち。¶~不顺 / 機嫌が悪い。❹ 度量。¶他的~很窄 zhǎi / 彼は度量が狭い。

【心窍】xīnqiào 名 認識力や思考力。¶财 cái 迷~ / 金に目がくらむ。¶鬼迷~ / 魔が差す。¶一开~ / 認識を新たにさせる。

【心切】xīnqiè 形 気持ちがせっぱ詰まっている。¶求胜~ / 勝利を求めて気がはやる。

*【心情】xīnqíng 名 心情。気持ち。心の状態。¶~舒畅 shūchàng / 気持ちが伸びやかだ。¶悲伤的~ / 悲しい気持ち。同 心境 xīnjìng,心绪 xīnxù

【心曲】xīnqū 名 ❶ 心中。胸中。¶乱我~ / 心を乱される。❷ 考え事。¶畅叙 chàngxù~ / 心ゆくまで思いの丈を話す。

【心如刀割】xīn rú dāo gē 成 断腸の思い。同 心如刀绞 jiǎo

【心如死灰】xīn rú sǐ huī 成 意気消沈する。物事にまったく無感動だ。由来『荘子』知北遊篇のことばから。

【心软】xīnruǎn 形 情にもろい。感受性が強い。¶不能太~ / 情に溺れてはいけない。

【心上】xīnshàng 名 心の中。胸中。¶把我的话记在~ / 私の話を覚えておきなさい。

【心上人】xīnshàngrén 名 密かに思いを寄せる人。意中の人。

【心身疾病】xīnshēn jíbìng 名〔医学〕ストレス性疾患。

【心神】xīnshén 名 ❶ 知力と精力。¶劳而无功,空耗 kōnghào~ / 骨折り損のくたびれ儲けで,知力体力を無駄に費やした。❷ 精神状態。¶~不定 / 精神状態が不安定だ。¶~不宁 níng / 精神状態が不安定だ。

【心神不安】xīnshén bù'ān 句 精神状態が不安定だ。

【心声】xīnshēng 名 心の声。心の内に思うこと。¶吐露 tǔlù~ / 胸襟を開く。¶言为 wéi~ / ことばは心の声。

【心盛】xīnshèng 形 (物事に取り組む)意欲が旺盛だ。¶求学~ / 学問に燃えている。

【心事】xīnshì 名〔伴 jiàn,桩 zhuāng〕心配事。考え事。頭を悩ませている事。¶想~ / 考え事にふける。¶看你好像有什么~ / 何か心配事があるようね。

【心事重重】xīnshì chóngchóng 句 心配事が重なる。

【心室】xīnshì 名〔生理学〕心室。

【心术】xīnshù 名 ❶ (よからぬ)思惑。魂胆。❷ 計略。はかりごと。

【心术不正】xīnshù bùzhèng 句 心がけが悪い。了見が悪い。

【心数】xīnshù 名 心算。心づもり。

【心死】xīn/sǐ 動 あきらめる。絶望する。¶心不死 / あきらめきれない。

【心思】xīnsi 名 ❶ 考え。考え方。¶坏~ / 悪い考え。¶想~ / 考え直す。¶他的~早就猜透了 / 彼の考えはとっくにお見通しだ。❷ 思考力。知力。¶用~ / 頭を使う。¶费~ / 能力を費やす。¶挖空 wākōng~ / 知恵を絞る。❸ (…したい)気分。(…する)気持ち。¶没有~看书 / 本を読む気にならない。同 心机 xīnjī

【心酸】xīnsuān 悲しい。つらい。¶~落泪 / 悲しくて涙を流す。

【心算】xīnsuàn 動 暗算する。¶~很快 / 暗算がはやい。¶会~ / 暗算ができる。同 口算 kǒusuàn

【心髓】xīnsuǐ 名 心の奥底。心髄。

【心碎】xīnsuì 形 非常に悲しい。悲しくてたまらない。¶令人~的不幸消息 / 悲しく不幸な知らせ。

【心态】xīntài 名 心理状態。心の動き。

【心疼】xīnténg ❶ 動 かわいがる。いとおしく思う。¶奶奶特别~孙子 sūnzi / おばあちゃんは孫を特にかわいがる。同 疼爱 téng'ài ❷ 惜しむ。¶~钱 / 金を惜しむ。¶丢了这么多的书,我真觉得~ / こんなにたくさんの本をなくして,本当にもったいないと思う。

【心田】xīntián 名 内心。胸の内。¶温暖了小明的~ / ミンさんの心を暖めた。

【心跳】xīntiào 動 胸がどきどきする。動悸がする。¶~加快 / 動悸が早くなる。

【心痛】xīntòng ❶ 動 心臓が痛む。❷ 動 惜しむ。¶她丢了一只 zhī 手表,很~ / 彼女は腕時計をなくして残念がっている。❸ 形 非常に悲しい。¶~的事 / 心を痛めている事。

【心头】xīntóu 名 心の中。胸中。¶记在~ / 心に留め置く。¶~肉 / 大好きな物。最愛の人。

【心土】xīntǔ《農業》心土(しんど)。

【心窝儿】xīnwōr 名 ❶ 心窩部。心臓の位置するところ。¶后~ / 背中の中央。❷ 胸。心の中。

【心无二用】xīn wú èr yòng 成 気を散らさず,ひたすら一事に取り組まなければならない。同 心不 bù 二用

【心细】xīnxì 形 細心だ。¶胆大~ / 大胆かつ細心だ。同 胆大心小 dǎn dà xīn xiǎo

【心细如发】xīn xì rú fà 慎重かつ用意周到だ。同 心细于 yú 发

【心弦】xīnxián 名 心。琴線。¶动人~ / 人の心を動かす。¶扣人~ / 心を打つ。

【心想】xīnxiǎng 動 心の中で思う。黙って考える。¶~事成 / 成功を心に期す。¶他~这次试验可能会成功了 / 彼は今回のテストがきっと成功すると思っている。

【心心相印】xīn xīn xiāng yìn 成 心が深く通い合う。互いの気持ちが一致する。¶~的恋人 / 深く愛し合っている恋人。同 心心相通 tōng

【心性】xīnxìng 名 気質。性格。¶~浮华 fúhuá / 性格が派手である。¶刚强的~ / 剛直な性格。

【心胸】xīnxiōng 名 ❶ 度量。¶~开阔 / 度量が大きい。¶~狭窄 xiázhǎi / 心が狭い。❷ 志。抱負。¶~远大 / 志が大きい。¶有~,有气魄 qìpò / 志があり,やる気もある。

【心虚】xīnxū 形 ❶ (過ちや間違いを人に知られやしないかと)びくびくする。¶做贼 zuòzéi~ / 悪いことをしたら後ろめたい気持ちになる。❷ 自信がない。¶不免有点儿~ / 不安はつきものだ。

【心许】xīnxǔ 動 ❶ 黙認する。❷ 称賛する。

【心绪】xīnxù 名（消極的で揺れ動く）気持ち。¶~不宁 níng / 気持ちが落ち着かない。¶现在没有~跟你谈那件事 / 今はあなたとあのことを話す気にならない。同 心境 xīnjìng,心情 xīnqíng

【心血】xīnxuè 名 知力と精力。心血。¶花费~ / 全精力をつぎこむ。

【心血来潮】xīn xuè lái cháo 成 ふと思いつく。頭にひらめく。

【心眼儿】xīnyǎnr 名 ❶ 胸の内。内心。❷ 心根。気立て。¶~好 / 心根が良い。❸ 聡明さ。機知。¶小美有~ / メイちゃんは機転がきく。❹ お節介。余計な気配り。

¶他～太多 / 彼はお節介がすぎる. ❺ 度量. ¶～小 / 度量が小さい. ¶～狭窄 xiázhǎi / 心が狭い. 表現③ は, "有～"の形で用いることが多い. ⑤いう, 「心が狭い」など, マイナスの意味に用いる.

【心痒】xīnyǎng 形 心がうずうずする. ¶～难挠 náo / はやる心を抑えかねる.

【心仪】xīnyí 动文 敬慕する.

【心意】xīnyì [名 番 fān, 片 piàn] ❶ 相手に対する気持ち. ¶送上薄礼 bólǐ,略表～ / 粗品ながら, いささかの気持ちを伝える. 同 情意 qíngyì ❷ 意味. 意思. ¶表达～ / 意思表示をする.

【心音】xīnyīn 名《医学》心音.

【心硬】xīnyìng 形 薄情だ. 情に流されない. ¶这种不顾别人生死,来达到个人 gèrén 目的 mùdì 的人,真是太～了 / こうした, 他者の生死も顧みず, 個人の目的を達そうとする人間は, 本当に冷酷だ.

【心有余而力不足】xīn yǒu yú ér lì bù zú 成 やる気は十分にあるが, 実力がそれにともなわない.

【心有余悸】xīn yǒu yú jì 成 危険が去っても怯えている. ¶人们一想起那次事件还～ / 人々はあの事件を思い出すとまだ恐怖で胸がどきどきする.

【心余力绌】xīn yú lì chù 成 意欲はあっても力が足りない. 同 心有余而力不足 xīn yǒu yú ér lì bù zú

【心语】xīnyǔ 名 胸のうち. 本音の気持ち. 同 心里话 xīnlǐhuà

【心猿意马】xīn yuán yì mǎ 成 気もそぞろなようす. 心がはやって落ち着かない. 意马心猿. 同 意马心猿

【心愿】xīnyuàn 名〔个 ge,桩 zhuāng〕願い. 願望. ¶当医生是我的～ / 医者になることがメイちゃんの願望だ. 同 希望 xīwàng,愿望 yuànwàng

【心悦诚服】xīn yuè chéng fú 成 心から感服する. 心服. 由来『孟子』公孙丑上に見えることば.

*【心脏】xīnzàng 名 ❶《生理》〔颗 kē〕心臓. ❷ 心臓部. 中心部. ¶北京是祖国的～ / 北京は祖国の心臓部だ.

【心脏病】xīnzàngbìng 名《医学》心臓病.

【心脏死亡】xīnzàng sǐwáng 名《医学》心臓死.

【心窄】xīnzhǎi 形 気が小さい. くよくよする.

【心照】xīnzhào 动 何も言わなくても分かる. ¶彼此 bǐcǐ～ / 互いに心が通い合う.

【心照不宣】xīn zhào bù xuān 成 暗黙の了解.

【心直口快】xīn zhí kǒu kuài 成 率直に思ったことをすぐ口に出す. 同 口直心快 zuǐ kuài,口快心直

【心志】xīnzhì 名 志. 意志. ¶～不移 / 志を曲げない.

【心智】xīnzhì 名 ❶ 知能. 知恵. 知識. ❷ 心理. 精神構造. メンタリティ.

【心中】xīnzhōng 名 胸中. 心の中.

【心中无数】xīn zhōng wú shù 成 (情況や問題に対して)はっきりとした見通しや手だてがない. 同 胸 xiōng 中无数

【心中有数】xīn zhōng yǒu shù 成 (情況や問題に対して)明確な見通しや手だてがある. 同 胸 xiōng 中有数

【心子】xīnzi 名 ❶ 物の中心. 中身. ¶元宵 yuánxiāo～ / 元宵だんごの餡. ❷ 方 (食材としての)動物の心臓.

【心醉】xīnzuì 动 心酔する. ¶令人～ / うっとりさせる. ¶他对足球已爱好 àihǎo 到～的地步了 / 彼はサッカーのことではファンと言うよりマニアだ.

芯 xīn
艹部 4 四 4433₀
全7画 次常用

素 (植物や物の)芯. ¶灯～ dēngxīn (灯心).
☞ 芯 xìn

【芯片】xīnpiàn 名《コンピュータ》チップ.

辛 xīn
辛部 0 四 0040₁
全7画 常用

❶ 素 (ピリリと)からい. ¶～辣 xīnlà. ❷ 素 しんどい. つらい. ¶～勤 xīnqín / 艰～ jiānxīn (苦しい). ❸ 素 つらく苦しい. 悲しい. ¶～酸 xīnsuān. ❹ 名 かのと. 十干の第八位. ❺ (Xīn)姓.

【辛丑条约】Xīnchǒu tiáoyuē 名《歷史》辛丑(ちゅう)条約. 1901年, 義和団事件の講和に際して清と11ケ国に取り交わされた条約. 北京議定書とも言う.

【辛迪加】xīndíjiā 名 外《経済》シンジケート.

【辛亥革命】Xīnhài gémìng 名《歷史》辛亥革命. 参考 1911年, 辛亥の年, 清朝を倒し中華民国を樹立した共和革命.

**【辛苦】xīnkǔ ❶ 形 骨が折れる. つらい. 同 辛辛苦苦 同 辛劳 xīnláo ❷ 动 苦労をかける. ¶这事儿还得 děi 您～一趟 / この事はやはりあなたにご足労願いたい. ❸ 了 / ご苦労さま. 表現②は, 人に用事をたのむときに用いる.

【辛苦费】xīnkǔfèi 名 手数料. 規定の賃金にプラスアルファされる手当.

【辛辣】xīnlà 形 ❶ (味が)からい. ¶他喜欢吃～的菜 / 彼は辛口の料理が好きだ. ❷ (ことばや文章が)辛口だ. 辛辣だ. ¶～的讽刺 fěngcì / 辛口の風刺.

【辛劳】xīnláo 动 苦労して働く. 骨を折る. ¶～了一辈子 yībèizi / 生涯苦労した.

【辛弃疾】Xīn Qìjí 名 辛棄疾(きしつ:1140-1207)南宋の詞人. 一生を通じて金に対する抵抗姿勢を貫いた.

【辛勤】xīnqín 形 (仕事などに)懸命だ. 精を出している. ¶～工作 / 懸命に働く. 同 勤劳 qínláo

【辛酸】xīnsuān 形 辛酸. 飽きる. 辛酸を嘗める. ¶～的往事 / つらい過去の出来事.

【辛辛苦苦】xīnxīnkǔkǔ 苦労をして…する. つらい思いをする. 同 辛苦

【辛夷】xīnyí 名 ❶《植物》コブシ. 同 木兰 mùlán ❷《薬医》辛夷(しん). コブシのつぼみを乾燥した生薬で, 鼻疾患に用いる.

忻 xīn
忄部 4 四 9202₁
全7画 通用

❶ 素 "欣 xīn"に同じ. ❷ (Xīn)姓.

昕 xīn
日部 4 四 6202₁
全8画 通用

名文 日の出のとき.

欣 xīn
斤部 4 四 7728₂
全8画 常用

❶ 素 うれしい. 楽しい. ¶～赏 xīnshǎng / 喜 xīnxǐ / 欢～ huānxīn (喜ぶ). ❷ (Xīn)姓.

【欣然】xīnrán 副 喜んで. ¶～前往 / 喜んで赴く. ¶～接受 / 喜んで引き受ける. 反 怅然 chàngrán

【欣赏】xīnshǎng 动 ❶ 鑑賞する. 楽しむ. 享受する. ¶～绘画 / 絵画を鑑賞する. ¶我生长 shēngzhǎng 在南方,还没有～过雪景呢 / 私は南方育ちのため, 雪景色を楽しんだことがない. ¶这么美的画,他却不会～ / こんな美しい絵なのに, 彼にはわからない. ¶我们现在唱一支歌,请大家～一下 / 私たちはこれから一曲歌を歌いますので,みなさんお聞き下さい. 同 观赏 guānshǎng ❷ 好む. 気に入る. ¶我们对他的领导作风～得很 / 我々は彼の指導ぶりが大いに気に入っている. ¶你的打扮我不大～ / 君の

なりは僕はあまり気に入らない．¶他用〜的眼光看着他的対象／彼は好意あふれる目でフィアンセを見つめている．
【欣慰】xīnwèi 動文 喜び安堵する．¶〜的笑容／喜びと安堵の笑み．¶感到十分〜／とてもうれしく思う．回 快慰 kuàiwèi 反 惭愧 cánkuì
【欣悉】xīnxī 動文 （めでたい話を）知って喜ぶ．¶〜佳音 jiāyīn／よい知らせに喜ぶ．
【欣喜】xīnxǐ 形 喜ばしい．楽しい．表現 心情や表情などについていうことが多い．
【欣喜若狂】xīn xǐ ruò kuáng 成 夢中になって喜ぶ．喜びが頂点に達する．
【欣羨】xīnxiàn 動文 慕わ望する．あやかりたいと思う．
【欣欣】xīnxīn 形 ❶嬉しいようす．¶〜然有喜色／うれしくてにこにこしている．❷盛んなようす．
【欣欣向荣】xīn xīn xiàng róng 成 ❶草木が生い茂り活気にあふれるようす．❷発展の気運に満ちている．由来 陶潜「帰去来兮辞」に見えることば．
【欣幸】xīnxìng 動 喜び，祝福する．

莘 xīn ⺾部7 四4440₁ 全10画 通用

素 地名用字．¶〜庄 Xīnzhuāng（上海市にある地名）．
☞ 莘 shēn

锌 (鋅) xīn 钅部7 四8074₁ 全12画 次常用

名 〈化学〉亜鉛．Zn．参考 旧称"亚铅 yàqiān"．俗称"白铅 báiqiān"．
【锌板】xīnbǎn 名〔块 kuài〕（印刷用の）亜鉛版．
【锌粉】xīnfěn 名〈化学〉亜鉛末．

新 xīn 斤部9 四0292₁ 全13画 常用

❶ 形 新しい．¶这种式样是比较〜的（この手のデザインはわりに新しい）／〜品种 pǐnzhǒng（新しい品種）．反 旧 jiù，老 lǎo ❷ 副 新たに．…したばかり．¶〜近 xīnjìn／这本书是〜买的（これは新しく買ったばかりです）／这里〜开了一家书店（ここに新しい本屋ができた）．回 刚 gāng ❸ 形 まだ使っていない．新品の．¶这双袜子还很〜，不要丢了（この靴下はまだ新しいんだから，捨てないで）／一笔〜（新しいペン）／〜房子（新しい家）．反 旧 jiù，陈 chén，故 gù ❹ 形 改めた．刷新した．¶自〜 zìxīn（自ら改める）／一〜 yīxīn（一新する）．反 旧 jiù ❺ 名 新しい物や人．¶推陈出〜（新陳代謝する）．❻ 名 新婚の．¶〜娘 xīnniáng ／〜郎 xīnláng ／〜房 xīnfáng．❼ （Xīn）姓．
【新安全观】xīn'ānquánguān 名 新たな安全保障の観念．集団安全保障．
【新兵】xīnbīng 名 ❶新兵．❷（業務に）新しく参加した人．新人．
【新材料技术】xīncáiliào jìshù 名 新型材料の調合や加工製造技術．
【新茶】xīnchá 名 新茶．
【新潮】xīncháo 名 ❶新しい風潮．新しい傾向．¶〜社会〜／社会の新しい風潮．❷ 形 流行の．¶〜发型 fàxíng／流行のヘアスタイル．
【新陈代谢】xīn chén dài xiè ❶〈生理〉新陳代謝．❷代谢 dàixiè の新旧交代．
【新宠】xīnchǒng 名 新しい人気商品．新たなブーム．
【新仇旧恨】xīn chóu jiù hèn 成 積年の恨み．重なる恨み．¶彻底清算〜／積年の恨みをさっぱりとはらす．
【新创】xīnchuàng ❶ 動 新たに創り出す．❷ 名 負ったばかりの外傷．
【新春】xīnchūn 名 新年．新春．¶欢度〜／旧正月を楽しく過ごす．¶〜佳节 jiājié／旧正月のめでたい日．参考 "春节 chūnjié"（旧正月）以降の10－20日をいう．
【新春[年]伊始】xīnchūn[-nián] yīshǐ 熟 新春早々．新春の始まりにあたって．
【新村】xīncūn 名 新興住宅地．ニュータウン．
【新大陆】xīndàlù 名 新大陸．
【新德里】Xīndélǐ〈地名〉ニューデリー（インド）．
【新低】xīndī 名 （過去の数値と比較して）新記録となる低値．
【新房】xīnfáng 名 〔间 jiān〕新婚夫婦の寝室．¶闹〜／結婚式の晩，新婚夫婦の部屋に友人たちがおしかけて，ひやかしたりからかったりすること．
【新风】xīnfēng 名 新風．新しい風潮．
【新妇】xīnfù 名 ❶新婦．回 新娘 xīnniáng ❷ 方 息子の嫁．回 儿媳 érxí
【新概念武器】xīngàiniàn wǔqì《軍事》新型兵器．
【新高】xīngāo 名 （過去の数値と比較して）新記録となる高値．
【新贵】xīnguì 名 新任の高官．
【新花样】xīnhuāyàng 名 新しいデザイン．
【新华社】Xīnhuáshè 名 "新华通讯社"（新華通信社）の略称．中国国営の通信社．
【新婚】xīnhūn 形 新婚の．
【新婚燕尔】xīnhūn yàn'ěr 熟（おめでたい）新婚．回 燕尔新婚 参考 新婚夫婦に対するお祝いのことば．由来『诗经』邶风·谷风の句から．
【新纪元】xīnjìyuán 名 新紀元．新しい時代の始まり．
【新加坡】Xīnjiāpō《国名》シンガポール．
【新疆维吾尔自治区】Xīnjiāng Wéiwú'ěr zìzhìqū《地名》新疆（ふふ）ウイグル自治区．区都は"乌鲁木齐 Wūlǔmùqí"（ウルムチ）．略称は"新 Xīn"．
【新交】xīnjiāo ❶ 形 知り合って間もない．¶〜的日本朋友／最近知り合った日本の友人．❷ 名 知り合ったばかりの友人．¶旧友〜，欢聚 huānjù 一堂／古い友，新しい友が，一堂に楽しく会する．
【新教】xīnjiào 名《宗教》（キリスト教の）新教．プロテスタンティズム．
【新近】xīnjìn 名 最近．近頃．¶〜没有看见他／近ごろ彼に会っていない．回 早先 zǎoxiān
【新经济政策】xīn jīngjì zhèngcè 名《経済》新経済政策．ネップ（nep）．参考 1921－1927年，ソ連においてとられた経済政策．
【新居】xīnjū 名 新居．¶搬迁 bānqiān〜／新居に引っ越す．反 旧居 jiùjū，故居 gùjū
【新军】xīnjūn 名 新しく現れた勢力や人材．
【新来乍到】xīn lái zhà dào 成 来たばかりだ．
【新郎】xīnláng 名 新郎．
【新郎官[儿]】xīnlángguān 名方 新郎．
【新老交替】xīnlǎo jiāotì 動 新旧交代する．
【新绿】xīnlǜ 名 新緑．
【新霉素】xīnméisù 名《薬》ネオマイシン．
【新苗】xīnmiáo 名 ❶新しい芽．若い芽．❷（将来性のある）新人や新事象．
【新民主主义】xīn mínzhǔ zhǔyì 名 新民主主義．参考 1940年，毛沢東が唱えた革命理論．中国革命で，社会主義に至る前の段階の指導原理．

xīn 新

【新民主主义革命】 xīn mínzhǔ zhǔyì gémìng 名 (歴史)新民主主義革命. 参考 労働者階級に指導された人民大衆による,反帝国主義·反封建主義·反官僚主義革命. 中国では,1919年の五·四運動から1949年の新中国建国までの間の革命を指す.

【新名词】 xīnmíngcí 名 新語. 表現 名詞のみならず,新語全般をいう.

【新明星学者】 xīnmíngxīng xuézhě 名 スター学者. テレビ出演などを通じて,タレント並みの人気になった学者や専門家,大学教授のこと.

*【新年】 xīnnián 名 新年. 正月.

【新娘】 xīnniáng 名 新婦. 同 新娘子 xīnniángzi

【新派】 xīnpài 名 ❶ 新しいグループ. 新しい勢力. ❷ 新しいやりかた. 新しい風潮.

【新盘】 xīnpán 名 ❶ 売り出されたばかりの分譲住宅. ❷ 斬新なデザインの分譲住宅.

【新篇章】 xīnpiānzhāng 名 (歴史の)新たなページ. 新たな始まり.

【新奇】 xīnqí 形 新奇だ. 目新しい. ¶~的景象 / 珍しい現象. 反 陈腐 chénfǔ

【新气象】 xīnqìxiàng 名 新しい様相. 新たな状況.

【新巧】 xīnqiǎo 形 新奇で精巧だ. ¶~别致 / 精巧で趣がある.

【新区】 xīnqū 名 ❶ (解放戦争によって)新たに解放された地区. ❷ 新たに開発された住宅地区や商業地区.

【新人】 xīnrén 名 ❶ 喩 新しいタイプの人. 新人. ニューフェース. ¶影视~/ 映画界のニューフェース. ❸ 新郎·新婦. 表現 ❸は,新婦のみをいう場合もある.

【新人新事】 xīn rén xīn shì 成 新しい(思想を持つ)人物と新しい事物. 新しい時代の人や事.

【新任】 xīnrèn ❶ 動 新しく任命される. 新しく任用する. ¶~科长 kēzhǎng / 新任の課長. ❷ 名 新任のポスト. 新しい任務.

【新锐】 xīnruì 形 ❶ 新型で切れ味のよい. ¶~武器 / 新兵器. ❷ 若くて才能があふれている. 新進気鋭だ.

【新生】 xīnshēng ❶ 形 生まれたばかりの. できたての. ❷ 名 新しい生命. ¶获得 huòdé ~ / 新たなる生命を得た. ❸ 名 新入生. ¶~报到处 bàodàochù / 新入生受付.

【新生代】 名 ❶ Xīnshēngdài 《地学》新生代. ❷ xīnshēngdài 新世代の若者. ニュージェネレーション. 参考 ①は,7000万年前から現在に至るまでを言う.

【新生儿】 xīnshēng'ér 名 新生児.

【新生界】 xīnshēngjiè 名 《地学》新生界.

【新生事物】 xīnshēng shìwù 名 新しく出現した事物.

【新诗】 xīnshī 名 《文学》〔量 首 shǒu〕白話詩. 同 白话诗 báihuàshī 反 古诗 gǔshī 参考 五四運動以降,古典的な詩の形式にとらわれないで,日常的口語で書かれた詩.

【新石器时代】 Xīnshíqì shídài 名 《歴史》新石器時代.

【新式】 xīnshì 形 新式の. 新型の. ¶~火箭 / 新式ロケット. ~葬礼 zànglǐ / 新しいスタイルの葬式. 反 旧式 jiùshì, 老式 lǎoshì

【新事物】 xīnshìwù 名 新しい事物. 以前に見られなかった肯定的な事柄.

【新手】 xīnshǒu 名〔量 个 ge, 名 míng〕初心者. 反 老手 lǎoshǒu

【新书】 xīnshū 名 ❶ 新しい本. ❷ 新刊書. ¶~预告 / 新刊予告. 表現 ②は,初版本を指すことが多い.

【新四军】 Xīnsìjūn 名 新四軍(しぐん). 参考 中国共産党指導による華中地域の抗日武装勢力.

【新文化运动】 xīnwénhuà yùndòng 名 新文化運動. 参考 1910年代後半に起こった,文学·思想の改革運動. 科学と民主主義を標榜し,中国革命を妨げる儒教的な封建的文化·制度を批判したが,その過程で五四運動を導き出し,中国共産党を生み出す思想の基盤を準備した.

【新文学】 xīnwénxué 名 《文学》新文学. 参考 1919年の五·四以降の,反帝国·反封建主義を内容とする中国の白話文学.

*【新闻】 xīnwén 名 ❶〔条 tiáo, 则 zé〕ニュース. ¶~记者 / 新聞記者. ¶~广播 / ニュース放送. ¶采访~/ ニュースを取材する. ¶~界 / マスコミ. ❷〔量 个 ge, 件 jiàn〕耳新しい話. 新しいできごと.

【新闻公报】 xīnwén gōngbào 名 政府声明. 公告. コミュニケ.

【新闻媒体】 xīnwén méitǐ 名 ニュース·メディア.

【新闻纸】 xīnwénzhǐ 名 ❶ (印刷していない)新聞用紙. ❷ 旧 "报纸"の旧称.

【新闻周刊】 Xīnwén zhōukān 名 『ニューズウィーク』. 米国の代表的なニュース週刊誌. ◆Newsweek

【新西兰】 Xīnxīlán 《国名》ニュージーランド.

【新媳妇儿】 xīnxífur 名 新婦. 同 新娘 xīnniáng

【新禧】 xīnxǐ 名 新年の幸福. ¶恭贺 gōnghè ~ / 新年あけでとうございます.

*【新鲜】 xīnxiān[-xian] 形 ❶ (食品など生ものが)新鮮だ. ¶~的鱼虾 yúxiā / とれてたての魚やエビ. ¶这些蔬菜很~/ これらの野菜は新鮮だ. 反 发臭 fāchòu ❷ (空気などが)きれいで澄んでいる. ¶~空气 / 新鮮な空気. ❸ 目新しい. 今までにない. ¶~经验 / 今までにない経験. 反 陈旧 chénjiù, 陈腐 chénfǔ

【新人类】 xīnrénlèi 名 新人類. 参考 1960年代後半に都市部に生まれた世代が「新人類」と呼ばれたのに対し,70年代後半から80年代生まれの世代を指す.

【新兴】 xīnxīng 形 新興の. ¶~系统 / 新興システム. ¶~行业 hángyè / 新しい業種.

【新星】 xīnxīng 名〔量 颗 kē〕❶ 《天文》新星. ❷ ニューフェース. ¶文坛 wéntán ~ / 文壇の新星.

【新型】 xīnxíng 形 新型の. 新式の. ¶~电脑 / 新型コンピュータ. ¶~材料 / 新素材.

【新秀】 xīnxiù 名 優秀な新人. 頭角をあらわしはじめた人. ¶文艺~/ 文芸界の新進気鋭. ¶体运~/ スポーツ界のニューヒーロー.

【新学】 xīnxué 名 西学. 参考 清朝末期,欧米の自然科学や社会·政治学のことをいった.

【新药】 xīnyào 名 ❶ 新薬. ❷ (漢方薬に対する)西洋薬.

【新一代移动通信系统】 xīnyīdài yídòng tōngxìn xìtǒng 名 《通信》第三世代移動通信システム.

【新医】 xīnyī 名 (中医学に対する)西洋医学. また,その医師.

【新异】 xīnyì 形 目新しい. 新奇だ. ¶这服装的设计极~/ この服のデザインはものすごく斬新だ.

【新意】 xīnyì 名 新しい発想. 新しい境地.

【新颖】 xīnyǐng 形 斬新だ. ¶款式十分~/ スタイルが斬新だ. 表現 作品の思想·内容·表現形式などについていうことが多い.

【新月】 xīnyuè 名 ❶ 三日月. ❷ 《天文》新月. 朔月(さく). 同 朔月 shuòyuè

【新正】 xīnzhēng 名 陰暦の正月.

【新知】xīnzhī 名 文 新しい友人.
【新殖民主义】xīn zhímín zhǔyì 新植民地主義.
【新址】xīnzhǐ 名 新住所. 新しい所在地.
【新中间阶层】xīn zhōngjiān jiēcéng 名 新中間階層. 新中産階級. 高い学歴や専門的な訓練を受けた経験を有し,頭脳労働に従事する給与所得者層. 社会に対する発言権や影響力をもち,生活にもゆとりがある. 2006年に実施された生活調査によると,その月収は2,000元以上という.
【新著】xīnzhù 名 新著.
【新装】xīnzhuāng 名〔套 tào〕流行の服装.
【新作】xīnzuò 名〔量 部 bù, 篇 piān〕新作. ¶新人～/新人の新作.

歆 xīn 音部4 四 0768₂ 全13画 通用
❶素 文 うらやむ. ¶～羡 xīnxiàn. ❷(Xīn)姓.
【歆慕】xīnmù 動 文 うらやむ. ¶对你的音乐 yīnyuè 天分 tiānfēn～已久/あなたの音楽の天分を,長い間うらやましく思ってきた.
【歆羡】xīnxiàn 動 文 うらやむ.

薪 xīn 艹部13 四 4492₁ 全16画 通用
❶素 たきぎ. ¶～尽 jìn 火传 chuán. ❷素 給料. ¶～水 xīnshui / 发～ fāxīn（給料を支払う）/ 领～ lǐngxīn（給料を受け取る）/ 月～ yuèxīn（月給）. ❸(Xīn)姓.
【薪俸】xīnfèng 賃金. 俸給. ¶～微薄 wēibó / 薄給である. 同 薪水 xīnshui, 薪金 xīnjīn.
【薪给】xīnjǐ 名 賃金. 俸給. 同 薪水 xīnshui, 薪俸 xīnfèng, 薪金 xīnjīn.
【薪金】xīnjīn 名 賃金. 俸給. 同 薪水 xīnshui, 薪俸 xīnfèng, 薪给 xīnjǐ.
【薪尽火传】xīn jìn huǒ chuán 成 師匠から弟子へと代々学問が受け継がれていく. 薪传 xīnchuán 由来 たきぎは尽きても火種は残る,という意から.
【薪水】xīnshui 名 賃金. 俸給. 同 工资 gōngzī.
【薪饷】xīnxiǎng 名 軍隊や警察の俸給や支給品.
【薪资】xīnzī 名 賃金. 俸給. 同 工资 gōngzī.

馨 xīn 香部11 四 4760₉ 全20画 通用
素 あたりに漂い広がるよい香り. ¶～香 xīnxiāng.
【馨香】xīnxiāng 名 ❶ 芳香. ¶～四溢 sìyì / かぐわしい香りが周囲に満ちる. 同 芳香 fāngxiāng, 芬芳 fēnfāng. ❷ 香をたくにおい. ¶～祷祝 dǎozhù 成 香をたいて祈る.

鑫 xīn 金部16 四 8011₉ 全24画 通用
❶形 富み栄えている. ❷(Xīn)姓. 参考 ①は商店や人の名前に使うことが多い.

镡（鐔）xín 钅部12 四 8174₆ 全17画 通用
名 ❶ つかがしら. ❷ 小さな剣. 短剣. ❸(Xín)姓.

囟（異）顖 xìn 丿部5 四 2600₀ 全6画 通用
名 "囟门 xìnmén"に同じ.
【囟门】xìnmén 名 ひよめき. おどりこ. 泉門. 同 囟脑门儿 xìnnǎoménr 参考 新生児の頭蓋骨がまだ接合しない時期の,頭の前頂部分.
【囟脑门儿】xìnnǎoménr 名 "囟门 xìnmén"に同じ.

芯 xìn 艹部4 四 4433₀ 全7画 次常用
下記熟語を参照.
☞ 芯 xīn
【芯子】xìnzi 名 ❶ 芯. ¶圆珠笔～/ボールペンの芯. ❷ ヘビの舌.

信 xìn 亻部7 四 2026₁ 全9画 常用
❶素 確かだ. 確実だ. ¶～史 xìnshǐ（確かな歴史）/～而有证. ❷素 信用. 信頼. ¶～用 xìnyòng / 失～ shīxìn（信用を失う）. ❸動 信じる. 信用する. ¶～任 xìnrèn / 大家都～他的话（みな彼の話を信じた）/ 这种事我才不～呢(そんなことは私は信じない). 反 疑 yí. ❹動 信心する. 信仰する. ¶他们都～基督教 Jīdūjiào（彼らはみなキリスト教を信じている）. ❺名 (～儿) 知らせ. 消息. ¶～号 xìnhào / 报～ bàoxìn (知らせる)/ 口～儿 kǒuxìnr (ことづて)/ 喜～儿 xǐxìnr (吉報). ❻名 証拠. ¶～物 xìnwù / 印～ yìnxìn (公印). ❼名〔量 封 fēng〕手紙. ¶寄～（手紙を出す）/ 书～ shūxìn (手紙)/ 介绍～ jièshàoxìn (紹介状)/ 给他写封～（彼に手紙を一通書く）. ❽名 (気分やなりゆきに)任せる. ¶～步 xìnbù / ～口开河. ❾名 砒石(pīshí). ¶～石 xìnshí (砒石)/ 红～ hóngxìn (黒色砒石)/ 白～ báixìn (灰色砒石). ❿名 "芯 xīn"に同じ. ⓫(Xìn)姓. 参考 古くは"伸 shēn"に同じ.
【信笔】xìnbǐ 思いつくままに筆を走らせる. ¶～涂鸦 túyā（自分の字を謙遜して）自己流の悪筆.
【信步】xìnbù 動 足の向くままに歩く. 散歩する. ¶他俩并肩而行,～江边 / 彼らふたりは肩を並べて,河べりを散歩した.
【信不过】xìnbuguò 動 信じられない. ¶我～你 / 私はあなたが信じられない. 反 信得过 xìndeguò.
【信差】xìnchāi 名 ❶ 旧 公文書を届ける役目の者. ❷ 郵便配達人.
【信从】xìncóng 動 信じて従う. ¶不随便～别人 / 軽率に他人に言われるままに信じない.
【信贷】xìndài 名《金融》銀行の預金・貸し付けの総称. 表現 普通は銀行の貸し付けを指す.
【信道】xìndào 名《電気》通信路. チャネル.
【信得过】xìndeguò 動 信じられる. ¶他最～彼が一番頼りになる. 反 信不过 xìnbuguò.
【信而有征】xìn ér yǒu zhèng 句 確かで証拠もある.
【信访】xìnfǎng 動（民衆が党や政府に対して）投書する. 陳情する.
【信访办】xìnfǎngbàn 名 "来信来访接待办公室"（投書訪問受付事務所）の略称. 参考 行政に対する一般市民らの投書や陳情を受け付け,処理をする役所内の窓口.
【信风】xìnfēng 名 貿易風. 同 贸易风 màoyìfēng.
【信封】xìnfēng 名 (～儿) 封筒.
【信奉】xìnfèng 動 固く信じ,それを実行する. ¶～上帝 / 神を信じる. ¶～和平条约 / 平和条約を固く守る. 同 信仰 xìnyǎng, 崇奉 chóngfèng.
【信服】xìnfú 動 心服する. 同 折服 zhéfú, 服气 fúqì.
【信鸽】xìngē 名〔量 个 ge, 羽 yǔ, 只 zhī〕伝書鳩.
【信管】xìnguǎn 名 信管. 同 引信 yǐnxìn.
【信函】xìnhán 名 手紙. 書簡. 同 书信 shūxìn.
【信号】xìnhào 名 ❶ 信号. ¶～灯 / 交通信号. 信号灯. ¶～枪 / 信号弾を発射するピストル. スタート用ピストル. ¶打～ / 信号を送る. ❷（重大事件の）きざし. シグナル.

【信号弹】xìnhàodàn 名 信号弹.
【信汇】xìnhuì 名《金融》送金手形. M/T.
【信笺】xìnjiān 名〔页 yè, 张 zhāng〕便笺.
【信件】xìnjiàn 名 手紙. 郵便物. 函 函件 hánjiàn
【信教】xìn//jiào 動 宗教を信じる. ¶我爸爸不~/私の父は宗教を信じない.
【信据】xìnjù 名 確かな証拠.
【信口】xìnkǒu 動 口の動くままに任せる.
【信口雌黄】xìn kǒu cí huáng 成 貶 口からでまかせを言う.
【信口开河】[合] xìn kǒu kāi hé 成 でまかせをぺらぺらしゃべる. 口に任せてまくしたてる.
【信赖】xìnlài 動 信頼する. ¶值得~的朋友/信頼できる友人.
【信马由缰】xìn mǎ yóu jiāng 成 成り行きに任せる. 自由気ままに行動する. ¶~地闲逛 xiánguàng / 気の向くままぶらぶら散歩する. 由来 手綱を引かずに馬の自由に任せる, という意から.
【信念】xìnniàn 名 信念. ¶必胜的~/必ず勝つという信念.
【信女】xìnnǚ 名 信女. 仏教を信仰する女性.
【信皮儿】xìnpír 名 封筒.
【信任】xìnrèn 動 信任する. 信頼する. ¶无人~/誰も信用しない. ¶我很~他/私は彼をとても信用している. 反 怀疑 huáiyí
【信任投票】xìnrèn tóupiào 名 信任投票.
【信赏必罚】xìn shǎng bì fá 成 賞罰を厳格・公正に行う. 信賞必罰. 由来『韓非子』外儲説右上に見えることば.
【信实】xìnshí 形 信用のおける. 信頼性がある. ¶~的史料/信頼のおける史料.
【信史】xìnshǐ 名 確かな史実.
【信使】xìnshǐ 名 ❶公文書の送達吏. 使者. ❷《化学》伝達子. メッセンジャー.
【信士】xìnshì 名 ❶《仏教》(男性の)在家信者. ❷ 誠実で信用のおける人.
【信誓旦旦】xìn shì dàn dàn 成 誓いが誠実で信ずるに足る. 由来『詩経』衛風・氓に見えることば.
【信手】xìnshǒu 副 手の動くままに任せて. ¶~画出一幅画/筆のおもむくまま絵を描く.
【信手拈来】xìn shǒu niān lái 成 (頭の中に語彙や材料が豊富に入っていて)文章がすらすら書ける.
【信守】xìnshǒu 動 (口にしたこと・きまりなどを)忠実に守る. ¶~诺言 nuòyán / 固く約束を守る. ¶双方~合同/双方が契約を忠実に守る.
【信宿】xìnsù 名 文 二晩(の時間).
【信天翁】xìntiānwēng 名《鳥》アホウドリ.
【信天游】xìntiānyóu 陝西省北部の民謡の一つ.
【信条】xìntiáo 名 信条. 教条.
【信筒】xìntǒng 名〔个 ge〕郵便ポスト. 同 邮筒 yóutǒng
【信徒】xìntú 名〔个 ge, 名 míng, 群 qún〕(宗教や学説などの)信徒. 信奉者. ¶天主教~/カトリック教徒.
【信托】xìntuō ❶動 信用して委ねる. ❷形 委託業務の. ¶~部/委託販売部.
【信托公司】xìntuō gōngsī 名 信託会社.
【信托投资】xìntuō tóuzī 動《経済》信託財産管理(業務)をする.
【信望】xìnwàng 名 信望. ¶~卓著 zhuózhù / 非常

に信望が厚い.
【信物】xìnwù 名 証拠とする品物. ¶定情~/婚約のしるしとする贈り物.
【信息】xìnxī 名〔条 tiáo〕❶ 音信. 知らせ. ¶一有他的~, 我马上告诉你/彼からたよりがあったら, すぐにあなたにお知らせします. ❷ 情報. 参考 ②は, 台湾では"资讯 zīxùn"という.
【信息安全】xìnxī ānquán 名 情報のセキュリティ.
【信息产业】xìnxī chǎnyè 名 情報産業. IT 産業.
【信息服务】xìnxī fúwù 名 情報サービス.
【信息高速公路】xìnxī gāosù gōnglù 名 情報ハイウェイ.
【信息化】xìnxīhuà 動 情報化する.
【信息技术】xìnxī jìshù 名 情報技術. IT.
【信息家电】xìnxī jiādiàn 名 情報家電.
【信息科学】xìnxī kēxué 名 情報科学. 表現"资讯 zīxùn 科技"ともいう.
【信息库】xìnxīkù 名 情報バンク. データベース.
【信息流】xìnxīliú 名 情報の流れ.
【信息论】xìnxīlùn 名 情報論.
【信息社会】xìnxī shèhuì 名 情報化社会.
【信息时代】xìnxī shídài 名 情報時代.
【信息台】xìnxītái 名 "电话信息服务台"(電話による情報サービス台)の略称.
【信息战】xìnxīzhàn 名 情報戦.
【信箱】xìnxiāng 名〔个 gè, 只 zhī〕❶ 郵便ポスト. ❷ 私書箱. ❸ 郵便受け.
*【信心】xìnxīn 名 自信. ¶满怀~/自信満々.
【信仰】xìnyǎng 動 (主義・主張・宗教などを)信奉する. 信仰する. ¶我们家都~基督教 Jīdūjiào / 我が家は皆キリスト教を信仰しています. ¶~各不相同/信仰は各自で異なる. 同 信奉 xìnfèng, 崇奉 chóngfèng
【信以为真】xìn yǐ wéi zhēn 句 真実と思い込む. 真に受ける. ¶小美这是在开玩笑, 你可别~/今メイちゃんが言ったのは冗談なんだから, 本気にしてはだめだよ.
【信义】xìnyì 名 信義. 信用と道義. ¶不讲~/信義を重んじない. ¶这样做, 就会失去~/こういうやり方は, 信義にもとる.
【信用】xìnyòng ❶名 信用. ¶讲~/信用を重んじる. ¶丧失 sàngshī~/信用を失う. ❷名 担保を置かず, 信用に基づいて取り引きすること. 掛け売り. 掛け買い. ¶~贷款 dàikuǎn / 信用貸し. ❸動 信任し任用する.
【信用卡】xìnyòngkǎ 名 クレジットカード.
【信用社】xìnyòngshè 名 "信用合作社"(信用組合)の略称.
【信用证】xìnyòngzhèng 名《経済》信用状. LC.
【信誉】xìnyù 名 信用と高い評判. 信望. ¶在消费者 xiāofèizhě 中间有很高的~/消費者の間で評判がよく信頼度も高い.
【信札】xìnzhá 名〔封 fēng〕手紙.
【信真】xìnzhēn 動 本当だと信じる. 真に受ける. 同 当真 dàngzhēn
【信纸】xìnzhǐ 名〔张 zhāng〕便箋.

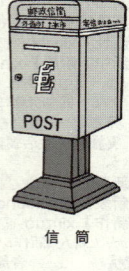

衅(釁) xìn

血部 5 / 四 2915₀ / 全11画 / 次常用

❶ [索] 争いや仲たがいのきっかけ. ¶~端 xìnduān / 挑~ tiǎoxìn (争いを挑発する) / 寻~ xúnxìn (言いがかりをつける). ❷ (Xìn)姓.

【衅端】 xìnduān [名] 争いの原因. ¶~骤起 zhòuqǐ / もめ事の種が突如発生する.

xing ㄒㄧㄥ [ciəŋ]

兴(興) xīng

八部 4 / 四 9080₁ / 全6画 / 常用

❶ [索] (事業などを)新しく始める. ¶~工 xīnggōng / ~办 xīngbàn / ~修 xīngxiū / ~利除弊 bì. 反 废 fèi ❷ [索] 起きる. ¶晨~ chénxīng (朝起きる) / 夙 sù~夜 mèi (朝早く起きて夜遅く寝る). ❸ [動] 勢いづく. 盛んになる. ¶咱们需要一调查研究的风气 (我々は調査研究の気風を興す必要がある) / 大~实事求是之风 (事実に基づき真実を求める気風を大々的に興す). 反 衰 shuāi, 亡 wáng ❹ [動] 流行する. ¶时~ shíxīng (流行する) / 今年~黑色的化妆 huàzhuāng (今年は黒い色のメーキャップがはやっている). ❺ [動] 許す. ¶不~胡说 húshuō (うそをつくことを言うな). ❻ [副] 多分. あるいは. ¶他~来, ~不来 (彼は来るかもしれないし, 来ないかもしれない). ❼ (Xīng)姓. [用法] ❺は, 否定文に用いることが多い.

☞ 兴 xìng

【兴办】 xīngbàn [動] 創立する. 創業する. ¶~学校 / 学校を創立する. ¶大力~社会保险 bǎoxiǎn 事业 / 社会保険事業の開設に力を入れる. 同 创办 chuàngbàn, 开办 kāibàn

*【兴奋】 xīngfèn [形] 興奮している. ¶~得一夜没入睡 / 気持ちが高ぶって一晩中眠れなかった. ¶非常~ / 非常に興奮している. 反 镇静 zhènjìng [比較] "兴奋"と"高兴 gāoxìng" 1) "兴奋"は気分が高ぶる意味であり, "高兴"は気分が愉快である意味. 2) "兴奋"は動詞用法があり目的語を取れるが, "高兴"は重む目的の"高兴高兴"の形の時だけ動詞的性質を持ち目的語を取ることはできない.

【兴奋点】 xīngfèndiǎn [名] ❶ (生理) [脳内の]興奮点. ❷ 興味沸騰する話題.

【兴奋剂】 xīngfènjì [名] 興奮剤. 覚せい剤.

【兴奋性】 xīngfènxìng ❶ [名] 敏感性. ❷ [形] 興奮性の. 刺激性の.

【兴风作浪】 xīng fēng zuò làng [成] 騒動を起こす. ¶有人在暗中~ / 何者かが陰で騒ぎを起こしている. 同 掀 xiān 风鼓 gǔ 浪

【兴革】 xīnggé [文] 振興し改革する.

【兴工】 xīnggōng [動] 工事を始める. ¶破土~ / 起工する.

【兴国】 xīngguó [動] 国家を振興する. 立国する.

【兴建】 xīngjiàn [動] (大きな建造物を)建設する. 建築する. ¶正在~一座大型水库 shuǐkù / 大規模ダムが現在建設中である. 同 兴修 xīngxiū [比較] "兴建"は必ず規模の大きな工事に用いるが, "修建 xiūjiàn"は大きな規模, 小さな規模の両方に用いられる.

【兴利除弊】 xīng lì chú bì [成] 有益な事業を起こし悪弊を除く. 同 兴除 hài

【兴隆】 xīnglóng [形] 盛んだ. ¶生意~ / 商売が繁盛している. 同 兴盛 xīngshèng, 兴旺 xīngwàng

【兴起】 xīngqǐ [動] ❶ (運動·事業·風潮などが)新たにあらわれて盛んになる. ¶~绿化热潮 rècháo / 緑化ブームが起きる. 反 衰亡 shuāiwáng ❷ [文] 感激して奋い立つ. ¶闻风~ / 消息を聞いて奋い立つ.

【兴盛】 xīngshèng [形] (国家や事業などが)勢い良く発展している. 栄えている. ¶国家~ / 国家が繁栄する. ¶近几年, 外贸不太~ / ここ数年, 貿易はあまり伸びていない. 同 昌盛 chāngshèng, 兴旺 xīngwàng, 繁荣 fánróng 反 衰落 shuāiluò ⇨兴旺 xīngwàng

【兴师】 xīngshī [文] 挙兵する.

【兴师动众】 xīng shī dòng zhòng [成] 大勢を動員して事を行う. ¶这件小事, 何必~? / こんな小さな事になんでそんな大勢で当る必要があるんだ.

【兴师问罪】 xīng shī wèn zuì [成] 罪状を暴き, 挙兵して討伐する.

【兴时】 xīngshí 流行する. 人気が出る.

【兴衰】 xīngshuāi [文] 盛衰. ¶~存亡 / 盛衰存亡.

【兴叹】 xīngtàn [動] 感嘆の声を発する. ¶望洋~ / [文] 自分の非力を嘆く. ¶他看到灾区的惨景 cǎnjǐng, ~不已 / 彼は被災地の悲惨な光景を目にして嘆いてやまなかった.

【兴亡】 xīngwáng [名] (国家や民族の)興亡. ¶天下~, 匹夫 pīfū 有责 / 天下の興亡については, 国民一人一人に責任がある.

【兴旺】 xīngwàng [形] 隆盛だ. 旺盛だ. ¶六畜 liùchù ~ / 家畜がよく育っている. 家業が盛んだ. ¶~发达 / 勢い良く発展する. ¶贸易越来越~ / 貿易はますます盛んになっている. 同 兴盛 xīngshèng, 兴隆 xīnglóng 反 衰败 shuāibài [比較] "兴旺"と"兴盛 xīngshèng"は, どちらも国家や事業の発展の勢いが強いことを形容するが, "兴旺"は人の情熱·闘志·知識欲·精神·植物の成長が旺盛であることを形容する.

【兴修】 xīngxiū [動] (大規模な施設の)建設を始める. 工事を始める. ¶~水利 / 水利工事を行う. ¶村里正在~桥梁 / 村では橋の建設が始まった. 同 兴建 xīngjiàn

【兴许】 xīngxǔ [副] [方] もしかしたら…かもしれない. ¶他~知道 / 彼なら知っているかもしれない. 同 也许 yěxǔ

【兴学】 xīngxué [動] 学校を建設する. 教育を振興する.

【兴妖作怪】 xīng yāo zuò guài [成] 悪人が悪事を働いて世の中を騒がす.

星 xīng

日部 5 / 四 6010₅ / 全9画 / 常用

[名] ❶ [助] 个 ge, 颗 kē] 天体. ¶行~ xíngxīng (惑星) / 卫~ wèixīng (衛星) / 彗~ huìxīng (すい星) / 人造 rénzào 卫~ (人工衛星). ❷ [助] 个 ge, 颗 kē] 星. ¶那颗~最亮 (あの星が一番明るい) / ~罗 luó 棋 qí 布 / 月明~稀 xī (月が明るく星がまばらだ). 同 星星 xīngxing ❸ (~儿) 小さい粒状のもの. ¶火~儿 huǒxīngr (火花) / ~火燎原 liáoyuán / 唾沫 tuòmo ~子 (つばのしぶき). ❹ スター. ¶歌~ (歌手) / 影~ (映画スター). ❺ ほとおり, 二十八宿の一つ. ❻ 竿秤 (gǎnchèng) についている金属の点の目盛り. ¶秤~ chèngxīng (竿秤の目盛り). ❼ (Xīng)姓.

【星巴克】 Xīngbākè [名] [商標] スターバックス. ♦ Starbucks Coffee

【星辰】 xīngchén [文] 星の総称. ¶日月~总是有规律地运转着 / 日月星辰(せい)は常に規則的に運行している. 同 星斗 xīngdǒu

【星等】xīngděng 名《天文》(天体の光度を示す)等级.
【星斗】xīngdǒu 名 星の総称. ¶满天～/满天の星.
【星光】xīngguāng 名 星の光. ¶～闪烁 shǎnshuò / 些星明かりが瞬く.
【星号】xīnghào 名 アスタリスク(＊).
【星河】xīnghé 名 銀河. 天の川. ¶～灿烂 cànlàn / 天の川がきらきらと輝く. 同 银河 yínhé,天河 tiānhé,河汉 héhàn
【星火】xīnghuǒ ❶火の粉. ❷流星の光. ❸急迫していること. ¶这个事情急如～,一点儿也拖延 tuōyán 不得 / この件は急を要することなので少しでも後延ばしにすることはできない.
【星火计划】Xīnghuǒ jìhuà 名 星火プロジェクト. 参考 地方の経済振興と技術開発を促進する目的で,1985年に開始された国家プロジェクト.
【星火燎原】xīng huǒ liáo yuán 成 "星星之火,可以燎原 xīng xīng zhī huǒ, kě yǐ liáo yuán"の略.
【星级】xīngjí 名 ホテルのクラス.
【星级饭店】xīngjí fàndiàn 名 星格付けのホテル. 参考 グレードに応じて,最上クラスの"五星级"(五つ星)から"一星级"(一つ星)までのいずれかに格付けされている.
【星际】xīngjì 名 星と星の間. 宇宙. ¶～空间 / 宇宙空间. ¶～旅行 / 宇宙旅行.
【星空】xīngkōng 名 星空.
【星罗棋布】xīng luó qí bù 成 (空の星や碁盤上の碁石のように)広い範囲に数多く分布している. ¶岛屿～/ 岛が無数に散らばっている.
*【星期】xīngqī 名 ❶ 〔圖 个 ge〕週. ¶上～/ 先週. 一个～/ 一週間. ❷ 礼拜 lǐbài ❷ 曜日. ¶～三 / 水曜日. ¶今天～几?/ 今日は何曜日ですか. 同 礼拜 lǐbài ❸ "星期日 xīngqīrì"の略. ¶～休息 xiūxi / 日曜日は休みです. 同 礼拜 lǐbài ❹ 旧暦七月七日. 用法 ❷は,後に"一,二,三,四,五,六"をつけて月曜日から土曜日までをあらわす. 日曜日は"日 rì"または"天 tiān"をつける.
*【星期日】xīngqīrì 名 日曜日. 同 星期天 tiān,礼拜天 lǐbàitiān,礼拜日
【星球】xīngqiú 名《天文》〔圖 个 ge,颗 kē〕星. 天体.
【星球大战计划】xīngqiú dàzhàn jìhuà 名《军事》(米国の)戦略防衛構想. SDI.
【星散】xīngsàn 動 (一緒にいた人が)星のように散り散りになる. ¶昔日同学,～各地 / 昔の同窓は各地に散らばっている.
【星术】xīngshù 名 占星術.
【星探】xīngtàn 名 (タレントや選手を)スカウトする.
【星体】xīngtǐ 名《天文》天体. 参考 ふつう月・太陽・火星・北極星など個々の星を指す.
【星条旗】xīngtiáoqí 名〔圖 面 miàn〕星条旗. 表现 俗に,"花旗 huāqí"と言う.
【星图】xīngtú 名 星図.
【星团】xīngtuán 名《天文》星团.
【星系】xīngxì 名"恒星系 héngxīngxì"(銀河系)の略.
【星相】xīngxiàng 名 星回りや人相. 参考 これによって吉凶を占う.
【星象】xīngxiàng 名 星の明暗や位置など. 星回り. 参考 古代の人は,これを観察して吉凶を占った.
*【星星】❶ xīngxīng 小さな点. ❷ xīngxing〔圖 个 ge,颗 kē〕星. ¶那颗～真亮 / あの星は本当に明るい.

【星星点点】xīngxīngdiǎndiǎn 形 ❶ ごくわずかだ. ほんの少しだ. ❷ (数多くのものが)広く散らばっている.
【星星之火,可以燎原】xīng xīng zhī huǒ, kě yǐ liáo yuán 成 些細な問題が後に大きな災いに発展する. 小さな力も将来大勢力になる. 同 星火燎原 由来 小さな火を広野を焼く大火となる,という意から.
【星宿】xīngxiù 名《天文》星宿. 参考 古代中国で用いられた星座. 二十八宿に分かれる.
【星夜】xīngyè 名 夜. 夜間. ¶～行军 / 夜間行軍する.
【星移斗转】xīng yí dǒu zhuǎn 成 季節がめぐる. 時間が移る. ¶时间过得真快,又到秋天了 / 時間がすぎるのはほんとうに早い,月日がめぐってまた秋がやってきた. 同 星转斗移 由来 "斗"は"北斗星 běidǒuxīng"(北斗七星)のこと,星が位置を変える,という意から.
【星云】xīngyún 名《天文》星雲.
【星运】xīngyùn 名 スターになるための運.
【星占】xīngzhān 名 占い.
【星子】xīngzi ❶ 極めて小さいもの. ¶吐沫 tùmo ～/ つばきのしぶき. ❷ 方 星. ¶满天的～/ 满天の星.
【星座】xīngzuò 名《天文》〔圖 个 ge〕星座.

骍(騂) xīng
马部7 四 7014[1]
全10画 通用
名 ❶ 文 赤茶色の毛のウシやウマ. ❷ (Xīng)姓.

猩 xīng
犭部9 四 4621[5]
全12画 次常用
名 "猩猩 xīngxing"に同じ.
【猩红】xīnghóng 形 緋(ひ)色の. 鮮紅色の.
【猩红热】xīnghóngrè 名《医学》猩红熱(しょうこうねつ).
【猩猩】xīngxing 名《動物》〔圖 头 tóu,只 zhī〕オランウータン.

惺 xīng
忄部9 四 9601[5]
全12画 通用
素 ❶ 聡明だ. ❷ 頭がはっきりする.
【惺松(忪)】xīngsōng 形 目覚めたばかりでぼんやりしている. ¶睡眠～/ 寝起きでぼんやりしている.
【惺惺】xīngxīng ❶ 動 頭がはっきりしている. ❷ 形 名 聡明な(人). ¶～惜～/ 同類の人は互いに重んじ合う. ❸ 接尾 形容詞の後につける接尾語. ⇨ 假惺惺 jiǎxīngxing.
【惺惺作态】xīng xīng zuò tài 成 貶 わざとらしい態度をとる.

腥 xīng
月部9 四 7621[5]
全13画 常用
❶ 名 (生の)肉や魚. 生臭もの. ¶荤～ hūnxīng (生臭もの). ❷ 形 (魚のような)生臭い. ¶血～ xuèxīng (血なまぐさい) / ～膻 xīngshān / 这种鱼很～/ (この種の魚は生臭い).
【腥臭】xīngchòu 形 生臭い. ¶～味 / 生臭いにおい.
【腥风血雨】xīng fēng xuè yǔ 残酷な殺戮の光景. 由来 "血生臭い風と血の雨"という意から.
【腥气】xīngqi ❶ 名〔圖 股 gǔ〕生臭い. ❷ 放些料酒去去～/ ちょっと酒をふって生臭味を取る. ❷ 形 生臭い. ¶太～了 / とても生臭い.
【腥臊】xīngsāo 形 臭い. いやなにおいがする. 参考 "腥" は生臭いこと,"臊"は小便臭いことをいう.
【腥膻】xīngshān ❶ 形 羊肉有股 gǔ ～味儿 / 羊肉は生臭いにおいがする. ❷ 名 魚介類や肉類. 生臭もの. 参考 ❶で,"腥"は魚などの生臭さを,"膻"は羊肉の生臭さをいう.

【腥味儿】xīngwèir〔(働) 股 gǔ〕生臭いにおい.

刑 xíng

刂部4 四1240₀
全6画 常用

❶[素] 刑罰. ¶死~ sǐxíng（死刑）/徒~ túxíng（懲役）/緩~ huǎnxíng（執行猶予をする）. ❷[素]（拷問などの）体罰. ¶动~ dòngxíng（拷問にかける）/受~ shòuxíng（体罰を受ける）. ❸(Xíng)姓.

【刑场】xíngchǎng [名] 刑場.
【刑车】xíngchē [名] 犯人護送車.
【刑罚】xíngfá [名] 刑罰.
【刑法】xíngfǎ ❶ [名] 法律. ❷ xíngfa 犯人に対する体罰. ¶动~/拷問にかける.
【刑房】xíngfáng [名] ❶ 刑事事件を取り扱う官署. ❷ (非合法的に)体罰や尋問を行う部屋.
【刑警】xíngjǐng [名] 刑事.
【刑拘】xíngjū [動]"刑事拘留"（刑事拘留する）の略称.
【刑具】xíngjù [名] 処刑に用いる道具.
【刑律】xínglǜ [名] 刑法. ¶触犯 chùfàn~/刑法に触れる.
【刑满】xíngmǎn [動] 刑期が満了になる.
【刑名】xíngmíng [名] ❶ [法律]. ❷ [法律] 刑名. 死刑や懲役などをさす. [参考] ①は, 戦国時代の申不害 (ṡʰĕn bùhài) を代表とする学派の思想を"刑名之学"と言ったことから.
【刑期】xíngqī [名] 刑期.
【刑事】xíngshì [区] 刑事の. ¶~犯罪 fànzuì/刑事犯罪. ¶~事件/刑事事件. ¶~法廷/刑事法廷. [反] 民事 mínshì
【刑事犯】xíngshìfàn [名] [法律] 刑事犯.
【刑事诉讼法】xíngshì sùsòngfǎ [名] [法律] 刑事訴訟法.
【刑事责任】xíngshì zérèn [名] [法律] 刑事責任.
【刑释】xíngshì "刑满释放"（刑期満了で釈放する）の略称.
【刑讯】xíngxùn [動] 拷問にかける.
【刑侦】xíngzhēn [動] 刑事捜査する.

邢 Xíng

阝部4 四1742₇
全6画 次常用

❶ [素] 地名用字. ¶~台 Xíngtái（河北省にある地名）.
❷ 姓.

行 xíng

彳部3 四2122₁
全6画 常用

Ⅰ [素] ❶ 歩く. 行く. ¶步~/歩いて行く. ¶旅~/旅行する. ¶游~/デモ行進する.
❷ 流通する. 流行する. ¶流~/はやる. ¶风~/はやる. ¶发~/発行する.
❸ 行為. [注] 旧読では"xìng". ¶品~/品行. ¶言~/言行. ¶罪~/犯罪行為.
❹ 道路. 行程. ¶千里之~,始于足下/千里の道も一歩から.
❺ 旅. ¶~装 xíngzhuāng. ¶~程 xíngchéng. ¶美国之~/アメリカの旅.
❻ 臨時的なもの. 移動可能なもの. ¶~商 xíngshāng.
Ⅱ [動] ❶ やる. する. 行う. ¶~贿 xínghuì. ¶~礼 xínglǐ. ¶~方便 xíng fāngbian. ¶这种办法~不通/このようなやり方では通らない.
❷ ("单音节副词+行" または "行+2音节動詞"の形で)行う. ¶另~通知/追って通知する. ¶即~复查/ただちに調査して回答する. ¶再~安排/再度手配する. ¶自~处理/自分で処理する.
Ⅲ [形] ❶ よい. かまわない. ¶~,就这样吧/よし,そうしよう. ¶不~!/ダメ! ¶你自己去就~了/あなたが自分で行けばよい. ¶事情办不成,那怎么~?/仕事も成し遂げなくていいわけがない.
❷ できる. すごい. すばらしい. ¶你真~!/君は本当にすごいね. ¶我~什么呀,这点儿事情都没办好/私はまったくだめだ,このくらいの仕事もきちんとできなくて.
Ⅳ (Xíng)姓.

☞ 行 háng

【行不通】xíngbutōng [動] ❶ 通用しない. 実行できない. ¶这种方案~/こんな計画は実行できない. ❷ 通り抜けられない. ¶这条路~/この道は行き止まりだ. [反] 行得通 xíngdetōng
【行藏】xíngcáng [名] ❶ (進退についての)身の処し方. ❷ 行跡. 行跡. 来歴. ¶漏 lòu~/素性がばれる. ¶看破/内情を見破る.
【行草】xíngcǎo [名] (書道の書体の)行書と草書.
【行车】xíngchē [動] 車を運転する. ¶~执照 zhízhào/運転免許. ¶注意~安全/安全運転に心がける. ☞ 行车 hángchē
【行成于思】xíng chéng yú sī [成] 物事を行い,成功を収めるには,まずじっくり考えることが肝要だ.
【行程】xíngchéng [名] ❶ 行程. 道のり. ¶这里距县城有几十公里的~/ここは県城から何十キロも離れている. [同] 路程 lùchéng,路途 lùtú ❷ (大きな発展や変化の)過程. ¶历史发展的~/歴史が発展する過程. [同] 途程 túchéng,路程 lùchéng
【行船】xíngchuán [動] 船を走らせる. 航行する.
【行刺】xíngcì [動] 暗殺する. ¶图谋 túmóu~总统/大統領の暗殺を企てる.
【行道】xíngdào [動] 自分の政治主張を推し進める. ¶立身~/社会に出て自分の理念を実践する. ☞ 行道 hángdao
【行道树】xíngdàoshù [名] 街路樹.
【行得通】xíngdetōng [動] 通用する. 実行できる. ¶这个办法~/この方法は実行可能だ. [反] 行不通 xíngbutōng
*【行动】xíngdòng ❶ [動] 歩く. ¶我的腿有毛病,~不便/私の足は病気があるので,~不便だ. ❷ [動] 行動する. 活動する. ¶大家立即~吧!/みんな直ちに行動開始だ. ❸ [名] 行動. 挙動. ¶~自由/行動が自由気ままだ. [同] 举动 jǔdòng
【行都】xíngdū [名] 臨時の首都.
【行方便】xíng fāngbian [句] 人に便宜を図る. 融通をきかせてやる. ¶请你行个方便吧!/ちょっと便宜を図っていただけませんか.
【行房】xíng//fáng [動] 夫婦が性交する.
【行宫】xíng//gōng [名] 〔(働) 座 zuò〕都 (み̀ʸaʠᵒ) 以外にある御所. 行在所 (あんざいしょ).
【行好】xíng//hǎo [動] (哀れに思って)助ける. 許す. ¶你行行好吧!/どうぞお恵みください(物乞いが言うことば). ¶你行个好,饶 ráo 他这一回吧/情をかけて,今回彼を大目に見てあげなさいよ.
【行贿】xíng//huì [動] わいろを贈る. ¶向官方~/役所にわいろを贈る. [反] 受贿 shòuhuì
【行迹】xíngjì [名] 行動の痕跡. ¶~无定/行方が定まらない. ¶~可疑/行動が不審だ.
【行将】xíngjiāng [副] まさに…しようとしている. ¶~灭亡 mièwáng/今にも滅亡しようとしている. ¶选举结果~揭晓 jiēxiǎo/選挙結果がまもなく公表される. [同]

即将 jíjiāng
【行将就木】xíng jiāng jiù mù 〈成〉余命いくばくもない. 老い先短い. 由来『左伝』僖公23年のことばから.
【行脚】xíngjiǎo 動 (僧が)行脚する. ¶～僧 sēng / 行脚僧.
【行劫】xíngjié 動 強奪する. ¶拦路 lánlù～ / 道で待ちかまえて強盗を働く.
【行进】xíngjìn 動 (多く隊列で)行進する. 前進する. ¶快速～ / スピード行進.
【行经】xíngjīng 動 ❶(女性の)生理が始まる. ❷行程の途中で通過する.
【行径】xíngjìng 名 (多く悪い)行い. 行為. ¶无耻 wúchǐ～ / 恥知らずな行い. ¶罪恶 zuì'è～ / 悪行.
【行军】xíng//jūn 動 行軍する. ¶夜～ / 夜間行軍. ¶急～ / 急行軍.
【行军床】xíngjūnchuáng 名 携帯用の折りたたみベッド. 同 帆布 fānbù 床.
【行乐】xínglè 動 遊んで楽しむ. ¶及时～ / 時節柄に合ったレジャーを楽しむ.
【行礼】xíng//lǐ 動 ❶敬礼する. ¶行举手礼 / 挙手の礼. ¶向首长 / 指導者に敬礼する. 反 还礼 huánlǐ. ❷贈り物をする. 同 送礼 sòng lǐ.
*【行李】xíngli 名〔働 件 jiàn〕荷物. ¶～架 / 列車の荷物棚. ¶～箱 / スーツケース. ¶托运～ / 託送荷物. 飞机の机内预けの荷物. ¶随身～ / 手荷物.
【行李车】xínglǐchē 名 ❶(託送荷物などを運ぶ)貨車. ❷荷物車. カート.
【行猎】xíngliè 動〈文〉猟をする. 同 打 dǎ 猎.
【行令】xíng//lìng 動"酒令 jiǔlìng"(酒席でのゲーム)をして遊ぶ. ¶猜拳 cāiquán～ / 酒席の余興に拳を打つなどして遊ぶ.
【行旅】xínglǚ 名 旅人. ¶～往来 / 旅人が行き交う.
【行囊】xíngnáng 名〈文〉旅行用の袋やかばん. ¶鼓鼓囊囊 gǔgunāngnāng 的～ / 中身がぎゅうぎゅうに詰まったかばん.
【行年】xíngnián 名 現在の年齢.
【行骗】xíng//piàn 動 詐欺行為を働く. ¶欺诈 qīzhà～的行为 / 詐欺行為. 反 受骗 shòupiàn.
【行期】xíngqī 名 出発の期日. ¶～已定 / 出発の日は決まっている.
【行乞】xíngqǐ 動 乞食をする. ¶无家可归的人以～为生 / 帰るべき家のない人は物乞いで暮らしを立てる.
【行前】xíngqián 動 ❶列の先頭を行く. ❷出発前. ¶～要仔细检查一下行李 / 出発前には荷物を詳細にチェックする.
【行腔】xíngqiāng 動〈芸能〉(京劇などの役者が)自分のアレンジで節回しを変える.
【行窃】xíng//qiè 動 盗みを働く. ¶～的小偷 xiǎotōu 被抓住了 / 盗みを働いたどろぼうが捕まった.
【行人】xíngrén 名〔働 个 ge, 群 qún〕通行人. ¶过往～ / 行き交う人々. 通行人.
【行人情】xíng rénqíng 句 (親戚や友人と)祝儀・不祝儀・贈答などのつきあいをする. 義理のつきあいをする. ¶逢年过节得 děi～ / お正月や年中行事のときには親戚や友人とのつきあいは欠かせない.
【行若无事】xíng ruò wú shì 〈成〉(緊急の時でも)落ち着いている. 平然としている. ¶(悪人や悪事を)放任して平然としている. 知らん顔をする.
【行色】xíngsè 名 出発前後のようす, 雰囲気.
【行色匆匆】xíngsè cōngcōng 句 旅立ち前で慌ただし

いようす.
【行善】xíng//shàn 動 善行をする. ¶积德 jīdé～ / 善行を積む. ¶疾 jí 恶 è～ / 悪を憎み善行をする.
【行商】xíngshāng 名 行商人. 反 坐商 zuòshāng.
【行尸走肉】xíng shī zǒu ròu 〈成〉何もせず無為に日を暮らす人. 生ける屍(ぼね). 参考"行尸"は歩く死体, "走肉"は魂の抜けた, 歩き回る肉体をいう.
【行时】xíngshí 形 (人やものが)はやっている. 人気がある. ¶这种高跟鞋 gāogēnxié 很～ / この種のハイヒールはとても流行している. ¶～的歌星 / 人気歌手.
【行使】xíngshǐ 動 (職権を)行使する. 使う. ¶～国家主权 / 国家主権を行使する. ¶～公民权利 quánlì / 公民の権利を行使する.
【行驶】xíngshǐ 動 (車や船が)走る. ¶火车～了一天一夜 / 列車はまる一昼夜走った.
【行事】xíngshì ❶名 行い. ¶言谈～ / 言動. ❷動 処理する. 事を行う. ¶按计划～ / 計画どおりに事を運ぶ. ❸動 つきあいをする. ¶他可真会～ / 彼はとてもつきあいが上手だ.
【行书】xíngshū 名 行書(ぎょうしょ).
【行署】xíngshǔ 名 "行政公署 xíngzhèng gōngshǔ"の略.
【行述】xíngshù 名〈文〉行状(ぎょうじょう)記. 死者のために生前の業績などを記述したもの. 同 行状 zhuàng.
【行同狗彘】xíng tóng gǒu zhì 〈成〉恥知らずだ. 人でなしだ. 由来 行いがイヌやブタと同じだ, という意から.
【行头】xíngtou 名〔働 件 jiàn, 身 shēn, 套 tào〕❶舞台衣装. ❷服装. ¶你又换了一身～ / 君, またお召し替えしたのかね. 参考は, からかいの意を含む.
【行为】xíngwéi 名 行為. 行い. ¶～不端 bùduān / 品行が悪い. ¶自私自利的～ / 私利私欲をむさぼる行為. 同 行径 xíngjìng.
【行为干预】xíngwéi gānyù 名〈医学〉行動介入.
【行为人】xíngwéirén 名〈法律〉行為者.
【行为医学】xíngwéi yīxué 名 行動科学の一分野. 行動医学.
【行文】xíngwén 動 ❶文章を書く. ¶～简练 jiǎnliàn / 文章が簡潔だ. ❷(他の機関に)公文書を送る. ¶～部署 bùshǔ / 各部署に通達を出す.
【行销】xíngxiāo 動 販路を広げる. ¶我们的电子产品已经～到海外 / 我が社の電子機器製品はすでに外国にも販路を広げている.
【行星】xíngxīng 名〈天文〉〔働 颗 kē〕惑星.
【行星际】xíngxīngjì 形〈天文〉惑星間の.
【行刑】xíng//xíng 動 刑を執行する. 参考 多くは死刑執行を指す.
【行凶】xíng//xiōng 動 暴行を働く. 殺人を犯す. ¶～作恶 zuò'è / 殺人などの悪事を働く.
【行医】xíng//yī 動 医者の仕事に携わる. 医者をする. ¶挂牌～ / 開業医. ¶世代～ / 代々医者をしている. 表現 多くは開業医についていう.
【行营】xíngyíng 名〈軍事〉(最高司令官の)野戦司令部.
【行远自迩】xíng yuǎn zì ěr 〈成〉何事をするにも順序がある. 千里の道も一歩から. ¶凡事～, 不可操之过急 / なにごとも千里の道は一歩から, 決して焦りすぎてはいけない.
【行云流水】xíng yún liú shuǐ 〈成〉(文や歌などが)自然で滑らかだ. ¶这篇文章十分流畅 liúchàng, 如～ / この文章はとても自然で, まるで水が流れるかのように流暢(りゅうちょう)だ.

【行在】xíngzài 名 行在(あん)所.
【行者】xíngzhě 名 ❶⊗ 道行く人. ❷《仏教》出家し、まだ剃髪(ていはつ)得度していない仏教徒. 行者.
【行政】xíngzhèng 名 ❶ 行政. ¶～単位 / 行政単位. ¶～机构 / 行政機構. ❷ 役所・企業・団体などの組織内部の管理や運営. ¶～人员 / 管理事務部門の人員. ¶～费用 / 管理運営に関する事務費.
【行政处罚】xíngzhèng chǔfá 名《法律》行政処分.
【行政处分】xíngzhèng chǔfèn 名 違反・違法行為を犯した公務員に対して職務上の処分を行うこと. 参考 日本語の「行政処分」とは意味が異なるので注意.
【行政复议】xíngzhèng fùyì 名《法律》異議申し立て.
【行政公署】xíngzhèng gōngshǔ 名 ❶ 新中国成立前の革命根拠地や,その初期の一部の地区に設けられた地方行政機関. ❷ 省や自治区の出先機関. 参考 略称"行署".
【行政区】xíngzhèngqū 名 行政区画.
【行政诉讼】xíngzhèng sùsòng 名《法律》行政訴訟.
【行之有效】xíng zhī yǒu xiào 成 やれば必ず効果がある. 効果まちがいなしだ. ¶～的措施 / 立証済みの効果的な措置.
【行止】xíngzhǐ 名⊗ ❶ 行き先. 行方. ¶～无定 / 行き先が定まらない. ❷ 品行. 挙動. ¶～不检 / 行動が粗忽(そこつ)だ. ¶～有亏 kuī / 品行に問題がある.
【行装】xíngzhuāng 名 旅装. 旅支度. ¶整～ / 旅支度を整える.
【行状】xíngzhuàng 名 ❶旧 遺族が死者の家系・本籍・事績について述べた文. 訃報とともに親戚や友人に送る. 同 行述 xíngshù.
【行踪】xíngzōng 名 行方. 足取り. (現在の)居場所. ¶～不定 / 足取りが定まらず,今どこにいるかもわからない.
【行走】xíngzǒu 動 歩く. ¶～如飞 / 非常に足が速い. ¶老人～不便 / 老人は歩くのが不自由だ.

饧 (餳) xíng

饣部3 四2772₇
全6画 通用

❶⊗ 水あめ. ❷動 あめだまやギョーザの皮が柔らかくなる. ¶糖～了 (あめが柔らかくなった). ❸動 目がとろんとする. ¶眼睛发～ (目がうつろになる).

◇ 饧 táng

形 xíng

彡部4 四1242₂
全7画 常用

❶ 名 形状. ようす. ¶～状 xíngzhuàng / 圆～ yuánxíng (円形) / 方～ fāngxíng (四角形). ❷ 名 感知できる実体. ¶～影不离 / 有～ yǒuxíng (形がある) / 无～ wúxíng (形がない). ❸素 現れる. ¶～容 xíngróng / 喜～于色 (成 喜びが顔にあらわれている). ❹ 比べる. 照らし合わせる. ¶相～之下 (照らし合わせてみると) / 相～见绌 chù (比べると見劣りがする). ❺ (Xíng)姓.

【形变】xíngbiàn 動《物理》ひずみが生じる. 変形する.
*【形成】xíngchéng 動 形成する. つくりあげる. ¶久而久之,渐渐～了这个小岛 / 長年の間に少しずつこの小さな島ができた. ¶～一种好的社会风气 / 良い社会の気風を作る. 表現 事物・局面・風潮などについていうことが多い.
【形成层】xíngchéngcéng 名《植物》形成層.
【形单影只】xíng dān yǐng zhī 成 孤独なようす. ひとりぼっちだ. ¶单身的老人～ / 一人身の老人は孤独だ. 同 形只影单.
【形而上】xíng'érshàng 名《哲学》形而上(な).
【形而上学】xíng'érshàngxué 名《哲学》形而上学(な). 同 玄学 xuánxué.
【形而下】xíng'érxià 名《哲学》形而下(な).
【形骸】xínghái 名⊗ 人の体. 形. ¶放浪～ / 成 世間の礼儀に縛られず,気ままに振る舞う. ¶只有一而没有灵魂 línghún 的人 / 肉体のみで魂のない人間.
【形迹】xíngjì 名 ❶ 挙動. ¶～可疑 / 成 挙動が怪しい. ❷ 痕跡. ¶不留～ / 跡をとどめない. ❸ 礼儀. ¶不拘 bùjū～ / 礼儀にこだわらない.
【形貌】xíngmào 名 風貌. ¶～相似 / 容貌が似ている.
【形旁】xíngpáng 名《言語》漢字の「偏ん」. 反 声旁 shēngpáng.
*【形容】xíngróng ❶ 名⊗ (人の)外見. 容貌. ❷ 動 形容する. (特徴を)描写する. ¶难以～ / 形容が難しい. 重 形容形容.
【形容词】xíngróngcí 名《言語》形容詞.
【形容憔悴】xíng róng qiáo cuì 成 容貌がやつれて青ざめている.
【形声】xíngshēng 名《言語》六書(りくしょ)の一つ. 形声. ¶～文字 / 形声文字. 同 谐声 xiéshēng.
*【形式】xíngshì 名〔种 zhǒng〕形式. ¶～组织 / 組織形態. ¶内容和～ / 内容と形式. ¶多种多样的～ / さまざまなパターン. 反 内容 nèiróng.
【形式逻辑】xíngshì luójí[-ji] 名 形式論理学.
【形式主义】xíngshì zhǔyì 名 形式主義.
*【形势】xíngshì ❶ 名 (主に軍事面での)地勢. ¶～险要 xiǎnyào / 地勢が険しい. ❷ 形勢. 情勢. ¶国际～ / 国際情勢. ¶～逼 bī 人 / 成 事態の勢いに押されて,自分をやらざるを得ないようになる. ¶～好转 / 形勢が好転する. 同 情势 qíngshì.
【形似】xíngsì 外面似る. ¶他身体极为消痩,～骷髅 kūlóu / 彼はとても痩せていて,骸骨のようだ.
【形态】xíngtài 名 ❶ 形態. ありよう. ❷ 意识～ / イデオロギー. ¶观念～ / 観念形態. イデオロギー. ❸ 生物の外形. 同 形状 xíngzhuàng,状态 zhuàngtài ❸《言語》語形. 形態.
【形态学】xíngtàixué 名 ❶《生物》形態学. ❷《言語》形態論.
【形体】xíngtǐ 名 ❶ 身体(の外形). ❷ 形状と構成. ¶文字的～ / 文字の形体.
【形同虚设】xíng tóng xū shè 句 形や名ばかりで実際の機能や効果がない.
【形相】xíngxiàng 名 外観. 風貌. ¶他的～不错 / 彼の容貌は悪くない.
【形象】xíngxiàng ❶ 名 姿. 形. イメージ. ¶塑造 sùzào 人物～ / 人物イメージを創り出す. ¶一时常浮现在我的脑海里 / 私の脳裏には,しょっちゅう彼女の姿が浮かんでくる. ❷ 形 (描写や表現が)具体的だ. 生き生きしている. ¶这种比喻 bǐyù 很～ / この比喩はとても具体的だ. ¶～化的语言 / イメージ化したことば.
【形象大使】xíngxiàng dàshǐ 名 (社会活動などの)イメージアンバサダー. イメージキャラクター.
【形象代言人】xíngxiàng dàiyánrén 名 (企業などの)イメージキャラクター.
【形象工程】xíngxiàng gōngchéng 名 イメージ工程. 良いイメージを作るために実施する建設プロジェクト.
【形象设计】xíngxiàng shèjì 名 イメージデザイン.
【形象思维】xíngxiàng sīwéi 名 形象[イメージ]思考.
【形形色色】xíngxíngsèsè 形 さまざまだ. ¶商店里摆着～的服装 fúzhuāng / 店には各種各様の洋服が並ん

でいる.
【形意拳】xíngyìquán 名《武術》形意拳.
【形影不离】xíng yǐng bù lí 影が形に添うようだ. 非常に親密でいつも一緒にいる. ¶ ～的夫妻／おしどり夫婦.
【形影相吊】xíng yǐng xiāng diào 成 孤独なようす. ひとりぼっちだ. ¶ 她独自生活，～／彼女は一人暮らしで, よるべなく孤独だ. 由来 "吊"は慰める意. 自分の影と慰め合う，という意から. 表现 多く "茕茕孑立 qióng qióng jié lì，～"と並べて用い, 孤立無援なようすをあらわす.
【形影相随】xíng yǐng xiāng suí 成 影のように寄り添う. 常に行動を共にする.
【形制】xíngzhì 名 (器物や建物の)形と構造. ¶ ～古朴／つくりが古風で素朴だ. ¶ ～奇特 qítè／つくりがユニークだ.
*【形状】xíngzhuàng 名〔量 种 zhǒng〕(物体や図形の)形状. ¶ 其～象只老虎／その形はトラに似ている. ¶ ～怕人／形が恐ろしげだ.

陉(陘) xíng
阝部5 四 7721₂
全7画 通用

❶ 名 山脈の切れ間. ❷ 素 地名用字. ¶ 井～ Jǐng-xíng(河北省にある地名).

型 xíng
土部6 四 1210₄
全9画 常用

❶ 素 鋳型. 型. ❷ 素 タイプ. 型. ¶ ～号 xíng-hào／血～ xuèxíng(血液型)／小～ xiǎoxíng(小型)／新～ xīnxíng(新型). ❸ (Xíng)姓.
【型钢】xínggāng 名《冶金》形鋼(tś).
【型号】xínghào 名〔量 种 zhǒng〕(機械や工業製品の)タイプ. 型番. ¶ 品种多样, ～齐全／品種は豊富で, あらゆるタイプがそろっている.
【型心】xíngxīn 名《冶金》中型(¼ð). 中空の鋳物を作るときに使う鋳型.

荥(滎) Xíng
艹部6 四 4490₂
全9画 通用

❶ 名 地名用字. ¶ ～阳 Xíngyáng(河南省の県名).
❷ 姓.
☞ 荥 yíng

钘(鈃) xíng
钅部4 四 8174₀
全9画 通用

名 ❶ 古代の酒器. ❷ 料理を盛る古代の器. 同 铏 xíng

硎 xíng
石部6 四 1260₀
全11画 通用

(文)❶ 名 砥石(ʰ). ❷ 动 研ぐ.

省 xǐng
目部4 四 9060₂
全9画 常用

❶ 动 省みる. 内省する. ¶ 反～ fǎnxǐng(反省する). ❷ 目覚める. 正気に戻る. ¶ 病得不～人事了(病気で人事不省になってしまった). ❸ 动 自覚する. わかる. ¶ 猛～ měngxǐng 前非の過去にも誤りを犯したと悟る). ❹ 动 (父母や目上の)ご機嫌を伺う. 訪問する. ¶ ～亲 xǐngqīn. ❺ (Xǐng)姓.
☞ 省 shěng
【省察】xǐngchá 动 自分の考えや行いを省みる. ¶ ～自己的所作所为／自分のしてきたことを内省する.
【省亲】xǐngqīn 动 離れて暮らす父母や身内を訪ねる. 里帰りする. ¶ 回老家～／帰省して父母を訪ねる. 同 探亲 tànqīn
【省视】xǐngshì 动 (両親や年長者を)訪問する. 訪ねる.
¶ ～双亲／両親を訪ねる.
【省悟】xǐngwù 动 覚悟する. 悟る. ¶ 他终于～了／彼はとうとう目がさめた. 同 醒悟 xǐngwù, 觉悟 juéwù, 觉

醒 juéxǐng

醒 xǐng
酉部9 四 1661₅
全16画 常用

❶ 动 眠りから覚める. 起きている. ¶ 他～过来了(彼は目が覚めた)／还没睡～(まだ目覚めない). ❷ 动 意識がはっきりする. 悟る. ¶ ～悟 xǐngwù／清～ qīngxǐng(意識がはっきりする). ❸ 动 (酒の酔いや麻酔などから)醒める. ¶ 酒～了(酔いから醒めた). 反 醉 zuì ❹ 素 目立つ. 人目を引く. ¶ ～目 xǐngmù. ❺ (Xǐng)姓.
【醒盹儿】xǐng//dǔnr 动 居眠りから覚める.
【醒豁】xǐnghuò 意思が明確に表現されている. ¶ 他的话说得十分～／彼の話はとてもはっきりしていて分かりやすい.
【醒酒】xǐng//jiǔ 动 酔いを覚ます. ¶ 喝杯浓茶醒醒酒／濃いお茶を飲んで酔いを覚ます.
【醒木】xǐngmù 名 講談師が, 聴衆の注意を引くために語りの合間に机をたたく木片. 拍子木. 参考 玉石で作るものもある.
【醒目】xǐngmù 形 (文字や絵が)はっきり書かれていて見やすい. 目立つ. ¶ 标题非常～／タイトルがとても人目を引く.
【醒脾】xǐngpí 动方 ❶ 気晴らしをする. ❷ 人を笑いものにする. からかう.
【醒悟】xǐngwù 动 悟る. ¶ 翻然 fānrán ～／はっと迷いから覚める. ¶ 早～早～／早いうちに正しいことに気づく. 比较 "醒悟"は一般的な問題に対して用いられ, "觉悟 juéwù"は政治思想や階級意識に対して用いられる. 2) "醒悟"は突然悟る場合にも用いられるが, "觉悟"は段階を経て少しずつわかってくることをいう. 3) "醒悟"には名詞用法はないが, "觉悟"は名詞として使える.
【醒眼】xǐngyǎn 方 ❶ 形 目立つ. ¶ ～的路标／目立つ道路標識. ❷ 动 はっきり悟る. 得心がいく.

擤(揩) xǐng
扌部14 四 5602₁
全17画 通用

动 鼻をかむ. ¶ ～鼻涕 bíti.
【擤鼻涕】xǐng bíti 句 鼻をかむ. ¶ 擤了一把鼻涕／ぐっと鼻をかんだ.

兴(興) xìng
八部4 四 9080₁
全6画 常用

素 おもしろみ. 興味. ¶ ～致 xìngzhì／～趣 xìng-qù／～助～ zhùxìng(興を添える)／游～ yóuxìng(行楽気分).
☞ 兴 xīng
【兴冲冲】xìngchōngchōng 形 (～的)うれしくて気持ちが高ぶっているようす. うきうきしている. ¶ 孩子背着 bēi 着新书包～地上学去了／子供は新しいかばんを背負ってうれしそうに学校へ行った. ¶ 看你～的,到哪儿去呀？／うきうきして楽しそうね, どこに行くの.
【兴高采烈】xìng gāo cǎi liè 成 うれしくて興奮している. 有頂天になっている. ¶ 听到这个喜讯,大家都～／この吉報を聞いて, 皆は大喜びした.
【兴会】xìnghuì 名(たまたま心にわいた)興味. ¶ ～淋漓 línlí／感興がとても激しくあらわされている.
*【兴趣】xìngqù 名 興味. 関心. ¶ 他对乒乓球很有～／彼は卓球にとても興味を持っている. ¶ 她对音乐 yīn-yuè 特别感～／彼女は音楽に特に興味を持っている.
【兴头】xìngtou ❶ 名 興. 気乗り. ¶ ～十足／とても乗り気だ. ¶ 人家正在～儿上, 你干吗要泼 pō 冷水！／人が興に乗っているとき, 君は何で水を差すのかね

❷ 形 方 うれしい. 得意になる. ¶前呼后拥 hòuyōng, 好ㄍ~ / 大勢の供回りに囲まれて上機嫌だ.
【兴味】xìngwèi 名 興味. おもしろみ. ¶饶 ráo 有~ / おもしろみがある. ¶~索 suǒ 然 成 さっぱり興味が持てない. ¶这篇小说读起来很有~ / この小説はおもしろみがあって非常におもしろい.
【兴致】xìngzhì 名 興味. ¶孩子们玩得~很高 / 子供たちは本当におもしろく遊んだ.
【兴致勃勃】xìng zhì bó bó 成 興味津々だ.

杏 xìng
木部3 四 4060₉
全7画 常 用
名 ❶《植物》アンズ. ¶一仁 xìngrén 豆腐 dòufu (アンニン豆腐). ❷ (~儿)アンズの実. ¶~干 xìnggān. ❸ (Xìng)姓.
【杏脯】xìngfǔ 名 干しアンズの砂糖漬け.
【杏干】xìnggān 名 (~儿)干しアンズ.
【杏红】xìnghóng 形 赤みがかったオレンジ色の. ¶~色 / 赤みがかったオレンジ色. アプリコットピンク. 参考 "杏黄 xìnghuáng"よりわずかに赤みが強い色もいう.
【杏花】xìnghuā 名 アンズの花.
【杏黄】xìnghuáng 形 (アンズの実のような)オレンジ色の. アプリコットイエローの. ⇨杏红 xìnghóng
【杏林】xìnglín 名 良医.
【杏仁】xìngrén 名 (~儿)〔量 个 ge, 颗 kē〕杏仁 (きょう). アンズの実. ¶~茶 / 杏仁の粉末・砂糖・米の粉を湯で溶いた飲み物.
【杏子】xìngzi 名 方 アンズ.

幸(異 倖❻) xìng
土部5 四 4040₁
全8画 常 用
❶ 素 幸いに. 幸運にも. ¶~免 xìngmiǎn / ~亏 xìngkuī. ❷ 素 幸福. 幸せ. ¶~福 xìngfú / 荣~ róngxìng (光栄だ). ❸ (満足を感じて)喜ぶ. ¶~灾乐祸 huò / 欣~ xīnxìng (喜ばしい) / 庆~ qìngxìng (意外な結果に喜ぶ). ❹ 動 文 希望する. 望む. ¶~勿 wù 推知 (なにとぞ辞退されませぬよう). ❺ 素 帝王が外出する. 行幸する. ¶巡~ xúnxìng (巡幸する). ❻ 素 寵愛する. ¶~臣 xìngchén (寵臣). ❼ (Xìng)姓. 用法 ❹は, 否定文に用いる.
【幸存】xìngcún 動 運よく生き残る. ¶~者 / 生存者.
【幸得】xìngdé 副 幸いに. ¶~你提醒, 否则就忘了 / 君が注意してくれなければ, 忘れるところだった.
【幸而】xìng'ér 副 幸いに. 運よく. ¶我正思想找人帮忙, ~遇见你 / ちょうどお手伝いの人を探そうとしていたら, 運よく君に会った. 用法 文脈に用いることが多い.
*【幸福】xìngfú 名 形 幸福だ. 幸せだ. ¶为人民谋 móu~ / 国民の幸福を図る. ¶用自己的双手创造~ / 自分自身の手で幸せを作り出す. ⇨痛苦 tòngkǔ
【幸好】xìnghǎo 副 幸いにも. 運よく. ¶~抢救 qiǎngjiù 得及时,保住了命 / 幸いにも速やかに救出されたので, 命をとりとめた. 同幸亏 xìngkuī
【幸会】xìnghuì 動 お目にかかれて幸せです. ¶今日得以~, 万分荣幸 / 本日お目にかかることができて, 大変光栄です. ¶~, ~! / お目にかかれて光栄です.
【幸进】xìngjìn 動 文 運に恵まれて官吏になる. 運よく昇進する.
【幸亏】xìngkuī 副 幸いに. …のおかげで. ¶我一走得早, 才没淋着雨 / 幸い出が早かったので雨にぬれずにすんだ. 同幸而 xìng'ér, 幸好 xìnghǎo 用法 文頭に用いることが多い.
【幸免】xìngmiǎn 動 (災難から)運よく逃れる. ¶~于难 nàn / 運よく難を免れる.
【幸甚】xìngshèn 形 文 ❶ 幸いだ. 喜ぶべきだ. ❷ 非常に光栄だ. ¶承不吝 bùlìn 赐教 cìjiào, ~, ~ / ご教示賜れば誠に光栄に存じます. 用法 ❷は, 手紙用語.
【幸事】xìngshì 名 喜ばしいこと. めでたい事柄.
【幸喜】xìngxǐ 副 幸いにも. ¶这次交通事故, ~他系了安全带才没受伤 / 今回の交通事故では, 彼は幸いシートベルトをしていたため, けがをせずにすんだ. 同幸亏 xìngkuī
【幸运】xìngyùn 名 形 幸運(だ). ¶他中 zhòng 了一等奖, 真~ / 彼は一等賞に当てた. 本当にラッキーだ. 同侥幸 jiǎoxìng
【幸运儿】xìngyùn'ér 名 幸運に恵まれた人.
【幸灾乐祸】xìng zāi lè huò 成 貶 人の不幸を喜ぶ.

性 xìng
忄部5 四 9501₀
全8画 常 用
❶ 素 性格. ¶~格 xìnggé / ~质 xìngzhì / ~子 xìngzi / 个~ gèxìng (個性). ❷ 素 性別. 性. ¶~别 xìngbié / 男~ nánxìng (男性). ❸ 接尾 (事物の性質や性能をあらわす). ¶弹~ tánxìng (弾力性) / 积极~ jījíxìng (積極性) / 综合~ zōnghéxìng (総合的な). ❹ (Xìng)姓.
【性爱】xìng'ài 名 性愛. 男女間の愛欲.
【性别】xìngbié 名 性別. ¶不问~ / 性別は問わない.
【性病】xìngbìng 名 性病.
【性传播疾病】xìngchuánbō jíbìng 名《医学》性行為感染症. 性病.
【性感】xìnggǎn 形 セクシーだ. ¶她长得 zhǎngde 很~ / 彼女はとてもセクシーだ.
*【性格】xìnggé 名 (人の)性格. 気性. ¶她~开朗 kāilǎng / 彼女は朗らかな性格だ. ¶刚强 gāngqiáng 的~ / 気丈な性格. 同性情 xìngqíng 比较 "性格"と"性情 xìngqíng" 1) "性格"は"刚强 gāngqiáng" "英勇 yīngyǒng" "懦弱 nuòruò" "质朴 zhìpǔ" などの語と結びつき, "性情"は "温和 wēnhé" "温柔 wēnróu" "急躁 jízào" "粗暴 cūbào" などと結びつく. 2) "性格"は人についての用い方が多く, "性情"は "老虎性情凶狠 xiōnghěn" (トラは凶暴だ) などのように動物にも使える.
【性贿赂】xìnghuìlù 名 性(行為)の賄賂.
【性激素】xìngjīsù 名《生理》性ホルモン.
【性急】xìngjí 形 せっかちな. ¶~的人 / せっかちな人. ¶她一向很~ / 彼女はいつでも気が早い.
【性价比】xìngjiàbǐ 名《経済》コストパフォーマンス. 性能価格比.
【性交】xìngjiāo 名 性交.
【性灵】xìnglíng 名 (精神・気性・情感など)人の本性. ¶陶冶 táoyě~ / 精神を鍛える.
【性命】xìngmìng 名 〔量 条 tiáo〕生命. ¶~得救 déjiù / 命をとりとめた.
【性命交关】xìng mìng jiāo guān 成 人の命に関るほど重大だ. 急を要する. 同性命攸 yōu 关
【性能】xìngnéng 名 性能. ¶~良好 / 性能が良い. ¶提高~ / 性能を向上させる.
【性气】xìngqì 名 性質. 気性. ¶~平和 / 気性が穏やかだ.
【性器官】xìngqìguān 名《生理》生殖器.
【性情】xìngqíng[-qing] 名 (人や動物の)性格. 気質. ¶~急躁 jízào / 気が短い. ¶~温和 / 温和な性質だ. ⇨性格 xìnggé
【性骚扰】xìngsāorǎo 名 セクシャルハラスメント.
【性生活】xìngshēnghuó 名 性生活.

【性腺】xìngxiàn [名]《生理》性腺．生殖腺．
【性行】xìngxíng [名]性行．性格と行動．
【性行为】xìngxíngwéi [名]性行為．
【性欲】xìngyù [名]性欲．
【性早熟】xìngzǎoshú [名]《医学》性早熟．[参考]幼年のうちから性別による身体的特徴が現れること．
*【性质】xìngzhì [名]性質．¶弄清问题的～／問題の性質をはっきりさせる．
【性状】xìngzhuàng [名]性質と形状．性状．
【性子】xìngzi [名]❶性質．気性．¶急～／せっかち．¶你别给我使～／そんなに私に向かって当り散らさないでよ．❷(酒や薬などの)刺激性．¶这种药～平和／この薬は刺激性が少ない．

姓 xìng
女部5 [四]4541₀ 全8画 [常用]

❶[名]姓．名字．¶～名 xìngmíng／贵～ guìxìng ?（お名前は?）❷[動]…を姓とする．…という姓だ．¶他～李,不～陈(彼は李さんで,陳さんではない)／我～刘(私は劉と申します)．❸(Xìng)姓．
*【姓名】xìngmíng [名]姓名．フルネーム．¶自报～／自ら名乗りをあげる．
【姓名权】xìngmíngquán [名]《法律》氏名権．
【姓氏】xìngshì [名]名字．姓．

荇(㊀莕) xìng
艹部6 [四]4422₁ 全9画 [通用]

❶下記熟語を参照．❷(Xìng)姓．
【荇菜】xìngcài [名]《植物》ハナジュンサイ．アサザ．

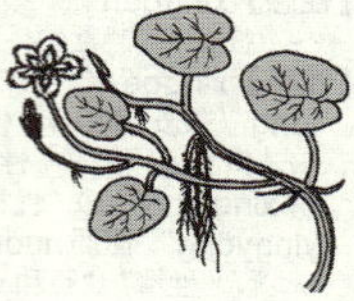
荇 菜

悻 xìng
忄部8 [四]9404₁ 全11画 [通用]

下記熟語を参照．
【悻然】xìngrán [形]憤然としている．¶面色～／憤然とした表情だ．
【悻悻】xìngxìng [形]ぷんぷんと怒っている．¶～而去／ぷんぷんと怒って立ち去る．

婞 xìng
女部8 [四]4444₁ 全11画 [通用]

[形][文]頑固だ．¶～直 xìngzhí（頑固だ）．

xiong ㄒㄩㄥ〔ɕyʊŋ〕

凶(㊀兇❸～❺) xiōng
凵部2 全4画 [四]2277₀ [常用]

❶[素]不幸な．不吉な．¶～事 xiōngshì／吉～ jíxiōng（吉凶）．[反]吉 jí ❷[素](農作物が)不作だ．凶作だ．¶～年 xiōngnián．❸[形]凶悪だ．¶～狠 xiōnghěn／穷～极恶 è（[成]極悪非道だ）／她太～了(彼女はひどく凶暴だ)．❹[素]殺傷．凶行．¶～手 xiōngshǒu／行～ xíngxiōng（凶行におよぶ）．❺[形](程度が)甚だしい．ひどい．¶闹得太～了!(ひどい乱れようだ)．
【凶暴】xiōngbào [形](性格や行動が)凶暴だ．¶残忍 cánrěn～／残忍で凶暴だ．¶～的歹徒 dǎitú／凶暴な悪人．
【凶残】xiōngcán ❶[形]凶暴で残忍だ．¶～成性／凶暴さ残忍さが身に付いてしまった．¶手段十分～／手段が非常に凶悪だ．❷[名]凶悪残忍な人．[同]凶恶 xiōng'è,残暴 cánbào [反]慈善 císhàn
【凶多吉少】xiōng duō jí shǎo [成](事態の進展について)この先悪いことが多く,よいことが少ない．先行きが暗い．¶我估计这件事～／この件は多分あまり見込みがないと思う．
【凶恶】xiōng'è [形](性格・行為・容貌が)凶悪だ．恐ろしい．¶他们都十分～／彼らは皆とても凶悪だ．¶洪水 hóngshuǐ 就像～的猛兽 měngshòu 一样无情／洪水はまるで凶暴な猛獣のように情け容赦ない．[同]凶残 xiōngcán,凶狠 xiōnghěn [反]和善 héshàn,善良 shànliáng
【凶犯】xiōngfàn [名]〔[量]名 míng〕凶悪な犯罪者．¶杀人～／凶悪な殺人犯．
【凶悍】xiōnghàn [形](性格や態度が)凶暴だ．荒々しい．¶这伙土匪 tǔfěi 十分～／この盗賊たちはとても凶暴だ．
【凶狠】xiōnghěn [形]❶(性格や行動が)凶悪で残忍だ．¶那个人比老虎还～／あの人はトラよりも凶悪残忍だ．¶她～地打了妹妹一拳／彼女は妹をこっぴどくひっぱたいた．[同]凶恶 xiōng'è ❷激しい．すさまじい．¶扣球 kòuqiú～／スマッシュが強烈だ．[表現]②は,スポーツ競技の形容に用いることが多い．
【凶横】xiōnghèng [形](行動や態度が)横暴で凶悪だ．¶满脸～／横暴で凶悪さをみなぎらせた顔つき．¶说话～／言うことが横暴だ．
【凶狂】xiōngkuáng [形](性格・行動・勢いが)凶悪で狂気じみている．¶～的匪徒 fěitú／凶悪で狂気じみている強盗．
【凶猛】xiōngměng [形](勢いや力が)すさまじい．猛々しい．¶来势～／勢いが猛々しい．¶～的台风 táifēng／猛烈な台風．[同]凶悍 xiōnghàn [反]善良 shànliáng
【凶年】xiōngnián [名]凶作の年．¶～饥岁 jīsuì／凶年．[同]凶岁 xiōngsuì
【凶虐】xiōngnüè [形]悪辣(あくらつ)で暴虐だ．¶蝗虫 huángchóng 灾害十分～／イナゴの害がすさまじい．
【凶气】xiōngqì [名]凶悪な顔つき．殺気立った形相．¶一脸～／恐ろしい顔つき．¶～迫人／凶悪な形相で恐ろしい．
【凶器】xiōngqì [名]〔[量]把 bǎ,件 jiàn〕凶器．¶杀人～／殺人の凶器．
【凶杀】xiōngshā [動]人を殺害する．
【凶杀案】xiōngshā'àn [名]殺人事件．
【凶煞】xiōngshà [名]"凶神 xiōngshén"に同じ．
【凶神】xiōngshén [名]❶凶悪な神．❷極悪人．人非人．
【凶神恶煞】xiōng shén è shà [成]凶悪な人．鬼のような人．[表現]人の容貌や行いについて言う．
【凶事】xiōngshì [名]凶事．不吉なこと．不幸な出来事．
【凶手】xiōngshǒu [名]〔[量]名 míng〕凶悪犯．殺人や傷害の犯人．
【凶死】xiōngsǐ [動]自殺または殺害されて死ぬ．横死する．¶她悬梁 xuánliáng～了／彼女は首をつって自殺した．
【凶肆】xiōngsì [名]葬具店．
【凶顽】xiōngwán [形][名]凶暴で頑迷な(人)．
【凶险】xiōngxiǎn [形](情勢などが)ひどく危険だ．危険が迫っている．¶病情～／病状が危い．¶地势～／地勢がきわめて険しい．
【凶相】xiōngxiàng [名]凶悪な人相．

【凶相毕露】xiōng xiàng bì lù 成 凶悪な本性をさらけ出す。¶狡猾 jiǎohuá 的敌人终于～了／狡猾な敵がついにその凶暴さをさらけ出した．
【凶信】xiōngxìn 名（～儿）凶报．¶报～／死亡を知らせる．
【凶宅】xiōngzhái 名 不吉な家．幽霊屋敷．
【凶兆】xiōngzhào 名 不吉な兆し．¶这会不会是什么～／これは何か悪いことの前触れだろうか．反 吉兆 jízhào

兄 xiōng
口部2 四 6021₂
全5画 常用

名 ❶ 兄．¶～弟 xiōngdì／父～ fùxiōng（父兄）．反 弟 dì ❷ 親戚の中で、自分と同じ世代の年上の男性．¶表～ biǎoxiōng（母方のいとこ）．反 弟 dì ❸ 男性の友人に対する尊称．¶老～ lǎoxiōng（貴兄）／仁～ rénxiōng（貴君）／德～（德深さん）．反 弟 dì ❹（Xiōng）姓．用法 ①②は，直接の呼びかけには使わない．

*【兄弟】xiōngdì 名 兄弟．❶〔～ 二人／二人兄弟．〕～单位／兄弟会社．¶亲～,明算帐 suàn zhàng／実の兄弟でも，金勘定ははっきりさせる．❷一般的友谊／兄弟のような友情．
【兄弟阋墙】xiōng dì xì qiáng 成 ❶ 兄弟げんか．❷ 内部のもめ事．¶尽管他们时常～,可是工作上团结合作／彼らはとえしょっちゅう内輪もめをしていても，事となると一致協力する．
【兄弟】xiōngdi 名 ❶〔量 个 ge〕弟．¶他是我的～／彼は私の弟だ．❷〔量 位 wèi〕自分より年下の男子に対する（親しみを込めた）呼称．¶小～！／ねえ，君．❸（同輩や人前で話をするとき）男性が自分のことを謙遜して言うことば．¶～初来乍到／私はここは初めてです．
【兄长】xiōngzhǎng 名〔量 位 wèi〕❶ 兄．¶他是我家的～／彼は我家の兄です．❷ 男友達に対する尊称．兄貴．

芎 xiōng
艹部3 四 4402₇
全6画 通用

下記熟語を参照．

【芎䓖】xiōngqióng 名《植物・薬》センキュウ．回 川芎 chuānxiōng 参考 セリ科の多年草．中国原産．

匈 xiōng
勹部4 四 2772₀
全6画 次常用

❶ 名 文"胸 xiōng"に同じ．❷ → 匈奴 Xiōngnú ❸ 音訳字．¶～牙利 Xiōngyálì．

【匈奴】Xiōngnú 名 匈奴（きょうど）．中国古代の北方民族の一つ．
【匈牙利】Xiōngyálì《国名》ハンガリー．

汹（異 洶）xiōng
氵部4 四 3217₀
全7画 次常用

下記熟語を参照．

【汹汹】xiōngxiōng 形 文 ❶ 激しい波の音をあらわす．¶波浪～／怒涛の大波．❷ 気勢が激しく、すさまじいようす．¶气势～／気勢がすさまじい．¶洪水 hóngshuǐ 来势～／洪水がすさまじい勢いでおしよせる．❸ 言い争って騒がしいようす．混乱しているようす．¶议论～／議論が沸騰している．回 汹汹 xiōngxiōng
【汹涌】xiōngyǒng 動（水が）激しくわき上がる．（波が）逆巻く．¶波涛 bōtāo～／怒涛の大波．
【汹涌澎湃】xiōngyǒng péng pài 成 水や波がうねり逆巻く．気勢が強く、押しとどめられないようす．

胸（異 胷）xiōng
月部6 四 7722₀
全10画 常用

名 ❶《生理》胸．胸部．¶挺～ xiōngpú／挺～！（胸を張れ）．❷ 心．胸の中．¶～襟 xiōngjīn／心～，xīnxiōng（胸の内）／～有成竹．

【胸部】xiōngbù 名 胸．胸部．
【胸次】xiōngcì 名 胸のうち．心中．
【胸骨】xiōnggǔ 名《生理》胸骨．
【胸花】xiōnghuā 名 胸にさした花．
【胸怀】xiōnghuái ❶ 動 胸を抱く．胸に秘める．¶～大志／胸に大志を抱く．❷ 名 度量．気持ち．¶～狭窄 xiázhǎi／気が小さい．度量が狭い．¶～宽广 kuānguǎng／心が広い．回 胸襟 xiōngjīn，襟怀 jīnhuái ❸ 名 胸．¶敞 chǎng 着～／胸をはだける．
【胸襟】xiōngjīn 名 ❶ 心の中．度量．¶～开阔 kāikuò／心が広い．¶～狭窄 xiázhǎi／度量が狭い．¶荡涤 xiōnghuái，襟怀 jīnhuái ❷ 抱負．志．❸ 衣服の襟元．
【胸卡】xiōngkǎ 名 胸につけたカード．
【胸口】xiōngkǒu 名 みぞおち．¶觉得～有些闷 mèn／みぞおちのあたりがなんだか苦しい．
【胸膜】xiōngmó 名《生理》胸膜．肋膜（ろくまく）．
【胸膜炎】xiōngmóyán 名《医学》胸膜炎．肋膜炎．
【胸脯】xiōngpú 名（～儿）胸．胸部．¶挺着～／胸を張る．¶拍～保证／胸をたたいて保証する．¶捶 chuí～／胸をこぶしでたたく（怒りや悲しみの極まりの表現）．回 胸脯子 xiōngpúzi
【胸鳍】xiōngqí 名《魚》胸びれ．
【胸腔】xiōngqiāng 名《生理》胸腔．¶～外科／胸部外科．
【胸膛】xiōngtáng 名 胸．¶挺着～／胸を張る．¶枪口对准～／ピストルを胸に突きつける．
【胸围】xiōngwéi 名 ❶ 胸囲．❷ 林業で、地上1.3メートルの位置での幹の太さ．
【胸无城府】xiōng wú chéng fǔ 成 胸に隠し事や警戒心がない．素朴で率直だ．
【胸无点墨】xiōng wú diǎn mò 成 無学で教養がない．¶他装得文绉绉 wénzhōuzhōu 的,其实～／彼は文人に見せかけているが、実はほとんど無教養だ．
【胸像】xiōngxiàng 名〔量 尊 zūn，座 zuò〕胸像．
【胸臆】xiōngyì 名 胸のうち．本心．
【胸有成竹】xiōng yǒu chéng zhú 成 胸に成算がある．¶他对如何战胜对手,早已～了／彼は対戦相手にいかにして打ち勝つか、すでに成算がある．回 成竹在 zài 胸 由来 タケを描くときには、すでに胸の中にタケのイメージがはっきりできている、という意から．
【胸章】xiōngzhāng 名〔量 颗 kē，枚 méi〕❶（胸につける）バッジ．名札．❷ 記念バッジ．勲章．
【胸罩】xiōngzhào 名 ブラジャー．回 乳 rǔ 罩
【胸针】xiōngzhēn 名 胸につけるブローチ．
【胸中无数】xiōng zhōng wú shù 成 状況や問題についての理解が足りず、解決に向けてのめどが立たない．¶他对谈判能否成功～／彼は交渉が成功するかどうか、あまり自信がもてない．
【胸中有数】xiōng zhōng yǒu shù 成 状況や問題の把握が充分なので解決のめどが立っている．
【胸椎】xiōngzhuī 名《生理》胸椎（きょうつい）．

雄 xióng
隹部4 四 4071₅
全12画 常用

❶ 形 雄（オス）の．¶～鸡 xióngjī／～蕊 xióngruǐ（雄しべ）．反 雌 cí ❷ 形 力強い．¶～师 xióngshī／～辩 xióngbiàn／～赳赳 xióngjiūjiū．❸ 形 勇ましい．

気迫に満ちている. ¶～心 xióngxīn. ❹[素]力強い人または国. ¶英～ yīngxióng (英雄). ❺(Xióng)姓.
【雄辩】xióngbiàn ❶[名]雄弁. ¶事実胜于～/事実は雄弁にまさる. ❷[形]说得力のある. 雄弁だ. ¶事实～地说明/事実は雄弁に物語る.
【雄兵】xióngbīng [名]戦力の強大な軍隊.
【雄才大略】xióng cái dà lüè [成]傑出した才知と策略.
【雄大】xióngdà [形]雄大だ. 気迫がこもっていて力強い. ¶气魄～/力強い気迫. ¶～的景观/雄大な景観.
【雄风】xióngfēng [名]❶[文]強い風. ❷威風. ¶～犹you在/威風はまだ健在だ.
【雄关】xióngguān [名]〔道dào, 座zuò〕険しい地にある関所. ¶～隘口 àikǒu/険要な地. 要害の地.
【雄厚】xiónghòu [形](人手や物資が)充分に足りている. ¶技术力量～/技術力が充分だ. ¶～的资金/豊富な資金. [反]薄弱 bóruò
【雄花】xiónghuā [名][植物]雄花（譌）.
【雄黄】xiónghuáng [名]硫化ヒ素の一種. 昔から染料や薬用として使われている. 毒性がある.
【雄黄酒】xiónghuángjiǔ [名]"雄黄"（鉱物の一種）を入れた焼酎. 端午の節句に飲む.
【雄浑】xiónghún (詩文や書画が)雄渾（なん）だ. 生き生きとして力強い. ¶笔力～/筆の運びが生き生きとして力強い.
【雄鸡】xióngjī [名]おんどり. ¶～报晓 bàoxiǎo/おんどりが朝を告げる. [同]公鸡 gōngjī
【雄健】xióngjiàn [形]元気よく力強い. ¶～的步伐 bùfá/元気よく力強い步調. ¶体操健儿的姿态十分～/体操選手の姿はとても勇壮だ. [表現]人または動物の身体や動作についていう.
【雄劲】xióngjìng [形](書画の風格が)勇ましく力強い. ¶气势～/元気で勢いがある. ¶～的书法/力強く勢いのある書道.
【雄赳赳】xióngjiūjiū [形](～的)意気軒昂（ん）で勇ましいようす. ¶～气昂昂 qì'áng'áng 的样子/意気盛んなようす.
【雄踞】xióngjù [動](建物や人物が)どっかりと座を占める. 鎮座する.
【雄奇】xióngqí [形]雄大で神秘的だ.
【雄起】xióngqǐ [動]サッカーの試合で観客が叫ぶ応援のかけ声. がんばれ. ブラボー. [由来]もと四川省の方言から.
【雄蕊】xióngruǐ [名][植物]雄蕊（ん）.
【雄师】xióngshī [名]強力な軍隊. ¶百万～/百万の精鋭部隊.
【雄图】xióngtú [名]雄大な計画や計画. ¶～大略 dàlüè/雄大な計画. ¶～大业/偉大な事業. [同]宏图 hóngtú, 鸿图 hóngtú
【雄威】xióngwēi [形]雄壮で威厳がある. ¶～的将军/威厳のある将軍.
*【雄伟】xióngwěi [形]❶(建物などが)壮大だ. 雄壮だ. ¶气魄～/気迫が大きく壮大だ. ¶～的喜马拉雅山/雄大なヒマラヤ. ❷人の体が魁偉である.
【雄文】xióngwén [名]偉大な著作. 深みがあり力強い文章. [表現]他人の詩文をほめるときに用いることば.
【雄心】xióngxīn [名]雄大な理想や抱負. ¶～壮志/高い理想を掲げて大きい志を抱く.
【雄心勃勃】xióng xīn bó bó [成]意気盛んだ. 意気込みがあふれる.

【雄心壮志】xióng xīn zhuàng zhì [成]雄大な理想や遠大な志.
【雄性】xióngxìng [名]〈生理〉雄（キ）. 雄性.
【雄壮】xióngzhuàng [形]気迫がある. 威勢がよい. 勢いがある. ¶～的步伐 bùfá/威勢がよい步調. [同]雄健 xióngjiàn, 雄劲 xióngjìng
【雄姿】xióngzī [名]勇ましい姿. 雄姿.
【雄姿英发】xióngzī yīngfā [句]雄雄しくさっそうとしている.

熊 xióng ⺣部10 [四] 2233₁
全14画 [常用]

❶[名]〈動物〉〔⏺ 头 tóu, 只 zhī〕クマ. ¶～猫 xióngmāo/～掌 xióngzhǎng/白～ báixióng (白クマ)/棕～ zōngxióng (ヒグマ)/狗～ gǒuxióng (ツキノワグマ). ❷[形]しかる. 責める. ¶～了他一顿/彼をしかった. ❸[形]胆が小さく無能だ. ¶他真～/彼は全く無能だ. ❹(Xióng)姓.
【熊胆】xióngdǎn [名]〈薬〉熊の胆.
【熊蜂】xióngfēng [名]〈虫〉〔⏺ 只 zhī〕クマバチ.
*【熊猫】xióngmāo [名]〈動物〉〔⏺ 头 tóu, 只 zhī〕パンダ. ¶大～/ジャイアントパンダ. ¶小～/レッサーパンダ. [同]猫熊 māoxióng

熊 猫

【熊猫烧香】xióngmāo shāoxiāng [名]コンピュータ・ウイルスの一種. お祈りパンダ. 感染すると線香を手に祈るパンダのアイコンが現れる. ♦whboy,nimaya
【熊市】xióngshì [名]〈経済〉弱気の株式市場. ベアマーケット. [反]牛市 niúshì
【熊熊】xióngxióng [形]火が燃えさかるよう. ¶～的烈火/ぼうぼうと燃えさかる烈火. ¶大火～/火が勢いよく燃えている.
【熊掌】xióngzhǎng [名]〈料理〉〔⏺ 只 zhī〕熊の手のひら. [参考]美食として珍重される.

xiū ㄒㄧㄡ 〔çiou〕

休 xiū 亻部4 [四] 2429₀
全6画 [常用]

❶[動]休む. ¶～假 xiūjià/～养 xiūyǎng. ❷[素]やめる. ¶～业 xiūyè/～学 xiūxué/争论不～（言い争いが終わらない). ❸[動](夫が妻を)離縁する. ¶～妻 xiūqī/～书 xiūshū/把老婆～了(妻を離縁した). ❹[副]…するな. …してはいけない. ¶～要这样性急(そのようにあせってはいけない)/闲话～提(閑話休題). [同]别 bié, 不要 bùyào ❺[素]喜ばしいこと. めでたいこと. ¶～咎 xiūjiù (吉凶)/～戚 xiūqī. ❻(Xiū)姓. [参考]❹は, 多く早期用法に属する.
【休耕地】xiūgēngdì [名]休耕地.
【休会】xiū/huì [動]休会する. ¶～一天/一日休会する. ¶今天到此～/本日はこれにて休会とする. [反]开会

kāihuì
【休假】xiū//jià（許可を得て）休む．休暇を取る．¶～一周／一週間の休暇を取る．¶休了一个月假／1ヶ月の休暇を取る．
【休克】xiūkè ❶[名]ショック．¶电～／電気ショック．感電する．❷[動]《医学》ショック症状を呈する．¶病人处于chǔyú～状态／病人はショック状態にある．◆shock
【休眠】xiūmián [動]（動植物などが）休眠する．
【休眠期】xiūmiánqī [名]《生物》休眠期．
【休牧】xiūmù [動]《畜産》休牧する．草地の保護のため，規定された期間，規定された場所での放牧を休止すること．
【休妻】xiū//qī [動]（妻を）実家に帰す．離縁する．
【休戚】xiūqī [名]喜びと悲しみ．幸福と不幸．
【休戚相关】xiū qī xiāng guān [成]関係が密接で利害が一致している．参考"休"は喜びや幸，"戚"は憂いや災いをいう．
【休戚与共】xiū qī yǔ gòng [成]苦楽を共にする．回 同甘共苦 tóng gān gòng kǔ
【休憩】xiūqì [動]休憩する．休む．¶走累 lèi 了,～一片刻吧／歩きつかれた，ちょっと休もう．回 休息 xiūxi, 歇息 xiēxi
【休市】xiūshì（祝日などにより）市場が休みとなる．休市（ホァン）する．
【休书】xiūshū [名][旧]離縁状．
【休斯敦】Xiūsīdūn [地名]ヒューストン（米国）．
【休庭】xiūtíng [動]《法律》休廷する．
*【休息】xiūxi [動]休む．休憩する．¶课间～／授業の合間の休み時間．¶大家～一下吧！／みなさんちょっと休みようか．¶你应该好好～／君はゆっくり休みをとるべきだ．¶学校～两个月／学校は2ヶ月の期末休みをとる．回 歇息 xiēxi, 休憩 xiūqì 反 工作 gōngzuò, 劳动 láodòng
【休闲】xiūxián [動]❶休む．のんびり過ごす．¶～场所／リゾート地．❷（耕地を）休ませる．¶～地／休耕地．
【休闲服】xiūxiánfú [名]《服飾》カジュアル・ウエア．
【休想】xiūxiǎng [動]（…などと）考えるな．そんな妄想を抱くな．¶～逃脱／逃げようなどと考えるな．¶～抵赖 dǐlài／言い逃れは無駄だ．
【休学】xiū//xué [動]休学する．¶因病～／病気で休学する．¶～一年／一年休学する．反 复学 fùxué
【休养】xiūyǎng [動]❶休養する．静養する．¶因病在家～／病気で家で休養する．❷（国家や国民の経済力を）回復させ発展させる．¶～民力／国民の経済力を回復させる．
【休养生息】xiū yǎng shēng xī [成]（国家が戦争や大災害，大変革の後）国民の負担を減らし，生産を発展させて鋭気を回復させる．¶采取了～的措施／国力回復の措置を取った．
【休养所】xiūyǎngsuǒ [名]保養所．療養所．
【休想】xiūxiǎng [動]…するな．¶你～胡思乱想／くだらない妄想をするんじゃない．
【休业】xiū//yè [動]❶休業する．営業を停止する．¶～整顿／休業して整理する．❷学習単位の一段階が終わる．¶学校～两个月／学校は2ヶ月の期末休みをとる．
【休渔】xiūyú（水産資源保護のため）一定期間，漁を禁止する．
【休战】xiū//zhàn [動]休戦する．停戦する．回 停战 tíngzhàn 反 开战 kāizhàn, 交战 jiāozhàn
【休整】xiūzhěng [動]（主に軍隊を）休養させ調整する．
【休止】xiūzhǐ [動]停止する．休止する．¶无～地争论／絶え間なく口論する．
【休止符】xiūzhǐfú [名]《音楽》休止符．

咻 xiū
口部6　[四]6409₀
全9画　[通用]
[動] がやがやとやかましく騒ぎたてる．
【咻咻】xiūxiū [擬]❶すうすう．はあはあ．息をする音．¶～的鼻息 bíxī／すうすうという鼻息．¶他～地喘 chuǎn 着气跑来了／彼は，はあはあと息をはずませながら走ってきた．❷ある種の動物の鳴き声．¶小鸭 xiǎoyā 在～地叫／アヒルのひながピヨピヨと鳴いている．¶大白马对着他～叫起来／大きな白馬が彼に向かってヒヒンと鳴いた．

修（異 脩）xiū
亻部7　[四]2722₂
全9画　[常用]
❶[動]飾る．整えて美しくする．¶商店的门面の～了（商店の前は飾りつけられた）／装～ zhuāngxiū（家屋の内装をする）．❷[動]切ったり削ったりして，形を整える．¶～树枝 shùzhī（木を剪定する）／～指甲 zhǐjiǎ（爪を切る）／～眉毛（眉を切って整える）．❸[動]修理する．直す．¶～车（車を修理する）／～理 xiūlǐ．❹[動]建造する．建設する．¶～桥（橋を架ける）／～铁道（鉄道を建設する）．回 建 jiàn, 筑 zhù ❺[動]《書物や文章を》編纂する．¶～史 xiūshǐ／～书 xiūshū（本を編集する）／～函 xiūhán．❻[動]学ぶ．研鑽する．¶～业 xiūyè／自～ zìxiū（独学する）．❼[形]長い．¶～长 cháng／～竹 xiūzhú（長い竹）．回 长 cháng ❽[動]修行する．¶～道 xiūdào．❾[動]"修正主义"の略．❿[形][文]良い．すばらしい．¶～名 xiūmíng（美名）．⓫[動][文]徳のある人．¶景慕前～（先徳を慕う）．⓬（Xiū）姓．
【修补】xiūbǔ [動]❶補修する．¶～轮胎 lúntāi／タイヤを修繕する．¶～衣服／衣服を繕う．❷《医学》（傷などが）治る．回復する．¶～伤疤 shāngbā／傷あとが治る．
【修长】xiūcháng [形]細長い．¶眉毛 méimao／眉が細長い．¶他身材～,穿上这套衣服很合适／彼は体つきがすらりとしていて，このスーツがとても良く似合う．回 颀长 qícháng
【修辞】xiūcí ❶[名]《言語》修辞．レトリック．¶～格／修辞格．❷[動]修辞に凝る．
【修辞学】xiūcíxué [名]修辞学．
【修道】xiū//dào [動]《宗教》（宗教上の）修行をする．
【修道院】xiūdàoyuàn [名]《宗教》修道院．
【修订】xiūdìng [動]（書籍や計画を）修正し改訂する．¶～条约／条約を改正する．¶～词典／辞書を改訂する．回 修订修订 回 订正 dìngzhèng
【修订版】xiūdìngbǎn [名]改訂版．
【修复】xiūfù [動]❶（建築物を）修復する．¶～关系／関係を修復する．¶这段铁路已～通车／この区間の鉄道はすでに復旧し開通した．❷《医学》（傷などが）回復する．
*【修改】xiūgǎi [動]（文章や計画を）修正する．改める．¶～章程／規定を改正する．¶这篇论文已经～了三遍／この論文はもう三回も修正をほどこした．回 修改修改 回 修正 xiūzhèng
【修盖】xiūgài [動]（家などを）建てる．¶～教学楼 jiàoxuélóu／講義棟を建てる．¶～厂房／工場を建設する．
【修函】xiūhán [動]◇手紙を書く．
【修好】xiūhǎo ❶[動] xiūhǎo（国家間の）友好関係を結ぶ．¶两国～／両国が修好する．❷ xiū//hǎo [方]善行を施す．¶～积德／善行を施し徳を積む．

【修剪】xiūjiǎn 動（木の枝や爪などを）はさみで切りそろえる．¶～指甲 zhǐjia／爪を切り整える．¶园林工人正忙着～花木／庭園作業員が花や木の剪定に忙しい．

【修建】xiūjiàn 動 建設する．工事をする．¶～铁路／鉄道を敷設する．¶～水库 shuǐkù／ダムを建設する．¶～花园／庭園をつくる．¶老车站已～一新／古い駅はすでに修築され，一新した．同 修筑 xiūzhù，建筑 jiànzhù 反 拆除 chāichú ⇨ 兴建 xīngjiàn

【修脚】xiū//jiǎo 動 足の手入れをする．足の爪を切ったり，たこを削ったりする．

【修旧利废】xiū jiù lì fèi 成 廃物を修理して再利用する．¶～，节约费用／リサイクルで費用を節約する．

【修浚】xiūjùn 動（河川の）浚渫（しゅんせつ）をする．¶～航道／航路を浚渫する．

*【修理】xiūlǐ 動 ❶修理する．¶～机器／機器を修理する．¶这辆自行车～一下还可以骑几年／この自転車は修理すればまだ何年か乗ることができる．❷（草木を）剪定する．手入れをする．同 修理修理

【修炼】xiūliàn 動 修養する．修行する．¶～武功／武術の修行をする．参考 もとは道家の修行をいう．

【修路】xiū//lù 動 道路をつくる．¶～工／道路作業員．~机／スチームローラー．

【修面】xiū//miàn 動 方 顔をそる．ひげをそる．¶～膏 gāo／シェービングクリーム．¶～刷 shuā／シェービングブラシ．同 刮脸 guāliǎn

【修明】xiūmíng 形 文（政治が）明朗で正しい．

【修女】xiūnǚ 名［個 个 ge，名 míng，位 wèi］修道女．シスター．

【修配】xiūpèi 動 修理や部品の交換をする．¶经过～，这台机器又起死回生了／修理によって，この機器は新品同様になった．¶～钥匙 yàoshi／合鍵をつくる．

【修葺】xiūqì 動 文（建物を）修理する．修繕する．

【修缮】xiūshàn 動 修理や修繕をする．¶这房子～后，好像新的一样／この家は改修したら新築のようになった．

【修身】xiūshēn 動 品格を磨くため努力する．

【修身养性】xiūshēn yǎngxìng 句 修養を積み，人格をみがく．精神を養う．

【修史】xiūshǐ 動 歴史書を編纂する．

【修士】xiūshì 名［個 个 ge，名 míng，位 wèi］修道士．

【修饰】xiūshì 動 ❶飾る．¶～一新／装いを新たにする．❷化粧をする．めかしこむ．¶～边幅 biānfú／外観を飾る．¶小明用不着 yòngbuzháo～，就很漂亮／ミンさんは化粧しなくてもきれいだ．❸（言語）（ことばや文章を）修飾する．同 修饰修饰 比較"修饰"と"打扮 dǎbàn" 1）"修饰"は使用範囲が広く人や物に使えるが，"打扮"は人に限られる．2）"修饰"の❷は名詞用法はないが，"打扮"には"装い"や"格好"などの名詞用法がある．

【修书】xiūshū 動 ❶書籍を編纂する．❷旧 手紙を書く．

【修行】xiūxíng[-xing] 動（仏教や道教の）修行をする．¶出家～／出家して修行する．

【修补补补】xiūxiūbǔbǔ 何 何度も補修する．参考"修补 xiūbǔ"の重ね形．

【修养】xiūyǎng ❶名 素養．教養．¶文学～／文学の素養．¶～教养を高める．同 素养 sùyǎng，涵养 hányǎng ❷名 修養．¶这人有～／この人は精神修養ができている．同 涵养 hányǎng ❸動 見識を高める．¶认真～／真剣に見識を深める．同 修养修养

【修业】xiūyè 動 学校で学ぶ．修業する．¶～证书／修業証书．

【修造】xiūzào 動 ❶修理·製造する．¶～船只 chuánzhī／船舶を修理する．❷建造する．¶～厂房／工場を建造する．¶～花园／庭園をつくる．

【修整】xiūzhěng 動 修理し整備する．¶～农具／農具の修理や手入れをする．

【修正】xiūzhèng 動（誤りを）修正する．同 修正修正

【修正案】xiūzhèng'àn 名 修正案．

【修正液】xiūzhèngyè 名 修正液．

【修正主义】xiūzhèng zhǔyì 名 修正主義．修正社会主義．

【修枝】xiūzhī 動 剪定する．

【修筑】xiūzhù 動 工事をする．建設する．¶～机场／飛行場を建設する．¶～码头／波止場を建設する．同 修建 xiūjiàn，建筑 jiànzhù

庥 xiū
广部 6　四 0029₄
全 9 画　通用
動 文 かばい守る．

羞 xiū
羊部 4　四 8010₂
全 10 画　常用

❶ 素 耻じる．耻辱に感じる．¶～耻 xiūchǐ／~与为伍 xiū yǔ wéi wǔ．❷形 恥ずかしい．她～得满脸红（彼女は恥ずかしくて顔がまっ赤になった）／怕～ pàxiū（恥ずかしがる）／害～ hàixiū（恥ずかしがる）．❸動 からかう．恥ずかしがらせる．¶别～人家（人をからかうものではない）．❹名 恥辱．¶不知～（恥を知らない）．❺素"馐 xiū"に同じ．¶珍～ zhēnxiū（珍味）．

【羞惭】xiūcán 形 きまりが悪い．恥ずかしい．¶感到～／恥ずかしさを感じる．恥じ入る．

【羞耻】xiūchǐ 形 面目ない．みっともない．¶感到～／恥じ入る．¶洗去／恥をすすぐ．¶他真不知～／彼はまったく恥知らずだ．同 耻辱 chǐrǔ

【羞答答】xiūdādā 形（～的）恥ずかしがるようす．¶小美～的不说话／メイちゃんは恥ずかしがってしゃべろうとしない．同 羞羞 xiūxiu 答答

【羞愤】xiūfèn 形 恥ずかしさと怒り．¶感到～／恥ずかしさと憤りを感じる．

【羞愧】xiūkuì 形（失敗などをして）恥ずかしい．¶～地低下了头／恥ずかしくて頭を垂れる．¶他没考上大学感到很～／彼は大学に合格しなかったことをとても恥じた．同 羞惭 xiūcán

【羞明】xiūmíng 名（医学）眼球疾病により，光をまぶしく感じる症状．参考"畏光 wèiguāng"の旧称．

【羞赧】xiūnǎn 形 文 恥ずかしがって顔を赤らめるようす．¶小明脸上腾 téng 起了～的红云／ミンさんは恥ずかしさに顔がぽっと赤くなった．

【羞怯】xiūqiè 形 はにかんでおどおどする．

【羞人】xiū//rén 動 恥ずかしく思う．¶羞死人了／恥ずかしくてたまらない．

【羞人答答】xiūréndādā 形（～的）恥ずかしがるようす．

【羞辱】xiūrǔ ❶名 辱め．¶受尽 shòujìn～／あらゆる辱めを受ける．¶一想起这件事，小李就感到～／この事を思い起こすと，李さんはすぐに恥辱を感じる．❷動～他当众～了手下的职员／彼はみんなの前で部下の職員に恥をかかせた．

【羞涩】xiūsè 形 恥ずかしくてもじもじしている．¶她～得坐立不安起来／彼女は恥ずかしくて，いても立ってもいられなくなった．表现 若い女性についていうことが多い．

【羞恶】xiūwù 動 文（自分や人の行為を）恥じて憎む．

～之心,人皆 jiē 有之 / 悪を恥じ憎む気持ちは,誰しもが持っている.
【羞于】xiūyú 動 …を恥じる. ¶～回答 / 答えに困る.
【羞与为伍】xiū yǔ wéi wǔ 成 (低級な)仲間と一緒にされるのを潔しとしない.

鸺(鵂) xiū 鸟部6 四 2722₇ 全11画 通用
下記熟語を参照.
【鸺鹠】xiūliú 名《鳥》フクロウ. 同 枭 xiāo

貅 xiū 豸部6 四 2429₆ 全13画 通用
→貔貅 píxiū

馐(饈) xiū 饣部10 四 2871₂ 全13画 通用
名 文 おいしい食べもの. ¶珍～ zhēnxiū (珍味). 同 羞 xiū

鬏(異)髹 xiū 影部6 四 7229₄ 全16画 通用
動 文 うつわなどにうるしをぬる.

朽 xiǔ 木部2 四 4192₇ 全6画 常用
❶形 (木などが)腐った.朽ちた. ¶～木 xiǔmù / 腐～ fǔxiǔ (朽ちる). ❷素 (功績・名声・精神などが)消えてなくなる. ¶永垂 chuí 不～ 成 永遠に伝承する). ❸素 老い衰える. ¶～老 lǎoxiǔ (老朽する). ❹ (Xiǔ)姓. 表現 ❷は,否定に用いることが多い.
【朽烂】xiǔlàn 動 腐る.朽ちる. ¶铁路枕木 zhěnmù 有点儿～了 / 線路の枕木がすこし腐ってきた.
【朽木】xiǔmù ❶ 朽ちた木. ¶～枯株 kūzhū / 枯れて腐った切り株. ❷ 役に立たない人間.
【朽木不雕】xiǔ mù bù diāo 成 救いようのない人や事態. 同 朽木粪土 fèntǔ 由来 『論語』公冶長篇に見えることば. ぼろぼろになった木に彫刻はできない,という意から.

宿 xiǔ 宀部8 四 3026₂ 全11画 常用
量 夜の泊数を数えることば. ¶住了一～ (一晩泊まった) / 谈了半～ (夜半まで語った) / 三天两～ (二泊三日) / 整一没睡夜 (一晩中寝なかった).
☞ 宿 sù,xiù

潃 xiǔ 氵部10 四 3712₁ 全13画 通用
名 文 米のとぎ汁. 野菜や食器を洗ったあとの水.

秀 xiù 禾部2 四 2022₇ 全7画 常用
❶動 (穀物などが)穂をつけ,花を咲かせる. ¶～穗 suì (穂を出す). ❷素 抜きんでた. すぐれている. ¶～才 xiùcai / 优～ yōuxiù (優秀だ). ❸素 美しい. 優美だ. ¶～丽 xiùlì / 山明水～ 成 山紫水明). ❹名 ある分野で特に優れた人. ¶影坛新～ (映画界のニューフェース) / 后起之～ (新進気鋭の人物). ❺素 上演.展示. ショー. ¶作政治～ (政治的パフォーマンスをする). ♦show ❻ (Xiù)姓.
【秀才】xiùcai 名 ❶ 明・清時代の"生员 shēngyuán" (科挙を受ける資格のできた地方の学生)の通称. ❷ 知識人.読書人. ¶～不出门,而知天下事 / 秀才は外出しなくても世の中のことをよく知っている. ¶～造反,三年不成 / 読書人の謀反は3年かかっても成功しない.実践が欠けている.
【秀发】xiùfā ❶形 顔つきがはつらつとして利発だ. ❷動 植物が生い茂る.花が満開になる. ¶百花～,艳丽 yànlì

夺目 / さまざまな花が咲き,鮮やかに目を奪われる.
【秀丽】xiùlì 形 秀麗だ. ¶容貌～ / 見目麗しい. ¶那个演员长得 zhǎngde 很～ / あの俳優はとても麗しい. 同 娟秀 juānxiù,俏丽 qiàolì,清秀 qīngxiù,秀美 xiùměi 表現 女性・風景・字体などについていう.
【秀美】xiùměi 形 優美だ. ¶仪容～ / 容姿端麗. ¶风景～绝伦 juélún / 景色がずばぬけて美しい. 表現 女性・身・風景などについていう.
【秀媚】xiùmèi 形 姿が美しい. ¶～的青春少女 / 美しい青春真っ只中の少女. 表現 女性の容貌や山水などについていう.
【秀气】xiùqi 形 ❶ (容貌・山水・字体などが)優美だ. ¶小美那一对～的眼睛尤其动人 / メイちゃんの美しくすんだ瞳はとりわけ魅力的だ. ❷ (話し方やしぐさが)上品だ. ¶秀声～地唱着 / 上品にですわやかに歌っている. ¶言谈举止文静而～ / 言動が物静かで上品だ. ❸ (器物が)使いやすい. ¶手机真～ / 携帯電話は実に使いやすい.
【秀色】xiùsè 名 美しい容貌や景色.
【秀外慧[惠]中】xiù wài huì zhōng 成 容姿端麗で聡明だ. 表現 女性についていうことが多い.
【秀雅】xiùyǎ 形 美しく優雅だ. ¶～的书房 / 優雅な書斎. 表現 人の化粧や服装などについていうことが多い. また物品についてもいう.

岫 xiù 山部5 四 2576₀ 全8画 通用
名 ❶ 文 山のほらあな. ❷ 文 山. ❸ (Xiù)姓.

臭 xiù 自部4 四 2680₄ 全10画 通用
❶名 文 におい. 臭気. ¶乳～ rǔxiù (乳臭い) / 腥～ xīngxiù (生臭い) / 纯 chún 空气是无色无～的純粋な空気は無色無臭である. ❷動 "嗅 xiù"に同じ. 注意「悪臭」の意味になると,発音は"chòu"となる.
☞ 臭 chòu

袖 xiù 衤部5 四 3526₀ 全10画 通用
❶名 (～儿)(衣服の)そで. ¶～口 xiùkǒu / 短～儿 duǎnxiùr (半そで). ❷動 (手を)そでの中に入れる. ¶～手旁观.
【袖标】xiùbiāo 名〔塊 kuài〕腕章.
【袖管】xiùguǎn 名 ❶ そで. ¶他用～揩 kāi 脸上的汗 hàn / 彼はそでで顔の汗をぬぐった. ❷方 そで口.
【袖箭】xiùjiàn 名 袖に隠し,ばねの力で矢を発した古代の武器.
【袖口】xiùkǒu 名 (～儿)そで口.
【袖手旁观】xiù shǒu páng guān 成 手をこまねいて傍観する. ¶围观的人都～,谁也不去劝架 / やじうまは傍観していて,だれも仲裁しようとしなかった. 同 缩 suō 手旁观 由来 韩愈「祭柳子厚文」に見えることば.
【袖筒】xiùtǒng 名 (～儿)そで.
【袖章】xiùzhāng 名〔塊 kuài〕腕章.
【袖珍】xiùzhēn 形 小型の. ポケットサイズの. ¶～字典 / ポケット字典. ¶～照相机 zhàoxiàngjī / コンパクトカメラ. ¶～计算器 / 電卓.
【袖子】xiùzi 名〔只 zhī〕そで.

绣(綉/異繡) xiù 纟部7 四 2212₀ 全10画 常用
❶動 刺しゅうする. ¶～花 xiùhuā / 刺～ cìxiù (刺しゅうする) / ～上几个字 (いくつかの字を刺しゅうした). ❷ 素 刺しゅう. ¶苏～ sūxiù (蘇州刺しゅう) / 湘～ xiāngxiù (湖南刺しゅう). ❸ (Xiù)姓.

【绣花】xiù//huā 动（～儿）図案を刺しゅうする．¶～丝线/絹の刺しゅう糸．
【绣花鞋】xiùhuāxié 刺しゅうをほどこした婦人靴．同 绣鞋
【绣花枕头】xiùhuā zhěntou 俗 贬 見かけ倒しの人やもの．¶小美既漂亮,又聪明,可不是～/メイちゃんは美人な上に頭も良く,見かけ倒しなんかではない．由来「刺しゅうをほどこした枕」という意から．
【绣品】xiùpǐn 名 刺しゅう工芸品．
【绣球】xiùqiú 名 刺しゅうをほどこしたまり．
【绣球花】xiùqiúhuā 名《植物》アジサイ．同 八仙花 bāxiānhuā
【绣像】xiùxiàng 名 ❶ 刺しゅうで描かれた人物像．❷ 細密に描かれた人物画．
【绣鞋】xiùxié 名〔双 shuāng,只 zhī〕刺しゅうをほどこした婦人靴．同 绣花 huā 鞋

璓 xiù
王部7 四 1212₇
全11画 通用
名 文 玉(ぎょく)に似た石．

宿 xiù
宀部8 四 3026₂
全11画 常用
名 中国古代の天文学で,星座のこと．¶二十八～ èrshíbāxiù（二十八宿）.
☞ 宿 sù, xiǔ

锈（銹/鏽）xiù
钅部7 四 8272₇
全12画 常用
❶ 名〔层 céng〕(金属の)さび．¶长～ zhǎngxiù（さびがつく）/生～ shēngxiù（さびがつく．さびる）．❷ 动 さびる．¶锁 suǒ～住了（鍵がさびついた）．
【锈斑】xiùbān 名 ❶（金属上に生じた）さびのあと．❷《植物》さび病にかかった葉や茎に生じる斑点．
【锈蚀】xiùshí 动 名 さびて腐食する(こと)．¶铁环～了/鉄の輪が腐食した．

嗅 xiù
口部10 四 6608₄
全13画 次常用
动（においを)かぎわける．¶狗会～气味（イヌはにおいをかぎわける）/～觉 xiùjué．
【嗅觉】xiùjué 名 ❶《生理》嗅覚(きゅうかく)．¶～很灵敏 língmǐn／嗅覚が鋭敏だ．❷ 是非を識別する能力．¶要提高政治～/政治を判断する嗅覚を高める必要がある．

溴 xiù
氵部10 四 3618₄
全13画 通用
名《化学》臭素．Br．
【溴化物】xiùhuàwù 名《化学》臭化物．

xū ㄒㄩ〔ɕy〕

圩 xū
土部3 四 4114₀
全6画 通用
名（福建や広東などの)市(いち)．¶～市 xūshì／～镇 xūzhèn（地方の町）/赶～ gǎnxū（市に行く）．参考 古书では"虚 xū"と書く．
☞ 圩 wéi
【圩日】xūrì 名 方 市(いち)の立つ日．同 圩期 xūqī 注意 この意味では,"圩"を"wéi"と読まない．
【圩市】xūshì 名 方 ¶赶～/市に行く．

戌 xū
戈部2 四 5320₀
全6画 通用

名 ❶ 十二支の11番目．戌(いぬ)．❷ (Xū)姓．
【戌时】xūshí 名 旧 戌(いぬ)の刻．参考 午後7時から9時までの間を指す．

吁 xū
口部3 四 6104₀
全6画 次常用
❶ 动 文 ため息をつく．¶长 cháng～短叹 tàn（感 め息ばかりついている）．❷ 感 文 驚き怪しむ気持ちをあらわす．¶～,是何言欤 yú!（はて,何を申されるか)．❸（Xū)姓．
☞ 吁 yù
【吁吁】xūxū 拟 はあはあとあえぐ声．¶气喘 qìchuǎn ～/はあはあとあえぐ．

盱 xū
目部3 四 6104₀
全8画 通用
❶ 动 文 目を見開いて見る．❷ 素 地名用字．¶～胎 Xūyí．❸（Xū)姓．
【盱眙】Xūyí《地名》盱眙(くい)．江蘇省にある県．

砉 xū
石部4 四 5060₂
全9画 通用
拟 文 ばりばり．ざあざあ．ばん．雷や物が裂けるような音．¶门在他的后边～的关上了（ドアが彼の後ろでばたんとしまった)．
☞ 砉 huā

须（須、鬚❸❹）xū
彡部6 四 2128₂
全9画 通用
❶ 助动 どうしても…しなければならない．¶～知 xūzhī／～务～ wùxū（ぜひ…しなければならない)／必～ bìxū（必ず…しなければならない)．❷ 动 待つ．❸ 素 ひげ．¶～发 xūfà／胡～ húxū（ひげ)．❹ 素 ひげに似たもの．¶～根 xūgēn／触～ chùxū（触角）／花～ huāxū（花の蕊)．❺（Xū)姓．参考 ❸はもとはあごひげを指したが,のちにひげ全般を総称するようになった．
【须得】xūděi 动 …でなければならない．¶出国旅行～有护照／外国旅行にはパスポートがなければならない．
【须发】xūfà 名 ひげと頭髪．¶～皆 jiē 白／ひげも髪の毛も真っ白だ．¶蓬乱 péngluàn 的～／ぼうぼうのひげと髪．
【须根】xūgēn 名《植物》ひげ根．
【须眉】xūméi 名 文 ❶ ひげとまゆ．¶～皆白／ひげもまゆも真っ白だ．❷ 男子．¶堂堂～/堂々たる男子．
【须弥座】xūmízuò 名《仏教》須弥壇(しゅみだん)．須弥座．
【须生】xūshēng 名《芸能》芝居における役柄の一つ．中年以上の男子を演じる．同 老 lǎo 生
【须要】xūyào 助动 …しなければならない．¶我们～生产更 gèng 多的粮食／我々は穀物をもっとたくさん生産しなければならない．
【须臾】xūyú 名 文 ほんの少しの間．¶～不可离／片時も離れられない．¶～之间,雷电交加／一瞬稲光が走った．同 顷刻 qǐngkè
【须知】xūzhī 名 ❶ 心得．¶游览～／観光ガイド．¶考试～／試験の注意事項．¶大会～／大会要項．❷ 动 知っておかなければならない．¶你～操作程序 chéngxù／操作の手順を知っておかなければいけない．用法 ❶は,通知や指導書などの題名に用いることが多い．
【须子】xūzi 名〔根 gēn〕(動植物の)ひげに似たもの．¶玉米～/とうもろこしのひげ．¶虾 xiā～／エビの触角．¶参 shēn～／朝鮮人参のひげ．

胥 xū
疋部4 四 1722₇
全9画 通用
❶ 名 文 下級役人．¶钞～ chāoxū（浄書をつかさ

る小吏).❷副文すべて.¶万事～备(万事すべて準備がととのった).❸(Xū)姓.

【胥吏】xūlì 名文 小役人.こっぱ役人.

顼(項) xū
王部6 四 1118₂ 全10画 通用
❶→颛顼 Zhuānxū ❷(Xū)姓.

虚 xū
虍部5 四 2121₂ 全11画 常用

❶形空虚だ.中になにもない.¶～幻 xūhuàn ／ 一位以待(ポストをあけてお待ちする)／乘～而入成 虚に乗じて入る.反实 shí ❷形自信がなくびくびくしている.¶胆～ dǎnxū (びくびくして気もそぞろ).❸副 むだに.むなしく.¶～度 xūdù ／ 箭不～发(矢をむだにしない).❹素 偽りの.本当でない.¶～伪 xūwěi ／～名 xūmíng ／～荣 xūróng ／～声势.❺素 余分なものがない.謙遜である.¶～心 xūxīn ／ 谦～ qiānxū (謙虚だ).❻形 体が弱っている.¶～弱 xūruò.❼(Xū)姓.

【虚报】xūbào 動 うその報告をする.¶～成绩／成績を偽って報告する.¶～年龄／年齢をごまかす.表現数量の水増しを指すことが多い.

【虚词】xūcí 名【言語】虚詞.反 实词 shící 参考 概念をあらわさず,文法上の関係を示す語.中国語では,副詞・介詞・接続詞・助詞・感嘆詞・擬声語を指す.

【虚度】xūdù 動むなしく過ごす.¶～光阴／年月をむだに過ごす.¶让青春～／青春をむなしく過ごす.

【虚浮】xūfú 形 浮わついている.現実性がない.¶～的计划 jìhuà ／ 内容のない計画.¶工作要踏实 tāshi,不能～／仕事はまじめにしなければ,浮わついていてはだめだ.反踏实 tāshi

【虚高】xūgāo 形価格や数値が(非常識に)極端に高い.

【虚构】xūgòu 動想像して作り出す.¶～的人物／想像上の人物.同 虚拟 xūnǐ

【虚汗】xūhàn 名病気や緊張した時に出る汗.¶出了一身～／体中に油汗がでた.

【虚怀若谷】xū huái ruò gǔ 成心が広く謙虚だ.¶～,从不自满／虚心坦懐でおごったところがない.由来『老子』道徳経に見えることば.

【虚幻】xūhuàn 形幻の.実在しない.¶～的梦境／幻の世界.同 空幻 kōnghuàn

【虚晃一枪】xū huǎng yī qiāng 成戦うようなそぶりを見せる.フェイントをかける.

【虚火】xūhuǒ 名《中医》のぼせ.いらいら.

【虚假】xūjiǎ 形うその.偽りの.¶没有半点～／少しもうそはない.¶毫无～／うそ偽りない.同 虚伪 xūwěi 反 真实 zhēnshí 反～虚伪 xūwěi

【虚假广告】xūjiǎ guǎnggào 名虚偽の広告.誇大広告.

【虚价】xūjià 名《経済》掛け値.名目値段.反 实价 shíjià

【虚骄】xūjiāo 形うぬぼれている.¶～恃 shì 气 ／ おごりたかぶる.

【虚惊】xūjīng 動なんでもないことに驚く.¶受了一场～ cháng ／ びっくりさせられた.

【虚空】xūkōng 形空虚だ.¶内心～／心がからっぽだ.表現抽象的なことや精神的なことについていうことが多い.

【虚夸】xūkuā 形〈話の〉大げさだ.誇張している.¶～的作风／大げさなやり方.¶小张总是～自己的工作成绩／張さんはいつも自分の業績を誇張している.同 浮夸 fúkuā

【虚礼】xūlǐ 名うわべだけの礼儀.虚礼.¶讲究～／儀礼を重んじる.¶用～应酬 yìngchou ／ 形だけの応対をする.

【虚名】xūmíng 名虚名.¶徒 tú 有～／見かけ倒しだ.¶讲求实际,不务～／実質を重んじ虚名を求めない.

【虚拟】xūnǐ ❶形仮設の.仮定の.❷動想像して作る.¶京剧表演中有不少～动作／京劇の演技には虚構の動作がたくさんある.

【虚拟经济】xūnǐ jīngjì 名《経済》仮想経済.

【虚拟现实】xūnǐ xiànshí 名バーチャルリアリティ.

【虚拟主持人】xūnǐ zhǔchírén 名バーチャル司会者.テレビ番組での,アニメ画像による司会者.

【虚胖】xūpàng 形むくんでいる.¶她有点～／彼女はいささか水太りだ.

【虚飘飘】xūpiāopiāo 形〈～的〉軽くふわふわしている.頼りなさげである.¶这个计划～的／この計画は頼りない.

【虚情假意】xū qíng jiǎ yì 成 わざとらしうわべだけの親切.¶不要被他的～所迷惑 míhuò ／ 彼の口先だけの好意に惑わされてはいけない.

【虚荣】xūróng 名虚栄.¶不慕 mù～／ 虚栄を張らない.¶爱～／見えを張りたがる.

【虚荣心】xūróngxīn 名虚栄心.

【虚弱】xūruò 形❶(身体が)弱っている.¶身体～／体がひ弱だ.反 健壮 jiànzhuàng ❷(国力や兵力などが)弱い.

【虚设】xūshè 動(機構や役職が)形だけ存在する.名目だけある.¶形同～／飾りもの同然だ.¶～的职务／名ばかりの職務.

【虚实】xūshí 名虚と実.事の真相.¶打听～／実情を探る.¶～莫测 mòcè／真偽は測りがたい.¶摸不清～／内情がさっぱりつかめない.

【虚数】xūshù 名❶《数学》虚数.❷実際にはありえない数.

【虚岁】xūsuì 名数え年.反 周岁 zhōusuì

【虚土】xūtǔ 名方耕された柔らかくなった土.

【虚脱】xūtuō 名動《医学》虚脱症状(をおこす).

【虚妄】xūwàng 形根拠がない.でたらめな.¶～之说／でたらめな説.¶～的传言／根も葉もないデマ.表現観点や学説などについていうことが多い.

【虚伪】xūwěi 形誠実でない.見せかけの.にせの.¶～的客套／そらぞらしい外交辞令.¶～地寒暄 hánxuān 了几句／口先だけで二言三言あいさつした.同 虚假 xūjiǎ 反 真诚 zhēnchéng 比较 1)"虚伪"は,人への対し方が誠実でない点に重きがあり,"虚假 xūjiǎ"は,事実と違う点に重きがある.2)"虚伪"は人のやり方・態度を形容することが多いが,"虚假"は事物の内容・質を言う場合が多く,人の形容にも使われる.

【虚位以待】xū wèi yǐ dài 成(人のために)席や地位をあけて待つ.

【虚文】xūwén 名❶空文.形式だけの規則や制度.¶一纸～／形式だけの制度.¶徒 tú 有～／形式ばかりの文章.同 具文 jùwén ❷虚礼.¶～礼／形式的な儀礼.

【虚无】xūwú 名虚無.

【虚无缥缈】xū wú piāo miǎo 成ひどく漠然としてはっきりしない.雲をつかむようだ.

【虚无主义】xūwú zhǔyì 名虚無主義.ニヒリズム.

【虚线】xūxiàn 名[条 tiáo] 点線.破線.

【虚像】xūxiàng 名虚像.

*【虚心】xūxīn 形虚心だ.謙虚だ.¶～求教／虚心に教

えを請う．¶―使人进步,骄傲使人落后 / 虚心は人を進步させ,傲慢(ਭ਼)は人を退步させる．同谦虚 qiānxū 反骄傲 jiāo'ào

【虚虚实实】xūxūshíshí 形虚虚実実としている．
【虚悬】xūxuán 動 ❶宙に浮いたまま決定していない．決着がついていない．¶―的职位 / 空席になっているポスト． ❷空想する．¶―的计划 / 非現実的な計画．
【虚言】xūyán 名うそ．¶此是实话,决非― / これは実話で,決してうそではない．
【虚掩】xūyǎn 動 ❶鍵をかけずに扉を閉める．¶房门―着 / 玄関は閉めてあるが鍵はかかっていない．❷ボタンをかけずに服をはおる．
【虚应故事】xū yìng gù shì 成 慣 型どおりにすませる．おざなりにする．表現人づきあい・仕事・学習などの態度がいいかげんなことをいう．
【虚有其表】xū yǒu qí biǎo 成 見かけ倒しだ．有名無実だ．
【虚与委蛇】xū yǔ wěi yí 成 うわべだけで相手に合わせる．いいかげんな応待をする．¶他与客人―了一番 yīfān / 彼はお客を適当にあしらった．由来『荘子』応帝王篇に見えることば．"委蛇"はおとなしく従うようすをいう．
【虚造】xūzào 動 捏造(蠏)する．でっちあげる．¶―供词 gòngcí / 供述を捏造する．
【虚张声势】xū zhāng shēng shì 成 虚勢を張る．由来『三国志』曹休伝に見えることば．
【虚症】xūzhèng 名〈中医〉虚症．虚弱質．
【虚字】xūzì 名〈言語〉虚字．同 虚字眼儿 xūzìyǎnr 参考古代中国語で,具体的な意義を持たず文法上の役目だけの字．一部は現代語の"虚词 xūcí"にあたる．

墟 xū 土部11 四 4111₂ 全14画 通用

❶ 動廃墟．¶废― fèixū（廃墟）/ 殷― Yīn xū（殷(炉)の都の跡）．❷ 名 福建や広東などの市(紂)．圩 xū

需 xū 雨部6 四 1022₇ 全14画 常用

❶ 動必要とする．¶―要 xūyào / 急― jíxū（緊急に必要だ）．❷素必要なもの．¶军― jūnxū（軍需）．
【需求】xūqiú 名ニーズ．
【需索】xūsuǒ 動〈文〉（財物を）求める．¶―无厌 / ひっきりなしに要求する．¶应付 yìngfù 各方面的―了 / あちこちからの求めに対応する．
**【需要】xūyào ❶ 動必要とする．¶这儿正人手 / こではちょうど人手を必要としている．同 需求 xūqiú ❷ 動…する必要がある．¶这个问题―研究一下 / この問題はちょっと検討の必要がある．¶这所房子不―修理 / この家は修理する必要がない．同 须要 xūyào ❸ 名要求．¶吃穿的基本― / 衣食にかかわる基本的要求．
【需用】xūyòng 動必要とする．使わなければならない．¶―经费 / 必要経費．

嘘 xū 口部11 四 6101₂ 全14画 通用

❶ 動口からゆっくりと息をはき出す．¶―气 xūqì．❷ 動〈文〉ため息をつく．¶仰天而― / 天を仰いでため息をつく．❸ 動火や蒸気にあてて熱する．❹ 感〈方〉制止や追い払う声．しー．
☞ 嘘 shī

【嘘寒问暖】xū hán wèn nuǎn 成 人の生活に気を配る．¶―,无微不至 / 生活上の心配りが周到だ．由来寒がっている人に暖かい息を吹きかけてあげる,という意から．

【嘘气】xū//qì 動 息をする．¶他痛苦地嘘了一口气 / 彼は苦しみながらほーっと息をした．
【嘘唏】xūxī 動〈文〉むせび泣く．¶小明忍 rěn 不住～起来 / ミンさんはこらえきれずにむせび泣きはじめた．

魆 xū 鬼部5 四 2351₅ 全14画 通用

→黑魆魆 hēixūxū

徐 xú 彳部7 四 2829₄ 全10画 常用

❶ 素 ゆっくりと．¶―步 xúbù / ―― xúxú．同 缓 huǎn 反 疾 jí ❷ 名（Xú）姓．
【徐悲鸿】Xú Bēihóng《人名》徐悲鸿(ᶜᶞ)：1894-1953．画家・美術教育家．参考中国画と西洋油絵の画法を融合させようとした．

徐悲鸿

【徐步】xúbù 動〈文〉ゆっくり歩く．¶―安厅 / ゆっくりと落ち着いて歩く．¶旅客―上飞机 / 乗客はゆっくり歩いて飛行機に乗りこんだ．
【徐福】Xú Fú《人名》徐福(ᶜᶞ)．秦代の方術士．参考始皇帝の命を受け不老不死の薬を求めて東方に出かけたとされ,日本渡来伝説がある．
【徐光启】Xú Guāngqǐ《人名》徐光启(ᶜᶞ)：1562-1633．明末の官僚・学者．参考イエズス会士マテオリッチに西洋科学知識を学び,『幾何学原本』を漢訳する．編著に『農政全書』など．
【徐缓】xúhuǎn 形 ゆっくりだ．¶脚步― / 歩き方がゆっくりしている．¶―地前进 / ゆっくり進む．
【徐图】xútú 動〈文〉ゆっくり策を練る．¶―良策 / じっくり良い策を練る．
【徐行】xúxíng 動 ゆっくり行く．ゆっくり歩く．¶默默～ / 黙々とゆっくり歩く．参考日本語で言う,車の「徐行」は"慢行 mànxíng"となる．
【徐徐】xúxú 形 ゆっくりだ．¶飞机―降落 jiàngluò / 飛行機がゆっくりと着陸する．¶春风― / 春風そよそよ．同 缓缓 huǎnhuǎn
【徐州】Xúzhōu《地名》徐州(ᶜᶞ)．江蘇省北西部の都市．

许(許) xǔ 讠部4 四 3874₀ 全6画 常用

❶ 動 許す．許可する．¶―可 xǔkě / 准― zhǔnxǔ（許す．同意する）/ 不―拖延 tuōyán（遅延してはならない）．❷ 素 よいところを認める．ほめたたえる．¶赞― zànxǔ（称賛する）/ 推― tuīxǔ（高く評価する）．❸ 動（物をあげたり,何かをしてあげることを）まえもって約束する．承諾する．¶―愿 xǔyuàn / ―婚 xǔhūn / 以身―国（身を国に奉げる）/ 我―给他一本书（私は彼に本を一冊あげると約束した）．❹ 副 もしかしたら…かもしれない．¶也― yěxǔ（…かもしれない）/ 或― huòxǔ（あるいは．もしかしたら）．❺ 素 ところ．¶何―人？（どちらのご出身の方ですか）．❻ 数（数量が）だいたい…ぐらい．¶几～ jǐxǔ（いくら）/ 少～ shǎoxǔ（少しばかり）/ 年三十～（年は30ぐらい）．❼ 素 こんなに．¶―多 xǔduō / ―久 xǔjiǔ．❽（Xǔ）姓．
**【许多】xǔduō ❶ 数 多い．たくさん．¶我们有―工作要做 / 我々はしなければならない多くの仕事をかかえている．¶他的个子 gèzi 比你高出― / 彼の身長は君よりかなり高い．¶许许多多的人 / とてもたくさんの人．¶他讲า

~~ / 彼は何度も何度も話した. ❷ 形（変化の程度が）大きい. ¶两个肩膀 jiānbǎng 轻松了～/両肩がずいぶん軽くなった. 表現 ①は概数をあらわす. ①の重ね型は"许许多多"と"许多许多"の両方がある.
【许婚】xǔhūn 動（女性側が）婚約に同意する.
【许久】xǔjiǔ 名 長い間. ¶他一没给我写信了/彼は長い間私に手紙をよこさない. ¶他们沉默了～/彼らは長い間黙りこくっていた. 回 好久 hǎojiǔ, 良久 liángjiǔ
【许可】xǔkě 動 許可する. 許す. ¶决不～/絶対に許さない. ¶未经～,不得动用/許可なしでは使用できない. 回 允许 yǔnxǔ, 准许 zhǔnxǔ
【许可证】xǔkězhèng 名 許可証.
【许诺】xǔnuò 動 承諾する. ¶市长 shìzhǎng ～为市民办几件实事/市長は市民のためにいくつかの現実の問題を処理すると承諾した. 回 答应 dāying, 应承 yīngchéng
【许配】xǔpèi 動 回 家長が娘の結婚を決める. ¶把女儿～出去/娘を嫁がせた.
【许亲】xǔ//qīn 動 回 婚約する.
【许慎】Xǔ Shèn《人名》許慎(ぢん). 後漢の学者. 参考 漢字の形・音・意味について体系的に論じた最初の字書『説文解字ぢぢじ』を著した.
【许愿】xǔ//yuàn 動 ❶ 神仏に願をかける. ¶烧香～/お線香をあげて願い事をする. ¶去观音庙 guānyīnmiào ～/観音様に願をかける. ❷ (…すると)約束する. 表現 ②は,相手にとってよいことをする場合にいう.

诩（詡） xǔ
讠部6 四 3772₀
全8画 通用
素 文 自慢する. 大げさに話す. ¶自～ zìxǔ（自慢する）.

浒（滸） xǔ
氵部6 四 3814₀
全9画 通用
素 地名用字. ¶～墅关 Xǔshùguān（江蘇省にある地名）/～浦 Xǔpǔ（江蘇省にある地名）.
☞ 浒 hǔ

栩 xǔ
木部6 四 4792₀
全10画 通用
❶ 下記熟語を参照. ❷ (Xǔ)姓.
【栩栩】xǔxǔ 生き生きとしている.
【栩栩如生】xǔ xǔ rú shēng 成 芸术が真に迫っていて,生きているかのようだ. ¶这幅画像画真是～/この肖像画はまるで生きているようだ.

糈 xǔ
米部9 四 9792₇
全15画 通用
名 文 ❶ 食糧. ❷ お供え用の精米.

醑 xǔ
西部9 四 1762₇
全16画 通用
名 ❶ 文 美酒. ❷ "醑剂 xǔjì"の略. ¶樟脑～ zhāngnǎoxǔ（カンフルチンキ）.
【醑剂】xǔjì 名 アルコール溶液.

旭 xù
日部2 四 4601₀
全6画 次常用
❶ 朝日. ¶～日 xùrì / 朝～ zhāoxù（朝の陽光）. ❷ (Xù)姓.
【旭日】xùrì 名 朝日. ¶～临窗 / 朝日が窓に射す. 回 朝阳 zhāoyáng 反 夕日 xīyáng
【旭日东升】xùrì dōng shēng 四 朝日が東から昇る. 生気がみなぎるよう.

序 xù
广部4 四 0022₂
全7画 常用

❶ 素 順番に並べる. 順序だてる. ¶～齿 xùchǐ（年齢順に並べる）/～次 xùcì（順序づける）. ❷ 素 順序. ¶次～ cìxù（順序）/ 顺～ shùnxù（順序）/ 工～ gōngxù（仕事の工程）. ❸ 素 最初の. 正式な部分の前にある. ¶～文 xùwén/～曲 xùqǔ/～幕 xùmù. ❹ 名〔篇 piān〕序文. ❺ 素 古代,地方の学校. ¶庠～ xiángxù（学校）. ❻ (Xù)姓.
【序跋】xùbá 序文と後書き.
【序列】xùliè 名 序列.
【序论】xùlùn 名 序論.
【序目】xùmù 名《本の》序と目次.
【序幕】xùmù 名 ❶（芝居の）第一幕. プロローグ. 反 尾声 wěishēng ❷（出来事の）幕開け. ¶拉开了西部大开发的～/西部大開発の幕があいた.
【序曲】xùqǔ 名 ❶《音楽》序曲. ¶一 段 duàn,支 zhī〕序曲. プレリュード. ❷ 出だし. 始まり. ¶这只是～,好戏还在后头呢！/これはまだ出だしで,見所はもっと後ろだ.
【序数】xùshù 名 序数. 用法 ふつう数詞の前に"第 dì"をつけて順序を示す.
【序文】xùwén 名〔篇 piān〕序文. 前書き. 回 叙文 xùwén
【序言】xùyán 名〔篇 piān〕序文. 回 叙言 xùyán, 序文 xùwén

叙（異 敍、敘）xù
又部7 四 8794₀
全9画 常用
❶ 動 話す. ¶～说 xùshuō / ～家常（世間話をする）. 回 说 shuō, 谈 tán ❷ 動 書き記す. ¶～事 xùshì. ❸ 素 官職や栄誉を与える. ¶～用 xùyòng / ～勋 xùxūn（勲賞を与える）. ❹ 素〔"序 xù"①・③と同じ. ❺ (Xù)姓.
【叙别】xùbié 動 別れのあいさつをする. ¶临行～/出発する際に別れのあいさつをする.
【叙旧】xù//jiù 昔を懐かしがって語り合う. ¶老人喜欢～/老人は昔話が好きだ.
【叙利亚】Xùlìyà《国名》シリア.
【叙述】xùshù 動 出来事を(書面で)述べる.
【叙事曲】xùshìqǔ 名《音楽》バラード.
【叙事诗】xùshìshī 名《文学》叙事詩.
【叙述】xùshù 動《事の次第を》述べる. 叙述する. ¶请您一下儿都发生了什么事情 / 事の一部始終を話して下さい. 回 叙说 xùshuō
【叙说】xùshuō 動 口述する. ¶把事情的经过～一遍 / 事の経過を一通り話す.
【叙谈】xùtán 動 語り合う. ¶找个工夫,好好儿～～/ひまを見つけて,じっくり語り合おう. ¶～了一会儿 / ひとしきり語り合った.
【叙文】xùwén 名 "序文 xùwén"に同じ.
【叙言】xùyán 名 "序言 xùyán"に同じ.
【叙用】xùyòng 動 官吏に任用する.

洫 xù
氵部6 四 3711₂
全9画 通用
素 文 田畑の間にある水路. ¶沟～ gōuxù（田畑の間の水路）.

恤（異 卹、賉）xù
忄部6 四 9701₂
全9画 次常用
❶ 素 哀れむ. 気の毒に思う. ¶体～ tǐxù（同情する）/ 怜～ liánxù（哀れみ同情する）. ❷ 素 救済する. ¶抚～ fǔxù（補償する. 救済する）. ❸ 素 憂える. 心配する. ❹ (Xù)姓.
【恤金】xùjīn 名〔笔 bǐ〕（生活扶助の）給付金.

畜 xù
田部5 四 0060₃
全10画 常用
❶ 家畜を飼う. ¶～产 xùchǎn / ～牧 xùmù / ～养 xùyǎng. ❷ (Xù)姓.
☞ 畜 chù

【畜产】xùchǎn 名 畜産物.
【畜产品】xùchǎnpǐn 名 畜産物. 畜産品.
【畜牧】xùmù 動 牧畜をする. ¶从事～ / 牧畜業に従事する.
【畜牧场】xùmùchǎng 名 牧場.
【畜牧业】xùmùyè 名 牧畜業.
【畜养】xùyǎng 動 飼育する. ¶～奶牛 / 乳牛を飼育する.

酗 xù
酉部4 四 1267₀
全11画 次常用
下記熟語を参照.

【酗酒】xùjiǔ 動 大酒を飲む. 酔って暴れる. ¶～滋事 zīshì / 酒に酔って面倒を引き起こす.

勖(異勗) xù
力部9 四 6462₇
全11画 通用
索 励ます. ¶～勉 xùmiǎn.
【勖勉】xùmiǎn 動 励ます. ¶～有加 / 再三励ます.

绪(緒) xù
纟部8 四 2416₀
全11画 常用
❶ 索 糸口. 発端. ¶～论 xùlùn / 端～ duānxù (手がかり) / 头～ tóuxù (糸口). ❷ 索 事業. ¶续未竟之～ (未完の事業を続行する). ❸ 索 気持ち. 考え. ¶思～ sīxù (考えの筋道. 気分) / 情～ qíngxù (情緒). ❹ 索 あとに残った. ¶～余 xùyú / ～风 xùfēng (余風). ❺ (Xù)姓. 参考 ①は, もとは糸の端といった.
【绪论】xùlùn 名(⇔篇 piān)序論.
【绪余】xùyú 文 主要でない部分. 余り.

续(續) xù
纟部8 四 2418₄
全11画 常用
❶ 途切れずに続く. ¶继～ jìxù (継続する) / 陆～ lùxù (続々と. 次々と) / ～航 xùháng. ❷ 動 後に続ける. 後ろにつけ加える. ¶～假 xùjià / ～篇 xùpiān. ❸ 動 継ぎ足す. つけ足す. ¶～貂 xùdiāo / 把茶～上 (お茶をつぎたす). ❹ (Xù)姓.
【续编】xùbiān 名 続編. ⇔续篇 xùpiān
【续貂】xùdiāo よいもののあとに, よくないものを継ぎ足す. ¶～之作, 见笑了 / 稚拙な続編です, お恥ずかしい限りです. 表現 他の作家の後を引き継いで続編を書く場合などに謙遜(けんそん)していう. ⇨ 狗尾续貂 gǒu wěi xù diāo
【续订】xùdìng 動 定期購入の契約を継続する. ¶～报纸 / 新聞を引き続き定期購読する.
【续断】xùduàn 名 《植物》ナベナ. 参考 根から骨折治療用の漢方薬ができる.
【续航】xùháng 動(飛行機や船が)連続航行する. ¶～时间很长 / 航続時間が長い.
【续航力】xùhánglì 名(飛行機や大型船の)航続距離.
【续集】xùjí 名(作品集などの)続編.
【续假】xù//jià 動 休暇を延長する. ¶～一周 / もう一週間休む. ¶续三天假 / あと三日休む.
【续借】xù//jiè 動(図書館の)返却期限を延長する. ¶这本书能否～? / この本は貸し出し延長できますか.
【续篇】xùpiān 名 続編. ⇔续编 xùbiān
【续娶】xù//qǔ 後妻をもらう. 同 续弦 xùxián
【续闻】xùwén 名(ニュースの)続報.
【续弦】xù//xián 動(妻の死後)再婚する. ¶大家劝他～ / みんなは彼に再婚を勧めた. 由来 夫婦の仲は琴瑟(きんしつ)にたとられたので, 死別後に再婚することを, 切れた弦を継ぎ直すと見立てた.

溆 xù
氵部9 四 3714₀
全12画 通用
❶ 名 文 水辺. ❷ 名 地名用字. ¶～浦 Xùpǔ (湖南省にある県名). ❸ (Xù)姓.

絮 xù
糸部6 四 4690₃
全12画 常用
❶ 名 綿花の繊維. わた. ¶被～ bèixù (掛け布団のわた) / 吐～ tǔxù (綿の実はほころぶ). ❷ 索 わたに似たもの. ¶柳～ liǔxù (柳絮(りゅうじょ)) / 芦～ lúxù (アシの実の上の細毛). ❸ 動(服や布団に)わたを入れる. ¶～被子(掛け布団にわたを入れる) / ～棉袄 mián'ǎo (あわせの上着にわたを入れる). ❹ 索 くどい. ¶～烦 xùfán / 叨 xùdāo / ～语 xùyǔ. ❺ 索 飽きる. ¶听～了(聞き飽きた). ❻ (Xù)姓.
【絮叨】xùdāo[-dao] ❶ 動 くどくどと繰り返し話す. ¶几句家常话, ～来～去的 / 世間話をああでもない, こうでもないと話す. ❷ 形 (?)(話が)くどい. ¶她絮絮叨叨地说了半天 / 彼女はいつまでもくどくやべっていた. 同 啰嗦 luōsuō
【絮烦】xùfan 形(同じ事の繰り返しで)あきあきしている. (くどくてうんざりしている.
【絮聒】xùguō 動 文 ❶ くどくどと繰り返し話す. 同 絮叨 xùdāo ❷ 人に迷惑をかける. ¶别在这里～得让人烦躁 fánzào / ここで迷惑をかけていらいらさせるな.
【絮棉】xùmián 名(布団やわた入れ用の)コットン. わた.
【絮絮】xùxù 形(話などが)切れ目ない. 連綿と続いている. ¶～不休 / 延々と続いて終わらない.
【絮絮叨叨】xùxùdāodāo ❶ 形(話が)くどい. ❷ 動 くどくど言う.
【絮语】xùyǔ 文 くどくどと話す. ¶轻声～ / 小声でくどくど言う. 表現 多く小声で途切れることなく話すことをいう.

婿(異壻) xù
女部9 四 4742₇
全12画 次常用
索 ❶ 夫. ¶夫～ fūxù (夫). ❷ 娘の夫. ¶女～ nǚ-xu (娘婿).

蓄 xù
艹部10 四 4460₃
全13画 常用
❶ 索 たくわえる. ¶～财 xùcái (財をたくわえる) / ～洪 xùhóng / ～电池 xùdiànchí / 储～ chǔxù (貯金する). ❷ 索 保つ. 残しておく. ¶～发 fà (髪をのばす) / ～须 (ひげをたくわえる). ❸ 索 (よくないことを心の中に抱いている. 隠している. ¶～意 xùyì. ❹ (Xù)姓.
【蓄电池】xùdiànchí 《物理》蓄電池. バッテリー. 参考 通称"电瓶 diànpíng".
【蓄洪】xùhóng 動(洪水を防ぐため, 河川の排泄能力を超える水を)遊水池にためる. ¶～水库 shuǐkù / 遊水池.
【蓄积】xùjī 動 ためる. たくわえる. ¶～粮食 / 穀物をたくわえる. ¶～了很多钱财 qiáncái / かなりの財産をたくわえた.
【蓄谋】xùmóu 動(悪事を)長い間たくらんでいる. ¶～中伤 zhòngshāng / 以前から中傷しようと企てている. ¶他们作案是～已久的 / 彼らの悪企みは前々からのものだ.
【蓄念】xùniàn 動 前々から考えを抱いている. ¶～已

【宣称】 xuānchēng 動 公に表明する. ¶～自己是无辜 wúgū 的 / 自分は無実だと表明する.
*【宣传】 xuānchuán 動名 世の中に広める(こと). 多くの人に知らせる(こと). ¶做～ / 宣伝する. ¶～自由民主 / 自由民主を広く知らしめる.
【宣传车】 xuānchuánchē 名 宣伝カー.
【宣传队】 xuānchuánduì 名 宣伝チーム. キャンペーン隊.
【宣传画】 xuānchuánhuà 名 ポスター. 同 招贴 zhāotiē 画
【宣传品】 xuānchuánpǐn 名 宣伝用の品. ポスター, ビラ, パンフレットなど. ¶散发 sànfā～ / PR グッズを配る.
【宣读】 xuāndú 動 (声明や文書などを人前で読み上げる. ¶～最后的判决 pànjué / 最終判決を読み上げる.
【宣告】 xuāngào 動 公に知らせる. 宣告する. ¶～结束 / 終わりを告げる. ¶～成立 / 成立を宣言する. ¶～破产 pòchǎn / 破産を宣告する.
【宣和】 Xuānhé 名《歴史》宋代の徽宗の年号(1119-1125).
【宣讲】 xuānjiǎng 動 宣伝し説明する.
【宣教】 xuānjiào 名 "宣传教育"(宣伝と教育)の略称. 参考 主に政治に関するものをいう.
【宣明】 xuānmíng 動 はっきり示す. ¶～视点 / 視点を明確に示す. ¶～立场 / 立場を明示する.
【宣判】 xuānpàn 動《法律》判決を言い渡す. ¶～书 / 判決書. ¶公开～ / 公開で判決を言い渡す.
【宣示】 xuānshì 動 公表する. ¶～内外 / 内外に広く知らせる. ¶～众人 / 多くの人に公表する.
【宣誓】 xuān//shì 動 宣誓する. ¶庄严～ / 厳かに誓いを述べる. ¶选手～ / 選手宣誓.
【宣统】 Xuāntǒng 名《歴史》清朝末代皇帝(宣统帝・愛新覚羅溥儀)の年号(1909-1911).
【宣泄】 xuānxiè 動 ❶ (たまった水を)排出する. ¶低洼 dīwā 地区雨水无法～ / 低湿地帯では,雨水の排水ができない. ❷ (心の中の不満や怒りなどを)吐き出す. ¶～不满 / 不満を吐き出す. ❸ 〈方〉漏洩(ぇぃ)する. ¶事属机密,不得 bùdé～ / ことは機密に属すので,漏らさないように.
【宣言】 xuānyán ❶ 名〔一份 fèn,篇 piān,项 xiàng〕宣言. ❷ 動 声明する. 宣言する. ¶～书 / 宣言文.
【宣扬】 xuānyáng 動 盛んに世に広める. 広く宣伝する. ¶～爱国精神 / 愛国主義を喧伝(ﾋﾞ)する. 同 鼓吹 gǔchuī
【宣战】 xuān//zhàn 動 宣戦布告する. ¶正式～ / 正式に宣戦布告する.
【宣纸】 xuānzhǐ 名〔令 lǐng,张 zhāng〕安徽省の宣城や涇(ｹｲ)県で産出される高級紙. 書道や絵画に用いられる.

【蓄水】 xù/shuǐ 動 水をためる. ¶植树 zhíshù 造林有助于～保墒 bǎoshāng / 植樹造林は,土壌に水分を保たせるのに役立つ.
【蓄养】 xùyǎng 動 たくわえ養う. 養い育てる. ¶～力量 / 力をたくわえる. ¶～精力 / 精力を養う.
【蓄意】 xùyì 動 (よくないことを)前々からたくらんでいる. 心に企てる. ¶～挑 tiāo 起争端 / 挑発して紛争を起こそうとたくらむ. ¶～造谣 zàoyáo / デマを流すことをたくらむ. 同 存心 cúnxīn

煦（異昫） xù ⺣部9 四6733₂ 全13画 通用
素 暖かい. ¶～暖 xùnuǎn (暖かい) / 和～ héxù (暖かい).

蓿 xu ⺾部11 四4426₂ 全14画 通用
→苜蓿 mùxu

xuan ㄒㄩㄢ〔çyen〕

轩（軒） xuān 车部3 四4154₀ 全7画 次常用
❶ 名 前部が高く,垂れ幕がさがっている古代の車. また,車一般を指した. ¶～轾 xuānzhì. ❷ 形 高い. ¶～昂 xuān'áng. ❸ 名 窓のある長廊や小部屋. 書斎・茶館・料理屋などの号に用いる. ¶临湖～（臨湖軒）. ❹ (Xuān) 姓.
【轩昂】 xuān'áng 形 ❶ 気力が充実している. 威勢がよい. ¶器宇 qìyǔ～ / 外見がさっそうとしている. ❷〈文〉高くそびえ立っている. ¶佛殿 fódiàn～ / 大仏殿がそびえているよす.
【轩敞】 xuānchǎng 形 (建物が)高くて広々としている. ¶～的客厅 / 広々とした客間.
【轩渠】 xuānqú 〈文〉朗らかに笑う. ¶捧腹 pěngfù～ / 腹をかかえて楽しそうに笑う.
【轩然】 xuānrán 動 ❶ 朗らかに笑うようす. ¶～仰笑 / 上を向いて朗らかに笑う. ❷ 高く上げるようす. ¶～飞举 / 高々と舞い上がる.
【轩然大波】 xuān rán dà bō 成 高く逆巻く大波. 大きな事が大波乱を引き起こした. ¶小事酿成 niàngchéng～ / ささいな事が大波乱を引き起こした.
【轩辕】 Xuānyuán《人名》軒轅(ｹﾞﾝ). 漢民族の始祖とされる黄帝の名.
【轩轾】 xuānzhì 名〈文〉優劣. 高低. ¶不分～ / 上下を分かたず. 由来 馬車の前が高く後ろが低いのを"轩",後ろが高く前が低いのを"轾"と言ったことから.

宣 xuān 宀部6 三3010₆ 全9画 常用
❶ 素 公にする. 発表する. ¶～布 xuānbù / ～传 xuānchuán / ～誓 xuānshì. ❷ 素 水の流れをよくする. はかす. ¶～泄 xuānxiè. ❸ 動〈文〉(王が家臣を)召す. 呼びつける. ¶～召 xuānzhào (臣下を召見する). ❹ (Xuān) 素 地名用字. 安徽省宣城(ｼﾞｮｳ),雲南省宣威(ｳｪｲ)の略称. ¶～纸 xuānzhǐ / xuān－tuǐ (雲南省宣威名産のハム). ❺ (Xuān) 姓.
*【宣布】 xuānbù 動 宣言する. 公布する. ¶～命令 / 命令を公布する. ¶～名单 / 名簿を発表する. 同 公布 gōngbù,宣告 xuāngào

谖（諼） xuān 讠部9 四3274₇ 全11画 通用
動〈文〉❶ だます. ¶诈 zhà～之策（詐術）. ❷ 忘れる. ¶永矢弗 fú～（誓って絶対に忘れない）.

萱（異蘐） xuān ⺾部9 四4410₆ 全12画 通用
下記熟語を参照.
【萱草】 xuāncǎo 名《植物》ワスレグサ. 同 忘郁 wàngyù, 忘忧草 wàngyōucǎo
【萱堂】 xuāntáng 名 母親の居室. 母の尊称. 御母堂.

xuān – xuán

揎 xuān 扌部9 全12画 [四]5301₆ [通用]
[动] 腕まくりをする. ¶~拳 quán 捋 luō 袖 xiù（腕まくりしてこぶしを出す）.

喧(異讙) xuān 口部9 全12画 [四]6301₆ [次常用]
[素]（声や音が）大きい. やかましい. ¶~哗 xuānhuá.
【喧宾夺主】xuān bīn duó zhǔ [成] 客が主人の地位を奪う. 主客転倒する. ¶你打扮得比新娘还漂亮，会～的！/ あなたは新婦よりもきれいにめかしこんで，どちらが主役か分からなくなるよ. [由来] 客の大声が主人の声を圧倒する，という意から.
【喧哗】xuānhuá ❶ [形] 声が大きくて騒がしい. やかましい. ¶市声～/ 街の声がやかましい. ❷ [动] 騒ぐ. ¶请勿～/ お静かに願います. ¶大声～/ 大声で騒ぐ. ⇨喧嚣 xuānxiāo
【喧闹】xuānnào [形] にぎやかで活気に満ちている. がやがやと騒々しい. ¶节假日里，市中心和主要商业街は人の往来が激しく，とてもにぎやかだ.
【喧嚷】xuānrǎng [动] 大声でわめき立てる. 大声で騒ぐ. ¶人声～/ やかましくわめき合う声. ¶你在这里～什么？/ ここで何を騒ぎ立てているんだ？[同] 吵嚷 chǎorǎng ⇨喧嚣 xuānxiāo
【喧扰】xuānrǎo [动] 大声で騒がしくする. 騒々しくかき乱す. ¶市声～/ 街の声が騒々しい.
【喧腾】xuānténg [形] 騒音がわき起こるようす. ¶人群～起来了 / 人込みがわやわや騒がしくなった.
【喧天】xuāntiān [形]（音が）天まで鳴り響くほど大きい. ¶锣鼓 luógǔ～/ どらや太鼓の音が天に鳴り響く. ¶～的鞭炮声 biānpàoshēng / 鳴り響く爆竹の音.
【喧嚣】xuānxiāo ❶ [形]（物音が）やかましい. ¶车马～/ 街の物音がやかましい. ❷ [动] うるさく騒ぐ. ¶～一时 / 一時はたいへん騒がれたものだ. [比較] 1)"喧哗 xuānhuá"も"喧嚷 xuānrǎng"も"喧嚣"も騒がしいことを言うが，"喧嚣"は人の声でも他の物音でもよい. 2)"喧嚣"には❷のような派生的用法があるが，"喧哗"と"喧嚷"にはこのような用法はない.

瑄 xuān 王部9 全13画 [四]1311₆ [通用]
[名] 古代，天を祭るために用いた璧(へき).

暄 xuān 日部9 全13画 [四]6301₆ [通用]
❶ [素] 日光の暖かさ. ¶寒～ hánxuān（時候のあいさつをする）. ❷ [形] [方] すきまが多くて軟らかい. ふわふわである. ¶～土 xuāntǔ（軟らかい土壌）/ 馒头 mántou 又大又～（マントウは大きくてふかふかの）.
【暄腾】xuānteng [形] [方] 柔らかくて弾力がある. ふかふかしている.

煊 xuān 火部9 全13画 [四]9381₆ [通用]
❶ [素] "暄 xuān"❶に同じ. ❷（Xuān）姓.
【煊赫】xuānhè [形] 名声が高い. 勢いが強い. ¶权势 quánshì～/ 権勢が強い. ¶名声～/ 名声がとどろく. [同] 显赫 xiǎnhè

儇 xuān 亻部13 全15画 [四]2623₂ [通用]
[素] 軽薄でこざかしい. ¶～薄 xuānbó（軽薄だ）.

禤 Xuān ネ部11 全15画 [四]3622₇ [通用]
[名] 姓.

玄 xuán 亠部3 全5画 [四]0073₂ [次常用]
❶ [形]（道理や意味が）奥深い. 深遠で理解しにくい. ¶～理 xuánlǐ（奥深い学理）/ ～妙 xuánmiào. ❷ [形] でたらめだ. あてにならない. ¶这篇文章内容太～了（この文章は内容があまりにいんちきくさい）/ ～虚 xuánxū. ❸ [形] 黒色. ¶～狐 xuánhú / ～青 xuánqīng. ❹ [名] 北方. ¶～方 xuánfāng（北方）/ ～郊 xuánjiāo（北郊）. ❺（Xuán）姓.
【玄奥】xuán'ào [形] 奥深い. 深奥(しんおう)だ. [同] 深奥 shēn'ào
【玄狐】xuánhú [名]《动物》ギンギツネ. [同] 银狐 yínhú
【玄乎】xuánhu [形] [口] つかみどころがなくてあてにならない. ¶你说得也太～了 / 君の話もまるでつかみどころがない. ¶他说话玄玄乎乎的,不可信 / 彼の話はあやしくて信用できない. [重] 玄玄乎乎
【玄机】xuánjī [名] ❶ 計り知れず奥の深い道理. ¶参悟 cānwù～/ 道理をつきつめて，はたと悟る. ❷ 巧みな計策. ¶不露 lù～/ 心の内の計略を表に出さない.
【玄妙】xuánmiào [形] 奥深く，微妙でとらえがたい. ¶～莫测 mòcè / 深遠で計り知れない.
【玄琴】xuánqín [名]《音楽·民族》コムンゴ. 朝鮮族の貴族階級が用いた弦楽器.
【玄青】xuánqīng [形] 濃い黒色の. 黒々とした. [参考] "玄"も"青"も「黒」の意.
【玄色】xuánsè [形] 黒.
【玄参】xuánshēn [名] ❶《植物》ゴマノハグサ. ❷《薬》玄参(げんじん). [参考] ❷は，❶の根から作る漢方薬. 消炎効果がある.
【玄孙】xuánsūn [名] やしゃご.
【玄孙女】xuánsūnnǚ [名] 女のやしゃご.
【玄武】xuánwǔ [名] ❶ カメ. カメとヘビ. ❷ 二十八宿で，北方の七宿を総称したもの. ❸（道教で奉じる）北方の神.
【玄武岩】xuánwǔyán [名]《鉱物》玄武岩.
【玄想】xuánxiǎng [动] 空想する. ¶妄 wàng 生～/ やたらと想像を巡らす. ¶闭目～/ 目を閉じて夢想する.
【玄虚】xuánxū ❶ [名] 人の目をくらます手練手管. いんちき. ¶故弄～/ 手管を弄(ろう)して人の目をくらませる. ❷ [形] あてにならない. うそっぱちだ. ¶这篇文章写得太～了 / この文章はごまかしがひどい.
【玄学】xuánxué ❶ [名] 玄学(げんがく). 六朝時代の哲学思潮で，老荘思想を主に，儒家の一部をとり込んで形成された. ❷《哲学》形而上学.
【玄远】xuányuǎn [形] [文] 深遠だ. 奥深い.
【玄奘】Xuán Zàng（人名）玄奘(げんじょう:602-664). 唐代初期の僧. [参考] インドに渡り経典を持ち帰り，『大唐西域記』を著した. 『西遊記』の中心的な登場人物としても有名.
【玄之又玄】xuán zhī yòu xuán [成] きわめて奥が深くて不可思議だ. [由来]『老子』第一章に見えることば.
【玄宗】Xuánzōng（人名）玄宗(げんそう:685-762). 唐の第6代皇帝. [参考] 諸制度を改革して「開元の治」を行うが，晚年は楊貴妃におぼれ安史の乱を招いた.

痃 xuán 疒部5 全10画 [四]0013₂ [通用]
→横痃 héngxuán

悬(懸) xuán 心部7 全11画 [四]7733₅ [常用]
❶ [动] ひっかける. つるす. ぶら下げる. 宙に浮いている.

墙上～着一块牌子(壁に札がかかっている) / 把彩灯～在门外(飾りちょうちんを外につるす) / 直升机～停在空中 kōngzhōng (ヘリコプターがホバリングしている). ❷[動](事件や問題が)未解決のままになっている. 宙に浮いている. ¶那个问题还没解决,一直～着(あの問題は未解決で,ずっと宙に浮いたままだ) / 案子无法查下去,～起来了(事件は捜査が継続できず,未解決事件となった) / ～案 xuán'àn. ❸[動]心にかける. 心配する. ¶母亲老为她儿子～着一颗心(母はいつも息子のことを気にかけている) / ～念 xuánniàn. ❹[素]距離がかけ離れている. ¶～隔 xuángé / ～殊 xuánshū. ❺[動]持ち上げて,宙に浮かせる. ¶～腕 xuánwàn (筆で字を書くとき,手首を持ちあげて机から浮かせる). [同]悬肘 xuánzhòu ❻[動]公に掲示する. ¶～赏 xuánshǎng. ❼[動]空想する. ¶～想 xuánxiǎng / ～拟 xuánnǐ. ❽[形][方]危ない. ¶好～!(本当に危ない) / 他那件事有点～ (彼の件はちょっと危ない). ❾(Xuán)姓.

【悬案】xuán'àn [名]〔[量]件 jiàn,桩 zhuāng〕未解決の問題や事件. 懸案事項. ¶处理～ / 懸案事項を処理する.

【悬臂】xuánbì [名]《機械·建築》片持梁(かたもちばり). 腕木(うでぎ). カンティレバー.

【悬揣】xuánchuǎi [動]推察する. 憶測する. ¶凭空 píngkōng～ / 好きかってに憶測する.

【悬垂】xuánchuí [動]ぶら下がる. 垂れ下がる.

【悬灯结彩】xuán dēng jié cǎi [成]提灯を吊るし,色布で装飾する. 祝い事をするようす. ⇨张 zhāng 灯结彩

【悬吊】xuándiào [動]中空にぶら下がる. ¶天花板上～着彩灯 / 天井に飾りちょうちんがぶら下がっている.

【悬而未决】xuán ér wèi jué [成]棚上げにしたままで,未解決だ.

【悬浮】xuánfú [動]浮遊する. ¶～物质 / 浮遊物. ¶土尘 chén～在空中 / 土ぼこりが空中を漂う.

【悬隔】xuángé [動]遠く隔たる. ¶～数千里 / 数千里隔たっている.

【悬挂】xuánguà [動]高く掲げる. ¶～国旗 / 国旗を掲揚する. ¶一轮 lún 明月～在夜空 / 月がぽっかり夜空に浮かんでいる. ¶～标语 biāoyǔ / 標語を掲げる.

【悬壶】xuánhú [動][文]医者が開業する. 医療を行う. [由来]漢代に,ある老人が薬つぼを掲げて薬を売ったという言い伝えによる.

【悬乎】xuánhu [形][方]安心できない. 危なっかしい. ¶能否按期 ànqī 完成,还真～ / 期日通りにできるか,まだまったく心もとない.

【悬空】xuánkōng [動]❶宙にぶら下がる. ¶两脚～ / 両足が宙に浮いている. ❷収まりがつかない. 宙ぶらりんになる. ¶所有的计划都～着 / すべての計画が棚上げになっている.

【悬梁】xuánliáng [動](梁(はり)に縄をかけて)首をくくる. ¶～自尽 / 首つり自殺.

【悬拟】xuánnǐ [動]想像で作り上げる. ¶这篇小说的情节 qíngjié 是～的 / この小説のストーリーはでっち上げだ.

【悬念】xuánniàn ❶[動]心にかける. ¶我～着家里的事 / 家のことが気にかかっている. [同]挂念 guàniàn ❷[名](作品への)感情移入. ¶电影里设置 shèzhì 了很多～,真引人入胜 / 映画にははらはらさせるシーンがたくさんあって,本当に見入ってしまう.

【悬赏】xuán//shǎng [動]懸賞をかける. ¶～缉拿 jīná / 犯人逮捕に懸賞金をかける.

【悬殊】xuánshū [形]かけ離れている. 差が大きい. ¶贫富 pínfù～ / 貧富の差が激しい. [注意]"悬殊"はそれ自体に「差が大きい」意があり,後に"很大"などの程度をあらわす語句を伴うと重複した感じになってしまう.

【悬索桥】xuánsuǒqiáo [名]つり橋. [同]吊桥 diàoqiáo

【悬梯】xuántī [名]縄ばしご.

【悬望】xuánwàng [動]気にかけて待ち望む. 心配しながら待つ. ¶你早点回来,免我～ / 私が心配しなくていいように,早く帰っておくれ.

【悬想】xuánxiǎng [動]空想を思い描く. ¶闭目～ / 目を閉じて思い描く.

【悬心吊胆】xuán xīn diào dǎn [成]"提心吊胆 tí xīn diào dǎn"に同じ.

【悬崖】xuányá [名]〔[量]处 chù,座 zuò〕高く切り立った崖(がけ).

【悬崖勒马】xuán yá lè mǎ [成]危険に遭う直前で引き返す. 瀬戸際で踏みとどまる. ¶～,回头是岸 / 最後の一線で踏みとどまり,悔い改めれば救われる. [由来]絶壁の手前で馬を引く,という意から.

【悬崖峭壁】xuányá qiàobì [名]断崖絶壁.

【悬浊液】xuánzhuóyè [名]《化学》懸濁(けんだく)液.

旋 xuán

方部7 [四]0828₁
全11画 [常用]

❶[名](～儿)輪. ¶打～ (輪を描く). ❷[名](～儿)頭のつむじ. ❸[素]周りをぐるぐる回る. 回転する. ¶～转 xuánzhuǎn / 螺～ luóxuán (らせん) / 天～地转 zhuàn (天と地がぐるぐる回る). ❹[素]もとの所へもどる. ¶～里 xuánlǐ / 凯～ kǎixuán (凱旋する). ❺[副][文]まもなく. すぐに. ¶～即 xuánjí. ❻(Xuán)姓.

☞ 旋 xuàn

【旋回】xuánhuí [名](地質学の)周期. ¶构造～ / 構造周期.

【旋即】xuánjí [副][文]すぐに. ただちに. ¶～离去 / すぐに立ち去った.

【旋里】xuánlǐ [動]故郷へ帰る.

【旋律】xuánlǜ [名]《音楽》〔[量]段 duàn〕メロディー. 旋律. ¶优美的～ / 優雅で美しいメロディー.

【旋毛虫】xuánmáochóng [名]センモウチュウ.

【旋钮】xuánniǔ [名]ドアノブ.

【旋绕】xuánrào [動]まといつくように回る. 周りを巡る. 旋回する. ¶炊烟 chuīyān～ / 炊事の煙がたちのぼる. ¶歌声～ / 歌声が駆け巡る. ¶这个疑团 yítuán 一直～不散 / この疑念がずっと頭に残って離れない. [同]回绕 huírào

【旋手】xuánshǒu [名]ドアの取っ手.

【旋梯】xuántī [名]《スポーツ》❶回転はしご. 中心に軸を据えて回転できるようにしたはしご. ❷①を使った運動.

【旋涡】xuánwō [名](～儿)渦(うず). ¶卷入 juǎnrù 战争的～之中 / 戦争の渦に巻き込まれる. [同]漩涡 xuánwō

【旋翼】xuányì [名](ヘリコプターなどの)回転翼.

【旋踵】xuánzhǒng [副][文](踵(きびす)を返すほどの)短い間に. ¶～即逝 shì / たちまちのうちに逝く.

【旋转】xuánzhuǎn [動]回転する. ¶地球绕 rào 太阳～ / 地球は太陽を中心に回転している.

【旋转乾坤】xuán zhuǎn qián kūn [成]天地をひっくり返す. 能力の大きいようす. ¶你有～的能力吗? / 君には世の中をひっくり返すほどの能力があるのか? [同]旋乾转坤

【旋子】xuánzi [名]❶輪. ¶打～ / 輪を描く. [同]旋儿 xuánr ❷独楽(こま). ☞旋子 xuànzi

X

漩 xuán　氵部11 [四] 3818₁ 全14画 [次常用]

[名]（～儿）水の渦(うず)．¶～涡 xuánwō．

【漩涡】xuánwō [名]“旋涡 xuánwō”に同じ．

璇（[異]璿） xuán　王部11 [四] 1818₁ 全15画 [通用]

[名][文]美しい玉(ぎょく)．¶～玑 xuánjī（古代の天文観測器）．

选（選） xuǎn　辶部6 [四] 3430₁ 全9画 [常用]

❶[動]選ぶ．選択する．¶你自己来～一下吧(ご自分でお選びください) / 从里面～出来的(中から選び出した) / 挑～ tiāoxuǎn（選択する）．❷[動]選挙する．¶主席由大家～（議長は皆が選挙する）/ 我们要～学生代表(我々は学生の代表を選挙する)．❸[素]選ばれた．¶人～ rénxuǎn（人選．選ばれた人）/ 入～ rùxuǎn（入選する）．❹[素]選ばれた作品．¶散文～（エッセイ選集）/ 作品～（作品選集）．❺（Xuǎn）姓．

【选拔】xuǎnbá [動]（人材を）選抜する．えり抜く．¶～他当主任 / 彼を主任に抜てきする．

【选拔赛】xuǎnbásài [名]《スポーツ》選抜試合．（代表者などの）選考会．

【选报】xuǎnbào [動]志望校を選んで願書を出す．[参考]“报”は“报考”（受験申し込みをする）．

【选本】xuǎnběn [名]選集．

【选编】xuǎnbiān ❶[動]（資料や文章を）選定し編集する．¶～一本唐代诗选 / 唐代の詩集を1冊編んだ．❷[名]選集．¶《历时白话小说～》/『歴代白話小説選集』[用法]②は，書名に用いることが多い．

【选材】xuǎn//cái [動]❶人材を選び出す．❷材料を選ぶ．¶已经选好了材 / すでに材料はそろっている．

【选场】xuǎnchǎng [名]❶[旧]科挙の試験会場．❷《芸能》芝居の名場面の抜粋．

【选单】xuǎndān [名]《コンピュータ》（画面に表示される）メニュー．

【选登】xuǎndēng [動]（新聞や雑誌などに）選んで掲載する．

【选调】xuǎndiào [動]（人員を）選抜し移動させる．¶～一批骨干 gǔgàn 来总公司集训 / 幹部社員を選抜し本社で研修を行う．

【选定】xuǎndìng [動]選定する．¶～教材 / 教材を選定する．

【选读】xuǎndú ❶[動]抜き読みする．¶～自己感兴趣的段落 / 自分の興味のある段落だけを選んで読む．❷[名]選集．¶《古代诗歌 shīgē～》/『古代詩歌選集』[用法]②は，書名に用いることが多い．

【选段】xuǎnduàn [名]音楽や芝居の中から，特に選び取った一部分．

【选购】xuǎngòu ❶[動]見比べて購入する．¶欢迎顾客～ / お客様のお求めをお待ちしております．¶你需要什么，自己去～ / 必要なものは，自分で選んで買いなさい．❷[名]《経済》選択買い入れ．選択買い付け．

【选集】xuǎnjí [名]〔[量]本 běn，套 tào〕選集．¶《鲁迅 Lǔ Xùn～》/『魯迅(ろじん)選集』[用法]書名に用いることが多い．

【选辑】xuǎnjí ❶[動]編集する．¶他们合作～了 / 彼らは共同で編集した．❷[名]編集した書物．¶《文史资料～》/『文史資料集』[用法]②は，書名に用いることが多い．

*【选举】xuǎnjǔ [動]選挙する．¶～委员 / 委員を選出する．¶在～中获胜 huòshèng / 選挙に勝った．

【选举权】xuǎnjǔquán [名]選挙権．

【选刊】xuǎnkān ❶[動]選んで掲載する．❷[名]選刊．特集号．

【选矿】xuǎnkuàng [名]《鉱業》選鉱．

【选录】xuǎnlù [動]（作品などを）選んで収録する．¶～名曲 / 名曲を編集収録する．

【选美】xuǎnměi [名]美人コンテスト．

【选民】xuǎnmín [名]〔[量]个 ge，位 wèi〕選挙民．有権者．¶～证 zhèng / 選挙人証．

【选派】xuǎnpài [動]選出し派遣する．¶这些学员都是各地～来的 / この受講者たちはみな各地から選抜されて来た人だ．

【选配】xuǎnpèi [動]❶選んで配置する．❷（家畜の優良品種を）人工交配する．

【选票】xuǎnpiào [名]〔[量]张 zhāng〕投票用紙．票．¶各地游说 yóushuì，拉～ / 各地を遊説(ゆうぜい)して，票を集める．

【选聘】xuǎnpìn [動]選んで招聘(しょうへい)する．¶～优秀教师 / 優秀な教師を選抜し招聘する．

【选区】xuǎnqū [名]〔[量]个 ge〕選挙区．

【选曲】xuǎnqǔ ❶[動]選曲する．❷[名]名曲選集．

【选取】xuǎnqǔ [動]選び取る．選択する．¶～一条平路 / 平らな道を選ぶ．¶他～了回国就职 jiùzhí 的途径 tújìng / 彼は帰国して就職する道を選んだ．

【选任】xuǎnrèn [動]選抜して任用する．¶～干部 / 幹部に任用する．

【选手】xuǎnshǒu [名]〔[量]个 ge，名 míng，位 wèi〕選手．¶乒乓球～ / 卓球選手．

【选送】xuǎnsòng [動]選抜して推薦する．¶～出国培训 péixùn / 外国での研修に送り出す．

【选题】xuǎntí ❶[動]テーマを選ぶ．❷[名]選んだテーマ．

【选修】xuǎnxiū [動]選択履修する．¶～课 / 選択科目．¶～民间文学 / 民間文学を選択し学ぶ．[反]必修 bìxiū

【选秀】xuǎnxiù ❶[動]優秀な人材を選抜する．❷[名]《スポーツ》ドラフト．

【选样】xuǎnyàng ❶[動]見本を選び出す．¶～调查 / 抜き取り調査．❷[名]サンプル．

【选用】xuǎnyòng [動]選用する．選んで使う．¶～人材 / 人材を選抜し活用する．¶这些参考书，可供你～ / これらの参考書は，あなたが選択するのに適しています．

【选育】xuǎnyù [動]（良い品種を）選び出して育てる．

*【选择】xuǎnzé [動]選ぶ．選択する．¶～地点 / 場所を選択する．¶这三种方法，任你～ / この3種類の方法から，あなたの選択に任せます．[同]挑选 tiāoxuǎn

【选址】xuǎn//zhǐ [動]場所を選ぶ．土地を選ぶ．

【选种】xuǎn//zhǒng [動]（動植物の）優良品種を選り抜く．

【选中】xuǎnzhòng [動]選び当てる．的中する．¶她被～了 / 彼女は選ばれた．

【选自】xuǎnzì [動]…から選ぶ．¶这些文章～报刊杂志 / これらの文章は新聞や雑誌から選んだ．

烜 xuǎn　火部6 [四] 9181₆ 全10画 [通用]

[素]❶勢いが盛んだ．¶～赫 xuǎnhè（名声がとどろいている）．❷明るい．

癣（癬） xuǎn　疒部14 [四] 0015₁ 全19画 [次常用]

[名]《医学》〔[量]块 kuài，片 piàn〕かびの一種によっておこる皮膚病の総称．¶发～ fàxuǎn（しらくも）/ ～疥之病 xuǎn jiè zhī bìng．

X

【癣疥之病】xuǎn jiè zhī bìng 成 取るに足らない欠点. たやすく処理できる小事. ¶这些问题都是～/これらの問題はどれも大した問題ではない. 同 癣疥之疾 jí

券 xuān
刀部6 全8画 常用 9022₇
名 橋や門などのアーチ形の部分. 同 拱券 gǒngxuàn
☞ 券 quàn

泫 xuàn
氵部5 全8画 通用 3013₂
❶ 素 しずくが垂れる. したたる. ¶～然流涕 tì(はらはらと涙を流す).　❷(Xuàn)姓.
【泫然】xuànrán 形 ❶ 水がしたたる様子. ¶～泪 lèi 下/はらはらと涙を流す. 表現 涙を形容することが多い.

炫(異衒❷) xuàn
火部5 全9画 次常用 9083₂
素 ❶(光が)まばゆい. まぶしい. ¶～目 xuànmù.　❷(自分の能力や長所を)ひけらかす. ¶～弄 xuànnòng(ひけらかす).
【炫富】xuànfù 動 利益をあおる.
【炫目】xuànmù 形 まぶゆい. ¶～的阳光/まゆゆい陽光. 同 耀眼 yàoyǎn
【炫示】xuànshì 動 ひけらかす. ¶故意向人～自己的阔气 kuòqi/自分のぜいたくぶりをわざと人にひけらかす.
【炫耀】xuànyào 動 ❶ まぶしく光り輝く. ¶阳光～/陽光が光り輝く.　❷ ひけらかす. ¶一点点成绩,就向人～/ちょっとした成果を,すぐ人にひけらかす. 同 夸耀 kuāyào

绚(絢) xuàn
纟部6 全9画 通用 2712₀
素 色彩が美しく鮮やかだ.
【绚烂】xuànlàn 形 きらびやかで美しい. 華やかに光り輝いている. ¶～多彩/豪華絢爛(らん).
【绚丽】xuànlì 形 (色彩が)きらびやかで美しい. ¶文采～/彩り鮮やかで美しい. ¶～的鲜花/輝くばかりに美しい生花.
【绚丽多彩】xuànlì duō cǎi 句 きらびやかで色とりどりだ. ゴージャスだ.
【绚丽夺目】xuàn lì duó mù 成 目も奪われるほどきらびやかで美しい.

眩 xuàn
目部5 全10画 通用 6003₂
❶ 素 目がかすんでよく見えない. ¶头晕 yūn 目～(頭がくらくらして目がかすむ).　❷ 义 心を惑わす.
【眩光】xuànguāng 名 目を刺激し,視覚機能に影響を及ぼす光.
【眩目】xuànmù "炫目 xuànmù"に同じ.
【眩于】xuànyú …に惑わされる. ¶～名利/名誉や利益に惑わされる. ¶～她的美貌 měimào 及家产/彼女の美ぼうと財産に目がくらむ.
【眩晕】xuànyùn 動 めまいがする. ¶突然一阵～/突然めまいがした.

铉(鉉) xuàn
钅部5 全10画 8073₂
名 ❶ 文 古代,鼎(ᵈⁱⁿᵍ)の耳に通して,鼎を運ぶ器具. みみづる.　❷(Xuàn)姓.

旋(鏇❸❹) xuàn
方部4 全11画 通用 0828₁
❶ 素 ぐるぐる回っている. ¶～风 xuànfēng.　❷ 副 その時(する). その場で(やる). ¶～用～买(使う時になって買う)/～趸 dǔn～卖(売れるだけ仕入れる).　❸ → 旋子 xuànzi.　❹ 動 回転させながら削る. ¶～床 xuànchuáng/把苹果皮～掉(リンゴの皮をむく).
☞ 旋 xuán
【旋床】xuànchuáng 名〔機械〕〔圖 台 tái〕旋盤. 同 车床 chēchuáng
【旋风】xuànfēng 名〔圖 股 gǔ, 阵 zhèn〕つむじ風.
【旋工】xuàngōng 名 旋盤工.
【旋子】xuànzi 名 ❶ 金属製の大きめの皿で,"粉皮 fěnpí"を作るのに用いる.　❷ 酒の燗(ᵏᵃⁿ)をするための,金属製の盆.　❸《武術》腰から下を回転させ,一瞬体を水平にして起き直りながら両足で着地する動作. ☞ 旋子 xuánzi

渲 xuàn
氵部9 全12画 通用 3311₆
素《美術》墨を紙にたらしてから,筆でのばして濃淡をつける. 中国画の技法の一つ. ¶～染 xuànrǎn.
【渲染】xuànrǎn 動 ❶《美術》中国画の画法の一つで,水墨または淡い色彩でぼかして濃淡をつける.　❷ 大げさに表現する. 誇張してめりはりをつける. ¶雰囲気などを)盛上げる. ¶为～气氛 qìfēn,特地请来了乐队 yuèduì/雰囲気を盛上げるために特別に楽団を呼んだ.

楦(異楥) xuàn
木部9 全13画 四 4391₆
❶ 名 靴や帽子を作るための型. ¶鞋～ xiéxuàn(靴型)/帽～ màoxuàn(帽子の型).　❷ 動 型を入れる. 詰め物をする. ¶～鞋 xié(靴型を靴にはめる)/用蚕沙 cánshā～的枕头 zhěntou(蚕查ᵃを詰めた枕).
【楦头】xuàntou 名 靴や帽子を作るための木型. 同 楦子 xuànzi
【楦子】xuànzi 名 "楦头 xuàntou"に同じ.

碹 xuàn
石部9 全14画 通用 1361₆
素 ❶(門・窓・橋などの)アーチ状の部分.　❷ 石やれんがで築いたアーチ.

xue ㄒㄩㄝ〔ɕye〕

削 xuē
刂部7 全9画 常用 9220₀
素 ❶(刃物で)削る. ¶～发 xuēfà/～足适履 xuē zú shì lǚ/～铁如泥 xuē tiě rú ní. 同 削 xiāo　❷ 削除する. 取り除く. ¶～除～/ 删xuē(削除する).　❸ 搾奪する. ¶剥～ bōxuē(搾取する).　❹ 刃物で削ったように切り立って険しい. ¶山高岭～(山は高く峰は険しい).　❺ 減らす. 分割する. ¶～价 xuējià/～地 xuēdì(土地を割譲する). 注意 複合語に用いる時にだけ"xuē"と発音する.
☞ 削 xiāo
【削壁】xuēbì 名 切り立った崖. 絶壁. ¶悬崖 xuányá～/断崖絶壁.
【削发】xuēfà 動 出家するために髪を落とす. 剃髪(ᵗᵉⁱ)する. ¶～为僧 sēng/剃髪して僧になる.
【削价】xuējià 動 値引きする. 値下げする. ¶～处理 chǔlǐ/特価処分. ¶大～/大幅値引き. ¶～出售/バーゲンセール. 同 减价 jiǎnjià
【削肩】xuējiān 名 なで肩.
【削减】xuējiǎn 動 削減する. ¶～开支/支出を削減する. ¶～军费/軍事費を削減する.
【削平】xuēpíng 動 ❶ 文 消滅させる. 平定する. ¶～叛

乱 pànluàn / 武力反乱を平定する.
【削弱】xuēruò 動 ❶(力や勢力が)弱まる. ¶敌人的力量～了 / 敵の力が弱まった. ❷ 弱める. そぐ. ¶～对方的力量 / 相手の力を弱らせる. 回 减弱 jiǎnruò 反 加强 jiāqiáng, 壮大 zhuàngdà
【削瘦】xuēshòu 形 やせこけている.
【削铁如泥】xuē tiě rú ní 成 刀剣がよく切れること. 由来 「泥のごとく鉄を切る」という意から.
【削职】xuē//zhí 動 解任する. 免職する.
【削足适履】xuē zú shì lǚ 成 客観的条件が合わないのに無理に合わせようとする. 由来 「足を削って靴に合わせる」という意から.

靴(異 鞾) xuē
革部 4 四 4451₀ 全13画 次常用
素 (長靴やブーツなどくるぶしやひざ下まである)長い靴. ¶马～ mǎxuē (乗馬靴) / 雨～ yǔxuē (雨靴) / 皮～ píxuē (革のブーツ). 反 鞋 xié
【靴靿】xuēyào 名 (～儿) 長靴の胴の部分.
【靴子】xuēzi 名 双 shuāng, 只 zhī〕長靴. ブーツ.

薛 Xuē
艹部13 四 4474₁ 全16画 次常用
名 ❶ 周代の諸侯国の一つ. 今の山東省滕県の東南にあった. ❷ 姓.

穴 xué
穴部 0 四 3080₂ 全5画 常用
❶ 名 洞穴. 穴. ¶～居 xuéjū / 不入虎～, 焉得虎子 yān dé hǔ zǐ 成 (虎穴に入らずんば虎児を得ず). ❷ 墓穴. ¶砖～(れんがの墓穴). ❸ 名《中医》鍼灸(しんきゅう)のつぼ. ¶太阳～ (こめかみ). 穴位 xuéwèi, 穴道 xuédào ❹ 量 種子を播く穴を数えることば. ¶播下了350～种子 zhǒngzi (350の穴にタネを播いた). ❺ (Xué)姓.
【穴宝盖儿】xuébǎogàir 名《言語》漢字の部首の「あなかんむり」. 回 穴字头儿 xuézìtóur
【穴播】xuébō 動 点播(てん)する.
【穴处】xuéchǔ 動 穴居する.
【穴道】xuédào 名《中医》鍼灸のつぼ. ¶按～针灸 zhēnjiǔ / つぼに針やお灸をする. ¶点～ / 急所を突く. 回 穴位 xuéwèi
【穴居】xuéjū 動 穴居する. 逃げかくれる.
【穴居野处】xué jū yě chǔ 成 家屋をもたない, 原始的な生活をする.
【穴头】xuétóu 名 (～儿) 芸能ブローカー. 参考 役者が正規外の収入を得るために, 所属する劇団に無断で他の芝居などに出演することを仲介する人物. 無断で出演することを"走穴"という.
【穴位】xuéwèi 名《中医》針灸のつぼ.

茓 xué
艹部 5 四 4480₂ 全8画 通用
下記熟語を参照.
【茓子】xuézi 名 (コーリャンの茎やアシを編んだ)目が粗く細長いむしろ. 穀物などを囲うに使う. 回 踅 xué

学(學/異 斈) xué
子部 5 四 9040₇ 全8画 常用
❶ 動 学ぶ. 習う. ¶我们在～中文(私たちは中国語を学んでいる) / 他一过一阵日语以后, 又改学英语了(彼はしばらく日本語を習ってから, 今度は英語を習った) / 我想跟你一一～怎样操作电脑(私はあなたにコンピュータの動かし方を習いたい). ❷ 動 まねをする. ¶他会～鸡叫(彼はニワトリの鳴きまねができる) / 老师怎么教,我们就怎么～(先生が教えたとおりに私たちはまねをする) / 他～得很像(彼がまねをするととてもよく似ている). ❸ 素 学んで得た知識. 学問. ¶治～ zhìxué (学問を治める) / 饱～ bǎoxué 之士(博学の士) / 求～ qiúxué (学問に励む). ❹ 素 学科. ¶语言～ yǔyánxué (言語学). ❺ 素 学校. ¶大～ dàxué (大学) / 上～ shàngxué (入学する. 登校する). ❻ (Xué)姓.
【学报】xuébào 名 份 fèn, 期 qī〕学報. 紀要.
【学部】xuébù 名 ❶《歴史》清朝末期, 教育に関する業務を統括した中央官庁. ❷ 中国科学院に所属する各研究部門の指導機関. 比較 日本の大学の「学部」に当たるものは"系 xì"と呼ばれる.
【学潮】xuécháo 名 学生運動. ¶闹 nào～ / 学生運動が起こる.
【学而不厌】xué ér bù yàn 成 飽くことなく学ぶ. うまずたゆまず学び続ける. 由来『論語』述而篇に見えることば.
*【学费】xuéfèi 名 ❶ 授業料. ❷ 缴纳 jiǎonà～ / 学資. 学費.
【学分】xuéfēn 名〔个 ge〕履習単位. ¶～不够, 不能毕业 / 単位が足りないと卒業できない.
【学分制】xuéfēnzhì 名 (学校の)単位制.
【学风】xuéfēng 名 学風. ¶～正派 / 学習態度が立派だ.
【学府】xuéfǔ 名〔所 suǒ, 座 zuò〕学府. ¶最高～ / 最高学府.
【学富五车】xué fù wǔ chē 成 書物を多く読み, 学識が深い. 由来『荘子』天下篇のことばから.
【学好】xué//hǎo 動 ❶ よい行いを見習う. ¶这孩子不～,整天瞎混 xiāhùn / この子は一日ぶらぶらしていて,ちっともまともになろうとしない. ❷ 習得する. マスターする. ¶学会 xuéhuì
【学会】❶ xuéhuì 名 学会. ❷ xué//huì 動 熟練の程度に達するまで学ぶ. ¶他一了滑雪 / 彼はスキーをマスターした. ¶我想学游泳, 又怕学不会 / 私は水泳を習いたいけれど, マスターできないんじゃないかと心配だ.
【学级】xuéjí 名 学級. クラス. 組. 参考 "班级 bānjí"の旧称.
【学籍】xuéjí 名 学籍. ¶开除～ / 除籍する.
【学监】xuéjiān 名 旧 生徒を管理監督する職員.
【学界】xuéjiè 名 ❶ 学術界. ❷ 教育界.
【学究】xuéjiū 名 世事に疎い知識人. ¶他是个老～ / 彼は世間知らずの老書生だ. ¶～式的文章 / 内容が時代遅れの文章. 由来 もとは, 唐代の科挙制度において, "学究一经"という科を受験する人たちのことを言った.
【学究气】xuéjiūqì 名 学問臭.
【学科】xuékē 名 ❶ (物理学・歴史学といった)学問の領域. ❷ (学校における)教科. 学科. ¶国際文化～ / 国際文化学科. ❸ (軍事・体育訓練における)知識科目. "术科 shùkē"(実技科目)と対して言う.
【学理】xuélǐ 名 学理(り). 学問上の原理や理論.
【学力】xuélì 名 学力. ¶～测验 cèyàn / 学力テスト.
【学历】xuélì 名 学歴. ¶不分～高低 / 学歴の高低を問わない.
【学龄】xuélíng 名 学齢. ¶～前 / 学齢前.
【学龄儿童】xuélíng értóng 名 学齢児童.
【学路】xuélù 名 ❶ 研究する手法. 研究手法. ❷ 教育を受ける手段. 教育手段.
【学名】xuémíng 名 ❶ 学名. ❷ 生まれた時につけられ戸籍に登録されている名前. 参考 ❷は以前, 就学前には"小名

xiǎomíng"（幼名）で呼ばれることが多く，小学校入学時から戸籍上の名前を使うようになるため，"小名"と区別する語として用いられた．

【学年】xuénián 名〔働 个 ge〕学年．

【学派】xuépài 名学派．

*【学期】xuéqī 名〔働 个 ge〕学期．¶上～/前期．秋季から冬休み（1－2月）まで．¶下～/後期．春季から夏休みまで．¶～考试/定期試験．

【学前班】xuéqiánbān 名学齢前教育のクラス．

【学前教育】xuéqián jiàoyù 名学齢前の教育．幼稚園教育

【学前期】xuéqiánqī 名学齢前の時期．三歳から小学校入学までの時期．

【学人】xuérén 名学者．同学者 xuézhě

【学舌】xué//shé 動❶口まねをする．口調をまねる．¶鹦鹉 yīngwǔ～/オウム返し．❷口が軽くてすぐしゃべる．¶到处～,惹 rě 是生非/あちこちで口をすべらせて悶着(%½)を起こす．

【学生会】xuéshēnghuì 名（中学や高校の）生徒会．（大学の）学生組織．

【学生装】xuéshēngzhuāng 名学生服．

*【学生】xuésheng 名❶〔働 个 ge,名 míng〕学生．生徒．❷〔个 ge,名 míng〕弟子．門弟．❸方男の子．息子．¶有一个～,一个女儿,儿女双全/息子が一人,娘が一人で,男女が揃っている．

【学识】xuéshí 名学識．¶～渊博 yuānbó/学識が広い．¶～过人/人並み以上に学識が広い．

【学时】xuéshí 名〔働 个 ge〕時限．授業時間．同课时 kèshí

【学士】xuéshì 名❶旧学者．学問をする人．❷学士．¶文学～/文学士．

【学塾】xuéshú 名旧私塾．塾．同私塾 sīshú

*【学术】xuéshù 名学術．¶～界/学術界．¶～团体/学術団体．¶～讨论/学術討論．由来古くは，文・理の基礎学科を"学"とし,応用学科を"术"としてこの両方を統合して"学术"とした．

【学术超男】xuéshù chāonán 名テレビなどへの出演がきっかけで,人気を博している大学教授や学者などの知識人や,文化人のこと．女性の場合は"学术超女"という．

【学说】xuéshuō 名〔働 种 zhǒng〕学説．¶提出新～/新しい学説を掲げる．

【学堂】xuétáng 名〔所 suǒ〕学校の旧称．

【学童】xuétóng 名学童．

【学徒】xué//tú 動徒弟になる．でっち奉公する．¶在商店～/商店ででっち奉公する．

【学徒】xuétú 名❶〔働 个 ge,名 míng〕徒弟．でっち．❷学徒．

【学徒工】xuétúgōng 名見習い工．弟子．同徒工 túgōng,艺徒 yìtú

【学位】xuéwèi 名学位．¶授予 shòuyǔ～/学位を授ける．¶攻读 gōngdú 博士～/博士課程で学ぶ．

*【学问】xuéwen 名❶〔働 门 mén〕学問．¶一门新兴 xīnxīng 的～/新興の学問．❷知識．¶有～/知識がある．¶～很大/知識がとても広い．

*【学习】xuéxí ❶動学ぶ．勉強する．¶她正在～汉语/彼女は中国語を学んでいる．¶我跟他～过一阵电脑的用法/私はしばらく彼にコンピュータの使い方を習ったことがある．¶他从十岁开始～英文/彼は10歳から英語を

学びはじめた．❷見て模範とする．¶他助人为 wéi 乐 lè 的精神,值得～/人助けを喜びとする彼の精神は,見習う価値がある．❸名学習活動．学習知識．¶他女儿～特別好/彼の娘は勉強がとてもよくできる．¶养成～习惯/勉強の習慣を養う．

【学习班】xuéxíbān 名（組織や会社内などに設置される）学習班．

【学衔】xuéxián 名（高等教育機関における）研究者や教員の職称．参考"教授 jiàoshòu", "副教授 fùjiàoshòu", "讲师 jiǎngshī", "研究员 yánjiūyuán"など．

*【学校】xuéxiào 名〔働 个 ge,所 suǒ〕学校．

【学养】xuéyǎng 名学問と教養．¶～有素/学問教養が身についている．

【学业】xuéyè 名学業．¶完成大学～/大学の学業を終えた．

【学业预警】xuéyè yùjǐng 名（単位や出席日数の不足などで）卒業が危ぶまれる学生に対する警告（制度）．

【学以致用】xué yǐ zhì yòng 成学んだことを実際に活用する．実際に役立てるために学ぶ．¶光啃 kěn 书本不行,还要～/本にかじりついてばかりではだめだ．学んだことを役立てよ．

【学艺】xuéyì ❶名学問と芸術．学芸．❷動芸を学ぶ．¶跟随师傅 shīfu～/師匠について芸を学ぶ．

【学友】xuéyǒu 名学友．同窓．¶同窗～/同窓生．¶～会/同窓会．同同学 tóngxué

【学有所长】xué yǒu suǒ cháng 旬専門的な知識を身につけている．

【学员】xuéyuán 名〔働 个 ge,名 míng,位 wèi〕（専門学校や訓練所などの）学生．受講生．

*【学院】xuéyuàn 名❶〔所 suǒ〕単科大学．¶外语～/外国語大学．¶音乐～/音楽大学．❷（大学の）学部．¶陈教授是我们～的院长 yuànzhǎng/陳教授は我々の学部の学部長です．⇨大学 dàxué

【学院派】xuéyuànpài 名アカデミズム．

【学运】xuéyùn 名"学生运动"（学生運動）の略称．

【学杂费】xuézáfèi 名学費と雑費．

【学长】xuézhǎng 名〔个 wèi〕❶（学校の）先輩．¶他是我的～/彼は私の先輩です．❷大学における各学科の責任者．¶文科～/文科部長．比較日本の大学の「学長」に当たることばは"校长 xiàozhǎng"

【学者】xuézhě 名文〔働 个 ge,位 wèi〕学者．¶～风度/学者の風格．

【学制】xuézhì 名学校教育制度．同学校系统 xuéxiào xìtǒng

【学子】xuézǐ 名文学生．¶莘莘 shēnshēn～/多くの学生．

踅 xué

足部7 四5280₁
全14画 通用

動行ったり来たりする．Uターンする．¶～来～去（行ったり来たりする）．

【踅摸】xuémo 動口探す．

噱 xué

口部13 四6103₂
全16画 通用

方笑う．¶～头 xuétóu．
☛ 噱 jué

【噱头】xuétóu 方❶名人を笑わせることばやしぐさ．¶找～逗 dòu 人笑/面白いことを言って人を笑わせる．❷名手練手管．¶摆～/手練手管を使う．❸形おかしい．滑稽(ふ)だ．¶～极了/とてもおかしい．

雪 xuě
雨部3　[四] 1017$_7$
全11画　[常用]

❶[名]〔[量] 场 cháng,片 piàn〕雪．¶下～（雪が降る）/～下得够大的(雪がひどく降った)/～积了一米深(雪が1メートル積もった)．❷[素]雪のように．¶～白 xuěbái /～亮 xuěliàng．❸[素]（恥・うらみ・汚名などを）すすぐ．晴らす．¶～耻 xuěchǐ /～恨 xuěhèn．❹(Xuě)姓．

【雪白】xuěbái [形]雪のように白い．真白な．¶被子 bèizi 洗得～的/掛け布団は洗って真っ白になった．[反]乌黑 wūhēi,墨黑 mòhēi

【雪豹】xuěbào [名]《動物》ユキヒョウ．

【雪暴】xuěbào [名]《気象》雪あらし．ブリザード．

【雪崩】xuěbēng [動]雪崩(なだれ)が起きる．

【雪藏】xuěcáng [動]❶冷凍する．冷たく冷やす．❷大事にしまっておく．保管する．❸（比喩的に）放置する．棚上げにする．

【雪车】xuěchē [名]雪そり．[同]雪橇 qiāo

【雪耻】xuěchǐ [動]恥をすすぐ．¶报仇 bàochóu～/仇を報い恥をすすぐ．¶为父母～/両親の恥をすすぐ．

【雪雕】xuědiāo [名]雪の彫刻．雪像．

【雪堆】xuěduī [名]❶雪堤(せってい)．❷雪の吹きだまり．

【雪糕】xuěgāo [名]〔[量]根 gēn〕アイスクリーム．[同]冰激凌 bīngjilíng

【雪恨】xuěhèn [動]恨みを晴らす．¶报仇 bàochóu～/敵を討ち恨みを晴らす．

【雪花】xuěhuā [名]（～儿）〔[量]片 piàn〕（宙を舞う）雪片．¶漫天 màntiān～/空一面に雪が舞う．

【雪花膏】xuěhuāgāo [名]化粧用クリーム．¶涂 tú 点～/顔にちょっとクリームを塗る．

【雪茄】xuějiā [名][外]〔[量]根 gēn,盒 hé,支 zhī〕シガー．葉巻．[同]卷烟 juǎnyān,雪茄烟 ♦cigar

【雪景】xuějǐng [名]雪景色．

【雪里蕻[红]】xuělǐhóng [名]《植物》セリホン．カラシナの一種．漬け物にする．

【雪利酒】xuělìjiǔ [名][外]シェリー酒．♦sherry

【雪莲】xuělián [名]《植物・薬》雪蓮花(せつれんか)．[同]雪莲花 huā

【雪亮】xuěliàng [形]❶ぴかぴか光っている．きらきら光っている．¶皮鞋擦 cā 得～/革靴はぴかぴかに磨かれている．¶屋子里的日光灯～～的/部屋の蛍光灯はあかあかとともっていた．❷眼光が鋭い．¶学生的眼睛是～的/学生の目は鋭いものだ．[重]雪亮雪亮

【雪盲】xuěmáng [名]（紫外線が雪に反射して目を痛める）雪目．

【雪泥鸿爪】xuě ní hóng zhǎo [成]過去のできごとの痕跡．¶往事 wǎngshì 犹如 yóurú～尚 shàng 存/過ぎ去ったことの痕跡がまだわずかに残っている．[由来]宋・蘇軾の詩句に見えることば．「雪どけの泥の上に残された雁の足跡」という意から．

【雪片】xuěpiàn [名]雪の一片一片．舞い飛ぶ雪．¶贺电～般飞来/祝電が次から次へと絶え間なく舞い込む．

【雪橇】xuěqiāo [名]〔[量]只 zhī〕そり．[同]雪车 xuěchē

【雪青】xuěqīng [形]薄紫の．¶～色/薄紫色．

【雪球】xuěqiú [名]雪の玉．¶滚 gǔn～/雪の球を転がす．雪だるま式に増える．

【雪人】xuěrén [名]（～儿）雪だるま．¶堆 duī～/雪だるまを作る．

【雪山】xuěshān [名]〔[量]座 zuò〕雪山．

【雪上加霜】xuě shàng jiā shuāng [成]災難が重なる．泣きっ面に蜂．

【雪糁】xuěshēn [名]《気象》霰(あられ)．[同]雪糁子 xuěshēnzi

【雪水】xuěshuǐ [名]雪どけ水．

【雪松】xuěsōng [名]《植物》シーダー．ヒマラヤスギ．

【雪条】xuětiáo [名][方]〔[量]根 gēn〕アイスキャンデー．[同]冰棍儿 bīnggùnr

【雪线】xuěxiàn [名]《地学》雪線．高山や高地で,一年中雪の融けない高度ライン．[参考]赤道付近で約5000メートル,南極・北極では地平線とされる．

【雪野】xuěyě [名]雪原．

【雪冤】xuěyuān [動][文]冤罪(えんざい)を晴らす．¶替受株连 zhūlián 的哥哥～/巻き添えにされて罪を問われた兄の冤罪を晴らす．

【雪原】xuěyuán [名]雪原．

【雪中送炭】xuě zhōng sòng tàn [成]人が最も困っている時に援助の手を差し伸べる．[同]雪里 lǐ 送炭

【雪子】xuězǐ [名][方]（～儿）霰(あられ)．[同]霰 xiàn

鳕(鱈) xuě
鱼部11　[四] 2117$_7$
全19画　[通用]

下記熟語を参照．

【鳕鱼】xuěyú [名]《魚》タラ．¶～肝油 gānyóu/タラの肝油．[参考]通称は"大头鱼 dàtóuyú"．

血 xuè
血部0　[四] 2710$_2$
全6画　[常用]

❶[素]〔[量]滴 dī,片 piàn,摊 tān〕血液．¶～泊 xuèpō/出～ chūxuè（出血．出血する）．❷[素]血のつながりがある．¶～族 xuèzú（血のつながった一族）/～缘 xuèyuán．❸[素]虐殺．¶～案 xuè'àn/～债 xuèzhài．❹[素]血気盛んだ．熱血だ．¶～性 xuèxìng．❺[素]血のようだ．¶～红 xuèhóng．❻[名]月経．¶来～（月経になる）．❼(Xuè)姓．

☞ 血 xiě

【血癌】xuè'ái [名]白血病の俗称．[同]白血病 báixuèbìng

【血案】xuè'àn [名]〔[量]件 jiàn,起 qǐ,桩 zhuāng〕殺人事件．

【血本】xuèběn [名]商売の元手．資本．¶亏 kuī 了～/元手をすった．

【血本无归】xuèběn wú guī [句]商売の元手をすべて失う．

【血崩】xuèbēng [名]《中医》子宮の異常出血．不正出血．[同]崩症 bēngzhèng

【血沉】xuèchén [名]《医学》血沈．

【血仇】xuèchóu [名]肉親を殺害した仇敵．

【血防】xuèfáng [名]《医学》住血吸虫病の予防と治療．

【血粉】xuèfěn [名]《農業・畜産》血粉(けっぷん)．乾血粉．

【血管】xuèguǎn [名]《生理》〔[量]根 gēn,条 tiáo〕血管．

【血海】xuèhǎi ❶[名]血の海．❷[形]（事の結果が）重大な．深刻な．¶有～之仇 chóu/深い恨みがある．❸[名]《中医》血海(けっかい)．

【血海深仇】xuè hǎi shēn chóu [成]（肉親などを殺された）深い恨み．[同]血海冤 yuān 仇

【血汗】xuèhàn [名]血と汗．勤勉な労働．¶～钱/汗水たらして働いた金．¶岂能 qǐnéng 榨取 zhàqǔ 人民的～？/人民の血と汗のたまものを搾り取ることができるものか．

【血红】xuèhóng [形]血のように赤い．真っ赤だ．¶嘴涂

X

谑 xuè 1271

tú 得～～的／口紅を真っ赤に塗っている.
【血红蛋白】xuèhóng dànbái 名《生理》ヘモグロビン. 同 血红素 sù, 血色素 xuèsèsù
【血花】xuèhuā 名 血しぶき.
【血迹】xuèjì 名〔量 块 kuài, 片 piàn〕血痕. 血のあと. ¶～斑斑 bānbān／血痕が点々とついている. ¶～未干／血痕がまだ生々しい.
【血检】xuèjiǎn 动 "血液检查"（血液検査）の略称. 特に, ドーピング検査を指す.
【血浆】xuèjiāng 名《生理》血漿(しょう).
【血口喷人】xuè kǒu pēn rén 成 贬 悪らつなことばで人を中傷する. ¶捏造 niēzào 事实,～／事実を捏造(ねつぞう)し, 人を中傷する.
【血库】xuèkù 名 血液バンク. 同 血站 xuèzhàn, 血银行 xuèyínháng
【血块】xuèkuài 名 血液のかたまり. 同 血饼 xuèbǐng
【血亏】xuèkuī 名《中医》貧血. 貧血症. ¶你～,冬天要多吃些补品／あなたは貧血だから, 冬は栄養食品を多めに食べなさい. 同 血虚 xuèxū
【血泪】xuèlèi 名 血の涙. 悲惨な境遇. ¶～控诉 kòngsù ／必死で悲惨な境遇を訴える.
【血流成河】xuè liú chéng hé 成 血の海になる. 表现 戦時の大殺戮のようすをいう.
【血路】xuèlù 名 敵の囲みを破って切りひらいた逃げ道. 血路.
【血脉】xuèmài ❶《中医》血管. あるいは血液循環. ¶～流通／血液が循環する. ❷ 血統. 血筋. ¶～相通／血筋がつながっている.
【血泡】xuèpào 名 血豆. ¶手打了个～／手に血豆ができた.
【血泊】xuèpō 名 血だまり. 血の海. ¶倒 dǎo 在～中／血の海に倒れた.
【血气】xuèqì 名 ❶ 血の気. 元気. ❷ 気骨. ¶刚直 gāngzhí 不阿 ē ～汉子 hànzi ／人にぺこぺこしない気骨のある男. 同 血性 xuèxìng
【血气方刚】xuè qì fāng gāng 成 （若者が）血気盛んだ. 由来 『論語』季氏篇のことばから.
【血亲】xuèqīn 名 血族. ¶～关系／血族関係.
【血清】xuèqīng 名《生理》血清.
【血球】xuèqiú 名《生理》血球. 同 血细胞 xuèxìbāo
【血肉】xuèròu 名 ❶ 血と肉. ¶～之躯 qū ／血の通った体. ¶～模糊 móhu ／傷つけられて血だらけだ. ❷ きわめて親密な間柄. 肉親. 骨肉.
【血肉横飞】xuè ròu héng fēi 成 血や肉片が飛び散る. 表现 戦場の悲惨な光景をいう.
【血肉相连】xuè ròu xiāng lián 成 切っても切り離せない親密な関係だ.
【血色】xuèsè 名 血色. ¶你～不太好,是不是病了？／君, 顔に血の気がないよ, 病気じゃないの.
【血色素】xuèsèsù 名《生理》血色素(ヘモグロビン). ヘモグロビン.
【血书】xuèshū 名〔量 封 fēng〕血書. ¶写～／血書を書く.
【血栓】xuèshuān 名《医学》血栓.
【血水】xuèshuǐ 名 流れ出る薄い血.
【血丝】xuèsī 名 充血した目に見える細い血の筋.
【血糖】xuètáng 名《生理》血糖.
【血统】xuètǒng 名 血統. 血筋.
【血统论】xuètǒnglùn 名 血統論. 血統によって人格や身分を評価する理論.

【血头】xuètóu 名 不法売血を行う組織.
【血污】xuèwū 名 血痕.
【血吸虫】xuèxīchóng 名 血吸虫.
【血吸虫病】xuèxīchóngbìng 名《医学》住血吸虫病.
【血洗】xuèxǐ 动 血で洗うがごとく残虐に殺す. ¶敌人～了村庄／敵は村中を殺戮した.
【血细胞】xuèxìbāo 名《生理》血球. 参考 もと"血球"と呼んだ.
【血象】xuèxiàng 名《医学》血液像.
【血小板】xuèxiǎobǎn 名《生理》血小板.
【血腥】xuèxīng 形 血生臭い. ¶～气／血生臭いにおい. ¶～统治／血生臭い支配.
【血型】xuèxíng 名〔量 种 zhǒng〕血液型.
【血性】xuèxìng 名 剛直な気質. 一本気な性格.
【血性汉子】xuèxìng hànzi 剛直で義侠心のあつい男性.
【血性青年】xuèxìng qīngnián 気概のある青年. 同 血气 xuèqì 青年
【血循环】xuèxúnhuán 名《生理》血液循環.
【血压】xuèyā 名《生理》血圧. ¶量 liáng ～／血圧を測る.
【血样】xuèyàng 名（化学実験用の）血液サンプル.
*【血液】xuèyè 名 ❶《生理》血液. 血. ❷ 重要な成分. 主要な力. ¶我们大学增添了新鲜～／我が大学に新しい血が入った.
【血液循环】xuèyè xúnhuán 名《生理》血液循環.
【血衣】xuèyī 名〔量 件 jiàn〕血染めの衣服.
【血印】xuèyìn 名（～儿）血の跡.
【血友病】xuèyǒubìng 名《医学》血友病.
【血雨腥风】xuè yǔ xīng fēng 成 血生臭いあらし. 弾圧のたとえ. 同 腥风血雨
【血缘】xuèyuán 名 血縁.
【血缘关系】xuèyuán guānxì 名 血縁関係.
【血晕】xuèyùn 名《中医》産後の出血過多による貧血. ⇨ 血晕 xiěyùn
【血债】xuèzhài 名〔量 笔 bǐ〕血のつぐない. 血の負債. ¶～累累 léiléi ／累々たる血生臭い罪悪. ¶讨还 tǎohuán ～／血の返済を求める.
【血战】xuèzhàn 动 血戦する. 血みどろの戦いをする. ¶～到底／生命をかけて最後まで戦う. ❷ 名〔量 场 cháng〕血みどろの戦い. ¶打一场～／激戦をする.
【血证】xuèzhèng 名 被害者の血痕のついた証拠品.
【血脂】xuèzhī 名 血脂. 血液中の脂肪分.
【血肿】xuèzhǒng 名《医学》血腫. 同 血瘤 xuèliú
【血渍】xuèzì 名〔量 块 kuài, 片 piàn〕血のあと. 血痕. ¶～斑斑 bānbān／血痕が点々とついている. 同 血迹 xuèjì

谑（謔） xuè

讠部9　四 3171₄
全11画　通用

繁 冗談を言う. ふざける. ¶～而不虐 nüè／戏～ xìxuè（おどける. ふざける）.
【谑而不虐】xuè ér bù nüè 句 不快にさせるほどの冗談は言わない. ¶他说话很有分寸 fēncun,真是～／彼は冗談を言うにもわきまえがあり, 程度を心得ている.

xun ㄒㄩㄣ〔çyn〕

xūn – xún

勋(勛/異勳) xūn
力部7 四6482₇ 全9画 次常用

① 素 大きな功績. ¶～章 xūnzhāng / 功～ gōngxūn（国家社会に対する勲功）/ 屢 lǚ 建奇～（しばしば殊勲をたてる）. ② 素 勲章. ¶～授～（勲章を授かる）. ③ 素 功勲のある人. ¶元～ yuánxūn（元勲）. ④ (Xūn)姓.

【勋绩】xūnjì 名文 手柄. 功績. ¶光輝的～/ 輝かしい功績.
【勋爵】xūnjué 名 ① 爵位. ② イギリスの貴族の称号. 卿(きょう). ♦Lord
【勋劳】xūnláo 名文 立派な功労. 功勲. ¶～卓著 zhuózhù / 際立って立派な功労.
【勋业】xūnyè 名文 功業. 功績のある事業.
【勋章】xūnzhāng 名[⑪ 枚 méi] 勲章.

荤(葷) xūn
艹部6 四4450₄ 全9画 次常用

下記熟語を参照.
☞ 荤 hūn
【荤粥】Xūnyù 名〈歴史〉獯鬻(くんいく). 古代,北方にいた民族の名. 回 獯鬻 Xūnyù

埙(塤/異壎) xūn
土部7 四4618₂ 全10画 通用

名〈音楽〉埙(けん). 壎(けん). 古代の土笛. 参考 卵形で,数個から9個の穴があいている.

埙

熏(異燻①～③) xūn
灬部10 四2033₁ 全14画 次常用

① 動 煙ですする. いぶす. ¶煤烟～黑了墙（煤煙で壁がまっ黒にすけている）. ② 動〈料理〉薫製にする. ¶～豆腐 dòufu（薫製豆腐）/ ～肉 xūnròu. ③ 動（においが）鼻をつく. ¶臭气 xiùqì～人（臭気が鼻をつく）. ④ 動 長い間接触して影響を受ける. ¶～陶 xūntáo / ～染 xūnrǎn. ⑤ 素（気候や風が）暖かい. ¶～风 xūnfēng. ⑥ (Xūn)姓.
☞ 熏 xùn
【熏肠】xūncháng 名〈料理〉薫製のソーセージ.
【熏风】xūnfēng 名文 暖かい南風.
【熏沐】xūnmù 動文 香をたき沐浴(もくよく)して身を清める. ¶～一番 / 念入りに斎戒沐浴する.
【熏染】xūnrǎn 動貶（悪い）影響を受ける. 感化される. ¶～不良习气 / 悪い習慣に染まる.
【熏肉】xūnròu 名〈料理〉薫製のブタ肉. ベーコン.
【熏陶】xūntáo 動褒 薫陶する. 感化する. ¶受到艺术的～/ 芸術的な薫陶を受ける. 回 陶冶 táoyě
【熏鱼】xūnyú 名〈料理〉薫製の魚.
【熏蒸】xūnzhēng ① 動 燻蒸される. ¶～消毒 xiāodú / 燻蒸消毒する. ② 形 蒸し暑くて耐え難い. ¶暑气 shǔqì～/ 蒸し風呂に入ったようにうっとうしい.
【熏制】xūnzhì 動〈料理〉食品を薫製にする.

窨 xūn
穴部9 四3060₁ 全14画 通用

動（ジャスミンの花などを入れてお茶に香りをつける. ¶～片 xūnpiàn（花の香りをつけたお茶）. 回 熏 xūn
☞ 窨 yìn

薰 xūn
艹部14 四4433₁ 全17画 通用

名 ① 薰草. 香草. ¶～莸异器 xūnyóuyìqì（香と臭い草は同じ器に入れられない. 良いものと悪いものはいっしょにになれない）. ② 花や草の香り. ¶草～风暖（草は香り風は暖かい）. ③ ⇒ "熏 xūn"①②に同じ. ④ (Xūn)姓.

獯 xūn
犭部14 四4223₁ 全17画 通用

下記語を参照.
【獯鬻】Xūnyù 名〈歴史〉獯鬻(くんいく). 古代,北方にいた民族の名. 参考 戦国時代以後は"匈奴 Xiōngnú"と呼ばれた.

曛 xūn
日部14 四6203₁ 全18画 通用

名文 ① 夕日が沈んだ後も空に残っている光. 残照. ② 暮色. たそがれ.

醺 xūn
酉部14 四1263₁ 全21画 通用

素 酒に酔うようす. ¶微～ wēixūn（ほろ酔いだ）/ 醉 zuì～～（ひどく酔っぱらっている）.
【醺然大醉】xūnrán dàzuì 句 ぐでんぐでんに酔っぱらっている. ¶两人喝得～/ 二人はぐでんぐでんに酔っている.

旬 xún
勹部4 四2762₀ 全6画 通用

名 ①（1ヶ月を3分した）10日間. ¶上～ shàngxún（上旬）/ 中～ zhōngxún（中旬）/ 下～ xiàxún（下旬）. ② 10歳. ¶三～上下年纪（30歳前後）/ 七～老母（七十の老母）. ③ (Xún)姓.
【旬刊】xúnkān 名 10日に1回刊行する新聞や雑誌. 旬刊.
【旬日】xúnrì 名文 10日間.

寻(尋) xún
彐部3 四1734₇ 全6画 常用

① 動 探し求める. ¶孩子不见了,大家到处去～（子供がいなくなったので,みんなであちこち探した）/ 找了,过几次,但怎么也～不着 zháo（犬がいなくなったので彼女は何回か探したが,どうしてもみつけられなかった）. 回 找 zhǎo, 觅 mì ② 量 古代の長さの単位. 1"寻"は8"尺 chǐ". ¶～常 xúncháng. ③ (Xún)姓. 参考 ①はもと"xín"と発音した.
【寻常】xúncháng 形 普通だ. ¶异乎～的冷 / 尋常でない寒さ. ¶这件事一点不～/ この件にはちょっと普通でない点がある. 由来 古代の長さの単位で,8"尺 chǐ"を"寻",その倍を"常"と呼んでいた. "寻"も"常"もよく用いられたことから,「普通」の意になった.
【寻的】xúndì 形〈軍事〉自動誘導式(の). ¶～导弹 / 誘導ミサイル.
【寻短见】xún duǎnjiàn 句 自殺する. ¶不必为 wèi 一点小事就～/ ささいなことで浅はかな了見を起こしてはいけませんよ.
【寻访】xúnfǎng 動 探し訪ねる. ¶～故友 / 古い友人を訪ねる.
【寻根】xúngēn 動 ① とことん追及する. 根源をたずねる. ②（華僑などが）祖先のルーツを探す.
【寻根究底】xún gēn jiū dǐ 成 徹底的に追求する. ¶他干什么事都想～,弄个水落石出 / 彼は何でも徹底的に追及し,真相をはっきりさせたがる. 回 追 zhuī 根究底,寻根问 wèn 底
【寻呼】xúnhū 動 無線を使って,相手を呼び出す.

【寻呼机】xúnhūjī 名 ポケベル. 同 BP机
【寻呼台】xúnhūtái 名 (無線電信の)交換台. 中継所.
【寻花问柳】xún huā wèn liǔ 成 ❶ 風景を愛でる. ❷ 女郎を買う.
【寻欢作乐】xún huān zuò lè 成 思いのままに楽しみを求める.
【寻机】xúnjī 动文 機会を探す.
【寻究】xúnjiū 动 調査する. 追求する. ¶～事故责任 / 事故の責任を追及する.
【寻开心】xún kāixīn 句 ❶ 人を笑わせる. 冗談を言う. ¶拿他们～ / 彼らを種にして冗談を言う.
【寻觅】xúnmì 动 探す. ¶四处～ / あちこち探す. ¶～踪影 zōngyǐng / 姿を探す.
【寻摸】xúnmo 动 探す. 漁(き)る.
【寻求】xúnqiú 动 探し求める. ¶～真理 / 真理を追求する. ¶继续～和平道路 / 平和の道を追及し続ける. 比较 "寻求"の対象は抽象的な事物が多いが, "寻找 xúnzhǎo"の対象は抽象的な事物, 具体的な事物や人のいずれでもよい.
【寻死】xún//sǐ 自殺する. ¶想～呀, 站在马路中间! / 自殺でもしないのか, 道路の真ん中に立ったりして. 参考 もと"xínsǐ"と発音した.
【寻死觅活】xún sǐ mì huó 成 自殺をはかる. 死ぬのを生きるのと騒ぐ. 表现 多くは, 自殺をにおわせて人を脅(き)すことを言う.
【寻思】xúnsi 动 考える. 思案する. ¶独自～ / ひとりで思案する. ¶你～～这件事该怎么办 / この件をどうしたらよいか, よく考えなさい. 参考 もと"xínsi"と発音した.
【寻索】xúnsuǒ 动 搜索する.
【寻味】xúnwèi 动 じっくり考える. 意味を味わう. ¶这幅画耐人～ / この画は実に味い深い.
【寻问】xúnwèn 动 尋ねる. 問い合わせる. 同 询 xún 问
【寻物启事】xúnwù qǐshì 名 (張り紙や新聞などに掲げる)探し物のお知らせ.
【寻隙】xúnxì 动 ❶ あら探しをする. ¶～闹事 nàoshì / あらを探して, もめ事を引き起こす. ❷ すきを見つける. ¶～行窃 xíngqiè / すきを見て盗む.
【寻衅】xúnxìn 动 言いがかりをつける. ¶别～闹事 nàoshì / 言いがかりをつけて騒ぎを起こすのはよせ. 同 挑衅 tiǎoxìn
【寻幽访胜】xún yōu fǎng shèng 成 景勝の地を訪ねる.
【寻章摘句】xún zhāng zhāi jù 成 ❶ 文章の中の目につくことばだけを拾い読みし, 内容を深く理解しようとしない. ❷ ありきたりのことばをつなぎ合わせてつまらない文を書く. ¶这篇文章尽是～, 毫无新意 / この文章はありきたりのことばをつなぎ合わせただけで, 新味がない.
*【寻找】xúnzhǎo 动 探す. 求める. ¶小孩子丢了, 父母四处～ / 子供がいなくなって, 両親はあちこち探した. ¶我们先在地图上一一下出口吧 / まず地図で出口を探してみよう. 同 寻觅 xúnmì ⇨寻求 xúnqiú

巡(巡) xún 辶部3 四 3230₃ 全6画 常用

❶ 素 見回る. ¶～夜 xúnyè / ～哨 xúnshào / 出～ chūxún (巡视する. 巡幸する). ❷ 量 全員にひとわたり酒をつぐことを表すことば. ¶酒过三～ (酒が三巡した).
【巡捕】xúnbǔ 名 ❶ 清代, 総督や巡撫(ぶ)などの地方長官に随行する役人. ❷ 租界地の警察. 同 捕房 bǔfáng
【巡捕房】xúnbǔfáng 名 旧 上海などの租界内に設置された警察署.
【巡查】xúnchá 动 見回る. ¶四处～ / 各所を見回る.
【巡抚】xúnfǔ 名 歴史 古代の官名. 巡撫(じゅ). 参考 明代では, 地方の民政や軍政を巡視監督するために臨時に派遣された大臣. 清代では, 一省の民政や軍政を主管する長官.
【巡更】xúngēng 动 夜回りをする. 夜の時を知らせる. 参考 "更 gēng"は, 旧時の夜の時間をはかる単位で, 夜を5つに分けた.
【巡航】xúnháng 动 巡航する.
【巡航导弹】xúnháng dǎodàn 名 軍事 巡航ミサイル.
【巡回】xúnhuí 巡回する. ¶～演出 / 巡回公演する. ¶～医疗 yīliáo / 巡回医療.
【巡缉】xúnjī 动 巡察して逮捕する.
【巡警】xúnjǐng 名 ❶ 巡査. ❷ パトロール警官.
【巡礼】xúnlǐ 动 ❶ 聖地を巡拝する. 巡礼する. ❷ 観光地を巡る.
【巡逻】xúnluó パトロールする. 見回る. ¶～队 / パトロール隊. ¶在边防线上～ / 国境警備ラインをパトロールする.
【巡哨】xúnshào 动 (警備隊が)パトロールする.
【巡视】xúnshì 动 ❶ 視察して回る. ¶～各地 / 各地を視察する. ¶～灾情 zāiqíng / 被災状況を視察して回る. ❷ 周りを見る. ¶～四周 / 周囲を見回す.
【巡天】xúntiān 动 天空を巡り遊ぶ.
【巡行】xúnxíng 动 ❶ 巡回する. ¶～各地 / 各地を巡回する. ❷ 通行する. ¶在街上～ / 町を通行する.
【巡幸】xúnxìng 动 (皇帝が)各地を巡る. 巡幸する. ¶～江南 / 皇帝が江南を巡幸する.
【巡演】xúnyǎn 巡回公演する. ¶演奏～ / コンサートツアー.
【巡洋舰】xúnyángjiàn 名 軍事 〔艘 sōu, 只 zhī〕巡洋艦. ¶导弹 dǎodàn / ミサイル巡洋艦.
【巡夜】xúnyè 动 夜回りをする. ¶值班 zhíbān～ / 当番で夜回りをする.
【巡弋】xúnyì 动 軍事 (軍艦が)パトロールする. 巡航する. ¶海上～ / 海上パトロールする.
【巡游】xúnyóu 动 ❶ 巡回する. ¶～各地 / 各地を遊覧する. ¶～故都 / 古都を遊覧する. ❷ パトロールする.
【巡展】xúnzhǎn 动 巡回展.
【巡长】xúnzhǎng 名 旧 巡査部長.
【巡诊】xúnzhěn 动 (医師が)巡回診療する.

郇 Xún 阝部6 四 2762₇ 全8画 通用

❶ 周代の国名. 今の山西省临猗県の西南部にあった. ❷ 姓.
☞ 郇 Huán

询(詢) xún 讠部6 四 3772₀ 全8画 常用

素 尋ねる. 意見を求める. ¶～问 xúnwèn / ～查 xúnchá / 咨～ zīxún (諮問する).
【询查】xúnchá 动 問い合わせる. ¶～电话号码 / 電話番号を問い合わせる.
【询访】xúnfǎng 动 訪ねて問い合わせる. ¶～知情人 / 内部事情に詳しい人に問い合わせる.
【询问】xúnwèn 动 意見を求める. 尋ねる. ¶～病状 / 病状を尋ねる. ¶～处 / 案内所. インフォメーション. 同 讯问 xùnwèn

荀 xún
艹部6 四4462₇ 全9画 通用

[名] ❶地名用字. 周代の諸侯国の一つ. 今の山西省にあった. ❷姓.

【荀子】Xúnzǐ《人名・書名》荀子(ﾋﾞｭﾝ: 前298-前238頃). 戦国時代の趙の思想家. またその著書. 孟子の性善説に対して性悪説を唱えた.

荨(蕁) xún
艹部6 四4434₇ 全9画 通用

下記熟語を参照.
▶ 荨 qián

【荨麻疹】xúnmázhěn [名]《医学》じんましん. ¶发~/じんましんが出る. (同)风疹块 fēngzhěnkuài, 鬼风疙瘩 guǐfēng gēda. 参考 もと"qiánmázhěn"と発音した.

峋 xún
山部6 四2772₀ 全9画

→嶙峋 línxún

洵 xún
氵部6 四3712₀ 全9画

[副]⟨文⟩本当に. 確かに. ¶~属 shǔ 可贵(実にえがたいことだ).

浔(潯) xún
氵部6 四3714₇ 全9画 通用

[名] ❶⟨文⟩水ぎわ. ¶江~ jiāngxún (川辺). ❷(Xún)江西省九江市の別名. 浔(じ). ❸(Xún)姓.

恂 xún
忄部6 四9702₀ 全9画

[素] ❶誠実だ. ❷恐れる. びくびくする.

珣 xún
王部6 四1712₀ 全10画

[名] 玉(ﾞﾖｸ)の一種.

【珣玗琪】xúnyúqí ⟨地名⟩遼東で産出したという美玉の名.

栒 xún
木部6 四4792₀ 全10画 通用

下記熟語を参照.

【栒邑】Xúnyì《地名》陝西省の県の名. 参考 現在は"旬邑 Xúnyì"と書く.

循 xún
彳部9 四2226₄

❶[素](規則・順番・道すじなどに)きっちりと従う. ¶~规 xúnguī (規則を守る)/~环 xúnhuán/~序 xúnxù/遵~ zūnxún (従う). ❷(Xún)姓.

【循规蹈矩】xún guī dǎo jǔ ⟨成⟩規則やきたりを守る. ¶搞科研不能~, 贵在创新 chuàngxīn/科学研究では決まり通りにやっていたのではだめで, 新機軸を打ち出すことが大切だ.

【循环】xúnhuán [動]循環する. ¶恶性~/悪循環.

【循环经济】xúnhuán jīngjì [名]《経済》循環型経済.

【循环赛】xúnhuánsài [名]《スポーツ》リーグ戦. 総当たり戦.

【循环往复】xúnhuán wǎngfù ⟨句⟩何度も何度も繰り返して行う.

【循环系统】xúnhuán xìtǒng [名]《生理》循環系.

【循吏】xúnlì [名]⟨文⟩法と礼節を守る官吏.

【循例】xúnlì 慣例に従う. ¶~办理/慣例に従って処理する.

【循名责实】xún míng zé shí ⟨成⟩名実ともに一致している. ¶要求~,各司 sī 其事/名実ともに各自の職務を務められたい.

【循序】xúnxù 順序に従う.

【循序渐进】xún xù jiàn jìn ⟨成⟩(学習や仕事を)段階を踏んで一歩一歩進める.

【循循善诱】xún xún shàn yòu 順序立てて人を上手に教え導く. ¶老师~地教他/先生は段階を踏んでうまく彼を教育した.

【循照】xúnzhào [動]…の通りにする. …に従う. ¶~旧例/旧例に従う.

鲟(鱘/⟨異⟩鱏) xún
鱼部6 四2714₇ 全14画 通用

[名]"鲟鱼 xúnyú"に同じ.

【鲟鱼】xúnyú [名]《魚》チョウザメ. 参考 卵を塩漬けにしたものが"鱼子酱 yúzǐjiàng"(キャビア).

训(訓) xùn
讠部3 四3270₀ 全5画 常用

❶[動]言い聞かせる. しかる. ¶老师老~我(先生は僕をしかってばかりいる)/他被母亲~哭了(彼は母親にしかられて泣いてしまった)/校长 xiàozhǎng 把学生们~了一顿(校長は学生たちによく言って聞かせた). ❷[素]教える. 戒め. ¶家~ jiāxùn (家訓)/遗~ yíxùn (遺訓). ❸教え導く. ¶~练 xùnliàn/培~ péixùn (人材を養成する). ❹[名]言動のよりどころとなるもの. ¶不足为 wéi~(⟨成⟩範とするに足りない). ❺[素]ことばの意味を解釈する. ¶~诂 xùngǔ. ❻(Xùn)姓.

【训斥】xùnchì [動]訓戒ししかる. ¶他让校长~了一顿/彼は校長からひどくしかられた. ¶屡 lǚ 遭 zāo~/再三にわたり訓戒叱責を受ける.

【训词】xùncí [名]訓話. 訓辞.

【训导】xùndǎo [動]教え導く. 訓導する. ¶及时~/タイミングよく教え導く. ¶~小辈 xiǎobèi/若い者を教育する.

【训迪】xùndí [動]教え諭(さと)す.

【训诂】xùngǔ [動]古書の字句の解釈・考証をする. ¶~学/訓詁(ｸﾝｺ)学.

【训话】xùn//huà [動]訓話する.

【训诲】xùnhuì [動]教え導く. ¶遵照 zūnzhào 爷爷的~/おじいさんの教えを守る.

【训诫[戒]】xùnjiè [動](目上のものが)教え戒める. 訓戒する. ¶~犯人/犯人を諭し戒める.

*【训练】xùnliàn [動]訓練する. ¶我每天~小狗/私は毎日小犬を訓練している. ¶必须加强体力~/体力の訓練を強化せねばならない.

【训练班】xùnliànbān [名]トレーニングクラス. 訓練班.

【训练有素】xùn liàn yǒu sù 日頃から訓練を怠らないので, 確実な技術がある.

【训令】xùnlìng [名]訓令(ﾓﾘ).

【训示】xùnshì [動]訓示. 教示.

【训育】xùnyù ❶[動]訓育する. 教え育てる. ❷[名]⟨旧⟩学校内での道徳教育.

【训喻[谕]】xùnyù [動]⟨文⟩教え導く.

讯(訊) xùn
讠部3 四3771₀ 全5画 常用

[素] ❶問う. 尋ねる. ¶审~ shěnxùn (尋問する)/问~ wènxùn (問う. 尋ねる). ❷知らせ. ¶通~ tōngxùn (通信する)/新华社 Xīnhuáshè~(新華社電).

【讯号】xùnhào [名]信号. 特に電磁波による信号を指す.

【讯实】xùnshí [動]尋問の結果, 事実であることが判明する.

【讯问】xùnwèn ❶[動]問う. 尋ねる. ¶一路~,才找到这里/途中で人に尋ねて, ようやくここがわかりました. (同)

询问 xúnwèn ②《法律》尋問する. ¶～案件 ànjiàn / 訴訟事件について尋問する.

汛 xùn 氵部3 四 3711₀ 全6画 [次常用]

❶[素]季節的な河川の増水. ¶～期 xùnqī / 防~ fángxùn（増水期の洪水を防ぐ）/ 秋～ qiūxùn（秋の増水）/ 桃花～ táohuāxùn（春先の増水）. ❷（Xùn）姓.

【汛期】xùnqī 名 増水期.
【汛情】xùnqíng 名 河川の増水の情況.

迅 xùn 辶部3 四 3730₁ 全6画

❶[素]速い. ¶～速 xùnsù / ～捷 xùnjié / 雷不及掩耳 xùnléi bù jí yǎn'ěr. ❷副 速く. ¶～跑（速く走る）. ❸（Xùn）姓.

【迅即】xùnjí 副 即座に. ¶～回答提问 / 即座に質問に答える.
【迅急】xùnjí 形 急いでいる. 速やかだ. ¶～赶到医院 / 急いで病院へ行く.
【迅疾】xùnjí 形 飛ぶように速い. ¶动作～ / 動作がすばやい. ¶～赶来 / 大急ぎで来る.
【迅捷】xùnjié 形 すばやい. 敏速だ. ¶行动～ / 行動がすばやい.
【迅雷不及掩耳】xùnléi bù jí yǎn'ěr 慣 物事の発生が突然すぎて, 準備や防衛が間に合わないたとえ. 由来 突然の雷鳴で, 耳を塞ぐのが間に合わない, という意から.
【迅猛】xùnměng 形 速くて激しい. 急激だ. ¶水势～ / 水の勢いが激しい. ¶攻势～ / 攻勢がすさまじい.
*【迅速】xùnsù ❶形 飛ぶように速い. 速速だ. ¶～前进 / 迅速に前進する. ¶～发展 / 急速な発展. ¶～完成了任务 / 迅速に任務を終わらせる. ❷副 ただちに. すぐに. ¶～作出处理 / ただちに処理した.

驯（馴）xùn 马部3 四 7210₀ 全6画 [次常用]

❶形 おとなしい. 従順だ. ¶～服 xùnfú / 温～ wēnxùn（おとなしい. なつかしい）. ❷動（動物を）飼いならす. しつける. ¶～虎 hǔ（トラを飼いならす）/ ～养 xùnyǎng. ❸副⟨文⟩次第に. ¶小恶不惩 chéng, ～至大患 huàn（小悪を見逃してほっておくと, 大きな災厄になる）.

【驯服】xùnfú ❶形 従順だ. おとなしい. ¶家猫, 野猫不～ / 飼い猫はおとなしいが, 野良猫は言うことをきかない. ❷動 ならす. 従わせる. ¶小李～了这匹 pǐ 马 / 李くんはこのウマを手なずけた. ¶～洪水 hóngshuǐ / 洪水を治める.
【驯化】xùnhuà 動 ❶（野性の動物を）飼いならす. ❷（野性の植物を）品種改良する.
【驯良】xùnliáng 形 おとなしくて善良だ. ¶性情～ / 気立てが素直だ. ¶熊猫 xióngmāo 比较～ / パンダはわりにおとなしい.
【驯鹿】xùnlù 名《動物》トナカイ.
【驯顺】xùnshùn 形 従順だ. おとなしい. ¶这孩子非常～ / この子はとてもおとなしい. 同 驯良 xùnliáng.
【驯养】xùnyǎng 動（野性の動物を）飼いならす. ¶～珍奇动物 / 珍獣を飼いならす.

徇（異 狥）xùn 彳部6 四 2722₀ 全9画 [通用]

❶[素]無原則に服従する. 言いなりになる. ¶～私 xùnsī / ～情 xùnqíng. ❷[素] "殉 xùn"①に同じ. ❸（Xùn）姓.

【徇情】xùnqíng 動 私情にとらわれて法を曲げる. ¶～枉法 wǎngfǎ / 私情にとらわれて法を曲げる.
【徇私】xùnsī 動 私情にとらわれて不正を働く. ¶因～而被解职 jiězhí / 私欲のために不正を働いて解雇される.
【徇私舞弊】xùn sī wǔ bì 成 私情にとらわれて悪事を働く.

逊（遜）xùn 辶部6 四 3930₀ 全9画 [次常用]

❶[素]退く. 譲る. ¶～位 xùnwèi. ❷ 謙虚だ. へり下っている. ¶出言不～（成）発言が生意気だ）. ❸ 劣っている. ¶～色 xùnsè / 稍～一等（やや劣る）.

【逊尼派】Xùnnípài 名《宗教》（イスラム教の）スンニ派.
【逊色】xùnsè ❶形 見劣りする. 遜色（そんしょく）がある. ¶我的球艺比你～多了 / 僕の球技のテクニックは君よりずっと劣る. 反 出色 chūsè. ❷名 遜色. ¶毫无～ / 少しも遜色ない.
【逊位】xùnwèi 動 皇帝の位を譲る.
【逊于】xùnyú 動 …に劣る.

殉 xùn 歹部6 四 1722₀ 全10画 [次常用]

[素] ❶（目的や理想のために）自分の命を犠牲にする. ¶～国 xùnguó / ～难 xùnnàn. ❷ 古代, 人や財物を死者とともに埋葬する. ¶～葬 xùnzàng.

【殉道】xùndào 動 殉教する. 自分の信念に殉じる.
【殉道者】xùndàozhě 名 道義のために身を犠牲にする人. 殉道者.
【殉国】xùn//guó 動 国のために死ぬ. ¶以身～ / 国に身をささげて死ぬ.
【殉教】xùn//jiào 動 殉教する.
【殉节】xùn//jié 動 ❶節を守るため, 降伏を拒否し命を捨てる. ¶～身亡 shēnwáng / 節義を守って命を捨てる. ❷ 女性が貞操を守って死ぬ.
【殉难】xùn//nàn 動（国や大義のために）命を犠牲にする. 殉難する.
【殉情】xùnqíng 動 恋愛をじゃまされ自殺する. ¶少女～者, 日渐 rìjiàn 增多 / 恋愛のために自殺する若い女の子が, 日に日に増加している.
【殉葬】xùnzàng 動 殉葬する.
【殉葬品】xùnzàngpǐn ❶名 副葬品. ❷ 意味のない犠牲. ❸ 悪人や旧勢力に追随し, 道連れとなって破滅へと向かう者.
【殉职】xùn//zhí 動 殉職する. ¶他光荣～ / 彼は光栄にも殉職した. ¶因公～ / 公務で殉職する.

浚（異 濬）xùn 氵部7 四 3314₇ 全10画 [通用]

[素] 地名用字. ¶～县 Xùnxiàn（河南省にある県の名）.
☞ 浚 jùn

巽 xùn 八部10 四 7780₁ 全12画 [通用]

名 易の八卦（はっか・はっけ）の一つ. 巽（そん）. ☰であらわし, 風を意味する. ⇨八卦 bāguà

熏 xùn 灬部10 四 2033₁ 全14画 [次常用]

動（ガスなどで）中毒する. 窒息する. ¶一家5口都～死了（一家5人がガス中毒死した）.
☞ 熏 xūn

蕈 xùn 艹部12 四 4440₆ 全15画 [通用]

名 キノコの総称. ¶松～ sōngxùn（マツタケ）/ 香～ xiāngxùn（シイタケ）.

噀(異 潠) xùn 口部12 四 6708₁ 全15画 通用
動㊡ 水を口に含んで,ぷっと勢いよく吹き出す. ¶～水(水を吹き出す).

梭 xùn 木部7 四 4394₇ 全11画 次常用

下記熟語を参照.
☞ 梭 suō

【梭梭】xùnxùn 名(植物)砂漠地帯に生えるアガサ科の灌木. ☞ 梭梭 suōsuō

Y

ya ㄧㄚ〔iA〕

丫（[異]桠❶、枒❶） yā
八部 1　全 3 画　[四] 8020₇　[通用]
[素]❶ 枝分かれしているもの．¶～巴 yāba（二つに分かれた，またの部分）/～杈 yāchà（木の枝分かれしているところ）．❷[方] 女の子．¶小～ xiǎoyā（女の子）．
【丫鬟[环]】yāhuan [名][旧] 女性の奉公人．女中．下女．[同] 丫头 yātou
【丫头】yātou [名]❶ 女の子．❷[旧] 女性の奉公人．[同] 丫鬟 yāhuan

压（壓） yā　厂部 4　[四] 7121₃　全 6 画　[常用]
[動]❶ 上から圧力を加える．押しつける．¶～碎 yāsuì（つぶして粉々にする）/～住 yāzhù（押さえつける）/书上～了几块石头（本の上からいくつかの石で押しをした）/纸弄皱 zhòu 了，用手～一～（紙にしわが寄ったので，手で押さえつけた）．❷（公文書などを）放置する．¶办公室里～了一堆信件（オフィスには郵便物がたまっている）/我们的申请被～起来了（我々の申請は寝かされたままになっている）/积～ jīyā（手付かずにしておく）．❸ 威力で抑える．¶他总是～反对意见（彼はいつも反対意見を抑えつける）/强～ qiángyā（無理に抑えつける）/镇～ zhènyā（鎮圧する）．❹ 制止する．静める．¶他～着心里的怒火没有爆发（彼は怒りが爆発しないように抑えている）/喝口水～一下咳嗽（水を飲んで咳を鎮める）/按～ ànyā（握りつぶす）．❺ 近づく．迫る．¶～境 yājìng / 太阳～山了（太陽が山の端にかかる）．❻ 圧倒する．しのぐ．¶才～当世 dāngshì（才能が傑出する）．❼ 博打をうつ．¶～一千块（1,000元かける）/～宝 yābǎo．
☞ 压 yà
【压板】yābǎn [名]《機械》固定板．止め金具．☞ 压板 yàbǎn
【压宝】yā//bǎo [動]"宝 bǎo"のとばくをする．[同] 押宝 yābǎo [参考]"宝"はウシの角で作った四角い板に方向を示す記号をつけたもの．蓋や椀などで伏せて隠しておき，その方向を当てる．
【压不住】yābuzhù [動] 押さえきれない．[反] 压得 de 住
【压产】yāchǎn [動] 生産を圧縮する．減産する．
【压场】yā//chǎng [動]❶ その場を抑える．押さえがきく．[同] 压台 tái ②❷ 公演中，最後に登場する．取り[真打ち]をつとめる．[同] 压台①
【压秤】yāchèng [動]❶（体積のわりに）目方がはる．❷ わざと少なめに量る．
【压船】yā//chuán [動] 船舶が停留する．[参考] 貨物の積み下ろし遅滞や天候などの理由で，予定通りに出航できないこと．
【压倒】yā//dǎo [動] 圧倒する．¶～一切 / すべてを圧倒する．¶～众人 / 群を抜く．
【压得住】yādezhù [動] 押さえきれる．[反] 压不 bu 住
【压低】yādī [動] 下げる．低くする．¶～售价 shòujià / 売値を下げる．¶～声音说话 / 声を低くして話す．
【压电】yādiàn [名]《物理》圧電気．ピエゾ電気．
【压顶】yādǐng [動] 上方から押さえつける．覆いかぶさる．¶乌云～ / 黒雲が垂れこめる．[表現] 多く比喩として用いる．
【压锭】yā//dìng [動]《紡織》紡績機の数を減らす．紡績工場の生産量を減少させる．
【压服[伏]】yā//fú [動] 力で屈服させる．¶～众人 / 群衆をねじ伏せる．¶靠～是不能做好思想工作的 / 力づくでは思想工作はうまくいかない．
【压价】yā//jià [動] 価格を抑える．¶～出售 chūshòu / 値を下げて販売する．
【压惊】yājīng [動] 危難に遭った人を，酒食で慰める．¶我特地准备了一桌酒菜给你们压压惊 / お慰めになればと思い特別にごちそうを用意しました．
【压境】yājìng [動] 敵が国境付近に迫る．
【压卷】yājuàn [名][文] 他を圧倒する詩文．¶～之作 / 他を圧する作品．[由来] もと，科挙の答案（"卷子"）の一番上に置く最優秀作を言った．
【压力】yālì [名]❶（物体にかける）圧力．❷（人にかける）圧力．プレッシャー．¶舆论 yúlùn～ / 世論の圧力．¶施加～ / プレッシャーをかける．¶王先生现在精神～很大 / 王さんは今精神的なストレスがとても大きい．❸ 負担．重荷．¶人口～ / 人口の重圧．¶给他增加了不少～ / 彼に大きな負担を与えた．
【压力锅】yālìguō [名] 圧力釜．
【压力机】yālìjī [名]《機械》プレス機．圧搾機．
【压路机】yālùjī [名]〔[量] 部 bù，台 tái〕ロードローラー．
*【压迫】yāpò [動]❶ 抑えつける．抑圧する．¶大国～小国 / 大国が小国を抑圧する．¶反抗 fǎnkàng～ / 抑えつけに反抗する．❷（身体の一部を）圧迫する．¶用手～血管，可以止血 / 手で血管を圧迫すれば血が止まる．
【压气】yā//qì [動]（～儿）怒りを静める．¶先喝杯茶，压压气儿 / お茶でも飲んで怒りを静めなさい．
【压强】yāqiáng [名]《物理》単位面積あたりの圧力．
【压青】yāqīng [動]《農業》野草や緑肥（りょくひ）を田畑に埋めて肥料にする．
【压岁钱】yāsuìqián [名] お年玉．¶讨 tǎo～ / お年玉をねだる．
【压缩】yāsuō [動]❶ 圧縮する．❷ 削減する．減らす．¶～篇幅 / 紙面を減らす．¶～人员 / 人員を削減する．
【压缩饼干】yāsuō bǐnggān [名] 乾パン．
【压缩空气】yāsuō kōngqì [名]《機械》圧縮空気．
【压台】yā//tái [動]❶ 取り[真打ち]をつとめる．公演中，最後に登場する．[同] 压场 chǎng ②❷ その場を抑える．[同] 压场①
【压题】yā//tí [動] 試験のヤマをかける．[同] 押 yā 题
【压条】yātiáo [名]《農業・植物》取木（とりき）．圧条（あつじょう）．
【压痛】yātòng [名]《医学》圧痛（あっつう）．
【压延】yāyán [名]《機械》圧延．
【压抑】yāyì ❶[動]（感情や力を）抑える．こらえる．¶～自己的感情 / 自分の感情を抑える．❷[形] 気づまりだ．重苦しい．¶这里的环境很～ / ここの環境はとても重苦し

Y

い. ¶心情～／重苦しい気分だ. 回 压制 yāzhì
【压韵】yā//yùn 韻を踏む. 押韻する. 回 押韵 yā-yùn
【压榨】yāzhà 動 ❶ 圧搾する. ❷ 搾取する. 搾り取る. ¶所有财富都被～尽了／すべての財産をことごとく搾り取られた.
【压寨夫人】yāzhài fūrén 名 山賊の首領の妻. あねご. 参考 旧小説や戯曲中の役名.
【压阵】yā//zhèn 動 ❶ しんがりをつとめる. ❷ 陣形を整える. 戦闘配備をしく. 用法 ②は, 比喩として用いられる.
【压制】yāzhì 動 ❶ 抑えつける. 抑圧する. ❷ 他努力～住自己的感情／彼は懸命に自分の感情を抑えた. ❷ プレス製造する. ¶～砖坯 zhuānpī／れんがの生地を型に入れて押す. ¶～玻璃／圧縮ガラス.
【压轴戏】yāzhòuxì 名 ❶〔芸能〕芝居で最後から二番目の出しもの. ❷ 压轴子 yāzhòuzi ❷ 世間の注目を浴びる, 最後に現れる事件. 参考 ①で, 最終演目は"大轴子 dàzhòuzi"と言う.

呀 yā
口部4 四 6104₀ 全7画 常用
❶ 感 驚きやいぶかりをあらわす. ¶～, 这该怎么办？（まあ, どうしましょう）. ❷ 擬 ぎい. ぎゃあ. 扉が開く音や叫び声などをあらわす. ¶门～的一声开了（門がぎいと音を立てておいた）.
☞ 呀 ya

押 yā
扌部5 四 5605₀ 全8画 常用
❶ 名 公文書や契約書などの署名やサイン. ¶～尾 yāwěi ／ 画押（花押）／ 签 ～ qiānyā（署名）. ❷ 金品を担保として人に渡す. ¶～了身份证才可以进去／身分証を預けないと入れない）／ 领钥匙 yàoshi 时要～十块钱（キーを受け取るのに, 10元預けなくてはならない）／ 抵～ dǐyā（抵当にする）. ❷ 動 拘留する. ¶ 看～ kānyā（留置する）／拘～ jūyā（拘禁する）／他被警察～了一个星期（彼は警察に一週間拘留された）. ❹ 動 護送する. ¶ 警察～走了那伙坏人（警察はあの悪いやつらを護送して行った）. ❺ 動 監視する. 管理する. ¶ 我们～了一批货物到这里来（我々はここまで貨物を監視して来た）／路上很危险, 一个人恐怕～不了 liǎo（道中はとても危険なので, おそらくひとりでは守りきれないだろう）. ❻（Yā）姓.
【押宝】yā//bǎo "压宝 yābǎo"に同じ.
【押车】yā//chē 動 （車を運送する）護送する. ¶ 这批贵重货物需要有人～／これらの貴重な貨物は, 誰かが車を護送して行く必要がある. ¶ 邮递一员／ 郵便物運送係. 回 压车 yāchē
【押当】❶ yā//dàng 質入れする. ❷ yādàng 名〔方〕家 jiā〕小規模の質屋.
【押队】yā//duì 動 隊列のしんがりをつとめる. ¶ 派精锐 jīngruì 部队～／精鋭部隊を派遣してしんがりをつとめさせる. 回 压队 yāduì
【押汇】yāhuì 名《貿易》荷為替（にがわせ）を組む.
【押解】yājiè 動（犯人や捕虜を）護送する. 押送する. ¶～犯人／犯人を護送する. 回 押送 yāsòng
【押金】yājīn 名〔量 bǐ〕❶ 敷金. 保証金. ¶ 这是～, 还你／これは保証金ですから, あなたに返します. ❷ 手付け金.
【押款】yā//kuǎn 動 不動産などを担保に銀行などから金を借りる. ¶ 用房地产押了一笔款／不動産を抵当にして金を借りた.

【押款】yākuǎn 名 ❶ 担保と引き替えの借入金. ¶ 了一笔／担保を入れて金を借りた. ❷ 手付け金.
【押送】yāsòng 動 ❶（犯人や捕虜を）押送する. 護送する. ¶ 把那伙坏蛋～到公安局／あの悪いやつらを警察に押送する. ❷ 物品の運搬に同行する. ¶ 展览文物派人～／展示品は人を派遣して護送する. 回 押运 yāyùn
【押头】yātou 名〔方〕担保物件. 質草.
【押尾】yāwěi 名 書類の末尾に署名する.
【押运】yāyùn 動 護送する. 物品の運搬に同行し監視する. ¶～粮草／軍用の食糧や飼料を送り届ける.
【押韵】yā//yùn 韻を踏む. 押韻する. ¶ 这首诗不～／この詩は韻を踏んでいない. 回 压韵 yāyùn
【押账】[帐]yāzhàng 動 抵当に入れる. 担保にする.
【押租】yāzū 名〔旧〕不動産賃貸での保証金や敷金.

垭（埡）yā
土部6 四 4111₂ 全9画 通用
名〔方〕山に挟まれた狭い場所. 多く地名に用いる. ¶ 黄桷～ Huángjuéyā （重慶市にある地名).
☞ 垭 yà
【垭口】yākǒu 名〔方〕山に入るための狭い登り口. 回 山 shān 口

鸦（鴉／鵶）yā
牙部5 四 7722₇ 全9画 常用
名 ❶〔文〕〔鳥〕カラス. ¶～雀 què 无声／乌～ wūyā （カラス）. ❷（Yā）姓.
【鸦片】yāpiàn 名 アヘン. 俗に"大烟 dàyan"という. 回 阿芙蓉 āfúróng, 阿片 āpiàn, 雅片 yǎpiàn
【鸦片战争】Yāpiàn zhànzhēng 名〔歴史〕アヘン戦争 (1840-1842).
【鸦雀无声】yā què wú shēng 成 きわめて静かだ. 大家都在休息, 院子里～／皆寝ていて, 庭は静まり返っている. 由来「カラスやスズメの鳴き声さえしない」という意から.

哑（啞）yā
口部6 四 6101₂ 全9画 常用
感 擬 "呀 yā"に同じ.
☞ 哑 yǎ
【哑哑】yāyā 擬 ❶ カラスの鳴き声. ❷ 赤ん坊がことばをまねる声. 牙牙 yáyá

鸭（鴨）yā
鸟部5 四 6752₇ 全10画 常用
名〔鳥〕〔量 群 qún, 只 zhī〕アヒル. ¶～蛋 yādàn ／～梨 yālí ／ 烤～ kǎoyā （ロースト・ダック）／ 填～ tiányā （食用とするため, アヒルの口にえさを詰める短期間に太らせる）.
【鸭蛋】yādàn 名〔量 个 ge〕❶ アヒルの卵. ❷ 零点. ¶ 考试得了个大～／テストで零点を取ってしまった. 参考 ②は, "0"がアヒルの卵に似ていることによる比喩.
【鸭蛋圆】yādànyuán 名〔方〕（～儿）楕円. ¶～儿脸／面長の顔.
【鸭黄】yāhuáng 名〔方〕アヒルのひな.
【鸭绿江】Yālùjiāng 名〔地名〕鸭緑江（おうりょくこう）. 中国と朝鮮の国境を流れる河川.
【鸭儿广梨】yārguǎnglí 名《植物》ナシの一種. 回 鸭儿广 yārguǎng 参考 果実は球形で皮はざらざらした黄褐色, 甘酸っぱく水分が多い.
【鸭儿梨】yārlí 名《植物》ナシの一種. 参考 河北原産. 果実は卵形で皮はすべすべした淡黄色, 甘く水分が多い.
【鸭绒】yāróng 名 加工したアヒルの羽毛. ¶～被／羽毛布団. ¶～袄 ǎo ／ ダウンジャケット.

雅牙伢芽岈玡蚜崖涯　yā–yá　1279

【鴨舌帽】yāshémào 名〔量 頂 dǐng〕鳥打ち帽．ハンチング．
【鴨掌】yāzhǎng 名（食用の）アヒルの水かき．
【鴨子儿】yāzǐr 名（方）アヒルの卵．同 鴨蛋 yādàn
【鴨子】yāzi 名（鳥）〔量 个 ge, 只 zhī〕アヒル．¶走路像～似的／歩き方がアヒルみたいだ．
【鴨嘴兽】yāzuǐshòu 名〔鳥〕カモノハシ．

雅 yā
牙部8　〔四〕7021₅
全12画
名（文）"鴉 yā"に同じ．
☞ 雅 yǎ

【雅片】yāpiàn 名 アヘン．同 鴉片 yāpiàn

牙 yá
牙部0　〔四〕7124₀
全4画　常用
❶ 名〔量 个 ge, 顆 kē, 排 pái〕歯．¶刷 shuā～（歯を磨く）／掉 diào～（歯が抜ける）／拔 bá～（歯を抜く）／換 huàn～（歯が抜けかわる）／鑲 xiāng～（義歯を入れる）／補 bǔ～（歯につめものをする）．❷ 名 形が歯に似ているもの．¶抽屜 chōuti～子（引き出しの取っ手）．❸ 旧 仲買人．¶～行 yáháng／～儈 yákuài（仲買人）．❹（Yá）姓．
【牙磣】yáchen 形 ❶（食べ物に異物が混じっていて）口中が不快だ．❷（ことばが粗野で）聞いていて不快だ．耳障りだ．
【牙齿】yáchǐ 名〔量 个 ge, 顆 kē, 口 kǒu, 排 pái〕歯．同 齒 chǐ
【牙床】yáchuáng 名 ❶（～子）歯肉．歯茎．"齒齦 chǐyín"の通称．❷〔量 张 zhāng〕象牙細工をほどこしたベッド．
【牙雕】yádiāo 名〔量 件 jiàn〕象牙の彫刻品．
【牙粉】yáfěn 名 歯磨き粉．
【牙縫】yáfèng 名 歯のすき間．
【牙缸】yágāng 名 歯磨きやうがい用のコップ．
【牙膏】yágāo 名〔量 管 guǎn, 支 zhī〕ねり歯磨．
【牙根】yágēn 名 歯根．¶咬定 yǎodìng～／歯を食いしばる．
【牙垢】yágòu 名 歯垢(こう)．同 牙花 yáhuā
【牙关】yáguān 名 あごの関節．¶咬緊 yǎojǐn～／歯を食いしばる．
【牙冠】yáguān 名（歯科治療の）金冠．クラウン．
【牙行】yáháng 名 旧 仲介人．仲介業者．
【牙花】yáhuā 名（方）（～子）❶ 歯茎(ぐき)．同 牙垢 gòu．❷ 歯肉(にく)．同 牙龈 yín
【牙慧】yáhuì 名 ❶ 話題．口の端．¶拾人／他人の受け売りをする．❷ 旧来の考えや見方．用法 ①は、単独では用いず、"拾…～"の形で用いる．由来 ②は、『世説新語』文学篇のことばから．
【牙祭】yájì 名 たくさんのご馳走．参考 もと、主人が店員や労働者にふるまった肉料理を"牙祭肉"と称したことから．
【牙具】yájù 名 歯磨きの道具．
【牙科】yákē 名 歯科．¶～大夫／歯科医師．
【牙口】yákou 名 ❶ 家畜の年齢．❷（～儿）老人の咀嚼力(そしゃくりょく)．噛む力．
【牙轮】yálún 名 歯車．同 齿轮 chǐlún
【牙买加】Yámǎijiā（国名）ジャマイカ（中米）．
【牙鲆】yápíng 名〔魚〕ヒラメ．同 比目魚 bǐmùyú
【牙签】yáqiān 名（～儿）〔量 根 gēn〕つまようじ．
【牙色】yásè 名 象牙色．アイボリー．
【牙商】yáshāng 名 旧 市場の仲立ち人．ブローカー．
【牙石】yáshí 名 ❶《医学》歯石(せき)．❷（道路の）縁石(せき)．

*【牙刷】yáshuā 名（～儿）〔量 把 bǎ, 支 zhī〕歯ブラシ．同 牙刷子 yáshuāzi
【牙髓】yásuǐ 名《生理》歯髄(ずい)．
【牙痛】yátòng 名 歯痛．
【牙牙】yáyá 擬（文）あーあー．乳児がことばをまねて発する声をあらわす．¶～学语 yǔ／乳児がことばをまねし始める．
【牙医】yáyī 名 歯科医．
【牙龈】yáyín 名《生理》歯肉．歯茎．¶～炎／歯肉炎．同 齒龈 chǐyín
【牙釉质】yáyòuzhì 名《生理》（歯の）エナメル質．
【牙质】yázhì ❶ 形 象牙製の．❷ 名《生理》（歯の）象牙質．同 象牙质 xiàngyázhì
【牙周病】yázhōubìng 名《医学》歯周病．歯槽膿漏(のうろう)．
【牙周炎】yázhōuyán 名《医学》歯周病．
【牙子】yázi ❶ 名 ❶ 物の周囲や縁に、突起するように施された彫刻や装飾．❷ 旧 商売の仲買人．ブローカー．

伢 yá
亻部4　〔四〕2124₀
全6画　通用
名（方）こども．

芽 yá
艹部4　〔四〕4424₁
全7画　常用
❶ 名（～儿）〔量 根 gēn〕植物の芽．¶～已经长 zhǎng 出来了（芽はもう出てきている）／豆～儿 dòuyár（もやし）／发～儿 fāyár（発芽する）／萌～ méngyá（芽生える）．❷ 旧 形が芽に似たもの．¶肉～ ròuyá（肉芽）／銀～ yínyá（銀鉱脈）．
【芽胞】yábāo 名《植物》芽胞(ほう)．
【芽茶】yáchá 名 新芽を加工した茶．
【芽豆】yádòu 名 水に浸して発芽させたソラマメ．食用にする．
【芽眼】yáyǎn 名《植物》塊茎類（ジャガイモなど）の、芽が生えるくぼんだ部分．
【芽子】yázi 名 草木の芽．

岈 yá
山部4　〔四〕2174₀
全7画　通用
旧 地名用字．¶嵖～ Cháyá（河南省にある山の名前）．

玡（異 琊）yá
王部4　〔四〕1114₀
全8画　通用
旧 地名用字．¶琅～ Lángyá（山東省にある山の名前）．

蚜 yá
虫部4　〔四〕5114₀
全10画　次常用
旧"蚜虫 yáchóng"に同じ．
【蚜虫】yáchóng 名《虫》〔量 条 tiáo, 只 zhī〕アブラムシ．同 膩虫 nìchóng, 蜜虫 mìchóng

崖（異 崕、厓）yá
山部8　〔四〕2221₁
全11画　常用
旧 がけ．¶山～ shānyá（山のがけ）／悬～ xuányá（断崖）／摩～ móyá（がけに刻まれた文字や仏像）．
参考 もと"ái"と発音した．
【崖壁】yábì 名 絶壁．

涯 yá
氵部8　〔四〕3111₄
全11画　次常用
旧 ❶ 水辺．❷ 果て．¶天～海角 jiǎo（成）天地の果て．

睚 yá
目部8 四 6101₄
全13画 通用
名 㑹 まなじり. ¶〜眦 yázì.
【睚眦】yázì ❶動 にらみつけられる. ❷名 わずかな恨み. ¶〜之怨 yuàn / わずかな恨み.
【睚眦必报】yá zì bì bào 成 ちょっとにらまれた程度でも仕返しをする. 参考 度量が非常に小さいたとえ. 由来『史記』「范睢蔡沢列伝」のことばから.

衙 yá
亻部10 四 2122₁
全13画 次常用
❶ 索 役所. ¶〜门 yámen / 官〜 guānyá (官庁). ❷ (Yá)姓.
【衙门】yámen 名 㑹 〔㑹 个 ge〕役所. ¶到〜申冤 shēnyuān / 役所へ行って無実を訴える.
【衙内】yánèi 名 㑹 官僚の子弟.
【衙役】yáyi 名 㑹 〔㑹 名 míng〕役所で下働きをする人.

哑(啞) yǎ
口部6 四 6101₂
全9画 常用
❶ 形 口のきけない. ¶他已经〜了十年了(彼は十年間, 口がきけないでいる). ¶聋〜 lóngyǎ (聾唖㑹の). ❷ 形 声がかすれている. 声が出ない. ¶〜嗓子 sǎngzi / 沙〜 shāyǎ (声がかすれている) / 我今天嗓子很〜, 话都不能说 (私は今日は声がかすれていて, 話もできない) / 声音〜得很厉害 (声がひどくかすれている). ❸ 形 無声の. 音声のない. ¶〜剧 yǎjù / 〜铃 yǎlíng / 〜然 yǎrán. ❹ 形 (爆弾などが)不発の. ¶〜炮 yǎpào. ❺ (Yǎ)姓.
☞ 哑 yǎ
【哑巴】yǎba 名 唖者(㑹). ¶〜吃黄连 huánglián — 有苦难言 / 口をきけない人が黄連を飲む — 苦くても口に出せない. 人に言えない苦しみのたとえ.
【哑巴亏】yǎbakuī 名 文句の言えない損. ¶吃〜/損をしても何も言えない. 泣き寝入りをする. 同 哑吧亏, 哑叭亏 用法 "吃〜"の形で用いる.
【哑场】yǎ//chǎng 動 発言がとぎれ沈黙が続く. 座が白ける. 同 冷场 lěngchǎng.
【哑火】yǎ//huǒ 動 (爆弾が)不発に終わる.
【哑剧】yǎjù 名〔芸能〕〔㑹 出 chū〕パントマイム. 無言劇.
【哑口无言】yǎ kǒu wú yán 成 黙り込む. 答えに詰まってことばが出ない. ¶他论辩 lùnbiàn 有力, 把对方说得〜/彼の力ある弁論は, 相手の口をふさいでしまった.
【哑铃】yǎlíng 名〔体〕〔㑹 对 duì, 副 fù, 支 zhī〕亜鈴(㑹). ダンベル. ¶〜操 / ダンベル体操.
【哑谜】yǎmí 名〔㑹 个 ge, 句 jù〕❶ なぞめいた話. 見当のつかない事柄. ❷ なぞなぞ. ¶打〜/なぞをかける. ¶猜〜/謎を解く.
【哑炮】yǎpào 名 不発弾. 同 瞎炮 xiāpào.
【哑然】yǎrán 形 ❶ 物音一つなく静かだ. ¶〜无声 / ことりともしない. ¶会场は静まり返っている. ❷ あきれてことばが出ないようす. ¶〜失惊 / 唖然とする. ❸ 笑い声の形容. 参考 ❸はもと"èrán"と発音した.
【哑然失笑】yǎrán shīxiào 成 思わず吹き出してしまう. 参考 "哑"は, 古くは"è"と発音した.
【哑嗓子】yǎsǎngzi 名 しわがれ声. ハスキーボイス.
【哑语】yǎyǔ 名 手話. ¶打〜/手話で話す. 同 手语 shǒuyǔ.

雅 yǎ
牙部8 四 7021₅
全12画 常用
❶ 索 正統な. 標準的な. ¶〜声 yǎshēng (正しいことば) / 〜言 yǎyán (標準的な言語). ❷ 形 上品だ. みやびやかだ. ¶〜致 yǎzhi / 〜观 yǎguān / 文〜 wényǎ (典雅だ) / 他人不〜 (彼は下品だ). ㊑ 俗 sú ❸ 索 相手の言動に対する敬意をあらわす. ¶〜教 yǎjiào / 〜意 yǎyì. ❹ 副 㑹 もとより. ¶〜善古琴 qín (もとより古琴が得意だ). ❺ 副 㑹 はなはだ. ¶〜以为美 (はなはだ美しいと思う).
☞ 雅 yǎ
【雅典】Yǎdiǎn《地名》アテネ(ギリシャ).
【雅尔塔】Yǎ'ěrtǎ《地名》ヤルタ(ウクライナ共和国).
【雅飞士】yǎfēishì 名 㑹 都会に住み, 特別な技術を持たない, あまり恵まれない階層の若者. ヤッフィ(yuffies). ♦ young urban fiscal failure influenced ⇨ 雅皮士 yǎpíshì
【雅观】yǎguān 形 (見た目が)上品だ. ¶穿着不〜/服装が下品だ. 用法 否定形で使われることが多い.
【雅号】yǎhào 名 ❶ 雅号. ❷ あだ名. 愛称. 表現 ❷ は, からかう意を含む.
【雅加达】Yǎjiādá《地名》ジャカルタ(インドネシア).
【雅教】yǎjiào 名 (相手の, 自分に対する)ご教示. 用法 敬語として用いる.
【雅静】yǎjìng 形 ❶ (部屋などが)優美で閑静だ. ❷ (女性が)上品でしとやかだ.
【雅量】yǎliàng 名 ❶ 寛大な度量. 雅量. ¶知你有一〜, 才这样直率 zhíshuài 地跟你说 / あなたが度量の大きい方と知っているからこそ, こうして率直にお話しするのです. ❷ 酒量が多いこと. ¶他真是〜/彼は大酒飲みだ.
【雅砻江】Yǎlóngjiāng《地名》雅礱(ヤーロン)江. 中国長江で二番目に大きな支流. 参考 源流名は"扎曲". 青海省の"巴颜喀拉山"(バインガラ山)から生じ, 四川省内に入って"雅砻江"の名称になり, 長江に合流する.
【雅鲁藏布江】Yǎlǔzàngbùjiāng《地名》ヤルンツァンポ川. チベット自治区最大の河川. 参考 ヒマラヤ山脈から生じ, インド, バングラデシュを経由し, ベンガル湾に注ぐ.
【雅皮士】yǎpíshì 名 㑹 大都市周辺に住み, 知的職業に携わる青年. ヤッピー(yuppie). ♦ young urban professionals ⇨ 雅飞士 yǎfēishì
【雅趣】yǎqù 名 風雅なおもむき. 雅趣. ¶〜盎然 àngrán / 風雅なおもむきに満ちている.
【雅人】yǎrén 名 上品で格調高い人. 多く, 文人をさす.
【雅士】yǎshì 名 品格があり, 心豊かな人物.
【雅思】Yǎsī 名 㑹 アイエルツ. IELTS. イギリスやオーストラリアで採用されている英語能力試験. 参考 正式名称は International English Language Testing System.
【雅俗共赏】yǎ sú gòng shǎng 成 誰もが鑑賞して楽しめる. 見る人を問わない. ¶这些作品〜, 很受欢迎 / この作品は誰もが楽しめるので, とても人気がある.
【雅兴】yǎxìng 名 高尚な趣味. ¶〜不浅 / 高尚なものへの興味が深い.
【雅意】yǎyì 名 ㉚ ❶ 気高く立派な心. ご厚意. ¶高情〜 / ご厚情. ❷ お考え. 思し召し. ¶你的〜我心领了 / お気持ちはいただきました.
【雅乐】yǎyuè 名《音楽》雅楽. 古代, 帝王による祭祀や朝廷での式典の際に奏でられた音楽.
【雅正】yǎzhèng ❶ 形 㑹 模範的である. ❷ 形 㑹 公正だ. ❸ 動 ご批正を乞う. 表現 ❸ は, 自分の詩文や書画を人に贈るとき, 相手の教えを乞うことば.
【雅致】yǎzhi 形 (服装や部屋などが)きれいであか抜けている. ¶〜大方 / 上品で落ち着いている. ¶家里布置得很

～ / 家の中のしつらえがとてもシックだ. 反 俗气 súqi
【雅座】yǎzuò 名(～儿)(レストランなどの)個室. ¶特意订了～ / 特別に個室を予約した.

轧(軋) yà
车部1　四 4251₀　全5画　常用

❶ 動 上から押さえつけるようにローラーや車輪などを転がす. ¶把马路～平了(ローラーで道路を平らにした). ❷ 素 押しのける. 倾～ qīngyà(排斥する). ❸ (Yà)姓.
☞ 轧 gá, zhá

【轧道机】yàdàojī 名 方 ロードローラー. 压路 yàlù 机
【轧花】yàhuā 動《紡織》❶ ワタを繰る. ❷ エンボス加工をする. 同 拷 kǎo 花
【轧马路】yà mǎlù 句 ❶ 道路にローラーをかける. ❷ 街をぶらぶらする. 逛公园,～/公園を散歩し,街をぶらつく. 同 压 yà 马路

亚(亞) yà
业部1　四 1010₂　全6画

❶ 素 次の. ¶～军 yàjūn / ～热带 yàrèdài. ❷ 形 やや劣る. ¶他的技术不～于老师(彼の技術は先生に劣らない). ❸ (Yà)名 "亚洲 Yàzhōu"(アジア)の略称. ¶东南～ Dōngnán Yà(東南アジア). ❹ (Yà)姓.
用法 ❷は,多くは否定形で用いられる.

【亚当】Yàdāng《人名》(旧約聖書の)アダム.
【亚非拉】Yà-Fēi-Lā 名 アジア,アフリカ,ラテンアメリカの略称.
【亚寒带】yàhándài 名 亜寒帯.
【亚健康】yàjiànkāng 名《中医》(虚弱などの)病気ではないが健康でもない状態. 未病. 半健康. 参考 西洋医学では,「健康」か「病気」のどちらか一つだが,中医学ではこの両者の間に「亜健康」が存在する.
【亚军】yàjūn 名 準優勝(者). 第二位. ¶屈居 qūjū ～ / 準優勝に甘んじる. 表現 優勝(者)は,"冠军 guànjūn"という.
【亚历山大】Yàlìshāndà ❶《人名》アレキサンダー(前356-前323). 古代マケドニアの国王. ❷《地名》アレキサンドリア(エジプト).
【亚利桑那】Yàlìsāngnà《地名》アリゾナ(米国).
【亚硫酸】yàliúsuān 名《化学》亜硫酸.
【亚麻】yàmá 名《植物》アマ. ¶～布 / リネン.
【亚麻布】yàmábù 名《紡織》リンネル. 亜麻で織った布.
【亚马孙河】Yàmǎsūnhé《地名》アマゾン川.
【亚美尼亚】Yàměiníyà《国名》アルメニア.
【亚热带】yàrèdài 名 亜熱帯.
【亚速尔群岛】Yàsù'ěr qúndǎo《地名》アゾレス諸島(ポルトガル領).
【亚太】Yà-Tài 名 アジアと太平洋.
【亚太经合组织】Yà-Tài jīnghé zǔzhī 名 "亚太经济合作组织"(アジア太平洋経済協力会議. APEC)の略称.
【亚特兰大】Yàtèlándà《地名》アトランタ(米国).
【亚细亚】Yàxìyà 名 アジア.
【亚硝酸】yàxiāosuān 名《化学》亜硝酸.
【亚硝酸盐】yàxiāosuānyán 名《化学》亜硝酸塩.
【亚裔】Yàyì 名 アジア系の人.
【亚音速】yàyīnsù 名《物理》亜音速.
【亚于】yàyú 動 …より劣る. …に次ぐ. ¶我的体力决不～他们 / 私の体力は決して彼らにひけをとらない.
【亚运村】Yàyùncūn 名 アジア競技大会選手村.

【亚运会】Yàyùnhuì 名《スポーツ》"亚洲运动会"(アジア競技大会)の略称. 参考 1951年より4年ごとに開催.
【亚种】yàzhǒng 名《生物》亜種.
【亚洲】Yàzhōu 名 アジア. "亚细亚洲 Yàxìyàzhōu"の略称.

压(壓) yà
厂部4　四 7121₃　全6画　常用

下記熟語を参照.
☞ 压 yā

【压板】yàbǎn 名 方(玩具の)シーソー. 同 翘翘板 qiāoqiāobǎn ☞ 压板 yābǎn
【压根儿】yàgēnr 副 口 もともと. 初めから. ¶～没想到他会来这一招 / 彼がこんな手を使うとは,まったく思いもよらなかった. 同 根本 gēnběn, 从来 cónglái 用法 多く否定文に用いる.

讶(訝) yà
讠部4　四 3174₀　全6画　次常用

素 文 怪しく思う. ¶惊～ jīngyà(怪しむ).

迓 yà
辶部4　四 3130₄　全7画　通用

素 文 出迎える. ¶迎～ yíngyà(出迎える).

砑 yà
石部4　四 1164₀　全9画　通用

動 滑らかな石で皮や布をしたりこすったりして,はりやつやを出す.

垭(埡) yà
土部6　四 4111₄　全9画　通用

名 "垭 yā"に同じ.
☞ 垭 yā

娅(婭) yà
女部6　四 4141₀　全9画　通用

→姻娅 yīnyà

氩(氬) yà
气部6　四 8011₇　全10画　通用

名《化学》アルゴン. Ar.

揠 yà
扌部9　四 5101₄　全12画　通用

素 抜く. ¶～苗 miáo 助长 zhǎng.
【揠苗助长】yà miáo zhù zhǎng 成 事を急いでかえって失敗する. 同 拔 bá 苗助长 由来 『孟子』公孙丑上に見えることば. 苗を早く伸ばそうとして引っ張りあげる,という意から.

呀 ya
口部4　四 6104₀　全7画　常用

助 "啊 a"に同じ. 直前の音節の韻母が a,e,i,o,ü で終わる場合の変音. ¶大家快来～! (みんな早くおいでよ).
☞ 呀 yā

yan ㄧㄢ [ien]

咽 yān
口部6　四 6600₀　全9画　常用

名 咽頭. ¶～头 yāntóu / ～喉 yānhóu.
☞ 咽 yàn, yè

【咽喉】yānhóu 名 ❶《生理》のど. 咽喉(いんこう). ❷ 険しい地形の交通要衝. 要路. ¶～要地 / 要衝の地.
【咽头】yāntóu 名《生理》咽頭. ¶～肿 zhǒng 痛 / 喉が腫れて痛む.

【咽峡炎】yānxiáyán 名《医学》口峡炎（こうきょうえん）．アンギナ．
【咽炎】yānyán 名《医学》咽頭炎．

恹(懨/異 懕) yān
忄部6 全9画 四 9108₄ 通用
下記熟語を参照．

【恹恹】yānyān 形 病気でぐったりしている．¶～欲 yù 睡/疲れ果てて眠い．¶～无力/ぐったりしている．

殷 yān
殳部6 全10画 四 2724₇ 次常用
素 黒みがかった紅色．¶～红 yānhóng/朱～ zhū-yān（赤黒い）．
☞ 殷 yīn

【殷红】yānhóng 名 暗紅色．黒ずんだ赤色の．¶朱 zhū～/暗紅色．¶～的血淡 xuèjì/どす黒い血痕．

胭(異 臙) yān
月部6 全10画 四 7620₀ 通用
下記熟語を参照．

【胭脂】yānzhi 名 ほお紅．口紅．中国画の顔料にも用いられる．¶涂抹 túmǒ～/紅をさす．
【胭脂鱼】yānzhiyú 名《魚》エンツユイ．サッカー．ヌメリゴイ．参考 長江や閩江に生息するコイの仲間．俗称は火烧鳊 huǒshāobiān"."黄排 huángpái"と言う地方もある．

烟(異 煙、菸 ❻❼) yān
火部6 全10画 四 9680₀ 常用

❶ 名（～儿）〔股 gǔ,缕 lǚ〕煙．¶～火 yānhuǒ/～筒 yāntong/冒～ màoyān（煙が立ちのぼる）/这些～是哪里来的？（この煙はどこから来たのか）．❷（～儿）すす．¶松～ sōngyān（松のすす）/锅～子 guōyānzi（なべ墨）．❸ 煙に似たもの．¶～霞 yānxiá/云～ yúnyān 过眼（もやや煙のようにあっという間に消えること）．❹ 煙が目にしみる．¶一屋子烟,～了我的眼睛了（部屋中煙だらけで,目にしみた）．❺ 素 アヘン．¶大～ dàyān（アヘン）/～土 yāntǔ（未精製のアヘン）．❻ 素（旧）タバコ．¶～草 yāncǎo/～叶 yānyè（タバコの葉）．❼ 名〔支 zhī〕タバコ．¶～袋 yāndài/香～ xiāngyān（巻きタバコ）/这里不许吸～（ここは喫煙禁止です）．

【烟霭】yān'ǎi 名⌥ 雲と霧．¶～朦胧 ménglóng/雲と霧で見通しが悪い．¶～笼罩 lǒngzhào/もやが立ちこめる．回 云雾 yúnwù
【烟波】yānbō 名 もやの立ちこめた水面．煙波．
【烟波浩渺[淼]】yān bō hào miǎo 成 水面が霧にかすんで果てしない．参考"浩渺"は水面が広々としているようす．
【烟草】yāncǎo 名《植物》〔棵 kē〕タバコ．
【烟尘】yānchén 名 ❶ 煙と塵（ちり）．煤塵（ばいじん）．¶～滚滚 gǔngǔn/煙や塵が次々立ちのぼる．¶～弥漫 mímàn/煤塵が立ちこめている．❷⌥ のろしや戦場に巻き上がる砂ぼこり．戦乱．❸⌥（旧）人家が密集しているところ．
【烟囱】yāncōng 名（方）煙突．¶～林立/煙突が林立する．回 烟筒 yāntong
【烟袋】yāndài 名 キセル．参考 キセルには,"水 shuǐ 烟袋"（水ギセル）と"旱 hàn 烟袋"（キセル）の二種類があり,後者を"烟袋"と言う場合が多い．
【烟袋锅】yāndàiguō 名（～儿・～子）キセルの雁首（がんくび）．

【烟道】yāndào 名（煙突の）煙道．
【烟蒂】yāndì 名 タバコの吸い殻．回 烟头 yāntóu
【烟斗】yāndǒu 名 ❶ パイプ．キセル．❷ アヘン用キセルの雁首（がんくび）．
【烟丝】yānsī 名 刻みタバコ．回 斗烟丝
【烟缸】yāngāng 名 灰皿．回 烟灰 huī 缸
【烟膏】yāngāo 名 未精製アヘンを煎じて作ったアヘン．
【烟鬼】yānguǐ 名 ❶ アヘン中毒者．❷ 愛煙家．ヘビースモーカー．¶他是个～/彼はヘビースモーカーだ．
【烟海】yānhǎi 名 霧が立ちこめた大海．¶浩 hào 如～/資料や文献が限りなく多い．
【烟盒】yānhé 名 シガレットケース．
【烟花】yānhuā 名 ❶ 霞たなびく春の景色．¶～三月/霞たつ三月．❷ 花火．回 烟火 yānhuo ❸⌥ 妓女．¶沦为～/妓女になりてる．回 烟花女 nǚ
【烟灰】yānhuī 名 タバコの灰．
【烟灰缸】yānhuīgāng → 烟缸 yāngāng
【烟火】yānhuǒ 名 ❶ 火と煙．火の気．¶动～/火をおこしてご飯を炊く．炊事する．¶严禁～/火気厳禁．❷（道教で）火を通した食べ物．❸ のろし．戦火．❹（旧）祖先を祭ること．跡継ぎ．¶绝 jué 了～/跡継ぎが絶えた．
【烟火】yānhuo 名 花火．¶放～/花火を打ち上げる．回 焰火 yànhuǒ,烟花 yānhuā
【烟碱】yānjiǎn 名《化学》ニコチン．回 尼古丁 nígǔdīng
【烟酒】yānjiǔ 名 酒とタバコ．¶～不分家/酒とタバコは自他の分け隔てをしない．¶～不沾 zhān/酒もタバコもやらない．
【烟具】yānjù 名〔件 jiàn,套 tào〕喫煙具．
【烟卷儿】yānjuǎnr 名〔根 gēn,条 tiáo,支 zhī〕紙巻きタバコ．回 香烟 xiāngyān
【烟煤】yānméi 名《鉱物》瀝青炭（れきせいたん）．
【烟民】yānmín 名 ❶ 喫煙者．❷ アヘン吸引者．
【烟幕】yānmù 名 ❶（軍事）煙幕．❷（農業）霜害を防ぐためにたく煙．❸ 真実や本心を隠す言動．煙幕．¶以和谈 hétán 作～/穏やかな話し合いで煙幕を張る．回 烟幕弹 dàn
【烟幕弹】yānmùdàn 名 ❶（軍事）発煙弾．回 发 fā 烟弹 ❷ ことば巧みに真実をごまかすたとえ．
【烟屁股】yānpìgu 回 煙草の吸い殻．回 烟头 tóu
【烟气】yānqì 名 ❶ もや．❷ 煙のにおい．
【烟枪】yānqiāng 名 アヘン用のキセル．
【烟色】yānsè 名 ダークブラウン．また,ダークイエロー．
【烟丝】yānsī 名 刻みタバコ．
【烟酸】yānsuān 名《化学》ニコチン酸．
【烟台】Yāntái〈地名〉烟台（えんたい）．山東省にある黄海沿岸の都市．参考 ワインやブランデーの産地として知られる．
【烟筒】yāntong 名 ❶ 煙突．❷ 水タバコのキセル．
【烟头】yāntóu 名（～儿）〔个 ge〕タバコの吸い殻．回 烟蒂 yāndì
【烟突】yāntū 名 煙突．回 烟囱 cōng
【烟土】yāntǔ 名⌥ 未精製のアヘン．
【烟雾】yānwù 名〔片 piàn,团 tuán〕煙・霧・雲・ガスなど．¶～弥漫 mímàn/霧が立ちこめる．¶浓浓的～/もうもうたる煙．回 烟霭 yān'ǎi
【烟霞】yānxiá 名 ❶ もやや夕焼け雲．❷⌥ 山水の風景．¶以～自适/美しい風景を楽しむ．
【烟消云散】yān xiāo yún sàn 成 雲散霧消する．あと

かたもなく消え失せる. 同 云消雾 wù sàn
【烟叶】yānyè 名 煙草の葉. 葉タバコ.
【烟瘾】yānyǐn 名 タバコ中毒. アヘン中毒. タバコまたはアヘンの悪癖. ¶又来～了 / また吸いたくてたまらなくなった.
【烟油】yānyóu 名 (パイプやキセルにたまる)煙草のヤニ.
【烟雨】yānyǔ 名 霧雨. ¶～蒙蒙 méngméng / 霧雨がそぼ降る.
【烟云】yānyún 名 ❶ 煙. 雲や霧. ❷ 紫煙. タバコのけむり.
【烟柱】yānzhù 名 まっすぐ立ちのぼった煙.
【烟子】yānzi 名 すす.
【烟嘴儿】yānzuǐr 名 ❶ 紙巻きタバコの吸い口. ❷ シガレットホルダー.

焉 yān 灬部7 四 1032₇ 全11画 通用

文 ❶ 代 ここに. これに. ¶心不在～ 成 心ここにあらず / 乐 lè 莫大 mòdà～ (これにまさる楽しみはない). ❷ 副 そこではじめて. ¶必知疾 jí 之所自起,～能攻 gōng 之 (病の起こる原因をつかんではじめてこれを治すことができる). ❸ 代 どうして. どこに. 疑問や反問をあらわす. ¶～能如此? (どうしてこのようであり得ようか) / 其子～往? (どちらへ行かれるのか). ❹ 助 文末につけて語調を整えることば. ¶因以为号～ (それでこれを雅号としたのだ).

崦 yān 山部8 四 2471₆ 全11画 通用

下記熟語を参照.
【崦嵫】Yānzī 《地名》甘粛省にある山の名.

阉(閹) yān 门部8 四 3771₆ 全11画 通用

❶ 動 去勢する. ¶～割 yāngē / ～鸡 yānjī (ニワトリを去勢する) / ～猪 yānzhū (ブタを去勢する). ❷ 素 旧時の宦官 (就).
【阉割】yāngē 動 ❶ 去勢する. ❷ 肝心の部分を取り去る. 骨抜きにする. ¶缩写本 suōxiěběn～了原著的内容 / ダイジェスト版は, 原著を骨抜きにしてしまった.

阏(閼) yān 门部8 四 3723₃ 全11画 通用

下記熟語を参照.
【阏氏】yānzhī 名 漢代, 匈奴 (ミャる) が君主の正妻を呼んだことば.

淹(異 洤❶、湮❶) yān 氵部8 全11画 四 3411₆ 常用

❶ 動 水につかる. ¶家里被水～了 (家の中が水につかってしまった) / ～死 yānsǐ / ～没 yānmò. ❷ 動 汗で皮膚に痛みやかゆみを感じる. ¶脖子～得受不了 liǎo (首がかぶれてかゆくて仕方ない). ❸ 素 広い. ¶～博 yānbó. ❹ 素 滞る. 遅延する. ¶～留 yānliú (長逗留する).
【淹博】yānbó 形 文 (学問などが)広く豊かだ.
【淹埋】yānmái 動 (泥や砂で)うずもれる. 同 淹没 mò
【淹没】yānmò 動 ❶ 水没する. 水びたしになる. ¶洪水～了村庄 / 洪水が村を水没させた. ❷ (大きい音が別の音を)かき消す / 掌声～了他的讲话 / 拍手で彼の演説はかき消されてしまった.
【淹死】yānsǐ 動 溺死する. 水死する. ¶在海里游泳～了 / 海で泳いでいて水死した.

腌(異 醃) yān 月部8 四 7421₆ 全12画 次常用

《料理》塩に漬けこむ. ¶～肉 yānròu (塩漬け肉) / ～渍 yānzì / 老～儿 lǎoyānr (塩に長期間漬けたもの).
☞ 腌 ā
【腌菜】yāncài 名 漬け物.
【腌制】yānzhì 動 《料理》塩漬けにする.
【腌渍】yānzì 動 《料理》塩水や酢などで漬ける. 同 腌

湮 yān 氵部9 四 3111₄ 全12画 通用

素 埋没する. ¶～没 yānmò.
☞ 湮 yīn
【湮灭】yānmiè 動 埋没する. 消失する. 淹没 mò, 埋没 máimò
【湮没】yānmò 動 うずもれる. ¶～无闻 wén / 成 世にうずもれて忘れ去られる. ¶才华被～了 / 才能がうずもれた.

鄢 Yān 阝部11 四 1732₇ 全13画 通用

❶ 素 地名用字. ¶～陵 Yānlíng (河南省にある県名). ❷ 姓.

嫣 yān 女部11 四 4142₇ 全14画 通用

素 文 美しい. ¶～红 yānhóng.
【嫣红】yānhóng 形 ❶ 鮮やかな赤色の.
【嫣然】yānrán 形 文 あでやかで美しい.

燕 Yān 灬部12 四 4433₁ 全16画 常用

名 ❶ 周代の国名. 現在の河北省北部および遼寧省南部一帯. ❷ 姓.
☞ 燕 yàn
【燕山】Yānshān 《地名》燕山(ᆻ). 河北省北部にある山.

延 yán 廴部4 四 1240₁ 全6画 常用

❶ 素 延びる. ¶～长 yáncháng / ～年 yánnián (寿命を延ばす) / 蔓～ mànyán (広がる) / 绵～ miányán (延々と続く). ❷ 素 遅らせる. ¶～期 yánqī / 迟～ chíyán (遅延する) / 顺～ shùnyán (順延する). ❸ 素 文 招く. ¶～师 yánshī (師を招く) / ～聘 yánpìn / ～医 yányī (医者を呼ぶ). ❹ 動 文 及ぶ. ¶～祸～子孙 (災厄が子孫にまで及ぶ). ❺ (Yán)姓.
【延安】Yán'ān 《地名》延安(ᆻ). 参考 陕西(ᆻ)省の一都市であり, 長征(ᅾ)後の一時期ここに共産党の根拠地が置かれた.
*【延长】yáncháng 動 延長する. ¶～生命 / 寿命を延ばす. ～五百公里 / 500キロ延長する. ¶假期 jiàqī～了三天 / 休暇を3日延長した. 反 缩短 suōduǎn
【延长线】yánchángxiàn 名 延長線. ¶直径 zhíjìng 的～ / 直径の延長線.
【延迟】yánchí 動 延期する. ¶会议～两天召开 / 会議は二日遅れで招集された. ¶截稿 jiégǎo 日期～了 / 原稿の締め切りが延びた.
【延宕】yándàng 動 引き延ばす. 遅らせる.
【延缓】yánhuǎn 動 遅らせる. ¶～一个月才完工 / 一ヶ月後遅れて竣工にこぎ着ける.
【延吉】Yánjí 《地名》延吉(ᆻ). 吉林省東部にある市. 延边(ᆻ)朝鮮族自治州の行政中心地.
【延接】yánjiē 動 招聘 (ᅡᅩᆷ) し受け入れる.
【延揽】yánlǎn 動 文 (人材を)招聘する.
【延绵】yánmián 動 延々と続いていて切れない. 同 绵延

【延年益寿】yán nián yì shòu 成 寿命がのびる.寿命をのばす.
【延聘】yánpìn 動 文 招聘する.招く.同 聘请 qīng
【延期】yán//qī 動 期日を遅らせる.¶婚礼不得不 bù-débù～了 / 婚礼は延期せざるを得なくなる.
【延请】yánqǐng (臨時に)仕事を依頼する.¶～专家 / 専門家を頼む.
【延烧】yánshāo 動 延焼する.
【延伸】yánshēn 動 長く伸びる.¶公路在一天天地～ / 自動車道路は日一日と延長されている.
【延时】yánshí 名(電気)ディレードタイム.
【延寿】yánshòu 動 (人の)寿命を延ばす.
【延髓】yánsuǐ 名(生理)延髄(はく).
【延误】yánwù 動 ぐずぐずして遅らせる.遅延する.¶～时机 / もたついて時機を失する.
【延性】yánxìng 名(物理)(金属等の)延性.
【延续】yánxù 動 継続する.延長する.¶这本书还没看完,请一几天 / この本をまだ読み終わっていないので,さらに数日貸してください.
【延展】yánzhǎn ❶ 遠くまで伸びる.❷ 延期する.
【延展性】yánzhǎnxìng 名(物理)(金属の)延性と展性.

芫 yán

艹部4 四 4421₂
全7画 通用

下記熟語を参照.

☞ 芫 yuán

【芫荽】yánsuī[-sui] 名(植物・薬)コウサイ.コエンドロ.中国パセリ.俗に"香菜 xiāngcài"という.参考 茎と葉に独特の香りがあり,中華料理に欠かせない野菜.果実は香辛料や健胃薬となる.

严 (嚴) yán

一部6 四 1020₁
全7画 通用

❶ 形 すき間のない.厳密だ.¶窗户～得很(窓はピシッと閉っている) / 大门～着呢,没有身份证根本进不去(正門は厳しいから,身分証がないと絶対に入れない) / 他的嘴信～,不会告诉别人(彼は口が固いから,他の人に言うことはない).❷ 形 厳しい.¶我们学校比别的学校～多了(我々の学校はよその学校よりずっと厳しい) / 我们公司的纪律特别～,迟到不许记录(我々の会社の規律は特に厳しくて,遅刻は絶対に許されない).❸ 名 父親.¶家～ jiāyán (私の父).❹ 形 程度が激しい.¶～冬 yándōng / ～寒 yánhán / ～重 yánzhòng.❺ (Yán)姓.
【严办】yánbàn 動 厳重に処罰する.¶依法 yīfǎ～ / 法に則って厳重に処罰する.
【严惩】yánchéng 動 厳重に処罰する.¶～凶犯 xiōngfàn / 凶悪犯を厳しく処罰する.
【严惩不贷】yán chéng bù dài 成 仮借なく厳重に処分する.¶对屡教 lǚjiào 不改者应～ / 繰り返し諭しても改めない者は,厳重に処分すべきだ.
【严词】yáncí 名 厳しいことば.きつい言い方.¶～斥责 chìzé～ / 厳しいことばで叱責(セ)する.
【严打】yándǎ 動 ❶ 厳しく打撃を加える.❷ 刑事犯罪を厳しく取り締まる.¶"严历打击刑事犯罪活动"の略称.
【严冬】yándōng 名 厳冬.
【严防】yánfáng 動 厳重に防止する.厳重に警戒する.¶～盗窃 dàoqiè / 盗難を厳重に防止する.
【严复】Yán Fù 人名 厳復(だ:1853-1921).清末の啓蒙思想家.《天演论》(『進化論』)など西洋近代思想

を翻訳・紹介した.

*【严格】yángé ❶ 形 厳格だ.¶对自己要求太～ / 自分に対する要求が厳しすぎる.¶～遵守 / 厳格に遵守する.❷ 動 厳格にする.¶～纪律 / 規律を厳しくする.¶必须～标准 / 基準を厳格にしなければならない.
【严固】yángù 形 (守りが)強固だ.
【严寒】yánhán ❶ 名 厳しい寒さ.厳寒.¶数九 shǔjiǔ～ / 最も寒い時期.❷ 形 厳しい寒さに.厳寒の.
【严加】yánjiā 副 厳重に.¶～管教 guǎnjiào / 厳しくしつける.
【严紧】yánjǐn[-jin] 形 ぴったりとくっつき,すき間がない.固く着いている.¶门关得很～ / 門はぴったりと閉ざされている.
【严谨】yánjǐn 形 ❶ 厳格だ.慎重だ.¶他办事很～ / 彼はとてもまじめに仕事をする.❷ 謹厳だ.周到だ.¶作风～ / やり方が慎重で緻密だ.同 谨严 jǐnyán.
【严禁】yánjìn 動 かたく禁じる.厳禁する.¶～烟火 / 火気厳禁.¶～穿行 chuānxíng / 通り抜け厳禁.
【严峻】yánjùn 形 (状況などが)険しい.¶～的考验 kǎoyàn / 厳しい試験.試練.¶目前的国际形勢 xíngshì 非常～ / 現在の国際情勢は非常に厳しい.
【严酷】yánkù 形 ❶ 厳しい.容赦のない.¶～的教训 / 厳しい教訓.¶～地打击 dǎjī / 容赦なく攻撃する.❷ 残酷な.冷酷な.同 残酷 cánkù.
【严厉】yánlì 形 (態度や手段が)厳しい.¶张教授非常～ / 張教授は非常に厳しい.¶老师～地批评了我们 / 先生は学生たちを厳しく叱責した.¶～的批评 / 厳しい批評.
【严令】yánlìng 動 厳しく命令する.
【严密】yánmì ❶ 形 ぴったり密着している.すき間のない.¶盖子盖得很～ / ふたはぴったり締っている.重 严严密密.❷ 形 周到だ.漏れのない.¶～的考証 / 綿密な考証.¶敌人的防守～极了 / 敵の守りはきわめて堅い.重 严严密密 同 紧密 jǐnmì, 严紧 yánjǐn.❸ 動 厳密にする.
【严明】yánmíng ❶ 形 (法規などが)厳正だ.¶賞罰 shǎngfá～ / 賞罰が公正である.❷ 動 厳正にする.¶～界线 jièxiàn / 境目を厳正にする.
【严声】yánshēng 名 いかめしい声.
【严师】yánshī 名 厳しい先生.
【严师出高徒】yánshī chū gāotú 成 厳しい先生の下から優秀な人材が育つ.
【严实】yánshi 形 方 ❶ すき間がない.¶严严实实的堤坝 dībà / すき間なく築かれた堤防.❷ 人目につかれよく,うまく隠されている.❸ 口が固い.¶他的嘴向来很～ / 彼の口の固さには定評がある.
【严守】yánshǒu 動 固く守る.厳守する.¶～中立 / 中立を守る.¶～诺言 nuòyán / 約束を固く守る.
【严霜】yánshuāng 名 ひどい霜.
【严丝合缝】yán sī hé fèng 成 ぴったりとくっつき,わずかなすき間もない.¶一分の隙(ホォ)もない.

*【严肃】yánsù ❶ 形 (表情や雰囲気が)厳かだ.厳粛だ.¶会场的气氛十分～ / 会場の雰囲気は非常に厳かだ.同 严正 yánzhèng ❷ 形 (仕事ぶりや態度が)まじめだ.真剣だ.¶你应该～一些 / 君は少し真面目にしたまえ.❸ 動 (規則などを)厳しくする.¶～法制 fǎzhì / 法制を厳しくする.
【严刑】yánxíng 名 厳しい刑罰.厳刑.
【严刑峻法】yánxíng jùnfǎ 成 残酷な刑罰と厳しい法律.
【严阵以待】yán zhèn yǐ dài 成 万全の布陣をしいて敵

を迎える.
- 【严整】yánzhěng 形 (隊列が)整然としている. ¶军容jūnróng～/軍の行動が整然としている.
- 【严正】yánzhèng 形 (言い方ややり方が)厳正だ.
- *【严重】yánzhòng 形 (事態が)深刻だ. 重大だ. ひどい. ¶我爸爸的病情非常～/父の病気はとても重い. ¶情况比你想像的～多了/状況は君が想像するよりもずっとひどい. ¶～违反了交通规则/重大な交通規則違反を犯した. ¶～的后果/由々しい結果.

言 yán
言部 0 四 0060₁ 全7画 常 常用

- ❶ 素 話. ¶～语 yányǔ / ～外之意 / 语～ yǔyán (言語) / 发～ fāyán (発言する). ❷ 素 話す. ¶知无不～ (成) 知っていることは何でも話す. ❸ 名 漢字一字. ¶五～诗 wǔyánshī (五言詩). ❹ (Yán)姓.
- 【言必信,行必果】yán bì xìn, xíng bì guǒ 成 言ったことは必ず守り,行動すれば必ずやりとげる. 由来『論語』子路篇に見えることば.
- 【言必有中】yán bì yǒu zhòng 成 口を開けば,常に的を射たことを言う. 由来『論語』先進篇に見えることば. 注意 "中 zhòng"は「当たる」の意.
- 【言不及义】yán bù jí yì 成 話がまじめな話題や大事な用件に向かわない. ¶他故意绕圈子 ràoquānzi, ～/彼はわざと遠まわしに話し,肝心なことに触れない.
- 【言不尽意】yán bù jìn yì 成 気持ちのすべてを言い尽くせない. 用法 手紙の末尾などによく用いられる.
- 【言不由衷】yán bù yóu zhōng 成 口先だけで,本心から言っていない.
- 【言传】yánchuán 動 ことばであらわす. 口で言う.
- 【言传身教】yán chuán shēn jiào 成 ことばで伝え,身をもって教える.
- 【言辞[词]】yáncí 名 ことば. ことば遣い. ¶～尖刻 jiānkè / ことば遣いが鋭く,きつい.
- 【言定】yándìng 動 口で約束する. とり決める. 回 说 shuō 定
- 【言多语失】yán duō yǔ shī 成 口数が多いと失言を招く. ¶口是祸 (hò)のもと. ¶～,尽量少说 / 口は祸のもとだから,なるべく余計なことは言うな.
- 【言而无信】yán ér wú xìn 成 言うだけで守らない. 反 言而有 yǒu 信
- 【言而有信】yán ér yǒu xìn 成 言うことが信用できる. 反 言而无 wú 信 由来『論語』学而篇に見えることば.
- 【言归于好】yán guī yú hǎo 成 和解する. 仲直りする. ¶经劝解 quànjiě, 两人终于～了 / 人に仲裁されて,二人は最後には仲直りした.
- 【言归正传】yán guī zhèng zhuàn 成 話は本題に戻る. 参考 昔の小説や講談で,わき筋にそれた話を戻すときの決まり文句で,"闲话 xiánhuà 休题"(余談はこのへんでやめて)のあとに続く.
- 【言过其实】yán guò qí shí 成 言い方が大げさで,実際とは合わない. ¶这份报告是否 shìfǒu～？ / この報告は大げさじゃないかね.
- 【言和】yánhé 動 和解する. ¶握手～/握手をして和解する.
- 【言欢】yánhuān 動 楽しげに語らう.
- 【言简意赅】yán jiǎn yì gāi 成 ことばは簡潔で意図ははっきりしている.
- 【言教】yánjiào 動 ことばで教える. 言って聞かせる. ¶～不如身教 / ことばだけの教育より,手本を示して教える方がよい. 反 身教 shēnjiào

- 【言路】yánlù 名 進言や陳情を行うルート. ¶堵塞 dǔsè ～/ 進言の道を閉ざす. ¶广开～/ 広く提言の道を開く. 参考 政府の立場からみて言うことば.
- 【言论】yánlùn 名 公的な発言. ¶发表～/論説を発表する. ¶～自由 / 言論の自由.
- 【言情】yánqíng 形 男女の色恋にまつわる.
- 【言情片】yánqíngpiàn 恋愛映画. 恋愛ドラマ.
- 【言情小说】yánqíng xiǎoshuō 名 恋愛小説.
- 【言声儿】yán//shēngr 動 口に出して言う. 声を出す.
- 【言说】yánshuō ❶ 動 話す. 言いあらわす. ❷ 名 言论.
- 【言谈】yántán 話の内容やことば遣い. 話. ¶我不善于～/私は話が苦手だ.
- 【言谈举止】yántán jǔzhǐ 名 言動や所作. 話しぶりと立ち居ふるまい.
- 【言听计从】yán tīng jì cóng 成 どのような話や計画でも聞き入れる. 信頼が厚い. ¶他一向对你～的 / 彼は常にあなたを全面的に信頼しています.
- 【言外之意】yán wài zhī yì 成 言外の意.
- 【言为心声】yán wéi xīn shēng 成 ことばは心の声だ. ことばは思考を表現する. 由来 揚雄『法言』問神にみえることば.
- 【言笑】yánxiào 動 談笑する.
- 【言行】yánxíng ことばと行動. 言行. ¶～一致 zhì / 言行一致.
- 【言行不一】yán xíng bù yī 成 言うことと行うことが裏腹だ. 言行不一致.
- 【言犹在耳】yán yóu zài ěr 成 ことばがいまも耳に残っている.
- 【言语】❶ yányǔ 名 ことば. 言語. ¶～粗鲁 cūlǔ / ことばが粗野である. ❷ yányu 動 ことばをかける. 口をきく. ¶请一声～/ちょっと声をかけて下さい. ¶人家问你,怎么不～？/人が聞いているのにどうして答えないの.
- 【言喻】yányù 動 ことばで説明する. 用法"不可～"や"难以～"といった否定のニュアンスで用いられることが多い.
- 【言者无罪,闻者足戒】yán zhě wú zuì, wén zhě zú jiè 成 たとえ非難が間違っていたとしても,非難を受けた側はそれを戒めとすればよい.
- 【言之成理】yán zhī chéng lǐ 成 話が理にかなっている. 同 言之有 yǒu 理
- 【言之无物】yán zhī wú wù 成 文章や話に内容が無い.
- 【言之有物】yán zhī yǒu wù 成 文章や話に内容がある. ほらや出まかせではない. 由来『易経』家人の語から.
- 【言重】yánzhòng 形 言動が慎重で重々しい.

阽 yán
阝部 5 全7画 四 7126₀ 通用

- 素 "阽 diàn"に同じ. ¶阽 diàn

妍 yán
女部 4 全7画 四 4144₀ 通用

- 素 美しい. ¶百花争～ (百花咲き競う).
- 【妍蚩】yánchī 名 美醜.

岩 yán (異 巖, 嵒❶)
山部 5 全8画 四 2260₂ 常 常用

- ❶ 素 高くそびえ立つがけ. ¶巉～ chányán (険しく切り立った岩). ❷ 素 岩石. ¶～层 yáncéng / 水成～ shuǐchéngyán (水成岩) / 火成～ huǒchéngyán (火成岩). ❸ (Yán)姓.

【岩壁】yánbì 名 絶壁．岩壁．
【岩層】yáncéng 名《地学》岩石層．層になった岩石．
【岩洞】yándòng 名〔個 个 ge〕洞穴．岩窟(がんくつ)．
【岩画】yánhuà 名 岩や崖に刻まれた絵．回 崖壁 yábì huà, 崖画．
【岩浆】yánjiāng 名《地学》マグマ．岩漿(がんしょう)．¶～活动 / マグマ活動．
【岩浆岩】yánjiāngyán →火成岩 huǒchéngyán
【岩溶】yánróng 名《地学》カルスト．¶～地貌 dìmào / カルスト地形．
【岩石】yánshí 名〔塊 块 kuài〕岩石．
【岩石圈】yánshíquān 名《地学》岩石圏．リソスフェア．
【岩心】yánxīn 名《地学》地質調査の際，穿孔(せんこう)して得られた柱状の岩石標本．
【岩穴】yánxué 名 岩窟(がんくつ)．
【岩盐】yányán 名 岩塩．回 矿盐 kuàngyán．
【岩羊】yányáng 名《動物》バーラル．ブルーシープ．

炎 yán
火部 4　9080₉
全8画　常用

素 ❶暑い．¶～夏 yánxià / ～凉 yánliáng．❷炎症．¶～症 yánzhèng / 发～ fāyán（炎症を起こす）/ 肠～ chángyán（腸炎）．

【炎帝】Yándì《人名》炎帝(えんてい)．中国古代伝説上の皇帝．→炎黄 Huáng
【炎黄】Yán-Huáng 名 炎帝と黄帝．中華民族の祖とされる伝説中の二人の帝王．
【炎黄子孙】Yán-Huáng zǐsūn 名 炎帝と黄帝の子孫．中国人．
【炎凉】yánliáng 名 ❶暑さと寒さ．気温をさす．❷相手の権力や地位などで応対や態度を変えること．
【炎热】yánrè 形 うだるように暑い．炎暑の．¶今年夏天太～了 / 今年の夏は全く暑い．
【炎日】yánrì 名 灼熱の太陽．
【炎暑】yánshǔ 名 ❶夏の盛り．¶时值 shízhí～ / 炎暑の候．❷酷暑．ひどい暑さ．¶～逼人 / 暑さが厳しい．
【炎威】yánwēi 名 すさまじい暑さ．
【炎夏】yánxià 名 炎暑の夏．
【炎炎】yányán 形 日差しが照りつけるよう．かんかん照りだ．¶夏日～ / 夏の日差しがじりじりと照りつける．
【炎症】yánzhèng 名《医学》炎症．

沿 yán
氵部 5　3716₁
全8画　常用

❶前 …に沿って．¶晚饭后～河边散散步(夕食のあと，川べりを散歩する) / ～街往前走(通りに沿ってまっすぐ行く)．❷素 踏襲する．¶～袭 yánxí / ～身 yángé / 相～ xiāngyán 成习(受け継がれていくうちに習わしとなる)．❸名〔～儿〕縁．へり．¶边～儿 biānyánr（周辺）/ 前～ qiányán（最前線）/ 河～ héyán（川べり）/ 井～ jǐngyán（井戸べり）．❹動〔衣服などに〕縁をつける．¶～一个边 yángebiān（縁どる）．用法 ①うしろの名詞が長い場合や抽象的な語の場合には"沿着 yánzhe"とする．⇔沿着 yánzhe

【沿岸】yán'àn 名 沿岸．¶黑龙江～ / 黒竜江流域．¶～种着 zhòngzhe 树木 / 沿岸に木が植わっている．
【沿边】yánbiān 名 へり．縁．境界．
【沿边儿】yánbiānr 動 布やレースなどで縁取る．¶给裙子下摆 xiàbǎi～ / スカートの裾に縁取りを付ける．
【沿革】yángé 名 沿革．変遷．¶历史～ / 歴史的変遷．
【沿海】yánhǎi 名 沿海．¶～地区 / 沿海地域．⇔内地 nèidì
【沿江】yánjiāng 名 河川の沿岸地域．流域．
【沿路】yánlù 名 道沿い．沿道．道中．¶～寻找 / 道沿いに探す．¶～景色 / 沿道の景色．
【沿儿】yánr 名 へり．縁．回 沿子 yánzi
【沿途】yántú 名 沿道．道中．道すがら．回 沿路 yánlù
【沿袭】yánxí 動 踏襲する．¶～成规 chéngguī / 従来のやり方に従う．¶～旧俗 jiùsú / 古いしきたりを踏襲する．
【沿线】yánxiàn 名（鉄道や道路などの）沿線．¶铁路～发展很快 / 鉄道沿線は発展が速い．
【沿用】yányòng 動（古い方法や制度を）そのまま使用する．踏襲する．¶～原来那班人马 / もとのままのメンバーでやる．
【沿着】yánzhe 前 …に沿って．¶～这条路走 / この道に沿って歩く．¶～共产主义道路前进 / 共産主義の道に沿って前進する．

埏 yán
土部 6　4214₁
全9画　通用

名 ❶大地の果て．❷墓地は墓室に通じる道．
☞ 埏 shān

研 yán
石部 4　1164₀
全9画　常用

❶動 すって細かくする．¶～磨 yánmó / ～药 yào（粉薬）/ ～墨 yánmò（墨をする）/ ～成粉末（すって粉末にする）．❷素 深く探求する．¶～究 yánjiū / ～求 yánqiú（研鑽(けんさん)を積む）/ 钻～ zuānyán（深く研究する）．❸名〔文〕"砚 yàn"に同じ．

【研读】yándú 動（書物を）じっくり読みこむ．
【研发】yánfā 動 研究開発する．
**【研究】yánjiū ❶名動 研究(する)．¶原因正在～ / 原因は研究中です．¶我们～一下这种现象吧 / 我々にこのような現象を研究してみよう．¶这个现象值得～ / この現象は研究に値する．¶我们的～已取得了一定的成果 / 我々の研究はすでに一定の成果をあげている．❷動 検討する．討議する．¶今天我们～中国环境问题 / 今日我々は，中国の環境問題について議論する．¶请大家～一下如何提高我们的技术水平 / 皆さん，我々の技術水準をいかに引き上げるかについて考えてみましょう．回 研讨 yántǎo．表現 中国語の"研究"は「ちょっと考えてみる」といった程度の軽い意味で用いられることもある．¶这个问题～一下再说 / この問題はちょっと考えておきます．
【研究生】yánjiūshēng 名〔個 名 míng〕大学院生．
*【研究所】yánjiūsuǒ 名 参考 台湾では大学院を指すこともある．"国立台湾大学中国文学"（国立台湾大学大学院中国文学研究科）．
【研究员】yánjiūyuán 名〔個 名 míng〕研究所の教授．参考 "副fù研究员"（准教授）や"助理 zhùlǐ 研究员"（助教）の上の職階．
【研磨】yánmó 動 ❶ひいて粉末にする．❷磨ぐ．磨いて光沢を出す．¶～粉 / 磨き粉．研磨剤．
【研讨】yántǎo 動 研究し，討論する．¶～问题所在 / 問題の所在を研究討論する．
【研讨会】yántǎohuì 名 シンポジウム．
【研习】yánxí 動 学習し，勉強する．
【研修】yánxiū 動 研修する．
【研制】yánzhì 動 研究製造する．開発する．¶～出一种新药 / 新薬を開発する．

盐铅阁蜒筵颜檐奄兖儼衍 yán–yǎn

盐(鹽) yán
皿部5　四4310₂　全10画　常用
名 ❶ 塩. ¶～湖 yánhú / 精～ jīngyán（精製塩）/ 井～ jǐngyán（井塩炭）. **❷**《化学》塩（え）. ¶～酸 yánsuān / 正～ zhèngyán（正塩炭）.
【盐巴】**❶** yánbā **名**食塩. **❷** yánba **形**塩辛い.
【盐场】yáncháng **名**〔浜辺の〕製塩場.
【盐池】yánchí **名**塩湖, 塩水湖.
【盐分】yánfèn **名**塩分. ¶大量出汗,体内～减少 / 大量に汗をかくと, 体内の塩分が減少する.
【盐罐】yánguàn **名**〔食卓用の〕塩入れ.
【盐湖】yánhú **名**塩湖. かん水湖. 回 咸水湖 xiánshuǐhú.
【盐花】yánhuā **名 ❶**（～儿）ごく少量の塩. ¶搁 gē 点儿～儿 / 塩をほんの少し入れる. **❷** 方塩の結晶. 回 盐霜 yánshuāng.
【盐碱地】yánjiǎndì〔⑯ 块 kuài, 片 piàn〕塩分を多く含んだ土壌. アルカリ土壌.
【盐碱化】yánjiǎnhuà **动**《化学》アルカリ化する.
【盐井】yánjǐng **名**〔⑯ 口 kǒu,眼 yǎn〕塩井（炭）.
【盐矿】yánkuàng **名**《鉱業》岩塩鉱.
【盐卤】yánlǔ **名**にがり. 回 卤水 lǔshuǐ, 卤 lǔ
【盐汽水】yánqìshuǐ **名**塩入りのソーダ水. 参考高温下で働く作業者の飲み物.
【盐泉】yánquán **名**塩泉. 塩分を含んだ鉱泉.
【盐水】yánshuǐ **名**塩水. ¶～鸡 / 塩漬けのニワトリ. ¶用～泡 pào 一泡 / 塩水にちょっと漬ける.
【盐酸】yánsuān **名**《化学》塩酸. HCl. 回 氢氯酸 qīnglǜsuān
【盐滩】yántān **名**天日製塩をする浜辺.
【盐田】yántián **名**塩田.
【盐业】yányè **名**製塩業.
【盐渍化】yánzìhuà **动**〔土壤が〕塩分を大量に含むようになること.

铅(鉛) yán
钅部5　四8776₁　全10画
❶ **素**地名用字. ¶～山 Yánshān（江西省にある県名）. **❷**（Yán）姓.
☞ 铅 qiān

阎(閻) yán
门部8　四3777₇　全11画　次常用
❶ **素** 文 路地の出入口の門. **❷**（Yán）姓.
【阎罗】Yánluó(-wáng) **名**閻魔（*♂*）大王. 回 阎王爷 Yánwangyé
【阎王】Yánwang **名 ❶** "阎罗王 Yánluówáng"に同じ. **❷** 凶悪な人の比喩. ¶他真是一个活～ / あいつはまったくこの世の閻魔だ.
【阎锡山】Yán Xīshān《人名》閻錫山(ｲｪﾝｼｰｻﾝ：1883－1960). 山西の軍閥. 参考辛亥革命後山西省に赴き, 軍事長官や省長等を歴任, 日中戦争後は広州で国民党政府行政院院長となった. その後台湾に渡り台北で没す.

蜒 yán
虫部6　四5214₁　全12画　次常用
→蚰蜒 yóuyán, 蜿蜒 wānyán

筵 yán
竹部6　四8840₁　全12画　次常用
❶ **名** 文 竹のむしろ. **❷** **素**宴席. ¶～席 yánxí / 喜～ xǐyán（祝宴. 結婚披露宴）.
【筵席】yánxí **名**宴席. 酒席. ¶大摆～ / 盛大な宴会をもうける.

颜(顔) yán
页部9　四0128₂　全15画　常用
❶ **素**顔. 表情. ¶容～ róngyán（容貌）/ 开～ kāiyán（笑顔になる）. **❷** **素**面目. ¶～面 yánmiàn. **❸** **素**色. ¶～料 yánliào / ～色 yánsè. **❹**（Yán）姓.
【颜料】yánliào **名**絵の具. 顔料.
【颜面】yánmiàn **名 ❶**顔面. ¶～神経 / 顔面神経. **❷**体面. メンツ. ¶～扫 sǎo 地 / メンツが丸つぶれになる. ¶没有～见人 / 人に合わせる顔がない.
【颜色】yánsè **名 ❶色彩. ¶黄～ / 黄色. 回 色彩 sècǎi. **❷** 文 容貌. ¶～憔悴 qiáocuì / 容貌がやつれている. **❸**顔に出る表情. ¶一庄重 / 顔つきが険しい. **❹**（"给…颜色看"の形式で）こっぴどい目に会わせる. …に思い知らせてやる. ¶给他点～看看 / 彼を痛い目に会わせてやる.
【颜晒】yánshai **名**顔料および染料.
【颜体】Yántǐ **名**顔真卿(ｶﾞﾝｼﾝｹｲ)の書体.
【颜真卿】Yán Zhēnqīng《人名》顔真卿(ｶﾞﾝｼﾝｹｲ：709-785). 唐代の政治家・書家. 新しい書風を築いた.

檐(異)簷 yán
木部13　四4796₁　全17画　次常用
（～儿）**❶**軒. ¶～沟 yángōu / 房～儿 fángyánr（軒）. **❷**軒状の縁. 突き出した所. ¶帽～儿 màoyánr（帽子のつば）.
【檐沟】yángōu **名**《建築》軒下の雨どい. 参考"水落 shuǐluò"とも言う.
【檐子】yánzi **名**家の軒. ひさし.

奄 yǎn
大部5　四4071₆　全8画　次常用
❶ **动** 文 覆う. **❷** **素**突然. ¶～忽 yǎnhū（にわかに）. **❸** **素** "阉 yān"に同じ.
【奄奄】yǎnyǎn **形**息も絶え絶えに. 気息奄奄の.
【奄奄一息】yǎn yǎn yī xī 虫の息. 息も絶え絶え.

兖 Yǎn
→部6　四0021₂　全8画　通用
素地名用字. ¶～州 Yǎnzhōu（山東省にある県名）.

儼(儼) yǎn
亻部7　四2120₁　全9画　次常用
素 ❶厳かだ. ¶～然 yǎnrán / まるで…のようだ. ～如 yǎnrú.
【儼然】yǎnrán **形** 文 **❶**厳かだ. ¶～地侍侯 shìhòu / うやうやしくしずく. **❷**整然としている. ¶屋舍 wūshè～ / 家屋が整然と並んでいる. **❸**よく似ている. さながら…のようだ. ¶～像个正人君子 / さながら聖人君子のようだ.
【儼如】yǎnrú **动** 文 まるで…のようだ. ¶训练严格得～军队 / トレーニングはまるで軍隊のように厳しい.

衍 yǎn
亻部7　四2122₁　全9画　次常用
文 **❶** **素**広がり延びる. ¶推～ tuīyǎn（敷衍ｴﾝする）/ 敷～ fūyǎn（敷衍する）. **❷** **动**余って出る. ¶第五行 háng 末尾一一字（5行目の終わりが1字余る）/ ～文 yánwén. **❸**（Yǎn）姓.
【衍变】yǎnbiàn **动**〔長い年月にわたって〕発展し変化する. 進展する. 回 演变 yǎn biàn
【衍化】yǎnhuà **动**発展し変化する.
【衍射】yǎnshè **名**《物理》回折（する）. 回 绕 rào 射

【衍生】yǎnshēng 動 ❶《化学》(別の化合物を)誘導する. ❷ 派生する.
【衍生物】yǎnshēngwù《化学》誘導体.
【衍文】yǎnwén 名 間違って入り込んだ余計な文字や語句. 衍文(えん).

弇 yǎn
卅部6 四 8044₆ 全9画 通用
動《文》覆う.

剡 yǎn
刂部8 四 9280₀ 全10画 通用
《文》❶ 形 鋭利である. ❷ 動 削って鋭くする.
➡ 剡 shàn

厣(厴) yǎn
厂部9 四 7125₆ 全11画 通用
名 ❶ 巻き貝のふた. ❷ カニの腹部の薄い殻.

掩(異 揜) yǎn
扌部8 四 5401₆ 全11画 常用
動 ❶ 覆う. ¶~口而笑(口を覆って笑う)/她~着怀跑出来了(彼女はボタンもかけず前をかき合わせて走り出て来た)/遮~ zhēyǎn(覆う). ❷ 閉じる. ¶她把门轻轻地~上,走出来了(彼女はドアをそっと閉めて出て来た)/~卷 yǎnjuàn(本を閉じる). ❸ 動 扉などを閉じるにはさむ. ¶把胳膊~住了(腕をはさんだ).
【掩蔽】yǎnbì ❶ 動 覆い隠す. 隠蔽(いん)する. 遮へいする. ¶~服装 fúzhuāng / 迷彩服. ❷ 名 遮へい物. 隠れる場所. 表現 は,軍事的なことに用いることが多い.
【掩蔽部】yǎnbìbù 名《軍事》シェルター.
【掩藏】yǎncáng 動 隠す. ¶不应该~自己的弱点 / 自分の弱点を隠すべきではない.
【掩耳盗铃】yǎn ěr dào líng 成 自分で自分を欺く. 由来 耳をふさいで鈴を盗む,という意から.
【掩盖】yǎngài ❶ 動《具体的なものを》覆う. ふさぐ. ¶白雪~着原野 / 白雪が原野を覆っている. ¶用塑料布把车~起来 / ビニールシートで車を覆う. 同 覆盖 fùgài, 遮盖 zhēgài ❷《抽象的なものを》隠す. 隠しごまかす. ¶~罪行 zuìxíng / 犯罪行為を隠す. ¶有人~了事实真相 zhēnxiàng / 誰かが事実の真相を覆い隠した. ¶他们的罪行终于~不住了 / 彼らの罪はもとうとう隠しおおせなくなった. ¶用问题的本质 / 問題の本質を伏せておく. ¶对这些错误进行~ / これらの間違いを隠しておく. 同 遮掩 zhēyǎn, 隐瞒 yǐnmán
【掩护】yǎnhù ❶ 動 援護する. かばう. 擁護する. ¶我们~部队转移 zhuǎnyí 了 / 我々は部隊の移動を援護した. ¶在中锋 zhōngfēng 的~下,后卫发起了进攻 jìngōng / センターの援護を受け,バックは攻撃に転じた. ❷ 動 ひそかにかくす. ¶把伤员~起来 / 負傷兵をひそかにかくす. ❸ 名 身を隠す材料. 相手を欺く目印.
【掩埋】yǎnmái 動 土をかけて埋める. ¶~尸体 shītǐ / 遺体を埋葬する.
【掩人耳目】yǎn rén ěr mù 成 人や世間をだます. 由来 人の耳目を覆う,という意から.
【掩杀】yǎnshā 動《文》スキをついて襲撃する.
【掩饰】yǎnshì 動《過ちなどを》隠しごまかす. 取りつくろう. ¶~错误 / ミスをごまかす. ¶你不~的~,我都清楚 / 何も隠す必要はないよ,私はすっかり分かっているんだから. 同 粉饰 fěnshì
【掩体】yǎntǐ 名《軍事》掩体(えん).
【掩星】yǎnxīng 名《天文》星食. 掩蔽(えん).
【掩映】yǎnyìng 動 互いに引き立てあう. 表現 柳の緑と桃の紅などが互いに美しく照り映えることなどに用いる.

【掩住】yǎnzhù 動 しっかりと覆う. 完全に覆い隠す. ¶用稻草 dàocǎo~洞口 / 洞穴の入り口をわらで覆い隠す.

郾 Yǎn
阝部9 四 7772₇ 全11画 通用
素 地名用字. ¶~城 Yǎnchéng(河南省にある県名).

眼 yǎn
目部6 四 6703₂ 全11画 常用
❶ 名〔量 双 shuāng, 只 zhī〕目. ¶~睛 yǎnjing / ~光 yǎnguāng / 亲~ qīnyǎn(自分の目で)/瞪~ dèngyǎn(目を見張る)/她~睛 xiā了(彼女は目が見えなくなった). ❷ 名〔~儿〕穴. ¶耳朵~儿 ěrduoyǎnr(耳の穴)/针~儿 zhēnyǎnr(針の穴)/打~儿 dǎyǎnr(穴をあける). ❸ 名〔~儿〕急所. 関節. ¶节骨~儿 jiēguyǎnr(肝心な時)/腰~儿 yāoyǎnr(腰の部分にある2つのつぼ). ❹ 名《芸能・音楽》yǎnr 伝統劇や音楽の拍子. ¶板~ bǎnyǎn(拍子). ❺ 名 囲碁の眼(め), 目(め). ❻ 量〔~儿〕井戸の穴を数えることば. ¶一~井(一つの井戸). 注意 ❻の"眼"は穴を数えるので,"三眼儿井"は穴の3つあるひとつの井戸の意となる.
【眼巴巴】yǎnbābā〔~的〕❶ 切望するよう. 待ち望んでいるよう. ¶~地等着他回来 / 彼が帰るのを首を長くして待つ. ❷ 見ているだけで,なすすべがないよう. ¶~地看着他把东西抬走了 / 彼が品物を持ち去るのをすべもなく見ていた.
【眼白】yǎnbái 名〔方〕(眼球の)白目. 同 白眼珠儿 zhūr
【眼波】yǎnbō 名(女性の)清らかな流れのように澄んだまなざし.
【眼馋】yǎnchán 動〔方〕(人のものを見て)欲しがる. うらやむ. ¶看到别人赚钱 zhuànqián,~得很 / ほかの人が金儲けするのを見て,うらやましくてたまらない.
【眼袋】yǎndài 名(老いて垂れ下がった)下まぶた.
【眼底】yǎndǐ 名 ❶《生理》眼底. ❷ 目の前. 眼下.
【眼底下】yǎndǐxia 名 ❶ 目の前. ¶你找的东西就在你~/君の探しているものは目の前にあるよ. 同 眼皮 yǎnpǐ 底下 ❷ 当面. 目下. 同 眼皮 yǎnpǐ 底下
【眼点】yǎndiǎn 名《生物》(下等動物の)眼点.
【眼福】yǎnfú 名 眼の保養. 眼福. ¶~不浅 / すっかり目を楽しませてもらった. ¶今天真让我~饱~了 / 今日は本当にたっぷり目の保養をさせていただきました.
【眼高手低】yǎn gāo shǒu dī 成 求めるレベルは高いが,実際の能力は低い. 口ばかりで実力が伴わない.
【眼格】yǎngé 名〔方〕見聞. 視野. 同 眼界 jiè
【眼观六路】yǎn guān liù lù 成 すみずみまで目を配る. 表現 "耳听八方"(あちこちの音に耳を立てる)と連用する.
【眼光】yǎnguāng 名 ❶ 視線. ¶锐利 ruìlì 的~/ 锐いまなざし. 同 目光 mùguāng ❷ 見る目. 眼力. 見識. ¶有~/見る目がある. 見識がある. ¶你的~太短浅 / 君は目がきかなさすぎ. ¶应该把~放远一点 / もっと先に目を向けなくちゃ. ❸ 観点. 视点. ¶老~/古い観点.
【眼黑】yǎnhēi 名〔方〕(眼球の)黒目.
【眼红】yǎnhóng ❶ 動 うらやむ. ねたむ. ¶不要~人家 / 人をうらやんではいけない. ❷ 形 憎悪するよう. ¶仇人 chóurén 相见,分外~/ かたき同士が出会えば,怒りはますます強まる.
【眼花】yǎnhuā 動 目がかすむ. ¶头昏 hūn~/頭

【眼花缭乱】yǎn huā liáo luàn 〔成〕多彩で目がくらむばかりだ．¶各式各样的展览品,看得人～/さまざまな展示品があって,目もくらむばかりだ．

【眼疾[急]手快】yǎn jí shǒu kuài 〔成〕目ざとくて,すばしこい．⇨手疾眼快

【眼尖】yǎn jiān 〔形〕目がよい．目ざとい．¶你～,帮我在地上找找/君は目ざといから,いっしょに地面を探してくれ．

【眼睑】yǎnjiǎn 〔名〕まぶた．⇨眼皮 yǎnpí

【眼见】yǎnjiàn 〔副〕見る間に．すぐに．¶～就要立春 lìchūn 了/もうすぐ立春だ．⇨眼看 yǎnkàn

【眼见得】yǎnjiànde 〔副〕〔方〕はっきりと．明らかに．〔表現〕多く望ましくないことに用いる．

【眼见为实】yǎn jiàn wéi shí 〔俗〕自分の目で見たものは確かだ．¶～,耳听为虚/目で見たことは,聞いたことより確かだ．

【眼角】yǎnjiǎo 〔名〕(～儿)目じり．目頭．¶大～/目頭．小～/目じり．

【眼睫毛】yǎnjiémáo 〔名〕〔回〕〔書〕根 gēn〕まつ毛．

【眼界】yǎnjiè 〔名〕見聞．視野．¶开阔 kāikuò～/視野を広める．

*【眼镜】yǎnjìng 〔名〕(～儿)〔書〕副 fù〕眼鏡．¶戴～/眼鏡を掛ける．配～/眼鏡をつくる．

【眼镜蛇】yǎnjìngshé 〔名〕〔動物〕〔書〕条 tiáo〕コブラ．

**【眼睛】yǎnjing 〔名〕〔対 duì,个 ge,双 shuāng,只 zhī〕目．¶闭上～/目を閉じる．睁开眼睛见开＜/开＜．¶～是心灵 xīnlíng 的窗户/目は心の窓．

【眼看】yǎnkàn ❶〔動〕(現に起きている状況を)見ている．¶一辆汽车直冲过公路,一台の车国道をつっ走って行ったかと思うと,あっという間におりて行った．¶她～女儿上了车才离开/彼女は娘が車に乗ったのを見て,やっと立ち去った．⇨眼见 yǎnjiàn ❷〔動〕手をこまねいて見る．みすみす放っておく．¶不能～着庄稼 zhuāngjia 干死/作物が枯れるのをみすみす放っておくわけにはいかない．❸〔副〕すぐに．見る間に．¶～天就要亮了/すぐに夜が明ける．⇨眼见 yǎnjiàn 〔用法〕①と②は必ず文を目的語にとらなければならない．①は否定形では用いない．②は後に"着"を伴い,否定形で用いることが多い．

【眼科】yǎnkē 〔名〕〔医学〕眼科．¶～医生/眼科医．目医者．

【眼库】yǎnkù 〔名〕〔医学〕アイ・バンク．

【眼快】yǎnkuài 〔形〕観察力の鋭い．目ざとい．

【眼眶】yǎnkuàng 〔名〕❶目のふち．目の周り．¶～有点发青 fāqīng/目のまわりに少しくまができている．

*【眼泪】yǎnlèi 〔名〕〔書〕滴 dī,行 háng〕涙．¶～汪汪 wāngwāng/涙があふれる．¶擦干～/涙を拭く．

【眼力】yǎnlì ❶〔名〕視力．¶～好/視力がいい．目がいい．¶～越来越差 chà 了/視力がどんどん落ちてきた．❷眼力．見識．判断力．¶很有～/見る目がある．¶真佩服 pèifú 你的～/あなたの眼力には本当に感服します．

【眼力见儿】yǎnlìjiànr 〔方〕よく気が利くこと．

【眼里】yǎnli 〔名〕眼中．

【眼帘】yǎnlián 〔書〕(～儿)まぶた．眼．¶映 yìng 入～/目に映る．¶那时的景象现在还映 yìng 在我的～呢/あのときの光景は,今も私のまぶたに焼きついています．

【眼眉】yǎnméi 〔方〕眉毛．

【眼面前】yǎnmiàn[-mian-]qián 〔方〕(～儿)❶〔名〕目の前．❷〔形〕よく見る．ありふれた．

【眼明手快】yǎn míng shǒu kuài 〔成〕目が利き,動作が敏速である．反応がすばやい．

【眼目】yǎnmù ❶目．❷密偵．スパイ．

【眼泡】yǎnpāo 〔名〕(～儿)上まぶた．

【眼皮】yǎnpí 〔名〕(～儿)まぶた．¶上～/上まぶた．双～/ふたえまぶた．⇨眼睑 yǎnjiǎn

【眼皮底下】yǎnpí dǐxia ❶目の前．❷当面．目下．

【眼皮子】yǎnpízi 〔名〕〔回〕❶まぶた．❷見識．ものの見方．¶～高/見識が高い．

*【眼前】yǎnqián 〔名〕❶目の前．¶胜利就在～/勝利は目の前だ．❷現在．目下．当面．¶只顾 zhǐgù～/目先のことだけにとらわれる．¶～最重要的是促进经济发展/目下最も重要なことは,経済の発展を促進することだ．⇨目前 mùqián

【眼前亏】yǎnqiánkuī その場の損害．一時的な挫折．

【眼浅】yǎnqiǎn 〔形〕見識が低い．見方が狭い．⇨眼皮子 pízi 浅

【眼球】yǎnqiú 〔名〕〔生 理〕〔書〕対 duì,颗 kē,只 zhī〕眼球．〔参考〕ふつう"眼珠子 yǎnzhūzi"という．

【眼圈】yǎnquān 〔名〕(～儿)目の周り．目のふち．¶哭得～有些肿 zhǒng 了/泣いて目が少し腫れた．⇨眼眶 yǎnkuàng

【眼热】yǎnrè 〔動〕うらやましがる．欲しがる．¶这样好的收成 shōucheng,谁见了都～/こんなにすばらしい収穫なら,誰だって見ればうらやましがる．

【眼色】yǎnsè ❶目くばせ．目の色．¶递 dì～くばせする．¶使～/目くばせする．¶看某人 mǒurén 的～行事/誰かの顔色をうかがって事を行う．❷機を見て行動する能力．

【眼神】yǎnshén 〔名〕❶目の表情．目つき．❷〔方〕(～儿)視力．¶～儿不好/目が悪い．

【眼生】yǎnshēng 見覚えがない．見慣れない．なじみがない．¶怪不得 guàibude 这孩子～,原来是你们家的客人/どうりで見慣れない子だと思ったら,お宅のお客さんだったんですか．⇨眼熟 yǎnshú

【眼时】yǎnshí 〔方〕現在．今．⇨眼下 xià

【眼屎】yǎnshǐ 〔方〕目くそ．目やに．⇨眵 chī

【眼熟】yǎnshú 見覚えがある．見慣れている．なじみがある．¶这里看着眼～/ここは見覚えがある．¶～的东西/見慣れた品．⇨眼生 yǎnshēng

【眼跳】yǎntiào 〔動〕まぶたがけいれんする．

【眼窝】yǎnwō 〔名〕(～儿)目のくぼみ．眼窝(がん)．¶～都陷进 xiànjìn 去了/目がくぼんでしまった．

【眼下】yǎnxià 〔名〕〔回〕目下．今のところ．現在．¶～没工夫/今時間がない．¶你～在做什么呢？/君は今,何をやっているの．

【眼线】yǎnxiàn 〔名〕❶アイライン．❷密偵．スパイ．❸視線．

【眼压】yǎnyā 〔医学〕眼圧．

【眼药】yǎnyào 〔名〕目薬．¶点～/目薬をさす．

【眼影】yǎnyǐng アイシャドー．

【眼晕】yǎnyùn 〔動〕目がくらむ．めまいがする．

【眼罩】yǎnzhào 〔名〕❶眼帯．目かくし．❷(ウマなどの)遮眼帯．❸手を額にかざし,日光をさえぎる姿勢．

【眼罩儿】yǎnzhàor 〔名〕❶眼帯．目かくし．❷アイマスク．❸手をかざして日光を遮る姿勢．¶打～/手をかざす．

【眼睁睁】yǎnzhēngzhēng 〔形〕(～的)ぼうぜんとして,なすすべもないようす．¶～地看着病人一天比一天重/病気が

日一日と重くなるのをなすすべもなく見ている.
- 【眼中钉】yǎnzhōngdīng 名 目の上のこぶ. じゃま者. ¶他把我看作～,肉中刺 ròuzhōngcì / 彼は私を煙たがっている.
- 【眼珠子】yǎnzhūzi 名 〔口〕〔对 duì, 颗 kē, 只 zhī〕 ❶目玉. 同 眼珠儿 yǎnzhūr ❷大切な物や人. 掌中の玉.
- 【眼拙】yǎnzhuō 形 お見それする. 表現 相手が誰だか思い出せない場合に使うことば.

偃 yǎn 亻部9 四 2121₄ 全11画 通用

❶動 あおむけに倒れる. ¶～卧 yǎnwò（寝そべる）/ ～旗息鼓. ❷素 やめる. ¶～武修文（武装をやめて教育をおこす）. ❸（Yǎn）姓.
- 【偃旗息鼓】yǎn qí xī gǔ 成 ❶敵に気づかれないように, ひそかに軍を進める. ❷休戦する. 攻撃を止める. 由来 軍旗を下ろし, 陣太鼓を打ち止める, という意から.
- 【偃月】yǎnyuè 名 ⟨文⟩ ❶半月（形）. ❷半月形. ¶～刀 / 偃月（於）刀. 三日月形をした長い柄の大刀.

琰 yǎn 王部8 四 1918₉ 全12画 通用

名 ⟨文⟩ 美しい玉.

廞 yǎn 户部8 四 3028₉ 全12画 通用

下記熟語を参照.
- 【廞序】yǎnyí 名 ⟨文⟩ かんぬき.

罨 yǎn 罒部8 四 6071₆ 全13画 通用

⟨文⟩ ❶動 おおう. ¶冷～法 lěngyǎnfǎ（冷湿布法）/ 热～法 rèyǎnfǎ（温湿布法）. ❷魚や鳥を捕まえる網.

演 yǎn 氵部11 四 3318₆ 全14画 常用

❶動 技芸を人前で披露する. ¶这个人物由她来～（この人物は彼女が演じる）/ 他～过电影（彼は映画に出たことがある）. ❷動 映画, 劇などを上演する. ¶今天晚上电视～什么节目？（今夜のテレビはどんな番組をやるの）/ 这里每天都～两场 chǎng 电影（ここは毎日2回映画をやっている）/ ～剧 yǎnjù. ❸素 推し広める. ¶～说 shuō ～义 yǎnyì ～绎 yǎnyì. ❹素 一定の方式で練習する. ¶～习 yǎnxí / ～算 yǎnsuàn（操～cāoyǎn（スポーツなどの練習をする）. ❺素 たえず発展変化する. ¶～变 yǎnbiàn / ～进 yǎnjìn / ～化 yǎnhuà. ❻（Yǎn）姓.
- 【演变】yǎnbiàn 動（長い年月にわたって）発展・変化する. 進展する. ¶社会都在不断～ / 社会はたえず変化発展している. ¶从猿 yuán 到人的～过程 / サルからヒトへの進化の過程.
- 【演播】yǎnbō 動 （ラジオやテレビで）番組を収録し放送する. ¶～室 /（ラジオやテレビの）スタジオ.
- 【演唱】yǎnchàng 動 （舞台などで）歌曲を歌う. 歌劇を上演する. ¶～京戏 jīngxì / 京劇を上演する.
- 【演唱会】yǎnchànghuì 名 コンサート.
- *【演出】yǎnchū 動 〔场 chǎng, 出 chū〕上演する. ¶祝贺～成功 / 舞台の成功を祝福する. ¶那里正在～京剧 / あそこはいま京劇をやっている. ¶杂技团出国～了两件月 / 雑技団は出国で2ヶ月公演した. ❷名 演出. 上演. ¶文艺～ / 演芸公演. ¶现在开始～ / これから公演します.
- 【演化】yǎnhuà 動 発展し変化する. 進化する. 表現 多

く自然界の変化を指す.
- 【演技】yǎnjì 名 演技.
- 【演讲】yǎnjiǎng 動 演説（する）. 講演（する）. ¶在大学向学生～ / 大学で学生に講演する. ¶～比赛 / 弁論大会. ¶街头～ / 街頭演説.
- 【演进】yǎnjìn 動 発展し変化する. 進化する.
- 【演剧】yǎn//jù 動 演技をする. 劇を演じる. 同 演戏 xì
- 【演练】yǎnliàn 動 （軍隊や芝居で）訓練する.
- 【演示】yǎnshì 動 実演して示す. ¶～电脑的操作 / コンピュータの操作を実演する.
- 【演说】yǎnshuō 動名 演説（する）. ¶热情洋溢 yángyì 的～ / 熱情あふれる演説.
- 【演算】yǎnsuàn 動 演算する. 計算する. ¶～习题 / 算数の練習問題を解く. ¶这题很难,～不出来 / この問題は難しくて答えが出せない.
- 【演替】yǎntì 名 〈生物〉遷移.
- 【演武】yǎnwǔ 動 武芸をけいこする.
- 【演习】yǎnxí 動 訓練（する）. 演習（する）. ¶消防 xiāofáng～ / 消防訓練. ¶～救护 jiùhù / 救護訓練を行う.
- 【演戏】yǎn//xì 動 ❶芝居をする. 演技をする. ¶登台～ / 舞台に出て演技をする. ❷ふりをする. お芝居をする. ¶别再～了 / もうお芝居はよせ.
- 【演义】yǎnyì ❶動 ⟨文⟩ 内容や道理をわかりやすく説明する. ❷名 史実を基にした章回小説. 演義. ¶《三国～》/『三国演義』用法 ❷は, 多く書名に用いる.
- 【演艺】yǎnyì 名 ❶演芸. ❷演技.
- 【演艺界】yǎnyìjiè 名 芸能界.
- 【演绎】yǎnyì 動名 演繹（する）. 反 归纳 guīnà
- 【演绎法】yǎnyìfǎ 名 〈哲学〉演繹（為）法. 演繹推理 tuīlǐ
- *【演员】yǎnyuán 名〔个 ge, 名 míng, 位 wèi〕俳優. タレント. ¶电影～ / 映画俳優. ¶当～ / 俳優になる. ¶～表 / キャスト.
- 【演职员】yǎnzhíyuán 名 （芸能団体の）俳優や出演者と, 職員スタッフ.
- *【演奏】yǎnzòu 動 演奏する. ¶～能手 / 名演奏家. ¶～会 / 演奏会.

魇（魘）yǎn 厂部13 四 7121₃ 全15画 通用

素 夢でうなされる. ¶梦～ mèngyǎn（悪夢にうなされる）.

鼹（異 鼴）yǎn 鼠部10 四 7674₄ 全23画 通用

名〈動物〉モグラ. 同 鼹鼠 yǎnshǔ, 地排子 dìpáizi
- 【鼹鼠】yǎnshǔ 名〈動物〉モグラ.

厌（厭）yàn 厂部4 四 7128₄ 全6画 常用

❶素 嫌う. ¶～恶 yànwù / ～弃 yànqì / 讨～ tǎoyàn（嫌う）. ❷貪欲きたる. ¶贪 tān 得无～（成 どん欲で足りることを知らない）. ❸形 飽きる. ¶听～了（聞き飽きた）. ❹（Yàn）姓.
- 【厌烦】yànfán 動 面倒くさがる. 煩わしがる. うんざりする. ¶整天说些鸡毛蒜 suàn 皮的事,听着～ / 一日中どうでもいいことばかり話すんだから, 聞いているとうんざりする. 同 腻烦 nìfán
- 【厌恨】yànhèn 動 ひどく嫌悪する.
- 【厌倦】yànjuàn 動 飽きる. ¶我～了社交界的装腔 qiāng 作勢 / 社交界のもったいぶった振る舞いはもううんざりだ.

砚 咽 彦 艳 晏 唁 宴 验 yàn 1291

【厌腻】yànnì 动 うんざりする. 飽きる.
【厌弃】yànqì 动 嫌になって見捨てる. ¶迟早 chízǎo 会被他～/いずれは彼に見捨てられるだろう. 回 嫌弃 xiánqì
【厌食】yànshí 动 食欲がわかない. 食欲不振になる.
【厌食症】yànshízhèng 名〖医学〗拒食症. 食欲不振.
【厌世】yànshì 动 世をはかなむ. ¶悲观～/悲観的になり,世をはかなむ. ¶产生～情绪/世の中が嫌になる.
【厌恶】yànwù 动(人や事物を)嫌う. 憎む. ¶令人～/嫌いだ. むしずが走る. 回 讨厌 tǎoyàn
【厌战】yànzhàn ❶ 名 厭戦(さ&). ❷ 动 戦争を嫌う. ¶非常～/戦争がほとほと嫌になった. 回 好战 hàozhàn

砚(硯) yàn
石部4 四 1761₂ 全9画 次常用
名 すずり. ¶～池 yànchí /～台 yàntai.
【砚池】yànchí 名 すずりの水をためる部分. 硯池(%&). 硯海.
【砚台】yàntai 名〔块 kuài〕すずり.

咽(異 嚥) yàn
口部6 四 6600₀ 全9画 常用
动 飲みこむ. ¶慢慢～下一口水/水をゆっくり飲みこんだ) / 嗓子疼得不能～东西/(のどが痛くてものが飲みこめない) /～气 yànqì. 狼 láng 吞 tūn 虎～ (成)むさぼり食う.
☞ 咽 yān,yè
【咽气】yàn//qì 息を引き取る. 死ぬ. ¶不一会儿他～了/間もなく息を引き取った.

彦 yàn
彡部6 四 0022₂ 全9画 通用
名 ❶〈文〉才識のある人. ❷(Yàn)姓.

艳(艷/異 豔,豓) yàn
色部4 全10画 四 5701₇ 常用
❶ 色鮮やかだ. ¶～丽 yànlì /～阳天 yànyángtiān / 娇～ jiāoyàn (あでやかな). ❷ 素 恋愛に関する. つやっぽい. ¶～情 yànqíng / 香～ xiāngyàn (つやっぽい). 回 美 yànměi
【艳福】yànfú 名 女性に恵まれること. 艶福(%&). ¶～不浅/女性関係に恵まれている.
【艳红】yànhóng 形 鮮やかな赤. 真っ赤だ. 回 鲜 xiān 红
【艳丽】yànlì 形 まばゆいばかりに美しい. 色鮮やかだ. ¶色彩 sècǎi～/色鮮やかで美しい. ¶～夺目 duómù / 目を奪うほどに色鮮やかだ. ¶～的服装 fúzhuāng / 華やかな服装. 回 艳美 yànměi
【艳情】yànqíng 名 男女間の愛情. 色恋. ¶～小说 / 恋愛小説.
【艳史】yànshǐ 名 旧 恋物語. ロマンス.
【艳羡】yànxiàn 动 羨望する.
【艳阳】yànyáng 名 ❶ 明るい太陽. ❷ (春の)美しい風景. つやっぽい気候.
【艳阳天】yànyángtiān 名 うららかな春の日.
【艳装[妆]】yànzhuāng 名 華やかな服装.

晏 yàn
日部6 四 6040₄ 全10画
❶ 形〈文〉遅い. ¶～起 yànqǐ (寝坊する). ❷ 素 酒席. 回 宴 yàn ❸ 形〈文〉静かだ. ¶河清海～ / (川は澄み海は静かだ). ❹ 形〈文〉空が晴れ渡っている. ¶天清日～ / (空は晴れ渡り雲ひとつない). ❺ (Yàn)姓.
【晏驾】yànjià 天子が亡くなる.

唁 yàn
口部7 四 6006₁ 全10画 次常用
素 弔問する. ¶慰～ wèiyàn (悔やみを言う) / 吊～ diàoyàn (悔やみを言う) / 电～ diànyàn (弔電を打つ).
【唁电】yàndiàn 名〔@ 封 fēng〕弔電.
【唁函】yànhán 名 悔やみ状.

宴(異 醼) yàn
宀部7 四 3040₄ 全10画 常用
素 ❶ 酒や食事で客をもてなす. ¶～客 yànkè (宴席に客を招く) /欢～ huānyàn (盛大な宴会). ❷ 一堂に会して飲食する. ¶～会 yànhuì. ❸ 酒席. ¶设～ shèyàn (宴席を設ける) / 赴～ fùyàn (宴会に行く) / 国～ guóyàn (政府主催の宴会). ❹ 安楽だ. ¶～乐 yànlè (安楽である) /～安 yàn'ān (安逸である).
【宴尔】yàn'ěr ❶ 动 くつろぎ楽しむ. 回 燕尔 yàn'ěr ❷ 名 新婚. 回 燕尔 由来『詩経』邶風·谷風の句から.
**【宴会】yànhuì 名 宴会. ¶举行～/宴会を執り行う. ¶～祝词/宴会の祝辞.
【宴请】yànqǐng 动 宴を設けてもてなす. ¶～贵宾 guìbīn / 貴賓を宴でもてなす.
【宴席】yànxí 名〔@ 桌 zhuō〕招宴. 宴席. ¶天下没有不散 bùsàn 的～/世の中に終わらない宴会はない(仲の良い友人でも, 結局は別れなければならない).

验(驗/異 騐) yàn
马部7 全10画 四 7811₉ 常用
❶ 动 調べる. ¶先把货～了再搬进仓库(まず商品を調べてから倉庫に入れる) / 已经～过证件了(もう証明書を調べた) /～收 yànshōu / 考～ kǎoyàn (試練を与える) /～收 yànshōu / 试～ shìyàn (テスト). ❷ 素 効き目がある. ¶～方 yànfāng. 灵～ língyàn (よく効く) / 应～ yìngyàn (予言が当たる) / 效～ xiàoyàn (効果).

筆 7 马 马 驳 验

【验钞机】yànchāojī 偽造紙幣識別機.
【验方】yànfāng 名 よく効く処方.
【验工】yàn//gōng 动 工事完成後の検査をする.
【验光】yàn//guāng 动 検眼する. ¶～配镜 pèijìng / 検眼して眼鏡を作る.
【验核】yànhé 検査し照合する.
【验看】yànkàn 动 観察する. 調査する. 検査する. ¶～货物 / 商品を検査する.
【验明正身】yànmíng zhèngshēn 句 (処刑の前に)本人かどうかを確認する. ¶～,立即执行死刑 / 本人であるかを確認し, 直ちに死刑を執行する.
【验票】yànpiào ❶ 动 検札する. ¶～进站 / 検札を通ってホームに入る. ❷ 名 検査済証.
【验尸】yàn//shī 动 検死する. ¶～结果是他杀 tāshā / 検死の結果は, 他殺である.
【验收】yànshōu 动 検査のうえ受け取る. 査収する. ¶～产品 / 製品を検査して受け取る.
【验算】yànsuàn 动 検算する. ためし算をする.
【验血】yànxuè 名 動 血液検査(をする).
【验证】yànzhèng 动 実験や試験で確かめる. 検証する. ¶～经～,药物的临床 línchuáng 效果很好 / 検証した結

果,薬物の臨床効果は良好である. 回 证验 zhèngyàn

【验资】yànzī 動 資金や資産を検査する.

谚(諺) yàn
讠部9　3072₂
全11画　次常用

素 ことわざ. ¶～语 yànyǔ. 古～ gǔyàn (古いことわざ) / 农～ nóngyàn (農事のことわざ).

【谚语】yànyǔ 名 回 句 jù, 条 tiáo ことわざ.

堰 yàn
土部9　4111₄
全12画　次常用

名 〔道 dào, 条 tiáo〕せき. ¶塘～ tángyàn (貯水池).

【堰塞湖】yànsèhú 名 山崩れや溶岩流などで,川や谷がせき止められてできた湖. 堰塞(がぃ)湖.

雁(異鴈) yàn
厂部10　四 7121₅
全12画　常用

名〔鳥〕〔圓 行 háng, 只 zhī〕カリ. ガン. ¶～行 yànháng / 鸿～ hóngyàn (カリ. ガン). 回 大雁 dàyàn

【雁过拔毛】yàn guò bá máo 成 いかなる機会も逃さず私利をむさぼる. 由来 飛んでいるガンの羽を抜くという意から.

【雁行】yànháng 名 ❶ カリの列. ¶并肩 bìngjiān ～ / 肩を並べ列を組んで進む. ❷ 兄弟.

【雁阵】yànzhèn 名 ガンの並んで飛ぶ形.

焰(異燄) yàn
火部8　四 9787₇
全12画　常用

素 ほのお. ¶火～ huǒyàn (ほのお) / 气～ qìyàn (気炎).

【焰火】yànhuǒ 名 方 花火. ¶放～ / 花火を打ち上げる. 回 烟火 yānhuo

焱 yàn
火部8　四 9088₉

名 文 ほのお. 多く人名に用いる.

滟(灩/異灎) yàn
氵部10　全13画　四 3711₇　通用

下記熟語を参照.

【滟滪堆】Yànyùduī 名 四川省瞿唐(く)峡の入口にあった巨石. 長江の航路整備のため,1958年に取り除かれた.

酽(釅) yàn
酉部7　四 1160₁
全14画　通用

形 液体の色や味が濃い. ¶茶太～了(お茶が濃すぎる).

表現 もともとは,酒でも料理でも味が濃いことを言ったが,今ではほとんど茶の味が濃いことを言うようになっている.

餍(饜) yàn
厂部13　四 7123₂
全15画　通用

動 ❶ 腹一杯食べる. ¶～酒食而返(酒食足りて帰る). ❷ 満足する.

【餍足】yànzú 動 文 満足する. 表現 私利私欲について言うことが多い.

谳(讞) yàn
讠部13　3378₄
全15画　通用

素 罪を裁く. ¶定～ dìngyàn (判決する).

燕(鷰❶) yàn
艹部16　四 4433₁
全16画　常用

❶ 名 〔～儿〕〔鳥〕〔圓 群 qún, 只 zhī〕ツバメ. ¶～窝 yànwō / 家～ jiāyàn (軒下に巣を作るツバメ). ❷ 素 "宴 yàn"に同じ. ¶～居 yànjū (ゆったり生活する) / ～好 yànhǎo (安逸である) / ～乐 yànlè (安楽である).

▷ 燕 Yān

【燕尔】yàn'ěr →宴尔 yàn'ěr
【燕麦】yànmài 名 〔植物〕エンバク. オートムギ.
【燕雀】yànquè 名 〔鳥〕〔圓 只 zhī〕アトリ.
【燕尾服】yànwěifú 名 〔服飾〕〔圓 件 jiàn〕燕尾服.
【燕窝】yànwō 名 ツバメの巣. ¶吃人参 rénshēn～, 滋补 zībǔ 身体 / 朝鮮人参やツバメの巣を食べて栄養をつける. 参考 スープや煮込み料理に用いる高級食材.
【燕鱼】yànyú 名〔魚〕サワラ. 回 鲅 bà 鱼
【燕子】yànzi 名〔鳥〕〔圓 群 qún, 只 zhī〕ツバメ. ¶轻盈 qīngyíng 得像小～ / ツバメのように軽やかに動く. 回 家燕 jiāyàn

赝(贗/異贋) yàn
厂部14　全16画　四 7128₂　通用

素 偽の. ¶～本 yànběn / ～品 yànpǐn.

【赝本】yànběn 名 偽の書画. がん作.
【赝品】yànpǐn 名 偽物. がん作. ¶此画疑为 yíwéi～ / この絵はがん作の疑いがある.

yang ㄧㄤ〔iaŋ〕

央 yāng
大部2　四 5080₀
全5画　常用

❶ 素 中央. 中心. ¶中～ zhōngyāng (中央). ❷ 動 懇願する. ¶～求 yāngqiú / ～托 yāngtuō (依頼する). ❸ 素 文 終わる. ¶未～ wèiyāng (まだ尽きていない).

【央告】yānggao 動 "央求 yāngqiú"に同じ.
【央行】yāngháng 名 "中央银行"(中央銀行)の略称.
【央求】yāngqiú 動 丁重に頼む. 懇願する. ¶～宽恕 kuānshù / 許しを請う. ¶苦苦～ / 懸命に懇願する.
【央视】yāngshì 名 "中央电视台"(中央テレビ局)の略称.
【央中】yāngzhōng 動 回 仲立ちを依頼する. 参考 公文書用語.

泱 yāng
氵部5　四 3518₀
全8画　通用

下記熟語を参照.

【泱泱】yāngyāng 形 文 ❶ 水面が広々としている. ¶湖水～ / 湖水が広々としている. ¶～大水 / どこまでも広がる大海原. ❷ 堂々としている. ¶～大国 / 堂々たる大国.

殃 yāng
歹部5　四 1528₀
全9画　常用

素 ❶ 災い. ¶遭～ zāoyāng (災難に見舞われる) / 灾～ zāiyāng (災難). ❷ 災いする. ¶祸 huò 国～民 (国を損ない民を苦しめる).

【殃及】yāngjí 動 災いを及ぼす.
【殃及池鱼】yāng jí chí yú 成 巻き添えを食う. 由来 堀の水が消火に使われてなくなり,魚に累を及ぼすという意から. 表現 "城门失火,～"とも言う.

鸯(鴦) yāng
鸟部5　四 5012₇
全10画　次常用

→鸳鸯 yuānyāng

秧 yāng
禾部5　四 2598₀
全10画　常用

❶ 名 〔～儿〕〔棵 kē〕植物の苗. ¶树～儿(苗木) / 白菜～儿(白菜の苗) / 拉～ lāyāng (収穫後に

株を引き抜くこと). ❷ 名 イネの苗. ❸ 名 〜田 yāngtián / 〜歌 yāngge / 插〜 chāyāng（田植えをする). ❸ 名 ウリ・マメ・サツマイモなどの茎. つる. ¶瓜〜（ウリの茎）/ 豆〜（マメの茎）/ 白薯 báishǔ〜（サツマイモの茎). ❹ 名 生まれたばかりの飼育動物. ¶鱼〜子 yúyāngzi（稚魚）/ 猪〜子 zhūyāngzi（子ブタ). ❺ 動 方 動植物を育てる. ❻（Yāng）姓.
【秧歌】yāngge 名 田植え歌. ¶扭 niǔ〜 / 田植え踊りを踊る. ¶闹 nào〜 / 田植え踊りで騒ぐ.

秧 歌

【秧歌剧】yānggejù 名《芸能》"秧歌"を基にした歌舞劇. 参考 北方の農村に行われる民間舞踊. ドラの伴奏にあわせ歌いながら踊る.
【秧鸡】yāngjī 名《鳥》クイナ.
【秧苗】yāngmiáo 名〔量 根 gēn, 棵 kē〕農作物の苗. 特にイネの苗.
【秧田】yāngtián 名《農業》〔量 块 kuài〕苗代（なわしろ）.
【秧子】yāngzi ❶ 苗. ❷ 茎. つる. ❸ 生まれたばかりの動物の子. ¶猪〜 / 子ブタ.

鞅 yāng
革部 5 〔四〕4558₀
全14画 通用
名 古代, 馬車を引く馬の首にかぶせた皮. むながい. 参考 もと, "yǎng"と発音した.

鞅 yàng

扬（揚 / 異 敭 ❶-❸, 颺 ❹） yáng
扌部 3 全6画 〔四〕5702r 常用
❶ 動 高くあげる. ¶〜手（手を高くあげる）/ 〜帆 yángfān / 〜〜 yángyáng / 趾 zhǐ 高气〜 成 意気揚々としたようす). ❷ 動 上へまき散らす. ¶〜场 yángcháng. ❸ 動 広く知らせる. ¶〜言 yángyán / 〜名 yángmíng / 宣〜 xuānyáng（宣伝する）/ 赞〜 zànyáng（称賛する). ❹ 形 空中でひらひら揺れ動く. ¶飘〜 piāoyáng（空にはためく）/ 飞〜 fēiyáng（空高く舞い上がる). ❺（Yáng）姓.
【扬鞭】yángbiān 動 むちを振るう. ¶快马〜 / 早馬にむちを当てる（いっそう拍車をかけること).
【扬长】yángcháng 副 ゆうゆうと. 平然と.
【扬长避短】yáng cháng bì duǎn 成 長所を伸ばし, 短所を避ける.
【扬长补短】yáng cháng bǔ duǎn 成 長所を伸ばし, 短所を補う.
【扬长而去】yáng cháng ér qù 成 大手を振って立ち去る. 平然と立ち去る.
【扬场】yáng / cháng 動 脱穀した穀物を空中高くまいて, 殻を取り除く.
【扬尘】yángchén ❶ 動 ほこりを巻き上げる. ❷ 名 舞い上がったほこり. 表現 世の中の変遷のたとえとしても用いられる.
【扬程】yángchéng 名 ポンプの水をあげる高さ. 揚程.
【扬帆】yáng / fān 動 文 帆をあげる. 出帆する. ¶〜远航 yuǎnháng / 帆をあげて遠い航海に出る.
【扬幡招魂】yáng fān zhāo hún ❶ 幡（さ）をかかげて死者の魂を呼び戻す. ❷ 比 滅び去ったものをよみがえらせる.
【扬花】yánghuā 動（作物が開花するとき）花粉が飛び散る. ¶春天, 柳树 liǔshù〜了 / 春になり, 柳の花粉が飛び始めた.
【扬基债券】yángjī zhàiquàn 名《経済》（証券市場の）ヤンキーボンド.
【扬剧】yángjù 名《芸能》江蘇省揚州一帯の地方劇. 参考 もとは"维扬戏"と言った.
【扬眉吐气】yáng méi tǔ qì 成 胸のつかえがとれ, 気分が晴れ晴れする. ¶小美考试得 dé 第一名, 全家人都感到〜了 / メイちゃんが試験で一番を取ったので, 家族じゅうが鼻高々であった.
【扬名】yáng / míng 動 名をあげる. 有名になる. ¶〜天下 / 天下に名をはせる. ¶远近〜 / あまねく名をとどろかす.
【扬弃】yángqì ❶《哲学》止揚（しよう）する. アウフヘーベンする. ❷ 捨て去る. ¶〜糟粕 zāopò / かすを捨て去る.
【扬琴】yángqín 名《音楽》〔量 台 tái〕揚琴（ようきん）. ¶打〜 / 扬琴を弾く. 同 洋琴 yángqín, 蝴蝶 húdié 琴 参考 平たい台形の箱に張った多数の弦を竹のばちでたたく弦楽器.

扬 琴

【扬清激浊】yáng qīng jī zhuó 成 悪を退け善をたたえる. 同 激浊扬清 由来 汚れた水を押し流し, きれいな水を入れるという意から.
【扬升】yángshēng 動《経済》（価格や相場が）上昇する.
【扬声】yángshēng 動 ❶ 大声をあげる. ❷ 言いふらす. 公言する. ❸ 文 名をあげる. 有名になる.
【扬声器】yángshēngqì 名 拡声器. ラウドスピーカー.
【扬水】yángshuǐ 動 ポンプで水をくみ上げる. ¶〜泵 bèng / 揚水ポンプ. ¶〜站 / 揚水所.
【扬汤止沸】yáng tāng zhǐ fèi 成 採用した手段や方法が生ぬるく, 問題を根本的に解決できない. 由来 沸いた湯をすくってはまた戻し, 沸騰を止めようとする意から.
【扬威】yángwēi 動 威力を示す. ¶耀武 yàowǔ〜 / 武力や威を振りかざす. ¶〜天下 / 天下に威を示す.
【扬言】yángyán 動 言いふらす. 「…する」と公言する. ¶那个人〜要给她一点颜色看看 / そいつは, 彼女を痛い

目に会わせると言いふらしている.

【扬扬】yángyáng 形 🅱 得意げな. ¶～得意 déyì 的样子/得意そうなようす. 回 洋洋 yángyáng

【扬扬自得】yáng yáng zì dé → 洋洋自得 yáng yáng zì dé

【扬州】Yángzhōu《地名》揚州(tǎw)江蘇省の長江北岸に位置する市 参考 古くから商業が発達. 名所旧跡には瘦西湖や何園, 鑑真和尚ゆかりの大明寺などがある.

【扬子鳄】yángzǐ'è《動物》ヨウスコウワニ. 回 鼍鼉 tuó, 猪婆龙 zhūpólóng

【扬子江】Yángzǐjiāng《地名》"长江 Chángjiāng"の別名. 参考 古くは, 長江の流れのうち, 今日の儀徴や揚州の一帯をさした.

羊 yáng 羊部0 四 8050₁ 全6画 常用

❶ 名《動物》[⌈头 tóu,只 zhī⌉] ヒツジ. ¶～毛 yángmáo/～肠 cháng 小道/绵～ miányáng(メンヨウ)/山～ shānyáng(ヤギ). ❷ 〈〉 "祥 xiáng"に同じ. ❸《姓》姓.

【羊肠线】yángchángxiàn 腸線. ガット.

【羊肠小道】yáng cháng xiǎo dào 成〔圉 条 tiáo〕曲がりくねった細い山道. 回 羊肠鸟 niǎo 道

【羊城】Yángchéng 広州の別名. 回 五羊城 Wǔyángchéng 参考 昔, 五人の仙人が五色の羊に乗って広州に来たという伝説による.

【羊齿】yángchǐ 名《植物》シダ. 回 绵马 miánmǎ

【羊羔】yánggāo 名 ❶〔头 tóu,只 zhī⌉〕子ヒツジ. ¶她像只温顺 wēnshùn 的小～/彼女はおとなしい子ヒツジみたいだ. ❷ 古代の汾州 (今の山西省)産の銘酒.

【羊羹】yánggēng ようかん.

【羊工】yánggōng 名 牧羊労働者. ヒツジ飼い.

【羊倌】yángguān 名 〔～儿〕羊飼い.

【羊毫】yángháo 名〔管 guǎn,支 zhī⌉〕ヒツジの毛で作った毛筆.

【羊角】yángjiǎo 文 つむじ風.

【羊角风】yángjiǎofēng 名《医学》"癫痫 diānxián"(てんかん)の通称.

【羊圈】yángjuàn 名 ヒツジ小屋.

【羊毛】yángmáo 名 羊毛. ウール. ¶～衫 shān/ウールのセーター.

【羊膜】yángmó 名《生理》羊膜.

【羊奶】yángnǎi 名 ヒツジの乳.

【羊皮】yángpí 名 ヒツジの毛皮. ¶披着 pīzhe～的狼/羊の皮をかぶった狼. 善人の仮面をかぶった悪人のたとえ.

【羊皮纸】yángpízhǐ 名〔张 zhāng〕❶ 羊皮紙. ❷ 硫酸紙.

【羊绒】yángróng 名 カシミアなどのヤギの腹部の柔毛.

【羊绒衫】yángróngshān 名《服飾》カシミヤの上着やセーター.

【羊肉】yángròu 名〔块 kuài,片 piàn⌉〕ヒツジの肉. マトン. ¶～串 chuàn/羊肉の串焼き. シシカバブ. ¶涮 shuàn～/羊のしゃぶしゃぶ鍋.

【羊水】yángshuǐ 名《生理》羊水.

【羊桃】yángtáo → 杨桃 yángtáo

【羊驼】yángtuó 名《動物》アルパカ.

【羊眼】yángyǎn 名 一方が輪になっているネジ. ヒートン.

阳(陽) yáng 阝部4 四 7620₀ 全6画 常用

❶ 素 明るい. ❷ 素 (古代中国哲学で)陽. 反 阴 yīn

❸ 素 陽性の. 男性的な. ¶～性 yángxìng. 反 阴 yīn ❹ 素 太陽. ¶～光 yángguāng/～历 yánglì/朝～ cháoyáng (太陽に向いている)/朝～ zhāoyáng (朝日)/向～ xiàngyáng (太陽に面する). ❺ 素 プラスの電気を帯びている. ¶～电 yángdiàn. 反 阴 yīn ❻ 素 山の南側. 川の北側. ¶衡～ Héngyáng(湖南省の県名. 衡山の南に位置する)/洛～ Luòyáng(河南省の都市名. 洛河の北に位置する). 反 阴 yīn ❼ 素 表面に出ている. 露わになっている. ¶～沟 yánggōu/～奉 fèng 阴违 wéi. 反 阴 yīn ❽ 素 突起している. ¶～文 yángwén. 反 阴 yīn ❾ 素 この世の. ¶～间 yángjiān/还～(生き返る). 反 阴 yīn ❿ 素 男性の生殖器. ❶ 《Yáng》姓.

【阳春】yángchūn 名 春. ¶～三月/陽春の三月.

【阳春白雪】yáng chūn bái xuě 成 高尚な文学作品. 反 下里巴人 xià lǐ Bā rén 参考 春秋戦国時代の楚の国の高尚な歌曲の名《阳春》と《白雪》から.

【阳春面】yángchūnmiàn 名 方 (具のない)かけそば. 素うどん.

【阳电】yángdiàn 名《物理》陽電気. 正電気. 回 正 zhèng 电

【阳电子】yángdiànzǐ 名《物理》陽電子. ポジトロン.

【阳奉阴违】yáng fèng yīn wéi 成 従うと見せかけて, 実は従わない. 面従腹背. ¶～的两面派/裏表のある人間.

【阳刚之气】yánggāng zhī qì 名 男気.

【阳沟】yánggōu 名〔圉 条 tiáo⌉ ふたのついていない排水溝.

【阳关道】yángguāndào 名〔圉 条 tiáo⌉ まっとうな大通り. 前途へ通じる道. ¶你走你的～, 我走我的独木桥/君は君の大道を行き, 私は私で丸木橋を行く. それぞれが自分の信じる道を行く. 回 阳关大 dà 道 参考 古代, 阳关(今の甘粛省敦煌西南)を通って西域へと至る道をいった.

*【阳光】yángguāng 名〔圉 道 dào⌉ 日の光. 陽光. ¶～灿烂 cànlàn/陽光がさんさんとふりそそぐ. ¶～明媚 míngmèi/陽光あふれるうららかな景色.

【阳光采购】yángguāng cǎigòu 動 公開購入する. 参考 官庁や企業が, 入札などにより, 外部に公開する形式で購入する.

【阳光操作】yángguāng cāozuò 句 公開処理する. 反 暗箱 ànxiāng 操作 参考 外部に公開する形式で問題や事件を処理する.

【阳光权】yángguāngquán 名 日照権.

【阳极】yángjí 名《物理》プラス極. 陽極. 反 阴极 yīnjí

【阳间】yángjiān 名 この世. 現世. ¶～地狱 dìyù/この世の地獄. 反 阴间 yīnjiān

【阳狂】yángkuáng → 佯狂 yángkuáng

【阳离子】yánglízǐ 名《化学》陽イオン. カチオン. 回 正 zhèng 离子

【阳历】yánglì 名 ❶ 太陽暦. 回 太阳历 tàiyánglì 反 阴历 yīnlì ❷ "公历 gōnglì"(西暦)の通称. ¶～年/西暦年.

【阳面】yángmiàn 名 (～儿)(建物などの)日当たりのよい側. 南面.

【阳平】yángpíng 名《言語》陽平. 第2声に当たる.

【阳伞】yángsǎn 名〔圉 把 bǎ⌉ 日傘. 参考 "旱 sǎn"

hànsǎn"と呼ぶ地域もある.

【阳伞效应】yángsǎn xiàoyìng 名（環境問題として）の）日傘効果. パラソル効果. 参考 砂塵や火山灰などが大気に充満し,太陽光線が遮断されは吸収される現象.

【阳世】yángshì 名 現世. この世. 同 人 rén 世

【阳寿】yángshòu 名 寿命.

【阳台】yángtái 名 ベランダ. バルコニー. 同 晒台 shài-tái.

【阳痿】yángwěi 名《医学》男性の性的不能. インポテンツ.

【阳文】yángwén 名 浮き彫りにした文字や紋様. ¶ 刻 kè 一枚 méi〜印／浮き彫りの印鑑を彫る. 反 阴文 yīnwén

【阳线】yángxiàn 名《経済》(証券市場の)陽線. 反 阴 yīn 线

【阳性】yángxìng 名 ❶《化学・医学》陽性. ¶〜反应 fǎnyìng／陽性反応. ¶化验 huàyàn 结果呈 chéng 〜／化学的検査の結果は陽性と出た. 反 阴性 yīnxìng ❷《言語》男性系.

【阳宅】yángzhái 名《風水》で住宅. 家. 反 阴宅 yīnzhái

场（場） yáng 王部3 四1712₇ 全7画 通用
名 古代,祭祀に用いた玉器.

杨（楊） yáng 木部3 四4792₇ 全7画 常用
❶ 素《植物》ハコヤナギの総称. ¶〜柳 yángliǔ／〜树 yángshù／白〜 báiyáng（ポプラ. ハクヨウ）／钻天〜 zuāntiānyáng（ポプラ. セイヨウハコヤナギ）. ❷ (Yáng)姓.

笔顺 木 朷 杨 杨

【杨贵妃】Yáng Guìfēi《人名》楊貴妃（ようきひ：719-756). 唐の玄宗の寵姫. 参考 才色兼備だったが,政治の混乱を招き,玄宗に死を命じられた. 悲恋の主人公.

【杨柳】yángliǔ 名《植物》❶ ハコヤナギとヤナギ. ❷ ヤナギ. ¶〜依依 yīyī／ヤナギが風にゆらゆら揺れている.

【杨梅】yángméi 名 ❶《植物》ヤマモモ. ❷ 方《植物》イチゴ. 同 梅毒.

【杨尚昆】Yáng Shàngkūn《人名》楊尚昆（ようしょうこん：1907-1998). 政治家,軍人. 参考 文革で迫害され,後に名誉を回復,88年に国家主席となる.

【杨树】yángshù 名《植物》〔量 棵 kē〕ハコヤナギ.

【杨桃】yángtáo 名《植物》❶ ゴレンシ. 同 羊 yáng 桃,五敛子 wǔliǎnzi ❷ 方 キウイフルーツ. 同 羊桃,猕猴 míhóu 桃

【杨振宁】Yáng Zhènníng《人名》楊振寧（ようしんねい:1922-). 理論物理学者. 57年にノーベル物理学賞を受賞.

杨振宁

旸（暘） yáng 日部3 四6702₇ 全7画 通用
文 ❶ 動 日が昇る. ¶〜谷 yánggǔ（伝説で日が昇る場所）. ❷ 名 晴天.

炀（煬） yáng 火部3 四9782₇ 全7画 通用
文 ❶ 動 金属を溶かす. ❷ 形 火勢が盛んだ.

佯 yáng 亻部6 四2825₁ 全8画 通用
素 偽り装う. ¶〜攻 yánggōng／〜言 yángyán.

【佯称】yángchēng 動 偽称する. ¶他〜是县太爷的亲戚／彼は県知事の親戚だと詐称している.

【佯动】yángdòng 名《軍事》陽動.

【佯攻】yánggōng 動 攻めるふりをする. フェイントをかける. ¶正面〜,侧面包围／正面攻撃に見せかけて,側面を包囲する.

【佯狂】yángkuáng 動 文 狂人のふりをする. 同 阳 yáng 狂

【佯死】yángsǐ 動 死んだふりをする.

【佯言】yángyán 動 文 うそをつく. うそを言う.

【佯装】yángzhuāng 動 …のふりをする. …を装う. ¶〜不知／知らないふりをする.

疡（瘍） yáng 疒部3 四0012₇ 全8画 通用
素 ❶ 《医》❶ 膿〜（できもの）. ❷ 溃疡（かいよう）. ¶胃溃〜 wèikuìyáng（胃潰瘍）.

垟 yáng 土部6 四4815₁ 全9画 通用
名 方 田や畑. 多く地名に用いる. ¶翁〜 Wēngyáng／上家〜 Shàngjiāyáng（ともに浙江省にある地名）.

徉 yáng 亻部6 四2825₁ 全9画 通用
→徜徉 chángyáng

洋 yáng 氵部6 四3815₁ 全9画 常用
❶ 名 大海. 海洋. ¶海〜 hǎiyáng（海洋）／太平〜 Tàipíngyáng（太平洋）／大西〜 Dàxīyáng（大西洋）. ❷ 素 数や量が多い. ¶〜溢 yángyì／汪〜 wāngyáng（広々としている）. ❸ 形 外国の. ¶〜人 yángrén／〜货 yánghuò／〜为 wéi 中用. ❹ 形 近代的な. 洋式の. ¶土〜结合（中国の在来の方法と外国の近代的方法を結合する）. 反 土 tǔ ❺ 名 清代末期から民国時代にかけて用いられた銀貨. ¶大〜 dàyáng（旧時の一元銀貨）／小〜 xiǎoyáng（旧時の小額銀貨）. ❻ (Yáng)姓.

【洋白菜】yángbáicài 名〔量 棵 kē〕"结球甘蓝 jiéqiú gānlán"(キャベツ)の通称.

【洋布】yángbù 名 旧 《紡織》カナキン. キャラコ. 同 土 tǔ 布

【洋财】yángcái 名 旧 ❶ 外国相手の商売で得たもうけ. ❷ 予想外のもうけ. ¶发〜／ぼろもうけをする.

【洋菜】yángcài 名 "琼脂 qióngzhī"(寒天)の通称. 同 洋粉 yángfěn

【洋场】yángchǎng 名 貶 外国人の多い都市. ¶十里〜／上海. 上海バンド.

【洋车】yángchē 名 旧 〔量 辆 liàng〕人力車.

【洋车夫】yángchēfū 名 旧 人力車の車夫.

【洋瓷】yángcí 名 旧 ほうろう. ほうろう製品. 同 搪瓷 tángcí

【洋葱】yángcōng 名《植物》〔量 棵 kē〕タマネギ. 同 葱头 cōngtóu

【洋地黄】yángdìhuáng 名《植物・薬》ジギタリス.

【洋房】yángfáng 名 洋風の家屋.

【洋服】yángfú 名 洋服. 同 西 xī 服,洋装 zhuāng

【洋腐败】yángfǔbài 名 多国籍企業や,外資系企業の腐敗. 反 土腐败

【洋橄榄】yánggǎnlǎn 名 "油 yóu 橄榄"（オリーブ）の通称.
【洋镐】yánggǎo 名 旧 〘 把 bǎ〙つるはし. 参考 "鹤嘴 hèzuǐ 镐"の通称.
【洋鬼子】yángguǐzi 名 旧 贬 毛唐（とう）. 西洋人に対する憎しみを込めた呼称.
【洋行】yángháng 名 旧 外国資本の商社. 外资企业と取引のある商店. ¶ 在～做事 / 外国人経営の店で働く.
【洋红】yánghóng ❶ 名 ピンク色の颜料. ❷ 形 濃いめのピンクの.
【洋化】yánghuà 动 欧化する. 西洋化する. ¶ 穿着 chuānzhuó 打扮都～了 / 頭のてっぺんから足の先まで, 外観はすべて洋風になった.
【洋槐】yánghuái 名《植物》ニセアカシア. ハリエンジュ. 同 刺 cì 槐
【洋灰】yánghuī 名 〘 袋 dài〙 "水泥 shuǐní"（セメント）の俗称.
【洋火】yánghuǒ 名 旧 〘 根 gēn〙マッチ. 同 火柴 huǒchái
【洋货】yánghuò 名 外国製品. 舶来品.
【洋泾浜】yángjīngbāng 名《言語》ビジン・イングリッシュ. 参考 中国語と英語を混ぜた通商用の混成英語.
【洋蜡】yánglà 名《西洋式》のろうそく.
【洋里洋气】yángliyángqì 形 西洋かぶれした. バタ臭い. 外国風が鼻につく. ¶ 打扮得～的 / 身なりが西洋かぶれだ. ⇨洋气 yángqì
【洋流】yángliú 名 海流. 同 海 hǎi 流
【洋码子】yángmǎzi 名 方 アラビア数字.
【洋面】yángmiàn 名 機械でひいた小麦粉.
【洋奴】yángnú 名 贬 外国の崇拝者. 外国人の手先.
【洋漂族】yángpiāozú 名 外交や留学などの目的以外で訪中し, 転々と職を変えながら中国に長期滞在している外国人.
【洋气】yángqì[-qi] ❶ 名 西洋のスタイル. 西洋風. ❷ 形 贬 西洋かぶれした. バタ臭い. ¶ 一身～ / することなすこと西洋かぶれしている. 反 土气 tǔqì ⇨洋里洋气 yángliyángqì
【洋钱】yángqián 名 旧 1元銀貨の俗称. 同 银元 yínyuán 由来 もと, スペインから流入したことから.
【洋人】yángrén 名 外国人. 表現 多く西洋人を指す.
【洋纱】yángshā 名 旧《紡織》❶ 機械でつむいだ綿糸. ❷ 細い綿糸で織った薄い綿布. ハンカチ・蚊帳・夏服などに使用.
【洋式】yángshì 形 西洋式の. 外国式の. ¶～建筑 / 洋風建築.
【洋铁】yángtiě 名 旧 ❶ ブリキ. 同 镀锡 dùxī 铁 ❷ トタン. 同 镀锌 dùxīn 铁
【洋娃娃】yángwáwa 名 西洋人形.
【洋为中用】yáng wéi zhōng yòng 成 外国のものを中国に役立てる.
【洋务】yángwù 名 ❶ 清末の外国に関する事務. 洋务. ¶～派 / 西洋的な近代化の推進派. 洋务派. ¶～运动 /（香港で）外国人相手のサービス業.
【洋相】yángxiàng 名 ぶざまな行為. 用法 多く "出 chū 洋相（醜態をさらす）"の形で用いる.
【洋绣球】yángxiùqiú 名《植物》ゼラニウム. テンジクアオイ. 同 天竺葵 tiānzhúkuí
【洋洋】yángyáng 形 ❶ 数の多い. 盛んだ. ¶～万言 / 万言をつらねる. ❷ "扬扬 yángyáng"に同じ.
【洋洋大观】yáng yáng dà guān 成 事物が豊かでりっぱだ.
【洋洋洒洒】yángyángsǎsǎ 形 褒（文章や話が）明快で, よどみない. ¶～地演讲 yǎnjiǎng 了一小时 / とうとうとよどみない1時間講演した.
【洋洋自得】yáng yáng zì dé 成 非常に得意なようす. 同 扬扬 yáng yáng 自得
【洋溢】yángyì 动 あふれ出る. 満ちあふれる. ¶ 热情～的讲话 / 心がこもった話. ¶～着青春气息 qìxī / 息吹があふれている.
【洋油】yángyóu 名 旧 石油. 同 煤油 méiyóu
【洋芋】yángyù 名 方《植物》ジャガイモ.
【洋装】yángzhuāng 名 ❶ 洋服. ❷ 动 西洋式の装丁をほどこす. ¶～书 / 洋装本.

烊 yáng
火部6 四 9885₁ 全10画 通用
动 方 とかす. とける. ¶ 糖～了（あめがとけた）.
☞ 烊 yàng

蝆 yáng
虫部6 四 5815₁ 全12画 通用
名 方（～儿）〘虫〙コクゾウムシ. コメクイムシ. 同 蝆子 yángzi

仰 yǎng
亻部4 四 2722₀ 全6画 常用
❶ 动 顔を上に向ける. 仰ぐ. ¶～视 yǎngshì / ～望 yǎngwàng / ～永 yǎngyǒng / ～天大笑（成 体をのけぞらせて笑う）. 反 俯 fǔ ❷ 素 敬い慕う. ¶～慕 yǎngmù / 久～ jiǔyǎng（お名前はかねがね伺っておりました）/ 信～ xìnyǎng（信仰）/ 敬～ jìngyǎng（敬慕する）. ❸ 素 頼る. ¶～仗 yǎngzhàng / ～人鼻息 bíxī. ❹ 素 旧 公文書用語. 上級へ回す文書では, "恳 kěn", "祈 qí", "请 qǐng"などの下級へ回す文書では命令をあらわす. ¶～即 yǎngjí 知照 zhīzhào（ただちに周知されたい）. ❺（Yǎng）姓.
【仰八[巴]叉】yǎngbāchā 名 旧 仰向けに転んだ姿勢. 同 仰八脚儿 jiǎor
【仰承】yǎngchéng 动 ❶ 頼る. ❷ 谦（相手の意志に）従う. 承る. ¶～雅意 yǎyì / おぼし召しに従います.
【仰光】Yǎngguāng《地名》ヤンゴン（ミャンマー）.
【仰角】yǎngjiǎo 名《数学》仰角（ぎょう）.
【仰赖】yǎnglài 动 頼る. ¶～他人 / 他人に頼る.
【仰面】yǎngmiàn 动 上を向く. あお向けになる. ふり仰ぐ. ¶～朝 cháo 天 / お向けに寝ころがる. ¶～大笑 / そっくり返って大笑いする.
【仰慕】yǎngmù 动 敬慕する. ¶～已久 / 長い間尊敬し慕ってきた.
【仰人鼻息】yǎng rén bí xī 成 人の顔色をうかがう.
【仰韶文化】Yǎngsháo wénhuà 名《歴史》仰韶（しょう）文化. 参考 河南省渑池（めんち）仰韶村で発見された新石器時代の文化. 彩色模様の陶器が多いことから "彩陶文化"ともいう.
【仰视】yǎngshì 动 仰ぎ見る.
【仰首】yǎngshǒu 动 文 顔を上げる. ¶～伸眉 / 成 意気軒昂（けんこう）なようす.
【仰天】yǎngtiān 动 顔を上げて上を望み見る.
【仰望】yǎngwàng 动 ❶ 見上げる. 仰ぎ望む. ¶～蓝天 / 青い空を仰ぎ見る. ❷ 敬 俯视 fǔshì ❷ 敬慕し期待する. ¶ 万众～ / 皆が敬い期待を寄せる.
【仰卧】yǎngwò 动 あおむけに寝る.
【仰泳】yǎngyǒng 名《スポーツ》背泳ぎ. 背泳.

【仰仗】yǎngzhàng 頼る.

养(養) yǎng
羊部3 [四] 8022₈
全9画 [常用]

❶[動]生活の面倒をみる. 養う. ¶～育 yǎngyù / ～家 yǎngjiā / 抚～ fǔyǎng（扶養する）/ 赡～ shànyǎng（扶養する）. ❷[動]（動物を）飼う.（植物を）育てる. ¶～鸡 yǎng jī / ～鱼 yǎng yú / ～花（花を育てる）/ ～猪 yǎng zhū / ～蚕 cán（カイコを飼う）. ❸[動]子供を産む. ❹[素]血のつながりの ない. ¶～子 yǎngzǐ / ～女 yǎngnǚ / ～父 yǎngfù（養父）. ❺[動]体や心を休めて休ませる. 気力や健康を回復させる. ¶～病 yǎngbìng / ～精神（鋭気を養う）/ 休～ xiūyǎng（休養する）/ 保～ bǎoyǎng（保養する）/ 疗～ liáoyǎng（療養する）. ❻[動]手入れをする. ¶～路 yǎnglù. ❼[動]培う. 育て上げる. ¶～成了劳动习惯（働く習慣を身につけた）. ❽[素]もり立てる. ❾(Yǎng)姓.

[筆順] 丷 ⺷ 兰 美 养

【养兵】yǎng//bīng [動]兵を養う. 軍備を維持する.
【养兵千日】yǎng bīng qiān rì 兵は千日養えど用いるは一時.（軍事などの）備えは,いざというときのために日頃から準備しておくもの.[表現]"～,用兵一时"と連用する.
【养病】yǎng//bìng [動]療養する. ¶安心～ / 心静かに療養する.
【养成】yǎngchéng [動]育て上げる. 培う. ¶这坏毛病是什么时候～的？ / この悪い癖はいつ覚えたの.
【养地】yǎng//dì [動]（施肥などで）土地を肥やす.
【养儿防老】yǎng ér fáng lǎo [成]子供を育てるのは,自分の老後に備えることだ.
【养分】yǎngfèn [名]養分. ¶土壤 tǔrǎng～ / 土壤の養分. ¶吸收～ / 養分を吸収する.
【养蜂】yǎng fēng [句]ミツバチを飼う. 養蜂(ほう)に従事する.
【养父】yǎngfù [名]育ての父. 養父.
【养虎遗患】yǎng hǔ yí huàn [成]敵に情けをかけ,後に災いの種を残す. 养虎留 liú 患 [由来]虎を飼ってかえって心配の種を残す,という意. 虎を飼ってかえって心配の種を残す,という意留.
【养护】yǎnghù [動]❶補修する. 保全する. ¶～公路 / 道路を補修する. ❷保護する. 世話する. ¶细心～伤口 shāngkǒu / 傷口を注意深く手当する.
【养活】yǎnghuo [動][口]❶（人を）養う. 扶養する. ¶～一家子 / 一家を養う. ❷（動物を）飼う. ¶～上千头猪 / 千頭ものブタを飼っている. ❸子供を産む. ¶～孩子 / 子供を産む. 子供をつくる.
【养鸡】yǎng jī [句]ニワトリを飼う. 養鶏(けい)に従事する.
【养鸡场】yǎngjīchǎng [名]養鶏場.
【养家】yǎng//jiā [動]一家を養う. ¶～糊口 húkǒu / 一家を養い,なんとか暮らす. ¶靠父亲一人～ / 父一人の働きで一家を養う.
【养精蓄锐】yǎng jīng xù ruì [成]鋭気を養う. 力をたくわえる. ¶运动员～,准备开投入比赛 / 選手は鋭気を養い,次の試合に備えている.
【养老】yǎng//lǎo [動]❶老人を大切に扶養する. ¶～送终 sòngzhōng / 死ぬまで老後の世話をする. ❷老後をのんびりと暮らす. 隠居する. ¶～金 / 養老年金.
【养老院】yǎnglǎoyuàn [名]養老院. 老人ホーム.[同]敬 jìng 老院
【养廉】yǎnglián [動][文]清廉な品性を培う.
【养料】yǎngliào [名]栄養分. ¶～丰富 / 栄養分が豊富だ.

【养路】yǎng//lù [動]道路や線路を補修する. ¶～费 / 道路維持費負担金.
【养母】yǎngmǔ [名]育ての母. 養母.
【养女】yǎngnǚ [名]養女.
【养气】yǎngqì [動][文]❶品徳を養う. ❷気を養う. 道教の修行および養生法の一つ.
【养伤】yǎng//shāng [動]けがで休養する. けがの療養をする.
【养神】yǎng//shén [動]体と心を休め,疲れをとる. ¶靠在沙发 shāfā 上～ / ソファーにもたれて休息する.
【养生】yǎngshēng [動]体を休め,体調を整える. 養生する.
【养生之道】yǎngshēng zhī dào [名]養生の方法.
【养息】yǎngxī [動]養生する. 休養する.
【养性】yǎngxìng [動]天性を養い育てる.
【养颜】yǎngyán [動]顔の手入れをする.
【养眼】yǎngyǎn [動]目の保養をする. 見て楽しむ.
【养痈成患】yǎng yōng chéng huàn [成]悪人や悪事に寛大すぎると,後で災いを被る.[同]养痈遗 yí 患 [由来]できものを治さずにいると命取りになるという意から.
【养鱼】yǎng yú [句]魚を飼う. 魚の養殖に従事する.
【养鱼池】yǎngyúchí [名]養魚場. いけす.
【养育】yǎngyù [動]養い育てる. 教育する. ¶～之恩 / 育ててくれた恩. ¶～万物 / 万物をはぐくむ.
【养殖】yǎngzhí [動]養殖する. ¶～业 / 養殖業. ¶～海带 hǎidài / コンブを養殖する.
【养猪】yǎng zhū [句]ブタを飼う. 養豚(とん)に従事する. ¶～业 / 養豚業.
【养猪场】yǎngzhūchǎng [名]養豚場.
【养子】yǎngzǐ [名]養子.
【养尊处优】yǎng zūn chǔ yōu [成]ひと と金のあり余った生活をする. 優雅に暮す. ¶他过着～的生活 / 彼は悠悠自適の生活をしている.

氧 yǎng
气部6 [四] 8051₇
全10画 [常用]

[素]《化学》酸素. O. ¶～气 yǎngqì / ～化 yǎnghuà.
【氧吧】yǎngbā [名]❶酸素吸入を提供する店. 酸素バー. ❷（小型の）空気清浄機.
【氧化】yǎnghuà [動]《化学》酸化する. ¶二～碳 tàn / 二酸化炭素.
【氧化剂】yǎnghuàjì [名]《化学》酸化剤.
【氧化物】yǎnghuàwù [名]《化学》酸化物.
【氧疗】yǎngliáo [名]《医学》酸素療法.
【氧气】yǎngqì [名] "氧yǎng"（酸素）の通称.

痒(癢) yǎng
疒部6 [四] 0015₁
全11画 [常用]

[形]かゆい.
【痒痒】yǎngyang [形][口]❶かゆい. ¶挠 náo / 挠所をかく. ❷（やりたくてむずむずする）. ¶看到人家玩牌 wánpái,手～的也想玩 / 人がマージャンをやっているのを見ると,手がむずむずして自分もやりたくなる.

怏 yàng
忄部5 [四] 9508₀
全8画 [通用]

[素]不満だ. おもしろくない. ¶～～ yàngyàng / ～然 yàngrán.
【怏然】yàngrán [形][文]❶不機嫌なようす. ¶～不悦 yuè / ご機嫌ななめだ. ❷尊大なようす.
【怏怏】yàngyàng [形]不満である. おもしろくない.

yàng – yāo 样恙烊鞅漾幺幺夭吆约妖

样(樣) yàng 木部6 四4895₁ 全10画 常用
(~儿) ❶ 形. スタイル. ¶~式 yàngshì / 模样 múyàng（容貌）/ 图～ túyàng（図案）. ❷ 量 種類を数えることば. ¶一～儿（一種類）/ 四～儿菜（4品の料理）/ 他～～儿都行 xíng（彼はどれもみないける）. ❸ 名 见本. サンプル. ¶～品 yàngpǐn / ～本 yàngběn / 货～ huòyàng（商品見本）/ 榜～ bǎngyàng（手本）.

【样板】yàngbǎn 名 ❶ 板状の製品見本. ❷ 工業板ゲージ. 型板. ❸ 模範. ¶树个好～ / 良い模範として立てる. 榜样 bǎngyàng

【样板戏】yàngbǎnxì 名《文化大革命時の》革命模範劇. 参考《沙家滨》《红灯记》《奇袭白虎团》《智取威虎山》《海港》《龙江颂》《红色娘子军》《白毛女》の8種をいう.

【样本】yàngběn 名〔量 本 běn〕❶ 見本帳. カタログ. ❷《印刷》出版物の見本刷り.

【样稿】yànggǎo 名 見本原稿. 参考 意見を求めたり, 出版審査に用いたりする.

【样机】yàngjī 名 試作機. 機械の見本.

【样款】yàngkuǎn 名 形式. スタイル. 様式.

【样片】yàngpiàn 名《映画やテレビの》試写フィルム.

【样品】yàngpǐn 名〔量 个 ge, 件 jiàn, 种 zhǒng〕（商品の）見本. （試験用の）サンプル. ¶服装～ / 服のサンプル.

【样式】yàngshì 名〔量 个 ge, 种 zhǒng〕形式. スタイル. 様式. ¶建筑～ / 建築様式. ¶～新颖 xīnyǐng / スタイルが斬新だ. 同 款式 kuǎnshì

【样书】yàngshū 名 見本書.

【样样】yàngyàng 名（~儿）❶ どれもこれも. なんでも. ❷ 品物の数.

【样张】yàngzhāng 名 ❶《印刷》見本刷りしたページ. 刷り見本. ❷《服飾》実物大パターン. 実寸の型紙.

**【样子】yàngzi 名 ❶ 形状. 格好. ¶这件大衣～很好看 / このコートは形がよい. ❷（人の）表情. ようす. ¶要哭的～ / 泣きそうなようす. ❸ 見本. 手本. ¶就照这个～做 / この見本通りに作ってくれ. ❹ 印 情勢. 趨勢. 成り行き. ¶看～ / このようすでは. どうやら.

恙 yàng 羊部4 四8033₁ 全10画 通用
名 义 病気. ¶无～ wúyàng（息災だ）/ 偶 ǒu 染 rǎn 微～（軽い病気にかかる）.

烊 yàng 火部6 四9885₁ 全10画 通用
→打烊 dǎyàng
☞ 烊 yáng

鞅 yàng 革部5 四4558₀ 全14画 通用
→牛鞅 niúyàng
☞ 鞅 yāng

漾 yàng 氵部11 四3819₂ 全14画 次常用
❶ 素 水面がかすかに揺れ動く. ¶荡～ dàngyàng（さざ波が立つ）. ❷ 動 あふれる. ¶汤太满都～出来了（スープを入れすぎてこぼしてしまった）.

---

yao丨幺〔iau〕

幺 yāo ㄠ部1 四2073₂ 全3画 常用
素 数 "幺 yāo"に同じ.
☞ 幺 ma,me

幺 yāo ㄠ部0 四2073₃ 全3画 通用
❶ 素 方 兄弟の中で, いちばん年少の. ¶～叔 yāoshū / ～妹 yāomèi（末の妹）/ ～儿 yāo'ér（末の息子）. ❷ 数 数字の「一」の別の呼び方. ❸(Yāo)姓. 参考 ②は，"一 yī"と"七 qī"の聞き違いを避けるために, 電話番号や部屋番号などに用いる. たとえば, "117 yāo yāo qī".

【幺麼】yāomó 形 ❹ きわめて小さい. ¶～小丑 xiǎochǒu / 取るに足りない小悪党.

夭(異殀❷) yāo 大部1 四2080₄ 全4画 次常用
素 ❶ 草木がよく茂っている. ¶桃秾 nóng 李（桃やスモモの花が今を盛りと咲いている）. ❷ 若くして死ぬ. ¶～折 yāozhé / ～亡 yāowáng.

【夭矫】yāojiǎo 形 ❹（樹木が）曲がりくねって勢いがある.

【夭亡】yāowáng 動 夭折(ようせつ)する. 若死にする.

【夭折】yāozhé 動 ❶ 年若くして死ぬ. 夭折(ようせつ)する. ¶他不满十六岁就～了 / 彼は16歳にもならないうちに亡くなった. ❷ 途中で失敗する. 挫折する. ¶谈判中途～了 / 交渉は途中でもの分かれに終わった.

吆(異吽) yāo 口部3 四6203₂ 全6画 次常用
動 大声で叫ぶ. ¶～喝 yāohe / ～牲口 shēngkou（大声で家畜を追う）.

【吆喝】yāohe 動 ❶ 大声で叫ぶ. ¶～牲口 shēngkou / 大声で家畜を追う. ❷ 小販 xiǎofàn 沿街～ / 物売りが声を張りあげて通りを歩く. ❸ 声をかける. 挨拶する. ¶走的时候一～声 / 帰る時は一声かけてくれ.

【吆三喝四】yāo sān hè sì "吆五喝六 yāo wǔ hè liù"に同じ.

【吆五喝六】yāo wǔ hè liù ❶ さいころを振る時の掛け声. 賭博を打つ時の騒がしい声. 同 喝三 sān 喝4 sì. ❷ 傲慢な態度で人を威圧する. 参考 ①で, 五と六はさいころの目.

约(約) yāo 纟部3 四2712₀ 全6画 常用
動 印 はかりではかる. ¶～三斤肉（肉を1.5キロはかる). 同 称 chēng
☞ 约 yuē

妖 yāo 女部4 四4248₄ 全7画 常用

❶ 名 妖怪. ¶～怪 yāoguài / ～精 yāojing / 魔 mó 鬼怪. ❷ 素 邪悪で人を惑わす. ¶～言 yāoyán / ～术 yāoshù（妖術）/ ～道 yāodào（妖術を使う道士）/ ～人 yāorén. ❸ 形《女性の》服装やしぐさが怪しげだ. ¶～里～气 yāolǐyāoqì. ❹ 形 なまめかしい. ¶～娆 yāoráo.

【妖风】yāofēng 名〔量 股 gǔ, 阵 zhèn〕❶ 神話で, 妖魔が起こす風. ❷ 邪悪な情勢や風潮. ❸ 刹住 shāzhù 这股～ / このような悪い風潮に歯止めをかける.

【妖怪】yāoguài 名 妖怪. もののけ.

【妖精】yāojing 名〔量 个 ge〕❶ 化け物. 魔物. ❷ 色香で男をたぶらかす女性. ¶打扮得像～似的 / 男をたらしこむように着飾る.

【妖里妖气】yāoliyāoqi 形（女性が）あだっぽい．みだらだ．¶～地朝 cháo 他笑／彼に向かって誘うように笑いかける．
【妖媚】yāomèi 形（女性が）なまめかしい．あだっぽい．
【妖魔】yāomó 名〔量 个 ge〕妖怪．もののけ．
【妖魔鬼怪】yāomó guǐguài 名 ❶ 妖怪変化．¶～的故事／怪談．❷ 悪事を働くさまざまな勢力．悪党．
【妖孽】yāoniè 名 ❶ 不吉なもの．❷ 妖怪．化け物．❸ 悪人．
【妖气】yāoqì 名 怪しげな雰囲気．妖気．¶屋子里一股 gǔ～／家の中にはなにやら怪しげな雰囲気が漂っている．
【妖娆】yāoráo 形 文 妖艶で美しい．¶～多姿 zī／なまめしく美しい．¶江山分外 fènwài～／山河がことのほかつややかで美しい．
【妖人】yāorén 名 妖術を使う人．魔法使い．
【妖声怪气】yāo shēng guài qì 句（話し方やしぐさが）なまめかしく奇妙だ．
【妖术】yāoshù 名 妖術．魔法．¶使～／妖術を使う．
【妖物】yāowù 名 妖怪．魔物．
【妖言】yāoyán 名 人を惑わせる虚言．うそ．
【妖言惑众】yāo yán huò zhòng 成 デマを流して人々を惑わす．
【妖艳】yāoyàn 形（女性が）妖艶だ．
【妖冶】yāoyě 形（女性が）なまめかしい．

要 yāo 西部3 四 1040₄ 全9画 常用

❶ 動 求める．¶～求 yāoqiú．❷ 動 むりに何かをさせようとする．¶～挟 yāoxié．❸ 動 索"邀 yāo"に同じ．❹ 名 索"腰 yāo"に同じ．❺（Yāo）姓．
☞ 要 yào

【要功】yāogōng 動 他人の手柄を横取りする．同 邀 yāo 功
【要击】yāojī 動 敵を迎え撃つ．同 邀 yāo 击
【要买】yāomǎi 動 買収する．同 邀 yāo 买
**【要求】yāoqiú 動 要求（する）．要望（する）．要請（する）．¶你的～太过分 guòfèn 了／あなたの要求は度を越している．
【要挟】yāoxié 動 相手の弱みに付け込んで脅迫する．強要する．¶你想～我就范 jiùfàn，没那么容易／弱みに付け込んで脅迫し，私を屈服させようとしても，そう簡単にはいかないぞ．

腰 yāo 月部9 四 7124₄ 全13画 常用

❶ 名 腰．¶弯～ wānyāo（腰を曲げる）／两手叉～ chāyāo（両手を腰に当てる）．❷ ズボンやスカートのウエスト．¶裤～ kùyāo（ズボンのウエスト）．❸ 名 腰に下げる巾着．ポケット．❹ 名 物の真ん中あたり．中ほど．¶山～ shānyāo（山腹）／树～ shùyāo（木の中ほどのあたり）．❺ 索 中央部分が狭くなっている地勢．¶土～ tǔyāo（地峡）／海～ hǎiyāo（海峡）．❻（Yāo）姓．
【腰板儿】yāobǎnr 名 ❶ 腰と背中．❷ 体格．体つき．
【腰包】yāobāo 名 財布．¶掏 tāo～／身銭をきる．自分で払う．¶把钱装进自己的～／お金を着服する．¶～鼓鼓 gǔgǔ 的／財布がパンパンにふくらんでいる．
【腰部】yāobù 名 腰部．
【腰缠万贯】yāo chán wàn guàn 成 比 非常に裕福だ．大金持ちだ．¶～的大户 dàhù／金がうなっているような大富豪．
【腰带】yāodài 名〔量 根 gēn，条 tiáo〕腰に巻きつける帯．ベルト．バンド．¶系 jì～／ベルトを締める．
【腰刀】yāodāo 名 腰に下げる刀．
【腰杆子】yāogǎnzi 名 ❶ 腰部．¶挺 tǐng 着～／腰を伸ばす．背筋を反らす．同 腰杆儿 yāogǎnr ❷ 後ろ盾．バックの支持．¶没人给我撑 chēng～／私の支えになってくれる人がいない．同 腰杆儿 yāogǎnr
【腰鼓】yāogǔ 名 ❶《音乐》同 面 miàn】腰鼓(ょう)．腰につけてばちでたたく太鼓．❷《芸能》民族舞踊の一種．腰鼓をたたきながら踊る．⇨鼓 gǔ（図）
【腰果】yāoguǒ 名《植物》カシューナッツ．¶～炒肉片／カシューナッツと豚肉の炒めもの．
【腰花】yāohuā 名（～儿）《料理》ブタやヒツジの腎臓に歯状の切れ目を入れたもの．
【腰牌】yāopái 名 ❶（バスや電車の車体の）路線番号や行き先の表示板．❷ 腰に下げる通行許可証．
【腰身】yāoshēn[-shen] 名（人体や衣服の）腰回り．ウエストサイズ．ウエストライン．¶她胖得看不出～来／彼女はウエストのくびれも分からないくらい太っている．
【腰围】yāowéi 名 ❶ 腰回りのサイズ．ウエストの寸法．¶～大（粗）／ウエストが大きい（太い）．¶～小（细）／ウエストが小さい（細い）．❷ 腰に締める幅の広い帯．
【腰眼】yāoyǎn 名（～儿）❶《生理》腰部の脊椎の両側部分．❷ キーポイント．要所．
【腰斩】yāozhǎn 動 ❶ 古代の刑罰の一つ．腰の部分で身体を切断する．腰斬(ざん)に処す．❷ 真ん中から二つに切る．
【腰肢［支］】yāozhī 名 ❶ 腰回り．ウエスト．❷ 体つき．
【腰椎】yāozhuī 名《生理》腰椎である．
【腰子】yāozi 名 俗 腎臓．¶～病／腎臓病．参考"肾 shèn"の通称．

邀 yāo 辶部13 四 3830₄ 全16画 常用

❶ 動 人を招く．¶～客（客を招く）／特～ tèyāo（特に招請する）／应～ yìngyāo（招きに応じる）．❷ 索 手に入れる．獲得する．¶～赏 yāoshǎng／准 zhǔn～（許可を得る）．❸ 索 さえぎる．¶中途～截 jié（途中で阻止する）／～击 yāojī（敵を迎え撃つ）．
【邀宠】yāochǒng 動 取り入られようとして迎合する．
【邀功】yāogōng 動 他人の手柄を横取りする．同 要功 yāogōng
【邀击】yāojī 動 敵を迎え撃つ．同 要 yāo 击
【邀集】yāojí 動 招き集める．¶～众人／大勢を集める．
【邀买】yāomǎi 動 買収する．同 要 yāo 买
*【邀请】yāoqǐng 動 招く．招待する．¶～信已发出去了／招待状はすでに発送した．
【邀请赛】yāoqǐngsài 名《スポーツ》招待試合．
【邀赏】yāoshǎng 動 恩賞を求める．
【邀约】yāoyuē 動 招待する．¶～朋友／友人を招待する．同 约请 yuēqǐng

爻 yáo 丿部3 四 4040₀ 全4画 通用

名 易の八卦（～^ゥﾊ）と六十四卦の卦を形作っている長短の横線．「一」を陽爻(ょう)，「--」を陰爻(ぢょう)という．¶～辞 yáocí（六十四卦の各爻について説明したもの）．

尧(堯) Yáo 尢部3 四 5021₂ 全6画 通用

名 ❶ 尧(ぎょぅ)．伝説上の，中国太古の帝王の名．¶～舜 Yáo Shùn．❷ 姓．
【尧舜】Yáo-Shùn 名 ❶ 尧(ぎょぅ)と舜(しゅん)．伝説上の，

太古の英明な帝王. ❷ 聖人.
【尧天舜日】Yáo tiān Shùn rì 成 太平の世の中.

侥(僥) yáo
亻部6 四 2521₂ 全8画 次常用
→僬侥 jiāoyáo
☞ 侥 jiǎo

肴(異 餚) yáo
月部4 四 4022₇ 全8画 次常用
素 肉料理. ¶佳～ jiāyáo（おいしい料理）/ 酒～ jiǔyáo（酒のさかな）/ 菜～ càiyáo（料理）. 参考 もと, "xiáo"と発音した.
【肴肉】yáoròu 名《料理》塩漬けブタ肉の一種. 同 肴蹄 tí 参考 江蘇省鎮江市の特産品.
【肴馔】yáozhuàn 名 宴席の料理. ご馳走.

轺(軺) yáo
车部5 四 4756₂ 全9画 通用
下記熟語を参照.
【轺车】yáochē 古代の, 小さくて軽い馬車.

峣(嶢) yáo
山部6 四 2571₂ 全9画 通用
素 山が高く険しい. ¶岧～ tiáoyáo（山が高い）/ 巉～ jiānyáo（高くそびえている）.

姚 Yáo
女部6 四 4241₃ 全9画 次常用
名 姓.

珧 yáo
王部6 四 1211₃ 全10画 通用
素《貝》タイラギ. ¶江～ jiāngyáo（タイラギ）/ 玉～ yùyáo（タイラギ）.

陶 yáo
阝部8 四 7722₀ 全10画 常用
素 人名用字. ¶皋～ Gāoyáo（皋陶. 古代の伝説中の人の名. 尧舜の重臣）.
☞ 陶 táo

铫(銚) yáo
钅部6 四 8271₃ 全11画
❶ 素《農業》古代の大型のすき. ❷〔Yáo〕姓.
☞ 铫 diào

窑(異 窰、窯) yáo
穴部6 四 3077₂ 全11画 常用
名 ❶〔陶器などを焼く〕かま. ¶砖 zhuān ～（れんがを焼くかまど）/ 石灰 shíhuī ～（石灰を焼くかまど）. ❷ 炭鉱. ¶煤～ méiyáo（炭鉱）. ❸ 傾斜地に掘った横穴. ¶～洞 yáodòng. ❹ 方 妓楼. ¶～姐儿 yáojiěr. ❺〔Yáo〕姓.
【窑变】yáobiàn 〔陶磁器の〕窯変（ぇ）. 火変わり.
【窑洞】yáodòng 崖を掘った洞穴式の住居. ヤオトン. 参考 中国西北の黄土高原地帯に見られる.
【窑姐儿】yáojiěr 名 方 遊女. 同 妓女 jìnǚ
【窑子】yáozi 名 方 妓楼. 同 妓院 jìyuàn

谣(謠) yáo
讠部10 四 3277₂ 全12画 常用
素 ❶ 歌謡. ¶民～ mínyáo（民謡）/ 童～ tóngyáo（童謡）/ 歌～ gēyáo（歌謡）. ❷ 事実や根拠のないうわさ. ¶～言 yáoyán / 造～ zàoyáo（デマを飛ばす）/ 辟～ pìyáo（デマを退ける）.
【谣传】yáochuán ❶ 動 うわさを流す. デマを飛ばす. ¶～公司出了问题 / 会社が危ないとデマが飛んでいる. ❷ 名 うわさ. デマ. ¶据 jù～ / うわさによると. ¶关于他有许多～ / 彼に関するデマは多い.
【谣风】yáofēng うわさやデマが流れる悪い習慣.
【谣言】yáoyán 名 事実や根拠のないうわさ. デマ. ¶～流传 / ゴシップが広がる. ¶制造～ / デマをでっち上げる.

摇 yáo
扌部10 四 5207₂ 全13画 常用
動 揺れる. 揺り動かす. ¶～手 yáoshǒu /〔鈴を振る〕/ ～篮 yáolán / ～头 yáotóu / ～晃 yáohuàng.
【摇摆】yáobǎi 揺れる. 揺れ動く. ¶～不定的人 / 優柔不断な人. ¶那醉汉摇摇摆摆地走过来 / その酔っぱらいはふらふらしながらやって来た. ⇨摇晃 yáohuàng
【摇摆舞】yáobǎiwǔ ロックンロール. ゴーゴー.
【摇船】yáo chuán 句〔櫓で〕船をこぐ. ¶你会吗？/ 君は舟をこげますか.
【摇窗】yáochuāng 名 自動車の〔開閉可能な〕ウインドガラス.
【摇床】yáochuáng 名《鉱業》振分盤.
【摇唇鼓舌】yáo chún gǔ shé 成 貶 ぺらぺらとまくし立てる.
【摇荡】yáodàng 動 揺れる. ゆらゆらする. ¶树枝在风中微微 wēiwēi ～ / 木の梢（ぇ）が風で, かすかに揺れている.
【摇动】動 ❶ yáo//dòng 揺する. 揺り動かす. 振る. ¶地震 dìzhèn 时整个房子都～了 / 地震の時は, 家中が揺れた. ❷ yáodòng 揺れる. 動揺する. ¶人心～ / 人々の心が動揺している. 参考 "摇动" は揺らして動かすこと. "动摇" は, "信念 xìnniàn" など抽象的であれ, 具体的な事物であれ, ぐらぐら揺れ動くことで, 他動詞として用いるのは, 根本や大局的な場合が多い.
【摇滚乐】yáogǔnyuè 名《音楽》ロックンロール.
【摇撼】yáohàn[-han] 動 揺り動かす. ¶台风～着大地 / 台風が大地を揺るがしている.
【摇晃】yáohuàng[-huang] ❶ 揺れる. ¶～的桌子 / がたがたするテーブル. 同 摇摆 yáobǎi ❷ 振る. ¶服药前好好～药瓶 / 服用する前に薬瓶をよく振る. ¶～着身子走路 / 体を揺らして歩く. 同 摇摆 yáobǎi 用法 "摇晃" は目的語を取るが "摇摆 yáobǎi" は取らない.
【摇篮】yáolán ❶ ゆりかご. ❷ 比喩としてのゆりかご（ぅ）. 文化などの発生地. ¶《新青年》是中国新文化运动的～/『新青年』が中国の新文化運動を育てた.
【摇篮曲】yáolánqǔ 子守歌.
【摇旗呐喊】yáo qí nà hǎn 人に替わって騒ぐ. 人のお先棒をかつぐ. ¶为反对派～ / 反対派のちょうちん持ちをする. 由来 後方の兵士が旗を振り, 鬨（ぇ）の声を上げて前線の兵士を奮い立たせるという意から.
【摇钱树】yáoqiánshù〔量 棵 kē, 株 zhū〕金のな

徭遥瑶繇鰩杳咬 yáo - yǎo

る木. 金をもうけさせてくれる人や物. ¶把女儿当 dāng ~/娘を金づるにする.
【摇身一变】yáo shēn yī biàn 成 慣 態度が一変する. ¶他突然~,成了革命的拥护者 yōnghùzhě/彼は突然変身して,革命支持者になった. 由来 怪奇小説の登場人物や妖怪が,体をひと振りして変身することから.
【摇手】❶ yáo//shǒu 手を左右に振って否定や阻止をあらわす. ❷ yáoshǒu 名 機械のハンドル. 手で回転させる握り.
【摇头】yáo//tóu 首を横に振る. 否定・不同意・阻止をあらわす. ¶经理摇了摇头,表示不满意/社長は首を振って不満の意を示した.
【摇头摆尾】yáo tóu bǎi wěi 成 一人で得意になっているようす. 浮かれたようす. ¶高兴得~/ご機嫌で浮かれている. 由来 首を振りしっぽを振る,という意から.
【摇头晃脑】yáo tóu huàng nǎo 成 酔いしれたようす. 自己満足にひたるようす. ¶唱得高兴时,就~/いい気分で歌う時は,自分の歌に酔う.
【摇头丸】yáotóuwán 名 〔薬〕アンフェタミン系の強力な麻薬. MDMA. 参考 服用後,頭や体を激しく動かすことから. 日本では「エクスタシー」の通称で知られる.
【摇尾乞怜】yáo wěi qǐ lián 成 人にこびて歓心をかおうとする. ¶我堂堂 tángtáng 男子汉 nánzǐhàn,决不会向你~/僕はいっぱしの男として,絶対君にぺこぺこしたりしないぞ. 由来 犬がしっぽを振ってかわいがられようとする,という意から.
【摇摇欲坠】yáo yáo yù zhuì 成 今にも崩れ落ちそうなようす. 崩壊寸前だ. ¶住在一座~的房子里/今にもつぶれそうな家に住んでいる.
【摇曳】yáoyè 動 文 ゆらゆらと揺れる. ¶树枝在春风中~/枝が春風に揺れている. 表現 草木・光・影などについていう.
【摇椅】yáoyǐ 名 ロッキングチェア. 揺り椅子.

徭(異 傜) yáo 彳部10 四 2227₂ 全13画 通用
名 昔の強制された肉体労働. ¶~役 yáoyì/~赋 yáofù(強制労働と租税).
【徭役】yáoyì 名 労役. 徭役(ょぇき).

遥 yáo 辶部10 四 3230₇ 全13画 常用
❶素 はるか遠い. ¶~远 yáoyuǎn/~望 yáowàng/路~知马力 成 長い道のりを走ると馬の力が分かる)/~姓 yáoyào. ❷〔Yáo〕姓.
【遥测】yáocè 動 遠隔測定する. ¶空间~/空間の遠隔測定. ¶~心电图/遠隔測定の心電図.
【遥感】yáogǎn 動 遠隔計測する. 遠隔探査する. リモートセンシングする.
【遥控】yáokòng 動 リモートコントロールする. 遠隔操作する. ¶~飞机/リモコン操縦の飛行機. ¶~开关/リモコンスイッチ.
【遥望】yáowàng 動 遠くを眺める. ¶~天边/はるか空の果てを眺める. ¶~未来/未来を展望する.
【遥相呼应】yáo xiāng hū yìng 成 遠く離れていてもお互いに共鳴しあう. ¶海内外~/国内外の息がうまく合っている.
【遥想】yáoxiǎng 動 未来や過去をはるかに想う.
【遥遠】yáoyuǎn 形 文 ❶(距離が)遠く隔たっている. はるかに遠い. ¶两山~相对 xiāngduì/二つの山が遠く離れて向かい合っている. ❷(時間が)はるかに遠い. ❸(程度の)隔たりが大きい. ¶比分 bǐfēn~领先 lǐngxiān/得点は大きくリードしている.
【遥遥无期】yáoyáo wúqī 句 前途がはるか遠い. いつになるか分からない. ¶他因出国,结婚的事变得~/彼は海外へ行くので,結婚ははるかかなたへ遠のいてしまった.
【遥远】yáoyuǎn 形 ❶(空間的に)¶路途十分~/道のりはるか遠い. ❷(時間が)遠く隔たる. ¶~的过去/遠い昔.
【遥祝】yáozhù 動 はるかに…を祈る. ¶~贵体健康/はるか彼方よりご健康をお祈り申し上げます.

瑶 yáo 王部10 四 1217₂ 全14画 通用
素 ❶美しい玉(ぎょく). ¶琼~ qióngyáo(美しい玉)/~琴 yáoqín(玉をはめ込んだ琴). ❷すばらしい. 貴重だ. ¶~函 yáohán(貴簡)/~章 yáozhāng(あなた様の文章)/~札 yáozhá(貴簡).
【瑶池】Yáochí 名 神話で西王母が住むとされる場所.
【瑶族】Yáozú 名《民族》ヤオ族. 中国の少数民族の一つ. 広西・湖南・雲南・広東・貴州などに居住.

繇 yáo 爪部13 四 2279₃ 全17画 通用
名 "徭役"に同じ.
➡藤 yóu,zhòu

鰩(鳐) yáo 鱼部10 四 2217₂ 全18画 通用
名《魚》エイ.

杳 yǎo 木部4 四 4060₉ 全8画 通用
形 文 ❶暗い. ❷はるか遠くの. 影も形もない. ¶~然 yǎorán(音信がない. 姿を見ない)/~无音信/音容 yīnróng 已~(あの人の声も姿もはずやこの世にはない).
【杳渺[眇]】yǎomiǎo 形 文 ❶はるかにかすむほど遠い. ❷奥深くて神秘的だ.
【杳如黄鹤】yǎo rú huáng hè 成 人や物が行方不明だ. 由来 唐・崔颢(さいこう)「黄鹤楼」詩「黄鹤一たび去って復た返らず,白雲千載空しく悠悠」から.
【杳无音信】yǎo wú yīn xin 成 便りとして消息が分からない. 音信がまったくない. ¶自他去美国后,便~了/彼はアメリカに行ってからは,まったく消息が知れない.

咬(異 齩,齩) yǎo 口部6 四 6004₈ 全9画 常用
動 ❶かむ. ❷(ペンチで)はさむ. (歯車やネジが)かみ合う. ❸関係ない人を罪悪の巻き添えにする. ¶他自己犯了错,却一别人(彼は自分が過ちを犯しながら,他人を巻き添えにする). ❹(犬が)ほえる. ¶鸡叫狗~(にわとりが鳴き,犬がほえる). ❺正確に発音する. ¶~字 yǎozì(正確に発音する)/~不准 yǎobuzhǔn(正確に発音できない). ❻字句に拘泥する. ¶~字眼儿 zìyǎnr. ❼(試合や戦いで)肉迫する. ¶上半场比分~得很紧(前半は得点が非常に接近していた). ❽方 (うるしに)かぶれる. ❾方(金属が湿気で)腐食する.
【咬定】yǎodìng 動 いい切る. 断言する. ¶一口~/きっぱりといい切る.
【咬耳朵】yǎo ěrduo 慣 耳元でささやく. 耳打ちする. ¶开会时,你们俩一直在~/会議中,君たち二人はずっとひそひそ話をしていた.
【咬合】yǎohé 動 (歯車などが)咬み合う.
【咬架】yǎo//jià 動 (動物が)かみ合いのけんかをする.
【咬紧牙关】yǎojǐn yáguān 成 歯を食いしばる. ¶我们~,度过了困难期/私たちは歯を食いしばって苦しい時期を乗り越えた.

【咬舌儿】yǎoshér ❶動 舌が回らない. 舌がもつれる. ❷名 舌足らずの人. 回 咬舌子 yǎoshézi
【咬文嚼字】yǎo wén jiáo zì 成 字面にこだわって,文章の内容や精神を理解しない.
【咬牙】yǎo//yá 動 ❶ 歯を食いしばる. ¶～忍痛 rěntòng / 歯を食いしばって痛みに耐える. ❷ (睡眠中に)歯ぎしりをする.
【咬牙切齿】yǎo yá qiè chǐ 成 切歯扼腕(やくゎん)する. 歯ぎしりして悔しがる. ¶恨得～的 / 歯ぎしりするほど憎む.
【咬住】yǎo//zhù 動 きつくかむ. しっかりかみ合う.
【咬字眼儿】yǎo ziyǎnr 慣 (他人の文章のことば遣いにこだわる. ¶他写文章爱～ / 彼の文章は他人のことばじりを捉えるのが得意だ.
【咬嘴】yǎozuǐ ❶動 すらすら言えない. 言いにくい. ❷名 (キセルやパイプの)吸い口.

舀 yǎo

爪部6 四 2077₇
全10画 次常用

動 (ひしゃくなどで)すくう. くむ. ¶～水(ひしゃくで水をくむ)/～汤(スープをすくう).

【舀子】yǎozi 名 ひしゃく. 回 舀儿 yǎor

窅 yǎo

穴部5 四 3060₈
全10画 通用

形文 ❶ 眼がくぼんでいる. ❷ 奥深い.

窈 yǎo

穴部5 四 3072₄
全10画 通用

下記熟語を参照.

【窈窕】yǎotiǎo 形文 ❶ 女性がしとやかで美しい. ¶～淑女 shūnǚ / 美しくしとやかな乙女. ❷ 奥深くて静かなようす.

疟(瘧) yào

疒部3 四 0011₄
全8画 次常用

下記熟語を参照.
☞ 疟 nüè

【疟子】yàozi 名 口 マラリア. おこり.

药(藥) yào

艹部6 四 4412₇
全9画 常用

❶名 (服 fú,副 fù,剂 jì,粒 lì,片 piàn,丸 wán,味 wèi) 药. ¶～水 yàoshuǐ /～材 yàocái / 吃～ (薬を飲む)/ 服～ fúyào (薬を飲む). ❷名 化学薬品. ¶火～ huǒyào (火薬)/ 焊～ hànyào (はんだ)/ 杀虫～ shāchóngyào (殺虫剤). ❸名 薬で治す. ¶不可救 jiù～ (薬で治せない. 救いようがない). ❹動 薬を使って殺す. ¶～老鼠 lǎoshǔ (ネズミを薬殺する). ❺(Yào)姓.

【药补】yàobǔ 動 栄養剤で栄養をとる.
【药材】yàocái 名《中医》漢方薬の材料. ¶珍贵～ / 貴重な漢方薬の材料.
【药草】yàocǎo 名 薬用植物. 薬草. ハーブ.
【药厂】yàochǎng 名 製薬工場.
【药单】yàodān 名 処方箋.
【药典】yàodiǎn 名 薬局方.
【药店】yàodiàn 名 〔量 家 jiā〕薬屋. 薬局.
【药吊子】yàodiàozi 名 漢方薬を煎じる,素焼きの土瓶.
【药方】yàofāng 名 (～儿) ❶ 処方. ¶开～ / 処方する. ❷ 〔量 张 zhāng〕処方箋.
【药房】yàofáng 名 ❶ 〔量 家 jiā〕(西洋の薬を扱う)薬局. 薬屋. ❷ 〔量 间 jiān〕病院内の薬局.
【药费】yàofèi 名 薬代. ¶付～ / 薬代を払う.
【药粉】yàofěn 名 粉薬. 散薬. 回 药面儿 yàomiànr
【药膏】yàogāo 名 膏薬. 塗り薬. ¶上～ / 膏薬をはる.
【药谷】yàogǔ 名 メディシンバレー. 薬品の開発研究製造機関や会社が集中している地区. 参考 "硅谷" (シリコンバレー)をもじった言いかた.
【药罐子】yàoguànzi 名 ❶ 漢方薬を煎じる小さな土瓶 やつぼ. ❷ 病気がちで薬を手放せない人. ¶他是个～ / 彼は虚弱な体で薬ばかり飲んでいる.
【药剂】yàojì 名 薬剤. ¶～学 / 薬学.
【药剂师】yàojìshī 名 薬剤師.
【药检】yàojiǎn 名 ❶ 薬品検査. ❷ ドーピング検査.
【药酒】yàojiǔ 名 薬酒. ¶泡 pào～ / 薬用酒を漬ける.
【药理】yàolǐ 名 薬理.
【药力】yàolì 名 薬の効き目. 薬効. ¶～很强 / 薬効がすぐれている.
【药棉】yàomián 名 消毒済み脱脂綿.
【药面儿】yàomiànr 名 (口) 粉薬. 回 药粉 fěn
【药末儿】yàomòr 名 粉薬.
【药捻子】yàoniǎnzi 名 薬をしみ込ませた紙こよりやガーゼ.
【药农】yàonóng 名 薬草を栽培したり,採集する農民.
【药片】yàopiàn 名 (～儿)〔量 片 piàn〕錠剤.
【药品】yàopǐn 名 薬品. 薬物や化学薬剤の総称.
【药瓶】yàopíng 名 〔量 个 ge〕薬瓶.
【药铺】yàopù 名 〔量 家 jiā〕(漢方薬の)薬屋.
【药膳】yàoshàn 名 薬膳.
【药石】yàoshí 名 薬と石針. 治療の手段. ¶～罔效 wǎngxiào / 薬石効なし. ¶～之言 成 身のためになることば. 忠告.
【药水】yàoshuǐ 名 (～儿) 水薬.
【药筒】yàotǒng 名 薬莢(きょう). 表現 ふつう "弹壳 dànké" と言う.
【药丸】yàowán 名 (～儿)〔量 粒 lì〕丸薬. ¶中～ / 漢方の丸薬. 回 药丸子 yàowánzi
【药物】yàowù 名 ❶ 〔量 股 gǔ〕処方された漢方薬に配合される薬. ❷ (～儿) 薬の味やにおい.
【药物】yàowù 名 薬物. 薬品. ¶～医治 yīzhì / 薬で治す.
【药物学】yàowùxué 名 薬物学.
【药箱】yàoxiāng 名 薬箱. ¶急救～ / 救急箱.
【药械】yàoxiè 名 農薬を散布する器械.
【药性】yàoxìng 名 薬の性質. ¶～强烈 / 薬の作用がとても強い.
【药学】yàoxué 名 薬学.
【药引子】yàoyǐnzi 名《中医》漢方薬で薬効を高めるために加える薬物.
【药浴】yàoyù 名《畜产》(ヒツジの)薬浴. 参考 皮膚につく寄生虫予防のために行う.
【药皂】yàozào 名 〔量 块 kuài,条 tiáo〕薬用石けん.
【药渣】yàozhā 名 (～儿) 薬を煎じたかす.
【药渣子】yàozhāzi 名 漢方薬の煎じかす.
【药疹】yàozhěn 名 薬物が引き起こす湿疹. 薬物アレルギー性発疹.

药吊子

要 yào

西部3 四 1040₄
全9画 常用

要 yào 1303

Ⅰ【動】❶ 欲しい．いる．¶我～一件上衣 / 私は上着が1着欲しい．¶你～不～今天晚上的电影票？ / 今夜の映画のチケットはいりませんか．¶"您～点儿什么？""先―瓶啤酒" / 「何になさいますか」「とりあえずビール」．
❷ 求める．もらう．¶我向妈妈～了一百块钱 / 私はお母さんから百元もらった．¶他总是跟别人～这～那 / 彼はいつも人にあれこれ頼む．
❸（使役表現を作り）要求する．…するように頼む． 文型：A＋要＋B＋動詞句．¶她～我把桌子搬下来 / 彼女は私にテーブルを降ろしてくれと頼んだ．¶我陪你去吗？ / 私がいっしょに行ってあげようか．
❹（時間やお金がいる．かかる．¶"～多少钱？""～十块钱" / 「いくらかかるの」「十元かかる」．¶"～几个小时？""～半个小时" / 「何時間かかるの」「半時間かかる」．
Ⅱ【助動】❶ …すべきだ．…しなければならない．する必要がある．¶你～早一点回来 / 早く帰らなくてはいけないよ．¶路上～小心 / 道中注意しなければならない．¶请不～随地吐 tǔ 痰 tán / 所かまわずたんを吐かないよう願います．¶"～不～帮忙？""不用" / 「手伝いましょうか」「お構いなく」．
❷（多く"要…了"の形式で，可能性を表わし）…するだろう．¶看样子～下雨了 / どうも雨になりそうだ．¶学校～放假了 / 学校はもうじき休みになる．¶～迟到了 / 遅刻しそうだ．¶他快～五十了 / 彼はもうすぐ50歳になる．
❸（比較文に用いて見積もりを表わし）…のようだ．¶他～比我高一头；他比我～高一头 / 彼は私より頭一つ背が高いみたいだ．¶她的汉语～比你好一些 / 彼女の中国語は君より少し上手そうだ．¶成绩最好的～数小李 / 一番できるのは李さんだ．
❹（意思を表わし）…したい．…するつもりだ． 否定は"不想"，"不愿意"．¶我有事～跟你商量 / 私はあなたと相談したいことがある．¶你也～去吗？ / あなたも行きますか．¶他～跟你说话 / 彼があなたと話したいって．
Ⅲ【接】❶ もしも．同 要是 yàoshi ¶你～有事，就来找我 / もし用事があれば，私をたずねて下さい．¶我会告诉你的～改变时间的话 / あなたに知らせますよ，もし時間が変わったのなら．¶～不是刮大风，船早该到了 / もし大風がなかったら，船はとっくに着いているはずだ．¶～学学汉语～习うんだったら中国語だ．
❷（"要就是 A，要就是 B，…"の形式で）A かそれとも B かのどちらかで，その結果…である．同 要么 yàome ¶～就是刮大风，～就是下大雨，这几天天气真糟糕 / 大風が吹くか，大雨が降るか，この数日天気は大荒れだ．
Ⅳ【形】❶ 大事な．¶～点 yàodiǎn ¶～事 yàoshì．¶～职 yàozhí．
❷ 重要なこと．¶概 / 概要．¶扼 è 要 / 要点を押える．¶摘 zhāi ～ / 要約する．要旨．
☞ 要 yāo

【要隘】 yào'ài 要害の地．関所．¶扼守 èshǒu ～ / 要害を守る．¶军事～之地 / 軍事要衝地．
【要案】 yào'àn 【名】重要案件．重大事件．
【要不】 yàobù【接】❶ そうでなければ．さもなくば．同 要不然 yàoburán ❷ あるいは．¶我还有事，你自己先回去 / 私はまだ用があるから，もしなんだったら先に一人で帰って．同 要不然 yàoburán，要么 yàome
【要不是】 yàobùshì 【接】…でなかったら．¶～你帮忙，不知什么时候才能完成哩 / もしあなたが手伝ってくれなかったら，いつ終わるか分からないところだった．
【要不得】 yàobude 【形】（人や物事がひどくて）耐えられない．容認できない．¶这种自私行为 xíngwéi ～ / こんな自分勝手は許されない． 反 要得 yàodé

【要冲】 yàochōng 【名】（交通の）要衝．
【要道】 yàodào 【名】❶〔量 条 tiáo〕要路．¶交通～ / 交通の要路．❷ 大切な道理．重要な方法．¶把握 bǎwò～ / 大切な方法を把握する．
【要得】 yàodé 【形】方 よい．立派だ．¶这个办法～！ / そのやり方がよい．反 要不得 yàobude 表ध 同意や賛美をあらわす時に用いる．
【要地】 yàodì 【名】〔处 chù〕重要な場所．¶军事～ / 軍事要地．
【要点】 yàodiǎn 【名】❶（話や文章などの）要点．¶摘录 zhāilù～ / 要点を書き抜く．❷ 重要な拠点．¶战略 zhànlüè～ / 戦略上の重要拠点．
【要端】 yàoduān 【名】要点．¶举 jǔ 其～ / 要点をあげる．同 要点 yàodiǎn
【要犯】 yàofàn 【名】〔名 míng〕重要犯人．
【要饭】 yào/fàn 【動】物ごいをする．¶～的 / こじき．¶四处～ / 至る所で物ごいをする．
【要害】 yàohài 【名】〔处 chù〕❶ 人体の急所．❷ 物事の重要な部分．軍事上の要害．¶指明 zhīmíng～之处 / 重要な部分を指摘する．
【要好】 yàohǎo 【形】❶ 仲がよい．¶最～的朋友 / 一番仲のよい友達．❷ 向上心が強い．¶你的儿子很～ / あなたの息子はがんばり屋だ．
【要好看】 yào hǎokàn （～儿）恥をかかせる．
【要谎】 yàohuǎng 【動】方 値段をふっかける．
【要价】 yào//jià 【動】❶（～儿）値段を見積もる．客に価格を示す．同 讨价 tǎojià ❷（交渉などで）条件を提示する．¶对方的～可不低啊 / 先方の条件はなかなか厳しいな．
【要价还价】 yào jià huán jià 成 値切る．¶妈妈买东西时,总要～ / お母さんは買い物をする時，いつも値切る．同 讨 tǎo 价还价
【要件】 yàojiàn 【名】❶〔份 fèn〕重要書類．❷ 重要な条件．
【要津】 yàojīn 【名】❶ 交通の要路にある渡し場．水陸交通の要所．❷ 重要な地位や職務．¶位居 wèijū～ / 重要ポストにある．
*【要紧】 yàojǐn 【形】❶ 重要だ．¶有～事商量 / 大事な相談がある．❷ ひどい．重い．¶不～ / 大したことはない．用法 ❷は，否定の形で用いることが多い．
【要劲儿】 yàojìnr 【動】頑張る．発奮する．
【要脸】 yào//liǎn 【動】面目を重んじる．¶要他的脸 / 彼の顔をたてる．¶你还要不～？ / あなた恥ずかしくないの．
【要领】 yàolǐng 【名】❶（話や文章の）要点．¶不得 dé～ / 要領を得ない．❷（運動や操作の）コツ．要領．¶掌握～ / 要領をつかむ．
【要略】 yàolüè 【名】要略．大要．¶《中国历史～》 / 『中国史大要』．用法 書名に使われることが多い．
【要么】 yàome【末】【接】❶ そうでなければ．❷ …するか，それとも．¶～回家，～去公园，你决定吧 / 家へ帰るのか，公園に行くのか，君が決めてよ．用法 ❷は，"要么…要么…"と重ねて使うことが多い．
【要面子】 yào miànzi 【句】体面にこだわる．メンツを重んじる．¶这人死 sǐ～ / こいつはものすごく体面にこだわるやつだ．同 爱 ài 面子
【要命】 yào//mìng 【動】❶ 命をとる．命を奪う．¶差点儿要了命 / もう少しで死ぬところだった．❷（程度が）甚だしい．ひどい．¶好得～ / とてもすばらしい．¶痛得～ /

痛くてたまらない. ❸ 困る. 閉口する. ¶这人真~/こいつにはまったく困ったものだ.
【要目】yàomù 名 重要な項目.
【要强】yàoqiáng 形 負けず嫌いだ. ¶小明很~,什么事都不甘 gān 落后/ミンさんはとても負けず嫌いで、何事にも遅れをとるのを嫌う.
【要人】yàorén 名〔个 ge,位 wèi〕要人.
【要塞】yàosài 名〔处 chù〕要塞.
【要事】yàoshì 名 重要な事柄.
*【要是】yàoshi 接 もしも. ¶~不愿意,请直说/もしいやなら、はっきり言ってください. 同 如果 rúguǒ
【要死】yàosǐ 動 …でたまらない. ひどい. ¶痒 yǎng 得~/かゆくてたまらない. ¶烟太大,呛 qiàng 得~/煙がひどくて,けむくてたえられない.
【要素】yàosù 名〔个 ge,种 zhǒng〕要素.
【要图】yàotú 名 重要な計画や方針.
【要闻】yàowén 名〔条 tiáo〕重大ニュース.
【要务】yàowù 名 重要な仕事. ¶~缠身 chánshēn/大切な仕事で忙殺される.
【要样儿】yào//yàngr 動 見てくれを気にする. 体裁をつくろう.
【要义】yàoyì 名 重要な内容や道理. 同 要旨 zhǐ
【要员】yàoyuán 名〔个 ge,位 wèi〕要職についている人物. ¶政府~/政府高官.
【要账】yào//zhàng 動 借金を取り立てる. 同 讨债 tǎozhài
【要职】yàozhí 名 要職. ¶身居 jū ~/要職にある.
【要旨】yàozhǐ 名 文 要旨. 主旨.
【要子】yàozi 名 ❶（ムギなどを束ねる）わら縄. わらひも. ❷（梱包用の）ひも.

钥（鑰） yào
钅部4 全9画 四 8772₀ 常用
素 かぎ. ¶~匙 yàoshi.
☞ 钥 yuè
【钥匙】yàoshi 名〔把 bǎ〕かぎ. キー. ¶用~开锁 kāisuǒ/かぎであけをあける. ¶~孔/かぎ穴.

靿 yào
革部5 全14画 四 4452₇ 通用
名 方（~儿）（長靴や靴下の）足首より上の部分. ¶高~靴子 xuēzi（長靴）. 同 靴子 yàozi

鹞（鷂） yào
鸟部10 全15画 四 2772₇
素 ❶ ハイタカ. ¶~鹰 yàoyīng. ❷ 凧（冬）. ¶纸~ zhǐyào（凧）.
【鹞鹰】yàoyīng 名《鸟》ハイタカ. 同 雀鹰 quèyīng, 鹞子 yàozi
【鹞子】yàozi 名 ❶《鸟》ハイタカ. 同 雀鹰 quèyīng, 鹞鹰 yàoyīng ❷方 凧（冬）. ¶放~/凧をあげる. 同 风筝 fēngzheng

曜 yào
日部14 全18画 四 6701₅ 通用
文 ❶ 名 日の光. ❷ 動 照り輝く. ❸ 名 曜日. ¶~日 rìyàorì（日曜日）/月~日 yuèyàorì（月曜日）. 参考 ③は、昔は日・月・星を"曜"と呼び,1週間の7日を月・日および火・水・木・金・土の星の順に並べた. 今日では曜日を"星期 xīngqī"といい,"日曜日"は"星期日","月曜日"は"星期一","土曜日"は"星期六"という.

耀（異 燿） yào
小部17 全20画 四 9721₅ 常用
❶ 素 まばゆいほどの光がさす. ¶照~ zhàoyào（照り輝く）/一眼 yàoyǎn. ❷ 素 見せつける. ¶~武扬威 wēi. ❸ 素 栄誉. ¶荣~ róngyào（光栄）. ❹（Yào）姓.
【耀斑】yàobān 名《天文》太陽面爆発. フレア.
【耀武扬威】yào wǔ yáng wēi 成 武力を誇示し,威勢を見せつける.
【耀眼】yàoyǎn 形 まぶしい. まばゆい. ¶车灯~/ヘッドライトがまぶしい.

ye lせ [iE]

耶 yē
耳部2 全8画 四 1742₇
素 音訳用字. ¶~稣 Yēsū/~路撒冷 Yēlùsālěng/~和华 Yēhéhuá.
☞ 耶 yé
【耶和华】Yēhéhuá 名 外《宗教》エホバ.
【耶路撒冷】Yēlùsālěng 地名 エルサレム（イスラエル）.
【耶稣】Yēsū 人名 イエス・キリスト.
【耶稣教】Yēsūjiào 名《宗教》キリスト教の新教. プロテスタント. ⇨ 天主教 Tiānzhǔjiào

伽 yē
亻部8 全10画 四 2722₇ 通用
→ 伽耶琴 jiāyēqín

掖 yē
扌部8 全11画 四 5004₇ 次常用
動（すき間に）押し込む. はさむ. ¶把钱~在兜里 dōuli（お金をポケットに押し込む）/把纸条从门缝 ménfèng 里~进去（メモを戸のすき間にさし込む）.
☞ 掖 yè

椰 yē
木部8 全12画 四 4792₇ 次常用
名《植物》ヤシ. ヤシの実. ¶椰子 yēzi ¶~雕 yēdiāo/~蓉 yēróng/枣~ zǎoyē（ナツメヤシ）.
【椰雕】yēdiāo 名 ヤシの実に彫刻した工芸品.
【椰蓉】yēróng 名《料理》ココナッツの果肉を干して粉状にしたもの. 参考 菓子のあんなどに用いる.
【椰油】yēyóu 名 ヤシ油.
【椰枣】yēzǎo 名《植物》ナツメヤシ.
【椰子】yēzi 名《植物》ヤシ. ヤシの実.

噎 yē
口部12 全15画 四 6401₈ 通用
動 食べ物がのどにつかえる. ¶因~废 fèi 食 成 むせるのを恐れて食べるのをやめる. たまたま起きたできごとのために,やらなくてはいけない事までやめてしまう.
【噎嗝】yēgé 名《中医》食道がん.

邪 yé
牙部2 全6画 四 7722₇
叹 ❶ → 莫邪 mòyé ❷ "耶 yé"に同じ.
☞ 邪 xié

爷（爺） yé
父部2 全6画 四 8022₇ 常用
❶ 名 方 父親. ¶~娘 yéniáng（父と母）. ❷ 名 名（父方の）祖父. ¶~~~奶奶（父方のおじいちゃんとおばあちゃん）. ❸ 素 年上の男性に対する敬称. ¶张大~（張おじさん）/李~（李おじさん）. ❹ 素 旧 官僚や資産家などに対する呼び方. ¶老~~ lǎoyé（だんなさま）/少~ shàoyé（若だんなさま）. ❺ 素 神に対する呼び方. ¶土

地～ tǔdìyé（氏神さま）/ 財神～ cáishényé（福の神さま）/ 閻王～ yánwángyé（閻魔さま）.
【爷们】yémen 名 方 ❶ 男. ¶老～/男. ❷ 夫. ¶她～从屋里出来啦 / 彼女の夫が奥から出てきた. 用法 ①は,単数にも用いる.
【爷们儿】yémenr 名 ❶ "爷们 yémen"に同じ. ❷ 男性の間で互いに親しみを込めて呼ぶ呼称. ¶咱～的事,女人少插嘴！/ 俺たち男のことに女が口出しをするな.
【爷儿】yér 名 口 上の世代の男と下の世代の男女をまとめていう呼び方. ¶～几个一块儿逛公园 / 父子何人かで公園を一緒に散歩する. 用法 後ろに数量詞をつける.
【爷儿们】yérmen 名 男性の年長者と目下の男女をまとめて呼ぶ呼称. ¶～俩 / 父子二人. 用法 後ろに数量詞を伴うことが多い.
*【爷爷】yéye 名 口 ❶ 父方の祖父. ❷ 祖父と同年輩の男性に対する呼称. おじいさん. 表現 呼称にも用いる.

耶 yé

耳部2 四 1742[7]
全8画 通用

❶ 助 文 疑問をあらわす. ¶是～非～？（是か非か）.
❷ 名 簡 "爷 yé"に同じ.
☞ 耶 yē

揶 yé

扌部8 四 5702[7]
全11画 通用

下記熟語を参照.
【揶揄】yéyú 動 文 からかう. 揶揄(ゆ)する. ¶受人～/ からかわれる. ¶～几句 / 二言三言からかう.

铘(鋣) yé

钅部6 四 8772[7]
全11画 通用

→镆铘 mòyé

也 yě

一部2 四 4471[2]
全3画 常用

I 副 ❶（類似項が並存することを表わし）…も. ¶她是日本人,我～是日本人 / 彼女は日本人です,私も日本人です. ¶他是数学家,～是著名的作家 / 彼は数学者で,有名な作家でもある. ¶我去过北京,～去过上海 / 私は北京へ行ったことがあるし,上海にも行ったことがある. ¶去～行,不去～行 / 行ってもいいし,行かなくてもいい.

✍ 注意点：中国語の"也"は副詞なので,述語の前にしか置くことができず,そのため,例えば「私も杏仁豆腐を食べる」「私は杏仁豆腐も食べる」は,いずれも "我也吃杏仁 xìngrén 豆腐"になってしまう. どちらになるかは文脈次第である.

@她吃杏仁豆腐,我也吃杏仁豆腐 / 彼女は杏仁豆腐を食べる,私も杏仁豆腐を食べる.
ⓑ我吃西米露,(我)也吃杏仁豆腐 / 私はタピオカを食べる,杏仁豆腐も食べる.

❷（接続詞"虽然,就是,即使,尽管"などと呼応し,譲歩あるいは逆説を表わし）…でも. ¶虽然他不给帮助,我～能干 gàn 下去 / 彼は助けてくれないが,それでも私はやっていける. ¶这件事就是没人告诉过我,我～能猜到 / このことはだれも私に言ってくれなかったけれども,私は推測することができた. ¶即使大家都反对,我～不改变自己的意见 / たとえみんなが反対しても,私は自分の意見を変えない. ¶尽管天下大雨,我～要去 / 大雨が降っているけれど,私は行かねばならない. ¶你不说,我～知道 / 君が言わなくても私は分かっている.

❸（"连…也"の形で）…さえ. …すら. ¶他忙得连吃饭～忘了 / 彼は忙しくて食事をとることさえ忘れてしまった. ¶街上静悄悄 qiāoqiāo 的,连人影～没有 / 通りはひっそりとして,人影さえ見えなかった.

❹（"疑问词+也+否定述语"の形で全面的に否定し）何も / どこも / 誰も…ない. ¶什么～不想吃 / 何も食べたくない. ¶谁～不知道 / 誰も知らない. ¶哪儿～不去 / どこにも行かない. ¶怎么说～不行 / どう言ってもダメだ.

❺（"一+也+否定述语"の形で強い否定を表わし）少しも…ない. ¶她回家后,一会儿～没休息就开始做晚饭 / 彼女は家に帰ってから,少しも休むことなく夕食の準備を始めた. ¶这个人一点道理～不懂 / この人は道理を全然わきまえない. ¶他在看电视,一动～不动 / 彼はテレビを見ていて微動だにしない.

❻（婉曲を表わし）でしょう. ¶情况～不一定就那么糟糕 / 事態はまあそんなにひどくはないでしょう. ¶依我看,～只好这么办了 / まあそうするよりほかないと思いますよ. ¶你～太客气了,帮这点儿忙不算什么 / 遠慮のしすぎですよ,この位のお手伝いは何でもないのに.

II 助 文 ❶ 判断または解釈をあらわす. ¶陈胜者,阳城人～/ 陳勝は陽城の人である.
❷ 疑問または反語をあらわす. ¶何～？/ 何であるのか. ¶舍 shě 我其谁～？/ 自分をおいて誰がいるか.
❸ 文の切れ目やポーズをあらわす. ¶听其言～,可以知其所好矣 yǐ / その人のことばを聞けば,その人の好むことが分かる.

III（Yě）姓.

【也罢】yěbà 助 ❶ 容認あるいは,そうするより仕方がないことをあらわす. まあよかろう. 仕方ない. ¶～,你一定要走,我也就不留你不了 / よかろう,君がどうしても帰ると言うなら,止めはしない. ❷（二つあるいはそれ以上を連用して）どんな状況下でも変わりがないことをあらわす. …だろうが,…であれ. ¶同意～,反对～,这事已经决定了 / 賛成しても反対しても,この件はすでに決まっている.
【也好】yěhǎo 助 ❶ …もよかろう. …でもいいだろう. ¶出去～/ 出て行くのもいいだろう. ❷（二つ以上用いて）…であれ…であれ. …であろうと…であろうと. ¶晴天 qíngtiān～,雨天～,他坚持每天跑步 pǎobù 锻炼 / 晴れの日でも雨の日でも,彼は毎日ジョギングを続けている.
【也门】Yěmén《国名》イエメン.
*【也许】yěxǔ 副 もしかしたら…かもしれない. ¶～他误解了你 / もしかしたら,彼はあなたを誤解しているかもしれません. 同 或许 huòxǔ, 兴许 xīngxǔ.

冶 yě

冫部5 四 3316[0]
全7画 常用

❶ 素 金属を溶かして精錬する. ¶～金 yějīn / ～炼 yěliàn. ❷ 素 形 文（女性の装いの）なまめかしい. ¶～容 yěróng / 妖～ yāoyě（なまめかしい）. ❸（Yě）姓.
【冶金】yějīn 動 金属を溶かして精錬する. ¶～工业 / 冶金(きん)工業.
【冶金学】yějīnxué 名 冶金学.
【冶炼】yěliàn 動 製錬する. ¶～有色金属 jīnshǔ / 非鉄金属を製錬する.
【冶容】yěróng ❶ 動 なまめかしく装う. 妖艶に飾りたてる. ❷ 名 なまめかしい容貌.
【冶艳】yěyàn 形 文（女性が）妖艶だ.
【冶游】yěyóu 動 ❶ 男女が,祭日などに出かけて遊ぶ. 同 野 yě 游 ❷ 女遊びする.

野(埜) yě

里部4 四 6712[2]
全11画 常用

❶ 素 郊外. 野. ¶～营 yěyíng / ～地 yědì / ～战 yězhàn / ～火 yěhuǒ / 旷～ kuàngyě（荒野）/ 田～ tiányě（田野）. ❷ 素 範囲. ¶视～ shìyě（視野）/ 分～ fēnyě（分野）. ❸ 素 民間. ¶在～ zài-

yě（官に仕えない）/ 下～ xiàyě（政界から退く）. ❹ [形] がさつで下品だ. ¶粗～ cūyě（がさつだ）/ 撒～ sāyě（乱暴にふるまう）/ ～蛮 yěmán. ❺ [形] 奔放だ. 縛られない. ¶～性 yěxìng. ❻ [素] 野生の. ¶～兽 yěshòu / ～草 yěcǎo. ❼（Yě）姓.
【野菜】yěcài [名]〔[量] 棵 kē〕食用になる野生の植物. ¶挖 wā～ / 山菜をとる. [参考] 日本語の「野菜」は"蔬菜 shūcài"と言う.
【野餐】yěcān ❶ [動] ピクニックをする. 野外で食事をする. ¶在郊外～ / 郊外でピクニックをする. ❷ [名]〔[量] 顿 dùn〕野外でとる食事.
【野草】yěcǎo [名] 野草.
【野炊】yěchuī [動] 野外で料理をつくる.
【野导】yědǎo [名] 無免許ガイド. 正式な資格を持たない観光ガイド.
【野地】yědì [名]〔[量] 块 kuài, 片 piàn〕野原.
【野狗】yěgǒu [名] 野犬.
【野果】yěguǒ [名]（～儿）野生の果実.
【野孩子】yěháizi [名] 野育ちの子. しつけのできていない子.
【野花】yěhuā [名] ❶ 野生の花. ❷ 情婦. 娼婦.
【野火】yěhuǒ [名]〔[量] 场 cháng, 团 tuán〕野火.
【野鸡】yějī ❶ [名]《鳥》〔[量] 只 zhī〕キジ. ❷ [名] [旧] 街娼. ❸ [形] 不法営業の. 無許可の. もぐりの. ¶～汽车 / 白タク. ¶～公司 / 不法に設立した会社. [参考] ①は, "雉 zhì"の通称.
【野景】yějǐng [名] 野外の景色.
【野菊花】yějúhuā [名]《植物・薬》ノギク.
【野驴】yělǘ [名]〔[量] 条 tiáo, 头 tóu〕野生のロバ.
【野骆驼】yěluòtuo [名]《動物》野生のラクダ.
【野麻】yěmá [名]《植物》❶ 野生のアサの総称. ❷ "罗布麻"（バシクルモン）の俗称.
【野马】yěmǎ [名] 野生のウマ.
【野蛮】yěmán [形] ❶ 野蛮な. 未開の. [反] 开化 kāihuà, 文明 wénmíng ❷ 乱暴だ. 粗野だ. ¶举止 jǔzhǐ～ / 振る舞いが粗暴だ. ¶耍 shuǎ～ / 乱暴を働く.
【野猫】yěmāo [名]〔[量] 只 zhī〕❶ のら猫. ❷ [方] ノウサギ.
【野牛】yěniú [名]〔[量] 条 tiáo, 头 tóu〕野生のウシ.
【野炮】yěpào [名]《軍事》野砲.
【野蔷薇】yěqiángwēi [名]《植物》ノバラ. ノイバラ.
【野禽】yěqín [名] 野鳥.
【野趣】yěqù [名] 野趣.
【野人】yěrén [名] ❶ 在野の人. 平民. ❷ 未開人. 野蛮人. ❸ 性格が粗暴な人.
【野生】yěshēng [形] 野生の. ¶～植物 / 野生植物.
【野食儿】yěshír [名] ❶ 鳥や獣が野外であさるえさ. ❷ 本職以外でかせいだ財貨.
【野史】yěshǐ [名] [旧] 民間で書かれた歴史書. 野史. [反] 正史 zhèngshǐ
【野兽】yěshòu [名]〔[量] 头 tóu〕野獣.
【野兽派】yěshòupài [名]《美術》野獣派. フォービスム.
【野兔】yětù [名]〔[量] 只 zhī〕ノウサギ. [参考] 地方によって"野猫 yěmāo"ともいう.
【野外】yěwài [名] 野外. ¶～作业 / 野外作業.
【野外工作】yěwài gōngzuò [名] フィールドワーク. [参考] 旧称は"田野工作".
【野豌豆】yěwāndòu [名]《植物》カラスノエンドウ. ヤハズエンドウ.
【野味】yěwèi [名] 猟でとった鳥や獣. ジビエ. またその料理. ¶吃～ / とった獲物をその場で食べる.
【野心】yěxīn [名] [貶] 野心. ¶狼子 lángzǐ～ / [成] 凶暴な人の悪どい野心.
【野心勃勃】yě xīn bó bó [成] 野望が盛んにわき起こるようす.
【野心家】yěxīnjiā [名] 野心家.
【野性】yěxìng [名] 野性. 従順でない性質.
【野鸭】yěyā [名]《鳥》〔[量] 只 zhī〕カモ. マガモ. [同] 凫 fú, 绿头鸭 lǜtóuyā
【野营】yěyíng [動] 野営する. キャンプする. ¶到西山～去 / 西山へキャンプに行く.
【野战】yězhàn [名]《軍事》野戦. ¶～医院 / 野戦病院.
【野战军】yězhànjūn [名]《軍事》野戦軍.
【野种】yězhǒng [名] 私生児. 血筋の分からぬ人.
【野猪】yězhū [名]《動物》〔[量] 口 kǒu, 头 tóu〕イノシシ. [参考] "猪 zhū"はブタのこと.

业（業）yè

业部 0 [四] 32100
全 5 画 [常用]

❶ [素] 職業. ¶工～ gōngyè（工業）/ 农～ nóngyè（農業）/ 渔～ yúyè（漁業）/ 林～ línyè（林業）. ❷ [素] 仕事. ¶就～ jiùyè（就職する）/ 转～ zhuǎnyè（転職する）/ ～余 yèyú. ❸ [素] 学業. ¶修～ xiūyè（学校で勉強する. 修業する）/ 毕～ bìyè（卒業する）. ❹ [素] 事業. ¶创～ chuàngyè（創業する）. ❺ [素] ある種の仕事に従事する. ¶～工 yègōng（工業に従事する）/ ～商 yèshāng（商業に従事する）. ❻ [素] 財産. ¶～主 yèzhǔ / 家～ jiāyè（家や会社の財産）. ❼ [素] すでに. ¶～已 yèyǐ / ～经 yèjīng. ❽（Yè）姓.
【业报】yèbào [名]《仏教》善業や悪業の報い. 業報(ごうほう).
【业大】yèdà [名] "业余大学"（余暇を利用して在職者を教育する大学. 社会人大学）の略称.
【业海】yèhǎi [名]《仏教》果てのない罪悪.
【业绩】yèjì [名]〔[量] 项 xiàng〕業績. 成果. ¶光辉～ / 輝かしい業績.
【业界】yèjiè [名] 業界.
【业经】yèjīng [副] すでに. [同] 已 yǐ 经 [参考] 多く公文書で用いる.
【业精于勤】yè jīng yú qín [成] 学業や仕事はまじめに励むことで進歩する.
【业内】yènèi [名] 業界内. 業務範囲内.
【业内人士】yènèi rénshì [名] 同業者.
【业师】yèshī [名] 恩師.
【业态】yètài [名]《経済》業態.
*【业务】yèwù [名]〔[量] 项 xiàng, 种 zhǒng〕専門業務. ¶～能力 / 業務能力. ¶～范围 / 業務範囲. ¶两公司有～往来 / 二つの会社には業務取引がある.
【业校】yèxiào [名] "业余学校 yèyú xuéxiào"の略.
【业已】yèyǐ [副] [文] すでに. [同] 已经 yǐjīng
*【业余】yèyú [形] ❶ 仕事以外の時間の. 余暇の. ¶～时间 / 仕事の余暇時間. ❷ 専門外の. アマチュアの. ¶～剧团 / アマチュア劇団. [反] 专业 zhuānyè, 职业 zhíyè
【业余教育】yèyú jiàoyù [名] 業務時間外に行われる教育. 社会人教育.
【业余学校】yèyú xuéxiào [名] 社会人学校. 余暇を利用して在職者を教育する学校.
【业障】yèzhàng [名] ❶《仏教》業障(ごっしょう・ごうしょう). 罪障. ❷ [旧] できそこない. [表現] ②は, 不肖の息子などをののしることば.

【业种】yèzhǒng 名 ❶ 災いのもと. ❷ 旧 できそこない.
【业主】yèzhǔ 名〔旧 位 wèi〕(企業や不動産などの)所有主. オーナー.

叶(葉) yè 口部2 四6400₀ 全5画 常用

❶ 名(〜ル)〔量 片 piàn, 张 zhāng〕植物の葉. ¶ 树〜 shùyè (木の葉) / 红花绿〜(赤い花と緑の葉).
❷ 素 板に似たもの. ¶ 铜〜 tóngyè (薄く伸ばした銅板) / 百〜窗 bǎiyèchuāng (よろい戸. ブラインド).
❸ 素 "页 yè"に同じ. ❹ 素 時期. ¶ 清朝 Qīngcháo 末〜 mòyè (清朝末期) / 二十世纪中〜 zhōngyè (二十世紀中葉). ❺ (Yè)姓.
☞ 叶 xié

【叶柄】yèbǐng 名《植物》葉柄.
【叶公好龙】yè gōng hào lóng 成 口では愛好していると言いながら、実際は愛好していない. 見せかけの趣味. 由来 劉向『新序』雑事に見えることば. むかし、葉公が龍を好み、家中の物に龍を描いていたが、天上の本物の龍が窓から顔をのぞかせると、葉公は驚いて逃げ出した、という故事から. 参考"叶"は、もと"Shè"と発音した.
【叶红素】yèhóngsù 名《化学》カロテン. 表现 ふつう"胡萝卜 húluóbo 素"という.
【叶猴】yèhóu 名《動物》ヤセザル. ラングール.
【叶黄素】yèhuángsù 名《化学》キサントフィル.
【叶绿素】yèlǜsù 名《植物・化学》葉緑素.
【叶绿体】yèlǜtǐ 名《植物・化学》葉緑体.
【叶轮】yèlún 名《機械》羽根車. 回転翼. インペラー.
【叶落归根】yè luò guī gēn 成 ❶ 物事には決まった帰結がある. ❷ 他郷に身を寄せる人も、結局は故郷に帰ろうとする. ¶ 他总想、返回故乡 / 彼は木が落ちて根に戻るようにいつもふるさとに帰りたいと思っている.
【叶脉】yèmài 名《植物》葉脈. 回 叶筋儿 yèjīnr
【叶片】yèpiàn 名 ❶《植物》葉片. ❷《機械》(タービンやポンプなどの)羽根車のはね.
【叶肉】yèròu 名《植物》葉肉.
【叶酸】yèsuān 名《薬》葉酸. ビタミン M.
【叶锈病】yèxiùbìng 名《農業》赤さび病.
【叶芽】yèyá 名《植物》葉芽. 枝芽.
【叶枝】yèzhī 名《農業》(果樹や綿の)実をつけない徒長枝.
*【叶子】yèzi 名 ❶〔量 片 piàn, 张 zhāng〕葉. ❷ 方 かるた. 回 纸牌 zhǐpái ❸ 方 お茶の葉.
【叶子烟】yèziyān 名 葉タバコ.

页(頁/異篋) yè 页部0 四1080₂ 全6画 常用

❶ 素 紙の一枚一枚. ¶ 册〜 cèyè (一枚ずつ表記した書画) / 活〜 huóyè (ルーズリーフ). ❷ 量 ページ. ❸ (Yè)姓. 参考 ②に関し、以前中国では本などの紙の一枚(両面)を"页"と呼んでいたが、現在は片面を指す.
【页码】yèmǎ 名(〜ル)〔量 个 ge〕ページ番号.
【页岩】yèyán 名《鉱物》頁岩(けつがん).

曳(異拽) yè 丨部5 四5000₆ 全6画 通用

❶ 引く. 引っぱる. ¶ 〜光弹 yèguāngdàn / 弃 qì 甲 jiǎ〜兵 戓 よろいを棄て、武器を引きずって逃げる. 戦いに敗れて、慌てふためいて逃げる.
【曳光弹】yèguāngdàn 名《軍事》曳光弾(えいこうだん).
【曳引】yèyǐn 動 牽引(けんいん)する.

邺(鄴) yè 业部2 四3712₇ 全7画 通用

❶ 素 古代の地名. 現在の河北省臨漳(りんしょう)県の西. ❷ (Yè)姓.

夜(異宿) yè 亠部6 四0024₇ 全8画 常用

❶ 名 夜. ¶ 日日〜〜(日復日) / 白天黒〜 (昼も夜も). ❷ (Yè)姓.
【夜班】yèbān 名 夜勤. ¶ 值 zhí〜 / 夜勤を務める.
【夜半】yèbàn 名 夜半. 夜の12時前後. 回 半夜 bànyè
【夜不闭户】yè bù bì hù 成 世の中がよく治まっているようす. 由来"夜でも戸を閉めない"という意から.
【夜餐】yècān 名〔量 顿 dùn〕夜食. おそい夕飯.
【夜叉】yèchā[-cha] 名 ❶《仏教》夜叉(やしゃ). ❷ 容貌の醜い凶悪な人. 回 药叉 yàochā
【夜长梦多】yè cháng mèng duō 成 時間が長引くと、いろいろな面倒なことが起こりやすい. 由来 夜が長くなるとそれだけ夢をたくさん見る、という意から.
【夜场】yèchǎng 名 夜間公演. 回 晚场 wǎnchǎng
【夜车】yèchē 名 ❶〔量 班 bān, 趟 tàng〕夜行列車. ❷ 夜なべ仕事. 徹夜でする勉強. ¶ 昨晚开〜、眼圈 yǎnquān 都红了 / 夕べは徹夜して、目の周りが真っ赤になった.
【夜大】yèdà 名"夜大学"(夜間大学)の略称.
【夜大学】yèdàxué 名〔量 所 suǒ〕夜間大学.
【夜饭】yèfàn 名 晩めし. 夕ごはん. 回 晚饭 wǎnfàn
【夜分】yèfēn 名 夜半. 夜中.
【夜工】yègōng 名 夜間の仕事. ¶ 做〜 / 夜間労働をする. ¶ 打〜 / 夜間労働をする.
【夜光杯】yèguāngbēi 名 夜光の杯. 由来 美しい玉(ぎょく)でつくられた酒杯で、夜間でも光り輝くことから. 唐・王翰の詩「涼州詞」の句"葡萄の美酒夜光の杯"から.
【夜光虫】yèguāngchóng 名《虫》夜光虫.
【夜航】yèháng 動 夜間飛行・航行する. ¶〜空 / 夜間フライトの飛行機. ¶〜船 / 夜船.
【夜合】yèhé 名《植物》ネムノキ.
【夜壶】yèhú 名〔量 把 bǎ〕(旧式の)男子が夜間に用いる便器. しびん.
【夜间】yèjiān[-jian] 名 夜間. 夜. ¶〜巡逻 xúnluó / 夜間パトロール.
【夜禁】yèjìn 名 動 夜間外出禁止(をする). 夜間通行禁止(をする).
【夜景】yèjǐng 名 夜景.
【夜课】yèkè 名 夜の授業.
【夜空】yèkōng 名 夜空.
【夜来】yèlái 名 文 ❶ 昨日. ❷ 夜間.
【夜来香】yèláixiāng 名《植物》❶ トンキンカズラ. ❷ マツヨイグサ.
【夜阑】yèlán 名 文 夜更け. 深夜.
【夜阑人静】yè lán rén jìng 成 夜が更けて人が寝静まる.
【夜郎自大】Yè láng zì dà 成 夜郎自大. 身の程をわきまえず尊大ぶる. 由来『史記』西南夷列伝に見えること

夜来香①

ば. 夜郎という国は、漢王朝の州の一つ分ほどの小さい国であったが、夜郎の国王は漢の使者に「漢とは夜郎よりも大きいのか」と言った、という故事から.
*【夜里】yèli 名 夜間. 夜.

【夜盲】yèmáng 名《医学》鸟目．夜盲症．回 雀盲眼 qiǎomángyǎn
【夜猫子】yèmāozi 名〈方〉❶〔鸟〕〔量 只 zhī〕フクロウ．回 猫头鹰 māotóuyīng ❷ 夜更かしの人．
【夜明珠】yèmíngzhū 名〔量 颗 kē〕伝説上で暗闇でも光を放つという真珠．夜光の真珠．
【夜幕】yèmù 名 夜のとばり．¶～降临 jiànglín／夜のとばりが降りる．
【夜曲】yèqǔ 名《音乐》夜想曲．ノクターン．
【夜儿个】yèrge 名 昨日．回 昨天 zuótiān
【夜色】yèsè 名 夜の気配．夜の景色．
【夜深人静】yè shēn rén jìng 成 夜が更けて人が寝静まる．回 更 gēng 深人静
【夜生活】yèshēnghuó 名（都会の）夜の遊興．ナイトライフ．
【夜市】yèshì 名 夜市．夜店．
*【夜晚】yèwǎn 名 夜．回 夜间 yèjiān
【夜袭】yèxí 动 夜襲する．
【夜戏】yèxì 名 夜の芝居．
【夜宵】[消] yèxiāo 名（～儿）夜食．¶吃～／夜食を食べる．
【夜校】yèxiào 名〔量 个 ge, 所 suǒ〕夜間学校．回 夜学 yèxué
【夜行】yèxíng 动 ❶ 夜間に出歩く．夜間に旅立つ．❷ 夜間飛行する．夜間航行する．¶每夜．每晩．
【夜以继日】yè yǐ jì rì 成 夜に日を継ぐ．昼夜兼行で行う．¶～地赶工／夜に日を継いで仕事を急ぐ．回 日以继夜 由来 『荘子』至楽篇に見えることば．参考 "夜以继日"は朝から始めて夜も引き続き仕事をすること．これに対し て， "日以继夜"は，夜から始めて翌日にまたがって継続すること．
【夜莺】yèyīng 名〔量 只 zhī〕"歌鸲 gēqú"（コマドリ）などの声の美しい鳥．夜も鳴くことから．
【夜鹰】yèyīng 名《鸟》ヨタカ．
【夜游神】yèyóushén 名 ❶ 伝説で，夜中に人の善悪を調べて回る神．❷ 夜遊びの好きな人．
【夜战】yèzhàn 动 ❶ 夜戦をする．❷ 夜の残業をする．徹夜仕事をする．
【夜总会】yèzǒnghuì 名〔量 家 jiā〕ナイトクラブ．
【夜作】yèzuò 动 徹夜で仕事をする．回 夜工 gōng 参考 口語では， "yèzuò"と読むことが多い．

拽 yè
扌部6 四 5500₆
全9画 通用
动 引く．引っ張る．回 曳 yè
☞ 拽 zhuāi, zhuài

咽 yè
口部6 四 6600₀
全9画 常用
素 悲しくてことばが出ない．¶呜～ wūyè（嗚咽むせ泣くする）／哽～ gěngyè（むせび泣く）．
☞ 咽 yān, yàn

晔（曄）yè
日部6 四 6404₁
全10画 通用
名〈文〉光．

烨（燁／燡）yè
火部6 四 9484₁
全10画 通用
〈文〉❶ 日の光．火の光．❷ 形 光り輝いている．¶～然 yèrán（美しく輝くようす）．

掖 yè
扌部8 四 5004₇
全11画 次常用

素 ❶ 人の腕に手を添えて支える．❷ 手を差しのべて助ける．¶扶～ fúyè（援助する）／奖～ jiǎngyè（奨励して援助する）．
☞ 掖 yē
【掖县】Yèxiàn《地名》掖県（読）．現在の山東省莱州（らいしゅう）市．

液 yè
氵部8 四 3014₇
全11画 常用
素 液．液体．¶血～ xuèyè（血液）／溶～ róngyè（溶液）／汁～ zhīyè（液汁）．
【液化】yèhuà 动 液化する．¶～石油气／LPガス．
【液化气】yèhuàqì 名 ❶ "液化石油气"（液化石油ガス．LPガス）の略称．❷ 液化天然ガス．
【液晶】yèjīng 名 液晶．¶～显像 xiǎnxiàng／液晶画像．
【液态】yètài 名 液状．¶～气体／液化ガス．
【液体】yètǐ 名 液体．¶～燃料 ránliào／液体燃料．¶～牙膏／液体歯磨き．
【液压】yèyā 名 水圧．液圧．
【液压机】yèyājī 名《机械》液圧式の機械．水圧や油圧機など．

谒（謁）yè
讠部9 四 3672₇
全11画 次常用
素 身分の高い人に会う．¶～见 yèjiàn／拜～ bàiyè（拝謁する）．
【谒见】yèjiàn 动 謁見する．¶～国王／国王に謁見する．

腋 yè
月部8 四 7024₇
全12画 通用
名《生理》わきの下．回 夹肢窝 gāzhiwō
【腋毛】yèmáo 名 わき毛．
【腋生】yèshēng 形《植物》（花や芽などが）葉や枝の付け根から生じる．腋生(はの)．
【腋窝】yèwō 名《生理》わきのくぼみ．わきの下．回 腋下 yèxià 参考 通称"夹肢窝 gāzhiwō"．

馌（饁）yè
饣部10 四 2471₂
全13画 通用
动〈文〉野良仕事をしている人に弁当を届ける．

靥（靨）yè
厂部13 四 7126₂
全15画 通用
素 えくぼ．¶酒～ jiǔyè（えくぼ）／笑～ xiàoyè（えくぼ）．

yī ㄧ〔i〕

一 yī
一部0 四 1000₀
全1画 常用
Ⅰ 数 ❶ 1．一．¶～加～等于二／1たす1は2．¶第～／一番目．¶～个人／ひとり．¶这～政策／この政策．
❷ いちずな．ひたすらな．¶～心～意 yī xīn yī yì．
❸ …じゅう．…いっぱい．¶～屋子人／部屋の人全員．¶～身的汗／全身の汗．¶～桌子好菜／テーブルいっぱいに並べたごちそう．¶她有～肚子不满／彼女はいっぱい不満を持っている．¶带回～箱子书来了／本をダンボールいっぱい持ち帰った．
❹ 同じである．¶～样 yīyàng．¶大小不～／大きさがちがう．¶他们俩～个班／彼ら2人は同じクラスだ．

❺ 別の. ¶马铃薯，～名土豆／馬鈴薯は一名ジャガイモという.
❻ (2つの同じ単音節動詞の間に置き,動作の程度が軽微なこと,あるいは動作の過程が短いことを表わし)ちょっと…する. ¶看～看／ちょっと見る. ¶问～问别人就知道了／ちょっと人に聞けばすぐ分かる. ¶想～想再回答／ちょっと考えてから答える.
❼ 1回. なんでもない動作,あるいは短い動作. ¶看～眼／ひとめ見る. ¶说～声／ひと声かける.
Ⅱ 副 ❶ (単音節動詞や形容詞の前に置き,短い動作,または突発的な状況を表わし)ぱっと. さっと. ¶用手～摁 èn／手でぱっと押さえる. ¶这篇文章值得～读／この文章は一読に値する. 眼前～黑／目の前がまっくらになる.
❷ ("一＋A＋就…"の形式で) Aするとすぐに…する. ¶她～躺下就睡着 zháo了／彼女は横になるとすぐに眠ってしまった. ¶～听说老师来,学生们很快就安静下来／先生が来たぞという声が聞こえると,学生たちはたちまち静かになった. ¶～学就会／ひとたび習えばすぐできる.
Ⅲ 助 文 なんと. 語気を強める. ¶～至于此 cǐ／なんとここまでなるとは. ¶～何 hé 悲 bēi／なんと悲しいことであろうか.
Ⅳ 名 昔の楽譜の音譜の一つ. 略譜の「7」に相当する.

【一把手】yī bǎ shǒu 名 ❶ ある種の活動に参加する重要な一員. ¶我们一起承包这项工程,你们也算上～吧／我々が一緒にこの工事を請け負うからには,君たちも重要メンバーなんだよ. ❷ 最高責任者. 組織のトップ. ¶他是我们公司的～／彼は我々の会社のトップだ. 同 第一 dì-yī 把手 ❸ やり手. 腕利き. ¶开汽车他是～／車の運転では彼が腕利きだ. 同 一把好手 hǎoshǒu

【一把抓】yī bǎ zhuā 動 ❶ 一手に取り仕切る. ¶家中由她～／家の中のことは,彼女が仕切っている. ❷ (事の軽重緩急の区別なく)一緒くたにする. ¶胡子 húzi 眉毛 méimao～／ひげも眉毛も一緒につかむ(何もかも一緒くたにする).

【一百(零)一】yībǎi(-líng-)yī 形 方 十分だ. 申し分ない. ¶请你～个放心／どうか十分ご安心ください. 同 非常 fēicháng

【一败涂地】yī bài tú dì 成 一敗地にまみれる. 取り返しがつかないほどのひどい失敗をする. ¶输得～／立ち直れないほど惨敗する. 由来 大 dà 败涂地 『史记』高祖本纪に見えることば.

*【一般】yībān 形 ❶ 同じだ. そっくりだ. ¶心里像绞 jiǎo～痛／胸を絞上げられるように心が痛む. ¶兄弟二人～高／兄と弟は背丈が同じ位だ. ¶暴风雨～的掌声／嵐のような拍手. 同 一样 yīyàng, 同样 tóngyàng ❷ 一種の. ¶别有～滋味 zīwèi／また別の味わいがある. 同 一种 yīzhǒng ❸ 普通の. 通常の. ¶～的人／普通の人. ¶～的情况／一般情況. ¶这篇文章的内容很～／この文章の内容はありきたりだ. ¶小明非常能干,很不～／ミンちゃんはやり手で,とても並じゃない. ¶～说来,…／一般的に言うと,…. ¶各班～都有三十个学生／各クラスはふつう30名の学生がいる. ❹ 普遍性のある. 一般性のある. ¶具有～意义／一般的意義を備えてる.

【一般法】yībānfǎ 《法律》一般法. 普通法.
【一般化】yībānhuà 動 一般化する. ありふれたものにする.
【一般见识】yī bān jiàn shi 成 同じように薄っぺらなものの見方. ¶你怎么跟他～呢！／君はどうしてあんな奴と同じレベルなの. 表現 知識や教養のない人と争わないことを"不跟他～"という.

【一班人】yībānrén 名 ❶ 一班の人. 一クラスの人. ❷ 構成メンバー. グループのメンバー. ¶带领～日夜奋战／全員を指揮して日夜奮戦する.

【一斑】yībān 名 物事の一部分. 一斑. ¶管中窥豹 kuībào,可见／一部分から推しはかって大概を知ることができる.

【一板一眼】yī bǎn yī yǎn 言動に筋が通っている. あるいは,融通がきかないことのたとえ. ¶他～地唱着曲儿／彼はしっかりした節回しで歌を歌う. ¶情况这么紧急,你怎么还～的？／ことがこんなに切迫しているのに,君はどうして頭が硬いのか. 同 一板三 sān 眼

*【一半】yībàn 名 (～儿)半分. 2分の1. ¶信写了～／手紙は半分書いた.
【一半天】yī bàn tiān 名 今日明日. 一日二日. 一両日. ¶用不了～／一両日もかからない.
【一帮】yībāng 名 一組. 仲間. ¶带领～人马下乡去了／仲間たちを連れて田舎へ行く.
【一饱眼福】yī bǎo yǎn fú 慣 目の保養をする. 見て大いに楽しむ.
【一辈子】yībèizi 名 一生. 一生涯. ¶我们～都忘不了你的好处／私たちはあなたのご好意を一生涯忘れません.
【一本万利】yī běn wàn lì 成 わずかな資本で巨利を得る.
【一本正经】yī běn zhèng jīng 成 まじめくさっている. ¶他干什么都～的／彼は何をするにもきまじめだ. 同 一板 bǎn 正经
【一鼻孔出气】yī bí kǒng chū qì 慣 ぐるになる. ¶你们都是～的,我斗 dòu 不过你们／君たちが皆ぐるになっては僕はかないっこないよ. 由来 二人が同じ鼻から息を出す,という意から.
【一笔带过】yī bǐ dài guò 成 (文章などで)手みじかに触れる. ざっと言及する.
【一笔勾销】yī bǐ gōu xiāo 成 一切を帳消しにする. すべてを水に流す. ¶从此～／これからは水に流そう.
【一笔抹杀】yī bǐ mǒ shā 成 (事実・長所・成果を)すべて否定する. 抹殺する. ¶他以前的功劳却不能～／彼のかつての功績を全部帳消しにするわけにはいかない.
【一臂之力】yī bì zhī lì 成 一臂(ぴ)の力. わずかばかりの力. ¶助个～／微力ながらお手伝いします.
*【一边】yībiān (～儿)❶ 方 一面. 一方面. ¶～是山,～是海／片側は山で片側は海だ. ¶这～／こちら側. ¶那～／あちら側. ¶坐 zuò そば. 向く. ¶小美坐在一听音乐／メイちゃんはそばに座って音楽を聞いている. ❸ 形 同じようだ. ¶他们俩～高／彼ら二人は同じ背丈だ.
【一边倒】yī biān dǎo 動 ❶ 一辺倒になる. 一方に偏向する. ¶不能骑墙,要～／日和り見をしないで,どちらかの側につくべきだ. ❷ 一方の側が優勢に傾く. ¶场上比分 bǐfēn～／試合のスコアは一方的になった.
*【一边…一边…】yībiān…yībiān… …しながら～する. ¶他们～喝酒,～聊天／彼らは酒を飲みながらおしゃべりしている. ¶～走路,～想着心事／歩きながら考えごとをする. 表現 二つ以上の動作・行動が同時に進行することをあらわす. 用法 "一"は省略できる. たとえば,"边走边说(歩きながら話す)". また,前の"一边"を省略することもある. たとえば,"她唱着歌,～往前走"(彼女は歌を歌いながら前へ進む).
【一表人才〔材〕】yī biǎo rén cái 成 (男性の容貌が)眉目秀麗だ. あかぬけている.
【一并】yībìng 副 一緒に. 併せて. ¶～报销 bào-

【一病不起】yī bìng bù qǐ 成 病気で死ぬ。病気で寝たきりになる。¶父亲患了肺病 fèibìng，从此～/父は肺病を患い、それから寝たきりになってしまった。

【一波三折】yī bō sān zhé 成 ❶ 文章の構造が起伏に富んでいる。❷ 事の進行中に多くの問題が発生する。由来 文字の筆画の曲折に富んでいる、という意から。

【一波未平，一波又起】yī bō wèi píng，yī bō yòu qǐ 成 一つの問題が解決しないうちに、また別の問題が発生する。問題が次々に起こる。

【一…不…】yī…bù… ❶（二つの動詞の間に用いて）一たび…したら…しない。¶一定～易 yì /常に定まっていて変わらない。¶一去～返 fǎn /行ったら戻らない。❷（名詞と動詞の間に用いて）一つの…も…しない。¶～字一漏 lòu /一字も書き漏らさない。

【一步登天】yī bù dēng tiān 成 いっぺんに最高地まで達する。一足飛びに成功する。¶要脚踏实地 jiǎo tà shí dì，不能好做～的美梦 /一足飛びに出世しようなどと甘い夢ばかり見ていないで、一歩一歩着実にやって行きなさい。

【一不小心】yī bù xiǎoxīn 句 うっかりする。 同 不当 dāng 心，不小心

【一步一个脚印】yī bù yī ge jiǎoyìn 慣 （～儿）仕事ぶりが確実であること。

【一不做，二不休】yī bù zuò，èr bù xiū 成 やりかけた以上は徹底的にやる。¶～，全部豁出去 huōchuqu 算了 /食を食らわず皿まで、すべて投げうっても構わない。

【一草一木】yī cǎo yī mù 成 一木一草。何の価値もない小さなもの。

【一差二错】yī chā èr cuò 成 起きる可能性のある間違いや不幸。¶倘 tǎng 有～，可就对不起他了 / 万一もしものことがあったら、彼に対して申し訳ないことになる。

【一刹】yīchà 名 一瞬。瞬時。同 一刹那 nà

【一刹那】yīchànà 名 一瞬。あっという間。¶两辆汽车在一间相撞 zhuàng 了 /2台の車はあっという間に衝突した。

【一刬】yīchàn 副 ❶〈方〉すべて。全部。❷ ひたすらに。参考 ❶は、早期白話に見られる表現。

【一场空】yī cháng kōng 慣 希望や努力がすべて水泡に帰す。¶竹篮 zhúlán 打水～ /ざるで水をくんでも何も残らない。骨折り損。

【一倡[唱]百和】yī chàng bǎi hè 成 一人の呼びかけに多数が応じる。同調者が多い。注意 "和"を"hé"と発音しない。

【一唱一和】yī chàng yī hè 成 互いに調子を合わせる。¶他们俩，配合得很和谐 héxié /彼ら二人はぐるになって調子を合わせ、呼吸がぴったりだ。注意 "和"を"hé"と発音しない。

【一朝天子一朝臣】yī cháo tiān zǐ yī cháo chén 成 天子が代われば臣下も共に代わる。上が代われば下も代わる。

【一尘不染】yī chén bù rǎn 成 ❶ 純潔で、少しも悪習に染まっていない。❷（環境が）非常に清潔だ。¶打扫得～ / ピカピカに掃除をした。

【一成不变】yī chéng bù biàn 成 いったん成ったことは永久に変わらない。

【一筹】yīchóu 名 ❶ 数を計算するための一本の竹串。❷ 一段。一手。¶略逊 xùn ～ / やや劣る。同 一着 zhāo

【一筹莫展】yī chóu mò zhǎn 成 なすがない。手も足も出ない。¶一向足智多谋 móu 的他也～ /本来智謀知略に富む彼も打つ手がない。

【一触即发】yī chù jí fā 成 一触即発。¶事情已到了～的地步 /ことはすでに一触即発の局面に至った。

【一触即溃】yī chù jí kuì 成 触れたとたんに崩れる。

【一锤[槌]定音】yī chuí dìng yīn 成 鶴の一声。¶班长的话～，大家就分头行动了 /クラス委員の鶴の一声で、皆手分けして行動を開始した。由来 どらを作る時、最後のひと打ちで音色が決まる、という意から。

【一锤子买卖】yī chuízi mǎimai 慣 一度きりの取引。表現 その場しのぎで、長期的な見通しや計画のないことにたとえる。

【一次】yīcì 数 一度。一回。一次。

【一次性】yīcìxìng 形 一度だけの。その場限りの。¶～照相机 / 使い捨てカメラ。

【一次性筷子】yīcìxìng kuàizi 名 割り箸。使い捨ての箸。

【一从】yīcóng 前（過去のある時点を起点として）…から。同 自 zì 从

【一蹴而就】yī cù ér jiù 成 たやすく成功する。¶改革不是～的 /改革は一日にしてならず。同 一蹴而成 chéng 表現 否定文に多く用いられる。

【一寸光阴一寸金】yī cùn guāng yīn yī cùn jīn 谚 一寸の光陰は一寸の金。時は金なり。

【一搭两用儿】yī dā liǎng yòngr 句 一つのものが二つのことに使える。¶找个当地人，既可带路，又可当挑夫 tiāofū，～ /現地の人を雇えば、道案内にもなるし、ポーターにもなり、一挙両得だ。

【一大半】yīdàbàn 名 大半。大多数。¶～的人 / 大多数の人。¶参加会议的人已经到了～ / 会議に参加する人は、すでにほとんど到着した。

【一大二公】yī dà èr gōng 成 第一に大規模、第二に公有制。参考 1958年に人民公社制度を開始したときのスローガン。

【一大早儿】yīdàzǎor 名 明け方。早朝。¶爷爷每天～就起床 / おじいさんは毎日朝早く起きる。同 一清早 yīqīngzǎo

【一代】yīdài 名 ❶ その王朝の期間。❷ その時代。同 当 dāng 代 ❸ 人の一生。

【一带】yīdài 名 一帯。¶他对那～很熟悉 / 彼はあの一帯に詳しい。

【一旦】yīdàn 名 ❶ 一日の内。短い間。¶几年的努力，毁 huǐ 于～ / 数年来の努力が一日にして水の泡となる。❷ 副 …した以上。…したからには。¶我们家的狗已经养了十几年了，～死了，全家人都难过 / うちの犬は十数年も飼ってきたので、死ねば、一家みんながとても悲しい思いをするだろう。❸ 副 もしも。いったん。…すれば。¶～抽烟上瘾 shàngyǐn，就难以自拔 / いったんタバコが病みつきになると、なかなかやめられない。

【一刀两断】yī dāo liǎng duàn 一刀両断。きっぱりと関係を断つ。¶我和你已～，从此互不相干 / 私はあなたとはもう絶交した。これからは互いにかかわらない。

【一刀切】yīdāoqiē 慣（実際の状況を無視して）一律に行う。画一的に対処する。¶特殊问题要特殊处理，不能搞～ / 特殊な問題は画一的の処理せず、特殊な処理をしなければならない。同 一刀齐 qí

*【一道】yīdào 名（～儿）一緒に。¶刚才跟你～来的是谁？/ 今君と一緒に来たのは誰か。副 一同 yītóng，一起 yīqǐ 表現 やや文語的な言いかた。

【一得之功】yī dé zhī gōng わずかな成果。

一 yī

【一得之见】yī dé zhī jiàn 成 皮相な見解.浅はかな考え.

【一得之愚】yī dé zhī yú 成 愚見.¶～,仅供参考 / 愚見にすぎませんが,参考までに.

【一等】yīděng 名 一等.¶～舱 cāng /（飛行機の）ファーストクラス.（船の）一等船室.

【一点点】yīdiǎndiǎn 量（～儿）ほんのちょっぴり.¶给

*【一点儿】yīdiǎnr 量 ❶ 少し.不定の数量をあらわす.¶还有～ / まだ少しある.¶吃～饭 / 少しご飯を食べる.¶就剩这么～了 / これっぽっち残っただけだ.¶这是我的～意思 / これは私のほんの気持です. ❷ 少し.程度が軽微であることをあらわす.¶快～ / もう少し早く.¶她比以前胖了～ / 彼女は以前よりちょっと太った.¶这道菜有～咸 / この料理はちょっと塩からい. ❸ 少しも.まったく.否定文に用いる.¶我～也不累 / 私は少しも疲れていない.¶我～都不知道 / 私はちっとも知らなかった.¶～也没错 / 少しも間違っていない.

【一点一滴】yīdiǎn yīdī 句 少しずつ.¶这些钱是我平日一节省下来的 / このお金は私が普段少しずつ節約して貯めたものだ.

【一丁点儿】yīdīngdiǎnr 名 方 ごくわずか.¶我想从他那里得到～好处 / 彼から少しでも利益を得ようなんて考えないことだ.

*【一定】yīdìng ❶ 形 規定された.決まった.¶吃饭睡觉都没有～的时间了 / 食事も睡眠も決まった時間でなくなった.¶做这工作该有～的办法 / この仕事をするには,決まったやり方があるはずだ. ❷ 形 特定の.¶在～的意义上 / ある意味において.¶事物变化却有一的规律 / 事物の変化にはみな特定の決まりがある. ❸ 形 一定程度の.ある程度の.¶达到～的水平 / 一定のレベルに達する.¶我们的工作已经取得了～的成绩 / 我々の仕事はかなりの成果をあげている. ❹ 形 もちろん.決まっている.¶"我可以吃这个吗?""～!" /「僕これ食べていい?」「もちろん!」¶我什么时候回家还不～ / 私がいつ帰宅するかはまだ決っていない. ❺ 副 きっと.必ず.たぶん（…に違いない）.¶他～来 / 彼はきっと来るだろう.¶她还没到,～是忘了 / 彼女がまだ来ないのは,たぶん忘れてしまったに違いない. ❻ 副 きっと.絶対に（…する）.¶我明天～去 / 私は明日必ず行く.¶我们的目的～要达到 / 我々の目的はぜひとも達成されなければならない.¶明天我去找你,你～在家等我 / 私は明日君を訪ねるから,家で必ず待っていてくれ.¶看完后,～不要借给别人 / 見終わっても,絶対に人に貸してはならない. ❼ 副 必ずしも（…ない）.¶她不～去 / 彼女は行くとは限らない.¶贵的东西不～好 / 値の高いものが必ずしも良いわけではない. 用法 ①～③は,"的"を伴って名詞を限定する. 比较 "不一定"は,情况が不确实であること,どちらかというと否定的であることをあらわす."一定不"は,絶対の否定をあらわす.たとえば,"我不一定去"（私は行くとは限らない）,"我一定不去"（私は絶対に行かない）.

【一定之规】yī dìng zhī guī 成 一定のきまり.心に決めた考え.

【一动】yīdòng 副（～儿）ややもすると.どうかすると.¶～儿就哭 / ちょっとしたことですぐ泣く. 同 动不动 dòngbudòng

【一动不动】yī dòng bù dòng 句 まったく身動きしない.微動だにしない.¶他像一根木头,～地站着 / 彼はまるで1本の木のように,微動だにせず立っている.

【一度】yīdù ❶ 名 一度.¶一年～ / 一年に一度. ❷ 副 かつて一度.¶他曾经～休学 / 彼は一度休学したことがある.

【一端】yīduān 名 事柄の一部分.一端.¶各执 zhí ～ / それぞれ一端を持つ.

【一对儿】yī duì yī 躯（格闘する時の）一対一. 同 一比 bǐ 一

【一多半】yīduōbàn 名（～儿）過半数.大半.

【一……而……】yī……ér…… 接 それぞれ単音節動詞の前に置いて）ある種の因果関係をあらわす.¶～饮～尽 / ぐいと吞み干す.¶～望～知 / 一目見て分かる.

【一而再,再而三】yī ér zài, zài ér sān 成 ¶～地强调过这事 / このことは何度も繰り返し強調した.

【一……二……】yī……èr…… 2音節の形容詞の形態素の間に用いて,形容詞の意味を強調する.¶～清～白 / 潔白で,やましいことは何もない.

【一二】yī'èr 名 1,2個.わずか.少しばかり.

【一发】yīfā 副 ❶ さらに.ますます.¶她～爱她女儿,她～哭得伤心了 / みんなが彼女をいさめると,彼女はますます泣いて悲しんだ. 同 更加 gèngjiā ❷ 一緒にまとめて.¶我现在要出去,你的事留到明天我～处理 / 僕はこれから出かけるから,君の用事は明日のうちにまとめて処理するよ. 同 一同 yītóng

【一发千钧】yī fà qiān jūn 成 情況がとても危険だ.¶千钧一发 由来 1本の髪の毛に千钧(ぎ)の重さをつなぐ,という意味口.1钧は約15 kg.

【一帆风顺】yī fān fēng shùn 成 ものごとが順調に進む.順風満帆.¶祝你～ / あなたのことが万事順調でありますように.

【一番】yīfān 名 一度.ひとしきり.一種.抽象的なことを数える.¶别有～大自然的风韵 fēngyùn / とびきり大自然の趣がある.¶被他训斥 xùnchì 了～ / 彼からひとしきり説教された.¶决不辜负 gūfù 你的～好意 / あなたの好意は決して無にしません.

【一反常态】yī fǎn cháng tài 成 いつもと態度をがらりと変える.¶平日活跃 huóyuè 的他,～,一言不发 / ふだんは活発な彼がいつもと違って一言も話さない.

【一方面】yīfāngmiàn 名 一方面.¶这只是问题的～ / これは単に問題点の一面でしかない.

*【一方面……一方面……】yīfāngmiàn……yīfāngmiàn…… 一方で…しながら他方では…する.¶我游泳,～出于爱好,～是为了锻炼身体 / 私が水泳をするのは,趣味でもあり,体を鍛えるためでもある.

【一分钱一分货】yī fēn qián yī fēn huò 成 安物はそれだけの値打ちしかない.

【一分为二】yī fēn wéi èr《哲学》一が分かれて二となる.事物はすべて,矛盾対立する二つの面をはらんでいる.¶要以～的观点看待事物 / 一つの物には両面があるという観点から物事を見なければならない. 反 二合而一 èr hé ér yī

【一风吹】yī fēng chuī 一切を帳消しにする.すべてを水に流す.

【一夫多妻制】yīfū duōqī zhì 名 一夫多妻制.

【一概】yīgài 副 一律に.例外なくすべて.¶他～不接受大家的意见 / 彼は皆の意見を何一つ受け入れない.

【一概而论】yī gài ér lùn 成 一律に論じる.¶不能～ / 一概に論じることはできない. 用法 多く否定文で用いる.

【一干】yīgān 形（事件などに）関係するすべての.¶～人 / 関係者一同.

【一干二净】yī gān èr jìng 成 きれいさっぱりしている. ¶忘得～/きれいさっぱり忘れた.

【一竿子到底】yī gānzi dào dǐ 慣 最後まで徹底的にやり通す. 同 一竿子插 chā 到底

【一个个】yīgègè 一つ一つ. ひとりひとり. ¶小伙子～身强体壮/若者だれもかれも健康で丈夫だ.

【一个】yīge ❶ 名 ひとつ. ひとり. ¶～不剩/ひとつ残らず. ❷ 形 全体の. まるごとの. ¶打了一晚上的麻将 májiàng/一晩中マージャンをした. ❸ 形 同じ. ¶我们都在～学校学习/我々は同じ学校で学んでいる.

【一个鼻孔出气】yīge bíkǒng chūqì 慣 気脈を通じる. 呼吸を合わせる.

【一个劲儿】yīgejìnr 副 休みなく. ひたすら. ¶雨一地下/雨がこやみなく降り続く. ¶～地哭/ひたすら泣き続ける.

【一个心眼儿】yīge xīnyǎnr ❶ 副 一心に. ¶他～干事业/彼は事業に専念している. ❷ 形 頑固で融通がきかない. ¶别人、也该听听别人的意见/意地を張らずに他人の意見も聞くべきだ. ❸ 名 ひとつの心. ¶她和他们不是～/彼女と彼らは意志が一致していない.

【一个样】yīgeyàng 名《性格や品質が》同じもの.

*【一共】yīgòng 副 併せて. ¶这间教室～有三十个座位/この教室には30の座席がある. ¶三人～凑 còu 齐了一万元/3人で併せて1万元をそろえた.

【一骨碌】yīgūlu ❶ 一区切り. ❷ 動 さっと身を翻す.

【一股劲儿】yīgǔjìnr 副 一気に. ¶～地干/一気にやる.

【一股[古]脑儿】yīgǔnǎor 副 方 すべて. ¶他喝了点酒,把心底的怨恨 yuànhèn一都发泄 fāxiè 出来了/彼は少し酒を飲んで,心の底の恨みつらみをすべて吐き出した. 同 通通 tōngtōng

【一鼓作气】yī gǔ zuò qì 成 勢いのあるうちに,一気にことを片付ける. ¶咱们～干完它!/このまま一気に片付けてしまおう. 由来『左传』莊公十年に見えることば. 太鼓の最初のひと打ちで,士気が奮い立つ,という意から.

【一贯】yīguàn ❶ 形《思想や作風などの》一貫している. 一貫した. ¶～的政策/一貫した政策. ❷ 副 一貫して. ¶他～清廉 qīnglián/彼は一貫して公正無私だ.

【一贯制】yīguànzhì 名 ❶ 一貫教育. ❷ 長い間変化のないこと.

【一棍子打死】yī gùnzi dǎ sǐ 慣 即座にすべてを否定する. ¶你的批评应该有针对性,别～人/あなたの批判は的を射たものでなければならない. 即座にすべてを否定してはいけない.

【一锅端】yī guō duān 慣 ❶ すべて持ち去る. 徹底的に取り除く. ❷ あるものすべて. 洗いざらい(話す). 由来「鍋さえも持ち去る」という意から.

【一锅粥】yī guō zhōu 慣 混乱した状態. ¶乱成～/乱れてめちゃくちゃになる.

【一锅煮】yī guō zhǔ 慣 異なるものごとを一律のやりかたで処理する.

【一国两制】yīguó liǎngzhì 名 一つの国家に二つの社会制度. ¶实行～/一国二制度を施行する.

【一号】yīhào 名 便所の隠語. ¶上～/トイレに行く.

【一哄而起】yī hōng [hòng] ér qǐ 成 貶 一斉に騒ぎながら動き出す. ¶人群、冲进会场/群衆がわいわいやがやと会場になだれ込んできた.

【一哄而散】yī hōng [hòng] ér sàn 成 群衆が声をあげながら一斉に散っていく. ¶见警察来了,围观的人～/警察が来るのを見ると,野次馬はワッとくもの子を散らすように逃げていった.

【一哄而上】yī hōng [hòng] ér shàng 成 貶 一斉に騒ぎながら行動を起こす. 同 一哄而起 qǐ

【一呼百诺】yī hū bǎi nuò 成 一声かけると百人が答える. 権勢が強く,とりまきが多いたとえ.

【一呼百应】yī hū bǎi yìng 成 一人の呼びかけに多くが応える. ¶只要你出面,准会～/あなたが顔を出しさえすれば,絶対多くの人が応じるはずだ.

【一忽儿】yīhūr 名 方 ちょっとの間. ほんのしばらく. ¶他刚才还在这里,～跑哪儿去了？/彼はさっきまでここにいたのに,ちょっとの間にどこに行ったんだ.

【一花独放不是春】yī huā dú fàng bùshì chūn 一人よが優れた仕事をしても,全体はうまくいくわけではない. 由来 一輪の花が咲いただけでは春とは言えない,という意から.

【一晃】yīhuǎng 動 (～儿)すばやく動く. ¶人影～儿就不见了/人影がちらっとあらわれてすぐに消えた.

【一晃】yīhuàng 副 あっという間に. ¶时间～就过去了,你得抓紧点/時間はあっという間に過ぎ去ってしまう. しっかりやりなさい.

【一挥而就】yī huī ér jiù 成 才気があり,筆をとると一気に書き上げる.

【一回生,二回熟】yī huí shēng, èr huí shú 成 初対面では見知らぬ同士だったが,二度目には親しい仲間となっている. ¶咱们～,以后常来我家串门儿吧/これからは互いに友達ですから,家にもしょっちゅう遊びに来て下さいよ.

【一回事】yīhuíshì 名 ❶ 同一のこと. ¶我们所说的是～/私たちが言っているのは同じことだ. ❷ 一つの重要なこと. ¶你跟他说也白搭,他从来不把这当成～/彼に言っても無駄だ. 彼はこのことを全然真面目にとりあっていないのだから. ❸ 重ねて用い,それぞれが別であることをあらわす. ¶这是～,那又是～/これはこれ,あれはあれ.

*【一会儿】yīhuìr[-huǐr] ❶ 名 わずかな時間. ¶等～/しばらく待つ. ¶再坐～/もう少しゆっくりしてらっしゃい. ¶～的工夫/少しの時間. ❷ 副 短時間のうちに. まもなく. ¶他～就回来/彼はすぐに戻ってきます. ¶～我有事出去一下/まもなく私は用事ででかけます.

【一会儿…一会儿…】yīhuìr…yīhuìr… …したかと思うとまた…する. ¶～说这个,～说那个,没个准/こう言ったりああ言ったりで,全くはっきりしない. ¶～哭～笑/泣いたかと思うと笑ったり.

【一级市场】yījí shìchǎng 名《経済》発行市場.

【一己】yījǐ 名 自分. 個人.

【一己之见】yījǐ zhī jiàn 名 個人的な意見. ¶抒 shū ～/個人的な意見を述べる.

【一技之长】yī jì zhī cháng 成 一芸に秀でる. ¶如果有～,我工作就容易了/もし一芸に秀でていれば仕事探しも簡単なのに.

【一家伙】yījiāhuo 副 方 思いがけず（うまくいく）. なんと（成就する）.

【一家人】yījiārén 名 ❶ 一家族の人. ❷ 味方. ¶～不说两家话/身内の者は他人行儀なことは言わない.

【一家之言】yī jiā zhī yán 成 一家言. その人独特の見解や一派をなす学説.

【一家子】yījiāzi 名 ❶ 家族. ❷ 家族全員.

【一见倾心】yī jiàn qīng xīn 成 一目ぼれする. ¶两人～/二人は一目で心に落ちた.

【一见如故】yī jiàn rú gù 成 初対面ながら旧知のように意気投合する. ¶我们～,好像是久别重逢 chóngféng 的老朋友/私たちは初対面でウマが合って,まるで久しぶりに

会った古い友人のようだ.

【一见钟情】yī jiàn zhōng qíng 成 一目ぼれする. 同 一见倾心 qīngxīn

【一箭双雕】yī jiàn shuāng diāo 成 一石二鸟. 一举両得. 同 一举两得 yī jǔ liǎng dé

【一箭之地】yī jiàn zhī dì 成 距離が近い. 由来 一本の矢で届く距離,という意から.

【一角】yī jiǎo 名 ❶片隅. 一角. ❷一"元 yuán"の10分の1. 同 一毛 yīmáo

【一脚踢】yījiǎotī 慣 (家事や仕事などを)一手に引き受ける. ¶公司里里外外的事都是他～/会社の内外のことは,まるごと彼一人で処理する.

【一经】yījīng 副 一たび…すれば(ただちに). いったん…となると(たちまち). ¶～说明,立即释然/説明したとたん,ただちに疑いが晴れた.

【一径】yījìng 副 ❶(寄り道せず)まっすぐに. 同 径直 zhí ❷方 ずっと. 同 一直

＊【一…就…】yī…jiù… …するとすぐ…する. …すればたちまち…する. 二つの事柄が時間的に近接していることをあらわす. ¶～喝～醉/飲むとたちまち酔う. ¶～到春天,花一开/春になれば花が咲く.

【一举】yī jǔ ❶名 一つの動作. ¶多此～/成 余計な世話をやく. ❷副 一挙に. ¶～成名/一挙に有名になる. ¶～歼灭 jiānmiè 敌人/一気に敵をせん滅する.

【一举两得】yī jǔ liǎng dé 成 一挙両得. 同 一箭双雕 yī jiàn shuāng diāo

【一举一动】yī jǔ yī dòng 成 一挙一動.

【一句话】yījùhuà 成 ❶一つのことば. ¶成不成在你～/成功するか否かは君の一言にかかっている. ❷一言で言うと. ¶只能用民主的方法～/一口で言うと民主的な方法をとるしかない. ¶总而言之～/これを一言で言えば. ❸慣 きっぱり請合うことをあらわす. ¶"拜托您了"“～！”/「お願いしますよ」「よし,任せておけ」

【一决雌雄】yī jué cí xióng 成 勝敗を決める. 雌雄(ゆう)を決する. 同 决一雌雄

【一蹶不振】yī jué bù zhèn 成 一度のつまずきで立ち直れなくなる. ¶自祖父去世后,家道从此～/祖父が亡くなってから,暮らしの立て直しができなくなった.

【一卡通】yīkǎtōng ユニバーサルカードシステム. 参考 一枚のICカードで複数の用途に利用できるカードシステム.

【一刻】yīkè ❶名 短い時間. ¶～不离/片時も離れない. ¶～不停地吃/瞬時も休まず食べ続ける. 同 片刻 piànkè ❷15分. ¶十二点～/12時15分. ¶差～三点/3時15分前.

【一刻千金】yī kè qiān jīn 一刻あたい千金. 時間が非常に貴重だ. ¶春宵 chūnxiāo 日短,～/春の夜は短く,一刻が千金に値する.

【一孔之见】yī kǒng zhī jiàn 成 狭い見識.

【一口】yīkǒu ❶形 (ことばの発音やアクセントが)生っ粋の. 混りのない. ¶他说～北京话/彼は純粋な北京語を話す. ❷副 断固たるロぶりで. きっぱりと. ¶～答应帮忙/二つ返事で手助けを引き受ける. ¶～拒绝/断固たる

【一口气】yīkǒuqì (～儿) ❶名 一息. ¶叹 tàn 了～/ため息をついた. ¶歇了～就走了/一息ついて出かけた. ❷副 一気に. ¶～写上去/一気に書き上げる. ¶～跑上二楼/一気に二階へ駆け上る.

【一口咬定】yī kǒu yǎo dìng 成 断固として言い張る.

＊【一块儿】yīkuàir ❶名 同一の場所. ¶我跟她在～上班/私と彼女は同じところに勤めている. 同 一起 yīqǐ ❷

副 一緒に. ¶咱们～去/一緒に行きましょう. ¶从小～长大/幼い時から一緒に育った. 同 一起 yīqǐ,一同 yītóng ⇨ 一起 yīqǐ

【一块石头落地】yī kuài shítou luò dì 俗 気持ちが落ち着く. ほっと一安心する.

【一来】yīlái ❶动 …になってくると. ¶这么～/こうなってくると. ❷接 ("一来…,二来…"の形で)一つには…,二つには…. ¶～可以散散步,二来可以买点东西回来/一つには散歩もできるし,二つには買い物もして帰れる.

【一来二去】yī lái èr qù 成 行き来しているうちにだんだん…. ¶～的,渐渐有了感情/行き来するうち,少しずつ好きになっていった.

【一来一往】yī lái yī wǎng 行ったり来たりする.

【一览】yīlǎn 名 一覧. 便覧. ¶行车时间～表/列車時刻表. ¶《西安名胜古迹一览～》/「西安名勝古跡一覧」

【一览表】yīlǎnbiǎo 名 一覧表. リスト.

【一览无余】yī lǎn wú yú ❶一望のもとに見渡せる. ❷一目見ればすべて分かる. 一目瞭然.

【一揽子】yīlǎnzi 形 一括した. ¶这些工作,都由你～管起来/これらの仕事は,あなたがまとめて取り扱って下さい. ¶～会议/総合会議. ¶～学校/大人や子供といったさまざまな層の学生を一緒に教育する学校.

【一揽子计划】yīlǎnzi jìhuà 名 一括計画. 参考 中心課題とそれに関連する周辺問題を分けずに,すべて包括して取り組む計画方式.

【一劳永逸】yī láo yǒng yì 成 一度苦労すればその後は楽になる. ¶把新房子装修好,以后可以～了/新しい家の内装ができれば,後はずっと何もしなくていい.

【一力】yīlì 全力で. ¶～成全/極力成全させる. ¶～承担 chéngdān/全力で引き受ける.

【一例】yīlì 一律に. 同じように. 同 一律 lǜ

【一连】yīlián 副 続けざまに. ¶～下了两天大雨/2日も大雨が降り続いた. ❷名 《軍事》軍隊の編成単位. 中隊.

【一连串】yīliánchuàn 形 一連の. 続けざまの. ¶～的问题/一連の問題. ¶～的疑问/次々と起きて来る疑問.

【一连气儿】yīliánqìr 副 方 続けて. 一连 yīlián

【一了百了】yī liǎo bǎi liǎo 成 主だったことが片付けば,ほかもすべて片付く.

【一鳞半爪】yī lín bàn zhǎo 断片的で細々としたものごと. 同 东鳞西爪 dōng lín xī zhǎo

【一流】yīliú 名 ❶同類. ❷一流. 第一等 dìyīděng

【一溜儿】yīliùr 名 ❶一列. ¶排成～/一列に並ぶ. ❷付近一帯. ¶他就住在那～/彼はあのあたりに住んでいる.

【一溜歪斜】yī liù wāi xié 方 ❶足もとがふらつくようす. ¶他喝了个大醉,～地往家走/彼は泥酔して,よろよろと帰って行った. ❷曲っているさま. 整っていないさま. ¶字写得～,真不好看/字がぐにゃぐにゃしていて,ほんとに見にくい.

【一溜烟】yīliùyān 副 (～儿)走るのがとても速いようす. さっと. ¶～地跑了/すっと駆け出した.

【一路】yīlù ❶名 道中. ¶～上/道すがら. ¶～辛苦了/道中お疲れ様でした. ❷形 ❶同じ. ¶～货/同じ代物. ¶～人/同類の人間. ❸副 一緒に. ¶咱们～走/一緒に行こう. ❹方 ずっと. ¶股价～下跌 xiàdiē/株価が下がり続ける. 同 一个劲儿 yīgejìnr,一直 yīzhí

【一路风尘】yī lù fēng chén 成 道中の苦労．苦難の道のり．

【一路平安】yīlù píng'ān 句 道中ご無事で．¶祝你～／道中のご無事を祈っています．

【一路顺风】yīlù shùnfēng 句 道中つつがなく．

【一律】yīlǜ ❶形 同じだ．¶千篇／千篇一律．¶规格～／規格が一律だ．❷副 例外なく．すべて．¶各民族～平等／各民族はすべて平等だ．¶违者～受罚 shòufá／違反者は例外なく罰を受ける．注意 "一律"は名詞を修飾できないので，"～规格"とは言えない．

【一掠而过】yī lüè ér guò 句 さっとかすめて通りすぎる．¶雄鹰 xióngyīng 在上空～／タカが上空を飛んでかすめて行った．

【一落千丈】yī luò qiān zhàng 成 地位や名声，景気などが急激に低落する．¶案发后,他的名声～／事件後，彼の名声は地に落ちた．

【一马当先】yī mǎ dāng xiān 成 自ら先頭に立つ．¶有危险,他总是～／危険なことがあると，彼は必ず率先して困難に立ち向かう．

【一马平川】yī mǎ píng chuān 成 馬にまかせて走り回れるほどの広い平原．

【一码事】yīmǎshì 名 方 同じこと．一つのこと．同 一回 huí 事

【一脉相传[承]】yī mài xiāng chuán [chéng] 成 （思想や学説などが）同じ流れを受け継ぐ．

【一毛不拔】yī máo bù bá 成 たいそうけちだ．¶他吝啬 lìnsè 得～／彼は大変なけちだ．由来『孟子』尽心上に見えることば．

【一门式服务】yīménshì fúwù 名 一つの窓口サービス．同 一站 zhàn 式服务 参考 内容ごとに窓口を分けず,一ヶ所で関連手続きを一括して受け付けるサービス方式．

【一门心思】yī mén xīnsi 惯 一意専心する．精神を集中する．

【一米线】yīmǐxiàn 名 1メートルライン．参考 銀行や空港などの受付窓口のある場所で，順番を待つ次の人が秩序を乱さないよう，窓口から1メートル程度の位置に設けられたライン．

【一秘】yīmì 名 "一等秘书"（一等書記官）の略称．

【一面】yīmiàn ❶名 一つの面．一方面．¶这张报纸，这一是彩色印的／この新聞はこの一面がカラー刷りだ．¶独当 dāng～／ある方面を一人で担当する．❷動 文 一度会ったことがある．¶～之 zhī shí shí／一面識．未尝 cháng～／いまだかつてお目もじしたことがない．

【一面倒】yīmiàndǎo 一辺倒.

【一面儿理】yīmiànrlǐ 名 一方面からの偏った道理．

【一面…一面…】yīmiàn…yīmiàn… …しながら…する．¶他一认真听课，~快速地做笔记／彼は真剣に授業を聞きながら，早早ノートをとる．

【一面之词】yī miàn zhī cí 成 一方だけの言い分．不能偏听～／一方の言い分だけを聞いてはいけない．

【一面之交】yī miàn zhī jiāo 成 一度会っただけの知合い．¶和他曾有～／彼とは一度だけお目にかかったことがある．同 一面之雅 yǎ

【一鸣惊人】yī míng jīng rén 成 平素は目立たないが，一度こととなると人を驚かせる成果をあげる．

【一命呜呼】yī mìng wū hū 成 死ぬ．お陀仏になる．

【一模一样】yī mú yī yàng 成 よく似ている．ほとんど同じだ．¶女儿长得和母亲～／娘は母親と瓜二つだ．

【一目了然】yī mù liǎo rán 成 一目瞭然．¶优劣好坏～／優劣やよしあしは一目瞭然だ．

【一目十行】yī mù shí háng 成 一目で十行読む．本を読むのがとても速い．

【一奶同胞】yī nǎi tóng bāo 成 同じ母乳で育った兄弟．実の兄弟．

【一男半女】yī nán bàn nǚ 成 1人の息子か娘．1人か2人の子供．

【一脑子】yīnǎozi 名 頭いっぱい．¶～坏主意／頭の中は悪だくみでいっぱいだ．

【一年半载】yī nián bàn zǎi 成 一年か半年の間．一年足らず．¶再有～,他就回来了／あと一年もすれば彼は戻ってくる．

【一年到头】yī nián dào tóu 成 （～儿）一年の始めから終りまで．一年中．¶～不得闲／年中暇なし．

【一年生】yīniánshēng 名 形 【植物】一年生（の）．¶～植物／一年生植物．

【一年四季】yī nián sì jì 成 年中．¶～都是景色如画／一年の内，年中景色は絵のように美しい．

【一年之计在于春】yī nián zhī jì zài yú chūn 成 一年の計画の鍵は春にある．¶～,一日之计在于晨／一年の計は春にあり,一日の計は朝にある．

【一念之差】yī niàn zhī chā 成 （重大な結果を引きこす）ちょっとした思い違い．¶～,竟铸 zhù 成大错／ちょっとした思い違いが，大きな過ちを招いてしまう．

【一诺千金】yī nuò qiān jīn ひとたび承諾すれば千金の重みがある．言ったことは必ず守り，信用がおける．¶大丈夫～,决不翻悔 fānhuǐ／男に二言はないから，決して反故（ほご）にはしない．

【一拍即合】yī pāi jí hé 成 双方が簡単に一致する．¶合作之事～／提携の件は簡単に双方が合意した．由来 手拍子をすればすぐに曲のリズムに合う，という意から．

【一派】yīpài ❶名 一グループ．一つの流派．❷量 その場一帯の風景・気象・音声・言語などをあらわす．¶～大好形势／大変よい情勢．¶～胡言乱语／数々のばかげた話．

【一盘棋】yī pán qí ❶ 碁や将棋の一局．❷ 全体．¶～观点／全局を見透した見方．

【一盘散沙】yī pán sǎn shā 団結力がない．まとまりがない．¶整顿～的局面／まとまりのない状態を整備する．

【一旁】yīpáng 方 わき．傍ら．¶扔到～去／わきにやり除ける．

【一偏】yīpiān 形 文 一方に偏った．¶～之见／偏見．

【一片】yīpiàn ❶量 平らな薄いもの1枚．¶～纸／一片の紙．¶一面の草地．¶～大海／広々とした大海．❸量 景色や気象・音声・言語・気持ちなどに用いる．¶～谎言 huǎngyán／全くのうそ．¶这是他的～好意／これは彼の心からの好意だ．¶生产～混乱／生産は全くの混乱状態だ．¶～掌声／あたり一面の拍手の音．

【一片冰心】yī piàn bīng xīn 恬淡 tiándàn として，功名や富貴に執着しない．由来 唐・王昌齢の詩「芙蓉楼に辛漸を送る」の句から．

【一瞥】yīpiē ❶動 文 一瞥（いちべつ）する．¶朝 cháo 她～／彼女を一瞥する．❷名 一瞥した概況．¶《京都～》／「首都概況」用法 ❷は，多く文章のタイトルなどに用いる．

【一贫如洗】yī pín rú xǐ 成 貧しくて何もないようす．赤貧洗うがごとし．¶家境～／暮し向きは赤貧状態だ．

【一品】yīpǐn 名 （古代の）官階の最高級．

【一品锅】yīpǐnguō 名 ❶ 下に炭火を入れる台がついた金属製の鍋．❷【料理】鶏肉・ハム・シイタケなどを入れた，寄せ鍋に似た料理．

【一品红】yīpǐnhóng 名《植物》ポインセチア.
【一平二调】yī píng èr diào 成 平均主義と無償調達. 同 平调 参考 人民公社内で物資などを平均的に分配することと,公社が個人や集団のものを無償で徴用すること.
【一抔黄土】yī póu huáng tǔ ひとすくいの土.墓.価値のないつまらぬもののたとえ. ¶ 把他视做～ / 彼を土くれのように見なす.
【一曝[暴]十寒】yī pù shí hán 成 まじめにやったり怠けたりで長続きしない. ¶ 我从小开始学画, 但～, 至今一无所成 / 私は子供の時から絵を習っているが, 描いたり描かなかったりで, いまだに進歩がない. 同 三天打鱼, 两天晒网 sān tiān dǎ yú, liǎng tiān shài wǎng 由来『孟子』告子上に見えることば.一日太陽にさらし暖め,十日冷やすという意から.
*【一齐】yīqí 副 一緒に.一斉に.同時に. ¶ 人和箱子～到了 / 人とトランクが同時に着いた. ¶～起立欢迎 / 一斉に立ち上がり歓迎した. ⇨ 一起 yīqǐ
*【一起】yīqǐ ❶ 名 同じ場所. ¶住在～ / 同じ所に住む. ❷ 副 一緒に. ¶～吃饭去吧! / 一緒に食事に行こうよ. 同 一同 yītóng ❸ 副 方 全部で. ¶ 全部加在一起一百元 / 全部合わせてもたった百元. 同 一共 yīgòng 比较 "一起"が事の発生が同一地点であることをあらわすのに対して, "一齐 yīqí"が事の発生が同一時点であることをあらわす. たとえば, "我和他一起工作了十年"(私は彼と一緒に十年働いた)では, "同じ場所"で働いたことをあらわすので"一齐"は使うことができない. 逆に, "大家一齐站了起来"(みんなは一斉に立ちあがった)では, 「同じ時間」に立ちあがったことをあらわすので"一起"は使えない. なお, "一起"と"一块儿"はほぼ同じであるが, "一起"の方がいくらか文語的である.
【一气】yīqì ❶ 副 (～儿)一気に. ¶离家出走了 / 一思いに家を飛び出した. ❷ 動 互いに気脈が通じる. ¶ 通同～ / 気脈が通じている. ❸ 名 ひとしきり. ¶ 瞎闹 xiānào～ / ひとしきりばか騒ぎする.
【一气呵成】yī qì hē chéng 成 ❶ 文章の勢いが首尾一貫している. ¶ 文章前后呼应 hūyìng, ～ / 文章の前後が通じていて, 勢いがある. ❷ 一気にやり遂げる.
【一气之下】yīqì zhī xià 句 激怒して. 怒りのあまり.
【一钱不值】yī qián bù zhí 成 一文の値打ちもない. ¶～的东西 / まるで取るに足らないもの.
【一腔】yīqiāng 形 胸いっぱいだ. ¶ 热情 / あふれる熱意.
【一窍不通】yī qiào bù tōng 成 全然分からない. ¶ 做买卖的事～ / 商売のことはまったく無知だ.
**【一切】yīqiè 代 ❶ すべての. ¶～因素 / すべての要素. ❷ すべてのもの. ¶ 不顾一切地往前冲 / 何もかも顧みず突進する. ¶ 这～, 他看看在眼里 / これらすべてを彼は視野に入れている.
【一清二楚】yī qīng èr chǔ 句 極めてはっきりしている. ¶ 记得～ / はっきり覚えている. ¶ 问个～ / 質問してはっきりさせる.
【一清早】yīqīngzǎo 名 (～儿)早朝. ¶～就起程上路了 / 朝早く旅路に出た.
【一穷二白】yī qióng èr bái 成 経済的・文化的に立ち後れている. ¶ 改变～的面貌 / 経済的・文化的に後れた姿を変える. 参考 "白"は空白の意. 1958年毛沢東が《介绍一个合作社》の中で用いたことば.
【一丘之貉】yī qiū zhī hé 成 同じ穴のむじな. ¶ 他们都是～ / 彼らはみな同じ穴のむじなだ.
【一去不复返】yī qù bù fù fǎn (人が)去ったきり戻ってこない. (ものごとが)すでに過去のことになる. 由来『史记』荆轲列传のことばから.
【一任】yīrèn 動 文 自由にさせる. 言うがままにさせる. 同 听凭 tīngpíng
【一日千里】yī rì qiān lǐ 成 日に千里を行く. 進展が非常に速い. ¶ 村里的变化真是～ / 村の変化にはまさに目を見張るものがある.
【一日三秋】yī rì sān qiū 成 人を思う気持ちの切ないよう. 一日千秋の思い. ¶ 一日不见, 如隔三秋 / 一日会わないと, 3年も会っていないように恋しい. 由来『詩経』王风・采葛に見えることば. "一日不见, 如三秋兮 xī"(一日会わないと, 三年も会っていないようだ)から.
【一日游】yīrìyóu 名 一日観光. 日帰り観光.
【一日之长】yī rì zhī cháng (zhǎng)の長. 才能が人より少し優れている. 由来『世说新语』品藻篇のことばから.
【一如】yīrú 動 まったく…のようだ. ¶～所闻 / すべて聞いたとおりだ.
【一如既往】yī rú jì wǎng 成 以前とまったく同じだ.
【一扫而光[空]】yī sǎo ér guāng [kōng] 成 一掃する. ¶ 满桌子饭菜 / テーブルいっぱいの料理をすべて平らげた.
【一色】yīsè 形 ❶ 同じ色だ. ¶ 水天～ / 水と空が溶け合って一つの色になる. ❷ (種類や形式などが)すべて同一. ¶～的衣裤 / 同じ柄のシャツとズボン.
【一霎】yīshà (～儿)わずかな時間. ¶～间 / あっという間.
【一霎时】yīshàshí 名 瞬く間. あっという間. ¶～, 天空电光闪闪 shǎnshǎn, 雷声 léishēng 大作 / あっという間に空に稲妻が走り, 雷鳴がとどろいた. 同 一霎间 jiān
【一闪念】yīshǎnniàn 句 考えがひらめく. ¶ 灵魂 línghún 深处的～ / 魂の奥からのひらめき.
【一上一下】yī shàng yī xià 成 上ったり下ったりする. ¶ 轮船～地颠簸 diānbǒ 着 / 汽船が上下に揺れている.
【一勺烩】yīsháohuì 慣 異なる事物を分けずに一律に処理すること. 由来 ご飯とおかずを一つなべで煮る, という意から.
【一身】yīshēn ❶ 全身. ¶～是劲 / 全身に力がみなぎる. ❷ (～儿)(服の)一そろい. ¶～孝服 xiàofú / 喪服に身をつつむ. ❸ ひとり. ¶ 独自 / 我が身一つ. ¶～两役 yì / 一人二役. ¶ 集所有权力于～ / あらゆる権力を一手に掌握する.
【一身是胆】yī shēn shì dǎn 成 度胸があり, 何ものも恐れない. 同 浑身 húnshēn 是胆
【一审】yīshěn 名《法律》一審.
【一生】yīshēng 名 一生. ¶～一世 / 一生涯.
【一声不响】yī shēng bù xiǎng 句 一言もいわない. ¶ 他～就走了 / 彼は何も言わずに立ち去った.
【一失足成千古恨】yī shīzú chéng qiāngǔ hèn 一度過ちを犯すと, 一生悔いを残す.
【一石多鸟】yī shí duō niǎo 慣 一つの行為から同時に複数の利益を得る. 由来 一石二鸟をもじった言いかた.
【一石两鸟】yī shí liǎng niǎo 一石二鸟.
*【一时】yīshí ❶ 名 一時期. ¶ 此～彼～ / あの時の時, 今は今. ❷ 副 少しの間. しばらく. ¶～半刻 / ちょっとの間. ¶～还用不着 zháo / しばらくの間はいらない. ❸ 副 一時的に. 急に. ¶～高兴, 竟手舞足蹈起来 / 彼は急に嬉しくなって踊りだした. ¶ 他～冲动, 说了些不得体 détǐ 的话 / 彼は一瞬かっとなって, その場にふさわしくないことを言った. ❹ 副 とっさには(…できない). にわかには

(…できない). ¶～想不起他的名字 / とっさには彼の名前を思い出せなかった. ¶～张不开口 / すぐには口がきけなかった. ❺ 副 ("一时…, 一时…"の形で)時には…, 時には…. ¶天气～冷～热 / 気候が寒くなったり暑くなったりする. 〈同〉时而 shí'ér

【一时半会儿】yī shí bàn huìr 〈口〉 短時間. 少しの間. 〈同〉一时半刻 kè

【一时一刻】yī shí yī kè いかなる時も. つねに.

【一世】yīshì 名 ❶ 一生. 〈同〉一辈子 bèizi ❷ 一時代. ある時期.

【一视同仁】yī shì tóng rén 成 分け隔てなく同様に見なす. ¶儿子也好,女儿也好,都～ / 息子も娘も, 分け隔てをしない.

【一事】yīshì 名 ❶ 仕事や組織の上でつながりがあること. ¶这家跟那家是～ / この店とあの店は同系列だ.

【一事无成】yī shì wú chéng 成 何事も成し遂げられない. ¶成天忙忙碌碌 lùlù 的, 却一 / 一日中あくせくしたが, 結局何もでき上がらなかった.

【一手】yīshǒu ❶ 名 (～儿)技術や才能. ¶留一 / 極意を教えず隠しておく. ¶露 lòu～ / 腕前を披露する. ¶很有～ / 技術が高い. ❷ 名 たくらみ. ¶我可不吃～儿! / その手には乗らないぞ. ❸ 副 ひとりで.

【一手包办】yī shǒu bāo bàn 成 ❶ ひとりで請け負う. ❷ ひとりで占めにする.

【一手一足】yī shǒu yī zú 成 一人や二人のか弱い力.

【一手遮天】yī shǒu zhē tiān 成 権力をかさに, 汚い手を使って世間の目をごまかす. 由来 一人の手で天をさえぎる, という意から.

【一水儿】yīshuǐr 形 方 (種類や形式などが)すべて同じに揃っている. ¶这里的家具～新 / ここの家具はみな新品で揃えてある. ¶一色 yīsè

【一水之隔】yī shuǐ zhī gé 〈成〉 一衣带水の間柄だ. (二つの国や地域が近接していること.

【一顺儿】yīshùnr 形 (同じ方向や順序に)そろっている. ¶～是朝 cháo nán / どこも南を向いている.

【一瞬】yīshùn あっという間. 一瞬.

【一说】yīshuō 名 一つの言い方. 一说. ¶这个湖～是天女的眼泪 yǎnlèi 形成的 / この湖は天女の涙でできたと言われている.

【一丝不苟】yī sī bù gǒu 成 少しもいいかげんにしない. ¶小明办事总是～ / ミンさんは仕事はいつもおろそかにしない.

【一丝不挂】yī sī bù guà 成 一糸もまとわない. ¶小孩脱得～ / 子供はすっぽんぽんになる.

【一丝一毫】yī sī yī háo 成 ごくわずかなこと. ¶不能有～的差错 chācuò / ちょっとしたミスもあってはならない.

【一似】yīsì 動 文 まったく…のようだ. 〈同〉很像 hěnxiàng

【一塌糊涂】yī tā hú tú 成 めちゃくちゃで収拾がつかないようす. ¶糟得～ / めちゃくちゃで手に負えない. ¶乱得～ / めちゃくちゃで手のつけようがない.

【一潭死水】yī tán sǐshuǐ 惯 勢いのないようす. 停滞している局面などを言う.

【一体】yītǐ 名 ❶ 一体. 一丸. ¶成为～ / 一丸となる. ❷ 全体. 全員. ¶～周知 zhōuzhī / 全員に知らしめる.

【一体化】yītǐhuà 動 一体化する. 一元化する. 反 多样化 duōyàng

【一天】yītiān 名 ❶ 一日. 一昼夜. ¶～二十四小时 / 1日24時間. ❷ 昼間. ¶～一夜 yè / 一日一夜.
❸ (過去の)ある日. ¶～, 他在路上看到一辆外国车 / ある日, 彼は道で一台の外車を見かけた. ❹ 方 一日中. 朝から晩まで. ¶他～也没空 kòng / 彼は一日中ひまがない.

【一天到晚】yī tiān dào wǎn 成 朝から晩まで. 一日中. ¶～只知工作 / 朝から晩まで仕事ばっかりしている.

【一天天】yītiāntiān 一日一日と. ¶日子～好起来 / 暮らしが日に日によくなってくる.

【一条龙】yītiáolóng 名 ❶ 長い行列. ¶排成～ / 長蛇の列をなす. ❷ 生産工程や仕事の各部門の一本化. ¶产运销 xiāo～ / 生産・輸送・販売の一本化.

【一条心】yītiáoxīn 心を一つだ. ¶上下～, 共度难关 / 上司も部下も気持ちを一つにして困難に立ち向かう.

【一通】yītōng 名 (～儿)一しきり. 一度. ¶胡扯 húchě～ / 一しきり雑談をする. ¶被父亲骂了～ / 父にひとしきり叱られた.

【一通百通】yī tōng bǎi tōng 俗 一事が万事.

*【一同】yītóng 副 一緒に. ¶～出发 / 一緒に出かける. 比較 "一起 yīqǐ", "一块儿 yīkuàir"よりやや硬い表現.

【一统】yītǒng 動 (国家を)統一する. ¶～天下 / 天下を統一する.

【一头】yītóu ❶ 副 (多く"一头…, 一头…"の形で)…しながら…する. ¶～走～说 / 歩きながら話す. ❷ 一面ずつ. ❷ 副 さっと. ぱっと. ¶打开门,～钻了进去 / ドアを開けると, さっともぐり込んだ. ❸ 副 突然. いきなり. ¶刚出门,～碰见了她 / ドアを出たところで, 彼女にばったり出くわした. ❹ 副 突然頭を下に向けて潜ったり倒れたりするよう. ¶～倒在床上 / ベッドに倒れ込む. ¶～撞 zhuàng 在墙上 / 頭から壁にぶつかる. ❺ 副 方 一緒に. 〈同〉一块儿 yīkuàir ❻ 名 一端. 片方. ¶～高一低 / 片方が高くて片方が低い. ❼ 名 頭一つ分の高さ. ¶他比我高～ / 彼は私より頭一つぶん背が高い. ❽ 名 (～儿)一味. 仲間. ¶他跟我们不是～ / 彼は我々の仲間ではない.

【一头雾水】yītóu wùshuǐ 惯 方 (頭がぼおっとして)何が何だかわからない. わけがわからない.

【一吐为快】yī tǔ wéi kuài 句 言いたいことを一気に言い尽くしてすっきりする.

【一团和气】yī tuán hé qì 成 ❶ 態度が穏やかだ. ¶待人～ / 物腰が軟らかい. ❷ 貶 穏やかだが, 是非をはっきりさせず無原則だ.

【一团漆黑】yī tuán qī hēi "漆黑一团 qī hēi yī tuán"に同じ.

【一团糟】yītuánzāo 形 めちゃくちゃで収拾がつかない. ¶屋子里～ / 部屋中はめちゃくちゃだ.

【一退六二五】yī tuì liù èr wǔ 惯 珠算の割算の口訣(ぷっ). 1を16(1斤は16両)で割ると0.0625になる. "退"を"推 tuī"にかけて, 責任逃れをすることの意味に用いる.

【一拖再拖】yī tuō zài tuō 句 引き延ばしに引き延ばす.

【一碗水端平】yī wǎn shuǐ duān píng 惯 一方に肩入れせず, 公平にする.

【一万万】yīwànwàn ❶ 数 一億. ❷ 副 絶対に(…しない). ¶～个不答应 / 何があっても決して応じない. 〈同〉万万 wànwàn

【一网打尽】yī wǎng dǎ jìn 成 一網打尽にする.

【一往情深】yī wǎng qíng shēn 成 人やものに対する感情が深く, ひたすらあこがれる. ¶对妻子～ / 妻にいちずな愛情を抱く.

【一往无前】yī wǎng wú qián 成 困難を恐れずにどんど

ん進む. ¶～的精神 / 不屈の精神.

【一望无际】yī wàng wú jì 広く果てしないようす. ¶～的沙漠 shāmò / 見渡す限りの砂漠.

【一味】yīwèi 副 ひたすら. ¶～推だ / 口実をつけてひたすら断る. ¶～娇生 jiāoshēng 惯养 / ひたすら甘やかされて育つ.

【一文】yīwén 名 旧 一文(もん). 参考 貨幣1枚を"一文"として, 貨幣の量をあらわした.

【一文不名】yī wén bù míng 成 一文無し. 参考 "名"は「保有する」という意.

【一文不值】yī wén bù zhí 一文(もん)の値打ちもない. 回 一钱 qián 不值

【一问三不知】yī wèn sān bù zhī ❶ 問うても何一つ知っていない. ¶老师问学生问题, 可是～/ 先生が学生に質問しても, 全く答えが返ってこない. ❷ 問われても知らぬ存ぜぬで通す.

【一窝蜂】yīwōfēng 慣 たくさんの人が一度に話したり行動したりするようす. ¶教室里乱成～/ 教室の中は蜂の巣をつついたような騒ぎになった.

【一无】yīwú 動 一つもない. 何もない.

【一无可取】yī wú kě qǔ 取るべきものが何もない. 評価するものが何もない. ¶这个人好吃懒做 hàochī lǎnzuò, ～/ こいつは食べてばかりのぐうたらで何のとりえもない.

【一无是处】yī wú shì chù 成 一つも正しい所がない. ¶不要把他说得～/ 彼のことを何も長所がないなどと言うのはおよしなさい.

【一无所长】yī wú suǒ cháng 成 特技が何一つない. ¶他～, 只能干些体力活 / 彼は何のとりえもなく, ちょっと力仕事ができるだけだ.

【一无所获】yī wú suǒ huò 成 何も得るものがない. 何の収穫もない.

【一无所能】yī wú suǒ néng 成 (多く文人が書物を読む以外)何一つできることがない.

【一无所有】yī wú suǒ yǒu 成 (多く貧しくて)何一つない. ¶我已经～了 / 私はすべて無一文になってしまった.

【一无所知】yī wú suǒ zhī 成 何一つ知らない. ¶对事情真相 zhēnxiàng～/ 事の真相については何も知らない.

【一五一十】yī wǔ yī shí 成 きちんと細大もらさず述べる. ¶～对她说 / 一部始終を彼女に話す. 由来 数はよく五を単位として "一五, 一十, 十五, 二十…"と数えることから.

【一物降一物】yī wù xiáng yī wù 物には上がある.

【一误再误】yī wù zài wù 成 ❶ 過ちを繰り返す. ❷ 何回も手遅れになる. ¶～, 把机会都错过了 / ぐずぐずしていて, チャンスをのがしてしまった.

【一息尚存】yī xī shàng cún 成 最後の一息まで. 命のある限り.

【一席话】yīxíhuà 名 一席の話. ¶你这～使我茅塞 máosè 顿开 / あなたのお話で, 目からうろこが落ちました. 参考 相手に感動を与える話を指す.

【一席之地】yīxí zhī dì 名 きわめて狭い場所. わずかな場所.

【一系列】yīxìliè 形 一連の. ¶采取了～措施 / 一連の措置をとった. ¶～案件 / 一連の事件.

【一下】yīxià (～儿) ❶ 名 ちょっと. 動詞の後らに補語として用い, その動詞・補語句に「試しにやってみる」意味を付加する. ¶打听～/ 聞いてみよう. ¶讨论～/ 検討してみよう. ¶尝～/ ちょっと味わってみよう. ❷ 名(～子) 1回の動作. ¶这～/ この1回. ¶只～就打开了 / たった1回で開けた. ❸ 副 (～子) いきなり. 急に. 事が短時間内に発生すること, あるいは突然起きることをあらわす. ¶我肚子饿坏了, ～就把一大碗面吃光了 / 私はお腹がペこペこだったので, 大盛りうどんを一気に食べてしまった. ¶我～就想到了她 / 私は彼女のことを急に思い出した. ❹ 副 (～子)しばらくして. 情況が変化すること, あるいは交互に現われることをあらわす. ¶全身～冷～热 / 全身が冷たくなったり熱くなったりする. ¶～紧张起来, ～又平静下来 / ドキドキしたかと思うとまた落ち着く.

【一下子】yīxiàzi → 一下 yīxià

【一线】yīxiàn ❶ 名 (戦争や学術研究などの)最前線. 第一線. ❷ 形 きわめて微細な. ¶～阳光 / かすかな日の光. ¶抱 bào～希望 / 一縷(る)の望みを抱く.

【一线生机】yīxiàn shēngjī 熟 かすかな生存のチャンス. 一縷(る)の望み.

【一线通】yīxiàntōng 名《通信》狭帯域 ISDN. N-ISDN.

【一相[厢]情愿】yī xiāng qíng yuàn 成 主観的な考えで物事をすすめ, 客観的な条件は考慮しない. ¶她根本没这意思, 这是你的 / 彼女は全くそういう気はない. それは君のひとりよがりだよ.

【一向】yīxiàng ❶ 名 過去のある時期. ¶这～身体好吗? / このごろはお元気でいらっしゃいましたか. ❷ 副 (過去から現在まで)ずっと(変わらない). ¶小美成绩～很好 / メイちゃんの成績が一貫してよい. ¶他一向上好 hào 学 / 彼は昔からずっと勉学にいそしんでいる.

【一小半】yīxiǎobàn 名 半分足らず.

【一小撮】yīxiǎocuō 名 (～儿) 一握りほどのわずかな量. ¶～药末 yàomò / 粉薬一つまみ. ¶～人在背后搞鬼 dǎoguǐ / 一握りの人たちが背後で糸を引いている.

【一小儿】yīxiǎor 副 方 小さい時から. ¶他～就喜欢看书 / 彼は小さい時から本を読むのが好きだった. 回 从小 cóngxiǎo

【一笑置之】yī xiào zhì zhī 成 一笑に付す.

**【一些】yīxiē 名 ❶ 少しばかり. わずかな数量や程度をあらわす. ¶他的病好了～/ 彼の病気は幾分よくなった. ¶就剩这～了 / これだけしか残っていない. ❷ いくつか. 何度か. ¶有～事情我还不明白 / いくつかの事がまだ分かりません. ¶过～日子再来看你 / 何日かしたらまた会いに来る.

【一些个】yīxiēge 形 少数の. ¶～人 / 少数の人.

【一泻千里】yī xiè qiān lǐ 成 一瀉(しゃ)千里. ❶ 川の流れが速い. ¶小船顺流～/ 小船が川の流れに乗って軽快に進む. ❷ 文章や曲の調べに勢いがある.

【一蟹不如一蟹】yī xiè bù rú yī xiè 成 後になるほど悪くなる. 由来 時期が遅いほどカニがだんだん小さくなる, という意から.

【一心】yīxīn ❶ 副 ひたすら. 一心に. ¶～想当医生 / ひとえに医者になりたいと思う. 回 专心 zhuānxīn ❷ 形 心が一つだ. ¶万众～/ 大衆の心が一つになっている. 反 二心 èrxīn

【一心一德】yī xīn yī dé 一心同体だ.

【一心一意】yī xīn yī yì 成 一意専心.

【一新】yīxīn 動 一新する.

【一星半点儿】yī xīng bàn diǎnr 成 ごくわずか. ¶少那么～也不要紧 / ちょっと足りなくてもかまわない.

【一星儿】yīxīngr 名 ごくわずか.

【一行】yīxíng 名 一行(こう). ¶参观团～十二人 / 参観団一行12名. 注意 一行(ぎょう)の場合は "yīháng"と発音する.

【一宿】yīxiǔ 名 一晩. ¶～没合眼 / 一晩中眠れなかっ

【一言不発】yī yán bù fā 成 一言も言わない.
【一言既出,駟馬難追】yī yán jì chū, sì mǎ nán zhuī 成 一度口に出したら、もう取り返しがつかない. 一言口に出したら、4頭立ての馬車も追いつけない、という意味で.
【一言九鼎】yī yán jiǔ dǐng 成 一言に重みがあり、大きな働きをする. 参考 "鼎"(かなえ)は古代の銅器で、国家の宝. 由来『史記』平原君列伝のことばから.
【一言難尽】yī yán nán jìn 成 (事柄や事情が複雑で)一言では語り尽くせない.
【一言堂】yī yán táng 名 ❶ 掛け値なし. ❷ みなの意見に耳を貸さずに、自分の主張ばかりを押し通すこと. 反 群言堂 qúnyántáng 参考 ①は、旧時、商店の扁額に記したことば.
【一言為定】yī yán wéi dìng 成 一たん口にしたら必ず守る. ¶明天去滑雪,咱们一了/明日スキーに行こう. 約束したよ.
【一言以蔽之】yī yán yǐ bì zhī 成 一言で言えば. 由来『論語』為政篇に見えることば.
【一氧化碳】yīyǎnghuàtàn 名《化学》一酸化炭素.
*【一样】yīyàng ❶ 形 同じだ. ¶你们俩的看法一/君たちの考えは同じだ. ¶他的中文说得跟中国人一/彼の中国語は中国人並みだ. ¶他们俩一高/彼ら二人は同じ背丈だ. ¶我跟你不一/私は君とは違うよ. ❷ 形 似ている. ¶像血一红/血のように赤い. ❸ 名 一種類. ¶一东西/一種類の物.
*【一……也……】yī……yě…… ……してみても……だ. ……するだけではやはり……だ. ¶一看一看不清楚/見てもはっきり分からない. ¶一~解释一无法传达其意/説明だけではとても真意までは伝えられない. 用法 "一"は省略することができる.
【一叶知秋】yī yè zhī qiū 成 わずかな兆しから物事の発展の大勢を予測する. 一葉落ちて天下の秋を知る.
【一夜情】yīyèqíng 名 ❶ 一夜限りの夫婦関係でもその情を忘れられないこと. ❷ 一夜だけの情事. ワンナイトスタンド.
【一一】yīyī 副 一つ一つ. ¶没时间~介绍/いちいち紹介している時間がない. ¶~解释/一つ一つ説明する.
【一……一……】yī……yī…… ❶ 意味の類似する二つの名詞の前に置いて、まるごと、あるいは極めて少ないことをあらわす. ¶~心~意 一意専心に. ¶~草~木/一木一草. ❷ 意味の対立する二つの名詞の前に置いて、対比または対応する関係をあらわす. ¶~薰 xūn~莸 yóu/良いものと悪いもの. ¶~夫~妻/夫と妻. ❸ 意味の類似する二つの動詞の前に置いて、動作の連続をあらわす. ¶~瘸 qué~拐/びっこを引きながら. ¶~蹦 bèng~跳/ぴょんぴょん跳びはねながら. ❹ 意味の対立する二つの動詞の前に置いて、動作が代わるがわるに行われることをあらわす. ¶~问~答/一問一答する. ¶~起~伏 fú/上がったり下がったり. ❺ 逆の意味をもつ二つの場所を示す名詞または形容詞の前に置いて、対応あるいは対比をあらわす. ¶~左~右/左に右に. ¶~长~短/ひとつは長くひとつは短く. 一長一短.
【一衣带水】yī yī dài shuǐ 成 一衣帯水. 川や海に隔てられていても、きわめて近い距離にあって往来に便利だ. ¶日本和中国是~的邻邦 línbāng/日本と中国は一衣帯水の隣国だ.
【一以贯之】yī yǐ guàn zhī 成 一つの道理で貫徹する.
【一意孤行】yī yì gū xíng 成 人の意見を聞かず、ひたすら自分の意志を通す.
【一应】yīyīng 代 すべて.

【一应俱全】yī yīng jù quán 成 すべてそろっている.
【一拥而上】yī yōng ér shàng 句 どっと押しかける. ¶球迷们~,围住运动员/サポーターがどっと押しよせて、選手を取り囲む.
【一隅】yīyú 文 名 片隅. 一角. 形 一方に偏っている. ¶~之见/偏った意見や考え.
【一隅三反】yī yú sān fǎn 成 "举一反三 jǔ yī fǎn sān"に同じ.
【一语道破】yī yǔ dào pò 成 真相や秘密を一言で喝破する. ¶~天机 tiānjī/秘密をぴたりと言い当てる.
【一语破的】yī yǔ pò dì 成 一言でずばりと的を射る.
【一语双关】yī yǔ shuāng guān 成 1つのことばに2つの意味を含ませる. ことばの裏に別の意味を含ませる.
【一元化】yīyuánhuà 動 一元化する. 反 多 duō 元化 ❷ 集中させる.
【一元论】yīyuánlùn 名《哲学》一元論.
【一院制】yīyuànzhì 名 一院制.
【一月】yīyuè 名 一ヶ月. ¶他上任还不及~/彼は、赴任してまだ一ヶ月に満たない.
【一再】yīzài 副 何度も. ¶~强调/何度も強調する.
【一早】yīzǎo 名 ❶(~儿)早朝. ❷ 以前.
【一则】yīzé 接 ❶(一则……,一则……"の形で)一方では……,一方では……. ¶~以喜,~以惧 jù/喜びかつ恐れる. ❷ 一つには……. 同 一来 yīlái 用法 ❷は、"二则" "三则"などと連用する.
【一展风采】yī zhǎn fēngcǎi その風貌や全体像をすべて見せる. お目見えする.
【一朝】yīzhāo 名 文 いっとき. 同 一旦 yīdàn
【一朝一夕】yī zhāo yī xī 成 短い期間. 一朝一夕.
【一针见血】yī zhēn jiàn xiě 成 短いことばで要点をつく. ¶~地指出了对方的用心/一言で相手の下心を言い当てる.
【一针一线】yīzhēn yīxiàn 名 針一本、糸一本. ほんのわずかなもの. ¶不拿群众的~/大衆の針一本、糸一本にも手をつけない.
【一枕黄粱】yī zhěn huáng liáng 成 はかない夢. 黄粱一梦 yīmèng
【一阵】yīzhèn 名(~儿)ひとしきり. 状況が、ある程度の時間持続することなどを表す. ¶下了~雨/ひとしきり雨が降った. ¶这种样式样一时兴了~/このようなスタイルがしばらく流行った. ¶红~白~/赤くなったり白くなったり. 同 一阵子 yīzhènzi
【一阵风】yīzhènfēng 形 ❶(一陣の風のように)動作が素早い. ❷(すぐに吹き止む風のように)仕事や活動が長続きしない.
【一阵子】yīzhènzi → 一阵 yīzhèn
【一知半解】yī zhī bàn jiě 成 生半可でよく知らない. ¶我对绘画只是~/私は絵のことはずぶの素人です.
【一枝独秀】yī zhī dú xiù 成 ある個人やグループが、他に比べて格段に優れていること. 由来 一枝の花だけが咲く、という意味.
*【一直】yīzhí ❶(方向を変えず)まっすぐに. ¶~走,不要转弯/曲らずにまっすぐ行け. ¶顺着马路~往东/大通りに沿ってまっすぐ東へ行く. ❷ 途切れることなくずっと. ¶他一工作到深夜/彼は深夜までずっと仕事をした. ¶雨一下了两天/雨は2日降り続いた. ❸(範囲を強調して)……から……まで. ¶从小孩~到老人都非常激动/子供から老人まで、皆たいへん感激した.
【一纸空文】yī zhǐ kōng wén 成 空文. 空手形.
*【一致】yīzhì ❶ 形 一致している. ¶大家的想法有点不

～/皆の考え方には多少一致しない所がある．¶我々の観点非常～/我々の観点は見事に一致している．❷ 一緒に．共同で．¶大家～要求取消这次会议/皆は一致して今回の会議の中止を要求した．

【一掷千金】yī zhì qiān jīn 大金を浪費する．
【一中一台】yī Zhōng yī Tái 一つの中国，一つの台湾．
【一柱擎天】yī zhù qíng tiān 重責を一身に負う．由来 1本の柱で天を支えるという意から．
【一专多能】yī zhuān duō néng 一つの分野に通じているほか，他のこともできる．
【一准】yīzhǔn きっと．必ず．¶这个稿子，明天～完成/この原稿は，明日必ず書き上げなければならない．¶他不在家，～上班去了/彼は不在だ．きっと出勤したのだ．同 必定 bìdìng
【一字长蛇阵】yī zì chángshézhèn ❶ 長蛇の形をした陣がまえ．❷ 長蛇の列．¶排成/長蛇の列をつくる．
【一字排开】yī zì páikāi 一列に並ぶ．
【一字千金】yī zì qiān jīn 一字千金．表現 詩文の出来がすばらしいたとえ．由来『史記』呂不韋列伝のことばから．
【一字一板】yī zì yī bǎn 一言一言はっきりと話す．¶～地诉说了他的不幸遭遇 zāoyù/一言一言よどみなく彼の不幸な出来事を訴えた．
【一总】yīzǒng ❶（～儿）合わせて．¶～二十个人/合わせて20人．¶我们～花了三十块钱/私たちは合計30元使った．❷ 全部．すべて．¶那～是你的错儿/それはすべて君の誤りだ．

伊 yī

亻部4 四 2720₇
全6画 次常用

❶ 彼．彼の人．¶～人 yīrén．❷ 助 主語あるいは述語の前に用いて，語気を強めたりある種のニュアンスを付加する．¶～于胡底 yī yú hú dǐ．❸ これ．あれ．それ．¶～年暮春（あの年の暮春）．❹ 音訳字．❺（YT）姓．参考 ①で，「五・四運動」前後の文学作品で用いられている"伊"は，女性を指すことが多かった．後には，女性には"她 tā"を用いるようになった．

【伊甸园】Yīdiànyuán エデンの園．
【伊拉克】Yīlākè 《国名》イラク．
【伊朗】Yīlǎng 《国名》イラン．
【伊妹儿】Yīmèir 名 外 Eメール．同 电子邮件 diànzǐ yóujiàn ◆E-mail
【伊人】yīrén 代 文 その人．かの人．表現 多く女性を指す．
【伊始】yīshǐ 動 文 始まる．¶春天～/春になる．¶下车～/（役人が）着任して間もない．
【伊斯兰堡】Yīsīlánbǎo 《地名》イスラマバード（パキスタン）．
【伊斯兰教】Yīsīlánjiào 名 イスラム教．同 清真教 Qīngzhēnjiào，回教 Huíjiào
【伊斯兰教历】Yīsīlánjiàolì《宗教》イスラム暦．回教暦．¶ 希吉来历 Xījílaílì，回历 Huílì
【伊斯坦布尔】Yīsītǎnbù'ěr 《地名》イスタンブール（トルコ）．
【伊索】Yīsuǒ 《人名》イソップ．『イソップ物語』の作者とされる伝説上のギリシア人．
【伊蚊】yīwén 名《虫》ネッタイシマカ．
【伊于胡底】yī yú hú dǐ 一体どうなることやら．表現 好ましくない事態に対する感嘆のことば．由来『詩経』小雅・小旻の句から．

衣 yī

衣部0 四 0073₂
全6画 常用

❶ 着物．衣服．¶上～ shàngyī（上着）/内～ nèiyī（下着）/大～ dàyī（コート）/～裳 yīshang/丰～足食（衣食が足りている．生活が豊かだ）．❷ 物を覆っているもの．¶糖～ tángyī（丸薬の糖衣）/笋～ sǔnyī（タケノコの皮）．❸ 着る．¶～锦还乡 yī jǐn huán xiāng．❹（YT）姓．
☞ 衣 yì

【衣裳】yīshang 衣服のこと．
【衣包】yībāo ❶ 衣服を入れる旅行用のバッグ．❷ ポケット．同 衣袋 dài
【衣胞】yībao 名 胎盤と卵膜．えな．同 胞衣 bāoyī 参考 これらから作られる漢方薬を"紫河车 zǐhéchē"という．
【衣钵】yībō 名 衣鉢（はち）．伝えられた思想・学問・技能など．¶继承～/衣鉢を継ぐ．¶～相传/教えを代々受け継いでいく．参考 もともとは，仏教で師の僧が弟子に与えた袈裟（けさ）と鉢をいう．
【衣不蔽体】yī bù bì tǐ 極度に貧しいようす．由来「衣服がボロで体も覆えない」という意から．
【衣橱】yīchú 名〔個 个 ge〕洋服だんす．
【衣袋】yīdài 名〈衣服の〉ポケット．
【衣兜】yīdōu 名（～儿）〈衣服の〉ポケット．同 衣袋 yīdài
【衣分】yīfēn 名《農業》種綿と綿の重量の比．
＊【衣服】yīfu 名〔個 件 jiàn，身 shēn，套 tào〕衣服．¶穿漂亮的～/きれいな服を着る．
【衣钩】yīgōu 名 衣服を掛けるフック．
【衣冠】yīguān 名 ❶ 衣服と帽子．服装．¶～端正/ちゃんとした身なりをしている．❷ 礼服．
【衣冠楚楚】yī guān chǔ chǔ 身なりがきちんとして清潔なようす．¶他每天都打扮得～来上班/彼は毎日きちんとした身なりで出勤する．
【衣冠禽兽】yī guān qín shòu 人の身なりをしたけだもの．卑劣な行いをする人．¶没想到主子 zhǔzi 竟是个～/主人がなんと人間のなりをしたけものだったとは．
【衣冠冢】yīguānzhǒng 名 死者の衣服を埋葬した墓．
【衣柜】yīguì 名〔个 ge〕洋服だんす．同 衣橱 yīchú
【衣架】yījià 名 ❶（～儿）〔個 个 ge〕ハンガー．❷ 無能な人間のたとえ．¶饭囊 náng～/ごくつぶし．同 衣架子 yījiàzi
【衣襟】yījīn 名 服の前の部分．おくみ．
【衣锦还乡】yī jǐn huán xiāng 故郷に錦を飾る．¶十年苦读 kǔdú，终于～/十年苦学し，ついに故郷に錦を飾る．同 衣锦荣归 róngguī
【衣裤】yīkù 名 身につけるもの．着るものと履くもの．¶买一身～/身につけるもの一式を買う．
【衣料】yīliào 名（～儿）〔段 duàn，块 kuài〕布地．生地．
【衣领】yīlǐng 名 襟．
【衣帽架】yīmàojià 名（スタンド型の）洋服・帽子掛け．
【衣帽间】yīmàojiān 名 クロークルーム．
【衣衫】yīshān 名 衣服．¶～不整/身なりがきちんとしていない．
【衣裳】yīshang 名〔個 件 jiàn，身 shēn，套 tào〕衣服．
【衣食】yīshí 名 衣服と食物．生活物資．¶～丰足/衣食が十分足りている．¶～父母/衣食の面倒をみてくれ

る人．保護者や雇い主．
【衣食住行】yī shí zhù xíng [成] 衣食住．生活に必要なもの．
【衣饰】yīshì [名] 服装と装飾品．装い．
【衣物】yīwù [名] 衣服と日用品．¶准备旅行用的～ / 旅行用の服と身の回りの品を用意する．
【衣箱】yīxiāng [名] トランク．スーツケース．
【衣原体】yīyuántǐ [名]《生物》クラミジア．
【衣装】yīzhuāng [名] ❶ 衣装．服装．❷ 衣服と荷物．
【衣着】yīzhuó [名]〔[量] 身 shēn，套 tào〕身なり．身につけているもの．¶～朴素 pǔsù / 身なりが質素だ．[同] 穿着 chuānzhuó

医（醫 / [異] 毉）yī
匚部 5 [四] 7171₈
全 7 画 [常用]

❶ [素] 医者．¶～生 yīshēng / 中～ zhōngyī（中国医学の医者．漢方医）/ 西～ xīyī（西洋医学の医師）/ 牙～ yáyī（歯科医）．❷ [素] 医学．¶中～ zhōngyī（中国医学．漢方医学）/ 西～ xīyī（西洋医学）/ 学～学（医学を学ぶ）．❸ [動] 病気やけがを治す．¶～疗 yīliáo / ～治 yīzhì / 有病早～（病気があれば早く治す）．❹（Yī）姓．
【医案】yī'àn [名]《中医》カルテ．
【医保】yībǎo [名]"医疗保险"（医療保険）の略称．
【医道】yīdào [名]（多く中医の）医術．医者としての技量．¶～高明 / 医術がすぐれている．
【医德】yīdé [名] 医者としての職業道徳．
【医风】yīfēng [名] 医者の仕事に取り組む態度．
【医改】yīgǎi [動]"医疗制度改革"（医療制度改革）の略称．
【医护】yīhù [動] 治療し看護する．
【医科】yīkē [名] 医科．¶～大学 / 医大．
【医理】yīlǐ [名] 医学理論．
【医疗】yīliáo [名] 医療．¶～设施 shèshī / 医療施設．
【医疗保险】yīliáo bǎoxiǎn [名] 医療保険．
【医疗队】yīliáoduì [名] 医療チーム．医師団．
【医疗事故损害赔偿】yīliáo shìgù sǔnhài péicháng [名] 医療事故損害賠償．
【医疗体制改革】yīliáo tǐzhì gǎigé [名] 医療体制改革．
【医闹】yīnào [名] 医療事故の際，患者側が病院に押しかけて騒ぎ，営業を妨害したり，多額の賠償金を要求すること．また，それを職業としている人．
**【医生】yīshēng [名]〔[量] 个 ge，名 míng，位 wèi〕医者．医師．¶请～来看看病 / 医者に診察に来てもらう．往診してもらう．⇨大夫 dàifu
【医师】yīshī [名]〔[量] 个 ge，名 míng，位 wèi〕医師．医者．[参考] 高等医学教育または同等の能力を持ち，国の審査に合格した人．
【医士】yīshì [名]〔[量] 个 ge，名 míng，位 wèi〕医師．医者．[参考] 中等医学教育または同等の能力を持ち，国の審査に合格した人．
【医书】yīshū [名]（多く中国医学の）医学書．
【医术】yīshù [名]〔[量] 套 tào〕医療技術．¶～高明 / 医療技術がすぐれている．
【医诉】yīsù [名]《法律》医療訴訟．
【医坛】yītán [名] 医学界．
【医托】yītuō [名] 医療をかたる詐欺．[参考] 病院内で，医療従事者や患者に成りすまし，他の患者に医療サービスや薬品を勧めて私利を得る詐欺．
【医务】yīwù [名] 医療業務．
*【医务室】yīwùshì [名] 医務室．保健室．
【医务所】yīwùsuǒ [名] 医務室．
*【医学】yīxué [名] 医学．
【医药】yīyào [名] 医療と薬．¶～费 / 医療費と薬代．
**【医院】yīyuàn [名]〔[量] 个 ge，家 jiā，所 suǒ，座 zuò〕病院．¶住～ / 入院する．
【医治】yīzhì [動] 治療する．¶～无效 / 治療の効果がなかった．[同] 治疗 zhìliáo
【医嘱】yīzhǔ [名] 医者が患者に対して行う，食事・薬・検査などについての指示．¶遵 zūn～ / 医師の指示に従う．

依 yī
亻部 6 [四] 2023₂
全 8 画 [常用]

❶ [素] 近寄る．もたれかかる．¶～偎 yīwēi / ～傍 yībàng．❷ [素] 頼る．¶相～为 wéi 命（互いに頼り合って生きる）/ ～靠 yīkào．❸ [動] 同意する．承知する．従う．許す．¶他说那么肯定，就～了他吧（彼があんなにきっぱり言うのだから，彼に従おう）/ 这件事决不能～你！（この件では絶対に君に同意できない）．❹ [前] …によって．…に基づいて．¶～照 yīzhào / ～次前进（順序に従って前に進む）/ ～法 yīfǎ．❺（Yī）姓．
【依傍】yībàng [動] ❶ あてにする．頼りにする．¶无可～ / 頼りにできない．❷ まねる．¶～古人 / 先人のまねをする．
【依此类推】yī cǐ lèi tuī [成] これによって類推されたい．以下同様．
【依次】yīcì [副] 順番に．¶～发言 / 順番に発言する．[同] 顺次 shùncì
【依从】yīcóng [動] 言われた通りに従う．¶万难 wànnán～ / 言われた通りにするのがきわめて難しい．[同] 顺从 shùncóng
【依存】yīcún [動]（互いに）依存する．¶互相～ / 互いに依存する．
【依法】yīfǎ [動] ❶ 既成の方法に従う．❷ 法に従う．法に基づく．¶～惩处 chéngchǔ / 法に基づいて処罰する．
【依附】yīfù [動] 依存する．従属する．¶～权贵 quánguì / 権威や権力を持つ人に依存する．¶不能～他人 / 他人に頼ってはならない．¶～于大国 / 大国に従属する．[同] 附丽 fùlì
【依归】yīguī ❶ [名] 原点と帰着点．❷ [動] 頼る．心の拠り所とする．[同] 依靠 kào
【依旧】yījiù ❶ [形] もとのままだ．¶风物～ / 昔のままの景観だ．❷ [副] 相変わらず．昔通りに．¶～是那个老样子 / 依然として前のままだ．[同] 仍旧 réngjiù，照旧 zhàojiù
【依据】yījù ❶ [名] 根拠．¶你说这些有什么～？/ 君がそう言うのにはどんな根拠があるんだ．[同] 根据 gēnjù ❷ [前] …によって．…に基づいて．¶～大家的意见，再把这个问题研究一下 / 皆の意見に基づいて，この問題をもう一度検討しなおそう．[同] 根据 gēnjù
*【依靠】yīkào ❶ [動] 頼りにする．¶毫无～组织 / 少しも組織に頼らない．❷ [名] 頼りになる人や物．¶我们失去了～ / 我々は頼りを失った．
【依赖】yīlài [動] ❶ [貶] 依存する．頼る．¶从小就～父母惯了 / 幼少から父母に頼るのが習いになっている．❷ 互いに依存し合う．¶工业和农业是互相～的 / 工業と農業は，互いに依存し合っている．
【依恋】yīliàn [動] なごり惜しく思う．離れがたく思う．¶～故园 gùyuán / 故郷をなつかしく思う．¶他仍 réng～着她 / 彼はまだ彼女が忘れられない．

【依凭】yīpíng ❶[動] 頼りにする. ¶无所~ / どこにも頼る所がない. ❷[名] 証拠. 証明.
【依然】yīrán ❶[形] 元のままだ. ¶旧態 jiùtài~ / 旧態依然だ. ⑮ 仍然 réngrán ❷[副] 依然として. 相変わらず. ¶~有效 / 依然として有効だ.
【依然故我】yī rán gù wǒ 自分を取りまく環境や自分自身が変わっていない.
【依然如故】yī rán rú gù [成] 昔のままだ.
【依山傍水】yī shān bàng shuǐ [成] 山を背に川に臨む.
【依顺】yīshùn (他人の意見に)従う. 言うことを聞く. ⑮ 违拗 wéi'ào
【依随】yīsuí [動] (他人の意見に)従う. 言うことを聞く.
【依托】yītuō [動] ❶ 頼る. ¶幸好 xìnghǎo 有你这个朋友可以~ / 幸い, 君という頼りにできる友がいる. ❷ (目的を達すために)他人の名前を借用する. ¶~古人 / 昔の人の名前を借用する.
【依偎】yīwēi [動] ぴったりとくっつく. 寄り添う. ¶公园里, 一对对恋人 liànrén 互相~着 / 公園では, たくさんのカップルが互いに寄り添っている.
【依稀】yīxī [形] ぼんやりしている. ¶~记得小时候的情景 / 幼いころの情景をうっすらと覚えている.
【依循】yīxún [動] 従う. よりどころする.
【依样葫芦】yī yàng hú lú [成] [喩] 手を加えずにそのまま書き写す. 創意工夫がない. ¶小孩初学画画, 只是~罢 bà 了 / 子供が初めて絵を学ぶ時は, ただ型にはめて描くに過ぎない. 同 依样画 huà 葫芦
【依依】yīyī [形] ❶[文] (柳の枝が)しなやかに揺れるようす. ¶杨柳 yángliǔ~ / 柳が風に揺れる. ❷ 未練が残ってあきらめがつかないようす.
【依依不舍】yī yī bù shě [成] (未練が残って)あきらめきれない, 別れがたい.
【依允】yīyǔn (他人の意見に)従う. 同意する. ¶这次~你, 下不为例 wéilì 啊 / 今回は君に従うが, 次からはないよ.
【依仗】yīzhàng [動] (他人の権勢や, より有利な条件を)あてにする. ¶~权势 quánshì / 権勢を頼りにする. 同 倚仗 yǐzhàng
【依照】yīzhào ❶[前] …に従って. …の通りに. ¶~法律办事 / 法律に従って事を進める. 同 按照 ànzhào ❷[動] …に従う. …をよりどころとする. ¶~上级指示 zhǐshì / 上司の指示に従う. [注意] ①は, 単音節名詞を目的語とすることはできない. たとえば"~法办事"は不可.

袆 (禕) yī
⻂部4 全8画 [通用] [四]3522₇
[形][文] (行いなどが)りっぱだ. [参考] 人名に用いる.

咿 (叟 呀) yī
口部6 全9画 [通用] [四]6700₇
下記熟語を参照.

【咿唔】yīwú [擬] 本を読む時の声. 重 咿咿唔唔
【咿呀】yīyā [擬] ❶ ギーギー. キーキー. ¶~的桨 jiǎng 声 / ギーギーと鳴る櫓(ろ)の音. ¶咿呀呀呀的提琴 tíqín 声 / キーキーと鳴るバイオリンの音. ❷ アーウー. 幼児がことばを覚え始めるころの声. ¶~学语 / アーウーと片言をまねる.

铱 (銥) yī
钅部6 全11画 [通用] [四]8073₂
[名][化学] イリジウム. Ir.

【铱星】yīxīng [名][通信] イリジウムシステム. [参考] 地球の南北にまたがる6つの軌道に11個ずつ配置された衛星を経由する衛星携帯電話のシステム.

猗 yī
犭部8 全11画 [通用] [四]4422₁
❶[助][文] 文末に用いて語気をあらわす. ¶河水清且涟 lián~ / (澄みきった川面に小波が立っている). ❷[感] 賛美をあらわす. ¶~欤 yú 休哉 zāi (ああ, なんとめでたいかな) / ~欤盛 shèng 哉(ああ, なんとみごとな).

壹 (异 弌) yī
土部9 全12画 [常用] [四]4010₈
[数] "一 yī"の大文字. [参考] 数字の書き直しなどを防ぐために, 契約書や領収書などで使われる.

椅 yī
木部8 全12画 [常用] [四]4492₁
[名][植物] イイギリ. 同 山桐子 shāntóngzǐ
椅 yǐ

揖 yī
扌部9 全12画 [次常用] [四]5604₁
❶[素] 両手を胸の前で組み合わせておじぎをする. 拱手(きょうしゅ)する. 作~ zuòyī (拱手の礼をする) / ~让 yīràng (あいさつして相手に譲る). ❷ (Yī)姓.

漪 yī
氵部11 全14画 [通用] [四]3412₁
[素] さざ波. ¶清~ qīngyī (澄んだざざ波) / ~澜 yīlán (波) / 涟~ liányī (さざ波).

噫 yī
口部13 全16画 [通用] [四]6003₆
[感] 悲しみやため息をあらわす. ¶~嘻 yīxī.
【噫嘻】yīxī [感] 悲しみやため息をあらわす. ああ.

繄 yī
糸部11 全17画 [通用] [四]7790₃
[助] ただ. ¶~我独无 (ただ私だけがない).

黟 Yī
黑部6 全18画 [通用] [四]6732₇
[素] 地名用字. ¶~县 Yīxiàn (安徽省にある県の名).

匜 yí
匚部3 全5画 [通用] [四]7171₁
[名] 手や顔を洗う時に用いた器. [参考] ひょうたんを角ばらせたような形で, 周代のものは足が4本あったが, その後戦国時代にかけて足のないものが作られた. 細い側から水を注いだ.

仪 (儀) yí
亻部3 全5画 [常用] [四]2420₃
❶[素] 人の容貌や振舞い. ¶~表 yíbiǎo / ~容 yíróng / 威~ wēiyí (厳粛なようす). ❷[素] 儀礼. 儀式. ¶~式 yíshì / 司~ sīyí (儀式の進行役) / 行礼 xínglǐ 如~ (型通り儀式を行う). ❸[素] 贈り物. ¶贺~ hèyí (お祝いの品) / 谢~ xièyí (お礼の品). ❹[素] 儀器. ¶~器 yíqì / 地动~ dìdòngyí (地震計) / 半元~ bànyuányí (分度器). ❺ (Yí)姓.

【仪表】yíbiǎo [名] ❶ (立派な)外面. 風貌. 風采(ふうさい). ¶~堂堂 / 容姿が堂々としている. ❷ 計器. メーター. ¶电器 diànqì~.
*【仪器】yíqì [名][⑯ 架 jià, 件 jiàn, 台 tái] 儀器. ¶精密 jīngmì~ / 精密計器.
【仪容】yíróng [名] (立派な)容貌. ¶姣美 jiāoměi~ / 見目麗しい.
【仪式】yíshì [名] 〔~项 xiàng〕儀式. ¶开幕 kāimù~ / 開幕式.
【仪态】yítài [名][文] (美しい)姿かたち. ¶~端庄 duānzhuāng / 姿態が端正だ.
【仪态万方】yí tài wàn fāng [成] 姿が麗しくあでやかだ.
【仪仗】yízhàng [名] ❶ 儀式や式典で衛兵がもつ旗や武器

など. ❷デモ行進で掲げる旗やプラカードなど.
【仪仗队】yízhàngduì 名 儀仗隊.

圯 yí 土部3 四 4711₇ 全6画 通用
名 橋. ¶～上（橋の上）.

夷 yí 一部5 四 5080₂ 全6画 次常用
❶ 名 古代, 中国の東方に住んだ異民族の呼称. 後には黄河中流下流域以外の周辺の少数民族をも指した. 夷(ʰ）. ¶淮～ Huáiyí（周のころ淮河流域にいた民族）／四～ sìyí（四方にいる民族）. ❷ 名 旧 外国. 外国人. ¶～情 yíqíng（外国の事情）／华～杂处 zá-chǔ（中国人と外国人が雑居している）. ❸ 形 何事もなく穏やかだ. ¶化险为 wéi ～（危険な状態を平穏な状態に変える）. ❹ 動（建物を壊して）平らにする. ¶～为 wéi 平地. ❺ 書 皆殺しにして滅ぼす. ¶～灭 yímiè（皆殺しにする）／～族 yízú（一族を皆殺しにする）. ❻（Yí）姓.
【夷为平地】yí wéi píng dì 句 建物を壊して平地にする. ¶这些旧楼将～／これらの古いビルは取り壊して平地にする.

沂 Yí 氵部4 四 3212₁ 全7画 通用
書 地名用字. ¶～河 Yíhé（山東省・江蘇省を流れる川の名）.

诒(詒) yí 讠部5 四 3376₀ 全7画 通用
動 書 "贻 yí"に同じ.

迤 yí 辶部5 四 3830₁ 全8画 通用
→逶迤 wēiyí
☞ 迤 yǐ

饴(飴) yí 饣部5 四 2376₀ 全8画 通用
名 ❶ 麦芽糖. 水あめ. ¶～糖 yítáng／甘 gān 之如～（あめのように甘く感じる. 苦労をいとわない）. ❷ あめ菓子. ¶高粱～ gāoliangyí（コーリャンあめ）.
【饴糖】yítáng 名 麦芽糖. 同 麦芽糖 màiyátáng

怡 yí 忄部5 四 9306₂ 全8画 通用
書 楽しい. 嬉しい. ¶心旷 kuàng 神～（心がゆったりとして楽しい）／～然 yírán.
【怡和】yíhé 形 穏やかで親しみやすい. 和やかで楽しい. 同 和悦 héyuè
【怡然】yírán 形 嬉しい. ¶～自得 zìdé／楽しく満足している.
【怡神】yíshén 動 書 心を楽しませる.
【怡怡】yíyí 形 書 仲の良いようす. ¶兄弟～／兄弟仲睦まじい.

宜 yí 宀部5 四 3010₂ 全8画 常用
❶ 形 ふさわしい. 適している. ¶相～ xiāngyí（ふさわしい）／这部电影,儿童不～（この映画は成人指定だ）. ❷ 助動 …すべきだ. ¶不～如此（このようにすべきではない）. ❸ 副 当然. ❹ (Yí)姓. 用法 ❷は, 否定文に用いることが多い.
【宜宾】Yíbīn 地名 宜賓（ʰ）. 四川省にある市. 参考 岷江（ʰ）と長江の合流点に位置し, 名酒の五糧液（ʰ）の産地として知られる.
【宜人】yírén 形（景色や気候が）人の心にかなっている. ¶景物 jǐngwù～／景色が心地よい. ¶～的春色／気持ちのよい春景色.
【宜于】yíyú 形 …に適している. …するのに都合がいい. ¶此地气候～种植 zhòngzhí 稻 dào 类作物／ここの気候はイネ類の作物に適している.

荑 yí 艹部6 四 4480₂ 全9画 通用
動 書 田や畑の雑草を取り除く. ¶芟～ shānyí（雑草を取り除く）.
☞ 荑 tí

咦 yí 口部6 四 6508₂ 全9画 通用
感 おや. あれ. 驚きやいぶかる気持ちをあらわす. ¶～！这是怎么回事？（あれっ, これはいったいどういうこと？）／～！你什么时候来的？（おや,君はいつ来たの）.

贻(貽) yí 贝部5 四 7386₀ 全9画 通用
❶ 動 書 人にものを贈る. ¶～赠 yízèng（贈る）／馈～ kuìyí（贈る）. ❷ 後に残す. ¶～患 yíhuàn（災いを残す）／～害 yíhài／～笑大方.
【贻贝】yíbèi 名《貝》イガイ.
【贻害】yíhài 動 災いを残す. ¶～无穷 wúqióng／限りない災いを残す. ¶～至今／災いが現在まで及ぶ.
【贻人口实】yí rén kǒu shí 成 世間の物笑いになる. 話の種になる. ¶这样的做法,只能是～／このようなやり方は世間の物笑いになるだけだ.
【贻误】yíwù 動 誤りが後々まで悪影響を残す. ¶～后学／後進に悪影響を与える.
【贻笑大方】yí xiào dà fāng 成 その道の専門家から笑われる. ¶对自己不了解 liǎojiě 的事,乱发表意见,只会～／自分が知らないことにむやみに意見を出しても, 専門家から笑われるだけだ. 表現 自分を謙遜することば.
【贻训】yíxùn 名 遺訓.

姨 yí 女部6 四 4548₂ 全9画 常用
名 ❶ 母の姉妹. おば. ¶～母 yímǔ／二～ èryí（二番目のおばさん）／～夫 yífu. ❷ 妻の姉妹. ¶大～子 dàyízi（義姉）／小～子 xiǎoyízi（義妹）. ❸ 自分の母と年齢が同じ位の女性を呼ぶことば. おばさん. ¶阿～ āyí（おばさん）.
【姨表】yíbiǎo 名 母親同士が姉妹である親戚関係. いとこ. ¶～姐妹／母親同士が姉妹の従姉妹. 対 姑表 gūbiǎo
【姨表亲】yíbiǎoqīn 名 いとこ. 参考 母の姉妹の子供.
【姨表兄弟】yíbiǎoxiōngdì 名 いとこ. 参考 母の姉妹の,男の子供.
【姨夫〔父〕】yífu 名 おじ. "姨母 yímǔ"（母親の姉妹）の夫.
【姨姥姥】yílǎolao 名 母方の祖母の姉妹.
【姨妈】yímā 名 おば. 参考 母の姉妹で既婚者.
【姨母】yímǔ 名 おば. 参考 母の姉妹.
【姨奶奶】yínǎinai 名 ❶ 父方の祖母の姉妹. ❷ 妾（ʰ）. 同 姨太太 tàitai
【姨娘】yíniáng 名 ❶ 旧 父親の妾（ʰ）に対する呼称. ❷ 方. 参考 ❷は, 母の姉妹.
【姨儿】yír 名 口 おば. 参考 母の姉妹.
【姨太太】yítàitai 名 口 旧 妾（ʰ）.
【姨丈】yízhàng 名 おじ. 参考 母の姉妹の夫. 同 姨夫 yífu

眙胰廖蛇移痍遗 yí

眙 yí
目部5 全10画 四 6306₀ 通用
素 地名用字. ¶盱~ Xūyí（江蘇省にある県名）.

胰 yí
月部6 全10画 四 7528₂ 次常用
名《生理》すい臓. ¶~腺 yíxiàn / ~脏 yízàng / ~岛素 yídǎosù. 参考「脺脏 cuìzàng」は古い呼び方.

【胰蛋白酶】yídànbáiméi 名《生理》トリプシン.
【胰岛素】yídǎosù 名《生理・薬》インシュリン.
【胰腺】yíxiàn 名《生理》すい臓.
【胰液】yíyè 名《生理》すい液.
【胰脏】yízàng 名《生理》すい臓.
【胰子】yízi 名 ❶ 豚や羊などのすい臓. ❷ 方〔圈 块 kuài〕石鹸.

廖 yí
户部6 全10画 四 3022₇ 通用
→ 㢾廖 yǎnyí

蛇 yí
虫部5 全11画 四 5311₂ 常用
→ 委蛇 wēiyí
☞ 蛇 shé

移(異迻) yí
禾部6 全11画 四 2792₇ 常用
❶ 動 移る. 移す. ずらす. ¶把沙发往左~一~（ソファーをちょっと左へずらす）/ 你往后一下（ちょっと後ろへずれて下さい）. ❷ 動 文 変える. ¶~风易 yì 俗 sú / 坚定不~（確固として変えない）. ❸（YD）姓.

*【移动】yídòng 動 移動する. ¶请把桌子一下 / 机をちょっと移動させてください. 移動する. シフトする.
【移动存储器】yídòng cúnchǔqì 名《コンピュータ》リムーバブルメモリ.
【移动电话】yídòng diànhuà 名 移動電話. 携帯電話. 参考 携帯電話の意味では、"手机 shǒujī"が一般的になった.
【移动PC】yídòng PC 名 モバイルパソコン.
【移动商街】yídòng shāngjiē 名 携帯電話[モバイル]ショッピングモール. 携帯電話の通信販売サイト.
【移动通信】yídòng tōngxìn 名《通信》移動通信.
【移动因特网】yídòng yīntèwǎng 名 無線インターネット.
【移风易俗】yí fēng yì sú 成 古い習慣を改める. ¶婚礼 hūnlǐ 也~了 / 婚礼もしきたりが変わった.
【移行】yíháng 動 改行する.
【移花接木】yí huā jiē mù 成 蛇 こっそり人や物をすり替える. ¶~的骗术 piànshù / すり替えのトリック. 由来 花が咲いている枝を別の木に接ぎ木する、という意味から.
【移交】yíjiāo 動 ❶ 関係者に引き渡す. ¶这些词典已经~给图书馆了 / これらの辞典はもう図書館に引き渡した. ❷ 仕事の引き継ぎをする. ¶我把工作~给他了 / 私は仕事を彼に引き継いだ.
【移居】yíjū 動 引っ越す. ¶~海外多年 / 海外に転居して長い.
【移民】❶ yí// mín 動 移民する. ¶~海外 / 海外に移民するようにする. ❷ yímín 名 移民. ¶安置 / 移民が安心して暮らせるようにする.
【移民局】yímínjú 名 移民局.
【移山倒海】yí shān dǎo hǎi 成 自然を征服する力や気迫が大きい. ¶~之志 zhì / 山を移し海を覆すほどの不屈の意志.
【移师】yíshī 軍隊を移動する.

【移时】yíshí 副 文 しばらくして.
【移送】yísòng 動（容疑者や法律関連の書類などを）移送する. 同 转 zhuǎn 送
【移位】yíwèi 動 移動する. シフトする.
【移项】yí//xiàng 動《数学》移項する.
【移译】yíyì 動 文 翻訳する. 通訳する. 同 迻 yí 译,翻 fān 译
【移易】yíyì 動 文 変える. 変更する. 同 改变 gǎibiàn
【移用】yíyòng 動 流用する. 転用する.
【移栽】yízāi 動（苗を）植え替える. 移植する. 同 移植 zhí ①
【移植】yízhí 動 ❶《農業》苗を植え替える. ❷《医学》移植する. ❸（技術や経験を）他の分野で応用する.
【移樽就教】yí zūn jiù jiào 成 進んで人に教えを請う. 由来 酒を運んでいって、一緒に飲みながら教えを請うという意から.

痍 yí
扩部6 全11画 四 0018₂ 通用
素 傷. ¶疮~ chuāngyí（傷）.

遗(遺) yí
辶部9 全12画 四 3530₈ 常用
素 ❶ 失う. なくす. ¶~失 yíshī. ❷ 抜け落ちる. ¶~漏 yílòu / ~忘 yíwàng. ❸ なくしたもの. 落としたもの. ¶补~ bǔyí（補遺）/ 路不拾 shí~（落とし物を着服する人がいないほどに社会が安定している）. ❹ 後に残す. ¶~迹 yíjī / ~憾 yíhàn / 不~余力（余力を残さない）. ❺ 死者の残したもの. ¶~嘱 yízhǔ / ~著 yízhù / ~容 yíróng. ❻（大小便や精液を）漏らす. ¶~尿 yíniào / ~精 yíjīng.
☞ 遗 wèi

【遗产】yíchǎn 〔圈 笔 bǐ, 份 fèn〕遗産. ¶文学~ / 文学遗产. ❶分配~ / 遗産を分ける.
【遗产税】yíchǎnshuì 名 遗産相続税.
【遗臭万年】yí chòu wàn nián 成 歴史に悪名をとどめる.
【遗传】yíchuán 動 遗伝する. ¶这种病会不会~？/ この病気は遺伝しますか.
【遗传工程】yíchuán gōngchéng 名 遺伝子工学. 同 基因 jīyīn 工程
【遗传物质】yíchuán wùzhì 名《生物》遺伝物質.
【遗传性】yíchuánxìng 名《生物・医学》遗伝性.
【遗传学】yíchuánxué 名 遗伝学.
【遗存】yícún 動 以前から残っている. 残存する. 同 遗留 liú 名 前代の遺物.
【遗毒】yídú 名 負の遺産. 余毒. ¶肃清 sùqīng~ / 負の遺産を一掃する.
【遗返】yífǎn 名 先人が残した手本.
【遗风】yífēng 名 昔からの風習. 遺風. ¶古代~ / 古代からの風習.
【遗腹子】yífùzǐ 名〔圈 个 ge〕父親の死後に生まれた子供.
【遗稿】yígǎo 名〔圈 份 fèn, 篇 piān〕遺稿.
【遗孤】yígū 名 孤児.
【遗骨】yígǔ 名 遗骨.
【遗骸】yíhái 名 なきがら. 遺骸.
【遗害】yíhài 動 災いを残す.
【遗憾】yíhàn ❶ 悔やんでも悔やみきれないこと. 無念. 遗恨. ¶终生~ / 終生の心残り. ❷ 形 遺憾だ. 残念だ. ¶令人~ / 残念な思いがする. ¶你不能出席, 很~ / 君が出席できないとは, とても残念だ. ❸ 動 外交用語

で非難や抗議の意志をあらわす．遺憾に思う．¶我深表～／我方は深く遺憾の意を表明する．

【遺恨】yíhèn 名一生の心残り．終生の悔恨．¶死无～／死んでも思い残すことはない．

【遺患】yíhuàn 動災いを残す．

【遺禍】yíhuò 動災いを残す．

【遺迹】yíjī 名〔量处 chù, 个 ge〕遺跡．

【遺教】yíjiào 名前人の残した教え．遺訓．

【遺精】yíjīng 名夢精する．

【遺老】yílǎo ❶王朝が変わっても前王朝に忠節を尽くす老臣．遺老．¶前朝 qiáncháo～／前朝に仕えた老臣．❷世の移り変わりを経験した老人．

【遺留】yíliú 動（以前から）残っている．伝わっている．¶历史～下来的问题／歴史的に現存する課題．

【遺漏】yílòu 動（うっかり）漏れ落とす．抜け落ちる．¶～了重要的项目 xiàngmù／重要な項目を漏らした．同脱漏 tuōlòu

【遺落】yíluò 動❶なくす．なくなる．同遺失 shī ❷漏れる．落とす．同遺漏 lòu

【遺民】yímín 名旧❶遺民．王朝が交代した後も，前の王朝に忠義を尽くす人．❷大争乱の後に残された庶民．

【遺墨】yímò 名遺墨．故人の手紙・書画・原稿など．

【遺尿】yíniào 名寝小便．遺尿．

【遺篇】yípiān 名先人が残した詩文．

【遺弃】yíqì 動遺棄する．見捨てる．¶遭 zāo 父母～／父母に捨てられる．

【遺弃罪】yíqìzuì 名〈法律〉遺棄罪．

【遺缺】yíquē 名欠員．空席．¶补～／欠員を補う．

【遺容】yíróng 名❶死に顔．¶瞻仰 zhānyǎng～／死に顔を拝む．¶安祥 ānxiáng の～／安らかな死に顔．❷遺影．

【遺少】yíshào 名王朝交代後も前の王朝に忠誠を尽くす若者．また，新しい時代になっても古い思想や伝統にしばられる若者．

【遺失】yíshī 動紛失する．なくす．¶～证件／証明書を紛失する．

【遺世独立】yí shì dú lì 成俗世間を離れ超然としている．由来宋・蘇軾の「赤壁賦」に見えることば．

【遺事】yíshì 名（昔の人が）残した物．¶前朝 qiáncháo～／前王朝が残した物．¶古人的～／昔の人の遺物．

【遺书】yíshū 名❶遺作．¶《船山～》／『船山遺書』❷〔量封 fēng, 张 zhāng〕遺書．¶留下一封～／1通の遺書を残す．❸〈文〉〔量本 běn, 部 bù〕散逸した書物．用法①は，多く書名に用いる．

【遺属】yíshǔ 名遺族．

【遺孀】yíshuāng 名未亡人．

【遺体】yítǐ 名❶遺体．なきがら．¶～安放在大厅／遺体をホールに安置する．❷動植物の死がい．残がい．

【遺忘】yíwàng 動忘れる．¶永难～／永遠に忘れられない．同忘记 wàngjì, 忘却 wàngquè

【遺聞】yíwén 名昔から伝わる言い伝え．¶收集～／昔話を集める．

【遺物】yíwù 名〔量件 jiàn〕古くから伝わる物．故人が残した物．

【遺像】yíxiàng 名〔量幅 fú, 张 zhāng〕遺影．

【遺訓】yíxùn 名遺訓．故人が残した教え．¶古人～／先人の遺訓．

【遺言】yíyán 名〔量段 duàn, 句 jù〕遺言．¶临终 línzhōng の～／臨終の遺言．同遺嘱 yízhǔ

【遺願】yíyuàn 名故人が生前中果せなかった望み．¶返回故土,这是他最大的～／故郷へ帰ること，それが彼の果せなかった願いだ．

【遺贈】yízèng 動遺贈する．

【遺詔】yízhào 名皇帝の遺言．遺詔(じょう)．

【遺照】yízhào 名故人の生前の写真．

【遺址】yízhǐ 〔量处 chù〕遺跡．¶寻找～／遺跡を探す．

【遺志】yízhì 名遺志．生前の志．¶继承先烈 xiānliè～／先烈の遺志を受け継ぐ．

【遺嘱】yízhǔ ❶動遺言する．❷名〔量段 duàn, 份 fèn, 句 jù〕遺言．遺言書．¶立下～／遺言書を作成する．

【遺著】yízhù 名遺著．故人の著作．

【遺族】yízú 名遺族．

【遺作】yízuò 名遺作．

颐(頤) yí 页部7 四 7178₂
全13画 通 用

素 ❶ほお．¶支～ zhīyí（ほおづえをつく）．❷保養する．ゆっくり休める．¶～神 yíshén（気を休める）／～养 yíyǎng．

【颐和园】Yíhéyuán 名頤和園(えん)．参考北京の西北部にある，清朝の夏の離宮．西太后によって名付けられた，風光明媚な大庭園．

【颐养】yíyǎng 動〈文〉保養する．同保养 bǎoyǎng

【颐养天年】yíyǎng tiānnián 寿命が来るまで静養する．

【颐指气使】yí zhǐ qì shǐ 成人をあごで使う．¶官儿不大,却喜欢 xǐhuān～／官位は低いが,人をあごで使いたがる．同目 mù 指气使

疑 yí ヒ部12 四 2788₁
全14画 常 用

素 ❶疑う．¶～惑 yíhuò／～心 yíxīn．猜～ cāiyí（疑う）／半信半～（成半信半疑）．反信 xìn ❷疑のある．定かになっていない．¶～问 yíwèn／～案 yǐàn．¶～点／存～ cúnyí（疑問として残す）．

【疑案】yǐàn 名❶確証がなく解決困難な事件．¶～难决 nánjué／厄介な事件で解決が難しい．❷疑わしい情況．確定できない事情．

【疑兵】yíbīng 名おとりの兵や軍隊．

【疑点】yídiǎn 名疑問点．よくわからないところ．¶这个案件～很多／その事件は不明な点が多い．

【疑窦】yídòu 名〈文〉疑わしい点．

【疑犯】yífàn 名容疑者．

【疑惑】yíhuò 動腑(ふ)に落ちない．疑わしく思う．¶～不解 jiě／どうにもはっきりしない．¶～的眼神／疑いの目．

【疑忌】yíjì 動疑いをもつ．¶心怀 xīnhuái～／猜疑心をいだく．

【疑惧】yíjù 動疑い恐れる．危惧する．¶面露 miànlù～／疑念が顔にあらわれる．

【疑虑】yílù 動疑わしくて気になる．気にかける．¶消除～／気がかりを取り除く．¶一直心存～／ずっと心に引っかかるものがある．

【疑难】yínán 形疑わしくて判断や処理が難しい．¶～问题／難しい問題．¶解除 jiěchú～／難点を取り除く．

【疑难重症】yínán zhòngzhèng 名診断の下せない治療困難な病気．難病．同疑难杂症 zázhèng

【疑念】yíniàn 名疑い．疑念．

【疑神疑鬼】yí shén yí guǐ 成あれこれと疑う．疑い深

い. 疑心暗鬼.
【疑似】yísì 形 確かなような,確かでないような. ¶~之间 / 確かと不確かの間.
【疑团】yítuán 名 疑念. 疑惑. ¶他心中的~解消 jiěxiāo 了 / 彼の胸のうちの疑念は解消した.
*【疑问】yíwèn 名〔働 个 ge〕疑問. ¶有什么~,请提出来 / どんな疑問でも出してください.
【疑问句】yíwènjù 名《言語》疑問文.
【疑心】yíxīn ❶名 疑念. 疑い. ¶起~ / 疑いを起こす. ❷動 疑う. ¶我~他在故意捣乱 dǎoluàn / 彼がわざと騒ぎを起こしたのではないかと私は疑っている. 囲 怀疑 huáiyí
【疑心病】yíxīnbìng 名 疑り深い質(たち).
【疑凶】yíxiōng 名 凶悪犯罪の容疑者.
【疑义】yíyì 名 疑わしい点.
【疑云】yíyún 名〔働 团 tuán〕心の中に雲のように立ちこめた疑問. ¶驱散 qūsàn~ / 疑いを吹き飛ばす. ¶反而増加了不止一个多くの疑惑がわき起こってきた.
【疑阵】yízhèn 名 敵を惑わすための布陣.

嶷 yí
山部14 四 2288₁
全17画 通用
素 地名用字. ¶九~ / Jiǔyí (湖南省にある山の名).

簃 yí
竹部11 四 8892₇
全17画 通用
名 楼閣のかたわらにある小さな建物. 用法 書斎の名称に多く用いられる.

彝(彜) yí
彑部15 四 2744₉
全18画 通用
❶名 古代の酒器. または祭祀に用いる器. ¶~器 yíqì (宗廟に供える器) / 鼎~ dǐngyí (鼎 ²など彝 ²). ❷⑤ 規則. ¶~准 yízhǔn (規則) / ~宪 yíxiàn (守るべき人の道). ❸素 "彝族 Yízú"の略称.
【彝族】Yízú 名《民族》イ族. 中国の少数民族の一つで,雲南省を中心に四川・貴州に居住.

乙 yǐ
乙部0 四 1771₀
全1画 通用
名 ❶ 十干(じっかん)の第2位. 乙(きのと). ❷《音楽》昔の楽譜の音符の一つ. 略譜の「7」に相当する. ❸ (Yǐ)姓.
【乙醇】yǐchún 名《化学》エチルアルコール. 囲 酒精 jiǔjīng
【乙等】yǐděng ❶形 2等の. ¶~奖 / 2等賞. ❷名 (成績の)乙(おつ).
【乙方】yǐfāng 名《契約書の》乙方. 反 甲 jiǎ 方 参考 通常,二者契約における客側.
【乙肝】yǐgān 名《医学》"乙型病毒性肝炎"(B型肝炎)の略.
【乙醚】yǐmí 名《化学》エーテル.
【乙脑】yǐnǎo 名《医学》"流行性乙型脑炎 liúxíngxíng yǐxíng nǎoyán"(流行性B型脳炎)の略.
【乙醛】yǐquán 名《化学》アセトアルデヒド.
【乙炔】yǐquē 名《化学》エチン. アセチレン.
【乙酸】yǐsuān 名《化学》酢酸(さくさん).
【乙烷】yǐwán 名《化学》エタン.
【乙烯】yǐxī 名《化学》エチレン.
【乙状结肠】yǐzhuàng jiécháng 名《生理》S 状結腸. S 状結腸

已 yǐ
已部0 四 1771₇
全3画 常用
❶動⑤ 途中でやめる. ¶学不可以~ (学ぶことをやめてはいけない) / 论争不~ (論争がやまない). ❷副 すでに.

¶~经 yǐjīng / 时间~过 (時間はもう過ぎた). 反 未 wèi ❸副⑤ のちに. しばらくして. ❹副⑤ はなはだ.
【已而】yǐ'ér ⑤ ❶副 しばらくして. 囲 不久 bùjiǔ ❷動 しかたがない. それまでだ. 囲 罢了 bàle
【已故】yǐgù 形 亡くなっている. 今は亡き.
【已婚】yǐhūn 形 既婚の.
*【已经】yǐjīng 副 すでに. もう. ¶~完成了 / すでに完了した / 天气~不冷了 / 気候はもう寒くなくなった. ¶我~通知小明了 / 私はもうミンさんに知らせた. 参考 事柄がすでに完了したこと,ある一定の度合いに達したこと,時間が過ぎたことをあらわす.
【已决犯】yǐjuéfàn 名《法律》既決犯. 既決囚.
【已然】yǐrán 副 すでにそうなっている. すでに事実となっている. ¶自古~ / 昔からである. 反 未然 wèirán
【已往】yǐwǎng 名 以前. 過去. ¶按~经验 / 過去の経験に照らす.
【已知数】yǐzhīshù 名《数学》既知数.

以 yǐ
人部2 四 2870₀
全4画 常用
Ⅰ 前 ❶ (動作行為のやり方,手段,よりどころを表わし)…でもって. …をもって. ¶~怨报德 yǐ yuàn bào dé / ~毒攻毒 yǐ dú gōng dú. ¶~高标准要求自己 / 高い基準で自らを律する. ¶每个小组~五个人计算 / 1グループ5人で計算する. ¶甲队~一分之差输 shū 给了乙队 / A チームは1点差で B チームに負けた. ¶他~质问的口气问了我 / 彼は詰問するような口調で私に聞いた.
❷ (多くは"以…而…"の形で,原因・理由を表わし)…のために. …ので. ¶长城~雄伟壮观而闻名于世 / 長城は雄大な眺めで世に知られる.
❸ ("给 + A + 以…"の形で)A に…を与える. ¶给灾区人民~热情的支援 / 被災地の人々に温かい支援をする.
❹ ("以 + A + 为…"の形で) A を…とする. ¶~此为准 / これを基準とする. ¶~进行集体研究为目的,我们组织了一个专门小组 / 共同研究を行うことを目的に,私たちは専門チームを作った.
❺ ("以…而论"の形で) …からいえば. ¶~我个人 gèrén 而论,我是反对这种处理方法的 / 私個人としては,このような処理の仕方には反対だ.
❻ ("以…的话来说"の形で)…のことばを引用する. ¶~老师的话来说,这叫作"不经一事,不长 zhǎng 一智 zhì" / 先生の言い方によれば,これは「経験は人を賢くする」ということだ.
❼ 時間を導く. ¶中华人民共和国~1949年10月1日宣告成立 / 中華人民共和国は1949年10月1日に成立を宣言した.
Ⅱ 接 (目的を表わし) …するために. そうして. する. ¶学会使用电脑,~适应 shìyìng 工作 / コンピュータをマスターして,仕事に適応せねばならない. ¶増产节约~支援国家建设 / 増産節約を励行し国家建設を支援する.
Ⅲ 副 場所や時間を限定する. ¶长江~南 / 長江以南. ¶水平~上 / 水準以上. ¶三天~内 / 3日以内.
Ⅳ (Yǐ)姓.
【以暴易暴】yǐ bào yì bào 成 暴をもって暴に代える. 統治者は代わっても,暴虐な統治に変わりがない.
【以便】yǐbiàn 接 …するのに便利なように. …しやすいように. ¶我们买好返程票吧,~按时返回 fǎnhuí / 帰りの切符も買っておきましょう,時間通り帰れるように. 用法 後半の文のはじまりに置く.
【以不变应万变】yǐ bùbiàn yìng wànbiàn 句 さまざまに変化する状況に,一定した原則や方針で対処する.

【以诚相待】yǐ chéng xiāng dài 句 心をこめて対応する.

【以此类推】yǐ cǐ lèituī このこと(や情況)から推測する. 同 依 yī 此类推

【以此为戒】yǐ cǐ wéi jiè 句 これをもって戒めとする.

【以次】yǐcì ❶ 副 順序通り. 順番にしたがって. ¶〜入座/順番に席につく. ❷ 名 以下. ¶〜各章/以下の各章.

【以次充好】yǐ cì chōng hǎo 句 質の劣るものをよいものに見せかけて(売)る.

【以德报怨】yǐ dé bào yuàn 成 恨みに対して恩でこたえる. ¶不计前仇 chóu、〜/昔の仇(を)にこだわらず、徳をもって恨みに報いる. 由来『論語』憲問篇に見えることば.

【以毒攻毒】yǐ dú gōng dú 成 毒をもって毒を制する方法.¶〜的办法/毒をもって毒を制する方法.

【以讹传讹】yǐ é chuán é 成 不確かな話が,伝わるにつれてますます事実から離れていく. ¶小道消息往往〜/うわさ話には往往にして尾ひれがつく. 参考「讹」は「誤り」という意.

【以耳代目】yǐ ěr dài mù 成 伝聞を事実と思いこむ. 他人の見聞を信じこむ. 由来 耳で目の代用をさせる、という意から.

【以防不测】yǐ fáng bù cè 成 不測の事態に備える.

【以防万一】yǐ fáng wàn yī 成 万一に備える. ¶你还是多带一些钱,〜/万一のために,少し多めにお金を持ってなさい.

【以工代干】yǐ gōng dài gàn 句 一般労働者の身分で幹部の仕事をする.

【以攻为守】yǐ gōng wéi shǒu 成 攻勢に出ることで守りとする. 攻撃は最大の防御.

【以古非今】yǐ gǔ fēi jīn 成 昔のことを引き合いに出して,現在を批判する.

【以观后效】yǐ guān hòu xiào 成 犯罪者が改心したかどうか、その後の行いを見る.

*【以后】yǐhòu 方 (現在よりも)あと.以後.¶从今〜/今すれから.¶毕业〜,我们一直没见过面/卒業後,私たちはずっと会っていない.

【以还】yǐhuán 名 文 …以来.

*【以及】yǐjí 接 および. ¶亚洲 Yàzhōu〜太平洋地区/アジアおよび太平洋地区.

【以己度人】yǐ jǐ duó rén 成 自分をひな型にして,他人を推測する. ¶他老是〜,误解 wùjiě 别人的用意/彼はいつも自分の考えで人を推し量るので,他人の意図を誤解する.

【以假乱真】yǐ jiǎ luàn zhēn 成 偽物を本物の中に混ぜてごまかす. 偽物を本物という.

【以近】yǐjìn 名 (鉄道の駅やバス停などの配列の)手前.寄り.

【以儆效尤】yǐ jǐng xiào yóu 成 一罰百戒.厳しく処罰して,悪事をまねる者への警告とする.

*【以来】yǐlái 名 …以来. ¶自古〜/古来. ¶开幕 kāi-mù〜,前来的客人每天络绎 luòyì 不绝/オープンして以来,客が毎日ひきもきらない.

【以泪洗面】yǐ lèi xǐ miàn 句 涙でじゅくじゅくになる.

【以礼相待】yǐ lǐ xiāng dài 成 礼儀正しい言動で人に接する.

【以理服人】yǐ lǐ fú rén 成 道理で人を心服させる.

【以利于】yǐlìyú 动 …するのに都合がいいように. ¶发展经济,〜提高人民的生活水平/経済発展は,人々の生活水準向上に都合がよい. 用法 後半の文のはじまりに置く.

【以邻为壑】yǐ lín wéi hè 成 灾いや困難を人に押しつける. 由来『孟子』告子下に見えることば. 隣国を大きな貯水池として,自国の洪水を流し込む,という意から.

【以卵击[投]石】yǐ luǎn jī [tóu] shí 自分の力をわきまえず,無謀なことをして滅亡を招く. 由来 卵で石を打つ,という意から.

【以貌取人】yǐ mào qǔ rén 外見で人を判断する. 由来『史记』仲尼弟子伝に見えることば.

【以免】yǐmiǎn 接 …しないですむように. ¶你还是早些出门吧,〜迟到/遅刻しないよう,やはり早めにお出かけなさい. 同 免得 miǎnde,省得 shěngde 用法 後半の文のはじまりに置くことが多い.

*【以内】yǐnèi 方 以内. ¶三天〜,给你答复 dáfù/3日以内に,君に返答する. ¶会场〜,座无虚席/会場内は満席だ.

【以偏概全】yǐ piān gài quán 句 一部を見て全体を考え,誤った評価をする.

【以期】yǐqī 接 …を期して. …を目的にして. 用法 後半の文のはじまりに置く.

*【以前】yǐqián 方 (現在より)以前. ¶五年〜/5年前. ¶〜,我们曾经是高中同学/むかし,私たちは高校の同級生だった. ¶回家〜,一定要把作业做完/帰宅前に,宿題を終えねばならない.

【以强凌弱】yǐ qiáng líng ruò 成 力を頼みで弱いものいじめをする.

【以求】yǐqiú 接 …するように. …しようとして. 用法 後半の文のはじまりに置く.

【以求一逞】yǐ qiú yī chěng 悪事を一気に達しようとする.

【以权谋私】yǐ quán móu sī 成 権力を利用して私利をはかる.

【以弱胜强】yǐ ruò shèng qiáng 弱い力で強い勢力を倒す.

【以色列】Yǐsèliè 国名 イスラエル.

*【以上】yǐshàng 方 ❶ 以上. それより上. ¶飞机在一万米〜的高空飞行/飛行機は1万メートルほどの上空を飛行する. ❷ (それより前に述べたことをうけて)以上. ¶〜是我个人 gèrén 的看法/以上は,私の個人的見解です.

【以身试法】yǐ shēn shì fǎ 自分で法律の力を試す. 法律を知りながら公然と法律を犯す. 由来『漢書』王尊伝に見えることば.

【以身殉职】yǐ shēn xùn zhí 殉職する.

【以身作则】yǐ shēn zuò zé みずからの行動で模範を示す.

【以势压人】yǐ shì yā rén 成 権力で人を押さえつける.

【以售其奸】yǐ shòu qí jiān (ほかのことを利用して)悪だくみの実現をはかる.

【以太网】yǐtàiwǎng 《コンピュータ》イーサネット. ◆ethernet

【以退为进】yǐ tuì wéi jìn 損して得を取る. さらに前進するために,いったん退く.

*【以外】yǐwài 方 以外. ¶这是我们管辖 guǎnxiá 〜的事/これは我々の管轄外だ. ¶除此〜,别无好办法了/これ以外,良い方法はない.

【以往】yǐwǎng 名 以前. 過去. ¶小美的成绩比〜好多了/メイちゃんの成績は以前よりずっと良くなった.

*【以为】yǐwéi 动 …と思う. 不〜然/そう思えない. 納得できない. ¶我一直〜他是中国人/私はずっと彼は中国人だと思っていた. 比较 1)"以为"は事実と合わない主観的な判断を示すこともあり,断定の度合はその場合

目で,反論を許容する印象がある. "认为 rènwéi"は,事実に基づく判断であり,断定は客観的で,場合によっては押しつけがましく聞こえる. 2) "以为"の前には"满","很"など一部の程度をあらわす副詞を置けるが,"认为"の前には置けない.

【以下】*yǐxià 方 名 ❶以下. それより下. ¶一米～小儿童,乘车免费 / 身長メートル以下の子供は,乗車無料. ❷ 以下. 次の. これから続くこと.

【以销定产】yǐ xiāo dìng chǎn 句 売り上げによって生産計画をたてる.

【以小见大】yǐ xiǎo jiàn dà 成 小さな事柄から大きな意義を見出す. 物事の一部から物事全体を見通すこと.

【以眼还眼,以牙还牙】yǐ yǎn huán yǎn, yǐ yá huán yá 成 目には目を,歯には歯を. 相手と同じ方法で相手に仕返しする.

【以一当十】yǐ yī dāng shí 成 一人が十人の敵を相手にする. 少数で奮闘すること. 勇敢に戦うよう.

【以逸待劳】yǐ yì dài láo 成 鋭気を養って疲れた相手を待つ.

【以远】yǐyuǎn 名《交通》(航路や鉄道などで)以遠. それより先.

【以怨报德】yǐ yuàn bào dé 成 恩を仇(❀)で返す.

【以至】yǐzhì 接 ❶(数量や程度が)…に至るまで. ¶要发准一个音,必须反复练习几遍,十几遍～几十遍一つの音を正確に発音するには,何回も十何回も,何十回に至るまで繰り返し練習しなくてはならない. 同以至于 yǐzhìyú ❷ そのために…するほどだ. 前段で述べた情況の結果を引き出す. ¶科技发展展得这样快,令很多人都感到很难适应 shìyìng / 科学技術の発展がとても速いために,多くの人が適応できないと感じている. 同以至于 yǐzhìyú 用法 ②は,後半の文のはじまりに置く.

【以致】yǐzhì 接 こういうことになる. …という結果を招く. ¶他不听我的劝告,～上了那个坏人的当 dàng / 彼は私の忠告を聞かなかったので,あの悪人に騙されるはめになった. 用法 後半の文のはじまりに置く.

钇(釔) yǐ 钅部3 全6画 8771₀ 通用

名《化学》イットリウム. Y.

苡 yǐ 艹部4 全7画 4478₀ 通用

素《植物》"薏苡 yìyǐ"(ハトムギ)のこと.

【苡仁】yǐrén 名《植物・薬》ハトムギの実. 同苡米 yǐmǐ,薏米 yìmǐ.

尾 yǐ 尸部4 全7画 7721₄ 通用

名 ❶ ウマなどの毛. ¶马～罗(ウマのしっぽの毛でつくったふるい). ❷ コオロギなどのしっぽにある針状の器官. ¶三～儿 sānyǐr(メスのコオロギ).

☞ 尾 wěi

矣 yǐ ム部5 全7画 2380₄ 四 通用

助 文 ❶ 文末に用いる. "了 le"に相当する. ¶艰难险阻 jiānnán xiǎnzǔ,备尝之～(困難や危険なことはすべて体験した). ❷ 感嘆をあらわす. ¶大～哉 zāi(なんと大きいことか). ❸ 命令や懇願をあらわす. ¶往～,毋 wú 多言!(行きなさい,つべこべ言わずに).

迤(異迆) yǐ 辶部4 全8画 3830₁ 四 通用

❶ 素 地形が傾いて先にのびている. ¶～逦 yǐlǐ. ❷ 動 ～の方向に向かう.

☞ 迤 yí

【迤逦】yǐlǐ 形 くねくねと続いている. ¶山峦 shānluán～/ 山並みがくねくねと連なっている.

蚁(蟻)(異螘) yǐ 虫部3 全9画 5410₃ 常用

名 ❶《虫》アリ. ¶～垤 yǐdié(アリ塚)/ 蚂～ mǎyǐ(アリ)/ 白～ báiyǐ(シロアリ)/ 工～ gōngyǐ(働きアリ). ❷(Yǐ)姓.

【蚁巢】yǐcháo 名 アリの巣.
【蚁后】yǐhòu 名《虫》女王アリ. 同雌 cí 蚁
【蚁酸】yǐsuān 名《化学》蟻酸(蕓). 同甲酸 jiǎsuān.
【蚁穴】yǐxué 名 ❶ アリの巣. ❷ アリの穴. 大きな災いのもとになる小さいきっかけ.

舣(艤)(異檥) yǐ 舟部3 全9画 2440₅ 四 通用

動 文 船を岸につける.

酏 yǐ 酉部3 全10画 1461₂ 四

名《薬》エリキシル. ♦プ elixir 参考 "yí"とも発音する.

【酏剂】yǐjì 名《薬》エリキシル. 表現 略称は"酏".

倚 yǐ 亻部8 全10画 2422₁ 四 通用

❶ 動 もたれる. ¶～门(入り口にもたれる). ❷ 素 恃(❀)む. 頼りにする. ❸ 素 かたよる. ¶不偏不～(成 かたよりがない).

【倚官仗势】yǐ guān zhàng shì 成 役人の権勢をかさに着る. 役人風を吹かせる.

【倚靠】yǐkào 動 ❶ 依存する. 頼りにする. あてにする. ¶毫无～/ 少しも依存しない. ❷ よりかかる. もたれかかる. ¶～着门 / 戸によりかかる.

【倚赖】yǐlài 動 依存する. 頼りにする. ¶～他人 / 他人によりかかる.

【倚老卖老】yǐ lǎo mài lǎo 年寄り風をふかせる. 経験を鼻にかける. ¶喜欢～/ 年長風をふかせたがる.

【倚仗】yǐzhàng 動 頼みにする. 頼る. ¶一味～过去的功労 / ひたすら過去の功績にたよっている.

【倚重】yǐzhòng 動 信頼して重んじる.

椅 yǐ 木部8 全12画 4492₁ 常用

名 ❶ "椅子 yǐzi"に同じ. ¶藤～ téngyǐ(籐いす)/ 躺～ tǎngyǐ(寝いす). ❷(Yǐ)姓.

☞ 椅 yī

【椅背】yǐbèi 名 いすの背.
【椅套】yǐtào 名 椅子カバー.
【椅子】*yǐzi 名〔把 bǎ,个 ge〕(背もたれのある)いす. 参考 背もたれのない腰掛けは"凳子 dèngzi"という.

旖 yǐ 方部10 全14画 0822₁ 通用

下記熟語を参照.

【旖旎】yǐnǐ 形 おだやかで美しい. ¶风光～/ 景色がおだやかで美しい.

义 yì 丶部1 全2画 4000₀

動 文 国がよく治まって安定している. ¶～安 yì'ān(太平無事である).

弋 yì 弋部0 全3画 4300₀ 通用

❶ 動 糸をつけた矢で鳥を射る. 当たると糸がからみつく. ❷(Yì)姓.

【弋阳腔】yìyángqiāng 名《芸能》伝統劇の歌の節回し.

の一つ.江西省の戈陽(yáng)に起源をもつでこの名がある.独唱に数人で唱和し,打楽器のみで伴奏する.⇒弋腔 yìqiāng

亿(億) yì

亻部1 四 2721。
全3画 常用

❶[数]億. ¶~万 yìwàn. ⇒万万 wànwàn ❷[数](古代の)十万. ❸(Yì)姓.

【亿万】yìwàn [数]とてつもなく大きい数. ¶~斯 sī 年/はかり知れない長い年月. ¶~人民/億万の人々.

义(義) yì

丶部2 四 4000₃
全3画 常用

❶[素]正しい道理.道徳的に正しいふるまい. ¶正~ zhèngyì(正義)/见~勇为 wéi(成)正義のために勇敢に行う)/~不容辞 cí. ❷[素]正義にかなった.公益のため. ¶~演 yǎn/~卖 yìmài/~举 yìjǔ. ❸[素]義理.人情. ¶情~ qíngyì(義理人情)/忘恩负~(成)恩義を忘れる). ❹[素](関係が)義理の. ¶~父 yìfù/~母 yìmǔ/~女 yìnǚ. ❺[素](人体の部分が)人工の. ¶~齿 yìchǐ/~肢 yìzhī(義足). ❻[素]意味. ¶字~ ziyì(字義)/定~ dìngyì(定義)/含~ hányì(字句に含まれる意味). ❼(Yì)姓.

[筆順] 丶ソ义

【义不容辞】yì bù róng cí(成)道義上どうしても辞退できない. ¶~的责任/当然果たすべき責任.

【义齿】yìchǐ [名]颗 kē 入れ歯.義歯.

【义地】yìdì [名][旧]❶貧しい人を埋葬する共同墓地. ❷個人や団体が土地を購入し,同郷人や同じ団体の人およびその家族を埋葬する墓地.

【义愤】yìfèn [名]義憤. ¶表示~/義憤を示す.

【义愤填膺[胸]】yì fèn tián yīng [xiōng](成)義憤が胸にあふれる.

【义父】yìfù [名]義父.

【义工】yìgōng ❶[动]ボランティア活動をする. ❷[名]①をする人.ボランティア.

【义和团运动】Yìhétuán yùndòng [名][歴史]義和団事件(1899-1900).海外列強による中国侵略に抗議し,華北を中心に民衆が起こした迷信的な排外運動.八ヶ国連合軍に鎮圧された.

【义举】yìjǔ [名]正義のために行動をおこすこと.義挙.

【义捐】yìjuān [动]社会のために金品を寄付する.

【义军】yìjūn [名]正義を旗印に挙兵した軍隊.義軍.⇒义军 shī

【义理】yìlǐ [名](文章などの)内容. ¶~词章/内容と表現力.

【义卖】yìmài [动]チャリティー・バザーをする. ¶~品/バザーの商品. ¶举行~活动/チャリティー・バザーを開く.

【义母】yìmǔ [名]養母.義母.[参考]姻戚関係の場合,妻の母親は"岳母 yuèmǔ",夫の母親は"婆婆 pópo"という.

【义女】yìnǚ [名]義理の娘.養女.

【义旗】yìqí [名][〈面 miàn]正義の旗. ¶举~/蜂起する. ¶~所向,势不可当 dāng/(成)正義の旗の向かうところ敵なし.

【义气】yìqi ❶[名]義侠心. ¶讲~/男気を出す. ¶~凛然 lǐnrán/義侠心があってりりしいようす. ❷[形]義侠心がある.義理がたい.

【义师】yìshī [名]義軍. ⇒义军 jūn

【义士】yìshì [名][旧]正義の士.義士.

【义塾】yìshú →义学 yìxué

【义无反[返]顾】yì wú fǎn gù(成)道義上,後へ引けない. ⇒义不 bù 反顾

【义务】yìwù ❶[名][〈项 xiàng,种 zhǒng](法律上・道義上の)義務. ¶负有~/義務を負う. 反权利 quánlì ❷[形]無報酬の.奉仕の. ¶~演出/チャリティー・ショー.

【义务兵】yìwùbīng [名](徴兵制による)徴集兵.

【义务兵役制】yìwù bīngyìzhì 徴兵制. ⇒征 zhēng 兵制

【义务教育】yìwù jiàoyù 義務教育. [参考]中国の義務教育期間は"小学"と"初级中学"の9年間.

【义务劳动】yìwù láodòng 勤労奉仕.

【义项】yìxiàng [名](辞書の)語釈の項目.

【义形于色】yì xíng yú sè(成)義憤が顔にあらわれる.

【义学】yìxué [名]個人の義捐金や地方の公益金で創設した学費免除の学校. ⇒义塾 shú

【义演】yìyǎn [动]チャリティー・ショーをする.慈善公演を行う. ¶~音乐会 yīnyuèhuì/チャリティー・コンサート.

【义勇】yìyǒng [形]義勇の.

【义勇军】yìyǒngjūn [名]義勇軍. ¶《~进行曲 jìnxíngqǔ》/『義勇軍行進曲』.中華人民共和国国歌.

【义战】yìzhàn [名]正義のための戦争.

【义诊】yìzhěn [动]❶医療奉仕する. ❷医者が無料で治療する.

【义正词[辞]严】yì zhèng cí yán(成)正しい道理に基づき,ことばが厳しい.

【义冢】yìzhǒng [名][旧]無縁塚.無縁墓地.

【义子】yìzǐ [名]義理の子.養子.

艺(藝) yì

艹部1 四 4471₇
全4画 常用

❶[素]技術. ¶技~ jìyì(技芸)/手~ shǒuyì(技能)/园~ yuányì(園芸). ❷[素]芸術. ¶文~ wényì(文学芸術)/曲~ qǔyì(曲芸)/~人 yìrén. ❸(Yì)姓.

【艺高(人)胆大】yì gāo (rén) dǎn dà 腕前がすぐれた人は度胸もある.腕がたてば恐いものなしだ.

【艺妓】yìjì [名]芸妓.芸者.

【艺林】yìlín [名]文芸界.芸術界. ⇒艺苑 yuàn

【艺龄】yìlíng [名]芸歴.

【艺名】yìmíng [名]芸名.

【艺能】yìnéng [名]技能.腕前. [比較]日本の「芸能」とは意味が異なるので注意.

【艺人】yìrén [名][〈位 wèi]❶役者.芸人. ❷(手工芸の)職人.

**【艺术】yìshù ❶[名][〈门 mén,种 zhǒng]芸術. ❷[名]創造性に富んだ方法.技能. ¶军事~/軍事技術. ❸[形]芸術的だ.独創的な感覚である. ¶~的造型/芸術的な形.

【艺术家】yìshùjiā [名][〈个 ge,位 wèi]芸術家.

【艺术品】yìshùpǐn [名]芸術品. [参考]一般には造形芸術の作品をいう.

【艺术体操】yìshù tǐcāo 《スポーツ》新体操.

【艺术性】yìshùxìng [名]芸術性.

【艺坛】yìtán [名]芸術界.

【艺无止境】yì wú zhǐjìng(句)芸道に極まりはない.

【艺员】yìyuán [名][方]俳優.タレント. ⇒演员 yǎnyuán

【艺苑】yìyuàn [名][文]文学や芸術の粋が集まったところ.文学界,芸術界. ¶~奇葩 qípā/芸術の花園の奇花.すばらしい出来映えの作品.

刈 yì
刂部2　四 4200₀　全4画　通用
動文 刈る. ¶～麦 yìmài（麦を刈る）/～草 yìcǎo（草を刈る）/～草机 yìcǎojī.
【刈草机】yìcǎojī 名〔個 台 tái〕草刈り機.

忆（憶）yì
忄部1　四 9701₀　全4画　常用
❶**動**過去のことを思いおこす. ¶回～ huíyì（回想）/～苦 yìkǔ/～故人（故人をしのぶ）. ❷**動**記憶る, 覚えている. ¶記～力 jìyìlì（記憶力）. ❸（Yì）姓.
【忆苦】yìkǔ **動**解放前の苦しみを思い出す. ¶～饭/解放前の貧しい食事. ¶～思甜/解放前の苦難を思い出し, 今の幸せをかみしめる. 1959－1961年に盛んに言われた政治的標語.

艾 yì
艹部2　四 4440₀　全5画　次常用
素治める. 改める. ¶懲～ chéngyì（懲罰する）/自怨自～（成 悔恨する）.
☞ 艾 ài

仡 yì
亻部3　四 2821₇　全5画　通用
下記熟語を参照.
☞ 仡 gē
【仡仡】yìyì **形**文 ❶勇壮だ. ❷高大だ.

议（議）yì
讠部3　四 3470₃　全5画　常用
❶**素**意見. ¶提～ tíyì（提議する）/抗～ kàngyì（抗議する）/无异～（異議はない）. ❷**動**討論する. 話し合う. ¶会～ huìyì（会議）/商～ shāngyì（協議する）/～而不决（議論するだけで決着しない）.
【议案】yì'àn 名〔個 个 ge, 条 tiáo, 项 xiàng〕議案. ¶提出～/議案を出す.
【议程】yìchéng 名〔個 个 ge, 项 xiàng〕議事日程. 議事順序. ¶提出～/議事次第を提出する. ¶列入～/議事日程に組み込む.
【议定】yìdìng **動**話し合いによって決定する.
【议定书】yìdìngshū 名〔個 份 fèn〕議定書. ¶签订交流合作～/交流協力議定書に署名する.
【议购】yìgòu **動**《经济》価格を協議して購買する. 自由価格で買う.
【议和】yìhé **動**和平交渉を行う.
【议会】yìhuì 名 議会. 同 议院 yìyuàn
【议会制】yìhuìzhì 名 議会制.
【议价】yìjià ❶yì//jià **動**価格を相談して決める. ¶～出售 chūshòu/価格を協議して販売する. 値段は相談に応じます. ❷yìjià 名《经济》自由価格. 協定価格. 反 牌价 páijià
【议决】yìjué **動**議決する.
*【议论】yìlùn ❶**動**あれこれ取りざたする. 議論する. ¶～纷纷/議論百出する. ¶～风生/弁舌さわやかに議論する. ¶在背后 bèihòu～别人/陰で他人のことをあれこれ言われる. 同 谈论 tánlùn ❷名 議論. 意見. ¶大发 dàfā～/大いに議論する.
【议论文】yìlùnwén 名 論説文.
【议事】yìshì **動**問題を討議する. ¶召集 zhàojí 部下～/部下を集めて相談する.
【议题】yìtí 名〔個 项 xiàng〕議題. ¶提出～/議題を提出する.
【议席】yìxí 名 議席.
【议销】yìxiāo **動**《经济》価格を協議して販売する. 自

由価格で売る.
【议员】yìyuán 名〔個 个 ge, 名 míng, 位 wèi〕議員.
【议院】yìyuàn 名 議院. 議会. 同 议会 yìhuì
【议长】yìzhǎng 名 議長.
【议政】yìzhèng **動**政治を論議する.

屹 yì
山部3　四 2871₇　全6画　次常用
素山が高くそびえ立つ. ¶～立 yìlì.
【屹立】yìlì **動**高くそびえ立つ. どっしりと揺るぎない. ¶纪念碑～在广场上/記念碑が広場に堂々とそびえ立っている. 同 耸立 sǒnglì
【屹然】yìrán **形**文 堂々とそびえ立っている. ¶～不动/しっかりとして揺るぎない. ¶东方明珠塔～耸立 sǒnglì 在黄浦江 Huángpǔjiāng 畔 pàn/東方明珠タワーは黄浦江のほとりに, 厳然とそびえ立つ.

亦 yì
亠部4　四 0023₀　全6画　常用
❶**副**…もまた. ¶反之～然（その逆もまた然りだ）/～步～趋 qū/人云 yún～云 成 人のことばを受け売りする）. ❷（Yì）姓.
【亦步亦趋】yì bù yì qū 成 何をするにも人に合わせて行う. 由来『荘子』田子方篇に見えることば. 人が歩けば自分も歩き, 人が走れば自分も走る, という意から.
【亦工亦农】yì gōng yì nóng 句 ❶労働者であると同時に農民でもある. ❷工場で仕事もするし農作業もする.
【亦即】yìjí **動**…もまた…だ.
【亦庄亦谐】yì zhuāng yì xié 成（言動が）まじめでありながらユーモアもある.

衣 yī
衣部0　四 0073₂　全6画　常用
動文（服）を着る. 着せる. ¶～布衣 bùyī（木綿の服を着る. 庶民になる）/解衣 jiěyī～我（服を脱いで私に着せかける）. 注意 現在は読音の統合により, "yì"に統一されている.
☞ 衣 yī

异（異）yì
己部3　四 7744₁　全6画　常用
❶**素**異なる. 違う. ¶～口同声/大同小～ 成 大同小異）/日新月～ 成 日進月歩）. ❷同 tóng 2 **素**分かれる. 別々になる. ¶离～ líyì（離婚する）/分居～爨 yìcuàn（分家して別々に暮らす）. ❸**素**ほかの. 別の. ¶～日 yìrì/～地 yìdì. ❹**素**普通のものとは違っている. ¶～香 yìxiāng/～闻 yìwén/奇才～能（優れた才能）. ❺**素**いぶかる. 不思議に思う. ¶惊～ jīngyì（驚き不思議に思う）/深以为 yǐwéi～（たいへん不思議に思う）. ❻（Yì）姓.
【异邦】yìbāng 名 異国. 外国.
【异步】yìbù 名《物理》非同期. アシンクロナス.
【异才】yìcái 名 人並みはずれてすぐれた才能. 異才.
【异彩】yìcǎi 名 異彩.
*【异常】yìcháng ❶**形**普通と違う. 異常だ. ¶感到～/異常を感じる. ¶神色～/表情がいつもと違う. 反 正常 zhèngcháng ❷**副**たいへん. ¶天气～寒冷/陽気がひどく寒い. ¶他显得～兴奋 xīngfèn/彼は明らかに非常に興奮している. 同 非常 fēicháng
【异地】yìdì 名 異郷. ¶流落～/異郷を放浪する.
【异读】yìdú 名《言語》異読. 同じ文字に二つ以上の読み方があること.
【异端】yìduān 名 異端. ¶一律视为 shìwéi～/一律に異端と見なす. ¶～邪说 xiéshuō（成 正統とみなされ

【异国】yìguó 名 外国．異国．
【异乎】yìhū 動 …とは違っている．…と異なる．
【异乎寻常】yì hū xún cháng 成 普通でない．¶～的紧张气氛 qìfēn / 尋常でない張りつめた雰囲気．
【异化】yìhuà 動 ❶異化する．¶～作用 / 異化作用．❷〖哲学〗疎外する．❸〖言語〗異化する．反 同化 tónghuà
【异己】yìjǐ 名 集団の中ではなはだしく見解を異にする人．¶～分子 fènzǐ / 異分子．
【异教】yìjiào 名 異教．¶～徒 / 異教徒．
【异军突起】yì jūn tū qǐ 成 突然、新たな勢力が現われ出る．¶近几年电脑及软件制造业～/ ここ数年、コンピュータとソフトウエアの製造業では新勢力が猛然と参入している．
【异口同声】yì kǒu tóng shēng 異口同音．¶～地欢呼起来 / いっせいに喜びの声をあげる．
【异类】yìlèi 名 ❶（動植物や妖怪など）人間でないもの．異類．❷異民族．
【异曲同工】yì qǔ tóng gōng 成 手法は異なるが、結果は同じように良い．同 同工异曲 由来 曲の雰囲気はそれぞれ違っていても、ともにすばらしい、という意から．
【异趣】yìqù 名 人と異なる趣味や志向．¶優れた味わい．¶妙 miào 趣
【异人】yìrén 名 ❶奇才．異才．❷旧 方士．
【异日】yìrì 名 ❶（将来の）ある日．後日．¶～来日 láirì, 以后 yǐhòu /（過去の）ある日．かつて．同 往日 wǎngrì, 从前 cóngqián
【异兽】yìshòu 名 珍しい動物．
【异说】yìshuō 名 ❶異論．異説．❷ 風変わりな言論．荒唐無稽な説．
【异体】yìtǐ 名 ❶異なる形．❷同一でない身体や個体．¶雌雄 cíxióng～/ 雌雄異体．
【异体字】yìtǐzì 《言語》異体字．¶"攷 kǎo"是"考 kǎo"的～/"攷"は"考"の異体字．
【异同】yìtóng 名 ❶異同．¶区分 qūfēn～/ 異同を区別する．❷文 異説．
【异外】yìwài 副 特に．とりわけ．同 特別 tèbié
【异味】yìwèi 名 ❶格別によい味．珍味．¶这可是难得 nándé 的～，你可得尝尝 chángcháng ? / これは滅多にない珍味だよ、食べてみないの．❷〔股 gǔ, 种 zhǒng〕異臭．
【异闻】yìwén 名 珍しいできごと．
【异物】yìwù 名 ❶《医学》異物．❷文 死んだ人．¶化为 huàwéi～/ 異物と化す．死ぬ．❸珍しい物．
【异乡】yìxiāng 名 異郷．¶身在～/ 異郷に身を置く．
【异香】yìxiāng 名 格別によい香り．¶～满室 / 素敵な香りが室内に満ちている．¶～扑鼻 / 格別の芳香が鼻をくすぐる．
【异想天开】yì xiǎng tiān kāi 成 奇想天外だ．
【异心】yìxīn 名 ふたごころ．¶怀有 huáiyǒu～/ 二心を抱く．
【异型】yìxíng 形 （材料の断面が）特殊な形状の．異形だ．
【异性】yìxìng 名 ❶異性．¶追求～/ 異性を求める．反 同性 tóngxìng ❷異質．異種．反 同性 tóngxìng
【异姓】yìxìng 名 異なる名字．別姓．
【异烟肼】yìyānjǐng 名 《化学・医学》イソニアジド．イソニコチン酸ヒドラジド．同 雷米封 léimǐfēng 参考 抗結核薬として用いられる．

【异言】yìyán 名 異論．反対意見．¶并无～/ とくに異論はない．
【异样】yìyàng 形 ❶（ようす）が違う．¶小明觉得他今天的举止有点～/ ミンさんは彼の今日のふるまいがいつもと少し違うと思った．❷異様だ．¶他用～的眼光打量 dǎliang 着我 / 彼は異様な視線で私をじろじろ見た．同 同样 tóngyàng
【异议】yìyì 名 異議．¶申述 shēnshù～/ 異議を申し述べる．¶发出～/ 異議を唱える．
【异于】yìyú 動 …と異なる．¶～常态 / 正常な状態とは異なる．¶他的思路～别人 / 彼の考え方は他人と異なる．
【异域】yìyù 名 ❶外国．❷よその土地．異郷．
【异族】yìzú 名 ❶異民族．外 wài 族 ❷外国人．同 外族

抑 yì
扌部4 四 5702₀
全7画 次常用

素 ❶抑える．¶～制 yìzhì / ～价 yìjià（価格を抑え）/ 压～ yāyì（抑制する）/ ～强扶弱 成 強きを抑え、弱きを助ける）．反 扬 yáng ❷接 それとも．¶行期 xíngqī 定否，本月～出月？（出発の日は決まったのか．今月出たされに来月か）．❸接 文 そのうえ．同 而且 érqiě ❹(Yì) 姓．

【抑或】yìhuò 接 文 それとも．同 或者 huòzhě, 还是 háishi
【抑菌作用】yìjūn zuòyòng 抗菌作用．
【抑扬】yìyáng 動 （声に）抑揚をつける．（文章に）起伏をつける．
【抑扬顿挫】yì yáng dùn cuò 成 声に抑揚があり、話の調子に変化がある．
【抑郁】yìyù 形 （はけ口がなくて）ふさいでいる．鬱屈(𠍴)している．¶心情～/ うっぷんがたまっている．
【抑郁症】yìyùzhèng 名 《医学》うつ病．
【抑止】yìzhǐ 動 抑えつける．コントロールする．¶难以 nányǐ～/ 抑えるのはむずかしい．¶小明终于～不住,放声哭了出来 / ミンさんはとうとう堪えきれず、声をあげて泣き出した．同 抑制 yìzhì
【抑制】yìzhì ❶動 抑える．抑制する．¶～不住愤怒 / 怒りを抑えられない．❷名 《生理》抑制．¶～剂 jì / 抑制剤．同 抑止 yìzhǐ

呓（囈 / 讛）yì
口部4 四 6401₇
全7画 通用

【呓语】yìyǔ 名 寝言．¶梦～ mèngyì（寝言）/ 一语 yìyǔ.

邑 yì
口部4 四 6071₇
全7画 次常用

素 ❶都市．¶城～ chéngyì（都市）/ 通都 tōngdū 大～（大都市）．❷県．

佚 yì
亻部5 四 2528₀
全7画 通用

素 "逸 yì"に同じ．

【佚名】yìmíng 名 ❶名声．❷忘れられた名前．

役 yì
亻部4 四 2724₇
全7画 常用

素 ❶戦い．¶淮海 Huáihǎi 战～（淮海戦役）．❷力仕事．¶劳～ láoyì（労役）/ 徭～ yáoyì（古代の税としての労役）．❸兵役．¶兵～ bīngyì（兵役）/ 现～ xiànyì（現役兵）/ 预备～ yùbèiyì（予備役）．❹人を使って仕事をさせる．¶～使 yìshǐ / 奴～ núyì（奴隷のようにこき使う）．❺旧 使用人．¶仆～ púyì

（召し使い．下男）／校～ xiàoyì（学校の用務員）／衙～ yáyì（役所の小使いさん）．

【役使】yìshǐ 動（家畜を）働かせる．（人をこき使う．¶～驴马 lǘmǎ／ロバやウマを働かせる．

译(譯) yì
讠部5 全7画 四 3775₄ 常用

❶動訳す．翻訳する．¶翻～ fānyì（翻訳する）／～文 yìwén／口～ kǒuyì（通訳する）／笔～ bǐyì（翻訳する）．❷（Yì）姓．

【译本】yìběn 名訳本．翻訳書．
【译笔】yìbǐ 名訳文の質や格調．訳し方．¶～流畅 liúchàng, 优美自然／訳文が流暢で美しく,自然である．
【译稿】yìgǎo 名翻訳原稿．
【译介】yìjiè 動（思想などを）翻訳して紹介する．
【译码】yìmǎ 動《コンピュータ》解読．デコード．¶～器／デコーダー．
【译名】yìmíng 名〔個 个 ge,种 zhǒng〕訳名．
【译文】yìwén 名〔個 段 duàn,句 jù,篇 piān〕訳文．
【译音】yìyīn 名訳音（する）．
【译员】yìyuán 名〔個 位 wèi〕通訳．通訳者．
【译者】yìzhě 名訳者．翻訳者．
【译制】yìzhì 動（映画やテレビ番組を）翻訳制作する．
【译制片】yìzhìpiàn 名翻訳制作した映画やテレビ番組．
【译注】yìzhù 名訳注．用法書名として用いることが多い．
【译者】yìzhù 名翻訳書．翻訳作品．
【译作】yìzuò 名翻訳作品．

易 yì
日部4 全8画 四 6022₇ 常用

❶素かんたんにできる．¶简～ jiǎnyì（簡易な）／轻～ qīngyì（たやすい）／通俗 tōngsú～（通俗的でわかりやすい）／轻而一举成 おだやかで親しみやすい）．❸素おだやかで親しみやすい）．❸素改める．¶变～ biànyì（変更する）／移风～俗 sú（古い風俗や習慣を改める）．❹素交換する．¶贸～ màoyì（貿易）／交～ jiāoyì（交易）／以物～物（物々交換をする）．❺（Yì）姓．

【易爆物】yìbàowù 名爆発物．
【易卜生】Yìbǔshēng《人名》イプセン（1828-1906）．ノルウェーの劇作家．
【易经】Yìjīng《書名》『易経えききょう』参考中国古代の占いの本で五経の一つ．『易』『周易』ともいう．
【易拉罐】yìlāguàn 名プルトップの缶詰．
【易燃物】yìránwù 名燃えやすいもの．可燃物．
【易如反掌】yì rú fǎn zhǎng 成手のひらを引っくり返すのと同じくらい簡単だ．
【易手】yìshǒu 動（政権や財産などの）持ち主が変わる．
【易性癖】yìxìngpǐ 名《医学》性同一性障害．
【易于】yìyú 動容易に（…できる）．¶你这样批评他,他～接受吗？／君がそのように批判しても,彼はたやすく受け入れるだろうか．
【易帜】yìzhì 動（国や軍隊が）旗印を変える．表現政権交代や敵方の投降に用いる．

峄(嶧) Yì
山部5 全8画 四 2775₄ 通用

❶素地名用字．¶～山 Yìshān（山東省にある山の名前）／～县 Yìxiàn（山東省にあった県の名前）．❷姓．

佾 yì
亻部6 全8画 四 2822₂ 通用

名古代の舞の列．¶八～ bāyì（縦横ともに8人ずつ,合計64人が並んで踊る舞）．

怿(懌) yì
忄部5 全8画 四 9705₄ 通用

動文よろこぶ．

诣(詣) yì
讠部6 全8画 四 3276₁ 通用

❶動文人に会いに行く．参上する．¶～前请教（お目にかかって教えを請う）／~烈士墓 mù 参谒 cānyè（烈士の墓に詣でる）．❷素学問や技術のレベル．¶造～ zàoyì（造詣ぞうけい）／苦心孤～ gūyì（苦労を重ねて卓越したレベルに達する）．

驿(驛) yì
马部5 全8画 四 7715₄ 通用

名"驿站 yìzhàn"に同じ．現在では地名に多く用いられる．¶龙泉～ Lóngquányì（四川省の地名）／郑家～ Zhèngjiāyì（湖南省の地名）．

【驿道】yìdào 名古代,公文書などを運んだ道．同驿路 lù ⇒沿道には,休憩や馬の乗り継ぎのための駅站（えき）が設けられていた．
【驿站】yìzhàn 名駅站（えき）．古代,公文書を運んだ人が途中で馬を替えたり,休息や宿泊をした所．

绎(繹) yì
纟部5 全8画 四 2715₄ 次常用

素文糸口を引き出す．¶寻～ xúnyì（究明する）／演～ yǎnyì（演繹えんえきする）／抽～ chōuyì（糸口を見出す）．

轶(軼) yì
车部5 全9画 四 4558₀ 通用

❶素抜きん出ている．¶～群 yìqún（傑出した）／～材 yìcái（非凡な人）．❷素失われる．¶～文 yìwén（散逸した文）／～书 yìshū（逸書）／～事 yìshì．❸（Yì）姓．

【轶事】yìshì 名逸話．
【轶闻】yìwén 名逸聞（いつぶん）．

疫 yì
疒部4 全9画 四 0014₇ 常用

素急性伝染病．¶～病 yìbìng／防～ fángyì（伝染病を予防する）／鼠～ shǔyì（ペスト）／时～ shíyì（流行病）．

【疫病】yìbìng 名《医学》疫病．
【疫苗】yìmiáo 名《医学》ワクチン．¶接种 jiēzhòng～／ワクチンを接種する．
【疫情】yìqíng 名疫病の発生状況．
【疫区】yìqū 名疫病発生地区．

弈 yì
廾部6 全9画 四 0044₃ 通用

❶名文囲碁．❷動文碁を打つ．¶对～ duìyì（対局する）／～棋 yìqí（碁を打つ）．❸（Yì）姓．

【弈林】yìlín 名囲碁界．

奕 yì
大部6 全9画 四 0080₄ 次常用

❶素大きい．❷素うつくしい．❸素重なる．¶～世 yìshì（代々とつぐ）．❹（Yì）姓．

【奕奕】yìyì 形生き生きとしているよう．

羿 Yì
羽部3 全9画 四 1744₂ 通用

《人名》羿げい．夏（か）代の有窮国の君主で,弓の名人．政治を顧みず,臣下に殺された．❷姓．

挹 yì
扌部7 全10画 四 5601₇ 通用

動⽂ ❶ひしゃくなどで水を汲む. ¶～取 yǐqǔ（ひしゃくで汲む）/ ～注 yìzhù. 圕 音 yǎo ❷手でひっぱる.
【挹注】yìzhù 動 ゆとりのあるところから取って不足しているところを補う. 圕 挹彼 bǐ 注此 cǐ 由来『詩經』大雅・洞酌の「彼を挹みて茲に注ぐ」から.

益 yì 皿部5 四 8010₂ 全10画 通用

❶ 素 増える. ¶増～ zēngyì（増加する）/ 延年～寿 shòu 成 寿命のびる）. ❷ 素 ますます. ¶日～壮大 zhuàngdà（日増しに強くなる）/ 多多～善 成 多ければ多いほどよい）/ 精～求精 成 ますます磨きをかける）. ❸ 素 利益. 得. ¶利～ lìyì（利益）/ 权～ quányì（権益）/ 受～不浅（得るところが大きい）. 反 害 hài, 损 sǔn ❹ 素 有益な. ¶～虫 yìchóng / ～鸟 yìniǎo / ～友 yìyǒu. 反 害 hài ❺（Yì）姓.
【益虫】yìchóng 名 益虫. 反 害虫 hàichóng
【益处】yìchu 名 よいところ. メリット. ¶受到～／利を得る. ¶失掉～／メリットを失う. ¶体育锻炼对身体有～／スポーツで鍛えることは健康によい. 同 好处 hǎochu
【益发】yìfā 副 ますます. ¶日子～艰难 jiānnán ／生活がいよいよ苦しくなる. ¶～老练／ますます円熟する.
【益母草】yìmǔcǎo 名〈植物・薬〉メハジキ. ヤクソウ. 同 茺蔚 chōngwèi
【益鸟】yìniǎo 名 益鳥. 反 害鸟 hàiniǎo
【益寿延年】yìshòu yánnián 句 元気で長生きする. 参考 長寿を祝うことば.
【益友】yìyǒu〔量 位 wèi〕よい友人. 助けとなる友. ¶良师～｜ 成 益友, よき友.

浥 yì 氵部7 四 3611₇ 全10画 通用

動⽂ 湿る.

悒 yì 忄部7 四 9601₇ 全10画 通用

素 憂うつだ. ¶忧～ yōuyì（憂うつだ）/ 郁～ yùyì（憂うつだ）. ¶～不乐 bùlè.
【悒悒不乐】yì yì bù lè 成 気がふさぎ楽しくない.

谊（誼）yì 讠部8 四 3371₂ 全10画 常用

素 友情. ¶友～ yǒuyì（友誼）/ 情～ qíngyì（よしみ）/ ～友 yìyǒu（親しい友人）/ 深情厚～ 成 深く厚い情）.

埸 yì 土部7 四 4612₇ 全11画 通用

名⽂ ❶田畑の境. ❷辺境. ¶疆～ jiāngyì（辺境）.

勚（勩）yì 力部9 四 4482₇ 全11画 通用

❶ 形⽂ 疲れてつらい. ❷ 動⽂ 器物の角や先端がすり減って丸くなる. ¶螺丝扣 luósīkòu ～了（ねじ山がすり減った）.

逸 yì 辶部8 四 3730₁ 全11画 次常用

❶ 逃げる. 逃走する. ¶奔～ bēnyì（走って逃げる）/ 逃～ táoyì（逃走する）. ❷ 散逸する. 後世に伝わらない. ¶～事 yìshì ／～闻 yìwén ／～书 yìshū（逸書）. ❸ 安楽だ. ¶安～ ānyì（安逸）/ ～以待 dài 劳 成 鋭気を養って, 疲れた敵にあたる）/ 一劳永～ 成 一度度苦労すれば長く楽ができる）. 反 劳 láo ❹ とびぬけている. ¶～材 yìcái ／～品 yìpǐn ／超～ chāoyì（超俗の）.
【逸材】yìcái 名 非凡な才能の持主.
【逸乐】yìlè 形 のんびりとしている. 安楽だ. ¶他晚年过着清静～的生活／彼は, 晩年, 静かでのんびりとした生活をおくっている.
【逸民】yìmín 名 ❶隠遁者. 逸民. ❷王朝交替の後, 新しい王朝に仕えない人.
【逸品】yìpǐn 名 ❶逸品. 絶品. ¶这幅画堪称 kānchēng ～／この絵は逸品と呼ぶにふさわしい. ❷ 散逸したもの.
【逸散】yìsàn 動（気体や液体が）散失する.
【逸史】yìshǐ 名 逸史.
【逸事】yìshì 名〔量 件 jiàn〕逸話. 世に知られていないこと. 表現 多くは史書などに記録されていないことをいう.
【逸闻】yìwén 名 逸聞. ¶搜集 sōují ～／搜集して探し集める. 表現 多くは文献に記録されていない言い伝えをいう.
【逸致】yìzhì 名 俗世間を超越した気分. また, のんびりとした雰囲気. ¶闲情 xiánqíng ～／のんびりとした心持ち.

翊 yì 立部6 四 0712₀ 全11画 通用

素⽂ 補佐する. 助ける. ¶～戴 yìdài（補佐し推戴する）/ ～赞 yìzàn（補佐する）.

翌 yì 羽部5 四 1710₈ 全11画 通用

素 次の. 翌. ¶～日 yìrì / ～晨 yìchén（翌朝）/ ～年 yìnián.
【翌年】yìnián 名 翌年.
【翌日】yìrì 名 翌日.

嗌 yì 口部10 四 6801₂ 全13画 通用

名⽂ のど.
▷ 嗌 ài

肄 yì 聿部7 四 2580₇ 全13画 次常用

⽂ 学習する. ¶～业 yìyè / ～习 yìxí（学習する）.
【肄业】yìyè 動 学校で学ぶ. 在学する. 表現 卒業していない場合に用いる.

裔 yì 衣部7 四 0022₇ 全13画 通用

❶ 素⽂ 後裔. ¶后～ hòuyì（後裔）/ 华～ huáyì（中国人の子孫）. ❷ 素⽂ 辺境. ¶四～ sìyì（四方の辺境）. ❸（Yì）姓.
【裔孙】yìsūn 名⽂ 末裔（まつ）.

意 yì 音部4 四 0033₆ 全13画 常用

❶ 素⽂ 考え. ¶同～ tóngyì（同意する）/ 来～ láiyì（来意）/ 词不达～（ことばが意を尽くさない）. ❷ 素 願い. 望み. ¶满～ mǎnyì（満足する）/ 任～ rènyì（かってに. 意のままに）/ ～中 yìzhōng（気にいる. 意にかなう）/ 称心 chènxīn 如～ 成 非常に満足する）. ❸ 素 想像する. 推測する. ¶～外 yìwài / 出其不～ 成 不意をつく）. ❹（Yì）名 イタリアの略称. ¶中～关系（中イ関係）. ❺（Yì）姓.
【意表】yìbiǎo 名 意表. 意外. ¶出人～／予想外だ.
【意大利】Yìdàlì 国名 イタリア.
【意会】yìhuì 動 察する. 心で悟る. 意図をくみ取る. ¶只能～, 不能言传 yánchuán ／心で悟ることができるだけで, ことばでは伝えられない.
**【意见】yìjiàn[-jian]名〔量 点 diǎn, 个 ge, 条 tiáo〕❶意见. ¶～分歧 fēnqí ／意见が分かれる. ¶征求

【意】～/意見を求める.¶傾聴 qīngtīng/意見に耳を傾ける.¶提出～/意見を提出する.❷異議.不満.文句.¶大家对你～很大/みんなは君に不満をつのらせている.¶一簿 bù/苦情ノート.
【意匠】yìjiàng 名 (詩文や絵画の)構想.意匠.趣向.¶别具～/独創的な工夫がこらされている.
【意境】yìjìng 名〔量 个 ge,种 zhǒng〕(作品にこめられた)境地.情趣.¶新颖 xīnyǐng 的～/新しい境地.
【意料】yìliào 動 予想する.¶出乎 chūhū 我的～之外/私の予想を越えた.¶是出人～的/予想外だ.同 预料 yùliào
【意念】yìniàn 名 考え.思い.同 念头 niàntou
【意气】yìqì 名 ❶意気込み.¶～消沉/意気消沈する.❷志向や性格.¶～相投/意気投合する.❸(一時的で激しい)感情.¶闹个人～/個人的感情に走る.
【意气风发】yì qì fēng fā 成 意気盛んだ.
【意气用事】yì qì yòng shì 成 一時の感情で物事に対処する.
【意趣】yìqù 名 趣.味わい.情趣.¶具有独特的～/独特な趣を備えている.
【意识】yìshí[-shi] ❶名 意識.¶～丧失 sàngshī/意識が失せる.¶～恢复/意識がもどる.¶加强 jiāqiáng 服务的～/サービス意識を高める.¶失去～/意識を失う.❷動 意識する.¶～到自己的责任/自分の責任を意識する.用法 ❷は,後ろに"到"や"不到"を伴うことが多い.
【意识流】yìshíliú《哲学》意識の流れ.
【意识形态】yìshí xíngtài《哲学》イデオロギー.観念形態.価値.同 观念 guānniàn 形态
*【意思】yìsi ❶名〔量 个 ge,种 zhǒng〕(ことばや文章の)意味.内容.¶这是什么～?/これはどういう意味ですか.¶～不明/意味不明だ.❷名〔量 个 ge,种 zhǒng〕考え.希望.心づもり.¶你的～怎么样?/あなたの考えはどうですか.❸名 (贈り物をする)気持ち.志.¶这是我的一点～,请收下吧!/これはほんの気持ちです,どうぞ受け取ってください.¶小～/ほんのしるし.寸志.❹名 きざし.気配.¶外面有下雪的～了/外は雪でも降りそうな気配だ.❺名 おもしろみ.味わうだけの価値.¶这部小说没有～/この小説は本当におもしろくない.❻動 贈り物をして気持ちを伝える.¶～一下/心ばかりの物を贈って気持ちを伝えた.
【意态】yìtài 名 表情や態度.
【意图】yìtú ❶名〔量 个 ge,种 zhǒng〕意図.趣旨.¶泄露 xièlòu～/意図をもらす.¶这篇文章的～很清楚/この文章の主旨ははっきりしている.
*【意外】yìwài ❶形 意外だ.予想外だ.¶感到～/意外に思う.¶～事故/アクシデント.¶这情况太～了/この状況はまったく予想外だ.¶在大街上我～地碰见了小美/街で思いがけずメイちゃんに出くわした.❷名 不測の事態.
【意味】yìwèi ❶名 (ものに内在する)意味.¶～深长 shēncháng/意味深長だ.成 意味深長だ.¶具有象征 xiàngzhēng～/象徴的な意味を持っている.❷名 味わい.趣.¶～无穷/興味が尽きない.¶富有文学～/文学的な味わいに富んでいる.
【意味着】yìwèizhe 動 …を意味している.
【意下】yìxià 名 ❶心の中.胸中.❷考え.意見.同 意见 jiàn
【意想】yìxiǎng 動 想像する.¶～不到的成功/思いもよらない成功.¶结果在～之中/結果は予想した通りだ.

同 料想 liàoxiǎng
【意向】yìxiàng 名〔量 个 ge,种 zhǒng〕意向.¶大家共同的～/みんなの共通の願い.
【意向书】yìxiàngshū《贸易》趣意書.意向書.
【意象】yìxiàng 名 "意境 yìjìng"に同じ.
【意兴】yìxìng 名 興味.¶～勃勃 bóbó/興味がどんどんわいてくる.¶～索然 suǒrán/さっぱり興がのらない.
同 兴致 xìngzhì
*【意义】yìyì 名 ❶(ことばや合図のあらわす)意味.¶这个词有三个～/このことばには三つの意味内容がある.❷意義.価値.¶具有重大的～/重大な意義を持つ.
【意译】yìyì 動 ❶意訳する.反 直译 zhíyì ❷意味から訳語を作る.反 音译 yīnyì
【意欲】yìyù ❶名 欲望.❷助動 文…しようと思う.…するつもりだ.同 想要 xiǎngyào
【意愿】yìyuàn 名〔量 个 ge,种 zhǒng〕願い.同 愿望 yuànwàng
【意蕴】yìyùn 名 (語句などに)含まれている意味.同 含义 hányì
【意在笔先】yì zài bǐ xiān 成 (文章や絵をかく際に)筆を下ろす前に構想がまとまっている.
【意在言外】yì zài yán wài 成 言いたいことを言外にほのめかす.
【意旨】yìzhǐ 名 文 (尊重すべき)意図.¶不敢违背 wéibèi 上司的～/上司の意志に背く勇気がない.
*【意志】yìzhì 名 意志.¶～松懈 sōngxiè/意志がたるむ.¶培养 péiyǎng 坚强的～/強固な意志を育てる.¶违背 wéibèi 个人的～/個人の意志にそむく.
【意中】yìzhōng 名 意中.心の中.
【意中人】yìzhōngrén 名 思いを寄せる異性.意中の人.

溢 yì
氵部10 四 3811₂
全13画 次常用

❶動 あふれ出る.¶充～ chōngyì (満ちあふれる)/洋～ yángyì (満ちあふれる).❷形 度を超える.¶～美 yìměi. ❸量 文 "镒 yì"に同じ.
【溢出】yìchū 動 あふれ出る.¶汤～碗来了/スープがお椀からあふれた.¶鱼池里的水快～来了/養魚池の水がもうあふれそうだ.
【溢价】yìjià《経済》プレミアム.有価証券の額面を上回る価格.
【溢美】yìměi 動 ほめすぎる.¶毫无～/少しもほめ過ぎでない.
【溢美之词】yìměi zhī cí 名 過分なほめことば.
【溢于言表】[外]yì yú yán biǎo [wài] 句 (感情が)ことばや表情にあらわれ出る.

缢(縊) yì
纟部10 四 2811₂
全13画 通用

動 文 縄や紐で絞殺する.首をつって死ぬ.¶～杀 yìshā (しめ殺す)/自～ zìyì (首つり自殺する).

蜴 yì
虫部8 四 5612₇
全14画 通用

→ 蜥蜴 xīyì

廙 yì
广部11 四 0028₁
全14画 通用

形 文 うやうやしい.多く人名に用いる.

瘗(瘞) yì
广部9 四 0011₄
全14画 通用

動 文 埋める.埋葬する.

鹝(鶃) yì
鬲部12 四 1722₇
全15画

镒 (鎰) yì 钅部10 全15画 四 8871₂ 通用
[量] 文 古代の重量の単位. 20両(一説には24両)をいう. ¶黄金百~(黄金がどっさり). 同 溢 yì

毅 yì 殳部11 全15画 四 0724₇ 常用
[素] 意志が強く動揺がない. きっぱりとしている. ¶~力 yìlì / ~然 yìrán / 刚~ gāngyì (剛毅である) / 沉~ chényì (沈着である).
【毅力】yìlì [名] 粘り強い意志. ¶充满~ / 気力に満ちあふれる. ¶缺乏~ / 根気がない.
【毅然】yìrán [形] 毅然としている. ¶~决然 / 少しもためらわず毅然としている. 同 决然 juérán

熠 yì 火部11 全15画 四 9786₂ 通用
[素] 文 明るく輝く. 鮮やかだ. ¶~~ yìyì.
【熠熠】yìyì [形] 文 きらきらと光るようす. ¶光彩~ / 色彩鮮やかに輝く.

薏 yì 艹部13 全16画 四 4433₆ 通用
下記熟語を参照.
【薏米】yìmǐ [名] [植物・薬] ハトムギの実. 薏仁米 yìrénmǐ, 苡仁 yǐrén, 苡米 yǐmǐ
【薏苡】yìyǐ [名] [植物] ハトムギ. 実はヨクイニンとして薬にする.

殪 yì 歹部12 全16画 四 1421₈ 通用
[動] 文 死ぬ. 殺す.

螠 yì 虫部10 全16画 四 5811₂ 通用
[名] [虫] ユムシ.

劓 yì 鼻部2 全16画 四 2220₀ 通用
[動] 鼻を削ぎ落とす. 古代に行われた刑罰.

翳 yì 羽部11 全17画 四 7712₇ 通用
❶ [素] 遮る. 覆い隠す. ¶阴~ yīnyì (覆い隠す) / ~蔽 yìbì (覆い隠す) / 树林荫~ yìnyì (森の木かげ). ❷ [名] [医学] 角膜にできる白斑. 同 翳子 yìzi

臆 (肊) yì 月部13 全17画 四 7023₆ 通用
[素] ❶ 胸. ¶胸~ xiōngyì (内心. 胸の内). ❷ 主観的な. ¶~造 yìzào / ~测 yìcè.
【臆测】yìcè [動] 憶測する. 勝手に推測する. ¶难于 nányú~ / 予測を許さない.
【臆断】yìduàn [動] 決め込む. 憶断する. ¶主观~ / 勝手に決め込む.
【臆度】yìduó [動] 憶測する. ¶~不准 / 憶測が外れた. ¶我~不到形势的变化 / 私は形勢を予測しきれなかった.
【臆说】yìshuō [名] 憶説. 根拠のない見解.
【臆想】yìxiǎng [動] 勝手にあれこれと想像する. ¶我~不出这事的结局 / 私はこの件の結末に思い及ばない.
【臆造】yìzào [動] (憶測にもとづいて)作り上げる. でっち上げる. ¶凭空 píngkōng~ / 何の根拠もなくでっち上げる.

翼 yì 羽部11 全17画 四 1780₁ 常用
❶ [名] 鳥のつばさ. 羽. ¶~翅 yìchì (つばさ). ❷ [名] (飛行機などの)つばさ. ¶双~飞机 (複葉機). ❸ [名] 左右両側の一方. ¶左~ zuǒyì (左翼) / 右~ yòuyì (右翼) / 由两~进攻 (両サイドから攻め込む). ❹ [素] 助ける. 補佐する. ¶~助 yìzhù (補佐する) / 扶~ fúyì (助ける). ❺ [名] [天文] たすきぼし. 二十八宿の一つ. ❻ (Yì)姓.
【翼侧】yìcè [名] [軍事] 本隊の左右の軍隊. 同 侧翼
【翼型】yìxíng [名] (飛行機の)翼の断面の形. 翼型である.
【翼翼】yìyì [形] ❶ 慎み深い. ¶小心~ / 注意が行き届いて慎重である. ❷ 秩序立っている. ❸ 数が多く盛んなようす.

镱 (鐿) yì 钅部13 全18画 四 8073₆ 通用
[名] [化学] イッテルビウム. Yb.

癔 yì 疒部13 全18画 四 0013₆ 通用
下記熟語を参照.
【癔病】yìbìng [名] [医学] ヒステリー. 同 歇斯底里 xiēsīdǐlǐ, 脏躁病 zàngzàobìng

懿 yì 士部19 全22画 四 4713₆ 通用
[素] 文 美しい. いい. ¶~德 yìdé / ~范 yìfàn (立派な手本) / 嘉言 jiāyán~行 (よいことばと立派な行い).
【懿德】yìdé [名] 美德.

yīn　ㄧㄣ [in]

因 yīn 口部3 全6画 四 6080₄ 常用
I ❶ [名] 原因. 反 果 guǒ ¶事出有~ / 事が起きるには必ず原因がある. ¶前~后果 / 原因と結果. 同 原~ / 原因.
❷ (Yīn)姓.
II [動] 踏襲する. ¶~循 yīnxún 旧习 / 古いしきたりを襲する. ¶~袭 yīnxí. ¶陈陈相 xiāng~ / 古いしきたりにこだわる.
III [前] (原因を表わし) …のために. ¶会议~故延期了 / 会議は都合で延期になった. ¶她~病请了一天假 / 彼女は病気のために1日休んだ. ¶他~公外出了 / 彼は公務で出張した.
❷ (根拠を表わし) …によって. ¶~材施教 yīn cái shī jiào. ¶~地制宜 yīn dì zhì yí. ¶~势利导 yīn shì lì dǎo. ¶疗效~人而异 / 治療効果は人によって異なる.
IV [接] (原因を表わし) …なので. ¶~救治几时,他的伤很快痊愈 quányù了 / 適切な応急手当を受けたので,彼の傷はとても早く全快した. ¶~名额已满,停止接受了 / 満員につき締め切りました. ¶~淋了雨,感冒了 / 雨に濡れ風邪を引いた.
【因材施教】yīn cái shī jiào [成] 学習者の個性や能力に適した教育をする.
*【因此】yīncǐ [接] だから. そのために. これによって. ¶由于经济衰退 shuāituì, 商业~也不景气 / 景気の後退によって, 商業も活気がない.
【因地制宜】yīn dì zhì yí [成] 各地の実情に見合った措置

をとる.

*【因而】yīn'ér 接 だから. 従って. それによって. ¶他是我们山村第一个考上大学的, ～也是村里的"状元 zhuàngyuan" / 彼は我が村で最初の大学合格者で, ゆえに村の"状元"でもある.

【因故】yīngù 動 ㊀ 都合による. ¶～缺席 quēxí / 都合により欠席.

【因果】yīnguǒ 名 ❶ 原因と結果. ¶～关系 / 因果関係. ¶互为 wéi～ / 互いに因果関係になっている. ❷《仏教》因果.

【因果报应】yīnguǒ bàoyìng 名 因果応報.

【因祸得福】yīn huò dé fú 成 災いによって福を得る. 災い転じて福となす.

【因陋就简】yīn lòu jiù jiǎn 成 粗末であっても利用できるものは利用し, 無駄にしない.

【因明】yīnmíng 因明(いんみょう). 古代インドに起こった論理学.

【因人成事】yīn rén chéng shì 成 他人の力をあてにする. 他力本願.

【因人而异】yīn rén ér yì 成 人によって異なる.

【因人设事】yīn rén shè shì 成 人を入れるためにわざわざポストを設ける. 人のために仕事を作る.

【因人制宜】yīn rén zhì yí 成 各人の状況によって適当な方法を決める.

【因时制宜】yīn shí zhì yí 成 その時々に応じた適切な措置をとる. 時宜にかなった処置を行う.

【因式】yīnshì 名《数学》因数. ㊀ 因子 zǐ

【因势利导】yīn shì lì dǎo 成 物事の趨勢にしたがって有利に導く. 由来 『史記』孫子呉起列伝に見えることば.

【因数】yīnshù 名《数学》約数. ㊀ 约数 yuēshù

*【因素】yīnsù 名〔个 ge, 种 zhǒng〕❶ 構成要素. ❷ 要因. 条件.

【因特网】yīntèwǎng 名 外〈コンピュータ〉インターネット. ㊀ 互联 hùlián 网

*【因为】yīnwèi[-wei] ① 接 …なので. …だから. ¶请了有名的律师, 才打赢了这场官司 / 著名な弁護士を頼んだので, 今回の訴訟に勝つことができた. ② 前 …のため. ¶王教授～这件事受到批评 / 王教授はこの件で批判された. 表現 ①は, 原因のみをあらわす. "所以 suǒyǐ"と呼応させることが多い. ②は, 原因をあらわす.

【因袭】yīnxí 動 (古い方法や制度などを)そのまま続ける. 踏襲する. ¶～陈规 chéngguī / 古いしきたりを踏襲する.

【因小失大】yīn xiǎo shī dà 成 小事にこだわって大事を失う. ¶她总是──抓了芝麻, 丢了西瓜 / 彼女はいつも小事にこだわって大事を逃してばかりいる. 「ゴマを取ってスイカを捨てる」.

【因循】yīnxún 動 ㊀ ❶ 踏襲する. ❷ ぐずぐずする. ¶～坐误 成 ぐずぐずして好機を逃す.

【因循守旧】yīn xún shǒu jiù 成 古いしきたりを踏襲する. 因習にとらわれる.

【因噎废食】yīn yē fèi shí 成 失敗を恐れる余り, やるべきことまで放棄してしまう. 因为游泳会溺 nì 死人而不游, 这是~ / 溺死することがあるからといって泳がないのは, この諺につかえるのを恐れて食べないのと同じで. 由来 食べた物がのどにつかえたからといって食事をやめる, という意から.

【因由】yīnyóu 名 (～儿) 原因. わけ. 理由. ¶问明～ / 理由をはっきり問いただす. ㊀ 来由 láiyóu, 原因 yuányīn

【因缘】yīnyuán 名 ❶《仏教》因縁. ❷ 縁. ゆかり.

【因子】yīnzǐ 名《数学》❶ 约数. ❷ 因数 shù

数. ㊀ 因式 shì

阴 (陰/异陰) yīn 阝部4 四 7722。全6画 常用

❶ 素 暗い. ¶～暗 yīn'àn. ❷ 素 曇った. ¶天～了(空が曇ってきた). ❸ 素 陰性の. 女性の. 反 阳 yáng ❹ 素 月. ¶～历 yīnlì. 反 阳 yáng ❺ 素《電気》負電気を帯びた. ¶～电 yīndiàn (陰電気) / ～极 yīnjí. 反 阳 yáng ❻ 素 山の北側. 川の南側. ¶蒙～ Méngyīn (山東省にある県名. 蒙山の北に位置する) / 江～ Jiāngyīn (江蘇省にある県名. 長江の南に位置する). ❼ 素 隠れた. 外に出ていない. ¶～沟 yīngōu / ～私 yīnsī / 阳奉 fèng～违 wéi (成 うわべは服従し, 内心は背く). ❽ 素 へこんでいる. ¶～文 yīnwén. ❾ 素 死後の世界の. あの世の. ¶～间 yīnjiān / ～曹 yīncáo. ❿ 素 〈木陰〉 / 背～ bèiyīn (日陰). ⓫ 素 背面. 裏側. ¶碑～ bēiyīn (碑の裏側). ⓬ 素 陰険だ. ¶～险 yīnxiǎn / ～谋 yīnmóu. ⓭ 素《女性の》生殖器. ⓮ (Yīn)姓.

【阴暗】yīn'àn 形 (光・空・表情などが)暗い. 陰気だ. 傍晩的光线很～ / 夕暮れの光は暗い. ¶～角落 jiǎoluò / 薄暗い隅っこ.

【阴暗面】yīn'ànmiàn 名 (思想・生活・社会などの)影の部分. 暗黒面.

【阴部】yīnbù 名《生理》陰部. 多く人の外陰部.

【阴曹】yīncáo 名 あの世. 冥途(めいど). ¶～地府 / あの世. ㊀ 阴间 yīnjiān

【阴差阳错】yīn chā yáng cuò → 阴错阳差 yīn cuò yáng chā

【阴沉】yīnchén 形 (空や表情などが)曇っている. 暗く沈んでいる. ¶天色～ / 空がどんよりしている. ¶～的目光 / 沈んだまなざし. ㊀ 阴阴沉沉

【阴沉沉】yīnchénchén 形 (～的)(空や表情などが)曇っているよう. どんよりしたよう. ¶脸色～的 / 顔色がひどく暗い.

【阴唇】yīnchún 名《生理》陰唇.

【阴错阳差】yīn cuò yáng chā 偶然に間違いが生じる. ¶～地把事情弄糟了 / ちょっとした手違いで, ことをやり損ねてしまった. ㊀ 阴差阳错

【阴道】yīndào 名《生理》膣.

【阴毒】yīndú 形 陰険だ. 悪らつだ. ¶她的心肠很～ / 彼女の心根は陰険だ.

【阴风】yīnfēng 名〔股 gǔ, 阵 zhèn〕❶ 寒風. 冷たい風. ❷ 暗がりから吹く風. 邪悪な風潮. ¶扇 shān～, 点鬼火 / 悪い風潮をあおって, 紛争の火をつける.

【阴干】yīngān 動 陰干しする. ¶这件化纤的衣服只能～ / この化繊の服は陰干しにしかできない. 反 晒干 shàigān

【阴功】yīngōng 名 陰徳. 隠れた善行.

【阴沟】yīngōu 名〔条 tiáo〕地下の排水溝. 暗渠(あんきょ).

【阴黑】yīnhēi 形 薄暗い. 曇っている. ㊀ 阴暗 àn

【阴户】yīnhù 名《生理》陰門. 女子の外部生殖器. ㊀ 阴门 yīnmén

【阴魂】yīnhún 名 死者の霊. 亡霊. ¶～不散 sàn / 亡霊がいつまでもつきまとう. ㊀ 阴灵儿 yīnlíngr

【阴极】yīnjí 名 ❶ (直流の)負の電極. ㊀ 负极 fùjí ❷《物理》陰極.

【阴极射线】yīnjí shèxiàn 名《物理》陰極線.

【阴间】yīnjiān 名 あの世. 冥途(めいど). 反 阳间 yáng-

jiān
【阴茎】yīnjīng 名《生理》陰茎. ペニス. ¶〜套／コンドーム.
【阴冷】yīnlěng 形 ❶曇っていて寒い. ¶〜的北风／冷たい北风. ❷（表情が）陰気で冷たい. ¶脸色〜／颜色が冷たく沈んでいる.
【阴离子】yīnlízǐ 名《化学》陰イオン. アニオン. 反 负 fù 离子
【阴历】yīnlì 名 陰暦. 太陰暦. 反 阳历 yánglì
【阴凉】yīnliáng ❶ 形 日陰で涼しい. ¶〜的地方／日陰で涼しい場所. ❷ 名（〜儿）日陰で涼しい場所. ¶歇〜／日陰で休む.
【阴霾】yīnmái 名 スモッグ. 土曇り. 煙霧. 参考 "霾 mái"の通称.
【阴毛】yīnmáo 名《生理》陰毛.
【阴门】yīnmén 名《生理》陰門. 同 阴户 yīnhù
【阴面】yīnmiàn 名（〜儿）(建物などの）陰. 裏側. ¶石碑的〜／石碑の裏側.
【阴谋】yīnmóu 動 陰謀（をめぐらす）. ¶搞〜／陰謀をはたらく. ¶〜败露 bàilù／陰謀がばれる.
【阴谋诡计】yīn móu guǐ jì 陰謀や策略. 権謀術数.
【阴囊】yīnnáng 名《生理》陰囊（のう）.
【阴平】yīnpíng 名《言語》陰平. "普通话"の第1声にあたる.
【阴森】yīnsēn 形 不気味だ. 陰うつだ. ¶〜的树林／陰うつな森. ¶山上的古庙 miào 阴森森的／山の上の古廟はとても陰気だ. 同 阴森森
【阴山背后】yīn shān bèi hòu 成 へんぴでさびれた所. ¶〜的村庄／へんぴな田舎の村落.
【阴虱】yīnshī 名《虫》毛ジラミ.
【阴湿】yīnshī 形 暗くてじめじめしている.
【阴司】yīnsī 名 あの世. 冥途（と）. 同 阴间 yīnjiān
【阴私】yīnsī 名〔件 jiàn〕人に言えない悪事や恥. 後ろめたい秘密.
【阴损】yīnsǔn ❶ 形 陰険で辛辣（らつ）だ. ❷ 動 陰で他人の名誉を傷つける. 陰で人を陥れる.
【阴天】yīntiān 名 曇り. 曇天.
【阴文】yīnwén 名 印章などの彫ってくぼませた文字や文様. 陰文. ¶〜图章／文字の部分が彫り込まれ, 捺印すると文字が白く出る印章. 反 阳 yáng 文 参考 印章の文字の場合は, "白文"とも言う. ⇒朱文 zhūwén（図）
【阴险】yīnxiǎn 形 腹黑い. 陰険だ. ¶狡诈（jiǎozhà）〜／悪賢く腹黑い. ¶他表面和善, 其实很〜／彼は表面的には優しいが, 実際は腹黑い.
【阴线】yīnxiàn 名《経済》(証券市場の)陰線. 反 阳 yáng 线
【阴笑】yīnxiào ❶ 動 陰険に笑う. 同 冷 lěng 笑 ❷ 名 陰険な笑い.
【阴性】yīnxìng 名 ❶《医学》陰性. ¶化学检查结果呈 chéng〜／化学検査の結果は陰性を示した. 反 阳性 yángxìng ❷《言語》女性系.
【阴虚】yīnxū 名 形《中医》栄養不足による体調不良（の）. ¶身体很〜／栄養不足で体調が悪い. 同 貧血症（の）.
【阴阳】yīnyáng 名 陰と陽. 陰陽.
【阴阳怪气】yīn yáng guài qì 成（〜的）得体が知れない. 風変わりだ.
【阴阳家】yīnyángjiā 名 陰陽家. 同 阴阳五行 wǔ xíng 家 参考 もとは中国古代の学派のひとつ. のちに风水

師や占星術師などを呼ぶようになった.
【阴阳历】yīnyánglì 名 太陰太陽暦. 陰陽暦.
【阴阳人】yīnyángrén 名 ❶両性をそなえる人. ふたなり. 同 两性 liǎngxìng 人 ❷→阴阳生 shēng
【阴阳上去】yīn yáng shǎng qù 名《言語》中国語の四声. "阴平 yīnpíng", "阳平 yángpíng", "上声 shǎngshēng", "去声 qùshēng"の四声.
【阴阳生】yīnyángshēng 名 旧 占星術・易・家相墓相判断などを職業とする人. 同 阴阳人 rén
【阴翳】yīnyì 動 文 ❶樹木が覆う. 蔭を作る. 同 荫翳 yīnyì, 荫蔽 yīnbì ❷樹木が繁茂する. 同 荫翳
【阴影】yīnyǐng 名（〜儿）〔道 dào, 个 ge, 片 piàn, 条 tiáo〕暗い影. 陰影. ¶投下〜／暗い影を投げかける. 同 暗影 ànyǐng 表現 比喩に用いることが多い.
【阴雨】yīnyǔ 名 曇りや雨. ¶〜连绵 liánmián／雨がいつまでも降り続く.
【阴郁】yīnyù 形 ❶暗く沈んでいる. 重苦しい. ❷（心が）ふさいでいる. 憂うつだ. ¶心情一直很〜／気持ちがずっと沈んでいる. 反 开朗 kāiláng
【阴云】yīnyún 名 同〔层 céng, 片 piàn, 团 tuán〕雲. 雨雲. ¶〜密布／雨雲が垂れ込める. ¶战争的〜／戦争になる雲行き.
【阴宅】yīnzhái 名 墳墓. 墓穴.
【阴着[招]儿】yīnzhāor 名 陰険な手段. ¶他耍 shuǎ 了不少〜／彼は巧い手をあれこれ使った.
【阴鸷】yīnzhì 形 陰険で残忍だ.
【阴骘】yīnzhì 名 陰徳. 同 阴德 dé 由来『書経』洪範のことばから.

茵 yīn

⼍部6 四 4460₀
全9画 次常用
名 ❶古代, 車に敷いた敷物. しとね. ¶〜褥 yīnrù（敷物）／绿草如〜（緑の若草がまるで敷物を敷いたようだ）. ❷(Yīn)姓.

【茵茵】yīnyīn 形（草などが）一面に生えているようす.

荫（蔭） yīn

⼍部6 四 4422₇
全9画 通用
名 ❶木陰. ❷(Yīn)姓.
☞ 荫 yìn

【荫蔽】yīnbì 動 ❶（木の葉が）覆い隠す. ❷（物陰に）埋もれる.

音 yīn

音部0 四 0060₁
全9画 常用
名 ❶音. 声. ¶〜律 yīnlǜ／〜乐 yīnyuè／录〜 lùyīn（録音する）／杂〜 záyīn（雑音）／扩〜器 kuòyīnqì（拡声器）／〜调 yīndiào／〜节 yīnjié／发〜 fāyīn（発音する）／拼〜 pīnyīn（ピンイン）. ❷ 素 消息. 便り. ¶〜信 yīnxìn／佳〜 jiāyīn（よい知らせ）.
【音变】yīnbiàn 名《言語》音声変化. 前後の音の影響を受けて語音が変わること.
【音标】yīnbiāo 名《言語》音声記号.
【音波】yīnbō 名《物理》音波. 同 声 shēng 波
【音叉】yīnchā 名 音叉（さ）.
【音长】yīncháng 名《音楽》音の長さ.
【音程】yīnchéng 名《音楽》音程.
【音带】yīndài 名 録音テープ. カセットテープ.
【音调】yīndiào 名（語りなどの）調子. ¶〜铿锵 kēngqiāng／音の調子がリズミカルに響く.
【音读】yīndú 名《言語》音読み. 音読.
【音符】yīnfú 名《音楽》音符.
【音高】yīngāo 名《音楽》音の高低. ピッチ. ¶调节

tiáojié 一下～/ ピッチをちょっと調節する.
【音阶】yīnjiē 名《音楽》音階.
【音节】yīnjié 名《言語》音節. シラブル. ¶单～/ 単音節. ¶～文字 / 音節文字.
【音量】yīnliàng 名 音量. ボリューム. ¶～控制 / 音量調節. ¶收音机的～太大了,关小一点儿 / ラジオの音が大きすぎるから, 少し小さくして.
【音律】yīnlǜ 名❶《音楽》音律. 同 乐律 yuèlǜ ❷《文学》詩や駢文(ぶん)などの音韻やリズム. 参考①は, 中国古代の音楽の"律吕"や"宫调"などをいう.
【音名】yīnmíng 名《音楽》音名.
【音频】yīnpín 名《物理》可聴周波数.
【音品】yīnpǐn 名 音色. 音色 sè.
【音强】yīnqiáng 名《物理》音の大小. 同 音势 yīnshì
【音区】yīnqū 名《音楽》音域. 声域.
【音儿】yīnr 名 方 ❶ 話し声. ❷ 口ぶり. ほのめかした意味. 言外の意. ¶听话听～ / 話は,なかに込められた意味を聞き取ることだ.
【音容】yīnróng 名 文 (故人の)声と姿.
【音容宛在】yīn róng wǎn zài 成 (故人の)声が耳元で聞こえ, 姿が目に浮かぶようだ.
【音容笑貌】yīn róng xiào mào 成 (故人の)声や笑顔.
【音色】yīnsè 名 音色. ¶优美的～ / 優美な音色.
【音势】yīnshì 名《物理》音の大小. 同 音强 qiáng
【音素】yīnsù 名《言語》[量 个 ge, 种 zhǒng]音素.
【音速】yīnsù 名《物理》音速. ¶超～飞机 / 超音速飛行機. 同 声速 shēngsù
【音位】yīnwèi 名《言語》音素.
【音问】yīnwèn 名 音信. たより. 同 音信 xìn
【音箱】yīnxiāng 名 (ステレオなどの)スピーカー.
【音响】yīnxiǎng 名 ❶ 音. 音. 音響. ❷[量 套 tào] 音響機器. ¶组合～ / ステレオコンポ.
【音响效果】yīnxiǎng xiàoguǒ 名 音響効果.
【音像】yīnxiàng 名 音響映像. オーディオ・ビジュアル(AV).
【音像制品】yīnxiàng zhìpǐn 名 音響映像製品. AV製品.
【音信】yīnxìn 名 音信. 便り. ¶～全无 / 音信がまったくない. ¶互通～ / 互いに音信を通じる.
【音型】yīnxíng 名《音楽》音型.
【音讯】yīnxùn 名 音信. 音信 yīnxìn, 消息 xiāoxi
【音义】yīnyì 名 ❶《言語》(文字の)字音と意味. ❷ 字音と意味についての注釈. ¶《毛诗 Máoshī～》/『毛詩音義』.
【音译】yīnyì 動 音訳する. 反 意译 yìyì
【音域】yīnyù 名《音楽》音域. ¶～宽广 / 音域が広い.
**【音乐】yīnyuè 名 音楽. ¶～厅 / コンサートホール. ¶～家 / 音楽家.
【音乐电视】yīnyuè diànshì 名 音楽専門テレビ放送. MTV.
【音乐会】yīnyuèhuì 名 音楽会.
【音乐节】yīnyuèjié 名 音楽祭.
【音乐剧】yīnyuèjù 名《芸能》歌劇. ミュージカル.
【音韵】yīnyùn 名 ❶ (詩歌など)韻律. ❷《言語》音韻.
【音韵学】yīnyùnxué 名《言語》音韻学.
【音障】yīnzhàng 名《物理》(飛行機などの)音速の壁. サウンドバリアー.
【音值】yīnzhí 名《言語》音価.

【音质】yīnzhì 名 ❶ (物理)音質. 音色. ❷ (放送や録音の)音質. 原音への忠実度. ¶这盘磁带的～不大好 / このテープの音質はあまりよくない.
【音缀】yīnzhuì 名《言語》音節. 同 音节 yīnjié
【音准】yīnzhǔn 名《音楽》音の高低の正確さ. ピッチの正確さ.

洇 yīn
氵部6 四 3610₀ 全9画
動 液体が紙の上に落ちて四方に散る. にじむ. ¶这种纸写字容易～(この手の紙はにじみやすい).

姻(異 婣) yīn
女部6 四 4640₀ 全9画 常用
名 ❶ 婚姻. ¶联～ liányīn (婚姻によって親戚になる)/ 婚～ hūnyīn (婚姻). ❷ 婚姻によって生じる姻戚関係. ¶～亲 yīnqīn / ～母 yīnmǔ (兄弟の妻の母. 姉妹の夫の母).
【姻亲】yīnqīn 名 婚姻によって生まれた親戚. 姻戚関係.
【姻同[亚]】yīnyà 名 文 ❶ 夫婦の親同士, またはあいむこの関係. ❷ 姻戚.
【姻缘】yīnyuán 名 結婚の縁. ¶美满～ / めでたい縁組.

氤 yīn
气部6 四 8061₇ 全10画 通用
下記熟語を参照.
【氤氲】yīnyūn 形《文》煙や気配がたち込める. ¶云烟～ / 雲や煙がたち込めている.

殷(異 慇❸) yīn
殳部6 四 2724₇ 全10画 次常用
❶ 形 盛んだ. 豊かだ. ¶～实 yīnshí (豊かだ)/ ～富 yīnfù. ❷ 形 情が深い. ¶～切 yīnqiè / 情意甚 shèn ～(人情がはなはだ厚い). ❸ 形 行き届いている. 心が込もっている. ❹ (Yīn) 名 王朝の名. ¶～墟 Yīnxū. ❺ (Yīn) 姓. 参考 ④は, 初めは"商 Shāng"と称したが, 殷(現在の河南省安陽の西北)に遷都して以後を殷と呼び, 紀元前14世紀から紀元前11世紀まで続いた.
➡ 殷 yān
【殷富】yīnfù 形 裕福だ. あり余るほど豊かだ.
【殷钢】yīngāng 名《冶金》不变鋼. アンバー.
【殷鉴】yīnjiàn 名 失敗の教訓. ⇨殷鉴不远
【殷鉴不远】Yīn jiàn bù yuǎn 成 失敗の教訓は目の前にある. 由来《詩経》大雅·荡"殷鉴不远, 在夏后之世"(夏"を滅ぼした殷の子孫は, 夏の滅亡を鑑として戒めるべきだ)から.
【殷切】yīnqiè 形 切実だ. 心が込もっている. ¶～的期望 / 切なる期待.
【殷勤】yīnqín 形 ねんごろだ. 心が込もっている. ¶～招待 / ねんごろにもてなす. ¶～的服务 / 心の込もったサービス. 同 慇懃 yīnqín
【殷实】yīnshí 形 裕福だ.
【殷墟】Yīnxū 名《考古》殷墟(ぎょ). 殷の都の跡. 参考 現在の河南省安陽の西北に位置する. 多くの遺物や甲骨文が発掘された.
【殷殷】yīnyīn 形 文 心が込もった. ねんごろだ. ¶～期望 / 心から期待する. ¶忘不了毕业前老师对我们的～嘱咐 zhǔfù / 卒業前に先生が私たちに諭してくれた心からの教訓を忘れることはできない.

铟(銦) yīn
钅部6 四 8670₀ 全11画 通用
名《化学》インジウム. In.

yīn – yín 堙喑湮愔吟垠狺崟银

堙(異陻) yīn
土部9 四4111₄ 全12画 通用

文 ❶ 動 ふさぐ. ふさがる. ¶～灭 yīnmiè（埋没する）. ❷ 名 土の山.

喑(異瘖) yīn
口部9 四6006₁ 全12画 通用

素 ❶ 声がかすれている. 口がきけない. ¶～哑 yīnyǎ/万马齐 qí～（誰もが沈黙している）. ❷ 黙っている. ¶～默 yīnmò（黙る）.

【喑哑】yīnyǎ 形 声がかすれている. 声が低くて不明瞭だ. ¶嗓音～/声がかすれている.

湮 yīn
氵部9 四3111₄ 全12画 通用

動 墨がにじむ. ¶这种纸写起来有些～（この手の紙は書くと少しにじむ）. 回 洇 yīn

☞ 湮 yān

愔 yīn
忄部9 四9006₁ 全12画 通用

下記熟語を参照.

【愔愔】yīnyīn 形 ❶ もの静かで穏やかである. ❷ 音が低い. 静かだ.

吟(異唫) yín
口部4 四6802₇ 全7画 次常用

❶ 動 吟じる. ¶～诗 yínshī（詩を吟じる）. ❷ 名《文学》中国古代の詩歌の形式の一つ. ¶秦妇～ Qínfùyín（秦婦吟）/梁甫～ Liángfǔyín（梁甫吟）.

【吟唱】yínchàng 動（詩歌に節をつけて）歌う. 吟唱する.

【吟哦】yín'é 動 吟詠する.

【吟风弄月】yín fēng nòng yuè 成 花鳥風月を題材に詩を詠む. 形式だけで内容のない詩をつくる. 回 吟风咏月 yǒngyuè

【吟诵】yínsòng 節をつけて詩歌を朗読する. 朗詠する. ¶喜欢～唐诗 Tángshī/唐诗を朗誦するのが好きだ.

【吟味】yínwèi 動（詩文を）吟じて味わう. 玩味する. ¶反复～诗中的意境/詩に含まれる情感を繰返し吟じて味わう.

【吟咏】yínyǒng 動 吟詠する. ¶～宋词 Sòngcí/宋詞を吟詠する.

垠 yín
土部6 四4713₂ 全9画 通用

素 文 果て. 限界. ¶一望无～的麦田（見渡す限りの麦畑）.

狺 yín
犭部7 四4026₁ 全10画 通用

下記熟語を参照.

【狺狺】yínyín 擬 文 イヌのほえる声. ¶～狂吠 kuángfèi/イヌが狂ったようにほえる.

崟(異嶜) yín
山部8 四2210₉ 全11画 通用

→嵚崟 qīnyín

银(銀) yín
钅部6 四8773₂ 全11画 常用

❶ 名《化学》銀. Ag. ❷ 素 貨幣に関する. ¶～行 yínháng/～根 yíngēn. ❸ 名 銀製の. 銀色の. ¶～器 yínqì/～杯 yínbēi/～燕 yínyàn/～河 yínhé. ❹（Yín）姓. 参考 ①は, 通称"银子 yínzi"または"白银 báiyín".

【银白】yínbái 形 銀色の. 銀白色の. ¶～世界/銀の世界. ¶～杨 yáng/ポプラ. ¶～的头发/銀髪. しらが.

【银杯】yínbēi 名（賞杯の）銀杯. 銀のカップ.

【银本位】yínběnwèi 名《経済》銀本位制.

【银币】yínbì 名〔圖 枚 méi〕銀貨.

【银川】Yínchuān《地名》銀川（氵ᆞ）. 寧夏回族自治区の区都.

【银弹】yíndàn 名 金の弾丸. 誘惑したり買収するときに用いる金銭.

【银锭】yíndìng 名 ❶（～儿）馬蹄銀. 銀の"元宝 yuánbǎo". ❷ 死者を祭る時に焼く, 錫箔（ᆞ）でつくった馬蹄銀.

【银耳】yín'ěr 名《植物》白キクラゲ. 回 白木耳 báimù'ěr

【银发】yínfà 名 "白发 báifà"の美称.

【银根】yíngēn 名《経済》金融. 市場での貨幣の流通情況. ¶～松/貨幣の流通がだぶつく. ¶紧缩～/金融を引き締める.

【银汉】yínhàn 名 文 天の川. 銀河.

**【银行】yínháng 名〔圖 个 ge, 家 jiā, 所 suǒ〕銀行. ¶～存款 cúnkuǎn/銀行預金. ¶～贷款 dàikuǎn/銀行ローン.

【银行卡】yínhángkǎ 名 銀行のキャッシュカード.

【银号】yínhào 名 旧 私営の金融機関. 参考 "钱庄"より規模の大きなものをいう.

【银河】yínhé 名《天文》〔圖 条 tiáo〕天の川. 銀河. 回 天河 tiānhé

【银河系】yínhéxì 名《天文》銀河系.

【银红】yínhóng 形 明るい朱色の.

【银狐】yínhú 名《動物》〔圖 只 zhī〕銀ギツネ. ¶～皮/銀ギツネの皮. 回 玄狐 xuánhú

【银灰】yínhuī 形 銀灰色の. シルバーグレーの. ¶～色の飞机/シルバーグレーの飛行機.

【银婚】yínhūn 名 結婚25周年. 銀婚.

【银匠】yínjiàng 名〔圖 个 ge, 名 míng, 位 wèi〕金銀細工の職人. 飾（ᆞ）職人.

【银角子】yínjiǎozi 名 方（補助貨幣の）銀貨.

【银卡】yínkǎ 名（クレジットカードの）シルバーカード.

【银矿】yínkuàng 名《鉱業》❶ 銀を含んだ鉱石. ❷ 銀鉱.

【银联卡】Yínliánkǎ 銀連カード. "中国银联股份有限公司"（中国銀連株式会社）が発行する銀行カード.

【银两】yínliǎng 名 旧 貨幣として用いた銀.

【银铃】yínlíng 名 銀の鈴.

【银楼】yínlóu 名 金銀細工や装身具を製造・販売する店.

【银幕】yínmù 名〔圖 块 kuài〕スクリーン. ¶搬上～/映画化する.

【银牌】yínpái 名〔圖 块 kuài, 枚 méi〕銀メダル.

【银票】yínpiào 名 旧 銀兌換用の紙幣.

【银屏】yínpíng 名 銀幕. 映画やテレビの画面. 回 荧 yíng 屏

【银器】yínqì 名 銀器. 銀製品.

【银钱】yínqián 名〔圖 笔 bǐ〕金銭. ¶～帐房 zhàngfáng/出納係.

【银色浪潮】yínsè làngcháo 名 高齢者増加のうねり. シルバー社会へと移り行く現状.

【银杉】yínshān 名《植物》カタヤ. 参考 四川省等に分布するマツ科の植物で, 中国の国家重点保護植物.

【银鼠】yínshǔ 名《動物》イイズナ(イタチの仲間).
【银团】yíntuán 名《経済》"银行集团"(複数の金融機関による協調融資団.銀行シンジケート)の略.¶~贷款／シンジケート・ローン.
【银杏】yínxìng 名《植物》❶〔棵 kē〕イチョウ.⑥ 公孙树 gōngsūnshù ❷ ギンナン.⑥ 白果 báiguǒ
【银燕】yínyàn 名 飛行機のたとえ.
【银洋】yínyáng 名〔块 kuài,枚 méi〕1円銀貨.⑥ 银元 yínyuán
【银鹰】yínyīng 名 戦闘機や飛行機のたとえ.
【银鱼】yínyú 名《魚》〔条 tiáo〕シラウオ.⑥ 面条鱼 miàntiáoyú
【银圆[元]】yínyuán 名 旧〔块 kuài,枚 méi〕1円銀貨.
【银针】yínzhēn 名 ❶《中医》針灸(しんきゅう)用の針.❷ 高級な緑茶.¶君山~／君山银针茶.用法 ②は,茶葉の銘柄として用いられる.
【银质奖】yínzhìjiǎng 名 第2位.銀メダル.⑥ 银质奖章 jiǎngzhāng
【银装】yínzhuāng 名 雪化粧.
【银装素裹】yínzhuāng sùguǒ 成（服装が）白一色だ.
【银子】yínzi 名〔锭 dìng,块 kuài〕銀の通称.

淫(婬❷) yín 氵部8 四 3211₄ 全11画 次常用

素 ❶ 度が過ぎる.¶~雨／~威 yínwēi.❷ みだらな男女関係.¶奸~ jiānyín（姦淫する）／乱 yínluàn.❸ 放縦だ.¶~逸 yínyì.
【淫荡】yíndàng 形 みだらだ.淫蕩(とう)だ.¶~的嫖客 piáokè／すけべな遊び客.
【淫妇】yínfù 名 みだらな女.身持ちの悪い女.
【淫棍】yíngùn 名 みだらな人.淫蕩(とう)なやつ.
【淫秽】yínhuì 形 わいせつだ.みだらだ.¶这部小说很~／この小説はわいせつだ.
【淫乐】yínlè 動 みだらな楽しみにふける.淫楽(らく)にふける.⑥ 淫乐 yínyuè
【淫乱】yínluàn 形 淫乱だ.¶~的男女关系／乱れた男女関係.
【淫威】yínwēi 名 暴威.専横.¶横施 hèngshī~／暴威を振るう.
【淫猥】yínwěi 形 みだらだ.わいせつだ.¶~劣行 lièxíng／性的にだらしなく品行劣悪.
【淫邪】yínxié 形 わいせつだ.よこしまだ.
【淫亵】yínxiè 形 わいせつだ.⑥ 猥亵 wěixiè
【淫逸[佚]】yínyì 形 淫蕩(とう)だ.みだらだ.¶骄奢 jiāo shē~／ぜいたくでやりたい放題の生活を送る.
【淫雨】yínyǔ 名 長雨.⑥ 霪 yín 雨
【淫乐】yínyuè 名《文》淫靡(びん)な音楽.⑥ 淫乐 yínlè

寅 yín 宀部8 四 3080₆ 全11画 通用

素 ❶ 十二支の第三位.寅(とら).¶~吃卯粮 mǎoliáng.❷ 寅の刻.午前3時から5時まで.¶~时 yínshí.
【寅吃卯粮】yín chī mǎo liáng 成 収入が追いつかず,前借りして暮らしをつなぐ.⑥ 寅支 yínzhī 卯粮 由来 寅(とら)年に卯(う)年の米を食べる,という意から.
【寅时】yínshí 名 寅の刻.現在の午前3時から5時まで.

鄞 Yín 阝部11 四 4712₇ 全13画 通用

素 地名用字.¶~县 Yínxiàn（浙江省にある県名）.

龈(齦) yín 齿部6 四 2773₂ 全14画 通用

名 歯茎.¶~~ yínyín（歯茎をむき出して言い争うようす）.齿龈 chǐyín,牙龈 yáyín,牙床子 yáchuángzi ☞ 龈 kěn

夤 yín 夕部11 四 2780₆ 全14画 通用

素 ❶ 深い.¶~夜 yínyè.❷ うやうやしい.❸ 取り入る.¶~缘 yínyuán.
【夤夜】yínyè 名 深夜.
【夤缘】yínyuán 動（出世などのために上の）人に取り入る.

嚚 yín 口部15 四 6666₁ 全18画 通用

素 ❶ おろかで頑固だ.❷ 腹黒い.悪賢い.

霪 yín 雨部11 四 1011₄ 全19画 通用

下記熟語を参照.
【霪雨】yínyǔ 名《文》長雨.⑥ 淫雨 yínyǔ

尹 yǐn 尸部3 四 1750₇ 全4画 通用

名 ❶ 旧時の官名.¶令~ lìngyǐn（春秋時代の楚の執政官.のち県や府の知事）／府~ fǔyǐn（府の長官）.❷（Yǐn）姓.

引 yǐn 弓部1 四 1220₀ 全4画 通用

❶ 素 引く.引っぱる.¶~弓 yǐngōng（弓を引く）.❷ 動 導く.¶~路 yǐnlù／~道 yǐndào（道案内する）.❸ 素 退く.¶~避 yǐnbì（道を譲る）／~退 yǐntuì.❹ 素 伸ばす.¶~领 yǐnlǐng／~颈 yǐnjǐng.❺ 動 引き起こす.引き出す.¶~火 yǐnhuǒ／抛砖 pāozhuān~玉 成（レンガを投げて玉を引き出す.稚拙な意見を発表して,より立派な意見を引き出す).❻ 動 誘致する.招く.❼ 動（例を）引く.引用する.¶~书 yǐnshū（本から引用する).❽ 素 葬式の時にひつぎを引くための白い布.¶发~ fāyǐn（出棺する).❾ 量 長さの単位.10"丈"が1"引",15"引"が1"里"に当たる.❿（Yǐn）姓.
【引爆】yǐnbào 動 起爆する.点火する.¶~药／起爆薬.起爆剤.¶~装置／起爆装置.
【引柴】yǐnchái 名 焚きつけ.⑥ 引火柴 yǐnhuǒchái ¶~根 gēn,捆 kǔn
【引产】yǐnchǎn 動《医学》分娩を誘発する.
【引出】yǐnchū 動（結果などを）引き出す.
【引导】yǐndǎo 動 ❶ 案内する.引率する.❷ 導く.¶~消费／消費を促す.
【引得】yǐndé 名 外 索引.インデックス.⑥ 索引 suǒyǐn ◆index
【引动】yǐndòng 動（感情を）引き起こす.触発する.
【引逗】yǐndòu 動 誘惑する.招く.¶~人上当 shàngdàng／人をだましてわなにはめる.
【引渡】yǐndù 動《法律》(国際協定により犯人の身柄を)引き渡す.¶~逃犯／逃走犯を引き渡す.
【引而不发】yǐn ér bù fā 成 満を持す.よく準備して機会を待つ.由来『孟子』尽心上に見えることば.弓を引きしぼって構えるが,射ない,という意から.
【引发】yǐnfā 動 引き起こす.触発する.誘発する.¶~兴趣／興味をそそる.
【引港】yǐngǎng ❶ 動 水先案内する.⑥ 领 lǐng 港 ❷ 名 水先案内人.パイロット.⑥ 领港
【引古证今】yǐn gǔ zhèng jīn 成 昔のことを引用して,

現在のことを明らかにする.
【引吭高歌】yǐn háng gāo gē 〈成〉声を張り上げて高らかに歌う.
【引航】yǐnháng 〈動〉水先案内をする. 〈同〉引水 shuǐ
【引号】yǐnhào 〈名〉《言語》引用符. クォーテーションマーク. " " ' '. ¶加～/引用符を付ける. ⇨付録「句読点・かっこなどの用法」
【引河】yǐnhé ❶〈動〉河川から水路を引く. ❷〈名〉用水路. ¶开挖～/用水路を掘る.
【引火】yǐn//huǒ ❶〈動〉(火種で)火をつける. ¶用纸～/紙を使って火をおこす. ¶～线/導火線. ❷〈名〉火種.
【引火烧身】yǐn huǒ shāo shēn 〈成〉❶自ら災いを招く. 身から出たさび. 〈同〉惹 rě 火烧身 ❷自ら欠点をさらけ出して人に批判を求める. ¶领导主动～,让群众给他提意见/指導者は進んで自らをさらけ出し,大衆に自分を批判させた.
【引见】yǐnjiàn 〈動〉引き合わせる.
【引荐】yǐnjiàn 〈動〉推薦する. ¶朋友～我参加这项工作/友人は私がこの仕事に加わるよう推薦した. 〈同〉推荐 tuījiàn
【引介】yǐnjiè 〈動〉(外国製品などを)輸入して紹介する.
【引进】yǐnjìn 〈動〉❶推薦する. 〈同〉引荐 yǐnjiàn ❷引き入れる. 導入する. ¶～人才/人材を招き入れる. ¶～先进设备/先端設備を導入する.
【引经据典】yǐn jīng jù diǎn 〈成〉経典を引用する.
【引颈】yǐnjǐng 〈動〉首を伸ばす. ¶～企待/首を長くして待ち望む. ¶～受戮 shòulù/首を差し出して殺されるのを待つ.
【引咎】yǐnjiù 〈動〉過失を認める. 責任をとる. ¶～自责/自ら過失の責任をとる.
【引狼入室】yǐn láng rù shì 〈成〉悪人や敵を味方に引き入れて,かえってその災いを受ける. 〈由来〉狼を部屋に引き入れる,という意から.
【引力】yǐnlì 〈名〉《物理》引力. "万有 wànyǒu 引力"の略.
【引力场】yǐnlìchǎng 〈名〉《物理》重力場(じょう).
【引领】yǐnlǐng 〈動〉❶案内する. 率いる. ❷〈文〉首を伸ばして遠くを眺める. 首を長くして待つ.
【引流】yǐnliú 〈動〉《医学》手術して膿(うみ)を出す. 排膿(はいのう)する.
【引路】yǐn//lù 〈動〉道案内する. ¶一个热心的人给我～/親切な人が道案内してくれた. 〈同〉带路 dàilù
*【引起】yǐnqǐ 〈動〉(ある事態や現象などを)引き起こす. 巻き起こす. ¶煤气泄漏 xièlòu～火灾/ガス漏れが火災を引き起こした.
【引桥】yǐnqiáo 〈名〉《建築》〔〈量〉座 zuò〕橋の両端のアプローチ. 導入橋.
【引擎】yǐnqíng 〈名〉〈外〉《機械》〔〈量〉台 tái〕エンジン. 発動機. ♦engine
【引人入胜】yǐn rén rù shèng 〈成〉(風景や芸術作品が)人をうっとりとさせる. 魅了する. ¶桂林 Guìlín 山水十分～/桂林の山水はたいへん人を引きつける.
【引人注目】yǐn rén zhù mù 〈成〉人目を引く. ¶她的打扮很～/彼女のいでたちはとても目立つ.
【引入】yǐnrù ❶引き入れる. ¶～歧途 qítú/間違った道に導く. ❷取り入れる. 導入する. ¶～新机种/新しい航空機の機種を導入する.
【引蛇出洞】yǐn shé chū dòng 〈成〉(計略を用いて)悪人をおびき出し,悪事を暴く.

【引申[伸]】yǐnshēn 〈動〉《言語》(文字やことばの意味が)派生する. 新しい意味が生じる. ¶～出来的意义/派生して生まれた意味.
【引申义】yǐnshēnyì 〈名〉《言語》派生して生まれた意味. 派生義.
【引首】yǐnshǒu 〈動〉頭をもたげる. 首を伸ばす.
【引述】yǐnshù 〈動〉引用して述べる. ¶～古文/古文を引用する.
【引水】yǐnshuǐ 〈動〉水先案内をする. ¶～人/水先案内人. パイロット. 〈同〉引航 yǐnháng
【引头】yǐn//tóu 先頭に立つ. 率先する.
【引退】yǐntuì 〈動〉引退する. 退職する. ¶主动～/自ら退く.
【引文】yǐnwén 〈名〉《言語》〔〈量〉段 duàn,句 jù〕引用語句. 引用文. 〈同〉引语 yǐnyǔ
【引线】yǐnxiàn 〈名〉❶導火線. 信管. ¶点燃～/導火線に点火する. ❷間をとりもつ人. つて. 手づる. ❸〈方〉縫い針.
【引信】yǐnxìn 〈名〉信管. 雷管. 〈同〉信管 xìnguǎn
【引言】yǐnyán 〈名〉〔〈量〉段 duàn,篇 piān〕序言. 序文.
【引以为耻】yǐn yǐ wéi chǐ 〈句〉恥ずべきこととする. 恥と感じる.
【引以为憾】yǐn yǐ wéi hàn 〈句〉遺憾とする. 遺憾に思う.
【引以为戒】yǐn yǐ wéi jiè 〈成〉戒めとする.
【引以为荣】yǐn yǐ wéi róng 〈句〉栄誉とする. 光栄に思う.
【引用】yǐnyòng 〈動〉❶(人の言説を)引用する. ¶～典故来说明道理/典故を引用して道理を説明する. ❷任用する.
【引诱】yǐnyòu 〈動〉(悪事へ)誘い込む. 誘惑する. 〈同〉诱惑 yòuhuò
【引玉之砖】yǐn yù zhī zhuān 〈名〉〈謙〉人の意見を引き出すための愚見. たたき台. ¶我的文章仅仅是～,希望各位多提意见/私の文のたたき台に過ぎません,皆さまのご意見をお聞かせください. ⇨抛砖 pāozhuān 引玉
【引证】yǐnzhèng 〈動〉(典拠を)引用して証拠とする. 引証する.
【引致】yǐnzhì 〈動〉引き起こす. 導く.
【引智】yǐnzhì 〈動〉外部の人材や技術を導入する.
【引种】yǐnzhǒng 〈動〉動植物の優良品種を導入する.
【引种】yǐnzhòng 〈動〉植物の優良品種を移植する.
【引资】yǐnzī 〈動〉資金を導入する.
【引自】yǐnzì …から引用する. ¶这句话～《论语 Lúnyǔ》/このことばは『論語』からの引用だ.
【引子】yǐnzi 〈名〉❶《芸能》〔〈量〉段 duàn〕"南曲 nánqǔ"や"北曲 běiqǔ"などの戯曲の第一曲目. ❷《芸能》〔〈量〉段 duàn〕芝居で,主役が初めて登場する時に言うせりふまわし. ❸《音楽》楽曲の前奏部分. イントロ. ❹〔〈量〉段 duàn〕話のまくら. 前口上. ❺《中医》〔〈量〉味 wèi〕副薬. 〈同〉药 yào 引子

吲 yǐn 口部 4 〔四〕 6200₀ 〔通用〕 全7画

下記熟語を参照.
【吲哚】yǐnduǒ 〈名〉《化学》インドール. ♦indole

饮(飲) yǐn 饣部 4 〔四〕 2778₂ 全7画 〔常用〕

❶〈動〉〈文〉飲む. ¶～水思源. ❷〈名〉飲み物. ¶冷～ lěngyǐn(冷たい飲み物). ❸〈動〉心に秘める. 心に抱く.

¶～恨 yínhèn. 参考 ①は口語では"喝 hē"を使う.
☞ 饮 yìn
【饮弹】yǐndàn 動体に銃弾が当たる.
【饮恨】yǐnhèn 動 文 恨みを抱く. ¶～而死 / 恨みを抱いたまま死ぬ.
【饮恨而终】yǐn hèn ér zhōng 四 恨みを抱いたまま死ぬ.
【饮酒】yǐnjiǔ 動酒を飲む. ¶他从不～/ 彼はこれまで酒を飲もうとしない. 同 喝酒 hējiǔ
【饮料】yǐnliào 名〔杯 bēi,瓶 píng〕飲み物. ¶清凉～/ 清涼飲料. 参考 主にジュースや清涼飲料をいう.
【饮片】yǐnpiàn 名《中医・薬》煎じ薬.
【饮品】yǐnpǐn 名飲み物. ソフトドリンク. 同 饮料 liào
【饮泣】yǐnqì 動 文 あふれる涙が口に流れ込む. 悲しみが極まる. ¶～吞 tūn 声 / 涙をのみ声を殺す. 悲しみをこらえて外にあらわさない.
【饮食】yǐnshí 名飲食. ¶～起居 / 日々の生活.
【饮食疗法】yǐnshí liáofǎ 名《医学》食餌(じ)療法.
【饮食业】yǐnshíyè 名飲食業.
【饮水】yǐnshuǐ 名飲み水. 飲料水. ¶～处 chù / 水飲み場.
【饮水思源】yǐn shuǐ sī yuán 成 幸福の時も,その源泉を忘れる. 由来 水を飲みてその源を思う,という意から.
【饮用水】yǐnyòngshuǐ 名飲用水.
【饮誉】yǐnyù 動好評を博する. 名声を得る.
【饮鸩止渴】yǐn zhèn zhǐ kě 成 急場をしのぐことに精一杯で, 他に考えが及ばない. 由来 毒酒を飲んで渇をいやす,という意から.

蚓 yǐn
虫部 4 5210₀
全10画 次常用
名《動物》ミミズ. ¶蚯～ qiūyǐn (ミミズ).

隐(隱) yǐn
阝部 9 四 7723₇
全11画 次常用
荒 隠す. 隠れている. ¶～痛 yìtòng / ～患 yǐnhuàn.
【隐蔽】yǐnbì ❶ 動 (物陰に)身を隠す. ¶把自己～起来 / 自分の身を隠す. 同 荫蔽 yīnbì ❷ 形 隠れている. 同 荫蔽 yīnbì
【隐避】yǐnbì 動逃げ隠れる.
【隐藏】yǐncáng 動暗に隠す. 人目に触れないようにする. ¶他把存款单一起来了 / 彼は預金通帳をこっそり隠した. 同 躲藏 duǒcáng
【隐伏】yǐnfú 動身を隠す. 潜伏する.
【隐含】yǐnhán 動暗に含む. 内包する.
【隐患】yǐnhuàn 名〔個 ge,种 zhǒng〕隠れた弊害や災い. ¶清除～/ 目に見えぬ弊害を取り除く.
【隐讳】yǐnhuì 動 (人に知られないように)ひた隠しにする. つつみ隠す. ¶毫无～/ 何も隠し立てしない. ¶～自己的缺点和错误 / 自分の欠点や誤りを隠す.
【隐晦】yǐnhuì 形 (意味が)はっきりしない. あいまいだ. ¶描写がいまいだ / 描写があいまいだ.
【隐疾】yǐnjí 名 (性病など)人に言えない病気.
【隐居】yǐnjū 動 但 (実世間に失望して)隠遁(とん)する. 隠棲(せい)する. ¶他曾想～寺院,修身养性 / 彼はかつて寺に隠遁し, 修業を積みたいと考えた.
【隐君子】yǐnjūnzǐ 名アヘンに冒された人. 参考 もとは隠者を指した. "隐 yǐn"と"瘾 yǐn"(中毒)をかけたもの.
【隐瞒】yǐnmán 動 事実を隠す. 隠して表に出さない. ¶～事实真相 zhēnxiàng / 事実や真相を隠す.
【隐秘】yǐnmì 形 動 秘密にする. ¶不说～/ 秘密にしない. ¶刺探～/ 秘密を探り出す.

【隐没】yǐnmò 動 隠れて見えなくなる. 次第に消え去る. ¶飞机很快～在天空 / 飛行機はすぐ空の彼方に見えなくなった. 同 消失 xiāoshī
【隐匿】yǐnnì 動 文 隠す. 隠匿する. ¶～赃物 zāngwù / 盗品を隠匿する. 同 隐藏 yǐncáng
【隐僻】yǐnpì 形 ❶ 辺鄙(ぴ)だ. ❷ (意味などが)はっきりしない. あまり知られていない.
【隐情】yǐnqíng 名人に言えない事実や事情. ¶说出～/ 隠された事情を打ち明ける.
【隐然】yǐnrán 形ぼんやりしたようす. はっきりしないようす.
【隐忍】yǐnrěn 動じっと我慢する. こらえる. ¶～不言 / じっと黙ってこらえている. ¶实在叫人～不下 / どうしても我慢できない.
【隐射】yǐnshè 動ほのめかす. 暗示する.
【隐身术】yǐnshēnshù 名隠身(とん)の術.
【隐士】yǐnshì 名隠者. 隠遁者.
【隐私】yǐnsī 名プライバシー. ¶不该揭 jiē 人～/ 人のプライバシーを暴くべきではない.
【隐私权】yǐnsīquán 名プライバシーを守る権利.
【隐痛】yǐntòng 名人知れぬ悩み. 口に出せない苦痛. ¶难以 nányǐ 言说的～/ 口に言いあらわせない苦しみ.
【隐退】yǐntuì 動 ❶ だんだん見えなくなる. 消えていく. ❷ 引退する. 隠居する. ¶辞 cí 官～/ 役人を辞め, 引退する.
【隐现】yǐnxiàn 動見え隠れする. おぼろげに見える.
【隐形飞机】yǐnxíng fēijī 名《軍事》ステルス機.
【隐形技术】yǐnxíng jìshù 名《軍事》ステルス技術. 飛行機などをレーダーで発見されにくくする技術.
【隐形眼镜】yǐnxíng yǎnjìng 名〔個 副 fù〕コンタクトレンズ. 同 角膜接触镜 jiǎomó jiēchù jìng
【隐性】yǐnxìng 名《生物》劣性. 反 显 xiǎn 性
【隐性就业】yǐnxìng jiùyè 名かくれ就業. 参考 名義上は失業者であるが, 実質的に仕事や収入があること. 偽装失業.
【隐性杀手】yǐnxìng shāshǒu 名かくれた殺人者. 間接的な殺人者. 表現 人体に有害な物質や悪い習慣をいう.
【隐性失业】yǐnxìng shīyè 名潜在失業.
【隐性收入】yǐnxìng shōurù 名非公式収入.
【隐姓埋名】yǐn xìng mái míng 成自分の名を隠す. 素性を明かさない. ¶他一闭门思过 / 彼は世に名を出さず, 謹慎して反省した. 同 埋名隐姓
【隐逸】yǐnyì 動 但 (世俗を避けて)隠居する(人). ¶山林～/ 山林に隠れ住む.
【隐隐】yǐnyǐn 形はっきりしない. かすかだ. ¶我的胃～作痛 / 胃がわずかに痛む. 同 隐约 yǐnyuē
【隐忧】yǐnyōu 名心に秘めた憂い. ¶难言 nányán 的～/ 人に言えない秘めた憂い.
【隐语】yǐnyǔ 名隠語. 符丁.
【隐喻】yǐnyù 名《言語》隠喩. 暗喩. メタファー.
【隐约】yǐnyuē 形はっきりとしない. ぼんやりしている. ¶歌声隐约约地传来 / 歌声がかすかに伝わってくる. 反 清晰 qīngxī
【隐衷】yǐnzhōng 名人に言えない悩み. ¶难言 nányán 的～/ 人に言えない悩み.

瘾(癮) yǐn
疒部11 四 0013₇
全16画 次常用
名夢中. 病みつき. ¶烟～ yānyǐn (たばこ中毒) / 过～ guòyǐn (たんのうする) / 上～ shàngyǐn (夢中になる. 病みつきになる).

【瘾君子】yǐnjūnzǐ 名 ❶ ニコチン中毒者. ❷ 麻薬中毒者. 同 隐 yǐn 君子
【瘾头】yǐntóu 名（〜儿）入れ込みよう. 凝りよう.

印 yìn
卩部3　四 7772₀　全5画 常用

❶ 名 印. 印判. ¶ 盖 gài 〜（捺印する）/ 钤 qián 〜（捺印する）/ 信 yìnxìn. ❷（〜儿）痕跡. あと. ¶ 脚〜儿 jiǎoyìnr（足あと）/ 烙〜 làoyìn（らく印）. ❸ 動（紙や器物に）印をつける. 字や絵をプリントする. ¶〜书 yìnshū（本を印刷する）/ 翻〜 fānyìn（複製する. 復刻する）. ❹ 素 ぴたりと合う. 符合する. ¶〜证 yìnzhèng /心心相〜（成 心と心が通じ合い, 理解し合う）. ❺（Yìn）姓.

【印把子】yìnbàzi 名 ❶（政府や官庁の）公印の柄. ❷ 権力. ¶掌握〜/ 権力を握る.
【印本】yìnběn 名 印刷された本.
【印次】yìncì 名 書籍の印刷回数を数えることば. 重版の回数.
【印地语】Yìndìyǔ 名《言語》ヒンディー語.
【印第安人】Yìndì'ānrén 名 アメリカ・インディアン. ◆ American-Indian, Red-Indian, Indian 参考 "红种人 Hóngzhǒngrén"は旧称.
【印度】Yìndù《国名》インド.
【印度半岛】Yìndù bàndǎo《地名》インド半島.
【印度教】Yìndùjiào《宗教》ヒンズー教.
【印度尼西亚】Yìndùníxīyà《国名》インドネシア.
【印度洋】Yìndùyáng《地名》インド洋.
【印度支那】Yìndùzhīnà《地名》インドシナ. インドシナ半島. 狭義にはベトナム・カンボジア・ラオスの3ヶ国をいう.
【印发】yìnfā 動 印刷して配布する. ¶把这份讲义〜给学生 / この講義レジュメを印刷して学生に配る.
【印盒】yìnhé 名 印鑑を入れる箱. 印章箱.
【印痕】yìnhén 名 痕跡. 同 痕迹 hénjì
【印花】yìn//huā 動（〜儿）布地に模様をプリントする. ¶ 这块布是〜的 / この布はプリントしたものです.
【印花】yìnhuā ❶（〜儿）プリント模様の. ¶〜布 / プリント地. ❷ 名〔量 枚 méi, 张 zhāng〕印紙. 参考 ②は, "印花税票 shuìpiào"の略.
【印花税】yìnhuāshuì 名 印紙税.
【印记】yìnjì ❶ 名 旧 機関や団体の公印. 同 公章 gōngzhāng, 钤 qián 记 ❷ 名 跡. 痕跡. ❸ 動 強く印象に残る.
【印迹】yìnjì 名 跡. 痕跡.
【印鉴】yìnjiàn 名 印鑑.
【印客】yìnkè "in 客"ともいう. 個人の注文に応じて印刷物を作成するオンラインショップ. 利用者が持ち込んだ, 自作または自分で編集・収集した文章や画像を製本するサービス.
【印泥】yìnní 名 印肉. 朱泥. ¶〜缸 gāng / 朱肉入れ. 同 印色 yìnsè
【印欧语】Yìn-Ōuyǔ《言語》インド・ヨーロッパ語族. 印欧語族.
【印谱】yìnpǔ 名 古い印や名家が彫った印影を集めた本. 印譜.
【印染】yìnrǎn 動 プリントする. 捺染(なっせん)する.
【印色】yìnsè 名 朱肉. 同 印泥 yìnní
【印数】yìnshù 名 印刷部数.
*【印刷】yìnshuā 動 印刷する. ¶〜画册 / 画集を印刷する.
【印刷机】yìnshuājī 名 印刷機. プリンタ.
【印刷品】yìnshuāpǐn 名 印刷物. 同 印刷物 wù
【印刷术】yìnshuāshù 名 印刷術.
【印刷体】yìnshuātǐ 名《印刷》活字体. 反 手写 shǒuxiě 体
【印台】yìntái 名〔量 盒 hé〕スタンプ台. 同 打印台 dǎyìntái
【印堂】yìntáng 名 眉間(みけん). 印堂. 参考 人相見の用語. また針灸のつぼの名.
【印铁】yìntiě 動《印刷》ブリキ板やアルミ板に印刷する.
【印匣】yìnxiá 名 印章箱.
【印相纸】yìnxiàngzhǐ 名 印画紙. 感光紙. 同 照相纸 zhàoxiàngzhǐ
*【印象】yìnxiàng 名 印象. ¶留下深刻的〜 / 深い印象を残す.
【印象分】yìnxiàngfēn 名（観賞スポーツ・面接・オーディションなどでの）印象点.
【印象派】yìnxiàngpài 名《美術》印象派. 同 印象主义 zhǔyì
【印信】yìnxìn 名（政府・官庁の）公印. 官印.
【印行】yìnxíng 動 印刷発行する.
【印油】yìnyóu 名 スタンプ用インク. ¶黑〜 / 黒色スタンプインク.
【印张】yìnzhāng 名〔量 个 ge〕本一冊分の印刷に必要な紙の量. 新聞紙大の紙1枚を"两个 liǎngge 印张"と数える.
【印章】yìnzhāng 名〔量 个 ge, 枚 méi〕印章.
【印证】yìnzhèng 動（事実であると）証明する. 裏付ける.
【印制】yìnzhì 動《書籍》印刷制作する.
【印子】yìnzi 名 ❶〔量 道 dào, 个 ge, 条 tiáo〕跡. 痕跡. ❷ 高利貸しの一種. ¶放〜 / 高利貸しをする. ¶打〜 / 高利貸しに金を返す. 同 印子钱 qián 由来 借り手からの返済のたびに帳面に印を押したことによる.

饮(飲) yǐn
饣部4　四 2778₂　全7画 常用

動 家畜に水を飲ませる. ¶〜马（馬に水をやる）.
☞ 饮 yǐn

【饮场】yìnchǎng 動 旧 役者が舞台で水をのどを潤す.

茚 yìn
艹部5　四 4472₇　全8画 通用

名《化学》インデン. ◆indene

荫(蔭/異 廕❷❸) yìn
艹部6　四 4422₇　全9画 通用

❶ 形 日光が当たらず, 冷たくじめじめしている. ❷ 素 封建時代, 帝王が功臣の子孫に, 進学や任官の特権を与える. ❸ 動 覆う. かばう. ¶〜庇 yìnbì.
☞ 荫 yīn

【荫庇】yìnbì 動 ❶（木の葉が）覆い隠す. ❷ 旧 庇護(ひご)する. ¶在领导的〜下 / 指導者の庇護の下で.
【荫凉】yìnliáng 形 日光がささず, 涼しい. ¶这间房间〜 / この部屋は日が当たらず, とても涼しい.

胤 yìn
丿部8　四 2201₀　全9画 通用

名 文 子孫. 跡継ぎ.

窨 yìn
穴部9　四 3060₁　全14画 通用

名 地下室.
☞ 窨 xūn

【窨井】yìnjǐng 名 マンホール.

愁(愁) yìn

心部11　四 5333₈
全15画　通用
動 文 ❶願う. むしろ…の方がいい. ❷傷つく. 欠ける.

【愁愁】yìnyìn 形 ⊗注意深い.

ying ㄧㄥ [iəŋ]

应(應) yīng

广部4　四 0021₉
全7画　常用

Ⅰ 助動 (書き言葉に用い) …すべきだ. …であるべきだ. 回 应该 yīnggāi, 应当 yīngdāng ¶~有尽有 yīng yǒu jìn yǒu. ¶罪有~得 dé / 成 罪を犯したものが罰せられるのが当然である. ¶态度~热情, 服务~周道 / 態度が丁寧に, サービスは行き届いていなければならない. ¶以他的水平, ~取得很好的成绩 / 彼のレベルからすれば, よい成績を取れるはずだ. ¶准备工作做得很充分, 不~出现这种混乱局面 / 準備は十分にやってあるのだから, このような混乱が起きるわけはない.

> 注意: ① "应"の後ろに主述構造を置くことはできない.
> ✗大家的事情应大家来办
> →大家的事情应该大家来办 / みんなのことはみんなでやるべきだ.
> ② "应"は単独で質問に答えることはできない. 話し言葉の"应该", "应当"を用いる.

Ⅱ 動 ❶答える. ¶喊了半天, 里边也没人~ / 長い間呼び続けたが, 中からは誰の返事もなかった.
❷承諾する. 引き受ける. ¶我们的条件他都~了 / 私たちの条件を彼はみな承知した. ¶没有把握的事情, 我可不敢~ / 自信がない仕事は, 引き受けかねる.
Ⅲ (Yīng)姓.
☞ 应 yìng

*【应当】yīngdāng 助動 …するのは当然だ. …すべきだ. ¶~努力学习 / 励んで勉強すべきだ. 回 应该 yīnggāi, 该当 gāidāng

【应得】yīngdé 動 得るべきだ. 受けるべきだ.

【应分】yīngfèn 形 当然なすべきこと.

【应付】yīngfù 動 支払うべきだ. ¶~票据 / 支払手形. ¶~这个月的电费了 / 今月の電気代を払わないといけない. 应付 yìngfù

*【应该】yīnggāi 助動 ❶…するのは当然だ. …すべきだ. ¶我们~遵守交通规则 / 我々は交通ルールを守らねばならない. 回 应当 yīngdāng, 该当 gāidāng ❷…のはずだ.

【应届】yīngjiè 形 今期の. ¶~毕业生 / 今期の卒業生. 表現 卒業生にのみ用いる. 反 往届 wǎngjiè

【应名儿】yīng/míng / yīngmíngr 動 他人の名前を使う. ❷ yīngmíngr 形 名前だけの.

【应声】yīng//shēng 動 (⌂) (~儿)返事をする. 声を出して答える.

【应许】yīngxǔ ❶引き受ける. 承諾する. ¶没人~她来上班 / 誰も彼女の出社を承知しなかった. 回 答应 dāying ❷許す.

【应有】yīngyǒu 形 あるべき. ¶她缺乏~的知识 / 彼女は当然あるべき知識を欠いている.

【应有尽有】yīng yǒu jìn yǒu 成 あるべきものはすべてそろっている.

【应允】yīngyǔn 動 承諾する. 許す. ¶点头~ / うなずいて承知する. 回 应许 yīngxǔ

英 yīng

艹部5　四 4480₅
全8画　常用

❶ 图 花. ¶落~缤纷 bīnfēn (花が散り乱れる). ❷ 素 ずば抜けた才能. ずば抜けた才能をもつ人. ¶~俊 yīngjùn / 群~大会(英雄や優秀な者の集まり). ❸ (Yīng) 素 "英国 Yīngguó"(イギリス)の略称. ¶~尺 yīngchǐ. ❹ (Yīng)姓.

【英磅】yīngbàng 量 ポンド. ◆ 磅 pond

【英镑】yīngbàng 名 英ポンド. スターリングポンド. イギリスの通貨単位. ◆ 镑 bàng ◆ 磅 pond, pound

【英才】yīngcái 名 文 英才. 秀才. ¶一代~ / まれに見る秀才. 表現 若い人をいうことが多い.

【英尺】yīngchǐ 量 フィート. 参考 古くは"呎 yīngchǐ"と書いた.

【英寸】yīngcùn 量 インチ. 参考 古くは"吋 yīngcùn"と書いた.

【英吨】yīngdūn 量 英トン. ロング・トン. ◆ longton 回 长吨 chángdūn

【英格兰】Yīnggélán《地名》イングランド. イギリス, グレートブリテン島の中部・南部を占める地域.

【英格丽・褒曼】Yīnggélì・Bāomàn《人名》イングリッド・バーグマン(1915-1982). スウェーデン出身の映画女優.

【英国】Yīngguó《国名》イギリス.

【英豪】yīngháo 名 英雄豪傑.

【英魂】yīnghún 名 英霊. 回 英灵 líng

【英杰】yīngjié 名 英傑.

【英俊】yīngjùn 形 ❶(才能が)傑出している. ¶~有为 yǒuwéi / 聡明で有望だ. ❷(顔つきが)整ってきりっとしている. ハンサムだ. ¶长得~ / 整った顔立ちをしている. 表現 ❷は, 若い男性にいうことが多い.

【英里】yīnglǐ 量 マイル. 参考 古くは"哩 yīnglǐ"と書いた.

【英两】yīngliǎng 量 オンス. ◆ 磅 ons, ounce

【英烈】yīngliè 名 英雄. 英烈.

【英灵】yīnglíng 名 英霊.

【英名】yīngmíng 名 名声. 英名. 回 美名 měi míng

【英明】yīngmíng 形 英明だ. 英邁(まい)だ. ¶~果断 / 賢明で決断力がある. ¶~的领导 / 英明な指導者.

【英模】yīngmó 名 英雄と模範的な人物.

【英亩】yīngmǔ 量 エーカー. ◆ acre

【英年】yīngnián 名 英気あふれる年代. 青壮年期.

【英年早逝】yīngnián zǎoshì 成 はつらつたる青年期に早世する.

【英气】yīngqì 名 英気. ¶~勃勃 bóbó / 英気があふれている.

【英石】yīngshí 名 英石(せき). 広東省英徳市産の石. 参考 庭園の築山に用いられる.

*【英文】Yīngwén 名 英語. 回 英语 Yīngyǔ

【英武】yīngwǔ 形 ⊗ 威厳があり力強い. 雄々しい.

【英仙座】yīngxiānzuò 名 《天文》ペルセウス座.

【英雄】yīngxióng ❶ 名 ⊗ 位 wèi 英雄. ¶~好汉 / 英雄と豪傑. ¶人民~ / 人々のヒーロー. ❷ 形 英雄的な. 雄々しい. ¶~气概 / 英雄的な気概.

【英雄无用武之地】yīng xióng wú yòng wǔ zhī dì 成 英雄も腕を振るう場所がない. 才能を発揮する機会がない.

【英雄主义】yīngxióng zhǔyì 英雄主義. ヒロイズ

【英寻】yīngxún 名 水深測定の単位. ファゾム. 参考 1 ファゾムは6フィート(約1.83メートル). 古くは"呼 yīngxún"と書いた.
*【英勇】yīngyǒng 形 勇ましい. 勇敢だ. ¶表現得～顽强 wánqiáng／性格が勇敢で粘り強い.
**【英语】Yīngyǔ 名 英語. 同 英文 Yīngwén ◆English
【英制】yīngzhì 名 ヤード・ポンド法.
【英姿】yīngzī 名 英姿. 勇姿. ¶～焕发 huànfā 成 勇ましく奮い立った姿. ¶飒爽 sàshuǎng～成 さっそうとした勇姿.

莺(鶯/異鸎) yīng
艹部7 全11画 四 4412₆ 次常用
名〔鸟〕ウグイス.
【莺歌燕舞】yīng gē yàn wǔ 成 華やかな春景色. また有利な情勢. ¶举国上下～, 蒸蒸 zhēngzhēng 日上／国じゅうが活気に満ち, 日の出の勢いで発展している. 由来 ウグイスがさえずりツバメが舞う, の意から.

婴(嬰) yīng
女部8 全11画 四 7740₄
索❶生まれたばかりの赤ん坊. ¶妇～ fùyīng(産婦と乳児)／保～ bǎoyīng(嬰児ᵏを保護する)／～儿车 yīng'érchē(乳母車. ベビーカー). ❷触れる. 絡み付く. ¶～疾 yīngjí(病気になる).
【婴儿】yīng'ér 名 嬰児. 赤ん坊. 1歳未満の子供. ¶～车／乳母車.
【婴孩】yīnghái 同"婴儿 yīng'ér"に同じ.
【婴幼儿】yīngyòu'ér 名 乳幼児.

瑛 yīng
王部8 全12画 四 1418₅
名 文 ❶玉(ᵍⁱᵒᵏᵘ)に似た美しい石. ❷玉(ᵍⁱᵒᵏᵘ)の輝き.

撄(攖) yīng
扌部11 全14画 五 5704₂ 通用
索❶触れる. ¶～怒 yīngnù(怒りに触れる)／～鳞 yīnglín(帝王の逆鱗ᵏに触れる). ❷かき乱す.

嘤(嚶) yīng
口部11 全14画 六 6704₄ 通用
名 文 鳥の鳴く声. ¶～ yīngyīng.
【嘤嘤】yīngyīng 名 文 ❶鳥の鳴く声. ❷低く微かな声や音.

罂(罌/異甖) yīng
缶部8 全14画 四 7777₂ 通用
名 口が小さく胴が膨らんだ形をした瓶.
【罂粟】yīngsù 名《植物・薬》ケシ.

缨(纓) yīng
纟部11 全14画 次常用
❶(～儿, ～子)飾り房. ¶(～儿, ～子)房のような形のもの. ❷芥菜 jiècài～子(カラシナの葉). ❸索 ひも. リボン.
【缨帽】yīngmào 名 清代の官吏がかぶった帽子の一. 由来 てっぺんに赤い"缨子"(飾り房)がついていたことから.
【缨子】yīngzi 名 ❶服装や帽子などの飾りにする房. ¶帽～／帽子の房. ❷房のような形のもの. ¶萝卜～／ダイコンの葉.

璎(瓔) yīng
王部11 全15画 四 1714₄ 通用
名 玉(ᵍⁱᵒᵏᵘ)に似た石. ¶～珞 yīngluò.

【璎珞】yīngluò 名 珠玉をつないで作った首飾り.

樱(櫻) yīng
木部11 全15画 四 4794₆ 常用
下記熟語を参照.
【樱花】yīnghuā 名《植物》❶〔量〕棵 kē〕サクラ. 〔量〕朵 duǒ, 束 shù〕サクラの花.
【樱桃】yīngtáo[-tao] 名《植物》❶〔量〕棵 kē〕オウトウ. ❷〔量〕颗 kē, 粒 lì〕さくらんぼ.

鹦(鸚) yīng
鸟部14 全16画 次常用
下記熟語を参照.
【鹦哥】yīnggē 名《鸟》〔量〕只 zhī〕インコ. オウム.
【鹦鹉】yīngwǔ 名《鸟》〔量〕只 zhī〕オウム. インコ. 鹦哥 yīnggē
【鹦鹉学舌】yīng wǔ xué shé 成 人の言ったことをそのまま受け売りする. 由来『景徳伝灯録』に見えることば.

膺 yīng
广部14 全17画 四 0022₇
索❶胸. ¶义愤填～(義憤が胸に満ちる). ❷受ける. ¶～选市长(市長に選ばれる)／荣～勋章 xūnzhāng(勲章を授かる). ❸討伐する. 打撃を与える. ¶～惩 yīngchéng(討伐する).
【膺选】yīngxuǎn 動 当選する. ¶～为会长／会長に選出される.

鹰(鷹) yīng
广部15 全18画 四 0022₇
名《鸟》〔量〕只 zhī〕タカ. ワシタカ科の鳥の総称. ¶～鼻 bí yào yǎn.
【鹰鼻鹞眼】yīng bí yào yǎn 成 凶悪でずる賢そうな顔つき.
【鹰钩鼻】yīnggōubí 名 ワシ鼻. かぎ鼻.
【鹰派】yīngpài 名 タカ派. 強硬派.
【鹰犬】yīngquǎn 名 ❶(猟に使う)タカとイヌ. ❷手下. 手先. ¶为 wéi 人～／人の手先となる.
【鹰隼】yīngsǔn 名 文 旧 勇猛な人.

迎 yíng
辶部4 全7画 常用
❶動 迎える. ¶欢～ huānyíng(歓迎する)／～接宾(海外からの来賓を出迎える). 反 送 sòng ❷動 向き合う. 向かう. ¶一面 yíngmiàn／～着 风雨向前走去(風雨に向かって前進する)／～头赶上. ❸(Yíng)姓.
【迎宾】yíngbīn 動 賓客を迎える.
【迎宾馆】yíngbīnguǎn 名 迎賓館.
【迎春】yíngchūn 名《植物》オウバイ. 黄梅. ¶～花／オウバイの花.
【迎风】yíng//fēng 動 ❶風に向かう. 同 顶风 dǐngfēng 反 顺风 shùnfēng ❷ ¶彩旗～飘扬／色とりどりの旗が風を受けてはためいている.
【迎合】yínghé 動 人におもねる. 人の気に入るようにする. ¶作家并不～读者的偏爱／作家は決して読者のひいきに迎合しない.
【迎候】yínghòu 動 出迎える. ¶热情～宾／暖かく外国の客を出迎える.
【迎击】yíngjī 動 迎撃する.
*【迎接】yíngjiē 動 ❶(人を)出迎える. ❷(祝日や任務などを)迎える. ¶～劳动节／メーデーの日を迎える.
【迎来送往】yíng lái sòng wǎng 成 来る人を迎え, 去る人を送る. 交際が盛んなこと.
【迎面】yíng//miàn 動 (～儿)面と向かう.
【迎亲】yíng//qīn 動 旧 花嫁を迎える. ¶～的队伍／花

嫁を迎える隊列. 参考 婚礼の日に花婿が, 輿(こし)や楽隊を連ねて花嫁を迎えに行く風習.
【迎娶】yíngqǔ 動 妻をめとる. ¶正月初八～新娘 / 正月八日に花嫁をめとる.
【迎刃而解】yíng rèn ér jiě 成 (主要な点を解決すれば)問題が容易に解決する. ¶只要资金到位,其他問題就～了 / 資金がうまく回りさえすれば,その他の問題ははやく解決する. 由来『晋書』杜預伝に見えることば. 竹を割る時, いくつか節を割ってやれば, あとは簡単に割れていく, という意から.
【迎送】yíngsòng 動 送迎する. ¶～宾客 / 来賓を送迎する.
【迎头】yíngtóu 動 (～ル)面と向かう. 正面から立ち向かう. 同 迎面 yíngmiàn
【迎头赶上】yíng tóu gǎn shàng 成 (強化・加速して)先頭を追い越す.
【迎头痛击】yíng tóu tòng jī 成 真正面から痛撃を加える.
【迎新】yíngxīn 動 新人を歓迎する. ¶～会 / 新人歓迎会. ¶学校举行了～活动 / 学校では新入生歓迎の行事を行った.
【迎战】yíngzhàn 動 迎え撃つ. ¶～敌军 / 敵軍を迎え撃つ.
【迎着】yíngzhe 動 …に向かっている. …の方に向いている. 同 向着 xiàngzhe

茔(塋) yíng ←部5 四 4410₄ 全8画 通用
素 文 墓地. 墓場. ¶～地 yíngdì (墓地) / 祖～ zǔyíng (祖先の墓).

荥(滎) yíng ←部6 四 4490₂ 全9画 通用
素 地名用字. ¶～经 Yíngjīng (四川省にある地名).
荥 Xíng

荧(熒) yíng ←部6 四 4480₉ 全9画 次常用
素 ❶弱くかすかな光. ¶一灯～燃 rán (ともしびがひと つ弱く光っている). ❷目がちらちらする. ❸ 文 惑わす. ¶～惑 yínghuò.
【荧光】yíngguāng 名《物理》蛍光.
【荧光灯】yíngguāngdēng 名 蛍光灯. 同 日 rì 光灯
【荧光屏】yíngguāngpíng 名 蛍光板. テレビやオシログラフのガラス画面.
【荧惑】yínghuò ❶ 動 惑わす. ¶～人心 / 人心を惑わす. ❷ 名 中国古代の天文学で火星.
【荧幕】yíngmù 名 テレビの画面. 同 荧屏 píng
【荧屏】yíngpíng 名 ❶ テレビの画面. 同 荧光 guāng 屏 ❷ テレビ (番組).
【荧荧】yíngyíng 形 星やともしびがまたたいている. ¶明星～ / 明星がまたたく. ¶烛光 zhúguāng～如豆 / ろうそくの灯りが豆粒のように小さく光っている.

盈 yíng 皿部4 四 1710₂ 全9画 常用
❶ 動 充満する. 満ちる. ¶恶 è 贯满～ (悪事の限りを尽くす) / 热泪～眶 kuàng (熱い涙があふれる). ❷ 素 余る. ¶～余 yíngyú. ❸ (Yíng)姓.
【盈亏】yíngkuī 名 ❶月の満ち欠け. ❷(企業などの)損益. ¶自负～ / 損益を自ら負う.
【盈利】yínglì → 赢利 yínglì
【盈千累万】yíng qiān lèi wàn 成 数がとても多いよう す. 同 成 chéng 千累万

【盈盈】yíngyíng 形 ❶澄み切っている. ¶春水～ / 春の水面が澄み切っている. ❷姿が美しい. 物腰が上品だ. ¶～顾盼 / 奥ゆかしくあたりを見回す. ❸気持ちがそのまま外にあらわれている. ¶笑脸～ / 満面に笑みを浮かべている. ❹軽やかだ. ¶～起舞 / 軽やかに小躍りする.
【盈余】yíngyú ❶ 動 利益が出る. ¶～二百元 / 200元が余った. ¶他去年亏本 kuīběn, 今年～了 / 彼は去年元手をすったが, 今年は黒字になった. ❷ 名 利益. 剰余. ¶有二百元的～ / 200元の利益が出る. ¶除开支以外,～不多 / 支出を除くと, 余りは多くない. 同 赢余 yíngyú 反 亏损 kuīsǔn

莹(瑩) yíng ←部7 四 4410₃ 全10画 次常用
❶ 名 滑らかで光沢のある玉ぐしく石. ❷ 素 きらきらと透き通っている. ¶晶～ jīngyíng (きらきら光って透明な).
【莹白】yíngbái 形 (皮膚などが)つややかで白い.
【莹洁】yíngjié 形 ❶ (砂などが)白く光ってきれいだ. ❷節操が高く, 高潔だ.
【莹莹】yíngyíng 形 (水滴や玉石が)透きとおって輝くようす. ¶亮晶晶 liàngjīngjīng

萤(螢) yíng ←部8 四 4413₆ 全11画 次常用
名 虫 ホタル. 参考 通称"萤火虫 yínghuǒchóng".
【萤火虫】yínghuǒchóng 名 虫 [量 个 ge, 只 zhī] ホタル.
【萤石】yíngshí 名《鉱物》蛍石(ほたる). 同 氟 fú 石

营(營) yíng ←部8 四 4460₆ 全11画 常用
❶ 素 運営する. ¶～业 yíngyè / ～造 yíngzào / 经～ jīngyíng (経営する). ❷ 素 謀む. 追求する. ¶～生 yíngshēng / ～救 yíngjiù. ❸ 素 軍隊の駐屯地. ¶军～ jūnyíng (兵営) / 安～扎寨 zhāzhài (テントをはって兵営を設ける). ❹ 名《軍事》軍隊の編成単位. 大隊. ❺ (Yíng)姓.
【营巢】yíngcháo 動 (鳥などが)巣をつくる.
【营地】yíngdì 名《軍事》[量 处 chù, 片 piàn] 駐屯地. キャンプ地.
【营房】yíngfáng 名 [量 间 jiān, 排 pái, 座 zuò] 兵舎およびその敷地.
【营火】yínghuǒ 名 キャンプファイヤー. ¶～晚会 / キャンプファイヤーの夕べ.
【营火会】yínghuǒhuì 名 キャンプファイヤーの集い.
【营建】yíngjiàn 動 造営する. 建造する. ¶海南正在～度假村 / 海南では目下, リゾート村を建設中である.
【营救】yíngjiù 動 救いの手を伸べる. 救援の措置をとる. ¶全力～伤员 / 全力で負傷者を救助する.
【营垒】yínglěi 名 [量 座 zuò] ❶兵舎とそれを取り囲む塀. ❷陣営. 軍営. とりで. ¶革命～ / 革命のとりで. 革命勢力.
【营利】yínglì 動 利を求める. 利潤を追求する. ¶公司今年～目标 / 会社の今年の利益目標.
【营盘】yíngpán 名 "军营 jūnyíng"(兵営)の旧称.
【营区】yíngqū 名《軍事》兵営. キャンプ.
【营舍】yíngshè 名《軍事》兵舎.
【营生】❶ yíngshēng 動 生計を立てる. ¶靠做小生意～ / 小商いによって生計を立てている. 同 谋生 móushēng ❷ yíngsheng 名 方 (～ル)仕事.
【营收】yíngshōu 名 ❶ "营业收入"(営業収入)の略

称. ❷ "运营收入"(運営収入)の略称.
【营私】yíngsī 動 私利を謀る. ¶结党～/ 成 徒党を組んで私腹を肥やそうとする.
【营私舞弊】yíng sī wǔ bì 成 私利を求めて不正をたくらむ.
【营销】yíngxiāo 動 経営販売する.
*【营养】yíngyǎng ❶ 名 栄養. 養分. ¶富于～/ 栄養に富む. ❷ 動 (人が)栄養をとる. ¶注意休息和～/ 休息と栄養に気を付ける.
【营养餐】yíngyǎngcān 名 栄養食. 特定の対象向けに栄養バランスを考えた食事や献立をさす.
【营养素】yíngyǎngsù 名 栄養素.
【营养元素】yíngyǎng yuánsù 名《農業》農作物の生長に不可欠な元素. 必須元素.
*【营业】yíngyè 動 営業する. ¶银行 yínháng 今天不～/ 銀行は今日休みだ. ¶～执照/ 営業許可証. ¶本店星期天照常～/ 本店は日曜日も平常通り営業いたします.
【营业税】yíngyèshuì 名 営業税. 事業税.
【营业员】yíngyèyuán 名 営業員. 販売員.
【营运】yíngyùn ❶ 動 (車や船を)営業運転する. 運行する. ❷ 旧 商売をする.
【营造】yíngzào ❶ 動 建造する. 建設する. ¶～住宅/住宅を建設する. 同 营建 yíngjiàn ❷ 造林する. ¶～防护林/保安林をつくる.
【营寨】yíngzhài 名 とりで. 駐屯地.
【营长】yíngzhǎng 名《軍事》大隊長.
【营帐】yíngzhàng 名 テント. 天幕.

萦(縈) yíng ⺾部8 四 4490₃ 全11画 通用

❶ 素 からむ. まとわりつく. ¶～怀 yínghuái / 琐事 suǒshì～身(雑用に煩わされる). ❷ 姓 (Yíng)姓.
【萦怀】yínghuái 動 文 気にかかる. ¶百事～/ あれやこれや気にかかる.
【萦回】yínghuí 動 周囲をめぐる. まつわりつく. ¶去年的情景～脑际/去年の情景が今も頭から離れない.
【萦念】yíngniàn 動 気にかける. 懐かしむ.
【萦绕】yíngrào 動 周囲をめぐる. まつわりつく. ¶云雾～/ 雲霧がとりまく. ¶～心中/心にまつわりつく. 同 萦回 yínghuí
【萦系】yíngxì 気にかける. 心配する. 同 牵挂 qiānguà

蓥(鎣) yíng ⺾部10 四 4410₉ 全13画 通用

素 地名用字. ¶华～ Huáyíng (四川省にある山の名前).

楹 yíng 木部9 四 4791₉ 全13画 通用

❶ 名 母屋の正面にある柱. ❷ 量 部屋を数えることば.
【楹联】yínglián 名〔副 fù〕母屋正面の左右の柱に掛ける対聯(联). 広く対聯を指す. ¶贴～/ 対聯をはる.

滢(瀅) yíng 氵部10 四 3411₃ 全13画 通用

素 文 清澄な.

蝇(蠅) yíng 虫部8 四 5611₆ 全14画 通用

名《虫》ハエ. ¶～拍 yīngpāi / 灭～ mièyíng (ハエ撲滅). 参考 通称"苍蝇 cāngyíng".
【蝇拍】yíngpāi 名〔～儿〕〔圃 个 ge, 支 zhī〕ハエたた

【蝇头】yíngtóu 微小な. きわめて小さい. ¶～小楷 xiǎokǎi / 米つぶのような楷書の文字.
【蝇头小利】yíng tóu xiǎo lì 成 ほんのわずかな利益.
【蝇营狗苟】yíng yíng gǒu gǒu 成 利益のためには, 手段を選ばず, 恥も外聞もなく行動する. 同 狗苟蝇营 由来 ハエのように汚物に群がり飛び, イヌのように恥を知らない, という意合い.
【蝇子】yíngzi 名《虫》ハエ.

潆(瀠) yíng 氵部11 四 3419₃ 全14画 通用

下記熟語を参照.
【潆回】yínghuí 形 水が渦巻いている.

嬴 Yíng 月部12 四 0021₇ 全16画 通用

名 姓.

赢(贏) yíng 月部13 四 0021₇ 全17画 常用

❶ 動 勝つ. 反 输 shū ❷ 素 利益を得る. ¶～余 yíngyú.
【赢得】yíngdé 動 勝ち取る. 博する. ¶～独立/独立を勝ち取る. ¶～赞扬/賞賛を博する. ¶精彩的表演～全场喝彩 hècǎi / 見事な演技が満場のかっさいを博した.
【赢家】yíngjiā[-jia] 名 (ゲームや賭博の)勝者. 反 输 shū 家
【赢利】yínglì 名 動 利潤(を得る). 利益(を上げる). ¶有多少～? / いくらの利益がありますか. ¶～率/ 利益率. ¶今年我公司～三千万元/今年我が社は3000万元以上の利益を上げた. 同 盈利 yínglì
【赢面】yíngmiàn 名 (試合での)勝利の可能性[予測].
【赢余】yíngyú → 盈余 yíngyú

瀛 yíng 氵部16 四 3011₇ 全19画 通用

名 ❶ 大海. ¶～寰 yínghuán. ❷ (Yíng)姓.
【瀛海】yínghǎi 名 文 大海.
【瀛寰】yínghuán 名 文 全世界.

郢 Yǐng 阝部7 四 6712₇ 全9画 通用

楚国の首都. 現在の湖北省江陵県にあった.

颍(潁) Yǐng 页部6 四 2198₂ 全12画 通用

名 川の名前. "颍河 Yǐnghé"を指す. 河南省登封県に源を発し, 安徽省で淮河に注ぐ.

颖(穎) yǐng 页部7 四 2198₂ 全13画 次常用

❶ 名 稲の穂先. イネ科植物の穂の部分. ❷ 素 小さくて細長い物のとがった先端. ¶短～羊毫 yángháo (ヤギの毛で作られた穂の短い筆)/ 锥 zhuī 处 chǔ 囊 náng 中, 脱～而出(才能のある人は衆に抜きん出る). ❸ 素 聡明な.
【颖慧】yǐnghuì 形 文 (若者が)賢い. 聡明だ.
【颖悟】yǐngwù 形 文 (若者が)賢い. 聡明だ.
【颖异】yǐngyì 形 ❶ 人並みはずれて賢い. ❷ (考えが)斬新だ.

影 yǐng 彡部12 四 6292₂ 全15画 常用

❶ 名 〔～儿〕"影子 yǐngzi"に同じ. ❷ 素 模写する. 復刻する. ¶～宋 Sòng 本(宋代の本の復刻版). ❸ 素 写真. ¶摄～ shèyǐng (撮影する)/ 留～ liúyǐng (記念写真を撮る). ❹ 素 映画. ¶～评 yǐngpíng. ❺

(Yīng)姓.

【影壁】yǐngbì 图 ❶ 表門または二の門の内側にある目隠しの塀. ⇨四合院 sìhéyuàn（図）❷ "照壁 zhàobì"に同じ. ❸ いろいろな塑像をはめ込んだ塀.

【影城】yǐngchéng 图 複数の上映室がある大型の映画館. シネコン. 用法 多く映画館の名称に用いる.

【影碟】yǐngdié 图 ビデオディスク. LD,VCD,DVD など. 同 视盘 shìpán

【影碟机】yǐngdiéjī 图 ビデオディスクプレーヤー.

【影集】yǐngjí 图 〔本 běn,册 cè〕 写真帳. アルバム.

【影剧界】yǐngjùjiè 图 映画・演劇界.

【影剧院】yǐngjùyuàn 图 劇場.

【影楼】yǐnglóu 写真館. フォトスタジオ.

【影迷】yǐngmí 图 映画ファン. 映画マニア.

【影片儿】yǐngpiānr 图 "影片 yǐngpiàn"に同じ.

【影片】yǐngpiàn 图 ❶ 〔卷 juǎn〕映画のフィルム. ❷ 〔部 bù,个 ge〕映画.

【影评】yǐngpíng 图 〔篇 piān〕映画評論.

【影射】yǐngshè 動 ほのめかす. あてこする. 暗示する.

【影视】yǐngshì 图 映画とテレビ.

【影坛】yǐngtán 图 映画界.

【影戏】yǐngxì 图 ❶ 〔出 chū〕影絵芝居. 同 皮影戏 píyǐngxì 方 映画. ¶~馆/映画館.

**【影响】yǐngxiǎng ❶ 動 影響する. ¶老師的言行会~学生/先生の言行は学生に影響する. ❷ 图 影響. ¶受~/影響を受ける.

【影像】yǐngxiàng 图 ❶ 肖像. ❷ 映像. 姿. ❸ イメージ. 姿.

【影星】yǐngxīng 图 "电影明星"（映画スター）の略.

【影业】yǐngyè 图 映画産業.

【影印】yǐngyìn 動《印刷》（多く書籍や図表の）写真製版印刷をする. ¶~版/影印版.

【影影绰绰】yǐngyǐngchuòchuò 形 （~的）はっきりしない. ぼんやりしている. ¶~的人影儿/ぼんやりとした人影.

【影院】yǐngyuàn 图 〔个 ge,家 jiā,座 zuò〕映画館. 同 电影院 diànyǐngyuàn

【影展】yǐngzhǎn 图 ❶ 写真展. ❷ 映画祭.

*【影子】yǐngzi 图 ❶ 〔个 ge,条 tiáo〕（ものが光をさえぎってできる）影. ¶树~/こかげ. 映着 yǐngzhe~/影が映っている. ❷（水や鏡に映る）影. 姿. ❸ ぼんやりした姿.

【影子内阁】yǐngzi nèigé 影の内閣. シャドーキャビネット. 同 预备 yùbèi 内阁, 在野 zàiyè 内阁

瘿（癭）yǐng
疒部11 全16画 通用 0014₄

图 ❶（中医）首にできたこぶ. 多くは甲状腺腫を指す. ❷ 虫こぶ. 同 虫瘿 chóngyǐng

应（應）yìng
广部4 全7画 常用 0021₉

動 ❶ 答える. 反応する. ¶叫天天不~,叫地地不灵 líng（天に叫んでも天は答えず,地に叫んでも地は反応しない）/一呼百~/一声の呼びかけに皆が呼応する. ❷ 受け入れる. 求めに応じる. ¶~中国政府的邀请 yāoqǐng（中国政府の招請に応じる）/有求必~ 成 要求があれば必ず応じる. ❸ 順応する. 適応する. ❹ ～时 yìngshí/得心~手 成 ことが順調に運ぶ. ❹ 対処する. ¶从容~敌（落ち着いて敵に当たる）. ❺ 呼応する. ¶里~外合 成 内外呼応する.

☞ 应 yīng

【应变】yìngbiàn ❶ 動 突然の変化に対応する. ¶随机~/ 成 臨機応変. ❷ 图 《物理》ひずみ.

【应承】yìngchéng 動 引き受ける. 承諾する. ¶满口~/二つ返事で引き受けた.

【应城】Yìngchéng《地名》应城（はぁ）. 湖北省にある市.

【应酬】yìngchou ❶ 動 もてなす. 接待する. 交際する. ¶~话/社交辞令. お愛想. ¶你去~一下/君がちょっとお相手して来なさい. ❷ 图（私的な）宴会. 付き合い.

【应从】yìngcóng 動 承諾して従う.

【应答】yìngdá 動 応答する. 回答する. ¶~如流/すらすらとよどみなく答える. ¶~自如/立て板に水のように答える. 同 应对 yìngduì

【应敌】yìngdí 動 敵に応戦する.

【应电流】yìngdiànliú 图《物理》誘導電流. 感応電流.

【应对】yìngduì 動 受け答える. 応対する. ¶~如流/ 成 よどみなく受け答えをする. ¶不善于~突如其来的提问/急な質問に答えるのは苦手だ.

【应付[-fu]】yìngfù 動 ❶ 対処する. ¶他～裕如 yùrú 地处理了这件事/彼は余裕たっぷりの対応で,その件を処理した. ❷ いい加減にごまかす. お茶を濁す. ¶~事/いい加減にすます. 同 对付 duìfù,敷衍 fūyǎn ❸ 間に合わせる. 同 对付 duìfù ⇨ 应付 yìngfù

【应和】yìnghè 動（声・ことば・行動などが）呼応する. ¶同声~/声をそろえて唱和する.

【应机】yìngjī 形 時機を得ている. タイムリーだ.

【应急】yìng//jí 動 急場に間に合わせる. 急な求めに応じる. ¶~措施 cuòshī/応急措置をとる. ¶制定了很多~方案/たくさんの緊急対策案を取り決めた. ¶供 gōng~之用的/緊急用のもの.

【应接不暇】yìng jiē bù xiá 成 応対に忙しい. ¶节日里顾客很多,店员~/祭日にはお客が多く,店員は応対にいとまがない.

【应景】❶ yìng//jǐng 動 (~儿) 調子を合わせる. ¶不得不 bùdébù 应个景儿/お付き合いせざるを得ない. ❷ yìngjǐng 形 時節に合っている. ¶~果品/季節のくだもの.

【应举】yìngjǔ 旧 科挙の試験を受ける. 参考 明・清代では"乡试"（各省で行う科挙の試験. 郷試）の受験を指した.

【应考】yìngkǎo 動 試験を受ける. 受験する. ¶她准备去~/彼女は試験を受けに行くつもりだ. 同 投考 tóukǎo

【应力】yìnglì 图《物理》応力.

【应门】yìng//mén 動 門の開閉をつかさどる.

【应募】yìngmù 動 応募する. ¶~去当服务员/募集に応募し店員になる. 同 招募 zhāomù

【应诺】yìngnuò 動 引き受ける. 応諾する. 受諾する. ¶慨然 kǎirán ~/快く引き受ける.

【应拍】yìngpāi 動 オークションなどで,購入価格を表明する. 応札する.

【应聘】yìng//pìn 動 招きに応じる. ¶~担任了这个部的经理/招請に応じ,この部の部長となった. 反 招聘 zhāopìn

【应山】Yìngshān《地名》应山（ぱ）. 湖北省北部にある市.

【应声】yìngshēng 副 声に応じて. 音とともに. ¶~而

【应声虫】yìngshēngchóng 名 俗 人の言いなりになる人．イエスマン．¶你什么事都听他的,简直就是他的～/君は何でも彼の言いなりで,まったくもって彼のイエスマンだね．
【应时】yìngshí ❶ 形 季節に合った．時期にかなった．¶吃～水果/季節の果物を食べる．❷ 副 すぐに．ただちに．
【应市】yìngshì 動 (市場の需要に応じて)市場に出す．売り出す．
【应试】yìngshì 動 試験を受ける．受験する．¶她没去～/彼女は試験を受けに行かなかった．㊂ 应考 yìngkǎo．
【应试教育】yìngshì jiàoyù 名 受験を目的とする教育．
【应诉】yìng//sù 動 (法律)応訴する．
【应县】Yìngxiàn 地名 応(応)県．山西省北部にある県．参考 現存する中国最古の木塔(仏宮寺釈迦塔)があることで知られる．
【应选】yìngxuǎn 動 選挙に立候補する．選ばれる．¶～人/選挙人．
【应验】yìngyàn 動 (予感や予言などが)当たる．的中する．¶她说下午会下雪,果然～了/彼女が午後は雪ではと言ったが,果たして的中した．
【应邀】yìngyāo 動 (招きに)応じる．¶～前往 qiánwǎng/招請に応じて赴く．
*【应用】yìngyòng ❶ 動 使用する．用いる．¶～新技术/新しい技術を用いる．㊂ 使用 shǐyòng．❷ 形 応用がきく．実用的な．
【应用科学】yìngyòng kēxué 名 応用科学．
【应用文】yìngyòngwén 名 実用文．
【应援】yìngyuán 動 (軍事)応援する．¶～人员/応援部隊を送る．
【应运】yìngyùn 動 機会をうまくつかむ．¶～而起 成 時代の要請に応えて生まれる．
【应运而生】yìng yùn ér shēng 成 機運に乗じて生まれる．㊂ 应运而起 qǐ．
【应战】yìng//zhàn ❶ 動 応戦する．❷ 挑戦に応じる．
【应招】yìngzhāo 動 (求人や学生募集などに)応募する．
【应召】yìngzhào 文 呼び出しや召喚に応じる．
【应诊】yìngzhěn 動 診療する．診察する．¶～时间/診療時間．¶平常～/平常通り診察する．
【应征】yìngzhēng 動 ❶ (適齢になった者が)徴兵に応じる．¶～入伍/応召して入隊する．❷ 応じる．応募する．¶～稿件 gǎojiàn/応募原稿．
【应制】yìngzhì 動 勅命によって詩文を作る．

映 yìng

日部5 四 6508₀ 全9画 常用

動 映じる．映る．¶影子倒～在水里(影が水面に逆さに映っている)/放～电影(映画を上映する)．

【映衬】yìngchèn ❶ 動 照り映える．引き立つ．¶牡丹 mǔdān 靠绿叶～,才显得雍容 yōngróng 华贵/ボタンは緑の葉が添えられて,はじめてゆったりと美しく見える．❷ 名 修辞法の一つ．他のものと対比させて際立たせる方法．
【映出】yìngchū 動 上映する．
【映带】yìngdài 動 文 (景物が)相映える．引き立て合う．
【映山红】yìngshānhóng 名 (植物)ツツジ．㊂ 杜鹃 dùjuān．
【映射】yìngshè 動 照らす．¶在灯光～下/照明の光の下で．
【映现】yìngxiàn 動 映し出される．現れる．

【映像】yìngxiàng 名 ❶ 映像．❷ (頭に浮かんだ)イメージ．
【映照】yìngzhào 動 照り映える．¶晚霞 wǎnxiá～着群山/夕焼けが山々に映えている．¶高高的白塔～在清澈 qīngchè 的湖面上/そびえ立つ白塔が,澄みきった湖面に照り映えている．

硬 yìng

石部7 四 1164₆ 全12画 常用

形 ❶ かたい．¶～煤 yìngméi (無煙炭)/～木 yìngmù．㋳ 软 ruǎn．❷ (性格・意志・態度が)強硬だ．頑強だ．¶～汉子 yìnghànzi (硬骨漢)/态度强～qiángyìng (態度が強硬だ)．❸ かたくなだ．無理やりだ．¶～不承认(あくまでも承認しない)．❹ (能力が)高い．(質が)よい．¶～手 yìngshǒu/货～(品物がいい)．
【硬邦邦[梆梆]】yìngbāngbāng 形 (～的) ❶ 固くて丈夫だ．頑丈だ．㋳ 软绵绵 ruǎnmiánmián．❷ (ものの性質や口調が)硬い．¶语气～的/語気が硬い．
【硬棒】yìngbang 形 方 ❶ 固い．❷ 丈夫だ．¶这里加了根柱子～多了/ここに柱を入れたらずっと堅固になった．
【硬币】yìngbì 名 〔圈 个 ge,枚 méi〕硬貨．コイン．
【硬撑】yìngchēng 動 強情にがんばる．無理をする．
【硬顶】yìngdǐng 動 むやみにたてつく．かたくなに逆らう．
【硬度】yìngdù 名 ❶ (固体の)硬さ．硬度．❷ (水の)硬度．
【硬腭】yìng'è 名 (生理)硬口蓋(こうこうがい)．
【硬弓】yìnggōng 名 つるをきつく張った弓．参考 引くのに強い力を必要とする剛弓．
【硬功夫】yìnggōngfu 名 熟練した技量．¶他有一套～/彼には熟達の技がある．
【硬骨头】yìnggǔtou 名 気骨のある人．硬骨漢．¶～精神/気骨ある精神．
【硬骨鱼】yìnggǔyú 名 (魚)硬骨魚．
【硬广告】yìngguǎnggào 名 広告．コマーシャル．参考 従来式の通常の広告を指す．"软广告"という言葉が使われるようになってから,区別のために用いられる．⇨ 软 ruǎn 广告．
【硬汉】yìnghàn 名 〔圈 个 ge,条 tiáo〕不屈の人．硬骨の士．㊂ 硬汉子 yìnghànzi．
【硬化】yìnghuà 動 ❶ 硬化する．¶动脉～/動脈硬化．㋳ 软化 ruǎnhuà．❷ (思想が)柔軟でなくなる．かたくなる．¶他的思想～了/彼は思考が硬化した．㋳ 软化 ruǎnhuà．
【硬环境】yìnghuánjìng 名 (社会の環境の)物質的な条件．ハード面．㋳ 软 ruǎn 环境．参考 交通・通信・水道・電気設備などをいう．
【硬件】yìngjiàn 名 ❶ (コンピュータ)ハードウェア．㋳ 软件 ruǎnjiàn．❷ (生産などで使う)設備機器．
【硬结】yìngjié 動 ❶ 固まる．¶奶粉放得太久就会～/粉ミルクは長い間放置すると固まってしまう．❷ 名 硬い塊(かたまり)．
【硬朗】yìnglang 形 口 褒 (老人が)壮健だ．足腰がしゃんとしている．重 硬硬朗朗．
【硬面】yìngmiàn 名 (～儿) (料理) (小麦粉をねった)硬い生地．
【硬模】yìngmú 名 (機械)ダイス型．
【硬木】yìngmù 名 (材質の)硬い木．参考 紫檀(たん)・マホガニー・花梨(かりん)等ということが多い．
【硬盘】yìngpán 名 (コンピュータ) "硬磁 cí 盘"(ハード

ディスク)の略.
【硬碰硬】yìng pèng yìng 慣 ❶強硬な態度に対して強硬な態度で臨む. ❷(仕事をするのに努力や技術が必要で)非常に骨が折れる. とても困難だ.
【硬皮病】yìngpíbìng 名《医学》強皮症.
【硬片】yìngpiàn 名 乾板(就). 写真乾板. 同 干板 gānbǎn 反 软 ruǎn 片
【硬拼】yìngpīn 動 (相手のことはお構いなしに)がむしゃらにする. 無鉄砲にする.
【硬气】yìngqi 形 方 ❶気骨がある. 気丈だ. ¶小明的性格很~/ミンさんは気丈だ. ❷気強い. やましくない. 引け目を感じない.
【硬是】yìngshì 副 方 ❶まったく. 本当に. ❷あくまでも. 何が何でも. ¶他本来知道,可~不说/彼はもともと知っているのだが,どうしても話そうとしない.
【硬实】yìngshi 形 丈夫だ. 頑丈だ. ¶爷爷已经七十多了,身子骨还很~/おじいさんはもう七十すぎだが,体はまだまだ丈夫だ. ¶~的木material / しっかりした木材.
【硬手】yìngshǒu 名 (~儿)やり手. 腕きき. ¶这人真是把~儿/こいつは本当にやり手だ.
【硬水】yìngshuǐ 名《化学》硬水. 反 软水 ruǎnshuǐ
【硬挺】yìngtǐng 動 じっとこらえる. 我慢する. ¶~着把工作做完/ふんばって仕事を終わりにする.
【硬通货】yìngtōnghuò 名《金融》ハードカレンシー. 硬貨.
【硬卧】yìngwò 名《交通》(列車の)普通寝台. ¶~车/普通寝台車. 参考"硬席卧铺 yìngxí wòpù"の略称.
【硬席】yìngxí 名《交通》(列車の)普通座席. 普通座席と普通寝台の総称. ¶~卧铺 wòpù/普通寝台. ¶~坐位/普通座席. 反 软席 ruǎnxí
【硬性】yìngxìng 形 動かせない. 融通がきかない. ¶~指标/固定目標値.
【硬玉】yìngyù 名《鉱物》翡翠(なん). 輝石. 硬玉.
【硬仗】yìngzhàng 名〔量 场 cháng,个 ge〕正面から挑む戦闘. 激戦. ¶打~/デッドヒートを演じる.
【硬着头皮】yìngzhe tóupí 慣 やむを得ず強行する. 仕方なく覚悟を決めて…する. ¶~爬 pá 到山顶/むりやり山頂まで登った.
【硬挣】yìngzheng 形 ❶固くて丈夫だ. ❷力強い.
【硬脂】yìngzhī 名《化学》ステアリン.
【硬脂酸】yìngzhīsuān 名《化学》ステアリン酸.
【硬纸板】yìngzhǐbǎn 名〔量 张 zhāng〕ボール紙.
【硬指标】yìngzhǐbiāo 名 絶対的な目標. 変更不可能な目標.
【硬质合金】yìngzhì héjīn 名《冶金》硬質合金.
【硬着陆】yìngzhuólù ❶動 強硬着陸する. 硬着陸する. ❷名《経済》ハードランディング.
【硬座】yìngzuò 名《交通》(列車の)普通座席. 同 席 yìngxí 参考"硬席坐位 yìngxí zuòwèi"の略称.

媵 yìng 月部9 四 79244 全13画 通用

文 ❶動 花嫁を送り出す. ❷名 花嫁の付き添い人. ❸名 妾(鯰).

yo |ㄛ [io]

哟(喲) yō 口部6 四 67026 全9画 次常用

嘆 "唷 yō"に同じ.
☞ 哟 yo

唷 yō 口部8 四 60027 全11画 通用

嘆 軽い驚きや疑問をあらわす. ¶~,这是怎么了?(おや,これはどうしたの).

哟(喲) yo 口部6 四 67026 全9画 次常用

助 ❶文の切れ目に置く. ¶大家齐 qí 用力~(さあみんなで力を合わせよう) / 话剧~,京剧~,他都很喜欢(話劇でも,京劇でも,彼はどちらも好きです). ❷歌詞の中に置いて調子を整える. ¶呼儿嗨~ hāiyo!(歌の中のはやしことば).
☞ 哟 yō

yong ㄩㄥ [yʊŋ]

佣(傭) yōng 亻部5 四 27220 全7画 常用

素 ❶人を雇う. ¶雇~ gùyōng(雇用する) / ~工 yōnggōng. ❷使用人. 雇い人. ¶女~ nǚyōng (女の使用人).
☞ 佣 yòng
【佣妇】yōngfù 名 女の使用人. 女中.
【佣工】yōnggōng 名 雇員. 雇用労働者.
【佣人】yōngrén 名 使用人. 雇い人.

拥(擁) yōng 扌部5 四 57020 全8画 常用

❶素 抱く. 抱える. ¶~抱 yōngbào. ❷動 取り囲む. ¶~被而眠 mián (布団にくるまって眠る) / 前呼后~(先払いが声をかけ,伴の者が取り囲む. 貴人が外出するようす). ❸動 (大勢の人が)一ヶ所に集まって込み合う. ¶~挤 yōngjǐ / 一~而入(一度にどっとなだれ込む). ❹素 擁護する. 支持する. ¶~立 yōnglì (擁立する) / 一致~戴(皆で推挙する). ❺(Yōng)姓.
*【拥抱】yōngbào 動 抱き合う. 抱擁する. ¶高兴得~起来/喜んで抱き合った.
【拥戴】yōngdài 動 推戴する. 同 推戴 tuīdài
【拥堵】yōngdǔ 動 (車両などで)道路が混みあう. 渋滞する.
【拥趸】yōngdǔn 名 方 支援者. ファン.
*【拥护】yōnghù 動 擁護する. 支持する. ¶大家都表示~这个方案/皆はその計画への支持を表明した. 反 反对 fǎnduì
【拥挤】yōngjǐ ❶形 (人や車などが)込み合っている. ひしめいている. ¶上班高峰 gāofēng 时,车厢 chēxiāng 里很~/出勤ラッシュ時,車内は込み合う. ❷動 (人や車などが)一ヶ所に集まる. 押し合いへし合いする.
【拥进】yōngjìn 動 (大勢の人が)~押しあいながら入る.
【拥军优属】yōng jūn yōu shǔ 成 解放軍を擁護し,軍人の家族をたいせつにする.
【拥塞】yōngsè 動 (道や水路が)詰まる. 渋滞する. ¶马路被汽车~了/大通りが車でふさがれてしまった. 同 堵塞 dǔsè
【拥有】yōngyǒu 動 (資源・設備・資産などを)擁している. 持っている. ¶~丰富的资源/豊かな資源がある.

痈（癰）yōng 疒部5 四0012₇ 全10画 通用
名（医学）（首や背中にできる）悪性のできもの。¶～疽 yōngjū.
【痈疽】yōngjū 名（医学）癰（²ᵘ）。悪性のはれ物.

邕 Yōng 巛部7 四2271₇ 全10画 通用
❶ 名 地名用字。¶～江 Yōngjiāng（広西チワン族自治区を流れる川の名）。❷ 名 "南宁 Nánníng"（南寧岱。広西チワン族自治区の首府）の別称．
【邕剧】yōngjù 名（芸能）邕（ˢ）劇。広西チワン族自治区の広東語地区で行われる地方劇．

庸 yōng 广部8 四0022₇ 全11画 常用
❶ 素 普通の。ありふれた。凡俗な。¶～言～行（月並みなことばやおこない）/～～俗俗（ありふれて俗っぽい）/平～ píngyōng（平凡な）/～才 yōngcái. ❷ 素 …する必要がある。¶无～细述 xìshù（詳述する必要はない）/毋wú～讳言 huìyán（隠し立てする必要はない）. ❸ 副 文 どうして…だろうか。¶～可弃 qì 乎 hū?（捨て去ることだろうか）. ❹（Yōng）姓。用法 ③は、否定形で用いる。
【庸才】yōngcái 名 文 凡才。凡庸な人。庸材 yōngcái
【庸常】yōngcháng 形 平凡だ。ありふれている．
【庸夫】yōngfū 名 凡庸な人．
【庸碌】yōnglù 形 凡庸な。平々凡々とした。¶～无能/凡庸だ。/一辈子 bèizi 庸庸碌碌,没什么作为/生涯平々凡々として、特に何の業績もない。⇨ 平庸 píngyōng
【庸人】yōngrén 名 凡人。俗物．
【庸人自扰】yōng rén zì rǎo 成 凡庸な人は、みずからもめごとを起こす。用意な気をもむ。由来『新唐書』陸象先（ᶦᵘˢᵉⁿ）伝に見えることば．
【庸俗】yōngsú 形 貶 俗っぽい。卑俗だ。¶～不堪 kān / ひどく俗だ。反 高雅 gāoyǎ 比較 "庸俗"は低劣で品がないことで、ふつう否定的の意味あいである。"通俗 tōngsú"は、大衆的で誰にでも分かりやすいことで、肯定される意味あいをもつ．
【庸俗化】yōngsúhuà 動 俗化する。低俗化する．
【庸医】yōngyī 名 やぶ医者．
【庸中佼佼】yōng zhōng jiǎo jiǎo 成 なみいる凡人の中でずば抜けた人．

鄘 Yōng 阝部11 四0722₇ 全13画 通用
名 周代の国名。現在の河南省汲県のあたり．

雍（異 雝）yōng 一部11 四0021₅ 全13画 通用
❶ 形 和やかだ。穏やかだ。¶～容 yōngróng. ❷（Yōng）姓．
【雍容】yōngróng 形 鷹揚（ᵒᵘ）だ。おっとりしている。¶牡丹 mǔdan 十分～华贵/ボタンの花はたいへん上品で美しい。¶气度～/人柄が鷹揚（ᵒᵘ）だ。表現 人についていうことが多い．
【雍正】Yōngzhèng 名（歴史）清の世宗（愛新覚羅胤禛ᵃⁱˢʰⁱⁿ）の年号。雍正（ᵎⁱᵘ）：1723-1735）．

墉（異 鄘）yōng 土部11 四4012₇ 全14画 通用
名 文 ❶ 城壁。❷ 高い壁や塀．

慵 yōng 忄部11 四9002₇ 全14画 通用
素 文 ものうい。だるい。¶～懒 yōnglǎn.
【慵倦】yōngjuàn 形 疲れて眠い。だるい。⇨ 慵困 kùn
【慵懒】yōnglǎn 形 怠惰だ。ものぐさだ。⇨ 懒散 lǎnsǎn

镛（鏞）yōng 钅部11 四8072₇ 全16画 通用
名（音楽）大鐘。古代の楽器の一つで、演奏中に拍子を取るのに使った．

雍 yōng 土部13 四0010₄ 全16画 通用
❶ 素 ふさぐ。詰まる。¶～塞 yōngsè / ～闭 yōngbì（閉塞する）。❷ 動 土や肥料を植物の根元にかけてやる。¶～土 yōngtǔ.
【雍塞】yōngsè 動 ふさがる。詰まる。¶交通～了/渋滞している。⇨ 堵塞 dǔsè
【雍土】yōngtǔ 動 ❶ 土寄せする。❷ まぐわや熊手に土がからんで動かなくなる．

臃 yōng 月部13 四7021₅ 全17画 通用
❶ 下記熟語を参照。❷（Yōng）姓．
【臃肿】yōngzhǒng 形 ❶ 太りすぎて動きがにぶい。¶身躯 shēnqū /ぶくぶくに太っている。❷（機構や組織が）肥大化して動きがとれない。¶机构～庞大 pángdà / 機構が水ぶくれしている．

鳙（鱅）yōng 鱼部11 四2012₇ 全19画 通用
名 文〔魚〕淡水に住む、黒色で頭の大きい魚。⇨ 胖头鱼 pàngtóuyú 参考 中国でよく食べる魚で、"四大家鱼"の一つに数えられる．

饔 yōng 食部13 四0073₂ 全22画 通用
名 文 ❶ 火を通した食物。❷ 朝食．
【饔飧】yōngsūn 名 朝食と夕食。食事。¶～不继/成 食をたべたら夕食が続かない。たいへん貧しい。参考 "飧"は夕食のこと．

喁 yóng 口部9 四6602₇ 全12画 通用
動 文 魚が水面に口を出して息をする．
【喁喁】yóngyóng 形 ❶ 魚が群がるように、多くの人が敬慕するようす。❷ 声が小さい。¶～私语/ひそひそ話をする．

颙（顒）yóng 页部9 四6128₂ 全15画 通用
文 ❶ 形 大きい。もとは"大头 dàtóu"（大きい頭の形をした作り物）の意味。❷ 動 慕う。¶～望 yóngwàng（慕い仰ぐ）．

永 yǒng 丶部4 四3090₂ 全5画 通用
❶ 副 長く。いつまでも。¶～久 yǒngjiǔ / ～远 yǒngyuǎn / ～恒 yǒnghéng. ❷（Yǒng）姓．
【永葆】yǒngbǎo 動〔若さを〕永遠に保つ．
【永葆青春】yǒng bǎo qīngchūn 句 永遠に青春を保つ．
【永别】yǒngbié 動 永遠に別れる。¶与世～ / 今生（ⁱⁿ）の別れをする。表現 多くの人の死をいう．

【永垂不朽】yǒng chuí bù xiǔ 成 永久に朽ちることがない．¶伟大精神，～／偉大な精神は，永遠に不滅だ．
【永恒】yǒnghéng 形 永久に変わらない．¶友情是～的／友情は永遠だ．
【永嘉】Yǒngjiā 名《历史》晋の懐帝（司馬熾）の年号．永嘉（ﾖｳｶ）：307-313）．
【永久】yǒngjiǔ 形 永久の．¶～性／耐久性．耐久性．¶～磁铁 cítiě／永久磁石．回 永远 yǒngyuǎn
【永诀】yǒngjué 动〈文〉永遠に別れる．死別する．¶没想到这次分别，竟成～／このたびの別れが永遠の別れになるとは思いもよらなかった．回 永别 yǒngbié
【永乐】Yǒnglè 名《历史》明の成祖（朱棣ﾃｲ）の年号．永楽（ｴｲﾗｸ）：1403-1424）．
【永眠】yǒngmián 动 永眠する．¶～九泉 jiǔquán／永眠する．
【永生】yǒngshēng ❶动 死後も魂は永遠に生きる．❷副 永遠に．¶～难忘／永遠に忘れられない．参考 もとは仏教用語．多く死者を哀悼するときに用いる．
【永生永世】yǒngshēng yǒngshì 名 永遠．未来永劫（ｺﾞｳ）．
【永世】yǒngshì 副 永遠に．一生．¶～不忘／一生忘れない．
【永世长存】yǒngshì cháng cún 句 永久に消えない．永遠に存在する．
【永无宁日】yǒng wú níng rì 成 戦乱や混乱が続き，安泰な日がない．
【永无止境】yǒng wú zhǐ jìng 成 尽きることがない．永遠に終わることがない．
*【永远】yǒngyuǎn 副 永遠に．いつまでも．¶～流传 liúchuán／永遠に広く語り継がれる．¶老人一地离开了我们／老人は私たちのもとから永遠に去った．
【永志不忘】yǒng zhì bù wàng 句 心に刻んで永久に忘れない．¶前车之鉴 jiàn／先人の残した戒めを心に刻んで忘れない．

甬 Yǒng
一部6 四 1722₇
全7画 通用

❶素 地名用字．¶～江 Yǒngjiāng（浙江省を流れる川の名）．❷名 寧波（ﾈﾝﾊﾟ）市の別称．❸→甬道 yǒngdào
【甬道】yǒngdào 名〔条 tiáo〕❶庭園内に敷かれた，れんがや石造りの小道．回 甬路 yǒnglù ❷渡り廊下．通路．¶地下～／地下通路．

咏（異 詠）yǒng
口部5 四 6309₂
全8画 常用

❶素 節をつけて朗誦する．¶歌～ gēyǒng（朗詠する）／吟咏 yínyǒng（吟詠する）．¶～梅 méi（梅を詠む）／～雪（雪を詠む）／～史（歴史を詠む）／～怀 yǒnghuái（詩歌に託して心を詠む）．
【咏唱】yǒngchàng 动 吟詠する．詠唱する．
【咏叹】yǒngtàn 动 節をつけて歌う．
【咏叹调】yǒngtàndiào 名《音楽》アリア．
【咏赞】yǒngzàn 动 詩歌いたたえる．¶～樱花 yīnghuā 的诗篇／桜をたたえた詩．

泳 yǒng
氵部5 四 3319₂
全8画 常用

素 泳ぐ．¶游～ yóuyǒng（泳ぐ）／仰～ yǎngyǒng（背泳ぎ）／蛙～ wāyǒng（平泳ぎ）．
【泳道】yǒngdào 名《スポーツ》（競泳の）コース．
【泳坛】yǒngtán 名 水泳界．
【泳装】yǒngzhuāng 名（多く女性用の）水着．回 泳衣 yī

俑 yǒng
亻部7 四 2722₇
全9画

名 古代，副葬品として埋められた人形．俑（ﾖｳ）．¶女～ nǚyǒng（女性の姿の俑）／兵马～ bīngmǎyǒng（兵士や馬の俑）．

勇 yǒng
力部7 四 1742₇
全9画 常用

❶素 勇敢だ．勇ましい．¶～敢 yǒnggǎn／奋～前进（勇気を奮って前進する）／智～ zhìyǒng 双全（知恵と勇気を兼ね備えた）．反 怯 qiè ❷（Yǒng）姓．
*【勇敢】yǒnggǎn 形 勇敢だ．大胆だ．¶～作战／勇敢に戦う．¶小美很～／メイちゃんは勇気がある．反 胆怯 dǎnqiè，怯懦 qiènuò
【勇冠三军】yǒng guàn sān jūn 成 全軍きっての勇者だ．
【勇悍】yǒnghàn 形 勇猛だ．勇敢だ．
【勇力】yǒnglì 名 勇気と力．
【勇猛】yǒngměng 形 勇猛だ．勇ましく勢いがある．¶～机智 jīzhì 的精神／勇猛で機知に富んだ精神．
*【勇气】yǒngqì 名 勇気．¶鼓起～／勇気を奮い起こす．¶很有～／たいへん勇気がある．
【勇士】yǒngshì 名〔个 ge,名 míng，位 wèi〕勇士．反 懦夫 nuòfū
【勇往直前】yǒng wǎng zhí qián 成 勇敢にまっしぐらに突き進む．勇往邁進する．
【勇武】yǒngwǔ 形 雄々しい．強く勇ましい．¶～过人／人並みはずれて雄々しい人物．
【勇毅】yǒngyì 形 勇敢で毅然としている．
【勇于】yǒngyú 动 勇敢に…する．敢然と…する．¶他～挑 tiāo 重担 zhòngdàn／彼は敢然と重荷を背負った．

涌（異 湧）yǒng
氵部7 四 3712₇
全10画

动 ❶湧き出す．¶喷～ pēnyǒng（吹き出す）／～泉 yǒngquán（涌泉ｾﾝ）／泪如泉～（涙が泉のように流れ出す）．❷（水が湧くように）どっと現れる．¶～现 yǒngxiàn／从里面～出来（中から出て来る）／脸上～出了笑容（笑顔が顔に広がった）．
【涌潮】yǒngcháo 名 海嘯（ｶｲｼｮｳ）．潮（ｼｵ）津波．
【涌动】yǒngdòng 动 うねる．わきかえる．
【涌进】yǒngjìn 动 大量のものが一気に入る．なだれ込む．
【涌浪】yǒnglàng 名 荒れ狂う波．怒濤．
【涌流】yǒngliú 动 湧き出て流れる．あふれて流れ出す．¶泉水 quánshuǐ～不止／泉の水がこんこんと湧き出す．
【涌起】yǒngqǐ 动 湧き起きる．湧いてくる．¶～浪花／波しぶきが上がる．¶江面～波涛 bōtāo／川面に大波がうねる．
【涌现】yǒngxiàn 动（人やものが）大量に現れる．¶电影界～了不少新人新作／映画界では次々にニューフェイスや新作が現れている．

恿（異 慂）yǒng
心部7 四 1733₂
全11画 通用

→怂恿 sǒngyǒng

蛹 yǒng
虫部7 四 6712₇
全13画 次常用

名《虫》〔只 zhī〕さなぎ．¶蚕～ cányǒng（カイコのさなぎ）．

踊(踴) yǒng

⻊部 7 　四 6712₇
全14画　次常用

㊙ 跳びはねる. ¶～跃 yǒngyuè.
【踊跃】yǒngyuè ❶ 動 ㊥ 跳び上がる. ¶～欢呼 / 躍り上がって歓呼する. ❷ 形 熱心だ. 積極的だ. ¶～报名 / 勇んで志願する.

鲬(鯒) yǒng

鱼部 7 　四 2712₇
全15画　通用

名 《魚》コチ科の魚の総称.

用 yòng

冂部 3 　四 7722₀
全5画　常用

Ⅰ ❶ 動 使う. ¶买书个了三百多块钱 / 本に300元余り使った. ¶脑子越～越灵 / 頭は使えば使うほど切れるようになる. ¶业余时间～于学习 / 余暇を学習に用いる. ¶借我～笔,可以吗? / ペンをお借りしてもいいですか. ¶这是做什么～的? / これは何に使うものですか.
❷ (多く否定形で用い)必要とする. ㊥ 否定形でない場合は反語となる. ¶天还亮,不～开灯 / 外はまだ明るいから,明かりをつける必要はない. ¶你不～操心 / あなたが気をもむことはない. ¶那还～讲,大家早就会了 / いうまでもなく, みんなはとっくにできるようになっている. ¶离医院很近, 还～坐车吗? / 病院まで近いのに車で行く必要がありますか.
❸ ("用…来…", "用来…", "用以…"の形で動詞句の前に置き) ～に用いる. ¶我们可以～茶水来漱 shù 口, 清洁口腔 kǒuqiāng; 茶水可以～来漱口, 清洁口腔 / お茶でうがいをして口内を清潔にすることができる. ¶这个盆子～来水仙最合适 / この鉢はスイセンを植えるのに一番ふさわしい. ¶"其他"这个词, 可以～以指人, 也可以指物 / "其他"という単語は人を指すこともできるし,物を指すこともできる.
❹ 丁寧語として, 飲食することを表わす. ¶请～餐 cān! / どうぞお召し上がりください. ¶你先～吧, 别客气 / お先にどうぞ. ご遠慮なく. ¶请～茶 / お茶をどうぞ. ¶请～烟 / タバコをどうぞ. ¶您～什么酒? / お酒に何にいたしましょうか.

Ⅱ ㊙ ❶ 費用. ¶～项 yòngxiàng. ¶家～ / 生活費. ¶零～ / お小遣い.
❷ 用途. 功～ / 効用. ¶有～ / 役に立つ. ¶没～ / 役に立たない.

Ⅲ 前 ❶ (道具・材料・方法・手段を導き)…で. …でもって. ¶～梳子梳头 / 櫛で髪をとかす. ¶～中文说 / 中国語で話す. ¶～信用卡付 / クレジットカードで支払う. ¶～丝绸 sīchóu 作里子 / シルクで裏地を作る. ¶我们应当 yīngdāng～高标准严格要求自己 / 我々は高い基準で厳しく自分に要求すべきである.
❷ ㊆ (手紙文に用いて) …によって. ¶～此 / これにより. ¶～特函 hán 达 / よってここに書面をもって申し上げる.

Ⅳ (Yòng)姓.

【用兵】yòng//bīng 動 軍隊を動かす. 作戦を指揮する. ¶善于～ / 戦術にたけている.
【用不了】yòngbuliǎo 動 ❶ (多くて)使いきれない. ¶这么多的酱油我家～ / こんなにたくさんの醤油はうちでは使いきれない. ㊥ 用得了 yòngdeliǎo ❷ 必要としない. ¶～两天就可以修好 / 二日もかからずに修理できるよ. ㊥ 用得了 yòngdeliǎo 使いこなせない. ¶我不懂汉语, 即使有汉语词典也～ / 私は中国語がわからないから, たとえ辞書があっても使いこなせない.
【用不上】yòngbushàng 動 使い道がない. 役に立たない. ¶我还～中文打字机 / 私にはまだ中国語のワープロは使えません. ㊥ 用得上 yòngdeshàng
*【用不着】yòngbuzháo 動 …を必要としない. …するには及ばない. ¶～你亲自去 / あなたが自ら行くほどのことではない. ¶孩子已经大了,～你操心 / 子供はもう大きいのだから,あなたが心配するには及ばない. ㊥ 用得着 yòngdezháo
【用材林】yòngcáilín 名 《林業》木材をとるための森林. 商業用森林.
【用场】yòngchǎng 名 ㊤ 用途. 使い道. ¶留着它, 将来或许有～ / それをとっておけば,将来使い道があるかもしれない.
【用处】yòngchu 名 (㊤ 个 ge, 种 zhǒng) 用途. 使い道. ¶毫无 háowú～ / 全く使い道がない.
【用得了】yòngdeliǎo 動 (量が)使いきれる. 使いこなせる. ¶这么多的材料你～吗? / こんなにたくさんの資料を使いきれますか. ㊥ 用不了 yòngbuliǎo 用法 多く反問形で用いる.
【用得上】yòngdeshàng 動 役に立つ. ㊥ 用不上 yòngbushàng 用法 多く反問形で用いる.
【用得着】yòngdezháo 動 必要とする. 使い道がある. ¶为～这小事,～发火吗? / こんな些細な事に怒る必要があるのか. ㊥ 用不着 yòngbuzháo 用法 多く反問形で用いる.
【用度】yòngdù 名 支出. 出費. ¶～较大 / 出費がかさむ. ¶每月的～ / 毎月の出費.
【用法】yòngfǎ 名 (㊤ 种 zhǒng) 使用方法.
【用非所学】yòng fēi suǒ xué 成 学んだことを活かせない.
【用费】yòngfèi 名 費用. ¶日常～ / 日常的な出費.
【用工】yònggōng 動 労働者を募集する. 労働者を使う.
【用工[功]夫】yòng gōngfu 句 時間や労力をかける. 修練をつむ. ¶用过不少工夫 / 少なからぬ努力を積んだ. ¶你别在这上面～了 / 君はこの事に手間ひまかけなくてよい.
*【用功】❶ yòng//gōng 動 学習にはげむ. 熱心に勉強する. ¶学生必须～ / 学生はしっかり勉強しなければならない. ❷ yònggōng 形 勉強熱心である. 身が入っている. ¶小美很～ / メイちゃんは勉強熱心だ.
【用户】yònghù 名 利用者. 加入契約者. ¶征求～意见 / ユーザーの意見を求める. 表现 水道・電気・電話などの加入者が多い.
【用户界面】yònghù jièmiàn 名 《コンピュータ》ユーザーインターフェース.
【用尽】yòngjìn 動 使い尽くす. ¶～了全部力气 / すべての力を使い果たした.
【用劲】yòng//jìn 動 力を入れる. ¶一齐～ / 力を結集する.
【用具】yòngjù 名 (㊤ 种 zhǒng) 用具. 道具. ¶炊事 chuīshì～ / 炊事用具. ㊥ 器具 qìjù
*【用力】yòng//lì 動 力を入れる. 力を入れて…する. ¶你～切 qiē 一下 / 力一杯切ってください.
【用命】yòngmìng 動 命令に従う. ㊥ 效 xiào 命
【用品】yòngpǐn 名 用品. 使われる品物. ¶生活～ / 生活用品. ¶办公～ / 事務用品.
【用人】❶ yòng//rén 動 人を使う. 人員を選ぶ. ¶～不当 bùdàng / 人員配置が適切でない. ❷ 人手を必要とする. ¶～之秋 / 人手のいる時.
【用人】yòngren 名 雇い人. 使用人.

【用舍行藏】yòng shě xíng cáng 〚成〛任用されれば務めをはたし、不要であれば隠遁する。儒家の出処進退の規範。¶～、来去自如 / 召されて出仕するも、隠遁するも、進退は自在である。〚同〛用行舍藏 〚由来〛『論語』述而篇に見えることば。

【用事】yòngshì 〚動〛❶〔感情や意地で〕事を行う。¶感情～ / 感情に任せて行う。❷〚文〛権力を握る。¶奸臣 jiānchén～ / 奸臣が権力を握る。❸〚文〛典故を引用する。

【用途】yòngtú 〚名〕〔种 zhǒng〕用途。使い道。¶～广泛 guǎngfàn / 用途が広い。〚同〛用处 yòngchu，用场 yòngchǎng

【用武】yòngwǔ 〚動〛❶武力行使する。❷才能を発揮する。¶英雄无～之地 / 才能を発揮する場がない。

【用项】yòngxiàng 〚名〛〔种 zhǒng〕費用。¶在职工培训 péixùn 方面的～不断增加 / 職員養成に関する費用は増加を続けている。

【用心】yòngxīn ❶yòng//xīn 〚動〛気持ちを集中する。真剣に…する。¶学习很～ / 真剣に勉強する。¶～照看病人 / 心を込めて病人を看護する。❷yòngxīn 〚名〛下心。了見。意図。¶别有～ / 別に下心がある。¶～何在？ / どういう了見なんだ。〚同〛存心 cúnxīn，居心 jūxīn

【用心良苦】yòngxīn liángkǔ 心配りがまんべんなく行き届いている。

【用刑】yòng//xíng 〚動〛刑具を用いる。拷問にかける。

【用以】yòngyǐ 〚接〕…を用いて。…によって。

【用意】yòngyì 〚名〛意図。たくらみ。思惑。¶你到底是什么～？ / 君は一体どういうつもりなんだ。

【用印】yòng/yìn 〚動〛印鑑を押す。捺印する。〚表現〛あらたまった言い方。

【用于】yòngyú 〚動〛…に用いる。¶这个软件可以～任何电脑 / このソフトウエアはどのコンピュータでも使える。

【用语】yòngyǔ 〚名〛❶ことば遣い。¶～不当 bùdàng / ことば遣いが適切でない。❷専門語。¶学术～ / 学術用語。

【用之不竭】yòng zhī bù jié 〚句〛使っても尽きることがない。くめども尽きぬ。

佣 yòng

亻部5 〚四〛2722₀
全7画 〚常用〛

下記熟語を参。

☞ 佣 yōng

【佣金】yòngjīn 〚名〛〔仲買人に払う〕手数料。コミッション。〚同〛佣钱 yòngqian

you 丨ㄡ〔iou〕

优（優）yōu

亻部4 〚四〛2321₂
全6画 〚常用〛

❶〚素〛優れている。¶～等 yōuděng / 品质～良（品質が優良だ）。〚反〛劣 liè ❷〚素〛〚文〛役者。¶俳～ páiyōu（俳優）/ 名～ míngyōu（名優）/ ～伶 yōulíng（役者）。❸〚素〛裕～ yōuyù。❹〚素〛〚文〛豊かだ。❺（You）姓。

【优待】yōudài ❶〚動〛優待する。優遇する。特別扱いす。¶这场电影是学生的 / 今回の上映は学生向け特別上映です。〚重〛优待优待 ❷〚名〛厚遇。優遇。¶～券 quàn / 優待券。

【优等】yōuděng 〚形〛優等の。上等の。¶这是～产品 / これは上等な製品だ。〚反〛劣等 lièděng

*【优点】yōudiǎn 〚名〛〔个 ge, 条 tiáo〕長所。優れている点。¶发扬～，改正缺点 / 長所を伸ばし、短所を改めよう。〚同〛长处 chángchù 〚反〛缺点 quēdiǎn

【优抚】yōufǔ 〚動〛〔軍人の遺族や家族・傷痍いしん軍人を〕優遇し補償する。

【优抚对象】yōufǔ duìxiàng 〚名〛優遇や救済の対象者。〚参考〛軍属や身障者などを言う。

【优厚】yōuhòu 〚形〛〔待遇が〕良い。十分だ。¶待遇～ / 待遇が良い。

【优化】yōuhuà 〚動〛〔改良などを加えて〕優れたものにする。

【优惠】yōuhuì 〚形〛特別扱いの。他よりも優遇した。¶～条件 / 特待条件。¶展销 zhǎnxiāo 期间七折～ / 展示販売期間中は三割引きで御奉仕します。

【优惠贷款】yōuhuì dàikuǎn 〚名〛〔貿易〕特恵待遇。〚参考〛輸入額や関税などの面で優遇することをいう。

【优惠价】yōuhuìjià 〚名〛優待価格。

【优惠卡】yōuhuìkǎ 〚名〛優待カード。

【优惠券】yōuhuìquàn 〚名〛優待券。クーポン券。

【优价】yōujià 〚名〛❶優待価格。割引価格。〚同〛优惠价格 yōuhuì jiàgé ❷ベストプライス。売買双方にとって最適の価格。〚同〛优待价格 yōudēng jiàgé

*【优良】yōuliáng 〚形〛優れている。優れている。¶～的工作作风 / 優良な業務態度。¶工艺质量 zhìliàng～ / 技術が優れている。〚反〛低劣 dīliè 〚表現〛品種・質・成績・態度などについていうことが多い。人には用いない。

【优劣】yōuliè 〚名〛優秀。¶难分～ / 優劣つけがたい。

*【优美】yōuměi 〚形〛優美だ。上品で美しい。すばらしい。¶风景～ / 美しい風景。¶～的舞姿 wǔzī / あでやかな舞姿。〚表現〛景色・環境・歌声・姿などについていうことが多い。

【优盘】yōupán 〚名〛〔コンピュータ〕USB フラッシュメモリ（の通称）。〚参考〛"优盘"は、もともと深圳市のメーカーが発売した USB フラッシュメモリのブランド名だが、中国国内での知名度が非常に高く、一般名詞化している。

【优人】yōurén 〚名〛役者。俳優。〚同〛优伶 yōulíng

【优柔】yōuróu 〚形〛❶ゆったりと落ち着いている。〚同〛从容 cóngróng ❷〚文〛優しい。穏やかだ。〚同〛柔和 héǎi ❸優柔不断だ。

【优柔寡断】yōu róu guǎ duàn 〚成〛優柔不断だ。

【优生】yōushēng 〚動〛資質の良い子を産む。

【优生学】yōushēngxué 〚名〛優生学。

【优生优育】yōushēng yōuyù 〚動〛優れた子供を良い条件下で育てる。

【优胜】yōushèng ❶〚形〛他より勝る。すぐれる。❷〚動〛優勝する。¶～奖 jiǎng / 優勝の褒賞。

【优胜劣汰】yōu shèng liè tài 〚成〛優勝劣敗。〚同〛优胜劣败 bài

【优势】yōushì 〚名〛優勢。優位。¶处于 chǔyú～ / 優勢にある。¶占～ / 優位なと占める。〚反〛劣势 lièshì

【优死】yōusǐ 〚動〛人としての尊厳をもって死を迎える。

【优渥】yōuwò 〚形〛〔待遇が〕良い。十分だ。

【优先】yōuxiān 〚形〛優先した。他よりも先の。¶～录取 / 優先して採用する。¶女士～ / レディーファースト。

【优先股】yōuxiāngǔ 〚名〛〔経済〕優先株。

【优秀】yōuxiù 〚形〛優秀だ。非常に優れている。¶小美成绩～ / メイちゃんは成績が優秀だ。〚同〛优异 yōuyì

【优选】yōuxuǎn 〚動〛最も良いものを選ぶ。

【优选法】yōuxuǎnfǎ 〚名〛最少のテスト回数で、最良の方案を求める方法。

【优雅】yōuyǎ 形 優美で上品である. 優雅だ. ¶～的姿态 zītài / 上品な物腰.
【优异】yōuyì 形 ずば抜けている. 特に優れている. ¶做出了～的贡献 / 目をみはる貢献をした. 表现 成绩·贡献·性能などについていう.
【优游】yōuyóu 文 ❶ 形 (生活が)のんびりしている. ¶～自得 dé 成 悠々自適だ. ❷ 动 のんびりと遊び楽しむ.
【优育】yōuyù 动 子供を良い条件下で育てる.
【优裕】yōuyù 形 裕福だ. 満ち足りている.
【优越】yōuyuè 形 他よりも勝っている. 他より優れている. ¶～的学习环境 / 優れた学習環境.
【优越感】yōuyuègǎn 名 優越感.
【优越性】yōuyuèxìng 名 優越性. 優位性. ¶社会主义的～ / 社会主义の優位性.
【优质】yōuzhì 形 良質の. ハイクオリティの. ¶～产品 / 質の高い製品. ¶～服务 / 良質のサービス.

攸 yōu
亻部5 四 2824₇
全7画 通用
❶ 助 文 …する所の. ¶责有～归 guī 成 責任の帰する所がある) / 性命～关 (命にかかわる). ❷ (Yōu)姓.

忧(憂) yōu
忄部4 四 9301₂
全7画 常用
素 ❶ 憂える. 心配する. ¶～愁 yōuchóu / 杞 Qǐ 人～天 (成 杞憂する). ❷ 愁 chóu ❷ 心配事. ¶～患 yōuhuàn / 内～外患 wàihuàn (成 内憂外患) / 高枕 zhěn 无～ (成 心配事がなく, 枕を高くして寝る).
【忧愁】yōuchóu 形 心を悩ませている. 苦悩している. 心配でふさいでいる. ¶～又起来 / ミンさんはまた心配し始めた. 同 忧虑 yōulǜ
【忧愤】yōufèn 形 憂い憤る. ¶～而死 / 憤死する. ¶满怀 mǎnhuái 亡国 wángguó 的～ / 亡国の憂いを胸に抱く.
【忧国忧民】yōu guó yōu mín 句 国を憂い民を憂う. 国家と人民を心配する.
【忧患】yōuhuàn 名 文 憂患. 憂いや苦しみ. ¶饱经～ / 憂いと苦しみをなめ尽くした.
【忧惧】yōujù 动 憂い恐れる. ¶～不安 / 不安におののく.
【忧虑】yōulǜ ❶ 形 心配している. 憂慮している. ❷ 动 (事が起こりしないかと)憂慮する. 心配する. ¶你不用～,这种病能治好 / 心配する必要はない,この病気は治るのだから. 表现 ～解消 / 悩みを解消する.
【忧闷】yōumèn 形 憂鬱な. 心配で気が晴れない. ¶小明失恋后,心中十分～ / ミンさんは失恋して以来,とても落ち込んでいる.
【忧色】yōusè 名 憂いの気配. 心配なようす. ¶面有～ / 心配気な顔つき.
【忧伤】yōushāng 形 憂い悲しんでいる. ¶她失恋后～极了 / 彼女は失恋して以来ひどく悲しんでいる.
【忧思】yōusī 憂慮. 憂い. 同 忧虑 lǜ
【忧心】yōuxīn ❶ 动 心配している. ❷ 名 心配する心.
【忧心忡忡】yōu xīn chōng chōng 心配でたまらないようす. 由来 『詩経』召南·草虫に見えることば.
【忧心如焚】yōu xīn rú fén 心配でいても立ってもいられない. 由来 『詩経』小雅·節南山に見えることば.
【忧郁】yōuyù 憂鬱だ. 気持ちがふさいでいる. ¶心情～ / 気持ちがふさぐ. ¶～的脸色 / 憂鬱な顔つき. 同 愁闷 chóumèn, 忧闷 yōumèn 表现 表情や気分などについていうことが多い.

呦 yōu
口部5 四 6402₇
全8画 通用
感 軽い驚きや,意外に思う気持ちをあらわす. ¶～!怎么你也来了? (あれ,どうして君まで来たんだ) / ～,碗怎么破了 (おや,どうして茶碗が割れたんだろう).

幽 yōu
山部6 四 2277₀
全9画 次常用
❶ 素 (場所が)静かで薄暗い. 奥深い. ¶～谷 yōugǔ / ～林 yōulín (薄暗い林). ❷ 素 隠れた. 非公開の. 内緒の. ¶～居 yōujū / ～会 yōuhuì. ❸ 素 静かで落ち着いている. ¶～香 yōuxiāng / ～美 yōuměi / ～雅 yōuyǎ. ❹ 素 (人を)拘禁する. 閉じこめる. ¶～闭 yōubì. ❺ 素 あの世. ¶～灵 yōulíng / 九～ jiǔyōu (地の底. あの世). ❻ (Yōu)姓.
【幽暗】yōu'àn 形 (光線が)ほの暗い. 薄暗い. ¶～的小阁楼 gélóu / 薄暗い屋根裏部屋. 同 昏暗 hūn'àn
【幽闭】yōubì 动 ❶ 軟禁する. ❷ 家に引きこもる. ¶他一直～在家中,很少外出 / 彼はずっと家に引きこもって,めったに外出しない. 同 幽禁 yōujìn
【幽愤】yōufèn 名 心の底に鬱積した怒り. 憤り. ¶心中的～ / 心中の怒り.
【幽谷】yōugǔ 名 奥深い谷. 幽谷. ¶深山～ / 奥深い山や谷.
【幽会】yōuhuì 动 (男女が)密かに会う. 密会する.
【幽魂】yōuhún 名 霊魂. 亡霊.
【幽寂】yōujì 形 ひっそりと寂しい. ¶～的生活 / ひっそりとした暮らし. ¶显得 xiǎnde 有些～ / 物寂しげに見える.
【幽禁】yōujìn 动 幽閉する. 軟禁する. ¶他被～起来了 / 彼は軟禁された. 同 软禁 ruǎnjìn
【幽静】yōujìng 形 (環境や雰囲気が)静寂だ. 森閑としている. ¶～的山中寺院 / しんと静まり返った山中の寺院. 同 寂静 jìjìng
【幽居】yōujū 动 隠遁 (とん)する.
【幽蓝】yōulán 形 ダークブルーの.
【幽灵】yōulíng 名 (个 ge) 幽霊. 亡霊. ¶～作祟 zuòsuì / 亡霊がたたる. 同 幽魂 yōuhún
【幽美】yōuměi 形 (庭や景色などが)静かで美しい. 優雅だ.
【幽门】yōumén 名 《生理》幽門.
【幽明】yōumíng 名 文 ❶ 明るい所と暗い所. 昼夜. ❷ あの世とこの世. ¶～异境 yìjìng / 死に別れる.
【幽冥】yōumíng ❶ 形 暗い. 暗くて奥深い. 同 黑暗 hēi'àn ❷ 名 あの世. 冥土.
【幽默】yōumò 形 外 ユーモアがある. 面白い. ¶～的漫画 mànhuà / ユーモア漫画. ¶富有～感 / ユーモアのセンスに富んでいる. ♦humour
【幽情】yōuqíng 名 文 深くて,遠(はる)けき思い.
【幽趣】yōuqù 名 優雅な味わい.
【幽深】yōushēn 形 奥深くひっそりとしている.
【幽思】yōusī ❶ 动 静かに物思いにふける. 瞑想する. ¶～良久 / 長い時間,思いにふける. ❷ 名 心に秘めた考えや感情.
【幽邃】yōusuì 形 文 ❶ (風景が)奥深くひっそりしている. ❷ (考えが)奥深い.
【幽婉[宛]】yōuwǎn 奥深く味わいがある. ¶这首歌曲调 qǔdiào～ / この歌のメロディに味わい深い.
【幽微】yōuwēi 形 ❶ かすかだ. ほのかだ. ¶～的呼唤 hūhuàn / かすかな呼び声. 同 微弱 wēiruò ❷ 奥深く精緻だ.

【幽闲】yōuxián 形 ❶（女性が）ひそやかでおとなしい．しとやかだ．同 幽娴 yōuxián ❷"悠闲 yōuxián"に同じ．
【幽香】yōuxiāng 名〔股 gǔ，阵 zhèn〕ほのかな香り．¶～四溢 sìyì／ほのかな香りがあたりにただよう．¶茉莉 mòlì 花散发 sànfā 出阵阵～／ジャスミンの花がひときりほのかな香りを放っている．同 清香 qīngxiāng
【幽雅】yōuyǎ 形 静かで趣きがある．¶园林景致 jīngzhì～／庭園のたたずまいは優雅だ．
【幽幽】yōuyōu ❶（音や光が）かすかだ．ほのかだ．¶～的路灯 lùdēng／淡い街灯の明かり．¶一个小女孩在～啜泣 chuòqì／小さな女の子が弱々しくすすり泣いている．❷ 文 深遠な．奥深い．¶～峡谷 xiágǔ／奥深い峡谷．同 幽深 yōushēn
【幽远】yōuyuǎn 形 奥深くひっそりしている．同 幽深 shēn
【幽怨】yōuyuàn 名 心の中の恨み．表現 女性の恋愛に関する恨みをいうことが多い．

悠 yōu 心部7 四 2833₄ 全11画 常用

❶ 素 長く久しい．¶～久 yōujiǔ／～远 yōuyuǎn．❷ 形 のんびりしている．のどかだ．¶～闲 yōuxián／～然 yōurán．❸ 動 揺れる．¶～荡 yōudàng／抓住树枝一～，就跳到了对岸(梢をつかんで揺らすと，向う岸にとんで着いた)．
【悠长】yōucháng 形（時間が）長い．久しい．¶～的岁月／長い年月．
【悠荡】yōudàng 動 空中でぶらぶら揺れる．¶在天空中～／空をゆらゆら漂っている．
【悠忽】yōuhū 形 文 あてもなくぶらぶらしているようす．
*【悠久】yōujiǔ 形 悠久だ．はるかに久しい．¶历史～／歴史が悠久だ．同 长久 chángjiǔ
【悠然】yōurán 形 悠然としている．落ち着きはらっている．ゆったりしている．¶爸爸～地抽着烟／お父さんはゆったりとタバコをふかしている．
【悠然神往】yōurán shénwǎng 句 悠然として思いをせる．うっとりとする．
【悠然自得】yōu rán zì dé 成 ゆったりとして充足している．悠々自適だ．
【悠闲】yōuxián 形（時間があって）ゆったりしている．のんびりしている．¶～地看着小说／のんびりと小説を読んでいる．同 安闲 ānxián 表現 表情・態度・生活などについていう．
【悠扬】yōuyáng 形（音や声が）高く低く調和している．抑揚があって美しい．¶～的歌曲 gēqǔ／メロディアスな曲．¶教堂 jiàotáng 传来～的钟声／教会から美しい鐘の音が聞こえてくる．
【悠悠】yōuyōu ❶ 形 遠く遥かな．¶～岁月／遥かな歳月．❷ 文 多い．¶～万事／さまざまなことが山のようにある．¶众多 zhòngduō 多い／～自得／のびやかな気持ちだ．¶白云～／白雲がゆったりと浮かんでいる．❹ 文 でたらめだ．¶～之谈／でたらめな話．
【悠悠荡荡】yōuyōudàngdàng 形（～的）ゆらゆらと揺れるようす．ふわふわと漂うようす．
【悠悠忽忽】yōuyōuhūhū 形 あてもなくひまなようす．¶整天～的／一日中ぶらぶらしている．
【悠游】yōuyóu ❶ 動（舟などが）ゆったりと動く．❷ 形（心が）のんびりしている．ゆったりしている．
【悠远】yōuyuǎn 形（時間や場所が）遠くはなれている．

¶～的童年时代／遠い子供時代．¶山河～／故郷がはるか遠い．
【悠着】yōuzhe 動 度をすぎないようにする．控えめにする．

耰 yōu 耒部15 四 5194₇ 全21画 通用

文 ❶ 名 土を砕いて土地を平らにならす農具．❷ 動 種まきの後に，①を使って種に土をかぶせる．

尤（異尤）yóu 尤部1 四 4301₂ 全4画 常用

❶ 素 特異だ．①抜けている．¶～物 yóuwù／拔 bá 其～（最もすばらしいものを選び出す）．❷ 副 なおさら．さらに．¶～甚 yóushèn．❸ 素 過失．¶勿 wù 效～（悪事をまねしてはいけない）．❹ 素 恨み．¶怨天 yuàntiān～人（天を恨み人を恨む）．❺（Yóu）姓．
【尤其】yóuqí 副 とくに．さらに．中でも．¶他很喜欢体育活动，~喜欢游泳／彼はスポーツがとても好きだが，とりわけ水泳が好きだ．比較"尤其"は，他と比べて程度が高いことに重点があるが，"特别 tèbié"は，同類のものの中でひときわ抜きん出ていることを言うのに重点がある．2)"尤其"は副詞だけだが，"特别"は副詞の他，形容詞としても修飾語にもなり，述語にもなる．
【尤其是】yóuqíshì 副 とくに…だ．なおさら…だ．¶我喜欢吃中餐，~饺子／僕は中華料理が好きだがギョーザが好物だ．同 特别是 tèbiéshì
【尤甚】yóushèn 形 文 とりわけ甚だしい．¶他爱妻子 qīzi～于爱自己／彼は自分を愛するよりももっと多く妻を愛している．
【尤为】yóuwéi 副 特に．とりわけ．¶～不满／とりわけ不満だ．用法 2音節の形容詞や動詞の前で用いる．
【尤物】yóuwù 名 文 すぐれた物品．すぐれた人物．表現 多く美女をさす．

由 yóu 丨部4 四 5060₀ 全5画 常用

Ⅰ 前 ❶（動作行為の主体を導き）…が(…する)．…によって(…する)．¶会议～董事长 dǒngshìzhǎng 亲自主持／会议は理事長自ら司会する．¶准备工作～我们负责／準備作業は我々が責任を持つ．¶主角 zhǔjué～李连杰 jié 来演／主役はジェット・リーが演じる．¶这幅画儿是～毕加索画的／この絵はピカソの作である．
❷（起点，開始を表わし）…から．¶飞机～东京飞往北京／飛行機は東京から北京へ飛ぶ．¶～这儿到那儿用不了 liǎo 五分钟／ここからあそこまでは5分もかからない．
❸（経過点を表わし）…を．…から．¶她～我面前走进了屋子／彼女は私の前を通って部屋に入った．¶请旅客们～三号门登机／乗客の皆様は3番ゲートからご搭乗ください．
❹（出どころ・由来を表わし）…から．…によって．¶代表们～大会选举产生／代表は大会によって選挙で選ばれる．¶职工们的房本盒～工会中和配给／給料から差し引かれる．¶本产品～再生纸制成／本製品は再生紙でできている．
❺（原因を表わし）…から．…によって．¶～吸烟引起了这场 cháng 火灾／タバコが原因でこの火災が起きた．¶此病多～感冒引起／この病気は風邪から起きることが多い．
❻（根拠を示し）…から．¶～我看来，…／私の見たところでは，….¶～上述内容可以看出…／上述の内容から…が分かる．¶～投入大小就可以估算 gūsuàn 产出多少／投資の多寡によってどれだけの生産ができるか計算でき

る.
❼（構成要素を表わし）…から.…によって.¶句子是～词组成的／文は単語から成っている.¶退職金～国家、企业、职工三者分摊 fēntān／退職金は国家・企業・従業員の三者で分担する.¶访华团～十个人组成／訪中団は10名から成っている.
❽（"由+動"の形で,方式を表わし）…して.¶～协商推举出五名候选人／協議して立候補者5名を推薦した.
Ⅱ［動］依拠する.従う.任せる.¶行动不～自主／自分の思うように行動できない.¶他不同意,只好～他／彼が同意しないのだから,彼に任せるしかない.¶别～着 zhe 性儿乱说／自分勝手に無茶なことを言わないでください.¶信不信～你,反正我相信／信じるも信じないも君次第だが,私は信じるよ.¶听天～命［成］天命にゆだねる.
Ⅲ［動］理由を表わす.¶原～／わけ.¶事～／ことの次第.¶情～／事情.いきさつ.¶因～／原因.
Ⅳ（Yóu）姓.

【由表及里】yóu biǎo jí lǐ［成］やさしいものから難しいものへ.現象の理解から本質の理解へ.
【由不得】yóubude ❶［動］思い通りにならない.¶孩子的婚姻大事～父母／子供の結婚は父母の一存では決められない.❷［副］思わず.¶～笑了起来／思わず笑い出した.
【由此】yóucǐ ❶［接］これによって.¶～可见／このことから分かる.¶～可知／このことから分かる.❷［副］ここから.¶～达彼 bǐ／ここからあちらに及ぶ.
【由此及彼】yóu cǐ jí bǐ［成］ここからあちらへ到達する.更に一歩前進する.
【由打】yóudǎ［前］［方］❶（過去のある時点を起点として）…から.…より.¶～自从 zìcóng…／…を経由して.⓪经由 jīngyóu
【由得】yóude［動］（…の）思う通りにできる.自由にできる.¶国家财产～你随意挥霍 huīhuò 么？／国の財産を君が勝手に使えるわけがない.⓪不由得
【由来】yóulái［名］❶今に至るまでの時間.❷由来.ことの起こり.
【由来已久】yóu lái yǐ jiǔ［成］昔から今に至るまで長く続いている.事の起こりは,ずっと以前からだ.¶他们之间的矛盾 máodùn ～／彼らの仲の悪さは昔からだ.
【由浅入深】yóu qiǎn rù shēn［成］やさしいものから難しいものへ進む.
【由头】yóutou［名］（～儿）〔量 个 ge］口実.¶找～／口実をさがす.
*【由于】yóuyú ❶［前］…により.¶～时间的关系,今天到这里为止／時間の関係で今日はここまでにします.❷［接］…なので.¶～多数代表反对,所以这个提案没有通过／代表者の多くが反対したので,この提案は採択されなかった.⓾用法⓿は,後節の先頭に,"所以""因此""因而"を伴う.
【由衷】yóuzhōng［動］心から出る.¶言不～／本心からのことばではない.¶表示～的感谢／心からの感謝をあらわす.
【由衷之言】yóu zhōng zhī yán 心からのことば.本心のことば.

邮（郵）yóu

阝部5 ［四］5762₇ 全7画［常用］
❶［動］郵便で送る.¶上月给家里～去二十元（先月に20元送った）.❷［名］郵便の.¶～票 yóupiào／～局 yóujú.❸（Yóu）姓.
【邮包】yóubāo［名］（～儿）〔量 个 ge,件 jiàn〕郵便小包.⓪包裹 bāoguǒ
【邮编】yóubiān →邮政编码 yóuzhèng biānmǎ
【邮差】yóuchāi［名］〔量 名 míng〕郵便配達員の旧称.
【邮车】yóuchē［名］〔量 辆 liàng〕郵便車.
【邮船】yóuchuán［名］大型定期客船.⓪邮轮 yóulún ⓾由来⓿もともと郵便物を積載していたことから.
【邮戳】yóuchuō［名］（～儿）〔量 个 ge〕消印.¶打～／消印を押す.¶盖 gài 过～了／スタンプが押してある.使用済みだ.
【邮袋】yóudài［名］郵袋.
【邮递】yóudì［動］郵便を配達する.¶我～一个包裹 bāoguǒ 给家里／郵便で小包を家に送った.
【邮递员】yóudìyuán［名］郵便配達人.
【邮电】yóudiàn［名］郵便と電信.⓾参考⓿"邮政 yóuzhèng"と"电信 diànxìn"を合わせた呼び方.
【邮电局】yóudiànjú［名］郵便電報局.
【邮发】yóufā［動］（新聞や刊行物を）郵便局から発送する.
【邮费】yóufèi［名］〔量 笔 bǐ〕郵便料金.⓪邮资 yóuzī
【邮购】yóugòu 通信販売で購入する.¶～了五本书／通信販売で本を5冊買った.¶网上～商品／インターネットで商品を買う.
【邮汇】yóuhuì 郵便為替で送金する.
【邮寄】yóujì［動］郵送する.¶～一信／手紙を郵送する.
【邮件】yóujiàn［名］〔量 批 pī,种 zhǒng〕郵便物.
**【邮局】yóujú［名］〔量 个 ge,所 suǒ〕郵便局.
【邮路】yóulù［名］郵便物の輸送や配達のルート.
【邮轮】yóulún →邮船 yóuchuán
**【邮票】yóupiào［名］〔量 枚 méi,套 tào,张 zhāng〕切手.¶贴～／切手を貼る.
【邮品】yóupǐn［名］切手やはがきなどの総称.
【邮市】yóushì［名］❶記念切手や封筒などの売買.❷①のマーケット.市場.
【邮亭】yóutíng（街路や広場に設けられた）簡易郵便局.
【邮筒】yóutǒng［名］〔量 个 ge〕郵便ポスト.⓪信筒 xìntǒng
【邮箱】yóuxiāng［名］〔量 个 ge〕（ホテルや郵便局内の）ポスト.⓪信箱 xìnxiāng
【邮展】yóuzhǎn［名］切手展示会.スタンプフェア.
【邮政】yóuzhèng［名］郵政.
【邮政编码】yóuzhèng biānmǎ 郵便番号.⓾表現⓿"邮编"とも言う.
【邮政局】yóuzhèngjú［名］郵便局.⓪邮局 yóujú
【邮资】yóuzī［名］〔量 笔 bǐ〕郵便料金.

犹（猶）yóu

犭部4 ［四］4321₂ 全7画［常用］
❶［動］…と同じだ.…のようだ.¶虽死～生（死んだのに,まるで生きているようだ）／过～不及［成］過ぎたるはなお及ばざるが如し.❷［副］［文］なお.いまだ.¶记忆～新（記憶にいまだ新しい）／～话～未了 liǎo（話はまだ終わっていない）.❸（Yóu）姓.
【犹大】Yóudà ❶《人名》ユダ.❷［名］裏切り者.♦Judas Iscariot
【犹然】yóurán［副］相変わらず.元どおりに.⓪仍 réng 然
【犹如】yóurú［動］…のようだ.¶装修得～宾馆一样／つくりがまるでホテルのようだ.⓾如同 rútóng ⓾注意⓿"犹如"の後には必ず目的語が置かれる.
【犹太教】Yóutàijiào［名］《宗教》ユダヤ教.
【犹太人】Yóutàirén［名］ユダヤ人.

【犹疑】yóuyí 動 ためらう。¶～不定／躊躇(ちゅうちょ)して決められない。回 犹豫 yóuyù
【犹豫】yóuyù 動 ためらう。¶犹豫豫／ためらう。¶毫 háo 不～／まったくためらわない。回 迟疑 chíyí
【犹豫不决】yóu yù bù jué 成 迷って決められない。
【犹之乎】yóuzhīhū 動 …と同様だ。回 如同 rútóng
【犹自】yóuzì 副文 なお。いまだ。回 尚且 shàngqiě, 仍然 réngrán

油 yóu

氵部5 四 3516。
全8画 常用

❶ 名 〔滴 dī, 瓶 píng, 桶 tǒng〕(動植物や鉱物の)油。¶猪～ zhūyóu (ブタの油。ラード)／花生～ huāshēngyóu (ピーナッツオイル)／麻～ máyóu (ゴマ油)／辣～ làyóu (ラー油)。❷ 動 油を塗る。❸ 動 油で汚す。¶衣服~了一大片(服に大きな油染みをつけた)。❹ 形 ずるい。狡猾だ。¶～腔滑调 yóu qiāng huá diào／这个人太～(この人はひどくずるい)。❺〔Yóu〕姓。

【油泵】yóubèng 名 〔台 tái〕オイルポンプ。
【油饼】yóubǐng ❶ 油かす。回 枯饼 kūbǐng, 油枯 yóukū ❷ (～儿)〔张 zhāng〕小麦粉を練って薄い円形にしたものを油で揚げた食品。参考 ①は, 飼料や肥料にする。②は, 多く朝食用。
【油钵】yóubō 名 ばら積みの油を運ぶはしけ。
【油布】yóubù 名 〔卷 juǎn, 块 kuài〕防水布。
【油彩】yóucǎi 名 〔层 céng, 种 zhǒng〕ドーラン。
【油菜】yóucài 名《植物》〔棵 kē〕アブラナ。
【油层】yóucéng 名 油層。
【油茶】yóuchá ❶《植物》アブラツバキ。❷ "油茶面儿"を溶いて糊状にした食品。参考 ①は, 実から油を搾る。湖南・江西・福建等に産する。
【油茶面儿】yóuchámiànr 小麦粉を油でいって砂糖やゴマなどを加えたもの。
【油船】yóuchuán 名 〔艘 sōu, 条 tiáo, 只 zhī〕タンカー。回 油轮 yóulún
【油灯】yóudēng 名 〔盏 zhǎn〕(植物油でともす)ランプ。明かり。
【油底子】yóudǐzi 名 日 容器の底に沈殿した粘りのある油。回 油脚 jiǎo
【油坊〔房〕】yóufáng 名 〔家 jiā, 所 suǒ〕油をしぼる作業場。油屋。
【油橄榄】yóugǎnlǎn 名《植物》オリーブ。参考 通称は"橄榄"または"洋 yáng 橄榄"。
【油膏】yóugāo 名 (～儿)《薬》軟膏(なんこう)。
【油垢】yóugòu 名 油あか。油汚れ。
【油瓜】yóuguā 名《植物》ウリ科のつる性植物の一種。広东省や雲南省南部等の疎林に自生し, 種子から油が採れる。回 油渣果 yóuzhāguǒ, 猪油果 zhūyóuguǒ
【油管】yóuguǎn 名 〔根 gēn〕オイルパイプ。
【油罐】yóuguàn 名 オイルタンク。
【油光】yóuguāng 形 つやつやしている。¶～锃亮 zèngliàng／つややかなようす。¶头发 tóufa 油光光的／頭がてかてかしている。重 油光光
【油耗】yóuhào 名 (車両や機械などの)油の消費量。
【油黑】yóuhēi 形 (顔などが)黒光りしている。
【油乎乎】yóuhūhū 形 (～的)(服などが)油まみれだ。(食品が)油でべとべとしている。
【油葫芦】yóuhúlu 名《虫》〔只 zhī〕エンマコオロギ。
【油花】yóuhuā 名 (～儿)スープなどの表面に浮いている油。
【油滑】yóuhuá 形 無責任でずるい。いい加減で調子がいい。¶说话～／口先だけの物言い。¶他为人 wéirén 很～／彼は当てにならない。回 圆滑 yuánhuá
【油画】yóuhuà 名 〔幅 fú, 张 zhāng〕油絵。
【油灰】yóuhuī 名 パテ。参考 桐油と石灰を混ぜてつくる。
【油鸡】yóujī 名《鳥》コーチン。ニワトリの一種。
【油迹】yóujì 名 油のしみ。
【油井】yóujǐng 名 〔眼 ge, 口 kǒu, 眼 yǎn〕石油採掘井戸。油井(ゆせい)。
【油锯】yóujù 名《林業》動力のこぎり。チェーンソー。
【油库】yóukù 名 石油タンク。回 油罐 guàn
【油矿】yóukuàng 名 ❶ 石油鉱脈。❷ 石油採掘場。
【油亮】yóuliàng 形 つやつやしている。¶树木的叶子～的／木の葉がつやつやしている。重 油亮亮 回 油光 yóuguāng
【油料】yóuliào 名 植物油の原料。
【油料作物】yóuliào zuòwù 名 搾油原料の作物。ラッカセイ・ダイズ・ゴマなど。
【油绿】yóulǜ 形 光沢のある深い緑色の。青々としている。¶雨后, 菜地一片～／雨上がり, 畑は青々としている。
【油轮】yóulún 名 〔艘 sōu, 条 tiáo, 只 zhī〕タンカー。回 油船 yóuchuán
【油麦】yóumài 名 "莜麦 yóumài"に同じ。
【油毛毡】yóumáozhān 名《建築》アスファルト・フェルト。リノリウム。回 油毡
【油门】yóumén 名 (～儿)《機械》❶ アクセレレーター。アクセル。¶踩 cǎi～／アクセルを踏む。¶加大～／加速する。❷ スロットルバルブ。
【油墨】yóumò 名 印刷インキ。
【油母页岩】yóumǔyèyán 名《鉱物》油母頁岩(けつがん)。オイルシェール。回 油页岩
【油泥】yóuní 名 油あか。油汚れ。
【油腻】yóunì ❶ 形 油っこい(食べ物)。¶不爱吃～的东西／油っこいものを好まない。重 油腻腻 反 清淡 qīngdàn
【油皮】yóupí 名 方 (～儿)❶ 皮膚の表皮。❷ ゆば。回 豆腐皮 dòufupí
【油票】yóupiào 名《配給制の)食用油やガソリンの購入切符。
【油漆】yóuqī ❶ 名 ペンキ。¶～匠 jiàng／塗装工。❷ 動 方 ペンキを塗る。¶把地板～一下／床にペンキを塗る。
【油气】yóuqì 名 (油井から石油と共に噴出する)天然ガス。回 油田伴生气 yóutián bànshēngqì
【油气田】yóuqìtián 名 石油と天然ガスを共に採掘できる油田。
【油腔滑调】yóu qiāng huá diào 話 話し方が調子よくて信用ならない。¶这个人说话～／この人は話が当てにならない。
【油裙】yóuqún 名 炊事用のまえかけ。
【油然】yóurán ❶ (感情などが)自然にわいてくるようす。❷ 雲がわき起こるようす。¶～作云／雲がもくもくわき起こる。
【油然而生】yóu rán ér shēng 成 (感情などが)自然と沸きおこる。¶一种感激之情～／感謝の念が自然とわいた。
【油润】yóurùn 形 (毛髪などが)つやつやしている。
【油色】yóusè 名 油絵の具。
【油石】yóushí 名 油で研ぐ研磨工具。油砥石(あぶらといし)。

オイルストーン.
【油饰】yóushì 動 (家具などを)塗装する. ¶～一新 / きれいに塗装しなおす.
【油刷】yóushuā 動 ペンキやうるしなどを塗る.
【油水】yóushuǐ 名 ❶ 食べ物の脂肪分. ❷ 物事のうまみ. うまい汁. ¶ 捞 lāo～/ うまい汁を吸う.
【油松】yóusōng 名《植物》アカマツ.
【油酥】yóusū 形 小麦粉に油を加えてこね、サクサクに焼き上げた. ¶～烧饼 / サクサクに焼いた焼餅(シャオビン).
【油酸】yóusuān 名《化学》オレイン酸.
【油田】yóutián 名〔处 chù, 片 piàn, 座 zuò〕油田.
【油条】yóutiáo 名 ❶〔个 ge, 根 gēn〕小麦粉を練って細長くし、油で揚げた食品. ❷ 世故に長けてずる賢い人. したたか者. 回 油子 yóuzi 表現 ②は、通常頭に"老"をつけ、"老～"という. 参考 ①は、朝食時に粥の中にちぎって入れたり、"煎饼 jiānbing"にはさんだりして食べる.
【油桶】yóutǒng 名 石油のドラム缶.
【油头粉面】yóu tóu fěn miàn 成 貶 (多くは男性が)はでにめかし立て軽佻だ. ¶ 我讨厌他那副～的样子 / あいつのあのはでな格好は嫌いだ. 回 粉面油头
【油头滑脑】yóu tóu huá nǎo 成 貶 要領がよく無責任ですり.
【油汪汪】yóuwāngwāng 形 (～的) ❶ 油が多い. ¶ 盘子 pánzi～/ お皿には油がぎとぎとだ. ❷ てかてかに光っている. 回 油光 yóuguāng
【油污】yóuwū 名 油あか. 油汚れ.
【油箱】yóuxiāng 名 オイルタンク. 燃料タンク.
【油香】yóuxiāng 名 練った小麦粉を円盤状に丸めて、ゴマ油で揚げた食品. 参考 イスラム教徒の食べ物.
【油鞋】yóuxié 名 桐油を塗った旧式の雨靴. 回 油靴 xuē
【油星】yóuxīng 名 スープなどの表面に浮いている油. 回 油星子,油花 huā
【油性】yóuxìng 名 油性.
【油压】yóuyā 名 油圧. ¶～表 / 油圧計.
【油压机】yóuyājī 名 油圧器.
【油烟】yóuyān 名 すす. 回 油烟子 yóuyānzi
【油盐酱醋】yóu yán jiàng cù 名 油・塩・味噌・酢. 調味料一般を指す.
【油页岩】yóuyèyán → 油母页岩 yóumǔyèyán
【油印】yóuyìn 動 謄写印刷する.
【油油】yóuyóu 形 (～的) ❶ (枝葉が)うっそうと生い茂り、つやつやしている. ❷ 雲や水の流れるようす.
【油渣】yóuzhā 名 (～儿)油のしぼりかす.
【油炸】yóuzhá 動 油で揚げる. ¶～排骨 páigǔ / スペアリブの揚げ物.
【油炸鬼】yóuzháguǐ 名 練った小麦粉を棒状や円形にし、油で揚げた食品. 回 油条 tiáo 参考 "油鬼""油炸桧 huì"という地方もある.
【油毡】yóuzhān 名《建築》〔块 kuài〕アスファルト・フェルト. リノリウム. 回 油毛毡 yóumáozhān
【油脂】yóuzhī 名 油脂.
【油纸】yóuzhǐ 名〔张 céng, 张 zhāng〕油紙 (～祇).
【油渍】yóuzì 名 油あか. 油汚れ.
【油子】yóuzi ❶ 名 黒くてねばねばしたもの. ¶ 膏药 gāo-yào～/ 黒い塗り薬. ¶ 烟袋 yāndài～/ キセルのやに. ❷ 方 世故に長けてずる賢い人. ¶ 老～/ 老獪な人. 表現 ②は、"老"をつけて"老～"ということが多い.

【油棕】yóuzōng 名《植物》アブラヤシ. 回 油椰子 yóu-yēzi
【油嘴】yóuzuǐ ❶ 形 口が達者な(人). ❷ 名 ノズル. 回 喷嘴 pēnzuǐ
【油嘴滑舌】yóu zuǐ huá shé 成 (～的) ぺらぺらしゃべる. 口がうまい.

柚 yóu 木部 5 四 4596₀ 全 9 画 通用

下記熟語を参照.
☞ 柚 yòu
【柚木】yóumù 名 チーク材.

疣 (異 胧) yóu 疒部 4 四 0011₂ 全 9 画 通用

名 いぼ. ¶ 赘～ zhuìyóu (多すぎて無用のもの). 回 瘊子 hóuzi, 肉赘 ròuzhuì

莜 yóu 艹部 7 四 4424₈ 全 10 画 通用

下記熟語を参照.
【莜麦】yóumài 名《植物》ユウマイ. ハダカエンバク. 回 油麦 yóumài 参考 中国の西北・華北・内モンゴルなどで栽培されるムギの一種.

莸 (蕕) yóu 艹部 7 四 4421₂ 全 10 画 通用

名 ❶ 古い書物に出てくる悪臭の強い草. 転じて悪人. ¶ 薰 xūn～不同器而藏 (よい香りのものと悪臭のする草は、同じ器にしまっておけない. 善人と悪人は一緒にならない). ❷《植物》カリガネソウ.

铀 (鈾) yóu 钅部 5 四 8576₀ 全 10 画 通用

名《化学》ウラン. U.

蚰 yóu 虫部 5 四 5516₀ 全 11 画 通用

下記熟語を参照.
【蚰蜒】yóuyán 名《虫》〔条 tiáo〕ゲジゲジ.

鱿 (魷) yóu 鱼部 4 四 2311₂ 全 12 画 通用

名〔只 zhī〕スルメイカ. 鱿鱼 yóuyú, 柔鱼 róu-yú

【鱿鱼】yóuyú 名《魚》〔只 zhī〕ヤリイカ. スルメイカ. ¶ 炒 chǎo～/ 首になる. 解雇される. 回 枪乌贼 qiāngwūzéi, 柔鱼 róuyú

游 (異 遊❷❹❺) yóu 氵部 9 四 3814₇ 全 12 画 通用

❶ 動 泳ぐ. ¶～泳 yóuyǒng /～水 yóushuǐ. ❷ 素 固定していない. 流動している. ¶～资 yóuzī /～牧 yóumù /～移 yóuyí. ❸ 名 河川の一区域. ¶ 上～shàngyóu (上流) / 下～xiàyóu (下流). ❹ 動 気ままにゆるゆると歩き回る. ¶～历 yóulì /～玩 yóu-wán / 周～天下 (諸国を漫遊する). ❺ 素 文 つきあう. 行き来する. ❻ 名 姓.
【游伴】yóubàn 名 旅の連れ. 遊び友達.
【游标】yóubiāo 名 (物差しの)バーニヤ. 副尺. 遊標.
【游标卡尺】yóubiāo kǎchǐ 名《機械》ノギス.
【游程】yóuchéng 名 ❶ 遊泳距離. ❷ 旅行の道のり. 道程. ❸ 旅行のスケジュール.
【游船】yóuchuán 名〔艘 sōu, 条 tiáo, 只 zhī〕遊覧船. ¶ 坐～游览风景区 / 遊覧船で景勝区をめぐる.
【游春】yóuchūn 動 春の野山ヘピクニックに行く. 回 春游
【游词】[辞] yóucí 名 文 ❶ 大げさなことば. ❷ 軽蔑で

鲉 猷 蝣 蝤　yóu　1359

真実味のないことば.
【游荡】yóudàng 動 ❶ 働かずぶらぶらする. ¶他失业后到处 dàochù~／彼は失業後,方々をぶらついている. ❷ ぶらぶら歩く. ❸ ゆらゆらと揺れる.
【游动】yóudòng 動 動き回る.
【游方】yóufāng 動 ❶（仏僧が）各地を行脚（ﾎﾞ）する. ¶~僧／行脚僧. ¶《民族》ミャオ族の若い男女が集団で行う恋愛儀式. 祭日などで歌をやり取りしたり語らって,恋人を求めあう風習.
【游舫】yóufǎng 名 遊覧船.
【游逛】yóuguàng 動 ぶらぶら見物する. ¶出外～／見物に出かける. ¶我在公园里一了一圈 quān／私は公園を一回りした.
【游贿】yóuhuì 名 公務員が賄賂として海外旅行に出かけること.
【游魂】yóuhún 名 さまよう死者の魂.
【游击】yóujī 動 ゲリラ戦をする.
【游击队】yóujīduì 名 遊撃隊. ゲリラ.
【游击区】yóujīqū 名 ゲリラ戦闘地区.
【游击战】yóujīzhàn 名 遊撃戦. ゲリラ戦.
【游记】yóujì 名〔（篇 piān〕旅行記.
【游街】yóu//jiē 動 ❶ 犯罪者を市中に引き回す. ¶~示众／罪人を引き回して見せしめにする. ❷ 英雄を取り囲んで人々が街を練り歩く.
【游客】yóukè 名〔个 ge,名 míng,群 qún,位 wèi〕観光客. 見物客. ¶~络绎 luòyì 不绝／見物客がひきもきらない.
＊【游览】yóulǎn 動（名所旧跡を）見物して回る. 観光する. ¶~长城／万里の長城を見物する. 重 游览游览 同 旅游 lǚyóu
【游廊】yóuláng 名 渡り廊下.
【游乐】yóulè 動 遊び楽しむ.
【游乐场】yóulèchǎng 名 遊園地.
【游离】yóulí 動 ❶《化学》遊離する. ❷（集団から）離れる. 遊離する. ¶~于集体之外 fēnzǐ／集団から離脱した人. ¶~于集体之外／グループを離れる.
【游历】yóulì 動 遊覧して回る. ¶~西欧 Xī'ōu 各国／ヨーロッパ各国を巡り歩く.
【游猎】yóuliè 動 猟をしてあちこちを歩き回る.
【游民】yóumín 名 正業（ﾎﾞ）につかない人.
【游牧】yóumù 動 遊牧する. ¶~业／遊牧業.
【游憩】yóuqì 名 遊びと休息. ¶假日 jiàrì~的好地方／休日の息ぬきにぴったりの場所.
【游人】yóurén 名〔个 ge,群 qún,位 wèi〕観光客. 見学者. ¶~如织／見渡すかぎりの観光客.
【游刃有余】yóu rèn yǒu yú 成 愛 熟達して軽々とやってのける. 由来『荘子』養生主篇に見えることば. 調理人がウシ一頭をさばくのに,包丁が自由に動き回り,さえぎるものがない,という意から.
【游山玩水】yóu shān wán shuǐ 成 景勝地を見て回る.
【游手好闲】yóu shǒu hào xián 成 貶 働かずぶらぶら時を過ごす. ¶~的懒汉 lǎnhàn／ぶらぶらしている怠け者.
【游水】yóu//shuǐ 動 泳ぐ.
【游说】yóushuì 動 古代,各国を回って自説を採用してもらおうとする. 遊説（ﾎﾞ）する. ¶~别人接受他的政治主张／彼の政治的な主張を受け入れてもらうため遊説する. 注意"说 shuì""shuō"と発音しない. 参考 このような人を"说客 shuìkè"という.

【游丝】yóusī 名 ❶ 空中でゆれるクモの糸. 遊糸. ❷（時計の）ひげぜんまい.
【游隼】yóusǔn 名《鳥》ハヤブサ. 同 鸭虎 yāhǔ.
【游艇】yóutǐng 名〔条 tiáo,只 zhī〕遊覧船.
【游玩】yóuwán 動 ❶ 遊ぶ. 同 游戏 yóuxì ❷ ぶらぶら見物する. 遊覧する. ¶利用假期 jiàqī 出去～／休暇を利用して遊びに出かける. 同 游逛 yóuguàng
【游戏】yóuxì ❶ 名 遊び. 娯楽. ❷ 動 遊ぶ. ¶孩子们正在大树下～／子供たちが大きな木の下で遊んでいる.
【游戏机】yóuxìjī 名"电子 diànzǐ 游戏机"（ファミコン. テレビゲーム機）の略称.
【游戏手】yóuxìshǒu 名 ファミコンやテレビゲームのやりすぎによる腱鞘炎（けんしょうえん）. ⇒三手病
【游侠】yóuxiá 名 侠客（きょうかく）. 遊侠.
【游乡】yóu//xiāng 動 ❶ 罪人を村中引き回す. ¶~示众／罪人を村中引き回して見せしめにする. ❷ 村を行商して歩く.
【游行】yóuxíng 動 ❶ あちこち気楽に旅して回る. 漫遊する. ❷ パレードをする. デモ行進をする. ¶~示威 shìwēi／デモ行進をする.
【游兴】yóuxìng 名 旅行や見物の楽しみ. ¶~很浓／行楽の興が乗る.
【游学】yóuxué 動 同 遊学する. 留学する.
【游医】yóuyī 名 各地を渡り歩く医師.
【游移】yóuyí 動 ❶ 行ったり来たりする. ❷（考え方や態度が）ゆれ動く. ¶~不决／態度を決めかねる. ¶~于赞成和反对之间／賛成と反対の間をゆれ動く.
【游弋】yóuyì 動 ❶ 巡視艇がパトロールする. ❷ 泳ぎ回る.
【游艺】yóuyì 動 遊び楽しむ. ¶~场／娯楽場.
＊＊【游泳】yóuyǒng ❶ 動 泳ぐ. ¶去海边～／海辺へ泳ぎに行く. ¶~会／泳ぐのが上手だ. ❷ 名《スポーツ》水泳. ¶~衣／水着.
【游泳池】yóuyǒngchí 名 プール.
【游勇】yóuyǒng 名 ❶ 統率者を失い,ばらばらになった兵士. 敗残兵. ¶散 sǎn 兵～／敗残兵. ❷ 一匹狼. 組織から離れ,一人で行動する人.
【游园】yóuyuán 動 公園や庭園で遊ぶ.
【游园会】yóuyuánhuì 名 園遊会.
【游资】yóuzī 名《経済》遊休資本.
【游子】yóuzǐ 名 故郷を離れている人. ¶海外～／海外居住者. ¶~思乡／他郷にいる人が故郷を思う.
【游子】yóuzi 名（鳥をおびき寄せる）囮（おとり）の鳥. 同 圈子 yóuzi
【游踪】yóuzōng 名 旅の足跡.

鲉（鮋）yóu
鱼部 5　[四] 2516₀　[通用]
全13画
名《魚》〔只 zhī〕カサゴ科の魚の総称.

猷 yóu
犬部 9　[四] 8368₄　[通用]
全13画
名 ㊌ 計画. 謀略. ¶鸿～ hóngyóu（遠大な計画）.

蝣 yóu
虫部 9　[四] 5814₇　[通用]
全15画
→蜉蝣 fúyóu

蝤 yóu
虫部 9　[四] 5816₄　[通用]
全15画
下記熟語を参照.
☞ 蝤 qiú
【蝤蛑】yóumóu 名《動物》〔只 zhī〕海に住むカニの一種. 同 梭子蟹 suōzixiè

繇 yóu 爪部13 四 2279₃ 全17画 通用

前文 古書の中で"由 yóu"と同じ意味に使われる.
☞ 繇 yáo, zhòu

友 yǒu 又部2 四 4040₇ 全4画 常用

素❶友人. ¶朋～ péngyou（友人）/ 好～ hǎoyǒu（よい友達）/ 敌中有～（敵中に味方あり）. 同朋 péng 反敌 dí ❷友好関係. ¶～军 yǒujūn / ～邦 yǒubāng. 反敌 dí ❸気心の知れた. 親しい. ¶～好 yǒuhǎo / ～爱 yǒu'ài.

【友爱】yǒu'ài ❶名友愛. 友情. ❷形親しい. 仲がよい. ¶十分～ / とても仲がよい.
【友邦】yǒubāng 名友好国.
**【友好】yǒuhǎo ❶名親しい友人. ¶生前～ / 生前に親しくした友人. ❷形親密だ. ¶～合作 / 友好的な協力しあう. ¶～往来 / 友だちとして付き合う. 反敌对 díduì
【友军】yǒujūn 名友軍.
【友邻】yǒulín ❶名親しい隣人. 友好的な隣国. ❷形（隣あっていて）友好的だ.
【友朋】yǒupéng 名文友人.
【友情】yǒuqíng 名友情. ¶深厚的～ / 厚い友情. ⇨ 友谊 yǒuyì
【友情出演】yǒuqíng chūyǎn 名友情出演.
【友人】yǒurén 名〔位 wèi〕友人. ¶国际～ / 外国の友人. 同朋友 péngyou 反敌人 dírén
【友善】yǒushàn 形仲がよい. 親密だ.
**【友谊】yǒuyì 名友情. ¶加深～ / 友好を深める. ¶第一, 比赛第二 / 友情を深めることが第一であり, 試合の結果は二の次. 友情 yǒuqíng 比較 "友情"は, 身近な印象があり, 個人間について使われる."友谊"は, やや改まった印象で, 個人間の他, 国家や組織間の関係にも使われる.
【友谊赛】yǒuyìsài 名親善試合.

有 yǒu 月部2 四 4022₇ 全6画 常用

📖 "有"のキーポイント

◇持っている. ⇨ I ❶
¶我～一本书 / 私は本を一冊持っている.
◇ある. いる. ⇨ I ❷
桌子上～一本书 / テーブルに本が一冊ある.
¶这里～人吗？/ ここには誰かいますか.
◇…ぐらいある. ⇨ I ❸
你～多高？/ 君はどの位の背丈があるか.
已经～哥哥高了 / もう兄ぐらいの背丈になった.
◇…になる. ⇨ I ❺
¶他～病了 / 彼は病気になった.
◇ある…. ⇨ I ❼
¶～一天 / ある日.
¶～人 / ある人.

I 动❶（所有を表わし）持っている. 反没有 méiyǒu ¶他们～一个小孩 / 彼らには子供がいる人もいる. ¶小美～过很多漫画 / メイちゃんは漫画をたくさん持っていたことがある. ¶～票吗？/ 切符はお持ちですか. ¶你不用买, 我已经～了 / 買わなくてもよい, 私はもう持っている. ❷（存在を表わし）ある. いる. 🔷文型：場所＋有＋人／物. ¶院子里～一棵大树 / 庭には一本の大樹がある. ¶这个座位～人吗？/ この席には誰かいますか. ¶墙上～一幅风景画 / 壁には一幅の風景画がある. ❸（比較を表わし）…ぐらいある. 反没有 méiyǒu ¶小明的皮肤～雪那么白 / ミンさんの皮膚は雪のように白い. ¶他～哥哥那么聪明吗？/ 彼はお兄さんのように賢いのですか. ¶～他哥哥高了 / お兄さんぐらい背がのびた. ❹（数量表現を伴い, 見積もりを表わし）…ある. …になる. ¶你～多高？/ 君は背丈がどのぐらいある？¶这条鱼～四斤 / この魚は2キログラムほどある. ¶大概～十一点多了 / たぶん11時を過ぎたろう. ¶看样子已～五十多岁 / 見たところ, もう50歳すぎぐらいだ. ❺（発生, 出現を表わし）…になる. 反没有 méiyǒu ¶他～病了 / 彼は病気になった. ¶晚上～雨 / 夜は雨になる. ¶这孩子嘴里～牙了 / この子は歯がはえてきた. ¶他们～了一个女儿 / 彼らには娘が一人できた. ❻抽象的な目的語を伴い, 多い, 大きいことを表わす. しばしば程度副詞を伴う. ¶他很～头脑 / 彼はとても知識がある. ¶他家相当～钱 / 彼の家はとても金持ちだ. ¶你真～耐心 / 君は本当に我慢強い. ¶～本事 / 能力がある. ¶～礼貌 / 礼儀正しい. ¶～前途 / 前途洋々だ. ¶～水平 / レベルが高い. ¶～出息 chūxi / 有望である. ❼（漠然と人・時・場所を示し）ある…. ¶～一天, 他和平常一样, 到海边去捕鱼 / ある日, 彼はいつものように海に釣りにでかけた. ¶～人说, 这个电影很有意思 / ある人がこの映画はおもしろいと言っていた. ¶～时候 / ある時. ❽（"有(的)＋名～, 有(的)＋名～"の形で）あるものは…, またあるものは…. ¶～的人赞成, ～的人反对 / …するものもあれば, …するものもある. ¶～人赞成, ～人反对 / ある人は賛成し, ある人は反対する. ¶他～时来, ～时不来 / 彼は来る時もあれば, 来ない時もある. ❾ある種の動詞の前に置き謙譲を表わす固定表現を作る. ¶～请 yǒuqǐng. ¶有赖 yǒulài. ❿（いるかどうかを聞かれた時, あるいは点呼をとられた時の返事に用い）はい.

📖 "有"構文2種

文型：有／没有＋名＋動詞句
1. "有"を用いた連動文（～する…がある／ない）
◇我有一件事想跟您商量一下 / あなたに相談したいことがある.
◇我还有点儿事儿要办 / まだやらなくてはいけないことがある.
◇你有地方住吗？/ 泊まるところはあるの？
◇你有机会来北京吗？/ 北京に来るチャンスがありますか.
◇我没有钱去中国 / 私は中国へ行くお金がない.
◇你没有必要这样做 / そんなことをする必要はない.
2. "有"の後ろの名詞が動詞の主語となる兼語文（…する～がいる；ある～が…する）
◇有一个人很小气 / けちな人がいた.
◇有人在唱歌 / 誰かが歌を歌っている.
◇外边有人敲门 / 誰かがノックしている.
◇上午有人找你 / 午前中誰かがあなたを訪ねてきました.
◇他有一个女儿在美国工作 / 彼にはアメリカで仕事をしている娘が一人いる.
◇没有人接电话 / 誰も電話に出なかった.

II 接頭文 一部の王朝名の前に置く. ¶～周 / 周朝.
III（Yǒu）姓.
☞ 有 you

【有碍】yǒu'ài 动妨げになる. ¶～交通 / 交通の妨げになる. ¶～观瞻 guānzhān / 見栄えが悪い.
【有板有眼】yǒu bǎn yǒu yǎn 成言動に筋が通ってい

る．¶他办事总是～的 / 彼の仕事ぶりはいつも筋が通っている．

【有备无患】yǒu bèi wú huàn [成] 備えあれば憂いなし．

【有别】yǒubié [動][文] 異なるところがある．差がある．¶男女～ / 男女の違い．

【有别于】yǒubiéyú [動][文] …とは違いがある．…とは異なる．¶他的观点～其他人 / 彼の見方は他の人と異なる．

【有产阶级】yǒuchǎn jiējí [名] 有産階級．ブルジョアジー．

【有产者】yǒuchǎnzhě [名] 資産家．金持ち．

【有偿】yǒucháng [形] 有料の．有償の．¶～使用 / 有料使用．

【有偿新闻】yǒucháng xīnwén [名]（対象者からリベートを得て）故意に報じられる報道や記事．

【有偿转让】yǒucháng zhuǎnràng [句] 有償で譲渡する．

【有成】yǒuchéng [動][文] 成功する．[同] 成功 chénggōng

【有待】yǒudài [動] …を待たなければならない．¶～改进 / 改善が待たれる．¶产品质量 zhìliàng～于提高 / 製品は品質向上を要する．[用法]“有待于”として用いることもある．

【有得】yǒudé [動] 得るところがある．¶学习～ / 勉強して得るところがある．

**【有的】yǒude [代] ある人．あるもの．¶～长,～短 / 長いのもあれば,短いのもある．[用法] 繰り返して用いることが多い．

*【有的是】yǒudeshì [動] たくさんある．いくらでもある．¶这种例子～ / こんな例は山ほどある．

【有底】yǒu//dǐ [動] 熟知していて見当がつく．¶心中～ / 胸の内で見当が立つ．¶这件事,我已经有了底 / この件について,僕はもう腹が固まった．

【有的放矢】yǒu dì fàng shǐ [成] 的に狙いを定めて矢を放つ．目標がはっきりして現実的である．

【有点】yǒudiǎn（～儿）❶ [動] 少しある．¶碗里～水 / おわんに少し水がある．¶～进步 / 少し進歩した．❷ [副] 少し．¶我～头痛 / 私は少し頭が痛い．¶这种饼干 bǐnggān～甜,我不爱吃 / このビスケットはちょっと甘いので,きらいだ．[表現] ②は,多く好ましくない場合に用いる．

【有法必依】yǒu fǎ bì yī [成] 法があれば必ず従う．

【有法不依】yǒu fǎ bù yī [成] 法があるのに従わない．

【有方】yǒufāng [動] 的確だ．¶教学～ / 教え方が的確だ．[反] 无方 wúfāng

【有感】yǒugǎn [動] 心に感じるところがある．¶《访华～》/「訪中所感」

【有感于】yǒugǎnyú [動] …に対して感じるところがある．

【有功】yǒu//gōng [動] 功績がある．¶～必赏 shǎng / 功労があれば必ずほうびをあたえる．¶～于国家 / 国家に功績がある．[用法]“有功于”として用いることもある．

*【有关】yǒuguān [動] ❶ 関係がある．¶～方面 / 関係先．[反] 无关 wúguān ❷ …に関する．¶～水利问题的著作 / 水利問題についての著作．

【有光纸】yǒuguāngzhǐ [名]〔[量] 张 zhāng〕コート紙．

【有轨电车】yǒuguǐ diànchē [名]〔[量] 辆 liàng〕路面電車．

【有鬼】yǒu//guǐ [動] ❶ うさんくさいところがある．企みがある．¶这里面～ / なにかうさんくさい気がする．❷ やましい気持ちがある．¶心中～ / 心にやましさがある．

【有过之无不及】yǒu guò zhī wú bù jí [成] 勝るとも劣らない．¶腐败 fǔbài 现象比过去～ / 腐敗は以前より減るどころか,ますます甚だしくなっている．[表現] よくない情況について用いることが多い．

【有害】yǒuhài [動] 害がある．¶吸烟对健康～ / 喫煙は健康に害を及ぼす．¶～气体 / 有害ガス．

【有恒】yǒuhéng [動] 根気がある．長続きする．

【有会子】yǒu huìzi [句][口] 長い時間がたっている．¶他出去可～啦！/ 彼が出かけてもうだいぶたったぞ．[同] 有会儿 yǒuhuìr

【有机】yǒujī [形] ❶《化学》有機の．¶～酸 / 有機酸．[反] 无机 wújī ❷ 有機的な．¶～结合 / 有機的な結びつき．

【有机玻璃】yǒujī bōli [名]《化学》有機ガラス．

【有机肥料】yǒujī féiliào [名]《農業》有機肥料．

【有机合成】yǒujī héchéng [名]《化学》有機合成．

【有机化学】yǒujī huàxué [名] 有機化学．

【有机可乘】yǒu jī kě chéng [成][貶] 利用すべきチャンスだ．つけ込むすきがある．¶他觉得这下可～了 / 彼は,これは絶好のチャンスだと思った．[同] 有隙 xì 可乘

【有机染料】yǒujī rǎnliào [名]《化学》有機染料．

【有机食品】yǒujī shípǐn [名] 有機食品．

【有机体】yǒujītǐ [名]《生物》有機体．[同] 机体 jītǐ

【有机物】yǒujīwù [名]“有机化合 huàhé 物”（有機化合物）の略称．

【有机质】yǒujīzhì [名] 有機質．

【有加利】yǒujiālì [名]《植物》ユーカリ．♦eucalyptus

【有价证券】yǒujià zhèngquàn [名] 有価証券．

【有鉴于】yǒujiànyú [動] …を考慮に入れる．¶～此 / この点を考慮に入れる．

【有奖销售】yǒujiǎng xiāoshòu [動][名] 宝くじなどを付けて販売する(こと)．

【有教无类】yǒu jiào wú lèi [成] すべての人が教育を受けることができる．[由来]『論語』衛霊公篇に見えることば．

【有劲】yǒu//jìn ❶ [動]（～儿）力がある．¶你真～儿 / あなたはほんとうに力持ちだ．❷ [形] おもしろい．¶大家谈得非常～ / みなでとても楽しげに話をした．

【有旧】yǒujiù [動][文] 古くからのつきあいがある．

【有救】yǒu//jiù [動] 救うことができる．助かる．

【有口皆碑】yǒu kǒu jiē bēi [成] みなが口々に賞賛する．¶小明的为人 wéirén 处事 chǔshì 是～的 / ミンさんの人柄や仕事ぶりは,誰もが口々に賞賛する．

【有口难分】yǒu kǒu nán fēn [成] 申し開きができない．弁解が難しい．[同] 有口难辩 biàn

【有口难言】yǒu kǒu nán yán [成] ことばに出して言いにくい．何とも言いづらい立場である．

【有口无心】yǒu kǒu wú xīn [成] 深く考えずことばに出して言う．率直に思ったことを口にする．¶小明说话尖刻 jiānkè,其实～ / ミンさんは言うことがきついが,実は悪気はないんだ．

【有愧】yǒukuì [動] 恥じるところがある．¶感到心中～ / 内心恥ずかしく思う．[反] 无愧 wúkuì [用法]“有愧于 yú”として用いることもある．

【有来有往】yǒu lái yǒu wǎng [成] 相手と対等な行動をとる．

【有赖】yǒulài [動] …にかかっている．¶一切 yīqiè 都～于大家的努力 / すべてはみなさんの努力にかかっている．[用法] 多く“有赖于”の形で用いられる．

【有劳】yǒuláo [動] 苦労をかける．手をわずらわす．

【有理】yǒulǐ [動] 道理がある．¶言之～ / [成] 言うことが理にかなっている．¶～无处 chù 讲 / 理屈は確かなのに,訴える場所がない．

*【有力】yǒulì 形 力強い. ¶领导～/力強い指導. ¶～支持/強力に支援する.

*【有利】yǒulì 形 有利だ. 有益だ. ¶～有弊 yǒubì /メリットもあればデメリットもある. 反 不利 búlì 用法 "有利于"として用いることが多い.

【有利可图】yǒu lì kě tú 成 メリットがある. 利益を見込める.

【有脸】yǒu//liǎn 动 顔が立つ. 面目を保つ. ¶我们还～领国家的奖金 jiǎngjīn？/我々はどのツラさげて国の奨励金を受けるのか. 用法 反語形式で使われることが多い.

【有两下子】yǒu liǎngxiàzi 动 実力がある. 有能だ. ¶他下围棋 wéiqí 可～了/彼の囲碁はたいした腕前だ.

【有零】yǒulíng 动 端数がつく. ¶八十～/80余り. 同 挂零 guàlíng

【有门儿】yǒu//ménr 动 可能性がある. 望みがある. ¶办事～/実施の見込みがある.

**【有名】yǒu//míng 形 有名だ. ¶～的化学家/有名な化学者. ¶他走这一带很～的/彼は, このあたりではたいそう有名だ. 同 出名 chūmíng 反 无名 wúmíng

【有名无实】yǒu míng wú shí 成 名前だけで中身がともなっていない. 有名無実だ.

【有名有姓】yǒu míng yǒu xìng 成 れっきとした名前がある.

【有目共睹】yǒu mù gòng dǔ 成 誰の目にも明らかだ. ¶这个城市的变化是～的/この都市の変化は誰の目にも明らかだ. 同 有目共见 jiàn

【有目共赏】yǒu mù gòng shǎng 成 見た人の誰もが賞賛する. ¶小明的才貌 cáimào 是～的/ミンさんの才能と容貌は誰でも賞賛する.

【有奶便是娘】yǒu nǎi biàn shì niáng 俗 諺 利を与えてくれさえすれば誰にでも頼る. 由来"乳があれば誰でも母"という意から.

【有你的】yǒu nǐ de 惯 (相手を称賛して)大したものだ. 見事だ. ¶你这篇文章写得好, 真～/君のこの文章よく書けてる, 大したものだ.

【有年】yǒunián 动 かなりの年がたっている.

【有盼儿】yǒu//pànr 动 望みがある. ¶您总算～了/あなたにもこれでやっと希望が持てますね.

【有凭有据】yǒu píng yǒu jù 成 思いつきでなく, よりどころがある. 話や仕事が確かである. ¶我说此话是～的/私がこう言うのは, ちゃんとした裏付けがあってのことだ.

【有期徒刑】yǒuqī túxíng 名《法律》有期徒役.

【有气】yǒu//qì 动 怒る. 腹を立てる. 同 生气 shēngqì

【有气无力】yǒu qì wú lì 成 元気がないようす. ¶～的样子/ぐったりとしたさま.

【有钱】yǒu//qián 动 財貨がある. 金ができる. 金持ちである. ¶～能使鬼推磨 tuīmò /金があればお化けに臼をひかせることもできる. 金さえあれば何でもできる.

【有情】yǒuqíng 动 恋心を抱く. 愛し合う.

【有情人】yǒuqíngrén 名 恋人. ¶愿天下～终成眷属 juànshǔ /世の中の恋人同士が最後には結ばれますように.

【有顷】yǒuqǐng 副 文 すぐ. まもなく.

【有请】yǒuqǐng 动 文 おいでを請う. お呼びになる. ¶董事长 dǒngshìzhǎng～/会長がお呼びですからどうぞ. 用法 人を請じ入れる際に用いる決まった言い方.

【有求必应】yǒu qiú bì yìng 頼めば必ず応えてくれる.

*【有趣】yǒuqù 形 (～儿)おもしろい. 興味がわく. ¶今天的电影很～/今日の映画はとてもおもしろい. 反 无味

wúwèi, 乏味 fáwèi

【有染】yǒurǎn 动 文 不義密通(をする).

【有人家儿】yǒu rénjiār 句 (女性が)すでに婚約している. ¶她已经～了/彼女はもう婚約した.

【有日子】yǒu rìzi 动 ❶ 何日もたつ. ¶～没见面了！/何日も会わなかったなあ. ❷ 期日が決まる. ¶我们结婚已有了日子/私たちの結婚の日取りはもう決まった.

【有如】yǒurú 动 似ている. …のようである. ¶这小伙子小伙子力大无比,～黄牛/この若者は無類の力持ちで, まるでウシのようだ.

【有色】yǒusè 形 色がついている. 有色の.

【有色金属】yǒusè jīnshǔ 名 〔种 zhǒng〕非鉄金属.

【有色人种】yǒusè rénzhǒng 名 有色人種.

【有色眼镜】yǒusè yǎnjìng 名 ❶ 色眼鏡. サングラス. ❷ 先入観や偏見. (比喩としての)色眼鏡.

【有神】yǒushén 形 ❶ 神業のようだ. ❷ 生気がある. 生き生きとしている. ¶他两眼炯炯 jiǒngjiǒng～/彼の両眼はきらきらと輝いている.

【有神论】yǒushénlùn 名《哲学》有神論.

【有生】yǒushēng 动 ❶ 生を受ける. 生まれる. ❷ 生きる. 生存する.

【有生力量】yǒushēng lìliàng 名 ❶ 軍隊の兵士と馬. ❷ 軍隊.

【有生以来】yǒu shēng yǐlái 句 生まれてからいままで.

【有生之年】yǒu shēng zhī nián 成 生ある間. 生きているうち.

【有声电影】yǒushēng diànyǐng 名《映画》トーキー映画. 反 无声 wúshēng 电影

【有声片】yǒushēngpiàn 名 (～儿)《映画》トーキー映画.

【有声有色】yǒu shēng yǒu sè 成 表現が生き生きとしている. ¶老师讲的课～/先生の授業はとても生き生きとしている.

【有失】yǒushī 动 文 失うものがある. ¶～无得/失うばかりで, 得るものがない. ¶～体统/さまにならない. 格好がつかない. ¶～远迎, 抱歉 bàoqiàn！/抱歉！/お出迎えもいたしませんで, 誠に申し訳ございません.

*【有时】yǒushí 副 時には. ¶这几天, 天气～冷,～热/ここ数日, 寒かったり熱かったりだった. 同 有时候 yǒushíhòu

**【有时候】yǒushíhòu 名 ある時. 同 有时 yǒushí

【有识之士】yǒushí zhī shì 名 見識のある人.

【有史以来】yǒu shǐ yǐlái 句 歴史が始まって以来. 有史以来.

【有始无终】yǒu shǐ wú zhōng 成 ものごとを最後までやり遂げられない. 中途半端だ. 同 有头无尾 yǒu tóu wú wěi

【有始有终】yǒu shǐ yǒu zhōng 成 ものごとを最後まできちんとやり遂げる. 有头有尾 yǒu tóu yǒu wěi

【有事】yǒu//shì 动 ❶ 困ったことが起きる. ¶一旦 yīdàn～, 马上出动/なにか問題があれば, すぐに出動する. ❷ 用事がある. ¶你明天～吗？/君明日は空いてるかい. ❸ 就職する. 仕事をもつ. ¶她现在～了/彼女も今では働いている. ❹ 悩みをもつ. 隠し事をもつ. ¶他心里～/彼は悩み事を抱えている.

【有恃无恐】yǒu shì wú kǒng 成 諺 頼るところがあれば何も怖くない. ¶干什么都～/何をするにも後盾(うしろだて)があれば怖いもの無しだ.

【有数】❶ yǒu//shù 动 (～儿)見通しが立つ. 自信がある. ¶心里～儿/心に勝算がある. ❷ yǒushù 形 数が

有 yǒu

少ない. ¶只剩下 shèngxià～的几天了／もうあと何日も残っていない.

【有说有笑】yǒu shuō yǒu xiào 成 話したり笑ったりする. 同 又说又笑

【有司】yǒusī 名 文 役人. 官吏.

【有所】yǒusuǒ 動 (ある程度)…がある. …するところがある. ¶～不同／いくらか違いがある. ¶要根据对象～区别／対象に応じて区別をつけねばならない. ¶～不为 wéi 才能～为／何かを捨てて初めて何かをなしとげられる. 用法 後に2音節の動詞を伴って用いられることが多い.

【有所为有所不为】yǒusuǒ wéi yǒusuǒ bùwéi 行うものもあり, 行わないものもある. 行えることや行うべきこと, そうでないことをきちんと判断する.

【有条不紊】yǒu tiáo bù wěn 成 秩序立っていて少しの乱れもない.

【有条有理】yǒu tiáo yǒu lǐ 句 きちんと秩序立っている. ¶把三间屋子收拾 shōushi 得～／三つの部屋をきちんときれいに片付けた.

【有头无尾】yǒu tóu wú wěi 成 ものごとを最後まできちんとやり遂げられない. 中途半端だ. 反 有始无终 yǒu shǐ wú zhōng

【有头有脸】yǒu tóu yǒu liǎn 成 (～儿)名誉も威信もある. ¶他在村子里是个～的人／彼は村ではひとかどの人物だ.

【有头有尾】yǒu tóu yǒu wěi 成 ものごとを最後まできちんとやり遂げる. ¶～的故事／きちんと結末のあるストーリー. 同 有始有终 yǒu shǐ yǒu zhōng

【有望】yǒuwàng 動 望みがある. 見込みがある. ¶丰收 fēngshōu～／豊作の見込みだ.

【有为】yǒuwéi 前途有望だ. 成果が見込める. ¶年轻～／若くて有望だ.

【有…无…】yǒu…wú… ❶ …はあるが, …はない. ¶有己无人／自分は大事だが, 他人はどうでもよい. ❷ …があれば…はない. ¶有备无患／備えあればうれいなし.

【有喜】yǒu//xǐ 回 妊娠する. おめでたになる. ¶她可能～了／彼女はおめでたかもしれない.

【有戏】yǒu//xì 方 望みがある. 見込みがある. ¶照这样干 gàn 下去,～／このようにして続けていけば, 見込みがある. 反 没戏 méixì

【有隙】yǒuxì ❶ すきがある. ❷ 文 気持ちにひびが入る. 恨みを抱く.

【有隙可乘】yǒu xì kě chéng 成 つけ入るすきがある. ¶决不让敌人～／敵に決してつけ入るすきを与えてはならない. 同 有机可乘

【有闲阶级】yǒuxián jiējí 名 お金と時間に余裕がある人々. 有閑階級.

【有线】yǒuxiàn 形 有線の.

【有线电话】yǒuxiàn diànhuà 名 有線電話.

【有线电视】yǒuxiàn diànshì 名 ケーブルテレビ. CATV.

【有线广播】yǒuxiàn guǎngbō 名 有線放送.

【有限】yǒuxiàn 形 ❶ 有限だ. 限りのある. 反 无限 wúxiàn ❷ (数が)少ない. (程度が)低い. ¶为 wéi 数～／数に限りがある. ¶文化水平～／教育水準が低い.

【有限公司】yǒuxiàn gōngsī 名 有限(責任)会社.

【有限责任公司】yǒuxiàn zérèn gōngsī 名 有限責任公司.

*【有效】yǒuxiào 形 有効だ. 有効な. ¶～方法／効果的な方法.

【有效期】yǒuxiàoqī 名 有効期限. 有効期間.

【有效射程】yǒuxiào shèchéng 名《軍事》有効射程距离.

【有效温度】yǒuxiào wēndù 名《植物》有効温度. 参考 その植物の成長に必要な最低温度と, ある日の平均温度との差.

*【有些】yǒuxiē ❶ 代 一部の. ある. ¶～是从外地来的／一部は地方から来た人たちだ. ❷ 動 少し持っている. いくらかある. ¶很～钱／多少のお金を持っている. ¶我～旧书想捐 juān 给图书馆／私のわずかな古書を, 図書館に寄贈したい. ❸ 副 少し. やや. ¶心里～着急 zháojí／内心やや焦っている. 用法 "些"のあらわす数量や程度は相対的なものなので, "很"によって修飾することができる.

【有心】yǒuxīn ❶ 動 ある意志や考えがある. ¶天下无难事,只怕～人／世の中に難しいことなどない. 肝心なのは志があるかどうかだ. ¶说者无意,听者～／何気なく言ったことでも, 聞く方は気になるものだ. ❷ 形 故意である. わざとだ. ¶～捣鬼 dǎoguǐ／わざとトラブルを引き起こす.

【有心人】yǒuxīnrén 名 志をもち, そのための配慮や思索を怠らない人.

【有形】yǒuxíng 形 有形の. 反 无形 wúxíng

【有幸】yǒuxìng 幸運にも. 幸運にも…する. ¶我～见到了极光的奇妙景象／私は幸運にもオーロラの不思議な光景を目にすることができた.

【有性生殖】yǒuxìng shēngzhí 名《生物》有性生殖. 同 两性生殖

【有血有肉】yǒu xuè yǒu ròu 成 作品の描写が生き生きとしている.

【有言在先】yǒu yán zài xiān 成 あらかじめ話しておく. 初めに断っておく.

【有眼不识泰山】yǒu yǎn bù shí Tài shān 成 見る目がなく立派な人を見分けられない. 由来 目があっても, 有名な泰山を知らない, という意から.

【有眼无珠】yǒu yǎn wú zhū (善し悪しを)識別する能力がない. 目が節穴だ. ¶你怎么看不出来, 真是～！／なぜ見抜けなかったの. 君の目はまったく節穴だね.

【有氧运动】yǒuyǎng yùndòng 名 有酸素運動.

【有一搭没一搭】yǒu yī dā méi yī dā 句 ❶ 無理に話題を作る. ❷ あってもなくても, どうでもよい.

【有一得一】yǒu yī dé yī 句 増えも減りもせず, そこにあるとおり. ありのままだ.

*【有一点儿】yǒu yīdiǎnr 句 少しある. いくらか持っている. ¶锅里还～剩饭／鍋にはまだ少しご飯が残っている. 同 有点 yǒudiǎn

【有一手儿】yǒu yīshǒur 句 男女が不正常な関係にある. 不倫関係にある.

【有一套】yǒu yītào 句 ❶ 自分自身のやり方がある. ¶他抓生产～／彼は生産管理に得意のやり方がある. ❷ 才能がある. ¶没想到,你在文学上还真～呢！／あなたが文学に才能があるとは思いもよらなかった.

【有一些】yǒu yīxiē 句 いくらかある. 少し持っている. ¶我～问题想请教老师／ちょっと先生に教えていただきたいことがあるのですが. 同 有些 yǒuxiē

【有异于】yǒuyìyú 動 …と異なるところがある.

【有益】yǒuyì 形 有益だ. ¶～于健康／健康によい. 反 无益 wúyì 用法 "有益于"として用いることが多い.

【有意】yǒuyì ❶ 動 …しようと思っている. ¶你若～, 我陪你去／君にもし行く気があるなら, 僕もついて行くよ. 反 无意 wúyì ❷ 動 (異性に)恋する. 気がある. ¶他对你～, 可一直没有机会表白／彼はあなたが好きだが, ずっと告白するチャンスがないのだ. ❸ 形 故意だ. わざとだ. ¶～

刁难 diāonàn / わざと困らせる. 圓 故意 gùyì 反 无意 wúyì
【有意识】yǒu yìshi 句 意識的である. 意図的だ. 反 无意识 wú yìshi
*【有意思】yǒu yìsi 句 ❶ 内容が深い. 意義がある. ❷ おもしろい. 楽しい. ¶这个电影很～ / この映画はとてもおもしろい. ❸（異性に）気がある. ¶小明对你～ / ミンさんは君に気がある.
【有意无意】yǒu yì wú yì 成 何気なしに.
【有意于】yǒuyìyú 動 …に対して期するものがある.
【有影没影】yǒu yǐng méi yǐng 贯 何の根拠もない.
【有勇无谋】yǒu yǒng wú móu 成 度胸はあるが計略がない. やみくもで、計画的に行わない. ¶～的武士 / 猪突猛進型の勇士.
*【有用】yǒuyòng 動 役に立つ. ¶没有任何～之处 / 役立つところがまるでない.
【有…有…】yǒu…yǒu… ❶ 類似した語を並列して、それがそろっていることを示す. ¶～说～笑 / 話したり笑ったり. ¶～情～义 / 人情も義理もある. ❷ 対立した語を並列して、どちらもそろって完全であることを示す. ¶～头～尾 / 最後までやり通す.
【有余】yǒuyú 動 ❶ 余裕がある. ¶绰绰 chuòchuò ～ / 使い切れないくらいゆとりがある. 反 不足 bùzú ❷ 端数がある. ¶他比你大十岁～ / 彼はあなたよりも十いくつ年上だ.
【有缘】yǒuyuán 縁がある. ¶～相识 shí / 縁があって出会う. ¶～千里来相会 / 縁があれば、遠く離れていようとも出会うものだ. 反 无缘 wúyuán
【有源】yǒuyuán 形（電気）能動性の. アクティブ. ¶～电路 / アクティブ回路.
【有增无已】yǒu zēng wú yǐ 成 増え続ける. 拡大し続ける.
【有朝一日】yǒu zhāo yī rì 将来のある日. いつか. ¶他或许～东山再起 / 彼はもしかしたら、いつの日か再起するかもしれない.
【有着】yǒuzhe …がある. ¶他～别人所没有的胆识 dǎnshí / 彼には他の人にはない度胸と見識がある.
【有志者事竟成】yǒu zhì zhě shì jìng chéng 成 志があれば、最後には必ず成し遂げられる.
【有志之士】yǒuzhì zhī shì 名〔圖 位 wèi〕心に高い理想を抱いている人. ¶～立足于长远 / 高い志をもつ者は、長期的な観点に立つものだ.
【有种】yǒuzhǒng 形 度胸や気骨がある. ¶你敢说一个"不"字,算你～ / お前が「ノー」と言えたら、大したものだ.
【有助于】yǒuzhùyú 動 …に資するところがある. …に役立つ. ¶～消化 / 消化を助ける.
【有滋有味】yǒu zī yǒu wèi 成 方 味がとてもよい. 非常においしい. ¶ いかにも楽しそうだ.
【有组织犯罪】yǒuzǔzhī fànzuì 组织犯罪.
【有嘴无［没］心】yǒu zuǐ wú [méi] xīn 思ったことを口にするが、悪気はない.
【有罪】yǒuzuì 動 有罪だ.（自分に）誤りがある.

酉 yǒu
酉部 0 四 1060₄
全 7 画 通用
名 ❶ 酉(ǎ). 十二支の十番目. ❷ →酉时 yǒushí ❸（Yǒu）姓.
【酉时】yǒushí 名 酉(ǎ)の刻. 午後 5 時から 7 時まで.

卣 yǒu
卜部 5 四 2160₀
全 7 画
名 古代、酒を入れたつぼ.

羑 yǒu
羊部 3 ⑧ 8080₇
全 9 画 通用
素 地名用字. ¶～里 yǒulǐ（古代の地名. 今の河南省湯陰県の一帯にあたる）参考 殷の紂(ᵗˢʰóu)王が周の文王（西伯）を囚(ᵗó)にした所.

莠 yǒu
⁺⁺部 7 ⑧ 4422₇
全 10 画 通用
名 ❶【植物】"狗尾草 gǒuwěicǎo"（エノコログサ. はぐさ）の古称. ❷ 文 資質の劣る人. ¶～民 yǒumín（不逞もんの民）/ 良～不齐 成 良いもの悪いものが入り交じっている).

铕（銪） yǒu
钅部 6 ⑧ 8472₇
全 11 画 通用
名【化学】ユーロピウム. Eu.

牖 yǒu
片部 11 ⑧ 2302₇
全 15 画 通用
名 文 窓.

黝 yǒu
黑部 5 ⑧ 6432₇
全 17 画 通用
素 黒い. ¶～黑～～ hēiyǒuyōu（黒光りしている).
【黝黑】yǒuhēi 形 黒い. 暗い. ¶晒 shài 得～ / 日にやけてまっ黒だ. ¶一颗流星划破 huápó 了～的天空 / 流れ星が一つ, 真っ暗い空を裂いて流れた. 反 白净 báijìng

又 yòu
又部 0 ⑧ 7740₀
全 2 画 常用
I 副 ❶（同じ動作が繰り返して発生したこと、あるいは同じ状態が再び出現したことを表わし）また. ➪ 再 zài（囲み）
① 動詞, 形容詞の前に置かれる場合. ¶他昨天去过, 今天～去了 / 彼は昨日行ったのに今日もまた行った. ¶你～迟到了？/ また遅刻したね. ¶真倒霉, ～下雨了 / ついてない, また雨だ. ¶经过治疗 zhìliáo, 她的身体～好起来了 / 治療のおかげで彼女の体はまた回復してきた.

> 🖉 "又"は已然の事態に用いられるが、周期的に繰り返される事態には、未然の事態にも"又"を用いる.
> ◇老师~该说你了 / また先生に叱られるよ.

② 動詞の重ね型の間に挟まれる場合. ¶她挑了～挑, 才挑到一件漂亮的衣服 / 彼女はあれこれ選んで, やっと素敵な服を選んだ.
③ 重複する"一＋量"の間に挟まれる場合. ¶～一次～一次地测验 cèyàn / 1 回また 1 回とテストする. ¶一杯～一杯, 不知喝了多少杯 / 1 杯また 1 杯と, 何杯飲んだか分からない.
❷（二つの異なる動作が交互に発生することを表わし）（…しては）また（…する). ¶这几件衣服, 她穿了脱, 脱了～穿, 试来来没完没了 / この何着かの服を, 彼女は着ては脱ぎ, 脱いでは着て, 脱ぐなく試している. ¶他又站起～坐下, 坐下～站起来, 急得没了主意 / 彼は立ったり座ったり, いらいらで考えがまとまらなかった.
❸（いくつかの動作や状態が相継いで発生すること, あるいは同時に存在することを表わし）(…して)その上また(…する). (…で)その上また…である.
①"又"を最後の一項"に用いる場合. ¶星期天我先收拾了房间, ～洗了衣服 / 日曜日私はまず部屋を片付けて, それから洗濯をした. ¶我想去～不想去, 拿不定主意 / 私は行きたくもあり行きたくもないし, 決めかねる. ¶天黑黑, ～下着雨 / 空は暗いし, 雨も降っている.
②"又…又…"の形で. ¶弟弟长得 zhǎngde～高～

壮 / 弟は背も高くなったし体も丈夫になった. ¶这辆汽车质量～好,价钱～便宜 / この車は質も良いし,価格も安い. ¶我现在～饿～渴 / おれ,いま腹ペコでのどカラカラ.
③ "既…又…"の形で. ¶这两个问题既有区别,～有联系 / この2つの問題は別個のものである上に,関連もある.
❹ ムードを表わす. ① "可是,但是,却"などと呼応し,転換・逆説の語気を強める. ¶他心里想去,可是嘴上～不说 / 彼は行きたいのだが,口には出さない. ¶你不同意我们的方案,却～提不出更好的来 / 君は我々のプランに賛成しないが,もっといいプランも出してこない.
②否定詞の前に置いて否定の語気を強める. ¶我～不是老师,怎么会知道? / 先生でもないのに,私にどうして分かるの. ¶我～没去过那儿,给你介绍什么? / そこへは行ったこともないのに,一体君に何を紹介するのか. ¶你别客气,咱们～不是外人 / 遠慮するなよ,俺たち他人じゃあるまいし.
③反語文の中で反語の語気を強める. ¶这样下去,～有谁能帮你呢? / そんなふうだと,一体誰が君を助けられるのか. ¶天气冷～有什么关系? / 寒いことなどかまうもんか. ¶辛苦一点～算得了 deliǎo 什么呢? / 苦労という程のものではない.
❺(整数に端数を加えることを表わし) …と. 加えて. ¶一～二分之一 / 1と2分の1. ¶我在北京住了一年～两个月 / 私は北京に1年と2ヶ月住んだ.
Ⅱ[素]手紙の最後につける「追伸」.
Ⅲ (Yòu)姓.

【又红又专】yòu hóng yòu zhuān [成]優れた共産主義者の思想を備えつつ,かつ専門的な技術や知識を身につけている.

【又及】yòují [動]追記する. [用法]手紙の署名の後に追記するときに書くことば. 名前を添えて"〇〇又及"の形で用いることもある.

【又惊又喜】yòu jīng yòu xǐ [成]驚いたり喜んだりする.

【又是】yòushì [動]また…でもある. ¶他是大学教授,～著名作家 / 彼は大学教授であり,また有名な作家でもある.

右 yòu
口部2 [四] 4060_0 全5画 [常用]

❶ [方]右. ¶～方 yòufāng (右側) / ～手 yòushǒu / ～边 yòubian / 靠～走(右側を歩く). [反]左 zuǒ ❷ [方]西. ¶江～ Jiāngyòu (江西省) / 山～ Shānyòu (山西省. "太行山 Tàihángshān"の西側という意から). ❸ [素]上位. ¶无出其～ ([成]右に出る者がいない). ❹ [動][文]尊ぶ. ¶～文(文治を尊ぶ) / ～武(武功を尊ぶ). ❺ [形](政治思想が)保守的な. ¶～派 yòupài / ～倾 yòuqīng / ～翼 yòuyì. ❻ [素][文] "佑 yòu"に同じ. ❼ (Yòu)姓.

*【右边】yòubian [方](～儿)右側.

【右侧】yòucè [方]右側.

【右面】yòumiàn[-mian] [方](～儿)右側. [同]右边 yòubian

【右派】yòupài [名]政治的な右派(の人). [反]左派 zuǒpài

【右倾】yòuqīng [形](思想が)保守的な. 右寄りの. ¶～保守 bǎoshǒu / 右寄りで保守的である. ¶～分子 fènzǐ / 右寄りの者.

【右倾机会主义】yòuqīng jīhuì zhǔyì [名]右寄りの日和見主義.

【右手】yòushǒu [名]❶〔[量]只 zhī〕右手. ❷右側. 右手. [同]右首 yòushǒu [参考]②は,座席を指すことが多い.

【右首】yòushǒu [名](多く座席の)右側. 右手. [同]右手 shǒu

【右翼】yòuyì [名]❶右翼. 戦争のとき,正面部隊の右側にいる部隊. [反]左翼 zuǒyì ❷右翼. 政治的に保守的な,または共産主義に強く反対する人々. [反]左翼 zuǒyì

幼 yòu
幺部2 [四] 2472_7 全5画 [常用]

[素]❶幼い. 生まれて間もない. ¶～儿 yòu'ér / ～苗 yòumiáo / ～虫 yòuchóng / ～稚 yòuzhì / 年～无知(幼くてまだ物事がわからない). [反]老 lǎo ❷子供. ¶扶老携 xié～ ([成]老人や子供を引き連れる. 一家総出) / 男女老～ (老若男女). [反]老 lǎo

【幼虫】yòuchóng [名]〔[量]条 tiáo,只 zhī〕幼虫.

【幼儿】yòu'ér [名]〔[量]个 ge,群 qún〕幼児.

【幼儿教育】yòu'ér jiàoyù [名]幼児教育. [表現]"幼教"とも言う.

【幼儿园】yòu'éryuán [名]幼稚園.

【幼教】yòujiào →幼儿教育 yòu'ér jiàoyù

【幼林】yòulín [名]若木の林.

【幼苗】yòumiáo [名]〔[量]棵 kē,株 zhū〕苗.

【幼嫩】yòunèn [形]幼い. きゃしゃだ.

【幼年】yòunián [名]幼年. [参考]3−10歳頃までをいう.

【幼女】yòunǚ [名]幼女.

【幼弱】yòuruò [形]幼い.

【幼师】yòushī [名] "幼儿师范 shīfàn" (幼児師範学校)の略称.

【幼时】yòushí [名]幼いころ. 幼時.

【幼体】yòutǐ [名]母体内の小生物. 生まれたばかりの小生物.

【幼童】yòutóng [名]幼児. 子供.

【幼小】yòuxiǎo [形]幼い. ¶花苗 huāmiáo 还很～ / 花の苗は,まだ小さいままだ.

【幼芽】yòuyá [名]〔[量]个 ge,株 zhū〕若芽.

【幼稚】yòuzhì [形]❶幼い. ¶～的儿童 / 幼い子供. ❷幼稚だ. ¶想法很～ / 考え方が幼い. [反]老成 lǎochéng

【幼稚病】yòuzhìbìng [名]幼稚な考えややり方.

【幼稚产业】yòuzhì chǎnyè [名]《経済》幼稚産業.

【幼稚园】yòuzhìyuán [名][旧]幼稚園.

【幼子】yòuzǐ [名]幼い息子. 末の息子.

有 yòu
月部2 [四] 4022_7 全6画 [常用]

[副][文] "又 yòu" Ⅰ❺に同じ.
☞ 有 yǒu

佑 yòu
亻部5 [四] 2426_0 全7画 [次常用]

❶ [素]助ける. ¶～助 yòuzhù (かばい助ける) / 保～ bǎoyòu (加護を与える) / 天～ tiānyòu (天の加護). ❷ (Yòu)姓.

【佑护】yòuhù [動]加護する. [同]保 bǎo 佑,庇 bì 护

侑 yòu
亻部6 [四] 2422_7 全8画 [通用]

[動][文]食事や酒をすすめる. ¶以妥 tuǒ 以～ (もってやすんじ,もってすすめ) / ～食(食事をすすめる) / ～酒(酒をすすめる).

柚 yòu
木部5 [四] 4596_0 全9画 [通用]

[名] "柚子 yòuzi"に同じ.
☞ 柚 yóu

【柚子】yòuzi [名]《植物》ブンタン. ザボン. [同]文旦 wén-

Y

dàn 比較 日本で言う「ユズ」は、中国では"香橙 xiāngchéng","蟹橙 xièchéng"とよばれる.

囿 yòu
口部6 四 6022₇
全9画 通用
❶素 垣で囲って鳥獣を飼った庭園. ¶鹿～ lùyòu (鹿の庭園) / 园～ yuányòu (鳥獣を飼った庭). ❷動 とらわれる. ¶～于见闻 (狭い見聞にしばられる).
【囿于】yòuyú 動 …にとらわれる. ¶～成见 / 先入観にとらわれる. ¶不要～现状 / 現状にとらわれてはならない.

柚子

宥 yòu
宀部6 四 3022₇ 全9画 通用
素 ❶ 許す. ¶原～ yuányòu (了承して許す) / 宽～ kuānyòu (寛大に許す) / ～罪 yòuzuì (罪を許す) / ～免 yòumiǎn (大目に見る). ❷ 補佐する. ¶～弼 yòubì (補佐し助ける).

诱(誘) yòu
讠部7 四 3272₇ 全9画
❶素 教え導く. ¶～导 yòudǎo (循循 xúnxún 善(成) 順序だてて一歩一歩教え導く). ❷動 誘う. ¶引～ yǐnyòu (誘惑する) / 利～ lìyòu (利得で相手を釣る) / 敌深入 yòu dí shēn rù / 拐～ yòuguǎi.
【诱逼】yòubī 動 誘い出しておどす.
【诱变】yòubiàn 動(遗传子に)突然変異を引き起こす. ¶～物质 / 突然変異誘起物質.
【诱捕】yòubǔ 動(虫などを)おびき寄せてつかまえる.
【诱虫灯】yòuchóngdēng 名 誘蛾(が)灯.
【诱导】yòudǎo 動 教え導く. ¶老师的谆谆 zhūnzhūn～ / 先生の分かりやすい指導. ¶(物理)誘導.
【诱敌深入】yòu dí shēn rù 動 敵を深くおびき寄せる.
【诱饵】yòu'ěr 名 おとりの餌.
【诱发】yòufā 動 ❶ 導き出す. ¶～孩子们的联想 liánxiǎng / 子供たちの連想を導き出す. ❷ 病気などを誘発する. ¶天一冷容易～气管炎 qìguǎnyán 和肺炎 fèiyán / 気候が寒くなると気管支炎と肺炎を誘発しやすくなる.
【诱供】yòugòng 動(裁判などで)誘導尋問をする.
【诱拐】yòuguǎi 動 だまして連れ去る. 诱拐(誘)する.
【诱惑】yòuhuò 動 ❶ 誘惑する. 惑わす. ¶金钱的～ / 金の誘惑. ❷ 引诱 yǐnyòu ❷ 引きつける. ¶～力 / 魅力.
【诱奸】yòujiān 動 異性をだまして肉体関係を持つ.
【诱骗】yòupiàn 動 だまして引っかける. たらし込む.
【诱人】yòurén 動 人を引きつける. 魅了する.
【诱杀】yòushā 動 誘い出して殺す. ¶用灭蚊灯 mièwéndēng～蚊子 / 蚊取りランプを使って, 蚊をおびき寄せて退治する.
【诱使】yòushǐ 動 誘惑して…させる.
【诱降】yòuxiáng 動 投降を勧告する. ¶敌人妄想～我们的战士 / 敵は, 我が軍の兵士に投降を勧告しようなどと妄想している.
【诱胁】yòuxié 動 誘惑したり, 脅迫したりする. ¶～她屈从 qūcóng / 彼女に服従を迫る.
【诱因】yòuyīn 名(病気などの)誘因. 原因.

蚴 yòu
虫部5 四 5412₇
全11画 通用
素 サナダムシや住血吸虫の幼虫. ¶尾～ wěiyòu (ジストマ類のケルカリア).

釉 yòu
采部5 四 2596₀
全12画 通用
素 陶磁器のつやを出すうわ薬. ¶～药 yòuyào (うわ薬) / 面砖 yòumiànzhuān.
【釉面砖】yòumiànzhuān 名 タイル.
【釉陶】yòutáo 名 うわ薬をかけた陶器.
【釉质】yòuzhì 名《生理》歯のエナメル質. 同 珐琅质 fǎlángzhì.
【釉子】yòuzi 名 うわ薬.

鼬 yòu
鼠部5 四 7576₀
全18画 通用
名《動物》イタチ. ¶白～ báiyòu (エゾイタチ. ヤマイタチ) / 臭～ chòuyòu (スカンク) / 皮～ yòupí (イタチの毛皮) / 獾 yòuhuān (イタチアナグマ). 同 黄鼬 huángyòu,黄鼠狼 huángshǔláng

yu ㄩ〔y〕

迂 yū
辶部3 四 3130₄
全6画 次常用
❶動 曲がりくねる. 遠回りする. ¶～回前进(曲がりくねって進む) / 一道 yūdào (遠回りをする). ❷形(言動が)陳腐だ. 古くさい. ¶～腐 yūfǔ / ～论 yūlùn (現実的でない議論) / 阔 yūkuò / ～夫子 yūfūzǐ / ～远 yūyuǎn (現実にそぐわない).
【迂夫子】yūfūzǐ 名 時代遅れの読書人.
【迂腐】yūfǔ 形(言動が)陳腐だ. 時代遅れだ. ¶～的思想 / 古い考え.
【迂缓】yūhuǎn 形(動作が)緩慢だ. まわりくどい. ¶脚步～ / 足取りが重い.
【迂回】yūhuí 形 ❶ 曲がりくねっている. ¶～曲折 / 曲がりくねる. 同 曲折 qūzhé ❷ 動 敵の横や背後に回りこんで攻撃する.
【迂阔】yūkuò 形(言動が)現実にそぐわない. ¶～之论 / 空論.
【迂曲】yūqū 形 曲がりくねっている. ¶～难行 nánxíng / くねくね曲がりくねっていて進むのがたいへんだ.
【迂拙】yūzhuō 形 間が抜けている. ¶～的动作 / 間抜けな動作.

纡(紆) yū
纟部3 四 2114₀
全6画 通用
❶動 まがりくねる. ¶～回 yūhuí (迂回する) / ～徐 yūxú (動きが緩慢だ). ❷ 迂 yū ❷ 文 結ぶ. ¶～金佩紫 pèizǐ (身分が高貴だ).

於 Yū
方部4 四 0823₃
全8画 通用
名 姓.
☞ 於 wū,yú.

淤 yū
氵部8 四 3813₃
全11画 次常用
❶動 土砂が堆積する. 土砂でつまる. ¶～塞 yūsè / ～积 yūjī / ～滞 yūzhì / 了好些泥(泥がたくさんたまった). ❷素 堆積した. 積もった. ¶～泥 yūní / ～地 yūdì (泥がたまったところ). ❸素 堆積した土砂. ¶河～ héyū (川の泥) / 沟～ gōuyū (溝にたまった泥).
【淤灌】yūguàn 動 洪水が運んでくる土砂と養分を田畑に

流し,土壌を改良し地力を増進させる.

【淤积】yūjī 動 (水中に泥などが)たまる. ¶河道~,需要疏浚 shūjùn / 川がつまっているので,土砂をさらう必要がある.

【淤泥】yūní 名 ⦿ 堆 duī (河川などに)たまった泥. ¶疏浚 shūjùn~ / 泥をさらう. 浚渫(しゅんせつ)する.

【淤塞】yūsè 動 (水路が)泥でふさがる. ¶流沙~河道 / 砂が堆積して川の流れをせき止めた.

【淤血】yū/xiě 動《医学》鬱血(うっけつ)させる. ☞ 淤血 yūxuè.

【淤血】yūxuè 名《医学》鬱血(うっけつ). ☞ 淤血 yūxiě.

【淤滞】yūzhì 動 ❶ (川や溝などが)泥でつまる. ❷《中医》経絡(けいらく)や血脈がつまって流れなくなる.

于 yú 一部2 四 1040₀ 全3画 常用

I 前 書き言葉に用いて, ❶ ("動+于…"の形で場所・時間・範囲を導き) …に. …で. ¶他出生~一个贫穷的山村 / 彼はとある貧しい山村に生まれた. ¶此种用法亦 yì 见~唐人著作 / この用法は唐代の人の著作の中にも見られる. ¶驰名~全世界 / 世界中で有名だ. ¶他的病情日重,可能不久~人世 / 彼の病状は日増しにあつく,余命幾ばくもないだろう. ¶我毕业~北京大学 / 私は北京大学を卒業した.

❷ ("動+/形+于…"の形で方向・目的・対象を導き) …に. …に対し. …に向かって. ¶小美热心~班务工作 / メイちゃんはクラスの仕事に熱心だ. ¶他忠~职守,勇~创新 / 彼は職務に忠実で,勇気をもって新しい道を切り開く. ¶他致力~文字改革工作 / 彼は文字改革の仕事に打ち込んでいる. ¶这个房间很安静,适合~学习 / この部屋は静かで勉強するのにいい. ¶这个很重,所以不便~搬运 / これは重いので運ぶのに不便だ.

❸ ("動+于"の形で起点,由来を導き) …から. …より. ¶天才来源~勤奋 / 天分というのは勤勉奮闘によるものなのだ. ¶出~热情 / 熱意から出る.

❹ ("形 / 動 / 数量词+于…"の形で比較を表わし) …より. ¶水银比重小~金子 / 水銀の比重は金より小さい. ¶蚂蚁 mǎyǐ 可以搬动五倍~自己体重的食物 / アリは自分の体重の5倍の食べ物を運べる. ¶问题已经接近~解决 / 問題の解決は近い. ¶芭蕉 bājiāo 有别~香蕉 / 芭蕉はバナナとは別のものだ.

❺ ("動+于…"の形で受け身を表わし) …によって…される. ¶上海队一比二负~北京队 / 上海チームは北京チームに1対2で負けた. ¶迫 pò~无奈 wúnài / 不本意だが致し方ない. ¶大楼毁 huǐ~地震 / ビルは地震で壊れた.

❻ (時間・対象・範囲を導き) …に. …にとって. …に対して. ¶飞机~11时20分起飞 / 飛行機は11時20分に離陸する. ¶目前的国际形势~我们十分有利 / 現在の国際情勢は我々にとってたいへん有利である. ¶我~上班之余,也下点象棋 / 私は勤めのかたわら,将棋もたしなむ.

II 素 動詞や形容詞に結びつく. ¶属~ / …に属する. ¶在~ / …にある. ¶等~ / …に等しい. ¶关~ / …に関して. ¶忙~ / …に忙しい. ¶善~ / …にたけている. ¶用~ / …に使う.

III (Yú)姓.

【于今】yújīn 副 ❶ 現在まで. 今まで. ❷ 現在. 今では. ¶~已看不出原来的面貌了 / 今ではもう昔の面影をうかがうことはできなくなった.

【于思[腮]】yúsāi 形 ⦿ ひげが多い. 用法 多く重ね型で用いる. 由来《左伝》宣公二年のことばから.

*【于是】yúshì 接 そこで. ¶听说喝健美茶能减肥 jiǎnféi, ~大家都开始喝 / 美容茶を飲むとダイエットになると聞いて,皆が飲み始めた. ⦿ 于是乎 yúshìhū 用法 前文のことがらを受けて,すぐに後文のことがらが起こる,という意味をあらわす.

【于是乎】yúshìhū 接 そこで. ⦿ 于是 yúshì.

【于事无补】yú shì wú bǔ 成 (物事を行うために)何の役にも立たない.

【于心不忍】yú xīn bù rěn 耐えられない. 忍びない.

与(與) yú 一部2 四 2112₇ 全3画 常用

動 ⦿ 疑問をあらわす. ⦿ 欤 yú.
☞ 与 yǔ, yù.

予 yú 一部3 四 1720₂ 全4画 常用

❶ 代 ⦿ 私. ❷ (Yú)姓.
☞ 予 yǔ.

玙(璵) yú 王部3 四 1112₇ 全7画 通用

名 ⦿ 春秋時代,魯の国に産する宝玉の名. ⦿ 玙璠 yúfán, 璠玙 fányú.

余(餘①~③) yú 人部5 四 8090₄ 全7画 常用

❶ 動 あまる. 残る. ¶~粮 yúliáng / ~钱 yúqián (残ったお金) / ~力 yúlì. 反 缺 quē. ❷ 名 端数. あまり. ¶十~人(十数人) / 三百~斤(300斤あまり). ❸ 素 …以外の時間. その後の時間. ¶业~ yèyú (余暇の) / ~兴 yúxìng. ❹ 代 ⦿ われ. ⦿ 予 yú. ❺ (Yú)姓.

【余波】yúbō 名 余波. ¶纠纷 jiūfēn 的~ / もめごとの余波.

【余存】yúcún 名 余剩. 残高. 残り. ¶清查仓库 cāngkù~ / 倉庫の在庫を精査する.

【余党】yúdǎng 名 ❶ 个 ge,伙 huǒ 残党.

【余地】yúdì 名 余地. ¶没有妥协 tuǒxié 的~ / 妥協の余地はない.

【余毒】yúdú 名 残っている害毒. ¶肃清 sùqīng~ / 残った害毒を一掃する.

【余额】yú'é 名 ❶ 空き. 定数に達していない部分. ❷ 残高.

【余风】yúfēng 名 遺風. ¶~犹 yóu 存 / 遺風がいまなお残っている.

【余晖[辉]】yúhuī 名 たそがれ時の日の光.

【余悸】yújì 名 事のあとに残った恐怖感. ¶心有~ / まだ恐怖感が残っている.

【余角】yújiǎo 名《数学》余角.

【余烬】yújìn 名 ❶ 燃えかす. ¶一场山火过后,昔日 xīrì 的森林,只剩下 shèngxià 一片~ / 山火事が過ぎた後,かつての森林は一面の焼け跡となった. ❷ 戦乱や災害が残した被害のあと. ¶战火的~ / 戦火のつめあと.

【余款】yúkuǎn 名 剩余金. 残金.

【余力】yúlì 名 余力. ¶不遗 yí ~ / 余力を残さない. 全力を尽くす.

【余利】yúlì 名 利潤. 利益.

【余粮】yúliáng 名 余剩食糧.

【余量】yúliàng 名 残量.

【余留】yúliú 動 残される. ⦿ 遗 yí 留.

【余年】yúnián 名 晩年. ¶安度~ / 安らかな晩年を過ごす.

【余孽】yúniè 名 残っている悪人や勢力. ¶封建~ / 封

【余怒】yúnù 名 おさまらない怒り.
【余缺】yúquē 名 余剰と欠乏. ¶调剂 tiáojì〜/過不足を調整する.
【余热】yúrè 名 ❶ 余熱. ❷ 退職者の力.
【余生】yúshēng 名 ❶ 余生. 晩年. ¶安度〜/安らかな余生を送る. ❷（災難にあいながら）生き長らえた命. ¶劫 jié 后〜 成 災難にあっても生き長らえた命.
【余剩】yúshèng 名 余分. 余分.
【余数】yúshù 名〖数学〗（割り算の）あまり.
【余头】yútóu[-tou] 名 口（〜儿）残り. 余り.
【余外】yúwài 接 このほか. それ以外.
【余威】yúwēi 名 残っている威力. 余勢.
【余味】yúwèi 名（心地よい）後味. 余韻. ¶这首诗含蓄 hánxù 不露,〜无穷/この詩は奥深い味わいがあり, 深い余韻を残す.
【余暇】yúxiá 名 余暇. ¶利用〜,学习电脑知识/余暇を利用して,コンピュータを学ぶ.
【余下】yúxià 動 残る. 余る.
【余闲】yúxián 名 暇な時間.
【余弦】yúxián 名〖数学〗（三角関数の）コサイン. 余弦.
【余兴】yúxìng 名 ❶ なごり. ¶〜未尽/なごりが尽きない. ❷ 余興. レクリエーション.
【余音】yúyīn 名（歌や演奏の）余韻.
【余音绕梁】yú yīn rào liáng 成 美しい歌や音楽の余韻がただよっている.
【余勇可贾】yú yǒng kě gǔ 成 まだ力が残っている. これからだ. 由来『左伝』成立のことばから.
【余裕】yúyù 形 ゆとりがある. ¶〜的时间/あまりある時間. 表現 時間や生活などについていうことが多い.
【余韵】yúyùn 名 ⇒余韻. ¶〜尚 shàng 存/余韻がなお残っている.
【余震】yúzhèn 名 余震.

欤（歟）yú 欠部 3 四 2718₂ 全7画
助（文）❶ 疑問をあらわす. ¶在齐〜？（斉語にいるのか）呜呼 wūhū,是谁之咎 jiù〜？（ああ, 誰をとがめられようか）. ❷ 感嘆をあらわす. ¶论者之言,一纪管窥虎 guǎn-kuīhǔ〜!（論者のことばは,何と見識がせまいことか）.

妤 yú 女部 4 四 4742₂ 全7画 通用
→婕妤 jiéyú

盂 yú 皿部 3 四 1010₂ 全8画 通用
名（〜儿）液体を入れる浅い器. ¶痰〜 tányú（たんつぼ）/漱口 shùkǒu〜儿（うがい用のコップ）/洗手〜（フィンガーボール）.
【盂兰盆会】yúlánpén huì 名〖仏教〗盂蘭盆会（うらぼんえ）. 仏教の行事の一つ. 旧暦の7月15日または8月15日に行い,祖先の霊の冥福を祈る. お盆. 精霊会（しょうりょうえ）. ♦サンスクリット ullambana

臾 yú 丿部 7 四 7780₇ 全8画 通用
→须臾 xūyú

鱼（魚）yú 鱼部 0 四 2710₆ 全8画 通用
名 ❶〔条 tiáo,尾 wěi〕さかな. ¶鲤〜 lǐyú（コイ）/四大家〜 sìdàjiāyú（料理によくでる四種類の魚.
"青〜" qīngyú,"草〜" cǎoyú,"鲢〜" liányú,
"鳙〜" yōngyú"を指す）/钓〜 diàoyú（魚を釣る）/捞〜 lāoyú（網で魚をとる）/如〜得 dé 水 成 水を得た魚のようだ）/得 dé〜忘筌 quán（成 魚を得て筌をを忘れる. 成功するとそのよりどころとしていたものを忘れてしまう）. ❷（Yú）姓.
【鱼白】yúbái 名 ❶ 魚の精液. ❷ 方 魚の浮き袋. ⇒鱼鳔 yúbiào ❸ 青みがかった白色. ⇒鱼肚白 yúdùbái
【鱼鳔】yúbiào 名 魚の浮き袋.
【鱼舱】yúcāng 名 漁船の船倉.
【鱼叉】yúchā 名 やす. 魚を突き刺して捕まえる道具.
【鱼池】yúchí 名 養魚池.
【鱼翅】yúchì 名〖料理〗フカヒレ. ⇒翅子 chìzi
【鱼虫】yúchóng 名 ミジンコ. ⇒水蚤 shuǐzǎo
【鱼唇】yúchún 名〖料理〗乾燥させたサメの唇. 参考 コラーゲンが豊富で,"羹 gēng"（あつもの）用の高級食材として珍重される.
【鱼刺】yúcì 名〔根 gēn〕魚の小骨. ¶喉咙 hóulóng 被〜鲠住 gěngzhù 了/のどに魚の骨がひっかかった.
【鱼肚】yúdǔ 名〖料理〗魚の浮き袋.
【鱼肚白】yúdùbái 名 魚の腹部のような色. 青みがかった白. ¶天边现出了〜/地平線が青白く変わった. 表現 明け方の東の空の色を指すときに用いられることが多い.
【鱼饵】yú'ěr 名 釣りのエサ.
【鱼粉】yúfěn 名 フィッシュミール. 魚粉.
【鱼肝油】yúgānyóu 名〖薬〗肝油. 参考 夜盲症やくる病などに用いる.
【鱼竿】yúgān 名〔根 gēn〕釣り竿.
【鱼缸】yúgāng 名 金魚鉢.
【鱼港】yúgǎng 名 漁港. ⇒渔港 yúgǎng
【鱼钩】yúgōu 名〔根 gēn〕釣り針.
【鱼狗】yúgǒu 名〖鳥〗カワセミ.
【鱼鼓】yúgǔ 名 ⇒渔鼓 yúgǔ
【鱼贯】yúguàn 形 1列につながっている. 行列をなしている. ¶回家的人〜而行/帰宅する人は列になって進んでゆく.
【鱼花】yúhuā 名（養殖用の）稚魚. ⇒鱼苗 yúmiáo
【鱼胶】yújiāo 名 ❶ にべにかわ. ❷ 方 魚の浮き袋. 特にニベ科の魚の浮き袋.
【鱼具】yújù 名〔副 fù〕漁具. 魚を捕る道具. ⇒渔具 yújù
【鱼口】yúkǒu 名〖中医〗横根(ٔزً). 横痃(ً). 便毒.
【鱼雷】yúléi 名〖軍事〗〔颗 kē〕魚雷.
【鱼雷艇】yúléitǐng 名《軍事》魚雷艇. ⇒鱼雷快 kuài 艇
【鱼类】yúlèi 名 魚類. ¶〜学/魚類学.
【鱼鳞】yúlín 名〔片 piàn〕うろこ.
【鱼鳞坑】yúlínkēng 名（貯水や植林のため）山の斜面にうろこ状に並べて掘った穴.
【鱼龙】yúlóng 名〖考古〗魚竜. イクチオサウルス.
【鱼龙混杂】yú lóng hùn zá 成 善悪が入り交じっている. ¶真假首饰 shǒushì〜,难以识别/本物と偽物のアクセサリーがごちゃまぜで,なかなか見分けがつかない.
【鱼米之乡】yú mǐ zhī xiāng 名 魚や米が豊富にとれるところ. ¶杭州是有名的〜/杭州は有名な食の里だ. 参考 江南地方を指すことが多い.
【鱼苗】yúmiáo 名〔尾 wěi〕（養殖用の）稚魚. ¶养殖 yǎngzhí〜/稚魚を養殖する.
【鱼目混珠】yú mù hùn zhū 成 偽物を本物と言って偽

る. 由来 魚の目玉を真珠と言って偽る, という意から.
【鱼片】yúpiàn 名(～儿)魚の薄い切り身.
【鱼漂】yúpiāo 名(～儿)(釣り用具の)浮き.
【鱼情】yúqíng 名魚の回遊状況.
【鱼群】yúqún 名魚群.
【鱼肉】yúròu ❶名魚肉. ❷動(文)(人々を)踏みにじる. 虐待する. ¶～百姓／人々を食い物にする.
【鱼水】yúshuǐ 名魚と水. 表現離れることができない親密な関係のたとえとして用いる.
【鱼水情】yúshuǐqíng 名水魚の交わり. 離れることのできない親しいつき合い.
【鱼死网破】yú sǐ wǎng pò 成闘った双方が共に倒れる.
【鱼松】yúsōng 名魚のでんぶ. 魚のそぼろ. 同鱼松肉 yúsōngròu
【鱼塘】yútáng 名養魚池. 同鱼池 yúchí
【鱼网】yúwǎng 名〔働 副 fù,个 ge,张 zhāng〕漁網. 同渔网 yúwǎng
【鱼尾纹】yúwěiwén 名目尻のしわ.
【鱼鲜】yúxiān 名水産食品. シーフード.
【鱼香肉丝】yúxiāng ròusī 名《料理》細切りブタ肉の辛味炒め.
【鱼腥草】yúxīngcǎo 名《植物・薬》ドクダミ. 同蕺菜 jícài
【鱼汛】yúxùn 名漁期. 同渔汛 yúxùn
【鱼雁】yúyàn 名(文)手紙. 由来昔,手紙を魚の腹に入れたり,ガンの足に結んだりして届けたとされることから.
【鱼鹰】yúyīng 名〔鳥〕❶ "鹗 è"(ミサゴ)の通称. ❷ "鸬鹚 lúcí"(ウ)の通称.
【鱼油】yúyóu 名魚油.
【鱼游釜中】yú yóu fǔ zhōng 成破滅の瀬戸際に瀕している. 典拠『後漢書』張綱伝に見えることば.
【鱼圆】yúyuán 名方魚肉だんご.
【鱼跃】yúyuè 動魚が跳ねる. 魚のように跳びはねる. ¶～救球／(バレーボールの)ダイビングレシーブ.
【鱼仔】yúzhězhǒu 名小魚.
【鱼子】yúzǐ 名魚の卵. ¶～酱 jiàng／キャビア.

於 yú
方部 4 全 8 画 四 0823₃ 通用
前 "于 yú" I に同じ.
☞ 於 wū, Yū

禺 yú
囗部 8 全 9 画 四 6022₇ 通用
❶名古書に見える, 目が赤くて長い尾を持った猿のような動物. ❷素地名用字. ¶～山 Yúshān(今の浙江省にある地名)／番～ Pānyú(広東省にある県名).

竽 yú
竹部 3 全 9 画 四 8840₁ 通用
名《音楽》古代の管楽器. 大型の笙(しょう). 同滥 làn ～充数 成枯れ木も山のにぎわい.

俞 yú
人部 7 全 9 画 四 8022₁ 通用
❶感許可をあらわす. ¶～允 yúyǔn. ❷(Yú)姓.
同俞 shù
【俞允】yúyǔn 動(上の者が)許可する.

狳 yú
犭部 7 全 10 画 四 4829₄ 通用
→犰狳 qiúyú

馀(餘) yú
饣部 7 全 10 画 四 2879₄ 通用
❶ "余 yú"①～③に同じ. ❷ (Yú)姓.

谀(諛) yú
讠部 8 全 10 画 四 3778₇ 通用
名(文)こびへつらう. ¶阿～ ēyú(おべっかを使う)／～辞 yúcí.
【谀辞|词】yúcí 名お世辞. おべんちゃら.

娱 yú
女部 7 全 10 画 四 4648₄ 常用
❶素楽しむ. 楽しみ. ¶欢～ huānyú(喜び楽しむ)／～乐 yúlè 设施 shèshī(レクリエーション施設)／文～活动(文化娯楽活動). ❷動楽しませる. ¶～人 yúrén(楽しませる)／～目 yúmù(目を喜ばせる. 目の保養になる)／～亲 yúqīn(父母を喜ばせる)／聊以自～(ちょっと自分で楽しむ).
【娱记】yújì 名"娱乐新闻记者"(芸能・娯楽記者)の略称.
【娱乐】yúlè ❶動楽しむ. ¶我们也来～～／私たちも楽しくやりましょう. ❷名娯楽. ¶积极开展课外～活动／課外のレクリエーション活動を積極的に行う.
【娱乐片】yúlèpiàn 名娯楽映画. テレビの娯楽番組.
【娱乐圈】yúlèquān 名娯楽産業に従事する人々(とその世界).

萸 yú
艹部 8 全 11 画 四 4480₇ 通用
→茱萸 zhūyú

雩 yú
雨部 3 全 11 画 四 1002₇ 通用
名雨ごいの祭り. ¶～祝 yúzhù(雨ごい).

渔(漁) yú
氵部 8 全 11 画 四 3711₆ 常用
❶素魚を捕る. ¶～捞 yúlāo／～业 yúyè／～翁 yúwēng／～父 yúfù(年老いた漁師)／竭 jié 泽 zé 而～(池を干して魚をとる. 将来を考えず根こそぎとる). ❷素(利益を)あさる. ¶～利 yúlì／～人之利. ❸(Yú)姓.
【渔霸】yúbà 名漁師を牛耳る網元.
【渔叉】yúchā 名やす. 魚を突き刺して捕まえる道具. 同鱼 yú 叉
【渔产】yúchǎn 名水産物.
【渔场】yúchǎng 名〔働 个 ge〕漁場.
【渔船】yúchuán 名〔働 条 tiáo,只 zhī〕漁船.
【渔村】yúcūn 名漁村.
【渔夫】yúfū 名〔働 个 ge,名 míng,位 wèi〕漁夫. 漁師.
【渔港】yúgǎng 名〔働 个 ge,座 zuò〕漁港.
【渔歌】yúgē 名〔働 个 ge,首 shǒu,支 zhī〕漁歌.
【渔鼓】yúgǔ 名❶《音楽》竹筒の片端に薄い皮を張り付けた打楽器. 同竹琴 zhúqín, 道筒 dàotǒng, 鱼鼓 yúgǔ ❷《芸能》①と"简板 jiǎnbǎn"(2枚の板からなる打楽器で,拍子を取るのに使われる)を伴奏にし,唱(えい)いを主に語りをまじえた芸能. 同鱼鼓, 道情 dàoqíng 参考②の伴奏を"渔鼓简板"という.
【渔火】yúhuǒ 名いさり火. ¶江边～点点／川辺にはいさり火が点々とともっている.
【渔家】yújiā 名漁業を生業とする家.
【渔具】yújù 名〔働 副 fù,件 jiàn,套 tào〕漁具. 同鱼具 yújù
【渔捞】yúlāo 名動漁労(する). 大規模な魚の捕獲(をする).

yú 隅揄嵎崳逾腴渝愉瑜榆虞愚

【漁利】 yúlì ❶ 機に乗じて利益を得る. ¶从中~ / 間に入って不当な利益を得る. ❷ 名 機に乗じて得た利益. 渔夫的利. 同 渔人之利 yú rén zhī lì

【漁猎】 yúliè ❶ 名 漁労と狩猟. ❷ 動 略奪する. ¶~百姓 bǎixìng / 庶民から略奪する. ❸ 動 貶 むさぼる. ¶~女色 / 色香をむさぼる.

【漁轮】 yúlún 名 [艘 sōu, 条 tiáo, 只 zhī] 漁船.

【漁民】 yúmín 名 [个 ge, 位 wèi] 漁師.

【漁区】 yúqū 名 漁区.

【漁人】 yúrén 名 漁師.

【漁人之利】 yú rén zhī lì 漁夫の利. ⇨鹬蚌相争, 渔人得利 yù bàng xiāng zhēng, yú rén dé lì

【漁网】 yúwǎng 名 漁網. 同 鱼网 yúwǎng

【漁翁】 yúwēng 名 老漁夫.

【漁乡】 yúxiāng 名 漁師町.

【漁汛】 yúxùn 名 漁期. 同 鱼汛 yúxùn

【漁业】 yúyè 名 漁業.

【漁政】 yúzhèng 名 漁業に関する管理行政.

【漁舟】 yúzhōu 名 漁船.

隅 yú
阝部9 四 7622₇
全11画 次常用

素 ❶ すみ. かど. ¶~墙 qiángyú (塀のかど) / 城~ chéngyú (町のかど) / 向~ xiàngyú (のけ者にされる) / 一~之见 (偏った見方). ❷ もののへり. ほとり. ¶海~ hǎiyú (海辺).

揄 yú
扌部9 四 5802₁
全12画 通用

動 文 引き出す. ¶~扬 yúyáng / 揶 yéyú (からかう).

【揄扬】 yúyáng 動 文 ❶ ほめたたえる. ¶极口~ / 口を極めてほめる. ❷ 世の中に示す. ¶~大义 / 大義を世に示す.

嵎 yú
山部9 四 2672₇
全12画 通用

名 文 ❶ 山の曲って険しいところ. ¶负~ fùyú (険しい地勢を頼る). ❷ "隅 yú"に同じ.

崳 yú
山部9 四 2222₁
全12画 通用

素 地名用字. ¶昆~ Kūnyú (山东省東部にある山の名).

逾（異 踰❶） yú
辶部9 四 3830₂
全12画 次常用

素 ❶ 越える. ¶~越 yúyuè / ~期 yúqī / ~限 yúxiàn (期限切れになる) / ~分 yúfèn (過分の). ❷ ますます. さらに. ¶~甚 yúshèn (ますます甚だしい).

【逾常】 yúcháng 形 普通でない. ¶智力 zhìlì ~ / 知能が並はずれている.

【逾期】 yú/qī 動 文 期限をオーバーする. ¶~作废 fèi / 期限切れで無効になる.

【逾越】 yúyuè 動 越える. ¶~常规 / 常識を超える. 同 超越 chāoyuè

腴 yú
月部8 四 7728₇
全12画 通用

素 ❶ （人が）ふとっている. ¶丰~ fēngyú (豊満だ). ❷ 土地が豊かに肥えている. ¶膏~ gāoyú (肥沃だ) / ~沃 yúwò (肥沃だ).

渝 yú
氵部9 四 3812₁
全12画 通用

❶ 動 感情や態度がかわる. ¶~盟 yúméng (誓いに背く) / 始终不~ (終始かわらない) / 坚贞 jiānzhēn 不~

(節操を守る). ❷ (Yú) 重慶市の別称.

愉 yú
忄部9 四 9802₁
全12画 常用

❶ 素 愉快だ. 楽しい. ¶轻松~快 yúkuài (心がはればれと楽しい) / ~悦 yúyuè. ❷ (Yú) 姓.

【愉快】 yúkuài 形 楽しい. 愉快だ. ¶心情十分~ / とても心楽しい. ¶旅途生活过得非常~ / 旅の日々はとても楽しい. 同 快乐 kuàilè

【愉乐】 yúlè 形 楽しい. 愉快だ. 同 欢乐 huānlè

【愉悦】 yúyuè 形 楽しい. うれしい. ¶十分~的心情 / とても楽しい気持ち.

瑜 yú
王部9 四 1812₁
全13画 通用

❶ 素 美しい上質の玉(ぎょく). ¶~玉 yúyù (美玉). ❷ 素 すぐれている所. ¶瑕 xiá 不掩 yǎn ~ (欠点も美点もありのままに隠さない) / 瑕 xiá ~互见 (長所も短所もある). ❸ →瑜伽 yújiā ❹ (Yú) 姓.

【瑜伽】 yújiā 名 外 ヨガ. インドに伝わる修行方法. ◆サンスクリット yoga

榆 yú
木部9 四 4892₁
全13画 常用

名 ❶ "榆树 yúshù"に同じ. ❷ (Yú) 姓.

【榆荚】 yújiá ニレの実. 同 榆钱 yúqián

【榆钱】 yúqián (~儿) ニレの実. 由来 その形が銅銭に似ていることから.

【榆树】 yúshù 名 [植物] [棵 kē] ニレ.

【榆叶梅】 yúyèméi 名 [植物] バラ科の落葉低小高木. 葉はニレの葉に似ており, 春に薄紅色の花が咲く.

虞 yú
虍部7 四 2128₄
全13画 通用

❶ 素 文 予測する. ¶以备不~ (不測の事態に備える). ❷ 素 憂慮する. 心配する. ¶旱涝 hànlào 无~ (日照りや冠水の心配がない) / 无冻馁 dòngněi 之~ (寒さや飢えの心配がない). ❸ 素 文 だます. ¶我无尔 ěr 诈 zhà, 尔无我~ (私はあなたをだまさないから, あなたもだまさない). ❹ 素 舜(しゅん)が建てた伝説上の王朝名. ❺ (Yú) 名 周代の国名. 現在の山西省平陸県の東北部にあった. ❻ (Yú) 姓.

【虞美人】 yúměirén 名 [植物] グビジンソウ. ヒナゲシ. 同 丽春花 lìchūnhuā

愚 yú
心部9 四 6033₂
全13画 常用

❶ 素 愚かだ. ¶~笨 yúbèn / ~蠢 yúchūn / ~昧 yúmèi. 同 笨 bèn 反 智 zhì ❷ 素 自分の謙称. ¶~见 yújiàn / ~兄 yúxiōng ❸ 愚弄する. ¶~弄 yúnòng. ❹ (Yú) 姓.

【愚笨】 yúbèn 形 頭の回転が悪い. 愚かで間が抜けている. ~到了极点 / 愚の骨頂だ.

【愚不可及】 yú bù kě jí 成 非常に愚かだ. 愚の骨頂だ. 由来 『論語』公冶長篇に見えることば.

【愚痴】 yúchī 形 頭の回転が悪い. 愚かだ. 注意 日本語の「愚痴」という意味には用いない.

【愚蠢】 yúchǔn 形 頭が悪い. 愚かだ. ¶~的家伙 jiāhuo / 愚かなやつ. 同 愚笨 yúbèn 反 聪明 cōng-

虞美人

míng ⇨愚昧 yúmèi

【愚钝】yúdùn 形 頭が鈍い．¶天生～／もともと頭の出来が悪い．同 愚笨 yúbèn, 迟钝 chídùn

【愚公】Yúgōng《人名》愚公(ミラヘ)．"愚公移山"の主人公．⇨愚公移山 Yú gōng yí shān

【愚公移山】Yú gōng yí shān 成 愚公, 山を移す. 強い信念を持って行い, 困難を恐れなければ, 事は実現する. 由来『列子』湯問篇に見えることば. 愚公の家の前に2つの巨大な山があり, それを子々孫々まで少しずつ削ろうと彼が主張したところ, 周囲の笑い者にされたが, 天帝がその意気に感じて山を移動させたという故事から. 参考 毛沢東の同名の文章によって現代に広まった.

【愚见】yújiàn 名 謙 愚見．¶略述～, 请大家批评指正／愚見を少し述べさせていただきますので, どうぞご批判, ご指摘をお願いします. 表現 自分の意見をへりくだって言うことば.

【愚陋】yúlòu 形 浅はか．¶～之见／浅はかな考え．
【愚鲁】yúlǔ 形 頭の回転が悪い. 愚かで間が抜けている.
【愚昧】yúmèi 形 知識が足りず後れている. 無知で愚かだ. ¶这是个～落后的山村／ここは無知で後れている山村だ. 比較 1)"愚蠢 yúchǔn"は, 頭が鈍いことに重点があるが, "愚昧"は知識が乏しく知的レベルが立ち後れていることに重点がある. 2)"愚蠢"は, 個人に対して用いることが多いが, "愚昧"は, 個人のほか, 集団や社会にも用いられる.

【愚昧无知】yú mèi wú zhī 成 無知蒙昧(メǔホシ)だ.
【愚氓】yúméng 名 頭の悪い, 愚かな人.
【愚民】yúmín ❶ 名 愚 愚かな人民. ❷ 動 人民を愚かにする.
【愚民政策】yúmín zhèngcè 名 愚民政策. 人民を無知で閉ざされた状況に置く政策.
【愚弄】yúnòng 動 愚弄する．¶～百姓／庶民をばかにする.
【愚人】yúrén 名 無知で愚かな人．¶～节／エイプリルフール.
【愚妄】yúwàng 形 愚かで傲慢(ぶ)だ.
【愚兄】yúxiōng 名 愚 愚兄. 同世代で年下の者に対して用いる, 自己の謙称.
【愚者千虑,必有一得】yú zhě qiān lǜ, bì yǒu yī dé 成 愚か者でも, 一生懸命考えれば得ることがある. 由来『史记』淮阴侯列伝に見えることば.
【愚拙】yúzhuō 形 愚鈍である. のろまだ. ¶动作显得很～／動作がいかにもうのろのろだ. 同 愚笨 yúbèn

觎(覦) yú
见部9 四 8721₁
全13画 通用
→觊觎 jìyú

舆(輿) yú
八部12 四 7780₁
全14画 次常用

❶ 名 文 車で人や荷物をのせる部分. ❷ 名 文 車．¶～马 yúmǎ（車馬）. ❸ 名 かご. こし．¶肩～ jiānyú（人をかつぐかご）／彩～ cǎiyú（新婦が乗るかご）. ❹ 素 多人数の．¶～论 yúlùn／～情 yúqíng. ❺ 素 領域．¶～图 yútú.

【舆论】yúlùn 名 世論．¶～界／マスメディア．¶造～／世論を作り上げる.
【舆情】yúqíng 名 世情. 民情．¶洞察 dòngchá ～民情／民情を深く知る.
【舆图】yútú 名 文 地図. 参考 多くの領土をあらわす地図を言う.

窬(窳踰) yú
穴部9 四 3022₁
全14画 通用

素 文 塀をのりこえる．¶穿～之盗 dào（塀に穴をあけたり, 塀をのりこえる泥棒）.

蝓 yú
虫部9 四 5812₁
全15画 通用
→蛞蝓 kuòyú

与(與) yǔ
一部2 四 2112₇
全3画 常用

❶ 介 …と．¶～虎谋皮 yǔ hǔ móu pí ／～众不同 yǔ zhòng bù tóng ／～世无争 yǔ shì wú zhēng. ❷ 接 …と．¶工业～农业(工業與農業)／老师～学生(先生と学生). ⇨跟 gēn 比較 ❸ 素 与える．¶～人方便(便宜をはかる)／赠～ zèngyǔ（贈与する）／交～ jiāoyǔ（渡す）. ❹ 素 行き来する. 交際する．¶～国 yǔguó（友好国）／相～ xiāngyǔ（交際する）. ❺ 素 助ける．¶～人为善 yǔ rén wéi shàn.
☞ 与 yú, yù

【与此同时】yǔ cǐ tóngshí これと同時に．¶他是教授,～又是系主任／彼は教授であり, また同時に学科主任でもある.
【与此相反】yǔ cǐ xiāngfǎn 句 これとは反対に．¶小明以为我会坑害 kēnghài 她,其实,我正想帮助她／ミンさんは私が彼女を陥れると思っているが, 実際はその逆で, 私は彼女の手助けをしたいと思っているのだ.
【…与否】…yǔfǒu 助 文 …か否か. …であるかどうか．¶今年招生～,现在还没决定／今年学生を募集するかは, 今のところまだ決定していない.
【与共】yǔgòng 動 共にする．¶生死～／生死を共にする.
【与虎谋皮】yǔ hǔ móu pí 成 トラに向かって毛皮が欲しいと持ちかける. 悪人に助けを求める.
【与其】yǔqí 接 …するくらいならむしろ…．¶～事后懊悔 àohuǐ,还不如事前多做准备／あとで後悔するより, 事前に十分準備したほうがいい. 用法 2つの事柄を比較してどちらか一方を取るとき, 捨てられる方につける. よく後ろの"毋宁 wúnìng", "不如 bùrú" と呼応させる.
【与人为善】yǔ rén wéi shàn 成 人がよいことをするのを助ける. 善意で人を手助けする. 由来『孟子』公孙丑上に見えることば.
【与日俱增】yǔ rì jù zēng 成 日増しに増大する．¶思念之情,～／思いは日ごとにつのる.
【与时俱进】yǔ shí jù jìn 成 時代と共に進み, 常に発展を目指す.
【与世长辞】yǔ shì cháng cí 成 人が亡くなる.
【与世无争】yǔ shì wú zhēng 成 人と争わない．¶他是个～的人／彼は人と争わない主義だ.
【与众不同】yǔ zhòng bù tóng 成 人と違う. 独特である．¶～的见解／人とは違う見解.

予 yǔ
一部3 四 1720₂
全4画 常用

素 与える．¶～以／～人口实／给～ jǐyǔ（与える）／授～ shòuyǔ（授与する）.
☞ 予 yú

【予夺】yǔduó 名 文 ❶ 与えることと奪うこと. 与奪．¶生杀～／生殺与奪. ❷ ほめることとけなすこと. 褒貶.
【予人口实】yǔ rén kǒu shí 成 相手に口実を与える．¶这样免得 miǎnde ～／そうすれば批判の口実を与えない／贻 yí 人口实
【予以】yǔyǐ 動 与える．¶～支持／支持する．¶经过检验,～通过／検査をして通す.

屿(嶼) yǔ
山部 3　四 2172₇
全6画　常用
素 小さな島. ¶岛～ dǎoyǔ (大小の島). 参考 もと "xù" と発音した.

伛(傴) yǔ
亻部 4　四 2121₄
全6画　通用
素 ねこ背だ. ¶～偻 yǔlǔ.
【伛偻】yǔlǔ 文[形]腰が曲がっている. ❷[动]腰を折って敬う. お辞儀する.

宇 yǔ
宀部 3　四 3040₁
全6画　常用
❶素 軒. ¶屋～ wūyǔ (家屋) / 庙～ miàoyǔ (寺や社). ❷素 上下四方, すべての空間. ¶～宙 yǔzhòu / ～内 yǔnèi (全世界). ❹素 人の外見, 性格. ¶器～ qìyǔ (風貌) / 神～ shényǔ (表情や風采). ❺(Yǔ)姓.
【宇航】yǔháng [名]宇宙飛行. 同 宇宙航行 yǔzhòu hángxíng
【宇航服】yǔhángfú [名]宇宙服. 同 航天 tiān 服
【宇航员】yǔhángyuán [名]宇宙飛行士. 同 航天 tiān 员
【宇文】Yǔwén (複姓)宇文(ぶん). 参考 北周(557–581)の皇帝の姓.
【宇宙】yǔzhòu [名]❶ 宇宙. ❷ 〈哲学〉万物が存在する総体. 無限の空間や時間. 同 世界 shìjiè
【宇宙尘】yǔzhòuchén 〈天文〉宇宙塵.
【宇宙飞船】yǔzhòu fēichuán 宇宙船.
【宇宙观】yǔzhòuguān [名]〈哲学〉世界観. 同 世界 shìjiè 观
【宇宙火箭】yǔzhòu huǒjiàn [名]宇宙ロケット.
【宇宙空间】yǔzhòu kōngjiān [名]宇宙空間. 同 外层 wàicéng 空间
【宇宙射线】yǔzhòu shèxiàn [名]〈天文〉宇宙線. 同 宇宙线
【宇宙线】yǔzhòuxiàn → 宇宙射线 shèxiàn

羽 yǔ
羽部 6　四 1712₀
全6画　常用
[名] ❶ 鳥の羽. ¶～翼 yǔyì / ～毛 yǔmáo / 吉光 jíguāng 片～. ❷ 残存する貴重な文物. ¶〈音楽〉古代の5音階の一つ. ～五音 wǔyīn ① ❸ (Yǔ)姓.
【羽冠】yǔguān [名](クジャクなどの)頭頂部の長い羽毛.
【羽化】yǔhuà [动]❶〈虫〉羽化する. ¶蚕蛹 cányǒng ～成蚕蛾 cán'é 了 / カイコのさなぎが羽化して蛾になった. ❷[旧]仙人になる. ¶～登仙 dēngxiān / 仙人になって天にのぼる. ❸人が死ぬ. 道教で, 人が死ぬことを婉曲に言うことば.
【羽毛】yǔmáo [名]❶ 〔根 gēn〕鳥の毛. ❷ 人の名誉. ¶爱惜 àixī ～ / 名誉を重んじる.
【羽毛缎】yǔmáoduàn [名]〈紡織〉綿繻子(しゅ). 綿サテン. 同 羽缎 yǔduàn
*【羽毛球】yǔmáoqiú 〈スポーツ〉❶ バドミントン. ¶打～ / バドミントンをする. ❷ 〔个 ge, 只 zhī〕シャトルコック.
【羽毛扇】yǔmáoshàn [名]❶ 羽根の扇子. ❷ アイデアを出したり, 陰謀を画策する人. ¶摇～的 / 黒幕. 参謀役. 由来 諸葛孔明が羽根の扇子を用いていたことから.
【羽毛未丰】yǔ máo wèi fēng [成]未熟だ. ¶你还～呢! / 君はまだまだ青二才だよ. 由来 羽が生えそろっていないの意から.
【羽绒】yǔróng [名](加工したアヒルやガチョウなどの)羽毛.
【羽绒服】yǔróngfú [名]〔件 jiàn, 套 tào〕ダウンジャケット.
【羽扇】yǔshàn [名]羽扇.
【羽坛】yǔtán [名]バドミントン界.
【羽衣】yǔyī [名]❶ 鳥の羽で作った, 道士や仙人の着る衣服. ❷ 軽くて柔らかい衣服.
【羽翼】yǔyì [名]❶ つばさ. ❷ 助けとなる人や物.

雨 yǔ
雨部 0　四 1022₇
全8画　常用
[名] ❶ 〔场 chǎng, 滴 dī, 阵 zhèn〕雨. ¶～伞 yǔsǎn /～衣 yǔyī /阵～ zhènyǔ (にわか雨) /毛毛～ máomaoyǔ (霧雨). ❷ (Yǔ)姓.
☞ 雨 yù
【雨布】yǔbù [名]防水布.
【雨滴】yǔdī [名]雨のしずく. 雨つぶ.
【雨点】yǔdiǎn [名]〔～儿〕〔滴 dī, 个 ge〕雨つぶ.
【雨果】Yǔguǒ (人名)ユーゴー(1802-1885). フランスの詩人・小説家・劇作家. 『レ・ミゼラブル』の作者.
【雨过地皮湿】yǔ guò dì pí shī [慣]仕事をおざなりにする. 通り一遍の仕事.
【雨过天晴】yǔ guò tiān qíng [成]❶ 雨が上がり空が晴れる. 同 雨过天青 qīng ❷ 激動が収まり, 状況が好転する. 同 雨过天青 qīng
【雨后春笋】yǔ hòu chūn sǔn [成]雨後の竹の子. 新しい事物が次々と現れてくる喩え. ¶新生事物如～般地涌现 yǒngxiàn / 新しい事物が, 雨後の竹の子のように現れてくる.
【雨花石】yǔhuāshí [名]南京の雨花台で産出される, 色と模様の美しい卵形の石.
【雨季】yǔjì [名]雨季. 反 旱季 hànjì
【雨脚】yǔjiǎo [名]雨足.
【雨具】yǔjù [名]〔件 jiàn, 套 tào, 种 zhǒng〕雨具.
【雨帘】yǔlián → 雨幕 yǔmù
【雨量】yǔliàng [名]雨量. 降水量.
【雨林】yǔlín [名](熱帯・亜熱帯地方の)雨林. 降雨林.
【雨露】yǔlù [名]❶ 雨と露. ❷ 恩恵. ¶～之恩 ēn / ～恩恵.
【雨帽】yǔmào [名]レインハット.
【雨幕】yǔmù [名]降りしきる雨. 雨のとばり. 同 雨帘 yǔlián
【雨披】yǔpī [名]〔件 jiàn〕雨がっぱ. ポンチョ.
【雨前】yǔqián [名]緑茶の一種. 穀雨の前に摘んだ若芽を加工した高級茶.
【雨情】yǔqíng [名]降雨状況.
【雨区】yǔqū [名]降雨域.
【雨伞】yǔsǎn [名]〔把 bǎ〕雨傘.
【雨势】yǔshì [名]雨の勢い.
【雨水】yǔshuǐ [名]❶ 雨水. 降雨量. ¶今年～充足 / 今年は雨量が多い. ❷ 雨水(えんすい). 参考 二十四節気の一つで, 2月18-20日ごろ. ⇒ 二十四节气 èrshísì jiéqi
【雨水管】yǔshuǐguǎn [名]〈建築〉竖樋(たてどい). 同 水落 luò 管
【雨丝】yǔsī [名]糸のような細かい雨.
【雨天】yǔtiān [名]雨天.
【雨蛙】yǔwā [名]〈動物〉〔只 zhī〕アマガエル.
【雨雾】yǔwù [名]霧雨. ごく細やかな雨.
【雨鞋】yǔxié [名]〔双 shuāng, 只 zhī〕(くるぶしまでの)雨靴. レインシューズ.
【雨靴】yǔxuē [名]ゴム長靴.
*【雨衣】yǔyī [名]〔件 jiàn〕レインコート.

【雨意】yǔyì 名 雨の降りそうな気配. ¶〜正浓 / いまにも雨が降り出しそうな気配だ.

【雨珠】yǔzhū 名 (〜儿) 雨のしずく. 雨つぶ. 同 雨点儿 diǎnr

俣 yǔ

亻部7 四 2628₄
全9画 通用

下記熟語を参照.

【俣俣】yǔyǔ 形文 からだが大きい.

禹 Yǔ

ノ部8 四 2022₇
全9画 通用

名 ❶ 禹(ウ). 夏(カ)王朝の最初の王で,洪水を治めたといわれる. ❷ 姓.

【禹域】Yǔyù 名 中国. 由来 古代の伝説で,禹(ウ)が洪水を治め,9つの州の境界を定めた区域という意味から.

语(語) yǔ

讠部7 四 3176₁
全9画 常用

索 ❶ ことば. ¶〜言 yǔyán / 〜文 yǔwén / 成〜 chéngyǔ (成语) / 汉〜 Hànyǔ (中国语). ❷ ことわざ. ¶〜云 yǔyún (ことわざに曰く). ❸ ことばの代わりをする動作. ¶手〜 shǒuyǔ (手话) / 旗〜 qíyǔ (手旗信号). ❹ 話す. ¶〜气 yǔqì / 低〜 dīyǔ (小声で話す) / 细〜 xìyǔ (ささやく) / 不言不〜 (一言もしゃべらない).

☞ 语 yù

【语病】yǔbìng 名 ことば遣いの誤り. ¶修改〜 / 文中のことばの間違いを直す.

【语词】yǔcí 名 句. 一般語彙(イ).

*【语调】yǔdiào 名《言语》語調. イントネーション.

**【语法】yǔfǎ 名《言语》文法. ❷ 文法学.

【语法学】yǔfǎxué 名 文法学. 文法論.

【语感】yǔgǎn 名 語感. ニュアンス.

【语汇】yǔhuì 名 語彙. ¶〜丰富 / 語彙が豊かだ. ¶〜贫乏 pínfá / 語彙が乏しい.

【语惊四座】yǔ jīng sì zuò 話が周りの人を驚かす.

【语境】yǔjìng 名 ❶ (時間・場所・話し相手など) 話す時の場のようす. ❷《言语》コンテクスト. 文脈.

【语句】yǔjù 名 文. ¶〜不通 / 文としておかしい.

【语料】yǔliào 名《言语研究や辞典編纂などに用いられる》語料资料.

【语料库】yǔliàokù 名《言语》言语资料データベース. コーパス. 同 语库

【语录】yǔlù 名〔簡 本 běn, 条 tiáo〕語録. ¶毛沢东〜 / 毛沢東語録.

*【语气】yǔqì 名 ❶ 話し方. 口振り. ¶听他的〜,这事有点难办 / 彼の口ぶりでは,この件はちょっとむずかしそうだ. ❷《言语》語気. 文末に"的 de", "了 le", "吗", "呢", "吧"などをつけて陈述・疑问・命令・感叹などをあらわす.

【语塞】yǔsè 動 ことばにつまる. 絶句する.

【语素】yǔsù 名《言语》語素. 形態素. 同 词素 císù

【语态】yǔtài 名《言语》態. ボイス. ¶主动〜 / 能動態.

【语委】Yǔwěi 名 "语言文字工作委员会"(語言文字工作委員会)の略称.

【语文】yǔwén 名 ❶ 言語と文字. ¶〜程度 / 読み書きの能力. ❷ 言語と文学. (教科としての) 国语. ¶〜课本 / 国語の教科書.

【语无伦次】yǔ wú lún cì 成 話のまとまりがない. ¶他一紧张,说话就〜 / 彼は緊張すると,言うことが支離滅裂になる.

【语系】yǔxì 名《言语》語系. ¶语族 yǔzú

【语序】yǔxù 名《言语》語順. ¶注意〜 / 語順に注意する. 同 词序 cíxù

【语焉不详】yǔ yān bù xiáng 成 詳しく語らない.

*【语言】yǔyán 名〔簡 种 zhǒng〕ことば. 言語. ¶〜与文字 / ことばと文字. ¶没有共同〜 / 共通の話題がない.

【语言学】yǔyánxué 名 言語学.

【语义】yǔyì 名《言语》語義. 語意.

【语义学】yǔyìxué 名《言语》意味論. セマンティックス.

【语意】yǔyì 名 ことばの意味. ¶〜深长 / 意味深長.

*【语音】yǔyīn 名 ❶ 人間の話し声. ❷ 発音. 音声. ¶〜学 / 音声学.

【语音合成】yǔyīn héchéng 名 (コンピュータによる) 音声合成.

【语音识别】yǔyīn shíbié 名 (コンピュータによる) 音声識別. 音声認識.

【语音信箱】yǔyīn xìnxiāng 名 伝言ダイヤル.

【语种】yǔzhǒng 名 言語の種類.

【语重心长】yǔ zhòng xīn cháng 成要 ことばがていねいであり,心がこもっている. ¶老师的教导真是〜啊! / 先生の教えは実に優しく思いやりにあふれている.

【语族】yǔzú 名《言语》語族. 同 语系 xì

圄 yǔ

口部7 四 6060₁
全10画 通用

→囹圄 língyǔ

圉 yǔ

口部8 四 6040₁
全11画 通用

名 ❶ 馬を飼う所.

【圉人】yǔrén 名 ウマ飼い.

庾 yǔ

广部8 四 0028₇
全11画 通用

名 ❶ 文 屋根のない穀物倉. ❷ (Yǔ) 姓.

瑀 yǔ

王部9 四 1212₇
全13画 通用

名 文 玉(ギョク)に似た石.

瘐 yǔ

疒部8 四 0018₇
全13画 通用

❶ 下記熟語を参照. ❷ (Yǔ) 姓.

【瘐死】yǔsǐ 動文 獄死する.

龉(齬) yǔ

齿部7 四 2176₁
全15画 通用

→龃龉 jǔyǔ

窳 yǔ

穴部10 四 3023₂
全15画 通用

索 粗悪だ. ¶〜劣 yǔliè (粗悪だ) / 〜败 yǔbài (良俗や名誉を損なう) / 良〜 liángyǔ (優劣).

与(與) yù

一部2 四 2112₁
全3画 常用

索 参与する. ¶〜会 yùhuì / 参〜 cānyù (参与する).

☞ 与 yú, yǔ

【与会】yùhuì 動 会議に列席する. ¶〜国 / 会議の参加国. ¶〜的代表不多 / 参会した代表は少数だった.

【与闻】yùwén 動 関知する. 同 预闻 yùwén

玉 yù

王部1 四 1010₃
全5画

❶ 名〔簡 块 kuài〕玉(ギョク). きめが細かく硬質でやや透きとおった石. 装飾品や彫刻の材料になる. ¶〜器 yùqì / 〜石 yùshí / 硬〜 yìngyù (硬玉ユ). ❷ 索 相手の

体や動作に用いて敬意をあらわす. ¶～言 yùyán / ～身 yùshēn（お体）/ ～音 yùyīn. ❸[熟] 純白で美しいこと. ¶～手 yùshǒu（白魚のような手）/ ～洁冰清. ❹（Yù）姓.

【玉帛】yùbó [名] 玉と絹織物. 古代, 国家間の贈答に用いられた.

【玉不琢,不成器】yù bù zhuó,bù chéng qì [成] 玉も磨かざれば器をなさず. 努力を重ねないと, 資質が良くても立派に育たない.

【玉成】yùchéng [動] 成し遂げる. 完成する. ¶切望～此事 / この事が成し遂げられますことを心よりお祈りいたします. [参考] 敬語として用いる.

【玉带】yùdài [名]（古代の高官が用いた）玉で飾った帯.

【玉雕】yùdiāo [名]〔[量] 件 jiàn, 座 zuò〕玉にほどこす彫刻. またその作品.

【玉皇大帝】Yùhuáng Dàdì《宗教》道教で言う上帝. 同玉帝 Yùdì

【玉洁冰清】yùjié ⇒玉洁冰清

【玉洁冰清】yù jié bīng qīng [成] 清らかで気高い. [由来] 玉のように汚れがなく, 氷のように清らかだ, という意から.

【玉兰】yùlán [名]《植物》〔[量] 棵 kē, 株 zhū〕ハクモクレン.

【玉兰片】yùlánpiàn [名]《料理》乾燥させたタケノコ.

【玉立】yùlì [形] ❶姿が美しい. ¶亭亭～（女性や樹木が）すらりとして美しい. ❷（雪山などの峰が）すっくと立っている.

【玉门关】Yùménguān《地名》玉門関. [参考] 前漢代時, 敦煌の西北に設けられた関所.

*【玉米】yùmǐ [名] トウモロコシ. 地方ごとに呼び名が異なる. 同玉蜀黍 yùshǔshǔ, 老玉米, 玉茭 yùjiāo, 玉麦 yùmài, 包谷 bāogǔ, 包米 bāomǐ, 棒子 bàngzi, 珍珠米 zhēnzhūmǐ

【玉米棒子】yùmǐ bàngzi [名][方] トウモロコシの実のついている部分.

【玉米面】yùmǐmiàn [名] トウモロコシの粉.

【玉女】yùnǚ [名] ❶ご令嬢. ❷美女. ❸仙女.

【玉盘】yùpán [名] ❶玉でつくった大皿. ❷[文] 満月.

【玉佩】yùpèi [名]（着物や帯につける）玉の飾り.

【玉器】yùqì [名]〔[量] 件 jiàn, 套 tào〕玉製の器.

【玉人】yùrén [名] ❶玉細工の職人. ❷玉で造った人の像. ❸美しい女性.

【玉容】yùróng [名][文] 美しい容貌. [表現] 多く女性について言う.

【玉色】yùsè [名] 美しい容姿. ¶～佳人 jiārén / 絶世の美人.

【玉色】yùshai [名][方] 翡翠などの玉の色. 薄い青緑色.

【玉石】yùshí [名]〔块 kuài〕玉.

【玉石俱焚】yù shí jù fén [成] 良いものも悪いものもともに潰える. [由来] 宝石と石ころが一緒に燃える, という意から.

【玉蜀黍】yùshǔshǔ [名] トウモロコシ. 同玉米 yùmǐ

【玉树】yùshù [名] ❶《植物》エンジュの別称. 同槐树 huáishù ❷白く雪が降り積もった木. ❸宝玉などで作った木.

【玉碎】yùsuì [動] 節操を貫いていさぎよく死ぬ. ¶宁 nìng 为 wéi～,不为瓦 wǎ 全 quán /[成] 義に殉じようとも, 生き恥をさらすことはしない. 反瓦全 wǎquán

【玉体】yùtǐ [名] ❶[敬] お体. 御身. ❷女性の美しい体.

【玉兔】yùtù [名][文] 月. ¶～东升 shēng / お月さまが東の空にのぼる.

【玉玺】yùxǐ [名] 玉璽. 君主の印章.

【玉言】yùyán [名][文] 皇帝のおことば. [表現] よく"金口"と連用される.

【玉液】yùyè [名][文] 美酒.

【玉音】yùyīn [名] ❶ おことば. お便り. ¶顷读 qǐngdú～,欣慰 xīnwèi 异常 / ただいまお便りを拝読し, うれしさ格別でした.

【玉宇】yùyǔ [名] ❶ 神仙が住むという伝説上の宮殿. ¶琼 qióng 楼～/ ひときわ豪華な宮殿. ❷ 大空. 宇宙.

【玉簪】yùzān [名] ❶〔[量] 支 zhī〕玉製のかんざし. 同玉搔头 yùsāotóu ❷《植物》タマノカンザシ.

【玉照】yùzhào [名] お写真.

驭（馭）yù
马部2 四 7714₀
全5画 [通用]

[熟] 馬を御する. 同御 yù

【驭手】yùshǒu [名] 御者. 同御手 yùshǒu

芋 yù
艹部3 四 4440₁
全6画 [次常用]

[名] ❶ サトイモ. ❷ 広くイモ類を指す. ¶洋～ yángyù（ジャガイモ）/ 山～ shānyù（サツマイモ）/ ～艿 yùnǎi / ～头 yùtou. ❸（Yù）姓.

【芋艿】yùnǎi [名]《植物》サトイモ.

【芋头】yùtou [名]《植物》❶ サトイモ. ❷[方] サツマイモ.

吁（籲）yù
口部3 6104₀
全6画 [次常用]

[熟] 訴えかける. ¶～请 yùqǐng / ～求 yùqiú / 呼～ hūyù（訴えかける）.
☞ 吁 xū

【吁请】yùqǐng [動] …するよう訴える. 請願する.

【吁求】yùqiú [動] 呼びかけて要請する. 懇請する.

聿 yù
聿部0 5000₇
全6画 [次常用]

[助][文] ここに. [用法] 多く文頭に用いる.

谷 yù
谷部0 8060₈
全7画 [常用]

→吐谷浑 Tǔyùhún
☞ 谷 gǔ

饫（飫）yù
饣部4 四 2278₄
全7画 [通用]

[動][文] 満腹になる.

妪（嫗）yù
女部4 四 4141₄
全7画 [通用]

❶[名] 年老いた女性. ¶老～ lǎoyù（老婦人）/ 翁～ wēngyù（おじいさんとおばあさん）. ❷（Yù）姓.

雨 yù
雨部0 四 1022₇
全8画 [常用]

[動][文]（雨や雪が）降る. ¶～雪 yùxuě（雪が降る）.
☞ 雨 yǔ

郁（異鬱❶❷）yù
阝部6 四 4722₇
全8画 [次常用]

❶ 素 草木が生い茂っている. ¶～～葱葱 cōngcōng.
❷ 素 気持ちがふさいでいる. ¶～冈 yùmèn / 忧～ yōuyù（憂いに沈んだ）/ 抑～ yìyù（悶々としている）. ❸ 素 彩りが美しい. ¶～～ yùyù. ❹ かぐわしい. ¶～烈 yùliè（香りが濃厚だ）/ 馥～ fùyù（馥郁たる）. ❺ (Yù)姓.
【郁积】yùjī 動 文 鬱積する. ¶心中～了太多的烦恼 fánnǎo / 心中にあまりにも多くの悩みが鬱積している. 同 郁结 yùjié.
【郁结】yùjié 動 心の中にたまる. ¶忧愁 yōuchóu～在心头 / 憂いが心につのる.
【郁金】yùjīn 名《植物・薬》キョウオウ. ウコン.
【郁金香】yùjīnxiāng 名《植物》チューリップ.
【郁闷】yùmèn 形 気持ちがふさぐ. 心が鬱積(うっせき)している. ¶最近,我心情～ / 近頃,私は気が滅入っている. ¶排解～ / うさ晴らしをする. 反 畅快 chàngkuài.
【郁热】yùrè 形 蒸し暑い. ¶天气～ / 天候が蒸し暑い.
【郁血】yùxuè 動《医学》鬱血(うっけつ)する.
【郁悒】yùyì 形 心配でふさいでいる. 苦悶している. 同 忧闷 yōumèn.
【郁郁】yùyù 形 文 ❶文才が現れている. ¶文采～ / 文才があふれている. ❷よい香りが濃厚だ. ¶桂花散发着～的香味 / モクセイの花が馥郁(ふくいく)たる香りをただよわせている. ❸ 草木が茂っている. ❹ 気持ちがふさいでいる.
【郁郁不乐】yùyù bù lè 成 気分が滅入っている.
【郁郁葱葱】yùyùcōngcōng 形 草木が青々と茂っている. 同 郁郁苍苍 cāngcāng.
【郁郁寡欢】yù yù guǎ huān 成 鬱々(うつうつ)として気分が晴れない.

育 yù 月部 4 四 0022₇ 全8画 常用

素 ❶ 子供を産む. 生～ shēngyù（子供を産む）/ 节～ jiéyù（産児制限をする）. ❷ 育てる. ¶～婴 yùyīng（赤ん坊を育てる）/ ～林 yùlín / 保～ bǎoyù（保育する）. ❸ 教育する. ¶德～ déyù（德育）/ 智～ zhìyù（知育）.
【育才】yùcái 動 人材を育てる.
【育雏】yùchú 動 ひなを育てる.
【育儿袋】yù'érdài 名《動物》(有袋類の)育児囊(のう).
【育肥】yùféi 動 家畜を太らせる. 同 肥育 féiyù.
【育林】yùlín 動 造林する. 植樹する.
【育龄】yùlíng 名 出産可能年齢. ¶～妇女 / 出産適齢の女性.
【育苗】yù//miáo 動《農業》苗を育てる. ¶温室～ / 苗の温室栽培.
【育人】yùrén 動 人材を育てる.
【育秧】yù//yāng 動《農業》イネの苗を栽培する. ¶稻田 dàotián～ / イネの苗の栽培.
【育婴堂】yùyīngtáng 名 旧〔量 所 suǒ〕孤児院.
【育种】yù//zhǒng 動《農業》品種を改良する. ¶杂交～ / 異種交配する.

昱 yù 日部 5 四 6010₈ 全9画 通用

文 ❶ 素 日光. ❷ 形 明るい. ❸ 動 照り輝く.

狱（獄） yù 犭部 6 四 4328₄ 全9画 常用

素 ❶ 牢獄. ¶～吏 yùlì / 牢～ láoyù（監獄）/ 入～ rùyù（牢に入る）. ❷（訴訟や犯罪の)事件. ¶冤～ yuānyù（冤罪事件）/ 文字～ wénzìyù（言論弾圧,筆禍事件）.
【狱警】yùjǐng 名 刑務官.
【狱吏】yùlì 名 旧 監獄の下級役人. 獄吏.
【狱卒】yùzú 名 旧 看守.

语（語） yù 讠部 7 四 3176₁ 全9画 常用

動 文 告げる. ¶不以～人（人には告げない）.
→语 yù

彧 yù 口部 7 四 5310₀ 全10画 通用

形 文 ❶ ものの彩りが美しい. 同 郁 yù ❷ 茂っているようす.

峪 yù 山部 7 四 2876₈ 全10画 通用

名 谷. 多く地名に用いる. ¶嘉～关 jiāyùguān（嘉峪関かん. 甘粛省にある, 万里の長城の最西端の関).

钰（鈺） yù 钅部 5 四 8171₃ 全10画 通用

名 宝物.

浴 yù 氵部 7 四 3816₈ 全10画 常用

❶ 素 水などを浴びて体を洗う. ¶～池 yùchí / ～室 yùshì / 淋～ línyù（シャワー). ❷ (Yù)姓.
【浴场】yùchǎng 名 露天の遊泳場. ¶海滨～ / 海水浴場.
【浴池】yùchí 名 ❶ 湯ぶね. 浴槽. ❷ 銭湯. ふろ屋.
【浴缸】yùgāng 名 バスタブ.
【浴巾】yùjīn 名〔量 块 kuài,条 tiáo〕バスタオル.
【浴具】yùjù 名 入浴具. バス用品.
【浴盆】yùpén 名〔量 个 ge〕風呂桶.
【浴室】yùshì 名〔量 间 jiān〕❶ 浴室. バスルーム. ❷ 銭湯. ふろ屋.
【浴血】yùxuè 動 血を浴びる. 血みどろになる. 表現 戦闘が激しいようす.
【浴血奋战】yù xuè fèn zhàn 成 血みどろになって闘う.
【浴液】yùyè 名 液体せっけん.
【浴衣】yùyī 名〔量 件 jiàn〕バスローブ.
【浴皂】yùzào 名 浴用石けん.

预（預） yù 页部 4 四 1128₂ 全10画 常用

❶ 副 文 あらかじめ. ¶～备 yùbèi / ～见 yùjiàn / ～报 yùbào. ❷ 素 かかわる. ¶参～ cānyù（関与する）/ 干～ gānyù（口出しする）. ❸ (Yù)姓.
【预案】yù'àn 名 事前の方案.
【预报】yùbào 名 動 予報(する). ¶天气～ / 天気予報.
*【预备】yùbèi 動 ❶ 用意する. 準備する. ¶～期 / 準備期間. ¶各就各位,～,跑！ / 位置について,用意,スタート！ ❷ 計画する. ¶寒假 Hánjià 你～到哪儿去玩儿？ / 冬休みにあなたはどこへ遊びに行く予定ですか. 同 准备 zhǔnbèi.
【预备役】yùbèiyì 名《軍事》予備役.
【预卜】yùbǔ 動 予測する. 見込む. ¶胜负难～ / 勝敗は予想がむずかしい.
【预测】yùcè 動 予測する. ¶～市场需求 xūqiú / マーケットの需要を予測する.
【预产期】yùchǎnqī 名 出産予定日.
【预处理】yùchǔlǐ 名 前処理.
【预订】yùdìng 動 予約する. ¶～报纸 / 新聞購読の手

続きをする．¶我～了去东京的飞机票／私は東京行きの航空券を予約した．
【预定】yùdìng 動 予定する．あらかじめ取り決める．¶～计划／計画を立てる．¶～在明年完成／来年の完成を予定している．
【预断】yùduàn 動 予測する．見込む．¶这种产品的市场前景 qiánjǐng,厂家目前还无法～／この手の商品市場の将来性は,メーカーも今のところ予測できない．
【预防】yùfáng 動 予防する．
【预付】yùfù 動 前納する．前払いする．¶～三个月的房租／部屋代を3ヶ月分前納する．
【预感】yùgǎn 動 〔個 个 ge,种 zhǒng〕予感(がする)．¶大家都～到将要下一场大雨／みんなはどしゃ降りになりそうな気配を感じた．¶不祥 bùxiáng 的～／不吉な予感．
【预告】yùgào 名動 予告(する)．¶新书～／新刊予告．¶～节目／番組の予告をする．
【预购】yùgòu 動 前もって買う．予約する．¶你已～了返程 fǎnchéng 的机票吗？／帰りの航空券をもう買いましたか．
【预后】yùhòu 名《医学》予後．¶～情况／病後のよう．
【预计】yùjì 動 …する見込みだ．¶～三天之内就可以完工／三日以内に工事が終る見込みだ．
【预见】yùjiàn 名動 予見(する)．
【预警】yùjǐng 動 事前に警戒警報を発する．
【预警机】yùjǐngjī 名《軍事》早期警戒機．
【预科】yùkē 名《大学などの》予科．
【预料】yùliào 名動 予測(する)．¶这种情况我事先没有～到／このような状況を,私は事前に予測できなかった．¶这是～之中的事／これは予測していた事だ．同 意料 yìliào
【预谋】yùmóu ❶ 動《悪事を》たくらむ．¶他们事先早就～好了／彼らは事前に手をととのえていた．¶有所～／ある程度計画的だった． ❷ 名 たくらみ．謀議．¶早有～／早々と計画していた．
【预期】yùqī 動 予期する．¶～的目的／所期の目的．
【预热】yùrè 名《機械》予熱する．
【预赛】yùsài 名《スポーツ》予選を行う．
【预审】yùshěn 名 ❶《法律》予審．❷ 刑事事件の捜査段階で行う,被疑者に対する尋問．
【预示】yùshì 動 前もって示す．
【预收】yùshōu 動《金銭を》あらかじめ受け取る．¶～定金／予約金や手付け金を受け取る．
【预售】yùshòu 動 前売りする．¶～票处／プレーガイド．
【预算】yùsuàn ❶ 名〔個 笔 bǐ〕予算．¶～草案／予算案． ❷ 動 予測する．
【预闻】yùwén 動 関知する．同 与闻 yùwén
**【预习】yùxí 動 予習する．¶～课文／教科書の本文を予習する．
【预先】yùxiān 副 あらかじめ．事前に．¶～通知／事前に知らせる．¶我～准备一下／私が先に準備しておきます．反 事后 shìhòu
【预想】yùxiǎng 動 予想する．¶我～不出事情的结局 jiéjú／私には,事の結末の予想がつかない．同 料想 liàoxiǎng,意想 yìxiǎng
【预行】yùxíng 動 予行する．事前に行う．
【预选】yùxuǎn 名 予備選挙．
【预言】yùyán 名動 予言(する)．¶～结局 jiéjú／結末を予言する．

【预言家】yùyánjiā 名 予言者．
【预演】yùyǎn 動 リハーサルをする．
【预应力】yùyìnglì 名《物理・建築》圧縮応力．プレストレス．¶～混凝土 hùnníngtǔ／プレストレストコンクリート．
【预约】yùyuē 動 予約する．約束する．¶～挂号／申し込みの予約をする．¶我们在～的地点碰头／私たちは約束の場所で落ち合おう．同 预定 yùdìng
【预展】yùzhǎn 名《展覧会の開幕前の》プレビュー．
【预兆】yùzhào ❶ 名〔個 个 ge,种 zhǒng〕予兆．前ぶれ．¶不祥 bùxiáng 的～／いやな兆し．同 前兆 qiánzhào,先兆 xiānzhào ❷ 動 予兆を示す．兆しをみせる．
【预支】yùzhī 動 ❶ 前払いする．前納する．❷ 前もって受領する．¶～一个月的工资／一ヶ月分の給料を先払いでもらう．
【预知】yùzhī 動 予知する．
【预制】yùzhì 動 あらかじめ規格化して製造する．
【预制构件】yùzhì gòujiàn 名《～儿》《建築》プレハブ用資材．
【预祝】yùzhù 動 《となるよう》祈る．¶～成功／成功をように．¶～你旅行愉快！／よい旅を！

域 yù
土部 8 四 4315₀
全11画 常用

境 境界内の地や範囲．¶～外 yùwài (域外．国外)／区～ qūyù (地区．区域)／领～ lǐngyù (領域)／音～ yīnyù (音域)．

【域名】yùmíng 名《コンピュータ》ドメイン名．

堉 yù
土部 8 四 4012₇
全11画 通用

境义 肥沃(ふ)な土地．

欲(異慾❶) yù
谷部 4 四 8768₂
全11画 常用

境 ❶ 欲望．¶～望 yùwàng／食～ shíyù (食欲)／求知～ qiúzhīyù (知識欲)． ❷ …したいと思う．¶～盖弥 mí 彰 zhāng／畅所～言(成 言いたいことを存分に述べる)／从心所～(成 したいようにする)． ❸ 必要だ．¶胆～大而心～细(大胆かつ細心でなくてはならない)． ❹ 動詞の前に置き,動作が始まろうとしていることをあらわす．¶～しようとする．¶摇摇～坠 zhuì (成 ゆらゆらして今にも落ちそうである)．

【欲罢不能】yù bà bù néng 成 やめようにもやめられない．¶吸烟上了瘾 yǐn,则～／タバコが癖になると,なかなかやめられない．由来『論語』子罕(ぶん)篇に見えることば．
【欲盖弥彰】yù gài mí zhāng 成 隠そうとすればするほど明らかになる．
【欲壑难填】yù hè nán tián 成 欲望が果てしない．
【欲火】yùhuǒ 名 激しい欲望．表現 多く性欲を指す．
【欲加之罪,何患无辞】yù jiā zhī zuì,hé huàn wú cí 成 人に罪を着せようと思えば,理由はいくらでも見つかる．
【欲念】yùniàn 名 欲望．欲求．¶求知的～／知的欲望．
【欲擒故纵】yù qín gù zòng 成 捕らえるために,いったん手を緩めて相手を油断させる．¶采用～的方法／自由に泳がせて,後で一気に捕らえる方法をとる．
【欲求】yùqiú 名 欲求．欲望．
【欲速则不达】yù sù zé bù dá 成 速く片付けようとするとかえって終わらない．急がばまわれ．
【欲望】yùwàng 名 欲望．¶满足～／欲望を満たす．
【欲言又止】yù yán yòu zhǐ 成 言いかけてやめる．

阈 谕 尉 遇 喻 御 鹆 寓 裕 蓣 愈　yù　1377

阈（閾）yù　门部8　四 3715₃　全11画　通用

名 文 ❶ 敷居. ❷ 限界. ¶ 视～ shìyù（視覚閾值）/ 听～ tīngyù（可聴閾界）.

谕（諭）yù　讠部9　四 3872₁　全11画　通用

❶ 素 知らせる. 言いつける. ¶ ～旨 yùzhǐ / 手～ shǒuyù（目上の人が自ら書いた指示）/ 上～ shàngyù（詔書）. ❷ 素 "喻 yù"に同じ. ❸ (Yù)姓.
【谕令】yùlìng 動 文 命令する. 回 命令 mìnglìng
【谕旨】yùzhǐ 名〔回 道 dào〕皇帝の命令. 勅命.

尉 yù　寸部8　四 7420₀　全11画　次常用

❶ →尉迟 Yùchí ❷ 素 地名用字. ¶ ～犁 Yùlí（新疆ウイグル自治区にある地名）.
☞ 尉 wèi
【尉迟】Yùchí《複姓》尉遅（うち）.

遇 yù　辶部9　四 3630₂　全12画　常用

❶ 動 出会う. 出くわす. ¶ ～见 yùjiàn / ～险 yùxiǎn / 遭～ zāoyù（遭遇する）/ 不期而～ 成 期せずして会う）. ❷ 素 機会. ¶ 巧～ qiǎoyù（奇遇）/ 机～ jīyù（チャンス）. ❸ 素 扱う. ¶ 待～ dàiyù（応対する）/ 优～ yōuyù（優遇する）. ❹ (Yù)姓.
【遇刺】yùcì 動 暗殺される.
*【遇到】yù//dào 動 偶然会う. 出くわす. ¶ 昨天在车站～了小明 / 昨日駅でミンさんに出会った. ¶ ～意外的问题 / 予想外の問題にぶつかった.
【遇害】yù//hài 動 殺害される. ¶ 不幸～ / 不幸にも殺害された. ¶ ～者 / 被害者.
【遇合】yùhé 動 ❶ 出会って意気投合する. ❷ ばったり会う. 回 相遇 xiāngyù, 碰到 pèngdào
*【遇见】yù//jiàn 動 ばったり会う. ¶ 偶然 ǒurán～了小美 / 偶然メイちゃんに出会った. 回 碰到 pèngdào
【遇救】yù//jiù 動 救助される.
【遇难】yù//nàn 動 ❶ 災難や事故で死亡する. ¶ 在地震 dìzhèn 中～ / 地震で死亡した. ❷ 危険な目に遭う. ¶ ～成祥 xiáng / 災い転じて福となる.
【遇事】yùshì 動 問題に突き当たる. ¶ ～生风 / 何かにつけて問題を起こす.
【遇险】yù//xiǎn 動 遭難する. ¶ ～信号 / 遭難信号. SOS. 反 脱险 tuōxiǎn
【遇缘】yùyuán 形 タイミングがよい. うまい具合だ. 回 碰巧 pèngqiǎo

喻 yù　口部9　四 6802₁　全12画　次常用

❶ 素 たとえ. ¶ 比～ bǐyù（比喩）. ❷ 素 わかる. ¶ 不言而～（成 言わずともわかる）/ 家～户晓（どの家でも知っている）. ❸ 素 わからせる. 説明する. ¶ 晓～ xiǎoyù（訓示する）/ 不可理～（成 理で諭しても説得できない）. ❹ (Yù)姓.

御（禦③）yù　彳部9　四 2722₀　全12画　常用

素 ❶ 馬や車を走らせる. ¶ ～车 yùchē（車を御す）/ ～者 yùzhě（御者）/ 驾～ jiàyù（御する）. ❷ 皇帝に関する事柄. ¶ ～赐 yùcì（皇帝から賜ったもの）/ ～用 yùyòng. ❸ ～寒 yùhán / ～敌 yùdí（敵を防ぐ）/ 防～ fángyù（防御する）.
【御宝】yùbǎo 名 皇帝の印章. 玉璽（ぎょくじ）. 回 御玺 xǐ
【御笔】yùbǐ 名 皇帝直筆の書画.
【御道】yùdào 名 皇帝の馬車が通る道路.
【御寒】yùhán 動 寒さを防ぐ.
【御花园】yùhuāyuán 名 宮廷内の花園.
【御驾】yùjià 名 皇帝の馬車.
【御林军】yùlínjūn 名 近衛軍. 禁衛軍. 回 禁军 jìnjūn
【御手】yùshǒu 名 御者. 馭手 yùshǒu
【御侮】yùwǔ 動 外国の侵害に抵抗する.
【御医】yùyī 名 皇帝の侍医.
【御用】yùyòng 動 ❶ 皇帝専用の. ❷ 権力者の手足として働く. ¶ ～文人 / 御用文学者. ¶ 不能成为～工具 / お上の道具になってはならない.
【御苑】yùyuàn 名 御苑.
【御制】yùzhì 名 皇帝の作った詩文や楽曲.

鹆（鵒）yù　鸟部5　四 8762₇　全12画　通用

→鸲鹆 qúyù

寓（異 㝢）yù　宀部9　四 3022₇　全12画　次常用

❶ 素 住む. ¶ ～局 yùjú / ～所 yùsuǒ / 寄～ jìyù（寄寓きぐうする）. ❷ 素 住むところ. ¶ 公～ gōngyù（アパート）/ 客～ kèyù（仮住まい）/ 张～ Zhāngyù（張氏宅）. ❸ 素 意味を託す. ¶ ～意 yùyì / ～言 yùyán. ❹ (Yù)姓.
【寓公】yùgōng 名 ❶ 旧（領地を失って）異郷で暮らす貴族. ❷（現在）国外へ亡命した官僚や資産家.
【寓居】yùjū 動 住む. 仮に住まいする. ¶ 晚年～上海 / 晩年上海で暮らした. ¶ 异国他乡 / 異国の地に身を寄せる. 回 居住 jūzhù 表現 よその土地に住むという意味で用いられることが多い.
【寓目】yùmù 動 目を通す. 回 过目 guòmù
【寓所】yùsuǒ 名 住まい.
【寓言】yùyán 名〔回 个 ge,篇 piān,则 zé〕❶ 教訓が込められたことば. 寓言. ❷ 教訓が託された物語. 寓話. ¶ 伊索 Yīsuǒ～ / イソップ物語.
【寓意】yùyì 名 寓意. ¶ ～深长 / 込められた意味が深い.
【寓于】yùyú 動 文 …に含まれている. ¶ 共性～个性之中 / 普遍性は個性のなかに存在する.

裕 yù　衤部7　四 3826₈　全12画　常用

❶ 素 満ち足りてゆとりがある. ¶ 富～ fùyù（豊かな）/ 宽～ kuānyù（ゆとりがある）/ 充～ chōngyù（余裕がある）. ❷ (Yù)姓.
【裕固族】Yùgùzú 名《民族》ユーグ族. 中国少数民族の一つ. 甘粛省に居住.
【裕如】yùrú 形 文 ❶ 余裕がある. 落ち着いている. ¶ 应付～ yìngfù / 応対にゆとりがある. ❷ 豊かだ. 満ち足りている. ¶ 生活～ / 生活がゆとり足りている.

蓣（蕷）yù　艹部10　四 4428₂　全13画　通用

→薯蓣 shǔyù

愈（異 癒③、瘉③）yù　心部9　全13画　四 8033₂　常用

❶ 回（"愈…愈…"の形で）…すればするほど. ¶ ～来～好（ますますよくなる）. ❷ 形 優れている. ¶ 彼 bǐ～于此（あれはこれに勝る）. ❸ 動 病気が治る. ¶ 痊～ quányù（全快する）/ 病～ bìngyù（病気が治る）. ❹ (Yù)姓.

【用法】①は、"越 yuè"よりも文語的.
【愈合】yùhé 動 (傷口が)ふさがる.
【愈加】yùjiā 副 さらに. ますます. いっそう. ¶雪后的富士山,显得～美丽 / 雪が降った後の富士山は,よりいっそう美しい. 同 越发 yuèfā
【愈演愈烈】yù yǎn yù liè 成 (状況などが)ますます深刻になる. ますますひどくなる. ¶战事～ / 戦況は激しさを増す一方だ.
【愈益】yùyì 副 ますます. ¶～复杂 / ますます複雑だ.
【愈…愈…】yù…yù… 文 …するに従って…だ. …すればするほど…だ. ¶他～说～高兴 / 彼は話せば話すほどうれしそうだ. 同 越…越… yuè…yuè…

煜 yù 火部9 四 9681₈ 全13画 通用
動 文 輝く.

潏 (潏) yù 氵部10 四 3118₂ 全13画 通用
→澹潏堆 Yànyùduī

誉 (譽) yù 言部6 四 9060₁ 全13画 常用
❶ 素 名誉. 名声. ¶荣～ róngyù (栄誉) / ～满中外 名声が国内外に満ちている). ❷ 素 ほめたたえる. ¶称～ chēngyù (称賛する) / ～不绝口 (しきりに称賛する). ❸ (Yù) 姓.
【誉满全球】yù mǎn quánqiú 句 世界的に有名だ.

蔚 Yù ⺿部11 四 4424₀ 全14画 次常用
❶ 素 地名用字. ¶～县 Yùxiàn (河北省にある県の名). ❷ 姓.
☞ 蔚 wèi

蜮 (異 魊) yù 虫部8 四 5315₀ 全14画 通用
素 水中にいて,砂を吐きかけて人間に害を与えるという伝説上の怪物. ¶鬼～ guǐyù (怪物. 幽霊).

毓 yù 毋部9 四 8071₂ 全14画 通用
❶ 動 文 生む. 育てる. ¶钟灵～秀 成 恵まれた環境がすぐれた人物を生む). 同 育 yù ❷ (Yù) 姓.

潏 yù 氵部12 四 3712₇ 全15画 通用
動 文 水が湧き出る.

熨 yù 火部11 四 7480₉ 全15画 通用
下記熟語を参照.
☞ 熨 yùn
【熨帖[貼]】yùtiē 形 ❶ (字やことばの使い方が)適している. ❷ (心が)落ち着いている. 気持ちが静まる. ¶事办得 de 顺利,心里十分～ / 事がうまく運んで,とても気持ちが良い. ❸ 方 物事がはかどっている. うまくいっている.

豫 yù 豕部13 四 1723₂ 全15画 次常用
❶ 形 文 うれしい. 楽しい. ¶不～之色 (不快の色). ❷ 形 文 のんびりしている. ¶逸～ yìyù 亡 wáng 身 (遊び暮で身を滅ぼす). ❸ 副 文 あらかじめ. 事前に. ¶预 yù ❹ (Yù) 名 河南省の別称. ¶～剧 yùjù. ❺ (Yù) 姓.
【豫剧】yùjù 名 〈芸能〉豫(ạ)劇. 河南地方に伝わる伝統的演劇の一つ. 同 河南梆子 hénán bāngzi
【豫园】Yùyuán 名 豫園(ぇん). 上海にある庭園の名. 参考 明代の役人・藩允端(はんたん)が父親のために築いた庭園. "豫悦 yuè 老亲"(年老いた親を楽しませる)が名の由来.

燠 yù 火部12 四 9788₄ 全16画 通用
形 文 暖かい. 暑い. ¶～热 yùrè / 寒～失行(寒かったり暑かったり,天候が不順だ).
【燠热】yùrè 形 文 蒸し暑い.

燏 yù 火部12 四 9782₇ 全16画 通用
名 文 火の光. 参考 人名に多く用いられる.

鹬 (鷸) yù 鸟部12 四 1722₇ 全17画 通用
名 〈鳥〉〔量 只 zhī〕シギ. ¶～蚌 bàng 相争,渔人得利.
【鹬蚌相争,渔人得利】yù bàng xiāng zhēng, yú rén dé lì 成 二者が争っている間に,第三者が利益を横取りすること. 漁夫の利. 由来 『戦国策』燕策に見えることば.
【鹬鸵】yùtuó 名 〈鳥〉キウイ. 同 无翼鸟 wúyìniǎo

鬻 yù 鬲部12 四 1722₇ 全22画 通用
動 文 売る. ¶～歌 yùgē (歌をうたって生活する) / ～画 yùhuà (絵を描いて生活する) / 文为生 (売文生活をする).

yuan ㄩㄢ〔yɛn〕

鸢 (鳶) yuān 弋部5 四 4312₇ 全8画 通用
名 〈鳥〉トビ. ¶～飞鱼跃 yuè (動物が自然のままに楽しく生きているようす). 同 老鹰 lǎoyīng
【鸢尾】yuānwěi 名 〈植物〉イチハツ. 同 蓝蝴蝶 lánhúdié

眢 yuān 目部5 四 2760₁
形 文 ❶ 目がつぶれて落ちくぼんでいる. ❷ 枯れている. ¶～井 yuānjǐng (枯れ井戸).

鸳 (鴛) yuān 鸟部5 四 2712₇ 全10画 次常用
下記熟語を参照.
【鸳鸯】yuānyāng [-yang] 名 〈鳥〉〔量 对 duì, 个 ge, 只 zhī〕オシドリ (鴛鴦). ¶那对夫妇恩恩爱爱 ēn'ēn-ài'ài, 犹如 yóurú～ / あの夫婦は仲むつまじく,まるでオシドリのようだ.

冤 (異 寃) yuān 冖部8 四 3741₃ 全10画 常用
❶ 名 無実の罪. 不当な扱い. ¶～情 yuānqíng / 鸣～ míngyuān (無実を訴える) / 伸～ shēnyuān (冤罪ぉを晴らす) / ～家 yuānjiā (仇敵) / ～孽 yuānniè / 结～ jiéyuān (恨みをもつ). ❸ 形 だまされる. ばかを見る. ¶花～钱 (むだ金を使う) / 白跑了一趟 tàng, 真～ (むだ足をふんでしまって,まったくばかを見たよ). ❹ 動 方 だます. ¶不许～人 (人をだましてはならない).
【冤案】yuān'àn 名〔個 个 ge, 件 jiàn, 起 qǐ〕冤罪(ざい)事件. ¶平反 / 冤罪事件を覆す. ¶制造～ / 冤罪をでっちあげる.
【冤沉海底】yuān chén hǎi dǐ 成 冤罪が海の底に沈む. 冤罪を晴らす手段がないこと.

【冤仇】yuānchóu 名 恨み. 怨恨(えんこん). ¶跟他结下～/彼に恨みを抱く.
【冤大头】yuāndàtóu 名 おめでたい人間. かもにされる人.
【冤魂】yuānhún 名 無実の罪で死んだ人の魂.
【冤家路窄】yuān jiā lù zhǎi 成 かたき同士はめぐりあうようになっている. 会いたくないやつほどよく出くわす. ¶又遇到了我讨厌 tǎoyàn 的人,真是～！/嫌なやつにまた会った. まったくかたき同士は顔を会わせやすいとはことだ.
【冤假错案】yuān jiǎ cuò àn 名"冤案"(冤罪)や,"假案"(でっちあげ),"错案"(誤審)事件.
【冤家】yuānjia 名 ❶ かたき. 仇敌(きゅうてき). 反 朋友 péngyou ❷ 憎らしいけれど実は好きな人. ¶不是～不聚头/どんなに仲が悪いようであってもやっぱり身近な存在だ.
【冤家对头】yuānjia duìtou 名 仇同士. 犬猿の仲.
【冤孽】yuānniè 名 恨みと罪の.
【冤情】yuānqíng 名 無実の罪を着せられた状況.
【冤屈】yuānqū ❶ 動 無実の罪を着せる. 不当に扱う. ¶说他不孝顺 xiàoshùn,可真～了他/彼のことを親不孝者呼ばわりするのは,まったくいわれのないことだ. 不要这么批评他,真是～他了/先生がそのように彼をしかるのは,まったくのぬれぎぬだ. 同 冤枉 yuānwang ❷ 名 不当な扱い. いわれのない損害. ¶受～/ 不当な扱いを受ける.
【冤头】yuāntóu 名 かたき. 仇敌(きゅうてき). 同 仇人 chóurén
【冤枉】yuānwang ❶ 動 不当な扱いをする. 無実の罪を着せる. ¶不要～好人/善人に無実の罪を着せてはならない. ¶～官司/無実の罪を訴える. ❷ 名 無実の罪. ぬれぎぬ. ¶洗清～/ぬれぎぬを晴らす. ❸ 形 不当な扱いを受けて無念だ. ¶他无端 wúduān 被审查,真～/彼はいわれのない取り調べを受けて, 本当にくやしい. ❹ 形 損だ. ばかを見た. ¶这件毛衣花一百块钱,真～！/ このセーターに100元も出して,本当にばかを見た.
【冤枉路】yuānwanglù 名 むだ足. ¶白跑了～/むだ足をふんだ.
【冤枉钱】yuānwangqián 名 むだ金. ¶白花了～/むだ金を使った.
【冤狱】yuānyù 冤罪(えんざい)事件. ¶制造～/冤罪をでっち上げる. ¶多年的～终于得到 dédào 平反/長年の冤罪がついに晴れた.

渊(淵) yuān

氵部8 四 3210₀
全11画 次常用

❶ 素 淵(ふち). ¶深～ shēnyuān (深い淵) / 天～之別 (成) 天地の差. ❷ 素 深い. ¶～博 yuānbó. ❸ (Yuán)姓.
【渊博】yuānbó 形 (学識などが)広く深い. ¶知识～/博学だ. 反 浅薄 qiǎnbó
【渊深】yuānshēn 形 (学識などが)深い. ¶～/学識が深い.
【渊薮】yuānsǒu 名 水が深くて魚の集まる所. 人や物事の集まる所のたとえ. ¶盗贼 dàozéi 的～/盗賊の巣.
【渊源】yuānyuán 名 根源. ¶历史的～/歴史の源流. ¶～流长/歴史が非常に長い.

蜎 yuān

虫部7 四 5612₇
全13画 通用

名 ボウフラ.

箢 yuān

竹部8 四 8821₂
全14画 通用

下記熟語を参照.
【箢篼】yuāndōu 名方 竹ひごで編んだ器. 同 箢箕 yuānjī

元 yuán

兀部1 四 1021₂
全4画 常用

❶ 素 初めの. 第一の. ¶～旦 Yuándàn /～月 yuányuè /～年 yuánnián. ❷ 素 かしらの. ¶～首 yuánshǒu /～帅 yuánshuài /～老 yuánlǎo / 状～ zhuàngyuan (科挙の最終試験"殿試 diànshì"の首席合格者). ❸ 素 構成要素の. ¶单～ dānyuán (単元) /～件 yuánjiàn. ❹ 素 主要な. 根本の. ¶～素 yuánsù /～始 yuánshǐ (万物の本源). ❺ (Yuán) 名 元(げん). 王朝の名(1206－1368年). ❻ 量 元(げん). 中国の通貨の単位. 同 圆 yuán ❼ (Yuán)姓.
【元宝】yuánbǎo 旧名 錠 dìng,个 ge〕秤量(しょうりょう)貨幣として使用された馬蹄(ばてい)形の金塊や銀塊. 参考"银 yín 元宝"(銀塊)は馬蹄銀といい,一般に50両,"金 jīn 元宝"(金塊)は5両または10両の重さがあった.

元宝

【元宝枫】yuánbǎofēng 名《植物》カワラナギ. 同 枢柳 jǔliǔ,枫杨 fēngyáng
【元旦】Yuándàn 名 元旦. 元日.
【元古界】yuángǔjiè 名《地学》原生界.
【元件】yuánjiàn 名 (機器や計器の)部品. パーツ. ¶电子～/電子部品.
【元老】yuánlǎo 名〔位 wèi〕政界の元老.
【元麦】yuánmài 名《植物》ハダカムギ. 同 青稞 qīngkē
【元煤】yuánméi →原煤 yuánméi
【元谋猿人】Yuánmóu yuánrén 名《考古》元謀(げんぼう)原人. 参考 雲南省元謀で発見された170万年前の中国原人.
【元年】yuánnián 名 ❶ 元年. 帝王が即位した年. 年号を改めた最初の年. ❷ 元年. 紀元の最初の年.
【元配】yuánpèi 名 最初の妻. ¶～夫人/最初の夫人. 同 原配 yuánpèi
【元气】yuánqì 名 (人・国家・組織の)活力. 元気. 生命力. ¶～旺盛 wàngshèng /元気旺盛. ¶不伤～/気力を損なわない. ¶恢复 huīfù ～/元気をとり戻す.
【元器件】yuánqìjiàn 名《機械》"元件"(部品・エレメント・素子)と"器件"(主要部品).
【元青】yuánqīng 形 濃い黒色の. 同 玄 xuán 青
【元曲】yuánqǔ 名 元曲(げんきょく). 参考 元代に盛んに行われた"杂剧 zájù"や"散曲 sǎnqǔ"を含む文芸様式.
【元日】yuánrì 名 元旦. 元日. 参考 旧時は旧暦の元旦を指した.
【元戎】yuánróng 名⟨文⟩ 元帥. 司令官.
【元首】yuánshǒu 名〔位 wèi〕 ❶ 君主. 同 君主 jūnzhǔ ❷ 元首. ¶国家～/国家元首.
【元帅】yuánshuài 名 元帥.
【元素】yuánsù 名 ❶ 要素. 成分. エレメント. ❷〔同 种 zhǒng〕元素. 化学元素. ¶～符号 fúhào /元素記号.
【元宵】yuánxiāo 名 ❶ 上元(陰暦1月15日)の夜. ¶闹 nào ～/元宵(げんしょう)節を祝う. 同 元夜 yuányè ❷ もち米の粉でつくったあん入りだんご. 同 汤圆 tāngyuán 参考 ②は,元宵節のときに食べるので,"汤圆"のことをも一

般に"元宵"と呼ぶ.
【元宵节】Yuánxiāojié 图 元宵(ﾖｳｼｮｳ)節. 回 灯节 Dēngjié, 上元节 Shàngyuánjié 参考 唐代より民間に伝わる節句の一つ. 上元(陰暦1月15日)の夜に灯籠(ﾄｳﾛｳ)見物をして"元宵"を食べる.
【元凶】yuánxiōng 图 元凶.
【元勋】yuánxūn〔量 位 wèi〕大きな功績をあげた人物. ¶开国～/開国の功臣.
【元夜】yuányè 图 上元(旧暦1月15日)の夜. 回 元宵 xiāo ①
【元音】yuányīn 图《言語》母音. 回 母音 mǔyīn
【元鱼】yuányú 图《動物》スッポン. 回 甲 jiǎ 鱼, 鳖 biē, 鼋 yuán
【元月】yuányuè 图 正月. 1月. 表現 陰暦・陽暦ともに用いる.

芫 yuán ⾋部4 四 4421₂ 全7画 通用

下記熟語を参照.
☞ 芫 yán
【芫花】yuánhuā 图《植物・薬》フジモドキ.

园(園) yuán 囗部4 四 6021₂ 全7画 常用

❶ 图 (～儿) 野菜・花・果樹などを植える畑. 園(ｴﾝ). ¶～子 yuánzi / 花～儿 huāyuánr(庭園) / 果～ guǒyuán(果樹園). ❷ 图 遊んだり楽しんだりできる場所. ¶公～ gōngyuán(公園) / 动物～ dòngwùyuán(動物園).
【园地】yuándì 图〔量 块 kuài, 片 piàn〕❶菜園・花園・果樹園などの総称. ¶农业～/農業用地. ❷ 活動の場. 活動の範囲. ¶艺术～/芸術活動の舞台.
【园丁】yuándīng 图〔量 个 ge, 名 míng, 位 wèi〕❶庭師. ¶教师是辛勤 xīnqín 的～/教師は勤勉な庭師のようなものだ. ❷(小学校の)教師.
【园林】yuánlín 图〔量 处 chù, 片 piàn〕観賞用に草花や樹木などを植えた庭園. ¶苏州 Sūzhōu 以～而闻名中外/蘇州は庭園で国内外に名を知られている.
【园圃】yuánpǔ 图 畑や果樹園.
【园区】yuánqū 图 産業団地. 産業パーク. ¶高科技～/ハイテク産業団地.
【园田】yuántián 图 野菜畑.
【园艺】yuányì 图 園芸.
【园子】yuánzi 图 ❶ 園. 畑. ¶菜～/野菜畑. ❷ 劇場. 芝居小屋.

员(員) yuán 口部4 四 6080₂ 全7画 常用

❶ 接尾 仕事あるいは学習をしている人. ¶学～ xuéyuán(学生) / 演～ yǎnyuán(俳優). ❷ 接尾 団体や組織の構成員. ¶党～ dǎngyuán(党員) / 团～ tuányuán(団員) / 会～ huìyuán(会員). ❸ 量 武将を数えることば. ¶一～大将 dàjiàng(一人の将軍). ❹ 图 周囲. ¶幅～ fúyuán(領土の面積).
☞ 员 yún, Yùn
【员额】yuán'é 图 定員.
【员工】yuángōng 图〔量 个 ge, 名 míng〕職員や労働者. 従業員. ¶铁路～/鉄道従業員.
【员司】yuánsī 图 政府機関の中・下級役人.
【员外】yuánwài 图 ❶员外郎. 古代中国の官名. ❷官途についたことのある地主豪族.

沅 Yuán 氵部4 四 3111₂ 全7画 通用

图 地名用字. ¶～江 Yuánjiāng(貴州省・湖南省を流れる川の名).

垣 yuán 土部6 四 4111₆ 全9画 通用

❶ 图 壁. 塀. ¶城～ chéngyuán(城壁) / 颓 tuí～ 断壁 bì(崩れ落ちた塀や壁. 住む人もなく荒れ果てたようす). ❷ 图 町. 都市. ¶省～ shěngyuán(省都). ❸(Yuán)姓.

爰 yuán 爪部5 四 2040₇ 全9画 通用

❶ 接 囡 そこで. ¶～书其事以告(ここにその事を記して布告する). 回 于是 yúshì ❷(Yuán)姓.

袁 Yuán 土部7 四 4073₂ 全10画 次常用

图 姓.
【袁世凯】Yuán Shìkǎi《人名》袁世凯(ｴﾝｾｲｶｲ): 1859-1916. 中国の軍人, 政治家.
【袁头】yuántóu 图 袁世凯(ｴﾝｾｲｶｲ)の肖像が入った一元銀貨. 明国初年(1914年)に鋳造された. 回 袁大头 yuándàtóu

袁世凯

原 yuán 厂部8 全10画 四 7129₆ 常用

❶ 接頭 初めの. 未加工の. ¶～始 yuánshǐ / ～稿 yuángǎo / ～油 yuányóu. ❷ 形 本来な. もとの. ¶～作 yuánzuò / ～地 yuándì. ❸ 图 許す. 了承する. ¶～谅 yuánliàng / 情 qíng 有可～(情状酌量の余地がある). ❹ 图 平坦なところ. ¶平～ píngyuán(平原) / 高～ gāoyuán(高原). ❺ 图 "塬 yuán"に同じ. ❻(Yuán)姓.
【原案】yuán'àn 图 原案.
【原班人马】yuánbān rénmǎ 慣 もとのメンバー. 最初と同じ顔ぶれ. ¶该剧的演员都是～/この劇の出演者はみな初回と同じ顔ぶれだ.
【原版】yuánbǎn 图 ❶(書籍の)原版. ❷(録音や録画の)オリジナルテープ. 表現 ②は, コピー版や再版に対していう.
【原本】yuánběn ❶ 图 原本. 回 底本 dǐběn, 蓝本 lánběn ❷ 图 初版本. ❸ 副 もともと. 元来. ¶他～是在日本长大 zhǎngdà 的 / 彼はもともと日本で育ったのです. 回 本来 běnlái, 原来 yuánlái
【原材料】yuáncáiliào 图 原材料.
【原虫】yuánchóng 图《医学》病原虫.
【原初】yuánchū 图 最初は. もともと. 回 原先 xiān, 最初 zuìchū
【原处】yuánchù 图 もとの所. ¶看完了书就放回～/読み終わった本はもとあった所に戻すこと.
【原创】yuánchuàng 動 最初に作り出す. 回 首创 shǒuchuàng
【原地】yuándì 图 もとの場所. 原点.
【原动力】yuándònglì 图 原動力.
【原防】yuánfáng 图 堤防にはさまれた田畑.
【原封】yuánfēng 形 (～儿)開封していない. もとのままの. 手を加えていない.
【原封不[未]动】yuán fēng bù[wèi] dòng 成 もとのままで, 少しも変えない. ¶她把包裹～地退了回来 / 彼女は包みを開けもせず返してきた.

【原稿】yuángǎo 名〔部 bù, 篇 piān〕原稿.

【原告】yuángào 名《法律》〔个 ge, 名 míng〕原告. 同原告人 rén 反被告 bèigào

【原故】yuángù 名 "缘故 yuángù"に同じ.

【原鸡】yuánjī 名《鸟》セキショクヤケイ. 参考ニワトリの先祖. 雲南省などの密林に棲息.

【原籍】yuánjí 名原籍. 本籍. ¶小田～山东 / 田くんの本籍は山東省だ. 同寄籍 jìjí, 客籍 kèjí

【原价】yuánjià 名定価. 値引きする前の値段.

【原件】yuánjiàn 名原本. 原物. オリジナル.

【原教旨主义】yuánjiàozhǐ zhǔyì 名《宗教》原理主義. ファンダメンタリズム.

【原旧】yuánjiù 副✪ ❶はじめ. もともと. 最初. ❷依然として. 未だに. ¶石碑～在老地方 / 石碑は依然としてもとの場所にある.

【原矿】yuánkuàng 名《鉱物》原石. 原鉱. 粗鉱.

**【原来】yuánlái ❶形はじめの. もともとの. ¶住在～的地方 / もとの所に住んでいる. 同原本 běnlái, 原本 yuánběn ❷副はじめ. もと. ¶这里没有路 / はじめここには道はなかった. ¶这件事她～就知道 / この件は彼女ははじめから知っている. ❸副なんと…. 本当のことが分かったことをあらわす. ¶～是你 / なんと君だったのか. ¶你们俩早就认识啊! / なんだ, 君ら二人はとっくに知り合いだったのか.

【原理】yuánlǐ 名〔条 tiáo, 种 zhǒng〕原理. 則.

【原粮】yuánliáng 名加工前の食糧.

**【原谅】yuánliàng 動許す. 容認する. 間違いを責めない. 他～了不懂礼貌的孩子 / 彼女は礼儀知らずの子供を許した. ¶你说实话, 我就～你 / 君が本当のことを言ったら, 許してあげるよ. ¶请～ / どうかお許し下さい. 同体谅 tǐliàng

*【原料】yuánliào 名〔种 zhǒng〕原料.

【原毛】yuánmáo 名《纺织》原毛. 同油毛 yóumáo

【原貌】yuánmào 名本来の姿. もともとの形.

【原煤】yuánméi 名採掘したままの石炭. 切り込み炭. 同元 yuán 煤

【原棉】yuánmián 名《纺织》原綿.

【原木】yuánmù 名原木.

【原配】yuánpèi 名 "元配 yuánpèi"に同じ.

【原人】yuánrén 名原人. 猿人. 同原始 shǐ 人

【原色】yuánsè 名原色. 同基色 jīsè

【原审】yuánshěn 名《法律》第一審. 原裁判.

【原生动物】yuánshēng dòngwù 名原生動物.

【原生林】yuánshēnglín 名原生林. 原始林. 同原始 shǐ 林

【原生质】yuánshēngzhì 名《生理》原形質.

【原始】yuánshǐ 形 ❶最初の. もとの. オリジナル. ¶～资料 / 最初の資料. ❷原始的な. 未開発の. ¶～动物 / 原始動物. ¶～森林 / 原始林.

【原始股】yuánshǐgǔ 名《经济》新規発行株式.

【原始积累】yuánshǐ jīlěi 名《经济》原始的蓄積. 本源的蓄積.

【原始记录】yuánshǐ jìlù 名原記録. 最初の記録.

【原始林】yuánshǐlín 名→原生林 yuánshēnglín

【原始社会】yuánshǐ shèhuì 名原始社会.

【原诉】yuánsù 名《法律》原告の訴訟. 同本 běn 诉

【原田】yuántián 名方高原の田畑.

【原为】yuánwéi 動もとは…だった. ¶～铜制 / もとは銅製. ¶这所大学～两年制的, 现在改为四年制大学了 / この大学はもともとは二年制だったが, 現在では四年制大学となっている. ⇒原为 yuánwèi

【原委】yuánwěi 名てん末. 一部始終. ¶说明～ / 事のてん末を語る. ¶我还不了解其中的～ / 私は事情の一部始終がまだ分かっていない.

【原为】yuánwèi 動もとはといえば…だから. 参考 "原来是因为"の省略形. ⇒原为 yuánwéi

【原文】yuánwén 名〔段 duàn, 句 jù, 篇 piān〕(翻訳や引用の)原文. ¶引用～ / 原文を引用する. ¶跟～校对 jiàoduì 一下 / 原文と照らし合わせる.

【原物】yuánwù 名もとの物.

【原系】yuánxì 動もと…である. ¶鲁迅 Lǔ Xùn ～浙江 Zhèjiāng 绍兴 Shàoxīng 人 / 魯迅(ろしん)はもともと浙江省紹興の人である.

【原先】yuánxiān ❶副はじめ. もともと. 最初. ¶我～不知道此事, 是他告诉我的 / 私はもともとこのことを知らなくて, 彼が話してくれたのだ. ❷形以前の. ¶～的说法 / 以前の言い方.

【原形】yuánxíng 名もとの形. 本当の姿. 正体. ¶现～ / 正体を現す.

【原形毕露】yuán xíng bì lù 成正体を現す. 化けの皮がはがれる.

【原型】yuánxíng 名原型. 表现特に小説のモデルになった人物のことをいう.

【原盐】yuányán 名未精製の塩.

【原样】yuányàng 名(～儿)もとのよう. ¶照～复制 / もとのとおりに複製する.

【原野】yuányě 名平野. 平原. ¶辽阔 liáokuò 的～ / 果てしなく続く平原.

【原意】yuányì 名本来の意味. 当初の目的. ¶有背 bèi～ / 当初の目的に反する. ¶曲解 qūjiě～ / 本来の意味を曲解する.

*【原因】yuányīn 名〔个 ge, 条 tiáo, 种 zhǒng〕原因. ¶成功的～ / 成功の理由. ¶检查生病的～ / 発病の原因を調べる.

【原由】yuányóu 名原因. ¶最近天气很不正常, 不知有何～ / 最近の天候は異常だが何が原因かわからない. 同缘由 yuányóu

【原油】yuányóu 名原油.

【原有】yuányǒu 形もとからある. 在来の. ¶～的资料 / 既存の資料.

【原宥】yuányòu 動文許す. 容認する. 同原谅 liàng

【原本本】yuán běn běn 名一部始終(述べる). 同源 yuán 源本本, 元 yuán 元本本

【原载】yuánzǎi 動もとは…に掲載する. ¶这篇文章～于《文汇报 Wénhuìbào》/ この文章はもともと『文匯報ふんほい』に掲載されていた. 表现引用や転載をした文章の出所を示す.

*【原则】yuánzé 名 ❶〔个 ge, 条 tiáo, 项 xiàng〕原則. ¶坚持～ / 原則を貫き通す. ¶一般～ / 一般原則. 同准则 zhǔnzé, 准绳 zhǔnshéng ❷ "～上"として大体. おおむね. ¶他～上赞成这个方案 / 彼はおおむねこの方案に賛成している.

【原则性】yuánzéxìng 名原則的. 原則性.

【原职】yuánzhí 名もとの職務.

【原址】yuánzhǐ 名もとの住所. 同旧址 jiùzhǐ 反新址 xīnzhǐ

【原纸】yuánzhǐ 名加工紙の製造原料になる紙. 原紙.

【原主】yuánzhǔ 名(～儿)もとの所有者. 同旧 jiù 主

【原注】yuánzhù 名原注.

【原著】yuánzhù [名]原著．原作．
【原装】yuánzhuāng [形]生産工場で直接に生産された．¶日本～／日本直産．
【原状】yuánzhuàng [名]現状．¶恢复 huīfù～／現状に戻す．
【原子】yuánzǐ [名]原子．¶～价 jià／原子価．
【原子笔】yuánzǐbǐ [名]ボールペン．[同]圆珠笔 yuánzhūbǐ
【原子弹】yuánzǐdàn [名]原子爆弾．原爆．
【原子反应堆】yuánzǐ fǎnyìngduī [名]原子炉．[同]核 hé 反应堆,反应堆
【原子核】yuánzǐhé [名]《物理》原子核．
【原子量】yuánzǐliàng [名]《物理》原子量．
【原子能】yuánzǐnéng [名]原子力．原子エネルギー．[同]核 hé 能
【原子团】yuánzǐtuán [名]《物理》原子団．
【原子武器】yuánzǐ wǔqì [名]《軍事》核兵器．[同]核 hé 武器
【原子序数】yuánzǐ xùshù [名]《物理》原子番号．
【原子钟】yuánzǐzhōng [名]原子時計．
【原罪】yuánzuì [名]《宗教》(キリスト教の)原罪．
【原作】yuánzuò [名]❶詩歌を唱和するときの最初の一篇．❷原作．¶～者 zhě／原作者．

圆(圓) yuán

口部7 [四] 6080₂ 全10画 [常用]

❶[形]円形の．まるい．¶这孩子的脸～～的,真可爱(この子の顔はまんまるで,ほんとにかわいらしい)／瓶子的盖子不太～,所以盖不上(ビンのふたがまるくないので,しまらない)．[反]方 fāng ❷[形]完備している．行き届いている．¶这话说得不～,有很多漏洞 lòudòng (今の話は完璧ではない．たくさんのもれがある)／他做事很～,各方面都能考虑得到(彼は仕事ぶりがいき届いていて,どの面も考慮に入れている)．❸[名]《数学》円．円周．❹[素]整える．つじつまを合わせる．¶～场 yuánchǎng／～谎 yuánhuǎng／自～其说([成]自分の言ったことをうまくこじつけようとする)．❺[量]中国の貨幣の単位．[同]元 yuán ❻(Yuán)姓．

【圆白菜】yuánbáicài [名]〔[量]棵 kē〕キャベツ．[参考]"结球甘蓝 jiéqiú gānlán"の通称．
【圆材】yuáncái [名]丸太．
【圆场】❶yuán//chǎng [動]まるく収める．とりなす．¶你说几句话圆圆场吧／君がちょっと言って,まるく収めてくれよ．❷yuánchǎng [名]《芸能》("跑 pǎo～"の形で)京劇などで,舞台の上を早足でぐるぐる歩く仕草．長い道のりを歩くことをあらわす．
【圆成】yuánchéng [動]人が目的を遂げられるよう手助けする．[同]成全 quán
【圆雕】yuándiāo [名]《美術》(石や金属などを彫刻した)立体像．
【圆顶】yuándǐng [名]《建築》丸屋根．ドーム．
【圆嘟嘟】yuándūdū [形](～的)まるまるとしている．ぽっちゃりとしている．[同]圆敦敦 dūndūn
【圆房】yuán//fáng [動][旧]新婚夫婦が初夜をすごす．また,"童养媳 tóngyǎngxí"(息子の嫁にするため,幼い時から引き取って育てた女子)と夫となる男性が正式に夫婦になることも言う．
【圆坟】yuán//fén [動][旧](亡くなった父母を埋葬して3日目に)子供たちが墓に参り,土を盛る．
【圆钢】yuángāng [名]《建築》丸鋼．
【圆功】yuángōng [動]仕事や工事が完了する．[同]完工 wángōng
【圆鼓鼓】yuángǔgǔ [形](～的)丸くふくらんでいる．
【圆规】yuánguī [名]〔[量]个 ge,只 zhī〕(製図用の)コンパス．
【圆滚滚】yuángǔngǔn [形](～的)まん丸い．まるまるとしている．
【圆号】yuánhào [名]《音楽》ホルン．
【圆和】yuánhé [動]仲直りする．和解する．[同]和好 héhǎo
【圆乎乎】yuánhūhū [形](～的)まん丸い．
【圆滑】yuánhuá [形]人当たりがよい．如才ない．¶～的人／人当たりのよい人．¶办事很～／やる事がじつに円転滑脱だ．[同]油滑 yóuhuá,世故 shìgu
【圆谎】yuán//huǎng [動]うそを言い繕う．¶难以～／言い繕うのは難しい．¶他没法～了／彼は言い繕うことができなくなった．
【圆浑】yuánhún [形][文]❶(声が)まろやかで,滑らかだ．¶语调～／語調がなめらかだ．❷(詩文が)味わい深く,飾り立てていない．
【圆活】yuánhuó[-huo] [形]❶(ことばが)柔軟で生き生きしている．❷如才ない．人当たりがよい．❸(体つきが)豊満だ．
【圆寂】yuánjì [動]《仏教》僧や尼が死ぬ．円寂(えんじゃく)．[同]涅槃 nièpán
【圆括号】yuánkuòhào [名]丸かっこ．
【圆溜溜】yuánliūliū [形](～的)(眼などが)まん丸い．
【圆笼】yuánlóng [名](料理を運ぶ)岡持ち．
【圆满】yuánmǎn [形]円満だ．完全で申し分がない．¶～的答案／非の打ちどころのない答案．¶～结束／円満に終わる．[同]完满 wánmǎn
【圆梦】yuán//mèng [動]❶夢判断をする．❷夢や理想が実現する．
【圆明园】Yuánmíngyuán [名]円明園(えんめいえん)．[参考]北京市海淀区にある清代皇帝の庭園．1860年,英仏軍に破壊されるが,近年修復された．
【圆盘】yuánpán [名]円盤．ディスク．¶～耙 bà／ディスクハロー．
【圆圈】yuánquān [名](～儿)丸．輪．
【圆全】yuánquan [形][方]円満だ．行き届いている．¶想得～／考え方が行き届いている．¶事情办得～／物事の処理の仕方が申し分ない．[同]圆满 yuánmǎn
【圆润】yuánrùn [形]まろやかで潤いがある．丸みがあって滑らかだ．¶～的歌喉 gēhóu／まろやかで潤いがある歌声．¶这位画家的笔法 bǐfǎ 很～／この画家の筆遣いはとても滑らかだ．
【圆实】yuánshi [形][口]丸くてしっかりしている．[表現]"莲子 liánzi"(ハスの実)などを言う．
【圆熟】yuánshú [形]❶円熟している．熟練している．¶笔体～／字体が熟練している．❷臨機応変で頭がよい．¶处事极～／臨機応変に事を処理する．
【圆台】yuántái [名]《数学》円錐台．[同]圆锥 zhuī 台
【圆通】yuántōng [形]融通がきく．柔軟だ．¶办事要～一点儿,不能太死板 sǐbǎn／事をするには少し融通をきかせるようにし,頑固すぎてはいけない．
【圆舞曲】yuánwǔqǔ [名]《音楽》〔[量]段 duàn,首 shǒu,支 zhī〕ワルツ．
【圆心】yuánxīn [名]《数学》円の中心．
【圆形】yuánxíng [名]円形．¶～剧场／円形劇場．
【圆周】yuánzhōu [名]《数学》円周．
【圆周率】yuánzhōulǜ [名]《数学》円周率．
*【圆珠笔】yuánzhūbǐ [名]〔[量]支 zhī,枝 zhī〕ボールペ

ン. 回 原子笔 yuánzǐbǐ
【圆柱】yuánzhù 名《数学》円柱.
【圆锥】yuánzhuī 名《数学》円錐.
【圆桌】yuánzhuō 名〔个 ge, 张 zhāng〕円卓.
【圆桌会议】yuánzhuō huìyì 名 円卓会議.
【圆子】yuánzi 名 ❶ だんご. もち米の粉などで作り、多くはあん入り. ❷ 方 肉や魚肉のだんご. 回 丸子 wánzi

鼋(黿) yuán
黾部4 四 1071₆
全12画 通用
名《動物》スッポン. 回 鳖 biē
【鼋鱼】yuányú 名《動物》〔只 zhī〕スッポン. 回 元鱼 yuányú, 鳖 biē

援 yuán
扌部9 四 5204₇
全12画 常用
动 ❶ 手で引っ張る. ¶〜笔 yuánbǐ（筆を執る）/攀〜 pānyuán（よじ登る）. ❷ 助ける. 援助する. ¶〜军 yuánjūn / 支〜 zhīyuán（支援する）/ 孤 gū 立无(無)援 gūlìwúyuán. ❸ 引用する. ¶〜引 yuányǐn / 〜用 yuányòng.
【援兵】yuánbīng 名 援軍.
【援建】yuánjiàn 動 建設を援助する.
【援救】yuánjiù 動 救援する. ¶快去〜! / 早く救援に行け.
【援军】yuánjūn 名〔个 ge, 支 zhī〕援軍.
【援款】yuánkuǎn 名 援助金.
【援例】yuán//lì 動 前例を引く. ¶〜处理 / 前例に従って処理する.
【援手】yuánshǒu 動 文 救いの手を差し伸べる. 救助する. 由来 『孟子』離婁上に見えることば.
【援外】yuánwài 動（経済・技術・軍事面などにおいて）外国を援助する. ¶〜工作 / 海外援助事業.
【援引】yuányǐn 動 ❶ 引用する. ¶〜条文 / 条文を引用する. ¶他〜典故 diǎngù 来说明道理 / 彼は典故を引いて道理を説明した. 回 征引 zhēngyǐn ❷（自分に関係のある人を）推薦する. 任用する.
【援用】yuányòng 動 引用する. ¶〜成例 / 慣例を引用する. 回 引用 yǐnyòng
【援助】yuánzhù 動 援助する. ¶互相〜 / 互いに助け合う. ¶无偿 wúcháng 紧急〜 / 無償で緊急援助する. 回 支援 zhīyuán

溇 yuán
氵部9 四 3214₇
全12画 通用
→ 潺溇 chányuán

媛 yuán
女部9 四 4244₇
全12画 通用
❶ → 婵媛 chányuán ❷（Yuán）姓.
媛 yuàn

缘(緣) yuán
纟部9 四 2713₂
全12画 常用
❶ 名 理由. ¶〜由 yuányóu. ❷ 副 文 …のために. ¶〜何求见？（何のために面会を求めるのか）. ❸ 名 縁. ゆかり. ¶〜分 yuánfèn / 良〜 liángyuán（良縁）/ 有〜相见 xiāngjiàn（縁あってめぐり会う）. ❹ 前 文 …に沿って. …に従って. ¶〜木求鱼. ❺ 名 へり. ¶边〜 biānyuán（境界）.
【缘簿】yuánbù 名 奉加帳. 勧進帳.
【缘分[份]】yuánfèn 名 縁. めぐり合わせ. ¶他们俩能组成家庭,那就是〜了 / あの二人が結ばれて家庭をきずいたのは,まさに縁である. ¶他跟婚姻没有一点〜 / 彼は結婚にちっとも縁がない.
【缘故】yuángù 名 わけ. 原因. ¶你为何经常迟到,有何〜? / 君はなぜいつも遅刻するのかい、理由は何だ？回 原故 yuángù
【缘何】yuánhé 副 文 何のために. なぜ. 回 因何 yīnhé, 为何 wèihé
【缘木求鱼】yuán mù qiú yú 成 木によって魚を求める. 方向や方法を間違えると、目的を達することができない. ¶南辕 yuán 北辙 zhé, 如〜一般 / 轅(ﾅｶﾞｴ)を南にし、轍(ﾜﾀﾞﾁ)を北にするというのは、木によりて魚を求めるようなものである. 由来 『孟子』梁惠王上に見えることば.
【缘起】yuánqǐ 名 ❶ 事の原因. 起因. ❷ 趣意書.
【缘由】yuányóu 名 わけ. 原因. 回 原由 yuányóu

塬 yuán
土部10 四 4119₆
全13画 通用
名 中国西北部的黄土高原地带に見られる,河川の侵食によってできた台地.

猿(猨) 猨 yuán
犭部10 四 4423₂
全13画 次常用
名《動物》類人猿. 参考 "大猩猩 dàxīngxing"（ゴリラ）,"猩猩 xīngxing"（オランウータン）,"长臂猿 chángbìyuán"（テナガザル）などをいう. サル一般は普通 "猴子 hóuzi" という.
【猿猴】yuánhóu 名 類人猿とサル.
【猿人】yuánrén 名〔个 ge, 群 qún〕猿人. 原人.

源 yuán
氵部10 四 3119₆
全13画 常用
❶ 名 水源. ¶泉〜 quányuán（水源）/ 河〜 héyuán（川の水源）/ 饮 yǐn 水思〜 / 水を飲むときはその源を思う. もとを忘れない. ❷ 名 起源. 出所. ¶来〜 láiyuán（来源）/ 资〜 zīyuán（資源）/ 货〜 huòyuán 充足（商品の供給源が十分だ）. 反 流 liú ❸（Yuán）姓.
【源程序】yuánchéngxù 名《コンピュータ》ソースプログラム.
【源代码】yuándàimǎ 名《コンピュータ》ソースコード.
【源流】yuánliú 名（事物の）起源と発展. 源流. ¶辨析 biànxī〜 / 源流について分析する.
【源泉】yuánquán 名 源泉.
【源头】yuántóu 名 水源. ¶黄河〜 / 黄河の水源.
【源源】yuányuán 形 絶え間なく. ¶〜不绝 jué / 反 次から次へと絶え間なく. ¶〜而来 / あとからあとからやって来る.
【源源不断】yuán yuán bù duàn 成 いつまでも続く. ¶参观博物馆 bówùguǎn 的人〜 / 博物館を見学する人は次から次へ絶えることがない. 回 源源不绝 jué
【源远流长】yuán yuǎn liú cháng 成 源は遠く,流れは長い. 歴史が悠久だ. ¶两国人民的友谊〜 / 両国国民の友情は長い歴史がある.

辕(轅) yuán
车部10 四 4453₂
全14画 次常用
❶ 名 轅(ﾅｶﾞｴ). 回 辕子 yuánzi ❷ 名 旧 役所. ¶〜门 yuánmén / 行〜 xíngyuán（大官の仮役所）. ❸（Yuán）姓.
【辕马】yuánmǎ 名〔匹 pǐ〕轅(ﾅｶﾞｴ)をつけた馬.
【辕门】yuánmén 名 旧 兵営の門. 役所の外門.
【辕子】yuánzi 名 轅(ﾅｶﾞｴ).

橼(櫞) yuán
木部12 四 4793₂
全16画 通用
→ 枸橼 jǔyuán

螈 yuán
虫部10 四 5119₆ 全16画 通用
→蝾螈 róngyuán

圜 yuán
囗部13 四 6073₂ 全16画 通用
"圆 yuán"に同じ.
☞圜 huán

远(遠) yuǎn
辶部4 四 3130₁ 全7画 常用

❶[形] 遠い. 距離が長い. ¶路太~(道のりがとても遠い) / 广州离这里很~(広州はここからとても遠い) / 走~了(遠くまで行く). 反 近 jìn ❷[形] 時期が長い. 現在离春节已经不~了(いまは春節までもうそう遠くない) / 久~ jiǔyuǎn (とても長い間). ❸[素] 親密でない. 血のつながりが遠い. ¶~亲 yuánqīn / 房 yuánfáng / 敬而~之(敬遠する). ❹[形] 差が大きい. ¶差得太~了(ずっと劣っている) / ~~超过 chāoguò (はるかに超えている). ❺[素] 深遠である. ¶言近旨 zhǐ~(成) ことばは易しいが深い意味を含んでいる). ❻ (Yuǎn)姓.

【远程】yuǎnchéng [形] 遠距離の. ¶~运输 / 長距離輸送. ¶~洲际弹道导弹 zhōujì dàndào dǎodàn / 長距離大陸間弾道ミサイル.
【远程教育】yuǎnchéng jiàoyù [名] (ネットワークを利用した)遠隔教育.
【远程医疗】yuǎnchéng yīliáo [名] 遠隔治療[医療].
【远处】yuǎnchù [名] 遠方.
【远大】yuǎndà [形] 遠大だ. ¶前途~ / 前途が遠大である. ¶他有~的奋斗目标 / 彼には大きな努力目標がある.
【远道】yuǎndào [名] 〔[量]条 tiáo〕遠路. ¶~而来 / はるばるとやって来る.
【远地点】yuǎndìdiǎn [名] 〈天文〉遠地点.
【远东】Yuǎndōng [名] 極東.
【远渡】yuǎndù [動] 海のかなたへ渡る.
【远方】yuǎnfāng [名] 遠方.
【远房】yuǎnfáng [形] 遠縁の. ¶~亲戚 qīnqi / 遠縁の親戚.
【远隔重洋】yuǎn gé chóng yáng [句] 遠く海を隔てている. ¶我和朋友虽然~,但心是连在一起的 / 私と友人とは遠く海を隔てているが,心はしっかりと結びついている.
【远古】yuǎngǔ [名] 太古. はるか昔. ¶~流传 liúchuán 下来的神话 / 古くから伝わる神話. ¶~时代 / 太古.
【远海】yuǎnhǎi [名] 遠海. 遠洋.
【远航】yuǎnháng [動] 遠洋航海する.
【远见】yuǎnjiàn [名] 遠大な視野. はるかな見通し.
【远见卓识】yuǎn jiàn zhuó shí [成] すぐれた先見性と見識.
【远交近攻】yuǎn jiāo jìn gōng [成] 遠い国と仲良くし,近い国を攻撃する. 遠交近攻. ¶~的策略 cèlüè / 遠交近攻の策. 由来 『戦国策』秦策第三に見えることば. もとは外交上の策略であるが,人のつきあいや処世の手段を指すこともある.
【远郊】yuǎnjiāo [名] 市街区から離れた郊外. 遠郊. 反 近 jìn 郊
【远近】yuǎnjìn [名] 遠近. 遠さ.
【远景】yuǎnjǐng [名] ❶遠景. ¶眺望 tiàowàng~ / 遠くの景色を眺める. ❷ 将来の見通し. ¶~规划 guīhuà / 将来の見通しに立った計画.
【远客】yuǎnkè [名] 遠来の客.
【远离】yuǎnlí [動] ❶遠く離れる. ¶~故乡 / 故郷を遠く離れる. ❷遠ざける. ¶~坏人 / 悪人を遠ざける.
【远路】yuǎnlù [名] 遠い道. ¶走~ / 長い道のりを歩く.
【远虑】yuǎnlǜ [動] 遠い将来のことまで考える. ¶深谋 móu~(成) 深謀遠謀.
【远门】yuǎnmén [動] ("出~"として)家を遠く離れる. ¶你这是出~,千万要当心 / 君は今回家を遠く離れるのだから,くれぐれも気をつけなさい. ❷[名] 遠縁の.
【远谋】yuǎnmóu [名] 長期的なもくろみ. 遠謀.
【远年】yuǎnnián [名] 長い年月. 同 多 duō 年
【远期】yuǎnqī [名] 遠い期限. ¶~合同 hétong / 長期契約.
【远亲】yuǎnqīn [名] 遠縁の親戚. ¶~不如近邻 jìnlín / 遠くの親戚より近くの他人. 反 近亲 jìnqīn
【远涉】yuǎnshè [動] 海のかなたへ旅する.
【远视】yuǎnshì [名] 遠視. 反 近视 jìnshì
【远水解不了近渴】yuǎn shuǐ jiě bù liǎo jìn kě 急場の役に立たない. ⇨远水救不了近火
【远水救不了近火】yuǎn shuǐ jiù bù liǎo jìn huǒ (成) 急場の役に立たない. 同 远水救不得 dé 近火,远水不解 jiě 近渴 kě
【远眺】yuǎntiào [動] 遠くを眺める.
【远望】yuǎnwàng [動] 遠くを眺める. ¶登山~ / 山に登って遠くを眺める.
【远销】yuǎnxiāo [動] (商品を)遠方へ売る.
【远行】yuǎnxíng [動] 遠くへ出かける. ¶出门~ / 遠出をする.
【远洋】yuǎnyáng [名] 遠洋. ¶~捕鱼 / 遠洋漁業.
【远扬】yuǎnyáng [動] (名声などが)遠くまで伝わる.
【远因】yuǎnyīn [名] 遠因.
【远游】yuǎnyóu [動] 遠くへ遊びに行く. ¶四处~ / あちらこちらへ遠出をして遊ぶ.
【远在天边,近在眼前】yuǎn zài tiānbiān, jìn zài yǎnqián 探している人物はすぐ目の前にいる.
【远征】yuǎnzhēng [動] 遠征する. ¶~军 / 遠征軍.
【远志】yuǎnzhì ❶〈文〉大望. 遠大な志. ¶胸怀 xiōnghuái~ / 大望を抱く. ❷《植物》イトヒメハギ. ❸《中医・薬》遠志(ねむ).
【远走高飞】yuǎn zǒu gāo fēi (成) 遠くへ逃げる. 高飛びする.
【远足】yuǎnzú [動] 徒歩旅行する.
【远祖】yuǎnzǔ [名] 遠い祖先.

苑 yuàn
艹部5 四 4421₂ 全8画 通用

❶[素] 鳥獣を飼い,樹木を植えてある所. ¶鹿~ / lùyuàn (鹿野苑(ろくやおん)) / 御~ / yùyuàn (御苑(ぎょえん)). ❷[素] (学術・文芸・芸術などに携わる)人々が集まる場所. ¶文~ / wényuàn (文壇) / 艺~ / yìyuàn 奇葩 qípā (文芸界の素晴らしい作品や人物). ❸ (Yuàn)姓.
【苑囿】yuànyòu [名] 古代の皇帝の御苑(ぎょえん).

怨 yuàn
心部5 四 2733₁ 全9画 常用

❶[素] 恨み. ¶~恨 yuànhèn / 抱~ bàoyuàn (不平を言う) / 结~ jiéyuàn (恨みを抱く). ❷[動] とがめる. 責める. ¶各无一言(誰も不満を口にしない) / 任 rèn 劳任~(成) 一切の苦労や非難に耐える) / 别~他(彼を責めるな).
【怨不得】yuànbude ❶[副] ~なのは,もっともだ. 道理で~だ. ¶~电灯不亮,原来是停电了 / 電気がつかないと思ったら,なるほど停電だったのか. 同 怪不得 guàibude ❷[動] ~のせいではない. ¶昨天的事~别人 / 昨日のこと

【怨敌】yuàndí 名 仇敌(きゅうてき). かたき. 同 仇人 chóurén, 仇敌
【怨毒】yuàndú 名文 恨み. 憎しみ. 同 怨恨 hèn
【怨怼】yuànduì 名文 恨み. 不満.
【怨愤】yuànfèn 動 恨み憤る. ¶满腔 mǎnqiāng~/あふれるばかりの恨みと憤り. ¶听到这个消息,人们~起来/この知らせを聞くと,人々は憤った.
【怨恨】yuànhèn ❶ 動 恨む. 憎む. ¶我对谁也不~/私は誰も恨まない. ❷ 名 恨み. 憎しみ. ¶无比~/憎しみに燃える. 同 怨尤
【怨偶】[~耦] yuàn'ǒu 仲の悪い夫婦.
【怨气】yuànqì 名〔股 gǔ〕恨みや不満の気持ちや表情. ¶~冲天 chōngtiān / 激しく恨む. ¶一肚子的~/無処発/腹にためた不満をはきだすところがない.
【怨声载道】yuàn shēng zài dào 成 民衆の不満がきわめて大きい. ¶老百姓对贪官 tānguān 污吏 wūlì 都~/庶民は腐敗官吏に対して大きな不満を抱いている. 由来 恨みの声が道に満ちている,という意から.
【怨天尤人】yuàn tiān yóu rén 成 天を恨み,人をとがめる. 自分のことを反省せず,すべてを人や世の中のせいにする. ¶她老是~, 不寻找 xúnzhǎo 自身的原因/彼女はいつも人を恨むばかりで,自分自身の原因を見つけようとしない.
【怨言】yuànyán 名〔句 jù〕恨み事. 不平. ¶他从不说一句~/彼は一度も不平を言ったことがない.
【怨艾】yuànyì 文 恨み. ¶心怀~/恨みを抱く.
【怨尤】yuànyóu 名文 恨み. 不満.

院 yuàn

阝部7 四 7321₂
全9画 常用

❶ 名(~儿)家屋の前後の,塀や柵(き)に囲まれた空き地. 中庭. ¶我们家~里种 zhòng 着很多花(うちは庭に花をたくさん植えている) / ~子 yuànzi / 场~ chángyuàn(農家の広場) / 四合~儿 sìhéyuànr(四合院⸢⸢). ❷ 素 政府の機関や公共の場所の名称. ¶法~ fǎyuàn(裁判所) / 医~ yīyuàn(病院) / 戏~ xìyuàn(劇場). ❸ 素 単科大学. 単科の高等専門学校. ¶学~ xuéyuàn(単科大学). ❹(Yuàn)姓.
【院本】yuànběn 名《芸能·文学》(金·元代に)妓院で演じられた芝居の台本. (明·清代の)雑劇や伝奇.
【院落】yuànluò 名 "院子 yuànzi"に同じ.
【院墙】yuànqiáng 名 家の周囲の塀.
【院士】yuànshì 名 ❶(中国科学院などの)院士. ❷ アカデミー会員. 参考 ①は,近年,大学や研究所の高級な職称としても使われ,著名な学者が選ばれている.
【院线制】yuànxiànzhì シネマチェーン方式.
【院校】yuànxiào 名 単科大学と大学.
【院长】yuànzhǎng 名 院長. 学院长.
*【院子】yuànzi 名〔个 ge, 座 zuò〕塀や柵(き)で囲った住宅. また,その中庭.

垸 yuàn

土部7 四 4311₂
全10画 通用

下記熟語を参照.
☞ 垸 huán
【垸子】yuànzi 名方(湖南省·湖北省で川や湖に近い地域の)土手.

掾 yuàn

扌部9 四 5703₂
全12画 通用

名文 役所の下級役人. ¶~属 yuànshǔ(古代の役所の属官).

媛 yuàn

女部9 四 4244₇
全12画 通用

名文 美女.
☞ 媛 yuán

瑗 yuàn

王部9 四 1214₇
全13画 通用

名文 周囲が丸く, 中央に大きな穴をあけた平たい玉(ぎょく).

愿(願❶~❸) yuàn

厂部12 四 7123₉
全14画 常用

❶ 動 願う. 望む. ¶心~ xīnyuàn(願望) / ~望 yuànwàng / 平生之~(平素の願い). ❷ 助動 喜んで~する. ~したいと願う. ¶他~承担这项工作(彼はこの仕事を受け持ちたいと願っている) / 她不~继续留在这里(彼女はここに居続けたいと願わない). ❸ 素(神仏への)願い事. ¶许~ xǔyuàn(願をかける) / 还~ huányuàn(お礼参りする). ❹ 素 慎み深い. ¶谨~ jǐnyuàn(謹直だ).
*【愿望】yuànwàng 名〔个 ge〕願い. 願望. ¶主观~/主観的願望. ¶实现~/願いを実現する. 同 希望 xīwàng, 心愿 xīnyuàn
【愿心】yuànxīn 名 ❶ かけた願いがかなったらお礼参りする,という誓い. ❷ 衆生を救いたいという仏の願い.
*【愿意】yuànyì[-yi] 動 ~したいと思う. 自ら望んで~する. ¶我~学汉语 / 私は中国語を習いたいと思う. ¶我们非常~跟你们合作/我々はあなた方との提携を心から望んでいる. ¶"你们~不~参加我们的活动?""~!" / 「君たちは我々の活動に参加したくないか?」「したい!」 ¶我一直照顾你/私はずっとあなたの世話をしたい.

yue ㄩㄝ〔ye〕

曰 yuē

日部0 四 6010₀
全4画 通用

動文 ❶ 言う. ¶子~(子いわく). ❷ …と呼ぶ. ¶有村~谢庄(謝荘という村があった).

约(約) yuē

纟部3 四 2712₀
全6画 常用

❶ 素 拘束する. 制限する. ¶~束 yuēshù / ~制 yuēzhì(抑える). ❷ 名 取り決め. 約束事. ¶条~ tiáoyuē(条約) / 公~ gōngyuē(条約) / 契~ qìyuē(契約書). ❸ 動 前もって話を決める. ¶我们~个时间(我々は時間を決めよう) / 大家已经~好了(みんなもう約束した). ❹ 動 誘う. 招く. ¶~他来(彼を招く) / 你今天都~了谁?(あなたは今日は誰を呼んだのですか). ❺ 動(数学)約分する. ¶节~ jiéyuē(節約する) / 俭~ jiǎnyuē(質素だ). ❼ 形 簡単だ. ¶此言~而详(このことばは簡単でかつ詳しい). ❽ 副 およそ. 約. ¶我看她~有三十岁(彼女がだいたい30歳位だと思う) / 大会~于十月举行(大会はだいたい10月ごろ開かれる).
☞ 约 yāo
【约旦】Yuēdàn《国名》ヨルダン.
【约定】yuēdìng ❶ 動 約束する. 相談して取り決める. ¶见面的时间和地点已经~了 / 会う時間と場所はすでに約束した. ❷ 名 取り決め. 約束. ¶遵守~. 約束を守る.
【约定俗成】yuē dìng sú chéng 成 ものの呼び名や生活習慣は,人々の暮らしの中で長い時間をかけて定着していくものである. ¶~的民俗 / 人々のあいだに定着した風習.

【约法】yuēfǎ 名 暂定宪法.
【约法三章】yuē fǎ sān zhāng 成 ❶ 法律を定めて, みんなで守ることを約束する. ❷ 簡単な取り決めをする. 由来 『史記』高祖本紀に見えることば.
【约分】yuē/fēn 动《数学》約分する. ¶～是多少？/ 約分するといくつですか.
【约合】yuēhé 动 呼び集める.
*【约会】yuēhuì[-huì] ❶ 动 会う約束をする. ¶他俩经常偷偷地～/ 彼らはよくこっそり会っている. ❷ 名（～ﾙ）会う約束. ¶今天晚上有个～/ 今晚約束がある.
【约集】yuējí 动 呼び集める. 召集する. ¶～一些同学, 商量成立校友 xiàoyǒu 会 / 数人のクラスメートを集め, 同窓会の設立について相談する.
【约计】yuējì ざっと計算する. 概算する. ¶请你一下到会的人数 / 出席者の人数をおおまかに計算してください.
【约见】yuējiàn 动 会見を約束する. 用法 多く外交の場面で用いることば.
【约据】yuējù 名 契約書.
【约略】yuēlüè 副 およそ. だいたい.
【约莫[摸]】yuēmo ❶ 动 大ざっぱに見積もる. ¶你～一这点东西有多重？/ これはどの位の重さか見積もってください. ❷ 副（時間や数量について）およそ. 約. ¶我们学校女同学～占百分之四十 / 我が校は女生徒がおよそ40％を占める.
【约期】yuēqī ❶ 动 期日を取り決める. ❷ 名 約束の日. ❸ 名 契約期限.
【约请】yuēqǐng 动 招く. 招聘する. ¶我没～她 / 私は彼女を招いていない. 回 邀请 yāoqǐng
【约束】yuēshù 动 拘束する. 制限する. 規制する. ¶我刚来这里,不得不处处～自己 / 私はここへ来たばかりなので, 事あるごとに自分を抑えざるを得ない. 回 束缚 shùfù 反 放任 fàngrèn, 自由 zìyóu
【约束力】yuēshùlì 名 拘束力.
【约数】yuēshù 名 ❶（～ﾙ）おおよその数. 概数. ❷《数学》約数.
【约谈】yuētán 动 会談や相談の日取りや時間を約束する.
【约同】yuētóng 动 一緒に行うよう誘う.
【约言】yuēyán 名 約束のことば. 回 诺言 nuòyán

哕（噦）yuě 口部6 四 6202₇ 全9画 通用

❶ 拟 吐く音. ¶～的一声,吐了(げえと吐いた). ❷ 动 日 吐く. ¶干～ gānyue (吐き気を催す).

月 yuè 月部0 四 7722₀ 全4画 常用

❶ 名《天文》月. ¶～亮 yuèliang /～光 yuèguāng. ❷ 名（時間の単位の）月. ¶八～ bāyuè (8月) /～底 yuèdǐ /～都有考试(毎月試験がある). ❸ 素 毎月の. ¶～刊 yuèkān /～产量 yuèchǎnliàng (一ｶ月生産量). ❹ 素 月の形をした. まるい. ¶～饼 yuèbing /～琴 yuèqín.
【月白】yuèbái 形 淡いブルーの.
【月白风清】yuè bái fēng qīng 成 月が青白くさえ, 風がすがすがしい. 表現 明るく静寂な月の夜の形容として用いる.
【月半】yuèbàn 名 月の中日. 15日. ¶时间真快,今天又是～了 / 時間がたつのは本当に早い, 今日はまた月の中日だ.
【月报】yuèbào 名 ❶ 月報. ❷ 月例報告. ¶～表 / 月例報告表.
【月饼】yuèbing〔量 个 ge,块 kuài〕月餅(ﾋﾞﾝ). 参考 中秋節に食べるあんの入った丸い焼き菓子. ⇒点心 diǎnxin（図）
【月产】yuèchǎn 名 月産. ¶～值 / 月産額.
【月尘】yuèchén 名《天文》月面の岩石の粉塵.
【月城】yuèchéng 名 城門の外を取り囲む半月形の小城郭. 回 瓮 wèng 城
【月初】yuèchū 名（～ﾙ）月初め. 月初. ¶听说爸爸～要去南京出差 chūchāi / お父さんは月初めに南京に出張するそうだ.
【月底】yuèdǐ 名 月末. ¶爸爸出差 chūchāi 要到～才回家 / お父さんは出張で月末にならないと帰宅しない.
【月度】yuèdù 名（計算単位としての）1ｶ月.
【月份】yuèfèn 名（～ﾙ）（ある）月.（ある）1ｶ月. ¶七～的产量 / 7月の生産量.
【月份牌】yuèfènpái 名（～ﾙ）旧式の一枚刷りの絵入りカレンダー. 現在では, 日めくりカレンダーも指す.
【月工】yuègōng 名 月ぎめで雇う労働者.
【月宫】yuègōng 名 ❶（伝説上の）月の宮殿. ❷ 月の別称.
【月光】yuèguāng 名 月光. ¶～皎洁 jiǎojié / 月光が白くさしている.
【月桂树】yuèguìshù 名《植物》ゲッケイジュ. 回 月桂
【月海】yuèhǎi 名《天文》月面の黒く見える部分. 月面の海.
【月黑天】yuèhēitiān 名 月のない闇夜. 回 月黑夜 yè
【月华】yuèhuá 名 ❶ 月光. ❷ 月の暈(ｶｻ).
【月季】yuèjì 名《植物》コウシンバラ. またその花. 回 月季花 huā
【月经】yuèjīng 名 月経.
【月刊】yuèkān〔量 本 běn, 份 fèn, 期 qī〕月刊誌.
【月蓝】yuèlán 形 淡いブルーの.
【月老】yuèlǎo "月下老人 yuèxià lǎorén"に同じ.
【月历】yuèlì 名 月めくりのカレンダー.
【月利】yuèlì 名 月ごとに計算する利息.
*【月亮】yuèliang〔量 个 ge,轮 lún〕月. お月さま. ¶十五的～圆又圆 / 十五夜お月さまんまるい.
【月亮门】yuèliangmén 名（～ﾙ）《建築》庭園の塀の壁を丸くくりぬいたくぐり門.

月亮门

【月令】yuèlìng 名（旧暦の）各月々における気候と生物の季節関係.
【月轮】yuèlún 名 丸い月.

【月门】yuèmén 名 庭園の塀の壁を丸くくりぬいたくぐり門. 同 月亮 liang 门, 月洞 dòng 门
【月末】yuèmò 名 月末. 同 月底 yuèdǐ
【月偏食】yuèpiānshí 名〔天文〕部分月食.
【月票】yuèpiào 名〔量 张 zhāng〕(バス・電車・電園などの)月ぎめの定期券. ¶买一张～／定期券を買う.
【月钱】yuèqian 名 月々の小遣・銭.
【月琴】yuèqín 名《音楽》〔量 把 bǎ〕❶ 月琴(げっきん). 四弦の弦楽器. ❷ 八角形や円形で竿の長い"阮咸 ruǎnxián"などを指す. 由来①は胴が満月のように丸いことから.
**【月球】yuèqiú 名〔天文〕月. 参考 通称は"月亮 yuèliang".
【月球车】yuèqiúchē 名 ❶ 月面探査車. ❷ 俗 小型の手動按摩器. 自動車のように4つの小さなコロがついており, 中央部の柄を握って身体上を転がし, あんまの効果を出す.
【月全食】yuèquánshí 名〔天文〕皆既月食.
【月嫂】yuèsǎo 名 助産婦.
【月色】yuèsè 名 月光.
【月石】yuèshí 名《薬》硼砂(ほうしゃ)の薬名. 同 硼砂 péngshā
【月食】yuèshí 名〔天文〕月食.
【月事】yuèshì 名 月経.
【月台】yuètái 名 ❶ プラットホーム. ¶～票／駅の入場券. ❷ 宮殿の正殿の前に突き出した台. 三方に石段がある. ❸ 旧 月見をするための台.
【月头儿】yuètóur 名 ❶ 満1ヶ月. ❷ 月初め. 表現 ①は, 月ぎめの支払いについていうことが多い.
【月尾】yuèwěi 名 月末.
【月息】yuèxī 名 月々の利息. 同 月利 yuèlì
【月下老人】yuèxià lǎorén 名〔量 位 wèi〕縁結びの神. 媒酌人. ¶当～／縁結びの神になる. 同 月下老儿 lǎor, 月老 yuèlǎo
【月相】yuèxiàng 名〔天文〕月の位相. 月の満ち欠け.
【月薪】yuèxīn 名 月給. ¶发～／月給を出す. ¶领～／月給を受け取る.
【月牙[芽]】yuèyá 名 (～儿) 三日月. 新月.
【月夜】yuèyè 名 月夜.
【月月红】yuèyuèhóng 名《植物》コウシンバラ. 同 季 yuèjì
【月晕】yuèyùn 名 月の暈(かさ). 表現 一般には"风圈 fēngquān"と言う.
【月氏】Yuèzhī 名《歴史》月氏(げっし). 漢代の西域の国名.
【月中】yuèzhōng 名 月の中ごろ.
【月终】yuèzhōng 名 月末.
【月子】yuèzi 名 ❶ 産後1ヶ月. ¶坐～／産後1ヶ月を休む. ❷ 出産予定日.
【月子病】yuèzibìng 名《医学》"产褥热 chǎnrùrè"(産褥熱さんじょくねつ)の通称.

乐(樂) yuè 丿部4 四 72904 全5画 常用

❶ 素 音楽. ¶奏～ zòuyuè (演奏する). ❷ 素 地名用字. ¶～清 Yuèqīng (浙江省にある県名). ❸ (Yuè)姓. 注意 ③は, "乐 Lè"とは別姓.
☞ 乐 lè
【乐池】yuèchí 名〔量 个 ge〕オーケストラボックス.
【乐段】yuèduàn 名《音楽》楽節.
【乐队】yuèduì 名 ❶ バンド. 楽team. ¶管弦 guǎnxián～／管弦楽団.
【乐府】yuèfǔ 名 ❶ 楽府(がふ). 漢代の朝廷で, 音楽をつかさどる機関. 民間の詩歌や楽曲を採集した. ❷ 楽府(がふ). ①で採集した詩歌や楽曲. またはそれを模して作られた作品.
【乐感】yuègǎn 名 音楽的センス. 音感.
【乐歌】yuègē 名 ❶ 伴奏つきの歌. ❷ 音楽と歌.
【乐理】yuèlǐ 名《音楽》楽理. 音楽の基礎理論.
【乐律】yuèlǜ 名《音楽》音律. 楽律. 同 音 yīn 律
【乐迷】yuèmí 名 音楽愛好者.
【乐谱】yuèpǔ 名 楽譜.
【乐器】yuèqì 名〔量 件 jiàn〕楽器.
【乐曲】yuèqǔ 名〔量 段 duàn, 首 shǒu, 支 zhī〕楽曲.
【乐师】yuèshī 名 楽器演奏者. プレーヤー.
【乐坛】yuètán 名 音楽界.
【乐团】yuètuán 名〔量 个 ge〕楽団. ¶广播～／放送楽団. ¶交响 jiāoxiǎng～／交響楽団. オーケストラ.
【乐舞】yuèwǔ 名 音楽に合わせる舞踊.
【乐音】yuèyīn 名《物理》楽音(がくおん). 振動が一定の周期をもち, 耳に心地よく響く安定した音. 反 噪 zào 音
【乐章】yuèzhāng 名《音楽》楽章. また, 広く楽曲をさす.

刖(異 跀) yuè 月部2 四 72200 全6画 通用

名 足を切り落とす古代の刑罰.

玥 yuè 王部4 四 17120 全8画 通用

名 古代の伝説中の名玉.

岳(異 嶽❶) yuè 山部5 四 72772 全8画 次常用

❶ 素 高い山. ¶五～ Wǔyuè (五岳ごがく. 中国で古来崇拝される5つの名山). ❷ 素 妻の父母, 妻のおじに対する呼称. ¶～父 yuèfù ／～母 yuèmǔ. ❸ (Yuè)姓.
【岳飞】Yuè Fēi《人名》岳飛(がくひ:1103-1142). 南宋の名将.
【岳父】yuèfù 名 妻の父. 同 岳丈 yuèzhàng
【岳家】yuèjiā 名 妻の実家.
【岳母】yuèmǔ 名 妻の母.
【岳阳】Yuèyáng《地名》岳陽(がくよう). 参考 湖南省の洞庭湖に面した都市. 名所旧跡に岳陽楼や君山などがある.
【岳丈】yuèzhàng 名 妻の父. 同 岳父 fù

栎(櫟) yuè 木部5 四 42994 全9画 通用

素 地名用字. ¶～阳 Yuèyáng (陝西省にある地名).
☞ 栎 lì

钥(鑰) yuè 钅部4 四 87720 全9画 通用

素 かぎ. ¶锁～ suǒyuè (要衝). 表現 重要なポイント, 要衝などの比喩(ひゆ)として用いる.
☞ 钥 yào

说(說) yuè 讠部7 四 38712 全9画 常用

素 "悦 yuè"に同じ.
☞ 说 shuì, shuō

钺(鉞/異 戉) yuè 钅部5 四 83750 全10画 通用

名 まさかり. 古代の兵器で斧(おの)に似ているが, 斧よりも大きい.

阅(閱) yuè 门部7 四 37212 全10画 常用

❶動(文章を)読む.目を通す.¶～览 yuèlǎn /～报 yuèbào(新聞を読む)/～传～ chuányuè(回覧する)/～卷 yuèjuàn. ❷動経る.経過する.¶～世 yuèshì/经验～历 yuèlì(経験と見聞)/试行 shìxíng 已～三月(試みてから三ヶ月がたった).索檢閲する.¶～兵 yuèbīng /～检～ jiǎnyuè 军队(軍隊を検閲する).❹(Yuè)姓.

【阅报栏】yuèbàolán 名(街頭や公園に設けられた)新聞を閲覧するための掲示板など.
【阅兵】yuè//bīng 動閲兵する.¶～式 / 閲兵式.￨国庆 guóqìng 大～ / 国慶節の大閱兵.
【阅操】yuècāo 動軍事訓練を観閲する.
*【阅读】yuèdú 動(本や新聞などを)読んで内容を理解する.¶～小说 / 小説を読む.
【阅卷】yuè//juàn 動答案を採点する.
【阅览】yuèlǎn 動閲覧する.¶让我～一下 / 私に閲覧させてください.
*【阅览室】yuèlǎnshì 名〔(间 jiān〕閲覧室.
【阅历】yuèlì ❶動自ら体験する.経験する.¶～过不少事 / 多くの事を体験した.回经历 jīnglì ❷名体験.経験.経験によって得た知識.¶～很浅 / 私は経験が浅い.回经历 jīnglì
【阅世】yuèshì 動文世事を体験する.世間を知る.

悦 yuè †部7 四9801₂ 全10画 常用

❶形楽しい.愉快だ.¶喜～ xǐyuè(喜ぶ)/不～ bùyuè(楽しくない)/和 hé 颜～色 sè 成うれしそうな表情)/心～诚服 fú 成心から喜んで承服する).❷索喜ばせる.¶～耳～ /～目 yuèmù / 取～ qǔyuè 于人(人の機嫌をとる).❸(Yuè)姓.
【悦耳】yuè'ěr 形聞いて気持ちがよい.¶夜莺 yèyīng 的叫声非常～ / ナイチンゲールの鳴き声はとても耳に心地よい.回动听 dòngtīng,好听 hǎotīng 反刺耳 cì'ěr
【悦服】yuèfú 動心から敬服する.¶领导言 yán 行 xíng 一致的作风,令人～ / 指導者の言行一致の態度には,心から敬服させられる.
【悦目】yuèmù 形目を楽しませる.美しい.¶赏 shǎng 心～(美しい景色を見て)心や目を楽しませる.¶～的彩旗 cǎiqí 迎风飘扬 piāoyáng / 色とりどりの美しい旗が風をうけてひるがえる.回顺眼 shùnyǎn,好看 hǎokàn 反刺目 cìmù,刺眼 cìyǎn

跃(躍) yuè 足部4 四6218₄ 全11画 常用

❶動飛び跳ねる.¶跳～ tiàoyuè(ジャンプする)/飞～ fēiyuè(飛躍する)/龙腾 téng 虎～(竜が昇り,虎が飛び上がるように活気に満ちている).❷(Yuè)姓.
【跃层式住宅】yuècéngshì zhùzhái《建築》メゾネット式住宅.
【跃动】yuèdòng 動躍動する.激しく動く.
【跃进】yuèjìn ❶動飛び出す.¶避开障碍 zhàng'ài 物,向前～ / 障害物を避け,前へ飛び出す.❷動躍進する.飛躍する.¶生产～ / 生産が躍進する.¶我们球队从乙 yǐ 级～到甲 jiǎ 级 / 我々のチームはBクラスからAクラスへ昇格した.
【跃居】yuèjū 動(ある地位に)駆け昇る.躍り出る.¶～世界前列 / 世界の最先端に躍り出る.
【跃迁】yuèqiān 名《物理》遷移.転移.
【跃然】yuèrán 形ありありとしている.躍如としている.
【跃然纸上】yuè rán zhǐ shàng 成(文章や絵が)真に迫り,生き生きとしている.
【跃跃欲试】yuè yuè yù shì 成やってみたくて,うずうずする.

越 yuè 走部5 四4380₅ 全12画 常用

❶副("越～越A"の形式で)…すればするほどますますAだ.¶～多～好 / 多ければ多いほど良い.¶～想～一气 / 考えれば考えるほど腹が立つ.¶雨～下～大了 / 雨はますますひどくなって来た.¶生活～来～好了 / 生活がどんどんよくなってきた.
❷動超える.飛び越える.¶～墙 / 塀を飛び越える.¶翻山～岭 líng / 山を越え峰を越えて.¶～出范围 / 範囲を越える.
❸索(声や感情)が高ぶる.¶激～ / 感情が高ぶる.¶声音清～ / 声が澄んで高らかだ.
❹(Yuè)名①周時代の諸侯国の一つ.②浙江省東部の別称.③"越南"(ベトナム)の略称.④姓.
【越冬】yuèdōng 動(植物や虫などが)越冬する.¶～作物 / 越冬作物.¶躺 tǎng 在洞里～的动物 / 穴で眠りながら冬を越す動物.回过冬 guòdōng
【越冬作物】yuèdōng zuòwù《農業》越冬作物.
【越发】yuèfā ❶副一層.さらに.¶不知为什么,他最近学习外语的劲儿儿 jìntóur～大了 / なぜか,彼は近ごろ外国語への学習意欲がいっそう強まった.❷("越"または"越是"と呼応して)…すればするほど…する.¶越是激动,心里的话就～说不出来 / 興奮すればするほど,ことばが出て来なくなる.
【越轨】yuè//guǐ 動常軌を逸する.制限を越える.¶～的行为 / 常軌を逸した行為.
【越过】yuè//guò 動越える.越す.¶飞机～高山,～大海,飞向远方 / 飛行機は山を越え,海を越え,遥かかなたに飛んで行く.
【越级】yuè//jí 動普通の順序に従わないで,等級を飛び越す.¶～上诉 / 等級を飛び越して直訴する.¶～提升 tíshēng / 異例の抜てきをする.
【越加】yuèjiā 副文さらに.一層.¶他一紧张,～说不出话来了 / 彼は緊張すると,ますますことばが出なくなった.回更加 gèngjiā
【越界】yuèjiè 動限界を越える.境界を越える.
【越境】yuè//jìng 動越境する.¶罪犯 zuìfàn ～逃走了 / 犯人は越境して逃走した.¶～偷渡 tōudù / 越境して密入国する.
【越剧】yuèjù 名《芸能》[⑯ 场 chǎng,出 chū,段 duàn〕越劇(zìǔ).参考浙江省の地方劇で,その地方の民謡から発展した.
*【越来越】yuèláiyuè 副(時間がたつにつれ)ますます….¶你的汉语水平～高了 / 君の中国語のレベルはますます上がっている.
【越礼】yuèlǐ 動 礼儀作法をわきまえない.
【越理】yuèlǐ 動道理にははずれる.道理にもとる.
【越南】Yuènán《国名》ベトナム.
【越权】yuè//quán 動越権行為をする.¶你别～办事 / 越権行為をしてはいけません.
【越位】yuèwèi ❶動自分の職位や地位を越える.¶僭权 jiànquán ～ / 越権行為をする.❷名《スポーツ》オフサイド.
【越野】yuèyě 動野山を行く.
【越野车】yuèyěchē 名ジープ.
【越野赛】yuèyěsài 名《スポーツ》(自転車やオートバイな

どの)クロスカントリーレース．モトクロス．¶自行车～／自転車クロスカントリー．

【越野赛跑】yuèyě sàipǎo [名]《スポーツ》クロスカントリーレース．

【越狱】yuè//yù [動]脱獄する．¶有个罪犯 zuìfàn～了／囚人が一人脱走した．

*【越…越…】yuè…yuè… …するほど…だ．…であるにつれて…だ．¶～干～起劲／働くほどに精が出る．[同]愈 yù…愈…

【越俎代庖】yuè zǔ dài páo [成]でしゃばる．越権行為をする．[由来]『荘子』逍遥遊篇に見えることば．料理人がさぼって飯を作らないので，祭りをつかさどる人が見かねて飯を作る，という意から．

粤 Yuè
丿部11 [四] 2602_7 全12画 [次常用]

[素]広東省の別称．¶两～ liǎngyuè（広東と広西）／～剧 Yuèjù．

【粤菜】yuècài [名]広東料理．

【粤海】Yuèhǎi [名]広州(こうしゅう)市の別称．[参考]広東省または広東省一帯の海域を指すこともある．

【粤剧】yuèjù [名]《芸能》〔[量] 场 chǎng，出 chū，段 duàn〕粤劇(えつげき)．[参考]広東語で演じられる広東地方の劇．

樾 yuè
木部12 [四] 4398_5 全16画 [通用]

[名][文]木陰．¶～阴 yuèyīn（木陰）．

龠 yuè
龠部0 [四] 8022_7 全17画 [通用]

❶[名]《音楽》古代の竹製の管楽器．[同]籥 yuè ❷[量]古代の容量単位．"一龠"は"半合 gě"に相等し，約90 ml．

瀹 yuè
氵部17 [四] 3812_7 全20画 [通用]

[動][文]❶煮る．¶～茗 yuèmíng（茶を煎じる）．❷(川の水を)流れやすくする．

yun ㄩㄣ〔yn〕

晕(暈) yūn
日部6 [四] 6050_4 全10画 [常用]

[動]❶頭がくらくらする．ぼうっとする．¶头～ tóuyūn（めまいがする）．[同]晕 yùn ① ❷気を失う．¶～了过去（意識を失った）．

☞ 晕 yùn

【晕倒】yūndǎo [動]めまいがして倒れる．卒倒する．¶她突然～了／彼女は突然卒倒した．

【晕过去】yūnguòqù[-guoqu] [動]卒倒する．気を失う．¶他刚才～，还没缓 huǎn 过来／彼はさっき気を失って，まだ回復していない．

【晕厥】yūnjué [動]気絶する．¶她一时感到天昏 hūn 地转 zhuàn，～了过去／彼女は少しの間くらくらとめまいがして，気絶してしまった．[同]昏厥 hūnjué

【晕头晕脑】yūn tóu yūn nǎo [成]頭がぼうっとしている．

【晕头转向】yūn tóu zhuàn xiàng [成]頭がくらくらして方向がわからなくなる．ぼうっとして何がなんだかわからなくなる．¶船把我摇晃 yáohuàng 得～／船が揺れて頭がくらくらした．¶这几天简直把人忙得～／ここ数日，まったく忙しくて目が回りそうだ．

【晕眩】yūnxuàn [動]めまいがする．

【晕晕忽忽】yūnyūnhūhū [形]頭がぼうっとしている．¶坐了两天两夜的火车，头有点～的／まる二日汽車に乗っていたので，頭が少しぼうっとする．

氲 yūn
气部9 [四] 8011_7 全13画 [通用]

→氤氲 yīnyūn

赟(贇) yūn
贝部12 [四] 0380_2 全16画 [通用]

[形][文]すばらしい．

云(雲❸～❺) yún
厶部2 [四] 1073_2 全4画 [常用]

❶[動][文]言う．¶诗～ Shīyún（詩経に曰(いわ)く）／人～亦 yì～（[成]人が言ったことをおうむ返しする．自分の考えを持っていないようす）．❷[助][文]文頭・文中・文末に用い語気をあらわす．¶～谁之思？（誰が考えたのか）／岁～ suìyún 暮矣 mùyǐ（年の暮が押しせまる）／盖记时也～（思うに時を記したのだろう）．❸[名]〔[量] 朵 duǒ，块 kuài，片 piàn，团 tuán〕雲．¶～集 yúnjí．❹(Yún)[名]雲南省の略称．¶～腿 yúntuǐ（雲南省の宣威産のハム）．❺(Yún)姓．

【云霭】yún'ǎi [名][文]かすみ．

【云豹】yúnbào [名]《動物》ウンピョウ．[同]猫 māo 豹

【云鬓】yúnbìn [名][文]女性の美しく豊かな髪．

【云彩】yúncai [名]〔[量] 朵 duǒ，块 kuài，片 piàn〕雲．¶一丝～／ひとすじの雲．

【云层】yúncéng [名]層雲．¶飞机穿过～，在云海上空飞行／飛行機は雲の層をつきぬけ，雲海の上を飛行している．

【云豆】yúndòu [名]《植物》"菜 cài 豆"（インゲンマメ）の通称．[同]芸 yún 豆

【云端】yúnduān [名]雲の中．

【云朵】yúnduǒ [名]雲のかたまり．

【云贵】Yún Guì [名]"云南"（雲南省）と"贵州"（貴州省）．

【云海】yúnhǎi [名]〔[量] 片 piàn〕雲海．¶～苍茫 cāngmáng／蒼茫(そうぼう)たる雲海．

【云汉】yúnhàn [名][文]❶天の川．銀河．❷高い空．

【云集】yúnjí [動]雲集する．多くの人が各地から集まる．¶～了来自国内外的客商／国内外の企業がたくさん集まった．

【云锦】yúnjǐn [名](雲の模様を織り出した)高級絹織物．[参考]南京産のものが有名．

【云谲波诡】yún jué bō guǐ [成]事態が目まぐるしく変わり予測できないようす．[同]波谲云诡 [由来]もとは，家屋の構造が雲や波のように変化に富んでいるという意から．

【云量】yúnliàng [名]《気象》雲量．

【云锣】yúnluó [名]《音楽》雲鑼(うんら)．打楽器の一つ．[同]九面锣 jiǔmiànluó，九云 yún 锣，十面锣 [参考]音の高さが異なる小さな銅鑼(どら)を複数並べたもの．30数個並べた大きなものもある．

【云母】yúnmǔ [名]《鉱物》雲母(うんも)．マイカ．

【云南】Yúnnán《地名》雲南(うんなん)省．省都は昆明(こんめい)．略称は"云 Yún"，"滇 Diān"．

【云南白药】Yúnnán báiyào [名]《薬》雲南白薬(びゃくやく)．[参考]

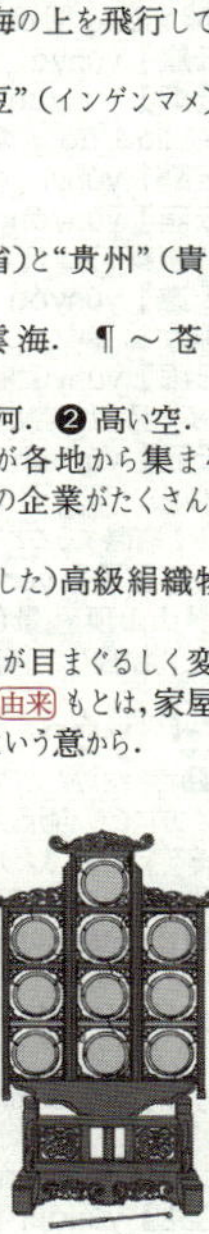

云锣

外傷出血や打ち身などに用いる．
【云泥之别】yún ní zhī bié 〈成〉雲泥の差．月と鼈(すっぽん)．
【云霓】yúnní 虹．〈回〉彩虹 cǎihóng．
【云气】yúnqì 霧のように薄く流れている雲．雲気．
【云雀】yúnquè 名〔（量）个 ge, 只 zhī〕ヒバリ．
【云散】yúnsàn 動 ❶離ればなれになる．¶旧友～／旧友が離ればなれになる．❷四散する．¶烟消～〈成〉雲散霧消．
【云山雾罩】yún shān wù zhào 〈成〉〈方〉話が散漫でまとまりがない．〈由来〉雲や霧がたちこめている、という意味から．
【云杉】yúnshān 名《植物》トウヒ．
【云梯】yúntī 城攻めや消火で用いる長いはしご．雲梯(うんてい)．
【云天】yúntiān 名 高い空．天空．
【云头】yúntóu 名 大きな塊状になっている雲．
【云图】yúntú 名《気象》雲級図．雲図帳．
【云土】yúntǔ 名 雲南省産のアヘン．
【云团】yúntuán 名《気象》積乱雲のかたまり．
【云雾】yúnwù 名 ❶〔層 céng, 片 piàn, 团 tuán〕雲と霧．¶～弥漫 mímàn／雲や霧がたちこめている．❷遮へい物．障害物．¶驱散 qūsàn～,重 chóng 见阳光／雲や霧をはらい，再び日の光を見る．
【云霞】yúnxiá 名〔（量）朵 duǒ, 片 piàn〕彩雲．
【云消雾散】yún xiāo wù sàn 〈成〉雲散霧消する．きれいさっぱり消滅する．¶天空很快就～了／空はあっという間に雲が消え,霧が晴れた．〈回〉烟消 yān 消云散．
【云霄】yúnxiāo きわめて高い空．遠い空の果て．¶响 xiǎng 彻 chè～／天空に響き渡る．
【云崖】yúnyá 名 くずれ立つ山の崖．
【云烟】yúnyān 名 ❶〔（量）片 piàn〕雲と煙．¶～缭绕 liáorào／煙がたちのぼる．❷雲南省産のタバコ．
【云翳】yúnyì 名 ❶暗雲．陰り．❷《医学》角膜混濁．
【云涌】yúnyǒng 動 ❶雲がわき起こる．❷（たくさんの人や事物が）どっと現れる．
【云游】yúnyóu 動〈文〉行脚する．¶～四方／各地を行脚する．
【云雨】yúnyǔ 動〈文〉男女が情交を結ぶ．参考 旧小説に多く見られることば．
【云云】yúnyún 助〈文〉かくかくしかじか．などなど．云々(うんぬん).〈用法〉引用したことばの後に置いて,引用の終了や,残りを省略することをあらわす．
【云蒸霞蔚】yún zhēng xiá wèi あざやかな景色．¶黄山山顶～,景色真是壮观／黄山山頂の景色は美しく,正に壮観だ．〈回〉云兴 xīng 霞蔚．

匀 yún 勹部2 〈四〉2712₀ 全4画 〈常用〉

❶ 形 均等だ．平均している．¶颜色涂得不～（色の塗り方にむらがある）／麦苗 màimiáo 出得很～（麦の苗がそろって出てきた）．❷ 動 均等にする．¶这两份儿多少不均,～～～吧（この二つは量が等しくないから均等にしよう）．❸ 動 一部を分け与える．¶先～出两间房来给新来的同学（まず新しいクラスメートに部屋を二つ分け与えよう）／我们种子比较多,可以～给你们一些（私たちは種がかなりあるから君たちに少しお分けする）．

【匀称】yúnchèn[-chen] 形 名 均等だ．そろっている．バランスがとれている．¶身段～／均整のとれたプロポーション．〈回〉均匀 jūnyún,平均 píngjūn．
【匀兑】yúndui 動 融通する．一部を人に譲る．¶给弟弟～一间屋子／弟に部屋を都合する．
【匀和】yúnhuo（～儿）❶ 形 均等だ．むらがない．¶呼吸～了／呼吸が整った．❷ 動 均等にする．むらをなくす．〈回〉匀乎 yúnhu．
【匀净】yúnjìng（大きさや色合いなどが）そろっている．むらがない．¶染色 rǎnsè～／染め具合にむらがない．
【匀脸】yún//liǎn 動 おしろいや紅(べに)を手でむらなく顔にのばす．〈回〉云面 yúnmiàn．
【匀溜】yúnliu 形（～儿）（大きさ・間隔・重さ・長さ・色合い・太さなどが）過不足ない．ほど良い．¶这些苹果非常～儿／これらのリンゴは大きさがほど良い．
【匀实】yúnshi 形 そろっている．均一だ．¶幼苗出得很～／若い苗がそろって出てきた．
【匀细】yúnxì 形 そろっていて細かい．
【匀整】yúnzhěng[-zheng] 形 バランスがとれ,整っている．¶她的字写得很～／彼女の字は非常にバランスがとれている．

芸(蕓❷) yún 艹部4 〈四〉4473₂ 全7画 〈通用〉

名 ❶《植物・薬》ヘンルーダ．❷《植物》アブラナ．芸薹 yúntái,油菜 yóucài ❸（Yún）姓．
【芸豆】yúndòu 名《植物》インゲンマメ．〈回〉云豆 yúndòu,菜豆 càidòu．
【芸薹】yúntái 名 アブラナの一種．
【芸香】yúnxiāng 名《植物》ヘンルーダ．ウンコウ．
【芸芸】yúnyún 形〈文〉非常に多い．¶花草～／草花が生い茂っている．
【芸芸众生】yún yún zhòng shēng 〈成〉❶《仏教》生きとし生けるもの．❷市井の人々．

员(員) yún 口部4 〈四〉6080₂ 全7画 〈常用〉

素 古代の人名用字．
☞ 员 yuán, Yùn．

沄(澐❷) yún 氵部4 〈四〉3113₂ 全7画 〈通用〉

❶→沄沄 yúnyún ❷名〈文〉大きな波．❸（Yún）姓．
【沄沄】yúnyún 形〈文〉水が大量にうずまいて流れるようす．

纭(紜) yún 纟部4 〈四〉2113₂ 全7画 〈通用〉

下記熟語を参照．
【纭纭】yúnyún 形 数が多く入り乱れている．雑多だ．

昀 yún 日部4 〈四〉6702₀ 全8画

名〈文〉日光．参考 人名に多く用いる．

郧(鄖) Yún 阝部7 〈四〉6782₁ 全9画 〈通用〉

❶ 素 地名用字．¶～县 Yúnxiàn（湖北省にある県名）．❷ 姓．

耘 yún 耒部4 〈四〉5193₂ 全10画 〈次常用〉

動 田畑の草を取る．¶～田 yúntián（田の草を刈る）／春耕 gēng 夏～,秋收冬藏 cáng（春に耕して夏に草を刈り,秋に収穫して冬に貯蔵する）．
【耘锄】yúnchú 名 除草に用いる鍬(くわ)．

涢(溳) Yún 氵部7 〈四〉3618₂ 全10画

❶ 素 地名用字．¶～水 Yúnshuǐ（湖北省を流れる川の名）．❷ 姓．

筠 yún 竹部7 〈四〉8812₇ 全13画 〈通用〉

名 ❶竹の皮．❷竹．
☞ 筠 jūn．

筼 鋆 允 狁 陨 殒 孕 运　yún – yùn　1391

筼(篔) yún
竹部7　四 8880₂　全13画　通用

下記熟語を参照.

【筼筜】yúndāng 名 文 水辺に生える竹の一種.

鋆 yún
金部7　四 4710₉　全15画　通用

❶ 名 文 金(え). ❷ 名 人名用字. 注意 人名では"jūn"とも発音する.

允 yǔn
厶部2　四 2321₂　全4画　常用

❶ 動 承諾する. 許す. ¶不～/bùyǔn(承諾しない)/～许 yǔnxǔ. ❷ 素 適切だ. 公平だ. ¶公～ gōngyǔn(公平である).

【允当】yǔndàng 形 適正だ. 穏当だ. ¶我看这样处理没什么不～的地方/そう処理して,何ら不適切なところはないと思う.

【允诺】yǔnnuò 動 承諾する. 引き受ける. ¶欣然 xīnrán～/喜んで引き受ける.

*【允许】yǔnxǔ 動 許可する. 認める. ¶得到～才可以入室/許可を得てはじめて入室できる. ¶考试时不～偷看/試験のとき,カンニングをしてはならない. ⇨容许 róngxǔ

【允准】yǔnzhǔn 動 許可する. 認める. ¶～开业/開業を許可する.

狁 yǔn
犭部4　四 4321₂　全7画　通用

→猃狁 Xiǎnyǔn

陨(隕) yǔn
阝部7　四 7628₂　全9画　次常用

素 (空や宇宙空間から)落ちる. 墜落する. ¶～石 yǔnshí.

【陨落】yǔnluò 動 (隕石やロケットなど,高空にある物体が)落下する. ¶发生陨星～的情况/隕石落下があった.

【陨灭】yǔnmiè 動 ❶ 物体が高空から落下して壊滅する. ❷ 命を落とす. ¶飞行事故中,飞行员不幸～了/飛行事故において,飛行士は不幸にも命を落とした. 同 殒灭 yǔnmiè

【陨石】yǔnshí 名《天文》〔顆 kē,块 kuài〕(石質の多い)隕石.

【陨石雨】yǔnshíyǔ 名《天文》隕石雨.

【陨铁】yǔntiě 名《天文》隕鉄(ぐ).

【陨星】yǔnxīng 名《天文》〔顆 kē〕(総称としての)隕石.

殒(殞) yǔn
歹部7　四 1628₂　全11画　通用

素 死ぬ. ¶～命 yǔnmìng.

【殒灭】yǔnmiè 動 命を落とす. 同 陨灭 yǔnmiè

【殒命】yǔnmìng 動 文 命を落とす.

【殒身】yǔnshēn 動 文 命を落とす. 死亡する.

孕 yùn
子部2　四 1740₇　全5画　常用

素 妊娠する. ¶有～ yǒuyùn(妊娠する)/～妇 yùnfù/避～ biyùn(避妊する).

【孕妇】yùnfù 名〔個 个 ge,名 míng,位 wèi〕妊婦.

【孕期】yùnqī 名 妊娠期間.

【孕穗】yùnsuì 動 (イネなどが)穂をはらむ.

【孕吐】yùntù 動《医学》つわり. 悪阻(ぞ).

【孕育】yùnyù 動 はぐくむ. 胎内で育てる. ¶～着新事物/新しい物事をはぐくむ.

运(運) yùn
辶部4　四 3130₃　全7画　常用

❶ 素 めぐる. ¶日月～行 yùnxíng(太陽や月の運行). ❷ 動 運ぶ. ¶往北京～了一批货(貨物を北京へ運んだ)/这批货～到上海(これらの貨物は上海まで運ぶ)/～往河边(川べりに運ぶ). ❸ 素 用いる. 活用する. ¶～思 yùnsī/～笔 yùnbǐ(筆運び)/～筹 yùnchóu. ❹ 素 運. めぐり合わせ. ¶幸～ xìngyùn(幸運)/走～ zǒuyùn(運が良い). ❺ (Yùn)姓.

【运筹】yùnchóu 動 策略を練る. 方法や計画を決める. ¶这项工程得～规划 guīhuà 一下/この工事は戦略を考えてせねばならない.

【运筹帷幄】yùn chóu wéi wò 成 後方にあって策を練る. 裏で糸をひく. ¶诸葛亮 Zhūgě Liàng～,巧妙地从曹操 Cáo Cāo 那里"借"到了十万支箭 jiàn／諸葛孔明ははかりごとをめぐらし,まんまと曹操から十万本の矢を「借り」おおせた. 由来《漢書》高帝紀に見えることば.

【运筹学】yùnchóuxué 名《数学》オペレーションズリサーチ. O.R.

【运单】yùndān 名 貨物送り状.

【运道】yùndào 名 方 運. 運命.

*【运动】yùndòng ❶ 名 動《物理・生物》運動(する). ¶火山～/火山活動. ❷ 名 動〔個 场 chǎng,项 xiàng〕スポーツ(をする). 運動(をする). ¶你去外边儿～～/外でちょっと運動しよう. ❸ 名〔個 场 cháng,次 cì〕(政治・文化・生産などの)運動. 組織的な大衆活動. ¶五四～/五四(う)運動. ¶新文化～/新文化運動.

【运动场】yùndòngchǎng 名 グラウンド. 運動場.

【运动处方】yùndòng chǔfāng 名(スポーツトレーニングの)運動メニュー.

*【运动会】yùndònghuì 名〔個 次 cì,届 jiè〕運動会. スポーツ大会. ¶今天我们学校举行～/今日は私たちの学校の運動会だ. ¶亚洲 Yàzhōu～/アジア大会.

【运动健将】yùndòng jiànjiàng 名 中国でスポーツ選手に国家から与えられる等級のうち,最高級のランク.

【运动量】yùndòngliàng 名《スポーツ・生理》運動量. 同 运动负荷 fùhè

【运动神经】yùndòng shénjīng 名《生理》運動神経. 同 传出 chuánchū 神经

【运动学】yùndòngxué 名 ❶《物理》運動学. ❷(スポーツ)運動学.

【运动员】yùndòngyuán 名 スポーツ選手.

【运动战】yùndòngzhàn 名《軍事》機動作戦.

【运动】yùndong 動 貶 (目的を達するために政府や権利機関などに)働きかける. ¶～官府/政府に訴える.

【运费】yùnfèi 名 貨物輸送費用. 運送料. 同 运价 yùnjià

【运河】yùnhé 名〔道 dào,条 tiáo〕運河.

【运价】yùnjià 名 輸送費. 運賃.

【运脚】yùnjiǎo 名 方 運送料. 同 运费 yùnfèi

【运距】yùnjù 名"运输距离"(輸送距離)の略称.

【运力】yùnlì 名 輸送能力. 輸送力.

【运量】yùnliàng 名 輸送量.

【运能】yùnnéng 名"运输能力"(輸送能力)の略称.

【运气】yùn//qì 動 身体の一部に力を入れる. 力をこめる. ¶气功师正在～/気功師がいま気を送っているところだ.

【运气】yùnqi ❶ 名 運. 運命. ¶～不佳 jiā／運が悪い. ¶我来碰碰 pèngpeng～试试看／私が運だめしにやってみよう. ❷ 形 幸運だ. ¶你真～／君は実に幸

【运球】yùnqiú 名《スポーツ》(球技での)ドリブル.
*【运输】yùnshū 動 輸送する.運搬する.¶铁路～部门/鉄道輸送部門.¶～工具/輸送手段.¶陆上～/道路輸送.
【运输机】yùnshūjī 名 輸送機.
【运输舰】yùnshūjiàn 名《軍事》輸送艦.
【运思】yùnsī 動 思いをめぐらす.表現 多く詩文の構成や句作りを考えることをさす.
【运送】yùnsòng 動 運搬する.運ぶ.¶购买 gòumǎi 一万圆以上，免费 miǎnfèi～/一万円以上買い物をすると,運送費が無料になる.
【运算】yùnsuàn 動 運算する.演算する.¶四则～/四則演算.
【运算器】yùnsuànqì 名《コンピュータ》演算装置.
【运往】yùnwǎng 動 …に向けて輸送する.¶把货～上海/貨物を上海に輸送する.
【运销】yùnxiāo 動 貨物を輸送して販売する.¶～全国/全国に輸送販売する.¶公司专门批发 pīfā～中国食品/会社は中国の食品を専門に卸・輸送販売を行っている.
【运行】yùnxíng 動 (星や乗り物などが)運行する.¶卫星的～轨道 guǐdào/衛星の運行軌道.¶列车的～时间/列車の運行時間.（同）运转 yùnzhuǎn
【运营】yùnyíng 動 ❶ (交通機関が)運行営業する.❷ (組織や機構を)運営する.
*【运用】yùnyòng 動 運用する.活用する.¶～电脑查询 cháxún/コンピュータを使って調べる.¶把学到的知识～到实际工作中去/学んだ知識を実際の仕事に生かす.
【运用自如】yùn yòng zì rú 自由自在にあやつる.自在に運用する.¶他的汉语口语已经～了/彼の中国語の会話はすでに自由自在になっている.
【运载】yùnzài 動 積み込んで運ぶ.搭載する.¶火车的～量/貨車の積載量.
【运载火箭】yùnzài huǒjiàn 名 (人工衛星などの)打ち上げロケット.
【运转】yùnzhuǎn 動 ❶ 一定の軌道にのって動く.運行する.❷ 機械が稼動する.¶～正常/正常に運転している.❸ (組織や機構などの)業務を行う.活動する.¶开始～/業務を開始する.
【运作】yùnzuò 動 作動する.¶计算机～正常/コンピュータは正常に作動している.

员(員) Yùn 口部4 全7画 6080₂ 常用

名
→ 员 yuán,yún

郓(鄆) Yùn 阝部6 全8画 3752₇ 通用

❶ 名 地名用字.¶～城 Yùnchéng (山東省にある県名).❷ 姓.

恽(惲) Yùn 忄部6 全9画 9705₄ 通用

名 姓.

晕(暈) yùn 日部6 全10画 6050₄ 常用

❶ 動 頭がくらくらする.めまいがする.酔う.¶一坐船就～(船に乗るとすぐに船酔いする)/眼～ yǎnyùn (目まいがする).❷ 名 太陽や月の周りにできる光の輪.暈(ᵏᵃˢᵃ).¶日～ rìyùn (日暈)/月～而风(月が暈をかぶると風が

吹く).❸ 名 ぼんやりとした色や光の状態.¶红～(ほんのりとした赤さ)/灯～(ぼんやりとした明り).
→ 晕 yūn
【晕场】yùn//chǎng 動 (受験生や役者などが)場慣れしないためにあがる.緊張のあまり気分が悪くなる.¶他平时的成绩不差,就怕临考～/彼は普段の成績はよいが,試験であがるのだけが心配だ.
【晕车】yùn//chē 動 車に酔う.¶她会～,得带点药/彼女は車酔いするから,薬を持っていかなければならない.
【晕池】yùn//chí ふろに入ってのぼせる.¶他～了/彼は湯あたりした.（同）晕堂 yùntáng
【晕船】yùn//chuán 動 船に酔う.¶他一～得很厉害/彼は船酔いがひどい.¶她有点～反应/彼女はすこし船酔いの症状が見られる.
【晕高儿】yùn//gāor 動 方 高いところに上がってめまい動悸(ᵈᵒˡᵘ)がする.¶她会～,所以不敢往下看/彼女は高いところへ上がるとめまいがするので,下を見られない.
【晕机】yùn//jī 動 飛行機に酔う.
【晕针】yùn//zhēn 名《中医》鍼(ᴋᵃ)を打った後,顔面蒼白・めまい・吐き気などの反応が起こる.

酝(醞) yùn 酉部4 全11画 1163₂ 次常用

素 かもす.醸造する.¶～酿 yùnniàng.
【酝酿】yùnniàng 動 ❶ 酒を醸成する.❷ 下準備をする.根回しする.¶已经～成熟了/すでに下準備がされている.¶关于这件事,大家要好好～一下/この件に関しては,みんなできちんと根回ししておこう.

愠 yùn 忄部9 全12画 9601₂ 通用

素 怒る.恨む.¶～色 yùnsè.
【愠怒】yùnnù 動 怒る.
【愠色】yùnsè 名 怒りの表情.

韫(韞) yùn 韦部9 全13画 5601₂ 通用

動 文 蔵する.中に含む.¶～玉 yùnyù (美しい素質を中に秘める).

韵(異)韻 yùn 音部4 全13画 0762₂ 常用

❶ 名 心地よい音色.¶琴～ qínyùn 悠揚 yōuyáng (琴の音色が高く低く流れる).❷ 名 韻母(ⁱⁿ).❸ 名 韻.声母と介音(ⁱⁿ)以外のもの.例えば,"堂 táng","皇 huáng"は"áng"の韻.また,"an,ian,uan,üan"四つの韻母は"an"の韻.¶～类 yùnlèi (韻の種類)/～文 yùnwén (押)～ yāyùn (韻をふむ)/叶～ xiéyùn (韻をあわせる)/叠～ diéyùn (二音節以上の語の韻が同じもの).❹ 名 情趣がある.¶风～ fēngyùn (女性の美しい容姿).❺ (Yùn)姓.
【韵白】yùnbái 名 ❶《芸能》京劇で,伝統的な読みかたで語るせりふ.❷ 戯曲で,韻をふんだせりふ.
【韵调】yùndiào 名 ❶ の調子.音調.
【韵腹】yùnfù 名《言語》主要母音.漢字の発音のメインとなる母音.⇨韵母 yùnmǔ
【韵脚】yùnjiǎo 名 (韻文の句末の)韻をふむ文字.韻脚.
【韵律】yùnlǜ 名 韻律.韻をふむときの規則.
【韵律体操】yùnlǜ tǐcāo 名《スポーツ》新体操.（同）艺术 yìshù 体操
【韵母】yùnmǔ 名《言語》韻母(ⁱⁿ).漢字の,声母(ⁱᵉⁱ)以外の部分.参考 韻母はさらに"韵头"(介音),"韵腹"(主要母音),"韵尾"(韻尾)の三部分に分けられる.例えば"娘 niáng"なら,iang が韻母であり,i が"韵头",a

が"韵腹", ng が"韵尾"である.
- 【韵目】yùnmù 名 韻目. 参考 韻書(〖ﾋ〛ﾞｭ)で,韻にそった順で排列した項目.
- 【韵事】yùnshì 名 文 韻事. 風流な事柄.
- 【韵书】yùnshū 名 韻引き字典. 韻書. 参考 『広韻』『集韻』などの韻目順に配列した字典.
- 【韵头】yùntóu 名《言語》介音(ﾇﾞ). ⇨韵母 yùnmǔ
- 【韵尾】yùnwěi 名《言語》韻尾(ﾆﾝ). ⇨韵母 yùnmǔ
- 【韵味】yùnwèi 名 (内に込められた)趣. 味わい. ¶〜无穷 qióng / 情趣がつきない.
- 【韵文】yùnwén 名《文学》〔⑯ 段 duàn, 篇 piān〕韻文. 反 散文 sǎnwén
- 【韵语】yùnyǔ 名 韻をふんだことば. 韻語. 表現 特に"诗词"をさすこともある.
- 【韵致】yùnzhì 名 情趣. 趣.

蕴(蘊) yùn
艹部12 四 4411₂ 全15画 次常用

- ❶素 含む. ¶〜藏 yùncáng / 石油〜藏量(石油埋蔵量). ❷(Yùn)姓.
- 【蕴藏】yùncáng 動 埋蔵している. 埋もれている. ¶〜着极大的爱国热情 / 国を愛する強い情熱を抱いている. ¶地下〜着很多矿产 kuàngchǎn / 地下には多くの鉱物が埋蔵されている.
- 【蕴含】yùnhán 動 包含する. 含む. 回 包 bāo 含
- 【蕴涵】yùnhán ❶ 動 包含する. 含む. 回 蕴含 yùnhán ❷ 名(論理学で言う)含意.
- 【蕴藉】yùnjiè 形 文 含蓄がある. ¶〜的笑意 / 意味ありげな笑い.
- 【蕴蓄】yùnxù 動 潜在している. 蓄積されていて, 表面に出ていない.

熨 yùn
火部11 四 7480₉ 全15画 通用

動 アイロンをかける. ¶一一〜裤子(ズボンにアイロンをかける) / 把衣褶儿 yīzhěr〜平(服のしわをアイロンでのばす) / 〜斗 yùndǒu / 电〜 diànyùn (電気アイロン).
☞ 熨 yù
- 【熨斗】yùndǒu 名〔⑯ 个 ge〕火のし. アイロン. ¶电〜 / 電気アイロン. ¶蒸汽型电〜 / スチームアイロン.
- 【熨烫】yùntàng 動 アイロンでのす. ¶〜衣服 / 服にアイロンをかける.

Z

zā ㄗㄚ [tsA]

扎(異 紮, 紥) **zā** 扌部1 全4画 四 5201₀ 常用
❶ 動 ひもでくくる。¶〜褲脚 kùjiǎo(ズボンのすそをくくる)/〜辮子 biànzi(おさげに結ぶ)。❷ 量 ひもで束ねたものを数えることば。¶一〜干草(一束の干し草)/一〜线(一束の糸)。
☞ 扎 zhā, zhá

【扎伊尔】Zāyī'ěr《国名》ザイール。

【扎制】zāzhì 動 縛ったり束ねたりして作る。¶〜风筝/凧(たこ)を作る。

匝(異 帀) **zā** 匚部1 全5画 通用 四 7171₂
❶ 量 文 一周することを数えることば。¶绕树三〜(木を三周する)。❷ 形 いっぱいになる。広く行きわたる。¶〜地 zādì/〜月 zāyuè(満1ヶ月)/密密〜〜(ぎっしりつまっている)。

【匝道】zādào 名 インターチェンジ。

【匝地】zādì 動 文 あたり一面にある。 同 遍 biàn 地。

咂 zā 口部5 全8画 通用 四 6101₂
動 ❶ 舌を鳴らす。¶〜嘴 zāzuǐ。❷(酒などを)口をすぼめてすする。¶〜了一口酒(酒をひと口すする)。❸(味を)よく吟味する。¶〜一摸 zāmo。表現 ①は、称賛・羨望・驚きなどをあらわす動作。

【咂摸】zāmo 動 方(味を)じっくり味わう。(意味や内容を)深く考える。¶他这话是什么意思/彼のこの話がどんな意味なのかをよくよく考える。 重咂摸咂摸

【咂嘴】zā/zuǐ 動(〜儿)舌を鳴らす。¶他惋惜 wǎnxī 得连连〜/彼は残念がって何度も舌を鳴らした。

拶 zā 扌部6 全9画 通用 四 5202₇
動 文 強制する。
☞ 拶 zǎn

臢(臟) **zā** 月部16 全20画 通用 四 7428₂
→ 腌臢 āzā

杂(雜/異 襍) **zá** 木部2 全6画 常用 四 4090₄
❶ 形 いろいろなものが混ざり合っている。¶〜居 zájū/〜乱 záluàn/复〜 fùzá(複雑だ)。❷ 動 混ざる。¶〜拌儿 zábànr/〜交 zájiāo/混〜 hùnzá(混じり合う)。反 纯 chún ❸ 素 主要でない。その他もろもろ。¶〜费 záfèi/〜粮 záliáng/〜念 zániàn。

【杂拌儿】zábànr 名 ❶ ドライフルーツや果物の砂糖漬けなどの盛り合わせ。❷ 寄せ集めの物。

【杂草】zácǎo 名 雑草。

【杂处】záchǔ 動(各地から来た人々が一地域に)雑居する。¶五方〜/或 各地から来た人がひとところに雑居する。

【杂凑】zácòu 動 寄せ集める。

【杂费】záfèi 名 ❶〔⊕ 项 xiàng, 种 zhǒng〕❶ 雑費。¶减少〜/雑費を減らす。❷ 学校が生徒から徴収する雑費。¶交〜/(学校の)学費と雑費を納める。

【杂感】zágǎn 名 ❶ 雑感。¶《旅美》/「米国旅行雑感」❷〔⊕ 篇 piān〕雑感を綴った文章。

【杂烩】záhuì 名 ❶〔料理〕五目あんかけ。¶炒个大〜/五目あんかけを作る。❷ 比 寄せ集め。ごった煮。¶这台演出是个大〜, 什么节目都有/この公演はごった煮で, ありとあらゆる出し物がある。

【杂活儿】záhuór 名 こまごまとした力仕事。

【杂货】záhuò 名〔⊕ 种 zhǒng〕雑貨。¶〜店/杂货店。

【杂货铺】záhuòpù 名(〜儿)雑貨屋。

【杂和面儿】záhuomiànr 名 トウモロコシに大豆の粉を少し混ぜてひいた粉。その粉で作ったもの。

【杂记】zájì 名 ❶ 雑記。¶《旅欧 Ōu〜》/「欧州旅行雑記」❷ 細かいことがらの記録。¶学习〜/学習日誌。¶〜本儿/雑記帳。

*【杂技】zájì 名〔⊕ 项 xiàng, 种 zhǒng〕いろいろな芸や出し物の総称。アクロバット, 自転車乗り, 口技, 皿回し, 綱渡り, 獅子舞, 手品など。¶〜表演/雑技の公演。¶〜团/雑技団。

【杂家】zájiā 名 ❶ 雑家。春秋戦国時代に各派の学説を融合させて作り出された学派の一つ。❷ 雑学者。¶他是个〜, 样样都会一点/彼は雑学の大家で, どんなことでも少しはできる。

【杂交】zájiāo 動《生物》交配させる。¶〜繁育/雑種交配。¶〜种 zhǒng/ハイブリッド種。交配を重ねて作り出した血統。¶〜水稻 shuǐdào/異なる品種の水稲をかけあわせる。

【杂居】zájū 動 複数の民族が一地域に居住する。¶几个民族〜的地区/いくつかの民族が居住している地域。

【杂剧】zájù 名〔芸能〕〔⊕ 出 chū〕雑劇。宋代より始まった喜劇を特徴とする演技形式。元代に戯曲の形に発展, "元曲 yuánqǔ", "元杂剧"と呼ばれた。

【杂粮】záliáng 名 雑穀。

【杂乱】záluàn 形 雑多だ。乱雑だ。¶抽屉 chōuti 里的东西很〜/引き出しの中身はごちゃごちゃだ。重 杂杂乱乱 同 杂沓 zátà, 芜杂 wúzá 反 整齐 zhěngqí

【杂乱无章】zá luàn wú zhāng 成 比 ごちゃごちゃして秩序がない。¶公司刚建立不久, 一切都〜/会社は設立まもなく, すべてがごちゃごちゃだ。

【杂面】zámiàn 名 小豆や緑豆など豆類の粉。その粉で作っためん類。

【杂念】zániàn 名 雑念。打算的な考え。¶摒除 bìngchú〜/雑念を除く。¶私心〜/自己中心的な気持ちや打算的な考え。

【杂牌】zápái 形(〜儿)正規でない。¶〜货/無名のメーカーの商品。

【杂牌军】zápáijūn 名《軍事》非正規軍。寄せ集めの軍隊。表現 特に, 国民党の"中央军"以外のものをさすことが多い。

【杂品】zápǐn 名 こまごまとした日用品。

【杂七杂八】zá qī zá bā 形 乱雑で雑多だ．¶～的东西／はんぱ物．がらくた．¶～地说了很多／ごちゃごちゃとたくさんしゃべった．
【杂糅】záróu 動 異なる事物をまぜこぜにする．
【杂色】zásè 名 ❶ いろいろな色．雑多な色．反 正色 zhèngsè ❷ 形 "杂牌 zápái" に同じ．
【杂食】záshí ❶ 動 雑食する．¶～动物／雑食動物．❷ 名 間食．おやつ．回 零食 língshí
【杂史】zázhǐ 名《正史以外の》事件や見聞，個人の見聞を記述した歴史書．雑史．
【杂事】záshì 名〔～儿〕雑用．雑事．
【杂耍】záshuǎ 名〔～儿〕民間芸能．曲芸．雑技．
【杂税】záshuì 名 雑多な税金．¶苛捐 kējuān～／ 成 過酷な雑税．
【杂说】záshuō 名 ❶ いろいろな言い方．¶～不一／いろいろな説がある．❷ 文 こまごまとした論説．❸ 文 正統論以外のいろいろな学説．
【杂碎】zásui 名 ❶《料理》コマ切りにして煮込んだ牛や羊の内臓．¶牛～／牛モツの煮込み．❷ こまごました物．
【杂沓[遝]】zátà 形 入り乱れている．¶～的脚步声／どやどやとした足音．反 齐整 qízhěng
【杂谈】zátán 動 雑談する．
【杂文】záwén 名〔篇 piān〕エッセイ．
【杂务】záwù 名 雑務．¶除教学外,还有许多～／教え以外にも，たくさんの雑務がある．
【杂项】záxiàng 名 正規の項目外の項目．¶～支出／雑支出．
【杂音】záyīn 名 雑音．ノイズ．¶这个收音机～太多／このラジオは雑音がひどすぎる．¶心脏～／心臓の雑音．
【杂用】záyòng 名 文 雑費．こまごました支出．¶这点钱,～还不够呢！／これっぽっちの金では，雑費にも足りないよ．
【杂院儿】záyuànr 名〔个 ge,座 zuò〕複数の家族が同居している住宅．回 大 dà 杂院儿
【杂志】zázhì 名 ❶〔本 běn,份 fèn,卷 juàn,期 qī〕雑誌．¶订阅～／雑誌を定期購読する．¶过期～／雑誌のバックナンバー．回 期刊 qīkān ❷ 雑記．
用法 ② は多く書名に用いる．
【杂质】zázhì 名 不純物．異物．¶纯金 chúnjīn 也含有～／純金にも不純物は含まれている．
【杂种】zázhǒng 名 ❶ 雑種．¶～狗／雑種犬．❷ 人をののしることば．¶这个～／このろくでなし．
【杂字】zázì 名 常用字を集めた日用字書．識字読本．
用法 多く書名に用いる．

砸 zá 石部5 四 1161₂ 全10画 次常用
動 ❶ 重いものを打ちつける．重いものが他のものの上に落ちする．¶～地基 dìjī（地固めをする）／～钉子 dīngzi（くぎを打つ）．❷ 打ちつけて壊す．¶碗～了（碗が割れた）／～碎 zásuì 铁锁链 tiěsuǒliàn（自由を勝ちとる）．❸ 方 失敗してぶち壊しになる．¶～饭碗 zá fànwǎn ／～锅 záguō.
【砸饭碗】zá fànwǎn 句 失業する．¶他被公司砸了饭碗／彼は会社をくびになった．
【砸锅】zá//guō 動 失敗する．¶这事千万不能～／この件は絶対に失敗してはならない．
【砸锅卖铁】zá guō mài tiě 成 持ち物すべてをなげうつ．すっからかんになる．由来「鍋を壊してくず鉄として売る」という意から．
【砸票】zápiào 動《多く親しい友達など》特定の人が有利になるように投票する．とくにオーディション番組等の携帯電話のメールを使った投票で，一人で何度も投票したり，他人に投票を依頼して票を稼ぐことをいう．
【砸碎】zásuì 動 粉々にする．粉砕する．¶～旧世界／古い世の中を打ち壊す．

咱（異 喒, 偺）zá 口部6 四 6600₂ 全9画 常用
下記熟語を参照．
☞ 咱 zán
【咱家】zájiā 代 私．参考 多く早期の白話小説などに見える．

咋（異 嗭）zǎ 口部5 四 6801₁ 全8画 通用
代 方 どうして．どのように．回 怎 zěn
☞ 咋 zé, zhā
【咋个】zǎge 代 方 なぜ．どうして．どのように．回 怎么 zěnme, 怎么办 bàn

zāi ㄗㄞ〔tsae〕

灾（異 災, 烖）zāi 宀部4 四 3080₉ 全7画 常用
名 ❶ 災（わざ）い．災厄（やく）．¶～害 zāihài ／～祸 zāihuò ／蝗～ huángzāi（イナゴによる被害）．❷ 不運．不幸．¶没病没～（無病息災）／招～惹祸 rěhuò（成 災いを引き起こす）／无妄 wàng 之～（成 思わぬ災厄）．
【灾变】zāibiàn 名 自然災害や異変．
*【灾害】zāihài 名 災害．¶自然～／自然災害．¶这个地区的～尤其严重／この地区の災害は特に深刻だ．
【灾患】zāihuàn 名 災害．災難．¶屡经 lǚjīng ～／数々の災難を経験する．¶～无穷 wúqióng ／災難が次々とふりかかる．
【灾荒】zāihuāng 名〔场 cháng, 次 cì〕自然災害による飢饉（ききん）や凶作．¶闹～／飢饉に見舞われる．¶战胜～／飢饉に打ち勝つ．
【灾毁】zāihuǐ 動 災害で破壊される．
【灾祸】zāihuò 名 災害．災難．¶～临头 líntóu ／災難が降りかかる．¶～从天而降 jiàng ／災難が天から降りかかる．回 灾害 zāihài, 灾患 zāihuàn, 灾难 zāinàn
【灾民】zāimín 名〔个 ge, 群 qún〕被災者．被害者．¶赈济 zhènjì ～／被災者を救済する．
【灾难】zāinàn 名 災難．災禍．¶～深重／深刻な災禍．¶遭受～／災難にあう．
【灾年】zāinián 名 凶年．不作の年．
【灾情】zāiqíng 名 被災状況．¶～严重／被害が甚大だ．¶报告～／被災状況を報告する．
【灾区】zāiqū 名 被災地区．¶地震 dìzhèn ～／地震の被災地区．¶赶赴 gǎnfù ～／被災地区へかけつける．
【灾星】zāixīng 名 災いの星．また，人々に災難や不運をもたらす人や事物．回 福 fú 星
【灾殃】zāiyāng 名 災難．わざわい．
【灾异】zāiyì 名《地震や日食などの》自然災害や特異な自然現象．

甾 zāi 巛部5 四 2260₃ 全8画 通用
名《化学》ステロイド．

哉 zāi
戈部 5　四 4365₀
全9画　通用

❶ 助 文 (語尾や形容詞の後につけて)感嘆をあらわす. ¶呜呼 wūhū 哀～! (感) ああ! / 诚～斯 sī 言! (まったくその通りだ!) ❷ 助 (語尾につけて)疑問や反語をあらわす. ¶有何难～? (何がそんなに難しいのだ) / 岂 qǐ 有他～? (彼がいるはずがあろうか). ❸ (Zāi) 姓.

栽 zāi
戈部 6　四 4395₀
全10画　常用

❶ 動 植える. ¶～种 zāizhòng / 移～ yízāi (移植する). ❷ 移植得るほどに成長した植物の苗. ¶～子 zāizi / 桃～ táozāi (桃の苗) / 柳～子 liǔzāizi (柳の苗). ❸ 苗を植えるように, 挿し入れる. ¶～绒 zāiróng / ～牙刷 yáshuā (歯ブラシの毛を植え込む). ❹ 動 むりやり罪を着せる. ¶～赃 zāizāng. ❺ 動 つまずいて倒れる. ¶～跟头 zāi gēntou / ～倒 zāidǎo (つまずいて倒れる).

【栽跟头】zāi gēntou 俗 ❶ 転倒する. ひっくり返る. ¶他下楼时, 不小心栽了个跟头 / 彼は階段を下りるとき, うっかりして転んだ. ❷ 失敗する. ¶知错不改, 早晚会～ / 誤りと知りつつ改めなければ, いずれ失敗する.

【栽培】zāipéi 動 ❶ 栽培する. ¶～水稻 shuǐdào / 稲を育てる. ¶棉花～ / 綿花栽培. ❷ 人を育てる. 指導する. ¶感谢老师的～ / 先生のご指導に感謝いたします. ❸ (官界で)人を引き立てたり抜擢(ばってき)したりする. ¶全靠上级～ / すべて上司の引き立てのおかげだ. 用法 ❷は, 多く相手にお願いしたり感謝する時に用いる.

【栽培植物】zāipéi zhíwù 名 栽培植物.
【栽绒】zāiróng 名 (紡織)絹糸を織り込み, 表面を切りそろえて毛羽立たせた織物. 高級敷物や壁掛けにする.
【栽赃】zāi//zāng 動 (盗品や禁制品をこっそり他人の所に置き)罪を着せる. ¶陷害 xiànhài / 人を罪に陥れる.
【栽植】zāizhí 動 苗を土壌に植え付ける. ¶～葡萄 pútáo / ブドウの苗を植え付ける.
【栽种】zāizhòng 動 植え付ける. ¶～苹果 / リンゴの苗を植え付ける. ¶～树苗 shùmiáo / 木の苗を植える.
【栽子】zāizi 移植用の苗. ¶树～ / 木の苗.

仔 zǎi
亻部 3　四 2724₇
全5画　常用

名 "崽 zǎi" に同じ.
☞ 仔 zī, zǐ

载(載) zǎi
戈部 6　四 4355₀
全10画　常用

❶ 量 年をあらわすことば. ¶一年半～ (一年たらず) / 千难逢 féng (千載一遇だ). ❷ 動 記す. 掲載する. ¶登～ dēngzài (掲載する) / 记～ jìzài (記載する) / 刊～ kānzài (掲載する).
☞ 载 zài
【载入史册】zǎi rù shǐ cè 成 歴史記録に記載されるほど評価が高い. ¶这是一项～的大工程 / これは歴史に残る大プロジェクトだ.

宰 zǎi
宀部 7　四 3040₁
全10画　常用

❶ 動 家畜や家禽(きん)を屠殺(とさつ)する. ¶～杀 zǎishā / 屠～ túzǎi (屠殺する) ❷ 殺 shā ❷ 書 とりしきる. ¶～制 zǎizhì (支配下におく) / 主～ zhǔzǎi (主宰する. 支配する). ❸ 書 昔の官名. ¶～相～xiàng / 太～ tàizǎi (宰相). ❹ 動 法外な金額で利益をむさぼる. ぼる. ¶昨天买衣服, 她又被狠狠地～了一刀 (昨日, 服を買ったとき, 彼女はまたしてもぼったくられた). ❺ (Zǎi) 姓.

【宰割】zǎigē 動 ❶ 文 分割する. 分裂させる. ❷ 貶 侵略myós. 抑圧する. 搾取(さくしゅ)する. ¶任意～ / やりたい放題に搾取する.
【宰客】zǎi//kè ぼったくる. 法外な値段で売りつける.
【宰杀】zǎishā 動 家畜や家禽(きん)類を殺す.
【宰牲节】Zǎishēngjié 名 宗教 コルバン祭. 同 古尔邦节 Gǔ'ěrbāngjié 参考 イスラム教で, 神に生けにえをささげる祭り.
【宰相】zǎixiàng 名 〔個 个 ge, 名 míng〕宰相. 君主を補佐して政治を掌握した最高官. ¶～之才 / 国を治める能力. 宰相のうわつ.

崽 zǎi
山部 9　四 2233₆
全12画

名 ❶ 方 子供. ¶仔～ / māzǎi (双子) / 打工～ dǎgōngzǎi (働き手). ❷ (～儿) 動物の子. ¶猪～ / 猪崽 zhūzǎi (子ブタ).

【崽子】zǎizi 名 動物の子. 表現 人をののしることばとして用いることが多い.

再 zài
一部 5　四 1044₇
全6画　常用

📚 "再" のキーポイント

◇ふたたび. ⇨ Ⅰ❶①
¶明天～来! / 明日またいらっしゃい.
◇これ以上. ⇨ Ⅰ❶③
¶～努力也没有用 / これ以上努力しても無駄だ.
◇ (否定文で)もう… (しない). ⇨ Ⅰ❶④
¶我不～去了 / 私はもう行かない.
◇二度と… (しない). 強い否定をあらわす. ⇨ Ⅰ❶⑤
¶我～也不去了 / 私はもう二度と行かない.
◇ (…して)それからまた. ⇨ Ⅰ❷
¶等一会儿～去吧 / しばらくしてから行こう.
◇もっと. ⇨ Ⅰ❸
¶能～便宜一点吗? / もっと安くなりませんか.

Ⅰ 副 ❶ 動作, 状態の繰り返しまたは継続を表わす. まだ実現していない動作, 状態や経常的な動作, 状態に用いる. ふたたび. また続けて.
①動詞の前に置く. ¶请你～说一遍 / もう一度言って下さい. ¶忙什么, ～坐一会儿吧 / そんなに急がなくても, もう少しゆっくりしていけば. ¶～唱一个! / アンコール! ¶你～好好儿找找 / もう少しよく探しなさい. ¶下次～这样可不行 / 今度またこんなことしたらだめだよ. ¶欢迎你～来玩儿 / また遊びに来てね. ¶～过一年, 爸爸就退休了 / あと1年したら父は定年になる.
② ("一+動+再+動"の形で)一度…した上でまた…する. ¶一读～读 / 繰り返し読む. ¶大家选他当主任, 可他一推～推, 就是不同意 / みんなは彼を主任に選んだが, 何度推されても彼は承知しない.
③ ("再A, 就/也/还是…"の形で仮定を表わす)これ以上A (したら; しても). ¶大雨要是～不停, 就要发大水了 / もし大雨がやまなければ, 水害になる. ¶～呆会儿, 赶不上末班车了 / これ以上長居したら, 終電に乗り遅れる. ¶～不进去, 电影就要开演了 / もう入らないと, 映画始まっちゃうよ. ¶～便宜, 我也不买 / もっと安くても, 私は買わない. ¶你～怎么努力, 也超不过他 / 君がどんなに努力しても, やはり彼を超えることはできない. ¶你～劝他也没用 / これ以上彼に勧めても無駄だ.
④ ("否定詞+再…"の形で)もう…しない. ¶我不会～

相信你的话了 / 私はもう君のことばを信じない. ¶以后我不~来你们这儿了 / 以後私は君たちの所には絶対に来ない. ¶丈夫死了以后,她一辈子没~结婚 / 夫の死後,彼女はもう一生結婚しなかった.
⑤("再+(也)+否定詞…(了)"の形で強い否定を表わし)これ以上／二度と…しない. ¶我懂了,你~别说下去了 / もうわかったから,これ以上言いなさんな. ¶~也没有比今天更让我开心的了 / 今日ほど楽しかったことはない. ¶我以后~也不逃学了 / もう二度と学校をサボったりしない.
❷ある動作が未来のある状況のもとで発生することを表わす.（…して，…になって）それからまた.
①動作が将来の特定の時点に発生する. ¶回头~谈吧 / あとでまた話そう. ¶今天太晚了,明天~去吧 / 今日はもう遅すぎるから,明日行こう.
②動作が別の動作が終了した後で発生する. 🖉文型:等A再… （まずAするのを待って、それから改めて…する）. ¶他打算毕了业~考虑结婚问题 / 彼は卒業したあとで結婚の問題を考えるつもりだ. ¶还有点儿时间,吃完饭~吧 / まだ時間があるから,食事をしてから行こう. ¶热一热~吃 / ちょっと暖めてから食べて. ¶等他来了之后,咱们~商量吧 / 彼が来たら,また相談しよう. ¶你把话想好了~说! / よく考えてからものを言いなさい.
③("先A再…"の形で2つの事柄が前後して発生することを表わし)Aして,その次に…する. ¶你先去吧,我等一会儿~去 / 君は先に行って,僕はあとで行くから. ¶我要先去邮局,然后~去图书馆 / 私はまず郵便局に行ってから,図書館に行きます. ¶先干起来~说 / まずやるだけやってみよう.
❸形容詞の前に置き,程度の増大・減少を表わす. さらに. もっと. 同 更 gèng. ¶~便宜点儿 / もう少しまけてよ. ¶还有~大点儿的吗? / もう少し大きいのはありますか. ¶请你说得~具体一点儿 / もう少し具体的に話してください. ¶要是老师能和我们一起去,那就~好不过了 / 先生が私たちといっしょに行ってくださるのであれば,こんないいことはありません. ¶字写得~大一点,我看不清楚 / 字をもっと大きく書いて,はっきり見えないから.
❹(追加や補足を表わし)もう一つ. もう一度. そのほかに. ¶我一~次告诉你,我同意你的意见 / もう一度君に言っておくが,私は君の意見に賛成している. ¶我们的重点课除了语文和数学,~就是英语 / 私たちの重点科目は国語と数学以外に,もう一つ英語がある. ¶图书馆添了三百多本书刊,~加上十几部词典,像样多了 / 図書館は書籍と雑誌を三百冊以上増やし,さらに十数冊の辞典を入れて,ずっと体裁が整った. ¶除了我和你以外,~没有别的人知道 / わたしとあなた以外にほかに知る者はいない. ¶来个古老肉,~来一个麻婆豆腐 / 酢豚と,それからマーボー豆腐を下さい.

📖 "再" vs. "又 yòu"

"再"と"又"はともに動作の重複を表わすが,"再"は未然の事態に,"又"は已然の事態に用いられる. また,次のようなニュアンスの差もある.

◇你再来吧! / また来いよ! (好ましいニュアンス)
　他又来了! / また来やがった! (うんざりしたニュアンス)

ただし,未然の事態でも,それが周期的に繰り返される場合には"又"を用いる.

◇明天又是星期天了 / 明日はまた日曜日だ.
◇他又要迟到了 / 彼はまた遅刻だよ.

Ⅱ 素 再度出現する. ¶盛会难~ / このような盛大な集まりもう二度とない. ¶一而~,~而三 / 何度も何度も繰り返して.

Ⅲ (Zài)姓.

【再版】zàibǎn 動 再版する. 重版する. ¶这本小说已经~了十次了 / この小説はすでに十回も重版された. 同 重版 chóngbǎn

【再保险】zàibǎoxiǎn 名 再保険. 分 fēn 保

【再不】zàibu 接 ㊀ …でなかったら. さもなければ. ¶你可以领一套新工具,~就用我的吧 / 君は新しい道具をひとそろい受け取ってもよいし,でなければ私のを使っても. ¶我去送这些货,~你去也行 / 私はこれらの荷物を届けに行くが,君が行ってくれても構わない. 同 要不然 yàoburán

【再次】zàicì 副 再度. ¶机构~调整 tiáozhěng 组织 / 組織を再び調整する. ¶病情恶化 èhuà,~入院 / 病状が悪化し,再度入院する. ⇨再度 dù

【再度】zàidù 副 再度. 再び. ¶~修订计划 / 計画を練り直す. ¶~挑战 tiǎozhàn / 再チャレンジする. 比較 "再度"はやや書きことば的で,通常の会話では"再次"がよく使われる.

【再会】zàihuì 動 さようなら. 同 再见 zàijiàn

【再婚】zàihūn 動 再婚する.

【再嫁】zàijià 動 女性が再婚する.

**【再见】zàijiàn 動 さようなら. またお会いしましょう. ¶跟奶奶说:"~！" / おばあちゃんに「さようなら」を言う. 同 再会 zàihuì 比較 北方では"再见"がよく使われ,南方では"再会"がよく使われる.

【再接再厉】zài jiē zài lì 地道な努力を積み重ねる. ¶希望你~,争取更大进步 / 今後も努力をかさね,さらに大きく進歩してください.

【再就业】zàijiùyè 動 再就職する. 再就業する.

【再三】zàisān 副又 何回も. 何度も. ¶~要求 yāoqiú / 重ねて要求する. ¶~四 / 何度も何度も. ¶~道歉 dàoqiàn / 何度も謝る.

【再审】zàishěn 動 ❶ 再度審査する. ❷《法律》再審する. ¶这个案子 ànzi 要~ / この案件は再審の必要がある.

【再生】zàishēng 動 ❶ 生き返る. ❷ 再生する. ¶~纸 / 再生紙.

【再生产】zàishēngchǎn 動 再生産する. ¶扩大~ / 再生産を拡大する.

【再生父母】zài shēng fù mǔ 成 命の恩人. 同 重 chóng 生父母

【再生资源】zàishēng zīyuán 名 再生資源.

【再说】zàishuō ❶ 動 後で処理する. また改めて考える. ❷ 接 それに. ¶这件事让他去办,~你也没有时间 / この件は彼に処理してもらいます,それに君も時間がないし. 同 而且 érqiě, 并且 bìngqiě

【再现】zàixiàn 動 再び現れる. ¶~在眼前 / 目の前にありありとよみがえる. ¶影片~了当时的惨状 cǎnzhuàng / その映画には,当時の惨状が再現されている.

【再造】zàizào 動 ❶ 再び生命を与える. 生き返る. ¶恩同~ / 恩義が再生に等しい. ❷ 再成する. 再建する. 表現 ①は,多く大きな恩恵への感謝のことばとして用いる.

【再则】zàizé 又 その上. さらに.

【再者】zàizhě ❶ 接 "再则 zàizé"に同じ. ❷ 名 又 手紙などの追伸.

在 zài
土部 3　四 4021₄
全6画 常用

"在"のキーポイント

◇…にある. …にいる. ⇨Ⅰ❶
¶书～桌子上／本は机の上にある.
¶他不～家／彼は家にいない.
◇…によって決まる. ⇨Ⅰ❸
¶学习进步,主要～自己努力／学習の進歩は,おもに自分の努力によって決まる.
◇(時間)…に. ⇨Ⅱ❶
¶～晚上看书／夜に本を読む.
¶鲁迅 Lǔ Xùn 诞生～1881年／魯迅は1881年に生まれた.
◇(場所)…で. ⇨Ⅱ❷
¶～教室里学习／教室で勉強する.
¶他住～北京／彼は北京に住んでいる.
◇…の面で. ⇨Ⅱ❷
¶他～学习上取得了很好的成绩／彼は勉強の面でとても良い成績を取った.
◇…の中で. ⇨Ⅱ❷
¶～我的同学中,她的成绩是最好的／私のクラスメートの中では,彼女が成績が一番よい.
◇…のもとで. ⇨Ⅱ❸❸
¶～大家帮助下,我的认识提高了／みんなの援助のおかげで,私の認識は高まった.
◇…にとって. ⇨Ⅱ❸❹
¶～我看来,…／私にとって見れば,….
◇しつつある. ⇨Ⅲ
¶雨～不停地下着／雨は止むことなく降り続いている.

Ⅰ[動]❶(所在文を作り)ある.いる. 文型:人+物+在+場所(人／物が…にある).¶字典～书架上／字典は本棚にある.¶妈妈～厨房呢／お母さんは台所にいる.¶你爸爸～不～家？／お父さんは家にいますか.¶我的位子～这儿／私の席はここです.
❷生存している.¶我的父亲已经不～了／私の父はすでに亡くなった.¶双亲～／両親は健在だ.
❸…にある.…によって決まる.¶事～人为 wéi（成）ことの成否は人のやり方次第だ.¶责任～我,不～你／責任は私にあるのであって,君にあるのではない.
❹(団体や組織に)所属している.¶他是～组织的／彼は組織に所属する人だ.¶他已经～党了／彼はすでに党に参加している.

Ⅱ[前](時間・場所・範囲などを導き)…で.…に.…において.
❶時間を導く. ⇨当 dāng(囲み)①動詞の前で.¶他将～明天上午到达北京／彼は明日の午前中,北京に到着します.¶母亲～去年就去世了／母は昨年亡くなった.¶我们～目前还不能满足你的要求／我々は今のところまだあなたの要求にこたえることができません.
②"動+在"の形で. 動詞は"生,死,定,改,放,排,出生,诞生,发生,出现,确定"などに限られる.¶爷爷生～清朝末年／おじいさんは清朝末年に生まれた.¶婚礼定～星期天下午／結婚式は日曜の午後に決まった.¶鲁迅出生～哪一年？／魯迅は何年に生まれたのか.¶事故发生～昨天／事故はきのう発生した.
❷場所を導く.①動詞の前で.¶～教室里看书／教室で本を読む.¶这种衣服～上海非常流行／この服は上海で大流行している.
②"動+在"の形で,動作の結果,対象物がある場所に定着することを表わす.¶我家住～东京／うちは東京に住んでいる.¶请坐～椅子上／どうぞ椅子におかけ下さい.¶写～黑板上／黒板に書く.¶放～桌子上／テーブルに置く.
❸範囲,条件などを導く.①("在…(上)"の形で)…の面で,…の方面で.¶无论～哪一方面,我们都要向她学习／どの方面についても,我々は彼女に学ばねばならない.¶这部电影～创作手法上很有特色／この映画は創作方法の面でとても特色がある.¶老师不仅～学习上,而且～生活上关心我们／先生は学習面のみならず生活面でも私たちに大変気を配ってくれる.
②("在…中"の形で,ある範囲または状態を導き)…の中で.¶～我所有的朋友中,她是最了解我的／私のあらゆる友人の中で,彼女が最も私を理解してくれている.¶～这些资料中没有看到关于你的部分／これらの資料の中では君に関する部分は見当たらなかった.¶欢迎你们～百忙之中来我们学校／皆さんお忙しいかようこそ本校へおいでくださいました.
③("在…下"の形で,条件を導き)…のもとで.¶～大家的帮助下,我顺利地办好了一切手续／皆の援助によって,私はすべての手続きを順調に終えた.¶这个工厂～上级的领导下,出色地完成了生产任务／この工場は上の指導のもとで,生産の任務をみごとに達成した.
④("在…看来"の形で,行為の主体を導き)…の観点からすると.¶～我看来,咱们所作的一切都是毫无意义的／私の見るところ,我々のやったすべてのことはみな,何の意義もなかった.¶～这一点儿活,～他看来算不了 liǎo 什么／このぐらいの仕事は,彼にとっては何でもない.

Ⅲ[副]動作行為が進行中であることを表わす. 文型:(正)…在+動詞句+(呢)+(今ちょうど)…しているところだ.¶他～开会,你等一会儿再来吧／彼は会議中です.しばらくしてからもう一度おいで下さい.¶最近我～写一片小说／最近私は小説を書いている.¶爸爸正～洗澡呢／父は入浴中だ.¶你～看什么？／何を見ているの？

【在案】zài'àn [動]文書に記録されている. 参考 公文書用語.
【在编】zàibiān [動]組織内にいる.正規である.¶～人员／正規の職員.
【在场】zàichǎng [動]その場に居合わせる.¶所有～的都被询问 xúnwèn 过了／その場にいた者はみな尋問された.
【在朝】zàicháo [動]朝廷に仕えている.中央で政権の座にある. 反 在野 yě.
【在读】zàidú [動]学校や科学研究機関で学んでいる.在学している.¶～博士生／博士課程在学生.
【在岗】zàigǎng [動]❶勤務している.在勤する. 同 当班 dāngbān ❷在職する. 反 下岗 xiàgǎng.
【在行】zàiháng [形]精通している.玄人くろうとだ.¶他对音乐很～／彼は音楽にとても詳しい. 同 内行 nèiháng 反 外行 wàiháng.
【在乎】zàihu [動]❶…にある. 同 在于 zàiyú ❷気にかける.意に介する.¶满不～／全く意に介さない.¶你说什么,我都不会～的／君が何を言おうと,私はぜんぜん気にしません. 用法 多く否定や反語の形で用いる.
【在即】zàijí [動]間近に迫っている.¶婚礼～／結婚式が間近だ.
【在家】zàijiā [動]❶家にいる.職場や,宿泊している場所にいる.¶你爸爸～吗？／お父さんはご在宅ですか. ❷出家していない.¶～人／在家(ざい)の人.俗人. 反 出家 chūjiā.
【在建】zàijiàn [動]建設している.建設中だ.
【在教】zàijiào [動]❶ある宗教を信仰している. ❷

(特に)イスラム教を信仰している.
【在劫难逃】zài jié nán táo 成 定められた災禍は逃れられない. 天命には逆らえない.
【在理】zàilǐ 形 道理にかなっている. ¶这话说得～/この話は筋が通っている. ¶谁的话～, 就听谁的/筋が通っていれば, 誰の言うことでも聞く.
【在内】zàinèi 動 中にある. そこに含まれる. ¶包括～/その中に含まれる. ¶包含～/そこに包含している. ¶这件事连你～一共有三个人知道/この件は君を含めて三人が知っている. ¶这只是学费, 书费不～/これは学費のみで, 本代は含まない.
【在世】zàishì 動 存命だ. 生きている. ¶祖母～的时候, 生活很苦/祖母の存命中は, 生活が苦しかった.
【在所不辞】zài suǒ bù cí 決して後に引かない. ¶就是赴火汤蹈 dǎo 火也～/水火をもいとわない.
【在所不惜】zài suǒ bù xī 決して惜しまない. ¶只要能治好儿子的病, 花多少钱也～/息子の病気を治せるなら, どれほど金を払っても惜しくない.
【在所难免】zài suǒ nán miǎn 成 避けられない. ¶刚开始学, 出点差错 chācuò～/学び始めたばかりなのだから, 少しの間違いはしかたがない.
【在逃】zàitáo 動 (犯人が)逃走中だ.
【在逃犯】zàitáofàn 名 脱獄囚.
【在天之灵】zài tiān zhī líng 成 死者の霊. 天にましますみたま.
【在外】zàiwài そこに含まない. 除く.
【在望】zàiwàng 動 ❶ 視界に入る. ¶珠穆朗玛峰 Zhūmùlǎngmǎfēng 隐隐～/遠くかすかにチョモランマが見える. ❷ (待ちわびていることが)間もなく実現する. ¶丰收～/豊かな収穫がもうすぐだ.
【在位】zàiwèi 動 ❶ 君主の地位に就いている. 在位す指導的な立場に就く. ¶科长～期间/課長の在職期間.
【在握】zàiwò 動 掌中にある. 自信がある. ¶成功～/成功は確実だ.
【在下】zàixià 代 謙 小生. 拙者. 参考 多く早期の白話に見える. 着席の際に, 下座に座ることから.
【在先】zàixiān ❶ 名 以前. ¶～并不知道他病了/以前は, 彼が病気であることなどちっとも知らなかった. ❷ 副 あらかじめ. 事前に.
【在线】zàixiàn 名《コンピュータ》オンライン.
【在心】zài//xīn 文 気にする. 気にかける. ¶你说什么, 我都不～/君が何を言ったって気にかけない.
【在押】zàiyā 動《法律》犯人を拘留している.
【在押犯】zàiyāfàn 名 在監者. 囚人.
【在野】zàiyě 動 官職に就かない. 民間にいる. 反 在朝 zàicháo.
【在野党】zàiyědǎng 名 野党. 反 反对 fǎnduì 党.
【在业】zàiyè 動 職に就いている. ¶～人口/在職人口.
【在意】zài//yì 動 気に留める. ¶你不～就好/君が気にしていないなら, それでいいんだ. 用法 多く否定形に用いる.
【在于】zàiyú 動 ❶ …にある. ¶他的最大优点～虚心听取别人意见/彼の最大の長所は, 他人の意見を謙虚に聞くところだ. ❷ …によって決まる. ¶去不去～她自己/行く行かないは彼女自身が決めることだ.
【在在】zàizài 副 文 いたるところ. 同 处处 chùchù, 到处 dàochù
【在在皆是】zài zài jiē shì どこにでもある.
【在职】zàizhí 動 在職している. ¶～干部/現職の幹部. 反 离职 lízhí.

【在座】zàizuò 動 在席している. その場にいる. ¶～的同志们/ご出席の皆様方. ¶向～各位献丑 xiànchǒu/ご列席の皆様につたない芸をお目にかけます.

载 (載) zài 戈部6 4355₀ 全10画 常用

❶ 動 載せて運ぶ. 積む. ¶～运 zàiyùn/～重 zàizhòng/满～ mǎnzài(満載する). ❷ 素 埋めつくす. 风雪～途 tú(道が風雪でとざされる)/怨声 yuànshēng～道 成 怨みの声がちまたに満ちる. ❸ 素 文 …しながら…する. ¶～歌～舞/～笑～言(笑いながら話をする). ❹ (Zài)姓.
☞ 载 zǎi
【载波】zàibō 名《通信》搬送波. キャリア.
【载畜量】zàichùliàng 名 一定面積当たりに放牧可能な家畜頭数.
【载歌载舞】zài gē zài wǔ 歌い踊る. 非常に喜んでいるようす. ¶～迎新春/喜びに満ちて新春を迎える.
【载荷】zàihè 名《物理》負荷. 荷重. 同 负 fù 荷, 荷载.
【载货】zàihuò ❶ 動 荷物を積む. ¶～容积/積み荷容積. ❷ 名 積み荷.
【载客】zàikè 動 乗客を運ぶ.
【载频】zàipín 名《通信·物理》搬送周波数.
【载体】zàitǐ 名 ❶《化学》担体. キャリア. ¶催化剂 cuīhuàjì～/触媒担体. ❷ 知識や情報を伝えるもの.
【载运】zàiyùn 動 運送する. ¶～量/運送量. ¶～货物/貨物運搬.
【载重】zàizhòng 名 積載重量.

zan ㄗㄢ [tsan]

糌 zān 米部9 9396₄ 全15画 通用

下記熟語を参照.
【糌粑】zānba 名 ツァンパ. 麦こがし. 参考 チベット族の主食. "青稞 qīngkē"(ハダカムギの一種)を煎っていた粉で, "酥油茶 sūyóuchá"(バター茶)などでこねて食べる.

簪 zān 竹部12 8860₁ 全18画 通用

❶ 名 (～儿)かんざし. ¶～子 zānzi/玉～ yùzān(玉のかんざし). ❷ 動 (髪に)挿す. ¶～花 zānhuā.
【簪花】zān//huā 動 髪に花を飾る. 髪に花を挿す. ¶～一朵/髪に挿した花一輪.
【簪子】zānzi 名〔根 gēn, 支 zhī〕かんざし. 髪飾り. ¶碧玉 bìyù～/エメラルドのかんざし.

咱 (異 喒, 偺) zán 口部6 6600₂ 全9画 常用

代 ❶ (相手を含む)私たち. ¶～们 zánmen/～回家吧(僕たち帰ろうよ). ❷ 私. 方 ¶～不懂你的话(私にはあなたの話がわからない).
☞ 咱 zá
【咱俩】zánliǎ 我々二人.
*【咱们】zánmen 代 ❶ (相手を含めた)私たち. ¶～是一家人/私たちは仲間内です. ¶～去吃饭去吧!/ご飯を食べに行こうよ. 反 他们 tāmen ❷ 自分. ❸ あなた. あなたたち. 比较 "我们 wǒmen"はふつう相手を含めないが "咱们"は含める.

zǎn – zàn

拶 zǎn
扌部6　全9画　[四] 5202₇　[通用]
【動】(文) きつく締めつける。¶~指 zǎnzhǐ／~子 zǎnzi（手の指をはさむ刑具）.
☞ 拶 zā
【拶指】zǎnzhǐ [名](旧) 酷刑の一つ. "拶子 zǎnzi"（五本の棒をひもでつなげた刑具）を手の指と指の間にはさんで締めつける.

昝 Zǎn
日部5　全9画　[四] 2360₄　[通用]
[名] 姓.

攒(攢/[異]儹) zǎn
扌部16　全19画　[四] 5408₂　[次常用]
【動】ためる. たくわえる. ¶~钱 zǎnqián／积~ jīzǎn（少しずつ蓄える）.
☞ 攒 cuán
【攒钱】zǎn//qián [動] 金をためる. ¶攒点钱，将来做点小生意／少しずつ金をためて、将来は小さな商売をやる.

趱(趲) zǎn
走部16　全23画　[四] 4480₈　[通用]
【動】急ぐ. 急がせる. ¶~路 zǎnlù（急ぐ）／~马向前（馬を急がせる）.
[参考] 多く昔の小説や劇曲に見えることば.

暂(暫/[異]蹔) zàn
日部8　全12画　[四] 4260₂　[常用]
❶[形]（時間が）短い. ¶短~ duǎnzàn（ごく短い）／~时 zànshí. (文) 久しい (副) しばらく. 当面. ¶~停 zàntíng／~行 zànxíng.
【暂定】zàndìng [動] 暂定的に決める. ¶~办法／暂定的な方法. ¶这项工作～由小刘负责／この仕事は、当面 劉さんの担当とする.
【暂缓】zànhuǎn [動](文) しばらく延期する. 一時見合わせる. ¶~执行／執行をしばらく延期する. ¶~偿还 cháng huán 债务 zhàiwù／債務の返済をしばし停止する.
【暂且】zànqiě [副] 暫時. ひとまず. ¶~如此／しばらくはこのままで. ¶~不提／今は取り敢えず触れずにおこう. ¶这事~告一段落／この件はとりあえず一段落した.
【暂缺】zànquē [動](文) 一時的に欠けた状態になる. 商品が売り切れてなくなる.
*【暂时】zànshí [名] しばらくの間. 一時. ¶~借用／しばらく借用する. ¶车辆~停止通行／車両は一時通行止め. (同) 临时 línshí (反) 永久 yǒngjiǔ
【暂停】zàntíng [動] ❶ 一時的に停止する. ¶~施工 shīgōng／工事を一時停止する. ¶会议~／会議を一時休会とする. ❷（球技の試合で）タイムを取る.
【暂行】zànxíng [動] 暫定的に施行する. ¶~条例／暫定条例. 暂时规定. ¶~草案／臨時草案.

錾(鏨) zàn
金部8　全16画　[四] 4210₉　[通用]
❶[動]（金属や石に）彫刻する. ¶~花 zànhuā（花や模様を彫刻する）／~字 zànzì（字を彫る）. ❷[名]（金属や石を彫る）のみ. ¶~刀 zàndāo／~子 zànzi.
【錾刀】zàndāo [名][一把 bǎ]（金銀を彫刻するための）小刀.
【錾子】zànzi [名][一把 bǎ]（石や金属を彫る）のみ. たがね. ¶石~／石用のたがね.

赞(贊/[異]賛、讃❷❸) zàn
贝部12　全16画　[四] 2480₂　[常用]
❶[動] 手助けする. ¶~助 zànzhù／参~ cānzàn（参加し、協力する）／~成 zànchéng. ❷[動] 褒（ほ）めたたえる. ¶~许 zànxǔ／~扬 zànyáng／称~ chēngzàn（称賛する）. ❸[名] 賛. 昔の文体の一種で、人や物事を褒めたたえるもの. ¶像~ xiàngzàn（人物画に書き添えられた語句や文章）.
【赞比亚】Zànbǐyà《国名》ザンビア.
【赞不绝口】zàn bù jué kǒu (成) しきりに褒めそやす. ¶评审员对这幅画~／審査員はこの絵をしきりに称賛した.
*【赞成】zànchéng [動] ❶ 賛成する. 賛同する. ¶投~票／賛成票を投ずる. (同) 赞同 zàntóng, 同意 tóngyì (反) 反对 fǎnduì ❷ 成し遂げられるよう協力する. ¶~其行／遂行を助ける.
【赞歌】zàngē [名]〔曲 qǔ, 首 shǒu, 支 zhī〕讚歌. 人や物事をたたえる歌や詩. ¶唱~／讚歌を歌う. ¶英雄~／英雄をたたえる歌.
【赞礼】zànlǐ ❶ [動] 冠婚葬祭で式次第を読み上げる. ❷ [名]① をする人. 進行役. ❸ [動] 賛賞する.
【赞美】zànměi [動] 賛美する. ¶~之词／賛美のことば. (同) 称赞 chēngzàn, 夸奖 kuājiǎng (反) 耻笑 chǐxiào
【赞美诗】zànměishī [名]《宗教》赞美歌. (同) 赞美歌 zànměigē
【赞佩】zànpèi [動](文) 賞賛し敬服する. ¶由衷 yóuzhōng~／心から敬服する.
【赞赏】zànshǎng [動] 賞賛する. 高く評価する. ¶上级很~这个青年的工作能力／上層部はこの青年の仕事の能力を高く買っている. ¶击节 jījié~／（音楽や詩を）褒めそやす.
【赞颂】zànsòng [動] 褒めたたえる. ¶~英雄行为／英雄的行為をたたえる. (同) 称颂 chēngsòng
【赞叹】zàntàn [動] 賛嘆する. 感心して褒めたたえる. ¶谁不~这几年发生的变化！／ここ数年間に起きた変化には、誰だって賛嘆しますよ.
【赞同】zàntóng [動] 賛成する. ¶我~他的建议／私は彼の提案に賛成です. (反) 反对 fǎnduì
【赞许】zànxǔ [動] 賞賛する. ¶~的眼神／賞賛のまなざし. (同) 称许 chēngxǔ
【赞扬】zànyáng [動] 褒めたたえる. 称揚する. ¶~好人好事／良い人や良いことを褒めたたえる. ¶拾金不昧 mèi 的精神值得~／金を拾っても自分の懐に入れない精神は、称賛に値する.
【赞语】zànyǔ [名] 称赞のことば. 賛辞.
【赞誉】zànyù [動] 称赞する. 高く評価する. ¶受到中外游客的~／国内外の旅客の賞賛を得る.
【赞助】zànzhù [動] 賛助する. 賛同し（経済的に）援助する. ¶这台演出是由某公司~的／この公演は、ある会社の協賛によるものだ.

瓒(瓚) zàn
王部16　全20画　[四] 1418₂　[通用]
[名] 古代、祭祀(きし)に用いた、勺に似た玉器.

zang ㄗㄤ 〔tsaŋ〕

zāng – zāo

赃(臟/賍) zāng
贝部6 全10画 四 7081₄ 次常用

❶ 名 盗みや収賄(しゅうわい)などで得た金品. ¶～官 zāngguān /～物 zāngwù /贪～ tānzāng (官吏が汚職する. 収賄する). ❷ (Zāng)姓.
【赃官】zāngguān 名〔个 ge〕汚職官吏. 不正役人. 同 贪官 tānguān 反 清官 qīngguān
【赃款】zāngkuǎn 名〔笔 bǐ〕汚職・収賄・窃盗で得た金.
【赃物】zāngwù 名〔批 pī〕汚職・収賄・窃盗で得た金品.
【赃证】zāngzhèng 名 汚職・収賄・窃盗の証拠物件.

脏(髒) zāng
月部6 全10画 四 7021₄ 常用

形 汚い. ¶～话 zānghuà /～字 zāngzì / 肮～ āngzāng (汚い). 反 净 jìng
☞ 脏 zàng
【脏病】zāngbìng 名 方 性病. 梅毒.
【脏弹】zāngdàn 名《军事》環境汚染兵器. 参考 dirty bomb の訳.「きたない爆弾」ともいう.
【脏话】zānghuà 名 粗野なことば. 下品なことば.
【脏乱】zāngluàn 形 不潔で乱雑だ.
【脏乱差】zāngluànchà 形 不潔で混乱したひどい状態だ.
【脏钱】zāngqián 名 □ 不法な手段で得た金銭. 同 赃 zāng 钱
【脏水桶】zāngshuǐtǒng 名 汚水桶. 汚水バケツ.
【脏土】zāngtǔ 名 ほこりやゴミ.
【脏污】zāngwū ❶ 形 汚い, 不潔だ. ❷ 名 汚れ.
【脏字】zāngzì 名〔～儿〕汚いことば. 下品なことば. ¶说话带带～儿 / 話にはことばを交えてはならない.

牂 zāng
片部6 全10画 28251

名 文 メスの羊.
【牂牂】zāngzāng 形 文 草木が盛んに生い茂るようす.

臧 zāng
戈部10 全14画 2325₀ 通用

❶ 形 文 よい. ¶～否 zāngpǐ. 反 否 pǐ ❷ 动 文 "藏 cáng"に同じ. ❸ (Zāng)姓.
【臧否】zāngpǐ 动 ほめたりけなしたりする. 品定めする. ¶～人物 / 人物を品定めする.

驵(駔) zǎng
马部5 全8画 7711₂ 通用

名 文 強くたくましい馬.
【驵侩】zǎngkuài 名 文 ❶ 馬の仲買人. ❷ 仲買人. ブローカー.

脏(臟) zàng
月部6 全10画 四 7021₄ 常用

❶ 名 体の内部にある器官. ¶～腑 zàngfǔ / 内～ nèizàng (内臓) / 五～ wǔzàng (五臓). ❷ (Zàng)姓.
☞ 脏 zāng
【脏腑】zàngfǔ 名《中医》臓腑(ぞうふ).
【脏器】zàngqì 名《生理》臓器.

奘 zàng
大部7 全10画 四 2480₄ 通用

形 ❶ 文 大きく堂々としている. ¶玄～ Xuánzàng (玄奘(げんじょう) 唐代の僧, 三蔵法師のこと). ❷ 方 ことばが荒く, 態度がぎこちない. 用法 ①は, 人名に用いることが多い.

【奘】zhuǎng

葬 zàng
艹部9 全12画 4444₁ 常用

❶ 动 死者を埋葬する. ¶～礼 zànglǐ /～埋 zàngmái. ❷ 名 習俗にもとづくさまざまな方法で遺体を処理する. ¶海～ hǎizàng (水葬する) / 火～ huǒzàng (火葬する). ❸ (Zàng)姓.
【葬礼】zànglǐ 名 葬式. ¶举行～ / 葬式を行う.
【葬埋】zàngmái 动 埋葬する.
【葬身】zàngshēn 名 文 遺体を葬る. ¶死无～之地 / 成 死して身を葬る地も無し. 用法 多く成語や比喩に用いる.
【葬身鱼腹】zàng shēn yú fù 成 水死する. 溺死する. 由来 遺体が魚に食われる, という意から.
【葬送】zàngsòng 动 だめにする. 葬り去る. ¶～前程 / 将来を台無しにする. 同 断送 duànsòng
【葬仪】zàngyí 名 葬儀.

藏 zàng
艹部14 全17画 4425₃ 常用

❶ 名 蔵. 倉庫. ¶宝～ bǎozàng (秘蔵の宝物).
❷ 名 仏教や道教の経典の総称. ¶大～经(大蔵経).
❸ (Zàng)姓. "西藏 Xīzàng"(チベット), またはチベット族の略.
☞ 藏 cáng
【藏獒】zàng'áo 名《动物》犬の一種. チベッタン・マスチフ.
【藏红花】zànghónghuā 名《植物》サフラン. 同 番 fān 红花 参考 漢方薬の原料となる.
【藏蓝】zànglán 形 少し赤味を帯びた藍色の.
【藏历】zànglì 名 チベット暦.
【藏青】zàngqīng 形 ダークブルーの.
【藏文】Zàngwén 名 チベット文字.
【藏戏】zàngxì 名 チベット族の伝統劇.
【藏香】zàngxiāng 名 チベット一帯で作られている線香.
【藏药】zàngyào 名 チベット医学の薬.
【藏医】zàngyī 名 ❶ チベット医学. チベット族の伝統医学. ❷ チベット医学の医師.
【藏语】Zàngyǔ 名 チベット語.
【藏族】Zàngzú 名《民族》チベット族. 少数民族の一つでチベットを中心にその周辺省に居住する. 多くラマ教を信仰している.

---

zāo ㄗㄠ〔tsau〕

遭 zāo
辶部11 全14画 四 3530₆ 常用

❶ 动 思わしくないことや不幸に出くわす. ¶～难 zāonàn /～受 zāoshòu /～罪 zāozuì. 同 逢 féng, 遇 yù ❷ 量〔～儿〕動作の回数を数えることば. ❸ 量〔～儿〕もののまわりを一周する回数を数えることば. ❹ (Zāo)姓.
*【遭到】zāodào 动 (悪いことに)遭遇する. ¶今年～百年来罕见 hǎnjiàn 的旱灾 hànzāi / 今年, 百年に一度のひどい干ばつに見舞われた. ¶～台风袭击 xíjí / 台風に見舞われる.
【遭逢】zāoféng 动 文 めぐりあう. 遭遇する. ¶～盛世 shèngshì / 繁栄の世に生まれる. ¶～不幸 / 不幸に見舞われる.

【遭际】zāojì ⊗ 名 境遇. ❷ 動（好ましくないことに）遭遇する. 囘 遭逢 yù
【遭劫】zāo//jié 動（災難に）見舞われる. ¶途中不幸～/途中,不幸にも被災した.
【遭难】zāo//nàn 動 災難に遭う. ¶统计～人数/被災者数のとる.
*【遭受】zāoshòu 動（不幸や損害を）被る. ¶～打击/打撃を被る. ¶～失败/失敗の憂き目に遭う. 囘 蒙受 méngshòu
【遭殃】zāo//yāng 動 災難に遭う. ¶一旦受牵连 qiānlián,你也跟着～了/ひとたび巻き添えになったら,君も一緒に被害を被ることになる.
【遭遇】zāoyù ❶ 動（敵・不幸・好ましくないことに）遭遇する. ¶学习上～了不少困难/学習上,多くの困難にぶつかった. ❷ 名（不幸な）境遇. ¶不幸的～/不幸の境遇. ¶童年 tóngnián 的～/子供時代の不幸な境遇.
【遭遇战】zāoyùzhàn 名《軍事》遭遇戦.
【遭灾】zāo//zāi 動 災難にあう. ¶这个地区年年～/この地域は毎年災害にあっている.
【遭罪】zāo//zuì 動 ひどい目にあう. ¶免得～/ひどい目にあわないようにする. 囘 享福 xiǎngfú

糟 zāo
米部11 四 9596₆ 全17画 常用

❶ 名 酒かす. ¶～糠 zāokāng/酒～ jiǔzāo（酒かす）/醪～ láozāo（酒～）❷ 名《料理》かす漬けにする. ¶～肉 zāoròu（かす漬けの肉）/～鱼 zāoyú（かす漬けの魚）. ❸ 形 ぼろぼろで壊れやすい. ¶木头～了（木が腐った）. ❹ 形 悪い. ひどい. ¶～糕 zāogāo/～害 zāohài（損なう. 害する）/乱～～ luànzāozāo（めちゃくちゃに混乱する）. 反 好 hǎo
*【糟糕】zāogāo 形 ⊙ 悪い. ひどい. ¶～,我要迟到了/しまった,遅れそうだ. ¶～,我的钱包不见了/たいへんだ,財布が見当たらない. ¶再没有比这更～的事了！/これ以上めちゃくちゃな事はない！
【糟坊】zāoháng 名 酒造工場.
【糟践】zāojian 動 ❶ 損なう. 踏みにじる. ¶别～粮食/食べ物を粗末にしてはいけない. 囘 糟蹋 zāotà
【糟糠】zāokāng 名 酒かすや米ぬかなどの粗末な食べ物.
【糟糠之妻】zāo kāng zhī qī 貧苦を共にしてきた妻. 糟糠（ぬか）の妻. 由来『後漢書』宋弘伝のことばから.
【糟粕】zāopò 名 酒かす,豆かすの類. 価値のないもの. ¶弃 qì 其～,取其精华 jīnghuá/かすを取り除き精華を取り入れる. 反 精华 jīnghuá
【糟蹋［踏］】zāotà 動 ❶ 浪費する. 損なう. ¶～人才/人材をだめにする. 囘 糟践 zāojian 爱惜 àixī ❷ 侮辱する. 踏みにじる.
【糟心】zāoxīn 動 いらいらする. 頭に来る.

凿（鑿） záo
业部7 四 3277₂ 全12画 常用

❶（～儿）のみ. ¶～子 záozi/扁～ biǎnzáo（切削用の平のみ）. ❷ 穴を掘る. ¶～井 záojǐng/开～ kāizáo（道路や川などを掘り開く）/～岩机 záoyánjī.
【凿井】záo//jǐng 動 井戸を掘る.
【凿空】záokōng 動 こじつける. 牽強（けんきょう）付会する. ¶～之论/こじつけの論. ¶穿凿 chuānzáo～ 参考 もと"凿空 zuòkōng"と発音した.
【凿岩】záoyán 動 岩石に穴をあける.
【凿岩机】záoyánjī 名 鑿岩（さくがん）機. 囘 风钻 fēngzuàn 参考 多く発破の穴をあけるのに用いる.

【凿凿】záozáo 形 確かだ. ¶～有据/確かな証拠がある. 囘 确切 quèqiè 参考 もと"zuòzuò"と読んだ.
【凿子】záozi 名 ⊙ 把 bǎ のみ.

早 zǎo
日部2 四 6040₀ 全6画 常用

❶ 名 朝. ¶～饭 zǎofàn/～操 zǎocāo/清～ qīngzǎo（早朝. 夜明け）. 反 晚 wǎn ❷ 形 時間が早い. ¶一期 zǎoqī/～年 zǎonián/～就～ jiù/迟～ chízǎo（遅かれ早かれ）/提～ tízǎo（繰り上げる）. ❸ 副 早く. とっくに. ¶小杨～回家了（楊君はとっくに帰宅した）.
【早安】zǎo'ān 動 ⊗ おはようございます.
【早班】zǎobān 名（～儿）❶ 早番. ¶上～/早番に出勤する. ❷（あいさつで）お早いですね.
【早半天儿】zǎobàntiānr 名 ⊙ 午前. 囘 早半晌儿 zǎobànshǎngr
【早餐】zǎocān 名 ⊗〔顿 dùn〕朝食.
【早操】zǎocāo 名〔节 jié,套 tào〕朝の体操. ¶做～/朝の体操をする.
【早茶】zǎochá 名 朝のお茶と軽食. 飲茶（ヤムチャ）.
【早产】zǎochǎn 名 早産する.
【早场】zǎochǎng 名（演劇や映画などの）午前中の上演. ¶看～/午前の回を見る.
【早车】zǎochē 名 早朝に発車する列車やバス. 反 夜车 yèchē
*【早晨】zǎochen 名 早朝. ¶年轻人像～的太阳/若者は早朝の太陽のようなものだ. 反 晚上 wǎnshang 参考 ふつう夜明けから午前8,9時頃までを指す. 時に,深夜12時から昼の12時までを指すこともある.
【早春】zǎochūn 早春. 反 暮春 mùchūn
【早稻】zǎodào 名《農業》早稲（わせ）.
【早点】zǎodiǎn 名 朝食. 朝に食べる軽食.
【早点儿】zǎodiǎnr 副 早めに. ¶～走/早めに出よう. ¶～准备/早めに準備する.
*【早饭】zǎofàn 名〔顿 dùn〕朝食.
【早该】zǎogāi 助動 とっくに…すべきだ. ¶～这样做了/もっと早くこうすべきだったんだ.
【早慧】zǎohuì 形（子供が）利口だ. 聡明だ.
【早婚】zǎohūn 動 早婚 wǎnhūn 参考 大陸では,法律で男性は22歳,女性は20歳以下では結婚してはならないことになっている.
【早就】zǎojiù 副 とっくに. ¶～知道了/とっくに知っていますよ. ¶妈妈～起床了/母はとっくに起きている.
【早年】zǎonián 名 ❶ ずっと以前. ❷ 若い時. ¶～留学美国/若い頃,米国に留学した. 反 晚年 wǎnnián
【早期】zǎoqī 名 早期. 初期. ¶清代～/清朝初期. ¶～的作品/初期の作品. 反 癌症 áizhèng 初期のガン. 反 中期 zhōngqī; 晚期 wǎnqī
【早起】zǎoqǐ 名 方 早朝. 動 朝早く起きる. ¶养成早睡～的习惯/早寝早起きの習慣をつける.
【早秋】zǎoqiū 名 初秋. 囘 初 chū 秋
【早日】zǎorì ❶ 副 早期に. できるだけ早く. ¶祝你～恢复健康/一日も早く健康を回復をされますよう. ¶～返回/できるだけ早く戻る. ❷ 名 以前. 昔日. ¶失去了～的那种威严 wēiyán/昔日の威厳も消えてしまった.
**【早上】zǎoshang 名 ⊙ 朝.
【早市】zǎoshì 名 朝市. ¶逛～/朝市をぶらぶらする.
【早逝】zǎoshì 動 早世する. 早死にする.
【早熟】zǎoshú 形 ❶ 早熟だ. ¶这孩子～/この子は早熟だ. ❷ 植物が早く熟す. ¶～品种/早成りの品種.

【早衰】zǎoshuāi 动（人が）早く老ける．（植物が）早く枯れる．
【早霜】zǎoshuāng 名 秋の霜．
【早岁】zǎosuì ❶ずっと以前．❷若い時．回 早年 zǎonián
【早退】zǎotuì 动 早退する．¶上班不得随意 suíyì 迟到～/勤務では勝手に遅刻や早退をしてはいけません．¶今天有点事,想一一小时/今日はちょっと用事があるので,一時間早く退社したい．
【早晚】zǎowǎn ❶副 遅かれ早かれ．早晩．¶你这样不注意卫生,～会生病的/こんなふうに不衛生にしていると,遅かれ早かれ病気になってしまうよ．❷朝と晩．不分～,拼命干活/昼夜を問わず,懸命に働く．❸名（～儿）時．時分．頃．❹方（～儿）いつか．そのうち．国 早早晚晚
【早先】zǎoxiān 名 ずっと以前．反 新近 xīnjìn
【早泄】zǎoxiè 名《医学》早漏．
【早已】zǎoyǐ ❶副 とっくに．¶作业～做完了/作業はとうにやり終えた．❷名 方 以前．
【早育】zǎoyù 动 年若くして子供を産む．¶早婚～/年若くして結婚し,子供を産む．
【早在】zǎozài 副 早くも…の時に．¶这个计划～十年前就提出来了/この計画は早くも10年前に提案されていた．
【早早儿】zǎozǎor 名 口 早めに．早く．¶～就到了/早めに着いた．注意 実際の発音は,"zǎozāor"となる．

枣（棗）zǎo 一部7 全8画 四 5030₃ 常用

名 ❶（～儿）《植物・薬》ナツメ．¶～红 zǎohóng/～泥 zǎoní/酸～ suānzǎo（サネブトナツメ）．❷（Zǎo）姓．
【枣茶】zǎochá 名 干しナツメや紅茶などが原料の健康飲料．
【枣红】zǎohóng 形 ナツメの実のような濃紅色の．えび茶色の．栗毛色の．
【枣木】zǎomù 名 ナツメ材．
【枣泥】zǎoní 名 ナツメ餡(ん)．¶～月饼/ナツメ餡の月餅．
【枣儿】zǎor 名 ナツメの実．
【枣树】zǎoshù 名 ナツメの木．
【枣子】zǎozi 名〔个 ge,颗 kē,枚 méi〕ナツメの実．

枣①

蚤 zǎo 虫部3 全9画 四 7713₆ 次常用

❶名《虫》ノミ．¶跳～ tiàozǎo（ノミ）/狗～ gǒuzǎo（犬のノミ）．❷名"早 zǎo"に同じ．

澡 zǎo 氵部13 全16画 四 3619₄ 常用

素 体を洗う．¶一盆 zǎopén/～堂 zǎotáng/洗～ xǐzǎo（入浴する）．
【澡盆】zǎopén 名 浴槽．バスタブ．
【澡堂】zǎotáng 名〔个 ge,家 jiā〕銭湯．風呂屋．同 澡堂子 zǎotángzi
【澡塘】zǎotáng 名 ❶共同浴場の大きな浴槽．❷風呂屋．澡堂 zǎotáng

璪 zǎo 王部13 全17画 四 1619₄ 通用

名 昔の冠飾り．玉を通して垂らす五色のひも．

藻 zǎo ⺿部16 全19画 四 4419₄ 次常用

❶名《植物》藻類．¶海～ hǎizǎo（海草）/红～ hóngzǎo（紅色藻類の総称）．❷名《植物》水中に生育する緑色植物．¶金鱼～ jīnyúzǎo（キンギョモ）/狸～ lízǎo（タヌキモ）．❸名 美しい模様．美辞麗句．¶～井 zǎojǐng/～饰 zǎoshì（文章を美辞麗句で飾る）/辞～ cízǎo（詩文の才）．
【藻井】zǎojǐng 名（宮殿などの）模様を描いた天井．

藻井

【藻类】zǎolèi 名《植物》藻類．
【藻类植物】zǎolèi zhíwù 名《植物》藻類植物．

皂（異 皁）zào 白部2 全7画 四 2671₄ 常用

素 ❶黒い．¶～鞋 zàoxié（黒い布靴）/～白 zàobái．反 白 bái ❷旧 役所の使い走り．用務員．¶～隶 zàolì（しもべ）．❸固形石けん．¶肥～ féizào（洗たく石けん）/香～ xiāngzào（化粧石けん）．
【皂白】zàobái 名 白黒．是非．¶～分明 fēnmíng/成 白黒がはっきりしている．¶不分青红～/事の委細を問わない．
【皂化】zàohuà 动《化学》鹸化(かんか)する．
【皂角】zàojiǎo 名《植物》サイカチ．同 皂荚 zàojiá
【皂片】zàopiàn 名（絹や毛糸用の）薄くて小さい洗濯石けん．

灶（竈）zào 火部3 全7画 四 9481₀ 常用

名 ❶〔個 口 kǒu,座 zuò〕料理用のかまど．¶～膛 zàotáng/炉～ lúzào（かまど）/～火 zàohuo/～屋 zàowū（台所）/～神 zàoshén．❷かまどの神．¶祭～ jìzào（旧暦12月23日にかまど神を祭る）/送～ sòngzào（かまど神を天に送る）．
【灶火】zàohuo 名 ❶厨房 chúfáng ❷かまど．¶～上蒸 zhēng 了一锅饭/かまどでご飯を炊く．
【灶间】zàojiān 名 方 台所．同 厨房 chúfáng
【灶具】zàojù 名 炊事用具．
【灶君】zàojūn 名 かまどの神様．同 灶神 zàoshén,灶王爷 zàowángyé
【灶神】zàoshén 名 かまどの神．迷信で,家内の禍福財運をつかさどるといわれる．
【灶台】zàotái 名 ❶かまど．❷かまどのふち．かまどのまわり．

【灶膛】zàotáng 名 かまどの火を燃やす部分。焚き口。回 灶肚 dù
【灶头】zàotou 名方 かまど。回 灶 zào
【灶王爷】zàowángyé 名口 かまどの神。回 灶神 zàoshén

喿(異唕) zào
口部7 四 6601₄ 全10画 通用
→啰喿 luózào

造 zào
辶部7 四 3430₆ 全10画 常用

❶動 作る。¶～船 zàochuán / ～林 zàolín / 创～ chuàngzào（創造する）/ 制～ zhìzào（製造する）。回 制 zhì ❷ 捏(こ)ね造る。¶～谣 zàoyáo / 捏～ niēzào（捏造する）。❸素 知識を深める。¶～诣 zàoyì / 深～ shēnzào（より深く研究する）。¶～访 zàofǎng / 登峰 fēng～极 / 学問や技術が最高峰に達する。❺素（訴訟などの）当事者。¶两～ liǎngzào（両当事者）/ 甲～ jiǎzào（甲方）/ 乙～ yǐzào（乙方）。❻量 稲作などの、植えてから収穫までの期間を"一造"とする。¶一年两～（二期作）。❼（Zào）姓。

【造成】zàochéng 動 ❶ 生み出す。もたらす。引き起こす。¶～损失 / 損失をもたらす。¶～伤亡 shāngwáng / 死傷事故を引き起こす。❷ 作る。造る。有利的局面 / 有利な情勢を作る。
【造船】zàochuán 動 船を建造する。¶～厂 / 造船所。
【造次】zàocì 形文 ❶ あわただしい。¶～之间 / とっさの間。❷ いいかげんだ。軽率だ。¶～行事 xíngshì / いいかげんに事を行う。¶～之人 / 軽率な人。
【造端】❶ zào//duān 動 端を開く。発端となる。❷ zàoduān 名 始まり。糸口。発端。
【造反】zào//fǎn 動 逆らう。反乱を起こす。¶你敢～吗？/ きみは逆らうかい。¶～有理 / 反逆には道理がある。¶起来～ / 立ち上がり,反乱をおこす。表现"造反"には「やむにやまれず立ち向かう」というニュアンスがある。
【造访】zàofǎng 動文 訪問する。¶登门～ / お宅にお じゃまする。¶改日～ / 日を改めて訪問いたします。回 拜访 bàifǎng
【造福】zàofú 幸福をもたらす。¶～后代 / 後世に幸福をもたらす。
【造化】名 ❶ zàohuà 文 大自然。自然界の創造者。¶美术要以～为 wéi 师 / 美術を自然を師としなければならない。❷ zàohuà 運命。¶有～ / 運がいい。¶前世的～ / 前世の果報。
【造假】zàojiǎ 動 偽物を作る。
【造价】zàojià 名〔回 笔 bǐ〕（建築物·鉄道·道路·自動車·船·機械などの）製造費用。コスト。¶降低～ / 製造コストを下げる。
【造就】zàojiù ❶ 動 育成する。¶～人才 / 人材を育てる。❷ 名 成果。実績。
*【造句】zào//jù 動 文をつくる。¶用词～ / 単語を使って文をつくる。
【造林】zàolín 動 造林する。¶植树～ / 植樹して造林する。
【造孽】zào//niè 動《仏教》罰当たりな事をする。回 作孽 zuòniè
【造山运动】zàoshān yùndòng 名《地学》造山運動。
【造市】zàoshì 動《経済》市場活動をする。マーケティングする。
【造势】zàoshì 動（大々的に宣伝し）勢いをつける。
【造物】zàowù 動 万物を創造する。
【造物主】zàowùzhǔ 名《宗教》造物主。神。回 造化 zàohuà 主
【造像】zàoxiàng 名《美術》彫像。塑像。
【造型】zàoxíng 名 "造型 zàoxíng"に同じ。
【造型】zàoxíng ❶ 動 造りだす。回 造形 zàoxíng ❷ 名 造りだされた形。造り。¶～新奇 / 造りが目新しい。¶这些洋娃娃 wáwa～生动有趣 / この西洋人形ははまって生きているようだ。
【造型艺术】zàoxíng yìshù 名 造形美術。
【造血】zàoxuè ❶《生理》造血する。❷（組織や企業が）内部の潜在能力を掘り起こし,活力を強める。
【造谣】zào//yáo 動 デマをとばす。¶～生事 / 成 デマをとばして,もめ事を起こす。¶～中伤 zhòngshāng / デマをとばして中傷する。反 避谣 bìyáo
【造谣惑众】zào yáo huò zhòng 成 デマを流して人々を惑わす。
【造诣】zàoyì 名 造詣（ぞうけい）。¶～很深 / 造詣が深い。¶他在音乐方面有一定的～ / 彼は音楽方面にかなり造詣が深い。
【造影】zàoyǐng 動《医学》造影する。¶～剂 jì / 造影剤。
【造纸】zào//zhǐ 動 紙をつくる。
【造作】❶ zàozuò 動 作る。制作する。¶～飞机模型 / 飛行機の模型を作る。❷ 制造 zhìzào ❸ zàozuo わざとらしい。¶矫揉 jiǎoróu～ 非常にわざとらしい。¶表演太～,很不自然 / 演技が作為的すぎて,不自然だ。
【造作系统】zàozuò xìtǒng 名《コンピュータ》オペレーティングシステム。OS。

慥 zào
忄部10 四 9403₆ 全13画 通用

下記熟語を参照。
【慥慥】zàozào 形文 真面目で誠実だ。

噪(異譟❷) zào
口部13 四 6609₄ 全16画 次常用

❶動 鳥や虫が鳴きわめく。¶蝉～ chánzào（セミがうるさく鳴く）/ 鹊～ quèzào（カササギがやかましく鳴く）。❷素 人が大声で騒ぐ。¶鼓～ gǔzào（がやがや騒がしくする）/ 聒～ guōzào（やかましい）。
【噪声】zàoshēng 騒音。雑音。¶工地上～震 zhèn 天 / 工事現場では,騒音がごうごうととどろく。
【噪声级】zàoshēngjí 名 騒音レベル。参考 単位は"分贝"（デシベル。dB）。
【噪音】zàoyīn 名 ❶ 噪(そう)音。反 乐音 yuèyīn ❷ 騒音。雑音。¶电话～太大,听不清楚 / 電話の雑音がおおきすぎて,はっきり聞きとれない。
【噪杂】zàozá 形 ざわざわと騒がしい。回 嘈 cáo 杂

簉 zào
竹部10 四 8830₆ 全16画

形文 副の。予備の。¶～室 zàoshì（側室）。

燥 zào
火部13 四 9689₄ 全17画 常用

形 乾燥している。¶～热 zàorè / 干～ gānzào（乾燥した）/ 枯～ kūzào（味わいに乏しく,つまらない）。
【燥热】zàorè 形 からからの猛暑だ。¶天气～难受 / かんかん照りの猛暑で,耐えられない。

躁 zào
足部13 四 6619₄ 全20画 常用

形 せっかちだ。落ち着かない。¶～动 zàodòng / 浮～

则责择咋迮泽 zé

fúzào（そわそわと落ち着かない）/ 急～ jízào（いらいらしている）.
【躁动】zàodòng 动 ❶ いらだって落ち着かない. ❷ 休みなく動く. ¶胎儿 tāi'ér～/胎児がせわしく動く.
【躁急】zàojí 形 焦っている. いらいらしている. 同 急躁

ze ㄗㄜ〔tsɤ〕

则(則) zé 贝部2 四 7280₀
❶ 名 規範. 模範. ¶原～ yuánzé（原則）/准～ zhǔnzé（準則）/以身作～ 成 身をもって範を示す). ❷ 名 規則. 制度. ¶规～ guīzé（規則）/通～ tōngzé（通則）/总～ zǒngzé（総則）. ❸ 动 文 規範に従う. ❹ 接 …であればすなわち. 因果関係や条件をあらわす. ¶兼 jiān 听～明, 偏 piān 信～暗 成 広く意見を聞けば認識は明るくなり, 偏った意見を信ずれば不明となる / 物体热～胀 zhàng, 冷～缩（物体は熱くなれば膨張し, 冷えれば収縮する）. 同 就 jiù, 便 biàn ❺ 接 逆に. …ではあるけれど. 前に述べたこととの対比や逆説を示す. ¶今～不然（今や, そんなことはない）/好～好, 只是太贵（いいことはいいけれど, 値段が高すぎる）. ❻ 动 文 とりもなおさず…だ. ¶此～余 yú 之罪 zuì 也（これはとりもなおさず私の罪である）. ❼ 动 する. "做 zuò"に近い意味のことばで, 宋·元·明代の小説や戯曲によく用いられた. ¶～甚 zéshèn（何をするのか）/不～声（声をたてない）. ❽ 量 （"一ヽ, 二再"）, 三～"）と順序や理由を列挙するときに用いることば. ¶这篇课文不合适, 一～太长, 二～太难（この教科書の文章は不適切だ, 第一に長すぎるし, 第二に難しすぎる）. ❾ 量 まとまった形をもつ文章を数えることば. ¶试题四～（試験問題四問）/新闻三～（ニュース三件）.
【则声】zéshēng 动 声を出す. 同 作 zuò 声

责(責) zé 贝部4 四 5080₂ 全8画
❶ 名 責任. ¶～任 zérèn / 负～ fùzé（責任を負う）/文～ wénzé（文責）. ❷ 动 求める. ¶求全～备 成 完全無欠を求める / 严以～己, 宽以待人（自分に厳しく, 人にはやさしく）. ❸ 名 問い詰める. ¶～备 zébèi / ～骂 zémà / ～问 zéwèn / 指～ zhǐzé（指摘して責める）. ❹ 名 批判する. 責める. ¶～罚 zéfá / 鞭～ biānzé（処罰のためにむち打つ）.
【责备】zébèi 动 責める. とがめる. 非難する. ¶受了一通 tòng～/ひとしきり非難された. ¶～几句就算了 / いくらかとがめて終わりにする. ¶用～的口气说（とがめる口調で言う）. 同 指责 zhǐzé, 指摘 zhǐzhāi 反 称赞 chēngzàn
【责成】zéchéng 动 責任をもって任務を完成させる. ¶～有关部门查处 cháchù / 関係部門に責任をもって調査, 処理させる.
【责打】zédǎ 动 罰としてたたく.
【责罚】zéfá 动 処罰する. ¶这事不该～他 / このことで, 彼を処罰すべきではない. 同 处罚 chǔfá
【责怪】zéguài 动 責める. 恨む. ¶不能～他 / 彼を責めることはできない. ¶妈妈～我乱说话 / 母は, 私がでたらめを言うといってしかる.
【责令】zélìng 动 責任をもってやらせる.
【责骂】zémà 动 しかりつける. きびしく叱る. ¶不能随

便～小孩 / 気まぐれに子供をしかりつけてはいけない. 同 叱骂 chìmà, 斥骂 chìmà
【责难】zénàn 动 非難する. ¶事情已经发生了, 再～也没用 / 事はもう起こってしまったのだから, これ以上責めても仕方がない. 同 非难 fēinàn
*【责任】zérèn 名 ❶（果たすべき）務め. 責任. ¶尽 jìn～/責任を果たす. ❷（負うべき）責任. ¶追究 zhuījiū～/責任を追求する. ¶这次事故我们也有～/今回の事故は我々にも責任がある.
【责任感】zérèngǎn 名 責任感.
【责任事故】zérèn shìgù 名 業務上の過失による事故.
【责任心】zérènxīn 名 責任感.
【责任制】zérènzhì 名 責任制.
【责问】zéwèn 动 問い詰める. 追求する. ¶厉声 lìshēng～/ 声を荒らげて問い詰める. ¶～他为什么总迟到 / なぜいつも遅刻するのか, 彼を問い詰める. 同 诘责 jiézé
【责无旁贷】zé wú páng dài 自己の責任は, 他人に転嫁してはいけない. ¶关心, 帮助学生, 是每个老师～的事 / 教え子に心をくばり, 手助けすることは, 全ての教師が負うべき責務だ. ¶养育 yǎngyù 儿女, 做父母的～/子育ては, 親が自ら背負うべき仕事だ.
【责怨】zéyuàn 动 恨み責める.

择(擇) zé 扌部5 四 5705₄ 全8画
❶ 动 選ぶ. ¶选～ xuǎnzé（選択する）/～友 zéyǒu（友を選ぶ）/不～手段（手段を選ばない）/～善而从. ❷（Zé）姓.
➥ 择 zhái
【择吉】zéjí 动 文 吉日を選ぶ. ¶～迎娶 yíngqǔ / いい日を選んで嫁を迎える. ¶～开张 kāizhāng / 吉日を選んで開店する.
【择交】zéjiāo 动 友を選ぶ.
【择偶】zé'ǒu 动 配偶者を選ぶ.
【择期】zéqī 动 期日を選ぶ.
【择善而从】zé shàn ér cóng 成 よい人を選んで, その人にしたがう. 人の長所を見て, それに従う.
【择校】zéxiào 动 学校を選択する. 参考 規定された自地域の学校に行かず, 自ら選択して他地域の良い学校に入学すること.
【择校税】zéxiàoshuì 名 学校が徴収した規定額を超える学費や, 賛助費や"泽校费"（学区外の入学希望者から徴収する費用）など様々な名目による規定外の収入に対する税.
【择业】zéyè 动 職業を選ぶ.
【择优】zéyōu 动 優れたものを選ぶ.

咋 zé 口部5 四 6801₁ 全8画
动 噛(*)む. ¶～舌 zéshé.
➥ 咋 zǎ, zhā
【咋舌】zéshé 动 文 （驚いたり恐れたりして）ことばが出ない. 由来 "舌をかむ" という意から.

迮 zé 辶部5 四 3830₁ 全8画
名 姓.

泽(澤) zé 氵部5 四 3715₄ 全8画
❶ 名 沢. 沼. ¶沼～ zhǎozé（沼沢）/湖～ húzé（湖沼）. ❷ 名（金属などの）つや. ¶光～ guāngzé（光沢）/色～ sèzé（色つや）. ❸ 名 湿っている. ¶润

～ rùnzé（うるおっている）. ❹素 恵み. ¶恩～ ēnzé（恩沢）/ ～及枯骨 kūgǔ（亡くなった人にまで恩沢が及ぶ）. ❺（Zé）姓.
【泽国】zéguó 名 ❶ 河川や湖の多い地域. ❷ 冠水した地域.

喷(嚀) zé
口部8 四6508₂
全11画 通用
素 ❶ 大声で言い争う. ¶～有烦 fán言. ❷ 舌を鳴らす音. 話し声.
【啧有烦言】zé yǒu fán yán 成 たくさんの人が不平,不満の声をあげる. 非難ごうごうだ. ¶对于提升 tíshēng 老李当 dāng 科长,大家都～ / 李さんの課長昇格には,みんな不満たらたらだ.
【啧啧】zézé 擬（賛嘆して）舌を鳴らす音. 称賛の声. ¶～称羡 chēngxiàn / 口々に褒めそやす.

帻(幘) zé
巾部8 四4528₂
全11画 通用
名 文 古代の頭巾（ずん）.

笮 zé
竹部5 四8821₁
全11画 通用
名 姓.
☞ 笮 zuó

舴 zé
舟部5 四2841₁
全11画 通用
下記熟語を参照.
【舴艋】zéměng 名 文 小舟.

簀(簣) zé
竹部8 四8880₂
全14画 通用
名 文 寝台に敷く竹製のござ.

赜(賾) zé
匚部13 四7578₂
全15画 通用
形 奥が深い. ¶探～索 suǒ 隐（奥深い道理を探究し,うずもれた事跡を探る）.

仄 zè
厂部2 四7128₀
全4画 通用
素 ❶ せまい. ¶逼～ bīzè（せまい）. ❷ 落ち着かない. ¶歉～ qiànzè（恐縮する）. ❸ 傾く. ¶～声 zèshēng. 反 平 píng
【仄声】zèshēng 名《言語》仄（ミ）声. 参考 古代の四声のうち,"平声 píngshēng"を除いた"上声 shàng [shǎng-]shēng","去声 qùshēng","入声 rùshēng"の三声の総称. いずれも"平らでない"ことから一まとめにした. ⇨平仄 píngzè

昃 zè
日部4 四6028₁
全8画 通用
動 文 太陽が西にかたむく.

侧(側) zè
亻部6 四2220₀
全8画 常用
素 "仄 zè"❸に同じ.
☞ 侧 cè, zhāi

---

zei ㄗㄟ〔tseɪ〕

贼(賊) zéi
贝部6 四7385₀
全10画 常用
❶ 名〔量 个 ge,伙 huǒ〕どろぼう. ¶窃～ qièzéi（どろぼう）. ❷動 人民や国家に危害をおよぼす者. ¶工～ gōngzéi（労働者階級の裏切り者）/ 卖国～ màiguózéi（売国奴）. ❸素 人を傷つけたり殺したりする. ¶戕～ qiāngzéi（損なう. 傷つける）. ❹素 邪悪な. ¶～眼 zéiyǎn / ～心 zéixīn / ～头～脑. ❺形方 ずるがしこい. ❻副方 とても. ひどく. ¶～冷 zéilěng（ばかに寒い）/ ～亮 zéiliàng.
【贼船】zéichuán 名〔量 条 tiáo〕海賊船. ❷ 国や人民に危害を加える一団.
【贼骨头】zéigǔtou 名 どろぼう. 盗人.
【贼喊捉贼】zéi hǎn zhuō zéi 成 どろぼうが他人をどろぼう呼ばわりして,自分の罪を逃れようとする. ¶～,反咬 yǎo 一口 / 自分の悪事を認めるどころか,逆襲に出る.
【贼亮】zéiliàng 形方 ぴかぴかに光っている. 非常にきれいだ.
【贼眉鼠眼】zéi méi shǔ yǎn 成 こそこそしている. ¶～地四处张望 / こそこそとあたりを見回す.
【贼人】zéirén 名 ❶ 盗人. 泥棒. ❷ 悪人.
【贼死】zéisǐ 形方 耐えがたい. ¶累得～ / たまらなく疲れた. 用法 補語として用いる.
【贼头贼脑】zéi tóu zéi nǎo 成 挙動がこそこそとあやしい. ¶～地溜 liū 了进来 / こそこそと入って来た.
【贼窝】zéiwō 名 賊の巣窟（ミ）.
【贼心】zéixīn 名 よこしまな考え. 悪だくみ. 邪心. ¶～不死 / よこしまな考えがなくならない. ¶你还没看破他的～吗？/ 君はまだ彼の悪巧みが見破れないのか. 同 邪心 xiéxīn
【贼星】zéixīng 名〔量 个 ge,颗 kē〕流れ星. 同 流星 liúxīng 表現 "贼星"は俗語.
【贼眼】zéiyǎn 名 きょろきょろした目つき. ¶～流星 / 悪人の目つき. ¶看那～,就知没怀 huái 好意 hǎoyì / あの目つきを見れば,よからぬ考えを抱いていると分かる.
【贼赃】zéizāng 名 盗品. 賊物（ミミ）.
【贼走关门】zéi zǒu guān mén 成 後の祭り. 手遅れ. 同 贼去 qù 关门

---

zen ㄗㄣ〔tsən〕

怎 zěn
心部5 四8033₁
全9画 常用
代方 なぜ. ¶你～这样做？（どうしてこんなふうにするの）. 同 怎么 zěnme
【怎地[的]】zěndi 代方 どうして. どのように. ¶你～啦,突然不高兴？/ 君どうしたの,急に不機嫌になって.
**【怎么】zěnme 代 ❶ なぜ. どのような. どのように. 状況・性質・方法などをたずねる. ¶这是一回事？/ これはどういうことですか. ❷ なぜか. どのように. 状況・性質・方法などをあらわす. ¶该～办就～办 / しかるべく行う. ❸（否定の形で）それほど…でない. どれほど…ても. ¶这出戏他刚学,还不～会唱 / この劇は彼は習ったばかりで,まだそれほど上手には歌えません. ¶不～好看 / それほどきれいではない. ¶无论～劝 quàn,都没用 / どれほどなだめても無駄だった.
【怎么办】zěnme bàn 句 どうする. どうしよう. ¶我的钱包丢 diū 了,～呢？/ 財布をなくしてしまった,どうしよう.
【怎么得了】zěnme déliǎo 句 こんなことでいいはずがない. ¶都三十好几的人了,这么不懂事,～！/ 三十いくつにもなって,こんなに分からず屋だとは,何てことだ.
**【怎么样】zěnmeyàng 代 ❶ どのような. どのように. 状

況や性質,方法などをたずねる. 同 怎样 zěnyàng ❷(否定形で)それほど…でない. 婉曲な言い方で状況や動作などをあらわす. ¶他的为人 wéirén 并不～/彼の人柄は大したことはない.

【怎么着】zěnmezhe 代 ❶ どうするか. 状況や動作などをたずねる. ¶她是生气了还是～?/彼女は怒っているのか,それともどうなんだ. ¶这段时间～?/この時間をどうやって過ごしましょうか. ❷広く状況や動作などをさす. ¶我想~就~,不干 gān 你事/私の思うようにします. あなたには関係ありません.

【怎奈】zěnnài 接 残念ながら. 惜しいことに. ¶～行不通/惜しいことに実行することができない. ¶本想帮你,～有病在身/君を手助けするつもりだったのだが,残念ながら病気の身に. 同 无奈 wúnài.

【怎生】zěnshēng 代 どのようにか. ¶～是好?/どうしたらよいか. ¶～了得/どうしよう,大変だ. 同 怎样 zěnyàng,怎么 zěnme.

**【怎样】zěnyàng 代 ❶ どのようか. 状況や性質,方法などをたずねる. ¶玩得～?/遊んで楽しかった? ❷ どのような. 広く状況や性質,方法などをいう. ¶～说也说不服小明/どんなに言ってもミンさんを説得できない. 同 怎么样 zěnmeyàng.

谮(譖) zèn

讠部12 四 3176₁ 全14画 通用

動 文 悪口を言って人を陥れる. ¶～言 zènyán (譖言譛).

zeng ㄗㄥ 〔tsəŋ〕

曾 zēng

八部10 四 8060₆ 全12画 常用

❶ 素 自分と二世代隔たった親族. ¶～祖 zēngzǔ /～孙 zēngsūn. ❷ 動 "增 zēng"①に同じ. ❸ (Zēng)姓.
☞ 曾 céng

【曾孙】zēngsūn 名 曾孫. ひ孫.
【曾孙女】zēngsūnnǚ[-nü] 名 (～儿) 女のひ孫.
【曾祖】zēngzǔ 名 曾祖父. 同 曾祖父 zēngzǔfù.
【曾祖父】zēngzǔfù 名 曾祖父.
【曾祖母】zēngzǔmǔ 名 曾祖母.

增 zēng

土部12 四 4816₆ 全15画 常用

❶ 動 増やす. 増える. ¶～加 zēngjiā /～强 zēngqiáng /～产 zēngchǎn /～光 zēngguāng. 反 减 jiǎn,删 shān,损 sǔn ❷ (Zēng)姓.

【增兵】zēngbīng 兵力を増強する.
【增补】zēngbǔ 動 補充する. 増補する. ¶～本/増補版. ¶～新的内容/新しい内容を増補する.
【增产】zēng//chǎn 動 増産する. ¶努力～/増産に努める. ¶～节约/増産し経費を節減する. ¶～计划/増産計画. 反 减产 jiǎnchǎn.
【增大】zēngdà 動 増大する. ¶规模 guīmó ～/規模が増大する. ¶面积～了一倍/面積が2倍に増えた.
【增订】zēngdìng 動 (本の内容を)増訂する. ¶～本/増訂版.
【增多】zēngduō 動 増す. 増やす. ¶产品日益 rìyì ～/製品が日増しに増えている. ¶人手～了/人手が増えた.

【增防】zēngfáng 動 守りを強化する. 防衛力を増強する.
【增幅】zēngfú 名 増加の幅,度合い.
【增高】zēnggāo 動 ❶ 高くなる. ¶身量 shēnliang ～/背が高くなる. ❷ 高くする. ¶～堤岸 dī'àn /堤防を高くする.
【增光】zēng//guāng 動 栄誉を高める. ¶给家族～了/家族の名誉を高めた.
【增辉】zēnghuī 動 輝きを増す. ¶～生色/きらきらと輝きが増す. ¶奕奕 yìyì～/いきいきと輝きを増す.

**【增加】zēngjiā 動 増加する. ¶人数有所～/人数が少し増加した. ¶由八百~增到一千/800から1,000にまで増えた. ¶～了困难/困難が増えた. 同 增添 zēngtiān 反 减少 jiǎnshǎo.

【增减】zēngjiǎn 動 増減する. ¶产量 chǎnliàng 和去年一样,没有什么～/生産量は昨年と同様で,少しも増減はない. ¶酌量 zhuóliáng ～/事情を考慮して増減する.
【增进】zēngjìn 動 増進する. 促進する. ¶～健康/健康を増進する. ¶～交流/交流を促進する.
【增刊】zēngkān 名 〔版 bǎn,期 qī〕増刊. ¶新年～/新年増刊号.
【增量】zēngliàng 名《数学》増分.
【增绿】zēnglǜ 動 緑化面積を増加する.
【增强】zēngqiáng 動 強める. 強化する. 増強する. ¶～信心/自信を強める. ¶～安全措施/安全措置を強化する. 同 加强 jiāqiáng.
【增容】zēngróng 動 容量を増やす. ¶电力～/電力の容量を増やす.
【增色】zēngsè 動 輝きを増す. 反 减色 jiǎnsè.
【增删】zēngshān 動 (文章を)添削する.
【增设】zēngshè 動 増設する.
【增生】zēngshēng 動 《生理》(細胞が)増殖する. 同 增殖 zhí.
【增收】zēngshōu 動 増収する.
【增添】zēngtiān 動 増やす. 加える. ¶～麻烦/さらに面倒をかける. ¶～色彩/彩りを加える. 同 添加 tiānjiā,增加 zēngjiā 反 裁减 cáijiǎn,削减 xuējiǎn.
【增效】zēngxiào 動 効果や利益を増やす.
【增选】zēngxuǎn 動 増員して選出する.
【增益】zēngyì ❶ 動 増す. 増やす. ❷ 名《電気》増幅.
【增援】zēngyuán 動 増援する. ¶火速～/至急増援する. ¶～物资/増援物資.

*【增长】zēngzhǎng 動 増やす. 高める. 伸ばす. ¶～见识/見聞を広める. 反 下降 xiàjiàng.
【增长点】zēngzhǎngdiǎn 名 成長ポイント. 成長分野.
【增支】zēngzhī 動 支出を増やす.
【增值】zēngzhí ❶ 生産額が増える. ❷ (資産や貨幣の)価値が上昇する.
【增值税】zēngzhíshuì 名《経済》付加価値税.
【增殖】zēngzhí 動 ❶ 繁殖する. ¶～耕牛 gēngniú /役牛を繁殖させる. ❷ 増殖する. ¶細胞 xìbāo ～/細胞が増殖する. ¶～反应堆 fǎnyìngduī /増殖炉. 同 增生 zēngshēng.
【增资】zēngzī ❶ 給料を増やす. ❷ 資金を増やす.

憎 zēng

忄部12 四 9806₆ 全15画 常用

素 嫌悪する. ¶～恶 zēngwù /～恨 zēnghèn. 反

爱 ài
【憎恨】zēnghèn 動 憎悪する．¶热爱人民，～敌人 / 人民を愛し，敵を憎む．同 憎恶 zēngwù 反 热爱 rè'ài
【憎恶】zēngwù 動 憎む．恨む．¶令人～ / 憎く思う．¶～损人利己的行为 xíngwéi / 他人に害を与えてまで自分の利益を図ろうとする行為を憎む．同 憎恨 zēnghèn 反 爱好 àihào
【憎厌】zēngyàn 動 憎い．嫌う．

缯（繒） zēng 纟部12 四 2816₆ 全15画 通用
名 絹織物．
☞ 缯 zēng

罾 zēng ⽹部12 四 6060₆ 全17画 通用
名 四隅を竹ざおなどで支えた，魚を捕る網．四手(よつで)網．

综（綜） zèng 纟部8 四 2319₁ 全11画 次常用
名 織機の横糸の杼(ひ)を通すために，縦糸を上下させる道具．綜(へ)．参考 "zòng"とも発音する．
☞ 综 zōng

锃（鋥） zèng 钅部7 四 8671₄ 全12画 通用
索方 器物が磨れてぴかぴかと光っている．¶～亮 zèngliàng / ～光瓦亮 zèng guāng wǎ liàng.
【锃光瓦亮】zèng guāng wǎ liàng 成 (器物が磨れて)ぴかぴかと光っている．
【锃亮】zèngliàng 形口 (器物などが)ぴかぴかと光っている．

缯（繒） zèng 纟部12 四 2816₆ 全15画 通用
動方 ひもでくくる．
☞ 缯 zēng

赠（贈） zèng 贝部12 四 7886₆ 全16画 常用
動 人に物を贈る．¶～品 zèngpǐn / ～阅 zèngyuè / 捐～ juānzèng（寄附する）．
【赠答】zèngdá 動 (贈り物や詩文を)互いに贈る．¶～诗 / 贈答詩．互相～ / 互いに贈り合う．
【赠礼】zènglǐ 名（＝份 fèn）贈り物．¶接受～ / 贈り物を受けとる．
【赠品】zèngpǐn 名（＝份 fèn，件 jiàn）贈り物．贈答品．
【赠券】zèngquàn 名 ギフト券．景品引換券．
【赠书】zèngshū ❶ 動 本を贈る．❷ 名 献本．
【赠送】zèngsòng 動 贈る．贈呈する．¶～礼品 / 贈り物をする．
【赠言】zèngyán 名文 贈ることば．¶～本 / サイン帳．
【赠与[予]】zèngyǔ 動 贈る．贈与する．¶财产 cáichǎn～ / 財産贈与．
【赠阅】zèngyuè（出版される新聞・雑誌や書物を)人に贈呈する．

甑 zèng 瓦部12 四 8161₇ 全16画 通用
名 ❶ こしき．❷ せいろう．❸ 蒸留器．¶曲颈～ qūjǐngzèng（レトルト）．参考 ①は，穀物をふかす古代の土製の器．底に多くの小さな穴があり，"鬲 lì"の上にのせて食べ物を蒸した．
【甑子】zèngzi 名 ご飯などを蒸す道具．こしき．せいろう．

zhā ㄓㄚ〔tʂA〕

扎（異 劄❶❷、紥❷、紮❷） zhā 扌部1 全4画 四 5201₀ 常用
❶ 動 針などで刺す．¶～手 zhāshǒu / ～花 zhāhuā / ～针 zhāzhēn．❷ 索 軍隊が駐屯する．¶～营 zhāyíng．❸ 動方 もぐりこむ．
☞ 扎 zā, zhá
【扎耳朵】zhā ěrduo 句 耳が痛い．耳障りだ．¶有些～的实话 / 少し耳の痛い，本当のこと．同 扎耳 zhā'ěr
【扎根】zhā//gēn ❶ 植物が根をはる．❷ 根を下ろす．¶～一辈子 yībèizi / 一生住みつく．
【扎花】zhā//huā 動方（～儿）刺しゅうする．
【扎猛子】zhā měngzi 句方 飛び込む．ダイビングする．
【扎啤】zhāpí 名（＝杯 bēi, 扎 zhā）ジョッキ入り生ビール．由来 "扎 zhā"は英語 jar から．
【扎破】zhāpò 動 突き破る．¶衣服被～了 / 何かが刺さって服が破れた．
【扎实】zhāshí 形 ❶ 丈夫だ．健康だ．同 结实 jiēshi ❷ 手堅い．着実だ．¶功底 gōngdǐ / 基礎が揺るがない．¶干活儿不～ / 仕事が落ち着かない．¶～地做好动员工作 / 参加呼びかけの仕事をしっかりとする．
【扎手】zhā//shǒu ❶ 動 手を刺す．❷ 形 手を焼く．手に余る．¶事情～ / 事は一筋縄ではいかない．¶这个任务挺～的 / この任務はとても難しい．
【扎眼】zhāyǎn 形 ❶ まぶしい．ちかちかする．¶花色太～ / 柄がけばけばしい．同 刺眼 cìyǎn，刺目 cìmù ❷ 動 人目を引く．目にあまる．¶他的反对尤其～ / 彼の反対はとりわけ人目を引いた．同 刺眼 cìyǎn，刺目 cìmù 反 顺眼 shùnyǎn，悦目 yuèmù
【扎营】zhā//yíng 動（軍事）テントを張って駐屯する．
【扎扎实实】zhāzhashíshí 形 しっかりした．着実だ．¶～地实行改革 / 着実に改革を行う．
【扎针】zhā//zhēn 動 はり治療をする．

咋 zhā 口部5 四 6801₁ 全8画 通用
下記熟語を参照．
☞ 咋 zǎ, zé
【咋呼[唬]】zhāhu 動方 ❶ 大声で叫ぶ．¶你～什么？/ お前は何を騒ぎ立てているんだ．❷ ひけらかす．虚勢を張る．
【咋咋呼呼[唬唬]】zhāzhahūhū 動方 ❶ わめきたてる．大声で叫ぶ．❷ ひけらかす．吹聴する．

查 zhā 木部5 四 4010₆ 全9画 常用
❶ →山查 shānzhā ❷（Zhā）姓．
☞ 查 chá

喳 zhā 口部7 四 6202₁ 全10画 通用
→喳喳 zhāozhā

揸（異 摣、叚） zhā 扌部9 四 5401₆ 全12画
動方 ❶ 指でつまむ．❷ 手の指を伸ばし広げる．¶～开五指(5本の指を広げる)．

喳 zhā 口部9 四 6401₆ 全12画 次常用
擬 鳥の鳴く声をあらわす．¶喜鹊 xǐque～～叫(カササギ

渣 zhā
氵部9　全12画　四 3411₆　常用

[名] ❶ (～儿)残り. かす. ¶～滓 zhāzǐ. ❷ (～儿)ばらばらになっているくず. ❸ (Zhā)姓.

【渣打銀行】Zhādǎ yínháng [名] チャータード銀行. イギリスの銀行で, 香港での発券銀行の一つ. ◆Chartered Bank

【渣儿】zhār [名] ❶ かす. ¶油～ / 油かす. ¶煤～ / 石炭くず. ❷ くず. ¶面包～ / パンくず.

【渣油】zhāyóu [名] 残油.

【渣滓】zhāzǐ [名] ❶ かす. 残りかす. ❷ 悪人. 人間のクズ. ¶社会～ / 社会のクズ.

【渣子】zhāzi [名] かす. ¶甘蔗 gānzhe～ / サトウキビのしぼりかす.

楂 (異 樝) zhā
木部9　全13画　四 4491₆　通用

→山楂 shānzhā
☞ 楂 chá

扎 zhá
扌部1　全4画　四 5201₀　常用

下記熟語を参照.
☞ 扎 zā, zhā

【扎挣】zházheng [動][方] どうにかもちこたえる.

札 (異 剳) ❶❸ zhá
木部1　全5画　四 4291₀　通用

❶ [名] 古代, 文字を書き付けるのに用いた小さく薄い木片. ❷ [書] 手紙. ¶书～ shūzhá (手紙) / 信～ xìnzhá (手紙) / 手～ shǒuzhá (直筆の手紙). ❸ [名] 昔の公用文の一種.

【札记】zhájì [名][〔份 fèn, 篇 piān, 则 zé〕] 読書ノート. 読書メモ. 同 劄记 zhájì.

轧 (軋) zhá
车部1　全5画　四 4251₀　常用

[動] "扎 yà" に同じ. ¶～钢 zhágāng / ～辊 zhágǔn.
☞ 轧 gá, yà

【轧钢】zhá//gāng [動](鋼塊を)圧延する.
【轧辊】zhágǔn [名][機械] 圧延ロール.
【轧机】zhájī [名] 圧延機. 同 轧钢 gāng 机.
【轧制】zházhì [動] 圧延する.

闸 (閘 / 牐) zhá
门部5　全8画　四 3750₆

❶ [名][〔道 dào, 座 zuò〕] 水門. ¶水～ shuǐzhá (水門) / ～口 zhákǒu / 拦河～ lánhézhá (ダムの水門). ❷ [動] 水をせき止める. ❸ [名] スイッチ. ¶电～ diànzhá (スイッチ). ❹ [名] ブレーキ. ¶自行车～ zìxíngchēzhá (自転車のブレーキ) / 踩～ cǎizhá (ブレーキを踏む). ❺ (Zhá)姓.

【闸阀】zháfá [名] せき止めバルブ. 同 闸式阀 zháshìfá.
【闸盒】zháhé [名] (～儿)[電気] ヒューズが入った箱型のスイッチ.
【闸口】zhákǒu [名] 水門. 取り入れ口.
【闸门】zhámén [名][〔道 dào, 座 zuò〕] 水門. ハッチ. ¶关紧～ / 水門をかたく閉める.

炸 (異 煠) zhá
火部5　全9画　四 9881₁　常用

[動][料理] ❶ 油で揚げる. ¶～糕 zhágāo / ～鱼 zhá-yú (魚のフライ). ❷ 野菜をさっと湯がく.
☞ 炸 zhà

【炸豆腐】zhádòufu [名] 油揚げ. 揚げ豆腐.
【炸糕】zhágāo [名] モチにあんを入れて揚げたもの. あんドーナツに似た食品. 同 油 yóu 炸糕.
【炸酱】zhájiàng [名] 小麦粉でつくったみそに挽き肉を入れて油で炒めたもの.
【炸酱面】zhájiàngmiàn [名][《料理》] "炸酱" をかけたうどん. ジャージャンメン.

铡 (鍘) zhá
钅部6　全11画　四 8270₀

❶ 草やわらなどを上から押して切る道具. 押し切り. ¶～刀 zhádāo. ❷ [動] 押し切りで切る. ¶～草 (押し切りで草を切る).

【铡草机】zhácǎojī [名] 押し切り機.
【铡刀】zhádāo [名][〔把 bǎ, 口 kǒu〕] 押し切り. まぐさ切り.

喋 zhá
口部9　全12画　四 6409₄　通用

→唼喋 shàzhá
☞ 喋 dié

拃 (異 搩) zhǎ
扌部5　全8画　四 5801₁　通用

❶ [動] 親指と中指(または小指)を開いて物の長さを測る. ¶用手～桌面 (手で机の上を測る). ❷ [量] 親指と中指(または小指)を開いた長さ. 咫(た). ¶两～宽 kuān (二あたの広さ).

眨 zhǎ
目部4　全9画　四 6203₂　常用

[動] まばたきをする. ¶～眼 zhǎyǎn.

【眨巴】zhǎba [動] まばたきする. ¶眼睛直～ / しきりにまばたきする. ¶星星一闪 shǎn 一闪的, ～着眼 / 星はきらきらとまたたき, まばたきをしているかのようだ. 同 眨 zhá.
【眨眼】❶ zhǎ/yǎn [動] (～儿)まばたきする. ¶～示意 / 目くばせして合図する. ❷ zhǎyǎn [名] またたく間. 一瞬. ¶一工夫, 小孩儿就跑开了 / あっという間に, 子供は走り去ってしまった.

砟 zhǎ
石部5　全10画　四 1861₁　通用

[名] (～儿)硬いかたまり. ¶煤～子 méizhǎzi (石炭の小さなかたまり) / 道～ dàozhā (砂利).

【砟子】zhǎzi [名] 小石や石炭のかけら. ¶炉灰 lúhuī～子 / 炭がら.

鲊 (鮓) zhǎ
鱼部5　全13画　四 2811₁　通用

[名] 塩と "红曲 hóngqū" (紅こうじ)で漬けた魚.

乍 zhà
丿部4　全5画　四 8021₁

❶ [副] 突然. たちまち. ¶～冷～热. ❷ [副] …したばかり. ¶～到(来たばかりの人). ❸ (Zhà)姓.

【乍得】Zhàdé [国名] チャド.
【乍冷乍热】zhà lěng zhà rè [成] 急に暑くなったり寒くなったりする. ¶天气, 最容易得病 débìng / 天気が急に暑くなったり寒くなったりして, いちばん病気にかかりやすい. ¶～的态度 / 冷たかったり, 親切だったり, ころころ変わる態度.

诈 (詐) zhà
讠部5　全7画　四 3871₁　次常用

❶ [素] ふりをする. ¶～死 zhàsǐ / ～病 zhàbìng (仮病をつかう) / ～降 zhàxiáng. ❷ [動] だます. ¶欺～ qī-

zhà（さぎをする）/ ～取 zhàqǔ / ～財 zhàcái（財物をだまし取る）. ❸ 動 かまをかける. ❹（Zhà）姓.
【诈称】zhàchēng 動 詐称する.（同）假 jiǎ 称
【诈唬】zhàhu 動 だましたり脅（おど）したりする.
【诈骗】zhàpiàn 動 だまし取る. さぎをする. ¶～钱财 qiáncái / 金をだまし取る.
【诈骗罪】zhàpiànzuì 名《法律》詐欺罪.
【诈取】zhàqǔ 動 詐取する.（同）骗 piàn 取
【诈尸】zhà//shī 動 ❶ お棺の中の死体がむっくり起き上がる. ❷ 方 急にわめいたり, 発狂したかのような動作をする.（表現）❷は, 人をののしることば.
【诈死】zhà//sǐ 動 死んだふりをする.
【诈降】zhàxiáng 動 投降のふりをする.

柞 Zhà 木部5 四 4891₁ 全9画 通用
素 地名用字. ¶～水 Zhàshuǐ（陕西省にある県名）.
☞ 柞 zuò

栅（異 柵）zhà 木部5 四 4794₀ 全9画 次常用
素 さく. ¶铁～ tiězhà（鉄さく）/ 木～ mùzhà（木のさく）/ ～栏 zhàlán.
☞ 栅 shān
【栅栏】zhàlan 名（～儿）〔道 dào〕囲い. さく. ¶围着～的洋房子 / さくをめぐらした洋館.
【栅子】zhàzi 名 タケやアシを編んださく. 囲い.

咤（異 吒）zhà 口部6 四 6301₄ 全9画 通用
→叱咤 chìzhà

炸 zhà 火部5 四 9881₁ 全9画 常用
動 ❶ 突然破裂する. ¶爆～ bàozhà（爆発する）/ ～弹 zhàdàn. ❷（ダイナマイトや爆薬で爆破する. ¶轰～ hōngzhà（爆撃する）. ❸ 口 怒りを爆発させる.
☞ 炸 zhá
【炸弹】zhàdàn〔動 个 ge, 颗 kē, 枚 méi〕爆弾. ¶定时～ / 時限爆弾. ¶扔～ / 爆弾を投げる.
【炸锅】zhà//guō 動 方 ❶ 興奮する. かんしゃくを起こす. ❷ 大騒ぎになる.
【炸毁】zhàhuǐ 動 爆破する. ¶～桥梁 / 橋を爆破する.
【炸雷】zhàléi 名 方 大きく鳴り響く雷.
【炸市】zhà//shì 動 方（驚いて）市（いち）に集まった人々が, 四方八方逃げまどう.
【炸窝】zhà//wō ❶（驚いた鳥やハチが）巣から一斉に飛び出る. ❷（驚いた人々で）大混乱になる.
【炸响】zhàxiǎng 形（雷やむちの音が）鳴り響くようす.
【炸药】zhàyào 名 爆薬. ¶～库 kù / 火薬庫.（同）火药 huǒyào

痄 zhà 疒部5 四 0011₁ 全10画 通用
下記熟語を参照.
【痄腮】zhàsai 名《医学》おたふく風邪.（参考）"流行性腮腺炎 liúxíngxìng sāixiànyán" の通称.

蚱 zhà 虫部5 四 5811₁ 全11画 通用
下記熟語を参照.
【蚱蜢】zhàměng 名《虫》〔量 只 zhī〕（イナゴに似た）バッタ.

溠 Zhà シ部9 四 3811₂ 全12画 通用
素 地名用字. ¶～水 Zhàshuǐ（湖北省を流れる川の名）.

榨（異 搾）zhà 木部10 四 4391₁ 全14画 常用
動 ❶ 物を締めつけて汁をしぼる. ¶～油 zhàyóu / ～甘蔗 gānzhe（サトウキビをしぼる）/ 压～ yāzhà（圧搾する）. ❷ 名 汁をしぼり取る道具. ¶油～ yóuzhà（油しぼり器）/ 酒～ jiǔzhà（酒しぼりの道具）. ❸（Zhà）姓.
【榨菜】zhàcài 名 ❶《植物》"芥菜 jiècài"（カラシナ）に似た植物. ❷《料理》ザーサイ. ①のこぶ状の茎を漬けたもの. 四川省の特産.
榨菜①
【榨取】zhàqǔ 動 ❶ しぼり取る. ¶～汁液 zhīyè / 汁をしぼり取る. ❷ 搾取（さく）する. ¶～别人的劳动成果 / 他人の労働の成果を搾取する.
【榨油】zhà//yóu 動 油を搾取する. ¶从我这儿榨不出来 / 私からは何もしぼり取れないぞ. ❷ zhàyóu 油をしぼる. ¶～厂 / 搾油工場. 製油工場.
【榨汁机】zhàzhījī 名 ジューサー.

蜡（異 措）zhà 虫部8 四 5416₁ 全14画 常用
名 古代, 年末に行われた祭祀.
☞ 蜡 là

zhài 出历〔tṣae〕

侧（側）zhāi イ部6 四 2220₀ 全8画 常用
素 方 傾く. 斜めになる. ¶～棱 zhāileng / ～歪 zhāiwai.
☞ 侧 cè, zè
【侧棱】zhāileng 動 方 傾く. 傾斜する.
【侧歪】zhāiwai 動 方 斜めになる. 傾く.

斋（齋）zhāi 文部6 四 0022₇ 全10画 次常用
❶ 素 部屋. ¶书～ shūzhāi（書斎）/ 第一～ dìyīzhāi（第一寮）/ 荣宝～ Róngbǎozhāi（栄宝斎 えいほうさい）. ❷ 素 祭祀の前に心身を清める. ¶～戒 zhāijiè. ❸ 名 精進料理. ¶吃～ chīzhāi（精進料理を食べる）. ❹（Zhāi）姓. 用法 ①は, 書斎や商店の名称に用いることが多い. 学校の宿舎を言うこともある.
【斋饭】zhāifàn 名 托鉢（ぼつ）して得た飯.
【斋果】zhāiguǒ 名 供え物.（同）供品 gòngpǐn
【斋戒】zhāijiè 動《宗教》祭祀の前に酒やなまぐさものを絶などして身を清める. 精進する. 斎戒（さい）する.
【斋期】zhāiqī 名《宗教》❶ 斎戒して精進料理をとる期間. ❷ 断食の期間.
【斋堂】zhāitáng 名 寺院の食堂.
【斋月】zhāiyuè 名 ❶《宗教》（イスラム教の）断食月. ラマダーン. ❷《仏教》陰暦の正月. 5月, 9月を指す.（参考）①は, イスラム暦の9月.

摘 zhāi 扌部11 四 5002₇ 全14画 常用
動 ❶（花や実などを）摘む. もぐ. ¶～瓜（ウリをもぐ）/ ～梨（ナシをもぐ）/ ～茶（茶を摘む）/ ～朵花（花を1輪折る）. ❷（掛けてあるものや身につけているもの）をとりはずす.

¶～帽子／～眼鏡(メガネをはずす). ㊌ 戴 dài ❸(ことばや文の)一部分を選び取る. ¶～记 zhāijì／～要 zhāiyào／～录 zhāilù. ❹(金を一時的に借りる. ¶东～西借 jiè ㊗ あちこちから金を借りる).

【摘编】zhāibiān ❶動 抜粋して編集する. ❷名 ダイジェスト版.

【摘抄】zhāichāo ❶動 抜き書きする. ❷名 抜粋. 抄録. ¶报刊 bàokān～／新聞・雑誌の抄録.

【摘除】zhāichú 動 取り除く. 摘出する. ¶～白内障／白内障の摘出手術をする. ¶～肿瘤 zhǒngliú／腫瘍を摘出する.

【摘登】zhāidēng 動 要点をまとめて掲載する.

【摘发】zhāifā ❶動 要約を発表する. ❷ 暴き出す. 摘発する.

【摘记】zhāijì 動 要点をメモする. ¶～了几个要点／要点をいくつかメモした. ¶做～／メモをとる.

【摘录】zhāilù 動 抜き書きする. 抜粋する. ¶把重要的内容～下来／重要な内容を抜き書きする. ❷名 抜き書き. 抄録.

【摘帽子】zhāi màozi 句 ❶帽子をとる. ❷レッテルをはがす. 汚名をそそぐ. ¶给被打成反革命的人平反～／反革命の烙印を押された人の名誉を回復し, 汚名をそそぐ.

【摘牌】zhāi//pái 動 ❶(経済)(ある証券を)上場廃止にする. ❷プロのスポーツ選手が移籍する.

【摘取】zhāiqǔ 動 ❶(花や実を)摘み取る. もぎ取る. ❷(栄冠などを)手に入れる. ❸(ことばや文の)一部分を)選び取る.

【摘要】zhāiyào ❶動 要点をまとめる. 要所を抜き出す. ¶～发 表／要点をまとめて発表する. ❷名〔⑥ 段duàn, 篇 piān, 条 tiáo〕摘要. ダイジェスト. ¶新闻～／ニュースダイジェスト. ¶报纸～／新聞の要点.

【摘译】zhāiyì 動 抄訳する. ¶只要～其中一部分就够了／そのうちの一部分を訳せば充分だ.

【摘引】zhāiyǐn 動 抜粋して引用する.

【摘由】zhāi//yóu 公文書の要旨を書き出す. 由来 公文書の要旨を "事由 shìyóu" ということから.

宅 zhái

宀部3 四 3071₄
全6画 常用

名(大きな)家. すまい. ¶住～ zhùzhái (住宅)／家～ jiāzhái (家. 家庭).

【宅第】zháidì 名 ㊙(大きな)住宅. 邸宅. 屋敷. ¶那么大的～只住母子两人／あんな大きなお屋敷に母子たった二人で住んでいる.

【宅基】zháijī 名 住宅用の敷地. 宅地.

【宅基地】zháijīdì 名 宅地.

【宅急送】zháijísòng 名(商標)北京にある宅配便会社のブランド名. 参考 長野県の運輸会社"一城"と合弁設立された宅配業者. 正式社名は"北京双臣一城快运有限公司".

【宅门】zháimén 名 ❶ 屋敷の大門. ¶～关得紧紧／屋敷の門はしっかりと閉められている. ❷(～儿)屋敷, またその住人. ¶你要找的人就住在东边第一个～里／お尋ねの方は東側の一軒めのお屋敷にいますよ.

【宅院】zháiyuàn 名〔⑥ 所 suǒ, 座 zuò〕❶"院子yuànzi"(中庭)のある邸宅. ❷住宅.

【宅子】zháizi 名 口〔⑥ 处 chù, 所 suǒ〕住宅. 家屋.

择(擇) zhái

扌部5 四 5705₄
全8画 常用

動 口 "择 zé"に同じ. ¶～菜 zháicài／～席 zháixí (寝る場所が変わると眠れない).
☞ 择 zé

【择不开】zháibukāi 動 ❶ 解けない. 分解できない. ¶线乱成了一团,怎么也～／糸がもつれて, どうやってもほどけない. ❷ 身をひけない. 抜け出せない. ¶忙得一点儿工夫也～／忙しくて片時も手を放せない. ¶～身／手が放せない. 手を引けない.

【择菜】zhái//cài 動 口 野菜の食べられない部分を取り除く.

翟 Zhái

羽部8 四 1721₅
全14画 通用

名 姓.
☞ 翟 dí

窄 zhǎi

穴部5 四 3021₁
全10画 常用

形 ❶ 幅が狭い. ¶狭～ xiázhǎi (狭い)／路～ (道が狭い). ㊉狭 xiá ㊌ 宽 kuān ❷度量が狭い. ¶心眼～ (了见が狭い). ❸暮らしにゆとりがない. ¶日子过得很～ (生活がとても苦しい).

【窄带】zhǎidài 名(電気)狭帯域. ナロウバンド.

【窄小】zhǎixiǎo 形 狭くて小さい.

债(債) zhài

亻部8 四 2528₂
全10画 常用

名〔⑥ 笔 bǐ〕借金. 負債. ¶借～ jièzhài(借金する)／还～ huánzhài(借金を返す)／公～ gōngzhài(公債. 国債).

【债户】zhàihù 名 借り主. 債務者.

【债款】zhàikuǎn 名 負債. 借金. ¶还清 huánqīng ～／借金を全て返済する.

【债利】zhàilì 名 貸金の金利. 貸付利息.

【债权】zhàiquán 名《法律》債権. ㊌ 债务 zhàiwù.

【债权人】zhàiquánrén 名《法律》債権者.

【债券】zhàiquàn 名《経済》〔⑥ 张 zhāng〕債券. ¶买～／債券を買う.

【债市】zhàishì 名《経済》"债券市场"(債券市場)の略称.

【债台高筑】zhài tái gāo zhù ㊗ 大きな負債を負う. 借金で首が回らない. ¶因～,公司破产了／多額の赤字が累積したため, 会社は倒産した. 由来 戦国時代に, 借金の返済に困った周の赧王(赧)が, 取り立てから逃れるために高い台の上に身をかくした, という故事から.

【债务】zhàiwù 名《法律》〔⑥ 笔 bǐ〕債務. 負債. ¶～国／债务国. ¶偿还 chánghuán～／債務を遺還する. ㊌ 债权 zhàiquán.

【债务人】zhàiwùrén 名《法律》債務者.

【债主】zhàizhǔ 名《法律》債権者. 貸し主.

【债转股】zhài zhuǎn gǔ 句《経済》債务を株式に転换する. 参考 企業の負債率を下げ, 銀行の資産内容を改善することを目的に, 1991年から開始された制度. 銀行と国有企業間の債権と債務の問題は, 金融資産管理会社が管理する国有企業の持ち株と被持ち株の関係に転換すること.

寨(砦) zhài

宀部11 四 3090₄
全14画 常用

名 ❶(防衛用の)さく. とりで. ¶山～ shānzhài(山のとりで). ❷㊙ 軍隊が駐屯するところ. ¶营～ yíngzhài(駐屯地)／安营扎～ zhāzhài ㊌ 営舎を設けとりでを築く). ❸ 周囲を木のさくやへいで囲っている村. ¶村～ cūnzhài(村の囲い)／张家～ Zhāngjiāzhài(張一族の住む村). ❹(Zhài)姓. 参考 ❸は, 現在では

村の名になっているところもある.
【寨主】zhàizhǔ 山賊の親分.
【寨子】zhàizi 名 ❶ 周りを囲った土塀やさく. ❷ 周りを土塀やさくで囲った村落. ¶才十几户人家的小～/たった十数世帯の小さな村.

瘵 zhài 广部11 四 0019₁ 全16画 通用

名 医 病気. 多く結核を指す.

zhan ㄓㄢ [tṣan]

占 zhān 卜部3 四 2160₀ 全5画 常用

❶ 動 占う. ¶～卦 zhānguà (八卦で占う) /～课 zhānkè. ❷ (Zhān)姓.
☞ zhàn

【占卜】zhānbǔ 動 占う.　¶～吉凶 jíxiōng / 吉凶を占う.
【占课】zhān//kè 動 (吉凶)占う. ¶占家宅 jiāzhái kè / 敷地の吉凶を占う. 同 起课 qǐkè
【占梦】zhān//mèng 動 夢判断をする.
【占星】zhān//xīng 動 星占いをする. ¶～术 / 占星術.

沾(異霑❶) zhān 氵部5 四 3116₀ 全8画 常用

動 ❶ ぬれる. ¶～衣(服をぬらす) / 汗出～背 bèi (汗で背中がぬれる). ❷ 接触して(好ましくないものが)くっつく. 染みつく. ¶～泥 ní (泥がつく) /～染 zhānrǎn. ❸ かげをこうむる. ¶～光 zhānguāng. ❹ ちょっと触れる. ¶～边 zhānbiān.
【沾边】zhān//biān 動 (～儿)❶ 接点がある. 多少係わる. ¶我的研究课题和他的刚好～/ 私の研究テーマは彼のとちょうど近い. ❷ (事実や本来あるべき姿に)近づく. ¶他的说法, 还算沾点儿边 / 彼の話も真実味があると言える.
【沾光】zhān//guāng 動 おかげをこうむる. 恩恵を受ける. ¶沿海地区经济的发展使邻近的内陆地区也一了 / 沿海地区の経済発展により, 近隣の内陸地域も恩恵をこうむっている.
【沾花惹草】zhān huā rě cǎo 成 女性を誘惑する. もてあそぶ. 同 拈 niān 花惹草
【沾亲】zhān//qīn 動 遠い親戚に当たる.
【沾亲带故】zhān qīn dài gù 成 親戚や友人の間柄にある. ¶经理这么重用他, 肯定和他～/ 社長がこんなに彼を重用するのは, 彼と親戚か友人の間柄だからに違いない.
【沾染】zhānrǎn 動 ❶ (汚れなどが)つく. 付着する. ¶～了细菌 xìjūn / 細菌に感染した. ❷ 衣服に一上了油漆 yóuqī / 服にペンキがついた. ❷ 悪い影響を受ける. 染まる. ¶他一上了吸毒 xīdú 的恶习 èxí / 彼は麻薬の悪習に染まった. ⇨ 传染 chuánrǎn
【沾润】zhānrùn 動 ❶ 湿る. 潤う. ❷ 分け前にあずかる. 恩恵に浴す.
【沾手】zhān//shǒu 動 ❶ 手で触れる. ❷ 手を出す. かかわる. ¶这件事, 你就别～了 / この件について, 君は手を出さないように.
【沾污】zhānwū (名声などを)汚す. 汚れる. 同 弄脏 nòngzāng
【沾沾自喜】zhān zhān zì xǐ 成 ひとりで得意になる. うぬぼれる. ¶在成绩面前～/ 成績を前にして有頂天にな

る.

毡(氊 / 異氈) zhān 毛部5 全9画 四 2171₆ 次常用

名 ❶ 〔纺织〕フェルト. ¶～帽 zhānmào /～靴 zhānxuē / 炕～ kàngzhān (オンドルに敷く毛氈 ^{もう}). 同 毡子 zhānzi ❷ (Zhān)姓.
【毡垫】zhāndiàn フェルトパッキング.
【毡房】zhānfáng 名 〔顶 dǐng, 座 zuò〕パオ. モンゴル人などが住むフェルト張りのテント式住居.
【毡帽】zhānmào フェルトの帽子.
【毡毯】zhāntǎn じゅうたん. カーペット.
【毡靴】zhānxuē 〔双 shuāng〕防寒用のフェルトのくつ.
【毡子】zhānzi 名 〔块 kuài〕毛氈. フェルト.

旃 zhān 方部6 四 0824₇ 全10画 通用

❶ 助 ⊗ 語気を強めるもの. "之焉 zhīyān" の音が合わさったもの. ¶勉～! (これ勉めよ). ❷ 名 ⊗ "毡 zhān" に同じ.

粘 zhān 米部5 四 9196₀ 全11画 常用

動 ❶ (粘りけのあるものが)くっつく. ¶糖～牙 (アメが歯にくっつく). ❷ (粘りけのあるもので)くっつける. ¶～贴 zhāntiē / 信封(封筒をのりづけする).
☞ 粘 nián

【粘连】zhānlián 動 ❶ 〔医学〕癒着する. ¶肠子有点～/ 腸に少し癒着が見られる. ❷ 関連する.
【粘贴】zhāntiē 動 はる. ¶～广告 / 広告をはる. ¶把这些照片～在一起 / これらの写真を一緒にしてはろう.
【粘住】zhānzhù 動 粘着する. 粘る. ¶鞋子被沥青 lìqīng～了 / 靴がアスファルトにくっついた.

詹 Zhān 刀部11 四 2726₁ 全13画 通用

名 姓.
【詹天佑】Zhān Tiānyòu《人名》詹天佑(ぜん。。): 1861 - 1919. 先駆的な鉄道技術者. 参考 1902年に河北省には中国史上初の鉄道を敷き, 後進の養成にも力を尽くした.

詹天佑

谵(譫) zhān 讠部13 四 3776₁ 全15画 通用

名 医 たわごとを言う. ¶～语 zhānyǔ.
【谵妄】zhānwàng 名 〔医学〕(病気や中毒による)意識の混濁. 譫妄(ぜん。). ¶病人处于 chǔyú～状态 / 病人は意識混濁に陥っている.
【谵语】zhānyǔ 動 うわごとを言う. ¶病人高烧不退, 已经出现了～休克的症状 zhèngzhuàng / 病人は高熱が下がらず, すでにうわごとを言うショック症状が出ている.

瞻 zhān 目部13 四 6706₁ 全18画 次常用

❶ 書 上や前を見る. ¶～仰 zhānyǎng / 观～ guānzhān (眺める). ❷ 顾 gù ❸ (Zhān)姓.
【瞻顾】zhāngù 動 ❶ 前後を見る. 後先をよく考える. ❷ 面倒を見る. 世話をする.
【瞻礼】zhānlǐ 名 〔宗教〕❶ カトリック教の祭日. ❷ カトリック教の曜日の呼び方. 参考 ②は, 日曜日を"主日 zhǔ-

rì"といい,月曜から土曜までを"瞻礼二"から"瞻礼七"であらわす.

【瞻念】zhānniàn 動 将来のことを考える. ¶～前途,不寒而栗 lì / 行く末を考えると,ぞっとする.

【瞻前顾后】zhān qián gù hòu 成 ❶ あとさきをよく考える. 慎重に事に当たる. ❷ あれこれ考えすぎて決めかねる. ¶为 wèi 买房子,～考虑了好久 / 家を買うにあたり,ああでもないこうでもないと長いこと考えた.

【瞻望】zhānwàng 動 遠くを見る. 将来を見る. ¶抬头 táitóu～/ 頭をもたげて遠くを望む. ¶～未来 / 未来を展望する. 同 展望 zhǎnwàng 反 回顾 huígù

【瞻仰】zhānyǎng 動〈尊敬する人やその人に関するものを〉拝する. 仰ぎ見る. ¶～遗容 yíróng / うやうやしく,遺影を仰ぎ見る. ¶～烈士纪念碑 / 烈士記念碑を仰ぎ見る.

斩(斬) zhǎn
车部4 4252₁
全8画 常用

❶ 刀や剣で断ち切る. ¶～首 zhǎnshǒu / ～草除根 / ～钉 dīng 截 jié 铁. ❷ (Zhǎn)姓.

【斩草除根】zhǎn cǎo chú gēn 成 根こそぎにする. 徹底して禍根を断つ. ¶对一切犯罪 fànzuì 活动,都必须～/ あらゆる犯罪活動については,徹底的に禍根を断たねばならない.

【斩钉截铁】zhǎn dīng jié tiě 成 決断力があって言動がきっぱりしている. ¶他的回答,没有一点商量 shāngliáng 的余地 / 彼の答えははっきりしている. 交渉の余地はない.

【斩断】zhǎnduàn 動〈文〉断ち切る. 切断する. ¶～犯罪 fànzuì 集团之间的联系 / 犯罪集団の間の結びつきを断ち切る.

【斩获】zhǎnhuò 動 ❶ 敵を殺し,戦利品を獲る. ❷《スポーツ》賞を得る. メダルを取る.

【斩尽杀绝】zhǎn jìn shā jué 成 皆殺しにする.

【斩首】zhǎnshǒu 動 首を切る. 斬首の刑にする. ¶～示众 / 首を切り,さらしものにする. 同 杀头 shātóu

飐(颭) zhǎn
风部5 7121₆
全9画

動〈文〉風でぶるぶる震える.

盏(盞) zhǎn
皿部5 5310₂
全10画 常用

❶ 名〈文〉小さな酒杯や湯のみ. ¶酒～ jiǔzhǎn(おちょこ) / 茶～ cházhǎn(小さな湯のみ茶碗). ❷ 量 明かりを数えることば. ¶～一灯(一つの明かり).

展 zhǎn
尸部7 7723₂
全10画 常用

❶ 素 広げる. ¶～翅 zhǎnchì / 伸～ shēnzhǎn(伸ばす) / 舒～ shūzhǎn(広げる. 伸ばす). ❷ 素(能力を)発揮する. ¶一筹 chóu 莫 mò～(成 手も足も出ない). ❸ 素(期限を)延ばす. ¶～限 zhǎnxiàn(期限を延ばす) / ～期 zhǎnqī. ❹ 素 陳列する. 展示する. ¶画～ huàzhǎn(絵画展) / 预～ yùzhǎn(展覧会前の内覧会) / ～出 zhǎnchū. ❺ (Zhǎn)姓.

【展播】zhǎnbō 動(テレビやラジオの優れた番組を紹介するため)特集を組んで続々に放送する.

【展翅】zhǎnchì 動 羽を広げる. ¶～高飞 / 羽を広げて高く飛ぶ.

*【展出】zhǎnchū 動 展示する. 出展する. ¶会上～了很多古代青铜器 / 会場には多くの古代の青銅器を展示した.

【展缓】zhǎnhuǎn 動(期日を)延ばす. (期限を)緩める. ¶限期不得～/ 期限は延ばせない.

*【展开】zhǎn//kāi ❶ 広げる. ¶～双臂 shuāngbì / 両腕を広げる. ❷ 展開する. 繰り広げる. ¶～论争 / 論争を展開する. ¶～活动 / 活動を繰り広げる.

【展宽】zhǎnkuān 動(道路などを)広げる.

*【展览】zhǎnlǎn 動 展覧する. 展示する. ¶～馆 / 展览馆. ¶～书法作品 / 書道作品を展示する.

*【展览会】zhǎnlǎnhuì 名 展覧会. 見本市. ¶举行～ / 展覧会を開催する. ¶～上展出了很多新产品 / 展示会にはたくさんの新製品が出品されている.

【展露】zhǎnlù 動 表にあらわす. ¶～才华 / 才能をあらわす.

【展品】zhǎnpǐn 名〔件 jiàn,种 zhǒng〕展示品. ¶这是～,不出售 chūshòu / これは展示品ですので,販売いたしません.

【展评】zhǎnpíng 動 展示し品評する.

【展期】zhǎnqī ❶ 動 延期する. 延長する. ¶～到五月底 / 5月末まで延長する. ❷ 名 展示期間. 展示期限. ¶～为 wéi 一周 / 展示期間は一週間です.

【展区】zhǎnqū 名 展示区域. 展示場所.

【展示】zhǎnshì 動 はっきりと示す. ¶这部电影～了极为丰富的思想内涵 nèihán / この映画は,極めて豊かな思想内容を描き出している.

【展事】zhǎnshì 名 展示会.

【展室】zhǎnshì 名 展示室. 同 展览 lǎn 室

【展台】zhǎntái 名 展示台.

【展厅】zhǎntīng 名 展示ホール.

【展望】zhǎnwàng 動(遠くや将来を)展望する. ¶回忆过去,～未来 / 過去を回顾し,未来を展望する. 同 瞻望 zhānwàng 反 回顾 huígù

【展位】zhǎnwèi 名 展示ブース. 展示スペース.

【展现】zhǎnxiàn 動(目の前に)現れる. 展開する. ¶作品向人们～了二十年代的社会生活 / 作品は人々に1920年代の社会生活を再現して見せた. 同 展示 zhǎnshì

【展销】zhǎnxiāo 動 展示即売する. ¶～会 / 展示即売会.

【展性】zhǎnxìng 名《物理》展性.

【展演】zhǎnyǎn 動(演芸などを)公演する. 表現 入選作や代表作などを選んで行うことをさす.

【展业】zhǎnyè 動 業務を展開する. 業務を拡げる. 表現 保険会社の営業について言うことが多い.

【展转】zhǎnzhuǎn 動 ❶ 寝返りをうつ. 展転する. ❷ 転々とする. 次々と人手にわたる. 輾転

崭(嶄) zhǎn
山部8 2252₁
全11画 常用

素 高くそびえている. 突き出ている. ¶～露头角 zhǎn lù tóu jiǎo.

【崭露头角】zhǎn lù tóu jiǎo 成 愛 群を抜いて頭角を現す. ¶这届运动会上,有许多新手在比赛中～ / このスポーツ大会では,またもや多くの新人選手が試合で頭角を現した.

【崭新】zhǎnxīn 形 真新しい. 斬新だ. ¶～的衣服 / 斬新なファッション. 同 簇新 cùxīn 反 陈旧 chénjiù

搌 zhǎn
扌部10 5703₂
全13画 通用

動(乾いた柔らかいもので)そっとふく. 軽く押さえて水気を吸い取る. ¶～布 zhǎnbù.

【搌布】zhǎnbù[-bu] 名〔块 kuài,条 tiáo〕ふきん. ¶用～擦桌子 / ふきんでテーブルをふく. 同 抹布 mābù

辗(輾) zhǎn
车部10 四 4753₂
全14画 通用

下記熟語を参照.

【辗转】 zhǎnzhuǎn ❶ 動 寝返りをうつ. 同 展转 zhǎnzhuǎn. ❷ 動 転々とする. 次々と人手にわたる. ¶他们一家人几经～才来到重庆 Chóngqìng / 彼ら一家は各地を転々として,やっと重慶へやってきた. 同 展转 zhǎnzhuǎn. ❸ 副 めぐりめぐって. 間接的に. ¶～流传 liúchuán / 次から次へと伝わる. 同 展转 zhǎnzhuǎn.

【辗转反侧】 zhǎn zhuǎn fǎn cè 成 心配事があって眠れず,何度も寝返りをうつ.

【辗转难眠】 zhǎnzhuǎn nán mián 句（悩みなどのために）何度も寝返りをうって,寝つけない.

占(佔) zhàn
卜部3 四 2160₀
全5画 常用

動 ❶ 力ずくで自分のものにする. ¶～据 zhànjù／～领 zhànlǐng／霸～ bàzhàn（占領する. 略奪する）／攻～ gōngzhàn（攻めおとして占領する）. ❷（ある地位や状況に）ある. 占める. ¶～优势（優勢を占める）／～多数（多数を占める）／～上风.

☞ 占 zhān

【占地】 zhàndì 動 土地を占める.

【占据】 zhànjù 動 占拠する. 占有する. ¶一张笑脸～大半个画面／笑顔一つが,画面の半分ほどを占めている.

【占理】 zhàn//lǐ 動 理にかなっている.

【占领】 zhànlǐng 動 占領する. ¶～有利地形／有利な地の地を占領する.

【占便宜】 zhàn piányi 慣 ❶ うまい汁をすう. ¶占小便宜／ちょっとした利を得る. ¶他总想～／彼はいつもうまい汁をすおうとする. ❷ 有利だ. 優位だ.

【占上风】 zhàn shàngfēng 慣 優位に立つ. ¶反对的意见占了上风／反対意見が優位に立った.

【占先】 zhàn//xiān 動 先手をうつ. 先頭をきる. ¶那家伙处处～／あいつは何事も先を越して優位に立つ.

【占线】 zhàn//xiàn 動（電話が）話し中だ. ¶老占着线／ずっと話し中だ. ¶电话都～／どれも話し中だ.

【占用】 zhànyòng 動 占用する.

【占有】 zhànyǒu 動 ❶ 占める. ¶～土地／土地を占有する. 同 占据 zhànjù ❷ 地位にある. ¶～重要地位／重要な地位を占める. ❸ 掌握している. 保有する. ¶～大量资料／大量の資料を持っている. 同 掌握 zhǎngwò.

栈(棧) zhàn
木部5 四 4395₀
全9画 次常用

图 ❶ 商品を保管したり,旅人を泊めたりする家. ¶货～ huòzhàn（倉庫）／客～ kèzhàn（宿屋）／家畜を飼う竹や木の囲い. ¶马～ mǎzhàn（ウマ用の囲い）／羊～ yángzhàn（ヒツジを入れておく囲い）. ❸ 栈道（的）. ¶一道 zhàndào.

【栈道】 zhàndào 名 崖に沿って張り出してつくった道. 栈道（的）. 同 阁 gé dào

【栈房】 zhànfáng 名 ❶ 倉庫. ❷ 方 宿屋. 旅館.

【栈桥】 zhànqiáo 名 同 座 zuò（港の）桟橋.（駅・鉱山・工場などの）貨物の積み下し場.

战(戰) zhàn
戈部5 四 2365₀
全9画 常用

❶ 名 戦い. ¶宣～ xuānzhàn（宣戦する）／停～ tíngzhàn（停戦する）／～时 zhànshí／持久～ chíjiǔzhàn（持久戦）／商～ shāngzhàn（商売上の戦

い). ❷ 動 戦う. ¶～胜 zhànshèng／百～百胜（百戦百勝）／愈 yù～愈勇（戦えば戦うほど勇敢になる）／～天斗地 zhàn tiān dòu dì. ❸ 形 寒さや怖さで震える. ¶寒～ hánzhàn（身震いする）／打～ dǎzhàn（身震いする）／～栗 zhànlì／胆～心惊 成 恐れおののく). ❹（Zhàn）姓.

栈 道

【战败】 zhànbài 動 ❶ 戦いに敗れる. 負ける. ¶～国／敗戦国. ❷（敵を）打ち破る. 打ち負かす. ¶～敌人／敵を打ち破る.

【战报】 zhànbào 名 〔份 fèn〕❶（公式の）戦争報道. 戦況ニュース. ¶前线～／前線からのニュース. ❷ 実況報告. ¶工地～／工事の現場報告.

【战备】 zhànbèi 名 軍備. ¶加强～,巩固 gǒnggù 国防／軍備を増強し,国防を強固にする.

【战表】 zhànbiǎo 名 旧 宣戦布告書. 挑戦状. 同 战书 shū

【战场】 zhànchǎng 名 戦場. ¶开赴 kāifù～／戦いの場に出向く. ¶考试如战斗,考场如～／試験は戦いで,試験場は戦場のようなものだ.

【战车】 zhànchē 名〔辆 liàng〕軍事用の車両. 同 兵车 bīngchē 比較 日本語の"戦車"は"坦克 tǎnkè"と言う.

【战船】 zhànchuán 名（古代の）軍船. 軍艦.

【战刀】 zhàndāo 名 騎兵が使う刀. 軍刀. 同 马刀 mǎdāo

【战地】 zhàndì 名 戦地. ¶～医院／野戦病院. ¶～报道／戦況報道. 同 战场 zhànchǎng, 疆场 jiāngchǎng, 沙场 shāchǎng

【战抖】 zhàndǒu 動 ぶるぶると震える. おののく. ¶浑身 húnshēn～／体中がぶるぶると震える. ¶犯人～着双手,被戴上了手铐 shǒukào／犯人の震える両手に,手錠がかけられた. 同 颤动 chàndòng, 发抖 fādǒu

*** 【战斗】** zhàndòu ❶ 動 戦う. ¶投入～／戦闘に入る. ¶～情绪／戦意. 士気. ❷ 名〔场 cháng, 次 cì〕戦闘. 戦い. ¶一场～ yì chǎng～人与洪水 hóngshuǐ 的～／これは人と洪水との戦いだ.

【战斗机】 zhàndòujī 名《軍事》"歼击机 jiānjījī"（"戦闘機"）の旧称.

【战斗力】 zhàndòulì 名 戦闘力.

【战端】 zhànduān 名 戦端. 戦争の始まり.

【战法】 zhànfǎ 名 戦術. 戦法.

【战犯】 zhànfàn 名〔名 míng〕戦争犯罪人. 戦犯. ¶甲级 jiǎjí～／A級戦犯.

【战俘】 zhànfú 名〔名 míng〕捕虜. ¶遣返 qiǎnfǎn～／捕虜を返還する. ¶～营／捕虜収容所.

【战歌】zhàngē 名 ⓐ 首 shǒu 军歌.
【战功】zhàngōng 名 戦功. 軍功. ¶屡立 lǚlì~／幾度も戦功をたてる. ¶~显赫 xiǎnhè／戦功が輝かしい.
【战鼓】zhàngǔ 〔ⓐ 面 miàn〕陣太鼓. 表现「号令・呼びかけ」の比喩に用いることが多い.
【战国】Zhànguó 名 《历史》戦国時代（前475 – 前221）. ¶~七雄／戦国時代の主要な七国（齐・楚・燕・韩・赵・魏・秦）.
【战果】zhànguǒ 名 戦果. ¶~辉煌 huīhuáng／戦果が輝かしい. ¶总结一天工作的~／一日の仕事の成果をまとめ、締めくくる. ¶我们取得了赫赫 hèhè~／我々は輝かしい戦績をおさめた.
【战壕】zhànháo 名 〔条 tiáo〕塹壕 (ざんごう).
【战后】zhànhòu 名 戦後.
【战火】zhànhuǒ 名〔场 cháng〕戦火. 戦争. ¶~纷飞 fēnfēi／戦火が飛び散る. ¶燃起～／戦争が始まる. ⓐ 烽火 fēnghuǒ, 烽烟 fēngyān.
【战祸】zhànhuò 名 戦禍. ¶~蔓延 mànyán がひろがる. ¶这个地区连年~不断／この地域には、毎年戦禍が絶えない.
【战机】zhànjī 〔架 jià〕戦いに適した時機. 戦機. ¶抓住～／戦機をつかむ. ¶贻误 yíwù~／戦機を誤る.
【战绩】zhànjì 名 戦績. 戦果. ¶以全胜的~夺得 duódé 冠军／全勝の戦績で優勝する.
【战舰】zhànjiàn 名《军事》軍艦.
【战将】zhànjiàng 名 ❶ 戦いに長けた将軍. ❷ 仕事ができ、統率力のある人.
【战局】zhànjú 名 戦局. ¶扭转 niǔzhuǎn~／戦局を転換させる.
【战具】zhànjù 名 武器.
【战况】zhànkuàng 名 戦況. ¶比赛的~令人担忧 dānyōu／試合での戦況は思わしくない.
【战利品】zhànlìpǐn 名 戦利品. ¶缴获 jiǎohuò 大量~／大量の戦利品を奪い取った.
【战例】zhànlì 名 戦争や戦闘の事例.
【战栗】zhànlì 动 震える. ¶全身~／全身がぶるぶる震える. ⓐ 颤栗 zhànlì, 战抖 zhàndǒu.
【战列舰】zhànlièjiàn 名《军事》戦艦.
【战乱】zhànluàn 名 戦乱. ¶为了躲避 duǒbì~，许多人逃离家园／戦乱を逃れるため、多くの人が故郷を離れた.
【战略】zhànlüè 名（大局的な）戦略. ¶~决策 juécè／戦略的決定. ¶改变~会影响到全局／戦略を変えると、全体の状況に影響する. ¶全球~／世界戦略. ¶公司制定了打入国际市场的长远～／会社は国際市場に打って出るための長期戦略を策定した.
【战略导弹】zhànlüè dǎodàn 《军事》戦略ミサイル.
【战略后方】zhànlüè hòufāng 《军事》❶（国家の戦争での）最高司令部の所在する方面／戦略の後方. ❷ 作戦における軍隊の後方.
【战略物资】zhànlüè wùzī《军事》戦略物資.
【战马】zhànmǎ 〔匹 pǐ, 头 tóu〕軍馬.
【战幕】zhànmù 名 戦いの幕. 戦いの火蓋 (ひぶた).
【战袍】zhànpáo 名 昔の戦士の長衣. 軍服. ⓐ 军衣 jūnyī.
【战旗】zhànqí 名 戦旗. 軍旗.
【战前】zhànqián 名 戦前.
【战勤】zhànqín 名（军队が）軍事を直接支援するさまざまな任務. 物資や負傷兵の輸送, 道案内など.

【战区】zhànqū 名《军事》作戦区域. 戦区. ¶划分 huàfēn~／作戦地域を画定する.
*【战胜】zhànshèng 动 戦いに勝利する. 打ち勝つ. ¶~病魔 bìngmó／病魔に打ち勝つ. ¶军民一起~了洪水 hóngshuǐ／軍民と民衆は一体となり、洪水に打ち勝った.
【战时】zhànshí 名 戦時.
【战史】zhànshǐ 名 戦史.
*【战士】zhànshì 名 ⓐ 个 ge, 名 míng, 位 wèi ❶ 戦士. 兵士. ¶解放军~／解放軍の戦士. ⓐ 士兵 shìbīng, 兵士 bīngshì ❷（正義のための闘争や事業に参加した）闘士. ¶白衣~／白衣を着た戦士. ¶钢铁~／不屈の戦士.
【战事】zhànshì 名 戦争行為. 戦争. ¶边界~又起／辺境紛争がまた勃発した.
【战书】zhànshū 名 ⓐ 宣戦布告書. ¶下~／宣戦布告書を送る.
【战术】zhànshù 名（局部的な）戦術. ¶谈判中的~／交渉における戦術.
【战死】zhànsǐ 动 戦死する.
【战天斗地】zhàn tiān dòu dì 成 大自然と闘う.
【战位】zhànwèi 名《军事》戦闘部署. 戦闘配置.
【战无不胜】zhàn wú bù shèng 成 戦えば必ず勝つ. 無敵だ. ¶~，攻无不克／戦えば必ず勝ち、攻めれば必ず落とす.
【战线】zhànxiàn 名 ⓐ 条 tiáo〕戦線. ¶民族解放~／民族解放戦線. ¶联合~／共同戦線. ⓐ 阵线 zhènxiàn.
【战役】zhànyì 名 戦役. 戦争.
【战鹰】zhànyīng 名 戦闘機. 参考「闘うタカ」の意で、味方の飛行機に親しみをこめた呼び方.
【战友】zhànyǒu 名 ⓐ 个 ge, 位 wèi〕戦友. ¶亲密 qīnmì~／親しい戦友.
【战云】zhànyún 名 戦争の雰囲気. 戦雲.
【战战兢兢】zhànzhànjīngjīng 形 ❶ びくびくしている. ❷ 注意深く慎重だ. ¶仆人们 púrénmen~地伺候 shìhòu 着主人／召使いたちはミスをおかさぬよう注意深く主人に仕えている.
【战阵】zhànzhèn 名 ❶ 陣立て. 陣容. ❷ 戦陣. 陣営.
*【战争】zhànzhēng 名 ⓐ 场 cháng, 次 cì〕戦争. ¶打人民~／人民戦争をする. ¶~片／戦争映画. 反 和平 hépíng.
【战争贩子】zhànzhēng fànzi 名 主戦論者. 戦争挑発者. 死の商人.

站 zhàn
立部 5 四 0116₀
全10画 常用

❶ 动 立つ. ¶~岗 zhàngǎng ／~起来 zhànqǐlai（自分の足で立ち上がる）. ❷ 动 途中で立ち止まる. ❸ 名 駅. 停留所. ¶火车~ huǒchēzhàn（汽車の駅）／汽车~ qìchēzhàn（バスの停留所）／起点~ qǐdiǎnzhàn（始発駅）. ❹ 名 業務を行うための施設. ¶保健~ bǎojiànzhàn（保健所）／气象~ qìxiàngzhàn（測候所）／广播~ guǎngbōzhàn（放送センター）. ❺（Zhàn）姓.

【站队】zhàn//duì 整列する. ¶先站好队，然后出发／まず整列し、それから出発する.
【站岗】zhàn//gǎng 动 歩哨に立つ. 見張りに立つ.
【站柜台】zhàn guìtái 句（店员が）カウンターに立って接客する. 売り子になる. ¶一天到晚~／一日中遅くまで

売り場に立っている.
【站立】zhànlì 動 立つ. ¶他默默地～在墓前 mùqián / 彼は無言のまま墓前に立っていた.
【站票】zhànpiào 名〔同 张 zhāng〕(劇場などの)立ち見席の入場券.（列車の）座席指定のない乗車券. ¶打～ / 立ち見のチケットを買う.
【站台】zhàntái 名 プラットホーム. 同 月台 yuètái
【站台票】zhàntáipiào 名 駅の入場券. 同 月台票 yuètáipiào
【站位】zhànwèi 名《スポーツ》ポジション.
【站稳】zhàn//wěn 動 ❶しっかりと立ってふらつかない. ¶站不稳 / しっかりと立つことができず，ふらふらと止まる. ❷(車などが)しっかりと停まる. ¶等火车～了再下车 / 汽車がしっかり停まってから下りなさい.
【站长】zhànzhǎng 名〔同 个 ge, 名 míng, 位 wèi〕駅長. 所長. ¶广州站～ / 広州駅駅長. ¶防疫 fángyì～ / 予防センター長.
【站住】zhàn//zhù 動 ❶(人や車両などが)止まる. ¶谁？～！/ 誰だ？止まれ！❷しっかりと立つ. ¶风刮得人都站不住了 / 風が強くて，誰もがちゃんと立っていられない. ❸ずっと留まっている. ❹(理由などが)成り立つ. ¶他的说法站不住 / 彼の意見は筋が通らない. ❺〈方〉(色やペンキなどが)付着している. はがれ落ちない. 用法 ❸～❺は，"站得住"または"站不住"の形で用いることが多い.
【站住脚】zhàn//zhù[-zhu-]jiǎo 動 ❶(走行を)止める. ❷足を止める. ¶忙得站不住脚 / 忙しくて足を休める間もない. ❸ゆったり留まる. ❹(理由などが)成り立つ. ¶这些论点没有一个是站得住脚的 / これらの論点は，どれ1つとして成り立つものがない.

绽(綻) zhàn
纟部8 [四]2318₁
全11画 [次常用]
動 裂ける. ¶破～ pòzhàn (衣服のほころび).
【绽放】zhànfàng 動 花が咲く.
【绽开】zhànkāi 動 ❶開く. ほころぶ. ¶花蕾 huālěi～ / 花のつぼみがほころぶ. ❷(縫いものが)ほころびる. ¶新鞋刚穿了一天就～了 / 新しい靴は，1日はいただけで穴があいた.
【绽裂】zhànliè 動 ほころびる. 裂ける. ¶石榴 shíliu 一成熟 chéngshú 就～开了 / ザクロの実が熟れて，口をあけた.
【绽露】zhànlù 動 (感情などが顔に)表れる. 同 显露 xiǎnlù

湛 zhàn
氵部9 [四]3411₈
全12画 [通用]
❶素 深い. ¶精～ jīngzhàn (深くて詳しい). ❷素 (水が)清く澄んでいる. ¶清～ qīngzhàn (澄みきっている). ❸ (Zhàn)姓.
【湛江】Zhànjiāng《地名》湛江(ざんこう). 参考 広東省の沿海開放都市で，対外貿易港.
【湛蓝】zhànlán 形 深い青色の. 紺碧の. ¶～的海水 / 深い青色をたたえた海水. 重 湛蓝湛蓝 表現 空・海・湖などについて言うことが多い.
【湛清】zhànqīng 形 澄みきっている. 同 清澈 chè

颤(顫) zhàn
页部13 [四]0118₂
全19画 [常用]
動 震える. 身震いする. ¶～栗 zhànlì / ～抖 zhàndǒu (ぶるぶる震える) / 发～ fāzhàn (身震いする). 同 战 zhàn
☞ 颤 chàn
【颤栗】zhànlì 動 戦慄する. 震える. ¶身体～不止 /

全身震えがとまらない. 同 战栗 zhànlì

蘸 zhàn
艹部19 [四]4463₁
全22画 [次常用]
動 (液体や粉末などを)ちょっとつける. ¶～墨水(インクをつける) / ～酱 jiàng (みそをつける) / ～糖 (砂糖をつける).
【蘸水钢笔】zhànshuǐ gāngbǐ 名〔支 zhī〕インクをつけて書くペン. つけペン. 蘸水儿笔 zhànshuǐrbǐ

zhang ㄓㄤ〔tṣaŋ〕

张(張) zhāng
弓部4 [四]1223₄
全7画
❶動 開く. 広げる. ¶～嘴 zhāngzuǐ / ～翅膀 chìbǎng (翼を広げる) / ～弓 zhānggōng 射箭 shèjiàn (弓を引いて矢を射る). 反 弛 chí, 合 hé ❷動 設ける. 配する. ¶大～筵席 yánxí (宴会を盛大に開く) / ～灯结彩. ❸動 大げさにする. ¶夸～ kuāzhāng (誇張する) / 虚 xū～声势 shì (虚勢を張る) / ～大 zhāngdà. ❹動 見る. ¶东～西望 (あちこちをながめる). ❺素 店を新しく始める. ¶新～ xīnzhāng (新しく開店する) / 开～ kāizhāng (店開きする). ❻量 開いたり閉じたりするもの，広げたり巻いたりするものを数えることば. ¶一～凉席 liángxí (1枚のござ) / 一～嘴 (1人の口). ❼量 広くて平らなものを数えることば. ¶三～纸(3枚の紙) / 一～床 (ベッド1台) / 一～笑脸 (1人の笑顔) / 五～桌子(机5台). ❽量 農具・楽器・弓などを数えることば. ¶两～犁 lí (すき2台) / 一～弓 (弓一張り). ❾名 二十八宿の一つ. ちりこぼし. ❿(Zhāng)姓.
筆順 ㄱ 弓 弘 张 张
【张榜】zhāng//bǎng 動 掲示する. ¶～公布 / (文書を)張り出して公布する.
【张本】zhāngběn ❶動 伏線を敷く. 下準備をする. ❷名 下準備. 段取り. ❸名 (文章の)伏線.
【张楚】Zhāng Chǔ《歴史》張楚(ちょうそ). 紀元前209年，農民一揆の指導者陳勝が陳県(現在の河南省陽ｼﾞ)に樹立した国家. 由来 "楚"をさらに大きくするという意から.
【张大】zhāngdà ❶動 大きく広げる. ¶～眼睛 / 目を大きく見開く. ❷〈文〉誇張する. ¶～其词 / 大げさに言う.
【张大其事】zhāng dà qí shì 成 誇張して言いふらす. 大げさに言う. ¶一点小事,可别～ / ささいな事を大げさに言ってはならない. 同 张大其词 cí
【张灯结彩】zhāng dēng jié cǎi 成 堤灯(ﾁｮｳﾁﾝ)や色絹で飾る. 祝い事や祝日の飾り付けの華やかなようす. ¶国庆前夕,天安门广场～,一片节日气氛 qìfēn / 国慶節の前夜,天安門広場は堤灯で美しい絹布で飾り付けられ,祝日の華やいだ気分に満ちている.
【张飞】Zhāng Fēi《人名》張飛(ちょうひ: ?-221). 参考 三国時代の蜀の武将. 関羽とともに劉備に仕えた.
【张挂】zhāngguà 動 (書画や幕などを)広げて掛ける. ¶～地图 / 地図を掛ける.
【张冠李戴】zhāng guān Lǐ dài 成 対象や事実を取り違える. 由来 「張の帽子を李にかぶせる」という意から.
【张衡】Zhāng Héng《人名》張衡(ちょうこう: 78-139). 後漢の学者. 参考 優れた散文家であり，詩賦(ﾌ)もよくした.

【张皇】zhānghuáng 動(文)あわてる. 回 慌 huāng 张
【张皇失措】zhāng huáng shī cuò (成)慌てふためき,自分を見失う. ¶发生意外时,不要~ / 思わぬ事態が起きた場合,慌てて取り乱してはならない.
【张家界】Zhāngjiājiè《地名》張家界(チャンチャーチェ). 参考 湖南省大庸市にある武陵源風景区の一つ. 国家森林公園.
【张家口】Zhāngjiākǒu《地名》張家口(チャンチャーコウ). 河北省にある市.
【张开】zhāngkāi 動(閉じているものを)開く. ¶~眼睛 yǎnjing / 目を開ける. ¶~翅膀 chìbǎng / 翼を広げる.
【张口】zhāng//kǒu 動 口を開く. ¶我实在无法~ / 私は全くことばが出なかった.
【张口结舌】zhāng kǒu jié shé (成)口を開けたまま,ことばが出てこない. 緊張や恐怖からものが言えないようす.
【张狂】zhāngkuáng 形 軽薄だ. 横柄だ. 勝手気ままだ. ¶举止 jǔzhǐ~ / ふるまいが横柄だ.
【张力】zhānglì 名《物理》张力.
【张罗】zhāngluo 動 ❶ あれこれ考える. ¶他在~着出门买个东西 / 彼は出かけるときに持っていく物を考えている. ❷ 工面する. 用意する. ¶~一笔钱 / 金を工面する. ❸ 応対する. もてなす. ¶别~了 / どうぞおかまいなく.
【张目】zhāngmù 動 ❶ 目を見張る. ¶~注视 zhùshì / 目をこらしてじっと見る. ❷ お先棒を担ぐ. ちょうちん持ちをする. ¶你别为 wèi 他~ / 彼のお先棒を担ぐのはよせ.
【张骞】Zhāng Qiān《人名》張骞(チャンチェン:?-前114). 前漢の旅行家. 武帝の命を受け,大月氏国へ赴く.
【张三李四】Zhāng sān Lǐ sì (成)誰かれ. 誰それ. 不特定の人をさす. ¶不管是~,谁都可以去 / 誰が行ってもかまわない.
【张贴】zhāngtiē 動(標語やはり紙などを)はる. ¶~告示 gàoshi / 告示をはる.
【张望】zhāngwàng 動(穴やすき間から)周りや遠くを見る. ¶他站在路边四处~ / 彼は道端に立ち,周りを見回した. 回 观望 guānwàng
【张牙舞爪】zhāng yá wǔ zhǎo (成)牙(きば)をむき,つめを振るう. 悪人の凶悪で狂暴なようす. ¶~的罪犯 zuìfàn / 狂暴な犯罪者.
【张扬】zhāngyáng 動(秘密や人に言う必要のないこと)を言いふらす. 公表する. ¶四处~ / あちこちふれまわる. ¶这件事如果~出去,可没好处 / この事がもし表ざたになったら,ろくなことがない.
【张仲景】Zhāng Zhòngjǐng《人名》張仲景(チャンチョンチン). 後漢の医学者. 参考 名は,機. 仲景は字. 『傷寒雑病論』を著した.
【张嘴】zhāng//zuǐ 動 ❶ 口を開く. 口をきく. ¶~,把这片药吃下去 / 口を開けて,この薬を飲み込みなさい. ❷(頼みごとや借金などを)言いだす. 持ちかける. ¶不好意思向人家~借钱 / 人にお金を貸してくれと言うのは気が引ける.

章 zhāng 音部2 四 0040₆ 全11画 常用

❶ 名(音楽や詩文の)章. ¶乐~ yuèzhāng(楽章)/ 第一~ dìyīzhāng(第一章). ❷ 名 奏文. ¶奏~ zòuzhāng(上奏文). ❸ 名 規則. ¶简~ jiǎnzhāng(略則)/ 党~ dǎngzhāng(党則)/ 规~ guīzhāng(規則). ❹ 名 筋道. 条理. ¶杂乱无~ (成)乱雑で筋が通っていない. ❺ 名 条目. 項目. ❻ 名 印鑑. ¶印~ yìnzhāng(印章)/ 盖~ gàizhāng(印を押す). ❼ 名 帽子や服につけるしるし. ¶徽~ huīzhāng(バッジ)/ 袖~ xiùzhāng(腕章)/ 领~ lǐngzhāng(襟章). ❽(Zhāng)姓.

【章草】zhāngcǎo 名 草書の一種. 章草.

【章程】zhāngchéng 名 ❶ zhāngchéng 定款. 規約. 規則. ¶公司~ / 会社定款. ❷ zhāngcheng 方法. やり方. ¶遇到紧急的情况,肚子里一时没了~ / 緊急事態に直面し,頭の中には一瞬方法が浮かばなかった. 回 办法 bànfǎ

章草（「魚」）

【章法】zhāngfǎ 名 ❶ 文章の構成. ¶一篇文章的好坏,~十分重要 / 文章のよしあしは,構成が非常に重要だ. ❷(ものごとを行う)順序. 筋道. ¶千万不要乱了~ / 決して筋道を乱してはならない.

【章回】zhānghuí (文学)長編小説の形式の一つ. 章回体. 由来 全編をいくつもの回に分けてタイトルを付けることから.

【章回小说】zhānghuí xiǎoshuō 名《文学》"章回体"で書かれた小説. 章回小说.

【章节】zhāngjié 名(文章の)章節. 段落.

【章句】zhāngjù 名 ❶ 古書の段落と句読. ❷ 古書の章句の分析と解釈.

【章鱼】zhāngyú 名《動物》[条 tiáo,只 zhī] タコ. 回 八带鱼 bādàiyú

【章则】zhāngzé 名 規則. 規約. ¶遵照 zūnzhào~办事 / 規則に従って事を処理する.

【章子】zhāngzi 名(方)印章. 印鑑. 回 图 tú 章

鄣 Zhāng ⻖部11 四 0742₇ 全13画 通用

名 周代の国名. 現在の山東省東平県の東にあった.

獐（⿈ 麞） zhāng 犭部11 四 4024₆ 全14画 通用

名 "獐子 zhāngzi"に同じ.

【獐头鼠目】zhāng tóu shǔ mù (成)(悪人の)顔立ちが醜く下品で,ずるがしこそうだ. 由来 キバノロの小さく尖った頭と,ネズミの小さく丸い目という意から.

【獐子】zhāngzi 名《動物》[只 zhī] キバノロ. 回 牙獐 yázhāng,河麂 héjǐ

彰 zhāng 彡部11 四 0242₂ 全14画 次常用

❶ 素 明らかだ. ¶昭~ zhāozhāng(はっきりとした. 明白だ)/ 欲盖弥~ yù gài mí zhāng (成)悪事を隠そうとして,かえってよけいに露呈する. ❷ 素 表彰する. ¶~善瘅恶 dàn è (成)善をたたえ,悪を憎む. ❸(Zhāng)姓.

【彰明较著】zhāng míng jiào zhù (成)(事柄や道理が)きわめて明白だ. ¶这么~的道理,难道你不懂吗? / こんなに明白な道理が,君に分からないわけはあるまい.

【彰彰】zhāngzhāng 形 明らかだ. 顕著だ

漳 Zhāng 氵部11 四 3014₆ 全14画 通用

名 地名用字. ¶~河 Zhānghé(山西省に源を発し,河北省に流れ入り衛河に注ぐ川の名)/ ~江 Zhāngjiāng(福建省の川の名).

嫜 zhāng 女部11 四 4044₆ 全14画 通用

[素][文] 夫の父親. ¶姑～ gūzhāng（しゅうとめとしゅうと).

璋 zhāng
王部11 [四] 1014_6 全15画 [通用]

[名] 圭(けい)をたて半分にした形の玉器. [用法] 人名によく用いる.

樟 zhāng
木部11 [四] 4094_6 全15画 [次常用]

[名] "樟树 zhāngshù"に同じ.

【樟木】 zhāngmù [名] クス材.

【樟脑】 zhāngnǎo [名]《薬》樟脳(しょうのう). [同] 潮脑 cháonǎo

【樟脑丸】 zhāngnǎowán [名][方] 樟脳(しょうのう)をボール状にした防虫・防腐剤.

【樟脑油】 zhāngnǎoyóu [名] 樟脳油.

【樟树】 zhāngshù [名]《植物》クスノキ.

蟑 zhāng
虫部11 [四] 5014_6 全17画 [通用]

下記熟語を参照.

【蟑螂】 zhāngláng [名]《虫》〔[量] 只 zhī〕ゴキブリ. [同] 蜚蠊 fěilián

长(長) zhǎng
长部0 [四] 4273_0 全4画 [常用]

❶[動] 生える. 育つ. ¶～锈 zhǎngxiù（さびが出る）/ ～大 zhǎngdà / 手上～了一个疱 pào（手にできものができた）/ ～芽 zhǎngyá（芽が伸びる）/ 成～ chéngzhǎng（成長する）/ 一年没见,他又～了两公分(1年会わないうちに彼はまた背が2センチ伸びた). ❷[動] 増す. 増加する. ¶～劲 zhǎngjìn（力がつく）/ 增～ zēngzhǎng（増える）/ 出国留学,～了不少见识(海外に留学して,見聞を大いに広めた). [反] 消 xiāo ❸[素] 兄弟の中で一番年上の. ¶～兄 zhǎngxiōng（長兄）/ ～子 zhǎngzǐ. ❹[形] 目上だ. 世代が上だ. 年上だ. ¶～辈 zhǎngbèi / ～者 zhǎngzhě / 师～ shīzhǎng（教師に対する尊称）/ 学～ xuézhǎng（学兄）/ 我年～他一岁(私は彼より1歳年上だ). [反] 幼 yòu ❺[素] 機関や団体などの長. ¶部～ bùzhǎng（政府各部の長. 大臣）/ 校～ xiàozhǎng（校長. 学長）/ ～官 zhǎngguān.

☞ 长 cháng

【长辈】 zhǎngbèi [名] 目上の人. 先輩. [反] 晚辈 wǎnbèi

【长成】 zhǎng//chéng [動] 育って…になる. …に成長する. ¶几年不见,～大姑娘了 / 数年会わないうちに,すっかりいい娘さんになった.

【长大】 zhǎngdà [動] 育つ. 大きくなる. ¶孩子～了 / 子供が育って大きくなった.

【长房】 zhǎngfáng [名]（一族の中での)長男の家系.

【长官】 zhǎngguān [名]〔[量] 位 wèi〕長官. 行政機関や軍隊の高級官吏.

【长机】 zhǎngjī [名]《軍事》航空機やヘリコプターの空中編隊における隊長機. [同] 主 zhǔ 机

【长进】 zhǎngjìn [動] 学業や品行が向上する. ¶在研究上很有～ / 研究面でめざましい進歩を遂げる. ¶不求～ / 向上心がない. [同] 出息 chūxi

【长老】 zhǎnglǎo [名] ❶[文] 老人. 長老. ¶请族中～裁断 cáiduàn / 一族の長老に裁決を下してもらう. ❷高齢の有徳僧に対する尊称. ¶寺院～ / 寺の高僧. ❸《宗教》ユダヤ教やキリスト教の司教.

【长亲】 zhǎngqīn [名] 自分より世代が上の親戚.

【长上】 zhǎngshàng [名] ❶年長者. 目上の人. ❷上司. 上官.

【长势】 zhǎngshì [名] 植物の生育状況. ¶看现在的～,准有好收成 / 現在の育ち具合から見て,きっと大きな収穫があるだろう.

【长孙】 zhǎngsūn [名] ❶長男の長男. また,孫の中で一番上の子. ❷（Zhǎngsūn)《複姓》長孫(ちょうそん).

【长相】 zhǎngxiàng [名][口]（～儿)顔立ち. 容貌. ¶～好 / ハンサム. 美人. ¶找对象不能光看～ / 結婚相手を探すのに,顔立ちばかり見ていてはいけない.

【长者】 zhǎngzhě [名] ❶年長者. ❷高齢で徳の高い人.

【长子】 zhǎngzǐ [名] ❶長男. ❷（Zhǎngzǐ)山西省にある県名.

仉 Zhǎng
亻部2 [四] 2721_0 全4画 [通用]

[名] 姓.

涨(漲) zhǎng
氵部7 [四] 3213_4 全10画 [常用]

[動] ❶水かさが増す. ¶水～船高([成] 水位が高くなれば船も高くなる. 土台が向上するにつれて,その上のものも向上する). ❷（物価や報酬が)上がる. ¶～钱 zhǎngqián（値段が上がる）/ ～价 zhǎngjià. [反] 跌 diē, 落 luò

☞ 涨 zhàng

【涨潮】 zhǎng//cháo [動] 潮が満ちる. 満潮になる. [反] 落潮 luòcháo, 退潮 tuìcháo

【涨风】 zhǎngfēng [名] 物価上昇の気配. 騰勢.

【涨幅】 zhǎngfú [名]（物価などの)上昇幅.

【涨价】 zhǎng//jià [動] 値上がりする. ¶电费～了 / 電気料金が値上がりした.

【涨落】 zhǎngluò [動]（物価や水位などが)上がり下がりする. ¶原材料价格时常～ / 原材料の価格はしょっちゅう上がり下がりする.

【涨势】 zhǎngshì [名]（物価などの)上昇の勢い.

【涨水】 zhǎng//shuǐ [動] 水かさが増す. 増水する.

【涨停板】 zhǎngtíngbǎn [名]《経済》(証券市場の)ストップ高. [反] 跌 diē 停板

掌 zhǎng
小部9 [四] 9050_2 全12画 [常用]

❶[名] 手のひら. ¶鼓～ gǔzhǎng（拍手する）/ 易如反～（[成] 手のひらを返すように容易だ). ❷[名] 動物の足のうら. ¶脚～子 jiǎozhǎngzi（足のうら）/ 熊～ xióngzhǎng（クマの手のひら）/ 鸭～ yāzhǎng（アヒルの水かき). ❸[動] 手のひらでたたく. ¶～嘴 zhǎngzuǐ. ❹[動] 取り仕切る. 掌握する. ¶～舵 zhǎngduò / ～印 zhǎngyìn / ～权 zhǎngquán / ～管 zhǎngguǎn. ❺[名]（～儿)〔[量] 块 kuài〕靴底の前やヒールに打ちつける革やゴム. ¶前～儿 qiánzhǎngr（前底. 前皮）/ 后～儿 hòuzhǎngr（後底. 後皮). ❻[名] 蹄鉄(ていてつ). [同] 马掌 mǎzhǎng ❼（Zhǎng)姓.

【掌灯】 zhǎng//dēng [動] ❶手に明かりを持つ. ¶她掌着灯,给我照亮 zhàoliàng / 彼女は灯りを手にして,私のほうを照らしてくれた. ❷明かりをつける. ¶快～! / 早く明かりをつけて.

【掌舵】 zhǎng//duò [動] 舵(かじ)をとる. ¶狂风巨浪 jùlàng 中船长稳稳地掌着舵 / 強風や大波のなか,船長は落ち着いて舵をとった. ¶只要有你～,我们就什么困难也不怕了 / あなたが舵取りをしてくれたら,我々はどんな困難も怖くない.

【掌骨】 zhǎnggǔ [名]《生理》掌骨.

【掌故】 zhǎnggù 名 故実. ¶文坛 wéntán~ / 文壇の故実.

【掌管】 zhǎngguǎn 動 主管する. 管掌する. ¶总经理~着公司的所有业务 / 社長は会社のあらゆる業務を掌握している.

【掌柜(的)】 zhǎngguì(-de) 名〔旧〕〔働 位 wèi〕商店の主人. 店主.

【掌控】 zhǎngkòng 動（権力などを）掌握し, コントロールする.

【掌权】 zhǎng//quán 動 権力を握る.

【掌上电脑】 zhǎngshàng diànnǎo 名（コンピュータ）パームトップ型パソコン. ハンドヘルドパソコン.

【掌上明珠】 zhǎng shàng míng zhū 成 掌中の珠（ｔａｍａ）. 目に入れても痛くないほどかわいい子. ¶她是独生女,被父母视为~ / 彼女は一人娘なので, 両親に掌中の珠のように大切にされている. 同 掌珠 zhǎngzhū, 掌中 zhōng 珠 表現 特に女の子について言うことが多い.

【掌勺儿】 zhǎng//sháor （旅館や料理屋などで）料理を取り仕切る. ¶~的 / 料理長. チーフコック. ¶今天家里请客,由他~ / 今日は家にお客さんが来るので, 彼が調理場を取り仕切る.

【掌声】 zhǎngshēng 名〔阵 zhèn〕拍手の音. ¶~雷动 / 万雷の拍手. ¶会场里响起一片热烈的~ / 会場では割れるような拍手が起こった.

*【掌握】 zhǎngwò 動 ❶ マスターする. 把握する. ¶~技术 / 技術をマスターする. ¶~理论 / 理論を把握する. ❷ 取り仕切る. コントロールする. ¶~政权 zhèngquán / 政権を握る. ¶开会时要注意~时间 / 会議を行うときは, 時間配分に注意を払わねばならない. 同 控制 kòngzhì

【掌心】 zhǎngxīn 名 ❶ 手の内. たなごころ. 同 手心 shǒuxīn ❷ 力の及ぶ範囲. 同 手心 shǒuxīn

【掌印】 zhǎng//yìn 動 ❶ 印鑑を管理する. ❷ 権限を握る. ¶我不~,此事管不了 liǎo / 私には権限がないから, この件は取り仕切れない.

【掌灶】 zhǎng//zào 動（飲食店などで）厨房（ちゅうぼう）を仕切る. ¶办喜酒,请厨师 chúshī~ / 結婚披露宴をするので, 料理人をたのんで腕を振るってもらう.

【掌子】 zhǎngzi 名 切羽（きりは）. 採掘現場. 同 碴子 zhǎzi, 掌子面 zhǎngzimiàn

【掌嘴】 zhǎng//zuǐ 動 ほおを殴る. びんたをはる. 同 打嘴巴 dǎ zuǐba

丈 zhàng
一部2 四 5000₀
全3画 常用

❶ 量 長さの単位. 1"丈"は10"尺 chǐ"に相当し, 約3.3メートル. ❷ 動 土地の面積を測る. ¶~量 zhàng-liáng / ~地 zhàngdì（土地を測量する）. 清~ qīng-zhàng（土地の面積を詳しく測量する）. ❸ 素 年老いた男性に対する敬称. ¶老~ lǎozhàng（ご老人）/ ~人 zhàngrén. ❹ 素 親戚の夫に対する敬称. ¶姑~ gūzhàng（おじさん. 父の姉妹の夫）/ 姐~ jiězhàng（兄さん. 姉の夫）.

*【丈夫】 名 ❶ zhàngfū 成年の男子. ¶大~ / 立派な男. ¶~气 / 男らしさ. ❷ zhàngfu 夫.

【丈量】 zhàngliáng 動（土地の面積を）測る. 測量する. ¶~土地面积 / 土地を測量する.

【丈母】 zhàngmu 名 妻の母. 同 丈母娘 niáng, 岳母 yuèmǔ

【丈母娘】 zhàngmuniáng 名 "岳母"（妻の母）の俗称.

【丈人】 名 ❶ zhàngrén 昔, 男の老人の尊称. ❷ zhàng-ren 妻の父. 同 岳父 yuèfù

仗 zhàng
亻部3 四 2520₀
全5画 常用

❶ 素 武器. ¶~仪 = yízhàng（儀仗（ぎじょう））. ❷ 名 戦争. ¶胜~ = shèngzhàng（勝ち戦）/ 败~ = bài-zhàng（負け戦）. ❸ 動 頼る. 寄りかかる. ¶~恃 zhàngshì / 倚~ yǐzhàng（人の権力をかさに着る）. ❹ 動 武器を手に持つ. ¶~剑 zhàngjiàn（剣を手にする）.

【仗势】 zhàng//shì 動 かさに着る. 権勢を頼む. 表現 悪事を働く場合を言うことが多い.

【仗势欺人】 zhàng shì qī rén 成 権勢を頼んで人を欺く. 権力をかさにして, 人を虐（しいた）げる. ¶我最恨那些~的人 / 私は他人の権勢をかさに着て弱い者いじめをする人が一番嫌いだ.

【仗恃】 zhàngshì 動 ❷ 頼る. 頼みにする. ¶~豪门 háomén / 権勢家を頼みにする.

【仗义】 zhàngyì 動 ❷ 公正を期する. ❷ 義を重んじる. ¶为人 wéirén~ / 義にあつい人柄だ.

【仗义疏财】 zhàng yì shū cái 成 義のために財物を軽んじる. 金を出して人を助ける.

【仗义执言】 zhàng yì zhí yán 成 正義のために公正な発言をする.

杖 zhàng
木部3 四 4590₀
全7画 次常用

素 ❶ つえ. ¶手~ = shǒuzhàng（つえ）/ 拐~ = guǎi-zhàng（柄の曲がったつえ. ステッキ）/ 扶~而行（つえをついて歩く）. ❷ こん棒. ¶擀面~ = gǎnmiànzhàng（めん棒）.

帐(帳) zhàng
巾部4 四 4223₄
全7画 常用

名 ❶ とばり. 天幕. ¶蚊~ = wénzhàng（蚊帳）/ 营~ = yíngzhàng（野営テント）/ ~篷 zhàngpeng. 同 帐子 zhàngzi ❷ "账 zhàng"に同じ. ❸（Zhàng）姓.

【帐幔】 zhàngmàn 名 幕. 緞帳（どんちょう）.

【帐幕】 zhàngmù 名（大きめの）天幕. とばり. テント. 同 帐篷 zhàngpeng

【帐篷】 zhàngpeng 名〔顶 dǐng〕日よけや雨よけ用の天幕. テント. ¶搭台~ / テントをはる.

【帐子】 zhàngzi 名〔働 顶 dǐng〕カーテン. 蚊帳.

账(賬) zhàng
贝部4 四 7283₄
全8画 次常用

名 ❶〔働 笔 bǐ〕勘定. 出納. ¶记~ = jìzhàng（記帳する）/ 查~ = cházhàng（帳簿を調べる）/ 流水~ = liúshuǐzhàng（金銭出納簿）. ❷〔本 běn〕帳簿. ❸〔働 笔 bǐ〕借金. ¶欠~ = qiànzhàng（借りがある）/ 还~ = huánzhàng（借金を返す）/ 放~ = fàngzhàng（金貸しをする）.

【账本】 zhàngběn 名（~儿）〔働 本 běn, 册 cè〕帳簿. ¶把今天的营业收入记在~儿上 / 今日の売り上げを帳簿につける.

【账簿】 zhàngbù 名〔働 本 běn〕帳簿. ¶查看~ / 帳簿を調べる.

【账册】 zhàngcè 名 帳簿. 帳面. ¶检查~ / 帳簿をチェックする.

【账单】 zhàngdān 名（~儿）〔働 份 fèn, 张 zhāng〕書きつけ. 勘定書. ¶凭~付款 / 勘定書にもとづいて支払う.

【账房】 zhàngfáng 名（旧）（~儿）❶〔働 间 jiān〕勘

定場. 帳場. ❷会計係. 会計員.
【账号】zhànghào 名(銀行の)口座番号.
【账户】zhànghù 名 口座. ¶去银行 yínháng 开了一个／銀行に行って口座を1口開設する. 回户头 hùtóu
【账款】zhàngkuǎn 名 帳簿上の金額と現金. ¶～相符 xiāngfú／帳簿と現金が合う.
【账面】zhàngmiàn 名(～儿)帳簿内容. 帳簿の記載事項.
【账目】zhàngmù 名 帳簿内容. 帳簿の記載事項. ¶公布～／帳簿内容を公開する.

胀(脹) zhàng
月部4 7223₄ 全8画 常用

動 ❶ ふくらむ. ¶热～冷缩 suō (熱するとふくらみ, 冷やすと縮む). ❷身体の一部が張る. 腫(は)れる. ¶肚子～(お腹が張る)／头昏 tóuhūn 脑～(めまいがして頭がぼうっとする)／肿～ zhǒngzhàng (腫れあがる).
【胀闸】zhàngzhá 名(自転車の)エクスパンションブレーキ.

涨(漲) zhàng
氵部7 3213₄ 全10画 常用

動 ❶(水分を吸収して)ふくれる. ❷(頭部に)血がのぼる. 充血する. ¶气得～红了脸(怒りで顔が真っ赤になった). ❸(重さ・長さ・金額などが)超過する月. ¶～出了十块钱(10元ほど足が出た).
▪ 涨 zhǎng

障 zhàng
阝部11 7024₆ 全13画 常用

素 ❶ 妨げる. さえぎる. ¶～碍 zhàng'ài／～蔽 zhàngbì. ❷ さえぎったり, 防いだりするもの. ¶风～ fēngzhàng (畑の風よけ)／屏～ píngzhàng (ついたて)／路～ lùzhàng (バリケード).
【障碍】zhàng'ài 動 妨げる. 障害になる. じゃまになる. ¶～孩子的健康成长／子供のすこやかな成長を妨げる. 回 阻碍 zǔ'ài ❷ 名 障害物. ¶排除 páichú～／障害(物)を取り除く. ¶扫清 sǎoqīng～／障害物を一掃する. 回 阻碍 zǔ'ài
【障碍赛跑】zhàng'ài sàipǎo 名(スポーツ)障害物競走.
【障碍物】zhàng'àiwù 名 障害物.
【障蔽】zhàngbì 動 覆う. さえぎる. ¶～视线 shìxiàn／視線をさえぎる. 回 遮蔽 zhēbì
【障眼法】zhàngyǎnfǎ 名 人の目をくらますやり方. ごまかしの手口. 回 遮 zhē 眼法
【障子】zhàngzi 名〔圕 道 dào, 堵 dǔ〕垣. 垣根. ¶树～／生け垣. 篱笆 líba～／まがき.

幛 zhàng
巾部11 4024₆ 全14画 通用

素 "幛子 zhàngzi" に同じ. ¶寿～ shòuzhàng (老人の誕生日祝いの絹布)／喜～ xǐzhàng (婚礼祝いの絹布)／挽～ wǎnzhàng (お悔やみの絹布).
【幛子】zhàngzi 名〔圕 幅 fú, 条 tiáo〕お祝いやお悔やみのことばを書いた絹の横断幕. 冠婚葬祭の贈り物にする.

嶂 zhàng
山部11 2074₆ 全14画 通用

素 びょうぶのように切り立っている険しい山. ¶层峦 luán 叠 dié～ (成)険しい山がいくえにも重なり合っている).

瘴 zhàng
疒部11 0014₆ 全16画 通用

名 瘴気(しょうき). ¶～气 zhàngqì／～疠 zhànglì.
【瘴疠】zhànglì 名(マラリアなどの)亜熱帯の風土病.

幛 子

【瘴气】zhàngqì 名 瘴気(しょうき). 熱帯や亜熱帯の山林の高温で湿った空気. 参考 かつて, マラリヤなどの伝染病の病原を運んでくると考えられた.

zhāo ㄓㄠ〔tṣau〕

钊(釗) zhāo
钅部2 8270₂ 全7画 通用

❶ 動 文 努力する. ❷ (Zhāo)姓. 用法 人名に多く用いる.

招 zhāo
扌部5 5706₂ 全8画 常用

❶ 動 手招きをする. ¶～手 zhāoshǒu. ❷ 動 募(つの)る. 募集する. ¶～集 zhāojí／～考 zhāokǎo／～生 zhāoshēng／～之即来(呼べばすぐに来る). ❸ 動 (よくないことを)引き起こす. ¶～事 zhāoshì／～笑儿 zhāoxiàor／～蚂蚁 mǎyǐ (アリがたかる)／～灾 zhāozāi. ❹ 動 自分の罪を認める. ¶～供 zhāogòng／～认 zhāorèn. ❺ 量 "着 zhāo" Ⅰ に同じ. ❻ 素 "着 zhāo" Ⅱ に同じ. ¶花～儿 huāzhāor (巧妙な手). ❼ (Zhāo)姓.
【招安】zhāo'ān 動 旧(統治者が反抗する者に)帰順するよう説得する. ¶接受～／帰順の説得を受け入れる.
【招标】zhāobiāo 動 入札を募(つの)る. ¶这项工程采用公开～的方式／この工事は公開入札の方式を採用した. 反 投标 tóubiāo
【招兵】zhāo//bīng 動 兵を募(つの)る. 兵隊を募集する.
【招兵买马】zhāo bīng mǎi mǎ 成 武装力を増強する. 表現 組織を拡大したり, 人員を整えることの比喩としても使われる.
【招财进宝】zhāo cái jìn bǎo 成 財宝を招き入れる. 財運をもたらす.
*【招待】zhāodài 動 もてなす. 接待する. ¶～客人／客をもてなす. ¶～得很周到／接待が行き届く. 回 款待 kuǎndài
*【招待会】zhāodàihuì 名〔个 ge〕レセプション. 歓迎会. ¶记者～／記者会見. ¶出席～／レセプションに出席する.
【招待所】zhāodàisuǒ 名(企業や公的機関の)接待所. 宿泊所.
【招风】zhāo//fēng 動 人の注意を引いて災いを招く. ¶树大～／地位が高くなれば, 風当たりも強くなる.
【招风耳】zhāofēng'ěr 名 横に張り出した耳.
【招工】zhāo//gōng 動 従業員を募集する. ¶等待～／労働者の募集を待つ.

【招供】zhāo//gòng 动(犯人や容疑者が)自供する.¶从实～/ありままを自供する.
【招股】zhāo//gǔ 动(経済)株式を募集する.
【招雇】zhāogù 动募集し雇用する.
*【招呼】zhāohu 动❶呼ぶ.呼びかける.¶有人～你/誰かが君を呼んでいる.❷声をかける.あいさつをする.¶打～/あいさつをする.¶他俩一见面,就热情地打着～/彼ら二人は顔を見るなり,ねんごろにあいさつした.❸伝える.言いつける.❹面倒を見る.世話をする.¶你先去吧,孩子由我来～/あなたは先に行きなさい,子供は私が見るから.
【招唤】zhāohuàn 动人を呼ぶ.呼び招く.同召zhào 唤
【招魂】zhāo//hún 动死者の魂を呼び戻す.
【招集】zhāojí 动集める.募集する.¶～经理们开会/経営者を集めて会議をする.
【招架】zhāojià 动持ちこたえる.食い止める.¶～不住/受けきれない.同抵挡 dǐdǎng
【招考】zhāokǎo 动受験者を募(つの)り,試験を行う.¶～新生/新入生を募集する.¶～学徒工 xuétúgōng/見習い工を募集し試験をする.反应考 yìngkǎo,应试 yìngshì
【招徕】zhāolái 动⟨文⟩(客や観衆を)呼び寄せる.招き寄せる.¶～顾客/お得意さんを招く.¶以广～/広く招く.同招揽 zhāolǎn
【招揽】zhāolǎn 动(客を)招き寄せる.¶～生意/客寄せする.得意先を広げる.同招徕 zhāolái
【招领】zhāolǐng 动(遺失物を)受け取りに来るよう公示する.¶失物～处/遺失物取扱所.
【招募】zhāomù 动(人を)募集する.¶～志愿人员/志願者を募集する.
【招纳】zhāonà 动(人を)招く.
【招女婿】zhāo nǚxu 句婿養子をとる.婿をとる.
【招牌】zhāopai 名❶[量块 kuài](商店の)看板.¶挂～/看板をかける.¶摘下 zhāixià～/看板をおろす.❷[贬名目.¶挂着爱国者一的卖国贼 màiguózéi/愛国者の看板をかけた売国奴.
【招聘】zhāopìn 动(公募形式で)招聘する.¶～工程师/エンジニアを公募する.¶～广告/公募広告.
【招亲】zhāo//qīn 动❶婿をとる.婿養子をとる.¶给女儿～/娘に婿をとる.❷婿入りする.
【招请】zhāoqǐng 动❶募集する.雇用する.❷招く.招請する.
【招惹】zhāorě[-re] 动❶(言動の)面倒を引き起こす.¶～是非/いざこざを引き起こす.❷[方]かまう.手出しする.¶别一他/彼にかまうな.
【招认】zhāorèn 动(犯人が)自白する.犯行を認める.¶在人证,物证面前,他只好一了/証言と物証を前にして,彼は犯行を認めるしかなかった.同供认 gòngrèn
【招商】zhāoshāng 动(宣伝・広告をして)企業を誘致する.投資を募る.
【招生】zhāo//shēng 动(学校が)新入生を募集する.¶～简章/新生募集要項.¶～广告/生徒募集広告.
【招式】zhāoshì 名(武術や伝統劇の)型.動作.姿勢.
【招事】zhāo//shì 动もめ事を引き起こす.
【招收】zhāoshōu 动(学生や労働者などを)募集する.採用する.¶～学生/生徒を募集する.¶张师傅 shīfu 今年～了三个徒弟 túdì/张師匠は今年三人の弟子を受け入れた.
【招手】zhāo//shǒu 动(～儿)手を上下に振る.手招きする.手を振ってあいさつする.¶他一～,一輛出租车停了下来/彼が手を振ると,一台のタクシーが止まった.
【招数】zhāoshù 名❶(囲碁や将棋の)手.同着数 zháoshù ❷《武術》わざ.手.同着数 ❸手段.計略.同着数
【招贴】zhāotiē 名[量张 zhāng]広告.ポスター.
【招贴画】zhāotiēhuà 名ポスター.同宣传 xuānchuán 画
【招贤】zhāoxián 动人材を募集する.¶～榜 bǎng/求人広告.
【招降】zhāo//xiáng 动敵に投降を呼びかける.
【招降纳叛】zhāo xiáng nà pàn 成投降者や裏切り者を受け入れる.悪人を集めて徒党を組む.
【招笑儿】zhāoxiàor 动[方]人を笑わせる.
【招眼】zhāoyǎn 动目立つ.人目を引く.¶她的打扮总是特别～/彼女の装いはいつもちょっと奇抜で人目を引く.
【招摇】zhāoyáo 动大げさにして人の注目を集める.¶你做事别太～/何かをする時,あまり大げさにしてはいけない.
【招摇过市】zhāo yáo guò shì 成これみよがしの態度で,人の注目を浴びようとする.
【招摇撞骗】zhāo yáo zhuàng piàn 成名をかたったり,はったりをきかせて人をあざむく.
【招引】zhāoyǐn 动(所作・音声・色・香・味などで)人を引きつける.惹きつける.¶食品街里的各色小吃,～着八方来客/食品街の様々な軽食が,四方八方からの客を引き寄せている.
【招用】zhāoyòng 动(働き手などを)採用する.
【招灾】zhāo//zāi 动災いを招く.⇨招灾惹祸 rěhuò
【招灾惹祸】zhāo zāi rě huò 成災いを招く.¶这孩子从小就很听话,从不～/この子は小さい頃から聞き分けがよく,ついぞ騒ぎを起こしたことがない.
【招展】zhāozhǎn 动❶はためく.揺れ動く.¶国旗迎风～/国旗が風にはためく.¶花枝～/成花をつけた枝が風に揺られる.女性があでやかに着飾るようす.❷人の注意を引く.
【招致】zhāozhì 动❶(人を)招き寄せる.呼び集める.¶从全国各地～了大批建设人才/全国各地から大量に建設方面の人材を招き集める.❷(好ましくない結果を)引き起こす.¶～损失/損失をもたらす.
【招赘】zhāozhuì 动婿養子をとる.同招女婿 nǚxu
【招子】zhāozi 名❶广告.ポスター.宣伝のはり紙.同招贴 zhāotiē ❷店の名を書いた旗やのぼりなどの目印.❸方法.手だて.
【招租】zhāozū 动(家屋などの)借り手を求める.¶～启示 qǐshì/テナント募集のはり紙.

昭 zhāo

日部5 G 6706₂
全9画 次常用

❶[书]明らかだ.¶～彰 zhāozhāng/～著 zhāozhù/～然若 ruò 揭 jiē.❷(Zhāo)姓.
【昭告】zhāogào 动はっきりと知らせる.
【昭然】zhāorán 形明らかだ.
【昭然若揭】zhāo rán ruò jiē 成真相がすっかり明らかになる.明明白白だ.由来『荘子』達生篇に見えること ば.
【昭示】zhāoshì 动(内外に)はっきりと示す.

【昭雪】zhāoxuě 动 恨みを晴らす．冤罪(ざい)を晴らす．¶平反～/ 冤罪を晴らし，名誉を回復する．
【昭彰】zhāozhāng 形 明らかだ．明白だ．¶罪恶 zuì'è～/ 罪悪が誰の目にも明らかだ．
【昭明】zhāomíng 形 ❶ きらきらと明るい．同 明亮 míngliàng ❷ はっきりしている．明白だ．同 明白 míngbai
【昭著】zhāozhù 形 明らかだ．顕著だ．¶臭名 chòumíng～/ 悪名高い．¶成绩～/ 成績がきわめて良い．

啁 zhāo
口部8 四 6702₀
全11画 通用
下記熟語を参照．
☞ 啁 zhōu
【啁哳】zhāozhā 形 音が入り乱れてうるさい．かまびすしい．同 嘲哳 zhāozhā

着 zhāo
羊部5 四 8060₅
全11画 常用
Ⅰ 量 (～儿)(囲碁将棋の)手．一手を"一着"という．同 招 zhāo
Ⅱ 名 (～儿)計略．策略．同 招 zhāo ¶ 我没～儿了 / もう手がなくなった．
Ⅲ 动 方 ❶入れる．加える．¶再～点儿盐 / もう少し塩を入れて下さい．
❷(応答に用いて，賛同を表わし)そう．¶～，你说得真对 / そうだ，君の言うことは全く正しい．
☞ 着 zháo, zhe, zhuó
【着数】zhāoshù 名 ❶(囲碁や将棋の)手．同 招数 zhāoshù ❷(武術の)手．わざ．同 招数 zhāoshù
❸手段．計略．¶我的～都用完了 / 打つ手がなくなった．¶他的～变化莫 mò 测 cè / 彼の計略は変幻自在で予測しがたい．同 招数 zhāoshù

朝 zhāo
卓部4 四 4742₀
全12画 常用
名 ❶朝．¶～阳 zhāoyáng / ～令夕 xī 改 / 一～一夕(成 一朝一夕)．同 晨 chén 反 暮 mù, 夕 xī ❷一日．¶今～ / jīnzhāo (今日)．
☞ 朝 cháo
【朝不保夕】zhāo bù bǎo xī 成 情勢が緊迫している．¶现在这份工作还～呢！/ 今，この仕事は明日どうなるか分からない状態なんだよ．同 朝不虑 lǜ 夕 由来 "夕方に何が起こるのか朝にはわからない"という意から．
【朝发夕至】zhāo fā xī zhì 成 道のりが近い．交通が便利だ．¶他每天～,来往于两地之间 / 彼は毎日2つの土地をスムーズに行き来している．
【朝晖】zhāohuī 名 早朝の陽光．
【朝令夕改】zhāo lìng xī gǎi 成 朝令暮改．¶政府～,百姓苦不堪 kān 言 / 政府が政策をころころ変えるので，民衆はことばに尽くせぬほど苦しんでいる．
【朝露】zhāolù 名 朝露．はかないもののたとえ．
【朝气】zhāoqì 名 元気．活力．¶显得有～ / 元気いっぱいだ．反 暮气 mùqì
【朝气蓬勃】zhāo qì péng bó 成 元気はつらつとしている．¶～的青年 / 活き活きとして進取の精神にとんだ若者．
【朝秦暮楚】zhāo Qín mù Chǔ 成 贬 どっちつかず．¶人们都说他～ / 人は皆, 彼のことを節操なしと言っている．由来 「朝は秦につき, 夕方には楚の味方をする」という意から．
【朝日】zhāorì 名 朝日．¶～初升 / 初日が昇る．
【朝三暮四】zhāo sān mù sì 成 朝三暮四．もと，策を弄(ろう)して人をだますこと．のち，思い切りが悪いこと．¶找对象怎么能～呢？/ 恋人を探すには，あれこれ迷っていてはだめですよ．由来 『荘子』斉物論篇に見えることば．
【朝思暮想】zhāo sī mù xiǎng 成 昼も夜も思い焦がれる．切望する．¶终于见到了～的亲人 / 朝な夕なに想いつづけた家族にとうとう会えた．
【朝夕】zhāoxī 名 文 ❶日々．いつも．¶～不离 / いつも一緒にいる．❷大変短い時間．¶～不保 / 明日をもしれない．¶只争～ / 一刻を争う．
【朝夕相处】zhāo xī xiāng chǔ 成 生活を共にしている．いつも一緒にいる．
【朝霞】zhāoxiá 名 朝焼け．¶～染红了天边 / 朝焼けが空を赤く染めている．反 晚霞 wǎnxiá
【朝阳】zhāoyáng 名 朝日．¶迎着～出发了 / 朝日に向かって出発した．反 夕阳 xīyáng ☞ 朝阳 cháoyáng
【朝阳产业】zhāoyáng chǎnyè 名 新興産業．上り調子の産業．

嘲 zhāo
口部12 四 6702₀
全15画 次常用
下記熟語を参照．
☞ 嘲 cháo
【嘲哳】zhāozhā 形 小さな声や音が入りまじっている．同 啁哳 zhāozhā

着 zháo
羊部5 四 8060₅
全11画 常用
动 ❶燃える．火がつく．反 灭 miè ¶～火了！/ 火事だ！¶蜡烛 làzhú 都～着 zhe 呢 / ろうそくは火がついている．¶因抽烟～过一次大火 / タバコで大火事になったことがある．¶用扇子～shànzi 一扇 shān, 火就～起来了 / うちわであおいだら，火がつきはじめた．
❷明かりがつく．反 灭 miè ¶天黑了,路灯都～了 / 暗くなると，街灯にはみな明かりがともった．¶一到晚上,家家户户就都～起了灯 / 夜になって，家々の明かりがともっている．
❸接触する．つく．¶歪 wāi 打正～ / 成 まぐれあたりをする．¶～三不～两 / 思慮が足りない．話がとんちんかんだ．¶前不～村,后不～店 / 村にも着かないし，宿屋にも着かない(頼るところがない)．¶他说话不～边际 / 彼の話はとりとめがない．¶这孩子到了星期天就不～家,只有饿了才回来 / この子は日曜日になると外に出て，おなかがすかないと帰って来ない．
❹感じる．受ける．¶～风 zháofēng．¶～急 zháojí．¶～凉 zháoliáng．¶～迷 zháomí．
❺ 方 寝つく．¶一躺下就～了 / 横になるとすぐ寝てしまった．

✍ 補語 "着"
1. 目的が達成されること，結果を得ることを表わす．
◇孩子已经睡着了 / 子供はもう寝付いた．
◇那个谜语谁都没猜着 / そのなぞなぞは誰も解けなかった．
◇我丢了的钱包,怎么也找不着 / なくした財布はどうしても探し出せない．
◇去晚了就买不着了 / 遅く行くと買えなくなる．
2. 形容詞につき，ある状態に陥ることを表わす．多く打ち消しに用いられる．
◇我带了不少吃的,饿不着我 / 私は食べる物をたくさん持って来たから，飢えることはない．
◇活儿不重,累不着他 / 仕事はきつくないから，彼が疲れ

☞ **着** zhāo, zhe, zhuó

【着风】zháofēng 風にあたる. ¶別站在门口,会～的／門口に立ってはだめよ,風にあたるでしょう.

【着慌】zháo/huāng 慌てる. 慌てふためく. ¶丢了钱包,她很～／財布を落として,彼女は慌てふためいた. ¶他一～,就说不出话来／彼は慌てると,ことばが出てこなくなる.

【着火】zháo/huǒ 火がつく. 火事になる. ¶～了！／火事だ！¶防止油锅～／油入りの鍋からの出火を防ぐ.

【着火点】zháohuǒdiǎn 名着火点. 発火点. 回 燃rán点

【着急】zháo/jí 焦る. いらだつ. ¶你别～！／焦らないで. ¶时间还早,你着什么急／時間はまだ早いのに,君は何を焦っているの. 回 焦急 jiāojí.

【着凉】zháo/liáng 風邪を引く. ¶她穿得太少,所以～了／彼女は薄着なので,風邪を引いた. 回 受凉 shòuliáng

【着忙】zháo/máng （時間が迫ってきて）慌てる. 焦ってる.

【着迷】zháo/mí （人物や物事の）とりこになる. 夢中になる. ¶他对电脑着～／彼はパソコンに夢中だ. 回 入迷 rùmí

【着魔】zháo/mó 魅せられる. 夢中になる. ¶他对她好象已经～了／彼はすっかり彼女のとりこになったようだ.

【着三不着两】zháo sān bù zháo liǎng 言動に思慮が足りず,大事な部分をおろそかにする. 肝心なところがぬけている. ¶他说话有点～／彼の話は,大切なところをとばし気味だ.

爪 zhǎo
爪部 0 四 7223₀
全 4 画

名 ❶ 鋭いつめのある鳥や獣の足. つめ. ¶虎～ hǔzhǎo（虎のつめ）／鹰～ yīngzhǎo（鷹のつめ）／张牙舞～（成牙をむきだし爪をふりまわす. 凶暴だ）. ❷（Zhǎo）姓.

☞ **爪** zhuǎ

【爪哇】Zhǎowā 地名 ジャワ（インドネシア）.
【爪哇岛】Zhǎowǎdǎo 地名 ジャワ島（インドネシア）.
【爪牙】zhǎoyá 名悪の手先. 悪人の仲間. 回 帮凶 bāngxiōng, 鹰犬 yīngquǎn

找 zhǎo
扌部 4 四 5305₀
全 7 画 常 用

動 ❶（人や物を）訪ねる. 探す. ¶～人（人を探す）／～东西（物を探す）／～事做（仕事を探す）. 回 寻 xún, 觅 mì ❷ おつりを支払う. ¶～钱 zhǎoqián ／～零 zhǎolíng（おつりを出す）／～齐 zhǎoqí ／～你两块钱（2元のおつりです）.

【找病】zhǎo//bìng ❶ 自ら病を探す. ❷ 自ら苦しみや悩みのたねを探す. 没病向～／取り越し苦労をする. ¶你这不是～吗？／君,それは取り越し苦労じゃないかい.

【找补】zhǎobu 不足を補う. 埋め合わせる. ¶～几句／二言三言つけ足す.

【找茬［碴］儿】zhǎo/chár あら探しをする. 言いがかりをつける. ¶你这不是故意～吗？／君,それはわざと言いがかりを付けているんじゃないかい. 回 找岔子 chàzi

【找对象】zhǎo duìxiàng 句 結婚相手を探す. ¶姐姐还没～呢／姉はまだ結婚相手が見つからない.

【找缝子】zhǎo fèngzi 句 あらをさがす. すきをねらう. 回 找岔子 chàzi

【找麻烦】zhǎo máfan 句 （自ら）面倒を起こす.（人に）迷惑をかける. ¶自～／自ら面倒を引き起こす. ¶找他的麻烦／彼に面倒をかける.

【找平】zhǎo//píng （左官や大工がこてやかんなを使って）表面を平らにする. ¶先把工作台～了再干／作業台を平らにしてからやりましょう.

【找齐】zhǎoqí 動 ❶（高さや長さを）そろえる. 整える. ¶把头发长短不齐的地方～／髪の長さが不ぞろいなところをそろえる. ❷ 不足を補う.

【找钱】zhǎo//qián 動 つり銭を出す. ¶给你～／どうも,おつりです.

【找事】zhǎo//shì ❶ 仕事の口を探す. ❷ 因縁をつける. 故意にことを起こす. ¶你别没事～／変な言いがかりはよせ.

【找死】zhǎosǐ 動 自ら死を選ぶ. 自ら危険を冒す. ¶你们想～！快走！／お前たちは死にたいのか！早く逃げろ！

【找头】zhǎotou 名 つり銭. ¶这是给你的～／これはおつりです.

【找寻】zhǎoxún 動 探す. 追求する. ¶～丢失的东西／無くした物を探す. 回 寻找 xúnzhǎo

【找着】zhǎo/zháo 動 探し当てる. ¶找不着／探し当てられない. ¶你的手表～了吗？／君の腕時計,見つかった？

【找辙】zhǎo/zhé 方 ❶ 口実をもうける. ❷ 手だてを考える.

沼 zhǎo
氵部 5 四 3716₂
全 8 画 次常用

素 沼. ¶湖～ húzhǎo（湖沼）／池～ chízhǎo（池）／～泽 zhǎozé.

【沼气】zhǎoqì 名 メタンガス. 回 甲烷 jiǎwán
【沼泽】zhǎozé 名 沼地. 沼沢. ¶～地／沼地. 湿地帯.

召 zhào
刀部 3 四 1760₂
全 5 画 常 用

❶ 動 人を呼び寄せる. ¶号～ hàozhào（アピールする）／～见 zhàojiàn ／～集 zhàojí. ❷（Zhào）姓.

☞ **召** Shào

【召唤】zhàohuàn 動 人を呼ぶ. ¶祖国～着我们／祖国が私たちを呼んでいる. 回 呼唤 hūhuàn 表現 厳粛なニュアンスをもち,抽象的なものについて言うことが多い.

【召回】zhàohuí 動 呼び戻す.

【召集】zhàojí 動 招集する. ¶～人／幹事. ¶公司～全体职员开会／会社は全社員を招集して会議をした.

【召见】zhàojiàn 動 ❶（上級の者が下級の者を）呼びつける. 引見する. ¶董事长～部门负责人／会長は部門の責任者を呼びつけた. ❷（外務省が他国の駐在大使などを）召喚する. ¶外交部～美国驻 zhù 中国大使／中国外務省は米国の中国大使を召喚した.

*【召开】zhàokāi 動（会議を）開く. 招集する. ¶～会议／会議を開く.

【召之即来】zhào zhī jí lái 句 呼べばすぐにやって来る. いつでも他人の考えに従って行動する. ¶全体消防队员随时作好准备,只要一声令下～／全消防隊員は常に準備を整えており,号令が下りさえすれば,すぐに出動する.

兆 zhào
丿部 5 四 3211₃
全 6 画

❶ 素 前ぶれ. きざし. ¶征～ zhēngzhào（兆候）／

佳～ jiāzhào（吉兆）/ 不吉之～（不吉な前ぶれ）. ❷ 索 前ぶれが現れる. ¶瑞雪 ruìxuě～丰年（大雪は豊年の前ぶれだ）. ❸ 数 メガ. 百万. ❹（Zhào）姓. 参考 ③は、古代は「一万兆」(1兆)を指した.
【兆赫】zhàohè 量 名 《物理》メガヘルツ（MHz）.
【兆头】zhàotou 名 兆候. きざし. ¶好～ / よい兆候.

诏(詔) zhào

讠部5 四 3776₂
全7画 通用

文 ❶ 動 （目上の人が目下の人に）告げる. 戒める. ❷ 名 皇帝の命令. 詔(みことのり). ¶下～ xiàzhào（勅命を下す）/～书 zhàoshū.
【诏令】zhàolìng 名 ❶ 皇帝の命令. 詔令. ❷ 文体の一つ. ①を具体化したもの.
【诏书】zhàoshū 名 詔書. 詔(みことのり).

赵(趙) Zhào

走部2 四 4480₀
全9画 常用

名 ❶ 戦国時代の国名. 戦国七雄の一つで、現在の河北省の南部と山西省中部、北部一帯にあった. ❷ 姓.
【赵丹】Zhào Dān《人名》趙丹(ちょうたん:1915-1980). 俳優. 参考 抗日演劇に参加、やがて映画会社に所属して「十字街頭」「馬路天使」などに出演. 建国後も俳優として活躍した.
【赵树理】Zhào Shùlǐ《人名》趙樹理(ちょうじゅり:1906-1970). 小説家. 参考『小二黒の結婚』、『李家荘の変遷』など作品多数.

赵树理　　赵元任

【赵元任】Zhào Yuánrèn《人名》趙元任(ちょうげんじん:1892-1982). 言語学者、作曲家.
【赵州桥】Zhàozhōuqiáo《名》趙州橋(ちょうしゅうきょう). 参考 河北省趙県の洨河にかかる"安济桥"（安済橋(あんさいきょう)）の別名. 隋代に建造された、世界的に有名なアーチ形の石橋.

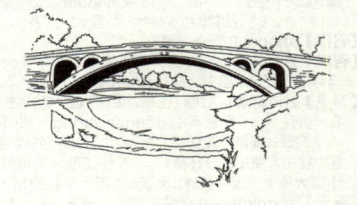

赵州桥

笊 zhào

竹部4 四 8823₂
全10画 通用

下記熟語を参照.
【笊篱】zhàoli[-li] 名 〚⓱ 把 bǎ〛網じゃくし. 揚げざる.

棹(異 櫂) zhào

木部8 四 4194₆
全12画 通用

文 ❶ 名 船の櫂(かい). ❷ 名 船. ❸ 動 船をこぐ.

照(異 炤❶) zhào

灬部9 四 6733₆
全13画 常用

❶ 動 照らす. ¶阳光普～（太陽はあまねく天下を照らす）. ❷ 動（鏡などに）映す. 映る. ¶～镜子（鏡に映る）. ❸ 動 写真をとる. 撮影する. ❹ 索 肖像. 写真. ¶小～ xiǎozhào（小さな肖像写真）. ❺ 索 世話をする. ¶～应 zhàoying. ❻ 前 …の通りに. ¶～理 zhàolǐ / ～他的意思（彼の思い通りに）. ❼ 名（政府が発行する）証明書. ¶护～ hùzhào（パスポート）/ 牌～ páizhào（営業許可証. 自動車のナンバー）. ❽ 動 知る. わかる. ¶～不宜(감) 心通じ合っていて口に出して言う必要がない）/～会 zhàohuì. ❾ 索 通知する. ¶知～ zhīzhào（通知する）. ❿ 前 …に向かって. …を目がけて. ⓫ 索 つき合わせる. ¶对～ duìzhào（対照する）.
【照搬】zhàobān 動（既存の方法・教材・経験などを）そのまま用いる. そっくり当てはめる. ¶前人的经验要学习, 但不能～/ 前人の経験は学ぶべきであるが、丸移ししてはいけない.
【照办】zhào//bàn 動 その通りに処理する.
【照本宣科】zhào běn xuān kē 成（発言や講義などが）型通りで臨機応変にできない. ¶老师讲课不能～/ 教師は授業をマニュアル通りにしてはいけない. 由来「書かれた原稿通り読み上げる」という意から.
【照壁】zhàobì 名 表門の外側または内側にある目隠しの塀. 同 照墙 qiáng, 影壁 yǐngbì
*【照常】zhàocháng 形 いつも通りに. ¶节假日也～工作 / 休みの日も、いつも通り仕事をする.
【照抄】zhàochāo 動 ❶ 原文通りに書き写す. 引用する. ¶这篇稿子请你～一遍 / この原稿を一通り書き写してください. ❷ そのまま用いる.
【照登】zhàodēng 動（原稿や投書などを）直さず、そのまま掲載する.
【照度】zhàodù 名《物理》"光照度"（照度）の略称. 参考 単位はルクス.
【照发】zhàofā 動 ❶（公文書や電報などを）そのまま発送する. ❷ これまで通り発給する. ¶培训期间,工资～/ 実習期間中も、給料はこれまで通り支給する. 表現 ①は、多く公文書での指示として用いる.
【照拂】zhàofú 動 世話をする. 面倒を見る. 同 照顾 gù, 照料 liào
**【照顾】zhàogù[-gu] 動 ❶ 注意する. 考慮する. ¶～全局 / 全局面を考慮する. ❷ 世話をする. 面倒を見る. ¶我来～行李 / 私が手荷物を見ている. ❸ 特に気を配る. 優待する. ¶对老弱病残 cán 要特别～ / お年寄りや病人、障害者には特別の配慮が必要だ. 同 关照 guān-zhào, 照料 zhàoliào, 照应 zhàoying ❹（商売で）ひいきにする. ¶这些老主顾经常～我们的生意 / これら昔からのお得意は、常に我の商売をひいきにしてくれる. ¶请多多～ / どうかよろしく.
【照管】zhàoguǎn 動 世話をする. 管理する. ¶～孩子 / 子供の世話をする. ¶这批货要好好儿～ / これらの荷物はよく管理しなくてはならない. 同 看管 kānguǎn
【照葫芦画瓢】zhào hú lu huà piáo 成 手本通りにまねる. 見よう見まねで行う. 由来「ひょうたんを見てひさごを描く」という意から.
【照护】zhàohù 動（負傷者や病人の）世話をする. 看護する. ¶～老母 / 老母を看護する. ¶精心 jīngxīn～/ 心をこめて看護する.
【照会】zhàohuì 動 ❶（外交上の）覚え書きを提出する.

❷[名]〔[量] 份 fèn〕(外交上の)覚え書き. ¶递交 dìjiāo 了一份～ / 一通の覚え書きを手渡した.

【照旧】zhàojiù [形] これまで通りだ. 前と変わらない. ¶联系的方法～ / 連絡方法はこれまで通り. ¶老王升了科长 kēzhǎng 以后,大家～叫他老王 / 王さんが科長に昇格してからも,皆は相変わらず彼を王さんと呼んでいる. [同] 依旧 yījiù

【照看】zhàokàn [動] (人や物を一時的に)面倒を見る. 世話をする. ¶你去～行李,我来～孩子 / あなたは荷物を見て,私は子供を見るから. [同] 照料 zhàoliào

【照理】zhàolǐ [副] 道理からすれば. 理屈から言って.

【照例】zhàolì [副] 例によって. 慣例通り. ¶～放两天假 / これまで通り2日の休みとする. ¶每天早上,他～都要慢跑二十分钟 / 毎朝,彼はいつも20分間ジョギングする.

【照料】zhàoliào [動] (人や物の)面倒を見る. 世話をする. ¶在妈妈的细心～下,女儿很快就康复 kāngfù 了 / お母さんのきめ細やかな看病の下,娘はみるみる健康を回復した.

【照临】zhàolín [動] (日・月・星の光が)射す. 照らす.

【照猫画虎】zhào māo huà hǔ [成] 形だけまねる. [由来]「ネコを手本にしてトラの絵を描く」という意から.

【照面儿】❶zhàomiànr [名] (“打～”の形で)出くわす. ばったり会う. ¶两人在百货店门前打了个～,但没搭话 dāhuà / 二人はデパートの前でばったり会ったが,ことばは交わさなかった. ❷zhào//miànr [動] 顔を見せる. 顔を合わせる. ¶一直没有～ / ずっと顔を出さない. ¶互不～ / たがいに顔を合わせない. [用法] ②は,多く否定形で用いる.

【照明】zhàomíng [動] 照明をあてる. 明るく照らす. ¶～设备 / 照明設備. ¶舞台～ / 舞台照明.

【照明弹】zhàomíngdàn [名]《軍事》照明弾.

【照排】zhàopái [名]《印刷》電子写植.

【照片儿】zhàopiānr [名] “照片 zhàopiàn”の口語.

*【照片】zhàopiàn [名]〔[量] 张 zhāng, 帧 zhēn〕写真. ¶彩色～ / カラー写真. ¶加印～ / 写真を焼き増しする.

【照墙】zhàoqiáng →照壁 zhàobì

【照射】zhàoshè [動] 光が照らす. 照射する. ¶接受红外线～治疗 zhìliáo / 赤外線の照射治療を受ける. [同] 映射 yìngshè, 映照 yìngzhào

【照实】zhàoshí [副] ありのままに. 事実どおりに.

【照收】zhàoshōu [動] 過不足なく受け取る. ¶～无误 / 正に領収致しました.

【照说】zhàoshuō [副] 本来なら. 道理から言えば. ¶～他应该早到了 / 本来なら,彼はもっと早く着いていなければならない.

**【照相】zhào//xiàng [動] 写真をとる. 撮影する. ¶～排字 páizì / 写真植字. [同] 摄影 shèyǐng

【照相馆】zhàoxiàngguǎn [名] 写真館.

【照相机】zhàoxiàngjī [名] 写真機. カメラ.

【照相纸】zhàoxiàngzhǐ [名] 印画紙.

【照样】(～儿) ❶zhào//yàng [動] 見本通りにする. その通りにする. ¶照这个样儿画 / このモデル通りに描く. ❷zhàoyàng [副] いつも通りに. 相変わらず. ¶尽管生了病,他也～上班 / 病気になっても,彼はいつも通り出勤する.

【照妖镜】zhàoyāojìng [名] (小説で)妖怪の正体を照らし出す鏡. 照魔鏡. [表現] 現在では比喩としても用いる. [由来]『抱朴子』登涉篇に見えるもの.

【照耀】zhàoyào [動] (光線が)強く照らす.

【照应】[動] ❶zhàoyìng 呼応する. 調子を合わせる. ¶互相～ / たがいに協力しあう. ¶前后～ / 前後の調子を合わせる. [同] 配合 pèihé, 呼应 hūyìng ❷zhàoying 面倒を見る. 世話をする. ¶你安心去吧,家里有我～ / あなたは安心して行きなさい,家のことは私が見ますから. [同] 照顾 zhàogù, 照料 zhàoliào

【照章】zhàozhāng [副] 規定通りに. ¶请放心,我们一定～办事 / 安心してください,我々は必ず決まり通りにやりますから.

【照直】zhàozhí [副] ❶ まっすぐに(進む). ❷ 率直に(話す). 単刀直入に(言う).

【照准】zhàozhǔn [動] ❶ 照準を合わせる. ねらいを定める. [同] 对 duì 准 ❷[旧] (下級組織からの申請を)許可する. [参考] ②は,旧時の公文書用語.

罩 zhào
罒部 8　[四] 6040₆
全13画　[常用]

❶[名] (～儿) 覆い. カバー. 上っ張り. ¶口～ kǒuzhào (マスク) / 灯～子 dēngzhàozi (電灯のかさ) / 袍～儿 páozhàor (長衣の上に着る上っ張り). ❷[動] 覆う. かぶせる. ¶把盘子～起来(皿に覆いをする). ❸[名] 養鶏に使う竹かご. ❹[名] 魚を捕る道具. 筌(え・う). ❺(Zhào)姓.

【罩袍】zhàopáo [名] (～儿) 上っ張り. “袍子 páozi”の上に着るもの.

【罩棚】zhàopéng [名] 家の門前や庭などに立て掛けて使う,アシや竹で作った日よけや風よけ棚.

【罩衫】zhàoshān [名][方] “罩衣 zhàoyī”に同じ.

【罩袖】zhàoxiù [名][方] 袖カバー. 腕ぬき. ¶戴上～洗碗 / 袖カバーをして食器を洗う. [同] 套袖 tàoxiù

【罩衣】zhàoyī [名]《服飾》〔[量] 件 jiàn〕“短袄 duǎn'ǎo”(綿入れの上着)や“长袍 chángpáo”(男性用の長い中国服)の上にはおるひとえの上着. [同] 罩褂儿 zhàoguàr

【罩子】zhàozi [名]〔[量] 只 zhī〕カバー. 覆い.

肇(䢅 [異] 肈) zhào
聿部 8　[四] 3850₇
全14画　[通用]

❶[素] 始める. ¶～端 zhàoduān. ❷[素] (事を)引き起こす. ¶～祸 zhàohuò. ❸(Zhào)姓.

【肇端】zhàoduān [名] 事の起こり. 発端. [同] 开 kāi 端

【肇祸】zhàohuò [動] トラブルを引き起こす. ¶骑摩托车 mótuōchē～了 / バイクに乗って事故を起こした.

【肇始】zhàoshǐ [動][文] 始める. 始まる. ¶唇枪舌剑 chúnqiāng shéjiàn～了 / 激しい論争が始まった.

【肇事】zhàoshì [動][文] トラブルや騒動を引き起こす.

zhe ㄓㄜ〔tʂɤ〕

折 zhē
扌部 4　[四] 5202₁
全7画　[常用]

[動][口] ひっくり返す. ¶～跟头 gēntou.
☞ 折 shé, zhé

【折跟头】zhē gēntou [句] とんぼ返りをする. もんどりうつ.

【折腾】zhēteng [動][口] ❶ 寝がえりをうつ. ❷(無意味なことを)繰り返し行う. ❸(肉体的・精神的に)苦痛を与える. ¶～人 / 人を苦しめる.

蜇 zhē
虫部 7　[四] 5213₆
全13画　[通用]

[動] ❶(毒針を持った虫が)刺す. ¶被蝎子 xiēzi～了(サソリに刺された). ❷(皮膚や器官が)痛みなどを感じる. ¶

Z

切洋葱 yángcōng～眼睛(たまねぎを刻むと目が痛くなる).
☞ 蜇 zhé

遮 zhē 辶部11 四 3030₃ 全14画 常用

[动] さえぎる. 覆い隠す. ¶～丑 zhēchǒu / ～人耳目 (人の耳目をくらます) / ～挡 dǎng 不住(阻止することはできない).

【遮蔽】zhēbì [动] さえぎる. 覆う. ¶乌云～了天空 tiānkōng / 黒い雲が空を覆った. ¶把洞口～起来 / 穴を隠す.

【遮藏】zhēcáng [动] さえぎる. 覆い隠す. ¶把那些脏东西～起来 / あの汚い物を隠しなさい.

【遮丑】zhē//chǒu [动] (ことばや行動で)欠点や誤り, 不足などをごまかす. ¶他不愿说那件丢人的事, 无非想～罢了 bàle / 彼がその恥を言いたがらなかったのは, ただ隠したかっただけだ.

【遮挡】zhēdǎng ❶[动] さえぎる. ¶～寒风 / 冷たい風をよける. ❷[名] さえぎる物. ¶没有什么～ / さえぎる物が何もない.

【遮断】zhēduàn [动]《軍事》(地上砲火や空爆などで)破壊する. ¶～射击 shèjī / 相手の軍事行動を制止するための砲撃や空爆.

【遮盖】zhēgài [动] ❶ 上からかぶさる. ¶浮萍 fúpíng 把整个湖面都～了 / 浮き草が湖面をすっかり覆った. 同 覆盖 fùgài, 掩盖 yǎngài ❷ 覆い隠す. ¶不要～自己的错误 / 自分の過ちを隠してはいけない. 同 遮掩 zhēyǎn, 掩盖 yǎngài [表现] ②は, 抽象的なものや好ましくないことについて言うことが多い.

【遮光罩】zhēguāngzhào [名] (カメラの)レンズフード.

【遮拦】zhēlán [动] さえぎる. ¶～大风 / 強風をさえぎる.

【遮瞒】zhēmán [动] 覆い隠す. ¶这件事我都知道, 你不必～了 / その事は私はみな知っている, 君は隠す必要はない.

【遮没】zhēmò [动] (光などを)さえぎる.

【遮天蔽日】zhē tiān bì rì [成] (空と太陽を覆うほど)数量がおびただしい. 勢いがすさまじい.

【遮羞】zhē//xiū [动] ❶ (人に見られたくない体の部分を)隠す. ¶用一条浴巾～ / タオルで隠す. ❷ (自分の恥を)聞こえないようにことばでごまかす. 同 ～解嘲 jiěcháo / なんとか言いつくろって自分の恥をごまかす.

【遮羞布】zhēxiūbù [名] ❶〔块 kuài〕腰に結びつけて, 下半身を隠す布. ❷ 恥を隠すためのもの.

【遮掩】zhēyǎn [动] ❶ 覆いかぶさる. さえぎる. ❷ (誤りや欠点などを)隠す. ごまかす. ¶～错误 / 誤りを隠す.

【遮阳】zhēyáng [名] 日よけ.

【遮阴】zhēyīn [动] 日光をさえぎる. 日陰をつくる. 同 遮荫 yīn

蜇 zhē 虫部11 四 4813₆ 全17画 通用

[动]"蜇 zhē"①に同じ.
☞ 蜇 shì

折(摺❹～❻) zhé 扌部4 四 5202₁ 全7画 常用

❶[动] 折る. 断つ. ¶禁止攀～ pānzhé 花木(花や枝を折るべからず) / 夭～ yāozhé (若死にする) / 磨 zhémó. ❷[动] 失う. ¶损兵～将 jiàng (兵力や軍事力を消耗する). ❸[动] 曲げる. 折る. ¶～腰 zhéyāo / 转～点 zhuǎnzhédiǎn (転換点). ❹[名] ～ 衣服(衣服をたたむ) / 尺 zhéchǐ. ❺[名] (～儿)折りたたみ式の本や冊子. ¶存～ cúnzhé (預金通帳). ❻[名] 元代の雑劇の一幕. 雑劇一"本"は四"折"からなり, 現代の"场 chǎng"に当たる. ❼[素] 感服する. ¶～服 zhéfú / 心～ xīnzhé (感服する). ❽[动] 掛け. 割引き. ¶打～ dǎzhé (割引く) / 九～ jiǔzhé (九掛け. 一割引き). ❾[动] 引き当てる. 換算する. ¶～帐 zhézhàng / ～变 zhébiàn. ❿[动] 回る. 方向を変える. ¶走到半路又～回来了(途中まで行き, 引き返した). ⓫ (Zhé)姓.
☞ 折 shé,zhē

【折半】zhébàn [动] 半額にする. 折半する. ¶按定价～出售 chūshòu / 定価の半額で販売する. ¶儿童火车票价～ / 子供の列車料金は半額だ.

【折变】zhébiàn [动] [方] (家財などを)売って現金に換える. 同 变卖 mài

【折尺】zhéchǐ [名] 折り尺. 折りたたみ式の物差し.

【折冲】zhéchōng [动]〈文〉敵を制して勝利を収める.

【折叠】zhédié [动] 折りたたむ. ¶～衣服 / 服をたたむ. ¶～床 / 折りたたみ式ベッド.

【折断】zhéduàn [动] 断ち切る. ¶他的腿在车祸 chēhuò 中～了 / 彼は自動車事故で足を骨折した.

【折兑】zhéduì [动] (純度や重さによって)金銀を現金に換金する. ¶～现金 / 金銀を換金する.

【折返】zhéfǎn [动] 引き返す. 同 折回 huí

【折服】zhéfú [动] ❶ 説得する. 屈服させる. ¶不能～人 / 人を説得できない. ❷ 心服する. 感心する. ¶令人～ / (自分が)感服する. 同 佩服 pèifú, 信服 xìnfú

【折福】zhé//fú [动] (いい思いをしすぎて)運気が減る. (もったいなくて)ばちが当たる.

【折干】zhé//gān [动] (～儿)品物を贈る代わりに現金を贈る.

【折光】zhéguāng ❶[动] 光が屈折する. ❷[名] 屈折した光. ❸[名] 間接的に映し出された事物の本質. ¶时代的～ / 時代の姿.

【折桂】zhéguì [动] 桂を折る. 科挙の試験に合格することや, 優勝することを言う. [由来] 『晋書』郤詵(xìshēn)伝のことばから.

【折合】zhéhé [动] ❶ (物や貨幣に)換算する. ¶现在, 一美元～多少人民币？ / 今, 1米ドルは何元に換算されますか. ❷ ("市斤"を"公斤"に換算するなど)別の単位に換算する.

【折回】zhéhuí [动] 引き返す. 同 折返 zhéfǎn

【折戟沉沙】zhé jǐ chén shā [成] 手痛い失敗をする. [由来] 戟(jǐ：古代の兵器の一種)が折れ, 砂に埋もれる, という意から.

【折价】zhé//jià [动] (物を)金額で評価する. 値踏みする. ¶损坏公物, 要～赔偿 péicháng / 公共物を壊したら, それ相当の金額を弁償しなければならない.

【折旧】zhéjiù [动] 〈経済〉減価償却する. ¶～费 / 減価償却費.

【折扣】zhékòu[-kou] [名] 割引き. ¶打～ / 値引きする. [表现] 1割引きを"九折 jiǔzhé", "九扣 jiǔkòu", 2割5分引きを"七五折 qīwǔzhé", "七五扣 qīwǔkòu"という.

【折磨】zhémó[-mo] [动] 苦しめる. さいなむ. ¶受～ / 苦痛を受ける. ¶几年来, 病魔 bìngmó 一直～着他 / 数年来, 病魔は彼を苦しめつづけている.

【折杀】zhéshā [动][繁] ❶ 折り取る. 摘み取る. ❷ (享楽にふけりすぎて)自分の運気を消耗する. 自分の手に余る.

【折扇】zhéshàn [名] (～儿)〔把 bǎ〕扇子.

【折射】zhéshè [动]《物理》(光や音が)屈折する. ¶阳

光～進来 / 陽光が屈折して来る.

【折实】zhéshí 動 ❶ 値引きをして,実際の価格に見合った金額にする. ❷ ある品物の値段を基準にして換算する. ¶～成黄金价格是多少？ / 金の値段で換算するといくらになるか.

【折寿】zhé//shòu 動 寿命を縮める.

【折受】zhéshou 動 過度に尊敬や優遇をして,相手を恐縮させる. ¶您这样抬举 táiju 我,让我～了 / あなたがこんなに引き立ててくださって,恐縮の至りです.

【折算】zhésuàn 動 換算する. ¶用美金来一下 / 米ドルで換算する. ¶将日元～成人民币 / 日本円を人民元に換算する.

【折头】zhétou〔方〕割り引き. ¶打～ / 割り引きする.

【折线】zhéxiàn《数学》折れ線.

【折腰】zhéyāo 動 ❶ お辞儀をする. ¶到日本去,先得 děi 学会～ / 日本へ行くには,まずお辞儀を覚えなくてはならない. ❷ 屈服して人に仕える. ぺこぺこする. ❸〔裏〕傾倒する. 平伏する.

【折页】zhéyè 名《印刷》(製本の)折り. ¶～机 / 折り機.

【折帐】zhé//zhàng 動 借金を品物で支払う. ¶能用实物～吗？ / 現物で支払えますか.

【折纸】zhézhǐ 名 折り紙.

【折中】[裏] zhézhōng 動 中を取る. 意見を調整する. ¶～方案 / 折衷案. ¶～主义.

【折子】zhézi 名〔圈 本 běn〕紙を折りたたんで作った小冊子. ¶银行～ / 銀行通帳.

【折子戏】zhézixì 名《芸能》戯曲の一部分を独立した演目として上演するもの. ⇔本戏 běnxì

哲（異 喆）zhé 口部7 全10画 5260₂ 常用

素 ❶ 賢い. 知恵がある. ¶～人 zhérén / ～学 zhéxué. ❷①の人. ¶先～ xiānzhé (先哲).

【哲理】zhélǐ 名〔圈 条 tiáo〕哲理.

【哲人】zhérén 名 哲人.

*【哲学】zhéxué 名 哲学.

辄（輒／異 輙）zhé 车部7 全11画 4151₂ 通用

❶ 圓〔文〕すなわち. ～すると,いつも～だ. ¶每至此,～觉心旷 kuàng 神怡 yí (ここに来ると,いつも心が広くなる思いだ) / 所言～听 (言うことがいつも聞き入れられる). ❷ (Zhé)姓.

晢（異 晰）zhé 日部7 全11画 5260₂ 通用

形〔文〕明るい.

蛰（蟄）zhé 虫部6 全12画 5513₆ 通用

素 (動物が)冬ごもりする. 冬眠する. ¶～伏 zhéfú / 入～ rùzhé (冬ごもりに入る) / 惊～ jīngzhé (啓蟄).

【蛰伏】zhéfú 動 ❶ 動物が冬眠してじっと動かない. ¶冬天,许多动物都～在洞里 / 冬,多くの動物が穴の中で冬眠する. ❷ 引きこもる.

【蛰居】zhéjū 動〔文〕引きこもる. 蟄居する. ¶～在偏僻 piānpì 的山村 / 辺鄙(へんぴ)な山村に引きこもる.

蜇 zhé 虫部7 全13画 5213₆ 通用

名《動物》クラゲ. 圖 海蜇 hǎizhé
▶ 蜇 zhē

谪（謫）（異 讁）zhé 讠部11 全13画 3072₇ 通用

動〔文〕❶ 責める. とがめる. ¶众人交～ (皆が口々になじる). ❷ 官吏が降格・左遷される. ¶贬～ biǎnzhé (左遷させる).

【谪居】zhéjū 動 左遷・遠流されて地方に住む.

摺 zhé 扌部11 全14画 5706₂ 通用

動〔文〕"折 zhé"④～⑥に同じ.

磔 zhé 石部10 全15画 1569₄ 通用

名 ❶ 八つ裂きの刑. 古代の刑罰の一つ. ❷ 漢字の筆画. 右はらい. 圖 捺笔 nàbǐ

辙（轍）zhé 车部12 全16画 4854₀ 次常用

名 ❶ (～儿)〔文〕車の通った跡. わだち. ❷ 車が走る決まったルート. ¶戗～儿 qiāngzhér (流れに逆らう) / 顺～儿 shùnzhér (歩調を合わせる). ❸ 歌曲などの韻をふむ部分. ¶合～ hézhé (韻をふむ) / 十三～ (十三部の音節. 京劇のもととなった"皮黄戏 píhuángxì"の韻). 圖 韵辙 yùnzhé, 韵脚 yùnjiǎo ❹〔接尾〕"二,三,数,前,后"などについて,名詞を作り,前にあげたものを指し示す. ❺ 圓 文末について,祈願をあらわす. ❻ 代 これ. この. ¶～回 zhéhuí (今回) / ～番 zhéfān (このたび) / ～边 zhébiān 走 (こちらを歩く). 圖 这 zhè, 此 cǐ

者 zhě 耂部4 全8画 4460₀

❶〔接尾〕人. ¶有好事 hàoshì～船载以入 (もの好きな者が,船に積んで持ち込んだ). ❷〔接尾〕直前の形容詞や動詞の属性を持つ人. ¶学～ xuézhé (学者) / 读～ dúzhé (読者) / 作～ zuòzhé (作者). ❸ 助 ～は. 主題を明示する. ¶陈胜 Chén Shèng～,阳城人也 (陳勝は陽城の人である) / 云～,水气蒸腾 zhēngténg 而成 (雲は水分が蒸発してできる). ❹〔接尾〕"二,三,数,前,后"などについて,名詞を作り,前にあげたものを指し示す. ❺ 助 文末について,祈願をあらわす. ❻ 代 これ. この. ¶～回 zhéhuí (今回) / ～番 zhéfān (このたび) / ～边 zhébiān 走 (こちらを歩く). 圖 这 zhè, 此 cǐ

锗（鍺）zhě 钅部8 全13画 8476₀ 通用

名《化学》ゲルマニウム. Ge.

赭 zhě 赤部8 全15画 4426₀ 通用

素 赤褐色. ¶～石 zhěshí / ～衣 zhěyī (古代の囚人服).

【赭石】zhěshí 名 赭石(しゃせき).

褶（異 襵）zhě 衤部11 全16画 3726₂ 通用

名 ❶ (～儿)〔道 dào〕(衣服の)折り目. ひだ. ¶百～裙 bǎizhěqún (プリーツスカート) / 裤子上有一道～ (ズボンに折り目が一本ある). ❷ しわ. ¶这张纸有好多～了 (この紙にはしわがたくさんついた). ❸ (Zhě)姓.

【褶皱】zhězhòu 名 ❶《地学》(地層の)褶曲(しゅうきょく). ¶～作用 / 褶曲作用. ❷〔道 dào〕しわ. ¶满脸／顔中いっぱいのしわ).

【褶子】zhězi 名 ❶ (衣服の)ひだ. プリーツ. ¶裙子上的～ / スカートのひだ. ❷〔道 dào, 条 tiáo〕(布や紙などの)折り目. ❸〔圖 道 dào, 条 tiáo〕顔のしわ.

这（這）zhè 辶部4 全7画 3030₄ 常用

代 ❶ 相対的に近い物や人を指示する. これ. それ. この. その. ⇔那 nà

①名詞に直接つく場合と,後ろに量詞や数量詞を伴う場合がある. ¶～本书／この本. ¶～几年／この数年. ¶只有我们～三个人／我々三人しかいない. ¶～孩子几岁了？／この子は何歳ですか. ¶～东西是什么？／これは何ですか. ¶把～地方收拾一下／この場所をちょっと片付けて下さい.
②単用される場合. ¶～是我先生／これは私の亭主です. ¶～是什么地方／ここはどこですか. ¶～怎么用？／これはどのように使うの. ¶把～给我吧／これを私にください.

注意:"这"はふつう単独では目的語になれない.
✗ 我要这
→ 我要这个／私はこれがほしい.

発音:後ろに量詞や数量詞を伴う場合は"zhèi"と発音することが多い."zhèi"は"这一"に由来する.

❷(前文,あるいは前文の語句を受けて)これ. それ. ¶你问～干嘛 gànmá／なんでそんなこと聞くの？
❸いま. ¶他～就来／彼はすぐに来ます. ¶～都几点了,他还不走？／いま何時だと思っているの,彼はどうしてまだ帰らないの. ¶他～才知道锻炼身体的重要／彼はこの時,体を鍛えることの大切さをはじめて知った. ¶"你给我拿杯茶,好吗？" "～就给你拿"／「お茶をくれないか」「すぐ持ってくるわ」
🖙 这 zhèi

【这般】zhèbān 代 このような. ¶～大小／これぐらいの大きさ. ¶你～模样 múyàng 真难看／君のそのスタイルはまったくみっともない.
【这边】zhèbiān 代 ここ. こちら側. ¶请～走／こちら側をお歩きください. 反 那边 nàbiān
【这程子】zhèchéngzi 名 方 近ごろ. このごろ.
【这次】zhècì 名 今回. 今度. ¶～工作你干得很出色／今回の仕事での君の働きは素晴らしい.
【这等】zhèděng 代 このような. 同 这样 yàng
**【这个】zhège 代 ❶ これ. この. ¶～比那个沉／これはあれよりも重い. ❷ この物. この事. ¶你问～吗？／君はこれを尋ねているのかい. ❸ 回 これほど. こんなに. ¶大家～乐 lè 啊！／みんなの喜びようったら！ 用法 ③は,動詞や形容詞の前において,驚きや強調をあらわす.
【这会儿】zhèhuìr 名 回 いま. いまのところ. ¶～雨下得更大了／こにきて雨がさらに大降りになった. 同 这会子 zhèhuìzi
**【这里】zhèlǐ 代 ここ. こちら. ¶～是留学生宿舍／ここは留学生寮です. 反 那里 nàlǐ
**【这么】zhème 末 代 このように. ¶你的孩子～啦／あなたの子供はこんなに大きいのか！ ¶你怎么～不讲道理？／君はなんでそんなに道理が分からないんだ. 表現 性質・状態・方式・程度などをあらわす. ⇨这样 zhèyàng
【这么点儿】zhèmediǎnr 代 たったこれだけ. これっぽっち. ¶我只有～了／私はこれだけしかなくなった.
【这么些】zhèmexiē 代 これだけの. ¶～菜,哪儿吃得了 liǎo／こんなにたくさんの料理,食べきれないよ. ¶才～钱,怎么够呀？／これっぽっちのお金では,とても足りません.
【这么样】zhèmeyàng 代 このような. ¶原来玉镯 yùzhuó 是～的／もともと玉の腕輪はこのようなものだ. ⇨这样 zhèyàng
【这么着】zhèmezhe 代 このような. ¶你～办,一定没问题／このようにすれば,きっと問題ない.
【这儿】zhèr 代 回 ❶ ここ. ¶我经常来～／私はしょっちゅうここに来る. ¶～的饺子很好吃／ここのギョーザはとてもおいしい. 同 这里 zhèlǐ ❷ このとき. そのとき. ¶从～开始,我每天八走路上班／この時から,私は毎日歩いて出勤している. 用法 ②は,"打,从,由"の後ろにだけおかれる.
【这山望着那山高】zhè shān wàng zhe nà shān gāo 成 人の仕事や環境が自分よりよく見える. 隣りの花は赤い. 由来「こちらの山から望めば,あちらの山が高く見える」という意から.
**【这些】zhèxiē 代 これら. ¶～水果很新鲜／これらの果物が新鮮だ. 同 这些个 zhèxiēge
**【这样】zhèyàng 代 (～儿)このような. ¶你怎么能～说话呢？／君はなぜそんな口のきき方ができるんだ. 同 这么样 zhèmeyàng 表現 性質・状態・方式・程度などをあらわす. 比較 "这(么)样 zhè(-me-)yàng"は修飾語のほか,補語と述語にもなれるが,"这么"は,修飾語にしかなれない.

柘 zhè
木部5 四 4196₂
全9画 通用
❶ 名 "柘树 zhèshù"に同じ. ¶～黄 zhèhuáng／ヤマグワの樹皮からとれる黄色の染料. ❷ (Zhè)姓.
【柘树】zhèshù 名 植物 ヤマグワ. 山桑.

浙(異 淛) Zhè
水部7 四 3212₁
全10画 常用
❶ 略 地名用字. ¶～江 Zhèjiāng. ❷ "浙江省 Zhèjiāngshěng"の略称. ❸ 姓.
【浙江】Zhèjiāng 地名 ❶ 浙江(ぎぅ)省. 省都は杭州(ぅ). 略称は"浙"(浙). ❷ "钱塘江 Qiántángjiāng"(銭塘江)の古称. 参考 ②は,浙江省で最も長い川. "浙江 Jiànjiāng","之江 Zhījiāng","曲江 Qūjiāng"とも呼ばれる.

蔗 zhè
艹部11 四 4423₇
全14画 次常用
略 植物 甘蔗(ぅ). サトウキビ.
【蔗农】zhènóng 名 サトウキビの栽培農家.
【蔗糖】zhètáng 名 ❶ 化学 蔗糖(ぅ). ❷ 甘蔗(ぅぅ)糖.
【蔗渣】zhèzhā 名 サトウキビの絞りかす. バガス. 参考 紙や酒の原料になる.

鹧(鷓) zhè
鸟部11 四 0722₇
全16画 通用
下記熟語を参照.
【鹧鸪】zhègū 名 鳥 〔只 zhī〕シャコ.

着 zhe
羊部5 四 8060₅
全11画 常用
助 ❶ (動詞の後ろに用いて,動作・行為が持続中であることを表わし) …している. 文型:(正在)+<動+着>～(呢). ¶我正写～信呢／私は手紙を書いている. ¶她向我挥～手／彼女は私に向かって手を振っている. ¶他打～电话呢／彼は電話をかけている. ¶妈妈做～饭呢／母は食事の支度をしている. ¶他们正开～会呢／彼らは会議中だ.
❷ (動作によって生じた状態がある場所に存在していることを表わし)Aに…ている. Aに…てある. 文型:場所+<動+着>+人／物. ¶外头下～大雨／外は大雨が降っている. ¶墙上挂～一张世界地图／壁に世界地図が1枚掛けてある. ¶手里拿～一本书／手に1冊の本を持っている. ¶黑板上写～字／黒板に字が書いてある. ¶长椅子上坐～一位老人／ベンチに老人がひとり腰かけている.
❸ (動詞,形容詞の後ろに用いて,状態が持続中であることを表わし)…ている. …てある. ¶他还发～烧呢／彼はまだ熱がある. ¶门锁～呢／ドアには鍵がかかっている. ¶办

公室的灯一直亮～/オフィスの明かりはずっととってもいる．¶他们怀～一种牢 láo 不可破的偏见 piānjiàn/彼らは根強い偏見をもっている．¶他穿～一套西服/彼はスーツを着ている．¶我今天没带～手机/今日携帯電話を持ってこなかった．¶"窗户开～没有？""没有开～"/「窓開けっぱなしになっていない？」「開いてないよ」

❹（命令文に用い）…しなさい．⊘文型：動/形＋着＋(点儿). ¶你仔细看～/細かく見なさい．¶好好儿记～/よく覚えておきなさい．¶在这儿坐～/ここに腰かけて下さい．¶慢～点儿,别摔了/転ばないよう，もっとゆっくり歩きなさい．¶胆子大～点儿/もっと大胆にやりなさい．¶嘿,你看～点儿！/おい，どこ見てるんだ（気をつけろ）！

❺（"動₁着＋動₂"の形で，動₁の進行中に動₂を行うこと，あるいは動₁という方式・方法で動₂を行うことを表わし）…しながら～する．…して～する．¶别站～说,快坐下/立って話さないで，早く座りなさい．¶看～报吃饭/新聞を見ながらごはんを食べる．¶低～头不说话/うつむいたまま黙っている．¶这件衣服留～给я妹妹穿/この服はとっておいて妹に着せる．¶来不及了,跑～去吧/間に合わないから，走っていこう．¶再坐会儿吧,别忙～走/ゆっくりしていきなよ，そんな急いで行くことはない．

❻（"動₁着＋動₁着＋動₂"の形で，動₁の持続進行中に思いがけず動₂が出現することを表わし）…しているうちに…になった．¶孩子哭～哭～睡着 zháo 了/子供は泣いているうちに眠ってしまった．¶谈～谈～都笑了起来/話しているうちに笑い出した．

☞ 着 zhāo, zháo, zhuó

【着哩】zheli 助 "着呢 zhene"に同じ．
【着呢】zhene 助 （形容詞の後につけ）その程度が深いようすや，誇張する語気をあらわす．¶城里热闹～！/町のにぎやかなこと！¶她的心眼儿坏～/彼女の腹黒いこといったら．

zhei ㄓㄟ ［tʂeɪ］

这（這）zhèi
辶部4　全7画　四 3030₄　常用
代 口 "这 zhè"の口語音．由来 "这 zhè"と"一 yī"が合わさった音．
☞ 这 zhè

zhen ㄓㄣ ［tʂən］

贞（貞）zhēn
卜部4　全6画　四 2180₂　常用
素 ❶節操がある．¶忠～ zhōngzhēn（忠誠心があり節操が堅い）/坚 jiān～不屈 qū（堅く節操を守り，相手に屈服しない）．❷貞操．¶～女 zhēnnǚ（夫を大切にする，行いの正しい女性）．❸占う．¶～卜 zhēnbǔ（占う）．参考 もと"zhēng"と発音した．
【贞操】zhēncāo 名 ❶（女性の）貞操．¶保持～/貞操を保つ．❷文 堅い節操．忠節．
【贞观】zhēnguàn 名 〔歴史〕貞観（じょうがん）．唐の太宗（李世民）の年号（627-649）．
【贞节】zhēnjié 名 文 ❶愛 確固たる節操．❷女性の貞節．操（みさお）．回 贞操 zhēncāo

【贞洁】zhēnjié 形 （女性が）純潔だ．¶～的少女 shàonǚ/清らかな少女．
【贞烈】zhēnliè 形 ❷女性が死をも辞さず堅く操を守るようす．
【贞淑】zhēnshū 形 文 貞淑だ．表現 多く女性について言う．

针（針）異 鍼 zhēn
钅部2　全7画　四 8470₀　常用
❶名（～儿）〔根 gēn, 枚 méi〕針．❷素 針の形に似たもの．¶大头～ dàtóuzhēn（まち針）/松～ sōngzhēn（松葉）/秧～ yāngzhēn（発芽したばかりのイネの若芽）/秒～ miǎozhēn（秒針）/指南～ zhǐnánzhēn（羅針盤．コンパス）．❸素 鍼（はり）で治療する．¶～灸 zhēnjiǔ/～刺 cì 麻酔 mázuì．❹素 注射器．¶～头 zhēntóu．❺素 注射薬．¶打～ dǎzhēn（注射する）/防疫～ fángyìzhēn（予防注射）．
【针鼻儿】zhēnbír 名 針の穴．
【针砭】zhēnbiān ❶名 厳しい戒め．❷動 厳しく戒める．参考"砭"は古代の治療用の石針．
【针砭时弊】zhēn biān shí bì 成 時の社会の弊害を指摘し，批判する．⇨针砭
【针刺麻醉】zhēncì mázuì〔中医〕はり麻酔．回 针麻 zhēnmá
【针打】zhēndǎ 名 インクリボン式プリンタ．
*【针对】zhēnduì 動 ねらいをつける．焦点を合わせる．¶～存在的问题/存在する問題に焦点を合わせる．¶你这话是～谁说的？/君のその話は誰を指して言っているのか．
【针对性】zhēnduìxìng 名（はっきりした）ねらい．的．焦点．
【针锋相对】zhēn fēng xiāng duì 成 双方の方針や主張が鋭く対立する．¶～的意见/鋭く対立する意見．¶这两种观点是～的/この二つの観点は鋭く対立するものだ．
【针剂】zhēnjì 名 〔薬〕注射液．注射薬．
【针尖】zhēnjiān 名 針の先．
【针脚】zhēnjiao 名 ❶〔書 道 dào〕縫い目．¶顺着线头找～/糸の端をたどり，縫い目を探す．手掛かりを捜す．❷縫い目の長さ．¶～太密了/縫い目が細かすぎる．
【针灸】zhēnjiǔ 名 針灸．
【针麻】zhēnmá 名 〔中医〕"针刺麻醉"（はり麻酔）の略称．
【针头】zhēntóu 名 注射針．
【针头线脑】zhēn tóu xiàn nǎo 俗（～儿）❶裁縫用の針や糸．❷裁仕事．❸こまごまとしたもの．
【针线】zhēnxian 名 裁縫や刺しゅうなどの総称．¶～包/携帯用の裁縫用具セット．¶～活/裁仕事．
【针眼】zhēnyǎn 名 ❶針の穴．❷（～儿）（針を通した後の）穴．
【针鼹】zhēnyǎn 名〔動物〕ハリモグラ．
【针眼】zhēnyan 名 "麦粒肿 màilìzhǒng"（ものもらい）の通称．
【针叶林】zhēnyèlín 名 針葉樹林．
【针叶树】zhēnyèshù 名 針葉樹．
【针织】zhēnzhī 名 ニット．メリヤス．
【针织品】zhēnzhīpǐn 名 ニット製品．メリヤス製品．
【针织物】zhēnzhīwù 名 メリヤス製品．ニット製品．

侦（偵）zhēn
亻部6　全8画　四 2128₂　常用

【素】探る.調べる.¶～探 zhēntàn／～查 zhēnchá／～察机 zhēnchájī.【参考】もと"zhēng"と発音した.

【侦查】zhēnchá 動《法律》(犯罪の)捜査をする.¶～案情／事件の実状を捜査する.

【侦察】zhēnchá 動 偵察する.¶～敌情 díqíng／敵情を偵察する.¶～任务／偵察任務.

【侦察兵】zhēncházhīng 名《軍事》偵察兵.斥候(ぎょう).

【侦察机】zhēnchájī 名《軍事》偵察機.

【侦察卫星】zhēnchá wèixīng 名《軍事》偵察衛星.スパイ衛星.

【侦获】zhēnhuò 事件を捜査して解明する.捜査して犯人を捕まえる.(同) 侦破 pò.

【侦缉】zhēnjī 動 捜査して捕まえる.¶～人员／捜査員.

【侦结】zhēnjié 動 事件の捜査と最終調査が終る.

【侦破】zhēnpò 動 事件を捜査して解明する.捜査して犯人を検挙する.

【侦探】zhēntàn ❶ 動(機密や様子を)密かに探る.¶他把～到的情况,向上级写了汇报 huìbào／彼は探り当てた情況をまとめ,上司に報告を書いた.❷ 名 探偵.スパイ.

【侦探小说】zhēntàn xiǎoshuō 名 探偵小説.

【侦听】zhēntīng 動 (通信などを)傍受する.

【侦讯】zhēnxùn 動 探り尋ねる.

珍(珎) zhēn

王部 5　四 1812₂
全9画　通用

❶【素】宝物.貴重品.¶奇～异宝(珍しくて貴重な宝物).❷【素】珍しい.貴重だ.¶～禽 zhēnqín.❸ 動 大切にする.珍重する.¶世人～之(世間の人が珍重する)／～闻 zhēnwén／～视 zhēnshì.❹ (Zhēn)姓.

【珍爱】zhēn'ài 動 かわいがる.大切にする.¶深受父亲的～／父親にかわいがられた.

【珍宝】zhēnbǎo 名〔件 jiàn〕宝.宝物.¶如获～／宝物を手に入れたかのようだ.(同) 瑰宝 guībǎo.

【珍本】zhēnběn 稀少本.

【珍藏】zhēncáng ❶ 動 貴重なものとして収蔵・保存する.❷ 名 貴重な収蔵品.

【珍贵】zhēnguì 形 貴重だ.¶～的资料／貴重な資料.¶这份纪念品很～／この記念品はとても貴重だ.(同) 宝贵 bǎoguì.

【珍品】zhēnpǐn 名〔件 jiàn〕珍品.貴重品.¶艺术～／めったに手に入らない芸術品.【表現】文化的・芸術的な価値の高いものを言うことが多い.

【珍奇】zhēnqí 形 数が少なく貴重だ.¶～的动物／貴重な動物.¶据说 jùshuō 这种花很～／この花はとても貴重だそうだ.(同) 珍异 zhēnyì.

【珍species】zhēnqín 名〔类 lèi,种 zhǒng〕珍しい鳥.

【珍禽异兽】zhēnqín yìshòu 名 珍しい鳥や獣.

【珍视】zhēnshì 動 重視する.大切にする.¶～中日两国人民的友谊／中日両国の人々の友情を大切にする.

【珍玩】zhēnwán 名 珍しい愛玩(玩)物.¶收集～／珍しい愛玩物を収集する.

【珍闻】zhēnwén 名 珍しいニュース.¶世界～／世界の珍しいニュース.

【珍惜】zhēnxī 動 (惜しんで)大切にする.¶我们要～粮食／我々は食糧を大切にしなくてはならない.¶～生命／命を大切にする.(同) 爱惜 àixī (反) 浪费 làngfèi

【珍稀】zhēnxī 形 貴重で数少ない.¶～动物／希少動物.

【珍馐〔羞〕】zhēnxiū 名 図 珍しくて貴重な食べ物.¶～美味／珍味や美味.

【珍稀】zhēnyì 形 珍しい.貴重だ.¶动物园里有很多～的鸟／動物園には珍しい鳥がたくさんいる.

【珍重】zhēnzhòng 動 ❶(大事な物を)大切にする.他～地把茶碗收藏 shōucáng 起来／彼はとても大切にしまった.(同) 珍爱 zhēn'ài ❷(体)を大切にする.¶互道～／互いの健康を祈る.(同) 保重 bǎozhòng

【珍珠】zhēnzhū 名〔颗 kē,粒 lì〕真珠.¶～霜／真珠の粉末入りクリーム.¶～项链 xiàngliàn／真珠のネックレス.(同) 真珠 zhēnzhū.

【珍珠贝】zhēnzhūbèi 名 真珠貝.

【珍珠米】zhēnzhūmǐ 名 図 トウモロコシ.(同) 玉 yù 米

帧(幀) zhēn

巾部 6　四 4128₂
全9画　通用

量 装丁された書画を数えることば.¶一～彩画 cǎihuà (一幅の絵画)／装～ zhuāngzhēn(書画を装丁する.本に表紙をつけて仕上げる).(同) 幅 fú【参考】もと"zhèng"と発音した.

胗 zhēn

月部 5　四 7822₂
全9画　通用

名(～儿)鳥類の胃.¶鸡～肝儿 jīzhēngānr(ニワトリの胃と肝).

浈(湞) Zhēn

氵部 6　四 3118₂
全9画　通用

【素】地名用字.¶～水 Zhēnshuǐ (広東省にある川の名).【参考】もと"zhèng"と発音した.

真 zhēn

十部 8　四 4080₁
全10画　常用

❶ 形 まことの.真実の.¶～相 zhēnxiàng／千～万确(絶対に確実だ)／传～ chuánzhēn(ファクシミリ)／～理 zhēnlǐ／天～ tiānzhēn(無邪気だ.純真だ).(同) 实 shí (反) 假 jiǎ,伪 wěi ❷ 副 実に.確かに.¶～好(実によい)／～高兴(とてもうれしい).❸ 形 明らかだ.はっきりしている.¶字太小,看不～(文字が小さすぎて,はっきり見えない)／听得很～(はっきりと聞こえる).❹ (Zhēn)姓.

【真才实学】zhēn cái shí xué 成 本当に役に立つ才能や学問.しっかりした腕前や本当の実力.¶他肚子里有～／彼はしっかりした実力を持っている.

【真唱】zhēnchàng 動(歌手が口パクをしないで)実際に歌う.(反) 假 jiǎ 唱

【真诚】zhēnchéng 形 真心がこもっている.¶态度很～／態度に心がこもっている.(同) 真挚 zhēnzhì (反) 虚伪 xūwěi

【真传】zhēnchuán 名(技芸や学術などの)奥義.極意.真髄.

【真谛】zhēndì 名 真理.真諦(絵).¶人生的～／人生の真理.

【真鲷】zhēndiāo 名《魚》マダイ.

【真格的】zhēngéde 形 本当だ.まじめだ.¶不是和你闹着玩儿的,要动～／君とふざけているんじゃない,まじめなのだ.

【真个】zhēngè 副 方 たしかに.まったく.¶我～倒霉 dǎoméi,新买的皮鞋又坏了／まったくついてない,新しく買った革靴がまたダメになった.

【真果】zhēnguǒ 名《植物》真果.【参考】モモの実など,子房が発達して果肉になった果実のこと.

【真话】zhēnhuà 名 ❶ 実状.¶告诉你～吧／君に本

当の所を言おう．❷ 本当のこと．回 实话 shíhuà 反 假话 jiǎhuà

【真迹】zhēnjì 名〔幅 fú, 帧 zhēn〕真筆．反 临摹品 línmópǐn, 伪造品 wěizàopǐn

【真假】zhēnjiǎ うそとまこと．本物と偽物．¶～难辨／真偽を見極めがたい．

【真金不怕火炼】zhēn jīn bù pà huǒ liàn 成 正直な人や意志が堅い人は，試練に耐え抜くことができる．

【真菌】zhēnjūn 名《生物》真菌．

【真空】zhēnkōng 名 ❶ 真空．¶～包装 bāozhuāng／真空パック．❷ 真空の空間．

【真空泵】zhēnkōngbèng 名 真空ポンプ．回 抽气机 chōuqìjī

【真空管】zhēnkōngguǎn 名 真空管．回 电子 diànzǐ 管

*【真理】zhēnlǐ 名〔条 tiáo〕真理．¶探索 tànsuǒ ～／真理を探し求める．反 谬误 miùwù

【真面目】zhēnmiànmù 名 本当の姿．¶认清真～／そ本当の姿をはっきりと認識する．¶不识庐山 Lúshān ～／灯台もと暗し．

【真名实姓】zhēn míng shí xìng 成 本当の名前．¶存款 cúnkuǎn 时要写～／預金する時は実名を書かなくてはいけない．

【真命】zhēnmìng 形 旧 真に天命を受けた．¶～天子／天命を受けて即位した天子．

【真皮】zhēnpí 名 ❶《生理》真皮(ʰ)．❷ 本革(ʰ)．

【真品】zhēnpǐn 名 本物．表现 "仿制品"（模造品）や "伪造品"（偽物）に対していう．

【真凭实据】zhēn píng shí jù 成 しっかりとした根拠．¶没有～,不能乱说／ちゃんとした根拠もなしに，無責任なことは言えない．

【真枪实弹】zhēnqiāng shídàn 名 本物の武器弾薬．実戦のたとえ．

【真切】zhēnqiè 形 ❶ はっきりしている．¶看不～／よく見えない．回 真确 zhēnquè, 逼真 bīzhēn ❷ 心がこもっている．¶他对我的感情十分～／彼の私に対する感情はとても真摯(ʰ)なものだ．

【真情】zhēnqíng 名 ❶ 実状．¶～况／実状．❷ 真心．本心．¶吐露 tǔlù～／真情を吐露する．

【真情实感】zhēnqíng shígǎn 名（心からの）実感．

【真确】zhēnquè 形 ❶ 本当の．¶～的消息／確かなニュース．❷ はっきりしている．¶看得～／はっきりとよく見える．

【真人】zhēnrén 名 ❶《宗教》（道教で）道を悟った人．❷ 実在する人．用法 ①は，多く称号に用いる．

【真人真事】zhēnrén zhēnshì 名 本物の人と事柄．実在する人や事柄．¶新闻报道的是～／ニュースで報道されたのは事実そのものだ．

【真善美】zhēnshànměi 名 真善美．真実と美しさ．追求～／真善美を追求する．

*【真实】zhēnshí 形 真実だ．本当だ．¶～情况／実状．¶～感／真実味．¶他～地反映 fǎnyìng 了情况／彼は事実をあくまで客観的に報告した．回 实在 shízài 反 虚假 xūjiǎ

【真是】zhēnshi →真是的 zhēnshide

【真是的】zhēnshide 慣 本当にまあ．まったくもう．¶怎么他还不来,已经等了一个小时了,～! ／なんで彼はまだ来ないんだろう,もう1時間も待ってるのに，まったくもう．表现 句末に文末に用いて，不満や不快をあらわすことば．"真是 zhēnshi"のみでも使う．

【真书】zhēnshū 名 楷書．回 楷书 kǎishū

【真数】zhēnshù 名《数学》真数．

【真率】zhēnshuài 形（人柄が）率直で飾り気がない．さっぱりしている．

【真丝】zhēnsī 名 絹．シルク．回 蚕 cán 丝 反 人造 rénzào 丝

【真髓】zhēnsuǐ 名 神髄．エッセンス．

【真相】zhēnxiàng 名 真相．¶不明～／真相を明かさない．反 假相 jiǎxiàng

【真相大白】zhēn xiàng dà bái 成 真実がすっかり明らかになる．

【真心】zhēnxīn 名〔帧 片 piàn〕真心．本心．¶～话／心からのことば．¶我对你是一片～／私はあなたに対して腹蔵(xù)ない．

【真心实意】zhēn xīn shí yì 成 誠心誠意だ．反 虚情假意 xū qíng jiǎ yì

【真性】zhēnxìng ❶ 形《医学》真性の．¶～霍乱 huòluàn／真性コレラ．❷ 名 本質．本性．

【真意】zhēnyì 名 ❶ 自然の奥深さ．❷ もともとの意味や意図．¶～所在／真意のある所．¶诚心～／誠心誠意．

【真章】zhēnzhāng ❶ 名 方（～儿）実際の行動．確実に有効な方法．❷ 形 本当だ．まじめだ．

【真真假假】zhēnzhēnjiǎjiǎ 形 嘘と本当が入り交じっているようす．虚実相半ばす．

**【真正】zhēnzhèng ❶ 形 本当だ．本物だ．¶～的英雄／真の英雄．¶～的内行 nèiháng／本物の玄人(ʰ)．❷ 副 確かに．¶他～体会到父母对他的爱／彼は，確かに身にしみて両親の愛情を感じている．

【真知】zhēnzhī 名 正しい認識．真の理解．

【真知灼见】zhēn zhī zhuó jiàn 成（人まねでない）正確で洞察深い見解．¶这些文章空话 kōnghuà 连篇,哪儿有～？／これらの文章は空論を並べ立てているだけで，正確で鋭い見解はどこにもない．

【真挚】zhēnzhì 形（感情に）真心がこもっている．うそ偽りがない．¶～的友谊／心のこもった友情．¶感情～／気持ちが真摯だ．

【真珠】zhēnzhū 名 真珠．回 珍 zhēn 珠

【真主】zhēnzhǔ 名《宗教》（イスラム教の）アラーの神．

【真抓实干】zhēnzhuā shígàn 口 口先だけでなく,実際に問題に取り組み，処理をする．

桢(楨) zhēn

木部6 全10画 四 4198₂

名 ❶ 古代,土塀を建てる時に支えにした柱．¶～干 zhēngàn．❷ (Zhēn)姓．参考 もと"zhēng"と発音した．

【桢干】zhēngàn 名 文 重責を担う人．大黒柱．¶国家～／国家の重責を担う人．

砧(碪) zhēn

石部5 全10画 四 1166₀

素 物をたたいたり,つぶしたりする時に，下に敷く台．¶铁～ tiězhēn（鉄床(ˀə)．鉄敷き）／～板 zhēnbǎn．

【砧板】zhēnbǎn 名〔块 kuài〕まな板．

【砧木】zhēnmù 名（接ぎ木の）台木(ʰ)．

【砧子】zhēnzi 名 きぬた・鉄床(ˀə)・まな板など，物を打つ時に下に敷くものの総称．

祯(禎) zhēn

礻部6 全10画 四 3128₂ 通用

形 文 めでたい．¶～祥 zhēnxiáng（めでたい）．参考 もと"zhēng"と発音した．

zhēn

蓁 zhēn
艹部10 全13画 [四] 4490₄ [通用]

下記熟語を参照.

【蓁蓁】zhēnzhēn [形] ❶ 草木が生い茂るようす. ¶草木〜,一片生机勃勃 bóbó 的景象 jǐngxiàng / 草木が生い茂り,あたりの風景は生気に満ちている. ❷ イバラが密生するようす.

斟 zhēn
斗部9 全13画 [四] 4470₀ [次常用]

[動] (酒や茶を)つぐ. ¶〜酒 jiǔ (酒をつぐ) / 〜茶 chá (お茶を入れる).

【斟酌】zhēnzhuó [動] (事柄が実行可能か)検討する. (文章が適当か)検討する. ¶再三〜/再三検討する. ¶我仔细 zǐxì〜了一番,才动笔/私は仔細に検討し,しようやく筆をとった.

甄 zhēn
瓦部9 全13画 [四] 1111₇ [通用]

❶ [動] (優劣や真偽を)見分ける. 選り分ける. 審査する. ¶〜拔 zhēnbá / 〜别 zhēnbié. ❷ (Zhēn)姓.

【甄拔】zhēnbá [動] 選抜する. ¶〜人才/人材を選抜する.

【甄别】zhēnbié [動] (優劣や真偽を)選別する. (能力や品質などを)審査する. ¶〜真假优劣 yōuliè / 真偽や優劣を選別する. ¶〜和选拔 xuǎnbá 人才/人材の善し悪しをより分け,選び出す.

【甄选】zhēnxuǎn [動] 選別する.

溱 Zhēn
氵部10 全13画 [四] 3519₄ [通用]

[素] 地名用字. ¶〜头河 Zhēntóuhé (河南省にある川の名).

☞ 溱 qín

榛 zhēn
木部10 全14画 [四] 4599₄ [次常用]

❶ [名] (植物)ハシバミ. またその実. ¶〜子 zhēnzi. ❷ [素] [文] 群生しているイバラ. ¶〜莽 zhēnmǎng (生い茂った草木) / 草木〜 (草木が生い茂っている).

【榛子】zhēnzi [名] (植物)ハシバミ. ヘーゼルナッツ.

箴 zhēn
竹部9 全15画 [四] 8825₃

[文] ❶ [素] 戒める. ¶〜言 zhēnyán. ❷ [名] 文体の一つ. 戒めを主としたもの.

【箴言】zhēnyán [名] [文] 箴言(ɴ). ¶〜诗/箴言詩. ¶〜逆耳 nì'ěr 利于行,良药苦口利于病/箴言は耳に痛いが我が身に役立ち,良薬は口に苦いが病に効く.

臻 zhēn
至部10 全16画 [四] 1519₄

❶ [動] [文] 至る. 到達する. ¶日〜完善(日ごと完全になる). ❷ (Zhēn)姓.

诊(診) zhěn
讠部5 全7画 [四] 3872₂ [常用]

[素] 診察する. ¶〜断 zhěnduàn / 〜脉 zhěnmài / 门〜 ménzhěn (外来の診察をする) / 出〜 chūzhěn (往診する).

【诊病】zhěn//bìng [動] (病気を)診察する. ¶医生正在〜,别去打扰 dǎrǎo 他 / 医師は今,診察中だから邪魔してはいけない.

【诊察】zhěnchá [動] 診察する. ¶〜一下病情 / 病状を診察する.

【诊断】zhěnduàn [動] 診断する. ¶请医生〜一下你的病情 / 君の病状を医師に診断してもらいなさい.

【诊疗】zhěnliáo [動] 診療する. ¶〜室 / 診療室.

【诊脉】zhěn//mài [動] (医者が)脈を診る. ¶看中医 zhōngyī 都要〜/漢方医にかかると必ず脈を診る. 回 按脉 ànmài, 号脉 hàomài

【诊视】zhěnshì [動] 診察する. 回 诊察 chá

【诊室】zhěnshì [名] 診察室.

【诊所】zhěnsuǒ〔回 家 jiā, 所 suǒ〕クリニック. 診療所. [表現] 個人開業,または"医院 yīyuàn"(病院)より小規模なものをいう.

【诊治】zhěnzhì [動] 診療する. 治療する. 回 诊疗 zhěnliáo

枕 zhěn
木部4 全8画 [四] 4491₂ [常用]

❶ [素] まくら. ¶〜木 zhěnmù / 〜头 zhěntou. ❷ [動] 枕にする. ¶〜枕头 zhěntou (まくらをする) / 〜戈 gē 待旦 dàn.

【枕戈待旦】zhěn gē dài dàn [成] 敵に対する警戒を一刻たりとも怠らず,常に備えている. [由来]『晋書』劉琨伝に見えることば. "武器をまくらに朝を待つ"という意から.

【枕骨】zhěngǔ [名] (生理)後頭骨.

【枕藉】zhěnjiè [文] (大勢の人が)入り乱れて倒れる. 入り乱れて横たわるようす.

【枕巾】zhěnjīn [名]〔回 块 kuài, 条 tiáo〕まくらの上に敷くタオル.

【枕木】zhěnmù [名]〔回 根 gēn〕まくら木. 回 道木 dàomù

【枕套】zhěntào [名] まくらカバー. 回 枕头套 zhěntoutào

【枕头】zhěntou [名]〔回 对 duì, 个 ge〕まくら.

【枕席】zhěnxí [名] ❶ [文] まくらとベッドに敷くござ. 広く「ベッド」を指す. ❷ (〜儿)〔回 块 kuài〕まくらの上に敷くござ. 回 枕头席儿 zhěntouxír

【枕心】zhěnxīn [名] まくらの中身. 回 枕头心儿 zhěntouxīnr

轸(軫) zhěn
车部5 全9画 [四] 4852₂

❶ [名] 古代,車の後ろや底のまわりにつけた横木. 広く"車"そのものを指す. ❷ [素] 悲痛な思い. ¶〜悼 zhěndào (深い悲しみ. 嘆き悲しむ) / 〜怀 zhěnhuái (心を痛める) / 〜恤 zhěnxù (痛み哀れむ). ❸ [名] 二十八宿の一つ.

畛 zhěn
田部5 全10画 [四] 6802₂ [通用]

[名] [文] あぜ道.

【畛域】zhěnyù [名] [文] 境界.

疹 zhěn
疒部5 全10画 [四] 0012₂ [次常用]

[名] 発疹. ¶湿〜 shīzhěn (湿疹) / 〜子 zhěnzi / 麻〜 mázhěn (はしか).

【疹子】zhěnzi [名] "麻疹 mázhěn"(はしか)の通称.

袗 zhěn
衤部5 全10画 [四] 3822₂

❶ [名] ひとえの服. ❷ [形] (衣服が)美しい.

缜(縝) zhěn
纟部10 全13画 [四] 2418₁ [通用]

[形] (計画や研究などが)緻密(ボ)だ.

【缜密】zhěnmì [形] (考えが)緻密(ボ)だ. 注意深くて精密だ. ¶〜的分析 / 緻密に練り上げた分析. ¶文思〜/ 構想が緻密である. 回 周密 zhōumì

圳阵鸩振朕赈震 zhèn

圳 (異 甽) zhèn
阝部3　土部3　全6画　四 4210₀　通用

名 方 田のまわりの溝. 地名に用いることが多い. ¶深～ Shēnzhèn（広東省の地名）.

阵 (陣) zhèn
阝部4　全6画　四 7425₀　常用

❶ 素 陣. 陣立て. ¶～线 zhènxiàn / 严～以待 dài（戦闘の準備を十分にして, 敵を待つ）/ 一字长蛇～ chángshézhèn（長くつながって伸びた陣形）. ❷ 素 戦場. ¶～亡 zhènwáng / ～营 zhènyíng. ❸ 量 (～儿) ひとしきりの時間を数えることば. ¶刮了一～风（ひとしきり風が吹いた）. ❹ 量 (～儿)（ひと区切りの）時間. ¶这一～儿工作正忙（この時期は仕事がちょうど忙しい）. ❺ (Zhèn)姓. 用法 ❸は, 一緒に用いることのできる数詞は"一 yī"に限られる.

【阵地】zhèndì 名 ❶《軍事》陣地. ¶严守 yánshǒu ～ / 阵地を死守する. ❷仕事や活動の拠点.
【阵地战】zhèndìzhàn 名《軍事》陣地戦.
【阵法】zhènfǎ 名 布陣法. 陣立て.
【阵风】zhènfēng 名 突風.
【阵脚】zhènjiǎo 名 最前線. ¶压住～ / 最前線を押える. ¶～不乱 / 陣形が乱れない. 表現 比喩に用いることが多い.
【阵列】zhènliè 名《コンピュータ》配列. アレイ.
【阵容】zhènróng 名 ❶軍隊などの部隊の配置. 陣容. ❷団体の力量. 人員配置.
【阵势】zhènshì 名 ❶軍隊の配置. ¶摆开～ / 陣立てをする. ❷状況. 場面. ¶～不小 / 場面が壮大だ.
【阵痛】zhèntòng 名 ❷産みの苦しみ.
【阵亡】zhènwáng 動 戦 戦闘で犠牲になる. 戦死する.
【阵线】zhènxiàn 名 ❶革命～ / 革命戦線. 同 战线 zhànxiàn.
【阵营】zhènyíng 名 陣営. 共通の目的のために集まって戦うグループ.
【阵雨】zhènyǔ 名《気象》[量 场 cháng] にわか雨. ¶雷～ / 雷を伴ったにわか雨.
【阵子】zhènzi 方 ❶ 名 (一区切りの)時間. ¶这～你在忙什么呀？ / この頃何を忙しくしているの. 同 阵 zhèn. ❷ 量 事柄や動作の一区切りを数えることば. ¶下了一～雨 / ひとしきり雨が降った. 同 阵 zhèn.

鸩 (鴆 / 異 酖❷❸) zhèn
鸟部4　全9画　四 4702₁

❶ 名 伝説上の毒をもった鳥. 鴆(え). ❷ 名 毒の入った酒. ¶饮～止渴 kě 成 鴆酒を飲んで渇きをいやす. 目先のことにとらわれて道を誤る. ❸ 動 (毒入りの酒で)毒殺する. 参考 ❶は, その羽をひたした酒を飲むと死ぬとされる.
【鸩毒】zhèndú 名 文 毒入りの酒. ¶宴 yàn 安～ / 成 享楽をむさぼるのは鴆毒を飲むようなものだ.

振 zhèn
扌部7　全10画　四 5103₂　常用

❶ 素 振る. 振るう. ¶～一笔 zhènbǐ / ～铃 zhènlíng（鈴を振って鳴らす）/ ～臂 zhènbì. ❷ 動 奮起する. 奋い立つ. ¶～兴 zhènxīng / 精神一～（気力が盛り上がる）. ❸ (Zhèn)姓.
【振拔】zhènbá 動 文 不利な状況から脱して奮起する.
【振笔】zhènbǐ 動 筆を振るう. ¶～疾 jí 书 / 筆を振るって一気に書く.
【振臂】zhènbì 動 腕を振り上げる. 奮い立つ. ¶～高呼 / 腕を振り上げて声高に叫ぶ.
【振荡】zhèndàng 名 ❶ "振动 zhèndòng" に同じ. ❷《電気》振動.
【振荡器】zhèndàngqì 名《電気》発振器.
【振动】zhèndòng 名《物理》振動. 同 振荡 zhèndàng.
【振奋】zhènfèn ❶ 形 気持ちが高揚している. ¶令人～ 的好消息 / 人を元気づけるよい知らせ. 反 委靡 wěimǐ. ❷ 動 気持ちを高揚させる. ¶～人心 / 人心を高揚させる.
【振幅】zhènfú 名《電気》振幅.
【振聋发聩】zhèn lóng fā kuì 成 耳の遠い人にも聞こえるように大きな声を出す. ことばや文章で愚鈍な人の目を覚まさせる. 同 发聩振聋 参考 "聋""聩"ともに耳が遠い意.
【振兴】zhènxīng 動 振興する. ¶～工业 / 工業を振興する. ¶～中华 / 中国を振興する.
【振振有词[辞]】zhèn zhèn yǒu cí 成 もっともらしいことを長々と話す. ¶他～地说了半天 / 彼はもっともらしく長々と話した.
【振作】zhènzuò 動 気持ちを高揚させる. ¶你首先精神要～起来 / 君はまず気持ちを奮い起こさなければならない. 同 抖擞 dǒusǒu 反 颓废 tuífèi, 颓丧 tuísàng.

朕 zhèn
月部6　全10画　四 7828₄　通用

❶ 代 文 朕(ぇ). ❷ 素 きざし. 前触れ. ¶～兆 zhènzhào. 参考 ❶は, もとは一人称の代名詞だったが, 秦の始皇帝以降は, 皇帝の自称となった.
【朕兆】zhènzhào 名 文 予兆. 兆候. きざし. ¶经济衰退 shuāituì 的～ / 経済衰退の予兆.

赈 (賑) zhèn
贝部7　全11画　四 7183₂　通用

素 救済する. ¶～灾 zhènzāi / 以工代～（仕事を与えて救済する）.
【赈济】zhènjì 動 金銭・衣服・糧食などを与えて救済する. ¶～难民 nànmín / 難民を救済する.
【赈灾】zhènzāi 動 被災者を救援する. ¶开仓 cāng ～ / 倉庫を開いて被災者を救援する.

震 zhèn
雨部7　全15画　四 1023₂　常用

❶ 動 震える. 震わす. ¶地～ dìzhèn（地震）/ ～耳 zhèn'ěr（音が耳を震わす）. ❷ 名 感情が高ぶる. ¶～惊 zhènjīng / ～怒 zhènnù. ❸ 名 易の八卦("巽 ☴"). 震(ん). ☳であらわし, 雷を意味する. ❹ (Zhèn)姓.
【震波】zhènbō 名 地震波.
【震颤】zhènchàn 動 ぶるぶる震える. 震わせる. ¶浑身 húnshēn ～ / 全身をぶるぶる震わせている. ¶强烈地～ / 強く揺れる.
【震旦】Zhèndàn 名「中国」の別称. 由来 古代インドにおける中国に対する呼称.
【震荡】zhèndàng 名 動 (音声や物体などの)震動. 激し動揺. ¶社会～ / 社会の激動.
【震动】zhèndòng ❶ 動 震動する. 震動させる. ❷ (重大な事件やニュースが)人々の心を不安にさせる. ショックを与える. ¶～全国的新闻 / 全国民を不安に陥れるニュース.
【震耳欲聋】zhèn ěr yù lóng 鼓膜が破れるくらいの大きな音がする. ¶全场响起了～的掌声 / 会全体に耳をつんざくような拍手の音が鳴り響いた.
【震古烁今】zhèn gǔ shuò jīn 成 事業や功績が偉大

だ. ¶〜的伟大事业 / 古今に類を見ない偉大な事業.
由来「古人を驚かせ,現代に光り輝く」という意から.
【震骇】zhènhài びっくりさせる.
【震撼】zhènhàn 動 震撼させる. 揺り動かす. ¶〜人心 / 人心を震撼させる. ¶强烈的台风〜着大地 / 強烈な台風が大地を揺り動かしている. 同 震动 zhèndòng.
【震撼价】zhènhànjià 名 極めて安い価格. おどろきの低価格.
【震级】zhènjí 名 "地震震级 dìzhèn zhènjí"(マグニチュード)の略称.
【震惊】zhènjīng 動 ❶ びっくりさせる. ¶〜世界 / 世界をあっと言わせる. ❷ びっくりする. ¶大为 wéi〜 / びっくり仰天する.
【震怒】zhènnù 動 激怒する.
【震情】zhènqíng 地震の被災状況.
【震慑】zhènshè 動 恐がらせる. ¶〜敌人 / 敵を恐がらせる.
【震悚】zhènsǒng 動 文 怖くて震えあがる.
【震天动地】zhèn tiān dòng dì 成 天地を揺るがす. ¶欢呼声〜 / 歓呼の声がわたりに響きわたる.
【震源】zhènyuán 名 震源.
【震灾】zhènzāi 名 地震による災害. 震災.
【震中】zhènzhōng 名 震央.

镇(鎮) zhèn
钅部10 四 8478₁
全15画 常 用

❶ 動 圧する. 抑える. ¶〜尺 zhènchǐ. ❷ 素 "武力で"鎮める. 鎮圧する. ¶〜反 zhènfǎn. ❸ 素 安らかだ. 静かだ. ¶〜静 zhènjìng / 〜定 zhèndìng. ❹ 名 比較的大きな町. 行政区画上の区分の一つ. ¶城〜 chéngzhèn (市町村) / 村〜 cūnzhèn (町村). ❺ 動 (食物や飲料などを水や氷で)冷やす. ¶冰 bīng〜汽水 (水で冷やしたサイダー). ❻ 素 (Zhèn)姓.
【镇尺】zhènchǐ 名 (長方形の)文鎮.
【镇定】zhèndìng ❶ 形 落ち着いている. 沈着冷静だ. ¶神色 shénsè〜 / 表情が落ち着き払っている. ¶十分〜 / たいへん落ち着いている. 同 沉着 chénzhuó, 镇静 zhènjìng ⽂ 慌张 huāngzhāng, 慌乱 huāngluàn, 惊慌 jīnghuāng ❷ 動 落ち着かせる. ¶〜自己 / 自分を落ち着かせる. 同 镇静 zhènjìng.
【镇定自若】zhèn dìng zì ruò 成 (緊急事態にあっても落ち着き払い, 普段と変わらないようす. 泰然自若.
【镇反】zhènfǎn 動 反革命を鎮圧する.
【镇静】zhènjìng ❶ 形 気持ちが落ち着いている. ¶心里〜 / 気分がたいへん落ち着いている. 同 沉着 chénzhuó, 镇定 zhèndìng ❷ 動 気持ちを落ち着かせる. ¶他遇到意外情况,能马上〜下来 / 彼は予想外の情況に出会ってもすぐに冷静になる. 同 镇定 zhèndìng.
【镇静剂】zhènjìngjì 名 〔藥〕鎮静剤. 同 镇静药 yào.
【镇静药】zhènjìngyào →镇静剂 jì.
【镇流器】zhènliúqì 名 〔電気〕安定器. 同 限 xiàn 流器.
【镇日】zhènrì 名 文 朝から晩まで. 1日中. 同 整天 zhěngtiān.
【镇守】zhènshǒu 動 (軍隊が戦略拠点を)守る. ¶边防 biānfáng 战士〜要塞 yàosài / 辺境防衛の戦士が要塞を守っている.
【镇痛】zhèntòng 動 痛みを鎮める.
【镇痛剂】zhèntòngjì 名 〔藥〕鎮痛剤.
【镇压】zhènyā 動 ❶ (反乱などを)鎮圧する. ¶〜反革命 / 反革命を鎮圧する. ❷ 口 (反革命分子を)処刑する. ¶反革命分子 fènzǐ 被〜了 / 反革命分子が処刑された. ❸ 〔農業〕(麦などを)踏み固める. 押し固める.
【镇长】zhènzhǎng 名 镇(行政単位のひとつ)の長官. 鎮長.
【镇纸】zhènzhǐ 名 〔方 fāng〕文鎮.
【镇住】zhènzhù 動 圧倒する. 抑え込む.
【镇子】zhènzi 名 方 集落.

zheng ㄓㄥ 〔tṣəŋ〕

丁 zhēng
一部1 四 1020₀
全2画 常 用

下記熟語を参照.
☞ 丁 dīng
【丁丁】zhēngzhēng 擬 文 木を伐る音. 碁を打つ音. 琴の音.

正 zhēng
止部1 四 1010₁
全5画 常 用

素 正月. 旧暦で,一年の最初の月. ¶新〜 xīnzhēng (旧暦の新年. 年の始め).
☞ 正 zhèng
【正旦】zhēngdàn 名 文 旧暦の元旦. ☞ 正旦 zhèngdàn.
【正月】zhēngyuè 名 旧暦の正月. ¶〜初一 / 旧暦の元旦.

争 zhēng
刀部4 四 2750₇
全6画 常 用

❶ 動 争う. 奪い合う. ¶〜夺 zhēngduó / 〜先 zhēngxiān. 反 让 ràng ❷ 動 言い争って譲らない. ¶意气之〜 (意地を張って争い). 〜论 zhēnglùn. ❸ 形 方 欠けている. 不足している. ❹ 副 なぜ. どうして. ¶不 zhēngbù (どうして…をしないことがあろうか) / 〜知 zhēngzhī (どうして…を知っていようか) / 〜奈 zhēngnài (いかんせん…だ). 用法 ❹は,近世の詩や詞などに多く見える.
【争霸】zhēngbà 覇権を争う. 主導権争いをする. ¶超级 chāojí 大国想〜世界 / 超大国が世界を制覇しようと考える.
【争霸赛】zhēngbàsài 名 チャンピオン決定戦.
【争辩】zhēngbiàn 動 論争する. ¶据理 jùlǐ〜 / 根拠に基いて論争する. ¶他们〜得很激烈 / 彼らの論争は激烈だ.
【争长论短】zhēng cháng lùn duǎn 成 きちんとした基準に基かずに善し悪しを論争する. つまらないことで言い争う. ¶不要在背后〜 / 陰であれこれ是非を論じ合ってはいけない.
【争吵】zhēngchǎo 動 言い争う. ¶〜了半天,毫无结果 / 長いこと言い争ったが,何の結果も出なかった.
【争持】zhēngchí 言い争って互いに譲らない.
【争宠】zhēngchǒng 気に入られようと競い合う. ¶不必〜 / 寵愛を争う必要はない.
【争斗】zhēngdòu ❶ 動 けんかをする. ¶两只雄鸡 xióngjī〜起来了 / 2羽のおんどりがけんかを始めた. ❷ 闘争. 戦い.
【争端】zhēngduān 名 争いの発端. ¶国际〜 / 国際問題の引き金. ¶解决〜 / 争いの発端を解決する.
【争夺】zhēngduó 動 奪い合う. 争奪する. ¶〜市场 / マーケットを奪い合う. ¶〜世界冠军 / 世界一を奪い

合う．🔄 抢夺 qiǎngduó

【争分夺秒】zhēng fēn duó miǎo 🌀 1分1秒を争う．

【争风吃醋】zhēng fēng chī cù 🌀 恋のさや当てをする．

【争锋】zhēngfēng 🟥 戦って勝敗を決する．勝利のために奮闘する．

【争购】zhēnggòu 🟥 先を争って買う．¶～粮食 / 我先に食糧を買う．

【争光】zhēng/guāng 🟥 栄光を勝ち取る．¶为祖国～ / 祖国のために栄光を勝ち取る．🔁 抹黑 mǒhēi

【争衡】zhēnghéng 🟥⃞ 優劣を比べる．

【争竞】zhēngjìng 🟥⃞ 言い争う．論争する．

【争脸】zhēng/liǎn 🟥 面目を立てようとがんばる．🔄 面子 miànzi

＊【争论】zhēnglùn 🟥 論争する．¶～不休 / 延々と論争する．¶她们为了一件小事一起来了 / 彼女たちはささいな事で論争し始めた．🔄 辩论 biànlùn, 争辩 zhēngbiàn

【争名夺利】zhēng míng duó lì 🟩 名誉や利益を奪い合う．

【争鸣】zhēngmíng 🟥 学術論争をする．¶百家～ / 🟩 百家争鸣(ほうかそうめい)．学術の分野で異なった学説や理論を自由に論争すること．

【争奇斗艳】zhēng qí dòu yàn 🟩（草花などが）珍しさや美しさを競い合う．

【争气】zhēng/qì 🟥 やる気を出してがんばる．¶这孩子不～, 每次考试都不及格 jígé / この子はやる気がなく，試験のたびに落第している．

【争强】zhēngqiáng 🟥 強さを競い合う．

【争抢】zhēngqiǎng 🟥 🔁 争夺 duó

＊【争取】zhēngqǔ 🟥 ❶ なんとかして得ようとする．¶～时间 / なんとかして時間に間に合うようにする．❷ なんとかして実現させようとする．¶～更大的进步 / さらに大きな進歩を得るべく奮闘する．

【争权夺利】zhēng quán duó lì 🟩 権力と利益を奪い合う．

【争胜】zhēngshèng 🟥（競技で）勝ちを争う．

【争先】zhēngxiān 🟥 先を争う．¶大家～发言 fāyán / 皆が先を争って発言する．

【争先恐后】zhēng xiān kǒng hòu 🟩 先を争う．

【争雄】zhēngxióng 🟥 雄を競う．覇を competition.

【争议】zhēngyì ❶ 🟥 言い争う．❷ 🟦 争議．¶有～的地区 / 争議が発生している場所．

【争战】zhēngzhàn 🟥 戦う．戦争する．

【争执】zhēngzhí 🟥 互いに譲らず言い争う．¶双方～不下, 各不相让 / 双方は主張を曲げず，互いに譲らない．

【争嘴】zhēng/zuǐ 🟥 ❶（食べ物で）量の多少を言い争う．他人の分を取る．¶吃饭的时候, 他总喜欢～ / 食事の時，彼はきまって量の多少を言い立てる．❷ 口論する．¶你们俩别～了 / 君たち二人，口げんかはやめなさい．

征(徵③~⑥) zhēng

彳部5 全8画 四 2121₁ 常用

🟥 ❶ 遠方へ行く．¶～帆 zhēngfān（遠方へ行く船）．❷ 征める．¶出～ chūzhēng（出征する）/ ～服 zhēngfú / ～讨 zhēngtǎo．❸ 国民を徴用する．税を徴収する．¶应 yìng ～入伍 wǔ（応募して入隊する）/ ～税 zhēngshuì．❹ 広く求める．¶～稿 zhēnggǎo．❺ 明かす．証明する．❻ 現象．兆候．¶特～ tèzhēng（特徴）/ ～兆 zhēngzhào．

【征兵】zhēng/bīng 🟥 徴兵する．

【征兵制】zhēngbīngzhì 🟦 徴兵制．

【征尘】zhēngchén 🟦 旅の垢(あか)．長旅，行軍の苦労や疲れを言う．

【征程】zhēngchéng 🟦 遠い道のり．¶万里～ / 万里の行程．🔄 征途 zhēngtú

【征调】zhēngdiào 🟥（人員や物資を）徴発する．

【征订】zhēngdìng 🟥（本や雑誌の）予約募集する．

【征发】zhēngfā 🟥 旧（政府が民間の労働力や物資を）徴発する．

【征伐】zhēngfá 🟥 討伐する．¶～叛逆 pànnì / 反逆者を討伐する．

【征服】zhēngfú 🟥 征服する．¶～大片沙漠 shāmò / 広大な砂漠を征服する．🔄 降服 xiángfú, 制服 zhìfú, 驯服 xùnfú

【征稿】zhēnggǎo 🟥 投稿を募集する．¶～启事 qǐshì / 投稿募集のお知らせ．

【征购】zhēnggòu 🟥（政府が農産物や土地などを）買い上げる．¶～粮食 / 食糧を買い上げる．¶为了建工厂, 要～土地 / 工場建設のために，土地を買い上げる必要がある．

【征管】zhēngguǎn 🟥（税金や食糧を）徴収し管理する．

【征候】zhēnghòu 🟦 兆候．¶好转 hǎozhuǎn 的～ / 好転の兆し．🔄 征象 zhēngxiàng, 征兆 zhēngzhào

【征婚】zhēng//hūn 🟥 結婚相手を募集する．¶～启事 qǐshì / 結婚相手募集のお知らせ．

【征集】zhēngjí 🟥 ❶（書面や口頭で資料などを）集める．¶～资料 / 資料を集める．❷（兵士を）募集する．¶～新兵 / 新兵を募集する．

【征粮】zhēngliáng 🟥 食糧を徴集する．

【征募】zhēngmù 🟥（兵士を）募集する．¶～临时工 / 臨時労働者を募集する．

【征聘】zhēngpìn 🟥 招聘(しょうへい)する．¶～科技人员 / 科学技術者を招聘する．

＊【征求】zhēngqiú 🟥（書面や口頭で）求める．¶～意见 / 意見を求める．¶他从来～群众的意见 / 彼はいままで大衆の意見を求めたことがない．

【征人】zhēngrén 🟦⃞ ❶ 遠方へ行く人．❷ 出征する人．

【征实】zhēngshí 🟥 税を現物で徴収する．

【征收】zhēngshōu 🟥 税を徴収する．¶国家～消费税 xiāofèishuì / 国が消費税を徴収する．

【征税】zhēngshuì 🟥 税を徴収する．¶～货物 / 課税品．🔁 纳税 nàshuì

【征讨】zhēngtǎo 🟥 討伐する．¶～叛军 pànjūn / 反乱軍を討伐する．

【征途】zhēngtú 🟦 ❶ 遠い道のり．¶踏 tà 上～ / 遥かな道のりに一歩を踏み出す．🔄 征程 zhēngchéng ❷ 前途．

【征文】zhēngwén ❶ 🟥（新聞や雑誌が）投稿を募集する．¶报纸开展专题～活动 / 新聞が特定テーマについて投稿募集をする．❷ 🟦〔🟥 篇 piān〕投稿作品．

【征象】zhēngxiàng 🟦 兆候．予兆．

【征信】zhēngxìn 🟥（企業や個人の）信用情報を収集する．

【征询】zhēngxún 🟥（意見を）求める．¶广泛～意见 / 広く意見を求める．🔄 咨询 zīxún

【征衣】zhēngyī 🟦 長旅の服装．長旅の身支度．表現 兵士の服や軍服を言うことが多い．

【征引】zhēngyǐn 🟥 引用する．傍証を引く．¶～了很

多原始资料 / 多くのオリジナルの資料を引用した. ¶～广博 guǎngbó / 引用が広範にわたる. 同 援引 yuányǐn, 引用 yǐnyòng
【征用】zhēngyòng 動 (政府が土地や建物などを)徴用する. 徴発する.
【征战】zhēngzhàn 動 出征する.
【征召】zhēngzhào ❶ 徴兵する. ¶～适龄青年入伍 / 徴兵適齢の青年を召集し入営させる. ¶响应 xiǎngyìng～ / 応召する. ❷ 有能な人材を任用し, 官職を授ける.
【征兆】zhēngzhào 名 兆候. 前兆. ¶不祥 bùxiáng 的～ / 不吉な兆候.
【征逐】zhēngzhú 動 友達どうしが頻繁に行き来する.

怔 zhēng   忄部5 四 9101₁ 全8画 次常用

下記熟語を参照.
☞ 怔 zhèng

【怔忡】zhēngchōng 名 文 《中医》動悸(ど‐).
【怔营】zhēngyíng 形 文 怖くて不安だ.
【怔松】zhēngsōng 形 恐れおののくようす. 同 惊恐 jīngkǒng

挣 zhēng   扌部6 四 5705₇ 全9画 常用

下記熟語を参照.
☞ 挣 zhèng

【挣扎】zhēngzhá 動 もがく. 必死になる. ¶垂 chuí 死～ / 死に物狂いでもがく. ¶他在艰苦的环境中～ / 彼は苦しい環境の中でもがいた.

峥 zhēng   山部6 四 2775₂ 全9画 通用

下記熟語を参照.

【峥嵘】zhēngróng 形 文 ❶ 高くて険しい. ¶山势～ / 山が高くて険しい. ¶殿宇 diànyǔ～ / 楼閣がそびえ立つ. ❷ (才能や品格が)群を抜いて優れている. 非凡だ. ¶头角 tóujiǎo～ / 飛び抜けて頭角を現す. ❸ 尋常でない. ¶～岁月 / 波乱に富んだ歳月.

狰 zhēng   犭部6 四 4725₇ 全8画 次常用

下記熟語を参照.

【狰狞】zhēngníng 形 顔つきが凶悪だ. ¶～可怕 / 恐ろしい顔つきだ. ¶面目十分～ / 顔つきがたいへん恐ろしい.

钲(鉦) zhēng   钅部5 四 8171₁ 全10画 通用

名 古代の楽器の一つ. 銅でできた打楽器の事, 隊列の歩行を止める合図に使った.
☞ 钲 zhèng

症(癥) zhēng   疒部5 四 0011₁ 全10画 常用

下記熟語を参照.
☞ 症 zhèng

【症结】zhēngjié 名 ❶ 《中医》腹部に腫瘍のできる病気. ❷ 解決のできない難点. しこり. ¶找到了问题的～所在 / 問題の難点のありかを探し当てた.

烝 zhēng   灬部10 四 1733₁ 全10画

形 文 ❶ 多い. ❷ 美しい.

睁 zhēng   目部6 四 6705₇ 全11画 常用

動 目をあける. 目をみはる. ¶～不开 zhēngbukāi (目があけられない. 見るにたえない). 反 闭 bì

【睁眼】zhēng//yǎn 動 目を見開く. ¶睁一只眼, 闭一只眼 成 片目を開き, 片目をつむる. 大目に見ること.
【睁眼瞎子】zhēngyǎn xiāzi 名 文盲. 同 睁眼瞎

铮(錚) zhēng   钅部6 四 8775₇ 全11画 通用

下記熟語を参照.

【铮铮】zhēngzhēng ❶ 擬 金属がぶつかり合ってたてる澄んだ音色. ¶～悦耳 yuè'ěr / 澄んだ音が耳に心地よい. ❷ 形 意志が堅く不屈だ. ¶铁中～ / 他より抜きん出た人. 錚々(‐)たる人.
【铮铮铁骨】zhēngzhēng tiěgǔ 鉄のように硬いこと. 気骨たくましいこと. ¶大丈夫的～ / 男らしい気概.

筝 zhēng   竹部6 四 8850₇ 全12画 通用

名 《音楽》筝(‐). 古代の弦楽器の一種. 同 古筝 gǔzhēng 参考 琴(‐)と違い筝柱(‐)がある. ⇒ 古琴 gǔqín (図)

蒸 zhēng   艹部10 四 4433₁ 全13画 常用

❶ 素 湯気が上がる. 蒸発する. ¶～发 zhēngfā / ～气 zhēngqì / ～～ zhēngzhēng (熱気が盛んに立ちのぼるようす). ❷ 動 蒸す. ふかす. ¶～馒头 mántou (マントウをふかす).
【蒸饼】zhēngbǐng 名 〔量 块 kuài, 张 zhāng〕発した小麦粉で作った"饼 bǐng". 参考 折り重ね, 間に油や"花椒酱 huājiāo", "芝麻酱 zhīmajiàng"などをはさんで蒸す.
【蒸发】zhēngfā 動 蒸発する. ¶地上的水都～了 / 地面の水は全部蒸発した.
【蒸锅】zhēngguō 名 蒸し器.
【蒸饺】zhēngjiǎo 名 蒸しギョーザ.
【蒸馏】zhēngliú 動 蒸留する.
【蒸馏水】zhēngliúshuǐ 名 蒸留水.
【蒸笼】zhēnglóng 名 〔量 个 ge, 节 jié〕せいろ.
【蒸馍】zhēngmo 名 方 マントウ. 同 馒头 mántou
【蒸气】zhēngqì 名 蒸気. ¶水～ / 水蒸気. ¶～直冒 mào / 蒸気が噴き上げる.
【蒸汽】zhēngqì 名 水蒸気. ¶～浴 yù / サウナバス. 同 水蒸气 shuǐzhēngqì
【蒸汽机】zhēngqìjī 名 蒸気機関. ¶～车 / 蒸気機関車.
【蒸食】zhēngshi 名 蒸した食品. "包子 bāozi", "馒头 mántou"など.
【蒸腾】zhēngténg 動 (気体が)上昇する. ¶热气～ / 湯気が上がる.
【蒸蒸日上】zhēng zhēng rì shàng 成 日に日に向上し, 発展する. 一派～, 欣欣 xīnxīn 向荣的景象 jǐngxiàng / 日に日に発展していくようす.

拯 zhěng   扌部6 四 5701₉ 全9画 次常用

素 救う. 救援する.

【拯救】zhěngjiù 動 救う. ¶～失足的青少年 / 道を踏み外した青少年を救う. 同 解救 jiějiù, 挽救 wǎnjiù, 援救 yuánjiù

整 zhěng   攵部12 四 5810₁ 全16画 常用

❶ 形 整っている. ¶～洁 zhěngjié / 书放得很～齐 (本が実にきちんと並べてある). ❷ 形 欠けることなくそろっている. ¶完～无缺 wúquē (すべてそろっていて欠けたところがない) / ～套 zhěngtào 的书 (全巻がそろった書物) /

忙了一~天(一日中忙しい日になった). 反 零 líng ❸ 动 整理する. 整頓する. ¶~队 zhěngduì / ~风 zhěngfēng. ❹ 动 修理する. ¶~旧如新(古いものを手入れして新品のようにする). ❺ 动 いじめる. 苦しめる. ¶不要随便~人(いたずらに人を苦しめてはならない).

【整备】zhěngbèi 动(武力)整えて配備する. ¶~兵力 / 兵力を整えて配備する.
【整编】zhěngbiān 动(軍隊などの組織を)再編する. ¶~机构 / 組織を再編する.
【整补】zhěngbǔ 动(武力)整え補充する.
【整饬】zhěngchì 文 ❶ 动 秩序ある状態にする. 整える. ¶~校纪 xiàojì / 学校の規律を正す. ❷ 动 整頓 zhěngdùn ❷ 形 整っている. ¶服装 / 身なりがきちんとしている. 反 紊乱 wěnluàn
【整除】zhěngchú 动《数学》整除する. ¶十能被二~ / 10は2で割り切れる.
【整党】zhěng//dǎng 动 党の組織や規律を整える.
【整地】zhěng//dì 动《農業》(田畑を)整地する.
【整点】zhěngdiǎn ❶ 动 整理し、数をあらためる. ❷ 名 毎正時(しょう). ¶~报时 / 正時の時報.
【整队】zhěng//duì 动 隊伍を整える. 整列する.
【整顿】zhěngdùn 动(組織·規律·仕事ぶりなどを)整頓する. きちんと改める. ¶学校得 děi 一~下纪律 jìlǜ / 学校は規律を整えなくてはならない. 同 整饬 zhěngchì
【整风】zhěng//fēng 动 考え方や仕事に取り組む態度を改める.
【整风运动】Zhěngfēng yùndòng 名 整風運動. 1942年に中国共産党が行った学風·党風·文風の三風整頓運動. また、57-58年の第二次整風運動をいう.
【整复】zhěngfù 动《医学》治療して正常な状態に戻す. 整復する.
【整改】zhěnggǎi 动 整頓改革する. ¶~措施 / 整頓改革措置.
*【整个】zhěnggè 形(~儿)全部の. ¶~上午 / 午前中ずっと. ¶我不了解这件事的~过程 / 私はその事の全プロセスを理解していない.
【整合】zhěnghé ❶ 动 整理調整して組み直す. ❷ 名 《地学》整合.
【整机】zhěngjī 名(機械の)組み立て完成品.
【整纪】zhěng//jì 动 規律を正す.
【整洁】zhěngjié 形 きちんとしていて清潔だ. ¶客厅收拾得很~ / 客間はきちんと片付いている.
*【整理】zhěnglǐ 动 整理する. 片付ける. ¶~行装 xíngzhuāng / 旅の支度を整える. ¶她每天要~一下房间 / 彼女は每日部屋を整理する. 同 收拾 shōushi, 拾掇 shíduo
【整料】zhěngliào 名 ひと揃いの材料. 零头 língtóu
【整流】zhěngliú 动《電気》交流を直流に変える. 整流する.
【整流器】zhěngliúqì 名《電気》整流器.
【整年】zhěngnián 名 まる一年. 一年中. ¶~日 / 年がら年中.
**【整齐】zhěngqí ❶ 形 きちんと整っている. 反 零乱 língluàn, 杂乱 záluàn ❷ 形 きれいにそろっている. 反 零乱 língluàn, 杂乱 záluàn ❸ 形 大きさや長さがほぼ同じだ. ¶出苗 miáo~ / 苗が生えそろう. 反 参差 cēncī ❹ 动 整える. ¶~一步调 bùdiào / 步調を整える. 反 零乱 língluàn, 杂乱 záluàn
【整齐划一】zhěngqí huàyī 句 一様である. 画一的だ.
【整儿】zhěngr 名 端数のない数. 同 整数 zhěngshù

【整人】zhěng//rén 动 人を攻撃する. 人を苦しめる.
【整日】zhěngrì 名 まる一日. 一日中. ¶~坐着看书学习 / 一日中座って勉強している.
【整容】zhěngróng 动 ❶(散髮やひげをそったりして)身づくろいをする. ❷ 美容整形をする. ¶~手术 / 美容整形手術. ¶他的伤疤 shāngbā 需要~ / 彼の傷跡は整形が必要だ. 同 美容 měiróng
【整数】zhěngshù ❶《数学》整数. ❷ 端数のない数. 反 零数 língshù
【整肃】zhěngsù 文 ❶ 形 厳粛だ. ❷ 动 きちんと整える. 正す.
【整套】zhěngtào 形 フルセットの. 系統だった. ¶~设备 / フル設備. ¶公司有一~的管理措施 / 会社には系統だった管理方法がある.
【整体】zhěngtǐ 名(集団や事柄の)全体. ¶维护~利益 / 全体の利益を守る. 反 个体 gètǐ, 局部 júbù, 部分 bùfen
【整天】zhěngtiān 名 まる一日. 一日中. ¶干了三~活 / まる三日働いた.
【整形】zhěng//xíng 动 整形する. ¶~手术 / 整形手術.
【整修】zhěngxiū 动 補修する. 改修する. ¶~水利工程 / 水利改修工事. 表现 大きな土木工事について言うことが多い.
【整训】zhěngxùn 动 整頓し訓練する.
【整夜】zhěngyè 名 一晩中.
【整月】zhěngyuè 名 まるまる一ヶ月.
【整整】zhěngzhěng 形 まるまる. ¶她来日本已经~十年了 / 彼女は日本に来て、もうまるまる10年になった.
【整枝】zhěng//zhī 动《農業》整枝(せいし)する. 剪定(せんてい)する.
【整治】zhěngzhì ❶ 改修する. 修理する. ¶~河道 / 河川の水路を改修する. ❷ 懲(こ)らしめる. ¶~坏人 / 悪人を懲らしめる. ❸ 作業をする. ¶~饭菜 / ご飯を作る.
【整装】zhěngzhuāng 动(旅などの)服装を整える.
【整装待发】zhěng zhuāng dài fā 成 身支度を整えて出発を待つ.

正 zhèng

止部1　四 1010₁
全5画　常用

❶ 素(時間が)ちょうど. かっきり. ¶~午 zhèngwǔ. ¶12点~ / 12時ちょうど.
❷ 素 規範に合っている. ¶~楷 zhèngkǎi. ¶~品 zhèngpǐn.
❸ 素(図形のそれぞれの辺の長さや角度がすべて)等しい. ¶~方 zhèngfāng.
❹ 素 正直である. 公正である. ¶~派 zhèngpài. ¶~当 zhèngdàng. ¶~经 zhèngjing.
❺ 素(誤)りを改める. 正す. ¶~误 zhèngwù. ¶给他~音 / 彼の発音を直す.
❻ 素 表側の. 反 反 fǎn 这块布~反面都有图案 / この布は表にも裏にも模様がある. ¶~面 zhèngmiàn.
❼ 素 生の. プラスの. 反 负 fù. ¶~电 zhèngdiàn. ¶~极 zhèngjí. ¶~数 zhèngshù.
❽ 素 主要な. 正式な. 反 副 fù. ¶~本 zhèngběn. ¶~册 / 原本.
❾ 形 まっすぐである. 傾いていない. 反 歪 wāi, 斜 xié ¶~前方 / 真ん前. ¶~南~北 / 真南真北. ¶这条线不~ / この線はゆがんでいる. ¶帽子要戴~ / 帽子はきち

んとかぶりなさい.
⑩[形](色や味に)混じりけのない. 純正である. ¶～黄 / 真っ黄色. ¶～色 zhèngsè. ¶～味 / 混じりけのない味.
⑪[動](位置を)直す. 正しくする. ¶～一～帽子 / 帽子をかぶり直す.
⑫[副]ちょうど具合よく. ¶大小～合适 / ちょうどいい大きさだ. ¶不咸不淡,～好 / 味がからくもなく薄くもなくちょうどいい. ¶你来得～是时候 / 君,ちょうどよい時に来たね.
⑬[副](動作の進行や状態の持続を表わし)ちょうど…(しているところである). ✐文型:"正＋[動](着)…(呢)" ¶他～朝这边儿跑 / 彼はこちらに向かって走っている. ¶宝宝～吃奶呢 / 赤ちゃんはお乳を飲んでいるところだ. ¶现在～开着会 / 今は会議中です. ¶我～忙着呢,你来帮一下 / わたし今忙しいの,ちょっと手伝ってくれない. ¶我～想吃饭呢 / ちょうど食事をしたいと思っていたんだ.
⑭(Zhèng)姓.
☞ 正 zhēng

【正版】zhèngbǎn [名]正規版. [反]盗 dào 版

【正北】zhèngběi [方]真北. ¶～方 / 真北の方角. ¶你朝～走 / 真北に向かって歩きなさい.

【正本】zhèngběn ❶[名]〔[量]本 běn,册 cè〕正本. 原本. [反]副本 fùběn ❷[動]根元を正す.

【正本清源】zhèng běn qīng yuán [成][褒]根元から立て直す. ¶采取～的措施 / 根元からの立て直しのための措置をとる.

【正比】zhèngbǐ [名]《数学》正比例. [反]反比 fǎnbǐ

【正比例】zhèngbǐlì [名]《数学》正比例.

【正步】zhèngbù [名](軍隊の観閲式などで)歩調を整え,両ひじを高く上げて行進する歩き方.

【正餐】zhèngcān [名]❶(レストランの)スタンダードメニュー. ❷正式な食事. ディナー. [表現]①は,朝や夜の軽食メニューに対し,昼食や夕食の正規メニューをいう.

*【正常】zhèngcháng [形]正常だ. ¶发育 fāyù 很～ / 発育は正常だ. ¶列车运行 yùnxíng 一直很～ / 列車の運行はずっと正常だ. ¶不～的心理状态 / おかしな心理状態. ¶～的外交关系 / 正常な外交関係. [反]异常 yìcháng,反常 fǎncháng,失常 shīcháng

【正出】zhèngchū [名][旧]正妻からの出生. 嫡出(ちゃくしゅつ). [同]嫡 dí 出 [反]庶 shù 出

【正大】zhèngdà [形]正大だ. ¶～的理由 / 正当な理由.

【正大光明】zhèng dà guāng míng [成]公明正大だ. [同]光明正大

【正旦】zhèngdàn [名]《芸能》伝統劇の主役の女形(おやま). [参考]"青衣 qīngyī"の旧称. 主役の男役は"正生 zhèngshēng". ☞正旦 zhēngdàn

【正当】zhèngdāng [動]ちょうど…(の時期や段階)に当たる. ¶于今 yújīn～盛夏 shèngxià / 今はまさに盛夏だ. ☞正当 zhèngdàng

【正当年】zhèngdāngnián [形]ちょうど盛りの年頃だ.

【正当时】zhèngdāngshí [形]ちょうど適した時期だ.

【正当中】zhèngdāngzhōng [方]ちょうど真ん中. [同]正中 zhèngzhōng

【正当】zhèngdàng [形]❶正当だ. ¶这是正正当当的举动,无可非议 / これは正々堂々とした行為で非難の余地がない. ¶～的权利 / 正当な権利. ¶不～的行为 xíngwéi / 不正行為. [重]正正当当 ❷(人柄が)正直だ. [重]正正当当 ☞正当 zhèngdāng

【正当防卫】zhèngdàng fángwèi [名]正当防衛.

【正道】zhèngdào [名]〔[量]条 tiáo〕❶正しい道. 正道. ¶守法经营 jīngyíng 才是～ / 法を守って経営することこそ正道だ. [反]邪道 xiédào ❷正しい道理. ¶他讲的全是～ / 彼の言うことはすべて理にかなっている. [反]邪道 xiédào

【正德】Zhèngdé [名]《歴史》正徳(せいとく). 明の武宗(朱厚照)の年号(1506-1521).

【正点】zhèngdiǎn [副](交通機関の運行が)時間どおりに. 定刻どおりに. ¶飞机～起飞,～到达 / 飛行機は定刻に離陸し,定刻に到着した. [反]晚点 wǎndiǎn,误点 wùdiǎn

【正电】zhèngdiàn [名]《物理》正電気. 陽電気. [同]阳 yáng 电

【正电荷】zhèngdiànhè [名]《物理》正電荷. 陽電荷.

【正电子】zhèngdiànzǐ [名]《物理》正電子. 陽電子. [同]阳 yáng 电子

【正殿】zhèngdiàn [名]正殿. 本殿.

【正儿八经】zhèng'ér[-er-]bājīng [形][方](～的)まともだ. まじめだ.

【正法】zhèng//fǎ [動]死刑を執行する. ¶就地 jiùdì～ / その場で死刑を執行する.

【正反】zhèngfǎn [名]正反. 相反するもの. ¶～两方面的看法 / 正反両面からの見方. ¶～问 / 肯定と否定の重ね式疑問文.

【正犯】zhèngfàn [名]《法律》正犯. 主犯.

【正方】zhèngfāng [形]正方形の.

【正方体】zhèngfāngtǐ [名]《数学》立方体. [同]立 lì 方体

【正方形】zhèngfāngxíng [名]《数学》正方形.

【正房】zhèngfáng [名]❶《建築》〔[量]间 jiān〕母屋. 四合院の中庭に面した北側の建物. [同]上房 shàngfáng ⇨四合院 sìhéyuàn(図) ❷正妻. [同]大老婆 dàlǎopo

【正负】zhèngfù [名]プラスとマイナス. ¶～电极 diànjí / プラス・マイナスの電極.

【正告】zhènggào [動]❶厳かに告げる. ❷きつく言う. 厳しく警告する.

【正宫】zhènggōng [名]❶皇后の住む宮殿. ❷皇后. 正室.

【正骨】zhènggǔ [名]《中医》整骨. 接骨.

【正规】zhèngguī [形]正規の. ¶～方法 / 正式な方法. ¶严格～的训练 / 厳格な正規の訓練. ¶你的书写格式不～ / あなたの書いた書式は正式でない. [重]正正规规

【正规军】zhèngguījūn [名]《軍事》正規軍.

【正规战】zhèngguīzhàn [名]《軍事》正規軍による戦争.

【正轨】zhèngguǐ [名]正常な軌道. ¶纳入 nàrù～ / 正しい軌道に乗せる.

【正果】zhèngguǒ [名]《仏教》修行によって得た悟り.

*【正好】zhènghǎo ❶[形](時間・位置・大きさ・数量・程度などが)ちょうどよい. ¶宽窄 kuānzhǎi～ / 幅がちょうどよい. ¶尺寸～ / 寸法がぴったりだ. ¶他与她～是一对儿 / 彼と彼女はちょうどよいカップルだ. ¶他来得～,我正要找他去呢 / 彼はちょうどよい時に来た,たった今探しに行こうとしていたところだ. ❷[副]ちょうど. ¶我身边～有五块钱 / 私はちょうど5元手持ちがあった.

【正号】zhènghào [名](～儿)プラス記号(＋).

【正话】zhènghuà [名]❶まじめな話. まともな話. ❷本当に言いたいこと. 本音.

【正极】zhèngjí [名]《電気》陽極. プラス. [同]阳极

Z

正 zhèng 1439

yángjí 反 负极 fùjí

【正教】Zhèngjiào《宗教》ギリシア正教. 同 东正教 Dōngzhèngjiào

【正襟危坐】zhèng jīn wēi zuò 成 襟を正し端座する. かしこまるようす. ¶大家~,等着老师来谈话／皆は正座してかしこまり、先生が話に見えるのを待っている. 由来『史记』日者伝に見えることば.

【正经八百[摆]】zhèngjīng bābǎi 形 方 まじめだ. まともだ. ¶他~地穿戴 chuāndài 起来／彼はまともな身なりになった.

【正经】zhèngjing ❶ 形 まじめだ. ¶~的青年／まじめな青年. ¶这个人很~／この人はとてもまじめだ. ¶他一向是正正经经的,从不越轨 yuèguǐ／彼は平素からずっとくそまじめで、羽目をはずしたことがない. 重 正正经经 ❷ 形 正当だ. ¶谈~事／仕事上の用件を話す. ¶这笔钱没有用在~的地方,浪费了／このお金は正当な所に使われず、無駄になった. ❸ 形 正規の. ¶非~的历史／公認されていない歴史. ¶他没有~的职业／彼には定職がない. ❹ 副 本当に. ¶这菜炒 chǎo 得~不错呢！／この料理は炒めかげんが実にいい.

【正剧】zhèngjù 名《芸能》正劇. ドラマ.

【正角】zhèngjué 名（~儿）主役. 同 主 zhǔ 角

【正楷】zhèngkǎi 名 楷書. ¶用~书写奖状 jiǎngzhuàng／楷書で賞状を書く.

【正课】zhèngkè 名 正規の授業.

【正理】zhènglǐ 名 正しい道理. ¶人家讲的都是~／みんなの話はすべて筋が通っている. 反 歪理 wāilǐ

【正路】zhènglù 名〔量 条 tiáo〕正道. ¶那时读书应试 yìngshì 是~／そのころは経書を学んで科挙を受けるのが、正当なコースだった. ¶大半不是~人／大抵まともな人間ではない. 反 邪路 xiélù

【正论】zhènglùn 名 正論. ¶你说的确是~／君のいうことは確かに正論だ.

【正门】zhèngmén 名〔量 道 dào〕正門. 反 后门 hòumén

【正面】zhèngmiàn ❶ 名 人や物の正面. ¶~冲突 chōngtū／正面衝突. ¶~半身像／正面を向いた半身像. 反 侧面 cèmiàn ❷ 名 物の表面. ¶~的花纹 huāwén 比反面的好看／表の模様の方が裏のより見栄えがする. 反 背面 bèimiàn,反面 fǎnmiàn ❸ 名 ものごとや問題の上辺（うわべ）. ¶不但要看到事物的~,也要看到它的反面／物事の上辺を見るだけでなく、その隠れた面も見なくてはならない. 反 反面 fǎnmiàn ❹ 形 好ましい. ¶~人物／（文学作品などの）進歩的人物. ¶~教育／正規の好ましい教育. 反 反面 fǎnmiàn ❺ 副 正面から. 直接に. ¶要~鼓励／積極的に励まそう. ¶~交锋 jiāofēng／真っ向から対決する. 反 侧面 cèmiàn

【正名】zhèng//míng 动 名を正す. ¶~定分 dìngfèn／名分を明らかにする.

【正南巴[八北]】zhèng nán bā běi 句 方 まともな正式の. ¶咱是~的老实庄稼 zhuāngjia 人嘛／我々は根っからのまじめな農民だ. ¶她是~的苏州 Sūzhōu 人／彼女は根っからの蘇州人だ. 同 正南靠 kào 北

【正牌】zhèngpái 名（~儿）正規の. 正しい銘柄の. ¶~货／正規ブランド品.

【正派】zhèngpài 形（品行や態度が）まじめだ. ~人／真っ正直な人. ¶老李一向是正正派派的,从不干歪门邪道 wāimén xiédào／李さんは今までずっとまじめ一筋で、曲がったことをしない. ¶举止不~／ふるまいが人に言えない. 重 正正派派 同 正经 zhèngjing

【正片儿】zhèngpiānr 名 "正片 zhèngpiàn"に同じ.

【正片】zhèngpiàn 名〔量〔张 zhāng〕写真の陽画. ポジ. ❷《映画》〔量 部 bù〕コピー. ❸《映画》〔量 部 bù〕（同時上映されるうちの）本編. 主要作品.

【正品】zhèngpǐn 名 規格品. ¶这只保温瓶胆 píngdǎn 是~／この魔法瓶の内側のガラス瓶は合格品だ. 副品 fùpǐn,次品 cìpǐn

【正气】zhèngqì ❶ 名 正しい気風. ¶发扬~,打击歪风 wāifēng／好ましい気風を発揚し、悪しき気風を追い払う. 反 邪气 xiéqì ❷ 堂々とした気風. ¶发扬革命~／革命の気風を発揚する. ❸《中医》元気. 病気に対する抵抗力.

【正桥】zhèngqiáo 名 橋の主要部分. 反 引桥 yǐnqiáo

【正巧】zhèngqiǎo 副 ちょうど. タイミングよく. ¶~买到／ちょうどうまく買えた. ¶我想叫人去请你,~你来了／ちょうど君を呼んでもらおうと思ったところ、折りよく君が来てくれた. 同 刚巧 gāngqiǎo,正好 zhènghǎo,恰好 qiàhǎo

【正切】zhèngqiē 名《数学》タンジェント.

【正取】zhèngqǔ 动 正式に採用する. ¶~生／正規に合格した学生. 反 备取 bèiqǔ

**【正确】zhèngquè 形 正しい. ¶~地分析了形势 xíngshì／形勢を正確に分析する. ¶读音 dúyīn 不~／読み方が正しくない. 同 准确 zhǔnquè 反 错误 cuòwù,荒谬 huāngmiù

【正人君子】zhèng rén jūn zǐ 成 人格者. ¶他扮 bàn 出一幅~的样子／彼は高潔な人柄を装っている. 用法 現在は風刺に用いられることが多い.

【正如】zhèngrú 动 まさに…のようだ. ¶~上文所说,形势 xíngshì 十分有利／まさに前述したように、情勢は非常に有利だ. 同 恰如 qiàrú

【正三角形】zhèngsānjiǎoxíng 名《数学》正三角形.

【正色】zhèngsè 文 ❶ 名 青・黄・赤・白・黒の五色. 混じりけのない色. ¶这块布不是~,我不喜欢／この布は中間色だから好きでない. 反 杂色 zásè ❷ 形 厳しい顔つきをする. ¶我~规劝 guīquàn／私は真剣になって忠告した. ¶遭到妈妈的~拒绝 jùjué／母親の強い拒絶にあう.

【正身】zhèngshēn 名 本人. 当人. 表現 偽物や代理でないことをいう.

【正史】zhèngshǐ 名 正史. 反 野史 yěshǐ 参考『史记』『漢書』から『明史』までの紀伝体で書かれた歴史書.『二十四史』のこと.

*【正式】zhèngshì ❶ 形 正式だ. ¶~访问／公式訪問. ❷ 副 正式に. ¶~列入 lièrù 记录／公式記録になる. ¶~邀请 yāoqǐng 对方／相手を正式に招待する.

【正视】zhèngshì 动 正視する. ¶必须~艰难 jiānnán 的处境 chǔjìng／苦しい立場を直視しなければならない. 反 无视 wúshì

【正事】zhèngshì 名〔量 件 jiàn〕正業. やるべき事. ¶我跟你谈件~／君に仕事のことで話したい. 反 闲事 xiánshì

【正是】zhèngshì 动 ちょうど…だ. ¶~黄昏 huánghūn 时候／まさに夕暮れ時だ. ¶现在去说,~时候／今言うのが、ちょうどよい頃合いだ.

【正室】zhèngshì 名 ❶ 正妻. 正室. 反 正房 fáng 同 侧 cè 室,继 jì 室 ❷ 嫡男. 同 嫡子 dízǐ 庶子 shùzǐ

【正手】zhèngshǒu 名《スポーツ》（テニスや卓球などの）

フォアハンド.

【正书】zhèngshū 名 楷书.

【正数】zhèngshù 名《数学》正数. 反 负数 fùshù

【正税】zhèngshuì 名 正规の税金.

【正堂】zhèngtáng 名 ❶(四合院の)母屋. 同 正屋 wū ❷旧 官庁の執務の間(ま).

【正题】zhèngtí 名 本題. ¶离开~/本筋からはずれる. ¶寒暄 hánxuān 了几句,谈话很快就转入了~/少しあいさつを交わして,話はすぐ本題に入った.

【正体】zhèngtǐ 名 ❶(漢字の)正体. 正字. ❷楷書. ❸(ローマ字の)ブロック体.

【正厅】zhèngtīng 名 ❶正面ロビー. ¶客人在~等着/お客様は正面ロビーで待っています. ❷(劇場の)1階席の中央.

【正统】zhèngtǒng 名 ❶封建王朝を正式に受け継ぐ流れ. ¶~地位/王位継承の正統な地位. ❷(学派や党派における)正統. ¶他是一位~的政治学者/彼は正統な政治学者だ.

【正投影】zhèngtóuyǐng 名《物理》正投影.

【正文】zhèngwén 名 本文. ¶这一章是本书~的一个"楔子 xiēzi"/この章は本書の本文の序章だ. 同 注解 zhùjiě,注释 zhùshì,附录 fùlù

【正屋】zhèngwū 名 (四合院の)母屋. 同 上房 shàngfáng,正房

【正午】zhèngwǔ 名 正午.

【正误】zhèngwù ❶動 誤りを正す. ¶~表/正誤表. ❷名 正しいものと誤り.

【正弦】zhèngxián 名《数学》サイン.

【正凶】zhèngxiōng 名《殺人事件の》主犯. ¶已逮捕 dàibǔ 归案 guī'àn 主犯はすでに捕まり,警察に引き渡された. 反 帮凶 bāngxiōng

【正言厉色】zhèng yán lì sè 成 ことばに厳格さがあり,表情が厳しい.

【正颜厉色】zhèng yán lì sè 成 表情が厳しく,態度が厳粛である.

【正眼】zhèngyǎn 名 正視.

【正业】zhèngyè 名 正業. まともな仕事. ¶不务~的人/まともな仕事にはげまない人.

【正义】zhèngyì ❶名 正義. ¶主持~/正義を擁護する. ¶为~而献身 xiànshēn/正義のために身をささげる. ¶伸张 shēnzhāng ~/正義を広める. ❷名〈文〉正しい解釈. ¶《孟子~》/《孟子正義》 ❸ 形 正義の. ¶~斗争/正義の戦い. 参考 ❷は,かつて書名に多く用いられた.

【正义感】zhèngyìgǎn 名 正義感. 同 是非 shìfēi 感

【正音】zhèngyīn ❶ zhèng/yīn 発音を矯正(きょうせい)する. ¶接受~指导/発音矯正指導を受ける. ❷ zhèngyīn 名 標準音.

【正用】zhèngyòng 名 正式な用途. 正当な使い道.

*【正在】zhèngzài 副《動作の進行や状態の持続をあらわす》ちょうど…しているところ. ¶~进行磋商 cuōshāng/ちょうど協議を進めているところだ. ¶~修建一条新铁路/いま新しい鉄道を建設中だ. ¶农民~忙着收割 shōugē 早稻 zǎodào/農民はいま早稲(わせ)の収穫に忙しい. 注意 動作の繰り返しや長期の持続の表現には使えない.

【正直】zhèngzhí 形 正直だ. ¶她为人 wéirén 非常~/彼女は人柄が大変正直だ.

【正值】zhèngzhí 動 まさに…の時に当たる. ¶眼下~农忙季节/今ちょうど農繁期だ. 同 正当 zhèngdāng

【正职】zhèngzhí 名 ❶正の役職. 正ポスト. 反 副 fù 职 ❷本業.

【正中】zhèngzhōng 方 真ん中. ¶~间/真ん中. 真ん中の部屋. 同 正当 dāng 中

【正中下怀】zhèng zhòng xià huái 成 まさに自分の考えどおりに合う. 願ったりかなったりだ. ¶如此处理,~/このように処理されれば,まさに我が意を得たりだ. ¶他的提议,~/彼の提案は,願ったりかなったりだ. 由来 "下怀"は「自分の気持ち」のへりくだった表現.

【正传】zhèngzhuàn 名 ❶本伝. ❷(章回小説や講談などの)話の本筋. 本題. ¶言归~/話を本題に戻す.

【正字】zhèng/zì 動 字形を正す.

【正字】zhèngzì 名 ❶楷書. ❷(漢字の)正体. 正字.

【正字法】zhèngzìfǎ 名 正字法. 漢字や拼音(ピンイン)の規準となるべき書き方.

【正宗】zhèngzōng 名 正統. ¶~北京烤鸭 kǎoyā/元祖北京ダック. ¶不知哪一处是~/どこが本流か分からない. 由来 もとは仏教各派の開祖の流れをくむ派を指したが,現在では広く技能・芸術の各派を言う.

【正座】zhèngzuò 名 (~儿)(劇場の)舞台正面の座席.

证(證)zhèng
讠部5　四3171₁　全7画　常用

❶索 証を立てる. ¶~明 zhèngmíng/几何 jīhé 题(幾何の問題)を解く. ❷索 証しとなるもの. 証拠. ¶~据 zhèngjù/工作~(身分証明書). ❸(Zhèng)姓.

【证词】zhèngcí 名 証言. ¶他又推翻 tuīfān 了自己的~/彼はまた自分の証言をひっくり返した.

【证婚】zhènghūn 動 結婚証明.

【证婚人】zhènghūnrén 名 結婚の立会人.

【证监会】zhèngjiānhuì 名 "中国证券监督管理委员会"(中国証券監督管理委員会)の略称. CSRC.

【证件】zhèngjiàn 名〔份 fèn,张 zhāng〕身分や経歴などを証明する文書. 証明書. ¶请出示~/証明書を提示して下さい.

【证据】zhèngjù 名 証拠. ¶搜集 sōují~/証拠を集める. ¶~确凿 quèzáo/証拠がきわめて確かだ.

*【证明】zhèngmíng ❶動 証明する. ¶他的身份我能~/彼の身元を私は証明できる. ¶事実~了这个论点的正确性/事実がこの論点の正しさを証明する. ¶~几何 jīhé 题/幾何の問題を証明する. ¶~人/証人. ❷名〔份 fèn,个 ge〕証明書. 紹介状. ¶拿出~给他看/証明書を取り出して彼に見せる.

【证明书】zhèngmíngshū 名 証明書.

【证奴】zhèngnú 名 様々な資格の取得に励むあまり,経済的・精神的に負担になってしまう人.

【证券】zhèngquàn 名《経済》〔张 zhāng〕証券. 同 有价 yǒujià 证券

【证券公司】zhèngquàn gōngsī 名 証券会社.

【证券交易所】zhèngquàn jiāoyìsuǒ 名 証券取引所.

【证券市场】zhèngquàn shìchǎng 名《経済》証券市場.

【证券投资基金】zhèngquàn tóuzī jījīn 名《経済》投資信託.

【证券委】zhèngquànwěi 名 "国务院证券委员会"(国務院証券委員会)の略称.

【证人】zhèngren 名〔❶个 ge,名 míng,位 wèi〕❶(法律)証人. ¶他作为一个~,必须对自己的证词负

责 / 彼は証人として自分の証言に責任を負わなければならない. ❷証明する人.
【证实】zhèngshí 動(確かだと)証明する. ¶得到～/確証を得る. ¶未经 wèijīng～/ まだ実証されていない. ¶消息被～了 / ニュースの裏付けが取れた.
【证书】zhèngshū 名[⽤ 份 fèn, 件 jiàn] 証明書. ¶结婚～/結婚証明書. ¶今天学校颁发 bānfā 了毕业～/きょう学校が卒業証書を授与した.

护照 hùzhào (パスポート)

结婚证 jiéhūnzhèng (結婚証明書)

证 书

【证物】zhèngwù 名《法律》[⽤ 件 jiàn] 証拠物件.
【证言】zhèngyán 名《法律》証言.
【证验】zhèngyàn 動 ❶検証する. ¶计算结果应该～/計算の結果は検証されなければならない. ¶～能力 / 能力を確かめる. ❷実際の効果. ¶经过几次试验, 有了一定的～/ 何回かのテストを通して, 確かな実証を得た.
【证章】zhèngzhāng 名[⽤ 枚 méi] バッジ. 徽章.
【证照】zhèngzhào 名 証明書. 免許書. (同) 证件 jiàn, 执 zhí 照.

郑(鄭) Zhèng ⻏部6 四 8782₇ 全8画 常用

名 ❶周代の国の名. 現在の河南省新郑县の周辺にあった. ❷姓.
【郑成功】Zhèng Chénggōng《人名》鄭成功(ていせい: 1624-1662). 明末の武将. 参考 明の滅亡後も台湾を根拠地にして清軍に対する反抗を続けた.
【郑和】Zhèng Hé《人名》鄭和(ていわ: 1371-1435). 明代の武将. 参考 永楽帝の世にイスラム教徒の宦官として, 7回にわたりインド洋, さらにはアフリカ東岸にまで至る南海遠征を遂行した.
【郑重】zhèngzhòng 形 丁重だ. ¶他的话说得很～/ 彼の話し方は威厳があって重々しい. ¶～声明 / おごそかに声明する.
【郑重其事】zhèng zhòng qí shì 丁寧かつ慎重に事に当たる.
【郑州】Zhèngzhōu《地名》鄭州(ていしゅう). 河南省の省都.

怔 zhèng ⺖部5 四 9101₁ 全8画 次常用

動 ぼんやりする. ぼおっとなる.

☞ 怔 zhēng
【怔怔】zhèngzhèng 形 方 ぼんやりしているようす.

诤(諍) zhèng 讠部6 四 3775₇ 全8画 通用

素 率直に忠告する. いさめる. ¶谏～ jiànzhèng (いさめる. 忠告する) / ～言 zhèngyán / ～友 zhèngyǒu.
【诤谏】zhèngjiàn 文 いさめる. 諌言(かんげん)する. ¶敢于～直言 / 恐れず率直に諫言する.
【诤言】zhèngyán 名 文 人をいさめることば. 諌言(かんげん).
【诤友】zhèngyǒu 名 文 [⽤ 位 wèi] いさめてくれる友人. 忠告してくれる友. ¶～难得 nándé / 率直に忠告してくれる友人は得がたいものだ.

政 zhèng 攵部5 四 1814₀ 全9画 常用

❶ 素 まつりごと. 政治. ¶～党 zhèngdǎng / ～纲 zhènggāng / 参～ cānzhèng (政治に参与する) / ～治 zhèngzhì / ～府 zhèngfǔ / ～体 zhèngtǐ / ～权 zhèngquán / ～策 zhèngcè. ❷ 素 国の専門機関が担当する業務. ¶财～ cáizhèng (財政) / 民～ mínzhèng (民政) / 邮～ yóuzhèng (郵政). ❸ 素 旧 家庭や団体の事務. ¶校～ xiàozhèng (校務. 学校運営上の事務). ❹ (Zhèng)姓.
【政变】zhèngbiàn 名 政変. クーデター. ¶军事～/ 軍事クーデター.
*【政策】zhèngcè 名 [⽤ 个 ge, 条 tiáo, 项 xiàng] 政策. ¶放宽 fàngkuān～/ 政策を緩和する. ¶～落实 luòshí 了 / 政策が実施された.
【政策性】zhèngcèxìng 形 政策的な.
【政出多门】zhèng chū duō mén 成 多くの人が政令を発して統一性に欠ける. 指導者が無力なため, 統一的な政治指導がなされていない.
【政党】zhèngdǎng 名[⽤ 个 ge] 政党.
【政敌】zhèngdí 名 政敵. ¶击败 jībài～/ 政敵を打ち負かす.
【政法】zhèngfǎ 名 政治と法律.
【政风】zhèngfēng 名 政府機関の雰囲気や姿勢. 政府の役人的な態度ややり方.
**【政府】zhèngfǔ 名[⽤ 级 jí, 届 jiè] 政府. ¶～机构 / 政府機構. ¶～机关 / 政府機関. ¶中国では中央人民政府の"国务院"と地方各級の人民政府を指す.
【政府采购】zhèngfǔ cǎigòu 動 政府購入する.
【政府上网工程】Zhèngfǔ shàngwǎng gōngchéng 名 政府ネット配信プロジェクト. 参考 各行政機関が各部門の情報をインターネットに配信し, 一般市民向けの社会的サービスを推進するプロジェクト.
【政纲】zhènggāng 名 政治綱領.
【政工】zhènggōng 名 "政治工作"(政治活動)の略.
【政纪】zhèngjì 名 "行政纪律"(行政規律)の略称. 行政機関の職員が守るべき規律.
【政绩】zhèngjì 名 役人の在職期間中の業績. ¶卓著 zhuózhù～/ 政治業績がきわだつ. ¶颇 pō 有～/ すこぶる功績がある.
【政见】zhèngjiàn 名 政治にかかわる見解. 政見. ¶持有不同的～/ 異なる政治見解を持つ.
【政教合一】zhèng jiào hé yī 成 政教一致. ¶～的统治 / 政教一致の統治. 反 政教分离 fēn lí
【政界】zhèngjiè 名 政界.
【政局】zhèngjú 名 政局. ¶～一直稳定 / 政局がずっと安定している. ¶～动荡 dòngdàng / 政局が流動化する.

【政客】zhèngkè 名 🕮〔量 个 ge, 名 míng〕政治ブローカー. 政客. ¶他是个玩弄 wánnòng 权术的～ / 彼は策略を弄する政治ブローカーだ.

【政令】zhènglìng 名 🕮〔量 道 dào, 条 tiáo, 项 xiàng〕政令. ¶发布～ / 政令を公布する.

【政论】zhènglùn 名〔量 篇 piān〕政治評論. 政論.

【政派】zhèngpài 名（政治上の）派閥. ¶他们属于同一个～ / 彼らは同じ政治派閥に属する.

【政企不分】zhèngqǐ bùfēn 句 政府と企業の役割がはっきりと分かれていない.

【政情】zhèngqíng 名 政治情勢.

【政区】zhèngqū 名 "行政区划"（行政区分）の略称.

【政权】zhèngquán 名 ❶ 政治権力. ¶建立革命～ / 革命政権を打ち立てる. ❷ 政治行政機関.

【政审】zhèngshěn 名 "政治审查"（政治審査）の略称. 人の政治上の行いや記録に関する審査.

【政事】zhèngshì 名 政治に関係する事柄. 政務. ¶积极参与～ / 政務に積極的に参加する.

【政坛】zhèngtán 名 政界.

【政体】zhèngtǐ 名 政治形態. 参考 中国の"政体"は人民代表大会制.

【政通人和】zhèng tōng rén hé 成 政治が滞りなく行われ, 民の心が安らいでいる.

【政委】zhèngwěi 名 "政治委员 zhèngzhì wěiyuán"の略称.

【政务】zhèngwù 名 政務. ¶勤于 qínyú～ / 政務に励む. ¶～繁忙 fánmáng / 政務が多忙だ.

【政务院】zhèngwùyuàn 名 政務院. 参考 中華人民共和国成立当初の中国の最高行政機関で, 1954年9月に国務院に改名された.

【政协】zhèngxié 名 "政治协商会议 zhèngzhì xiéshāng huìyì"の略称.

【政要】zhèngyào 名 政界の要人.

**【政治】zhèngzhì 名 政治. ¶～局 / 党の最高指導機関.

【政治避难】zhèngzhì bìnàn 名 政治亡命.

【政治犯】zhèngzhìfàn 名 政治犯.

【政治家】zhèngzhìjiā 名 政治家.

【政治教导员】zhèngzhì jiàodǎoyuán 名 政治指導員. "教导员"とも言う.

【政治经济学】zhèngzhì jīngjìxué 名 政治経済学.

【政治面目】zhèngzhì miànmù 名 政治上の面目. 表現 個人の政治的立場・政治的行動・政治に関する社会関係などをいう.

【政治权利】zhèngzhì quánlì 名 政治上の権利.

【政治委员】zhèngzhì wěiyuán 名 🕮〔量 个 ge, 名 míng, 位 wèi〕中国人民解放軍の"团"以上の部隊や独立大隊の政治工作員. 共産党の日常活動の責任者で, 軍事指揮官と共にその部隊の長である. 表現 略して"政委"という.

【政治文明】zhèngzhì wénmíng 名 政治の文明化. 社会における政治の成熟度. 参考 政治の実践において実現される有益な成果が, 政治の進歩の度合いとして示されるもの. 政治文明は物質文明（物質の成熟度）を基礎とし, 精神文明（精神の成熟度）を前提条件としてはじめて成り立つ.

【政治协理员】zhèngzhì xiélǐyuán 名 政治協理員. 人民解放軍の"团"以上の機関における党および政治の活動要員. 表現 ふつう"协理员"と言う.

【政治协商会议】zhèngzhì xiéshāng huìyì 名 政治協商会議. 中国の人民民主統一戦線の組織. 全国的な組織には, "中国人民政治協商会議"があり, 各地方にはそれぞれの政治協商会議がある. 表現 略して"政协"という.

【政治性】zhèngzhìxìng 名 政治性.

【政治学】zhèngzhìxué 名 政治学.

【政治指导员】zhèngzhì zhǐdǎoyuán 名 政治指導員. 人民解放軍の"连"レベルにおける政治活動要員. 表現 ふつう"指导员"と言う.

挣 zhèng

扌部6 四 5705₇ 全9画 常用

動 ❶ 抜け出そうと懸命になる. ¶～脱 zhèngtuō / ～命 zhèngmìng / 牲口拴 shuān 得很牢 láo, 不会～掉的 (家畜はしっかりつないでおいたので逃げるはずはない). ❷ 労働によって得る. 稼ぐ. ¶～钱 zhèngqián / ～饭吃 fàn chī (食いぶちを稼ぐ) / ～温饱 wēnbǎo (働いて, 衣食に困らない生活をする) / 妻子～的钱比我还多 (私より妻の方が稼ぎがいい).

☞ 挣 zhēng

【挣揣】zhèngchuài 動 "挣扎 zhēngzhá"に同じ.

【挣命】zhèngmìng 動 ❶ 命を守るために必死にもがく. ❷ 〈回〉懸命に働く.

【挣钱】zhèngqián 動 金を稼ぐ. ¶～养家 yǎngjiā / お金を稼いで家族を養う.

【挣脱】zhèngtuō 動 (ある状況から)力を尽くして脱出する. ¶我无法～这些烦琐 fánsuǒ 的工作 / 私はこれらの煩雑な仕事から逃れることができない.

钲 (鉦) zhèng

钅部5 四 0011₁ 全10画 通用

《化学》"镄 fèi"（フェルミウム. Fm）の古称.

☞ 钲 zhēng

症 (異 證) zhèng

疒部5 四 8171₁ 全10画 常用

素 病気. 病状. ¶～候 zhènghòu / 霍乱 huòluàn ～（コレラ）/ 不治之～（不治の病）/ 对～下药（症状に応じて薬を出す）.

☞ 症 zhēng

【症候】zhènghòu 名 ❶ 病気. ¶他得了什么～？/ 彼はどんな病気にかかったんですか. ❷ 症状. ¶这些是乙型 yǐxíng 肝炎 gānyán 的～ / これは B 型肝炎の症状です.

【症候群】zhènghòuqún 名 《医学》症候群. 同 综合 zōnghé 症

【症状】zhèngzhuàng 名 症状. ¶人冬以后, 咳嗽 késou 更是常见的～之一 / 冬になると, せきはいっそうよく見られる症状の一つだ. ¶有什么～？/ どんな症状ですか.

zhi ㄓ 〔tʂɿ〕

之 zhī

丶部2 四 3030₂ 全3画 常用

文 ❶〔...の〕. 修飾や所有をあらわす. ¶百万～师 shī (100万の軍勢) / 三分～一 (3分の1) / 光荣 guāngróng～家（誉れの家）/ 百万年～前（100万年前）/ 淮水 Huáishuǐ～南（淮河の南）/ 三天～后（3日後）/ 人民～勤劳 qínláo（人民の勤労）. 同 的 de ❷ 代 人や事物を指す. 目的語にのみ使う. ¶爱～重～（めでて大切にする）/ 取～不尽 jìn（いくら取っても尽きない）/ 偶 ǒu 一为 wéi～（偶然にそれを一度やった）. ❸ 代 語気を

整えるだけで、具体的な事物を指さない. ¶久而久~（時間がたつにつれて）/ 总 zǒng 而言~（要するに）. ❹助 主語と述語の間におき、それを修飾関係にかえる. ¶大道~行也,天下为 wéi 公（大道の行われることを、天下は公とす）/ 人数~多（人の多いこと）. ❺代 この. あの. ¶~子于归 zhī zǐ yú guī（この子はここに嫁いでいく）. ❻动 行く. ¶由京~沪 Hù（北京から上海に行く）/ 尔 ěr 将何~?（おまえはどこへ行くのか）.

【之多】zhīduō 名 …の多いこと. ¶数量~难以 nányǐ 统计 tǒngjì / 数が多くて統計をとるのが難しい.

*【之后】zhīhòu 方 ❶ …の後. ¶我们二班走在一班~/ 我々2班は1班の後についている. ¶下课~,我们去看电影 / 退課後、映画を見に行こう. ❷接 その後. それから. 用法①は多く時間を指すが、場所や順序を指すこともある.

【之乎者也】zhī hū zhě yě 成 難解な文語の入り交じった話や文章. ¶他说话尽 jìn 是~,谁也不明白 / 彼の話はいつも小難しくて、誰にも分からない. 由来 "之","乎","者","也",は、文語の中でよく使われる助詞.

【之际】zhījì 名 …の時. …の際. ¶毕业~/ 卒業の時.

**【之间】zhījiān ❶ …の間. ¶彼此 bǐcǐ~/ お互いの間. ❷ 男女~/ 男女の間. ❸ 眨眼 zhǎyǎn~/ 瞬く間. 一転眼~/ 瞬く間. あっと言う間. 用法②は、二音節の動詞や副詞の後に用いる.

【之类】zhīlèi 名 …の類. ¶肉、蔬菜~/ 肉や野菜の類.

【之内】zhīnèi 方 …のうち. ¶两年~以内. / 包括在费用~/ 費用の中に含まれる.

*【之前】zhīqián 方 …の前. ¶在她动身~/ 彼女が出発する前に. ¶大门~禁止 jìnzhǐ 停车 / 正門前では停車を禁じる. 用法 多く時間を指すが、場所を指すこともある.

*【之上】zhīshàng 方 …の上. ¶高山~有棵苍松 cāngsōng / 高い山に松の木が生えている. ¶她的收入在五千美元~/ 彼女の収入は5,000ドル以上だ. 表现 ある場所や数字よりも上にあることをあらわす.

【之所以】zhīsuǒyǐ 接 …の理由は…だ. ¶他~能取得 qǔdé 这么好的成绩,是由于长期的努力 / 彼がこのようい成績を収めることができたのは、長い間の努力による. 用法 後ろに"是因为 yīnwèi"や"是由于 yóuyú"を伴い、"…のゆえに…だからだ"という形で用いられる.

【之外】zhīwài 方 …の外(そ). ¶长城~/ 万里の長城の外. ¶一下跑到两米~/ いっぺんに2メートル余り跳んだ. ¶~的他…以外. ¶计划~的工作 / 計画外の仕事.

*【之下】zhīxià 方 ❶ …のもと. ¶在这种情况~,谁也忍不住 / このような情況のもとでは、だれも我慢していられない. ❷ …の下. ¶他的才能不在你~/ 彼の才能は君以下ではない.

*【之一】zhīyī 名 …の一つ. ¶长江是三大河流~/ 揚子江は三大河川の一つだ. ¶这只是其 qí 中~/ これはその中の一つに過ぎない.

【之用】zhīyòng 名 …の用. ¶供 gōng 参考~/ 参考の用に供する.

【之中】zhīzhōng 方 …の中. のうち. ¶他们~也有学生 / 彼らの中には学生もいる.

支 zhī 支部0 四4040r 全4画 常用

❶ 动 支持する.（柱などで）支える. 持ちこたえる. ¶乐 lè 不可~.（成）楽しさ、支うべからず. 楽しいこと、この上もない）/ ~援 zhīyuán. ❷ 动 金を払う. 金を受け取る. ¶预~一百块钱（先に100元受け取る）. ❸ 动 うまく口実をもうけて、その場を去らせる. ¶把他们~开（口実をもうけて彼らを去らせる）. ❹ 枝分かれしたもの. ¶~流 zhīliú / ~店 zhīdiàn. ❺ 量 部隊などを数えることば. ¶一~队伍 duìwu（一つの部隊）. ❻ 量 棒状のものを数えることば. ¶一~笔（1本の筆）. ❼ 枝 zhī. ❼ 量 繊維の太さをあらわす単位. 番手. ❽ 名 十二支. ❾ 地支 dìzhī ❾ 名 姓.

【支边】zhībiān 动 "支持边疆"（辺境地区を支援する）の略.

【支拨】zhībō 攵 振り当てる. ¶以二十万归入财政~/ 20万を財政調達に繰り入れる.

【支部】zhībù 名〔量 个 ge〕（党派や団体の）支部. ¶党~书记 / 党支部書記. 反 总部 zǒngbù.

【支撑】zhīchēng 动 ❶ 支える. ¶房顶 fángdǐng 靠柱子~/ 屋根は柱によって支えられている. ❷ なんとか持ちこたえる. ¶这个企业已无法~/ この企業はもう維持する方法がない. ¶靠他一人的工资~着一家四口的生活 / 彼一人の給料で一家四人の生活をなんとか維持している.

【支撑点】zhīchēngdiǎn 名《軍事》（防衛の）拠点.

【支承】zhīchéng 动 支える.

*【支持】zhīchí 动 ❶ 支持する. ¶给予 jǐyǔ~/ 支持する. ¶请你~我们 / ぜひぜひ我々を支持してください. 重 支持支持 反 反对 fǎnduì ❷ なんとか持ちこたえる. ¶由于长期劳累 láolèi,他的身体有些~不住了 / 長い間の疲労の蓄積で、彼の体は相当持ちこたえられなくなっている. ¶这种局面再也~不下去了 / この局面はもうこれ以上持ちこたえられない. 同 支撑 zhīchēng,撑持 chēngchí.

【支持率】zhīchílǜ 名 支持率.

【支出】zhīchū ❶ 动 支出する. ¶购货款 gòuhuòkuǎn 已全部~/ 品物購入代金はもう全て支払った. ❷ 名〔量 笔 bǐ,项 xiàng〕支出金額. ¶压缩 yāsuō~/ 支出額を圧縮する. ¶这个月的~很多 / 今月は支出が多い. 反 收入 shōurù.

【支绌】zhīchù 形 資金が不足だ. 反 宽裕 kuānyù 由来《史记》周本紀のことばから. ⇒左 zuǒ 支右 yòu 绌

【支点】zhīdiǎn 名 ❶《物理》支点. ❷ 中心. 拠点.

【支店】zhīdiàn 名 支店. 表现"分店"より小さいものを言う.

【支队】zhīduì 〔量 支 zhī〕❶ 軍隊の団または師団の組織. ¶游击 yóujī~/ 遊撃分遣隊. ❷ 臨時編成部隊. ¶先遣 xiānqiǎn~/ 先遣隊.

【支付】zhīfù 动 支払う. ¶~房租 fángzū / 家賃を払う. ¶~奖金 jiǎngjīn / ボーナスを支給する. ¶为了~学费,他四处 sìchù 打工 / 学費を支払うため、彼はあちこちで働いている. 同 领取 lǐngqǔ.

【支行】zhīháng 名（銀行の）支店. 出張所.

【支护】zhīhù 名《鉱業》（柱を組んだりコンクリートで固めるなどして）坑道の崩壊を防ぐ.

【支架】zhījià ❶ 名 支え. ¶自行车~/ 自転車のスタンド. ❷ 动 支える. ¶~屋梁 wūliáng / 家の梁(き)を支える. ¶~锅灶 guōzào / かまどを据えつける. ❸ 支撑 zhīchēng 食い止める. ¶寡 guǎ 不敌 dí 众,~不住 / 衆寡敵せず, 防ぎきれない.

【支解】zhījiě 动 ❶（古代の酷刑で）肢体を裂く. 同 肢解 zhījiě ❷（組織などを）解体する. ¶一夜 yī yè,这个国家被~为两部分 / 一夜のうちにこの国は二分割されてしまった. ¶把这只烤鸭 kǎoyā~一下 / この北京ダックをちょっとさばいてくれ. 同 肢解 zhījiě

【支局】zhījú 名 支局. 表現 "分局"より小さいものを言う.

【支棱】zhīleng 動 方 ぴんと立つ. ¶他使劲 shǐjìn ~着耳朵听 / 彼は神経を集中し耳をそばだてて聞く. ¶那大荷花 héhuā 立刻~起来 / そのハスの大輪はすぐさますくっと立ち上がった.

【支离】zhīlí 形 ❶ ばらばらだ. ❷(ことばや文章に)まとまりがない.

【支离破碎】zhī lí pò suì 成 ちりぢりばらばらだ. 支離滅裂だ. ¶玻璃被打得~ / ガラスは打ち付けられて粉々になった.

【支流】zhīliú 名 ❶〔量 条 tiáo〕支流. ¶嘉陵江 Jiālíngjiāng 是长江的一条~ / 嘉陵江は揚子江の支流だ. 反 干流 gànliú ❷ 二の次のもの. ¶他的工作, 主流是好的, 当然也有缺点, 但那是~ / 彼の仕事はおおむねうまくいっている. 当然欠点もあるがそれは二次的なことだ. 反 主流 zhǔliú

【支脉】zhīmài 名〔量 条 tiáo〕主脈から分かれた山脈. 支脈.

【支那】Zhīnà 名 中国に対する呼称. 参考 古代のインド・ギリシア・ローマ, 近代の日本で用いられた.

【支农】zhīnóng 動 "支援农业 zhīyuán nóngyè" (農業を支援する)の略. ¶他们下乡 xiàxiāng ~去了 / 彼らは田舎へ農業支援に行った.

【支派】zhīpài ❶ 名 分派. ¶民族语言的~ / 民族言語の分派. ❷ 動 指図する. ¶今天听你~ / 今日はあなたの指図を受けよう. ¶今天要办喜事, 厨房人手少, ~不开 / 今日は結婚式なので厨房は人手が足りず, やりくりしきれない.

【支配】zhīpèi 動 ❶ 割り振る. ¶~经费 jīngfèi / 経費を配分する. ¶要好好~时间 / 時間をうまく配分しなさい. ❷ 安排 ānpái . ❷ 支配する. コントロールする. ¶大脑~着全身的活动 / 大脳は全身の活動をコントロールしている. ¶季节、气候的变化都受自然规律的~ / 季節や気候の変化は自然の法則の支配を受ける. 同 操纵 cāozòng

【支票】zhīpiào 名〔张 zhāng〕小切手. ¶开~ / 小切手を振り出す. ¶空头 kōngtóu~ / 不渡り小切手. ¶旅行~ / トラベラーズ・チェック.

【支气管】zhīqìguǎn 名〔生理〕気管支.

【支气管炎】zhīqìguǎnyán 名〔医学〕気管支炎.

【支前】zhīqián 動 "支持前线"(前線を支援する)の略.

【支渠】zhīqú 名〔灌~用の〕分水路. 引き込み水路.

【支取】zhīqǔ 動 金を受け取る. ¶~存款 cúnkuǎn / 預金を引き出す. ¶~本月份工资 / 今月の給料を受け取る.

【支使】zhīshi 動 命令する. ¶你可~小刘去跑一趟 / 君は劉君にひとっ走り行ってもらったら.

【支书】zhīshū 名 "支部书记 zhībù shūjì"(党支部書記)の略.

【支委】zhīwěi 名 "支部委员 zhībù wěiyuán"(党支部委員)の略.

【支委会】zhīwěihuì 名 "支部委员会 zhībù wěiyuánhuì"(党支部委員会)の略.

【支吾】zhīwú 動 言い逃れをする. ¶他总是一味~ / 彼はいつもひたすら言い逃れをする. ¶他支吾吾地把话岔开 chàkāi 了 / 彼はあれこれごまかして話をそらした. 圓 支吾其词 zhīwú

【支吾其词】zhī wú qí cí 成 ことばを濁す. ¶办不到明说, 别~嘛! / できなかったらはっきり言いなさい, 言い逃れをするな.

【支线】zhīxiàn 名〔条 tiáo〕支線. ローカル線. 反 干线 gànxiàn

【支应】zhīyìng 動 ❶ 対処する. ¶一个人~不开 / 一人では対処しきれない. ❷ 番をする. ¶~门户 / 門番をする. ¶你去睡吧, 我在这儿~着 / 君寝に行っていいよ, 僕がここで番をしているから.

【支原体】zhīyuántǐ 名〔生物・医学〕マイコプラズマ.

*【支援】zhīyuán 動 支援する. ¶工业和农业互相~ / 工業と農業は互いに支援し合う. ¶~他们一批原料 / 彼らに原料を援助する.

【支着[招]儿】zhī//zhāor 動 方 (碁や将棋を見て)助言する. ¶请了一位下棋 xiàqí 的高手跟他在她旁边~ / 碁の名手を招き彼女の脇で助言してもらう. ¶办这事时他要我给他~ / この事をする時, 彼は私に助言するよう頼んだ.

【支支吾吾】zhīzhiwúwú 形 ごちゃごちゃ言ってお茶を濁している. あれこれ言い逃れをする.

【支助】zhīzhù 名 支援. ¶朋友给我很大的~ / 友達が私の大きな支えになってくれた.

【支柱】zhīzhù 名〔根 gēn〕支柱. ❶ 坑道 kēngdào 里用~撑 chēng 着顶部 / トンネルの柱が最上部を支えている. ❷ 中核となる勢力や人物. ¶国家的~ / 国家の中心的存在.

【支子】zhīzi 名 ❶ つっかえ. ¶自行车~ / 自転車のスタンド. ¶火~ / 五徳. ❷ 脚の付いた肉焼き網.

【支嘴儿】zhī//zuǐr 動 方 そばから助言する. ¶咱们别~, 让他自己多动动脑筋 nǎojīn / みんな助け船を出すな, 彼自身によく考えさせよ.

氏 zhī 氏部 0 四 7274₂
全 4 画 常用

→网氏 yānzhī, 月氏 Yuèzhī

☞ 氏 shì

只 (隻) zhī 口部 2 四 6080₀
全 5 画 常用

❶ 量 対になっているものの片方を数えることば. ¶两~手 (2本の手) / 一~鞋(靴の片方). 反 双 shuāng ❷ 量 動物・鳥・虫などを数えることば. ¶一~鸡(1羽のニワトリ) / 一~猫(ネコ1匹). ❸ 量 船を数えることば. ¶一~帆船(帆船1隻). ❹ 量 日用品を数えることば. ¶一~手表(腕時計1つ) / 三~箱子(3つの箱). ❺ 素 ただ一つの. わずかな. ¶~身 zhīshēn / 片紙一字(わずかなことば) / ~眼 zhīyǎn (他人が考えない独特な見方).

☞ 只 zhǐ

【只身】zhīshēn 名 単身. 独り. ¶~赴任 fùrèn / 単身赴任. 用法 多く連用修飾語に用いられる.

【只言片语】zhī yán piàn yǔ 成 一言半句. ひとことふたこと. ¶这事不是~能说清楚的 / この件は一言で簡単に説明できるものではない.

【只字不提】zhī zì bù tí 成 一言も触れない. ¶她~去东京的事儿 / 彼女は東京へ行ったことに一言も触れない. ¶他看完信, ~信的内容 / 彼は手紙を読み終えたが, 内容は一言も触れない.

卮 (巵 卮) zhī 卩部 3 四 7221₂
全 5 画 通用

名 古代の酒器.

汁 zhī 氵部 2 四 3410₀
全 5 画 常用

名 (~儿)汁. ¶墨~ mòzhī(墨汁) / 橘~ júzhī (オレンジジュース).

【汁儿】zhīr 名 汁. 液.
【汁水】zhīshuǐ 名 方 汁. 液.
【汁液】zhīyè 名 汁. 液.

芝 zhī
艹部3 四 4430₂
全6画 常用

❶ 名《植物》マンネンダケ. 灵芝 língzhī ❷ 名《植物》古書でヨロイグサ. ビャクシ. ¶～兰 zhīlán. 回 白芝 báizhī ❸ (Zhī)姓.
【芝加哥】Zhījiāgē《地名》シカゴ（米国）.
【芝兰】zhīlán 徳が高いこと. 友情や環境に恵まれていること. ¶～之室／賢才のいるところ. よい行いを見習える環境. ¶～玉树 yùshù ｜ 成 すぐれた弟子. 由来 "芝"（ビャクシ）と "兰"（ラン）はともに香草であることから.
【芝麻】zhīma 名《植物》〔粒 lì〕ゴマ. ¶～开花节节 jiéjié 高／成 生活が少しずつ良くなること. 回 脂麻 zhīma
【芝麻官】zhīmaguān 名 卑 木っ端役人. 小役人. 回 芝麻绿豆 lǜdòu 官
【芝麻酱】zhīmajiàng 名 ゴマ味噌. 回 麻酱 májiàng
【芝麻油】zhīmayóu 名 ゴマ油. 回 麻油 máyóu, 香油 xiāngyóu

吱 zhī
口部4 四 6404₇
全7画 次常用

摹 摩擦してきしむ音. ¶咯～ gēzhī（ガチャッ）／叽～咯～ jīzhī gēzhī（ギシギシ）／小车～～响（手押しの一輪車がギーギーと音をたてる）. 用法 "吱吱"の形で用いることが多い.
☛ 吱 zī
【吱扭〔妞〕】zhīniū 摹 ギイギイきしむ音. ¶不知什么时候,门"～"响 xiǎng 了一声／いつだか分からないがドアのギーっときしむ音がした.
【吱吱】zhīzhī 摹 物のきしむ音. ギーギー. ¶他坐在一个空箱上,压得箱子～响／彼は空の箱の上に坐ったが,重さで箱がギーギー鳴った.

枝 zhī
木部4 四 4494₇
全8画 常用

❶ 名〈～儿〉木の枝. ¶树～ shùzhī（木の枝）／柳～ liǔzhī（ヤナギの枝）／节外生～（もとからある問題にさらに別の問題が起こって解決が難しくなる）／一节 zhījié. ❷ 量 花のついた枝を数えることば. ¶一～杏花 xìnghuā（一枝のアンズの花）. ❸ 量 棒状のものを数えることば. ¶一～铅笔（1本の鉛筆）. 回 支 zhī
【枝杈】zhīchà 名 回 根 gēn〕小枝.
【枝繁叶茂】zhī fán yè mào 成 ❶ 樹木の枝葉が茂っている. ❷ 子孫が多く,繁栄している.
【枝干】zhīgàn 名 枝と幹. ¶～显得有点苍老 cānglǎo／枝と幹は少し枯れたように見える.
【枝节】zhījié 名 ❶ 枝葉末節. ¶这可不是～问题／これは決して枝葉末節の問題ではない. ¶枝枝节节的琐事 suǒshì／取るに足りない些細なこと. ❷ 面倒. ¶横生 héng ～／思わぬ面倒が起こる.
【枝蔓】zhīmàn 名 ❶ 枝やつる. ❷ ごちゃごちゃに込み入ったもの. 煩瑣("哈")な.
【枝条】zhītiáo 名〔回 根 gēn〕枝. ¶修剪 xiūjiǎn ～／枝を剪定(忄)する.
【枝头】zhītóu 名 枝の先.
【枝形吊灯】zhīxíng diàodēng 名 シャンデリア.
【枝丫〔桠〕】zhīyā 名〔回 根 gēn〕小枝. ¶修理～／枝を剪定(忄)する. 回 枝杈 zhīchà
【枝叶】zhīyè 名 ❶ 枝と葉. ¶那棵大樟树 zhāngshù

～茂盛 màoshèng／そのクスの大木は葉や枝が繁茂している. ❷ 本筋でないこと. ¶撇开 piēkāi ～问题不谈／枝葉末節なことをいちいち談じない.
【枝子】zhīzi 名〔回 根 gēn〕枝. ¶带～的花朵 huāduǒ／枝のついた花.

知 zhī
矢部3 四 8680₀
全8画 常用

❶ 动 知る. 分かる. ¶～觉 zhījué／～无不言,言无不尽. ❷ 素 知らせる. ¶通～ tōngzhī（通知する）／～照 zhīzhào. ❸ 素 知識. 学問. ¶求～ qiúzhī（知識を求める）. ❹ 素 主管する. ¶～县 zhīxiàn／～府 zhīfǔ. ❺ 书 文 "智 zhì"に同じ. ❻ (Zhī)姓.
【知本家】zhīběnjiā 名 知能の資産家. 参考 "资本家"からの造語. 先端技術や知識を資本とし,巨財を成した知的エリートを指す.
【知单】zhīdān 名 旧 招待状. 参考 招待客の名を列記したもので,これを持った使者が各招待客を訪ねてまわり,出席者は自分の名前の下に "知"の字を,欠席者は "謝"の字を書いて返事とした.
*【知道】zhīdào 动 ❶ 形 知る. 分かる. ¶我～的不多／私が知っていることは少ない. ¶你的意思我～了／君の言いたいことは分かった. ¶我不～明天天气怎么样／明日の天気がどうかわからない. 重 知道知道 回 知晓 zhīxiǎo,晓得 xiǎode
【知底】zhī/dǐ 动 いきさつや内情を知る.
【知法犯法】zhī fǎ fàn fǎ 成 法律を知っているのに,わざと違反行為をする. ¶对～的人,应该严惩 yánchéng 不贷 dài／法を知っていながら違反する者は,厳罰に処すべきだ.
【知府】zhīfǔ 名《历史》明・清代の府（地方の行政単位）の長官. 府知事.
【知根知底】zhī gēn zhī dǐ 惯 いきさつや内情をよく知っている.
【知更鸟】zhīgēngniǎo 名《鳥》コマドリ.
【知会】zhīhui 动 口 知らせる. 通知する.
【知己】zhījǐ ❶ 形 互いに理解し親しくしている. 気心の知れた. ¶～话／内輪話. ❷ 名 親友. 知己. ¶海内存～,天涯 tiānyá 若 ruò 比邻 bǐlín 成 世の中に知己があれば,遠く離れていても隣人のようなものだ.
【知己知彼】zhī jǐ zhī bǐ 自分と相手の情況をよく理解している. ¶我们是～的老朋友了／私たちは気心の知れた古くからの友達だ. 由来《孙子》谋攻篇の "～,百战不殆 dài"（彼を知り己を知れば,百戦危うからず）から. 回 知彼知己
【知交】zhījiāo 名〔回 个 ge,位 wèi〕親友. ¶小学时代の～／小学校時代の親友.
【知近】zhījìn 形 互いによく知っていて親しい.
【知觉】zhījué 名 ❶ 知覚. ❷ 感覚. 意識. ¶冷得失去～了／寒くて感覚がなくなった.
【知客】zhīkè 名 ❶ 慶事や弔事の際に接客の手伝いをする人. 回 知宾 bīn ❷ 寺院で接客をする僧. 回 典客 diǎnkè,客僧 sēng
【知了】zhīliǎo 名《虫》〔回 个 ge,只 zhī〕セミ. 回 蝉 chán 由来 "知了"（ジージー）というセミの鳴き声から.
【知名】zhīmíng 形 著名だ. 有名だ. ¶～人士 rénshì／著名人. 有名人. ¶海内外都很～／国内外で名が通っている. 回 有名 yǒumíng,闻名 wénmíng,著名 zhùmíng,出名 chūmíng 反 无名 wúmíng 用法 人物に用いる.
【知名度】zhīmíngdù 名 知名度.

【知命】zhīmìng [文] ❶ [動] 天命を知る. ❷ [名] 五十歳. [由来] ②は,『論語』為政篇の「五十而知天命(五十にして天命を知る)」から.

【知母】zhīmǔ [名]《植物・薬》ハナスゲ. 知母(ちも). [参考] 根茎は解熱剤になる.

【知难而进】zhī nán ér jìn [成] 困難を承知で進む.

【知难而退】zhī nán ér tuì [成] 困難を察知して退却する. ¶我们每个青年都应该激流 jīliú 勇进,不能～ / われわれ若者は一人一人激流を突き進むべきで,困難を知って退くことはできない.

【知青】zhīqīng [名] "知识青年 zhīshi qīngnián"の略.

【知情】[動] ❶ zhī// qíng 相手の善意に感謝する. ❷ zhīqíng (犯罪事件の)事情を知る. ¶～不报 / 事情を知りながら通報しない.

【知情达理】zhī qíng dá lǐ [成] 義理人情や道理をわきまえている. [同] 通 tōng 情达理

【知情权】zhīqíngquán [名] 知る権利.

【知情人】zhīqíngrén [名] 事情を知る人.

【知趣】zhīqù [形] 気が利く. 物分かりのいい. ¶老张很～ / 張さんはとても気のきく人だ.

【知人论世】zhī rén lùn shì [成] 人物や世相を論じる. ¶～的文章 / 人物や世相を論じた文章. [由来]『孟子』万章下に見えることば.

【知人善任】zhī rén shàn rèn [成] 人物をよく知って上手に使う. ¶只有～,才能人尽 jìn 其才 / 人物をよく知って上手に使えば,各人が十分に才能を発揮することができる.

【知人之明】zhī rén zhī míng [成] 人を見る目. 人の性格や能力を見極める力. ¶他缺乏～的能力 / 彼は人を見る能力に欠ける.

【知事】zhīshì [名] [旧] 県の長官. 県知事. [同] 县 xiàn 知事

**【知识】zhīshi [名] ❶ 知識. ¶～就是力量 / 知識はすなわち力だ. ❷ 学術文化. ¶～界 / 学術界.

【知识产权】zhīshi chǎnquán [名]《法律》知的財産権. 知的所有権.

【知识产业】zhīshi chǎnyè [名] 知識産業. [同] 智力 zhìlì 产业 [参考] 教育・科学研究・情報サービス分野などの産業をいう.

【知识分子】zhīshi fènzǐ [名] 知識人. インテリ.

【知识经济】zhīshi jīngjì [名] 知識経済. [参考] 知識や情報の生産・分配・使用を基盤とする経済.

【知识青年】zhīshi qīngnián [名]〔[量] 个 ge,名 míng〕❶ 高卒程度(以上)の学力・教養がある若者. ❷ 文化大革命中に,農村へ下放した中・高卒の青年. [参考] 略して"知青 zhīqīng"という.

【知书达理[礼]】zhī shū dá lǐ [成] 知識があり礼儀もわきまえている. [同] 知书识 shí 理

【知疼着热】zhī téng zháo rè [成] いたわり思いやる. ¶他对他夫人真是～呢 / 彼は奥さんに対して本当に思いやりがある. [参考] 主に,夫婦の間に用いる.

【知无不言,言无不尽】zhī wú bù yán,yán wú bù jìn [成] 知っていることは余すところなくすべて話す.

【知悉】zhīxī [動] [文] 知る. 分かる. ¶详情 xiángqíng～ / 詳しい事情は分かりました. ¶无从 wúcóng～ / 知るすべがない. [用法] 手紙などで用いる.

【知县】zhīxiàn [名]《歴史》明・清代の県の長官. 県知事.

【知晓】zhīxiǎo [動] 知る. 分かる. ¶无人～ / 誰も知らない. [同] 知道 zhīdào,晓得 xiǎode

【知心】zhīxīn [形] 気心が知れている. ¶～话 / 相手を思いやることば. ¶～人 / 気心が知れた友達. ¶～着意 zháoyì / [成] 互いに気心が知れて何でも分かり合える.

【知音】zhīyīn [名] 知己. 良き理解者. ¶～难觅 mì / 知己は求めがたし. [参考]『列子』湯問篇の「伯牙の琴の音色を本当に理解していたのは,鍾子期ただ一人だった. 鍾の死後,伯牙は良き理解者を失ったので二度と琴を弾くことはなかった」という故事から.

【知友】zhīyǒu [名] 気心の知れた友人.

【知遇】zhīyù [動] 知遇を得る. 才能を認められ重用される. ¶～之恩 ēn / 知遇を得た恩.

【知照】zhīzhào [動] 知らせる. ¶你不～他,他怎么会知道呢？/ 君が知らせなかったら,彼はどうやって知るんだい.

【知州】zhīzhōu [名]《歴史》明・清代の州の長官. 州知事.

【知足】zhīzú [動] 足るを知る. 満足する. ¶～不辱 rǔ / [成] 足ることを知れば辱めを受けることはない.

【知足常乐】zhī zú cháng lè [成] 足るを知れば常に心楽し. [由来]『老子』のことば から.

肢 zhī

月部 4 [四] 7424_7 全 8 画 [常 用]

[素] 手と足. ¶四～无力(手足に力がない) / 断～再植 zhí (切れた四肢を元通りにつなぐ).

【肢解】zhījiě [動] "支解 zhījiě"に同じ.

【肢体】zhītǐ [名]《生理》❶ 四肢. ❷ 四肢と胴体.

泜 Zhī

氵部 5 [四] 3214_0 全 8 画 [通 用]

[素] 地名用字. ¶～河 Zhīhé (河北省を流れる川の名).

织(織) zhī

纟部 5 [四] 2618_0 全 8 画 [常 用]

❶ [動] 布を織る. (毛糸などで)編む. ¶～布 zhībù / ～毛衣(セーターを編む) / ～席 xí (むしろを編む). ❷ (Zhī)姓.

【织补】zhībǔ [動] (衣服の破れを)織り継ぎする. ¶～羊毛衫 shān / 毛糸のシャツをつくろう.

【织布】zhībù [動] 布を織る. ¶～厂 / 織物工場. ¶～机 / 織機.

【织机】zhījī [名] 織機.

【织锦】zhījǐn [名]《紡織》❶ 錦織(にしきおり). ¶～被面 bèimiàn / 錦織の布団の生地. ❷ 絵柄を織り込んだシルク.

【织锦缎】zhījǐnduàn [名]《紡織》何色もの糸を使って模様を織り込んだ緞子(どんす). 錦織.

【织女】zhīnǚ [名] ❶ [旧] 機織り女. ❷ 織女星. ベガ.

【织女星】zhīnǚxīng [名]《天文》織女星. ベガ.

【织品】zhīpǐn [名] 織物. [同] 纺 fǎng 织品

【织物】zhīwù [名] 織物.

【织造】zhīzào [動] (織物を)織る.

栀(異 梔) zhī

木部 5 [四] 4291_2 全 9 画 [通 用]

[名] "栀子 zhīzi"に同じ.

【栀子】zhīzi [名]《植物》クチナシ. またその実. [同] 栀子树 shù [参考] 地方によっては"水横枝 shuǐhéngzhī"とも言う.

胝 zhī

月部 5 [四] 7224_0 全 9 画 [通 用]

→胼胝 piánzhī

祇 zhī

礻部 5 [四] 3224_0 全 9 画 [通 用]

[形] [文] うやうやしい. ¶～候 hòu 光临 guānglín (謹んでご光臨をお待ち申し上げます). [用法] 手紙などで用いることが多い.

脂 zhī

月部6 四 7226₁
全10画 常用

素 ❶（動植物の）あぶら．脂肪．¶～肪 zhīfáng / ～油 zhīyóu. ❷（化粧品の）べに．¶～粉 zhīfěn.

- 【脂肪】zhīfáng 名 脂肪．
- 【脂肪肝】zhīfánggān 名《医学》脂肪肝．
- 【脂肪酸】zhīfángsuān 名《化学》脂肪酸．同 脂酸
- 【脂粉】zhīfěn 名 べにとおしろい．図 若い女性．
- 【脂膏】zhīgāo 名 ❶ 脂肪．❷ 人民の血と汗と労働の結晶．
- 【脂麻】zhīma 名《植物》ゴマ．同 芝麻 zhīma
- 【脂油】zhīyóu 名 方（ブタの）葉状脂肪．同 板油 bǎnyóu. 参考 ラードの原料になる．

蜘 zhī

虫部8 四 5610₀
全14画 常用

下記熟語を参照．

- 【蜘蛛】zhīzhū 名《虫》〔働 只 zhī〕クモ．¶～网 / クモの巣．¶～勤 qín 织网 zhīwǎng / クモは一生懸命巣をはる．同 蛛蛛 zhūzhu
- 【蜘蛛人】zhīzhūrén 名 ❶ スパイダーマン．❷ ビルの窓拭きなど，高所で清掃作業をする人．

执（執）zhí

扌部3 四 5501₇
全6画 常用

❶ 素（手に）握る．掌握する．¶～笔 zhíbǐ /～政 zhízhèng. ❷ 素 堅持する．¶～意 zhíyì /～不悟 wù / 争～ zhēngzhí（互いに自分の主張に固執して譲らない）．❸ 素 実行する．執行する．¶礼甚 shèn 恭 gōng（礼をうやうやしく行う）/～行 zhíxíng. ❹ 素 証明書．¶回～ huízhí（郵便物などの受取証）/ 收～ shōuzhí（税金などの受取証）/～照 zhízhào. ❺ 文 捕らえる．❻（Zhí）姓．

- 【执棒】zhíbàng 動（音楽）タクトを振る．指揮をする．
- 【执笔】zhíbǐ 動 執筆する．¶～起草公约 / 公約を執筆・起草する．用法 特に集団名義の文章について言う．
- 【执鞭】zhíbiān 動 文 ❶ 鞭を執る．❷ 教鞭を執る．
- 【执导】zhídǎo 動（映画や演劇の）監督する．演出をする．
- 【执法】zhífǎ 動 法律を執行する．¶～者 zhě / 法の執行者．
- 【执法犯法】zhífǎ fànfǎ 句 法を執行するものが法を犯す．⇨知 zhī 法犯法
- 【执法如山】zhí fǎ rú shān 成 断固として法律を執行する．¶执法人员应该～ / 法律執行者は断固として法を執行するべきだ．
- 【执管】zhíguǎn 動 管理する．つかさどる．
- 【执纪】zhíjì "执行纪律"（政治規律を正し，守る）の略称．
- 【执教】zhíjiào 動 教鞭をとる．
- 【执迷不悟】zhí mí bù wù 成 過ちを認めず，頑固に押し通す．¶有了错误应该改正，不能～ / 誤ったら改正すべきで，誤ったまま頑固に押し通してはならない．
- 【执泥】zhíní 動 固執する．拘泥する．
- 【执牛耳】zhí niú ěr 句 主導権を握る．牛耳る．¶当今文坛 wéntán 谁是～者 zhě ? / 今の文壇は誰が牛耳っているんだ．由来 古代，諸侯が同盟を結ぶ時，盟主がウシの耳を割り，その血を順番にすすったことから．
- 【执拗】zhíniù 動 強情だ．頑固だ．¶脾气～ / 手に負えない性格だ．¶他太～，谁的劝告都不听 / 彼は非常に頑固で，誰の忠告も聞かない．
- 【执勤】zhí//qín 動 職務を執り行う．¶交通警察正在～ / 交通警察官は職務中だ．
- 【执事】zhíshì 名 文 ❶ 執事．侍従．❷（手紙で）相手に対する敬称．
- 【执饰】zhíshi 名 儀仗．
- *【执行】zhíxíng 動（政策・法律・計画・判決・命令などを）実施する．執行する．¶～计划 / 計画を執行する．¶～机关 / 執行機関．¶立即 lìjí ～ / 即刻執行する．同 施行 shīxíng
- 【执行主席】zhíxíng zhǔxí 名（議長団の中から推選されて持ち回りで務める）大会の進行役．
- 【执业】zhíyè 動（医師・弁護士・会計士など）資格を取って職に就く．資格を取って開業する．
- 【执意】zhíyì 副 自分の意見を押し通して．頑として．¶～要去 / 行くと言って聞かない．¶～不肯答应 / どうしてもうんと言わない．
- 【执友】zhíyǒu 名 文 同じ志の友人．親友．
- 【执掌】zhízhǎng 動（職権を）掌握する．¶～大权 / 大きな権力を握る．¶他～着公司的大权 / 彼は会社の大きな権力を握っている．
- 【执照】zhízhào 名〔份 fèn, 张 zhāng〕許可証．免許証．鑑札．¶驾驶 jiàshǐ ～ / 運転免許証．¶营业～ / 営業許可証．
- 【执政】zhí//zhèng 動 政権を握る．¶～者 zhě / 執政者．
- 【执政党】zhízhèngdǎng 名 政権党．与党．同 在朝 zàicháo 党 反 在野 zàiyě 党
- 【执着［著］】zhízhuó 動 執着する．固執する．¶～地追求 / あくまで追求する．¶他～于科研的精神真令人敬佩 jìngpèi / 彼の科学研究へのこだわりは，本当に人を敬服させる．同 固执 gùzhí，执拗 zhíniù

直 zhí

十部6 四 4010₂
全8画 常用

❶ 形 まっすぐだ．¶～线 zhíxiàn /～立 zhílì. 反 曲 qū ❷ 形 率直だ．ざっくばらんだ．¶～言 zhíyán. ❸ 形 縦の．¶～行 háng 的文字（縦書きの文字）．反 横 héng ❹ 動 まっすぐに伸ばす．¶～起腰来（腰をまっすぐに伸ばす）．反 弯 wān ❺ 副（寄り道せずに）まっすぐに．¶～通北京（北京に直通する）/ 达车（直通列車）．❻ 副 ずっと．たえまなく．¶～哭（ずっと泣き続ける）．❼ 素 漢字で，上から下へ引く筆画（丨）．❽ 素 正しく理にかなっている．¶是非曲 qū ～（正しいことと間違っていること）．❾（Zhí）姓．

- 【直白】zhíbái 形（話が）率直で嘘偽りがない．同 坦率 tǎnshuài
- 【直奔】zhíbèn 動 まっすぐに向かう．直行する．
- 【直笔】zhíbǐ 動 事実どおりに書く．
- 【直拨】zhíbō 動（電話が）直接つながる．直接ダイヤルする．¶～电话 / ダイヤル直通電話．
- 【直播】zhíbō ❶ "直接播种 zhíjiē bōzhòng"（直に播くこと）の略．¶飞机～造林 zàolín / 飛行機による直播で造林する．¶～小麦 / 小麦を直播する．❷ "直接播送 zhíjiē bōsòng"（生放送する）の略．¶现场～ / 実況中継．¶新闻～ / ニュースの生放送．
- 【直布罗陀海峡】Zhíbùluótuó hǎixiá《地名》ジブラルタル海峡．
- 【直肠】zhícháng ❶ 名《生理》直腸．❷ 形 率直だ．性格がまっすぐだ．同 直性 xìng
- 【直肠癌】zhícháng'ái 名《医学》直腸ガン．
- 【直肠子】zhíchángzi 名 一本気な人．率直できっぱりした人．

zhí 直

【直尺】zhíchǐ 名 直定規.
【直翅目】zhíchìmù 名《虫》直翅目.
【直达】zhídá 動 "直接送到 zhíjiē dádào"（直行する）の略. ¶〜车／直通列车（バス）. ¶〜航线 hángxiàn／直航便. 反 中转 zhōngzhuǎn
【直待】zhídài 動（ある時間や段階になるのを）待ち続ける.
*【直到】zhídào 動 …まで至る. …になるまで. ¶〜现在／今に至るまで.
【直瞪瞪】zhídèngdèng 形（〜的）目を見開いて放心したように見つめているようす.
【直裰】zhíduō 名 僧や道士の）ゆったりした長い服.
【直根】zhígēn 名《植物》直根（ちょっこん）.
【直勾勾[钩钩]】zhígōugōu 形（〜的）じっと見つめているようす.
【直观】zhíguān 形 直接観察による. 視聴覚による. ¶〜教学／視聴覚教育. ¶〜教具 jiàojù／視聴覚教材.
【直航】zhíháng 動（飛行機や船が目的地まで）直行する.
【直话】zhíhuà 名 率直なことば. 直言. ¶〜直说／遠慮なく言う.
【直击】zhíjī ❶動 直接攻撃する. 重要問題を真っ向から指摘する. ❷動 テレビなどの現場レポートをする. ❸名《スポーツ》（ボクシングの）ストレート・パンチ.
【直角】zhíjiǎo 名 直角.
*【直接】zhíjiē 形 直接の. ¶〜交涉 jiāoshè／直接交渉. ¶你〜去吧／直接お行きなさい. 反 间接 jiànjiē
【直接经验】zhíjiē jīngyàn 名《哲学》直接経験. 反 间接经验 jiànjiē jīngyàn
【直接税】zhíjiēshuì 名《経済》直接税.
【直接选举】zhíjiē xuǎnjǔ 名 直接選挙.
【直截(捷)】zhíjié 形 単刀直入だ. 率直だ. ¶如果你有意见, 就〜地提出来／もし意見があるなら率直におっしゃって下さい.
【直截了当】zhí jié liǎo dàng 成 単刀直入だ. ¶〜的说法／単刀直入な言い方.
【直径】zhíjìng 名《数学》直径. ¶圆的〜／円の直径.
【直撅撅】zhíjuējuē 形 方（〜的）まっすぐだ.
【直觉】zhíjué 名 直感. 直覚. ¶凭 píng〜判断／直感によって判断する.
【直来直去】zhí lái zhí qù 成 ❶ 寄り道せずまっすぐに行って, まっすぐに帰ってくる. ❷ さっぱりとした性格で率直にものを言う. 同 直去直来
【直立】zhílì 動（人などが）まっすぐに立っている. 直立している.
【直立人】zhílìrén 名《考古》原人. ホモエレクトス. 同 直立猿 yuán 人
【直溜溜】zhíliūliū 形（〜的）まっすぐだ. ¶〜的大马路／まっすぐな大通り. ¶她把辫子 biànzi 编得〜的／彼女は三つ編みをまっすぐに編んでいる.
【直流】zhíliú 名《电气》直流. "直流电"（直流電流）の略称.
【直流电】zhíliúdiàn 名《电气》直流電流.
【直溜】zhíliu 形 方（〜儿）まっすぐだ. ¶这棵小树, 长得多〜儿／この小さな木, なんてまっすぐ伸びているんだろう.
【直露】zhílù 形 単刀直入だ. 直截（ちょくせつ）だ.
【直落】zhíluò ❶ 急激にくだる. 急速に落ちる. ❷ 動《スポーツ》連勝する. ❸ 形 気持ちがゆったりと, のびのびしている. 同 舒畅 shūchàng

【直眉瞪眼】zhí méi dèng yǎn 成 ❶ 激しく怒るようす. ¶他气得〜／彼は激しく怒った. ❷ 呆然（ぼうぜん）としたようす.
【直面】zhímiàn 動 直視する. 同 当 dāng 面
【直射】zhíshè 名 ❶〜距离／直射程. 直接弾道距離.
【直升飞机】zhíshēng fēijī "直升机 zhíshēngjī"に同じ.
【直升机】zhíshēngjī 名《机》架 jià〕ヘリコプター.
【直抒己见】zhí shū jǐ jiàn 成 自分の意見を率直に述べる. ¶希望大家〜／皆さん, 忌憚（きたん）のない所をおっしゃってください. ¶各位代表纷纷 fēnfēn 〜／各代表は次々に忌憚なく意見を述べた.
【直属】zhíshǔ ❶ 動 直属する. ¶这个机构是〜外交部的／この機関は外交部（外務省）に直属している. ❷ 形 直接管理下にある. 直属の. 同 国务院〜机关／国務院直属機関.
【直率】zhíshuài 形（言い方が）率直だ. はっきりしている. ¶她说话很〜／彼女は物言いがはっきりしている. ¶〜的言论 yánlùn／率直な言論. 同 直爽 zhíshuǎng, 爽快 shuǎngkuai
【直爽】zhíshuǎng 形（性格や言い方が）率直だ. さっぱりしている. ¶性格〜／竹を割ったような性格だ. ¶她为人 wéirén 很〜／彼女は人柄がとてもさっぱりしている.
【直说】zhíshuō 動 単刀直入に言う. はっきり言う. ¶不要有顾虑 gùlù, 请〜吧！／心配しないでで, 率直に言ってください. ❷ しきりに言う.
【直挺挺】zhítǐngtǐng 形（〜的）硬直している. ぴんと伸びている. ¶〜地坐着／こちこちになって座っている.
【直通】zhítōng 動 直通する. ¶这条路〜广州／この道は直に広州に通じる. ¶〜线／直通回線.
【直系】zhíxì 名 直系.
【直系亲属】zhíxì qīnshǔ 名 直系の親族. 反 旁系 pángxì 亲属
【直辖】zhíxiá 形 直轄の. ¶〜机构／直轄機関.
【直辖市】zhíxiáshì 名 中央政府の直轄市. ¶除了北京, 上海, 天津外, 重庆也是〜了／北京・上海・天津のほか, 重慶も直轄市になった. 参考 省や自治区と同等で, 日本の"都・道・府"に似て, それらの省から独立している.
【直线】zhíxiàn 名 ❶ 直 dào, 条 tiáo〕直線. ¶〜上升／うなぎのぼりに上がる.
【直销】zhíxiāo 動《经济》直売する.
【直心眼儿】zhíxīnyǎnr 名 一本気な人. 竹を割ったような性格の人. ¶她是个〜／彼女は一本気な人だ.
【直性】zhíxìng 形（〜儿）率直だ. 一本気だ. ¶〜脾气／率直な性格.
【直性子】zhíxìngzi ❶ 形 "直性 zhíxìng"に同じ. ❷ 名 一本気な人. 率直な人.
【直选】zhíxuǎn 動 直接選挙する.
【直言】zhíyán 動 遠慮なく言う. 直言する. ¶恕 shù 我〜／直言しましたが, 悪しからず. ¶坦率 tǎnshuài 〜／率直に言う. 反 婉言 wǎnyán
【直言不讳】zhí yán bù huì 成 遠慮せずにありのままを言う. 直言してはばからない. ¶他〜地指出我们工作中的缺点／彼は我々のやり方の欠点を遠慮なく指摘した.
【直译】zhíyì ❶ 名 直訳. ¶这句话用〜译不出来／このことばは直訳では訳せない. 反 意译 yìyì ❷ 動 直訳する. 反 意译 yìyì
【直音】zhíyīn 名《言语》直音. 参考 中国語の伝統的な音注の方法. ある漢字の発音を同音の別の漢字によって示

す.

【直至】zhízhì 動 …まで至る.…になるまで.¶～今日／今日に至るまで.同 直到 zhídào

侄(異姪) zhí 亻部6 四 2121₄ 全8画 常用

名 ❶（～儿）兄弟の息子.おい.❷（～儿）同世代の男性親族の息子.友人の息子.❸（Zhí）姓.

【侄女】zhínǚ ❶（～儿）兄弟の娘.めい.❷ 同世代の男性親族の娘.友人の娘.

【侄女婿】zhínǚxu めいの夫.

【侄儿】zhír 兄弟や同世代の男性（兄弟など）の息子.おい.用法 友人の息子についても用いる.

【侄孙】zhísūn 兄弟の孫の息子.

【侄孙女】zhísūnnǚ （～儿）兄弟の孫の娘.¶～婿／兄弟の孫娘の婿（む）.

【侄媳妇】zhíxífu （～儿）おいの妻.

【侄子】zhízi 名 ❶ 兄弟の息子.おい.❷ 同世代の男性親族の息子.友人の息子.

值 zhí 亻部8 四 2421₂ 全10画 常用

❶ 名 値段.価値.¶两物之一相当 xiāngdāng（二つの品物の値打ちは相等い）.❷ 動 値打ちがある.¶～一百元（100元の値打ちがある）／不～一提（取り上げるに値しない）.❸ 名《数学》値.数値.❹ 動 出会う.¶相～ xiāngzhí（出くわす）.❺ 素 当番に当たる.¶～日 zhírì／～班 zhíbān.

【值班】zhí//bān 動 当番に当たる.当直する.¶今天谁～？／今日の当番は誰ですか.¶值夜班／宿直をする.¶今天轮 lún 到我～／今日は私が当番する番だ.

【值乘】zhíchéng 動 乗務する.乗り組む.

【值当】zhídàng 動 方 …するに値する.¶～做下去／やっていく値打ちがある.¶你这么卖力不～吗／君そんなに一生懸命やる価値があるか.

【值得】zhí//dé[-de] 動 ❶ 金額に見合う.¶～买／買っても損はない.❷ …するに値する.¶这部电影～一看／この映画は一見に値する.

【值更】zhí//gēng 動 宿直する.¶在工厂～／工場で宿直する.

【值钱】zhíqián 形 値打ちがある.高価だ.¶～的东西／金目のもの.¶这个玉镯 yùzhuó 不太～／この玉の腕輪はそれほど値打ちがない.

【值勤】zhí//qín 動（兵や警備員などが）当直する.¶～人员／当直員.

【值日】zhírì 動 日直をする.当直をする.¶～生／日直（の生徒）.¶今天该谁～？／今日の日直は誰ですか.

【值日表】zhírìbiǎo 勤務配置表.同 轮 lún 值表

【值星】zhíxīng（軍隊内で各レベルの責任者が）週番をする.

【值夜】zhí//yè 宿直する.夜勤する.

埴 zhí 土部8 四 4411₂ 全11画 通用

名 文 粘土.同 埴土 zhítǔ

职(職) zhí 耳部5 四 1648₀ 全11画 常用

❶ 名 職務.¶尽 jìnzhí（職務を果たす）.❷ 名 仕事上の地位.ポスト.¶调～ diàozhí（ポストがかわる.職務転換する）／兼～ jiānzhí（ポストを兼ねる.兼務する）.❸ 名 文（旧）下級役人の上司に対する自称.小職（ほう）.¶～奉命 fèngmìng 前往（小職は命令を受けて行ってまいります）.❹ 前 主に…のために.¶～是之故

（主にこの理由のために）／～此 zhícǐ（もっぱらこのために）.❺ 素 つかさどる.❻（Zhí）姓.

【职别】zhíbié 名 職種.職務の違い.

【职称】zhíchēng 名 職務の名称.肩書き.¶技术～／技術職.¶评定 píngdìng～／その職務にふさわしい人物かどうかを評定する.

【职大】zhídà ❶ "职业大学"（職業大学）の略称.各専門分野の人材育成のために省や市が設立した短期大学.❷ →职工大学 zhígōng dàxué

【职代会】zhídàihuì 名 "职工代表大会"（従業員代表大会）の略称.

【职粉】zhífěn "职业粉丝"（プロのファン）.特定のタレントの番組やイベントのサクラをするなど,ファン活動で報酬を得ている人.参考 "粉丝 fěnsī"は funs の音訳.

【职分】zhífèn ❶ 職責.職責.¶这是我的～,必须严格把握／これは私の職責だから,必ず厳格に掌握しなければならない.❷ 官職.

【职高】zhígāo → 职业高中 zhíyè gāozhōng

*【职工】zhígōng 〔量 个 ge,名 míng〕❶ 事務職員と労働者.¶～宿舍／従業員寮.❷ 旧 労働者.¶～运动／労働運動.

【职工大学】zhígōng dàxué 名 社会人が余暇を利用して学ぶための大学.社会人大学.市民大学.表現 "职大"とも言う.

【职官】zhíguān 名 ❶ 各レベルの役人の総称.❷ 職場.職務.

【职级】zhíjí 名 職務の等級.

【职教】zhíjiào "职业技术教育"（職業技術教育）の略称.

【职介】zhíjiè 動 "职业介绍"（職業紹介）の略称.

【职介所】zhíjièsuǒ 名 "职业介绍所"（職業紹介所）の略称.

【职能】zhínéng 名 役割.機能.¶货币 huòbì 的～／貨幣の役割.¶～机构／職能機構.

【职评】zhípíng 動 "职称评定"（職称評定）の略称.

【职权】zhíquán 名 職権.¶行使 xíngshǐ～／職権を行使する.¶超越 chāoyuè～范围／職権の範囲を超える.

【职守】zhíshǒu 名 職場.担当部署.¶忠于～／職務に忠実だ.¶玩忽 wánhū～／職務をおろそかにする.

【职位】zhíwèi 名 職務上の地位.ポスト.¶～高低 gāodī／ポストの高さ.

【职务】zhíwù 名〔量 个 ge,种 zhǒng〕職務.担当の任務.¶他担任 dānrèn 什么～？／彼はどんな職務を担っているのか.

【职务侵占罪】zhíwù qīnzhànzuì《法律》職場横領罪.

【职衔】zhíxián 名 役職と肩書き.

*【职业】zhíyè ❶ 名〔量 项 xiàng,种 zhǒng〕職業.❷ 形 プロの.¶～演员／プロの役者.¶～作家.¶～棒球 bàngqiú／プロ野球.反 业余 yèyú

【职业病】zhíyèbìng 名 職業病.

【职业道德】zhíyè dàodé 名 職業上の道徳.

【职业高中】zhíyè gāozhōng 名 専門的職業技術教育を行う高等学校.職業高校.表現 "职高"とも言う.

【职员】zhíyuán 名〔量 个 ge,名 míng〕社員.事務職員.

【职责】zhízé 名 職責.¶应尽的～／果たすべき職務上の責任.¶履行 lǚxíng～／職責を果たす.

【职掌】zhízhǎng 文 ❶ 名 職掌.職分.❷ 動 掌握す

る. ¶人事权由张处长 chùzhǎng～/ 人事権は張所長が掌握している.

【职志】zhízhì 名 ❶《歴史》古代の官名. 職志(しょくし). 旗幟(きし)をつかさどった. ❷ 任務とその意識.

植 zhí 木部8 四4491₂ 全12画 常用

❶ 動 植える. 栽培する. ¶～树 zhíshù / 种～ zhòngzhí 五谷(五穀)を栽培する). ❷ 形文 まっすぐに立てる. ¶～其杖 zhàng 于门侧(つえを入口に立てる). ❸ 名 植物. ❹ (Zhí)姓.

【植保】zhíbǎo →植物保护 zhíwù bǎohù
【植被】zhíbèi 名《植物》〔量 层 céng〕植生.
【植根】zhígēn 動 (社会や実践に)根差す. 同 扎 zhā 根
【植苗】zhí//miáo 動《林業》苗木を植える.
【植皮】zhí//pí 《医学》皮膚を移植する. ¶烧伤 shāoshāng 严重,需要做～手术 / ひどい火傷で,皮膚の移植手術が必要だ.
【植树】zhí//shù 動 植樹する. ¶～造林 zàolín / 植樹して林をつくる. ¶广泛开展～活动 / 広く植樹事業を進める.
【植树节】zhíshùjié 名 植樹祭. 参考 中国では毎年3月12日.
【植树葬】zhíshùzàng 名 植樹葬. 骨つぼを地面に埋葬し,その上に記念植樹をする埋葬方式. 参考 中国では,1991年に天津で始まって以来広まったとされる.
*【植物】zhíwù 名 植物.
【植物保护】zhíwù bǎohù 名 植物保護. 表現 "植保"とも言う.
【植物群落】zhíwù qúnluò 名《植物》植物群落. 群落.
【植物人】zhíwùrén 名《医学》植物人間. ¶成了～/ 植物人間になった.
【植物纤维】zhíwù xiānwéi 名 植物繊維.
【植物性神经】zhíwùxìng shénjīng 名《生理》植物性神経. 自律神経. 同 自主 zìzhǔ 神经
【植物学】zhíwùxué 名 植物学.
【植物油】zhíwùyóu 名 植物油.
【植物园】zhíwùyuán 名 植物園.
【植株】zhízhū 名 植物の)株.

殖 zhí 歹部8 四1421₂ 全12画 常用

名 子孫や財産を増やす. 増える. ¶繁～ fánzhí (繁殖する) / ～货(財産を増やす) / ～利(利益を増やす). 殖 shi

【殖民】zhímín 動 植民する.
【殖民地】zhímíndì 名〔量 个 ge〕植民地. ¶～国家 / 植民地国家.
【殖民主义】zhímín zhǔyì 名 植民地主義.

絷(縶) zhí 糸部6 四5590₃ 全12画 通用

文 ❶ 動 (ひもで)縛る. くくる. ¶～马(馬をつなぐ). ❷ 動 捕らえる. 拘禁する. ❸ 名 (馬の)たづな.

跖(蹠) zhí 异 足部6 四6116₂ 全12画

名 ❶ 足の甲の指に近い部分. ¶～骨 zhígǔ / 蹠(しょ)骨). ❷ 足の裏.

摭 zhí 扌部11 四5003₇ 全14画

動文 拾い取る. ¶～拾 zhíshí (既成の事例や語句をそ

のまま用いる).

踯(躑) zhí 足部8 四6712₇ 全15画 通用

下記熟語を参照.

【踯躅】zhízhú 動文 さまよう. 徘徊(はいかい)する. ¶～街头 / 街角をさまよう. ¶～不前 / ためらって前へ進まない.

蹢 zhí 足部11 四6012₇ 全18画 通用

下記熟語を参照.
☞ 蹢 dí

【蹢躅】zhízhú 動 "踯躅 zhízhú"に同じ.

止 zhǐ 止部0 四2110₀ 全4画 常用

❶ 動 止まる. やめる. 終わる. ¶～境 zhǐjìng / ～步 zhǐbù. ❷ 動 抑える. はばむ. ¶～血 zhǐxuè. ❸ 動 ("到"や"至"に呼応させて)…で終わる. 期限は…までだ. ¶到目前为 wéi～(今までのところ). 反 起 qǐ ❹ 副 ただ. のみ. ¶不～一次(一度ならず). 同 只 zhǐ

【止步】zhǐ//bù 動 歩みを止める. ¶不前 / 立ち止まる. ¶那里放着游人～的牌子 páizi 呢 / あそこに見学者立入禁止の札があるよ.
【止不住】zhǐbùzhù 動 止めることができない. ¶眼泪～了 / 涙が止まらなくなった. ¶～牙痛 yátòng / しきりに歯が痛む.
【止跌】zhǐdiē 名《経済》(株価などの)下げ止まり.
【止境】zhǐjìng 名 行き止まり. ¶学无～/ 学問には終わりがない. 同 尽头 jìntóu
【止咳】zhǐ//ké 動 せきを止める. ¶～糖浆 tángjiāng / せきどめシロップ. ¶孩子吃了药,已经～了 / 子供は薬を飲んだら,もうせきが止まった.
【止渴】zhǐ//kě 動 渇きをいやす. ¶望梅～/ 成 梅を眺めて渇きをいやす(空想で自分を慰めること).
【止疼】zhǐ//téng 動 "止痛 zhǐtòng"に同じ.
【止痛】zhǐ//tòng 動 痛みを止める. ¶～药 / 鎮痛剤. ¶打了针就～了 / 注射をしたらすぐ痛みが止まった.
【止息】zhǐxī 動 終わる. やめる. ¶永无～/ 永遠に終わらない.
【止泻】zhǐ//xiè 動 下痢を止める.
【止泻药】zhǐxièyào 名《薬》下痢止め. 止瀉薬(ししゃやく).
【止血】zhǐ//xuè 動 止血する. ¶～带 / 止血帯.
【止于】zhǐyú 動文 …にとどまる. …だけだ. ¶不～这样吧! / これだけじゃないでしょう. ¶何 hé～此? / なぜそこまでなのか.

只(衹/祇) zhǐ 异 祇 口部2 四6080₀ 全5画 常用

副 ただ. 単に. ¶～剩一个了 (一つしか残っていない).
☞ 只 zhī

【只不过】zhǐbuguò 副 ただ…に過ぎない. ¶我～跟你开个玩笑,你别当真 dàngzhēn / 冗談を言っただけだから,本気にしないで.
【只此一家】zhǐ cǐ yī jiā 成 (売っているのは)この一店 (わが店)だけ. ¶烧卖店在这个地方～/ シューマイの店はこの辺ではこの一店だけ. 表現 多く"别无分店 bié wú fēn diàn"(ほかに支店はない)と続く.
【只当】zhǐdāng 動 …とみなす. …するようなものだ. ¶如果你听不进去的话,～我没说 / もし君が聞き入れないのなら,私が何も言わなかったのと同じことだ.
【只得】zhǐdé 副 …するよりほかはない. やむなく…する. ¶～把会议延期 yánqī / 会議を延期するほかはない.
【只顾】zhǐgù ❶ 動 ただ…するばかり. ひたすら…する. ¶

～自己看书／ひたすら勉強する．❷ zhǐ gù 〈句〉…ばかりを気にかける．¶一方面不行／一つの面にばかり気を取られていてはだめだ．

【只管】zhǐguǎn〈副〉❶かまわず…する．どんどん…する．¶有意见~提出来／意見があれば遠慮なく言ってください．〈同〉尽管 jǐnguǎn ❷ただ…するばかり．ひたすら…する．¶和尚 héshang~自己念经／坊さんがひたすら経を読む．〈同〉只顾 zhǐgù ①

*【只好】zhǐhǎo〈副〉…するよりほかない．やむなく…する．¶今天晚上我有事,音乐会~不去听了／今夜は用事があるので,音楽会には残念だが行かれない．¶在他的再三请求下,我~让步 ràngbù 了／彼の再三の頼みで,仕方なく譲歩した．

【只能】zhǐnéng〈副〉ただ…できるだけだ．…しかできない．¶~照他说的做了／彼の言う通りにやるしかない．¶~成功,不许失败／成功しかない,失敗は許されない．

【只怕】❶ zhǐ pà〈句〉…だけが気がかりだ．¶~落后／遅れをあることだけが気がかりだ．¶~被人取笑 qǔxiào／人に笑われることだけが気がかりだ．❷ zhǐpà〈副〉おそらく．¶现在去~来不及了／今行ってもおそらく間に合わないだろう．

*【只是】zhǐshì ❶〈副〉ただ…にすぎない．…だけだ．¶这~个时间问题／これはただ時間の問題にすぎない．❷〈接〉だが．…ではあるが．ただ…．¶这架电视机不错,~小了点儿／このテレビは良いけれど,少し小さい．¶这菜很好吃,~辣 là 了一点儿／この料理はおいしいが,ただちょっと辛い．〈用法〉②は,前文について条件をつける時に用いる．"但是"より語気が軽い．

【只限于】zhǐ xiànyú〈句〉…に限る．¶~每人购买 gòumǎi 一台／一人一台の購入に限る．

【只消】zhǐxiāo〈動〉〈方〉…でありさえすればよい．…だけで十分．¶这件事,~他去打个招呼就可以了／この件は,彼が行ってあいさつすれば済む．〈同〉只需要 zhǐ xūyào

*【只要】zhǐyào〈接〉…しさえすれば．¶~不下雨,运动会就如期举行／雨が降らなければ,運動会は予定通り実施する．〈用法〉必要な条件をあらわす．文の後半で常に"就 jiù"，"便 biàn"などと呼応する．

【只要功夫深,铁杵磨成针】zhǐ yào gōng fu shēn, tiě chǔ mó chéng zhēn 努力を惜しまなければ,何でもやり遂げられる．〈由来〉"努力し続ければ,鉄の杵をも磨いて針にすることができる"の意から．

*【只有】zhǐyǒu〈接〉…してはじめて．¶~下水,才能真正学会游泳／水に入ってはじめて,実際に泳ぎをマスターすることができる．❷〈副〉…するしかない．しかなく…する．〈用法〉①は,不可欠な条件をあらわす．文の後半で常に"才 cái"，"方 fāng"と呼応する．

【只争朝夕】zhǐ zhēng zhāo xī〈成〉寸刻を惜しんで努力する．¶即将 jíjiāng 考试了,得 děi 复习了／間もなく試験だから,寸暇を惜しんで復習を頑張らないといけない．

【只知其一,不知其二】zhǐ zhī qíyī, bù zhī qí'èr〈俚〉理解が部分的で,全体を理解していない．

旨(異 恉❶) zhǐ
匕部4 〈四〉2260₁
全6画 〈通用〉

❶〈名〉旨(むね)．目的．意義．¶主~ zhǔzhǐ（主旨）．❷〈名〉封建時代の君主・上官の命令や指示．¶圣~ shèngzhǐ（皇帝の命令）．❸〈素〉おいしい．うまい．¶酒 zhǐjiǔ（美酒）．

【旨趣】zhǐqù〈名〉〈文〉主旨．ねらい．

【旨意】zhǐyì〈名〉意図．目的．¶有何 hé~？／どういう意図があるのか．

址(異 阯) zhǐ
土部4 〈四〉4111₀
全7画 〈常用〉

〈名〉(建物などの)位置．場所．所在地．¶遗~ yízhǐ（遺跡）／校~ xiàozhǐ（学校の所在地）．

芷 zhǐ
艹部4 〈四〉4410₁
全7画 〈通用〉

→白芷 báizhǐ

抵 zhǐ
扌部4 〈四〉5204₀
全7画 〈通用〉

〈動〉〈文〉(手をたたく,打つ．〈注意〉"抵 dǐ"とは別字．

【抵掌】zhǐzhǎng〈文〉うれしくて手をたたく．¶~而谈／手をたたいて話す．手を打って話す．

沚 zhǐ
氵部4 〈四〉3111₀
全7画 〈通用〉

〈名〉〈文〉小さな中州(なかす)．¶~洲 zhǐzhōu（中州）．

纸(紙/異 帋) zhǐ
纟部4 〈四〉2214₀
全7画 〈常用〉

❶〈名〉〔沓 dá，刀 dāo，片 piàn，张 zhāng〕紙．¶~币 zhǐbì．❷〈量〉手紙や文書などを数えることば．枚．通．¶一~公文（公文書1通）．

【纸板】zhǐbǎn〈名〉ボール紙．

【纸版】zhǐbǎn〈名〉《印刷》紙型(ふ～)．

【纸包不住火】zhǐ bāobuzhù huǒ〈俚〉事実は隠し通せない．〈由来〉「火は紙で包めない」という意から．

【纸币】zhǐbì〈名〉〔张 zhāng〕紙幣．〈反〉硬币 yìngbì

【纸盒】zhǐhé〈名〉紙の箱．

【纸花】zhǐhuā〈名〉〔朵 duǒ〕紙の造花．ペーパーフラワー．

【纸婚】zhǐhūn〈名〉紙婚(さん)（式）．結婚一年目の祝い（の式）．

【纸浆】zhǐjiāng〈名〉パルプ．

【纸巾】zhǐjīn〈名〉ティッシュペーパー．ペーパータオル．

【纸老虎】zhǐlǎohǔ〈名〉〔只 zhī〕張り子の虎．見かけ倒しの人や集団．

【纸马】zhǐmǎ〈名〉❶（～儿）（祭祀の際に燃やす）神像を印刷した紙片．❷〈方〉（葬儀の時に燃やす）紙製の人・車・馬など．

【纸媒】zhǐméi〈名〉（新聞や雑誌などの）ペーパー・メディア．

【纸煤[媒]儿】zhǐméir〈名〉（火種用の）こより．

【纸捻】zhǐniǎn〈名〉（～儿）〔根 gēn〕こより．

【纸牌】zhǐpái〈名〉〔副 fù，张 zhāng〕❶賭博やゲームに用いるカード．❷トランプ．〈同〉扑克牌 pūkèpái

【纸钱】zhǐqián〈名〉（～儿）銅銭などをかたどった紙のお金．〈参考〉燃やして死者や鬼神を祭る．

纸 钱

【纸上谈兵】zhǐ shàng tán bīng〈成〉紙の上で兵を論じる．机上の空論．¶他老是~,没有实际行动／彼はいつも机上の空論で,実際には行動しない．〈由来〉『史記』廉頗(れんぱ)藺相如(りんしょうじょ)列伝に見えることば．

【纸条子】zhǐtiáozi〈名〉❶紙片．❷細長い紙．❸書き

付け. メモ.
【纸头】zhǐtóu 名方紙.
【纸匣子】zhǐxiázi 名(ふた付きで)小型の紙箱.
【纸型】zhǐxíng 名〔印刷〕(鉛版鋳造のための)紙型(かた).
　　　　　　 纸版 zhǐbǎn
【纸烟】zhǐyān 名〔≡包 bāo, 枝 zhī〕紙巻きタバコ.
【纸样】zhǐyàng 名〔服飾〕型紙. パターン.
【纸鹞】zhǐyào 名凧(たこ). 回 风筝 fēngzheng
【纸鸢】zhǐyuān 名凧(たこ). 回 风筝 fēngzheng
【纸张】zhǐzhāng 名紙の総称.
【纸醉金迷】zhǐ zuì jīn mí 成目もくらむばかりの豪奢な暮らし. ¶她过着～的生活/彼女は目のくらむような勢いの生活をしている. 回 金迷纸醉

祉 zhǐ 礻部4　四3121₀　全8画 通用
名文福. ¶～福 zhǐfú（幸福）.

枳 zhǐ 木部5　四4698₀　全9画 通用
名〔植物〕カラタチ. ¶～实 zhǐshí（カラタチの未熟な実）. 参考 通称は"枸橘 gōujú".

轵（軹）zhǐ 车部5　四4658₀　全9画 通用
名車軸の先端. 軸がしら.

指 zhǐ 扌部6　四5206₁　全9画 常用
❶名〔生理〕手や足の指. ¶食～ shízhǐ（人指し指）/屈 qū～可数 shǔ（指を折って数えられるほど数の少ない. 屈指の）. ❷量深さや幅をあらわすことば. 指1本の横幅を"一指"（1～2センチメートル）という. ❸動指や棒状のものの先端で指し示す. さす. ¶～南 zhǐnán. ❹動指し示し教える. はっきり指摘する. ¶～导 zhǐdǎo/～示 zhǐshì/～出优缺点 yōuquēdiǎn（長所と短所を指摘する）. ❺動人やものに頼る. あてにする. ¶一望 zhǐwang. ❻形（髪が激しい怒りで）逆立つ. ¶发～ fàzhǐ（激怒して髪の毛が逆立つ）. ❼動（特定の人などを）取りあげていう. ¶他的话不是～你说的（彼の話はあなたのことを言っているのではないか）.
【指北针】zhǐběizhēn 名羅針盤. コンパス. 回 指南针 nánzhēn
【指标】zhǐbiāo 名〔≡项 xiàng〕達成目標. 目やす. ¶质量～/品質指標. ¶国家计划～/国家計画目標. ¶超～/目標を超える.
【指拨】zhǐbō[-bo] 動❶指揮する. 指し示して教える. ❷指図する. 手配する. 回 指点 diǎn
【指不定】zhǐbuding 動方確かではない. 断言できない. 回 说 shuō 不定
【指斥】zhǐchì 動誤りを指摘して批判する. 叱責(しっせき)する. ¶大家都～他/皆は彼を批判した.
*【指出】zhǐchū 動指摘する. ¶～缺点 quēdiǎn/欠点を指摘する. ¶及时～存在问题/存在する問題をすぐに指摘する.
*【指导】zhǐdǎo 動指導する. 指図する. ¶～思想/指導思想. ¶他一～一切/彼は何もかも指図する. 回 指导指导
【指导员】zhǐdǎoyuán 名❶指導員. ❷"政治指导员"（人民解放軍の政治指導員）の通称. → 教导员 jiàodǎoyuán
【指点】zhǐdiǎn 動❶指し示して教える. ¶他耐心 nàixīn 地～我们/彼はしんぼう強く私たちに教えてくれた. 回 指点指点 ❷あら探しをする. 陰口をたたく. 回 指点指点

【指定】zhǐdìng 動指定する. ¶在～的地点集合/指定の場所に集まる.
【指法】zhǐfǎ 名（芝居や舞踊の）手や指の動き. （楽器演奏の）指遣い.
【指腹为婚】zhǐ fù wéi hūn 句（中国の旧習で）子供がおなかにいるうちに, 親どうしが結婚を決める.
【指骨】zhǐgǔ 名〔生理〕指骨.
【指画】zhǐhuà 名❶動指を動かす. 指さす. ❷名〔美術〕（中国画で）指や手に墨や顔料をつけて描いた絵. 回 指头画
【指环】zhǐhuán 名〔≡只 zhī〕指輪. 回 戒指 jièzhi
*【指挥】zhǐhuī ❶動指図する. 指揮する. ¶～交通/交通整理する. ¶～乐队 yuèduì/楽団を指揮する. ¶听从 tīngcóng～/指揮に従う. ❷名〔≡名 míng, 位 wèi〕指揮官. 司令官. ❸名〔音楽〕〔≡名 míng, 位 wèi〕指揮者.
【指挥棒】zhǐhuībàng 名❶指揮棒. タクト. ❷配人を操るもの. 指揮者の意図.
【指挥部】zhǐhuībù 名〔軍事〕司令部.
【指挥刀】zhǐhuīdāo 名〔軍事〕指揮官が持つ細身の刀. 指揮刀.
【指挥若定】zhǐ huī ruò dìng 成指揮官が冷静沈着で, 状況をよく把握しているようす. 由来 唐・杜甫の「詠懐古迹」詩に見えることば.
【指挥所】zhǐhuīsuǒ 名〔軍事〕指揮所. 司令所.
【指挥员】zhǐhuīyuán 名❶(人民解放軍の)指導幹部. 指揮官. ❷指揮を執る人. リーダー.
【指桑骂槐】zhǐ jī mà gǒu 成 "指桑骂槐 zhǐ sāng mà huái"に同じ.
【指甲】zhǐjia 名〔生理〕人のつめ. ¶～刀/つめ切り. ¶修剪 xiūjiǎn～/つめを切る. 参考 口語では"zhījia"と発音されることが多い.
【指甲盖儿】zhǐjiagàir 名〔生理〕つめが皮膚と接している部分. 注意 口語では zhījiagàir と発音することが多い.
【指甲花】zhǐjiahuā 名〔≡（～儿）〕〔植物〕ホウセンカ. 由来 花びらでつめを赤く染めたことから.
【指甲心儿】zhǐjiaxīnr 名〔生理〕つめと指先の皮膚が接しているところ. 参考 口語では"zhījiaxīnr"と発音されることが多い.
【指教】zhǐjiào 動教え導く. ¶请多多～/どうぞご指導のほどよろしくお願いします. 回 指教指教 用法自分の仕事や作品について人に教えを仰ぐ時に用いる.
【指靠】zhǐkào 動❶（多く生活面で）頼る. よりどころとする. ¶不能～别人/人を頼っていてはいけない. ❷名よりどころ. 当て. ¶生活有了～/生活の当てができた.
【指控】zhǐkòng 動誤りを指摘し, 訴える. ¶提出～/訴えを出す. ¶～他受贿 shòuhuì/彼が収賄したと告発する.
【指令】zhǐlìng ❶動指示する. 指令する. ❷名旧公文書の一種. 下級機関からの申請に対して上級機関が与える指令.
【指令性】zhǐlìngxìng 形指令性の. 表現政府の計画を通達する際の通達の性質を指し, "指导性"より強制力のあるものをいう.
【指鹿为马】zhǐ lù wéi mǎ 成配シカを指してウマと言う. 事実をねじ曲げて押し切る. ¶怎么能～歪曲 wāiqū 事実呢？/どうして事実を曲げて押し切れようか. 由来『史記』秦始皇本紀に見えることば. 秦の第二代皇帝の時, 丞相趙高がシカを指してウマと言い, シカと言う者を死刑にしたという故事から.

【指路牌】zhǐlùpái 名 道しるべ.
【指名】zhǐmíng 動 (～ル) (人や物の)名前を挙げる.
【指名道姓】zhǐ míng dào xìng 成 他人の姓名を挙げる. 名指しする. ¶虽没有～, 但大家都知道他说的是谁 / 名指しではなかったが, 彼が誰のことを言っているのか皆は知っていた.
【指明】zhǐmíng 動 はっきり指し示す. 明示する. ¶～方向 / 方向をはっきり示す. ¶～两者之间的差别 chābié / 両者の違いを明確に指摘する.
【指模〔摹〕】zhǐmó 名 方 拇印(ぼいん).
【指南】zhǐnán 名 指針. 手引き. ¶行动～ / 行動の指针. ¶考试～ / 試験の手引き.
【指南针】zhǐnánzhēn 名 ❶ 羅針盤. ❷ 指針. 手引き.
【指派】zhǐpài 動 派遣する. ¶受人～ / 派遣される. ¶公司一我去签 qiān 合同 hétong / 会社は私を派遣し, 契約を結びに行かせた.
【指认】zhǐrèn 動 ❶ (人の身分や事物の状況などを)指摘して確認する. ❷ 方 指さして紹介する.
【指日可待】zhǐ rì kě dài 成 実現間近だ. ¶胜利～ / 勝利は目前だ. ¶回国的日子已经～了 / 帰国の日が間近となった.
【指桑骂槐】zhǐ sāng mà huái 成 クワを指してエンジュをののしる. 遠回しに非難する. 当てこする. ¶她老是～地抱怨 bàoyuàn 别人 / 彼女はいつも遠回しに人への恨みごとを言う. ⇨指鸡骂狗 zhǐ jī mà gǒu
【指使】zhǐshǐ 動 貶 (よくないことを)指図してやらせる. 陰であやつる.
*【指示】zhǐshì ❶ 動 指し示す. ¶～灯 / 案内ランプ. パイロット・ランプ. ❷ 名 〔個 点 diǎn, 条 tiáo, 项 xiàng〕指示. 指図. ¶下达～ / 指示を出す. ¶按～办事 / 指示どおりに行う.
【指示生物】zhǐshì shēngwù 名 指標生物.
【指事】zhǐshì 名 《言語》指事. 参考 漢字の六書(りくしょ)の一つ. 数量や位置など, 抽象的な概念を字形にしたもの. 「上」や「下」など.
【指手画脚】zhǐ shǒu huà jiǎo 成 ❶ 身振り手振りで話す. ¶～地高谈阔论 kuòlùn / 身振り手振りで一席ぶつ. ❷ 軽々しく人の欠点を指摘したり, 非難したりする. ¶你别～地乱批评 / 君は軽々しく人を非難してはいけない.
【指数】zhǐshù 名 指数.
【指头】zhǐtou 名 《生理》指. ¶手～ / 手の指. ¶~缝儿 fèngr / 指と指の間. 参考 口語では"zhítou"と発音されることが多い.
【指头肚儿】zhǐtoudùr 名 方 《生理》指の腹.
【指望】zhǐwàng ❶ 動 待ち望む. 期待する. ¶～有一天能实现这个计划 / いつかこの計画が実現されるよう期待する. ¶我～今年加工资 / 私は今年の昇給を期待している. 同 希望 xīwàng ❷ 名 (～ル) 期待. 見込み. ¶他的病还有～吗? / 彼の病気はまだ治る見込みがあるのか. 同 希望 xīwàng
【指纹】zhǐwén 名 指紋. 指紋のあと.
【指向】zhǐxiàng 動 方向を指し示す. ¶～植物 / コンパス植物. ¶时针快～十二点了 / 時計の針は間もなく12時を指そうとしている.
【指要】zhǐyào 名 要旨. 同 要旨 zhǐ
【指引】zhǐyǐn 動 方向を指し示して導く. ¶~航向 hángxiàng / 航路を示す.
【指印】zhǐyìn 名 (～ル) 指紋のあと. 拇(ぼ)印.
【指责】zhǐzé 動 誤ちを指摘してとがめる. ¶受到奥论 yúlùn 的～ / 世の指弾を受ける. ¶相互～ / 互いにとがめ合う. 同 责备 zébèi, 指摘 zhǐzhāi 反 称赞 chēngzàn, 夸奖 kuājiǎng
【指摘】zhǐzhāi 動 誤りを指摘して批判する. ¶严厉 yánlì～ / 厳しく批判する. ¶无可～ / 非の打ちどころがない.
【指战员】zhǐzhànyuán 名 《军事》指揮官と戦闘員の合称.
【指针】zhǐzhēn 名 ❶ 〔個 根 gēn, 支 zhī〕時計やメーターの針. ❷ 指針. ガイドライン.
【指正】zhǐzhèng 動 誤りを指摘して正す. ¶请批评～! / ご批評, ご指摘をお願いします. 用法 自分の作品や考えについて, 相手の批判やアドバイスを求める際に用いることが多い. 同 教正 jiàozhèng, 斧正 fǔzhèng, 斧削 fǔxuē
【指证】zhǐzhèng 動 (指摘したり, 名指しで)証言する.

咫 zhǐ

尸部 6
全9画 四 7680₈

量 古代の長さの単位. 8"寸 cùn"を1"咫"とした. ¶~尺 zhīchǐ.

【咫尺】zhǐchǐ 名 文 距離が非常に近い. ¶～之间 / 一足ほどの距離. ¶近在～ / 手の届くところにある. 目と鼻の先にある.
【咫尺天涯】zhǐ chǐ tiān yá 成 とても近くにいながら会うことができない. ¶骨肉 gǔròu 分离, ～的局面 / 一家離散の悲劇.

趾 zhǐ

足部 4
全11画 四 6111₀
次常用

❶ 名 足. つまさきからつま先まで. ¶~高气扬. ❷ 名 《生理》足の指. ¶~骨 zhǐgǔ.

【趾高气扬】zhǐ gāo qì yáng 成 意気揚々たるようす. 有頂天のさま. ¶～的神情 shénqíng / 意気盛んな顔つき. 由来「足を高くあげ意気揚々と歩く」という意から.
【趾骨】zhǐgǔ 名 《生理》足の指の骨. 趾(し)骨.
【趾甲】zhǐjiǎ 名 《生理》足のつめ. 同 脚指甲 jiǎozhǐjia
【趾头】zhǐtou 名 《生理》足の指.

黹 zhǐ

业部 7
全12画 四 3222₁
通用

素 縫い物や刺しゅうをする. ¶针～ zhēnzhǐ (針仕事).

酯 zhǐ

酉部 6
全13画 四 1266₁
通用

名 《化学》エステル.

【酯化】zhǐhuà 名 《化学》エステル化.

徵 zhǐ

彳部12
全15画 四 2824₀
通用

名 《音楽》古代の五音(宮・商・角・徵・羽)の一つ. 徵(ち). "简谱"の5に当たる. ⇨五音 wǔyīn ①

至 zhì

至部 0
全6画 四 1010₁
常用

文 ❶ 動 …まで. ¶从左～右 (左から右まで). ❷ 副 最も. きわめて. ¶～诚 zhìchéng / 欢迎之～ (歓迎の至り).

【至宝】zhìbǎo 名 〔個 件 jiàn, 样 yàng〕至宝.
【至诚】❶ zhìchéng 名 真心. 誠意. ❷ zhìcheng 形 誠実だ. ¶～的朋友 / 誠実な友. ¶他是个～人 / 彼は誠実な人だ.
【至迟】zhìchí 副 遅くとも. ¶这本词典～十月底出版 / この辞書は遅くとも10月末には出版される.
【至此】zhìcǐ 動 文 ❶ ここに至る. ¶~为 wéi 止 / ここ

までで終わりとする. ❷ この時に至る. ❸ この情況に至る. ¶事已~ / 事ここに至る.

【至多】zhìduō 副 多くとも.

【至高无上】zhì gāo wú shàng 成 最高だ. この上ない. ¶他获得 huòdé 了~的荣誉 róngyù / 彼はこの上ない栄誉を勝ち得た.

【至关紧要】zhì guān jǐn yào 成 きわめて重要だ.

【至好】zhìhǎo 名 最も仲の良い友人. 親友. 回 至交 zhìjiāo

【至极】zhìjí 極に達する. ¶可爱~ / とてもかわいい.

【至交】zhìjiāo 名 最も仲の良い友人. 親友.

*【至今】zhìjīn 副 今に至るまでずっと…する. ¶~没有人提出过意见 / 今まで誰も異議を唱えていない. ¶~没见面 / 現在まで会っていない.

【至理名言】zhì lǐ míng yán 成 名言. 至言.

【至亲】zhìqīn 名 最も近い親戚. ¶~好友 / 近しい親戚と親しい友人. ¶骨肉 gǔròu~ / 最も関係の深い親族. 骨肉の間柄.

【至情】zhìqíng まごころ. 至情. 回 真 zhēn 情

【至上】zhìshàng 形 (地位や権力が)最高だ. 至上の. ¶顾客~ / 顧客第一. ¶勤劳 qínláo~是劳动人民的优秀 yōuxiù 品质 pǐnzhì / 勤労を第一とするのは, 労働する人々の優れた資質だ.

*【至少】zhìshǎo 副 少なくとも. ¶这个会~要开三天 / この会合は, 少なくとも3日間は開かれる.

【至死】zhìsǐ 副 死んでも. ¶~不悟 wù / 死んでも悟らない. ¶~不变的原则 / 死んでも変えない原則.

【至言】zhìyán 名 文 適切で的を射たことば. 至言.

【至友】zhìyǒu 名 親友. 回 至交 jiāo

【至于】zhìyú ❶ 動 (ある程度に)なる. 至る. ¶如果你早一点出门, 也不~迟到 / もう少し早目に出れば, 遅刻にはならないよ. ¶不~ / …にいうと…. ❷ 接 その他の問題は, 以后再说 / その他の問題については, 後で話そう. 用法 ❶は, 否定や反語の形で用いることが多い. ❷は, 他の話題を出すのに用い, "就"と呼応させることが多い.

【至尊】zhìzūn 名 ❶ この上なく尊いこと. 至尊(そん). ❷ 至尊の人物. 皇帝.

志 (異 誌❷~❹) zhì 土部4 全7画 四4033₁ 通用

❶ 名 志. 意思. 抱負. ¶立~ lìzhì (志を立てる) / 得~ dézhì (志を遂げる) / 同道合. ❷ 記憶する. 忘れないで覚えておく. ¶永~不忘(長く記憶にとどめる) / ~哀 zhī'āi. ❸ 書き記された文章. 記録. ¶杂~ zázhì (雑誌) / 县~ xiànzhì (県誌) / 《三国~》 Sānguózhì (『三国志』). ❹ 素 記号. マーク. ¶标~ biāozhì (しるし). ❺ 名 (Zhì)姓.

【志哀】zhǐ'āi 動 哀悼の意をあらわす.

【志大才疏】zhì dà cái shū 成 志は大きいが能力が足りない. ¶~不量 zìliàng / 志は大きいが才能が伴わず, 己をわきまえない. 回 才疏志大 由来 『後漢書』孔融伝に見えることば.

【志得意满】zhì dé yì mǎn 成 志を遂げて満足する.

【志气】zhìqì[-qi] ❶ 意気込み. 志気. ¶~昂扬 ángyáng / 志気が上がる. ❷ 気骨. 気概. ¶他从小就有~ / 彼は幼少から気骨があった.

【志趣】zhìqù 名 考えや行動の傾向. 趣味や志向. ¶~相投 xiāngtóu / 趣味が合う.

【志士】zhìshì 名 高い志と堅い意志をもつ人. 志士. ¶爱国~ / 愛国の志士.

【志士仁人】zhì shì rén rén 成 志が高く, 人徳のある人. 回 仁人志士

【志书】zhìshū 名 地誌. 地方の歴史・地理・人物・産物・風俗・言語などを記した書物.

【志同道合】zhì tóng dào hé 成 志が同じで意見が合う. 意気投合する. ¶我和她确实~ / 私と彼女は確かに意気投合している.

【志向】zhìxiàng[-xiang] 名 志. 抱負. ¶远大 yuǎndà 的~ / 遠大な志. 大志.

【志愿】zhìyuàn ❶ 名 希望. 願望. ¶立下 lìxia~ / 志望する. 回 意愿 yìyuàn, 志向 zhìxiàng ❷ 動 志願する. ¶大学毕业后, 她~去西藏 Xīzàng 工作 / 大学卒業後, 彼女は志願してチベットへ働きに行った. 回 自愿 zìyuàn

【志愿兵】zhìyuànbīng 名 志願兵. 参考 中国人民解放軍においては, 一定期間の兵役を満了した後に自主的に残留して従軍する兵士または士官をいう.

【志愿兵制】zhìyuànbīngzhì 名 志願兵制度.

【志愿军】zhìyuànjūn 名 志願兵部隊. 義勇軍.

【志愿者】zhìyuànzhě 名 ボランティア.

【志在四方】zhì zài sìfāng 遠大な志を抱く. ¶胸怀 xiōnghuái 祖国, ~ / 祖国を胸に, 遠大な志を抱く.

豸 zhì 豸部0 全7画 四2022₂ 通用

名 ❶ (古書で)足のない虫. ❷ (Zhì)姓.

忮 zhì 忄部4 全7画 四9404₇ 通用

動 文 ねたむ. 嫉妬する.

识 (識) zhì 讠部5 全7画 四3678₀ 常用

素 ❶ 記憶する. ¶博闻强~ (見聞が広く, 記憶力がすぐれている). 回 记 jì ❷ しるし. 書きつけ. ¶款~ kuǎnzhì (落款).
☞ 识 shí

郅 zhì 至部2 全8画 四1712₇ 通用

❶ 副 文 きわめて. 最も. ¶~隆 zhìlóng (隆盛だ). ❷ (Zhì)姓.

帜 (幟) zhì 巾部5 全8画 四4628₀ 常用

素 文 (目印の)旗. のぼり. ¶旗~ qízhì (旗じるし) / 独树一~ (成) 一家を成す. ❷ (Zhì)姓.

帙 (異 袠) zhì 巾部5 全8画 四4528₀ 通用

文 ❶ 名 書画を包む布の箱. 帙(ちつ). ❷ 量 帙に入った線装本を数えることば.

制 (製❹) zhì 刂部6 全8画 四2220₀ 常用

❶ 動 制定する. 規定する. ¶~定计划(計画をたてる) / 因地~宜 yí 成 各地域の実情に合わせて適当な方法を決める). ❷ 動 拘束する. 制限する. ¶~止 zhìzhǐ / ~裁 zhìcái. ❸ 素 制度. 法則. ¶全民所有~ (全人民所有制). ❹ 動 製作する. 製造する. ¶~版 zhībǎn / ~图表(図表を作成する) / ~革 zhìgé. 回 造 zào

【制版】zhì//bǎn 製版する.

【制备】zhìbèi 動 (化学製品を)作り出す.

【制表】zhì/biǎo 動 表を作る.

【制裁】zhìcái 動 制裁を加える. ¶经济~ / 経済制裁. ¶想方设法~别人 / 思案をめぐらせて人に制裁を加える.

【制成品】zhìchéngpǐn 名 完成品. 製品. 回 成品

【制导】zhìdǎo [動]（ミサイルなどを）リモートコントロールする．無線制御する．

*【制订】zhìdìng [動]（計画などを）新たにうち出す．立案する．¶有关部门正在～新宪法 xiànfǎ / 関係部門が今，新憲法を立案中だ．[同] 创制 chuàngzhì，拟定 nǐdìng，制定 zhìdìng [比較] "制定"は制定する，確定することに重点があり，"制订"は新しく創り出す，立案することに重点がある．

*【制定】zhìdìng [動]（法律・規則・計画などを）制定する．定める．¶～宪法 xiànfǎ / 憲法を制定する．¶～计划 / 計画を立てる．¶～章程 zhāngchéng / 規約を定める．⇨制订 zhìdìng

【制动】zhìdòng [動]（乗り物や機械の）ブレーキをかける．制動する．[同] 刹车 shāchē

【制动器】zhìdòngqì [名] ブレーキ．制動機．[表現] ふつう"闸 zhá"もしくは"刹车 shāchē"と言う．

*【制度】zhìdù [名]〔[量] 条 tiáo，项 xiàng〕制度．¶工作～ / 仕事のシステム．¶财政 cáizhèng～ / 財政制度．¶社会主义～ / 社会主義制度．

【制伏】zhì//fú [動] 力で抑えつける．制圧する．¶群众～了闹事者 / 民衆は騒ぎを引き起こした者を取り押さえた．

【制服】❶ zhì//fú [動] "制伏 zhìfú"に同じ．❷ zhìfú [名]〔[量] 件 jiàn，身 shēn，套 tào〕制服．

【制高点】zhìgāodiǎn [名]《軍事》〔[量] 处 chù，个 ge〕軍事上重要な高地や建築物．¶抢占 qiǎngzhàn～ / 軍事上重要な高地を奪う．

【制革】zhìgé [動]（皮革を）なめす．製革する．¶猪皮～ / 豚皮をなめす．

【制海权】zhìhǎiquán [名]《軍事》制海権．

【制衡】zhìhéng [動] 制御して偏りをなくす．

【制剂】zhìjì [名] 製剤．製薬．

【制假】zhìjiǎ [動] 偽物を作る．偽造する．

【制件】zhìjiàn [名]《工業》機械加工される部品．[同] 工件 gōng 件，作 zuò 件

【制空权】zhìkōngquán [名]《軍事》制空権．

【制冷】zhìlěng [動]（人工的に）低温にする．

【制冷剂】zhìlěngjì [名] 冷却剤．冷媒．[同] 冷冻 dòng 剂

【制片】zhì//piàn [動] 映画を制作する．

【制片厂】zhìpiànchǎng [名] 映画製作所．撮影所．¶北京电影～ / 北京映画製作所．

【制片人】zhìpiànrén [名] 映画製作者．プロデューサー．

【制品】zhìpǐn [名]〔[量] 类 lèi，样 yàng，种 zhǒng〕製品．¶乳～ / 乳製品．¶豆～ / 豆を加工した製品．豆製品．

【制胜】zhìshèng [動] 勝ちを制する．勝つ．¶出奇～ / [成] 相手の意表をついて勝ちを制する．[同] 取胜 qǔshèng

【制胜之道】zhìshèng zhī dào [名] 勝利への道．成功を修める方法．

【制式】zhìshì [名] 一定の標準や規格．¶～警服 / 警察の制服．¶～器材 / 標準器材．

【制售】zhìshòu [動] 製造販売する．

【制图】zhì//tú [動] 製図する．図面にする．¶～画样儿 / 下絵を制作する．¶光～就花了一年时间 / 製図製作だけに一年もかかってしまった．[表現] 機械や工事の設計を指すことが多い．

【制宪】zhìxiàn [動] 憲法を制定する．

【制药】zhìyào [動] 薬をつくる．¶～厂 / 製薬工場．

【制约】zhìyuē [動] 制約する．¶互相～ / 互いに制約し合う．¶不文明的行为受到了～ / 野蛮な行為が制約を受けた．

*【制造】zhìzào [動] ❶ 製造する．¶～飞机 / 飛行機を製造する．❷ [貶]（雰囲気や局面などを）作り出す．¶～纠纷 jiūfēn / もんちゃくを起こす．⇨制作 zhìzuò

【制造业】zhìzàoyè [名] 製造業．

【制止】zhìzhǐ [動]（好ましくない事柄を）制止する．阻止する．¶～侵略 qīnlüè / 侵略を阻止する．¶～他再说下去 / 彼がさらに話し続けるのを制止した．[同] 遏止 èzhǐ，抑止 yìzhǐ [反] 允许 yǔnxǔ

【制种】zhìzhǒng [動] 種子を作る．種子を育てる．

【制作】zhìzuò [動] 作る．製造する．¶精心地～工艺品 / 精魂込めて工芸品を作る．[比較] "制造"の使用範囲は広く，"制作"が使える場合のほとんどを，"制造"で置き換えることができる．"制作"は，家具や玩具など小さな物を作る時に用いる．

质（質）zhì

厂部 6 [四] 7228₂ 全 8 画 [常用]

❶ [名] 質．¶物～ wùzhì（物質）/ 流～ liúzhì（流動質のもの）/ 提高～量（水準を引き上げる）．[反] 量 liàng ❷ [素] 飾りけがない．素朴だ．¶～朴 zhìpǔ．❸ [素] 問いただす．¶～问 zhìwèn / ～疑 zhìyí．❹ [動] 抵当に入れる．質に入れる．

【质变】zhìbiàn [動] 質が変化する．¶从量变 liàngbiàn 到～ / 量的変化から質的変化に至る．[反] 量变 liàngbiàn

【质地】zhìdì [名] ❶ 材質．品質．¶～精美 / 生地がきめ細かく美しい．❷（人の）資質．

【质点】zhìdiǎn [名]《物理》質点．

【质对】zhìduì [動] ❶ 突き合わせて確かめる．[同] 对证 zhèng ❷《法律》対質する．[同] 对质

【质感】zhìgǎn [名]《美術》（作品の）質感．

【质检】zhìjiǎn [動] "质量检查"（品質を検査する）の略．

*【质量】zhìliàng [名] ❶《物理》質量．❷（製品や仕事などの）質．¶工程～ / 工事の出来ばえ．¶这布～好 / この布は品質がよい．

【质量数】zhìliàngshù [名]《物理》質量数．

【质料】zhìliào [名] 製品の材料．

【质难】zhìnàn [動] 問い詰める．非難する．

【质朴】zhìpǔ [形][褒] 質朴だ．飾りけがない．¶为人 wéirén～ / 人柄が質朴だ．¶～的语言 / 素朴なことば．[同] 朴实 pǔshí，朴素 pǔsù [反] 浮华 fúhuá

【质谱仪】zhìpǔyí [名]《物理》質量分析器．

【质数】zhìshù [名]《数学》素数．[同] 素数 sùshù

【质问】zhìwèn [動] 詰問する．¶他被上司 shàngsi～了一通 tòng / 彼は上司にひとしきり詰問された．

【质心】zhìxīn [名]《物理》質量中心．

【质询】zhìxún [動] 質問する．回答を求める．¶～处 / 案内係．¶关于这个问题，我想～一下 / この問題について，質問したいと思う．

【质疑】zhìyí [動] 疑問を出す．

【质疑问难】zhìyí wènnàn [句] 疑問を公にして議論する．

【质证】zhìzhèng [動]《法律》証人（に）尋問する．対質（たいしつ）する．

【质直】zhìzhí [形]（性格などが）素直だ．素朴で正直だ．

【质子】zhìzǐ [名]《物理》陽子．プロトン．

炙 zhì

火部 4 [四] 2780₉ 全 8 画 [通用]

❶ [素] 火であぶる．焼く．❷ [素] 薫陶を受ける．¶亲～ qīnzhì（直接教えを受ける）．❸（Zhì）姓．

【炙烤】zhìkǎo [動] あぶる．焼く．

Z

【炙热】zhìrè 形 焼けつくように暑い.
【炙手可热】zhì shǒu kě rè 成 元気盛んで,権勢が大きい. ¶他是金融界～的人／彼は金融界で右に出る者のない大立者だ. 由来「ちょっと手を触れただけでもやけどしそうに熱い」という意から.

治 zhì
氵部5 四 3316₀ 全8画 常用

❶ 素 管理する. おさめる. ¶～理 zhìlǐ／统～ tǒngzhì（統治する）／～水 zhìshuǐ／～丧 zhìsāng. ❷ 动（害虫を）退治する. ❸ 素 処罰する. ¶惩～ chéngzhì（処罰する）／处～ chǔzhì（処分する）. ❹ 动 病気を治す. 治療する. ¶～病 zhìbìng. ❺ 素 学問や研究をする. ¶～学 zhìxué. ❻（Zhì）姓.
【治安】zhì'ān 名 治安. ¶维持 wéichí ／ 治安を維持する.
【治本】zhìběn 动 根本的に処理する. 反 治标 biāo
【治标】zhìbiāo 动 表面的な問題のみを処理する. 応急措置をとる. 反 治本 zhìběn
【治病】zhìbìng 动 病気を治す.
【治病救人】zhì bìng jiù rén 成 その人の欠点や誤りを批判して立ち直らせる. 由来「病を治し人を救う」という意から.
【治国】zhìguó 动 国を治める.
【治国安民】zhì guó ān mín 成 国をよく治め,人々の生活を安定させる. ¶～的措施／国を治め民を安らかにさせる施策.
【治家】zhì//jiā 动 家を切り盛りする.
【治假】zhìjiǎ 动 にせ商品や詐欺行為を処罰する.
【治理】zhìlǐ ❶ 动 統治する. 管理する. ¶～国家／国を治める. ❷ 整備する. ¶～河川／河川を整備する.
【治疗】zhìliáo 动 治療する. ¶住院／入院して治療する. 同 医治 yīzhì
【治丧】zhìsāng 动 葬儀を取り仕切る. ¶～委员会／葬儀委員会. ¶～期间／葬儀を執り行う期間.
【治沙】zhìshā 动（砂漠の）土砂管理をする.
【治世】zhìshì 文 ❶ 动 世を治める. ❷ 名 太平の世. ¶国泰 tài 民安的～／天下太平の世.
【治水】zhì//shuǐ 动 治水する. ¶～工程／治水工事.
【治所】zhìsuǒ 名 地方長官の役所の所在地.
【治外法权】zhìwài fǎquán 名《法律》治外法権.
【治污】zhìwū 动「治理污染」（汚染防止対策をする）の略.
【治下】zhìxià 文 ❶ 动 民を統治する. ❷ 名 統治下. 管轄範囲.
【治学】zhìxué 动 学問をする. ¶～严谨 yánjǐn ／ 学問の姿勢が厳格だ.
【治印】zhì//yìn 印章を彫る. 同 篆刻 zhuànkè
【治愈率】zhìyùlǜ 名《医学》治癒率.
【治装】zhìzhuāng 动 旅支度を整える.
【治罪】zhì//zuì 动 処罰する. ¶依法 yīfǎ ～／法に基づいて罰する. 面 治治罪

栉（櫛）zhì
木部5 四 4492₇ 全9画

素 ❶ くし. ¶～比 zhìbǐ. ❷ 髪の毛をとかす. くしけずる. ¶～风沐 mù 雨.
【栉比】zhìbǐ 动 文（くしの歯のように）びっしり並んでいる. ¶街道两旁,商店鳞次 línci ～／道の両側には,商店が軒を連ねている.
【栉风沐雨】zhì fēng mù yǔ 成 雨の日も風の日も走り回って働く. ¶邮递员 yóudìyuán 经常～,为大家送信／郵便屋さんはいつも雨風の中を走り回ってみんなに手紙を配達する. 由来「風が髪をすき,雨が髪を洗う」という意から.

峙 zhì
山部6 四 2474₁ 全9画 通用

素 まっすぐに立つ. 高くそびえ立つ. ¶对～ duìzhì（対峙する）.
☞ 峙 shì

庤 zhì
广部6 四 0014₁ 全9画 通用

动 文 たくわえる.

陟 zhì
阝部7 四 7122₁ 全9画 通用

动 文（高いところへ）登る. ¶～降 zhìjiàng（登り下り）.

桎 zhì
木部6 四 4191₄ 全10画 通用

素 足かせ. ¶～梏 zhìgù.
【桎梏】zhìgù 名 文 桎梏(とぅ). 手かせ足かせ. 束縛（ぅ）. ¶摆脱精神上的～／精神的な束縛から脱却する. 同 枷锁 jiāsuǒ

贽（贄）zhì
贝部6 四 5580₂ 全10画 通用

名 文 古代,目上の人に初めて会う時に贈る品物. ¶～见 zhìjiàn（手土産を携えてまみえる）／～敬 zhìjìng（師匠に入門する時に持参する礼品）.

挚（摯）zhì
手部6 四 5550₂ 全10画 通用

素 まじめで真心がこもっている. 誠実だ. ¶真～ zhēnzhì（真摯(とぅ)だ）／～友 zhìyǒu.
【挚爱】zhì'ài 名 ひたむきな愛. 同 热 rè 爱,深 shēn 爱
【挚诚】zhìchéng 形 真摯だ. 誠実だ.
【挚情】zhìqíng 名 真摯な気持ち.
【挚友】zhìyǒu 名 親友.

致（緻❺）zhì
至部4 四 1814₀ 全10画 常用

❶ 动 文（気持ちやあいさつを）送る. あらわす. ¶～函 zhìhán／～电慰问 wèiwèn（お見舞いの電報を打つ）／～欢迎词（歓迎のことばを述べる）. ❷ 素（力や精神を）集中する. ¶～力 zhìlì／专心一志 成 精神を集中して一所懸命にやる）. ❸ 素（ある結果を）招く.（ある状態や結果に）至る. ¶～病 zhìbìng／～富 zhìfù／学以～用 成 学問を役立てる）. ❹ 素 情趣. おもむき. ¶兴～ xìngzhì 勃勃 bóbó（非常に興味をもっている. 興味津々だ）／景～ jǐngzhì（風景）. ❺ 素 きめ細かい. 精密だ. ¶工作精～／仕事が入念だ）／精～ jīngzhì（つくりが精巧で細かい）. ❻（Zhì）姓.
【致哀】zhì'āi 动 哀悼の意をあらわす.
【致癌】zhì'ái 形 発ガン性の. ¶吸烟是～因素 yīnsù 之一／喫煙は発ガン要因の一つだ.
【致癌物】zhì'áiwù 名《医学》発ガン物質.
【致病】zhìbìng 动 病気になる. 病にいたる. ¶～菌 jūn／病原菌.
【致残】zhìcán 动 身体機能を失う. 身体障害になる.
【致辞[词]】zhì//cí 动（儀式で）あいさつを述べる. ¶请来宾 láibīn ～／ご来賓にあいさつをしていただきましょう. 同 新年～／新年の辞.
【致电】zhì//diàn 动 電報を打つ. ¶～祝贺 zhùhè ／祝電を打つ. ¶我们～慰问 wèiwèn 海外同胞 tóngbāo／私たちは電報を打って海外の同胞を慰めた.

【致富】zhìfù 動 裕福になる. 財をなす. ¶勤労 qínláo ～/懸命に働き, 財を築く.

【致函】zhìhán 動 手紙を出す. ¶～联合国秘书长 / 国連事務総長に書簡を送る.

【致贺】zhìhè 動 祝意を表する. ¶向获奖 huòjiǎng 运动员～/入賞選手に祝意を表する.

【致候】zhìhòu 動 ご機嫌をうかがう.

【致敬】zhìjìng 動 敬意を表する. 敬礼する. ¶向你们～/皆さまに敬意を表する. ¶举手－/挙手の礼をする.

【致力】zhìlì 動 力を尽くす. ¶～于科学研究 / 科学の研究に力を尽くす. 用法 "致力于 yú" という形で用いることが多い.

【致密】zhìmì 形 細かい. 緻密(きっ)だ. ¶～的纹理 wénlǐ / 細かな模様.

【致命】zhìmìng 動 命にかかわる. 命取りになる. ¶～伤 / 致命傷. ¶～的打击 / 致命的な打撃.

【致歉】zhìqiàn 動 謝罪の意をあらわす.

【致使】zhìshǐ 動 (ある原因によって思わしくない) 結果となる. ¶由于下雨,～比赛延期 / 雨で試合は延期になった. 同 以致 yǐzhì

【致死】zhìsǐ 動 死に至る. ¶～剂量 jìliàng / (薬物の) 致死量. ¶他因肝脏 gānzàng 破裂 pòliè 而～/ 彼は肝臓破裂により死亡した.

【致谢】zhìxiè 動 感謝の意を表する. 礼を言う. ¶谨 jǐn 此～/謹んでお礼申し上げます. ¶向老师～/先生に感謝の意を表する.

【致以】zhìyǐ 動 ⟨文⟩ (相手に対する気持ちやあいさつを) あらわす. ¶～衷心的感谢 / 心より感謝いたします. 用法 多く手紙やあいさつなどに用いる.

【致意】zhìyì 動 あいさつする. あいさつで気持ちを伝える. ¶再三～/ 何度もあいさつをした. ¶点头 diǎntóu～/ 会釈する.

轾(輊) zhì
车部6 四 4151₄
全10画 通用
→轩轾 xuānzhì

秩 zhì
禾部5 四 2598₀
全10画 常用

❶素 順序. 順番. ¶～不紊 wěn (整然として乱れていない) / ～序 zhìxù. ❷量 ⟨文⟩ 十年. ¶七～寿辰 shòuchén (70歳の誕生日). ❸(Zhì)姓.

*【秩序】zhìxù 名 秩序. ¶维持 wéichí～/ 秩序を保つ. ¶捣乱 dǎoluàn～/ 秩序を乱す.

桎 Zhì
木部7 四 4493₁
全11画

素 地名用字. ¶～木山 Zhìmùshān (湖南省にある地名).

掷(擲) zhì
扌部8 四 5702₇
全11画 次常用

動 投げ捨てる. ¶弃～ qìzhì / ～铁饼 zhìtiěbǐng (円盤投げ) / 孤注 gūzhù 一～ (賭 (か) け金すべてをかけて勝負する) / ～下色子 shǎizi (さいころを振る). 同 投 tóu, 扔 rēng, 抛 pāo

【掷弹筒】zhìdàntǒng 名 ⟨軍事⟩ 擲弾筒 (てきだんとう).

【掷地有声】zhì dì yǒu shēng 成 ことばが力強く, 気迫がこもっている. ¶～的豪言 háoyán 壮语 zhuàngyǔ / 気迫のこもった, 意気盛んなことば.

鸷(鷙) zhì
鸟部6 四 5512₇
全11画 通用

❶素 ⟨文⟩ (性質が) 荒々しく凶暴だ. ¶勇～ yǒngzhì (勇猛だ). ❷(Zhì)姓.

【鸷鸟】zhìniǎo 名 猛禽.

铚(銍) zhì
钅部6 四 8171₄
全11画 通用

名 ⟨文⟩ 短い鎌(かま).

痔 zhì
疒部6 四 0014₁
全11画 通用

名 ⟨医学⟩ 痔(ぢ). 同 痔疮 zhìchuāng

【痔疮】zhìchuāng 名 痔(ぢ).

窒 zhì
穴部6 四 3010₄
全11画 次常用

素 詰まる. ふさがる. ¶～息 zhìxī.

【窒碍】zhì'ài 名 ⟨文⟩ 障害物がある. 妨げる. 同 障 zhàng 碍

【窒闷】zhìmèn 形 息苦しい. 風通しが悪くむっとする.

【窒息】zhìxī 動 窒息する. ¶呼吸～/ 息が詰まる. ¶～而死 / 窒息死する. ¶房间里的空气令人～/ 部屋の中の空気が息苦しい.

蛭 zhì
虫部6 四 5111₄
全12画 通用

名 ⟨動物⟩ ヒル. 同 水蛭 shuǐzhì

【蛭石】zhìshí 名 ⟨鉱物⟩ バーミキュライト. 蛭石(ぢ).

智 zhì
日部8 四 8660₀
全12画 常用

❶素 知恵. 見識. ¶斗～ dòuzhì (智恵を闘わす) / ～勇双全. ❷素 賢い. ¶～者千虑 lǜ, 必有一失 (⟨文⟩ 知恵のある者が熟考しても, 必ず一つは誤りがある). 反 愚 yú ❸(Zhì)姓.

【智齿】zhìchǐ 名 ⟨生理⟩ 〔颗 kē〕 親知らず. 同 智牙 zhìyá

【智多星】zhìduōxīng 名 知略に長けた人. 由来 『水滸伝』の登場人物である呉用のあだなから.

【智慧】zhìhuì 名 知恵. ¶人民的～/ 人々の知恵.

【智库】zhìkù 名 頭脳集団. ブレーン.

【智力】zhìlì 名 知力. 知能. ¶～过人 / 知力が人に勝っている. ¶～发达 / 知力が発達している.

【智利】Zhìlì 《国名》チリ.

【智略】zhìlüè 名 知略と機略.

【智谋】zhìmóu 名 知恵と計略. ¶人多～高 / 三人寄れば文殊の知恵.

【智囊】zhìnáng 名 知恵袋. ブレーン.

【智囊团】zhìnángtuán 名 ブレーントラスト. シンクタンク.

【智能】zhìnéng 名 知能. ¶～双全 / 知恵と能力を兼ね備える. ¶～机器人 / 人工知能ロボット.

【智能大厦】zhìnéng dàshà 名 インテリジェントビル.

【智能卡】zhìnéngkǎ 名 ICカード. 同 集成电路卡 jíchéng diànlùkǎ

【智能武器】zhìnéng wǔqì 名 ⟨軍事⟩ インテリジェンス兵器.

【智能型犯罪】zhìnéngxíng fànzuì 名 知能型犯罪.

【智巧】zhìqiǎo 名 知恵と技巧.

【智取】zhìqǔ 動 知恵を働かせて取る. ¶不能强攻 qiánggōng, 要靠～/ 強攻してもだめだ, 知恵を働かせて取らねば.

【智商】zhìshāng 名 "智力商数" (知能指数) の略称. IQ.

【智牙】zhìyá 名 "智齿 zhìchǐ" に同じ.

【智勇双全】zhì yǒng shuāng quán 成 知勇兼備. ¶～的指挥官 / 知恵と勇気を備えた指揮官. ¶他真是～哪！/ 彼はまったく知勇兼備だ.

【智育】zhìyù 名 知育.
【智障】zhìzhàng 名 知的障害.

痣 zhì 疒部7 四 0013₁ 全12画 通用

名 ❶ あざ. ❷ (Zhì)姓.

滞(滯) zhì 氵部9 四 3412₇ 全12画 次常用

素 流れが止まる. 滞(とどこお)る. ¶停~ tíngzhì(停滞する) / 沾~ zhānzhì(拘泥する). 反 畅 chàng

【滞尘】zhìchén 名 (大量の植物が)空気中のちりやほこりを遮る.
【滞洪】zhìhóng 名 洪水時に付近の湖などに水を逃がして河川の氾濫を防ぐ.
【滞后】zhìhòu 動 停滞して後れをとる.
【滞缓】zhìhuǎn 形 滞る. 緩慢だ.
【滞货】zhìhuò 名 売れ行きのよくない品. 売れ残りの品.
【滞留】zhìliú 動 滞在する. 留まる. ¶~一夜 / 一晩泊まる. ¶他在日本~了两年 / 彼は日本に2年滞在した.
【滞纳金】zhìnàjīn 名 滞納金.
【滞涩】zhìsè 形 ❶ のろい. 鈍い. ❷ (文章が)滑らかでない.
【滞塞】zhìsè 動 ふさぐ. ふさがる.
【滞销】zhìxiāo 動 (商品が)売れない. 売れ残る. ¶~货 / 売れ残りの品. 反 畅销 chàngxiāo
【滞胀】zhìzhàng 名《経済》不況下のインフレ. スタグフレーション.

骘(騭) zhì 马部9 四 7112₇ 全12画 通用

動 文 具合よく定める. ¶阴~ yīnzhì(陰徳) / 评~高低(優劣を定める).

彘 zhì 彐部9 四 2771₂ 全12画 通用

名 文 ブタ. 同 猪 zhū

置(寘) zhì 罒部8 四 6010₂ 全13画 通用

❶ 動 置く. ほうっておく. ¶安~ ānzhì(人や物を適当に配置する) / 搁~ gēzhì(放置する) / ~于桌上(机の上に置く) / 漠然 mòrán~之 成 知らん顔をしてほうっておく. ❷ 放 fàngzhì(放置)する. 設ける. 設置する. ¶设~ shèzhì(設置する) / 装~ zhuāngzhì(取り付ける). ❸ 動 買う. ¶添~ tiānzhì 一些家具(家具をいくつか買い足す).
【置办】zhìbàn 動 購入する. ¶~年货 / 正月用品を購入する. 同 采买 cǎimǎi, 购置 gòuzhì
【置备】zhìbèi 動 設備や用具を購入する. ¶~农具 / 農具を購入する.
【置辩】zhìbiàn 動 弁解する. 申し開きする. 用法 "不屑xiè~"のように, 否定形で用いる.
【置放】zhìfàng 動 置く. 据える.
【置换】zhìhuàn 動 ❶《化学》置換する. ¶~反应 fǎnyìng / 置換反応. ¶化学反应中的~作用 / 化学反応における置換作用. ❷ 取り替える. 交替する. ¶互相~ / 互いに取り替える. ❸ 方 購入する. 参考 ❷, ❸ は, "zhìhuan"とも発音.
【置喙】zhìhuì 動 文 口をはさむ. 用法 "无从~"のような否定形で用いる.
【置买】zhìmǎi 動 (耐久品を)買う. 購入する.
【置评】zhìpíng 動 批評する. 用法 "不愿~"のように, 多く否定形で用いる.
【置若罔闻】zhì ruò wǎng wén 成 聞こえないふりをして取り合わない. ¶对群众的呼声 hūshēng~ / 大衆の叫びに耳を貸さない.
【置身】zhìshēn 動 身を置く. ¶你~于领导岗位gǎngwèi, 应该严于律己 / 君は指導者のポストに身を置くのだから, 厳しく自己を律せねばならない. 用法 "置身于yú"の形で使うことが多い.
【置身事外】zhì shēn shì wài 成 身を局外に置く. ¶他对集体的事都~ / 彼は集団のことについて常に部外者を決め込んでいる.
【置信】zhìxìn 動 信を置く. 信用する. ¶不可~ / 信じてはいけない. ¶难 ví nányí~ / 信じ難い. 同 相信xiāngxìn 用法 否定文に用いることが多い.
【置业】zhìyè 動 住宅などの不動産を購入する. 参考 "业"は"物业"(不動産物件).
【置疑】zhìyí 動 疑いを抱く. ¶不容 róng~ / 疑いを抱く余地がない. ¶无可~ / 疑うべくもない. 用法 否定文に用いる.
【置于】zhìyú 動 文 …に置く.
【置之不顾】zhì zhī bù gù 成 放置して無視する. 取り合わない.
【置之不理】zhì zhī bù lǐ 成 放置して取り合わない.
【置之度外】zhì zhī dù wài 成 (生死や利害などを)度外視する. 気にかけない. ¶他总是把个人利益~ / 彼はいつも個人的利益を度外視している.
【置之脑后】zhì zhī nǎo hòu 成 すっかり忘れる. 全く気にかけない.

锧(鑕) zhì 钅部8 四 8278₂ 全13画 通用

名 文 ❶ まな板. ❷ 古代の腰斬刑に用いた刑具. ¶斧~ fǔzhì(まぐさ切りのような刑具).

雉 zhì 矢部8 四 8031₅ 全13画 通用

❶ 名《鸟》キジ. ❷ 量 古代の城壁の大きさを計る単位. 一"雉"は長さ三"丈 zhàng", 高さ一"丈". 参考 ① は, 通称"野鸡 yějī". 地方によっては"山鸡 shānjī"ともいう.
【雉堞】zhìdié 名 身を隠せるように城壁の上に造る, 低い凸凹形の壁. 姫垣.

稚(穉) zhì 禾部8 四 2091₅ 全13画 次常用

❶ 素 幼い. ¶幼~ yòuzhì(幼稚だ). ❷ (Zhì)姓.
【稚嫩】zhìnèn 形 ❶ 幼くてか弱い. ❷ 幼稚だ. 未熟だ.
【稚气】zhìqì 名 子供っぽさ. ¶一脸~ / 見るからに子供っぽい. ¶~的学生 / 子供っぽい学生. 同 孩子气háiziqì
【稚弱】zhìruò 形 幼く, か弱い. 同 幼 yòu 弱
【稚拙】zhìzhuō 形 稚拙(ぅ)だ. (深みがなく)単純だ.
【稚子】zhìzǐ 名 幼な子. 幼児.

潕 Zhì 氵部10 四 3213₆ 全13画 通用

素 地名用字. ¶~阳 Zhìyáng(河南省にある地名).

踬(躓) zhì 足部8 四 6218₂ 全15画 通用

動 文 ❶ つまずいて転ぶ. ¶颠~ diānzhì(転倒する). ❷ 挫折する. つまずく. ¶屡 lǚ 试屡~ (何度試しても失敗する).

觯(觶) zhì 角部8 四 2825₆ 全15画 通用

名 古代のさかずき.

zhong ㄓㄨㄥ〔tʂuŋ〕

中 zhōng

丨部3 [四] 50006 全4画 [常用]

❶[方]真ん中．中心．¶华～ Huázhōng（華中）/ 居～调停 tiáotíng（中に立って仲裁する）．❷(Zhōng)[名]中国の略称．¶～文 Zhōngwén / 洋为 wéi～用([成]外国のものを取り入れて中国の役にたてる)．[反]外 wài，西 xī，洋 yáng ❸[方](名詞の後ろに用いて)…の内．…の中．¶家～ jiāzhōng（家の中）/ 记在心～(心に記憶する) / 跳入水～（水中にとびこむ）．❹[素](性質・等級・程度が)中ほどの．¶～学 zhōngxué / ～型 zhōngxíng / ～流货 zhōngliúhuò（中級品）．❺[方](動詞の後ろに用いて)動作が進行中であることをあらわす．…しているところ．¶在研究～（研究中だ）/ 发展～国家(発展途上国)．❻[素](…するのに)適している．合う．¶～用 zhōngyòng / ～看 zhōngkàn．❼[素]仲介人．仲裁人．¶～人 zhōngrén．❽[形][方]よい．結構だ．❾(Zhōng)姓．[用法]③は，やや文語的で，口語では"里 lǐ"を多く用いる．⑤は，"在 zài"とともに用いることが多い．
☞ 中 zhòng

【中巴】zhōngbā [名]"中型巴士"(中型バス)の略称．

【中班】zhōngbān [名](幼稚園の) 4,5才児のクラス．年中組．[用法]"大班 dàbān"，"小班 xiǎobān"に対していう．

【中办】Zhōngbàn [名]"中共中央办公厅"(中国共産党中央弁公庁)の略称．

【中饱】zhōngbǎo [動](金銭を)着服する．

【中饱私囊】zhōng bǎo sī náng [成]着服して私服を肥やす．

【中保(人)】zhōngbǎo(-rén) [名]仲介人と保証人．[由来]"中人 zhōngrén"と"保人 bǎoren"の意．

【中表】zhōngbiǎo [名]いとこにあたる関係．[参考](自分から見て)祖父や父の姉妹の子供，祖母や母の兄弟姉妹の子供を指す．

【中波】zhōngbō [名]《電気・通信》中波．

【中部】zhōngbù [名]中央部．中部．

【中不溜儿】zhōngbuliūr [形][方](良し悪しや大きさが)中ぐらいだ．¶～的个子 gèzi / 中くらいの背丈．[同]中不溜儿的 de，中溜儿

*【中餐】zhōngcān [名]❶〔[量]顿 dùn〕昼食．[同]中饭 zhōngfàn，午餐 wǔcān [反]早餐 zǎocān，晚餐 wǎncān ❷中国料理．[反]西餐 xīcān

【中餐馆】zhōngcānguǎn [名](外国などの)中華料理店．

【中草药】zhōngcǎoyào [名]《中医》薬草．生薬．

【中策】zhōngcè [名]中程度の策や計画．次善策．

【中层】zhōngcéng [名](機構・組織・階層などの)中間層．¶～干部 gànbù / 中間幹部．

【中产阶级】zhōngchǎn jiējí [名]中産階級．

【中长跑】zhōngchángpǎo [名]《スポーツ》中・長距離走．

【中常】zhōngcháng [形](高さや良し悪しが)中くらいだ．並みだ．¶成绩～ / 成績は中くらいだ．¶～年景 / 平年並みの作柄．

【中场】zhōngchǎng [名]《スポーツ》(サッカーの)ミッドフィールダー．

【中成药】zhōngchéngyào [名]《中医》(生薬に対し)すでに製剤化され，服用しやすくしてある漢方薬．

【中程】zhōngchéng [名]中距離．¶～导弹 dǎodàn / 中距離弾道弾．

【中辍】zhōngchuò [動][文]中断する．¶她因病～退学 / 彼女は病気で中途退学した．

【中词】zhōngcí [名](三段論法における)中名辞(ちゅうめいじ)．中概念(ちゅうがいねん)．[同]中项 xiàng

【中档】zhōngdàng [形](品質や価格が)中程度の．中級の．

【中道】zhōngdào [名]❶中途．道半ば．❷中庸(ちゅうよう)の道．

【中稻】zhōngdào [名]《農業》早稲(わせ)と晩稲(おくて)の中間期に熟する稲．中手(なかて)．

【中等】zhōngděng [形]❶中級の．¶～货 / 中級品．❷中等級の．❸背丈が中くらいだ．¶～个儿 gèr / 中背．[用法]②は，"上等 shàngděng"，"下等 xiàděng"，また"高等 gāoděng"，"初等 chūděng"に対して言う．

【中等技术学校】zhōngděng jìshù xuéxiào [名]中等技術学校．中等専門学校の中の一つ．[参考]職業技術教育を目的とし，中級技術者の養成をめざす．

【中等教育】zhōngděng jiàoyù [名]中等教育．[参考]中国では，中学・高校・中等専門学校がこれに当たる．

【中等专业学校】zhōngděng zhuānyè xuéxiào [名]中等専門学校．後期中等教育機関の一つ．[参考]各種の職業技術教育を行い，中級職業技術者の養成をめざす．中等技術学校，中等師範学校から成る．

【中低收入者】zhōngdī shōurùzhě [名]中・低所得者．

【中点】zhōngdiǎn [名]❶《数学》中点(ちゅうてん)．❷中国式の菓子や軽食．❸昼の正餐前の軽食．

【中东】Zhōngdōng《地名》中東．

【中端】zhōngduān [形]中級レベルの．

【中断】zhōngduàn [動]とぎれる．中断する．¶因出了交通事故，这里的交通暂时～了 / 交通事故のせいで，ここの交通は一時遮断された．¶线路～ / 路線が遮断される．[同]中止 zhōngzhǐ，中辍 zhōngchuò [反]持续 chíxù，继续 jìxù

【中队】zhōngduì [名]❶中隊．❷(軍隊の)中隊．[同]连 lián [参考]①は，複数の"小队 xiǎoduì"から成り，"大队 dàduì"の指揮下にある．

【中耳】zhōng'ěr [名]《生理》中耳．

【中耳炎】zhōng'ěryán [名]《医学》中耳炎．

【中法战争】Zhōng-Fǎ zhànzhēng [名]《歴史》清仏(しんぷつ)戦争(1884-1885)．

【中幡】zhōngfān[-fan] [名]《芸能》中国雑技の曲芸の一つ．旗をつけた長い竿を頭上などにのせてバランスを取る芸．

【中饭】zhōngfàn [名]〔[量]顿 dùn〕昼食．¶吃～ / 昼ご飯を食べる．[同]午饭 wǔfàn

【中非】Zhōngfēi《国名》中央アフリカ．

【中锋】zhōngfēng [名]《スポーツ》(サッカーやバスケットなどの)フォワード．センターフォワード．

【中缝】zhōngfèng [名]❶新聞の左右の見開きの中間にある，細長い余白の部分．のど．❷木版本で，ページの綴じ目に近い余白の部分．のど．❸衣服の背中の縫い目．

【中伏】zhōngfú [名]❶夏至の後の第四の庚(かのえ)の日．"三伏 sānfú"のうちの第二伏．[同]二伏 èrfú ❷夏至の後の第四の庚の日から，立秋の後の最初の庚の日の前日までの10日間(年によっては20日間)．[同]二伏 èrfú ⇨三伏 sānfú

【中服】zhōngfú 名 中国服. 同 中装 zhōngzhuāng
【中高層住宅】zhōnggāocéng zhùzhái 名〔建築〕中高層住宅. 参考 中国の建築規定では，7－9階の建物を指す.
【中耕】zhōnggēng 動《農業》中耕(ぉぇ)する.
【中共】Zhōnggòng "中国共产党 Zhōngguó gòngchǎndǎng"の略.
【中共中央】Zhōnggòng zhōngyāng 名 "中国共产党中央委员会"(中国共産党中央委員会)の略称.
【中古】zhōnggǔ ❶(時代区分の)中古. ❷ 封建時代. 参考 ①は，中国史では多く，魏晋南北朝・隋・唐の時代をさす.
【中观】zhōngguān 名 メソ，中規模. 同 常 cháng 观 参考 ミクロとマクロの中間.
【中关村】Zhōngguāncūn《地名》中関村(ちゅぅがん). 参考 北京市海淀区にある，中国初のハイテク産業開発区. ハイテク産業の企業や研究所などが集中している.
【中官】zhōngguān 名 宦官(ㄍㄢ).
【中国】Zhōngguó《国名》中国. 中華人民共和国. ¶～人 / 中国人.
【中国大陆】Zhōngguó dàlù 名 中国大陸. 台湾・香港・マカオを除く，中国全体を指す.
【中国工农红军】Zhōngguó gōngnóng hóngjūn 名〔歴史〕中国労農紅軍. 参考 第二次国内革命戦争(1927－1937)の時期に，中国共産党が指導した軍隊. 抗日戦争中に，"八路军"，"新四军"と改称，中国人民解放軍の前身で，略して"红军"という.
【中国共产党】Zhōngguó gòngchǎndǎng 名 中国共産党. 参考 1921年7月上海で結成されたマルクス・レーニン主義に基づく革命政党. 国民党との合作と内戦，抗日戦争などを戦いぬきながら，1949年中華人民共和国設立の中核組織となる. 49年以後, 中国の国家制度はすべて中国共産党の指導の下にある. 略称の"中共"，単に"党"といえば中国共産党を指す.
【中国国民党】Zhōngguó guómíndǎng 名 中国国民党. 参考 孫文が中華革命党を改組して1919年に組織した政党. 三民主義を綱領とし，孫文の死後，蒋介石が台頭して中国共産党と覇を争ったが，第二次世界大戦後，共産党との内戦に敗れた.
【中国话】Zhōngguóhuà 名〔⊕段 duàn，句 jù〕中国で使用されている言語. とくに"汉语 Hànyǔ"をさす.
【中国画】Zhōngguóhuà 名〔幅 fú，张 zhāng，轴 zhóu〕中国画. 同 国画 guóhuà
【中国结】Zhōngguójié 名 中国結び. 中国の伝統的な民間工芸品. 参考 (多くは赤色の)細ひもで，さまざまな形に結い上げる装飾品.
【中国人民解放军】Zhōngguó rénmín jiěfàngjūn 名 中国人民解放軍. 中国の正規軍.
【中国人民志愿军】Zhōngguó rénmín zhìyuànjūn 名〔歴史〕中国人民志願軍. 参考 朝鮮戦争の援軍として，志願兵により編制された部隊. 1950年から1953年まで朝鮮戦争に参戦し，1958年に朝鮮半島から完全撤退した.
【中国通】Zhōngguótōng 名 中国通.

中国结

【中国同盟会】Zhōngguó tóngménghuì 名《歴史》中国同盟会. 参考 1905年，孫文が中心となり，東京で興中会・華興会・光復会などを合同して結成した組織. 辛亥革命を指導して清朝の打倒に成功した.
【中国象棋】Zhōngguó xiàngqí 名 中国将棋.
【中国学】Zhōngguóxué 名 中国学. シノロジー. 同 汉学 hànxué
【中国猿人】Zhōngguó yuánrén 名《考古》北京原人. シナントロプス・ペキネンシス. 同 北京人 Běijīngrén
【中国字】Zhōngguózì 名 中国で使用されている文字. とくに漢字をさす.
【中号】zhōnghào 名 中間サイズ. Mサイズ.
【中和】zhōnghé 動《化学》中和する. ¶使酸和碱 jiǎn～ / 酸とアルカリを中和させる. ¶～反应 fǎnyìng / 中和反応.
【中华】Zhōnghuá 名 ❶ 古代，黄河流域一帯の呼び名. ❷ 中国.
【中华民国】Zhōnghuá mínguó 名 中華民国. 参考 1912年に孫文を臨時大総統として創立された共和制国家. 1949年の中華人民共和国の成立をもって中国本土での政権は終焉(ㄌㅚ)を迎えた.
【中华民族】Zhōnghuá mínzú 名 中華民族. 中国各民族の総称.
【中华人民共和国】Zhōnghuá rénmín gònghéguó《国名》中華人民共和国.
【中华世纪坛】Zhōnghuá shìjìtán 名 中華世紀壇. 参考 北京市が21世紀を迎えるに当たって記念に建造したランドマークの建物. 北京市内西部にある.
【中级】zhōngjí 形 中級の. ¶～水平 / 中級レベル. 用法 "高级 gāojí"と"初级 chūjí"の中間.
【中纪委】Zhōngjìwěi 名 "中共中央纪律检查委员会" (中国共産党中央規律検査委員会)の略称.
【中技】zhōngjì 名 "中等技术学校 zhōngděng jìshù xuéxiào"の略.
【中继】zhōngjì 名《電気》リレー. ¶～器 / 継電器.
【中继线】zhōngjìxiàn 名〔電話〕中継線.
【中继站】zhōngjìzhàn 名 ❶〔電気〕(放送局などの)中継ステーション. ❷(輸送や物流の)中継地.
【中坚】zhōngjiān 名 中堅. ¶～骨干 gǔgàn / 中堅幹部.
**【中间】zhōngjiān 方 ❶ 中. 内側. ❷ 中心. 真ん中. 同 中心 zhōngxīn ❸ 間.
【中间派】zhōngjiānpài 名 中間派(の人).
【中间儿】zhōngjiānr 名 "中间 zhōngjiān"に同じ. ¶坐在～的是谁？/ 真ん中に座っているのは誰ですか.
【中间人】zhōngjiānrén 名 仲立ち人. 仲介人.
【中间商】zhōngjiānshāng 名 仲買業者. ブローカー.
【中将】zhōngjiàng 名《軍事》中将. 参考 "上将 shàngjiàng"と"少将 shàojiàng"の間の階級.
【中焦】zhōngjiāo 名《中医》中焦. 参考 "三焦"の中間部. 胃のあたりをさす.
【中觉】zhōngjiào 名 昼寝. 同 午睡 wǔshuì
【中介】zhōngjiè 名 仲介. 媒介. ¶～人 / 仲介者.
【中介费】zhōngjièfèi 名 仲介料.
【中介公司】zhōngjiè gōngsī 名 仲介会社. エージェント.
【中介机构】zhōngjiè jīgòu 名 仲介機関.
【中局】zhōngjú 名(囲碁や将棋などの)中盤.
【中距离】zhōngjùlí 名 中距離. ¶～赛跑 / 中距離レース.

中 zhōng

【中看】zhōngkàn 形 見た目がよい. 見かけがよい. ¶～不中 zhōng 吃 / 見た目だけで、味はよくない. ¶这个图案很～/ このデザインはかっこいい.

【中考】zhōngkǎo ❶ "高中"(高校)または中等専門学校の入学試験. ❷ 中間試験.

【中科院】Zhōngkēyuàn 名 "中国科学院"(中国科学院)の略称.

【中馈】zhōngkuì 名 文 ❶(女性が家で切り盛りする)食事の支度. 炊事. ¶主～ / 家で食事を切り盛りする. ❷ 妻. ¶～犹 yóu 虚 xū / 妻をまだめとっていない.

【中栏】zhōnglán 名《スポーツ》ミドル・ハードル競技. 参考 400 m ハードル競走をさす.

【中老年人】zhōnglǎoniánrén 名 中高年者. ¶适合～穿的服装 / 中高年者に適した衣服.

【中立】zhōnglì 形 中立の. ¶他们保持～ / 彼らは皆, 中立を保った.

【中立国】zhōnglìguó 名 中立国.

【中联部】Zhōngliánbù 名 "中共中央对外联络部"(中国共産党中央対外連絡部)の略称.

【中流】zhōngliú ❶名(河川の)流れの中央. ❷名(河川の)中流. ¶长江～ / 長江(ちょうこう)の中流. ❸形 中程度の. ¶～社会 / 中流社会.

【中流砥柱】zhōng liú Dǐ zhù 成 困難な状況の中で、毅然(きぜん)として耐えぬく. 由来「黄河の急流の中に砥柱山しちゅうざんがそびえ立つようだ」の意から.

【中路】zhōnglù 形 (～儿)(品質が)中程度だ. 並だ. ¶～货 / 中級品. ¶质量 zhìliàng～/ 質が並みだ.

【中落】zhōngluò 動 文 (中途で)運が傾く. 落ちぶれる. ¶家道～/ 家が落ちぶれる. ¶父亲去世以后、家境就～了 / 父親が亡くなると, 家の暮らし向きが傾いた. 反 中兴 zhōngxīng

【中美洲】Zhōng Měizhōu 地名 中央アメリカ. 中米.

【中南】Zhōngnán 名 湖北省・湖南省・広東省・海南省・広西チワン族自治区の総称. 参考 これに河南省と江西省を含む場合もある.

【中南半岛】Zhōngnán bàndǎo 地名 インドシナ半島.

【中南海】Zhōngnánhǎi 地名 中 南 海(ちゅうなんかい). 参考 北京の中央部にある, 中国共産党と政府機関の所在地. 故宮の西側にある3つの湖のうち, 北海を除く中海と南海を併せた一帯. 中国政府の要人が居住する.

【中脑】zhōngnǎo 名《生理》中脳.

【中年】zhōngnián 名 中年. 35～50歳の年令. ¶～男子 / 中年の男性. ¶人到～ / 中年になる.

【中农】zhōngnóng 名 中農. 参考 多く土地や農機具をもつ自作農で, 経済レベルが"富农 fùnóng"と"贫农 pínnóng"の間にある農民. 特に"上中农 shàngzhōngnóng"と"下中农 xiàzhōngnóng"の間にある農民をさす.

【中欧】Zhōng Ōu 地名 中欧. ヨーロッパの中央部.

【中跑】zhōngpǎo 名《スポーツ》(陸上競技の)中距離走.

【中篇小说】zhōngpiān xiǎoshuō 〔⦿ 部 bù〕中編小説.

【中频】zhōngpín 名《電気》中間周波数.

【中期】zhōngqī 名 中期. 中葉. ¶20世纪～ / 20世紀中葉.

【中气】zhōngqì 名 ❶ 中気(ちゅうき). ❷《中医》胃と脾臓部分から生じる気. 消化や栄養吸収に関連するといわれる. ❸(芝居をする際の)役者の肺活量. 参考 ①は, 陰暦の毎月の月初を"节气"といい, 半ばを"中气"という. たとえば, "立春"は正月の"节气"に当たり, "雨水"は"中气"に当たる.

【中青年】zhōngqīngnián 名 中年と青年.

【中秋(节)】Zhōngqiū(-jié) 名 陰暦8月15日の節句. 中秋節. 参考 中国では名月を観賞し, 月餅(ピン)を食べる習わしがある. ⇨付録「祝祭日一覧」

【中人】zhōngrén 名 ❶ 仲立ち. 仲介者. 仲裁者. 同中间人 zhōngjiānrén ❷(体格・容貌・才知などが)中くらいの人. 普通の人. ¶～以上 / 人並み以上. ¶～之家 / 中流家庭.

【中山服】zhōngshānfú 名 "中山 装 zhōngshānzhuāng"に同じ.

【中山狼】zhōngshānláng 名 恩を仇(あだ)で返す人. ¶不能相信花言巧语的～/ 口先のうまい恩知らずは信用できない. 由来 戦国時代, 東郭先生は中山で猟師の矢に当たり苦しむ狼を救うが, 命をとりとめた狼は東郭先生を殺して食べようとした, という寓話から.

【中山陵】Zhōngshānlíng 名 中山陵(ちゅうざんりょう). 孫文の墓地. 参考 南京市東郊の紫金山中腹にある. 「中山」は, 孫文の号.

【中山装】zhōngshānzhuāng 《服 飾》〔⦿ 件 jiàn, 身 shēn, 套 tào〕中山服. 同 中山服 zhōngshānfú 参考 つめえりの上着と洋式のズボンのスーツ. 上着の左右に二つずつフラップ付きのポケットが付いている. 孫中山(孫文)が提唱したことから.

【中生代】Zhōngshēngdài 《地学》中生代.

【中师】zhōngshī 名 "中等师范学校"(中等師範学校)の略称.

【中士】zhōngshì 名《軍事》軍人の階級の一つ. 中士官. 参考 "上士"と"下士"の中間. 軍曹に相当.

【中世纪】zhōngshìjì 名 (ヨーロッパの歴史の)中世.

【中式】zhōngshì 形 中国風の. 中国式の. ¶～服装 / 中国服. ¶～婚礼 / 中国式の婚礼. 同 中国式样 zhōngguóshìyàng 反 西式 xīshì ☞ 中式 zhōngshì

【中式】zhōngshì 名 (機械製造などの)中間段階の稼働テスト.

【中枢】zhōngshū 名 中枢. 中心. 中核. ¶电讯 diànxùn～ / 電信センター.

【中枢神经】zhōngshū shénjīng 《生理》中枢神経.

【中枢神经系统】zhōngshū shénjīng xìtǒng 《生理》中枢神経系.

【中水】zhōngshuǐ 名 再生水. 廃水に浄化処理を施し, 飲用はできないが雑用水として使用可能な水.

【中堂】zhōngtáng 名 ❶ 母屋. 客間. 同 堂屋 tángwū ❷〔⦿ 幅 fú〕客間の正面中央に掛ける大きな掛け軸.

【中堂】zhōngtang 名 明・清代の"内阁大学士 nèigé dàxuéshì"(実際は宰相)の別名.

【中提琴】zhōngtíqín 名《音楽》〔⦿ 把 bǎ〕ビオラ.

【中天】zhōngtiān 名 ❶ 大空の真ん中. 中天(ちゅうてん).

中山装

（同）当空 dāngkōng ❷《気象》正中(ちゅう).
【中听】zhōngtīng 形（話が）聞いて快い．聞いて満足する．¶这话～／この話は気持ちよく聞ける．¶这个意见不～／その意見は耳障りだ．
【中统】Zhōngtǒng 名 "中国国民党中央执行委员会调查统计局"(中国国民党中央執行委員会調査統計局)の略称．
【中途】zhōngtú 名 途中．（同）半路 bànlù
【中途岛】Zhōngtúdǎo《地名》ミッドウェー島(米国領)．
【中土】zhōngtǔ 名 中原(ちゅう)の地．（同）中国
【中外】zhōngwài 名 中国と外国．¶古今～／古今東西．¶闻名 wénmíng～／名が中国の内外に知れ渡っている．
【中外合资】zhōngwài hézī 名《経済》中国企業と外国企業の合弁．
【中微子】zhōngwēizǐ 名《物理》中性微子．ニュートリノ．
【中纬度】zhōngwěidù 名 中緯度．
【中卫】zhōngwèi 名《スポーツ》〔量 个 ge, 名 míng〕(サッカーやハンドボールなどの)ハーフバック．センターハーフバック．
【中位数】zhōngwèishù 名《数学》中央値．中位数．
【中尉】zhōngwèi 名 中尉．参考 "大尉 dàwèi"と"少尉 shàowèi"の間の階級．
【中文】zhōngwén 名 中国語．¶用～填写／中国語で書き込む．（反）外文 wàiwén 参考 特に漢族の言語・文字をいう．
【中文信息处理】zhōngwén xìnxī chǔlǐ 名《コンピュータ》中国語情報処理．
*【中午】zhōngwǔ 名 昼ごろ．昼の12時前後．（反）半夜 bànyè
【中西】zhōngxī 名 中国と西洋．¶～合璧 bì／中国式と西洋式の折衷．¶～医结合／中国医学と西洋医学の結合．
【中线】zhōngxiàn 名 ❶《数学》中線．❷《スポーツ》ハーフライン．センターライン．
【中校】zhōngxiào 名《軍事》中校．参考 "上校 shàngxiào"と"少校 shàoxiào"の間の階級．
*【中心】zhōngxīn 名 ❶中心．真ん中．❷核心．主要部分．¶～问题／中心となる問題．（同）核心 héxīn ❸中心地．主要地区．¶政治～／政治の中心地．¶文化～／文化の中心地．❹中心となる機構や組織．センター．¶研究～／研究センター．表现 ❹は、機関の名称に用いることが多い．
【中心角】zhōngxīnjiǎo 名《数学》中心角．
【中心思想】zhōngxīn sīxiǎng 名 ❶（ある思想体系の中で）最重要で根本的な思想．❷（話・論文・記事などの）要旨．
【中兴】zhōngxīng 動（国家が衰微した状態から）復興する．中興する．（反）中落 zhōngluò
【中型】zhōngxíng 形 中型の．¶～汽车／中型車．¶～词典／中型辞典．
【中性】zhōngxìng 名 ❶《化学》中性．¶～化学产品／中性の化学製品．❷《言語》中性．¶～名词／中性名詞．
【中休】zhōngxiū 名（仕事の）中休み．休憩．
【中宣部】Zhōngxuānbù 名 "中共中央宣传部"(中国共産党中央宣伝部)の略称．
*【中学】zhōngxué 名 ❶〔量 所 suǒ〕中学校．❷清末における漢学の呼称．（反）西学 xīxué 参考 ①は、日本の中学にあたる "初级 chūjí 中学" と高校にあたる "高级 gāojí 中学" がある．学年は各々3年制．
【中学生】zhōngxuéshēng 名 中学生．"初中"（初級中学）と"高中"（高級中学）の学生．
【中雪】zhōngxuě 名《気象》中程度の降雪量の雪．参考 24時間の降雪量が、融けた水分量換算で2.5-5mmの雪．
【中旬】zhōngxún 名 中旬．
【中亚】Zhōng Yà《地名》中央アジア．
【中央】zhōngyāng 名 ❶中央．真ん中．❷名（国家政権・政党・団体などの）中央．最高指導機関．¶党～／共産党中央委員会．¶团～／共産主義青年団中央委員会．¶～人民政府／中央人民政府．¶～委员会／中央委员会．（反）地方 dìfang
【中央电视台】Zhōngyāng diànshìtái 名 中国中央テレビ局．CCTV．参考 全国ネットの中国最大のテレビ局．
【中央集权】zhōngyāng jíquán 名 中央集権．
【中央商务区】zhōngyāng shāngwùqū 名 大都市の中で、金融・証券・保険・商社などの企業が集中している地区．セントラルビジネス地区．
【中腰】zhōngyāo 名 ❶腰まわり．❷中ほど．中間．
*【中药】zhōngyào 名《中医》〔量 副 fù, 剂 jì〕漢方薬．¶～店／漢方薬品店．（同）国药 guóyào
【中药材】zhōngyàocái 名 漢方薬の材料．
【中叶】zhōngyè 名 中ごろ．中期．中葉．¶唐代 Tángdài～／唐代の中ごろ．¶清朝 Qīngcháo～／清朝の中期．¶20世纪～／20世紀半ば．
【中衣】zhōngyī 名 肌着．参考 特にズボン下やパンツの類を言う．
【中医】zhōngyī 名 ❶中国医学．漢方医学．（反）西医 xīyī ❷〔量 个 ge, 名 míng, 位 wèi〕中国医学の医師．漢方医．（同）国医 guóyī（反）西医 xīyī
【中医院】zhōngyīyuàn 名 中国医学の病院．漢方の病院．
【中译本】zhōngyìběn 名 中国語に訳した本．
【中音】zhōngyīn 名《音楽》中音．アルト．¶～号 hào／アルトホルン．¶～萨克管 sàkèguǎn／アルトサクソフォーン．¶女～／女声アルト．
【中庸】zhōngyōng ❶形 凡庸だ．平凡だ．¶～的学者 xuézhě／凡庸な学者．❷（儒教で説く）中庸．❸（Zhōngyōng）《書名》『中庸』．四書の一つ．
【中庸之道】zhōngyōng zhī dào 名 中庸の道．
【中用】zhōngyòng 形 役にたつ．
【中游】zhōngyóu 名 ❶（河川の）中流．❷（位置や水準が）中くらいのところ．¶不能甘居 gānjū～／十人並みで甘んじてはいけない．
【中雨】zhōngyǔ 名《気象》中程度の雨．参考 24時間の雨量が10ミリから25ミリ程度の雨．
【中元节】Zhōngyuánjié 名 中元節．陰暦の7月15日．参考 先祖や亡くなった肉親を祭り、その供養をする習わしがある．
【中原】Zhōngyuán 名 ❶黄河の中流・下流一帯の地域．❷広く中国をさす．参考 ①は、現在の河南省の大部分と山東省西部・河北省・山西省南部などの地域．
【中云】zhōngyún 名《気象》中層雲．
【中允】zhōngyǔn 形 公正だ．
【中灶】zhōngzào 名 中等クラスの食堂．参考 政府機関や軍隊などの食堂で、一般職員や兵士を対象にした"大

灶"と高級幹部クラスを対象にした"小灶"との中間クラスの食堂.
【中正】zhōngzhèng 形文 中正だ. 公平公正だ.
【中直机关】Zhōngzhí jīguān 名 "中共中央直属机关"(中国共産党中央直属の機関)の略称.
【中止】zhōngzhǐ 動 途中でやめる. 中止する. ¶~供销 gōngxiāo 合同 / 供給・販売契約を中止する.
【中指】zhōngzhǐ 名 中指. 回 将指 jiàngzhǐ
【中州】Zhōngzhōu 名 河南省一帯の旧称. 由来 古代,全国の中央にあったことから.
【中州韵】zhōngzhōuyùn 名 近代の戯曲韻文の基本となる韻部. 参考 北方語を基礎として,韻の分け方には各地の特徴があるが,いずれも"皮黄戏 píhuángxì"の"十三辙 shísānzhé"に近い.
【中轴线】zhōngzhóuxiàn 名 ❶《数学》中軸線. ❷ 都市の中央部を貫く道路. 主要道路.
【中专】zhōngzhuān 名 "中等专业学校 zhōngděng zhuānyè xuéxiào"の略. ¶~毕业 / 中等専門学校を卒業する. 中専卒.
【中转】zhōngzhuǎn 動《鉄道など》乗り換える. ¶~旅客 / 乗り換え客. ¶~站 / 乗り換え駅. ¶需要在香港~一下 / 香港で乗り換える必要がある. 回 直达 zhídá
【中装】zhōngzhuāng 名〔量 件 jiàn, 套 tào〕中国の伝統的な服装. 用法 "中山服 zhōngshānfú"と区別して言う.
【中子】zhōngzǐ 名《物理》中性子. ニュートロン.
【中子弹】zhōngzǐdàn 名《軍事》中性子爆弾.
【中组部】Zhōngzǔbù 名 "中共中央组织部"(中国共産党中央組織部)の略称.

忪 zhōng
亻部4 四 9803₂
全7画 通用
→征忪 zhēngzhōng
☞ 松 sōng

忠 zhōng
心部4 四 5033₆
全8画 常用

❶ 形 忠実だ. ¶~诚 zhōngchéng / ~心 zhōngxīn. 反 奸 jiān ❷ (Zhōng)姓.
【忠臣】zhōngchén 名〔量 位 wèi〕忠臣. ¶~不怕死 / 忠臣は死を恐れない.
【忠诚】zhōngchéng 形褒 忠誠心がある. 忠実だ. 对国家建设无限~ / 国家の建設に限りない忠誠心を抱く. ¶~心 / 忠誠心. 回 忠实 zhōngshí 反 虚伪 xūwěi
【忠肝义胆】zhōng gān yì dǎn 成 誠実で義侠心にあふれている.
【忠告】zhōnggào 動 忠告する. ¶一再~ / 一度ならず忠告した. ¶接受~ / 忠告を受け入れる. ¶我曾~朋友不要抽烟 / 私は友人にタバコをやめるよう忠告した.
【忠骨】zhōnggǔ 名 忠誠を尽くした英雄の遺骨.
【忠厚】zhōnghòu 形 正直で温厚だ. 忠実で情に厚い. ¶我的朋友很~ / 私の友人は誠実で情に厚い. 反 奸诈 jiānzhà
【忠良】zhōngliáng ❶ 形 忠実で正直だ. 誠実だ. ❷ 名文 忠実で正直な人. 忠臣.
【忠烈】zhōngliè ❶ 形《命まで犠牲にするほど》国家や主君に忠義を尽くすようす. ❷ 名 ❶の人.
【忠实】zhōngshí 形 ❶ 忠実だ. 信頼できる. ¶~的朋友 / 信頼のおける友人. ❷ 真実だ. そのままだ. ¶~的记录 / 事実に即した記録.
【忠顺】zhōngshùn 形貶 従順だ. 忠実だ ¶对主子绝对~ / ご主人様に絶対服従する.
【忠孝】zhōngxiào 名 忠孝. 忠義と孝行.
【忠心】zhōngxīn 名〔量 片 piàn〕忠誠心. ¶赤胆 chìdǎn~ / 忠誠心にあふれる.
【忠心耿耿】zhōng xīn gěng gěng 成 忠誠心が非常に固いようす.
【忠言】zhōngyán 名 忠言. ¶良药苦口,~逆 nì 耳 / 良薬は口に苦く,忠言は耳に逆らう.
【忠言逆耳】zhōng yán nì ěr 成 忠言は耳に逆らう. 戒めのことばは耳に痛い. ¶虽然~,但是出发点是良好的 / 忠言は耳に痛いが,好意から出たことだ. 由来《史記》留侯世家に見えることば.
【忠义】zhōngyì ❶ 形 忠義だ. ❷ 名 忠義の士.
【忠勇】zhōngyǒng 形 忠実で勇敢だ.
【忠于】zhōngyú 動 …に忠誠を尽くす. …に忠実だ. ¶~祖国 / 祖国に忠誠を尽くす. ¶他是~妻子的人 / 彼は妻に忠実な人だ.
【忠贞】zhōngzhēn 形 忠節を守っている. ¶~不贰 bù'èr / 二心なく忠節をつらぬく. ¶~不屈 qū / 忠節をつらぬき通す. ¶~不渝 yú / 忠義にして変心せず.

终(終) zhōng
纟部5 四 2713₃
全8画 常用

❶ 素 終わり. 終わる. ¶年~ niánzhōng (年末) / 自始至~(始めから終わりまで) / 善始善~ 成 (始終を全うする). 回 末 mò 反 初 chū, 始 shǐ ❷《人が》死ぬ. ¶临~ línzhōng (臨終). ❸ 副 結局のところ. 最後には. ¶~必成功 (最後は必ず成功する). ❹ 素 始めから終わりまで. 終始. ¶~日 zhōngrì / ~岁 zhōngsuì. ❺ (Zhōng)姓.
【终场】zhōngchǎng 動 ❶《芝居や球技の試合などが》終わる. ❷ 開场 kāichǎng (最終試験を終える). ¶考试~了吧 ? / 試験はすべて終わったのでしょう.
【终点】zhōngdiǎn 名 ❶ 終点. 反 起点 qǐdiǎn ❷《スポーツ》ゴール. ¶~线 / ゴールライン. 反 起点 qǐdiǎn
【终点站】zhōngdiǎnzhàn 名 終点. 終着駅.
【终端】zhōngduān 名《電気》端子. ターミナル. ¶~机 / 《コンピュータシステムの》端末. 端末機.
【终伏】zhōngfú 名 "末伏 mòfú"に同じ.
【终归】zhōngguī 副 ついには. 結局のところ. ¶每次兄弟吵架 chǎojià,母亲~怪我不对 / いつも兄弟げんかのたび,母は結局私を悪者にした.
【终极】zhōngjí 名 終極. 最後.
【终将】zhōngjiāng 副 結局のところ…だ. 最後には…だろう. 表现 "最终将会"を略した慣用語.
【终结】zhōngjié 動 終結する. ¶考试还没有~ / 試験はまだ終わっていない.
【终究】zhōngjiū 副 結局. とどのつまり. ¶考试~是考试,与平时练习不一样 / 試験は試験で,ふだんの練習とは違う. 回 到底 dàodǐ,究竟 jiūjìng, 终归 zhōngguī
【终局】zhōngjú ❶ 動 終わる. ¶今天的比赛~了吗 ? / 今日の試合は終わったかい. ❷ 名 終局. 結末. ¶相扑 xiāngpū 的~怎么样 ? / 相撲の結果はどうだった. 回 结局 jiéjú 反 开局 kāijú
【终老】zhōnglǎo ❶ 動 生涯を閉じる. 晩年を過ごす. ❷ 名 死ぬまで. 一生涯.
【终了】zhōngliǎo 動 終わる. 終了する. ¶今天的事务还没~ / 今日の仕事はまだ終わっていない. 回 结束 jié-

zhōng – zhǒng 盅钟衷螽肿

shù.完毕 wánbì 反 开始 kāishǐ
- 【终南捷径】Zhōng nán jié jìng 成 出世や成功への近道. 由来 "终南"は山の名. 唐の盧蔵用が終南山に隠居したところ, 大官に任ぜられたという故事から.
- 【终年】zhōngnián 名 ❶ 一年中. ~积雪 jīxuě / 一年中積雪がある. 同 全年 quánnián ❷ 享年. ~八十岁 / 享年八十.
- 【终日】zhōngrì 名 一日中. 終日.
- 【终身】zhōngshēn 名 一生. 生涯. ¶~伴侣 bànlǚ / 生涯の伴侶. 夫婦.
- 【终身大事】zhōngshēn dàshì 名 一生の大事. 結婚のこと.
- 【终身教育】zhōngshēn jiàoyù 名 生涯教育.
- 【终身制】zhōngshēnzhì 名 終身制.
- 【终审】zhōngshěn 名 ❶〔法律〕最終審. ❷ 動 (映画・演劇・原稿などを)最終審査する.
- 【终生】zhōngshēng 名 一生. 終生. ¶奋斗 fèndòu ~ / 終生闘い続ける. ¶难忘 / 一生忘れることができない. ¶~不变 / 一生変わらない. 同 一生 yīshēng, 毕生 bìshēng, 终身 zhōngshēn.
- 【终岁】zhōngsuì 名 文 一年中. 同 终年 zhōngnián.
- 【终天】zhōngtiān 名 ❶ 終日. 一日中. 同 整天 zhěngtiān ❷ 終生. 生涯. ¶抱恨 / 恨みを抱いて世を去る. 表現 ②は, いつまでも恨みがつきないことを表すときに用いる.
- 【终夜】zhōngyè 名 夜通し. 一晩中. 同 整夜 zhěngyè.
- *【终于】zhōngyú 副 ついに. とうとう. ¶父亲的身体~好起来了 / 父の健康はついに良くなってきた. 用法 期待した事が起こることに言う.
- 【终值】zhōngzhí 名〔経済〕最終(的)金額. 参考 資金を運用する際, 特定の利息計算方式に基づいて算出される, 将来一定期間後の金額.
- 【终止】zhōngzhǐ 動 やめる. 停止する. 終わらせる. ¶~活动 / 活動をやめる. 同 结束 jiéshù, 停止 tíngzhǐ

盅 zhōng
缶部4 四 5010₂
全9画 次常用
名 (~儿) (取っ手のない)杯. 湯飲みや茶碗. ¶茶~ cházhōng (茶碗) / 酒~ jiǔzhōng (酒杯).
- 【盅子】zhōngzi 名 (取っ手のない)杯. 茶碗.

钟 (鐘❶~❸, 鍾❹~❻) zhōng
钅部4 全9画 8570₆ 常用
- ❶ 名〔口 kǒu, 座 zuò〕鐘. ¶警~ jǐngzhōng (警鐘). ❷ 名〔座 zuò〕掛け時計. 置き時計. ¶挂~ guàzhōng (掛け時計) / 闹~ nàozhōng (目覚まし時計). ❸ 名 時刻, 時間をあらわすことば. ¶现在六点~ (今, 6時です) / 由这儿到那儿必须三十分~ (ここからあそこまで30分かかる). ❹ 名 "盅 zhōng"に同じ. ❺ 動 (感情や思いを)一点に注ぐ. ¶~爱 ài / 一見~情 成 一目ぼれをする. ❻ (Zhōng)姓.
- 【钟爱】zhōng'ài 動 (子女や目下の一人を)特にかわいがる. 目をかける. ¶他最~的人 / 彼の最愛の人. 同 宠爱 chǒng'ài
- 【钟摆】zhōngbǎi 名 (時計の)振り子.
- 【钟表】zhōngbiǎo 名 時計. ¶~店 / 時計店. 参考 "钟 zhōng"(掛け時計や置き時計)と"表 biǎo"(携帯用の小型時計)の総称.
- 【钟点】zhōngdiǎn 名 回 (~儿) ❶ (決まった)時刻. ❷〔个 ge〕時間. ¶小时 xiǎoshí
- 【钟点房】zhōngdiǎnfáng 名 ホテルなどの時間貸しの部屋.
- 【钟点工】zhōngdiǎngōng 名 パートタイマー. 時間給作業者.
- 【钟鼎文】zhōngdǐngwén 名 鐘鼎文 (しょうてい). 金文. 同 金文 jīnwén
- 【钟馗】Zhōngkuí 名 鍾馗 (しょう). 参考 伝説で, 病気や悪魔をはらう神.
- 【钟离】Zhōnglí 名《複姓》鍾離 (しょう).
- 【钟灵毓秀】zhōng líng yù xiù 成 美しい自然環境がすぐれた人物を生み出す. ¶~之地 / 山水美しく人材を輩出する土地柄.
- 【钟楼】zhōnglóu 名 ❶ 鐘つき堂. 鐘楼. ❷ 時計台.
- 【钟鸣鼎食】zhōng míng dǐng shí 成 鐘を鳴らし, 鼎を並べて食事をする. 表現 貴族や金持ちのぜいたくな暮らしのたとえ.
- 【钟琴】zhōngqín 名〔音楽〕カリヨン.
- 【钟情】zhōngqíng 動 愛情を傾ける. ほれ込む. 表現 恋愛感情についていうことが多い.
- 【钟乳石】zhōngrǔshí 名 鍾乳石. 同 石钟乳
- 【钟山】Zhōngshān《地名》鍾山 (しょう). 江蘇省南京市東郊にある紫金山 (しきん) の別名.
- 【钟声】zhōngshēng 名 ❶ 鐘の音. ❷ 時計の時報の音.
- **【钟头】zhōngtóu 名〔个 ge〕時間. ¶三个半~ / 3時間半. 同 小时 xiǎoshí

衷 zhōng
亠部8 四 0073₂
全10画 次常用
- ❶ 形 心の中. 胸のうち. ¶苦~ kǔzhōng (苦しい胸のうち) / 由~之言 (心からのことば) / 无动于~ 成 少しも心を動かさない. ❷ (Zhōng)姓.
- 【衷肠】zhōngcháng 名 胸中にある思い. ¶倾吐 qīngtǔ ~ / 胸の内をさらけだす. ¶畅叙 chàngxù ~ / 胸中を打ち明ける.
- 【衷情】zhōngqíng 名 心の奥に秘めた気持ち.
- 【衷曲】zhōngqū 名 文 心の奥底の感情. 吐露しがたい心情.
- 【衷心】zhōngxīn 形 心からの. ¶~拥护 yōnghù / 心から支持する. ¶表示~的感谢 / 衷心より感謝の意を表する.

螽 zhōng
夂部14 四 2713₆
全17画 通用
下記熟語を参照.
- 【螽斯】zhōngsī 名〔虫〕〔只 zhī〕キリギリス.

肿 (腫) zhǒng
月部4 四 7520₆
全8画 常用
形 (皮膚や肉などが)はれている. むくんでいる. ¶手冻~了 (手が凍傷ではれた).
- 【肿大】zhǒngdà 動 はれる. むくむ. ¶小孩的扁桃体 biǎntáotǐ 有点儿~ / 子供の扁桃体 (^んとう) が少しはれている.
- 【肿瘤】zhǒngliú 名〔医学〕腫瘍 (しゅ). ¶恶性 èxìng ~ / 恶性腫瘍. ガン腫. ¶切除 qiēchú ~ / 腫瘍を切除する. 同 瘤 liú, 瘤子 liúzi
- 【肿痛】zhǒngtòng 動 はれて痛む. ¶脚 / 足がはれて痛い. ¶牙龈 yáyín 有点~ / 歯ぐきが少しはれて痛む.
- 【肿胀】zhǒngzhàng 動 (炎症・うっ血・充血などで)はれ

种(種) zhǒng 禾部4 四 2590₆ 全9画 常用

❶ 名 (～儿) 種. 種子. ¶麦～ màizhǒng (麦の種) / 配～ pèizhǒng (種つけをする). ❷ 名 気骨. 肝っ玉. ¶有～的站出来! (肝っ玉のある者は立って出てい). ❸ (生物分類の) 種 (¾). ❹ 名 人種. ¶黄～人 huángzhǒngrén (黄色人種). ❺ 量 種類を数えることば. ¶各～情形 (様々な情況) / 菊花 júhuā 有好几～ (菊にはたくさんの種類がある). ❻ (Zhǒng) 姓. 用法 ②は, "有" または "没有" の目的語として用いる.
☞ 种 Chóng, zhòng

【种差】zhǒngchā《生物》同じ属の中で, 他の種と異なる属性.
【种畜】zhǒngchù《畜产》繁殖用の家畜. 種畜 (はく).
【种蛋】zhǒngdàn《畜产》繁殖用に孵化 (ふか) させる卵. 種卵 (ぼう).
【种类】zhǒnglèi 名 種類. ¶分 fēn～ / 分類する. ¶～繁多 / 種類が非常に多い. 同 品种 pǐnzhǒng.
【种马】zhǒngmǎ 名《畜产》種 (らね) ウマ.
【种牛】zhǒngniú 名《畜产》種ウシ.
【种禽】zhǒngqín 名《畜产》繁殖用に飼育する家禽.
【种群】zhǒngqún 名《生物》群体 (ぐんたい).
【种仁】zhǒngrén 名 植物の種の核 (きね).
【种条】zhǒngtiáo 名 (挿し木など) 植物の繁殖用の枝.
【种姓】zhǒngxìng 名 カースト. 世襲身分制度.
【种鱼】zhǒngyú 名 成長した魚. 成魚 (きょ). 同 亲 qīn 鱼 ☞ 种鱼 zhòngyú
【种种】zhǒngzhǒng 量 種々. さまざま. ¶看见～现象 / さまざまな現象を見る. 用法 抽象的な名詞を修飾することが多い.
【种猪】zhǒngzhū 名《畜产》種ブタ.
*【种子】zhǒngzi 名 ❶ (～ 颗 kē, 粒 lì) 種. 種子. ¶撒 sǎ～ / 種をまく. ❷《スポーツ》(トーナメント競技の) シード.
【种子选手】zhǒngzi xuǎnshǒu 名《スポーツ》シード選手.
【种族】zhǒngzú 名 人種. ¶～隔离 gélí / アパルトヘイト. 同 人种 rénzhǒng
【种族歧视】zhǒngzú qíshì 名 人種差別.
【种族主义】zhǒngzú zhǔyì 名 人種主義.

冢(冢) zhǒng 一部8 四 3723₂ 全10画 通用

素 墓. ¶古～ gǔzhǒng (古墳).

踵 zhǒng ⻊部9 四 6211₅ 全16画 通用

素 ❶ 足のかかと. きびす. ¶接～而来 改 次から次へと人がやって来る. ❷ みずから訪わる. 足を運ぶ. ¶～门道谢 dàoxiè (みずから足を運んでお礼を述べる). ❸ 後々につき従う. 追随する. 引き継ぐ. ¶～事增华 (前人の事業を引き継んでさらに発展させる).

中 zhòng 丨部3 四 5000₆ 全4画 常用

動 ❶ ぴたりと当たる. ¶～选 zhòngxuǎn / 猜～ cāizhòng (ぴたりと言い当てる). ❷ (災難や悪いことに) ぶつかる. 被害をこうむる. ¶～毒 zhòngdú / ～暑 zhòngshǔ.
☞ 中 zhōng

【中标】zhòngbiāo 動 (入札で) 落札する.
【中彩】zhòng//cǎi 動 (福引きや賞に) 当たる. ¶中头彩 / 富くじの一等に当たる. ¶他在这次抽奖 chōujiǎng 中～了 / 彼は今回の福引きで当たった.
【中弹】zhòng//dàn 動 弾が当たる. ¶～受伤 / 弾に当たり負傷する.
【中的】zhòng//dì 動 文 的に当たる. 図星をさす. ¶一箭 jiàn～ / 一矢で当てる. ¶一语～ / 一言で当てる.
【中毒】zhòng//dú 動《医学》毒にあたる. 中毒する. ¶煤气～ / ガス中毒. ¶食物～ / 食中毒.
【中风】zhòngfēng ❶ zhòng//fēng 動 卒中にかかる. 中風になる. 同 卒中 cùzhòng ❷ zhòngfēng 名 卒中. 中風. ¶脑～ / 脳卒中. 同 卒中 cùzhòng
【中计】zhòng//jì 動 計略にかかる. わなにはまる. ¶中了他的计 / 彼の計略にかかった. ¶诸葛亮 Zhūgě Liàng 使曹操 Cáo Cāo～了 / 諸葛孔明は曹操をわなにはめた.
【中奖】zhòng//jiǎng 動 宝くじや賞に当たる. ¶她中了头等奖 / 彼女は一等賞に当たった.
【中肯】zhòngkěn 形 (言論が) 急所をついている. 的を射ている. ¶代表们提出了十分～的意见 / 代表らはたいへん的を射た意見を出した.
【中签】zhòng//qiān 動 くじに当たる. 抽選で当たる.
【中伤】zhòngshāng 動 貶 中傷する. ¶造谣 zàoyáo～ / デマをとばして中傷する. ¶～好人 / 善人を中傷する.
【中式】zhòng//shì 動 科挙の試験に合格する. ☞ 中式 zhōngshì
【中暑】❶ zhòng//shǔ 動 暑さにあたる. ¶天气太热, 很多人～了 / 陽気が暑すぎて, 多くの人が日射病になった. 同 受暑 shòushǔ, 发痧 fāshā ❷ zhòngshǔ 名 暑気あたり. 日射病. ¶～病 / 暑気あたり. 同 中暍 zhòngyē
【中邪】zhòng//xié 動 邪気にあたる. 魔が差す.
【中选】zhòng//xuǎn 動 選ばれる. 当選する. ¶～最佳 jiā 导演奖 / 最優秀監督賞に選ばれる. 同 当选 dāngxuǎn, 入选 rùxuǎn 反 落选 luòxuǎn
【中意】zhòng//yì 動 気に入る. 意にかなう. ¶～的对象 / 意にかなった婚約者. ¶这件衣服, 她看不～ / この服を見たが, 彼女は気に入らないようだ. 同 合意 héyì, 满意 mǎnyì

仲 zhòng 亻部4 四 2520₆ 全6画 次常用

❶ 素 間に立つ. ¶～裁 zhòngcái. ❷ 素 文 兄弟の順序をあらわす "伯 bó, 仲 zhòng, 叔 shū, 季 jì" の二番目. ¶～兄 zhòngxiōng (二番目の兄さん). ❸ 素 (旧暦で) 四季それぞれの3ヶ月をあらわす "孟 mèng, 仲 zhòng, 季 jì" の二番目. ¶～秋 zhòngqiū. ❹ (Zhòng) 姓.

【仲裁】zhòngcái 動 仲裁する. 調停する. ¶～人 / 仲裁人.
【仲春】zhòngchūn 名 仲春. 旧暦の2月.
【仲冬】zhòngdōng 名 仲冬. 旧暦の11月.
【仲秋】zhòngqiū 名 仲秋. 旧暦の8月.
【仲夏】zhòngxià 名 仲夏. 旧暦の5月.

众(衆) zhòng 人部4 四 8088₀ 全6画 常用

素 ❶ (数や量が) 多い. たくさんの. ¶～人 zhòngrén / 寡 guǎ 不敌～. 成 衆寡敵せず). 反 寡 guǎ ❷ 多くの人. ¶大～ dàzhòng (大衆) / 听～ tīngzhòng (聴衆).

【众包】zhòngbāo 名 クラウドソーシング. 開発業者がインターネットを通じて, 不特定多数の人々を募ってアウトソーシングを行うこと, またその開発形態. ◆crowdsourcing

【众多】zhòngduō 形（人口などが）多い．¶人口～／人口が多い．¶～国家反対／多くの国が反対する．反 稀少 xīshǎo

【众口难调】zhòng kǒu nán tiáo 成 すべての人を満足させることは難しい．¶大家的要求 yāoqiú 各不相同,组织者感到～／皆の要求はそれぞれ異なり,まとめ役は全員を満足させるのは難しいと感じた．由来「誰の口にも合うような料理は作れない」という意から．

【众口铄金】zhòng kǒu shuò jīn 成 世論の影響力が非常に大きいこと．表現 人々が口々に文句を言い,是非が混同して弁明の余地がなくなること．由来『国語』周語下のことばから．

【众口一词】zhòng kǒu yī cí 辞 皆が口をそろえて同じことを言う．

【众目睽睽】zhòng mù kuí kuí 成 皆が注目している．大衆の目が光っている．¶在～之下,他感到有点儿紧张／皆の注目の下,彼はやや緊張した．

【众目昭彰】zhòng mù zhāo zhāng 成（悪事や悪人が）誰の目にも明らかだ．¶谁做了坏事～,无法隐瞒 yǐnmán／誰が悪事を働いたか,衆目に明らかで,隠すことはできない．

【众怒】zhòngnù 名 大衆の憤怒．人々の怒り．

【众怒难犯】zhòng nù nán fàn 成 大衆の怒りを買ってはならない．大衆の怒りに触れてはならない．

【众叛亲离】zhòng pàn qīn lí 成 完全に孤立する．由来「大衆に背かれ,親しい人々にも見放される」という意から．

【众人】zhòngrén 名 大勢の人々．皆．回 大家 dàjiā

【众人拾柴火焰高】zhòngrén shí chái huǒyàn gāo 俗 みんなで協力し合えばよい結果や大きな力が出る．由来 みんなで薪を拾えば炎は大きくなる,という意から．

【众生】zhòngshēng 名 衆生（しゅじょう）．生きているもの全て．¶芸芸 yúnyún～／生きとし生けるもの．

【众矢之的】zhòng shǐ zhī dì 皆の非難の的．¶贪污 tānwū 腐败 fǔbài 的人成了大家的～／汚職に堕落した人が皆の非難の的になる．

【众说】zhòngshuō 名 諸説．さまざまな意見．

【众说纷纭】zhòng shuō fēn yún 成 諸説紛々．¶～,莫衷 mòzhōng 一是／意見がまちまちで,一つにまとめることができない．¶关于他的去向,～／彼の行方について,諸説紛々だ．

【众所周知】zhòng suǒ zhōu zhī 成 周知のとおり．皆に知れ渡っている．¶～的原因／誰もが知っている原因．

【众望】zhòngwàng 名 衆望．人々の期待．¶不辜 gū～／皆の期待に背かない．

【众望所归】zhòng wàng suǒ guī 成 大衆の願いの帰する所（の人物）．表現 人望の厚い人物に職務を担当してもらいたいと願う意味で用いる．

【众星捧月】zhòng xīng pěng yuè 成 多くの人々が敬愛する人の周りに集まる．

【众议员】zhòngyìyuán 名（日本などの）衆議院議員．（米国の）下院議員．

【众议院】zhòngyìyuàn 名 衆議院．下院．

【众志成城】zhòng zhì chéng chéng 成 皆が気持ちを一つにすれば大きな城塞となる．¶军民联防,～／軍隊と民兵が共同防衛すれば,強固な城塞となる．由来『国語』周語下に見えることば．「大衆が心を合わせれば堅固な城塞となる」という意から．

种（種） zhòng 禾部4 2590₆ 全9画 常用

動 種をまく．植える．栽培する．¶～田 zhòngtián／～水稻（稲作をする）．反 收 shōu

☞ 种 Chóng,zhǒng

【种地】zhòng//dì 動 畑仕事をする．耕作する．

【种痘】zhòng//dòu 動 種痘をする．¶你孩子该去防疫站 fángyìzhàn 了／君の子供は防疫所に行って種痘をしなければならない．回 种牛痘 zhòngniúdòu,种花 zhònghuā

【种瓜得瓜,种豆得豆】zhòng guā dé guā, zhòng dòu dé dòu 原因があって,結果がある．因果応報．由来「瓜を植えれば瓜がとれ,豆を植えれば豆がとれる」という意から．

【种花】zhòng//huā ❶（～儿）草花を植える．¶他们在苗圃 miáopǔ～／彼らは苗木畑で花を植えている．❷〈方〉種痘をする．❸〈方〉綿花を栽培する．¶农民在棉田 miántián～／農民は畑で綿花を栽培している．

【种田】zhòng//tián 動 田畑を作る．¶靠～生活／畑仕事で生活する．回 种地 zhòngdì

【种养】zhòngyǎng 動（農作物を）育てる．耕作する．栽培する．

【种鱼】zhòng//yú 動 稚魚を育てる．☞ 种鱼 zhǒngyú

【种植】zhòngzhí 動 種をまく．苗を植える．¶缺水的地方不能～水稻／水不足の場所で水稲は植えられない．

【种植业】zhòngzhíyè 名 栽植産業．

【种植园】zhòngzhíyuán 名 プランテーション．

重 zhòng 丿部8 2010₆ 全9画 常用

❶ 名 重さ．重量．¶举～ jǔzhòng（重量挙げ）／有几斤～（目方は何斤か）．❷ 形 重い．¶脚步很～（足どりが重い）．回 沉 chén 反 轻 qīng ❸ 形 程度がはなはだしい．度合いが深い．¶情意～（情が深い）／病势很～（病状がだいぶ重い）／受了一伤（重傷を負った）．反 轻 qīng ❹ 形 重要だ．¶军事～地（軍事上の要地）／身负～任（重責を担う）．❺ 動 重んじる．重視する．¶敬～ jìngzhòng（敬い重んじる）／尊～ zūnzhòng（尊重する）/器～ qìzhòng（重んじる）/为 wéi 人所～（重んじられる）/～男轻女（男尊女卑）．反 轻 qīng ❻ 書（言動が）軽率でない．慎重だ．¶慎～ shènzhòng（慎重だ）/老成持～（成）（老練で慎重だ）／自～ zìzhòng（自重する）．

☞ 重 chóng

【重办】zhòngbàn 動（罪人を）厳罰に処する．¶屡 lǚ 教不改,定要～／何度もさとしたのに改めないのだから,厳罰に処せねばならない．

【重臂】zhòngbì 名《物理》"阻力臂 zǔlìbì"（てこの支点と力点の間の距離）の旧称．

【重兵】zhòngbīng 名 強力な軍隊．大軍．¶～把守 bǎshǒu／強大な軍勢で守りを固める．

【重病】zhòngbìng 名 重病．¶～在身／重病を患う．

【重彩】zhòngcǎi 名（絵画の）濃い色彩．

【重臣】zhòngchén 名 朝廷の重臣．

【重惩】zhòngchéng 動 厳重に処罰する．厳刑に処す．

【重创】zhòngchuāng 動 重傷を負わす．大きな痛手を与える．¶～敌人／敵に大きな痛手を与える．¶在金融 jīnróng 危机中,他的公司受到了～／金融危機で,彼の会社は大きな痛手を被った．

【重挫】zhòngcuò 動 大きな挫折をする．深刻な打撃を受ける．

*【重大】zhòngdà 形 重大だ．¶～问题 wèntí／重大

重 zhòng

な問題. ¶意義〜/意義は重大だ. 表現 抽象的な事物について言うことが多い.

【重大环境污染事故罪】 zhòngdà huánjìng wūrǎn shìgùzuì 名《法律》重大污染事故罪. 規定や法律に違反して, 地面・大気・水中に汚染物質や病原体・毒物などを排出したり廃棄する行為に対する罪名.

【重担】 zhòngdàn〔動 副fù〕重責. 重荷. ¶勇於挑〜/果敢に重任を担う.

【重地】 zhòngdì 名 要地. 重要な場所. ¶施工〜/工事中の場所. ¶军事〜/軍事上の要地.

【重典】 zhòngdiǎn 名 ❶ 文 厳格な処罰や規定. ❷ 重要な典籍.

*【重点】 zhòngdiǎn ❶ 名《物理》(てこの)力点. 荷重点. ❷ 名 重点. 主要部分. ❸ 形 重点的だ. ¶〜复习/重点的に復習する. ¶〜工程/重点プロジェクト.

【重读】 zhòngdú 動《言語》(単語やフレーズの中の音節を)強く発音する. アクセントをつけて読む. ¶这个"是"要〜,表示强调/この"是"を強く発音してください, 強調をあらわします から.

【重罚】 zhòngfá 名 厳重な処罰.

【重负】 zhòngfù 名 重い負担. ¶如释〜/ 成 重い肩の荷をおろしたようだ.

【重工业】 zhònggōngyè 名 重工業. 反 轻工业 qīnggōngyè

【重荷】 zhònghè 名 重い責務や負担.

【重话】 zhònghuà 名 きついことば. 辛辣なことば.

【重活】 zhònghuó 名 (〜儿)力仕事. 重労働. ¶〜累活 lèihuó / つらい力仕事.

【重机关枪】 zhòngjīguānqiāng 名《軍事》重機関銃.

【重价】 zhòngjià 名 高値. ¶〜收买/高値で買い取る. ¶不惜 xī〜/高値を惜しまない.

【重剑】 zhòngjiàn 名《スポーツ》エペ. フェンシング競技の一つ.

【重奖】 zhòngjiǎng 名 高額の賞金や商品(を与える).

【重金】 zhòngjīn 名 高額. 巨額. 高価.

【重金属】 zhòngjīnshǔ 名《化学》重金属.

【重力】 zhònglì 名《物理》重力. 引力.

【重利】 zhònglì ❶ 動 文 利を重んじる. ¶〜轻义/利を重んじ, 義を顧みない. ❷ 名 高利. ¶〜盘剥 pánbō / 高利で搾り取る. ❸ 名 高い利潤. 高い収益. ¶牟取 móuqǔ〜/高利をむさぼる.

*【重量】 zhòngliàng 名 重さ. 目方. 重量. ¶称 chēng〜/目方を量る. 同 分量 fènliàng

【重量级】 zhòngliàngjí 名 重量級.

【重炮】 zhòngpào 名 ❶《軍事》重砲. ❷ すさまじい砲火.

【重氢】 zhòngqīng 名《化学》重水素. 同 氘 dāo

【重任】 zhòngrèn 名〔動 項 xiàng〕重大な任務. 重大な責任. ¶身负〜/身に重任を担う. ¶委以〜/重任をまかせる.

【重伤】 zhòngshāng 名 重傷. ¶身负〜/重傷を負う.

【重商主义】 zhòngshāng zhǔyì 名《経済》重商主義.

【重赏】 zhòngshǎng 名 厚い褒賞. ¶〜之下,必有勇夫/大きな褒賞の下では, 手柄を立てようとする者が必ず出る.

【重身子】 zhòngshēnzi 名 重身. 妊婦.

*【重视】 zhòngshì 動 重んじる. 重視する. ¶〜教育/教育を重視する. ¶国家十分〜科学技术的发展/国は科学技術の発展をたいへん重視している. 同 注重 zhùzhòng 反 轻视 qīngshì

【重水】 zhòngshuǐ 名《化学》重水. D_2O.

【重税】 zhòngshuì 名 重税.

【重听】 zhòngtīng 形 耳が遠い. 難聴だ. ¶他有点〜/彼はちょっと耳が遠い.

【重头】 zhòngtóu ❶ 名 (物体の)重いほう. ❷ 形 重要だ. 意義のある.

【重头戏】 zhòngtóuxì 名 ❶《芸能》役者にとって負担の大きな演目. ❷ 大変だが, とても重要な任務.

【重托】 zhòngtuō 名 重大な頼みごと. 重大な使命. ¶不负〜/重い期待に背かない.

【重望】 zhòngwàng 名 ❶ 高い名声. ❷ 大きな望み.

【重武器】 zhòngwǔqì 名《軍事》重火器. 反 轻武器 qīngwǔqì

【重孝】 zhòngxiào 名 両親の葬儀などに着用する, 最高の弔意を示す喪服.

【重心】 zhòngxīn 名 ❶《物理》重心. ¶〜不稳 wěn / 重心が安定していない. ❷《数学》(三角形の)重心. ❸ (事物の)中心. 主要部分. ¶问题的〜/問題の急所.

【重刑】 zhòngxíng 名 重刑.

【重型】 zhòngxíng 形 大型の. 重量級の. ¶〜汽车/大型車. ¶〜车床/大型旋盤. ¶〜坦克 tǎnkè / 重戦車. 表現 機器や武器について言うことが多い.

【重压】 zhòngyā 名 重圧.

*【重要】 zhòngyào 形 重要だ. ¶〜人物/重要人物. ¶这个情报十分〜/この情報はたいへん重要だ.

【重义轻利】 zhòngyì qīnglì 成 道徳や正義を重視し, 金銭には目もくれない.

【重音】 zhòngyīn 名 ❶《言語》アクセント. ストレス. ❷《音楽》アクセント.

【重用】 zhòngyòng 動 重用する. ¶他终于被〜了/彼はついに重用された.

【重油】 zhòngyóu 名 重油.

【重于】 zhòngyú 形 …より重い. …より重要だ. ¶国家利益一切 yīqiè / 国家の利益は何よりも大切だ.

【重于泰山】 zhòng yú Tài shān 成 泰山より重し. 物事の意義や義理が非常に重いことのたとえ. 由来 司馬遷の「任少卿に報ずる書」に見える「(人の死は)或いは泰山より重く, 或いは鴻毛より軽し」から.

【重元素】 zhòngyuánsù 名《化学》重元素.

【重载】 zhòngzài 動 重い荷物を載せる.

【重责】 zhòngzé ❶ 名 重大な責任. 重責. ❷ 動 厳しく責任を追及する.

【重镇】 zhòngzhèn 名 軍事や産業などに重要な都市. 要衝(ようしょう). ¶战略〜/戦略上の要衝. ¶工业〜/工業における重要都市.

【重中之重】 zhòng zhōng zhī zhòng 成 重点中の重点. 最重要部分.

【重子】 zhòngzǐ 名《化学》重粒子. バリオン. ♦baryon

【重罪】 zhòngzuì 名 重罪.

zhou ㄓㄡ〔tʂou〕

舟 zhōu

舟部0 四 2744₀
全6画 常用

名 文〔叶 yè〕(小型の)舟. ボート. ¶轻~ qīngzhōu(小舟) / 泛~ fànzhōu(小舟を浮かべる) / 一叶 yè 扁~ biǎnzhōu(一艘¾の小舟).

【舟车】zhōuchē **名** ❶ 船と車. ❷ 旅程.
【舟车劳顿】zhōuchē láodùn **成** 旅で疲労困憊(淡)する.
【舟楫】zhōují **名** 舟と櫂(%). 船全般を指す.
【舟桥】zhōuqiáo **名** 浮き橋. 船橋. **参考** 水上に複数のいかだや船を浮かべ,その上に板を渡した橋.
【舟子】zhōuzǐ **名** 文 船頭. 船夫 chuánfū.

州 zhōu

`部5 四 3200₀
全6画 常用

名 ❶ 昔, 行政区の一つ. ❷ 民族自治州.

诌(謅) zhōu

`部5 四 3777₁
全7画 通用

動 でたらめを言う. 話をでっちあげる. ¶瞎~ xiāzhōu(うそをつく) / 别胡~了(でたらめを言うんじゃない).

周(週❶-❺) zhōu

门部6 全8画 四 7722₀ 常用

❶ ひとめぐりを数えることば. 周. ¶运动员绕场一~(選手たちがグラウンドを一周する). ❷ **名** まわり. 周囲. 圆~ yuánzhōu(円周) / 学校四~都种种zhòng 着树(学校の周囲にはすべて木が植えてある). ❸ **形** あまねく. すべて. ¶~知 zhōuzhī / ~身温暖(全身が温かい). ❹ **形** すべてに行き届いている. 完全にそろっている. ¶~到 zhōudào / ~计划~(計画が行き届く). ❺ **名** 週. 一週間. ¶上~ shàngzhōu(先週) / ~末 zhōumò. 回 星期 xīngqī ❻ **業** (物質的な)援助をする. 救済する. ¶~济 zhōujì. ❼ (Zhōu)**名**. 武王が殷(%)を滅ぼして建てた国. 前1066 (前1122とも)－前256. ❽ (Zhōu)**名** 北周. 宇文覚が建てた国. 557-581. ❾ (Zhōu)**名** 後周. 五代のとき,郭威が建てた国. 951-960. ❿ (Zhōu)姓. **用法** ❹は,否定で用いることが多い.

【周报】zhōubào 〔**量** 份 fèn, 期 qī, 张 zhāng〕週刊誌. 週報. 回 周刊 zhōukān
【周边】zhōubiān **名** 周辺.
【周遍】zhōubiàn **形** あまねく行き渡っている. 普遍的だ. ¶~市场 / 市場に行き渡る. 回 普遍 pǔbiàn
【周波】zhōubō **名** 《電気》サイクル. 周波.
【周长】zhōucháng **名** 周囲の長さ.
*【周到】zhōudào[-dao] **形** 行き届いている. 周到だ. ¶~的照顾 / 行き届いた配慮. ¶有不~的地方,请多原谅 / 行き届かない所がございましたら,どうかお許しください. 回 周全 zhōuquán
【周恩来】Zhōu Ēnlái《人名》周恩来 ぎょらい：1898-1976). 革命家,政治家,軍事家. **参考** 中国共産党及び新中国建国のリーダーの一人. 1922年の入党以来様々な活躍をする. 特に日中戦争中の国共合作・抗日戦争に果たした役割は大きい. 中華人民共和国建国後は行政・外交の要職を歴任した.
【周而复始】zhōu ér fù shǐ **成** 一周してまた始まる. ぐるぐる巡る. ¶~的四季变

换 / ぐるぐる巡る四季の移り変わり.
【周济】zhōujì **動** (貧しい人に物質的な)援助を与える. 救済する. ¶~贫困 pínkùn 的人 / 貧困な人を援助する. ¶我们都愿意~灾区的人民 / 私たちは皆,被災地の人々の救済を願っている.
【周角】zhōujiǎo **名** 《数学》周角.
【周刊】zhōukān **名** ❶〔**量** 本 běn, 份 fèn, 期 qī〕週刊. 週刊誌. ❷ 新聞の毎週の増刊号や付録.
【周口店】Zhōukǒudiàn《地名》周口店(ゲネ). 北京の南西にある旧石器時代の遺跡群.「北京原人」や「山頂洞人」の化石が発見された.
【周流】zhōuliú **動** 循環する.
【周率】zhōulǜ **名**《物理》周波数. 回 频率 pínlǜ
【周密】zhōumì **形** 綿密. 緻密(ぢ)だ. ¶计划~ / 計画が綿密だ. ¶~的调查 diàochá / 綿密な調査. ¶他经过~思考,才提出建议 / 彼は綿密に考えた後,はじめて提案した. 回 缜密 zhěnmì
【周末】zhōumò **名** 週末. ¶过愉快的~ / 楽しい週末を過ごす.
【周年】zhōunián **名** 一周年. ¶~纪念 / 1周年記念. ¶建国三十~ / 建国30周年.
【周期】zhōuqī **名** 周期.
【周期表】zhōuqībiǎo **名**《化学》周期表. 元素周期律表.
【周期性】zhōuqīxìng **形** 周期性の. 周期的な.
【周全】zhōuquán ❶ **形** 行き届いている. 周到だ. ¶~的地方,请多多包涵 bāohan !/至らぬ所は,どうかご寛恕(窆)ください. ❷ **動** (人のために)なしとげる. (人のことを)助けて成就させる. ¶成全好事 hǎoshì / この祝いごとをまとめる. 回 成全 chéngquán
【周身】zhōushēn **名** 全身. 回 全身 quánshēn
【周岁】zhōusuì **名** ❶ 満一歳. ❷ 満年齢. ¶他已32~了 / 彼はもう満32歳だ. 回 虚岁
【周天】zhōutiān **名**《天文》周天.
【周围】zhōuwéi **名 周り. 周囲. ¶~地区 / 周辺地区. 回 四周 sìzhōu
【周围神经】zhōuwéi shénjīng **名**《生理》末梢神経.
【周详】zhōuxiáng **形** 周到で詳細だ. ¶~的调查 diàochá 报告 / 周到で遺漏のない調査報告.
【周旋】zhōuxuán ❶ **動** 文 巡る. 回 盘旋 pánxuán ❷ 応対する. 交際する. 回 应酬 yìngchou ❸ (敵と)渡り合う. 相手になる. ¶与敌~ / 敵と渡り合う.
【周延】zhōuyán **名**《論理学》の周延.
【周游】zhōuyóu **動** 周遊する. ¶我想去全国各地~一遍 / 全国各地を一度周遊したいと思う. 回 游遍 yóubiàn
【周缘】zhōuyuán **名** 周り. ふち.
【周遭】zhōuzāo **名** 周囲. 四方. 周り. 回 周围 wéi
【周章】zhōuzhāng ❶ **形** 文 狼狽するようす. あわてるようす. ¶手忙~手闲ひま. 回 狼狈
【周折】zhōuzhé **名**〔**量** 番 fān〕紆余曲折(錾けっ). ¶大费~ / ひどく手数がかかる. ¶几经~ / 幾多の曲折を経る.
【周正】zhōuzhèng **形** 方 端正だ. きちんと整っている.
【周知】zhōuzhī **動** 周知する. 知れわたる. ¶众所~. **成** 周知のとおり. **用法** "如所~"(周知のように)の形で用いることが多い.
【周至】zhōuzhì **形** 周到だ. 細かく行き届いている. 回 周到 dào
【周转】zhōuzhuǎn **動** (資金などを)運転する. 回転す

る．¶～不开 / 資金繰りが滞(とどこお)る．

【周转房】zhōuzhuǎnfáng [名] 仮の住居．建て替えや移転のさいに一時的に居住する住宅．

【周转金】zhōuzhuǎnjīn [名]《経済》(企業などの)運転資金．

洲 zhōu 氵部 6 [四] 3210₀ 全 9 画 [常 用]

[名] ❶ 大陸と周辺の島嶼(とうしょ)の総称．¶七大～ qīdàzhōu (七大陸)．❷ 中州．¶沙～ shāzhōu (砂州(す))．❸ (Zhōu)姓．

【洲际】zhōujì [名] 大陸間．

【洲际弹道导弹】zhōujì dàndào dǎodàn [名]《軍事》大陸間弾道ミサイル．ICBM．

【洲际导弹】zhōujì dǎodàn [名]《軍事》"洲际弹道导弹"の略称．

辀(輈) zhōu 车部 6 [四] 4754₀ 全10画 [通 用]

[名] [文] 車のかじ棒．ながえ．

啁 zhōu 口部 8 [四] 6702₀ 全11画 [通 用]

下記熟語を参照．

☞ 啁 zhāo

【啁啾】zhōujiū [擬] [文] 小鳥の鳴き声．

鸼(鵃) zhōu 舟部 5 [四] 2742₇ 全11画 [通 用]

→鹘鸼 gǔzhōu

粥 zhōu 弓部 9 [四] 1722₇ 全12画 [常 用]

❶ [名] 粥(かゆ)．¶小米～ xiǎomǐzhōu (粟がゆ)．❷ [動] [文] "鬻 yù"に同じ．

【粥少僧多】zhōu shǎo sēng duō [成] 物が少なくて行き渡らない．¶报名者众多，而当选 dāngxuǎn 名额 míng'é 太少，真是～啊！/ 応募者が非常に多いのに，選ばれる定員は少なすぎ，まったく粥少なくして僧多しだ．[同] 僧多粥少

妯 zhóu 女部 5 [四] 4546₀ 全 8 画 [通 用]

下記熟語を参照．

【妯娌】zhóuli[-li] [名] 兄の妻と弟の妻．¶她们三个是～ / 彼女たち三人は義理の姉妹だ．

轴(軸) zhóu 车部 5 [四] 4556₀ 全 9 画 [次常用]

❶ [名]〔[量] 根 gēn〕(機械の)心棒．軸．¶车～ chēzhóu (車軸) / 曲～ qūzhóu (クランク軸)．❷ [名] (～儿) (紙や糸などを巻きつける)円柱形の心棒．¶画～ huàzhóu (掛け軸) / 线～ xiànzhóu (糸巻の軸)．❸ [量] 掛け軸の書画や巻いた糸を数えることば．¶一～线 (一巻きの糸) / 一～山水画(一幅の山水画)．

☞ 轴 zhòu

【轴承】zhóuchéng [名]《機械》ベアリング．軸受け．¶滑动～ / 滑り軸受け．¶滚动 gǔndòng～ / 転がり軸受け．

【轴对称】zhóuduìchèn [名]《数学》線対称．[同] 线 xiàn 对称

【轴距】zhóujù [名] (自動車の)軸距(じくきょ)．ホイール・ベース．

【轴套】zhóutào [名]《機械》軸さや．軸受筒．ブッシュ．

【轴瓦】zhóuwǎ [名]《機械》軸受け．ブッシュ．[同] 轴衬 zhóuchèn

【轴线】zhóuxiàn [名] ❶《数学・機械》軸線．❷ (軸に巻かれ)一巻きになっている糸．

【轴心】zhóuxīn [名] ❶ 車軸．[同] 轮轴 lúnzhóu ❷ 枢軸．

【轴心国】zhóuxīnguó [名]《歴史》枢軸国．

【轴子】zhóuzi [名] ❶ (掛け軸や巻き物などの)軸．❷ (弦楽器の)糸巻き．

肘 zhǒu 月部 3 [四] 7420₀ 全 7 画 [次常用]

[名] (～儿) ひじ．[参考] 通称は"胳膊肘儿 gēbozhǒur"．

【肘窝】zhǒuwō [名] ひじ関節の内側のくぼんだ部分．⇨人体 réntǐ (図)

【肘腋】zhǒuyè [名] [文] ❶ ひじとわきの下．❷ ごく近い場所．¶变生～ / 異常事態がすぐ身近で起こる．¶～之患 huàn / 身近な心配ごと．[表現] ②は，災いの発生などについて言う．

【肘子】zhǒuzi [名] ❶ (～儿) ひじ．¶胳膊～ / ひじ．❷ (食材としての)ブタのもも肉の上部．¶红烧～ / ブタもも肉のしょう油煮．

帚([異]箒) zhǒu 彐部 5 [四] 1722₇ 全 8 画 [次常用]

[素] ほうき．¶笤～ tiáozhou (ほうき) / 扫～ sàozhou (ほうき)．

纣(紂) zhòu 纟部 3 [四] 2410₀ 全 6 画 [通 用]

[名] ❶ [文] 牛馬のしりにかけて鞍(くら)に結びつけるひも．しりがい．[同] 后鞧 hòuqiū ❷ (Zhòu)《人名》紂(ちゅう)．殷(いん)の最後の天子の名．¶桀～ Jié-Zhòu (夏(か)の桀(けつ)王と殷の紂王．暴君の代表)．

【纣棍】zhòugùn [名] (～儿) ロバなどの尾の下に結びつける横木．[参考] 鞍(くら)が前に滑り落ちるのを防ぐために鞍につなぐ．

咒([異]呪) zhòu 几部 6 [四] 6621₇ 全 8 画 [次常用]

❶ [名] まじないのことば．呪文(じゅもん)．¶念～ niànzhòu (呪文を唱える) / 符～ fúzhòu (道教の魔除け札と呪文)．❷ [動] のろいをかける．のろう．¶诅～ zǔzhòu (人をのろいののしる)．

【咒骂】zhòumà [動] 悪(あ)しざまにののしる．悪態をつく．¶遭到～ / ひどくののしられる．¶暗暗地～ / ひそかに悪態をつく．[同] 诅咒 zǔzhòu

【咒语】zhòuyǔ [名] 呪文(じゅもん)．

宙 zhòu 宀部 5 [四] 3060₅ 全 8 画 [常 用]

❶ [素] 太古から現在にわたる長い時間．無限の時間．¶宇～ yǔzhòu (宇宙)．❷ (Zhòu)姓．

绉(縐) zhòu 纟部 5 [四] 2717₇ 全 8 画 [通 用]

[名] 細かなしわのある織物．ちぢみ．ちりめん．¶双～ shuāngzhòu (クレープデシン)．

【绉绸】zhòuchóu [名]《紡織》ちりめんの絹織物．

【绉纱】zhòushā [名]《紡織》ちりめん．クレープ地．

轴(軸) zhòu 车部 5 [四] 4556₀ 全 9 画 [次常用]

[素] "大轴子 dàzhòuzi" (伝統劇で一番最後の演目)，"压轴子 yāzhòuzi" (伝統劇で最後から二番目の演目) という語に使うことば．

☞ 轴 zhóu

胄 zhòu 月部 5 [四] 5022₇ 全 9 画 [通 用]

[素] ❶ かぶと．❷ 古代の帝王や貴族の子孫．よつぎ．¶贵

~ guìzhòu（貴族の子孫）. 参考 ①は，日本語で「青」を「よろい」とするのは，甲と青を間違って逆に用いているため．

昼（晝）zhòu 尸部6 四 7710₀ 全9画 常用
阏 昼. ¶月光照得大地如同~．（月の光が大地を照らしてまるで昼間のようだ）. 同 白天 báitiān 反 夜 yè
【昼伏夜出】zhòu fú yè chū 句 昼は隠れ、夜に外出する．
【昼夜】zhòuyè 名 昼と夜. ¶~兼程 jiānchéng／昼夜をついで行く. ¶~不停／昼も夜も休まない.

酎 zhòu 酉部3 四 1460₀ 全10画
名 文 何度もこしてかもした良い酒. 濃い酒. ¶~金 zhòujīn（古代，諸侯が天子に祭祀ᵘ用に献上した金）.

皱（皺）zhòu 皮部5 四 2414₇ 全10画 常用
❶名（顔・紙・布などの）しわ. ¶这种料子不起~（この生地にはしわが寄らない）. ❷動 しわが寄る. しわを寄せる. ¶~眉头 zhòu méitóu／衣裳 yīshang ~了（服にしわが寄った）．
【皱巴巴】zhòubābā 形（~的）しわくちゃだ. しわだらけだ.
【皱痕】zhòuhén 名 しわの跡.
【皱眉】zhòu//méi 動 まゆをしかめる. みけんにしわを寄せる. ¶疼得 téngde~／痛さにまゆをしかめる. ¶你怎么整天~哭脸的？／君はなぜ一日中しかめっ面をしているんだ.
【皱眉头】zhòu méitóu 句 眉をしかめる.
【皱纹】zhòuwén 名（~儿）しわ. ¶道 dào, 条 tiáo]しわ. ¶脸上布满~／顔中がしわだらけだ. ¶眼角 yǎnjiǎo 的~／目じりのしわ. ¶~纸／クレープペーパー.
【皱褶】zhòuzhě 名 折り目. 同 褶皱
【皱皱巴巴】zhòuzhoubābā 形 しわくちゃだ. くしゃくしゃだ.

繇 zhòu 爪部13 四 2279₃ 全17画 通用
名 文 占いの文句.
☞ 繇 yáo, yóu

骤（驟）zhòu 马部14 四 7713₂ 全17画 常用
❶素（ウマが）速く走る. ¶驰~ chízhòu（ウマが疾走する）. ❷素 急速だ. ¶一阵~雨（一陣のにわか雨）. ❸副 突然. ¶狂风 kuángfēng ~起(強風が突然吹く)／~变 zhòubiàn. 用法 ③は，単音節の動詞のみを修飾する．
【骤变】zhòubiàn 動 文 急変する. ¶天气~／天気が急変する. ¶国际形势~／国際情勢が急変する.
【骤然】zhòurán 副 文 突然. ¶掌声像暴风雨 bàofēngyǔ 般~响起来／拍手が嵐のように突然鳴り響いた.

籀 zhòu 竹部13 四 8856₂ 全19画 通用
❶動 本を読む. ¶~读 zhòudú（本を読む）. ❷名 "籀文 zhòuwén"に同じ.
【籀文】zhòuwén 名 籀文(ﾁｭｳﾌﾞﾝ). 書体の一種. 大篆(ｿﾞﾝ).

碡 zhou 石部9 四 1565₇ 全14画 通用
→ 碌碡 liùzhou.

zhu ㄓㄨ [tʂu]

朱（硃❷）zhū ノ部5 四 2590₀ 全6画 常用
❶素 朱色. あか. 反 墨 mò ❷素《鉱物》朱砂. 辰砂(ｼﾝｻ). ❸（Zhū）姓.
【朱笔】zhūbǐ 名（校正や採点に用いる）赤ペン.
【朱德】Zhū Dé《人名》朱徳(ｼﾞｭﾄｸ:1886-1976). 軍事家, 政治家, 革命家. 中国共産党及び新中国建国のリーダーの一人. 1927年に南昌蜂起に参加し, 翌年に毛沢東の率いる軍と合流して紅軍第四軍を創設した. 日中戦争中は八路軍総司令, その後人民解放軍の総司令となって共産党の軍を率いる. 新中国成立後は政府の要職を歴任した.

朱 徳

【朱古力】zhūgǔlì 名 外 チョコレート. 表現 "巧克力 qiǎokèlì"と言うことが多い.
【朱红】zhūhóng 形 鮮やかな赤. 朱色の.
【朱槿】zhūjǐn《植物》ブッソウゲ. ハイビスカス. 同 扶桑 fúsāng
【朱门】zhūmén 名 旧 朱塗りの大門. 金持ちの家. ¶~酒肉臭 chòu／金持ちの家には酒や肉が腐るほどある.
【朱墨】zhūmò 名 ❶赤と黒. ¶~加批／朱と墨を使って添削する. ¶~套印 tàoyìn／赤黒2色刷り. ❷朱墨(ｼｭﾎﾞｸ).
【朱批】zhūpī 名 朱で書き入れた批評. ¶加~／朱を入れる.
【朱漆】zhūqī 名 朱漆. 朱塗り. ¶~大门／朱塗りの大門. ¶~家具／朱塗りの家具. 同 红漆 hóngqī
【朱雀】zhūquè 名 ❶《鳥》ベニスズメ. 同 红麻料儿 hóngmáliàor ❷朱雀(ｽｻﾞｸ・ｼｭｼﾞｬｸ). 道教における南方の神. 同 朱鸟 zhūniǎo ❸二十八宿で，南方の七宿の総称.

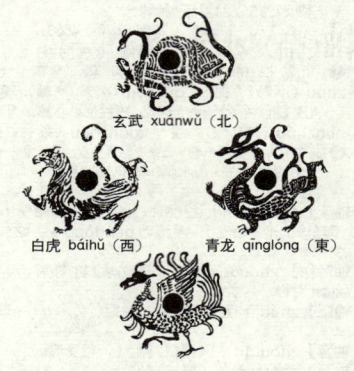

玄武 xuánwǔ（北）

白虎 báihǔ（西） 青龙 qīnglóng（東）

朱雀②（南）

【朱砂】zhūshā 名《鉱物》辰砂(ｼﾝｻ). バーミリオン. 同

辰砂 chénshā, 丹砂 dānshā.
【朱文】zhūwén 名 印章の凸面. 朱肉を着けたさいに赤く色の写る文字の部分. 回 阳 yáng 文 反 白 bái 文
【朱熹】Zhū Xī《人名》朱熹 (ｷ : 1130-1200). 南宋の儒学者. 参考 朱子学の大成者. 主な著書に『四書集注』,『資治通鑑綱目』,『周易本義』などがある.

"朱文" と "白文"

【朱元璋】Zhū Yuánzhāng《人名》朱元璋 (ｼｮｳ : 1328-1398). 明の初代皇帝, 洪武帝. 参考 元末の紅巾軍に参加し, 貧農から身を起こして一大軍勢を率いるになる. 1368年に今の南京において帝位につき, 同年今の北京に攻め上って元をモンゴル高原まで後退させた.
【朱自清】Zhū Zìqīng《人名》朱自清 (ｼﾝ : 1898-1948). 散文家, 詩人.

邾 Zhū
阝部6 四 2792₇
全8画
語 ❶ 邾 (ﾁｭ). 周代の国名で, 後に鄒 (ｽｳ) と改められた. ❷ 姓.

朱自清

侏 zhū
亻部6 四 2529₀
全8画 通用
素 (体が) 小さい. ¶～儒 zhūrú.
【侏罗纪】Zhūluójì 名 ジュラ紀.
【侏儒】zhūrú 名 小人, 侏儒 (ｼｭｼﾞｭ).

诛 (誅) zhū
讠部6 四 3579₀ 全8画 通用
素 ❶ (罪人を) 殺す. 処刑する. ¶伏～ fúzhū (処刑される) / 罪 zuì 不容～ (成) 罪が大きすぎて処刑してもつぐなえない. ¶～意をあきらかに示して貴める. とがめる. ¶口～笔伐 fá (成) 口頭や文章で罪状を示し, 批判する.
【诛戮】zhūlù 動 文 殺す. 誅殺 (ﾁｭｳｻﾂ) する. ¶无辜 wúgū 的行人惨遭 cǎnzāo～ / 罪もない通行人が殺人に巻き込まれる.

茱 zhū
艹部6 四 4490₅ 全9画 通用
下記熟語を参照.
【茱萸】zhūyú 名《植物・薬》シュユ. ¶山～ / サンシュユ. ¶吴～ wú～ / ゴシュユ. ¶食～ / カラスザンショウ. 参考 旧暦の9月9日, 重陽 (ﾁｮｳﾖｳ) の節句に, 香りが強いシュユの実を袋に入れて身に付け, 邪気をはらう習慣があった.

洙 Zhū
氵部6 四 3519₀ 全9画 通用
素 地名用字. ¶～水 Zhūshuǐ (山東省を流れる川の名).

珠 zhū
王部6 四 1519₀ 全10画 常用
素 ❶ 真珠. ¶～儿 (～ｱﾙ) 小さな玉. 粒. ¶眼～儿 yǎnzhūr (目玉) / 泪～儿 lèizhūr (涙のしずく) / 水～儿 shuǐzhūr (水滴). ❸ (Zhū) 姓.
【珠宝】zhūbǎo 名〔件 jiàn, 样 yàng, 种 zhǒng〕

真珠や宝石のアクセサリー. ¶～商 / 宝石商.
【珠翠】zhūcuì 名 真珠とヒスイ (の装飾品).
【珠光宝气】zhū guāng bǎo qì (成) 着飾った女性のきらびやかなようす. ¶穿戴～的 / 全身きらびやかに着飾る.
【珠海】Zhūhǎi《地名》珠海 (ﾊｲ). 広東省南部の市. 参考 マカオと地続きで, 経済特区の一つ.
【珠花】zhūhuā 名 真珠を使った装身具.
【珠玑】zhūjī 名 ❶ 真珠. ❷ 珠玉. 詩文の言葉遣いの美しいたとえ.
【珠江】Zhūjiāng《地名》珠江 (ｺｳ). 華南地方の大河. 西江・北江・東江の三部分からなり, 大デルタ地帯を形成する.
【珠江三角洲】Zhūjiāng sānjiǎozhōu 珠江 (ｺｳ) デルタ. 参考 広東省に属する. 本来は, 珠江とその支流により形成された地形を意味するが, この地域には経済的に発展した大都市が集中しているため, これらの都市を包括する地域としての代名詞として用いられる.
【珠兰】zhūlán 名《植物》チャラン. 参考 "金粟兰 jīnsùlán" の通称.
【珠帘】zhūlián 名 真珠を連ねて作った垂れ幕. 玉すだれ.
【珠联璧合】zhū lián bì hé (成) 優れた人材やすばらしい事物が一ヶ所に集まる. 絶好のとり合わせになる. ¶～的婚姻 / 似合いの二人の結婚. 由来「真珠をつなぎ, 美しい玉を合わせる」という意から.
【珠穆朗玛峰】Zhūmùlǎngmǎfēng《地名》チョモランマ峰. ヒマラヤ山脈の主峰であり, 8,848 m を誇る世界の最高峰. 別名は "埃佛勒斯峰 Āifólèsīfēng" (エベレスト峰).
【珠算】zhūsuàn 名 珠算.
【珠圆玉润】zhū yuán yù rùn 珠のように丸く, 玉のように滑らかだ. 表現 歌声や文字がなめらかで美しいようすをいう.
【珠子】zhūzi〔串 chuàn, 挂 guà, 颗 kē, 粒 lì〕❶ 真珠. 同 珍珠 zhēnzhū, 真珠 zhēnzhū ❷ 小さい玉. 粒.

株 zhū
木部6 四 4599₀ 全10画 常用
❶ 素 (木の) 株. ¶守 shǒu～待兔 tù (成) 株を守ってウサギを待つ). ❷ 量 樹木を数えることば. ¶一～桃树 (1本の桃の木). 同 棵 kē
【株距】zhūjù 名《農業・林業》株間. 参考 植物や農作物を栽培する際の, 株と株との間隔.
【株连】zhūlián 動 (罪に) 連座する. (他人を) 巻き添えにする. ¶受到～ / 連座させられる.
【株连九族】zhūlián jiǔzú 句 (一人が罪を犯すと) 一族のものすべてが巻き添えになる.
【株式会社】zhūshì huìshè 名 株式会社. 参考 日本語から. 日本の会社名 (固有名詞) に使用される. 中国語でこれに相当するものは, "股份公司", "股份有限公司" など.

诸 (諸) zhū
讠部8 四 3476₀ 全10画 常用
❶ 素 もろもろの. もろもろ. ¶～位 zhūwèi. ❷ 助 文 "之于 zhīyú" (これを…に), あるいは "之乎 zhīhū" (これを…か) の音の詰ったもの. ¶付 fù～实施 shíshī (これを実施に移す) / 有～ yǒuzhūn? (そういうこともあるかな). ❸ (Zhū) 姓.
【诸多】zhūduō 形 文 多くの. もろもろの. ¶有～不便之处 / 不便なところがたくさんある. 表現 抽象的な事物についていう.

【诸葛】Zhūgě《複姓》諸葛（よう）.
【诸葛亮】Zhūgě Liàng《人名》諸葛亮（じょうりょう）：181-234．三国時代，蜀漢の宰相．字（あざな）は孔明．参考 三顧の礼で劉備に迎えられて以来，劉備のブレーンとして大いに才知を振るい，天下三分の計略をもって蜀漢の建国を補佐する．劉備の死後もよく蜀漢を支えたが，魏との戦闘中に死去．
【诸葛亮会】zhūgěliànghuì 知謀に長けた人々が集まって行う会議．¶咱们开个〜，商量一下该怎么办／ブレーン会議を開いて，どうしたらよいか相談しよう．
【诸侯】zhūhóu《歷史》諸侯．参考 殷・周から漢代の初めまで，皇帝の支配下にあった列国の君主の総称．
【诸君】zhūjūn 代 複数の相手に対する敬称．皆さま．回 诸位 wèi.
【诸如】zhūrú 動〈文〉たとえば…（のようにさまざま）だ．用法 例として挙げる語の前におき，一例に止まらないことを示す．
【诸如此类】zhū rú cǐ lèi 成 この類のもの．この手のもの．
【诸色】zhūsè 形 さまざまな．各種の．多方面の．
【诸事】zhūshì 諸事．諸々のこと．すべてのこと．
【诸位】zhūwèi 代 皆さん．諸君．各位．¶〜同志／同志諸君．¶〜有何意见，请尽量 jǐnliàng 发表／皆さん，意見があればどうかきっと言って下さい．¶欢迎〜来宾／来賓の皆様，ようこそ．用法 相手への呼びかけの敬語として使う．
【诸子百家】zhūzǐ bǎijiā 名 春秋戦国時代の多くの思想家，またその著作．諸子百家．

铢(銖) zhū
钅部6　四 8579₀
全11画
量 古代の重さの単位．1"两 liǎng"の24分の1．¶锱〜zīzhū（ごく軽いもの）／〜积寸累 lěi.
【铢积寸累】zhū jī cùn lěi 成 わずかな物を少しずつ積み重ねる．回 积铢累寸
【铢两悉称】zhū liǎng xī chèn 成 （重さや優劣などが）等しい．差がない．

猪(異豬) zhū
犭部8　四 4426₀
全11画 常 用
名 ❶《動物》〔量 口 kǒu, 头 tóu, 只 zhī〕ブタ．¶母〜 mǔzhū（雌ブタ）／公〜 gōngzhū（雄ブタ）／野〜 yězhū（イノシシ）／〜八戒 Zhūbājiè. ❷《Zhū》姓.
【猪八戒】Zhūbājiè 名 猪八戒（ちょはっかい）．『西遊記』に登場する，三蔵法師のお供をする弟子の一人．¶〜玩 wán 老婆 lǎopó／猪八戒がワシにたわむれる．人にはそれぞれ好みがある．¶〜照镜子――里外不像人／猪八戒が鏡に映る――鏡の中も外も人の面相ではない．
【猪草】zhūcǎo 名 ブタの飼料．
【猪场】zhūchǎng 名 ブタの飼育場．養豚場．
【猪肚】zhūdǔ 名 （食用の）ブタの胃袋．
【猪肝】zhūgān 名 （食材の）ブタのレバー．¶〜色 sè／褐色（かっしょく）．
【猪倌】zhūguān 名（〜儿）ブタ飼い．養豚者．
【猪獾】zhūhuān 名《動物》アナグマ．回 沙獾 shāhuān，獾猪 huānzhū．
【猪圈】zhūjuàn 名〔量 个 ge〕ブタ小屋．ブタの飼育場．
【猪笼草】zhūlóngcǎo 名《植物》ウツボカズラ．
【猪猡】zhūluó 名 ブタ．
【猪排】zhūpái 名〔量 块 kuài〕ブタ肉の切り身．
【猪皮】zhūpí 名 ブタ皮．¶〜鞋／ブタ皮の靴．
【猪肉】zhūròu 名 ブタ肉．¶腊 là〜／ベーコン．回 大肉 dàròu.
【猪舍】zhūshè 名 ブタ小屋．豚舎．
【猪食】zhūshí 名 ブタの餌．残飯．
【猪蹄】zhūtí 名 豚足．
【猪头】zhūtóu 名 ブタの頭．
【猪瘟】zhūwēn 名 ブタコレラ．
【猪油】zhūyóu 名 ラード．ブタの脂．回 大油 dàyóu, 脂油 zhīyóu.
【猪崽】zhūzǎi 名 ブタの子．
【猪鬃】zhūzōng 名 ブタの首に生えている剛毛．参考 ブラシなどに用いる．

蛛 zhū
虫部6　四 5519₀
全12画 常 用
素《虫》クモ．¶蜘〜 zhīzhū（クモ）／〜网 zhūwǎng／〜丝马迹 jì.
【蛛丝马迹】zhū sī mǎ jì かすかな手がかり．¶连一点儿〜的迹象 jìxiàng 也没有／ほんの少しの手がかりとなる痕跡さえもない．由来「クモの糸とウマの足あと」という意から．
【蛛网】zhūwǎng 名 クモの巣．

槠(櫧) zhū
木部10　四 4496₀
全14画 通 用
名《植物》カシ．

潴(異瀦) zhū
氵部11　四 3416₀
全14画 通 用
文 ❶ 動 水がたまる．❷ 名 水たまり．¶〜留 zhūliú.
【潴留】zhūliú 動《医学》体液がたまる．¶尿〜／排尿困難．

橥(櫫) zhū
木部11　四 4490₄
全15画 通 用
名〈文〉家畜をつなぐ杭（くい）．

术 zhú
木部1　四 4390₀
全5画 常 用
→白术 báizhú，苍术 cāngzhú
☞ 术 shù

竹 zhú
竹部0　四 8822₀
全6画 常 用
名 ❶《植物》タケ．¶〜林 zhúlín／爆〜 bàozhú（爆竹）／茂 mào 林修〜（よく茂った木々や竹）．❷《Zhú》姓．
【竹板】zhúbǎn 名 ❶ 竹の板．古代の刑具．❷《音楽・芸能》竹製のカスタネット様の打楽器．"快板"（大衆芸能の一）の唱者が自分で打ち鳴らしながら歌う．
【竹板书】zhúbǎnshū 名《芸能》語りもの．大衆芸能の一つ．参考 語り手が片手に"呱嗒板儿 guādabǎnr"（大き目の竹板2枚または小さめのもの数枚をひもで連ねた"竹板"），もう一方の手に"节子板 jiézibǎn"（小さ目の竹板7枚をひもで連ねた"竹板"）を持ち，打ち鳴らしながら語る．
【竹编】zhúbiān 名（ザルやカゴなど）竹で編んだ工芸品．
【竹帛】zhúbó 名 ❶ 竹簡と絹．❷ 典籍．書物．¶功垂 chuí〜／功績を書物にとどめる．
【竹材】zhúcái 名 竹材．
【竹蛏】zhúchēng 名《貝》マテガイ．
【竹雕】zhúdiāo 名 竹に刻んだ彫刻．また，その作品や工芸品．
【竹筏】zhúfá 名 竹製の筏（いかだ）．
【竹竿】zhúgān 名（〜儿）¶〜根 gēn／竹ざお．
【竹黄】[簧] zhúhuáng 名 竹を煮沸するなどして平らにし，木地に張って表面に彫刻などを施した工芸品．回 翻黄
[簧] fānhuáng.

【竹简】zhújiǎn 名〔片 piàn〕竹简. 古代, 文字を書き付けるために用いた竹片.
【竹节虫】zhújiéchóng 名《虫》❶ ナナフシ. ❷ "蜉 jié"(ワレカラ)の別名.
【竹刻】zhúkè 名 竹製の器物に彫刻した工芸品.
【竹篮】zhúlán 名 竹かご. ¶～打水一场空 / 竹かごで水をくむ. 空しい努力をする.
【竹篱茅舍】zhúlí máoshè 竹の垣と草ぶきの家. 田舎の家.
【竹帘】zhúlián 名 竹製のすだれ.
【竹帘子】zhúliánzi 名 竹製のすだれ.
【竹林】zhúlín 名 竹林. 竹やぶ.
【竹楼】zhúlóu 名 竹を組んで作った家.
【竹篓】zhúlǒu 名 竹ざる. 竹かご.
【竹马】zhúmǎ 名 (～儿) ❶ 竹馬. ¶骑～ / 竹馬に乗る. ¶青梅 qīngméi～. 威 幼なじみの男子と女子. ❷ 民間歌舞で使う張り子のウマ. 参考 ②は, 中に人が上半身を出して入り, 騎馬のまねをしながら歌う.
【竹排】zhúpái 名 竹のいかだ.
【竹器】zhúqì 名〔件 jiàn〕竹製の器物.
【竹扦】zhúqiān 名 竹ざお.
【竹签】zhúqiān 名 竹やり.
【竹笋】zhúsǔn 名《植物》〔根 gēn〕タケノコ. 同 笋 sǔn
【竹筒】zhútǒng 名 竹筒.
【竹席】zhúxí 名 竹で編んだござ.
【竹叶】zhúyè 名 竹の葉.
【竹叶青】zhúyèqīng 名 ❶《動物》毒ヘビの一種. ❷ 汾酒に生薬を混ぜ合わせた, 緑黄色の酒. ❸ 紹興酒の一種で, 淡黄色をした酒.
【竹椅】zhúyǐ 名 竹製の椅子.
【竹芋】zhúyù 名《植物》クズウコン.
【竹枝词】zhúzhīcí 名《文学》竹枝詞という古代の民謡風の詩. 形式は七言絶句. 土地の風俗や人情などを詠んだものが多い.
【竹纸】zhúzhǐ 名 竹の繊維で作った紙.
*【竹子】zhúzi 名《植物》〔根 gēn, 节 jié〕タケ.

竹芋

竺 zhú
竹部 2　8810₁
全8画　通用
名 ❶⊗ 竹. ❷ (Zhú)姓.

逐 zhú
辶部 7　3130₃
全10画　常用
❶ 素 追いかける. ¶～鹿 zhúlù / 角～ juézhú (相手を蹴落とそうとして競争する). ❷ 動 追い払う. 力づくで追い出す. ¶～客令 zhúkèling / 驱～ qūzhú (追い立てる) / 追～残敌 cándí (残敵を追い払う). ❸ 素 一つ一つ順番に. ¶～日 zhúrì / ～年 zhúnián / ～条 zhútiáo. ❹ (Zhú)姓.
【逐北】zhúběi 動 敗残兵を追撃する. 参考 "北"は「敗走する」の意.
*【逐步】zhúbù 副 一歩一歩. 徐々に. ¶游客～攀登 pāndēng 黄山 / 観光客は一歩一歩黄山を登っていく. 同 逐渐 zhújiàn, 一步一步
【逐出】zhúchū 動⊗ 追い出す. 追い払う. ¶被～家门 / 家から追い出された.
【逐次】zhúcì 副 順を追って. 逐次. ¶～检票 / 順番に切符を検査する. ¶旅客～登上飞机 / 乗客は順々に飛行機に乗り込む.
【逐个】zhúgè 副 (～儿) 一つ一つ. 逐一. ¶～清点 / 一つ一つ点検する. ¶～办理手续 / 一つ一つ手続きをする.
*【逐渐】zhújiàn 副 次第に. 少しずつ. ¶我～认识了很多朋友 / 私は少しずつ多くの友人と知り合っていった. 同 渐渐 jiànjiàn
【逐客令】zhúkèling 名 客を追い出す命令. ¶下～ / 客を追い出す. 由来 もとは秦の始皇帝が, 各地から来ていた食客を追放するよう下した命令.
【逐鹿】zhúlù 動⊗ 天下を争う. ⇨逐鹿中原
【逐鹿中原】zhú lù zhōng yuán 威 中原に鹿を追う. 天下を争奪するたとえ. 由来『史記』淮陰侯列伝に見えることば.
【逐年】zhúnián 副 年ごとに. 年々. ¶～增长 / 年々増える. ¶人民生活～好转 / 人々の生活は年々よくなっていった.
【逐日】zhúrì 副 一日ごとに. 日一日と. ¶近来气温～上升 / 近頃気温が日増しに上がっている.
【逐条】zhútiáo 副 一項目ごとに. 逐一. ¶～说明 / 一条ごとに説明する.
【逐项】zhúxiàng 副 項目ごとに. 一項目ずつ. ¶～检查 / 一項目ずつ検査する. ¶计划工作～落实 / 計画した仕事を一つずつ片付ける.
【逐一】zhúyī 副 一つずつ. ¶～举例说明 / 一つずつ例をあげて説明する. 同 逐个 zhúgè
【逐月】zhúyuè 副 月ごとに. 月を追って. ¶产量～提高 / 生産量が一月ごとに増えている. ¶销售额 xiāoshòu'é～上升 / 売上額が月を追って多くなる.
【逐字】zhúzì 副 一字ごとに. 一字一字.
【逐字逐句】zhú zì zhú jù 威 一字一句ごとに. 一字一字, 一句一句. ¶他正在～校对 jiàoduì / 彼は一字一句原稿を校正している.

烛(燭) zhú
火部 6　四 9583₆
全10画　常用
❶ 名 ろうそく. ¶蜡～ làzhú (ろうそく) / 火～ huǒzhú (ろうそく) / 洞房花～ (昔の結婚式の情景. 夜, 新婚夫婦の寝室に花模様の赤いろうそくを灯した). ❷ 動⊗ 照らす. ¶火光～天 (天を焦がすほどの炎) / 洞～其奸 jiān (威 悪事を見抜く). ❸ (Zhú)姓.
【烛光】zhúguāng 名《物理》カンデラ. 光の明るさを示す単位.
【烛泪】zhúlèi 名〔滴 dī〕ろうそくから流れ落ちるろうを人の涙にたとえたもの.
【烛台】zhútái 名 燭台.
【烛照】zhúzhào 動⊗ 照らす. ¶阳光～万物 / 太陽は万物を照らす.

舳 zhú
舟部 5　四 2546₀
全11画　通用
名⊗ 船尾.
【舳舻】zhúlú 名⊗ 船尾と船首をつなぐ合わせた船. ¶千里～ / はるかかなたまで船が連なっている.

瘃 zhú
疒部 8　四 0013₂
全13画　通用
名 しもやけ. ¶冻～ dòngzhú (しもやけ).

蠋 zhú
虫部 13　四 5612₇
全19画　通用
名 ガやチョウの幼虫. イモ虫.

蜀 zhú

⻊部13 四 6612₇
全20画 通用

→蹢躅 zhízhú

主 zhǔ

王部1 四 0010₄
全5画 常用

❶ 名 (客に対する)主人. ¶宾～ bīnzhǔ (客と主人). 反 宾 bīn, 客 kè ❷ 名 権力あるいは財貨の所有者. ¶物～ wùzhǔ (持ち主) / 企业～ qǐyèzhǔ (企業の所有者) / 物归 guī 原～ (物が元の持ち主にもどる). ❸ 名 当事者. 物 ¶事～ shìzhǔ (刑事事件の被害者) / 卖～ màizhǔ (売り手) / 买～ mǎizhǔ (買い手) / ～顾 zhǔgù. ❹ 名 僕婢の所有者. 雇い主. ¶～仆 zhǔpú (主人と下僕) / 奴隶～ núlìzhǔ (奴隷の主人). 反 奴 nú, 仆 pú ❺ 名 キリスト教やイスラム教の「神」. ❻ 形 最も重要な. 主要な. ¶～要 zhǔyào / ～力 zhǔlì / 以预防为～ (予防を主とする). ❼ 次 cì ～ ❽ 动 責任を負う. 主催する. ¶～办 zhǔbàn / ～讲 zhǔjiǎng. ❽ 动 主張する. ¶～战 zhǔzhàn (戦争を主張する) / ～和 zhǔhé (講和を主張する) ❾ 动 (吉凶や自然の変化など)…をあらわしている. ¶早霞 zǎoxiá ～雨,晚霞 wǎnxiá ～晴 (朝やけは雨, 夕やけは晴れのしるし). ❿ 名 物事にはっきりとした見方. 心里没～ (定見を持っていない). ⓫ 名 自らの. ¶～动 zhǔdòng / ～观 zhǔguān. ⓬ (Zhǔ)姓.

【主板】zhǔbǎn 名 ❶ メインボード. ❷《コンピュータ》マザーボード.

【主板市场】zhǔbǎn shìchǎng 名《経済》その国で最も中心となる証券取引所. 同 一板市场 参考 日本なら東京証券取引所, 中国では上海証券取引所や深圳証券取引所など.

【主办】zhǔbàn 动 主催する. ¶北京大学～了这次学术讨论会 / 北京大学が今回の学術討論会を主催した.

【主办单位】zhǔbàn dānwèi 名 主催者. 主催団体.

【主笔】zhǔbǐ 名〔量 个 ge, 名 míng, 位 wèi〕主笔. 同 主编 zhǔbiān

【主编】zhǔbiān ❶ 动 編集上の責任を負う. ¶～词典 / 辞書編集の責任を負う. ❷ 名 編集責任者. 編集長.

【主菜】zhǔcài 名《料理》主菜. メインディッシュ.

【主场】zhǔchǎng 名《スポーツ》ホーム. ホームグラウンド. 反 客 kè 场

【主持】zhǔchí 动 ❶ 取り仕切る. 主宰する. ¶她～了这场文娱 wényú 节目 / 彼女はこの娯楽教養番組の司会をした. ❷ 主張する. 守る. ¶～正义 / 正義を主張する. ¶～公道 / 公正を守る. 同 主张 zhǔzhāng, 维护 wéihù

【主持人】zhǔchírén 司会者. 進行役.

【主厨】zhǔchú ❶ 名 シェフ. 料理長. ❷ 动 調理場の指揮をとる. 料理長を勤める.

【主创】zhǔchuàng 名《芸居や映画作品などを創作する際の中心となる創作者. メインクリエーター.

【主词】zhǔcí 名《論理学》の主語. 主辞. 主概念.

【主次】zhǔcì 名 主要なものと副次的なものの. ¶～不分 / 主要なものと副次的なものがはっきりしない.

【主从】zhǔcóng 名 主要なものと従属的なもの. ¶～关系 / 主従関係.

【主打】zhǔdǎ 形《市場進出や販売を行う際の》主要な品目や作品となる. メインの. ¶～商品 / 主力商品.

【主单位】zhǔdānwèi 名 基本単位. 基準単位.

【主刀】zhǔdāo ❶ 动 執刀する. ❷ 名 執刀医.

【主导】zhǔdǎo ❶ 名 主導的だ. ¶～思想 / 主導的な思想. ¶～作用 / 主導的な役割. 主導的な働き. ❷ 名 主導的な働きをもつ事物, または人. ¶以农业为基础,工业为～ / 農業を基盤とし, 工業を導き手とする.

【主调】zhǔdiào 名《音楽》主調. 楽曲の中心となる主要な調.

*【主动】zhǔdòng 形 自発的だ. 主体的だ. ¶～性 / 主体性. ¶她在工作中一直很～ / 彼女は仕事においていつも自発的だ. 反 被动 bèidòng

【主动脉】zhǔdòngmài 名《生理》大動脈.

【主队】zhǔduì 名《スポーツ》ホーム・チーム. 反 客队 kèduì

【主伐】zhǔfá 动《林業》主伐(しゅばつ)する.

【主犯】zhǔfàn 名《法律》〔个 ge, 名 míng〕主犯. 反 从犯 cóngfàn

【主峰】zhǔfēng 名〔座 zuò〕山脈の主峰. 最高峰.

【主父】Zhǔfǔ 名《複姓》主父(しゅふ).

【主妇】zhǔfù 名〔位 wèi〕主婦. ¶家庭～ / 家庭の主婦.

【主干】zhǔgàn 名 ❶ 植物の主要な茎. 幹. ❷ 主力. 決定的な力. ¶充分发挥～的作用 / 主力の役割を十分に発揮する.

【主干道】zhǔgàndào 名 主要幹線道路.

【主格】zhǔgé 名《言語》主格.

【主根】zhǔgēn 名《植物》主根(しゅこん).

【主攻】zhǔgōng 名 ❶《军事》主力部隊による攻撃をする. 主攻撃する. 反 助 zhù 攻 ❷ (仕事や学習で)最も力をいれる. ¶～地球物理 / 地球物理学に取り組む. ❸《スポーツ》主力が攻撃する. 反 助攻

【主攻手】zhǔgōngshǒu《スポーツ》(バレーボールの)エースアタッカー.

【主顾】zhǔgù 名〔位 wèi〕顧客. お客様. ¶老～ / 古いお得意様. ¶招揽 zhāolǎn ～ / 顧客を呼び集める. 同 顾客 gùkè

*【主观】zhǔguān ❶ 形《哲学》主観的だ. ¶～愿望 / 主観的の願望. 反 客观 kèguān ❷ 名 主観. ¶犯～ / 主観に走る. 反 客观 kèguān

【主观能动性】zhǔguān néngdòngxìng 名 主観的能動性. 個人が自発的に外界に対して変化や発展を働きかけること.

【主观唯心主义】zhǔguān wéixīn zhǔyì 名《哲学》主観的観念論.

【主观主义】zhǔguān zhǔyì 名《哲学》主観主義.

【主官】zhǔguān 名《军事》主官. 軍隊内の各部署における(その部署の)長.

【主管】zhǔguǎn ❶ 动 主管する. ¶他～教学工作 / 彼は教務を管轄する. ❷ 名〔位 wèi〕管理責任者. ¶财务～ / 財務主管.

【主管部门】zhǔguǎn bùmén 名 主管部門. 所轄部門.

【主航道】zhǔhángdào 名 (特に河川の)主要航路.

【主会场】zhǔhuìchǎng 名 メイン会場.

【主婚】zhǔhūn 结婚式を主宰する.

【主婚人】zhǔhūnrén 結婚式の司会進行役.

【主机】zhǔjī ❶ 名《军事》〔台 tái〕指令機. 隊長機. ¶长机 zhǎngjī 2 名《機械》主要エンジン.

【主见】zhǔjiàn 名 しっかりした考え. 定見. ¶他很有～ / 彼はしっかりとした考えを持っている. 同 主意 zhǔyi, 主张 zhǔzhāng

【主讲】zhǔjiǎng 動 講義や講演を担当する. ¶李教授～明代文学／李教授は明の文学の講義を受け持つ. ¶～人／講演者.
【主将】zhǔjiàng 名〔個 个 ge, 位 wèi, 员 yuán〕❶《軍事》統帥. 司令官. ¶中军 zhōngjūn～／本営の司令官. ❷中心人物. 大御所. ¶中国文化发展的～／中国の文化発展の中心人物.
【主焦点】zhǔjiāodiǎn 名《物理》主焦点.
【主叫】zhǔjiào 名 電話をかける側.
【主教】zhǔjiào 名《宗教》〔個 个 ge, 名 míng, 位 wèi〕（カトリックや、ギリシャ正教の）司教. ¶大～／大司教. ¶红衣～／枢機卿(きょう).
【主教练】zhǔjiàoliàn 名《スポーツ》監督.
【主角】zhǔjué 名（～儿）〔個 个 ge, 名 míng, 位 wèi〕❶主役. ❷演～／主役を演じる. ¶女～／主演女優. 反 配角 pèijué ❷主要な人物.
【主考】zhǔkǎo ❶動 試験を取り仕切る. ❷名 主任試験官. ¶他担任～／彼は主任試験官を担当している.
【主考官】zhǔkǎoguān 名 主任試験官.
【主课】zhǔkè 名〔個 门 mén〕主要教科. ¶中学的～／中学・高校の主要教科. ¶他的～成绩很好／彼の主要教科の成績はとてもよい.
【主力】zhǔlì 名 主力. ¶～部队／主力部隊. ¶～队员／主力選手.
【主力舰】zhǔlìjiàn 名《軍事》主力艦.
【主力军】zhǔlìjūn 名 ❶《軍事》主力部隊. ❷主力となるチームや集団.
【主粮】zhǔliáng 名 主食. 主要な食糧.
【主流】zhǔliú 名 ❶主流. ¶干流 gànliú ❷支流 zhīliú ❷本質的なもの. 主要なもの. 反 支流 zhīliú
【主楼】zhǔlóu 名（複数の建物中の）本館. メインビル.
【主麻】zhǔmá 名《宗教》イスラム教の礼拝日. 金曜日. 同 主麻日 rì
【主谋】zhǔmóu ❶動 中心になって企てる. 首謀者になる. ¶他～了这次抢劫 qiǎngjié 行动／彼は今回の強盗を中心になって企てた. ❷名 首謀者. ¶他是这个案件 ànjiàn 的～／彼はこの事件の首謀者だ. 反 胁从 xiécóng
【主脑】zhǔnǎo 名 ❶主要な部分. 中枢. ❷領袖. 首脳. 主脳.
【主渠道】zhǔqúdào 名 ❶主要水路. ❷正確なニュースソース. 正当な情報ルート.
【主权】zhǔquán 名 主権. ¶～国家／主権国家. ¶尊重 zūnzhòng～／主権を尊重する. ¶维护国家的～／国家の権利を守る.
【主儿】zhǔr 名 ❶持ち主. ❷（ある性質を帯びた）人. ❸嫁ぎ先. ¶她还只有十六、七岁,已经有～了／彼女はまだ十六、七なのに,すでに嫁ぎ先が決まっている.
*【主人】zhǔrén[-ren] 名 ❶（客に対する）主人. ¶女～／女主人. 反 客人 kèrén ❷ 個 傭人などの雇い主. 反 仆人 púrén, 佣人 yōngrén ❸財物や権利の所有者.
【主人公】zhǔréngōng 名 主人公.
【主人翁】zhǔrénwēng 名 ❶主人. ¶国家的～／国の主人. ❷主人公. 同 主人公 gōng
*【主任】zhǔrèn 名〔個 个 ge, 名 míng, 位 wèi〕主任. ¶办公室～／事務室主任.
【主任委员】zhǔrèn wěiyuán 名 主任委員. 委員の委員長.
【主日】zhǔrì 名《宗教》キリスト教の安息日. 日曜日. ¶～学校／日曜学校.
【主食】zhǔshí 名〔個 样 yàng, 种 zhǒng〕主食. 反 副食 fùshí
【主使】zhǔshǐ 動 しむける. そそのかす. ¶背后有人～他干的／背後に黒幕がいて,彼に指図してやらせたのだ. 同 主谋 zhǔmóu
【主事】zhǔ//shì 動（～儿）取り仕切る. 責任をもって管理する. ¶当家～／家を一人で取り仕切る. ¶我没有能力～这项工作／私はこの仕事を取り仕切る能力はない.
【主帅】zhǔshuài 名 ❶統率者. リーダー. ❷総指揮官. 同 主将 jiàng
【主题】zhǔtí 名 主題. テーマ. ¶～思想／テーマとなる思想. ¶人们议论的～／人々の議論のテーマ.
【主题词】zhǔtící 名（書籍や書類を表記する際の）件名.
【主题歌】zhǔtígē 名 主題歌.
【主体】zhǔtǐ 名 ❶主体. 根幹. ¶国家的～／国の根幹. ❷《哲学》主体. 意識をもった人間. 反 客体 kètǐ ❸《法律》権利と義務を負った主体. 自然人. 法人. 国家. 反 客体 kètǐ
【主文】zhǔwén 名《法律》（判決の）主文.
*【主席】zhǔxí 名〔個 个 ge, 名 míng, 位 wèi〕❶（会議などの）議長. 座長. ❷主席. 国家・機構・党派・団体などの最高位.
【主席台】zhǔxítái 名 演壇. 会議や大会で,議長や司会者,主要人物などが位置する一段高い場所.
【主席团】zhǔxítuán 名 議長団. 参考 委員会や会議を進行する指導者集団のこと.
【主线】zhǔxiàn 名 ❶幹線. 反 副 fù 线 ❷（小説などの）主たる展開. 本筋.
【主项】zhǔxiàng 名 "主要项目"（メインプロジェクト. メインイベント）の略称.
【主心骨】zhǔxīngǔ 名（～儿）❶頼りになる人や物. 大黒柱. ¶你是我们大家的～／あなたは我々の拠り所だ. ❷確固とした考え. 定見.
【主星】zhǔxīng 名《天文》主星(しゅせい).
【主刑】zhǔxíng 名《法律》主刑(しゅけい).
【主凶】zhǔxiōng 名 同《法律》主犯.
【主修】zhǔxiū 動 ❶専攻する. ¶～物理／物理学を専攻する. ¶～科目／専攻科目. ❷修理に責任をもつ.
【主旋律】zhǔxuánlǜ 名 ❶《音楽》主旋律. ❷基本的に重要な精神や内容.
【主演】zhǔyǎn ❶動 主演する. ¶～过几十部电影／何十本もの映画に主演したことがある. ❷名 主役. 主演. ¶她当这部电影的～／彼女はこの映画の主役を演じた.
*【主要】zhǔyào 形 最重要の. 決定的な. ¶～目的／一番の目的. ¶～人物／最重要人物. ¶这次会议～讨论了两个问题／今回の会議では主に2つの問題について討論した. 反 次要 cìyào
【主要矛盾】zhǔyào máodùn 名 主要となる矛盾. 複雑な事物の中に存在する多くの矛盾のうち,最も突出した大きな影響を及ぼす矛盾. 由来 毛沢東「矛盾論」に見えることば.
【主页】zhǔyè 名《コンピュータ》ホームページ.
【主义】zhǔyì 名 ❶主義. 思想. イデオロギー. ¶马克思 Mǎkèsī～／マルクス主義. ¶现实～／現実主義. ❷社会制度. 政治・経済システム. ¶社会～／社会主義. ¶资本～／資本主義. ❸考え方. 方法. 考え方主張. ¶本位～／縄張り主義. ¶自由～／自由主義.
*【主意】zhǔyi 名 ❶意見. 主張. ¶拿不定～／考えがまとまらない. ❷アイデア. 考え. ¶出～／知恵を出す.

¶这个~正好／これはうまい考えだ．¶馊sōu~／くだらない考え．
【主音】zhǔyīn 名《音楽》主音．主調音．
【主语】zhǔyǔ 名《言語》主語．
【主宰】zhǔzǎi ❶动 支配する．統治する．¶~万物／万物を支配する．❷名 支配者．支配力．¶自己命运的~／自分の運命の支配者．
【主战场】zhǔzhànchǎng 名 主戦場．
*【主张】zhǔzhāng ❶动 主張する．❷名〔個〕个 ge，项 xiàng〕主張．考え．¶他的~不错／彼の主張は正しい．
【主政】zhǔzhèng 动 政務を担当する．責任者として仕事をする．
【主旨】zhǔzhǐ 名 主旨．¶会议的~／会議の主旨．同 宗旨 zōngzhǐ．
【主治】zhǔzhì《医学》❶动 主治（ジュ）する．治療の責任を持つ．❷名 主治．薬の主な効果．効き目．
【主治医生】zhǔzhì yīshēng 名 主治医．
【主治医师】zhǔzhì yīshī 名 主治医師．参考 医師の職称で，"高级医师"より下，"医师"より上のポスト．
【主轴】zhǔzhóu 名《機械・数学・物理》主軸．
【主抓】zhǔzhuā 动（ある分野を）担当する．主管する．
【主子】zhǔzi 名（旧）主人．親方．旦那．ボス．反 奴才 núcai．

拄 zhǔ
扌部5 全8画 四 5001₄ 次常用
动 杖や棒で体を支える．¶~拐棍 guǎigùn（杖をつく）．

渚 zhǔ
氵部8 全11画 四 3416₀ 通用
名〈文〉❶中州．❷小島．

煮(羞) zhǔ
灬部8 全12画 四 4433₆ 通用
❶动 煮る．炊く．ゆでる．¶~饭（飯を炊く）／~面条（うどんをゆでる）／~鸡（ニワトリを煮る）／~豆燃萁 qí．❷（Zhǔ）姓．
【煮豆燃萁】zhǔ dòu rán qí 成 兄弟同士が互いに傷め合う．骨肉が相争う．由来 曹植が兄の曹丕（ヒ）にせまられて作った『七歩詩』の中で，兄弟を豆と豆がらにたとえ，「豆を煮るのに豆がらを燃やしたので，豆は釜の中で泣く」と詠んだ故事から．
【煮鹤焚琴】zhǔ hè fén qín 風流を解せず興をそぐ．由来「ツルを煮て食べ，琴をまきにして燃やす」という意から．
【煮鸡蛋】❶ zhǔ jīdàn 句 たまごをゆでる．❷ zhǔjīdàn 名 ゆでたまご．
【煮饺】zhǔjiǎo（~子）❶动 ギョーザをゆでる．❷名 水ギョーザ．
【煮熟】zhǔshú 动 ゆであがる．よく煮える．¶~了的鸭子 yāzi 飞了／煮込んだアヒルの逃げた（当てが外れる）／饺子还没~呢！／ギョーザはまだよく煮えていない．
【煮透】zhǔtòu 煮て熱が冷めてとおる．¶饺子要煮煮透／ギョーザをゆでるならしっかり火を通さなければ．

属(屬) zhǔ
尸部9 全12画 四 7722₇ 常用
動 ❶連続する．¶~文 zhǔwén（文章をつづる）／前后相～（前後に続く）．❷思いを一点に集中する．¶~意 zhǔyì／~望 zhǔwàng．
☞ 属 shǔ
【属草】zhǔcǎo 动〈文〉文章を書く．起草する．同 属稿 gǎo．
【属望】zhǔwàng 动〈文〉嘱望する．期待を寄せる．¶~

子女有出息／子供の立身出世を願う．
【属意】zhǔyì 动〈文〉気持ちを集中する．¶~诗文／詩文にのめりこむ．

褚 zhǔ
衤部8 全13画 四 3426₀ 通用
素〈文〉❶真綿．❷服に綿を入れる．¶~衣 zhǔyī（綿入れ）．❸袋．
☞ 褚 Chǔ

嘱(囑) zhǔ
口部12 全15画 四 6702₇ 常用
素 頼む．言い付ける．¶~咐 zhǔfù／~托 zhǔtuō／叮~ dīngzhǔ（丁寧に頼み込む）／遗~ yízhǔ（遺言）／医~ yīzhǔ（医者の指示）．
【嘱咐】zhǔfù[-fu] 动 言い付ける．言いきかせる．¶再三~／再三にわたって言い付ける．¶老师~学生按时完成作业／先生は学生に期限内に宿題を終わらせるように言い付けた．同 叮嘱 dīngzhǔ，叮咛 dīngníng，吩咐 fēnfu．
【嘱托】zhǔtuō 动 言い付ける．依頼する．¶~她照应家务事／彼女に家の世話を頼んだ．

麈 zhǔ
鹿部5 全16画 四 0021₄
名 ❶（古書で）シカの類の動物．尾は払子（ホッス）にする．❷麈尾／【玉~】yùzhǔ（玉でできた払子）．

瞩(矚) zhǔ
目部12 全17画 四 6702₇ 常用
素 見つめる．¶~目 zhǔmù／~望 zhǔwàng／高瞻 zhān 远~（成 高い所に立って遠くを見通す．視野が遠大だ）．
【瞩目】zhǔmù 动〈文〉嘱目する．注目する．¶举世~的会议／世界中が注目する会議．同 注目 zhùmù．
【瞩望】zhǔwàng 动〈文〉❶嘱望する．期待する．¶~子女成材／我が子が有能な人になるよう期待する．同 期望．❷注視する．注視する．¶举目～／刮目~（する）．注目する．

伫(異 佇，竚) zhù
亻部4 全6画 四 2321₂
❶素 たたずむ．¶~立 zhùlì／~候 zhùhòu（たたずんで待つ．待つ）．❷（Zhù）姓．
【伫立】zhùlì 动 たたずむ．¶她久久~在站台上，望着远去的火车／彼女は長い間ホームにたたずみ，遠くへ去っていく汽車を眺めていた．
【伫望】zhùwàng 动 ❶たたずんで遠くを眺める．❷待ち望む．期待する．¶大家都~着他的好消息／みんなが彼のよい知らせを待っている．

苎(苧) zhù
艹部4 全7画 四 4410₂ 通用
下記熟語を参照．
【苎麻】zhùmá 名《植物》ラミー．チョマ．カラムシ．

助 zhù
力部5 全7画 四 7412₇ 通用
素 助ける．¶~力 zhùlì／~手 zhùshǒu／帮~ bāngzhù（助ける）／互~ hùzhù（助け合う）／~人为 wéi 乐 lè／爱莫 mò 能~（成 力不足で助けたくても助けられない）／~一臂 yībì 之力（わずかの助力をする）．同 帮 bāng．
【助残】zhùcán 动"帮助残疾人"（身体障害者を助けるの略．
【助产】zhùchǎn 动 助産する．分娩の手助けをする．
【助产士】zhùchǎnshì 名 助産師．
【助词】zhùcí 名《言語》助詞．参考"结构~"（構造助

詞),例えば"的,地,得". "动态～"(アスペクト助詞),例えば"着,了,过". "语气～"(語気助詞),例えば"吗,呢,吧"の3種類がある.

【助动词】zhùdòngcí [名]《言語》助動詞.

【助工】zhùgōng [名] "助理工程师"(エンジニア助手. アシスタントエンジニア)の略.

【助攻】zhùgōng [動] ❶《軍事》援護部隊による攻撃をする. 援護攻撃する. [反] 主 zhǔ 攻 ❷《スポーツ》アシストする. [反] 主攻

【助剂】zhùjì [名]《化学》助剤. 補助剤.

【助教】zhùjiào [名](大学の)助教.

【助困】zhùkùn [動] "帮助困难户"(困っている家庭を援助する)の略.

【助老】zhùlǎo [動] "帮助老年人"(老人を援助する)の略.

【助理】zhùlǐ ❶[形] 補佐役の. ¶～人员 / アシスタント. ❷[名]〔[量] 名 míng〕補佐. ¶总经理～ / 社長補佐.

【助力】zhùlì [名][動] 助力(する). 手助け(する). [同] 帮助 bāngzhù

【助跑】zhùpǎo [名]《スポーツ》助走.

【助贫】zhùpín [動] "帮助贫困户和贫苦人"(貧困家庭と貧困者を援助する)の略.

【助燃】zhùrán [動]《化学》助燃する.

【助人为乐】zhù rén wéi lè [成] 人を助けることを喜びとする. ¶～的优秀品德 / 喜んで人助けをするというすばらしい人柄. ¶发扬～的精神 / 人助けの精神を発揮する.

【助手】zhùshǒu [名] 助手. アシスタント. ¶当～ / アシスタントを務める.

【助听器】zhùtīngqì [名]〔[量] 副 fù〕補聴器.

【助推】zhùtuī [動] "帮助、推动、促进"(支援し,推進し,促進する)の略.

【助威】zhù//wēi [動] 声援する. 応援する. ¶呐喊 nàhǎn～ / 大声で声援する. ¶给我们的球队～ / 我々のチームを応援してください. [重] 助助威

【助兴】zhù//xìng [動] 座を盛り上げる. 興を添える. ¶我说个笑话助助兴 / 私がひとつ笑い話でもして座を盛り上げましょう. [反] 扫兴 sǎoxìng

【助学】zhùxué [動] ❶(資金や便宜を提供して)教育を支援する. ❷ 苦学生を援助する.

【助学金】zhùxuéjīn [名]〔[量] 笔 bǐ〕奨学金. 学費補助金. ¶领～ / 奨学金をもらう.

【助养】zhùyǎng [動] "帮助抚养困难儿童"(貧困家庭の児童・障害児・孤児など,困難を抱えている子供を援助し,扶養する)の略.

【助益】zhùyì ❶[動] 援助する. 助ける. ❷[名] 援助と利益. メリット.

【助战】zhù//zhàn [動] ❶ 戦いに協力する. ¶由于群众的～,很快抓住了凶手 xiōngshǒu / 人々の助けによって,凶悪犯はすぐに捕まえられた. ❷ 応援する. ¶观众给运动员～ / 観衆が選手に声援を送る.

【助长】zhùzhǎng [動] 助長する. ¶～歪风邪气 xiéqì / 悪い風潮を助長する. ¶～剂 jì / 助成剤.

【助阵】zhù//zhèn [動] 作戦を補佐する. 仕事や活動を支援したり手伝う.

【助纣为虐】zhù Zhòu wéi nüè [成] 悪人を助けて悪事を働く. [同] 助桀 Jié 为虐

住 zhù

亻部 5 [四] 2021_4 全 7 画 [常用]

❶[動] 居住する. 宿泊する. ¶～饭店(ホテルに泊まる) / ～城外(郊外に住む). ❷[動] 止まる. 止める. ¶～手 zhùshǒu / ～嘴 zhùzuǐ / 雨～了(雨がやんだ). ❸[動](動詞の補語として)安定,固定をあらわす. ¶拿～ názhù (しっかり持つ) / 记～ jìzhù (しっかりと覚える). ❹[動](動詞の補語として)停頓や静止をあらわす. ¶站～! (止まれ) / 一下子呆 dāi～了(しばらくぼんやりしてしまった). ❺[動] "…得住 dezhù", "…不住 buzhù"の形で,ある状態を持ちこたえられる,または持ちこたえられないことをあらわす. ¶禁得～ jīndezhù (耐えられる) / 禁不～ jīnbuzhù (耐えられない) / 支持不～ zhīchíbuzhù (支えきれない). ❻(Zhù)姓.

【住笔】zhùbǐ [動] 筆を置く. 筆を止める. ¶他～沉思 chénsī / 彼は筆を止めて物思いにふける.

【住持】zhùchí ❶[動] 仏教や道教の寺の事務を切り盛りする. ¶他～着兴福寺的佛事 fóshì / 彼は興福寺の法事を取り仕切っている. ❷[名]〔[量] 位 wèi〕住職. 道士.

【住处】zhùchù [名] 住所. 宿舎. 居所. ¶～改变 / 住所変更. ¶他们在村子里找到了～ / 彼らは村に宿を見つけた.

【住地】zhùdì [名] 居住地. 住んでいる場所.

【住读】zhùdú [動](学生が)学校内の寄宿舎や寮に住む. ¶～生 / 寄宿生. [同] 走 zǒu 读

【住房】zhùfáng [名] 住居. 住宅. 家. ¶～问题 / 住宅問題.

【住房公积金】zhùfáng gōngjījīn [名] 住宅公共積立金. [参考] 個人の住宅購入用資金として,政府機関や企業などが設置する長期積み立て基金.

【住房痛苦指数】zhùfáng tòngkǔ zhǐshù [名] 住宅の購入がどれくらい家計を圧迫するかを数値化したもの. 分譲住宅の1平米あたりの価格を月収で割った値.

【住户】zhùhù [名]〔[量] 家 jiā〕世帯. 家族.

【住家】zhùjiā ❶[動] 家族で暮らす. 居住する. ¶在郊区～ / 郊外に家を構える. ❷[名](～儿) 世帯. 家族.

【住居】zhùjū [動] 居住する. ¶少数民族～的地区 / 少数民族居住地域.

【住口】zhù//kǒu [動] 話をやめる. 口を閉じる. ¶你给我～! / だまれ.

【住声】zhù//shēng [動] 声を出すのをやめる. 話したり,笑ったり,泣いたりするのをやめる.

【住手】zhù//shǒu [動] 手を止める. やめる. ¶他不做完不肯～ / 彼はやり終えない限り手を止めようとしない. ¶快～,这东西经不起摆弄 bǎinòng / 早く手を放しなさい,これはいじくり回すとだめになるから.

【住宿】zhùsù [動] 宿泊する. ¶给学生安排～ / 学生に宿泊の手配をする. ¶今天晚上到哪里～呢? / 今夜どこに泊まりますか.

【住所】zhùsuǒ [名]〔[量] 处 chù〕住んでいる所. ¶固定～ / 必ず連絡がとれる住所. [表現] 日本語の「住所」にあたることばは"地址 dìzhǐ".

【住校】zhù//xiào [動] 学校の宿舎に住む. ¶全体学生都～ / 学生全員が,学校の宿舎で暮らしている.

*【住院】zhù//yuàn [動] 入院する. ¶～费 / 入院費. ¶～治疗 zhìliáo / 入院して治療する.

【住宅】zhùzhái [名]〔[量] 处 chù, 所 suǒ, 套 tào〕集合住宅. ¶居民～ / (会社などの寮に対して)一般の集合住宅. ¶～区 / 集合住宅街.

【住址】zhùzhǐ [名] 住所. ¶请在信里给我写上～ / 手紙に住所を書いてください. [参考] 市町村・通り・丁目・番地などまで含めた詳しいもの.

【住嘴】zhù//zuǐ [動] 口を閉じる. 話をやめる. ¶别胡说 húshuō,快～! / でたらめを言わないで,だまりなさい. [同]

住口 zhùkǒu

纻(紵) zhù
纟部4 四2311₂ 全7画 通用
[素][文] ❶ "苎 zhù"に同じ. ❷ "苎麻 zhùmá"(カラムシ)の繊維で織った布. ¶～衣 zhùyī (カラムシの布で作った服).

杼 zhù
木部4 四4792₂ 全8画 通用
[名] ❶ 織り機の筬(おさ). ¶～軸 zhùzhóu. 回 筘 kòu. ❷ (古代の)梭(ひ).
【杼轴】zhùzhóu [名][文] ❶ 機織り機の縦糸と横糸を組み合わせる二つの部品. ❷ 文章の骨組みや構成.

贮(貯) zhù
贝部4 四7381₂ 全8画 次常用
[动] 蓄える. ¶～备 zhùbèi / ～木场 zhùmùchǎng (貯木場).
【贮备】zhùbèi [动] 備蓄する. ¶～粮食 / 食糧を備蓄する.
【贮藏】zhùcáng [动] 貯蔵する. ¶～蔬菜 / 野菜を貯蔵する. 回 储藏 chǔcáng.
【贮存】zhùcún [动] 貯蔵する. ¶～处 / 貯蔵所. 回 储存 chǔcún.
【贮蓄】zhùxù ❶[动] 蓄える. 貯蔵する. ❷[名] (金品の)蓄え.
【贮运】zhùyùn [动] 貯蔵し輸送する.

注(註❸~❺) zhù
氵部5 四3011₄ 全8画 常用
❶[素] 注ぐ. 流し込む. ¶～射 zhùshè / 灌～ guànzhù (流し込む) / 大雨如～ (土砂降りの雨). ❷[素] 一点に集中する. ¶～视 zhùshì / ～意 zhùyì / ～目 zhùmù / 全神贯～(全神経を集中する). ❸[动] 注をつける. ¶批～ pīzhù (評語や注釈を加える). ¶～注. 注釈. 回 附～ fùzhù (注をつける) / 脚～ jiǎozhù (脚注). ❹[动] 記載する. 登録する. ¶～册 zhùcè / ～销 zhùxiāo. ❺[名] 賭博(とばく)のかけ金. ¶下～ xiàzhù (賭博でかけをする).
【注册】zhùcè [动] 登記する. 登録する. ¶～商标 / 登録商標. ¶～新会员的名字 / 新会員の名前を登録する.
【注定】zhùdìng [动] 運命づけられている. ¶命中 zhòng～ / すべての出会いは運命で予め定められている. ¶～要失败 / 失敗する運命にある.
【注脚】zhùjiǎo [名] 脚注. 注釈.
【注解】zhùjiě [动] 解説する. 注釈する. ¶～古籍 gǔjí / 古い書物を注釈する. ❷[名] 注釈. 注解. 回 注释 zhùshì. 反 正文 zhèngwén.
【注明】zhùmíng [动] 明記する. ¶～生产日期 / 製造年月日を明記する.
【注目】zhùmù [动] 注目する. ¶引人～ / 注目される. ¶～而视 / 注视する. 回 瞩目 zhǔmù ⇨ 注视 zhùshì, 注意 zhùyì.
【注目礼】zhùmùlǐ [名] 目礼. ¶行～ / 目礼する.
【注入】zhùrù [动] 注ぎ込む. ¶往水池里～干净的水 / 池にきれいな水を注ぎ込む.
【注射】zhùshè [动] 注射する.
【注射器】zhùshèqì [名] 注射器.
【注视】zhùshì [动] 注視する. ¶密切～形势的发展 / ことの成り行きを注意深く見守る. 回 凝视 níngshì. 比较 "注视 zhùmù"は視線を一点に集中して凝視する. "注视"は注意深く見守る. "注目"を"引人 yǐnrén"や, "惹人 rěrén"と連用して目的語をとらないが, "注视"は目的

語をとる.
【注释】zhùshì ❶[动] 注解を施す. 注釈する. ¶～文章 / 文章に注釈を加える. ¶请先生来～这首唐诗 / 先生にこの唐诗を解釈してもらおう. 回 注解 zhùjiě. ❷[名] 注釈. 回 注解 zhùjiě.
【注疏】zhùshū [名] 注解と注釈をさらに説明した注釈の総称. ¶《十三经～》/『十三経注疏』.
【注水】zhùshuǐ [动] ❶ (石油採掘の)水を圧入する. ❷[名] (石油採掘の)水攻法.
【注水肉】zhùshuǐròu [名] 水增し肉. ブタや牛の皮下に水を注射し, 体重を水増しして不正販売している食肉.
【注塑】zhùsù [动] (工業)プラスチック原料を型に流し込む. プラスチック成型する.
【注文】zhùwén [名] 注釈の文字や文章.
【注销】zhùxiāo [动] 抹消する. ¶～户口 / 戸籍を抹消する. ¶把借条 jiètiáo～ / 借用書を取り消す. 反 登记 dēngjì.
*【注意】zhù//yì [动] 注意する. 気をつける. ¶～安全 / 安全に気を配る. ¶各位来宾请～ / お客様にご案内申し上げます. 回 当心 dāngxīn, 留神 liúshén, 留心 liúxīn, 留意 liúyì. 比较 "注目 zhùmù"は視線を集中して凝視するが, "注意"は気持ちをその方向に向ける. "注目"の使用範囲は狭く, 対象は目前のもっとも目立つものや, センセーショナルな出来事. "注意"の範囲は広く, 対象も目前の具体的なことに限定されず, 抽象的なことでもよい. "注目"は目的語をとらないが"注意"はとる.
【注音】zhù//yīn [动] 文字の読み方を符号であらわす. ¶～字母 / 注音字母(ぼぼ). ピンイン方案の公布前に漢字の読みをあらわすために用いられた音標記号. ¶给汉字～ / 漢字に読みを付ける. ¶请你注一下音 / 読みをつけて下さい. 参考 "注音字母"は, "注音符号 fúhào"ともいう. "ㄐ"(ピンインの"j")や"ㄢ"(ピンインの"an")など. 台湾では現在でも広く使用されている.
【注重】zhùzhòng [动] 重視する. ¶不～教育, 不～科学, 不～经济, 国家就没有发展前途 / 教育や科学, 経済を重視しなければ, 国家の輝かしい未来はない. 回 重视 zhòngshì.
【注资】zhù//zī [动] (经济)(有限責任会社が)増資をする.

驻(駐) zhù
马部5 四7011₄ 全8画 常用
❶[素] とどまる. ¶～足 zhùzú. ❷[动] 駐在する. 駐留する. ¶～军 zhùjūn / 我国～英大使(我が国の駐英大使) / ～外使节 (外国駐在使節).
【驻跸】zhùbì [动][文] 駐蹕(ちゅうひつ). 天子の行幸中に一時的に乗物をとどめること.
【驻波】zhùbō [名] (機械・物理)定常波. 定在波.
【驻地】zhùdì [名] ❶ (部隊などの)駐屯地. 駐在地. ❷ 地方行政機関の所在地.
【驻防】zhù//fáng [动] 軍隊が重要な地に駐屯して防衛する. ¶～边疆 biānjiāng / 国境付近に駐屯して防衛の任に当たる. ¶～部队 / 駐留軍.
【驻节】zhùjié [动] 使節が駐在する. ¶～公使 / 弁理公使. ¶外交部委派 wěipài 他～日本 / 外交部は彼を派遣して日本に駐在させる.
【驻军】zhùjūn ❶[动] 軍隊が駐留する. ❷[名]〔口〕支 zhī 〕駐屯軍. ¶云南～ / 雲南駐留軍.
【驻守】zhùshǒu [动] 駐屯して防衛する. ¶～在海岛的战士 / 島を守る兵士.
【驻屯】zhùtún [动] 駐屯する. ¶～在黄海之滨 bīn / 黄

海沿岸に駐屯する. ¶ 駐扎 zhùzhā
【駐顏】zhùyán 動 顏を老けさせない. いつまでも容姿を若く保つ.
【駐扎】zhùzhā 動 軍隊が駐屯する. ¶〜重兵 / 大部隊が駐扎する. ❷ 暫时 zànshí〜在天山脚下 / しばらく天山のふもとに駐屯する.
【駐足】zhùzú 動 足を止める. 歩くのをやめる. 同 停步 tíngbù

柱 zhù
木部5 [四] 40914 全9画 常用
❶ 名 柱. ¶ 梁〜 liángzhù（梁[はり]の柱）/ 支〜 zhīzhù（支柱）. ❷ 名 柱状のもの. ¶ 水〜 shuǐzhù（水柱）/〜石 zhùshí / 脊〜 jǐzhù（脊柱[せきちゅう]）. ❸（Zhù）姓.
【柱础】zhùchǔ 名 柱や彫像の台座.
【柱顶】zhùdǐng 名〖建築〗柱頭[ちゅうとう].
【柱身】zhùshēn 名〖建築〗柱身. 柱.
【柱石】zhùshí 名 ❶ 柱と柱を支える基盤の石. ❷ 国家の重責を担う人.
【柱头】zhùtóu 名 ❶〖建築〗柱のてっぺん. ❷ 柱. ❸〖植物〗柱頭.
【柱子】zhùzi〔根 gēn〕柱.

炷 zhù
火部5 [四] 90814 全9画 通用
❶ 名 灯心. ❷ 動 火をつける. 燃やす. ¶〜香 zhùxiāng（線香をたく）. ❸ 量 火をつけた線香を数えることば. ¶一〜香（1本の線香）.

祝 zhù
礻部5 [四] 36212 全9画 常用
❶ 動 心から願う. 祈る. ¶〜您健康!（ご健康を祈ります）/〜你一路平安!（道中ご無事で）. ❷ 動 喜び祝う. ¶庆〜 qìngzhù（祝賀する）. ❸（Zhù）姓.
【祝词[辞]】zhùcí ❶〔篇 piān〕祝詞[のりと]. ❷ 祝辞. ¶新年〜 / 新年の祝辞. ¶熱情洋溢 yángyì的〜 / 熱情あふれる祝いのことば.
【祝祷】zhùdǎo 動 祈祷する. 祈禱する.
【祝福】zhùfú 動 ❶ 祝福する. 平和や幸福を祈る. ¶我衷心 zhōngxīn〜您健康長寿 chángshòu / 心からあなたの健康と長寿をお祝い申し上げます. ❷ 大晦日に天地を祭って幸福を祈る（中国南方の習慣）.
*【祝贺】zhùhè 動 祝う. ¶致以〜 / お祝いを伝える. ¶〜〜! / おめでとう. 同 恭喜 gōngxǐ
【祝捷】zhùjié 動 勝利を祝う. ¶〜大会 / 祝勝会. ¶〜运动员胜利而归 / 選手の凱旋を祝う.
【祝酒】zhù//jiǔ 動 敬意を表したり,健康や前途を祝して乾杯する. ¶致〜辞 / 乾杯の挨拶をする.
【祝融】❶ Zhùróng 名 伝説中の,火をつかさどる神の名. ❷ zhùróng 古代の,火を管理する官名. ¶〜之灾 / 火事.
【祝寿】zhùshòu 動 お年寄りの誕生日を祝う. ¶給老人〜 / お年寄りの誕生日のお祝いをする. ¶八十誕辰 dànchén的〜 / 八十歳の誕生日の祝い.
【祝颂】zhùsòng 動 ㊇ 祝福する. ¶宾主互相〜 / 客と主人が互いに祝福しあう.
【祝愿】zhùyuàn 動 祝福する. 祈る. よい方向に行くよう願う. ¶〜您老人家寿如东海,寿 shòu 比南山! / あなたにたくさんの幸福が訪れ,いつまでも長寿でありますようお祈りします. 同 祝福 zhùfú, 祝颂 zhùsòng

疰 zhù
疒部5 [四] 00114 全10画 通用

下記熟語を参照.
【疰夏】zhùxià 名〖中医〗夏負け. 子供が夏季に熱にあたり,だるくなる症状.

著 zhù
艹部8 [四] 44604 全11画 常用
❶ 素 明らかだ. きわ立っている. ¶昭〜 zhāozhù（明らかだ）/ 卓〜 zhuózhù（卓越した）/ 彰 zhāng 明较〜（きわめて明らかだ）/ 颇 pō〜成效（かなり効果をあげた）. ❷ 動 文章を書く. 本を書く. ¶〜者 zhùzhě / 编〜 biānzhù（編集執筆する）/〜书 zhùshū. ❸ 素 著作. ¶名〜 míngzhù（名著）/ 译〜 yìzhù（翻訳書）.
☞ 着 zhuó
【著称】zhùchēng 動 有名だ. 名高い. ¶杭州 Hángzhōu 以风景优美〜 / 杭州は美しい景色で名高い. ¶中国丝绸 sīchóu〜于世界 / 中国シルクは世界的に有名だ.
【著录】zhùlù 動 ㊇ 記録する. 記載する.
*【著名】zhùmíng 形 著名だ. 名高い. ¶〜演员 / 有名な俳優. 同 出名 chūmíng, 闻名 wénmíng, 有名 yǒumíng, 知名 zhīmíng 反 无名 wúmíng
【著书】zhùshū 動 本を書く.
【著书立说】zhù shū lì shuō 書物を書き,自らの説を立てる.
【著述】zhùshù ❶ 動 著作する. 編さんする. ¶从事〜 / 著作にたずさわる. ❷ 名 著書. 作品. ¶他留下的〜不少 / 彼が残した作品は多い. ¶〜等身 / 著書が自分の背丈と同じくらいある. 多作だ. 同 著作 zhùzuò
【著有】zhùyǒu 動 著作がある. ¶他〜小说十几部 / 彼には十数部の小説の著作がある.
【著者】zhùzhě 名〖位 wèi〕著者. 著作者.
*【著作】zhùzuò ❶ 動 著作する. 本を書く. ¶他忙于〜,很少出门 / 彼は本を書くのに忙しくなっ,めったに外出しない. ❷ 名〖本 běn, 部 bù, 套 tào〕著作. ¶学术〜 / 学術書.
【著作等身】zhùzuò děng shēn 句 著作を積み上げると身長ほどになる. 表現 著作物が非常に多いことの形容として用いる.
【著作权】zhùzuòquán 名 著作権. ¶〜诉讼 sùsòng / 著作権侵害の訴訟.

蛀 zhù
虫部5 [四] 50114 全11画 次常用
❶ →蛀虫 zhùchóng ❶ ❷ 動 虫が食う. ¶〜蚀 zhùshí.
【蛀齿】zhùchǐ 名 虫歯. ¶把〜拔掉 / 虫歯を抜く. 同 龋齿 qǔchǐ
【蛀虫】zhùchóng 名 ❶〖只 zhī〕木・衣服・本・穀物などにつく小さい虫. シミ, イガ, コクゾウムシなど. ❷ 害虫. ¶贪污 tānwū 分子是对人民有害的〜 / 汚職役人は,人民を害する害虫だ.
【蛀蚀】zhùshí 動 ❶ 虫が食う. ❷（悪人や悪い考えに）むしばまれる. 損なわれる.

铸（鑄） zhù
钅部7 [四] 85740 全12画 常用
動 鋳造する. ¶〜工 zhùgōng /〜件 zhùjiàn / 成 zhùchéng.
【铸币】zhùbì 名 鋳造貨幣. 硬貨. コイン.
【铸成】zhùchéng 動 鋳造する. 作り上げる. ¶用废铁 fèitiě〜一口大钟 / くず鉄で大きな鐘を鋳造する.
【铸成大错】zhùchéng dàcuò 句 極めて大きな過ちを

犯す. とてつもない大失敗をする.
【铸工】zhùgōng 名 ❶ 鋳物(ﾄｽ)の仕事. ¶~车间 / 鋳造の作業場. ¶~鼓风机 / 送風機. ファン. 回 翻砂 fānshā ❷ 鋳物工.
【铸件】zhùjiàn 名 (~儿)(冶金)〔量 个 ge〕鋳造品(ﾄｽ). 鋳造品.
【铸模】zhùmú 名 (冶金) 鋳型(ｶﾞﾀ).
【铸石】zhùshí 名 (工業·工業) 人造石. 参考 玄武岩などの天然石を用い, 原料の配合·溶解·熱処理などを経て結晶構造体にしたもの. 建材や工業用材の一つ.
【铸铁】zhùtiě 名 (冶金) 銑鉄(ｾﾝﾃﾂ). ¶~厂 / 製鉄工場. ¶~模具 / 製鉄金型. 回 生铁 shēngtiě, 铣铁 xiǎntiě
【铸造】zhùzào 動 鋳造する. ¶~车间 / 鋳造現場. 作業場.

筑(築❶) zhù
竹部6 四 8811₇ 全12画 常用
❶ 動 築く. 建設する. ¶~路 zhùlù (堤防を築く). ¶建 jiàn, 修 xiū ❷ 名 (音楽) 筝(ｿｳ)に似た古代の弦楽器. これを左手に持ち, 右手で持った竹の棒でたたく. ❸ (Zhù)貴陽(ｷﾖｳ)市の別称. ❹ (Zhù)姓. 参考 もとは"Zhú"と発音した.
【筑巢】zhùcháo 動 インフラ建設をする. 由来 もとは「巣作りする」意から.
【筑路】zhùlù 動 道路を建設する.

翥 zhù
羽部8 4412₇ 全14画 通用
動(文) (鳥が)飛び上がる. ¶龙翔 xiáng 凤 fèng~(竜が飛び鳳凰(ｵｳ)が舞う, 筆勢が強く奔放だ).

箸(異筯) zhù
竹部8 8860₄ 全14画 通用
名方 箸(ﾊｼ). 回 筷子 kuàizi

zhuā ㄓㄨㄚ [tʂuA]

抓 zhuā
扌部4 四 5203₀ 全7画 常用
動 ❶ かく. ¶~头(頭をかく) / ~痒痒 yǎngyang (かゆいところをかく) / ~耳挠腮 zhuā ěr náo sāi. ❷ つかむ. ¶~紧 zhuājǐn / ~一把米(米を一握りつかむ) / ~把~住(ｷﾕﾂとつかむ). ❸ 捕まえる. ¶~贼 zéi (泥棒を捕まえる) / 老鹰 lǎoyīng~小鸡(トビがひよこを捕まえる). 回 捕 bǔ, 逮 dǎi, 捉 zhuō 反 放 fàng ❹ 力を入れる. ゆるがせにしない. ¶~纲 gāng (要点を押さえる) / ~重点儿(重点を押さえる) / ~革命, 促生产(革命に力を入れ, 生産をうながす). ❺ 人の注意を引く.
【抓辫子】zhuā biànzi 慣 あげ足をとる. 弱みを握る. ¶他不小心抓了辫子 / 彼は油断して弱みを握られてしまった. ¶揪 jiū 辫子, 抓小 xiǎo 辫子 参考「人の弁髪をつかむ」の意から.
【抓兵】zhuābīng 動 兵を徴集する. 一般人を集め, 強制的に兵にする.
【抓捕】zhuābǔ 動 捕らえる. 逮捕する.
【抓茬儿】zhuā//chár 動 あげ足をとる. ¶这位科长特别没~ / この課長はあら探しばかりいる. ¶你当心被~/ 変な言いがかりをつけられないように気をつけなさい. 回 找茬儿 zhǎochár
【抓差】zhuāchāi 動 使役に駆り出す. 臨時に派遣して仕事をさせる.
【抓点】zhuādiǎn 動 ポイントを決めて重点的に行う. ¶~带面 / 一点を集中して突破し, そこから全面に波及させる.
【抓赌】zhuādǔ 動 賭博者を現行犯で逮捕する.
【抓耳挠腮】zhuā ěr náo sāi 成 ❶ 気は焦るがどうしようもない. ¶他~的, 还是想不出好办法 / 彼は焦ってイライラしているが, やはり良い考えは浮ばない. ❷ うれしくてどうすればいいかわからない. ¶他高兴得~的 / 彼はうれしくてたまらない. 由来「耳をつまみ, あごをかく」という意から.
【抓饭】zhuāfàn ウイグル族などの少数民族が食べるピラフ. 由来 米に羊肉や野菜, 干しブドウなどを混ぜて炊き込んだもの. 手づかみで食べることからこの名がある.
【抓夫】[侠] zhuāfū 旧 夫役(ｴｷ)につかせる. (軍などが)一般人を徴集し, 人夫(ﾌﾞ)にする.
【抓哏】zhuā//gén 動 (芸能)(漫才師やコメディアンが)アドリブやギャグで観客を笑わせる.
【抓工夫】zhuā gōngfu 旬 時間をひねり出す. ¶她~回了一趟娘家 / 彼女は時間をひねり出して一度実家に帰った.
【抓好】zhuāhǎo 動 しっかりつかむ. (仕事などを)きちんと行う. 真剣に取り組む.
【抓获】zhuāhuò 動 逮捕する. 取り押さえる.
【抓髻】zhuāji 名 女性が頭の両わきに結った髻(ﾏｹ). ¶~夫妻 fūqī / 双方とも初婚の夫婦. 回 鬏髻 zhuāji

*【抓紧】zhuā//jǐn 動 しっかりとつかむ. ~时间 / 時間を有効に使う. ¶这项工作一定要~ / この仕事は必ずしっかりやらなければならない. 反 放松 fàngsōng

抓髻

【抓阄儿】zhuā//jiūr 動 くじを引く. ¶~决定先后次序 cìxù / くじ引きで順番を決める.
【抓举】zhuājǔ 名 (スポーツ) スナッチ. 重量挙げの方法.
【抓挠】zhuānao 方 ❶ 動 かく. 引っかく. ❷ 動 みだりに物を動かしてめちゃくちゃにする. ❸ 動 つかみ合いのけんかをする. ❹ 動 追い立てられる. 大変忙しくする. ❺ 動 稼ぐ. お金をもうける. ❻ 名 (~儿) 使い勝手のよい物. 頼りがいのある人. ❼ 名 (~儿) 対処法. 手だて.
【抓拍】zhuāpāi 動 (演出したりポーズをとらずに) 撮影チャンスをとらえて写真や映像を撮影する.
【抓破脸】zhuā pò liǎn 慣 人前で言い争う. 回 撕破脸 sī pò liǎn
【抓钱】zhuā//qián 動 金をもうける. 金を稼ぐ. ¶趁现在还干得动, 多抓点钱 / 今まだ動けるうちに, できるだけお金を稼ごう. ¶他是会~的 / 彼は金もうけが非常にうまい.
【抓瞎】zhuā//xiā 動 事前の準備がないために, その時になって慌てふためく. ¶你别~, 快上车吧! / 今ごろ慌てていないで, 早く車に乗りなさい.
【抓药】zhuā//yào 動 ❶ 処方箋(ｾﾝ)に従って漢方薬を調合する. ¶我去中药店~ / 私は漢方薬店へ行って薬を調合してもらう. ❷ 処方箋を持って行き, 漢方薬店で薬を買う. ¶抓一服药 / 薬を買う.
【抓周】zhuā//zhōu 旧 (~儿) 満1歳の誕生日に行う行事. 弓·筆·そろばん·針などさまざまな玩具を並べて子供に選ばせ, 将来の職業を占う.
【抓住】zhuāzhù 動 しっかりつかむ. ¶~机会 / チャンスをつかむ. ¶~不放 / つかまえて放さない.
【抓壮丁】zhuā zhuàngdīng 旧 若者を徴集する.

青年男子を集め、強制的に兵にする。

【抓走】zhuāzǒu 動 連行する。¶叫警察～了／警察に身柄を拘束された。

挝(撾) zhuā
扌部6 四 5403₀ 全9画 通用

❶動 ⦿打つ。たたく。¶～鼓 zhuāgǔ（太鼓をたたく）。❷つかむ。回 抓 zhuā

☞ 挝 wō

爪 zhuǎ
爪部0 四 7223₆ 全4画 常用

名（～儿）❶鋭いツメのある動物の足。¶狗～儿 gǒuzhuǎr（イヌの足）／～尖儿 zhuǎjiānr（豚足）。❷形が動物の足に似ている物。¶三～铁锅（三つ足の鉄製がま）。

☞ 爪 zhǎo

【爪儿】zhuǎr 名 ❶ 小動物の足。¶老鼠 lǎoshǔ～／ネズミの足。❷ 器物の脚。¶三～锅 guō／三本足の鍋。

【爪子】zhuǎzi 名 ⦿〔对 duì, 只 zhī〕動物のとがった爪のある足。¶猫～／ネコの足。¶鸡～／ニワトリの足。

zhuai ㄓㄨㄞ〔tṣuae〕

拽 zhuāi
扌部6 四 5500₆ 全9画 通用

方 ❶動 力をいれて投げる。放る。❷形（病気やけがで）腕が動かない。

☞ 拽 yè, zhuǎi

转(轉) zhuǎi
车部4 四 4553₂ 全8画 常用

動（学識をひけらかすために）文語で話す。回 转文 zhuǎiwén

☞ 转 zhuǎn, zhuàn

【转文】zhuǎi//wén 動（学識をひけらかすために）わざと文章語で話す。参考 "zhuǎnwén" とも発音する。

拽(𢱢) zhuài
扌部6 四 5500₆ 全9画 通用

動 引っ張る。¶～不动（引っ張ってもびくともしない）／生拉硬 yìng～（むりやり引っ張る。むりやり従わせる）。

☞ 拽 yè, zhuāi

zhuan ㄓㄨㄢ〔tṣuan〕

专(專/异耑) zhuān
一部3 全4画 四 5030₂ 常用

❶形 専門の。特定の。¶～心 zhuānxīn／～题 zhuāntí／～业 zhuānyè／～家 zhuānjiā。反 博 bó ❷副 一手に握る。独り占めする。¶～制 zhuānzhì／～权 zhuānquán／～卖 zhuānmài。❸（Zhuān）姓。参考 "耑" は "端 duān" の異体字でもある。

筆 一 ニ 专 专

【专案】zhuān'àn 名 特捜事件。重要案件。¶～组／特捜班。

【专差】zhuānchāi ❶動 特別に派遣する。¶我～去了趟广州 Guǎngzhōu／私は特別に派遣されて広州に行った。❷名 特使。特派員。

【专长】zhuāncháng 名〔⦿门 mén, 种 zhǒng〕特殊技能。専門的知識。¶发挥各人的～／各々の専門性を発揮する。¶你应该去学一门～／あなたは何か一つ専門的知識を学ぶべきだ。回 特长 tècháng

【专场】zhuānchǎng 名 ❶劇場や映画館の貸し切り上演。¶在"三八妇女节"时，开设妇女～／「3月8日婦人の日」には女性専用の上演が催される。❷同種の出し物だけでプログラムを構成した催し。¶举行民歌～演出／民謡だけのコンサートを行う。

【专车】zhuānchē 名 ❶〔⦿辆 liàng, 列 liè〕通常運行ダイヤ以外のバスや列車。特別車。臨時列車。❷〔⦿辆 liàng〕専用車。¶外宾～／外国人客専用車。

【专诚】zhuānchéng ❶副 特別に。わざわざ。¶我～来向您请教 qǐngjiào／私はあなたに教えを請うためにわざわざやって来たのです。❷形 まじめだ。誠実だ。

【专程】zhuānchéng 副 特に。…だけのために。¶他～去北京与外商洽谈 qiàtán／彼は特に北京に行き、海外の商人と商談した。

【专递】zhuāndì 動 宅配する。

【专电】zhuāndiàn 名〔⦿份 fèn〕（記者が発信した）特電。

【专断】zhuānduàn 動 ⦿ 専断する。独断する。¶有事，要大家商量 shāngliáng 决定，不能一个人～独行 dúxíng／何かあったらみんなで相談して決めるべきで、独断専行してはいけない。回 独断 dúduàn

【专访】zhuānfǎng ❶動 単独インタビューをする。特定のテーマでのインタビューをする。❷名 インタビュー様式の記事や文章。

【专攻】zhuāngōng 動 専攻する。¶他在大学里～心理学／彼は大学で心理学を専攻する。

【专柜】zhuānguì 名（商店の）専門販売コーナー。

【专号】zhuānhào 名〔⦿期 qī〕特集号。¶妇女问题～／女性問題特集号。

【专横】zhuānhèng 形 専横だ。¶那人为人 wéirén 很～／彼は専横な人間だ。

【专横跋扈】zhuān hèng bá hù 成 横暴な態度でのさばる。専横跋扈（ばっこ）する。由来『後漢書』梁冀伝に見えることば。

【专机】zhuānjī 名〔⦿架 jià〕❶ 特別機。臨時便。❷ 専用機。¶中国代表団的～／中国代表団の専用機。

【专集】zhuānjí 名 ❶ 個人の作品集。¶作品～／作品集。❷ あるテーマについてまとめた本。¶学术～／学術専門書。

*【专家】zhuānjiā 名〔⦿位 wèi〕専門家。

【专家系统】zhuānjiā xìtǒng 名《コンピュータ》エキスパートシステム。

【专刊】zhuānkān 名 ❶〔⦿期 qī〕特集記事。特集号。¶纪念～／記念特集。¶校庆 xiàoqìng～／学校創立記念特集号。❷〔⦿本 běn, 份 fèn〕学術機関が発行する、一つのトピックに関する研究結果をまとめた本。モノグラフ。

【专科】zhuānkē 名 ❶ 専門科目。¶～医院／専門病院。¶～词典／専門用語辞典。❷ 専科学校（専門学校・短期大学などに相当する）。

【专科学校】zhuānkē xuéxiào 名 専門学校。専科学校。

【专款】zhuānkuǎn 名〔⦿笔 bǐ, 项 xiàng〕使途が決まっている金。¶救灾～／救災用特別費目。

【专栏】zhuānlán 名 コラム. ¶国际问题~ / 国際問題コラム.
【专力】zhuānlì 動 専念する. ¶~研究 / 研究に専念する.
【专利】zhuānlì 名〔項 xiàng〕特許. ¶我们想买下这项~ / 私たちはこの特許を買いたい.
【专利权】zhuānlìquán 名《法律》特許権.
【专列】zhuānliè 名 特別列車. 臨時列車.
【专卖】zhuānmài 動 専売する. ¶烟草~公司 / たばこ専売会社. ¶这家商店~名牌衬衣 / この店はブランドのシャツを専門に扱っている.
【专卖店】zhuānmàidiàn 名 専売店.
【专美】zhuānměi 動⌈文⌉ 美名を独占する. 栄誉や名声を独り占めにし, 他に譲らない.
*【专门】zhuānmén ❶ 副 特別に. わざわざ. ¶今天我是~来拜访 bàifǎng 您的 / 今日私は特にあなたにあいさつに来ました. ❷ 副 ⌈方⌉ いつも. …ばかりする. ¶她~挑最忙的时候休息 / 彼女は一番忙しい時ばかりを選んで休む. ❸ 形 専門にしている. ¶培养 péiyǎng~人材 / 専門分野の人材を育成する. ¶掌握~技术 / 専門技術をマスターする. ¶我是~搞 gǎo 统计工作的 / 私は統計の仕事を専門にしている.
【专名】zhuānmíng 名《言語》固有名詞.
【专名号】zhuānmínghào 名《言語》固有名詞記号. 横書きでは下線, 縦書きでは傍線であらわす. ⇨付録「句読点・かっこなどの用法」
【专凭】zhuānpíng 動 もっぱら…に頼る. ¶~力气解决不了问题 / 力だけでは問題は解決できない. 同 单凭 dānpíng.
【专区】zhuānqū 名〔個 个 ge〕"地区 dìqū"の旧称. 省や自治区が設けた行政区画.
【专权】zhuānquán 動 権力や権利を一手に握る. 権力を独占する.
【专人】zhuānrén 名 ❶ 責任者. ¶指定~负责 / 責任者を指定する. ❷ 臨時の特使. ¶派~送去 / 臨時の特使を派遣する.
【专任】zhuānrèn ❶ 動 専任する. ❷ 形 専任の. ¶~质检员 / 専任の品質検査官. ¶~教授 jiàoshòu / 専任教授. 反 兼任 jiānrèn.
【专擅】zhuānshàn 動⌈文⌉ 独断専行する. ¶~行事 / 独断で事を進める.
【专升本】zhuān shēng běn 専門学校から大学の本科に入る.
【专史】zhuānshǐ 名 個別の分野に関する歴史. 参考 経済史・文学史・哲学史などの類.
【专使】zhuānshǐ 名 特使.
【专属】zhuānshǔ 動 専属する. ¶~渔区 yúqū / 200海里(⾥)⌈英⌉水域.
【专属经济区】zhuānshǔ jīngjìqū 名《国连の規定する》排他的経済水域.
【专署】zhuānshǔ →专员公署 zhuānyuán gōngshǔ
【专题】zhuāntí 名〔個 个 ge〕特定のテーマ. ¶~座谈会 / あるテーマについての座談会.
【专文】zhuānwén 名 特定の事柄ついて特に書かれた文書.
【专线】zhuānxiàn 名 ❶〔個 条 tiáo〕工場専用の引き込み線. ¶铁路~ / 鉄道の引き込み線. ❷〔個 根 gēn, 条 tiáo〕電話の専用回線. ¶市长 shìzhǎng~ / 市長専用電話.
【专项】zhuānxiàng 名 特定項目. 特別プロジェクト.

専門プロジェクト.
*【专心】zhuānxīn 形 専心している. 専念している. ¶无论干 gàn 什么, 都必须~ / 何をするにも専念しなければならない. 反 分心 fēnxīn.
【专心致志】zhuān xīn zhì zhì 一意専心. ひたすら一つのことに専念する. ¶~地学习汉语 / ひたすらに中国語を勉強する.
【专修】zhuānxiū 動 専修する. ¶~科 / 大学に設けられた短期の専門教育クラス. ¶他用两年的时间, 在大学里~法律 / 彼は二年間かけて大学で専門に法律を学んだ.
*【专业】zhuānyè ❶ 名 専攻. 専攻の学科. ¶我在大学读的~是经济学 / 大学での私の専攻は経済学だ. ❷ 名 専門業種. 分業化した各部門. ¶~化 / 業専化. ¶~技术 / 専門技術. ❸ 形 専業の. 専門の. ¶~农户 / 専業農家. ¶~作家 / 専門作家. ¶~水平 / 専門レベル. 反 业余 yèyú.
【专业村】zhuānyècūn 名 専業村.《養殖や製品加工など》専業化した特定の産業に大部分の村民が従事し, 収入のほとんどをそこから得ている村.
【专业户】zhuānyèhù 名〔個 家 jiā〕特定の農作物や副食品を専門に生産する農家. ¶养鸡~ / 養鶏農家.
【专业课】zhuānyèkè 名《大学の》専門課程. 専攻科目.
【专一】zhuānyī 形 ひたむきだ. 一心不乱だ. ¶心思~ / 気持ちが専一だ. ¶他无论做什么都非常~ / 彼は何をやるにも非常に熱心だ.
【专营】zhuānyíng 動《特定の商品を》専門に扱う. 専門経営する.
【专用】zhuānyòng 動 専用に用いる. ¶消防~电话 / 消防専用電話. ¶~公路 / 専用道路. 反 共用 gòngyòng.
【专有】zhuānyǒu 動 占有する. 独占する. ¶~技术 / 占有技術. ノウハウ.
【专员】zhuānyuán 名〔個 个 ge, 名 míng, 位 wèi〕❶ 省や自治区から派遣された"地区 dìqū"の責任者. ❷ 専門職に就く人. 専門職員.
【专员公署】zhuānyuán gōngshǔ 名 "专区"内の各県を管轄する役場の事務所. 参考 "专区"は, 省や自治区が必要に応じて設置した行政区域で, いくつかの県や市が含まれる. 1975年に"专区"が"地区"に改称され, 1978年に"专员公署"は"行政公署"に改称された. ⇨专员①
【专责】zhuānzé 名 担当責任. 当事者責任.
【专政】zhuānzhèng 動 独裁する. ¶一党~ / 一党独裁.
【专职】zhuānzhí 形 専任の. 専従の. ¶~会计 kuàijì / 専任会計士. ¶~讲师 / 専任講師.
【专制】zhuānzhì ❶ 動 専政を行う. ¶~政体 / 専制政治. ¶君主 jūnzhǔ~ / 君主専政. ❷ 独断専行する. ¶那个领导太~, 一点儿也不民主 / あの指導者はひどく独断専行で, 少しも民主的でない. 反 民主 mínzhǔ.
【专注】zhuānzhù 形 専念している. 集中している. ¶心神~ / 精神が集中している.
【专著】zhuānzhù 名〔個 本 běn, 部 bù〕専門書. ¶学术~ / 学術専門書.
【专座】zhuānzuò 名 専用席. 特別席.

砖 (磚/⌈異⌉ 塼, 甎) zhuān

石部4 全9画 四 1563₂ 常用

❶ 名〔個 块 kuài〕レンガ. ¶~块 zhuānkuài (レンガ) / ~头 zhuāntóu. ❷ 区 レンガのような形のもの. ¶

～茶 zhuānchá / 冰～ bīngzhuān（角形のアイスクリーム）.
【砖茶】zhuānchá 名〔量 块 kuài〕（饼）. レンガ状に圧縮加工したお茶の葉.
【砖雕】zhuāndiāo 名 レンガ彫刻.
【砖坯】zhuānpī 名〔量 块 kuài〕窯(竈)入れ前のレンガ生地.
【砖头】zhuāntóu 名〔量 块 kuài〕レンガのかけら.
【砖头】zhuāntou 方〔量 块 kuài〕レンガ. ¶砌 qì～/レンガを積み上げる.
【砖瓦】zhuānwǎ 名 レンガと瓦.
【砖窑】zhuānyáo 名〔量 座 zuò〕レンガを焼く窯.

颛（顓）zhuān 页部9 四 2128₂ 全15画 通用

❶ 形 文 愚かだ. ❷ 形 素 "专 zhuān"に同じ.
【颛孙】Zhuānsūn〔複姓〕顓孫(ぜん).
【颛顼】Zhuānxū 名 顓頊(せんぎょく). 伝説上の古代の帝王の名.

转（轉）zhuǎn 车部4 四 4553₂ 全8画 常用

动 ❶ 方向・位置・形勢・状況などを変える. 変わる. ¶～身 zhuǎnshēn / 向左～ / 向に向きを変える / ～眼之间（あっと言う間）/ 情况好～（情勢が好転する）. ❷ 取り次ぐ. ¶～交 zhuǎnjiāo / ～达 zhuǎndá / 这封信请你～给他（この手紙を彼に渡してください）.
☞ 转 zhuǎi, zhuàn

【转氨酶】zhuǎn'ānméi 名《生理》トランスアミナーゼ. アミノ基転移酵素. アミノトランスフェラーゼ.
【转败为胜】zhuǎn bài wéi shèng 成 負けを転じて勝ちとする.
【转包】zhuǎnbāo 下請けする. 外注する.
*【转变】zhuǎnbiàn 動 別の状況になる. ¶思想～ / 考え方が変わる. ¶～态度 / 態度を変える.
【转播】zhuǎnbō 動 中継放送する. ¶正在～节目 / ただ今番組を中継しています. ¶现场直况～ / 現場生中継.
【转产】zhuǎn//chǎn 動 生産転換する. 従来品の生産を停止し, 別の製品を生産する.
【转车】zhuǎn//chē 動 車を乗り換える. ¶他回家要转两次车 / 彼は家に帰るのに2回乗り換えなくてはならない.
【转达】zhuǎndá 動 代わりに伝える. ¶我的心意请你代为～ / 私の気持ちをどうか代わりに伝えてください. ¶我一定把你的话～给他 / 私が必ず君の話を彼に伝えます.
【转道】zhuǎndào 動 回り道をして通る.
【转递】zhuǎndì 動 文 人づてに渡す. ¶～信件 / 人づてに手紙を渡す.
【转调】zhuǎndiào 動《音楽》転調する.
【转动】zhuǎn//dòng 動（体や物の一部を）自由に動かす. ¶这螺丝帽 luósīmào 转不动, 锈 xiù 住了 / このナットが錆びついてしまって回らない. ☞ 转动 zhuàndòng
【转发】zhuǎnfā 動 ❶ 書類を下の部署に回す. ¶把中央的文件～给各省 shěng 市 / 中央政府の文書を各省, 市に回す. ❷ 転載する. ¶今天《文汇报 Wénhuìbào》上～了《人民日报》的社论 / 今日の『文匯報』に『人民日報』の社説が転載された. ❸ 転送する.
【转干】zhuǎn//gàn 動 労働者の身分から幹部の身分に移る.
【转岗】zhuǎn//gǎng 動 （仕事の）配置転換をする.
*【转告】zhuǎngào 動 伝言する. ¶老师因病请假 qǐngjià 一天, 请你～学生 / 先生は病気のため一日休みますと学生に伝えてください.

【转关系】zhuǎn guānxi 党派や団体のメンバーの所属が変わる. ¶请到组织部～ / 組織部へ異動してください.
【转轨】zhuǎn//guǐ 動 軌道を変える. 方向転換する. 表现 多く体制や方針などについて言う.
【转行】zhuǎn//háng 動 ❶ 転業する. 転職する. ❷ （文章の）行をかえて書く. 改行する.
【转化】zhuǎnhuà 動 ❶ 転換する. ¶把消极因素～为积极因素 / 否定的要素を肯定的要素に転換する. ❷《哲学》転化する.
【转圜】zhuǎnhuán 動 ❶ 挽回する. ❷ 調停する. 取り持つ.
【转换】zhuǎnhuàn 動 変える. ¶～方向 / 方向を変える. ¶～话题 / 話題を変える. 同 改变 gǎibiàn, 改换 gǎihuàn
【转会】zhuǎn//huì 動《スポーツ》選手がチームを換える. 別のチームに移籍する.
【转机】zhuǎnjī 名 病状や事態が好転する見込み. チャンス. ¶等待～ / 転機を待つ. ¶病人膏肓 gāohuāng, 已无～ / 手の施しようもないほど病状が悪化し, もう回復する見込みはない.
【转基因】zhuǎn jīyīn 句《生物·化学》遺伝子を組み換える.
【转嫁】zhuǎnjià 動 ❶ 再婚する. ¶丈夫死后, 她已经～了 / 夫の死後, 彼女はすでに再婚した. 同 改嫁 gǎijià ❷ 転嫁する. ¶把事故的责任～于人 / 事故の責任を人になすりつける.
【转交】zhuǎnjiāo 動 取り次いで渡す. ¶这封信是她托我～给你的 / この手紙はあなたに渡すよう彼女に頼まれたものです.
【转角】zhuǎnjiǎo 名（～儿）道の曲がり角.
【转借】zhuǎnjiè 動 又貸しする.
【转口】zhuǎnkǒu 動《貿易》他の国や港を経由して貨物を移出する. ¶～贸易 / 中継貿易. ¶这批货物由香港～去台湾 Táiwān / この貨物は香港を中継して台湾に行く.
【转脸】zhuǎnliǎn 名（～儿）短い時間. ¶他～就不见了 / 彼は少しの間に姿が見えなくなった.
【转捩点】zhuǎnlièdiǎn 名 転換点. 同 转折 zhuǎnzhé 点
【转录】zhuǎnlù 動（音楽や映像を）ダビングする.
【转卖】zhuǎnmài 動 転売する.
【转年】zhuǎnnián 名 ❶ 次の年. ¶很快就～了 / もうすぐ新しい年が来る. ❷ 方 翌年. 表现 ②は多く過去のことについて言う.
【转念】zhuǎnniàn 動 もう一度考える. ¶他刚想开口, 但一～, 又不说了 / 彼は口を開こうとしたが, ちょっと考え直してまた口をつぐんでしまった. 表现 多く考えを変えることを言う.
【转让】zhuǎnràng 動 ものや権利などを譲り渡す. ¶技术～ / 技術供与. ¶这是他～给我的 / これは彼が私に譲ってくれたものだ.
【转入】zhuǎnrù 動 移って…に入る. ¶快～秋季了 / もうすぐ秋になる. ¶这笔钱～他的账号 zhànghào / このお金を彼の口座に振り込む.
【转身】❶ zhuǎnshēn 名（～儿）あっという間. ¶一～就忘了 / あっという間に忘れてしまった. ❷ zhuǎn//shēn 動 身を翻(ひるがえ)す. ¶～就走 / きびすを返して去っていく.
【转生】zhuǎnshēng 動《仏教》輪廻(りんね)転生する.

【回】转世 zhuǎnshì
【转生】zhuǎnshēng ❶《仏教》輪廻(りんね)転生する.❷《宗教》ラマ教で活仏の継承者を決定する制度.活仏の死後,占いなどにより活仏の死と同時に生まれた子供をさがし,生まれ変わりとする.
【转手】zhuǎn//shǒu 取り次いで渡す.転売する.¶～倒卖 dǎomài / 転売してもうける.
【转述】zhuǎnshù 他人のことばを伝える.¶这是～老师的话 / これは先生からの伝言です.
【转瞬】zhuǎnshùn またたく間.¶一～间,就十几天了 / またたく間に十数日たってしまった.¶国庆节～就要到了 / あっという間に国慶節がやってくる.回 转眼 zhuǎnyǎn
【转送】zhuǎnsòng ❶ "转交 zhuǎnjiāo" に同じ.❷ "转赠 zhuǎnzèng" に同じ.
【转体】zhuǎn//tǐ《スポーツ》ターンする.回転する.ひねる.
【转头】zhuǎn//tóu ❶ 振り向く.顔を向ける.❷(車などが)Uターンする.❸ 考えを変える.短い時間の比喩としても用いられる.
【转托】zhuǎntuō 頼まれごとを別の人に託す.¶老王托我办的事,我又～小李去办 / 王さんが私に頼んだ事を,私がわに李さんに頼みました.
【转弯】zhuǎn//wān (～儿) ❶ 道を曲がる.¶去学校,从这儿往前走一～儿就到 / 学校は,ここからまっすぐ行って角を曲がったところです.❷ 認識や考え方を変える.¶这道题要转几个弯,才能做出来 / この問題は何度か頭の切り変えをして,初めて解けるものだ.
【转弯抹角】zhuǎn wān mò jiǎo (～儿) ❶ くねくね曲がりながら進む.❷ 道が曲がりくねっている.❸ 言動がまわりくどい.
【转危为安】zhuǎn wēi wéi ān (情勢や病状が)危険な状態から安全に転じる.病情已经～了 / 病状は危険な状態からすでに持ち直した.
【转为】zhuǎnwéi 転じて…となる.¶晴天～多云 / 晴れのちくもり.¶输～赢 shū～yíng / 負けが勝ちになる.
【转文】zhuǎn//wén →转文 zhuǎiwén
【转系】zhuǎn//xì (大学生が)専攻("系")を変える.別の学部("系")に移籍する.
【转向】zhuǎnxiàng ❶ 方向を変える.❷ 政治的な立場を変える.¶他由反对立场→拥护 yōnghù 立场 / 彼は反対の立場から擁護する立場へ変わった.→ 转向 zhuǎnxiàng
【转写】zhuǎnxiě 書き換える.¶他把小说～成剧本 / 彼は小説を劇のシナリオに書き換えた.
【转型】zhuǎnxíng ❶ 社会や経済の構造・文化・価値観などが変化する.転換する.❷ 製品の構造や型番などを変更する.
【转学】zhuǎn//xué 転校する.
【转眼】zhuǎnyǎn またたく間.¶冬天一过,～转眼就是春天了 / 冬が終わったら,あっという間に春になった.回 转瞬 zhuǎnshùn
【转业】zhuǎn//yè 転職する.¶从工厂～到机关 / 工場から事務職に転職する.
【转业军人】zhuǎnyè jūnrén 退役後,地方で別の職業に従事している元軍人.とくに,退役後,地方で仕事をする中国人民解放軍の幹部をいう.
【转移】zhuǎnyí ❶ 移動する.¶～方向 / 方向を転換する.¶～目标 / 目標を変える.¶～视线 / 視線を移す.視線をそらす.❷ 変える.

【转义】zhuǎnyì《言語》転義.本义 běnyì
【转译】zhuǎnyì 他の言語を介して翻訳する.重訳(ちょうやく)する.
【转引】zhuǎnyǐn 字句を引用する.
【转用】zhuǎnyòng 転用する.
【转院】zhuǎn//yuàn (患者が)転院する.
【转运】zhuǎn//yùn 運が向いてくる.¶转好运 / 運がよくなる.¶别愁眉 chóuméi 苦脸 kǔliǎn 的样子,你该～了 / 浮かない顔をしないで,君にもきっと運が向いてくるよ.
【转运】zhuǎnyùn 荷物を転送する.¶～公司 / 運送会社.¶～站 / 集配センター.
【转载】zhuǎnzǎi 転載する.¶～《人民日报》的社论 / 『人民日報』の社説を転載する.
【转载】zhuǎnzài 貨物を積み替える.¶～货物 / 荷物を積み替える.回 过载 guòzài
【转赠】zhuǎnzèng もらった贈り物を別の人に贈る.¶～礼品 / もらったプレゼントを他の人にあげる.
【转战】zhuǎnzhàn 転戦する.
【转账】zhuǎn//zhàng 帳簿上で振り替える.¶～支票 / 振替小切手.
【转折】zhuǎnzhé ❶(物事の方向や形勢が)転換する.¶世界形势将发生大～ / 世界の形勢は大転換を迎えるだろう.❷(文章の流れやことばの意味が)転じる.¶这儿文章的内容有点～ / ここで文章の内容が少し変化している.①の"转折点"の同義語は"转捩点 zhuǎnlièdiǎn".
【转折点】zhuǎnzhédiǎn (事物の)転換点.ターニングポイント.
【转正】zhuǎn//zhèng 非正式メンバーが正式メンバーになる.¶临时工～了 / 臨時工が正式採用になった.
【转制】zhuǎnzhì 体制を転換する.
【转租】zhuǎnzū 又貸しする.又借りする.¶他把房子～出去了 / 彼は家を又貸しした.

传(傳) zhuàn
イ部4 [四] 2523₂
全6画 [常用]

❶ 四書五経などの古典につけた注釈.¶经～ jīngzhuàn (経典とその本文を解釈した以行)/《春秋公羊～》『春秋公羊伝』.❷ 伝記.¶～记 zhuànjì /～略 zhuànlüè / 列～ lièzhuàn (列伝) / 小～ xiǎozhuàn (小伝) / 外～ wàizhuàn (外伝).❸ 歴史的なことがらを題材にした作品.多くの小説の題名に用いられる.¶《水浒～ Shuǐhǔzhuàn》『水滸伝』.
→ 传 chuán

【传记】zhuànjì〔篇 piān〕伝記.¶～文学 / 伝記文学.¶名人～ / 著名人の伝記.
【传略】zhuànlüè 簡略にまとめられた伝記.¶《邓小平 Dèng Xiǎopíng～》『鄧小平略伝』.
【传信】zhuànxìn 宿場の車馬に乗るための証文.→ 传信 chuánxìn

转(轉) zhuàn
车部4 [四] 4553₂
全8画

❶ 回転する.¶轮子 lúnzi 不～了(車輪が回らなくなった).❷ 周りを回る.¶地球绕着 ràozhe 太阳~(地球は太陽の周囲を回る).❸ (～儿)一回りすることを数えることば.圈 quān
→ 转 zhuǎi,zhuǎn

【转动】zhuàndòng ぐるぐる回る.回す.¶～辘轳 lùlú 把儿 / ろくろを回す.→ 转动 zhuǎndòng
【转筋】zhuàn//jīn《中医》ふくらはぎが痙攣する.こむらがえりを起こす.
【转炉】zhuànlú《工業》〔座 zuò〕転炉.

【转轮手枪】zhuànlún shǒuqiāng 名 リボルバー. 回転式連発拳銃.
【转门】zhuànmén 名 回転ドア.
【转磨】❶ zhuànmò 名 回転する石臼. ❷ zhuàn//mò 動(方) むやみにぐるぐると回る. 途方にくれてうろうろする.
【转盘】zhuànpán 名 ❶(レコードプレーヤーなどの)ターンテーブル. 回転式テーブル. ❷(鉄道の)ターンテーブル. 転車台.
【转圈】zhuàn//quān 動(~儿)ぐるりと一周する. ¶~看了一眼 / ぐるりと見回した.
【转儿】zhuànr 量(方)一周. ¶转了一~ / ぐるりと一回転した. (同)圈儿 quānr
【转速】zhuànsù 名 回転速度. 回転数.
【转台】zhuàntái 名 ❶ 回り舞台. ❷ 卓上の回転台.
【转向】zhuǎn/xiàng 動 方向を見失う. ¶我刚到日本的时候有点儿~ / 私は日本に来たばかりの頃,方向がよくわからなかった. ¶他常~ / 彼は方向音痴だ. ☞ 转向 zhuǎnxiàng
【转椅】zhuànyǐ 名〔(量) 把 bǎ〕❶ 回転いす. ❷ 子供の遊具の一種.
【转悠[游]】zhuànyou 動(口)❶ ぐるぐる回る. ¶眼珠子 yǎnzhūzi 直~ / 目玉がぐるぐる回る. (同)转动 zhuàndòng ❷ ぶらぶら歩く. ¶我上街~了一下 / 少し街をぶらついた.
【转轴】zhuànzhóu ❶ 名 回転軸. ❷ 動(~儿)考えを変える. (参考)❶は, "zhuǎnzhóu"とも発音する.
【转转】zhuànzhuàn 動 散歩する. ぶらぶら歩く.
【转子】zhuànzǐ 《機械》モーターやタービンなどの回転子. ローター.

啭(囀) zhuàn
口部8 全11画 (四)6503₂ 通用
動(文) 鳥がさえずる. ¶啼~ tízhuàn(鳥がさえずる).

赚(賺) zhuàn
贝部10 全14画 (四)7883₇ 常用
❶ 動 もうける. ¶~钱 zhuànqián. (反)赔 péi ❷ 名(方)(~儿)もうけ. ¶~头 zhuàntou.
☞ 赚 zuàn
【赚钱】zhuàn//qián 動 金をもうける. ¶他想打工多赚点钱 / 彼はアルバイトでたくさんもうけたいと思った. ¶~不易 / 金もうけは容易ではない.
【赚头】zhuàntou 名 もうけ. 利潤. ¶这个生意没~ / この商売はもうけがない.

撰(異)譔 zhuàn
扌部12 全15画 (四)5708₁ 次常用
動 文章を書く. 書物を著す. ¶~文 zhuànwén / ~稿 zhuàngǎo / ~述 zhuànshù / ~著 zhuànzhù / 杜~ dùzhuàn(でっちあげる).
【撰稿】zhuàngǎo 動 原稿を書く. ¶他正在为报社~ / 彼はいま新聞社に原稿を書いている.
【撰述】zhuànshù ❶ 動 書物を著す. ¶这本书是他~的 / この本は彼が著したものだ. ❷ 名 著述. 書作物. ⇨撰写 zhuànxiě
【撰文】zhuànwén 動 文章を書く.
【撰写】zhuànxiě 動 文章を書く. ¶~评论 / 評論文を書く. ¶她在~毕业论文 / 彼女は卒業論文を書いているところだ. (比較)"撰写"は,文章にも著作にも用いるが, "撰述 zhuànshù"は,一般に著作に用いる.
【撰著】zhuànzhù ❶ 動(文)書物を著す. ¶~中国文学史 / 中国文学史を著す. ❷ 名〔(量) 本 běn,部 bù〕著書.

篆 zhuàn
竹部9 全15画 (四)8823₂ 通用
❶ 名 古代の書体の一つ. 大篆(だい)と小篆とがある. ¶~书 zhuànshū / 一体 zhuàntǐ(篆書体) / 大~ dàzhuàn(大篆) / 小~ xiǎozhuàn(小篆). ❷ 動(文) 篆書(で)で書く. ¶~额 zhuàn'é(篆書で額に書く). ❸ 名 印章. 撮~ shèzhuàn(職務を代行する."篆"は官印) / ~刻 zhuànkè.

篆字("魚")

【篆刻】zhuànkè 動 印章を彫る. 篆刻(で)する. ¶~了一方图章 / 角印を一つ彫った.
【篆书】zhuànshū 名 篆書(で). (同)篆字 zhuànzì.
【篆字】zhuànzì 名 篆書(で)で書かれた文字. 篆字(で).

馔(饌) zhuàn
饣部12 全15画 (四)2778₁ 通用
素 食べ物. ¶盛~ shèngzhuàn(豪華な料理) / 设~招待(宴席を設けてもてなす).

zhuang 业ㄨ尢〔tʂuaŋ〕

妆(妝)(異)粧 zhuāng
女部3 全6画 (四)3414₀ 次常用
素 ❶ 化粧する. ¶梳~ shūzhuāng(髪を梳き,化粧する). ❷ 女性のおめかし. ¶红~ hóngzhuāng(美しい装い. 若い婦人). ❸ 役者の化粧や衣裳. ¶卸~ xièzhuāng(役者がメークを落とし衣装を脱ぐ). ❹ 嫁入り道具. ¶送~ sòngzhuāng(嫁入り道具を送り届ける) / 嫁~ jiàzhuāng(嫁入り道具).
【妆扮】zhuāngbàn 動 盛装する. ドレスアップする. 化粧する. (同)打扮 dǎ bàn
【妆点】zhuāngdiǎn 動 おめかしをする. ドレスアップする. ⇨装 zhuāng 点
【妆奁】zhuānglián 名 嫁入り道具.
【妆饰】zhuāngshì ❶ 動 着飾る. 化粧する. ¶精心~ / 念入りに化粧する. ¶~外表 / 外見を飾る. ❷ 名 美しく着飾り化粧すること.

庄(莊) zhuāng
广部3 全6画 (四)0021₄ 常用
❶ 名(~儿)村. ¶村~ cūnzhuāng(村) / 农~ nóngzhuāng(農村) / ~户 zhuānghù. ❷ 素 封建時代,君主や貴族が所有していた広大な土地. ¶皇~ huángzhuāng(皇帝の荘園) / ~园 zhuāngyuán / ~田 zhuāngtián(荘園). ❸ 素 規模の大きい商店. ¶布~ bùzhuāng(綿織物商) / 饭~ fànzhuāng(料理屋) / 茶~ cházhuāng(お茶問屋). ❹ 名 マージャンやトランプの親. ¶做~ zuòzhuāng(親になる) / 是谁的~? (だれが親なの). (同)庄家 zhuāngjiā ❺ 素 厳かだ. ¶~重 zhuāngzhòng / ~严 zhuāngyán. ❻ (Zhuāng)姓.
【庄户】zhuānghù 名 農家. ¶~人 / 農民.
【庄稼】zhuāngjia 名 賭け事の親. 胴元.
*【庄稼】zhuāngjia 名 農作物. ¶~活儿 / 野良仕事. ¶种植 zhòngzhí~ / 作物を植える.
【庄稼地】zhuāngjiadì 名(口)農地. 田畑. (同)田 tián

地
【庄稼汉】zhuāngjiahàn 名(男性の)農民.
【庄稼人】zhuāngjiarén 名農民. 農業従事者.
*【庄严】zhuāngyán 形荘厳だ. ¶态度很~／態度が重々しい. ¶~地宣誓 xuānshì／厳かに宣誓する. 回肃穆 sùmù
【庄园】zhuāngyuán 名〔量座 zuò〕荘園(しょえん). 領地.
【庄重】zhuāngzhòng 形(言動が)重々しい. 荘重だ. ¶~的语调 yǔdiào／重々しい語調. ¶她的举止 jǔzhǐ 既~又文雅／彼女の動作は荘重で優雅だ. 回严肃 yánsù 反轻浮 qīngfú,轻佻 qīngtiāo
【庄周】Zhuāng Zhōu〔人名〕荘周(そうしゅう). 戦国時代の宋の思想家. 参考『莊子(そうじ)』『南華真経』とも呼ばれる)を著わした, 老子と併せて老荘思想として後世まで大きな影響を与えた.
【庄子】Zhuāngzǐ ❶〔書名〕『荘子(そうじ)』❷〔人名〕荘子(そうじ). "庄周 Zhuāng Zhōu"のこと.
【庄子】zhuāngzi 名村.

桩(樁) zhuāng
木部6 四 4091₄
全10画 次常用
❶名〔量根 gēn〕杭(くい). ¶打~ dǎzhuāng（杭を打つ）／桥~ qiáozhuāng（橋脚）／拴马~ shuānmǎzhuāng（馬をつなぐ杭）. ❷量方 ことがらを数えることば. ¶一~事（一つの事）.
【桩子】zhuāngzi 名〔量根 gēn〕杭. ¶树~／木を支える杭.

装(裝) zhuāng
衣部6 四 3473₂
全12画 常用
❶名衣服. ¶春~ chūnzhuāng（春着）／新~ xīnzhuāng（新しい服）. ❷名役者の化粧や衣装. ¶上~ shàngzhuāng（メークアップする）／卸~ xièzhuāng（メークを落とし衣装を脱ぐ）. ❸動扮装する. 着飾る. ¶~扮 zhuāngbàn／~饰 zhuāngshì. ❹動ふりをする. ¶~听不见（聞こえないふりをする）／~模作样 zhuāng mú zuò yàng. ❺動物を入れる. つめる. ¶~车 zhuāngchē（車に積む）／~箱 zhuāngxiāng（箱につめる）. 反卸 xiè ❻動取り付ける. ¶~配 zhuāngpèi／~电灯（電灯をとりつける）. 反拆 chāi, 卸 xiè ❼名装丁. ¶本を装丁する／~订 zhuāngdìng／精~ jīngzhuāng（上等な装丁）.
【装扮】zhuāngbàn 動❶飾る. ¶~得万紫千红／色とりどりに着飾る. ❷打扮 dǎban ❷扮する. 見せかける. ¶他的笑脸是~出来的／彼の笑顔は見せかけだ. 回打扮 dǎban
【装备】zhuāngbèi ❶名〔量套 tào〕配備. 装備. ¶~齐全／装備が万全だ. 配备 pèibèi ❷動装備する.
【装裱】zhuāngbiǎo 動表装する. ¶~书画／書画を表装する.
【装病】zhuāng//bìng 動仮病を使う. ¶她~请假 qǐngjià／彼女は仮病を使って休んだ.
【装船】zhuāng//chuán 動〈貿易〉船積みする.
【装点】zhuāngdiǎn 動飾りをつける. ¶~商店的门面／店の入り口を飾りつける. 回点缀 diǎnzhuì
【装订】zhuāngdìng 動装丁する. ¶~书籍 shūjí／書籍を装丁する. ¶皮面~／革表紙の装丁.
【装疯卖傻】zhuāng fēng mài shǎ 狂人や愚か者のふりをしてとぼける. ¶你别~, 老老实实交代／君, とぼけないで正直に説明しろよ.

【装糊涂】zhuāng hútu 価しらをきれる. ¶他明明知道, 故意~／彼は明らかに知っているのに, わざとしらばっくれている.
【装潢】zhuānghuáng ❶動〈書画・商品・店頭などを〉飾る. 装飾をほどこす. ¶~公司／外装デザイン会社. ¶~门面／外面を飾る. 回装饰 zhuāngshì ❷名装飾. 装丁. デザイン. ¶~太差, 吸引不了顾客／デザインが悪くて, お客を呼べない. 回装饰 zhuāngshì
【装货】zhuāng//huò 動〈貿易〉(車両や船などに)荷物を積み込む. 荷積みする.
【装机容量】zhuāngjī róngliàng 名〈機械・電気〉設備容量.
【装甲】zhuāngjiǎ ❶形装甲の. ❷名防弾用鋼板.
【装甲兵】zhuāngjiǎbīng 名〈軍事〉装甲兵. 装甲隊.
【装甲车】zhuāngjiǎchē 名〈軍事〉装甲車.
【装甲舰】zhuāngjiǎjiàn 名〈軍事〉装甲艦.
【装甲输送车】zhuāngjiǎ shūsòngchē 名〈軍事〉装甲輸送車.
【装假】zhuāng//jiǎ ふりをする. ¶~没看见／見なかったふりをする.
【装具】zhuāngjù 名〈軍事〉装具. 装備具.
【装殓】zhuāngliàn 動死者に衣装を着せて納棺する.
【装料】zhuāngliào 動〈生産のため〉機械に原料を入れる. チャージする.
【装聋作哑】zhuāng lóng zuò yǎ 成聞こえないふりをして何も言わない. ¶他什么都知道, 就是~／彼は何でも知っているが, 何も知らないふりをしているだけだ.
【装门面】zhuāng ménmian 價うわべを飾る. 格好をつける. ¶他喜欢~／彼は格好をつけたがる.
【装模作样】zhuāng mú zuò yàng 成 もったいぶって見せる. ふりをする. ¶他~地说了一通大道理／彼は大原則をもったいぶって話した. ¶~大方起来／気前のよいふりをし始める.
【装嫩族】zhuāngnènzú 名 30歳を過ぎても好んでアニメを見たり, 若者と同じ服装をするなど, 子どもっぽい振る舞いをする人.
【装配】zhuāngpèi 部品を組み立てる. ¶~了一辆汽车／車を一台組み立てた. ¶~流水线／組み立て生産ライン. 反拆卸 chāixiè
【装配线】zhuāngpèixiàn 名(製品の)組み立てライン.
【装腔】zhuāng//qiāng 動ふりをする. ¶他~装得真像／彼の物まねは本当に似ている.
【装腔作势】zhuāng qiāng zuò shì 成もったいぶる. 大げさにふるまう. 参考他人を威嚇したり注意を引くために, わざと口調を変えたり大げさな態度を見せること.
【装傻】zhuāng//shǎ 動とぼける. ¶有意~／わざとぼける. ¶他回答不出问题就~／彼は問題に答えられないと, すぐにとぼける.
【装设】zhuāngshè 動(機械や設備を)設置する.
【装神弄鬼】zhuāng shén nòng guǐ 成❶神がかりになったふりをして人をだます. ❷たぶらかす. わけの分からないことを言ってごまかす.
【装饰】zhuāngshì ❶動飾る. ¶她向来不爱~／彼女はふだんから飾りたてるのを好まない. ❷名装飾品. ⇨打扮 dǎban
【装饰品】zhuāngshìpǐn 名❶装飾品. アクセサリー. ❷(比喩的に)お飾り.
【装束】zhuāngshù ❶名身なり. 服装. ¶~朴素 pǔ-

sù / 身なりが質素だ. 同 打扮 dǎban ❷ 動 旅支度をする. ¶～完毕 wánbì / 旅支度が整う. 同 打扮 dǎban

【装死】zhuāng//sǐ 動 死んだふりをする. ¶～的老鼠 lǎoshǔ / 死んだふりをしたネズミ.

【装蒜】zhuāng//suàn 動 同 しらばくれる. とぼける. ¶你比谁都知道,别～啦! / 君は誰よりもよく分かっているのに,とぼけるな.

【装填】zhuāngtián 動(弾薬)装填(ぞう)する.

【装相】zhuāng//xiàng 動(～儿)見せかける. …を装う.

【装卸】zhuāngxiè ❶ 積み卸しをする. ¶～货物 / 商品の積み卸しをする. ❷ 組み立てたり分解したりする. ¶～自行车 / 自転車の分解や組立てをする.

【装熊】zhuāng//xióng 動 方 臆病を装う. 無能なふりをする.

【装修】zhuāngxiū ❶ 家の内装工事や外装工事をする. ¶～房子 / 家の外装や内装をする. ¶内部～,暂停 zàntíng 营业 / 内部を改装中につき,しばらく休業します. ❷ 組み立てや修理をする.

【装佯】zhuāng//yáng 動 ふりをする. ¶你别～了,你的底细 dǐxì 我都知道 / しらばくれるな,君の腹の底は全部わかっているんだ.

【装样子】zhuāng yàngzi 句 わざとらしく…する. ¶她～肚子疼 / 彼女はわざとらしくおなかを痛がってみせる. 同 装模作样 zhuāng mú zuò yàng

【装运】zhuāngyùn 動 積み出す. ¶～货物 / 商品を積み出す.

【装载】zhuāngzài 動 人や物を積み込む. ¶～量 / 積載量. ¶飞机～着救灾物资 jiùzāi wùzī / 飛行機は救援物資を積んでいる.

【装帧】zhuāngzhēn 名 装丁. 装本. ¶～考究 / 装丁に工夫をこらす. 参考 もと, "zhuāngzhèng"と発音した.

【装置】zhuāngzhì ❶ 動 据え付ける. ¶～了一台除尘机 chúchénjī / クリーナーを据え付けた. 同 安装 ānzhuāng ❷ 名 装置. ¶雷达 léidá～/ レーダー装置. ¶自停～/ 自動停止装置.

【装作】zhuāngzuò 動 …を装う. …のふりをする. 同 假 jiǎ 装

【装做】zhuāng//zuò 動 ふりをする. ¶我～没听见 / 私は聞こえないふりをした.

奘 zhuǎng
大部7 四 2480₄ 全10画 通用

形 方 太くて大きい. ¶这棵树很～(この木は大きい).

☞ 奘 zàng

壮(壯) zhuàng
丬部3 四 3411₀ 全6画 常用

❶ 形 体が丈夫だ. ¶～士 zhuàngshì / 健～ jiànzhuàng (壮健な) / 强～ qiángzhuàng (頑丈で力強い) / 年轻力～(若くて丈夫だ) / 树苗长得 zhǎng-de很～(木の苗が丈夫に育っている). ❷ 形 雄壮だ. ¶～观 zhuàngguān / ～志 zhuàngzhì. ❸ 動 勇気や力をつける. ¶～一～胆子(度胸をつける). ❹ (Zhuàng) 名 "壮族 Zhuàngzú"(チワン族). ❺ zhuàng)姓.

【壮大】zhuàngdà ❶ 動 強大になる. 強大にする. ¶日益～/ 日増しに強大になる. 反 削弱 xuēruò ❷ 形 (手足などが)太くてたくましい. ¶手脚～/ 手足がたくましい.

しい.

【壮胆】zhuàng//dǎn (～儿)度胸をつける. ¶自己给自己～/ 自分で自分に度胸をつける.

【壮丁】zhuàngdīng 旧 量 个 ge, 名 míng] 壮年の男子. 壮丁. ¶抓～/ 壮年の男子を捕まえる. 参考 兵役年齢に達した男を指すことが多い.

【壮工】zhuànggōng 名(専門技術を持たない)作業者. 肉体労働者.

【壮观】zhuàngguān ❶ 形 壮観だ. ¶日出景象～极了 / 日の出の光景は実に壮観だ. ❷ 名 壮観. ¶大自然的～/ 大自然の壮観.

【壮健】zhuàngjiàn 形 壮健だ. ¶病后好好调养 tiáoyǎng,身体就会～起来 / 病後ゆっくり養生すれば,体はすぐ元気になる.

【壮锦】zhuàngjǐn 名 壮(ちゅぁ)族の女性が手織りする絹織物.

【壮举】zhuàngjǔ 名 壮挙. ¶史无前例的～/ 史上かつてない壮挙.

【壮阔】zhuàngkuò 形 雄壮で広々としている. ¶规模 guīmó～/ 規模が壮大だ.

【壮劳力】zhuàngláolì 名 若くて力のある労働力. 働き盛り.

【壮丽】zhuànglì 形 壮麗だ. ¶山河～/ 山河が壮麗だ. ¶民族复兴 fùxīng 的～事业 / 民族復興の壮大な事業. 同 壮美 zhuàngměi

【壮烈】zhuàngliè 形 壮烈だ. ¶一场 cháng～的搏斗 bódòu / 壮烈な闘い. ¶～牺牲 xīshēng / 壮烈な死を遂げる.

【壮美】zhuàngměi 形 雄壮で美しい. ¶～的天安门广场 / 力強い美しい天安門広場.

【壮门面】zhuàng ménmian 慣 同 見栄えを良くする. 格好をつける. ⇨装 zhuāng 门面

【壮年】zhuàngnián 名 壮年.

【壮士】zhuàngshì 名 壮士.

【壮实】zhuàngshi 形(体)ががっちりしている. ¶～的身体 / がっしりした体. 反 瘦弱 shòuruò

【壮心】zhuàngxīn 名 壮大な志気. 大志.

【壮行】zhuàngxíng 動 盛大に見送る.

【壮阳】zhuàngyáng 動(男性の)精力を盛んにする. ¶～剂 jì / 強壮剤.

【壮志】zhuàngzhì 名 偉大な志. ¶～未 酬 wèichóu / 成 大志はまだ実現していない.

【壮志凌云】zhuàng zhì líng yún 成(雲をもしのぐほどの)壮大な志. 凌雲(ゥょぅ)の志.

【壮族】Zhuàngzú 名《民族》チワン族. 中国少数民族の一つで,広西・雲南・広東などに居住する.

状(狀) zhuàng
丬部4 四 3318₄ 全7画 常用

素 ❶ 名 形状. 姿. 形～ xíngzhuàng (形状) / ～态 zhuàngtài / 奇形怪～(奇怪な形). ❷ 名 状況. 様子. ¶～况 zhuàngkuàng / 病～ bìngzhuàng (病状) / 罪～ zuìzhuàng (罪状). ❸ 動 述べる. 描写する. ¶不可名～(言いようがない) / 自～其过(自分の過ちを話す). ❹ 名 事件や事柄を記載した文章. ¶行～ xíngzhuàng (行状記) / 诉～ sùzhuàng (訴状) / 供～ gòngzhuàng (供述書). ❺ 名 一定の格式を備えた文書. 証書. ¶委任～ wěirènzhuàng (委任状) / 奖～ jiǎngzhuàng (賞状).

*【状况】zhuàngkuàng 名 状況. ¶健康～/ 健康状態. ¶经济～良好 / 経済状況が良好だ. 同 情况 qíng-

kuàng, 情形 qíngxíng, 情状 qíngzhuàng
【状貌】zhuàngmào 名 様子. 姿.
*【状态】zhuàngtài 名 状態. ¶液体～/液体の状態. 液状. ¶改变现在的～/現在の状態を変える. 同 形态 xíngtài
【状语】zhuàngyǔ 名《言語》連用修飾語. 同 状词 zhuàngcí
【状元秀】zhuàngyuánxiù 名《スポーツ》米国プロバスケットボールリーグ（NBA）の,トップ選抜選手.
【状元】zhuàngyuan 名 ❶ 科挙の殿試(ご)に首席で合格した人. 状元(ざん). ❷（その職種で）成績の最も優れた人. ¶养鸡～/養鶏の名人. ¶三百六十行 háng, 行行 hángháng 出～/いかなる職業にも名人が出る.
【状纸】zhuàngzhǐ 名 ❶ 訴状用紙. ❷ 訴状.
【状子】zhuàngzi 名 □ 訴状.

僮 Zhuàng
亻部12 四 2021₅ 全14画 通用

下記熟語を参照.
☞ 僮 tóng
【僮族】Zhuàngzú 名 "壮族 Zhuàngzú" を以前,こう書いた. ⇨壮族 Zhuàngzú

撞 zhuàng
扌部12 四 5001₅ 全15画 常用

❶ 動 鐘や太鼓などをたたく. ¶～钟 zhuàngzhōng（鐘をつく）. ❷ 動 勢いよく物にぶつかる. ¶～倒 zhuàngdǎo（つき倒す）. 同 碰 pèng ❸ 動 ばったり出会う. ¶偏偏让我～见了（ばったり出会ってしまった）. 同 碰 pèng ❹ 動 無鉄砲に行動する. ¶横冲直～(成 むやみやたらに突き進む).
【撞车】zhuàng//chē 動 ❶ 車同士が衝突する. ¶～事故／車の衝突事故. ❷ 二つのことがぶつかり合う. ¶两个会～了／二つの会が重なった.
【撞击】zhuàngjī 動 勢いよくぶつかる.
【撞见】zhuàngjiàn 動 出くわす. ¶意外地～／意外にも出くわす. ¶怕被人～／人に見つかるのを恐れる. 同 碰见 pèngjiàn
【撞骗】zhuàngpiàn 動 （すきをねらって）騙(を)りをする. ペテンにかける. ¶招摇～／人の名を騙って詐欺をはたらく.
【撞墙】zhuàng//qiáng 動 （比喩的に）壁にぶつかる. 障害にあう. 同 碰壁 pèngbì
【撞衫】zhuàngshān 動 服装がかち合う. 他の人と似た服装になる.
【撞锁】zhuàng//suǒ 動 留守に訪ねる. ¶老师不在家,又～了／先生は不在だ,また留守の時に訪ねてしまった.
【撞锁】zhuàngsuǒ 名 [同] 把 bǎ] ばね錠前. ナイトラッチ. 同 碰锁 pèngsuǒ
【撞针】zhuàngzhēn 名 （銃や砲の）撃針. 撃鉄.

幢 zhuàng
巾部12 四 4021₅ 全15画 次常用

量 (方) 建物を数えることば. ¶一～楼（一棟の建物）.
☞ 幢 chuáng

戆(戇) zhuàng
心部21 四 0733₈ 全25画 通用

形 (文) 愚直だ. ¶～直 zhuàngzhí（ばか正直だ）.
☞ 戆 gàng

zhui ㄓㄨㄟ [tʂuei]

追 zhuī
辶部6 四 3730₇ 全9画 常用

❶ 動 あとを追う. ¶～随 zhuīsuí／～逐 zhuīzhú／～兵 zhuībīng／急起直～（すばやく行動を起こして,まっしぐらに追いかける）. 反 逃 táo ❷ 動 過去を思い起こす. ¶～念 zhuīniàn／～悼 zhuīdào. ❸ 動 後で補う. ¶～认 zhuīrèn／～加预算 zhuījiāyùsuàn（追加予算）／～肥 zhuīféi. ❹ 動 つき止める. 追及する. ¶～究 zhuījiū／～问 zhuīwèn／～根 zhuīgēn. ❺ 動 追い求める. ¶～求真理（真理を追い求める）／～名逐利（名声や利益を追求する）.
【追本溯源】zhuī běn sù yuán 成 根源をさかのぼって調べる. ¶～地探讨问题／問題をとことん調べる. 同 追本穷 qióng 源
【追逼】zhuībī 動 ❶ 追い迫る. ¶乘胜 chéngshèng～／勝ちに乗じて追撃する. ❷ 強要する. 追及する. ¶～债款 zhàikuǎn／借金を無理に取り立てる.
【追兵】zhuībīng 名 追撃する兵士.
【追补】zhuībǔ 動 ❶ （不足の点を）後から補う. ❷ （金額などを）追加する. 補填する. 穴埋めする.
【追捕】zhuībǔ 動 追いかけて捕らえる. ¶～逃犯 táofàn／手配中の犯人を追跡する.
【追查】zhuīchá 動 （原因や責任を）追跡調査する. 追及する. ¶～责任／責任を追及する. ¶～事故原因／事故の原因を調査する. 表現 事故・事件・悪事などについて言う.
【追偿】zhuīcháng 動 ❶ 事後補償する. ❷ （相手に）補償・賠償・償還を迫る.
【追悼】zhuīdào 追悼する. ¶～死者／死者を追悼する.
【追悼会】zhuīdàohuì 名 追悼会.
【追访】zhuīfǎng 動 ❶ （事件や話題の事例などを）追跡調査する. ❷ （退院患者などの）予後観察をする.
【追肥】zhuī//féi 追肥する. ¶给病树喷 pēn 药～／病気の樹木にスプレーし,追肥をする. ❷ zhuīféi 名 追肥. ¶施 shī～／追肥を与える.
【追风逐电】zhuī fēng zhú diàn 成 風を追い雷電を追う. 乗物などが極めて速いたとえ.
【追赶】zhuīgǎn 動 追いかける. ¶～世界最先进水平／世界の最先進レベルを追う. ¶～不上／追いつかない. 同 追逐 zhuīzhú
【追根】zhuīgēn 動 根源を追及する.
【追根究底】zhuī gēn jiū dǐ 成 根掘り葉掘りたずねる. とことんまで追究する.
【追怀】zhuīhuái 追憶する. ¶我时常～故友／私はいつも昔の友人を思い出す.
【追还】zhuīhuán 動 ❶ （金品などの）償還を迫る. 取り返す. ❷ （出かけた使者などを）呼びもどす.
【追回】zhuī//huí （失った物を）取り戻す. ¶～赃物 zāngwù／盗品を取り戻す.
【追悔】zhuīhuǐ 動 悔やむ. 後悔する.
【追悔莫及】zhuī huǐ mò jí 成 後悔先に立たず.
【追击】zhuījī 動 追撃する.
【追缉】zhuījī 動 （手配中の犯人を）追いかけて捕らえる. ¶～逃犯／逃亡犯を指名手配する.
【追记】zhuījì 動 ❶ 死者の功績を記録する. ¶为 wèi 他～烈士称号／彼に烈士の称号を追贈する. ❷ 事後に記録する. 過去のできごとをふり返って書く. 用法 ❷は,文章の題名に用いることが多い.
【追加】zhuījiā 動 追加する.

【追歼】zhuījiān 動 追撃し殲滅(ぜん)する.
【追剿】zhuījiǎo 動 追撃し壊滅させる.
【追缴】zhuījiǎo 動 償還を迫る. 追徴する.
【追究】zhuījiū 動 (原因や責任などを)追及する. つきとめる. ¶～责任 / 責任を追究する. ¶～原由 / 原因を突き詰める. 同 追查 zhuīchá
【追念】zhuīniàn 動 追憶する. ¶～亡友 wángyǒu / 亡き友を追憶する.
【追捧】zhuīpěng 動 (人気者に)付き従う. (スターなどを)熱狂して追いかける.
【追求】zhuīqiú 動 追い求める. ¶～幸福 / 幸福を求める. ¶他俩都在～她 / 彼ら二人はどちらも彼女を追い求めている.
【追认】zhuīrèn 動 ❶ 事後承認をする. ¶～预算方案 / 予算案を追加承認する. ❷ (申し出や称号を)死後に追認する.
【追述】zhuīshù 動 過去のことを話す. ¶～往事 / 昔のことを述懐する.
【追思】zhuīsī 動 追憶する. 懐かしむ. 思い起こす. 同 回想 huíxiǎng, 怀念 huáiniàn
【追诉】zhuīsù 動《法律》訴追する.
【追溯】zhuīsù さかのぼる. ¶关于回族的来源,可以～到七世纪中叶 / 回族の起源については,7世紀中ごろまでさかのぼることができる.
【追随】zhuīsuí 動 あとにつき従う. 追随する. ¶～不舍 shé / どこまでもついていく. ¶～潮流 / 流れに追随する.
【追索】zhuīsuǒ 動 ❶ 督促する. 同 追讨 tǎo ❷ 捜索する. 探査する.
【追逃】zhuītáo 動 犯人を捜査する.
【追讨】zhuītǎo 動 (借金の)返済を要求する. 同 追索 suǒ ①
【追亡逐北】zhuī wáng zhú běi 成 逃亡する敵を追撃する.
【追尾】zhuī//wěi 動 (後ろの車が前の車の後部へ)追突する.
【追问】zhuīwèn 動 問い詰める. ¶～下落 / 居所を問い詰める. ¶一再～ / なんども問いただす. 同 诘问 jiéwèn
【追想】zhuīxiǎng 動 追想する. ¶～起那时在农村的情景 / あの頃の農村の情景を追憶する.
【追星族】zhuīxīngzú 名 ひいきにする芸能人の行動を追いかける熱狂的なファン. 追っかけ.
【追寻】zhuīxún ❶ 追跡する. 探し求める. ❷ 追憶する.
【追询】zhuīxún 動 問い詰める. しつこく聞く. 同 追问 wèn
【追忆】zhuīyì 動 追憶する. ¶我～起年轻时的许多往事 / 私は若い頃のいろいろな出来事を思い出す. 同 追想 zhuīxiǎng
【追赃】zhuī//zāng 動 盗品や不正な金を取り戻す.
【追赠】zhuīzèng 動 (称号などを)死後に贈る. 追贈する.
【追逐】zhuīzhú 動 ❶ 追いつ追われつする. ¶儿童正在草地上～打闹 / 子供たちは草の上でにぎやかに追いかけっこをしている. ❷ 追い求める. ¶～名利 / 名利を追い求める.
【追踪】zhuīzōng 動 ❶ 追跡する. ¶～潜逃 qiántáo 的歹徒 dǎitú / 逃亡した悪人を追跡する. ❷ 文 見習う. 手本とする. ¶～前贤 qiánxián / 先賢に倣う.

骓(騅) zhuī 马部8 四 7011₅ 全11画 通用
名 文 白い毛に黒毛が混じっている馬. 葦毛(あし)の馬.

椎 zhuī 木部8 四 4091₅ 全12画 次常用
名《生理》椎骨(つい). ¶脊～ jǐzhuī (脊椎骨) / 颈～ jǐngzhuī (颈椎) / 胸～ xiōngzhuī (胸椎).
☞ 椎 chuí

【椎骨】zhuīgǔ 名《生理》椎骨(つい).
【椎间盘】zhuījiānpán 名《生理》椎(つい)間板. ¶～突出症 tūchūzhèng / 椎間板ヘルニア.

锥(錐) zhuī 钅部8 四 8071₅ 全13画 次常用
❶ 名 きり. ¶针～ zhēnzhuī (太い針に柄をつけたきり) / 无立～之地 (きりを立てるほどの土地もない. ひどく貧乏だ). 同 锥子 zhuīzi ❷ 素 きりに似たもの. ¶改～ gǎizhuī (ドライバー) / 冰～ (つらら) / 圆形～ yuánxíngzhuī (円錐形). ❸ 動 (きりなどで)穴をあける. ¶～探 zhuītàn.
【锥处囊中】zhuī chǔ náng zhōng 成 才能のある人はすぐに頭角を現す. ¶优秀人才如～,终将被发现 / 優秀な人材は袋の中のきりのように, いつかは頭角を現す. 由来 『史记』平原君列伝に見えることば.「きりが袋の中に置かれる」の意.
【锥探】zhuītàn 名 (地層探測の)ボーリング.
【锥形】zhuīxíng 名 円錐状. 円錐形.
【锥子】zhuīzi 名 [個 把 bǎ] きり.

坠(墜) zhuì 土部4 四 7810₄ 全7画 次常用
❶ 素 落ちる. ¶～马 zhuìmǎ (落馬する) / ～楼 zhuìlóu (ビルからとびおりる) / 摇摇欲 yù～ (ぐらぐらして今にも落ちそうだ). ❷ 動 (重い物が)ぶら下がる. つり下げる. ❸ 名 (～儿) [個 副 fù] ぶら下がっているもの. ¶扇～儿 shànzhuìr (扇子のふさ飾り) / 耳～儿 ěrzhuìr (イヤドロップ) / 表～儿 biǎozhuìr (時計の下げ飾り).
【坠地】zhuìdì 動 文 子供が生まれ落ちる. ¶呱呱 gūgū ～ / オギャーと生まれ落ちる.
【坠胡】zhuìhú 名《音楽·芸能》形が"三弦 sānxián"に似た二弦楽器. 縦に持ち, 弓で弾く. 同 坠琴 qín 参考 "山东琴书" (山東省の歌物語)や"吕剧" (山東劇)などの伴奏に用いられる.
【坠毁】zhuìhuǐ 動 (飛行機などが)墜落して大破する. ¶飞机～在山林里 / 飛行機が山林に墜落大破した.
【坠落】zhuìluò 動 落ちる. 墜落する.
【坠入】zhuìrù 動 落ちる. 陥る. ¶～圈套 quāntào / わなにはまる. ¶～情网 qíngwǎng / 恋の深みにはまる.
【坠子】zhuìzi 名 ❶ 方 個 对 duì, 双 shuāng, 只 zhǐ] 下げ飾り. ¶灯笼 dēnglong 下的～ / 灯籠の下げ飾り. ¶耳～ / 耳飾り. ❷《芸能》河南省で流行した演芸の一つ. 由来 ②は,"坠琴 zhuìqín"という楽器で伴奏するので,こう呼ばれている. 一般には"河南坠子"という.

缀(綴) zhuì 纟部8 四 2714₇ 全11画 次常用
❶ 動 縫い合わせる. ¶补～ bǔzhuì (衣服を繕(つくろ)う) / 把扣子～上 (ボタンを縫い付ける). ❷ 動 文 (文字を)つづる. ¶～字成文 (文字をつづって文章にする). ❸ 素 飾る. ¶点～ diǎnzhuì (飾り付ける).
【缀文】zhuìwén 動 文 文章を書く. ¶认真～ / 心をこめて文章をつづる.

惴 zhuì 忄部9 四 9202₇ 全12画 通用

[索] こわがる. 憂える. ¶~栗 zhuìlì / ~~不安.
【惴栗】zhuìlì [動] 恐ろしさにふるえる.
【惴惴】zhuìzhuì 心配し, びくびくしているよう.
【惴惴不安】zhuì zhuì bù ān [成] (怖さや心配で)びくびくする. ¶听到那个坏消息,她心里~/ その悪い知らせを聞いて,彼女は不安におののいた.

缒(縋) zhuì
纟部9 [四] 2713₇
全12画 [通用]
[動] (人や物を)ロープでしばりつけておろす.

赘(贅) zhuì
贝部10 [四] 5880₂
全14画 [次常用]
[素] ❶ よけいな. ¶~述 zhuìshù / ~疣 zhuìyóu / 累~ léizhuì (煩わしい. やっかいだ). ❷ 婿入りする. 婿をとる. ¶~婿 zhuìxù / 招~ zhāozhuì (婿をとる) / 入~ rùzhuì (入り婿になる).
【赘瘤】zhuìliú [名] 余計なもの. 無用なもの. 同 赘疣 zhuìyóu
【赘述】zhuìshù [動] 余計なことを述べる. 贅言(ぜいげん)する. ¶不必一一~ / いちいち贅言を要しない. [用法] 否定形で用いることが多い.
【赘婿】zhuìxù [名] 入り婿. 婿養子.
【赘言】zhuìyán [動] 余計なことを言う. 贅言(ぜいげん)する. ¶不再~ / 二度と余計なことを言うな. 同 赘述 zhuìshù ❷ [名] 贅言. 贅語 zhuìyǔ [用法] ①は, 否定形で用いることが多い.
【赘疣】zhuìyóu ❶ いぼ. ❷ 余計なもの. 無用なもの. 同 赘瘤 zhuìliú

zhun ㄓㄨㄣ [tṣuen]

屯 zhūn
一部3 [四] 5071₇
全4画 [常用]
下記熟語を参照.
☞ 屯 tún
【屯邅】zhūnzhān [形] [文] ❶ 遅々として進まない. ❷ 不遇で志を得ない.

肫 zhūn
月部4 [四] 7521₇
全8画 [通用]
❶ [名] [方] 鳥の胃. ¶鸡~ jīzhūn (ニワトリの胃袋) / 鸭~ yāzhūn (カモの胃袋). ❷ [形] 心がこもっている. ¶~~ / zhūnzhūn (ねんごろだ) / 笃 zhūndǔ (誠意がある).

窀 zhūn
穴部4 [四] 3071₇
全9画 [通用]
下記熟語を参照.
【窀穸】zhūnxī [名] [文] 墓穴.

谆(諄) zhūn
讠部8 [四] 3074₇
全10画 [次常用]
[素] [文] 懇切. ¶~嘱 zhūnzhǔ (ねんごろに言いかせる).
【谆谆】zhūnzhūn [形] 懇切に教えさとすようす. ¶~告诫 gàojiè / 谆譚(じゅんたん)といましめる. ¶言者~,听者藐藐 miǎomiǎo / 話し手は心をこめて話しているのに, 聞き手は上の空だ. [表現] 年長または上級の者が教えさとす時に用いる.

准(準❷~❽) zhǔn
冫部8 [四] 3011₅
全10画 [常用]
❶ [動] 認める. 許す. ¶批~ pīzhǔn (許可する) / 不~他来(彼が来ることを認めない). ❷ [前] …にもとづいて. …

によって. ¶此办理(指示にもとづき処理する). ❸ [素] 基準. 標準. ¶水~ shuǐzhǔn (水準) / ~绳 zhǔnshéng / ~则 zhǔnzé / 以此为~(これを基準にする). ❹ [形] 正確だ. ¶~确 zhǔnquè / 瞄~ miáozhǔn (正確に狙う). ❺ [副] 必ず. ¶我~来(私は必ず参ります) / 业务~能完成(仕事は必ず完成できる). ❻ [素] 鼻. ¶隆~ lóngzhǔn (高い鼻). ❼ [名] (~儿)明確な考え・方式・規律. ❽ [接頭] …に準ずる. ¶~将 zhǔnjiàng / ~平原 zhǔnpíngyuán (準平原) [用法] ❼は, "有", "没有" の目的語として用いることが多い.
【准保】zhǔnbǎo [副] きっと. 必ず. / ~没错儿 / きっと間違いない. ¶你一看,~想要它 / 一目見たら,きっと欲しくなる.
**【准备】zhǔnbèi ❶ [動] 準備する. 用意する. ¶好好儿~发言稿 gǎo / 発表原稿をしっかり準備する. ¶大家都~好了吗? / みんな用意できましたか. ¶~齐全 / 準備は万全. ¶思想~ / 気持ちの準備. こころがまえ. 同 预备 yùbèi ❷ …する予定だ. …するつもりだ. ¶今天很不~去 / 今日は行かないつもりだ. 同 预备 yùbèi
【准定】zhǔndìng [副] きっと. 必ず. 間違いなく. 同 一定,肯 kěn 定
【准噶尔盆地】Zhǔngá'ěr péndì [地名] ジュンガル盆地. 天山山脈とアルタイ山脈の間にある, 中国第二の盆地.
【准话】zhǔnhuà [名] (~儿) 確かな話. 決定済みの話.
【准将】zhǔnjiàng [名] [軍事] 准将.
【准考证】zhǔnkǎozhèng [名] 受験票.
【准谱儿】zhǔnpǔr [名] "准儿 zhǔnr" に同じ.
*【准确】zhǔnquè [形] (結果や効果が)正確だ. 間違いない. ¶~度 / 確率. ¶~无误 / 正確無比. ¶更~地说 / より正確に言う. 同 精确 jīngquè
【准儿】zhǔnr [名] (口) はっきりした考え. 確かな方法. 一定の基準. ¶做法有~ / きまったやり方がある. ¶心里没~ / 明確な考えがない.
【准绳】zhǔnshéng [名] ❶ 水準器. ❷ (言論や行動の)原則. 基準. 拠り所. ¶以宪法 xiànfǎ 为~ / 憲法を規範とする.
*【准时】zhǔnshí [形] 時間通りだ. 定刻だ. ¶~出席 / 時間通りに出席する. ¶这架飞机起飞十分~ / この飛行機の離陸は定刻どおりだ.
【准是】zhǔnshì [副] きっと. 必ず. ¶她~有事,所以迟到了 / 彼女はきっと何かあったから, 遅刻したのだ. ¶这事~他出的主意 / きっと彼の考えついたことだ.
【准头】zhǔntou [名] (~儿) (口) (射撃や話などの)正確さ. ¶枪法 qiāngfǎ 很有~ / 射撃がとても正確だ. ¶说法没有~ / 話がいいかげんだ.
【准尉】zhǔnwèi [名] [軍事] 准尉.
【准信】zhǔnxìn [名] (~儿) 確実な情報. 確かな知らせ.
【准星】zhǔnxīng [名] ❶ 秤(はかり)のゼロの位置を示す星印. 同 定盘星 dìngpánxīng ❷ (銃の)照星.
【准许】zhǔnxǔ [動] (上級または管理部門が)許可する. 承認する. 同意する. ¶~入境 / 入国を許可する. 同 答应 dāying, 容许 róngxǔ, 许可 xǔkě, 允许 yǔnxǔ
【准予】zhǔnyǔ [動] 承認する. 許可する. ¶成绩合格, ~毕业 / 所定の成績を修めたので, ここに卒業を認める. [用法] 公文書でよく用いることば.
【准则】zhǔnzé [名] [量] 条 tiáo, 项 xiàng (言論や行動の)原則. 準則. ¶行动~ / 行動の原則. ¶国际关系~ / 国際関係の準則. 同 原则 yuánzé, 准绳 zhǔnshéng

zhuo ㄓㄨㄛ〔tṣuo〕

拙 zhuō
扌部5 四 5207₂ 全8画 次常用

❶ 形 へただ. つたない. ¶～笨 zhuōbèn（不器用だ）/手～ shǒuzhuō（不器用だ）/～嘴笨舌 zhuō zuǐ bèn shé / 勤qín 能补～（勤勉はつたなさを補う）. 反 巧 qiǎo ❷ 素 自分の文章や見解などを謙遜していうことば. ¶～著 zhuōzhù / ～作 zhuōzuò / ～見 zhuōjiàn / 眼～ yǎnzhuō（覚えが悪い）.

【拙笨】zhuōbèn 形 ぎこちない. 不器用だ. へただ. ¶口齿 kǒuchǐ～/口べただ. ¶我的手太～了/私の手はひどく不器用だ.

【拙笔】zhuōbǐ 名 文 拙筆. 拙い文字や画.

【拙见】zhuōjiàn 名 文 拙見. 拙い意見. ¶略述～,请大家批评指正/拙見を述べますので,皆様よろしくご批評ください. 反 高见 gāojiàn

【拙劣】zhuōliè 形 へただ. 程度が低い. ¶这幅画太～了/この絵はひどく稚拙だ. 同 高明 gāomíng, 巧妙 qiǎomiào

【拙朴】zhuōpǔ 形 素朴で飾り気がない.

【拙涩】zhuōsè 形 文（文章などが）へたで,わかりにくい. だ. 訳されていない. ¶译文～/訳文がこなれていない.

【拙于】zhuōyú 形 文 …につたない. 稚拙だ. ¶～书法/書道につたない.

【拙著】zhuōzhù 名 拙著.

【拙嘴笨舌】zhuō zuǐ bèn shé 句 口べただ. 同 笨口 kǒu 拙舌,笨嘴拙舌

【拙作】zhuōzuò 名 謙 自分の作品に対する謙称. 拙作（さく）.

捉 zhuō
扌部7 四 5608₁ 全10画 常用

❶ 動（人や動物を）つかまえる. ¶捕～ bǔzhuō（捕らえる）/活～ huózhuō（いけどりにする）/～贼 zhuōzéi（賊を捕らえる）/～老鼠 lǎoshǔ（ネズミをつかまえる）/捕风～影（成）雲をつかむようだ）. 同 捕 bǔ, 逮 dǎi, 抓 zhuā 反 放 fàng ❷ 動 握る. 持つ. ¶～笔（筆を執る）/～刀 zhuōdāo / ～襟 jīn 见肘 zhǒu.

【捉刀】zhuōdāo 動 文 代筆する. ¶秘书代领导～/秘書がリーダーの代筆をする. ¶～人/代筆者. 由来 曹操が自分の代わりに崔琰の匈奴の使者との接見をさせ,自らは刀を携え,そのかたわらに立っていた,という故事から.

【捉到】zhuō//dào つかまえて手に入れる.

【捉奸】zhuō//jiān 動 姦通現場を押さえる.

【捉襟见肘】zhuō jīn jiàn zhǒu 成 ❶ 衣服がぼろなようす. ❷ あちらを立てればこちらが立たず,対応に窮するよう. 由来『荘子』譲王篇に見えることば.「襟を合わせるとひじが出る」という意から.

【捉迷藏】zhuō mícáng 句 ❶ 鬼ごっこをする. ¶玩～/鬼ごっこをして遊ぶ. ❷ 言論や行動をわざとあいまいにして,分かりにくくする. ¶不要跟我～了/話をはぐらかさないで.

【捉摸】zhuōmō 動 推量する. 予測する. ¶难以～/予測しがたい. ¶我～不透 tòu 他的脾气 píqí / 私は彼の気性を理解しきれない. 用法 否定形で用いることが多い.

【捉拿】zhuōná 動（犯人や悪人を）捕らえる. ¶～凶犯 xiōngfàn / 凶悪犯を捕らえる. 同 捕捉 bǔzhuō

【捉弄】zhuōnòng 動 からかう. もてあそぶ. 冗談を言っ て困らせる. ¶说笑话可以,但别～人 / 冗談を言うのはいいが,人を笑いものにしてはいけない.

【捉住】zhuō//zhù 動 しっかり）つかまえる. 捕らえる. ¶警方～了犯人 / 警察が犯人を逮捕した.

桌（異 棹）zhuō
木部6 四 2190₄ 全10画 常用

❶ 名（～儿）机. テーブル. ¶书～ shūzhuō（読書机. 文机）/饭～ fànzhuō（食卓）/八仙～ bāxiānzhuō（八人掛けの正方形のテーブル）. ❷ 量 料理や客をテーブルごとに数えることば. ¶一～酒席（1テーブルの酒席）/一～菜（1テーブルの料理）/三～客人（3卓の客）. ❸（Zhuō）姓.

【桌布】zhuōbù 名〔量 块 kuài〕テーブルクロス.

【桌菜】zhuōcài 名 ❶ コース料理. ❷ すぐに調理できるように,あらかじめ切って売られている材料. 惣菜セット.

【桌灯】zhuōdēng 名〔量 盏 zhǎn〕電気スタンド.

【桌面】zhuōmiàn 名（～儿）テーブルの面の部分. ¶圆～儿 / 丸テーブル.

【桌面儿上】zhuōmiànrshang 名 つき合いまたは会議の席. 公の場. 反 背地里 bèidìli

【桌椅板凳】zhuō yǐ bǎndèng 名 家具類. ¶家里一贫 pín 如洗,连个～都没有 / 家は赤貧洗うが如しで,一つの家具もない. 参考"板凳"は,背もたれのない腰掛けのこと.

**【桌子】zhuōzi 名〔量 个 ge,张 zhāng〕テーブル. 机.

倬 zhuō
イ部8 四 2124₆ 全10画 通用

形 文 ❶ はっきり目立っている. ❷ 大きい.

梲 zhuō
木部7 四 4891₂ 全11画 通用

名 文 梁（はり）の上に立ててある,棟木（むねぎ）を支える短い柱. うだつ.

涿 Zhuō
氵部8 四 3113₂ 全11画 通用

素 地名用字. ¶～鹿 Zhuōlù（河北省にある県名）/～州 Zhuōzhōu（河北省にある地名）.

焯 zhuō
火部8 四 9184₆ 全12画 通用

形 文 明らかだ.
⇒ 焯 chāo

灼 zhuó
火部3 四 9782₀ 全7画 次常用

❶ 動 焼く. やけどする. ¶～热 zhuórè / ～伤 zhuōshāng / 烧～ shāozhuó（焼きつける）. ❷ 素 明らかだ. ¶～见 zhuójiàn.

【灼见】zhuójiàn 名 文 明確な見解. 透徹な見解. ¶真知～ / 正しい知識と卓見.

【灼热】zhuórè 形 焼けるようにあつい. 灼熱の. ¶～的太阳 / 灼熱の太陽. ¶他在～的锅炉 guōlú 房工作 / 彼は焼けつくようなボイラー室で働いている.

【灼伤】zhuóshāng 動 やけどする. ¶被电炉 diànlú ～ / 電気コンロでやけどする.

【灼灼】zhuózhuó 形 文 光輝くように明るい. 爛々（らんらん）としている. ¶阳光～ / 陽光燦々（さんさん）. ¶～的灯光 / 煌々（こうこう）たる明かり.

茁 zhuó
艹部5 四 4477₂ 全8画 次常用

素 植物の芽が伸び出るようす.

【茁实】zhuóshí 形 方 体ががっしりしていて丈夫だ. ¶这个小伙子长得 zhǎngde 很～ / この若者はがっしりしてい

る.
【茁长】zhuózhǎng 動(動物や植物が)すくすくと成長する. ¶下了场 cháng 雨,麦苗 màimiáo～起来了 / 一雨降って,ムギの苗が伸び出した.
【茁壮】zhuózhuàng 形(子供・若者・動植物が)たくましく成長している. ¶～成长 chéngzhǎng / たくましく成長する. ¶孩子们又～又活泼 / 子供たちは,すくすくと,活発に育っている. ¶庄稼长得 zhǎngde 十分～ / 作物がとても豊かに実っている.

卓 zhuó ト部6 四2140₆ 全8画 通用

❶素高くてまっすぐだ. ¶～立 zhuólì(高くずばぬけて立つ). ❷素すぐれている. ¶～见 zhuójiàn / ～越的成绩(ずばぬけた成績). ❸(Zhuó)姓. 参考 もと"zhūo"と発音した.
【卓别林】Zhuóbiélín《人名》チャップリン(1889-1977). イギリス生まれの映画俳優・監督.
【卓尔不群】zhuó ěr bù qún 成卓抜している. 群を抜いて優れている.
【卓见】zhuójiàn 卓見. すぐれた見解.
【卓绝】zhuójué 卓絶している. ずば抜けている. ¶演技～ / 表現技巧がずば抜けている. ¶～的手艺 / 卓抜した職人技.
【卓荦[荦]】zhuóluò 形文ずば抜けている. ¶英才～ / 才能がずば抜けている.
【卓然】zhuórán 形文卓越している. ずば抜けている. ¶功绩～ / 軍功群を抜く.
【卓识】zhuóshí 名卓越した見識. ¶远见～ / 将来を見通したすぐれた見識.
【卓异】zhuóyì 形抜きん出ている. 卓越している.
【卓有成效】zhuó yǒu chéng xiào 成効果が顕著だ. すばらしい成果がある. ¶新领导的管理～ / 新しいリーダーの管理はすばらしく効果的だ.
【卓越】zhuóyuè 形卓越している. きわだっている. ¶他是一位～的数学家 / 彼は卓越した数学者だ. ¶杰出 jiéchū / ～
【卓著】zhuózhù 形きわめて顕著だ. きわだってすぐれている. ¶成绩～ / 成績がきわだっている.

斫(異斲) zhuó 石部4 四1262₁ 全9画 通用

動(刀やおので)切る. ¶～伐 fá 树木(木を伐採する) / ～轮老手(経験が豊富で熟練している人).

浊(濁) zhuó 氵部6 四3513₆ 全9画 常用

❶素(水が)汚れている. 濁っている. ¶～流 zhuóliú / 污～ wūzhuó(汚い. 濁っている) / 浑～ húnzhuó(混濁している). 反清 qīng ❷素乱れている. ¶～世 zhuóshì. ❸素声が低くて太い. ¶～声～气(だみ声で荒々しい). ❹(Zhuó)姓.
【浊酒】zhuójiǔ 名にごり酒. どぶろく. 参考米などで作った粗末な酒. かすをこさないので,白濁していることから.
【浊流】zhuóliú 名濁流.
【浊气】zhuóqì 名悪臭. 嫌なにおい.
【浊世】zhuóshì 名❶暗黒の世中. 混乱した時代. ❷《仏教》濁世(じょくせ). 俗世. 同尘世 chénshì
【浊音】zhuóyīn《言語》濁音. 有声音.

酌 zhuó 酉部3 四1762₂ 全10画 次常用

素❶酒をつぐ. 酒を飲む. ¶自～自饮 yǐn(ひとりで酒をついで飲む) / 对～ duìzhuó(さし向かいで酒を飲む).
❷酒と食事. ¶便～ biànzhuó(簡単な酒食) / 喜～ xǐzhuó(婚礼の祝宴). ❸考慮する. 斟酌(しんしゃく)する. ¶～量 zhuóliáng / ～办 zhuóbàn / ～情 zhuóqíng.
【酌办】zhuóbàn 動(状況や事情を)考慮して処理する. ¶招待会的事由你～吧！ / レセプションのことは君の考えでやってもらおう.
【酌定】zhuódìng 動(状況や事情を)考慮して決定する. ¶去哪儿参观,由科长 kēzhǎng～ / どこに見学に行くかは,課長が考慮の上で決める.
【酌减】zhuójiǎn 動斟酌(しんしゃく)して減ずる. 考慮して手加減する.
【酌量】zhuóliáng[-liang] 動(事情や状況を)見計らう. 斟酌(しんしゃく)する. ¶～补助 / 妥当な補助をする.
【酌情】zhuóqíng 動(状況や事情を)考慮する. 斟酌(しんしゃく)する. ¶～处理 chǔlǐ / 情状を斟酌して処理する.
【酌收】zhuóshōu 動事情を考慮して取り立てる. ¶～手续费 / 手続費用を適宜徴収する.
【酌予】zhuóyǔ 動文斟酌(しんしゃく)して与える. 酌量して与える.

涿 zhuó 氵部7 四3618₁ 全10画 通用

動ぬれる. ぬらす. ¶让雨～了(雨にぬれた).

诼(諑) zhuó 讠部8 四3173₂ 全10画

名つげ口. 悪口. ¶谣～ yáozhuó(讒言談(ざんげん). 悪口).

著 zhuó 艹部8 四4460₄ 全11画 常用

動名"着zhuó"に同じ.
☞ 著 zhù

啄 zhuó 口部8 四6103₂ 全11画 常用

動(鳥が)くちばしでつつく. ついばむ. ¶～食 zhuóshí / 鸡～米(ニワトリが米をつつく).
【啄木鸟】zhuómùniǎo 名《鳥》[匹 只 zhī] キツツキ. 同䴕 liè
【啄食】zhuóshí 動ついばむ. ついて食べる. ¶麻雀 máquè～田里的米 / スズメが田の米をつつく.

着 zhuó 羊部5 四8060₅ 全11画 常用

❶素(服を)着る. ¶～装 zhuózhuāng. 穿～ / 服装. ¶一生吃～不尽 / 一生生活に困らない.
❷素着く. 付着する. ¶～陆 zhuólù. ¶不～边际 / 成現実から離れている.
❸素着ける. 付着させる. ¶～笔 zhuóbǐ. ¶～墨 zhuómò. ¶～色 zhuósè.
❹素力や注意を集中する. ¶～力 zhuólì. ¶～手 zhuóshǒu. ¶～眼 zhuóyǎn. ¶～意 zhuóyì.
❺素派遣する. 遣わす. ¶～人送去 / 人を遣って送らせる. ¶～一名干部前来洽商 qiàshāng / 幹部一名を派遣して打ち合わせさせる.
❻素命令を出す. ✍公文書用語. ¶～即办 / ただちに処理すべし. ¶～在文史馆任事 / 文史館に着任すべし.
❼素あて. 見当. 行方. ¶衣食无～ / 生活のあてがない. ¶遍寻 xún 无～ / くまなくさがしても行方が知れない.
☞ 着 zhāo, zháo, zhe

【着笔】zhuóbǐ 動筆を下ろす. 書きはじめる. ¶～写小说 / 筆を下ろして小説を書く. ¶他～画起画儿来 / 彼は

筆を下ろして絵を描きはじめた.

【着力】zhuólì 動 力をこめる. 力を尽くす. ¶无从～／力の尽くしようがない. ¶～地描写／力強く描く.

【着陆】zhuó//lù 動 (飛行機などが)着陸する. ¶紧急～／緊急着陸をする. ¶软～／ソフトランディング. ¶打了个空翻 kōngfān オ～／空中を旋回してから着陸した.

【着落】zhuóluò ❶ 名 行方. ありか. 落ち着き先. 丢的行李已经有了～了／無くした荷物はどこにありかが分かった. 反 下落 xiàluò ❷ 名 見込み. あて. ¶没有～／あてがない. ❸ 動 帰属する. 落ち着く. ¶这件事情就～在你身上了／この件は君に任せることになった. 用法 ①と②は, "有"や"没有"の目的語として用いることが多い.

【着墨】zhuómò 動 筆を運ぶ. 文章で描写する. ¶作品重点～了人物心理活动／作品は人物の心理描写に重点をおいている.

【着棋】zhuó//qí 動 方 囲碁を打つ. 将棋をさす. ¶我不会～／私は碁が打てない.

【着色】zhuó//sè 動 着色する. 色をぬる. ¶给画儿～／絵に着色する.

【着实】zhuóshí 副 ❶ 本当に. じつに. ¶这台电脑～不错／このコンピュータはじつにいい. ❷ (言動について)きつく. ひどく. ¶～批评了他一顿／きつく彼を叱った.

【着手】zhuóshǒu 動 着手する. 取りかかる. ¶妈妈～包饺子／母さんはギョーザ作りにとりかかる. 回 动手 dòngshǒu, 下手 xiàshǒu, 入手 rùshǒu

【着手成春】zhuó shǒu chéng chūn 成 手を触れれば重病人もたちまち治る. 医者の技術が高いこと. 回 妙手回春 miào shǒu huí chūn

【着想】zhuóxiǎng 動 (人や物事の利益に)考慮する. おもんぱかる. ¶为你的健康～, 还是戒 jiè 酒 为 wéi 好／あなたの健康のためを思うと, やはり禁酒する方がいい. 用法 "为 wèi …～"の形で用いることが多い.

【着眼】zhuóyǎn 動 着目する. 着眼する. ¶～将来／将来に着目する.

【着眼点】zhuóyǎndiǎn 名 着眼点.

【着意】zhuóyì 動 心をこめる. 心にとめる. ¶～经营公司／会社経営に気持ちを注ぐ.

【着重】zhuózhòng 動 重点をおく. 強調する. ¶老师～讲了语法／先生は文法に力点を置いて講義した.

【着重点】zhuózhòngdiǎn 名 重点. 重要ポイント.

【着重号】zhuózhònghào 名 傍点(.). ⇨付録「句読点・かっこなどの用法」

【着装】zhuózhuāng ❶ 動 (衣服や帽子を)身につける. ❷ 名 衣服. 服装. 身なり.

琢 zhuó
王部8　全15画　四1113₂　次常用

動 玉石を彫って器物をつくる.
☞ 琢 zuó

【琢磨】zhuómó 動 ❶ (玉石を)彫刻し, みがく. ¶～玉石／玉石を磨く. ❷ (文章などに)手を加えて, よりすぐれた美しいものにする. ¶我仔细一番, 才动笔写文章／私はよくよく構想を練ってから, 初めて筆を執って文章にする. ☞ 琢磨 zuómo

禚 Zhuó
礻部10　全14画　四3823₁　通用

名 姓.

缴(繳) zhuó
纟部13　全16画　四2814₀　常用

名 文 矢の先につける糸. いぐるみの糸. 鳥を繋つのに用いた.
☞ 缴 jiǎo

擢 zhuó
扌部14　全17画　四5701₅　通用

素 ❶ 引き抜く. ¶～发 fà 难数 shǔ. ❷ 抜擢する. ¶～用 zhuóyòng, ～升 zhuóshēng.

【擢发难数】zhuó fà nán shǔ 成 犯した罪が数えきれないほどある. ¶他犯的罪行 zuìxíng 真是～／彼の犯した罪は, とても数え切れないものだ. 由来 「髪の毛を抜いて数えても数えきれない」という意から.

【擢升】zhuóshēng 動 文 抜擢する. ¶厂里～他 为 wéi 技术科科长 kēzhǎng／工場は彼を技術課の課長に抜擢した. 回 提升 tíshēng

【擢用】zhuóyòng 動 文 抜擢して任用する. 登用する. ¶领导要善于～人才／指導者は, 人材登用にたけていなければならない.

濯 zhuó
氵部14　全17画　四3711₅　通用

動 文 洗う. ¶～足 zhuózú (足を洗う).

【濯濯】zhuózhuó 形 山に木がない. 禿げになっている. ¶童山～／禿げ山.

镯(鐲)(異 鋜) zhuó
钅部13　全18画　四8672₇　通用

素 "镯子 zhuózi"に同じ. ¶金～ jīnzhuó (金のブレスレット).

【镯子】zhuózi 名〔個 副 fù, 只 zhī〕ブレスレット. アンクレット.

zī　ㄗ〔tsɿ〕

仔 zī
亻部3　全5画　四2724₇　常用

下記熟語を参照.
☞ 仔 zǎi, zī

【仔肩】zījiān 名 文 (担っている)職務. 責任.

吱 zī
口部4　全7画　四6404₇　常用

擬 小動物の鳴き声. ¶老鼠 lǎoshǔ～的一声跑了(ネズミがチューと鳴いて逃げた)／小鸟～～地叫(小鳥がチッチッと鳴く). 用法 重ねて用いることが多い.
☞ 吱 zhī

【吱声】zī//shēng 動 方 声を出す. ¶他坐在角落 jiǎoluò 里, 就是不～／彼はすみっこに座り, ちっとも声を発しない. 回 嗞声 zīshēng

孜 zī
子部4　全7画　四1844₀　通用

下記熟語を参照.

【孜孜】zīzī 形 勤勉だ. ¶～不息地学习／勤勉にたゆまず学習する. 回 孳孳 zīzī

【孜孜不倦】zī zī bù juàn 成 愛 たゆまず努力する. ¶他每天～地学习到深夜／彼は毎日倦まずたゆまず深夜まで勉強している.

咨 zī
口部6　全9画　四3760₈　通用

素 ❶ 相談する. ¶～询 zīxún. 回 谘 zī ❷ 公文書の一種. ¶～文 zīwén.

【咨文】zīwén 名 ❶ 同等の官庁間で交わす公文書. ❷〔個 份 fèn〕(米国などで)元首が国会に提出する国情

報告書. 大統領教書.

【咨询】zīxún 動 意見を求める. 諮問(もん)する. ¶～机关 / 諮問機関. ¶关于这个问题, 需要向有关部门一一下 / この問題については、関係機関に問い合わせてみる必要がある. ¶～服务公司 / コンサルティングサービス会社. 🔄 征询 zhēngxún 表現 多く政府が特設機関などに意見を聞くことを指すが、広く専門家に意見を求めることも言う.

姿 zī

女部7 3740₄
全9画 常用

素 ❶ 顔かたち. ¶～容 zīróng / ～色 zīsè / 丰～ fēngzī (美しい容姿). ❷ 姿. 形. ¶～态 zītài / ～势 zīshì / 雄～ xióngzī (雄姿).

【姿容】zīróng 名 容姿. 容貌. ¶～秀美 xiùměi / 眉目秀麗.

【姿色】zīsè 名 (女性の)美しい容貌. 美貌. ¶～端丽 duānlì / 容姿端麗.

【姿势】zīshì 名 姿勢. ¶～端正 / 姿勢が正しい. ¶立正的～ / 気をつけの姿勢. 🔄 姿态 zītài

【姿态】zītài 名 ❶ 姿態. 姿. ❷ 態度. 姿勢. ¶让步的～ / 譲歩の姿勢.

兹(茲) zī

八部7 8073₂
全9画 通用

文 ❶ 代 この. これ. ¶～日 zìrì (この日) / ～理易明(この道理は分かりやすい) / ～事体大(これは重大事件だ). ❷ 名 今. ¶于～已有数月(今まで数ヶ月たっている). ❸ 名 年. ¶今～ jīnzī (今年) / 来～ láizī (来年).

🔄 茲 cí

资(資/貲❶❷) zī

贝部6 全10画
四 3780₂ 常用

❶ 素 金銭と品物. 財物. ¶～源 zīyuán / 投～ tóuzī (投資する) / 物～ wùzī (物資) / ～金 zījīn. ❷ 素 費用. ¶工～ gōngzī (賃金) / 车～ chēzī (乗車賃) / 川～ chuānzī (旅の費用). ❸ 動 (金品などを) 与えて助ける. ¶～敌 zīdí (金品を与えて敵を助ける) / ～助 zīzhù / 以～参考 (参考に資す). ❹ 素 (生まれつきの) 資質や才能. ¶天～ tiānzī (天与の資質) / ～质 zīzhì. ❺ 素 身分. 経歴. ¶～格 zīgé / ～历 zīlì / 德 dé 才～ (徳・才能・経歴). ❻ (Z)姓.

【资本】zīběn 名(圖 笔 bǐ) 資本. ¶增加 / 增资する.

【资本家】zīběnjiā 名 資本家.
【资本论】Zīběnlùn (書名) 『資本論』. マルクスの主著.
【资本市场】zīběn shìchǎng 名(経済) 資本市場.
【资本主义】zīběn zhǔyì 名 資本主義.
【资不抵债】zī bù dǐ zhài 名(経済) 債務超過になる.
【资材】zīcái 名 資材. 資金と物資.
【资财】zīcái 名 資産. 資金と財物. ¶聚积 jùjī ～ / 資財をコツコツためる.
【资产】zīchǎn 名 ❶ 資産. 財産. ¶固定～ / 固定資産. ¶那家公司有雄厚的～ / あの会社は潤沢な資産をもっている. ❷ (貸借対照表の) 貸方. 資産.
【资产负债表】zīchǎn fùzhàibiǎo 名(経済) 貸借対照表. バランスシート.
【资产负债率】zīchǎn fùzhàilǜ 名(経済) 借入率. 資産のうち, 借入額の占める割合.
【资产阶级】zīchǎn jiējí 名 資産階級. ブルジョアジー. 反 无产阶级 wúchǎn jiējí
【资产阶级革命】zīchǎn jiējí gémìng 名(歴史) ブルジョア革命.

【资方】zīfāng 名 資本家側. 反 劳方 láofāng
【资费】zīfèi 名(電話などの) 通信費.
【资格】zīgé [-ge] 名 ❶ 資格. ¶取消～ / 資格を取り消す. ¶你凭什么～教训他呢? / 君に何の資格があって彼をしかるのだ. ❷ 経験年数. キャリア. ¶老～ / ベテラン. ¶～最老 / 最古参だ.
【资金】zījīn 名(圖 笔 bǐ) ❶ 資金. ¶积累～ / 資金を積み立てる. ❷ (経営体の) 資本金. 元手. ¶～充足 / 資本金が充分ある.
【资力】zīlì 名 ❶ 資力. 財力. ¶～雄厚 xiónghòu / 資力が非常に豊かだ. ❷ 才能. 能力. ¶～有限 / 能力に限界がある.
【资历】zīlì 名 資格と経験. キャリア. ¶～浅 qiǎn / キャリアが乏しい. ¶不能只讲～, 不讲实际能力 / キャリアの能力を重んじて、実際の能力を問わないのはいけない.
*【资料】zīliào 名 ❶ 生産や生活に必要な材料や品物. ¶生产～ / 生産資料. ¶生活～ / 生活物資. 🔄 材料 cáiliào ❷ 資料. データ. ¶收集～ / 資料を収集する. ¶统计 tǒngjì ～ / 統計資料. 🔄 材料 cáiliào
【资深】zīshēn 形 ベテランの. 十分なキャリアがある.
【资送】zīsòng 動 資金や支度を調えて送り出す.
【资望】zīwàng 名 キャリアと名声. 人望.
【资信】zīxìn 名 資金と信用. ¶～调查 / 与信調査.
【资讯】zīxùn 名(中) 情報. 🔄 信息 xìnxī 参考 主に台湾で用いられることが多い.
*【资源】zīyuán 名 資源. ¶地下～ / 地下資源. ¶开发～ / 資源を開発する. ¶有效地利用～ / 資源を有効に利用する.
【资质】zīzhì 名 資質. 素質. ¶提高工人的～ / 労働者の資質をレベルアップする. 🔄 天分 tiānfèn, 天赋 tiānfù, 天资 tiānzī
【资治通鉴】Zīzhì tōngjiàn (書名) 『资治通鉴』. 参考 紀元前403年から959年までの1362年間の中国の史実を編年体で編纂した書. 北宋の司馬光が, 英宗の詔を奉じ, 1084年に完成させた.
【资助】zīzhù 動 物資や金銭で援助する. ¶在政府的～下, 开办了托儿所 tuō'érsuǒ / 政府の援助のもと, 保育園を開園した. ¶～受灾 shòuzāi 群众 / 被災した人々を援助する.

淄 zī

氵部8 四 3216₃
全11画 通用

名 地名用字. ¶～河 Zīhé (山東省を流れる川の名).

【淄博】Zībó (地名) 淄博. 山東省中部の市.

缁(緇) zī

纟部8 2216₃
全11画 通用

素 黒い色. ¶～衣 zīyī (黒い衣服).

辎(輜) zī

车部8 四 4256₃
全12画 通用

名 (古代の)ほろのついた車.

【辎重】zīzhòng 名 行軍するとき輸送部隊が携帯していく兵器・糧秣(りょう)・衣糧などの物資. ¶～车 / 辎重(ちょう)車. 軍用品を運ぶ車.

嗞 zī

口部9 四 6803₂
全12画 通用

擬 "吱 zī"に同じ.

嵫 zī

山部9 四 2873₂
全12画 通用

→崦嵫 Yānzī

孳 zī

子部9 四 8040₇
全12画 通用

滋 赵 觜 訾 锱 龇 镃 鼒 髭 鰦 子　zī - zǐ　1495

[素]繁殖する. ¶～乳 zīrǔ／～生 zīshēng.
【孳乳】zīrǔ [动][文] ❶(哺乳动物が)繁殖する. ❷派生する.
【孳生】zīshēng [动]"滋生 zīshēng"①に同じ.

滋 zī
氵部9　四3813₂　[常用]

❶[素]生じる. 成長する. ¶～芽 zīyá(芽を出す)／～蔓 zīmàn(はびこる)／～事 zīshì. ❷[素]増える. ¶～益 zīyì(利益が増す)／～甚 zīshèn(ますます甚だしい). ❸[动][方]勢いよく噴き出す.
【滋补】zībǔ [动](体に)栄養をつける. ¶～药品／滋養強壮薬.
【滋扰】zīrǎo [动][文]事故や問題が発生する. 面倒が起こる.
【滋润】zīrùn ❶[形]潤っている. 湿っている. ¶空气～／空気が湿っている. ¶皮肤 pífū～／皮膚が潤っている. ❷[动]水分を補給する. 潤す.
【滋生】zīshēng ❶[动]繁殖する. 育つ. ¶防止蚊蝇 wényíng～／カやハエの繁殖を防ぐ. ¶变质的食物容易～病菌／変質した食品には病原菌が繁殖しやすい. ¶逐渐 zhújiàn～了自满情绪／次第にうぬぼれが強くなっていった. [同]孳生 zīshēng, 繁殖 fánzhí ❷(好ましくない事を)引き起こす. 招く. ¶～争端 zhēngduān／争いの種を招く. ¶你有了钱,别～享乐 xiǎnglè 思想／金ができても,享楽的になってはいけない.
【滋事】zīshì [动][文](もめごとなどを)引き起こす. 招く. ¶行凶 xíngxiōng～／災いを引き起こす. ¶喝了酒～／酒を飲んで面倒を起こす. [同]惹事 rěshì,生事 shēngshì
【滋味】zīwèi [名](～儿) ❶味. ¶这个菜～不错／この料理は味がよい. [同]味道 wèidao ❷(生活の中で味わう)気持ち. 感情. ¶你知道失恋 shīliàn 的～吗？／失恋の味を知っているか. [表现]①はふつう美味なものを言う.
【滋养】zīyǎng ❶[动]栄養をつける. 栄養を与える. ¶～品／滋養食品. ¶～身体／栄養をつける. ❷[名]栄養. 滋養. ¶吸收～／養分を吸収する. ¶丰富的～／豊富な栄養.
【滋长】zīzhǎng [动]生じる. 増長する. ¶防止～自傲 zì'ào 情绪／傲慢な気持ちが大きくなるのを防ぐ. ¶阻止不良社会风气的～／悪しき社会風潮の蔓延(まん)を阻止する. [表现]抽象的で好ましくない事柄についていうことが多い.

赵 zī
走部6　四4780₈　[通用]

下記熟語を参照.
【趑趄】zījū [动][文] ❶步行に苦労する. ¶步履 bùlǚ～／歩行が困難だ. ❷ためらう.
【趑趄不前】zī jū bù qián [成]二の足を踏む.

觜 zī
角部6　四2222₇　[通用]

[名]二十八宿の一つ. とろきぼし.
☞觜 zuǐ

訾 zī
言部6　四2260₁　[通用]

[名]姓.
☞訾 zǐ

锱 (錙) zī
钅部8　四8276₃　[通用]

[量]古代の重さの単位. 1"两 liǎng"の4分の1. ¶～铢 zī-

zhū.
【锱铢】zīzhū [名]わずかな金. ささいな事.
【锱铢必较】zī zhū bì jiào [成]少額の金銭や小さなことにいちいちこだわる. ¶那家伙 jiāhuo 吝啬 lìnsè 成性,从来都是～／あいつは根っからのけちで,いつもわずかな金のことでごちゃごちゃ言う.

龇 (齜 / 呲) zī
齿部6　四2271₀　[通用]

[动](一)歯をむき出す. ¶～着牙(歯をむき出している)／～牙咧 liě 嘴.
【龇牙咧嘴】zī yá liě zuǐ [成] ❶歯をむき出している. どう猛で凶暴だ. ❷歯を食いしばって苦痛に耐えるようす. 苦痛に顔をゆがめるようす. ¶打针时他疼得～／注射を打つ時,彼は痛みで顔をゆがめた.

镃 (鎡) zī
钅部9　四8873₂　[通用]

下記熟語を参照.
【镃基[錤]】zījī [名]古代の大きな鋤(すき).

鼒 zī
鼎3　四4022₇　[通用]

[名]口の小さな鼎(かなえ).

髭 zī
髟部6　四7211₂　[通用]

[名]口ひげ. ¶～须 zīxū(口ひげとあごひげ).

鰦 (鰦) zī
鱼部8　四2216₃　[通用]

"鰦鱼 zīyú"に同じ.
【鰦鱼】zīyú [名]《魚》ボラ.

子 zǐ
子部0　四1740₇　[常用]

全3画

❶[素]子. 息子. ¶母～／母と子. ¶～女 zǐnǚ. ¶独生～／一人息子. 一人っ子.
❷[素]人. ¶男～／男子. 男性. ¶女～／女子. 女性.
❸[素]古代の学問や徳のある人に対する尊称. ¶夫～／儒学者に対する尊称. ¶孔～／孔子. ¶荀～／Xúnzǐ／荀子. ¶诸～百家／諸子百家.
❹[名]中国の古典を四部(経・史・子・集)に分けた第三類. ¶～部 zǐbù.
❺[代][文]汝(なんじ). そなた.
❻[名](～儿)植物の種. ¶菜～／アブラナの種. ¶莲～／ハスの実. ¶桐～ tóngzǐ／アブラギリの種子. ¶瓜～儿／スイカやカボチャの種. ¶结 jiē～／実を結ぶ.
❼[名](～儿)動物の卵. ¶鱼～／魚の卵. ¶鸡～儿／ニワトリの卵. ¶下～／卵を生む.
❽[素](～儿)小さくて硬いかたまりや粒. ¶棋～／qízǐ／将棋のこま. 碁の石. ¶枪～／銃弾.
❾[素](～儿)銅貨.
❿[素]幼い. ¶～鸡 zǐjī. ¶～猪 zǐzhū.
⓫[素]十二支の第一番目. 子(ね).
⓬[素]中国古代の五等爵(公・侯・伯・子・男)の第四位.
⓭[量](～儿)指でつまめるほどの束になった細長いものを数えることば. ¶一～儿线／1束の糸. ¶一～儿挂面／乾めん1把.
⓮(zi) [接尾][名]名詞,動詞,形容詞の後につけて名詞をつくる. また,量詞の後につけて語気を強める. ¶旗～／旗. ¶胡～／ひげ. ¶筷～／はし. ¶结～／結び目. ¶垫～ diànzi／クッション. ¶一档～ dàngzi 事／1件のできごと. ¶敲了两下～门／ドアを2回たたいた.
⓯(Zǐ) 姓.

【子部】zǐbù 图 四部(経・史・子・集)の子部. 諸子百家の著作を収める.
【子城】zǐchéng 图旧 大きな町に付属する小規模な町.
【子丑寅卯】zǐ chǒu yín mǎo 成 ものごとの道理. 理由. ¶他没有说出个~来／彼からは筋の通った話一つ出なかった. 由来「十二支の最初の四つ」の意から.
【子畜】zǐchù 图 家畜の子. 同 仔畜 zǐchù
【子代】zǐdài 图《生物》子の代.
【子弹】zǐdàn 图〔量 发 fā, 颗 kē, 粒 lì〕弹丸. 銃弾. ¶中 zhòng 了~／弾に当たった. ¶~带／弾薬帯. 保弾帯. ¶~壳儿 kér／薬莢(やっきょう). ¶~头／弾頭.
【子堤】zǐdī 图 決壊を防ぐため, 堤防の上に臨時に築く小さな堤防. 同 子埝 zǐniàn
【子弟】zǐdì 图 ❶ 子弟. ¶职员 zhíyuán ~／職員の子弟. ❷ 若年の後輩. ¶农工~／農業, 工業の若い世代.
【子弟兵】zǐdìbīng 图 人民解放军の兵士に対する, 親しみをこめた呼称. ¶我们的~／われらが兵隊さん. 参考 もとは郷土の出身者で組織された軍隊のことを指した.
【子房】zǐfáng 图《植物》子房(しぼう).
【子公司】zǐgōngsī 图 子会社. ¶设立~／子会社を設立する. 反 母 mǔ 公司
【子宫】zǐgōng 图《生理》子宫.
【子宫肌瘤】zǐgōng jīliú 图《医学》子宫筋腫.
【子宫颈】zǐgōngjǐng 图《生理》子宫頸(けい).
【子规】zǐguī 图《鸟》ホトトギス. 同 杜鹃 dùjuān
【子鸡】zǐjī 图 ひよこ. 同 仔鸡 zǐjī
【子集(合)】zǐjí(-hé) 图《数学》部分集合.
【子金】zǐjīn 图 利息. 同 母金 mǔjīn
【子爵】zǐjué 图 子爵.
【子口】zǐkǒu 图 ビンや缶の口の部分.
【子粒】zǐlì 图"子实 zǐshí"に同じ. 同 籽粒 zǐlì
【子棉】zǐmián 图 実綿. 摘みとった後, 種子を取り除いていない未処理の綿花. 同 籽棉 zǐmián
【子母弹】zǐmǔdàn 图《軍事》榴散弾(りゅうさんだん).
【子母扣儿】zǐmǔkòur 图《衣類などの》ホック. スナップ. 同 摁扣儿 ènkòur
【子目】zǐmù 图 細目.
【子女】zǐnǚ 图 息子と娘. 子供. ¶养育 yǎngyù~／子供を育てる.
【子时】zǐshí 图 子(ね)の刻. 夜11時から1時までの間.
【子实】zǐshí 图(穀類や豆類の)実. 種子. 同 籽实 zǐshí, 子粒 zǐlì
【子书】zǐshū 图 子書. 参考 中国の伝統的な書籍分類の子部に属する書籍.『老子』『墨子』『韓非子』など.
【子嗣】zǐsì 图文(跡継ぎとなる)息子. ¶他没有~／彼には跡継ぎがいない.
【子孙】zǐsūn 图 子と孫. 子孫. ¶子子孙孙／子や孫の末. ずっと後の子孫. ¶~满堂／子や孫が家に満ちる.
【子午莲】zǐwǔlián 图《植物》スイレン.
【子午卯酉】zǐ wǔ mǎo yǒu 成 ❶ 始まりから終わりまで. 一部始終. ❷ 満足のいく結果や成果.
【子午线】zǐwǔxiàn 图 子午線.
【子息】zǐxī 图文 ❶ "子嗣 zǐsì"に同じ. ❷ 利息. ¶这笔 bǐ 钱有~吗？／この金には利息がつくか. 表現 ① は, 広く子供のことも言う.
【子细】zǐxì 形"仔细 zǐxì"に同じ.
【子弦】zǐxián 图《音楽》(三弦や琵琶などの)いちばん細い弦.
【子痫】zǐxián 图《医学》子癇(しかん).
【子虚】zǐxū 图文 真実でない事. 架空. 虚構.

【子虚乌有】zǐ xū wū yǒu 虚構. 真実ではないこと. ¶~的空中楼阁 lóugé／現実に存在し得ない空中楼閣. ¶~的天方夜谈／空想的なアラビアンナイトの話. 由来 司馬相如「子虚賦」に登場する架空の人物"子虚先生"と"乌有先生"から.
【子婿】zǐxù 图文 娘婿.
【子叶】zǐyè 图《植物》子葉.
【子夜】zǐyè 图 真夜中. 同 半夜 bànyè
【子音】zǐyīn 图《言語》子音. 同 辅音 fǔyīn
【子鱼】zǐyú 图(孵化したばかりの)稚魚. 同 仔 zǐ 鱼, 稚 zhì 鱼
【子侄】zǐzhí 图 子供やおい, めいの世代.
【子猪】zǐzhū 图(生まれたばかりの)子ブタ. 同 仔猪 zǐzhū, 苗猪 miáozhū

仔 zǐ
亻部3 四 2724₇
全5画 常用
素(家畜などが)幼い. ¶~鸡 zǐjī／~猪 zǐzhū.
☞ 仔 zǎi, zī
【仔鸡】zǐjī 图"子鸡 zǐjī"に同じ.
【仔密】zǐmì 形(織り目や編み目が)細かい. ¶织得很~／細かく編まれている. ¶~的花纹／細かな模様.
*【仔细】zǐxì 形 ❶ こと細かい. 詳細だ. ¶他做事都很~／彼は何をやるにもとても周到だ. 同 细心 xìxīn, 子细 zǐxì ❷ 注意深い. ¶地板很滑 huá, ~点儿／床が滑りやすいから, 気をつけて. ❸ 方 つましい. 質素だ. ¶他们日子过得~／彼らは日々をつましく過ごしている. 同 细详 zǐxì
【仔鱼】zǐyú 图"子鱼 zǐyú"に同じ.
【仔猪】zǐzhū 图"子猪 zǐzhū"に同じ.

姊 zǐ
女部4 四 4542₇
全7画 次常用
素 姉. ¶~妹 zǐmèi. 同 姐 jiě 反 妹 mèi
【姊妹】zǐmèi 图 姉妹. ¶~城／姉妹都市.
【姊妹篇】zǐmèipiān 图(文学作品などの)姉妹編.

耔 zǐ
耒部3 四 5794₇
全9画
動文(作物の根元に)土を盛る.

茈 zǐ
艹部6 四 4411₂
❶ →茈草 zǐcǎo ❷(ZI)素 地名用字. ¶~湖口 Zǐ-húkǒu(湖南省にある地名).
☞ 茈 cí
【茈草】zǐcǎo 图《植物・薬》ムラサキ. 同 紫草 zǐcǎo 参考 根は紫色の染料となり, 解熱などの薬効がある.

秭 zǐ
禾部4 四 2592₇
全9画
素 地名用字. ¶~归 Zǐguī(湖北省にある県名).

籽 zǐ
米部3 四 9794₇
全9画 次常用
图(~儿)植物の種. ¶~~ càizǐ(野菜の種)／棉~ miánzǐ(綿の実). 同 子 zǐ ⑥
【籽粒】zǐlì 图《農業》穀類の種. 同 子 zǐ 粒

第 zǐ
竹部10 四 8822₇
全10画 通用
图文(寝台に敷く)竹で編んだござ. ¶床~ chuángzǐ(寝台に敷く竹ざす).

梓 zǐ
木部7 四 4094₇
全11画 通用
❶ 图《植物》アズサ. キササゲ. ❷ 素 版木. ¶付~ fùzǐ(上梓(じょうし)する)／~行 zǐxíng(出版する). ❸

(ZI)姓. 由来②は,昔の印刷には硬いアズサの板が最上とされたことから.

紫 zǐ 糸部6 四 2290₃ 全12画 常用

❶ 形 紫色の. ¶~红 zǐhóng / 青~ qīngzǐ(青紫色) / ~外线 zǐwàixiàn. ❷(Zǐ)姓.
【紫菜】zǐcài 名《植物》ノリ. 同 甘 gān 紫菜
【紫癜】zǐdiàn 名《医学》紫斑病.
【紫貂】zǐdiāo 名《動物》クロテン. ¶~大衣 / クロテンのコート. 同 黑貂 hēidiāo
【紫丁香】zǐdīngxiāng 名《植物》ライラック. リラ. ⇨ 丁香 dīngxiāng
【紫毫】zǐháo 名 毛筆の一種. 筆先は深紫色で,細く硬いウサギの毛を用いたもの. ¶~毛笔 / ウサギの毛の筆.
【紫河车】zǐhéchē 名《中医》❶ 胎盤. 胞衣(ぇな). ❷ 胎盤から作る漢方薬. 強壮剤.
【紫红】zǐhóng 形 赤銅(しゃくどう)色の. 紫がかった赤色の. ¶~色 / 紫がかった赤色.
【紫花】zǐhuā[-hua] 形 うすい褐色の. ¶~布 / カーキ色の布.
【紫花地丁】zǐhuā dìdīng 名《植物》スミレ. チュウゴクスミレ.
【紫(花)苜蓿】zǐ(-huā)mùxu 名《植物》ムラサキウマゴヤシ. アルファルファ.
【紫金】zǐjīn 名 最上級の金.
【紫禁】zǐjìn 名 王宮. 皇居.
【紫禁城】Zǐjìnchéng 名 紫禁城(しきんじょう). 参考 中国の明·清代の王宮. 北京市の中央にあり,現在は故宮博物院として,一部を除き一般開放されている.
【紫荆】zǐjīng 名《植物》❶ ハナズオウ. ❷ バウヒニア. 同 洋 yáng 紫荆,红花羊蹄甲 hónghuā yángtíjiǎ 参考 ②は,香港特別行政区のマークに使われている.
【紫荆花】zǐjīnghuā 名 "紫荆"②に同じ.
【紫罗兰】zǐluólán 名《植物》アラセイトウ.
【紫茉莉】zǐmòli 名《植物》オシロイバナ.
【紫萍】zǐpíng 名《植物》ウキクサ.
【紫色】zǐsè 名 紫色.
【紫砂】zǐshā 名 陶磁器の原料となる陶土の一つ. 参考 江蘇省宜興(ぎこう)の陶器は,この陶土で作られることで有名.
【紫杉】zǐshān 名《植物》イチイ.
【紫苏】zǐsū 名《植物》シソ.
【紫檀】zǐtán 名《植物》紫檀(したん). またその木材. 同 青龙木 qīnglóngmù,红木 hóngmù
【紫藤】zǐténg 名《植物》フジ.
【紫铜】zǐtóng 名 純質の銅. 同 红铜 hóngtóng
【紫外线】zǐwàixiàn 名 紫外線. 同 紫外光 zǐwàiguāng
【紫菀】zǐwǎn 名《植物》シオン.
【紫薇】zǐwēi 名《植物》サルスベリ.
【紫药水】zǐyàoshuǐ 名《薬》ゲンチアナ水. 植物のリンドウから作る. 消毒·防腐用の外用薬としてよく使われる. 参考 "龙胆紫 lóngdǎnzǐ"の通称.
【紫云英】zǐyúnyīng 名《植物》レンゲソウ. 同 紫云草 cǎo,红花草 hónghuācǎo
【紫芝】zǐzhī 名《植物》マンネンダケ. ⇨ 灵芝 língzhī

【紫竹】zǐzhú 名《植物》クロチク.

訾 zǐ 言部6 四 2260₁ 全13画 通用

动 又 人の悪口をいう. ¶~议 zǐyì / ~毁 zǐhuǐ(誹謗ひぼう).
☞ 訾 Zī
【訾议】zǐyì 动 又 他人の欠点を批判する. ¶无可 wúkě~ / 非の打ち所がない.

滓 zǐ 氵部10 四 3314₁ 全13画 次常用

素 (沈澱した)かす. おり. ¶渣~ zhāzǐ(かす).

自 zì 自部0 四 2600₀ 全6画 常用

❶ 素 自分で. ¶~动 zìdòng / 爱 zì'ài / ~卫 zìwèi / ~给~足 zì jǐ zì zú / ~立 zìlì / 独立~主(独立自主). ❷ 副 又 当然. ¶~当 dāng 努力(当然努力すべきだ) / ~不待言. ❸ 介 …から. ¶~从 zìcóng / ~古至今(昔から今まで) / 天津 Tiānjīn 到北京 Běijīng(天津から北京まで) / ~来~各国の客人(各国から来た客). 同 从 cóng,由 yóu ❹(Zì)姓.
【自爱】zì'ài 动 自重する. ¶自尊 / プライドを大切にする.
【自傲】zì'ào 形 傲慢だ. ¶居功 jūgōng~ / 手柄を立てたことでお高くとまる.
【自拔】zìbá 动 (苦しみや罪悪から)自ら抜け出す. ¶难 nányǐ~ / 自力で抜け出すのは難しい.
【自白】zìbái ❶ 动 自分の考えを明らかにする. ¶他乘机 chéngjī~了一番 / 彼はこの機会に自分の考えを述べた. ❷ 名〔方 piān〕ことばをあらわだてた.
【自保】zìbǎo ❶ 动 自己を守る. ❷ 名 自家保険. 自己保険.
【自报家门】zì bào jiā mén ❶ 自己紹介する. ❷《芸能》伝統劇で,登場人物が最初に自分の名前や出身地などを紹介するもの.
【自暴自弃】zì bào zì qì 成 自暴自棄になる. ¶他没有因为连遭挫折 cuòzhé~ / 彼はなんども挫折したからといって自暴自棄にはならない.
【自卑】zìbēi ❶ 形 卑屈だ. ¶~感 / 劣等感. ¶不自满,也不~ / 慢心もせず,卑屈にもならない. 同 反义 zìdà,自负 zìfù,自满 zìmǎn ❷ 动 自分に対して自信を失なう. ¶你要有自信,别太~ / あんまり悲観しないで,自信を持ちなさい.
【自备】zìbèi 动 自分で用意する. ¶~午餐 / 昼食を持参する.
【自便】zìbiàn 动 自らの都合のよいようにする. ¶听其~ / 好きなようにさせる. ¶集体活動到此为止,大家~吧 / 集団行動はここまで,あとは皆さんご自由に.
【自不必说】zì bù bì shuō 成 言うまでもない. 同 自不待言 zì bù dài yán
【自不待言】zì bù dài yán 成 言うまでもない. ¶她乐于助人,受到大家的信赖 xìnlài~ / 彼女は人助けが好きなので,皆に信頼されるのはもちろんのことだ. 同 自不必说 zì bù bì shuō
【自不量力】zì bù liàng lì 成 自分の力量をわきまえない. ¶他自以为很能干,其实~ / 彼は有能なつもりだが,実は自分の力をわかっていないのだ.
【自裁】zìcái 动 自殺する. ¶没想到他竟会走~之路 / まさか彼が自裁の道を選ぶとは思わなかった.
【自惭】zìcán 动 自ら恥ずかしく思う. 恥じ入る. ⇨ 自惭形秽 xínghuì

【自惭形秽】zì cán xíng huì 成 他人に引け目を感じる. ¶感到~／劣等感をもつ. 由来『世説新語』容止篇に見えることば.「容貌が人より劣っていることを恥ずかしく思う」という意から.
【自嘲】zìcháo 動 自嘲する.
【自沉】zìchén 動 ⓧ 入水(じゅすい)する. 投身自殺する.
【自称】zìchēng 動 自称する. ¶他~是摄影师 shèyǐngshī／彼は自称カメラマンだ. 表現 マイナスのニュアンスを含むことが多い.
【自成一家】zì chéng yī jiā 成 自ら一派をなす. ¶他的绘画~／彼の絵画は独自の世界を持つ.
【自乘】zìchéng 動〖数学〗自乗する. 二乗する.
【自持】zìchí 動 自制する. ¶她激动得不能~／彼女は抑えきれないほど感激した.
【自筹】zìchóu 動〈資金〉自己調達する.
【自吹自擂】zì chuī zì léi 成 自画自賛する. ¶他老是~／彼はいつでも手前味噌だ. 由来「自らラッパを吹き,太鼓をたたく」という意から.
*【自从】zìcóng 前〈過去のある時点を起点として〉…から. ¶~那次手术后,我把烟和酒都戒 jiè 了／あの手術の後,私はたばこも酒もやめた. 用法「自 zì」や「从 cóng」は時間や場所の起点をあらわすが,"自从"は過去の時間についていのみいう.
【自忖】zìcǔn 動 ⓧ 自ら推量する. ¶暗暗~／ひそかに推察する.
【自打】zìdǎ 前⃝⃝ …から. ¶~女儿出嫁 chūjià 后,她一直感到很寂寞 jìmò／娘は嫁にやってから,彼女はずっとさびしがっている. 同 自从 zìcóng
【自大】zìdà 形 尊大だ. ¶自高~／尊大ぶる. → 骄傲 jiāo'ào. 反 自卑 zìbēi
【自得】zìdé 一人悦に入る. ¶过着自安闲 ānxián ~的生活／悠々自適の生活をする.
【自得其乐】zì dé qí lè 成 自ら楽しむ. 興味が尽きず楽しく過ごす.
*【自动】zìdòng 形❶自発的だ. ¶~帮助／自ら進んで手伝う. 同 主动 zhǔdòng ❷自然に. ¶~燃烧／自然燃焼する. ❸〈機械などが〉自動的に組織する.
【自动步枪】zìdòng bùqiāng 名〖軍事〗自動小銃.
【自动扶梯】zìdòng fútī 名 エスカレーター.
【自动柜员机】zìdòng guìyuánjī 名 現金自動預け払い機. ATM. 同 自动取款机 zìdòng qǔkuǎn jī
【自动化】zìdònghuà 動 自動化する. オートメーションにする.
【自动控制】zìdòng kòngzhì 句 自動制御する. 自動コントロールする.
【自动铅笔】zìdòng qiānbǐ 名 シャープペンシル.
【自动线】zìdòngxiàn 名 自動生産ライン. ⇨流水 liúshuǐ 线
【自渎】zìdú 動 ⓧ 手淫.
【自发】zìfā 形 自然発生的だ. ¶~势力／自然発生的の勢力. →不組織的起来／自発的的組織する.
【自肥】zìféi 動 着服する. ¶~腰包 yāobāo／自分の懐を肥やす. ¶他自从当上会计 kuàijì 后就从中~／彼は経理担当になるとすぐに着服した.
*【自费】zìfèi 動 自費で. ¶~留学／私費留学する. 反 公费 gōngfèi
【自焚】zìfén 動 自らの身を焼いて死ぬ. ¶玩火~／火遊びをして自分の身を焼く. 自業自得になる. 用法多く「自己を害する」という比喩に用いる.
【自分】zìfèn 動 自分で自分を採点する. 自分に点数をつける.
【自封】zìfēng 動❶⃝⃝ 自任する. ¶~为专家／専門家を自任する. ❷自らを規制する. ¶故步~／古い殻に閉じこもる.
【自奉】zìfèng 動 ⓧ 自分の生活のために費やす.
【自负】zìfù 動❶自己責任を負う. ¶文责~／文責は筆者にあり. ❷形⃝⃝ うぬぼれている. ¶他很~／彼はたいへんうぬぼれている. 同 自傲 zì'ào 反 自卑 zìbēi
【自负盈亏】zìfù yíngkuī 句 企業が独立経営し,自ら損益の責任を負う. また,その経営方式.
【自感】zìgǎn 名"自感应 zìgǎnyìng"の略称.
【自感应】zìgǎnyìng 名〖物理・電気〗自己インダクタンス. 同 自感
【自高自大】zì gāo zì dà 成 尊大な態度をとる. ¶这个人有点~／この人はちょっとお高くとまっている.
【自告奋勇】zì gào fèn yǒng 成 進んで困難な仕事を引き受ける. ¶~地要求参加这项活动／自分から申し出てこの活動への参加を志願する.
【自个〔各〕儿】zìgěr 名⃝⃝ 自分.
【自贡】Zìgòng〈地名〉自贡(しこう). 四川省東南部にある市. 参考 恐竜の化石の出土や塩井(えんせい)で有名.
【自供】zìgòng 動 自供する. ¶最后他终于~了／最後には彼はとうとう自供した.
【自古】zìgǔ 副 昔から. ¶~以来／昔から.
【自顾不暇】zì gù bù xiá 成 自分に精一杯で,他人を顧みることができない. ¶最近他忙得~,哪能再帮助你呢？／最近彼は忙しくて手一杯なのに,どうして君の手助けができるものか.
【自汗】zìhàn 名〖中医〗自汗(ぶん). 暑さや労働・運動に関係なく,しきりに汗が出ること.
【自豪】zìháo 形⃝⃝ 誇りに思う. ¶以此~／これを誇りとする.
【自好】zìhào 動 自重する. ⇨洁身 jiéshēn 自好
【自画像】zìhuàxiàng 名 自画像.
【自毁】zìhuǐ 動❶〖軍事〗自爆する. ❷自滅する.
**【自己】zìjǐ 代❶自分. ¶生~的气／自分に腹をたてる. ¶你~看看去！／自分で見に行ってごらん. 同 本人 běnrén 反 別人 biérén,他人 tārén,外人 wàirén ❷親しい. 身内の. ¶都是~人了,何必客气呢？／みんな仲間なのだから,何の気がねがいるものか.
【自己人】zìjǐrén 名 仲間うち. 身内.
【自给】zìjǐ 動 自給する. ¶粮食~有余／食糧は自給してなお余りある.
【自给自足】zì jǐ zì zú 成 自給自足する.
【自家】zìjiā 代⃝⃝ 自分. 同 自己 zìjǐ
【自家人】zìjiārén 名⃝⃝ 仲間うち. 身内. 同 自己 jǐ 人
【自荐】zìjiàn 動 自薦する.
【自交】zìjiāo 動〖生物〗自家受精する.
【自矜】zìjīn 動 ⓧ 自分の長所を自慢する. ¶毫不 háobù ~／少しも自慢しない.
【自尽】zìjìn 動 自殺する. ¶悬梁 xuánliáng ~／首つり自殺する. 同 自杀 zìshā
【自经】zìjīng 動 ⓧ 首吊り自殺する.
【自净】zìjìng 動 自浄する.
【自咎】zìjiù 動 ⓧ 自分を責める. ¶悔恨 huǐhèn ~／悔やんで自分を責める. ¶事已过去,不必~太深／済んだことだ,あまりひどく自分を責めるな.

【自救】zìjiù 動 自分で自分を救う．¶天救〜之人／天は自ら助くる者を助ける．
【自居】zìjū 動 旺 自らを…とみなす．¶〜名士／名士と自任する．¶他常以专家〜／彼は常に自ら専門家をもって任じている．
【自决】zìjué 動 自分で自分のことを決める．¶民族〜权／民族自決権．
【自绝】zìjué 動 自ら関係を絶つ．¶〜于人民／自ら人民と縁を切る．
*__【自觉】__zìjué ❶ 動 自覚する．¶病状不明显／自覚症状があまりない．❷ 形 自覚している．¶遵守 zūnshǒu 法律／自覚して法律を守る．¶她一点也不〜／彼女には少しも自覚がない．(反) 盲目 mángmù
【自觉性】zìjuéxìng 名 自覚．自覚性．
【自觉自愿】zì jué zì yuàn 成 自覚し，自ら希望する．十分認識し，自発的に行う．
【自掘坟墓】zì jué fén mù 成 自ら墓穴を掘る．¶贪污 tānwū 犯罪 fànzuì 无疑 wúyí 是〜／汚職は間違いなく自ら墓穴を掘る．
【自考】zìkǎo 名 "自学考试"(独学者のための学力認定試験)の略称．
【自控】zìkòng 動 "自動控制"(自動制御する)の略称．
【自夸】zìkuā 動 自慢する．¶她常〜自己的小孩聪明／彼女はうちの子は利口だといつも自慢する．(同) 自诩 zìxǔ
【自宽】zìkuān 動 自分で自分を慰める．
【自况】zìkuàng 動 文 (他の人や事物を)自分に引き比べる．
【自愧不如】zì kuì bù rú 成 (自分が)他人に及ばないことを恥じる．
【自来】zìlái 副 もともと．¶这里〜就是交通要路／ここはもともと交通の要所だ．(同) 从来 cónglái, 原来 yuánlái
【自来白】zìláibái 名 "月饼 yuèbing"(月餅)の一種．外側が"酥皮 sūpí"(パイ皮)のもの．
【自来红】zìláihóng 名 ❶ 生まれつきのプロレタリアート．出身や階級から，おのずとブルジョアの思想や政治的自覚を身につけていること．❷ "月饼 yuèbing"(月餅)の一種．表面に卵などを塗ってつやを出し，こんがりと焼き色をつけたもの．
【自来火】zìláihuǒ 名 方 ❶ マッチ．(同) 火柴 huǒchái ❷ ライター．(同) 打火机 dǎhuǒjī
【自来水】zìláishuǐ 名 (〜儿) ❶ 上水道．❷ 水道水．
【自来水笔】zìláishuǐbǐ 名 (支 zhī, 枝 zhī) 万年筆．
【自理】zìlǐ 動 ❶ 自分で負担する．¶费用〜／費用は自分で負担する．❷ 自分で処理する．¶生活不能〜／生活がままならない．
【自力】zìlì 名 自分の力．
【自力更生】zì lì gēng shēng 成 自力更生．¶发扬〜的精神!／自力更生の精神を発揮しよう．¶他靠〜,设立了自己的公司／彼は自分の力だけで，会社を設立した．
【自立】zìlì 動 自立する．¶〜谋生 móushēng／自立して生計を立てる．¶在经济上不能〜／経済的に自立できない．
【自量】zìliàng 動 自分の実力をおしはかる．¶不知〜／身のほどを知らない．
【自料】zìliào ❶ 動 予想する．あてにする．❷ 名 客の持ち込みの材料．¶〜加工／客の持ち込みの材料を加工する．

表現 ②は，多く服の仕立ての場合に用いる．

【自流】zìliú 動 ❶ 自然に．自然の流れで．¶〜灌溉 guàngài／自然の水流による灌漑(がい)．❷ なるがままに任せる．¶听其〜／なすままにする．
【自流井】zìliújǐng 名 自噴井(じふんせい)．
【自留】zìliú 動 自分あるいは特定の個人のために残しておく．自家保有する．
【自留地】zìliúdì 名〔块 kuài, 片 piàn〕自留地．農業集団化時代の，自作用の小さな土地．
【自律】zìlǜ 動 自らを律する．自律する．¶严以〜／厳しく自らを律する．
【自卖自夸】zì mài zì kuā 成 旺 自画自賛する．¶王婆卖瓜,〜／王婆さんが瓜を売る―自分で売り物を誉めちぎる．
【自满】zìmǎn 動 自己満足している．¶骄傲 jiāo'ào〜／おごり高ぶりうぬぼれる．¶工作有了点儿成绩,他就〜起来／仕事でちょっとばかり成果を上げると，彼はすぐそれで満足してしまう．
【自勉】zìmiǎn 動 文 自ら勉める．
【自鸣得意】zì míng dé yì 成 得意になる．¶她刚考及格,就〜了／彼女は試験に合格したばかりなのに，もう鼻高々だ．
【自鸣钟】zìmíngzhōng 名〔架 jià〕ボンボン時計．
【自命】zìmìng 動 品格や身分などを自任する．¶〜清高／清廉を自任する．
【自命不凡】zì mìng bù fán 成 自分は非凡であるとうぬぼれる．非凡を自負する．
【自馁】zìněi 動 自信をなくしてしょげる．¶我们再接再厉,绝不〜／我々は一層の努力をして絶対にくじけない．
【自拍】zìpāi 動 自動でシャッターを切る．¶〜机／セルフタイマー．
【自欺】zìqī 動 自らをあざむく．
【自欺欺人】zì qī qī rén 成 (自分でもおかしいと思うような手段で)人をだます．自分で自分を欺く．
【自弃】zìqì 動 自信を失いあきらめる．捨てばちになる．¶自暴 zìbào〜／成 自暴自棄になる．
【自谦】zìqiān 形 謙虚だ．¶他很〜／彼はとても謙虚だ．
【自遣】zìqiǎn 動 文 気晴らしをする．¶他借酒来〜烦恼 fánnǎo／彼は酒で悩みを紛らわす．
【自戕】zìqiāng 動 文 自殺する．¶他〜身亡 shēnwáng 了／彼は自殺して果てた．
【自强】zìqiáng 動 向上するよう努力する．
【自强不息】zì qiáng bù xī 成 努力を重ね，決して怠らない．
【自轻自贱】zì qīng zì jiàn 成 自らを軽蔑する．
【自取】zìqǔ 動 自ら選び取る．¶〜其咎 jiù／自業自得．
【自取灭亡】zì qǔ miè wáng 成 自ら滅亡への道を歩む．
*__【自然】__zìrán ❶ 名 自然．¶〜科学／自然科学．¶〜灾害 zāihài／自然災害．(同) 大自然 dàzìrán ❷ 形 自然の．¶听其〜／自然の成り行きに任せる．❸ 副 自然に．ひとりでに．¶到时候〜明白／時が来たら分かる．¶〜而然／おのずと．知らず知らずのうちに．
【自然保护区】zìrán bǎohùqù 名 自然保護区．
【自然村】zìráncūn 名 自然と形成された村落．
【自然而然】zì rán ér rán 成 自然と．自然に．ひとりでに．
【自然法】zìránfǎ 名 自然法．(反) 实在 shízài 法

【自然光】zìránguāng 名 自然光.
【自然規律】zìrán guīlǜ 名 自然の法則.
【自然環境】zìrán huánjìng 名 自然環境.
【自然界】zìránjiè 名 自然界.
【自然経済】zìrán jīngjì 名《経済》自然経済.現物経済.
【自然科学】zìrán kēxué 名 自然科学.
【自然力】zìránlì 名 自然力.
【自然人】zìránrén 名《法律》自然人.
【自然数】zìránshù 名《数学》自然数.
【自然物】zìránwù 名 自然物.
【自然選択】zìrán xuǎnzé 名 自然淘汰.自然選択.
【自然災害】zìrán zāihài 名 自然災害.
【自然主義】zìrán zhǔyì 名《文学・芸能》自然主義.
【自然資源】zìrán zīyuán 名 天然資源.
【自燃】zìrán 動 自然燃焼する. ¶原始森林 sēnlín~起来 / 原始林が自然発火した.
【自然】zìran 形 自然だ.作為的でない. ¶他演得挺 tǐng~ / 彼の演技はとても自然だ. 笑得不太~ / ちょっと不自然な笑い方をする. 反 呆板 dāibǎn,生硬 shēngyìng,做作 zuòzuò
【自认】zìrèn 動 自認する.
【自认倒霉】zì rèn dǎo méi 成 不運だったとあきらめる. ¶我丢了钱包,只能~ / 私は財布を落としたが,不運だったとあきらめるしかない.
【自认晦气】zì rèn huì qì 成 不運だったとあきらめる.
【自如】zìrú 形 ❶自由自在だ. ¶操纵 cāozòng~ / 自由自在に操縦する. 运用~ / 自在に使いこなす. ❷泰然としている. 神态~ / 物腰がゆったりしている. 同 自若 zìruò.
【自若】zìruò 形 平常どおり泰然としている. ¶他临危不惧 jù,镇定 zhèndìng~ / 彼は危機に臨んでも恐れず,落ち着きをはらっている. 同 自如 zìrú
【自杀】zìshā 動 自殺する. 反 他杀 tāshā
【自伤】zìshāng 動 ❶《法律》自傷する. ❷自ら悲しむ. 自分を哀れむ.
【自上而下】zì shàng ér xià 成 上から下へ. ¶文件地传达 chuándá / 公文書は上から下へと伝えられる.
【自身】zìshēn 代 自分. ¶不顾~安危 / わが身の危険を顧みない. ¶~利益 / 自分の利益. 同 本身 běnshēn
【自生自灭】zì shēng zì miè 成 自然に発生し自然に消滅する. 成り行き任せにして誰も顾みないこと. ¶~的野花,空谷に咲いては散る野の花.
【自食其果】zì shí qí guǒ 成 自業自得.報いを受ける. ¶他作恶 zuò'è 多端,最终将~ / 彼は悪事ばかりしているから,最後には報いを受けるだろう.
【自食其力】zì shí qí lì 成 自活する. ¶我要~,不能再依靠父母了 / 私は自活したい,これ以上両親には頼れない.
【自食其言】zì shí qí yán 成 自分で言ったことを実行しない. ¶对方在签 qiān 合同 hétong 时又~了 / 相手方は契約を結ぶ段になってまたも言を翻した.
【自始至终】zì shǐ zhì zhōng 成 始めから终わりまでずっと. ¶她~认真听课 / 彼女は始めから终わりまで真面目に授業を聞いていた.
【自视】zìshì 動 自分で自分を…と見なす.自己評価する.
【自恃】zìshì 文 ❶形 高慢だ. ❷動 かさにきる. ¶~功高 / 功績の大きさを鼻にかける.
【自是】zìshì ❶副 当然. ¶久别重逢 chóng-

féng, ~高兴 / 久方ぶりに会うのだから,もちろん嬉しい. ❷形 一人よがりだ.独善的だ.
【自首】zìshǒu 動 ❶自首する. ❷(敵に)屈服する.
【自赎】zìshú 動 自分で罪を償う.罪滅ぼしをする. ¶立功 lìgōng~ / 手柄を立てて罪を償う.
【自述】zìshù ❶動 自ら述べる. ¶以上内容由小张~ / 以上は張さんが自分で言ったことです. ❷名 自伝.
【自说自话】zì shuō zì huà 成(方)❶他人の考えに耳を貸さず,自分だけで决める. ❷独り言を言う.
【自私】zìsī 形 自分勝手だ. ¶为人 wéirén~ / 自己中心的な人間だ. 反 无私 wúsī
【自私自利】zì sī zì lì 成 私利私欲に走る.自己本位だ.
【自诉】zìsù 動《法律》自ら告訴する. ¶被害人向法院~了 / 被害者が裁判所に自ら告訴した. 反 公诉 gōngsù
【自诉人】zìsùrén 名《法律》告訴人.
【自讨苦吃】zì tǎo kǔ chī 成 自ら面倒や苦労を招く. ¶这是~的事 / これは自ら招いた苦労だ.
【自讨没趣】zì tǎo méi qù 成 自ら恥をかくようなことをする. ¶他多嘴多舌,~ / 彼は口数が多すぎて,かかなくていい恥をかく.
【自投罗网】zì tóu luó wǎng 成 自ら網にかかる.自ら危険にさらす. 参考 "罗"は鳥を捕まえる網.
【自外】zìwài 動 部外者の立場に立つ.あえて(人と)の距離をおく. ¶~于亲友 / 親友と対立する. 同 自别 bié,自异 yì
【自卫】zìwèi 動 自衛する. ¶~战争 / 自衛のための戦争. 奋力 fènlì~ / 全力を挙げて自らを守る.
【自慰】zìwèi 動 自分で自分を慰める. ¶聊 liáo 以~ / しばし自らを慰める.
【自刎】zìwěn 動 自ら首をはねて死ぬ. ¶~而死 / 自ら首をはねて死ぬ.
【自问】zìwèn 動 ❶自問する. ¶反躬 gōng~ / 自問する. ¶~无愧 kuì / 胸に手を当てて恥じるところがない. ❷自分で判断する. ¶我~尽了最大努力 / 私は自ら最大限の力を尽くしたと思う.
*【自我】zìwǒ ❶代 自分. ¶~表现 / 自己顕示する. ¶~介绍 / 自己紹介する. ¶~欣赏 xīnshǎng / 自己满足する. ❷名 自我. ¶追求~ / 自己を探究する. ¶找回失去的~ / 見失っていた自分を取り戻す. 用法 ①は二音節動詞の前に置かれ,自分の行う動作の対象が自分自身であることをあらわす.
【自我标榜】zìwǒ biāobǎng 句 自ら標榜する.自慢する.自分で自分を吹聴する.
【自我批评】zìwǒ pīpíng 句 自己批判する.
【自我陶醉】zìwǒ táozuì 句 自己陶酔する.うぬぼれる.自負する.
【自我牺牲】zìwǒ xīshēng 句 自ら犠牲になる.
【自习】zìxí 動 自習する. ¶~课 / 自習授業. ¶请同学们~下一课的内容 / 生徒の皆さん,次の課の内容を自習してください.
【自下而上】zì xià ér shàng 成 下から上へ. ¶~的选举 xuǎnjǔ / 下から上への選挙.民意を反映した選挙. ¶采取 cǎiqǔ~的方法 / 下からの意見を取り上げる方法をとる.
【自相】zìxiāng 副(それ自身の間で)相互に.
【自相残杀】zì xiāng cán shā 成 味方同士で殺し合う.
【自相矛盾】zìxiāng máodùn 句(発言や行動が)自己矛盾している. 由来『韓非子』難一篇の「矛盾」の故

【自销】zìxiāo 自社販売する．自家販売する．
【自小】zìxiǎo 副 小さいときから．幼い頃から．
【自新】zìxīn 動 悔い改める．（過去の自分を捨て）新たな人生を歩む．
【自信】zìxìn ❶ 名 自信．回 自信心 xīn ❷ 形 自分を信じている．¶～心 xīn／自信．自負心．¶你太～了／自信過剰だよ．¶缺乏 quēfá～／自信に欠ける．反 自馁 zìněi
【自行】zìxíng 動 進んで…する．¶～解决／自主的に解決する．¶～退出／自ら退く．
*【自行车】zìxíngchē 名〔辆 liàng〕自転車．¶骑～去学校／自転車に乗って学校へ行く．参考 "脚踏 jiǎotà 车"と呼ぶ地方もある．
【自行火炮】zìxíng huǒpào 名《軍事》自走砲．
【自行其是】zì xíng qí shì 成 （他人の意見を聞かず）自らが正しいと信じることを行う．
【自省】zìxǐng 動 反省する．¶你应该～一下／君はちょっと反省すべきだ．
【自修】zìxiū 動 ❶ 自習する．¶学生们正在～／学生たちは自習中だ．❷ 独習する．¶～英语／英語を独習する．
【自许】zìxǔ 動 自任する．自負する．¶她以当代艺术大师～／彼女は自ら現代芸術の巨匠をもって任じている．
【自诩】zìxǔ 動〈文〉自慢する．¶～先知先觉／先覚者を自任する．
【自序】[自叙] zìxù 名〔篇 piān〕❶ 作者自身による序言．❷ 自叙伝．
【自选】zìxuǎn 動 ❶ 自選の．自由な．❷《スポーツ》フリーの（競技・種目）．選択の（種目）．¶～动作／フリー種目．
【自选市场】zìxuǎn shìchǎng 名 スーパーマーケット．回 超级 chāojí 市场,超市 chāoshì
*【自学】zìxué 動 独学する．¶～成材／独学してひとかどの人物になる．
【自学考试】zìxué kǎoshì 名 入学資格検定．参考 下級の学校の卒業要件を満たさない独学者に対し、上級の学校への入学許可を与える試験．
【自寻烦恼】zì xún fán nǎo 成 自分で悩みの種をつくる．¶这事与你毫无关系,你别～了！／このことは君とは関係ないのだから，悩みの種にするな．
【自言自语】zì yán zì yǔ 成 独り言を言う．¶你～地说什么呢？／ぶつぶつと何を言っているの．
【自已】zìyǐ 動 （感情を）自己規制する．自分の気持ちを抑える．用法 "不能～"や"难以～"のような否定形で使うことが多い．
【自以为】zì yǐwéi 句 自分一人で…と思う．¶～了不起 liǎobuqǐ／自分でたいしたものだと思う．¶～得计 déjì／自分ではしてやったりと思う．
【自以为是】zì yǐ wéi shì 成 自分の意見や行動が正しいとし，人の意見を受け入れない．独りよがりになる．
【自缢】zìyì 動〈文〉首つり自殺する．¶悬梁 xuánliáng～／首つり自殺する．
【自用】zìyòng 形 ❶ 独善的だ．¶刚愎 gāng bì～／頑固一人よがりだ．¶师心～／自説に固執する．❷ 個人用の．¶～汽车／自家用車．
*【自由】zìyóu ❶ 名 自由．¶～平等／自由平等．❷ 名《哲学》自由．❸ 形 自由だ．¶～发表意见／自由に意見を発表する．¶～散漫 sǎnmàn／気ままだ．回 自在 zìzài 反 约束 yuēshù

【自由港】zìyóugǎng 名《貿易》自由港．自由貿易港．フリーポート．
【自由竞争】zìyóu jìngzhēng 名《経済》自由競争．
【自由恋爱】zìyóu liàn'ài 名 自由恋愛．
【自由落体运动】zìyóu luòtǐ yùndòng 名《物理》自由落下運動．
【自由民】zìyóumín 名 自由民．
【自由市场】zìyóu shìchǎng 名 自由市場．"农贸市场 nóngmào shìchǎng"の通称．
【自由体操】zìyóu tǐcāo 名《スポーツ》（体操競技の）床運動．マット運動．
【自由王国】zìyóu wángguó 名《哲学》人間が客観世界の規準を認識した後に，自由を規律を応用したり客観世界を改造したりできる境界線．自由の王国．
【自由泳】zìyóuyǒng 名 ❶《スポーツ》（水泳の）自由型．❷ "爬泳 páyǒng"（クロール）の俗称．
【自由职业】zìyóu zhíyè 名 ❶ 医師・教師・弁護士・芸術家など，特定の専門技術によって従事する職業．専門職．❷ 特定の組織に属さず，一定の技術により独立して仕事をする職業．自由業．フリーランス．参考 現在は ❷ の意に用いられることが多い．
【自由职业人员】zìyóu zhíyè rényuán 名 "自由职业者 zhě"に同じ．
【自由职业者】zìyóu zhíyèzhě 名 特定の組織に属さず，一定の技術により独立して仕事をする人．自由業者．フリーランサー．
【自由主义】zìyóu zhǔyì 名 自由主義．
【自由自在】zì yóu zì zài 成 自由気ままだ．自由自在だ．
【自有】zìyǒu 動 おのずから…がある．¶他这样做,～道理／彼がこうしたのには，おのずから理がある．¶她做事～分寸 fēncun／彼女のすることには，おのずとけじめがある．
【自幼】zìyòu 副 小さい時から．¶他～就喜欢音乐／彼は幼い頃から音楽が好きだ．
【自娱】zìyú 動 一人で楽しむ．気晴らしする．
【自孕】zìyùn 動《生物》自家受精する．
【自圆其说】zì yuán qí shuō 成 話のつじつまを合わせる．¶他最终不能～，露 lù 出了破绽 pòzhàn／彼はついにつじつまを合わせられなくなって，ぼろを出した．
【自怨自艾】zì yuàn zì yì 成 後悔する．¶她做错了事,时常～／彼女は失敗してしまい，いつもそれを悔やんでいる．
【自愿】zìyuàn 動 自ら望む．¶～参加／自分の意志で参加する．¶出于～／自ら進んでする．回 志愿 zhìyuàn 反 被迫 bèipò,强迫 qiǎngpò
【自在】形 ❶ zìzài 自由だ．¶他～惯了／彼はずっと気ままにしてきた．¶逍遥 xiāoyáo～／自由気ままだ．❷ zìzai ゆったり落ち着いた気持ちだ．¶小日子过得挺～／気配事もなくのんびり暮らす．¶听了他的话,我心里很不～／彼の話を聞いて，私は心中穏やかでない．
【自责】zìzé 動 自分で自分を責める．自責する．
【自找】zìzhǎo 動 自ら求める．¶～没趣 méiqù／自分で恥をかくようなことをする．¶现在,大学毕业生得 děi～出路／今では，大卒者は自分で就職先を探さなければならない．
【自知之明】zì zhī zhī míng 成 己を知る賢さ．¶人应有～／人は己を知る賢さをもつべきだ．用法 "有 yǒu～"，"无 wú～"の形で用いる．
【自制】zìzhì 動 ❶ 自分で作る．¶～糕点 gāodiǎn／手作りの菓子．❷ 自制する．¶他激动得不能～／彼は自分を押さえ切れないほど感動した．

【自制力】zìzhìlì 图 自制力.
【自治】zìzhì 動 自治を行う. ¶地方～/地方自治.
【自治机关】zìzhì jīguān 图 民族自治権を有する自治体(自治区・自治州・自治県など)の政府機関. 自治機関.
【自治领】zìzhìlǐng 图 自治領.
【自治区】zìzhìqū 图 ❶ 中国の行政単位の一つ.(民族)自治区. 省一級の行政区で,省と同程度の自治権を有する. ❷ 自治(行政)区.
【自治权】zìzhìquán 图 自治権.
【自治县】zìzhìxiàn 图 中国の行政単位の一つ.(民族)自治県. 県一級の行政区で,県と同程度の自治権を有する.
【自治州】zìzhìzhōu 图 中国の行政単位の一つ.(民族)自治州. 区と県の中間に位置し,"地区"に相当する自治権を有する行政区.
【自重】zìzhòng ❶ 形 自重する. ¶自爱～/自重する. ❷ 图 (車両などの)自重.
【自主】zìzhǔ 動 自分で決める. ¶独立～/独立自主. ¶婚姻～/自分の意志で結婚する. ¶她读着信,不由地流下了眼泪/彼女は手紙を読みながら,思わず涙を流した.
【自主权】zìzhǔquán 图 自主権.
【自主知识产权】zìzhǔ zhīshi chǎnquán 图《法律》知的財産所有権.
【自助餐】zìzhùcān 图 セルフサービス形式の食事. ビュッフェ料理.
【自助游】zìzhùyóu 图 (旅行の)フリーツアー.
【自专】zìzhuān 動 自分の一存で決める. 自分勝手にする. ¶～独行/独断専行する.
【自传】zìzhuàn 图〔部 bù,篇 piān〕自伝.
【自转】zìzhuàn 動《天文》自転する.
【自足】zìzú 動 ❶ うぬぼれる. ❷ 満足する. ¶对现在的生活感到～/現在の生活に満足する. ❸ 自給自足する.
【自尊】zìzūn 動 プライドが高い.
【自尊心】zìzūnxīn 图 自尊心.
【自作聪明】zì zuò cōng míng 成 自分が賢いと思ってうぬぼれる. 自分の賢さをひけらかす. ¶你别～了！/思い上がるな.
【自作主张】zì zuò zhǔ zhāng 成 自分の一存で決める. ¶姐姐～买了一件衣服/姉は自分の一存で服を買った.
【自作自受】zì zuò zì shòu 成 自業自得だ. 身から出たさび.

字 zì 宀部3 四 3040г 全6画 常用

❶ 图〔個 ge,行 háng〕字. 文字. ¶汉～ Hànzì(漢字)/识～ shízì(識字)/～体 zìtǐ/～眼 zìyǎn/常用～ chángyòngzì(常用字). ❷ 图(～儿)文字の発音. ¶咬 yǎo～清楚(発音がはっきりしている)/～正腔圆 zì zhèng qiāng yuán. ❸ 图 字体. ¶篆～ zhuànzì(篆書)/柳～ Liǔzì(柳公権の書体)/ 简 jiǎn~(简体字)/简 jiǎn~(简体字). ❹ 图 ことば. ¶用～准确(ことば遣いが正確だ). ❺ 图〔字(儿)〕¶李白~太白(李白は字を太白という). ❻ 图(~儿)証文. ¶立～为 wéi 凭 píng(証文を書いて証拠にする). ❼ 動 旧 女性が婚約する. ¶待～闺中 guīzhōng(まだ婚約者がいない). ❽ (Zì)姓. 参考 ⑤は,昔男子が20歳になるとつけた別名. 正式な場合以外は,ふつうこの名を使った. 女子は⑦のように婚約するとつけた.

【字典】zìdiǎn 图〔本 běn,部 bù〕字典. 字引き. ¶《康熙 Kāngxī～》/『康熙字典』 参考 漢字1文字ごとに発音・意味・用法を解説した書.
【字典纸】zìdiǎnzhǐ 图《印刷》インディア・ペーパー. 辞書用の紙.
【字调】zìdiào 图《言語》声調. ⇒ 声调 shēngdiào
【字段】zìduàn 图《コンピュータ》フィールド.
【字符】zìfú 图《コンピュータ》キャラクタ. 参考 文字や記号のこと. 近年は, ideograph または ideographic character と訳すことが多い.
【字符串】zìfúchuàn 图《コンピュータ》キャラクタ・ストリング.
【字幅】zìfú 图 掛け軸にした書.
【字号】zìhao 图 ❶ 店名. 屋号. ❷ 商店. ¶老～/老舗(しにせ).
【字画】zìhuà 图〔幅 fú,张 zhāng〕書画.
【字汇】zìhuì 图 漢字を集めた字書. 字典.
【字迹】zìjì 图 字の形. 筆跡. ¶～工整/字がきれいに整っている. ¶～潦草 liáocǎo/筆跡が乱れている.
【字节】zìjié 图《コンピュータ》バイト.
【字句】zìjù 图(文章の中の)文字と語句. ¶～通顺/文章の筋道が通っている. ¶锤炼 chuíliàn～/文に磨きをかける.
【字据】zìjù 图〔张 zhāng〕証文. 証書. ¶立～/証文を作成する.
【字库】zìkù 图《コンピュータ》文字データベース.
【字里行间】zì lǐ háng jiān 慣 文章の中. 行間.
【字码儿】zìmǎr 图 数字. ¶阿拉伯 Ālābó～/アラビア数字.
【字谜】zìmí 图〔個 ge,条 tiáo〕文字を当てるなぞなぞ. ¶猜 cāi～/"字谜"の答えを考える. 参考 例えば, "走在上面,坐在下面"(走るが上で座るが下は何？)答えは"土".
【字面】zìmiàn 图(～儿)字句の表面上の意味. 字面(じづら).
【字模】zìmú 图 活字の鋳型. ¶铅 qiān～/鉛で作った活字の鋳型. ⇒ 铜模 tóngmú
【字母】zìmǔ 图《言語》❶ 表音文字(の最小単位). ¶英文～/アルファベット. ¶拉丁 Lādīng～/アルファベット. ローマ字. ❷ 中国の音韻学で, "声母"を代表する字. "明 míng"は m を代表するなど.
【字母表】zìmǔbiǎo 图《言語》表音文字表. 参考 字母(中国音韻学の三十六文字)表,アルファベット表,五十音表など.
【字幕】zìmù 图 字幕. ¶戏剧 xìjù～/劇の字幕.
【字盘】zìpán 图《印刷》活字ケース.
【字书】zìshū 图〔本 běn,部 bù〕字書. 参考 字の形・音・意味を解説した書. 『説文解字』など.
【字体】zìtǐ 图 ❶ 字体. ¶草书～/草書の字体. ❷ 書道の流派. 欧体(欧陽詢)・欧陽通の書体),颜体(颜真卿の書体)など. ❸ 字の形.
【字条】zìtiáo 图(～儿)〔張 zhāng〕書き付け. メモ. ¶留个～儿/メモを残す.
【字帖儿】zìtiěr 图 お知らせなどを書いた紙.
【字帖】zìtiè 图〔本 běn,张 zhāng〕習字の手本. 多くは有名な書家の墨跡を拓本や木版にしたもの. ¶篆体 zhuàntǐ～/篆書すの手本.
【字形】zìxíng 图 文字の形. ¶新～/新字形.
【字眼】zìyǎn 图(～儿)文中の文字やことば. ¶挑 tiāo～/揚げ足を取る. ¶抠 kōu～/ことばのあらを探す.

【字样】zìyàng 名 ❶ 規範となる字体. ❷ ある所に使われている字句. ¶门上写着"闲人免进"的~/ドアに「部外者立入禁止」の文字が書かれている.
【字义】zìyì 名 文字の意味. ¶解释 jiěshi ~/字の意味を解説する.
【字音】zìyīn 名 字の読み. ¶注明~/字の読みを明記する.
【字斟句酌】zì zhēn jù zhuó 成 一字一句を推敲(する)する.ことばを慎重に選ぶ. ¶他的发言真是~,滴水 dī shuǐ 不漏 lòu/彼の発言は実によく考え抜かれていて,水一滴漏れるすきもない.
【字正腔圆】zì zhèng qiāng yuán 成 発音が明瞭で正確だ.
【字纸】zìzhǐ 名 反故(ほご)紙. ¶敬惜~/成 文字を書いた紙を大切にせよ.
【字纸篓】zìzhǐlǒu 名 紙くずかご.
【字字珠玑】zì zì zhū jī 成 一語一語が珠のように美しい.珠玉の文章だ. 表現 文章が優れて美しいことの形容として使う.

恣 zì
心部 6 四 3733₈
全10画 通用

素 好き勝手にする. ¶~意 zìyì/~情 zìqíng.
【恣情】zìqíng 形 ❶ 思う存分にする. ¶~享乐 xiǎnglè/享楽にふける. ❷ 自由勝手だ. ¶~放纵 fàngzòng/勝手気ままだ.
【恣肆】zìsì 形 ❶ わがまま勝手だ. ¶骄横 jiāohèng ~/おごり高ぶってしたい放題だ. ❷ 文(言語や著作が)豪放磊落(らい)だ. ¶文笔~/何物にもとらわれずのびのびと書いている.
【恣睢】zìsuī 形 文 自分勝手で横暴だ. ¶暴戾 bào-lì ~/暴虐でほしいままに振る舞う.
【恣行无忌】zì xíng wú jì 成 わがままで無遠慮に振る舞う. ¶目无法纪,~/決まりも何も無視して,好き勝手に行動する.
【恣意】zìyì 形 文 勝手気ままだ.
【恣意妄为】zì yì wàng wéi 成 自分の好き勝手にでためなことをする.

眦(眥) zì
目部 6 四 6201₀
全11画 通用

名 上まぶたと下まぶたが交わっている所. ¶内~ nèizì(目がしら)/外~ wàizì(目じり).

渍(漬) zì
氵部 8 四 3518₂
全11画 通用

❶ 動 ひたす. 漬ける. ¶~麻 má(麻を漬ける).
❷ 動 (油や泥が)こびりつく. ❸ 名 水や油のあか.

---

zong ㄗㄨㄥ [tsʊŋ]

枞(樅) Zōng
木部 4 四 4890₀
全8画 通用

❶ 素 地名用字. ¶~阳 Zōngyáng(安徽省にある地名). ❷ 姓.
☞ 枞 cōng

宗 zōng
宀部 5 四 3090₁
全8画 常用

❶ 素 先祖. ¶列祖列宗(歴代の先祖)/~庙 zōng-miào. ❷ 素 同じ先祖から出た一族. ¶同~ tóng-zōng(一族)/~兄 zōngxiōng(一族の同輩で自分

より年上のもの). ❸ 素 主な目的や意図. ¶开~明义(成) 最初に主な意図を述べる). ❹ 素 宗派. 流派. ¶正~ zhèngzōng(正統派)/禅~ chánzōng(禅宗)/北~山水画(北派の山水画). ❺ 素 尊敬する. ¶~仰 zōngyǎng(尊敬する). ❻ 量 事柄やまとまったものを数えることば. ¶一一事(1件の事柄)/大~货物(大量の荷物)/大~款项 kuǎnxiàng(多額のお金). ❼ 素 チベットの旧行政区画の単位. "县 xiàn"に相当. ❽ (Zōng)姓.
【宗祠】zōngcí 名 一族の祖先を祭る所. 霊廟. 同 祠堂 cítáng
【宗法】zōngfǎ 名 家父長制に基づく親族内の血縁の度合いを示したもの. 同族内の支配体系. ¶~制度/家父長制.
【宗匠】zōngjiàng 名 (学問や芸術の)大家. 巨匠. 同 大师 dàshī
【宗教】zōngjiào 名 宗教. ¶信仰~/宗教を信仰する.
【宗教画】zōngjiàohuà 名《美術》宗教画.
【宗庙】zōngmiào 名 王や諸侯が祖先を祭る所.
【宗派】zōngpài 名 貶 〔個 个 ge〕(政治・学問・宗教などの)流派. 派閥. セクト.
【宗派主义】zōngpài zhǔyì 名 セクト主義.
【宗谱】zōngpǔ 名 系図. 家系図.
【宗亲】zōngqīn 名 一族の人. 祖先を一にする人.
【宗师】zōngshī 名 〔個 位 wèi〕(思想や学問上の)師匠. 師範. ¶一代~/世に知られた師匠.
【宗室】zōngshì 名 宗室. 帝王の一族.
【宗祧】zōngtiāo 名 旧 家督. ¶继承~/家督を継ぐ.
【宗旨】zōngzhǐ 名 主旨. 主な目的. 同 主旨 zhǔzhǐ.
【宗主国】zōngzhǔguó 名 宗主国.
【宗族】zōngzú 名 宗族. 父系の一族. またはその成員. ¶~制度/同族支配制度. 参考 他家へ嫁した女性は含まない.

综(綜) zōng
纟部 8 四 2319₁
全11画 次常用

❶ 素 一つにまとめる. ¶~合 zōnghé/错~ cuò-zōng(錯綜する). ❷ (Zōng)姓.
☞ 综 zèng
【综观】zōngguān 動 総合的に見る. ¶~古今中外/古今東西を総合的に見る.
*【综合】zōnghé 動 総合する. まとめる. ¶~平衡 píng-héng/トータルバランス. ¶校长 xiàozhǎng~了教师 jiàoshī 们的意见,提出了新的计划/校長は教師たちの意見をまとめ,新しい計画を提案した. 反 分析 fēnxī.
【综合大学】zōnghé dàxué 名 (単科大学に対する)総合大学.
【综合国力】zōnghé guólì 名 総合国力. 国土面積・人口・経済力・軍事力・外交政策などを総合的に勘案した国力.
【综合利用】zōnghé lìyòng 句 (資源などを)総合的に利用する.
【综合业务数字网】zōnghé yèwù shùzìwǎng 名《コンピュータ・通信》ISDN.
【综合征】zōnghézhēng 名《医学》症候群. 同 症候群 zhènghòuqún
【综计】zōngjì 動 総計する. ¶~各项开支/各項の支出を合計する.
【综括】zōngkuò 動 総括する. まとめる. ¶把大家的意见~起来有三点/皆の意見を総合すると三点にまとめるこ

とができる.
【综上所述】zōng shàng suǒ shù 〔句〕上述の部分をまとめると、¶~、存在问题还比较多,应切实 qièshí 改善／ここまでをまとめると、問題はいまだに多く,適切な改善がなされるべきだということだ.
【综述】zōngshù 〔動〕総合的に述べる. ¶新闻~／ニュースの要約.
【综艺】zōngyì "综合文艺"(総合芸能)の略称. 〔用法〕テレビ番組のタイトルなどに多く用いられる.
【综治】zōngzhì "综合治理"(総合的に管理整備する)の略称.

棕(異 椶) zōng
木部8 全12画 〔四〕4399₁ 〔常用〕
〔名〕❶ "棕榈 zōnglǘ"に同じ. ❷ シュロの繊維. ¶~绳 zōngshéng ／ ~毯 zōngtǎn ／ ~刷子 zōngshuāzi (シュロのブラシ).
【棕黑】zōnghēi 濃い褐色の. ダークブラウンの.
【棕红】zōnghóng 〔形〕濃い赤茶色の. えび茶色の.
【棕黄】zōnghuáng 淡い褐色の. ペールブラウンの.
【棕榈】zōnglǘ 〔名〕〔植物〕〔量〕棵 kē〕シュロ.
【棕毛】zōngmáo 〔名〕シュロの(木の)繊維.
【棕色】zōngsè 褐色.
【棕色云团】zōngsè yúntuán 〔名〕汚染雲. アジア褐色雲. 〔参考〕大気汚染物質の影響により,南アジア地区上空に発生する巨大な褐色の雲.
【棕绳】zōngshéng 〔名〕シュロ縄.
【棕树】zōngshù 〔名〕シュロの木. 〔表現〕"棕榈 zōnglǘ"の通称.
【棕毯】zōngtǎn シュロの繊維で作った敷物.
【棕熊】zōngxióng 〔名〕〔動物〕〔量〕头 tóu,只 zhī〕ヒグマ.

腙 zōng
月部8 全12画 〔四〕7329₁ 〔通用〕
〔名〕〔化学〕ヒドラゾン. ♦hydrazone

踪(異 蹤) zōng
𧾷部8 全15画 〔四〕6319₁ 〔常用〕
〔素〕足あと. ¶~迹 zōngjì ／ ~影 zōngyǐng ／追~ zhuīzōng (追跡する)／失~ shīzōng (失踪する)／无影无~ (感)影も形もない.
【踪迹】zōngjì 〔名〕(人や動物の)行動の跡. 痕跡. ¶在这一带发现了大熊猫的~／この一帯でパンダの足跡が見つかった.
【踪影】zōngyǐng 〔名〕(捜しているものの)姿や痕跡. 形跡. ¶毫无~／跡形もない. 影も形もない. 〔同〕踪迹 zōngjì 〔用法〕否定形で用いることが多い.

鬃(異 騌,騣) zōng
髟部8 全18画 〔四〕7290₁ 〔通用〕
〔名〕馬やブタなどの首すじに生える長い毛. ¶马~ mǎzōng (馬のたてがみ)／猪~ zhūzōng (豚毛)／~刷 zōngshuā.
【鬃刷】zōngshuā 〔名〕豚の毛で作ったブラシ. ¶猪毛~／豚毛のブラシ.

总(總／異 縂) zǒng
八部7 全9画 〔四〕8033₆ 〔常用〕
❶〔動〕すべてを一つにまとめる. ¶~计 zǒngjì ／~在一起算(一つにまとめて計算する)／~起来说(総括して言えば).
❷〔形〕すべての. 全面的な. ¶~攻击 gōngjī (総攻撃)／~动员 zǒngdòngyuán. ❸〔素〕総括的な. 主要な. ¶~纲 zǒnggāng ／~则 zǒngzé ／~司令 zǒngsīlìng ／~店 zǒngdiàn. 〔反〕分 fēn 〔副〕いつも. ずっと. ¶他上班~迟到(彼はいつも会社に遅刻する)／最近~也见不到他(最近,ずっと彼を見かけない). ❺〔副〕結局は. ¶严冬~会过去(厳しい冬も結局は過ぎ去っていく).
【总罢工】zǒngbàgōng ゼネスト.
【总编】zǒngbiān "总编辑"の略称.
【总编辑】zǒngbiānjí 〔名〕編集長.
【总兵】zǒngbīng 明・清代の兵隊長の官名.
【总部】zǒngbù 総本部. ¶指挥 zhǐhuī~／指揮本部.
【总裁】zǒngcái ❶ 清代の中央編纂機関の主管官員,及び科挙を主管する大臣. ❷ 政党の総裁. 企業の首脳. ¶公司~／企業の会長.
【总参】zǒngcān 《军事》人民解放军"总参谋部"の略称.
【总参谋部】zǒngcānmóubù 〔名〕《军事》参謀本部.
【总参谋长】zǒngcānmóuzhǎng 〔名〕《军事》参謀本部長.
【总产值】zǒngchǎnzhí 〔名〕《经济》総生産額.
【总称】zǒngchēng 〔名〕総称する.
【总成〔承〕】zǒngchéng 〔動〕人に力を貸して達成させる. 援助する.
【总代理】zǒngdàilǐ 〔名〕総代理. 総代理店.
【总的】zǒngde 〔形〕総体的な. 全体的な. ¶~来看／総体的な見れば. ¶~形势 xíngshi 对我们十分有利／全体的な形勢は,我々にとってたいへん有利だ.
【总的来说】zǒngdeláishuō 〔句〕全般的に言うと. 総じて言えば. ¶~,他的工作是应该肯定 kěndìng 的／総じて言えば,彼の仕事は認めてしかるべきだ.
【总得】zǒngděi 〔副〕どうしても…しなければならない. ¶这项工作~十个月才能完成／この仕事はどう見ても10ヶ月かけなくては完成しない.
【总店】zǒngdiàn 〔名〕本店. 〔反〕分 fēn 店
【总动员】zǒngdòngyuán ❶ 国を挙げての戦闘準備. ¶备战 bèizhàn~／戦いに備えての総動員. ❷〔動〕総動員する. ¶抗洪 kànghóng~／洪水対策のための総動員.
【总督】zǒngdū ❶ 明代の地方を巡察する官吏. 清代の地方長官. ❷ (植民地の)総督.
【总队】zǒngduì 〔名〕《军事》総隊. 軍隊内で"团"や"师"に相当する組織.
【总额】zǒng'é 〔名〕総額. ¶存款 cúnkuǎn~／預金総額. ¶投资 tóuzī~／投資総額.
【总而言之】zǒng ér yán zhī 〔句〕総じて言えば. 結局のところ. ¶说了这么多,~,是要你努力学习／いろいろ話してきたが,要するに,君にしっかり勉強してほしいんだ.
【总方针】zǒngfāngzhēn 〔名〕全体方針.
【总纲】zǒnggāng 総則. 大綱.
【总工】zǒnggōng "总工程师"(エンジニア長,技師長)の略称.
【总工程师】zǒnggōngchéngshī 〔名〕エンジニア長. 技師長
【总工会】zǒnggōnghuì 〔名〕総工会. 労働組合の全国組織.
【总公司】zǒnggōngsī 〔名〕本社. 親会社.
【总攻】zǒnggōng 〔動〕総攻撃をかける. ¶发起~／総攻撃をかける.
【总共】zǒnggòng 〔副〕合計で. 全部で. ¶~一百五十

块钱 / 合计150元.
【总管】zǒngguǎn ❶ 動 全面的に管理する. ¶~业务 / 業務をとりしきる. ❷ 名 ①をする人.
【总归】zǒngguī 副 結局は. ¶正义～要战胜邪恶 xié'è / 正義は最後には悪に勝つ.
【总行】zǒngháng 名 (銀行の)本店.
【总合】zǒnghé 動 一つに合わせる. ¶～各种因素 yīnsù / さまざまな要素をまとめ合わせる.
【总和】zǒnghé 名 総和. 総合計.
【总后】zǒnghòu 名《军事》人民解放軍"总后勤部"の略称.
【总后勤部】zǒnghòuqínbù 名《军事》後方勤務本部. 兵站(へいたん)本部.
【总汇】zǒnghuì ❶ 動 (川が)合流する. ¶～入海 / 合流して海に流れ込む. ❷ 名 知識の集大成. ❸ 名 商品の展示場. 卸売センター.
【总会】zǒnghuì 名 ❶ 総会. 本部. ❷ "俱乐部 jùlèbù"(クラブ)の別称. ❸ 名 ナイトクラブ.
【总机】zǒngjī 名 交換台. ¶电话～ / 電話の交換台. 反 分机 fēnjī.
【总集】zǒngjí 名 多くの人の作品を集めた詩文集.『文選』など. 反 别集 biéjí.
【总计】zǒngjì 動 総計する. ¶动员～有十万人 / 動員は全部で十万人にもなる. 同 合计 héjì.
【总监】zǒngjiān 名 古代の官職名.
【总角之交】zǒngjiǎo zhī jiāo 名 幼なじみ. 竹馬の友. ¶他俩是～情谊 qíngyì 非同一般 / 彼ら二人は幼なじみで, 友情の深さは並みではない. 由来 昔, 未成年者は髪を束ねて"总角"(あげまき)という髷(まげ)を結っていたことから.
*【总结】zǒngjié ❶ 動 総括する. 締めくくる. ¶你得 děi 好好～一下教训 jiàoxùn / 君は教訓をしっかりまとめるべきだ. ❷ 名 総括して出した結論. 総まとめ. ¶年终 niánzhōng～ / 年末の総括書.
【总经理】zǒngjīnglǐ 名 社長. 企業の総責任者.
【总括】zǒngkuò 動 概括する. ¶对各种情况加以～ / 諸般の事情をざっとまとめる.
【总揽】zǒnglǎn 動 全てを掌握する. ¶他们把任务～下来 / 彼らは任務の全体を掌握する.
*【总理】zǒnglǐ ❶ 名 国務院の最高指導者. 総理. 名 総理大臣. ❸ 名 政党の指導者. ❹ 動 名 全体を管理運営する. ¶～军务 / 軍務全体を管理する.
【总量】zǒngliàng 名 総数. 総量.
【总领事】zǒnglǐngshì 名 総領事.
【总路线】zǒnglùxiàn 名 基本方針. 総路線.
【总论】zǒnglùn 名 総論. 参考 書物の冒頭の章に題されることが多い.
【总目】zǒngmù 名 総合目録.
【总能】zǒngnéng 名 エネルギーの総量.
【总评】zǒngpíng 名 総合評価. ¶工作～ / 仕事の総合評価.
【总谱】zǒngpǔ 名《音乐》総譜. スコア.
*【总是】zǒngshì ❶ 副 いつも. ずっと. ¶他～加班 / 彼はいつも残業する. ¶你总是～迟到 chídào? / 君はどうしていつも遅刻するの.
【总书记】zǒngshūjì 名 総書記. 中国共産党の最高指導者.
【总数】zǒngshù 名 総数. ¶资产 zīchǎn～ / 総資産. ¶与会 yùhuì 人员～ / 参加者総数.
【总司令】zǒngsīlìng 名 総司令官.

【总算】zǒngsuàn 副 ❶ ようやく. やっと. ¶今天～晴 qíng 了 / 今日やっと晴れた. ❷ 孩子～考上了大学 / 子供がどうにか大学に受かった. ❷ まあまあ. 大体のところは. ¶～不错 / まあまあよい.
【总体】zǒngtǐ 名 全体. 総体. ¶～规划 guīhuà / 全体的な計画. ¶从～来看,工程质量 zhìliàng 符合设计要求 / 全体的に見て,工事の質は設計プランと一致している.
*【总统】zǒngtǒng 名 大統領. 総統.
【总务】zǒngwù 名 ❶ 総務. ¶～科 / 総務課. ❷ ～工作 / 総務の仕事. ❷ 総務責任者.
【总悬浮颗粒物】zǒngxuánfú kēlìwù 名《物理》浮遊粒子状物質.
【总则】zǒngzé 名 ❶ 条 tiáo〕 総則.
【总长】zǒngzhǎng 名 ❶ (北洋軍閥の時期の)中央政府各部の最高責任者. ❷ 総参謀長.
【总账[帐]】zǒngzhàng 名 元帳.
【总政】zǒngzhèng 名 人民解放軍"总政治部"の略称.
【总政治部】zǒngzhèngzhìbù 名 総政治部. 中国人民解放軍総政治部. 同 总政 zǒngzhèng.
【总之】zǒngzhī 接 ❶ 要するに. つまり. ¶～我不同意你的办法 / つまるところ,私は君のやり方には反対だ. ❷ いずれにしても. どのみち. 同 反正 fǎnzhèng.
【总支】zǒngzhī 名 総支部. ¶党～ / 党総支部.
【总值】zǒngzhí 名 総額. ¶国民经济～ / 国民生産. GNP.
【总指挥】zǒngzhǐhuī 名《军事》最高指揮官. 総司令官.
【总指挥部】zǒngzhǐhuībù 名《军事》総司令部.
【总装】zǒngzhuāng 動 部品を組み立てて製品を完成させる. 最終組み立てをする.
【总状花序】zǒngzhuàng huāxù 名《植物》総状花序(そうじょうかじょ).

偬(傯) zǒng
亻部9　四 2723₂
全11画　通用
→倥偬 kōngzǒng

纵(縱) zòng
纟部4　四 2810₀
全7画　常用

❶ 名 南北方向. 反 横 héng ¶～线 zòngxiàn (縦線) / ～横 zònghéng / ～队 zòngduì / ～剖面 zòngpōumiàn. 反 横 héng ❷ 動 思うままにする. ¶放～ fàngzòng (勝手気ままだ) / ～目 zòngmù / ～情 zòngqíng. ❸ 動 飛び上がる. ¶～身 zòngshēn. ❹ 接 たとえ…でも. ¶～有千难万险,也要按时完成任务 (どんなに困難であろうと,予定どおりに仕事を完成させなければならない). ❺ 動 解き放つ. ¶～虎归山. ❻ 動 擒 qín ❻ 形 方 しわがよっている. ¶大衣压 yā～了 (コートにしわができた). ❼ (Zòng) 姓. 参考 ① はもと "zǒng" と発音した.

【纵步】zòngbù ❶ 副 大股で. ¶～向前走去 / 大股で前へ進む. ❷ 名 前方への跳躍. ¶一个～跳过 / ひとっとびで跳び越える.
【纵队】zòngduì 名 ❶ 縦隊. 反 横队 héngduì ❷ 解放戦争時に解放軍が編成した軍の組織単位の一つ. "军"に相当する.
【纵隔】zònggé 名《生理》縦隔(じゅうかく).
【纵观】zòngguān 動 見渡す. ¶～全局 / 全局を見渡す. ¶～古今历史 / 古今の歴史を見渡す.
【纵贯】zòngguàn 動 縦に貫く. 南北に貫く. ¶长江大桥～大江南北 / 長江大橋は,長江を南北にまたいでい

【纵横】zònghéng ❶[形] 縦と横の．縦横の．❷[形] 自由奔放だ．¶笔意～/筆遣いが自由奔放だ．❸[动] 縦横無尽に突き進む．¶勘探队 kāntànduì～在天山南北/調査隊は，天山山脈の南側も北側も縦横無尽に突き進んだ．

【纵横捭阖】zòng héng bǎi hé 政治や外交上，手段を用いて仲を裂いたり，抱き込んだりする．

【纵横驰骋】zòng héng chí chěng [成] 縦横無尽に駆けめぐる．向かうところ敵なしだ．

【纵横家】zònghéngjiā [名]《歴史》縦横家（じゅうおうか）．中国戦国時代の諸子百家の一つ．諸国を遊説して外交を論じた．

【纵横交错】zònghéng jiāocuò [句]（道などが）縦横に交わっている．格子状だ．

【纵虎归山】zòng hǔ guī shān [成] 敵を逃して禍根を残す．¶放走他，无疑 wúyí 是～/彼を逃がしたら，必ず禍根を残すぞ．回 放 fàng 虎归山

【纵火】zònghuǒ [动] 放火する．¶四处～/あちこちで放火する．

【纵酒】zòngjiǔ [动] 節度なく酒を飲む．酒におぼれる．¶～对身体健康无益 wúyì/酒の飲みすぎは健康によくない．

【纵览】zònglǎn [动] 自由に見つくす．¶～群书 qúnshū/たくさんの本を好きなだけ読む．¶胸怀 xiōnghuái 祖国，～全球/祖国を思いながら全世界を眺める．

【纵令】zònglìng ❶[接] たとえ…でも．¶严寒酷暑 kùshǔ, 仍然坚持长跑/天候がどんなに厳しくても，マラソンはあくまで続ける．❷[动]（悪事を）放任する．なすがままにする．

【纵论】zònglùn [动][文] 自由に論じる．率直に語る．

【纵目】zòngmù [动] 目の届く限り見つくす．¶我～远眺 yuǎntiào 海港/私は港をはるか遠くまで眺め渡した．

【纵剖面】zòngpōumiàn [名] 縦断面．

【纵切面】zòngqiēmiàn [名]"纵剖面 zòngpōumiàn" に同じ．

【纵情】zòngqíng [副] 存分に．¶～欢乐/心ゆくまで楽しむ．¶～歌唱/思う存分歌う．¶全国人民～欢庆 huānqìng 建国五十周年/全国民が建国50周年を祝い，喜び合った．¶尽情 jìnqíng

【纵然】zòngrán [接] たとえ…でも．¶～失败, 也不能泄气 xièqì/たとえ失敗しても気を落としてはいけない．

【纵容】zòngróng [动]（誤った言動に）放任する．黙認する．¶你别～她喝酒/君, 彼女が酒を飲むのをほうっておいてはいけない．回 放纵 fàngzòng

【纵身】zòngshēn [动]（前や上へ）思いっきり跳ぶ．身をおどらせる．¶～上马/ひらりと馬に飛び乗る．¶运动员一～, 就跳过 yuèguò 了跳马/選手は力一杯ジャンプし, 跳馬を飛び越えた．[用法]"一纵身就…"の形で用いることが多い．

【纵深】zòngshēn [名]《軍事》（軍事上の作戦における）縦方向の深さ．¶向～推进/奥深く突き進む．

【纵声】zòngshēng [动] 思いきり大声を出す．¶～欢呼/思いっきり歓呼の声を上げる．

【纵使】zòngshǐ [接] たとえ…でも．¶～时光流逝 liúshì 往事终究 zhōngjiū 难忘/たとえ月日が流れても, 昔のことはいつまでも忘れられない．

【纵谈】zòngtán [动] 心ゆくまで語る．¶他俩～了半天/彼ら二人は長時間思う存分語り合った．

【纵向】zòngxiàng [形] 縦方向の．上下方向の．南北方向の．¶～联系/縦のつながり．

【纵欲】zòngyù [动] 肉欲をほしいままにする．¶～伤神 shāngshén/色に狂って精神を損なう．

【纵恣】zòngzì [形][文] 勝手だ．わがままだ．

【纵坐标】zòngzuòbiāo [名]《数学》縦座標．Y 軸．

疭（瘲）zòng 疒部4 0018₀ 全9画 通用
→ 瘛疭 chìzòng

粽（異）糉 zòng 米部8 [四] 9399₁ 全14画 通用
[名] "粽子 zòngzi" に同じ．

【粽子】zòngzi [名]《料理》ちまき．[参考] もち米を竹や葦, 蓮の葉で三角形やその他の形に包み, 煮たり蒸したりして食べる．一般に端午の節句に食べる習慣がある．

zou ㄗㄡ〔tsou〕

邹（鄒）Zōu 阝部5 [四] 2712₇ 全7画 通用
[名] ❶ 鄒（すう）．周代の国名．現在の山東省鄒県の東南．❷ 姓．

【邹韬奋】Zōu Tāofèn《人名》鄒韜奮（すうとうふん：1895-1944）．ジャーナリスト．[参考] 1926年に週刊誌『生活』の主編者となって以来, 一生を通じて新聞・出版関係の仕事に従事する．1931年以来積極的に抗日救国運動に参加して指導的役割を果たした．

驺（騶）zōu 马部5 [四] 7717₇ 全8画 通用
[名] ❶ 貴族の馬を世話し, 車を御する人．¶～从 zōucóng（貴族や官僚の外出に従う騎馬の供回り）．❷ (Zōu) 姓．

诹（諏）zōu 讠部8 [四] 3774₆ 全10画 通用
[动][文] 集まって相談する．¶～吉 zōují（相談して吉日を決める）/咨～ zīzōu（諮問する）．

陬 zōu 阝部8 [四] 7724₆ 全10画 通用
[名][文] ❶ 隅（すみ）．❷ 山のふもと．

鄹（異）郰 Zōu 阝部14 [四] 1722₁ 全16画 通用
[名] 鄹（すう）．春秋時代の魯の国の地名．現在の山東省曲阜（きょくふ）県の東南．孔子の生地．

鲰（鯫）zōu 鱼部8 [四] 2714₀ 全16画
[名] ❶ 小魚．

走 zǒu 走部0 [四] 4080₁ 全7画 常用
❶[动] 歩く．¶行～ xíngzǒu（歩く）/～路 zǒulù（～得快 xíngzǒu（歩くのが～）/亲戚 ㄑ qīnqi/ 娘家 niángjiā（嫁の実家と行き来する）．❸[动] 動く．動かす．¶～棋 zǒuqí（将棋でこまを動かす）/钟 zhōng 不～了/時計が動かなくなった．❹[动] 運ぶ．¶～信 zǒuxìn（手紙を配達する）/～货 zǒuhuò（貨物を運送する）．❺[书] 走る．¶奔～ bēnzǒu（走る）/～马看花．❻[动] 離れて行く．他刚～（彼はたった今発った）/该～了（もう帰らなくては．❼[动] を通っていく．❽[动] …の過程を経る．❾[动] 漏れる．¶～漏 zǒulòu/～气 zǒuqì（空気が抜ける）/说话～了嘴（口をすべらした）．❿[动] 元の形や味わい

がなくなる．¶～样子(型がくずれる)／～味儿 zǒuwèir．❶(Zǒu)姓．
【走板】zǒu//bǎn 動 ❶劇中の歌の調子がはずれる．❷(～儿)話題からそれる．¶说着说着走了板儿／話すうちにテーマからずれて行く．
【走笔】zǒubǐ 動文 速く書く．¶～疾书 jíshū／さっと筆を走らせる．
【走边】zǒu//biān《芸能》(京劇などの)芝居の動作の一種．夜間に人目を避けて歩いたり，道の端を走るようなしぐさをする．
【走遍】zǒubiàn 動至る所を歩き回る．¶他～了中国的名山大川／彼は中国の名山や大河をあまねく歩き回った．
【走镖】zǒubiāo 動(用心棒が)荷物を護送する．¶他为银行～／彼は銀行の荷物護送の仕事をする．
【走步】zǒubù 動 ❶《スポーツ》(バスケットボールで)トラベリングをする．❷方ゆっくり歩く．¶小孩学～／子供が歩く練習をする．
*【走道】zǒudào 名〔圖条 tiáo〕歩道．通路．¶大楼的～／ビルの廊下．¶留出一条～／人が通れる道を残しておく．
【走道儿】zǒu//dàor 動歩く．¶刚会～／歩けるようになったばかりだ．
【走低】zǒudī 動《経済》(価格などが)下降傾向になる．
【走电】zǒu//diàn 動 ⇒跑电 pǎo diàn
【走调儿】zǒu//diàor 動 ❶(歌や演奏の)調子がはずれる．¶她唱着唱着就～了／彼女は歌っているうちに調子がはずれてしまった．❷話がわき道にそれる．
【走跌】zǒudiē 動《経済》下落する．下落傾向になる．
【走动】zǒudòng 動 ❶歩く．動く．同活动 huódòng ❷(親戚や友人が)行き来する．付き合う．¶他们俩家常～，感情很好／彼らは常に行き来しているので，両家の間はとてもうまくいっている．❸動きまわる．
【走读】zǒudú 動(寮に入らずに自宅から)通学する．¶～生／自宅通学生．
【走访】zǒufǎng 動訪問する．¶～名人／有名人を取材する．
【走风】zǒu//fēng 動(秘密や情報が)漏れる．¶此事要保密 bǎomì,不可～／この件は秘密保持に気をつけて，外にもれないように．
【走钢丝】zǒu gāngsī 動 ❶《芸能》綱渡りをする．❷危ない橋を渡る．¶这事太危险,就像～一样／これは非常に危険で，綱渡りのようなものだ．
【走高】zǒugāo 動《経済》(相場や価格などが)上昇傾向になる．
【走狗】zǒugǒu 名〔圖条 tiáo〕悪人の手先．¶当～／悪人の手先となる．同走卒 zǒuzú 由来 もとは猟犬のことを言った．
【走过】zǒuguò 動通り過ぎる．¶我每天～那家商店／私は毎日あの店の前を通る．
【走过场】zǒu guòchǎng 句 ❶(芝居で)役者が舞台を素通りして退場する．❷いい加減に済ます．お茶を濁す．
【走好】zǒuhǎo 動上向きになる．良好な状態に向かう．
【走红】zǒu//hóng 動 ❶人気が出る．歓迎される．❷幸運が巡ってくる．同走运 yùn
【走红运】zǒu hóngyùn 句幸運に恵まれる．¶今年他～了,赚 zhuàn 了很多钱／今年彼はとても運がよくて,大金をかせいだ．
【走后门】zǒu hòumén 句(～儿)(コネなどを使って)裏工作する．裏取引きをする．¶我不会～／私はコネを使って裏工作をしたりはしない．
【走话】zǒu//huà 方秘密を漏らす．
【走火】zǒu//huǒ 動 ❶火器が暴発する．❷(漏電が原因で)火が出る．¶工厂～了／工場から火が出た．❸ことばが過ぎる．¶说话好～／ことばが過ぎやすい．
【走江湖】zǒu jiānghú[-hu] 句(大道芸・医者・占いなどをしながら)各地を渡り歩く．¶～的算命先生／各地を回って歩く占い師．¶他们戏班子～卖艺／彼らの劇団は，各地を回る旅の一座だ．
【走街串巷】zǒu jiē chuàn xiàng 成 大通りや路地を(あちこち)歩き回る．
【走开】zǒukāi 動立ち去る．¶快～！／さっさと失せろ．¶今天我值班,不能～／私,今日は当番だから帰れません．
【走廊】zǒuláng 名〔圖条 tiáo〕❶回廊．渡り廊下．❷二つの地域を結ぶ狭い地帯．¶河西～／河西(☆)回廊．
【走漏】zǒulòu 動 ❶(情報)を漏らす．¶～风声／風評を漏らす．同泄露 xièlòu,泄漏 xièlòu,透露 tòulù,透漏 tòulòu ❷やみ取り引きで脱税する．❸名(商品や帳簿などの)ごまかし．¶来往的帐目 zhàngmù 有～／取り引き上の帳簿にごまかしがある．
【走路】zǒu//lù 動 ❶(人が)歩く．¶走了半天的路,累坏 lèihuài 了／半日も歩いてくたくただ．❷去る．¶让他卷 juǎn 铺盖 pūgai～／彼をクビにして出て行かせる．
【走马】zǒumǎ 動馬を走らせる．¶平原～／平原を馬で走る．
【走马灯】zǒumǎdēng 名走馬灯．
【走马观花】zǒu mǎ guān huā →走马看 kàn 花
【走马换将】zǒu mǎ huàn jiàng 成将軍を交代させる．人員を刷新する．
【走马看花】zǒu mǎ kàn huā 成貶大ざっぱに見る．同走马观 guān 花 由来「走っている馬の上から花見をする」という意味из．
【走马上任】zǒu mǎ shàng rèn 成急ぎ赴任する．役人が就任する．
【走麦城】zǒu Màichéng 慣運に恵まれず，敗北や失敗をする．英雄の末路のたとえ．由来『三国演義』の,関羽が敗走して麦城に逃げ込んだという故事から．
【走南闯北】zǒu nán chuǎng běi 成多くの土地に行った経験がある．¶他～十几个省／彼は多くの土地を旅した経験があり，今まで十幾つもの省に足を踏み入れた．
【走内线】zǒu nèixiàn 句相手の縁故者を通して働きかける．¶采用～的方法／相手の縁故者に取り入って,目的の相手に働きかけてもらう．
【走牛】zǒuniú 動《経済》"牛市"に向かう．株式市場が強気の傾向になる．反走熊 xióng ⇒牛市 niúshì
【走强】zǒuqiáng 動(価格や勢いが)上向きになる．強気になる．
【走俏】zǒuqiào 動《経済》(商品が)よく売れる．売れ行きがよい．
【走亲访友】zǒu qīn fǎng yǒu 句親戚や友人を訪ねる．
【走亲戚】zǒu qīnqi 句親戚を訪ねる．親戚回りをする．¶我今天要～／私は今日親戚回りをしなくてはいけない．
【走禽】zǒuqín 名《鳥》走禽類．
【走热】zǒurè 動人気が出る．流行しはじめる．
【走人】zǒurén 動(人が)その場を離れる．去る．去らせる．同离开 líkāi,走开
【走软】zǒuruǎn 動《経済》❶(価格などが)下降傾向になる．❷(相場や市場が)弱気傾向になる．弱含みになる．

【走弱】zǒuruò 動 ❶人気が衰える.流行が下火になる. ❷《経済》価格が下がり始める.
【走散】zǒusàn 動 散り散りに分かれて去る.はぐれる. ¶我和妈妈~了／私はお母さんとはぐれてしまった. ¶你跟着我别~了／私についてきてね,はぐれちゃだめよ.
【走色】zǒu//shǎi 動 色落ちする. ¶这条裤子一洗就~了／このズボンは一度洗ったら色落ちした.
【走扇】zǒu//shàn 動（ドアや窓の立て付けが悪い）開閉の具合が悪くなる. ¶这门~了,关不上／このドアは立て付けが悪くなり,ぴったり閉まらない.
【走墒】zǒu//shāng 動 田畑が干上がる. ¶这地已经~了,得děi 下了雨再种zhòng／この土地は干上がってしまったので,雨が降ったらもう一度種をまかなくてはいけない.
【走神儿】zǒu//shénr 動 注意力が散漫になる.うっかりする. ¶开车决不能~／運転する時はぼんやりしたら駄目だよ. 同 出神 chūshén 反 入神 rùshén
【走绳】zǒu//shéng 動 綱渡りをする. ¶我喜欢看杂技演戏~／私はサーカスの綱渡りを見るのが好きだ. 同 走索 zǒusuǒ
【走失】zǒushī 動 ❶（人や家畜の）行方がわからなくなる.迷子になる. ¶~了一只羊／羊が1匹いなくなった. ❷元の形を失う.元の形と食い違う. ¶~原意／原文の意味からずれる.
【走时】zǒushí 動 ❶（時計が）時を刻む. ¶表~标准 biāozhǔn／この腕時計は正確だ. ❷方 幸運にめぐまれる. 同 走时运 shíyùn
【走势】zǒushì 名 ❶傾向.趨勢. 同 趋势 qū shì ❷《地学》走向.
【走兽】zǒushòu 名 獣類.けもの. ¶飞禽 fēi qín~／成 鸟兽. 反 飞禽 fēiqín
【走水】zǒu//shuǐ 動 ❶水漏れする. ¶房顶~了／屋根が雨漏りする. ❷水が流れる. ¶~通畅 tōngchàng／水の通りがいい. ❸失火する. ¶仓库 cāngkù~／倉庫から火が出る. 表现 ③は,"失火 shīhuǒ""着火 zháohuǒ"の忌みことば.
【走水】zǒushuǐ 名 方 幕やカーテンなどの上部に付ける短い垂れ飾り.
【走私】zǒu//sī 動 密輸をする.闇取り引きをする. ¶~毒品 dúpǐn／麻薬を密輸する. ¶~货／密輸品.
【走索】zǒu//suǒ 動 綱渡りをする.
【走题】zǒu//tí 動（話や文章が）本筋から離れる.わき道にそれる. 同 离 lí 题
【走投无路】zǒu tóu wú lù 窮地に陥る.行き詰まる. ¶~的处境 chǔjìng／八方ふさがりの状態. ¶已经~了／すでに万策尽き果てた.
【走弯路】zǒu wānlù 回り道をする. ¶别~／遠回りをしてはいけない.
【走味儿】zǒu//wèir 動（食品や茶葉の）味や香りが落ちる. ¶这汽水~了／このサイダーは気が抜けてしまった. ¶这肉有点儿~了／この肉はちょっと味が悪くなった.
【走下坡路】zǒu xiàpōlù 坂道を下る.衰退する.下落する.
【走险】zǒuxiǎn 動 リスクをとる.危険を承知で進む. 同 冒 mào 险
【走向】zǒuxiàng 名（岩層・鉱層・山脈などの）走向.向き. ¶河流~／河の流れの方向. ¶东西~的路／東西に走る道路. 注意 ❶"走"（勝利に向かって進む）と~などと言うときの"走","向"はそれぞれ独立した語.
【走相】❶zǒu//xiàng 動（病気などで）容貌が一変する.面影がなくなる. 同 走样 yàng ❷ zǒuxiàng 名 歩くようす.

【走形】zǒu//xíng 動（~儿）変形する.形が崩れる. 同 变 biàn 形
【走形式】zǒuxíngshì 動 形式に走る.うわべだけを取り繕う.
【走熊】zǒuxióng 動《経済》"熊市"に向かう.株式市場が弱気の傾向になる. 反 走牛 niú ⇒熊市 xióngshì
【走穴】zǒuxué 動 役者が収入を得るためによその舞台に出演する. ¶歌星到处~演出 yǎnchū／歌手が,ギャラのためにあちこちの舞台に出る.
【走眼】zǒu//yǎn 動 見間違える. ¶你可看~了／あなたの見立て違いですよ.
【走样】zǒu//yàng 動（~儿）元の形が失われる.型くずれする. ¶话从他嘴里出来总是~／何の話でも,彼の口から出ると,いつも申味が変わる.
【走运】zǒu//yùn 動 運にめぐまれる. ¶你真~／君はついてるね. 同 走时 zǒushí 反 背运 bèiyùn,倒霉 dǎoméi
【走着瞧】zǒuzheqiáo 口 ❶ しばらく見ていなさい. ¶你信不信,~吧！／君,嘘だと思うなら,まあ見ていたまえよ. ❷今に見ていろ.
【走走】zǒuzǒu 動 ❶ぶらぶらする.散歩する. ❷ぶらりと立ち寄る.
【走卒】zǒuzú 名（悪人の）子分.手先.
【走嘴】zǒu//zuǐ 動 口を滑らす. ¶他终于走了嘴了／彼はとうとう秘密を漏らしてしまった.

奏 zòu

一部8 四 50804
全9画 常用

❶ 動 楽器を鳴らす.演奏する. ¶伴~ bànzòu（伴奏する）／合~ hézòu（合奏する）／提琴 tíqín 独~（バイオリン独奏）／~乐 zòuyuè. ❷ 動 上奏する. ¶上~ shàngzòu（上奏する）／启 qǐzòu（天子に申し上げる）／~议 zòuyì（奏議する）／~本 zòuběn（上奏書を提出する）. ❸ 動（ある状態が）あらわれる.（効果を）得る. ¶~效 zòuxiào／~功 zòugōng（功を奏する）. ❹（Zòu）姓.

【奏捷】zòujié 動 文 勝利を収める. ¶~归来／凱旋する.

【奏凯】zòukǎi 勝利の凱歌をあげる.勝利する.成功する. 参考 "凯"は"凯乐 yuè"（勝利の音楽）の意から.

【奏鸣曲】zòumíngqǔ 名《音楽》ソナタ.

【奏效】zòu//xiào 動 功を奏する.効果をあらわす. ¶吃了这药就能~／この薬を飲めばすぐ効くよ. ¶看来这些对策都没~／どうもこれらの対策はみな効果があがらないようだ. 同 见效 jiànxiào

【奏乐】zòu//yuè 動 演奏する. ¶乐队开始~了／オーケストラが演奏し始めた.

【奏章】zòuzhāng 名〔本 běn,道 dào〕上奏文.上奏書. 同 奏疏 zòushū

【奏折】zòuzhé 名（明・清時代の皇帝に奉じる）上奏書.上奏文を書いた折り本.

揍 zòu

扌部9 四 55084
全12画 次常用

動 ❶口 なぐる. ¶挨~ áizòu（なぐられる）／~他一顿（彼を一発なぐる）. ❷方 粉々に割る. ¶把玻璃~了（ガラスを割った）.

ZU ㄗㄨ〔tsu〕

租

租 zū
禾部5 四 2791₂ 全10画 常用

❶ 動 賃借りする. ¶～房(家を借りる)／～家具(家具を借りる). ❷ 動 賃貸しする. ¶出～ chūzū(貸す)／招～ zhāozū(貸し出す)／～金 zūjīn(貸し人(貸し主). ❸ 名 賃貸料. ¶交～ jiāozū(賃貸料を払う)／房～ fángzū(家賃)／地～ dìzū(小作料). ❹ 素 封建時代の地税. ¶～税 zūshuì. ❺ (Zū)姓.

【租佃】zūdiàn 動 田畑を小作に貸す. ¶收～／小作に出していた田畑を引きあげる.

【租户】zūhù 名 借家人. 借り主.

【租价】zūjià 名 賃貸料.

【租界】zūjiè 名 租界.

【租借】zūjiè 動 ❶ 賃借りする. 同 租赁 zūlìn. ❷ 賃貸しする. ¶～自行车／自転車を貸し出す. 同 出租 chūzū, 租赁 zūlìn.

【租借地】zūjièdì 名 租借地.

【租金】zūjīn 名〔笔 bǐ〕賃貸料. 借り賃. ¶交付～／借り賃を払う. 同 租钱 zūqian.

【租赁】zūlìn 動 ❶ 賃借りする. ❷ 有料で貸し出す. ¶～公司／リース会社. 同 租借 zūjiè.

【租米】zūmǐ 名 年貢米.

【租钱】zūqian 名 同 借り賃.

【租让】zūràng 動 賃貸借する. 参考 動産(設備など)や不動産の, 比較的長期間の賃貸借を言う.

【租税】zūshuì 名 租税.

【租用】zūyòng 動 賃借りする. ¶～汽车／レンタカーを借りる. ¶我～了两间房／私は部屋を二つ借りた.

【租约】zūyuē 名 賃貸借契約.

【租子】zūzi 名 (現物で支払う)地租. 小作料. ¶交～／小作料を払う.

菹(異 葅) zū
艹部8 四 4411₂ 全11画 通用

㲋 ❶ 名 発酵させた野菜のつけもの. 同 酸菜 suāncài. ❷ 名 水草の多い沼地. ❸ 動 細かく切りきざむ. ¶～醢 zūhǎi(体を切りきざむ古代の極刑).

足 zú
足部0 四 6080₁ 全7画 常用

❶ 名(人や動物の)足. ¶～迹 zújì／～球 zúqiú／画蛇添～ 成 蛇足を描く. 蛇足). 同 脚 jiǎo 反 手 shǒu. ❷ 名 (器物の)脚(の). ¶鼎～ dǐngzú(鼎の脚). ❸ 形 満ち足りている. 十分だ. ¶充～ chōngzú(十分だ)／～数 zúshù／心満意～ 成 すっかり満足する)／丰衣～食 成 衣食が満ち足りている). ❹ 副 (数量や程度が)十分に. ¶～玩了一天(一日を思う存分遊んだ). ❺ 素 …するだけの価値がある. ¶微不～道 成 些細で取るに足りない)／不～为 wéi 凭 píng 顆るほどの価値もない). 用法 ❺は, 否定の形で多く用いられる.

【足本】zúběn 名 足本(誌). 要約や削減がされていない本.

【足不出户】zú bù chū hù 成 家から出たことがない. 一歩も外に出ない.

【足彩】zúcǎi 名 "足球彩票"(サッカーくじ)の略称.

【足赤】zúchì 名 純金. ¶金无～, 人无完人 成 文字どおりの純金はないし, 欠点のない人はいない. 完全無欠の物はない. 同 足金 zújīn.

【足额】zú'é 形 定員や定額に達している. ¶每班人数不～／どのクラスも定員に達していない.

【足够】zúgòu ❶ 形 十分だ. ¶～的电力／十分な電力. ¶这些粮食～吃一年／この食料で一年は十分だ.

❷ 動 満足させる. …するに足りる. ¶有您这句话就～了／あなたにそう言っていただければ私は満足だ.

【足迹】zújì 名 あしあと. 足跡(㌑). ¶留下～／足跡を残す. 同 脚印 jiǎoyìn.

【足见】zújiàn 動 はっきり見て取れる. …から明らかだ. ¶他成功地解决了难题, ～他的能力非同一般／彼が難問をうまく解決したことからも, その能力が人並み優れていることがわかる.

【足金】zújīn 名 純金. 同 足赤 zúchì.

*【足球】zúqiú 名《スポーツ》❶ サッカー. ¶～队／サッカーチーム. ❷〔个 ge〕サッカーボール. ¶踢 tī～／サッカーボールをける. サッカーをする.

【足球宝贝】zúqiú bǎobèi 名 ❶ サッカーのイメージキャラクター. ❷ サッカー試合の開始時に選手と共に入場する子供.

【足球彩票】zúqiú cǎipiào 名 サッカーくじ.

【足球流氓】zúqiú liúmáng 名(サッカーの)フーリガン.

【足球先生】zúqiú xiānsheng 名(サッカーの)その年の最優秀選手.

【足色】zúsè 形(金や銀の)純度が高い. ¶这个黄金～吗？／この金は純度が高いですか.

【足数】zúshù 形 数が十分だ. 数に不足はない. ¶分量fēnliàng～／重さは十分だ. ¶这些材料足不～？／この材料は数が十分ですか.

【足岁】zúsuì 名 満年齢. ¶已经五～了／もう満5歳になった.

【足坛】zútán 名《スポーツ》サッカー界.

【足下】zúxià 名 ❶ 貴下. 足下. ❷ 足元. 用法 ①は, ふつう手紙の中の目上や友人に対する敬称.

【足以】zúyǐ 副 十分に…できる. ¶～说服他／彼を説得するのに十分だ. ¶这些材料不～证明他无罪 wúzuì／これらの資料は, 彼が無罪だと証明するには十分ない.

【足音】zúyīn 名 足音.

【足银】zúyín 名 純銀.

【足月】zúyuè 胎児が産まれる月まで体内で成長する. 臨月になる. ¶他不是～生的／彼は月足らずで生まれた子だ.

【足智多谋】zú zhì duō móu 成 知謀にたけている. ¶～的将领 jiànglǐng／知略に富んだ将校.

【足足】zúzú 副 十分. たっぷり. ¶十 shí 足

卒 zú
亠部6 四 0040₈ 全8画 次常用

❶ 名(身分の低い)兵士. ¶士～ shìzú(士卒)／小～ xiǎozú(兵卒)／马前～ mǎqiánzú(歩兵). 同 兵 bīng. ❷ 素 使い走り. ¶走～ zǒuzú(使い走り)／隶 lìzú(小役人). ❸ 動 死亡する. 卒(㋚)する. ¶病～ bìngzú(病死する)／暴～ bàozú(急死する)／生～年月(生没年月). 同 亡 wáng, 殁 mò 反 生 shēng. ❹ 素 終える. ¶～业 zúyè／～读 zúdú(読み終える). ❺ 副 ついに. ¶～胜敌军(ついに敵軍に勝った). 同 终于 zhōngyú. ❻ (Zú)姓.

☞ 卒 cù

【卒岁】zúsuì 動 一年を過ごす. ¶聊以～ 成 どうにか一年の暮らしが立つ. ¶靠救济金 jiùjìjīn 生活, 难以～／救済金で生活しているので, 苦しい毎日だ.

【卒业】zúyè 動 卒業する. ¶学校举行～典礼／学校が卒業式を行う.

【卒子】zúzi 名(中国将棋の駒の)兵卒.

族 zú
方部7 四 0828₄ 全11画 常用

❶ 图 民族. 種族. ¶汉～ Hànzú (漢民族) / 回～ Huízú (回族) / 藏～ Zàngzú (チベット族). ❷ 图 血族. 一族. ¶宗～ zōngzú (宗族) / 家～ jiāzú (家一族) / 同～ tóngzú (同族) / 合～ hézú (一族が集まる) / 灭～ mièzú (一族皆殺し). ❸ 图 同じ性質をもつグループ. ¶水～ shuǐzú (水生動物) / 语～ yǔzú (語族) / 上班～ shàngbānzú (通勤族. サラリーマン).

【族类】zúlèi 图 同族. 同類.
【族灭】zúmiè 動 (一人の罪人のために)一族すべてが殺される.
【族谱】zúpǔ 图 家系図. (一族の)系図.
【族亲】zúqīn 图 親族. 親戚.
【族权】zúquán 图 一族の長の権力. 家父長の権限.
【族裔】zúyì ❶ 同一の言語・宗教・歴史などをもつ民族の集団. ❷ 共通の特徴を持つ人々の集団.
【族人】zúrén 图 一族の者.
【族兄】zúxiōng 图 高祖父を同じくする男性のうち、年長の者.
【族长】zúzhǎng 图 家長. 族長.

镞(鏃) zú
钅部11 四 8878₄
全16画 通用
图 矢じり. ¶箭～ jiànzú (矢じり).

诅(詛) zǔ
讠部5 四 3771₂
全7画 次常用
素 ⊙ 呪(のろ)う. ¶～咒 zǔzhòu.
【诅咒】zǔzhòu 動 ❶ ⊙ 呪(のろ)う. ¶～害人 / 人を呪詛(じゅそ)する. ❷ ののしる. ¶～恶劣 èliè 的天气 / ひどい天気に悪態をつく. 囘 咒骂 zhòumà

阻 zǔ
阝部5 四 7721₂
全7画 常用
素 はばむ. 阻止する. ¶～止 zǔzhǐ / 拦～ lánzǔ (阻止する) / 劝～ quànzǔ (説得してやめさせる) / 通行无～ (自由に通行できる).

【阻碍】zǔ'ài ❶ 動 (順調な流れや発展を)妨げる. 邪魔する. ¶～交通 / 交通の妨げになる. 囘 障碍 zhàng'ài ❷ 图 障害. ¶毫无 háowú～ / 何の障害もない. ¶排除一切 yīqiè～经济发展的不利因素 / 経済発展の妨げになるマイナス要素をすべて取り除く. 囘 障碍 zhàng'ài.
【阻挡】zǔdǎng 動 阻止する. 妨げる. ¶～不了历史潮流 cháoliú / 歴史の流れを止めることはできない. 囘 拦挡 lándǎng, 拦阻 lánzǔ
【阻断】zǔduàn 動 (障害により)遮断される.
【阻遏】zǔ'è 動 ⊙ 阻止する. 妨げる. ¶竭力 jiélì～ / 懸命に阻止する. ¶不能～学生的自由 / 学生の自由を妨げてはいけない.
【阻隔】zǔgé 動 (二つの地点を)切り離す. 隔てる. ¶山川、来往 láiwǎng 不便 / 山河に隔てられ、行き来が不便だ.
【阻梗】zǔgěng 動 ⊙ ふさがる. ふさぐ. ¶交通～ / 交通が渋滞する. ¶病人呼吸道～, 气息微弱 / 病人は気道がふさがっているので呼吸が弱い.
【阻击】zǔjī 動 (敵の動きを)阻止する. ¶～战 / 防御戦. ¶派小分队去～敌人 / 敵の動きを阻止するため小隊を派遣する.
【阻截】zǔjié 動 妨げる. ¶～逃犯 / 犯人の逃亡を阻止する.
【阻绝】zǔjué 動 (障害により)遮断される. 不通になる.
【阻抗】zǔkàng 图 (電気)インピーダンス.
【阻拦】zǔlán 動 (行動を)阻止する. 邪魔だてする. ¶让孩子玩吧, 别去～他 / 子供を遊ばせておきなさいよ、無理にやめさせちゃいけない.
【阻力】zǔlì ❶ 图 抵抗. 抵抗力. ¶空气～ / 空気抵抗. ❷ 障害. ¶轮船冲破风浪的～ / 船は風や波を突いて前に進んだ. ¶这项工作～重重 chóngchóng, 很难开展 / この仕事はいろいろ障害が多くて、進めるのは難しい.
【阻难】zǔnàn 動 ⊙ 妨害する. (難癖をつけて)邪魔する. ¶这事儿正当 zhèngdàng 的, 你别～他了 / これは正当なことだから、難癖つけて彼の邪魔をするのはやめなさい.
【阻挠】zǔnáo 動 ⊙ (発展や成功を)邪魔する. 妨害する. ¶因为家庭～, 他们俩的恋爱关系中止 zhōngzhǐ 了 / 家族の反対にあい、彼ら二人の恋愛は成就しなかった. ¶～executing 公务 / 公務執行妨害. 囘 阻遏 zǔ'è, 阻拦 zǔlán, 阻止 zǔzhǐ
【阻尼】zǔní 動《物理》減衰する.
【阻塞】zǔsè 動 ふさぐ. ふさがる. ¶水管～, 排水不畅通 chàngtōng / 水道管が詰まり、排水が悪い. 囘 堵塞 dǔsè, 梗塞 gěngsè 反 疏通 shūtōng
【阻援】zǔyuán 動 敵の援軍を食い止める.
【阻止】zǔzhǐ 動 (行動を)阻止する. 制止する. ¶别～我, 让我去吧! / 止めないで、行かせて. ¶～车辆行进 / 車両通行止め.
【阻滞】zǔzhì 動 (障害にぶつかって)停滞する. 足止めを食う. ¶残留物 cánliúwù～在管道口 / パイプの口にカスが溜まっている.

组(組) zǔ
纟部5 四 2711₂
全8画 常用
❶ 素 組む. 構成する. ¶改～ gǎizǔ (改組する) / ～成一队 (一つの隊を組織する). ❷ 图 (少人数の)グループ. 組. ¶学习小～ (学習グループ) / ～长 zǔzhǎng / 读报～ dúbàozǔ (新聞を読むグループ). ❸ 量 組になっているものを数えることば. ¶两～电池 (二組の電池) / 一～邮票 (一セットの切手) / 一～工具 (一セットの工具). ❹ 素 (文学や芸術作品が)ひとと組の. ¶一组 zǔshī (同題のひと組の詩) / ～画 zǔhuà / ～曲 zǔqǔ / ～歌 zǔgē.

【组胺】zǔ'àn 图《生物・化学》ヒスタミン.
【组编】zǔbiān 動 (文章や資料を集めて)組み立てる. 編纂する.
【组成】zǔchéng 動 構成する. 組み立てる. 形成する. ¶星云由尘埃 chén'āi 和气体～ / 星雲は塵埃(じん)と気体からできている. ¶～一支运动队 / スポーツチームを編成する.
【组成部分】zǔchéng bùfen 图 構成要素. (機械などの)パーツ.
【组队】zǔ//duì 動 チームを組む.
【组分】zǔfèn 图 ❶ 成分. ❷ (混合物の)構成要素.
【组稿】zǔ//gǎo 動 (編集者が編集計画に沿って)原稿を依頼する. ¶报社派我出去～ / 新聞社から原稿依頼のために私を差し向けた.
【组歌】zǔgē 图 同じテーマの歌で構成した組曲.
【组阁】zǔ//gé 動 ❶ 組閣する. ❷ 指導グループを組織する. ¶～新的领导班子 / 新しい指導グループを組織する.
【组合】zǔhé ❶ 動 組み合わせる. ❷ 图 組み合わせ. 組み合わされたもの. ¶词的～ / 単語の組み合わせ. ❸ 图《数学》組み合わせ.
【组合柜】zǔhéguì 图 システム家具.
【组合音响】zǔhé yīnxiǎng 图 システム・コンポ. オーディ

オ・セット.

【组画】 zǔhuà 名《美術》(ひとつのテーマに沿った)一組の絵画.

【组件】 zǔjiàn 名 組み立て部品.

【组建】 zǔjiàn 動 設立する. 編成する.

【组接】 zǔjiē 動 フィルムを編集する. 編集して繋げる.

【组曲】 zǔqǔ 名《音楽》組曲.

【组态】 zǔtài 名 ❶《物理》空間配列. ❷《コンピューター》コンフィグレーション.

【组团】 zǔtuán 動 (代表団や観光団などの)団を組む.

【组委会】 zǔwěihuì 名 "组织委员会"(組織委員会)の略称.

【组长】 zǔzhǎng 名 グループの長.

**【组织】 zǔzhī ❶動 組織する. ¶~人力 / 人を集めて役目を按配する. ❷名 (組織)の構成. 体系. ¶~严密 / 構成がしっかりしている. ¶~松散 sōngsǎn / 組織がゆるい. ❸名《紡織》紡織品の織り方. ¶平纹 píngwén~ / 平織り. ¶斜纹 xiéwén~ / 綾織り. ¶缎纹 duànwén~ / 繻子(しゅ)織り. ❹名《生物》組織. ¶神经~ / 神経組織. ❺名 組織. 団体. 機構. ¶党团~ / 党や団組織(中国では共産党と共産主義青年団を指す). ¶工会~ / 組合組織. ¶向~汇报 huìbào / 組織に報告する.

【组织生活】 zǔzhī shēnghuó 名 組織活動. 組合活動. 参考 党や団体などのメンバーが定期的に集まって交流や討論などを行う活動を言う.

【组织性】 zǔzhīxìng 名 組織への忠誠心. 帰属意識.

【组织液】 zǔzhīyè 名 ❶《生理》組織液. ❷動植物の組織から作る薬液.

【组装】 zǔzhuāng 動 (大型機械などを)組み立てる.

俎 zǔ 人部7 全9画 通用 〔四〕8781₂

名 ❶ 古代, 祭祀のとき, ウシやヒツジの肉をのせて供える台. ❷ まな板. ¶刀~ dāozǔ (包丁とまな板). ❸〈Zǔ〉姓.

【俎上肉】 zǔshàngròu 名〈文〉抑圧されて蹂躙(じゅうりん)される人や国. まな板のコイ. ¶成为 chéngwéi 其他强国的~ / 強国のなすがままになる.

祖 zǔ 礻部5 全9画 常用 〔四〕3721₂

❶素 祖父. 祖父の世代の親族. ¶~父母 zǔfùmǔ (祖父母) / 外~父 wàizǔfù (母方の祖父) / ~孙 zǔsūn 三代(祖父から孫までの三代). ❷素 先祖. ¶~宗 zǔzōng / 始~ shǐzǔ (始祖) / 高~ gāozǔ (曾祖父の父) / 远~ yuǎnzǔ (遠い祖先). ❸名 (事業や流派の)創始者. 元祖. ¶鼻~ bízǔ (始祖) / 开山~师 kāishān zǔshī (開祖). ❹〈Zǔ〉姓.

【祖辈】 zǔbèi 名 祖先.

【祖传】 zǔchuán 形 祖先から伝わった. 先祖伝来の. ¶这是~的瓷器 cíqì / これは先祖代々伝わる磁器です.

【祖坟】 zǔfén 名 祖先の墓.

【祖父】 zǔfù 名 父方の祖父. 参考 母方の祖父は"外祖父 wàizǔfù".

**【祖国】 zǔguó 名 祖国.

【祖籍】 zǔjí 名 原籍. ¶我的~是山东 / 私の原籍は山東省です. 反 寄籍 jìjí 参考 他の省や新しい土地に移り住んだ場合, 移って来た地の戸籍を"寄籍", 元の地の戸籍を"祖籍"という.

【祖居】 zǔjū ❶名 先祖代々の家や土地. ❷動 代々居住する.

【祖母】 zǔmǔ 名 父方の祖母. 参考 母方の祖母は"外祖母 wàizǔmǔ".

【祖母绿】 zǔmǔlǜ 名《鉱物》〔量 块 kuài〕エメラルド. ◆emerald

【祖上】 zǔshàng 名 祖先.

【祖师】 zǔshī 名 ❶ 学問や技術の面で一派を築いた人. 回 祖师爷 yé ❷ (仏教や道教の)宗派の創始者. 回 祖师爷 yé ❸ 信仰団体や秘密結社の創始者. 回 祖师爷 yé ❹囲 手工業者がその業種の創始者を指して呼ぶ敬称. ¶以前建筑工匠 gōngjiàng 尊鲁班 Lǔbān 为~ / 昔は大工を職業とする人達は, 魯班を大工の始祖として崇めていた. 回 祖师爷 yé

【祖师爷】 zǔshīyé 名 創始者. 元祖. 回 祖师, 开山 kāishān 祖

【祖述】 zǔshù 動〈文〉先人の学説や行為を尊び, 手本とする. ¶遵循 zūnxún~ / 先人の教えに従う.

【祖孙】 zǔsūn 名 祖父母と孫.

【祖先】 zǔxiān 名 祖先. 同 先人 xiānrén, 祖宗 zǔzong

【祖业】 zǔyè 名 ❶ 祖先の功績. ❷ 祖先から受け継いだ財産. 表現 ①は, 帝王の功績について言うことが多い.

【祖茔】 zǔyíng 名〈文〉祖先の墓.

【祖宗】 zǔzong 名 祖先. 先祖.

【祖祖辈辈】 zǔzǔbèibèi 名 先祖代々. ¶我家~在山里生活 / 私の家は先祖代々山で生活している.

zuān ㄗㄨㄢ〔tsuan〕

钻(鑽) zuān 钅部5 全10画 常用 〔四〕8176₀

❶動 (きりなどで)穴をあける. ¶~孔 zuānkǒng / 一个眼(穴を一つあける) / ~探 zuāntàn. ❷動 くぐり抜ける. 潜り込む. ¶~山洞 shāndòng (洞穴の中へ入る) / ~到水里(水の中へ潜る) / ~空子 kòngzi ❸動 深く研究する. ¶~研 zuānyán / 光~书本不行(ただ本を読むだけではよくない). ❹〈Zuān〉姓.
☞ 钻 zuàn

【钻工】 zuāngōng 名 穴あけ工. ボーリング作業員.

【钻进】 zuānjìn 動 入り込む. 潜り込む. ¶~人群里 / 群衆の中に潜り込む. ¶她早就~被窝儿 bèiwōr 了 / 彼女はもうとっくに寝床に入った.

【钻劲】 zuānjìn 名〔~儿〕探究心. 研究心.

【钻井】 zuān//jǐng 動 (油井や井戸を)掘る. ¶海洋~ / 海底油田を掘る. ¶~队 / 掘削チーム.

【钻孔】 zuān//kǒng 動 穴をあける. ¶得 děi 先~钻个孔,才能装上锁 suǒ / 穴をあけなくては鍵をつけられない.

【钻空子】 zuān kòngzi 慣 油断につけ入る. すきに乗じる. ¶他可会~了! / 彼はまったく人の弱みにつけ込むのがうまいよ.

【钻门子】 zuān ménzi 慣 有力者に取り入る. 権力者にってを求める. ¶他靠~才当上 dāngshàng 了科长 kēzhǎng / 彼は上の人に取り入って課長になれたんだ.

【钻牛角尖】 zuān niújiǎojiān 慣 つまらないことや未解決の問題をいつまでも追求する. ¶你别在这些细节上~了 / このような細かいことをいつまでも考えるのはやめなさい. 同 钻牛角, 钻牛犄角 jījiǎo

【钻圈儿】 zuānquānr ❶動 (曲芸の)輪くぐりをする. ❷名 輪くぐり.

zuān – zuǐ 趲 纘 纂 钻 赚 攥 咀 觜 嘴

【钻探】 zuāntàn 動《鉱業》試掘する. ボーリングする. ¶~机 / ボーリング機. ¶~石油 / 石油を試掘する.
【钻天杨】 zuāntiānyáng 名《植物》ポプラ.
【钻心】 zuānxīn 動（痛みやかゆみが）我慢できない. 耐えられない. ¶疼痛 téngtòng~ / 耐え難いほど痛い.
***【钻研】** zuānyán 動 深く研究する. 研鑽(さん)をつむ. ¶他们努力地~技术 / 彼らは研究を重ね, 技術を高めた. 回 研究 yánjiū, 研讨 yántǎo
【钻营】 zuānyíng 動 権力者に取り入って私利をはかる. ¶拍马 pāimǎ~ / 人にへつらってうまく立ち回る. 回 钻谋 zuānmóu

趲（趲） zuān
走部16 全23画 四 6418₂ 通用
動 文 上や前に向かって勢いよく進む.

纘（纘） zuǎn
丝部16 全19画 四 2418₂
動 文 受け継ぐ. 継承する.

纂（異 篹❶,簒❶,纉❷） zuǎn
竹部14 全20画 四 8890₃ 通用
❶ 素 編纂する. ¶编~ biānzuǎn（編纂する）. ❷ 名 方 （~儿）女性の頭の後ろで結ったまげ.

钻（鑽） zuàn
钅部5 全10画 四 8176₀ 常用
名 ❶〔量 把 bǎ, 台 tái〕きり. ドリル. ¶电~ diànzuàn（電気ドリル）/ 风~ fēngzuàn（エアドリル）/ ~具 zuànjù. ❷ ダイヤモンド. ¶~石 zuànshí / 戒 zuànjiè / 二十四~的手表（24石の腕時計）.
☞ 钻 zuān

【钻床】 zuànchuáng 名《機械》ボール盤. ドリリング・マシン.
【钻杆】 zuàngǎn 名《機械》ドリルロッド.
【钻机】 zuànjī 名《機械》〔量 台 tái〕ボーリングマシン.
【钻戒】 zuànjiè 名〔量 枚 méi〕ダイヤモンドの指輪.
【钻具】 zuànjù 名 掘削器具. ドリル.
【钻石】 zuànshí 名 ❶〔量 颗 kē, 粒 lì〕（加工された）ダイヤモンド. 回 钻 zuàn ❷〔量 粒 lì〕（時計の軸受けなどに使う）石. 回 钻 zuàn
【钻塔】 zuàntǎ 名《鉱業》油井やぐら. 鑿井(さくせい)やぐら.
【钻台】 zuàntái 名《機械》❶ ドリル・スタンド. ❷ 掘削機やボーリングマシンを設置する足場.
【钻头】 zuàntóu 名《機械》〔量 副 fù〕ドリルの刃. ビット. ¶装上~ / ドリルの刃を取り付ける.

赚（賺） zuàn
贝部10 全14画 四 7883₇ 常用
動 方 だます. ¶~人（人をだます）/ ~取 zuànqǔ（だまし取る）. 回 骗 piàn
☞ 赚 zhuàn

攥 zuàn
扌部20 全23画 四 5809₃ 通用
動 口 握る. ¶手里~着一把斧子 fǔzi（手におのを握っている）.

zui ㄗㄨㄟ [tsuei]

咀 zuǐ
口部5 全8画 四 6701₂ 通用
名 "嘴 zuǐ"の俗字.
☞ 咀 jǔ

觜 zuǐ
角部6 全13画 四 2222₇ 通用
名 "嘴 zuǐ"に同じ.
☞ 觜 zī

嘴 zuǐ
口部13 全16画 四 6202₇ 常用
名 ❶《生理》〔量 张 zhāng〕口. ¶张~ zhāngzuǐ（口を開く. 話す）/ 闭~ bìzuǐ（口を閉じる）. ❷（~儿）口と同じ形や機能をもつもの. ¶山~ shānzuǐ（山の端）/ 壶~儿 húzuǐr（急須の口）/ 烟~儿 yānzuǐr（紙たばこの吸い口）. ❸ [r] 話. ¶你别多~（よけいなことを言うな）/ 贫~薄舌 pín zuǐ bó shé 威 にくまれ口をたたく.

【嘴巴】 zuǐba 名 ❶ 頬(ほお). ¶挨 ái 了一个~ / びんたを食わせる. 回 嘴巴子 zuǐbàzi ❷ 方 口. ¶张开~/ 口をあける.
【嘴笨】 zuǐbèn 形 口べただ. ¶我觉得自己~ / 私は自分が口べただと思う.
【嘴馋】 zuǐchán 形 口が卑しい. 食いしん坊だ. ¶他很~/ 彼は口が卑しい.
【嘴唇】 zuǐchún 名〔~儿〕唇. ¶上~ / 上唇. ¶咬住 yǎozhù~ / 唇をかみしめる. 参考 "唇 chún"の通称.
【嘴乖】 zuǐguāi 形 口がうまい. ¶~的孩子 / おしゃまな子供. 表現 多く子供について言う.
【嘴尖】 zuǐjiān 形 言い方がきつい. 辛辣(しんらつ)だ. ¶他~, 爱损人 / 彼は言い方がきつくてよく人を傷つける.
【嘴角】 zuǐjiǎo 名 口元. 唇の両端. ¶她~露出 lùchū 一丝笑意 / 彼女は口元にかすかな笑みを浮かべた.
【嘴紧】 zuǐjǐn 形 口が堅い. ¶他~, 什么也问不出来 / 彼は口が堅くて何も聞き出せない.
【嘴啃泥】 [地] zuǐ kěn ní [di] 慣 つんのめる. 前方にばったり倒れる.
【嘴快】 zuǐkuài 形 口が軽い. ¶他~, 此事不能告诉他 / 彼は口が軽いから, このことを彼に話してはいけない.
【嘴脸】 zuǐliǎn 貶〔量 副 fù〕顔つき. 面構え. ¶丑恶 chǒuè 的~ / 醜悪な面構え.
【嘴皮子】 zuǐpízi 名 唇. 口先. ¶要 shuǎ~ / へらず口をたたく.
【嘴贫】 [频] zuǐpín おしゃべりだ. 話しがくどい.
【嘴勤】 zuǐqín 形 話し好きだ. 口まめだ.
【嘴软】 zuǐruǎn 形 口ぶりが穏やかだ. ❷（自分に弱味があって）強いことを言えない. ¶吃了人家的东西就~/ 人からもてなしを受けると, その相手に強いことが言えなくなる.
【嘴松】 zuǐsōng 形 口が軽い（不注意だ）.
【嘴碎】 zuǐsuì 形 話がくどい. くちうるさい.
【嘴损】 zuǐsǔn 形 方 口が悪い. 辛辣だ. ¶~的人说不出好话 / 口の悪い人は, おじょうずが言えない. 回 嘴尖 zuǐjiān
【嘴甜】 zuǐtián 形 口がうまい. ¶~心苦 / 口はうまいが, 腹の中は黒い.
【嘴头】 zuǐtóu 名 方（~儿）口. 口先. ¶~儿能说会道 / 口先ではうまいことを言う. 回 嘴头子 zuǐtóuzi
【嘴稳】 zuǐwěn 形 口が堅い.
【嘴严】 zuǐyán 形 口が重い. 寡黙だ.
【嘴硬】 zuǐyìng 形 強情だ. 口が減らない. ¶别~了, 快认个错吧 / 強情を張るのはよして, さっさと間違いを認めなさいよ.

【嘴直】zuǐzhí 形 歯に衣を着せない. ずけずけ言う.
【嘴子】zuǐzi 名 方 口に似たもの.

最(異 冣、取) zuì
日部8 四 6044₇ 全12画 常用
副 もっとも. ¶～大 zuìdà（最大だ）／～好 zuìhǎo／～要紧 zuìyàojǐn（もっとも大切だ）.
【最爱】zuì'ài 名 最愛のもの.
*【最初】zuìchū 名 最初. 初め.
【最低】zuìdī 形 最低の.
【最高】zuìgāo 形 最高の.
*【最好】zuìhǎo 副 …に越したことはない. …するのが一番いい. ¶～你亲自去一次／一度君が自分で行ったほうがいい.
*【最后】zuìhòu 名 最後. 一番後ろ. 反 最初 zuìchū
【最后通牒】zuìhòu tōngdié 名 最後通牒（ちょう）.
【最惠国】zuìhuìguó 名《経済》最恵国.
【最惠国待遇】zuìhuìguó dàiyù 名《経済》最恵国待遇.
【最佳】zuìjiā 形 最も良い. ¶～作品／最優秀作品. ¶现在正是～时机 shíjī／今がまたとないチャンスだ.
*【最近】zuìjìn 名 最近. 近ごろ. 近々. ¶～他经常迟到／近ごろ, 彼はしょっちゅう遅刻する. ¶他～要去上海出差 chūchāi 了／彼は近々上海へ出張する. 用法 話をしている時から遠くない過去にも未来にも用いる.
【最轻量级】zuìqīngliàngjí 名《スポーツ》最軽量級. バンタム級.
【最少】zuìshǎo 形 最少の. 最小の.
【最为】zuìwéi 副 最も. ¶这个办法～可靠／このやり方が最も確実だ.
【最先】zuìxiān 副 真っ先に. 最初に. ¶他是～知道那事的人／彼は最初にその事を知った人間だ.
【最新】zuìxīn 形 最新の.
【最终】zuìzhōng ❶ 形 最終の. 最後の. ¶～目的 mùdì／最終の目的. ❷ 副 結局. 最後に. ¶我们尽管 jǐnguǎn 失败过几次, 但～还是成功了／私たちは何度か失敗をしたが, 最後はやはり成功した. ¶只要努力, ～是会胜利的／努力しさえすれば, 最後には成功するものだ.

罪(異 辠) zuì
罒部8 四 6011₁ 全13画 常用
❶ 名 罪. ¶有～ yǒuzuì（有罪である）／犯～ fànzuì（犯罪する）. 反 功 gōng ❷ 素 あやまち. 過失. ¶归～ guīzuì 于人（自分の過失を人のせいにする）. 反 功 gōng ❸ 素 苦しみ. ¶受～ shòuzuì（ひどい目にあう）. ❹ 動 罪を着せる. ¶～己 zuìjǐ（自分を責める）.
【罪案】zuì'àn 名 〔起 qǐ〕罪状. 犯罪事実.
【罪不容诛】zuì bù róng zhū 成 罪が重くて死刑にしても償（つぐな）いきれない. 罪がきわめて重い.
【罪大恶极】zuì dà è jí 成 極悪非道だ.
【罪恶】zuì'è 名 罪悪. ¶累累 léiléi／罪を重ねる.
【罪恶滔天】zuì è tāo tiān 成 犯した罪が極めて大きい.
【罪犯】zuìfàn 名〔个 ge, 伙 huǒ, 名 míng〕犯人. 犯罪者.
【罪该万死】zuì gāi wàn sǐ 成 その罪は万死（ばんし）に値する. 表現 多くは自分の犯した罪に対して自ら処分を請う時に使う.
【罪过】zuìguo ❶ 名 あやまち. 過失. 罪. ¶他有什么～？／彼にどんな過失があったというのか. 同 罪恶 zuì'è, 罪孽 zuìniè 反 功绩 gōngjì ❷ 動 恐縮です. 恐れ入ります. 重 罪过罪过

【罪魁】zuìkuí 名 又 主犯者. 元凶. 同 首恶 shǒu'è, 元凶 yuánxiōng
【罪魁祸首】zuì kuí huò shǒu 成 悪人の親玉. 悪事の元凶.
【罪名】zuìmíng 名 書 种 zhǒng）罪名. ¶给他加上～／彼に罪をかぶせる. ¶横加 héngjiā～／みだりに罪をなすりつける.
【罪孽】zuìniè 名 罪業. ¶～深重 shēnzhòng／罪業が深い.
【罪愆】zuìqiān 名 罪. 過失. ¶他办事慎重 shènzhòng, 少有～／彼は何をするにも慎重で, 過失を犯すことはめったにない. 同 罪过 zuìguo
【罪情】zuìqíng 名 罪状.
【罪人】zuìrén 名 罪人. 犯罪者.
【罪行】zuìxíng 名 犯罪行為. ¶犯下～／犯罪行為をおかす.
【罪刑】zuìxíng 名 罪状とその刑罰.
【罪刑法定】zuìxíng fǎ dìng 句《法律》罪と刑罰は法により定める. 刑法の基本原則である.
【罪有应得】zuì yǒu yīng dé 成 罰を受けるのは当然だ.
【罪责】zuìzé 名 罪に対する責任. ¶～难逃／罪の責任は逃れられれない.
【罪证】zuìzhèng 名 犯罪の証拠. ¶查明 chámíng～／犯罪の証拠を調べて明らかにする.
【罪状】zuìzhuàng 名 罪状. ¶罗列 luóliè～／罪行を列挙する. 同 罪行 zuìxíng

橇(異 橇) zuì
木部10 四 4092₇ 全14画 通用
下记熟語を参照.
【橇李】zuìlǐ 名《植物》スモモの一種. またその実. 参考 浙江省が名産地.

蕞 zuì
艹部12 四 4444₇ 全15画 通用
下记熟語を参照.
【蕞尔】zuì'ěr 形 文 小さい. ¶～小国／小国.

醉 zuì
酉部8 四 1064₈ 全15画 常用
動 ❶（酒に）酔う. ¶～汉 zuìhàn／彼喝～了（彼は酔っぱらった）. 反 醒 xǐng ❷ 夢中になる. ¶～心 zuìxīn／陶～. ¶陶～ táozuì（陶酔する）. ¶～蟹 zuìxiè／～枣 zuìzǎo（酒漬けのナツメ）／～虾 zuìxiā（酒漬けのエビ）.
【醉鬼】zuìguǐ 名 酔っぱらい. 飲んだくれ.
【醉汉】zuìhàn 名（男性の）酔っぱらい.
【醉话】zuìhuà 名 酔った上での話.
【醉酒】zuìjiǔ 動 酒に酔う. ¶～蛋糕／ティプシー・ケーキ
【醉拳】zuìquán 名《武術》醉拳（すいけん）.
【醉生梦死】zuì shēng mèng sǐ 成 貶 無為な日々を送る. ¶过了半辈子 bànbèizi～的生活／人生の半分をうかうかと無為に過ごした.
【醉态】zuìtài 名 酔っぱらった様子. 醉態.
【醉翁之意不在酒】zuì wēng zhī yì bù zài jiǔ 成 真の狙いは別にある. ¶他请客吃饭, ～嘛！／彼が食事をおごるなんて, 何か下心があるに決まってるさ. 由来 欧陽修の「醉翁亭記」に見えることば. 「酔った老人の心は酒にはない」という意から.
【醉乡】zuìxiāng 名 酔い心地. 酔いの境地. ¶沉入 chénrù～／酔いの境地に入る. 陶然とする.
【醉蟹】zuìxiè 名《料理》酒漬けのカニ. 同 醉螃蟹 zuìpángxiè

【醉心】zuìxīn 動 心酔する．没頭する．魅せられてとりこになる．¶～于古代史/古代史に魅せられる．¶电脑令他～/コンピュータは彼をとりこにしている．用法 "～于yú"の形で用いることが多い．

【醉醺醺】zuìxūnxūn 形 (～的) 酔っぱらったようす．¶～的样子/ほろ酔い状態．

【醉眼】zuìyǎn 名 酔っぱらった目つき．¶～朦胧 ménglóng/酔眼朦朧．

【醉意】zuìyì 名 酔った感覚．酔った気分．¶他已经有三分～/彼はもう一杯きげんだ．

zun ㄗㄨㄣ [tsuən]

尊 zūn 寸部9 四 8034₆ 全12画 常用
❶ 索 地位や年齢が上だ．¶～卑 zūnbēi/～长 zūnzhǎng．反 卑 bēi ❷ 索 相手と関係のある人や物に対する敬称．¶～夫人 zūnfūren/～府 zūnfǔ (お宅) /～驾 zūnjià (あなた様) /～姓 zūnxìng．❸ 索 うやまう．¶～敬 zūnjìng/～师爱徒 tú (教師をうやまい，生徒をかわいがる)．❹ 量 どっしりした仏像や大砲を数えることば．¶一～佛像 fóxiàng (一体の仏像) /一～大炮 dàpào (一門の大砲)．

【尊卑】zūnbēi 名 尊貴と卑賎．目上と目下．¶目无～/目上か目下かは眼中にない．¶～不分/貴賎を問わない．年長を少を問わない．

【尊称】zūnchēng ❶ 名 うやまった呼び名．敬称．¶"您"是"你"的～/"您"は"你"の敬称だ．❷ 動 尊称する．

【尊崇】zūnchóng 動 尊びあがめる．尊敬する．¶～长辈 zhǎngbèi/目上の人をうやまう．

【尊夫人】zūnfūren 名 ⽂ 奥さま．令夫人．

【尊贵】zūnguì 形 尊敬すべき．高貴だ．¶热烈欢迎～的外国朋友/外国の大切な賓客を心から歓迎する．反 卑贱 bēijiàn

*【尊敬】zūnjìng ❶ 動 尊敬する．¶～老师/先生を尊敬する．¶受人～/人々に尊敬される．同 敬重 jìngzhòng．❷ 形 尊敬すべき．¶～的李先生,您好/尊敬する李さん，こんにちは．用法 ②は，手紙の書き出しによく用いられる．

【尊命】zūnmìng 名 ⽂ 貴命．貴殿の仰せ．⇨ 遵 zūn 命

【尊亲】zūnqīn 名 ❶ 目上の親族．❷ 他人の親族に対する敬称．尊属．

【尊容】zūnróng 名 ❶ (神仏の) 高貴な容貌．❷ (謔) ご尊顔．¶谁愿意看你的～？/君のご尊顔を拝みたいなんていう奴がいるかね．

【尊师重教】zūnshī zhòngjiào 句 教師を敬い教育を重んじる．

【尊姓】zūnxìng 名 相手の姓．¶请问～大名？/あなたのご芳名をお聞かせ下さい．

【尊严】zūnyán ❶ 形 尊くおごそかだ．❷ 名 尊厳．¶有损民族的～/民族の尊厳を傷つける．

【尊意】zūnyì 名 ⽂ 貴意．(あなた様の) ご意見．

【尊长】zūnzhǎng 名 目上の人．¶敬重 jìngzhòng～/目上の人をうやまう．

【尊重】zūnzhòng ❶ 動 うやまう．尊重する．¶～老人/老人をうやまう．¶互相～/たがいに尊重しあう．反 轻蔑 qīngmiè ❷ 形 (行動が) 重々しい．うわついていない．¶放～些/きちんとしていなさい！用法 ②は，"放 fàng"の目的語として用い，後に"些 xiē"や"一些"を伴うことが多い．

遵 zūn 辶部12 四 3830₄ 全15画 常用
索 (きまりなどに) 従う．¶～照 zūnzhào/～循 zūnxún/～命 zūnmìng/～守纪律 jìlù (規則を守る)．

【遵从】zūncóng 動 従う．¶～决议/決議に従う．¶～指示/指示に従う．¶～老师的教导 jiàodǎo/教師の教えに従う．同 服从 fúcóng,听从 tīngcóng 反 违背 wéibèi,违抗 wéikàng

【遵纪守法】zūnjì shǒufǎ 句 規律に従い，法令を守る．

【遵命】zūnmìng 動 謙 かしこまりました．あなたの命に従います．¶～照办/仰せの通り取り行います．

*【遵守】zūnshǒu 動 遵守 (ジュンシュ) する．¶～时间/時間を守る．¶学生应该～课堂 kètáng 纪律 jìlù/学生は教室での規律を守らなければならない．反 违背 wéibèi,违反 wéifǎn,违犯 wéifàn

【遵行】zūnxíng 動 従い行う．¶～公司规章制度/会社の規則や制度に従う．

【遵循】zūnxún 動 従う．¶～五项和平共处 gòngchǔ 的原则,展开外交活动/平和五原則にのっとり,外交活動を展開する．同 遵照 zūnzhào 反 违背 wéibèi

【遵义】Zūnyì (地名) 遵義 (ジュンぎ)．貴州省北部にある市．参考 1935年，共産党軍ここの地で会議を開き，以後毛沢東の指導権が確立した．

【遵照】zūnzhào 動 …の通りにする．従う．¶我～父母的嘱咐 zhǔfù,认真学习/私は両親の言いつけを守り，まじめに勉強します．同 依照 yīzhào

樽(異**罇**) zūn 木部12 四 4894₆ 全16画 通用
名 古代の酒器．酒樽．¶～俎 zūnzǔ (宴会の酒と料理)．

鳟(鱒) zūn 鱼部12 四 2814₆ 全20画 通用
名 (魚) マス．¶虹～hóngzūn (ニジマス)．

撙 zǔn 扌部12 四 5804₆ 全15画 通用
動 節約する．¶～节 zǔnjié/～下一些钱 (お金を少し節約する)．

【撙节】zǔnjié 動 ⽂ 節約する．¶～开支 kāizhī/出費を減らす．同 节省 jiéshěng

zuo ㄗㄨㄛ [tsuo]

作 zuō 亻部5 四 2821₁ 全7画 常用
索 (手工業の) 仕事場．¶～坊 zuōfang/油漆～yóuqīzuō (ペンキ屋) /洗衣～xǐyīzuō (洗濯屋) /石～shízuō (石屋) /小器～xiǎoqìzuō (木製品の仕事場)．
☞ 作 zuò

【作坊】zuōfang 名 [書 家 jiā,间 jiān] (手工業の) 作業場．工房．工場．

嘬 zuō 口部12 四 6604₇ 全15画 通用
動 ⼝ 唇をすぼめて吸う．¶小孩～奶 (幼子が乳を吸う)．
☞ 嘬 chuài

【啰嗦子】zuō biězi 〈句〉〈方〉当惑する. 困りはてる. 回 作 zuò 瘪子
【啰牙花子】zuō yáhuāzi 〈句〉〈方〉(対処が難しく)困りはてる.

昨 zuó
日部5 四 6801₁ 全9画 常用
素 きのう. ¶～夜 zuóyè.

【昨儿】zuór 〈名〉〈口〉昨日. 回 昨儿个 zuórge
【昨儿个】zuórge 〈名〉〈方〉昨日. 回 昨天 tiān
【昨日】zuórì 〈名〉〈文〉昨日. 表現 "昨天 zuótiān"よりかたい表現.
**【昨天】zuótiān 〈名〉❶ きのう. 昨日. ¶~我去朋友家了 / 昨日, 私は友人の家へ行った. ❷ 遠くない過去. 昔日. ¶~的你还是个背 bēi 着书包的小学生, 今天却已经成了著名的科学家 / あの頃の君はまだかばんを背負った小学生だったのに, 今はもう著名な科学者なんだよ.
【昨晚】zuówǎn 〈名〉昨晚. 昨夜.
【昨夜】zuóyè 〈名〉昨晚.

筰 (異 筰) zuó
竹部5 四 8821₅ 全11画 通用

〈名〉細く裂いた竹でなった綱. ¶~桥 zuóqiáo ("筰"で作った橋).
☞ 筰 Zé

琢 zuó
王部8 四 1113₂ 全12画 次常用

下記熟語を参照.
☞ 琢 zhuó

【琢磨】zuómo 〈動〉よく考える. 考えを重ねる. ¶他～来～去, 没～出什么名堂来 / 彼は熟慮に熟慮を重ねたが, 何の名案も浮かばなかった. 〓 揣摩 chuǎimó, 推敲 tuīqiāo, 斟酌 zhēnzhuó. 回 琢磨 zhuómó

左 zuǒ
工部2 四 4010₂ 全5画 常用

❶〈名〉左. ¶~手 zuǒshǒu / ~方 zuǒfāng. 反 右 yòu ❷〈名〉東側. ¶山～ shānzuǒ (太行山の東. 山東省のこと) / 江～ Jiāngzuǒ (長江の東. 江蘇省のこと). 反 右 yòu ❸ 素〈思想)が革命的である. ¶~派 zuǒpài / ~翼 zuǒyì. 反 右 yòu ❹〈形〉偏っている. 正常でない. ¶~脾气 (偏屈だ) / ~嗓子 zuǒsǎngzi / ~道旁门. ❺〈形〉正反対だ. 合わない. ¶意见相～ (意見が正反対で合わない). ❻ (Zuǒ)姓.

【左膀右臂】zuǒ bǎng yòu bì 〈成〉最も頼りになる助手. 右腕. 片腕.
*【左边】zuǒbian 〈方〉(～ル)左側. 左の方. ¶靠～走 / 左側を歩く. ¶~锋 fēng / サッカーなどのレフト・ウイング. 反 右边 yòubian
【左不过】zuǒbuguò 〈副〉〈口〉❶ どのみち. いずれにせよ. 回 左不是 zuǒbùshì ❷ ただ…に過ぎない.
【左侧】zuǒcè 〈名〉左侧.
【左道旁门】zuǒ dào páng mén 〈成〉異端. 邪道. 非正統派. ¶~的观点 / 非正統的な観点. 回 旁门左道
【左方】zuǒfāng 〈方〉左の方. 左側.
【左顾右盼】zuǒ gù yòu pàn 〈成〉あたりの様子をうかがってきょろきょろする. 左顾右盼(きん)する. ¶上课时, 她老是～的 / 授業中, 彼女はしょっちゅうきょろきょろしている.
【左后卫】zuǒhòuwèi 〈名〉《スポーツ》(サッカーなどの)レフト・フルバック.
【左近】zuǒjìn 〈名〉近く. 付近. 回 附近 fùjìn
【左拉】Zuǒlā《人名》ゾラ(1840-1902). フランスの小说家.

【左联】Zuǒlián 〈名〉"左翼作家联盟 Zuǒyì zuòjiā liánméng"(左翼作家連盟)の略.
【左邻右舍】zuǒ lín yòu shè 〈成〉❶ 両隣. 隣近所. ❷ (自分の部署と)関連の深い部門や機関.
【左轮】zuǒlún 〈名〉リボルバー(銃). 由来 弾倉が左側へ出てくることから.
【左面】zuǒmiàn[-mian] 〈方〉(～ル)左側. 左の方.
【左派】zuǒpài 〈名〉左派. ¶~势力 / 左派勢力. 反 右派 yòupài
【左撇子】zuǒpiězi 〈名〉左ききの人. 回 左撇手 zuǒpiěshǒu
【左迁】zuǒqiān 〈動〉〈文〉左遷する. ¶他刚被～ / 彼は左遷されたばかりだ. 回 降职 jiàngzhí 由来 古代では, 「右」が高貴で, 「左」が低いものと考えられたことから.
【左前卫】zuǒqiánwèi 〈名〉《スポーツ》(サッカーなどの)レフト・ハーフバック.
【左倾】zuǒqīng 〈形〉❶ (異)(政治や思想の上で)左翼に近い. 進歩的だ. ¶~作家 / 進歩的作家. ❷ 極左の. ¶~思想 / 極左思想. ¶~路线 / 極左路線. 表現 ❷ は, 左に" "をつけ, 「"左"倾思想」のように書く.
【左券】zuǒquàn 〈名〉古代の契約書で, (左右同文の割り符の)左側の部分. 賠償請求時に証文となる. ¶可操～ / 自信がある. 確実だ.
【左嗓子】zuǒsǎngzi 〈名〉❶〔名 副 fù〕音痴. ❷ 音痴の人.
【左手】zuǒshǒu 〈名〉❶ 左の手. ❷ "左首 zuǒshǒu"に同じ.
【左首】zuǒshǒu 〈名〉(座席や建物の)左側. 左の方. 回 左手 zuǒshǒu 反 右首 yòushǒu
【左思右想】zuǒ sī yòu xiǎng 〈成〉あれこれと思いめぐらす. ¶整天～ / 一日中思いあぐねる.
【左袒】zuǒtǎn 〈動〉❶ 一方の肩をもつ. 左袒(さ)する. ¶奶奶总是～孙子 sūnzi / おばあちゃんはいつも孫の肩をもつ. 由来《史記》呂太后本紀に見えることば. "袒"は肌脱ぎになる意. 前漢の周勃が, 呂氏に奪われた権力を取りもどそうと兵を挙げた時, 兵士に向かって「呂氏につく者は右肩を脱ぎ, 劉氏に味方する者は左肩を脱げ」と叫んだところ, みな左肩を脱いだという故事から.
【左翼】zuǒyì 〈名〉❶《軍事》左翼. 反 右翼 yòuyì ❷ 政治思想上の)左翼. 反 右翼 yòuyì
*【左右】zuǒyòu ❶〈方〉左右. 両側. ❷〈名〉そばに付き従う者. 側近. ❸〈動〉操る. 支配する. 左右する. ¶~局势 / 局面を左右する. ❹〈助〉(数詞や数量詞の後に用いて)…前後. …ぐらい. ¶三十岁～ / 30歳前後. 回 上下 shàngxià ❺〈副〉〈方〉どうせ. どのみち. 回 反正 fǎnzhèng
【左…右…】zuǒ…yòu… 同じような行為が反復するのを強調する. ¶~说~说 / あれこれと言う. ¶~思~想 /〈成〉あれこれと思い巡らす.
【左右逢源】zuǒ yòu féng yuán 〈成〉何をしてもすべて順調に進む.
【左右开弓】zuǒ yòu kāi gōng 〈成〉❶ 一つの動作を左右の手で交互に行う. ❷ 同時に二つの事をする.
【左右手】zuǒyòushǒu 〈名〉頼りになる助手. 右腕. 片腕. 由来《孫子》九地篇のことばから.
【左右袒】zuǒyòutǎn 〈動〉一方に肩入れする. 左袒(さ)する. ☞左袒 zuǒtǎn
【左右为难】zuǒ yòu wéi nán 〈成〉あちらをたてればこちらがたず. 板ばさみになる.
【左证】zuǒzhèng 〈名〉証拠. 拠り所. ¶提供 tígōng

充分 chōngfèn 的～ / 十分な証拠を提供する. 回 证据 zhèngjù, 佐证 zuǒzhèng

【左支右绌】zuǒ zhī yòu chù 成 (力不足や資金不足で) 対応に窮する. やり繰りがつかない. ¶资金不足, 难免出现～的情况 / 資金不足だと, どうしたってやり繰りに困ることがでてくる.

【左转】zuǒzhuǎn 动 ❶左の方向に転じる. 回 左转弯 wān ❷左折する. ❸左傾する.

佐 zuǒ

亻部5 四 2421₂
全7画 通用

❶素 補佐する. 助ける. ¶～理 zuǒlǐ. ❷素 補佐する人. ¶僚～ liáozuǒ (補佐). ❸ (Zuǒ) 姓. 参考 ②は, もと"zuò"と発音した.

【佐餐】zuǒcān 文 おかずにする. ¶～佳肴 jiāyáo / 豪華な料理. ¶来点儿什么～ ? / 何をおかずにしましょうか. 回 下饭 xiàfàn

【佐酒】zuǒjiǔ 动 ❶酒の肴にする. 肴をつまみ, 酒を飲む. ❷酒の相手をする. 一緒に酒を飲む.

【佐理】zuǒlǐ 文 助ける. 補佐する. ¶～军务 / 軍務を補佐する.

【佐料】zuǒliào 名 調味料. 薬味. ⇨作料 zuòliào.

【佐证】zuǒzhèng 名 証し. 証拠. 回 左证 zuǒzhèng

撮 zuǒ

扌部12 四 5604₇
全15画 次常用

量 (～儿) 一つまみの髪を数えることば. ¶一～胡子 húzi (一つまみのひげ).

☞ 撮 cuō

【撮子】zuǒzi 量 一つまみの毛を数えることば. ¶一～头发 / 一房の髪.

作 zuò

亻部5 四 2821₁
全7画 通用

❶素 起きる. 起こす. ¶风浪大～ (はげしい風波が起こる) / 日出而～ (日の出とともに起きる) / 振～ zhènzuò 精神 (元気を奮い起こす). ❷素 作品. ¶佳～ jiāzuò (優秀な作品). 杰～ jiézuò (傑作). ❸素 書く. 作る. ¶～文章 (文章を書く) / ～诗 zuòshī (詩を書く) / ～画 zuòhuà (絵を描く) / ～曲 zuòqǔ. ❹ 动 …をする. 行う. ¶～报告 (報告をする) / ～斗争 dòuzhēng (闘争をする) / ～研究 (研究をする). ¶做 zuò ❺素 …のふりをする. 装う. ¶～态 zuòtài / 装模 zhuāngmú ～样 成 もったいぶる. ❻ 动 …とする. ¶～废 zuòfèi.

☞ 作 zuō

【作案】zuò//àn 动 罪を犯す. 犯罪行為をする. ¶～现场 / 犯行現場.

【作罢】zuòbà 动 やめにする. 取りやめる. ¶既然大家都不同意, 这件事只好～了 / みんなが反対である以上, この件は取りやめるしかないの.

【作保】zuò//bǎo 动 保証人になる. ¶我给你～ / 私が保証人になってあげます.

【作弊】zuò//bì 动 いんちきをする. 不正行為をはたらく. ¶考试～ / 試験でカンニングする.

【作弊克】zuòbìkè 名 カンニング発見器. カンニングのために開発された無線イヤホンなどに反応する電子製品. 参考「不正行為("作弊")に勝つ("克")」が名の由来.

【作壁上观】zuò bì shàng guān 成 傍観する. ¶这是大家的事, 你怎么能～呢 ? / これはみんなのことなのに, 君は傍観してるだけでいいのか. 由来『史記』項羽本紀に見えることば.

【作别】zuòbié 文 別れる. 別れを告げる. ¶拱手 gǒngshǒu ～ / 拱手 (*ェǔ) の礼をして別れる. 回 分别 fēnbié, 分手 fēnshǒu

【作成】zuòchéng 动 (人を助けて) 成就させる. 取りまとめる. ¶这笔生意是他～的 / この取引は彼の骨折りでまとまった. 回 成全 chéngquán

【作词】zuò//cí 动 歌詞を作る. 作詞する.

【作答】zuòdá 动 回答する. 質問に答える.

【作对】zuò//duì 动 ❶たてつく. 対立する. 敵対する. ¶谁敢跟他～ ? / 彼に逆らう勇気のある人なんかいるものか. ❷夫婦となる.

【作恶】zuò//è 动 悪さをする. 悪事をはたらく. ¶到处 dàochù ～ / そこらじゅうで悪事をはたらく. 回 作坏事 zuò huàishì

【作恶多端】zuò'è duōduān 句 ありとあらゆる悪事をはたらく.

【作法】zuò//fǎ 旧 道士が法術をほどこす.

【作法】zuò//fǎ 名 ❶作文の方法. 文章の作法. 写法. 做法 zuòfǎ ❷ (～儿) やり方. 方法.

【作法自毙】zuò fǎ zì bì 成 自分の考えた方法が自分に不利をもたらす. 自縄自縛 (ビばく).

【作废】zuò//fèi 动 無効になる. 廃棄する. ¶过期～ / 有効日が過ぎて無効になる. ¶这张电影票早就～了 / この映画チケットはとっくに無効です.

【作风】zuòfēng 名 ❶ (思想・仕事・生活上の) 態度. やり方. ¶官僚 guānliáo ～ / 官僚的なやり方. 派 / 品行方正だ. ¶少爷 shàoye ～ / 坊ちゃんかたぎ. ❷ (詩文などの) 風格. 作風.

【作复】zuò//fù [覆] 动 書面で回答する. 返事を出す.

【作梗】zuògěng 动 妨げる. じゃまをする. ¶这件事由于她从中～而没办成 / この件は, 彼女が間でじゃまをしたためにうまくいかなかった.

【作古】zuò//gǔ 婉 亡くなる. 逝去する. ¶我母亲五年前就～了 / 母はもう五年前に亡くなりました. 回 去世 qùshì

【作怪】zuòguài 动 たたる. 災いする. ¶兴妖 xīngyāo ～ / 成 悪人が攪乱 (なら) や破壊を行う. 悪い思想が広がる. ¶乗机～ chéngjī / 機に乗じてひと騒動を企てる. 回 作祟 zuòsuì

【作耗】zuò//hào 动 でたらめをやる. 騒動を起こす.

*【作家】zuòjiā 名 〔ầ 个 ge, 名 míng, 位 wèi〕作家. ¶～协会 / 作家協会.

【作假】zuò//jiǎ 动 ❶偽物を作る. 偽物を混ぜる. ¶弄虚 nòngxū ～ 成 ぺてんにかける. ❷しらばくれる. いんちきをする. ¶～骗人 piànrén / いんちきをして人をだます. ❸よそよそしくする.

【作价】zuò//jià 动 値踏みする. 値段をつける. ¶请中介 zhōngjiè 机构给这房子～吧 / 仲介会社にこの部屋を値踏みしてもらおう.

【作奸犯科】zuò jiān fàn kē 成 悪いことをして法に触れる. ¶他屡次 lǚcì ～, 不思悔改 huǐgǎi / 彼は何度も法に触れる悪事を働いたが, まったく悔い改めようとしない.

【作茧自缚】zuò jiǎn zì fù 成 批 自分の首を絞める. 自縄自縛 (ビばく). 参考 蚕が繭 (まゆ) を作り, 自分を中に閉じこめる, という意から.

【作贱】zuòjian 动 台無しにする. 踏みつける. ¶～粮食 / 食糧を粗末にする. ¶你别故意～她了 / 君, 彼女をないがしろにするのはやめるよ. 参考 口語では, "zuó-jian"と発音することが多い.

【作客】zuò//kè 动 文 よそに身を寄せる.

【作客他乡】zuòkè tāxiāng 句 文 異郷での生活を送る. 他国で客人となる. ¶他曾~半年 / 彼は、よその土地で半年暮らしたことがある.

【作乐】zuòlè 動 楽しむ. ¶寻欢 xúnhuān~ / 歓楽を求める. 遊興にふける. ¶苦中~ / 苦しい中に楽しみを見出す. ¶饮酒~ / 酒を楽しむ. 回 取乐 qǔlè ☞ 作乐 zuòyuè

【作脸】zuòliǎn 動 方 ❶ 負けん気を起こす. ❷ 栄光を勝ち取る.

【作料】zuòliào 名 (~儿)薬味. 調味料. 回 佐料 zuǒliào 参考 口語では"zuóliao"と発音することが多い.

【作乱】zuòluàn 動 (武装して)反乱を起こす. ¶~谋反 móufǎn / 反乱を起こす.

【作美】zuòměi 動 (天候などで)願いをかなえる. ¶天公不~, 下了一味大雨 / あいにくの天気になり、大雨に降られた. 用法 多く否定形で用いる.

【作难】zuònán 動 困る. 困らせる. 回 为难 wéinán

【作闹】zuònào 動 反乱が起こる.

【作鸟兽散】zuò niǎo shòu sàn 成 (驚いて)一斉に逃げまどう. 蜘蛛の子を散らす.

【作孽】zuò//niè 動 罪をつくる. 罪なことをする. ¶我作了什么孽, 为什么这么苦啊 / 私がこんなに苦しまなくてはいけないようなどんな悪いことをしたと言うのか. 回 造孽 zàoniè

【作弄】zuònòng 動 からかう. もてあそぶ. ¶~小孩 / 子供をからかう. 回 捉弄 zhuōnòng 参考 口語では"zuōnòng"と発音することが多い.

【作呕】zuò'ǒu ❶ 吐き気をもよおす. ¶你吃了什么东西常~? / そんなに何度も吐いて、何を食べたの. ❷ 恶心 ěxīn ❶ いやな気分になる. 胸くそが悪くなる. ¶她的打扮 dǎban 真令人~ / 彼女の服装は吐き気がするほど悪趣味だ.

【作陪】zuòpéi 動 相伴する. 陪席する. ¶公司请客, 你~吧 / 会社が客を接待するから、君が相手をしてくれ. 回 当陪客 dāng péikè

*【作品】zuòpǐn 名〔● 本 běn, 部 bù, 件 jiàn, 篇 piān〕作品. ¶绘画 huìhuà~ / 絵画作品.

【作情】zuòqíng 動 方 心服する. 感心する.

【作曲】zuòqǔ 動 ¶这首歌是由聂耳 Niè Ěr~的 / この歌は聂耳(₊₁ᴱ)が作曲したものです.

【作曲家】zuòqǔjiā 名 作曲家.

【作色】zuòsè 動 (怒りで)顔色をかえる. 顔色がかわる. ¶愤然 fènrán~ / 憤然として色をなす.

【作势】zuòshì 動 ポーズをとる. 素振りを見せる. ¶装腔 zhuāng qiāng~ / 成 もったいぶった態度をとる.

【作数】zuò//shù 動 数のうちに入れる. 有効なものとして認める.

【作耍】zuòshuǎ 動 からかう. 冗談をいう. ¶你说话当真 dàngzhēn? 别~啊！ / あなたの話、本当なの？ 冗談はやめよ.

【作死】zuòsǐ 動 死に急ぐ. 自殺する. 参考 口語では"zuōsi"と発音することが多い.

【作速】zuòsù 副 早急に. 急いで. 至急. 回 赶快 gǎnkuài

【作祟】zuòsuì 動 たたる. 災いする. ¶从中~ / 中から災いが出る. ¶迷信思想还会~ / 迷信は害になることがある.

【作态】zuòtài 動 (わざと)ある態度や表情を見せる. ¶惺惺 xīngxīng~ / 心にもないことを言って格好をつける.

【作痛】zuòtòng 動 (身体が)痛くなる. 痛む.

【作威作福】zuò wēi zuò fú 成 権力を乱用する. 権勢をバックに勝手な振る舞いをする. ¶利用手中的权利 quánlì~ / 権力を利用して好き勝手なことをする. 由来『書経』洪範に見えることば. もとは支配者が論功行賞を独り占めし、権威を独占することをさした.

*【作为】zuòwéi ❶ 名 行い. 行為. ❷ 名 才能を発揮したり成果を上げようとする志や行い. ¶大有~ / 成 大いに力を発揮できる. ❸ 動 …する. …と見なす. ¶~无效 / 無効と見なす. ❹ 前 …として. …たる者は. ¶~教师, 应该以身作则, 为人师表 / 教師たるものは、身をもって範を示し、手本となるべきである. 用法 ②は、通常"有 yǒu"と共に用いられる.

【作伪】zuòwěi 動 (美術品や著作物などの)偽物をつくる.

*【作文】❶ zuò//wén 動 作文する. ¶~比赛 / 作文コンテスト. ❷ zuòwén 名〔篇 piān〕作文. ¶写~ / 作文を書く.

【作物】zuòwù 名〔● 种 zhǒng〕作物. 農作物. 回 农作物 nóngzuòwù

【作息】zuòxī 動 働いたり休んだりする. ¶~时间表 / 勤务时间表. ¶按时~ / 定時に出退勤する.

【作响】zuòxiǎng 動 音がする. 音を出す.

【作协】zuòxié 動 "作家协会"(作家協会)の略称.

【作兴】zuòxīng[-xing] ❶ 動 はやる. 流行する. ❷ 動 (情理からいって)許せる. 差し支えない. ¶实话实说, 不~撒谎 sāhuǎng 骗人 piànrén / 本当のことをありのままに話して下さい. うそを言って人をだますことは許されません. ❸ 副 たぶん. …かもしれない. ¶看情形 qíngxing, 他~来不了 láibuliǎo 了 / この分では彼は来られなくなったのかもしれない. 参考 口語では、もと"zuóxing"と発音した.

【作秀】zuòxiù 動 ❶ ショーをする. デモンストレーションを行う. 回 做秀 ❷ ペテンにかける. 本当のふりをして相手をだます. 回 做秀 参考 "秀"は show の音訳.

【作痒】zuòyǎng 動 かゆみを感じる. かゆい.

*【作业】zuòyè ❶ 動 (軍事や生産などの)作業をする. 活動をする. ❷ 名 ❶ 本 běn, 篇 piān〕(学校の)宿題. ¶做~ / 宿題をやる. ❸ 名 作業. 訓練. 演習. ¶野外 yěwài~ / 軍事演習. ¶~计划 jìhuà / 作業計画.

【作揖】zuò/yī 動 拱手(ੁᠠᠠ)の礼をする. 回 打拱 dǎgǒng 参考 にぎりこぶしをもう片方の手でつつむようにして胸の前でかかげ、軽く会釈すること. 口語では"zuōyī"と発音することが多い.

【作艺】zuòyì 動 旧 (芸人が)芸をする. 芸を見せる.

【作俑】zuòyǒng 動 貶 悪い先例を作る. 悪例をひらく. ¶始~者 / 成 悪例を作った最初の人.

*【作用】zuòyòng ❶ 動 作用する. 働きかける. ❷ 名 働き. 作用. ¶消化~ / 消化の働き. ❸ 名 効果. 影響. ¶副~ / 副作用. ¶发挥~ / 効果を発揮する. ❹ 名 心づもり. 意図.

【作用力】zuòyònglì 名 ❶〔物理〕作用. ❷ 物体に働きかける力.

【作乐】zuòyuè 動 文 ❶ 作曲する. ❷ 演奏する. ☞ 作乐 zuòlè

【作战】zuò//zhàn 動 戦う. 戦争をする.

*【作者】zuòzhě 名〔● 个 ge, 名 míng, 位 wèi〕作者. 著者. ¶~不详的诗歌 / よみ人知らずの歌.

【作证】zuòzhèng 動 ❶ 証拠とする. ❷ 証人になる.

【作主】zuò//zhǔ 動 (全面的に責任を負って)決める. 采

配をふるう．¶婚姻大事,父母也不能代为～／結婚という一生の大事では,両親でも代わりに決めることはできない．囤做主 zuòzhǔ

【作准】zuòzhǔn ❶数に入れる．囤作数 zuòshù ❷基準として認める．¶以中央文件～／中央政府の文書を基準とする．

坐 zuò 土部4 四 8810₄ 全7画 常用

❶[動]座る．¶～在凳子 dèngzi 上(腰かけて座る)／请～(どうぞおかけください)．⇨跪 guì(図) ❷[動](乗り物に)乗る．¶～车(車に乗る)／～船(船に乗る)．囤乘 chéng,搭 dā ❸[動](建物がある方向を)背にする．¶～北朝 cháo 南(北を背に,南を向く)．❹[動](銃砲を発射するとき反作用で)銃身が後ろへ退く．❺[動](建物が)傾く．沈下する．❻[動](やかんや鍋を)火にかける．❼[介]…のために．…によって．¶～此解职(これにより職を解く)．❽[受]罪に問われる．¶連～ liánzuò(巻き添えを食う．連座する)／反～ fǎnzuò(誣告罪ぶこくざい)．❾[動](果物や作物の)実がなる．¶～果 zuòguǒ／～瓜 zuòguā(ウリがなる)．❿[文]わけもなく．ひとりでに．¶惊沙一飞(砂がひとりでに舞い上がる)．⓫[動]何もせず．みすみす．¶～失良机／～视 zuòshì．⓬[名](～儿)"座 zuò"①に同じ．[注意]②は,オートバイや馬など,またがって乗るものには,"骑 qí"を用いる．

*【坐班】zuò//bān [動](～儿)毎日規定の時間通りに勤務する．¶～制／確定勤務時間．我们公司不～,上班比较自由／我が社は勤務時間がきっちり決まっていないので,出勤時間はわりと自由だ．[表现]多く事務所に勤めることをいう．"坐班制"の反義語は"弹性 tánxìng 工作时间制度"(フレックス・タイム制)．

【坐标】zuòbiāo [名]《数学》座標．¶～轴 zhóu／座標軸．

【坐禅】zuòchán [動]《仏教》座禅を組む．

【坐吃山空】zuò chī shān kōng [成]働きもせずただ使うばかりでは,山ほどある財産もたちまち食いつぶしてしまう．¶这样生活下去,～／こんな暮らしを続けたら,財産もすぐ空っぽになるに決まっている．

【坐次】zuòcì [名]席次．席順．囤座次 zuòcì

【坐大】zuòdà [動]居ながらにして強大になる．(努力もせずに)地位を高める．

【坐待】zuòdài [動]座して待つ．何もせずに待つ．¶～良机／座して好機を待つ．囤坐等 zuòděng

【坐等】zuòděng [動]座して待つ．手をこまねいて待つ．¶我们不能再～下去了,必须马上行动／これ以上座して待ってはいられない,直ちに行動すべきだ．囤坐待 zuòdài

【坐地分赃】zuò dì fēn zāng [成](泥棒の頭領などが)手下の盗んできた金品の上前をはねる．自らは手を下さず上前をはねる．

【坐垫】zuòdiàn [名](～儿)座ぶとん．クッション．

【坐定】zuòdìng ❶[動]腰を下ろす．席に着く．¶他下班回到家刚～,就有人来找他／彼が仕事から帰り,家で腰を下ろすやいなや,誰かが訪ねて来た．❷[方]運命で定められている．

【坐而论道】zuò ér lùn dào [成][貶]座して空論をたたかわす．¶真讨厌光会～的领导／座って議論ばかりの指導者はほんとうに嫌だ．

【坐功】zuògōng ❶[名](道教で)静座修行する．❷[名]修養を積んだ精神．

【坐骨】zuògǔ [名]《生理》坐骨．

【坐骨神经】zuògǔ shénjīng [名]《生理》坐骨神経．

【坐观成败】zuò guān chéng bài [成]人の成功や失敗を冷めた眼で見る．傍観する．¶不能只是～／ただ傍観していてはいけない．

【坐果】zuò//guǒ [動]果実がなる．

【坐化】zuòhuà [動]《仏教》僧侶が死ぬ．

【坐监】zuò//jiān [動]監獄に入る．刑務所に入る．⇨坐监 zuòjiàn

【坐监】zuò//jiàn [動][旧]"国子监 guózǐjiàn"(国子監)に入って学ぶ．[参考]国子監は旧時の教育行政の最高機関で,最高学府．⇨坐监 zuòjiān

【坐江山】zuò jiāngshān 政権を握る．¶只要掌握着军队,就能稳～／軍さえ掌握していれば,政権は安泰だ．

【坐劲】❶ zuò/jìn [動]しっかりと支える．力強く支持する．¶有我们给你～,别怕！／我々が君の支えになるから,恐れてはいけない．❷ zuòjìn [名](～儿)反動．反動力．¶这种枪～小／この銃は反動が小さい．

【坐禁闭】zuò jìnbì 禁足処分を受ける．¶他～坐了一个星期／彼は一週間の禁足処分を受けた．

【坐井观天】zuò jǐng guān tiān [成][貶]視野がせまい．井の中の蛙ぁ．¶咱们在山沟 shāngōu 里,～,见不着 jiànbuzháo 大世面／我ら山合いに住む者は,井の中の蛙で,広い世間のことが分からない．[由来]「井戸の中から天をのぞく」という意から．

【坐具】zuòjù [名]座る道具．腰かけ,イスなど．

【坐科】zuò//kē [動][旧]"科班"(京劇俳優養成所)に入り,稽古修行する．

【坐困】zuòkùn [動]閉じこもる．¶～家中／家に閉じこもる．

【坐蜡】zuò//là [動][方]苦境におちいる．困難にであう．¶别让我～／私を困らせないでくれ．

【坐牢】zuò//láo [動]投獄される．¶她儿子被抓去～了／彼女の息子は刑務所に入れられた．

【坐冷板凳】zuò lěngbǎndèng [慣]❶閑職に追いやられる．冷遇を受ける．¶他一直～／彼はずっと閑職に置かれたままだ．❷(面会などで)長い時間待たされる．¶昨天我在他那儿坐了三个小时冷板凳也没见到他／昨日私は彼のところで3時間も待たされ,あげくに会えずじまいだった．

【坐力】zuòlì [名]❶《物理》反動．❷《軍事》(銃の)反動力．

【坐立不安】zuò lì bù ān [成]居ても立ってもいられない．¶孩子很晚还没回家,父母急得 jíde／遅い時間になっても子供が帰らないので,両親は心配で居ても立ってもいられない．

【坐落】zuòluò [動]位置する．¶天安门～在北京市的市中心／天安門は,北京市の中心に位置する．[表现]建築物・山・川・田畑などについて言う．

【坐骑】zuòqí [名]《騎馬用の》ウマ．

【坐蓐】zuòrù [動]❹産褥しょくにつく．囤坐月子 zuò yuèzi

【坐山雕】zuòshāndiāo [名]《鳥》ハゲタカ．ハゲワシ．

【坐山观虎斗】zuò shān guān hǔ dòu [成]他人の争いに高みの見物を決め込み,双方が倒れるのを待って漁夫の利を得ようとする．¶局势危急时,岂 qǐ 能～？／情勢が差し迫っている時に,高みの見物などしていられようか．[由来]「山に腰かけトラが闘うのを見る」という意から．

【坐商】zuòshāng [名](固定した場所で)店を構えている商人．反行商 xíngshāng

【坐失良机】zuò shī liáng jī [成]みすみすチャンスを逃す．¶再不行动,就会～／これ以上行動を起こさずにいたら,み

すみすチャンスを逃すことになる.

【坐视】zuòshì 动 座視する. 手をこまねいて見ている. ¶～不救 / 见殺しにする. ¶～不理 / 見ているだけで手を出さない.

【坐收渔利】zuò shōu yú lì 成 いながらにして漁夫の利を占める. ¶你自己不动手,还想～,真可耻！/ 自分は手を下さずに漁夫の利を得ようなんて、君はまったく恥知らずだ.

【坐探】zuòtàn 名〔俗 名 míng〕潜入したスパイ.

【坐堂】zuò//táng ❶ 禅堂に座る. 座禅を組む. ❷ 旧 裁判官が出廷する. 役人が法廷で事件を審理する. ❸ 店に出る. 参考 ❸は、店員が店で営業をすることで、漢方薬店の依頼した漢方医が店で診察をすることを言う.

【坐天下】zuò tiānxià 句 天下をとる. 国の政権を掌握する.

【坐位】zuòwèi[-wei] 名 ❶〔俗 个 ge,排 pái〕(公共の場所の)席. 座席. 同 座位 zuòwèi ❷ (～儿)いす. 腰かけ. ¶搬个～儿来 / いすを持ってくる. 同 座位 zuòwèi

【坐卧不宁】zuò wò bù níng 成 不安で居ても立ってもいられない. ¶那封信叫我好几天～ / あの手紙のせいで、私は不安のあまり何日も居ても立ってもいられずに過ごした. 同 坐卧不安 ān

【坐误】zuòwù 动 (チャンスを)みすみす失う. 同 坐失 zuòshī

【坐席】zuòxí ❶ 动 宴席につく. 宴会に出席する. ❷ 名 座席.

【坐享其成】zuò xiǎng qí chéng 成 自分は何の努力もしないで、他人の仕事の成果を享受する.

【坐像】zuòxiàng 名 坐像.

【坐以待毙】zuò yǐ dài bì 成 困難や危険にみまわれても何もせずじっと死を待つ. ¶与其～,不如背 bèi 水一战 / 座して死を待つより背水の陣を敷いて戦うほうがましだ.

【坐以待旦】zuò yǐ dài dàn じりじりしながら待つ. 由来「座して夜明けを待つ」の意から.

【坐月子】zuò yuèzi 句 産褥(褥<)につく. 出産してその後1ヶ月の養生をする. 同 坐蓐 zuòrù

【坐赃】zuòzāng 动 ❶ 盗品や禁制品を人の家に置いて、その人を罪に陥れる. 同 栽赃 zāizāng ❷ 文 汚職の罪を犯す.

【坐诊】zuòzhěn 动 (医師が、薬局など病院外の固定の場所で)出張診療する. 出張診療する.

【坐镇】zuòzhèn 动 (長官が)自ら地方に赴き守備に当たる. ¶领导亲临抗洪 kànghóng 第一线～,指挥抢救 qiǎngjiù 工作 / 指導者自ら洪水対策の最前線に赴き、救援活動の指揮を執る.

【坐庄】zuòzhuāng 动 ❶ 商店などが仕入れのために生産地に置く駐在所. ❷ 动 (マージャンで)続けて親になる.

阼 zuò

阝部5 四 78211
全7画 通用

名 古代、大広間前面の東側につけた階段. 主人が客を迎える所.

作 zuò

亻部5 四 98011
全8画 通用

素 恥じ入る. ¶惭～ cánzuò (慚愧する) / 愧～ kuìzuò (慚愧する).

柞 zuò

木部5 四 48911
全9画 通用

名《植物》クヌギ. ¶～蚕 zuòcán / ～丝 zuòsī (サクサン糸). 同 柞树 lìshù
☞ 柞 Zhà

【柞蚕】zuòcán 名《虫》サクサン. ¶～丝 / サクサン糸.
【柞树】zuòshù 名《植物》クヌギの俗称.

胙 zuò

月部5 四 78211
全9画 通用

名 古代,祭りのとき神に供えた肉.

祚 zuò

衤部5 四 38211
全9画 通用

名 文 ❶ 幸福. ¶门衰 shuāi～薄 bó (家門が衰え,幸福が遠のく). ❷ 皇帝の位. ¶践～ jiànzuò (皇嗣が帝位をうけつぐ) / 帝～ dìzuò (帝位).

唑 zuò

口部7 四 68011
全10画 通用

素 音訳用字. ¶噻～ sāizuò (チアゾール).

座 zuò

广部7 四 00214
全10画 常用

❶ 名 (～儿)座席. ¶～次 zuòcì / 满～ mǎnzuò (満席) / 入～ rùzuò (席に着く) / ～右铭 zuòyòumíng. ❷ 名 (～儿)物を置く台. ¶钟～儿 zhōngzuòr (置き時計の台) / 茶碗～儿 cháwǎnzuòr (茶托) / 石碑～儿 shíbēizuòr (石碑の台座). ❸ 量 大きいものや、どっしりと固定しているものを数えることば. ¶一～山 (一つの山) / 三～楼 (三つの建物) / 一～水库 shuǐkù (一つのダム). ❹ 星 星座. ¶小熊～ Xiǎoxióngzuò (小熊座). ❺ (Zuò)姓.

【座舱】zuòcāng 名 ❶ (航空機の)客室. キャビン. ❷《军事》戦闘機の操縦席. コックピット.

【座次】zuòcì 名 席次. ¶～表 / 席次表. ¶请各位按照～入席 / 皆様、席次に従ってご着席ください. 同 坐次 zuòcì

【座号】zuòhào 名 (～儿)座席番号.

【座机】zuòjī 名 ❶ 専用(飛行)機. ❷ 固定電話. 反 手机

【座上客】zuòshàngkè 名 上座に座る客. 招待客. 反 阶下囚 jiēxiàqiú

*【座谈】zuòtán 动 座談する. 懇談する. ¶大家经常一起～,交流经验 / みんなはしょっちゅう集まり、経験談を自由に話し合う. 同 座谈谈

【座谈会】zuòtánhuì 名 座談会. フォーラム.

*【座位】zuòwèi[-wei] 名 "坐位 zuòwèi"に同じ.

【座无虚席】zuò wú xū xí 成 観衆や聴衆が多くて,空席がない. 満員だ.

【座右铭】zuòyòumíng 名 座右の銘. ¶"勤奋 qínfèn,向上"是他的～ / 「勤勉,向上」が彼の座右の銘だ.

【座钟】zuòzhōng 名〔俗 台 tái,座 zuò〕置き時計. 同 坐钟 zuòzhōng 参考 "挂钟 guàzhōng" (掛け時計)と区別する.

【座子】zuòzi 名 ❶ (物を置く)台. 同 座 zuò ❷ (自転車やオートバイなどの)座席.

做 zuò

亻部9 四 28240
全11画 常用

动 ❶ (仕事や活動を)する. ¶～活儿 zuòhuór / ～工 zuògōng / ～事 zuòshì / ～买卖. ❷ 作る. こしらえる. ¶～衣服(服を作る) / ～饭 zuòfàn (ごはんを作る) / 甘蔗 gānzhe 能～糖(サトウキビから砂糖ができる). ❸ (詩や文章を)書く. 作る. ¶～诗 zuòshī (詩を書く) / ～文章. ❹ (身分や職務が) …になる. ¶～教员(教員になる). ❺ …として用いる. ¶芦苇 lúwěi 可以～造纸原料 (～は製紙の原料にすることができる) / 这篇文章可以～教材 (この文章は教材に用いることができる). ❻ …の関係になる. ¶～亲 zuòqīn / ～对头(敵になる) / ～朋友(友達

になる). 比較 "做"の目的語は、"做饭","做衣服"のように具体的な物であり、"作"の目的語は"作报告","作斗争","作研究"のように抽象的な"行為"であることが多い.

【做爱】zuò//ài 動 性交する.
【做伴】zuò//bàn（～儿）つき添う. 供をする.
【做操】zuò//cāo 動 体操をする. ¶做广播操／ラジオ体操をする. 做课间操／授業の休み時間にリフレッシュ体操をする.
【做成】zuòchéng 動 作りあげる. 成しとげる. ¶用面粉可以～各种点心／小麦粉でいろいろな点心を作れる.
【做出】zuò//chū 成果や結果を出す. ¶我做不出这道题／私にはこの問題を解けない.
【做大】zuòdà 動 威張る. えらそうにする.
【做到】zuò//dào 動 (ある状態にまで)する. やり遂げる. ¶说到～／言ったことは実行する.
【做东】zuò//dōng 動 おごる. ごちそうする. ホスト役をする. ¶今天由我～／今日は僕がおごるよ.
*【做法】zuòfǎ 名 やり方. 作り方. ¶～不对／やり方が間違っている.
【做饭】zuò//fàn ご飯を作る. 炊事をする.
【做工】zuò//gōng 動 働く. 仕事をする.
【做工】zuògōng 名（～儿）❶〔芸能〕芝居の動作や表情. ¶～儿戏／"唱 chàng"(歌)がない、しぐさだけの芝居. 同做功 zuògōng 反 唱工 chànggōng ❷作り出す技術. 品質. ¶这套西服～儿很精细／このスーツは作りがとてもていねいだ.
【做功】zuògōng 名 ❶〔物理〕仕事. ❷〔芸能〕芝居での、役者の動作や表情. 同 唱 chàng 功 参考 ①の単位は"焦耳 jiāo'ěr", "焦", (ジュール J).
【做官】zuò//guān 動 役人になる. 官職につく.
【做鬼】zuò//guǐ 動（～儿）いんちきをする. いかさまをする. 同 捣鬼 dǎoguǐ
【做鬼脸】zuò guǐliǎn 句 わざとこっけいな表情をする. おどけた顔をする.
【做好】zuòhǎo 動 しっかりやる. やり終える. ¶今天的作业,你～了吗？／今日の宿題はちゃんとやったね.
【做好人】zuò hǎorén ❶ 仲立ちをする. ❷ ごきげんをとる.
【做好做歹】zuòhǎo zuòdǎi 慣（人を説きふせ事を解決するために)おどしたりすかしたりする.
【做活儿】zuò//huór 動 力仕事をする. ¶我们不在一起～／私たちは一緒には仕事をしない.
【做尽】zuòjìn 動 やり尽くす. ¶～坏事／悪のかぎりを尽くす.
*【做客】zuò//kè 動 客となる. 訪問する. ¶请您到我家来～／うちの家へ遊びにいらして下さい.
【做礼拜】zuò lǐbài 句〔宗教〕(キリスト教で)礼拝に行く. 礼拝を行う. ¶去教堂～／教会に礼拝に行く.
【做买卖】zuò mǎimai 句 商売をする. 取り引きをする. ¶～的／商売人.
【做满月】zuò mǎnyuè 句 赤ん坊の生後一ヶ月のお祝いをする.
【做媒】zuò//méi 動 仲人をする. 媒酌をする. ¶若 ruò 你信我,我愿为你～／私を信用してくれるなら,あなたに縁談をお世話しますよ.
*【做梦】zuò//mèng 動 ❶ 夢を見る. ¶做恶 è 梦／悪い夢を見る. ❷ 幻想をいだく. 夢を見る. ¶白日～／白昼夢を見る. ¶这种事我～也没想到／こんなこと、私には夢にも考えたことがない.
【做派】zuòpài[-pai] 芝居の動作や表情. ¶跟师傅学～／師匠に芝居のしぐさや表情を習う. 同 做工 zuògōng

【做亲】zuò//qīn ❶ 夫婦の縁組みをする. ❷ 親戚になる.
【做圈套】zuò quāntào 句 わなをかけて人を陥れる. ¶这肯定是有人～了／これは絶対誰かが仕組んだわなだ.
【做人】zuòrén ❶（犯罪者などが）真人間になる. 人間らしくする. ¶痛改前非,重新 chóngxīn～／前非をしっかり改めて,真人間に生まれ変わる. ❷ 身を処する. ¶～处世 chǔshì／身を持して世に処する. ¶～最难／身を正しく持するのが最も難しい.
【做人家】zuò rénjiā 句方 倹約する. 節約する. ❷ 日を過ごす. 同 过日子 guò rìzi
【做人情】zuò rénqíng 句 人情をかける. 人に恩恵をほどこす. ¶送点儿礼物做个人情吧！／ちょっと何か贈っておきましょう. お付き合いのうちですから.
【做生活】zuò shēnghuó 句方 働く. 仕事をする. 作業をする. 同 干 gàn 活
【做生日】zuò shēngri 句 誕生日を祝う. ¶您今年六十岁了,我们给您～／あなたは今年60歳ですね,私たちで誕生日のお祝いをしましょう.
【做生意】zuò shēngyi 句 商売をする.
【做声】zuòshēng（～儿）声を出す. 声を立てる. ¶大家别～！／みんな声を立てないで. 表現 話し声やせきなどにも言う.
【做事】zuò//shì 動 ❶ 事に当たる. 仕事をこなす. ❷ 勤める. 担当する.
【做手脚】zuò shǒujiǎo 句 こっそりと手をまわす. ひそかに手はずを整える. ¶你别想在考试时～/君,試験で小細工をしようなんて思っちゃいけないよ. 表現 多く不正なことについて言う.
【做手势】zuò shǒushì 句 手まねをする. 手で合図をする. ¶我做了个手势,让他别说了／私は彼に手で合図して,黙っているように伝えた.
【做寿】zuò//shòu 句（老人の）誕生祝いをする. ¶给爷爷 yéye～／祖父の誕生祝いをする.
【做文章】zuò wénzhāng 句 ❶ 文章を作る. ❷ あげつらう. 問題にする.
【做戏】zuò//xì 動 ❶ 芝居をする. ❷ ふりをする. 見せかける. ¶他这是在我面前～／彼は私の前で芝居をしているだけだ.
【做秀】zuòxiù →作秀 zuòxiù
【做学问】zuò xuéwèn 句 学問にはげむ. 学問をする. ¶～要踏实 tāshi 认真／学問をするには地道で真面目にやらなければいけない.
【做贼心虚】zuò zéi xīn xū 成 悪事を働いたため,心中不安でびくびくしている.
【做针线】zuò zhēnxiàn 句 針仕事をする. 裁縫や刺繍をする.
【做主】zuò//zhǔ 動（責任を負って）決める. 采配をふる. ¶当家 dāngjiā～／主人として切り盛りする. ¶这事我做不了 zuòbuliǎo 主／これは私の一存では決められない.
【做作】zuòzuo 形 貶 わざとらしい. 誠実を欠く. 反 自然 zìrán

酢 zuò

酉部 5 四 1861₁
全12画 通用

素 客 客が主人に返杯する. ¶酬～ chóuzuò（杯を酌み交わす）.
☞ 酢 cù

付録目次

- 中国語概説 …………………………………………………………… 1522
- 中国語音節表 ………………………………………………………… 1524
- 中国語の発音のしかた ……………………………………………… 1528
- 「四角号碼」の使い方 ………………………………………………… 1535
- 句読点・かっこなど（"标点符号 biāodiǎn fúhào"）の用法 ……… 1538
- 京劇入門 ……………………………………………………………… 1540
- 中国映画入門 ………………………………………………………… 1542
- 現代中国語の方言 …………………………………………………… 1545
- 中国伝統音楽のひとこま —— 楽譜の変遷と，二胡の名曲「二泉映月」—— … 1550
- 現代中国の流行歌事情 —— テレサ・テンを道標に —— …………… 1555
- 中国行政区画一覧 …………………………………………………… 1558
- 国家機構図 …………………………………………………………… 1560
- 中央政府機構図 ……………………………………………………… 1561
- 祝祭日一覧 …………………………………………………………… 1562
- 歴代王朝名・国名一覧 ……………………………………………… 1564
- 中国歴史年表 ………………………………………………………… 1565
- 現代中国著名人100名 ……………………………………………… 1569
- 中国観光地図 ………………………………………………………… 1574
- 中国歴史地図 ………………………………………………………… 1576
- 北京地図 ……………………………………………………………… 1578
- 上海地図 ……………………………………………………………… 1580
- 中国語レファレンス案内 …………………………………………… 1582
- 場面別 会話表現集 …………………………………………………… 1585

- ●日中小辞典 ………………………………………………………… 1599

中国語概説

●「中国語」とは

「中国語」は，英語では"Chinese"と呼ばれるが，中国語では，"汉语 Hànyǔ"(「漢語」)，"国语 Guóyǔ"(「国語」)，"华语 Huáyǔ"(「華語」)，"中文 Zhōngwén"というように，いくつかの呼び名がある．さらに，現在大陸で標準語として使われている中国語は，"普通话 pǔtōnghuà"(「普通話」)と呼ばれる．

"汉语 Hànyǔ"は，「漢民族が使っていることば」という意味で，英語，日本語，中国語といったように，言語の種類を厳密に指し示す場合によく使われる．そして，現在使われているものを"现代汉语 xiàndài Hànyǔ"，さらに清朝以前に使われていた古い時代のことばを"古代汉语 gǔdài Hànyǔ"と呼ぶ．たとえば，テキストに"汉语课本 Hànyǔ Kèběn"(「漢語課本」)と書いてあれば，「中国語教科書」という意味である．

"国语 Guóyǔ"は，主に台湾で中国語を呼ぶ場合に使われる．この名称は，本来中華民国時代(1912-1949)に大陸で使われていたもので，その中身は現在の「北京語」に近い．もちろん，台湾の日常生活では台湾語も多く使われているが，学校ではこの"国语 Guóyǔ"が教えられている．

"华语 Huáyǔ"は，シンガポールやマレーシアなどで中国語を呼ぶ呼称である．この地域では，かつて福建省や広東省などからやって来て定住した人々が多く，彼らは"华人 Huárén"(「華人」)と呼ばれることから，「華人が使うことば」という意味で"华语 Huáyǔ"と呼ばれることになったのである．

"中文 Zhōngwén"は，話し言葉でよく使われる．意味は"汉语 Hànyǔ"と同じだが語感がやわらかで，"她说中文说得很好."(彼女は，中国語を話すのがとても上手だ)のように使われる．

●共通語——"普通话 pǔtōnghuà"(「普通話」)

一口に「中国語」といっても，中国は土地が広く(日本の約26倍)，人口も多い(10数倍)ため，方言も多種多様である(付録「現代中国語の方言」を参照)．そこで，相互コミュニケーションのために共通語が必要になり，1955年に開かれた「全国文字改革会議」において，"普通话 pǔtōnghuà"(「普通話」)の推進が決議された．

この共通語は，

①発音は，現代の北京で話されている発音を標準とする．

②北方の方言を基礎の方言とする．

③現代の口語文の作品を文法の規範とする．

という方針に基づく．それを受けて，全国の小，中，高校において"普通话 pǔtōnghuà"の普及が図られた結果，今日ではほとんどどこの土地に行っても"普通话 pǔtōnghuà"を使えば，意思の疎通ができるようになった．本書では，特に断り書きのないかぎり，「中国語」とはこの"普通话 pǔtōnghuà"をさす．

●現代中国の漢字

現代中国で使われているのは，"简化字 jiǎnhuàzì"(「簡化字」)または，"简体字 jiǎntǐzì"(「簡体字」)と呼ばれる簡略化した漢字である．本書の見出し語や熟語，さらには用例にもすべてこの"简化字 jiǎnhuàzì"が使われている．

この"简化字 jiǎnhuàzì"が国務院から公布されたのは，今から半世紀前の1956年1月であるから，すでに50年にわたってこの字体が使われている．したがって，すでに50歳以下の人々は，"繁体字 fántǐzì"(「繁体字」，日本語では「旧字」あるいは「正字」)を読み書きすることは極めて困難である．もちろん，古典文献の印刷や特別の用途を除いては，新聞や雑誌，学校の教科書や一般の書物では，"简化字 jiǎnhuàzì"を使うように定められている．日本の，「常用漢字」(以前は，「当用漢字」)のあり方とよく似ている．

台湾や香港では，依然として"繁体字 fántǐzì"が使われているが，テレビの字幕などでは，省略した字形が使われている．近年，中国に返還された香港とマカオでは，"普通话 pǔtōnghuà"の学習とあいまって，"简化字 jiǎnhuàzì"の学習や使用が急速に進んでいる．

本書には，「常用字」3500字と，それを含ん

だ「通用字」7000字をすべて見出し字に立てている．さらに，それ以外でもコーパス（言語資料）調査によって必要と認められる漢字を見出し字とした．「常用字」は，小学校で習うよう定められている2500字と，中学校で習うよう定められている1000字（「次常用字」と呼ぶ）からなる．現在発行されている新聞や雑誌から抽出された200万字のコーパスを調査したところ，「常用字」2500字でその97.97％をカバーし，「次常用字」1000字で1.51％をカバーすることがわかった．合わせて99.48％をカバーすることから，「通用字」の中で「常用字」3500字を除く3500字がカバーする部分は，わずか0.5％に過ぎないことがわかる．

"简化字 jiǎnhuàzì"の字形の特徴は，多く民間で使われていた省略法を採用した事である．その造字法は，大きく4つにまとめられる（【 】内は繁体字）．注⑴
①輪郭の一部を残す．
　例：龟【龜】，虑【慮】，夺【奪】，伞【傘】
②特徴的な部分を残す．
　例：声【聲】，医【醫】，开【開】，凿【鑿】
③草書体を楷書化する．
　例：为【爲】，专【專】，东【東】，书【書】
④記号で代替する．
　例：鸡【鷄】，枣【棗】，赵【趙】，区【區】

上の例を見てもわかるように，日本の常用字と同じもの，似ているものもあるが，全く違う字形で，見当がつかないものも多い．よく，日本と中国は漢字を使っているので，筆談をすれば何とかなる，と思っている人がいるが，それは漢字のレベルでも困難であるし，単語のレベルでは大きな誤解を生むことが少なくない．実は，台湾などの"繁体字 fántǐzì"を使っている人々も，"简化字 jiǎnhuàzì"が読めない事が多い．逆に，"简化字 jiǎnhuàzì"を使っている大陸の人々は，"繁体字 fántǐzì"を類推することができる．これは，永年にわたって使用されてきた漢字の持つ優れた性質の一つ，といってよいだろう．

注⑴ 張静賢『現代中国漢字学講義』（三省堂，1997）pp. 24-25.

● 「ピンイン」—— 中国式ローマ字

現代の中国では，発音記号として「ピンイン」（正式には，"拼音字母 pīnyīn zìmǔ"）が使われている．これは，あくまでも中国語の発音を表記するために工夫された記号体系であるので，日本のローマ字のように読むと，全く違った音になってしまうことが多い．中国語の発音が不得手な人の多くに，この誤りがよく見られるので，注意が必要である．おおむねアルファベット26字を組み合わせているが，その主母音には「声調」と呼ばれるアクセント記号が付けられている（実際の音との対応は，付録「中国語の発音のしかた」を参照）．

「ピンイン」は，1958年2月に公布され，全国の小学校では入学と同時に学習することになっているが，すぐに漢字のみの使用になってしまうため，大人になると曖昧になり，看板の表記などでも綴り間違いが時々見られる．

また，1977年からは，国連での地名表記には「ピンイン」が採用されている．たとえば，北京は英語などでは従来「ウエード式」が用いられ，"Peking"と書かれていたが，"Beijing"と改められた．また，1982年にはISO（国際標準化機構）においても，中国語を表記する場合には「ピンイン」を用いることが国際標準として定められた．

「ピンイン」を用いて中国語の文章を書く場合には，文頭と固有名詞を大文字にする．人名の場合には，姓と名のはじめを大文字にする．たとえば，毛沢東は Máo Zédōng と書かれる．

本書では，音節見出しに，「ピンイン」をまず掲げ，さらに台湾などで今でも使われている「注音符号」と「国際音声記号（IPA）」を掲げてある（巻頭の「凡例」を参照）．

「注音符号」は，中華民国時代に日本の仮名にならって考案されたものである．漢字の部分の形を取ったもので，日本のカタカナに似ている．最近，インターネットなどの必要により，台湾式のローマ字表記も工夫されているが，ここでは特に取り上げない．

● 中国の方言・少数民族のことば

中国には，多くの方言があり，それぞれ特徴がある（付録「現代中国語の方言」を参照）．また，漢族以外にも55の少数民族がおり，総人口の約8％を占めている．彼らは，多く自分のことばを持っているが，すでに漢族と共に生活し，"普通话 pǔtōnghuà"を話す人も少なくない．そこで，共通語の普及と共に，民族言語の継承が極めて困難になっている地域もある．

中国語音節表

声母 \ 韻母	i [ɿ]/[ʅ]	a [ʌ]	o [o]	e [ɤ]	ê [ɛ]	ai [ae]	ei [eɪ]	ao [aʊ]
唇音（唇歯音） b [p]		ba	bo			bai	bei	bao
p [pʻ]		pa	po			pai	pei	pao
m [m]		ma	mo	me		mai	mei	mao
f [f]		fa	fo				fei	
歯茎音 d [t]		da		de		dai	dei	dao
t [tʻ]		ta		te		tai		tao
n [n]		na		ne		nai	nei	nao
l [l]		la	lo	le		lai	lei	lao
軟口蓋音 g [k]		ga		ge		gai	gei	gao
k [kʻ]		ka		ke		kai		kao
h [x]		ha		he		hai	hei	hao
硬口蓋音 j [tɕ]								
q [tɕʻ]								
x [ɕ]								
そり舌音 zh [tʂ]	zhi	zha		zhe		zhai	zhei	zhao
ch [tʂʻ]	chi	cha		che		chai		chao
sh [ʂ]	shi	sha		she		shai	shei	shao
r [ʐ]	ri			re				rao
歯音 z [ts]	zi	za		ze		zai	zei	zao
c [tsʻ]	ci	ca		ce		cai		cao
s [s]	si	sa		se		sai		sao
半母音 y [j]								
w [w]								
ü [y]								
ゼロ子音 ø		a	o	e	ê	ai	ei	ao

中国語音節表

注意① 中国語の音節は頭子音（声母）とそれ以外の部分（韻母）の組合せで示すことができる．実際にはそれに声調がかぶさるのであるが，本表では声調は除いてある．

注意② 声母は調音点の違いによって幾つかのグループにまとめることができる．中国語では調音方法の特徴の一つとして，無気音と有気音の対立がある．b/p，d/t，g/k，j/q，zh/ch，z/cのペアのそれぞれ前者が無気音，後者が有気音である．

						斉歯呼				
ou 〔ou〕	an 〔an〕	en 〔ən〕	ang 〔aŋ〕	eng 〔əŋ〕	er 〔ər〕	i 〔i〕	ia 〔iA〕	io 〔io〕	ie 〔iE〕	iao 〔iau〕
	ban	ben	bang	beng		bi			bie	biao
pou	pan	pen	pang	peng		pi			pie	piao
mou	man	men	mang	meng		mi			mie	miao
fou	fan	fen	fang	feng						
dou	dan		dang	deng		di	dia		die	diao
tou	tan		tang	teng		ti			tie	tiao
nou	nan	nen	nang	neng		ni			nie	niao
lou	lan		lang	leng		li	lia		lie	liao
gou	gan	gen	gang	geng						
kou	kan	ken	kang	keng						
hou	han	hen	hang	heng						
						ji	jia		jie	jiao
						qi	qia		qie	qiao
						xi	xia		xie	xiao
zhou	zhan	zhen	zhang	zheng						
chou	chan	chen	chang	cheng						
shou	shan	shen	shang	sheng						
rou	ran	ren	rang	reng						
zou	zan	zen	zang	zeng						
cou	can	cen	cang	ceng						
sou	san	sen	sang	seng						
						yi	ya	yo	ye	yao
ou	an	en	ang		er					

1526 中国語音節表

注意③ 韻母は母音の性質(すなわち声母の直後につながる母音が i, u, ü のいずれであるか, あるいはいずれでもないか)によって以下のような4つのグループに分類するのが便利である.
　　開口呼(かいこうこ): 韻母が i, u, ü 以外の母音で始まるもの.
　　斉歯呼(せいしこ): 韻母が i で始まるもの.

声母 \ 韻母		斉歯呼					u [u]	ua [uʌ]	uo [uo]
		i(o)u [iou]	ian [iɛn]	in [in]	iang [iaŋ]	ing [iəŋ]			
唇音 (唇歯音)	b [p]		bian	bin		bing	bu		
	p [pʻ]		pian	pin		ping	pu		
	m [m]	miu	mian	min		ming	mu		
	f [f]						fu		
歯茎音	d [t]	diu	dian			ding	du		duo
	t [tʻ]		tian			ting	tu		tuo
	n [n]	niu	nian	nin	niang	ning	nu		nuo
	l [l]	liu	lian	lin	liang	ling	lu		luo
軟口蓋音	g [k]						gu	gua	guo
	k [kʻ]						ku	kua	kuo
	h [x]						hu	hua	huo
硬口蓋音	j [tɕ]	jiu	jian	jin	jiang	jing			
	q [tɕʻ]	qiu	qian	qin	qiang	qing			
	x [ɕ]	xiu	xian	xin	xiang	xing			
そり舌音	zh [tʂ]						zhu	zhua	zhuo
	ch [tʂʻ]						chu		chuo
	sh [ʂ]						shu	shua	shuo
	r [ʐ]						ru		ruo
歯音	z [ts]						zu		zuo
	c [tsʻ]						cu		cuo
	s [s]						su		suo
半母音	y [j]	you	yan	yin	yang	ying			
	w [w]						wu	wa	wo
	ü [y]								
ゼロ子音	ø								

中国語音節表　**1527**

　　合口呼（ごうこうこ）：韻母がuで始まるもの．
　　撮口呼（さっこうこ）：韻母がüで始まるもの．
注意④　本表には載せられていないが，単独の子音あるいは子音の連続でありながら一個の音節を作っているものに n，ng，hngがある．

合口呼						撮口呼				
uai〔uae〕	u(e)i〔ueɪ〕	uan〔uan〕	u(e)n〔uən〕	uang〔uaŋ〕	ueng(ong)〔ʊŋ〕	ü〔y〕	üe〔ye〕	üan〔yɛn〕	ün〔yn〕	üng(iong)〔yʊŋ〕
	dui	duan	dun		dong					
	tui	tuan	tun		tong					
		nuan			nong	nü	nüe			
		luan	lun		long	lü	lüe			
guai	gui	guan	gun	guang	gong					
kuai	kui	kuan	kun	kuang	kong					
huai	hui	huan	hun	huang	hong					
						ju	jue	juan	jun	jiong
						qu	que	quan	qun	qiong
						xu	xue	xuan	xun	xiong
zhuai	zhui	zhuan	zhun	zhuang	zhong					
chuai	chui	chuan	chun	chuang	chong					
shuai	shui	shuan	shun	shuang						
	rui	ruan	run		rong					
	zui	zuan	zun		zong					
	cui	cuan	cun		cong					
	sui	suan	sun		song					
wai	wei	wan	wen	wang	weng					
						yu	yue	yuan	yun	yong

付録

中国語の発音のしかた

ピンインが読め,正確に発音できるようになることは,中国語学習のはじめの一歩である.とくに,ピンインは読み方・つづり方ともに英語や日本語のローマ字とは異なるので,注意して覚えなければならない.ここでは,その発音のしかたを中心に解説する.詳しい解説は,付録「中国語レファレンス案内」の「発音・音韻」の参考書を参照のこと.

●声調

中国語のアクセントを声調(声调 shēngdiào)という.音の高低や長短によって第1声,第2声,第3声,第4声に分けられ,これを四声(四声 sìshēng)という.主母音の上に「ˉ」(第1声),「´」(第2声),「ˇ」(第3声),「`」(第4声)の記号をつけて区別する.

主母音になるのは "a, o, e, i, u, ü" の6つだが,つづりに2種以上の母音が含まれるときは,口の開き方が大きい母音に記号をつける.つまり,

① "a" > ② "o", "e" > ③ "i", "u", "ü" の順となる.さらに "iu (iou)", "ui (uei)" と並んでいるときは,それぞれ後ろの "u", "i" に記号をつける.

第1声(ˉ) 高く平らに少し長めに発音する.上下しないようにして,発音し終わるまで同じ音の高さを保つ.

第2声(´) 低音からぐっと高音へ一気に引き上げるように発音する.
苦しくない程度に高く引き上げたら,最後まで力を抜かずに音を止める.驚いたとき「エェッ!!」と叫ぶような感じ.

第3声(ˇ) はじめからできるだけ低い音を出し,少し長めに発音して,最後は音が自然に消えてゆくように発音する.
第3声のすぐあとに他の音節が続くときは,短く発音して音を止め,次の音節を発音する.

第4声(`) まず高く強めの音を出し,力を抜きながら急降下させる.

発音する際の音の高さは相対的なもので,どの高さという基準はない.単音節であれば普段の話し声の高さを基準にして,音の出しはじめを,第1声と第4声は高めに,第2声と第3声は低めに発音しはじめること.また二音節以上は,隣り合う音節の声調の高さの違いがわかるように発音する.

●母音の発音

中国語の母音は,日本語の母音よりも口の形の違いがはっきりわかるように発音する.声楽や演劇での発声練習のときのように,口や顔の筋肉を十分使って発音するように心がける.

母音には,日本語の「あ,い,う,え,お」にあたる単母音と,単母音を2つ以上組み合わせてできる複合母音とがある.

▶単母音

子音につくとき	i	u	ü	a	o	e
単独で音節になるとき	yi	wu	yu	a	o	e	er

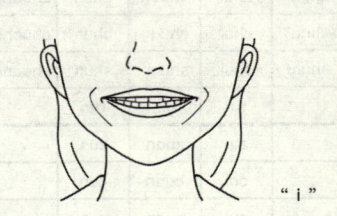

"i"

i (yi) 日本語の「い」を発音するときよりさらに口を横にひっぱって「イー」と発音する.両側の犬歯が見えるくらい,さらにできるだけ上下の前歯がみえるように唇を調節する.このとき両頬にはかなり力が入っている.
"i" の口の形は中国語を発音するときの基本の口の形となるので,ほかの発音も "i" の口の形を基本に練習するとうまくいく.鏡を見ながら練習するとよい.

中国語の発音のしかた

u (wu) 日本語の「う」よりもさらに唇を小さくつぼめ、唇に力を入れて前に突き出すようにして、のどの奥の方から「ウー」と発音する.

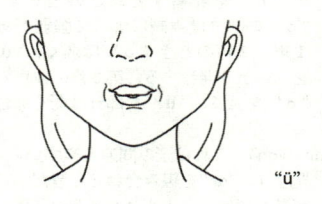

ü (yu) "i"のかまえで口角に力を入れ、丸くつぼめていた唇の両端を少しつぶすようにして、「ユィー」と言う. 日本語の「ゆ」にならないよう注意.

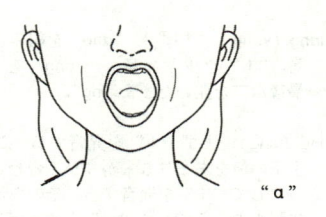

a 日本語の「あ」よりも大きく口を開いて発音する.

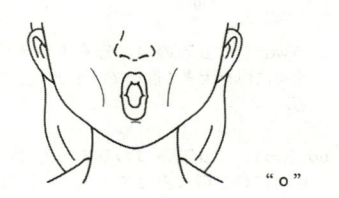

o 日本語の「お」より口を縦長にあけて「オー」と発音する.

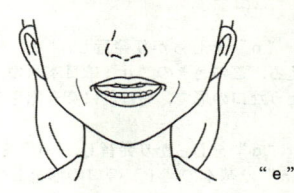

e "i"の口の形をして、上下の歯のあいだを指1本ぐらいあける. そしてのどの奥の方から「ウー」と発音する.

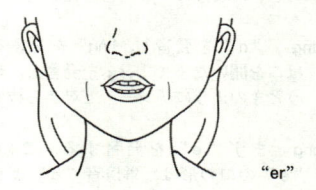

er "e"を発音したあとに、舌を上あごに沿うよう口の奥に引いていく. 舌の前のほうが少し反り返るようになるが、舌先は上あごに触れないようにする.

以上のほか、単母音にはもう一つ"ê"という発音がある. これは"ei","ie","üe"のときの"e"の発音で、単母音として書く場合のみ"e"と区別して"ê"と書く. "e"と同じ口の形で前寄りに"エー"と発音する.

▶**複母音①** ai, ei, ao, ou, an, en, ang, eng

ai "a"をしっかり口を開いて発音する. そして「アー」と発音しながら力を抜き"i"をそえる. このときの"i"は、日本語の「い」に近いあまり口を横に引かない"i"になる.

ei "e"の口をして「エー」と発音する. そして力を抜いて"ai"と同じく小さく"i"をそえる.

ao "a"をしっかり発音し、"o"をそえる. このときの"o"は日本語の「お」に近いゆるい"o"になる.

中国語の発音のしかた

ou "o"をしっかり発音し、"u"を軽くそえる。このときの"u"は日本語の「う」のような口の形で、唇は前に突き出さない。

an "a"をしっかり発音し、"n"をそえる。"n"は基本の"i"の口の形をして、舌全体を上あごにつける。このとき上下の唇は閉じず、上下の歯を見せて「ン」と発音する。

en "e"の口の形で「エー」と発音し、"an"のときのように"n"をそえる。

ang "a"を発音し、"ng"をそえる。"ng"は口を開いたまま「ン」を発音し、鼻歌を歌うときのように「ンー」と鼻から抜く。

eng まず"e"を発音する。このときの"e"の口の形は、単母音"e"より少しゆるめにしたほうが"ng"を発音しやすい。そのままの口の形で「ンー」と鼻から抜く。

"an"と"ang"、"en"と"eng"、"in"と"ing"では、前鼻音(n)と後鼻音(ng)の違いのほか、鼻音の前の母音も少し違うことに注意する。後鼻音につくとき、主母音の"a"、"e"、"i"は通常より奥のほうで発音する。

以下の複母音②、③、④は"i"、"u"、"ü"からはじまる複母音である。この"i"、"u"、"ü"は子音を伴わずに発音するときは弱めの発音となり主母音が強く発音されるが、子音を伴ったときは"i"、"u"、"ü"も少し強調するように発音する。

またつづり方については、単独で音節になるときは単母音と同様(　)内のように変化する。

▶**複母音②** ia, ie, iao, iu, ian, in, iang, ing

ia (ya) まず基本の"i"の口を作る。"i"を少し発音し、口を大きく"a"の口になるように開いて「ヤアー」と発音する。音が途切れないようになめらかに発音する。

ie (ye) まず基本の"i"の口を作る。"i"を少し発音し、かみ合わせた上下の歯を少し離して"e"の口になるようにして「イエー」と発音する。"e"の音ではなく"ê"の音であることに注意。

iao (yao) "i"に"ao"を組み合わせた音。"i"をしっかり発音し、さらに徐々に口を大きく開いて"ao"の発音をつなぐ。

iu (you) "i"に"ou"を組み合わせた音。まず"i"を少し発音し、口を徐々につぼめて"u"を発音する。このとき真ん中の"o"の部分は声調によって強弱がある。第1声、2声のとき"o"は弱く、"u"の方をしっかり発音する。第3声、4声のときは"o"を強く、"u"の部分は弱く発音する。

ian (yan) これは読み間違えやすいので注意。"i"に"an"を組み合わせた音だが、口の形が同じである"i"と"n"の間に"a"がはさまれているので、発音された音は「イァン」ではなく「イェン」になる。

in (yin) "i"を発音して、口の形は変えずに"n"をつける。

iang (yang) "i"に"ang"を組み合わせた音。"i"を少し発音し、"ang"をそえる。最後は口を開いたまま"ng"。

ing (ying) まず"i"を発音する。このとき上下の歯をあまりしっかりかみ合わせないようにして"i"を発音する。そのあと、口を半開きのようにして"ng"をつなげる。

▶**複母音③** ua, uo, uai, ui, uan, un, uang, ong

ua (wa) "u"の口の形をしっかり作り、徐々に口を大きく開いて「ゥアー」と発音する。

uo (wo) "u"の口の形をしっかり作り、徐々に口を縦にあけて「ゥオー」と発音する。

uai (wai) "u"に"ai"を組み合わせた音。

中国語の発音のしかた　1531

"u"の口の形をしっかり作り，徐々に口を大きく開いて「ゥアーィ」と発音する．"a"をいちばん強く発音する．

ui（wei）　"u"に"ei"を組み合わせた音．"u"の口の形をしっかり作り，徐々に唇を"i"の形になるよう横に引いて「ウェイ」と発音する．このとき真ん中の"e"の部分は声調によって強弱がある．第1声，2声のとき"e"は弱くなり，第3声，4声のときは"e"が強くなる．

uan（wan）　"u"に"an"を組み合わせた音．"u"の口の形をしっかり作り，"an"を発音する．発音し終わりは，上下の歯を見せる"i"の口の形になる．

un（wen）　"u"に"en"を組み合わせた音．"u"の口の形をしっかり作り，徐々に唇を"i"の形になるよう横に引いて"n"でとめ，「ウェン」と発音する．このとき，真ん中の"e"の部分は声調によって強弱がある．第1声，2声のとき"e"は弱くなり，第3声，4声のときは"e"が強く発音される．発音し終わりは，上下の歯を見せる"i"の口の形になる．

uang（wang）　"u"に"ang"を組み合わせた音．"u"の形をしっかり作り，"ang"を発音する．発音し終わりは，口を開いて"ng"を発音したときの形になる．

ong（weng）　子音がつかないときと，つくときの発音のしかたが少し違うので注意が必要．子音がつかない母音だけの音節になるときは，まず"u"の口の形をしっかり作り，つぼめた口をゆるめて"eng"をそえる．「ウォーン」というような音になる．

　子音がついた音節の場合はまず"u"の口の形をしっかり作り，そのままの形で"ng"を発音する．「ウン」や「オン」のように聞こえる．

▶複母音④　üe, üan, ün, iong

üe / ue（yue）　"ü"をしっかり発音し，徐々に口を横に引いていき「ユエー」と発音する．"ü"の部分は日本語の「ゆ」よりも少しこもったような音になる．

üan / uan（yuan）　"ü"をしっかり発音し，"an"をそえる．終わりは"n"の口の形になるようにする．このときの"a"は"ê"の音に近く「ユエン」という感じになる．

ün / un（yun）　"ü"をしっかり発音し，口の形を変えずに舌を上歯茎につけ"n"を発音する．

iong（yong）　"ü"を発音するが，口はあまり小さくつぼめず，ゆるめの"i"の形から"ong"につないでいく．

　なお，"ü"，"üe"，"üan"，"ün"は，子音"j"，"q"，"x"につくとき"u"，"ue"，"uan"，"un"と書く．

●子音の発音

（ア）　（イ）

①	b(bō)	p(pō)	m(mō)	f(fō)	
②	d(dē)	t(tē)	n(nē)		l(lē)
③	g(gē)	k(kē)		h(hē)	
④	j(jī)	q(qī)		x(xī)	
⑤	zh(zhī)	ch(chī)		sh(shī)	r(rī)
⑥	z(zī)	c(cī)		s(sī)	

▶有気音と無気音

中国語の子音には「有気音」と「無気音」の区別がある．上の表の（ア）列が無気音，（イ）列が有気音である．

有気音は中国語では"送气音 sòngqìyīn"（息を送り出す音），無気音は"不送气音 bùsòngqìyīn"（息を送り出さない音）という．日本人はよくこの二つの違いを清音・濁音で区別しがちだが，まったく違う発音なので注意が必要である．

以下，この息の出しかたについて説明する．
まず"i"の口の形でかまえを作る．次にのどをあまり緊張させずに，息を一気に出すつもりで（イ）列の子音を出し，それに続けて母音

中国語の発音のしかた

を発音する．これが有気音である．

無気音は，少しのどに力を入れて，息を出し過ぎないように（ア）列の音を出す．無気音は息をまったく出さないのではなく，意識的に肺の奥から出さないだけである．もともと口の中にあった息は母音と一緒に出てくるが，とても弱い息になる．

つまり，「息を送り出す」とは母音を発音する前に息を意識的に肺からたくさん吐き出すこと，「息を送り出さない」とは母音を発音する前に息のことは意識せず，すぐに母音を発音することである．"bo"と"po"を例にすると，
（ア）無気音"bo"は，
　　　　"b"→"o"="bo"
（イ）有気音"po"は，
　　　　"p"→息→"o"="po"
のように発音する．

▶ そり舌音

表の⑤行の子音を「そり舌音」という．いずれも口の形は基本の"i"のようにかまえ，上下の歯をかみ合わせたまま舌の前の方の縁で歯茎から順になめあげていく．このとき，舌先だけでなめずに，舌の縁が上あごの形にそうように，舌にあまり力を入れずにあてるのがコツ．ちょうど鼻の真下ぐらいの位置で止めると，その位置がそり舌音を発音する際の舌の位置となる．

以下，個々の子音について発音のしかたを説明する．子音はそれだけでは音にならないため，母音をつけた形で発音する．「調音点」（母音を発音する前に音を調節するところ）によって前掲の表のように6つのグループに分けられる．例として（ ）内にあげたものはその子音の読み方である．

▶ ① 唇が調音点のグループ

b (bo)　無気音．日本語の「ぱ」行のように発音する．上下の唇を"i"のときのように横に引いて，キュッと閉じる．日本語の促音を出すときのように少し力を入れて，「ッポー」と発音する．

p (po)　有気音．かまえは"b"と同じ．唇に少し力を入れ息を思い切り「ぽー」と吐き出し，"o"をそえる．「ッポホー」という感じになる．このとき，「ッポ」「ホー」とばらばらにならないよう注意し，連続した音にする．

m (mo)　日本語の「ま」行のように発音する．日本語の「も」よりも鼻音を強調し，上下の唇を合わせ「ムモー」と発音する．

f (fo)　まず"i"の口のかまえをして，英語の"f"のように上の歯と下唇の隙間から「フッ」と息を出す．それから"o"の口を作って発音する．

▶ ② 舌先を歯茎に当てるグループ

d (de)　無気音．"i"の口のかまえで日本語の「た」行のように発音する（単独では，舌先を上歯茎に強く押し当て"e"を発音する．以下同じ）．

t (te)　有気音．"d"と同じかまえをする．舌先を強く押し当てた隙間から，思い切り息を押し出す．

n (ne)　日本語の「な」行のように発音する．舌の前の方全体を上歯茎にあて，"m"のときのように鼻音を強調する．

l (le)　日本語の「ら」行のように発音する．舌先を上歯茎に当て，はじき出すように母音を発音する．

▶ ③ 舌の付け根が調音点のグループ

g (ge)　無気音．日本語の「か」行のように発音する．のどの奥に力を入れ，母音をしっかり発音する．

k (ke)　有気音．"g"と同じかまえで息を強く押してから，母音をしっかり発音する．

h (he)　日本語の「は」行よりさらに奥の方から息を出す．冷えた手に「はぁー」と温かい息を吹きかける要領．

▶ ④ 舌の面が調音点のグループ

このグループにつく "u", "ue", "uan", "un" はすべて "ü", "üe", "üan", "ün" の音で発音する．

j (ji)　無気音．日本語の「ち」のように発音する．舌先を下前歯の裏に当て，舌面を上あごに当てるようにする．そして母音を発音する．この子音は必ず上下の歯をしっかりかみ合わせ，口を "i" の形にして発音しはじめる．

q (qi)　有気音．"j" の口のようにかまえ，舌面と上あごの当たっているところから強く息を出し，母音を発音する．

x (xi)　"j" のようにかまえ，日本語の「し」を発音する．上下の歯はしっかりとかみ合わせておく．

▶ ⑤ そり舌音のグループ

このグループにつく "i" は，"i" のかまえでのどの奥の方から「ウー」と発音する．

zh (zhi)　無気音．先に説明したそり舌音のかまえをして，舌を強めに当てる．そのままのかまえで「ッツー」と発音する．

ch (chi)　有気音．"zh" と同じかまえで，強く当てた舌と上あごの間から息を一気に押し出すようにして「ッツー」と発音する．

sh (shi)　"zh" と同じかまえだが，舌は "zh", "ch" のときのようには強く当てず，力を抜いてわずかに触る程度にする．そして口の形は "i" のままで日本語の「す」のように発音する．英語の "sh〔ʃ〕" に似ているが，唇は丸くせず，平らにする．

r (ri)　"sh" と同じかまえで，日本語の「リー」を発音する．このとき，舌が上あごに当たって「る」とならないように注意する．

▶ ⑥ 舌先が歯の裏に当たるグループ

このグループにつく "i" は，"i" のかまえで舌の先の方で「ウー」と発音する．

z (zi)　無気音．舌先を上の歯の裏に当て，「ッツー」と発音する．

c (ci)　有気音．"z" と同じかまえで息を歯の隙間から強く押し出してから，「ッツー」と発音する．

s (si)　"z" と同じかまえで，「スー」と発音する．

このグループは日本語の「つ」や「す」に近く発音しやすいが，後ろにつく母音が "u", "e" のときと区別しにくいので注意が必要である．

"zi" は口をしっかり横に引いて「ッツー」と発音する．「ツィー」や「チー」と発音しないように注意．

"zu" は "i" の口のかまえから "z" の準備ができたら，すぐに唇を尖らせるように小さくつぼめ，"u" がはっきり聞こえるようにゆっくり発音する．

"ze" は "i" の口のかまえから "z" の準備ができたら，かみ合わせていた上下の歯を少しあけ，"e" がはっきり聞こえるようにゆっくり発音する．

同様に "ci", "cu", "ce" と "si", "su", "se" もしっかりと区別する．

●単語の発音
▶ 二音節の発音

中国語の単語の多くは "文化", "教育", "汉语" などのように二音節でできている．二音節で一つの意味のまとまりになるときは，一音節ずつ区切らないよう連続して読む．ただし，英語のように前の音節の終わりと次の音節のはじめをつなげて発音することはなく，それぞれ独立した音節として発音する．一音節は一拍で一音節発音し，二音節の場合もやはり一拍に二音節入れるようにリズムをつける．

同じ声調が隣り合うときは，後ろの音節を強調する．第1声はより高く，第2声は後ろの第2声の末尾をより高く，第4声は後ろの音節を前の音節より高く，強く発音する．

　　Tiānjīn（天津）
　　liúyán（留言）
　　diànhuà（电话）

中国語の発音のしかた

第3声の後ろに音節が続く場合（単語でなくても），半3声といって短く発音する．低く発音しすぐに音を止め，次の音節を発音する．第3声で終わるときのように長くは伸ばさない．

　　Qǐng wèn（请问）
　　kělè（可乐）
　　Běijīng（北京）

▶三音節の発音

三音節の単語の場合，はじめと終わりをしっかりと発音し，中は短く発音する．

　　Rìběnrén（日本人）
　　xìnyòngkǎ（信用卡）
　　lǚxíngxiāng（旅行箱）
　　xīngqītiān（星期天）

▶変調

①第3声の変調

第3声が並んだときは，はじめの音節を第2声に変調させる．

　　chǎngzhǎng（厂长）
　　jǐ diǎn（几点）
　　Nǐ hǎo!（你好！）

②"一 yī"と"不 bù"の変調

"一 yī"は序数としての「1」のときは第1声で発音するが，それ以外は後ろにつく音節の声調によって変化する．

　　yī lóu（一楼）
　　dì yī（第一）
　　※いずれも序数なので変調しない

後ろが第1声・2声・3声のときは，第4声"yì"に変調する．

　　yìtiān（一天）
　　yìzhí（一直）
　　yìdiǎnr（一点儿）

後ろが第4声のときは，第2声"yí"に変調する．

　　yídìng（一定）
　　yíxià（一下）
　　yíwàn（一万）

"不 bù"は次の音節が第4声のときのみ第2声"bú"に変調する．

　　búlì（不利）
　　bú qù（不去）
　　bú dà（不大）

▶軽声

ピンインで表記された二音節の単語などに声調符号がついていないところがある．これを「軽声」という．軽声は短く軽くそえるように発音する．本来の声調で発音した場合と軽声で発音した場合とでは，意味や品詞が変わってしまうこともある．

通常，第1声・2声・4声の後ろの軽声は音が低くなるように発音し，第3声の後ろは音が高くなるように発音する．ただし，"吗 ma"を使った疑問文では，"吗 ma"の前がどの声調であっても高めの軽声で発音する．

　　dōngxi（东西）⇔ dōngxī（东西）
　　péngyou（朋友）
　　xǐhuan（喜欢）
　　zhège（这个）
　　Xíng ma?（行吗？）
　　Qù ma?（去吗？）

▶儿化（アル）

一部の単語の語尾に"儿 -r"をつけて発音するものがある．これを"儿化"という．音節によって，"儿化"したときに発音のしかたが変化するものがある．

①"a，o，e，u"で終わる音節につくときは，そのまま舌をそって"r"を発音する．

　　ménbàr（门把儿）
　　gànhuór（干活儿）
　　zhèr（这儿）

②"i"で終わる音節につくときは，"i"を取ってerを発音する．

　　nánháir（男孩儿）
　　yíhuìr（一会儿）
　　yǒushìr（有事儿）

③"n"や"ng"で終わるときは"n"，"ng"は発音せず，主母音のあとに"r"を発音する．

　　yìdiǎnr（一点儿）
　　hǎowánr（好玩儿）
　　yàofāngr（药方儿）

"儿化"では，してもしなくても意味が変わらないものと意味が変わってしまうものや，品詞も変わらないものと変わってしまうものがあるので，注意が必要である．

「四角号碼」の使い方

●四角号碼

四角号碼査字法（または"四角号碼検字法"，以下「四角号碼」と略称）は，英語教育や辞典編纂等を手がけ，後には文化行政にも携わる王雲五（1888-1979）が，1925年に考案，発表した検字システムである．彼が商務印書館の編訳所長や総経理（社長）を務めた関係で，商務印書館から出された辞典にはこの検字法を採り入れたものが多く見られる．その後何回もの改良を経て，今日でも『辞源』修訂本（商務印書館1979）のような大型辞典や『新華字典』大字本（同2000）等に採用され続けている．従来の部首方式や総画方式，あるいは画数と第一筆の形態を組み合わせる方式と比べ，漢字の構造に精通しなくとも利用できるよう考えられている．いわば，漢字を広く人々に開放することを目指したシステムと見ることもできる．

●その原理

四角号碼では，従来の検索法とはまったく異なる原理で漢字を形態的に分類する．「方塊字」とも言われるように，漢字はだいたい四角い形とみなせるので，その四つの角（＝四角）の形態に応じ，あらかじめ分類した10通りのパターンによる番号（＝号碼）を当てはめてゆき，漢字を四桁の番号に置き換える．これが四角号碼の原理である．

分類した10通りのパターンとは別表のとおりであるが，漢字は点と線，ないしはその組み合わせで構成されているので，この10通りの分類ですべておさまる．

四つの角を取る順序は，左上，右上，左下，右下の順で，それぞれにその形態に応じ該当する番号を付けていく．

●実例——"端"の場合

たとえば"端"という字．この字の左上の角には，宀（ナベブタ）の形があるので，これに当たる番号の0を与える．これが第一の角．次に，右上の角には"山"の右側「｜」（タテ）があるので，ここの番号は2．同じように，左下は"立"の下側の「一」（ヨコ）で1，右下は"而"の右側の「｜」（タテ）があるのでこれも2をふる．これを合わせて四桁の数0212とし，これが"端"という文字に与えられた番号となる．以上をまとめて図示すると，図1になる．四角号碼索引では，この番号が0000から9999までの順で配列されるので，0212のところを見れば"端"のありかが分かるしくみである．

図1

① 左上角0 - - - - - 端 - - - - - ② 右上角2 ＝ 0212
③ 左下角1 - - - - - 端 - - - - - ④ 右下角2

さらには，『四角号碼新詞典』（商務印書館1978）のような辞書では，辞書本体がこの四角号碼方式によって配列されている．こういう辞書では，そのまま0212に当たるページをひけばよい．

●5番目の角——附号

これで四角号碼は，完璧なシステムになるはずである．しかし，このシステムでは同一番号の漢字がいくつもできてしまうという，致命的な欠点が現われた．つまり，番号と漢字とが一対一の対応をなさないのである．たとえば，先の《四角号碼新詞典》でどこでもよいから一項目，たとえば0022という番号から引いてみる．するとそこには"廁"に始まって，"方"，"帝"，"席"，"商"，"育"，"高"と延々33もの漢字が並んでいる．これでは迅速な検索は期待できない．

そこで現行の四角号碼では，もう一つ桁を設けて「附号」（旧称は「附角」）という番号を付け加えている．これは，四番目の角，つまり右下の角で番号化した筆形のすぐ上の筆形を五番目の「角」として取るもので，先に例として挙

げた"端"では，図2のとおり"而"の右側の肩のところを取って附号を7とし，全体を0212_7とする．ただしこの附号は5番目の角としてではなく，あくまで「附号」なので，「0212_7」のように小さく添えられることになっている．

図2

端 ----- 附号＝7

これで同一番号の漢字がいくつも並ぶ欠点はかなり緩和される．33もの文字が並んだ0022にしても，0022_1が1，0022_1が2，0022_2が3，そして0022_3が3，0022_4が2となり，0022_7はやや多くて23あるが，それでもだいぶ分散された格好になる．

● **多少の習熟が必要**

四角号碼の原理，10種類のパターン，四角の取りかたの順序，附号についての理解があれば，四角号碼索引は基本的に利用できる．ただし，細かい点での習熟が必要なものもあるため，その注意点を以下に挙げる．

①同じ筆形が二つ以上の角にまたがる場合は，初めの角で番号化し，後ろの角は0とする．例えば，
　王＝1010
　全＝8010

②一筆であってもカギやカドを持つ筆形では，カギの番号7を別に取る．例えば，
　司＝1762
　几＝7721
また，一筆の筆形が上部か下部で他の部分と接して別の筆形を構成する場合も，それぞれ上下に分けて取る．例えば，
　大＝4080
　水＝1290

③単純筆形（1，2，3）どうしがある場合やこれと複合筆形（0，4，5，6，7，8，9）とが並ぶ場合は，より左右にある筆形を取る．例えば，
　物＝2752
　非＝1111
また，複合筆形どうしがある場合には，より上下にある筆形を取る．例えば，
　力＝4002
　内＝4022

④"口"，"冂"，"門"の「かまえ」は，左下，右下の角をそれぞれ中にある字の左下，右下の筆形から取る．例えば，
　国＝6010
　聞＝3740
ただし，"行"（ぎょうがまえ）はすべて一律に2122_1として取る．

● **字形の違いに注意**

以上の約束事に習熟しても，四角号碼の検索が行き着かない場合がある．それはほとんどの場合，日中の字形の相違により10通りの分類パターンの番号付けが異なっていることに起因する．例えば，
　（日）免＝2721_2
　（中）免＝2741_2
となって，相違が生じる．これは，中国語の字形が第3角のところで交差した「丿」として取るのに対し，日本語の字形では単筆の「丿」として番号付けするからである．
　（日）以＝2810_0
　（中）以＝2870_0
でも，字形の第3角のところが日本語は斜めの「一」と採り，中国語の字形では「レ」と取ることによる違いなのである．

このように，四角号碼を利用する際には，日中の字形の相違についての注意が必要となる．

「四角号碼」の使い方

別表

番号	筆名	筆形	字例	説明
0	頭点一/ナベブタ	亠	主 言 广 疒	単独の点と横線とが合体したもの。いわゆるナベブタ形.
1	横 ヨコ	一 ㇂ ㇄ ㇃	天 上 纸 江 元 风	横線. 左下から右上へのハネやカギハネ("元", "风"の右下)を含む.
2	垂 タテ	丨 丿 亅	旧 山 力 月 千 利	垂直のタテ線（丨, 亅). 右上からのハネ（丿）を含む.
3	点 テン	、 ㇏	空 社 军 外 么 之 衣 瓜	点と捺（ヒッパリ). シンニョウ（辶）が末筆になる場合も含む.
4	叉 十/交差	十 乂 七 扌 ナ	土 草 木 皮 对 猪	2線が交差するもの.
5	挿 ヌキ/ツラヌキ	扌 丰 丯	丰 青 持 邦 戈 央 丸	1線が他の2線以上を貫くもの. "中", "申"などの中央のタテ線も含む.
6	方 シカク	口 口	国 另 扣 吃 曲 四	4すみが閉じている四角形. "皿", "且"など四角をなさないものは含まない.
7	角 カド/カギ	㇆ ㄴ 厂 レ ㇄	刀 写 羽 又 亡 表 阳 雪	縦線の線が接するカド, カギ. 4すみのどこにあるかは問わない.
8	八 ハチ	八 丷 人 ヘ	分 羊 午 共 大 火	"八"の字とその変形.
9	小 ショウ	小 ⺌ 木 学 忄 个 ⺀	尖 快 木 学 宗 泉	"小"の字とその変形. 3点あれば, 向きはどちら向きでも良い.

付録

句読点・かっこなど（"标点符号 biāodiǎn fúhào"）の用法

名称		記号	日本語	用　法
句号	jùhào	。	句点	平叙文の文末に用いる．[注意]漢字の文末には"。"，ピンインの文末には"．"を用いる．
		．	ピリオド	
问号	wènhào	？	疑問符	疑問文や反語文の文末に用いる．
叹号	tànhào	！	感嘆符	感嘆文や強い語気をもつ命令文などの文末に用いる．
逗号	dòuhào	，	コンマ	文中のポーズに用いる．
顿号	dùnhào	、	読点	文中の並列語の間に用いる．
分号	fēnhào	；	セミコロン	複文中の節の間のポーズに用いる．
冒号	màohào	：	コロン	①呼びかけの語の後ろや"说"，"想"，"例如"などの後ろに用いて，次の文の提起をあらわす．②全体的な説明をすることばの後ろに用いて，以下に個別の説明を提起することをあらわす．
引号	yǐnhào	" " ' '	引用符号	①直接引用した話に用いる．②強調したい語や特殊な意味を持つ語に用いる．[注意]引用符号の中にさらに引用符号を用いるときは，外側を二重の引用符号に，内側を一重の引用符号にする．[参考]縦書きの文章では，『 』と「 」を用いる．
括号	kuòhào	（　）	かっこ	文中の注釈などに用いる．[参考]通常の丸かっこのほか，［　］〔　〕【　】などがある．
破折号	pòzhéhào	——	ダッシュ	①文中の解説や説明の語句をあらわす．②話題が突然変わることをあらわす．③擬音語の後ろに用いて，長くのびる音をあらわす．[注意]2文字分のスペースを使う．
省略号	shěnglüèhào	……	省略符号	文中の省略部分をあらわす．[注意]2文字分のスペースを使い，6つの点であらわす．
着重号	zhuózhònghào	．	傍点	とくに読者の注意を向けさせたい語に用いる．[注意]横書きでは文字の下に，縦書きでは文字の右側につける．
连接号	liánjiēhào	－	ハイフン	①関連する2つの名詞の間に用いて，ひとつの意味のまとまりであることをあらわす．②時間・場所・数値の間に用いて，起点と終点をあらわす．[注意]1文字または2文字分のスペースを使う．
间隔号	jiàngéhào	·	中黒	①外国人などの人名中の区切りをあらわす．②書と篇名などの区切りをあらわす．
书名号	shūmínghào	《　》 〈　〉	書名記号	書名・作品名・新聞名・雑誌名などに用いる．[注意]書名記号の中にさらに書名記号を用いるときは，外側を二重の書名記号に，内側を一重の書名記号にする．[参考]文学や歴史に関する著書では，波線～～を用いる場合もある．横書きでは書名の下に，縦書きでは左側につける．
专名号	zhuānmínghào	＿＿	固有名詞記号	人名・地名・王朝名などに用いる．[参考]古典籍や文学・歴史に関する著書などでのみ用いられる．横書きでは固有名詞の下に，縦書きでは左側につける．

使　用　例
¶我们都是学生。／私たちはみな学生だ.
¶ Wǒmen dōu shì xuésheng.
¶你住在哪儿？／あなたはどこに住んでいるの. ¶难道你还不了解我吗？／まさか君はまだ私のことを理解していないのではあるまいね.
¶这朵花儿真可爱！／この花は本当に可憐だこと. ¶站住！／止まれ.
¶她叫兰兰，是我们女儿．／彼女は蘭蘭といって，私たちの娘です.
¶我去过北京、上海、西安等地方．／私は北京，上海，西安などへ行ったことがある.
¶他的表情，是那么严重；他的举止，是那么潇洒．／彼の表情はかくも引き締まり，彼の身のこなしはかくもスマートだ.
¶亲爱的哥哥：您好！／親愛なるお兄さん，こんにちは. ¶他高兴地说："你可来了"。／彼はうれしそうに言った.「やあ，来たんだね.」 ¶紫禁城有四座城门：午门、神武门、东华门和西华门．／紫禁城には四つの門がある. 午門，神武門，東華門そして西華門だ.
¶他问我："'理解'和'了解'有什么区别？"／彼は私に「『理解』と『了解』はどこが違うの」と尋ねた. ¶火把排成"之"字形．／たいまつが並んで「之」の字を形づくっている. ¶写研究性文章，不能摊开稿纸搞"即兴"．／研究に関する文章を書くには，原稿用紙を広げて「即興」で行うわけにはいかない.
¶他的许多作品（小说和剧本）都有中文译本．／彼の数多くの作品（小説やシナリオ）に中国語の訳本がある.
¶中国古代四大发明——指南针、造纸、火药、印刷技术．／中国古代の四大発明——羅針盤，製紙，火薬，印刷技術. ¶"今天好热啊！——你什么时候去上海？"／「今日は本当に暑いなあ.——君，いつ上海に行くんだい.」 ¶"呜——."／ウー（サイレンの音）.
¶我住院期间，小王、老李、胖刘……很多人来看我．／私が入院している間，王くん，李さん，劉くん……など多くの人が見舞ってくれた. ¶他低声说："对不起，我……"／彼は小声で言った.「ごめんなさい，僕……」
¶冬冬不是女孩儿，是男孩儿。／冬冬は女の子ではなく，男の子だ.
¶亚洲-太平洋地区．／アジア太平洋地域. ¶毛泽东（1893-1976）／毛沢東（1893-1976） ¶青藏铁路（青海-西藏）正式开通．／青蔵鉄道（青海-チベット）が正式に開通した.
¶华特·迪斯尼／ウォルト・ディズニー ¶《三国志·蜀志·诸葛亮传》／『三国志』蜀志・諸葛亮伝
¶《红楼梦》／『紅楼夢』 ¶《〈中国工人〉发刊词》／「『中国工人』発刊の辞」 ¶屈原放逐，乃赋离骚．／屈原は追放されて「離騷」を作った.
¶司马相如者，汉蜀郡成都人也．／司馬相如は，漢代の蜀郡成都の人だ.

京劇入門

●歴史
　世界には「三大古典劇」と呼ばれる演劇があり，ギリシャ古典劇，インド古典劇と並んで，6世紀に成立したと言われる中国の古典劇もその一つである．

　中国伝統演劇の代表格は京劇であるが，他にも300を超える地方劇がある．例えば，北京市の「昆曲」（「北昆」とも言う），河北省の「河北梆子」，吉林省の「吉劇」，陝西省の「秦腔」，安徽省の「徽劇」「黄梅戯」，江西省の「弋陽腔」，広西チワン族自治区の「桂劇」，四川省の「川劇」などである．

　京劇は今から200年ほど前，清の時代に形成されたと考えられている．地方劇や昆曲などが融合し北京で生まれた新しい種類の劇で，当初は京劇ではなく「皮黄戯」と呼ばれた．乾隆帝80歳（1790年）の誕生日に全国から優れた劇団が北京に呼ばれ，芝居を披露した．このうち安徽省の徽劇の4劇団は，非常に人気を博しそのまま北京に残った．その後北京でいくつもの地方劇が上演されるうち，方言だった台詞は北京語に近くなっていき，伴奏に使われる胡琴も改良されて京胡となり，京劇の個性が明確になった．なお「京劇」の「京」は地名の北京にちなんでいる．

　新中国成立後，政府は京劇を擁護し，1950年代になるとほとんどの劇団が国営になった．その後，京劇は中国の各地に劇団を持つ全国的な演劇となり，役者の養成学校も全国各地に存在する．

●役柄
　京劇の舞台では，登場人物は「生」，「旦」，「浄」，「丑」の4つの役柄に分けられる．脇役は「龍套」という．

生：男役の総称．
　老生…上品，文弱な知識人などを演じる．通常，鬚をつけて登場する．
　小生…姿の良い青年役．未婚の青年や色男，英雄などを演じる．
　武生…立ち回りを中心とする役柄．勇士，英雄など．

旦：女性役の総称．
　青衣…物腰がしとやかな役がほとんど．
　花旦…お転婆な娘役を中心に，幅広くさまざまな人物を演じる．
　武旦…文字通り武芸に秀でた女性で，立ち回りを中心とする役柄．
　老旦…老婆役．

浄：男役．隈取りをするので「大花臉」とも言う．「正浄」，「副浄」，「武浄」の区別がある．

丑：道化役．隈取り役の「大花臉」と比べて顔の真ん中だけ化粧することが多いため，「小花臉」とも呼ばれる．文，武の区別がある．

龍套：通常，4人一組の形で現れる．必ず同じ衣装を着る．様々な隊形で舞台の雰囲気を作り上げ，伝統劇に不可欠な存在である．

|生|旦|浄|丑|

●隈取りの意味
　隈取りは，必ず一種類の主色で人物の個性を表す．他の色は装飾や主色を強調するためのものである．人物の性格により，

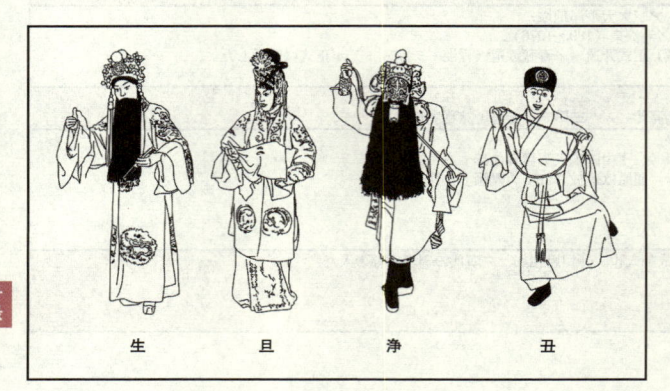

次のような色の分け方がある．赤・黒・白以外はほとんど脇役である．

赤…正義感があり，気骨のある人物．鋼直な忠臣．代表的人物は「関羽」．
黒…勇猛，鋼直，生真面目で，正義感があるが，情け容赦のない人物．代表的人物は「包拯」．
白…奸悪で陰険な人物．代表的人物は「曹操」．
青，藍…短気で気性の荒い人物．
黄…策略を巡らす凶悪な人物．
緑…凶暴であったり邪悪であるもの．盗賊や妖怪など．
褐色…年配の人物．
金・銀…神，仏，妖怪．

●演技の四大要素

唱：歌．
念：台詞．
　韻白…韻を踏んだリズミカルな台詞で，伴奏なしでもリズムに乗って言う．
　京白…加工された北京語で親しみやすい．
做：仕草．ほとんど舞台装置を使わない京劇の舞台で，様式化された動きによって歌や台詞の代わりに時々物語を説明する役割を果たす．
打：立ち回り．2人の人物の喧嘩から国と国との戦争まで，規模や種類もいろいろなパターンがある．素手でやるものから，武器を持つものまで様々．

●著名な役者

京劇ではこれまでにたくさんの名優が出た．尊称として最も古いのは清代の13人の役者に贈られた「同光十三絶」である．「京劇三鼎甲」（京劇三傑とも言う）は，京劇の基礎を固めた程長庚，余三勝，張二奎の3人に贈られた名称．

「四大名旦」は，1920年代，京劇の舞台に誕生したスター，梅蘭芳，尚小雲，程硯秋，荀慧生の4人を指す．1927年（民国16年）「順天時報」という新聞社が主催した全国規模の人気投票によって選ばれた．梅蘭芳は「太真外伝」，尚小雲は「摩登伽女」，程硯秋は「紅仏伝」，荀慧生は「丹青引」の主役を務めた．

現在活躍している若手の代表的な役者としては，北京に于魁智と李勝素，上海に史依弘と厳慶谷，南京に李潔がいる．

●伴奏及び楽器

京劇の楽隊は弦楽器，打楽器と管楽器から成り立っている．弦楽器は「文場」，打楽器は「武場」と呼ばれ，合わせて「文武場」と呼ばれる．昔は舞台上に座って伴奏したので，「場面」とも言う．

文場の楽器：京胡，京二胡，月琴，三弦，他に管楽器の笛子，笙，嗩吶など．
武場の楽器：単皮鼓，檀板，大鑼，小鑼，鐃鈸を中心に，大堂鼓，小堂鼓，木魚，梆子，碰鐘などがある．

●代表作

「**大閙天宮**」…明時代の小説「西遊記」に題材を取った物語．孫悟空という神話的な存在は，賢さ，美しさ，滑稽さなど全ての点で愛され，人間の想像を超えた見事な智恵や武芸などで，幻想的な世界へ導いてくれる．

「**覇王別姫**」…海外で最も知られた演目の一つ．「西漢演義」に題材を取った物語である．紀元前，西楚の覇王項羽が漢の劉邦と戦った時の話であるが，項羽の愛妃虞姫の存在感が極めて大きく，愛が永遠のテーマであることを改めて感じさせる．

「**空城計**」…後漢末から魏，呉，蜀の三国時代を経て晋が統一するまでを描いた一大スペクタクル，三国志．これにはいくつもの演目があるが，「空城計」はその一つで，蜀と魏の争いにおいて，大ピンチに陥った諸葛孔明がどのように戦い，窮地から脱したのかの物語である．

「**三岔口**」…「楊家将演義」から題材を取った北宋時代の物語．役者の動きでほぼ筋がわかるため，海外でもよく上演される．暗闇のなかで行われる任堂恵と劉利華の立ち回りが見所だ．

「**挑滑車**」…「説岳全伝」から題材を取った南宋時代の物語．宋軍と金の兀朮の軍との戦いを演じる．登場人物はすべて男性．伝統的な優れた演目であり，武生たちにとっては欠かせない，やりがいのある芝居である．

「**秋江**」…宋の時代の物語．尼僧の陳妙常は恋しい潘必正が旅立ったことを知り，急いで船の渡し場に来るが，渡し場の老いた船頭に恋心をからかわれる．2人の役者と小道具の櫓一本で演じるシンプルでコミカルな芝居．

中国映画入門

●興隆期

　映画の起源は，1895年にパリでリュミエール兄弟が発明したシネマトグラフである．その後欧州で広まるとともに，翌年には中国の上海にも上陸する．当初の上映形態は海外制作の短編実写フィルムを，常設の映画館ではなく茶館で上映していた．

　中国人によって初めて撮影された映画は，1905年北京の豊泰写真館で京劇『定軍山』を撮影した同名の短編記録映画とされる．劇映画としての国産初作品は，上海で1913年に撮影された『新婚初夜（原題《難夫難妻》以下同様に表記）』（張石川・鄭正秋監督）であり，その後もしばらく文明戯と呼ばれる新劇を元にした作品を多く撮影していた．

●黄金期

　20年代後半になると，武侠映画がブームとなり映画会社が乱立し，粗製乱造が横行したが，30年代に入ると，状況が一段落し，上海が東洋のハリウッドと称されるほどの黄金期を迎えた．自殺して「伝説」となった女優阮玲玉を筆頭に，多くの映画スターが輩出され，ジャンルにおいても，恐怖・オムニバス等，様々な作品が生みだされた．

　この時期の映画界を牽引したのは，二大映画会社，明星影片公司と聯華影片公司である．聯華影片公司は，先行の明星影片公司と違い，米国で映画を学んだ監督の孫瑜を中心に，米国の薫り漂うモダンで洗練された作品を多く制作した．

　日中戦争期に入ると，戦乱を避けて映画人が上海を離れ，その後香港に留まるものもでた．戦後，再び映画人が上海に集結するなか，その中には，演劇界からの転進者も多く含まれていた．彼らが属した文華影業公司は，良質な作品を数多く制作しており，中国映画史上の最高傑作とも評される『田舎町の春（小城之春）』（費穆監督48年）を制作している．

●中華人民共和国成立後

　49年の建国後は，中国共産党が指導する撮影所が新たに設立され，映画制作は徐々に統制されていった．その後しばらくは三大撮影所，北京・上海・長春が制作拠点となる．政府のお膝元である北京や映画の都だった上海に対して，長春は新興の感があるが，日中戦争時に満州映画協会が東洋一の設備を誇る撮影所と称した施設を接収したものであり，その制作面にも日本の影響が及ぼされたと指摘される．建国後は，上述の日本映画スタイル，米国を範とするスタイル，更には政治的つながりによるソ連映画スタイルが共存することになる．

　長春映画撮影所と改名前の撮影所が制作し，この時期を代表する作品に，『白毛女（原題同じ）』（王濱・水華監督50年）がある．解放前の中国の農村を舞台に，地主に借金のかたに売られた少女が八路軍の許婚に救われるという物語である．人民映画として広く社会に受け入れられるとともに，古典的な革命映画として認知され，以後同趣の作品が多く作られていった．

　新中国において，映画は人民を啓蒙する手段として捉えられ，建国当初は映画制作が精力的に行われたが，『武訓伝（原題同じ）』（孫瑜監督50年）批判を契機として，制作本数が激減する．映画『武訓伝』は，清末を舞台に孤児で無学な主人公が，苦労の末に学校を建てるまでを描いた，上下二集の大作である．上映直後は好評を博したが，「人民日報」に厳しい批判内容の社説が発表された後，建国後最初の思想批判運動へと巻き込まれていった．

　50年代後半は大躍進運動の下，映画制作についても数量が重視され，撮影所が増設された結果，制作本数自体は増加したものの，質的な向上までは至らなかったが，60年代に入って，ようやく質量共にそろった高潮期を迎えた．

●文化大革命時期前後

　60年代初期，映画は再び政治闘争の道具とされ，多くの作品が反党映画と批判されて，上映禁止となっていった．更に66年から始まった文化大革命の初期数年間は，新作の制作までもが停止した．

　70年代に入り作品制作は再開されたものの，革命模範劇と称される作品数本だけが撮影されたにすぎなかった．革命模範劇とは，京劇の様

式を残しながらも，内戦や抗日戦争を題材にした現代京劇のことを主に指し，現代京劇は毛沢東夫人の江青が指導していた．

文革終了直後の70年代末，政治的な呪縛から完全に解放されることはなかったものの，映画制作が本格的に再開され，コメディや恋愛を前面に押し出した作品も撮影できるようになり，観客に広く支持される作品も登場するまでになった．

● 80年代　第五世代監督

80年代初め，北京映画学院を卒業したての若手監督が処女作を発表するや，思索的なテーマと映像表現にこだわった画期的な作品として評価され，世界的な関心を集めた．彼らは新世代の監督とみなされ，彼らを基準にして中国映画史を見直すと，五番目にあたる世代であるという区分案が考えだされ，そこから「第五世代」監督という名称が生まれた．

簡単に他の世代区分をみておくと，第一世代は興隆期，第二世代は黄金期，第三世代は建国後，第四世代は本来文革期であるが機会を奪われたため文革後に表舞台に登場した一群，と分かれている．

「第五世代」という名称の誕生を決定づけた作品は，『黄色い大地（黄土地）』（陳凱歌監督84年）である．『黄色い大地』は，原作の段階では感傷的な革命題材の物語を，黄土高原と黄河という自然を中心にすえ，大胆な構図による鮮烈な映像によって，思索的なテーマを表現した作品に仕立て直し，映画界のみならず文芸界をも騒然とさせた．

その後，少数民族を題材にした作品で注目された田壮壮（ティエンチュアンチュアン）等，学院同期生が次々に監督デビューを果たし，彼らの作品も映像表現にこだわった思索的な作品と評され，作品論が定着した．だが後に彼らの特徴とは無関係に「第五世代」という呼称の使用範囲が拡大した．

『黄色い大地』のカメラマンとして名を馳せた張芸謀（チャンイーモウ）は，1987年に『赤いコーリャン（紅高粱）』で監督デビューを果たし，第五世代監督の仲間入りをする．作品は，野生的な生と性のエネルギーの発露を表現しているが，その内容以上に，世界三大映画祭において，中国作品が初受賞するという快挙によって，文革で門戸を閉ざしていたため諸外国に遅れをとっていると感じていた中国の人々に勇気を与えた．

● 90年代以降

80年代末以降，政治的，経済的要因から，海外資本に頼らざるをえなくなると，すでに世界的な名声を博していた第五世代監督も，国際的な市場性を視野に，その作品は大作化していった．

とりわけ張芸謀は，全作品が国際映画祭で受賞するという不敗神話を創り，それを武器に大作映画に取りくみ，ついには市場的な成功をも手に入れた．02年『HERO（英雄）』では，張の以前の作品でスターへの足掛かりをつかんだ女優章子怡（チャンツィイー）や，香港の人気俳優を起用して，大掛かりなアクション映画に挑戦し，史上最高の興行成績をあげた．その結果，張は第五世代を代表する監督から中国を代表する大御所へと変貌をとげた．

90年代初め，次世代の監督が新たに登場する．彼らは便宜的に第六世代と呼ばれているが，その定義はよりあいまいである．当初は90年代初めの北京映画学院の卒業生を指したが，現在は限定せず，60年代以降に生まれた映画人にまで拡大している．

次世代の監督らは，既存の撮影所システムの下でも，また無名のため海外資本でも，制作できない状況下にあった．そこで資金調達から取りくむと共に，作品内容についても，国際化していった第五世代監督作品に違和感を覚えていたことから現実の社会を映しだす方法を模索し，身の回りの細事を切りとることから始めた．

第六世代監督のトップバッターとなった張元（チャンユアン）は，90年の初監督作で障害児を抱えた母をその本人に演じさせ，第2作では当時の若者文化を代表するロックミュージシャン崔健を本人の役で出演させた一方で，天安門を舞台にしたドキュメンタリー（ジャクセンフー）作品も制作した．

賈樟柯（ジャアジャンクー）は，先発の若手たちが自身の周囲の狭小な世界しか描かない現状に飽き足らず，社会の大半を占め，より下層に属する若者に焦点を当てた作品を，97年から制作し始めた．

彼らの初期作品の特徴は，政府の認可を受けられず，作品は地下映画とも称されたこと，且つドキュメンタリー的手法にこだわって撮影したことであり，地下映画とドキュメンタリーが，90年代の若手監督作品の代名詞となった．

海外での知名度が第五世代と同等なまでに高まった結果，政府の認可を得られ，地下映画の

1544　中国映画入門

担い手たちが地上に現れ始めた現在，その行方が注目を集めている．

●中国の歴史，社会，文化に触れられる佳作
（日本語字幕付／物語内容の年代順）

『さらば，わが愛―覇王別姫（覇王別姫）』（陳凱歌監督93年）	1922年から74年までの北京を舞台に，京劇養成所で知り合った2人の少年が成長する過程でおこる，同性愛的な恋愛を含む愛憎悲劇を描く．
『生きる（活着）』（張芸謀監督94年）	40，50，60年代と年代ごとに区切りながら，時代に翻弄されたある家族の歴史を，監督の持ち味でもあるユーモアを交えて描く．
『青い凧（藍風箏）』（田壮壮監督93年）	50年代から60年代までの北京を舞台に，3人の夫と結婚することになる女性とその幼い息子を中心に物語が展開し，複雑な時代と人間関係を緻密に描く．
『芙蓉鎮（原題同じ）』（謝晋監督86年）	63年から70年代末の湖南の田舎町を舞台に，地道に働くヒロインが絶え間なくふりかかる試練にたえ，愛情を糧に懸命に生き抜く姿を細やかに描く．
『青春祭（原題同じ）』（張暖忻監督85年）	文革期に慣れない少数民族の村で過ごすことになった少女の青春を，女性監督が愛惜の念をもって語る．
『太陽の少年（陽光燦爛的日子）』（姜文監督94年）	閉鎖的な年代においても，仲間たちと青春を謳歌する少年を主人公にすえ，彼の目を通して見た70年代北京の風景を再現する．
『黒い雪の年（本命年）』（謝飛監督89年）	80年代改革・開放政策の実施によって活況に沸く北京を舞台に，真面目に生きようとしながらも果たせない青年を個性派俳優姜文が演じて話題となった．
『スケッチ・オブ・Peking（民警故事）』（寧瀛監督95年）	94年の北京を舞台に，下町のお巡りさんが奔走する姿を通して，変化が激しい大都会北京の情景を活写する．

●監督紹介（生年順）

監督	紹介
チャン イーモウ 張芸謀	1950年西安生まれ．初監督作『紅いコーリャン』に当時学生だった鞏俐を抜擢し，95年までの全作品に主役として起用し続けた結果，鞏俐は張作品に不可欠な存在となるとともに，中国を代表する女優へと成長し，二人の関係が話題を提供するまでになった．
ティエン チュアンチュアン 田壮壮	1952年北京生まれ．両親ともに著名な映画俳優．『青い凧』が東京国際映画祭でグランプリを受賞したが，中国政府当局の検閲を受けず出品したため，活動禁止処分を受ける．以降，自身の制作活動停止の代償のように様々な形で後進の監督に援助を始める．
チェン カイコー 陳凱歌	1952年北京生まれ．父も著名な映画監督．自伝『私の紅衛兵時代　ある映画監督の青春』（刈間文俊訳　講談社現代新書　1990年）参照．
チャン ユアン 張元	1963年南京生まれ．89年北京映画学院撮影科卒業．映画学院の同期生が初監督する作品に当初はキャメラマンとして参加したが，事情により途中から監督として携わることになり，それが初監督作品『ママ（媽媽）』となって，海外で評価される．映画学院脚本科卒業の妻寧岱（監督寧瀛の姉）も以降の作品の半数に脚本家として参加している．
ジャ ジャンクー 賈樟柯	1970年山西省生まれ．90年に陳凱歌監督『黄色い大地』を見て映画制作を志し，93年に北京映画学院へ進む．学院仲間と映画制作グループを組織しビデオ作品を制作して香港の映画祭で認められる．フィルム作品第一作『一瞬の夢（小武）』がベルリン国際映画祭で受賞する．

現代中国語の方言

●概説

言語学的に親縁関係にあると認められるいくつかの「話しことば（speech）」を，それぞれ独立した「言語（language）」と見なすか，それとも一つの言語の「方言（dialect）」とするかということは，往々にしてむしろ政治的なものである．例えば，フランスとイタリアの国境付近に住む人々は互いに国境の向こうの隣人が話すことばを解するという．しかし，一方のことばはフランス語の方言とされ，他方はイタリア語の方言とされる．これは，政治がそこに国境を引いたからであり，それによってそれぞれ異なる標準語・正書法および言語習慣に従属することになったからである．

中国語の場合は上述の例とは反対である．現在，中国語の「方言」とされる「話しことば」は，言語学的に一つの親言語（祖語）に遡ることができるものの，音声的には互いに通じない場合も多い．しかし，広大な地域に分布するこれらの話しことばは，長期に渡って一つの国家体制の元におかれていたため，独立した言語（あるいはいくつかの言語の方言）ではなく，一つの中国語の方言とされることになったのである．もちろん，これら無数のことばが，一つの言語の変種として認識されてきた背景に，漢字という表語文字（logograph）とそれによって確立した表記法の存在があることは看過できない．

近代言語学の導入以来，中国語方言学はこれら無数の話しことばの特徴をとらえ，それに基づいて分類を行うことに腐心してきた．現在，広く認められている方言分類の基準は，主に隋唐時代の共通語（中古中国語）から見た音韻の通時変化によるもので，研究者によってはさらに常用語彙の語形，語構成，語順，ひいては移民史，民族感情などをも考慮に入れて総合的に分類を行っている．大方に受け入れられている方言区分としては以下の八方言区がある．

①官話 Guānhuà【官話カンワ方言】
　主に長江以北と西南地域に分布．
②呉語 Wúyǔ【呉ゴ方言】
　主に江蘇省南部と浙江省に分布．
③湘語 Xiāngyǔ【湘ショウ方言】
　主に湖南省に分布．
④贛語 Gànyǔ【贛カン方言】
　主に江西省に分布．
⑤客家話 Kèjiāhuà【客家ハッカ方言】
　主に広東省東北部・福建省西部・江西省南部に分布．
⑥粤語 Yuèyǔ【粤エツ方言】
　主に広東省・広西チワン族自治区に分布．
⑦閩語 Mǐnyǔ【閩ビン方言】
　主に福建省・海南省・台湾に分布．
⑧徽語 Huīyǔ【徽キ方言】
　主に安徽省南部に分布．

このほか，晋語 Jìnyǔ【晋シン方言】（主に山西省に分布）を官話方言から，平話 Pínghuà【平話ヘイワ方言】（広西チワン族自治区）を粤方言からそれぞれ取り出して方言区の一つとする意見が出されたり，贛方言と客家方言とをひとつの方言区としてまとめるといった議論がなされたりもしている．しかし，これは多くの場合，研究者によって重点を置く方言特徴が異なることに起因し，方言区とするかそれとも下位分類に収めるかといったレベルの違いだということができる．これとは別に近年の方言調査の進展により，粤北土話 Yuèběi tǔhuà【粤北土語エツホクドゴ】（広東省北部）や湘南土話 Xiāngnán tǔhuà【湘南土語ショウナンドゴ】（湖南省南部）などが新たな特徴をもった方言群として注目されており，今後，研究の進展にしたがって方言区分や下位分類に新たな知見がもたらされる可能性もある．これら中国語方言の分布地域は1548〜1549ページの方言区分図を参照されたい．

附表は，音声・語彙・文法の八項目における各方言の特徴を対照したものである．

●日本語と中国語方言

日本と中国は"一衣帯水"の隣国で，長い交流の歴史を持っている．その結果，日本語に入った中国語方言，また逆に中国語方言に入った日本語が存在する．そのいくつかを簡単に紹介してみよう．

日本語に入った中国語方言——マージャン

中国語を勉強したことのある人なら,なぜマージャンを"麻将"と表記するのか,あるいは日本語で「麻雀」をなぜマージャンと読むのか疑問をもったことがあるに違いない.逆に中国から日本に来た人は街中に雀という看板がかかっているのを奇異に思うそうである(中国語の"麻雀 máquè"は雀の意味).種明かしをすると,これはマージャンがもともと呉方言だからである.

この語の"麻将"となる前の形は"麻雀"であると考えられる.この"麻雀"の語源は,マージャンという遊技の原型である"马吊"が転訛したもの,マージャンパイを混ぜる音がすずめのさえずりに似ているからなど諸説あるが,ここでは立ち入らない."雀"は呉方言では「tɕiaʔ チアッ」のような音となる.最後の「ン」は"儿化"で,"儿"は"普通话"では「アル」のような音だが,呉方言では鼻音(nやŋ)なのである.つまりマージャンは"麻雀儿"で,日本にはこの漢字と方言音がそのまま伝わり(ただし一旦官話方言を経由していると考えられる),中国国内では漢字と音が一致しないため,表記を音にあわせた結果,ついに"麻将"となったのである.近代マージャンの発祥地という伝承のある浙江省寧波では,今でもマージャンとすずめをともに「mo tɕiã モーチアン」と発音する.ちなみに,南方の粤方言・閩方言・客家方言では,今でもマージャンを"麻将"でなく"麻雀"というところが多い.呉方言音の侵入を頑固に拒んだのだろうか.

台湾の方言に入った日本語——音訳外来語

五十年の長きにわたって日本の植民地にされていた台湾では,多くの日本語が方言に入っており,"閩南話"【閩南ビンナン方言】("閩話"の下位方言で,台湾で使われている変種は"台湾話"とも呼ばれる)を例にとると次のようなものがある.日本語の音を写し取っている様子を感じてもらうために,国際音声字母とそれに近いカタカナで表記した.方言本来の言い方や日本語を閩南方言の漢字音で読んだ語形がある場合には,〔 〕に入れて示した.

台湾に入った日本語 —— 音訳外来語表

"ɔ tɔ saŋ オートーサン"	お父さん〔阿爸 a pa アーパー〕
"un tʃaŋ ウンチャン"	運ちゃん〔司机 su ki スーキー,运转手 un tsuan tʃhu ウンツアンチュー〕
"ua sa biʔ ウアサービッ"	わさび
"a sa liʔ アーサーリッ"	あっさりしている
"se bi loʔ セービーロッ"	背広〔西裝 se tsɔŋ セーツォン〕
"ɔ nin gio オーニンギオ"	人形〔尪仔 aŋ a アンアー〕
"a ta maʔ アーターマッ"	頭〔头 thau タウ〕
"me ʃiʔ メーシッ"	名刺〔名片 mia phĩ ミアピン,名刺 bɪŋ tʃhi ビンチー〕
"khoŋ コン"	紺
"it tɔ イットー"	最上の,一等の
"ŋɔ bɔ ゴーボー"	ゴボウ〔牛旁 gu poŋ グーポン〕

以下のようにいわゆる和製の外国語が入っている例もあり興味深い.

"phaŋ khu パンクー"	パンクする
"uai ʃa tsuʔ ウアイシャツッ"	ワイシャツ
"phien tʃi ピエンチッ"	ペンチ
"mi ʃin ミーシン"	ミシン〔裁缝机 tshai hɔŋ ki ツァイホンキー,针车 tʃam tʃha チャムチャー〕
"thɔ lam puʔ トーランプッ"	トランプ〔牌仔 pai a パイアー〕

現在の中国語圏でも日本語を取り入れることはあるが,多くは漢字をそのまま中国語の発音で読むというものである("日本料理 Rìběn liàolǐ","营业中 yíngyèzhōng"など).上に挙げた台湾の方言における日本語起源の外来語は音訳によるもので,この点が大きく異なっている.

現代中国語の方言

附表

地点＼指標	隋唐時代の有声語頭子音の音価	隋唐時代の鼻音韻尾（音節末子音）-m, -n, -ŋの音価	隋唐時代の入声韻尾（音節末子音）-p, -t, -kの音価	声調数	三人称単数代名詞の語形	「オス」「メス」という修飾語とその位置	「客」の語構成	直接目的語と間接目的語の語順
北京（官話）	平声*1：無声有気音*2 仄声*1：無声無気音*2	-n -ŋ (*-mは-nに合流)	なし	4	他	公牛 母牛	客人	给我一本书
上海（呉语）	有声音	-n -ŋ (*-mは-nに合流)	-ʔ *3	5	伊	雄牛 雌牛	人客 客人 （共に可）	送我一本书；送一本书我（共に可）
长沙（湘语）	無声無気音	-n -ŋ (*-mは-nに合流)	入声調は保存しているが、入声韻尾は消失	5	他	牛公子 牛婆子	人客	把一本书我
南昌（赣语）	無声有気音	-n -ŋ (*-mは-nに合流)	-t -k (*-pは-tに合流)	7	佢	牛牯 牛婆	客	拿一本书到我
梅具（客家话）	無声有気音	-m -n -ŋ	-p -t -k	6	佢	牛牯 牛嫲	人客	分一本书我
广州（粤语）	平声・上声：無声有気音 去声・入声：無声無気音	-m -n -ŋ	-p -t -k	9	佢	牛公 牛母	人客	畀一本书我
厦门（闽语）	多くは無声無気音	-m -n -ŋ	-p -t -k -ʔ	7	伊	牛犅 牛母	人客	书蜀本与我
绩溪（徽语）	多くは無声有気音	多くは鼻音化母音、一部は完全に消失	-ʔ	6	佢	牯牛 牛婆	人客	□xā(阴去)我一本书 *4
太原（晋语）	平声：無声有気音 仄声：無声無気音	-ŋないしは鼻音化母音	-ʔ	5	他	公牛 母牛	客人	给我一本书
南宁（平话）	無声無気音	-m -n -ŋ	-p -t -k	10	佢	公牛 母牛	客人 人客 （共に可）	许一本书我

注：
* 1　隋唐時代の共通中国語は平声（ひょうしょう）・上声（じょうしょう）・去声（きょしょう）・入声（にっしょう）の四つの声調を持っていた．このうち上声・去声・入声をまとめて仄声（そくしょう）と呼ぶ．平声と仄声を合わせて平仄（ひょうそく）と言うが、この平仄は詩作に利用されたのみならず、後に音韻変化の条件にもなった．現代の"普通話"ではおおよそ、一声と二声が平声に、三声が上声に、四声が去声にあたり、入声は-p, -t, -kという韻尾を失って一～四声に分化している．
* 2　有声音は濁音，無声音は清音．
* 3　-ʔは声門閉鎖音で、日本語で小さい「ッ」で表記されるようなつまる音である．
* 4　xā（阴去）はこの音節の発音を表し（阴去は声調），□はそれに当てる字がないことを示す．

（侯精一主編《現代汉语方言概論》上海教育出版社，2002年11～13ページを改編）

中国語方言区分図

0 500km

ウルムチ
新疆ウイグル自治区
甘粛
青海
西
チベット自治区
ラサ
インド
ネパール
ブータン
四川
雲南
ミャンマー
ラオ

- 官話方言（北京市ほか）
- 呉方言（上海市ほか）
- 湘方言（湖南省ほか）
- 贛方言（江西省ほか）
- 客家方言（広東省東北部ほか）
- 粤方言（広東省南部ほか）
- 閩方言（福建省ほか）
- 徽方言（安徽省南部ほか）
- 晋方言（山西省ほか）
- 平話方言（広西チワン族自治区）
- 粤北土語
- 湘南土語
- その他の言語及び方言

『中国語言地図集』朗文出版（香港）1987を参考に作成

現代中国語の方言 **1549**

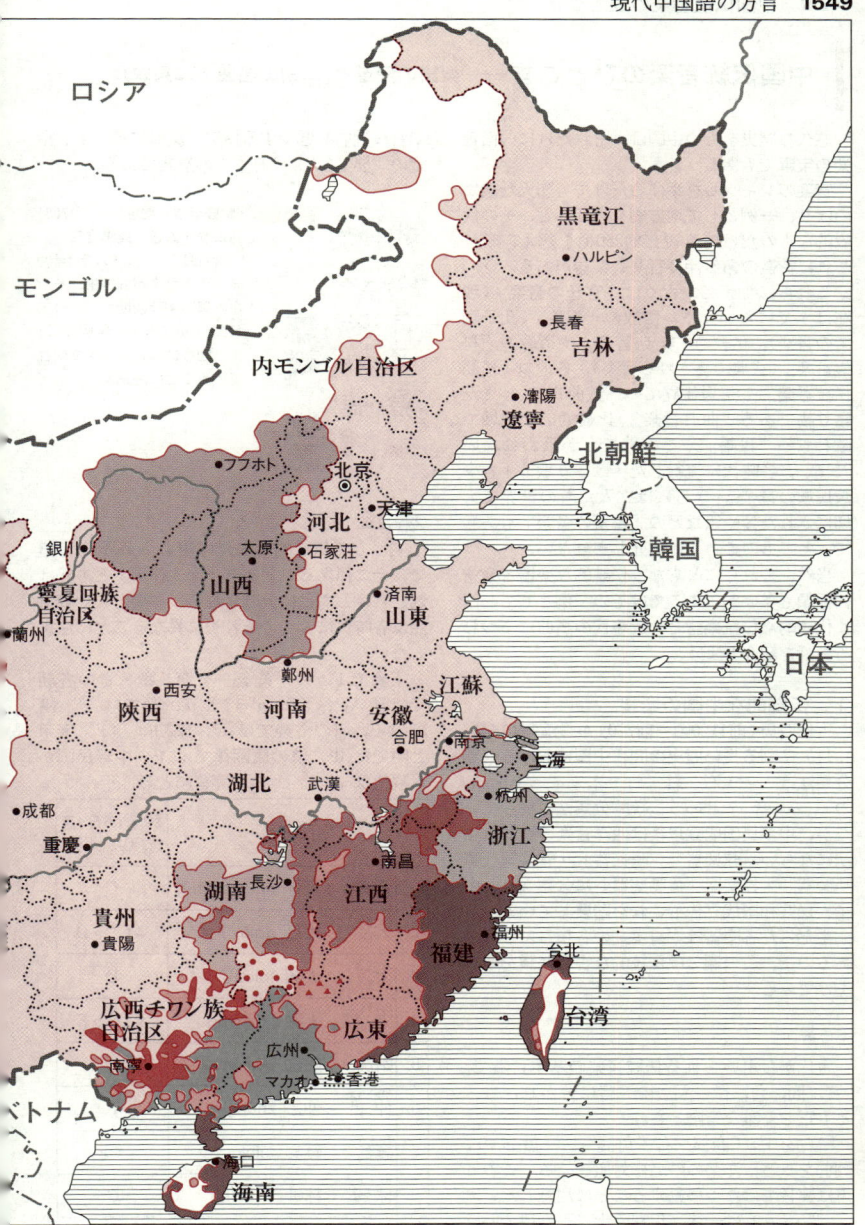

中国伝統音楽のひとこま —— 楽譜の変遷と，二胡の名曲「二泉映月」——

悠久な歴史をもつ中国は，それだけに一面音楽の宝庫でもある．

音楽のジャンルを挙げるだけでも膨大な数にのぼり，一例として地方劇を挙げると，その代表的なものだけでも現在約250種を超え，それぞれに特徴のある伴奏音楽と楽器がある．

これらに加えて，古くは「宮廷の音楽」（現在はすでにない）や，儒教の「釈奠」（孔子廟での音楽），仏教の「経典音楽」や道教の「科儀音楽」（式典で奏される音楽），各地の「民間伝統器楽」や芝居仕立ての「戯曲音楽」，また語り物である「曲芸音楽」，比較的広い地域で歌われる「民謡」やその地でしか歌われない「民歌」，各時代に流行した「はやり歌」，「各少数民族の音楽」，さらには文人たちの世界で大切にされた琴や簫などの「書斎の音楽」もあって，とてものことでは紹介しきれない．

当然，これらにともなう伝統的な楽器と楽譜の種類も多いが，ここではその一例として，ごく代表的な伝統楽譜と，近現代の名曲にまつわるお話を紹介しよう．

1 伝統的な中国の楽譜

古代西周（前1120頃 – 前770）から清朝（1644-1911）に到る長い歴史の間，中国における楽器分類法は「金・石・絲・竹・木・革・土・匏」の「八音」という伝統的な分類法に従っていたが，中華民国成立以後は西洋音楽の楽器分類法にならい，弦楽器［弦鳴楽器］・管楽器［気鳴楽器］・打楽器［体鳴楽器］に分類され，中華人民共和国成立後もこれを踏襲している．

主だった各楽器は本書本文の各項目に挙げてあるので，この欄では伝統的な古い楽譜を取り上げてみる．

①五声

古代から用いられる伝統音楽の基本音階で，「宮，商，角，徴，羽」の五声に分かれ，もっとも正しく雅な音階とされる．

「宮」をド，「商」をレ，「角」をミ，「徴」をソ，「羽」をラと，洋楽の階名に対照させる．この五声は実音ではなく移動することに注意したい．

「変」（♭）は一律（現在の十二平均律でいう半音に近い）低くする指定，反対に高くする指定の「嬰」（♯）は日本での造語である．

『詩経楽譜』乾隆53年（1788）刊より「簫譜」鹿鳴之三
〔二行目以下，大きな字が詩，赤く小さな字が五声譜，その左の黒い字は補助のための工尺譜（⑥工尺譜 参照）．以下，図版例は行の途中で切れていることに注意〕

②律呂譜

主として伝統的な古楽に用いられる実音譜で，十二律あることから「十二律譜」とも呼ばれ，六律と六呂に分けられる．洋楽との比較対照は各時代によってそれぞれ異なることに注意したい．

下表で1．の「黄鐘」を漢・魏・晋の各朝では f^1，e^1，$\sharp f^1$，g^1 にとり，梁では g^1，隋は $\sharp f^1$，唐の俗楽では a^1，宋初は $\sharp f^1$，宋末と明では d^1，清の康熙律では f^1，中華民国から現代は d^1 と c^1 の各実音にとる．

中国音名		洋楽音名（黄鐘をCにした例）
1. 黄鐘	黄钟 huángzhōng	C
2. 大呂	大呂 dàlǚ	♯C／♭D
3. 太簇	太簇 tàicù	D
4. 夾鐘	夹钟 jiāzhōng	♯D／♭E
5. 姑洗	姑洗 gūxiǎn	E
6. 仲呂	仲呂 zhònglǚ	F
7. 蕤賓	蕤宾 ruíbīn	♯F
8. 林鐘	林钟 línzhōng	G

中国伝統音楽のひとこま **1551**

9.	夷則(いそく)	夷则 yízé	#G/♭A
10.	南呂(なんりょ)	南吕 nánlǚ	A
11.	無射(ぶえき)	无射 wúyì	♭B
12.	応鐘(おうしょう)	应钟 yīngzhōng	B

『詩経楽譜』乾隆53年(1788)刊より「鐘譜 磬譜(けい)」
〔二行目以下,黒字は詩,赤字は律呂〕

③現存最古の中国楽譜

現存する中国楽譜最古の遺例としては,六朝梁代(りくちょうりょうだい)の丘明(494-590)の伝譜で,唐代の人の写本である琴譜『碣石調 幽蘭第五(けっせきちょうゆうらんだい)』(④琴譜参照)をはじめ,『敦煌写巻』中にあり日本にも伝えられた「秦王破陣楽」や,『敦煌曲譜』(唐代長興4年〈933〉の年号が記された経文の裏を利用して抄写された琵琶譜)などがある.以来,隋・唐・宋・元・明・清・中華民国と各時代にわたりさまざまな楽譜や符(音や技法を記す記号)が考案され,伝統音楽の再現に際し実用化されてきた.

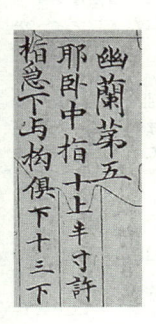

『古逸叢書(こいつそうしょ)』光緒10年(1884)日本・東京刊より『碣石調幽蘭第五』冒頭部分
〔二行目以下,使用する弦や指,奏法などが文語体で説明されている〕

④琴譜(きんぷ)(減字譜(げんじふ))

中国伝統音楽の楽譜で遺例が一番多いのが「琴譜」である.琴譜とは古琴専用の記号譜のこと.六朝唐初までは文語体(書き言葉)の「文字譜」のみであったが,唐代に趙耶利などにより「記号符」が創作された.漢字の字画を分解したものに意味をもたせ,必要に応じて再合成してひとつの字を作り,複数の意味をもたせた符であるため,この符を用いて作った譜は,字画を減じて作った譜の意味で「減字譜」ともいう.

「減字譜」の琴譜をもとに後には琵琶譜(⑥工尺譜 図版参照)や箏譜なども作られ,さらに初期の胡琴譜などもこの影響下にあった.

なお,琴譜には二種類ある.一つは「文字譜」で,この遺例としては世界に唯一で日本の国宝となっている『碣石調幽蘭第五』(③現存最古の中国楽譜 参照)がある.またもう一つは,唐末から現代まで通用している「減字譜」である.

『神奇秘譜』洪熙元年(1425)刊より「廣陵散(こうりょうさん)」
〔「開指(かいし)」とは曲の始まりという意味.二行目の2文字目以下,大きい各文字は右手の手法を表す.この中に,おさえる弦の位置や使う指,技法などがひとまとめに凝縮されて記されている.小さい字による説明文は,主に左手の技法を表す〕

⑤瑟譜(しつふ)

宋末元初の熊朋来(ゆうほうらい)(1246-1323)の編纂した『瑟譜』は,南宋の趙彦粛(ちょうげんしゅく)が伝えた唐開元年間の『風雅十二詩譜』と朋来自作の瑟譜を収録し,律呂譜と工尺譜(⑥工尺譜 参照)を併記してある.なお,「瑟」とは箏に似て更に大きな弦楽器.「瑟譜」とは瑟用に書かれた譜面.

『瑟譜』道光27年(1847)再刊本より「詩旧譜」鹿鳴之三
〔三行目と四行目は詩.五・六行目は律呂譜,七・八行目は工尺譜〕

中国伝統音楽のひとこま

⑥工尺譜

中国伝統の記譜法の一つで，隋唐代の管楽器（篳篥など）の記号譜が整理され，宋代の「燕楽俗字譜」などを整理して明代に実用化されたとされる．

「上，尺，工，凡，六，五，乙」の七声の階名で記され，基音の八度上の音は各字に「亻（にんべん）」，さらに八度上は「彳（ぎょうにんべん）」を足し，基音の八度下は各字の最終画を左に曲げて書き表す．実音表記ではなく移動表記である．

昆曲（江南の伝統劇）や南音（福建伝統音楽）など，現在でも工尺譜を用いる音楽は多い．

なお，「尺」は度量衡では「しゃく（chǐ）」，音を表す場合は「せき（chě）」と読む．

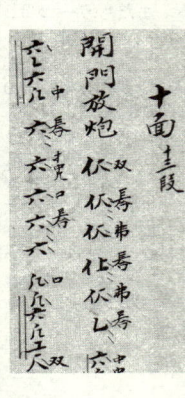

「楊蔭瀏自筆琵琶譜」民国17年（1928）写本より「十面埋伏」初段 ※楊蔭瀏については，2 胡琴の名曲「二泉映月」阿炳 参照
〔楊蔭瀏が若い頃に書き写した譜面．二行目の「開門放炮」は曲の小見出し．以下右側は琵琶の減字譜，左側は工尺譜．右に打たれた点は拍子を表す．また三行目の二重線は16分音符であることを示す〕

⑦五線譜

清朝康煕帝の信任厚く，宮廷内にチェンバロといった楽器やヨーロッパ楽理などの知識を伝えた二人の修道士，ポルトガル人トーマス・ペレイラ（1645-1708）と，イタリア人テオドレ・ペドリーニ（1670-1746）により，はじめて五線譜が中国に紹介され，清朝乾隆10年（1745）勅撰の『律呂正義 続編』に掲載された．

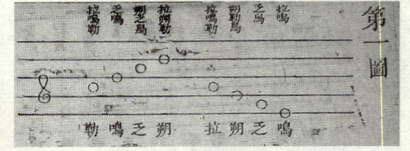

『律呂正義 続編』乾隆10年（1745）刊より
〔ドレミの音階を説明している．左端はト音記号〕

⑧簡譜（数字譜）

16世紀半ばに欧州で考案され，17，8世紀にフランスの修道士などにより徐々に整理実用化され，19世紀半ばに日本の初等音楽教育に採用された．日本で学んだ清国の留学生らが持ち帰って中国に紹介して以来，今日まで一般に利用され続けている．

1，2，3，4，5，6，7のアラビア数字で音階を示し，音高は数字の上下に打つ・，また長さは，数字の横に付けて2分音符以上であることを示す―，数字の下に付ける ＿（8分音符），＝（16分音符），≡（32分音符）などで表し，休符は0で示す．

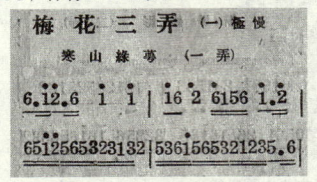

『雅声唱歌集』第5版 民国14年（1925）刊より「梅花三弄」
〔江南糸竹曲の「梅花三弄」は別名「三六」という．極慢は「とてもゆっくり」の意．｜は小節線〕

2 胡琴の名曲「二泉映月」

江南地方で発達した胡琴の一種に南胡がある．現在の二胡の直接のルーツであり，中国大陸南部や台湾などでは今でも二胡を南胡と呼びならわしているが，この胡琴の名曲に「二泉映月」という，現在，二胡曲の最も重要なレパートリーとして中国全土に知られたメロディーがある．

はじめて聞く人も，必ずといっていいほど鮮烈な印象と大きな感動をこの曲から受けるが，その作曲者阿炳が社会的に恵まれなかった人生を送った盲人であったことを知ると，さらに曲は忘れがたいものとなる．

●阿 炳

阿炳の本名は華彦鈞（1893-1950），阿炳は幼名である．江蘇省無錫東亭鎮小四房の人で，この地の道観（道教の寺）「雷尊殿」の観主をつとめる父華清和（雪梅と号す）の一人息子として生まれた．

道教の僧侶である道士は職業柄，音楽の業が

中国伝統音楽のひとこま

瞎子阿炳

必須条件であったが、とくに雪梅は音楽に精通して各種の中国楽器を一通り演奏し、中でも琵琶を得意としていた。

阿炳はこの父に従って幼いころから音楽の業を学んだが、後には自分の好みに合った知らない曲調に出会うと、誰彼の演奏の区別なく行って教えを請うた。そうした結果、無錫近辺に流伝した音楽のほとんどはこなせるようになり、しかもそのどの曲もある程度の水準に達したのであった。

阿炳の母親呉氏はもと秦姓の寡婦で家事手伝いを生業としていて、当時は道士雪梅と同居していた。しかし秦家の名声を気にした一族の反対にあい、阿炳を産んだ後、ついに秦家に戻され1896年に哀しみのうちに亡くなった。阿炳4歳のときのことで、以来幼い阿炳は母親の慈愛と温もりを奪われてしまったのである。

阿炳が21, 2歳のころ、眼病を患い、さらには父雪梅が死去し、その跡を嗣いで阿炳が観主となるも、眼は日に日に悪化して26, 7歳のころには片目を失った。しかし皮肉なことに有力な冠婚葬祭の依頼主たちはかえって「片目の道士」として阿炳を持て囃したのである。

30歳前後のころには、雷尊殿の道士たちも次々とここを離れていったため道観そのものも成り立たず、阿炳もやむなく道教を離れて門付け芸（街の流し）を生業とするようになったのだが、1928年35歳のとき、ついにもう片方の眼もつぶれ両眼を失ってしまう。以後、人々は彼を"瞎子阿炳 Xiāzi Ā Bǐng"（盲目の阿炳）と呼び習わし、だんだんと本名を指さないようになった。

一見すれば物乞いのようだが、芸人としての自覚を持ち常に誇り高い志を失わなかった阿炳は、報酬の多寡を論ぜずどんな時でも同じように喜んで演奏し唱った。やれた帽子を被り黒ガラスの眼鏡をかけ、胸の前には笙や笛を吊るして琵琶を背負い、手には胡琴と竹片の打楽器を持った盲人がおぼつかない足取りで往来を行けば、無錫の人々ははじめてそれが有名な「瞎子阿炳」であると知ったのである。

また阿炳は時事を風刺した即興の歌を善くし、民衆の支持を得ていた。国民党江蘇民政庁長の繆某が、権威をかさにきて悲しいことに生家雷尊殿を厩舎にしてしまった時には、連日、繆家の前で阿炳の抗議の歌声が響き渡ったのであった。

新中国成立後の1950年の夏、同郷人でかつて阿炳に師事し、当時中央で活躍していた音楽学者楊蔭瀏（1899-1984）が主となり、民族音楽研究所（当時は中央音楽学院附属で、後に独立し文化部音楽研究所となる）のチームが録音器材を持って阿炳を訪ねてきた。ところが阿炳は「もう二年間も演奏していないし、技術も荒み、楽器も壊れていて使い物にならない」、「二年前のある日、日中に嫌なことが重なったその晩、さらに鼠が胡琴の弓毛と蛇皮を噛み切ってしまったため、不吉な兆しを感じ、以来再び演奏しないと誓ったのだ」と語るのだった。これには別な深い複数の理由が含まれていたのだろうが、所員らの熱心な説得でようやく阿炳も演奏してみようという気になり、「荒んでしまったため、三日間の練習期間の後、また演奏しよう」ということで、彼らはすぐさま街の楽器店に走り胡琴と琵琶とを借りてきた。

その晩、街で胡琴を弾きながら流して歩く阿炳の姿を認め、二日目に彼に「昨晩の練習はどうでした」と尋ねると、「夕方二時間ほど街頭で練習したよ」という。三日目に SP 盤 3 枚に 6 曲録音し終え、阿炳もこの録音には満足したが、さらにもっと録音したいという彼らの要望には、「腕が荒んで久しく、両手は私のいうことをきかない。演奏も上手でないし、自分で聴いても聴きづらいのだ。君たちの録音したい気持ちは充分嬉しいので、ちょっと辛抱してくれ、一定の時期まで待ってくれるなら、録音を継続してもよかろう」という答えが返ってきた。そこで、その年の冬休みか翌1951年の春休みには録音しよう、ということになり、ひとまずチームは北京に引き上げたのである。

しかしながら事態は一変した。この年の12月に阿炳は吐血し死去してしまったのである。そ

1554　中国伝統音楽のひとこま

『瞎子阿炳曲集』1952より

のため現在我々が聴くことができる阿炳の曲はこのときに録音した6曲のみ、またようやく得た資料としては阿炳が40何歳かのときの身分証明書に貼った写真1枚だけなのである．その夏、阿炳の録音のことにばかり気をとられ、その後も忙しさにかまけて写真を撮らなかったことは、最大のミスであった．

録音した6曲はすぐさま楊蔭瀏らにより譜面に起こされ、『中央音楽学院民族音楽研究所叢刊』として内部刊行されたが、1952年、改めて楊蔭瀏が懇意にしていた上海の老舗の音楽出版社「萬葉書店」から『瞎子阿炳曲集』として小部数出版された．そして一年後の53年には初版と再版の累計で5,000部が刷られ、54年に萬葉書店が新音楽出版社（音楽出版社を経て現在は人民音楽出版社）に統合されたあとは2,000部が増刷されたのである．この曲集の価格は当時のインフレでなんと1冊5,000元であった．

しかし、わずかな出版部数から出発したこの小さな曲集は、これ以後楊蔭瀏が思いもしなかった予想外の展開をし続け、大きな力を発揮することとなる．

社会的にも自らの人生にも恵まれなかった阿炳が土着のモチーフから独自に創作したメロディーは、これをきっかけに中国全土に広まり、曲集を見た演奏家たちによって各地で演奏されるようになり、その音楽の持つ力は大きな感染力となって民衆の心を捉えて離さぬようになったのである．

阿炳は苦しみの中にその一生を終えたが、その魂の叫びともいえる旋律は、中国の大きな音楽遺産として不滅の光を放って人民の心に生き続け、いまや中国ばかりでなく、全人類の共有財産として認識されるようになった．

その後『瞎子阿炳曲集』は『阿炳曲集』と改題され、二胡曲集のベストセラーとなって現在も再版を続けている．

● 「二泉映月」余話

このとき録音された6曲は、胡琴曲の「二泉映月」、「寒春風曲」、「聴松」と琵琶曲の「大浪淘沙」、「昭君出塞」、「龍船」で、なかでも胡琴曲の「二泉映月」は阿炳の遺作として今では中国ばかりか全世界に知られている．

無錫の恵山二泉亭にある泉は「天下第二泉」と謳われた名泉で、阿炳の失明以前に常に遊んでいた場所である．光を失った阿炳は、心中の景を胡琴を通して可視していたのである．

「二泉映月」は、道教音楽や「到春来」、「三潭印月」、「知心客」など既存の曲を換骨奪胎して創られたとの説もあるが、純粋に阿炳の創作とする説が有力である．

なお、胡琴属には「二胡」（南胡）、「高胡」（粵胡）などのさまざまな種類があるが、通常の二胡では原曲の持ち味をうまく出すことができない．そこでこの「二泉映月」を演奏するため現代に創作された特殊な胡琴に、「二泉琴」という表現力にすぐれた独奏用の改良楽器がある．二胡よりやや大きく、中胡よりは小さいが、かえって中胡よりもさらに二度低い音域に調弦される．

現代中国の流行歌事情 ——テレサ・テンを道標に——

●中国の流行曲

中華ポップス,チャイニーズポップス,C-POP等々,CDショップでも専用のコーナーが見られるようになって久しい.近年は韓国ブームのむこうをはって「華流(ホワリュウ)」という中国ブームを表現する言い方も定着してきた.中華人民共和国成立後の新中国においても,文化の伝道者として中国人民解放軍が各部隊ごとに歌舞団を組織したり,62年に周恩来総理が提唱して東方歌舞団が結成されたりと,集合体として歌手が歌を伝播させていく時代が続いた.その後半世紀あまりの時間を費やし,徐々に単体として個人の歌手やユニットが商業ベースで歌う時代へと変容をとげた.この変貌は政策の変化とともに揺れ動いて今に至ると言える.では中華ポップスはいったいいつ頃派生したのかといえば,諸説様々あり特定が難しい.文革終了後の70年代末から李谷一 Lǐ Gǔyī などの歌手がポップスを歌い始めているし,香港・台湾からの流入も始まって,日本的に言えば演歌とポップスが混在した状況を作り出していた.このような大きな流れ中で,間違いなくひとつのターニングポイントに立つ人物がいる.それは今は亡き「テレサ・テン」である.

●テレサ・テンと中華ポップス

今では日本の通信カラオケにも中国語ソングのコーナーがあるが,以前は日本語の曲の中に日中両国語が混在した歌が点在していた.李香蘭(リイシィァンラン)の名で歌った山口淑子や渡辺はま子による『夜来香(イェライシィァン)』や『何日君再来(ホーリーチュンツァイライ)』(イツノヒカキミカエル)などがそれである.1930年代後半から戦時下にかけては日中両国の歌手により軍慰労の意味で多く歌い継がれた.その後,1967年にテレサ・テンが戦前や戦時下のヒット曲をカヴァーし,74年の日本デビューの際にポリドールで再録されたものが大陸でリバイバルブームを巻き起こした.とりわけテレサ・テンの甘い歌声が多くの若者の心を捉えたため,中央政府は1983年10月より「反精神汚染」キャンペーンを展開して彼女の曲を一掃してしまった."黄色音乐"(エロチックな音楽)というレッテルを貼って.しかし禁止されたはずの音楽が,地下ではこっそりと聞き継がれ,"日间是老邓天下,晚上是小邓世界"(昼は鄧小平の天下だが,夜はテレサ・テンの世界だ)という流行りことばがあったほど,彼女の歌声は広く浸透していったのである.

テレサ・テン(鄧麗君)

結局「反精神汚染」キャンペーンは短期間で終結し,テレサ・テンの名誉も挽回された.大陸での人気が高い彼女がコンサートを開くことを誰しもが心待ちにしていた時に,天安門で学生の民主化運動が勃発した.1989年のことである.香港のハッピーバレーで行われた民主化支援コンサートに飛び入り参加したことや,台湾独立を支持したことなどにより結局大陸でのコンサートは実現に至らなかった.しかしながら,彼女の歌は大陸でも大ヒットし,多くの歌手が神様のように仰ぐ存在となった.とりわけフェイ・ウォン(=王菲)は,《但愿人长久》(ただ願わくば人長久に)など彼女の代表作のカヴァーでもブレークした歌手の一人である.民謡,革命歌などが朗々と歌われる歌謡界において,テレサ・テンのスィートな歌声とロマンティックな歌詞が大陸におけるポップスの牽引役を担った.

●自由な風潮がやがてロックを育む

崔健

テレサ・テンが名誉を挽回し,音楽界に自由な風潮が生まれると,ロックが盛んになってきた.ポップスは中国語で"流行歌 liúxínggē"と言われた

1556　現代中国の流行歌事情

が、ロックは"滚石 gǔnshí"、とりわけハードロックは"硬石 yìngshí"という意訳で表された。まずその草分け的存在は崔健 Cuī Jiàn で、彼のファーストアルバム《一无所有》(僕には何もない)は爆発的ヒットとなった。抑圧された若者のエネルギーの発露とも言えるロックの黎明期である。その後、アンダーグラウンドで活躍していた数多くのロッカーやロックユニットにスポットが当てられる時代になり、反骨の精神から商業路線へと転向するようになった。折しも、1995年テレサ・テンがタイで夭折すると彼女を追悼するアルバムがロッカーたちの手で出された。《告別的摇滚 A Tribute to Teresa Teng》(別れのロック—テレサ・テンへの追悼)がそれである。黑豹 Hēi Bào、唐朝乐队 Tángcháo Yuèduì、一九八九 Yī jiǔ bā jiǔ、郑钧 Zhèng Jūn、など当時人気のロッカーたちによるトリビュートアルバムであった。本来ポップスであったはずのテレサの曲がロックにアレンジされたもので、彼女が与えた影響の大きさの一端を物語っている。

●この頃香港，台湾では

大陸で民謡・革命歌からポップス、そしてロックへと変容していた80年代から90年代にかけて、香港や台湾ではいわゆる「四大天王」と呼ばれる四人が活躍していた。ジャッキー・チュン(＝张学友)、アンディ・ラウ(＝刘德华)、アーロン・コック(＝郭富城)、レオン・ライ(＝黎明)の四人である。彼らは香港を拠点に台湾や大陸、ひいては世界中の華僑圏で絶大なる人気を博していた。歌手であり俳優でもある彼らは、歌だけでなく映画やドラマ、CMの出演でも名を知られている。常に努力を惜しまずファンを大事にする精神で、デビュー後20年以上も経った彼らが相変わらず活躍していることに真の実力を見せつけられる気がする。彼らの後に「小四天王」と呼ばれるダニエル・チャン(＝陈晓东)、スティーブン・フォン(＝冯德伦)、ニコラス・ツェ(＝谢霆锋)、レオ・クー(＝古巨基)の四人組も出たが、先陣を凌ぐほどの勢いはなかった。また、台湾では日本のヒットソングの中国語カヴァー曲が多く発表され、「台湾の安室奈美恵」と呼ばれる阿妹(アーメイ)こと張惠妹や「台湾のSMAP」と呼ばれるエフ・フォー(＝F4)、「台湾の大塚愛」と言われるシンディ(＝王心凌)など日本のアーティストやヒットソングが強く影響を及ぼしている。阿妹は台湾の原住民プユマ族出身の実力派シンガー。彼女が96年にデビューした後、パイワン族出身のパワーステーション(＝動力火車)、ブヌン族出身のガオ・シャンメイ(＝高勝美)など原住民出身の歌手が続々と登場した。それらが北上する形で大陸に入り込みヒットしていったものも多い。もちろん、大陸でも数年遅れでスーチンゲルレイ(＝斯琴格日楽)やブレンバヤル(＝布仁巴雅爾)などモンゴル族出身の実力派シンガーが登場し、中国の音楽シーンをより多彩にしていった。

●カヴァーソング

かつて日本の楽曲が中国語カヴァーされて台湾・香港で歌われた後に大陸に北上していって流行するという構図だったため、日本のヒットソングが大陸でカヴァーされるのには1-2年の時差が発生していた。90年代はサザンオールスターズ、中島みゆき、チャゲ＆飛鳥の曲のカヴァーがこのような形で大陸でヒットした。その後、台湾や香港を経ずに直接情報が大陸に流れるようになると、ほとんど時差なく日本の曲が大陸でカヴァーされるようになる。夏川りみの『なだそうそう』をカヴァーした蔡淳佳 Cài Chúnjiā の《陪我看日出》(一緒に日の出を)や中島美嘉の『雪の華』をカヴァーした韩雪 Hán Xuě の《飄雪》(舞い落ちる雪)などは、ほとんど同時期に両国で流れていた。また、韓国ドラマの流行から韓国語の流行歌の中国語カヴァー曲や、ネットを使ったプロモーションで大ブレークした杨臣刚 Yáng Chéngāng の《老鼠爱大米》(ネズミがお米を愛するように)など、柔軟に様々な楽曲を受け入れる土壌が培われた。同時に中国語のヒットソングを日本語にカヴァーするという逆のパターンも登場した。2002年の JAYWALK のアルバム『Asia』に収録された『いかないで』がそれで、元歌は

フェイ・ウォンの《我愿意》（私の願い）である．

●**ネット歌手**

近年ではインターネットの普及で中国の音楽シーンは大きく変化し、ネットから直接MP3にダウンロードするリスナーが急増した．そのためCDの売り上げ枚数などで人気を計ることができなくなり、ネットのダウンロードアクセス回数などを人気のバロメータにすることも多くなった．テレビなどのメディアにあまり登場することがなくても、人々に多く聞き継がれる楽曲が増え、"网络歌手"（ネット歌手）という新語も登場した．その代表者が前出の杨臣剛である．

ワン・リーホン

以前は人気歌手といったらメディアに多く登場し、商品のラベルなどにもその姿が印刷されて誰もが馴染みとなっていた．ミネラルウォーターのイメージキャラクターのワン・リーホン（＝王力宏）や、コーラのジェイ・チョウ（＝周杰伦）など．これまでのいわゆるスターは13億の人口のほとんどがその名を知り、支持することで業界に君臨してきた．しかし、インターネットによる情報収集が盛んな昨今は、リスナーの興味や嗜好の多様化により、大小おびただしい数のスターがさんざめく時代となった．中国のCDショップで「今流行の曲を買いたい」と言えばすぐに何枚か山積みにされた時代から、「リスナーの好みによっていい曲は多いから」との口上を言われる時代へと変わった．メジャーなアーティストは公式ファンクラブを持っているが、好みのアーティストをサポートする個人ベースのファンクラブも多い．日本では、スティファニー・スン（＝孙燕姿）、バレン・シュー（＝许如芸）、レネ・リュウ（＝刘若英）、リッチー・レン（＝任贤齐）、デビット・タオ（＝陶喆）らのサポートサイトが見られる．

●**アーティスト名**

さてここまでに紹介したアーティスト名で、原則として漢字のみの表記だった歌手は大陸出身者．カタカナとカッコ書きの漢字の歌手は、香港・台湾で活躍する歌手名である．日本のように芸名という別名を作らず、クリスチャンネームや好みの英語名に本名の苗字部分の中国語読みがついた構成である．レスリー・チャン（＝张国荣）、ジャッキー・チュン（＝张学友）のように、同じ"张"姓で音が変わるのは中国語の標準読みと広東語読みの違いだと言われている．また、大陸出身である王倩雯 Wáng Qiànwén が、香港をベースに活躍するにあたって王菲と名を代えたり、ABC（American born Chinese ＝アメリカ生まれの中国人）の流行語を巻き起こした王力宏が、中国語そのままの読みワン・リーホンで逆にインパクトを持ったりと若干の変化は起こっている．もちろんユニット名にいたっては便利商店（Convenience store），银色灰尘（Silver Ash），新裤子（New Pants），青蛙乐队（The Frogs）など奇をてらったネーミングも多く見られる．香港・台湾をベースに活躍するアーティストも大陸では本名の普通話読みなので、アーティスト名をダブルで覚えなくてはならないのが難儀な上、英語式とピンインでは表記が異なったりする．

日本語名	台湾・香港	大陸（ピンイン）	英語表記
テレサ・テン	鄧麗君[钧]	邓丽君（Dèng Lìjūn）	Teresa Teng
レスリー・チャン	張國榮	张国荣（Zhāng Guóróng）	Leslie Cheung

●**今後の中国は**

以上、大陸、香港・台湾を中心とした中華圏での流行曲の流れをざっとトレースしてみたが、一言で括ると「音楽には国境はなく、民族の壁も言葉の壁もない」に尽きる．表現の自由が尊重される昨今では、リスナーにとって心地よい曲、楽しい曲、琴線に触れる曲であれば何でも浸透していく．TV、ラジオ、CD、インターネットなどの情報源に事欠かない中国において、今後は近隣のアジアの歌手や歌が随時取り込まれていくだけでなく、その他のワールドワイドな音楽シーンを全て時差なく取り込んでいく時代へと発展していくであろう．ジャンルや歌唱法、プロモーションの仕方も国際スタンダードへと変遷し、中国人歌手の日本デビューだけでなく、日本人歌手の中華圏での活躍も増え、通信カラオケで歌える中国曲も更に格段に増加していくことが予測される．

中国行政区画一覧

行政区画名		
直轄市		
北京市	Běijīngshì	北京（ペキン）市
重庆市	Chóngqìngshì	重慶（じゅうけい）市
上海市	Shànghǎishì	上海（シャンハイ）市
天津市	Tiānjīnshì	天津（てんしん）市
省		
安徽省	Ānhuīshěng	安徽（あんき）省
福建省	Fújiànshěng	福建（ふっけん）省
甘肃省	Gānsùshěng	甘粛（かんしゅく）省
广东省	Guǎngdōngshěng	広東（カントン）省
贵州省	Guìzhōushěng	貴州（きしゅう）省
海南省	Hǎinánshěng	海南（かいなん）省
河北省	Héběishěng	河北（かほく）省
河南省	Hénánshěng	河南（かなん）省
黑龙江省	Hēilóngjiāngshěng	黒竜江（こくりゅうこう）省
湖北省	Húběishěng	湖北（こほく）省
湖南省	Húnánshěng	湖南（こなん）省
吉林省	Jílínshěng	吉林（きつりん）省
江苏省	Jiāngsūshěng	江蘇（こうそ）省
江西省	Jiāngxīshěng	江西（こうせい）省
辽宁省	Liáoníngshěng	遼寧（りょうねい）省
青海省	Qīnghǎishěng	青海（せいかい）省
山东省	Shāndōngshěng	山東（さんとう）省
山西省	Shānxīshěng	山西（さんせい）省
陕西省	Shǎnxīshěng	陝西（せんせい）省
四川省	Sìchuānshěng	四川（しせん）省
台湾省	Táiwānshěng	台湾（たいわん）省
云南省	Yúnnánshěng	雲南（うんなん）省
浙江省	Zhèjiāngshěng	浙江（せっこう）省
自治区		
广西壮族自治区	Guǎngxī Zhuàngzú zìzhìqū	広西（こうせい）チワン族自治区
内蒙古自治区	Nèi Měnggǔ zìzhìqū	内モンゴル自治区
宁夏回族自治区	Níngxià Huízú zìzhìqū	寧夏回族（ねいかかいぞく）自治区
西藏自治区	Xīzàng zìzhìqū	チベット自治区
新疆维吾尔自治区	Xīnjiāng Wéiwú'ěr zìzhìqū	新疆（しんきょう）ウイグル自治区
特別行政区		
香港特别行政区	Xiānggǎng tèbié xíngzhèngqū	香港（ホンコン）特別行政区
澳门特别行政区	Àomén tèbié xíngzhèngqū	マカオ特別行政区

中国行政区画一覧

略称		省都・区都		
京 Jīng	燕 Yān			
渝 Yú				
沪 Hù				
津 Jīn				
皖 Wǎn		合肥	Héféi	合肥（ごうひ）
闽 Mǐn		福州	Fúzhōu	福州（ふくしゅう）
甘 Gān	陇 Lǒng	兰州	Lánzhōu	蘭州（らんしゅう）
粤 Yuè		广州	Guǎngzhōu	広州（こうしゅう）
贵 Guì	黔 Qián	贵阳	Guìyáng	貴陽（きよう）
琼 Qióng		海口	Hǎikǒu	海口（かいこう）
冀 Jì		石家庄	Shíjiāzhuāng	石家荘（せっかそう）
豫 Yù		郑州	Zhèngzhōu	鄭州（ていしゅう）
黑 Hēi		哈尔滨	Hā'ěrbīn	ハルピン
鄂 È		武汉	Wǔhàn	武漢（ぶかん）
湘 Xiāng		长沙	Chángshā	長沙（ちょうさ）
吉 Jí		长春	Chángchūn	長春（ちょうしゅん）
苏 Sū		南京	Nánjīng	南京（なんきん）
赣 Gàn		南昌	Nánchāng	南昌（なんしょう）
辽 Liáo		沈阳	Shěnyáng	瀋陽（しんよう）
青 Qīng		西宁	Xīníng	西寧（せいねい）
鲁 Lǔ		济南	Jǐnán	済南（さいなん）
晋 Jìn		太原	Tàiyuán	太原（たいげん）
陕 Shǎn	秦 Qín	西安	Xī'ān	西安（せいあん）
川 Chuān	蜀 Shǔ	成都	Chéngdū	成都（せいと）
台 Tái		台北	Táiběi	台北（たいほく）
云 Yún	滇 Diān	昆明	Kūnmíng	昆明（こんめい）
浙 Zhè		杭州	Hángzhōu	杭州（こうしゅう）
桂 Guì		南宁	Nánníng	南寧（なんねい）
内蒙 Nèiměng		呼和浩特	Hūhéhàotè	フフホト
宁 Níng		银川	Yínchuān	銀川（ぎんせん）
藏 Zàng		拉萨	Lāsà	ラサ
新 Xīn		乌鲁木齐	Wūlǔmùqí	ウルムチ
港 Gǎng				
澳 Ào				

国家機構図

```
                    ┌─────────────────────┬────────────────────┐
                    │                     │ 国家主席            │
                    │                     │ 国家副主席          │
                    │                     ├────────────────────┤
                    │                     │ 中央軍事委員会      │
┌───────────────────┼──────────┬──────────┴──────┐
│ 全国人民代表大会  │          │                 │
│ 常務委員会        │          │                 │
├──────────┬────────┴──┬───────┴──────┬──────────┤
│ 国務院   │ 最高人民  │ 最高人民     │          │
│          │ 法院      │ 検察院       │          │
│          │           │              │          │
│          │   地方各級人民代表大会              │
│          │   民族自治地方的人民代表大会        │
├──────────┼───────────┼──────────────┤
│ 地方各級  │ 地方各級  │ 地方各級     │
│ 地方政府  │ 人民法院  │ 人民検察院   │
│ 民族自治  │           │              │
│ 地方的    │           │              │
│ 人民政府  │           │              │
└──────────┴───────────┴──────────────┘
```

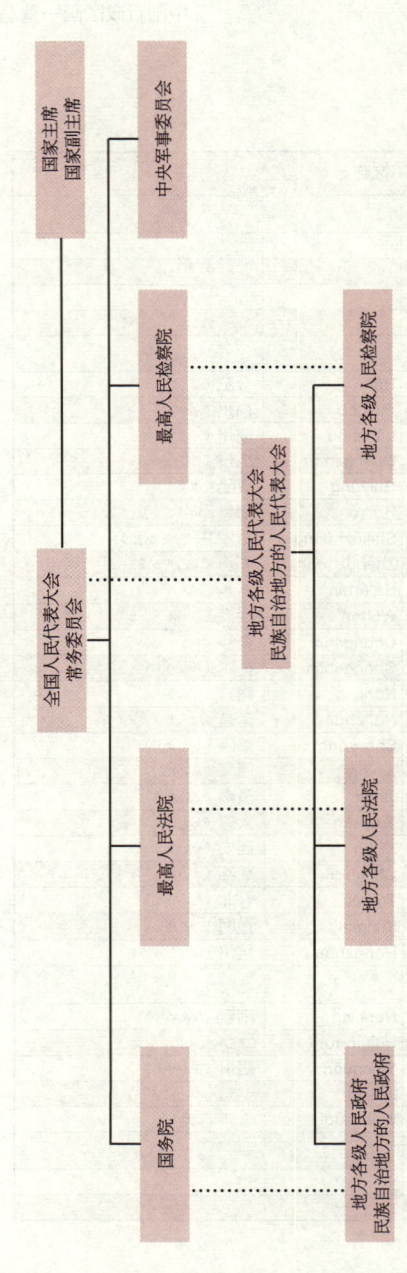

- **全国人民代表大会**：国の最高権力機関である全国人民代表大会と、その常設機関である全国人民代表大会常務委員会は、国の立法権を行使する。全国人民代表大会は、各省・自治区・直轄市・特別行政区および軍隊から選出された代表、さらに各少数民族の代表で構成される。
- **中華人民共和国主席**：国家主席と副主席。全国人民代表大会が選出する。国家主席は、全国人民代表大会および常務委員会の決定にもとづいて、法律の公布、国務院総理・副総理・国務委員・各部部長・各委員会主任・審計長・秘書長の任免、勲章等の授与、特赦令の公布、緊急事態の宣言や戦争の宣言および動員令の公布をおこなう。
- **中華人民共和国国務院**：国務院とは、中央人民政府のことで、国の最高行政機関であり、最高行政機関のもと、総理、副総理、国務委員、各部部長、各委員会主任、審計長、秘書長で構成される。
- **中華人民共和国中央軍事委員会**：中央軍事委員会は、全国の軍事力を指揮する。主席および副主席・委員若干名で構成され、主席は全国人民代表大会および常務委員会に責任を負う。
- **人民法院**：最高人民法院は最高裁判機関であり、地方各級の人民法院および専門人民法院における裁判を監督する。また、全国人民代表大会および常務委員会に責任を負う。
- **人民検察院**：最高人民検察院は最高検察機関であり、地方各級人民検察院および専門人民検察院の業務を指導する。また、全国人民代表大会および常務委員会に責任を負う。
- **地方各級人民代表大会和地方各級人民政府**：各省・直轄市・県・市・市轄区・郷・民族郷・鎮に設けられた人民代表大会および人民政府。その組織については、法によって定められている。
- **民族自治地方的自治機关**：各少数民族の自治区・自治州・自治県における人民代表大会および人民政府のこと。

中央政府機構図

办公厅

国务院

● 直属特设机构
- 国有资产监督管理委员会

● 部・委员会机构
- 外交部
- 国防部
- 国家发展和改革委员会
- 教育部
- 科学技术部
- 国防科学技术工业委员会
- 国家民族事务委员会
- 公安部
- 国家安全部
- 监察部
- 民政部
- 司法部
- 财政部
- 人事部
- 劳动和社会保障部
- 国土资源部
- 建设部
- 铁道部
- 交通部
- 信息产业部
- 水利部
- 农业部
- 商务部
- 文化部
- 卫生部
- 国家人口和计划生育委员会
- 中国人民银行
- 审计署

● 直属机构
- 海关总署
- 国家税务总局
- 国家工商行政管理总局
- 国家质量监督检验检疫总局
- 国家环境保护总局
- 中国民用航空总局
- 国家广播电影电视总局
- 国家新闻出版总署（版权局）
- 国家体育总局
- 国家安全生产监督管理总局
- 国家统计局
- 国家林业局
- 国家知识产权局
- 国家旅游局
- 国家宗教事务局
- 国务院参事室
- 国务院机关事务管理局

● 事务机构
- 国务院侨务办公室
- 国务院港澳事务办公室
- 国务院法制办公室
- 国务院研究室
- 国务院台湾事务办公室
- 国务院新闻办公室
- 外事办公室
- 经济体制改革办公室

● 直属事业机构
- 新华通讯社
- 中国科学院
- 中国社会科学院
- 中国工程院
- 国务院发展研究中心
- 国家行政学院
- 中国地震局
- 中国气象局
- 中国银行业监督管理委员会
- 中国证券监督管理委员会
- 中国保险监督管理委员会
- 国家电力监管委员会
- 全国社会保障基金理事会
- 国家自然科学基金委员会

● **国务院**：中央人民政府であり、最高の国家行政機関。日本の内閣に相当。"总理"（首相）、"副总理"（副首相）若干名、国务委员若干名、"秘书长"（秘書長）で構成される。
● **办公厅**："审计"（は会計検査の意）、"秘书长"（秘書長）で構成される。"审计署"：日本の内閣官房に相当。その業務は国務院秘書長が責任を負う。
● **部・委员会**：日本の省に相当。部は比較的専門的な、委员会は総合的な官庁。"部长"や"委员会主任"は日本の大臣に当たる。

祝祭日一覧

●法定休日

名　称	日本語	日　付	休　日　日　数
元旦 Yuándàn	元旦 （新暦の正月）	1月1日	1日：1月1日．このほか，土日の休日を調整して，合計3日間の連休となる．
春节 Chūnjié	春節 （旧正月）	旧暦 1月1日	3日：旧暦12月末日（"除夕"）〜1月2日（"正月初二"）．このほか，土日の休日を調整して，合計7日間の連休となる．
三八妇女节 Sān-Bā fùnǚjié	国際婦人デー	3月8日	女性のみ半日．
清明节 Qīngmíngjié	清明節	新暦 4月5日前後	1日：清明節当日（新暦4月5日前後）．このほか，土日の休日を調整して，合計3日間の連休となる．
五一国际劳动节 Wǔ-Yī guójì láodòngjié	メーデー	5月1日	1日：5月1日．このほか，土日の休日を調整して，合計3日間の連休となる．
五四青年节 Wǔ-Sì qīngniánjié	青年節	5月4日	14歳以上の青年のみ半日．
端午节 Duānwǔjié	端午の節句	旧暦5月5日	1日：旧暦5月5日．このほか，土日の休日を調整して，合計3日間の連休となる．
六一国际儿童节 Liù-Yī guójì értóngjié	国際児童デー	6月1日	13歳以下の児童のみ1日．
八一建军节 Bā-Yī jiànjūnjié	中国人民解放軍建軍記念日	8月1日	現役軍人のみ半日．
中秋节 Zhōngqiūjié	中秋節	旧暦 8月15日	1日：旧暦8月15日．このほか，土日の休日を調整して，合計3日間の連休となる．
国庆节 Guóqìngjié	国慶節	10月1日	3日：10月1日〜3日．このほか，土日の休日を調整して，合計7日間の連休となる．

- 法定休日の日数等は，国務院公布の《全国年节及纪念日放假办法》によって定められている．同法は，2007年12月に改正，2008年1月より新たに施行されている．
  この改正で，これまで3日間だったメーデーの休日は1日となったが，新たに伝統的な祝日である清明節・端午の節句・中秋節が休日として1日ずつ加えられ，法定休日（全国民対象）は年間11日となった．
- 上表の「土日の休日を調整する」とは，前後の土日や，直近の土日を平日扱いにした振り替え休日などを，法定休日につなげて連休にすることをいう．
  具体的な振り替えの日にちについては，毎年，国務院弁公庁が《关于部分节日安排的通知》を公布し，定めている．
- 伝統的な祝日が閏月にあたった場合は，1月のみを休日とする．
- 全国民の休日が土曜・日曜にあたる場合は平日に振り替えるが，一部国民の休日の場合は振り替えない．
- 少数民族の慣習に関わる祝祭日については，各少数民族が居住する地方人民政府がその民族の慣習にもとづいて休日を規定する．
- 法定休日のほか，2008年1月より《职工带薪年休假条例》が施行され，勤続1年以上の社会人には，その年数に応じて，1年以上10年未満は5日，10年以上20年未満は10日，20年以上は15日の有給休暇が認められるようになった．

●伝統的祝祭日

名　称	日本語	日　付	主な行事・由来など
春节 Chūnjié	春節(しゅんせつ)	旧暦1月1日	旧暦の正月．門や入り口などに"春联"や"门神"を，窓に"窗花"を貼り，壁に"年画"を飾る．年始のあいさつをし，先祖をまつる．ギョーザや"年糕"などを食べる．
元宵节 Yuánxiāojié	元宵節(げんしょうせつ)	旧暦1月15日	"上元节"，"灯节"ともいう．1年で最初の満月となる上元（旧暦1月15日）の夜に，灯籠を飾って鑑賞し，"元宵"（あん入りの団子）を食べる．灯籠に書かれたなぞなぞをあてる"猜灯谜"や，"龙灯"，"走高跷"なども行われる．
寒食节 Hánshíjié	寒食(かんしょく)	清明節の前日	冬至から105日目のこの日は，風雨が激しいとされ，火を使わずに冷たい食事をとる風習があった．また，春秋時代の晋の忠臣・介子推（かい　しすい）が焼死した故事にちなんで，3日間火を使わないとも言われる．古くは"子推燕"（小麦粉を練って燕をかたどったもの）や柳の枝を門に挿したり，墓参りをする風習があった．現在では，すでになくなったり，清明節の行事と一緒に行われるものがほとんど．
清明节 Qīngmíngjié	清明節(せいめいせつ)	新暦4月5日前後	"踏青节"ともいう．清明は二十四節気の一つで，春分から15日目に当たる．春めくこの時期に，墓参り（"扫墓"）をしたり，郊外に遊ぶ（"踏青"）風習がある．
端午节 Duānwǔjié	端午の節句(たんご)	旧暦5月5日	"端阳"，"蒲节"などともいう．古くから，ショウブやヨモギの葉を厄除けとして門に挿す，鍾馗の絵を飾る，雄黄酒を飲むなどの風習があり，今でもちまき（"粽子"）を食べ，ドラゴンボートレース（"赛龙舟"）を行う風習が残る．ちまきとドラゴンボートレースは，戦国時代の楚の詩人・屈原（くつ　げん）にちなんだもので，汨羅（べきら）に身を投じた屈原を探しに人々が舟を出し，その亡骸が魚に傷つけられないよう，ちまきを川に投げ入れたのが，その始まりとされる．
七夕 Qīxī	七夕(たなばた)	旧暦7月7日	"乞巧节"ともいう．昔，女性はこの日の夜，色ひもを飾り，糸を通した"七孔針"や果物などを庭に供えて，裁縫が上達するよう織女星に祈った．最近は，牽牛・織女の故事にちなんで，"中国的情人节"（中国版バレンタインデー）などと呼ばれることもある．
中秋节 Zhōngqiūjié	中秋節(ちゅうしゅうせつ)	旧暦8月15日	満月を愛で，一家団欒を願って月餅（げっぺい）を食べる．
重阳节 Chóngyángjié	重陽節(ちょうようせつ)	旧暦9月9日	"重九"ともいう．『易』で陽数とされる"九"が重なることから，この名がある．古くは，災厄を逃れるため，この日高台に登って（"登高"）菊花酒を飲んだり，茱萸（しゅゆ）を身につける風習があった．また，菊を愛で長寿を祈った．
腊八节 Làbājié	臘八(ろうはち〔ぱつ〕)	旧暦12月8日	釈迦が悟りを開いた日とされる．米に豆・栗・ナツメなどを加えて炊いた"腊八粥"を食べる．
除夕 Chúxī	除夜(じょや)	旧暦12月最後の晩	夜通し起きて新年を迎える．午前0時になる少し前から爆竹を鳴らし（"放鞭炮"），厄を払う．

歴代王朝名・国名一覧

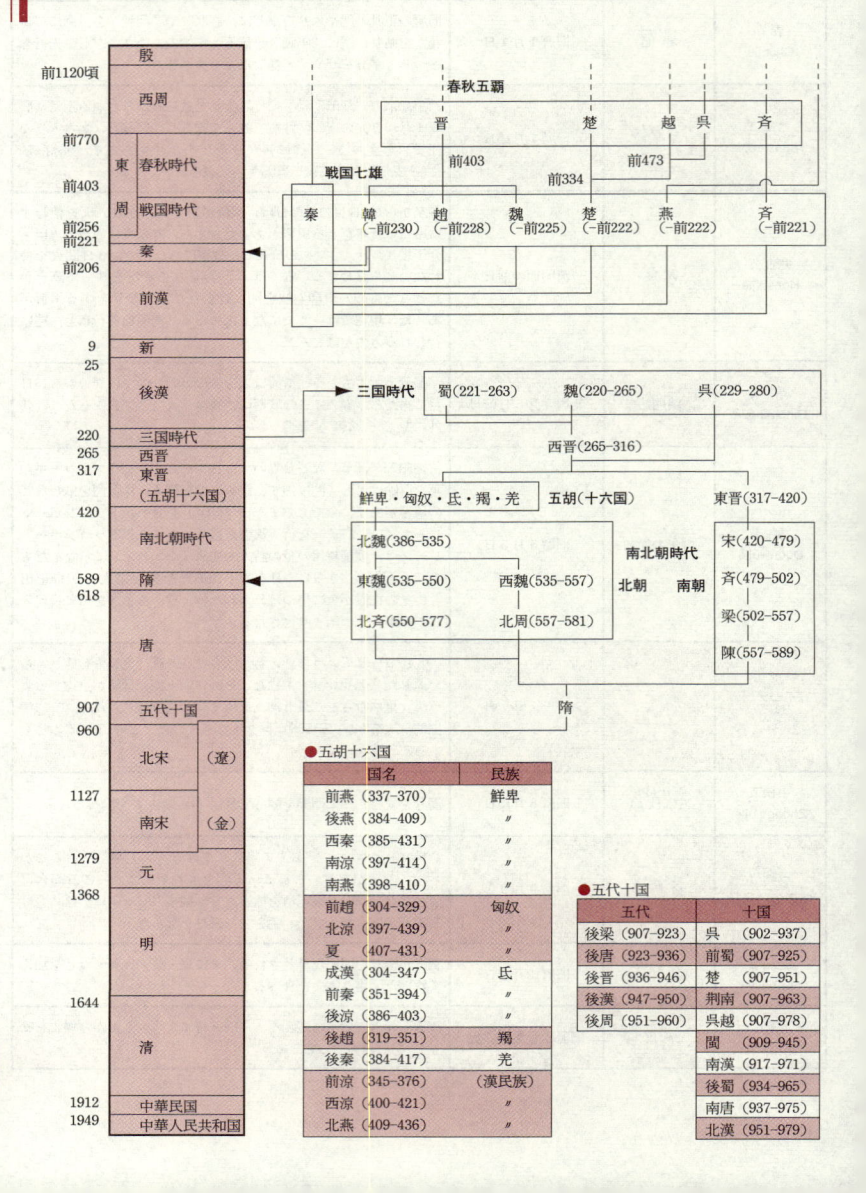

	殷		
前1120頃	西周		
前770	東周	春秋時代	
前403		戦国時代	
前256			
前221	秦		
前206	前漢		
9	新		
25	後漢		
220	三国時代		
265	西晋		
317	東晋（五胡十六国）		
420	南北朝時代		
589	隋		
618	唐		
907	五代十国		
960	北宋	(遼)	
1127	南宋	(金)	
1279	元		
1368	明		
1644	清		
1912	中華民国		
1949	中華人民共和国		

春秋五覇：晋　楚　越　呉　斉

戦国七雄：秦　韓（−前230）　趙（−前228）　魏（−前225）　楚（−前222）　燕（−前222）　斉（−前221）
前403　前334　前473

三国時代：蜀(221-263)　魏(220-265)　呉(229-280)
西晋(265-316)

五胡（十六国）：鮮卑・匈奴・氐・羯・羌
　北魏(386-535)
　東魏(535-550)　西魏(535-557)
　北斉(550-577)　北周(557-581)

東晋(317-420)

南北朝時代　北朝　南朝
宋(420-479)
斉(479-502)
梁(502-557)
陳(557-589)

隋

● 五胡十六国

国名	民族
前燕 (337-370)	鮮卑
後燕 (384-409)	〃
西秦 (385-431)	〃
南涼 (397-414)	〃
南燕 (398-410)	〃
前趙 (304-329)	匈奴
北涼 (397-439)	〃
夏 (407-431)	〃
成漢 (304-347)	氐
前秦 (351-394)	〃
後涼 (386-403)	〃
後趙 (319-351)	羯
後秦 (384-417)	羌
前涼 (345-376)	(漢民族)
西涼 (400-421)	〃
北燕 (409-436)	〃

● 五代十国

五代	十国
後梁 (907-923)	呉　　 (902-937)
後唐 (923-936)	前蜀 (907-925)
後晋 (936-946)	楚　　 (907-951)
後漢 (947-950)	荊南 (907-963)
後周 (951-960)	呉越 (907-978)
	閩　　 (909-945)
	南漢 (917-971)
	後蜀 (934-965)
	南唐 (937-975)
	北漢 (951-979)

中国歴史年表

国名（王朝名）			西　暦	出　来　事	日本
三皇・五帝				黄河流域に文明発生.	
夏				禹王が黄河治水の大功により帝位を禅譲され，夏を建国.	
殷			前1600頃	殷建国．小屯（殷墟）に都を置く． ●青銅器や甲骨文字が用いられる.	
周	西周		前1120頃	周建国．鎬京（西安）に都を置く． ●祭祀用の青銅器に金文が刻印されるようになる.	縄
	東周	春秋・戦国	前770 前494 前277	洛邑に遷都，以後東周と称す． ●東遷後，周室は衰微し，春秋五覇や戦国の七雄などの諸侯が覇権を争う乱世となる．また，孔子や老子など，諸子百家と呼ばれる多くの思想家が活躍． 呉王夫差，越王勾践を会稽山で破る． 楚の屈原，汨羅江に身を投げる.	文
秦			前221	秦が天下を統一し，秦王政，始皇帝と号す． ●法を整え，郡県制を施き，中央集権国家を確立．文字・度量衡・貨幣も統一.	弥
前漢			前206 前202 前91	秦滅亡． 垓下の戦いで項羽敗れ，劉邦（高祖）が帝位につき，都を長安に置く． ●儒教を国教とし，現実的な政策で国内の安定を図ると同時に，匈奴討伐や，西域との交流も行う． 司馬遷の『史記』完成.	
新			9	王莽が新を建国.	
後漢			25 105 207 208	劉秀（光武帝）が漢王室を再興，洛陽に都を置く． ●前漢末に伝来した仏教が民間に広まる． 蔡倫が紙を発明． 劉備，三顧の礼をもって諸葛亮を軍師に招く． 赤壁の戦い．劉備・孫権の軍が曹操軍を破り，以後，魏・呉・蜀三国鼎立の時代に向かう.	
三国	魏・呉・蜀		220 221 229 234	曹丕が後漢の献帝を廃して魏を建国，洛陽に都を置く． 劉備が蜀を建国，成都に都を置く． 孫権が呉を建国，建業（南京）に都を置く． 五丈原の戦い．諸葛亮，陣没． ●竹林の七賢が活躍.	生
晋	西晋		265 280 304 317 318 386	司馬炎が魏を滅ぼし，晋を建国． 呉が滅び，晋が天下を統一，洛陽に都を置く． 五胡十六国の抗争起こる（-439）． 司馬睿，晋王を称す． 司馬睿（元帝）即位し，建業（南京）に都を置く． ●南遷後，北方貴族の中原文化が江南の風土と融合し，独特の文化が生まれた．王羲之や陶潜など活躍． 北魏建国（のち，439年に太武帝が華北を統一）.	古墳
	東晋				
南北朝			420 460 479 494 502 535 550	南：劉裕（武帝）が宋を建国し，建康（南京）に都を置く． 北：北魏の文成帝，雲崗に石窟を開く． 南：宋滅び，蕭道成（高帝）が斉を建国． 北：北魏，洛陽に遷都．孝文帝，竜門に石窟を開く． 南：蕭衍（武帝），斉を滅ぼし，梁を建国． ●南：梁の蕭統（昭明太子）『文選』を編纂． 北：北魏，東魏と西魏に分裂． 北：高洋（文宣帝），北斉を建国，東魏滅ぶ.	

中国歴史年表

時代		出来事	日本
南北朝		557 南：陳覇先（武帝），陳を建国，梁滅ぶ．北：宇文覚（孝閔帝），北周を建国，西魏滅ぶ． 577 北：北周，北斉を滅ぼす． 581 北：楊堅，北周を滅ぼし，隋を建国．	古
隋		589 隋，陳を滅ぼし，中国を統一．楊堅（文帝）即位し，大興（西安）に都を置く． 598 科挙制度始まる（一説に，604年）． 605 煬帝，大運河（通済渠）建設に着手．	
唐		618 煬帝が殺されて隋滅び，李淵（高祖），唐を建国．長安（西安）に都を置く． ●唐は，政治面では北朝・隋の諸制度を継承し，中央集権国家の基礎を確立．文化面では南朝の貴族文化を受け継いだ． 627 李世民（太宗）即位，「貞観の治」が行われる． 629 玄奘，経典を求め天竺（インド）へ向かう． ●景教（キリスト教）やイスラム教が伝わる． 690 則天武后，即位． 712 玄宗，即位． ●周辺諸国との交流が盛んに行われ，都長安は国際都市として，文化・政治・経済の中心となる．文化も最盛期を迎え，文学・絵画・歌舞などの諸芸術が成熟．孟浩然や，王維・李白・杜甫など多くの詩人が活躍． 745 楊太真，貴妃となる． 755 安史の乱おこる（～763）． 756 玄宗，蜀に逃れ，楊貴妃，馬嵬坡で殺される． ●藩鎮（地方の軍閥）の勢力が強まる． 780 両税法施行． ●白居易や，古文復興を唱えた韓愈・柳宗元などが活躍． 827 牛李の党争（官僚の派閥争い）が激化． 875 黄巣の乱おこる（～884）．	墳 奈 良
五代十国		907 朱全忠，唐を滅ぼし，後梁を建国．汴京（開封）に都を置く． ●以後，約50年間に，中原に五王朝，周辺各地に十の諸王朝が興亡．	平
宋	北宋	960 趙匡胤（太祖），宋を建国し，汴京（開封）に都を置く． ●宋は，五代の戦乱を収拾し，979年には中国を統一．貴族に代わって新興地主の子弟が官僚として活躍するようになり，商業が活発化し，都市が繁栄して庶民文化が生まれた．文学では，詩に代わって詞が流行する． ●このころ木版印刷が普及． 1038 西夏建国． 1044 西夏と和議締結． 1069 王安石の新法始まる．新旧両法の対立抗争が起こる． 1086 司馬光，新法を廃止． ●欧陽脩や蘇軾，米芾などが活躍． 1115 女真族が金を建国． 1126 金軍，汴京に侵入．	
	南宋	1127 徽宗・欽宗，金に捕らえられ，宋南遷． 1129 高宗，臨安（杭州）を都に定める． ●朱熹が，北宋の宋学を大成し，儒教の教理を整理して，朱子学を確立． 1206 チンギス・ハン即位し，蒙古族を統一． 1234 蒙古軍，金を滅ぼす． 1260 フビライ即位． 1264 蒙古，大都（北京）に都を置く． 1271 蒙古，国号を元に改める． 1275 マルコポーロ，大都に至る． 1276 元，臨安に侵入．	安 鎌
元		1279 南宋滅び，元が中国を統一． ●元は，強大な軍事力を背景に専制政治を行い，大帝国を築く．漢民族の伝統文化は軽視されたが，西方からもたらされた科学の影響で，暦学・数	倉

中国歴史年表

王朝	出来事	日本
元	学・地理学などの実用的な学問が発達．また，元曲と呼ばれる戯曲が流行． 1335 科挙廃止． 1351 紅巾の乱おこる (-1366)．	鎌倉
明	1368 元滅び，朱元璋（太祖）が明を建国．応天府（南京）に都を置く． 1371 倭寇防御策として海禁をしく． 1381 里甲制・賦役黄冊，制定．漢民族の伝統的な制度・文化の復興を目指す． 1385 科挙制度復活． 1405 鄭和，船団を率いて南海遠征に出発． 1421 北京に遷都． ●1500-1600年頃，『三国演義』や『水滸伝』が刊行され，『西遊記』や『金瓶梅』が完成． 1557 ポルトガル人のマカオ居住を許可． 1583 マテオ・リッチ，広州に至る． 1596 李時珍の『本草綱目』刊行． 1616 女真族のヌルハチ（のち清の太祖），後金を建国． 1631 李自成の乱おこる． 1636 後金，国号を清に改める． 1643 清の世祖，即位． 1644 李自成，北京を占領．毅宗自殺し，明滅ぶ．	室町 安土桃山
清	清，李自成を破り，北京に遷都． 1645 辮髪令． 1663 文字の獄． 1683 鄭氏台湾，降伏し，清領となる． 1697 外蒙古，清に服属． 1716 『康熙字典』完成． 1720 チベット，清に服属． 1723 キリスト教を全面的に禁止．宣教師をマカオに追放． 1730 このころより，考証学全盛期に入る． ●曹雪芹『紅楼夢』完成． 1782 『四庫全書』および『四庫全書総目提要』完成． 1839 欽差大臣の林則徐，イギリス商人のアヘンを焼却． 1840 アヘン戦争おこる． 1842 アヘン戦争終結し，南京条約締結．香港を割譲． 1850 洪秀全ら太平天国の乱をおこす (-1864)． 1856 アロー号事件おこる． 1858 英・仏・米・露と天津条約締結． 1860 英・仏と北京条約締結．このころより，曾国藩・李鴻章らが洋務運動を始める． 1861 総理衙門（外務省）を設立． 1871 日清修好条規締結． 1875 西太后の垂簾政治始まる． 1884 清仏戦争 (-1885)． 1894 日清戦争 (-1895)． 1895 下関条約締結．朝鮮への干渉権を放棄，台湾を割譲． 1898 戊戌の政変．康有為・梁啓超らの政治改革失敗． 1899 義和団の乱おこる． 1900 八ヶ国連合軍が北京に進軍．義和団の乱鎮圧される． 1905 科挙を廃止．孫文，中国革命同盟会を結成． 1911 辛亥革命．袁世凱，総理大臣となる．	江戸 明治
中華民国	1912 孫文，南京で臨時大総統に就任．宣統帝退位して清滅び，中華民国成立．孫文に代わり，袁世凱が北京で臨時大総統に就任． 1915 日本の対中二十一ヶ条の要求により，排日運動激化． 1916 袁世凱逝去し，軍閥の抗争始まる． 1917 このころ，文学革命運動おこる．	大正

中国歴史年表

中華民国	1918 魯迅「狂人日記」を発表.	大正
	1919 五四運動おこる. 中国国民党成立.	
	1921 中国共産党成立.	
	1924 第一次国共合作.	
	1925 五・三〇事件.	
	1926 蒋介石, 国民革命軍総司令となり, 北伐開始 (-1928).	
	1927 蒋介石が反共クーデターをおこし, 南京に国民政府樹立. 国共分裂. 朱徳らが南昌で武装蜂起し, 毛沢東, 井岡山に革命根拠地を設置.	昭和
	1929 三民主義の教育方針発表.	
	1931 九・一八事件(満州事変). 中華ソビエト臨時政府成立, 毛沢東が主席に就任.	
	1932 一・二八事件(上海事変).「満州国」建国.	
	1934 長征開始 (-1936).	
	1936 中国共産党, 延安に根拠地を設置. 西安事件おこる.	
	1937 日中戦争始まる (-1945). 第二次国共合作成立.	
	1938 国民政府, 重慶に移る.	
	1945 日本降伏し, 日中戦争終結.	
	1946 国連の常任理事国となる. 国共内戦始まる (-1949).	
	1948 蒋介石, 中華民国総統に就任.	
中華人民共和国	1949 中華人民共和国成立. 国家主席に毛沢東, 首相に周恩来が就任. 蒋介石ら台湾に移る.	
	1953 第一次五カ年計画.	
	1956 漢字簡化方案公布.	
	1958 大躍進運動始まる. 人民公社設立.	
	1966 文化大革命始まる (-1976). 紅衛兵が組織され, 劉少奇・鄧小平ら批判される.	
	1972 ニクソン訪中, 米中共同声明発表. 日中国交回復.	
	1973 批林批孔運動始まる.	
	1976 天安門事件. 四人組逮捕. 華国鋒, 国家主席に就任.	
	1978 日中平和友好条約締結.	
	1979 米中国交正常化.	
	1989 中ソ国交正常化. 天安門事件(第二次).	平成
	1997 香港返還. 一国二制度開始.	
	1999 マカオ返還.	

現代中国著名人100名

※現代中国で良く名前の出てくる著名人100名を任意にリストアップし、ピンイン順に並べた

名前	ピンイン	性別	生(没)年	職業	主な作品や功績、肩書きなど 作品名は《中国語原題》(邦題)と表示
蔡国強	Cài Guóqiáng	男	1957	画家(現代アート)	
陈宝国	Chén Bǎoguó	男	1956	俳優	ドラマ《大宅门》2000
陈道明	Chén Dàomíng	男	1955	俳優	ドラマ《末代皇帝》1988／ドラマ《围城》1990／《英雄》(HERO) 2001
陈凯歌 (チェン・カイコー)	Chén Kǎigē	男	1952	映画監督	《黄土地》(黄色い大地) 1984／《边走边唱》(人生は琴の弦のように)1991／《霸王別姬》(さらば、わが愛)1993／《荆轲刺秦王》(始皇帝暗殺) 1998
陈慧琳 (ケリー・チャン)	Chén Huìlín	女	1973	歌手・俳優	《无间道Ⅲ终极无间》(インファナルアフェアⅢ終極無間) 2003
成龙 (ジャッキー・チェン)	Chéng Lóng	男	1954	俳優・歌手	《蛇形刁手 第二集 酔拳》(ドランクモンキー 酔拳) 1978／《A计划》(プロジェクトA)1988／「Rush Hour」(ラッシュアワー) 1998
邓丽君 (テレサ・テン)	Dèng Lìjūn	女	1953-1995	歌手	《月亮代表我的心》／《甜蜜蜜》
董洁	Dǒng Jié	女	1980	俳優	《幸福时光》(至福のとき) 2000
范冰冰	Fàn Bīngbīng	女	1981	俳優	《手机》(Cell Phone) 2003
冯小刚	Féng Xiǎogāng	男	1958	映画監督	《老店》1999／《手机》(Cell Phone) 2003／《天下无贼》2004
葛优	Gě Yōu	男	1957	俳優	《活着》(生きる) 1994／《甲方乙方》(夢の請負人) 1997／《手机》(Cell Phone) 2003
巩俐 (コン・リー)	Gǒng Lì	女	1965	俳優	《红高粱》(紅いコーリャン) 1987／《秋菊》(秋菊の物語) 1992ベネチア映画祭最優秀主演女優賞受賞／《漂亮妈妈》(きれいなおかあさん) 1999
古华	Gǔ Huá	男	1942	作家	《芙蓉镇》1981
郭富城 (アーロン・クオック)	Guō Fùchéng	男	1965	歌手・俳優	《雄霸天下》(風雲 ストームライダーズ) 1998
郭晶晶	Guō Jīngjīng	女	1981	スポーツ選手(飛び込み)	2004アテネ五輪 3m板飛込み金メダル 3mシンクロナイズド板飛込み金メダル
韩红	Hán Hóng	女	1971	歌手	アルバム《雪域光芒》1998
胡锦涛	Hú Jǐntāo	男	1942	政治家	第八代中華人民共和国国家主席 2003.3-
黄蒙拉 (ホァン・モンラ)	Huáng Ménglā	男	1980	ヴァイオリニスト	アジア人史上3人目のパガニーニ国際ヴァイオリン・コンクール(イタリア)優勝者

現代中国著名人100名

霍建起	Huò Jiànqǐ	男	1958	映画監督	《暖》(故郷の香り) 2003
贾平凹	Jiǎ Píng'āo	男	1952	作家	《腊月・正月》1984／《废都》1993
姜昆	Jiāng Kūn	男	1950	漫才師（相声表演芸術家）	马季の弟子
姜文	Jiāng Wén	男	1963	俳優・映画監督	《红高粱》(紅いコーリャン) 1987／《芙蓉镇》(芙蓉鎮) 1986／《阳光灿烂的日子》(太陽の少年) 1994
江泽民	Jiāng Zémín	男	1926	政治家	第七代中華人民共和国国家主席 1933.3-2003.3
蒋雯丽	Jiǎng Wénlì	女	1969	俳優	ドラマ「大地の子」1995／《台湾往事》2004
金城武	Jīnchéng Wǔ	男	1973	俳優	《重庆森林》(恋する惑星) 1994／「不夜城」1998／《十面埋伏》(LOVERS) 2004
金庸	Jīn Yōng	男	1924	作家（武俠小説）	《书剑恩仇录》1955／《碧血剑》1956
郎朗（ラン・ラン）	Láng Lǎng	男	1982	ピアニスト	ドイツ・グラモフォン専属ピアニスト
李冰冰	Lǐ Bīngbīng	女	1976	俳優	《天下无贼》(イノセントワールド) 2004
李嘉诚	Lǐ Jiāchéng	男	1928	資産家	香港最大の企業集団「長江グループ」の創設者
李连杰（ジェット・リー）	Lǐ Liánjié	男	1963	俳優	《少林寺》1982／《英雄》(HERO) 2002
李胜素	Lǐ Shèngsù	女	1966	京劇役者	国家一級演員
李小双	Lǐ Xiǎoshuāng	男	1973	スポーツ選手（体操）	1996アトランタ五輪 個人総合金メダル
李心草（リー・シンサオ）	Lǐ Xīncǎo	男	1971	指揮者	中国国家交響楽団 常任指揮者
李咏	Lǐ Yǒng	男	1968	アナウンサー・司会者	中央電視台による"十大优秀栏目播音员、主持人"に2003年から2005年まで3年連続で選出される
李云迪（ユンディ・リー）	Lǐ Yúndí	男	1982	ピアニスト	中国人初のショパン国際コンクール優勝者
黎明（レオン・ライ）	Lí Míng	男	1966	俳優	《甜蜜蜜》(ラヴソング) 1997
梁朝伟（トニー・レオン）	Liáng Cháowěi	男	1962	俳優	《悲情城市》1989／《英雄》(HERO) 2002
刘炳森	Liú Bǐngsēn	男	1937-2005	書家	楷書の重厚な作風で有名。
刘德华（アンディ・ラウ）	Liú Déhuá	男	1961	俳優・歌手	《上海滩》(上海グランド) 1996／《无间道》(インファナル・アフェア) 2002／《十面埋伏》(LOVERS) 2004
刘嘉玲	Liú Jiālíng	女	1964	俳優	《无间道》(インファナル・アフェア) 2002
刘若英（レネ・リウ）	Liú Ruòyīng	女	1970	俳優・歌手	《天下无贼》(イノセントワールド) 2004

刘翔	Liú Xiáng	男	1983	スポーツ選手（陸上）	2004アテネ五輪 110mハードル金メダル
刘晓庆	Liú Xiǎoqìng	女	1951	俳優	《垂帘听政》（西太后）1983／《芙蓉镇》（芙蓉鎮）1986
刘烨	Liú Yè	女	1978	俳優	《那山那人那狗》(山の郵便配達)1998／《巴尔扎克与小裁缝》(小さな中国のお針子)2001
吕丽萍	Lǚ Lìpíng	女	1960	俳優	《老井》（古井戸）1987／《籃风筝》（青い凧）1993
马季	Mǎ Jì	男	1934-2006	漫才師（相声表演芸術家）	
莫文蔚 （カレン・モク）	Mò Wénwèi	女	1970	歌手・俳優	《坠落天使》（涙の天使）1995
莫言	Mò Yán	男	1955	作家	《红高粱》（紅いコーリャン）1987／《白狗秋千架》（短編作品集『白い犬とブランコ』）1981-1989
濮存昕	Pú Cúnxīn	男	1953	俳優	《爱情麻辣汤》（スパイシーラブスープ）1998／《洗澡》（こころの湯）1999
齐白石	Qí Báishí	男	1863-1957	画家（国画）	
启功	Qǐgōng	男	1912-2005	書家・学者	本名は爱新觉罗启功．1949年から北京師範大学教授を務めた
琼瑶	Qióng Yáo	女	1938	作家	《几度夕阳红》1964／《我的故事》1989／ドラマ《还珠格格》原作
申雪	Shēn Xuě	女	1978	スポーツ選手（フィギュアスケート）	2006トリノ五輪 ペア銅メダル 2006-2007世界選手権ペア金メダル．パートナーは赵宏博
沈鹏	Shěn Péng	男	1931	書家	中国書家協会主席
史依弘	Shǐ Yīhóng	女	1972	京劇役者	国家一級演員
孙继海	Sūn Jìhǎi	男	1977	スポーツ選手（サッカー）	2002年からマンチェスター・FC（イングランド）に所属
孙楠	Sūn Nán	男	1969	歌手	アルバム《南极光》1999
谭盾	Tán Dùn	男	1957	作曲家	映画《英雄》(HERO)2002の音楽を担当
陶喆 （デヴィッド・タオ）	Táo Zhé	男	1969	歌手	アルバム《色柳丁》2002
田亮	Tián Liàng	男	1979	スポーツ選手（飛び込み）	2004アテネ五輪 10m高飛び込み銅メダル
田壮壮	Tián Zhuàngzhuàng	男	1952	映画監督	《蓝风筝》（青い凧）1991
王菲 （フェイ・ウォン）	Wáng Fēi	女	1969	俳優・歌手	《重庆森林》（恋する惑星）1994
王广义	Wáng Guǎngyì	男	1957	画家（現代アート）	

現代中国著名人100名

王家卫 (ウォン・カーウァイ)	Wáng Jiāwèi	男	1958	映画監督	《重庆森林》(恋する惑星) 1994／《春光乍洩》(ブエノスアイレス) 1997カンヌ国際映画祭監督賞受賞作品
王力宏 (ワン・リーホン)	Wáng Lìhóng	男	1976	歌手・俳優	アルバム《唯一》2001
王朔	Wáng Shuò	男	1958	作家	《玩主》(北京無頼) 1987／《我是你爸爸》1991／《动物凶猛》1991
王志文	Wáng Zhìwén	男	1966	俳優	《荆轲刺秦王》(始皇帝暗殺) 1998／《和你在一起》(北京ヴァイオリン)2002
王旭	Wáng Xù	女	1985	スポーツ選手 (レスリング)	2004アテネ五輪 72kg級金メダル
王学仲	Wáng Xuézhòng	男	1925	書家・画家	天津美術学院教授
温家宝	Wēn Jiābǎo	男	1942	政治家	第十代中華人民共和国国務院総理(首相) 2003.3-
夏雨	Xià Yǔ	男	1976	俳優	《阳光灿烂的日子》(太陽の少年) 1994
徐静蕾 (シュー・ジンレイ)	Xǔ Jìnglěi	女	1974	俳優・映画監督	《爱情麻辣汤》(スパイシーラブスープ) 1998／《我和爸爸》2003
徐帆	Xú Fān	女	1967	俳優	ドラマ《不见不散》(チャイニーズドリームInUSA) 1998／《手机》(Cell Phone) 2003
严庆谷	Yán Qìnggǔ	男	1970	京劇役者	国家一級演員
杨澜	Yáng Lán	女	1968	アナウンサー・司会者	2001年度、中国内外で最も影響力のある"《中国妇女》時代人物"10人のうちの一人に選出される
杨利伟	Yáng Lìwěi	男	1965	宇宙飛行士	2003年10月5日に打ち上げられ、中国初の有人宇宙飛行に成功した、神舟5号の乗組員
杨威	Yáng Wēi	男	1980	スポーツ選手 (卓球)	2006世界選手権優勝
姚明	Yáo Míng	男	1980	スポーツ選手 (バスケットボール)	NBAヒューストン・ロケッツ所属
于魁智	Yú Kuízhì	男	1978	京劇役者	国家一級演員
张爱玲	Zhāng Àilíng	女	1920-1995	作家	《金锁记》1943／《倾城之恋》1943
张丰毅	Zhāng Fēngyì	男	1956	俳優	《霸王别姬》(さらば、わが愛) 1993
张国立	Zhāng Guólì	男	1955	俳優	《手机》2003
张国荣 (レスリー・チャン)	Zhāng Guóróng	男	1956-2003	俳優・歌手	《霸王别姬》(さらば、わが愛) 1993
张曼玉 (マギー・チャン)	Zhāng Mànyù	女	1964	俳優	《甜蜜蜜》(ラヴソング) 1997／《花样年华》(花様年華) 2000
张宁	Zhāng Níng	女	1975	スポーツ選手 (バドミントン)	2004アテネ五輪 シングルス金メダル
张晓刚	Zhāng Xiǎogāng	男	1958	画家 (現代アート)	

張学友 (ジャッキー・チュン)	Zhāng Xuéyǒu	男	1961	俳優・歌手	《如果愛》（ウィンターソング）2005
张扬	Zhāng Yáng	男	1967	映画監督	《爱情麻辣汤》（スパイシーラブスープ）1998／《洗澡》(こころの湯)1999／《向日葵》(胡同のひまわり) 2005
张艺谋 (チャン・イーモウ)	Zhāng Yìmóu	男	1951	映画監督	《红高粱》（紅いコーリャン）1987ベルリン国際映画祭金熊賞受賞／《活着》（活きる）1994／《我的父亲母亲》（初恋の来た道）1999／《英雄》（HERO）2002
张怡宁	Zhāng Yíníng	女	1982	スポーツ選手 (卓球)	2004アテネ五輪　シングルス金メダル
章子怡 (チャン・ツィイー)	Zhāng Zǐyí	女	1979	俳優	《我的父亲母亲》（初恋の来た道)1999／《英雄》（HERO) 2002
赵本山	Zhào Běnshān	男	1958	俳優	《荆轲刺秦王》（始皇帝暗殺）1998／《幸福时光》(至福のとき) 2000
赵宏博	Zhào Hóngbó	男	1973	スポーツ選手 (フィギュアスケート)	2006トリノ五輪 ペア銅メダル　2006-2007世界選手権ペア金メダル．パートナーは申雪
赵薇 (ヴィッキー・チャオ)	Zhào Wēi	女	1976	俳優	《玉观音》2003／《绿茶》2003
周杰	Zhōu Jié	男	1970	俳優	ドラマ《还珠格格》1997-1998
周杰伦 (ジェイ・チョウ)	Zhōu Jiélún	男	1979	歌手	アルバム《JAY》2000
周星驰 (チャウ・シンチー)	Zhōu Xīngchí	男	1962	俳優・映画監督	《少林足球》（少林サッカー）2001
周迅 (ジョウ・シュン)	Zhōu Xùn	女	1976	俳優・歌手	《巴尔扎克与小裁缝》（小さな中国のお針子）2001／《如果愛》（ウィンターソング）2005
朱镕基	Zhū Róngjī	男	1928	政治家	第九代中華人民共和国国務院総理（首相）1998.3-2003.3
朱旭	Zhū Xù	男	1930	俳優	ドラマ「大地の子」1995／《心香》(心の香り) 1992／《变脸》(變臉　この櫂に手をそえて) 1996／《洗澡》(こころの湯) 2000

中国観光地図

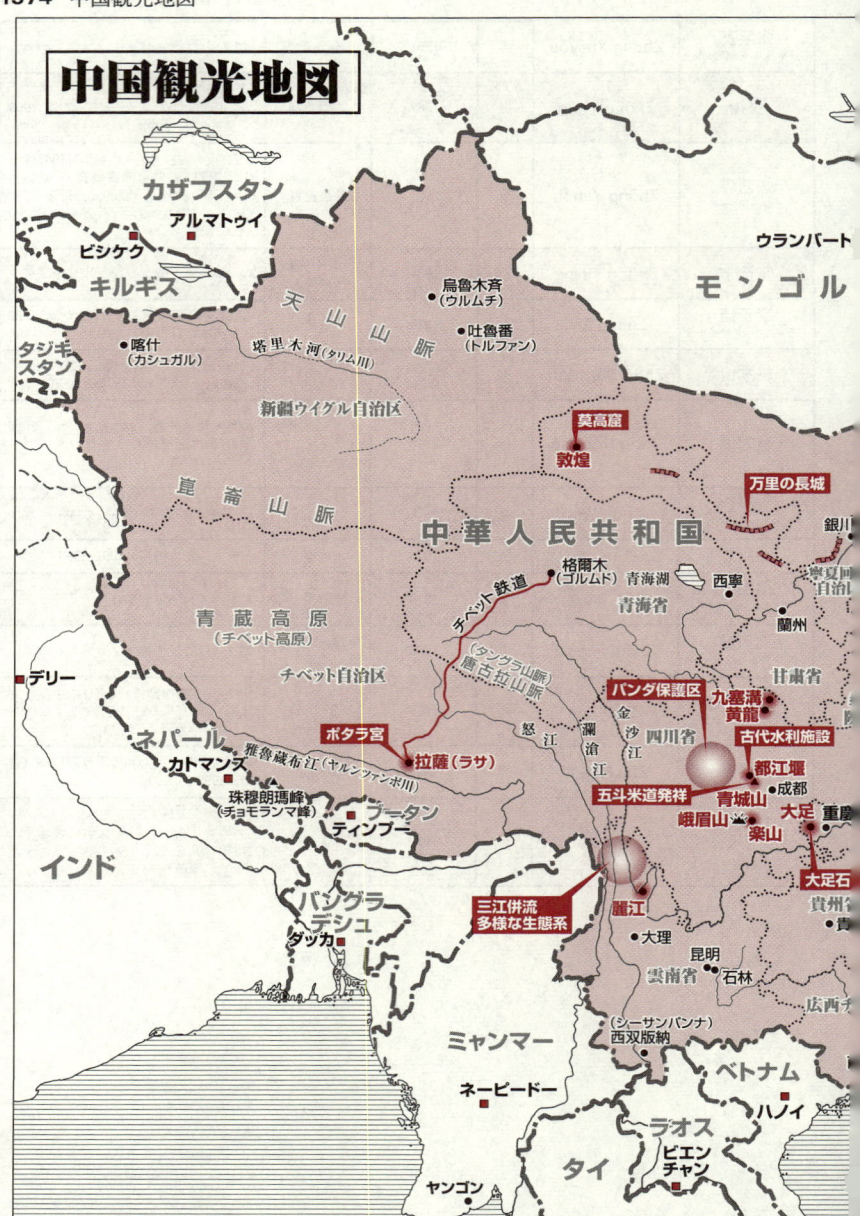

カザフスタン
アルマトゥイ
ビシケク
キルギス
タジキスタン

ウランバートル
モンゴル

烏魯木斉（ウルムチ）
吐魯番（トルファン）
天山山脈
喀什（カシュガル）
塔里木河（タリム川）
新疆ウイグル自治区
崑崙山脈

莫高窟
敦煌

万里の長城
銀川
寧夏回族自治区

中華人民共和国

格爾木（ゴルムド）
青海湖
西寧
青海省
蘭州
甘粛省

チベット鉄道
青蔵高原（チベット高原）
チベット自治区
（タングラ山脈）
唐古拉山脈

パンダ保護区
九寨溝
黄龍
古代水利施設
都江堰
成都
四川省
五斗米道発祥
青城山
峨眉山
楽山
大足
重慶
大足石

デリー
ネパール
カトマンズ
雅魯蔵布江（ヤルンツァンポ川）
ポタラ宮
拉薩（ラサ）
珠穆朗瑪峰（チョモランマ峰）
ブータン
ティンプー

怒江
瀾滄江
金沙江

三江併流多様な生態系
麗江
大理
雲南省
昆明
石林
貴州省
貴
広西

インド
バングラデシュ
ダッカ

（シーサンパンナ）
西双版納

ミャンマー
ネーピードー
ヤンゴン

ラオス
ビエンチャン
タイ

ベトナム
ハノイ

付録

中国観光地図

ロシア連邦

黒竜江
(アムール川)

黒竜江省

哈爾浜
(ハルビン)

内モンゴル自治区

長春

吉林省

集安 — 古代高句麗の首都と古墳群

明・清王朝皇宮

雲崗石窟

承徳
瀋陽
遼寧省

避暑山荘・外八廟

(フフホト)
トウ頭
呼和浩特
大同
恒山
五台山
山西省
太原
石家荘
河北省

北京
天津
秦皇島
大連

鴨緑江

朝鮮民主主義
人民共和国

平壌
ソウル
大韓民国

日本

東京

黄河
平遙
龍門石窟
皇帝陵
兵馬俑
洛陽
殷墟
安陽
泰山
曲阜 — 孔廟・孔林・孔府

煙台
山東省
済南
青島

道教建築群
嵩山
河南省
鄭州

淮河

武当山

湖北省
合肥
安徽省
南京
揚州
無錫

蘇州 — 拙政園・網師園など古典園林

長江
江陵
武漢
九華山
太湖
上海

黄山
景徳鎮
杭州
紹興
寧波
普陀山

銭塘江
浙江省

張家界
廬山
南昌
鄱陽湖
古村落群

陵源
洞庭湖
長沙

江西省
武夷山

衡山
湖南省
福州
福建省
(アモイ)
廈門

台北
台湾

台区
広東省
広州
深圳
香港
高雄

澳門(マカオ)
歴史地区

海南省

珠江

フィリピン

凡例
- ■ 首都
- ● 主な都市
- ～ 長城
- ● 世界遺産
- ☆ 仏教名山
- ▲ 五岳

中国四大仏教名山
- 五台山(文殊菩薩)
- 九華山(地蔵菩薩)
- 普陀山(観音菩薩)
- 峨眉山(普賢菩薩)

中国五岳(道教の聖地)
- 東岳…泰山
- 南岳…衡山
- 中岳…嵩山
- 西岳…華山
- 北岳…恒山

付録

中国歴史地図

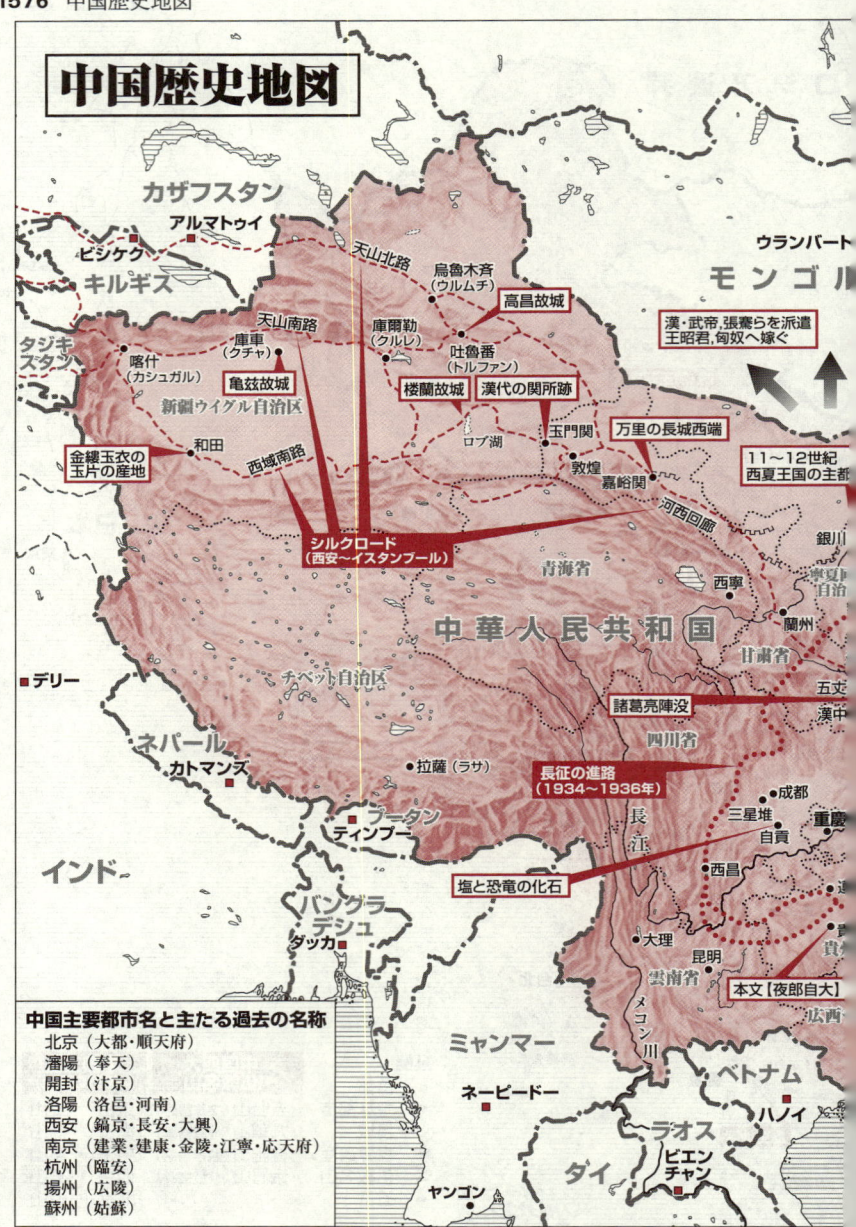

カザフスタン
アルマトゥイ
ビシケク
キルギス
タジキスタン
ウランバートル
モンゴル

天山北路
烏魯木斉（ウルムチ）
高昌故城
天山南路
庫車（クチャ）
庫爾勒（クルレ）
吐魯番（トルファン）
喀什（カシュガル）
亀茲故城
楼蘭故城
漢代の関所跡
新疆ウイグル自治区
和田
西域南路
ロブ湖
玉門関
万里の長城西端
金縷玉衣の玉片の産地
敦煌
嘉峪関
11〜12世紀 西夏王国の主都

漢・武帝、張騫らを派遣 王昭君、匈奴へ嫁ぐ

シルクロード（西安〜イスタンブール）
河西回廊
青海省
銀川
寧夏回族自治区
西寧
蘭州
中華人民共和国
甘粛省
デリー
チベット自治区
諸葛亮陣没
五丈原
四川省
ネパール
カトマンズ
拉薩（ラサ）
長征の進路（1934〜1936年）
成都
三星堆
自貢
重慶
ブータン ティンプー
西昌
塩と恐竜の化石
インド
バングラデシュ
ダッカ
長江
大理
昆明
雲南省
本文【夜郎自大】
広西
ミャンマー
メコン川
ベトナム
ネーピードー
ハノイ
ヤンゴン
ラオス
ビエンチャン
ダイ

中国主要都市名と主たる過去の名称
- 北京（大都・順天府）
- 瀋陽（奉天）
- 開封（汴京）
- 洛陽（洛邑・河南）
- 西安（鎬京・長安・大興）
- 南京（建業・建康・金陵・江寧・応天府）
- 杭州（臨安）
- 揚州（広陵）
- 蘇州（姑蘇）

付録

中国歴史地図

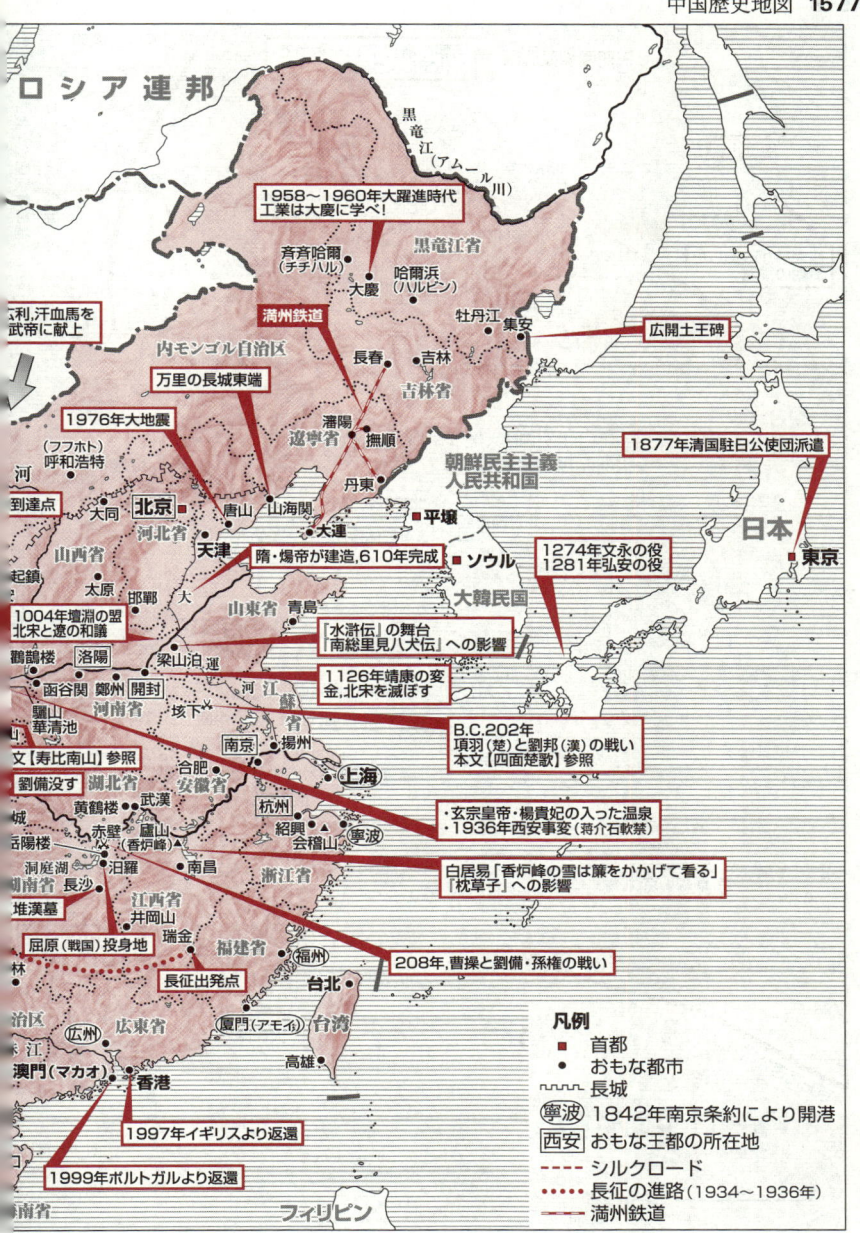

ロシア連邦

黒竜江（アムール川）

1958〜1960年大躍進時代
工業は大慶に学べ！

黒竜江省

斉斉哈爾（チチハル）　大慶　哈爾浜（ハルビン）　牡丹江　集安 ─ 広開土王碑

〜大勝利,汗血馬を
武帝に献上

満州鉄道

内モンゴル自治区

長春　吉林
吉林省

万里の長城東端

1976年大地震

瀋陽
遼寧省　撫順

（フフホト）呼和浩特

1877年清国駐日公使団派遣

朝鮮民主主義
人民共和国

黄河

到達点

北京
河北省

唐山　山海関

大同

平壌

日本

天津　大連

山西省

隋・煬帝が建造,610年完成

ソウル

東京

太原

1274年文永の役
1281年弘安の役

起鎮

邯鄲

大

1004年澶淵の盟
北宋と遼の和議

山東省　青島

大韓民国

鸛鵲楼　洛蘭

『水滸伝』の舞台
『南総里見八犬伝』への影響

函谷関　鄭州　開封

江

1126年靖康の変
金,北宋を滅ぼす

河南省

驪山　華清池

蘇

文【寿比南山】参照

垓下

省

B.C.202年
項羽（楚）と劉邦（漢）の戦い
本文【四面楚歌】参照

劉備没す

合肥　南京　揚州
安徽省

湖北省

黄鶴楼　武漢
赤壁　廬山（香炉峰）▲
洞庭湖　汨羅

上海

杭州

・玄宗皇帝・楊貴妃の入った温泉
・1936年西安事変（蒋介石軟禁）

紹興
会稽山　寧波

岳陽楼

南昌

白居易「香炉峰の雪は簾をかかげて見る」
『枕草子』への影響

湖南省　長沙

江西省　井岡山

浙江省

馬王堆漢墓

瑞金

屈原（戦国）投身地

福建省

208年,曹操と劉備・孫権の戦い

福州

長征出発点

台北

治区　広州
広東省

厦門（アモイ）
台湾

澳門（マカオ）

香港

高雄

凡例
■ 首都
● おもな都市
〜〜〜 長城
寧波 1842年南京条約により開港
西安 おもな王都の所在地
---- シルクロード
●●●● 長征の進路（1934〜1936年）
── 満州鉄道

1997年イギリスより返還

1999年ポルトガルより返還

南省

フィリピン

付録

1578 北京地図

北京

北京は内城・外城と大きく二つの地域に分かれている.

内城は紫禁城を中心とした碁盤の目のような整然とした町並みで、役所などが置かれている.

内城の南にひろがる外城は庶民の町で、以前は路地が不規則に走る町並みであった.

現在では大部分の城壁が地下鉄や道路となった.

凡例
- ⊗ 大学
- H ホテル
- ⛩ 世界遺産

北京首都空港

京承高速公路

成公街副編譜

(地下鉄建設中)

対外経済貿易大学 ⊗

中日友好医院

壇公園

門

雍和宮

東直門駅
東直門

朝陽区

東三環路

東四環路

東五環路

東城区

北京工人体育館

朝陽門

日壇公園
日本大使館
友誼商店

王府井大街

長安街
東単

建国門
建国門外大街

京通快速路
京秦線

文門

北京駅

崇文区

北京体育館

龍潭公園

公園

清の皇帝が
作を祈願した

(挿入図)

0 — 40km

司馬台長城

延慶
慕田峪長城
明十三陵
密雲
万里長城(八達嶺)
居庸関
懐柔
昌平
順義
香山
北京首都空港

1937年
盧溝橋事件

北京市街
通州

周口店
盧溝橋
房山
大興

北京原人遺跡

凡例
- --- 省境
- ━━ 鉄道
- ━━ 高速
- ━━ 道路

上海地図

広中公園
上海大
滬寧線
上海西駅
嘉定区
普陀区
滬寧高速公路
北
中
山
上海駅
玉仏寺
建徳花園
静安区
南京西路
環
華東師範大学
上海商場
長風公園
静安寺
蘇州河
中山公園駅
延安中
淮海中
建設中
西
地下鉄二号線
天山公園
延安西路
華
興国賓館
山
長寧区
中
地
宋慶齢故居
路
山
下
衡
日本総領事館
鉄
淮海西路
山
三
上海交通大学
路
大
号
徐滙区
虹橋空港
上海動物園
線
地下鉄四号線
延安西路
西
路
上海体育館駅
滬嘉高速公路
龍華寺
漕
道
溪
呉・孫権が
242年建立
N
路
2km
閔行区
上海南駅
上海は長江に運ばれた土砂
が堆積した土地で、13世紀こ
ろに形成された。
　以前は漁村であったが、
1842年、南京条約により上海
港は対外開放し、貿易港として
発展した。

凡例
Ⓧ 大学
Ⓗ ホテル

地下鉄一号線
滬杭線
上海植物園

上海地図 **1581**

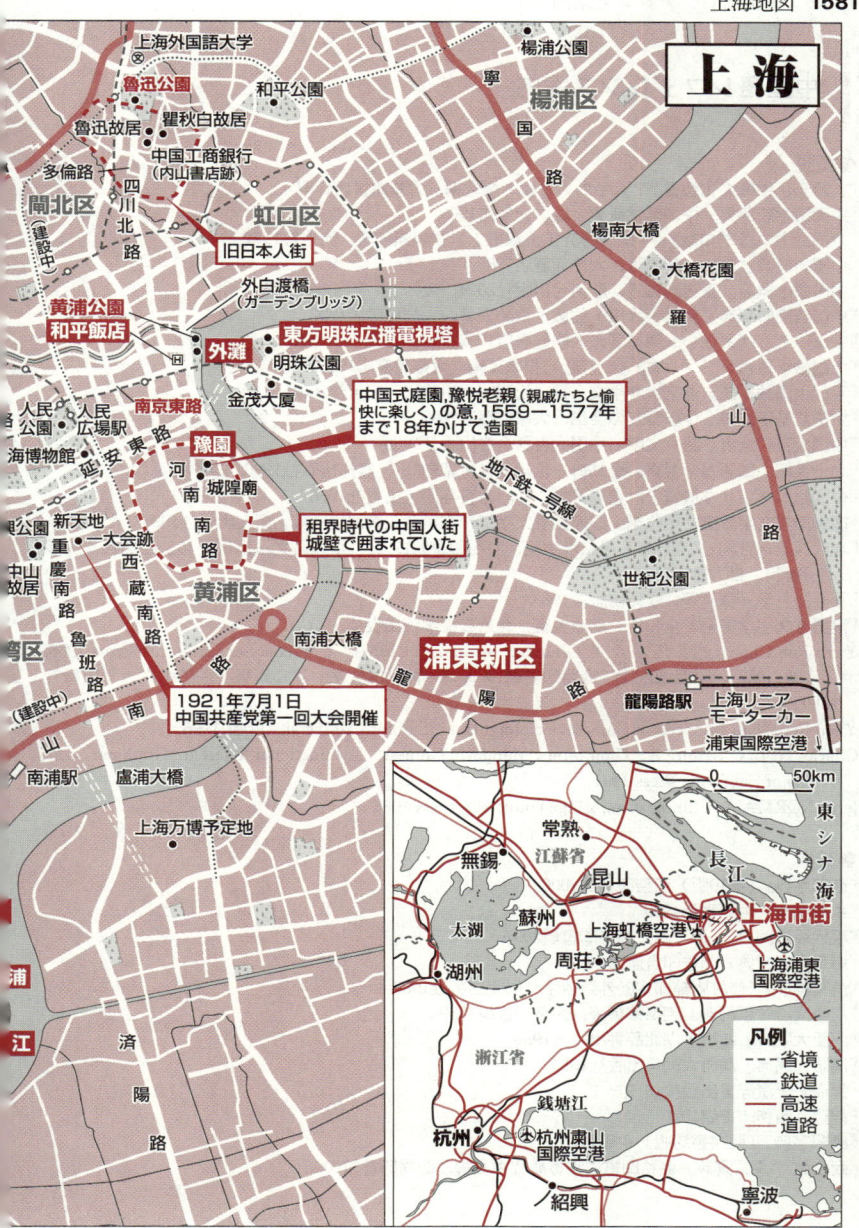

上海

楊浦区
- 楊浦公園
- 和平公園
- 楊南大橋
- 大橋花園

閘北区（建設中）
- 上海外国語大学
- 魯迅公園
- 魯迅故居
- 瞿秋白故居
- 中国工商銀行（内山書店跡）
- 多倫路
- 四川北路

虹口区
- 旧日本人街
- 外白渡橋（ガーデンブリッジ）

黄浦公園
- 和平飯店
- 外灘
- 東方明珠広播電視塔
- 明珠公園
- 金茂大厦
- 南京東路
- 豫園 — 中国式庭園、豫悦老親（親戚たちと愉快に楽しく）の意、1559－1577年まで18年かけて造園
- 城隍廟 — 租界時代の中国人街 城壁で囲まれていた
- 河南南路
- 延安東路
- 人民公園
- 人民広場駅
- 上海博物館
- 新天地
- 一大会跡
- 重慶南路
- 西蔵南路
- 中山故居
- 魯班路
- 1921年7月1日 中国共産党第一回大会開催

黄浦区
- 南浦大橋
- 南浦駅
- 盧浦大橋
- 上海万博予定地
- 済陽路

浦東新区
- 地下鉄二号線
- 世紀公園
- 龍陽路
- 龍陽路駅
- 上海リニアモーターカー
- 浦東国際空港

- 常熟
- 江蘇省
- 無錫
- 昆山
- 長江
- 東シナ海
- 太湖
- 蘇州
- 上海虹橋空港
- **上海市街**
- 湖州
- 周荘
- 上海浦東国際空港
- 浙江省
- 銭塘江
- 杭州
- 杭州蕭山国際空港
- 紹興
- 寧波

凡例
- --- 省境
- ─ 鉄道
- ─ 高速
- ─ 道路

0 50km

付録

中国語レファレンス案内

●概説
『言語』(「中国文化叢書」1) 牛島・香坂・藤堂編，大修館書店1967
『中国語学新辞典』中国語学研究会編，光生館1969
『中国語学の基礎知識』(中国語研究学習双書1) 香坂順一著，光生館1974
『中国語概論』藤堂・相原著，大修館書店1985
『中国語学概論』王占華編著，駿河台出版社2004
『中国語図解辞典』奥水・大川・佐藤・依藤編著，大修館書店1992
『中国のことばと社会』陳原著，大修館書店1992
『中国語学習ハンドブック』(改訂版) 相原茂編，大修館書店1996
『現代中国語総説』北京大学中文系編，松岡・古川監訳，三省堂2004
『中国語基礎知識』中国語友の会編，大修館書店2007
『中国大百科全書』語言文字 中国大百科全書出版社1988
『二十世紀中国語言学叢書』全15冊 呂叔湘 (首席顧問)，書海出版社1996
『中国語言学現状与展望』許嘉璐等編，外語教育与研究出版社1996
『国家語言文字政策法規匯編』国家語言文字工作委員会政策法規室編，語文出版社1996
『現代漢語八百詞』(増訂本) 呂叔湘主編，商務印書館1999 (『中国語文法用例辞典』牛島徳次・菱沼透監訳，東方書店2003)
『社会語言学』陳原著，学林出版社1983
『漢語言文字学書系』全13冊 邢欣主編，北京広播学院出版社2003
Yuen Ren Chao (趙元任) ： A Grammar of Spoken Chinese. University of California Press 1968. (『漢語口語語法』呂叔湘訳，商務印書館1979，『中國話的文法』丁邦新訳，香港中文大学出版社1980)
Yuen Ren Chao : Aspects of Chinese Sociolinguistics. Stanford University Press 1996
Charles N. Li & Sandra A. Thompson : Mandarin Chinese – A Functional Reference Grammar. University of California Press 1981
Jerry NORMAN : Chinese. Cambridge University Press 1988

●辞典
『新華字典』(第10版) 商務印書館2006
『中華字典』中華書局1999
『現代漢語詞典』(修訂本) 商務印書館2007
『応用漢語詞典』商務印書館2000
『漢英詞典』(修訂版縮印本) 外語教学与研究出版社1997
『漢語成語考釈詞典』劉潔修編著，商務印書館1989
『漢語大字典』四川・湖北辞書出版社1986
『漢語大詞典』漢語大詞典出版社1984
『辞海』上海辞書出版社1979
『辞源』商務印書館1979
『康熙字典』(同文書局版) 中華書局1958
『商務館 学漢語詞典』商務印書館辞書研究中心編，商務印書館2006

● 漢字

『世界の中の日本文字』橋本萬太郎編，弘文堂1970
『中国の漢字』(「日本語の世界」3) 貝塚・小川編，中央公論社1981
『解説字体辞典』江守賢治著，三省堂1986
『図説漢字の歴史』阿辻哲次，大修館書店1989
『中国古代漢字学の第一歩』李学勤著，小幡敏行訳，佐野光一校閲，凱風社1990
『日本の漢字・中国の漢字』林四郎・松岡榮志著，三省堂1995
『現代中国漢字学講義』張静賢著，松岡榮志監訳，三省堂1997
『漢字とコンピュータ』石川忠久・松岡榮志著　大修館書店1997
『漢字の潮流』戸川芳郎編，山川出版社2000
『ユニコード漢字情報辞典』ユニコード漢字情報辞典編集委員会編，三省堂2000
『現代漢語定量分析』陳原主編，上海教育出版社1989
『現代漢語用字信息分析』陳原主編，上海教育出版社1993
『漢語語言文字信息処理』陳原主編，上海教育出版社1997
『現代漢字学綱要』(増訂本) 蘇培成著，北京大学出版社2002
『二十世紀的現代漢字研究』蘇培成著，書海出版社2001
『現代漢字規範化問題』蘇培成・尹斌庸編，語文出版社1995 (『中国の漢字問題』阿辻・清水・李編訳，大修館書店1999)
『当代中国的文字改革』王均主編，当代中国出版社1995

● 発音・音韻

『音韻のはなし——中国音韻学の基本知識——』李思敬著，慶谷壽信・佐藤進編訳，光生館1987
『やさしい中国語入門』松岡榮志著，語研1996
『アタマで知り，カラダで覚える中国語の発音』日下恒夫著，アルク2007
『現代漢語語音概要』呉宗済主編，華語教学出版社1992
『漢語的韻律，詞法與句法』馮勝利著，北京大学出版社1997
『漢語韻律句法学』馮勝利著，上海教育出版社2000
『漢語韻律語法研究』馮勝利著，北京大学出版社2005

● 語彙

『中国語の単語の話　語彙の世界』(中国語研究学習双書7) 香坂順一著，光生館1983
『ことばの社会機能　5個の漢字をめぐって』陳原著，松岡榮志編訳，凱風社1989
『白話語彙の研究』香坂順一著，光生館1983
『中国語基本語ノート』輿水優著，大修館書店1980
『続　中国語基本語ノート』輿水優著，大修館書店1996
『近代日中語彙交流史　新漢語の生成と受容』沈国威著，笠間書院1994
『「新爾雅」とその語彙』沈国威編著，白帝社1995
『コンピューターによる北京口語語彙の研究』中島幹起著，東京外国語大学アジア・アフリカ言語文化研究所1995
『中国語　新しい成語の話』(中国語研究学習双書9) 服部昌之著，光生館1982
『中国語類義語のニュアンス』相原茂他編，東方書店1995
『歇後語のはなし　中国のことば遊び』相原茂・白井啓介訳，光生館1989
『〈辞書〉の発明　中国言語学史入門』大島正二著，三省堂1997
『現代漢語詞彙学』葛本儀著，山東人民出版社2001
『当代中国詞彙学』(中国文化語言学叢書) 蘇新春著，広東教育出版社1995
『現代漢語詞彙系統論』徐国慶著，北京大学出版社1999
『漢語詞彙的流変』(中国歴史文化知識叢書) 張聯栄著，大象出版社1997

『詞彙学論文匯編』北京大学中文系『語言学論叢』編委会編，商務印書館1989
『詞彙学理論与実践』李如竜・蘇新春著，商務印書館2001
『漢語詞彙史概要』潘允中著，上海古籍出版社1989
『詞彙学研究』王徳春著，山東教育出版社1983
『詞義和釈義』（現代漢語知識叢書）孫良明著，湖北人民出版社1982
『詞彙学和詞典学問題研究』劉叔新著，天津人民出版社1984
『詞彙』（漢語知識叢書）郭良夫著，商務印書館1985
『歇後語大全』中国民間文芸出版社資料室・北京大学中文系資料室編，大衆文芸出版社1997
『近百年的中国漢語語文辞典』楊文全著，巴蜀書社2000
『二十世紀的漢語語彙学』許威漢著，書海出版社2000
『漢語語彙学』温端政著，商務印書館2005

●文法
『中国語の語法の話──中国語文法概論』（中国語研究学習双書8）輿水優著，光生館1985
『中国語文法概論』李臨定著，宮田一郎訳，光生館1993
『中国語文法教室』杉村博文著，大修館書店1994
『日本語と中国語の対照研究論文集』大河内康憲著，くろしお出版1992
『中国語の諸相』大河内康憲著，白帝社1997
『日中対照言語学研究論文集』彭飛編，和泉書院2007
『一歩すすんだ中国語文法』荒川清秀著，大修館書店2003
『現代漢語語法研究』朱徳熙著，商務印書館1980（『現代中国語文法研究』松村文芳・杉村博文訳，白帝社1988）
『語法講義』朱徳熙著，商務印書館1982（『文法講義』杉村博文・木村英樹訳，白帝社1995）
『語法答問』朱徳熙著，商務印書館1985（『文法のはなし』中川正之・木村英樹編訳，光生館1986）
『語法叢稿』朱徳熙著，上海教育出版社1989
『現代漢語専題教程』北京大学中文系現代漢語教研室編，北京大学出版社2003
『現代漢語語法研究教程』陸倹明著，北京大学出版社2003
『漢語和漢語研究十五講』陸倹明・沈陽著，北京大学出版社2003
『現代漢語虚詞散論』陸倹明・馬真著，北京大学出版社1985
『現代漢語虚詞研究方法論』馬真著，商務印書館2004
『80年代中国語法研究』陸倹明著，商務印書館1993
『現代漢語句法論』陸倹明著，商務印書館1993
『簡明実用漢語語法』馬真著，北京大学出版社1981（『簡明実用中国語文法』鳥井克之編訳，駿河台出版社1997）
『簡明実用漢語語法教程』馬真著，北京大学出版社1997
『実用漢語語法』（修訂本）房玉清著，北京大学出版社2001
『実用現代漢語語法』（増訂本）劉月華・潘文娯・故韡著，商務印書館2001（1983年版日本語訳『現代中国語文法総覧』相原茂監訳，片山博美・守屋宏則・平井和之訳，くろしお出版1987）
『対外漢語教学実用語法』盧福波著，北京語言大学出版社1996
『漢語語法教程』孫徳金著，北京語言大学出版社2002
『句子的用途』劉月華著，人民教育出版社1990（『中国語の表現と機能』平松圭子・高橋弥守彦・永吉昭一郎訳，好文出版1992）
『漢語功能語法研究』張伯江・方梅著，江西教育出版社1996
『漢語語法研究的認知視野』袁毓林著，商務印書館2004
『認知與漢語語法研究』沈家煊著，商務印書館2006
『現代漢語語法信息詞典詳解』兪士汶等著，清華大学出版社1998

場面別 会話表現集

【目次】
あいさつ…**1585**
お礼…**1585**
おわび…**1586**
はい・いいえ・拒否…**1586**
たずねる…**1587**
問い返す…**1587**
たのむ・許可を得る…**1588**
紹介…**1588**
誘う…**1589**
約束・予約…**1589**
飛行機に乗る…**1589**
交通機関…**1590**
宿泊…**1591**
食事…**1592**
買い物…**1593**
病気・けが…**1594**
困ったとき…**1595**
道をたずねる…**1596**
電話・FAX・メール…**1596**
郵便…**1597**
時刻・日にち・曜日…**1597**
気持ちの表現…**1597**

※ "一","不"の声調が変化する場合は，変化後の声調で示した．
※ （　）は省略可能，［　］は置き換え可能であることを示す．

●あいさつ

▶おはようございます．
你早．
Nǐ zǎo.
早上好．
Zǎoshang hǎo.

▶こんにちは．
你好．
Nǐ hǎo.

▶こんばんは．
晚上好．
Wǎnshang hǎo.

▶おやすみなさい．
晚安．
Wǎn'ān.

▶はじめまして．
初次见面．
Chūcì jiànmiàn.

▶お会いできてうれしいです．
见到你我很高兴．
Jiàndào nǐ wǒ hěn gāoxìng.

▶お久しぶりです．
好久没见了．
Hǎojiǔ méijiàn le.

▶お元気ですか．
你身体好吗？
Nǐ shēntǐ hǎo ma?

▶はい，元気です．あなたは？
我很好，你呢？
Wǒ hěn hǎo, nǐ ne?

▶まずまずです．
还可以．
Hái kěyǐ.

▶さようなら．
再见．
Zàijiàn.

▶バイバイ．
拜拜．
Bàibai.

▶また明日．
明天见．
Míngtiān jiàn.

▶また近いうちに会いましょう．
改天见．
Gǎitiān jiàn.

▶それじゃまたあとで．
回头见．
Huítóu jiàn.

▶気をつけて．
你慢走．
Nǐ màn zǒu.

▶どうぞ楽しい旅を！
祝你旅途愉快！
Zhù nǐ lǚtú yúkuài!

●お礼

▶ありがとう．
谢谢．

Xièxie.
▶どうもありがとうございます．
非常感谢．
Fēicháng gǎnxiè.
▶ご親切にありがとう．
谢谢你的好意．
Xièxie nǐde hǎoyì.
▶お礼の申し上げようもありません．
实在不胜感谢．
Shízài búshèng gǎnxiè.
▶おみやげをどうもありがとう．
谢谢你的礼物．
Xièxie nǐ de lǐwù.
▶迎えに来てくださってありがとう．
谢谢你来接我．
Xièxie nǐ lái jiē wǒ.
▶いろいろお世話になりました．
添了不少麻烦了．
Tiānle bù shǎo máfan le.
▶どういたしまして．
不客气．
Bú kèqi.
别客气．
Bié kèqi.
不用谢．
Búyòng xiè.
▶ご家族の皆様によろしくお伝えください．
向您家人问好．
Xiàng nín jiārén wènhǎo.

● おわび

▶ごめんなさい．
对不起．
Duìbuqǐ.
▶申し訳ありません．
抱歉．
Bàoqiàn.
▶遅れてすみません．
对不起，我来晚了．
Duìbuqǐ, wǒ láiwǎn le.
▶お待たせしてすみません．
对不起，让你久等了．
Duìbuqǐ, ràng nǐ jiǔděng le.
▶大丈夫ですか？
要紧吗？
Yàojǐn ma?

▶大丈夫です．
不要紧．
Bú yàojǐn.
▶気にしないでください．
别介意．
Bié jièyì.

● はい・いいえ・拒否

▶はい（そうです）．
对．
Duì.
是的．
Shì de.
▶いいですよ．
好．
Hǎo.
行．
Xíng.
可以．
Kěyǐ.
▶わかりました．
我明白了．
Wǒ míngbai le.
▶同感です．
我也有同感．
Wǒ yě yǒu tónggǎn.
▶私もそう思います．
我也这样想．
Wǒ yě zhèyàng xiǎng.
▶おっしゃるとおりです．
你说得很对．
Nǐ shuō de hěn duì.
▶もちろんですよ．
可不是嘛．
Kěbushì ma.
▶なるほど．
怪不得．
Guàibude.
▶そうだったんですか．
原来是这样．
Yuánlái shì zhèyàng.
▶時と場合によります．
要看时间和情况．
Yào kàn shíjiān hé qíngkuàng.
▶いいえ．
不．

- Bù.
  不是.
  Bú shì.
- いえ，結構です.
  不要，谢谢.
  Búyào, xièxie.
- 知りません.
  我不知道.
  Wǒ bù zhīdào.
- わかりません.
  我不明白.
  Wǒ bù míngbai.
- そうは思いません.
  我倒不这样认为.
  Wǒ dào bú zhèyàng rènwéi.
- もう十分です.
  已经够了.
  Yǐjing gòu le.
- 今は忙しいのです.
  现在我很忙.
  Xiànzài wǒ hěn máng.
- 急いでますので.
  现在我很着急.
  Xiànzài wǒ hěn zháojí.
- それは別の問題です.
  那是另一回事.
  Nà shì lìng yìhuí shì.

● たずねる

- すみません.
  对不起.
  Duìbuqǐ.
  劳驾.
  Láojià.
- ちょっとお尋ねします.
  请问.
  Qǐng wèn.
- これは何ですか.
  这是什么？
  Zhè shì shénme?
- なぜですか.
  为什么？
  Wèi shénme?
- それはどういう意味ですか.
  （那）是什么意思？
  (Nà) shì shénme yìsi?
- これは中国語でなんと言うのですか.
  这个用汉语怎么说？
  Zhège yòng Hànyǔ zěnme shuō?
- いま何時ですか.
  现在几点？
  Xiànzài jǐdiǎn?
- トイレはどこですか.
  厕所[洗手间]在哪里？
  Cèsuǒ [Xǐshǒujiān] zài nǎli?
- 最寄りの駅はどこですか.
  离这儿最近的车站在哪里？
  Lí zhèr zuì jìn de chēzhàn zài nǎli?
- 陳さんではありませんか.
  您是不是陈小姐？
  Nín shìbushì Chén xiǎojiě?
- お名前はなんとおっしゃいますか.
  您叫什么名字？
  Nín jiào shénme míngzi?
- お名前はどう書きますか.
  您的名字，怎么写？
  Nín de míngzi, zěnme xiě?
- どこからいらしたのですか.
  您是从哪里来的？
  Nín shì cóng nǎli lái de?
- お仕事は何をなさっていますか.
  您做什么工作？
  Nín zuò shénme gōngzuò?
- 何時まで営業していますか.
  几点关门？
  Jǐdiǎn guānmén?
- それはどこにあるのですか.
  它在哪里？
  Tā zài nǎli?
- この席はあいていますか.
  这里有人坐吗？
  Zhèli yǒu rén zuò ma?
- いいレストランを教えてくれませんか.
  请告诉我名餐馆.
  Qǐng gàosu wǒ míngcānguǎn.

● 問い返す

- もう一度おっしゃってください.
  请再说一遍.
  Qǐng zài shuō yíbiàn.
- お話がよくわかりませんでした.
  我不明白你的意思.

Wǒ bù míngbai nǐ de yìsi.
▶なんですって？
什么？
Shénme?
▶よく聞こえません．
我听不清楚．
Wǒ tīngbuqīngchu.
▶本当ですか？
真的吗？
Zhēn de ma?
▶ちょっと待ってください．
请等一下儿．
Qǐng děng yíxiàr.

●たのむ・許可を得る

▶お願いがあるのですが．
我想请你帮一下忙．
Wǒ xiǎng qǐng nǐ bāng yíxià máng.
▶もう少しゆっくり話してください．
请再慢点儿说．
Qǐng zài màndiǎnr shuō.
▶もう一度言ってください．
请再说一遍．
Qǐng zài shuō yíbiàn.
▶ここに書いてください．
请在这里写一下儿．
Qǐng zài zhèli xiě yíxiàr.
▶ちょっと2，3分いいですか．
你能给我几分钟时间吗？
Nǐ néng gěi wǒ jǐ fēnzhōng shíjiān ma?
▶急いでください．
请快点儿．
Qǐng kuàidiǎnr.
▶たばこを吸ってもいいですか．
可以抽烟吗？
Kěyǐ chōuyān ma?
▶ここで写真を撮ってもいいですか．
在这儿可以照相吗？
Zài zhèr kěyǐ zhàoxiàng ma?
▶写真を撮っていただけませんか．
请给我们照一张相．
Qǐng gěi wǒmen zhào yì zhāng xiàng.
▶これをもらってもいいですか．
可以要这个吗？
Kěyǐ yào zhège ma?
▶ここに座ってもいいですか．

这儿可以坐吗？
Zhèr kěyǐ zuò ma?
▶中に入ってもいいですか．
我可以进去吗？
Wǒ kěyǐ jìnqu ma?
▶砂糖を取ってください．
请把砂糖递给我．
Qǐng bǎ shātáng dìgěi wǒ.
▶会社へ電話してください．
请给公司打电话．
Qǐng gěi gōngsī dǎ diànhuà.
▶書類をファックスしてもらえませんか．
请把文件用传真送给我．
Qǐng bǎ wénjiàn yòng chuánzhēn sònggěi wǒ.
▶メールで連絡をください．
请用电子邮件跟我联系．
Qǐng yòng diànzǐ yóujiàn gēn wǒ liánxì.

●紹介

▶はじめまして．伊藤真由美といいます．
初次见面．我叫伊藤真由美．
Chūcì jiànmiàn. Wǒ jiào Yīténg Zhēnyóuměi.
▶日本から来ました．
我是从日本来的．
Wǒ shì cóng Rìběn lái de.
▶お会いできてうれしいです．
见到你很高兴．
Jiàndào nǐ hěn gāoxìng.
▶友人の森田さんを紹介します．
我给你介绍一下儿我的朋友森田小姐．
Wǒ gěi nǐ jièshào yíxiàr wǒ de péngyou Sēntián xiǎojiě.
▶学生［教師］です．
我是学生［老师］．
Wǒ shì xuésheng[lǎoshī].
▶銀行［デパート］に勤めています．
我在银行［百货商店］工作．
Wǒ zài yínháng[bǎihuò shāngdiàn] gōngzuò.
▶こちらへは休暇で来ました．
我是请了假来这里的．
Wǒ shì qǐngle jià lái zhèli de.
▶仕事で来ています．
我来这里工作．
Wǒ lái zhèli gōngzuò.

●誘う

▶いっしょに行きませんか.
我们一起去, 好吗？
Wǒmen yìqǐ qù, hǎo ma?

▶コーヒーでも飲みませんか.
我们一起喝咖啡, 怎么样？
Wǒmen yìqǐ hē kāfēi, zěnmeyàng?

▶あなたもどうですか.
你呢？
Nǐ ne?

▶はい, もちろん.
当然可以.
Dāngrán kěyǐ.

▶ぜひうちにいらしてください.
请到我家来.
Qǐng dào wǒ jiā lái.

●約束・予約

▶いつお会いしましょうか.
我们什么时候见面呢？
Wǒmen shénme shíhou jiànmiàn ne?

▶何曜日がいいですか.
星期几对你方便？
Xīngqījǐ duì nǐ fāngbiàn?

▶火曜日はいかがですか.
星期二, 怎么样？
Xīngqī'èr, zěnmeyàng?

▶3時でご都合はいかがでしょうか.
我们三点钟见面, 怎么样？
Wǒmen sān diǎnzhōng jiànmiàn, zěnmeyàng?

▶結構です.
可以.
Kěyǐ.
行.
Xíng.

▶レストランに電話して席を予約しては.
你给餐馆打电话订座位吧.
Nǐ gěi cānguǎn dǎ diànhuà dìng zuòwèi ba.

▶予約が必要ですか.
要预订吗？
Yào yùdìng ma?

▶お約束ですか.
你有预约吗？
Nǐ yǒu yùyuē ma?

▶張さんと10時に約束をしています.
和张先生约好十点钟见面.
Hé Zhāng xiānsheng yuēhǎo shí diǎnzhōng jiànmiàn.

●飛行機に乗る

▶西安行きを予約したいのですが.
我要订去西安的飞机票.
Wǒ yào dìng qù Xī'ān de fēijīpiào.

▶20日の午後3時発の中国航空261便に3名で予約できますか.
请问, 二十号下午三点的中国航空公司二六一班机还有三张票吗？
Qǐngwèn, èrshí hào xiàwǔ sān diǎn de Zhōngguó hángkōng gōngsī èr-liù-yāo bānjī háiyǒu sān zhāng piào ma?

▶予約した日程を変更していただけますか.
请给我改一下预定日期.
Qǐng gěi wǒ gǎi yíxià yùdìng rìqī.

▶禁煙席をお願いします.
我要禁烟的座位.
Wǒ yào jìnyān de zuòwei.

▶通路側の席をお願いします.
给我靠通路的座位.
Gěi wǒ kào tōnglù de zuòwei.

▶窓側の席をお願いします.
给我靠窗户的座位.
Gěi wǒ kào chuānghu de zuòwei.

▶ビジネスクラスで予約してください.
我要订公务舱.
Wǒ yào dìng gōngwùcāng.

▶搭乗ゲートは何番ですか.
几号登机口？
Jǐ hào dēngjīkǒu?

▶搭乗時刻は何時ですか.
几点开始登机？
Jǐ diǎn kāishǐ dēngjī?

▶この便は定刻に出発しますか.
这个班机准时起飞吗？
Zhège bānjī zhǔnshí qǐfēi ma?

▶どれくらい遅れますか.
要晚多长时间？
Yào wǎn duōcháng shíjiān?

▶（電話で）リコンファームをしたいのですが.
我想确认飞机的座位.
Wǒ xiǎng quèrèn fēijī de zuòwei.

▶名前は渡辺健二，5月18日のCA8120便，東京行きです．
我叫渡边健二，坐五月十八号CA8120班机去东京．
Wǒ jiào Dùbiān Jiàn'èr, zuò wǔ yuè shíbā hào CA bā-yāo-èr-líng bānjī qù Dōngjīng.

● 交通機関

▶バス停はどこですか．
公共汽车站在哪儿？
Gōnggòng qìchē zhàn zài nǎr?

▶王府井に行くのはこのバスでいいですか．
这辆公共汽车去王府井吗？
Zhè liàng gōnggòng qìchē qù Wángfǔjǐng ma?

▶…へは何番のバスですか．
去…要上几路公共汽车？
Qù … yào shàng jǐlù gōnggòng qìchē?

▶タクシー乗り場はどこですか．
出租汽车站在哪儿？
Chūzū qìchē zhàn zài nǎr?

▶…までいくらぐらいかかりますか．
去…要多少钱？
Qù … yào duōshao qián?

▶蘇州ホテルまでお願いします．
请到苏州饭店．
Qǐng dào Sūzhōu fàndiàn.

▶渋滞していますか．
路上堵车吗？
Lùshàng dǔchē ma?

▶ここで止めてください．
请在这儿停车．
Qǐng zài zhèr tíngchē.

▶いくらですか．
多少钱？
Duōshao qián?

▶おつりは取っておいてください．
不用找钱．
Búyòng zhǎoqián.

▶レシートを下さい．
请给我发票．
Qǐng gěi wǒ fāpiào.

▶地下鉄の駅はどこですか．
地铁站在哪里？
Dìtiězhàn zài nǎli?

▶切符売り場はどこですか．
售票处在哪里？
Shòupiàochù zài nǎli?

▶この地下鉄は…まで行きますか．
这辆地铁开往…吗？
Zhè liàng dìtiě kāiwǎng…ma?

▶…へ行くにはどこで降りればいいですか．
去…在哪儿下车好呢？
Qù … zài nǎr xiàchē hǎo ne?

▶広州まで2枚ください．
我要买两张到广州的票．
Wǒ yào mǎi liǎng zhāng dào Guǎngzhōu de piào.

▶1等（座席）をお願いします．
我要软座．
Wǒ yào ruǎnzuò.

▶指定席はありますか．
有没有对号座？
Yǒuméiyǒu duìhàozuò?

▶片道（切符）をお願いします．
要单程票．
Yào dānchéngpiào.

▶往復（切符）をお願いします．
要往返票．
Yào wǎngfǎnpiào.

▶禁煙席をお願いします．
我要禁烟的座位．
Wǒ yào jìnyān de zuòwei.

▶時刻表を見せてください．
请给我看看时刻表．
Qǐng gěi wǒ kànkan shíkèbiǎo.

▶その時間の切符はすべて売り切れです．
这个时间的票全卖完了．
Zhège shíjiān de piào quán màiwán le.

▶次の時間の列車ではどうですか．
下一班车怎么样？
Xià yì bān chē zěnmeyàng?

▶もう少し遅い時間のはありますか．
有再晚一点儿的吗？
Yǒu zài wǎn yìdiǎnr de ma?

▶切符の払い戻しはできますか．
能退票吗？
Néng tuìpiào ma?

▶特急は何番線から出ますか．
特快从几号站台发车？
Tèkuài cóng jǐhào zhàntái fāchē?

▶この列車は何時に出発しますか．
这班车几点出发？
Zhè bān chē jǐdiǎn chūfā?

▶この列車は…に行きますか．
这辆列车开往…吗？
Zhè liàng lièchē kāiwǎng … ma?

▶寝台車はどの車両ですか．
卧车是那个车厢？
Wòchē shì nǎge chēxiāng?

▶次の駅はどこですか．
下一站是哪儿？
Xià yí zhàn shì nǎr?

▶乗り換えが必要ですか．
要换车吗？
Yào huànchē ma?

▶どこで乗り換えるのですか．
在哪个车站换车呢？
Zài nǎge chēzhàn huànchē ne?

▶車掌さんはどこですか．
列车员在哪儿？
Lièchēyuán zài nǎr?

▶席を交換してください．
让我换一下座位．
Ràng wǒ huàn yíxià zuòwei.

▶すみません，ここはあなたの席ですか．
请问，这儿是你的座位吗？
Qǐngwèn, zhèr shì nǐ de zuòwei ma?

▶席を間違えました．
我坐错了．
Wǒ zuòcuò le.

●宿泊

▶田村といいます．チェックインをお願いします．
我叫田村．请给办一下住房登记．
Wǒ jiào Tiáncūn. Qǐng gěi bàn yíxià zhùfáng dēngjì.

▶いらっしゃいませ．ご予約はされていますか．
欢迎光临．有预定吗？
Huānyíng guānglín. Yǒu yùdìng ma?

▶日本から予約しました．
我在日本预订好了．
Wǒ zài Rìběn yùdìnghǎo le.

▶部屋はありますか．
有空房间吗？
Yǒu kòngfángjiān ma?

▶ツイン［シングル］をお願いします．
我要双［单］人房．
Wǒ yào shuāng[dān]rénfáng.

▶眺めのいい部屋をお願いします．
我要风景好的房间．
Wǒ yào fēngjǐng hǎo de fángjiān.

▶1泊いくらですか．
住一天多少钱？
Zhù yìtiān duōshao qián?

▶1泊です．
住一天．
Zhù yìtiān.

▶2［3］泊です．
住两［三］天．
Zhù liǎng[sān]tiān.

▶朝食は付いてますか．
包括早餐吗？
Bāokuò zǎocān ma?

▶部屋を見せてください．
请给我看看房间．
Qǐng gěi wǒ kànkan fángjiān.

▶この部屋はうるさいです．
这个房间太吵闹了．
Zhège fángjiān tài chǎonào le.

▶もっと静かな部屋はありますか．
有没有再安静一点儿的房间？
Yǒuméiyǒu zài ānjìng yìdiǎnr de fángjiān?

▶この部屋にします．
我选这个房间．
Wǒ xuǎn zhège fángjiān.

▶貴重品を預かってもらえますか．
能不能寄存贵重物品？
Néngbunéng jìcún guìzhòng wùpǐn?

▶預けた貴重品を受け取りたいのですが．
我要拿寄存的贵重物品．
Wǒ yào ná jìcún de guìzhòng wùpǐn.

▶明日の朝モーニングコールをお願いしたいのですが．
明天早上请叫早．
Míngtiān zǎoshang qǐng jiàozǎo.

▶クレジットカードは使えますか．
能不能用信用卡？
Néngbunéng yòng xìnyòngkǎ?

▶朝食はどこでできますか．
在哪里吃早饭？
Zài nǎli chī zǎofàn?

▶チェックアウトは何時ですか．
几点要办离店手续？
Jǐdiǎn yào bàn lídiàn shǒuxù?

▶チェックアウトをお願いします．
我要退房．
Wǒ yào tuìfáng.

▶1日早く出発したいのですが．
我想早一天起身．
Wǒ xiǎng zǎo yìtiān qǐshēn.

▶アイロンを借りたいのですが．
我想借一下熨斗．
Wǒ xiǎng jiè yíxià yùndǒu.

▶お湯がでません．
热水不出来．
Rèshuǐ bù chūlái.

▶シャワーがでません．
淋浴坏了．
Línyù huài le.

▶トイレが詰まっています．
厕所堵上了．
Cèsuǒ dǔshang le.

▶部屋が寒すぎます．
房间里太冷．
Fángjiānli tài lěng.

▶鍵を部屋に置いてきてしまいました．
我把钥匙忘在房间里了．
Wǒ bǎ yàoshi wàngzài fángjiānli le.

●食事

▶このあたりにいい広東料理のレストランはありますか．
这附近有没有较好的广东菜馆？
Zhè fùjìn yǒuméiyǒu jiào hǎo de Guǎngdōng càiguǎn?

▶予約が必要ですか．
要预定吗？
Yào yùdìng ma?

▶7時に予約をしました．
我7点钟预约好了．
Wǒ qī diǎnzhōng yùyuēhǎo le.

▶2［3］名です．
两位［三位］．
Liǎng wèi[Sān wèi].

▶個室はありますか．
有包间吗？
Yǒu bāojiān ma?

▶8時に予約しました橋本です．
我是八点钟预定的桥本．
Wǒ shì bā diǎnzhōng yùdìng de Qiáoběn.

▶タバコはお吸いになりますか．
你们抽烟吗？
Nǐmen chōuyān ma?

▶メニューを見せてください．
请给我看菜单．
Qǐng gěi wǒ kàn càidān.

▶ビールは何がありますか．
啤酒有什么？
Píjiǔ yǒu shénme?

▶スープは何がありますか．
汤有什么？
Tāng yǒu shénme?

▶コーンスープをください．
我要玉米汤．
Wǒ yào yùmǐtāng.

▶お勧め料理は何ですか．
你推荐什么菜？
Nǐ tuījiàn shénme cài?

▶この店の自慢料理は何ですか．
这家餐馆的名菜是什么？
Zhè jiā cānguǎn de míngcài shì shénme?

▶すぐにできる料理はありますか．
有没有马上弄好的？
Yǒuméiyǒu mǎshàng nònghǎo de?

▶北京ダックにします．
我要北京烤鸭．
Wǒ yào Běijīng kǎoyā.

▶ハム・ソーセージの盛り合わせをください．
我要火腿和香肠的拼盘．
Wǒ yào huǒtuǐ hé xiāngcháng de pīnpán.

▶魚［肉］にします．
我要鱼［肉］．
Wǒ yào yú[ròu].

▶あの人と同じ料理をください．
给我一碟跟他一样的菜．
Gěi wǒ yì dié gēn tā yíyàng de cài.

▶ナプキンを持ってきてください．
给我拿一下餐巾．
Gěi wǒ ná yíxià cānjīn.

▶あとどのくらいかかりますか．
还要多长时间呢？
Hái yào duōcháng shíjiān ne?

▶メニューをもう一度見せてください．
再让我看一看菜单．
Zài ràng wǒ kànyikàn càidān.

▶ワインをグラスでください．
请给我拿一杯葡萄酒．

Qǐng gěi wǒ ná yì bēi pútáojiǔ.
▶デザートには何がありますか．
 甜点有什么？
 Tiándiǎn yǒu shénme?
▶アイスクリームをください．
 我要冰激凌．
 Wǒ yào bīngjilíng.
▶これは火が通っていません．
 这个做得没熟．
 Zhège zuòde méi shū.
▶スープがしょっぱ過ぎます．
 这个汤太咸了．
 Zhège tāng tài xián le.
▶これは注文していません．
 我没有点这个菜．
 Wǒ méiyǒu diǎn zhège cài.
▶頼んだものがまだきません．
 我们点过的菜还没有来．
 Wǒmen diǎnguò de cài hái méiyǒu lái.
▶とても，おいしかったです．
 太好吃了．
 Tài hǎochī le.
▶たいへんおいしかったです，ごちそうさま．
 都吃饱了，谢谢．
 Dōu chībǎo le, xièxie.
▶気に入ってもらえてうれしいです．
 你能满意我很高兴．
 Nǐ néng mǎnyì wǒ hěn gāoxìng.
▶この店は食べ物はおいしくて値段も手ごろです．
 这家餐馆的菜又可口又经济．
 Zhèjiā cānguǎn de cài yòu kěkǒu yòu jīngjì.
▶お勘定をお願いします．
 请结账．
 Qǐng jiézhàng.
 买单．
 Mǎidān.
▶別々に払いたいのですが．
 我们想分别付款．
 Wǒmen xiǎng fēnbié fùkuǎn.
▶この中にサービス料は含まれていますか．
 服务费包括在内吗？
 Fúwùfèi bāokuò zàinèi ma?
▶クレジットカードでお願いします．
 我用信用卡结账．
 Wǒ yòng xìnyòngkǎ jiézhàng.
▶計算が間違っています．
 计算错了．
 Jìsuàn cuò le.
▶テイクアウトでハンバーガー2個をお願いします．
 来两个汉堡包，打包．
 Lái liǎng ge hànbǎobāo, dǎbāo.
▶ホットドッグとオレンジジュースをください．
 请给我热狗和橙汁．
 Qǐng gěi wǒ règǒu hé chéngzhī.
▶コーラのSを1つください．
 给我一杯小的可乐．
 Gěi wǒ yì bēi xiǎo de kělè.
▶スモール［ミディアム，ラージ］をお願いします．
 请给我小的［中间的，大的］．
 Qǐng gěi wǒ xiǎo de[zhōngjiān de, dà de].
▶お持ち帰りですか，ここで召し上がりますか．
 您带走还是在这儿吃？
 Nín dài zǒu háishi zài zhèr chī?
▶ここで食べます．
 我在这儿吃．
 Wǒ zài zhèr chī.
▶持ち帰ります．
 我要带走．
 Wǒ yào dàizǒu.
▶ここに座ってもいいですか．
 这儿可以坐吗？
 Zhèr kěyǐ zuò ma?

●買い物

▶いらっしゃいませ．
 欢迎光临．
 Huānyíng guānglín.
▶…はありますか．
 你有…吗？
 Nǐ yǒu … ma?
▶あれを見せてくださいますか．
 请给我看那个．
 Qǐng gěi wǒ kàn nàge.
▶ほかのを見せてください．
 请给我看别的．
 Qǐng gěi wǒ kàn biéde.
▶見ているだけです．
 我只是在看着呢．

Wǒ zhǐshì zài kànzhe ne.
▶素材はなんですか.
这个质料是什么？
Zhège zhìliào shì shénme?
▶色違いのものはありますか.
有其他颜色的吗？
Yǒu qítā yánsè de ma?
▶違うデザインはありますか.
有不同的式样的吗？
Yǒu bù tóng de shìyàng de ma?
▶もっと品質のいいものはありますか.
有没有质量好一点儿的吗？
Yǒuméiyǒu zhìliàng hǎo yìdiǎnr de ma?
▶試着してみてもいいですか.
可以试一下吗？
Kěyǐ shì yíxià ma?
▶ぴったりです.
正好.
Zhèng hǎo.
▶ちょっときつい［ゆるい］です.
有点儿紧［松］.
Yǒudiǎnr jǐn[sōng].
▶もう少し小さなのはありますか.
有没有小一点儿的？
Yǒuméiyǒu xiǎo yìdiǎnr de?
▶サイズがわかりません.
我不知道自己的尺码.
Wǒ bù zhīdào zìjǐ de chǐmǎ.
▶サイズを計ってください.
请量量尺寸.
Qǐng liángliang chǐcun.
▶これはおいくらですか.
这个多少钱？
Zhège duōshao qián?
▶気に入りましたが値段がちょっと高すぎます.
我很喜欢这个，但是价格太贵.
Wǒ hěn xǐhuan zhège, dànshì jiàgé tài guì.
▶まけてもらえますか.
能不能让价？
Néngbunéng ràngjià?
▶これにします.
我要这个.
Wǒ yào zhège.
▶袋をいただけますか.
请给我袋子.
Qǐng gěi wǒ dàizi.

▶プレゼント用に包んでもらえますか.
这是送人的．给我包上好吗？
Zhè shì sòng rén de. Gěi wǒ bāoshang hǎo ma?
▶これを日本に送ることはできますか.
这件能不能寄到日本去？
Zhè jiàn néngbunéng jì dào Rìběn qù?
▶おつりが足りません.
找头不够.
Zhǎotou búgòu.
▶計算が間違っています.
计算错了.
Jìsuàn cuò le.

●病気・けが

▶お医者さんを呼んでください.
请叫医生！
Qǐng jiào yīshēng!
▶この近くに病院［薬局］はありますか.
这附近有医院［药店］吗？
Zhè fùjìn yǒu yīyuàn[yàodiàn] ma?
▶病院に連れて行ってください.
请把我送到医院去.
Qǐng bǎ wǒ sòngdào yīyuàn qù.
▶日本語の話せるお医者さんはいますか.
有没有会说日语的大夫？
Yǒuméiyǒu huì shuō Rìyǔ de dàifu?
▶気分が悪いです.
我有点儿不舒服.
Wǒ yǒudiǎnr bù shūfu.
▶熱があります.
我有点儿发烧.
Wǒ yǒudiǎnr fāshāo.
▶体がだるいです.
身体发酸了.
Shēntǐ fāsuān le.
▶めまいがします.
发昏了．
Fāhūn le.
▶胃が痛みます.
胃疼．
Wèi téng.
▶食欲がありません.
胃口不好.
Wèikǒu bù hǎo.
▶頭が痛いです.

場面別 会話表現集　1595

頭疼.
Tóu téng.

▶かぜをひいたようです.
我好像感冒了.
Wǒ hǎoxiàng gǎnmào le.

▶喉が痛いです.
嗓子疼.
Sǎngzi téng.

▶ひどい咳が出ます.
我咳嗽得很厉害.
Wǒ késoude hěn lìhai.

▶車に酔いました.
晕车了.
Yùnchē le.

▶吐きそうです.
要吐了.
Yào tù le.

▶下痢をしています.
我闹了肚子了.
Wǒ nàole dùzi le.

▶ここがとても痛いです.
这儿很疼.
Zhèr hěn téng.

▶発疹が出ています.
出了皮疹了.
Chūle pízhěn le.

▶私はアレルギー体質です.
我是过敏症的.
Wǒ shì guòmǐnzhèng de.

▶けがをしました.
我受伤了.
Wǒ shòushāng le.

▶足首を捻挫しました.
我挫伤了脚腕子.
Wǒ cuòshāng le jiǎowànzi.

▶目に何か入りました.
我的眼睛里有什么东西.
Wǒ de yǎnjingli yǒu shénme dōngxi.

▶やけどをしました.
我烧伤了.
Wǒ shāoshāng le.

▶診断書をください.
请给我开诊断书.
Qǐng gěi wǒ kāi zhěnduànshū.

▶風邪薬をください.
请给我感冒药.
Qǐng gěi wǒ gǎnmàoyào.

▶頭痛薬はありますか.
有头疼药吗？
Yǒu tóuténgyào ma?

▶眠くならないのにしてください.
我要不发困的.
Wǒ yào bù fākùn de.

▶便秘の薬をください.
请给我便秘药.
Qǐng gěi wǒ biànmìyào.

▶1日に何回飲むのですか.
一天要吃几次药呢？
Yìtiān yào chī jǐcì yào ne?

▶1日3回，食後に水で飲んでください.
每天三次，饭后用水服用.
Měitiān sān cì, fànhòu yòng shuǐ fúyòng.

●困ったとき

▶助けて！
救命！
Jiùmìng!

▶ちょっと困っています.
我有个问题.
Wǒ yǒu ge wèntí.

▶道に迷いました.
我迷路了.
Wǒ mílù le.

▶どろぼう！
小偷儿！
Xiǎotōur!

▶バッグを盗まれました.
我的提包被人偷走了.
Wǒ de tíbāo bèi rén tōuzǒu le.

▶パスポートをなくしました.
我丢了护照了.
Wǒ diūle hùzhào le.

▶財布をすられました.
我的钱包被人窃走了.
Wǒ de qiánbāo bèi rén qièzǒu le.

▶クレジットカードをなくしました.
我丢了信用卡了.
Wǒ diūle xìnyòngkǎ le.

▶警察はどこですか.
公安局在哪里？
Gōng'ānjú zài nǎli?

▶一緒に来てください.
跟我一起来.

Gēn wǒ yīqǐ lái.
- ▶お医者さんを呼んでください．
  请叫医生！
  Qǐng jiào yīshēng!
- ▶救急車を呼んでください．
  请叫救护车！
  Qǐng jiào jiùhùchē!
- ▶日本語のできる方はいませんか．
  有没有会说日语的？
  Yǒuméiyǒu huì shuō Rìyǔ de?
- ▶部屋に鍵を忘れました．
  我把钥匙忘在房间里了．
  Wǒ bǎ yàoshi wàngzài fángjiānli le.

●道をたずねる

- ▶人民公園に行きたいのですが．
  我想去人民公园．
  Wǒ xiǎng qù Rénmín gōngyuán.
- ▶東方市場はどこですか．
  东方市场在哪儿？
  Dōngfāng shìchǎng zài nǎr?
- ▶すみません，故宮へ行く道を教えてください．
  请问，去故宫怎么走？
  Qǐngwèn, qù Gùgōng zěnme zǒu?
- ▶市内へ行くバスはどこから出ますか．
  去市内的公共汽车在哪儿上？
  Qù shìnèi de gōnggòng qìchē zài nǎr shàng?
- ▶西単に行くには，この道でいいのでしょうか．
  去西单，走这条路就行吗？
  Qù Xīdān, zǒu zhè tiáo lù jiù xíng ma?
- ▶ここはこの地図ではどの位置でしょうか．
  这儿是这张地图上的哪个位置？
  Zhèr shì zhè zhāng dìtúshang de nǎge wèizhi?
- ▶遠いですか．
  离这里远吗？
  Lí zhèli yuǎn ma?
- ▶歩いて行ける距離ですか．
  能走着去吗？
  Néng zǒuzhe qù ma?
- ▶歩いて何分くらいですか．
  要走几分钟？
  Yào zǒu jǐ fēnzhōng?
- ▶ここからすぐですか．
  离这儿近吗？
  Lí zhèr jìn ma?
- ▶すぐそこですよ．
  离这里很近．
  Lí zhèli hěn jìn.
- ▶ここからだとかなりありますよ．
  离这里很远．
  Lí zhèli hěn yuǎn.
- ▶何か目印はありますか．
  有什么标志吗？
  Yǒu shénme biāozhì ma?
- ▶行き過ぎですので，引き返してください．
  走过了，返回去吧．
  Zǒu guò le, fǎnhuíqù ba.
- ▶前の角を左に曲がったところにあります．
  在前面的路口往右拐就是了．
  Zài qiánmian de lùkǒu wǎng yòu guǎi jiù shì le.
- ▶まっすぐに5分くらい行くと着きます．
  一直往前走五分钟就到．
  Yìzhí wǎng qián zǒu wǔ fēnzhōng jiù dào.

●電話・FAX・メール

- ▶もしもし，鈴木と申します．
  喂，我叫铃木．
  Wéi, Wǒ jiào Língmù.
- ▶李さんをお願いします．
  我找李先生．
  Wǒ zhǎo Lǐ xiānsheng.
- ▶そのままでお待ちください．
  请稍微等一下儿．
  Qǐng shāowēi děng yíxiàr.
- ▶ただ今ほかの電話に出ております．
  他现在接别的电话．
  Tā xiànzài jiē bié de diànhuà.
- ▶申し訳ありません．席をはずしております．
  对不起．他不在．
  Duìbuqǐ. Tā bú zài.
- ▶今日は休んでおります．
  今天他休息．
  Jīntiān tā xiūxi.
- ▶伝言をお願いできますか．
  能留言吗？
  Néng liúyán ma?
- ▶折り返し電話を下さるようお伝えください．
  请告诉他给我回电话．
  Qǐng gàosu tā gěi wǒ huí diànhuà.
- ▶また後で電話します．

以后我再打吧.
Yǐhòu wǒ zài dǎ ba.
▶何番におかけですか.
您打多少号？
Nín dǎ duōshao hào?
▶国際電話をかけるにはどうするのですか.
国际电话怎么打？
Guójì diànhuà zěnme dǎ?
▶コレクトコールで日本へ電話したいのですが.
我想用对方付费方式向日本打电话.
Wǒ xiǎng yòng duìfāng fùfèi fāngshì xiàng Rìběn dǎ diànhuà.
▶ファックスを送りたいのですが.
我要发传真.
Wǒ yào fā chuánzhēn.
▶Eメールを送りたいのですが.
我要发伊妹儿.
Wǒ yào fā yīmèir.

● 郵便

▶近くに郵便局はありますか.
附近有邮局吗？
Fùjìn yǒu yóujú ma?
▶10元切手を3枚ください.
我要三张十块的邮票.
Wǒ yào sān zhāng shí kuài de yóupiào.
▶航空便で日本へお願いします.
我要往日本寄航空信.
Wǒ yào wǎng Rìběn jì hángkōngxìn.
▶速達でお願いします.
我要寄快信.
Wǒ yào jì kuàixìn.
▶印刷物扱いにしてください.
我要寄印刷品.
Wǒ yào jì yìnshuāpǐn.

● 時刻・日にち・曜日

▶いま何時ですか.
现在几点？
Xiànzài jǐ diǎn?
▶11時です.
十一点钟.
Shíyī diǎnzhōng.
▶8時15分です.
八点一刻.
Bā diǎn yíkè.
八点十五分.
Bā diǎn shíwǔ fēn.
▶6時半です.
六点半.
Liù diǎn bàn.
▶2時10分前です.
差十分两点.
Chà shí fēn liǎng diǎn.
▶5時を回ったところです.
已经过了五点了.
Yǐjing guòle wǔ diǎn le.
▶私の時計は少し遅れて［進んで］います.
我的手表慢［快］一点儿.
Wǒ de shǒubiǎo màn [kuài] yìdiǎnr.
▶今日は何日ですか.
今天几号？
Jīntiān jǐ hào?
▶2月10日です.
二月十号.
Èr yuè shí hào.
▶こちらへは8月3日に来ました.
我是八月三号来这里的.
Wǒ shì bā yuè sān hào lái zhèli de.
▶今日は何曜日ですか.
今天星期几？
Jīntiān xīngqījǐ?
▶木曜日です.
星期四.
Xīngqīsì.
▶彼とは来週の日曜に会います.
下星期天我跟他见面.
Xià xīngqītiān wǒ gēn tā jiànmiàn.

● 気持ちの表現

▶楽しかったです.
我过得很愉快.
Wǒ guò de hěn yúkuài.
▶とってもおいしい.
真好吃.
Zhēn hǎochī.
▶すごい！
真了不起！
Zhēn liǎobuqǐ!
▶おもしろい.

真有趣.
Zhēn yǒuqù.
真有意思.
Zhēn yǒu yìsi.
▶感動しました.
我深受感动.
Wǒ shēn shòu gǎndòng.
▶わくわくします.
我很激动.
Wǒ hěn jīdòng.
▶信じられません.
我不能相信.
Wǒ bùnéng xiāngxìn.
▶驚きました.
我吃了一惊.
Wǒ chīle yìjīng.
▶寂しいです.
我很寂寞.
Wǒ hěn jìmò.

▶悲しいです.
我很难过.
Wǒ hěn nánguò.
▶怖いです.
我很害怕.
Wǒ hěn hàipà.
▶心配です.
我很担心.
Wǒ hěn dānxīn.
▶残念です.
我很遗憾.
Wǒ hěn yíhàn.
▶気に入りました.
我很喜欢.
Wǒ hěn xǐhuan.
▶気に入りません.
我不喜欢.
Wǒ bù xǐhuan.

日中小辞典

- 常用語を中心に収録し，配列は五十音順とした．
- 意味の違い・用法などを適宜〔 〕で示した．
- （ ）は省略可能な語，［ ］は置き換え可能な語を示す．
- 例句・例文がある場合，各記述の最後にまとめて記した．訳が複数ある場合は「，」でつなげた．
- 訳語の意味・用法について詳しくは本文を参照のこと．

■あ■■■■■■

アーモンド 杏仁 xìngrén，扁桃 biǎntáo，巴旦杏 bādànxìng

愛 爱 ài，爱情 àiqíng

相変わらず 照旧 zhàojiù，仍旧 réngjiù，仍然 réngrán

愛嬌 可爱之处 kě'ài zhī chù；¶～がある／可爱，讨 tǎo 人喜欢

アイコン 图标 túbiāo

挨拶 问候 wènhòu，寒暄 hánxuān；〔儀式などの〕致辞 zhìcí；¶～する／打招呼

アイシャドー 眼影 yǎnyǐng

相性 〔～がよい〕合得来 hédelái；〔～が悪い〕合不来 hébulái；¶彼ら2人はいささか～が悪い／他们俩有点儿不对劲儿

愛情 爱情 àiqíng

合図 信号 xìnhào；¶騒がしくしないよう彼らに目で～した／我用眼睛暗示他们不要吵闹

アイスキャンデー 冰棍儿 bīnggùnr

アイスクリーム 冰激凌 bīngjīlíng

アイスコーヒー 冰镇咖啡 bīngzhèn kāfēi

アイススケート 滑冰 huábīng

アイスホッケー 冰球 bīngqiú

愛する 爱 ài，喜爱 xǐ'ài；¶大自然を～／爱好大自然

相席 同桌 tóngzhuō；¶知らない人と～になる／与陌生人同坐一桌

愛想 〔～がよい〕和蔼 hé'ǎi；¶不～／冷淡 ¶～が尽きる／讨厌 ¶～笑い／讨好的笑，谄 chǎn 笑 ¶お～（勘定）／结帐

間 〔空間的〕间隔 jiàngé；〔時間的〕期间 qījiān；〔間柄〕关系 guānxi；¶（…と…）の間／（…和…）之间

間柄 关系 guānxi

愛着 依恋 yīliàn，留恋 liúliàn

相づち 〔～をうつ〕点头同意 diǎntóu tóngyì，随声附和 suí shēng fù hè

相手 对方 duìfāng，对手 duìshǒu；〔仲間〕伙伴 huǒbàn；〔対象〕对象 duìxiàng；¶～にしない／不理睬 lǐcǎi

アイデア 主意 zhǔyi，想法 xiǎngfǎ；¶～を出す／出主意

IT 信息技术 xìnxī jìshù；¶～産業／信息产业

ID ID号 hào，识别号 shíbiéhào，表示符 biǎoshìfú

IDカード 身份证 shēnfenzhèng，身份证明卡 shēnfen zhèngmíng kǎ

アイテム 项目 xiàngmù，条款 tiáokuǎn

アイドル 偶像 ǒuxiàng；〔芸能人〕明星 míngxīng

あいにく 不凑巧 bù còuqiǎo

合間 间隙 jiànxì；¶仕事の～に外国語を勉強する／在公司利用空闲时间学外语

曖昧 含糊 hánhu，暧昧 àimèi

愛用 爱用 àiyòng，常用 chángyòng，经常用 jīngcháng yòng

アイロン （电）熨斗 (diàn)yùndǒu；¶服に～をかける／烫衣服

合う 〔一致する〕一致 yízhì，符合 fúhé；〔適合する〕合适 héshì，相配 xiāngpèi；¶気が～／对劲儿 ¶話が～／谈得投合 ¶答えが～／回答得对 ¶時計が合っている／表走得准 ¶助け～／互相帮助

会う 〔面会する〕见面 jiànmiàn；〔出会う〕遇见 yùjiàn，碰到 pèngdao，碰见 pèngjian

遭う 遭遇 zāoyù，遭到 yùdao；¶ひどい目に～／倒霉 dǎoméi

あえぐ 喘息 chuǎnxī；〔苦しむ〕挣扎 zhēngzhá；¶はあはあとあえいでいる／喘吁吁 xūxū 的

あえて 敢于 gǎnyú，硬 yìng，特意 tèyì

青い 蓝 lán；〔草木が〕绿 lǜ；〔顔色が〕苍白 cāngbái；〔未熟だ〕未熟 wèishú

仰ぐ 〔上を向く〕仰 yǎng，仰望 yǎngwàng；〔敬う〕敬仰 jìngyǎng；〔請う〕请求 qǐngqiú；¶師と～／尊为师长 ¶教えを～／请教 ¶上司に指示を～／请示上级

扇ぐ 扇 shān；¶扇子で～／扇扇子 shànzi

青信号 绿灯 lǜdēng
青空 蓝天 lántiān;¶～市場／露天市场
仰向け 仰 yǎng, 仰卧 yǎngwò;¶顔を～る／仰面, 把脸向上仰
あおる 〔風〕吹动(fēng)chuīdòng;〔そそのかす〕煽动 shāndòng
垢 污垢 wūgòu
赤い 红 hóng
赤字 赤字 chìzì, 亏空 kuīkong;¶～を出す／亏损
赤信号 红灯 hóngdēng
明かり 光 guāng;〔ともしび〕灯光 dēngguāng;¶～をつける／点灯 ¶～を消す／关灯
上がる 〔のぼる〕上 shàng, 登上 dēngshàng;〔高まる〕上升 shàngshēng, 提高 tígāo;〔緊張する〕怯场 qièchǎng;¶値が～／涨价 ¶学校に～／上学 ¶雨が～／雨停
明るい 明亮 míngliàng;〔性格などが〕明朗 mínglǎng, 爽朗 shuǎnglǎng;〔色などが〕鲜艳 xiānyàn,〔精通している〕精通 jīngtōng, 熟悉 shúxī;¶見通しが～／前途光明
赤ん坊 婴儿 yīng'ér, 小宝宝 xiǎobǎobāo
秋 秋天 qiūtiān
空き 空地 kòngdì, 空隙 kòngxì;¶空き缶〔瓶〕／空罐〔瓶子〕 ¶～時間／空闲 ¶座席に～がある／座位有空的
明らか 明显 míngxiǎn, 清楚 qīngchu;¶～な変化／明显的变化 ¶～に…／显然… ¶彼は～に酔っているのに, 飲まなかったと言う／他明明醉了, 却还说没喝
諦める 断念 duànniàn, 放弃 fàngqì, 死心 sǐxīn;¶あきらめきれない／死不了 liǎo 心
飽きる 腻烦 nìfan, 厌烦 yànfán;¶聞き飽きた／听腻〔够〕了
あきれる 目瞪口呆 mù dèng kǒu dāi, 惊讶 jīngyà;¶そんなことってあるかい, 全くあきれちゃうね／有这样事情, 岂 qǐ 有此理！
空く 空 kòng, 空闲 kòngxián
開く 开(门) kāi(mén)
悪 恶 è
悪意 恶意 èyì
握手 握手 wòshǒu
悪性 恶性 èxìng;¶～腫瘍／恶性肿瘤zhǒngliú

アクセサリー 首饰 shǒushi, 装饰品 zhuāngshìpǐn
アクセス 〔ウェブサイトへの〕访问 fǎngwèn;〔記憶装置への〕存取 cúnqǔ;¶空港への～／到机场的交通
アクセント 〔ことばの〕重音 zhòngyīn;〔強調点〕重点 zhòngdiǎn, 突出点 tūchūdiǎn
あくび 哈欠 hāqian;¶～をする／打哈欠
悪魔 魔鬼 móguǐ, 恶魔 èmó
あぐら 盘腿 pántuǐ;¶～をかいて坐る／盘腿坐
明け方 天亮 tiānliàng, 黎明 límíng
明ける 〔夜が〕天亮 tiānliàng;〔年が〕过年 guònián;〔期間が〕期满 qīmǎn;¶梅雨が～／梅雨结束
空ける 〔空間や時間を〕空出 kòngchū, 腾出 téngchū;〔穴を〕挖 wā, 钻 zuān;〔中身を〕倒出 dàochū
開ける 开 kāi, 打开 dǎkāi
上げる 〔高くする〕升高 shēnggāo;〔持ち上げる〕举起 jǔqǐ, 抬起 táiqǐ;〔向上させる〕提高 tígāo;〔与える〕给 gěi;¶顔を～／抬头 ¶凧〔花火〕を～／放风筝〔烟火〕 ¶スピードを～／加快
挙げる 〔例や手などを〕举 jǔ
揚げる 〔油で〕炸 zhá;¶油で揚げた食べ物／油炸食品
あご 下巴 xiàba
憧れる 向往 xiàngwǎng, 憧憬 chōngjǐng
麻 麻 má
朝 早晨 zǎochen, 早上 zǎoshang;¶～ご飯／早饭 ¶～寝坊／睡懒觉(的人)
浅い 浅 qiǎn;¶考えが～／想法肤浅 ¶経験が～／经验不够 ¶日が～／日子短 ¶眠りが～／睡得不熟
アサガオ 牵牛花 qiānniúhuā
浅瀬 浅滩 qiǎntān
あさって 后天 hòutiān
朝日 朝阳 zhāoyáng, 朝日 zhāorì
あざむく 骗 piàn, 欺骗 qīpiàn
鮮やか 鲜明 xiānmíng;〔腕前が〕熟练 shúliàn, 巧妙 qiǎomiào;¶処理が～だ／办得很漂亮
朝焼け 早霞 zǎoxiá, 朝霞 zhāoxiá
アサリ 蛤仔 gézǐ

足 脚 jiǎo, 腿 tuǐ; ¶椅子の～/椅子腿 ¶～の踏み場もない/连下脚的地方都没有

味 味儿 wèir, 味道 wèidao; 〔おもしろみ〕趣味 qùwèi; ¶～をみる/尝尝味道 ¶～をつける/调 tiáo 味 ¶～のある文章/有趣味的文章

アジ 竹荚鱼 zhújiáyú

アジア 亚洲 Yàzhōu, 亚细亚 Yàxìyà

足跡 脚印 jiǎoyìn; ¶～が残る/留下脚印

足音 脚步声 jiǎobùshēng

足首 脚脖子 jiǎobózi

味気ない 乏味 fáwèi, 没意思 méiyìsi

アジサイ 紫阳花 zǐyánghuā

足元 脚下 jiǎoxià; 〔足つき〕脚步 jiǎobù; ¶～がふらつく/脚步不稳 ¶～を固める/巩固立脚点 ¶～にも及ばない/望尘莫及

味わう 品尝 pǐncháng, 品味 pǐnwèi; 〔鑑賞する〕玩味 wánwèi; 〔体験する〕体验 tǐyàn

明日 明天 míngtiān, 明日 míngrì

預かる 保管 bǎoguǎn; 〔責任を負う〕管理 guǎnlǐ, 担任 dānrèn

アズキ 小豆 xiǎodòu, 红小豆 hóngxiǎodòu

預ける 寄存 jìcún, 存放 cúnfàng; 〔世话や処理を任せる〕托付 tuōfù, 委托 wěituō

アスファルト 柏油 bǎiyóu, 沥青 lìqīng

アスレチック 体育运动 tǐyù yùndòng; ¶～クラブ/健身房，健身俱乐部

汗 汗 hàn; ¶～をかく/出汗 ¶手に～を握る/捏 niē 一把汗

あせも 痱子 fèizi

焦る 着急 zháojí, 急躁 jízào; ¶あせって…する/急巴巴地…，急匆匆 cōngcōng 地…

褪せる 退色 tuìshǎi, 掉色 diàoshǎi

あそこ 哪儿 nǎr, 哪里 nǎli, 那边儿 nàbiānr

遊ぶ 玩儿 wánr, 游玩 yóuwán

与える 给 gěi, 给予 jǐyǔ

温かい・暖かい 〔料理などが〕热 rè; 〔気候や雰囲気などが〕暖和 nuǎnhuo, 温暖 wēnnuǎn; 〔心が〕热情 rèqíng

温める・暖める 温 wēn, 暖和 nuǎnhuo; 〔料理などを〕热 rè

あだ名 外号 wàihào, 绰号 chuòhào

頭 头 tóu, 脑袋 nǎodai; 〔脳のはたらき〕脑筋 nǎojīn; 〔頭髪〕头发 tóufa; 〔はじめ〕头 tóu, 开始 kāishǐ; ¶～がよい/聪明 ¶～をつかう/动脑筋 ¶～を悩ます/伤脑筋 ¶～にくる/叫人生气 ¶鼻の～/鼻尖

頭金 订〔定〕金 dìngjīn

新しい 新 xīn; ¶新しく作った服/新做的衣服 ¶～経験/新鲜经验 ¶～教材/崭新 zhǎnxīn 的教材

辺り 附近 fùjìn, 周围 zhōuwéi; ¶この～/这一带 ¶～を見回す/环视四周

当たり前 当然 dāngrán, 应当 yīngdāng, 理所当然 lǐ suǒ dāng rán

当たる 〔ぶつかる〕碰 pèng, 撞 zhuàng; 〔的・くじ・毒などに〕中 zhòng; 〔担当する〕承担 chéngdān, 担任 dānrèn; 〔相当する〕相当于 xiāngdāng yú; ¶日が～/太阳晒 ¶火に～/烤火 ¶予想が～/猜中 ¶くじに～/中彩〔奖〕¶辞書に～/查辞典

あちこち 到处 dàochù, 各处 gèchù

あちら 〔あそこ〕哪儿 nǎr, 那边 nàbiān; 〔あれ〕那个 nà ge; 〔あの人〕那位 nà wèi

厚い 厚 hòu; 〔人情・志・友情などが〕深厚 shēnhòu; ¶～雲/浓云 ¶信仰が～/虔诚 qiánchéng 信仰 ¶厚く御礼申し上げます/深表谢意

暑い 热 rè; ¶蒸し～/闷 mēn 热

熱い 热 rè, 烫 tàng; 〔情熱的だ〕热烈 rèliè, 热情 rèqíng

悪化 恶化 èhuà

扱う 〔引き受けて処理する〕处理 chǔlǐ, 承担 chéngdān; 〔待遇する〕对待 duìdài; 〔使う〕使用 shǐyòng; 〔操作する〕操作 cāozuò, 操纵 cāozòng

厚かましい 脸皮厚 liǎnpí hòu, 不要脸皮 bùyào liǎnpí

厚着 穿得多〔厚〕chuān de duō〔hòu〕

あっけない 过于简单 guòyú jiǎndān, 不尽兴 bù jìnxìng; ¶小说の結末はあっけなかった/小说结尾太简单，没意思

あっさり 〔味や色が〕清淡 qīngdàn; 〔性格が〕爽快 shuǎngkuai, 淡泊 dànbó; 〔簡単に〕干脆 gāncuì, 轻易地 qīngyì de

圧縮 压缩 yāsuō; ¶経費を～する/紧缩 jǐnsuō 经费

圧倒 压倒 yādǎo; ¶～的多数/压倒多数

集まる 聚集 jùjí, 集合 jíhé; 〔集中する〕集中 jízhōng

集める 〔物や金を〕收集 shōují, 搜集 sōují;〔人を〕召集 zhāojí;〔集中させる〕集中 jízhōng;¶会費を～/收会费 ¶注目を～/引人注目

圧力 压力 yālì;¶～をかける/施加压力

宛先 收信人的姓名和地址 shōuxìnrén de xìngmíng hé dìzhǐ

当てはまる 适合 shìhé, 合乎 héhū;¶条件に～/合乎条件

当てはめる 适用 shìyòng, 适合 shìhé

当てる 〔ぶつける〕碰 pèng;〔あてがう〕贴上 tiēshang;〔命中させる〕中 zhòng;〔使う〕充作 chōngzuò, 用于 yòngyú;〔予想する〕猜 cāi

後 〔空間的〕后面 hòumian, 后边 hòubian;〔時間的〕以后 yǐhòu;〔さらに〕还 hái, 再 zài

跡 〔痕跡〕痕迹 hénjì;〔遺跡〕遗迹 yíjì;¶足～/脚印 ¶城～/城址 ¶傷～/伤痕

後片付け 收拾 shōushi

跡継ぎ 〔跡取り〕后嗣 hòusì, 继承人 jìchéngrén;〔後継者〕接班人 jiēbānrén

アドバイス 劝告 quàngào, 建议 jiànyì

後回し 往后推 wǎng hòu tuī, 推迟 tuīchí

アドレス 地址 dìzhǐ;¶メール～/电邮地址

穴 孔 kǒng, 眼儿 yǎnr, 洞 dòng;¶～をあける/打眼儿 ¶～を掘る/挖坑 ¶～埋めする/填补亏空

アナウンサー 播音员 bōyīnyuán, 广播员 guǎngbōyuán

アナウンス 广播 guǎngbō, 通知 tōngzhī

あなた 你 nǐ, 您 nín

あなどる 欺侮 qīwǔ, 小看 xiǎokàn, 轻视 qīngshì

アナログ 模拟 mónǐ;¶～放送/模拟广播

兄 哥哥 gēge

アニメ 动画片 dònghuàpiàn, 卡通（片）kǎtōng(piàn)

姉 姐姐 jiějie

あの 那 nà, 那个 nàge;¶～ころ/那（个）时候

アパート 公寓 gōngyù

暴れる 闹 nào, 乱闹 luànnào

アパレル 服装 fúzhuāng;¶～業界/服装行业 hángyè

アヒル 鸭子 yāzi

浴びる 浴 yù, 淋 lín;〔うける〕受到 shòudào;¶シャワーを～/洗淋浴 ¶非難を～/遭到谴责

アフターサービス 售后服务 shòuhòu fúwù

危ない 危险 wēixiǎn

油 油 yóu, 脂肪 zhīfáng

油絵 油画 yóuhuà

油っこい 油腻 yóunì

アフリカ 非洲 Fēizhōu

溢れる 溢出 yìchū, 漾出 yàngchū, 漫出来 mànchūlai;〔みなぎる〕充满 chōngmǎn;¶元気～/生气勃勃 ¶ホールに人があふれている/客厅里挤满了人

甘い 甜 tián;〔きつくない・厳しくない〕松 sōng, 宽 kuān

甘える 撒娇 sājiāo

雨具 雨具 yǔjù

アマチュア 业余爱好者 yèyú àihàozhě;¶～選手/业余运动员

甘やかす 娇养 jiāoyǎng, 娇惯 jiāoguàn

雨宿り 避雨 bìyǔ

あまり 〔あまりに〕太 tài, 过分 guòfèn, 过于 guòyú;〔さほど…ない〕不太 bùtài, 不怎么 bù zěnme

余り 剩余 shèngyú;〔割り算の〕余数 yúshù;¶10 人～/十多个人

余る 剩 shèng, 剩余 shèngyú

網 网 wǎng;¶～にかかる/落 luò 网 ¶～戸/纱窗

編む 编 biān, 编织 biānzhī;¶セーターを～/织毛衣 ¶お下げを～/梳辫子 biànzi

雨 雨 yǔ;¶～が降る/下雨 ¶～が止む/雨停 ¶～宿りをする/避雨

飴 糖 táng;¶～をなめる/吃糖

アメリカ 美国 Měiguó;¶～大陸/美洲 Měizhōu

怪しい 〔疑わしい〕奇怪 qíguài, 可疑 kěyí;〔信用できない〕不可靠 bù kěkào

怪しむ 怀疑 huáiyí, 觉得奇怪 juéde qíguài

操る 操纵 cāozòng, 操作 cāozuò;¶舟を～/驶船 ¶人形を～/耍木偶 ¶3つの外国語を～/会说三种外语

過ち 错误 cuòwù, 过失 guòshī;¶～を犯す/犯错误

謝る 道歉 dàoqiàn, 谢罪 xièzuì

荒い 〔乱暴だ〕粗暴 cūbào;〔激しい〕凶猛

xiōngměng; ¶波が〜／波涛汹涌 ¶息が〜／呼吸急促 ¶金遣いが〜／乱花钱
粗い 粗 cū, 粗糙 cūcāo; ¶目が〜／眼儿大 ¶粒が〜／粒儿大 ¶表面の手ざわりが〜／表面摸着粗糙
洗う 洗 xǐ
あらかじめ 预先 yùxiān, 事先 shìxiān
嵐 暴风雨 bàofēngyǔ, 风暴 fēngbào
荒らす 破坏 pòhuài, 扰乱 rǎoluàn, 损伤 sǔnshāng
あらすじ 梗概 gěnggài, 概略 gàilüè
争う 争 zhēng, 竞争 jìngzhēng, 斗争 dòuzhēng; ¶先を〜／争先
改まる 改 gǎi, 变 biàn, 更新 gēngxīn; ¶年が〜／岁序更新 ¶改まった口調／郑重的口气
改めて 重新 chóngxīn, 再 zài
改める 改 gǎi, 改变 gǎibiàn, 改正 gǎizhèng;〔検査する〕检查 jiǎnchá; ¶切符を〜／查〔验〕票
あらゆる 所有 suǒyǒu, 一切 yīqiè
表す 表示 biǎoshì, 表现 biǎoxiàn
現す 显出 xiǎnchū, 露出 lùchū
現れる 出现 chūxiàn, 显现 xiǎnxiàn, 露出来 lùchulai
アリ 蚂蚁 mǎyǐ
ありがとう 谢谢 xièxie, 感谢 gǎnxiè
ありふれた 常见的 chángjiàn de, 普通的 pǔtōng de, 不稀罕的 bù xīhan de
ある 〔持っている・存在する〕有 yǒu;〔…にある〕在 zài
或る 有 yǒu, 某 mǒu; ¶〜人／某（一个）人 ¶〜日／有一天
あるいは 〔または〕或 huò, 或者 huòzhě;〔もしかすると〕也许 yěxǔ
アルカリ 碱 jiǎn; ¶〜性／碱性
歩く 走 zǒu, 走路 zǒulù, 步行 bùxíng
アルコール 酒精 jiǔjīng;〔酒〕酒 jiǔ
アルバイト 打工 dǎgōng
アルバム 〔写真の〕影集 yǐngjí, 相册 xiàngcè;〔CDなどの〕专辑 zhuānjí
アルファベット 拉丁字母 Lādīng zìmǔ
アルミ 铝 lǚ; ¶〜ホイル／铝箔 ¶〜のなべ／铝锅
あれ 那 nà, 那个 nàge
荒れる 〔秩序などが乱れる〕乱 luàn, 胡乱 húluàn;〔荒廃する〕荒废 huāngfèi, 荒芜 huāngwú;〔暴れる〕胡闹 húnào; ¶天候が〜／闹天气 ¶海が〜／海上起风浪 ¶肌が〜／皮肤粗糙 cūcāo ¶生活が〜／生活不规律，生活放荡 fàngdàng
アレルギー 过敏（症）guòmǐn(zhèng)
泡 泡儿 pàor, 沫儿 mòr, 泡沫 pàomò; ¶〜がたつ／起泡〔沫〕 ¶水の〜となる／化为 wéi 泡影
淡い 〔色などが薄い〕浅 qiǎn, 淡 dàn;〔かすかだ〕微弱 wēiruò; ¶〜期待／一线希望 ¶〜恋心／淡淡的恋情
合わせて 一共 yīgòng, 合计 héjì, 合起来 héqǐlai
合わせる 〔くっつける〕合 hé, 合上 héshàng;〔合計する〕加在一起 jiāzài yìqǐ;〔調和させる〕配合 pèihé, 调和 tiáohe;〔つき合わせる〕核对 héduì
慌ただしい 匆忙 cōngmáng
慌てる 慌张 huāngzhāng;〔急ぐ〕急忙 jímáng
案外 意外 yìwài, 出乎意料 chū hū yì liào
暗記 记住 jìzhù, 背 bèi
アンケート 问卷 wènjuàn; ¶〜調査／问卷调查 ¶〜に答える／答问卷
アンコール 要求重演 yāoqiú chóngyǎn
暗唱 背 bèi, 背诵 bèisòng
暗証番号 密码 mìmǎ
安心 放心 fàngxīn, 安心 ānxīn
安全 安全 ānquán; ¶（道路の）〜地帯／安全岛
安定 稳定 wěndìng, 安定 āndìng
アンテナ 天线 tiānxiàn
あんな 那样 nàyàng, 那么 nàme
案内 向导 xiàngdǎo, 引路 yǐnlù;〔手引き〕指南 zhǐnán;〔通知〕通知 tōngzhī; ¶〜状／请帖
暗に 暗中 ànzhōng
あんまん 豆沙包 dòushābāo

■■■■■ **い** ■■■■■

胃 胃 wèi; ¶〜が痛む／胃痛 ¶〜ガン／胃癌 ái ¶〜カメラ／胃镜
良い 好 hǎo;〔差し支えない〕行 xíng, 可以 kěyǐ
言い合う 议论 yìlùn, 争论 zhēnglùn, 争吵

zhēngchǎo
いいえ 不 bù
言い返す 还嘴 huánzuǐ, 顶嘴 dǐngzuǐ
いい加減 〔雑だ〕马虎 mǎhu, 粗心 cūxīn
言い方 说法 shuōfǎ; ¶～がぞんざいだ／说话粗鲁 cūlǔ
言い出す 说出 shuōchū, 说出口 shuōchū kǒu;〔提案する〕提(起来) tí(qǐlai)
言いつける 吩咐 fēnfu, 嘱咐 zhǔfu;〔告げ口する〕告状 gàozhuàng; ¶お手伝いさんに洗濯を～／叫保姆 bǎomǔ 洗衣服
言い張る 硬说 yìngshuō, 坚决主张 jiānjué zhǔzhāng
Eメール 电子邮件 diànzǐ yóujiàn, 伊妹儿 yīmèir
言い訳 辩解 biànjiě, 借口 jièkǒu
言う 说 shuō;〔…と呼ぶ〕叫做 jiàozuò
家 家 jiā;〔家屋〕房屋 fángwū; ¶～を建てる／盖房子
イカ 墨鱼 mòyú, 乌贼 wūzéi, 鱿鱼 yóuyú
以下 以下 yǐxià;〔あと〕后面 hòumian; ¶～のとおり／如下
以外 以外 yǐwài, 除了…之外 chúle … zhī wài
意外 意外 yìwài, 意想不到 yìxiǎngbudào
いかが 怎么样 zěnme yàng, 如何 rúhé; ¶ご機嫌～ですか／你好吗？
生かす・活かす (有 效)利 用 (yǒuxiào)lì yòng, 发挥 fāhuī
息 呼吸 hūxī, 气息 qìxī
意義 意义 yìyì
いきいき 生动 shēngdòng, 活泼 huópo, 精神 jīngshen
勢い 势 shì, 气势 qìshì
生きがい 活头儿 huótour
生き返る 复活 fùhuó, 苏醒过来 sūxǐngguòlai
息苦しい 喘不上气 chuǎnbushàng qì, 令人窒息 lìng rén zhìxī
意気込む 振奋 zhènfèn, 鼓足干劲 gǔzú gànjìn
いきさつ 经过 jīngguò, 原委 yuánwěi
いきなり 〔突然〕突然 tūrán;〔直に〕直接 zhíjiē
息抜き 歇口气 xiē kǒu qì, 歇息 xiēxī
生き残る 活下去 huóxiàqu

生き物 生物 shēngwù
イギリス 英国 Yīngguó
生きる 活 huó;〔暮らす〕生活 shēnghuó;〔効果などが出る〕发挥(作用) fāhuī(zuòyòng), 有效 yǒuxiào
行く 去 qù;〔目的をもって出かける〕上 shàng;〔立ち去る〕走 zǒu; ¶学校へ～／上学 ¶北京行きの特急／开往北京的特快
いくつ 几个 jǐ ge, 多少 duōshao
いくら 〔値段を尋ねる〕多少钱 duōshao qián;〔どんなに…でも・たとえ…でも〕怎么…也 zěnme … yě, 无论…也 wúlùn … yě
池 池 chí, 池子 chízi
生け花 插花 chāhuā
意見 意见 yìjiàn, 见解 jiànjiě;〔忠告〕劝告 quàngào; ¶～を出す／提意见
以後 以后 yǐhòu
勇ましい 勇敢 yǒnggǎn;〔威勢がよい〕雄壮 xióngzhuàng
遺産 遗产 yíchǎn; ¶世界～／世界遗产
石 石头 shítou, 石 shí
意志 意志 yìzhì, 志向 zhìxiàng
意思 意思 yìsi, 心意 xīnyì
意地 〔心根〕心地 xīndì;〔意気地〕志气 zhìqì; ¶～になる／固执 ¶～を张る／执意 ¶～きたない／贪婪 tānlán
維持 维持 wéichí, 维护 wéihù
意識 意识 yìshí; ¶～を～する／意识到…¶～的／故意
いじめる 欺负 qīfu, 欺侮 qīwǔ
医者 医生 yīshēng, 大夫 dàifu
以上 以上 yǐshàng;〔前述〕上述 shàngshù; ¶予想～／超过预料 ¶…した～は／既然…
異常 异常 yìcháng, 反常 fǎncháng
移植 移植 yízhí; ¶臓器～／藏器移植
いじる 摆弄 bǎinòng, 玩弄 wánnòng
意地悪 心眼儿坏 xīnyǎnr huài; ¶～をする／为难 wéinán
椅子 椅子 yǐzi, 凳子 dèngzi
イスラム教 伊斯兰教 Yīsīlánjiào, 回教 Huíjiào
いずれ 〔どれ〕哪 nǎ, 哪个 nǎge;〔そのうち〕改天 gǎitiān; ¶～にせよ／反正
遺跡 遗迹 yíjì

以前 以前 yǐqián；〔むかし〕过去 guòqù, 从前 cóngqián
依然 仍然 réngrán, 依然 yīrán
忙しい 忙 máng
急ぐ 赶 gǎn, 赶快 gǎnkuài, 急于 jíyú
板 板 bǎn, 木板 mùbǎn
痛い 疼痛 téngtòng, 疼 téng, 痛 tòng；¶头が～／头疼〔痛〕 ¶耳が～／逆耳
遺体 遗体 yítǐ
偉大 伟大 wěidà
委託 委托 wěituō, 托付 tuōfù
いたずら 淘气 táoqì, 调皮 tiáopí；¶～坊主／淘气鬼 ¶～電話／骚扰 sāorǎo 电话
頂く 〔もらう〕接受 jiēshòu, 领受 lǐngshòu；〔飲食する〕吃 chī, 喝 hē；〔…して～〕请 qǐng
痛手 损害 sǔnhài, 损失 sǔnshī
痛み 疼痛 téngtòng, 痛苦 tòngkǔ；¶～止め／止痛药
痛む 疼 téng, 痛 tòng；¶胸が～／痛心
炒める 炒 chǎo, 煎 jiān
イタリア 意大利 Yìdàlì
いたわる 照顾 zhàogu, 怜恤 liánxù；〔ねぎらう〕安慰 ānwèi
市 集市 jíshì, 市场 shìchǎng
位置 位置 wèizhì
一応 〔ひととおり〕大致 dàzhì, 大体 dàtǐ；〔ひとまず〕初步 chūbù, 暂且 zànqiě
イチゴ 草莓 cǎoméi
一時 暂时 zànshí, 一时 yìshí
著しい 显著 xiǎnzhù, 显明 xiǎnmíng
一段と 更加 gèngjiā, 越发 yuèfā
一段落 一段落 yíduànluò
一度 一次 yícì, 一回 yìhuí, 一遍 yíbiàn
市場 市场 shìchǎng, 商场 shāngchǎng
一番 第一 dìyī, 最 zuì
一部 一部分 yíbùfen, 部分 bùfen
一面 〔側面〕一面 yímiàn, 一方面 yìfāngmiàn；〔全面〕一片 yípiàn
一流 一流 yīliú, 头等 tóuděng
いつ 什么时候 shénme shíhou；¶～でも／随时
いつか 〔いずれ〕(总)有一天 (zǒng)yǒu yìtiān, 早晚 zǎowǎn；〔かつて〕曾经 céngjīng
一気 一口气 yìkǒuqì

一向に 一点儿也 yìdiǎnr yě, 全然 quánrán
一切 〔すべて〕一切 yíqiè, 所有 suǒyǒu；〔まったく〕完全 wánquán
一種 一种 yìzhǒng
一瞬 一刹那 yíchànà, 一瞬 yíshùn
一緒 一起 yìqǐ, 一块儿 yíkuàir；〔同じ〕一样 yíyàng
一生 一辈子 yíbèizi, 一生 yìshēng
一生懸命 拼命 pīnmìng, 努力 nǔlì
いっそう 更 gèng, 更加 gèngjiā, 越发 yuèfā
いったい 到底 dàodǐ, 究竟 jiūjìng
いったん 暂时 zànshí, 一旦 yídàn
一致 一致 yízhì, 符合 fúhé
一定 一定 yídìng, 固定 gùdìng
一等 头等 tóuděng；¶～賞／头奖 ¶～寝台／软卧
一杯 一杯 yìbēi, 一碗 yìwǎn；〔満杯〕满 mǎn, 充满 chōngmǎn
一般 一般 yìbān, 普通 pǔtōng
一服 〔一休みする〕歇一会儿 xiē yíhuìr, 休息一下 xiūxi yíxià；¶タバコを～吸う／抽一支烟
一遍 一遍 yíbiàn, 一次 yícì；¶～に／一下子
一方 一方 yìfāng, 一方面 yìfāngmiàn
いつまでも 永远 yǒngyuǎn
いつも 〔常に〕经常 jīngcháng, 总是 zǒngshì；〔ふだん〕平时 píngshí
いつわる 冒充 màochōng, 假冒 jiǎmào
遺伝 遗传 yíchuán
遺伝子 基因 jīyīn；¶～組み替え／转 zhuǎn 基因, 基因重组 chóngzǔ
糸 线 xiàn
意図 意图 yìtú
移動 移动 yídòng
いとこ 〔父方〕堂兄弟 tángxiōngdì, 堂姐妹 tángjiěmèi；〔母方〕表兄弟 biǎoxiōngdì, 表姐妹 biǎojiěmèi
以内 以内 yǐnèi, 之内 zhī nèi
田舎 乡下 xiāngxia, 农村 nóngcūn；〔故郷〕故乡 gùxiāng
イヌ 狗 gǒu
イネ 稻子 dàozi, 水稻 shuǐdào
居眠り 瞌睡 kēshuì；¶～をする／打盹儿 dǔnr, 打瞌睡

命 命 mìng, 生命 shēngmìng;〔寿命〕寿命 shòumìng;〔大切なもの〕命根子 mìnggēnzi; ¶～がけ／拼命

祈る 〔神仏に〕祈祷 qídǎo;〔願う〕祝愿 zhùyuàn; ¶ご健康をお祈りしています／祝你身体健康！

威張る 摆架子 bǎi jiàzi, 逞威风 chěng wēifēng

違反 违反 wéifǎn, 违犯 wéifàn

いびき 呼噜 hūlu, 鼾声 hānshēng; ¶～をかく／打呼噜

違法 违法 wéifǎ, 犯法 fànfǎ

今 现在 xiànzài

居間 起居室 qǐjūshì

今頃 现在 xiànzài, 这时候 zhè shíhou

今さら 事到如今 shì dào rújīn, 现在才 xiànzài cái

いましめる 劝戒 quànjiè, 告诫 gàojiè

今にも 眼看 yǎnkàn

意味 意思 yìsi, 意义 yìyì

イメージ 形象 xíngxiàng, 印象 yìnxiàng

イモ 薯 shǔ, 薯类 shǔlèi

妹 妹妹 mèimei

嫌 〔好まない〕讨厌 tǎoyàn, 不喜欢 bù xǐhuan;〔望まない〕不愿意 bù yuànyì

嫌がる 讨厌 tǎoyàn, 不愿意 bù yuànyì

卑しい 〔身分が低い〕卑贱 bēijiàn;〔みすぼらしい〕寒酸 hánsuān;〔下劣だ〕卑鄙 bēibǐ; ¶口が～／嘴馋 zuǐchán

イヤホン 耳机 ěrjī

イヤリング 耳环 ěrhuán

いよいよ 〔ますます〕更 gèng, 越来越 yuèláiyuè;〔ついに〕终于 zhōngyú

意欲 热情 rèqíng, 积极性 jījíxìng

依頼 委托 wěituō

いらいら 焦急 jiāojí, 焦躁 jiāozào, 烦躁 fánzào

イラスト 插画 chāhuà, 插图 chātú

いらっしゃいませ 欢迎 huānyíng, 欢迎光临 huānyíng guānglín

入口 门口 ménkǒu, 入口 rùkǒu

医療 医疗 yīliáo; ¶～事故／医疗事故

居る 〔…にいる〕在 zài;〔存在する〕有 yǒu

要る 要 yào, 需要 xūyào

イルカ 海豚 hǎitún

イルミネーション 彩灯 cǎidēng, 灯饰 dēngshì

入れ替える 换 huàn, 替换 tìhuàn

入れ墨 文身 wénshēn

入れ歯 假牙 jiǎyá, 义齿 yìchǐ

入れ物 容器 róngqì, 器皿 qìmǐn

入れる 放进 fàngjìn, 装入 zhuāngrù;〔加える〕加入 jiārù; ¶茶を～／沏 qī 茶 ¶砂糖を～／放糖

色 颜色 yánsè, 色彩 sècǎi

いろいろ 各种各样 gè zhǒng gè yàng

岩 岩石 yánshí

祝う 祝贺 zhùhè, 庆祝 qìngzhù; ¶誕生日を～／过生日

イワシ 沙丁鱼 shādīngyú

いわゆる 所谓 suǒwèi

印鑑 印章 yìnzhāng, 图章 túzhāng; ¶～を押す／盖章［印］

陰気 阴暗 yīn'àn, 阴郁 yīnyù

インク 墨水 mòshuǐ;〔印刷用〕油墨 yóumò

印刷 印刷 yìnshuā

飲酒運転 酒后开车 jiǔhòu kāichē

印象 印象 yìnxiàng

インスタント 速成 sùchéng; ¶～ラーメン／方便面 ¶～珈琲／速溶咖啡

インストール 安装 ānzhuāng

インターネット 因特网 yīntèwǎng, 互联网 hùliánwǎng; ¶～カフェ／网吧 ¶～に接続する／上网

引退 引退 yǐntuì, 辞职 cízhí;〔スポーツ選手〕退役 tuìyì

インタビュー 采访 cǎifǎng

インディアン （美国)印第安人（Měiguó) Yìndì'ānrén

インテリ 知识分子 zhīshi fènzǐ, 知识阶层 zhīshi jiēcéng

インテリア 室内装饰（品）shìnèi zhuāngshì（pǐn）

インド 印度 Yìndù

イントネーション 语调 yǔdiào, 声调 shēngdiào

インフラ（ストラクチャー） 基础设施 jīchǔ shèshī, 基本建设 jīběn jiànshè

インフルエンザ 流感 liúgǎn, 流行性感冒 liúxíngxìng gǎnmào

インフレ 通货膨胀 tōnghuò péngzhàng

引用 引用 yǐnyòng

■う■■■■■

ウイスキー 威士忌 wēishìjì
ウイルス 病毒 bìngdú
ウインドサーフィン 滑浪风帆 huálàng fēngfān, 帆板冲浪 fānbǎn chōnglàng
ウーロン茶 乌龙茶 wūlóngchá
上 上 shàng, 上面 shàngmian, 上边 shàngbian
ウエートレス 女服务员 nǚfúwùyuán
植木 盆栽 pénzāi；¶～鉢／花盆
飢える 饥饿 jī'è
植える 种 zhòng, 植 zhí, 栽 zāi
うがい 漱口 shùkǒu
伺う 〔訪問する〕拜访 bàifǎng；〔尋ねる〕请教 qǐngjiào, 打听 dǎtīng
浮かぶ 浮 fú, 漂 piāo；〔現れる〕浮现 fúxiàn；〔思いつく〕想起来 xiǎngqǐlái
受かる 考上 kǎoshàng
受け入れる 接受 jiēshòu
受付 〔受け取る〕接收 jiēshōu, 受理 shòulǐ；〔係員〕传达 chuándá, 收发员 shōufāyuán；〔場所〕传达室 chuándáshì, 收发室 shōufāshì
受け取る 接 jiē, 收到 shōudào, 领取 lǐngqǔ
受身 被动 bèidòng
受け持つ 担任 dānrèn, 负责 fùzé
受ける 接 jiē, 受 shòu；〔害を〕遭受 zāoshòu；¶試験を～／参加考试, 投考
動かす 〔位置を〕移动 yídòng, 挪动 nuódòng；〔機械などを〕开动 kāidòng, 发动 fādòng；¶心を～／动心
動き 动作 dòngzuò；〔変動〕变化 biànhuà；〔動向〕动向 dòngxiàng
動く 动 dòng, 移动 yídòng；〔機械が〕开动 kāidòng；〔行動する〕活动 huódòng, 行动 xíngdòng
ウサギ 兔 tù, 兔子 tùzi
ウシ 牛 niú
失う 失去 shīqù, 丢 diū
後ろ 后 hòu, 后面 hòumian, 后边 hòubian
後ろめたい 亏心 kuīxīn, 内疚 nèijiù
薄い 薄 báo；〔濃度や密度が〕稀薄 xībó, 稀少 xīshǎo；〔関心や印象が〕淡薄 dànbó；〔色が〕浅 qiǎn, 淡 dàn；〔味が〕淡 dàn, 清淡 qīngdàn

薄着 单薄 dānbó, 穿得少 chuān de shǎo
薄暗い 灰暗 huī'àn, 阴暗 yīn'àn
渦巻き 旋涡 xuánwō
嘘 假话 jiǎhuà, 谎言 huǎngyán；¶～をつく／撒 sā 谎, 说谎
歌 歌 gē, 歌曲 gēqǔ
歌う 唱 chàng
疑う 怀疑 huáiyí, 不相信 bù xiāngxìn
内 里 lǐ, 里面 lǐmiàn；〔以内〕以内 yǐnèi, 之内 zhīnèi；¶1年の～／一年之内
家 家 jiā
打ち明ける 吐露 tǔlù, 说出心里话 shuōchū xīnlihuà
打ち合わせ 商量 shāngliang, 碰头（会）pèngtóu(huì)
内側 里面 lǐmiàn, 里边 lǐbian, 内部 nèibù
内気 内向 nèixiàng, 腼腆 miǎntiǎn
宇宙 宇宙 yǔzhòu；¶～ステーション／航天站
有頂天 兴高采烈 xìng gāo cǎi liè
うちわ 团扇 tuánshàn
打つ 打 dǎ；¶注射を～／打针 ¶電報を～／打电报 ¶胸を～／感动
撃つ 开枪 kāiqiāng, 放枪 fàngqiāng
うっかり 粗心 cūxīn, 疏忽 shūhu, 不留神 bù liúshén
美しい 美 měi, 美丽 měilì, 漂亮 piàoliang；〔すばらしい〕美好 měihǎo
写す 〔書き写す〕抄(写) chāo(xiě), 摹写 móxiě；¶写真を～／照相
映す 映 yìng, 照 zhào
移す 移动 yídòng, 挪动 nuódòng；¶視線を～／转 zhuǎn 移视线
訴える 〔訴訟を起こす〕起诉 qǐsù；〔申し立てる・訴えかける〕申诉 shēnsù, 诉说 sùshuō
うっとうしい 郁闷 yùmèn；〔煩わしい〕讨厌 tǎoyàn
うっとり 出神 chūshén, 陶醉 táozuì
鬱病 抑郁症 yìyùzhèng, 忧郁症 yōuyùzhèng
うつぶせ 俯卧 fǔwò
うつむく 低头 dītóu, 俯首 fǔshǒu
移る 移 yí, 搬 bān；〔病気が〕传染 chuánrǎn, 感染 gǎnrǎn
映る 映 yìng, 照 zhào
器 容器 róngqì, 器皿 qìmǐn；〔度量〕器量 qì-

liàng；¶社長の〜ではない／不是当 dāng 总经理的料
腕 胳膊 gēbo, 手臂 shǒubì；〔腕前〕本事 běnshi, 本领 běnlǐng, 手艺 shǒuyì
腕時計 手表 shǒubiǎo；¶〜をする／戴手表
うとうと 打盹儿 dǎdǔnr
うどん 面 miàn, 面条 miàntiáo
促す 催 cuī, 促进 cùjìn
ウナギ 鳗鱼 mányú
うなずく 点头 diǎntóu
うなる 〔うめく〕哼 hēng, 呻吟 shēnyín；〔鳴り響く〕响 xiǎng；〔感心する〕赞叹 zàntàn
うぬぼれる 骄傲 jiāo'ào, 自负 zìfù
奪う 夺 duó, 抢夺 qiǎngduó
ウマ 马 mǎ
うまい 〔食べ物が〕好吃 hǎochī；〔飲み物が〕好喝 hǎohē；〔…するのが上手だ〕…得好…de hǎo, 善于… shànyú …
生まれつき 天生 tiānshēng, 天性 tiānxìng
生まれる 生 shēng, 出生 chūshēng, 产生 chǎnshēng
海 海 hǎi, 大海 dàhǎi
海辺 海边 hǎibiān, 海滨 hǎibīn
生む 生 shēng, 产 chǎn, 产生 chǎnshēng；¶子供を〜／生孩子 ¶卵を〜／下蛋, 产卵 luǎn
ウメ 梅 méi；〔花〕梅花 méihuā；〔実〕梅子 méizǐ
梅干し 咸梅 xiánméi
埋める 埋 mái；〔空間や不足部分を〕填 tián, 填补 tiánbǔ
敬う 尊敬 zūnjìng
裏 背面 bèimiàn, 反面 fǎnmiàn, 后面 hòumian
裏表 表里 biǎolǐ；¶〜がない／表里如一 ¶〜がある／两面三刀
裏返す 翻过来 fānguòlai
裏切る 背叛 bèipàn；〔期待などを〕辜负 gūfù
裏口 后门 hòumén
占う 占卜 zhānbǔ, 算命 suànmìng
恨む 恨 hèn, 埋怨 mányuàn, 怨恨 yuànhen
羨む 羡慕 xiànmù
売り上げ 销售额 xiāoshòu'é

売り切れ 售完 shòuwán, 卖光 màiguāng, 脱销 tuōxiāo
売り場 柜台 guìtái
売り物 商品 shāngpǐn
売る 卖 mài, 出售 chūshòu
うるさい 吵闹 chǎonào, 〔煩わしい〕讨厌 tǎoyàn, 麻烦 máfan；〔口やかましい〕唠叨 láodao, 挑剔 tiāotī
嬉しい 高兴 gāoxìng, 欢喜 huānxǐ
売れっ子 红人 hóngrén, 大腕儿 dàwànr
売れ行き 销路 xiāolù
売れる 畅销 chàngxiāo, 好卖 hǎomài；¶名が〜／出名
うろたえる 惊慌 jīnghuāng, 着慌 zháohuāng
うろつく 徘徊 páihuái, 转来转去 zhuànlái zhuànqù
浮気 婚外恋 hūnwàiliàn
上着 上衣 shàngyī
噂 传闻 chuánwén, 风声 fēngshēng
運 运气 yùnqi, 命运 mìngyùn
運営 经营 jīngyíng, 办理 bànlǐ
うんざり 腻烦 nìfan, 厌烦 yànfán
運賃 〔旅客〕车费 chēfèi；〔貨物〕运费 yùnfèi
運転 〔車〕开(车) kāi(chē), 驾驶 jiàshǐ；〔機械〕操纵 cāozòng；¶〜免許／驾驶执照
運転手 司机 sījī, 驾驶员 jiàshǐyuán
運動 运动 yùndòng；〔スポーツ〕体育运动 tǐyù yùndòng；¶〜場／操场, 体育场
運動会 运动会 yùndònghuì
運命 命 mìng, 命运 mìngyùn

■■■え■■■■■■

絵 画(儿) huà(r), 图画 túhuà；¶〜をかく／画画儿
エアコン 空调 kōngtiáo
エアバッグ 安全气囊 ānquán qìnáng
エアメール 航空信 hángkōngxìn, 航空邮件 hángkōng yóujiàn
エアロビクス 健身(美)操 jiànshēn(měi)cāo, 韵律操 yùnlǜcāo
永遠 永远 yǒngyuǎn, 永久 yǒngjiǔ
映画 电影 diànyǐng, 影片 yǐngpiàn；¶〜館／电影院
永久 永久 yǒngjiǔ
影響 影响 yǐngxiǎng；¶…に〜する／影响…

¶…の〜を受ける／受…的影响

営業 营业 yíngyè
英語 英语 Yīngyǔ, 英文 Yīngwén
英才 英才 yīngcái；¶〜教育／超常教育，英才教育
エイズ 艾滋病 àizībìng
衛生 卫生 wèishēng；¶公衆〜／公众卫生
衛星 卫星 wèixīng；¶〜放送／卫星传播 ¶〜中継／卫星转播 ¶人工〜／人造卫星
映像 映像 yìngxiàng, 图像 túxiàng
英雄 英雄 yīngxióng
栄誉 荣誉 róngyù, 名誉 míngyù
栄養 营养 yíngyǎng
営利 营利 yínglì, 谋利 móulì；¶非〜団体／非营利团体
エージェント 代理商（人）dàilǐshāng(rén)
ATM 柜员机 guìyuánjī, 自动存取款机 zìdòng cúnqǔkuǎnjī, ATM 机 jī
エープリルフール 愚人节 Yúrénjié, 万愚节 Wànyújié
笑顔 笑脸 xiàoliǎn, 笑容 xiàoróng
描く 画 huà, 描绘 miáohuì；〔文章で〕描写 miáoxiě；〔思い描く〕想像 xiǎngxiàng
駅 车站 chēzhàn, 火车站 huǒchēzhàn；¶〜員／车站工作人员，站务员 ¶地下鉄の駅／地铁站
エキシビション （友谊）表演赛(yǒuyì)biǎoyǎnsài
液晶 液晶 yèjīng；¶〜テレビ／液晶电视
エキストラ 群众演员 qúnzhòng yǎnyuán, 临时演员 línshí yǎnyuán
エキスパート 专家 zhuānjiā, 内行 nèiháng, 熟练者 shúliànzhě
エキゾチック 有异国情调（的）yǒu yìguó qíngdiào(de)
液体 液体 yètǐ
疫病 疫病 yìbìng
えくぼ 酒窝 jiǔwō, 笑窝 xiàowō
エコノミークラス 经济舱 jīngjìcāng；¶〜症候群／经济舱综合症
餌 饲料 sìliào；¶家畜に〜をやる／喂 wèi 牲口
会釈 点头致意 diǎntóu zhìyì
エスカレーター 自动扶梯 zìdòng fútī
枝 枝 zhī, 树枝 shùzhī
枝豆 毛豆 máodòu

エチケット 礼貌 lǐmào, 礼节 lǐjié
エッセイ 随笔 suíbǐ
閲覧 阅览 yuèlǎn；¶〜室／阅览室
NGO（非政府組織） 非政府组织 fēi zhèngfǔ zǔzhī
エネルギー 能量 néngliàng, 能源 néngyuán；〔活力〕精力 jīnglì, 活力 huólì；¶原子力〜／原子能, 核能 ¶省〜／节能
絵の具 颜料 yánliào
絵葉書 （美术）明信片(měishù)míngxìnpiàn
エビ 虾 xiā
エピソード 〔逸話〕逸事 yìshì；〔挿話〕插话 chāhuà
エプロン 围裙 wéiqún
絵本 图画书 túhuàshū
エラー 错误 cuòwù, 失败 shībài；¶〜メッセージ／错误提示
偉い 了不起 liǎobuqǐ, 伟大 wěidà
選ぶ 选 xuǎn, 挑选 tiāoxuǎn, 选择 xuǎnzé
襟 领子 lǐngzi
エリート 尖子 jiānzi, 精英 jīngyīng
得る 得到 dédào, 取得 qǔdé, 获得 huòdé
エレベーター 电梯 diàntī
円 圆 yuán, 圆形 yuánxíng；〔日本円〕日元 Rìyuán
縁 缘分 yuánfèn
円滑 顺利 shùnlì, 圆满 yuánmǎn
延期 延期 yánqī；¶１ヶ月〜する／延期一个月 ¶来週に〜する／延期到下周
演技 表演 biǎoyǎn, 演技 yǎnjì
縁起 兆头 zhàotou；¶〜がいい／吉祥 ¶〜が悪い／不祥
婉曲 委婉 wěiwǎn, 婉转 wǎnzhuǎn
園芸 园艺 yuányì
演劇 戏剧 xìjù
援護 掩护 yǎnhù, 援救 yuánjiù
エンジニア 工程师 gōngchéngshī
演習 〔訓練〕演习 yǎnxí；〔ゼミ〕课堂讨论 kètáng tǎolùn, 讨论课 tǎolùnkè
円熟 成熟 chéngshú, 圆熟 yuánshú
演出 导演 dǎoyǎn；¶〜家／导演
援助 援助 yuánzhù, 帮助 bāngzhù
演じる 演 yǎn, 扮演 bànyǎn
エンジン 发动机 fādòngjī, 引擎 yǐnqíng
演説 演说 yǎnshuō, 讲演 jiǎngyǎn
演奏 演奏 yǎnzòu

遠足 郊游 jiāoyóu
縁談 亲事 qīnshì, 婚事 hūnshì; ¶～がまとまる／亲事说成
延長 延长 yáncháng; ¶1日［1キロ］～する／延长一天［一公里］
煙突 烟筒 yāntong, 烟囱 yāncōng
縁日 庙会 miàohuì
鉛筆 铅笔 qiānbǐ
円満 圆满 yuánmǎn, 美满 měimǎn
遠慮 客气 kèqi; ［断る］谢绝 xièjué; ¶～なく言う／不客气地说 ¶どうぞ～なく／请不要客气 ¶おタバコはご～ください／请勿吸烟

■お■■■■■

尾 尾巴 wěiba
オアシス 绿洲 lǜzhōu
老い 老 lǎo, 衰老 shuāilǎo
甥 ［兄弟の息子］侄子 zhízi, 侄儿 zhír; ［姉妹の息子］外甥 wàisheng
追い風 顺风 shùnfēng; ¶～に乗る／借东风
追い越す 超过 chāoguò
美味しい ［食べ物が］好吃 hǎochī, 香 xiāng; ［飲み物が］好喝 hǎohē
追い出す ［その場から］赶走 gǎnzǒu, 赶出 gǎnchū; ［組織や団体から］开除 kāichú, 清除 qīngchú
追いつく 赶上 gǎnshang, 追上 zhuīshang
追い詰める 逼 bī, 追逼 zhuībī
追い払う 赶走 gǎnzǒu, 赶远 gǎnyuǎn
オイル 油 yóu, 石油 shíyóu; ¶サラダ～／色拉油
負う ［背負う］背 bēi, 背负 bèifù; ［引き受ける］负责 fùzé, 承担 chéngdān; ［傷を］受伤 shòushāng, 负伤 fùshāng
追う 追 zhuī, 追赶 zhuīgǎn; ［追求する］追求 zhuīqiú, 寻求 xúnqiú; ［追い払う］赶 gǎn, 驱逐 qūzhú; ［順に進む］按序 ànxù, 随着 suízhe; ¶ハエを～／驱赶苍蝇 ¶順を追って説明する／按序解说 ¶仕事に追われる／忙于工作
応援 ［支援する］支持 zhīchí, 帮助 bāngzhù; ［声援を送る］助威 zhùwēi, 加油 jiāyóu; ¶～団／拉拉队
扇 扇子 shànzi
応急 应急 yìngjí, 急救 jíjiù

横行 横行 héngxíng, 霸道 bàdào
応酬 交换 jiāohuàn, 还击 huánjī
押収 扣押 kòuyā, 没收 mòshōu
往生 ［死ぬ］死 sǐ, ［困る］为难 wéinán, 没办法 méibànfǎ; ¶～ぎわが悪い／不干脆
応じる ［受け入れる・答える］接受 jiēshòu, 答应 dāying, 回答 huídá; ［見合う］根据 gēnjù, 适应 shìyìng, 符合 fúhé; ¶質問に～／回答提问 ¶学生の能力に応じた課題／适应学生能力的课题
往診 出诊 chūzhěn
応接 接待 jiēdài
応対 ［人に］应酬 yìngchou, 接待 jiēdài; ［物事に］应对 yìngduì, 应付 yìngfu; ¶電話の～／电话应对
横断 横过 héngguò, 横穿 héngchuān; ¶～歩道／人行横道 ¶大陸～／横贯大陆
横着 偷懒 tōulǎn
応答 答应 dāying, 回答 huídá; ¶質疑～／答疑
凹凸 凹凸 āotū, 高低不平 gāodī bù píng
往復 来回 láihuí, 往返 wǎngfǎn; ¶～運賃／往返票价
横柄 傲慢 àomàn
応募 报名 bàomíng, 应征 yìngzhēng
横暴 专横 zhuānhèng, 蛮横 mánhèng
オウム 鹦鹉 yīngwǔ
応用 应用 yìngyòng
横領 贪污 tānwū
終える 结束 jiéshù, 完成 wánchéng
多い 多 duō
大いに 大 dà, 非常 fēicháng
覆う 覆盖 fùgài, 笼罩 lǒngzhào
大型 大型 dàxíng
オーガニック 有机栽培 yǒujī zāipéi; ¶～食品／有机食品
オオカミ 狼 láng
大きい 大 dà
大きさ 大小 dàxiǎo
オークション 拍卖 pāimài
オーケー 好 hǎo, 可以 kěyǐ
大げさ 夸张 kuāzhāng, 小题大作 xiǎo tí dà zuò
オーケストラ 管弦乐队 guǎnxiányuèduì
大ざっぱ ［粗雑］粗心 cūxīn, 毛糙 máocao; ［おおまか］大概 dàgài, 大致 dàzhì

大勢 许多人 xǔduō rén，很多人 hěn duō rén
オーダー 〔商品の〕订 dìng，订购 dìnggòu；〔飲食物の〕点 diǎn
大台 大关 dàguān；¶～に乗る／突破大关
大詰め 结尾 jiéwěi，最后阶段 zuìhòu jiēduàn
ODA 政府开发援助 zhèngfǔ kāifā yuánzhù
オーディオ 音响 yīnxiǎng；¶～ビジュアル／影视
オーディション 表演预选 biǎoyǎn yùxuǎn，试唱 shìchàng，试演 shìyǎn
オートバイ 摩托车 mótuōchē
オードブル 拼盘 pīnpán，冷盘 lěngpán
オートマチック 自动 zìdòng；¶～車／自动挡车
オートメーション 自动化 zìdònghuà，自动控制 zìdòng kòngzhì
オーナー 所有者 suǒyǒuzhě，业主 yèzhǔ
オーバー 〔超える〕超过 chāoguò，超越 chāoyuè；〔大げさ〕夸张 kuāzhāng，过分 guòfèn
オーバーコート 大衣 dàyī
オーブン 烤箱 kǎoxiāng，烤炉 kǎolú
オープン 〔開く〕开 kāi，开门 kāimén；〔開放的〕公开 gōngkāi，坦率 tǎnshuài；〔店を～する／开始营业
大まか 大致 dàzhì，笼统 lǒngtǒng
大みそか 除夕 chúxī，大年三十 dànián sānshí
大文字 〔アルファベットの〕大写 dàxiě
大物 〔人物〕大人物 dàrénwù，要人 yàorén；〔大きな物〕大的 dà de
大家 房东 fángdōng，房主 fángzhǔ
大らか 大方 dàfang，宽厚 kuānhòu，(心胸)开阔 (xīnxiōng)kāikuò，
オーロラ 极光 jíguāng
丘・岡 小山 xiǎoshān，山冈 shāngāng
お母さん 母亲 mǔqin，妈妈 māma；〔呼びかけ〕妈妈 māma
お返し 〔返礼〕回礼 huílǐ，还礼 huánlǐ；〔報復〕报复 bàofu
お陰 〔協力・恩惠〕帮助 bāngzhù，依靠 yīkào；〔幸いにも〕多亏 duōkuī，幸亏 xìngkuī；〔原因〕由于 yóuyú；¶～さまで／托你的福 ¶水撒きをした～で涼しくなった／幸亏浇了水，凉快多了 ¶毎日練習した～

で上達した／由于每天坚持练习，进步很大
おかしい 〔面白い〕可笑 kěxiào，有意思 yǒuyìsi，有趣 yǒuqù；〔怪しい〕可疑 kěyí，奇怪 qíguài，不正常 bù zhèngcháng；〔道理に合わない〕不合理 bù hélǐ，不适当 bù shìdàng
犯す 〔法律・規則を〕犯 fàn，违犯 wéifàn；〔女性を〕强奸 qiángjiān；¶罪を～／犯罪
侵す 侵犯 qīnfàn
冒す 〔危険・困難を〕冒 mào；〔害する〕损害 sǔnhài，侵蚀 qīnshí；〔冒とくする〕冒 mào，冒渎 màodú；¶リスクを～／冒风险 ¶病に冒される／疾病缠身
おかず 菜 cài，小菜 xiǎocài
拝む 〔礼拝する〕拜 bài，合十 héshí，合掌祈祷 hézhǎng qídǎo，；〔拝見する〕看 kàn，观赏 guānshǎng；〔懇願する〕恳求 kěnqiú，央求 yāngqiú
オカルト 神秘现象 shénmì xiànxiàng，鬼怪现象 guǐguài xiànxiàng；¶～映画／鬼怪电影
沖 海上 hǎishàng，洋面 yángmiàn
掟 规定 guīdìng，规矩 guīju，法令 fǎlìng
補う 补充 bǔchōng，弥补 míbǔ
置物 装饰品 zhuāngshìpǐn，摆设 bǎishe
起きる 〔起床する〕起床 qǐchuáng，起来 qǐlái，醒 xǐng；〔眠らない〕不睡觉 bù shuìjiào，没睡 méi shuì；〔起き上がる〕起来 qǐlái，起立 qǐlì；〔発生する〕发生 fāshēng
奥 里面 lǐmiàn，深处 shēnchù，内部 nèibù
置く 放 fàng；〔残しておく〕留下 liúxià，放下 fàngxià；〔ある状態にする〕处于 chǔyú；¶机に本を～／把书放在桌子上 ¶困難な情況に置かれる／处于困境
屋外 室外 shìwài，户外 hùwài
奥さん 夫人 fūren，太太 tàitai
屋上 楼顶 lóudǐng，屋顶 wūdǐng
憶測 臆测 yìcè，猜测 cāicè
奥の手 绝招 juézhāo，秘诀 mìjué
奥歯 臼齿 jiùchǐ，槽牙 cáoyá
臆病 胆小 dǎnxiǎo
お悔やみ 吊唁 diàoyàn
奥ゆかしい 高雅 gāoyǎ，雅致 yǎzhi
奥行き 进深 jìnshēn
送る 寄 jì，发送 fāsòng，送 sòng；〔人を〕送 sòng；〔過ごす〕度过 dùguò；¶合図を

~／发信号

贈る〔プレゼントする〕送 sòng, 赠送 zèngsòng;〔授与する〕颁发 bānfā, 授予 shòuyǔ

遅れる・後れる〔予定や基準に遅れる〕晚 wǎn, 迟到 chídào, 没赶上 méi gǎnshàng;〔進展が遅い〕慢 màn;〔取り残される〕落后 luòhòu, 跟不上 gēnbushàng;〔劣る〕差 chà, 落后 luòhòu;¶会合に~／聚会迟到 ¶流行に~／落后于时尚;¶学力が~／学力差 ¶時計が2分~／手表慢了两分种

起こす〔倒れたものを〕扶起 fúqǐ, 立起 lìqǐ;〔目覚めさせる〕叫醒 jiàoxǐng

興す兴起 xīngqǐ, 振兴 zhènxīng, 开始 kāishǐ;¶事業を~／创办事业

厳か庄严 zhuāngyán, 严肃 yánsù

怠る偷懒 tōulǎn, 不认真 bù rènzhēn

行い行为 xíngwéi, 行动 xíngdòng

行う实行 shíxíng, 做 zuò, 进行 jìnxíng

怒る生气 shēngqì, 发火 fāhuǒ

奢る〔ご馳走する〕请客 qǐngkè;〔ぜいたくをする〕奢侈 shēchǐ

驕る傲慢 àomàn, 骄傲 jiāo'ào

押さえる压 yā, 按住 ànzhù;〔体の一部を〕捂 wǔ, 堵住 dǔzhù;〔要点を〕抓住 zhuāzhù, 理解 lǐjiě;¶小石で紙を~／用小石头按住纸 ¶ガーゼで傷口を~／用纱布捂住伤口 ¶目頭を~／捂住内眼角

抑える〔感情を〕压住 yāzhù, 控制 kòngzhì, 抑制 yìzhì;〔活動を〕制止 zhìzhǐ, 阻止 zǔzhǐ,〔限度内に〕控制 kòngzhì, 限制 xiànzhì;¶怒りを~／压住怒火 ¶涙を~／忍住眼泪 ¶甘さを抑えたケーキ／控制甜度的蛋糕

幼い年幼 niányòu, 幼小 yòuxiǎo;〔未熟だ〕幼稚 yòuzhì, 不成熟 bù chéngshú

収める・納める〔収納する〕收藏 shōucáng, 收纳 shōunà;〔獲得する〕获得 huòdé, 取得 qǔdé;〔納入する〕交纳 jiāonà, 供应 gōngyìng;〔受け入れる〕收 shōu, 接受 jiēshòu;¶金庫に~／收进保险柜 ¶成果を~／取得成果 ¶税金を~／纳税

治める〔政治を司る〕统治 tǒngzhì, 治理 zhìlǐ;〔管理する〕管理 guǎnlǐ;〔混乱を鎮める〕平定 píngdìng;¶国を~／治国 ¶内乱を~／平定内乱

修める〔学問・技術を〕学习 xuéxí, 钻研 zuānyán;¶学業を~／修业

伯父・叔父〔父の兄〕伯父 bófù, 伯伯 bóbo;〔父の弟〕叔父 shūfù, 叔叔 shūshu;〔母の兄弟〕舅父 jiùfù, 舅舅 jiùjiu;¶〔中年男性への呼びかけ〕~さん／叔叔, 伯伯

惜しい〔残念〕可惜 kěxī, 遗憾 yíhàn;〔貴重〕珍惜 zhēnxī, 可惜 kěxī ¶命が~／珍惜生命

お爺さん・お祖父さん〔高齢の男性への呼びかけ〕老爷爷 lǎoyéye, 老大爷 lǎodàye

押入れ壁橱 bìchú

教え〔教育〕教诲 jiàohuì, 教导 jiàodǎo;〔教訓〕教训 jiàoxùn, 教导 jiàodǎo;〔教義〕教义 jiàoyì

教える教 jiāo;〔指導する〕指导 zhǐdǎo;〔知らせる〕告诉 gàosu

お辞儀鞠躬 jūgōng, 行礼 xínglǐ

押し込む〔詰め込む〕塞进 sāijìn, 硬塞入 yìng sāirù;〔侵入する〕闯进 chuǎngjìn

押し出す推出 tuīchū, 挤出 jǐchū

押しつける〔押さえる〕压 yā, 按住 ànzhù;〔強要する〕强加于(人) qiángjiā yú (rén)

雄しべ雄蕊 xióngruǐ

惜しむ可惜 kěxī, 珍惜 zhēnxī

おしめ尿布 niàobù

おしゃべり〔雑談する〕聊天儿 liáotiānr;〔口数が多い〕多嘴 duōzuǐ, 饶舌 ráoshé

お洒落漂亮 piàoliang, 好打扮(的人) hào dǎbàn(de rén)

汚職贪污 tānwū

押す〔前後に〕推 tuī, 挤 jǐ;〔上下に〕压 yā, 按 àn;〔印を〕盖 gài;¶念を~／叮嘱

雄公 gōng, 雄 xióng;¶~ネコ／公猫

お世辞恭维(话) gōngwei(huà)

お節介爱管闲事 àiguǎn xiánshì

遅い〔時間が〕晚 wǎn, 迟 chí;〔速度が〕慢 màn;〔間に合わない〕来不及 láibují;¶遅かれ早かれ／早晚

襲う袭击 xíjī, 侵袭 qīnxí

恐らく恐怕 kǒngpà, 大概 dàgài, 很可能 hěn kěnéng

恐れる害怕 hàipà, 怕 pà;〔心配する〕担心 dānxīn, 怕 pà

恐ろしい 可怕 kěpà；〔心配だ〕担心 dānxīn；〔程度が甚だしい〕厉害 lìhai, 非常 fēicháng

オゾン 臭氧 chòuyǎng；¶～層／臭氧层

おだてる 吹捧 chuīpěng, 怂恿 sǒngyǒng

おたまじゃくし 〔カエルの幼生〕蝌蚪 kēdǒu；〔丸い杓子〕汤勺子 tāngsháozi, 圆勺子 yuánsháozi

穏やか 〔環境や状態が〕平静 píngjìng, 平稳 píngwěn, 安稳 ānwěn；〔性格・精神が〕和蔼 hé'ǎi, 温和 wēnhé

陥る 陷入 xiànrù, 陷落 xiànluò

落ち込む 〔悪い状態になる〕下降 xiàjiàng；〔深くくぼむ〕凹陷 āoxiàn；〔気が滅入る〕气馁 qìněi

落ち着く 〔物事が安定する〕稳定 wěndìng, 平稳 píngwěn；〔定住・定着する〕定居 dìngjū, 安顿 āndùn；〔気持ちが〕冷静 lěngjìng, 沉着 chénzhuó；〔決着する〕有结果 yǒu jiéguǒ, 归结 guījié；〔調和する〕和谐 héxié, 协调 xiétiáo；〔はでででない〕朴素 pǔsù

落ち度 过失 guòshī, 过错 guòcuò

落ちる 掉下 diàoxia, 落下 luòxia；〔質・程度・地位などが低くなる〕下降 xiàjiàng, 降低 jiàngdī；〔付着したものがとれる〕脱落 tuōluò, 掉 diào；〔落第・落選する〕不及格 bùjígé, 落选 luòxuǎn；〔衰退する〕衰落 shuāiluò, 低落 dīluò；〔リストなどからもれる〕漏掉 lòudiào

夫 丈夫 zhàngfu, 先生 xiānsheng

お手上げ 束手无策 shù shǒu wú cè, 毫无办法 háowú bànfǎ

おでき 疖子 jiēzi, 脓肿 nóngzhǒng

おでこ 额头 étóu, 脑门儿 nǎoménr

お転婆 活泼(的女孩子) huópo(de nǚháizi), 野丫头 yěyātou

音 声音 shēngyīn

お父さん 父亲 fùqin, 爸爸 bàba；〔呼びかけ〕爸爸 bàba

弟 弟弟 dìdi；〔妹の夫〕妹夫 mèifu

脅かす 〔おどす〕威胁 wēixié, 威逼 wēibī；〔おどろかす〕吓 xià, 吓唬 xiàhu

男 男 nán；¶～の子／男孩子

落とし穴 陷阱 xiànjǐng；〔計略〕圈套 quāntào

お年玉 压岁钱 yāsuìqián

落とし物 失物 shīwù, 丢失的物品 diūshī de wùpǐn

落とす 扔下 rēngxià, 摔下 shuāixià；〔程度や水準を下げる〕降低 jiàngdī, 减低 jiǎndī；〔付着物をとり除く〕去掉 qùdiào, 清除 qīngchú；〔失う〕丢失 diūshī；〔採用しない〕不取 bùqǔ, 落选 luòdiào

脅す 威胁 wēixié, 恐吓 kǒngxià

訪れる 访问 fǎngwèn, 拜访 bàifǎng；〔ある時期や状態が〕到来 dàolái, 来临 láilín

おととい 前天 qiántiān

おととし 前年 qiánnián

大人 成年人 chéngniánrén

おとなしい 〔性格・態度が〕老实 lǎoshi, 温和 wénhé；〔色・形が〕朴素 pǔsù, 淡雅 dànyǎ

踊り 舞蹈 wǔdǎo

劣る 不如 bùrú, 劣 liè, 差 chà

踊る 跳 tiào, 跳舞 tiàowǔ

躍る 跳跃 tiàoyuè, 兴奋 xīngfèn

衰える 衰弱 shuāiruò, 衰退 shuāituì

驚かす 惊吓 jīngxià, 惊动 jīngdòng

驚く 吓 xià, 吃惊 chījīng, 惊讶 jīngyà；〔感心する〕惊叹 jīngtàn, 惊讶 jīngyà

同じ 〔同一〕同一 tóngyī, 一样 yīyàng, 相同 xiāngtóng；〔同等〕同等 tóngděng, 相同 xiāngtóng；〔同様〕同样 tóngyàng, 一样 yīyàng

おなら 屁 pì

鬼 鬼怪 guǐguài, 魔鬼 móguǐ；〔冷酷な人〕冷酷无情(的人) lěngkù wúqíng(de rén)；〔意志の強い人〕…狂 …kuáng, 意志顽强(的人) yìzhì wánqiáng(de rén)；〔ゲームでの鬼〕老瞎 lǎoxiā；¶～ごっこ／捉迷藏 ¶彼は仕事の～だ／他是个工作狂

おにぎり (米)饭团儿 (mǐ)fàntuánr

尾根 山脊 shānjǐ

おねしょ 尿床 niàochuáng

斧 斧子 fǔzi, 斧头 fǔtou

各々 各自 gèzì, 各个 gège

伯母・叔母 〔父の姉妹〕姑妈 gūmā；〔母の姉妹〕姨妈 yímā；〔父の兄の妻〕伯母 bómǔ；〔父の弟の妻〕婶婶 shěnshen；〔母の兄弟の妻〕舅妈 jiùmā；¶(中年女性への呼びかけ)～さん／阿姨

お婆さん・お祖母さん 〔高齢の女性への呼びかけ〕老奶奶 lǎonǎinai
お化け 鬼 guǐ, 妖怪 yāoguài, 怪物 guàiwù
お早う 早 zǎo, 你早 nǐ zǎo, 早上好 zǎoshang hǎo
帯 带子 dàizi
怯える 害怕 hàipà, 恐惧 kǒngjù
おびき寄せる 引诱过来 yǐnyòuguòlai
オファー 〔引き合い〕询问 xúnwèn;〔売りの申込み〕报价 bàojià
オフィシャル 正式 zhèngshì
オフィス 办公室 bàngōngshì; ¶～ビル／写字楼 ¶～街／办公区 ¶～オートメーション／办公自动化
オブザーバー 观察员 guāncháyuán
オプション 自选项目 zìxuǎn xiàngmù
オブラート 米纸 mǐzhǐ, 糯米纸 nuòmǐzhǐ
オフライン 脱机 tuōjī, 脱线 tuōxiàn
オフロード 越野 yuèyě; ¶～カー／越野车
オペラ 歌剧 gējù
オペレーター 操作人员 cāozuò rényuán;〔電話の〕话务员 huàwùyuán
覚える 记住 jìzhù, 记忆 jìyì;〔習得する〕掌握 zhǎngwò, 学会 xuéhuì;〔感じる〕感觉 gǎnjué, 感到 gǎndào
おぼつかない 〔不明瞭だ〕模糊 móhu,〔疑わしい〕可疑 kěyí, 靠不住 kàobuzhù;〔心もとない〕不安 bù'ān, 不稳定 bù wěndìng
溺れる 淹没 yānmò, 溺水 nìshuǐ,〔快楽にふける〕沉湎 chénmiǎn, 迷恋 míliàn, 沉溺 chénnì
おまけ 〔景品・付録〕附录 fùlù, 附送品 fùsòngpǐn;〔値引き〕减价 jiǎnjià, 降价 jiàngjià; ¶～に／再加上, 加之
お守り 护身符 hùshēnfú
おみくじ 神签 shénqiān
おむつ 尿布 niàobù; ¶纸～／纸尿布
オムレツ 煎蛋卷 jiāndànjuǎn
おめでとう 祝贺 zhùhè, 恭喜恭喜 gōngxǐ gōngxǐ
思い 〔考え〕思考 sīkǎo, 心思 xīnsi;〔気持ち・感覚〕感觉 gǎnjué, 心情 xīnqíng;〔予想〕预料 yùliào; 想像 xiǎngxiàng;〔期待・願望〕愿望 yuànwàng, 理想 lǐxiǎng;〔感情〕感情 gǎnqíng; ¶～を寄せる／思慕 sīmù

重い 重 zhòng, 沉 chén
思い当たる 想到 xiǎngdào, 意识到 yìshidào
思いがけない 没想到 méi xiǎngdào, 意想不到 yìxiǎngbudào
思い切り 〔ふんぎり〕决心 juéxīn;〔存分に〕彻底 chèdǐ, 尽情 jìnqíng; ¶～がいい／干脆 gāncuì
思い込む 以为 yǐwéi, 深信 shēnxìn
思い出す 想起来 xiǎngqǐlai, 回忆起 huíyìqǐ
思い出 回忆 huíyì, 回想 huíxiǎng
思い通り 如愿 rúyuàn, 随心 suíxīn
思いやり 体谅 tǐliàng, 关怀 guānhuái
思う 〔判断する〕认为 rènwéi, 想 xiǎng;〔感じる〕感到 gǎndào, 感觉 gǎnjué;〔予測する〕想 xiǎng, 推测 tuīcè;〔期待する〕希望 xīwàng;〔心配する〕担心 dānxīn;〔気にかける〕关心 guānxīn, 怀念 huáiniàn;〔回顧する〕回想 huíxiǎng
面影 痕迹 hénjì, 风貌 fēngmào, 面容 miànróng
重さ 重量 zhòngliàng
面白い 有趣 yǒuqù, 有意思 yǒu yìsi, 愉快 yúkuài
おもちゃ 玩具 wánjù
表 正面 zhèngmiàn, 表面 biǎomiàn;〔建物の正面〕前门 qiánmén;〔屋外〕外面 wàimiàn
おもむき 情趣 qíngqù, 风趣 fēngqù
思惑 想法 xiǎngfǎ, 打算 dǎsuàn, 企图 qǐtú
思わず 不由得 bùyóude
重んじる 重视 zhòngshì
親 父母 fùmǔ, 父亲和母亲 fùqin hé mǔqin; ¶～会社／总公司
親方 师傅 shīfu, 工头 gōngtóu
親子 父母和子女 fùmǔ hé zǐnǚ
親潮 亲潮海流 Qīncháo hǎiliú
親知らず 智齿 zhìchǐ, 智牙 zhìyá
おやすみなさい 晚安 wǎn'ān
おやつ 零食 língshí, 茶点 chádiǎn
親指 (大)拇指 (dà)mǔzhǐ
泳ぐ 游 yóu, 游泳 yóuyǒng
およそ 〔おおむね・約〕大约 dàyuē, 大概 dàgài;〔あらまし〕大概 dàgài, 概略 gàilüè;〔まったく〕根本 gēnběn, 完全

wánquán;〔総じて〕凡是 fánshì, 一般 yībān

及ばない 〔必要ない〕不必 bùbì, 用不着 yòngbuzháo;〔匹敵しない〕比不上 bǐbushàng, 不如 bùrú

及び 以及 yǐjí, 和 hé, 还有 háiyǒu

及ぶ 达到 dádào, 涉及到 shèjídào, 波及 bōjí

及ぼす 影响 yǐngxiǎng, 波及 bōjí

オランウータン 猩猩 xīngxing

檻 笼子 lóngzi

オリーブ 油橄榄 yóugǎnlǎn;¶～油／橄榄油

折り返す 返回 fǎnhuí, 折回 zhéhuí

折り紙 折纸 zhézhǐ, 叠纸 diézhǐ

オリジナル 〔原作・原物〕原作 yuánzuò, 原来的 yuánlái de;〔独創的〕独创 dúchuàng, 创新 chuàngxīn

折り畳む 折 zhé, 折叠 zhédié;¶折り畳み傘／折叠伞

折り曲げる 折 zhé, 折弯 zhéwān, 弯曲 wānqū

織物 纺织品 fǎngzhīpǐn;¶絹～／丝织品

下りる・降りる 下 xià, 下来 xiàlái, 下去 xiàqù, 降落 jiàngluò, 落下 luòxia;〔乗物から〕下 xià, 下车 xiàchē;〔途中でやめる〕退出 tuìchū, 放弃 fàngqì;〔許可が〕批下来 pīxiàlai

オリンピック 奥运会 Àoyùnhuì, 奥林匹克运动会 Àolínpǐkè yùndònghuì;¶～種目／奥运项目

折る 折 zhé

織る 织 zhī, 编织 biānzhī

オルガン 风琴 fēngqín

オルゴール 八音盒 bāyīnhé

お礼 谢意 xièyì;〔品物〕礼物 lǐwù

折れる 〔硬いものが〕折断 zhéduàn, 断 duàn;〔紙や布が〕折 zhé;〔方向を変える〕拐 guǎi, 拐弯 guǎiwān;〔譲歩する〕让步 ràngbù, 屈服 qūfú

オレンジ 橘子 júzi, 橙子 chéngzi;¶～ジュース／橙汁

愚か 糊涂 hútu, 傻 shǎ, 笨 bèn

卸売り 批发 pīfā;¶～業者／批发商

下ろす・降ろす・卸す 放下 fàngxià, 降下 jiàngxià, 拿下 náxià;〔預金を〕取 qǔ, 提取 tíqǔ;〔魚を〕切成片 qiēchéng piàn;〔大根などを〕擦碎 cāsuì;〔荷台から〕卸下 xièxià;〔新品を使う〕开始使用 kāishǐ shǐyòng, 首次使用 shǒucì shǐyòng;〔堕胎する〕堕胎 duòtāi, 打胎 dǎtāi

終わり 〔終了〕结束 jiéshù, 了结 liǎojié;〔最後〕最后 zuìhòu, 末尾 mòwěi

終わる 结束 jiéshù, 完毕 wánbì, 告终 gàozhōng;〔…しおわる〕…完 …wán;¶食べ～／吃完

恩 恩情 ēnqíng, 恩 ēn, 恩惠 ēnhuì;¶～に着る／感恩 ¶～に着せる／恩人自居

音楽 音乐 yīnyuè

音響 音响 yīnxiǎng, 声响 shēngxiǎng

恩恵 恩惠 ēnhuì, 好处 hǎochu

温厚 温厚 wēnhòu, 温和 wēnhé

温室 温室 wēnshì;¶～効果／温室效应

温床 温床 wēnchuáng

音声 语音 yǔyīn, 声音 shēngyīn;¶～認識／语音识别

温泉 温泉 wēnquán

温存 保存 bǎocún, 保留 bǎoliú

温暖 温暖 wēnnuǎn;¶地球～化／全球变暖

音痴 左嗓子 zuǒsǎngzi, 五音不全(的人) wǔyīn bù quán(de rén);¶方向～／方向感差 chà

オンデマンド 按需 ànxū;¶ビデオ～(VOD)／视频点播 ¶～出版／按需出版

温度 温度 wēndù

穏当 妥当 tuǒdang, 适度 shìdù

音読 念 niàn, 朗读 lǎngdú;〔音読み〕音读 yīndú

女 女 nǚ;¶～の子／女孩子

音波 声波 shēngbō

穏便 温和 wēnhé, 平和 pínghé

音符 音符 yīnfú

オンライン 联机 liánjī, 在线 zàixiàn;¶～システム／联机系统 ¶～ゲーム／网络游戏 ¶～ショッピング／网络购物 ¶～トレード／网上交易

温和 〔気候〕温和 wēnhé;〔性格〕温和 wēnhé, 稳重 wěnzhòng

■か■■■■■

課 〔部署〕科 kē;〔テキストの区分〕课 kè

カ 蚊子 wénzi

ガ 蛾(子) é(zi)
カーソル 〔コンピュータの〕光标 guāngbiāo
カーディガン 对襟毛衣 duìjīn máoyī
カーテン 窗帘 chuānglián
カード 卡 kǎ, 卡片 kǎpiàn;〔トランプ〕扑克牌 pūkèpái;¶クレジット〜／信用卡
ガードマン 警卫员 jǐngwèiyuán
カーナビ 汽车导航［导向］系统 qìchē dǎoháng [dǎoxiàng] xìtǒng
カーネーション 康乃馨 kāngnǎixīn
カーブ 弯曲 wānqū, 曲线 qūxiàn;〔野球の〕曲线球 qūxiànqiú;¶〜する／拐弯 guǎiwān ¶〜を描く／划曲线
カーペット 地毯 dìtǎn
ガールフレンド 女朋友 nǚpéngyou, 女友 nǚyǒu
回 次 cì, 回 huí
会 会 huì;〔会議〕会议 huìyì
貝 贝 bèi;¶〜殻／贝壳 ké
階 楼 lóu, 层 céng
害 害 hài;〔弊害〕害处 hàichu;〔危害〕危害 wēihài
絵画 画(儿) huà(r); 绘画 huìhuà
外貨 外币 wàibì, 外汇 wàihuì
海外 海外 hǎiwài, 国外 guówài
改革 改革 gǎigé
海岸 海岸 hǎi'àn, 海滨 hǎibīn
外観 外观 wàiguān, 外貌 wàimào, 外表 wàibiǎo
会議 会议 huìyì;¶〜を開く／开会
階級 〔社会的な〕阶级 jiējí;〔公務員や軍人の〕级别 jíbié
海峡 海峡 hǎixiá
改行 换行 huànháng, 另起一行 lìng qǐ yī háng
開業 开业 kāiyè, 开张 kāizhāng;¶〜医／开业医生
会計 会计 kuàijì;〔支払い〕结帐 jiézhàng
解決 解决 jiějué
会見 会见 huìjiàn;〔首脳の〕会晤 huìwù;¶記者〜／记者招待会
外見 外观 wàiguān, 外貌 wàimào;〔人の〕外表 wàibiǎo
回顧 回顾 huígù, 回忆 huíyì
解雇 解雇 jiěgù

介護 护理 hùlǐ, 看护 kānhù
会合 聚会 jùhuì, 集会 jíhuì
外交 外交 wàijiāo;¶〜員／外勤, 推销员
外国 外国 wàiguó;¶〜語／外语, 外文 ¶〜人／外国人
開催 〔催しを〕举办 jǔbàn;〔会議を〕召开 zhàokāi
改札 检票 jiǎnpiào, 剪票 jiǎnpiào;¶〜口／检［剪］票口
解散 解散 jiěsàn
開始 开始 kāishǐ
外資 外资 wàizī, 国外资本 guówài zīběn;¶〜系企業／外企, 外资企业
会社 公司 gōngsī;¶〜員／公司职员
解釈 解释 jiěshì
回収 回收 huíshōu;〔貸した物を〕收回 shōuhuí;¶廃品を〜する／回收废品
外出 出门 chūmén, 外出 wàichū
解除 解除 jiěchú
解消 解除 jiěchú, 取消 qǔxiāo;¶婚約を〜する／解除婚约 ¶ストレスを〜する／消除精神紧张
会場 会场 huìchǎng
外食 在外吃饭 zài wài chīfàn;¶〜産業／餐饮业
外人 外国人 wàiguórén
海水浴 海水浴 hǎishuǐyù
回数 次数 cìshù
改正 修改 xiūgǎi, 改正 gǎizhèng
快晴 晴朗 qínglǎng
開設 开设 kāishè, 开办 kāibàn
解説 讲解 jiǎngjiě, 解说 jiěshuō
回線 电路 diànlù, 线路 xiànlù;¶通信〜／通讯线路
改善 〔条件などを〕改善 gǎishàn;〔方法を〕改进 gǎijìn
回想 回想 huíxiǎng, 回忆 huíyì
改造 改造 gǎizào;〔建物を〕改建 gǎijiàn
解像度 分辨率 fēnbiànlǜ
海賊 海盗 hǎidào;¶〜版／盗版
解体 〔建物を〕拆除 chāichú;〔組織を〕解散 jiěsàn
開拓 开辟 kāipì, 开拓 kāituò
会談 会谈 huìtán
階段 楼梯 lóutī;〔屋外のステップ, または比喩的に〕台阶 táijiē

懐中電灯 手电筒 shǒudiàntǒng

会長 〔会の代表者〕会长 huìzhǎng;〔会社の〕董事长 dǒngshìzhǎng

開通 〔交通機関が〕通车 tōngchē;〔回線などが〕开通 kāitōng

改訂 〔書籍などを〕修订 xiūdìng;〔文章などを〕修改 xiūgǎi

快適 舒适 shūshì, 舒服 shūfu

回転 转动 zhuàndòng, 旋转 xuánzhuǎn;〔資金などが〕周转 zhōuzhuǎn

開店 〔新規の〕开业 kāiyè, 开张 kāizhāng;〔日々の〕开门 kāimén

ガイド 〔案内人〕向导 xiàngdǎo, 导游 dǎoyóu;〔手引き〕指南 zhǐnán;¶(旅行の)〜ブック／旅行指南

回答 回答 huídá, 答复 dáfù

解答 解答 jiědá

解凍 解冻 jiědòng;〔コンピュータの〕解压 jiěyā

該当 适合 shìhé, 符合 fúhé

概念 概念 gàiniàn

開発 〔土地や資源を〕开发 kāifā;〔製品などを〕研制 yánzhì;¶〜途上国／发展中国家

回避 回避 huíbì;〔責任を〕推卸 tuīxiè

外部 外部 wàibù;〔局外〕外界 wàijiè

回復 恢复 huīfù;〔健康が〕康复 kāngfù;〔領土を〕收复 shōufù

開放 〔窓などを〕敞开 chǎngkāi;〔対外的に〕开放 kāifàng

解剖 解剖 jiěpōu;〔検死する〕验尸 yànshī

開幕 开幕 kāimù, 开场 kāichǎng

買い物 买东西 mǎi dōngxi, 购物 gòuwù

潰瘍 溃疡 kuìyáng

概略 概略 gàilüè, 概况 gàikuàng

改良 〔製品などを〕改良 gǎiliáng;〔方法を〕改进 gǎijìn

回路 电路 diànlù, 线路 xiànlù

会話 会话 huìhuà

買う 买 mǎi, 购买 gòumǎi;〔評価する〕赏识 shǎngshí;¶歓心を〜／讨人欢心 ¶失笑を〜／引人发笑

飼う 养 yǎng, 饲养 sìyǎng

カウンセラー 生活顾问 shēnghuó gùwèn

カウンター 〔帳場〕收款处 shōukuǎnchù;〔バーなどの〕柜台 guìtái

カウント 〔計算する〕计算 jìsuàn;〔得点を〕记分 jìfēn;¶〜ダウン／倒 dào 计时

返す 〔返却する〕还 huán, 归还 guīhuán;〔元の場所に戻す〕送回 sònghuí

却って 反倒 fǎndào, 反而 fǎn'ér

帰り 回来 huílái, 回去 huíqù;〔帰り道〕归途 guītú

省みる 反省 fǎnxǐng, 自问 zìwèn

顧みる 〔過去を〕回顾 huígù

カエル 青蛙 qīngwā, 蛤蟆 háma;〔食材〕田鸡 tiánjī

返る 〔ひっくり返る〕翻 fān;〔原状に戻る〕还原 huányuán

変える 〔状況・計画などを〕改变 gǎibiàn;〔位置などを〕变换 biànhuàn

代える・替える 〔代用する〕代替 dàitì;〔取り替える〕替换 tìhuàn, 改换 gǎihuàn

帰る 回去 huíqù;〔家へ〕回家 huíjiā

孵る 孵化 fūhuà

顔 脸 liǎn;〔表情〕表情 biǎoqíng, 面孔 miànkǒng;¶〜を立てる／看面子

顔色 脸色 liǎnsè;〔血色〕气色 qìsè;〔表情〕神色 shénsè, 神情 shénqíng

顔立ち 相貌 xiàngmào, 容貌 róngmào

顔なじみ 熟识 shúshi;〔知人〕熟人 shúrén

香り 香味儿 xiāngwèir, 香气 xiāngqì

画家 画家 huàjiā

抱える 〔両手で〕抱 bào;〔脇に〕夹 jiā;〔仕事などを〕承担 chéngdān

価格 价格 jiàgé, 价钱 jiàqian

化学 化学 huàxué

科学 科学 kēxué;¶〜者／家

掲げる 悬挂 xuánguà, 高举 gāojǔ;〔掲載する〕刊登 kāndēng;〔要求などを〕提出 tíchū

かかと 脚后跟 jiǎohòugēn;〔靴の〕鞋后跟 xiéhòugēn

鏡 镜子 jìngzi

かがむ 弯腰 wānyāo;〔しゃがむ〕蹲下 dūnxià

輝かしい 辉煌 huīhuáng;〔まぶしい〕耀眼 yàoyǎn

輝く 发光 fāguāng;〔きらめく〕闪耀 shǎnyào

係 主管人员 zhǔguǎn rényuán;担任者 dānrènzhě

掛かる 〔ぶら下がる〕挂 guà;〔時間や金銭

が〕需要 xūyào, 花 huā;〔橋などが〕架設 jiàshè;〔鍵が〕锁上 suǒshàng;〔病気に〕患 huàn; ¶医者に～／看医生

かかわらず 〔どんな条件下でも〕不管 bùguǎn, 无论 wúlùn;〔現状に関係なく〕尽管 jǐnguǎn

関わる 〔関係する〕关系到 guānxìdào;〔関与する〕参与 cānyù; ¶人命に～／涉及人命

カキ 〔果物〕柿子 shìzi;〔柿の木〕柿(子)树 shì(zi)shù;〔貝〕牡蛎 mǔlì

夏期 夏季 xiàjì; ¶～休暇／暑假

鍵 〔キー〕钥匙 yàoshi;〔錠前〕锁 suǒ;〔ポイント〕关键 guānjiàn

書き入れる 写上 xiěshàng, 记入 jìrù;〔用紙に〕填写 tiánxiě

書き方 写法 xiěfǎ

書き言葉 书面语 shūmiànyǔ, 书面语言 shūmiàn yǔyán

書き込む 填写 tiánxiě

書留 挂号(信) guàhào(xìn)

書き取り 〔試験〕听写 tīngxiě

書き直す 〔書き改める〕改写 gǎixiě, 重新写 chóngxīn xiě;〔清書する〕誊写 téngxiě

垣根 〔塀〕围墙 wéiqiáng;〔まがき〕篱笆 líba

かき混ぜる 搅 jiǎo, 搅拌 jiǎobàn

かき回す 搅拌 jiǎobàn;〔混乱させる〕搅乱 jiǎoluàn

かき乱す 扰乱 rǎoluàn, 打扰 dǎrǎo

限り 〔限度〕限 xiàn, 限度 xiàndù; ¶できる～／尽量 jǐnliàng

限る 限定 xiàndìng, 限于 xiànyú; ¶…とは限らない／不一定

核 核 hé;〔中心〕核心 héxīn;〔核兵器〕核武器 héwǔqì

欠く 缺少 quēshǎo, 缺乏 quēfá

書く 写 xiě

描く 画 huà

掻く 挠 náo, 搔 sāo

嗅ぐ 闻 wén, 嗅 xiù

家具 家具 jiājù

額 〔額縁〕画框 huàkuàng;〔扁額〕匾額 biǎn'é;〔金額〕金额 jīn'é

架空 虚构 xūgòu

各駅停車 慢车 mànchē

格言 格言 géyán

覚悟 〔決意・心構え〕决心 juéxīn, 精神准备 jīngshén zhǔnbèi; ¶～を決める／下决心

拡散 扩散 kuòsàn

各自 各自 gèzì, 每个人 měi ge rén

確実 确实 quèshí, 准确 zhǔnquè

学者 学者 xuézhě

各種 各种 gèzhǒng, 种种 zhǒngzhǒng

拡充 扩充 kuòchōng

学習 学习 xuéxí; ¶～塾／补习班

革新 革新 géxīn

確信 坚信 jiānxìn, 确信 quèxìn

隠す 藏 cáng, 隐藏 yǐncáng;〔身を〕躲藏 duǒcáng;〔欠点や心情を〕掩盖 yǎngài, 掩饰 yǎnshì

学生 学生 xuésheng

拡大 扩大 kuòdà, 放大 fàngdà

楽団 乐团 yuètuán, 乐队 yuèduì

各地 各地 gèdì

拡張 〔設備などを〕扩充 kuòchōng;〔領土などを〕扩张 kuòzhāng

拡張子 〔コンピュータの〕扩展名 kuòzhǎnmíng

確定 确定 quèdìng

角度 角度 jiǎodù;〔観点〕观点 guāndiǎn

格闘 格斗 gédòu, 搏斗 bódòu; ¶～技／格斗技巧 jìqiǎo

獲得 取得 qǔdé;〔抽象的な物事を〕获得 huòdé

確認 确认 quèrèn;〔実証する〕证实 zhèngshí

学年 〔年次〕年级 niánjí;〔年度〕学年 xuénián

学費 学费 xuéfèi

楽譜 乐谱 yuèpǔ, 谱子 pǔzi

学部 系 xì, 学院 xuéyuàn

格別 格外 géwài, 特别 tèbié

確保 确保 quèbǎo

革命 革命 gémìng

学問 学问 xuéwen, 学识 xuéshí

隔離 隔离 gélí

確立 确立 quèlì;〔関係を〕建立 jiànlì

確率 概率 gàilǜ, 几率 jīlǜ;〔公算〕可能性 kěnéngxìng

学歴 学历 xuélì

隠れる 藏 cáng, 隐藏 yǐncáng;〔身を隠す〕

躲 duǒ，躲藏 duǒcáng
かくれんぼ 捉迷藏 zhuō mícáng
学割 学生优惠 xuésheng yōuhuì
賭 赌 dǔ；〔冒険〕冒险 màoxiǎn
影 影子 yǐngzi
陰 〔日陰〕背阴 bèiyin，阴凉 yīnliáng；〔裏側〕背后 bèihòu
崖 悬崖 xuányá，绝壁 juébì
駆け足 跑步 pǎobù
家系 血统 xuètǒng；〔家柄〕门第 méndì
家計 家计 jiājì，家庭经济 jiātíng jīngjì
過激 过激 guòjī；〔急進的〕激进 jījìn
掛け声 〔物売りなどの〕吆喝声 yāohesheng；〔歓声〕喝彩声 hècǎishēng；〔口先〕空喊 kōnghǎn
掛け算 乘法 chéngfǎ
可決 通过 tōngguò
掛け布団 被子 bèizi
かけら 碎片 suìpiàn，碴儿 chár
欠ける 〔足りない〕缺（少）quē(shǎo)；〔一部が破損する〕出缺口 chū quēkǒu
掛ける 〔吊す〕挂 guà；〔かぶせる〕蒙上 méngshàng；〔時間・金を〕花（费）huā(fèi)；¶電話を〜／打电话 ¶眼鏡を〜／戴眼镜 ¶鍵を〜／锁门
賭ける 打赌 dǎdǔ；〔命を〕拼命 pīnmìng
加減 〔調節する〕调整 tiáozhěng；〔体調〕身体情况 shēntǐ qíngkuàng
過去 过去 guòqù，既往 jìwǎng；〔昔の事〕往事 wǎngshì
籠 〔柄のない〕筐 kuāng；〔柄のある〕篮 lán；¶鳥〜／鸟笼
加工 加工 jiāgōng
囲む 围 wéi，包围 bāowéi
傘 伞 sǎn；〔雨傘〕雨伞 yǔsǎn；¶折り畳み〜／折叠伞
重なる 〔積み重なる〕重叠 chóngdié；〔繰り返す〕重复 chóngfù
重ねる 〔繰り返す〕反复 fǎnfù；〔積み重ねる〕码 mǎ；〔積み上げる〕堆 duī
かさばる 占地方 zhàn dìfang，体积大 tǐjī dà
かさぶた 疮痂 chuāngjiā
風向き 风向 fēngxiàng；〔情勢〕形势 xíngshì
飾り 装饰（品）zhuāngshì(pǐn)
飾る 装饰 zhuāngshì，修饰 xiūshì

火山 火山 huǒshān
貸し 〔物の〕借出 jièchū；〔金銭の〕贷款 dàikuǎn
菓子 点心 diǎnxin，糕点 gāodiǎn；〔飴など〕糖果 tángguǒ
歌詞 歌词 gēcí
舵 舵 duò
火事 火灾 huǒzāi；¶〜になる／失火
家事 家务（事）jiāwù(shì)
貸し切り 包租 bāozū
賢い 聪明 cōngmíng，机灵 jīling，伶俐 línglì
過失 过失 guòshī，过错 guòcuò
歌手 歌手 gēshǒu；〔声楽家〕歌唱家 gēchàngjiā
カジュアル 轻便 qīngbiàn；¶〜ウエア／休闲服装
箇所 地方 dìfang，(…之)处 (…zhī)chù
箇条 条款 tiáokuǎn；¶〜書きにする／分条列出
過剰 过剩 guòshèng
かしら 〔頭〕头 tóu；〔首領〕首领 shǒulǐng；¶(姓名の)〜文字／姓名首字母
かじる 咬 yǎo，啃 kěn
かす 渣 zhā，渣滓 zhāzǐ
貸す 借 jiè；〔レンタルする〕出租 chūzū，租 zū；¶力を〜／帮忙
数 数 shù，数字 shùzì
ガス 〔燃料の〕煤气 méiqì；〔気体〕气体 qìtǐ；〔霧〕浓雾 nóngwù；¶〜レンジ／煤气灶 zào
微か 微弱 wēiruò
霞む 朦胧 ménglóng，模糊 móhu；¶目が〜／(眼睛)朦胧
かすり傷 擦伤 cāshāng，轻伤 qīngshāng
かする 擦过 cāguò
風 风 fēng；¶〜通し／通风 tōngfēng
風邪 感冒 gǎnmào，伤风 shāngfēng；¶〜をひく／着凉 zháoliáng，(得)感冒 ¶〜薬／感冒药
課税 课税 kèshuì，上税 shàngshuì
稼ぐ 〔金を〕赚钱 zhuànqián，挣钱 zhèngqián；〔点などを〕争取 zhēngqǔ，赢得 yíngdé；¶時間を〜／争取时间
仮説 假说 jiǎshuō，假设 jiǎshè
仮設 临时设置 línshí shèzhì；¶〜住宅／临

时住宅
カセットテープ 录音磁带 lùyīn（cí）dài
化繊 化纤 huàxiān
画素 像素 xiàngsù
火葬 火葬 huǒzàng, 火化 huǒhuà
仮装 化装 huàzhuāng, 假扮 jiǎbàn
数える 数 shǔ;〔計算する〕计算 jìsuàn;〔挙げる〕列举 lièjǔ;〔みなす〕算 suàn
家族 家人 jiārén, 家属 jiāshǔ
ガソリン 汽油 qìyóu;¶～スタンド／加油站
肩 肩 jiān, 肩膀 jiānbǎng
形・型 〔形状〕形 xíng, 形状 xíngzhuàng;〔ひな形〕模型 móxíng, 模子 múzi;〔規範〕形式 xíngshì, 规矩 guīju
固い・堅い・硬い 硬 yìng, 坚硬 jiānyìng;〔がっしりしている〕坚固 jiāngù;〔ねばり強い〕坚强 jiānqiáng;〔決意などが〕坚定 jiāndìng;¶頭が～／头脑顽固 wángù
過大 过大 guòdà;¶～評価／过高评价
課題 课题 kètí;〔勉強などの題目〕题目 tímù
片思い 单相思 dānxiāngsī
肩書き 头衔 tóuxián;〔官職名〕官衔 guānxián
片仮名 片假名 piànjiǎmíng
かたき 〔恨む相手〕仇人 chóurén, 仇敌 chóudí;〔争う相手〕敌人 dírén
堅苦しい 〔厳しい〕严格 yángé;〔融通がきかない〕死板 sǐbǎn, 拘谨 jūjǐn
片言 不完全的话语 bù wánquán de huàyǔ;¶～の中国語／只 zhī 言片语的中文
片隅 一隅 yìyú, 角落 jiǎoluò
形 形状 xíngzhuàng, 样子 yàngzi;〔外観〕外形 wàixíng
片付ける 〔整理する〕收拾 shōushi, 整理 zhěnglǐ, 拾掇 shíduo;〔解決する〕解决 jiějué, 处理 chǔlǐ
片手 一只手 yì zhī shǒu
刀 刀 dāo
片方 一方 yìfāng, 一面 yímiàn
塊 块儿 kuàir;〔集まり〕群 qún, 堆 duī
固まる 凝固 nínggù;〔集まる〕成群 chéngqún;〔確実となる〕固定 gùdìng
形見 遗物 yíwù
片道 单程 dānchéng
傾く 倾斜 qīngxié, 偏斜 piānxié;〔衰退する〕衰落 shuāiluò
傾ける 使…倾斜 shǐ … qīngxié;〔集中させる〕倾注 qīngzhù;〔衰退させる〕使…衰落 shǐ … shuāiluò;¶杯を～／倾杯, 喝酒¶耳を～／倾听¶家を～／败家
固める 使…凝固 shǐ … nínggù;〔強固にする〕坚定 jiāndìng;¶守りを～／加强守备
偏る 偏重 piānzhòng;〔えこひいきする〕偏袒 piāntǎn
語る 谈 tán, 讲 jiǎng
カタログ 商品目录 shāngpǐn mùlù
傍ら 旁边 pángbiān
花壇 花坛 huātán
価値 价值 jiàzhí;¶…する～がある／值得…
家畜 家畜 jiāchù, 牲畜 shēngchù
ガチョウ 鹅 é
勝つ 赢 yíng, 胜 shèng, 战胜 zhànshèng
カツ 炸肉排 zháròupái;¶～丼／炸肉盖饭
学科 〔大学の〕专业 zhuānyè;〔学問分野〕学科 xuékē
がっかり 失望 shīwàng, 灰心 huīxīn, 丧气 sàngqì
活気 生气 shēngqì, 朝气 zhāoqì, 活力 huólì
学期 学期 xuéqī
楽器 乐器 yuèqì
学級 班级 bānjí, 班组 bānzǔ
担ぐ 担 dān, 扛 káng;〔天秤棒で〕挑 tiāo;〔推す〕推举 tuījǔ;〔だます〕骗 piàn, 捉弄 zhuōnòng
括弧 括号 kuòhào, 括弧 kuòhú
かっこいい 棒 bàng, 酷 kù, 帅 shuài
格好 〔物の形〕样子 yàngzi, 外形 wàixíng;〔姿〕姿态 zītài;〔装い〕打扮 dǎban;〔適切だ〕合适 héshì
学校 学校 xuéxiào
活字 铅字 qiānzì, 活字 huózì
合宿 集训 jíxùn, 集体住宿 jítǐ zhùsù
合唱 合唱 héchàng
合奏 合奏 hézòu
カッター 刀具 dāojù
勝手 〔都合〕方便 fāngbiàn;〔様子〕情况 qíngkuàng;〔気まま〕随便 suíbiàn, 任意 rènyì
かつて 曾 céng, 曾经 céngjīng, 以前 yǐ-

qián
活動 活动 huódòng
活発 活泼 huópo, 活跃 huóyuè
カップ 茶杯 chábēi;〔計量カップ〕量杯 liángbēi;〔賞杯〕奖杯 jiǎngbēi
カップル 一对男女 yīduì nánnǚ, 一对情侣 yīduì qínglǚ
合併 合并 hébìng, 归并 guībìng
活躍 活跃 huóyuè
活用 利用 lìyòng, 应用 yìngyòng, 运用 yùnyòng
仮定 假定 jiǎdìng, 假设 jiǎshè
過程 过程 guòchéng
家庭 家庭 jiātíng
家庭教師 家教 jiājiào, 家庭教师 jiātíng jiàoshī
角 〔とがった部分〕角 jiǎo;〔曲がり角〕拐角 guǎijiǎo;¶～が立つ／不圆滑 yuánhuá, 说话有刺
華道 花道 huādào, 插花 chāhuā
かな 假名 jiǎmíng
家内 〔妻〕内人 nèirén, 妻子 qīzi;¶～安全／家庭平安
叶う 实现 shíxiàn, 如愿以偿 rú yuàn yǐ cháng
適う 适合 shìhé, 符合 fúhé, 合乎 héhū
悲しい 悲哀 bēi'āi, 悲伤 bēishāng
悲しむ 悲伤 bēishāng, 悲哀 bēi'āi, 伤心 shāngxīn
カナダ 加拿大 Jiānádà
金槌 锤子 chuízi, 钉锤 dīngchuí;〔泳げないこと〕旱鸭子 hànyāzi, 铁秤砣 tiěchèngtuó
かなめ 〔要点〕关键 guānjiàn, 要点 yàodiǎn
必ず 一定 yīdìng, 必定 bìdìng
かなり 相当 xiāngdāng, 颇 pō
カニ 蟹 xiè, 螃蟹 pángxiè
加入 加入 jiārù;〔活動などに〕参加 cānjiā
金 钱 qián, 现钱 xiànqián;〔金属〕金属 jīnshǔ
鐘 钟 zhōng;〔鐘の音〕钟声 zhōngshēng
金持ち 有钱人 yǒuqiánrén, 财主 cáizhu;〔成金〕大款 dàkuǎn
兼ねる 兼 jiān;〔兼任する〕兼任 jiānrèn
可能 可能 kěnéng;¶～性／可能(性)
彼女 她 tā;〔ガールフレンド〕女朋友 nǚpéngyou

カバ 河马 hémǎ
カバー 〔覆い〕罩儿 zhàor, 套子 tàozi;〔表紙〕封面 fēngmiàn;〔補う〕弥补 míbǔ
かばう 庇护 bìhù;〔肩を持つ〕袒护 tǎnhù;〔弁護する〕辩护 biànhù
鞄 皮包 píbāo;〔手提げの〕提包 tíbāo;〔学生の〕书包 shūbāo
カビ 霉 méi;¶～が生える／发霉
画鋲 图钉 túdīng, 摁钉儿 èndīngr
花瓶 花瓶 huāpíng
過敏 过敏 guòmǐn
株 〔切り株〕树桩子 shùzhuāngzi, 株 zhū;〔株券〕股票 gǔpiào
カブ 芜菁 wújīng
カフェ 咖啡馆 kāfēiguǎn
カフェイン 咖啡因 kāfēiyīn
カフェオレ 牛奶咖啡 niúnǎi kāfēi
カフェテリア 自助餐厅 zìzhù cāntīng
株式 股份 gǔfèn;〔株券〕股票 gǔpiào;¶～会社／股份(有限)公司
かぶせる 〔帽子などを〕戴上 dàishàng;〔覆う〕蒙上 méngshàng;〔罪や責任を〕推委 tuīwěi;¶罪を～／委罪
カプセル 〔薬の〕胶囊 jiāonáng;〔宇宙船の〕密封舱 mìfēngcāng
株主 股东 gǔdōng;¶～総会／股东大会[总会]
被る 〔帽子を〕戴 dài;〔布団などを〕蒙 méng;〔こうむる〕蒙受 méngshòu
かぶれる 〔皮膚が〕起斑疹 qǐ bānzhěn;〔感化される〕着迷 zháomí
壁 墙 qiáng, 墙壁 qiángbì;〔障害〕障碍 zhàng'ài
貨幣 货币 huòbì
過保護 娇生惯养 jiāo shēng guàn yǎng
カボチャ 南瓜 nánguā
釜 锅 guō;¶電気～／电饭煲 bāo
窯 窑 yáo
構う 管 guǎn, 介意 jièyì;〔からかう〕戏弄 xìnòng
構える 〔建てる〕修建 xiūjiàn;¶のんきに～／不慌不忙
我慢 忍耐 rěnnài, 忍受 rěnshòu;¶～强い／耐心
紙 纸 zhǐ

神 神 shén;〔キリスト教の〕上帝 Shàngdì
髪 头发 tóufa;〔髪型〕发型 fàxíng
剃刀 刮脸刀 guāliǎndāo, 剃刀 tìdāo
雷 雷 léi;〔雷鳴〕雷鸣 léimíng;〔雷神〕雷公 léigōng;¶～が鳴る／打雷
かむ 擤 xǐng;¶鼻を～／擤鼻涕
噛む〔かみつく〕咬 yǎo;〔かみ砕く〕嚼 jiáo;〔関わる〕有关 yǒuguān
ガム 口香糖 kǒuxiāngtáng
ガムテープ 胶条 jiāotiáo
カメ 龟 guī, 乌龟 wūguī
カメラ 照相机 zhàoxiàngjī, 相机 xiàngjī;¶デジタル～／数码 shùmǎ 相机 ¶～マン／摄影师
画面 画面 huàmiàn, 屏幕 píngmù
カモ 野鸭 yěyā;〔利用される人〕冤大头 yuāndàtóu
科目〔教科の〕课 kè, 学科 xuékē;〔区分〕项目 xiàngmù
かもしれない 说不定 shuōbudìng, 也许 yěxǔ
貨物 货物 huòwù
カモメ 海鸥 hǎi'ōu
火薬 火药 huǒyào
粥 粥 zhōu, 稀饭 xīfàn;¶～をすする／喝粥
痒い 痒 yǎng, 发痒 fāyǎng
通う 去 qù;〔行き来する〕往来 wǎnglái;¶学校に～／上学 ¶会社に～／上班
火曜日 星期二 xīngqī'èr, 礼拜二 lǐbài'èr
から〔時・場所〕从 cóng, 由 yóu, 自 zì
空 空 kōng
殻 壳 ké, 外壳 wàiké, 皮 pí
柄〔模様〕花样 huāyàng;〔人柄〕人品 rénpǐn
カラー〔色〕彩色 cǎisè;〔特色〕特色 tèsè;〔えり〕领子 lǐngzi
辛い〔スパイシー〕辣 là;〔塩辛い〕咸 xián;〔厳しい〕严格 yángé
カラオケ 卡拉OK kǎlā'ōukèi
からかう〔ふざける〕逗 dòu, 戏弄 xìnòng;〔冗談を言って〕开玩笑 kāi wánxiào
がらくた 破烂儿 pòlànr
からし 芥末 jièmo
カラス 乌鸦 wūyā, 乌 wū
ガラス 玻璃 bōli

体 身体 shēntǐ;〔体つき〕体格 tǐgé, 身材 shēncái
空手〔武術〕拳术 quánshù
絡む〔からまる〕缠 chán;〔言いがかりをつける〕纠缠 jiūchán;〔関係する〕牵涉 qiānshè
狩り 打猎 dǎliè
借り〔借金〕借款 jièkuǎn, 欠账 qiànzhàng;¶～をつくる／欠人情债 rénqíngzhài
カリキュラム 课程 kèchéng, 教学计划 jiàoxué jìhuà
駆り立てる 驱使 qūshǐ
仮に〔もし〕假如 jiǎrú, 要是 yàoshi;〔しばらく〕暂时 zànshí
借りる 借 jiè, 借用 jièyòng;〔有料で〕租 zū
刈る 割 gē;¶頭を～／剪头发
軽い 轻 qīng;〔程度が軽い〕轻微 qīngwēi;〔軽やかだ〕轻松 qīngsōng, 轻快 qīngkuài;¶口が～／嘴快
カルシウム 钙 gài
カルチャー 文化 wénhuà, 教养 jiàoyǎng;¶～ショック／文化冲击 chōngjī ¶～センター／文化中心
カルテ 病历 bìnglì
彼 他 tā;〔ボーイフレンド〕男朋友 nánpéngyou
カレー 咖喱 gālí;¶～ライス／咖喱饭
ガレージ 车库 chēkù, 汽车房 qìchēfáng
枯葉 枯叶 kūyè
枯れる 枯萎 kūwěi, 凋零 diāolíng
涸れる〔干上がる〕干涸 gānhé;〔尽きる〕枯竭 kūjié
嗄れる〔声が〕嘶哑 sīyǎ, 沙哑 shāyǎ
カレンダー〔壁掛けの〕挂历 guàlì;〔日めくり〕日历 rìlì;〔月めくり〕月历 yuèlì;〔1年の〕年历 niánlì
過労 疲劳过度 píláo guòdù, 过劳 guòláo
画廊 画廊 huàláng
カロリー〔熱量〕热量 rèliàng;〔熱量の単位〕卡 kǎ, 卡路里 kǎlùlǐ
川・河 河 hé, 江 jiāng
皮・革 皮 pí, 外皮 wàipí;〔皮革〕皮革 pígé
可愛い 可爱 kě'ài, 讨人喜欢 tǎo rén xǐhuan

可愛がる 疼爱 téng'ài, 喜爱 xǐ'ài
可愛そう 可怜 kělián
乾かす 〔日光で〕晒干 shàigān;〔火で〕烘干 hōnggān
乾く 干 gān, 干燥 gānzào
渇く 渴 kě, 干渴 gānkě
交わす 交换 jiāohuàn
為替 汇兑 huìduì;〔為替手形〕汇票 huìpiào; ¶～相場／汇率, 汇价
瓦 瓦 wǎ
代わり 代替 dàitì;〔代用の〕代用 dàiyòng
変わり目 转折点 zhuǎnzhédiǎn
代わる 〔交替する〕替换 tìhuàn;〔代理をする〕代替 dàitì
変わる 变 biàn, 变化 biànhuà, 改变 gǎibiàn;〔思想や状況が〕转变 zhuǎnbiàn
代わるがわる 轮换 lúnhuàn, 轮流 lúnliú
缶 罐 guàn;〔缶詰〕罐头 guàntou; ¶コーラ1～／一听可乐
勘 直觉 zhíjué, 直感 zhígǎn
癌 癌 ái, 癌症 áizhèng
肝炎 肝炎 gānyán; ¶ B 型～／乙型 yǐxíng 肝炎, 乙肝
棺おけ 棺材 guāncai
眼科 眼科 yǎnkē
考え 〔意見〕想法 xiǎngfa, 意见 yìjiàn;〔見方〕看法 kànfǎ;〔意向〕打算 dǎsuan
考える 想 xiǎng, 思想 sīxiǎng;〔考慮する〕考虑 kǎolǜ;〔熟考する〕思索 sīsuǒ
間隔 间隔 jiàngé;〔隔たり〕距离 jùlí
感覚 感觉 gǎnjué
観客 观众 guānzhòng
環境 环境 huánjìng
関係 关系 guānxi, 关联 guānlián
歓迎 欢迎 huānyíng
感激 感动 gǎndòng, 激动 jīdòng
完結 完结 wánjié
簡潔 简洁 jiǎnjié;〔練れている〕简练 jiǎnliàn
還元 返还 fǎnhuán;〔化学的な〕还原 huányuán
看護 看护 kānhù, 护理 hùlǐ
頑固 顽固 wángù;〔自説に対して〕固执 gùzhí
刊行 出版 chūbǎn, 发行 fāxíng
観光 观光 guānguāng, 旅游 lǚyóu; ¶～客／游客
韓国 韩国 Hánguó
監獄 监狱 jiānyù
看護師 护士 hùshi
観察 观察 guānchá
監視 监视 jiānshì
感じ 〔感覚〕感觉 gǎnjué;〔印象〕印象 yìnxiàng;〔雰囲気〕情感 qínggǎn
漢字 汉字 Hànzì
幹事 干事 gànshi
感謝 感谢 gǎnxiè
患者 病人 bìngrén, 患者 huànzhě
かんしゃく 肝火 gānhuǒ; ¶～を起こす／动肝火
観衆 观众 guānzhòng
願書 申请书 shēnqǐngshū
干渉 干涉 gānshè, 干预 gānyù
鑑賞 欣赏 xīnshǎng, 鉴赏 jiànshǎng
感情 感情 gǎnqíng
勘定 〔数える〕计算 jìsuàn;〔支払う〕结账 jiézhàng, 买单 mǎidān
頑丈 结实 jiēshi, 坚实 jiānshí
間食 零食 língshí
感触 〔手触り〕触感 chùgǎn;〔手応え〕感觉 gǎnjué
感じる 〔知覚する〕觉得 juéde, 感觉 gǎnjué;〔意識する〕感到 gǎndào
感心 佩服 pèifú, 钦佩 qīnpèi
関心 关心 guānxīn;〔興味〕兴趣 xìngqù; ¶～をもつ／感兴趣
肝心 重要 zhòngyào, 关键 guānjiàn
関する 关于 guānyú, 有关 yǒuguān
完成 完成 wánchéng;〔建物が〕落成 luòchéng;〔工事が〕完工 wángōng
歓声 欢声 huānshēng, 欢呼声 huānhūshēng
関税 关税 guānshuì
間接 间接 jiànjiē
関節 关节 guānjié
感染 感染 gǎnrǎn
幹線 干线 gànxiàn; ¶～道路／干线公路
完全 完全 wánquán, 完整 wánzhěng
簡素 简朴 jiǎnpǔ
乾燥 干燥 gānzào; ¶無味～／枯燥 kūzào 无味
感想 感想 gǎnxiǎng

肝臓	肝（脏）gān(zàng)
観測	观测 guāncè；〔推測〕推测 tuīcè
寛大	宽大 kuāndà
感嘆	感叹 gǎntàn；〔ほめる〕赞叹 zàntàn
簡単	简单 jiǎndān；〔便利〕简便 jiǎnbiàn；〔たやすい〕容易 róngyì
元旦	元旦 Yuándàn
寒暖計	寒暑表 hánshǔbiǎo，温度计 wēndùjì
勘違い	误会 wùhuì，误解 wùjiě
官庁	政府机关 zhèngfǔ jīguān
缶詰	罐头 guàntou
鑑定	鉴定 jiàndìng，鉴别 jiànbié
観点	观点 guāndiǎn，角度 jiǎodù
感電	触电 chùdiàn
乾電池	干电池 gāndiànchí
感動	感动 gǎndòng，激动 jīdòng
監督	〔取り締まる〕监督 jiāndū；〔スポーツの〕领队 lǐngduì；〔映画の〕导演 dǎoyǎn
カンニング	作弊 zuòbì；¶～ペーパー／小抄儿
観念	观念 guānniàn；〔あきらめる〕断念 duànniàn
カンパ	捐款 juānkuǎn
寒波	寒潮 háncháo，寒流 hánliú
乾杯	干杯 gānbēi
旱魃	干旱 gānhàn
頑張る	努力 nǔlì，奋斗 fèndòu；〔やり続ける〕坚持 jiānchí
看板	〔広告の〕广告牌 guǎnggàopái；〔店などの〕招牌 zhāopai；〔閉店〕关门 guānmén
完備	完备 wánbèi，齐全 qíquán，齐备 qíbèi
看病	看护 kānhù，护理 hùlǐ
乾物	干货 gānhuò
完璧	完美 wánměi，十全十美 shí quán shí měi
簡便	简便 jiǎnbiàn
勘弁	原谅 yuánliàng，饶恕 ráoshù
漢方	中医 zhōngyī；¶～薬／中药
関門	难关 nánguān
勧誘	劝诱 quànyòu，劝说 quànshuō
慣用	惯用 guànyòng，习用 xíyòng
管理	管理 guǎnlǐ，经管 jīngguǎn
簡略	简略 jiǎnlüè，简约 jiǎnyuē
完了	完了 wánliǎo，完毕 wánbì
官僚	官僚 guānliáo
慣例	惯例 guànlì
関連	关联 guānlián，相关 xiāngguān
貫禄	派头 pàitóu，气派 qìpài；¶～がある／威严 wēiyán
緩和	缓和 huǎnhé

■き■■■■■

木	〔樹木〕树 shù；〔木材〕木头 mùtou，木材 mùcái
気	〔性格〕脾气 píqi；〔気持ち〕心情 xīnqíng；¶～が合う／合得来 ¶～が短い／急性子 ¶～が弱い／懦弱 nuòruò ¶～が大きい／大方 ¶～にかける／关心 ¶～に入る／中意 zhòngyì ¶～を付ける／注意，小心 ¶～がつく／注意到，细心
ギア	排挡 páidǎng，挡 dǎng
気合い	气势 qìshì，劲儿 jìnr
気圧	气压 qìyā；¶高～／高气压
議案	议案 yì'àn
キー	〔鍵〕钥匙 yàoshi
キーボード	键盘 jiànpán
黄色	黄色 huángsè
キーワード	关键词 guānjiàncí
キウイ	〔フルーツ〕猕猴桃 míhóutáo
消える	消失 xiāoshī；〔火などが〕熄灭 xīmiè
記憶	记忆 jìyì；〔記憶力〕记忆力 jìyìlì，记性 jìxing
気温	气温 qìwēn
帰化	归化 guīhuà，入籍 rùjí
器械	器械 qìxiè
機会	机会 jīhuì；〔チャンス〕机遇 jīyù
機械	机械 jīxiè，机器 jīqi
危害	危害 wēihài
着替える	换衣服 huàn yīfu
企画	规划 guīhuà，计划 jìhuà
規格	规格 guīgé，标准 biāozhǔn
気兼ね	客气 kèqi，顾虑 gùlǜ
気軽	轻松 qīngsōng；〔自由に〕随便 suíbiàn
期間	期间 qījiān；〔期限〕期限 qīxiàn
機関	机关 jīguān，机构 jīgòu
気管支	支气管 zhīqìguǎn；¶～炎／支气管炎
機関車	机车 jīchē；¶蒸気～／蒸气机车
危機	危机 wēijī，险关 xiǎnguān
聞き取り	〔リスニング〕听力 tīnglì；¶～試験／听力测验 cèyàn
効き目	效力 xiàolì，效验 xiàoyàn

気球　气球 qìqiú
企業　企业 qǐyè
戯曲　〔台本〕剧本 jùběn, 脚本 jiǎoběn; 〔演劇〕戏剧 xìjù
飢饉　饥荒 jīhuang, 灾荒 zāihuāng
キク　菊花 júhuā, 菊 jú
利く・効く　有效 yǒuxiào, 见效 jiànxiào; ¶気が〜／机灵 jīling
聞く・聴く　听 tīng; 〔尋ねる〕问 wèn, 打听 dǎting; 〔服従する〕听从 tīngcóng
危惧　畏惧 wèijù, 担心 dānxīn
器具　器具 qìjù, 工具 gōngjù
奇遇　奇遇 qíyù, 巧遇 qiǎoyù
ぎくしゃく　不灵活 bù línghuó, 不自然 bù zìrán
気配り　照顾 zhàogù, 关照 guānzhào
危険　危险 wēixiǎn
棄権　弃权 qìquán
紀元　公元 gōngyuán, 纪元 jìyuán
期限　期限 qīxiàn
機嫌　情绪 qíngxù, 心情 xīnqíng; ¶〜が良い／高兴, 痛快 ¶〜を取る／讨好
気功　气功 qìgōng
気候　气候 qìhòu
寄稿　投稿 tóugǎo
記号　记号 jìhao, 符号 fúhào
聞こえる　〔耳に入る〕听见 tīngjiàn; 〔聞き及ぶ〕听到 tīngdào
帰国　回国 huíguó
ぎこちない　笨拙 bènzhuō, 不灵活 bù línghuó
きざ　装模作样 zhuāng mú zuò yàng, 令人讨厌 lìng rén tǎoyàn
記載　记载 jìzǎi
器材・機材　器材 qìcái
気さく　坦率 tǎnshuài, 平易近人 píng yì jìn rén
刻む　〔食材などを〕切碎 qiēsuì; 〔目盛りを〕刻上 kèshàng; 〔時を〕时间逝去 shíjiān shìqù; 〔彫刻する〕雕刻 diāokè, 刻 kè; 〔心に〕铭刻 míngkè, 记在心中 jìzài xīnzhōng
岸　岸 àn
キジ　野鸡 yějī, 雉 zhì
生地　〔布〕布 bù, 布料 bùliào; 〔パンなどの〕面团 miàntuán
記事　报道 bàodào, 消息 xiāoxi, 新闻稿 xīnwéngǎo
技師　工程师 gōngchéngshī
儀式　仪式 yíshì, 典礼 diǎnlǐ
気質　性情 xìngqing, 气质 qìzhì
期日　日期 rìqī
きしむ　嘎吱嘎吱作响 gāzhīgāzhī zuòxiǎng
汽車　火车 huǒchē
記者　记者 jìzhě; ¶〜会见／记者招待会
記述　记述 jìshù
技術　技术 jìshù; ¶〜移転／技术转让 zhuǎnràng ¶〜协力／技术合作
基準　标准 biāozhǔn
規準　规范 guīfàn, 准则 zhǔnzé
気象　气象 qìxiàng
起床　起床 qǐchuáng
気丈　刚毅 gāngyì, 刚强 gāngqiáng
キス　接吻 jiēwěn, 亲嘴 qīnzuǐ
傷　〔けが・損傷〕伤 shāng, 伤痕 shānghén; 〔汚名・欠点〕污点 wūdiǎn, 毛病 máobìng
奇数　单数 dānshù, 奇数 jīshù
築く　〔建造物を〕修建 xiūjiàn, 修筑 xiūzhù; 〔財産や地位を〕积累 jīlěi, 建立 jiànlì, 确立 quèlì
傷つく　〔けが〕受伤 shòushāng; 〔ダメージ〕受损 shòusǔn
絆　纽带 niǔdài
帰する　归于 guīyú
既成　现有 xiànyǒu, 既成 jìchéng
既製　现成 xiànchéng; ¶〜服／成衣
規制　限制 xiànzhì
犠牲　牺牲 xīshēng
奇跡　奇迹 qíjì
季節　季节 jìjié; ¶〜风／季风
気絶　昏迷 hūnmí, 休克 xiūkè
起訴　起诉 qǐsù
基礎　〔基本〕基础 jīchǔ; 〔建物の土台〕地基 dìjī, 基础 jīchǔ
競う　竞争 jìngzhēng, 较量 jiàoliàng
偽造　伪造 wěizào, 假造 jiǎzào
規則　规则 guīzé
北　北 běi, 北方 běifāng
ギター　吉他 jítā
気体　气体 qìtǐ
期待　期待 qīdài, 期望 qīwàng
鍛える　锻炼 duànliàn

帰宅 回家 huíjiā
汚い 〔不潔〕脏 zāng, 肮脏 āngzāng;〔乱雑〕杂乱 záluàn, 不整齐 bù zhěngqí;〔見苦しい〕难看 nánkàn;〔不当な〕不正当 bù zhèngdàng, 卑劣 bēiliè;¶金に～／小气 ¶～話／难听的话
基地 基地 jīdì
貴重 宝贵 bǎoguì;¶～品／贵重物品
几帳面 一丝不苟 yī sī bù gǒu, 严格 yángé
きちんと 〔しっかりと〕好好儿 hǎohāor,〔整然と〕整整齐齐 zhěngzhěngqíqí, 干干净净 gāngānjìngjìng;〔正確〕准确 zhǔnquè, 规规矩矩 guīguījùjù;〔的確〕正好 zhènghǎo, 正合适 zhèng héshì;¶～片付ける／收拾得整整齐齐 ¶時間通りに～終わる／准时结束
きつい 〔体力的に〕费力 fèilì, 吃力 chīlì, 苛刻 kēkè;〔精神的に〕严厉 yánlì, 严格 yángé;〔窮屈〕紧 jǐn;〔刺激が〕厉害 lìhai;〔性格が〕厉害 lìhai;¶～仕事／费力的工作 ¶日程が～／日程很紧张 ¶～寒さ／严寒 ¶～酒／厉害的酒
喫煙 抽烟 chōuyān, 吸烟 xīyān
気遣う 担心 dānxīn, 着想 zhuóxiǎng
きっかけ 机会 jīhuì, 契机 qìjī
気付く 〔わかる〕发觉 fājué, 注意到 zhùyìdào;〔意識が戻る〕恢复意识 huīfù yìshí
喫茶店 咖啡馆 kāfēiguǎn
ぎっしり 满满地 mǎnmǎn de
キッチン 厨房 chúfáng
切手 邮票 yóupiào
きっと 一定 yídìng, 肯定 kěndìng
キツネ 狐狸 húli
きっぱり 断然 duànrán, 干脆 gāncuì
切符 票 piào
規定 规定 guīdìng
機転 机灵 jīling
軌道 轨道 guǐdào;¶～に乗る／上了轨道
危篤 病危 bìngwēi
気取る 装模作样 zhuāng mú zuò yàng
気に入る 称心 chènxīn, 满意 mǎnyì, 喜欢 xǐhuan
気にする 担心 dānxīn, 关心 guānxīn, 介意 jièyì
記入 填写 tiánxiě, 记上 jìshang
絹 丝 sī, 丝绸 sīchóu

ギネスブック 吉尼斯世界记录大全 Jínísī shìjiè jìlù dàquán
記念 纪念 jìniàn;¶～品／纪念品
昨日 昨天 zuótiān
機能 〔機械などの〕功能 gōngnéng,〔社会の〕机能 jīnéng
キノコ 蘑菇 mógu
気の毒 〔かわいそう〕可怜 kělián, 悲惨 bēicǎn;〔申し訳ない〕对不起 duìbuqǐ
牙 牙 yá
気迫 气魄 qìpò
奇抜 新奇 xīnqí, 新颖 xīnyǐng
気晴らし 解闷 jiěmèn, 散心 sànxīn
基盤 基础 jīchǔ
きびきび 麻利 máli, 敏捷 mǐnjié
厳しい 〔厳格〕严格 yángé, 严厉 yánlì;〔甚だしい〕严重 yánzhòng;〔むずかしい〕严峻 yánjùn, 紧张 jǐnzhāng;¶～訓練／严格的训练 ¶～寒さ／严寒 ¶情勢が～／情况很严峻
気品 气派 qìpài, 优雅 yōuyǎ
寄付 捐款 juānkuǎn, 捐赠 juānzèng
気風 风气 fēngqì, 风尚 fēngshàng
ギフト 礼品 lǐpǐn, 礼物 lǐwù
気分 〔気持ち〕心情 xīnqíng, 情绪 qíngxù;〔体調〕身体情况 shēntǐ qíngkuàng;〔雰囲気〕气氛 qìfēn;¶～転換／改换心情 ¶車酔いで～が良くない／晕了车, 身体不舒服 ¶お祭り～／过节气氛
規模 规模 guīmó
希望 希望 xīwàng
基本 基本 jīběn, 基础 jīchǔ
基本給 底薪 dǐxīn, 基本工资 jīběn gōngzī
気まぐれ 〔気が変わりやすい〕没准脾气 méi zhǔn píqi;〔一時の感情〕一时冲动 yìshí chōngdòng
気まずい 别扭 bièniu, 尴尬 gāngà
気まま 随便 suíbiàn
黄身 蛋黄 dànhuáng
…気味 有点(儿)… yǒudiǎn(r)…
奇妙 奇怪 qíguài, 不可思议 bù kě sī yì
義務 责任 zérèn, 义务 yìwù;¶～教育／义务教育
気難しい 怪僻 guàipì, 难以对付 nányǐ duìfu
きめ 〔肌ざわり〕肌理 jīlǐ;〔心づかい〕考虑 kǎolǜ, 细心 xìxīn;¶～の粗い肌／粗糙 cū-

cāo 的皮肤 ¶～細かいサービス／细致的服务
決める 〔決定する〕决定 juédìng，确定 quèdìng；〔決心する〕下决心 xià juéxīn；〔思い込む〕认定 rèndìng，相信 xiāngxìn；〔習慣とする〕习惯 xíguàn，总是 zǒngshì；〔服装やポーズを〕得体 détǐ
気持ち 〔感情〕心情 xīnqíng，感情 gǎnqíng，情绪 qíngxù；〔心構え〕精神 jīngshén；〔体調〕(身体)感觉 gǎnjué；¶船酔いで～悪い／晕船感觉不舒服
着物 〔衣服〕衣服 yīfu；〔和服〕和服 héfú
疑問 疑问 yíwèn
客 客 kè，客人 kèrén，顾客 gùkè
逆 相反 xiāngfǎn，颠倒 diāndǎo
客室 客房 kèfáng
脚色 〔映画・演劇〕改编 gǎibiān；〔誇張する〕渲染 xuànrǎn
逆説 反论 fǎnlùn
虐待 虐待 nüèdài
逆転 〔物体が〕倒转 dàozhuǎn；〔形勢が〕逆转 nìzhuǎn
逆風 逆风 nìfēng
脚本 剧本 jùběn
華奢 〔身体が〕纤细 xiānxì，苗条 miáotiáo；〔物が〕不结实 bù jiēshi，不耐用 bù nàiyòng
気安い 不客气 bùkèqi，随便 suíbiàn
キャスター 〔小さい車輪〕小脚轮 xiǎojiǎolún；〔報道番組の司会者〕新闻主播 xīnwén zhǔbō
キャスト 角色 juésè
気休め 安慰 ānwèi，宽心 kuānxīn
却下 不受理 bù shòulǐ，驳回 bóhuí
客観 客观 kèguān
逆光 逆光 nìguāng
キャッシュカード 现金卡 xiànjīnkǎ，提款卡 tíkuǎnkǎ
キャッシュディスペンサー（ATM） （自动）提款机 (zìdòng) tíkuǎnjī
キャッチフレーズ 广告词 guǎnggàocí，标语 biāoyǔ
キャッチボール 投接球练习 tóujiēqiú liànxí
ギャップ 差距 chājù；¶ジェネレーション～／代沟 gōu
キャビア 鱼子酱 yúzǐjiàng

キャプテン 〔チームの主将〕队长 duìzhǎng，组长 zǔzhǎng；〔機長〕机长 jīzhǎng；〔船長〕船长 chuánzhǎng
キャベツ 卷心菜 juǎnxīncài
ギャラ 出场费 chūchǎngfèi，出场酬金 chūchǎng chóujīn
キャラクター 〔性格〕性格 xìnggé；〔登場人物〕角色 juésè，人物 rénwù；¶～商品／人物图案商品
キャラメル 奶糖 nǎitáng
キャリア 经历 jīnglì，实地经验 shídì jīngyàn；¶～官僚／高级干部候补人 ¶～ウーマン／女强人
ギャル (小)女孩儿 (xiǎo)nǚháir
キャンセル 取消 qǔxiāo；¶～料／取消费
キャンデー 糖果 tángguǒ，糖 táng；¶アイス～／冰棍儿
キャンパス （大学)校园 (dàxué) xiàoyuán
キャンプ 〔レジャーの野営〕野营 yěyíng；〔兵営〕兵营 bīngyíng；〔収容所〕集中营 jízhōngyíng；〔トレーニング合宿〕集训 jíxùn
ギャンブル 赌博 dǔbó
キャンペーン 宣传活动 xuānchuán huódòng；¶販売～／推销活动
急 〔急ぐ・切迫する〕急 jí，急迫 jípò；〔突然〕突然 tūrán
救援 救援 jiùyuán，救助 jiùzhù
休暇 休假 xiūjià
救急 急救 jíjiù；¶～车／救护车
急遽 急忙 jímáng，赶紧 gǎnjǐn
休業 停业 tíngyè，停工 tínggōng
窮屈 〔物理的に〕窄小 zhǎixiǎo，狭窄 xiázhǎi；〔精神的に〕不自由 bù zìyóu，受束缚 shòu shùfù
休憩 休息 xiūxi
急激 急剧 jíjù
救済 救济 jiùjì，援助 yuánzhù
休止 停止 tíngzhǐ，暂停 zàntíng
休日 休息日 xiūxirì，假日 jiàrì
吸収 吸收 xīshōu，吸取 xīqǔ
急所 〔問題の〕要点 yàodiǎn，关键 guānjiàn；〔身体の〕要害 yàohài，致命处 zhìmìngchù
救助 救 jiù，抢救 qiǎngjiù
旧正月 春节 Chūnjié
給食 (学校供给的)伙食 (xuéxiào gōngjǐ de)

huǒshí
牛耳る 操纵 cāozòng, 支配 zhīpèi
求人 招聘 zhāopìn
急須 (小)茶壶 (xiǎo)cháhú
給水 供水 gōngshuǐ
休息 休息 xiūxi
窮地 困境 kùnjìng
牛乳 牛奶 niúnǎi
究明 查明 cháming; ¶原因～／查明原因
救命 救命 jiùmìng, 救生 jiùshēng
給油 加油 jiāyóu
給与 工资 gōngzī; ¶～明細／工资清单
休養 休养 xiūyǎng
急用 急事 jíshì
キュウリ 黄瓜 huánggua
今日 今天 jīntiān
器用 灵巧 língqiǎo, 手巧 shǒuqiǎo
凶悪 凶恶 xiōng'è
胸囲 胸围 xiōngwéi
脅威 威胁 wēixié, 胁迫 xiépò
驚異 惊人 jīngrén
教育 教育 jiàoyù
強化 加强 jiāqiáng, 强化 qiánghuà
境界 边界 biānjiè, 界线 jièxiàn
業界 同业界 tóngyèjiè, 行业 hángyè; ¶～用語／行 háng 话 ¶石油～／石油行业
共学 男女同校 nánnǚ tóngxiào
驚愕 惊愕 jīng'è, 惊讶 jīngyà
教科書 教科书 jiàokēshū, 课本 kèběn
共感 同感 tónggǎn
協議 协议 xiéyì, 协商 xiéshāng
競技 体育比赛 tǐyù bǐsài; ¶～種目／比赛项目
供給 供应 gōngyìng, 供给 gōngjǐ; ¶～過剰／供过于求 ¶～不足／供不应求 ¶～者／提供者
境遇 生活环境 shēnghuó huánjìng, 处境 chǔjìng
教訓 教训 jiàoxùn
強行 强行 qiángxíng, 坚持 jiānchí
強豪 强手 qiángshǒu
競合 竞争 jìngzhēng
共済 互助 hùzhù
共催 共同举办 gòngtóng jǔbàn
教材 教材 jiàocái
教師 教师 jiàoshī, 老师 lǎoshī

行事 活动 huódòng, 仪式 yíshì
教室 〔学校の設備〕教室 jiàoshì;〔趣味の会など〕学习班 xuéxíbān, 培训班 péixùnbān; ¶料理～／烹饪 pēngrèn 培训班
教授 〔教える〕教 jiào, 教授 jiàoshòu;〔職位〕教授 jiàoshòu
恐縮 不敢当 bù gǎndāng, 不好意思 bùhǎoyìsī, 对不起 duìbuqǐ
凝縮 〔密度が高まる〕凝聚 níngjù, 凝缩 níngsuō;〔物理〕凝结 níngjié
強制 强制 qiángzhì, 强迫 qiǎngpò
矯正 矫正 jiǎozhèng
行政 行政 xíngzhèng
業績 成绩 chéngjì, 成就 chéngjiù
競争 竞争 jìngzhēng
競走 赛跑 sàipǎo
兄弟 〔男〕兄弟 xiōngdì;〔女〕姐妹 jiěmèi
教壇 讲台 jiǎngtái
境地 境地 jìngdì, 处境 chǔjìng, 心境 xīnjìng; ¶無我の～／无我之境
協作 合作 hézuò, 协调 xiétiáo
強調 强调 qiángdiào, 突出 tūchū
共通 共同 gòngtóng
協定 协定 xiédìng
共同 共同 gòngtóng
競売 拍卖 pāimài
脅迫 威胁 wēixié, 恐吓 kǒnghè
恐怖 害怕 hàipà, 恐怖 kǒngbù
凶暴 凶暴 xiōngbào
共謀 同谋 tóngmóu, 合谋 hémóu
興味 兴趣 xìngqu
共鳴 〔共感〕同感 tónggǎn, 赞同 zàntóng;〔物理〕共振 gòngzhèn
強要 强行要求 qiángxíng yāoqiú
教養 教养 jiàoyǎng, 修养 xiūyǎng
恐竜 恐龙 kǒnglóng
協力 合作 hézuò, 配合 pèihé
強力 〔力が強い〕强有力 qiángyǒulì, 力量大 lìliang dà;〔効果が高い〕高效 gāoxiào
強烈 强烈 qiángliè
行列 〔並ぶこと〕排队 páiduì, 排列 páiliè;〔並んでいる列〕队伍 duìwu, 行列 hángliè;〔数学〕阵 zhèn, 矩阵 jǔzhèn
虚栄 虚荣 xūróng
許可 允许 yǔnxǔ, 许可 xǔkě, 批准 pīzhǔn
漁業 渔业 yúyè

曲 曲子 qǔzi, 乐曲 yuèqǔ；¶作〜／作曲 ¶一〜歌う／唱一首歌
曲芸 杂技 zájì
極限 极限 jíxiàn
曲線 曲线 qūxiàn
極端 极端 jíduān
極力 尽量 jǐnliàng, 尽可能 jǐnkěnéng
虚弱 虚弱 xūruò
拒絶 拒绝 jùjué
巨大 巨大 jùdà
拠点 据点 jùdiǎn, 基地 jīdì
去年 去年 qùnián
拒否 拒绝 jùjué, 否决 fǒujué
清める 洗净 xǐjìng, 洗清 xǐqīng
清らか 纯洁 chúnjié, 清白 qīngbái
距離 〔間隔〕距离 jùlí；〔格差〕差距 chājù
嫌い 〔好きでない〕不喜欢 bù xǐhuan, 讨厌 tǎoyàn；〔傾向〕有点… yǒudiǎn …, 有…的倾向 yǒu … de qīngxiàng；¶負けず〜／不服输 shū 的性格
気楽 轻松 qīngsōng, 随便 suíbiàn
切らす 用完 yòngwán, 用尽 yòngjìn
錐 锥子 zhuīzi
霧 雾 wù
義理 〔親戚関係〕(婚姻による)姻亲关系 yīnqīng guānxi, (養子による)收养关系 shōuyǎng guānxi；〔付き合い〕人情 rénqíng, 情分 qíngfen；〔道義〕情理 qínglǐ, 道理 dàolǐ
切り替え 转换 zhuǎnhuàn, 转变 zhuǎnbiàn
切り傷 刀伤 dāoshāng, 划伤 huáshāng
キリギリス 螽斯 zhōngsī, 蝈蝈儿 guōguor
切り捨て(る) 〔顧みない〕抛弃 pāoqì, 无视 wúshì；〔数学〕舍去 shěqù
キリスト教 基督教 Jīdūjiào
起立 起立 qǐlì
規律 纪律 jìlù, 秩序 zhìxù
切りつめる 〔倹約する〕节约 jiéyuē, 削减 xuējiǎn；〔短縮する〕缩短 suōduǎn
切り離す 割开 gēkāi, 断开 duànkāi, 分开 fēnkāi
切り開く 〔山野を〕开垦 kāikěn, 开拓 kāituò；〔新分野を〕开辟 kāipì, 创造 chuàngzào
切り身 鱼块 yúkuài
気力 精力 jīnglì, 元气 yuánqì
キリン・麒麟 〔動物〕长颈鹿 chángjǐnglù；〔想像上の動物〕麒麟 qílín
切る 〔包丁などで〕切 qiē, 截 jié；〔はさみで〕剪 jiǎn；〔関係を〕断绝 duànjué；〔やめる〕中断 zhōngduàn, 打断 dǎduàn；〔下回る〕低于 dīyú, 不足 bùzú；〔スイッチを〕关 guān；〔電話を〕挂 guà
着る 穿 chuān
きれい 〔美しい〕漂亮 piàoliang, 好看 hǎokàn, 美丽 měilì；〔清潔〕干净 gānjìng, 洁净 jiéjìng；〔潔白〕纯洁 chúnjié；〔整然〕整齐 zhěngqí
キロ 千 qiān；¶〜グラム／公斤 ¶〜メートル／公里 ¶〜カロリー／千卡 ¶〜ワット／千瓦 ¶〜ヘルツ／千赫 hè
記録 〔書きとめる〕纪录 jìlù, 记下来 jìxialai；〔良い成績・結果〕纪录 jìlù
議論 讨论 tǎolùn, 争论 zhēnglùn
きわどい 〔時間が迫る〕间不容发 jiān bù róng fà；〔危険が迫る〕危险万分 wēixiǎn wànfēn
極める・究める 〔極限に達する〕极 jí, 穷尽 qióngjìn；〔探求する〕钻研 zuānyán
金 金 jīn
銀 银 yín
均一 统一 tǒngyī, 均一 jūnyī, 全部相同 quánbù xiāngtóng；¶100 円〜／一律 100 日元
禁煙 〔規則で〕禁烟 jìnyān；〔自分の意思で〕戒烟 jièyān
銀河 银河 yínhé, 天河 tiānhé
金額 金额 jīn'é
緊急 紧急 jǐnjí
金魚 金鱼 jīnyú
近況 近况 jìnkuàng
金庫 保险柜 bǎoxiǎnguì
近郊 近郊 jìnjiāo, 郊区 jiāoqū
均衡 均衡 jūnhéng, 平衡 pínghéng
銀行 银行 yínháng
近視 近视 jìnshì
禁止 禁止 jìnzhǐ, 不许 bùxǔ
禁酒 〔規則で〕禁酒 jìnjiǔ；〔自分の意思で〕戒酒 jièjiǔ
近所 〔近隣の場所〕附近 fùjìn, 近处 jìnchù；〔近隣の家庭〕邻居 línjū
金属 金属 jīnshǔ
緊張 紧张 jǐnzhāng

均等　均等 jūnděng, 相等 xiāngděng
筋肉　肌肉 jīròu
勤勉　勤劳 qínláo, 勤奋 qínfèn
緊密　紧密 jǐnmì, 密切 mìqiè
勤務　工作 gōngzuò
金融　金融 jīnróng
金曜日　星期五 xīngqīwǔ
金利　利率 lìlù, 利息 lìxī

■■■く■■■■■■

具合　〔体調・調子〕状況 zhuàngkuàng, 情况 qíngkuàng, 状态 zhuàngtai;〔方法〕样子 yàngzi;〔都合〕方便 fāngbiàn, 合适 héshì;〔状況〕状况 zhuàngkuàng; ¶お腹の〜が悪い／肚子不太好 ¶機械の〜を見る／检查机器运转情况 ¶こんな〜にやる／就这样做 ¶明日は〜が悪い／明天不太方便 ¶工事の進み〜はどうだ？／工程的进展情况如何？
悔い　后悔 hòuhuǐ; ¶〜が残る／遗憾 yíhàn
杭　桩子 zhuāngzi
区域　地区 dìqū, 范围 fànwéi
食い込む　〔入り込む〕吃入 chīrù, 深入 shēnrù, 勒进 lēijìn;〔侵す〕侵入 qīnrù, 侵占 qīnzhàn; ¶ロープが手に〜／缆绳勒进手中 ¶休み時間に〜／占用休息时间 ¶元手に〜／蚀 shí 本
食いしん坊　馋嘴 chánzuǐ
クイズ　猜谜 cāimí, 智力竞赛 zhìlì jìngsài
食い違い　分歧 fēnqí, 出入 chūrù; ¶意見の〜が生じた／产生了意见分歧
食い違う　不一致 bù yīzhì, 有分歧 yǒu fēnqí; ¶意見が〜／意见不一致
食いつく　〔かみつく〕咬上 yǎoshàng, 咬住 yǎozhù;〔物事にとびつく〕抓住不放 zhuāzhù bùfàng
食いつなぐ　节省着吃 jiéshěngzhe chī, 勉强度日 miǎnqiǎng dùrì
空間　空间 kōngjiān
空気　〔大気〕空气 kōngqì;〔雰囲気〕气氛 qìfen, 氛围 fēnwéi
グーグル　谷歌 Gǔgē
空港　机场 jīchǎng
偶数　双数 shuāngshù, 偶数 ǒushù
空席　空座(位) kōngzuò(wei)
空前　空前 kōngqián

偶然　偶然 ǒurán
空想　空想 kōngxiǎng
クーデター　政变 zhèngbiàn
空腹　空肚子 kōngdùzi, 空腹 kōngfù
クーポン　联票 liánpiào, 优惠券 yōuhuìquàn
クーラー　(冷气)空调(lěngqì) kōngtiáo
空欄　空格 kònggé, 空栏 kònglán
空路　航线 hángxiàn; ¶〜到着する／坐飞机到达
クエスチョンマーク　问号 wènhào
クオーツ　石英 shíyīng; ¶〜時計／石英表
クオリティー　质量 zhìliàng
区間　区间 qūjiān, 区段 qūduàn
茎　梗 gěng, 茎 jīng
釘　钉子 dīngzi
区切り　段落 duànluò
九九　九九表 jiǔjiǔbiǎo, 九九歌 jiǔjiǔgē
くくる　〔ひもなどで〕捆 kǔn, 绑 bǎng, 扎 zā;〔かっこで〕(用括号)括起来(yòng kuòhào) kuòqǐlai
くぐる　〔通り抜ける〕穿过 chuānguò, 钻过 zuānguò;〔危険や難関を〕度过 dùguò
草　草 cǎo; ¶〜野球／非专业棒球
臭い　〔においが〕臭 chòu;〔疑わしい〕可疑 kěyí
鎖　〔チェーン〕链条 liàntiáo, 锁链 suǒliàn;〔関係・きずな〕关系 guānxi, 纽带 niǔdài
腐る　〔腐敗する〕怀 huài, 腐烂 fǔlàn, 腐朽 fǔxiǔ;〔やる気を失う〕消沉 xiāochén, 灰心 huīxīn;〔堕落する〕腐败 fǔbài, 堕落 duòluò; ¶バナナが〜／香蕉腐烂 ¶床板が〜／地板腐朽 ¶腐った根性／堕落的本性
串　扦子 qiānzi; ¶〜焼き／串烤
櫛　梳子 shūzi
くじ　抽签 chōuqiān, 签 qiān; ¶宝〜／彩票
くじく　〔手足を〕挫伤 cuòshāng, 扭伤 niǔshāng;〔気力を〕抑制 yìzhì, 挫折 cuòzhé
くじける　沮丧 jǔsàng, 气馁 qìněi
クジャク　孔雀 kǒngquè
くしゃみ　喷嚏 pēntì; ¶〜をする／打喷嚏
苦情　抱怨 bàoyuàn, 意见 yìjiàn, 投诉 tóusù
クジラ　鲸鱼 jīngyú
苦心　(煞費)苦心 (shàfèi) kǔxīn, 费心 fèixīn

屑 废物 fèiwù, 废料 fèiliào, 碎渣 suìzhā; ¶人間の～/无用的人

ぐず 迟钝 chídùn, 慢吞吞 màntūntūn, 慢性子 mànxìngzi

ぐずぐず 〔のろのろする〕磨磨蹭蹭 mómó cèngcèng, 慢吞吞 màntūntūn;〔不平を言う〕唠叨 láodao

くすぐったい 〔むずむずする〕发痒 fāyǎng, 痒痒 yǎngyang;〔てれくさい〕害羞 hàixiū, 不好意思 bùhǎoyìsi

くすぐる 〔身体を〕胳肢 gézhi;〔心を〕引逗 yǐndòu, 激发 jīfā

崩す 〔(叩いて)壊す〕拆毁 chāihuǐ;〔乱す〕打乱 dǎluàn, 搞乱 gǎoluàn;〔文字を〕潦草地写字 liáocǎo de xiězì;〔少額に両替する〕换成零钱 huànchéng língqián; ¶积み木を～/把积木拆散 ¶列を～/打乱队形

薬 药 yào, 药品 yàopǐn;〔教訓〕教训 jiàoxùn

薬指 无名指 wúmíngzhǐ

崩れる 〔ものが〕崩溃 bēngkuì, 倒塌 dǎotā;〔形が〕走形 zǒuxíng, 变形 biànxíng;〔天気が〕变坏 biànhuài;〔相場が〕跌落 diēluò; ¶壁が～/墙壁倒塌 ¶姿勢が～/姿势变形 ¶価格が～/价格下跌

癖 〔習慣〕习惯 xíguàn, 毛病 máobìng;〔特徴〕特点 tèdiǎn;〔直りにくい形〕留下的痕迹 liúxià de hénjì; ¶髪に寝～がつく/头发上留有睡过的痕迹

管 管(子) guǎn(zi)

具体的 具体 jùtǐ

砕く 〔ものを〕打碎 dǎsuì, 捣碎 dǎosuì;〔気勢・気力を〕挫败 cuòbài, 摧毁 cuīhuǐ;〔尽力する〕煞费苦心 shà fèi kǔ xīn, 费心 fèixīn;〔わかりやすくする〕浅显易懂 qiǎnxiǎn yìdǒng

砕ける 〔ものが〕破碎 pòsuì, 粉碎 fěnsuì;〔気勢・気力が〕减弱 jiǎnruò, 挫折 cuòzhé;〔雰囲気がなごむ〕融洽 róngqià

下さい 〔(ものなどを)いただきたい〕请给我… qǐng gěi wǒ …;〔お願いする〕请 qǐng; ¶領収書を～/请给我发票 ¶これを～/请给我这个 ¶お飲み～/请喝 ¶窓を開けて～/请打开窗户 ¶見ないで～/请不要看

下す 〔命令・判定を出す〕下 xià, 下达 xiàdá, 做出 zuòchū;〔実行する〕实行 shíxíng, 着手 zhuóshǒu;〔下痢をする〕拉肚子 lā dùzi

くたびれる 〔疲れる〕累 lèi, 疲劳 pílao;〔使い古す〕用旧 yòngjiù; ¶くたびれたシャツ/穿旧的衬衫 ¶待ち～/等累了

果物 水果 shuǐguǒ

下らない 〔価値がない〕无用的 wúyòng de, 无价值的 wújiàzhí de, 无聊的 wúliáo de;〔上回る〕不低于 bù dīyú

下る 〔上から下へ〕下 xià, 下去 xiàqu;〔命令や判断が〕下 xià, 下达 xiàdá;〔腹が〕拉肚子 lā dùzi;〔下回る〕低于 dīyú, 少于 shǎoyú

口 〔器官〕嘴 zuǐ, 口 kǒu;〔話〕说话 shuōhuà;〔味覚〕口味 kǒuwèi;〔出入り口〕口 kǒu, 门 mén;〔容器のふた〕塞子 sāizi, 盖子 gàizi;〔種類〕种 zhǒng;〔数〕口 kǒu, 份 fèn; ¶～をあける/张嘴 ¶無駄～をたたく/说废话 ¶～に合う/适口味 ¶びんの～/瓶塞 ¶ひと～食べる/吃一口 ¶寄付は二～から/捐赠 juānzèng 两份以上

愚痴 牢骚 láosao, 抱怨 bàoyuàn

口当たり 口感 kǒugǎn, 口味 kǒuwèi

口癖 口头禅 kǒutóuchán

口答え 顶嘴 dǐngzuǐ

口コミ 口传 kǒuchuán, 小道消息 xiǎodào xiāoxi

口先 〔口の先端〕嘴边 zuǐbiān;〔うわべだけの言葉〕说 shuō, 漂亮话 piàolianghuà

口止め 堵嘴 dǔzuǐ, 不让泄漏 bù ràng xièlòu

嘴 鸟嘴 niǎozuǐ

ひげ 髭 zī, 嘴边胡子 zuǐbiān húzi

唇 嘴唇 zuǐchún

口笛 口哨儿 kǒushàor

口ぶり 口吻 kǒuwěn, 口气 kǒuqì

口下手 嘴笨 zuǐbèn

口紅 唇膏 chúngāo, 口红 kǒuhóng

口調 腔调 qiāngdiào, 口吻 kǒuwěn

靴 鞋(子) xié(zi)

苦痛 痛苦 tòngkǔ

覆す 〔倒す〕颠覆 diānfù, 推翻 tuīfān, 颠倒 diāndǎo;〔変革する〕推翻 tuīfān, 改变 gǎibiàn

クッキー 甜饼干 tiánbǐnggān, 曲奇 qūqí

くっきり 鮮明 xiānmíng, 清楚 qīngchu
靴下 袜子 wàzi
屈辱 耻辱 chǐrǔ
クッション 〔座布団〕靠垫 kàodiàn, 垫子 diànzi;〔弾力〕弹性 tánxìng;〔緩衝材〕缓冲物 huǎnchōngwù
屈折 〔複雑・ゆがんだ〕弯曲 wānqū, 歪曲 wāiqū, 不正常 bù zhèngcháng;〔物理〕折射 zhéshè
くっつく 〔付着する〕粘住 zhānzhù, 附着 fùzhuó;〔接近する〕靠近 kàojìn
くっつける 〔密着させる〕粘上 zhānshàng, 贴上 tiēshàng;〔近づける〕贴近 tiējìn
くつろぐ 放松 fàngsōng, 随便 suíbiàn
くどい 〔うるさい〕罗唆 luōsuo, 唠叨 láodao;〔濃い〕太浓 tài nóng
句読点 标点符号 biāodiǎn fúhào
国 国家 guójiā
苦悩 苦恼 kǔnǎo
配る 〔(その場で)分ける〕发 fā, 分发 fēnfā;〔配達する〕送 sòng;〔注意を〕注意 zhùyì
首 脖子 bózi, 颈 jǐng
工夫 设法 shèfǎ, 动脑筋 dòng nǎojīn
区分 划分 huàfēn, 分割 fēngē
区別 区别 qūbié, 划分 huàfēn
窪み 低洼 dīwā, 凹处 āochù
窪む 凹下 āoxià, 下陷 xiàxiàn
クマ 熊 xióng
組(み) 〔クラス〕班 bān;〔グループ〕组 zǔ, 小组 xiǎozǔ;〔セット〕套 tào
組み合わせ 〔物や色取りの〕搭配 dāpèi, 配套 pèitào;〔競技相手の〕编组 biānzǔ
組み立て 组装 zǔzhuāng
汲む 〔液体を〕打 dǎ, 舀 yǎo;〔気持ちや事情を〕体谅 tǐliàng, 考虑 kǎolǜ;¶流れを～/继承
組む 〔交差させる〕交叉在一起 jiāochāzài yīqǐ;〔編成する〕编排 biānpái, 组成 zǔchéng;〔組になる〕联合 liánhé, 入伙 rùhuǒ;〔組み立てる〕搭 dā;¶腕を～/挽 wǎn 着胳膊 ¶隊列を～/组队 ¶二人で～/两人合伙 ¶足場を～/搭脚手架
クモ 蜘蛛 zhīzhū
雲 云彩 yúncai
曇り 〔天候〕阴天 yīntiān, 多云 duōyún;〔気持ち〕亏心 kuīxīn;〔ガラスなど〕模糊 móhu
悔しい 悔恨 huǐhèn, 懊悔 àohuǐ
悔やむ 〔後悔する〕懊悔 àohuǐ, 遗憾 yíhàn;〔故人をとむらう〕哀悼 āidào
くよくよ 想不开 xiǎngbukāi, 发愁 fāchóu
倉・蔵 仓库 cāngkù
暗い 〔光が〕暗 àn, 黑 hēi;〔雰囲気が〕阴郁 yīnyù, 阴沉 yīnchén;〔事情にうとい〕不熟悉 bù shúxī
位 〔階級〕地位 dìwèi;〔数学の桁〕位 wèi, 位数 wèishù
クライアント 〔顧客〕主顾 zhǔgù;〔広告主〕广告主 guǎnggàozhǔ
クライマックス 高潮 gāocháo, 顶点 dǐngdiǎn
グラウンド 运动场 yùndòngchǎng, 球场 qiúchǎng, 赛场 sàichǎng
クラクション (汽车)喇叭 (qìchē) lǎba
クラゲ 水母 shuǐmǔ, 海蜇 hǎizhé
暮らし 生活 shēnghuó
クラス 〔学校の組〕班 bān;〔ランク〕…级 … jí;¶～メート/同班同学
暮らす 生活 shēnghuó, 过日子 guò rìzi
グラス 玻璃杯 bōlibēi;¶ステンド～/彩色玻璃
グラタン 焗烤 júkǎo
クラッカー 〔食品〕咸饼干 xiánbǐnggān;〔玩具〕(纸筒)彩色爆竹 (zhǐtǒng) cǎisè bàozhú
ぐらつく 〔物が〕摇晃 yáohuàng, 晃动 huàngdòng;〔考えが〕动摇 dòngyáo
クラブ 〔学校の〕课外活动 kèwài huódòng,〔会員組織〕俱乐部 jùlèbù;〔トランプの〕梅花 méihuā;〔ゴルフの〕球棒 qiúbàng
グラフ 图表 túbiǎo
比べる 比较 bǐjiào
くらむ 〔目が〕眼花 yǎnhuā, 晃眼 huǎngyǎn;〔心が〕迷惑 míhuò, 被…迷住 bèi…mízhù
グラム 克 kè
クラリネット 单簧管 dānhuángguǎn
グランプリ 大奖 dàjiǎng, 最高奖 zuìgāojiǎng
栗 栗子 lìzi
クリア 〔明瞭〕清楚 qīngchu, 清晰 qīngxī;

〔突破する〕突破 tūpò, 解决 jiějué, 越过 yuèguò;〔初期状態にする〕清除 qīngchú

繰り上げ 〔順序を〕提上来 tíshànglái;〔日程を〕提前 tíqián

クリーニング 〔洗濯〕洗衣 xǐyī;〔洗浄〕清洗 qīngxǐ;¶ドライ〜／干洗

クリーム 〔食品〕奶油 nǎiyóu, 乳脂 rǔzhī;〔化粧品〕美容霜 měiróngshuāng, 乳霜 rǔshuāng

クリーン 干净 gānjìng, 清洁 qīngjié;¶〜エネルギー／清洁能源 ¶〜カー／绿色汽车

繰り返す 反复 fǎnfù, 重复 chóngfù

繰り下げ 〔順序を〕往后排 wǎng hòu pái;〔日程を〕推迟 tuīchí

クリスマス 圣诞节 Shèngdànjié

クリック 点击 diǎnjī;¶ダブル〜／双击

クリップ 夹子 jiāzi, 回形针 huíxíngzhēn

くりぬく 挖通 wātōng, 掏空 tāokōng

来る 来 lái, 来到 láidào

狂う 〔精神が〕疯 fēng, 发狂 fākuáng;〔状態や機能が〕出毛病 chū máobìng, 不正常 bù zhèngcháng;〔予定や計画が〕乱 luàn, 打乱 dǎluàn;〔熱中する〕着迷 zháomí

グループ 小组 xiǎozǔ, 分组 fēnzǔ;¶〜企業／集团公司

苦しい 〔肉体的・精神的に〕痛苦 tòngkǔ, 难受 nánshòu;〔経済的に〕困难 kùnnan, 艰难 jiānnán;〔無理がある〕勉强 miǎnqiǎng, 不自然 bù zìrán;〔…苦しい〕难…nán…;¶〜言い訳／勉强的辩解 ¶聞き〜／难听 ¶寝〜／难以入睡

苦しめる 使…痛苦 shǐ…tòngkǔ, 虐待 nüèdài

くるぶし 踝 huái

車 车 chē, 汽车 qìchē

車椅子 轮椅 lúnyǐ

クルミ 核桃 hétáo, 胡桃 hútáo

くるむ 包 bāo

グルメ 美食家 měishíjiā

暮れ 〔夕方〕黄昏 huánghūn, 傍晚 bàngwǎn;〔年末〕年底 niándǐ

クレープ 可丽饼 kělìbǐng

グレープフルーツ 葡萄柚 pútaoyòu

クレーム 索赔 suǒpéi

クレーン 起重机 qǐzhòngjī

クレジットカード 信用卡 xìnyòngkǎ

クレヨン 蜡笔 làbǐ

暮れる 〔日が〕天黑 tiānhēi, 日暮 rìmù;〔年が〕过去 guòqu;〔思い悩む〕不知所错 bù zhī suǒ cuò;¶途方に〜／束手无策 ¶悲嘆に〜／终天悲叹不已

クレンジング（クリーム） 洗面奶 xǐmiànnǎi

黒い 〔色が〕黑 hēi, 黑色 hēisè;〔汚れ〕脏 zāng;〔悪い〕黑 hēi, 坏 huài

苦労 辛苦 xīnkǔ, 艰苦 jiānkǔ, 吃苦 chīkǔ

クローズアップ 大书特书 dà shū tè shū

グローバル 全球 quánqiú

クロール 自由泳 zìyóuyǒng, 爬泳 páyǒng

クローン 克隆 kèlóng

黒字 盈利 yínglì

クロスワード（パズル） 纵横字谜 zònghéng zìmí

グロテスク 怪异 guàiyì, 奇异 qíyì

クロワッサン 羊角面包 yángjiǎo miànbāo

くわえる 〔口にはさむ〕衔 xián, 叼 diāo;¶指をくわえて眺める／垂涎 chuíxián 欲滴

加える 〔足す・増す〕加 jiā, 加上 jiāshàng, 增加 zēngjiā;〔仲間に入れる〕加入 jiārù, 包含 bāohán

詳しい 〔詳細な〕详细 xiángxì, 仔细 zǐxì;〔精通した〕精通 jīngtōng

企てる 策划 cèhuà, 企图 qǐtú

加わる 〔増す・足される〕增加 zēngjiā, 增多 zēngduō;〔仲間に入る〕参加 cānjiā, 加入 jiārù

勲章 勋章 xūnzhāng

燻製 熏制 xūnzhì

軍隊 军队 jūnduì

軍手 工作手套 gōngzuò shǒutào

訓練 训练 xùnliàn

■■■■■■け■■■■■■

毛 毛 máo;¶髪の〜／头发 fa

ゲイ 同性爱者 tóngxìng'àizhě, 男［女］同志 nán [nǚ] tóngzhì;¶〜バー／同志吧, 同性恋酒吧

芸 技能 jìnéng, 技艺 jìyì

経営 经营 jīngyíng

敬遠 敬而远之 jìng ér yuǎn zhī;〔避ける〕回

避 huíbì, 躲避 duǒbì

経過 过程 guòchéng, 经过 jīngguò;〔過ぎる〕过去 guòqù, 推移 tuīyí

警戒 警戒 jǐngjiè, 警备 jǐngbèi;〔用心する〕警惕 jǐngtì, 小心 xiǎoxīn

計画 计划 jìhuà, 规划 guīhuà

警官 警官 jǐngguān

景気 景气 jǐngqì

経験 经验 jīngyàn, 经历 jīnglì

稽古 〔習う〕学习 xuéxí;〔練習〕练习 liànxí, 练功 liàngōng

敬語 敬语 jìngyǔ

傾向 倾向 qīngxiàng, 趋势 qūshì

蛍光灯 荧光灯 yíngguāngdēng, 日光灯 rìguāngdēng

警告 警告 jǐnggào, 提醒 tíxǐng

掲載 刊登 kāndēng

経済 经济 jīngjì

警察 警察 jǐngchá, 公安 gōng'ān

計算 计算 jìsuàn, 运算 yùnsuàn

刑事 刑事 xíngshì

掲示 揭示 jiēshì, 布告 bùgào;〔公告〕公告 gōnggào

形式 形式 xíngshì

軽自動車 小型汽车 xiǎoxíng qìchē

掲示板 公告牌 gōnggàopái

傾斜 倾斜 qīngxié, 斜度 xiédù

芸術 艺术 yìshù

軽食 小吃 xiǎochī, 便饭 biànfàn, 便餐 biàncān

形勢 形势 xíngshì, 局势 júshì

継続 继续 jìxù

軽率 轻率 qīngshuài, 草率 cǎoshuài

携帯 携带 xiédài

携帯電話 手机 shǒujī

毛糸 毛线 máoxiàn

系統 系统 xìtǒng, 体系 tǐxì, 流派 liúpài

芸能 演艺 yǎnyì, 文艺 wényì;¶～界／演艺界 ¶～人／演员

競馬 赛马 sàimǎ

軽薄 轻薄 qīngbó, 轻浮 qīngfú, 轻佻 qīngtiāo

刑罰 刑罚 xíngfá

経費 费用 fèiyòng, 经费 jīngfèi, 开销 kāixiāo

警備 保安 bǎo'ān, 警卫 jǐngwèi

軽蔑 轻蔑 qīngmiè, 看不起 kànbuqǐ, 蔑视 mièshì

刑務所 监狱 jiānyù

契約 契约 qìyuē, 合同 hétong

経由 经由 jīngyóu, 经过 jīngguò

形容 形容 xíngróng

経理 财务 cáiwù

経歴 经历 jīnglì, 履历 lǚlì

けいれん 抽筋 chōujīn, 痉挛 jìngluán

ケーキ 蛋糕 dàngāo

ケース 〔場合〕场合 chǎnghé, 事例 shìlì;〔箱〕箱子 xiāngzi, 盒子 hézi

ゲートボール 门球 ménqiú

ケーブル 〔電線〕电缆 diànlǎn;〔綱〕缆索 lǎnsuǒ

ケーブルカー 缆车 lǎnchē

ケーブルテレビ 有线电视 yǒuxiàn diànshì

ゲーム 游戏 yóuxì;〔試合〕比赛 bǐsài

けが 伤 shāng;¶～をする／受伤

外科 外科 wàikē

毛皮 毛皮 máopí

劇 剧 jù, 戏剧 xìjù

劇場 剧场 jùchǎng

激励 鼓励 gǔlì, 激励 jīlì, 鞭策 biāncè

今朝 今晨 jīnchén, 今天早上 jīntiān zǎoshang

景色 景色 jǐngsè, 风景 fēngjǐng, 风光 fēngguāng

消しゴム 橡皮 xiàngpí

けじめ 界限 jièxiàn, 区别 qūbié

下車 下车 xiàchē

下宿 住公寓 zhù gōngyù, 租房间住 zū fángjiān zhù

下旬 下旬 xiàxún

化粧 化妆 huàzhuāng, 打扮 dǎban

消す 〔なくす〕消除 xiāochú, 去掉 qùdiào;〔字を〕擦掉 cādiào;〔火を〕熄灭 xīmiè;〔スイッチを〕关掉 guāndiào;¶電気を～／关灯 ¶火を～／灭火

下水 下水 xiàshuǐ, 污水 wūshuǐ, 下水道 xiàshuǐdào

ゲスト 嘉宾 jiābīn, 来宾 láibīn

削る 削 xiāo, 刨 bào;〔減らす〕削减 xuējiǎn;〔消す〕删除 shānchú

桁 位 wèi

下駄 木屐 mùlǚ, 木屐 mùjī

けち 小气 xiǎoqi, 吝啬 lìnsè
ケチャップ 蕃茄酱 fānqiéjiàng
血圧 血压 xuèyā
決意 决心 juéxīn, 决意 juéyì
血液 血液 xuèyè;¶～型／血型
結果 结果 jiéguǒ, 后果 hòuguǒ
欠陥 缺陷 quēxiàn, 毛病 máobìng
血管 血管 xuèguǎn
月給 月薪 yuèxīn, 工资 gōngzī
結局 结果 jiéguǒ, 最终 zuìzhōng, 归根结底 guī gēn jié dǐ
結構 〔よい〕漂亮 piàoliang, 很好 hěnhǎo;〔まあまあ〕还 hái;¶もう～／不要了, 够了
結婚 结婚 jiéhūn
傑作 杰作 jiézuò
決して…ない 决不… juébù…
月謝 （每月的）学费 (měiyuè de) xuéfèi
決勝 决赛 juésài
結晶 结晶 jiéjīng
決心 决心 juéxīn;¶～する／下决心
欠席 缺席 quēxí
決断 决断 juéduàn, 决心 juéxīn
決定 决定 juédìng
欠点 缺点 quēdiǎn, 缺陷 quēxiàn
結末 结局 jiéjú, 结尾 jiéwěi
月末 月底 yuèdǐ, 月末 yuèmò
月曜日 星期一 xīngqīyī, 周一 zhōuyī, 礼拜一 lǐbàiyī
結論 结论 jiélùn
蹴飛ばす 踢 tī, 踢开 tīkāi
けなす 贬低 biǎndī, 损人 sǔnrén, 诽谤 fěibàng;〔皮肉を言う〕挖苦 wāku
気配 样子 yàngzi, 苗头 miáotou
仮病 装病 zhuāngbìng
下品 下流 xiàliú, 粗野 cūyě
毛虫 毛毛虫 máomaochóng, 毛虫 máochóng
煙 烟 yān, 烟雾 yānwù
獣 兽类 shòulèi, 走兽 zǒushòu, 野兽 yěshòu
下痢 拉肚子 lā dùzi, 腹泻 fùxiè, 泻肚 xièdù
ゲリラ 游击队 yóujīduì
蹴る 踢 tī;〔断る〕拒绝 jùjué
けれども 但是 dànshì, 可是 kěshì

険しい 艰险 jiānxiǎn;〔山〕险峻 xiǎnjùn;〔表情など〕严峻 yánjùn
件 事情 shìqíng, 事件 shìjiàn
券 票 piào, 券 quàn
剣 剑 jiàn
権威 权威 quánwēi
原因 原因 yuányīn, 起因 qǐyīn
現役 现役 xiànyì, 现职 xiànzhí
検閲 检阅 jiǎnyuè, 审阅 shěnyuè
嫌悪 厌恶 yànwù;¶～感／厌恶感
喧嘩 〔言い合い〕吵架 chǎojià;〔殴り合い〕打架 dǎjià
原価 原价 yuánjià, 成本 chéngběn
見解 见解 jiànjiě, 看法 kànfǎ
限界 界限 jièxiàn, 极限 jíxiàn
見学 参观 cānguān, 视察 shìchá
玄関 正门 zhèngmén, 门口 ménkǒu
元気 精神 jīngshen
研究 研究 yánjiū, 钻研 zuānyán
謙虚 谦虚 qiānxū
現金 现金 xiànjīn, 现款 xiànkuǎn
献血 献血 xiànxuè
言語 语言 yǔyán
健康 健康 jiànkāng;¶～诊断／体检
原稿 原稿 yuángǎo, 草稿 cǎogǎo, 稿子 gǎozi;¶～用纸／稿纸
検査 检查 jiǎnchá, 检验 jiǎnyàn
現在 现在 xiànzài, 目前 mùqián
検索 检索 jiǎnsuǒ, 查看 chákàn
検算 验算 yànsuàn
検死 验尸 yànshī
検事 检察官 jiǎncháguān
堅実 踏实 tāshi, 坚实 jiānshí
現実 现实 xiànshí, 实际 shíjì
研修 进修 jìnxiū, 研修 yánxiū
拳銃 手枪 shǒuqiāng
厳重 严厉 yánlì, 严格 yángé
現象 现象 xiànxiàng
減少 减少 jiǎnshǎo
現状 现状 xiànzhuàng
健常者 健全人 jiànquánrén
検診 检查疾病 jiǎnchá jíbìng
建設 建设 jiànshè
健全 健全 jiànquán, 正常 zhèngcháng
幻想 幻想 huànxiǎng, 梦幻 mènghuàn
原則 原则 yuánzé

謙遜	谦虚 qiānxū, 谦逊 qiānxùn
現代	现代 xiàndài, 当代 dāngdài
見地	见地 jiàndì, 观点 guāndiǎn
現地	现场 xiànchǎng, 当地 dāngdì
建築	建筑 jiànzhù, 建造 jiànzào
検定	检定 jiǎndìng, 审定 shěndìng
限定	限定 xiàndìng, 限制 xiànzhì
限度	限度 xiàndù
見当	估计 gūjì, 推测 tuīcè
検討	讨论 tǎolùn, 探讨 tàntǎo, 研讨 yántǎo
現場	现场 xiànchǎng;〔工事などの〕工地 gōngdì
券売機	售票机 shòupiàojī
原爆	原子弹 yuánzǐdàn
原発	核电 hédiàn
見物	参观 cānguān, 游览 yóulǎn
憲法	宪法 xiànfǎ
厳密	严密 yánmì, 严格 yángé
懸命	拼命 pīnmìng
幻滅	失望 shīwàng
倹約	节省 jiéshěng, 节约 jiéyuē
権利	权利 quánlì
原理	原理 yuánlǐ
原料	原料 yuánliào
権力	权力 quánlì
言論	言论 yánlùn

■こ■■■■■

子	〔自分の〕孩子 háizi, 儿女 érnǚ;〔幼児〕小孩儿 xiǎoháir, 儿童 értóng;〔動物の〕崽 zǎi
コイ	鲤鱼 lǐyú
濃い	浓 nóng, 浓厚 nónghòu;〔色が〕深 shēn;〔密度が〕密 mì;〔関係が〕亲密 qīnmì
恋	恋爱 liàn'ài
故意	故意 gùyì, 有意 yǒuyì
語彙	词汇 cíhuì
恋しい	想念 xiǎngniàn, 眷恋 juànliàn
恋人	恋人 liànrén, 情人 qíngrén
コイン	硬币 yìngbì;¶～ランドリー／投币式洗衣机 ¶～ロッカー／投币式寄存柜
こう	〔このように〕这样 zhèyàng, 这么 zhème, 如此 rúcǐ
好意	好意 hǎoyì, 善意 shànyì
行為	行为 xíngwéi
合意	同意 tóngyì
強引	强行 qiángxíng, 强制 qiángzhì
幸運	幸运 xìngyùn, 侥幸 jiǎoxìng
光栄	光荣 guāngróng, 荣幸 róngxìng
公園	公园 gōngyuán
講演	演讲 yǎnjiǎng, 讲演 jiǎngyǎn
効果	效果 xiàoguǒ, 功效 gōngxiào
高価	高价 gāojià, 昂贵 ángguì
硬貨	硬币 yìngbì
豪華	豪华 háohuá
公開	公开 gōngkāi, 开放 kāifàng
後悔	后悔 hòuhuǐ
航海	航海 hánghǎi
公害	公害 gōnghài
郊外	郊区 jiāoqū, 郊外 jiāowài
合格	及格 jígé, 合格 hégé, 考上 kǎoshàng
交換	交换 jiāohuàn, 互换 hùhuàn
後期	后期 hòuqī
抗議	抗议 kàngyì
講義	讲课 jiǎngkè, 讲义 jiǎngyì
好奇心	好奇心 hàoqíxīn
高級	高级 gāojí, 上等 shàngděng, 高档 gāodàng
公共	公共 gōnggòng, 公用 gōngyòng
工業	工业 gōngyè
交響曲	交响曲 jiāoxiǎngqǔ
航空券	机票 jīpiào
光景	情景 qíngjǐng, 场面 chǎngmiàn
工芸	工艺 gōngyì, 手工艺 shǒugōngyì
合計	共计 gòngjì, 总共 zǒnggòng
後継者	接班人 jiēbānrén
攻撃	攻击 gōngjī, 进攻 jìngōng
高血圧	高血压 gāoxuèyā
貢献	贡献 gòngxiàn
高原	高原 gāoyuán
口語	口语 kǒuyǔ, 白话 báihuà
孝行	孝顺 xiàoshùn, 孝敬 xiàojìng
高校	高中 gāozhōng
広告	广告 guǎnggào
交互に	交互 jiāohù
交差	交叉 jiāochā
口座	户头 hùtóu, 账户 zhànghù
講座	讲座 jiǎngzuò
交際	交际 jiāojì, 交往 jiāowǎng
工作	制作 zhìzuò, 手工 shǒugōng

考察 考察 kǎochá
交差点 十字路口 shízì lùkǒu
公私 公私 gōngsī；¶～混同／公私混淆 hùnxiáo
講師 讲师 jiǎngshī
工事 工程 gōngchéng，施工 shīgōng
公式 正式 zhèngshì；〔数学の〕公式 gōngshì；¶～ホームページ／正式网页 wǎngyè
口実 借口 jièkǒu
校舎 校舍 xiàoshè
公衆電話 公用电话 gōngyòng diànhuà
交渉 交涉 jiāoshè，谈判 tánpàn
工場 工厂 gōngchǎng
向上 向上 xiàngshàng，提高 tígāo；¶～心／上进心
強情 固执 gùzhí，倔强 juéjiàng
行進 进行 jìnxíng
更新 更新 gēngxīn，刷新 shuāxīn
香辛料 香辣调料 xiānglà tiáoliào
香水 香水 xiāngshuǐ
洪水 洪水 hóngshuǐ
公正 公正 gōngzhèng
校正 校对 jiàoduì
構成 构成 gòuchéng，结构 jiégòu
合成 合成 héchéng
抗生物質 抗生素 kàngshēngsù
功績 功绩 gōngjì，功劳 gōngláo
光線 光线 guāngxiàn
公然 公然 gōngrán，公开 gōngkāi
構想 设想 shèxiǎng，构思 gòusī
構造 构造 gòuzào，结构 jiégòu
高速 高速 gāosù；¶～道路／高速公路
拘束 约束 yuēshù，束缚 shùfù；〔拘置〕拘留 jūliú
高卒 高中毕业 gāozhōng bìyè
交替 交替 jiāotì；¶～で／轮流 lúnliú
紅茶 红茶 hóngchá
好調 顺利 shùnlì，顺当 shùndang
校長 校长 xiàozhǎng
交通 交通 jiāotōng；¶～事故／交通事故
肯定 肯定 kěndìng，承认 chéngrèn
校庭 操场 cāochǎng
香典 奠仪 diànyí
口頭 口头 kǒutóu
高騰 暴涨 bàozhǎng
行動 行动 xíngdòng

講堂 礼堂 lǐtáng
強盗 强盗 qiángdào，抢劫 qiǎngjié
合同 联合 liánhé，合并 hébìng
購読 购阅 gòuyuè；¶予約～／订阅
購入 购买 gòumǎi
公認 公认 gōngrèn
公認会計士 注册会计师 zhùcè kuàijìshī
光熱費 煤电费 méidiànfèi
後輩 后辈 hòubèi；〔男の〕学弟 xuédì；〔女の〕学妹 xuémèi
後半 后半 hòubàn
交番 派出所 pàichūsuǒ，岗亭 gǎngtíng
公表 公开 gōngkāi，公布 gōngbù，发表 fābiǎo
好評 好评 hǎopíng，称赞 chēngzàn
幸福 幸福 xìngfú
好物 爱吃的东西 ài chī de dōngxi
興奮 兴奋 xīngfèn，激动 jīdòng
公平 公平 gōngpíng
候補 候选人 hòuxuǎnrén
傲慢 傲慢 àomàn，骄傲 jiāo'ào
公務員 公务员 gōngwùyuán
被る 蒙 méng，受到 shòudào
項目 项目 xiàngmù
コウモリ 蝙蝠 biānfú
拷問 拷问 kǎowèn
公約 公约 gōngyuē，诺言 nuòyán
紅葉 红叶 hóngyè
行楽 游览 yóulǎn，出游 chūyóu
合理化 合理化 hélǐhuà
公立 公立 gōnglì
効率 效率 xiàolǜ
合理的 合理 hélǐ
交流 交流 jiāoliú，往来 wǎnglái
合流 合流 héliú
考慮 考虑 kǎolǜ
高齢 老龄 lǎolíng；¶～化社会／老龄化社会
口論 吵架 chǎojià，争吵 zhēngchǎo
声 声音 shēngyīn；〔意見〕意见 yìjiàn，呼声 hūshēng
越える・超える 超越 chāoyuè，越过 yuèguò，跨越 kuàyuè
コース 路线 lùxiàn；〔競走の〕跑道 pǎodào；〔学科の〕课程 kèchéng
コーチ 教练 jiàoliàn
コーディネーター 召集人 zhàojírén

コート 〔オーバー〕大衣 dàyī, 外套 wàitào；〔球技の〕球场 qiúchǎng
コード 〔電気の〕花线 huāxiàn, 导线 dǎoxiàn；〔記号〕编码 biānmǎ
コーナー 〔かど〕拐角 guǎijiǎo；〔売り場〕专柜 zhuānguì
コーヒー 咖啡 kāfēi
コーラ 可乐 kělè
氷 冰块 bīngkuài, 冰 bīng
凍る 冻 dòng, 上冻 shàngdòng, 结冰 jiébīng
ゴール 终点 zhōngdiǎn；〔球技の〕球门 qiúmén；〔ゴールイン〕到达终点 dàodá zhōngdiǎn；〔球を入れる〕进球 jìnqiú
ゴールデンウイーク 黄金周 huángjīnzhōu
誤解 误会 wùhuì, 误解 wùjiě
語学 外语 wàiyǔ
焦がす 烤糊 kǎohú, 烤焦 kǎojiāo
小型 小型 xiǎoxíng
小柄 矮小 ǎixiǎo；〔模様〕小花样 xiǎohuāyàng
小切手 支票 zhīpiào
ゴキブリ 蟑螂 zhāngláng
呼吸 呼吸 hūxī
故郷 故乡 gùxiāng, 家乡 jiāxiāng, 老家 lǎojiā
漕ぐ 〔舟を〕划 huá；〔自転車を〕蹬 dēng
語句 语句 yǔjù, 词句 cíjù
国際 国际 guójì；¶～的／国际性 ¶～化／国际化
国産 国产 guóchǎn
国勢調査 人口普查 rénkǒu pǔchá
国籍 国籍 guójí
告知 通告 tōnggào
告白 表白 biǎobái, 吐露 tǔlù, 坦白 tǎnbái
告発 告发 gàofā, 揭发 jiēfā；¶内部～／局内人揭露内情
黒板 黑板 hēibǎn
克服 克服 kèfú
国民 国民 guómín
穀物 谷物 gǔwù
極楽 极乐 jílè
国連 联合国 Liánhéguó
ご苦労様 辛苦了 xīnkǔ le
焦げる 烧糊 shāohú, 烤焦 kǎojiāo
語源 语源 yǔyuán, 词源 cíyuán

ここ 这里 zhèli, 这儿 zhèr, 此地 cǐdì；〔最近の〕最近 zuìjìn
午後 下午 xiàwǔ
ココア 可可 kěkě
小声 小声 xiǎoshēng, 轻声 qīngshēng
凍える 冻僵 dòngjiāng
心地 感觉 gǎnjué, 心情 xīnqíng；¶～よい／舒服 shūfu, 畅快 chàng kuài
小言 申斥 shēnchì, 责备 zébèi
心 心 xīn, 心情 xīnqíng
心当たり 〔見当〕估计 gūjì；〔糸口〕线索 xiànsuǒ
心得 须知 xūzhī, 体会 tǐhuì
心得る 领会 lǐnghuì, 懂得 dǒngde, 掌握 zhǎngwò
心掛け 注意 zhùyì, 留意 liúyì
心構え 心理准备 xīnlǐ zhǔnbèi, 思想准备 sīxiǎng zhǔnbèi
志す 志向 zhìxiàng, 立志 lìzhì
心強い 塌[踏]实 tāshí
心残り 留恋 liúliàn, 遗憾 yíhàn
心細い 心虚 xīnxū, 不安 bù'ān
試みる 试 shì, 尝试 chángshì
快い 爽快 shuǎngkuai, 舒适 shūshì；〔楽しい〕愉快 yúkuài
ござ 席子 xízi, 凉席 liángxí
小雨 小雨 xiǎoyǔ, 细雨 xìyǔ
誤算 误算 wùsuàn, 算错 suàncuò
腰 腰 yāo；〔腰回り〕腰身 yāoshen；〔弾力〕弹性 tánxìng
孤児 孤儿 gū'ér
腰掛ける 坐下 zuòxià
乞食 乞丐 qǐgài
個室 单间 dānjiān, 单人房 dānrénfáng
コショウ 胡椒 hújiāo
故障 故障 gùzhàng, 毛病 máobìng
こしらえる 做 zuò, 制作 zhìzuò, 制造 zhìzào
こじれる 拧 níng；〔病気が〕恶化 èhuà
個人 个人 gèrén, 私人 sīrén
越す・超す 超过 chāoguò；〔引っ越す〕搬家 bānjiā
漉す 滤 lù, 过滤 guòlù
コスト 成本 chéngběn；¶～パフォーマンス／性价比
こする 擦 cā, 搓 cuō

個性	个性 gèxìng
戸籍	户口 hùkǒu
小銭	零钱 língqián
午前	上午 shàngwǔ
答え	答案 dá'àn, 回答 huídá
答える	回答 huídá, 答复 dáfù
こだわる	拘泥 jūnì, 讲究 jiǎngjiū
ご馳走	〔おいしい料理〕好吃的东西 hǎochī de dōngxi, 佳肴 jiāyáo;〔もてなし〕请客 qǐngkè, 款待 kuǎndài
ご馳走様	〔食後のあいさつ〕吃饱了 chībǎo le, 吃好了 chīhǎo le;〔招待に対して〕叨扰了 tāorǎo le
誇張	夸张 kuāzhāng, 夸大 kuādà
こちら	〔場所〕这边 zhèbiān, 这里 zhèli;〔物〕这个 zhège;〔人〕这位 zhè wèi
こつ	秘诀 mìjué, 要领 yàolǐng, 窍门 qiàomén
国家	国家 guójiā
国歌	国歌 guógē
小遣い	零花 línghuā, 零用 língyòng
骨格	骨骼 gǔgé, 骨架 gǔjià
国旗	国旗 guóqí
国境	国界 guójiè, 国境 guójìng
コック	厨师 chúshī
滑稽	滑稽 huájī, 可笑 kěxiào
国交	邦交 bāngjiāo, 国交 guójiāo;¶～断絶／断绝邦交
こつこつ	孜孜不倦 zī zī bù juàn
骨折	骨折 gǔzhé
こっそり	悄悄 qiāoqiāo, 偷偷 tōutōu
小包	包裹 bāoguǒ
こってり	油腻 yóunì, 味道很厚 wèidao hěn hòu
骨董（品）	古董 gǔdǒng, 古玩 gǔwán
コップ	杯子 bēizi
固定	固定 gùdìng
古典	古典 gǔdiǎn
事	事 shì, 事情 shìqing
琴	筝 zhēng
事柄	事情 shìqing
孤独	孤单 gūdān, 孤独 gūdú
今年	今年 jīnnián
言付け	留言 liúyán
異なる	不同 bù tóng, 不一样 bù yīyàng
殊に	尤其 yóuqí, 特别 tèbié
言葉	话 huà;〔言語〕语言 yǔyán;〔文中の語〕字眼 zìyǎn
言葉遣い	措辞 cuòcí
子供	〔自分の〕孩子 háizi, 儿女 érnǚ;〔幼児〕小孩儿 xiǎoháir, 儿童 értóng;〔動物の〕崽 zǎi
小鳥	小鸟 xiǎoniǎo
ことわざ	谚语 yànyǔ, 俗语 súyǔ
断る	拒绝 jùjué, 谢绝 xièjué;〔予告する〕事先说好 shìxiān shuōhǎo
粉	粉末 fěnmò
こなす	〔食物を〕消化 xiāohuà;〔仕事を〕处理 chǔlǐ;〔思うままに扱う〕掌握 zhǎngwò
コネ	关系 guānxi, 后门 hòumén
こねる	搋 chuāi, 和 huó, 揉 róu
この	这个 zhège, 此 cǐ
この間	前几天 qiánjǐtiān
この頃	近来 jìnlái, 最近 zuìjìn
この前	上次 shàngcì, 前几天 qiánjǐtiān
好ましい	可喜 kěxǐ, 良好 liánghǎo
このまま	就这样 jiù zhèyàng
好み	胃口 wèikǒu, 嗜好 shìhào;¶～に合う／对胃口
好む	喜好 xǐhào, 爱好 àihào
拒む	拒绝 jùjué, 不接受 bù jiēshòu
ご飯	米饭 mǐfàn;〔食事〕饭 fàn
コピー	复印 fùyìn, 复制 fùzhì;〔副本〕副本 fùběn
こぶ	瘤子 liúzi, 疙瘩 gēda
こぼす	撒 sǎ, 洒 sǎ;〔不平を言う〕抱怨 bàoyuàn, 埋怨 mányuàn
こぼれる	洒 sǎ, 溢出 yìchū
こま	〔玩具〕陀螺 tuóluó
駒	〔将棋などの〕棋子 qízǐ
ゴマ	芝麻 zhīma
コマーシャル	商业广告 shāngyè guǎnggào
細かい	细小 xìxiǎo;〔詳しい〕详细 xiángxì;〔緻密〕细致 xìzhì
ごまかす	糊弄 hùnong, 打马虎眼 dǎ mǎhuyǎn
困る	困惑 kùnhuò, 为难 wéinán
ごみ	垃圾 lājī, 尘土 chéntǔ
ごみ箱	垃圾箱 lājīxiāng
コミュニケーション	交流 jiāoliú
コミュニティ	共同体 gòngtóngtǐ, 社区 shèqū

混む	拥挤 yōngjǐ
ゴム	橡胶 xiàngjiāo
小麦	小麦 xiǎomài
小麦粉	面粉 miànfěn
米	大米 dàmǐ, 稻米 dàomǐ
コメディ	喜剧 xǐjù
込める	装填 zhuāngtián;〔力や心を〕集中 jízhōng
コメント	评语 píngyǔ, 短评 duǎnpíng
ごめんなさい	对不起 duìbuqǐ
こもる	〔外出しない〕闭门不出 bìmén bù chū
小屋	小屋 xiǎowū, 窝棚 wōpeng
小指	小指 xiǎozhǐ
暦	〔暦本〕历书 lìshū;〔日めくり〕日历 rìlì
こらえる	忍受 rěnshòu, 忍耐 rěnnài
娯楽	娱乐 yúlè
コラム	专栏 zhuānlán, 栏目 lánmù
こりる	惩前毖后 chéng qián bì hòu, 吃够苦头 chīgòu kǔtou
こる	〔熱中する〕热中[衷] rèzhōng;〔工夫する〕讲究 jiǎngjiu;〔筋肉が〕酸痛 suāntòng
ゴルフ	高尔夫球 gāo'ěrfūqiú
これ	这个 zhège
これから	今后 jīnhòu, 将来 jiānglái
コレステロール	胆固醇 dǎngùchún
これまで	从前 cóngqián, 过去 guòqù;〔終わり〕到此为止 dào cǐ wéi zhǐ
頃	时候 shíhou, 时期 shíqī
転がす	滚 gǔn, 转动 zhuàndòng
転がる	滚动 gǔndòng, 转动 zhuàndòng;〔寝転がる〕躺下 tāngxià
ごろごろ	咕隆咕隆 gūlōng gūlōng, 咕噜咕噜 gūlū gūlū
殺す	杀 shā, 杀死 shāsǐ
転ぶ	摔倒 shuāidǎo, 跌倒 diēdǎo
衣替え	更衣 gēngyī
恐い	可怕 kěpà, 恐怖 kǒngbù
恐がる	怕 pà, 害怕 hàipà
壊す	弄坏 nònghuài, 毁坏 huǐhuài, 损坏 sǔnhuài
壊れる	破损 pòsǔn, 坏 huài
今回	这次 zhècì, 这回 zhèhuí
根気	耐性 nàixìng, 毅力 yìlì
根拠	根据 gēnjù, 依据 yījù
コンクール	竞赛会 jìngsàihuì
コンクリート	混凝土 hùnníngtǔ
混血	混血 hùnxuè
今月	本月 běnyuè, 这个月 zhège yuè
今後	今后 jīnhòu, 以后 yǐhòu
コンサート	音乐会 yīnyuèhuì;〔歌手の〕演唱会 yǎnchànghuì
混雑	拥挤 yōngjǐ
コンサルタント	咨询 zīxún, 咨询人 zīxúnrén, 顾问 gùwèn;¶～会社／咨询公司
今週	这个星期 zhège xīngqī; 本周 běnzhōu
根性	骨气 gǔqì, 毅力 yìlì
コンセント	插座 chāzuò, 插口 chākǒu
コンタクトレンズ	隐形眼镜 yǐnxíng yǎnjìng
献立	食谱 shípǔ
昆虫	昆虫 kūnchóng
コンディション	状态 zhuàngtài, 状况 zhuàngkuàng;〔条件〕条件 tiáojiàn
コンテスト	比赛 bǐsài, 竞赛 jìngsài
コンテンツ	内容 nèiróng, 目录 mùlù
今度	〔次回〕下次 xiàcì;〔今回〕这次 zhècì
混同	混淆 hùnxiáo, 混同 hùntóng
コンドーム	避孕套 bìyùntào, 安全套 ānquántào, 保险套 bǎoxiǎntào
コントラスト	对比 duìbǐ, 对照 duìzhào
コントロール	控制 kòngzhì, 抑制 yìzhì, 操纵 cāozòng
こんな	这么 zhème, 如此 rúcǐ
困難	困难 kùnnan
今日	现在 xiànzài, 如今 rújīn
こんにちは	你好 nǐ hǎo
コンパス	圆规 yuánguī
コンパニオン	礼仪小姐 lǐyí xiǎojiě, 接待员 jiēdàiyuán
今晩	今天晚上 jīntiān wǎnshang, 今晚 jīnwǎn
こんばんは	晚上好 wǎnshang hǎo
コンビニ	便利店 biànlìdiàn
コンピュータ	（电子)计算机 (diànzǐ)jìsuànjī, 电脑 diànnǎo;¶～ウイルス／电脑病毒
昆布	海带 hǎidài
コンプレックス	自卑感 zìbēigǎn
今夜	今天晚上 jīntiān wǎnshang, 今夜 jīnyè
婚約	订婚 dìnghūn, 婚约 hūnyuē
混乱	混乱 hùnluàn

■さ■■■■■
差 差异 chāyì, 差别 chābié
サーカス 马戏 mǎxì, 杂技 zájì
サークル 圆 yuán, 圈 quān;〔同好会〕小组 xiǎozǔ
サーバー 服务器 fúwùqì, 伺服器 cìfúqì
サービス 服务 fúwù
サーファー 冲浪运动员 chōnglàng yùndòngyuán
サーフィン 冲浪运动 chōnglàng yùndòng
際 …之际 …zhījì
…歳 …岁 …suì
最悪 最坏 zuìhuài, 最恶 zuì'è
罪悪 罪恶 zuì'è
再開 重新开始 chóngxīn kāishǐ
災害 灾害 zāihài, 灾祸 zāihuò
財界 财界 cáijiè
細菌 细菌 xìjūn
最近 最近 zuìjìn
細工 工艺(品) gōngyì(pǐn);¶小～をする/耍 shuǎ 花招
採掘 采掘 cǎijué
サイクリング 自行车旅行 zìxíngchē lǚxíng
採決 表决 biǎojué
歳月 岁月 suìyuè
再建 重新修建 chóngxīn xiūjiàn, 重建 chóngjiàn, 再建 zàijiàn
最後 最后 zuìhòu
在庫 库存 kùcún, 库存货物 kùcún huòwù
最高 最高 zuìgāo;〔最もよい〕最好 zuìhǎo, 最佳 zuìjiā
さいころ 色子 shǎizi, 骰子 tóuzi;¶～をふる/掷 zhì 骰[色]子
再婚 再婚 zàihūn
財産 财产 cáichǎn
妻子 妻子 qīzǐ
祭日 节日 jiérì
材質 (材料的)质量(cáiliào de)zhìliàng
採集 采集 cǎijí
最終 最后 zuìhòu, 最终 zuìzhōng;¶(列车やバスの)～便/末班车
最初 最初 zuìchū
細心 细心 xìxīn, 周密 zhōumì
最新 最新 zuìxīn
サイズ 大小 dàxiǎo, 尺寸 chǐcun;¶M～/中号

再生 再生 zàishēng, 复生 fùshēng;¶～紙/再生纸
財政 财政 cáizhèng
最善 最好 zuìhǎo;¶～をつくす/竭 jié 尽全力
催促 催 cuī, 催促 cuīcù
最大 最大 zuìdà
最中 正在…中 zhèngzài … zhōng, 正在…的时候 zhèngzài … de shíhou
最低 最低 zuìdī;〔最も悪い〕最差 zuìchà, 最劣 zuìliè
最適 最合适 zuìhéshì
採点 评分 píngfēn, 打分 dǎfēn
祭典 庆祝典礼 qìngzhù diǎnlǐ, 祭典 jìdiǎn
サイト 网点 wǎngdiǎn
サイドビジネス 副业 fùyè, 第二职业 dì'èr zhíyè
災難 灾难 zāinàn, 灾祸 zāihuò
才能 才能 cáinéng, 才干 cáigàn
栽培 种植 zhòngzhí
裁判 审判 shěnpàn, 审理 shěnlǐ;¶～官/法官 ¶～所/法院
財布 钱包 qiánbāo
裁縫 针线活 zhēnxiànhuó, 缝纫 féngrèn
細胞 细胞 xìbāo
材木 木材 mùcái
採用 采用 cǎiyòng, 采取 cǎiqǔ
在留 居留 jūliú, 侨居 qiáojū;¶～资格/居留权
材料 材料 cáiliào, 资料 zīliào
サイレン 警笛 jǐngdí;¶～が鳴る/警笛响
幸い 幸福 xìngfú, 幸运 xìngyùn;¶～にも…する/幸亏〔幸而〕…
サイン 〔署名〕签字 qiānzì, 签名 qiānmíng;〔合図〕信号 xìnhào, 暗号 ànhào
サウナ 桑拿浴 sāngnáyù
…さえ 连 lián, 甚至 shènzhì
遮る 遮挡 zhēdǎng
冴える 清晰 qīngxī;¶技が～/技术高超 ¶勘が～/直觉敏锐 ¶目が～/兴奋得 xīngfèn de 睡不着 zháo ¶冴えない話/无精打彩的话
竿 竹竿 zhúgān, 竿子 gānzi
坂 斜坡 xiépō, 坡道 pōdào;¶～道を登る〔下る〕/走上〔下〕坡道
境 界线 jièxiàn, 境界 jìngjiè;¶～を接す

る／交界
栄える 繁荣 fánróng, 兴盛 xīngshèng
逆さま 相反 xiāngfǎn, 颠倒 diāndǎo
探す 找 zhǎo, 寻找 xúnzhǎo
杯 酒杯 jiǔbēi
さかな 〔おつまみ〕酒菜 jiǔcài, 酒肴 jiǔyáo
魚 鱼 yú
遡る 〔川を〕逆流而上 nì liú ér shàng;〔過去や根源に〕追溯 zhuīsù
酒屋 酒店 jiǔdiàn;〔造り酒屋〕酒坊 jiǔfáng
逆らう 逆 nì;〔反抗する〕违抗 wéikàng, 反抗 fǎnkàng; ¶風に～／顶风
盛り 旺季 wàngjì;〔夏の～／盛夏 ¶～場／繁华地区
下がる 〔低くなる〕下降 xiàjiàng, 降低 jiàngdī;〔後退する〕后退 hòutuì;〔ぶら下がる〕吊 diào, 下垂 xiàchuí
盛ん 旺盛 wàngshèng, 兴旺 xīngwàng;〔熱心に…する〕积极 jījí; ¶～に拍手する／热烈鼓掌
先 〔先端〕尖儿 jiānr, 头儿 tóur;〔前方〕前头 qiántou, 前面 qiánmiàn;〔時間や順番が早い〕先 xiān;〔事前〕事先 shìxiān;〔将来〕前途 qiántú, 将来 jiānglái
詐欺 诈骗 zhàpiàn; ¶～をはたらく／行骗 xíng piàn ¶～に遭う／受骗 ¶～師／骗子
さきおととい 大前天 dàqiántiān
さきおととし 大前年 dàqiánnián
作業 工作 gōngzuò, 劳动 láodòng
咲く (花)开 (huā)kāi
割く 分出 fēnchū, 腾出 téngchū; ¶時間を～／抽功夫
裂く 切开 qiēkāi, 撕开 sīkāi; ¶仲を～／离间
柵 栅栏 zhàlan
索引 索引 suǒyǐn
削減 削减 xuējiǎn
作者 作者 zuòzhě
削除 删掉 shāndiào, 抹掉 mǒdiào
作成 作成 zuòchéng, 拟定 nǐdìng; ¶報告書を～する／写报告
作戦 战略 zhànlüè, 战术 zhànshù; ¶～をたてる／制定战略 ¶～を練る／研究战略
作品 作品 zuòpǐn
作文 作文 zuòwén
作物 作物 zuòwù, 庄稼 zhuāngjia

昨夜 昨天晚上 zuótiān wǎnshang, 昨晚 zuówǎn
サクラ 樱花 yīnghuā
サクランボ 樱桃 yīngtáo
策略 策略 cèlüè, 计策 jìcè, 计谋 jìmóu
探る 〔手探りする〕摸 mō, 摸索 mōsuǒ;〔ひそかに調べる〕试探 shìtàn, 刺探 cìtàn
酒 酒 jiǔ; ¶～を飲む／喝酒 ¶～に酔う／酒醉 ¶～が強い／酒量大 ¶～飲み／酒徒
サケ 大马哈鱼 dàmǎhǎyú
叫ぶ 喊 hǎn, 喊叫 hǎnjiào;〔主張する〕呼吁 hūyù
裂け目 裂口 lièkǒu, 裂缝 lièfèng
裂ける 裂 liè, 裂开 lièkāi
避ける 避开 bìkāi, 躲避 duǒbì;〔忌避する〕忌避 jìbì
下げる 〔低くする〕降低 jiàngdī;〔つるす〕挂 guà, 吊 diào;〔後退させる〕往后撤 wǎnghòu chè; ¶値段を～／降价 ¶ランクを～／降级 ¶皿を～／撤下盘子
提げる 提 tí
些細 些小 xiēxiǎo, 细小 xìxiǎo; ¶～なこと／小事, 琐事
支える 支撑 zhīcheng;〔維持する〕支持 zhīchí, 维持 wéichí; ¶一家を～／维持全家生活
捧げる 〔捧げ持つ〕捧 pěng;〔献じる〕献给 xiàngěi, 奉献 fèngxiàn
ささやか 微小 wēixiǎo, 小小 xiǎoxiǎo; ¶～な宴／简单的晚会 ¶～なものですが, お納めください／一点儿薄礼, 请您收下
ささやく 私语 sīyǔ, 耳语 ěryǔ
差し当たり 当前 dāngqián, 目前 mùqián
挿し絵 插画 chāhuà, 插图 chātú
差し込む 〔光が入る〕射入 shèrù;〔差し入れる〕插进 chājìn, 插入 chārù
指図 指示 zhǐshì, 命令 mìnglìng
差し出す 〔前へ出す〕伸出 shēnchū;〔提出する〕交出 jiāochū, 提出 tíchū
差しつかえる 妨碍 fáng'ài, 有碍 yǒu'ài
刺身 生鱼片 shēngyúpiàn
刺す 刺 cì, 扎 zhā;〔虫などが〕蜇 zhē, 叮 dīng
指す 指 zhǐ, 指示 zhǐshì
差す 〔光が〕照射 zhàoshè;〔差し込む〕插 chā; ¶傘を～／打伞 ¶目薬を～／点眼药

¶嫌気が～／感到厌烦
さすが 〔予想・評判のとおり〕不愧 bùkuì, 到底是 dàodǐ shì, 真是 zhēn shì;〔とは言えやはり〕到底 dàodǐ, 还是 háishi;¶～の彼もお手上げだ／就连他也没有办法
授ける 授予 shòuyǔ;〔伝授する〕传授 chuánshòu
さする 抚摩 fūmó, 摩挲 mósuō
座席 座位 zuòwèi
挫折 挫折 cuòzhé;¶～する／受挫
させる 让 ràng, 叫 jiào, 使 shǐ
誘う 约 yuē, 劝诱 quànyòu;〔引き起こす〕引起 yǐnqǐ;¶彼をスキーに～／约他去滑雪 ¶涙を～／引人落泪
定まる 定 dìng
定める 决定 juédìng
冊 本 běn
雑 粗糙 cūcāo
撮影 摄影 shèyǐng;¶写真を～する／拍照 ¶映画を～する／拍电影
雑音 杂音 záyīn, 噪音 zàoyīn
作家 作家 zuòjiā
雑貨 杂货 záhuò
サッカー 足球 zúqiú;¶～をする／踢足球
錯覚 错觉 cuòjué
さっき 刚才 gāngcái
作曲 作曲 zuòqǔ
さっさと 迅速地 xùnsù de
雑誌 杂志 zázhì
殺人 杀人 shārén
察する 推测 tuīcè
雑草 杂草 zácǎo
早速 马上 mǎshàng, 立刻 lìkè
雑談 闲谈 xiántán
さっと 忽然 hūrán, 一下子 yīxiàzi;¶～と身をかわす／闪身
ざっと 忽略地 hūlüè de, 大致 dàzhì;¶～計算する／约计 ¶～目を通す／浏览 liúlǎn
さっぱり 清爽 qīngshuǎng, 爽快 shuǎngkuai;〔味が〕清淡 qīngdàn;〔まったく〕完全 wánquán
雑用 杂事 záshì, 杂务 záwù
さて 却说 quèshuō
砂糖 白糖 báitáng, 砂糖 shātáng
悟る 醒悟 xǐngwù;〔気づく〕察觉 chájué, 感觉到 gǎnjuédào

さばく 〔適宜処理する〕妥善处理 tuǒshàn chǔlǐ;〔売り〕／推销 tuīxiāo
裁く 裁判 cáipàn, 审判 shěnpàn
砂漠 沙漠 shāmò
寂しい 寂寞 jìmò
錆びる 生锈 shēngxiù, 长锈 zhǎngxiù
座布団 坐垫 zuòdiàn
差別 歧视 qíshì
作法 礼节 lǐjié, 规矩 guīju
サポーター 〔膝当てなど〕护具 hùjù;〔支持者〕支持者 zhīchízhě
サポート 支持 zhīchí
さぼる 〔仕事を〕怠工 dàigōng, 矿工 kuànggōng;〔授業を〕旷课 kuàngkè, 逃学 táoxué
さまざま 各种各样 gèzhǒng gèyàng
冷ます 凉 liàng, 弄凉 nòngliáng
覚ます 弄醒 nòngxǐng;¶(眠りから)目を～／醒来 ¶酔いを～／醒酒
妨げる 妨碍 fáng'ài, 阻碍 zǔ'ài
さまよう 彷徨 pánghuáng, 徘徊 páihuái
サミット 峰会 fēnghuì, 首脑会议 shǒunǎo huìyì
寒い 冷 lěng
冷める 凉 liáng;¶興が～／扫兴 sǎoxìng
覚める 〔眠りから〕睡醒 shuìxǐng;〔酔いが〕酒醒 jiǔxǐng
さもないと 要不然 yàobùrán, 否则 fǒuzé
白湯 白开水 báikāishuǐ
左右 左右 zuǒyòu
作用 作用 zuòyòng
さようなら 再见 zàijiàn
皿 盘子 pánzi;¶小～／碟子
再来週 下下星期 xiàxiàxīngqī
再来年 后年 hòunián
ざらざら 粗糙 cūcāo
サラダ 沙拉 shālā
更に 〔そのうえ〕还 hái, 再 zài;〔いっそう〕更 gèng, 更加 gèngjiā
サラリーマン 薪金阶层 xīnjīn jiēcéng;〔会社員〕公司职员 gōngsī zhíyuán, 上班族 shàngbānzú
さりげない 若无其事 ruò wú qí shì
去る 走 zǒu, 离开 líkāi
サル 猴子 hóuzi
騒がしい 吵闹 chǎonào, 喧哗 xuānhuá

騒ぐ	闹 nào, 吵闹 chǎonào
爽やか	清爽 qīngshuǎng, 爽快 shuǎngkuai
触る	摸 mō, 触 chù, 碰 pèng
…さん	〔男性〕先生 xiānsheng；〔女性〕女士 nǚshì, 小姐 xiǎojiě
酸	酸 suān; ¶～性／酸性 ¶～味／酸味儿
参加	参加 cānjiā, 加入 jiārù
三角	三角形 sānjiǎoxíng
産業	产业 chǎnyè
残業	加班 jiābān
サングラス	太阳镜 tàiyángjìng
参考	参考 cānkǎo; ¶～書／参考书
残酷	残酷 cánkù, 残忍 cánrěn
産出	生产 shēngchǎn, 产出 chǎnchū
残暑	秋老虎 qiūlǎohǔ
参照	参看 cānkàn, 参阅 cānyuè
算数	算术 suànshù
賛成	赞成 zànchéng, 同意 tóngyì
酸性	酸性 suānxìng; ¶～雨／酸雨
酸素	氧气 yǎngqì
サンタクロース	圣诞老人 Shèngdàn lǎorén
サンダル	凉鞋 liángxié
産地	产地 chǎndì
サンドイッチ	三明治 sānmíngzhì
残念	遗憾 yíhàn, 可惜 kěxī
散髪	理发 lǐfà
サンプル	样品 yàngpǐn
散歩	散步 sànbù
サンマ	秋刀鱼 qiūdāoyú
散乱	零乱 língluàn, 杂乱 záluàn

■■■し■■■

市	市 shì
死	死 sǐ, 死亡 sǐwáng
詩	诗 shī, 诗歌 shīgē
…時	点 diǎn; ¶1～半／1点半
試合	比赛 bǐsài
仕上げる	完成 wánchéng, 做完 zuòwán
幸せ	幸福 xìngfú, 幸运 xìngyùn
CEO	（最高経営責任者）首席执行官 shǒuxí zhíxíngguān
飼育	饲养 sìyǎng
シーズン	季节 jìjié
シーソー	跷跷板 qiāoqiāobǎn; ¶～ゲーム／拉锯战
しいたけ	香菇 xiānggū
シーツ	床单 chuángdān
CD	CD(盘) CD(pán), 光盘 guāngpán
シート	〔座席〕座位 zuòwei, 座席 zuòxí;〔防水布〕罩布 zhàobù; ¶～ベルト／安全带
ジーパン	牛仔裤 niúzǎikù
GPS	全球定位系统 quánqiú dìngwèi xìtǒng
CPU	（计算机）中央处理器 (jìsuànjī)zhōngyāng chǔlǐqì
シーフード	海鲜 hǎixiān
強いる	强迫 qiǎngpò, 强制 qiángzhì
シール	贴纸 tiēzhǐ
仕入れる	〔物品を〕采购 cǎigòu, 进货 jìnhuò;〔情報や知識を〕获得 huòdé, 取得 qǔdé
シーン	场面 chǎngmiàn
寺院	寺院 sìyuàn
シェア	市场占有率 shìchǎng zhànyǒulǜ, 份额 fèn'é
自衛	自卫 zìwèi
自営	个体经营 gètǐ jīngyíng; ¶～業者／个体经营者
ジェスチャー	〔身振り手振り〕手势 shǒushì, 指手画脚 zhǐ shǒu huà jiǎo;〔見せかけの態度〕姿态 zītài
ジェット	喷气 pēnqì, 喷射 pēnshè; ¶～コースター／过山车 ¶～機／喷气式飞机
シェフ	厨师长 chúshīzhǎng
支援	支援 zhīyuán
塩	盐 yán; ¶～からい／咸 xián
萎れる	〔草木が〕蔫 niān, 枯萎 kūwěi;〔気持ちが〕沮丧 jǔsàng, 意志消沉 yìzhì xiāochén
シカ	鹿 lù
歯科	牙科 yákē
自我	自我 zìwǒ
司会	主持 zhǔchí; ¶～者／主持人
視界	视野 shìyě; ¶～が悪い／能见度低
紫外線	紫外线 zǐwàixiàn
仕返し	报复 bàofù, 报仇 bàochóu
四角	方形 fāngxíng
視覚	视觉 shìjué
資格	资格 zīgé, 条件 tiáojiàn
自覚	认识 rènshi, 意识 yìshi; ¶～症状／自觉症状
しかし	但是 dànshì, 可是 kěshì

仕方 做法 zuòfǎ，方法 fāngfǎ
仕方ない〔方法がない〕没办法 méi bànfǎ；〔どうにもならない〕没用 méiyòng；〔やむを得ない〕只好 zhǐhǎo，不得已 bùdéyǐ；〔我慢できない〕不得了 bùdéliǎo；¶どうにも〜／实在没办法 ¶後悔しても〜／后悔也没用 ¶仕方なく彼について行った／只好跟他走 ¶気になって〜／想得不得了
しがみつく 抱住 bàozhù，搂住 lǒuzhù
しかも〔そのうえ・さらに〕而且 érqiě，并且 bìngqiě；〔けれども〕却 què
叱る 批评 pīpíng
志願 志愿 zhìyuàn，自愿 zìyuàn
時間 时间 shíjiān；〔単位〕小时 xiǎoshí；¶〜がない／没时间 ¶8〜働く／工作8个小时
四季 四季 sìjì
式〔式典〕典礼 diǎnlǐ，仪式 yíshì；〔型式〕式 shì，样式 yàngshì；〔数学〕式子 shìzi，式 shì；¶結婚〜／结婚典礼，婚礼 ¶和〜／日本式
指揮 指挥 zhǐhuī；¶〜者／指挥员
時期 时候 shíhou，时期 shíqī
磁気 磁力 cílì；¶〜ディスク／磁盘
磁器 瓷器 cíqì
色彩 彩色 cǎisè，颜色 yánsè；〔傾向〕倾向 qīngxiàng，色彩 sècǎi
色素 色素 sèsù
しきたり 惯例 guànlì，规矩 guiju
敷地 地皮 dìpí，（建筑）用地 (jiànzhù)yòngdì
敷布団 褥子 rùzi
識別 辨别 biànbié
子宮 子宫 zǐgōng
支給 发 fā，发放 fāfàng，支付 zhīfù
至急 火急 huǒjí，赶快 gǎnkuài，赶紧 gǎnjǐn
自給 自给 zìjǐ；¶〜自足／自给自足
時給 按时计酬 ànshí jìchóu
死去 去世 qùshì，逝世 shìshì
事業〔社会事業〕事业 shìyè，〔営利事業〕企业 qǐyè；¶〜家／企业家
仕切り 隔板 gébǎn
しきりに〔頻繁に〕再三 zàisān，不断 bùduàn，屡次 lǚcì；〔熱心に〕热心 rèxīn，强烈 qiángliè

仕切る〔隔てて分ける〕隔开 gékāi，间隔 jiàngé；〔切り盛りする〕掌管 zhǎngguǎn
資金 资金 zījīn
敷く〔下にあてがう〕垫上 diànshàng；〔床や地面などに広げる〕铺 pū；〔発布する〕发布 fābù，施行 shīxíng；〔敷設・配置する〕设 shè，铺设 pūshè；¶座布団を〜／垫上坐垫 ¶ハンカチを〜／垫上手帕 ¶じゅうたんを〜／铺地毯 ¶道に砂利を〜／马路上铺砾石 ¶戒厳令を〜／发布戒严令 ¶鉄道を〜／铺设铁路
軸〔回転軸〕轴 zhóu，轮轴 lúnzhóu；〔巻物〕画轴 huàzhóu，卷轴 juànzhóu；〔中枢〕核心 héxīn，中心 zhōngxīn，关键 guānjiàn
しぐさ 动作 dòngzuò，举止 jǔzhǐ
ジグザグ 之字形 zhīzìxíng，锯齿形 jùchǐxíng
仕組み 结构 jiégòu，构造 gòuzào
仕組む 策划 cèhuà，企图 qǐtú
シクラメン 仙客来 xiānkèlái
死刑 死刑 sǐxíng
刺激〔生体反応〕刺激 cìjī；〔興奮させる〕刺激 cìjī，兴奋 xīngfèn
湿気る 受潮 shòucháo，潮湿 cháoshī
茂る 繁茂 fánmào，茂盛 màoshèng
試験〔学力の〕考试 kǎoshì，测验 cèyàn；〔性能・品質などの〕试验 shìyàn，检验 jiǎnyàn；¶入学〜／入学考试 ¶〜勉強／应考准备
資源 资源 zīyuán
事件〔犯罪〕案件 ànjiàn；〔出来事〕事件 shìjiàn
次元〔数学〕元 yuán，维 wéi；〔立場・着眼点〕立场 lìchǎng，水平 shuǐpíng，着眼点 zhuóyǎndiǎn；¶3〜空間／三维空间
自己 自我 zìwǒ，自己 zìjǐ；¶〜紹介／自我介绍 ¶〜中心／利己主义
事故 事故 shìgù，故障 gùzhàng；¶交通〜／车祸 ¶〜防止／防止事故
思考 思考 sīkǎo
施行 施行 shīxíng，实施 shíshī
時効 时效 shíxiào
時刻 时间 shíjiān，时刻 shíkè；¶〜表／时刻表
地獄 地狱 dìyù；¶〜耳／耳朵尖
仕事〔職業〕职业 zhíyè，工作 gōngzuò；

〔労働〕工作 gōngzuò；〔作品・業績〕作品 zuòpǐn，业绩 yèjì，成绩 chéngjì；〔物理〕功 gōng

仕込む 〔教える〕教育 jiàoyù，训练 xùnliàn；〔仕入れる〕采购 cǎigòu，购入 gòurù；〔装着する〕装入 zhuāngrù；〔準備する〕准备 zhǔnbèi；〔醸造〕酿造 niàngzào；〔習得する〕学 xué

しこり 发板 fābǎn，硬疙瘩 yìnggēda；〔わだかまり〕疙瘩 gēda，隔阂 géhé

時差 时差 shíchā；¶〜ぼけ／时差反应 ¶〜出勤／错开时间上班

自在 自如 zìrú，自在 zìzài

視察 考察 kǎochá，视察 shìchá

自殺 自杀 zìshā

資産 资产 zīchǎn，财产 cáichǎn

持参 自备 zìbèi，带 dài，持 chí

支持 拥护 yōnghù，赞同 zàntóng，支持 zhīchí

指示 指示 zhǐshì，指令 zhǐlìng

時事 时事 shíshì

資質 素质 sùzhì

事実 事实 shìshí

シジミ 蚬贝 xiǎnbèi

支社 分社 fēnshè，分公司 fēngōngsī

使者 使者 shǐzhě

試写 试映 shìyìng

磁石 磁铁 cítiě，磁石 císhí；〔コンパス〕罗盘 luópán，指南针 zhǐnánzhēn

四捨五入 四舍五入 sì shě wǔ rù

自首 投案自首 tóu'àn zìshǒu

刺繍 绣花 xiùhuā

始終 〔つねに〕经常 jīngcháng，不断 búduàn，总是 zǒngshì；〔初めから終わりまで〕自始至终 zì shǐ zhì zhōng；¶一部〜／始末 shǐmò

自習 自习 zìxí

自粛 自我克制 zìwǒ kèzhì

支出 开支 kāizhī，支出 zhīchū

辞書 词典 cídiǎn，辞典 cídiǎn

次女 二女儿 èrnǚ'ér

市場 市场 shìchǎng

事情 情况 qíngkuàng，事由 shìyóu，原因 yuányīn；¶住宅〜／住宅情况 ¶家庭の〜／家庭事由

辞職 辞职 cízhí

自身 自己 zìjǐ，本身 běnshēn

自信 信心 xìnxīn，自信 zìxìn

地震 地震 dìzhèn

自炊 自己做饭 zìjǐ zuòfàn

指数 指数 zhǐshù

静か 〔物音がしない〕安静 ānjìng，寂静 jìjìng；〔変化・動きがない〕平静 píngjìng，宁静 níngjìng；〔おだやか〕沉静 chénjìng，安祥 ānxiáng；〔寡黙〕文静 wénjìng

雫 水滴 shuǐdī

システム 〔体系〕体系 tǐxì，系统 xìtǒng；〔組織〕组织 zǔzhī；〔制度〕制度 zhìdù；〔方法〕办法 bànfǎ，方法 fāngfǎ，方式 fāngshì；¶〜エンジニア／系统工程师 ¶〜キッチン／组合灶具 ¶〜ダウン／当机，系统故障 ¶オペレーティング〜／操作系统

静まる 〔物音が〕安静下来 ānjìngxiàlai；〔気持ちが〕平静 píngjìng；〔勢いが〕平息 píngxī

鎮まる 〔痛みが〕(疼痛)止住(téngtòng) zhǐzhù；〔騒動が〕平息 píngxī

沈む 沉 chén，沉没 chénmò；〔太陽・月が〕落 luò；〔気持ちが〕消沉 xiāochén，郁闷 yùmèn；〔下がる〕下沉 xiàchén，下降 xiàjiàng；〔落ちぶれる〕沦落 lúnluò，破落 pòluò；〔色や音が地味〕素雅 sùyǎ，低沉 dīchén；¶船が〜／船沉没 ¶水に〜／沉入水中 ¶日が西に〜／日落西山 ¶沈んだ表情／消沉的表情 ¶地盘が〜／地基下沉 ¶不幸な境遇に〜／陷入不幸的境遇

姿勢 姿势 zīshì，姿态 zītài；〔態度〕态度 tàidù

自制 自制 zìzhì，自律 zìlǜ

使節 使节 shǐjié

施設 设施 shèshī，设备 shèbèi

自然 自然 zìrán

事前 事先 shìxiān

慈善 慈善 císhàn

持続 持续 chíxù，继续 jìxù，保持 bǎochí；¶〜可能な開発／可持续发展

子孫 子孙 zǐsūn，后代 hòudài

下 〔場所・位置〕下 xià，下边 xiàbian，下面 xiàmian；〔地位・身分〕下 xià，下级 xiàjí；〔程度〕低 dī，差 chà；〔年齢〕小 xiǎo；¶橋の〜の屋台／桥下的摊子 ¶〜に

落ちる／落倒下边 ¶〜からの要求／下级的要求 ¶ワンランク〜の品／低一级的东西 ¶夫より3歳〜／比丈夫小三岁 ¶一番〜の妹／最小的妹妹

舌 舌头 shétou
死体 尸体 shītǐ
…したい 想(做) xiǎng(zuò)
辞退 谢绝 xièjué
事態 情势 qíngshì, 局势 júshì, 事态 shìtài
時代 时代 shídài, 年代 niándài; ¶〜劇／历史剧
次第に 逐渐 zhújiàn, 渐渐 jiànjiàn
慕う 〔恋しく思う〕怀念 huáiniàn, 想念 xiǎngniàn;〔後を追う〕追随 zhuīsuí;〔尊敬する〕敬慕 jìngmù, 钦慕 qīnmù
下請け 分包 fēnbāo, 转包 zhuǎnbāo; ¶〜工場／分包工厂
従う 〔他人の意見に〕服从 fúcóng, 顺从 shùncóng;〔規則・慣習に〕遵守 zūnshǒu, 按照 ànzhào;〔つきそう〕跟随 gēnsuí;〔沿う〕顺 shùn, 沿 yán;〔…につれて〕随着 suízhe, 越…越… yuè… yuè…; ¶大多数の意見に〜／服从大多数的意见 ¶法律に〜／遵守法律 ¶手順に従って操作する／按照程序操作 ¶流れに従って下る／顺流而下 ¶経済の成長に従い、汚染が深刻化した／随着经济的发展，污染越来越严重
下書き・下描き 〔原稿の〕草稿 cǎogǎo;〔絵画の〕草图 cǎotú
下着 内衣 nèiyī
支度 准备 zhǔnbèi;〔身支度〕打扮 dǎban
自宅 自己家 zìjǐjiā; ¶〜待機／在家待命
下心 企图 qǐtú, 预谋 yùmóu
親しい 亲密 qīnmì,（关系）密切(guānxi) mìqiè
仕立てる 〔作り上げる〕制造 zhìzào;〔衣服を作る〕做 zuò, 缝纫 féngrèn;〔養成する〕培养 péiyǎng;〔用意する〕准备 zhǔnbèi, 预备 yùbèi
下取り 折价贴钱换取新物 zhéjià tiēqián huànqǔ xīnwù
じたばた 〔手足を動かしてもがく〕挣扎 zhēngzhá;〔慌てふためく〕慌张 huāngzhāng, 着急 zháojí
下火 〔火勢が衰える〕火势渐弱 huǒshì jiànruò;〔勢いが衰える〕衰弱 shuāiruò, 消弱 xiāoruò
示談 和解 héjiě
質 当 dàng, 抵押 dǐyā ¶〜屋／当铺
シチュー （西式）焖炖菜(xīshì)mēndùncài
視聴 视听 shìtīng, 收看 shōukàn;〔関心を向ける〕注意 zhùyì, 注目 zhùmù; ¶〜者／电视观众 ¶〜率／收视率 ¶〜覚教室／视听室
自重 〔言動を慎む〕自重 zìzhòng, 慎重 shènzhòng;〔健康に留意する〕保重 bǎozhòng, 珍重 zhēnzhòng
質 质量 zhìliàng; ¶〜が悪い／质量差
失格 失去资格 shīqù zígé, 不及格 bù jígé
しっかり 〔着実に行う〕好好儿地 hǎohāor de, 认真地 rènzhēn de;〔堅実・信頼できる〕稳定 wěndìng, 可靠 kěkào;〔堅牢・堅固だ〕结实 jiēshi, 牢固 láogù;〔心身が健全〕健壮 jiànzhuàng, ¶〜つかまる／牢牢抓住 ¶子供なのに〜している／虽然是小孩，但很坚强 ¶〜した足どり／稳健的步伐
失業 失业 shīyè
じっくり 慢慢地 mànmàn de, 踏踏实实地 tātāshíshí de
しつけ 教养 jiàoyǎng, 教育 jiàoyù
湿気 湿气 shīqì, 潮气 cháoqì
実現 实现 shíxiàn
実験 实验 shíyàn
しつこい 〔執拗〕执拗 zhíniù, 纠缠不休 jiūchán bù xiū;〔味が〕浓重 nóngzhòng;〔色が〕浓艳 nóngyàn
執行猶予 缓刑 huǎnxíng, 缓期执行 huǎnqī zhíxíng
実行 实行 shíxíng, 实践 shíjiàn
実際 〔現実・実情〕实际 shíjì, 现实 xiànshí, 实况 shíkuàng;〔本当に〕的确 díquè
実在 实际存在 shíjì cúnzài
実施 实施 shíshī, 实行 shíxíng
実質 实质 shízhì
実習 实习 shíxí, 见习 jiànxí
実状 实际情况 shíjì qíngkuàng
実情 〔内情〕真情 zhēnqíng, 真心 zhēnxīn;〔現状〕实际情况 shíjì qíngkuàng
失神 昏迷 hūnmí, 不省人事 bù xǐng rén shì
湿疹 湿疹 shīzhěn

実績 实际成果 shíjì chéngguǒ, 实际成绩 shíjì chéngjì
質素 俭朴 jiǎnpǔ, 朴素 pǔsù
失踪 失踪 shīzōng
実態 实际状态 shíjì zhuàngtài
嫉妬 嫉妒 jídù
湿度 湿度 shīdù
じっと 〔静止する〕静止 jìngzhǐ, 一动不动 yī dòng bù dòng;〔集中する〕凝神 níngshén;〔我慢する〕忍耐 rěnnài, 一声不响 yī shēng bù xiǎng
しっとり 湿润 shīrùn, 潮润 cháorùn
実に 实在 shízài, 的确 díquè
実は 老实说 lǎoshi shuō, 实际上 shíjìshàng
失敗 失败 shībài
湿布 湿敷 shīfū;¶～薬／膏药 ¶温～／热湿
尻尾 尾巴 wěiba;〔末端〕末端 mòduān, 末梢 mòshāo
実務 实际业务 shíjì yèwù
失明 失明 shīmíng
質問 提问 tíwèn
実用 实用 shíyòng
実力 〔能力〕实力 shílì;〔武力・腕力〕武力 wǔlì;¶～者／有实权的人
失礼 〔無礼〕失礼 shīlǐ, 不礼貌 bù lǐmào;〔わびる〕对不起 duìbuqǐ, 抱歉 bàoqiàn;〔去る〕告辞 gàocí
失恋 失恋 shīliàn
指定 指定 zhǐdìng;¶～席／对号座位
指摘 指出 zhǐchū
支店 分号 fēnhào, 分店 fēndiàn;〔銀行の〕分行 fēnháng
視点 角度 jiǎodù, 观点 guāndiǎn
自転 自转 zìzhuàn
自転車 自行车 zìxíngchē
指導 指导 zhǐdǎo, 领导 lǐngdǎo
児童 〔子供〕儿童 értóng;〔小学生〕学童 xuétóng
自動 自动 zìdòng;¶～販売機／自动售货机
自動車 汽车 qìchē
しとやか 稳静 wěnjìng, 端庄 duānzhuāng, 文雅 wényǎ
品 物品 wùpǐn, 东西 dōngxi;¶～物／物, 东西 ¶～切れ／卖完
シナジー効果 协同效应 xiétóng xiàoyìng

しなびる 枯萎 kūwěi, 蔫 niān
シナモン 肉桂 ròuguì, 桂皮 guìpí
しなやか 柔软 róuruǎn, 柔韧 róurèn
シナリオ 剧本 jùběn, 脚本 jiǎoběn;¶～ライター／剧本作家
次男 次子 cìzǐ, 老二 lǎo'èr
老舗 老字号 lǎozìhào, 老店 lǎodiàn
自認 自己承认 zìjǐ chéngrèn
辞任 辞职 cízhí
死ぬ 死亡 sǐwáng;〔勢いがなくなる〕无生气 wú shēngqì, 不生动 bù shēngdòng;〔機能を失う〕没有效果 méiyǒu xiàoguǒ, 不起作用 bù qǐ zuòyong
地主 地主 dìzhǔ
凌ぐ 〔勝る〕超过 chāoguò, 胜过 shèngguò;〔耐える〕忍耐 rěnnài, 忍受 rěnshòu;〔切り抜ける〕对付 duìfu, 应付 yìngfu
忍び込む 潜入 qiánrù, 悄悄进入 qiāoqiāo jìnrù
しのぶ 〔なつかしむ〕怀念 huáiniàn, 缅怀 miǎnhuái;〔連想する〕令人推想 lìng rén tuīxiǎng
支配 统治 tǒngzhì;〔影響する〕影响 yǐngxiǎng, 制约 zhìyuē;¶～人／经理 ¶～者／统治者
芝居 戏剧 xìjù;〔役者の演技〕演技 yǎnjì
自白 坦白 tǎnbái, 自供 zìgòng
自爆 自我爆炸 zìwǒ bàozhà, 自我毁灭 zìwǒ huǐmiè
しばしば 常常 chángcháng, 屡次 lǚcì
始発 头班车 tóubānchē;¶～駅／始发站, 起点站
芝生 草坪 cǎopíng
支払い 付款 fùkuǎn, 付钱 fùqián
しばらく 〔短い時間〕暂时 zànshí, 一会儿 yīhuìr;〔長い時間〕好久 hǎojiǔ, 许久 xǔjiǔ
縛る 捆 kǔn, 捆绑 kǔnbǎng;〔拘束する〕限制 xiànzhì, 束缚 shùfù
自費 自费 zìfèi
慈悲 慈心 cíxīn, 同情 tóngqíng, 怜悯 liánmǐn
耳鼻科 耳鼻科 ěrbíkē;¶耳鼻咽喉科／耳鼻喉科
辞表 辞呈 cíchéng
しびれる 〔マヒする〕麻木 mámù, 麻痹 má-

bì;〔感電などで〕发麻 fāmá;〔陶酔する〕陶醉 táozuì, 迷 mí

渋い 〔味が〕涩 sè;〔地味だ〕素雅 sùyǎ, 雅致 yǎzhì;〔不快そうだ〕阴沉 yīnchén, 快快不乐 yàngyàng bùlè :〔けちだ〕小气 xiǎoqi

しぶき 飞沫 fēimò, 水花 shuǐhuā

私服 便衣 biànyī;¶～刑事／便衣警察

シフト 〔移動・変更〕移动 yídòng, 转换 zhuǎnhuàn;〔交替勤務〕轮班 lúnbān;〔自動車〕变速 biànsù, 调挡 tiáodǎng

自分 自己 zìjǐ, 本人 běnrén, 我 wǒ

紙幣 纸币 zhǐbì, 钞票 chāopiào

四方 四方 sìfāng, 东西南北 dōng xī nán běi;〔周囲〕周围 zhōuwéi;〔四角〕方形 fāngxíng

司法 司法 sīfǎ

死亡 死亡 sǐwáng, 去世 qùshì

志望 志愿 zhìyuàn, 志向 zhìxiàng

脂肪 脂肪 zhīfáng

しぼむ 〔植物が〕枯萎 kūwěi, 蔫 niān;〔膨らんでいたものが〕萎缩 wěisuō, 瘪 biě;¶風船がしぼんだ／气球瘪了 ¶夢が～／梦想破灭

絞る 拧 níng, 挤 jǐ;〔無理に出す〕绞尽 jiǎojìn;〔小さくする〕缩小 suōxiǎo;〔範囲を狭める〕集中 jízhōng, 限定 xiàndìng;¶タオルを～／拧毛巾 ¶智恵を～／绞尽脑汁 ¶ラジオの音を～／把收音机的音量开小

資本 资金 zījīn, 资本 zīběn

島 岛 dǎo, 岛屿 dǎoyǔ

縞 条纹 tiáowén;¶～模様／条纹花样

姉妹 姐妹 jiěmèi;¶～都市／友好城市

しまう 〔片付ける〕收起来 shōuqǐlai, 收拾 shōushi;〔…し終える〕完 wán, 结束 jiéshù;¶食べて～／吃完

シマウマ 斑马 bānmǎ

閉まる 关 guān, 关闭 guānbì

締まる 〔ゆるみがない〕捆紧 kǔnjǐn, 勒紧 lēijǐn, 拧紧 nǐngjǐn;〔たるみがない〕紧张 jǐnzhāng, 紧绷 jǐnbēng;¶ネジが～／螺丝旋得紧 ¶気持ちがひき～／精神很紧张 ¶筋肉が～／肌肉很紧绷

自慢 自夸 zìkuā, 夸耀 kuāyào;〔誇りに思う〕骄傲 jiāo'ào

染み 〔汚れ〕污垢 wūgòu, 污点 wūdiǎn, 污迹 wūjì;〔肌の〕色斑 sèbān;¶～抜き／去污

地味 朴素 pǔsù, 质朴 zhìpǔ

染み込む 渗透 shèntòu, 渗入 shènrù

しみじみ 深切 shēnqiè, 痛切 tòngqiè

シミュレーション 模拟实验 mónǐ shíyàn

沁み込る・染みる 〔浸透する〕渗入 shènrù, 浸透 jìntòu;〔刺激する〕刺痛 cìtòng;〔感銘を受ける〕深感 shēngǎn, 铭刻 míngkè;¶冷たい水が歯に～／冷水激痛牙齿

ジム 健身房 jiànshēnfáng;¶ボクシング～／拳击练习场

事務 事务 shìwù, 业务 yèwù;¶～所／办公室 ¶～用品／办公用品

氏名 姓名 xìngmíng

使命 使命 shǐmìng, 任务 rènwu

指名 指名 zhǐmíng, 指定 zhǐdìng

締め切り 截止日期 jiézhǐ rìqī, 期限 qīxiàn

締め切る 截止 jiézhǐ

示す 〔見せる〕出示 chūshì;〔意思を表す〕表示 biǎoshì, 表现 biǎnxiàn;〔指して教える〕指示 zhǐshì, 指出 zhǐchū

閉め出す・締め出す 〔屋内に入れない〕关在门外 guānzài ménwài, 不让进入 bù ràng jìnrù;〔排斥する〕排斥 páichì, 拒绝 jùjué

占める 占 zhàn, 占有 zhànyǒu

閉める 关上 guānshàng, 闭关 bìguān

締める 〔ひもなどを〕勒紧 lēijǐn, 系紧 jìjǐn;〔ねじなどを〕拧紧 nǐngjǐn, 扭紧 niǔjǐn;〔気持ちを〕紧张 jǐnzhāng

湿る 发潮 fācháo, 潮湿 cháoshī;〔気持ち・雰囲気が沈む〕忧郁 yōuyù, 沉闷 chénmèn

霜 霜 shuāng

地元 〔現地〕当地 dāngdì;〔自分の居住地〕本地 běndì

下半期 下半年 xiàbànnián

指紋 指纹 zhǐwén

視野 〔視界〕视野 shìyě;〔見識〕眼界 yǎnjiè, 见识 jiànshi

ジャーナリスト 记者 jìzhě, 报人 bàorén

ジャーナリズム 新闻界 xīnwénjiè, 报界 bàojiè

シャープペンシル 自动铅笔 zìdòng qiānbǐ

シャーベット 果子露冰淇淋 guǒzilù bīngqílín, 沙冰 shābīng

社員	公司职员 gōngsī zhíyuán
社会	社会 shèhuì
ジャガイモ	土豆儿 tǔdòur, 马铃薯 mǎlíngshǔ
しゃがむ	蹲 dūn, 蹲下 dūnxià
弱小	弱小 ruòxiǎo
借地	租地 zūdì; ¶～権／租地权
蛇口	水龙头 shuǐlóngtóu
弱点	弱点 ruòdiǎn, 缺点 quēdiǎn
尺度	〔寸法〕尺寸 chǐcun, 长短 chángduǎn;〔基準〕标准 biāozhǔn
釈放	释放 shìfàng
釈明	解释 jiěshì
借家	租房 zūfáng
借用	借用 jièyòng
射撃	射击 shèjī, 开枪 kāiqiāng
ジャケット	夹克 jiākè
車庫	车库 chēkù
社交辞令	客套话 kètàohuà
謝罪	道歉 dàoqiàn, 赔礼 péilǐ
車掌	乘务员 chéngwùyuán
写真	照片 zhàopiàn, 相片 xiàngpiàn; ¶～をとる／照相, 摄影
ジャズ	爵士乐 juéshìyuè
写生	写生 xiěshēng
社説	社论 shèlùn
車線	车道 chēdào; ¶追い越し～／超车道
遮断	截断 jiéduàn, 隔绝 géjué; ¶～機／拦道木
社長	总经理 zǒngjīnglǐ
シャツ	衬衫 chènshān;〔肌着〕内衣 nèiyī; ¶Ｔ～／Ｔ恤衫 ¶ポロ～／马球衫 ¶ワイ～／(男)衬衫
若干	若干 ruògān, 一些 yìxiē
借金	借钱 jièqián, 借款 jièkuǎn
しゃっくり	嗝儿 gér; ¶～がでる／打嗝儿
シャッター	〔扉〕卷帘门 juǎnliánmén;〔カメラの〕快门 kuàimén; ¶～を切る／按快门
車道	行车道 xíngchēdào
シャトルバス	班车 bānchē, 区间车 qūjiānchē
しゃぶる	含 hán, 嘬 zuō
シャベル	铁锹 tiěqiāo, 铲子 chǎnzi
喋る	说话 shuōhuà, 聊天儿 liáotiānr
邪魔	妨碍 fáng'ài, 障碍 zhàng'ài;〔訪問する〕拜访 bàifǎng, 打搅 dǎjiǎo; ¶お～します／打搅一下
ジャム	果酱 guǒjiàng
斜面	斜面 xiémiàn, 斜坡 xiépō
砂利	小石头 xiǎoshítou, 砾石 lìshí; ¶～道／石子儿路
車輪	车轮 chēlún
洒落	俏皮话 qiàopihuà, 笑话 xiàohua
謝礼	报酬 bàochou
洒落た	别致 biézhì, 新颖 xīnyǐng
シャワー	淋浴 línyù
ジャングル	丛林 cónglín
じゃんけん	猜拳 cāiquán, 石头剪子布 shítou jiǎnzi bù
シャンパン	香槟酒 xiāngbīnjiǔ
ジャンプ	跳 tiào, 跳跃 tiàoyuè
シャンプー	香波 xiāngbō, 洗发精 xǐfàjīng
首位	首位 shǒuwèi, 第一位 dìyīwèi
週	星期 xīngqī, 周 zhōu; ¶～3回／一周三次
銃	枪 qiāng
自由	自由 zìyóu, 随意 suíyì
周囲	周围 zhōuwéi, 周边 zhōubiān
獣医	兽医 shòuyī
集会	聚会 jùhuì, 集会 jíhuì
収穫	〔農作物〕收割 shōugē;〔物事の成果〕收获 shōuhuò
習慣	习惯 xíguàn
週刊誌	周刊杂志 zhōukān zázhì
周期	周期 zhōuqī
祝儀	红包 hóngbāo
週休二日制	(一周)双休制 (yìzhōu) shuāngxiū zhì, 五天工作制 wǔtiān gōngzuò zhì
宗教	宗教 zōngjiào
終業	〔学期の〕结业 jiéyè;〔仕事の〕下班 xiàbān; ¶～式／结业典礼
就業	〔就職する〕就业 jiùyè;〔業務に就く〕上班 shàngbān; ¶～時間／上班时间
従業員	职员 zhíyuán, 职工 zhígōng
シュークリーム	奶油泡夫 nǎiyóu pàofū
集計	总计 zǒngjì, 统计 tǒngjì
充血	充血 chōngxuè
集合	集合 jíhé
秀才	秀才 xiùcái
収支	收支 shōuzhī
修士	硕士 shuòshì

終始	始終 shǐzhōng
習字	书法 shūfǎ；¶ペン～／练钢笔字
重視	重视 zhòngshì
從事	从事 cóngshì
充実	充实 chōngshí
収集	收集 shōují
収拾	收拾 shōushi, 控制 kòngzhì；¶～がつかない／不可收拾
従順	顺从 shùncóng, 听话 tīnghuà
住所	地址 dìzhǐ
重症	病情严重 bìngqíng yánzhòng, 重病 zhòngbìng
重傷	重伤 zhòngshāng
就職	就业 jiùyè, ¶～試験／招聘考试
囚人	囚犯 qiúfàn
重心	重心 zhòngxīn
ジュース	果汁 guǒzhī
修正	修改 xiūgǎi, 修订 xiūdìng；¶～液／涂改液
渋滞	堵车 dǔchē
重体	病危状态 bìngwēi zhuàngtài
重大	重要 zhòngyào, 严重 yánzhòng
住宅	住宅 zhùzhái, 住房 zhùfáng；¶～ローン／(房屋)按揭
集団	集体 jítǐ, 群体 qúntǐ
じゅうたん	地毯 dìtǎn
執着	固执 gùzhí, 执著 zhízhuó
集中	集中 jízhōng；¶～講義／集中授课
重鎮	重要人物 zhòngyào rénwù, 要人 yàorén
重点	重点 zhòngdiǎn
充電	充电 chōngdiàn
舅	〔夫の父〕公公 gōnggong；〔妻の父〕岳父 yuèfù
シュート	〔サッカー〕射门 shèmén；〔バスケットボール〕投篮 tóulán
習得	学到 xuédào, 掌握 zhǎngwò
姑	〔夫の母〕婆婆 pópo；〔妻の母〕岳母 yuèmǔ
柔軟	〔体が〕柔软 róuruǎn；〔思考が〕灵活 línghuó
収入	收入 shōurù；¶～源／收入来源
就任	就任 jiùrèn, 上任 shàngrèn
執念	执著 zhízhuó
収納	收藏 shōucáng, 收拾 shōushi；¶～スペース／收藏空间
周波数	频率 pínlǜ
秋分	秋分 qiūfēn
十分	充分 chōngfèn, 充足 chōngzú
周辺	周围 zhōuwéi, 附近 fùjìn；¶～機器／外围设备
住民	居民 jūmín
集約	总结 zǒngjié, 归纳 guīnà
重役	董事 dǒngshì
重要	重要 zhòngyào
従来	以前 yǐqián, 过去 guòqù
修理	修 xiū, 修理 xiūlǐ
終了	结束 jiéshù
重量	重量 zhòngliàng
守衛	门卫 ménwèi, 警卫 jǐngwèi
主演	主演 zhǔyǎn
需給	供需 gōngxū
修行	修炼 xiūliàn, 练习 liànxí；〔宗教の〕修行 xiūxíng
授業	上课 shàngkè；¶～料／学费
塾	私塾 sīshú, 补习班 bǔxíbān
祝辞	祝词 zhùcí
祝日	节日 jiérì
宿舎	宿舍 sùshè
縮小	缩小 suōxiǎo；〔削減する〕缩减 suōjiǎn, 裁减 cáijiǎn
熟す	成熟 chéngshú
宿題	作业 zuòyè, 课外作业 kèwài zuòyè；〔未解決の問題〕待解决的问题 dài jiějué de wèntí
宿泊	投宿 tóusù, 住宿 zhùsù
祝福	祝福 zhùfú, 祝贺 zhùhè
宿命	宿命 sùmìng；¶～のライバル／宿命之敌手
手芸	手工艺 shǒugōngyì
受験	应试 yìngshì, 报考 bàokǎo；¶～生／考生
主語	主语 zhǔyǔ
主催	主办 zhǔbàn, 举办 jǔbàn
取材	采访 cǎifǎng
主旨	主题 zhǔtí, 主要内容 zhǔyào nèiróng
趣旨	宗旨 zōngzhǐ
手術	手术 shǒushù；¶～をする／动手术, 开刀
首相	首相 shǒuxiàng
主食	主食 zhǔshí
主人	〔家長〕家长 jiāzhǎng；〔店主〕店主

diànzhǔ, 老板 lǎobǎn;〔雇い主〕老板 lǎobǎn, 顾主 gùzhǔ;〔ホスト〕主人 zhǔrén, 东道主 dōngdàozhǔ
受信 接收 jiēshōu; ¶～料／视听费
手段 手段 shǒuduàn, 方法 fāngfǎ; ¶交通～／交通工具
主張 主张 zhǔzhāng
出演 演出 yǎnchū, 登台 dēngtái
出火 起火 qǐhuǒ, 发生火灾 fāshēng huǒzāi
出願 申请 shēnqǐng
出勤 上班 shàngbān; ¶～時間／上班时间 ¶～日／工作日
出欠 出席和缺席 chūxí hé quēxí, 出勤和缺勤 chūqín hé quēqín; ¶～をとる／点名
出血 出血 chūxiě
出国 出境 chūjìng; ¶～手続／出境手续
出産 生孩子 shēng háizi, 生育 shēngyù
出場 参加 cānjiā, 出场 chūchǎng
出世 成功 chénggōng, 出息 chūxī
出席 出席 chūxí, 参加 cānjiā;〔授業に〕上课 shàngkè
出張 出差 chūchāi
出発 出发 chūfā
出版 出版 chūbǎn
出費 开销 kāixiāo, 花费 huāfèi
首都 首都 shǒudū
手動 手动 shǒudòng
主導権 主动权 zhǔdòngquán
取得 取得 qǔdé, 拿到 nádào;〔購入する〕购买 gòumǎi
首脳 首脑 shǒunǎo, 领导人 lǐngdǎorén
首尾 〔はじめと終わり〕首尾 shǒuwěi, 始终 shǐzhōng;〔過程・結果〕过程 guòchéng, 结果 jiéguǒ
主賓 主宾 zhǔbīn
主婦 主妇 zhǔfù
趣味 爱好 àihào
寿命 寿命 shòumìng;〔機械などの〕使用年限 shǐyòng niánxiàn
種目 种类 zhǒnglèi, 项目 xiàngmù; ¶競技～／比赛项目
主役 主角 zhǔjué, 主演 zhǔyǎn;〔主要人物〕主要人物 zhǔyào rénwù
主要 主要 zhǔyào, 重要 zhòngyào
腫瘍 肿瘤 zhǒngliú
需要 需求 xūqiú, 需要 xūyào

種類 种类 zhǒnglèi, 品种 pǐnzhǒng
シュレッダー 碎纸机 suìzhǐjī
手話 手语 shǒuyǔ, 哑语 yǎyǔ; ¶～通訳士／手语翻译
受話器 话筒 huàtǒng
手腕 能力 nénglì, 本事 běnshi
旬 旺季 wàngjì, 时鲜 shíxiān
順 顺序 shùnxù, 次序 cìxù; ¶～に並ぶ／按顺序排列 ¶先着～に受け付ける／按先来后到的顺序受理
順位 名次 míngcì, 次序 cìxù
瞬間 瞬间 shùnjiān
巡査 巡警 xúnjǐng, 警察 jǐngchá
順序 顺序 shùnxù, 次序 cìxù
準じる 〔基準にする〕按照 ànzhào, 依照 yīzhào;〔相当する〕相当于 xiāngdāngyú, 相同 xiāngtóng
純真 纯真 chúnzhēn, 天真 tiānzhēn
純粋 〔混じりけがない〕纯 chún, 纯净 chúnjìng, 纯粹 chúncuì;〔けがれがない〕纯粹 chúncuì, 无私 wúsī
純正品 原装(产品) yuánzhuāng (chǎnpǐn), 正品 zhèngpǐn
順調 顺利 shùnlì
順応 适应 shìyìng
順番 次序 cìxù; ¶～に／按次序, 顺次
準備 准备 zhǔnbèi
春分 春分 chūnfēn
使用 用 yòng, 使用 shǐyòng
上位 名列前茅 míng liè qián máo, 前列 qiánliè
省エネ 节能 jiénéng, 节约能源 jiéyuē néngyuán
上演 上演 shàngyǎn
消化 消化 xiāohuà; ¶～不良／消化不良
消火 灭火 mièhuǒ; ¶～器／灭火器
ショウガ 姜 jiāng, 生姜 shēngjiāng
紹介 介绍 jièshào
生涯 终生 zhōngshēng, 一生 yīshēng, 一辈子 yībèizi; ¶～教育／终身教育
障害 障碍 zhàng'ài, 妨碍 fáng'ài; ¶～者／残疾人
奨学金 奖学金 jiǎngxuéjīn
正月 新年 xīnnián; ¶～気分／过年的气氛 ¶旧～／春节
小学校 小学 xiǎoxué; ¶～6年生／小学6

年级

正気 精神正常 jīngshén zhèngcháng

将棋 象棋 xiàngqí;¶～をさす／下棋

上記 上述 shàngshù

蒸気 蒸气 zhēngqì

定規 尺子 chǐzi, 规尺 guīchǐ

焼却 焚烧 fénshāo, 烧毁 shāohuǐ

乗客 乘客 chéngkè

昇給 提薪 tíxīn, 加薪 jiāxīn

昇級 升级 shēngjí

上級 上级 shàngjí, 高级 gāojí;¶～生／高年级生

商業 商业 shāngyè

状況 情况 qíngkuàng, 状况 zhuàngkuàng

消極 消极 xiāojí

賞金 奖金 jiǎngjīn

将軍 将军 jiāngjūn

上下 〔上と下で〕上下 shàngxià;〔序列〕高低 gāodī;¶スーツの～／一套西服

情景 情景 qíngjǐng, 光景 guāngjǐng

衝撃 冲击 chōngjī, 打击 dǎjī

証券 证券 zhèngquàn;¶～取引所／证券交易所 ¶～アナリスト／证券分析师

条件 条件 tiáojiàn

証拠 证据 zhèngjù, 证明 zhèngmíng

正午 中午 zhōngwǔ

照合 对照 duìzhào, 核对 héduì

条項 条款 tiáokuǎn

乗降 上下 shàngxià;¶～口／车门

詳細 详细 xiángxì;〔具体的な内容〕详细内容 xiángxì nèiróng, 具体内容 jùtǐ nèiróng;¶～に述べる／详细叙述

錠剤 药片 yàopiàn, 片剂 piànjì

小冊子 小册子 xiǎocèzi, 手册 shǒucè

称賛 称赞 chēngzàn

上司 上司 shàngsī, 上级 shàngjí, 领导 lǐngdǎo

正直 老实 lǎoshi

常識 常识 chángshí

乗車 上车 shàngchē, 乘车 chéngchē;¶～券／车票 ¶～賃／车费

常習 上瘾 shàngyǐn, 成瘾 chéngyǐn;¶～犯／惯犯

少女 少女 shàonǚ, 女孩儿 nǚháir

症状 症状 zhèngzhuàng

上昇 上升 shàngshēng, 升高 shēnggāo

上場 上市 shàngshì;¶～企業／上市企业 ¶～廃止／退市

生じる 〔草木が〕长 zhǎng, 生 shēng;〔発生する〕发生 fāshēng, 产生 chǎnshēng, 出现 chūxiàn

乗じる 乘 chéng, 趁 chèn, 抓住 zhuāzhù

昇進 晋级 jìnjí, 晋升 jìnshēng

精進 〔努力する〕专心努力 zhuānxīn nǔlì, 专心从事 zhuānxīn cóngshì;〔信仰に励む〕修行 xiūxíng;¶～料理／素菜, 素食

上手 …得好 …dehǎo, 很会… hěn huì …, 善于… shànyú …;¶彼は中国語が～だ／他汉语说得好

少数 少数 shǎoshù

情勢 形势 xíngshì, 情况 qíngkuàng, 局势 júshì

定石 〔決まったやり方〕一般规律 yībān guīlǜ, 惯例 guànlì, 常规 chángguī

小説 小说 xiǎoshuō

肖像 肖像 xiàoxiàng;¶～権／肖像权

醸造 酿造 niàngzào;¶～酒／酿造酒

消息 音信 yīnxìn, 消息 xiāoxi

正体 原形 yuánxíng, 真面目 zhēnmiànmù

招待 邀请 yāoqǐng, 请 qǐng

状態 状态 zhuàngtài, 状况 zhuàngkuàng

承諾 答应 dāying, 同意 tóngyì

上達 进步 jìnbù, 提高 tígāo

冗談 玩笑 wánxiào, 笑话 xiàohua;¶～を言う／开玩笑

承知 〔知っている〕知道 zhīdào;〔承諾する〕同意 tóngyì, 答应 dāying,〔許す〕原谅 yuánliàng, 允许 yǔnxǔ

焼酎 烧酒 shāojiǔ

情緒 〔雰囲気〕情趣 qíngqù, 风趣 fēngqù, 情味 qíngwèi;〔心理〕情绪 qíngxù

象徴 象征 xiàngzhēng

焦点 焦点 jiāodiǎn

譲渡 转让 zhuǎnràng, 出让 chūràng

消灯 息灯 xīdēng

衝動 冲动 chōngdòng

上等 高档 gāodàng, 高级 gāojí, 优良 yōuliáng

消毒 消毒 xiāodú

衝突 碰上 pèngshàng, 撞 zhuàng;〔意見が〕冲突 chōngtū, 矛盾 máodùn, 不一致 bù yīzhì

小児科 儿科 érkē, 小儿科 xiǎo'érkē
承認 批准 pīzhǔn, 承认 chéngrèn, 同意 tóngyì
情熱 热情 rèqíng, 激情 jīqíng
少年 少年 shàonián, 男孩子 nánháizi
勝敗 胜败 shèngbài
商売 买卖 mǎimài, 生意 shēngyi;〔仕事〕职业 zhíyè, 工作 gōngzuò
蒸発 蒸发 zhēngfā, 汽化 qìhuà;〔失踪する〕失踪 shīzōng
消費 〔費やす〕消耗 xiāohào, 花费 huāfèi;〔経済上の〕消费 xiāofèi;¶电力を～／消耗电力 ¶食費として毎月5万円～する／每月消费5万日元饭费 ¶～者／消费者
商品 产品 chǎnpǐn, 商品 shāngpǐn
賞品 奖品 jiǎngpǐn
上品 文雅 wényǎ, 典雅 diǎnyǎ, 优雅 yōuyǎ
勝負 〔勝敗〕胜负 shèngfù;〔試合〕比赛 bǐsài
丈夫 〔身体が〕健壮 jiànzhuàng, 健康 jiànkāng;〔ものが〕结实 jiēshi, 坚固 jiāngù
小便 小便 xiǎobiàn, 尿 niào
譲歩 让步 ràngbù
消防 消防 xiāofáng;¶～车／消防车, 救火车
情報 信息 xìnxī
賞味 品尝 pǐncháng;¶～期限／保质期
静脈 静脉 jìngmài
証明 证明 zhèngmíng, 证实 zhèngshí
照明 照明 zhàomíng, 灯光 dēngguāng
消滅 消失 xiāoshī, 消灭 xiāomiè
正面 正面 zhèngmiàn, 前面 qiánmiàn
消耗 消耗 xiāohào, 耗损 hàosǔn;〔体力・精力を〕耗尽 hàojìn
醤油 酱油 jiàngyóu
将来 未来 wèilái, 将来 jiānglái;¶～性／前途
勝利 胜利 shènglì
上陸 登陆 dēnglù, 上岸 shàng'àn
省略 省略 shěnglüè
上流 〔河川の〕上游 shàngyóu;〔社会の〕上流 shàngliú, 上层 shàngcéng
蒸留 蒸溜 zhēngliú;¶～酒／蒸溜酒
奨励 鼓励 gǔlì, 奖励 jiǎnglì
常連 常客 chángkè

ショー 〔展示〕展览 zhǎnlǎn, 展示 zhǎnshì, 陈列 chénliè;〔実演〕演出 yǎnchū, 表演 biǎoyǎn, 秀 xiù;¶～ルーム／展示厅 ¶ファッション～／时装秀
ジョーク 笑话 xiàohua, 玩笑 wánxiào
ショートメール 短信 duǎnxìn
除外 除外 chúwài, 排除在外 páichú zàiwài
初期 初期 chūqī
初級 初级 chūjí
除去 排除 páichú, 去掉 qùdiào
ジョギング 慢跑 mànpǎo, 跑步 pǎobù
職業 职业 zhíyè
食事 吃饭 chīfàn, 用餐 yòngcān
食卓 饭桌 fànzhuō
食中毒 食物中毒 shíwù zhòngdú
食堂 饭馆 fànguǎn, 食堂 shítáng
職人 工匠 gōngjiàng, 手艺人 shǒuyìrén
職場 工作单位 gōngzuò dānwèi;〔持ち場〕工作岗位 gōngzuò gǎngwèi;〔作业現場〕车间 chējiān, 工作地点 gōngzuò dìdiǎn
食パン 白面包 báimiànbāo
食費 饭费 fànfèi, 伙食费 huǒshífèi
食品 食品 shípǐn
植物 植物 zhíwù
職務 任务 rènwu, 职务 zhíwù
食欲 食欲 shíyù
食料 食物 shíwù, 食品 shípǐn
しょげる 沮丧 jǔsàng, 消沉 xiāochén
助言 建议 jiànyì
徐行 慢行 mànxíng
除光液 洗甲液 xǐjiǎyè
書斎 书房 shūfáng
所在地 所在地 suǒzàidì, 地址 dìzhǐ
所持 携带 xiédài, 持有 chíyǒu
書式 格式 géshì
助手 助手 zhùshǒu;〔大学の〕主教 zhǔjiào;¶～席／副驾驶席
叙情 抒情 shūqíng
初心 初志 chūzhì, 初衷 chūzhōng;¶～者／初学者
女性 妇女 fùnǚ, 女性 nǚxìng
所属 属于 shǔyú
処置 〔処理・対策〕处理 chǔlǐ, 措施 cuòshī;〔医療の〕治疗 zhìliáo
食間 两顿饭之间 liǎng dùn fàn zhī jiān
食器 餐具 cānjù;¶～棚／餐具柜 ¶～洗净

機／洗碗机
ショック 冲击 chōngjī, 打击 dǎjī
しょっちゅう 经常 jīngcháng, 总是 zǒngshì
塩っぱい 咸 xián
ショッピング 购物 gòuwù, 买东西 mǎi dōngxi; ¶〜センター／购物中心 ¶ウインドー〜／逛商店
初頭 初期 chūqī, 初叶 chūyè
書道 书法 shūfǎ
所得 收入 shōurù, 所得 suǒdé; ¶可处分〜／支配收入
初日 第一天 dìyī tiān
処罰 处罚 chǔfá
処分 〔処理〕处理 chǔlǐ;〔売却〕卖掉 màidiào;〔廃棄〕扔掉 rēngdiào;〔処罰〕处理 chǔlǐ, 处罚 chǔfá
初歩 入门 rùmén, 基础 jīchǔ, 最初阶段 zuìchū jiēduàn
処方箋 药方 yàofāng, 处方（签）chǔfāng (qiān)
庶民 老百姓 lǎobǎixìng, 普通人 pǔtōngrén
書名 书名 shūmíng
署名 签名 qiānmíng, 签字 qiānzì
除名 开除 kāichú, 除名 chúmíng
所有 拥有 yōngyǒu, 所有 suǒyǒu
女優 女演员 nǚyǎnyuán
処理 处理 chǔlǐ, 处置 chǔzhì
書類 文件 wénjiàn
序列 排列 páiliè, 顺序 shùnxù; ¶年功〜／论资排辈
しょんぼり 无精打彩 wú jīng dǎ cǎi
白髪 白发 báifà, 白头发 báitóufa
白ける 扫兴 sǎoxìng, 不欢 bù huān
じらす 使人焦急 shǐ rén jiāojí
知らせる 告诉 gàosu, 通知 tōngzhī
知らない 不知道 bù zhīdào
調べる 调查 diàochá;〔研究する〕研究 yánjiū;〔検査する〕检查 jiǎnchá;〔さがす〕寻找 xúnzhǎo;〔確かめる〕核对 héduì;〔尋問する〕审讯 shěnxùn
尻 屁股 pìgu, 臀部 túnbù
知り合う 认识 rènshi
シリーズ 系列 xìliè
退く 〔後退する〕退 tuì, 后退 hòutuì;〔引き下がる〕让 ràng, 让步 ràngbù;〔引退する〕退 tuì, 退职 tuìzhí
退ける 〔遠ざける〕让后退 ràng hòutuì, 斥退 chìtuì;〔撃退する〕打退 dǎtuì, 击退 jītuì;〔拒絶する〕拒绝 jùjué;〔罷免する〕罢免 bàmiǎn
自立 自立 zìlì; ¶〜心／自立精神
資料 资料 zīliào, 材料 cáiliào
視力 视力 shìlì
知る 知道 zhīdào
汁 汁 zhī, 液 yè;〔汁物〕汤 tāng; ¶みそ〜／酱汤 ¶お〜粉／小豆汤
シルク 丝 sī, 丝绸 sīchóu; ¶〜ロード／丝绸之路
印 〔記号〕记号 jìhào, 标志 biāozhì;〔あかし・気持ち〕证明 zhèngmíng, 象征 xiàngzhēng, 心意 xīnyì; ¶地図に〜をつける／地图上作记号 ¶おわびの〜／歉意的表示
事例 事例 shìlì
辞令 〔任免文書〕任免证书 rènmiǎn zhèngshū;〔形式的な言葉〕辞令 cílìng; ¶外交〜／外交辞令 ¶社交〜／客套话
試練 考验 kǎoyàn
ジレンマ 左右为难 zuǒ yòu wéi nán, 窘境 jiǒngjìng
白 白色 báisè
城 城堡 chéngbǎo;〔自分の場所〕小天地 xiǎotiāndì
素人 〔専門外〕外行 wàiháng;〔アマチュア〕业余爱好者 yèyú àihàozhě
白黒 黑白 hēibái;〔是非〕是非 shìfēi; ¶〜をつける／分清是非
シロップ 糖浆 tángjiāng, 果子露 guǒzilù
皺 皱纹 zhòuwén
仕分け 区分 qūfēn, 分类 fēnlèi;〔会計上の〕分科目 fēnkēmù
師走 十二月 shí'èryuè, 腊月 làyuè
芯 芯 xīn, 中心 zhōngxīn
進化 演变 yǎnbiàn, 发展 fāzhǎn
侵害 侵犯 qīnfàn
進学 升学 shēngxué
人格 人格 réngé, 品格 pǐngé; ¶〜者／杰出人物
審議 审议 shěnyì
新旧 新旧 xīnjiù; ¶〜交代／更新换代
進級 升级 shēngjí
心境 心情 xīnqíng

真空 真空 zhēnkōng
シンクタンク 智囊团 zhìnángtuán, 专家集团 zhuānjiā jítuán
シングル 单一 dānyī, 单身 dānshēn；¶～ルーム／单人房 ¶～マザー／未婚母亲
シングルス 单打 dāndǎ
神経 神经 shénjīng
真剣 认真 rènzhēn
人権 人权 rénquán
震源 震源 zhènyuán；〔うわさなどの〕根源 gēnyuán, 源头 yuántóu
人件費 劳务费 láowùfèi, 人员开支 rényuán kāizhī
信仰 信仰 xìnyǎng
進行 进行 jìnxíng, 前进 qiánjìn
信号 〔交通信号〕红绿灯 hónglǜdēng；〔合図〕信号 xìnhào；¶赤～／红灯 ¶危険～／危险信号
人口 人口 rénkǒu
人工 人工 réngōng, 人造 rénzào
申告 申报 shēnbào
深刻 严重 yánzhòng, 重大 zhòngdà
新婚 新婚 xīnhūn
審査 审查 shěnchá, 评审 píngshěn
人材 人才 réncái
診察 看病 kànbìng, 诊察 zhěnchá；¶～室／诊室
人事 人事 rénshì
寝室 卧室 wòshì
真実 真实 zhēnshí, 真相 zhēnxiàng
信者 信徒 xìntú
真珠 珍珠 zhēnzhū
人種 人种 rénzhǒng, 种族 zhǒngzú；¶～差別／种族歧视
進出 进入 jìnrù, 打入 dǎrù
身障者 残疾人 cánjírén
信じる 〔真実と思う〕信 xìn, 相信 xiāngxìn；〔信頼する〕信 xìn, 信赖 xìnlài；〔信仰する〕信 xìn, 信仰 xìnyǎng
申請 申请 shēnqǐng
神聖 神圣 shénshèng
人生 人生 rénshēng
親戚 亲戚 qīnqi
親切 亲切 qīnqiè, 热情 rèqíng；¶～心／好意
新鮮 新鲜 xīnxian

心臓 心脏 xīnzàng
腎臓 肾脏 shènzàng
迅速 迅速 xùnsù
進退 进退 jìntuì；〔職務上の去就〕去留 qùliú
寝台車 卧铺车 wòpùchē
診断 〔病気の〕诊断 zhěnduàn；〔調査・判断〕判断 pànduàn, 调查 diàochá；¶健康～／体检, 身体检查 ¶経営～／核查经营情况
身長 身高 shēngāo
慎重 慎重 shènzhòng, 小心 xiǎoxīn
進捗 进展 jìnzhǎn
進展 进步 jìnbù, 发展 fāzhǎn, 进展 jìnzhǎn
震度 (地震)烈度 (dìzhèn)lièdù
浸透 〔液体が〕浸透 jìntòu, 渗透 shèntòu；〔考えが〕渗透 shèntòu, 深入人心 shēnrù rénxīn
振動 振动 zhèndòng, 摆动 bǎidòng
人道 人道 réndào
進入 进入 jìnrù
新年 新年 xīnnián；¶～おめでとう／新年好
心配 〔不安・気がかり〕担心 dānxīn, 挂念 guàniàn；〔世話を焼く〕照顾 zhàogu, 张罗 zhāngluo, 操心 cāoxīn
審判 〔競技・試合の〕裁判 cáipàn；〔事件・審理の〕审判 shěnpàn
神秘 神秘 shénmì, 奥秘 àomì
新品 新货 xīnhuò, 新的东西 xīn de dōngxi
新婦 新娘 xīnniáng
新聞 报纸 bàozhǐ；¶～社／报社
進歩 进步 jìnbù
辛抱 忍耐 rěnnài, 忍受 rěnshòu
人望 声望 shēngwàng
親睦 和睦 hémù；¶～会／联欢会
シンポジウム 研讨会 yántǎohuì
シンボル 象征 xiàngzhēng
じんましん 荨麻疹 xúnmázhěn
人脈 人际关系 rénjì guānxi
しんみり 〔心静かなようす〕静静的 jìngjìng de, 沉静 chénjìng；〔沈んだようす〕悄然 qiǎorán, 悲伤 bēishāng
深夜 深夜 shēnyè
親友 好朋友 hǎopéngyou, 知心朋友 zhīxīn péngyou
信用 相信 xiāngxìn, 信任 xìnrèn；〔社会的

評価〕信誉 xìnyù;〔経済用語〕信用 xìnyòng; ¶～取引／信用交易
信頼 信赖 xìnlài
心理 心理 xīnlǐ
真理 真理 zhēnlǐ
侵略 侵略 qīnlüè
尽力 尽力 jìnlì, 努力 nǔlì, 协助 xiézhù
森林 森林 sēnlín
心労 操心 cāoxīn, 担忧 dānyōu
新郎 新郎 xīnláng
神話 神话 shénhuà

■す■■■■■

巣 窝 wō, 巢 cháo; ¶クモの～／蜘蛛网 zhīzhūwǎng
酢 醋 cù
図 图 tú, 图片 túpiàn; ¶見取り～／示意图
素足 光脚 guāngjiǎo
図案 图案 tú'àn
吸い上げる 〔液体を〕吸上 xīshàng, 抽取 chōuqǔ;〔意見を〕吸收 xīshōu, 采纳 cǎinà;〔利益を〕夺取 duóqǔ, 侵吞 qīntūn
水圧 水压 shuǐyā
推移 推移 tuīyí, 发展 fāzhǎn
水泳 游泳 yóuyǒng
スイカ 西瓜 xīguā
水害 水灾 shuǐzāi
水銀 汞 gǒng, 水银 shuǐyín
随行 随同 suítóng, 跟随 gēnsuí
水彩画 水彩画 shuǐcǎihuà
炊事 做饭菜 zuò fàncài; ¶～場／厨房 chúfáng
随時 随时 suíshí
衰弱 衰弱 shuāiruò
水準 水平 shuǐpíng, 标准 biāozhǔn
水晶 水晶 shuǐjīng
水蒸気 水蒸气 shuǐzhēngqì
推進 推进 tuījìn, 推动 tuīdòng
彗星 彗星 huìxīng
スイセン 水仙 shuǐxiān
水洗 用水冲洗 yòng shuǐ chōngxǐ; ¶～トイレ／抽水马桶
推薦 推荐 tuījiàn
水素 氢 qīng; ¶～イオン／氢离子
膵臓 胰腺 yíxiàn
吹奏楽 吹奏乐 chuīzòuyuè; ¶～団／吹奏乐队
推測 推测 tuīcè, 猜测 cāicè
垂直 垂直 chuízhí
スイッチ 开关 kāiguān
推定 估计 gūjì, 推定 tuīdìng
水筒 （小）水壶 (xiǎo)shuǐhú
水道 自来水 zìláishuǐ
吸い取る 吸收 xīshōu, 吸取 xīqǔ
水爆 氢弹 qīngdàn
炊飯器 电饭锅 diànfànguō
随筆 散文 sǎnwén, 随笔 suíbǐ
随分 〔かなり〕非常 fēicháng, 相当 xiāngdāng, 很 hěn;〔ひどい〕不像话 bùxiànghuà
水平 水平 shuǐpíng
水没 淹没 yānmò
睡眠 睡觉 shuìjiào, 睡眠 shuìmián; ¶～不足／睡眠不足 ¶～薬／安眠药
吸い物 清汤 qīngtāng
水曜日 星期三 xīngqīsān, 礼拜三 lǐbàisān
推理 推理 tuīlǐ, 推论 tuīlùn
推量 推测 tuīcè, 推想 tuīxiǎng
水力 水力 shuǐlì; ¶～発電／水力发电
水路 水路 shuǐlù, 水渠 shuǐqú, 水道 shuǐdào
推論 推论 tuīlùn, 推断 tuīduàn
吸う 〔息などを吸う〕吸 xī, 吸入 xīrù;〔口をすぼめて飲む〕喝 hē;〔水分がしみこむ〕吸收 xīshōu; ¶タバコを～／吸烟, 抽 chōu 烟 ¶汁を～／喝汤 ¶湿気を～／吸收潮气
数… 几 jǐ, 数 shù; ¶～人／几个人 ¶～日／几天, 数日
数学 数学 shùxué
数字 数字 shùzì
図々しい 无耻 wúchǐ, 厚脸皮 hòuliǎnpí
趨勢 趋向 qūxiàng, 动向 dòngxiàng
スーツ 套装 tàozhuāng, 西装 xīzhuāng
スーツケース 旅行箱 lǚxíngxiāng
スーパー 超级 chāojí; ¶～マーケット／超市, 超级市场
崇拝 崇拜 chóngbài
スープ 汤 tāng
末 〔結果・結末〕结果 jiéguǒ, 结局 jiéjú, 最后 zuìhòu;〔最後〕末 mò, 底 dǐ, 末期 mòqī;〔将来〕前途 qiántú, 将来 jiānglái;

〔年少〕最小 zuìxiǎo；¶話し合いの〜に決定した／经过讨论，最后终于决定下来 ¶年の〜／年底 ¶〜が心配／前途令人担心 ¶〜の弟／最小的弟弟 ¶〜長い／永远，永久

据え置く 不改变 bù gǎibiàn，固定 gùdìng

末っ子 最小的孩子 zuìxiǎo de háizi

スカート 裙子 qúnzi

スカーフ 围巾 wéijīn

頭蓋骨 头盖骨 tóugàigǔ

スカイダイビング （高空）跳伞运动 (gāokōng) tiàosǎn yùndòng

スカウト 选拔 xuǎnbá，…探 …tàn；¶球技選手の〜／球探 ¶タレントの〜／星探

素顔 〔化粧なしの顔〕素面 sùmiàn，没化妆的脸 méi huàzhuāng de liǎn；〔飾らない姿〕真实的面貌 zhēnshí de miànmào，真相 zhēnxiàng

すかさず 立刻 lìkè，趁机 chènjī

透かす 透过 tòuguò

すがすがしい 清爽 qīngshuǎng，清新 qīngxīn，舒畅 shūchàng

姿 〔人の体つき〕姿容 zīróng，外貌 wàimào，身段 shēnduàn；〔存在〕影子 yǐngzi，身影 shēnyǐng；〔態度〕姿态 zītài，态度 tàidù；〔服装〕打扮 dǎbàn；〔物の形状〕容貌 róngmào，形状 xíngzhuàng；〔様相・状態〕情况 qíngkuàng，面貌 miànmào

すがる 〔つかまる〕抓住 zhuāzhù，搂住 lǒuzhù；〔頼る〕依靠 yīkào，依赖 yīlài

図鑑 图鉴 tújiàn

好き 〔好む〕喜欢 xǐhuan；〔勝手にする〕随意 suíyì

鋤 铁锹 tiěqiāo，铲 chǎn

スギ 杉 shān

…過ぎ 〔時間や年齢〕过 guò，多 duō；〔度が過ぎる〕过度 guòdù，过多 guòduō；¶30〜の女性／三十多岁的妇女

スキー 滑雪 huáxuě；¶〜板／滑雪板

好き嫌い 〔嗜好〕喜欢不喜欢 xǐhuan bù xǐhuan；〔えり好み〕挑剔 tiāoti

好き好き 各有所好 gè yǒu suǒ hào

透き通る 透明 tòumíng；〔声が〕清脆 qīngcuì；〔水が〕清澈 qīngchè

隙間 缝隙 fèngxì，空隙 kòngxì；¶〜風／贼风

すき焼き 日式牛肉火锅 Rìshì niúròu huǒguō，司盖阿盖 sīgài'āgài

スキャナー 扫描仪 sǎomiáoyí

スキャン 扫描 sǎomiáo；¶CT〜／CT扫描

スキャンダル 丑闻 chǒuwén

スキューバダイビング 水肺潜水 shuǐfèi qiánshuǐ

スキル 技能 jìnéng，技巧 jìqiǎo

過ぎる 〔時間や場所を〕过 guò，过去 guòqù，通过 tōngguò；〔過剰だ〕过 guò，过分 guòfèn；¶5時を過ぎた／过了5点

スキンケア 护肤 hùfū

スキンシップ 肌肤之亲 jīfū zhī qīn

空く 空 kòng，稀疏 xīshū；¶腹が〜／肚子饿 ¶席が空いている／坐席很空 ¶胸が〜／心胸开朗

梳く 梳 shū

直ぐ 〔直ちに〕马上 mǎshàng，立刻 lìkè，就 jiù；〔容易に〕容易 róngyì，就 jiù；〔距離が近い〕就 jiù

救う 救助 jiùzhù，挽救 wǎnjiù，帮助 bāngzhù

掬う 〔水中から物を〕捞 lāo，捞取 lāoqǔ；〔ひしゃくなどで〕舀 yǎo；〔両手で〕捧 pěng；〔浮いた物を〕撇 piē；〔足元を〕使绊子 shǐbàizi；¶金魚を〜／捞取金鱼 ¶水を〜／舀水 ¶あくを〜／撇出浮沫

スクープ 独家新闻 dújiā xīnwén

少ない 少 shǎo

少なくとも 至少 zhìshǎo，起码 qǐmǎ

スクラップ 〔くず金属〕废金属 fèijīnshǔ，碎铁 suìtiě；〔記事などを切り抜く〕剪下来 jiǎnxiàlai；¶〜ブック／剪贴簿

スクランブル 紧急出动 jǐnjí chūdòng；¶〜交差点／行人全方向横穿的交叉路口 ¶〜エッグ／炒鸡蛋

スクリーン 〔映画の〕电影 diànyǐng，银幕 yínmù；〔画面〕屏幕 píngmù；¶〜セーバー／屏幕保护，屏保

スクリュー 螺旋桨 luóxuánjiǎng

優れる 优秀 yōuxiù，出色 chūsè

スクロール 滚动 gǔndòng

スケート 滑冰 huábīng；¶〜ボード／滑板

スケジュール 日程 rìchéng，计划 jìhuà；〔予定表〕日程表 rìchéngbiǎo

スケッチ 写生 xiěshēng, 素描 sùmiáo
透ける 透过…看见 tòuguò … kànjiàn
スコア 〔得点〕得分 défēn, 成绩 chéngjī;〔音楽〕总谱 zǒngpǔ;¶～ブック／记分册
凄い 〔恐ろしい〕可怕 kěpà, 吓人 xiàrén;〔すばらしい〕了不起 liǎobuqǐ, 出色 chūsè;〔程度が甚だしい〕非常 fēicháng, 厉害 lìhai
少し 〔数・量〕少量 shǎoliàng, 一点儿 yìdiǎnr, 一些 yìxiē;〔時間〕稍微 shāowēi, 一会儿 yíhuìr;〔程度〕一点儿 yìdiǎnr, 稍微 shāowēi;¶～も／一点儿也
過ごす 度过 dùguò, 过 guò;〔度を越す〕过分 guòfèn, 过度 guòdù, 过 guò
スコップ 铲子 chǎnzi, 铁铲 tiěchǎn
すさむ 颓废 tuífèi, 冷漠 lěngmò
ずさん 粗糙 cūcāo, 马虎 mǎhu
寿司 寿司 shòusī
筋 线条 xiàntiáo, 条纹 tiáowén, 条 tiáo;〔身体の〕肌肉 jīròu, 筋 jīn;〔素質〕素质 sùzhì;〔考え方〕道理 dàolǐ, 条理 tiáolǐ;〔方法〕程序 chéngxù;〔物語の進行〕情节 qíngjié, 梗概 gěnggài
素性 出身 chūshēn, 来历 láilì
すす 烟灰 yānhuī, 灰尘 huīchén
鈴 铃 líng, 铃铛 língdang
錫 锡 xī
すすぐ 〔口を〕漱口 shùkǒu;〔洗い物を〕漂洗 piǎoxǐ, 冲洗 chōngxǐ;〔汚名を〕洗清 xǐqīng, 昭雪 zhāoxuě
涼しい 凉快 liángkuai
進む 前进 qiánjìn, 往…走 wǎng … zǒu;〔はかどる〕进展顺利 jìnzhǎn shùnlì;〔進歩する〕进步 jìnbù, 发展 fāzhǎn;〔進んで…する〕主动 zhǔdòng, 积极 jījí, 自愿 zìyuàn
スズメ 麻雀 máquè
勧める 劝 quàn, 劝告 quàngào
すずり 砚 yàn, 砚台 yàntai
すする 吸食 xīshí, 喝 hē;¶鼻を～／抽鼻涕 chōu bítì
裾 下摆 xiàbǎi, 下边儿 xiàbianr
スター 明星 míngxīng, 名演员 míngyǎnyuán
スタート 开始 kāishǐ, 出发 chūfā;¶～ライン／起跑线

スタイル 〔体形〕身材 shēncái, 体型 tǐxíng;〔デザイン〕式样 shìyàng, 款式 kuǎnshì;〔やり方〕方法 fāngfǎ, 做法 zuòfǎ;〔様式〕风格 fēnggé, 方式 fāngshì
スタジアム 体育场 tǐyùchǎng, 运动场 yùndòngchǎng
スタジオ 〔映画や撮影の〕摄影室 shèyǐngshì;〔放送局の〕演播室 yǎnbōshì;〔ダンスレッスンなどの〕练功室 liàngōngshì;〔芸術家などの作業場〕工作室 gōngzuòshì
スタッフ 工作人员 gōngzuò rényuán, 成员 chéngyuán
スタミナ 持久力 chíjiǔlì, 体力 tǐlì, 精力 jīnglì
すたれる 废除 fèichú, 过时 guòshí, 衰落 shuāiluò
スタンダード 标准 biāozhǔn
スタント 特技 tèjì, 妙技 miàojì;¶～マン／替身演员
スチーム 〔暖房器具〕暖气 nuǎnqì;〔蒸気〕蒸汽 zhēngqì;¶～アイロン／蒸汽熨斗
スチール 〔鉄鋼〕钢 gāng, 钢铁 gāngtiě;〔写真〕剧照 jùzhào
スチュワーデス 空中小姐 kōngzhōng xiǎojiě, 空姐 kōngjiě
…ずつ 每 měi, 各 gè;¶一回一錠～服用する／每次服一片 ¶5 個～配る／每人分给5个 ¶一人～帰る／一个一个回去
頭痛 头痛 tóutòng, 头疼 tóuténg;〔悩み〕烦恼 fánnǎo, 头疼 tóuténg
すっかり 完全 wánquán, 彻底 chèdǐ
すっきり 〔気持ちが〕舒畅 shūchàng, 爽快 shuǎngkuài;〔見た目が〕整洁 zhěngjié, 纯净 chúnjìng
ずっと 〔程度が一段と〕比…更… bǐ … gèng …, …得多 …deduō;〔(時間的に)はるか〕很久 hěnjiǔ;〔(空間的に)はるか〕遥远 yáoyuǎn;〔途切れずに〕一直 yìzhí;¶～少ない／少得多 ¶～前に／很久以前 ¶～待つ／一直在等
酸っぱい 酸 suān
すっぽかす 失约 shīyuē, 爽约 shuǎngyuē
素手 空手 kōngshǒu, 赤手 chìshǒu
ステーキ 牛排 niúpái
ステータス (社会)地位 (shèhuì) dìwèi;¶～シンボル／地位优势的象征

素敵 极好 jí hǎo, 漂亮 piàoliang
ステッカー 标签 biāoqiān
ステップ 〔ダンスの〕舞步 wǔbù;〔乗物の踏み板〕阶梯 jiētī, 踏板 tàbǎn;〔段階〕阶段 jiēduàn, 步骤 bùzhòu, 程序 chéngxù
既に 已经 yǐjing
捨てる 扔 rēng, 扔掉 rēngdiào;〔見放す・断念する〕抛弃 pāoqì, 放弃 fàngqì
ステレオ 立体声 lìtǐshēng;¶～タイプ／老一套
ステンレス 不锈钢 bùxiùgāng
ストーカー 跟踪狂 gēnzōngkuáng;¶～行為／跟踪行为
ストーブ 暖炉 nuǎnlú, 火炉 huǒlú;¶ガス～／煤气炉 ¶石油～／石油炉
ストッキング 长筒袜 chángtǒngwà
ストップウオッチ 秒表 miǎobiǎo, 跑表 pǎobiǎo
ストライキ 罢 bà, 罢工 bàgōng
ストラップ 〔吊りひも〕吊带 diàodài;〔携帯電話の〕手机挂件 shǒujī guàjiàn
ストレス 精神压力 jīngshén yālì, 精神紧张 jīngshén jǐnzhāng
ストレッチ 〔繊維〕弹力(织物) tánlì (zhīwù);〔体操〕伸展(肌肉) shēnzhǎn (jīròu), 伸展体操 shēnzhǎn tǐcāo
ストロー 吸管 xīguǎn
砂 沙 shā;¶～浜／沙滩 ¶～時計／沙漏
素直 〔人の性格〕老实 lǎoshi, 纯朴 chúnpǔ, 天真 tiānzhēn;〔癖がない〕自然 zìran, 工整 gōngzhěng
即ち 即 jí, 就是 jiùshì, 正是 zhèngshì
スニーカー 旅游鞋 lǚyóuxié
すね 小腿 xiǎotuǐ, 胫 jìng
すねる 闹别扭 nào bièniu, 撒泼 sāpō
頭脳 智力 zhìlì, 能力 nénglì, 判断力 pànduànlì;¶～集団／智囊团
スパイ 〔人物〕特务 tèwù, 间谍 jiàndié;〔行為〕侦探 zhēntàn;¶産業～／产业间谍
スパイス 香料 xiāngliào, 调味品 tiáowèipǐn
スパゲッティ 意大利面 Yìdàlìmiàn
すばしこい 敏捷 mǐnjié, 灵活 línghuó
スパナ 扳手 bānshou
ずば抜ける 超群 chāoqún, 出众 chūzhòng
素早い 敏捷 mǐnjié, 利落 lìluò
素晴らしい 非常好 fēichánghǎo, 精彩 jīngcǎi, 了不起 liǎobuqǐ
スピーカー 〔オーディオの〕音箱 yīnxiāng, 喇叭 lǎba;〔拡声器〕扩音器 kuòyīnqì;〔話者〕演讲人 yǎnjiǎngrén
スピーチ 讲话 jiǎnghuà
スピーディ 迅速 xùnsù, 快速 kuàisù
スピード 速度 sùdù
スプーン 勺子 sháozi
スプレー 喷雾器 pēnwùqì;¶～する／喷射 pēnshè
スペア 预备 yùbèi, 备用 bèiyòng;¶～キー／备用钥匙
スペイン 西班牙 Xībānyá
スペース 空间 kōngjiān, 空地 kōngdì, 地方 dìfang;〔字間〕空格 kònggé;〔宇宙〕宇宙 yǔzhòu;¶～キー／空格键 ¶～シャトル／航天飞机
スペード 黑桃 hēitáo
スペシャリスト 专家 zhuānjiā
スペシャル 特别 tèbié, 专门 zhuānmén
全て 全部 quánbù, 一切 yīqiè, 所有 suǒyǒu
滑り込む 滑入 huárù;〔なんとか間に合う〕赶上 gǎnshàng, 赶到 gǎndào
すべり台 滑梯 huátī
滑る 滑 huá;¶口が～／说走嘴 ¶試験に～／不及格
スポークスマン 发言人 fāyánrén
スポーツ 体育 tǐyù, 体育运动 tǐyù yùndòng
ズボン 裤子 kùzi
スポンサー 〔出資者〕赞助者 zànzhùzhě, 出资者 chūzīzhě;〔広告主〕广告主 guǎnggàozhǔ
スポンジ 海棉 hǎimián
スマート 〔体形が〕苗条 miáotiao;〔身なりや行動が〕漂亮 piàoliang, 时髦 shímáo, 萧洒 xiāosǎ
住まい 〔住所〕住址 zhùzhǐ, 地址 dìzhǐ;〔住宅〕房子 fángzi, 家 jiā
澄ます 〔液体を〕澄清 dèngqīng;〔耳を〕专注 zhuānzhù, 倾听 qīngtīng;〔気取る〕装作 zhuāngzuò, 摆架势 bǎi jiàshi
炭 炭 tàn, 木炭 mùtàn
隅 角落 jiǎoluò, 边角 biānjiǎo
すみません 〔あやまる〕对不起 duìbuqǐ;〔礼を言う〕谢谢 xièxie;〔呼びかける〕劳驾

láojià
スミレ 菫菜 jǐncài
住む 住 zhù, 居住 jūzhù
済む 〔終わる〕结束 jiéshù, 完了 wánliǎo；〔用が足りる〕足够 zúgòu, …也可以…yě kěyǐ, …也过得去 yě guòdeqù；〔解決する〕过得去 guòdeqù
澄む 〔液体が〕清澈 qīngchè；〔空気が〕新鲜 xīnxian；〔音が〕清脆 qīngcuì；〔心が〕平静 píngjìng
図面 设计图 shèjìtú, 图纸 túzhǐ
相撲 相扑 xiāngpū；¶〜取り／相扑运动员
スモッグ 烟雾 yānwù
スライド 〔横に動かす〕(横向)滑动 (héngxiàng) huádòng；〔調整する〕浮动 fúdòng, 调整 tiáozhěng；〔映写用の〕幻灯片 huàndēngpiàn
スランプ 精神不振 jīngshen bùzhèn, 消沉 xiāochén
スリ 扒手 páshǒu, 小偷 xiǎotōu
スリーサイズ 三围 sānwéi
3D 立体 lìtǐ, 三维 sānwéi
擦り切れる 磨破 mópò, 磨损 mósǔn
スリッパ 拖鞋 tuōxié
スリップ 〔滑る〕打滑 dǎhuá；〔女性用下着〕长衬裙 chángchènqún
スリム 〔体形が〕苗条 miáotiao；¶〜化する／瘦身 shòushēn
スリル 惊险 jīngxiǎn
する (中国語では, 具体的な動作を表す動詞を使用する) 〔行う〕做 zuò, 干 gàn, 办 bàn；〔従事する・担当する〕从事 cóngshì, 当 dāng, 负责 fùzé, 担任 dāngrèn；〔…に変える〕使…变成 shǐ … biànchéng；〔(五感で)…を感じる〕感觉到 gǎnjuédào, 听到 tīngdào, 闻到 wéndào；〔規定・認定する〕认定 rèndìng, 定 dìng；〔値する〕值 zhí；〔経る〕过 guò；〔仮定〕如果 rúguǒ, 假如 jiǎrú；〔決定する〕决定 juédìng, 要 yào；〔思う〕想 xiǎng, 觉得 juéde；〔まもなく…する〕快要 kuàiyào；¶勉強を〜／学习 ¶食事を〜／吃饭 ¶電話を〜／打电话 ¶サッカーを〜／踢足球 ¶通訳を〜／当翻译 ¶君を幸せに〜／让你幸福 ¶ドルを円に〜／把美元还成日元 ¶音が〜／听到声音 ¶寒気が〜／感觉发冷 ¶合格と〜／认定合格 ¶１万円も〜／值一万块钱 ¶３日も〜と忘れる／过３天就忘了 ¶ここでないと〜とどこだ？／如果不是这里, 到底是哪儿呢？ ¶私はコーヒーに〜／我要咖啡 ¶大切に〜／珍惜 ¶合っていない気が〜／觉得不合适 ¶食べようと〜ところ／快要吃的时候
刷る 印 yìn, 印刷 yìnshuā
擦る 磨 mó, 擦 cā
ずるい 狡猾 jiǎohuá, 滑头 huátóu
鋭い 〔先端が〕尖锐 jiānruì, 尖 jiān；〔切れ味が〕快 kuài；〔感覚や頭脳が〕敏锐 mǐnruì, 灵敏 língmǐn, 尖锐 jiānruì
すれ違う 〔近くを通り過ぎる〕走过去 zǒuguòqu, 擦身而过 cāshēn ér guò；〔行き違う〕走岔 zǒuchà, 错过 cuòguò；〔意見が合わない〕不一致 bù yízhì, 有分歧 yǒufēnqí
擦れる・磨れる 〔こすれる〕磨擦 mócā；〔すり減る〕磨损 mósǔn；〔世慣れる〕油滑 yóuhuá
ずれる 〔時間や場所が〕错位 cuòwèi, 错开 cuòkāi, 滑动 huádòng；〔感覚や意見が〕不一致 bù yízhì, 离题 lítí
スローガン 标语 biāoyǔ, 口号 kǒuhào
スローフード 慢餐 màncān
スローモーション 慢镜头 mànjìngtóu
座る 坐 zuò
寸法 〔サイズ〕尺寸 chǐcun, 长短 chángduǎn；〔計画〕计划 jìhuà, 安排 ānpái

■■■■■■せ■■■■■■

背 〔背中〕背 bèi, 脊背 jǐbèi；〔身長〕个子 gèzi, 身高 shēngāo；〔背もたれ〕靠背 kàobèi
姓 姓 xìng, 姓氏 xìngshì
性 〔性別〕性 xìng, 性别 xìngbié；〔性質〕性质 xìngzhì, …性 …xìng
精一杯 尽量 jǐnliàng, 竭尽全力 jiéjìn quánlì
成果 成果 chéngguǒ, 成就 chéngjiù
正解 正确的答案 zhèngquè de dá'àn
正確 正确 zhèngquè, 准确 zhǔnquè
性格 性格 xìnggé, 脾气 píqi
生活 生活 shēnghuó
税関 海关 hǎiguān
世紀 世纪 shìjì
正義 正义 zhèngyì

請求	要求 yāoqiú, 请求 qǐngqiú
税金	税款 shuìkuǎn, 税金 shuìjīn
清潔	干净 gānjìng, 清洁 qīngjié
制限	限制 xiànzhì
成功	成功 chénggōng
税込み	税款在内 shuìkuǎn zài nèi
正座	端坐 duānzuò
星座	星座 xīngzuò, 星宿 xīngxiù
制作・製作	制作 zhìzuò, 创作 chuàngzuò
生産	生产 shēngchǎn
政治	政治 zhèngzhì
正式	正式 zhèngshì, 正规 zhèngguī
性質	性质 xìngzhì, 特性 tèxìng
誠実	诚实 chéngshí, 诚恳 chéngkěn, 真诚 zhēnchéng
正社員	正式职员 zhèngshì zhíyuán
成熟	成熟 chéngshú
青春	青春 qīngchūn
正常	正常 zhèngcháng
精神	精神 jīngshén
成人	成年人 chéngniánrén, 成人 chéngrén; ¶〜病／成人病
成績	成绩 chéngjì, 成果 chéngguǒ
生鮮食料品	鲜货 xiānhuò, 生鲜食品 shēngxiān shípǐn
製造	制造 zhìzào, 生产 shēngchǎn
盛大	隆重 lóngzhòng, 盛大 shèngdà
贅沢	奢侈 shēchǐ, 奢华 shēhuá
成長	长大 zhǎngdà, 生长 shēngzhǎng, 成长 chéngzhǎng;〔経済の〕增长 zēngzhǎng, 发展 fāzhǎn
生徒	学生 xuéshēng
制度	制度 zhìdù
青年	青年 qīngnián
生年月日	出生年月日 chūshēng niányuèrì
性能	性能 xìngnéng, 机能 jīnéng
製品	产品 chǎnpǐn
政府	政府 zhèngfǔ
制服	制服 zhìfú;〔学校の〕校服 xiàofú
生物	生物 shēngwù
性別	性别 xìngbié
精密	精致 jīngzhì, 细致 xìzhì, 精密 jīngmì
生命	生命 shēngmìng, 性命 xìngmìng
西洋	西方 Xīfāng, 西洋 Xīyáng
生理	生理 shēnglǐ;〔月経〕月经 yuèjīng
整理	整理 zhěnglǐ, 收拾 shōushi
成立	成立 chénglì
西暦	公元 gōngyuán, 西历 xīlì
整列	排列 páiliè, 整队 zhěngduì
セーター	毛衣 máoyī
セール	大减价 dàjiǎnjià, 大甩卖 dàshuǎimài, 廉售 liánshòu
セールス	推销 tuīxiāo; ¶〜マン／推销员
背負う	背 bēi;〔責任・仕事・費用を〕担负 dānfù, 肩负 jiānfù
世界	世界 shìjiè, 全球 quánqiú
咳	咳嗽 késou
席	位子 wèizi, 座位 zuòwèi
籍	〔戸籍〕户口 hùkǒu;〔学籍〕学籍 xuéjí
赤外線	红外线 hóngwàixiàn, 热线 rèxiàn
石炭	煤 méi, 煤炭 méitàn
責任	责任 zérèn;〔職務上の〕职责 zhízé
赤飯	红豆饭 hóngdòufàn
石油	石油 shíyóu
セキュリティー	防犯 fángfàn
セクシー	性感 xìnggǎn
セクハラ	性骚扰 xìng sāorǎo
世間	人世 rénshì, 人间 rénjiān, 世间 shìjiān; ¶〜知らず／不懂世故 ¶〜体／面子, 体面 ¶〜話／闲话
世相	世态 shìtài
世代	世代 shìdài, 辈 bèi; ¶同〜／同辈
せっかく	〔わざわざ〕特意 tèyì;〔滅多にない〕好不容易 hǎobù róngyì, 难得 nándé
せっかち	性急 xìngjí, 急性子 jíxìngzi
説教	教训 jiàoxùn, 教诲 jiàohuì;〔宗教の〕说教 shuōjiào
積極的	积极 jījí, 主动 zhǔdòng
接近	靠近 kàojìn, 接近 jiējìn
セックス	〔性別〕性别 xìngbié;〔性交〕性交 xìngjiāo, 做爱 zuò'ài
設計	设计 shèjì, 规划 guīhuà
石鹸	肥皂 féizào; ¶化粧〜／香皂
切実	迫切 pòqiè, 殷切 yīnqiè, 切身 qièshēn
接触	接触 jiēchù
接する	交接 jiāojiē, 接触 jiēchù;〔応対〕对待 duìdài
接続	连接 liánjiē, 衔接 xiánjiē
絶対	绝对 juéduì;〔必ず〕一定 yídìng;〔決して〕绝不… jué bù …
接着剤	粘合剂 niánhéjì

セット 套 tào;〔試合の〕局 jú;〔整える〕安排 ānpái
説得 说服 shuōfú, 劝导 quàndǎo
設備 设备 shèbèi, 设施 shèshī
絶望 绝望 juéwàng
説明 说明 shuōmíng, 解释 jiěshì, 讲解 jiǎngjiě
節約 节约 jiéyuē, 节省 jiéshěng
背中 背 bèi, 脊背 jǐbèi
ぜひ 〔必ず〕务必 wùbì
背広 西服 xīfú, 西装 xīzhuāng
狭い 狭窄 xiázhǎi, 窄小 zhǎixiǎo, 狭小 xiáxiǎo
迫る 〔求める〕强迫 qiǎngpò;〔近づく〕逼近 bījìn, 迫近 pòjìn
セミ 蝉 chán, 知了 zhīliǎo
せめて 至少 zhìshǎo
攻める 攻打 gōngdǎ, 攻击 gōngjī, 进攻 jìngōng
責める 责备 zébèi, 谴责 qiǎnzé, 斥责 chìzé
せりふ 台词 táicí, 道白 dàobái
セルフサービス 自助 zìzhù
ゼロ 零 líng
セロハンテープ 透明胶带 tòumíng jiāodài
世話 照顾 zhàogù, 关照 guānzhào;¶～をかける／添 tiān 麻烦
栓 栓 shuān, 塞子 sāizi;〔瓶の〕瓶塞 píngsāi
線 线 xiàn, 线条 xiàntiáo
繊維 纤维 xiānwéi
全員 全体人员 quántǐ rényuán
前科 前科 qiánkē;¶～二犯／有两次前科
前期 前期 qiánqī;〔学期〕上学期 shàng xuéqī
選挙 选举 xuǎnjǔ, 竞选 jìngxuǎn
先月 上月 shàngyuè, 上个月 shàng ge yuè
宣言 宣言 xuānyán, 宣布 xuānbù, 宣告 xuāngào
戦後 战后 zhànhòu
前後 前后 qiánhòu;〔そのくらい〕左右 zuǒyòu
専攻 专业 zhuānyè, 主修 zhǔxiū
線香 线香 xiànxiāng
繊細 〔物が〕纤细 xiānxì;〔心が〕敏感 mǐngǎn

洗剤 洗涤剂 xǐdíjì;〔洗濯用〕洗衣剂 xǐyījì
先日 日前 rìqián
選手 选手 xuǎnshǒu, 运动员 yùndòngyuán
先週 上周 shàngzhōu, 上星期 shàng xīngqī
全身 全身 quánshēn, 浑身 húnshēn
先進国 发达国家 fādá guójiā
センス 感觉 gǎnjué, 美感 měigǎn, 审美能力 shěnměi nénglì
扇子 扇子 shànzi
先生 老师 lǎoshī;〔医者〕大夫 dàifu
全然 一点儿也不〔没〕… yīdiǎnr yě bù [méi]…, 根本不〔没〕… gēnběn bù [méi]…
先祖 祖先 zǔxiān, 祖宗 zǔzōng
戦争 战争 zhànzhēng
喘息 哮喘 xiàochuǎn, 气喘 qìchuǎn
センター 中心 zhōngxīn
全体 全体 quántǐ
洗濯 洗衣服 xǐ yīfu, 洗涤 xǐdí;¶～機／洗衣机
選択 选择 xuǎnzé
先端 顶端 dǐngduān, 尖端 jiānduān;¶～技术／尖端技术
センチ（メートル） 厘米 límǐ, 公分 gōngfēn
煎茶 煎茶 jiānchá
宣伝 宣传 xuānchuán;〔大げさに言い触らす〕吹嘘 chuīxū
先頭 排头 páitóu, 前头 qiántóu
銭湯 澡堂 zǎotáng
栓抜き 起子 qǐzi, 启子 qǐzi
先輩 前辈 qiánbèi;〔男の〕师兄 shīxiōng;〔女の〕学姐 xuéjiě
前半 前半 qiánbàn
全部 全部 quánbù, 全体 quántǐ, 所有 suǒyǒu
扇風機 电风扇 diànfēngshàn, 风扇 fēngshàn
せんべい 脆饼 cuìbǐng
洗面器 洗脸盆 xǐliǎnpén
専門 专业 zhuānyè, 专门 zhuānmén;¶～家／专家
全力 全力 quánlì
線路 铁路 tiělù, 轨道 guǐdào

■そ■■■■■

そう 〔そのように〕这样 zhèyàng, 那样 nà-

やんg, これ zhème, それ nàme;〔軽い肯定〕是 shì, 对 duì
沿う 沿(着) yán(zhe), 顺(着) shùn(zhe);〔基準や方針に〕按照 ànzhào
添う〔意にかなう〕满足 mǎnzú;〔結婚する〕结婚 jiéhūn;¶期待に～／不辜负 gūfù 期待
ゾウ 象 xiàng, 大象 dàxiàng
騒音 噪音 zàoyīn
増加 增加 zēngjiā
爽快 爽快 shuǎngkuai
送金 汇款 huìkuǎn, 寄钱 jìqián
雑巾 抹布 mābù
倉庫 仓库 cāngkù
総合 综合 zōnghé
捜査 搜查 sōuchá
操作〔機械を〕操作 cāozuò;〔機械や物事を〕操纵 cāozòng
総菜 家常菜 jiāchángcài, 副食 fùshí
創作 创作 chuàngzuò
掃除 打扫 dǎsǎo, 清扫 qīngsǎo, 扫除 sǎochú
葬式 葬礼 zànglǐ
掃除機 吸尘器 xīchénqì
操縦〔機械を〕驾驶 jiàshǐ;〔機械や人を〕操纵 cāozòng
創造 创造 chuàngzào;¶～力／创造力
想像 想像 xiǎngxiàng
相続 继承 jìchéng;¶遺産を～する／继承遗产 yíchǎn
…そうだ〔伝聞〕听说 tīngshuō, 据说 jùshuō;〔推量・推測〕好像 hǎoxiàng, 似乎 sìhū;〔…しそうだ〕快要 kuàiyào, 就要 jiùyào
早退 早退 zǎotuì
相談 商量 shāngliang, 协商 xiéshāng
装置 装置 zhuāngzhì, 设备 shèbèi
早朝 清晨 qīngchén
相当 相当 xiāngdāng
遭難 遇难 yùnàn
挿入 插入 chārù, 插进 chājìn
相場〔市価〕市价 shìjià;〔市況〕行情 hángqíng;〔通念〕常例 chánglì, 惯例 guànlì
送別 送别 sòngbié;¶～会／欢送会
送料 邮费 yóufèi

添える 添(上) tiān(shang), 加(上) jiā(shang), 附(上) fù(shang)
ソース 调味汁〔酱〕tiáowèizhī [jiàng], 沙司 shāsī
ソーセージ 香肠 xiāngcháng
…足 双 shuāng
俗語 俗语 súyǔ, 俚语 lǐyǔ
即座 立刻 lìkè, 马上 mǎshàng
促進 促进 cùjìn
属する 属 shǔ, 属于 shǔyú
即席 即兴 jíxìng;¶～面／(速食)方便面
続々と 陆续 lùxù, 不断 búduàn
速達 快递 kuàidì, 快件 kuàijiàn
速度 速度 sùdù
束縛 束缚 shùfù, 限制 xiànzhì
そこ 那里 nàli, 那儿 nàr
底 底 dǐ;〔奥深いところ〕深处 shēnchù;¶川～／河底 ¶心の～／心底
祖国 祖国 zǔguó
そこで 于是 yúshì, 因此 yīncǐ, 所以 suǒyǐ
損なう 损害 sǔnhài, 损坏 sǔnhuài
素材 材料 cáiliào, 原材料 yuáncáiliào;〔作品などの〕题材 tícái
組織 组织 zǔzhī, 团体 tuántǐ
素質 素质 sùzhì, 天分 tiānfèn, 资质 zīzhì
そして 于是 yúshì, 然后 ránhòu;〔そのうえ〕而且 érqiě
粗品 薄礼 bólǐ
訴訟 诉讼 sùsòng, 打官司 dǎguānsi
祖先 祖先 zǔxiān
注ぐ〔流れる〕流入 liúrù, 注入 zhùrù;〔集中する〕倾注 qīngzhù, 贯注 guànzhù;〔つぐ〕倒 dào, 灌 guàn, 浇 jiāo;¶全力を～／倾注全力 ¶水を～／浇水
そそのかす 唆使 suōshǐ, 教唆 jiàosuō, 怂恿 sǒngyǒng
育つ 成长 chéngzhǎng, 生长 shēngzhǎng, 发育 fāyù
育てる 养育 yǎngyù, 扶养 fúyǎng;〔人材などを〕培养 péiyǎng
そちら 那边 nàbiān, 那里 nàli, 那儿 nàr
卒業 毕业 bìyè
そっくり〔よく似ている〕一模一样 yì mú yí yàng;〔全部〕全部 quánbù
率直 直爽 zhíshuǎng, 坦率 tǎnshuài
そっと 悄悄地 qiāoqiāo de, 静静地 jìngjìng

袖 袖子 xiùzi, 衣袖 yīxiù
外 外边 wàibian, 外面 wàimian, 外头 wàitou
供える 供 gòng
備える 〔用意する〕准备 zhǔnbèi, 预备 yùbèi;〔設置する〕设置 shèzhì;〔才能などを持つ〕具备 jùbèi
その 那 nà, 那个 nàge
その上 又 yòu, 而且 érqiě, 加上 jiāshàng
そのうち 不久 bùjiǔ, 过几天 guò jǐtiān, 近日 jìnrì
そのかわり 不过 bùguò, 但是 dànshì, 可是 kěshì
その後 以后 yǐhòu, 后来 hòulái
その頃 那时候 nàshíhou
その他 其他 qítā, 另外 lìngwài
そのため 为此 wèicǐ, 因此 yīncǐ
その時 那时 nàshí, 那时候 nàshíhou
そのまま 就那样 jiù nàyang
そば 荞麦面 qiáomàimiàn
側 附近 fùjìn, 旁边 pángbiān;¶教わる～から忘れる／刚教过就忘了
そびえる 耸立 sǒnglì, 屹立 yìlì
祖父 〔父方〕祖父 zǔfù, 爷爷 yéye;〔母方〕外祖父 wàizǔfù, 老爷 lǎoye
ソフト 柔软 róuruǎn, 柔和 róuhé;〔ソフトウェア〕软件 ruǎnjiàn
ソフトドリンク 清凉饮料 qīngliáng yǐnliào
祖母 〔父方〕祖母 zǔmǔ, 奶奶 nǎinai;〔母方〕外祖母 wàizǔmǔ, 姥姥 lǎolao
素朴 纯朴 chúnpǔ, 朴素 pǔsù, 朴实 pǔshí
粗末 粗糙 cūcāo, 粗劣 cūliè
染まる 染 rǎn, 染上 rǎnshang;〔影響を受ける〕受影响 shòu yǐngxiǎng, 沾染 zhānrǎn
背く 〔違反する〕违反 wéifǎn;〔さからう〕背叛 bèipàn
染める 染 rǎn;¶髪を～／染发 fà
空 天 tiān, 天空 tiānkōng, 空中 kōngzhōng;¶～耳／听错 ¶うわの～／心不在焉 yān
そらす 转移 zhuǎnyí, 回避 huíbì;¶話を～／把话岔 chà 开
反る 翘 qiáo, 弯曲 wānqū;〔体が〕向后弯 xiàng hòu wān

剃る 剃 tì, 刮 guā
それ 这个 zhège, 那个 nàge
それから 〔その次に〕其次 qícì;〔そのあと〕以后 yǐhòu;〔加えて〕还有 háiyǒu
それぞれ 各自 gèzì, 分别 fēnbié
それでは 那么 nàme, 那就 nà jiù
それでも 尽管如此 jǐnguǎn rúcǐ, 即使那样 jíshǐ nàyàng
それとも 还是 háishi
それなら 那么 nàme, 那样的话 nàyàng de huà, 要是那样 yàoshi nàyàng
それほど 那么 nàme, 那样 nàyàng
それる 脱离 tuōlí, 偏离 piānlí
揃う 〔全部ある〕齐全 qíquán;〔均一になる〕相同 xiāngtóng, 整齐 zhěngqí;〔集まる〕到齐 dàoqí
揃える 〔同じにする〕使…一致 shǐ … yīzhì;〔集める〕备齐 bèiqí
そろそろ 〔ゆっくり〕慢慢地 mànmàn de;〔もうすぐ〕该 gāi, 就 jiù
損 赔 péi, 亏 kuī, 亏本 kuīběn;〔不利〕不利 bùlì, 吃亏 chīkuī
尊敬 尊敬 zūnjìng, 尊重 zūnzhòng
存在 存在 cúnzài
尊重 尊重 zūnzhòng, 重视 zhòngshì
そんな 那样的 nàyàng de

■た■■■■■

タイ 〔魚〕鲷鱼 diāoyú, 加级鱼 jiājíyú
代 代 dài, 辈 bèi, 世代 shìdài;〔代金〕费用 fèiyòng
台 台 tái, 座 zuò
題 题目 tímù, 标题 biāotí
体育 体育 tǐyù;¶～館／体育馆
退院 出院 chūyuàn
ダイエット 减肥 jiǎnféi
ダイオキシン 二恶英 èr'èyīng
対応 对应 duìyìng;〔対処する〕应付 yìngfù, 对付 duìfu
体温 体温 tǐwēn;¶～計／体温表［计］ ¶～を計る／量 liáng 体温
大会 〔会合〕大会 dàhuì;〔試合〕大赛 dàsài, 比赛 bǐsài
体格 体格 tǐgé, 身材 shēncái
大学 大学 dàxué;¶～院／研究（生）院
待機 待机 dàijī, 待命 dàimìng

代金 费用 fèiyòng, 货款 huòkuǎn
大工 木匠 mùjiang, 木工 mùgōng
待遇 待遇 dàiyù
退屈 无聊 wúliáo, 没意思 méi yìsi, 闷 mèn
対決 交锋 jiāofēng;〔力比べ〕较量 jiàoliàng
体験 体验 tǐyàn
太鼓 鼓 gǔ, 大鼓 dàgǔ;¶～をたたく／打鼓
ダイコン 萝卜 luóbo
滞在 逗留 dòuliú, 待 dāi
対策 对策 duìcè, 措施 cuòshī
大使 大使 dàshǐ;¶～館／大使馆
退治 打退 dǎtuì, 消灭 xiāomiè
大事〔大切〕重要 zhòngyào, 要紧 yàojǐn;〔重大なこと〕大事 dàshì;¶お～に／保重身体
大した 了不起 liǎobuqǐ
体重 体重 tǐzhòng;¶～を計る／称 chēng 体重
対称 对称 duìchèn, 相称 xiāngchèn
対象 对象 duìxiàng, 目标 mùbiāo
退場 退场 tuìchǎng, 退席 tuìxí
大丈夫 没问题 méi wèntí, 没事儿 méi shìr, 不要紧 bù yàojǐn
退職 退休 tuìxiū, 退职 tuìzhí
対する 对 duì, 对于 duìyú;〔向き合う〕面对 miànduì;〔接する〕对待 duìdài
体制 体制 tǐzhì, 制度 zhìdù
体積 体积 tǐjī
大切 重要 zhòngyào, 要紧 yàojǐn;〔大切にする〕珍惜 zhēnxī, 爱惜 àixī
体操 体操 tǐcāo
大卒 大学毕业 dàxué bìyè
だいたい 大概 dàgài;〔時間・数量〕大约 dàyuē;〔大部分〕大多 dàduō;¶～同じ／大致相同, 差不多
大胆 大胆 dàdǎn, 勇敢 yǒnggǎn
体調 健康状况 jiànkāng zhuàngkuàng, 身体条件 shēntǐ tiáojiàn
たいてい 大概 dàgài, 基本上 jīběnshàng;〔大部分〕大多 dàduō, 多半 duōbàn
態度 态度 tàidù, 举止 jǔzhǐ
大統領 总统 zǒngtǒng
台所 厨房 chúfáng
タイトル 题目 tímù, 标题 biāotí
ダイニングキッチン 餐室厨房 cānshì chúfáng
代表 代表 dàibiǎo
タイプ 类型 lèixíng;¶～ライター／打字机
だいぶ 相当 xiāngdāng, 很 hěn
台風 台风 táifēng
大部分 大部分 dàbùfen, 大多 dàduō, 多半 duōbàn
大変〔程度〕非常 fēicháng;〔一大事〕不得了 bùdéliǎo, 了不得 liǎobude
逮捕 逮捕 dàibǔ, 拘捕 jūbǔ, 拿获 zhuōná
タイミング 时机 shíjī;¶～がいい／时机恰当 ¶～を逃す／错过时机
タイムカード 记时卡 jìshíkǎ;¶出退社の際に～を押さなければいけない／上下班时要打卡
題名 题目 tímù, 标题 biāotí
タイヤ 轮胎 lúntāi, 车胎 chētāi
ダイヤ（列車の）（行 车）时 间 表（xíngchē）shíjiānbiǎo
ダイヤモンド 钻石 zuànshí, 金刚石 jīngāngshí
ダイヤル〔電話の〕拨号盘 bōhàopán;〔ラジオの〕刻度盘 kèdùpán;¶フリー～／接方付费方式
太陽 太阳 tàiyáng
平ら 平 píng, 平坦 píngtǎn
代理 代理 dàilǐ, 代替 dàitì
対立 对立 duìlì, 矛盾 máodùn, 冲突 chōngtū
大量 大量 dàliàng
体力 体力 tǐlì
ダイレクトメール 邮寄广告 yóujì guǎnggào, 信件广告 xìnjiàn guǎnggào
対話 对话 duìhuà
ダウンジャケット 羽绒服 yǔróngfú
ダウンロード 下载 xiàzǎi
絶えず 不断 bùduàn, 连续 liánxù
耐える 忍受 rěnshòu, 忍耐 rěnnài
絶える 断绝 duànjué;〔絶滅する〕灭绝 mièjué, 消失 xiāoshī
倒す〔負かす〕打败 dǎbài;〔くつがえす〕推翻 tuīfān;〔横にする〕放倒 fàngdǎo;〔押し倒す〕推倒 tuīdǎo
タオル 毛巾 máojīn
倒れる〔転んで〕摔倒 shuāidǎo, 倒下 dǎoxià;〔病気で〕病倒 bìngdǎo

高い	高 gāo;〔値段が〕贵 guì
互いに	互相 hùxiāng，相互 xiānghù，彼此 bǐcǐ
高さ	高度 gāodù，高低 gāodī
耕す	耕(地) gēng(dì)
だから	因此 yīncǐ，所以 suǒyǐ
宝くじ	彩票 cǎipiào
宝物	宝物 bǎowù，宝贝 bǎobèi
滝	瀑布 pùbù
たき火	篝火 gōuhuǒ
妥協	妥协 tuǒxié
炊く	烧 shāo，煮 zhǔ；¶ご飯を〜／煮饭
抱く	抱 bào；〔抱擁する〕拥抱 yōngbào，搂抱 lǒubào；〔胸に抱く〕怀抱 huáibào
たくさん	很多 hěnduō，许多 xǔduō
タクシー	出租车 chūzūchē，的士 díshì
託す	〔夢を〕寄托 jìtuō；〔仕事・任務を〕付托 fùtuō，委托 wěituō
宅配	送货到家 sòng huò dào jiā；¶〜便／送上门
たくましい	健壮 jiànzhuàng，强壮 qiángzhuàng；〔体格〕魁梧 kuíwú
巧み	精巧 jīngqiǎo，巧妙 qiǎomiào
たくらむ	策划 cèhuà，企图 qǐtú，阴谋 yīnmóu
蓄える	储存 chǔcún，储备 chǔbèi
タケ	竹子 zhúzi
丈	尺寸 chǐcùn；〔身長〕身高 shēngāo
…だけ	只有 zhǐyǒu，只是 zhǐshì，仅仅 jǐnjǐn
タケノコ	笋 sǔn，竹笋 zhúsǔn
タコ	章鱼 zhāngyú，八带鱼 bādàiyú
凧	风筝 fēngzheng；¶〜を揚げる／放风筝
多国籍企業	跨国公司〔企业〕kuàguó gōngsī [qǐyè]
だし	〔だし汁〕汤汁 tāngzhī
確か	确实 quèshí，的确 díquè；〔信用できる〕可靠 kěkào
確かめる	确认 quèrèn，查明 chámíng
足し算	加法 jiāfǎ
多少	多少 duōshǎo，稍微 shāowēi，一点儿 yīdiǎnr
足す	加 jiā，加上 jiāshàng，添上 tiānshàng
出す	出 chū；〔取り出す〕拿出 náchū
助ける	帮助 bāngzhù；〔救う〕救助 jiùzhù
携わる	参与 cānyù，从事 cóngshì
訪ねる	访问 fǎngwèn，拜访 bàifǎng
尋ねる	问 wèn，询问 xúnwèn，打听 dǎtīng
黄昏	傍晚 bàngwǎn，黄昏 huánghūn
ただ	只 zhǐ，仅 jǐn；〔無料〕免费 miǎnfèi
戦う	斗争 dòuzhēng，战斗 zhàndòu；〔戦争する〕打仗 dǎzhàng
叩く	打 dǎ；¶扉を〜／敲门 ¶手を〜／拍手，鼓掌 ¶むだ口を〜／说废话
ただし	但是 dànshì，不过 bùguò
正しい	正确 zhèngquè，对 duì；〔正当〕正当 zhèngdang
正す	改正 gǎizhèng，纠正 jiūzhèng，端正 duānzhèng
畳	榻榻米 tàtàmǐ
畳む	折叠 zhédié，叠 dié
立入禁止	禁止入内 jìnzhǐ rùnèi，闲人止步 xiánrén zhǐbù
立ち止まる	停步 tíngbù，止步 zhǐbù，站住 zhànzhù
立ち直る	恢复 huīfù
立場	立场 lìchǎng，处境 chǔjìng
たちまち	立即 lìjí，立刻 lìkè，马上 mǎshàng
立ち寄る	顺路去 shùnlù qù，顺便到 shùnbiàn dào
立つ	站 zhàn，站立 zhànlì；〔立ち上がる〕站起来 zhànqǐlai
建つ	盖 gài
発つ	出发 chūfā，动身 dòngshēn；¶…を〜／离开…
経つ	过 guò，过去 guòqù
断つ	打断 dǎduàn，断绝 duànjué
卓球	乒乓球 pīngpāngqiú
達する	达到 dádào
達成	完成 wánchéng，达成 dáchéng；¶〜感／成就感
脱税	逃税 táoshuì，偷税 tōushuì
脱線	脱轨 tuōguǐ，出轨 chūguǐ
たった…	只 zhǐ，仅仅 jǐnjǐn；¶〜今／刚才
たっぷり	足够 zúgòu，充分 chōngfèn
縦	竖 shù，纵 zòng
立て替える	垫付 diànfù，代付 dàifù
縦書き	竖写 shùxiě
建前	原则 yuánzé，方针 fāngzhēn，大道理 dàdàolǐ

建物　建筑（物）jiànzhù(wù)
立てる　竖立 shùlì
建てる　建造 jiànzào, 盖建 gàijiàn
妥当　妥善 tuǒshàn, 妥当 tuǒdang
たとえ…でも　即使…也〔都〕jíshǐ…yě[dōu], 哪怕…也〔都〕nǎpà…yě[dōu]
例えば　比如（说）bǐrú(shuō), 例如 lìrú
例える　比喻 bǐyù, 比方 bǐfāng
棚　架子 jiàzi, 搁板 gēbǎn
谷　山谷 shāngǔ, 山沟 shāngōu
他人　〔別の人〕别人 biérén;〔知らない人〕陌生人 mòshēngrén
タヌキ　貉子 háozi, 狸 lí; ¶～寝入り／装睡
種　种子 zhǒngzi;〔果物の〕果核 guǒhé; ¶～をまく／播种
楽しい　快乐 kuàilè, 愉快 yúkuài, 开心 kāixīn
楽しむ　享受 xiǎngshòu, 欣赏 xīnshǎng
頼む　拜托 bàituō, 请求 qǐngqiú
頼もしい　可靠 kěkào
束　捆 kǔn, 束 shù, 把 bǎ
タバコ　香烟 xiāngyān, 烟草 yāncǎo; ¶～を吸う／吸烟, 抽烟
田畑　田地 tiándì
度　回 huí, 次 cì
旅　旅游 lǚyóu, 旅行 lǚxíng
たびたび　多次 duōcì, 屡次 lǚcì, 再三 zàisān
タブー　禁忌 jìnjì, 避讳 bìhui
ダブルクリック　双击 shuāngjī
たぶん　很可能 hěn kěnéng, 恐怕 kǒngpà
食べ物　食品 shípǐn, 食物 shíwù
食べる　吃 chī; ¶ご飯を～／吃饭
玉・球　球 qiú, 珠 zhū
弾　子弹 zǐdàn, 枪子儿 qiāngzǐr
卵　蛋 dàn;〔鶏卵〕鸡蛋 jīdàn;〔魚の卵〕鱼子 yúzǐ
魂　灵魂 línghún, 精神 jīngshén
騙す　骗 piàn, 欺骗 qīpiàn; ¶騙される／上当 dàng
たまたま　偶然 ǒurán, 碰巧 pèngqiǎo
タマネギ　洋葱 yángcōng
たまらない　〔耐えられない〕受不了 shòubuliǎo, 难堪 nánkān;〔非常に〕不得了 bùdéliǎo

溜まる　积累 jīlěi, 累积 lěijī
黙る　沉默 chénmò, 闭嘴 bìzuǐ
ダム　水库 shuǐkù
駄目　〔無理〕不行 bùxíng;〔無駄〕没用 méiyòng
ため息　叹气 tànqì, 叹息 tànxī
試す　尝试 chángshì, 试试 shìshi
為に　为了 wèile, 因为 yīnwèi, 由于 yóuyú
ためる　积存 jīcún, 储存 chǔcún, 攒 zǎn
保つ　保持 bǎochí, 维持 wéichí
便り　信 xìn, 消息 xiāoxi
頼りない　靠不住 kàobuzhù
頼る　依靠 yīkào, 依赖 yīlài
だらしない　散漫 sǎnmàn;〔意気地がない〕没骨气 méi gǔqi
垂らす　〔したたらす〕滴 dī;〔垂れ下げる〕放下 fàngxià
足りる　够 gòu, 足够 zúgòu;〔値する〕值得 zhídé
だるい　发懒 fālǎn, 发酸 fāsuān
たるむ　松弛 sōngchí;〔気が〕松懈 sōngxiè
誰　谁 shéi [shuí]
垂れる　下垂 xiàchuí;〔したたる〕滴答 dīda
タレント　演员 yǎnyuán
痰　痰 tán
単位　单位 dānwèi;〔履修単位〕学分 xuéfēn
段階　阶段 jiēduàn, 地步 dìbù;〔等級〕等级 děngjí
短気　性急 xìngjí;〔短気な人〕急性子 jíxìngzi
探検　探险 tànxiǎn
単語　单词 dāncí;〔語彙〕词汇 cíhuì
団子　团子 tuánzi; ¶肉～／肉丸子
短縮　缩短 suōduǎn, 缩减 suōjiǎn
単純　简单 jiǎndān, 单纯 dānchún
短所　缺点 quēdiǎn, 短处 duǎnchu
誕生　诞生 dànshēng, 出生 chūshēng; ¶～日／生日
単身赴任　单身赴任 dānshēn fùrèn
たんす　柜子 guìzi, 衣柜 yīguì, 衣橱 yīchú
ダンス　舞蹈 wǔdǎo; ¶～を踊る／跳舞
断水　停水 tíngshuǐ, 断水 duànshuǐ
男性　男性 nánxìng, 男人 nánrén, 男子 nánzǐ
団体　团体 tuántǐ, 集体 jítǐ; ¶～旅行／集体旅游
だんだん　越来越… yuèláiyuè…, 渐渐 jiàn-

	jiàn, 逐渐 zhújiàn
団地	住宅区 zhùzháiqū
探偵	侦探 zhēntàn, 侦察 zhēnchá
担当	担任 dānrèn, 担当 dāndāng
単に	只不过 zhǐbuguò, 只是 zhǐshì
担任	担任 dānrèn, 担当 dāndāng
田んぼ	水田 shuǐtián
暖房	暖气 nuǎnqì
段ボール	瓦楞纸板 wǎléng zhǐbǎn
弾力	弹力 tánlì, 弹性 tánxìng

■■ち■■■■■

血	血 xiě [xuè], 血液 xuèyè
地位	地位 dìwèi, 身份 shēnfen
地域	地域 dìyù, 区域 qūyù, 地区 dìqū
小さい	小 xiǎo, 细小 xìxiǎo;〔幼い〕幼小 yòuxiǎo
チーズ	奶酪 nǎilào, 干酪 gānlào
チーム	队 duì, 小组 xiǎozǔ
智恵	智慧 zhìhuì, 智力 zhìlì
チェーン	链 liàn, 链条 liàntiáo; ¶～店／连锁店
チェック	〔検査〕检验 jiǎnyàn, 检查 jiǎnchá;〔模様〕方格纹 fānggéwén; ¶トラベラーズ・～／旅行支票
チェックアウト	退房 tuìfáng
チェックイン	〔ホテルの〕（住宿）登记（zhùsù）dēngjì
地下	地下 dìxià
近い	近 jìn, 接近 jiējìn, 靠近 kàojìn
違い	差异 chāyì, 差别 chābié, 区别 qūbié, 不同 bùtóng
誓う	发誓 fāshì, 宣誓 xuānshì, 起誓 qǐshì
違う	〔同じでない〕不同 bùtóng, 不一样 bùyīyàng;〔誤っている〕不对 bùduì, 错 cuò
近く	附近 fùjìn, 旁边 pángbiān
近頃	最近 zuìjìn, 近来 jìnlái
近づく	靠近 kàojìn, 接近 jiējìn
地下鉄	地铁 dìtiě
近道	近路 jìnlù, 捷径 jiéjìng
力	力气 lìqi, 力量 lìliang
力強い	矫健 jiǎojiàn, 有力 yǒulì
痴漢	色情狂 sèqíngkuáng
地球	地球 dìqiú
ちぎる	〔千切る〕撕 sī, 撕碎 sīsuì
地区	地区 dìqū
チケット	票 piào, 入场券 rùchǎngquàn
遅刻	迟到 chídào
知事	知事 zhīshì, 县长 xiànzhǎng
知識	知识 zhīshi
地上	地上 dìshàng, 地面 dìmiàn
知人	熟人 shúrén, 相识 xiāngshí
地図	地图 dìtú
父	父亲 fùqin, 爸爸 bàba
縮む	缩 suō, 缩短 suōduǎn, 缩小 suōxiǎo, 抽缩 chōusuō
縮める	缩 suō, 缩短 suōduǎn, 缩小 suōxiǎo
チップ	小费 xiǎofèi, 小账 xiǎozhàng
知的	智力 zhìlì, 理智 lǐzhì; ¶～財産／知识财产
知能	智力 zhìlì, 智能 zhìnéng
地方	地方 dìfāng, 乡下 xiāngxià
ちまき	粽子 zòngzi
茶	茶 chá, 茶水 cháshuǐ;〔お茶の葉〕茶叶 cháyè
チャーハン	炒饭 chǎofàn
チャイナドレス	旗袍 qípáo
茶色	棕色 zōngsè, 茶色 chásè
着実	踏实 tāshi, 扎实 zhāshi, 稳步 wěnbù
着色	着色 zhuósè, 上色 shàngshǎi
着陸	降落 jiàngluò, 着陆 zhuólù
茶の間	餐室 cānshì
チャリティー	慈善 císhàn; ¶～バザー／慈善义卖
茶わん	〔ご飯茶わん〕饭碗 fànwǎn;〔湯飲み〕茶杯 chábēi
チャンス	机会 jīhuì, 机遇 jīyù, 时机 shíjī
ちゃんと	好好儿地 hǎohāor de; ¶～した仕事／正当职业
チャンネル	频道 píndào
注	注 zhù, 注释 zhùshì, 注解 zhùjiě
中	〔まんなか〕中 zhōng;〔…のなか〕…中 … zhōng, 在…当中 zài … dāngzhōng, (在…)之中 (zài …) zhī zhōng;〔進行中〕正在 zhèngzài …
注意	〔気をつける〕注意 zhùyì, 小心 xiǎoxīn;〔忠告する〕提醒 tíxǐng, 忠告 zhōnggào
中央	中央 zhōngyāng, 中间 zhōngjiān; ¶党～／党中央
中華	中华 Zhōnghuá; ¶～料理／中国菜,

中餐
中学 初级中学 chūjí zhōngxué, 初中 chūzhōng; ¶〜生／初中生
中間 中间 zhōngjiān; ¶〜テスト／期中考试
中継 中继 zhōngjì;〔放送〕转播 zhuǎnbō; ¶生〜／（现场）直播
中古 二手 èrshǒu, 半旧 bànjiù
中国 中国 Zhōngguó, 中华人民共和国 Zhōnghuá rénmín gònghéguó; ¶〜語／汉语, 中文
中止 中止 zhōngzhǐ, 停止 tíngzhǐ
忠実 忠实 zhōngshí, 诚实 chéngshí;〔原型どおり〕如实 rúshí
注射 打针 dǎzhēn, 注射 zhùshè
駐車 停车 tíngchē; ¶〜場／停车场
中旬 中旬 zhōngxún
抽象的 抽象 chōuxiàng
昼食 午饭 wǔfàn, 午餐 wǔcān
中心 中心 zhōngxīn, 核心 héxīn
抽選 〔順番などを決める〕抽签 chōuqiān;〔当選者を決める〕抽奖 chōujiǎng
中断 中断 zhōngduàn, 停止 tíngzhǐ
躊躇 犹豫 yóuyù, 踌躇 chóuchú
中途 中途 zhōngtú, 半路 bànlù; ¶〜採用／中途录用
中毒 中毒 zhòngdú;〔やみつきになる〕上瘾 shàngyǐn
中途半端 半途而废 bàn tú ér fèi
中年 中年 zhōngnián
注目 注目 zhùmù, 注视 zhùshì, 瞩目 zhǔmù
注文 〔あつらえる〕订做 dìngzuò, 定做 dìngzuò;〔要求〕要求 yāoqiú; ¶料理を〜する／点菜 ¶商品を〜する／订货
チョウ 蝴蝶 húdié
兆 万亿 wànyì
腸 肠 cháng, 肠子 chángzi
懲役 徒刑 túxíng; ¶無期〜に処す／判处无期徒刑
超音波 超音波 chāoyīnbō, 超声波 chāoshēngbō
朝刊 晨报 chénbào, 日报 rìbào
長期 长期 chángqī
長距離 长途 chángtú, 长距离 chángjùlí; ¶〜電話／长途电话 ¶〜競走／长跑

兆候 征兆 zhēngzhào, 征候 zhēnghòu
彫刻 雕刻 diāokè
調査 调查 diàochá
調子 〔音の〕音调 yīndiào;〔話の〕腔调 qiāngdiào;〔具合〕情况 qíngkuàng; ¶〜はずれ／走调 ¶〜に乗る／来劲 jìn
長寿 长寿 chángshòu
長所 优点 yōudiǎn, 长处 chángchu
長女 大女儿 dànǚ'ér, 长女 zhǎngnǚ, 老大 lǎodà
頂上 山顶 shāndǐng, 顶峰 dǐngfēng;〔物事の〕顶点 dǐngdiǎn
朝食 早餐 zǎocān, 早饭 zǎofàn
調整 调整 tiáozhěng, 调节 tiáojié
調節 调节 tiáojié, 调整 tiáozhěng
挑戦 挑战 tiǎozhàn
提灯 灯笼 dēnglong
ちょうど 刚好 gānghǎo, 正好 zhènghǎo, 恰好 qiàhǎo; ¶〜1年／一年整 ¶12時〜／十二点正
長男 大儿子 dà'érzi, 长子 zhǎngzǐ, 老大 lǎodà
調味料 调料 tiáoliào, 佐料 zuǒliào
調理 烹调 pēngtiáo
朝礼 早会 zǎohuì, 朝会 zhāohuì
調和 和谐 héxié, 协调 xiétiáo;〔ふさわしい〕配合 pèihe
貯金 存款 cúnkuǎn, 储蓄 chǔxù, 积蓄 jīxù; ¶〜する／存钱
直接 直接 zhíjiē
直前 即将…之前 jíjiāng … zhīqián
直通 直通 zhítōng, 直达 zhídá
チョコレート 巧克力 qiǎokèlì
著者 作者 zuòzhě, 著者 zhùzhě
直行 直达 zhídá, 直奔 zhíbēn; ¶〜便／直航班机
ちょっと 一点 yīdiǎn, 稍微 shāowēi;〔時間〕一会儿 yīhuìr [yíhuǐr]; ¶〜見てみる／看一下儿 ¶〜寒い／有点儿冷
散らかる 零乱 língluàn, 散乱 sànluàn
チラシ 广告单 guǎnggàodān, 传单 chuándān
散らす 撒 sǎ, 撒散 sǎsàn;〔風が吹いて〕吹散 chuīsàn
散らばる 零散 língsàn, 零乱 língluàn, 分散 fēnsàn

ちり 灰尘 huīchén, 尘土 chéntǔ, 尘埃 chén'āi；¶～とり／簸箕 bòji
治療 治疗 zhìliáo, 医疗 yīliáo, 医治 yīzhì
散る 〔花が〕凋谢 diāoxiè, 落 luò；〔ばらばらになる〕散 sàn, 分散 fēnsàn
賃金 工资 gōngzī, 薪水 xīnshuǐ
賃貸 租赁 zūlìn, 出租 chūzū
チンピラ (小)流氓 (xiǎo)liúmáng
沈黙 沉默 chénmò

■■■つ■■■■■■

ツアー 旅行 lǚxíng, 旅游 lǚyóu；¶ヨーロッパ～／欧洲旅行 ¶～コンダクター／导游
つい 不由得 bùyóude, 不禁 bùjīn, 不知不觉 bùzhībùjué, 无意中 wúyìzhōng
追加 追加 zhuījiā, 补充 bǔchōng
追求 追求 zhuīqiú, 寻求 xúnqiú；¶真理を～する／追求真理
追伸 又及 yòují, 再者 zàizhě
ついて 关于 guānyú, 对于 duìyú, 就 jiù；〔ごとに〕每 měi；¶ひとりに～5元かかる／每人花5元〔块〕
ついでに 顺便 shùnbiàn, 就手 jiùshǒu
ついに 终于 zhōngyú, 到底 dàodǐ, 最后 zuìhòu
費やす 花费 huāfèi, 耗费 hàofèi；〔無駄に使う〕浪费 làngfèi
墜落 坠落 zhuìluò, 掉下 diàoxià；¶～事故／坠落事故
ツインルーム 双人房间 shuāngrén fángjiān
通貨 货币 huòbì, 通货 tōnghuò；¶～膨脹(インフレ)／通货膨胀 péngzhàng ¶～収縮(デフレ)／通货收缩 shōusuō
通学 走读 zǒudú, 上学 shàngxué；¶～生／走读生 ¶～定期券／学生月票
通勤 通勤 tōngqín, 上下班 shàngxiàbān
通常 通常 tōngcháng, 平常 píngcháng
通じる 通 tōng, 通过 tōngguò, 通往 tōngwǎng；〔通用する〕通用 tōngyòng；〔精通する〕通晓 tōngxiǎo；〔理解できる〕理解 lǐjiě
通信 通信 tōngxìn, 通讯 tōngxùn；¶～販売(郵便の)／邮购 ¶～販売(インターネットの)／网上购物 ¶～教育／函授 hánshòu 教育 ¶～衛星／通信卫星
通知 通知 tōngzhī
通帳 存折 cúnzhé
通報 通报 tōngbào, 举报 jǔbào
通訳 口译 kǒuyì, 翻译 fānyì；〔人〕译员 yìyuán
通用 〔広い範囲内に〕通用 tōngyòng；〔常用する〕常用 chángyòng；〔適用できる〕适用 shìyòng；〔認められる〕有效 yǒuxiào；¶～門／便门, 旁门 ¶この切符の～期限は今日までだ／这张票的有效期到今天
通路 〔道〕道路 dàolù, 走道 zǒudào；〔通り道〕通路 tōnglù, 通道 tōngdào
通話 通话 tōnghuà；¶～料金／电话费
杖 拐杖 guǎizhàng, 手杖 shǒuzhàng
使い捨て 一次性 yīcìxìng；¶～カメラ／一次性照相机
使う 用 yòng, 使用 shǐyòng；〔雇う〕雇用 gùyòng；〔費やす〕花费 huāfèi；¶人を～／用〔雇〕人 ¶お金を～／花钱
捕まえる 捉住 zhuōzhù, 逮住 dǎizhù, 抓住 zhuāzhù；〔犯人を〕捉拿 zhuōná, 捕捉 bǔzhuō；¶犯人を～／捉拿犯人 ¶鼠を～／捉住老鼠
つかむ 抓 zhuā, 抓住 zhuāzhù, 掌握 zhǎngwò；〔手に入れる〕弄到手 nòngdàoshǒu, 获得 huòdé；¶チャンスを～／抓住机会 ¶情報を～／掌握情报 ¶腕を～／抓住胳膊
疲れる 累 lèi, 乏 fá, 疲劳 píláo, 疲倦 píjuàn
月 月 yuè, 月亮 yuèliang；〔暦の〕月份 yuèfèn
次 〔次回〕下(一)次 xià(yī)cì；〔順番〕下一个 xiàyīge；〔引き続いて〕下面 xiàmiàn, 其次 qícì, 接着 jiēzhe；¶～の内容／下面的内容
付き合う 交往 jiāowǎng；〔お供する〕陪 péi, 陪伴 péibàn；〔異性と〕谈恋爱 tán liàn'ài
付き添う 陪同 péitóng；〔世話する〕伺候 cìhou, 照料 zhàoliào, 照看 zhàokàn；¶病人に～／伺候病人
次々 一个接一个 yīge jiē yīge, 接二连三 jiē èr lián sān, 接踵而来 jiē zhǒng ér lái；¶～と事件が起こる／事件接二连三地发生
月日 时光 shíguāng, 岁月 suìyuè, 光阴 guāngyīn；¶楽しい～／快乐的时光

尽きる 尽 jìn, 完 wán, 光 guāng, 到头 dàotóu；¶力が尽きた／力气用光了

付く 〔くっつく〕附 fù, 沾 zhān；〔染まる〕染 rǎn；〔付き従う〕跟着 gēnzhe, 跟随 gēnsuí；〔解決する〕解决 jiějué；〔付帯する〕附带 fùdài；¶時代に付いていけない／跟不上时代 ¶根が～／扎 zhā 根 ¶色が～／染 rǎn 色 ¶目に～／看见

突く 〔突き刺す〕扎 zhā, 戳 chuō, 刺 cì；〔押す〕撞 zhuàng；¶鼻を～／刺鼻 ¶鐘を～／敲钟 ¶杖を～／拄拐杖 zhǔ guǎizhàng

点く 点 diǎn, 开 kāi；〔火が〕燃 rán

着く 到 dào, 到达 dàodá, 抵达 dǐdá；〔座る〕就坐 jiùzuò

就く 跟 gēn, 从 cóng；〔先生に〕师事 shīshì；〔仕事に〕从事 cóngshì；〔ポストに〕当 dāng, 就任 jiùrèn

注ぐ 倒 dào, 斟 zhēn, 注入 zhùrù, 灌进 guànjìn, 灌入 guànrù；¶お茶を～／倒茶 ¶お酒を～／斟酒

継ぐ 继承 jìchéng；〔加える〕接 jiē, 添 tiān, 加 jiā；¶遺産を～／继承遗产 ¶炭を～／加炭

机 桌子 zhuōzi, 书桌 shūzhuō, 写字台 xiězìtái, 办公桌 bàngōngzhuō

尽くす 尽 jìn, 尽力 jìnlì, 竭力 jiélì；〔骨を折る〕奉献 fèngxiàn, 效力 xiàolì, 效劳 xiàoláo；¶全力を～／竭尽全力 ¶国家に～／为国家做奉献

償う 补偿 bǔcháng, 赔偿 péicháng；〔罪を〕赎罪 shúzuì

作る・造る 做 zuò, 造 zào, 制造 zhìzào；〔作品などを〕创作 chuàngzuò；〔制度を〕建立 jiànlì, 制定 zhìdìng；〔構成する〕组织 zǔzhī；〔装う〕打扮 dǎbàn, 假装 jiǎzhuāng；¶詩を～／写诗 ¶家を～／盖房子 ¶学校を～／建学校 ¶笑いを～／装笑

繕う 修缮 xiūshàn, 修理 xiūlǐ, 修补 xiūbǔ；〔世間体をよくする〕修饰 xiūshì

付け加える 补充 bǔchōng, 添加 tiānjiā, 附加 fùjiā

漬物 咸菜 xiáncài, 酱菜 jiàngcài, 泡菜 pàocài

付ける 〔貼る〕贴 tiē；〔塗る〕涂 tú, 抹 mǒ；〔取り付ける〕安上 ānshàng, 安装 ānzhuāng；〔身に付ける〕戴 dài, 穿 chuān；〔書き付ける〕记 jì；〔後を追う〕跟踪 gēnzōng；¶帳簿を～／记帐 zhàng ¶冷房を～／打开冷气

点ける 点 diǎn；¶火を～／点火

浸ける・漬ける 浸 jìn, 泡 pào；〔漬物にする〕腌 yān

都合 情況 qíngkuàng；〔わけ〕理由 lǐyóu；〔具合〕方便 fāngbiàn, 合适 héshì；〔手配〕安排 ānpái；〔やりくり〕通融 tōngróng, 筹措 chóucuò；¶～が悪い／不方便 ¶～をつける／抽出时间 ¶どうしても金が～できない／无论如何也没办法筹 chóu 到钱

伝える 传 chuán, 传达 chuándá, 转告 zhuǎngào；〔譲り渡す〕让给 rànggěi, 传授 chuánshòu；〔伝導する〕传导 chuándǎo；〔伝え広める〕传播 chuánbō；¶みんなに～／转告大家 ¶知識を～／传授知识

伝わる 传 chuán, 流传 liúchuán

土 土 tǔ, 土壤 tǔrǎng, 土地 tǔdì；〔地面〕地面 dìmiàn

つつく 〔細いもので〕戳 chuō；〔くちばしで〕啄 zhuó；〔指などで〕推 tuī, 捅 tǒng；〔そそのかす〕挑唆 tiāosuō

続く 连续 liánxù, 继续 jìxù, 接连 jiēlián；〔従う〕跟 gēn；〔順位〕次于 cìyú

続ける 持续 chíxù, 继续 jìxù, 接着 jiēzhe；¶話し～／讲下去

突っ込む 塞进 sāijìn, 插入 chārù；〔突進する〕冲入 chōngrù, 闯入 chuǎngrù；〔立ち入る〕深入 shēnrù

ツツジ 杜鹃花 dùjuānhuā

慎む 慎重 shènzhòng, 谨慎 jǐnshèn；〔制限する〕节制 jiézhì；¶口を～／小心说话

包み 包 bāo, 包裹 bāoguǒ；¶小～を送る／寄包裹 ¶ふろしき～／包袱 fu

包む 包 bāo, 裹 guǒ；〔かぶせる〕蒙 méng, 覆盖 fùgài；〔隠す〕隐藏 yǐncáng

つづり 〔スペリング〕拼写 pīnxiě；〔文書の〕文件册 wénjiàncè

勤め・務め 〔仕事〕职务 zhíwù, 工作 gōngzuò；〔果たすべき役割〕责任 zérèn, 义务 yìwù

勤め先 工作单位 gōngzuò dānwèi

努める 努力 nǔlì

務める 当 dāng, 做 zuò, 担任 dānrèn

勤める 工作 gōngzuò, 做事 zuòshì

綱 绳子 shéngzi, 绳索 shéngsuǒ, 缆 lǎn; ¶～引き／拔河

つながる 连接 liánjiē, 连系 liánxì;〔関連する〕相关 xiāngguān

つなぐ 〔つなぎ合わせる〕接 jiē, 连接 liánjiē;〔結びとめる〕系 jì, 拴 shuān; ¶手を～／拉手

津波 海啸 hǎixiào

常に 总 zǒng, 老 lǎo, 经常 jīngcháng, 时常 shícháng

角 角 jiǎo, 犄角 jījiǎo

唾 唾沫 tuòmo, 唾液 tuòyè, 口水 kǒushuǐ

翼 翅膀 chìbǎng, 翼 yì;〔飛行機の〕机翼 jīyì

ツバメ 燕子 yànzi; ¶～の巣／燕窝

粒 粒 lì, 颗 kē, 颗粒 kēlì

潰す 〔壊す〕弄坏 nònghuài, 压碎 yāsuì, 毁坏 huǐhuài;〔元の形を変える〕改变 gǎibiàn;〔時間を〕消磨 xiāomó, 打发 dǎfa; ¶顔を～／丢脸 ¶ジャガイモをすり～／把土豆磨 mó 碎

つぶやく 嘟囔 dūnang, 喃喃自语 nánnán zìyǔ, 叽咕 jīgu, 唠叨 láodao

潰れる 倒塌 dǎotā, 崩溃 bēngkuì, 垮 kuǎ;〔倒産する〕破产 pòchǎn, 倒闭 dǎobì

壺 壶 hú, 罐 guàn, 坛子 tánzi

つぼみ 花蕾 huālěi, 花苞 huābāo, 骨朵儿 gūduor

妻 妻子 qīzi

つまずく 绊 bàn, 绊倒 bàndǎo, 跌交 diējiāo, 栽跟头 zāi gēntou

つまみ 〔器具の〕把手 bǎshǒu;〔酒の〕下酒菜 xiàjiǔcài;〔指先でつまむ量〕撮 cuō

つまむ 捏 niē, 掐 qiā, 撮 cuō

つまらない 无聊 wúliáo, 没意思 méiyìsi;〔役に立たない〕无意义 wúyìyì

つまり 即 jí, 总之 zǒngzhī, 就是 jiùshì

詰まる 〔一杯になる〕挤满 jǐmǎn, 充满 chōngmǎn;〔ふさがる〕堵塞 dǔsè;〔縮まる〕缩短 suōduǎn;〔困る〕窘迫 jiǒngpò; ¶返答に～／没办法回答

罪 〔法律上の〕罪 zuì, 犯罪 fànzuì, 罪行 zuìxíng;〔道徳上の〕罪过 zuìguò, 过失 guòshī

摘む 摘 zhāi, 采 cǎi

積む 堆积 duījī, 累积 lěijī;〔載せる〕装载 zhuāngzài

爪 〔指の〕指甲 zhǐjiǎ;〔足の〕趾甲 zhǐjiǎ;〔動物の〕爪 zhǎo, 爪子 zhuǎzi; ¶～切り／指甲刀

詰め込む 填入 tiánrù, 装满 zhuāngmǎn, 塞进 sāijìn

冷たい 凉 liáng, 冷 lěng;〔薄情〕冷淡 lěngdàn, 无情 wúqíng; ¶～目で見る／冷眼相看 xiāng 看

詰める 装 zhuāng, 填 tián, 塞 sāi;〔短くする〕缩短 suōduǎn;〔間隔をなくす〕挨紧 āijǐn, 靠紧 kàojǐn;〔節約する〕节约 jiéyuē

つもり 打算 dǎsuàn, 估计 gūjì

積もる 积 jī, 堆积 duījī, 累积 lěijī; ¶雪が～／积雪

つや 光泽 guāngzé, 光润 guāngrùn, 光亮 guāngliàng

露 露 lù, 露水 lùshuǐ

梅雨 梅雨 méiyǔ, 黄梅天 huángméitiān

強い 〔体が〕强 qiáng, 强壮 qiángzhuàng, 有劲儿 yǒujìnr, 结实 jiēshi;〔精神的に〕坚强 jiānqiáng;〔得意〕擅长 shàncháng

強める 加强 jiāqiáng, 增强 zēngqiáng

辛い 痛苦 tòngkǔ, 难过 nánguò, 难受 nánshòu, 艰苦 jiānkǔ

釣り 钓鱼 diàoyú;〔釣り銭〕找的钱 zhǎo de qián ¶2元のお～です／找你两块钱

釣り合う 平衡 pínghéng, 均衡 jūnhéng;〔似合う〕般配 bānpèi, 相称 xiāngchèn, 调和 tiáohé; ¶服の色とネクタイがよく～／衣服的颜色和领带很相配

つる 〔植物の〕蔓 wàn, 藤蔓 téngwàn

ツル 〔鳥〕鹤 hè

釣る 钓 diào;〔誘う〕引诱 yǐnyòu, 勾引 gōuyǐn

吊す 吊 diào, 悬 xuán, 挂 guà

つるつる 光滑 guānghuá, 滑溜 huáliu, 光秃秃 guāngtūtū, 滑溜溜 huáliūliū

連れ 伴儿 bànr, 同伴 tóngbàn, 伙伴 huǒbàn

連れる 带 dài, 领 lǐng, 带着 dàizhe

■■て■■■■■

手 手 shǒu;〔肩から手首まで〕胳膊 gēbo;〔道具や器物の取っ手〕把手 bǎshǒu; ¶～に入れる／得到 ¶～を尽くす／尽力, 竭

尽全力 ¶～が足りない/人手不够 ¶～を組む/联手
出会う 遇见 yùjiàn, 遇上 yùshàng, 碰上 pèngshàng
手足 手脚 shǒujiǎo
手当 〔報酬〕津贴 jīntiē, 补助 bǔzhù;〔治療する〕治疗 zhìliáo
提案 提议 tíyì, 建议 jiànyì
DNA 遗传基因 yíchuán jīyīn; ¶～鑑定/亲子鉴定
ディーゼル 柴油 cháiyóu; ¶～車/柴油车 ¶～機関車/内燃机车
ティーバッグ 袋泡茶 dàipàochá
DVD 〔ディスク〕DVD 盘 pán;〔プレーヤー〕DVD 机 jī
ディーラー 经销商 jīngxiāoshāng
定員 定员 dìngyuán, 名额 míng'é
低下 降低 jiàngdī, 下降 xiàjiàng, 降落 jiàngluò; ¶学力～/学习成绩下降
定価 定价 dìngjià
定期 定期 dìngqī; ¶～券/月票 ¶～預金/定期存款
定休日 公休日 gōngxiūrì, 定期休息日 dìngqī xiūxirì
提供 提供 tígōng, 供给 gōngjǐ
テイクアウト 外卖 wàimài
低血圧 低血压 dīxuèyā
抵抗 反抗 fǎnkàng, 抵抗 dǐkàng, 抗拒 kàngjù;〔物理〕阻力 zǔlì;〔電気〕电阻 diànzǔ
体裁 外表 wàibiǎo, 外观 wàiguān, 体面 tǐmiàn
停止 停止 tíngzhǐ
停車 停车 tíngchē; ¶～場/停车场
Tシャツ T恤衫 T xùshān, T恤 T xù
提出 提出 tíchū, 提交 tíjiāo
定食 套餐 tàocān, 份儿饭 fènrfàn
定職 固定职业 gùdìng zhíyè
ディスカウント 降价 jiàngjià, 减价 jiǎnjià, 打折 dǎzhé; ¶～ショップ/廉价 liánjià 商店 ¶～セール/大拍〔甩shuǎi〕卖
ディスカッション 讨论 tǎolùn
ディズニーランド 迪斯尼乐园 Dísīní lèyuán
ディスプレー 陈列 chénliè, 显示 xiǎnshì;〔パソコンの〕显示器 xiǎnshìqì
訂正 改正 gǎizhèng, 修改 xiūgǎi

ティッシュペーパー 化妆纸 huàzhuāngzhǐ, 卫生纸 wèishēngzhǐ, 面巾纸 miànjīnzhǐ
停電 停电 tíngdiàn
程度 〔水準〕水平 shuǐpíng,〔度合い〕程度 chéngdù;〔限度〕限度 xiàndù
ディナー 正餐 zhèngcān, 晚餐 wǎncān
丁寧 恳切 kěnqiè, 有礼貌 yǒu lǐmào;〔注意が行き届く〕仔细 zǐxì, 慎重 shènzhòng
定年 退休 tuìxiū
ディベート 讨论 tǎolùn
堤防 堤防 dīfáng, 堤坝 dībà
出入り 出入 chūrù; ¶～口/出入口
停留所 汽车站 qìchēzhàn, 公共汽车站 gōnggòng qìchēzhàn
手入れ 修缮 xiūshàn, 整修 zhěngxiū;〔肌の〕保养 bǎoyǎng;〔警察の捜査〕搜捕 sōubǔ
データ 资料 zīliào, 数据 shùjù
データベース 数据库 shùjùkù
デート 约会 yuēhuì
テープ 〔布や紙製の〕带子 dàizi, 纸带 zhǐdài;〔磁気テープ〕磁带 cídài; ¶録音～/录音磁带 ¶録画～/录像带
テーブル 桌子 zhuōzi, 台子 táizi;〔食卓〕饭桌 fànzhuō; ¶～クロス/桌布
テーマ 主题 zhǔtí, 题目 tímù
テーマパーク 主题公园 zhǔtí gōngyuán
手遅れ 耽误 dānwu, 来不及 láibují, 为时已晚 wéishí yǐ wǎn
手がかり 〔きっかけ〕线索 xiànsuǒ
手書き 亲笔 qīnbǐ, 手写 shǒuxiě; ¶～体/手写体
出掛ける 出门 chūmén, 外出 wàichū
手紙 信 xìn, 书信 shūxìn, 信函 xìnhán
手柄 功绩 gōngjì, 功劳 gōngláo
手軽 简单 jiǎndān, 简便 jiǎnbiàn
敵 敌人 dírén, 仇敌 chóudí;〔ライバル〕对手 duìshǒu
出来上がる 做完 zuòwán, 完成 wánchéng;〔落成〕竣工 jùngōng
適応 适应 shìyìng, 适合 shìhé; ¶～障害/适应障碍
出来事 事 shì, 事件 shìjiàn
テキスト 教科书 jiàokēshū, 课本 kèběn, 教材 jiàocái
適当 〔ふさわしい〕适当 shìdàng;〔いい加

できる 〔能力があって〕能 néng;〔練習などで身に付けて〕会 huì;〔条件的に〕可以 kěyǐ
できるだけ 尽可能 jǐnkěnéng, 尽量 jǐnliàng
出口 出口 chūkǒu
テクニック 技巧 jìqiǎo
手首 手腕(子) shǒuwàn(zi), 手脖 shǒubó
手応え 〔感じ〕感觉 gǎnjué;〔相手の反応〕効果 xiàoguǒ, 反应 fǎnyìng
でこぼこ 凹凸不平 āotū bùpíng, 坑坑洼洼 kēngkēngwāwā
手頃 合手 héshǒu;〔条件に適する〕方便 fāngbiàn, 合适 héshì; ¶～な値段／合适的价格
デザート 甜点 tiándiǎn, 甜品 tiánpǐn
デザイナー 设计师 shèjìshī; ¶服装～／服装设计师
デザイン 设计 shèjì, 图案 tú'àn
手先 〔手の先〕手指头〔尖儿〕shǒuzhǐtou (jiānr);〔手下〕手下 shǒuxià, 爪牙 zhǎoyá; ¶～が器用だ／手巧
手提げ 手提包 shǒutíbāo, 手提袋 shǒutídài
弟子 弟子 dìzǐ, 徒弟 túdì, 门生 ménshēng
デジタル 数码 shùmǎ; ¶～放送／数码播放〔送〕
デジタルカメラ 数码相机 shùmǎ xiàngjī
手数 〔労力・時間〕功夫 gōngfu, 时间 shíjiān;〔手間・面倒〕麻烦 máfan, 费心 fèixīn; ¶～料／手续费 ¶お～ですが／麻烦您…
デスクトップ（パソコン） 桌面〔台式〕电脑 zhuōmiàn [táishì] diànnǎo
テスト 考试 kǎoshì, 测试 cèshì, 试验 shìyàn
でたらめ 胡说 húshuō, 瞎说 xiāshuō, 胡扯 húchě, 胡说八道 hú shuō bā dào
手帳 笔记本 bǐjìběn, 记事本 jìshìběn
鉄 铁 tiě, 钢铁 gāngtiě
哲学 〔問学〕哲学 zhéxué;〔自分自身の経験から〕人生观 rénshēngguān, 世界观 shìjièguān; ¶～者／哲学家
鉄筋 钢筋 gāngjīn
手作り 手制 shǒuzhì, 自家做 zìjiāzuò
手伝う 帮助 bāngzhù, 帮忙 bāngmáng
手続き 手续 shǒuxù

徹底 彻底 chèdǐ, 透彻 tòuchè
鉄道 铁路 tiělù, 铁道 tiědào; ¶～網／铁道网
鉄棒 铁棒 tiěbàng;〔体操の〕单杠 dāngàng
鉄砲 枪 qiāng; ¶～水／山洪
徹夜 彻夜 chèyè, 通宵 tōngxiāo; ¶～する／开夜车
テニス 网球 wǎngqiú; ¶～コート／网球场
手荷物 随身行李 suíshēn xíngli
手抜き 偷工减料 tōu gōng jiǎn liào
手のひら 手掌 shǒuzhǎng, 手心 shǒuxīn
デパート 百货商店 bǎihuò shāngdiàn
手配 〔仕事の段取り〕筹备 chóubèi, 安排 ānpái, 布置 bùzhì; ¶指名～／通缉 tōngjī
手放す 〔譲る〕转让 zhuǎnràng;〔売りに出す〕出售 chūshòu;〔手を放す〕放手 fàngshǒu, 撒手 sāshǒu
手袋 手套 shǒutào
手本 〔模範〕榜样 bǎngyàng, 模范 mófàn;〔書画のテキスト〕字〔画〕帖 zì [huà] tiè
手間 〔労力〕劳力 láolì;〔時間〕时间 shíjiān, 工夫 gōngfu
手前 〔目の前〕眼前 yǎnqián, 跟前 gēnqián;〔こちら〕这边 zhèbiān
出前 外卖 wàimài
出回る 上市 shàngshì
出迎える 迎接 yíngjiē
デモ 示威游行 shìwēi yóuxíng
手元 手里 shǒulǐ, 手头 shǒutóu
寺 寺院 sìyuàn, 寺庙 sìmiào, 佛院 fóyuàn
照らす 〔光が〕照 zhào, 照耀 zhàoyào;〔基準に〕按照 ànzhào
照る 照 zhào
出る 出来 chūlái, 出去 chūqù, 离开 líkāi;〔出発する〕出发 chūfā;〔卒業する〕毕业 bìyè;〔現れる〕出现 chūxiàn, 发生 fāshēng
テレビ 电视 diànshì; ¶～ドラマ／电视连续剧 ¶～局／电视台
テレビゲーム 电子游戏 diànzǐ yóuxì
照れる 发窘 fājiǒng, 羞涩 xiūsè
テロ 恐怖主义 kǒngbù zhǔyì, 恐怖活动 kǒngbù huódòng; ¶～組織／恐怖组织
テロリスト 恐怖分子 kǒngbù fènzǐ
手分け 分头做 fēntóu zuò, 分手做 fēnshǒu zuò

手渡す 面交 miànjiāo, 递交 dìjiāo, 亲手交给 qīnshǒu jiāogěi
天 天 tiān, 天空 tiānkōng;〔神様〕上帝 shàngdì
点 点 diǎn;〔読点〕顿号 dùnhào;〔得点〕分数 fēnshù, 得分 défēn
店員 店员 diànyuán, 服务员 fúwùyuán
展開 展开 zhǎnkāi, 开展 kāizhǎn
添加物 添加剂 tiānjiājì;¶食品～／食品添加剂
天気 天气 tiānqì;¶～予报／天气预报
伝記 传 zhuàn, 传记 zhuànjì
電気 电 diàn, 电气 diànqì;¶～毛布／电热毯¶～スタンド／台灯
電球 电灯 diàndēng, 电灯泡 diàndēngpào
転勤 调动工作 diàodòng gōngzuò
点検 检查 jiǎnchá, 查点 chádiǎn, 清点 qīngdiǎn
電源 电源 diànyuán, 开关 kāiguān
天候 天气 tiānqì, 气候 qìhòu
転校 转学 zhuǎnxué, 转校 zhuǎnxiào;¶～生／转学生
天国 天国 tiānguó, 天堂 tiāntáng
伝言 传话 chuánhuà, 口信 kǒuxìn, 留言 liúyán
天才 天才 tiāncái
天使 天使 tiānshǐ, 安琪儿 ānqí'ér
点字 盲文 mángwén
展示 展示 zhǎnshì, 陈列 chénliè, 展出 zhǎnchū
電子辞書 电子词典 diànzǐ cídiǎn
電磁波 电磁波 diàncíbō
電子マネー 电子货币 diànzǐ huòbì
電子メール 电子邮件 diànzǐ yóujiàn, 伊妹儿 yīmèir
電車 电车 diànchē
天井 顶棚 dǐngpéng, 天花板 tiānhuābǎn
添乗員 导游 dǎoyóu
転職 换工作 huàn gōngzuò
電子レンジ 微波炉 wēibōlú
点数 〔得点〕分数 fēnshù, 得分 défēn;〔品物の数〕件数 jiànshù
伝説 传说 chuánshuō
伝染 传染 chuánrǎn;¶～病／传染病
電線 电线 diànxiàn, 电缆 diànlǎn
転送 转寄 zhuǎnjì, 转递 zhuǎndì

電卓 电子计算器 diànzǐ jìsuànqì
電池 电池 diànchí
電柱 电线杆(子) diànxiàngān(zi)
テント 帐篷 zhàngpeng;¶～を張る／搭帐篷
伝統 传统 chuántǒng
電灯 电灯 diàndēng
天然 天然 tiānrán, 自然 zìrán
電波 电波 diànbō
伝票 单据 dānjù, 传票 chuánpiào, 发票 fāpiào
添付ファイル 添加文件 tiānjiā wénjiàn
天ぷら 天麸罗 tiānfūluó
電報 电报 diànbào;¶～を打つ／打电报
展覧会 展览会 zhǎnlǎnhuì
電力 电 diàn, 电力 diànlì;¶～不足／电力不足
電話 电话 diànhuà;¶～をかける／打电话
電話番号 电话号码 diànhuà hàomǎ

■と■■■■■

戸 门 mén
…と 和 hé, 跟 gēn
ドア 门 mén, 门扇 ménshàn
問い合わせ 询问 xúnwèn, 打听 dǎtīng
ドイツ 德国 Déguó
トイレ 厕所 cèsuǒ, 洗手间 xǐshǒujiān
トイレットペーパー 卫生纸 wèishēngzhǐ, 手纸 shǒuzhǐ
問う 问 wèn, 打听 dǎtīng;〔責任を〕追究 zhuījiū;¶責任を～／追究责任
党 党 dǎng, 政党 zhèngdǎng
塔 塔 tǎ
どう 怎么样 zěnmeyàng, 怎么 zěnme, 如何 rúhé
銅 铜 tóng;¶～メダル／铜牌
答案 答案 dá'àn;¶～用紙／答卷
同意 同意 tóngyì, 赞成 zànchéng
統一 统一 tǒngyī
唐辛子 辣椒 làjiāo, 辣子 làzi
動機 动机 dòngjī
同級生 同学 tóngxué, 同班同学 tóngbān tóngxué
同居 同居 tóngjū, 住在一起 zhùzài yīqǐ
道具 工具 gōngjù;〔舞台の〕道具 dàojù;〔手段〕手段 shǒuduàn;¶家財～／家具什

物 jiāgù shíwù
統計 统计 tǒngjì
登校 上学 shàngxué, 到校 dàoxiào;¶～拒否／拒绝上学,不愿上学
動作 动作 dòngzuò, 举动 jǔdòng
搭載 装载 zhuāngzài, 装备 zhuāngbèi;〔部品・機能などを〕配备 pèibèi
倒産 倒闭 dǎobì, 破产 pòchǎn
投資 投资 tóuzī
当時 当时 dāngshí, 那时 nàshí
…同士 …关系 guānxi;¶友達～／朋友关系 ¶となり～／邻居 ¶気の合った～／趣味相同的一伙儿
同時 同时 tóngshí;〔～に〕并且 bìngqiě, 又 yòu, 还 hái;¶～通訳／同声翻译,同声传译
どうして 为什么 wèi shénme, 怎么 zěnme, 如何 rúhé
どうしても 一定 yīdìng, 务必 wùbì, 无论如何 wúlùn rúhé;〔否定につなぐ〕怎么也 zěnme yě
登場 登台 dēngtái, 出场 chūchǎng, 上场 shàngchǎng;〔現れる〕出台 chūtái, 出现 chūxiàn
同情 同情 tóngqíng, 哀怜 āilián
どうせ 反正 fǎnzhèng, 归根到底 guī gēn dào dǐ, 终归 zhōngguī
同性愛 同性恋(爱) tóngxìngliàn(ài)
当選 当选 dāngxuǎn, 中选 zhòngxuǎn;〔くじ〕中奖 zhòngjiǎng;¶～番号／中奖号码
当然 当然 dāngrán, 应该 yīnggāi
どうぞ 请 qǐng
同窓会 同学会 tóngxuéhuì
同窓生 同学 tóngxué, 同窗 tóngchuāng
到着 到达 dàodá, 到 dào, 抵达 dǐdá
尊い 宝贵 bǎoguì, 高贵 gāoguì, 珍贵 zhēnguì
とうとう 终于 zhōngyú, 到底 dàodǐ
道徳 道德 dàodé
盗難 被盗 bèidào, 遇窃 yùqiè, 盗窃 dàoqiè;¶～事件／窃案
どうにか 〔やっと〕总算 zǒngsuàn, 勉强 miǎnqiǎng;〔なんとかして〕设法 shèfǎ
当番 值班 zhíbān, 值勤 zhíqín;〔学校の〕值日 zhírì
投票 投票 tóupiào

豆腐 豆腐 dòufu
同封 随信 suí xìn, 附在信内 fùzài xìnnèi
動物 动物 dòngwù;¶～園／动物园
透明 透明 tòumíng, 清澈 qīngchè
トウモロコシ 玉米 yùmǐ, 玉蜀黍 yùshǔshǔ
灯油 灯油 dēngyóu, 煤油 méiyóu
東洋 东洋 Dōngyáng, 东方 Dōngfāng, 亚洲 Yàzhōu
動揺 动摇 dòngyáo
道理 道理 dàolǐ, 情理 qínglǐ;¶～にかなう／合情合理
同僚 同事 tóngshì
道路 公路 gōnglù, 道路 dàolù, 马路 mǎlù, 街道 jiēdào;¶～標識／路标
登録 登记 dēngjì, 注册 zhùcè, 录 dēnglù
討論 讨论 tǎolùn
童話 童话 tónghuà
遠い 〔距離〕远 yuǎn;〔時〕久 jiǔ, 久远 jiǔyuǎn;〔関係〕疏远 shūyuǎn;¶耳が～／耳背 bèi
遠ざかる 远离 yuǎnlí, 疏远 shūyuǎn, 避开 bìkāi
通す 通过 tōngguò, 穿过 chuānguò, 贯通 guàntōng;〔水や光を〕透过 tòuguò;〔貫き通す〕坚持 jiānchí
トースト 烤面包 kǎomiànbāo, 吐司 tǔsī;〔調理法〕烤 kǎo
トータル 总计 zǒngjì, 总共 zǒnggòng;〔全体的〕综合 zōnghé
ドーナツ 炸面圈儿 zhámiànquānr, 甜面圈儿 tiánmiànquānr
トーナメント 淘汰赛 táotàisài
遠回り 绕到 ràodào, 绕远儿 ràoyuǎnr
通り 〔道〕大街 dàjiē, 马路 mǎlù, 路 lù;〔…のとおりに〕照… zhào …, 跟…一样 gēn … yīyàng
通りかかる 路过 lùguò, 经过 jīngguò
通り過ぎる 走过 zǒuguò, 经过 jīngguò
通る 通过 tōngguò, 穿过 chuānguò;〔開通する〕开通 kāitōng;〔合格する〕合格 hégé;〔認可される〕批准 pīzhǔn;¶声が～／声音响亮
都会 都市 dūshì, 大城市 dàchéngshì
溶かす 溶化 rónghuà, 溶解 róngjiě;〔水や雪を〕融化 rónghuà

とがる 尖 jiān, 尖锐 jiānruì;〔神経が〕敏锐 mǐnruì;〔不機嫌になる〕不高兴 bù gāoxìng
時 时候 shíhou, 时 shí, 时刻 shíkè, 时期 shíqī
時々 有时候 yǒu shíhou, 有时 yǒushí
どきどき 心跳 xīntiào, 紧张 jǐnzhāng, 不安 bù'ān
途切れる 间断 jiànduàn, 中断 zhōngduàn
解く 解 jiě, 解开 jiěkāi;〔問題を〕解答 jiědá
得 合算 hésuàn, 有利 yǒulì, 利益 lìyì;¶〜する／占便宜 zhàn piányi
毒 毒 dú
得意 拿手 náshǒu, 擅长 shàncháng;〔満足〕得意 déyì, 满意 mǎnyì;〔客〕常客 chángkè, 老主顾 lǎozhǔgù;¶〜になる／得意, 得意扬扬
独学 自学 zìxué, 自修 zìxiū
特技 特长 tècháng, 专长 zhuāncháng
読者 读者 dúzhě
特殊 特殊 tèshū, 特别 tèbié
読書 读书 dúshū, 看书 kànshū
特色 特色 tèsè, 特点 tèdiǎn
独身 独身 dúshēn, 单身 dānshēn;〔男性〕单身汉 dānshēnhàn, 光棍儿 guānggùnr
独占 独占 dúzhàn;〔経済用語〕垄断 lǒngduàn
特徴 特征 tèzhēng, 特点 tèdiǎn
得点 得分 défēn, 比分 bǐfēn, 分数 fēnshù;¶〜する／得分
独特 独特 dútè, 特有 tèyǒu
特に 特别 tèbié, 格外 géwài, 尤其 yóuqí
特別 特别 tèbié, 特殊 tèshū, 格外 géwài;¶〜機／专机
匿名 匿名 nìmíng
独立 独立 dúlì
時計 钟表 zhōngbiǎo;¶うで〜／表, 手表 ¶目覚まし〜／闹钟 ¶懐中〜／怀表 ¶掛け〜／挂钟
溶ける 化 huà, 融化 rónghuà;〔水に〕溶化 rónghuà;〔金属が〕熔化 rónghuà
どける 挪 nuó, 挪开 nuókāi
どこ 哪儿 nǎr, 哪里 nǎli, 什么地方 shénme dìfang
床の間 壁龛 bìkān
床屋 理发店 lǐfàdiàn

所 地方 dìfang, 地点 dìdiǎn;〔部分〕部分 bùfen
ところが 但是 dànshì, 可是 kěshì, 不过 búguò
ところで 另外 lìngwài, 顺便说 shùnbiàn shuō, 却说 quèshuō
登山 登山 dēngshān, 爬山 páshān
年 年 nián, 岁月 suìyuè, 年代 niándài
歳 岁数 suìshu, 年纪 niánjì, 年龄 niánlíng
都市 城市 chéngshì, 都市 dūshì
年上 年岁大 niánsuì dà, 年长 niánzhǎng, 长辈 zhǎngbèi
年下 年岁小 niánsuì xiǎo, 年少 niánshào, 小辈 xiǎobèi
どしゃ降り 倾盆大雨 qīng pén dà yǔ
図書館 图书馆 túshūguǎn
年寄り 老人 lǎorén, 老年人 lǎoniánrén
閉じる 关闭 guānbì, 闭上 bìshang
都心 市中心 shìzhōngxīn
戸棚 厨 chú, 柜 guì
土地 土地 tǔdì;〔その地方〕当地 dāngdì;〔不動産〕地产 dìchǎn
途中 半途 bàntú, 途中 túzhōng;〔道中〕半路上 bànlùshang, 一路上 yílùshang
どちら 〔場所〕哪边 nǎbian;〔物〕哪个 nǎge;〔人〕哪(一)位 nǎ(yī)wèi, 谁 shéi
特急 特快 tèkuài
とっくに 早就 zǎojiù, 老早 lǎozǎo
突然 突然 tūrán, 忽然 hūrán
取っ手 把手 bǎshou, 把儿 bàr
とても 很 hěn, 非常 fēicháng, 挺 tǐng;〔とうてい(…できない)〕无论如何也 wúlùn rúhé yě, 怎么也 zěnme yě
届く 收到 shōudào, 到 dào
届ける 送去 sòngqù, 送到 sòngdào, 运到 yùndào;〔申請する〕申报 shēnbào, 登记 dēngjì;¶警察に〜／报警, 报案
整う 整齐 zhěngqí, 齐 qí;〔準備が〕完备 wánbèi, 齐备 qíbèi
整える 整理 zhěnglǐ;〔準備を〕准备 zhǔnbèi
とどまる 停留 tíngliú, 逗留 dòuliú
どなた 哪一位 nǎ yī wèi, 谁 shéi
隣 旁边 pángbiān, 隔壁 gébì;〔隣家〕邻居 línjū
どなる 喊 hǎn, 叫 jiào, 大声喊叫 dàshēng hǎnjiào;〔叱る〕大声斥责 dàshēng

chìzé

とにかく 総之 zǒngzhī, 无论如何 wúlùn rúhé, 不管怎样 bùguǎn zěnyàng

どの 哪个 nǎge

どのくらい 〔量〕多少 duōshao；〔長さ〕多长 duōcháng；〔大きさ〕多大 duōdà

飛び込む 跳进去 tiàojìnqu, 投入 tóurù, 闯进 chuǎngjìn

扉 门扇 ménshàn；〔書籍の〕扉页 fēiyè

飛ぶ 飞 fēi, 飞翔 fēixiáng

跳ぶ 跳 tiào, 蹦 bèng, 跳跃 tiàoyuè

徒歩 走 zǒu, 步行 bùxíng, 徒步 túbù

とぼける 装傻 zhuāngshǎ, 装糊涂 zhuānghútu

とぼしい 缺 quē, 缺乏 quēfá, 缺少 quēshǎo

トマト 西红柿 xīhóngshì, 蕃茄 fānqié

止まる 停 tíng, 停止 tíngzhǐ, 停留 tíngliú

泊まる 住 zhù, 住宿 zhùsù；〔船が〕停泊 tíngbó

ドメスティックバイオレンス 家庭暴力 jiātíng bàolì

止める 停 tíng；〔阻止する〕制止 zhìzhǐ；〔固定する〕固定 gùdìng

泊める 让住 ràngzhù, 留住 liúzhù；〔船を〕停泊 tíngbó

留める 停留 tíngliú；〔固定する〕固定 gùdìng

友達 朋友 péngyou, 友人 yǒurén

共に 一起 yìqǐ, 一块儿 yīkuàir, 共同 gòngtóng

共働き 双职工 shuāngzhígōng

土曜日 星期六 xīngqīliù, 礼拜六 lǐbàiliù

トラ 老虎 lǎohǔ, 虎 hǔ

ドライクリーニング 干洗 gānxǐ

ドライブ 兜风 dōufēng, 开车旅行 kāichē lǚxíng, 开车游逛 kāichē yóuguàng

ドライヤー 吹风机 chuīfēngjī

トラック 卡车 kǎchē；〔陸上競技の〕跑道 pǎodào；¶～競技／径赛

トラブル 麻烦 máfan, 纠纷 jiūfēn, 问题 wèntí；〔故障〕故障 gùzhàng, 毛病 máobìng；〔事故〕出事 chūshì

トラベラーズチェック 旅行支票 lǚxíng zhīpiào

ドラマ 剧 jù, 故事 gùshi；¶テレビ～／电视剧

トランク 箱子 xiāngzi, 旅行箱 lǚxíngxiāng, 行李箱 xínglǐxiāng

トランプ 扑克牌 pūkèpái, 扑克 pūkè

鳥 鸟 niǎo；〔にわとり〕鸡 jī

とりあえず 暂时 zànshí, 暂且 zànqiě, 先 xiān

取り上げる 拿出 náchū, 拿起 náqǐ；〔問題を〕提出 tíshū, 提起 tíqǐ；〔採用する〕接受 jiēshòu, 采用 cǎiyòng；〔奪う〕夺取 duóqǔ

取り入れる 吸取 xīqǔ, 采用 cǎiyòng, 引进 yǐnjìn；〔収穫する〕收获 shōuhuò

取り替える 换 huàn, 交换 jiāohuàn, 更新 gēngxīn

取り組む 努力 nǔlì, 致力于 zhìlìyú, 从事 cóngshì

取り消す 取消 qǔxiāo, 撤销 chèxiāo, 废除 fèichú

取り締まる 监督 jiāndū, 管理 guǎnlǐ, 管制 guǎnzhì

取り出す 取出 qǔchū, 拿出 náchū, 抽出 chōuchū, 挑出 tiāochū

取り次ぐ 〔用件を伝える〕传达 chuándá；〔取り次ぎ販売する〕代销 dàixiāo

取り付ける 安装 ānzhuāng, 安 ān

鶏肉 鸡肉 jīròu

取り除く 消除 xiāochú, 去掉 qùdiào, 除去 chúqù

取り箸 公筷 gōngkuài

鳥肌 鸡皮疙瘩 jīpí gēda；¶～が立つ／起鸡皮疙瘩

取り引き 买卖 mǎimài, 交易 jiāoyì；¶～先／客户

取り戻す 取回 qǔhuí, 夺回 duóhuí, 收回 shōuhuí

努力 努力 nǔlì

取る 取 qǔ, 拿 ná；〔除く〕除掉 chúdiào；〔奪う〕夺取 duóqǔ；〔取得する〕取得 qǔdé, 领到 lǐngdào；〔予約する〕订 dìng

撮る 照 zhào, 拍 pāi, 摄影 shèyǐng

ドル 美元 měiyuán, 美金 měijīn

どれ 哪个 nǎge, 哪 nǎ

トレーニング 锻炼 duànliàn, 练习 liànxí, 训练 xùnliàn

ドレッシング 沙拉酱 shālājiàng

取れる 〔くっついていたものが〕脱落 tuō-

luò，掉下 diàoxià
泥 泥 ní，泥巴 níba
泥棒 小偷 xiǎotōu，贼 zéi
トロリーバス 无轨电车 wúguǐ diànchē
トン 吨 dūn
とんでもない 岂有此理 qǐ yǒu cǐ lǐ，不像话 bùxiànghuà；〔意外な〕意外的 yìwài de，出乎意料 chū hū yì liào
どんどん 〔たくさん〕多 duō；〔次から次〕一个劲儿 yīgèjìnr，接连不断 liánjiē búduàn；〔擬音語〕咚咚 dōngdōng
どんな 什么样的 shénmeyàng de，怎样的 zěnyàng de
トンネル 隧道 suìdào，隧洞 suìdòng
とんぼ 蜻蜓 qīngtíng；¶～をきる／翻跟头
問屋 批发商 pīfāshāng

■■■■■■ な ■■■■■■

名 名字 míngzi，名称 míngchēng；¶～を揚げる／出名 ¶～を汚す／沾污 zhānwū 名声
ない 没有 méiyǒu；〔…してない〕没 méi；〔…しない〕不 bù
内科 内科 nèikē
内閣 内阁 nèigé
内緒 秘密 mìmì；¶～話／悄悄话，私语 ¶～にする／保密
内職 零工 línggōng，副业 fùyè
内心 心里 xīnli，心中 xīnzhōng，内心 nèixīn
内線 内线 nèixiàn，分机 fēnjī；¶～につなぐ／接内线
内定 内定 nèidìng
ナイフ 刀子 dāozi，小刀 xiǎodāo；〔テーブルナイフ〕餐刀 cāndāo
内部 里面 lǐmiàn，内部 nèibù
内容 内容 nèiróng
ナイロン 锦纶 jǐnlún，尼龙 nílóng
苗 苗儿 miáor，青苗儿 qīngmiáor，幼苗儿 yòumiáor，秧儿 yāngr
なお 尚 shàng，还 hái
なおさら 更加 gèngjiā
治す 治疗 zhìliáo，治 zhì
直 〔訂正する〕改 gǎi；〔修理する〕修理 xiūlǐ；〔…しなおす〕重新 chóngxīn
治る 治好 zhìhǎo，痊愈 quányù

直る 修好 xiūhǎo，改好 gǎihǎo
中 〔内側〕里 lǐ，里面 lǐmiàn；〔あいだ〕中 zhōng，中间 zhōngjiān
仲 关系 guānxi；¶～がいい／关系好，要好 ¶～をとりもつ／做媒人
長い 长 cháng；〔時間が〕长 cháng，久 jiǔ；¶気が～／有耐性，慢性子
長生き 长寿 chángshòu，长命 chángmìng
長靴 雨鞋 yǔxié，长筒鞋 chángtǒngxié
長さ 长 cháng，长度 chángdù，长短 chángduǎn
流し 〔台所などの〕洗涤槽 xǐdícáo；〔タクシーなどの〕串街 chuànjiē；¶～目を使う／送秋波
流す 冲走 chōngzǒu，流走 liúzǒu；〔広める〕传播 chuánbō
中でも 尤其 yóuqí
仲直り 和好 héhǎo，言归于好 yán guī yú hǎo
なかなか 〔ずいぶん〕相当 xiāngdāng；¶～…できない／不容易…
中庭 里院 lǐyuàn，中庭 zhōngtíng
半ば 〔半分〕一半 yībàn；〔進行中〕中途 zhōngtú；〔真ん中〕当中 dāngzhōng；〔ほとんど〕基本上 jīběnshàng，大致 dàzhì
仲間 伙伴 huǒbàn，朋友 péngyou，同类 tónglèi
中身 内容 nèiróng，里面的东西 lǐmiàn de dōngxi；¶～がこい／内容充实，深刻的内容
眺め 光景 guāngjǐng，风景 fēngjǐng，景色 jǐngsè
眺める 遥望 yáowàng，观看 guānkàn；〔みつめる〕凝视 níngshì
中指 〔手〕中指 zhōngzhǐ；将指 jiàngzhǐ〔足〕中趾 zhōngzhǐ
仲良し 好朋友 hǎopéngyou
ながら 〔…しながら…する〕一边…一边… yībiān … yībiān …；〔…でありながら…〕尽管…可是… jǐnguǎn … kěshì …，虽然…但是… suīrán … dànshì …
流れ 流 liú，水流 shuǐliú；〔時流〕趋势 qūshì；〔系統〕系统 xìtǒng
流れる 〔液体が〕流 liú，流浪 liúlàng；〔情報が〕传播 chuánbō；〔行事が〕停止 tíngzhǐ；〔歳月が〕流逝 liúshì；〔ただよう〕流 liú，飘

piāo;〔さすらう〕流浪 liúlàng, 漂泊 piāobó;¶雲が～／浮云飘动;¶香りが～／香气飘溢

泣き声 哭声 kūshēng

鳴き声 〔虫や鳥〕鸣声 míngshēng;〔動物〕叫声 jiàoshēng;〔鳥〕啼声 tíshēng

泣く 哭 kū;〔嘆く〕悲叹 bēitàn;〔がまんする〕忍着 rěnzhe

鳴く 鸣 míng, 鸣叫 míngjiào,〔猛獣〕吼 hǒu

慰める 安慰 ānwèi, 解闷 jiěmèn

無くす 〔失う〕丢 diū;〔消滅させる〕消灭 xiāomiè

亡くなる 去世 qùshì, 逝世 shìshì

無くなる 〔紛失する〕丢失 diūshī;〔消える・費える〕没有了 méiyǒu le, 完 wán;¶夢が～／梦想破灭

殴る 打 dǎ, 殴打 ōudǎ, 揍 zòu

嘆く 伤心 shāngxīn, 悲叹 bēitàn, 叹息 tànxī

投げ出す 扔出 rēngchū, 抛出 pāochū, 甩 shuǎi,〔あきらめる〕放弃 fàngqì, 抛弃 pāoqì

投げる 扔 rēng, 抛 pāo, 投 tóu;〔あきらめる〕放弃 fàngqì;¶話題を～／提供话题 ¶さじを～／撒手, 无药可治

和やか 和睦 hémù

名残 余音 yúyīn, 痕迹 hénjì, 影响 yǐngxiǎng;¶～を惜しむ／惜别, 依恋 ¶～がつきない／依依不舍, 恋恋不舍

情け 人情 rénqíng;¶～をかける／同情, 表示体谅 ¶～容赦もなく／好不留情地

情けない 可怜 kělián, 可叹 kětàn, 丢人 diūrén

ナシ 梨 lí

馴染む 适应 shìyìng, 熟悉 shúxī, 融合 rónghé

ナス 茄子 qiézi

なぜ 为什么 wèi shénme, 怎么 zěnme

謎 迷 mí;¶～をかける／暗示

なぞなぞ 谜语 míyǔ, 猜谜 cāimí

なだめる 劝 quàn, 哄 hǒng, 说和 shuōhé

なだらか 〔斜面が〕平缓 pínghuǎn,〔口調などが〕平稳 píngwěn

雪崩 雪崩 xuěbēng;¶～がおこる／发生雪崩

夏 夏天 xiàtiān, 夏 xià

懐かしい 怀念 huáiniàn, 想念 xiǎngniàn

なつく 亲近 qīnjìn, 喜欢 xǐhuān

名付ける 起名 qǐmíng, 命名 mìngmíng

納得 〔合点がいく〕想通 xiǎngtōng;〔賛成する〕同意 tóngyì

夏休み 暑假 shǔjià

撫でる 摸 mō, 抚摸 fǔmō

など 等 děng, 什么的 shénme de

斜め 斜 xié, 倾斜 qīngxié, 歪 wāi;¶ご機嫌～／情绪不好, 不高兴

何 什么 shénme;¶～から～まで／一切, 全部 ¶～くれとなく／事事, 多方 ¶～食わぬかお／若无其事, 装不知 ¶～はさておき／首先 ¶～はともあれ／无论如何, 不管怎样 ¶～やかや／种种, 这个那个

何か 〔不特定のもの〕什么 shénme;〔なんだか〕总觉得 zǒng juéde

何気ない 若无其实 ruò wú qí shí, 无意中 wúyìzhōng

何事 什么事 shénme shì, 万事 wànshì;¶これは～だ／这是怎么回事？

何しろ 不管怎么样 bùguǎn zěnmeyàng, 总之 zǒngzhī

何より 的确 díquè, 比什么都 bǐ shénme dōu;¶～の贈り物／最好的礼物 ¶それは～だ／那太好了

なびく 随风飘动 suí fēng piāo dòng,〔従う〕屈服 qūfú

ナプキン 餐巾 cānjīn;〔生理用品〕卫生巾 wèishēngjīn

名札 姓名牌 xìngmíngpái, 名牌 míngpái

鍋 锅 guō;〔鍋料理〕火锅 huǒguō

生 新鲜 xīnxiān, 生 shēng;¶～煮え／半生不熟 ¶～放送／现场直播 ¶～の声／直接的声音 ¶～ビール／生啤酒 ¶～はんか／不彻底, 马马虎虎 ¶～ぬるい／微温, 不彻底

生意気 自傲 zì'ào, 骄傲 jiāo'ào, 自大 zìdà

名前 名 míng, 名字 míngzi, 名称 míngchēng

怠ける 偷懒 tōulǎn, 懒惰 lǎnduò

ナマコ 海参 hǎishēn

訛り 口音 kǒuyīn, 乡音 xiāngyīn

並み 一般 yībān, 平常 píngcháng

波 波浪 bōlàng, 波涛 bōtāo, 潮流 cháo-

liú; ¶～がよせる／起波浪 ¶～がくだける／波浪溅起 ¶～にのる／趁着浪头, 趁势 ¶感情の～感情的起伏
並木 街树 jiēshù; ¶～道／林荫道
涙 眼泪 yǎnlèi, 泪水 lèishuǐ; ¶～にくれる／悲痛欲绝 ¶血も～もない／冷酷无情 ¶～ながら／一边哭一边… ¶～をのむ／懊悔难忍
滑らか 滑溜 huáliu, 光滑 guānghua;〔口調が〕流利 liúlì
なめる 舔 tiǎn, 尝 cháng;〔バカにする〕小看 xiǎokàn
悩む 苦恼 kǔnǎo, 伤脑筋 shāng nǎojīn
倣う 模仿 mófǎng, 仿照 fǎngzhào
習う 学 xué, 学习 xuéxí; ¶～より慣れよ／熟能生巧, 实践出真知
馴らす 适应 shìyìng, 习惯 xíguàn; ¶馬を～／驯马 xùnmǎ
鳴らす 发出响声 fāchū xiǎngshēng, 鸣 míng
並ぶ 〔行列する〕排队 páiduì;〔均一になる〕并列 bìngliè
並べる 摆 bǎi, 陈列 chénliè, 排列 páiliè, 并列 bìngliè;〔挙げる〕列举 lièjǔ; ¶文句を～／发牢骚, 提意见
ならわし 习俗 xísú, 风俗 fēngsú; ¶～にしたがう／依照惯例
成り立ち 起源 qǐyuán, 过程 guòchéng, 经过 jīngguò;〔しくみ〕构成 gòuchéng, 成分 chéngfèn
成り立つ 成立 chénglì, 形成 xíngchéng, 构成 gòuchéng
成り行き 经过 jīngguò, 趋势 qūshì, ¶～にまかせる／听其自然
生る 结果 jiēguǒ, 结实 jiēshí
成る 成为 chéngwéi, 变为 biànwéi;〔職業・役職などにつく〕当 dāng;〔ある時間に達する〕到 dào;〔構成される〕构成 gòuchéng; ¶病気に～／生病, 得病 ¶赤く～／变红 ¶医者に～／当医生 ¶春に～／春天到 ¶ために～／有用 ¶くすりに～／有益 ¶害に～／有害 ¶金に～／能发财, 赚钱 ¶～ようになる／听其自然
鳴る 响 xiǎng; ¶雷が～／打雷 ¶電話が～／电话铃响 ¶耳が～／耳鸣 ¶腕が～／跃跃欲试

なるべく 尽量 jǐnliàng, 尽可能 jǐnkěnéng
なるほど 果然 guǒrán, 的确 díquè, 怪不得 guàibude
慣れ 习惯 xíguàn, 熟悉 shúxī
馴れ合い 勾结 gōujié
馴れ馴れしい 熟不拘礼 shú bù jū lǐ, 亲昵 qīnnì, 熟头熟脑 shú tóu shú nǎo
馴れる 驯熟 xùnshú, 亲近 qīnjìn
慣れる 习惯 xíguàn, 适应 shìyìng, 熟练 shúliàn; ¶～親しむ／互相熟悉 ¶聞き～／听惯了
縄 绳子 shéngzi; ¶～をなう／搓绳子 ¶～を張る／拉绳子 ¶～をとく／解绳子
縄跳び 跳绳 tiàoshéng
何時 几点钟 jǐ diǎnzhōng
軟弱 软弱 ruǎnruò, 松软 sōngruǎn; ¶～な地盤／松软的地盘
ナンセンス 无聊 wúliáo, 荒唐 huāngtang; ¶～な話／废话
何でも 什么都 shénme dōu, 不管什么 bùguǎn shénme;〔聞くところでは〕据说 jùshuō
何と 〔驚きや感動〕多么 duōme;〔意外にも〕居然 jūrán;〔どのように〕怎样 zěnyàng
何度 几次 jǐcì, 多少次 duōshaocì
何とか 〔どうにかして〕设法 shèfǎ, 尽力 jìnlì;〔かろうじて〕勉强 miǎnqiǎng
何となく 总觉得 zǒng juéde;〔無意識で〕无意中 wúyìzhōng, 不由得 bùyóude
何日 〔日数〕几天 jǐ tiān, 多少天 duōshao tiān;〔日付〕几号 jǐ hào
難病 疑难症 yínánzhèng

■に■■■■■

似合う 合适 héshì, 相称 xiāngchèn;〔男女が〕相配 xiāngpèi
煮える 煮熟 zhǔshú
におい 气味儿 qìwèir,〔良い香り〕香味儿 xiāngwèir; 香气 xiāngqì;〔臭気〕臭味儿 chòuwèir;〔気配・雰囲気〕气息 qìxī, 情趣 qíngqù; ¶～がする／有气味儿 ¶～をかぐ／闻味儿 ¶いやな～／难闻的气味 ¶鼻をつく～／扑鼻的气味
苦い 苦 kǔ; ¶～経験／痛苦的经验
逃がす 〔逃げさせる〕放 fàng, 放跑 fàng-

pǎo;〔逃げられる〕放掉 fàngdiào, 跑掉 pǎodiào;〔チャンスを〕错过 cuòguò
苦手 〔不得意〕怕 pà, 不喜欢 bù xǐhuan, 不擅长 bù shàncháng;〔対処しにくい〕难对付 nán duìfu, 棘手 jíshǒu
にきび 粉刺 fěncì, 青春痘儿 qīngchūndòur, 痤疮 cuóchuāng
賑やか 热闹 rènao, 繁华 fánhuá;〔人が〕开朗 kāilǎng
握る 抓 zhuā, 握 wò, 抓住 zhuāzhù;¶政权を〜/掌握政权 ¶手に汗を〜/捏一把汗
肉 肉 ròu;¶〜がつく/长 zhǎng 肉 ¶〜筆/亲笔, 真迹
憎い 可恨 kěhèn, 可憎 kězēng;¶〜ことをいう/说得真漂亮 ¶心〜/令人羨慕的, 无法比的
憎しみ 憎恨 zēnghèn, 憎恶 zēngwù;¶〜を覚える/感到憎恨
肉親 骨肉 gǔròu, 亲人 qīnrén
肉まん 肉包 ròubāo, 肉包子 ròubāozi
憎む 憎恶 zēngwù, 怨恨 yuànhèn, 讨厌 tǎoyàn
憎らしい 可恨 kěhèn, 可憎 kězēng
逃げる 逃 táo, 逃跑 táopǎo;〔さける〕避开 bìkāi, 回避 huíbì
にこにこ 笑眯眯 xiàomīmī, 笑嘻嘻 xiàoxīxi
濁る 不清 bù qīng, 混浊 hùnzhuó;〔声が〕嘶哑 sīyǎ;¶心が〜/心灵玷污 diànwū ¶川が〜/河水浑浊 ¶色が〜/色彩不鲜明
西 西 xī, 西方 xīfāng;¶〜も東もわからない/不辨东西, 什么也不懂
虹 彩虹 cǎihóng;¶〜がでる/出现一道彩虹 ¶〜がかかる/挂彩虹
にじむ 渗 shèn, 渗出 shènchū;〔墨やインクが〕洇 yīn;¶インクが〜/墨水洇
二重 双重 shuāngchóng, 两层 liǎngcéng;¶〜唱/二重唱
偽 假 jiǎ, 假冒 jiǎmào;¶〜札/假钞票
偽物 假货 jiǎhuò, 冒牌货 màopáihuò, 伪造品 wěizàopǐn
日時 日期和时间 rìqī hé shíjiān
日常 日常 rìcháng, 平时 píngshí
日曜日 星期天 xīngqītiān, 星期日 xīngqīrì
日用品 日用品 rìyòngpǐn
日記 日记 rìjì;¶〜帐/日记本 ¶〜をつける/记日记, 写日记
荷造り 收拾行李 shōushi xíngli, 包装货物 bāozhuāng huòwù
日光 阳光 yángguāng, 日光 rìguāng
日中 白天 báitiān, 日间 rìjiān
日程 日程 rìchéng
担う 担 dān, 扛 káng;〔責任を〕承担 chéngdān, 负责 fùzé;¶荷を〜/挑东西 ¶国政を〜/担负国政
鈍い 〔切れ味が〕钝 dùn;〔頭の働きが〕迟钝 chídùn;〔動作が〕迟缓 chíhuǎn, 缓慢 huǎnmàn;〔光や音が〕不明显 bù míngxiǎn
日本 日本 Rìběn, 日本国 Rìběnguó;¶〜語/日语, 日文 ¶〜料理/日本菜
荷物 行李 xíngli, 货物 huòwù;〔負担〕负担 fùdān, 累赘 léizhui;¶〜をまとめる/收拾行李
ニュアンス 微妙的感觉 wēimiào de gǎnjué;¶〜がちがう/神韵不同
入院 住院 zhùyuàn
入会 入会 rùhuì
入学 入学 rùxué, 上学校 shàng xuéxiào;¶〜式/开学典礼
入国 入境 rùjìng;¶〜手続きをする/办入境手续 ¶密〜/偷越入境, 偷渡
入札 投标 tóubiāo
入試 入学考试 rùxué kǎoshì, 升学考试 shēngxué kǎoshì
入賞 获奖 huòjiǎng, 得奖 déjiǎng
入場 入场 rùchǎng, 进场 jìnchǎng;¶〜券/门票, 入场券 ¶(駅の)〜券/站台票
ニュース 新闻 xīnwén, 消息 xiāoxi;¶〜番组/新闻节目 ¶〜が入る/得到消息 ¶トップ〜/头条新闻 ¶〜キャスター/新闻广播员, 新闻评论员
入門 启蒙 qǐméng, 入门 rùmén, 开门 kāimén,〔弟子入り〕拜师 bàishī
入浴 洗澡 xǐzǎo, 沐浴 mùyù
尿 尿 niào, 小便 xiǎobiàn
女房 老婆 lǎopo, 妻子 qīzi
にらむ 瞪(眼) dèng(yǎn), 盯 dīng;〔注目する〕仔细观察 zǐxì guānchá, 注视 zhùshì;〔先を見据える〕估计 gūjì, 预测 yùcè;¶情势を〜/估计形势
似る 像 xiàng, 相像 xiāngxiàng;¶亲に〜/长得像父母

煮る 煮 zhǔ, 炖 dùn, 焖 mèn, 熬 āo [áo]
庭 院子 yuànzi, 庭院 tíngyuàn
ニワトリ 鸡 jī
人気 名气 míngqì, 声望 shēngwàng, 人气 rénqì, 当红 dānghóng; ¶～がある／受欢迎, 有名望, 有人缘 ¶～商品／热门货 ¶～者／红人
人形 娃娃 wáwa, 偶人 ǒurén, 玩偶 wán'ǒu; ¶～劇／偶人戏
人間 人 rén, 人类 rénlèi; ¶～愛／仁爱 ¶～関係／人类关系, 人际关系 ¶～性／人性 ¶～像／人物形象 ¶～的／人道的
認識 认识 rènshi, 理解 lǐjiě; ¶～を深める／加深认识
人情 人情 rénqíng, 情义 qíngyì
妊娠 怀孕 huáiyùn
人参 胡萝卜 húluóbo;〔漢方薬剤〕人参 rénshēn
人数 人数 rénshù; ¶～を数える／数 shǔ 人数 ¶～をそろえる／凑齐人数
人相 相貌 xiàngmào, 容貌 róngmào; ¶～を見る／看相, 相面
忍耐 忍耐 rěnnài, 忍受 rěnshòu; ¶～強い／忍耐性强
認知症 痴呆症 chīdāizhèng
にんにく 蒜 suàn, 大蒜 dàsuàn
任務 任务 rènwu; ¶～につく／担负任务 ¶～を遂行する／执行任务

■■ぬ■■■■■

ぬいぐるみ 〔玩具〕布娃娃 bùwáwa, 布玩偶 bùwán'ǒu;〔衣装〕(扮演动物等时穿的)罩衣(bànyǎn dòngwù děng shí chuān de) zhàoyī
縫い物 针线活儿 zhēnxiànhuór
縫う 缝 féng; ¶隙間を～／穿过空隙 kòngxì
ヌード 裸体 luǒtǐ
抜く 〔取り除く〕拔 bá, 除掉 chúdiào;〔追い抜く〕超过 chāoguò, 胜过 shèngguò;〔選び出す〕抽出 chōuchū, 选出 xuǎnchū;〔…しぬく〕彻底 chèdǐ, 到底 dàodǐ; ¶空気を～／放空气 ¶栓を～／开塞子 sāizi; 开拴 ¶力を～／放松 ¶食事を～／少吃一顿饭 ¶手を～／偷工 ¶しみを～／去污 ¶壁を～／穿透墙壁

脱ぐ 〔服や靴を〕脱 tuō;〔帽子を〕摘 zhāi; ¶ひと肌～／出一把力 ¶かぶとを～／认输
ぬぐう 擦 cā, 擦去 cāqù, 抹 mā
抜け出す 脱身 tuōshēn, 溜走 liūzǒu, 脱离 tuōlí; ¶スランプから～／摆脱萧条 xiāotiáo
抜け道 近道 jìndào, 抄道 chāodào;〔口实〕借口 jièkǒu
抜ける 脱 tuō, 掉 diào;〔離れる〕退出 tuìchū;〔通りぬける〕穿过 chuānguò, 溜走 liūzǒu; ¶力が～／精疲力尽 ¶気が～／无精打采, 泄气 xièqì ¶ゆかが～／地板塌陷 tāxiàn ¶空気が抜けた／跑气了 ¶香りが抜けた／走了味儿 ¶ページが～／缺页 ¶～ような青空／蔚蓝 wèilán 的天空
盗む 偷 tōu, 盗 dào, 偷窃 tōuqiè; ¶人目を～／偷偷地, 背着 bèizhe 人
布 布 bù, 布匹 bùpǐ; ¶～を織る／织 zhī 布
沼 沼泽 zhǎozé, 池沼 chízhǎo, 泥塘 nítáng
濡らす 弄湿 nòngshī, 打湿 dǎshī, 沾湿 zhānshī
塗る 涂 tú, 抹 mǒ, 搽 chá; ¶壁を～／刷墙 ¶人の顔に泥を～／往别人脸上抹黑, 损伤名誉
ぬるい 温的 wēnde, 不热 bù rè;〔態度が〕不严厉 bù yánlì, 宽松 kuānsōng
ぬるま湯 温水 wēnshuǐ; ¶～につかる／安于现状
ぬれぎぬ 冤枉 yuānwang, 冤罪 yuānzuì
濡れる 淋湿 línshī, 润湿 rùnshī; ¶雨に～／被雨淋湿

■■ね■■■■■

根 根 gēn;〔もと〕根源 gēnyuán, 根据 gēnjù;〔性格〕本性 běnxìng, 生来 shēnglái; ¶(植物が)～付く／生根成长, 返青, 扎 zhā 根 ¶(新しい物事が)～付く／扎根, 定型 ¶～をおろす／扎根 ¶～に持つ／记仇 ¶～も葉もない／毫无根据, 无中生有
値上げ 涨价 zhǎngjià, 抬价 táijià, 价格上涨 jiàgé shàngzhǎng; ¶～する／提高价格
ネイティブ・アメリカン 美国先住民 Měiguó xiānzhùmín
音色 音色 yīnsè, 音质 yīnzhì

値打ち 价值 jiàzhí；¶～がある／有价值, 值钱

ネオン（サイン） 霓虹灯 níhóngdēng

願い 愿望 yuànwàng, 心愿 xīnyuàn, 希望 xīwàng；¶～が叶う／如愿以偿

願う 〔幸せなどを〕祝愿 zhùyuàn；〔神仏に〕许愿 xǔyuàn；〔頼む〕求 qiú, 请求 qǐngqiú

寝かす 使…睡 shǐ … shuì；〔物を横にする〕平放 píngfàng；〔放置する〕积压 jīyā, 存放 cúnfàng；〔熟成させる〕使…发酵 shǐ … fājiào

葱 葱 cōng, 大葱 dàcōng

値切る 讲价 jiǎngjià, 讨价还价 tǎo jià huán jià

ネクタイ 领带 lǐngdài；¶～をしめる／系 jì 领带

猫 猫 māo；¶～に小判／对牛弹琴 ¶～に鰹節／虎口之肉 ¶～の手も借りたい／忙得很, 人手不足 ¶～の額／面积狭窄 xiázhǎi ¶～の目／变化无常 ¶～も杓子も／不论谁, 不论张三李四 ¶～をかぶる／假装 jiǎzhuāng 老实 ¶～舌／怕吃热东西 ¶～背／驼背

寝言 梦话 mènghuà, 梦呓 mèngyì

寝込む 熟睡 shúshuì；〔病気で〕病倒 bìngdǎo, 病卧 bìngwò, 长期卧床 chángqī wòchuáng

値下げ 降价 jiàngjià, 减价 jiǎnjià

ねじ 螺丝 luósī, 螺丝钉 luósīdīng；¶～をまわす／拧螺丝 ¶（時計などの）～を巻く／上发条, 上弦 ¶～を巻く(気を引き締める)／打气, 加油

ねじる 拧 nǐng, 扭 niǔ

鼠 老鼠 lǎoshǔ, 耗子 hàozi

ねたむ 忌妒 jìdu, 眼红 yǎnhóng

ねだる 要 yào, 缠着要 chánzhe yào, 死乞白赖地要求 sǐ qǐ bái lài de yāoqiú

値段 价钱 jiàqián, 价格 jiàgé；¶～をつける／标价, 定价, 划价

寝違える 睡落枕 shuì làozhěn, 落枕 làozhěn

熱 热 rè；〔体温〕烧 shāo；〔気持ち〕热情 rèqíng；¶～エネルギー／热能 ¶～が出る／发烧 ¶～が下がる／退烧 ¶～を上げる／入迷, 沉醉

熱意 热情 rèqíng, 热忱 rèchén, 干劲 gànjìn

熱狂 狂热 kuángrè, 发狂 fākuáng；¶～する／热衷于

ネックレス 项链 xiàngliàn

熱心 热心 rèxīn, 积极 jījí, 热诚 rèchéng

熱中 热中 rèzhōng, 着迷 zháomí, 专心 zhuānxīn；¶～症／中暑 zhòngshǔ

ネット 网 wǎng；〔球技の〕球网 qiúwǎng；〔インターネット〕网 wǎng, 网络 wǎngluò

熱湯 开水 kāishuǐ, 热水 rèshuǐ

ネットワーク 网络 wǎngluò, 联络网 liánluòwǎng；〔組織網〕网状组织 wǎngzhuàng zǔzhī；〔放送網〕广播网 guǎngbōwǎng, 联播 liánbō

寝床 〔ふとん〕被窝儿 bèiwōr；〔ベッド〕床 chuáng, 床铺 chuángpù；¶～をつくる／铺床 pūchuáng ¶～を敷く／铺被子 ¶～に入る／上床

粘り強い 〔物〕有黏性 yǒu niánxìng；〔人〕有毅力 yǒu yìlì, 坚强 jiānqiáng, 顽强 wánqiáng, 坚韧不拔 jiān rèn bù bá

粘る 发黏 fānián；〔頑張る〕坚持 jiānchí

値引き 降价 jiàngjià, 减价 jiǎnjià

寝不足 睡眠不足 shuìmián bùzú

寝坊 睡懒觉 shuì lǎnjiào；〔うっかり寝過ごす〕睡过头 shuì guòtóu

寝巻き 睡衣 shuìyī

眠い 困 kùn, 困倦 kùnjuàn, 想睡觉 xiǎng shuìjiào

眠る 睡 shuì, 睡觉 shuìjiào；〔死ぬ〕安息 ānxī；〔活用されない〕闲置 xiánzhì

根元 根儿 gēnr；〔根本〕根源 gēnyuán；根本 gēnběn

狙い 目标 mùbiāo；〔意図〕目的 mùdì, 意图 yìtú；¶～をつける／瞄准方向, 针对目标

狙う 瞄准 miáozhǔn；〔目指す〕想 xiǎng, 期求 qīqiú；〔機会を伺う〕窥伺 kuīsì, 伺机 sìjī；¶隙を～／乘隙 chéngxì

寝る 〔ねむる〕睡 shuì, 睡觉 shuìjiào；〔横になる〕躺 tǎng；卧 wò

練る 和 huó, 搅拌 jiǎobàn；〔文章や考えを〕推敲 tuīqiāo, 琢磨 zhuómó, 研究 yánjiū；¶小麦粉を～／和面

年 年 nián, 一年 yīnián

年賀状 贺年片 hèniánpiàn

年間 全年 quánnián, 一年 yīnián

念願 心愿 xīnyuàn，愿望 yuànwàng
年金 养老金 yǎnglǎojīn
年月 岁月 suìyuè，时光 shíguāng；¶～を重ねる／经年累月 jīng nián lěi yuè
ねんざ 扭伤 niǔshāng，挫伤 cuòshāng
年始 年初 niánchū
年中 〔一年中〕全年 quánnián，常年 chángnián；〔いつも〕经常 jīngcháng，不断地 bùduàn de；¶～無休／终年不休息
粘土 黏土 niántǔ
年俸 年薪 niánxīn；¶～制／年薪制
年末 年底 niándǐ，年末 niánmò
燃料 燃料 ránliào
年齢 年龄 niánlíng，岁数 suìshu，年纪 niánjì

■の■■■■■
ノイローゼ 神经症 shénjīngzhèng，神经衰弱症 shénjīng shuāiruòzhèng，神经官能症 shénjīng guānnéngzhèng
脳 脑 nǎo，脑袋 nǎodai；〔頭脳〕脑筋 nǎojīn，头脑 tóunǎo，智力 zhìlì；¶～死／脑死亡
農家 农家 nóngjiā，农户 nónghù
農業 农业 nóngyè
脳死 脑死 nǎosǐ，脑死亡 nǎosǐwáng，脑组织坏死 nǎozǔzhī huàisǐ
濃縮 浓缩 nóngsuō；¶～果実／浓缩果汁
納税 纳税 nàshuì，缴税 jiǎoshuì
農村 农村 nóngcūn，乡村 xiāngcūn
ノウハウ 技术窍门 jìshù qiàomén，技术情报 jìshù qíngbào
農民 农民 nóngmín
農薬 农药 nóngyào
能率 效率 xiàolǜ；¶～をあげる／提高效率
能力 能力 nénglì，本领 běnlǐng
ノーアイロン 免烫 miǎntàng
ノート 笔记本 bǐjìběn，本子 běnzi；¶～をとる／记笔记 ¶～パソコン／笔记本电脑
逃れる 逃 táo，逃跑 táopǎo，逃脱 táotuō，摆脱 bǎituō
のこぎり 锯 jù；¶～で木材を切る／锯木头
残す 留下 liúxià；〔余す〕剩下 shèngxià
残り 剩余的 shèngyú de，剩下的 shèngxià de
残る 留 liú，留下 liúxià；〔余る〕剩下 shèngxià

乗せる 载 zài，乘 chéng，搭 dā；〔気持ちを〕吸引 xīyǐn；〔だます〕欺骗 qīpiàn，哄骗 hǒngpiàn；引诱 yǐnyòu；〔電波に〕播送 bōsòng；¶観衆を～／吸引观众 ¶口車に～／用花言巧语哄骗
載せる 〔荷物を積む〕装 zhuāng，装载 zhuāngzài；〔置く〕放 fàng，搁 gē；〔掲載する〕登 dēng，刊登 kāndēng
除く 〔除外する〕除去 chúqù，除掉 chúdiào；〔取り除く〕消除 xiāochú；〔…以外〕除了…以外 chúle … yǐwài
覗く 〔隙間などから〕窥视 kuīshì，偷看 tōukàn；〔下を見る〕往下看 wǎng xià kàn；〔ちょっと見る〕看一眼 kàn yīyǎn；〔見える〕露出 lòuchū
望み 〔願い〕希望 xīwàng，愿望 yuànwàng；〔期待〕指望 zhǐwàng，希望 xīwàng，期待 qīdài ¶～を果たす／达到愿望 ¶～をたくす／寄托希望
望む 〔願う〕希望 xīwàng，期待 qīdài；〔見る〕遥望 yáowàng，瞭望 liàowàng
臨む 〔場所に〕临 lín，临近 línjìn；〔状況に〕面临 miànlín，面对 miànduì；〔出席する〕参加 cānjiā，出席 chūxí
後 后 hòu，以后 yǐhòu
ノック 敲 qiāo，打 dǎ
喉 喉咙 hóulóng，嗓子 sǎngzi；〔声〕嗓子 sǎngzi；¶～がかわく／（口）渴 kě ¶～をうるおす／解渴，润嗓子 ¶～ぼとけ／喉结，喉核 ¶～から手が出る／垂涎三尺 chuí xián sān chǐ，渴望到手
伸ばす 〔長くする〕拉长 lācháng，放长 fàngcháng；〔広げる〕伸开 shēnkāi；〔まっすぐにする〕拉直 lāzhí；〔能力を〕增长 zēngzhǎng；〔勢力を〕扩大 kuòdà，发展 fāzhǎn
延ばす 〔長くする〕延 yán，延长 yáncháng；〔遅らせる〕推迟 tuīchí，延期 yánqī；〔薄くする〕弄薄 nòng báo；〔うすめる〕稀释 xīshì，匀开 yúnkāi
野原 野地 yědì，原野 yuányě
伸びる 伸长 shēncháng；〔能力が〕长进 zhǎngjìn；〔身長が〕长高 zhǎnggāo；〔勢力が〕扩大 kuòdà，发展 fāzhǎn，增加 zēngjiā

延びる 〔距離〕延伸 yánshēn;〔時間〕推迟 tuīchí; 延长 yáncháng; ¶そばが～／面条儿坨 tuó 了

のべ 总共 zǒnggòng, 总计 zǒngjì; ¶～人数／总计人次

述べる 述说 shùshuō, 叙述 xùshù, 陈述 chénshù

のぼせる 上火 shànghuǒ, 脸色发红 liǎnsè fā hóng, 头晕 tóuyūn;〔夢中になる〕入迷 rùmí, 热中于 rèzhōngyú, 迷醉 mízuì;〔いい気になる〕冲昏头脑 chōnghūn tóunǎo, 飘飘然 piāopiāorán

上り 上升 shàngshēng;〔列車などの〕上行 shàngxíng; ¶～列車／上行列车 ¶～坂／上坡 pō

上る 上 shàng, 上升 shàngshēng, 登 dēng;〔ある数に達する〕达到 dádào, 占 zhàn

登る 登 dēng, 爬 pá

飲み込む 吞下 tūnxià, 咽下 yànxià;〔取り込む〕吞没 tūnmò, 淹没 yānmò;〔理解する〕理解 lǐjiě, 领会 lǐnghuì

飲み過ぎ 喝得太多 hē de tài duō, 饮酒过量 yǐnjiǔ guòliàng

飲み水 饮用水 yǐnyòngshuǐ

飲み物 饮料 yǐnliào

飲み放題 饮料尽饮 yǐnliào jìnyǐn; ¶～食べ放題／尽吃尽饮

飲む 喝 hē, 饮 yǐn; ¶薬を～／吃药

海苔 紫菜 zǐcài

糊 糨糊 jiànghu, 胶水 jiāoshuǐ;〔衣類用の〕浆 jiāng, 粉浆 fěnjiāng

乗り遅れる 〔乗り物に〕误车 wùchē, 赶不上 gǎnbushàng;〔変化に〕赶不上 gǎnbushàng, 跟不上 gēnbushàng; ¶流行に～／跟不上时髦

乗り換える 换车 huànchē, 倒车 dǎochē;〔考えや方針を〕改变 gǎibiàn, 改换 gǎihuàn ¶～駅／中转站 zhōngzhuǎnzhàn ¶～客／中转旅客

乗り越える 超越 chāoyuè, 跨过 kuàguò, 翻过 fānguò;〔克服する〕克服 kèfú, 战胜 zhànshèng

乗り越す 坐过站 zuòguò zhàn

乗り場 〔車の〕车站 chēzhàn, 乘车处 chéngchēchù;〔船の〕码头 mǎtou; ¶バス～／公共汽车站 ¶タクシー～／出租汽车站

乗り物 交通工具 jiāotōng gōngjù

乗る 〔乗り物に〕坐 zuò, 乘坐 chéngzuò;〔またいで乗る〕骑 qí;〔乗り込む〕上 shàng;〔運転する〕开 kāi;〔上がる〕登 dēng, 上 shàng;〔風に～〕乘风 ¶リズムに～／合拍子, 随着节奏 ¶相談に～／参与商谈 ¶口車に～／上花言巧语的当 ¶誘いに～／上当 ¶調子に～／来劲儿, 得以忘形 ¶（肉に）油が～／肥, 上膘 biāo ¶（仕事に）油が～／干得起劲

載る 〔掲載される〕登 dēng, 登载 dēngzǎi

鈍い 迟钝 chídùn, 缓慢 huǎnmàn, 磨蹭 móceng

呪い 诅咒 zǔzhòu

のんき 不慌不忙 bùhuāng bùmáng, 悠闲 yōuxián, 不拘小节 bùjū xiǎojié

のんびり 〔気持ちが〕安闲 ānxián, 悠闲 yōuxián, 逍遥自在 xiāoyáo zì zài;〔雰囲気などが〕宁静 níngjìng

■は■■■■■

葉 叶子 yèzi

歯 〔人間・動物の〕牙 yá, 牙齿 yáchǐ;〔道具類の〕齿 chǐ

場 〔場所〕地方 dìfang, 场所 chǎngsuǒ;〔場合〕时候 shíhou, 场合 chǎnghé;〔物理〕场 chǎng; ¶磁～／磁场

バー 〔酒場〕酒吧 jiǔbā;〔棒高跳びや平行棒の〕横杆 hénggān;〔手すり〕扶手 fúshou

場合 〔仮定〕如果 rúguǒ … 的话 de huà, …的时候 …de shíhou;〔状況〕情况 qíngkuàng, 局面 júmiàn; ¶雨の～は中止／下雨时中止 ¶時と～による／看具体情况

把握 掌握 zhǎngwò, 把握 bǎwò, 理解 lǐjiě

バーゲン 大甩卖 dàshuǎimài, 大减价 dàjiǎnjià

バーコード 条码 tiáomǎ

バージョン 版本 bǎnběn; ¶～アップ／升级（版本）

パーセンテージ 百分比 bǎifēnbǐ

パーセント 百分之… bǎifēn zhī …; ¶30～／百分之三十

バーチャル 虚拟 xūnǐ; ¶～リアリティー／虚拟现实

パーティー 〔宴会〕宴会 yànhuì, 晚会 wǎnhuì, 联欢会 liánhuānhuì;〔登山などのグループ〕小组 xiǎozǔ, 小队 xiǎoduì

ハードウェア 硬件 yìngjiàn

パートタイム 小时工 xiǎoshígōng

ハードディスク 硬盘 yìngpán

パートナー 〔配偶者〕伴侣 bànlǚ;〔協力者〕伙伴 huǒbàn;〔ダンスの〕舞伴 wǔbàn

ハードル 〔競技名〕跨栏跑 kuàlánpǎo;〔競技用具〕栏架 lánjià;〔障害〕障碍 zhàng'ài, 难关 nánguān

ハーブ 香草 xiāngcǎo

バーベキュー 烧烤野餐 shāokǎo yěcān, 户外烧烤 hùwài shāokǎo

パーマ(ネント) 烫发 tàngfà

はい 〔応答〕唉 āi, 好 hǎo;〔肯定〕是 shì, 对 duì, 好 hǎo

灰 灰 huī; ¶～ざら/烟灰缸

杯 〔器に入れる数を数える〕杯 bēi, 碗 wǎn; ¶コーヒー1～/一杯咖啡 ¶ご飯2～/两碗米饭 ¶小さじ3～の酢/三小匙醋 ¶優勝～/冠军奖杯 ¶祝～/祝酒杯

肺 肺 fèi; ¶～炎/肺炎

倍 …倍 bèi; ¶3～になる/增加到3倍 ¶～増する/翻一番

パイ 〔食品〕馅儿饼 xiànrbǐng, 派 pài;〔円周率〕圆周率 yuánzhōulǜ;〔経済〕总额 zǒng'é; ¶アップル～/苹果馅饼

ハイウエー 高速公路 gāosù gōnglù

バイオテクノロジー 生物技术 shēngwù jìshù, 生物工程 shēngwù gōngchéng

バイオリン 小提琴 xiǎotíqín

排気 排气 páiqì; ¶車の～ガス/汽车尾气

廃棄 废弃 fèiqì, 淘汰 táotài; ¶産業～物/工业废物 gōngyè fèiwù

ばい菌 细菌 xìjūn

ハイキング 郊游 jiāoyóu

バイキング 〔料理〕自助餐 zìzhùcān;〔海賊〕北欧海盗 Běi Ōu hǎidào

俳句 排句 páijù, 日本传统的短诗形式之一 Rìběn chuántǒng de duǎnshī xíngshì zhīyī

バイク 摩托车 mótuōchē

背景 背景 bèijǐng

拝見 看 kàn

廃止 废止 fèizhǐ, 废除 fèichú

敗者 败者 bàizhě; ¶～復活戦/复活赛

買収 收买 shōumǎi, 收购 shōugòu; ¶企业～/企业并购 ¶敵対的～/敌意收购

売春 卖淫 màiyín

賠償 赔偿 péicháng; ¶～金/赔偿金

配線 接线 jiēxiàn, 布线 bùxiàn

配達 送 sòng, 发送 fāsòng; ¶新聞～/送报人 ¶郵便～/邮递员

ハイテク(ノロジー) 高科技 gāokējì

売店 小卖部 xiǎomàibù

バイト 〔アルバイト〕打工 dǎgōng;〔コンピュータ〕字节 zìjié

配当 〔経済〕股息 gǔxī, 红利 hónglì;〔競馬〕分红 fēnhóng;〔割り当て〕分配 fēnpèi

パイナップル 菠萝 bōluó, 凤梨 fènglí

バイパス 旁路 pánglù, 迂回路 yūhuílù; ¶～手術/分流手术

ハイビジョン(テレビ) 高清晰度(电视) gāoqīngxīdù(diànshì)

配布 发布 fā

配付 分发 fēnfā

敗北 失败 shībài, 输 shū

俳優 演员 yǎnyuán

倍率 〔光学・数学〕倍率 bèilǜ;〔試験などの〕竞争率 jìngzhēnglǜ; ¶求人～/招聘率

配慮 关怀 guānhuái, 考虑 kǎolǜ

入る 〔外部から内部へ〕进 jìn, 进入 jìnrù, 进去 jìnqu;〔参入する〕进 jìn, 加入 jiārù, 参加 cānjiā;〔収納する〕容纳 róngnà, 装 zhuāng, 放 fàng;〔含む〕包含 bāohán, 加 jiā;〔入手する〕得到 dédào;〔ある状態になる〕有 yǒu, 进入 jìnrù; ¶学校に～/入学, 上学 ¶野球チームに～/参加棒球队 ¶ホームに電車が～/电车进入站台 ¶物がよく～かばん/能装很多东西的书包 ¶コップにひびが～/杯子有了裂缝 ¶偶然目に～/偶然看见 ¶商品説明に力が～/卖力地介绍产品 ¶勉強に身が入らない/无法集中精力学习

パイロット 〔飛行機の〕飞行员 fēixíngyuán, 飞机驾驶员 fēijī jiàshǐyuán;〔港湾の〕引水人 yǐnshuǐrén

這う 爬 pá, 爬行 páxíng

蠅 苍蝇 cāngying

生える 长 zhǎng, 发 fā, 生 shēng; ¶カビが～/发霉

墓 坟 fén, 墓 mù, 坟墓 fénmù; ¶～参り/扫墓

馬鹿 〔愚か〕笨蛋 bèndàn，傻瓜 shǎguā，胡涂 hútu；〔常軌を逸する〕荒唐 huāngtang；〔役に立たない〕不灵 bùlíng，不好使 bùhǎoshǐ；〔軽視〕小看 xiǎokàn，忽视 hūshì；〔程度が甚だしい〕非常 fēicháng，过分 guòfèn；¶そんな〜なこと言うな/不要胡说八道 ¶ネジが〜になった/螺丝不好使了 ¶〜にされる/被人瞧不起 ¶〜さわぎ/大吵大闹 ¶〜正直/过分老实

破壊 破坏 pòhuài，毁坏 huǐhuài

葉書 明信片 míngxìnpiàn；¶絵〜/风景明信片

剥がす 剥下 bāoxia，揭下 jiēxia

はかどる 顺利进展 shùnlì jìnzhǎn

はかない 无常 wúcháng，靠不住 kàobuzhù；¶〜命/短暂的命 ¶〜望み/幻想

秤 秤 chèng

ばかり 〔…のみ〕只 zhǐ，净 jìng；〔動作の完了後〕刚刚 gānggāng，刚才 gāngcái；〔動作の開始前〕快要 kuàiyào；〔さも…のように〕好像 hǎoxiàng；〔悪い結果を誘引〕只因 zhǐyīn；¶社長とは名〜だ/只是名义上的总经理 ¶帰った〜/刚刚回去 ¶泣き出さん〜の顔/几乎要哭出来的样子 ¶軽率に返事をした〜に…/只因轻率答应，就…

図る 企图 qǐtú，谋求 móuqiú

計る・測る・量る 〔計量・測定する〕秤 chēng，量 liáng，测量 cèliáng；〔推量する〕捉摸 zhuōmō，揣测 chuǎicè；¶体温を〜/量体温 ¶はかり売り/称量出售

剥がれる 剥落 bōluò，剥下 bōxià

吐き気 想要吐 xiǎngyào tù，恶心 ěxīn

破棄 作废 zuòfèi，取消 qǔxiāo

吐く 〔自分の意思で〕吐 tǔ；〔こらえきれずに〕吐 tù；〔心情を話す〕说出 shuōchū；¶痰を〜/吐 tǔ 痰 ¶血を〜/吐 tù 血 ¶本音を〜/吐露了真心话 ¶弱音を〜/叫苦

穿く・履く 穿 chuān

掃く 扫 sǎo，打扫 dǎsǎo

バグ 臭虫 chòuchóng

歯茎 牙龈 yáyín，牙床 yáchuáng

白菜 白菜 báicài

白紙 〔白い紙〕白纸，空白的纸；〔準備などがない状態〕没有成见；¶〜に戻す/回到起点 ¶契約を〜撤回する/取消合同

拍手 鼓掌 gǔzhǎng

薄情 无情 wúqíng，人情淡薄 rénqíng dànbó

漠然 模糊 móhu，不清楚 bù qīngchu，笼统 lǒngtǒng

爆弾 炸弹 zhàdàn；¶〜発言/令人震惊的发言

ハクチョウ （白）天鹅 (bái)tiān'é

白内障 白内障 báinèizhàng

爆発 〔爆弾が〕爆炸 bàozhà；〔火山が〕爆发 bàofā，喷发 pēnfā；〔感情が〕爆发 bàofā

博物館 博物馆 bówùguǎn

迫力 气魄 qìpò，气势 qìshì

はぐれる 走散 zǒusàn；¶はぐれ鳥/离了群的鸟

暴露 揭露 jiēlù，曝光 bàoguāng

激しい 〔勢いが強い〕激烈 jīliè，强烈 qiángliè；〔頻繁〕频繁 pínfán；〔程度が甚だしい〕非常 fēicháng，严重 yánzhòng，厉害 lìhai

バケツ 水桶 shuǐtǒng；¶〜リレー/传递水桶

励ます 鼓励 gǔlì，鼓舞 gǔwǔ，激励 jīlì

励む 努力 nǔlì，勤奋 qínfèn，刻苦 kèkǔ

剥げる 剥落 bōluò，脱落 tuōluò

派遣 派遣 pàiqiǎn；¶〜社員/派遣劳动者

箱 〔大きさ問わず〕箱子 xiāngzi；〔片手に乗る程度の大きさ〕盒子 hézi

運ぶ 〔運搬〕搬 bān，搬运 bānyùn，运输 yùnshū；〔物事が進展する〕进展 jìnzhǎn，开展 kāizhǎn

はさみ 〔道具〕剪子 jiǎnzi，剪刀 jiǎndāo；〔エビ・カニの〕鳌 áo

挟む 〔両側から押さえる〕夹 jiā；〔間に入れる〕夹 jiā，插 chā；〔隔てる〕隔 gé

破産 破产 pòchǎn；¶自己〜/自己申请破产

端 〔へり〕边（儿）biān(r)；〔先端〕头 tóu，端 duān；¶〜に寄る/靠边 ¶言葉の〜をとらえる/抓住片言只语

箸 筷子 kuàizi；¶取り〜/公筷

橋 桥 qiáo，桥梁 qiáoliáng

恥 羞耻 xiūchǐ，耻辱 chǐrǔ；¶〜をかく/丢脸

はしご 梯子 tīzi；¶〜車/云梯救火车 ¶〜酒/一家家店连着喝酒

始まる 开始 kāishǐ

始め 开始 kāishǐ，开头 kāitóu，起初 qǐchū

初めて 〔最初〕第一次 dìyīcì，初次 chūcì；

[やっと・ようやく]才 cái; ¶来て～分かった／来到这儿，才知道
はじめまして 初次见面 chūcì jiànmiàn
始める 开始 kāishǐ, 开创 kāichuàng, …起来 …qǐlái
はしゃぐ 嬉闹 xīnào, 欢闹 huānnào
パジャマ 睡衣 shuìyī
場所 地方 dìfang, 地点 dìdiǎn
柱 [建物の]柱子 zhùzi, 支柱 zhīzhù; [中心人物・物]顶梁柱 dǐngliángzhù, 龙头 lóngtóu
走る [人や動物が]跑 pǎo; [乗物が]行驶 xíngshǐ; ¶稲妻が～／打闪电 ¶悪の道に～／走上歪道
恥じる 羞愧 xiūkuì, 惭愧 cánkuì
…はず 会 huì, 应该 yīnggāi, 该 gāi
バス [乗物]大巴 dàbā, 巴士 bāshì; [路線]～／公交车 ¶～停／公交车站 ¶シャトル～／区间车
恥ずかしい 不好意思 bùhǎoyìsi, 害羞 hàixiū, 难为情 nánwéiqíng
バスケットボール 篮球 lánqiú
外す [取り外す]摘下 zhāixià, 解开 jiěkāi; [場を離れる]离开 líkāi, 退 tuì; [除外する]排斥 páichì; ¶ボタンを～／解开衣扣
バスタオル 浴巾 yùjīn
パスタ 意大利面食 Yìdàlì miànshí
パスポート 护照 hùzhào
弾む [物が]弹 tán, 蹦 bèng; [気持ちが]高兴 gāoxìng, 愉快 yúkuài; [勢いづく]起劲儿 qǐjìnr; ¶話が～／谈的越来越起劲儿
パズル 智力游戏 zhìlì yóuxì; ¶ジグソー～／拼图玩具
外れる [とれる]掉 diào, 脱落 tuōluò; [離れる]离 lí, 远离 yuǎnlí, 离开 líkāi; [当たらない]未中 wèizhòng; ¶ボタンが～／扣子开 ¶軌道が～／离了轨道 ¶予想が～／预测不对
パスワード 密码 mìmǎ
派生 派生 pàishēng, 出现 chūxiàn
パソコン 个人电脑 gèrén diànnǎo
破損 破损 pòsǔn, 损坏 sǔnhuài
旗 旗 qí, 旗帜 qízhì
肌 皮肤 pífū; ¶～荒れ／皮肤变粗
バター 黄油 huángyóu
パターン 模式 móshì, 样式 yàngshì

裸 [裸体]裸体 luǒtǐ; [むきだし]裸露 luǒlù; [隠し事がない]坦率 tǎnshuài, 真诚 zhēnchéng; ¶～のつきあい／真诚的交往
はたく [払いのける]掸 dǎn; [たたく]拍 pāi, 拍打 pāidǎ; ¶有り金を～／倾囊 qīngnáng
畑 [耕地]田地 tiándì, 农田 nóngtián, 旱田 hàntián; [専門分野]专业领域 zhuānyè lǐngyù; ¶～違い／专业不同 ¶～を耕す／耕田
裸足 赤脚 chìjiǎo
はたして [案の定]果然 guǒrán; [疑問]果真 guǒzhēn; ¶～失敗した／果然失败了 ¶～成功するだろうか／果真会成功吗？
果たす [達成する]实现 shíxiàn, 达到 dádào, 完成 wánchéng; [役割を]起作用 qǐ zuòyòng; [すっかり…する]…完 wán; ¶金をつかい～／钱都花光了
働く [仕事をする]工作 gōngzuò, 劳动 láodòng; [作用する]起作用 qǐ zuòyong; [精神や才能が]活动 huódòng; ¶頭が～／动脑筋 ¶引力が～／引力发生作用
ハチ 蜂 fēng
鉢巻 缠头布 chántóubù
蜂蜜 蜂蜜 fēngmì
パチンコ 弹球游戏 dànqiú yóuxì
ばつ [×印]叉 chā
罰 惩罚 chéngfá, 处分 chǔfèn
発音 发音 fāyīn
ハッカー 黑客 hēikè
発揮 发挥 fāhuī
はっきり [明白]明确 míngquè, 明白 míngbai, 清楚 qīngchu; [鮮明]清楚 qīngchu; [きっぱり]坦率 tǎnshuài, 干脆 gāncuì
罰金 罚款 fákuǎn
バック [後ろ側]后边 hòubiān, 背后 bèihòu; [背景]背景 bèijǐng; [後援]后台 hòutái, 靠山 kàoshān; [後退する]后退 hòutuì; ¶車を～する／汽车倒退 ¶～ミラー／后视镜
バッグ 包 bāo; ¶ハンド～／手提包
発掘 发掘 fājué
抜群 超群 chāoqún, 卓越 zhuóyuè
白血病 白血病 báixuèbìng, 血癌 xuè'ái
発見 发现 fāxiàn
発言 发言 fāyán

初恋 初恋 chūliàn
発行 〔書籍・雑誌など〕发行 fāxíng, 出版 chūbǎn;〔証明書など〕交付 jiāofù
発酵 发酵 fājiào
バッジ 徽章 huīzhāng
発車 开车 kāichē, 发车 fāchē
発射 发射 fāshè
発生 发生 fāshēng, 出现 chūxiàn
発達 发达 fādá, 发展 fāzhǎn, 发育 fāyù
発展 发展 fāzhǎn
発電 发电 fādiàn;¶～所／发电站
発展途上国 发展中国家 fāzhǎnzhōng guójiā
発売 出售 chūshòu
発表 发表 fābiǎo
発明 发明 fāmíng
派手 〔外見が〕鲜艳 xiānyàn, 华美 huáměi;〔行動が〕浮华 fúhuá, 夸张 kuāzhāng
ハト 鸽子 gēzi
パトカー 警车 jǐngchē
パトロール 巡逻 xúnluó
花 花 huā
鼻 鼻子 bízi
鼻歌 哼唱的歌 hēngchàng de gē
鼻声 发鼻 fānàng
話 〔話す〕话 huà, 说话 shuōhuà;〔話題〕话题 huàtí, 话 huà;〔情報〕消息 xiāoxi;〔事情〕事情 shìqing;〔物語〕故事 gùshi
話し合う 商量 shāngliang, 讨论 tǎolùn, 谈 tán
話し言葉 口语 kǒuyǔ
話し中 〔会話の途中〕(正)在谈话(zhèng)zài tánhuà;〔電話〕占线 zhànxiàn
放す 放开 fàngkāi, 松开 sōngkāi
話す 说 shuō, 讲 jiǎng
離す 松开 sōngkāi, 放开 fàngkāi, 隔开 gékāi
鼻血 鼻血 bíxuè
バナナ 香蕉 xiāngjiāo
花火 烟火 yānhuo, 烟花 yānhuā
花びら 花瓣 huābàn
花見 赏花 shǎnghuā, 看花 kànhuā
鼻水 鼻涕 bítì
花婿 新郎 xīnláng
花屋 鲜花店 xiānhuādiàn
華やか 鲜艳 xiānyàn, 绚烂 xuànlàn
花嫁 新娘 xīnniáng

離れる 〔分かれる〕离开 líkāi, 分开 fēnkāi;〔間があく〕离 lí, 相隔 xiānggé
パニック 恐慌 kǒnghuāng
羽・羽根 〔翼〕翅膀 chìbǎng, 翼 yì;〔羽毛〕羽毛 yǔmáo;¶～をのばす／无拘无束
ばね 弹簧 tánhuáng, 发条 fātiáo
ハネムーン 新婚旅行 xīnhūn lǚxíng
跳ねる 〔跳び上がる〕跳 tiào, 跳跃 tiàoyuè;〔液体が散る〕溅 jiàn, 飞溅 fēijiàn
母 母亲 mǔqin;¶必要は発明の～／需要是发明之母
幅 宽度 kuāndù;¶つきあいの～が広い／交际的范围很大
省く 省去 shěngqù, 节省 jiéshěng, 省略 shěnglüè
歯ブラシ 牙刷 yáshuā
バブル経済 泡沫经济 pàomò jīngjì
はまる 〔収まる〕嵌入 qiànrù;〔あてはまる〕适合 shìhé, 适用 shìyòng;〔夢中になる〕入迷 rùmí, 热中 rèzhōng;〔落ちる〕陷进 xiànjìn;〔だまされる〕中计 zhòngjì
歯磨き 刷牙 shuāyá;¶～粉／牙膏
ハム 火腿 huǒtuǐ
はめる 〔収める〕嵌 qiàn;〔だます〕欺骗 qīpiàn;¶指輪を～／戴戒指
場面 场面 chǎngmiàn, 情景 qíngjǐng, 情况 qíngkuàng
早い 早 zǎo
速い 快 kuài
早起き 早起 zǎoqǐ
速さ 速度 sùdù
林 林 lín, 树林 shùlín
流行る 流行 liúxíng, 时髦 shímáo, 繁荣 fánróng
腹 〔腹部〕肚子 dùzi;〔心理〕想法 xiǎngfǎ, 内心 nèixīn
バラ 玫瑰 méiguì
払う 〔金銭を〕付 fù, 支付 zhīfù, 交纳 jiāonà;〔注意を〕注意 zhùyì;〔犠牲を〕付出 fùchū;〔取り除く〕擦掉 cādiào;¶敬意を～／表示敬意
ばらばら 零散 língsǎn, 散乱 sǎnluàn, 七零八落 qī líng bā luò
バランス 平衡 pínghéng, 均势 jūnshì
針 针 zhēn
張り合い 有劲头 yǒu jìntóu, 有意义 yǒu yìyì

バリアフリー 无障碍 wúzhàng'ài
針金 铁丝 tiěsī
張り切る 有精神 yǒu jīngshen, 上劲 shàngjìn
春 春天 chūntiān
張る 〔広げる〕展开 zhǎnkāi；¶気が～/紧张 ¶胸を～/挺胸 ¶根が～/扎根 ¶見栄を～/装饰门面 ¶氷が～/结冰
貼る 贴 tiē, 粘 zhān
遙か 远 yuǎn, 遥远 yáoyuǎn
春休み 春假 chūnjià
晴れ 晴 qíng, 晴天 qíngtiān；¶～の舞台/荣誉的聚会
バレエ 芭蕾舞 bāléiwǔ
バレーボール 排球 páiqiú
晴れる 〔天候〕晴 qíng, 天晴 tiānqíng；〔気分〕愉快 yúkuài；〔疑い〕消除 xiāochú
腫れる 肿 zhǒng
ばれる 暴露 bàolù, 揭露 jiēlù
バレンタインデー 情人节 Qíngrénjié
班 小组 xiǎozǔ
番 〔順番〕班 bān, 轮班 lúnbān；〔顺序・番号〕第…号 dì … hào；〔見張り〕看守 kānshǒu
晚 晚上 wǎnshang
パン 面包 miànbāo
範囲 范围 fànwéi
反映 反映 fǎnyìng
繁栄 繁荣 fánróng
版画 版画 bǎnhuà
ハンガー 衣架 yījià
ハンカチ 手帕 shǒupà
反響 〔音響〕回声 huíshēng, 回响 huíxiǎng；〔影響〕反应 fǎnyìng, 反响 fǎnxiǎng
パンク 〔タイヤ〕轮胎破裂 lúntāi pòliè；〔袋など〕胀破 zhàngpò；〔機能の限界を超える〕失灵 shīlíng；¶電話回線が～する/电话线路超负荷
番組 节目 jiémù
判決 判决 pànjué
反抗 反抗 fǎnkàng, 逆反 nìfǎn
番号 号码 hàomǎ
犯罪 犯罪 fànzuì；¶～者/罪犯
万歳 万岁 wànsuì
ハンサム 帅 shuài
反射 反射 fǎnshè

繁盛 兴隆 xīnglóng, 繁荣 fánróng
パンスト （连裤)长筒袜子 (liánkù)chángtǒng wàzi
反省 反省 fǎnxǐng
絆創膏 橡皮膏 xiàngpígāo
反則 违反规则 wéifǎn guīzé
半袖 短袖 duǎnxiù
パンダ 大熊猫 dàxióngmāo
反対 〔逆らう〕反对 fǎnduì；〔逆〕相反 xiāngfǎn
判断 判断 pànduàn；¶姓名～/姓名算命
番地 门牌号码 ménpái hàomǎ
パンツ 〔下着〕内裤 nèikù；〔ズボン〕裤子 kùzi
半島 半岛 bàndǎo
半導体 半导体 bàndǎotǐ
ハンドバッグ 手提包 shǒutíbāo
ハンドブック 手册 shǒucè
ハンドル 〔自動車〕方向盘 fāngxiàngpán；〔自転車・バイク〕车把 chēbǎ；〔機械〕摇把 yáobǎ, 把手 bǎshǒu；〔ドアなど〕把手 bǎshǒu
半日 半天 bàntiān
犯人 罪犯 zuìfàn
反応 反应 fǎnyìng, 作用 zuòyòng
ハンバーガー 汉堡包 hànbǎobāo
販売 销售 xiāoshòu
パンフレット 小册子 xiǎocèzi
半分 一半 yíbàn
反乱 叛乱 pànluàn
反論 反驳 fǎnbó, 辩驳 biànbó

■■ひ■■■■■■

日 〔太陽〕太阳 tàiyáng, 日 rì；〔日差し〕阳光 yángguāng；〔昼間〕白天 báitiān；〔一日〕一天 yìtiān；〔日数〕天 tiān, 日子 rìzi；〔期日〕日期 rìqī；¶～が暮れる/天黑 ¶～を改める/改天 ¶～にあたる/晒太阳 ¶～増しに/逐日 ¶誕生～/生日 ¶母の～/母亲节
火 火 huǒ；¶～がつく/着 zháo 火 ¶～が消える/熄火 ¶～にあたる/烤火
ピアス 耳环 ěrhuán
日当たり 光线 guāngxiàn；¶～が良い/向阳 ¶～が悪い/不向阳
ピアノ 钢琴 gāngqín

BSE 疯牛病 fēngniúbìng

ひいき 〔目をかける〕照顾 zhàogu;〔後援者〕支持者 zhīchízhě;¶えこ～／偏袒 piāntǎn

ピーク 高峰 gāofēng, 顶峰 dǐngfēng, 高潮 gāocháo

ヒーター 暖气设备 nuǎnqì shèbèi

ピーナッツ 花生米 huāshēngmǐ

ピーマン 青椒 qīngjiāo

ビール 啤酒 píjiǔ;¶生～／扎啤

ヒーロー 〔英雄〕英雄 yīngxióng;〔小説や芝居などの主人公〕男主角 nánzhǔjué

冷える 〔物が〕凉 liáng, 冰 bīng, 冻 dòng;〔身体が〕冷 lěng, 冰 bīng, 冻 dòng;〔感情が〕冷淡 lěngdàn

被害 受害 shòuhài, 受灾 shòuzāi

控え 〔覚え書き〕底子 dǐzi, 副本 fùběn;¶～の選手／候补选手

控え室 等候室 děnghòushì

控え目 〔態度など〕谦虚 qiānxū, 客气 kèqi;〔分量や数量〕节制 jiézhì, 减少 jiǎnshǎo

日帰り 当天返回 dàngtiān fǎnhuí;¶～旅行／一日游

控える 〔制限〕节制 jiézhì, 控制 kòngzhì;〔記録〕记录 jìlù, 记下 jìxià;〔待機〕等候 děnghòu;〔迫る〕临近 línjìn

比較 比较 bǐjiào

日陰 阴凉 yīnliáng, 背阴 bèiyin

東 东 dōng, 东方 dōngfāng

ひがむ 乖僻 guāipì, 自卑 zìbēi

光 〔光線〕光 guāng, 光线 guāngxiàn;〔希望〕希望 xīwàng, 光明 guāngmíng

光ファイバー 光纤 guāngxiān

光る 发光 fāguāng, 发亮 fāliàng, 闪亮 shǎnliàng

引き上げる 〔上方に上げる〕提 tí, 往上拉 wǎng shàng lā;〔水中から〕打捞 dǎlāo;〔金額を〕提高 tígāo

引き揚げる 〔元の位置に〕返回 fǎnhuí, 撤回 chèhuí;〔資金などを〕收回 shōuhuí

率いる 统领 tǒnglǐng, 率领 shuàilǐng, 带领 dàilǐng

引き受ける 〔担当する〕承担 chéngdān, 负责 fùzé;〔保証する〕保证 bǎozhèng

引き起こす 引起 yǐnqǐ, 惹起 rěqǐ

引き落とす 转帐 zhuǎnzhàng, 扣除 kòuchú;¶銀行口座から～／从帐户上扣款

引き替え 交换 jiāohuàn, 换取 huànqǔ;¶～券／兑换券

引き返す 返回 fǎnhuí, 折回 zhéhuí

引き金 〔銃器の〕扳机 bānjī;〔きっかけ〕原因 yuányīn, 诱因 yòuyīn, 导火线 dǎohuǒxiàn;¶～をひく／扣扳机

引き込む 〔引いて中に入れる〕拉进 lājìn, 引到 yǐndào;〔心をひきよせる〕吸引 xīyǐn, 诱引 yòuyǐn;〔誘い込む〕勾引 gōuyǐn, 拉拢 lālǒng

引き籠る 躲在（家里）duǒzài(jiāli)

引き裂く 〔破る〕撕 sī, 撕毁 sīhuǐ;〔関係を〕拆散 chāisàn, 让…分手 ràng … fēnshǒu

引き下げる 降 jiàng, 降低 jiàngdī, 下调 xiàdiào

引き算 减法 jiǎnfǎ

引き潮 退潮 tuìcháo

引き締める 〔紐などを〕勒紧 lēijǐn;〔精神や雰囲気を〕紧张 jǐnzhāng;〔支出を〕紧缩 jǐnsuō

引きずる 〔地面を擦る〕拖 tuō;〔無理やり連れて行く〕硬拉 yìnglā;〔長引く〕拖 tuō, 拖延 tuōyán

引き出し 抽屉 chōuti

引き出す 〔引いて出す〕拉出 lāchū, 抽出 chōuchū;〔才能などを〕导出 dǎochū, 培养出 péiyǎngchū;〔預金を〕取出 qǔchū, 提取 tíqǔ

引き立てる 〔目立たせる〕衬托 chèntuō;〔ひいきにする〕提拔 tíbá, 照顾 zhàogu

引き継ぐ 〔仕事を〕接班 jiēbān, 交代工作 jiāodài gōngzuò;〔地位や職務を〕接任 jiērèn;〔事業を〕继承 jìchéng

引き付ける 〔近くに寄せる〕靠近 kàojìn;〔魅了する〕吸引 xīyǐn;〔けいれんする〕抽风 chōufēng

引き続き 接下来 jiēxialai, 继续 jìxù

引きつる 〔けいれん〕抽筋 chōujīn;〔皮膚が〕结疤 jiébā;〔こわばる〕绷紧 běngjǐn;¶顔が～／脸绷紧

引き止める 〔引いて止める〕拉住 lāzhù;〔去る人を〕留 liú, 挽留 wǎnliú;〔行動を制止する〕制止 zhìzhǐ, 劝阻 quànzǔ

引き取る 〔受け取る〕领取 lǐngqǔ；〔回収する〕取回 qǔhuí，领回 lǐnghuí；〔養い育てる〕收养 shōuyǎng；〔去る〕回去 huíqù；¶息を～/咽气，去世

挽き肉 肉末 ròumò

引き抜く 〔引いて抜く〕拔 bá，拔掉 bádiào；〔人材を〕挖 wā

引き伸ばす 拉长 lācháng；¶写真を～/把照片放大

引き延ばす 拖 tuō，拖延 tuōyán

引き離す 〔離れさせる〕拉开 lākāi，扯开 chěkāi，使…分离 shǐ … fēnlí；〔差をつける〕拉开距离 lākāi jùlí

卑怯 卑鄙 bēibǐ，可耻 kěchǐ

引き分け 平局 píngjú，平手 píngshǒu

引く 〔引っぱる〕拉 lā；〔引きずる〕拖 tuō；〔込める〕收回 shōuhuí，缩回 suōhuí；〔設置する〕安装 ānzhuāng，引 yǐn；〔関心を〕引起 yǐnqǐ，引 yǐn；〔辞書を〕查 chá；〔引用する〕引用 yǐnyòng；〔人目を〕引人注目 yǐn rén zhù mù；〔撤退する〕退 tuì；〔マイナスする〕扣除 kòuchú，减 jiǎn；〔線を〕画 huà，划 huà；〔受け継ぐ〕继承 jìchéng；¶風邪を～/得感冒 ¶くじを～/抽签

弾く 〔指で叩く・はじく楽器〕弹 tán；〔弓でひく楽器〕拉 lā；¶ギターを～/弹吉他 ¶バイオリンを～/拉小提琴

退く 〔しりぞく〕退 tuì，脱离 tuōlí；〔治まる〕消 xiāo，退 tuì；¶腫れが～/消肿

挽く 〔のこぎりを〕锯 jù，拉锯 lājù；〔砕く〕碾 niǎn，磨 mò；¶コーヒー豆を～/磨咖啡豆

轢く 轧 yà，撞 zhuàng

低い 低 dī，矮 ǎi

ピクセル 像素 xiàngsù

卑屈 低三下四 dī sān xià sì

ピクニック 郊游 jiāoyóu

ピクルス （西式）泡菜（xīshì）pàocài

日暮れ 傍晚 bàngwǎn，黄昏 huánghūn

髭 胡子 húzi，胡须 húxū；¶～そり/剃须刀

秘訣 窍门 qiàomén，秘诀 mìjué

備考 备注 bèizhù

飛行機 飞机 fēijī

被告 被告 bèigào

日頃 平时 píngshí，平常 píngcháng

膝 膝盖 xīgài

ビザ 签证 qiānzhèng

ピザ 比萨饼 bǐsàbǐng

ひさし 〔建物〕房檐 fángyán，屋檐 wūyán；〔帽子〕帽檐 màoyán，帽舌 màoshé

日差し 阳光 yángguāng

久しぶり 好久 hǎojiǔ；¶お～です/好久不见了

肘 肘 zhǒu

ビジネス 商务 shāngwù

ビジュアル 视觉 shìjué

非常 〔緊急事態〕紧急 jǐnjí，紧迫 jǐnpò；〔程度が甚だしい〕非常 fēicháng，特别 tèbié；¶～口/太平门

非情 无情 wúqíng

ビジョン 前景 qiánjǐng，未来的构想 wèilái de gòuxiǎng

美人 美女 měinǚ，美人 měirén

ビスケット 饼干 bǐnggān

ピストル 手枪 shǒuqiāng

ひずみ 〔ゆがみ〕变形 biànxíng，歪斜 wāixié；〔弊害〕不良现象 bùliáng xiànxiàng，弊端 bìduān

密か 偷偷 tōutōu，暗暗 àn'àn，暗中 ànzhōng

潜む 潜伏 qiánfú，隐藏 yǐncáng

額 额头 étou

浸す 泡 pào，浸泡 jìnpào

ビタミン 维生素 wéishēngsù

左 左 zuǒ，左边 zuǒbiān；¶～きき/左撇子

引っ掛かる 〔掛かって止まる〕被钩住 bèi gōuzhù，被挂住 bèi guàzhù；〔妨害される〕被卡住 bèi qiǎzhù；〔だまされる〕上当 shàngdàng，受骗 shòupiàn；〔納得できない〕挂念 guàniàn，担心 dānxīn

引っ掻く 挠 náo，抓 zhuā

引っ掛ける 〔掛ける〕挂 guà；〔はおる・履く〕披上 pīshang；〔液体を〕泼上 pōshang；〔だます〕欺骗 qīpiàn；〔関連付ける〕借故 jiègù

筆記 笔记 bǐjì，记下 jìxià；¶～試験/书面考试 ¶～用具/笔记用具

びっくり 吃惊 chījīng，下一跳 xià yītiào

日付け 日期 rìqī，年月日 niányuèrì

引っ越す 搬家 bānjiā
必死 尽全力 jìn quánlì，拼命 pīnmìng
羊 羊 yáng
必須 必须 bìxū
ぴったり 〔すきまがない〕紧 jǐn，严密 yánmì；〔合う〕准 zhǔn，正好 zhènghǎo；〔ふさわしい〕合适 héshì，相称 xiāngchèn，适合 shìhé；¶时间～／准时
匹敵 相当 xiāngdāng，比得上 bǐdeshàng
引っ張る 〔強く引く〕拉 lā，扯 chě，拖拉 tuōlā；〔導く〕指导 zhǐdǎo，引导 yǐndǎo；〔誘い込む〕引诱 yǐnyòu，拉拢 lālǒng；〔長引かせる〕延长 yáncháng
必要 需要 xūyào，必要 bìyào
否定 否定 fǒudìng
ビデオ 录像 lùxiàng，影像 yǐngxiàng；¶～カメラ／摄像机
人 〔人間〕人 rén，人类 rénlèi；〔他人〕别人 biérén，人家 rénjia；〔人柄〕人品 rénpǐn
ひどい 〔残酷〕残酷 cánkù，无情 wúqíng，凶狠 xiōnghěn；〔程度が甚だしい〕非常 fēicháng，严重 yánzhòng，厉害 lìhai；〔劣る〕差 chà；¶～品质／质量太差 ¶～目にあう／倒霉
一息 〔呼吸〕一次呼吸 yīcì hūxī；〔一気に〕一口气 yīkǒuqì；〔小休止〕喘口气 chuǎn kǒuqì；〔あと一歩の努力〕加把劲儿 jiā bǎjìnr
人柄 人品 rénpǐn
ヒトゲノム 人类基因组 rénlèi jīyīnzǔ
人込み 人群 rénqún
人差し指 食指 shízhǐ
等しい 相等 xiāngděng，相同 xiāngtóng，一样 yīyàng
人質 人质 rénzhì
一つ 〔数〕一 yī，一个 yīge；〔年齢〕一岁 yī suì；〔同一〕同一个 tóngyīge，相同 xiāngtóng；〔一種〕…之一 zhīyī，…的一种 de yī zhǒng
人手 〔他人の手中〕别人的手里 biérén de shǒulǐ；〔労働力〕劳动力 láodònglì，人手 rénshǒu；¶～に渡る／归别人所有
人並 一般 yībān，普通 pǔtōng
人波 人海 rénhǎi
人前 众人面前 zhòngrén miànqián
瞳 瞳孔 tóngkǒng，眼睛 yǎnjing
一目 看一眼 kàn yīyǎn；¶～惚れ／一见钟情

人目 众目 zhòngmù；¶～を引く／引人注目
一人 一个人 yī ge rén，单独 dāndú
一人っ子 独生子 dúshēngzǐ，独生女 dúshēngnǚ
独りでに 自然地 zìrán de，自动地 zìdòng de
一人一人 一个人一个人 yī ge rén yī ge rén，每个人 měi ge rén
雛 雏鸟 chúniǎo，小鸟 xiǎoniǎo
ひな型 〔模型〕模型 móxíng；〔見本〕样式 yàngshì
日向 向阳处 xiàngyángchù
非難 指责 zhǐzé，谴责 qiǎnzé
避難 避难 bìnàn
ビニール 塑料 sùliào，乙烯树脂 yǐxī shùzhī；¶～袋／塑料袋
皮肉 讽刺 fěngcì，挖苦 wāku
否認 否认 fǒurèn
避妊 避孕 bìyùn
微熱 低烧 dīshāo
捻る 〔ねじる〕拧 nǐng，捻 niǎn；〔身体を〕扭转 niǔzhuǎn；〔考える〕动脑筋 dòng nǎojīn；〔工夫する〕别出心裁 bié chū xīn cái
日の入り 日落 rìluò
日の出 日出 rìchū
批判 批评 pīpíng
ひび 裂纹 lièwén，裂痕 lièhén
響く 〔音が反響する〕响 xiǎng，回响 huíxiǎng；〔振動が伝わる〕震动 zhèndòng；〔心を打つ〕打动 dǎdòng；〔影響する〕影响 yǐngxiǎng
批評 评论 pínglùn
皮膚 皮肤 pífū
非凡 非凡 fēifán，卓绝 zhuójué
暇 〔自由に使える時間〕时间 shíjiān，空 kòng，工夫 gōngfu；〔休暇〕休息 xiūxi；〔商売が〕冷清 lěngqīng
ヒマワリ 向日葵 xiàngrìkuí
肥満 肥胖 féipàng
秘密 秘密 mìmì
悲鳴 〔叫び声〕惊叫 jīngjiào，叫声 jiàoshēng；〔泣き言〕叫苦 jiàokǔ
紐 绳子 shéngzi
冷や汗 冷汗 lěnghàn
冷やかす 〔からかう〕戏弄 xìnòng，嘲弄 cháonòng；〔商店などを〕逛 guàng，光看

飛躍 〔跳躍〕跳跃 tiàoyuè, 跃上 yuèshàng;〔発展する〕飞跃 fēiyuè, 跃进 yuèjìn;〔論理などが段階的でない〕飞跃 fēiyuè, 不连贯 bù liánguàn

百 百 bǎi, 一百 yībǎi

日焼け 晒黑 shàihēi

冷やす 〔温度を下げる〕冷却 lěngquè, 冰镇 bīngzhèn;〔冷静にさせる〕使…冷静 shǐ…lěngjìng

冷ややか 冷冰冰 lěngbīngbīng, 冷淡 lěngdàn

ヒヤリング 〔聴力〕听力 tīnglì;〔公聴会〕公听会 gōngtīnghuì

比喩 比喩 bǐyù

ヒューズ 保险丝 bǎoxiǎnsī

表 表 biǎo, 表格 biǎogé;¶～に記入する／填表

票 票 piào;¶選挙～／选票

ヒョウ 豹 bào

費用 费用 fèiyòng, 经费 jīngfèi

秒 秒 miǎo;¶～よみ／倒计时

病院 医院 yīyuàn

美容院 美容院 měiróngyuàn

評価 〔評定する〕评价 píngjià;〔価値を認める〕肯定 kěndìng

病気 病 bìng

表現 表现 biǎoxiàn, 表达 biǎodá

表示 表示 biǎoshì, 表明 biǎomíng, 标示 biāoshì

病室 病房 bìngfáng

描写 描写 miáoxiě, 描画 miáohuà

標準 标准 biāozhǔn;¶～語／普通话

表彰 表扬 biǎoyáng;¶～状／奖状

表情 表情 biǎoqíng

病人 病人 bìngrén

評判 评价 píngjià, 风声 fēngshēng, 传闻 chuánwén

表面 表面 biǎomiàn, 外面 wàimiàn

日除け 遮阳物 zhēyángwù

ひよこ 雏鸡 chújī

日和 天气 tiānqì

ビラ 传单 chuándān, 招贴 zhāotiē

平泳ぎ 蛙泳 wāyǒng

平仮名 平假名 píngjiǎmíng

開き 〔格差〕差距 chājù, 距离 jùlí;〔終了する〕散会 sànhuì, 结束 jiéshù;〔魚の〕干鱼 gānyú

開き直る 翻脸 fānliǎn

開く 〔あける〕开 kāi, 打开 dǎkāi;〔差が〕拉开 lākāi, 有差距 yǒu chājù;〔開催する〕开办 kāibàn;¶店を～／开张

平たい 平 píng, 扁平 biǎnpíng, 平坦 píngtǎn

ピラミッド 金字塔 jīnzìtǎ

ヒラメ 牙鲆 yápíng

閃き 〔光〕闪光 shǎnguāng;〔頭の働き〕灵感 línggǎn, 闪现 shǎnxiàn

閃く 〔光る〕闪光 shǎnguāng;〔考えが浮かぶ〕突然想出 tūrán xiǎngchū, 闪念 shǎnniàn

びり 最后一名 zuìhòu yīmíng, 倒数第一 dàoshǔ dìyī

ピリオド 句号 jùhào;¶～を打つ／结束

肥料 肥料 féiliào

昼 〔日中〕白天 báitiān,〔正午〕中午 zhōngwǔ;¶～飯／午饭 ¶～休み／午休

ビル 〔錠剤〕药丸 yàowán, 丸药 wányào;〔避妊薬〕口服避孕药 kǒufú bìyùnyào

ビル(ディング) 大楼 dàlóu, 高楼 gāolóu, 大厦 dàshà

翻す 〔向きを変える〕翻 fān, 翻转 fānzhuǎn, 闪身 shǎnshēn;〔言葉や態度を〕推翻 tuīfān;〔旗など〕飘扬 piāoyáng;¶反旗を～／背叛

広い 〔面積・幅〕宽 kuān, 宽广 kuānguǎng, 宽大 kuāndà;〔範囲〕广泛 guǎngfàn, 宽 kuān;〔心が〕宽大 kuāndà

ヒロイン 女主人公 nǚzhǔréngōng

拾う 〔落ちているものを取り上げる〕拣 jiǎn;〔選び取る〕挑选 tiāoxuǎn;¶タクシーを～／打的 dī, 叫车 ¶命拾い／幸免于难

疲労 疲劳 píláo

広がる 〔面積・空間が〕扩大 kuòdà, 变宽 biànkuān;〔範囲・影響が〕扩展 kuòzhǎn, 蔓延 mànyán;〔目前にひらける〕开阔 kāikuò, 展现 zhǎnxiàn

広げる 〔物事や面積を〕扩大 kuòdà, 扩展 kuòzhǎn;〔閉じたものを〕打开 dǎkāi, 开展 kāizhǎn;¶事業を～／拓展事业 ¶傘を～／把伞打开

広さ 面积 miànjī, 大小 dàxiǎo, 宽度 kuān-

dù
広場 广场 guǎngchǎng
広間 大房间 dàfángjiān, 大厅 dàtīng
広まる 〔範囲が〕扩大 kuòdà;〔行き渡る〕普及 pǔjí;〔伝播する〕传播 chuánbō, 蔓延 mànyán;¶うわさが～／风声传开
広める 〔範囲を〕扩大 kuòdà, 增长 zēngzhǎng, 扩展 kuòzhǎn;〔行き渡らせる〕传播 chuánbō, 推广 tuīguǎng
品 品格 pǐngé, 风度 fēngdù
瓶 瓶 píng
便 〔船・飛行機〕航班 hángbān;〔手紙〕信件 xìnjiàn, 邮件 yóujiàn;¶定期～／定期航线 ¶航空～／空运,空邮 ¶宅配～／送货上门服务
ピン 〔針〕针 zhēn;〔ボウリング〕球瓶 qiúpíng;〔ゴルフ〕旗杆 qígān;¶ヘア～／发卡 ¶押し～／图钉 ¶安全～／别针
敏感 敏感 mǐngǎn
ピンク 〔色〕粉红色 fěnhóngsè, 粉色 fěnsè;〔色情的〕色情 sèqíng
貧血 贫血 pínxuè
品質 质量 zhìliàng
貧弱 〔体格や身なりが〕瘦弱 shòuruò, 寒伧 hánchen;〔内容がとぼしい〕贫乏 pínfá
品種 品种 pǐnzhǒng
便乗 〔一緒に乗る〕搭乘 dāchéng;〔機会をとらえる〕趁机 chènjī
便箋 信纸 xìnzhǐ
ピンチ 困境 kùnjìng, 危机 wēijī
ヒント 暗示 ànshì, 启发 qǐfā, 提示 tíshì
頻繁 频繁 pínfán, 屡次 lǚcì
貧乏 贫穷 pínqióng, 贫苦 pínkǔ
ピンポン 乒乓球 pīngpāngqiú
ひんやり 凉丝丝 liángsīsī, 冷飕飕 lěngsōusōu

■ふ■■■■■
ファーストフード 快餐 kuàicān
歩合 比率 bǐlǜ, 率 lǜ
無愛想 冷淡 lěngdàn, 简慢 jiǎnmàn
ファイト 〔闘志〕斗志 dòuzhì;〔掛け声〕加油 jiāyóu
ファイル 〔文房具〕文件夹 wénjiànjiā;〔整理保存する〕保存 bǎocún, 存档 cúndàng;〔コンピュータ〕文件 wénjiàn

ファスナー 拉链 lāliàn, 拉锁 lāsuǒ
ファックス 传真 chuánzhēn
ファッション 〔服装〕时装 shízhuāng;〔流行〕时尚 shíshàng, 时兴 shíxīng
ファン …迷 mí, 爱好者 àihàozhě;¶野球～／棒球迷
不安 不安 bù'ān, 担心 dānxīn
不安定 不稳定 bù wěndìng
ファンデーション 粉底霜 fěndǐshuāng
不意 突然 tūrán, 意外 yìwài
フィルター 〔ろ過器〕过滤器 guòlǜqì;〔写真・印刷の〕滤光镜 lǜguāngjìng
フィルム 〔カメラ〕胶卷 jiāojuǎn;〔映画〕影片 yǐngpiàn
…風 〔風格・様式〕风格 fēnggé, 风味 fēngwèi;〔態度〕态度 tàidù, 样子 yàngzi;¶和～／日本风味
封 封口 fēngkǒu;¶～印／封印
風格 风格 fēnggé, 风度 fēngdù
風景 风景 fēngjǐng
封鎖 封锁 fēngsuǒ
風刺 讽刺 fěngcì
封じる 〔封をする〕封上 fēngshang, 密封 mìfēng;〔ふさぐ〕封锁 fēngsuǒ;〔阻止する〕阻止 zǔzhǐ
風船 气球 qìqiú;¶～ガム／泡泡糖
ブーツ 靴子 xuēzi
風土 风土 fēngtǔ, 水土 shuǐtǔ;¶～病／地方病
フード 〔衣服の〕兜帽 dōumào, 头巾 tóujīn;〔覆い〕盖子 gàizi, 罩子 zhàozi;¶レンジ～／抽油烟机
封筒 信封 xìnfēng
夫婦 夫妻 fūqī, 夫妇 fūfù
ブーム 流行 liúxíng, 热潮 rècháo
風流 雅致 yǎzhì, 优雅 yōuyǎ, 风流 fēngliú
プール 〔水泳〕游泳池 yóuyǒngchí;〔置き場〕存放处 cúnfàngchù;〔ためる〕储备 chǔbèi;¶余剰金を～する／储备余款 ¶モーター～／汽车停放场
不運 运气不好 yùnqi bù hǎo, 倒霉 dǎoméi
笛 〔楽器〕笛子 dízi;〔ホイッスル〕哨子 shàozi
フェイント 佯攻 yánggōng, 假动作 jiǎdòngzuò
フェリー（ボート） 轮渡 lúndù, 渡船 dù-

chuán

増える 増加 zēngjiā, 増长 zēngzhǎng

フォーク 叉子 chāzi, 餐叉 cānchā

フォーマット 格式 géshì, 形式 xíngshì; ¶～する／格式化

フォーラム 论坛 lùntán

不可 不可 bùkě, 不行 bùxíng

深い 深 shēn

不快 〔不愉快〕不愉快 bù yúkuài, 不高兴 bù gāoxìng;〔病気〕不舒服 bù shūfu

付加価値 附加价值 fùjiā jiàzhí

不覚 〔油断する〕失败 shībài;〔思わず〕不由得 bùyóude, 不知不觉 bùzhī bùjué;〔意識がない〕失去知觉 shīqù zhījué; ¶一生の～／终生的过错 ¶前後～に酔う／酩酊大醉

不可欠 不可缺少 bù kě quē shǎo

深さ 深度 shēndù

深み 深处 shēnchù; ¶～のある味／味道醇厚 chúnhòu

武器 武器 wǔqì

吹き替え 〔音声の〕配音 pèiyīn;〔代役〕替身 tìshēn

不機嫌 不高兴 bù gāoxìng

吹き込む 〔風が〕刮进 guājìn;〔雨雪が〕溯进 shàojìn;〔録音〕录音 lùyīn;〔入れ知恵〕教 jiāo, 灌输 guànshū

不吉 不吉祥 bù jíxiáng

不気味 可怕 kěpà, 令人害怕 lìng rén hàipà

普及 普及 pǔjí

不況 不景气 bù jǐngqì, 萧条 xiāotiáo

不器用 不灵巧 bù língqiǎo, 拙笨 zhuōbèn

付近 附近 fùjìn, 一带 yídài

吹く・噴く 〔風が〕刮 guā, 吹 chuī;〔息を〕吹 chuī;〔楽器を〕吹 chuī;〔吹聴する〕说大话 shuō dàhuà;〔噴き出る〕冒出 màochū, 喷出 pēnchū;〔芽吹く〕发 fā, 长 zhǎng

拭く 擦 cā

服 衣服 yīfu

副 副 fù; ¶～作用／副作用

福 幸福 xìngfú, 福 fú

フグ 河豚 hétún

不遇 不得志 bù dézhì, 不幸 bùxìng

複合 复合 fùhé; ¶～污染／多重污染

複雑 复杂 fùzá

福祉 福利 fúlì

複写 〔コピー機で〕复印 fùyìn, 拷贝 kǎobèi;〔手で〕复写 fùxiě, 抄写 chāoxiě; ¶カーボン紙で～する／用复写纸复写

復習 复习 fùxí

復讐 报仇 bàochóu, 复仇 fùchóu

服従 服从 fúcóng

複数 复数 fùshù, 几个 jǐ ge; ¶～の選択肢から選ぶ／在几个候选中选择

服装 服装 fúzhuāng

不屈 不屈不挠 bù qū bù náo

腹痛 肚子痛 dùzitòng

福引き 抽奖 chōujiǎng, 抽彩 chōucǎi

含む 〔含有する〕含 hán, 包含 bāohán, 含有 hányǒu;〔考慮する〕记在心里 jìzài xīnli;〔口に〕含 hán;〔感情に〕带有 dàiyǒu, 怀有 huáiyǒu; ¶消费税を～／包含消费税的价格 ¶その点お含みおき下さい／这一点请给予考虑 ¶とげを～言葉／带刺的话 ¶憂いを～／脸带愁容

ふくらはぎ 腿肚子 tuǐdùzi

膨らむ 〔物が〕鼓起 gǔqǐ, 膨胀 péngzhàng, 隆起 lóngqǐ;〔夢や希望が〕越来越大 yuèláiyuè dà, 远大 yuǎndà

袋 口袋 kǒudai, 带(子) dài(zi)

ふけ 头皮屑 tóupíxiè

父兄 家长 jiāzhǎng

不景気 不景气 bù jǐngqì, 萧条 xiāotiáo

不潔 不干净 bù gānjìng, 不卫生 bù wèishēng

老ける 老 lǎo, 老化 lǎohuà

更ける 深 shēn, 夜深 yèshēn

耽る 热中 rèzhōng, 埋头 máitóu; ¶物思いに～／沉浸在冥想中

不幸 不幸 bùxìng; ¶身内に～があり帰省する／家有丧事, 要回老家

符号 符号 fúhào, 记号 jìhao

富豪 富豪 fùháo

房 〔装飾の〕穗 suì, 缨 yīng, 流苏 liúsū;〔植物の〕串 chuàn, 嘟噜 dūlu

ブザー 蜂鸣器 fēngmíngqì, 门铃 ménlíng

負債 债务 zhàiwù, 负债 fùzhài

不細工 〔物の作りが悪い〕不精致 bù jīngzhì, 粗糙 cūcāo, 不好看 bù hǎokàn;〔容貌が〕难看 nánkàn, 丑 chǒu

塞がる 〔詰まる〕堵塞 dǔsè, 堵 dǔ, 不畅 bùchàng;〔閉じる〕关 guān, 闭 bì;〔空き

不作 歉收 qiànshōu, 收成不好 shōucheng bù hǎo
塞ぐ 〔すきまを〕堵上 dǔshang, 堵塞 dǔsè;〔さえぎる〕占住 zhànzhu, 挡住 dǎngzhu;〔気持ちが〕郁闷 yùmèn
ふざける 〔たわむれる〕闹着玩儿 nàozhe wánr, 打闹 dǎnào, 开玩笑 kāi wánxiào;〔馬鹿にする〕愚弄 yúnòng, 戏弄 xìnòng
無作法 没礼貌 méi lǐmào, 没教养 méi jiàoyǎng
ふさわしい 适合 shìhé, 相称 xiāngchèn
節 〔竹・樹木の〕节 jié, 节眼 jiéyǎn;〔身体の〕关节 guānjié;〔歌の〕调子 diàozi, 曲调 qǔdiào;〔箇所〕地方 dìfang, 点 diǎn;〔区切り〕阶段 jiēduàn; ¶疑わしき～がある/有疑点 ¶人生の～目/人生的阶段
無事 〔平穏〕平安 píng'ān, 安稳 ānwěn;〔順調〕顺利 shùnlì;〔健康〕无恙 wúyàng, 健康 jiànkāng
不思議 奇怪 qíguài, 不可思议 bù kě sī yì
不死身 硬骨头 yìnggǔtou
不自由 〔不便〕不方便 bù fāngbiàn, 不如意 bù rúyì;〔金銭がない〕缺钱 quēqián;〔障害がある〕不方便 bù fāngbiàn, 有残疾 yǒu cánjí, ¶目の～な人/视觉残疾人, 盲人
不十分 不充分 bù chōngfèn, 不足 bùzú
侮辱 侮辱 wǔrǔ
不振 不佳 bùjiā, 不好 bùhǎo
不審 怀疑 huáiyí, 可疑 kěyí, 疑惑 yíhuò
婦人 妇女 fùnǚ
不親切 不热情 bù rèqíng, 不亲切 bù qīnqiè
不正 不正当 bù zhèngdàng, 非法 fēifǎ
風情 〔趣き〕情趣 qíngqù, 风趣 fēngqù;〔ようす〕样子 yàngzi, 情况 qíngkuàng;〔謙遜・軽蔑〕像…样的 xiàng … yàng de, …之辈 …zhībèi; ¶私～には…/像我这样的人来说…
防ぐ 预防 yùfáng, 防止 fángzhǐ
伏せる 〔身体を下向きに〕趴 pā, 趴下 pāxia;〔物を裏向きに〕扣 kòu, 倒扣 dàokòu;〔事実を隠す〕隐蔽 yǐnbì, 不公开 bù gōngkāi; ¶病に～/卧床
不足 不够 bùgòu, 不足 bùzú, 缺 quē
付属 附属 fùshǔ; ¶～品/附件
不揃い 不齐全 bù qíquán, 不整齐 bù zhěngqí

蓋 盖(子) gài(zi)
札 〔ラベル〕标签 biāoqiān, 牌 pái;〔カードゲームの〕牌 pái;〔お守り〕护身符 hùshēnfú; ¶名～/名签 ¶番号～/号码牌
ブタ 猪 zhū
舞台 舞台 wǔtái
双子 双胞胎 shuāngbāotāi
再び 再 zài, 又 yòu, 重 chóng
二つ 〔数〕两个 liǎng ge, 二 èr;〔年齢〕两岁 liǎng suì; ¶うり～/一模一样
負担 负担 fùdān, 重担 zhòngdàn
不断 不断 bùduàn; ¶優柔～/优柔寡断
普段 平时 píngshí, 平常 píngcháng
縁 边 biān, 框 kuàng
不通 不通 bùtōng, 断绝 duànjué
普通 普通 pǔtōng, 一般 yìbān
物価 物价 wùjià
復活 恢复 huīfù
二日酔い 宿醉 sùzuì
ぶつかる 〔衝突〕碰 pèng, 撞 zhuàng;〔出会う〕碰上 pèngshang, 遇到 yùdào;〔対立〕争吵 zhēngchǎo, 分歧 fēnqí, 冲突 chōngtū;〔立ち向かう〕敢于面对 gǎnyú miànduì;〔かち合う〕赶到一起 gǎndào yìqí; ¶二つの会議が～/两个会议赶在一起
復帰 恢复 huīfù
復旧 修复 xiūfù, 恢复 huīfù
仏教 佛教 Fójiào
腹筋 腹肌 fùjī
ぶつける 〔投げつける〕投 tóu, 扔 rēng;〔当てる〕碰 pèng, 撞 zhuàng;〔怒りなどを〕发泄 fāxiè;〔対抗させる〕编组 biānzǔ, 配合 pèihé
復興 复兴 fùxīng, 重建 chóngjiàn
物騒 不安宁 bù ānníng, 动荡 dòngdàng, 危险 wēixiǎn
沸騰 〔水が〕水开 shuǐ kāi;〔白熱する〕欢腾 huānténg, 群情激昂 qúnqíng jī'áng; ¶人気が～する/声望高
筆 笔 bǐ, 毛笔 máobǐ
不手際 做得不周 zuòde bùzhōu, 措施不当 cuòshī bùdàng, 出差错 chū chācuò
ふと 忽然 hūrán, 突然 tūrán, 不料 bùliào
太い 〔物の大きさが〕粗 cū, 粗大 cūdà;〔身体が〕肥胖 féipàng;〔大胆〕胆子大 dǎn-

zi dà, 大胆 dàdǎn
不当 不正当 bù zhèngdàng, 非法 fēifǎ
埠頭 码头 mǎtóu
不動 不动 bùdòng, 坚定 jiāndìng
葡萄 葡萄 pútao
不動産 房地产 fángdìchǎn
不得意 不善于 bù shànyú, 不擅长 bù shàncháng
懷 〔胸もと〕怀 huái, 怀抱 huáibào;〔資金〕腰包 yāobāo;〔山に囲まれた場所〕山坳 shān'ào;〔考え〕心里 xīnli, 内心 nèixīn
太もも 大腿 dàtuǐ
太る 〔人間〕发胖 fāpàng, 胖 pàng;〔動物〕肥 féi
布団 被褥 bèirù; ¶掛け〜／被子 ¶敷き〜／褥子
赴任 赴任 fùrèn, 上任 shàngrèn; ¶単身〜／只身赴任
船 船 chuán, 船舶 chuánbó
腐敗 〔物質が〕腐烂 fǔlàn, 腐败 fǔbài;〔精神が〕腐败 fǔbài
不評 评价不高 píngjià bù gāo
部品 零件 língjiàn, 部件 bùjiàn; ¶スペア〜／备件
吹雪 暴风雪 bàofēngxuě
不服 〔不満〕不满 bùmǎn, 有意见 yǒu yìjiàn;〔納得しない〕不同意 bù tóngyì, 不接受 bù jiēshòu;〔従わない〕不服从 bù fúcóng
不平 牢骚 láosao, 不满 bùmǎn
不便 不方便 bù fāngbiàn, 不便 bùbiàn
父母 父母 fùmǔ; ¶〜会／家长会
不法 非法 fēifǎ, 违法 wéifǎ
訃報 讣告 fùgào
不満 不满 bùmǎn, 牢骚 láosao
踏み切り 〔鉄道〕铁道口 tiědàokǒu;〔陸上競技〕起跳 qǐtiào
踏み台 〔台〕脚凳子 jiǎodèngzi, 梯凳 tīdèng;〔足がかり〕跳板 tiàobǎn, 垫脚石 diànjiǎoshí; ¶友人を〜に出世する／把朋友当作发迹的跳板
踏み出す 〔歩みだす〕迈出 màichū, 迈步 màibù;〔新規に始める〕迈出 màichū, 着手 zhuóshǒu, 开始 kāishǐ;〔足がラインを超える〕踩出 cǎichū
踏みにじる 践踏 jiàntà; ¶好意を〜／辜负

姑父 gūfù 一片好心
踏みはずす 〔踏みそこなう〕踩空 cǎikōng, 失足 shīzú;〔道義に外れる〕失足 shīzú; ¶道を〜／走上邪路
不眠 〔眠らない〕不眠 bù mián;〔眠れない〕失眠 shīmián; ¶〜不休／夜以继日
踏む 〔足で押さえる〕踏 tà, 踩 cǎi;〔経験〕体验 tǐyàn, 经验 jīngyàn;〔見積もる〕估计 gūjì, 预测 yùcè;〔手続などを〕经过 jīngguò, 办理 bànlǐ; ¶韻を〜／押韵
不明 不明 bùmíng, 不清楚 bù qīngchu
不毛 〔作物が育たない〕不毛 bùmáo, 不生草木 bù shēng cǎomù;〔成果がない〕没有意义 méiyǒu yìyì, 无进展 wú jìnzhǎn
麓 山脚 shānjiǎo, 山麓 shānlù
部門 部门 bùmén
ふやかす 泡软 pàoruǎn, 泡涨 pàozhàng
ふやける 发涨 fāzhàng, 泡涨 pàozhàng
増やす 增加 zēngjiā
冬 冬天 dōngtiān, 冬季 dōngjì
扶養 〔子供や一家を〕扶养 fúyǎng;〔親を〕赡养 shànyǎng
フライ 油炸（食物）yóuzhá(shíwù); ¶〜パン／煎锅
フライト 〔飛行する〕飞行 fēixíng;〔定期便〕航班 hángbān
プライド 自尊心 zìzūnxīn
プライバシー 隐私 yǐnsī, 隐私权 yǐnsīquán
プライベート 私人 sīrén, 个人 gèrén
ブラインド 百叶窗 bǎiyèchuāng, 遮帘 zhēlián
ブラウス （女式）衬衫 (nǚshì)chènshān
プラグ 插头 chātóu
ぶら下がる 〔垂れ下がる〕挂 guà, 悬 xuán, 吊 diào;〔容易に手に入る状態〕就在眼前 jiùzài yǎnqián, 眼看倒手 yǎnkàn dàoshǒu;〔頼る〕依赖 yīlài; ¶枝に〜／悬在枝上
ぶら下げる 〔つりさげる〕挂 guà, 悬 xuán;〔手に持つ〕提 tí
ブラシ 刷子 shuāzi; ¶歯〜／牙刷 ¶ヘア〜／发刷
ブラジャー 乳罩 rǔzhào, 胸罩 xiōngzhào
プラス 〔足す〕加 jiā, 添加 tiānjiā;〔良い面〕正面 zhèngmiàn, 益处 yìchù, 好处 hǎochù;〔黒字〕盈余 yíngyú;〔正数〕正数

zhèngshù;〔電極〕阳极 yángjí, 正极 zhèngjí;¶～アルファ／稍微加上 ¶～思考／积极的想法

プラスチック 塑料 sùliào

ブラスバンド 铜管乐队 tóngguǎnyuèduì

プラズマ 等离子体 děnglízǐtǐ;¶～テレビ／等离子电视

プラチナ 白金 báijīn, 铂 bó

ぶらつく 散步 sànbù, 闲逛 xiánguàng, 溜达 liūda

フラッシュ 闪光(灯) shǎnguāng(dēng)

プラットホーム 月台 yuètái, 站台 zhàntái

プラネタリウム 天象仪 tiānxiàngyí

プラモデル 塑料模型 sùliào móxíng

プラン 计划 jìhuà, 规划 guīhuà, 方案 fāng'àn

ブランク 空白 kòngbái

ぶらんこ 秋千 qiūqiān

フランス 法国 Fǎguó

フランチャイズ 特许经营权 tèxǔ jīngyíngquán;¶～チェーン／特许连锁

ブランデー 白兰地 báilándì

ブランド 商标 shāngbiāo, 品牌 pǐnpái;¶有名～／名牌

プラント 成套设备 chéngtào shèbèi

振り 〔振り動かす〕摆动 bǎidòng, 挥动 huīdòng;〔振る舞い〕举止 jǔzhǐ, 姿态 zītài;〔それらしく装う〕装作 zhuāngzuò, 假装 jiǎzhuāng;〔芝居の動き〕动作 dòngzuò;¶腕の～／双臂摆动 ¶見えない～／装作看不见

フリー 〔自由〕自由 zìyóu;〔無所属〕自由 zìyóu, 无所属 wúsuǒshǔ;〔無料〕免费 miǎnfèi;¶～タイム／自由时间 ¶～ランス／自由合同者 ¶～ダイヤル／免费电话

フリース 摇粒绒 yáolìróng

フリーター 临时工 línshígōng

振り替え 〔交換〕调换 diàohuàn, 代替 dàitì;〔金銭の〕转帐 zhuǎnzhàng;¶～休日／倒休 dǎoxiū

ぶり返す 〔病気〕复发 fùfā;〔物事〕重来 chónglái

振り返る 〔振り向く〕回头 huítóu;〔回顾する〕回顾 huígù, 回想 huíxiǎng

振り切る 〔振り放す〕挣开 zhēngkāi, 甩开 shuǎikāi;〔拒絶する〕断然拒绝 duànrán jùjué;〔逃げ切る〕甩开 shuǎikāi, 拉开 lākāi

振り込み 汇款 huìkuǎn, 存入 cúnrù

振り向く 〔振り返る〕回头 huítóu, 回身 huíshēn;〔関心を持つ〕关心 guānxīn, 感兴趣 gǎn xìngqù, 留意 liúyì

不良 〔品質や状態が〕不好 bùhǎo, 不良 bùliáng;〔品行が〕品行不好 pǐnxíng bùhǎo, 流氓 liúmáng

武力 武力 wǔlì

フリル 褶边 zhěbiān, 饰边 shìbiān

不倫 不道德 bù dàodé;¶～の恋／婚外恋

プリン 布丁 bùdīng

プリンター 〔印刷専用機〕印刷机 yìnshuājī;〔コンピュータ用〕打印机 dǎyìnjī;¶インクジェット～／喷墨打印机 ¶レーザー～／激光打印机

プリント 〔印刷〕印刷 yìnshuā;〔写真〕冲印 chōngyìn;〔布地への染め付け〕印花 yìnhuā

振る 〔振り動かす〕摇 yáo, 晃 huàng, 挥 huī, 摆 bǎi;〔撒く〕撒 sǎ, 洒 sǎ;〔拒絶する〕拒绝 jùjué, 甩 shuǎi;〔割り当てる〕分配 fēnpèi, 分派 fēnpài, 打 dǎ;〔失う・無駄にする〕失去 shīqù;¶塩を～／撒盐 ¶彼女にふられた／被女朋友甩了 ¶支配人の地位を～／失去经理职位 ¶ルビを～／标柱读音假名

降る 下 xià, 落 luò

古い 〔年月を経ている〕老 lǎo, 旧 jiù, 古老 gǔlǎo;〔時代遅れ〕陈旧 chénjiù, 落后 luòhòu;〔新鮮味がない〕不新鲜 bù xīnxiān, 不新奇 bù xīnqí;〔過去のこと〕从前 cóngqián, 以往 yǐwǎng

フルート 长笛 chángdí

ブルーベリー 蓝莓 lánméi, 南方越橘 nánfāng yuèjú

震える 〔振動する〕震动 zhèndòng, 颤动 chàndòng;〔身体が〕哆嗦 duōsuo, 发抖 fādǒu

故郷 故乡 gùxiāng, 家乡 jiāxiāng

ブルドーザー 推土机 tuītǔjī

古本 旧书 jiùshū

振る舞う 〔行動〕行动 xíngdòng;〔もてなし〕请客 qǐngkè

ブレーカー 断路器 duànlùqì, 电闸 diànzhá

ブレーキ 〔車・機械の〕闸 zhá, 制动器 zhìdòngqì;〔制止する〕制止 zhìzhǐ;¶～をか

ける／刹车 ¶～を緩める／松了制动器
ブレーン 头脑 tóunǎo, 智囊 zhìnáng
フレキシブル 灵活 línghuó
ブレスレット 手镯 shǒuzhuó
プレゼンテーション 提示 tíshì, 呈现 chéngxiàn
プレゼント 礼物 lǐwù; ¶～を送る／送礼物
フレックスタイム 弹性工作时间 tánxìng gōngzuò shíjiān
プレミアム 溢价 yìjià, 升水 shēngshuǐ
触れる 〔さわる〕触 chù, 摸 mō, 接触 jiēchù;〔体験する〕体验 tǐyàn, 感受 gǎnshòu;〔法律に〕冒犯 màofàn, 触犯 chùfàn;〔言及する〕提到 tídào, 谈到 tándào; ¶目に～／看到 ¶折に触れて／偶尔 ǒu'ěr
風呂 〔浴室〕澡塘 zǎotáng;〔入浴〕洗澡 xǐzǎo
プロ（フェッショナル） 专业 zhuānyè, 职业 zhíyè
ブローカー 经纪人 jīngjìrén,（买卖）中介人（mǎimài）zhōngjièrén
ブローチ 别针 biézhēn
ブロードバンド 宽带 kuāndài
付録 附录 fùlù, 副刊 fùkān
ブログ 博客 bókè
プログラマー 程序员 chéngxùyuán
プログラム 〔番組・演目〕节目 jiémù;〔冊子〕节目单 jiémùdān;〔予定〕计划 jìhuà, 方案 fāng'àn, 日程安排 rìchéng ānpái;〔コンピュータ〕程序 chéngxù
プロジェクト 项目 xiàngmù, 工程 gōngchéng
フロッピーディスク 软盘 ruǎnpán
プロデューサー 制作人 zhìzuòrén;〔映画の〕制片人 zhìpiànrén
プロデュース 计划 jìhuà;〔演劇や番組の〕演出 yǎnchū;〔映画の〕制片 zhìpiàn
プロバイダー （网络）服务商（wǎngluò）fúwùshāng, 提供商 tígōngshāng
プロフィール 〔人物紹介〕人物简介 rénwù jiǎnjiè;〔側面〕侧面（像）cèmiàn(xiàng), 轮廓 lúnkuò
プロペラ 螺旋桨 luóxuánjiǎng, 推进器 tuījìnqì
プロポーズ 求婚 qiúhūn
フロンガス 氟利昂 fúlì'áng
フロント 〔ホテルなど〕前台 qiántái, 总服务台 zǒngfúwùtái;〔正面〕正面 zhèngmiàn, 前面 qiánmiàn; ¶～ガラス／挡风玻璃
分 分 fēn, 分种 fēnzhōng; ¶ 3 時 15 ～／3 点 15 分 ¶ 20 ～間／20 分种
分 〔割り当て〕份儿 fènr, 部分 bùfen;〔本分・地位〕身份 shēnfèn, 地位 dìwèi;〔部分〕部分 bùfen;〔分量〕量 liàng, 数量 shùliàng;〔程度・状態〕程度 chéngdù, 样子 yàngzi; ¶～不相応／身份不相称 ¶この～では間に合わない／照这个样子恐怕来不及
文 〔文章〕文章 wénzhāng;〔センテンス〕句子 jùzi
雰囲気 气氛 qìfēn, 氛围 fēnwéi
文化 文化 wénhuà
分解 分解 fēnjiě;〔ばらばらにする〕拆开 chāikāi, 解体 jiětǐ, 拆卸 chāixiè
文学 文学 wénxué
分割 分 fēn, 分开 fēnkāi, 分割 fēngē; ¶～払い／分期付款
文庫本 袖珍本 xiùzhēnběn
粉砕 〔細かく砕く〕粉碎 fěnsuì;〔敵を〕粉碎 fěnsuì, 摧毁 cuīhuǐ, 彻底击败 chèdǐ jībài
紛失 丢 diū, 丢失 diūshī, 遗失 yíshī
文書 文件 wénjiàn; ¶～で回答する／书面回答
分譲 分开出售 fēnkāi chūshòu; ¶～住宅／商品房
粉飾 粉饰 fěnshì, 虚饰 xūshì
噴水 喷水 pēnshuǐ
分数 分数 fēnshù
分析 分析 fēnxī
紛争 纠纷 jiūfēn, 争端 zhēngduān
分担 分担 fēndān
奮闘 奋斗 fèndòu
分配 分配 fēnpèi, 分给 fēngěi
踏ん張る 〔こらえる〕坚持 jiānchí, 努力 nǔlì,〔足を踏みしめる〕使劲站住 shǐjìn zhànzhu
分布 分布 fēnbù
分別 〔理性的な判断〕辨别 biànbié, 判断 pànduàn; ¶～のある／通情达理
分別 〔分ける〕分类 fēnlèi; ¶～収集／分类收集
文法 语法 yǔfǎ

文房具　文具（用品）wénjù(yòngpǐn)
分野　领域 lǐngyù，方面 fāngmiàn
分離　分离 fēnlí，分开 fēnkāi
分量　量 liàng，数量 shùliàng
分類　分类 fēnlèi
分裂　分裂 fēnliè

■■■へ■■■■■

ヘア　头发 tóufa；¶～ケア／护发 fà ¶～スタイル／发 fà 型
ペア　一对 yīduì，一双 yīshuāng，成对 chéngduì
ヘアカラー　染发 rǎnfà
ヘアクリーム　发膏 fàgāo，发乳 fàrǔ
ヘアピン　发卡 fàqiǎ，发夹 fàjiā
ヘアブラシ　发刷 fàshuā
塀　墙壁 qiángbì
平穏　平稳 píngwěn，平安 píng'ān
弊害　弊病 bìbìng，弊端 bìduān
平気　冷静 lěngjìng，不介意 bùjièyì，不在乎 bùzàihu
兵器　武器 wǔqì；¶核～／核武器
平均　〔ならす〕平均 píngjūn；〔バランス〕平衡 pínghéng；¶～年齢／平均年龄 ¶～台／平衡木
平行　平行 píngxíng
並行　并行 bìngxíng
平衡　平衡 pínghéng
閉鎖　闭关 bìguān，封锁 fēngsuǒ
兵士　士兵 shìbīng，战士 zhànshì
平日　平日 píngrì
平静　平静 píngjìng，安静 ānjìng，冷静 lěngjìng
閉店　〔一日の営業を終える〕关门 guānmén；〔営業をやめる〕停止营业 tíngzhǐ yíngyè
平年　平年 píngnián；¶～並／跟往年一样
平凡　一般 yībān，普通 pǔtōng
平面　平面 píngmiàn
平野　平原 píngyuán
並列　〔並べる〕并列 bìngliè；〔電気〕并联 bìnglián
平和　和平 hépíng，平安无事 píng'ān wúshì；¶～共存／和平共处
ベーコン　熏猪肉 xūnzhūròu，咸肉 xiánròu
ページ　页 yè
ペース　速度 sùdù，进度 jìndù，步伐 bùfá；¶～メーカー／起搏器 qǐbóqì
…べき　应该 yīnggāi，必须 bìxū；¶食べる～だ／应该吃 ¶見る～ものはない／没有可看的东西
ヘクタール　公顷 gōngqǐng
ヘクトパスカル　百帕 bǎipà
ベクトル　矢量 shǐliàng，向量 xiàngliàng
凹む　〔形が〕凹陷 āoxiàn，瘪 biě；〔気持ちが〕灰心 huīxīn，气馁 qìněi
ベジタリアン　素食主义者 sùshí zhǔyìzhě
ベスト　〔最良〕最佳 zuìjiā，最优 zuìyōu；〔最善〕全力 quánlì；〔チョッキ〕背心 bèixīn；¶～テン／十强 ¶～コンディション／最佳状态 ¶～を尽くす／竭 jié 尽全力
ベストセラー　畅销书 chàngxiāoshū
へそ　〔身体の〕肚脐 dùqí；〔中心〕中心 zhōngxīn；¶～を曲げる／闹别扭 bièniu
へそくり　私房钱 sīfangqián
下手　〔巧みでない〕不高明 bù gāomíng，差 chà，拙劣 zhuōliè；〔不用意〕冒失 màoshī，不慎 bùshèn
隔たる　〔空間が〕相距 xiāngjù，隔离 gélí；〔時間が〕相隔 xiānggé；〔関係が〕疏远 shūyuǎn；〔差がある〕相差 xiāngchà，不一 bùyī
隔てる　〔場所〕隔开 gékāi，分开 fēnkāi；〔時間〕相隔 xiānggé
別　〔区別〕区别 qūbié，分别 fēnbié；〔別個〕别 bié，另 lìng；¶年齢～に実施／按年龄分组进行 ¶～の日に行く／改天去 ¶～料金／另外收费
別荘　别墅 biéshù
ベッド　床 chuáng；¶～タウン／市郊住宅区
ペット　宠物 chǒngwù
ヘッドハンティング　猎头 liètóu
ペットボトル　塑料瓶 sùliàopíng
ヘッドホン　耳机 ěrjī
ベテラン　资深 zīshēn
ペナルティー　〔罰則〕处罚 chǔfá；〔罰金〕罚款 fákuǎn；¶～を科す／处罚
ペニシリン　青霉素 qīngméisù
ベニヤ板　胶合板 jiāohébǎn
蛇　蛇 shé
ベビーカー　婴儿车 yīng'érchē
ベビーシッター　保姆 bǎomǔ
へま　失败 shībài，错误 cuòwù

部屋　房间 fángjiān, 屋子 wūzi
減らす　减少 jiǎnshǎo, 削减 xuējiǎn
ベランダ　阳台 yángtái
へり　边 biān, 缘 yuán
へりくだる　谦虚 qiānxū
ヘリコプター　直升飞机 zhíshēng fēijī
減る　〔減少する〕减 jiǎn, 减少 jiǎnshǎo;〔すり減る〕磨 mó, 磨损 mósǔn;〔空腹〕饿 è
経る　〔時間が経つ〕经过 jīngguò;〔場所を通過する〕通过 tōngguò, 经由 jīngyóu;〔手順を踏む〕经过 jīngguò, 经历 jīnglì
ベル　铃 líng, 钟 zhōng;¶非常～／警铃 ¶始業～／上课铃声
ベルト　皮带 pídài, 腰带 yāodài;¶シート～／安全带 ¶～コンベヤー／传送带
ヘルメット　安全帽 ānquánmào
ペン　笔 bǐ, 钢笔 gāngbǐ;¶ボール～／圆珠笔 ¶水性～／水笔 ¶～ネーム／笔名
変圧器　变压器 biànyāqì
変化　变化 biànhuà
弁解　辩解 biànjiě, 辩明 biànmíng
変革　变革 biàngé, 改革 gǎigé
変換　转换 zhuǎnhuàn, 变换 biànhuàn
返還　归还 guīhuán, 退回 tuìhuí
便宜　权宜 quányí, 方便 fāngbiàn;¶～をはかる／谋求特别处理
ペンキ　油漆 yóuqī
返却　还 huán, 归还 guīhuán
勉強　学习 xuéxí, 用功 yònggōng;¶社会～をする／积累社会经验
返金　还钱 huánqián
ペンギン　企鹅 qǐ'é
偏見　偏见 piānjiàn
弁護　辩护 biànhù
変更　更改 gēnggǎi, 变更 biàngēng
弁護士　律师 lǜshī
返事　〔返答〕回答 huídá, 答复 dáfù;〔返信〕回信 huíxìn
編集　编辑 biānjí;¶～長／总编辑 ¶雑誌を～する／编辑杂志
返上　归还 guīhuán;¶休日～／假日不休息 ¶汚名～／洗刷污名
弁償　赔偿 péicháng
変身　变形 biànxíng, 化为 huàwéi
変人　怪人 guàirén

編成　编成 biānchéng, 组成 zǔchéng
編制　编制 biānzhì, 组织 zǔzhī
変遷　变迁 biànqiān
変装　乔装 qiáozhuāng
変則　不正规 bù zhènggūi, 例外 lìwài
ペンダント　垂饰 chuíshì
ベンチ　长椅 chángyǐ, 长凳 chángdèng
ペンチ　钳子 qiánzi
ベンチャー　风险 fēngxiǎn, 创业 chuàngyè;¶～企业／创业型企业
変動　变动 biàndòng, 变化 biànhuà, 波动 bōdòng;¶～相場／浮动汇率 ¶～利利／浮动利率
弁当　盒饭 héfàn;¶～箱／饭盒
編入　编入 biānrù, 并入 bìngrù, 插入 chārù;¶～試験／插班考试
ペンネーム　笔名 bǐmíng
辺鄙　偏僻 piānpì
便秘　便秘 biànmì
返品　退货 tuìhuò
便利　方便 fāngbiàn
弁論　辩论 biànlùn

■ほ■■■■■
保育園　托儿所 tuō'érsuǒ
拇印　指印 zhǐyìn, 手印 shǒuyìn
ポイント　〔点・場所〕点 diǎn, 地点 dìdiǎn, 地方 dìfang;〔要点〕重点 zhòngdiǎn, 关键 guānjiàn;〔点数・得点〕分数 fēnshù, 得分 défēn;〔小数点〕小数点 xiǎoshùdiǎn;〔百分率の値の差〕百分点 bǎifēndiǎn;〔文字の大きさ〕点 diǎn, 磅 bàng;〔鉄道〕转辙器 zhuǎnzhéqì;¶ウイーク～／弱点 ¶前年比 2～の上昇／比去年上涨了 2 个百分点 ¶会員カードの～を景品と交換する／用会员卡上的分数交换了奖品 ¶セールス～／商品特点
方　〔方向〕方 fāng, 方向 fāngxiàng;〔分野〕方面 fāngmiàn, 领域 lǐngyù;〔複数のうちの一つ〕方 fāng, 一方 yìfāng
法　法 fǎ, 法律 fǎlǜ, 方法 fāngfǎ
棒　棍子 gùnzi, 棒子 bàngzi;¶～グラフ／柱型图 ¶～にふる／白白浪费 ¶足を～にして探す／找来找去, 走得腿都僵 jiāng 了
包囲　包围 bāowéi
貿易　贸易 màoyì;¶～赤字／(贸易)逆差

¶～黒字／(貿易)順差
望遠鏡 望远镜 wàngyuǎnjìng
崩壊 〔物が〕崩溃 bēngkuì, 倒塌 dǎotā;〔組織などが〕垮台 kuǎtái;¶内閣の～／内阁垮台
妨害 妨碍 fáng'ài, 干扰 gānrǎo
方角 方向 fāngxiàng, 方位 fāngwèi
放棄 放弃 fàngqì, 抛弃 pāoqì
箒 扫帚 sàozhou, 苕帚 tiáozhou;¶～で掃く／用扫帚扫扫 dǎsǎo
方言 方言 fāngyán
冒険 冒险 màoxiǎn, 探险 tànxiǎn
方向 〔方角〕方向 fāngxiàng, 方位 fāngwèi;〔進路〕方针 fāngzhēn, 方向 fāngxiàng;¶～転換／转向 ¶～音痴／没有方向感
報告 报告 bàogào, 汇报 huìbào
防災 防灾 fángzāi
豊作 丰收 fēngshōu
防止 防止 fángzhǐ
帽子 帽子 màozi
方式 方式 fāngshì, 方法 fāngfǎ
放射線 放射线 fàngshèxiàn, 辐射线 fúshèxiàn;¶～治療／放射治疗
報酬 报酬 bàochou
方針 方针 fāngzhēn
防水 防水 fángshuǐ
宝石 宝石 bǎoshí
呆然 发呆 fādāi, 发愣 fālèng
放送 播送 bōsòng, 广播 guǎngbō;¶生～／现场直播 ¶～局(ラジオ)／广播电台 ¶～局(テレビ)／广播电视台
包装 包装 bāozhuāng
法則 规律 guīlǜ, 规定 guīdìng, 定律 dìnglǜ
包帯 绷带 bēngdài;¶～を巻く／缠 chán 绑带
厖大 庞大 pángdà, 巨大 jùdà
包丁 菜刀 càidāo
傍聴 旁听 pángtīng
膨張 〔膨らむ〕膨胀 péngzhàng;〔拡大する〕增加 zēngjiā, 扩展 kuòzhǎn;¶予算が～する／预算增加
法廷 法庭 fǎtíng
報道 报道 bàodào;¶～番組／新闻报道节目
忘年会 年终联欢会 niánzhōng liánhuānhuì

防犯 防盗 fángdào;¶～グッズ／防盗用品
褒美 奖励 jiǎnglì, 奖品 jiǎngpǐn
抱負 抱负 bàofù
豊富 丰富 fēngfù
方法 方法 fāngfǎ, 办法 bànfǎ
方面 〔方向〕方向 fāngxiàng;〔分野〕方面 fāngmiàn, 领域 lǐngyù
訪問 访问 fǎngwèn, 拜访 bàifǎng
暴落 暴跌 bàodiē
放り出す 〔外に投げる〕扔 rēng, 抛 pāo;〔途中でやめる〕放弃 fàngqì;〔追い出す〕开除 kāichú, 赶走 gǎnzǒu
法律 法律 fǎlǜ;¶～違反／违法
ボウリング 保龄球 bǎolíngqiú
ホウレンソウ 菠菜 bōcài
飽和 饱和 bǎohé
吠える 〔動物が〕叫 jiào, 吼 hǒu;〔怒鳴る〕大声喊叫 dàshēng hǎnjiào
頬 脸蛋儿 liǎndànr
ホース 软管 ruǎnguǎn
ポーズ 姿态 zītài, 姿势 zīshì
ボーダーライン 边界线 biānjièxiàn, 界线 jièxiàn
ポータブル 便携式 biànxiéshì, 手提式 shǒutíshì, 可携带 kěxiédài
ボート 小船 xiǎochuán, 小艇 xiǎotǐng
ボーナス 奖金 jiǎngjīn
ホームシック 想家 xiǎngjiā
ホームステイ 家庭寄宿 jiātíng jìsù, 民宿 mínsù
ホームドクター 家庭医生 jiātíng yīshēng, 全科医生 quánkē yīshēng;¶まず～に見てもらう／看病先找全科医生
ホームページ 主页 zhǔyè
ボール 球 qiú
ボールペン 圆珠笔 yuánzhūbǐ
他・外 〔別の〕其他 qítā, 别的 biéde, 另外 lìngwài;〔…以外〕除(了) …以外 chú(le) … yǐwài
ぼかす 〔色・輪郭〕使…模糊 shǐ … móhu;〔内容・態度〕使…暧昧 shǐ … àimèi;¶色を～／使颜色模糊 ¶返事を～／答复不明确
朗らか 开朗 kāilǎng, 快活 kuàihuo
補給 补充 bǔchōng, 补给 bǔjǐ, 供给 gōngjǐ

補強 加强 jiāqiáng, 增强 zēngqiáng
募金 〔寄付する〕捐款 juānkuǎn;〔寄付を募る〕募捐 mùjuān
牧場 牧场 mùchǎng
ボクシング 拳击 quánjī
ほくろ 黑痣 hēizhì
補欠 候补(者) hòubǔ(zhě), 预备(人员) yùbèi(rényuán); ¶〜合格/以候补资格及格 ¶〜選挙/补选
ポケット 口袋 kǒudai, 衣兜 yīdōu; ¶〜サイズ/小型
ぼける 〔色・形〕模糊 móhu, 不清楚 bù qīngchu;〔頭〕糊涂 hútu, 年老昏聩 niánlǎo hūnkuì
保険 保险 bǎoxiǎn; ¶生命〜/人寿保险 ¶〜料/保险费 ¶〜契約者/投保人
保護 保护 bǎohù
步行者 行人 xíngrén; ¶〜天国/步行街
母国語 母语 mǔyǔ, 祖国语言 zǔguó yǔyán
埃 灰尘 huīchén, 尘土 chéntǔ
誇り 自豪 zìháo, 骄傲 jiāo'ào
誇る 自豪 zìháo, 夸耀 kuāyào
ほころびる 〔縫い目〕开绽 kāizhàn, 绽线 zhànxiàn;〔つぼみ〕初绽 chūzhàn;〔表情〕微笑 wēixiào
星 〔天体〕星星 xīngxing;〔しるし〕记号 jìhao, 小圆点 xiǎoyuándiǎn;〔運命〕命运 mìngyùn;〔人物〕明星 míngxīng, 新秀 xīnxiù; ¶〜の数ほど/多如星星
欲しい 〔手に入れたい〕想要 xiǎngyào;〔望む〕希望 xīwàng; ¶マイホームが〜/想要自己的房子 ¶是非読んで〜本/希望你务必一读的书
ポジション 〔スポーツ〕位置 wèizhì, 站位 zhànwèi;〔地位〕地位 dìwèi, 职位 zhíwèi
保釈 保释 bǎoshì; ¶〜金を払う/交保释金
補充 补充 bǔchōng
募集 募集 mùjí, 招募 zhāomù
補助 补助 bǔzhù; ¶〜金/补贴 ¶〜椅子/加座
保証 保证 bǎozhèng; ¶〜人/担保人
補償 赔偿 péicháng
干す 〔乾かす〕晒干 shàigān, 晾干 liànggān;〔飲み干す〕喝干 hēgān; ¶仕事を干される/没得工作干
ポスター 招贴 zhāotiē, 海报 hǎibào

ホステス 〔女性の主催者〕女主人 nǚzhǔrén;〔酒の相手をする〕女招待 nǚzhāodài, 陪酒小姐［女郎］péijiǔ xiǎojiě [nǚláng]
ホスト 主人 zhǔrén, 东道(主) dōngdào(zhǔ);〔ホストクラブの〕男招待 nánzhāodài, 三陪先生［少爷］sānpéi xiānsheng [shàoye], 男公关 nángōngguān; ¶〜を務める/作东
ポスト 〔郵便〕邮筒 yóutǒng;〔地位〕地位 dìwèi, 职位 zhíwèi;〔それ以後〕后 hòu, 以后 yǐhòu; ¶〜工業化/工业化后
細い 〔直径・幅が〕细 xì;〔身体が〕瘦 shòu;〔精神面が〕细微 xìwēi
舗装 铺路 pūlù
補足 补充 bǔchōng
細々 〔か細い〕细细 xìxì, 微弱 wēiruò;〔かろうじて〕勉强 miǎnqiǎng, 凑合 còuhe; ¶〜と暮らす/勉强度日
保存 保存 bǎocún
ポタージュ 浓汤 nóngtāng
ホタル 萤火虫 yínghuǒchóng
ボタン 〔衣服〕钮扣 niǔkòu, 扣子 kòuzi;〔スイッチ〕按钮 ànniǔ
墓地 墓地 mùdì, 坟地 féndì
補聴器 助听器 zhùtīngqì
北極 北极 běijí
ホッケー 曲棍球 qūgùnqiú; ¶アイス〜/冰球
発作 发作 fāzuò
没収 没收 mòshōu
ホッチキス 钉书机 dìngshūjī
ホット 〔熱い〕热 rè;〔最新〕最新 zuìxīn, 新鲜 xīnxiān;〔熱烈〕激烈 jīliè, 热烈 rèliè; ¶〜ニュース/最新消息 ¶〜な論争/激烈的论争
没頭 埋头 máitóu, 专心致志 zhuān xīn zhì zhì
ホットカーペット 电热毯 diànrètǎn
ホットケーキ 热蛋糕 rèdàngāo
ほっとする 放心 fàngxīn, 轻松 qīngsōng
ホットドッグ 热狗 règǒu
ホットライン 热线 rèxiàn; ¶救援〜/救灾热线
勃発 爆发 bàofā, 突然发生 tūrán fāshēng; ¶戦争〜/战争爆发
ポップス 通俗音乐 tōngsú yīnyuè

ポテト 土豆 tǔdòu, 马铃薯 mǎlíngshǔ; ¶～チップス／炸土豆片

ホテル 饭店 fàndiàn, 酒店 jiǔdiàn

程 〔程度〕程度 chéngdù;〔およそ〕大约 dàyuē, 左右 zuǒyòu;〔限度〕限度 xiàndù;〔比例〕越…越… yuè … yuè …;〔比較〕没有比 méiyǒu bǐ …; ¶歩けない～酔う／醉得都走不动了 ¶ 5 分～で着く／还有 5 分种左右就到 ¶馬鹿にも～がある／愚蠢 yúchǔn 也有限度 ¶読めば読む～面白い／越读越有意思 ¶あのとき～楽しかった事はない／没有什么比那时候更愉快了

歩道 人行道 rénxíngdào; ¶～橋／人行天桥

ほどく 解开 jiěkāi

仏 〔仏教〕佛 fó;〔故人〕死者 sǐzhě

ほどける 松开 sōngkāi

ほどほど 适当 shìdàng, 适度 shìdù

ほとんど 〔大部分〕大部分 dàbùfen, 基本上 jīběnshang, 几乎 jīhū;〔あと一歩で〕几乎 jīhū, 差一点儿 chàyìdiǎnr; ¶～終了した／基本上都完成了 ¶金は～残っていない／钱几乎没有剩余 ¶～死ぬところだった／差一点儿就死了

骨 〔人間・動物〕骨头 gǔtou,〔骨状のもの・枠組み〕骨 gǔ, 骨架 gǔjià;〔気骨〕骨气 gǔqì;〔苦労・努力〕费力 fèilì, 辛苦 xīnkǔ; ¶魚の～／鱼刺 ¶傘の～／伞骨 ¶～のある人だ／很有骨气的人 ¶～の折れる作業／麻烦的工作

骨組み 框架 kuàngjià

炎 火焰 huǒyàn, 火苗 huǒmiáo

ほのめかす 暗示 ànshì, 委婉说出 wěiwǎn shuōchū

ポピュラー 通俗的 tōngsú de, 大众化的 dàzhònghuà de

微笑む 微笑 wēixiào

ポマード 发蜡 fàlà

褒める 表扬 biǎoyáng, 夸奖 kuājiǎng

ぼやく 发牢骚 fā láosao

ホラー 恐怖 kǒngbù, 战栗 zhànlì; ¶～映画／恐怖片

ボランティア 志愿(者) zhìyuàn(zhě), 自愿(者) zìyuàn(zhě)

保留 保留 bǎoliú

ボリューム 〔音量〕音量 yīnliàng;〔分量〕量 liàng, 分量 fēnliàng, 容量 róngliàng

捕虜 俘虏 fúlǔ

掘る 挖 wā, 挖掘 wājué

彫る 刻 kè, 雕刻 diāokè

ボルト 〔ねじ〕螺丝 luósī;〔電圧〕伏特 fútè; ¶ 100 ～／100 伏

ポルノ 黄色 huángsè, 色情 sèqíng; ¶～ビデオ／黄色录像 ¶～雑誌／色情杂志

ホルモン 激素 jīsù, 荷尔蒙 hé'ěrméng; ¶女性～／雌 cí 激素 ¶環境～／环境荷尔蒙 ¶～療法／荷尔蒙疗法

ぼろ 〔使い古し〕破 pò, 破烂 pòlàn;〔弱点〕缺点 quēdiǎn; ¶～切れ／破布 ¶～を出す／暴露缺点

滅びる 灭亡 mièwáng

ホワイトカラー 公司职员 gōngsī zhíyuán, 白领(阶层) báilǐng(jiēcéng), 白领族 báilǐngzú

本 〔書籍〕书 shū, 书籍 shūjí; ¶絵～／图画书 ¶～屋／书店 ¶～棚／书架

本気 认真 rènzhēn, 真实 zhēnshí

本質 本质 běnzhì

本社 总公司 zǒnggōngsī

本職 〔本来の職業〕本行 běnháng;〔専門家〕专家 zhuānjiā, 内行 nèiháng

本心 真心 zhēnxīn, 心里话 xīnlihuà

本当 真实 zhēnshí, 实在 shízài

本音 真心话 zhēnxīnhuà

ほんの… 仅仅 jǐnjǐn, 只不过 zhǐbuguò, 一点点 yìdiǎndian; ¶～数分の間／仅仅几分种的时间 ¶～冗談ですよ／只不过是跟你开玩笑而已

本場 发源地 fāyuándì, 本地 běndì, 主要产地 zhǔyào chǎndì

本物 〔偽でない〕真的 zhēn de, 真货 zhēnhuò;〔本格的な〕正规 zhènggguī, 地道 dìdào

翻訳 笔译 bǐyì,(文章)翻译(wénzhāng)fānyì

ぼんやり 〔不明瞭〕模糊 móhu, 隐隐约约 yǐnyǐnyuēyuē;〔呆然とする〕发呆 fādāi, 稀里糊涂 xīlihútú;〔不注意〕不注意 bù zhùyì, 不小心 bù xiǎoxīn

本来 〔もともとの〕本来 běnlái, 原来 yuánlái;〔当然な〕应该 yīnggāi, 正常 zhèngcháng, 按道理 àn dàoli

■ま■■■■■■

間 〔空間・時間〕间隔 jiàngé; ¶１メートル［１時間］〜をおく／隔一米［一小时］ ¶…する〜がない／没有时间… ¶あっという〜／转眼间 ¶〜が悪い／不凑巧 ¶客〜／客厅 ¶控えの〜／休息室

マーガリン 人造黄油 rénzàohuángyóu

マーク 〔しるし〕标记 biāojì, 记号 jìhao; ¶〜をつける／作标记 ¶新記録を〜する／创造新纪录 ¶高得点を〜する／取得高分数 ¶相手を〜する／盯住对方

マーケット 市场 shìchǎng, 商场 shāngchǎng

麻雀 麻将 májiàng; ¶〜をする／打麻将

マージン 〔手数料〕佣金 yòngjīn; 〔バックマージン〕回扣 huíkòu; 〔利益〕赢利 yínglì, 赚头 zhuàntou

まあまあ 还可以 hái kěyǐ, 马马虎虎 mǎmǎhūhū; 〔相手をなだめて〕好了好了 hǎole hǎole

毎 每 měi; ¶〜回／每次 ¶〜朝／每天早上

枚 张 zhāng, 枚 méi

マイク 麦克风 màikèfēng, 话筒 huàtǒng

迷子 〔〜になる〕迷路 mílù, 走失 zǒushī

マイナス 〔減算する〕减 jiǎn; 〔陰性〕负 fù, 阴 yīn; 〔零下〕零下 língxià; 〔不利益だ〕不利 búlì, 亏损 kuīsǔn; ¶５−２は３／５减２等于３

毎日 每天 měitiān, 天天 tiāntiān

マイホーム 自己的家 zìjǐ de jiā; ¶〜計画／买房计划 ¶〜主義／家庭主义

マイル 英里 yīnglǐ

参る 〔行く・来る〕去 qù, 来 lái; 〔詣でる〕参拜 cānbài; 〔閉口する〕受不了 shòubuliǎo; ¶参りました／我服了

舞う 跳（舞）tiào(wǔ); 〔宙を〕飞舞 fēiwǔ, 飘舞 piāowǔ

マウス 〔ネズミ〕小白鼠 xiǎobáishǔ; 〔パソコンの〕鼠标（器）shǔbiāo(qì); ¶〜パッド／鼠标垫

前 〔空間的〕前方 qiánfāng, 前面 qiánmiàn; 〔時間的〕以前 yǐqián

前売り 预售 yùshòu; ¶〜券／预售票

前払い 预付 yùfù

前向き 〔方向が〕朝前 cháoqián; 〔態度が〕积极 jījí; ¶〜に検討する／积极地研究

前もって 预先 yùxiān, 事先 shìxiān

負かす 打败 dǎbài

任せる 委托 wěituō, 托付 tuōfù; 〔好きにさせる〕任凭 rènpíng, 听任 tīngrèn

曲がり角 拐角 guǎijiǎo; 〔転換点〕转折点 zhuǎnzhédiǎn

曲がる 〔折れ曲がる〕弯曲 wānqū; 〔向きを変える〕拐弯 guǎiwān; 〔ゆがむ〕歪 wāi, 扭曲 niǔqū; ¶右へ〜／向右拐 ¶根性が曲がっている／性情乖僻 guāipì

マカロニ 通心粉 tōngxīnfěn

巻き込む 卷入 juǎnrù, 卷进 juǎnjìn

紛らわしい 容易混淆〔弄错〕róngyì hùnxiáo [nòngcuò], 不易分辨 búyì fēnbiàn

紛れる 混入 hùnrù, 混杂 hùnzá; ¶気が〜／解闷 jiěmèn

幕 幕 mù; ¶〜があく／开幕 ¶君の出る〜ではない／不是你出面的时候

巻く 卷 juǎn; 〔巻きつける〕缠 chán, 绕 rào, 围 wéi; ¶うずを〜／打旋涡 xuánwō ¶包帯を〜／缠上绷带 ¶ぜんまいを〜／上发条

蒔く 播 bō, 种 zhòng

撒く 撒 sǎ; 〔水などを〕洒 sǎ

マグニチュード （地震）震级 (dìzhèn)zhènjí

マグネット 磁石 císhí, 磁铁 cítiě

枕 枕头 zhěntou

マグロ 金枪鱼 jīnqiāngyú

負ける 〔勝負に〕输 shū, 败 bài; 〔誘惑などに〕经不起 jīngbuqǐ; ¶（値段を）もっとまけてよ／再便宜点儿吧

曲げる 〔折り曲げる〕弯 wān, 屈 qū; 〔歪曲する〕歪曲 wāiqū; ¶腰を〜／弯腰 ¶事実を〜／歪曲事实

孫 〔息子の子〕孙子 sūnzi, 孙女 sūnnǚ; 〔娘の子〕外孙子 wàisūnzi, 外孙女 wàisūnnǚ

真心 真心 zhēnxīn, 诚意 chéngyì; ¶〜をこめて言う／诚恳地说

まごつく 惊慌失措 jīnghuāng shīcuò, 徘徊 páihuái

誠に 真 zhēn, 实在 shízài

まさか 〔…ではあるまい〕难道 nándào …（吗 ma）, 莫非 mòfēi

摩擦 摩擦 mócā; ¶〜が生じる／发生摩擦

正に 〔たしかに〕的确 díquè; 〔ちょうど〕正是 zhèngshì, 正好 zhènghǎo

勝る 胜过 shèngguò, 强 qiáng; ¶相手に～/胜于对方 ¶私より～/比我强［好］

混ざる 混杂 hùnzá, 夹杂 jiāzá

交える 搀杂 chānzá, 夹杂 jiāzá; ¶膝を交えて語り合う/促膝谈心

マジック 〔魔法〕魔法 mófǎ; 〔奇術〕魔术 móshù, 戏法 xìfǎ

まして 何况 hékuàng, 况且 kuàngqiě

真面目 认真 rènzhēn, 正经 zhèngjing; ¶～に働く/认真工作

交わる 交 jiāo, 交叉 jiāochā; 〔交際する〕交往 jiāowǎng

マス 鳟鱼 zūnyú

増す 增加 zēngjiā

まず 先 xiān, 首先 shǒuxiān

麻酔 麻醉 mázuì

まずい 〔味が悪い〕不好吃 bù hǎochī, 难吃 nánchī; 〔好ましくない〕不好 bù hǎo, 不合适 bù héshì

マスク 〔口を覆うもの〕口罩 kǒuzhào; 〔顔を覆うもの〕面具 miànjù, 面罩 miànzhào; ¶甘い～/清秀面貌

マスコット 吉祥物 jíxiángwù

マスコミ 〔マスメディア〕大众传播媒介 dàzhòng chuánbō méijiè; ¶～業界/新闻界 ¶～の取材を受ける/接受媒体采访

貧しい 穷 qióng, 贫困 pínkùn

マスター 〔主人〕主人 zhǔrén, 老板 lǎobǎn; 〔修士〕硕士 shuòshì; 〔習得する〕掌握 zhǎngwò, 学会 xuéhuì

ますます 更加 gèngjiā, 越来越 yuèláiyuè

混ぜる 〔混入する〕混合 hùnhé, 搀杂 chānzá; 〔かき混ぜる〕搅拌 jiǎobàn

また 又 yòu, 再 zài; ¶彼は～来た/他又来了 ¶明日～いらっしゃい/你明天再来吧 ¶～あとで(会いましょう)/回头见

まだ 还 hái; ¶～終わっていない/还没完 ¶チャンスは～ある/还有机会 ¶～間に合う/还来得及

またがる 〔またいで乗る〕骑 qí, 跨 kuà; 〔かかる・横たわる〕横跨 héngkuà

またぐ 跨过 kuàguò, 跨越 kuàyuè

またたく 闪烁 shǎnshuò; ¶～間に/转眼(间)

または 或 huò, 或者 huòzhě

町・街 城镇 chéngzhèn, 街 jiē; ¶～に出かける/上街

待合室 等候室 děnghòushì;〔病院の〕候诊室 hòuzhěnshì;〔駅の〕候车室 hòuchēshì

待ち合わせ 约会 yuēhuì; ¶駅で～る/在车站会面

間近 在眼前 zài yǎnqián, 跟前 gēnqián; ¶～に迫る/逼近, 迫近

間違い 〔誤り〕错误 cuòwù, 过错 guòcuò; 〔アクシデント〕差错 chācuò; ¶～を犯す/犯错误 ¶～なく/的确 díquè, 准保 ¶～が起きる/出差错

間違える 弄错 nòngcuò, 搞错 gǎocuò; ¶書き～/写错

待ち遠しい 盼望 pànwàng, 急切地等待 jíqiè de děngdài

松 松 sōng, 松树 sōngshù

待つ 等 děng, 等待 děngdài, 等候 děnghòu

真っ赤 通红 tōnghóng, 鲜红 xiānhóng; ¶～なうそ/弥天大谎 mí tiān dà huǎng

真っ暗 漆黑 qīhēi, 黑黢黢 hēiqūqū; ¶お先～だ/前途漆黑一团

真っ黒 乌黑 wūhēi, 漆黑 qīhēi

睫毛 睫毛 jiémáo, 眼睫毛 yǎnjiémáo

マッサージ 按摩 ànmó, 推拿 tuīná

真っ青 深蓝 shēnlán, 蔚蓝 wèilán;〔顔色が〕苍白 cāngbái

真っ先 首先 shǒuxiān, 最先 zuìxiān

抹殺 抹掉 mǒdiào, 抹杀 mǒshā

マッシュルーム 洋蘑菇 yángmógu

真っ白 洁白 jiébái, 雪白 xuěbái

まっすぐ 笔直 bǐzhí;〔寄り道をしない〕一直 yìzhí, 径直 jìngzhí; ¶～進む/一直走 ¶～家に帰る/径直回家 ¶～な性格/性格耿直 gěngzhí

全く 〔完全に〕完全 wánquán;〔実に〕实在 shízài, 简直 jiǎnzhí; ¶～知らない/根本不知道 ¶～たいしたものだ/了不起

マッチ 火柴 huǒchái;〔調和する〕配合 pèihe, 相配 xiāngpèi; ¶タイトル～/锦标赛 jǐnbiāosài

マット 垫子 diànzi

祭り …节 jié, 节日 jiérì, 庙会 miàohuì

祭る 祭 jì, 祀 sì

まで 到 dào, 至 zhì; ¶ここ～とする/到此为止 ¶…までに(…する)/…之前 ¶…

的 〔弓などの〕的 dì, 靶子 bǎzi；¶～にあたる／中的 zhòng dì　¶～を射た〔～はずれな〕意見／〔不〕中肯 zhòngkěn 的意见　¶…に～を絞る／针对…　¶尊敬の～となる／成为尊敬的对象

窓 窗户 chuānghu；¶～を開ける／打开窗户

窓口 窗口 chuāngkǒu

まとまる 〔ばらばらのものが〕集中起来 jízhōngqilai, 凑齐 còuqí, 统一 tǒngyī；〔解決・成就する〕解决 jiějué, 成熟 chéngshú；¶まとまった金／一笔款子　¶意見が～／意见统一　¶話が～／谈妥 tuǒ　¶考えが～／考虑成熟

まとめ 总结 zǒngjié

まとめる 集中 jízhōng, 汇总 huìzǒng, 总结 zǒngjié；¶意見を～／把意见统一起来　¶資料を～／汇总资料　¶考えを～／整理思路

間取り 房间布局 fángjiān bùjú

惑わす 迷惑 míhuò, 诱惑 yòuhuò

マトン 羊肉 yángròu

マナー 礼貌 lǐmào, 礼节 lǐjié；¶～をわきまえない／不懂礼貌

まな板 菜板 càibǎn, 菜墩子 càidūnzi

まなざし 眼光 yǎnguāng, 目光 mùguāng

真夏 盛夏 shèngxià, 三伏 sānfú

学ぶ 学 xué, 学习 xuéxí

マニア …迷 mí, 狂热者 kuángrèzhě

間に合う 赶得上 gǎndeshàng, 来得及 láidejí；〔用が足りる〕够用 gòuyòng, 足够 zúgòu

マニキュア 指甲油 zhījiayóu

マニュアル 手册 shǒucè, 指南 zhǐnán

免れる 免 miǎn, 避免 bìmiǎn；¶災難を～／避免灾难 zāinàn　¶ミスは免れない／错误是免不了的　¶連敗を～／摆脱连败

間抜け 傻 shǎ, 糊涂 hútu；〔～な人〕呆子 dāizi, 傻瓜 shǎguā

マネージャー 经理 jīnglǐ, 管理人 guǎnlǐrén

招く 〔招待する〕邀请 yāoqǐng；〔招聘する〕聘请 pìnqǐng；〔引き起こす〕招致 zhāozhì；¶災いを～／招灾

真似る 学 xué, 模仿 mófǎng, 仿效 fǎngxiào

まばたき 眨眼 zhǎyǎn

麻痺 麻痹 mábì, 麻木 mámù

眩しい 晃眼 huǎngyǎn, 耀眼 yàoyǎn, 刺眼 cìyǎn

まぶた 眼皮 yǎnpí, 眼睑 yǎnjiǎn

真冬 隆冬 lóngdōng, 严冬 yándōng

マフラー 围巾 wéijīn；¶～を巻く／围上围巾

魔法 魔法 mófǎ；¶～瓶／热水瓶

幻 幻想 huànxiǎng, 梦幻 mènghuàn

まみれる 沾满 zhānmǎn；¶泥に～／沾满泥　¶汗まみれだ／浑身是汗

まめ 勤快 qínkuài, 勤恳 qínkěn；¶～に働く／勤快地工作　¶手～だ／手勤

豆 豆 dòu, 豆子 dòuzi；〔水ぶくれ〕水疱 shuǐpào；¶～電球／电珠

間もなく 一会儿 yīhuìr [huìr], 不久 bùjiǔ

守る 防卫 fángwèi, 保护 bǎohù；〔遵守する〕遵守 zūnshǒu

麻薬 毒品 dúpǐn

眉 眉毛 méimao

迷う 迷惑 míhuò, 犹豫 yóuyù；¶道に～／迷路

真夜中 半夜 bànyè

マヨネーズ 蛋黄酱 dànhuángjiàng

マラソン 马拉松 mǎlāsōng

丸 圆 yuán, 圈 quān；〔句点〕句号 jùhào；¶～を描く／画圈儿　¶～（句点）をつける／打句号　¶～ごと／整个　¶～～太っている／胖乎乎

丸い 圆 yuán, 圆形 yuánxíng；¶まん～月／圆圆的月亮　¶丸くおさめる／圆满解决

マルチメディア 多媒体 duōméitǐ

まるで 〔まったく〕简直 jiǎnzhí；〔あたかも〕好像 hǎoxiàng …（似的 shìde)；¶～話にならない／完全不像话

丸める 团 tuán, 弄圆 nòngyuán；¶团子状に～／揉 róu 成团　¶背中を～／曲背 qūbèi　¶頭を～／剃 tì 头　¶丸め込む／拉拢 lālǒng

まれ 稀少 xīshǎo, 罕见 hǎnjiàn

回す 转 zhuǎn, 转动 zhuàndòng；〔順送りにする〕传递 chuándì, 转送 zhuǎnsòng；¶車を表に～／把车开到房前　¶気を～／多心

周り 周围 zhōuwéi, 四周 sìzhōu
回り道 绕道 ràodào, 绕远 ràoyuǎn
回る 转 zhuàn, 回转 huízhuǎn;〔…のまわりを〕绕着…转 ràozhe … zhuàn;〔巡回する〕巡回 xúnhuí;¶各地を(旅して)〜/周游各地 ¶得意先を〜/走访顾客 ¶裏口に〜/绕到后门 ¶探し〜/到处找 ¶9時を〜/过九点
万 万 wàn
万一 万一 wànyī
満員 客满 kèmǎn, 满员 mǎnyuán, 满座 mǎnzuò
漫画 漫画 mànhuà
満開 盛开 shèngkāi
マンゴー 芒果 mángguǒ
漫才 相声 xiàngsheng
饅頭 包子 bāozi
マンション (高级)公寓 (gāojí)gōngyù
慢性 慢性 mànxìng
満足 满意 mǎnyì, 满足 mǎnzú
満点 满分 mǎnfēn;¶〜をとる/得满分 ¶スリル〜/极为惊险 ¶サービス〜/服务最佳
真ん中 正中 zhèngzhōng, 当中 dāngzhōng, 中央 zhōngyāng
マンネリ 因循守旧 yīn xún shǒu jiù;¶〜な方法/老一套 ¶(話や文が)〜だ/千篇一律
万引き 扒窃(商品)páqiè(shāngpǐn)
満腹 吃饱 chībǎo

■■■■■ **み** ■■■■■

身 身 shēn;¶〜につける/身穿, 随身 ¶(知識や技術を)〜につける/掌握, 学会 ¶寒さが〜にしみる/寒风刺骨 ¶他人の〜になる/设身处 chǔ 地
実 果实 guǒshí;¶〜がなる/结 jiē 果 ¶〜を結ぶ/成功, 有成果 ¶〜のある話/有内容的话
見合い 相亲 xiāngqīn
見上げる 抬头看 táitóu kàn, 仰望 yǎngwàng;¶見上げたものだ/令人钦佩 qīnpèi
見合わせる 〔実施を〕暂停 zàntíng, 暂缓 zànhuǎn;〔顔を〕互相看 hùxiāng kàn
見失う 看丢 kàndiū;〔方向を〕迷失 míshí
身内 〔親族〕亲属 qīnshǔ;〔仲間〕自己人 zìjǐrén

見栄 排场 páichang, 虚荣 xūróng;¶〜を張る/讲排场 ¶〜っ張り(な人)/爱虚荣(的人)
見える 看见 kànjiàn, 看得见 kàndejiàn;〔…のように〜〕显得 xiǎnde, 看来 kànlai
見送る 送 sòng, 送行 sòngxíng;¶実施を〜/暂缓执行
見落とす 看漏 kànlòu, 忽略 hūlüè
見下ろす 往下看 wǎng xià kàn, 俯视 fǔshì
磨く 磨(光)mó(guāng), 擦(亮)cā(liàng);¶靴を〜/擦皮鞋 ¶歯を〜/刷牙 ¶腕を〜/练本领
見かけ 外表 wàibiǎo;¶〜倒し/虚 xū 有其表
見かける 看见 kànjiàn, 看到 kàndào
見方 看法 kànfǎ, 想法 xiǎngfǎ
味方 我方 wǒfāng, 伙伴 huǒbàn;¶…に〜する/支持…
三日月 月牙 yuèyá
身軽 〔動作が軽快〕轻快 qīngkuài;〔束縛がない〕轻松 qīngsōng;¶〜な服装/轻便的服装
みかん 橘子 júzi
幹 树干 shùgàn
右 右 yòu;¶〜側/右边, 右侧
右手 右手 yòushǒu;〔右側〕右边 yòubian
見下す 看不起 kànbuqǐ, 轻视 qīngshì
見くびる 小看 xiǎokàn, 轻视 qīngshì
見苦しい 难看 nánkàn, 不体面 bù tǐmiàn
見事 漂亮 piàoliang, 精彩 jīngcǎi
見込み 预料 yùliào, 希望 xīwàng;¶〜がある/有希望 ¶…する〜だ/预定… ¶〜違い/估计错
見込む 估计 gūjì, 预料 yùliào;¶君を男と見込んで/相信你是个男子汉
ミサイル 导弹 dǎodàn
岬 海角 hǎijiǎo, 岬角 jiǎjiǎo
短い 短 duǎn;¶気が〜/性急
惨め 悲惨 bēicǎn, 凄惨 qīcǎn
未熟 不熟练 bù shúliàn
ミス 〔未婚女性〕小姐 xiǎojiě, 女士 nǚshì;〔失敗・過ち〕失败 shībài, 错误 cuòwu;¶〜を犯す/犯错误
水 水 shuǐ
水色 浅蓝色 qiǎnlánsè

湖 湖 hú
自ら 自己 zìjǐ;〔身をもって〕亲自 qīnzì, 亲身 qīnshēn
水着 游泳衣 yóuyǒngyī
見過ごす 〔見落とす〕看漏 kànlòu, 忽略 hūlüè;〔大目に見る〕宽恕 kuānshù
ミスター 先生 xiānsheng
水たまり 水洼 shuǐwā, 水坑 shuǐkēng
ミステリー 神秘 shénmì;〔推理小説〕推理小说 tuīlǐ xiǎoshuō
見捨てる 抛弃 pāoqì, 弃而不顾 qì ér bùgù
みすぼらしい 寒酸 hánsuān; ¶～身なりだ／衣衫褴褛 yīshān lánlǚ
みずみずしい 新鲜 xīnxiān, 水灵灵 shuǐlínglíng; ¶～肌／柔嫩 róunèn 的皮肤 ¶～感觉／清新的感觉
店 商店 shāngdiàn; ¶～を出す／开始营业 ¶～を開ける［閉める］／开［关］门
ミセス 夫人 fūrén, 女士 nǚshì
見せびらかす 夸示 kuāshì, 炫耀 xuànyào
見せる 给…看 gěi…kàn;〔提示する〕出示 chūshì;〔あらわす〕显出 xiǎnchū; ¶顔を～／露 lòu 面 ¶医者に～／看医生
味噌 酱 jiàng; ¶～汁／酱汤
溝 沟 gōu, 槽 cáo;〔人間関係の〕隔阂 géhé; ¶～ができる／产生隔阂
見損なう 〔人の評価を誤る〕看错人 kàncuò rén; ¶彼を見損なった／把他估计错了
見出し 标题 biāotí
身だしなみ 注意仪表 zhùyì yíbiǎo; ¶～がいい／仪容整齐
満たす 充满 chōngmǎn;〔満足させる〕满足 mǎnzú
乱す 扰乱 rǎoluàn, 弄乱 nòngluàn
乱れる 乱 luàn, 紊乱 wěnluàn
道 路 lù, 道路 dàolù
身近 身边 shēnbiān, 身旁 shēnpáng; ¶～な問題／切 qiè 身的问题
見違える 认不得 rènbudé; ¶～ほど大きくなる／长 zhǎng 得简直认不出来
満ち潮 满潮 mǎncháo
道のり 路程 lùchéng, 行程 xíngchéng
道端 路旁 lùpáng
導く 引导 yǐndǎo, 导向 dǎoxiàng;〔指导する〕指导 zhǐdǎo
満ちる 满 mǎn, 充满 chōngmǎn; ¶潮が～／涨 zhǎng 潮

見つける 找到 zhǎodào, 发现 fāxiàn
密航 偷渡 tōudù
密接 密切 mìqiè, 密接 mìjiē
密着 紧贴 jǐntiē, 紧靠 jǐnkào; ¶～取材／跟踪 gēnzōng 采访
密度 密度 mìdù
みっともない 不像样 bù xiàngyàng, 不好看 bù hǎokàn, 丢脸 diūliǎn
見つめる 盯 dīng, 凝视 níngshì
見積もる 估计 gūjì; ¶見積書／估价单
密輸 走私 zǒusī; ¶～品／走私货
未定 没决定 méi juédìng, 未定 wèidìng
見通し 远见 yuǎnjiàn; ¶～が悪い／看不远 ¶～がたつ／预料到 ¶明るい～／前途光明 ¶すべてお～だ／看透一切
認める 〔目にする〕看到 kàndào;〔判断する〕认定 rèndìng;〔评价する〕赏识 shǎngshí;〔許可する〕承认 chéngrèn, 允许 yǔnxǔ;〔负けを～〕认输 ¶世に認められる／受到社会赏识
緑 绿色 lǜsè; ¶木々の～／绿叶
見とれる 看（得）入迷 kàn(de)rùmí
皆 都 dōu, 全部 quánbù; ¶～さん／大家, 各位
見直す 重看 chóngkàn;〔再検討する〕重新研究［考虑］chóngxīn yánjiū [kǎolǜ];〔再评价する〕重新认识 chóngxīn rènshi
見なす 看做 kànzuò, 认为 rènwéi
港 港口 gǎngkǒu, 码头 mǎtou
南 南 nán
見習う 向［跟］…学习 xiàng [gēn]…xuéxí, 模仿 mófǎng
身なり 服装 fúzhuāng, 打扮 dǎban; ¶～を整える／整理服装, 打扮整齐
見慣れる 看惯 kànguàn; ¶見慣れた景色／熟悉的风景 ¶見慣れない／陌生 mòshēng
醜い 难看 nánkàn, 不好看 bù hǎokàn; ¶～争い／丑恶 chǒu'è 的争夺
見抜く 看透 kàntòu, 看破 kànpò
ミネラル 矿物质 kuàngwùzhì
ミネラルウォーター 矿泉水 kuàngquánshuǐ
見逃す 〔見落とす〕看漏 kànlòu;〔機会などを〕错过 cuòguò, 放过 fàngguò;〔大目に見る〕宽恕 kuānshù, 饶恕 ráoshù; ¶番组を～／没看到节目

実る 〔植物が〕结果 jiēguǒ, 成熟 chéngshú;〔努力などが〕有成果 yǒu chéngguǒ
見晴らし 眺望 tiàowàng
見張る 看 kān, 监视 jiānshì;¶目を~/瞠 chēng 目而视
身振り 姿势 zīshì, 动作 dòngzuò;¶~手振り/指手画脚
身分 身分 shēnfen;¶~证明书/身分证
見本 〔サンプル〕样品 yàngpǐn;〔手本〕榜样 bǎngyàng;¶~を示す/做出榜样
見舞う 探望 tànwàng, 慰问 wèiwèn;¶病気を~/探病 ¶災害に見舞われる/遭受灾难
見守る 照看 zhàokàn, 关怀 guānhuái;〔見つめる〕注视 zhùshì
耳 耳朵 ěrduo;¶~が遠い/耳背 bèi ¶~障り/刺耳, 难听
身元 出身 chūshēn, 来历 láilì;¶~不明/来历不明 ¶~保证人/保(证)人
土産 〔旅の〕土产 tǔchǎn;〔贈り物〕礼品 lǐpǐn
都 首都 shǒudū;¶磁器の~(景徳鎮のこと)/瓷都 cídū
見やすい 容易看 róngyì kàn, 易看 yìkàn
ミュージカル 音乐剧 yīnyuèjù
妙 〔巧みだ〕妙 miào;〔奇妙だ〕奇怪 qíguài;¶言い得て~だ/说得真妙 ¶~に懐かしい/异常怀念
名字 姓 xìng
未来 未来 wèilái, 将来 jiānglái
ミリ(メートル) 毫米 háomǐ
魅力 魅力 mèilì, 吸引力 xīyǐnlì;¶~的/迷人
見る 看 kàn;¶試合を~/观看比赛 ¶夢を~/做梦 ¶味を~/尝尝味道 ¶面倒を~/照料 ¶試して~/试试看
ミルク 牛奶 niúnǎi
未練 〔~がある・~を残す〕留恋 liúliàn, 依恋 yīliàn;¶~がましい/恋恋不舍 shě
見分ける 辨别 biànbié, 识别 shíbié;¶見分けがつかない/分不出来
見渡す 张望 zhāngwàng, 展望 zhǎnwàng;¶~限り/一望无际
民間 民间 mínjiān;¶~企业/民营企业
民衆 群众 qúnzhòng, 人民 rénmín
民族 民族 mínzú
みんな 大家 dàjiā;〔すべて〕都 dōu, 全部 quánbù
民謡 民歌 mínɡē, 民谣 mínyáo
民話 民间故事 mínjiān gùshi

■■■む■■■■■■
無 无 wú;¶~になる/白费, 徒劳 ¶~にする/辜负 gūfù
無意識 无意识 wúyìshí
無意味 无意义 wúyìyì
ムード 气氛 qìfēn, 情绪 qíngxù
向かい 〔~側〕对面 duìmiàn;〔~の家〕对门 duìmén
向かい合う 面对面 miàn duì miàn, 相对 xiāngduì
向かう 向 xiàng, 对着 duìzhe;〔赴く〕前往 qiánwǎng, 向…去 xiàng … qù;¶快方に~/病情好转
迎える 迎接 yíngjiē;〔招聘する〕聘请 pìnqǐng
昔 从前 cóngqián, 过去 guòqù, 很久以前 hěnjiǔ yǐqián
昔話 传说 chuánshuō, 故事 gùshi;〔古い話〕老话 lǎohuà
むかつく 恶心 ěxin;〔腹が立つ〕生气 shēngqì, 恼火 nǎohuǒ
無関係 没有关系 méiyǒu guānxi, 无关 wúguān
無関心 不关心 bù guānxīn, 不感兴趣 bù gǎn xìngqu
向き 方向 fāngxiàng;〔傾向〕倾向 qīngxiàng;〔適している〕适合 shìhé;¶風~/风向 ¶北~/朝 cháo 北, 向北 ¶子供~/适于儿童
麦 麦 mài, 麦子 màizi
向く 向 xiàng, 朝 cháo, 面对 miànduì;¶右を~/转 zhuǎn 向右边
剥く 剥 bāo, 削 xiāo
報いる 报 bào, 回报 huíbào;¶恩に~/报答恩情 ¶労に~/酬劳
無口 不爱说话 bù ài shuōhuà, 寡言 guǎyán
向ける 转向 zhuǎnxiàng, 向 xiàng, 对 duì;¶背を~/转过身去 ¶…に目を~/向…看
無限 无边 wúbiān, 无限 wúxiàn
婿 女婿 nǚxu;¶花~/新郎

向こう 〔前方・正面〕对面 duìmiàn, 前面 qiánmiàn; 〔あちら〕那边儿 nàbianr; 〔相手〕对方 duìfāng; ¶～から人が来る／前面来一个人 ¶山の～／山那边

無効 无效 wúxiào; ¶～になる／失效

無言 无言 wúyán

貪る 贪 tān, 贪图 tāntú

虫 虫(子) chóng(zi); ¶～をとる／捕虫 ¶～に刺される／被虫子咬了 ¶腹の～が治まらない／怒气难消 ¶～がいい／自私 ¶本の～／书呆子

無視 无视 wúshì, 忽视 hūshì

蒸し暑い 闷热 mēnrè

虫歯 虫牙 chóngyá, 龋齿 qǔchǐ; ¶～になる／长 zhǎng 虫牙

無邪気 天真 tiānzhēn

矛盾 矛盾 máodùn

無職 没有工作 méiyǒu gōngzuò, 无职业 wú zhíyè

むしろ 〔反対に〕倒是 dàoshì, 反而 fǎn'ér; 〔…の方がいい〕宁可 nìngkě; ¶…よりはむしろ…／与其 yǔqí …不如…

蒸す 蒸 zhēng; 〔蒸し蒸しする〕闷热 mēnrè

難しい 难 nán, 困难 kùnnan

息子 儿子 érzi

結ぶ 〔ひもなどを〕系 jì, 结 jié; 〔つなぐ〕连接 liánjiē; ¶契約を～／签订合同 ¶(植物が)実を～／结 jiē 果 ¶(努力などが)実を～／有结 jié 果

娘 女儿 nǚ'ér; 〔若い女性〕姑娘 gūniang

無責任 不负责任 bù fù zérèn

むせる 呛 qiāng, 噎 yē

無駄 白费 báifèi, 浪费 làngfèi; ¶～にする／徒劳 túláo …

無断 私自 sīzì, 擅自 shànzì

無知 无知 wúzhī, 愚笨 yúbèn

無茶 没有道理 méiyǒu dàoli, 荒唐 huāngtang; ¶～をする／乱来

夢中 入迷 rùmí; ¶～で働く／拼命地工作 ¶無我～／不顾一切

無頓着 不介意 bù jièyì, 不在乎 bù zàihu

むなしい 空虚 kōngxū; 〔かいがない〕徒然 túrán

胸 胸 xiōng

無謀 欠斟酌 qiàn zhēnzhuó, 莽撞 mǎngzhuàng

村 村 cūn, 村庄 cūnzhuāng

紫 紫色 zǐsè

無理 〔道理がない〕不合理 bù hélǐ; 〔不可能だ〕不可能 bù kěnéng; ¶～やりだ／勉强 miǎnqiǎng

無料 免费 miǎnfèi

群れ 群 qún

■■■め■■■■■■

目 眼睛 yǎnjing; ¶～を開ける／睁开眼 ¶～を閉じる／闭上眼 ¶～がかすむ／眼花 ¶～が悪い／视力不好 ¶～が回る／头晕 ¶(忙しくて)～が回る／忙得团团转 ¶～を凝らす／凝视 ¶～を通す／过目 ¶～を向ける／看 ¶～に浮かぶ／浮现眼前 ¶好奇の～／好奇的眼光 ¶～が高い／有眼力 ¶網の～／网眼

芽 芽 yá; ¶～がでる／发芽

目当て 目的 mùdì, 目标 mùbiāo

姪 〔兄弟の娘〕侄女 zhínǚ; 〔姉妹の娘〕外甥女 wàishengnǚ

明確 明确 míngquè

名刺 名片 míngpiàn

名所 名胜 míngshèng; ¶～旧跡／名胜古迹

命じる 命令 mìnglìng

迷信 迷信 míxìn

名人 名手 míngshǒu, 大师 dàshī

名声 名声 míngshēng, 声誉 shēngyù; ¶～を博する／博得好评

名物 名产 míngchǎn, 有名的(东西) yǒumíng de (dōngxi)

名簿 名册 míngcè, 名单 míngdān

めいめい 各自 gèzì, 各各 gègè

名誉 名誉 míngyù

明瞭 明了 míngliǎo, 清晰 qīngxī

命令 命令 mìnglìng

迷路 迷路 mílù, 迷宫 mígōng

迷惑 麻烦 máfan, 烦扰 fánrǎo; ¶～をかける／添麻烦

目上 上级 shàngjí, 长辈 zhǎngbèi, 长上 zhǎngshàng

メーカー 厂商 chǎngshāng, 厂家 chǎngjiā, 制造者 zhìzàozhě

メートル 米 mǐ, 公尺 gōngchǐ

メーリングリスト 邮件列表 yóujiàn lièbiǎo

メール 邮件 yóujiàn; ¶電子～／电子邮件

¶～を送る／发送电子邮件 ¶～アドレス／邮件地址 ¶～ボックス／信箱 ¶～マガジン／邮件杂志 ¶エア～／航空信

目方 重量 zhòngliàng, 分量 fènliang; ¶～をはかる／称量 chēngliáng

眼鏡 眼镜 yǎnjìng; ¶～をかける／戴眼镜

目薬 眼药 yǎnyào; ¶～をさす／点眼药

恵まれる 得天独厚 dé tiān dú hòu; ¶天候に～／赶上好天气 ¶自然に恵まれた土地／自然丰富的土地

めくる 翻 fān, 掀 xiān; ¶ページを～／翻〔掀〕开书页

巡る 循环 xúnhuán; ¶名所を～／周游胜地 ¶歴史を〔諸問題〕／围绕历史的各种问题

めげる 气馁 qìněi; ¶失敗にもめげない／遭到失敗也不泄气 xièqì

目先 眼前 yǎnqián; ¶～の利益／眼前利益 ¶～がきく／有預见

目指す 以…为目标 yǐ … wéi mùbiāo; ¶西を目指して歩く／朝西走

めざましい 惊人 jīngrén, 显著 xiǎnzhù

目覚まし時計 闹钟 nàozhōng

目覚める 〔眠りから〕醒过来 xǐngguolai, 睡醒 shuìxǐng; 〔気づく〕觉悟 juéxīng

目障り 碍眼 àiyǎn; 〔不愉快だ〕不顺眼 bù shùnyǎn

飯 饭 fàn, 米饭 mǐfàn; 〔食事〕吃饭 chīfàn

目下 下级 xiàjí, 晚辈 wǎnbèi

目印 标记 biāojì, 目标 mùbiāo

雌 雌 cí, 牝 pìn

珍しい 〔目新しい〕新奇 xīnqí, 稀奇 xīqí, 〔まれだ〕罕见 hǎnjiàn; 〔貴重だ〕珍奇 zhēnqí

目立つ 突出 tūchū, 显眼 xiǎnyǎn

目玉 眼珠 yǎnzhū; ¶～焼き／煎鸡蛋

メダル 奖章 jiǎngzhāng; ¶金～／金牌

めちゃくちゃ 乱七八糟 luàn qī bā zāo

メッセージ 〔伝言〕口信 kǒuxìn; ¶～を残す／留言

めったに…ない 少有 shǎoyǒu, 难得 nándé

メディア 媒体 méitǐ, 媒介 méijiè

めでたい 可喜 kěxǐ, 吉庆 jíqìng; ¶おめでとう／恭喜!

メニュー 菜单 càidān

目途 目标 mùbiāo; ¶…を～に／以…为目标 ¶～がたつ／有盼头

目の前 眼前 yǎnqián

めまい 头晕 tóuyūn

メモ 笔记 bǐjì; ¶～する／记下来

目盛り 度数 dùshù, 刻度 kèdù

メモリー 存储 cúnchǔ

目やに 眼眵 yǎnchī

メロディー 旋律 xuánlǜ, 曲调 qǔdiào

メロン 香瓜 xiāngguā, 甜瓜 tiánguā

面 面 miàn;〔仮面〕假面具 jiǎmiànjù; ¶～と向かう／面对面 ¶…に～する／面临… ¶…の～で／在…方面

綿 棉 mián

麺 面条 miàntiáo, …面 miàn

免疫 免疫 miǎnyì; ¶～ができる／获得免疫

面会 见面 jiànmiàn, 会面 huìmiàn

免許 执照 zhízhào; ¶運転～を取得する／取得驾驶 jiàshǐ 执照

免除 免除 miǎnchú

免税 免税 miǎnshuì

面積 面积 miànjī

面接 面试 miànshì

メンツ 面子 miànzi; ¶～がつぶれる／丢面子 ¶～にこだわる／爱面子

面倒 麻烦 máfan; ¶～をかける／添麻烦 ¶～を見る／照顾

メンバー 成员 chéngyuán

面目 脸面 liǎnmiàn, 体面 tǐmiàn; ¶～を保つ／保住体面 ¶～を失う／丢失脸面 ¶～ない／没脸

綿密 周密 zhōumì, 细密 xìmì

■■■**も**■■■■■■

もう 〔すでに〕已经 yǐjīng; 〔まもなく〕快要 kuàiyào, 不久 bùjiǔ;〔さらに〕再 zài; ¶～すぐ着く／快要到了 ¶～1本ビールをお願いします／再来一瓶啤酒 ¶～一方／另一方面

設ける 设置 shèzhì, 设立 shèlì

儲ける 赚(钱) zhuàn(qián), 发财 fācái

申し込む 报名 bàomíng, 申请 shēnqǐng;〔購入を〕订购 dìnggòu

毛布 毛毯 máotǎn

燃える 燃烧 ránshāo

モーター 马达 mǎdá, 摩托 mótuō, 电动机 diàndòngjī

モーニングコール 叫醒服务 jiàoxǐng fúwù

もがく 挣扎 zhēngzhá
目撃 目击 mùjī, 目睹 mùdǔ
木材 木材 mùcái
目次 目录 mùlù
目的 目的 mùdì, 目标 mùbiāo; ¶～地／目的地 ¶～語／宾语
目標 目标 mùbiāo; ¶～を立てる／制定目标 ¶～を達成する／达到目标
木曜日 星期四 xīngqīsì, 礼拜四 lǐbàisì
潜る 潜入 qiánrù, 钻进 zuānjìn
模型 模型 móxíng
模索 摸索 mōsuo, 探寻 tànxún
もし 如果 rúguǒ, 假如 jiǎrú
文字 字 zì, 文字 wénzì; ¶～化け／乱码
もしもし 喂 wéi [wèi]
模写 摹写 móxiě, 临摹 línmó
模造 仿制 fǎngzhì, 仿造 fǎngzào; ¶～品／仿制品
もたつく 磨蹭 móceng
もたらす 带来 dàilái
もたれる 倚靠 yǐkào; ¶ソファーに～／靠在沙发上 ¶胃に～／存食, 消化不良
モダン 摩登 módēng, 现代 xiàndài
餅 年糕 niángāo
持ち上げる 拿起 náqǐ, 举起 jǔqǐ, 抬起 táiqǐ
用いる 用 yòng, 使用 shǐyòng
持ち込む 带进 dàijìn, 带入 dàirù
持ち出す 带出去 dàichūqu, 拿出去 náchūqu; 〔話題にする〕提出 tíchū, 谈到 tándào
持ち主 物主 wùzhǔ, 所有者 suǒyǒuzhě
持ち物 携带物品 xiédài wùpǐn
もちろん 当然 dāngrán, 不用说 bùyòng shuō
持つ 拿 ná;〔携帯する〕带 dài;〔有する〕有 yǒu
目下 当前 dāngqián, 目前 mùqián
もったいない 可惜 kěxī, 浪费 làngfèi;〔おそれ多い〕过分 guòfèn, 不敢当 bù gǎndāng
もったいぶる 摆架子 bǎi jiàzi, 装模作样 zhuāng mú zuò yàng
持って行く 拿去 náqu, 带去 dàiqu;〔持ち去る〕拿走 názǒu, 带走 dàizǒu
持って来る 拿来 nálai, 带来 dàilai
もっと 更 gèng, 更加 gèngjiā

もっともだ 有道理 yǒu dàolǐ
最も 最 zuì
もっぱら 专 zhuān, 专门 zhuānmén
もつれる 纠缠 jiūchán
もてあそぶ 玩儿弄 wánrnòng
もてなす 接待 jiēdài
モデム 调制解调器 tiáozhì jiětiáoqì
もてる 讨人喜欢 tǎo rén xǐhuan
モデル〔型式〕模式 móshì, 型号 xínghào;〔手本〕模范 mófàn, 典型 diǎnxíng;〔ファッションなどの〕模特儿 mótèr; ¶プラ～／塑料模型 ¶～チェンジする／改变型号
もと〔はじまり〕根源 gēnyuán;〔原因〕原因 yuányīn;〔基本〕基础 jīchǔ;〔元手〕本钱 běnqián;〔以前〕以前 yǐqián, 原来 yuánlái;〔前任の〕前 qián
戻す〔返却する〕还 huán, 退回 tuìhuí;〔回復させる〕恢复 huīfù;〔吐く〕呕吐 ǒutù
基づく 根据 gēnjù, 按照 ànzhào
求める〔探す〕寻求 xúnqiú;〔要求する〕要求 yāoqiú, 请求 qǐngqiú; ¶助けを～／请求帮助 ¶意見を～／征求意见
もともと 本来 běnlái, 原来 yuánlái
戻る 回(到) huí(dào), 返回 fǎnhuí;〔回復する〕恢复 huīfù
モニター〔監視装置〕监视器 jiānshìqì;〔番組や商品の〕监听员 jiāntīngyuán
物 东西 dōngxi, 物品 wùpǐn
物置 库房 kùfáng
物音 声音 shēngyīn, 响声 xiǎngshēng
物覚え 记性 jìxing; ¶～が悪い／记性不好
物語 故事 gùshì
物事 事情 shìqing, 事物 shìwù
物差し 尺子 chǐzi
物知り 知识渊博 zhīshi yuānbó; ¶～(な人)／万事通
物好き 好奇 hàoqí, 好事 hàoshì
物足りない 不够满意 bùgòu mǎnyì, 不过瘾 bù guòyǐn
物干し 晒台 shàitái; ¶～竿／晒衣竿
物真似 模仿 mófǎng;〔声帯模写〕口技 kǒujì
モノレール 单轨电车 dānguǐ diànchē
物分かり 理解力 lǐjiělì, 懂事 dǒngshì; ¶～のよい人／明白人
物忘れ 忘记 wàngjì; ¶～がひどい／健忘

模範 模范 mófàn, 榜样 bǎngyàng
模倣 模仿 mófǎng
もみじ 〔紅葉〕红叶 hóngyè; 〔カエデ〕枫树 fēngshù
揉む 揉 róu; ¶肩を～／按摩肩膀 ¶気を～／着急 zháojí
揉める 发生纠纷 fāshēng jiūfēn, 争执 zhēngzhí
木綿 棉 mián
もも 大腿 dàtuǐ
モモ 桃子 táozi, 桃树 táoshù
燃やす 烧 shāo, 燃烧 ránshāo
模様 花样 huāyàng, 花纹 huāwén, 图案 tú'àn;〔ようす〕情况 qíngkuàng, 样子 yàngzi
催し 活动 huódòng
催す 举办 jǔbàn, 举行 jǔxíng; ¶眠気を～／发困
貰う 领取 lǐngqǔ, 获得 huòdé;〔…して～〕请求 qǐngqiú; ¶彼女から手紙を～／收到她的来信 ¶嫁を～／娶媳妇儿 ¶彼に手伝って～／请他帮助
漏らす 漏 lòu;〔秘密などを〕泄露 xièlòu, 透露 tòulù;〔感情などを〕流露 liúlù
モラル 道德 dàodé, 伦理 lúnlǐ
森 森林 sēnlín
盛り上がる 隆起 lóngqǐ, 凸起 tūqǐ;〔雰囲気などが〕兴起 xīngqǐ, 高涨 gāozhǎng
盛る 〔器に〕盛 chéng;〔積み上げる〕堆 duī; ¶飯を～／盛饭 ¶土を～／堆土 ¶毒を～／下毒
漏れる 漏 lòu, 透出 tòuchū;〔人に知られる〕泄漏 xièlòu;〔抜け落ちる〕遗漏 yílòu; ¶選に～／落选
もろい 脆 cuì, 脆弱 cuìruò
門 门 mén, 大门 dàmén
文句 词句 cíjù;〔不満〕不满 bùmǎn; ¶決まり～／套话 ¶～を言う／发牢骚
門限 关门时间 guānmén shíjiān
問題 问题 wèntí
問答 问答 wèndá

■■■や■■■■■

矢 箭 jiàn
八百長 事先合谋 shìxiān hémóu;〔試合などの〕假 jiǎ, 黑 hēi; ¶～試合／假比赛, 骗人的比赛 ¶球技の～試合／假球，黑球
八百屋 蔬菜店 shūcàidiàn
やがて 不久 bùjiǔ
やかましい 〔音が〕喧闹 xuānnào, 吵闹 chǎonào;〔性格や規則が〕严格 yángé
やかん 水壶 shuǐhú
夜間 夜间 yèjiān
ヤギ 山羊 shānyáng
焼きそば 炒面 chǎomiàn
焼き鳥 烤鸡肉串 kǎojīròuchuàn
やきもち 〔嫉妬〕嫉妒 jídù, 吃醋 chīcù;〔焼いた餅〕烤年糕 kǎoniángāo
野球 棒球 bàngqiú
夜勤 夜班 yèbān; ¶～をする／上夜班
焼く 〔燃やす〕烧 shāo;〔あぶる〕烤 kǎo;〔少量の油で焼く〕煎 jiān;〔日光で焼く〕晒 shài;〔写真を〕冲洗 chōngxǐ; ¶パンを～／烤面包 ¶魚を～／烤鱼 ¶卵を～／煎鸡蛋 ¶日に～／晒太阳
役 〔地位〕职位 zhíwèi;〔役割〕任务 rènwu, 工作 gōngzuò;〔芝居の配役〕角色 juésè;〔効用〕有用 yǒuyòng; ¶とても～に立つ／很有用 ¶～に立たない／没(有)用
約 大约 dàyuē
役員 董事 dǒngshì, 负责人 fùzérén
やくざ 无赖 wúlài, 流氓 liúmáng
役者 演员 yǎnyuán
役所 政府机关 zhèngfǔ jīguān
訳す 译 yì, 翻 fān
約束 约定 yuēdìng, 协定 xiédìng
役立つ 有用 yǒuyòng, 有益 yǒuyì
役人 官员 guānyuán, 公务员 gōngwùyuán
薬品 药品 yàopǐn
薬味 作料 zuòliao
役目 任务 rènwu, 职责 zhízé
役割 任务 rènwu, 职责 zhízé, 角色 juésè
夜景 夜景 yèjǐng
やけど 烫伤 tàngshāng, 烧伤 shāoshāng
焼ける 〔燃える〕燃烧 ránshāo;〔火が通る〕烤好 kǎohǎo;〔胸焼け〕烧心 shāoxīn;〔太陽で〕晒 shài; ¶肌が～／晒黑 ¶焼けて色あせる／晒退色
野菜 蔬菜 shūcài, 菜 cài
易しい 容易 róngyì, 简单 jiǎndān
優しい 温柔 wēnróu, 亲切 qīnqiè
野次 倒彩 dàocǎi; ¶～を飛ばす／喝 hè 倒

彩
野次馬 看热闹的人 kàn rènao de rén
養う 〔養育する・扶養する〕养育 yǎngyù, 扶养 fúyǎng;〔育成する〕培养 péiyǎng;¶英気を〜/养精蓄锐
夜食 夜宵 yèxiāo
安い 便宜 piányi
休み 〔休憩〕休息 xiūxi;〔休暇〕假日 jiàrì
休む 〔休憩する〕休息 xiūxi;〔欠席・欠勤する〕请假 qǐngjià;〔眠る〕睡 shuì;〔活動を一時中止する〕暂停 zàntíng
安らか 平安 píng'ān, 平静 píngjìng, 安静 ānjìng
野生 野生 yěshēng
痩せる 瘦 shòu
屋台 摊子 tānzi, 货摊 huòtān
やたら 胡乱 húluàn, 过分 guòfèn
家賃 房租 fángzū, 房费 fángfèi
奴 家伙 jiāhuo
八つ当たり 撒气 sāqì, 乱发脾气 luànfā píqi
厄介 麻烦 máfan, 难做 nánzuò, 难对付 nánduìfu
薬局 药房 yàofáng, 药店 yàodiàn
やっと 终于 zhōngyú, 好容易 hǎoróngyì, 总算 zǒngsuàn
宿 旅馆 lǚguǎn, 过夜处 guòyèchù
雇う 雇用 gùyòng
野党 在野党 zàiyědǎng
ヤナギ 柳树 liǔshù
屋根 屋顶 wūdǐng
やはり 〔予想した通り〕果然 guǒrán, 还是 háishi;〔相変わらず〕还是 háishi, 仍然 réngrán;〔結局のところ〕虽然…但是… suīrán … dànshì …, 到底 dàodǐ
藪 草丛 cǎocóng, 竹丛 zhúcóng;¶〜医者/庸医 yōngyī
破る 〔引き裂く〕撕破 sīpò, 弄破 nòngpò;〔安定状態を乱す〕打破 dǎpò;〔相手を負かす〕击败 jībài;〔障害を突破する〕冲破 chōngpò;¶規則を〜/违反 ¶約束を〜/失约
破れる 〔裂ける〕撕破 sīpò, 裂开 lièkāi;〔安定状態が失われる〕被打破 bèi dǎpò
野暮 〔世情にうとい〕不知趣 bù zhīqù;〔洗練されない〕庸俗 yōngsú, 不文雅 bù wényá;¶〜ったい/土里土气

山 〔山岳〕山 shān;〔積み上げたもの〕堆 duī;〔予想〕猜想 cāixiǎng;〔物事のピーク〕顶峰 dǐngfēng
病 病 bìng
山道 山路 shānlù
闇 黑暗 hēi'àn;¶〜取引き/黑市交易 ¶〜金融/黑市贷款
止む 停止 tíngzhǐ, 终止 zhōngzhǐ;¶雨が〜/雨停 ¶痛みが〜/病痛消失
やむを得ず 不得已 bùdéyǐ, 无奈 wúnài
止める 停止 tíngzhǐ, 放弃 fàngqì;¶タバコを〜/戒烟
辞める 辞 cí, 辞掉 cídiào
やや 稍微 shāowēi, 略微 lüèwēi
ややこしい 复杂 fùzá, 麻烦 máfan
やり方 做法 zuòfǎ, 方法 fāngfǎ, 办法 bànfǎ
やり切れない 〔最後までできない〕做不完 zuòbuwán;〔耐えられない〕受不了 shòubuliǎo
やりくり 〔時間・日程・内容などを〕调整 tiáozhěng, 安排 ānpái, 〔資金などを〕周转 zhōuzhuǎn
やり手 〔行う人〕做事的人 zuòshì de rén;〔敏腕家〕干才 gàncái, 能干的人 nénggàn de rén
やりとり 交换 jiāohuàn, 互相使用 hùxiāng shǐyòng
やり直す 重(新)做 chóng(xīn)zuò, 重来 chónglái
やる 〔行う〕做 zuò, 干 gàn, 举行 jǔxíng;〔与える〕给 gěi;〔移動させる〕挪动 nuódòng
やる気 干劲 gànjìn, 热情 rèqíng
柔らかい 柔和 róuhé, 柔软 róuruǎn

●ゆ■■■■■

湯 开水 kāishuǐ, 热水 rèshuǐ, 温水 wēnshuǐ;¶〜が沸いた/水开了
唯一 惟一 wéiyī
遺言 遗言 yíyán, 遗嘱 yízhǔ：¶〜状/遗嘱
有意義 有意义 yǒu yìyì
憂鬱 忧郁 yōuyù, 郁闷 yùmèn
遊園地 游乐场 yóulèchǎng
優雅 〔上品〕文雅 wényǎ, 优雅 yōuyǎ;

〔悠々とした〕悠闲自在 yōu xián zì zài
誘拐 绑架 bǎngjià
有害 有害 yǒuhài
夕方 傍晚 bàngwǎn
夕刊 晚报 wǎnbào
勇敢 勇敢 yǒnggǎn, 有勇气 yǒu yǒngqì
勇気 勇气 yǒngqì
有給休暇 带〔有〕薪休假 dài [yǒu] xīn xiūjià
有効 有效 yǒuxiào; ¶～期限／有效期
融資 贷款 dàikuǎn; ¶～を受ける／获得贷款
優秀 优秀 yōuxiù
優勝 冠军 guànjūn
友情 友谊 yǒuyì
夕食 晚饭 wǎnfàn, 晚餐 wǎncān
友人 朋友 péngyǒu
融通 〔金銭の貸借〕通融 tōngróng;〔順応性〕灵活 línghuó; ¶～をきかせて対応する／灵活对应
優先 优先 yōuxiān
郵送 邮寄 yóujì; ¶～料／邮费
Uターン 掉头 diàotóu; ¶～ラッシュ／返程高峰
雄大 雄伟 xióngwěi, 宏大 hóngdà
夕立 阵雨 zhènyǔ, 雷阵雨 léizhènyǔ
誘致 招徕 zhāolái, 招引 zhāoyǐn; ¶企業～／招商引资 ¶顧客～／招徕顾客
有能 能干 nénggàn, 精干 jīnggàn
夕日 夕阳 xīyáng
郵便 邮件 yóujiàn; ¶～受け／信箱 xìnxiāng
郵便局 邮局 yóujú
郵便番号 邮政编码 yóuzhèng biānmǎ, 邮编 yóubiān
ゆうべ 昨晚 zuówǎn;〔夕刻からの催し物〕晚会 wǎnhuì
有望 有望 yǒuwàng, 有前途 yǒu qiántú, 有为 yǒuwéi
有名 有名 yǒumíng, 著名 zhùmíng; ¶～人／名人
ユーモア 幽默 yōumò
夕焼け 晚霞 wǎnxiá
悠々 从容不迫 cóng róng bù pò, 悠闲 yōuxián; ¶～自適／悠然自得
有利 有利 yǒulì
有料 收费 shōufèi

有力 有利 yǒulì; ¶～者／有势力者 yǒushìlìzhě
幽霊 〔死者の霊〕鬼 guǐ, 幽魂 yōuhún;〔実在しない見せかけのもの〕有名无实 yǒu míng wú shí
ユーロ 〔通貨単位〕欧元 ōuyuán
誘惑 诱惑 yòuhuò, 引诱 yǐnyòu
床 地板 dìbǎn; ¶～暖房／地热地板
愉快 愉快 yúkuài, 有意思 yǒuyìsi, 有趣 yǒuqù
浴衣 浴衣 yùyī, 棉布的和服单衣 miánbù de héfú dānyī
ゆがむ 歪 wāi, 变形 biànxíng
ゆがめる 歪 wāi, 歪曲 wāiqū; ¶苦痛に顔を～／痛得脸都歪了
雪 雪 xuě; ¶～が降る／下雪 ¶～が積もる／积雪
行き 去 qù, 往 wǎng; ¶東京～の列車／开往东京的列车
行き先 去的地方 qù de dìfang, 目的地 mùdìdì
雪だるま 雪人 xuěrén
行き止まり 死胡同 sǐhútòng, 死路 sǐlù
行方 去向 qùxiàng, 下落 xiàluò, 行踪 xíngzōng; ¶～不明／行踪不明
湯気 蒸汽 zhēngqì, 热气 rèqì; ¶～が立つ／冒热气
輸血 输血 shūxuè
輸出 出口 chūkǒu; ¶～超過／顺差
揺する 摇动 yáodòng, 摇摆 yáobǎi, 摇晃 yáohuàng
譲る 〔譲渡する〕让 ràng, 让给 rànggěi, 转让 zhuǎnràng;〔譲歩する〕让 ràng, 让步 ràngbù;〔売る〕转卖 zhuǎnmài
輸送 运输 yùnshū
豊か 〔豊富〕丰富 fēngfù, 充分 chōngfèn;〔富裕〕富裕 fùyù;〔おおらか〕宽大 kuāndà
油断 疏忽 shūhu, 粗心大意 cū xīn dà yì; ¶～大敵／千万不可麻痹 mábì 大意
ゆっくり 慢慢 mànmàn, 不着急 bù zháojí
ゆったり 〔動きが〕缓慢 huǎnmàn, 慢悠悠 mànyōuyōu;〔気分が〕轻松 qīngsōng, 舒畅 shūchàng;〔空間・衣服などが〕宽大 kuāndà, 宽松 kuānsōng
茹でる 〔時間をかけて〕煮 zhǔ;〔短時間で湯がく〕焯 chāo; ¶卵を～／煮鸡蛋 ¶ほ

うれん草を～／焯菠菜
ゆとり 宽裕 kuānyù, 余裕 yúyù
ユニーク 别致 biézhì, 独特 dútè
ユニバーサル 通用 tōngyòng, 普遍 pǔbiàn; ¶～デザイン／通用设计 ¶～サービス／普遍服务
ユニフォーム 制服 zhìfú;〔運動服〕运动服 yùndòngfú
輸入 进口 jìnkǒu; ¶～超過／逆差
指 〔手〕手指 shǒuzhǐ;〔足〕脚趾 jiǎozhǐ
指輪 戒指 jièzhi
ユビキタス 无所不在 wú suǒ bù zài
湯船 浴缸 yùgāng;〔銭湯などの大きなもの〕浴池 yùchí
夢 〔睡眠中の〕梦 mèng;〔希望〕理想 lǐxiǎng, 梦想 mèngxiǎng;〔非現実の〕空想 kōngxiǎng;〔予想外の〕没想到 méixiǎngdào; ¶(寝て)～を見る／做梦 ¶将来の～／将来的理想 ¶～のような話／不现实的事情 ¶～にも思わなかった／一点儿也没想到
由来 由来 yóulái, 来历 láilì
緩い 〔たるみがある〕松弛 sōngchí, 宽松 kuānsong;〔厳しくない〕不严 bùyán, 松 sōng;〔角度が少ない〕倾斜度小 qīngxiédù xiǎo, 平缓 pínghuǎn;〔速度が遅い〕缓慢 huǎnmàn, 慢 màn; ¶ベルトが～／腰带松弛 ¶～規則／规则不严 ¶～坂／不陡的斜坡 ¶～球を投げる／投慢球
許す 〔許可・承認〕许可 xǔkě, 批准 pīzhǔn, 承认 chéngrèn, 允许 yǔnxǔ;〔許容〕允许 yǔnxǔ, 容许 róngxǔ;〔容赦〕原谅 yuánliàng, 宽恕 kuānshù;〔気持ちを〕信赖 xìnlài; ¶時間の～限り／只要时间允许 ¶失礼をお許し下さい／请恕无礼 ¶心を許せる友／知心朋友
緩む 〔物の張りや硬さが〕松 sōng, 松动 sōngdòng, 松软 sōngruǎn;〔精神・緊張が〕松劲 sōngjìn, 松缓 sōnghuǎn; ¶ネジが緩んだ／螺丝松动了 ¶寒さが～／寒冷缓和 ¶制限が～／放宽限制 ¶気が～／疏忽大意
揺れる 〔物体が〕摇动 yáodòng, 颠簸 diānbǒ, 摇晃 yáohuàng;〔気持ちが〕动摇 dòngyáo; ¶風で木が～／树木迎风摇动 ¶心が激しく～／心情激荡 jīdàng 起来

■よ■■■■■■
世 〔世間〕世界 shìjiè, 世间 shìjiān, 人间 rénjiān;〔人生〕人生 rénshēng;〔時代〕时代 shídài, 时势 shíshì; ¶～をはかなむ／厌世 ¶～が～なら／如果生逢其时
夜明け 黎明 límíng, 天亮 tiānliàng
良い 〔良好な〕好 hǎo, 优秀 yōuxiù;〔正しい〕正当 zhèngdàng, 正确 zhèngquè;〔適切な〕适当 shìdàng, 合适 héshì;〔回復する〕好了 hǎo le;〔安心〕好 hǎo;〔問題ない〕可以 kěyǐ; ¶～時に来た／你来的正是时候 ¶行っても～／可以去 ¶気持ちが～／心情舒畅
酔う 〔酒に〕喝醉 hēzuì, 醉 zuì;〔乗物に〕晕 yùn;〔雰囲気に〕陶醉 táozuì; ¶車に～／晕车 ¶名曲に～／为名曲所陶醉
用 〔用事〕事情 shìqing;〔使用〕用处 yòngchu; ¶子供～リュック／儿童用背包
用意 准备 zhǔnbèi
容易 容易 róngyì
洋菓子 西式点心 xīshì diǎnxin
容器 容器 róngqì
陽気 〔気候〕天气 tiānqì, 气候 qìhòu;〔ほがらか〕开朗 kāilǎng;〔にぎやか〕欢乐 huānlè, 热闹 rènao
容疑 嫌疑 xiányí; ¶～者／嫌疑人
要求 要求 yāoqiú
用件 事情 shìqing
ようこそ 欢迎 huānyíng
用紙 (规定用)纸张 (guīdìng yòng)zhǐzhāng; ¶原稿～／稿纸 ¶応募～／应聘表格 ¶コピー～／复印纸
要旨 要旨 yàozhǐ, 要点 yàodiǎn, 摘要 zhāiyào
容姿 姿容 zīróng, 容貌 róngmào
養子 养子 yǎngzǐ; ¶～縁組／过继
用事 事情 shìqing
幼児 幼儿 yòu'ér
楊枝 牙签儿 yáqiānr
洋式 西式 xīshì; ¶～トイレ／坐式厕所
洋食 西餐 xīcān
養殖 养殖 yǎngzhí
用心 当心 dāngxīn, 留心 liúxīn, 注意 zhùyì
様子 〔状態〕情况 qíngkuàng;〔外見〕外观 wàiguān, 仪表 yíbiǎo;〔態度〕样子 yàngzi
養成 培养 péiyǎng, 培训 péixùn

要素 因素 yīnsù
幼稚 幼稚 yòuzhì, 不成熟 bù chéngshú
幼稚園 幼儿园 yòu'éryuán
要点 要点 yàodiǎn
用途 用途 yòngtú, 用处 yòngchu
曜日 星期 xīngqī; ¶今日は何〜？/今天是星期几？
用品 用品 yòngpǐn
洋服 〔衣服〕衣服 yīfu;〔西洋風の衣装〕洋装 yángzhuāng
要望 要求 yāoqiú
ようやく 〔徐々に〕渐渐 jiànjiàn, 逐渐 zhújiàn;〔なんとか・ついに〕好容易 hǎoróngyì, 终于 zhōngyú
要約 归纳 guīnà, 概括 gàikuò, 摘要 zhāiyào
要領 要领 yàolǐng, 要点 yàodiǎn; ¶〜を得ない/不得要领
ヨーグルト 酸奶 suānnǎi
ヨーロッパ 欧洲 Ōuzhōu
余暇 业余时间 yèyú shíjiān
ヨガ 瑜伽 yújiā
預金 存款 cúnkuǎn; ¶〜通帳/存折 ¶〜口座/存款户头
良く 〔良好〕好 hǎo;〔上手に・十分に〕好 hǎo, 漂亮 piàoliang, 仔细地 zǐxì de;〔しばしば〕经常 jīngcháng, 动不动 dòngbudòng;〔せいぜい〕最多 zuìduō;〔驚き〕竟然 jìngrán
欲 欲望 yùwàng, 贪欲 tānyù
浴室 浴室 yùshì, 洗澡间 xǐzǎojiān
翌日 第二天 dì'èrtiān
欲張る 贪婪 tānlán, 贪馋 tānchán
欲望 欲望 yùwàng
余計 〔数量が多い〕多 duō, 多余 duōyú, 过多 guòduō;〔ますます〕更加 gèngjiā, 越…越… yuè … yuè …
よける 〔避ける〕躲开 duǒkāi, 避开 bìkāi;〔防ぐ〕预防 yùfáng
横 〔水平方向〕横 héng;〔傍ら〕旁边 pángbiān;〔幅〕宽 kuān;〔側面〕侧面 cèmiàn
横書き 横写 héngxiě
横切る 穿过 chuānguò
予告 事先通知 shìxiān tōngzhī, 预告 yùgào
汚す 弄脏 nòngzāng
横たわる 〔身体を横にする〕躺 tǎng;〔山脈・橋・材木など長いものが前方にある〕横贯 héngguàn, 横亘 hénggèn
横這い 〔横に動く〕横行 héngxíng;〔変化が少ない〕停滞 tíngzhì
汚れる 弄脏 nòngzāng, 污染 wūrǎn
予算 预算 yùsuàn
予習 预习 yùxí
よじる 扭 niǔ, 捻 niǎn
寄せる 〔一方に動かす〕挪近 nuójìn, 挪动 nuódòng;〔近づける〕靠近 kàojìn;〔集める〕集中 jízhōng;〔心を傾ける〕寄予 jìyǔ, 寄托 jìtuō;〔頼る〕投靠 tóukào, 寄托 jìtuō
よそ 〔他の場所〕别的地方 biéde dìfang, 别处 biéchù;〔外部〕外面 wàimian; ¶〜〜しい/冷淡
予想 预料 yùliào, 预测 yùcè, 估计 gūjì; ¶〜外/出乎预料
よだれ 口水 kǒushuǐ
四つ角 〔十字路〕十字路口 shízì lùkǒu;〔四隅〕四个角落 sì ge jiǎoluò
欲求 欲望 yùwàng; ¶〜不満/欲望不满足
酔っぱらい 醉鬼 zuìguǐ; ¶〜運転/酒后开车
予定 预定 yùdìng, 计划 jìhuà, 准备 zhǔnbèi
与党 执政党 zhízhèngdǎng
夜中 半夜 bànyè, 深夜 shēnyè
世の中 〔世間・社会〕人间 rénjiān, 世界 shìjiè, 社会 shèhuì;〔時代〕时代 shídài
予備 备用 bèiyòng, 预备 yùbèi
予備校 补习学校 bǔxí xuéxiào
呼ぶ 〔声をかける〕叫 jiào;〔来てもらう〕叫来 jiào lái, 请来 qǐng lái;〔呼称する〕叫做 jiàozuò, 称为 chēngwéi;〔招待する〕邀请 yāoqǐng
夜更かし 熬夜 áoyè, 开夜车 kāiyèchē
余分 〔余計な量〕多 duō, 多余 duōyú;〔余り〕剩余 shèngyú
予防 预防 yùfáng; ¶〜接種/预防接种
よほど 〔かなり・相当な〕很 hěn, 相当 xiāngdāng;〔いっそのこと〕几乎 jīhū, 差点儿就 chàdiǎnr jiù
よみがえる 〔生き返る〕苏醒 sūxǐng, 复苏 fùsū;〔回復する〕恢复 huīfù, 复兴 fùxīng
読み方 读法 dúfǎ
読む 〔声に出して〕念 niàn, 读 dú;〔目で追

う〕看 kàn，读 dú；〔推測〕看透 kàntòu，揣測 chuǎicè；¶相手の心を～／揣測对方的心思

嫁 〔息子の妻〕媳妇 xífù；〔花嫁〕新娘 xīnniáng

予約 预定 yùdìng，预约 yùyuē

余裕 〔空間の〕宽余 kuānyú；〔時間・経済的な〕宽裕 kuānyù，富裕 fùyù；〔精神的な〕从容 cóngróng

…より 〔起点〕从 cóng，自 zì；〔比較〕比 bǐ

寄り道 顺便去 shùnbiàn qù

よる 〔原因〕由于 yóuyú，因为 yīnwèi；〔根拠・基準〕根据 gēnjù，按照 ànzhào，基于 jīyú；〔手段・方法〕通过 tōngguò，由 yóu；〔関係〕依靠 yīkào，在于 zàiyú；¶話し合いに～解決／通过协商的解决方法 ¶本人の努力に～／在于本人的努力

寄る 〔近寄る〕靠近 kàojìn；〔集まる〕集中 jízhōng，聚集 jùjí；〔立ち寄る〕顺便到 shùnbiàn dào；〔偏る〕偏 piān，倾向于 qīngxiàngyú；〔もたれる〕依靠 yīkào；¶しわが～／起皱

夜 夜间 yèjiān，晚上 wǎnshang

よろける 蹒跚 pánshān，踉跄 liàngqiàng

喜び 喜悦 xǐyuè，欢乐 huānlè

喜ぶ 〔うれしく思う〕高兴 gāoxìng，欢喜 huānxǐ；〔祝福する〕祝福 zhùfú

よろしい 〔好ましい〕好 hǎo，不错 bùcuò；〔問題ない〕可以 kěyǐ，行 xíng；〔妥当〕适当 shìdàng；〔了解した〕好 hǎo，可以 kěyǐ

よろしく 〔適当に〕适当 shìdàng；¶～お願いします／请多关照 ¶彼に～お伝え下さい／请向他问好 〔致意〕

世論 社会舆论 shèhuì yúlùn；¶～調查／民意测验

弱い 〔力・勢いが〕弱 ruò，薄弱 bóruò，劣势 lièshì；〔精神的のに〕软弱 ruǎnruò；〔苦手〕不熟悉 bù shúxī；〔技術・能力が〕弱 ruò，差 chà，劣势 lièshì；〔抵抗しにくい〕怕 pà，难以抵抗 nányǐ dǐkàng ¶寒さに～／怕冷

弱音 泄气话 xièqìhuà；¶～を吐く／叫苦

弱虫 胆小鬼 dǎnxiǎoguǐ，软骨头 ruǎngǔtou

弱める 削弱 xuēruò，使…衰弱 shǐ…shuāiruò

弱る 〔弱くなる・衰える〕衰弱 shuāiruò，衰退 shuāituì；〔困る〕为难 wéinán

■ら■■■■■■

ラード 猪油 zhūyóu

ラーメン 拉面 lāmiàn；¶インスタント～／方便面 ¶カップ～／桶装方便面

ライオン 狮子 shīzi

来期 下(一)期 xià(yī)qī，下(一)届 xià(yī)jiè

来月 下(个)月 xià(ge)yuè

来週 下星期 xiàxīngqī，下周 xiàzhōu

来春 明年春天 míngnián chūntiān

来場 到场 dàochǎng

ライス 米饭 mǐfàn；¶オム～／蛋包饭

ライセンス 许可证 xǔkězhèng，执照 zhízhào

ライター 〔点火用〕打火机 dǎhuǒjī；〔文筆家〕作家 zuòjiā，撰稿人 zhuàngǎorén；¶コピー～／(广告)文案撰稿人 ¶シナリオ～／剧本作家 ¶ルポ～／报告文学作家

ライト 〔光〕光 guāng，光线 guāngxiàn；〔照明〕照明 zhàomíng，灯 dēng；〔明るい・薄い〕淡 dàn，亮 liàng；〔軽い〕轻 qīng，轻便 qīngbiàn

来年 明年 míngnián

ライバル (竞争)对手 (jìngzhēng)duìshǒu

ライブ 〔生演奏〕现场演奏 xiànchǎng yǎnzòu；〔生放送〕现场直播 xiànchǎng zhíbō

ライフスタイル 生活方式 shēnghuó fāngshì

ライフライン 生命线(工程) shēngmìngxiàn(gōngchéng)

ライフワーク 终生大业 zhōngshēng dàyè

ライン 线 xiàn，行 háng；¶生产～／生产线

楽 〔心地よい〕舒服 shūfu，舒畅 shūchàng，随便 suíbiàn；〔たやすい〕容易 róngyì，轻松 qīngsōng

落書き 乱涂乱写(的字画) luàntú luànxiě(de zìhuà)

落伍 落伍 luòwǔ，掉队 diàoduì

落札 中标 zhòngbiāo

楽勝 轻易获胜 qīngyì huòshèng

落選 〔選挙で〕落选 luòxuǎn；〔選抜に〕没被选上 méi bèi xuǎnshang

ラクダ 骆驼 luòtuo

落第 不及格 bù jígé，落第 luòdì

落胆 灰心 huīxīn，沮丧 jǔsàng
酪農 奶酪业 nǎilàoyè
ラグビー 橄榄球 gǎnlǎnqiú
ラケット 球拍 qiúpāi
らしい 〔推量〕好像… hǎoxiàng…，听说… tīngshuō…，看来 kànlái…；〔ふさわしい〕像…样子 xiàng…yàngzi，有…风度 yǒu…fēngdù；¶来る～／好象要来 ¶落選した～／听说他落选了 ¶学者～発想／就是有学者风度的想法
ラジオ 收音机 shōuyīnjī；¶～放送／广播
ラジカセ 收录两用机 shōulù liǎngyòngjī
羅針盤 指南针 zhǐnánzhēn
ラスト 最后 zuìhòu，最终 zuìzhōng，末尾 mòwěi；¶～スパート／最后冲刺
拉致 绑架 bǎngjià
落下 落下 luòxià，掉下 diàoxià
楽観 乐观 lèguān
ラッキー 幸运 xìngyùn，走运 zǒuyùn
ラッシュアワー （交通）高峰时间 (jiāotōng)gāofēng shíjiān
ラップ 〔食品包装〕保鲜膜 bǎoxiānmó
ラベル 标签 biāoqiān
ラベンダー 熏衣草 xūnyīcǎo
ラボ（ラトリー） 研究室 yánjiūshì，实验室 shíyànshì
ラム 〔酒〕朗姆酒 lǎngmǔjiǔ；〔肉〕羔羊肉 gāoyángròu
ラムネ （柠檬）汽水 (níngméng)qìshuǐ
羅列 罗列 luóliè
ラン（LAN） 局域网 júyùwǎng；¶無線～／无线局域网
乱 乱 luàn；¶～気流／乱气流 ¶戦～／战乱
欄 栏 lán，栏目 lánmù
ラン 兰花 lánhuā
欄干 栏杆 lángān
ランキング 排名 páimíng，排次序 pái cìxù；¶～入りする／进入排行榜
ランク 等级 děngjí，名次 míngcì
乱雑 杂乱 záluàn
乱視 散光 sǎnguāng；¶～用眼鏡／散光镜
ランチ 午饭 wǔfàn，午餐 wǔcān
ランニング 跑 pǎo，跑步 pǎobù
乱筆 笔迹潦草 bǐjì liáocǎo
ランプ 煤油灯 méiyóudēng

乱暴 粗暴 cūbào，粗野 cūyě，蛮横 mánhèng
乱用 滥用 lànyòng，乱用 luànyòng

■■■り■■■■■
リアクション 反应 fǎnyìng
リアリティー 现实感 xiànshígǎn，真实性 zhēnshíxìng
リアル 逼真 bīzhēn，真实 zhēnshí
リアルタイム 同时 tóngshí，立即 lìjí，实时 shíshí
リーグ 联盟 liánméng ¶～戦／联赛
リース 租赁 zūlìn，出租 chūzū
リーダー 领导人 lǐngdǎorén，领袖 lǐngxiù；¶～シップ／领导能力
利益 〔利潤〕利润 lìrùn，赢利 yínglì；〔有益〕好处 hǎochu，益处 yìchu
理解 〔意味が分かる〕理解 lǐjiě，了解 liǎojiě，明白 míngbai；〔相手を思いやる〕理解 lǐjiě，谅解 liàngjiě
利害 利害 lìhài，得失 déshī
力作 力作 lìzuò
力士 相扑运动员 xiāngpū yùndòngyuán
力む 〔力を込める〕屏气用力 bǐngqì yònglì，使劲 shǐjìn；〔意気込む〕奋勇 fènyǒng，干劲十足 gànjìn shízú
力量 能力 nénglì，本领 běnlǐng
陸 陆地 lùdì
リクエスト 要求 yāoqiú，请求 qǐngqiú；〔放送局などに〕点播 diǎnbō；¶～曲／点播曲
陸上競技 田径赛 tiánjìngsài
理屈 〔道理〕道理 dàoli，理论 lǐlùn；〔言い訳〕借口 jièkǒu，诡辩 guǐbiàn；¶～をこねる／捏造 niēzào 理由
リクライニングシート 活动靠背椅 huódòng kàobèiyǐ
利己 利己 lìjǐ，自私自利 zì sī zì lì
利口 〔賢い〕聪明 cōngming，伶利 línglì；〔抜け目がない〕巧妙 qiǎomiào，机灵 jīling
履行 履行 lǚxíng
リコール 〔罷免〕罢免 bàmiǎn；〔回収〕回收 huíshōu
離婚 离婚 líhūn
リサーチ 调查 diàochá，研究 yánjiū
リサイクル 循环再生 xúnhuán zàishēng，（废品）再利用 (fèipǐn)zàilìyòng

リサイタル 独唱会 dúchànghuì, 独奏会 dúzòuhuì
利子 利息 lìxī
リス 松鼠 sōngshǔ
リスク 风险 fēngxiǎn, 危险 wēixiǎn
リスト 名单 míngdān, 一览表 yīlǎnbiǎo, 目录 mùlù
リストラ 〔経営再建〕结构调整 jiégòu tiáozhěng; 机构重组 jīgòu chóngzǔ;〔解雇〕解雇 jiěgù, 下岗 xiàgǎng
リズム 节奏 jiézòu, 节拍 jiépāi
理性 理性 lǐxìng
リセット 〔やり直す〕重新做 chóngxīn zuò, 重设 chóngshè;〔機械・コンピュータ〕复位 fùwèi, 重新启动 chóngxīn qǐdòng
理想 理想 lǐxiǎng
リゾート 休养地 xiūyǎngdì, 度假地 dùjiàdì
利息 利息 lìxī
率 率 lǜ, 比率 bǐlǜ
陸橋 天桥 tiānqiáo
立候補 成为候选人 chéngwéi hòuxuǎnrén
立食 立餐 lìcān; ¶～パーティ／立餐式宴会
立体 立体 lìtǐ; ¶～交差／立体交叉
リットル 公升 gōngshēng
立派 〔人物〕杰出 jiéchū, 端庄 duānzhuāng;〔行動〕出色 chūsè, 优秀 yōuxiù;〔外観〕壮观 zhuàngguān, 宏伟 hóngwěi
リップクリーム 护唇膏 hùchúngāo
立方 立方 lìfāng
リトマス試験紙 石蕊试纸 shíruǐ shìzhǐ
リニアモーターカー 磁悬浮列车 cíxuánfú lièchē
リニューアル 重新装修 chóngxīn zhuāngxiū, 翻新 fānxīn
理念 理念 lǐniàn
リハーサル 排练 páiliàn
リバウンド 反弹 fǎntán
リハビリ（テーション） 康复 kāngfù
リビングルーム 起居室 qǐjūshì
リフォーム 〔衣服〕翻新 fānxīn;〔建築〕改建 gǎijiàn
理不尽 不合理 bù hélǐ, 不讲道理 bù jiǎng dàoli
リベート 〔割戻し金〕回扣 huíkòu;〔手数料〕佣金 yòngjīn;〔賄賂〕贿赂 huìlù
リボン 装饰带 zhuāngshìdài, 缎带 duàndài

リミット 限度 xiàndù, 极限 jíxiàn
リムジン 〔大型高級車〕豪华轿车 háohuá jiàochē;〔空港送迎バス〕机场大巴 jīchǎng dàbā
リモコン 遥控 yáokòng
略す 简略 jiǎnlüè, 省略 shěnglüè
龍 龙 lóng
…流 〔スタイル〕方式 fāngshì;〔流派〕流派 liúpài
理由 理由 lǐyóu, 原因 yuányīn
留学 留学 liúxué
流儀 作法 zuòfǎ, 惯例 guànlì
流行 流行 liúxíng
流出 流失 liúshī, 流出 liúchū
隆盛 兴隆 xīnglóng, 兴旺 xīngwàng
流暢 流利 liúlì
流通 流通 liútōng
留年 留级 liújí
リューマチ 风湿病 fēngshībìng
リュックサック （帆布）背包 (fānbù)bèibāo
量 量 liàng, 数量 shùliàng
漁 捕鱼 bǔyú
寮 宿舍 sùshè
利用 利用 lìyòng
領域 〔範囲〕范围 fànwéi;〔国の領土〕领土 lǐngtǔ
了解 同意 tóngyì, 理解 lǐjiě
領海 领海 lǐnghǎi
両替 兑换 duìhuàn, 换钱 huànqián
両側 两侧 liǎngcè, 两方面 liǎngfāngmiàn
両極 〔両端〕两端 liǎngduān;〔南極と北極〕南北两极 nánběi liǎngjí;〔電流〕阳极和阴极 yángjí hé yīnjí
両極端 两个极端 liǎng ge jíduān
料金 费 fèi, 费用 fèiyòng
量産 批量生产 pīliàng shēngchǎn, 大量生产 dàliàng shēngchǎn
領事 领事 lǐngshì; ¶～館／领事馆
良識 良知 liángzhī, 良知良能 liáng zhī liáng néng
領収 受到 shōudào; ¶～書／收据单
了承 同意 tóngyì, 谅解 liàngjiě
両親 父母 fùmǔ
良心 良心 liángxīn
両端 〔両はし〕两端 liǎngduān, 两头 liǎngtóu;〔はじめと終わり〕首尾 shǒuwěi

両手 双手 shuāngshǒu
領土 领土 lǐngtǔ
量販店 量贩店 liàngfàndiàn
両方 〔両者〕双方 shuāngfāng, 两者 liǎngzhě;〔二つの面〕两个方面 liǎng ge fāngmiàn
療養 疗养 liáoyǎng
料理 〔調理〕做菜 zuòcài, 烹调 pēngtiáo;〔食べ物〕菜 cài;¶イタリア～／意大利菜
両立 两立 liǎnglì, 两者并立 liǎngzhě bìnglì;¶家庭と仕事を～する／家务和工作两不误
旅館 日(本)式旅馆 Rì(běn)shì lǚguǎn;¶温泉～／温泉旅馆
緑内障 青光眼 qīngguāngyǎn
旅券 护照 hùzhào
旅行 旅游 lǚyóu, 旅行 lǚxíng;¶日帰り～／一日游 ¶～ガイド／旅行指南 ¶～代理店／旅行社 ¶～かばん／旅行包 ¶～先／旅行目的地 ¶～小切手／旅行支票
旅費 旅费 lǚfèi
リラックス 放松 fàngsōng, 轻松 qīngsōng
離陸 起飞 qǐfēi
凛々しい 凛凛的 lǐnlǐn de
利率 利率 lìlǜ
リレー 接力 jiēlì, 传递 chuándì;¶800m～／800米接力 ¶バケツ～／传递水桶 ¶聖火～／火炬 jù 传递
履歴 履历 lǚlì, 经历 jīnglì
履歴書 履历表 lǚlìbiǎo
理論 理论 lǐlùn
輪郭 轮廓 lúnkuò
リンク 联系 liánxì, 连接 liánjiē
リング 〔輪〕环 huán, 圈 quān;〔指輪〕戒指 jièzhi;¶イヤ～／耳环
リンゴ 苹果 píngguǒ;¶～ジュース／苹果汁
臨時 临时 línshí, 暂时 zànshí
リンス 润丝液 rùnsīyè, 护发素 hùfàsù
隣接 邻接 línjiē, 毗连 pílián
リンチ 私刑 sīxíng
リンパ腺 淋巴腺 línbāxiàn
倫理 伦理 lúnlǐ
林立 林立 línlì

■**る**■■■■■
累計 累计 lěijì

類型 类型 lèixíng, 型 xíng
類似 类似 lèisì, 相似 xiāngsì
類推 推测 tuīcè, 类推 lèituī
累積 累积 lěijī;¶～赤字／累积亏损
ルーズ 散漫 sǎnmàn, 懒散 lǎnsǎn;¶時間に～だ／不遵守时间
ルーズリーフ 活页笔记本 huóyè bǐjìběn
ルーツ 根源 gēnyuán, 起源 qǐyuán
ルート 〔路線〕路 lù, 路线 lùxiàn;〔経路〕途径 tújìng, 渠道 qúdào;¶カーナビで～検索する／用导航系统寻找路线 ¶密輸～／走私渠道
ルームサービス 客房(送餐)服务 kèfáng(sòngcān)fúwù
ルームメイト 同屋 tóngwū
ルール 规则 guīzé, 规矩 guīju
ルーレット 轮盘赌 lúnpándǔ
留守 〔外出〕不在家 bù zài jiā, 外出 wàichū;〔おろそかになる〕忽略 hūlüè
留守番電話 录音电话 lùyīn diànhuà
ルビー 红宝石 hóngbǎoshí
ルポ(ルタージュ) 〔現地報道〕现场报道 xiànchǎng bàodào;〔記録文学〕纪实文学 jìshí wénxué, 报告文学 bàogào wénxué

■**れ**■■■■■
例 例子 lìzi, 事例 shìlì;¶～を挙げる／举例 ¶～によって／照例
零 零 líng
霊 灵 líng, 灵魂 línghún
レイアウト 〔印刷物〕版面设计 bǎnmiàn shèjì;〔配置〕布置 bùzhì, 布局 bùjú
レイオフ 下岗 xiàgǎng, 临时解雇 línshí jiěgù
零下 零下 língxià
例外 例外 lìwài
冷害 冷害 lěnghài
礼儀 礼貌 lǐmào, 礼节 lǐjié
礼金 酬金 chóujīn, 礼金 lǐjīn
零細 零星 língxīng, 小 xiǎo;¶～企業／零星企业
礼状 感谢信 gǎnxièxìn
冷静 冷静 lěngjìng
冷蔵庫 冰箱 bīngxiāng
冷暖房 冷气和暖气 lěngqì hé nuǎnqì;¶～完備／配备冷暖空调 kōngtiáo

冷凍 冷冻 lěngdòng；¶～食品／冷冻食品
冷凍庫 冷库 lěngkù
例年 每年 měinián，历年 lìnián
冷房 冷气 lěngqì，空调 kōngtiáo
レインコート 雨衣 yǔyī
レーサー 赛车手 sàichēshǒu
レーザー 激光 jīguāng；¶～光線／激光光束 ¶～ディスク／光盘 ¶～プリンター／激光打印机
レース 〔競争〕比赛 bǐsài，赛跑 sàipǎo；¶カー～／赛车
レース 〔装飾・編み物〕花边 huābiān；¶～編み／花边织法
レーズン 葡萄干 pútaogān
レーダー 雷达 léidá
レール 轨道 guǐdào；¶カーテン～／窗帘架 ¶ガード～／护栏
歴史 历史 lìshǐ
レギュラー 〔選手・出演者〕正式选手 zhèngshì xuǎnshǒu，正式演员 zhèngshì yǎnyuán；〔通常の〕正规 zhèngguī，标准 biāozhǔn；¶～ガソリン／普通汽油
レクリエーション 文娱 wényú，娱乐 yúlè
レコード 〔音楽などの〕唱片 chàngpiàn；〔記録〕记录 jìlù，成绩 chéngjì；¶～をかける／放唱片 ¶～保持者／记录保持者
レジ 收款处 shōukuǎnchù；¶～担当者／收款员
レシート 发票 fāpiào，收据 shōujù
レシーブ 接球 jiēqiú
レシピ 菜谱 càipǔ，食谱 shípǔ
レジャー 闲暇 xiánxiá，娱乐 yúlè
レジュメ 提纲 tígāng，摘要 zhāiyào
レストラン 餐厅 cāntīng
レスリング 摔跤 shuāijiāo
レセプション 招待 zhāodài，招待会 zhāodàihuì
レタス 莴苣 wōjù，生菜 shēngcài
列 队 duì，行列 hángliè；¶～を作る／排列 ¶～に並ぶ／排队 ¶～が乱れる／乱队 ¶3～に並ぶ／排成3列 ¶前～・後～／前排・后排
劣化 恶化 èhuà，劣化 lièhuà
列車 列车 lièchē
レッスン 课 kè，课程 kèchéng
レッテル 〔商標・ふだ〕商标 shāngbiāo，标签 biāoqiān；〔評価〕评价 píngjià，帽子 màozi；¶～を貼る／扣帽子 ¶悪人の～を貼られる／被扣上坏蛋的帽子
劣等性 落后生 luòhòushēng，劣等生 lièděngshēng
レトルト食品 软包装铝箔袋食品 ruǎnbāozhuāng lǚbódài shípǐn，利多乐多 lìduōlèduō
レバー 〔肝臓〕肝 gān，肝脏 gānzàng
レバー 〔てこ・バー〕杆 gān，杠杆 gànggān，扳手 bānshou
レフェリー 裁判 cáipàn，裁判员 cáipànyuán
レベル 〔程度〕水平 shuǐpíng；〔等級〕等级 děngjí；〔水平面〕地平面 dìpíngmiàn
レポーター 〔報告者〕报告人 bàogàorén；〔取材記者〕报道记者 bàodàojìzhě
レポート 〔現地の報告〕现场采访 xiànchǎng cǎifǎng，采访报告 cǎifǎng bàogào；〔報告書〕报告书 bàogàoshū；〔学術小論文〕小论文 xiǎolùnwén，学习报告 xuéxí bàogào
レモン 柠檬 níngméng
恋愛 恋爱 liàn'ài
れんが 砖 zhuān，砖头 zhuāntou
連携 联合 liánhé，合作 hézuò
連結 连接 liánjiē，挂 guà，挂钩 guàgōu
連鎖 连锁 liánsuǒ，联系 liánxì；¶～反応／连锁反应
レンジ 烤炉 kǎolú，炉灶 lúzào；¶電子～／微波炉
練習 练习 liànxí
レンズ 镜头 jìngtou，透镜 tòujìng；¶コンタクト～／隐形眼镜 ¶凸～／凸透镜
連想 联想 liánxiǎng
連続 连续 liánxù，接连 jiēlián
レンタカー 租赁汽车 zūlìn qìchē
レンタル 出租 chūzū，租赁 zūlìn；¶～ビデオ／出租录像带
レントゲン X光 X guāng，X线 X xiàn
連絡 联系 liánxì，联络 liánluò

■ろ■■■■■
ロイヤリティー 专利权使用费 zhuānlìquán shǐyòngfèi
ロイヤルゼリー 蜂王乳 fēngwángrǔ
廊下 走廊 zǒuláng
老化 老化 lǎohuà

老眼 老花眼 lǎohuāyǎn;¶～鏡／老花镜
老後 晚年 wǎnnián
労災 工伤 gōngshāng
労使 劳资 láozī
老人 老人 lǎorén, 老年人 lǎoniánrén;¶～ホーム／养老院
老衰 衰老 shuāilǎo
ろうそく 蜡烛 làzhú
労働 劳动 láodòng, 工作 gōngzuò, 干活 gànhuó;¶～組合／工会
朗読 朗诵 lǎngsòng
浪人 复读生 fùdúshēng
浪費 浪费 làngfèi
朗報 好消息 hǎoxiāoxi, 喜报 xǐbào
労力 劳力 láolì, 出力 chūlì
ローカル 地方 dìfāng, 地方性 dìfāngxìng
ロープ 绳索 shéngsuǒ
ロープウエー (空中)索道 (kōngzhōng)suǒdào
ローマ字 罗马字 Luómǎzì, 拉丁字母 Lādīngzìmǔ
ローミング 漫游 mànyóu
ローラー 辊子 gǔnzi, 滚子 gǔnzi
ローラースケート 旱冰 hànbīng
ローン 贷款 dàikuǎn
濾過 过滤 guòlǜ
ログアウト 退出 tuìchū
ログイン 注册 zhùcè
録音 录音 lùyīn
録画 录像 lùxiàng
ろくな… 像样的 xiàngyàng de, 没什么 méi shénme;¶この辺には～店がない／附近没有一家像样的商店 ¶この店には～ものがない／这家店没有什么好的东西
ろくに… 连…也不很好… lián … yě bù hěn hǎo …;¶～挨拶もしない／连句问候的话也不好好说一声
ロケ（ーション） 外景拍摄 wàijǐng pāishè
ロケット 火箭 huǒjiàn
露骨 露骨 lùgǔ
ロシア 俄罗斯 Éluósī
露出 〔むき出しにする〕露出 lùchū, 裸露 luǒlù;〔写真の〕曝光 bàoguāng
路上 路上 lùshàng, 街上 jiēshàng
ロス 损耗 sǔnhào, 损失 sǔnshī
路線 路线 lùxiàn;¶～バス／公交车

ロッカー 更衣柜 gēngyīguì, 锁柜 suǒguì;¶～ルーム／更衣室
ロック（ンロール） 摇滚音乐 yáogǔn yīnyuè;¶～バンド／摇滚乐队
肋骨 肋骨 lèigǔ
露店 摊子 tānzi
ロビー 门厅 méntīng, 大厅 dàtīng
ロブスター 龙虾 lóngxiā
ロボット 机器人 jīqìrén;¶～アーム／机器手
ロマンチック 浪漫 làngmàn
論議 议论 yìlùn, 讨论 tǎolùn
ロング 长 cháng, 远 yuǎn
ロングセラー 长期畅销商品 chángqī chàngxiāo shāngpǐn
論じる 〔説明する〕阐述 chǎnshù, 论述 lùnshù;〔討論する・話題にする〕讨论 tǎolùn, 谈 tán
論争 争论 zhēnglùn
論評 评论 pínglùn
論文 论文 lùnwén
論理 逻辑 luóji, 道理 dàolǐ

■**わ**■■■■■

和 和好 héhǎo, 和睦 hémù;〔計算で〕总和 zǒnghé;¶～を講じる／议和 yìhé
輪 圈(子) quān(zi), 环 huán
ワープロ 文字处理机 wénzì chǔlǐjī
ワイシャツ 衬衫 chènshān, 衬衣 chènyī
わいせつ 猥亵 wěixiè, 淫秽 yínhuì;¶～行為／猥亵行为 xíngwéi
賄賂 贿赂 huìlù;¶～を贈る／行 xíng 贿 ¶～を受ける／受贿
ワイン 葡萄酒 pútaojiǔ
若い 年轻 niánqīng
沸かす 烧开 shāokāi, 烧热 shāorè;¶お風呂を～／烧洗澡水
若葉 嫩叶 nènyè, 新叶 xīnyè
わがまま 任性 rènxìng, 恣意 zìyì
ワカメ 裙带菜 qúndàicài
若者 年轻人 niánqīngrén, 小伙子 xiǎohuǒzi, 青年 qīngnián
分かる 懂 dǒng, 明白 míngbai, 理解 lǐjiě, 知道 zhīdào
別れる 分别 fēnbié, 分手 fēnshǒu, 分离 fēnlí;〔夫婦が〕离婚 líhūn

分かれる 分开 fēnkāi, 分歧 fēnqí; 〔区別される〕划分 huàfēn, 区别 qūbié

脇 〔体の〕腋 yè; 〔そば〕旁边 pángbiān; ¶〜役／配角 pèijué ¶〜の下／腋下 ¶〜に置く／放在旁边

枠 框 kuàng, 框子 kuàngzi; 〔範囲〕范围 fànwéi, 界限 jièxiàn; ¶窓〜／窗框 ¶〜を広げる／扩大范围

沸く 〔湯が〕烧开 shāokāi; 〔興奮状態〕沸腾 fèiténg; ¶わきあがる歓喜の声／沸腾的欢呼声

湧く 〔水などが〕涌出 yǒngchū, 涌现 yǒngxiàn; 〔虫などが〕孳生 zīshēng; 〔感情・実感などが〕产生 chǎnshēng, 发生 fāshēng; ¶疑問が〜／产生疑问 yíwèn ¶涙が泉のようにわき出る／泪如泉涌

ワクチン 疫苗 yìmiáo; ¶〜を打つ／注射疫苗

わけ 理由 lǐyóu, 道理 dàoli, 原因 yuányīn

分ける 分配 fēnkāi, 分开 fēnpèi, 分成 fēnchéng; ¶二つの問題に〜／分成两个问题 ¶人ごみをかき〜／分开人群

技 技能 jìnéng, 技艺 jìyì, 手艺 shǒuyì

わざと 故意地 gùyì de, 有意识地 yǒu yìshí de

ワサビ 山崳菜 shānyúcài, 青芥末 qīngjièmo, 辣根 làgēn

災い 灾 zāi, 祸 huò, 灾祸 zāihuò, 灾难 zāinàn; ¶口は〜のもと／祸从口出

わざわざ 特意 tèyì

和紙 日本纸 rìběnzhǐ

和室 日式房间 Rìshì fángjiān

和食 日式饭菜 Rìshì fàncài, 日本餐 Rìběncān

わずか 仅 jǐn, 一点点 yìdiǎndiǎn, 稍微 shāowēi

煩わしい 麻烦 máfan, 费事 fèishì, 繁琐 fánsuǒ

忘れ物 遗失物 yíshīwù, 丢失物 diūshīwù

忘れる 忘掉 wàngdiào, 忘记 wàngjì

綿 棉 mián, 棉花 miánhua

話題 话题 huàtí

私 我 wǒ; 〔個人〕私 sī; ¶〜事／私事 ¶〜立学校／私立学校

渡す 〔かける〕架 jià, 搭 dā; 〔手渡す〕交给 jiāogěi, 递交 dìjiāo; ¶橋を〜／架〔搭〕桥 ¶見〜／纵览 zònglǎn

渡る 渡 dù, 过 guò, 穿过 chuānguò; 〔及ぶ〕涉及 shèjí; ¶海を〜／过海

わな 绳套 shéngtào, 圈套 quāntào; 〔はかりごと〕陷井 xiànjǐng; ¶〜にかかる／掉进陷井

詫びる 道歉 dàoqiàn, 谢罪 xièzuì

和風 日本式 Rìběnshì

和服 和服 héfú

わめく 喊 hǎn, 嚷 rǎng, 叫唤 jiàohuàn

笑い声 笑声 xiàoshēng

笑う 笑 xiào; 〔ばかにする〕嘲笑 cháoxiào

割合 比例 bǐlì, 比率 bǐlǜ; 〔比較的〕较 jiào, 比较 bǐjiào

割り勘 各付各的 gèfùgè de, AA制 AA zhì

割り込む 〔列などに〕挤进 jǐjìn, 加塞儿 jiāsāir; 〔話に〕插嘴 chāzuǐ

割り算 除法 chúfǎ

わりと 〔比較的〕比较 bǐjiào; 〔思いのほか〕意外地 yìwài de

割り箸 (一次性的)卫生筷子 (yīcìxìng de) wèishēng kuàizi, 简易筷子 jiǎnyì kuàizi

割引 (打)折扣 (dǎ)zhékòu, 减价 jiǎnjià; ¶〜券／减价券 quàn

割る 分 fēn, 切(开) qiē(kāi), 割(开) gē(kāi), 劈(开) pī(kāi), 弄碎 nòngsuì; 〔水などで〕稀释 xīshì; 〔計算〕除 chú; ¶腹を〜／推心置腹 tuī xīn zhì fù ¶口を〜／坦白 tǎnbái

悪い 坏 huài, 不好 bùhǎo, 低劣 dīliè

悪口 坏话 huàihuà, 诽谤 fěibàng

割れる 碎 suì, 破碎 pòsuì, 破裂 pòliè, 分裂 fēnliè; 〔明らかになる〕泄漏 xièlòu; 〔割り算で〕除得开 chúdekāi; ¶ガラスが割れた／玻璃打碎了 ¶意見が〜／意见分裂 ¶底が〜／泄底 xièdǐ

我々 我们 wǒmen; 〔話の相手方を含む〕咱们 zánmen

碗 碗 wǎn

ワンタン 馄饨 húntun

腕白 淘气 táoqì, 调皮 tiáopí, 顽皮 wánpí

ワンピース 连衣裙 liányīqún

2008年2月15日 発　　行

超級クラウン中日辞典

2008年2月15日　第1刷発行

編　者	松岡榮志 （まつおか・えいじ）〔主幹〕
	費　錦昌 （ひ・きんしょう）
	古川　裕 （ふるかわ・ゆたか）
	樋口　靖 （ひぐち・やすし）
	白井啓介 （しらい・けいすけ）
	代田智明 （しろた・ともはる）

発行者　株式会社三省堂　代表者 八幡統厚

印刷者　三省堂印刷株式会社
　　　　（製版　凸版印刷株式会社）

発行所　株式会社三省堂
　　　　〒101-8371
　　　　東京都千代田区三崎町二丁目22番14号
　　　　電話　編集　(03) 3230-9411
　　　　　　　営業　(03) 3230-9412
　　　　http://www.sanseido.co.jp/
　　　　振替口座　00160-5-54300
　　　　商標登録番号　663091・663092

〈超級クラウン中日・1840 pp.〉

落丁本・乱丁本はお取替えいたします

ISBN978-4-385-12188-8

Ⓡ本書の全部または一部を無断で複写複製(コピー)することは，著作権法上での例外を除き，禁じられています。本書からの複写を希望される場合は，日本複写権センター(03-3401-2382)にご連絡ください。

クラウン中日辞典

松岡榮志(主幹)・樋口靖・白井啓介・代田智明　編著
B6変型判　1,696ページ　2色刷
初・中級の中国語学習に必要十分な約65,000項目（親字約11,500字、熟語約53,500語）収録。活きた用例、多彩な参考情報。日中小辞典付き。

クラウン中日辞典 小型版 CD付き

松岡榮志(主幹)・樋口靖・白井啓介・代田智明　編著
A6変型判　1,696ページ　2色刷
好評既刊『クラウン中日辞典』のCD付き縮刷版。CDには「発音の手引き・数の数え方・中国語音節表」を収録。

デイリーコンサイス中日・日中辞典 第2版

杉本達夫・牧田英二・古屋昭弘　共編
ハンディタイプの決定版。活字の大きな中型版も用意。

中国語基本語3000 HSK［漢語水平考試］大綱準拠

李玉敬・松岡榮志　監修／朝日中国文化学院　編
HSK初等（3～5級）に対応する甲乙級の3,000語収録。

中国語活用語2200 HSK［漢語水平考試］大綱準拠

松岡榮志　監修／范建明ほか　共著
HSK中等（6～8級）に対応する丙級の2,200語収録。

デイリー日中英・中日英辞典

池田巧　監修／三省堂編修所　編
初学者を対象とした簡便な3か国語辞典。

デイリー日中英3か国語会話辞典

池田巧・胡興智　監修／三省堂編修所　編
初学者が使える簡単な会話表現を状況別に収録。

三省堂 Web Dictionary
sanseido.net
日々進化する最新のWeb辞書
http://www.sanseido.net/

中国行政区画

哈萨克斯坦

吉尔吉斯坦

○喀什

新疆维吾尔自治区

●乌鲁木齐

○吐鲁番

蒙古

○敦煌

○玉门 ○酒泉

甘肃

宁夏回族自治区

○格尔木

青海

●西宁

●兰州

西藏自治区

尼泊尔

不丹

●拉萨

四川

成都●

■重庆

印度

孟加拉国

○大理

云南

●昆明

贵州

贵阳●

广西

缅甸

越南

老挝

泰国